静宁县人民代表大会志

静宁县人民代表大会常务委员会　编

上

方志出版社

图书在版编目（CIP）数据

静宁县人民代表大会志/ 静宁县人民代表大会常务委员会编．--北京：方志出版社，2021.6
ISBN 978-7-5144-4774-3

Ⅰ．①静… Ⅱ．①静… Ⅲ．①地方各级人民代表大会-工作概况-静宁县 Ⅳ．①D624.424

中国版本图书馆CIP数据核字（2021）第276331号

静宁县人民代表大会志

编　　者：静宁县人民代表大会常务委员会
责任编辑：王海荣
出 版 者：方志出版社
地址 北京市朝阳区潘家园东里 9 号（国家方志馆 4 层）
邮编 100021
网址 http：//www.zgfzcb.cn
发　　行：方志出版社图书经销中心
电话（010）67110500
经　　销：各地新华书店
印　　刷：甘肃静宁印刷有限责任公司
开　　本：889×1194　1/16
印　　张：186.25 印张
字　　数：4346 千字
版　　次：2021 年 6 月第 1 版　2021 年 6 月第 1 次印刷
印　　数：0001～1000 册
ISBN 978-7-5144-4774-3　**定价**：980.00 元

静宁县地方志编纂委员会

总顾问　王晓军

顾　问　王永平　李新学

主　任　陈景春

副主任　冯建君　张小平　刘孝平　杨　华　潘　钰

委　员　梁　斌　平　宏　韩伟周　孙军和　王升斌　王彦飞　陈红福
孔昌军　王　松　马　斌　周浩仁　王国平　王顺义　戴彦荣
胡生平　蒋建怀　刘银峰　王亚鹏　靳建喜　鲍彦鹏　张前江
崔江鸿　何冠群　张军民　李伟森　倪　涛　王继国　王　奕
李双雄　杨举民　陈宝全　李满强

《静宁县人民代表大会志》编委会

《静宁县人民代表大会志》编辑部

凡 例

一、本志以马克思列宁主义、毛泽东思想、邓小平理论、“三个代表”重要思想、科学发展观、习近平新时代中国特色社会主义思想为指导，运用辩证唯物主义和历史唯物主义的立场、观点和方法，坚持尊重历史、实事求是的原则，力求客观地记述静宁县人民代表大会制度的建立、发展、完善的过程，全面反映静宁县社会主义民主和法治建设的历史进程。

二、本志上限至1949年8月静宁县解放，下限至2020年12月（部分内容下延至2021年1月）。

三、本志首设概述、大事记，主体部分按卷、章、节结构设置；以志为主，记、述、录、图、表并用，横排纵述，详近略远；后设附录、跋、后记。

四、本志文字表述采用语体文记述，数字用法遵照国家有关规定。

五、本志采用公元纪年。

六、本志中的称谓，首次出现用全称，后则一般用规范简称。

七、本志所指的省、市、县，凡无特殊说明，均指甘肃省、平凉市、静宁县。

八、本志中，凡无特殊说明，党员均指中国共产党党员，团员均指中国共产主义青年团团员。

九、凡涉及人物排序、代表名单，均以当时档案资料为准。

十、本志“卷七·人物”中，人物按任职届次先后顺序排列。同届次人物，以公告顺序排列。

十一、本志中收录的各种报告，在收录时，个别地方稍有改动。

十二、本志中解放前、后以1949年8月静宁解放时间为准。

十三、本志资料主要来源于静宁县档案馆和县人大常委会档案室，以及《静宁县志》《中国共产党甘肃省静宁县组织史资料（1936年9月至1987年10月）》和有关部门、有关人员提供的经过考证的资料，一般均不标明出处。

序　一

存史资治，鉴往昭来。在决战决胜脱贫攻坚取得决定性胜利、全面建成小康社会圆满收官之年，几经寒暑纂修，《静宁县人民代表大会志》即将付梓，这是全县民主政治建设的大事，也是人大工作发展历程中的喜事，更是功在当代、利在千秋的盛事。

人民代表大会制度是中国特色社会主义制度的重要组成部分，是支撑国家治理体系和治理能力的根本政治制度。静宁县成立人民代表大会66年来，历届县人大及其常委会认真履行宪法和法律赋予的各项职权，加强“一府一委两院”（县人民政府、县监察委员会、县人民法院、县人民检察院）监督，紧扣全县发展大局，深入开展调查研究，依法决定重大事项，推进民主法治进程，积极回应群众关切，充分发挥地方国家权力机关的职能作用，为服务保障促进全县经济社会发展、加快建设富裕美丽文明活力平安静宁作出了重要贡献。

中共十八大以来，以习近平同志为核心的党中央高度重视坚持和完善人民代表大会制度，全面加强对人大工作的领导，人民代表大会制度的根本政治制度作用得到更好发挥。特别是习近平总书记在庆祝全国人民代表大会成立六十周年大会上的重要讲话中，明确提出发展社会主义民主政治的新论断、坚持和完善人民代表大会制度的新思想，为新时期人大做好各方面工作、更好发挥国家权力机关职能作用提供了重要依据。我们要深刻认识把握习近平总书记关于人民代表大会制度和社会主义民主法治建设的重要思想理论，更加自觉、更加善于通过人民代表大会制度，保证党领导人民有效治理国家，保证党的路线方针政策在国家工作中得到全面贯彻执行。

盛世修志，志载盛世。今天，我们欣逢政通人和、百业俱兴的盛世，把静宁人民代表大会辉煌发展历程记录下来、载入史册，是时代赋予我们的神圣使命。经过六度春秋，全面完成志书编纂工作，这凝结着全体编纂人员的心血和汗水，倾注着社会各界的厚爱和关注，承载着历届人大工作者的耕耘和智慧。该志书条分缕析、主次有序、荟萃图文、内容翔实，详细记录历届人大工作者呕心沥血取得的成就，系统勾画人民代表大会制度在静宁的生动实践，对于全面了解我县人民政权的历史与建设，坚持和完善人民代表大会制度，进一步做好新时代人大工作具有启示和借鉴作用。

一志在手，洞烛县情；一志相传，教益民众。当前正值全县上下开启“十四五”发展新征程、统筹推进脱贫攻坚与乡村振兴有机衔接的关键之际，我们坚信，在中国共产党的坚强领导下，有人民代表大会制度的根本保证，全县干部群众必将肩负时代发展重任，顺应时代发展潮流，以聪明才智和勤劳双手，聚力创造静宁更加繁荣昌盛、前景美好的明天。

此为序。

静宁县委书记　王晓军

2021年1月29日

序　二

盛世修志，垂鉴未来；志载盛世，泽惠千秋。《静宁县人民代表大会志》全体编纂人员孜孜不倦勤耕耘，默默无闻乐奉献，六度寒暑写春秋，成功编纂了静宁县第一部人民代表大会志。这是静宁县社会主义民主政治建设的一件大事，也是新时期静宁人大工作的一项重要成果。

人民代表大会制度自建立以来，伴随着我国社会主义建设事业的伟大进程，历经磨砺，在坚持中探索，在发展中完善，日益显示出无比的优越性和旺盛的生命力。自1949年静宁解放以来，特别是1981年设立静宁县人民代表大会常务委员会以来，在中共静宁县委的领导下，县人大及其常委会依照宪法和法律赋予的职权，围绕党的中心工作，依靠人大代表和人民群众，勇于实践，积极探索，开拓进取，为人民代表大会制度在静宁的实践和发展做了大量卓有成效的工作，在全县经济建设、政治建设、文化建设、社会建设和生态文明建设中，发挥了地方国家权力机关应有的作用。

《静宁县人民代表大会志》坚持辩证唯物主义和历史唯物主义的观点，遵循《地方志工作条例》，根据人民代表大会的性质和地方人大工作的特点，以记述静宁县本级人民代表大会及其常务委员会的工作和建设为重点，客观、系统地记载了人民代表大会制度在静宁建立、发展、完善的历程，全面反映了全县人大工作的概貌，以翔实的史料雄辩地见证了人民代表大会制度是人民的选择、历史的必然，是中国特色的最佳政权组织形式。鉴于县人大的诸多工作如代表选举、执法检查、调查研究等等，都与乡（镇）人大密不可分，志书特别注重记录乡镇人民代表大会制度建设和发展情况，以全面、准确、翔实的文字介绍了包括2004年撤并的七里、祁川等六乡镇在内的各乡镇人民代表大会的历史沿革，让读者得以全面了解静宁人民代表大会的全貌。

在六年多时间的编写过程中，《静宁县人民代表大会志》编纂人员以对历史、对后人高度负责的精神，认真学习修志知识，精心研究篇目设置，博采精收历史资料，反复修正志书文稿，力求设置科学、资料翔实、体例规范、客观准确、文风朴实。通过辛勤的劳动编纂了一部融思想性、科学性、资料性、权威性和实用性于一体的珍贵文献。志书突破静态记述，真实而科学地记述了静宁县人民代表大会的诞生、发展和现状，篇目安排多以宪法和法律规定的职权为要素横陈，以届次和时间为顺序纵述，尽力做到横不缺项、纵不断线，以其真实性、全面性和实用性保证了较高的历史价值。在此，谨向全体编纂人员和提供帮助的有关领导及各界人士表示衷心感谢！

“治天下者以史为鉴，治郡国者以志为鉴。”《静宁县人民代表大会志》是一部内容丰富、资料翔实、具有特色的志书，相信一定会受到广大读者，尤其是人大代表和人大工作者的青睐，充分发挥她的“存史、资治、教化”之功能，为推动人民代表大会制度在静宁发展起到积极的作用。我们坚信，在中共静宁县委的坚强领导下，县人大及其常委会坚持以习近平新时代中国特色社会主义思想为指导，全面贯彻落实习近平总书记关于坚持和完善人民代表大会制度的重要思想，围绕大局、依法履职，恪尽职守、砥砺奋进，必将为确保全面建成小康社会和“十三五”规划圆满收官，推进富裕美丽文明活力平安静宁建设作出新贡献！

此为序。

静宁县人大常委会主任　　王智国

2020年12月28日

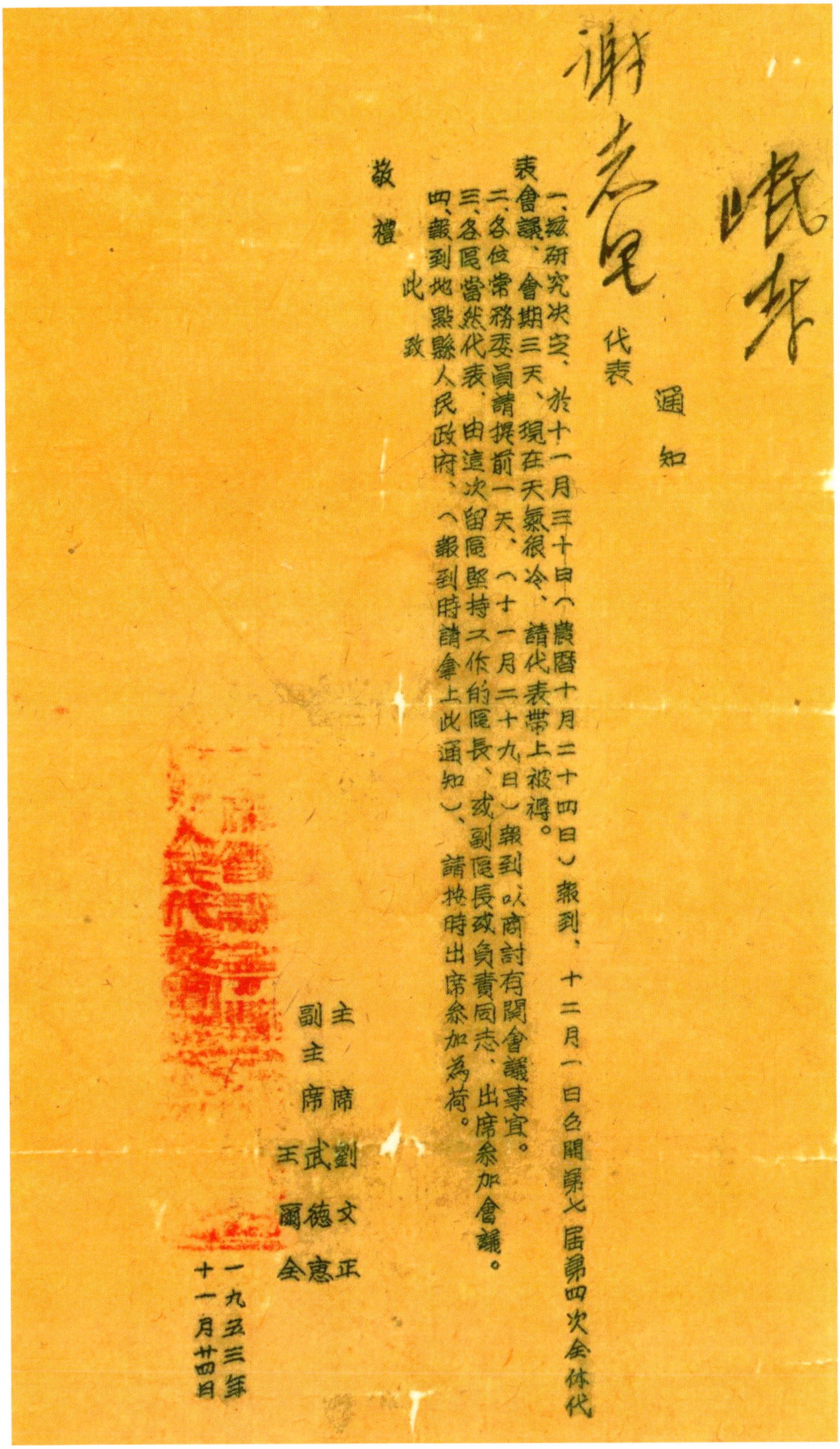

通知

代表

一、經研究決定、於十一月三十日（農曆十月二十四日）報到、十二月一日召開第七屆第四次全体代表會議、會期三天、現在天氣很冷、請代表帶上被褥。
二、各位常務委員請提前一天、（十一月二十九日）報到以商討有關會議事宜。
三、各區當然代表、由這次留區堅持工作的區長、或副區長或負責同志、出席參加會議。
四、報到地點縣人民政府、（報到時請拿上此通知）、請按時出席參加為荷。

此致

敬禮

主席 劉文正

副主席 武德惠 王爾全

一九五三年十一月廿四日

1953年11月24日，县第七届各界人民代表会议第四次会议通知

1981年1月14日，县委副书记、县革委会主任、县第八届人大常委会主任候选人高富德主持县八届人大一次会议第二次全体会议

1982年3月30日，县委副书记马世贞主持县八届人大二次会议第二次全体会议

1982年3月30日，县人大常委会副主任张光明在县八届人大二次会议上作县人大常委会代表提案办理情况报告

1982年3月29日，县八届人大二次会议分团讨论政府工作报告

1983年3月25日，县委副书记景维新在县八届人大三次会议上作关于静宁县1983年至本世纪末农业建设规划要点（草案）的说明

1983年12月27日，县九届人大一次会议召开

1983年12月28日，县人大常委会主任高富德在县九届人大一次会议上作人大常委会工作报告

1983年12月27日，县政府县长郑建才在县九届人大一次会议上作政府工作报告

1983年12月28日，县法院院长马子坤在县九届人大一次会议上作法院工作报告

1983年12月28日，县九届人大一次会议主席团部分成员开会场景

1984年12月28日，县检察院检察长王锦华在县九届人大二次会议上作检察院工作报告

1984年12月29日，县政府副县长钱樟炎在县九届人大二次会议上作关于静宁县农业区划工作的说明

1987年11月9日至10日，县十届人大二次会议在县政府礼堂召开

1987年11月9日至10日，县十届人大二次会议主席团开会场景

1987年11月10日，县十届人大二次会议投票选举

1988年3月8日，县十届人大三次会议表决有关决议

1990年1月8日至11日，县十一届人大一次会议在县政府礼堂召开

1990年1月8日，县十一届人大一次会议开幕

1990年1月11日，县委书记金福存在县十一届人大一次会议上讲话

1990年1月8日，县十一届人大一次会议预备会议听取关于县第十一届人大代表资格审查结果的报告

1990年1月8日，县财政局局长曹升明在县十一届人大一次会议上作财政工作报告

1992年1月16日，县人大常委会主任郜文学在县十一届人大三次会议上作人大常委会工作报告

1992年1月15日，县计委主任王智仁在县十一届人大三次会议上作计划工作报告

1992年1月15日，县财政局局长刘宝生在县十一届人大三次会议上作财政工作报告

1992年1月17日，县十一届人大三次会议投票选举

1992年1月17日，县十一届人大三次会议工作人员清点选票

1992年11月27日至29日，县十二届人大一次会议在县政府礼堂召开

1992年11月29日，县委书记韩豫平在县十二届人大一次会议上讲话

1993年1月17日，县政府县长李怀仁在县十二届人大二次会议上作政府工作报告

1993年1月18日，县法院院长漆忠义在县十二届人大二次会议上作法院工作报告

1993年1月18日，县检察院检察长陈贵录在县十二届人大二次会议上作检察院工作报告

1994年8月23日，县十二届人大三次会议投票选举

1994年8月23日，县委书记曹兴荣在县十二届人大三次会议上讲话

1997年1月24日，新当选的县政府县长李长明在县十二届人大六次会议上作表态发言

1997年11月23日至25日，县十三届人大一次会议在县政府礼堂召开

1997年11月23日，县政府常务副县长许富忠在县十三届人大一次会议上作政府工作报告

1999年1月16日，县委书记赵景山在县十三届人大二次会议上讲话

1999年1月14日，县政府县长毛文平在县十三届人大二次会议上作政府工作报告

1999年1月14日，县计委主任杜文彪在县十三届人大二次会议上作计划工作报告

1999年1月14日，县财政局局长王维军在县十三届人大二次会议上作财政工作报告

1999年1月16日，县十三届人大二次会议表决有关决议

1999年1月16日，县十三届人大二次会议代表填写选票

2000年3月22日，县人大常委会主任吕忠厚在县十三届人大三次会议上作人大常委会工作报告

2002年11月8日至10日，县十四届人大一次会议在静宁宾馆二楼会议室召开

2002年11月10日，县委书记李雪峰在县十四届人大一次会议上讲话

2002年11月8日，县政府常务副县长李旺军在县十四届人大一次会议上作政府工作报告

2002年11月9日，县人大常委会副主任岳县辉在县十四届人大一次会议上作人大常委会工作报告

2002年11月9日，县法院院长杨志军在县十四届人大一次会议上作法院工作报告

2002年11月9日，县检察院检察长李居洲在县十四届人大一次会议上作检察院工作报告

2004年12月22日，县政协委员列席县十四届人大三次会议

2004年12月22日，县财政局局长王运军在县十四届人大三次会议上作财政工作报告

2006年1月6日，县委书记张正在县十四届人大四次会议上讲话

2006年1月6日，县十四届人大四次会议总计票人填写计票结果报告单

2006年12月26日，县十五届人大一次会议在静宁宾馆二楼会议室召开

2006年12月27日，县人大常委会主任聂正国在县十五届人大一次会议上作人大常委会工作报告

2006年12月28日，县十五届人大一次会议投票选举

2008年12月29日，县十五届人大三次会议在静宁宾馆二楼会议室召开

2010年1月9日，县委书记宋全科在县十五届人大四次会议上讲话

2010年1月7日，县政府县长陈铎在县十五届人大四次会议上作政府工作报告

2011年1月13日，县委书记王宗良在县十五届人大五次会议上参加分团会议

2011年10月20日至22日，县十六届人大一次会议在静宁宾馆二楼会议室召开

2011年10月22日，县委书记王晓军在县十六届人大一次会议上讲话

2011年10月21日，县人大常委会主任张自杰在县十六届人大一次会议上作人大常委会工作报告

2011年10月20日，县政府县长徐毅在县十六届人大一次会议上作政府工作报告

2011年10月21日，县法院院长李根进在县十六届人大一次会议上作法院工作报告

2011年10月21日，县检察院检察长陈龙在县十六届人大一次会议上作县检察院工作报告

2013年1月5日至6日，县十六届人大二次会议在静宁宾馆二楼会议室召开

2013年1月6日，县十六届人大二次会议监票人检查票箱

2013年12月27日，县检察院代理检察长崔晓晖在县十六届人大三次会议上检察院工作报告

2013年12月26日，县十六届人大三次会议分团讨论政府工作报告

2016年10月17日至20日，县十七届人大一次会议在静宁剧院召开

2016年10月18日，县十七届人大一次会议开幕

2016年10月18日，县人大常委会主任张自杰主持县十七届人大一次会议第一次全体会议

2016年10月18日，县政府县长张兴荣在县十七届人大一次会议上作政府工作报告

2016年10月19日，县人大常委会副主任沙芳琴在县十七届人大一次会议上作人大常委会工作报告

2016年10月19日，县法院院长张立军在县十七届人大一次会议上作法院工作报告

2016年10月19日，县检察院检察长杨青在县十七届人大一次会议上作检察院工作报告

2016年10月20日，县十七届人大一次会议投票选举

2016年10月20日，县十七届人大一次会议计票人员正在计票

2016年10月20日，县十七届人大一次会议举行新当选人员宪法宣誓仪式

2017年12月22日，县委书记王晓军在县十七届人大二次会议上讲话

2017年12月22日，县人大常委会主任王智国在县十七届人大二次会议上作人大常委会工作报告

2018年12月26日，县十七届人大三次会议预备会议代表表决有关事项

2018年12月27日至28日，县十七届人大三次会议召开主席团会议

2020年5月23日，县十七届人大四次会议为新当选人员举行宪法宣誓仪式

2021年1月18日，县人大常委会主任王智国主持县十七届人大五次会议预备会议

2021年1月18日，县十七届人大五次会议召开党员会议

2021年1月19日，县政府县长陈景春在县十七届人大五次会议上作政府工作报告

2021年1月20日，新当选的县人大常委会主任王永平主持县十七届人大五次会议第四次全体会议

1990年1月11日，新当选的县十一届人大常委会组成人员

1997年11月17日，县十二届人大常委会组成人员

1997年11月25日，县委书记赵景山与新当选的县十三届人大常委会组成人员

2011年10月22日，县十六届人大一次会议新当选的人大常委会及“一府两院”领导班子

2010年12月10日，县十五届人大常委会第二十三次会议召开

2012年6月29日，列席县十六届人大常委会第三次会议的省人大代表雷托胜就全县果品产业发展提出意见建议

2013年4月26日，县十六届人大常委会第八次会议监票人报告有关人事任命投票结果

2013年12月20日，县十六届人大常委会第十二次会议投票选举

2014年4月28日，列席县十六届人大常委会第十四次会议的原安乡政府乡长樊尚平就有关报告提出意见建议

2014年6月25日，列席县十六届人大常委会第十五次会议的市人大代表王顺义就县政府有关报告提出意见建议

2015年8月28日，县十六届人大常委会第二十二次会议听取和审议县发改局局长樊旺所作的《关于2015年上半年国民经济和社会发展计划执行情况的报告》

2016年4月28日，列席县十六届人大常委会第二十六次会议的李店镇党委书记王国平就食品安全法贯彻实施情况提出意见建议

2016年6月28日，县十六届人大常委会第二十八次会议听取和审议县审计局局长王亚鹏所作的关于2015年度县级财政预算执行和其他财政收支情况的审计报告

2017年10月31日，县十七届人大常委会第七次会议听取和审议县政府办公室主任韩伟周所作的关于县十七届人大一次会议代表建议意见办理情况的报告

2018年4月25日，列席县十七届人大常委会第十二次会议的农业合作社负责人就全县精准扶贫精准脱贫工作提出意见建议

2018年8月31日，县十七届人大常委会第十四次会议听取和审议县财政局局长马斌所作的关于2017年财政决算（草案）的报告

2018年10月30日，县十七届人大常委会第十五次会议县政府常务副县长陈景春就落实审议意见作表态发言

2018年10月30日，县十七届人大常委会第十五次会议对县十七届人大二次会议代表建议意见办理情况的报告进行满意度测评

2018年10月30日，在县十七届人大常委会第十五次会议上，县人大常委会组成人员张录牛审议县政府有关报告

2019年1月25日，县十七届人大常委会第十八次会议表决有关事项

2019年1月25日，县十七届人大常委会第十八次会议为新任命的政府组成部门负责人颁发任命书

2019年2月1日，在县十七届人大常委会第十九次会议上，新任命的县政府副县长席鹏举作表态发言

2020年11月17日，在县十七届人大常委会第三十一次会议上，县人大常委会有关委室负责人作关于县政府有关报告的审查报告

2020年12月25日，县十七届人大常委会第三十二次会议举行新任命人员宪法宣誓仪式

2021年1月14日，县十七届人大常委会第三十三次会议召开

2011年7月13日，县人大常委会举办县乡人大换届选举工作培训班

2011年7月19日，省人大常委会调研静宁县乡换届工作

2011年8月10日，城区街道办选民投票选举县第十六届人大代表

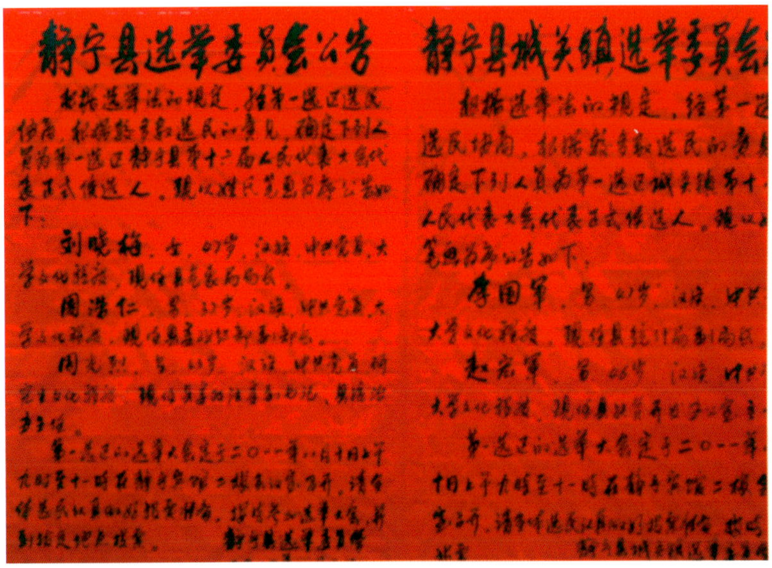

2011年8月3日，城关镇选区公布县乡人大代表正式候选人名单

2011年8月3日，八里镇选区张榜公布县乡人大代表正式候选人名单

2016年 5月，县人大常委会召开全县县乡两级人大换届选举工作培训会

2016年7月21日，城区街道办第一选区召开选民大会选举县第十七届人大代表

2016年7月21日，城区街道办第一选区计票人员清点县第十七届人大代表选票

2016年7月21日，城区街道办选民通过流动票箱投票选举县第十七届人大代表

2016年5月，八里镇政府工作人员向选民发放选民证

2016年6月，八里镇政府干部入户走访群众，了解代表候选人情况

2016年6月，八里镇考察组考察镇人大代表初步候选人

2016年6月，治平乡选民选举县乡人大代表

2016年7月，曹务乡第十八届人大换届第十选区举行代表与选民见面会

2016年7月，贾河乡对乡第十八届人大代表第一选区初步候选人进行考察

2016年7月21日，三合乡县乡人大代表换届选举第十选区秘密写票处

2016年7月，红寺乡第一选区选举县乡人大代表

2016年7月21日，原安乡县人大代表第二、乡人大代表第十二选区选民表决有关事项

2017年11月28日，市人大常委会副主任樊文浩、县人大常委会主任王智国在甘沟镇开展联系代表活动

2012年4月，县果业技术员李建明在界石铺镇为乡镇人大代表讲解果树修剪技术

2012年12月，县人大常委会主任张自杰、副主任沙芳琴开展代表联系选民活动

2014年 7月，县人大常委会组织乡镇人大主席学习界石铺、甘沟镇人大代表之家创建工作（一）

2014年7月，县人大常委会组织乡镇人大主席学习界石铺、甘沟镇人大代表之家创建工作（二）

2014年7月，县人大常委会召开全县“人大代表之家”创建工作会议

2014年9月，县人大常委会、县政府、县政协集中督办人大代表意见建议和政协委员提案

2017年4月13日，县人大常委会举办县第十七届人大代表培训班

2017年6月，县人大常委会主任王智国、副主任高旭开展联系代表活动

2017年，曹务镇开展人大代表在行动活动

2017年，八里镇第十八届人大代表参观镇人大代表之家活动室

2017年，八里镇第十八届人大代表填写意见建议

2018年，八里镇第十八届人大代表述职

2019年，八里镇第十八届人大代表接待选民

2019年，八里镇第十八届人大代表征求选民意见建议

1996年10月，省人大常委会主任卢克俭（右二）在市县领导陪同下视察城关小学

1999年11月，省人大常委会副主任陈琦玲（右三）等领导参观县档案展

2012年7月4日，市人大常委会主任赵景山（中）在原安乡陈岔村督办市人大代表关于农村饮水安全工作建议落实情况

2013年9月28日，全国人大常委会办公厅新闻局副局长王效云（左三）带领八家中央、省级媒体记者采访人大代表在行动活动开展情况

2018年3月19日，县人大常委会召开县城控制性详细规划编制情况检查汇报座谈会

2019年7月26日，省人大代表、市人大常委会主任李雪峰（右三）、副主任张乔英（右二）带领省十三届人大代表调研实施乡村振兴战略和推进脱贫攻坚工作

2020年8月18日，省人大常委会党组书记、副主任王玺玉（右三）带队，在市人大常委会主任马琨（右一）陪同下督办省十三届人大三次会议第44号建议《关于支持静宁引洮供水二期配套工程建设的建议》

2020年8月19日，省人大常委会党组书记、副主任王玺玉调研指导静宁县人大代表工作

2020年12月21日，市人大常委会主任马琨（右三）、副主任薛晓宏（右一）带领省、市人大代表开展集中视察

2007年8月3日，县人大常委会党组书记聂正国带队视察农村道路建设情况

2009年4月，县人大常委会主任张自杰会同县委书记宋全科等领导对治平至新店通乡公路鞍子山峡段进行实地勘测

2012年3月21日至22日，县人大常委会组织市县人大代表视察全县新型农村合作医疗工作

2012年5月，县人大常委会调研果品产业发展情况

2013年5月，县人大常委会调研农村公路建设情况

2013年5月，县人大常委会检查城乡文化市场管理有关审议意见落实情况

2014年10月，县人大常委会主任张自杰带领常委会组成人员和部分市县人大代表视察全县17项重点工作完成情况

2020年11月30日，县人大常委会主任王智国带领常委会组成人员和市县人大代表集中视察重大项目建设进展情况

2019年，李店镇组织镇第十八届人大代表视察全镇2019年工作

2011年8月14日，灵芝乡十七届人大一次会议召开

2012年11月3日，曹务乡十七届人大二次会议召开

2016年7月26日，城关镇十八届人大一次会议投票选举

2016年7月27日，界石铺镇十八届人大一次会议举行新当选人员宪法宣誓仪式

2016年7月28日，甘沟镇十八届人大一次会议计票人员计票

2016年7月28日至29日，治平乡十八届人大一次会议召开

2016年7月28日，八里镇十八届人大一次会议召开

2016年7月28日，贾河乡十八届人大一次会议投票选举

2016年7月28日，余湾乡十八届人大一次会议计票人员正在计票

2016年7月28日，三合乡十八届人大一次会议监票人检查选票密封情况

2017年11月28日，双岘乡十八届人大二次会议投票选举

2018年7月27日，新店乡十八届人大三次会议召开

2018年8月2日，四河镇十八届人大四次会议召开

2018年8月3日，古城镇十八届人大四次会议召开

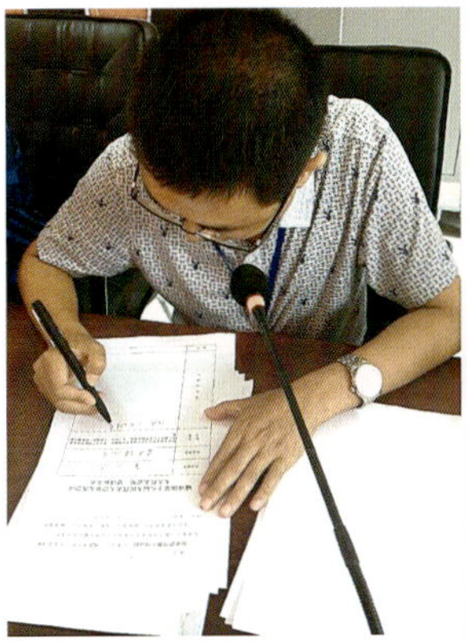

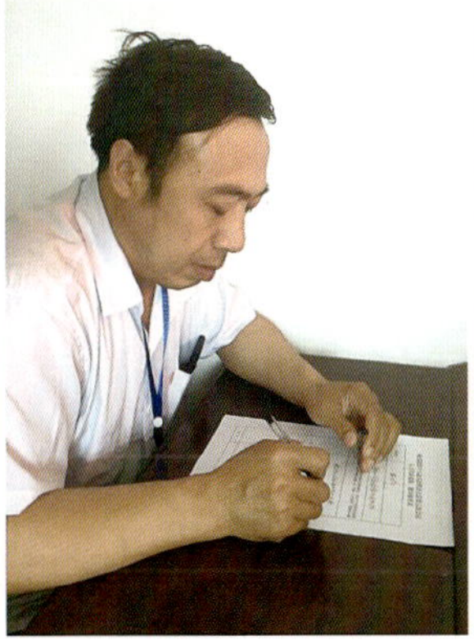

2018年8月8日，威戎镇十八届人大五次会议代表填写意见建议表

2019年2月18日，仁大镇十八届人大四次会议召开

2019年3月14日，城川镇十八届人大四次会议第三代表团讨论有关工作报告

2019年5月20日，原安镇十八届人大四次会议召开

2019年5月31日，雷大镇十八届人大六次会议投票选举

2019年6月25日，李店镇十八届人大六次会议召开预备会议

2019年8月31日，司桥乡十八届人大六次会议举行新当选乡政府乡长宪法宣誓仪式

2019年12月1日，细巷镇十八届人大六次会议投票选举

2021年 2月5日，深沟乡十八届人大十次会议表决有关事项

2021年2月5日，深沟乡十八届人大十次会议新当选乡政府乡长作表态发言

2020年8月，县人大常委会机关新貌

2020年8月，机关院内西侧花园

1985年12月26日，县人大常委会机关被县委、县政府评为文明单位

2008年“5·12”以前的县人大常委会五楼会议室

2008年“5·12”以后的县人大常委会五楼会议室

2012年6月27日，县人大、政协机关干部职工为灾区捐款

2013年7月18日，县人大常委会机关干部职工在界石铺镇赵岔村开展帮扶工作

2014年3月3日，县人大常委会召开党组暨机关党的群众路线教育实践活动动员大会

2014年3月17日，县人大常委会召开党组及机关党的群众路线教育实践活动征求意见建议座谈会

2014年3月25日，县人大常委会机关党支部在所联系界石铺镇开展群众路线教育实践活动

2014年5月6日，县人大常委会召开《静宁县人民代表大会志》编纂动员会议

2017年3月，县人大常委会机关干部职工在峰台山义务植树

2017年6月19日，县人大常委会召开党组（扩大）会议暨“两学一做”集中学习会

2017年11月，县人大常委会组织机关干部职工进行理论学习

2018年3月，县人大常委会召开全体干部职工会议

2019年1月25日，县人大常委会党组召开民主生活会

2019年4月2日，县人大常委会机关党支部开展"不忘初心、牢记使命"主题教育讲党课活动

2019年3月4日，县人大常委会召开机关干部职工会议表彰2018年度先进工作者

2019年6月28日，县人大常委会组成人员、乡镇人大主席、机关干部职工赴宁夏西吉县将台堡红军长征会师纪念园接受教育

2021年7月30日，《静宁县人民代表大会志》评审人员合影

1994年1月，县人大常委会办公室晋升机关档案管理省二级

2010年11月，县人大常委会办公室被市人大常委会办公室评为2010年全市人大宣传工作先进单位

2000年4月，县人大常委会办公室晋升为机关档案管理省一级

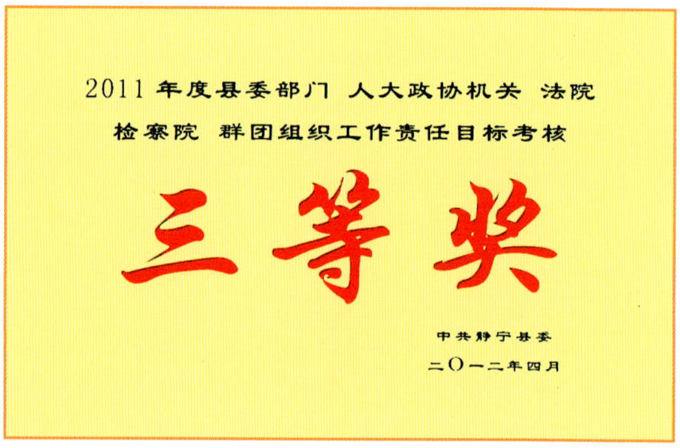

2012年4月，县人大常委会机关在2011年度工作责任目标考核中获三等奖

2006年2月，县人大常委会机关被县委、县政府评为2005年度先进单位

2019年2月，县人大常委会机关被县委、县政府评为2018年度脱贫攻坚帮扶先进集体

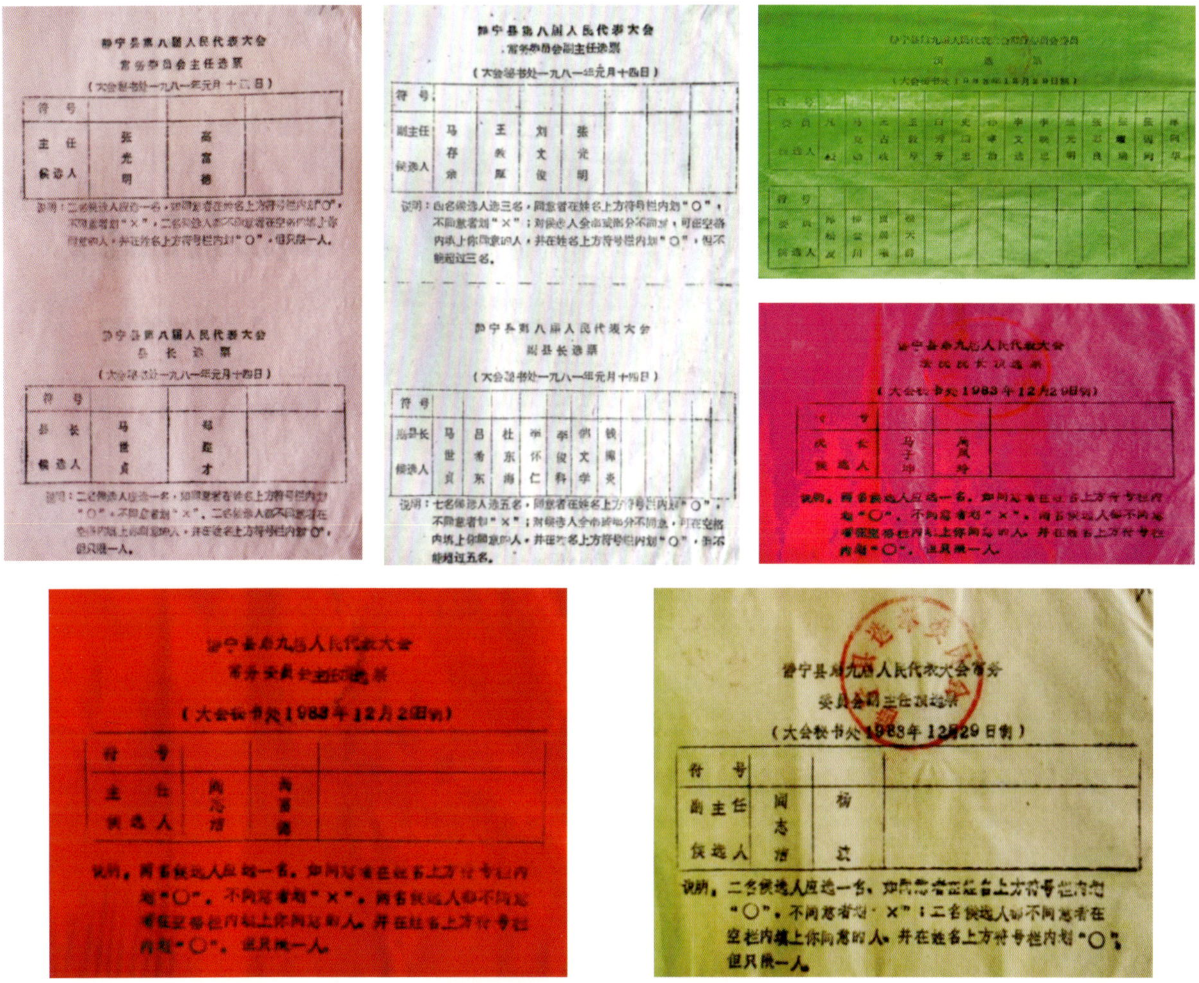

静宁县第八届人民代表大会
常务委员会主任选票
（大会秘书处一九八一年元月十□日）

符号			
主任候选人	张光明	高富德	

静宁县第八届人民代表大会
县长选票
（大会秘书处一九八一年元月十四日）

符号			
县长候选人	马世贞	杨跃才	

静宁县第八届人民代表大会
常务委员会副主任选票
（大会秘书处一九八一年元月十四日）

符号						
副主任候选人	马存余	王振耀	刘文俊	张光明		

说明：四名候选人选三名，同意者在姓名上方符号栏内划"○"，不同意者划"×"；对候选人全部或部分不同意，可在空格内填上你同意的人，并在姓名上方符号栏内划"○"，但不能超过三名。

静宁县第八届人民代表大会
副县长选票
（大会秘书处一九八一年元月十四日）

说明：七名候选人选五名，同意者在姓名上方符号栏内划"○"，不同意者划"×"；对候选人全部或部分不同意，可在空格内填上你同意的人，并在姓名上方符号栏内划"○"，但不能超过五名。

静宁县第九届人民代表大会常务委员会副主任选票
（大会秘书处1983年12月29日制）

说明：二名候选人应选一名，如同意者在姓名上方符号栏内划"○"，不同意者划"×"；二名候选人都不同意者在空栏内填上你同意的人，并在姓名上方符号栏内划"○"，但只限一人。

20世纪80年代的选票

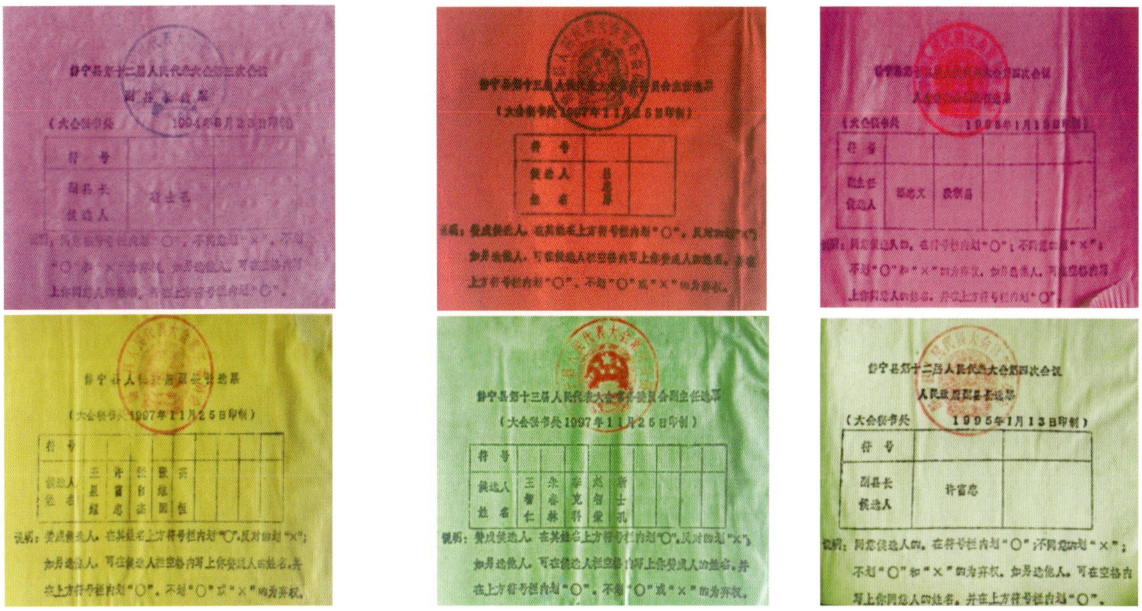

20世纪90年代的选票

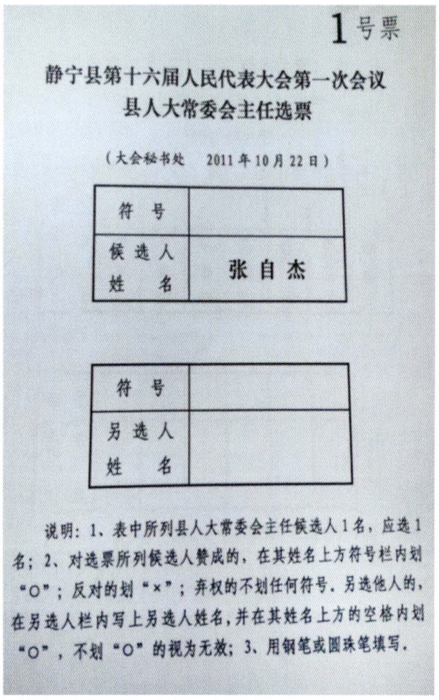

1号票

静宁县第十六届人民代表大会第一次会议
县人大常委会主任选票

（大会秘书处　2011年10月22日）

符　号	
候选人 姓　名	张自杰

符　号	
另选人 姓　名	

说明：1、表中所列县人大常委会主任候选人1名，应选1名；2、对选票所列候选人赞成的，在其姓名上方符号栏内划"○"；反对的划"×"；弃权的不划任何符号。另选他人的，在另选人栏内写上另选人姓名，并在其姓名上方的空格内划"○"，不划"○"的视为无效；3、用钢笔或圆珠笔填写。

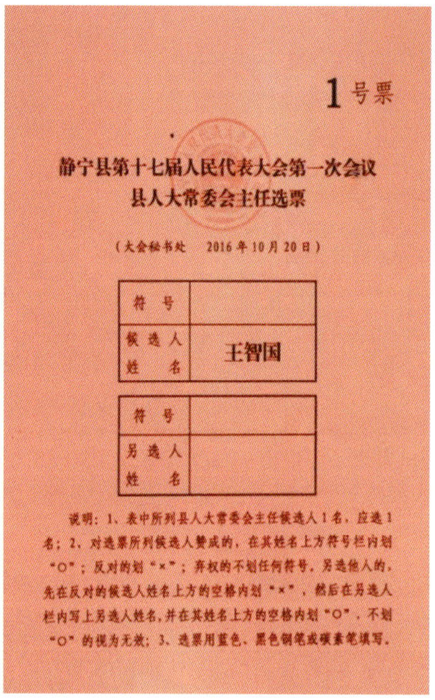

1号票

静宁县第十七届人民代表大会第一次会议
县人大常委会主任选票

（大会秘书处　2016年10月20日）

符　号	
候选人 姓　名	王智国

符　号	
另选人 姓　名	

说明：1、表中所列县人大常委会主任候选人1名，应选1名；2、对选票所列候选人赞成的，在其姓名上方符号栏内划"○"；反对的划"×"；弃权的不划任何符号。另选他人的，先在反对的候选人姓名上方的空格内划"×"，然后在另选人栏内写上另选人姓名，并在其姓名上方的空格内划"○"，不划"○"的视为无效；3、选票用蓝色、黑色钢笔或碳素笔填写。

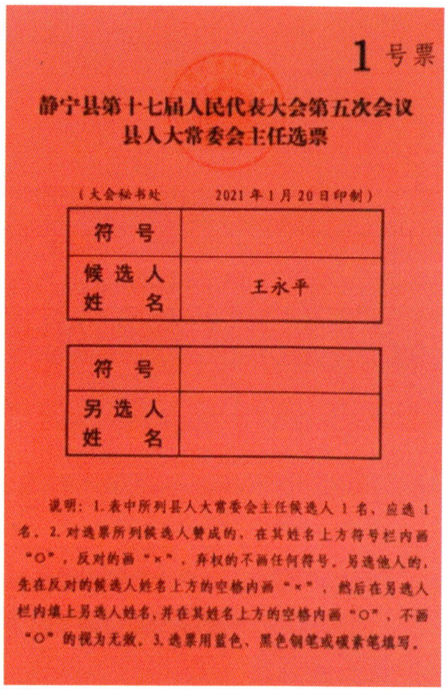

1号票

静宁县第十七届人民代表大会第五次会议
县人大常委会主任选票

（大会秘书处　2021年1月20日印制）

符　号	
候选人 姓　名	王永平

符　号	
另选人 姓　名	

说明：1. 表中所列县人大常委会主任候选人1名，应选1名；2. 对选票所列候选人赞成的，在其姓名上方符号栏内画"○"，反对的画"×"，弃权的不画任何符号。另选他人的，先在反对的候选人姓名上方的空格内画"×"，然后在另选人栏内填上另选人姓名，并在其姓名上方的空格内画"○"，不画"○"的视为无效。3. 选票用蓝色、黑色钢笔或碳素笔填写。

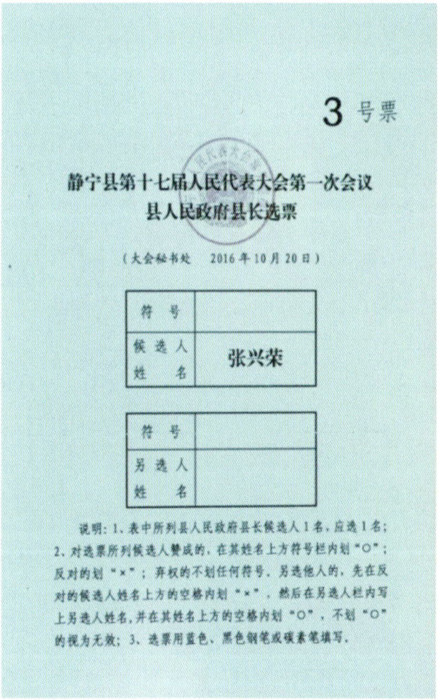

3号票

静宁县第十七届人民代表大会第一次会议
县人民政府县长选票

（大会秘书处　2016年10月20日）

符　号	
候选人 姓　名	张兴荣

符　号	
另选人 姓　名	

说明：1、表中所列县人民政府县长候选人1名，应选1名；2、对选票所列候选人赞成的，在其姓名上方符号栏内划"○"；反对的划"×"；弃权的不划任何符号。另选他人的，先在反对的候选人姓名上方的空格内划"×"，然后在另选人栏内写上另选人姓名，并在其姓名上方的空格内划"○"，不划"○"的视为无效；3、选票用蓝色、黑色钢笔或碳素笔填写。

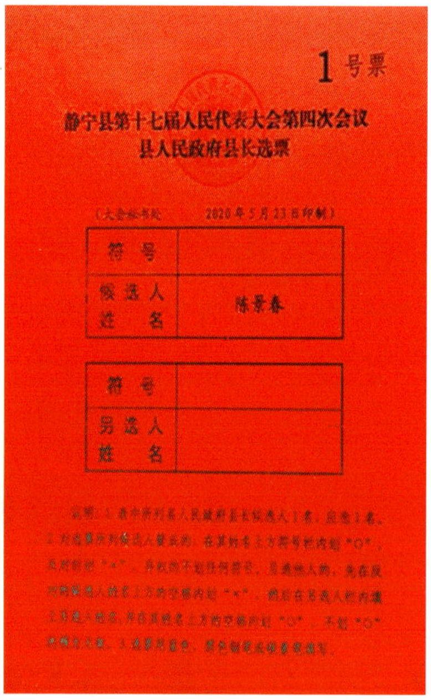

1号票

静宁县第十七届人民代表大会第四次会议
县人民政府县长选票

（大会秘书处　2020年5月23日印制）

符　号	
候选人 姓　名	陈景春

符　号	
另选人 姓　名	

说明：1. 表中所列县人民政府县长候选人1名，应选1名。2. 对选票所列候选人赞成的，在其姓名上方符号栏内划"○"，反对的划"×"，弃权的不划任何符号。另选他人的，先在反对的候选人姓名上方的空格内划"×"，然后在另选人栏内填上另选人姓名，并在其姓名上方的空格内划"○"，不划"○"的视为无效。3. 选票用蓝色、黑色钢笔或碳素笔填写。

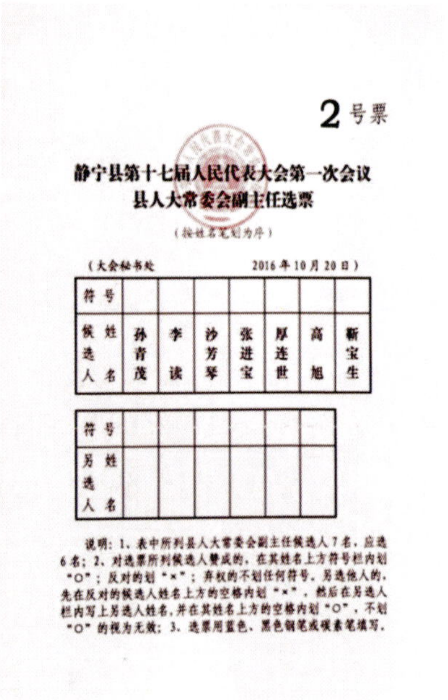

2号票

静宁县第十七届人民代表大会第一次会议
县人大常委会副主任选票

（按姓名笔划为序）

（大会秘书处　2016年10月20日）

符　号							
候选人姓名	孙青茂	李读	沙芳琴	张进宝	厚连世	高旭	靳宝生

符　号						
另选人姓名						

说明：1、表中所列县人大常委会副主任候选人7名，应选6名；2、对选票所列候选人赞成的，在其姓名上方符号栏内划"○"；反对的划"×"；弃权的不划任何符号。另选他人的，先在反对的候选人姓名上方的空格内划"×"，然后在另选人栏内写上另选人姓名，并在其姓名上方的空格内划"○"，不划"○"的视为无效；3、选票用蓝色、黑色钢笔或碳素笔填写。

21世纪的选票

目　　录

卷二　县各界人民代表会议

卷三　县人民代表大会

卷四　县人民代表大会常务委员会

卷五　自身建设

卷六　乡镇人民代表大会

卷七　人物

附录

概述

静宁县地处甘肃省东部、平凉市西部，六盘山以西、华家岭以东，东、北与宁夏隆德县、西吉县接壤，西、南与通渭县、秦安县毗连，西北与会宁县为邻，东南与庄浪县相依，是古丝绸之路东段中线上的重镇。312国道、平定（平凉—定西）高速公路、静庄（静宁—庄浪）高速公路和静秦（静宁—秦安）公路穿境而过，素有“陇口要冲”“平凉西大门”之称。全县总面积2193平方公里，总耕地147万亩，山旱地占92%。至2019年年底，全县辖24个乡镇（17个镇）、1个城市社区，333个行政村、2320个村民小组，7个居委会、15个居民小组，135589户、481972人，其中农村人口43.6万人，以汉族为主，有回族、藏族等少数民族人口1200多人。

静宁历史文化源远流长。自新石器时代就有人类在这里繁衍生息，是人文始祖伏羲诞生地。境内有仰韶文化、马家窑文化、齐家文化等文化遗存148处。汉置成纪、阿阳县，唐置陇右牧南使城，宋置陇干县、德顺军，金置德顺州，元改德顺州为静宁州，取“平静安宁”之意，明清因之。1913年改为静宁县。

静宁是一片红色的土地，是红一、二、四方面军和红二十五军长征经过的地方，毛泽东等中国共产党和红军领导人曾在静宁驻宿休整。是红军三大主力会师的中心基点。

一

1949年8月6日，中国人民解放军第一野战军第十九兵团六十三军、六十五军挺进静宁县城，静宁解放。这是静宁历史上的重大事件。从此，静宁人民在中国共产党的领导下，开始了经济、政治、文化、社会、生态文明等各方面全新的建设，经过70余年的奋斗，静宁发生翻天覆地的变化。

静宁解放，静宁人民获得前所未有的民主权利，开始当家做主人。在中国共产党的领导下，一方面着力恢复生产、维护秩序、保持稳定；另一方面着手对旧政权接管改造，在全县范围内逐步建立人民民主政权。这是中国共产党的执政之基和力量之源。

中华人民共和国成立时，就确定中国的国家政体是人民代表大会制度。《中华人民共和国宪法》规定：“中华人民共和国的一切权力属于人民。人民行使国家权力的机关是全国人民代表大会和地方各级人民代表大会。”《中华人民共和国全国人民代表大会和地方各级人民代表大会代表法》规定：“全国人民代表大会和地方各级人民代表大会代表依照法律规定选举产生”，“地方各级人民代表大会代表是地方各级国家权力机关组成人员”。根据这些规定，建立人民民主政权，即选举人民代表大会代表，建立人民代表大会制度。

1949年8月至1954年9月《中华人民共和国宪法》颁布前、县人民代表大会制度未建立时，为静宁县各界人民代表会议（以下简称各代会）代行县人民代表大会职权时期，是向县人民代表大会的过渡。1949年9月29日，中国人民政治协商会议第一届全体会议通过《中国人民政治协商会议共同纲领》，这个纲领具有临时宪法的作用。根据共同纲领的有关规定，静宁县成立各界人民代表会议，代行静宁县人民代表大会的职权，管理静宁事务。县各界人民代表会议是县人民政府联合群众行使民主权利的机构，是团结各界人民的重要工具，是人民管理国家政权的初级形式，是县人民代表大会的雏形和准备。其代表称为“县各界人民代表会议代表”（以下简称各代会代表），是按照中央人民政府颁布的各界人民代表会议组织通则，通过各界推荐、选举和邀请等方式产生的。这一时期，共产生7届县各代会代表（因部分资料缺失，7届各代会代表总数不详）。根据《静宁县各界人民代表会议组织通则》规定，县各代会每3个月召开1次，每次会议由县人民政府主持召开。各代会听取、讨论县政府的工作报告，反映人民的意见和要求，讨论并建议有关县政兴革事宜，向人民传达并解释会议决议，协助县政府动员人民执行。1949年10月至1954年7月，静宁县共召开了7届11次各界人民代表会议，出席代表2038人（次）。在团结和动员人民群众完成土地改革、征粮支前、肃匪反霸、镇压反革命、废除保甲、贯彻《中华人民共和国婚姻法》、动员兵役、民主建政、恢复和发展生产等方面发挥重要作用。各代会休会期间，设立常务委员会，由主席1名，副主席、委员若干名组成。7届各代会，共选举产生主席7名、副主席9名。

二

1954年9月，中国第一部宪法颁布。各界人民代表会议完成它的历史使命，开始实行人民代表大会制度。县级人民代表大会，是县级国家权力机关。根据宪法规定，县级人民代表大会每年至少举行1次。静宁县人民代表大会行使下列职权：（一）在静宁县行政区域内，保证宪法、法律、行政法规和上级人民代表大会及其常务委员会决议的遵守和执行，保证国家计划和国家预算的执行；（二）审查和批准静宁县行政区域内的国民经济和社会发展计划、预算以及它们执行情况的报告；（三）讨论、决定静宁县行政区域内的政治、经济、教育、科学、文化、卫生、环境和资源保护、民政、民族等工作的重大事项；（四）选举县人民代表大会常务委员会的组成人员；（五）选举县人民政府县长、副县长；（六）选举县人民法院院长、人民检察院检察长（须报经上一级人民检察院检察长提请上一级人民代表大会常务委员会批准）和监察委员会主任；（七）选举上一级人民代表大会代表；（八）听取和审查县人民代表大会常务委员会的工作报告；（九）听取和审查县人民政府和人民法院、人民检察院、监察委员会的工作报告；（十）改变或者撤销县人民代表大会常务委员会不适当的决议；（十一）撤销县人民政府不适当的决定和命令；（十二）保护社会主义的全民所有的财产和劳动群众集体所有的财产，保护公民私人所有的合法财产，维护社会秩序，保障公民的人身权利、民主权利和其他权利；（十三）保护各种经济组织的合法权益；（十四）保障少数民族的权利；（十五）保障宪法和法律赋予妇女的男女平等、同工同酬和婚姻自由等各项权利。

县人大代表是县人民代表大会的主体和组成。1954年2月至2021年1月，静宁县举行第一届至第十七届共17次县人大代表的选举。

按照代表产生的方式不同，静宁县人民代表大会制度的实行可分为两个时期：第一个时期，1954年7月至1980年11月，为代表的间接选举时期，即用普选的方法先选举产生乡镇（公社）人大代表，再由乡镇（公社）召开人民代表大会选举县人大代表。这一时期，静宁县共选举产生县第一届至第七届人大代表1604名（不含代表出缺变动后补选的代表），共召开人民代表大会7届11次会议。第二个时期，从1980年11月开始，为代表的直接选举时期，即由选民直接选举县人大代表。这一时期，静宁县至2021年1月共选举产生县第八届至第十七届人大代表2172名（不含代表出缺变动后补选的代表），共召开人民代表大会10届44次会议。

按照任期的不同，静宁县人民代表大会制度的实行可分为三个时期：第一个时期，1954年至1965年，根据1954年宪法第五十七条规定，县人民代表大会第一届至第六届每届任期为2年。其间，1965年10月召开第六届人民代表大会，随后，因“文化大革命”爆发，人民代表大会制度停止实行13年，直至1978年10月召开的第七届人民代表大会得以恢复。这一时期，静宁县共召开人民代表大会6届10次会议。第二个时期，1978年至1992年，根据1975年宪法第二十一条、1978年宪法第三十五条、1982年宪法第九十八条规定，县人民代表大会第七届至第十一届每届任期为3年。这一时期，静宁县共召开人民代表大会5届14次会议。第三个时期，1992年以来，根据1993年宪法第九十八条规定，县人民代表大会从第十二届开始，任期为5年。这一时期，至2021年1月，静宁县共召开人民代表大会6届31次会议。

按照会议召集人的不同，静宁县人民代表大会制度的实行同样可分为三个时期：第一个时期，1954年至1965年，县人民代表大会由县人民委员会召集，这一时期，静宁县共召开第一届至第六届人民代表大会6届10次会议。第二个时期，1978年至1981年，县人民代表大会由县革命委员会召集，静宁县共召开第七届人民代表大会1届1次会议。第三个时期，1981年以来，县人民代表大会由县人民代表大会常务委员会召集，静宁县共召开第八届至第十七届10届44次会议。

县人民代表大会，从1954年7月召开第一届人民代表大会开始至2021年1月，66年间，静宁县共召开17届55次县人民代表大会，出席代表10646人（次）（二届人大二次会议资料缺失），不是县人大代表的县领导、乡镇（公社）、县委部门、县直及省市（地）驻静宁单位、县人大常委会内设机构负责人及其他方面人员列席会议，1983年12月政协静宁县委员会成立后，政协委员列席人民代表大会的有关全体会议。历届历次会议，在大会主席团的领导下，听取和审议县人大常委会工作报告、代表意见建议办理情况报告70项（次），县人民政府工作报告、五年计划纲要报告、国民经济计划及执行情况、财政预算及执行情况等报告145项（次），县人民法院工作报告47项（次），县人民检察院工作报告41项（次），作出决议决定249项，收到代表提案、意见建议3254件（二届人大二次会议、七届人大一次会议资料缺失）；选举县人大常委会主任12名（次）、副主任60名（次）、委员167名（次）；县人民政府（人民委员会）县长26

名（次）、副县长75名（次），县人民委员会委员139名（次）；县人民法院院长19名（次），县人民检察院检察长13名（次），县监察委员会主任1名（次）；平凉市第一至第四届人大代表230名（未含常委会补选代表）。在2016年10月18日召开的县十七届人大一次会议上，为新当选的县人大常委会主任、副主任，县政府县长、副县长，县法院院长、县检察院检察长举行宪法宣誓仪式，从此，县人大及其常委会举行新任命人员宪法宣誓仪式成为法定程序。

三

在静宁县人大常委会未成立前，县人民代表大会会议由县人民政府（县人民委员会、县革命委员会）召集。根据1979年7月1日第五届全国人民代表大会第二次会议通过的《中华人民共和国地方各级人民代表大会和地方各级人民政府组织法》的规定，静宁县于1981年1月召开的县八届人大一次会议上，选举成立县人民代表大会常务委员会。自此，县人民代表大会会议由县人大常委会召集。

县人大常委会是县人民代表大会的常设机构，对县人民代表大会负责并报告工作。常委会依法行使下列职权：（一）保证宪法、法律、行政法规和上级人民代表大会及其常务委员会的决议在静宁县的遵守和执行；（二）领导、主持第八届人大以来历届人大代表的选举；（三）召集第八届人大以来历届人民代表大会会议；（四）讨论、决定静宁县政治、经济、教育、科学、文化、卫生、环境和资源保护、民政、民族等工作的重大事项；（五）根据县人民政府的建议，决定对静宁县内的国民经济和社会发展计划、预算的部分变更；（六）监督县人民政府、县人民法院、县人民检察院、县监察委员会的工作，联系人大代表，受理人民群众对上述机关和国家工作人员的申诉和意见；（七）撤销乡镇人民代表大会不适当的决议；（八）撤销县人民政府不适当的决定和命令；（九）在人民代表大会闭会期间，决定县人民政府副县长的个别任免；在县人民政府县长和县人民法院院长、县人民检察院检察长、县监察委员会主任因故不能担任职务的时候，从县人民政府、县人民法院、县人民检察院、县监察委员会副职领导人员中决定代理的人选（决定代理检察长，须报上一级检察院和人大常委会备案）；（十）根据县长的提名，决定政府办公室主任、局长、委员会主任、科长的任免；（十一）按照人民法院组织法和人民检察院组织法的规定，任免县人民法院副院长、庭长、副庭长、审判委员会委员、审判员，任免县人民检察院副检察长、检察委员会委员、检察员，批准任免乡镇人民法庭庭长、副庭长；（十二）根据县监察委员会主任的提名，任免县监察委员会副主任、委员；（十三）在人民代表大会闭会期间，补选上一级人民代表大会出缺的代表和罢免个别代表。

县人大常委会一经成立，即按照宪法赋予的重大事项决定权、人事任免权、监督权履行职责。1981年1月至2021年1月，共召开县人大常委会会议10届264次（十七届人大常委会会议次数统计截至2021年1月）。历次会议由常委会主任或副主任主持，常委会组成人员出席会议，县政府县长或副县长、县法院院长或副院长、县检察院检察长或副检察长、县监委主任或副主任、县直及省市（地）驻静宁有关部门、常委会有关委室负责人列席会议，必要时，县委有关部门负责人同时列席。历次会议学习《中华人民共和国宪法》、历次《中华人民共和国宪法修改案》，以及《中华人民共和国地方各级人民代表大会和地方各级人民政府组织法》《中华人民共和国全国人民代表大会和地方各级人民代表大会选举法》等法律法规，传达学习中央、省市（地）有关会议精神和文件精神；听取和审议县政府、县法院、县检察院、县监委的专项工作报告；听取和审议县人大常委会对县政府、县法院、县检察院某项工作的调研、检查、视察报告，作出相应的决定、决议，必要时，提出审议意见，监督县政府、县法院、县检察院整改落实；按照党管干部的原则，根据县政府县长、县法院院长、县检察院检察长、县监委主任的提名，任免国家机关工作人员。第八届至第十七届人大常委会会议（截至2021年1月）听取和审议县人大常委会调研、检查、视察、审查报告362项，县政府各类工作报告449项，县法院工作报告43项，县检察院工作报告40项，县监委工作报告1项；任命县人大常委会、县政府、县监委、县法院、县检察院工作人员1060名，接受辞职、免职462名，作出决议、决定143项，审议通过事项172项。

县人大常委会成立以来，其职权的履行经历逐步落实、完善和规范的过程。

1981年4月24日召开的第八届人大常委会第二次会议即履行重大事项决定权，听取和审议县政府关于1980年国民经济计划执行情况和1981年国民经济计划（草案）的说明、关于财政预算和投资使用意见的说明，并作出《关于静宁县1980年国民经济计划执行情况和1981年国民经济计划（草案）说明及财政预算的决议》。自此，对全县国民经济计划和财政预算的执行、调整等重大事项的决定权，贯穿县人大常委会工作的始终。

1982年3月16日召开的第八届人大常委会第四次会议，听取八届人大一次会议代表提案办理情况的报告。自此，督促代表提案、意见、建议的办理，听取办理报告成为县人大常委会工作的重要内容之一。

1982年5月26日召开的第八届人大常委会第五次会议，首次行使国家机关工作人员任免权，对政府组成人员作出任命。

1982年8月21日召开的第八届人大常委会第六次会议，首次履行监督权，听取和审议县政府、县法院、县检察院某个专项工作报告，并作出决议。

1983年7月28日召开的第八届人大常委会第九次会议，听取和审议县人大常委会关于县政府某个专项工作的调研、检查、视察报告，对县政府工作提出审议意见。

1983年12月31日召开的第九届人大常委会第一次会议，首次落实对常委会任命人员颁发任命书制度，对会议决定任命的22名县政府部门负责人颁发任命书。

1987年2月23日召开的第十届人大常委会第一次会议，听取和审议常委会调研组《关于红寺乡第十届人民代表大会第一次会议违法选举乡政府委员会的情况汇报》，作出《关于撤销违法选举产生的红寺乡政府委员会的决定》，首次对下级人民代表大会作出的不当决定予以撤销。

1987年5月4日召开的第十届人大常委会第二次会议，邀请省人大代表列席会议。

1988年5月26日召开的第十届人大常委会第十次会议，审议通过《静宁县人大常委会任免国家机关工作人员暂行办法》，标志着县人大常委会工作进入规范化、制度化轨道。

1990年4月27日召开的第十一届人大常委会第二次会议，审议通过《静宁县乡镇人民代表大会主席团及常务主席工作简则（试行)》，标志着县人大常委会开始履行对乡镇人大主席团（乡镇人民代表大会）工作的监督指导权。

1995年7月11日召开的第十二届人大常委会第二十次会议，对县工商局及局长的工作进行述职评议。这是县人大常委会首次组织人大代表开展述职评议工作，加强对常委会任命干部的监督；也是县人大代表首次列席常委会会议。

2003年6月11日召开的第十四届人大常委会第五次会议，同时邀请部分市、县人大代表列席会议。

2003年7月25日召开的第十四届人大常委会第六次会议，首开公民代表旁听会议制度。

2017年1月10日召开的第十七届人大常委会第一次会议，举行新任命人员宪法宣誓仪式。

四

乡镇人民代表大会是中国最基层的国家权力机关，是中国人民代表大会制度的重要组成部分，它集中体现乡镇人民的利益和意志。

1954年2月至3月，静宁县进行第一次基层选举，标志着乡镇人民代表大会制度的建立。乡镇人民代表大会行使《中华人民共和国地方各级人民代表大会和地方各级人民政府组织法》第九条规定的13项职权：（一）在乡镇行政区域内，保证宪法、法律、行政法规和上级人民代表大会及其常务委员会决议的遵守和执行；（二）在职权范围内通过和发布决议；（三）根据国家计划，决定乡镇行政区域内的经济、文化事业和公共事业的建设计划；（四）审查和批准乡镇行政区域内的财政预算和预算执行情况的报告；（五）决定乡镇行政区域内的民政工作的实施计划；（六）选举同级人民代表大会主席、副主席；（七）选举乡镇长、副乡镇长；（八）听取和审查乡镇人民政府的工作报告；（九）撤销乡镇人民政府不适当的决定和命令；（十）保护社会主义的全民所有的财产和劳动群众集体所有的财产，保护公民私人所有的合法财产，维护社会秩序，保障公民的人身权利、民主权利和其他权利；（十一）保护各种经济组织的合法权益；（十二）保障少数民族的权利；（十三）保障宪法和法律赋予妇女的男女平等、同工同酬和婚姻自由等各项权利。

乡镇人民代表大会，在法律上受县人民代表大会及其常委会的监督，在业务上受县人民代表大会及其常委会的指导，在工作上与县人民代表大会及其常委会联系；在乡镇党委的领导下依法行使职权；在乡镇国家权力机关中处于首要地位，它和乡镇人民政府之间是产生与被产生、决定与执行、监督与被监督的关系。

静宁县乡镇人民代表大会制度的建立、发展和完善，经历五个阶段。第一个阶段，1954年6月至1958年9月，为乡人民代表大会阶段，共召开3届乡人民代表大会，选举产生各乡人民政府（乡人民委员会）领导成员及县第一届至第三届人大代表；第二个阶段，1958年10月至1966年5月，为公社人民代表大会阶段，共召开3届公社人民代表大会，选举产生各公社管理委员会组成人员及县第四届至第六届人大代表；第三个阶段，1966年5月开始至1978年9月，为公社人民代表大会停开阶段；第四个阶段，1978年10月至1983年12月，为公社人民代表大会恢复阶段，各公社共召开2届人民代表大会（第七届、第八届），选举产生各公社管理委员会组成人员及县第七届人大代表（县第八届人大代表为直选）；第五个阶段，1983年12月以来，为乡镇人民代表大会阶段，至2020年12月，共召开10届（至第十八届）乡镇人民代表大会，选举产生各乡镇人大主席、副主席，乡镇人民政府乡镇长、副乡镇长。

至2020年年底，乡镇（公社）选举产生第一届至第十八届乡镇（公社）人大代表27642名（三、四届未计入），召开第一届至第十八届乡镇（公社）人民代表大会会议。历次会议听取和审议乡镇（公社）人民政府（公社管委会）的工作报告、财政预决算报告以及乡镇人大主席团工作报告（从乡镇十一届人大二次会议开始），选举乡镇人大主席团主席、副主席（从乡镇十二届人大一次会议开始），乡镇（公社）人民政府（公社管委会）乡镇长（主任）、副乡镇长（副主任）及公社管委会委员。

乡镇（公社）人民代表大会第一届至第九届，均未设立乡镇（公社）人大常设机构，未选派专兼职人大负责人；第十届时，在部分乡镇选派人大工作联络员；从1989年乡镇第十一届人大开始，各乡镇陆续设立人大主席团，选派专（兼）职常务主席（大部分为乡镇党委副书记兼任）；从1992年11月乡镇第十二届人大开始，选举乡镇人大主席团专职常务主席、副主席；1995年2月乡镇人大专职常务主席级别定为正科级；从1995年11月乡镇第十三届人大开始至第十六届人大届中的2009年11月，改设乡镇人大主席团主席；从2009年12月开始，改设乡镇人大主席。

五

县人大常委会自设立以来，办公场所经历“三处两迁”的变化过程。1981年1月常委会设立之初，在政府机关前院西侧平房办公，此为常委会第一处办公场所。1982年年初，将地处政府机关西北侧的原农机局四合院划拨政府机关，再划拨常委会，作为常委会第二处办公场所。1988年8月常委会第三处办公场所四层戴帽宿办楼（与县政协同楼）动工修建，1991年8月竣工。第三处办公场所地处阿阳路东侧，与县委机关偏南相对。该处即当前的办公场所。

常委会设立后，根据《中华人民共和国地方各级人民代表大会和地方各级人民政府组织法》的规定和工作需要，先后设置常委会的工作机构。这些机构受常委会领导，为县人民代表大会会议、常委会会议、主任会议、党组会议承办会务，为代表及常委会履行职权提供服务，完成人民代表大会闭会期间常委会的日常工作和职权范围内的具体工作。常委会工作机构的设置，同样经历不断变化的过程。1981年1月，第八届常委会成立后，即设立常委会办公室，作为常委会的日常服务与办事机构运行至今，其名称与职能未变。1986年1月，经第九届人大常委会第十二次会议决定，常委会增设政治法律组、财政经济组、科教文卫组。1988年8月，第十届人大常委会第十二次会议决定，新设司法民政科、财政经济科、农业科、科教文卫科，均为科级建制，同时撤销原政治法律组、财政经济组、科教文卫组。1990年2月，第十一届人大常委会第一次会议决定，新设司法民政工作委员会、农业财经工作委员会、教科文卫工作委员会，均为科级建制，同时撤销原司法民政科、财政经济科、农业科、科教文卫科。1991年3月，第十一届人大常委会第七次会议决定，增设代表联络工作委员会。2005年11月，经县机构编制委员会办公室批准，设立常委会信访室，为科级建制。2011年7月18日，经县机构编制委员会批准，撤销常委会农业财经工作委员会，设立农业工作委员会、财经工作委员会，均为科级建制，将常委会信访室调整为办公室内设机构。2015年8月20日，经县机构编制委员会批准，常委会内设机构按"两室五委"设置，即办公室、信访室、法制工作委员会、财经与城建工作委员会、农业与环境资源工作委员会、科教文卫与民侨工作委员会、人事与代表工作委员会，均为科级建制，均设主任、副主任各1名。2020年9月30日，经县委机构编制委员会批准，成立县人大事务服务中心，股级建制，核定全额拨款事业编制4名。2020年11月12日，经县委机构编制委员会批准，常委会内设机构设置调整为"两室六委"，即办公室、信访室、法制监察民侨工作委员会、财经预算工作委员会、农业城建环保工作委员会、教育科学文化卫生工作委员会、社会建设工作委员会、代表人事工作委员会，内设机构均设1正1副2名科级领导职数；将县人大事务服务中心调整为常委会下属副科级事业单位，设主任1名，编制和职责不变。

历届常委会高度重视自身思想作风建设和业务素质的提升。组织组成人员和机关工作人员，紧扣时代主题，有重点地学习中国共产党的路线、方针、政策，学习马克思列宁主义、毛泽东思想、邓小平理论、"三个代表"重要思想、科学发展观、习近平新时代中国特色社会主义思想，通过开展"三讲"（讲学习、讲政治、讲正气）教育、"三个代表"重要思想学习教育、保持共产党员先进性教育、警示教育、牢固树立正确的权力观教育、深入学习实践科学发展观、党的群众路线教育实践活动、"三学一改"（学理论、学政策、学典型，切实改进工作作风）教育、"三严三实"（严以修身、严以用权、严以律己；又谋事要实、创业要实、做人要实）专题教育、"两学一做"（学党章党规、学系列讲话，做合格党员）学习教育、"不忘初心、牢记使命"主题教育活动等，适时安排学习宪法及各项法律、法规，学习人大及其常委会有关业务知识，不断构建"学习型""服务型""效能型""创新型"机关，以保障人大及其常委会各项工作的良好运转。

历届常委会高度重视制度建设。不断加强对人大工作规律和工作特点的研究和探索，适时把成功有效的经验和做法制度化、规范化。完善常委会议事规则和主任会议制度，建立常委会与“一府一委两院”联席会、常委会工作机构与政府部门联系工作的制度，建立健全常委会讨论决定重大事项、财政预算审查监督、规范性文件备案审查、专题询问、审议意见办理满意度测评等制度。改进和修订常委会机关学习培训、公文管理、信息化建设、宣传工作等制度，规范机关办公、会务、财务、接待、差旅、请假、用车等工作管理，明确各专门委员会、工作机构工作规则及岗位职责，以制度规范来促进常委会及机关建设。并在实践中不断完善、创新与发展，使常委会各项工作走向制度化、规范化和法治化。

历届常委会高度重视理论研究工作。组成人员和机关工作人员在忠实履行职责、努力开展工作的同时，深入调查研究，勤于实践总结，注重宣传报道，不断探索人大工作的新情况、新问题，探索新形势下人大工作的新规律、新特点。围绕维护民权、关注民生、倾听民声，着力维护民主政治建设，不断进行理念更新，制度创新，方法革新，在宣传工作、代表工作、人事任免工作、依法监督工作等方面大胆探索和创新，撰写不少观点鲜明，切合实际的理论研讨文章和工作经验总结，在省、市人大工作会议和各级报刊上交流发表。这些资料较好地反映当时的人大工作实际情况，见证常委会学习、实践、创新的奋斗历程，并对加强和改进人大工作具有一定的借鉴意义。

纵览静宁解放、各界人民代表会议制度和人民代表大会制度实行70余年的光辉历程，静宁的民主法治建设经历了在探索中不断前进、在创新中不断提高、在总结中不断完善的过程。静宁县人民代表大会及其常委会，以马克思列宁主义、毛泽东思想、邓小平理论、“三个代表”重要思想、科学发展观、习近平新时代中国特色社会主义思想为指导，着眼于贯彻依法治国基本方略、提高依法执政能力，在促进静宁民主政治建设和依法治县进程中发挥不可替代的作用；着眼于促进物质文明与政治文明、精神文明协调发展，在促进静宁经济发展、社会进步、人民生活水平提高的进程中发挥不可替代的作用。实践证明，人民代表大会制度作为国家的根本政治制度，是与人民民主专政的国体相适应，具有中国特色的政权组织形式，是实现人民当家做主的根本途径。

社会主义现代化建设、国家治理能力和治理体系现代化步伐的加快，给人民代表大会制度的实施提出更新更高的要求。静宁县人民代表大会及其常委会以习近平新时代中国特色社会主义思想为指导，不断发挥职能作用，大力加强和改进工作，进一步体现时代性、把握规律性、富于创造性，把静宁县人民代表大会及其常委会的工作奋力推向一个新的阶段！

大事记

1949年

7月26日　中央西北局在西安决定设立解放后的静宁县人民政府（以下简称县政府），于光任县长。

8月6日　中国人民解放军第一野战军第十九兵团六十五军解放静宁，并委派一九四师某团政治部主任信宁主持工作。

8月14日　由晋南曲沃、延安大学抽调的48名西进工作团干部赶赴县城，宣布县政府成立，隶属会宁分区行政督察专员公署。9月，易名为定西分区行政督察专员公署。

8月　县政府成立后，将解放前原有的12个乡镇改编为5个区，以数字称，即一区（城关）、二区（威戎）、三区（治平）、四区（高界）、五区（甘沟），均设区公署。

9月　通过推荐、选举、邀请等方式，产生县第一届各界人民代表会议（以下简称各代会）代表106名。

10月26日至30日　县第一届各代会在县城召开，出席代表106名。选举产生由宋钦、于光、高保全、薛有俊、张生香、李文清、赵正清7人组成的各代会驻会委员会，宋钦为主席。根据《中国人民政治协商会议共同纲领》的规定，在普选的地方人民代表大会召开以前，由地方各代会逐步地代行人代会的职权。

11月至12月　增设六区（人和）、七区（仁当）。

12月至1950年1月　推选县第二届各代会代表183名。

1950年

1月25日至28日　全县农民代表会议召开，出席代表243名。会议推举成立由11人组成的县农代会筹备委员会；推选县第二届各代会农民代表75名。

1月29日至2月1日　县第二届各代会在县城召开，出席代表153名。选举产生由13人组成的第二届各代会常委会，宋钦为主席，刘文正为副主席。

5月　静宁县复归平凉专区管辖。

是月　推选县第三届各代会代表174名。

6月6日至8日　县第三届各代会在县城召开，出席代表149名。选举产生由12人组成的第三届各代会常委会，刘文正为主席，于光为副主席；选举于光、陈思义、黄彦昌（未出席）、苏万奎（回族，补选）、王尔全5人为省第一届各代会代表。

6月　增设八区（新民）、九区（单硊）、十区（红寺）。至此，全县区增至10个，下辖101个乡（街）。

11月　推选县第四届各代会代表174名。

12月7日至9日　县第四届各代会在县城召开，出席代表167名。选举产生由17人组成的第四届各代会常委会，刘文正为主席，于光为副主席。

1951年

4月至5月　推选县第五届各代会代表（名额不详）。

5月22日至25日　县第五届各代会第一次会议在县城召开，出席代表225名。选举产生第五届各代会常委会，刘文正为主席，于光、受庆龙为副主席。

7月　推选县第六届各代会代表260名。

8月4日　县第五届各代会第二次会议在县城召开，出席代表195名。

11月16日至20日　县第六届各代会在县城召开，出席代表237名。选举产生由17人组成的第六届各代会常委会，刘文正为主席，于光、受庆龙为副主席。

1952年

7月至8月　推选县第七届各代会代表253名。

8月12日至14日　县第七届各代会第一次会议在县城召开，出席代表235名。选举产生由17人组成的第七届各代会常委会，刘文正为主席，武德惠、王尔全为副主席。

10月16日至18日　县第七届各代会第二次会议在县城召开，出席代表198名。选举武德惠、王尔全、苏万奎（回族）、李万福、陈思义（补选）为省第二届各代会代表。

10月　增设十一区（四河）。

1953年

3月17日至20日　县第七届各代会第三次会议在县城召开，出席代表173名。

5月　增设十二区（贾河）、十三区（单硙），同时增划5个乡。

12月1日至3日　县第七届各代会第四次会议在县城召开，出席代表200名。

12月　将静宁县所辖十三区（单硙）及3个乡划归西吉县管辖。

1954年

2月26日至3月底　举行静宁县有史以来的第一次普选，共选出乡第一届人大代表1291名。在随后召开的乡一届人大一次会议上，选出县第一届人大代表215名。

3月　各区公署改称区公所（仍以数字称）。

6月　属隆德县所辖的原安区及5个乡划归静宁县，为十三区（原安）。至此，全县设13个区108个乡（街）。

7月4日至8日　县一届人大一次会议在县城召开，出席代表200名。选举李友仁、王尔全、贾子祯、王治邦、杨生兰（女）为省第一届人大代表。此次会议，标志着县人民代表大会制度的建立。

1955年

4月2日至6日　县一届人大二次会议在县城召开，出席代表190名。根据《中华人民共和国地方各级人民代表大会和地方各级人民委员会组织法》的规定，此次会议将县人民政府改为县人民委员会；县人民法院、县人民检察院从县政府组织序列中分离出来，成为独立行使审判权和从事法律监督的机关。选举产生由21人组成的县人委会，李友仁为县人委会县长，田平为县法院院长。

4月　各乡人民政府改为乡人民委员会。

6月　各区名称由以数字称改为以所在地称，即城关区、威戎区、治平区、高界区、甘沟区、人和区、仁当区、雷大区、高城寨区、红寺区、四河区、贾河区、车李区。

1956年

1月11日至12日　县一届人大三次会议在县城召开，出席代表187名。

2月　按照中央"撤销部分区，适当合并乡"的指示，对区、乡行政区划进行调整，撤销人和区、高城寨区、贾河区，将原13个区调整为10个区，新设城关镇（区级），原108个乡（街）调整为71个乡（街）。

6月　原属威戎区的景林、桃山、奠安3个乡划归隆德县，隆德县的秦王乡划归威戎区，撤销车李区的新堡、长河2个乡。

8月12日至9月6日　开展第二次基层选举工作，共选出乡人大代表3087名。在随后召开的乡（街）二届人大一次会议上，选出县第二届人大代表215名。

12月8日　县二届人大一次会议在县城召开，出席代表195名。选举产生由21人组成的县人委会，李友仁为县人委会县长，张国政、马存余（回族）、霍桂芳（女）为副县长。

12月　全县辖1个镇（城关镇）和10个区（城关、威戎、治平、高界、甘沟、仁当、雷大、红寺、四河、车李），67个乡（街）。

1957年

7月11日　县二届人大二次会议在县城召开（出席代表不详）。

1958年

2月至4月　开展第三次基层选举工作。选举产生乡镇第三届人大代表（名额不详）。在随后召开的乡镇三届人大一次会议上，选出县第三届人大代表195名。

3月　撤销10个区的建制，将67个乡（街）合并为35个乡，将城关镇改为乡级镇。

6月14日至17日　县三届人大一次会议在县城召开，出席代表195名，列席11名。选举产生由21人组成的县人委会，李文清为县人委会县长，张国政、马存余（回族）为副县长，张殿彪为县法院院长，张国政、王尔全、魏兰香（女）、刘有成、李丕显为省第二届人大代表。

9月　36个乡镇合并为15个乡镇，接着撤销乡镇建制，建立12个政社合一的人民公社。

12月　撤销庄浪县建制，其所辖的8个公社划归静宁县管辖，至此，静宁县辖20个公社。

1960年

12月　开展第四次基层选举工作，选举公社（镇）第四届人大代表（名额不详），在随后召开的公社（镇）四届人大一次会议上，选出县第四届人大代表305名。

1961年

12月　复置庄浪县行政区划，原属庄浪县的8个公社复归庄浪县管辖，153名代表因区划变更其代表资格终止。静宁县的公社规模由12个调整为29个。

1962年

5月　由10个选举单位补选县第四届人大代表49名，县第四届人大代表共201名。

5月21日至26日　县四届人大一次会议在人委会礼堂召开，出席代表145名，列席代表10名、机关干部151名。选举产生由23人组成的县人委会，李九利为县人委会县长，张国政、张书义为副县长，张殿彪为县法院院长。

1963年

3月5日至4月13日　开展第五次基层选举工作，选出公社（镇）第五届人大代表2036

名。在随后召开的公社(镇)五届人大一次会议上，选出县第五届人大代表239名。

6月6日至10日　县五届人大一次会议召开，出席代表174名。选举产生由23人组成的县人委会，李九利为县人委会县长，张国政为副县长，张殿彪为县法院院长，王尔全、尤振华、刘有成、朱凡英（女）、夏玉英（女）、李九利、薛效勤为省第三届人大代表。

1964年

2月　全县29个公社合并为15个公社。

10月　恢复城关镇。至此，静宁县辖城关镇和城川、威戎、曹务、雷大、仁大、李店、治平、甘沟、四河、红寺、高界、三合、原安、灵芝、司桥15个公社。

11月16日至20日　县五届人大二次会议召开，出席代表133名，列席18名。选举杜友梧为县法院院长。

1965年

9月　开展第六次基层选举工作，共选出公社（镇）第六届人大代表2336名。在随后召开的公社（镇）六届人大一次会议上，选出县第六届人大代表237名。

10月9日至15日　县六届人大一次会议在县委党校礼堂召开，出席代表169名，列席14名。选举产生由23人组成的县人委会，李九利为县人委会县长，史玉俊、徐培颖、魏礼芝为副县长，杜友梧为县法院院长。

1966年至1977年

县人民代表大会及县人民委员会被“临时权力机构”县革命委员会所取代，县人民代表大会停止召开。

1968年

3月　县革委会成立后，相继建立16个公社（镇）革委会。

1973年

1月　经省革委会批准，增设古城、细巷、双岘、新店、阳坡5个公社革委会。全县共辖21个公社（镇）。

1978年

9月　开展第七次基层选举工作，选举公社第七届人大代表2405名。在随后召开的公社七届人大一次会议上，选出县第七届人大代表302名。

12月7日至10日　县七届人大一次会议在县城召开，出席代表290名。选举产生由30人组成的县革委会，王怀琨为县革委会主任，郑建才、高富德、宋春明、部文学、张光明为副主任，杜友梧为县法院院长，曹炯文为县检察院检察长。此次会议，是“文化大革命”结束后，首次召开的县人民代表大会，标志着县人民代表大会制度进入一个逐步恢复和健全的阶段。

1979年

9月6日　全国人大常委会下发《关于县级以上地方各级人民代表大会常务委员会印章的规定》。

11月5日　全国人大常委会下发《关于县级以上地方各级人民代表大会常务委员会悬挂中华人民共和国国徽和挂机关名称牌子的通知》。

12月　恢复八里、石咀、田堡、祁川、后梁、贾河、七里、深沟8个公社，新增余湾公社，均建立革委会。至此，静宁县辖30个公社（镇）。

1980年

9月27日至10月6日　省第五届人大常委会第四次会议制定颁布《甘肃省县级直接选举实施细则》，标志着甘肃省第一件地方性法规的诞生。

11月上旬至1981年1月　开展第八次基层选举工作，这是县级第一次直接选举。选出县第八届人大代表210名，公社（镇）第八届人大代表1890名。

1981年

1月7日　省人大常委会办公厅下发《关于地方各级人大常委会印章国徽和挂牌问题的通知》。

1月11日至14日　县八届人大一次会议在县革委会大礼堂召开，出席代表207名。此次代表大会，是在实施《中华人民共和国全国人民代表大会和地方各级人民代表大会选举法》《中华人民共和国地方各级人民代表大会和地方各级人民政府组织法》、中国社会主义民主和法治有了很大发展、第一次由选民直接选举县代表后召开的，它是静宁县民主化进程一个新的开端。会议设立县人民代表大会常务委员会，作为县人民代表大会的常设机构，选举高富德为县人大常委会主任，张光明、马存余（回族）、刘文俊为副主任，委员11名；决定将县革命委员会改为县人民政府，选举郑建才为县政府县长，马世贞、郜文学、杜东海、钱樟炎、李怀仁为副县长；马子坤为县法院院长，曹炯文为县检察院检察长。

1月13日　省人大常委会办公厅下发《关于转发县级以上地方各级人大常委会对通过任命的干部发给任命书的通知的通知》。

1月14日　县八届人大常委会第一次会议讨论县人大常委会机构编制等事宜。

1月　根据《中华人民共和国地方各级人民代表大会和地方各级人民政府组织法》的规定，将公社、镇革命委员会分别改为公社管理委员会和镇人民政府。

4月1日　“静宁县人民代表大会常务委员会”印章正式启用。

4月24日至25日　县八届人大常委会第二次会议作出《关于静宁县1980年国民经济计划执行情况和1981年国民经济计划（草案）说明及财政预算的决议》。

6月13日　省委转发省人大常委会党组《关于贯彻执行中共中央〔1981〕16号文件的意见》，批准关于州、市、县（市、区）人大常委会机构设置及人员编制的意见。

6月19日　成立县八届人大常委会党组，由高富德、张光明、马存余、刘文俊、史国忠5人组成，高富德任书记，张光明任副书记。

8月21日至22日　召开县八届人大常委会第三次会议。

10月20日　“静宁县人民代表大会常务委员会办公室”印章正式启用。

12月4日　县人大常委会召开民法修改意见征求会议，县直有关单位、群众团体、企业及部分乡镇、村等23个单位参加。

1982年

1月13日　省人大常委会办公厅转发全国人大常委会办公厅《关于县级以上地方各级人大常委会对通过任命的干部发给任命书的通知》。

3月16日至17日　召开县八届人大常委会第四次会议。

3月29日至31日　县八届人大二次会议在县政府礼堂召开，出席代表171名。

5月26日至28日　县八届人大常委会第五次会议作出《关于组织全县人民学习讨论〈中华人民共和国宪法修改草案〉的决定》。首次行使国家机关工作人员任免权，任命政府部门负责人26名。

6月5日　县委成立讨论宪法修改草案领导小组，由高富德、范劲宇、张光明、马存余、杜东海、曹炯文、胡青汉7人组成，高富德任组长。

7月19日　县委、县人大常委会召开会议，安排部署宪法草案的组织学习讨论工作。

8月21日至23日　县八届人大常委会第六次会议作出《关于在全县开展法制宣传教育的决议》。

11月11日　召开县八届人大常委会第七次会议。

1983年

3月22日至23日　县八届人大常委会第八次会议学习第一次修正的《中华人民共和国全国人民代表大会和地方各级人民代表大会选举法》。

3月25日至28日　县八届人大三次会议在县城召开，出席代表185名，会议作出《关于静宁县1983年至本世纪末农业建设规划要点的决议》；选举马克勤（回族）、尹大光、戴彩花（女）、郑建才、赵崇德、程天爵为省第六届人大代表。

5月上旬　县人大常委会对曹务、古城、原安、李店4个公社执行返销粮政策及群众生活安排情况进行视察。

6月下旬　县人大常委会对饮食服务公司4个食堂、糖业烟酒公司酒库及第一门市部、药材公司东街门市部、社队企业局供销公司及县城门市部、卫生局待业青年门市部及食堂、县医院保健旅社、橡胶厂、搬运社、城关镇、物资局待业青年门市部、面粉厂食油加工、城关粮站食油供应、粮油议价公司城关营业部共11个单位所属19个营业部和6户个体工商户的物价、衡器及经营情况进行视察。

7月28日至29日　召开县八届人大常委会第九次会议。

10月30日至31日　召开县八届人大常委会第十次会议。

11月21日　召开县八届人大常委会第十一次会议。

11月1日至12月　开展第九次基层选举暨第二次县级直接选举工作，选举县第九届人大代表220名，公社（乡）第九届人大代表1907名。

12月　30个人民公社（镇）陆续召开九届人大一次会议，决定将人民公社（镇）建制改为乡（镇）建制，成立乡（镇）人民政府。

12月20日至21日　召开县八届人大常委会第十二次会议。

12月27日至30日　县九届人大一次会议在县政府礼堂召开，出席代表202名。选举高富德为县人大常委会主任、阎志洁为副主任，委员15名；郑建才为县政府县长，吕忠厚、张光复、郜文学、钱樟炎为副县长；马子坤为县法院院长，王锦华为县检察院检察长。

12月31日　召开县九届人大常委会第一次会议。

1984年

3月10日　县人大常委会讨论《甘肃省第六届人民代表大会常务委员会关于保护妇女儿童合法权益若干问题的决议（征求意见稿）》。

4月13日　召开县九届人大常委会第二次会议。

5月19日　召开县九届人大常委会第三次会议。

9月3日至4日　召开县九届人大常委会第四次会议。

11月27日至28日　召开县九届人大常委会第五次会议。

12月24日至25日　召开县九届人大常委会第六次会议。

12月27日至30日　县九届人大二次会议在县政府礼堂召开，出席代表196名。作出《关于静宁县农业区划报告的决议》《关于静宁县城区总体规划报告的决议》。

1985年

1月27日　县九届人大常委会第七次会议接受张光复辞去县政府副县长职务的请求，任命王文进为县政府副县长。

4月16日至18日　县九届人大常委会第八次会议补选吕国衡为省第六届人大代表。

7月26至27日　县九届人大常委会第九次会议作出《关于加强法制宣传普及法律常识的决议》。

9月28日至29日　召开县九届人大常委会第十次会议。

11月27日至29日　召开县九届人大常委会第十一次会议。

12月26日　县人大常委会机关被县委命名为文明单位。

1986年

1月12日　县九届人大常委会第十二次会议决定，县人大常委会增设政治法律组、财政经济组、科教文卫组3个内设机构。

2月21日至24日　县九届人大三次会议在县政府礼堂召开，出席代表195名。选举金福存为县政府县长，李怀仁、李雪松为副县长；作出《关于静宁县国民经济和社会发展第七个五年计划（草案）报告的决议》。

3月27日　县九届人大常委会第十三次会议接受吕忠厚辞去县政府副县长职务的请求，补选权执钧为省第六届人大代表。

5月24日　县九届人大常委会第十四次会议任命张会议为县政府副县长。

5月　撤销威戎乡、高界乡，设立威戎镇、高界镇。至此，全县辖27个乡3个镇。

7月7日至9日　召开县九届人大常委会第十五次会议。

9月12日　召开县九届人大常委会第十六次会议。

10月30日至11月1日　县九届人大常委会第十七次会议作出《关于加强审计监督工作的决议》。

11月12日　召开县九届人大常委会第十八次会议。

11月至1987年1月　开展第十次基层选举暨第三次县级直接选举工作，选出县第十届人大代表219名，乡镇第十届人大代表1811名。

12月12日　召开县九届人大常委会第十九次会议。

1987年

1月2日　召开县九届人大常委会第二十次会议。

1月8日至11日　县十届人大一次会议在县政府礼堂召开，出席代表202名。选举高富德为县人大常委会主任，阎志洁、郜文学、张光明为副主任，委员13名；金福存为县政府县长，张国盛、李雪松、张会议、王文进为副县长；马子坤为县法院院长；陈贵录为县检察院检察长；作出《关于修建静宁县中医院议案的决议》。

2月23日至24日　县十届人大常委会第一次会议作出《关于撤销违法选举产生的红寺乡政府委员会的决定》。从这次会议开始，代表资格审查委员会由原来的人民代表大会临时机构变为人大常委会常设机构。

4月下旬　县人大常委会对威戎、李店、甘沟、高界4个中心卫生院和城川卫生院及11个村卫生所进行视察。

5月4日至5日　县十届人大常委会第二次会议作出《关于静宁县城区建设总体规划个别调整的决议》和《关于学习贯彻全国人大常委会〈决定〉的决议》。

7月27日至28日　召开县十届人大常委会第三次会议。

9月2日至8日　县人大常委会对农业办公室、农牧局（包括农技中心、兽医站）、林业局、水利局、农机局等部门，祁川、甘沟、双岘、雷大4个乡及6个村、5个社1986年“两西”农业专项资金管理使用情况进行调研。

9月16日至17日　召开县十届人大常委会第四次会议。

10月上旬　县人大常委会对8个人民法庭和10个公安派出所1987年以来的工作进行调研。

10月4日至26日　县人大常委会对双岘等10个乡镇的小学改善办学条件和中学、中心小学的教学管理、教学质量进行视察。

10月28日　召开县十届人大常委会第五次会议。

11月6日至7日　召开县十届人大常委会第六次会议。

11月9日至10日　县十届人大二次会议在县文化馆大楼三楼县总工会会议室召开，出席代表191名。选举李文彬、丁齐、高富德、杨耀忠、刘宗勤、米凤翔（女，回族）吴兴文为省第七届人大代表。

12月14日　召开县十届人大常委会第七次会议。

1988年

1月　县人大常委会组织省第七届人大代表高富德、杨耀忠、吴兴文、刘宗勤、米凤翔（女，回族），对静宁县教育、医疗卫生、农用生产资料供应工作和1987年财政收支情况进行视察。

1月11日至12日　召开县十届人大常委会第八次会议。

3月1日　召开县十届人大常委会第九次会议。

3月6日至8日　县十届人大三次会议在县政府礼堂召开，出席代表174名。

3月下旬　县人大常委会对细巷、古城2个乡6个村12个合作社群众生活安排情况进行调研。

5月3日　县人大常委会、县政府、县政协联席会议研究县人大、县政协宿办楼设计、建设事宜。

5月上旬　县人大常委会对细巷、红寺、四河、城川4个乡12个村土地管理使用和《中华人民共和国土地管理法》贯彻执行情况进行调研。

5月26日至28日　县十届人大常委会第十次会议作出《关于县城区建设总体规划个别调整的决定》《关于贯彻〈省人大常委会执法检查的决定〉的决定》，审议通过《静宁县人大常委会任免国家机关工作人员暂行办法》。

6月下旬　县人大常委会对曹务、威戎、仁大、雷大、原安、灵芝、甘沟7个乡镇卫生院、12个村卫生所工作进行视察。

6月29日　县十届人大常委会第十一次会议任命赵国琳为县政府副县长。

8月　县人大、县政协宿办楼正式开工建设。

8月30日至31日　县十届人大常委会第十二次会议决定，县人大常委会内设机构新设司法民政科、农业科、财经科、教科文卫科，同时撤销原政治法律组、财政经济组、科教文卫组。

10月中旬　县人大常委会对文化系统各单位及体委的工作进行调研。

11月15日至16日　召开县十届人大常委会第十三次会议。

12月30日　召开县十届人大常委会第十四次会议。

1989年

1月10日　县十届人大常委会第十五次会议接受金福存辞去县政府县长职务的请求。

1月12日至14日　县十届人大四次会议在县政府礼堂召开，出席代表208名。选举韩豫平为县政府县长。

3月20日至21日　召开县十届人大常委会第十六次会议。

4月上旬　县人大常委会对灵芝、双岘、贾河3个乡特困户的生活安排及社会救济工作进行调研。

4月下旬　县人大常委会对原安、三合、深沟、四河、田堡5个乡学区及教育培训中心、一中、二中、城关小学等29所学校学龄儿童入学等“四率”情况、学费收支管理情况，进行为期12天的调研。

5月2日至4日　县人大常委会对城区建设总体规划实施、环境保护及防洪排洪工作进行视察。

6月19日至21日　召开县十届人大常委会第十七次会议。

8月21日至22日　县十届人大常委会第十八次会议审议通过《静宁县人大常委会工作规则（试行）》，标志着县人大及其常委会的工作开始步入规范化制度化的轨道。

9月上旬　县人大常委会对公、检、法、司各部门执法活动、社会治安综合治理情况进行调研。

9月27日至28日　召开县十届人大常委会第十九次会议。

11月7日　县十届人大常委会第二十次会议任命安静修为县政府副县长。

10月至1990年1月　开展第十一次基层选举暨第四次县级直接选举工作，选出县第十一届人大代表230名，乡镇第十一届人大代表1295名。

12月25日至26日　县十届人大常委会第二十一次会议补选王郁仁为省第七届人大代表。

12月底　陆续召开乡镇十一届人大一次会议。此次会议设立乡镇人大主席团和主席团常务主席，其中专职23名，兼职7名，标志着乡镇人大自此有了专门的工作机构和负责人。

1990年

1月8日至11日　县十一届人大一次会议在县政府礼堂召开，出席代表221名。选举部文学为县人大常委会主任，阎志洁、李克科、赵智荣、陈松友为副主任，委员12名；韩豫平为县政府县长，张国盛、张会议、王文进、安静修、赵国琳为副县长；漆忠义为县法院院长，陈贵录为县检察院检察长。

2月19日至20日　县十一届人大常委会第一次会议补选省人大常委会法制工作委员会副主任马斌为省第七届人大代表，决定县人大常委会内部机构由“三委一室”组成，即司法民政工作委员会、教科文卫工作委员会、农业财经工作委员会和办公室，撤销原司法民政科、财政经济科、农业科、科教文卫科。

2月22日　县直党政机关、事业单位全体干部大会宣布关于县政府组成人员的任命决定，并向31名组成人员颁发任命书。

3月20日至26日　县人大常委会对甘沟、七里、高界、雷大、城川、城关6个农电管理站和甘沟、新店、祁川、七里、原安、雷大、双岘、后梁、余湾、城川、城关11个乡镇及所属17个村委会、39个合作社、1个居委会农电管理情况进行调研。

4月11日　全县乡镇人大主席会议学习《中华人民共和国地方各级人民代表大会和地方各级人民政府组织法》《甘肃省各级人民代表大会议事规则》《静宁县乡镇人民代表大会常务主席团及常务主席工作简则（试行）》。

4月27日至28日　县十一届人大常委会第二次会议作出《关于加强农电管理工作的决议》，审议通过《静宁县乡镇人民代表大会主席团及常务主席工作简则（试行）》。

5月22日至6月10日　县人大常委会对李店、威戎、甘沟3所完全中学，白草洼、新华、红寺、灵芝4所独立初中，李店、威戎、甘沟、红寺、灵芝5个乡镇的17所小学思想政治教育和教学质量情况进行视察。

5月下旬至6月上旬　县人大常委会对高界、红寺、仁大、威戎、城关5个基层法庭和公安派出所政法队伍建设及1989年以来依法办案情况进行调研。

7月27日至28日　召开县十一届人大常委会第三次会议。

8月　县人大常委会对高界、八里、司桥、甘沟、威戎、曹务、城川7个乡镇农业技术推广区站、畜牧兽医工作站、水管站和农牧科技试验、示范点科技兴农工作进行调研。

9月17日至18日　县十一届人大常委会第四次会议作出《关于进一步加强廉政建设的决议》。

10月22日至29日　县人大常委会对县医院、县中医院和城川、新店、李店、细巷、原安、红寺乡卫生院及新店乡甘坡村、细巷乡谭店村、红寺乡化沟村卫生所医德医风建设情况进行视察。

11月16日至17日　召开县十一届人大常委会第五次会议。

11月23日　县人大常委会主任和“一府两院”三长联席会议通报县人大常委会联系人大代表时征求到的意见建议，并讨论办理事宜。

12月中旬　县人大常委会组织省第七届人大代表高富德、杨耀忠、王郁仁、米凤翔（女，回族），对静宁县农机、水利、医疗卫生工作和中小学课本发放情况进行视察。

12月13日至14日　乡镇人大主席团常务主席会议学习讨论《甘肃省人大规则》和《甘肃省乡镇人大主席团工作条例》，汇报交流乡镇人大工作。

12月25日　县十一届人大常委会第六次会议作出《关于〈静宁县城区抗震防灾规划〉的决议》。

1991年

1月18日　召开纪念县人大常委会成立10周年座谈会。

2月至5月　县人大常委会工作组会同威戎镇人大主席团，对威戎供销社和法庭的工作进行调研和评议。首开县人大常委会面对面评议活动。

3月6日　县十一届人大常委会第七次会议决定增设县人大常委会代表联络工作委员会，为科级建制。

3月7日至10日　县十一届人大二次会议在县政府礼堂召开，出席代表190名。作出《关于静宁县国民经济和社会发展十年规划及“八五”计划的决议》。

4月3日至9日　县人大常委会对农村广播网建设和管理情况进行视察。

4月19日至20日　县十一届人大常委会第八次会议作出《关于加强农村有线广播

建设的决议》。

5月9日　县人大常委会对全县贯彻实施《中华人民共和国义务教育法》《中华人民共和国水法》《全国人大常委会关于禁毒的决定》《甘肃省人大常委会关于查禁毒品的规定》《国务院工业产品质量责任条例》《甘肃省保护消费者合法权益条例》《甘肃省实施义务教育法办法》《甘肃省实施水法办法》情况进行检查。

5月至6月　县人大常委会对全县贯彻实施《中华人民共和国义务教育法》情况进行检查。

6月4日至7日　县人大常委会组织省第七届人大代表高富德、杨耀忠、王郁仁、米凤翔（女，回族），对全县1991年国民经济和社会发展计划执行情况、财政预算执行情况、纠正行业不正之风、社会治安综合治理和禁毒工作进行视察。

6月5日至14日　县人大常委会对威戎等15个乡镇的15所中学、35所小学教师队伍建设情况进行调研。

6月26日至27日　县十一届人大常委第九次会议作出《关于加强社会治安综合治理的决议》，审议通过《静宁县人大常委会联系人大代表办法》，任命李怀仁为县政府副县长、代理县长。

8月　县人大、县政协宿办楼竣工。

8月2日至3日　县十一届人大常委会第十次会议作出《关于批准静宁县国民经济和社会发展规划及"八五"计划部分指标调整的决议》。

8月31日　省人大常委会副秘书长尚志仁、代表联络处处长梁宗忠到静宁县召开省人大代表座谈会，听取代表们的意见和建议。

9月9日至10日　由全国人大常委会委员、北京师范大学副校长许嘉璐，北京化工学院副教授邢文卫、国家教委基础教育司义务教育实施处处长姜永久组成的全国人大常委会赴甘肃检查组，对静宁县贯彻执行《中华人民共和国义务教育法》情况进行检查。第七届全国人大代表、省委统战部副部长邓成城、省人大常委会副秘书长石怀川、省教委副主任罗鸿福、地委副书记张新民、省人大平凉地区工委副主任宋拴民、地区教育处处长雷彦治陪同检查。

9月23日　县人大、县政协宿办楼通过验收，正式投入使用。

10月18日至19日　县十一届人大常委会第十一次会议作出《关于在全县开展法制宣传教育第二个五年规划的决议》。

11月　全县乡镇人大主席团常务主席会议传达省人大常委会代表工作会议精神，听取乡镇人大工作汇报，研究召开乡镇十一届人大三次会议事宜。

11月18日至24日　县人大常委会对八里、双岘、仁大、四河、原安5个乡镇农村资产管理改革工作进行调研。

12月9日至11日　县人大常委会组织省第七届人大代表高富德、杨耀忠、王郁仁、米凤翔（女，回族），对全县1991年普法教育和执法检查工作进行视察。

12月25日至26日　召开县十一届人大常委会第十二次会议。

1992年

1月15日至17日　县十一届人大三次会议在县政府礼堂召开，出席代表205名。选举李怀仁为县政府县长，马子坤为县人大常委会副主任。

2月20日　召开县十一届人大常委会第十三次会议。

3月下旬　县人大常委会对仁大、贾河、李店、雷大、双岘、威戎、古城、甘沟、细巷、红寺、高界、灵芝、八里、司桥14个乡镇的春耕、抗旱生产情况进行调研。

3月25日至4月6日　县人大常委会对县教育培训中心及一中、二中、高界、威戎、四河、红寺、双岘7所中学和高界、威戎、四河、双岘4所中心小学、云萃小学，县商业局、火柴厂、化工厂等单位《国家体育锻炼标准》达标情况进行调研。

4月下旬　县人大常委会对10个乡镇卫生院所和28个村卫生室的医疗卫生工作进行检查。

4月20日至5月下旬　县人大常委会对威戎镇人大主席团的工作进行帮助指导，组织县、乡两级人大代表在威戎供销社和法庭开展评议试点工作，并于19日至20日召开评议大会。

5月11日至12日　召开县十一届人大常委会第十四次会议。

5月30日至6月2日　省人大常委会副主任王占昌带队，对县火柴厂、兴飞地毯厂、塑料制品厂和灵芝、李店两乡工农业生产情况以及静宁县贯彻中共中央有关文件、加快改革、促进城乡经济建设和县乡人大工作进行检查。地委副书记冯忠和、地区人大工委副主任宋拴明陪同检查。

6月3日　县人大常委会主任会议研究县政府关于建议对城区总体规划作局部调整的报告，并作出批复。

6月8日　县人大常委会组织省人大代表及部分县、乡人大代表，学习讨论《中华人民共和国全国人民代表大会和地方各级人民代表大会代表法》。

6月下旬　县人大常委会对城关、城川、贾河等10个乡镇的乡镇企业发展情况进行调研。

7月20日　召开县十一届人大常委会第十五次会议。

8月上旬　县人大常委会对阳坡、石咀、甘沟等8个交通局所属乡级公路养护站以及运输管理所、汽车运输公司等单位县乡公路建设、交通运输管理工作进行检查。

8月13日　县十一届人大常委会第十六次会议任命赵国全、杨成堂为县政府副县长。

8月27日至9月5日　县人大常委会对经委、教育、公安、林业、文化、卫生、民政7个县直单位和威戎、高界、红寺、四河、甘沟、余湾、仁大、李店、司桥、灵芝10个乡镇贯彻中共中央、全国人大常委会、省人大常委会关于加强社会治安综合治理的决定、决议情况，以及《中华人民共和国全民所有制工业企业法》《中华人民共和国未成年人保护法》《中华人民共和国森林法》《中华人民共和国药品管理法》《中华人民共和国残疾人保障法》等法律、法规贯彻实施情况，进行重点检查和抽查。

9月至11月　开展第十二次基层选举暨第五次县级直接选举工作，选举县第十二届人大代表241名，乡镇第十二届人大代表1320名。

10月15日至16日　召开县十一届人大常委会第十七次会议。

11月19日　县十一届人大常委会第十八次会议通过召开县十二届人大一次会议的有关事项。

11月27日至29日　县十二届人大一次会议在县政府礼堂召开，出席代表235名。选举吕忠厚为县人大常委会主任，阎志洁、李克科、赵智荣、马子坤、陈松友为副主任，委员11名；李怀仁为县政府县长，张会议、安静修、赵国全、杨成堂、陈向华（女）为副县长；漆忠义为县法院院长，陈贵录为县检察院检察长；丁齐、马斌、吕忠厚、李佩红（女）、段积昌、景宗健、翟沪兰（女）为省第八届人大代表。从该届开始，县人民代表大会每届任期由3年改为5年。

12月17日至18日　县人大常委会组织省第八届人大代表吕忠厚、段积昌、翟沪兰（女）、李佩红（女）、景宗健视察县财政和社会治安管理工作。

1993年

2月22日至23日　县十二届人大常委会第一次会议通过对县政府各组成部门负责人的任命决定。

2月25日　县人大常委会召开任命大会，给县政府组成部门负责人颁发任命书。

3月3日至15日　县人大常委会对仁大、后梁、李店、治平4个乡1991年至1992年农民负担情况及村级资产管理、农业生产成本和收益情况进行调研。

4月19日至20日　县十二届人大常委会第二次会议作出《关于1992年财政决算和1993年财政预算报告的决议》。

5月17日至27日　县人大常委会对雷大、高界、新店、曹务4个乡镇中小学校舍建设情况进行调研。

6月9日至12日　县人大常委会对火柴厂、印刷厂、化工厂、农机厂、毛针织厂等5家全民所有制工业企业贯彻实施《全民所有制工业企业转换经营机制条例》情况进行调研。

6月下旬　县人大常委会组织省第八届人大代表吕忠厚、段积昌、翟沪兰（女）、景宗健和部分县、乡人大代表，对静宁县农民负担情况和《全民所有制工业企业转换经营机制条例》贯彻落实情况进行视察。

6月29日至30日　召开县十二届人大常委会第三次会议。

8月3日至5日　县人大常委会对甘沟、四河、红寺、细巷、祁川、李店、雷大、古城、高界、三合10个乡镇政府所在地和公路沿线的51家药品经营单位、村卫生所、个体药店、诊所的药品经营情况进行检查。

8月28日　召开县十二届人大常委会第四次会议。

10月28日至29日　召开县十二届人大常委会第五次会议。

11月19日　县十二届人大常委会第六次会议任命赵景山为县政府副县长。

11月下旬　县人大常委会对威戎、高界、城关所辖区域文化市场管理情况进行调研。

12月21日　召开县十二届人大常委会第七次会议。

1994年

1月6日　召开县十二届人大常委会第八次会议。

1月17日至19日　县十二届人大二次会议在县政府礼堂召开，出席代表212名。

3月14日　召开县十二届人大常委会第九次会议。

4月26日　县十二届人大常委会第十次会议作出《关于静宁县1994年财政收支预算调整的决议》。

5月23日至26日　县人大常委会对原安、三合、高界、红寺、司桥、曹务、石咀、李店8个乡镇道路建设情况进行调研。

6月15日至17日　县人大常委会对祁川、城川、细巷、高界4个乡镇水利建设、管理及抗旱情况进行调研。

6月28日　召开县十二届人大常委会第十一次会议。

8月17日　召开县十二届人大常委会第十二次会议。

8月中旬　县人大常委会对城区市容整建工作进行调研。

8月23日　县十二届人大三次会议在县政府礼堂召开，出席代表196名。选举赵景山为县政府县长、靳士孔为副县长。

9月24日　召开庆祝人民代表大会成立40周年座谈会。

9月28日　召开县十二届人大常委会第十三次会议。

11月5日至6日　召开全县乡镇人大工作会议。

11月15日至16日　召开县十二届人大常委会第十四次会议。

12月28日　召开县十二届人大常委会第十五次会议。

1995年

1月　召开县十二届人大常委会第十六次会议。

1月11日至13日　县十二届人大四次会议在县政府礼堂召开，出席表221名。选举漆忠义、段积昌为县人大常委会副主任；许富忠为县政府副县长；张金业为县法院院长；作出《关于静宁县“九五”及到2010年国民经济和社会发展规划的决议》。

2月22日至28日　八届全国人大常委会第十二次会议通过关于修改《中华人民共和国全国人民代表大会和地方各级人民代表大会选举法》《中华人民共和国地方各级人民代表大会和地方各级人民政府组织法》的决定。修改后的组织法规定："乡（镇）人大设立主席，并可设副主席1至2人，在闭会期间组织代表工作。"

3月13日　县十二届人大常委会第十七次会议作出《关于静宁县1995年财政收支预算调整的决议》。

4月18日　召开县十二届人大常委会第十八次会议。

4月21日至26日　县人大常委会对治平、李店、双岘、城川、石咀、三合6个乡发展果品产业情况进行调研。

5月9日至10日　召开县十二届人大常委会第十九次会议。

6月中旬　县人大常委会对县一中、县水泥厂，四河、仁大、高界、原安4个乡镇及其所属中学、中心小学体育工作进行调研。

6月　县人大常委会对县工商局及其局长王守财1993年以来的工作进行调研。

7月11日至12日　县十二届人大常委会第二十次会议评议县工商局及其局长王守财的工作。首开县人大常委会对县直部门及其负责人进行评议活动。

8月5日至9日　县人大常委会对化工厂、水泥公司、淀粉厂、农机厂、印刷厂、人造板厂、火柴厂7家国有工业企业，砖瓦厂、橡胶厂、工艺厂、服装厂、编织袋厂、建安公司6家集体企业以及毛针织厂（私企）1至7月份产销及扭亏增盈情况进行调研。

8月24日至25日　省人大常委会副主任穆永吉同省民政厅农救处处长刘双印、省政府办公厅原副主任陈明，对静宁县抗旱救灾、群众生活安排以及人大执法检查、评议等工作开展情况进行检查。地委副书记、地区人大工委主任张新民陪同检查。

9月6日　召开县十二届人大常委会第二十一次会议。

10月31日　召开县十二届人大常委会第二十二次会议。

11月至12月　开展乡镇人大代表换届选举工作，选举乡镇第十三届人大代表1492名。

12月底　陆续召开乡镇十三届人大一次会议。此次会议，选举乡镇人大主席团专职主席17名，兼职主席13名（均由乡镇党委书记兼任），专职副主席13名。自此，乡镇人大主席团为正科级建制。

12月上旬　县人大常委会对高界、原安、灵芝、司桥、八里、余湾、古城7个乡镇1995年教育目标管理责任书落实、第二个教育年活动及九年义务教育开展情况进行检查，并对高界、灵芝、司桥、古城4个乡镇"普九"工作进行评估验收。

12月28日　召开县十二届人大常委会第二十三次会议。

1996年

1月11日　县人大常委会组织省第八届人大代表吕忠厚、段积昌、翟沪兰（女）、李佩红（女）、景宗健及部分县人大代表，对静宁县财政预算、《中华人民共和国农业法》的贯彻实施及社会治安综合治理情况进行视察。

1月20日　县十二届人大常委会第二十四次会议任命文步高为县政府副县长。

1月23日至25日　县十二届人大五次会议在县政府礼堂召开，出席代表206名。选举朱春林为县人大常委会副主任；杨志军为县法院院长、张学明为县检察院检察长；作出《关于“九五”及到2010年国民经济和社会发展规划修订意见的报告的决议》。

3月28日　县十二届人大常委会第二十五次会议作出《关于认真贯彻〈甘肃省计划生育条例〉加强计划生育工作的决议》。

5月12日至14日　县人大常委会对细巷、灵芝、原安3个乡群众生活安排情况、各粮管所粮质和供应情况进行调研。

5月29日　召开县十二届人大常委会第二十六次会议。

7月中旬　县人大常委会对阳坡、三合、四河、田堡、红寺5个乡实施“121”雨水集流工程情况进行调研。

7月31日　召开县十二届人大常委会第二十七次会议。

10月　省人大常委会主任卢克俭到静宁县视察工作，并考察城关小学。

10月4日　召开县十二届人大常委会第二十八次会议。

10月上旬　县人大常委会对当年实现“普九”目标的深沟、四河、三合、新店、田堡、原安、余湾、贾河8个乡“普九”工作进行为期15天的督导检查。

10月中旬　县人大常委会对县卫生局机关、城区医疗单位及城川、威戎、高界、雷大、古城、新店、甘沟、李店8个乡镇卫生院的工作进行调研。

11月28日至29日　县十二届人大常委会第二十九次会议听取并评议县卫生局及其局长王守荣的工作。

1997年

1月14日　召开县十二届人大常委会第三十次会议。

1月20日　县十二届人大常委会第三十一次会议接受赵景山辞去县政府县长职务、杨成堂辞去县政府副县长职务的请求。

1月22日至24日　县十二届人大六次会议在县政府礼堂召开，出席代表198名。选举李长明为县政府县长，张自杰为副县长。

3月　高界镇更名为界石铺镇。

3月20日　县十二届人大常委会第三十二次会议作出《关于静宁县1997年财政收支预算调整的决议》。

5月9日　省人大常委会主任卢克俭到静宁县视察工作。

5月上旬　县人大常委会对法院、检察院、公安局、司法局政法队伍建设情况进行视察，并走访部分人大代表、有关部门负责人，听取对政法队伍建设及执法工作的意见、建议。

5月20日　县十二届人大常委会第三十三次会议提出《关于县级财政预算执行情况审计工作及政法队伍建设工作的审议意见》。

6月16日　县人大常委会在县农技中心四楼会议室召开县农牧局及其局长工作述职评议动员大会。

6月19日至20日　全县乡镇人大主席会议对乡镇人大主席进行业务培训。

6月下旬　县人大常委会对县农牧局机关、农技中心、畜牧中心、经营管理站、种子公司、良种繁育场和高界、七里、威戎、古城、雷大、双岘6个乡镇及农牧系统在乡镇的基层单位的工作进行调研。

7月24日　县十二届人大常委会第三十四次会议评议县农牧局及其局长陈进财的工作；作出《关于依法治县的决议》。

7月26日　县委下发《关于贯彻地委〈关于进一步加强人大工作的决定〉的实施意见》。

7月29日　县委召开全县人大工作会议，传达省八届人大五次会议精神和地委人大工作会议精神，安排部署全县人大工作。地区人大工委副主任史中出席会议。

8月下旬　县人大常委会对百货公司、糖酒公司、火柴厂、印刷厂4家企业扭亏增盈工作情况进行调研。

8月25日至30日　县人大常委会对四河、界石铺、灵芝3个乡镇的扶贫攻坚工作进行调研。

9月18日　召开县十二届人大常委会第三十五次会议。

9月至11月　开展县人大代表换届选举工作，选举县第十三届人大代表212名。

10月30日　召开县十二届人大常委会第三十六次会议。

11月17日　召开县十二届人大常委会第三十七次会议。

11月23日至25日　县十三届人大一次会议在县政府礼堂召开，出席代表209名。选举吕忠厚为县人大常委会主任，靳士孔、李克科、赵智荣、朱春林为副主任，委员14名；毛文平为县政府县长，许富忠、张自杰、张维国、王星耀为副县长；杨志军为县法院院长，李居洲为县检察院检察长；李重庵、赵景山、翟沪兰（女）、吕生福、罗鹏忠为省第九届人大代表。

12月24日　县人大常委会组织省第九届人大代表翟沪兰（女）、罗鹏忠、吕生福学习《中华人民共和国全国人民代表大会和地方各级人民代表大会代表法》《中华人民共和国全国人民代表大会和地方各级人民代表大会选举法》《中华人民共和国地方各级人民代表大会和地方各级人民政府组织法》，听取财政等有关方面的工作汇报。

1998年

1月13日　召开县十三届人大常委会第一次会议。

3月18日　县十三届人大常委会第二次会议作出《关于全县1997年财政预算执行

情况和1998年财政收支预算调整的决议》。

4月22日至28日　县人大常委会对灵芝、原安、司桥、八里、甘沟、四河、深沟、治平、后梁、城川10个乡镇道路建设和县乡公路养护工作进行调研。

4月30日　召开政法队伍整顿工作县人大代表座谈会。

5月18日　召开县十三届人大常委会第三次会议。

7月4日　全县乡镇人大主席会议学习省委和省人大常委会关于依法治省、县委和县人大常委会关于依法治县的决定和决议，讨论研究静宁县依法治乡工作。

7月10日　地区人大工委副主任史中、李尧华到静宁县联系走访省第九届人民代表。

7月下旬　县人大常委会对治平、城川、灵芝等乡及城关镇峡口至城川红旗、静西公路沿线、甘渭子川、祁川至田堡公路沿线、312国道沿线、细巷至红寺6条千亩果带、万亩早酥梨基地果品产业化发展情况进行调研。

7月底至8月初　县人大常委会对司法、教育、邮电、经委等单位及甘沟、威戎、界石铺、双岘、古城等乡镇“三五”普法工作进行调研。

8月21日　县十三届人大常委会第四次会议提出《关于果品产业化发展的审议意见》；作出《关于进一步深入开展“三五”普法教育的决议》。

9月中旬　县人大常委会对城区4所中学、2所幼儿园、城关小学、职教中心、女子职中、教育局机关及原安、双岘、四河、仁大、石咀、城关6个乡镇教育工作进行调研。

10月13日至14日　县十三届人大常委会第五次会议听取并评议县教育局及其局长文武的工作。

10月20日　省人大常委会副主任姚文仓、农业工委副主任丁齐视察七里乡早酥梨栽培、日光温室建设和八里乡马圈山水土保持综合治理示范区建设。地区人大工委副主任史中陪同视察。

10月30日　县人大常委会召开行政执法责任书签订大会。

11月至12月　开展乡镇人大代表换届选举工作，选举乡镇第十四届人大代表1494名。

12月上旬　县人大常委会对就业服务局、乡镇企业局、商业局国有企业下岗职工基本生活保障和再就业工作情况进行调研。

12月22日　召开县十三届人大常委会第六次会议。

1999年

1月5日至月底　县人大常委会对县法院工作进行调研。

1月12日　召开县十三届人大常委会第七次会议。

1月14日至16日　县十三届人大二次会议在县政府礼堂召开，出席代表195名。选举岳具辉为县人大常委会副主任。

3月22日至23日　县十三届人大常委会第八次会议作出《关于静宁县1999年财政收支预算调整的决议》；对县法院及其院长杨志军，副院长蔡尚志、赵忠厚、张正伟的工作进行评议。

5月31日　召开县十三届人大常委会第九次会议。

7月上旬　县人大常委会对全县林业工作进行调研。

7月30日　县十三届人大常委会第十次会议听取、评议县林业局及其局长戴三姓的工作。

9月上旬　县人大常委会对印刷厂、县水泥（集团）公司、陇兴化工公司、人造板厂4家国有工业企业和糖酒公司、运销公司2家国有商业企业改制以来的运行情况及有关问题进行调研。

10月7日　召开县十三届人大常委第十一次会议。

11月1日　省《人民之声报》副总编、14名记者采访团团长李小舟带队，到静宁县采访。

11月中旬　县人大常委会对细巷、曹务、李店、三合4个乡1997年以来的小学校舍及配套建设情况进行调研。

11月20日　原省委书记李子奇、省政协主席杨振杰，省委常委、宣传部部长马西林，省人大常委会副主任姚文仓，省政府副省长吴碧莲、李重庵参加成纪文化城落成庆典。

12月3日　召开县十三届人大常委会第十二次会议。

2000年

1月7日至8日　召开县十三届人大常委会第十三次会议。

3月19日　召开县十三届人大常委会第十四次会议。

3月21日至23日　县十三届人大三次会议在县政府礼堂召开，出席代表197名。选举祁治国为县人大常委会副主任。

5月14日　县十三届人大常委会第十五次会议作出《关于静宁县2000年财政收支预算调整的决议》《关于认真实施西部大开发战略切实搞好退耕还林（草）工作的决议》。

5月至7月　县人大常委会同县委、县政府、县政协领导班子和领导干部一起开展以“三讲”（讲学习、讲政治、讲正气）为主要内容的党性党风教育。

8月18日　县十三届人大常委会第十六次会议通过《静宁县人大常委会工作规则》《静宁县人大常委会任免国家机关工作人员暂行办法》《静宁县人大常委会联系人大代表办法》《静宁县人大常委会办公室和各工作委员会职责》。

9月中旬　县人大常委会调研组深入农牧局、水利局、林业局、水保局、农技中心、技术监督局、国资局、物委、农机局机关和曹务、石咀、古城、界石铺、三合、红寺、细巷等乡镇，征求对县农机局工作的意见和建议。

9月28日　县十三届人大常委会第十七次会议听取、评议县农机局及其局长何升堂的工作。

9月至10月　县人大常委会机关开展警示教育活动。

10月25日　召开县十三届人大常委会第十八次会议。

11月29日　县十三届人大常委会第十九次会议通过灵芝乡杨渠村32名选民关于罢免县第十三届人大代表阎继富代表资格的请求。

2001年

1月6日　县十三届人大常委会第二十次会议作出《关于表彰奖励优秀县人大代表的决定》。

1月10日至13日　县十三届人大四次会议在县政府礼堂召开，出席代表197名。

3月8日至12日　县人大常委会对全县市政建设和管理工作进行调研。

3月21日　召开县十三届人大常委会第二十一次会议。

3月22日　县人大常委会召开会议，征求对《甘肃省信访工作条例》的修改意见。

5月10日至14日　县人大常委会对四河、田堡、石咀、古城、阳坡、仁大等乡镇边远山区小学校舍排危情况进行调研。

5月29日　县十三届人大常委会第二十二次会议作出《关于2001年全县财政收支预算调整的决议》。

6月1日至8日　县人大常委会对李店、古城、三合、田堡等16个乡镇及县直有关部门2001年果、薯、菜、药、畜五大产业开发情况进行调研。

6月中旬至下旬　县人大常委会对县检察院的工作及其正、副检察长履行职责情况进行调研。

7月13日　地区人大工委主任柳沛明带队，督查指导静宁县人大工作。

7月18日　县十三届人大常委会第二十三次会议听取和评议县检察院及其检察长李居洲，副检察长孙延震、徐宝玉的工作。

8月1日　地区人大工委主任柳沛明主持召开地区人大工委工作督查汇报会（静宁）。

8月29至31日　县人大常委会对县法院及雷大、威戎、甘沟、八里4个中心法庭近两年来的审判和执行工作进行调研。

9月27日　县十三届人大常委会第二十四次会议现场视察化工有限公司、水泥集团有限公司、砖瓦厂、苹果白酒生产线、火柴厂真空冻干蔬菜生产线项目建设情况。

11月11日　召开乡镇换届选举工作会议。

11月20日至21日　县十三届人大常委会第二十五次会议作出《关于静宁县县城总体规划（2001—2020）的决议》。

11月至12月　开展乡镇换届选举工作，选举乡镇第十五届人大代表1492名。

2002年

1月14日　召开县十三届人大常委会第二十六次会议。

1月18日至20日　县十三届人大五次会议在静宁宾馆二楼会议室召开，出席代表181名。

1月24日　召开县十三届人大常委会第二十七次会议。

4月8日　县十三届人大常委会第二十八次会议作出《关于2002年全县财政收支预算调整的决议》。

6月13日　县十三届人大常委会第二十九次会议任命陈玉梅（女，满族）为县政府副县长。

6月26日　召开县十三届人大常委会第三十次会议。

7月6日至9月5日　县人大常委会机关开展权力观教育活动。

8月30日　召开县十三届人大常委会第三十一次会议。

9月　八里、李店两乡撤乡建镇。

9月13日　召开县十三届人大常委会第三十二次会议。

9月20日　县十三届人大六次会议在静宁宾馆二楼会议室召开，出席代表171名。选举李雪峰为县人大常委会主任、许富忠为副主任，李旺军、靳建荣、李雪云、李玉彪为县政府副县长。

9月25日　县人大常委会对界石铺、威戎两镇小城镇规划建设及县城东拓工程建设情况进行调研。

9月29日　县十三届人大常委会第三十三次会议通过《关于县人民代表大会换届选举及召开县十四届人大一次会议的决定》。

9月至11月　开展县人大代表换届选举工作，选出县第十四届人大代表212名。

9月30日　县人大常委会召开换届选举工作会议。

9月30日至11月　县人大常委会机关开展“三个代表”重要思想学习教育活动。

10月11日　召开县十三届人大常委会第三十四次会议。

11月5日　召开县十三届人大常委会第三十五次会议。

11月8日至10日　县十四届人大一次会议在静宁宾馆二楼会议室召开，出席代表206名。选举聂正国为县人大常委会主任，戴双军、岳具辉、许富忠、王星耀、朱春林为副主任，委员12名；张正为县政府县长，李旺军、张维国、陈玉梅（女，满族）、靳建荣、李雪云、李玉彪为副县长；杨志军为县法院院长，李居洲为县检察院检察长；54人为市第一届人大代表。

11月　市一届人大一次会议选举县人大常委会主任聂正国、县水泥厂厂长厚学、威戎镇武高村农民吕双信（女）为省第十届人大代表。

11月11日至2002年1月10日　开展乡镇人大代表换届选举工作，选出乡镇第十五届人大代表1492名。

12月13日　县十四届人大常委会第一次会议通过县人大常委会有关工作规则。

2003年

1月8日　召开县十四届人大常委会第二次会议。

2月19日　召开全县乡镇人大主席会议。

21日至27日　县人大常委会机关开展思想工作作风整顿活动。

3月16日　县人大常委会确定界石铺镇、石咀乡、县工商局为依法行政督查联系点。

3月21日　召开县十四届人大常委会第三次会议。

3月24日　县人大常委会召开县政府组成人员任命书颁发大会。

3月26日　县人大常委会成立“静宁县立法联系点领导小组”。

4月15日　县十四届人大常委会第四次会议作出《关于静宁县2003年财政预算调整的决议》；任命魏晓平为县政府副县长。

4月16日　县人大常委会召开县劳动和社会保障局及其局长王玉杰述职评议工作动员会议。

4月17日至5月7日　县人大常委会调查组深入劳保局、财政局、地税局、火柴厂以及威戎、城川、深沟等乡镇政府、教委，对劳保局及其局长王玉杰的工作进行调研。

4月22日　市人大常委会副主任马森骏带队，对静宁县防震减灾执法工作进行检查。

4月23日　省人大代表工作委员会、省政府办公厅、省计委有关处室负责人，到静宁县现场办理省人大代表聂正国、厚学、吕双信（女）在省十届人大一次会议上提出的“关于建设静宁李店至通渭新景公路的建议”。

5月中旬　县人大常委会对县邮政局业务工作和三合、界石铺、治平、雷大、深沟、四河、原安等乡镇基层邮政服务情况进行调研。

5月13日　县人大常委会机关召开会议，安排部署机关“非典”防治工作。

5月下旬　县人大常委会对全县防治“非典”工作进行调研。

5月28日　县人大常委会开展“坚持和完善人民代表大会制度，加强和改进地方人大工作”调研活动。

6月11日　县十四届人大常委会第五次会议听取、评议县劳动和社会保障局及其局长王玉杰的工作。

6月20日至8月15日　县人大常委会机关开展“两个务必”作风教育活动。

6月下旬　县人大常委会对全县医疗药品市场管理情况进行调研。

6月23日至27日　县人大常委会对新店、治平、古城、威戎、界石铺、原安、四中、新城小学、化工公司、国税局、水务局、林业局、民政局法制宣传教育第四个五年规划实施情况进行调研。

6月下旬至8月中下旬　县人大常委会对石咀等15个乡镇、工商局等5个单位依法行政工作情况进行督查。

7月7日　市人大常委会副主任马森骏带队，对界石铺镇、七里乡、县文化局和城区计生站贯彻执行《中华人民共和国人口与计划生育法》《甘肃省人口与计划生育条例》情况进行检查。

7月8日至10日　省人大常委会副主任丁泽生、农业与农村工委主任张继武、副主任杨智，省扶贫办主任薛金山、调研督查处副处长寇安国，省农牧厅调研法规处副处长景换成等，对静宁县开展扶贫开发工作进行调研。市人大常委会主任李保印、市政府副市长苏君陪同调研。

7月14日　市人大常委会副主任任桂霞（女）带队，对静宁县上半年经济社会发展计划和财政预算执行情况进行调研。

7月下旬　县人大常委会组织全体组成人员、部分市县人大代表、机关干部，对城关、城川、威戎、李店、仁大、治平、八里、七里等乡镇无公害果园管理、小拱棚瓜果间作，大地滩、烽台山、武家塬林果和农业综合示范园区建设，谷湾村整村推进、产业结构调整、种植反季节西瓜，东山梁、七里南北面山、高城寨梯田建设、退耕还林（草）工程等进行视察。

7月25日　召开县十四届人大常委会第六次会议。首次邀请郭承祖等3名公民旁听。

7月30日　召开评议县文体局工作动员大会。

7月下旬至8月上旬　县人大常委会对县文体局的工作情况进行调研。

8月上旬至中旬　县人大常委会对县永兴地毯厂、印刷厂，凤林、同生、开源3家酒业有限公司，民丰种猪繁育中心、民丰养牛有限公司、方圆塑钢门窗有限公司、昱新马铃薯产业开发有限公司、绿源林果有限公司等非公有制企业发展和运行情况进行调研。

8月12日至14日　县人大常委会对财政、交通、水务、农牧、城建、教育、电力等单位代表意见、建议办理情况进行督查。

8月28日　全县乡镇人大工作会议学习《甘肃省乡镇人民代表大会工作条例》，对乡镇人大主席进行乡镇人大基础知识测试，仁大、界石铺、曹务、甘沟等11个乡镇人大主席汇报交流2003年乡镇人大工作。

9月3日至4日　省人大常委会法制工作委员会副主任朱自清带队，到静宁县检查立法联系点工作，考察成纪文化城、烽台山生态农业示范园区、东拓工程和县一中。

9月18日　县十四届人大常委会第七次会议听取、评议县文体局局长杨毅民的工作。

10月28日　召开县十四届人大常委会第八次会议。

11月上旬　县人大常委会对仁大、治平、原安、红寺、祁川、城川等乡镇及县林业局1999年以来的退耕还林工作进行调研。

11月中旬　县人大常委会对县贸合局及其百货公司、成纪酒业有限责任公司、鸿菲醋业有限责任公司、供暖公司、静宁鸡产业化开发公司等下属企业2001年以来的工作进行调研。

12月10日　县十四届人大常委会第九次会议听取、评议县贸易经济合作局的工作。

12月23日至25日　县十四届人大二次会议召开，出席代表199名。选举景笙芳为县政府副县长。

12月25日　县人大常委会对常委会任命干部书面述职报告的评议情况进行通报。

2004年

2月13日　召开法、检两院工作座谈会。

2月18日　县政府下发《关于乡镇行政区划调整的通知》（静政发〔2004〕13号），决定：撤销七里乡，并入界石铺镇；撤销祁川乡，并入甘沟乡；撤销石咀乡，并入古城乡；撤销田堡乡，并入四河乡；撤销后梁乡，并入雷大乡；撤销阳坡乡，并入仁大乡。至此，静宁县辖19个乡5个镇。

2月20日　县十四届人大常委会第十次会议通过《关于古城等六乡镇人民代表大会补选代表的安排意见》。

2月23日　县人大常委会组织部分市、县人大代表对城区居民饮水卫生安全工作进行视察。

2月26日　召开乡镇人大工作座谈会。

2月28日至3月4日　县人大常委会对全县贯彻执行《中华人民共和国传染病防治法》和国务院《突发公共卫生事件应急条例》情况进行检查。

3月2日　市人大常委会对静宁县《基本农田保护条例》执行情况进行检查。

3月16日　召开人大、政府工作座谈会。

3月19日　县人大常委会组织部分市、县人大代表，对甘沟至四河、四河至细巷、威戎至古城的县、乡公路以及古城邹河至老庄等乡、村道路建设与管护情况进行视察。

4月9日　县十四届人大常委会第十一次会议作出《关于静宁县2004年国民经济和社会发展计划调整的决议》《关于静宁县2004年财政收支预算调整的决议》《关于加强道路建设与养护工作的决议》。

4月10日　县人大常委会主任会议通过新修订的《静宁县人大常委会述职评议工作暂行办法》《静宁县人大常委会信访工作制度》《静宁县人大常委会主任会议议事制度》《静宁县人大常委会机关公文处理制度》《静宁县人大常委会机关管理制度》。

4月12日　省人大常委会办公厅助理巡视员丁彦发带队，调研静宁县信访工作。

4月27日　市人大常委会对界石铺镇、八里镇派出所和司法所、城关派出所和县公安局110指挥中心基层基础工作进行视察。

4月初至7月下旬　25名县级领导和15名部门负责人等市、县人大代表，按照开展“走访一次选民、提一条合理化建议、为群众督办一件实事、向选民述一次职”的“四个一”活动安排，联系基层人大代表108人、选民49人，收集到涉及农业和农村工作、城乡道路建设和管理、城市建设和管理、社会救济、保险、计划生育、教育卫生、税收征管、劳务输出、乡镇企业、民营经济发展、广播电视、电信、社会治安、基层政权建设和转变工作作风、加强代表工作等方面的意见、建议188条。

5月11日　县人大常委会组织部分市县人大代表、群众代表，对自来水公司水净化处理系统、东峡库区1号井、库区上游隆德王恒造纸厂、县砖瓦厂、水泥公司、阿阳小学和大红碗公司等企业和单位《中华人民共和国环境保护法》《甘肃省环境保护条例》的执行情况进行检查。

5月27日　县人大常委会对县城市容管理情况进行调研。

5月27至28日　县人大常委会组织部分市县人大代表和群众代表，对静宁宾馆、恒通饭店、新世纪饭店、两家糕点面包店、职教中心幼儿园食堂、一中学生食堂、东关部分烧鸡加工经营点、路大路食品有限公司、开元酒厂、成纪酒业、鸿菲醋厂、西综市场等食品生产加工、经营销售场所和单位贯彻执行《中华人民共和国食品卫生法》情况进行检查。

5月底至6月中旬　县人大常委会评议调查组深入县教育局机关、职教中心、城关小学、阿阳小学，一中等7所完全中学，三中等11所初级中学以及威戎等16个乡镇教委和中心小学，对县教育局局长郭三省任职以来的工作情况进行调研。

6月8日　县十四届人大常委会第十二次会议作出《关于认真贯彻执行〈食品卫生法〉切实做好食品卫生安全工作的决议》；任命位志贤为县政府副县长。

6月19日至20日　市人大常委会农业与环境资源工委主任李克和带队，对城川乡林果高科技中心示范区、县果品经销责任公司、绿源林果有限公司、恒达有限公司、静宁鸡产业公司等农业产业化龙头企业建设情况进行调研。

6月23日至25日　县人大常委会对城川、威戎、古城、界石铺、八里、城关6个乡镇和建设局、水保局、林业局、公安局、国土局、水务局、卫生局、安监局、交通局、工商局、技术监督局、交警大队等部门实施《中华人民共和国行政许可法》各项前期准备工作进行督查。

7月28日　县十四届人大常委会第十三次会议对县教育局及其局长郭三省的工作进行评议。

8月19日　县人大常委会对县法院及雷大、威戎、八里、甘沟4个基层法庭审判（重点是民商事审判）和执行工作，县检察院及经济犯罪有关涉案单位预防和查处职务犯罪及刑事诉讼法执行情况进行调研。

8月下旬　县人大常委会对仁大、贾河、李店、界石铺、三合、原安、灵芝、新店、甘沟、四河、古城、曹务、威戎、城川等乡镇及农办、农牧局、果业局等单位农业产业开发情况进行调研。

9月3日　县人大常委会对城川乡吴庙村、威戎镇寨子村寺湾社实施农业部农村沼气建设国债项目建设工程情况进行视察。

9月8日　县人大常委会对界石铺镇中低产田改造和优质粮食示范基地、城川乡中低产田改造项目区农业综合开发项目实施情况进行视察。

是日　省《人民之声报》刊发记者王仲毅采写的长篇通讯《我们的水龙头里流出了虫子》，报道县人大常委会关注民生，重视群众普遍关注的城区居民生活饮水安全问题的做法。

9月14日　召开纪念人民代表大会成立50周年及地方人大常委会成立25周年座谈会。

9月16日　县十四届人大常委会第十四次会议听取、审议县政府关于农业产业开发情况的报告、县法院关于审判和执行工作检查报告、县检察院关于查处和预防职务犯罪及执行《中华人民共和国刑事诉讼法》工作情况的报告，并对“一府两院”3个报告进行满意度票决，系首次落实满意度票决制度；任命车龙海为县政府副县长。

10月26日　县人大常委会对东峡泉水氡监测点、华源中学等重点工程建设现场、地震办监测室《中华人民共和国防震减灾法》《甘肃省防震减灾条例》贯彻执行情况进行检查。

10月下旬　县人大常委会对八里工业园区、县水泥厂、一中、二中及东拓工程集中供热点项目建设情况进行调研。

11月4至5日　市人大常委会副主任任桂霞（女）带队，对县药监局、县医院，雷大、古城、威戎、城川、八里等乡镇、村医疗机构，部分村、社和城区个体诊所、药店贯彻执行《中华人民共和国药品管理法》情况进行检查。

11月9日　召开县十四届人大常委会第十五次会议。

11月22日　召开县乡镇企业管理局工作评议动员会。

11月23日　县人大常委会对科源液化气站、石油公司静宁经营站、一中、静宁宾馆、供销超市、新世纪商厦、人民巷社区和化工厂等单位消防安全工作进行视察。

是日　县人大常委会组织省人大代表聂正国、厚学、吕双信（女）和部分市人大代表对农业综合开发项目实施情况和公安消防安全工作进行集中视察。

12月16日　县十四届人大常委会第十六次会议对县乡镇企业管理局的工作进行评议和民主测评。

12月22日至23日　县十四届人大三次会议在静宁宾馆二楼会议室召开，出席代表201名。选举张金业为县人大常委会副主任。

2005年

1月25日　县人大常委会机关召开保持共产党员先进性教育动员会议。

2月25日　乡镇人大主席会议征求对县人大常委会领导班子及班子成员个人的意见、建议。

2月28日　县人大常委会机关召开作风整顿工作会议。

3月2日　县人大常委会召开“一府两院”任命干部述职报告评议情况通报会。

3月4日　县人大常委会召开人大与法、检两院工作联系会议。

3月17日至18日　县人大常委会组织部分市、县人大代表，对全县农资市场管理情况进行视察。

3月23日至25日　县人大常委会组织部分市、县人大代表，对东峡库区上游沿线、自来水公司、路大路食品有限公司、康盛源面粉厂、东关部分烧鸡加工经营点、县医院、部分酒店、超市、西综市场、开元酒厂、西河沿线《中华人民共和国水污染防治法》和《中华人民共和国食品卫生法》执行情况进行视察。

3月28日　县十四届人大常委会第十七次会议作出《关于静宁县2005年财政收支预算调整的决议》。

4月上旬至中旬　县人大常委会对县教育局、一中等20多个单位、学校未成年人思想道德建设情况进行调研，同时调研城区网吧经营情况。

4月13日　市人大常委会对县人大常委会及“一府两院”贯彻执行《甘肃省信访条例》情况进行检查。

4月28日　县人大常委会召开县农机局工作评议动员会。

4月底至5月中旬　县人大常委会调查组深入县农机局机关、农口各单位和城川、威戎、八里、司桥等乡镇，对县农机局2002年以来的工作进行调研。

5月上旬至6月下旬　县人大常委会检查组对全县《中华人民共和国食品卫生法》贯彻执行情况进行检查。

5月11日　县人大常委会召开静宁县立法联系工作研究会成立大会。

5月15日　省人大常委会委员、省农业与农村委员会主任徐进带领省退耕还林调研组，对静宁县退耕还林、荒山造林工程建设情况进行调研。市委副书记武毅、市人大常委会副主任张秉科、市政府副市长阎奋民陪同调研。

5月26日　县十四届人大常委会第十八次会议对县农机局的工作进行评议和民主测评。

6月10日　县人大常委会代表工作座谈会通报县十四届人大常委会产生以来的代表工作情况。

6月14日至23日　县人大常委会对界石铺、原安、四河、雷大4个乡镇，八里森源砖瓦厂、县地毯厂、县建筑集团公司、二建公司、成纪饭店、新世纪酒店、银汉职业介绍所、安全局、民营局、妇联、法院、劳保局等单位和企业保护农民工权益、发展劳务经济情况进行调研。

6月20日至21日　县人大常委会对仁大、李店、治平3个乡镇生态农业生产基地，仁大阳坡、南门供水站，李店刘晋、雷大鏊岘进户工程，古城庙堡供水站、威戎党塬水厂及进户工程，五台山水厂、八里红林人饮工程等人畜饮水工程建设情况进行视察。

6月27日　市人大常委会副主任任桂霞（女）带队，对八里工业园区、县城东拓工程建设情况进行调研。

7月11日　省人大常委会水污染防治法执法检查组及陇原环保世纪行追踪水污染记者团检查静宁县水污染防治工作。

7月18日　县人大常委会组织部分省、市、县人大代表，对城关镇、威戎镇、客运公司、县交警大队交通安全管理工作进行视察。

7月26日　召开县十四届人大常委会第十九次会议。

8月4日　省人大常委会副主任柯茂盛、财经工委主任刘长凯，对静宁县县域经济特色产业项目实施情况进行调研。

8月15日　市人大常委会副主任张秉科带队，对威戎党塬水厂、八里小山村农村人畜安全饮水工程建设情况进行调研。

8月24日至26日　县人大常委会对雷大、甘沟两乡镇及卫生局、工商局《中华人民共和国行政许可法》贯彻执行情况进行检查。

9月上旬至中旬　县人大常委会对原安、三合、界石铺、司桥、甘沟、四河、雷大、余湾8个乡镇16个村1999年以来退耕还林管理工作进行调研。

9月28日　县十四届人大常委会第二十次会议作出《关于静宁县2005年国民经济和社会发展计划调整的决议》《关于进一步加强退耕还林管理工作的决议》；任命陈铎、樊建军为县政府副县长，陈铎为代理县长。

10月8日至月底　县人大常委会调查组深入环保局、经济局、民营局、建设局、供暖公司、建筑集团公司、城关镇，采取召开座谈会、个别谈话等形式，对县环保局2002年以来的工作进行调研，并现场查看古城庙堡水源地保护（主要是几家淀粉厂的关停情况）、受家峡铅锌矿尾矿处理、威戎造纸厂污水处理、西河沿岸污水垃圾倾倒排放及葫芦河南河段污水治理情况。

10月13日　县人大常委会对红光淀粉有限责任公司、恒达纸箱厂、八里工业集中区2005年新建和续建项目进行视察。

10月16日　全国人大常委会委员李宏规、韩新民带领全国人大教科文卫委员会初级卫生保健立法调研组，对静宁县妇幼保健站及司桥乡初级卫生保健工作开展情况进行调研。省人大教科文卫委员会主任委员王洪宾、省卫生厅副厅长李存文、市人大常委会副主任马森骏、市政府副市长贾宏谦陪同调研。

10月23日　省人大常委会组织全国人大代表姚文仓、杨晓艳、穆涛、哈琼到静宁县调研退耕还林工作。市人大常委会副主任任桂霞（女）、市政府副市长阎奋民陪同调研。

11月2日　县人大常委会对县移动通信公司网络设施建设与运营情况进行视察。

11月20日　经县机构编制委员会办公室批准，县人大常委会设立信访室，正科级建制。

12月16日　县十四届人大常委会第二十一次会议对县环保局工作进行评议和满意度测评。

12月12日　县十四届人大常委会第二十二次会议补选陈铎为市第一届人大代表，通过关于杨彦学代表资格审查情况的报告。

12月　县人大常委会组织省人大代表及部分市人大代表对八里工业集中区项目建设情况进行视察。

2006年

1月5日至6日　县十四届人大四次会议在静宁宾馆二楼会议室召开，出席代表200名。选举陈铎为县政府县长、县人大常委会委员1名。

1月7日　县人大常委会召开乡镇人大工作座谈会。

2月22日　县人大常委会召开“一府两院”任命干部述职报告评议通报会。

是日　召开县人大常委会、县政府工作联系会。

2月24日　召开县十四届人大常委会第二十三次会议。

3月3日　召开县人大常委会与法院、检察院工作联席会。

3月上旬　县人大常委会对全县贯彻实施《中华人民共和国动物防疫法》情况进行检查。

3月16日　县人大常委会对全县贯彻执行《中华人民共和国药品管理法》情况进行检查。

3月21日至23日　县人大常委会对法院有关庭、室，雷大、威戎两个基层法庭内部审判监督工作情况进行调研。

3月28日至29日　市人大常委会副主任任桂霞（女）带队，对静宁县《动物防疫法》贯彻执行情况进行检查。

3月30日　县十四届人大常委会第二十四次会议作出《关于静宁县2006年财政收支预算调整的决议》；任命李文平为县政府副县长。

4月21日　县人大常委会召开县公安局工作评议动员会议。

4月21日至29日　县人大常委会调查组深入公安局、县委政法委、法院、检察院、司法局、交警大队和古城、威戎、甘沟、原安、城关5个乡镇及所属基层派出所，对2002年以来公安工作进行调研。

5月11日　市人大常委会副主任任桂霞（女）带队，对静宁县城市社区建设工作情况进行调研。

5月15日至16日　省人大常委会副主任丁泽生带领省人大农业与农村委员会副主任委员徐进、省人大常委会办公厅副主任郭玉虎、省政府扶贫办副主任李峰等，对城川果林高科技示范基地、威戎镇北关村新农村建设、甘泉调水工程、百公里通乡道路油铺工程、李店薛胡塬产业结构调整示范带、常津果品公司、治平后沟整村推进示范点建设进行检查。市委副书记、市政府市长马学军，市委副书记、组织部部长李志勋，市人大常委会副主任马森骏陪同检查。

6月13日　县人大常委会对城关镇、城川乡中低产田改造项目区、五台山生态综合治理项目区农业综合开发项目实施情况进行视察。

6月19日至20日　市人大常委会组织市政府督查室、市交通局负责人，对杨志敏等4名市人大代表提出的《关于加大静宁县乡村道路桥涵配套补助资金投入的建议》进行现场办理，当面答复。

6月28日　县十四届人大常委会第二十五次会议对县公安局的工作进行评议和民主测评。

7月　县人大常委会对全县优化教师结构和城区学校布局情况进行调研。

是月　县人大常委会对全县农村人畜饮水解困情况进行调研。

7月11日　县人大常委会视察组到细巷、雷大、威戎、城川等乡镇，对县十四届人大四次会议提出的“加大通乡油路工程建设力度”“搞好新型农村合作医疗试点工作”两件议案和“严厉打击盗挖古墓行为的建议”的办理情况进行视察。

7月11日至21日　县人大常委会对县检察院实施法律监督工作情况进行调研。

8月2日至5日　县人大常委会在李店、雷大、威戎、古城、八里、细巷等6个乡镇召开县人大代表及部分乡镇人大代表座谈会，征求对通乡油路、新型农村合作医疗、农村人畜饮水、改善办学条件、果品产业发展、农民增收、执法部门服务群众工作的意见，推动解决群众“行路难”“就医难”“上学难”“饮水难”“增收难”等问题。

8月4日　县人大常委会组织部分省、市、县人大代表，对威戎镇北关村、城川乡红旗村、八里镇小山村、界石铺镇继红村新农村建设情况进行视察。

8月24日　县十四届人大常委会第二十六次会议作出《关于加强法制宣传教育的决议》；任命周永宏为县政府副县长。

8月　县人大常委会对全县环境污染治理项目建设情况和《中华人民共和国矿产资源法》贯彻实施情况进行检查。

8月29日　市人大常委会副主任万英带队，对静宁县贯彻市委、市政府《关于加快非公有制经济发展的意见》情况进行调研。

8月31日　县人大常委会召开人民陪审员、监督员工作座谈会。

9月20日　县人大常委会组织部分省、市、县人大代表，对甘泉工程水源地、东峡库区、高界河和葫芦河部分流域饮用水源地保护情况进行视察。

10月下旬至12月中旬　县十五届、乡十六届人大代表换届选举工作同步开展。选举县第十五届人大代表210名，乡镇第十六届人大代表1262名。

10月23日　县十四届人大常委会第二十七次会议通过《关于县、乡人民代表大会换届选举时间的决定》《关于成立县选举委员会的决定》《关于各乡镇选举委员会组成人员的决定》《关于城关镇等24乡镇第十六届人民代表大会代表名额的决定》。

10月24日　县人大常委会召开县、乡人大换届选举工作会议。

10月25日　省人大内务司法委员会副主任委员田振玺带队，对静宁县预防和制止家庭暴力问题及妇女合法权益保障工作进行调研。市人大常委会副主任任桂霞（女）陪同调研。

11月1日　市人大常委会副主任万英带队，对静宁县贯彻执行《中华人民共和国食品卫生法》情况进行调研。

11月10日　县人大常委会组织部分县人大代表，对李店、治平、深沟、新店、甘沟、红寺等乡镇“百公里”通乡油路工程建设情况进行视察。

12月9日　县选举委员会第二次会议确定12月18日为全县选举日。

12月17日　召开县十四届人大常委会第二十八次会议。

12月26日至28日　县十五届人大一次会议在静宁宾馆二楼会议室召开，出席代表207名。选举张自杰为县人大常委会主任，戴双军、许富忠、王星耀、张金业、高恒、沙芳琴（女、回族）为副主任，委员15名；陈铎为县政府县长，位志贤、马千里、陈玉梅（女、满族）、李文平、刘小进为副县长；李根进为县法院院长，陈龙为县检察院检察长；53人为市第二届人大代表。

2007年

2月2日　十五届人大常委会第一次会议为新任命的20名政府组成部门负责人颁发任命书。

4月3日至5月9日　县人大常委会对界石铺、甘沟等中学和部分乡村小学改善办学条件工作进行调研。

4月18日　省人大常委会副主任丁泽生同代表工作委员会主任王光烈、省政府办公厅副主任张正锋、省水利厅厅长许文海以及省人大常委会、省政府有关部门负责人14人到静宁县，现场办理丁国民、李宝印、聂正国、厚学、吕双信（女）5名代表在省十届人大五次会议上提出的《关于解决静宁县农村饮用苦咸水问题的建议》。市委书记马学军、市人大常委会副主任马森骏、副市长阎奋民等陪同调研。

4月26日　县十五届人大常委会第二次会议作出《关于静宁县2007年财政收支预算调整的决议》。

4月28日　省人大常委会民族侨务工作委员会副主任康乐带队，对静宁县民族文化和侨务工作进行调研，并就《甘肃省实施〈中华人民共和国归侨侨眷权益保护法〉办法（征求意见稿）》征求静宁县部分省、市、县人大代表的意见。

5月22日　省人大常委会副主任嘉木样·洛桑久美·图丹却吉尼玛同省人大民族侨务委员会主任委员李生林、副主任委员张治均等11人，对静宁县大地滩高效农业示范区建设情况进行调研。市委副书记张军利，市委常委、市总工会主席毛文平，市人大常委会副主任马森骏陪同调研。

6月中下旬　县人大常委会对治平、威戎、新店等10个乡镇的部分村、社果品产业发展情况进行调研。

6月21日至22日　县人大常委会对县一中、二中、三中、成纪中学、甘沟中学、阿阳实验学校、城关小学、职教中心、一幼、二幼等14所中小学校及幼儿园改善办学条件情况进行视察。

6月28日　县十五届人大常委会第三次会议作出《关于批准静宁县2006年县级财政决算的决议》。

7月　县人大常委会对全县改善办学条件情况进行调研。

8月2日　县人大常委会组织部分省、市、县人大代表，对已经建成的李店—深沟、新店—甘沟和正在建设中的八里—原安通乡油路以及城川吴庙村、威戎武高村等部分通村等级路硬化工程进行视察。

8月17日至18日　省人大常委会组织部分在甘肃全国人大代表，赴雷大乡屈岔村专题调研静宁县惠农政策落实情况。市委常委、市政府副市长徐小莲，市人大常委会副主任万英陪同调研。

8月中旬　县人大常委会走访联系城川、曹务、三合、界石铺、李店、仁大等乡镇部分县人大代表，围绕农业产业结构调整、道路建设、改善中小学办学条件、新型农村合作医疗制度运行、司法机关执法情况进行座谈。

8月29日　县十五届人大常委会第四次会议作出《关于静宁县2007年国民经济和社会发展计划调整的决议》。

9月下旬　县人大常委会对县法院、县检察院及界石铺、甘沟、雷大、威戎等法庭执法工作进行检查。

10月25日　召开县十五届人大常委会第五次会议。

11月　在市二届人大一次会议上，县政府县长陈铎、治平乡雷沟村村委会主任雷托胜、威戎镇新华村农民王彩凤（女）当选省第十一届人大代表。

12月13日　县十五届人大常委会第六次会议任命杨封科为县政府副县长。

12月21日　市人大常委会组织部分市人大代表，对八里—原安公路油铺工程，古城乡卫生院、敬老院，甘泉饮水等重点工程建设情况进行视察。

2008年

1月6日至7日　县十五届人大二次会议在静宁宾馆二楼会议室召开，出席代表205名。选举薛晓宏、徐永宏为县政府副县长，县人大常委会委员1名。

3月3日　陕西省延安市人大常委会副主任张宏带队，考察静宁县果品产业发展情况。

3月5日　县十五届人大常委会第七次会议作出《关于2008年全县财政预算调整的决议》《关于〈静宁县城总体规划（2006—2020）〉局部修改调整编制的决议》，审议通过《静宁县人民代表大会代表建议、批评和意见处理办法》。

3月上旬至4月中旬　县人大常委会分3个调研组，对仁大、治平、四河、甘沟、界石铺、原安、李店、古城、城关9个乡镇和城区街道办事处、县卫生局及10个县直单位、9所乡镇卫生院、部分私人诊所、县医院、中医院、疾控中心、妇幼保健站等单位医疗机构服务能力建设情况进行调研。

4月24日　市人大常委会副主任任桂霞（女）带队，对静宁县水务局、卫生局、地税局、劳保局、审计局贯彻执行《中华人民共和国审计法》情况进行检查。

4月30日　县十五届人大常委会第八次会议作出《关于批准静宁县2007年县级财政决算的决议》。

5月上旬　县人大常委会对环保、建设、水务、文体、工商等部门及陇兴化工有限责任公司、恒达纸箱包装有限责任公司、宏光淀粉厂等企业及峰台山生活垃圾填埋厂，西河、南河沿岸部分村、社、街道贯彻执行《中华人民共和国环境保护法》《甘肃省环境保护条例》情况进行检查。

5月中旬至6月中旬　县人大常委会对县城规划管理及供热监管工作进行调研。

6月26日　市人大常委会副主任马森骏、市政府副市长阎奋民带队，对静宁县代表在市二届人大三次会议上提出的《关于扶持静宁西北部7乡镇集流饮水工程建设的建议》进行现场督办。

6月30日　召开县十五届人大常委会第九次会议。

7月22日至24日　县人大常委会组织机关全体干部，对界石铺、三合、原安、灵芝、八里、细巷、红寺、四河、甘沟、新店、深沟、治平、雷大、曹务、古城15个乡镇和城关小学、职教中心、工业品公司、恒达公司、陇兴化工公司40个先进典型和重点工作开展观摩活动。

7月下旬至8月中旬　县人大常委会对余湾、司桥、曹务、细巷、甘沟、城川、威戎、原安、灵芝、八里等乡镇退耕还林及“三荒”造林工程管护情况进行调研。

8月18日　县政府召开了人大代表、政协委员政情通报会。

8月19日　市人大常委会副主任万英带队，对静宁县果品产业发展情况进行调研。

8月21日　市人大常委会副主任任桂霞（女）带队，对静宁县贯彻执行《农村五保供养工作条例》情况进行检查。

8月　县人大常委会对全县退耕还林及“三荒”造林工程管护情况进行调研。

8月下旬　县人大常委会联系走访原安、灵芝、古城、威戎、细巷、红寺等乡镇县人大代表。

8月28日　召开县十五届人大常委会第十次会议。

9月中旬　县人大常委会组织部分组成人员、市县人大代表，对仁大、治平、李店、雷大、余湾、威戎、四河、界石铺等乡镇通乡油路、防雹点、“一池三改”（沼气池，改圈、改厕、改厨）、通达通畅工程、村卫生室、社会福利院、三中教学楼、廉租房建设等县政府承诺的12件实事完成情况进行视察。

9月下旬　县人大常委会对建筑建材、纸箱包装、果品储藏、酒类制造等行业的20家民营企业发展情况进行调研。

9月下旬　县人大常委会对雷大、威戎、界石铺、甘沟法庭和县法院、县检察院执法工作进行检查。

9月下旬至10月底　县人大常委会对仁大、原安等12个乡镇及卫生院、部分县直单位和县医院、中医院等6个城区医疗卫生单位医疗卫生机构服务能力建设工作审议意见落实情况进行督查。

10月中旬　县人大常委会组织部分市县人大代表，对全县生鲜牛奶生产管理，奶粉、液态奶市场管理，问题奶粉患儿诊治情况进行专题视察。

10月31日　召开县十五届人大常委会第十一次会议。

11月4日至5日　省人大法制委员会主任委员杨育荣带队，对静宁县地方立法联系工作进行调研。市人大常委会副主任任桂霞（女）陪同。

11月5日　省人大常委会代表工作委员会副主任李世红带队，对静宁县人大代表工作情况进行调研。市人大常委会副主任马森骏陪同。

12月10日　召开县十五届人大常委会第十二次会议。

12月上旬　县人大常委会组织部分省市县人大代表，对2008年县政府承诺的12件实事和重点工作进行视察。

12月29日至30日　县十五届人大三次会议在静宁宾馆二楼会议室召开，出席代表195名。选举县人大常委会委员1名。

2009年

2月27日　县十五届人大常委会第十三次会议作出《关于2009年全县财政收支预算调整情况的决议》。

3月中旬至6月上旬　县人大常委会对城乡文化市场管理情况进行调研。

5月中旬至6月上旬　县人大常委会对县城居民区物业管理情况进行调研。

6月25日　县十五届人大常委会第十四次会议作出《关于静宁县2009年国民经济和社会发展计划调整的决议》《关于批准静宁县2008年县级财政决算的决议》。

7月下旬至8月上旬　县人大常委会对全县果业市场管理情况进行调研。

8月12日至13日　县人大常委会举办人大代表培训班。

8月21日　县十五届人大常委会第十五次会议作出《关于批准2009年地方政府债券转贷资金相应调整县级财政预算的决议》；任命周永宏、沈学英（女）为县政府副县长。

9月中旬　县人大常委会对县法院、县检察院年度执法工作进行检查。

10月15日至16日　中华人民共和国成立60周年之际，县人大常委会组织人大常委会退休干部，参观城川东山梁梯田果园示范区、李店河流域果园建设、北水南调工程，部分乡镇中心卫生院、学校，治平至新店（鞍子山峡）公路和县城至威戎公路建设等重点工作。

10月23日　县人大常委会对已经建成的北水南调工程一、二级泵站、高位水池，余湾乡胡同、苗岘等村农户终端供水情况，三合中沟人饮工程泵站、水处理厂和高位水池等主体工程建设情况进行视察。

10月28日　县十五届人大常委会第十六次会议通过《静宁县人民代表大会常务委员会议事规则》。

12月22日　召开县十五届人大常委会第十七次会议。

2010年

1月7日至9日　县十五届人大四次会议在静宁宾馆二楼会议室召开，出席代表203名。选举陈进财、慕锡武、陈尚孔为县人大常委会副主任。

3月16日　县十五届人大常委会第十八次会议作出《关于静宁县2010年财政收支预算调整的决议》。

3月中旬至4月下旬　县人大常委会对界石铺、八里、甘沟、新店、古城、曹务、城川、威戎等乡镇以及工商局、质监局、药监局、卫生监督所所管辖的86家食品生产加工和食品流通企业、商铺、个体摊点贯彻执行《中华人民共和国食品安全法》情况进行检查。

4月上旬至5月上旬　县人大常委会对规划局、建设局、兴美家园、百盛嘉园、恒达公司等单位、企业、居民小区和58个项目施工现场县城总体规划修编以来的实施情况进行检查。

5月中旬至6月下旬　县人大常委会对仁大、雷大、古城、界石铺、细巷、甘沟等乡镇以及县畜牧兽医局、农技中心、种子管理站农业技术推广工作进行调研。

5月24日　县十五届人大常委会第十九次会议任命杨晓勇、孙步功、孙智清为县政府副县长。

6月28日　县十五届人大常委会第二十次会议作出《关于批准静宁县2009年县级财政决算的决议》《关于静宁县2010年国民经济和社会发展计划调整的决议》。

8月26日　县十五届人大常委会第二十一次会议作出《关于批准2010年地方政府债券转贷资金相应调整全县财政预算的决议》。

10月28日　县十五届人大常委会第二十二次会议通过《静宁县人大常委会规范性文件备案审查暂行办法》。

12月10日　召开县十五届人大常委会第二十三次会议。

12月21日　召开县十五届人大常委会第二十四次会议。

2011年

1月13日至15日　县十五届人大五次会议在静宁宾馆二楼会议室召开，出席代表197名。选举徐毅为县政府县长、县人大常委会委员4名。

3月28日　县十五届人大常委会第二十五次会议作出《关于2011年财政收支预算调整的决议》。

5月中旬至6月中旬　县人大常委会对东峡库区、五台山水厂、甘泉调水工程、北水南调工程、党塬水厂以及给排水公司饮水安全工作进行调研。

6月28日　县十五届人大常委会第二十六次会议作出《关于静宁县“十二五”规划及2011年国民经济和社会发展计划调整的决议》《关于批准静宁县2010年县级财政决算的决议》。

7月至10月　县、乡人大代表换届选举工作同步举行，选举县第十六届人大代表209名，乡镇第十七届人大代表1262名。

7月18日　经县机构编制委员会批准，撤销县人大常委会农业财经工作委员会，设立农业工作委员会、财经工作委员会，均为科级建制，将县人大常委会信访室调整为县人大常委会办公室内设机构。

7月下旬至8月中旬　县人大常委会对县十五届人大常委会第二十三次会议关于全县公安队伍建设审议意见落实情况进行检查。

7月4日　召开县十五届人大常委会第二十七次会议。

8月中、下旬　全县24个乡镇陆续召开第十七届人大一次会议，标志着此次乡镇人大换届选举工作顺利完成。

8月30日　县十五届人大常委会第二十八次会议作出《关于2011年全县基金收支预算调整的决议》《关于进一步加强法制宣传教育的决议》。

10月11日　召开县十五届人大常委会第二十九次会议。

10月20日至22日　县十六届人大一次会议在静宁宾馆二楼会议室召开，出席代表206名。选举张自杰为县人大常委会主任，王维军、王平仁、高恒、沙芳琴（女，回族）、陈进财、慕锡武为副主任，委员14名；徐毅为县政府县长，徐德才、王运军、沈学英（女）、孙智清、王吉庆为副县长；李根进为县法院院长，陈龙为县检察院检察长；63人为市第三届人大代表。

11月16日至19日　在市三届人大一次会议上，县政府县长徐毅、治平乡雷沟村村委会主任雷托胜、县客运公司调度员姚莉（女）当选为省第十二届人大代表。

2012年

2月29日　县十六届人大常委会第一次会议作出《关于静宁县2012年财政收支预算调整的决议》。

3月21日至22日　县人大常委会对界石铺、原安、甘沟、古城、威戎等乡镇政府、卫生院、部分村卫生室以及县医院、中医院、妇幼保健站、新合办等医疗机构和单位新型农村合作医疗工作开展情况进行视察。

4月20日　县十六届人大常委会第二次会议作出《关于静宁县2012年国民经济和社会发展计划调整的决议》。

5月至6月　县人大常委会对仁大、双岘、城川、四河等12个乡镇80多个村果品产业发展情况进行调研。

5月下旬　县人大常委会对县十五届人大常委会第二十八次会议关于全县公安队伍建设审议意见落实情况进行检查。

6月29日　县十六届人大常委会第三次会议作出《关于批准静宁县2011年县级财政决算的决议》。

7月中旬至8月中旬　县人大常委会对县十五届人大常委会第十四次会议关于城区居民物业管理有关审议意见落实情况进行检查。

8月29日　召开县十六届人大常委会第四次会议。

9月上旬至10月上旬　县人大常委会对李店、甘沟、古城、灵芝等12个乡镇及城区部分学校农村基础教育发展情况进行调研。

10月下旬　县人大常委会对县十五届人大常委会第二十六次会议关于城区居民饮水安全工作有关审议意见落实情况进行检查。

10月31日　县十六届人大常委会第五次会议作出《关于批准2012年地方政府债券转贷资金及市级财力补助相应调整全县财政预算的决议》。

11月　县人大常委会对县十五届人大常委会第二十二次会议关于城区供热监管工作审议意见落实情况进行检查。

12月上旬　县人大常委会对县法院、县检察院、县信访局以及界石铺、威戎、甘沟、雷大法庭执法工作进行检查。

12月28日　召开县十六届人大常委会第六次会议。

2013年

1月5日至6日　县十六届人大二次会议在静宁宾馆二楼会议室召开，出席代表202名。选举县人大常委会委员2名。

2月27日　召开县十六届人大常委会第七次会议。

3月下旬至4月上旬　县人大常委会对残联、民政、人社、教育、卫生、住建等部门以及界石铺、仁大、李店、三合等乡镇和街道办贯彻实施《中华人民共和国残疾人保障法》情况进行检查。

4月26日　县十六届人大常委会第八次会议作出《关于2013年全县国民经济和社会发展计划调整的决议》《关于2013年全县财政收支预算调整的决议》；任命崔晓晖为县检察院副检察长、代理检察长。

5月上旬至6月上旬　县人大常委会对仁大、甘沟、界石、司桥等12个乡镇及县交运局、县乡公路养护站等单位农村公路建设管护情况进行调研。

5月下旬至6月上旬　县人大常委会对县十五届人大常委会第二十一次会议关于文化市场管理工作审议意见的落实情况进行检查。

6月28日　召开县十六届人大常委会第九次会议。

7月下旬至8月上旬　县人大常委会对住建局、规划局、工业园区、建兴房地产开发公司、文屏教育园、滨河花园等单位、企业、居民小区和62个项目施工现场2010年以来县城规划管理情况进行检查。

8月22日　召开县十六届人大常委会第十次会议。

9月中旬　县人大常委会对县十六届人大常委会第五次会议关于全县农村基础教育发展有关审议意见的落实情况进行检查。

9月下旬　县人大常委会对治平、甘沟、司桥、八里等9个乡镇10个整村推进示范点和8个贫困村整村推进扶贫开发工作进行视察。

10月18日　县十六届人大常委会第十一次会议任命陈云波、王敏为县政府副县长。

11月中旬至下旬　县人大常委会对县法院、县检察院执法工作进行检查。

12月20日　县十六届人大常委会第十二次会议任命何鹏峰为县政府副县长。

12月26日至27日　县十六届人大三次会议在静宁宾馆二楼会议室召开，出席代表202名。选举县人大常委会委员3名。

2014年

2月26日　召开县十六届人大常委会第十三次会议。

3月3日　召开县人大常委会党组暨机关党的群众路线教育实践活动动员大会，部分退休老干部、乡镇人大主席及省市县人大代表应邀参加会议。

3月11日　召开县人大常委会党组暨机关党的群众路线教育实践活动理论宣讲会议。

3月12日　召开县人大常委会党组暨机关党的群众路线教育实践活动学习研讨会。

3月17日　召开县人大常委会党组及机关党的群众路线教育实践活动意见建议征求座谈会。

3月13日至19日　县人大常委会党组各成员分别到各自联系的界石铺、细巷、曹务、新店、贾河、原安、深沟等乡镇开展党的群众路线教育实践活动专题宣讲并征求意见建议。

3月下旬至4月上旬　县人大常委会对县十六届人大常委会第二次会议关于全县新型农村合作医疗工作审议意见落实情况进行检查。

4月21日　县人大常委会按照省、市相关安排和县委“十查十看”具体要求，对学习教育、听取意见环节进行“回头看”。

4月28日　县十六届人大常委会第十四次会议作出《关于2014年国民经济和社会发展计划调整的决议》《关于2014年全县财政收支预算调整的决议》《关于甘沟等乡撤乡改镇的决定》。

5月6日　召开《静宁县人民代表大会志》编纂动员会议。

5月中旬至6月上旬　县人大常委会对住建局、人社局、国土局、地税局、房产局、规划局、建兴房地产开发公司、德美房地产开发公司等14个单位、企业及居民小区商品房产权管理情况进行检查。

5月中旬至6月中旬　县人大常委会对县十六届人大常委会第九次会议关于全县农村公路建设管护工作审议意见落实情况进行检查。

6月25日　召开县十六届人大常委会第十五次会议。

7月中旬至8月下旬　县人大常委会对县教育局、街道办、博物馆、看守所等单位以及城区部分网吧、书店和娱乐场所《中华人民共和国未成年人保护法》《中华人民共和国预防未成年人犯罪法》贯彻实施情况进行检查。

9月上旬至10月上旬　县人大常委会对原安、界石铺、甘沟、红寺、司桥、曹务等9个乡镇及县农牧局、畜牧兽医局等单位牛产业发展情况进行调研。

9月18日　县十六届人大常委会第十六次会议作出《关于甘肃省静宁县国家级生态县建设规划（2012—2020年）的决议》，审议通过《静宁县人大常委会专题询问和质询暂行办法》《静宁县人大常委会组成人员守则》《静宁县人大常委会会议请假制度》《静宁县人大常委会联系代表办法》。

9月中旬至下旬　县人大常委会对县十六届人大常委会第十一次会议关于全县农村基础教育发展审议意见落实情况进行检查。

10月13日至14日　县人大常委会组织部分组成人员和省、市、县人大代表，对全县17项重点工作完成情况进行视察。

10月22日　召开县人大常委会党组暨机关党的群众路线教育实践活动总结会议。

10月28日　县十六届人大常委会第十七次会议审议通过《静宁县人大常委会关于听取和审议“一府两院”专项工作报告实行满意度测评暂行办法》。

11月28日　县十六届人大常委会第十八次会议审议通过关于接受马政海辞去县第十六届人大代表职务请求的决定。

12月22日　召开县十六届人大常委会第十九次会议。

12月30日至31日　县十六届人大四次会议在静宁剧院召开，出席代表203名。选举高旭、厚连世、靳宝生为县人大常委会副主任，县人大常委会委员3名。

2015年

3月中旬至4月上旬　县人大常委会对葫芦河、甘渭河、高界河、李店河等九大河系内相关乡镇、村社及水务、国土、安监等单位贯彻实施《甘肃省河道管理条例》情况进行检查。

3月下旬至4月上旬　县人大常委会对县十六届人大常委会第十五次会议关于城区商品房产权管理有关审议意见落实情况进行检查。

4月10日　县人大常委会召开乡镇（街道）人大工作业务培训会。

4月28日　县十六届人大常委会第二十次会议作出《关于2015年全县财政收支预算调整的决议》《关于2015年国民经济和社会发展计划调整的决议》。

5月4日至15日　县人大常委会对城区各高中、初中、小学、幼儿园以及职教中心、特殊教育学校教育教学情况进行调研。

5月11日至22日　县人大常委会对县法院2011年以来的审判执行工作进行检查。

5月　古城乡、仁大乡、甘沟乡撤乡建镇。至此，静宁县辖16个乡8个镇。

6月30日　县十六届人大常委会第二十一次会议作出《关于2014年县级财政决算的决议》。

7月1日　十二届全国人大常委会第十五次会议通过《全国人民代表大会常务委员会关于实行宪法宣誓制度的决定》，以立法方式确立中国宪法宣誓制度。

7月上旬至下旬　县人大常委会对双岘梁系、马圈山梁系、朱家山梁系等13条林带，原安、三合、甘沟、四河、仁大、李店、曹务、司桥等18个乡镇及林业、环保等单位生态林建设管护工作进行调研。

7月30日　县人大常委会召开乡镇（街道）人大工作推进会和乡镇（街道）人大工作人员业务培训会，考察观摩界石铺镇人大办公室及人大档案建设。

8月20日　县机构编制委员会批准，县人大常委会内设机构为"两室五委"，即办公室、信访室、法制工作委员会、财经与城建工作委员会、农业与环境资源工作委员会、科教文卫与民侨工作委员会、人事与代表工作委员会，均为科级建制，各设主任1名，副主任1名。

8月28日　县十六届人大常委会第二十二次会议作出《关于批准县城棚户区改造项目申请贷款的决定》；任命张兴荣、马明为县政府副县长，张兴荣为代理县长。

9月中旬至下旬　县人大常委会对各乡镇中心小学校外寄宿生管理情况进行检查。

9月中旬至下旬　县人大常委会对县城建设与管理情况进行调研。

10月28日　县十六届人大常委会第二十三次会议作出《关于城川等五乡撤乡改镇的决定》。

11月9日至27日　县人大常委会对法院、检察院、司法局等11个县直单位，界石铺、威戎、古城等6个镇，平凉机电工程学校、雷大初级中学、威戎小学等9所学校，东城区居委会、界石铺镇高堡村等7个村（社区）以及静宁县欣叶集团、德美建材城等企业和市场“六五”普法工作进行检查。

12月15日　县十六届人大常委会第二十四次会议作出《关于2015年新增地方政府债券支出安排的决议》《关于第四批专项基金股权投资回购资金纳入财政预算的决议》《关于召开静宁县第十六届人民代表大会第五次会议的决定》。

12月30日至31日　县十六届人大五次会议在静宁剧院召开，出席代表205名。选举张兴荣为县政府县长、县人大常委会委员3名。

2016年

1月7日　县十六届人大常委会第二十五次会议审议通过关于县人大常委会内设机构规范后名称变更有关事项；任命王宁香（女）、李彦荣为县政府副县长。

3月3日　省委督察专员、省人大常委会财经预算工委副主任赵小明带领督查组，到静宁县界石铺镇人大代表之家，对静宁县贯彻落实中央有关文件和省委人大工作会议精神情况进行督查。

3月16日　市人大常委会副主任、市妇幼保健院院长张乔英带队，到静宁县威戎镇敬老院、威戎小学学生食堂、威戎镇食品药品监督管理所、静宁一幼餐厅、德美商贸有限公司剧院购物中心、县食品药品检验检测中心、县食品药品监督管理局、景盛火锅店以及静宁宾馆餐饮操作间，对静宁县贯彻实施《中华人民共和国食品安全法》情况进行检查。

3月中旬至4月上旬　县人大常委会对城区及各乡镇部分食品生产加工企业、小作坊、流通经营店铺、餐饮企业、学校食堂、流动摊贩、农贸市场、屠宰企业及有关部门实施《中华人民共和国食品安全法》情况进行检查。

4月21日　省人大常委会副主任马青林带领省人大调研组，到静宁县界石铺镇水鱼流域万亩旱作农业示范点、欣叶集团纸箱包装生产线、静宁县五洲果品专业合作社、辰宇现代循环农业示范园，对静宁县贫困地区富民产业培育和农村承包土地确权登记颁证情况进行专题调研。

4月28日　县十六届人大常委会第二十六次会议审议通过《关于表彰优秀人大代表和十六届人大常委会优秀组成人员的决定》，作出《关于静宁县2016年财政收支预算调整的决议》。

5月上旬至6月上旬　县人大常委会对葫芦河、甘渭河、李店河、高界河等九大河系内有关乡镇、村社及水务、国土等单位贯彻实施《甘肃省河道管理条例》情况进行检查。

5月至8月　县、乡人大代表换届选举工作同步进行。选举县第十七届人大代表

209名，乡镇第十八届人大代表1262名。

6月1日　召开县十六届人大常委会第二十七次会议。

6月2日　召开县乡两级人大换届选举工作动员会议。

6月3日　县人大常委会举办县乡两级人大换届选举工作培训班。

6月　城川乡、曹务乡、雷大乡、四河乡、细巷乡5个乡撤乡建镇。至此，静宁县辖城关、威戎、界石铺、八里、李店、仁大、甘沟、古城、城川、曹务、雷大、四河、细巷13个镇和司桥、新店、治平、深沟、贾河、双岘、余湾、红寺、三合、原安、灵芝11个乡。

6月22日　省人大常委会代表人事工作委员会副主任吴东坡带领调研组，深入界石铺镇和城川乡，对静宁县县、乡两级人大换届选举工作进展情况进行调研。

6月28日　县十六届人大常委会第二十八次会议作出《关于2015年县级财政决算的决议》。

7月29日　市人大常委会副主任史兴隆带领督办组，到静宁县果树果品研究所苹果良种苗木繁育基地和现代苹果高新技术示范园，对市人大代表第82号建议进行现场督办。

9月23日　县十六届人大常委会第二十九次会议任命张立军为县法院副院长、代理院长，杨青为县检察院副检察长、代理检察长。

9月30日　召开县十六届人大常委会第三十次会议。

10月16日　县十六届人大常委会第三十一次会议作出《关于〈静宁县城乡统筹总体规划（2015—2030）〉的决议》。

10月18日至20日　县十七届人大一次会议在静宁剧院召开，出席代表206名。选举王智国为县人大常委会主任，沙芳琴（女，回族）、高旭、厚连世、张进宝、李读、靳宝生为副主任，县人大常委会委员24名；首次设立县人大法制委员会、财政经济委员会两个专门委员会，厚连世为县人大法制委员会主任委员（兼），杨华为县人大财政经济委员会主任委员（兼）；张兴荣为县政府县长，陈景春、马发荣、李彦荣、范军为副县长；张立军为县法院院长，杨青为县检察院检察长；市第四届人大代表60名。此次会议落实《全国人民代表大会常务委员会关于实行宪法宣誓制度的决定》，首次为新当选人员举行宪法宣誓仪式。

12月5日　省人大常委会环境资源保护工作委员会副主任祁永安、省人大常委会办公厅巡视员雪毓萍（女）、省人大常委会环境资源保护工作委员会综合处副处长卢炳涛及《中国环境报》《甘肃日报社》、甘肃广电总台广播新闻中心、《人民之声报》《甘肃经济日报》、每日甘肃网记者组成陇原环保世纪行记者团，围绕“产业发展和生态环保”主题到静宁县进行现场采访。

12月14日　市人大常委会副主任樊文浩带领部分在平凉省人大代表，到静宁县八里、威戎等乡镇及城区部分重点项目建设现场，集中视察静宁县电子商务、道路、桥梁、给排水建设、旱作农业技术推广、新农村建设、异地扶贫搬迁、城乡环境综合整治、村级组织文化活动阵地建设、苹果高新技术更新、教育品牌打造等方面的工作。

2017年

1月10日　召开县十七届人大常委会第一次会议。

3月15日　县十七届人大常委会第二次会议任命刘桂香（女）为县政府副县长。

3月20日　省人大环境资源保护委员会副主任委员、省人大常委会环境资源保护工作委员会主任郭玉虎带队，到静宁县恒达有限责任公司粉煤灰、炉渣综合利用制砖项目生产现场和静宁铅锌矿，对静宁县贯彻实施《中华人民共和国固体废物污染环境防治法》情况进行检查。市人大常委会副主任张乔英（女）、副市长宋全科陪同检查。

3月21日至4月上旬　县人大常委会对全县贯彻实施新修订的《中华人民共和国种子法》情况进行检查。

3月27日至4月上旬　县人大常委会对全县义务教育均衡发展情况进行视察。

4月11日到12日　县人大常委会对南关一期棚户区、城关初中停车场、南环西路南片棚户区、文屏教育园四馆一中心、东关静庄路南侧棚户区、后街棚户区、红学巷停车场、东关一期棚户区、东城区农副产品交易中心、东关东路建设工程、东城区绿地广场、高城寨一期棚户区、西兰路东片棚户区、东城区综合服务中心、顺达巷东片棚户区等建设点棚户区改造、重点项目建设及县城管理工作进行督查调研。

4月13日至14日　县人大常委会举办县人大代表、乡镇人大主席及县乡人大工作人员集中培训班。

4月17日　全国人大常委会副委员长向巴平措，全国人大常委会委员、民族委员会副主任委员艾斯海提·克里木拜、刘胜玉、云峰，民族委员会委员苏晓云一行，到静宁县界石铺镇谷湾村、文屏教育园、城川东山梁苹果产业扶贫示范点、城川红旗现代苹果高新技术产业园，对脱贫攻坚、产业扶贫、教育扶贫及农村教育事业均衡发展等情况进行调研。省人大常委会副主任马青林，市委书记郑亚军、市人大常委会主任李雪峰、市委副书记王大睿等陪同调研。

4月18日至19日　县人大常委会对城川、威戎、雷大、李店、治平、双岘、界石铺、三合、原安、灵芝、八里、城关、司桥13个乡镇美丽静宁建设工作进行督查。

4月28日　召开县十七届人大常委会第三次会议。

5月3日　市人大常委会副主任张乔英（女）带队，对城川镇吴庙村幼儿园、大寨村幼儿园，甘沟镇马坡村幼儿园、城关镇朵朵幼儿园、静宁一幼（西城区）规划建设及教学活动开展情况进行调研。

5月5日　市人大常委会副主任樊文浩带队，对李店镇蒲岔、阴坡咀村所联系的贫困户生产、生活情况进行调研。

5月上旬　县人大常委会对界石铺、李店等乡镇及部分单位、学校、企业贯彻实施《中华人民共和国道路交通安全法》情况进行检查。

5月上旬至6月上旬　县人大常委会对民顺嘉苑、戎都嘉苑、清华园等住宅小区，中医院住院部综合楼等在建项目现场，工业园区、城关镇、八里镇部分违法建筑现场，住建局、国土局、执法局、规划办等单位2014年以来规划执法管理情况进行检查。

5月27日　县十七届人大常委会第四次会议作出《关于2017年国民经济和社会发展计划调整的决议》《关于2017年全县财政收支预算调整的决议》。

6月21日　青海省人大常委会副主任邓本太带队，到静宁县城川东山梁苹果产业扶贫示范点和职教中心教育扶贫工作示范点，对静宁县脱贫攻坚工作进行考察。

6月19日至22日　县人大常委会督查24个乡镇人大工作。

6月30日　县十七届人大常委会第五次会议作出《关于批准2016年全县财政决算（草案）的决议》《关于取消五台山城区备用水源地情况的决议》。

7月17日　市人大常委会副主任樊文浩带队，对静宁县农村公路建设管理情况进行调研。

7月18日至19日　县人大常委会对恒达纸箱包装有限责任公司、欣叶包装印务集团有限责任公司、中正果品包装有限责任公司、兴安民爆静宁分公司、皓天药业有限公司、宏安商砼有限责任公司、华美地毯有限责任公司、精威饲料有限责任公司、静宁县印务有限责任公司、绿洲新型墙体材料有限责任公司、甘肃省国草药业有限责任公司、凤林酒业有限责任公司等工业企业生产经营情况，新技术、新产品开发情况进行调研。

7月下旬至8月上旬　县人大常委会对仁大、李店、治平、余湾等14个重点乡镇30多处中低产苹果园技术改造提升工作进行调研。

8月3日　市人大常委会副主任樊文浩带队，现场督办市四届人大一次会议第89号建议《关于对静宁县威戎镇葫芦河大桥进行改造的建议》。

8月24日　市人大常委会副主任樊文浩带队，对帮扶联系点甘沟镇小岔村、庙岔村精准扶贫工作进行对接调研。

8月31日　县十七届人大常委会第六次会议任命郭满山为县政府副县长。

9月中旬至10月上旬　县人大常委会对界石铺、四河等8个乡镇及城市社区30余户残疾人家庭，残联、民政局、人社局、特教学校等单位实施《中华人民共和国残疾人保障法》情况进行检查。

10月上旬至中旬　县人大常委会对县法院及基层法庭“两年内基本解决执行难问题”情况进行检查。

10月23日　省人大常委会内务司法工作委员会副主任程世强带领省人大常委会专

题调研组，到静宁县检察院派驻界石铺、城关镇检察室及县检察院机关，对县检察院全面深化司法改革情况进行调研。

10月31日　县十七届人大常委会第七次会议作出《关于2017年新增地方政府债券支出安排的决议》。

11月上旬　县人大常委会对全县实施《关于在全县公民中开展法治宣传教育的第七个五年规划》情况进行调研。

11月28日　市人大常委会副主任樊文浩赴甘沟镇宣讲中共十九大精神。

12月中旬　县人大常委会对2017年城区“断头路”打通情况进行检查。

12月12日　召开县十七届大常委会第八次会议。

12月18日　县十七届人大常委会第九次会议对县政府关于全县“七五”普法规划实施情况、城区“断头路”打通情况进行满意度测评。

12月21日至22日　县十七届人大二次会议在静宁剧院召开，出席代表200名。选举县人大常委会委员2名，朱卫华为县监察委员会主任，标志着静宁县监察委员会正式成立。

12月23日　召开县十七届人大常委会第十次会议。

12月27日至29日　在市四届人大二次会议上，静宁县委书记王晓军、文萃中学教师马繁荣、常津果品有限公司副经理常金艳（女）当选为省第十三届人大代表。

2018年

1月11日　市人大常委会组织省十三届人大代表，到静宁县文屏教育园暨职教中心、欣叶集团纸箱包装生产线、中医院整体迁建项目点、德美冷链物流产业园、静宁县工业和生活污水处理厂建设项目点、德美地缘现代有机苹果示范园开展集中视察活动。

3月1日　召开县十七届人大常委会第十一次会议。

3月19日　县人大常委会对县医院妇儿老年病中医康复综合楼、东关颐馨园、东城区农副产品交易中心、工业与生活污水处理厂、建兴明珠住宅楼、圣鼎罗马风情住宅小区、德美润园住宅楼和八里镇垃圾填埋场等实施《中华人民共和国城乡规划法》情况进行督查。

3月下旬至4月上旬　县人大常委会对原安、四河、贾河等13个乡镇及480余户贫困户精准扶贫精准脱贫工作进行调研。

4月25日　县十七届人大常委会第十二次会议作出《关于2018年国民经济和社会发展计划调整的决议》《关于2018年全县财政收支预算调整的决议》。

5月上旬　县人大常委会对治平成纪故城、界石铺红军长征毛泽东旧居纪念馆、曹务文㐂民俗旅游专业村、余湾王坪村现代农业旅游观光园等23处旅游景点旅游产业发展情况进行调研。

5月16日至18日　县人大常委会对阿阳路中段改造点、人民巷南段便民市场点、新街西路棚户区改造点、建兴明珠南侧违章建筑点、文屏供暖站扩容改造点等处基础设施建设、居民小区物业管理、违法建设治理、环境卫生整治、市政设施维护、绿化管护等县城建设与管理工作进行检查。

5月23日　市人大常委会副主任樊文浩赴甘沟镇马坡村、大柳村、小岔村、庙岔村、牡丹村、张著村村部、学校和部分贫困户家中，对村户产业发展、扶贫项目建设、社会事业发展情况及帮扶单位、驻村工作队帮扶工作进行调研。

6月19日　市人大常委会对静宁县饮用水水源地保护和烟花爆竹燃放管理立法工作进行调研。

6月29日　县十七届人大常委会第十三次会议作出《关于取消新店甘坡等五乡镇集中式饮用水源地的决议》《关于2018年转移支付增量资金支出安排的决议》《关于2018年地方政府债券支出安排的决议》。

7月下旬　县人大常委会对界石、李店、威戎、甘沟、雷大等11个乡镇卫生院和社区卫生服务中心、部分村卫生室和个体诊所医疗卫生工作进行检查。

7月下旬　县人大常委会对县十七届人大常委会关于全县工业企业发展审议意见落实情况进行检查。

8月15日　市人大常委会调研组对静宁县“七五”普法决议和规划实施情况进行专题调研。

8月31日　县十七届人大常委会第十四次会议作出《关于批准2017年全县财政决算的决议》《关于2018年增加预算支出安排的决议》。

9月10日至11日　市人大常委会副主任樊文浩带队，对余湾乡苹果产业扶贫联合体、李店镇常坪塬产业扶贫示范点、德美地缘国家级苹果种苗繁育基地、静宁县农产品电子商务冷链物流产业园，原安镇坷老村精准扶贫精准脱贫示范点、民寨村鸦湾、何㐂社易地扶贫搬迁示范点，灵芝乡车李村易地搬迁暨产业扶贫示范点及尹岔村“党建+三变改革+劳务扶贫”示范点脱贫攻坚工作进行调研。

9月12日至13日　县人大常委会对威戎、古城敬老院、卫生院和县福利服务中心及人社局、公安局等单位贯彻实施《中华人民共和国老年人权益保障法》《甘肃省老年人权益保障条例》情况进行检查。

9月12日至14日　县人大常委会对界石铺、古城、雷大等10乡镇及工业和生活污水处理厂、四海食品厂等企业贯彻实施《中华人民共和国环境保护法》情况进行检查。

10月30日　县十七届人大常委会第十五次会议作出《关于将静宁县工业和生活污

水处理服务费纳入财政中期规划的决议》；对县十七届人大二次会议代表建议意见办理情况进行满意度测评。

12月上旬　县人大常委会对东关一期、南关一期、南关二期、普陀巷、城关初中等13个片区2014年以来棚户区改造情况进行检查。

12月11日　县十七届人大常委会第十六次会议作出《关于召开静宁县第十七届人民代表大会第三次会议的决定》。

12月24日　县十七届人大常委会第十七次会议作出《关于预算稳定调节基金和政府性基金调入一般公共预算的决议》《关于机关事业单位发放2017年度科学发展业绩考核奖重大支出的决议》《关于2018年增加预算支出安排情况的决议》。

12月27日至28日　县十七届人大三次会议在静宁剧院召开，出席代表190名。

2019年

1月25日　召开县十七届人大常委会第十八次会议。

2月1日　县十七届人大常委会第十九次会议作出《关于确定县人民法院人民陪审员名额的决定》；任命席鹏举为县政府副县长。

2月12日　召开县十七届人大常委会第二十次会议。

3月下旬　县人大常委会对李店、甘沟等12个乡镇街道、村庄、河道、交通干道、生活垃圾填埋点、废旧农膜回收站贯彻实施《甘肃省农村生活垃圾管理条例》情况进行检查。

3月20日　县十七届人大常委会第二十一次会议作出《关于引洮供水二期配套工程合作建设及水务一体化合作经营有关事项的决议》。

5月8日　县十七届人大常委会第二十二次会议作出《关于2019年国民经济和社会发展计划调整的决议》《关于2019年全县财政预算调整的决议》《关于建立静宁县悬镜湖省级湿地公园的决议》。

5月中旬　县人大常委会对八里、界石铺、原安等乡镇及平凉机电工程学校、欣叶集团、德美地缘等培训基地和劳务基地就业扶贫工作进行调研。

5月16日　市人大常委会副主任冯宁平带领执法检查组，到静宁县公安局交警大队威戎县际执勤点、威戎镇北关村标准化劝导站、县客运公司、建宏驾驶员培训学校、公安局交警大队道路交通指挥中心，对静宁县贯彻实施《中华人民共和国道路交通安全法》情况进行检查。

5月20日　省人大教科文卫委员会主任委员孙伟带队，对静宁县城川、界石铺人大代表之家活动开展情况进行调研。市人大常委会主任李雪峰陪同调研。

6月18日　召开县十七届人大常委会第二十三次会议。

7月1日　市人大常委会副主任樊文浩带领督办组，到静宁县南环西路南片区棚户区改造、南河小区安置房建设、后街片区棚户区改造、永福巷东片区棚户区改造、西兰路东片区棚户区改造等项目建设现场，对市四届人大三次会议关于加快推进静宁县棚户区改造步伐的建议进行督办。

7月10日　市人大常委会副主任张乔英（女）带队，对静宁县贯彻实施《中华人民共和国土地管理法》情况进行检查。

7月下旬　县人大常委会对全县贯彻实施《中华人民共和国治安管理处罚法》情况进行检查。

7月26日　省人大代表、市人大常委会主任李雪峰，市人大常委会副主任张乔英（女）带队，到静宁县界石铺镇水鱼流域2万亩优质饲草玉米种植基地、康源肉牛养殖农民专业合作社、供港肉牛养殖基地、大河村易地扶贫搬迁、大山湾经济融合发展示范区，对静宁县实施乡村振兴战略和推进脱贫攻坚工作开展在平凉的省人大代表调研活动。

7月下旬　县人大常委会对城乡安全饮水工程建设、运行及管理，水质监督检测、水源地保护及污染防治工作进行调研。

8月29日　县十七届人大常委会第二十四次会议作出《关于批准2018年全县财政决算的决议》《关于2019年地方政府债券支出安排的决议》

9月中旬　县人大常委会对县内地毯、纸箱、白酒、炸药雷管等工业企业和成品油、天然气、煤炭等流通企业及棚户区改造建设工地贯彻实施《中华人民共和国产品质量法》情况进行检查。

9月21日　市人大常委会副主任樊文浩带队，对静宁县卫健局、德顺小学、静宁三中、林投公司等单位国有资产管理工作进行调研。

10月中旬　县人大常委会对县医院综合楼建设、城乡公共安全视频监控项目、民生实事项目就业工作、县公共体育场和田径跑道建设、南关小学改扩建工程、圣德路建设、农村饮水安全工程、威戎至曹务公路养护维修、细巷镇污水处理站及垃圾转运站等县政府承诺的10件实事办理情况进行视察。

10月28日　县十七届人大常委会第二十五次会议作出《关于机关事业单位发放2018年度业绩考核奖重大支出的决议》。

2020年

1月13日　县十七届人大常委会第二十六次会议作出《关于召开静宁县第十七届人民代表大会第四次会议的决定》《关于政府性基金调入一般公共预算的决议》《关于县级重大资金支出的决议》《关于2019年增加预算支出安排的决议》；任命信锦玲

（女）为县政府副县长。

3月25日　市人大常委会副主任樊文浩带队，对静宁县林果业投资发展有限责任公司现代苹果高新技术示范园、成纪投资发展有限公司文屏书院和自来水公司城区水处理厂等企业国有资产管理情况进行调研。

4月3日　县十七届人大常委会第二十七次会议任命陈景春为县政府代理县长。

5月18日　市人大常委会副主任白玉带队，对静宁八里镇阎庙村葫芦河河道、甘沟镇马坡村庙湾河口河道生态修复情况、县检察院公益诉讼检察工作情况进行调研。

5月19日　县十七届人大常委会第二十八次会议作出《关于召开县十七届人大四次会议的决定》。

5月22日至23日　县十七届人大四次会议在静宁剧院召开，实出席代表193名。设立县人大社会建设委员会；选举陈景春为县政府县长，牛永琪、杨飞为县人大常委会副主任，委员6名。

5月下旬　县人大常委会对邮政大楼南侧、成纪名居棚改安置房等14处国有土地出让情况进行检查。

5月下旬　县人大常委会对威戎、古城卫生院、部分养殖场及静宁一中、县医院、疾控中心等单位贯彻实施《中华人民共和国传染病防治法》情况进行检查。

6月29日　县十七届人大常委会第二十九次会议作出《关于2020年地方政府债券支出安排的决议》《关于发放业绩考核奖和农村危旧房屋改造补贴重大支出的决议》，审议通过《静宁县人民代表大会社会建设委员会工作规则》。

7月8日至9日　省人大农业与农村委员会主任委员杨元忠、省人大常委会农业与农村工作委员会副主任汪振江一行，对静宁县方圆工业和生活污水处理厂、威戎镇矮化密植示范园、城川镇德美地缘现代有机苹果示范园、35°苹果谷景区、东山梁苹果种植基地《甘肃省节约用水条例》立法工作进行调研。市人大常委会主任马琨（女）、副主任薛晓宏，市政府副市长杨维周等陪同调研。

7月上旬　县人大常委会对全县2016年以来开展规范性文件备案审查、报审工作情况进行检查。

7月17日　市人大常委会副主任樊文浩带领督办组，到静宁县S222西吉—燕子砭公路平峰至八里段、甘沟段、引洮供水二期静宁城乡供水配套工程、崇德路道路建设项目现场，对市四届人大四次会议第89号代表建议《关于加大对深度贫困县基础设施改善扶持力度的建议》进行现场督办。

7月中旬至8月中旬　县人大常委会对14家国有企业和县成投公司、林投公司、农投公司、佳源果业公司、客运公司等5家国有企业投资建设的重点项目现场国有资产管理情况进行调研。

8月上旬　县人大常委会对李店、甘沟、三合等12个乡镇部分主要路段及农村公路管理所、养护维修点公路建设与管护情况进行调研。

8月3日　市人大常委会副主任樊文浩带领省、市人大代表联合调研组，到静宁县京东静宁数字化物流园、引洮供水二期配套城乡供水工程、静庄高速公路建设项目、现代农业“一园六区”建设项目、棚户区改造及城市基础设施配套建设项目、文惠小学及同乐幼儿园建设项目现场，对全市项目建设进展情况专题调研。

8月18日至19日　省人大常委会党组书记、副主任王玺玉带领省人大常委会研究室主任马洪滨、副主任包义成，代表工作委员会副主任穆忠勤及部分省人大代表，到静宁县城乡供水猴儿嘴工程和城乡供水县城工程建设工地，现场督办省十三届人大三次会议第44号《关于支持静宁引洮供水二期配套工程建设的建议》。省政府副秘书长徐延文、省水利厅厅长霍卫平、省财政厅二级巡视员刘凤会，市人大常委会主任马琨（女）、副主任薛晓宏，市政府副市长宋全科等陪同督办。王玺玉一行还调研了城川镇吴庙村苹果产业功能型“人大代表之家”建设情况、欣叶集团公司基层人大代表发挥作用情况、南关小学代表建议办理落实情况，并召开人大代表工作座谈会。

9月14日　县十七届人大常委会第三十次会议任命刘孝平为县政府副县长；作出《关于中心城区“两规”一致性处理及城乡统筹总体规划中心城区局部用地调整方案的决议》《关于〈静宁县省级农业科技园区总体规划〉和〈静宁县省级农业科技园区建设实施方案〉的决议》《关于批准2019年全县财政决算的决议》，审议通过《静宁县人民代表大会代表履职登记办法（草案）》《静宁县人大预算审查联系代表工作办法（草案）》。

9月24日　市人大常委会副主任薛晓宏带领调研组，到静宁县威戎镇河西三村人居环境整治示范点、城川镇红旗村省级“清洁村庄”示范点、甘沟镇S222线农村人居环境整治示范带及农户家中，对静宁县人居环境基础设施配套、村庄风貌、乡风文明等工作进行调研。

10月上旬　县人大常委会对果树果品研究所、国草药业、恒达公司、陇上草牧业等单位、企业科技工作情况进行调研。

10月下旬　县人大常委会对县检察院开展公益诉讼情况进行调研。

11月17日　县十七届人大常委会第三十一次会议作出《关于2020年抗疫特别国债和部分新增债券安排的决议》《关于发放全县机关事业单位工作人员2019年平安建设考评奖和2020年取暖补贴重大支出的决议》。

11月30日　县人大常委会组织常委会组成人员和部分市、县人大代表，对全县15个重大项目建设进展情况开展视察活动。

12月17日至18日　市人大常委会副主任白玉带领市法治建设绩效第二考评组成员对静宁县2020年度法治建设工作进行绩效考评。

12月21日　市人大常委会主任马琨（女）、副主任薛晓宏带领省、市人大代表，到京东静宁数字化物流园、引洮供水二期配套静宁县城乡供水县城工程、中医院迁建、界石铺镇平凉红牛供港养殖基地和平凉红牛粤港澳市场中转基地及母牛超市、文屏书院、文惠小学及同乐幼儿园、棚户区改造及县城基础设施等项目建设现场，围绕静宁县“十三五”规划纲要执行、2020年重点工作目标任务完成情况、“十四五”期间经济社会发展目标任务及重点工作进行视察。

12月25日　县十七届人大常委会第三十二次会议作出《关于接受薛世尧辞去市第四届人民代表大会代表职务的请求的决定》《关于接受裴治国、王永辉、赵军海辞去县第十七届人民代表大会代表职务的请求的决定》《关于政府性基金调入一般公共预算的决议》《关于2020年增加预算支出和预算调整的决议》《关于静宁县不动产登记历史遗留问题处置意见的决议》。

2021年

1月14日　县十七届人大常委会第三十三次会议作出《关于召开县十七届人大五次会议的决定》。

1月19日至20日　县十七届人大五次会议在静宁剧院召开，出席代表183名。选举王永平为县人大常委会主任、孙青茂为副主任。

卷一　会议代表

中华人民共和国成立时，即确定国家的政体是人民代表大会制度。静宁解放后，在中国共产党的领导下，一方面着力恢复生产、维护秩序、保持稳定，另一方面着手对旧政权接管改造，在全县范围内逐步建立人民民主政权，这是党的执政之基和力量之源。人民民主政权，即选举人民代表大会代表，建立人民代表大会制度。《中华人民共和国宪法》规定："中华人民共和国的一切权力属于人民。人民行使国家权力的机关是全国人民代表大会和地方各级人民代表大会。"《中华人民共和国全国人民代表大会和地方各级人民代表大会代表法》规定："全国人民代表大会和地方各级人民代表大会代表依照法律规定选举产生"，"地方各级人民代表大会代表是地方各级国家权力机关组成人员"。

1949年8月静宁解放以来，在会议代表的产生上，经历了两个大的时期。

第一时期，1949年8月至1954年9月《中华人民共和国宪法》颁布前，为静宁县各界人民代表会议代行职权时期，是向县人民代表大会的过渡。根据《中国人民政治协商会议共同纲领》的有关规定，静宁县人民代表大会的职权由静宁县各界人民代表会议代行，其代表称为"县各界人民代表会议代表"，简称"县各代会代表"，是按照中央人民政府颁布的各界人民代表会议组织通则，通过各界推荐、选举和邀请等方式产生的。这一时期，共产生了7届县各代会代表。

第二时期，1954年9月《中华人民共和国宪法》颁布以后，为静宁县人民代表大会行使职权时期。其代表称为"县人民代表大会代表"，简称"县人大代表"，至2020年年底已历17届。其中，县第一届至第七届人大代表的选举为间接选举，即由选民选举乡镇（公社）人大代表，在乡镇（公社）人民代表大会上，再由乡镇（公社）人大代表选举县人大代表。从县第八届开始，以后历届人大代表的选举均为直接选举，即由选民直接选举县人大代表。

第一章　县各界人民代表会议代表

解放初期，由于召开普选产生的县人民代表大会的条件还不具备，采取过渡的办法，即召开县各界人民代表会议代行人民代表大会职权，选举产生县级人民政府。1949年9月至1954年3月，静宁县先后举行7次县各代会代表推选。各代会代表的产生，由县政府按照人口比例（《县各界人民代表会议组织通则》规定20万人以下的县100人至200人左右），统一分配全县各区、乡、团体、单位，按照分配名额进行选派，县政府也可以直接邀请。一般由县、区政府通过推荐、选举和邀请三种方式，分别从农民界、工商界、教育界、党政机关、民主人士和其他各界按比例推选，其中农民代表占半数以上。第一届至第七届各界人民代表会议（不包括第五届），共推选代表1150名。

附：

县各界人民代表会议代表推选情况表

表1-1

届次	推选时间	代表人数（人）
一	1949年9月至10月	106
二	1949年12月至1950年1月	183
三	1950年5月	174
四	1950年11月	174
五	1951年4月至5月	不详
六	1951年7月	260
七	1952年7月至8月	253

第一节　县第一届各界人民代表会议代表

县第一届各代会代表的推选工作，是在静宁解放1个月后、全县以运粮为中心的紧张情况下进行的。从1949年9月下旬县委发出通知开始，到各界代表会议召开，历时1个月。代表的产生，均按照地委的多次指示，以区为单位，共分5个选区，除城关区是通过召开区各界代表会议推荐产生外，其余各区都是先召开农民代表会议（区农代会的代表人数，大致按人口与代表500：1的比例分配。各区农代会代表125名，其构成为雇工15名，手工业者1名，贫农50名，城市贫民6名，中农37名，革命知识分子3名，小商贩2名，商人1名，自由职业者1名，革命职员9名。其中女干部、农村妇女各1名），从农民代表中推荐产生县各代会代表。

代表条件：年龄在18岁以上，无神经病者；支前工作中，热情积极，拥护共产党与人民政府者；为人正派，与群众关系良好，为群众所拥护者；历史清白，没有做过反人民活动者；有特殊功绩而为群众所欢迎者；地主、富农无代表资格。

代表产生方式：一、推荐。大部分代表是这种方式产生的。有的区先召集三五人或七八人（大多为贫苦农民）小型座谈会，反复讲明新中国人民当家做主、当好人民代表的重大意义，按照代表条件，民主推荐代表初步人选，反复酝酿、核查，最终确定正式人选；有的区由干部深入农户家中或田间地头，向初步人选宣讲政策，提高其政治觉悟，取得初步人选同意，再召开农代会认可。二、选举。县委、县大队、县政府、职业工人、教职员、学生等方面的代表，都是经过各区农代会在代表中选举产生的。三、邀请。这种方式产生了3名代表：革命知识分子代表李文清，进步旧职员高全成，革命职员李九利。

代表名额及构成：县第一届各代会代表106名，其构成为工人11名（职业工人3名，手工业者1名，乡村雇工7名），贫农36名，中农24名，城市贫民5名，革命知识分子3名，自由职业者1名，回族4名，县委职员2名，人民政府职员6名，县大队军人2名，教职员1名，学生2名，商人1名，旧职员1名，革命职员（各区分委书记和区长）7名。

在农村，按人口与代表1000∶1的比例产生代表，全县72个保产生县第一届各代会代表，占全县106个保的67.9%，其中一区22名，二区22名，三区18名，四区15名，五区10名。

附：

县第一届各界人民代表会议代表

（部分，根据会议记录整理）

宋　钦（县委书记）	于　光（县长）	刘文正（县委副书记）
李文清（革命知识分子）	高宝全（城关区农民）	王生祥（高界区农民）
吴俊成（高界区农民）	赵正清（城市贫民）	海明娃（单碰九保贫农）
翟中堂（工人）	马锡山（回族）	谭文祥（学生）
石子玉（商人）	高全成（进步旧职员）	李九利（革命职员）
薛有俊（农民）	张生香（农民）	王兴邦
王连转	马孝福	郑　邦

第二节　县第二届各界人民代表会议代表

县第二届各代会代表推选工作于1949年12月至1950年1月举行。代表推选条件、产生程序、方式、构成等，与第一届基本相同。共推选代表183名（其中妇女8名，回族5名），其构成为工人3名，农民139名（其中县农代会选出75名，各区各乡选出64名），商人5名，革命知识分子16名，学生2名，县大队2名，炮兵团3名，县委干部2名，各机关干部6名，民主人士2名，民主妇联3名。

此前，推举由11人组成的县农民代表会议筹备委员会，宋钦（县委书记）任主任，刘文正（县委副书记）任副主任，于光（县长）、马存余（回族知识分子）、高宝全（雇工）、杨秉钧（贫农）、张恭（中农）、师圣（中农）、王治德（贫农）、杨国满

(雇工)、张健英(妇女知识分子)9人为委员。于1月25日至28日召开全县农民代表会议，出席农代会的代表243名(其中妇女7名，回族11名)，其构成为雇农23名，贫农156名，中农52名，革命知识分子9名，小商贩3名。农代会推选出县第二届各代会农民代表75名。

附：

县第二届各界人民代表会议代表

(部分，根据会议记录整理)

宋　钦(县委书记)	刘文正(县委副书记)
于　光(县长)	张柏林(驻静宁某野炮团参谋长)
赵正清(市民)	马存余(回族知识分子)
高宝全(雇工)	李桂英(民主妇联副主任)
李文清(革命知识分子)	王守诚(静宁中学副校长)
张　明(公安局局长)	受云亭(民主人士)
王志德(贫农)	

第三节　县第三届各界人民代表会议代表

县第三届各代会代表推选工作于1950年5月举行。共推选代表174名。

附：

县第三届各界人民代表会议代表

(部分，根据会议记录整理)

于　光　刘文正　陈思义　黄彦昌　苏万奎　马存余(回族)　王尔全　张柏林
赵正清　高宝全　李文清　李桂英(女)　张　明　受云亭　王志德　王守诚

第四节　县第四届各界人民代表会议代表

县第四届各代会代表推选工作于1950年11月举行，共推选代表174名。

附：

县第四届各界人民代表会议代表情况表

表1–2

系统	性别		成分				参加各次会议代表(名)				年龄（岁）			备注
	男	女	富农	贫农	不明	中农	一次	二次	三次	四次	18~45	45~60	60以上	
一区	12	2		10	1	3	5	5	1	3	8	6		回族1名
二区	18			12		6	9	4	4	1	18			
三区	14			5		9	6	7	1		12	2		
四区	15			10		5	10	1	2	2	13	2		
五区	22	1		20		3	17	3	3		20	3		
六区	15			10		5	10	2	1	2	13	2		
七区	10			5		5	6	2	1	1	10			
八区	10			7		3	3	3	1	3	10			
九区	11		1	5		5	10	1			9	2		回族4名
十区	12			12			8	3	1		11	1		
邀请代表	5		1	1	1	2	2	1		2		2	3	回族2名
政府	4				4					4	4			回族1名
机关	6	1		3	1	3	2		2	3	7			
商人	2				2		1	1			2			
工人	3			3			2			1	3			
教员	2			1		1	1			1	2			
学生	2		1		1			1	1		2			
列席	11				11						11			
合计	174	4	3	104	21	50	92	34	18	23	155	20	3	

县第四届各界人民代表会议代表

（部分，根据会议记录整理）

刘文正　于　光　王新民　受云亭　王守诚　王尔全　苏万奎（回族）　李佳青
马存余（回族）　曹少渤　李桂英（女）　赵正喜　李炳致　毛许民　袁文兴
张俊富　陈思义　张　烈

第五节　县第五届各界人民代表会议代表

县第五届各代会代表推选工作于1951年4月至5月举行（代表推选情况及名额不详）。

第六节　县第六届各界人民代表会议代表

县第六届各代会代表推选工作于1951年7月举行。共推选代表260名。

第七节　县第七届各界人民代表会议代表

县第七届各代会代表推选工作于1952年7月至8月举行。推选代表253名（男223名，女30名），占全县总人口224275人的0.113%。

附：

县第七届各界人民代表会议代表

（部分，根据会议记录整理）

李桂英（女）　同秀贞（女）　马存余（回族）　苏万奎（回族）　刘文正
武德惠　王尔全　李文清　周应元　张　烈　李万福　李　静　赵生贵　程怀庭
李九利　赵顺天　于子祥　柴世清　赵清吉　杜生田　王天申　武自发　王三锡
王楚臣　樊作智　石振国　王守禄　彭殿升　高登基　马国佐　臧生荣　曹焕文
高发堂　张　平　张天福　宋廷弼　黄宝珊　冯大华　孙秉钧　杨培栋　王建堂
张国政　黎正魁　张效骞　张汉林　张生香　王宏谋　李守茂　靳利祯　李天鹏
单芝兰　李兴杰　杨　文　米世明　张生元　景润德　郭安泰　李文俊　李　忠
王明治　高振基　穆丕显　田国珍　张彦彪　马玉明　任生才
特邀：王三佑　杨云卿　吕发善

第二章　县人民代表大会代表

1954年至2020年年底，静宁县举行第一届至第十七届共17次县人大代表的选举。按照产生代表的方式不同，县人大代表选举可分为两个阶段：

第一阶段，1954年至1980年，为间接选举代表阶段，即用普选的方法先选举产生乡镇（公社）人大代表，再召开乡镇（公社）人代会选举县人大代表。间接选举代表一般经过四个步骤：一、县、乡镇（公社）分别成立选举委员会，制定选举方案，培训选举骨干，搞好宣传、划分选区等准备工作；二、进行选民登记，选民资格审查，公布选民名单，填写选民证等基础工作；三、讨论酝酿确定候选人，各选区召开选举大会，公开进行选举，产生乡镇（公社）人大代表；四、召开乡镇（公社）人代会，选举县人大代表。这一阶段，共选出县第一届至第七届人大代表1604名（不包括补选代表）。

第二阶段，从1980年起，为直接选举代表阶段，即由选民直接选举县人大代表。直接选举代表同样分四步进行：一、建立县、乡镇（公社）选举委员会，制定选举工作方案，做好各项准备工作；二、划分选区，分配代表名额，培训骨干，宣传发动，选民登记，做好各项基础工作；三、提名、推荐、酝酿、确定代表候选人；四、召开选举大会，投票选举代表，颁发代表当选证书。这一阶段，共选出县第八届至第十七届人大代表2172名（不包括补选代表）。

代表选出后，经代表资格审查委员会对代表资格进行审查，合格后，代表资格方有效。代表资格审查委员会，是审查代表选举是否符合法律规定的工作机构。依据1954年9月21日一届全国人大一次会议通过的《中华人民共和国地方各级人民代表大会和地方各级人民委员会组织法》规定，县一届人大一次会议到县九届人大一次会议，每次举行会议前，均设立"静宁县人民代表大会代表资格审查委员会"，在主席团领导下进行工作，在预备会议上作代表资格审查报告；1986年12月2日第六届全国人大常委会第十八次会议对《中华人民共和国地方各级人民代表大会和地方各级人民政府组织法》作第二次修正之后，从十届人大一次会议开始，"静宁县人民代表大会代表资格审查委员会"改为"静宁县人大常委会代表资格审查委员会"。代表资格审查委员会履行以下职责：一、审查新选出的下一届人大代表和补选的该届人大代表的资格是否有效并向同级人大常委会提出报告。代表资格审查的具体内容，一般包括代表候选人是否符合宪法、法律规定的基本条件，代表候选人的提出、确定是否符合法定程序，代表候选人人数是否符合法定的差额比例，参加投票的人数是否符合法定人数，当选代表是否获得法定票数，整个选举程序是否符合选举法的其他规定等。二、对代表资格终止的情况向人大常委会提出报告。根据代表法第四十一条的规定和实际情况，人大代表有下列七种情形之一的，其代表资格终止：（一）人大代表迁出或调离该行政区域的，（二）辞职被接受的，（三）未经批准两次不出席同级人大会议的，（四）被罢免的，（五）丧失中国国籍的，（六）依法被剥夺政治权利的，（七）去世的。代表资格审查委员会对代表资格终止的情况向人大常委会提出报告，并由人大常委会予以确认和公告。

附：

县乡（社）历届人民代表大会代表情况表

表1-3

届次	选举时间		代表人数(名)	
	县代表	乡（社）代表	县代表	乡（社）代表
一	1954年2月至3月		215	1291
二	1956年8月至9月		215	3087
三	1958年2月至4月		195	不详
四	1960年12月至1962年5月		201	不详
五	1963年3月至4月		239	2036
六	1965年9月		237	2336
七	1978年9月		302	2405
八	1980 年 11 月至 1981 年 1 月		210	1890
九	1983年11月至12月		220	1907
十	1986 年 11 月至 1987 年 1 月		219	1811
十一	1989 年 10 月至 1990 年 1 月		230	1295
十二	1992年9月至11月		241	1320
十三	1997年9月至11月	1995年11月至12月	212	1492
十四	2002年9月至11月	1998年11月至12月	212	1494
十五	2006年10月至12月	2001年11月至12月	210	1492
十六	2011年7月至10月	2006年10月至12月	209	1262
十七	2016年5月至8月	2011年7月至8月	209	1262
十八		2016年5月至7月		1262
总计			3776	27642（三、四届未计入）

第一节　县第一届人民代表大会代表

第一次基层普选工作，于1954年2月26日至3月底举行。在搞好春耕生产、开展互助合作运动为中心的前提下，在12个区103个乡开展人口调查、选民登记和选民资格审查等工作。全县总人口227248人，有选民109354人，占总人口的48.1%，实际参加选举的88277人，占选民总数的80.72%。选出乡第一届人大代表1291名（雇农100名，贫农510名，中农678名，其他成分3名；党员97名，团员146名；妇女187名）。

在随后召开的乡一届人大一次会议上，选出乡政府委员485名（雇农54名，贫农197名，中农234名；党员94名，团员74名；妇女47名）。全县103名乡长候选人，落选14名，占乡长候选人总数的13.5%。结合选举工作，成立“静宁县第一区北街回族自治区人民政府”。

同时，选举县第一届人大代表215名（登记表223名）（男188名，女27名；党员112名，团员32名；贫雇农112名）。

附：

县第一届人民代表大会代表情况表

表1–4

姓名	性别	年龄(岁)	民族	籍贯	职务	文化程度	政治面貌
陈　祥	男	35	汉	平凉县崆峒区李家村	县税务局局长	初中	党员
梁耀祖	男	43	汉	三区太和乡三龙洼村	乡政府委员	不识字	
张子涛	男	42	汉	一区民和乡	县工商联主任	粗识字	
邵　仪	男	52	汉	一区后街	民生火柴厂职员	小学	
霍桂芳	女	25	汉	山西曲沃县三区东庄	县妇联主任	完小	党员
王统华	男	28	汉	通渭县陇山区民和乡	建设科副科长	高中	团员
周凤鸣	男	32	汉	正宁县宫河区康家村	县公安局局长	初中	党员
郭志德	男	35	汉	华池县一区黄渠村	县兵役局副局长	高小	党员
武治万	男	30	汉	陕西葭县六区高家吉	县公安队队长	完小	党员
马登雪	男	28	汉	山西曲沃县一区杨谈村	区武装部长	粗识字	党员
慕荣富	男	34	汉	环县本钵区一乡	县武装部长	高小	党员
余海清	男	39	汉	十一区同义乡	副乡长	不识字	党员
田仲玉	男	28	汉	十一区民寺乡	副乡长	念书十年	

续表1-4

姓名	性别	年龄(岁)	民族	籍贯	职务	文化程度	政治面貌
吕凤英	女	20	汉	十一区民寺乡	妇联主任	不识字	
臧生荣	男	27	汉	十一区平义乡	民兵队队长	粗识字	
冉福海	男	33	汉	十一区五旺乡	党支部书记	不识字	党员
王海珠	男	32	汉	十一区四河乡	副乡长	不识字	党员
冯国民	男	30	汉	四区峻峰乡	十一区区委书记	完小	党员
李友仁	男	27	汉	七区同和乡	代理副县长	高中	党员
王俊生							
杨生兰	女	24	汉	二区杨桥乡	区妇联主任		党员
贾明儒	男	27	汉	十二区五和乡	乡长	识字	
王文汉	男	23	汉	十二区文明乡	副乡长	念书十二年	团员
张万德	男	30	汉	十二区人民乡	乡长	不识字	党员
王鸿吉	男	26	汉	十二区人和乡	党支书	不识字	党员
裴育卿	男	24	汉	一区民和乡	副区长	完小	团员
张高魁	男	28	汉	崇信县神峪区	区委副书记	完小	党员
米世德	男	23	汉	十区黄龙乡	副乡长	普小	团员
张俊杰	男	29	汉	十区雷旺乡	乡长	不识字	
文纪才	男	28	汉	十区黄龙乡	乡长	不识字	党员
郭明祥	男	32	汉	十区新建乡	副乡长	不识字	
王桂英	女	22	汉	十区新民乡	妇联主任	不识字	党员
韩发元	男	27	汉	十区新建乡	团支书	不识字	团员
靳玉梅	女	23	汉	十区细巷乡	妇联委员	不识字	
底俊杰	男	31	汉	十区新民乡	党支书	不识字	党员
魏文瑞	男	25	汉	十区红寺乡	党支书	不识字	党员
王志清	男	29	汉	十区隆合乡	党支书	粗识字	党员
张富展	男	40	汉	十区细巷乡	党支书	不识字	党员
王守禄	男	41	汉	十区雷旺乡	生产主任	不识字	
张世杰	男	41	汉	十区隆合乡	乡政府委员	不识字	党员
陈万和	男	24	汉	九区陈和乡	财政科副科长	高中	候补党员
柳生财	男	37	汉	六区曹务乡	区委书记	完小	党员
陈国良	男	28	汉	七区共和乡	十区代区长	粗识字	党员

续表1-4

姓名	性别	年龄(岁)	民族	籍贯	职务	文化程度	政治面貌
阎松寿	男	24	汉	九区同乐乡	乡政府委员	不识字	团员
王世林	男	23	汉	九区陈和乡	党支书	初小	党员
邓富花	女	22	汉	九区陈和乡	妇联主任	不识字	党员
樊得玺	男	38	汉	九区静乐乡	副乡长	粗识字	
马占林	男	50	汉	九区九龙乡	副乡长	粗识字	
杨玉林	男	42	汉	九区民城乡	乡政府委员	不识字	
彭菊英	女	24	汉	九区民城乡	妇联委员	不识字	团员
王儒运	男	26	汉	九区司桥乡	党支书	不识字	党员
厚　实	男	26	汉	十区细巷乡	县稽征股长	后师毕业	团员
张学智	男	34	汉	陕西长安县青潼	区委书记	完小	党员
王进芳	女	24	汉	山西沁源县三区韩洪	区委会干部	小学	党员
王蔚斌	男	23	汉	通渭县八区文化乡	九区区长	初中	团员
张进孝	男	25	汉	八区安民乡	副乡长、互助组组长	不识字	团员
陈思义	男	45	汉	八区议和乡	乡长	不识字	
赵有华	男	27	汉	八区新仪乡	团支书	不识字	团员
张九思	男	33	汉	八区曹和乡	县政府委员	不识字	
吕应奎	男	33	汉	八区力行乡	党支书	不识字	党员
谢彩花	女	41	汉	八区力行乡	妇联主任	不识字	
张子发	男	24	汉	八区新仪乡	乡长	不识字	团员
徐治奎	男	28	汉	八区安乐乡	党支书	初小	党员
雷金元	男	37	汉	八区雷大乡	乡长	不识字	
韩来禄	男	39	汉	八区余湾乡	乡长	不识字	
陈田仓	男	33	汉	八区安民乡	乡委员、互助组组长	不识字	
王登科	男	31	汉	八区余湾乡	乡民兵队队长	粗识字	
王菊英	女	22	汉	八区议和乡	妇联主任	不识字	团员
陈德荣	男	28	汉	八区曹和乡	乡长	不识字	
张　烈	男	57	汉	八区民主乡	常委会委员	高中	
靳文治	男	29	汉	一区太安乡	县粮食科科长	高中	候补党员
王福堂	男	40	汉	一区东关街	八区区委书记	粗识字	党员
杨培栋	男	31	汉	泾川县玉都区	县委宣传部部长		党员

续表1–4

姓名	性别	年龄(岁)	民族	籍贯	职务	文化程度	政治面貌
叶升茂	男	38	汉	七区兴文乡	副乡长	不识字	
李维太	男	49	汉	七区青土乡	乡政府委员	不识字	
刘凤歧	男	32	汉	七区民化乡	副乡长	不识字	党员
郭庆荣	男	33	汉	七区青平乡	副乡长	粗识字	党员
汪生有	男	37	汉	七区青平乡	治安主任	不识字	
陈德余	男	21	汉	七区共和乡	党支书	粗识字	党员
高具明	男	32	汉	七区共和乡	县代表	不识字	
李万福	男	34	汉	七区同和乡	互助组组长	不识字	党员
周菊梅	女	22	汉	七区同和乡	妇联主任	不识字	团员
周登英	女	29	汉	七区安平乡	乡政府委员	不识字	
高凤元	男	31	汉	七区安平乡	互助组组长	不识字	
张殿彪	男	32	汉	华池县一区白马乡	区委书记	小学	党员
王建堂	男	26	汉	五区新著乡	副区长	后师肄业	团员
高养兰	男	48	汉	六区罗林乡	乡政府委员	不识字	
柳逢江	男	27	汉	六区罗林乡	乡长	念书四年	党员
杨生秀	男	39	汉	六区兴民乡	党支书	不识字	党员
黎文生	男	20	汉	六区古城乡	党支书	完小	党员
杨青山	男	26	汉	六区长安乡	治安主任	不识字	党员
曹炯文	男	20	汉	六区巨安乡	党支书	识字	党员
柳思池	男	45	汉	六区吉龙乡	文教主任	粗识字	
柳占湖	男	34	汉	六区吉龙乡	农会主任	不识字	
辛春花	女	46	汉	六区兴隆乡	妇联主任	不识字	
刘国权	男	40	汉	六区兴隆乡	副乡长	不识字	
朱凡英	女	43	汉	六区曹务乡	乡妇联主任	不识字	党员
李万林	男	40	汉	六区曹务乡	乡长	粗识字	党员
张文彩	男	29	汉	六区景林乡	乡长	初小	党员
景润德	男	39	汉	六区景林乡	副乡长	不识字	
张荣凤	男	43	汉	六区桃山乡	农会主任	粗识字	
马尚庆	男	39	汉	六区桃山乡	党支书	不识字	党员
陈国兴	男	26	汉	六区奠安乡	党支书	不识字	党员

续表1–4

姓名	性别	年龄(岁)	民族	籍贯	职务	文化程度	政治面貌
马万进	男	31	汉	六区奠安乡	副乡长	不识字	
李万禄	男	25	汉	四区玄龙乡	六区区委副书记	完小	党员
李仪英	女	23	汉	二区威戎乡北关	妇联干部	粗识字	团员
程怀庭	男	35	汉	山西沁水县一区冯村	公安局局长	粗识字	党员
王尔全	男	66	汉	一区后街	文教科科长	高中	
李九利	男	31	汉	山西晋城县三区李河	县委副书记	完小	党员
王俊杰	男	23	汉	五区著和乡	团支书	不识字	团员
杨永善	男	31	汉	五区著和乡	乡长	不识字	党员
张芳兰	女	22	汉	五区金汤乡	妇联主任	不识字	
张掌德	男	37	汉	五区新著乡	农会主任	不识字	
张得禄	男	39	汉	五区新著乡	乡长	不识字	党员
郜永福	男	36	汉	五区三顺乡	生产主任	不识字	
骆　举	男	34	汉	五区三顺乡	副乡长	不识字	
张彦珍	男	47	汉	五区新龙乡	党支书	粗识字	党员
张彩勤	男	32	汉	五区新龙乡	副乡长	不识字	党员
刘满仓	男	38	汉	五区平生乡	党支书	不识字	党员
李世俊	男	36	汉	五区平生乡	副乡长	不识字	
靳国士	男	45	汉	五区民联乡	党支书	不识字	党员
蔡耀忠	男	40	汉	五区民联乡	生产主任	不识字	
柴秀英	女	22	汉	五区马合乡	乡政府委员	不识字	团员
马占仓	男	42	汉	五区马合乡	乡长	不识字	
王　荣	女	48	汉	五区龙林乡	妇联主任	不识字	
李进财	男	28	汉	五区龙林乡	民兵分队长	不识字	党员
马腾芳	男	21	汉	二区梁马乡	区团代副书记	粗识字	党员
张健英	女				县妇联副主任		党员
靳利祯	男	37	汉	山西曲沃县曲村镇	民委书记	初小	党员
张凤鸣	男	27	汉	二区张齐乡	副区长	完小	团员
魏富高	男	38	汉	临洮县上营张家河	检察长	完小	党员
高殿元	男	34	汉	四区俊峰乡	民兵中队长	不识字	
梁　满	男	35	汉	四区老庄乡	党支书	不识字	党员

续表1–4

姓名	性别	年龄(岁)	民族	籍贯	职务	文化程度	政治面貌
张兰英	女	35	汉	四区老庄乡	妇联主任	不识字	
米国栋	男	32	汉	四区高旺乡	民政主任	不识字	党员
杨润源	男	25	汉	四区兴合乡	副乡长	粗识字	团员
贺祯祥	男	36	汉	四区界石乡	党支书	不识字	党员
李映奎	男	35	汉	四区三合乡	乡长	中学	
王福寿	男	38	汉	四区北集乡	治安委员	不识字	党员
吴士豪	男	22	汉	四区北集乡	民兵小队长	不识字	团员
王守成	男	30	汉	四区兴合乡	党支书	粗识字	党员
贾玉仓	男	33	汉	四区俊峰乡	乡长	不识字	党员
李玉林	男	43	汉	四区韩岔乡	副乡长	完小	
任秀英	女	22	汉	四区界石乡	团支书	不识字	党员
陈锡斌	男	25	汉	四区灵芝乡	副乡长	完小	团员
陈福海	男	30	汉	四区灵芝乡	民兵队队长	不识字	
李俊发	男	37	汉	四区韩岔乡	乡政府委员	不识字	党员
文儒林	男	20	汉	四区同兴乡	乡团支书	粗识字	党员
冯富魁	男	30	汉	四区玄龙乡	副乡长	不识字	党员
王克昌	男	35	汉	九区关堡乡	党支书	不识字	党员
岳振纲	男	30	汉	六区安民乡	四区委书记	完小	党员
张国政	男	26	汉	山西沁源县四区赤石桥	生产合作部部长		
蒋世忠	男	22	汉	泾川县一区十乡	四区区长	完小	党员
张效骞	男	24	汉	四区界石乡	县委纪委会干部	高小	党员
武德惠	男	30	汉	山西霍县二区前河底村	代理县委书记	初中	党员
刘荣华	女	21	汉	三区共同乡	乡政府委员	不识字	团员
杨映畔	男	40	汉	三区共同乡	党支书	不识字	党员
李彦芳	女	28	汉	三区新兴乡	乡政府委员	不识字	
王彩文	男	31	汉	三区新兴乡	乡长	识字	党员
王相林	男	31	汉	三区解放乡	副乡长	私学四年	
李有仓	男	31	汉	三区解放乡	乡长	不识字	
王天祥	男	31	汉	三区民顺乡	党支书	不识字	党员
钱国珍	男	32	汉	三区太和乡	乡政府委员	识字	

续表1–4

姓名	性别	年龄(岁)	民族	籍贯	职务	文化程度	政治面貌
张生华	男	28	汉	三区太和乡	民兵中队长	念书五年	
杜　举	男	27	汉	三区民议乡	副乡长	不识字	党员
朱正元	男	33	汉	三区飞泉乡	调解主任	不识字	
苟国昌	男	37	汉	三区飞泉乡	调解委员	粗识字	
薛积禄	男	23	汉	三区民议乡	党支书	不识字	党员
马禄汉	男	27	汉	三区民议乡	乡党支书	粗识字	党员
常金仓	男	48	汉	三区永和乡	调解主任	粗识字	
曹永秀	男	26	汉	三区和平乡	乡政府委员	不识字	
杨　仁	男	18	汉	三区和平乡	乡团支书	初中	团员
王辈银	男	29	汉	三区民顺乡	乡长	不识字	
刘运珊	男	21	汉	三区新平乡	党支书	完小	党员
刘廷栋	男	33	汉	三区平和乡	乡长	不识字	党员
张生荣							
王本义	男	31	汉	山西沁水县二区中村	区委副书记	完小	党员
杨树财	男	37	汉	陕西子长县八区郭家河	区委书记	初小	党员
田　平	男	29	汉	山西曲沃县四区高显镇	法院副院长	中学	党员
方凤全	女	22	汉	二区威戎乡	乡妇联主任	不识字	团员
温润才	男	21	汉	二区威戎乡	党支书	不识字	党员
王满财	男	41	汉	二区庙堡乡	副乡长	不识字	党员
赵勤吉	男	28	汉	二区庙堡乡岳咀	党支书	半文盲	党员
王天寿	男	42	汉	二区张齐乡	乡长	不识字	党员
高世明	男	32	汉	二区杨桥乡	党支书	不识字	党员
戴有英	女	24	汉	二区梁马乡	副乡长	不识字	团员
胡万仓	男	35	汉	二区新店乡	生产主任	不识字	
陈　玉	女	22	汉	二区仁义乡	团支书	不识字	党员
屈来全	男	21	汉	二区仁义乡	治安委员	不识字	团员
杨有财	男	23	汉	二区石咀乡	治安主任	不识字	党员
胡生余	男	39	汉	二区石咀乡	副乡长	不识字	
武万林	男	28	汉	二区武高乡	副乡长	不识字	党员
张维岳	男	19	汉	二区武高乡	团支委	不识字	团员

续表1–4

姓名	性别	年龄(岁)	民族	籍贯	职务	文化程度	政治面貌
朱兰英	女	24	汉	二区新化乡	妇联委员	不识字	
胡登第	男	38	汉	二区新化乡	党支书	不识字	党员
张树林	男	27	汉	山西临县十一区张家圪凹	县银行行长	初中	党员
张生香	男	36	汉	八区余湾乡	区委副书记	塾书一年	党员
朱彦林	男	23	汉	三区共同乡	副区长	初中	党员
李兴杰	男	29	汉	山西清水县东川	县委组织部部长	完小	党员
赵顺天	男	36	汉	平凉县西街区	卫生院院长、卫生科科长	中等	
田得川	男	29	汉	十一区民寺乡	团县委书记	高中	党员
靳士棋	男	20	汉	一区太安乡	党支书	粗识字	党员
陈　禄	男	34	汉	一区太安乡	乡政府委员	小学	
苏锦堂	男	25	汉	一区民乐乡		初小	党员
邹生海	男	44	汉	一区民乐乡	支部书记	不识字	党员
高登福	男	30	汉	一区南关街	副乡长	不识字	党员
黄万祥	男	37	汉	一区西关街	党支书	不识字	党员
周应元	男	45	汉	一区东关街	党支书	粗识字	党员
戴正邦	男	50	汉	一区后街	乡政府委员	不识字	
邓思仪	男	20	汉	一区中街	党支书	完小	党员
冯天智	男	20	汉	一区北街	团支书	完小	团员
靳文礼	男	24	汉	一区民和乡	副乡长	不识字	党员
穆丕显	男	45	汉	一区四屏乡	农会主任	识字	党员
胡维新	男	57	汉	一区四屏乡	副乡长	粗识字	
翟雄虎	男	43	汉	一区四村乡	乡政府委员	不识字	
刘汉杰	男	23	汉	一区四村乡	乡文书	初小	团员
张玉兰	女	36	汉	一区民权乡	副乡长	不识字	党员
张具福	男	50	汉	一区民权乡	党支书	不识字	党员
贾　实	男		汉				党员
王永玺	男	31	汉	六区奠安乡	代区长	完小	党员
张翰林	男	38	汉	环县曲子区五乡	一区区委书记	不识字	党员
吕国衡	男	27	汉	一区民和乡	副教育主任	院师肄业	团员
马存余	男	28	回	一区北街	工商科科长	初中	

第二节　县第二届人民代表大会代表

第二次基层选举工作于1956年8月12日至9月6日举行。工作进程分为三个阶段。

第一阶段8天左右时间。主要任务：一、安排好生产、救灾等工作。二、成立乡选举委员会。乡选委会由5至7人组成，其成员由乡党支部在党、团、妇联、民兵等组织中初选提名，乡人委会讨论通过，并报县人委会批准，主席一般由党支部书记担任。乡选委会的职责：在所属区域监督选举法的正确执行；登记、审查、公布选民名单；受理对选民名单不同意见的申诉，并作出处理决定；公布代表候选人初步名单；按照居住情况，划分选区；规定选举日期，出台选举办法；组织并主持选举大会；颁发选民证；计票；确定当选代表，公布代表名单，发给当选证书。选委会下设兵役登记小组。三、宣传动员。在不影响生产的前提下，召开党员、团员、干部、群众会议，宣传政策，培训干部479人（银行、信用社干部82人），教师、学生及农村知识分子944人，利用黑板报、大话筒等工具，深入田间地头，开展选举、兵役和户口登记宣传。四、划分选区。依据便于群众生产、便于选民参加选举活动、便于代表和选民联系、便于户口登记的原则划分选区，宜小不宜大。农村一般以农业社为单位，按照社的大小确定。还没有入社的选民，划入邻近的选区。城镇以选民居住地为基础，按照范围大小，划成一个或几个选区。机关企业学校等单位同居民合并划为一个选区。五、按选区设立选民资格审查小组、划编选民小组。选民资格审查小组，主要吸收农业社的保卫小组和监察委员会的干部，以及群众中的积极分子参加。审查小组由选委会提名3至5人，并公推组长1名，再经群众通过。在户口登记和选民登记的同时，将所有选民以农业社生产小组为基础，编成若干选民小组，公推组长1人，专责选举一切事务。六、选民、兵役、户口登记，选民年龄计算基准时间为1956年6月30日。

第二阶段7天左右时间。主要任务：一、审查选民资格。按照宪法、选举法的规定和1953年中央选委会“关于选民资格若干问题的解答”处理。审查选民资格，只解决有无选举权的问题，不借审查选民资格解决各项社会主义改造运动中一切遗留问题。审查结束后，将结果报乡选委会审核，再向群众公布，经群众讨论无意见，于选举大会召开前3天正式公布选民名单。选民资格审查中一些具体政策规定：（一）地主分子没有选举权，但地主家庭出身的人，均有选举权。1954年选举中确定的地主分子，如未改变地主成分的，按地主分子对待，已改变成分的，给予选举权利。（二）对虽未改变成分但已具备改变成分条件的地主分子，经群众公认，乡人委会审查，报区批准后，也给予选举权利，不能完全以社员、候选社员或管制生产来确定有无选举权利。（三）对撤销管制，并摘掉反革命帽子的原反革命分子，也应给予选举权利。（四）对富农分子，无论其改变成分与否，均给予选举权利。（五）所有被剥夺了政治权利的分子，没有选举权利。（六）市镇的地主分子、旧富农分子，在机关、企业、事业等单位工作、已经具备改变分子条件的，必须由本人申请，经所在单位提出意见，报请县人委会批准。（七）对外流人员，没有证实是地主分子、旧富农分子和反革命分子的，均给予选举权利。二、公布选民名单、颁发选民证。选民资格确定后，即组织力量填写选民登记表册、填发选民证（原选民资格如无问题，在审查阶段即可进行此项工作）。乡选委会充分保障选民行使诉讼权利，如有错误或漏发选民证的，即予收回或补发。三、确定代表名额，公布代表候选人初步名单。（一）代表名额的确定。总的是，适应现实生活和阶级关系，使各方面都有与其地位相当的代表名额。贫农和新老中农中的下中农，一般应占三分之二左右，中农占三分之一左右，其中妇女一般应占20%左右，根据当地实际情况，在基层人民代表中，吸收少数民族、医务工作者、技术人员、烈军属、革命残疾军人等代表人物参加。乡人大代表名额，按选区人口确定。具体为：人口在1500至2000人者（含2000人），选代表20名；2000至2500人者（含2500人），选代表35名；2500至3000人者（含3000人），选代表40名；3000至3500人者（含3500人），选代表45名；3500人以上者，选代表50名至60名，最多不超过60名；城关镇70至90名。（二）公布代表候选人初步名单。代表候选人的提名，采取有领导地联合提名和选民单独提名相结合的方式，在选民小组中酝酿讨论、集中，再由选委会邀请党团、妇联、民兵等团体代表协商，提出候选人初步名单，交选民小组再讨论，根据多数选民意见，提出代表正式候选人名单，于大会选举前两天公布。据统计，全县总人口246076人，有选民116808人，占总人口的47.4%，无选举权的129268人（其中被剥夺政治权利的1954人，精神病患者135人，未满18周岁的127179人），实际参加选举的108973人，占选民总数的93.29%。共选出乡第二届人大代表3087名（妇女568名；党员1669名，团员293名；工人5名，农民2447名；机关工作者263名，文教卫生工作者24名，工商界7名；其他12名）。

第三阶段，召开乡二届人大一次会议。选举本乡政权组成人员和县第二届人大代表。在乡二届人大一次会议上，选出乡人委会委员884名（男761名，女123名；党员644名，团员58名）。全县66个乡（街），通过选举，共落选正、副乡长9名，占乡长总数的6.29%。选举县第二届人大代表215名（男182名，女33名；干部129名，农民70名，教师6名，工商界2名，医务工作者4名，转业军人2名，少数民族2名）。同时，选举人民陪审员若干名。

第三节　县第三届人民代表大会代表

第三次基层选举工作于1958年2月至4月底举行。总的安排是，1958年2月至3月春播期，为选举准备阶段；4月5日开始到月底，为选举阶段。县上于3月20日成立由13

人组成的选委会，县委书记武德惠任主席，县人委会副县长张国政、县检察院检察长王永玺、县公安局局长王广禄、县兵役局局长任太珍、县妇联主任李义英、县医院院长兼县卫生科科长赵顺天、县文教科科长王尔全、团县委书记阎忠孝、县法院院长张殿彪、县委宣传部部长梁兴智、县人委会委员张子涛、县民政科科长史国忠为委员。选委会下设办公室，抽调有关单位干部5名，史国忠任办公室主任。36个乡镇于4月初相继成立由7至9人组成的乡镇选委会。3月27日，县上拟定选举工作计划，整体工作过程与第二次普选大体相同。

选民资格审查规定：1956年选举中确定的地主分子未变成分、在大辩论中又戴上地主帽子的，均按地主分子对待，已改变成分的给予选举权。

代表名额规定：贫农和下中农最低应占到代表的三分之二，妇女应占到15%至25%。具体名额规定：人口在3000至3500人者，选代表41名；3500至5000人者，选代表45名；5000至6000人者，选代表50名，6000至7000人者，选代表50至65名；7000人以上者，选代表60至70名，最多不超过70名；城关镇选代表60至70名。

召开选举大会规定：一、必须有选委会所派代表出席方能开会，否则不能召开。二、选举大会必须有半数以上选民出席，始得进行选举，否则应改期进行（同时要求，每个选区参加选举的选民最低达到90%以上，对有特殊原因，如孕妇、老人及患病不能参加者，上门逐人征求意见，同意与否均计票在内）。三、选民参加选举，必须凭选民证进入会场，以防止坏人乘机破坏。四、选举大会由大会主席团主持，主席团由3人组成，选委会所派代表为当然主席，并担任执行主席，其余2人由大会依法推选。选举时，有条件的可采用无记名投票方式，无条件的可采用举手选举方式。

选举大会议程规定：一、首先报告各选区选民人数，应选代表人数，到会选民人数，是否合乎法定人数。二、宣布代表候选人名单，主席应说明候选人是如何提出来的。三、推选出计票人后，主席应宣布选举法第57条“各级人民代表大会候选人获得出席选民或代表半数以上的选票，始得当选，如候选人获得票数不足半数时，应另行选举”的规定。四、开始选举，核对人数。五、主席宣布选举结果，宣布当选代表名单。六、代表选出后，由基层选委会发给当选证书，并通知乡三届人大一次会议开会日期和地点。七、乡镇选委会在代表选出后，将各选区参加选举大会的选民人数及选举结果报告县选委会。

召开乡镇三届人大一次会议时规定：一、听取并讨论上届人委会工作报告，确定当前工作任务，大力动员“大跃进”，为争取1958年大丰收而努力。二、选举各乡镇人委会。其名额一般为13至17名，其中乡镇长1名，副乡镇长1至2名，均由人代会直接选举。三、选举县第三届人大代表，一般平均1300人中产生1名代表。四、乡镇长、副乡镇长、乡镇人委会委员、县人大代表候选人，均由主席团提出，经代表通过，始得正式选举。大会主席团由乡镇选委会提名，代表通过。

第三次基层选举工作，选举乡镇第三届人大代表（名额不详）。在随后召开的乡镇三届人大一次会议上，选出县第三届人大代表195名。

根据《中华人民共和国宪法》第七十五条“人民法院审判案件依照法律实行人民陪审员制度”的规定及司法部1956年7月21日《关于人民陪审员的名额、任期和产生办法指示》、甘肃省司法厅1958年相关通知中“1956年以后改选和补选的任期不满二年的人民陪审员，一律在这次选举中进行改选”的要求，此次基层选举时，同时进行人民陪审员选举。一、人民陪审员的条件：凡是未受过刑事处分，有选举权和被选举权、年满23岁的公民，都有人民陪审员被选举权。其人选，通过党支部审查、选委会讨论，确保23岁以上法定年龄，并防兼职过多（社主任、会计、生产队长、监委主任不宜提名）。可连选上届业务熟练、工作好的陪审员。在城关镇、四村乡、民和乡、同乐乡、威戎乡、民联乡、永和乡，可选举1至2名工作积极、身体健康、能下乡工作的妇女陪审员。二、选举步骤与方法：按普选的步骤进行。通过党支部、青年、妇女等组织协商提出候选人初步名单，选民小组讨论，选委会根据讨论情况汇总研究，提出正式候选人名单，报党支部审查同意后，在乡三届人大一次会议上选举。全县共选出人民陪审员210名。

附：

乡镇选举委员会组成情况表

表1-5

乡镇	主席	委员
威戎乡	李万禄	王克生　温润才　贾作祥　王会同　樊仁山　戴选玉
五和乡	刘廷汉	贾玉英　贾明儒　李登畔　戴德仓　豆仲山　伏智信　刘生荣　贾志兰
民主乡	崔树森	吕应黄　谢国太　程世杰　满文英　徐治奎　程根福
永和乡	黎文生	刘同业　马文成　李　中　韩发林　李秀英　杜国烈
共和乡	马志清	杜玉英　李国琮　陈国祥　高明生　高俊祥　李建基　张志贤　刘敏学
仁义乡	孟忠孝	刘自善　李国新　李逢江　任积全　王克铭　柴世清
四河乡	靳利祯	柴进荣　颉自荣　芦正川　何玉珍　王全忠　雷廷俊
和平乡	孟信福	吴守元　杨进花　王克忠　李虎成　孔德汉　王兴国　王学仁　郑雄德
民化乡	任汉昆	汪生有　刘德玺　王秀花　周中成　王仰西　张文杰　刘思敬　李云山
民和乡	高富德	刘俊汉　靳士棋　陈　信　马其祥　景元安　张凤英
共同乡	李汉强	梁　钦　王彩文　王积德　刘苹英　魏芝秀　郭生荣
兴文乡	樊　馨	王尚义　王自生　宋彦花　牛应龙　刘存德　陈香莲
农林乡	曹炯文	马致杰　张连英　朱海鱼　祁　果　王占荣　马占川
人和乡	马世贞	王鸿吉　张延荣　刘全珍　张万德　张琦荣　王有禄　郭阁梅　杨国山
双树乡		
同兴乡	孙有福	梁　满　李俊发　张怀廷　刘忠全　贾玉英　吕应财　翟荣花　尹正文
三合乡	付彦奎	王守成　兰桂珍　高世珍　李槐春　牛金山　王福寿

续表1-5

乡镇	主席	委员
四村乡	邓思义	王启仓　马秀山　马彦雄　翟　彪　张国璧　周士英
平生乡	刘治业	朱彦林　王月花　张永哉　张俊西　刘满仓　张根玉　秦金花　王维花
民联乡	张效骞	张彦珍　马尚志　赵钧科　张鸣义　靳国士　黄昔英
灵芝乡	郑富仓	樊　荆　武永财　贾玉仓　陈秉洲　杨金花　李桂英
原安乡	张文彬	王彦奎　王正元　剡金仓　王晓仙　齐玉英
金汤乡	马河太	王汉章　李义甫　王普成　张世俊　张　荣　王兰英
新仪乡	孙进禄	黎　文　王　义　李淑英　胡应梅　张子富　程阎华
余湾乡	杨迎首	张世杰　曹秀兰　梁秀英　王益民　赵有华　雷自强
细巷乡	张富银	文安珍　厚兰英　王旭清　魏海元　米西国　何文敏
红寺乡	胡忠和	底俊杰　李得仓　张翠花　何尚义　李芝芳　李　果
曹务乡	阎万清	郑思堂　李万林　马福祥　张彦铭　李蒲英　刘忠兴
界石乡	张生荣	贺珍祥　吴汉民　吕会民　厚　森　吕玉合　杨湛英　孙瀛洲　杨发元
同乐乡	冯国民	张彦虎　王振坤　杨玉林　江青吉　朱俊才　李俊承
吉龙乡	李德祥	张国彦　杨青山　辛春花　张世英　曹焕文　赵志超　刘汉玺　李培元
城关镇	霍桂芳	苗先海　谢国太　韩自强　胡志强　张子涛　朱克义　董志祥　张国英
北　街	辛世荣	哈迎喜　穆凤林　孔得仲　潘玉珍　魏继征
司桥乡	穆丕显	靳登元　王世林　牟堆才　杨桂兰　张尊义　刘存汉　张全忠　李树秀
古城乡	杨凌元	李桂英　邹世敏　张俊财　赵海珊　牛青武　陈芳兰

县第三届人民代表大会代表名额分配情况表

表1-6

乡镇	代表名额（名）	乡镇	代表名额（名）
城关镇	9	金汤乡	6
四村乡	5	农林乡	3
民和乡	7	民化乡	4
同乐乡	6	兴文乡	3
司桥乡	3	共和乡	5
古城乡	8	人和乡	3
仁义乡	5	五和乡	4
威戎乡	9	新仪乡	5
吉龙乡	5	民主乡	5

续表1-6

乡镇	代表名额（名）	乡镇	代表名额（名）
曹务乡	6	余湾乡	4
永和乡	7	红寺乡	8
平和乡	6	细巷乡	8
共同乡	4	四河乡	5
和平乡	4	同义乡	5
界石乡	8	原安乡	4
三合乡	4	灵芝乡	5
同兴乡	4	双树乡	5
民联乡	7	北　街	2
平生乡	4	总　计	195

第四节　县第四届人民代表大会代表

第四次基层选举工作，于1960年12月前举行，选举公社第四届人大代表（名额不详）。随后，12个公社先后召开公社第四届人代会，选举县第四届人大代表305名。由于当时的特殊原因，经呈请省人委会批准，原定于1960年12月召开的县第四届人民代表大会延期召开。1961年12月，静宁、庄浪两县分设，有8个公社划归庄浪县管辖，153名代表因区划变更，其代表资格自行终止。余下152名代表，分布在全县调整后的29个公社。1962年5月，根据选举法第二节第十条“人口超过20万者，代表200至250人”的规定，经呈请省人委会批准，贯彻“酌情适当增加名额”的精神，县人委会决定，由10个选举单位补选代表49名，县第四届人大代表共201名。

附：

县第四届人民代表大会代表名额分配情况表

表1-7

公社	名额(名)	公社	名额(名)	公社	名额(名)	公社	名额(名)
城关	14	八里	8	威戎	11	甘沟	6
石咀	6	古城	8	曹务	8	四河	8
水坪	5	祁川	5	田堡	5	三合	5
红寺	9	细巷	6	高界	8	深沟	5
七里	5	李店	9	治平	9	峡口	5
郑湾	4	仁大	8	贾河	7	灵芝	5
雷大	6	双岘	7	后梁	5	总计	201
原安	6	县级	3	司桥	5		

县第四届人民代表大会代表情况表

（根据人代会分组名单整理）

表1-8

公社及名额	姓名
城关14名 八里8名	张思维　樊春林　高富德　张万海　吴尚礼　潘玉珍　李子才　许克勤　吕维福 王志全　靳根太　李凤英　王国善　景彩兰　靳登元　马儒林　邹纪录　李秀英 李怀义　郑秀莲　靳利祯　潘万益
威戎11名 司桥5名 石咀6名	任太珍　霍桂芳　樊仁山　王来荣　周笃庆　李庆成　杜思文　杨福有　李万禄 袁天来　李作元　辛世荣　杨占元　单芝花　程映珍　王翠兰　翟秉坤　魏兰香 胡占湾　武　珍　邹世严　安贵福
古城8名 曹务8名	王振胜　陈彦刚　邹振汉　李九利　王生禄　胡世杰　王智英　李桂英　武文魁 李蒲英　张玉莲　马桂花　魏致德　马进禄　刘守义　张彦明
甘沟6名 水坪5名 祁川5名 田堡5名	柳金川　李进华　阎志俊　马金华　赵均科　李文有　张彦珍　梁映谦　王兰香 李维甲　张秀英　贾作祥　杨成仓　王占歧　王兰英　雷俊成　包宗武　张殿英 王克功　王维俊　谢恩魁
四河8名 红寺9名 细巷6名	魏礼芝　朱彦仓　张书义　杨　仁　邹秀花　高万禄　颉志荣　王富仓　赵兰英 李文秀（组织部）牛永业　王德金　王志义　李志合　杨世清　陈友谊　郭明祥 李　荣　吕有福　吕养科　李边禄　岳安太　张文定
高界8名 三合5名 七里5名	王海江　李玉仓　张桂兰　祁朋玉　邓思义　吴修身　阎凤祥　杨志诚　靳文奎 罗文奎　宋玉英　杨儒林　张　海　张玉琢　李俊德　阎忠孝　赵锡云　陈国刚
李店9名 治平9名 深沟5名 郑湾4名	王振刚　刘具英　胡秀英　王敦厚　张世明　张凤兰　张尚志　王秀峰　杨玉珍 王蔚斌　刘玉英　李田英　王国仓　王永珊　王敬华　刘文俊　李汉强　屈有祥 马守仓　孙　刚　司秉华　陈世英　阎国珠　王俊彦　孙瀛洲　田逢春　朱发荣
仁大8名 贾河7名 峡口5名	侯俊英　刘秀兰　李忠贤　赵顺天　陈国良　李巧娥　张守谦　高德全　任德贤 杨迎首　赵万山　伏润兰　宋世明　张文彬　马廷秀　汪生有　杨茂林　张国政 李文秀（峡口）周永才
雷大6名 双岘7名 后梁5名	程生旺　梁有忠　王福寿　文纪才　阎志杰　赵建忠　王俊业　樊月兰　李海谦 任积仓　王　居　杨世才　杨志叔　阎万清　程仰勤　马玉良　李勤业　史国忠
灵芝5名 原安6名 县级3名	周玉川　王云才　吕兰香　尹作堂　樊　荆　胡翠兰　张文彩　陈连仓　李景功 郑富仓　厚　裕　王尔全　李仲银　王尔楷

第五节　县第五届人民代表大会代表

第五次基层选举工作，于1963年3月5日至4月13日举行，历时38天。2月21日成立由11人组成的县选委会，李九利任主席。各公社相应成立选委会，设主席1人，委员4至8人。县委召开公社书记、主任会议，对选举工作作了部署，县人委会于3月4日下发《关于1963年选举工作安排意见的通知》，29个公社结合春耕生产和社会主义教育，先后召开工作组和大队支书、大队长、文书、生产队长、会计参加的会议，学习有关文件，布置选举工作，参会人员达到2913人，其中脱产干部424人，不脱产干部2489人。整个选举工作分三步进行：第一步，3月5日至20日，划分选区596个，培训登记人员792人，成立选民资格审查小组，进行选民登记和资格审查。全县共有244086人（男122511人，女121575人）。经审查，共有选民121613人（男61014人，女60599人），占总人口的49.8%；无选举权的122473人（剥夺政治权利2448人，停止行使选举权76人，精神病患者141人，不满18周岁119808人）。登记之后，进行张榜公布，让群众充分酝酿讨论，双岘、司桥、灵芝公社经群众讨论补登选民14名。第二步，3月21日至4月5日，酝酿提名、公布代表候选人，召开选举大会。代表候选人条件是：正确执行党的政策，热爱集体经济，热心社会主义建设，工作有成绩，生产有经验，为人正派，办事公道。公社人大代表，一般为15至70名，原则上每个生产队都有代表。少数民族有相应名额，妇女代表所占比例一般为30%左右，最少不低于25%。全县参加选举大会的选民100892人，占总选民人数的83%（参选人数最高为古城公社，达到100%，最低为石咀公社，占71%），选举公社第五届人大代表2036名（男1695名，女341名；党员1216名，团员209名；民主人士1名，非党群众610名；汉族2028名，回族8名；工人1名，农民1720名；机关工作人员28名，文教卫生工作人员37名，工商业者23名，市民7名）。第三步，4月6日至13日，召开公社五届人大一次会议，选举县第五届人大代表239名，公社管委会组成人员289名（男257名，女32名；党员232名，团员25名，非党群众32名；汉族286名，少数民族3名；贫农55名，中农58名；机关工作人员137名，文教卫生22名，工商业17名），监委会组成人员163名。整顿健全管委会下设的民政调解、武装治安、生产建设、文教卫生、财政贸易5个委员会。

在选民登记、代表选举过程中，也出现一些问题。细巷公社把未满18周岁的23人登为选民，虽然作了纠正，但走了弯路。另外，灵芝、祁川公社没有按县选委会分配的代表名额选举，多选代表6名。

同时，按5000人以下4名、5000到8000人6名、8000人以上8名的要求，选举人民陪审员若干名。

附：

县第五届人民代表大会代表名额分配情况表

表1–9

社镇	代表名额（名）	县派代表
城关	18	张思维　王尔全　朱浩善
八里	8	王　发
司桥	8	侯　华
威戎	16	张俊茂　阎凤翔　王秀丰
石咀	9	吕锁昌
古城	10	李九利　张殿彪
曹务	11	王尔楷　史国忠
甘沟	8	樊春林
祁川	6	刘文俊
水坪	6	李维甲　阎志洁
四河	7	张书义
田堡	7	陈友谊　崔兆善
细巷	9	岳安太
红寺	10	李文秀　刘润田
高界	7	赵凤城　尹作堂
三合	6	厚　裕　孟庆义
七里	6	
李店	11	王敦厚　宋世明　张国政
郑湾	4	
治平	9	王占岐
深沟	4	
仁大	7	赵顺天
峡口	6	
贾河	6	靳文治
雷大	9	赵建忠　史秉华
双岘	8	赵锡云
后梁	5	
灵芝	9	张桂兰　王家象
原安	9	李仲银　陈世英
合计	239	

社镇选举委员会组成情况表

表1-10

公社	主席	委员
城关	高富德	王志全 马存余 韩志强 穆丕显 刘汉杰 阎克恭
威戎	樊仁山	张继天 李文光 杨俊华 戴喜余 陈秉洲 高国柱
石咀	武文魁	苗先海 李汉民 李志贤 崔秉坤 陈玉花 岳迎州
深沟	张俊财	阎国珠 樊芝伟 樊占山 杨彩勤 马守仓 任　歧
祁川	贾作祥	马腾芳 张学治 王玉英 魏忠万 王占荣 张应斌
灵芝	贾玉仓	郑国文 常建勤 刘治歧 周玉川 李尚武 宋宏兴
八里	潘万益	王永禄 陈正元 靳登元 王建成 彭菊英 张耀先
治平	李汉强	王金荣 屈有祥 孙应魁 王月花 王永珊 杨焕珍
郑湾	孙瀛洲	杨守仁 薛效勤 王映兰 胡广兴
李店	杨彩吉	王文华 张供华 刘永杰 胡正基 刘富英 王生禄
贾河	刘元昌	杜友梧 刘廷汉 李国宋 任天升
司桥	李　翰	程映珍 单芝花 牟得财 杨占元 董志德 辛世荣
原安	张文彩	剡金仓 张福莲 张润德 潘文珍 李发树 王吉财
甘沟	夏玉英	雷高旺 王保仁 马兴华 王发堂 孙世华 柳金川
雷大	马子坤	吕应奎 张百忍 石　达 吉文德 戴秉文 谢彩花
后梁	王克铭	杜俊芝 程仰勤 马玉良 张学荣
红寺	崔树森	庞　祥 杨栋材 谢永成 徐仲山 张志爱 赵生贵
曹务	曹炯文	朱凡英 曹焕文 张彦明 郑思堂 杨培栋 柳芝海
四河	魏礼芝	王治民 王海珠 刘淑贞 赵　正 张文秉 陈金花
水坪	岳振刚	张彦珍 张汉吉 王岐周 杨东京 张彩勤 张万顺
细巷	张效骞	马世贞 吴志祥 孙延寿 王德章
七里	程国刚	刘生余 吕振英 尹惠天 赵维元
高界	杨志诚	孟建邦 祁海山 李明芳 韩瑞祥 张金贵 吴修身
三合	薛志礼	王守成 陈德金 朱世荣 杨儒林 王　蒲 张耀廷
古城	李桂英	杜廷甫 韩文辉 杜金元 戴俊忠
田堡	马来仓	马禄昌 甘永珍 谢恩魁 凌玉芳 周淑兰 吕志海
双岘	孙延福	雷明道 杨志书 尤根文 魏宗华
峡口	李文秀	汪生有 李含智 赵建芳 朱兆才
仁大	程国良	张守谦 刘秉乾 李敏学 刘鹏举

县第五届人民代表大会代表情况表

（根据人代会分组名单整理）

表1–11

公社及名额	姓名
城关18名 八里8名	张思维 朱浩善 王尔全 李子才 贾明均 马存余 王芝全 周应元 高万全 吴正廷 吴慧珍 刘文秀 陈凤英 冯菊英 吴芳兰 郑富贵 杨思珍 马彦雄 王　发 王永禄 潘万益 王建成 邹积录 马全良 彭兰英 张文明
威戎16名 司桥8名 石咀9名	樊仁山 李文光 周笃庆 张继骞 陈秉洲 胡世杰 马维华 王　克 杜思文 杨富有 孙志谦 杨俊华 李树娥 阎凤翔 王秀丰 张俊茂 程映珍 董志德 李　翰 杨占元 单芝花 辛世荣 李荣久 侯　华 吕锁昌 苗先海 武文魁 崔秉坤 胡占湾 马西武 陈玉花 雍守忠 马凤英
古城10名 曹务11名	李九利 张殿彪 李桂英 韩文辉 杜廷甫 李兰英 崔玉斌 常　维 邹仲安 王振胜 王尔楷 史国忠 曹炯文 刘汉玺 杨培栋 刘发祥 张彦明 马进元 魏廷杰 杜文勤 朱凡英
甘沟 8 名 祁川 6 名 水坪 6 名 田堡 7 名	柳金川 赵均科 夏玉英 李进华 张振堂 张明远 杨东学 樊春林 刘文俊 贾作祥 王锦华 王玉英 马启祥 强喜善 岳振刚 张彦珍 李维甲 阎志洁 王维俊 陈桂芳 刘继祖 陈友谊 崔兆善 凌玉芳 谢恩魁 贾　玉 周书南
四河7名 细巷9名 红寺10名	张书义 魏礼芝 朱彦仓 张秉钧 颉志荣 臧文炳 刘秀花 张效骞 马世贞 岳安太 樊　瑞 李进禄 靳文发 米克仁 张志慧 靳廷举 张富银 黄文西 张志爱 底俊杰 王福才 何志义 张富仓 何尚志 李文秀 刘润田
高界7名 三合6名 七里6名	杨志诚 王海江 吴修身 杜芳兰 祁海中 赵凤城 尹作堂 孙瀛洲 厚　裕 孟庆义 杨如林 靳云魁 高月英 厚修身 张秀莲 吕振英 李俊发 吴汉明 魏文珍
李店11名 郑湾4名 治平9名 深沟 4 名	邓思义 王振太 张国政 王敦厚 杨彩吉 刘景山 杜凤莲 薛均海 郭兴财 杜芝秀 冯国民 田逢春 王俊彦 薛效勤 王占歧 李汉强 张廷栋 王永珊 王学谋 屈友祥 刘志强 杨焕珍 柴世杰 阎国珠 樊志伟 樊景畔 马守仓 宋世明
仁大7名 峡口6名 贾河6名	赵顺天 陈国良 张守谦 高德全 郭政香 王国栋 王　丰 王玉斌 汪生有 周付中 魏德鱼 牛应龙 李文秀 靳文治 刘元昌 贾世全 任维元 赵万山 刘仰吉
雷大9名 双岘8名 后梁5名	马子坤 黎　仓 程生旺 谢彩花 王福寿 张积仓 吕应魁 赵建忠 司秉华 王克铭 张思勤 张国海 满文勤 崔树升 赵锡云 杨志叔 孙延福 雷明道 魏中华 刘自荣 李海乾 李存德

续表1-11

公社及名额	姓名
灵芝9名 原安9名	王家象 张桂兰 邹振汉 贾玉仓 王维钦 王 春 张成义 吴桂兰 刘永祥 李仲银 陈世英 郑富仓 李景功 郭万中 马师维 陈秉发 张富连 王俊录
列席代表 (19名)	张文彬 柴效武 王智英 黎文生 刘绍武 马效刚 梁守俊 安贵福 詹学礼 田占英 李克甲 宋世俭 马德丕 霍桂芳 黄海鱼 杨茂林 彭金山 翟克勤 杜福庆

第六节　县第六届人民代表大会代表

第六次基层选举工作，于1965年9月1日至月底举行。成立由李九利、王尔楷、史玉俊、徐培颖、魏礼芝、加治宽、王尔全、赵顺天、梁守俊、夏玉英（女）、邹振汉、高兴亚、李志明13人组成的县选委会，下设办公室，抽调3人办理具体工作。各公社（镇）相应成立公社（镇）选委会，具体负责选举事宜。为了保证选举工作顺利进行，组建雷大、城关两个选举巡回法庭。雷大选举巡回法庭由陈孝杰担任副庭长，受理仁大、治平、李店、雷大、威戎、曹务6个公社有关破坏选举案件；城关选举巡回法庭由张祯祥担任庭长，受理甘沟、四河、红寺、三合、高界、原安、灵芝、城川、司桥、城关10个公社（镇）有关破坏选举案件。

全县共训练宣传员2526人（脱产干部195人，大队干部675人，生产队干部1575人，教师、职工、知识青年81人）；共划分选区645个，成立登记审查小组590个，组织登记员2197人。登记审查工作采取全面登记、重点审查、抓两头（不够年龄的、四类分子）带中间的办法进行，对一时难以确定有无选举权的人，先报公社选委会研究，如果仍不能确定，再报选举巡回法庭和县选委会办公室结合查卷审定。通过三榜定案，全县总人口267783人，确定有选举权利的选民126213人（男65314人，女60899人），占总人口的47.1%；无选举权的141570人。代表候选人提名采取先在选民中初步酝酿、再由公社选委会在公社党委领导下邀请贫协、青年、妇女等群众团体共同协商提出初步名单，然后交群众广泛讨论，在充分发扬民主的基础上，按照民主集中的原则，确定代表候选人正式名单，在选举前3至5天通知各选区，向选民公布代表候选人正式名单、选举大会时间、地点。1965年9月25日前后，各公社相继召开选举大会，参加选举的选民109430人，占选民总数的86.7%，选出公社第六届人大代表2336名（女612名；党员1035名；回族10名；农民2182名，市民2名，机关工作人员109名，文教卫生工作者17名，工商业者12名），占全县总人口的0.88%。

选举结束后，各公社（镇）召开公社（镇）六届人大一次会议，会上检查总结上届管委会的工作，讨论1966年农业生产指标，提出增产措施，形成相应决议。选举县第六届人大代表237名，公社管委会和监委会组成人员249名，整顿健全民政调解、武装治安、生产建设、文教卫生、财政贸易5个委员会。

附：

县选举委员会组成情况表

表1-12

姓名	性别	族别	政治面貌	工作单位	职务	选委会职务	备注
李九利	男	汉	党员	人委	县长	主席	
王尔楷	男	汉	党员	县委	副书记	委员	
史玉俊	男	汉	党员	人委	副县长	委员	
徐培颖	男	汉	党员	人委	副县长	委员	
魏礼芝	男	汉	党员	人委	副县长	委员	
加治宽	男	汉	党员	武装部	部长	委员	
王尔全	男	汉	民盟盟员	文教局	局长	委员	民主人士
赵顺天	男	汉		医院	院长	委员	
梁守俊	男	汉	党员	法院	副院长	委员	
夏玉英	女	汉	党员	公社	副主任	委员	
邹振汉	男	汉	党员	民政局	副局长	委员	
高兴亚	男	汉	党员	团县委	副书记	委员	
李志明	男	汉	党员	检察院	副检察长	委员	

社镇选举委员会组成情况表

表1-13

社镇	主席	委员
城关	王福堂	李守清　杨进花　杨和堂　景怀玉　王家象　米彦廷　张俊茂　张进荣
城川	马存余	穆丕显　景化琨　李桂英　周应元　阎克恭　郑富贵　王建成　魏忠孝
威戎	潘万益	陈秉洲　樊春林　韩瑞祥　贾　盈　陈存邦　岳淑香　温高军　宋世卿
曹务	张生荣	宋世明　李桂英　谢洪中　李金仓　霍有仓　张维义　韩文辉　方永斌
司桥	阎国珠	段克仁　王永珊　李云九　司智宽　司秀兰　张国壁
四河	刘继祖	雷明道　韩维屏　颉志荣　王尚斌　谢仲魁　李玉珍
高界	张富银	张金贵　杨贵昌　胡广兴　吕玉合　周笃庆　王玉玺
灵芝	李文光	李　翰　雷兴存　吕振英　王德堂　吴桂兰　张文彩
甘沟	朱彦仓	高富德　张彦珍　王玉英　魏中万　吴西文　孙世华　郭承祖　祁连合
雷大	杨茂林	文纪才　尤根文　程仰琴　贾作祥　陈　聚　石　达　张文贤　王俊业

续表1-13

社镇	主席	委员
仁大	马来仓	马廷秀　刘鹏举　刘振太　连俊蓉　张佑祥　张润德
治平	靳宗周	韩来源　李向壁　张仲伦　张廷栋　樊志伟　李发荣　李芳荣　任汉贵
三合	祁海山	李少伯　杨锦春　杨儒林　潘文珍　靳荣魁　宋玉英
李店	邓思义	周世书　王月花　张尚志　常国政　韩学荣　李国富　刘廷汉　刘秉乾
原安	张俊财	蔡福海　张富来　刘永福　王积才　李志贤　单润清　武汉民　靳俊周
红寺	杨彩吉	徐仲山　孙延寿　庞　祥　王发堂　张志惠　刘桂荣　赵兰英　李进禄

县第六届人民代表大会代表情况表

表1-14

社（镇）	代表名额(名)	代表
城关	5	王福堂　翟万宝　李子才　景怀玉　海芝莲
威戎	23	潘万益　韩瑞祥　樊仁山　裴仲元　岳书香　宋世卿　高国柱　陈桂兰　梁德银　武德功　赵玉兰　胡桂兰　杨满仓　胡世杰　温友兴　杜思文　吕锁昌　张俊茂　张进甲　樊春林　张玉娥　张俊明　杨俊花
城川	22	张思维　王尔全　朱浩善　王秀峰　刘文俊　王芝全　马存余　张勤业　王兴文　邹生海　吴芳兰　牟志珍　马玉山　杨兰英　马儒林　张凤英　马玉林　张慧珍　靳仲花　马全寿　韩桂英　胡兰英
司桥	9	孙孝治　史玉俊　张国璧　阎国珠　程映珍　曹履太　刘治山　唐凤兰　王永珊
曹务	20	张生荣　李桂英　宋世明　王玉斌　霍有仓　李国柱　朱凡英　马进元　常一问　方永斌　王世军　杨具满　薛富学　王国祥　柴淑英　李兰英　李九利　黎文生　张殿彪　柴荣荣
灵芝	9	王智英　邹振汉　李文光　李文秀　李　翰　杨秀兰　李玉林　陈世英　杨桂英
甘沟	20	高富德　张彦珍　朱彦仓　王玉英　郭承祖　王登科　吴希文　尹万民　桑秀花　张万余　张世卿　王维俊　夏玉英　张西功　马彩兰　李维甲　柳金川　李仲银　陈　楷　杨翠兰
原安	10	厚修身　王振刚　张俊财　刘永福　王福元　韩玉兰　王家象　刘润田　靳俊珍　孔德秀
三合	7	宋庆礼　孙文学　梁思元　靳羊羊　李玉兰　徐培颖　薛志礼
红寺	19	靳元昌　阎高华　马俊清　李　清　魏文元　赵有华　庞　祥　厚月英　张志惠　李进禄　樊生林　王发堂　韩芝兰　张学恭　杨富成　岳安太　陈友谊　伏智信　张翠花

续表1-14

社（镇）	代表名额（名）	代表
雷大	21	赵秀珍　李淑英　程仰琴　李淑英　何玉花　杨茂林　文纪才　马子坤　赵建忠　王克铭　司秉华　吕保业　余锦魁　崔树德　赵福举　范发财　吴存祥　王兴堂　柴玉山　王志祥　张女恒
治平	13	李佐仓　王占岐　石恒禄　崔兆善　樊芝兰　樊智英　任汉贵　张仲伦　张廷栋　刘宏儒　陈玺忠　王秀珍　吕巧花
四河	14	刘继祖　刘元昌　颉志荣　张书申　张金莲　王秀英　周淑兰　夏　吉　王尚武　李玉珍　韩维屏　魏礼芝　彭金山　马生廉
高界	13	赵奉诚　加治宽　张富银　王菊珍　张金贵　胡广兴　翟存仓　王焕章　李秀堂　李俊发　伏宗武　杨堪英　李玉兰
仁大	18	马来仓　马廷秀　张守谦　王国栋　连俊蓉　高　信　贾玉英　汪占彪　赵俊莲　牛应龙　刘海金　刘俊英　周富中　伏生有　高俊芳　杜友梧　赵顺天　靳文治
李店	14	邓思义　孙延福　田具才　田逢春　杜芝秀　张国政　王敦厚　王花翠　王廷杰　杜明山　王维明　薛军海　王秀英　张贡华

第七节　县第七届人民代表大会代表

第七次基层选举工作，于1978年9月举行。选举公社（镇）第七届人大代表2405名。在随后召开的公社（镇）七届人大一次会议上，选出县第七届人大代表302名（工人营业员9名，占2.9%；农民202名，占67.8%；解放军和人民武装警察3名，占1%；科学技术人员和知识分子15名，占4.9%；各级领导干部63名，占20%；其他劳动人民10名，占3.4%。代表中，妇女61名，占20%；少数民族7名，占2.3%，非党人士54名，占17.8%；老年17名，占5.6%，中年205名，占69%；青年80名，占25.4%）。

附：

县第七届人民代表大会代表情况表

表1-15

姓名	性别	年龄（岁）	民族	籍贯	职务	文化程度	政治面貌
王扶邦	男	49	汉	甘肃省合水县	县委书记	初中	党员
王怀琨	男	46	汉	甘肃省灵台县	县革委会主任	大专	党员
郑建才	男	41	汉	甘肃省宁县	县革委会副主任	高中	党员

续表1-15

姓名	性别	年龄(岁)	民族	籍贯	职务	文化程度	政治面貌
张光明	男	47	汉	陕西省横山县	县革委会副主任	高中	党员
郜文学	男	40	汉	庄浪县赵墩公社	县革委会副主任	高小	党员
宋春明	男	41	汉	泾川县窑店公社	县革委会副主任		党员
刘文俊	男	44	汉	仁大公社刘川大队	县革委会副主任	初中	党员
马子坤	男	43	汉	李店公社程马大队	县革委会办公室主任	初中	党员
孙孝治	男	57	汉	甘肃省镇原县	县委组织部副部长	初小	党员
高兴亚	男	40	汉	城关镇	县机关党委书记	高中	党员
王智英	男	46	汉	细巷公社刘堡大队	县科委副主任	高中	党员
李　翰	男	50	汉	细巷公社曹川大队	县贫协主任	高小	党员
曹升荣	男	47	汉	雷大公社后梁大队	社队企业管理局局长	完小	党员
王占歧	男	54	汉	河北省唐县	县总工会主任	初小	党员
范劲宇	男	38	汉	甘肃省礼县	县委宣传部部长	本科	党员
陈世英	男	48	汉	宁夏隆德县神林公社	县民政局局长	初中	党员
马世贞	男	44	汉	李店公社程马大队	县农办主任	初中	党员
刘金英	女		汉	甘肃省平凉县	县妇联主任		党员
柴桂兰	女	25	汉	治平公社马合大队	共青团静宁县委书记	高中	党员
许天福	男		汉	城川公社高湾大队	县计委副主任		党员
肖连城	男	40	汉	河北省沧县	县运输队汽车驾驶员	高小	
张玉英	女	29	汉	城关镇	县地毯厂副厂长		党员
胡建华	男	54	汉	陕西省靖边县	县武装部部长	高小	党员
刘东太	男	53	汉	山东省庆云县	县武装部政委	高小	党员
杜友梧	男	45	汉	隆德县温堡公社	县法院院长	初中	党员
曹炯文	男	44	汉	曹务公社曹大大队	县检察院检察长	初小	党员
李　柱	男	42	汉	威戎公社新华大队	县公安局局长	高小	党员
康育珊	男	28	汉	陕西省礼泉县裴寨公社	县中队队长	初中	党员
马勤祥	男	38	汉	甘沟公社马坡大队	县广播局副局长 广播站副站长	初中	党员
张俊茂	男	48	汉	张家川回族自治县	县银行副行长	完小	党员
李文秀	男	39	汉	城川公社红旗大队	县邮电局局长	高小	党员
张世忠	男	42	汉	城川公社西关六队	乡邮员	高小	党员

续表1-15

姓名	性别	年龄(岁)	民族	籍贯	职务	文化程度	政治面貌
张进甲	男	44	汉	雷大公社后梁麻峡	县财政局副局长	小学	党员
邓思义	男	44	汉	城关镇	县物资局局长	完小	党员
彭金山	男	46	汉	湖北省黄陂县	县粮食局局长	高小	党员
张世俊	男	39	汉	城川公社西关大队	县商业局局长	初中	党员
李际唐	男	60	汉	陕西省蒲城县陈庄公社	县商业局营业员	粗识字	
马克俭	男	34	回	城关镇站院巷	县燃料公司驾驶员	初中	党员
柳金川	男	48	汉	曹务公社中庄大队	县农业局局长		党员
罗德民	男	44	汉	甘肃省临洮县	县农科所副所长	高中	党员
景克俭	男	60	汉	城川公社红旗大队	县良种场工人	不识字	党员
李　锋	男		汉	甘肃省甘谷县渭阳公社	县兽医站医生	本科	
张玉洁	男	50	汉	平凉光明公社光明大队	县水电局局长	初中	党员
马存余	男	54	回	城川公社新城大队	县水电局副局长	初中	党员
张光复	男	34	汉	河南省巩县西村公社	县水电局技术干部	中专	党员
黎文生	男	44	汉	古城公社程梁大队	县林业水保局局长	初小	党员
南敬云	男	36	汉	北京市大兴县	县水保局技术员	本科	
郭承祖	男	48	汉	庄浪县通化公社	县文教局局长	大专	党员
吕国衡	男	52	汉	城川公社红旗大队	县中学革委会主任	本科肄业	党员
张春玲	女	34	汉	甘肃省宁县早胜公社	县文工队演员	高小	党员
陈国刚	男	42	汉	阳坡公社峡口大队	县卫生局局长	初中	党员
尹大光	男	46	汉	河北省武安县大洛远村	县医院大夫	本科	党员
章绒仙	女	34	汉	泾川县飞云公社	县医院大夫	中专	党员
史国忠	男	46	汉	城川公社靳寺大队	县农机局局长	完小	党员
张林垣	男	27	汉	甘肃省天水地区	县农机厂电钳车间副主任	初中	
孙瀛洲	男	50	汉	高界公社界石大队	县工交局局长	初中	党员
李　敏	男	43	汉	城关镇工农兵路	县印刷厂保管员	初小	党员
方能坤	男	38	汉	安徽省巢县	县铁厂化验员	高中	
邹振汉	男	45	汉	古城公社邹河大队	县手管局局长	初中	党员
厚登科	男	47	汉	静宁县红卫兵路	县农具厂厂长	初小	党员
樊　栋	男	55	汉	治平公社大庄大队	治平公社革委会副主任	完小	党员

续表1-15

姓名	性别	年龄(岁)	民族	籍贯	职务	文化程度	政治面貌
李文光	男	43	汉	威戎公社武高大队	治平公社革委会主任	高小	党员
姚芳兰	女	38	汉	治平公社刘河大队	公社党委委员		党员
陈存来	女	22	汉	治平公社马合大队	大队革委会副主任		
王小红	女	22	汉	治平公社深沟大队	支部书记	高中	党员
杨发祥	男	37	汉	双岘公社页沟大队	县供销社领导小组组长	高小	党员
孙兴文	男	43	汉	治平公社王堡大队	大队长	初小	党员
樊俊斌	男	31	汉	治平公社樊沟大队	支部书记	初中	党员
陈景祥	男	64	汉	治平公社麦顶大队	农民		
王学甫	男	61	汉	治平公社后沟大队	生产队副队长		
吕自仓	男	28	汉	治平公社大岔大队	支部书记	高小	党员
郭自新	男	34	汉	治平公社安宁大队	生产队队长		
杨文彩	男	52	汉	治平公社杨店大队	支部副书记		党员
王嘉宾	男	43	汉	城川公社靳寺五队	威戎公社党委副书记	初中	党员
贾军庄	男	34	汉	威戎公社贾庄大队	大队长	完小	
赵宗让	男	35	汉	威戎公社岳咀大队	大队长	高小	党员
温堆仓	男	43	汉	威戎公社北关大队	大队长	初小	党员
朱桂芳	女	38	汉	威戎公社陈河大队	大队管委会委员	初小	
吴梅珍	女	43	汉	威戎公社杨桥大队	妇联主任	初小	
马玉勤	女	40	汉	威戎公社南关大队	大队管委会委员	初小	党员
李宗义	男	49	汉	威戎公社连湾大队	大队长	高小	党员
吴葆忠	男	40	汉	威戎公社南关大队	大队长	初小	党员
杨云华	男	55	汉	威戎公社庙堡大队	大队长		党员
吉文敏	男	42	汉	威戎公社梁马大队	大队长	初中	党员
张自化	男	57	汉	威戎公社新华大队	大队长		党员
方兰菊	女	30	汉	威戎公社魏湾大队	生产队副队长		
胡志礼	男	42	汉	威戎公社武高大队	副大队长	高小	党员
戴进天	男	48	汉	威戎公社农机站	工人		
李保顺	男	19	汉	山东省沂水县黄山公社	威戎公社知青农场团支书	高中	团员
马保成	男	37	汉	李店公社程马大队	红寺公社革委会主任	初中	党员

续表1-15

姓名	性别	年龄(岁)	民族	籍贯	职务	文化程度	政治面貌
王耀清	男	48	汉	红寺公社红河大队	支部副书记	完小	党员
张　恒	男	40	汉	四河公社郭岔大队	红校主任	高中	
张玉兰	女	30	汉	红寺公社寺岔大队	支部副书记	不识字	党员
何玉秀	女	32	汉	红寺公社吊岔大队	妇联主任		党员
孙芹叶	女	42	汉	红寺公社庙河大队	妇联主任	文盲	党员
郭兴济	男	46	汉	红寺公社甘湾大队	社员	初小	党员
王生荣	男	44	汉	红寺公社魏沟大队	支部书记	初小	党员
王天勤	男	53	汉	红寺公社红堡大队	榆湾生产队队长		党员
张具升	男	43	汉	城川公社阎庙大队	司桥公社副书记 革委会主任	高小	党员
李国柱	男	36	汉	司桥公社唐岔大队	支部书记	初中	党员
张克举	男	48	汉	司桥公社杨川大队	支部副书记	初小	党员
司效良	男	54	汉	司桥公社南坡大队	支部副书记		党员
李光宇	男	48	汉	司桥公社张彭大队	靳湾一队组长	初小	党员
贾木兰	女	36	汉	司桥公社酸刺大队	支部委员	初小	党员
马弟武	男	45	回	司桥公社司桥大队	峡山生产队组长		
陈冬梅	女	22	汉	司桥公社席湾大队	东峡提灌站测量员	高中	团员
刘子仪	男	40	汉	司桥公社牟沟大队	大队农科站技术员	初中	
王玉英	女	40	汉	威戎公社梁马大队	城关镇副书记	初小	党员
张云清	男	80	回	城关镇	市民	文盲	
马秀英	女	46	汉	庄浪县万泉公社	城关镇综合加工厂主任	初小	党员
李友仁	男	41	汉	宁夏回族自治区隆德县	城关小学校长	大专	党员
柴志信	男		汉	威戎公社石咀大队	阳坡公社革委会主任		党员
万尚达	男	36	汉	阳坡公社阳坡大队	公社农业技术员	初中	
刘九珍	男	32	汉	阳坡公社海湾大队	自各湾队队长	高小	
牛双堆	男	22	汉	阳坡公社东张大队	山庄生产队社员		党员
周建林	男	41	汉	阳坡公社峡口大队	支部书记	初小	党员
王麦平	女	24	汉	阳坡公社扯弓塬大队	妇联主任、生产队副队长	初小	党员
盛子俊	男	43	汉	阳坡公社阳坡大队	贫协副主任		
高永科	男	25	汉	阳坡公社新兴大队	民兵连长	高小	党员

续表1-15

姓名	性别	年龄(岁)	民族	籍贯	职务	文化程度	政治面貌
逯彩香	女	28	汉	阳坡公社王马大队	妇联主任	不识字	党员
高富德	男	47	汉	仁大公社深沟大队	县委常委、革委会副主任、城川公社书记	高小	党员
王锦华	男	48	汉	雷大公社雷大大队	城川公社副书记	高小	党员
樊正芳	男	40	汉	城川公社小山大队	支部副书记、大队长	高小	党员
赵顺天	男	60	汉	甘肃省平凉县	城川公社卫生院副院长	高中	
阎逢春	男	48	汉	城川公社阎庙大队	支部书记	高小	党员
陈中海	男	56	汉	城川公社陈马大队	第三队党小组长		党员
贾国芳	女	30	汉	城川公社峡口大队	支部副书记	粗识字	党员
雷连时	男	22	汉	城川公社红旗大队	第四队知青	高中	党员
李具仓	男	56	汉	城川公社郭罗大队	支部委员		党员
杨桂珍	女	42	汉	城川公社高湾大队	第九生产队社员		
田志花	女	35	汉	城川公社红星大队	第二生产队社员		
马明生	男	41	回	城川公社红林大队	第二生产队社员		
吴金花	女	48	汉	城川公社甘河大队	公社党委委员	初小	党员
王有忠	男	38	汉	城川公社靳寺大队	支部委员、第七生产队队长		党员
吕维邦	男	53	汉	城川公社红旗大队	支部委员、第六生产队队长		党员
胡克生	男	52	汉	城川公社东关大队	副大队长、第四生产队队长		
段瑞昌	男	29	汉	城川公社南关大队	赤脚医生	大学	党员
王正仓	男	41	汉	治平公社后沟大队	曹务公社革委会主任		
张淑萍	女	26	汉	曹务公社店子大队	王湾队副队长	不识字	党员
沙玉明	男	69	回	曹务公社店子大队	上店子队社员	不识字	
刘　林	男	33	汉	湖北省武汉市	曹务中学教师	大学	
王志义	男	53	汉	曹务公社永丰大队	第一生产队队长	不识字	党员
马进全	男	36	汉	曹务公社程垣大队	曹咀生产队队长	初小	党员
田文敏	男	47	汉	曹务公社田沟大队	大队长	高小	党员
杨梅花	女	20	汉	曹务公社柳岔大队	民兵排长	不识字	团员

续表1–15

姓名	性别	年龄(岁)	民族	籍贯	职务	文化程度	政治面貌
张秀花	女	40	汉	曹务公社页湾大队	支部副书记	不识字	党员
杨具满	男	49	汉	曹务公社中庄大队	杨老生产队队长	不识字	党员
田耀武	男	31	汉	曹务公社曹崖大队	大队长	高小	党员
马来仓	男	42	汉	雷大公社下马大队	古城公社副书记 革委会主任		党员
薛富学	男	52	汉	古城公社同心大队	刘沟生产队队长	粗识字	党员
张安琪	女	20	汉	山东省潍县	上程大队红山生产队 知青	高中	团员
仇文祥	男	36	汉	古城公社程梁大队	仇梁生产队队长	高小	
李文和	男	45	汉	古城公社丁寺大队	支部副书记	粗识字	党员
柳合成	男	32	汉	古城公社老庄大队	赤脚医生	初小	党员
杨　贵	男	38	汉	古城公社杨沟大队	杨河生产队队长	初小	
李海林	男	48	汉	古城公社邹河大队	李河生产队队长		党员
赵志勇	女	27	汉	古城公社西岔大队	团支书、妇联委员、 地区贫协委员		党员
吕九菊	女	30	汉	古城公社二堡大队	支部副书记		党员
曹荣仓	男	40	汉	古城公社上李大队	支部委员 罗湾生产队队长		党员
高俊英	女	27	汉	威戎公社北关大队	双岘公社副书记 革委会副主任	高中	党员
李发荣	男	32	汉	双岘公社李湾大队	农业技术员	初中	党员
王兰花	女	32	汉	双岘公社团庄大队	公社革委会委员 大队妇联主任	粗识字	党员
付成仓	男	45	汉	双岘公社尤家大队	大队委员、生产队队长	粗识字	
张新国	男	24	汉	双岘公社上海大队	牡林生产队社员	初中	党员
任天赐	男	30	汉	双岘公社中湾大队	大队长	高小	党员
王德位	男	39	汉	双岘公社双岘大队	支部书记、毛地湾队队长		党员
李存德	男	61	汉	双岘公社胡河大队	李河二队社员	不识字	党员
胡国生	男	27	汉	双岘公社樊梁大队	大队长	初小	党员
胡广兴	男	42	汉	李店公社薛胡大队	雷大公社副书记	初小	党员

续表1-15

姓名	性别	年龄(岁)	民族	籍贯	职务	文化程度	政治面貌
王正杰	男	45	汉	雷大公社曹河大队	支部副书记	粗识字	党员
贾映星	男	38	汉	治平公社后沟大队	雷大中学校长	中专	党员
赵正身	男	44	汉	雷大公社黎沟大队	大队副主任 中庄生产队队长		党员
王国士	男	35	汉	雷大公社安乐大队	支部副书记	初中	党员
程　恒	男	66	汉	雷大公社麻峡大队	支部委员、贫协副主任	初识字	党员
屈志雄	男	36	汉	雷大公社中庄大队	崖湾生产队队长	高小	党员
梁有忠	男	54	汉	雷大公社苗岘大队	支部副书记	不识字	党员
张国忠	男	49	汉	雷大公社合岘大队	支部书记	初识字	党员
陈文斌	男	49	汉	雷大公社兴坪大队	陈坪生产队队长	不识字	党员
戴彩花	女	36	汉	雷大公社韩店大队	支部书记	初中	党员
韩蕊花	女	21	汉	雷大公社阴山大队	副主任	粗识字	
赵月花	女	34	汉	雷大公社谢吕大队	妇联主任	完小	党员
李宗贤	男	46	汉	仁大公社李湾大队	贫协主任	不识字	
张志彪	男	29	汉	仁大公社上湾大队	副支书、副大队长	初小	党员
任得贤	男	46	汉	仁大公社于岔大队	支部书记	粗识字	党员
王廷杰	男	41	汉	仁大公社王沟大队	支部副书记	高小	党员
李恒义	男	32	汉	仁大公社南门大队	公社良种繁育场副场长	初中	党员
李来生	男	49	汉	仁大公社南门大队	支部副书记	白识字	党员
高浪子	男	26	汉	仁大公社深沟大队	上川生产队社员		
李建元	男	54	汉	仁大公社李河大队	贫协副主任	不识字	党员
王玉香	女	28	汉	仁大公社贾河大队	上河队副队长		
王代女	女	34	汉	仁大公社杨家湾大队	副主任	粗识字	党员
侯顺祥	男	33	汉	仁大公社宋堡大队	支部副书记		党员
张凤英	女	26	汉	仁大公社山上湾大队	公社革委会副主任	初小	党员
周培德	男	23	汉	仁大公社高沟大队	团支部副书记	高中	团员
王维歧	男	35	汉	三合公社光华大队	仁大公社革委会主任	高中	党员
田逢春	男	46	汉	三合公社王湾大队	李店公社书记	高中	党员
陈冠璋	男	34	汉	四河公社涧沟大队	李店公社革委会主任	高中	党员
马子恒	男	41	汉	李店公社程马大队	公社革委会委员 支部书记	高小	党员

续表1-15

姓名	性别	年龄(岁)	民族	籍贯	职务	文化程度	政治面貌
李康安	男	26	汉	李店公社五方河大队	大队副主任	高中	党员
胡治国	男	39	汉	李店公社薛胡大队	生产队队长	初小	党员
赵淑慧	女	32	汉	李店公社细湾大队	公社革委会委员 大队副主任、妇联主任	高小	党员
李兴录	男	42	汉	李店公社张沟大队	李沟生产队队长		党员
刘福祥	男	38	汉	李店公社徐岔大队	下堡子队队长	粗识字	党员
郭学文	男	45	汉	李店公社阴坡咀大队	羊路生产队队长		党员
王蕊芝	女	21	汉	李店公社王坪大队	大队副主任、妇联主任	初小	党员
杜芳兰	女	31	汉	李店公社王沟大队	妇联主任	高小	党员
杜拾兴	男	31	汉	李店公社杜河大队	杜河生产队社员		党员
田东生	男	45	汉	李店公社上杜大队	田家生产队队长	不识字	
王忠勇	男	43	汉	李店公社小庄大队	支部书记	初小	党员
杨志叔	男	46	汉	威戎公社杨桥大队	新店公社副书记	初中	党员
刘志强	男	40	汉	新店公社任刘大队	公社革委会委员 支部书记	粗识字	党员
孙建白	男	53	汉	安徽省宿县解集公社	新店中学教师	大学	
张芳明	女	22	汉	新店公社段岔大队	支部副书记	完小	党员
谢占魁	男	49	汉	新店公社甘坡大队	支部副书记、大队长	初小	党员
张守仓	男	28	汉	新店公社大庄坪大队	支部书记	高小	党员
秦金华	男	45	汉	新店公社秦王大队	秦沟生产队队长	完小	党员
张永哉	男	44	汉	新店公社新店大队	支部副书记、大队长	粗识字	党员
牛均花	女	22	汉	新店公社小湾大队	公社革委会委员 大队民兵副连长	粗识字	党员
张百忍	男	48	汉	雷大公社中庄大队	甘沟公社副书记、副主任	初小	党员
梁定邦	男	38	汉	威戎公社新华大队	甘沟公社农技员	大学	党员
王占荣	男	45	汉	甘沟公社祁川大队	支部书记		党员
张德福	男	53	汉	甘沟公社马坡大队	支部副书记、副主任		党员
马　光	男	28	汉	甘沟公社甘沟大队	支部副书记、副主任	初中	党员
孙殿致	男	42	汉	甘沟公社雷黄大队	副主任	完小	党员
王忠行	男	32	汉	甘沟公社王川大队	支部副书记	初小	党员

续表1–15

姓名	性别	年龄（岁）	民族	籍贯	职务	文化程度	政治面貌
吕玉兰	女	20	汉	甘沟公社阎岔大队	妇联主任		党员
张耀祖	男	37	汉	甘沟公社屯堡大队	张坪生产队队长	高小	
杨克明	男	48	汉	甘沟公社杨咀大队	杨咀生产队队长	完小	党员
陈汉才	男	37	汉	甘沟公社上岔大队	马山生产队队长	粗识字	党员
陈　烈	男	43	汉	甘沟公社梁岔大队	王路咀队队长	初小	党员
王兰花	女	35	汉	甘沟公社张湾大队	妇联主任		党员
齐丽华	女	19	汉	辽宁省铁岭县 腰堡公社	阴坡川知青点点长 大队团支部副书记	高中	团员
任海玺	男	37	汉	甘沟公社水坪大队	任塬生产队队长		党员
杨儒林	男	45	汉	三合公社新堡大队	细巷公社副主任	完小	党员
张维毅	男	42	汉	甘沟公社屯堡大队	细巷粮管所主任	完小	党员
靳文斌	男	27	汉	细巷公社靳堡大队	靳堡生产队队长	不识字	团员
马翠英	女	22	回	城关镇工农兵路63号	谭店大队知青	高中	团员
王炳恒	男	48	汉	细巷公社朱张大队	支部副书记	完小	党员
尹书琴	女	28	汉	威戎公社西湾大队	细巷公社妇女干部	初中	团员
张效成	男	43	汉	细巷公社店子大队	农科站站长	粗识字	
吕森林	男	46	汉	细巷公社韩川大队	吕埂生产队社员	不识字	
阎高花	女	64	汉	细巷公社文坪大队	妇联主任		党员
王进玉	男	34	汉	李店公社王坪大队	细巷供销社副主任	初中	团员
贯树功	男	38	汉	司桥公社席湾大队	四河公社副书记	初中	党员
尹梅桂	女	21	汉	原安公社哈拉大队	四河公社妇女干部	中师	团员
罗克俭	男	25	汉	四河公社上赵大队	后湾生产队队长	初中	党员
张振新	男	36	汉	四河公社晨光大队	公社农业技术员	初中	党员
马桂英	女	40	汉	四河公社麻岔大队	支部副书记		党员
王海珠	男	56	汉	四河公社王河大队	公社贫协副主任 大队贫协主任	高小	党员
赵丙德	男	44	汉	四河公社阴坡大队	细坡生产队队长		党员
王有江	男	52	汉	四河公社豆河大队	党支部书记		党员
刘万堂	男	38	汉	四河公社岘口大队	三马生产队社员		
谭顺川	男	56	汉	四河公社田堡大队	大湾生产队队长		

续表1-15

姓名	性别	年龄(岁)	民族	籍贯	职务	文化程度	政治面貌
周贝才	男	45	汉	四河公社芦湾大队	甘山生产队社员		
张凤英	女	37	汉	四河公社晨光大队	坪上生产队妇女队长		党员
谭志纲	男	42	汉	四河公社马岔大队	支部书记	高小	党员
杜明山	男	38	汉	四河公社花沟岔大队	支部书记	粗识字	党员
李映江	男		汉	原安公社百富大队	灵芝公社革委会主任		党员
杨堆仓	男	38	汉	灵芝公社杨岔大队	第二生产队队长		
阎兰英	女	50	汉	灵芝公社杨渠大队	第二生产队副队长		党员
张维俊	男	42	汉	灵芝公社张堡大队	支部副书记 上湾生产队队长	初小	党员
贾秀兰	女	36	汉	灵芝公社孔梁大队	第二生产队副队长	粗识字	党员
张金忠	男	53	汉	灵芝公社高义大队	公社党委委员 公社革委会委员		党员
吴宁彦	男	32	汉	城川公社吴庙大队	灵芝中学校长	中专	党员
李维录	男	36	汉	灵芝公社长塬大队	大队长	高小	党员
张文彩	男	52	汉	灵芝公社程垣大队	公社革委会委员 供销社主任	粗识字	党员
戴文英	女	35	汉	灵芝公社尹岔大队	第四生产队副队长		
靳作山	男	45	汉	灵芝公社宋岔大队	公社革委会委员、大队长	粗识字	党员
韩具仓	男	37	汉	原安公社吉林大队	高界公社革委会主任	初中	党员
任双梅	女	35	汉	高界公社继红大队	支部副书记	高小	党员
吕　有	女	46	汉	高界公社李堡大队	生产队副队长		
祁清荣	男	43	汉	高界公社祁岔大队	支部副书记	粗识字	党员
吕玉合	男	54	汉	高界公社西川大队	支部书记		党员
尹广明	男	41	汉	高界公社井沟大队	支部书记 井沟生产队队长		党员
靳怀理	男	25	汉	高界公社七里大队	公社农技员	高小	团员
李玉英	女	35	汉	高界公社韩岔大队	支部副书记	完小	党员
景德录	男	49	汉	高界公社七里大队	公社林场场长	粗识字	党员
盛金福	男	37	汉	高界公社高堡大队	支部书记	初中	党员
李汉荣	男	45	汉	高界公社朱山大队	支部书记		党员

续表1-15

姓名	性别	年龄(岁)	民族	籍贯	职务	文化程度	政治面貌
赵升元	男	59	汉	高界公社邢岔大队	支部副书记		党员
王海江	男	53	汉	高界公社上河大队	支部委员		党员
石志勤	男	47	汉	高界公社二夫大队	支部委员	粗识字	党员
赵　政	男	40	汉	四河公社大湾大队	三合公社革委会主任	完小	党员
王翠英	女	23	汉	三合公社任岔大队	支部副书记	粗识字	党员
张耀清	男	62	汉	三合公社新堡大队	公社林场场长		党员
成玉林	男	34	汉	三合公社古岔大队	公社农业技术员	初中	党员
陈秀英	女	33	汉	三合公社段渠大队	妇联主任		党员
马连仓	男	26	汉	三合公社王湾大队	大队长	完小	党员
王玉玺	男	39	汉	三合公社黄湾大队	大队长	粗识字	党员
王守福	男	54	汉	三合公社古岔大队	第一生产队社员		
师成仓	男	47	汉	三合公社新堡大队	支部副书记	粗识字	党员
张维存	男	39	汉	城川公社红旗大队	原安公社党委副书记、革委会副主任	初中	党员
平秀兰	女	22	汉	司桥公社牟沟大队	公社副主任	初中	党员
李效民	男	47	汉	原安公社吉林大队	公社革委会委员 农机站站长	初小	党员
李世荣	男	48	汉	原安公社源头大队	公社革委会委员 支部书记	初小	党员
程连仓	男	57	汉	原安公社程义大队	支部副书记、大队长		党员
杜文林	男	29	汉	原安公社齐埂大队	支部副书记、大队长	高小	党员
张福莲	女	53	汉	原安公社百富大队	支部副书记		
韩志西	男	39	汉	原安公社荞岔大队	支部副书记、大队长	初小	党员
李仁昌	男	40	汉	原安公社苏赵大队	苏赵生产队社员		
蔡明芳	女	21	汉	原安公社民寨大队	团支部书记	高中	党员
王超香	女	29	汉	原安公社哈拉大队	沟河生产队社员		

第八节　县第八届人民代表大会代表

第八次基层选举暨县级第一次直接选举工作，于1980年11月上旬至1981年1月14日举行，历时70多天。

第一，成立机构。1980年11月1日成立县选委会，由党、政领导和工、青、妇及有关部门负责人15人组成，高富德为主任委员，南雄、郑建才为副主任委员，杜友梧、胡建华、李翰、王占歧、陈向华（女）、陈世英、孙瀛洲、伏智信、马子坤、范劲宇、马存余（回）、夏廉芳（女）12人为委员。下设办公室，陈世英兼任主任，马勤祥兼任副主任。成立代表资格审查委员会，郑建才为主任委员，王敦厚、陈世英为副主任委员，孙孝治、陈向华（女）、张林垣、胡建华、蒙谦恭为委员。30个社（镇）均成立7至11人组成的选委会，一般由公社党委或管委会主要负责人担任主任，各选区成立5至7人组成的领导小组，县、社（镇）均抽组专人设立了办公室。

第二，培训骨干。县、社、队共培训选举骨干8022人，其中科级以上干部166人，一般干部565人，半脱产和不脱产人员7291人，平均每个选区50人。

第三，宣传政策。全县共召开各类宣传会议2438次，办学习班789期，利用有线广播宣传606次，办黑板报333期，墙报34期，书写标语264条。采用到田间地头和登门上户的办法，对从事农、牧、副业的零散人员和老、弱、病、残人员进行补课。

第四，选民登记。全县共有30个公社（镇），395个大队，总人口为369703人（其中农业人口占98%），有选民176762人，占总人口的47.8%，无选举权和不予选民登记的192941人（其中，被剥夺政治权利39人，暂停选举权9人，无法行使选举权943人，不满18周岁190114人）。

第五，提名推荐候选人。一是召开会议，凡有1人提名，3人附议，即作为候选人。二是书面联名提名或上门征求意见；三是各党团群众组织推荐提名。在应选代表中，妇女不少于20%，非党不少于40%。有157025名选民参加提名活动，占选民总数的88%。第一次提出县人大代表候选人880名，是应选代表210名的4.2倍，提出社镇代表候选人5629名，是应选代表1890名的3倍。经过反复酝酿，民主协商，确定县人大代表正式候选人382名，是应选代表的1.8倍，社镇代表正式候选人2901名，是应选代表的1.5倍。为了使选民了解代表候选人，除了在提名推荐时作简单介绍外，初步名单公布后，各选区大都采取召开会议、广播宣传、印发材料等方式，对候选人作了介绍。社镇推荐到农村或街道参加选举的候选人，全部印发个人简历及情况介绍，有的还与选民见了面。

第六，选举。选举办公室给各选区及工作组长编写印发一期投票选举程序简报，详细介绍投票选举的程序、方法及注意事项。各选区对选举大会的组织、投票站的设置、流动票箱的配备以及监票人、计票人、代写票人的培训等作了安排。全县共划分社镇代表选区222个，实际参加选举的选民173151人，占选民总数的97%。县代表选区158个，有153个选举一次成功，占96.2%，二次选举成功的4个，三次选举成功的1个。共选出社镇第八届人大代表1890名（非党群众758名，占40.1%；女353名，占18.7%；少数民族9名，占4.7%）。选出县第八届人大代表210名（工人3名，农民134名，解放军1名，干部58名，知识分子11名，城镇居民2名，营业员1名；女44名，占21%；非党群众76名，占36%；少数民族5名，占2.4%）。

另外，社镇召开第八届人民代表大会，选举产生各社镇管理委员会，城川、威戎两公社的管委会各由11人组成；八里、司桥、曹务、古城、石咀、双岘、雷大、仁大、李店、治平、甘沟、红寺、细巷、高界、原安、灵芝16个公社的管委会由9人组成；后梁、余湾、阳坡、贾河、深沟、新店、祁川、田堡、四河、七里、三合11个公社管委会由7人组成；城关镇从代表中选举产生镇长1名。

附：

社镇选举委员会组成情况表

表1-16

社镇	主任	副主任	委员
城川	蒙谦恭	王　宏　韩忠孝	贾桂花　张志强　王春旺　王有玺　张志成　靳天生
威戎	李文捷	杨玉邦　杨存英	杨锦春　陈建国　张志洲　吴葆忠　王家象　张自化
八里	马志俊	李义安　刘廷汉	樊正芳　李　勤　孙应魁　王琴芳　刘德余　马进明
石咀	胡世杰	李自贤　张永华	魏灵山　刘玉玺　杨荣华　樊应玲
雷大	韩三余	景发源　王应天	张发祥　常进邦　张治科　姚玉玲
后梁	马保成	韩文辉	马仲良　张秉钧　崔志良　魏士杰　满文勤
双岘	张思有	陈国雄　雷回吉	何继刚　徐仲山　王国荣　李芳花　王德位　李笃勤
余湾	王正仓	陈国基　周月生	刘国书　张廷栋　戴彩花　马子恒
仁大	梁盘中	王效国　张永录	高恩明　陈世洁　陈千兰　高连令
贾河	朱彦林	樊授天	李守清　马国忠　张友忠　任得贤　程翻爱
阳坡	柴志信	程希贤　李效勤	刘国英　赵锡鹏　孙　岗　刘九珍
古城	赵智荣	李祖峰　李　诗	戴建生　谢定科　李应畔　吕九菊
曹务	赵如亭	樊俊峰　方天学	杨世龙　田耀武　沙兆祥　张淑萍
灵芝	王克刚	王　升　景宗信	李树成　翟维刚　韩国富　靳作山　胡旭光　马文玉
司桥	张具升	陈满斌　陈千兰	韩志诚　刘相录　席尚德　李思杰
原安	张维存	贾士书　平秀兰	杨工作　潘文珍　吴修身　陈连仓
三合	祁治国	尤根文　张文玉	王秀兰　吕文秀　陈文卓　雷发明
高界	杨儒林	高成华　张虎堂	吕振英　李汉荣　郭怀花　景德昌　王守元　尹惠天

续表1-16

社镇	主任	副主任	委员
红寺	杨志叔	贾　卓　孙延寿	王辅忠　周佑军　王彩凤　岳具辉　张振仓　贾登科
细巷	贾乘乾	吴桂贵　张敏行	赵　斌　任堪华　孙延禄　龚玉芳
四河	张文贵	郑廷瑜　慕昌德	田秀英　何应林　王有江　颉国琪　胡世清　景世学
甘沟	张百忍	安静修　周世书	王汉堂　窦修龄　胡具仓　徐启章　张三虎　薛爱琴
祁川	杜宗师	张文华　姚占学	党国兴　樊孟雄　朱玉香　马子玉
李店	王守财	李国衡　杨守仁	王志勋　王兴国　李兴才　连俊蓉
治平	李文光	杜廷有	樊国玺　杨发科　王振江　豆锐廷　樊　枨
深沟	高孟德	刘学忠　张文明	薛积录　王仲雄　吕志仓　王爱华
新店	席　珍	赵明远　曹应奇	周耀忠　张汉基　张永泽　王玉英
七里	赵步清	李忠民　孙延福	李玉英　张文华　张　继　张新民
田堡	谢恩魁	靳海珠　靳卫国	王振国　王镇华　雷继邦　谭芳莲
城关	苗先海	刘绍先	阎忠孝　张世俊　刘鹏举　马维才　郭承祖　程仰勤　魏兰英

县第八届人民代表大会代表文化程度情况表

表1-17

公社	代表总数（名）	文化程度					公社	代表总数（名）	文化程度				
		大专	中专	中学	小学	文盲			大专	中专	中学	小学	文盲
城川	13			6	3	4	新店	4			2		2
八里	8			4	3	1	甘沟	9	1		2	1	5
司桥	6	1			1	4	祁川	5			2	2	1
曹务	9			2	2	5	田堡	4			1	1	2
古城	8			2	3	3	四河	5			2	1	2
石咀	7		1	1	3	2	红寺	7			2	1	4
威戎	13	1	1	6	4	1	细巷	8	1	1	1	2	3
双岘	7			3	3	1	七里	5			2		3
雷大	6			1	3	2	高界	6	1			2	3
后梁	3			1	1	1	三合	5			1	2	2
余湾	5			2	1	2	原安	8			1	3	4
仁大	6		1	2	1	2	灵芝	6			3	1	2
阳坡	5				3	2	深沟	4				2	2
贾河	5		1	2	2		城关	17	2		9	4	2

续表1-17

公社	代表总数(名)	文化程度					公社	代表总数(名)	文化程度				
		大专	中专	中学	小学	文盲			大专	中专	中学	小学	文盲
李店	9		1	3	4	1	合计	210	7	6	64	63	70
治平	7			1	4	2							

县第八届人民代表大会代表情况表

表1-18

社镇	代表总数(名)	代表					
		姓名	性别	年龄(岁)	籍贯	政治面貌	职务
城川	13	马世贞	男	45	余湾程马	党员	县革委会副主任
		刘文俊	男	46	仁大高沟	党员	病休干部
		蒙谦恭	男	40	灵芝红星	党员	公社革委会主任
		豆榜子	男	39	城川西关	党员	西关大队支书
		戴国恩	男	39	城川南关	党员	南关大队四队队长
		张晓勤	男	33	城川新城		新城大队二队队长
		李黑娃	女	23	城川峡口		峡口大队社员
		马坤义	男	25	城川陈马		陈马大队大队长
		吴希玉	男	42	城川吴庙		吴庙大队三队队长
		吕纯泉	男	41	城川红旗		红旗大队副大队长
		宋称选	男	29	城川甘河		甘河大队社员
		李凤英	女	49	城川大寨	党员	大寨大队支部委员
		王　建	男	41	城川靳寺	党员	靳寺大队七队队长
八里	8	彭金山	男	49	湖北黄陂	党员	县计委主任
		马志俊	男	44	城川胡河	党员	公社革委会主任
		王国佐	男	44	八里小山		阎庙中学校长
		张进业	男	33	八里张岔		张岔大队赤脚医生
		张登云	男	40	八里靳坪	党员	靳坪大队文书
		樊正芳	男	42	八里小山	党员	小山大队大队长
		马世明	男	38	八里红星	党员	红星大队大队长
		柳俊芳	女	39	八里红林	党员	红林大队妇联主任

续表1-18

社镇	代表总数(名)	代表					
		姓名	性别	年龄(岁)	籍贯	政治面貌	职务
曹务	9	罗德民	男	40	甘肃临洮	党员	县农科所所长
		赵如亭	男	43	石咀庙堡	党员	公社革委会主任
		马子明	男	46	曹务罗林		罗林大队马家湾队长
		沙兆祥	男(回族)	41	曹务店子		曹务中学教师
		张文科	男	34	曹务张i	党员	张i大队庄科队长
		霍有仓	男	44	曹务中庄	党员	中庄大队支书
		柳沛珍	男	48	曹务曹大	党员	曹大大队支书
		王月梅	女	33	曹务田沟	党员	田沟大队副大队长
		辛爱莲	女	43	曹务唐山	党员	唐山大队妇联主任
古城	8	曹炯文	男	48	曹务曹崖	党员	县检察院检察长
		赵智荣	男	40	雷大赵沟	党员	公社革委会主任
		王国祥	男	40	古城老庄	党员	老庄大队大队长
		张振新	男	49	古城余湾		余湾大队下湾队长
		邹仲田	男	62	古城邹河		邹河大队社员
		李亚洲	男	28	古城上李	党员	上李大队堡子副队长
		吕九菊	女	33	古城二堡	党员	二堡大队社员
		李兰英	女	34	古城杨沟	党员	杨沟大队妇联主任
司桥	6	孙孝治	男	58	镇原庙渠	党员	县委组织部副部长
		陈满斌	男	35	城川靳寺	党员	公社革委会主任
		张克举	男	52	司桥杨川	党员	杨川大队大队长
		贾木兰	女	39	司桥酸刺	党员	酸刺大队社员
		刘碧桃	女	39	司桥牟沟		牟沟大队社员
		马志珍	女(回族)	35	司桥司桥		司桥大队社员
威戎	13	王怀琨	男	48	灵台邵寨	党员	县委书记
		钱樟炎	男	48	浙江慈溪	党员	县革委会副主任
		李文捷	男	47	雷大雷大	党员	公社革委会主任
		杨存英	女	36	城川红旗	党员	公社革委会副主任
		王才士	男	49	浙江义乌	党员	威戎中学教师
		李　刚	男	27	威戎寨子	党员	寨子大队大队长
		张自化	男	60	威戎新华	党员	新华大队副支书
		李仰西	男	40	威戎梁马		李沟生产队队长

续表1-18

社镇	代表总数(名)	代表					
		姓名	性别	年龄(岁)	籍贯	政治面貌	职务
威戎	13	吴葆忠	男	43	威戎南关	党员	南关大队队长
		刘石头	男	34	威戎梁马	党员	梁马大队吉咀队长
		武举堂	男	27	威戎武高	党员	武高大队副支书、大队长
		吴梅珍	女	22	威戎杨桥		杨桥大队六队队长
		戴凤玲	女	28	威戎北关	团员	北关大队社员
雷大	6	郜文学	男	42	庄浪赵墩	党员	县革委会副主任
		韩三余	男	43	余湾阴岴	党员	公社革委会主任
		李守梅	男	50	雷大雷大		雷大大队社员
		王玉川	男	31	雷大兴坪	党员	兴坪大队支书
		杜仁学	男	33	雷大黎沟	党员	黎沟大队支书
		程玉兰	女	31	雷大谢吕		谢吕大队妇联主任
双岘	7	李怀仁	男	40	城川南关	党员	县革委会副主任
		张思有	男	44	雷大张局	党员	公社革委会主任
		李连栋	男	49	双岘甘峡		甘峡大队社员
		王双牛	女	19	双岘双岘	团员	双岘大队社员
		付文仓	男	29	双岘尤家	党员	尤家大队副支书
		阎宗祥	男	51	双岘王岔		王岔大队大队长
		任天赐	男	33	双岘中湾	党员	中湾大队大队长
石咀	7	郑建才	男	41	宁县中村	党员	县政府县长
		樊俊峰	男	42	深沟樊沟	党员	公社革委会主任
		李东效	男	44	石咀高刘		高刘大队大队长
		戴季洪	男	40	威戎北关		连湾小学校长
		杨荣华	男	57	石咀庙堡	党员	庙堡大队副支书、大队长
		赵宗仁	男	49	石咀岳咀		岳咀大队长沟队长
		戴喜子	女	30	石咀贾庄	党员	贾庄大队副支书、妇联主任
后梁	3	马保成	男	38	余湾韩马	党员	公社革委会主任
		张玉新	男	34	后梁张峡		张峡大队湾儿队长
		满文勤	女	43	后梁下马	党员	下马大队妇联主任

续表1-18

社镇	代表总数（名）	代表					
		姓名	性别	年龄（岁）	籍贯	政治面貌	职务
余湾	5	王正仓	男	42	治平后沟	党员	公社革委会主任
		刘俊福	男	63	余湾王坪		王坪大队社员
		韩万义	男	56	余湾苗岘	党员	苗岘大队社员
		韩庆爵	男	26	余湾阴山	团员	阴山大队文书
		戴彩花	女	39	余湾韩店	党员	韩店大队支书
阳坡	5	柴志信	男	45	石咀陈河	党员	公社革委会主任
		安国子	男	38	阳坡东湾		东湾大队副大队长
		刘九珍	男	34	阳坡海湾		海湾大队大队长
		周建林	男	43	阳坡峡口	党员	峡口大队支书
		逯彩香	女	30	阳坡王马	党员	王马大队社员
仁大	6	梁盘中	男	44	余湾苗岘	党员	公社革委会主任
		王秉章	男	42	宁夏固原		县商业局业务股长
		陈国俊	男	45	仁大南门	党员	南门大队支书
		周建台	男	41	仁大高沟	党员	高沟大队大队长
		李冠军	男	40	仁大堡湾		堡湾小学民用教师
		陈玉兰	女	40	秦安魏店	党员	刘川大队副支书、生产队队长
贾河	5	朱彦林	男	50	威戎南关	党员	公社革委会主任
		王兰亭	男	66	贾河王坪		王坪大队社员
		王国栋	男	57	贾河石河	党员	石河大队社员
		王岁虎	男	35	贾河南坡	党员	南坡大队支书
		宋喜蕃	女	25	贾河高坡		高坡大队社员
李店	9	马子坤	男	46	余湾韩马	党员	县法院院长
		王守财	男	38	深沟孙山	党员	公社革委会主任
		李兴才	男	48	李店上杜	党员	上杜大队大队长
		李亚平	女	23	李店阴坡咀	党员	阴坡咀大队社员
		杜世中	男	44	李店杜河	党员	杜河大队支书
		赵淑慧	女	34	李店常坪	党员	常坪大队文书
		王效谦	男	40	李店蒲岔		蒲岔大队副大队长、文书
		王维忠	男	59	李店王沟		王沟小学校长

续表1-18

社镇	代表总数(名)	代表					
		姓名	性别	年龄(岁)	籍贯	政治面貌	职务
		王兴国	男	37	李店郭柴		郭柴大队大队长
治平	7	史国忠	男	48	城川靳寺	党员	县农机局局长
		李文光	男	46	威戎武高	党员	公社革委会主任
		樊　栊	男	58	治平大庄	党员	公社革委会副主任
		雷云具	男	40	治平雷沟		雷沟大队一队队长
		柴启文	男	50	治平阴坡		阴坡大队社员
		王廷正	男	41	治平后沟		后沟大队社员
		姚芳兰	女	40	治平刘河	党员	刘河大队四队副队长
深沟	4	高孟德	男	31	仁大深沟	党员	公社革委会主任
		刘晓东	男	40	深沟麦顶		麦顶大队副大队长
		刘宏儒	男	37	深沟深沟	党员	深沟大队支书
		王堪弟	女	20	深沟王堡		王堡大队社员
甘沟	9	高富德	男	49	仁大深沟	党员	县委副书记、县革委会主任
		王乃学	男	46	甘沟王川		水电局技术员
		张百忍	男	51	雷大中庄	党员	公社革委会主任
		王玉谦	男	37	甘沟圪垯		圪垯大队大队长
		宴修龄	男	35	甘沟甘沟	党员	甘沟大队支书
		杨世兴	男	38	甘沟屯堡	党员	屯堡大队副大队长
		张三虎	男	67	甘沟上岔	党员	上岔大队社员
		雷玉兰	女	45	甘沟雷黄	党员	雷黄大队妇联主任
		陈秀英	女	34	甘沟梁岔		梁岔大队西坡副队长
祁川	5	杜宗师	男	37	威戎寨子	党员	公社革委会主任
		靳士宁	男	37	祁川马坡	党员	马坡大队支书
		靳怀安	男	37	祁川祁川		公社牧场主任
		王忠行	男	34	祁川王川	党员	王川大队大队长
		朱玉香	女	39	祁川杨咀		杨咀大队赤脚医生
新店	4	席　珍	男	35	甘沟李堡	党员	公社革委会主任
		刘汉文	男	36	新店秦王		秦王大队黄林沟队长
		王福堂	男	40	新店杏湾	党员	杏湾大队支书

续表1-18

社镇	代表总数(名)	代表					
		姓名	性别	年龄(岁)	籍贯	政治面貌	职务
		孙国女	女	24	新店新店		新店大队妇联主任
田堡	4	谢恩魁	男	46	新店甘坡	党员	公社革委会主任
		雷贵仓	男	24	田堡雷河	团员	雷河大队团支书
		甄昌焕	男	42	田堡马岔	党员	马岔大队大队长
		王利香	女	19	田堡王岔	团员	王岔大队社员
四河	5	张文贵	男	40	细巷店子	党员	公社革委会主任
		王有江	男	55	四河尚寨	党员	尚寨大队支书
		潘仲科	男	39	四河四河		四河大队大队长
		王孝仁	男	40	四河王河	党员	王河大队支书
		黄兰花	女	40	四河麻岔	党员	麻岔大队妇联主任、生产队队长
红寺	7	王敦厚	男	58	三合南岔	党员	县纪委书记
		杨志叔	男	48	威戎杨桥	党员	公社革委会主任
		李玉花	女	44	红寺红寺	党员	红寺大队妇联主任
		王生荣	男	44	红寺魏沟	党员	魏沟大队支书
		米克仁	男	40	红寺吊岔		吊岔大队中庄队长
		李　经	男	68	红寺庙河		庙河大队社员
		黄世俊	男	50	红寺甘湾		甘湾大队社员
细巷	8	杜东海	男		庄浪赵墩	党员	县革委会副主任
		贾秉乾	男	41	石咀贾庄	党员	公社革委会主任
		阎高花	女	67	细巷文坪	党员	文坪大队妇联主任
		何文敏	男	53	四河王河		细巷小学教师
		龚玉芳	女	31	细巷米岔	党员	米岔大队大队长
		刘万银	男	45	细巷刘堡		刘堡大队大路队长
		孙延禄	男	36	细巷韩川	党员	韩川大队支书
		李应桂	男	58	细巷李河		李河大队生产队副队长
高界	6	权执钧	男	46	西吉平峰	党员	县医院院长
		杨儒林	男	47	三合新堡	党员	公社革委会主任
		郭怀花	女	35	高界继红	党员	继红大队妇联主任
		向文中	男	62	高界祁岔		祁岔大队社员

续表1–18

社镇	代表总数（名）	代表					
		姓名	性别	年龄（岁）	籍贯	政治面貌	职务
		汪贵林	男	48	高界甜水岔		甜水岔大队社员
		李汉荣	男	47	高界朱山	党员	朱山大队支书
七里	5	赵步清	男	37	高界邢岔	党员	公社革委会主任
		张进有	男	62	七里七里	党员	七里大队社员
		尹国章	男	23	七里联盟	团员	联盟大队民兵连长
		谷根才	男	49	七里中寨	党员	中寨大队大队长
		李玉英	女	36	七里韩岔	党员	韩岔大队副支书
原安	8	陈向华	女	27	威戎北关	党员	县妇联副主任
		张维存	男	42	城川红旗	党员	公社革委会主任
		陈连仓	男	59	原安程义	党员	程义大队大队长
		刘国栋	男	42	原安陈岔		陈岔大队文书
		李作栋	男	41	原安关音		关音大队中庄队长
		朱宝仓	男	55	原安庙岔		庙岔大队社员
		王有中	男	50	原安上岔		上岔大队四大湾队长
		郑玉花	女	36	原安吉林	党员	吉林大队吉料沟会计
三合	5	祁治国	男	36	高界水鱼	党员	公社革委会主任
		王正江	男	48	三合段渠	党员	段渠大队大队长
		韩炳禄	男	43	三合王堡		王堡大队前川副队长
		王学先	男	37	三合古岔	党员	古岔大队大岔队长
		李秀珍	女	39	三合新堡	党员	新堡大队副大队长、妇联主任
灵芝	6	陈世英	男	49	隆德神林	党员	县民政局局长
		王克刚	男	38	双岘长岔	党员	公社革委会主任
		王德堂	男	47	灵芝高义	党员	高义大队支书
		靳作山	男	47	灵芝宋岔	党员	宋岔大队大队长、一队队长
		邹桂花	女	43	灵芝张堡		张堡大队生产队队长
		宋月萍	女	24	灵芝		灵芝供销社营业员
城关	17	南　雄	男	48	定西鲁家	党员	县委副书记
		张光明	男	50	陕西横山	党员	县革委会副主任
		赵顺天	男	63	平凉柳湖	党员	退休医生
		张世俊	男	41	城川西关	党员	县商业局局长
		胡建华	男	55	陕西靖边	党员	县武装部部长

续表1-18

社镇	代表总数(名)	代表					
		姓名	性别	年龄(岁)	籍贯	政治面貌	职务
城关	17	刘绍先	男	53	河南济源	党员	城关镇镇长
		李香兰	女	43	城关		县邮电局话务员
		阎忠孝	男	48	八里阎庙	党员	县革委会办公室主任
		马克俭	男(回族)	36	城川南关	党员	县商业车队驾驶员
		尹大光	男	48	河北武安	党员	县医院主治医师
		张林垣	男	29	甘肃天水		县农机厂工人
		马存余	男(回族)	55	城关新城	党员	县水利局副局长
		程天爵	男	55	四川汉津	民盟盟员	县一中教师
		王占歧	男	55	河北唐县	党员	县总工会主席
		马维才	男(回族)	51	城关	党员	县手管局副局长
		刘凤英	女	53	城关		红卫兵路居委会主任
		姚秀兰	女	43	河南兰考		工农兵路居委会主任

社镇第八届人民代表大会代表名额分配情况表

表1-19

社镇	名额(名)	社镇	名额(名)	社镇	名额(名)	社镇	名额(名)	社镇	名额(名)
城川	100	威戎	100	八里	70	石咀	70	雷大	70
后梁	50	双岘	70	余湾	50	仁大	70	贾河	50
阳坡	50	古城	70	曹务	70	司桥	70	灵芝	70
原安	70	三合	50	高界	70	红寺	70	细巷	70
四河	50	甘沟	70	祁川	50	李店	70	治平	70
深沟	50	新店	50	七里	50	田堡	50	城关	20

社镇第八届人民代表大会代表文化程度情况表

表1-20

公社	代表总数(名)	文化程度					公社	代表总数(名)	文化程度				
		大专	中专	中学	小学	文盲			大专	中专	中学	小学	文盲
城川	100	1	2	30	32	35	新店	50		3	10	16	21
八里	70	1	5	4	30	30	甘沟	70	2	4	13	28	23

续表1-20

公社	代表总数（名）	文化程度					公社	代表总数（名）	文化程度				
		大专	中专	中学	小学	文盲			大专	中专	中学	小学	文盲
司桥	70	1		19	25	25	祁川	50	1	1	14	8	26
曹务	70		1	8	22	39	田堡	50		1	13	10	26
古城	70		3	14	26	27	四河	50		2	10	22	16
石咀	70			14	28	28	红寺	70		3	13	24	30
威戎	100	1	6	22	44	27	细巷	70	1		10	23	36
双岘	70			16	20	34	七里	50		1	6	11	32
雷大	70		2	11	25	32	高界	70	2		4	27	37
后梁	50		2	12	13	23	三合	50		4	14	5	27
余湾	50		1	10	14	25	原安	70	1		10	32	27
仁大	70	1	1	17	8	43	灵芝	70	1	2	18	22	27
阳坡	50		1	8	15	26	深沟	50	1	1	10	20	18
贾河	50		4	7	12	27	城关	20	1	2	3	11	3
李店	70		3	15	17	35	合计	1890	15	58	368	612	837
治平	70		3	13	22	32							

第九节　县第九届人民代表大会代表

第九次基层选举暨第二次县级直接选举工作，于1983年11月1日至12月30日举行，历时两个月。这次换届选举工作正值机构改革、政社分设、建立乡人民政府之际，按照中共甘肃省委转发省人大常委会党组《关于在机构改革中县级人民代表大会换届选举有关问题的请示报告》的通知和《甘肃省县级以下人民代表大会选举实施细则》的要求，1983年10月30日第八届人大常委会第十次会议决定，成立由13人组成的县选委会，高富德为主任，马世贞、部文学、阎志洁为副主任，马存余、李文选、马子坤、史国忠、王学谋、杨茂林、赵建忠、胡青汉、陈向华（女）为委员。下设办公室，阎志洁兼任主任，史国忠、王学谋兼任副主任。同时成立代表资格审查委员会，高富德为主任，史国忠为副主任，张光明、史国忠、孙孝治、陈向华（女）为委员。

整个选举工作，分三个阶段进行。

第一阶段，11月1日至10日。成立基层选举机构，培训选举工作人员，划分选区，分配代表名额，进行选民登记和填发选民证。30个社镇均成立5至7人的选委会，划分选区158个，其中农村151个，城镇7个。建立选民小组1511个，全县共培训骨干4212人（其中科级以上干部135人）。经过选民登记和选民资格审查，全县总人口379096人，有选民199362人，占总人口的52%，无选举权179734人（其中被剥夺政治权利25人，暂停选举权119人，精神病患者1097人，其他不予登记3068人，不满18周岁175425人）。参加选举的选民194767人，占选民总数的97.7%。

第二阶段，11月11日至12月11日。推荐、确定代表候选人，公布正式代表候选人名单和投票选举。这个过程特别注意自下而上、民主协商推荐候选人和实行差额选举这两个环节。各社镇人民代表名额，根据《甘肃省县级直接选举实施细则》第五十六条规定，人口在1万人以下，代表名额为30至50名；人口在1至2万人，代表名额为50至70名；人口在2万人以上，代表名额为70至100名。12月11日定为全县选举日，凡至1983年12月10日年满18周岁的公民（蛇相，1965年12月10日前出生）均应进行登记。在县、乡两级选委会的领导下，各选区严格按照《中华人民共和国全国人民代表大会和地方各级人民代表大会选举法》和《甘肃省县级以下人民代表大会选举实施细则》的规定，组织选民认真协商，推荐提名，反复酝酿候选人。选举时，全县一次成功。选出社镇（乡）第九届人大代表1907名（妇女381名，占20%；回族7名，占0.36%）。选出县第九届人大代表220名（工人4名，占1.82%；农民131名，占59.5%；各类专业人员和知识分子21名，占9.5%；干部60名，占27.3%；城镇居民3名，占1.4%；军人1名，占0.46%；少数民族6名，占2.7%；非党群众96名，占43.6%；妇女44名，占20%）。

第三阶段，12月底前召开县、乡两级人民代表大会。此次换届选举县、乡两级同时进行，各乡机构改革、政社分设、建乡工作于11月底基本结束，12月20日前，相继召开乡镇九届人大一次会议，选举产生乡镇领导班子。这次换届选举，贯彻中央关于逐步实现干部队伍“革命化、年轻化、知识化、专业化”的方针，各乡镇人民政府正、副乡镇长中，初中以上文化程度占80.7%，大、中专文化程度占37%，比上届提高30.6%；平均年龄34.5岁，比上届降低8.8岁。县九届人大一次会议，选出县政府正、副县长5名，其中：大、中专文化程度3名，占60%，比上届提高30%；平均年龄42岁，比上届降低1.5岁。

同时，城关镇由选民直接选举、农村由乡人代会选举，共选出人民陪审员32名(城关镇在工交、商业、文教、卫生系统各选1名，每乡选举2名)。

附：

社镇选举委员会组成情况表

表1-21

社镇	主任委员	副主任委员	委员
城川	贾秉乾	王　宏	高立红　王春旺　郭玉莲　高　旭　张思忠

续表1-21

社镇	主任委员	副主任委员	委员
八里	马志俊	李义安	杨玉邦　张新民　孙应魁
司桥	陈满斌	柳思桐	陈玉兰　刘相录　李　创
曹务	赵如亭	方天学	魏林山　周忠义　张守谦　邹振环　张银顺
古城	柴志信	李　智	贾敬斌　谢定科　王智信
威戎	李文捷	刘国书	杨锦春　武文学　梁发源　高国柱　马中良
双岘	赵智荣	陈国雄　陈志荣	魏士杰　王友直　胡兆楷　白世明
雷大	韩三余	贾诗书	张友祥　姚玉玲　程有德
后梁	邹秉义	韩文辉	梁登科　满文勤　程永年
余湾	程国基	李克和　李养玺	刘国旺　屈孔敏　王万胜　周安贞
阳坡	程希贤	周月生	刘九珍　周俊生　刘登明
仁大	梁盘中	程世清	赵锡鹏　李录才　郭敏学　周国玺　周建台
贾河	任永忠	樊授天	马国忠　任德贤　李顺义
李店	王正仓	高思举	杨统科　连俊蓉　胡志勤
深沟	王振江	杨丰源	任作栋　王爱华　柴建龙
治平	王克刚	樊国玺	任堪华　张　道　杨发祥　任永强　郭具德
新店	席　珍	赵明远　祁世明	郑廷瑜　岳具辉　王玉英　任玉清
祁川	杜宗师	姚占学	马忠荣　祁连成　王中信
甘沟	张百忍	徐启章	胡继仓　马腾芳　王汉堂　张富华　任跟路
田堡	谢恩魁	靳海珠　靳卫国	王镇华　凌玉芳　豆克刚　王振国
四河	张文贵	张永录	景世学　胡世清　潘中科　王辅杰　张文勤
红寺	贾　卓	孙延寿	路登荣　赵　兵　靳宗文
细巷	张敏行	樊国璋	刘天鹏　厚润身　陈友学　尹淑琴
七里	赵步清	曹应奇	孙延福　李福英　杨源峰
高界	杨德元	高成华	张虎堂　尹惠天　张建生
三合	尤根文	张文玉	张文明　朱德功　张维国　吕文秀
原安	蒙谦恭	丁金昌	平秀兰　徐存仓　李效明　许国付　李世荣
灵芝	韩国富	吕正乾	韩志诚　杨世库　张康宁
石咀	樊俊峰	张永华　李祖芳	司秉勤　李金仓　王治忠　戴建生
城关	刘绍先	王克太　周　瑾	刘维勤　周兴启　段瑞昌　刘鹏举　雷本志　吴存艳

县第九届人民代表大会代表情况表

表1-22

乡镇(社)	代表名额(名)	代表					
		姓名	性别	年龄(岁)	籍贯	政治面貌	职务
城川	14	马世贞	男	48	余湾程马	党员	县委副书记
		孙孝治	男	60	镇原庙渠	党员	县委组织部副部长
		彭金山	男	51	湖北黄陂	党员	县计委主任
		贾秉乾	男	45	石咀贾庄	党员	乡政府乡长
		阎文彬	男	50	八里阎庙		城川卫生院副院长
		吴希玉	男	46	城川吴庙		吴庙大队三队队长
		梁应海	男	42	城川南关	党员	南关大队大队长
		马志强	男	42	城川红旗	党员	红旗大队大队长
		胡俊明	男	44	城川东关		东关大队三队队长
		马孔义	男	29	城川陈马		陈马大队大队长
		史万宝	男	58	城川靳寺		靳寺大队八队会计
		屈凤琴	女	26	威戎北关		高湾大队社员
		张毓英	女	42	江苏南通		新城小学教师
		李黑娃	女	28	城川峡口		峡口大队社员
八里	9	王锦华	男	51	城川南关	党员	县检察院检察长
		王敦厚	男	60	三合南岔	党员	县委常委、纪委书记
		权执钧	男	49	西吉平峰	党员	县人民医院院长
		吴桂贵	男	33	城川吴庙	党员	乡政府乡长
		李　勤	男	29	八里阎庙	党员	阎庙大队大队长
		樊正芳	男	44	八里小山	党员	小山大队大队长
		张　善	男	44	八里张岔		张岔大队生产队长
		王桂兰	女	42	八里靳坪		靳坪大队妇联主任
		马芳玲	女	29	八里高城寨		高城寨大队民办教师
曹务	9	马存余	男(回族)	59	城关新城	党员	县人大常委会副主任
		杨　波	男	29	深沟深沟	党员	团县委书记
		陈志强	男	40	城川峡口	党员	乡政府乡长
		沙兆祥	男(回族)	41	曹务店子		曹务中学教师
		张世祥	男	48	曹务张山	党员	张山大队大队长
		李成材	男	44	曹务店子		店子大队上店子队长

续表1-22

乡镇(社)	代表名额(名)	代表					
		姓名	性别	年龄(岁)	籍贯	政治面貌	职务
		柳富昌	男	31	曹务中庄	党员	中庄大队副支书
		王月梅	女	37	曹务田沟	党员	田沟大队妇联主任
		胡翠英	女	21	曹务张珍湾		张珍湾大队团支部委员
古城	8	钱樟炎	男	50	浙江慈溪		县政府副县长
		李　智	男	36	司桥唐岔	党员	乡政府乡长
		王智信	男	45	李店五方河	党员	乡卫生院院长
		高成洲	男	63	古城老庄		老庄大队林场场长
		赵喜明	男	25	古城田岔		田岔大队团支书
		杜占西	男	47	古城邹河	党员	邹河大队二队社员
		贾彩花	女	47	古城老庄	党员	老庄大队妇联主任
		李兰英	女	45	古城杨沟	党员	杨沟大队妇联主任
司桥	6	王占歧	男	59	河北唐县	党员	县总工会主席
		柳思桐	男	35	曹务中庄	党员	乡政府乡长
		张克举	男	54	司桥杨川	党员	杨川大队大队长
		吕国忠	男	32	司桥吕渠	党员	吕渠大队大队长
		马国栋	男(回族)	34	司桥司桥	党员	峡山生产队队长
		李桂英	女	42	司桥席湾	党员	大荫湾队社员
威戎	14	郑建才	男	46	宁县中村	党员	县政府县长
		王学谋	男	46	治平刘河	党员	县民政局局长
		李映忠	男	36	曹务曹崖	党员	县委组织部副部长
		刘国书	男	37	石咀高刘	党员	乡政府乡长
		陈松友	男	47	广东潮阳		威戎中学教导主任
		王守荣	男	36	雷大新义	党员	威戎中心医院院长
		温堆仓	男	49	威戎北关	党员	北关大队大队长
		李仰西	男	43	威戎李河		李沟大队二队队长
		吴葆忠	男	46	威戎南关	党员	南关大队大队长
		刘石头	男	37	威戎梁马	党员	梁马大队吉咀队长
		李　军	男	43	威戎武高		武高大队峡口队长
		吴梅珍	女	46	威戎杨桥		杨桥大队妇联主任

续表1-22

乡镇（社）	代表名额（名）	代表					
		姓名	性别	年龄（岁）	籍贯	政治面貌	职务
		戴引弟	女	28	威戎寨子		乡政府妇联主任
		戴玉英	女	35	威戎新华		新华大队柴坡会计
雷大	6	吕忠厚	男	40	山东泰安	党员	县政府副县长
		王正仓	男	45	治平后沟	党员	乡政府乡长
		李守梅	男	51	雷大雷大		雷大大队社员
		杨富明	男	57	雷大杨沟		杨沟大队大队长
		张会庭	男	57	雷大合岘	党员	合岘大队林场场长
		程玉兰	女	35	雷大谢吕		谢吕大队妇联主任
双岘	7	陈向华	女	30	威戎北关	党员	县妇联主任
		赵智荣	男	42	雷大赵沟	党员	乡政府乡长
		胡国正	男	60	双岘双岘	党员	双岘大队谢王队社员
		吴松峰	男	21	双岘甘峡		甘峡大队文书
		马陇西	男	45	双岘姚湾	党员	姚湾大队支书
		王吉昌	男	52	双岘王岔		王岔大队大队长
		任天赐	男	34	双岘中湾	党员	中湾大队大队长
石咀	7	郜文学	男	45	庄浪赵墩	党员	县政府副县长
		陈　俊	男	47	仁大南门		县种子公司副经理
		张永华	男	41	古城余湾	党员	乡政府乡长
		翟万有	男	53	石咀翟局	党员	翟局大队大队长
		杨荣华	男	60	石咀庙堡	党员	庙堡大队大队长
		马彦秀	男	40	石咀柳沟		柳沟大队大队长
		朱桂芳	女	44	石咀陈河		陈河大队张崖妇女队长
后梁	4	程希贤	男	41	雷大黎沟	党员	乡政府乡长
		范勋元	男	41	后梁范堡		范堡大队民办教师
		文彦荣	男	33	后梁程峡		程峡大队大队长
		满文勤	女	44	后梁下马	党员	下马大队妇联主任
余湾	5	李国衡	男	37	仁大李河	党员	乡政府乡长
		刘俊福	男	66	余湾王坪		王坪大队社员
		韩万昌	男	45	余湾苗岘	党员	苗岘大队生产队长

续表1-22

乡镇（社）	代表名额（名）	代表					
		姓名	性别	年龄（岁）	籍贯	政治面貌	职务
		韩庆爵	男	29	余湾阴屲		阴屲大队文书
		李秀英	女	48	余湾程马	党员	程马大队妇联主任
阳坡	5	刘世丰	男	29	仁大刘川	党员	乡政府乡长
		师换换	男	48	阳坡东湾		东湾大队师台队长
		刘九珍	男	36	阳坡海湾		海湾大队大队长
		周有仁	男	67	阳坡扯弓塬	党员	扯弓塬大队社员
		宋蕊芳	女	20	阳坡王马		乡政府妇联干事
仁大	7	张光明	男	52	陕西横山	党员	县委常委、纪委书记
		王效国	男	32	阳坡扯弓塬	党员	乡政府乡长
		高　珍	男	29	贾河赵湾		仁大医院副院长
		李先贤	男	43	仁大深沟		深沟大队副大队长
		周建台	男	45	仁大高沟	党员	高沟大队大队长
		李录才	男	31	仁大李河		李河大队生产队长
		陈玉兰	女	44	仁大刘川	党员	刘川大队大队长
贾河	5	刘亚平	男	34	阳坡西山沟	党员	乡政府乡长
		王兰青	男	67	贾河刘岔		刘岔大队社员
		任守忠	男	50	贾河高窑		高窑大队大队长
		杨海林	男	53	贾河中堡	党员	中堡大队支书
		宋谋谋	女	42	贾河侯山		侯山大队社员
李店	9	刘思义	男	41	阳坡西山沟	党员	县委书记
		高立红	男	40	仁大南门	党员	乡政府乡长
		王自勖	男	47	李店孔沟	党员	李店中学校长
		王效义	男	31	李店核桃岔		核桃岔大队文书
		杜树清	男	39	李店杜河	党员	杜河大队大队长
		郭守柱	男	37	李店阴咀	党员	阴咀大队大队长
		王效谦	男	42	李店蒲岔		蒲岔大队文书
		牛俊英	女	38	李店蒲胡	党员	薛胡大队妇联主任
		马秀花	女	32	李店小庄		小庄大队社员
		史国忠	男	51	城川靳寺	党员	县人大常委会办公室主任

续表1-22

乡镇（社）	代表名额（名）	代表					
		姓名	性别	年龄（岁）	籍贯	政治面貌	职务
治平	7	党仲尧	男	43	城川咀头	党员	林业局助理工程师
		陈尚孔	男	27	城川陈马	党员	乡政府乡长
		樊　毅	男	20	治平杜湾		杜湾大队社员
		马银昌	男	30	治平马合		马合大队民兵连连长
		樊　栎	男	58	治平大庄	党员	樊家大庄大队林场员
		王凤兰	女	41	治平刘河		刘河大队妇联主任
深沟	4	王有锡	男	42	治平刘河	党员	乡政府乡长
		王东进	男	50	深沟麦顶	党员	麦顶大队支书
		樊鹏东	男	26	深沟王堡		王堡大队社员
		杨菊莲	女	36	深沟樊沟	党员	樊沟大队妇联主任
甘沟	9	高富德	男	52	仁大深沟	党员	县人大常委会主任
		贾晨曦	男	38	威戎贾庄		水利局助理工程师
		李克和	男	31	后梁下马	党员	乡政府乡长
		王治忠	男	50	甘沟上岔	党员	上岔大队大队长
		宴修龄	男	37	甘沟甘沟	党员	甘沟大队支书
		杨世兴	男	41	甘沟屯堡	党员	屯堡大队大队长
		李进华	男	52	甘沟李堡	党员	李堡大队大队长
		雷玉兰	女	47	甘沟雷黄	党员	雷黄大队妇联主任
		陈秀英	女	35	甘沟梁岔		梁岔大队妇联主任
祁川	6	张光复	男	38	河南巩县	党员	县政府副县长
		王作义	男	30	双岘王岔		乡政府乡长
		靳怀安	男	55	祁川祁川		乡牧场场长
		杨志敏	男	31	祁川牡丹	党员	牡丹大队支书
		王忠行	男	37	祁川王川	党员	王川大队大队长
		吕凤英	女	37	祁川马坡		马坡大队妇联主任
新店	5	席　珍	男	37	甘沟李堡	党员	乡政府乡长
		姚世华	男	42	新店秦王	党员	秦王大队大队长
		谢　斌	男	37	新店孙湾		孙湾大队社员
		王国栋	男	34	新店小湾		小湾大队甄岔队长

续表1-22

乡镇（社）	代表名额（名）	代表					
		姓名	性别	年龄（岁）	籍贯	政治面貌	职务
		王整社	女	19	新店杏湾		杏湾大队社员
田堡	4	赵　政	男	45	四河大湾	党员	乡政府乡长
		雷贵仓	男	27	田堡雷河	团员	雷河大队团支部书记
		王志常	男	43	田堡王岔	党员	王岔大队大队长
		谭淑娟	女	18	田堡马岔		马岔大队妇联主任
四河	5	慕昌德	男	38	红寺红堡	党员	乡政府乡长
		潘仲科	男	42	四河四河		四河大队大队长
		王辅杰	男	48	四河王河		王河大队大队长
		王自忠	男	42	四河大湾		大湾大队文书
		黄兰花	女	43	四河麻岔	党员	麻岔大队妇联主任
红寺	7	柳金川	男	53	曹务中庄	党员	县农业局局长
		何国玺	男	28	红寺二河	党员	县林业局副局长
		贾　卓	男	43	田堡晨光	党员	乡政府乡长
		谢富仓	男	58	红寺张峡		张峡大队酸湾队长
		米克仁	男	35	红寺吊岔		吊岔大队中庄队长
		张效彬	男	24	红寺玉皇		玉皇大队农场职工
		马秀花	女	43	红寺魏沟		魏沟大队社员
细巷	8	马勤祥	男	43	祁川马坡	党员	县政府办公室主任
		张锡钧	男	41	吉林长春		县农科所副所长
		张敏行	男	36	城川东关	党员	乡政府乡长
		张金山	男	34	细巷细巷	党员	细巷大队支书
		刘启荣	男	39	细巷刘堡	党员	刘堡大队支书
		骆荣太	男	53	细巷朱张	党员	朱张大队支书
		赵秀英	女	44	细巷韩川		韩川大队社员
		李秀芳	女	39	细巷曹川		曹川大队社员
高界	6	曹升明	男	50	古城二堡	党员	县财政局局长
		杨德元	男	41	三合王堡	党员	乡政府乡长
		石作壁	男	42	高界二夫		二夫大队社员
		尹克祥	男	65	高界祁岔		祁岔大队社员

续表1–22

乡镇(社)	代表名额(名)	代表					
		姓名	性别	年龄(岁)	籍贯	政治面貌	职务
		李马代	男	34	高界老庄		老庄大队社员
		王秀花	女	66	高界水鱼		水鱼大队社员
七里	5	李忠民	男	39	原安吉林	党员	乡政府乡长
		韩西寿	男	47	七里李堡	党员	李堡大队大队长
		尹国章	男	26	七里联盟		联盟大队民兵连长
		张志连	男	33	七里中寨		中寨大队一队队长
		李玉英	女	39	七里韩岔	党员	韩岔大队副支书
原安	8	阎志洁	男	48	双岘长岔	党员	县人大常委会副主任
		张耀瑞	男	53	雷大张局	党员	县畜牧兽医站站长
		高兴文	男	38	灵芝高义	党员	乡政府乡长
		司文会	男	32	司桥小曲	党员	原安粮管所所长
		马维其	男	50	原安姚河		姚河大队大队长
		刘国栋	男	44	原安陈岔		陈岔大队文书
		马世雄	男	29	原安姚化		姚化大队姚咀队长
		郑玉花	女	39	原安吉林	党员	吉林大队社员
三合	5	张文玉	男	41	细巷店子	党员	乡政府乡长
		李永仓	男	33	三合段渠		段渠大队文书
		韩炳禄	男	48	三合王堡		王堡大队大庄队会计
		王学先	男	40	三合古岔		古岔大队大岔队长
		李秀珍	女	42	三合新堡	党员	新堡大队妇联主任
灵芝	6	曹升荣	男	51	后梁李湾	党员	县农行行长
		韩国富	男	35	原安吉林	党员	乡政府乡长
		王德堂	男	49	灵芝高义	党员	高义大队支书
		靳作山	男	50	灵芝宋岔	党员	宋岔大队大队长
		陈国忠	男	45	灵芝大庄		大庄大队副大队长
		赵燕菊	女	26	灵芝张堡		张堡大队社员
		马子坤	男	48	余湾韩马	党员	县法院院长
		李文选	男	45	陕西大荔	党员	县人武部部长
		刘维勤	男	41	三合王堡	党员	县经委主任

续表1-22

乡镇(社)	代表名额(名)	代表					
		姓名	性别	年龄(岁)	籍贯	政治面貌	职务
城关	20	张世俊	男	44	城川西关	党员	县商业局局长
		刘鹏举	男	51	李店刘晋	党员	县水利局局长
		张国盛	男	48	城川西关	党员	县教育局局长
		段瑞昌	男	33	城川南关	党员	城关镇镇长
		倪　忠	男	54	甘肃兰州	党员	县委司机
		张作祥	男	42	阳坡侯家山		县水泥厂副厂长
		张志良	男	49	城关镇		县供销社助理会计师
		张林垣	男	32	天水北关	党员	县农机厂副厂长
		樊志芳	男	48	威戎梁马		县林业局苗圃工人
		程天爵	男	58	四河江津	党员	县一中教师
		郭森林	男	50	城川红旗		县文化局干部
		马克勤	男(回族)	38	城关镇		公路运输管理所工人
		白秀芳	女	42	城关镇		县医院中医科主任、医师
		沙金香	女(回族)	50	城关镇		前街居委会居民
		马秀琴	女(回族)	21	城关镇		城关粮站工人
		魏兰英	女	43	河南偃师		南关居委会主任
		吕芳梅	女	45	城关镇		东关居委会主任

第十节　县第十届人民代表大会代表

第十次基层选举暨第三次县级直接选举工作，于1986年11月1日至1987年1月11日举行。这次换届选举是在全国上下贯彻中共中央《关于社会主义精神文明建设指导方针的决议》，经济体制改革和政治体制改革深入发展的情况下进行的。按照甘肃省委批转省人大常委会党组《关于开展县乡两级人民代表大会换届选举问题的报告》的通知和平凉地委《关于县乡两级人民代表大会换届选举问题的通知》精神，共安排60天左右时间，分三个阶段进行。

第一阶段，1986年11月15日至25日，成立机构，培训人员，宣传发动，划分选区，分配名额，选民登记，张榜公布。县、乡镇均成立选委会，由县人大常委会任命。县选委会由13人组成，高富德为主任，吕忠厚、阎志洁、张会议为副主任，马存余、梁钧宪、马子坤、杨茂林、胡国钧、史国忠、王学谋、陈向华（女）、王智仁为委员，下设办公室，阎志洁兼任主任，史国忠、王学谋兼任副主任。各乡镇选委会由5至9人组成，设主任1名，副主任1至2名，下设办公室。全县共划分为158个选区（农村151个，县直机关、企事业单位和居委会选区7个）和1153个选民小组。先后培训骨干2258人（脱产干部558人，不脱产人员1700人）。

第二阶段，1986年11月26日至12月30日，推荐、确定代表候选人，公布正式代表候选人名单和投票选举。确定12月25日为全县选举日。凡至选举日年满18周岁（猴相，1968年12月24日前出生）的公民，均予登记（如只有出生年月，查不清确切生日的，均按当月15日计算）。所确定的正式代表候选人多于当选代表名额二分之一至一倍，于12月20日前张榜公布。全县总人口389427人，选民222827人，占总人口的57%，参加选举的217295人，占选民总数的97.5%。选举县人大代表的158个选区，有157个一次选举成功；有3个选区根据得票多少，原确定的3名正式候选人落选，条件相同的3名差额选为正式代表。乡镇人大代表选举均一次成功。

县第十届人大代表220名，经代表资格审查委员会审查，取消代表资格1名，其余219名代表资格有效（工人5名，占2.3%；农民130名，占59.4%；城镇居民3名，占1.4%；干部60名，占27.4%；军人1名，占0.5%；知识分子20名，占9.1%。非党群众97名，占44.3%；妇女46名，占21%；少数民族5名，占2.3%）。

选举乡镇第十届人大代表1811名（工人20名，占1.1%，农民1443名，占79.3%，干部274名，占15.1%，知识分子74名，占4%。非党群众995名，占55%，妇女348%，占19.2%，少数民族11名，占0.6%）。

第三阶段，1987年1月1日至20日，为县乡两级人民代表大会召开阶段，选举62名正、副乡镇长。其中大中专文化程度32名，占51.6%，比上届提高14.6%，平均年龄34岁，比上届略有降低。选出的县第十届人大常委会17名组成人员中，大中专文化程度7名，比上届提高11.8%，平均年龄47.8岁，比上届降低1.7岁；县人民政府5名正、副县长，均为大专以上文化程度，比上届提高40%，平均年龄40岁，比上届降低2.6岁。

同时，选出人民陪审员若干名。

附：

县第十届人民代表大会代表情况表

表1–23

乡镇	代表名额（名）	代表							
		姓名	性别	年龄（岁）	民族	籍贯	文化程度	政治面貌	职务
		金福存	男	41	汉	兰州榆中	本科	党员	县政府县长

续表1-23

乡镇	代表名额（名）	代表							
		姓名	性别	年龄（岁）	民族	籍贯	文化程度	政治面貌	职务
城川	8	张志洲	男	30	汉	细巷细巷	高中	党员	乡政府乡长
		阎文斌	男	53	汉	八里阎庙	大专	党员	城川卫生院院长
		吴尚礼	男	54	汉	城川吴庙	高小	党员	吴庙村支书
		刘建安	男	40	汉	城川大寨	小学		大寨村社长
		朱志明	男	41	汉	城川杨庄	初小	党员	杨庄村社员
		张秀娥	女	42	汉	城川红旗	小学		红旗村个体户
		陈菊娥	女	42	汉	城川靳寺	初中		靳寺幼儿园教师
八里	9	王文进	男	33	汉	双岘团庄	本科	党员	县政府副县长
		吴桂贵	男	37	汉	城川吴庙	高小	党员	乡政府乡长
		杨耀忠	男	47	汉	城关镇	本科	党员	县医院院长
		樊正芳	男	48	汉	八里小山	初小	党员	小山村主任
		李文全	男	38	汉	八里郭罗	初中		郭罗村社长
		王理民	男	60	汉	八里红林	初小		红林村四社社员
		王凤鸣	男	49	汉	八里剡白	粗识字		剡白村社员
		靳翠英	女	52	汉	八里靳坪	初小	党员	靳坪村妇联主任
		李秀英	女	47	汉	八里官道岔	粗识字	党员	官道岔村社员
曹务	9	高富德	男	55	汉	仁大深沟	初中	党员	县人大常委会主任
		白世明	男	31	汉	石咀高刘	中专	党员	乡政府乡长
		沙兆祥	男	43	回	曹务店子	高中		曹务中学教师
		赵尚礼	男	37	汉	曹务罗林	高小		罗林村山庄湾社长
		田耀武	男	39	汉	曹务曹崖	高小	党员	曹崖村主任
		马进全	男	43	汉	曹务程垣	初小	党员	程垣村主任
		唐平安	男	30	汉	曹务唐山	初中		唐山村文书
		张淑萍	女	34	汉	曹务店子	粗识字	党员	店子村妇联主任
		梁喜兰	女	36	汉	曹务柳岔	粗识字		柳岔村上余梁社员
古城	8	孟建邦	男	56	汉	原安辽坡	初中	党员	县政协副主席
		李祖芳	男	44	汉	曹务中庄	高中	党员	乡政府乡长
		王智信	男	49	汉	李店五方河	初中	党员	乡卫生院院长
		程培栋	男	37	汉	古城邹河	初中		邹河村主任

续表1-23

乡镇	代表名额(名)	代表							
		姓名	性别	年龄(岁)	民族	籍贯	文化程度	政治面貌	职务
		仇文祥	男	43	汉	古城程梁	高小		程梁村文书
		高成洲	男	65	汉	古城老庄	粗识字		老庄村社员
		李兰英	女	47	汉	古城杨沟	初中	党员	杨沟村妇联主任
		吕九菊	女	38	汉	古城二堡	粗识字		二堡村妇联主任
司桥	6	陈贵录	男	43	汉	山西万荣	高中	党员	县检察院检察长
		张敏行	男	39	汉	城关东关	高中	党员	乡政府乡长
		张汉雄	男	44	汉	司桥杨川	粗识字		杨川村社员
		李俊杰	男	53	汉	司桥张彭	高中	党员	张彭村社员
		米光祖	男	32	回	司桥司桥	小学		司桥村社员
		李桂英	女	45	汉	司桥席湾	粗识字	党员	席湾村社员
石咀	7	李雪松	男	35	汉	庄浪水洛	大专	党员	县政府副县长
		李　智	男	38	汉	司桥唐岔	初中	党员	乡政府乡长
		柴　长	男	47	汉	石咀陈河	粗识字		陈河村主任
		翟万有	男	56	汉	石咀翟局	粗识字	党员	翟局村主任
		马西武	男	50	汉	石咀胡坡	初小	党员	胡坡村主任
		何志同	男	26	汉	石咀阴坡	初中		阴坡村社员
		马鸭鸭	女	30	汉	石咀吴湾	初小		吴湾村社员
威戎	13	郜文学	男	48	汉	庄浪赵墩	初中	党员	县政府副县长
		刘国书	男	42	汉	石咀高刘	初中	党员	镇政府镇长
		王守荣	男	38	汉	雷大新义	本科	党员	县防疫站站长
		王郁仁	男	54	汉	庄浪水洛	本科		县教师进修学校教师
		陈　俊	男	54	汉	仁大南门	高中		县农技推广站农技员
		武玉川	男	51	汉	威戎王咀	粗识字	党员	王咀村支书
		温堆仓	男	52	汉	威戎北关	初小	党员	北关村主任
		杨强胜	男	47	汉	威戎下沟	粗识字		下沟村主任
		李会明	男	36	汉	威戎梁马	初小		梁马村吉咀社长
		吴满余	男	44	汉	威戎李河	初中		威戎工程队队长
		戴引弟	女	27	汉	威戎寨子	初中		寨子村妇联主任
		樊桂芳	女	44	汉	威戎李沟	粗识字	党员	李沟村妇联主任

续表1-23

乡镇	代表名额（名）	代表						
		姓名	性别	年龄（岁）	民族	籍贯	文化程度	政治面貌	职务
		戴玉英	女	39	汉	威戎新华	初小		新华村柴坡会计
双岘	7	吕忠厚	男	43	汉	山东泰安	本科	党员	县委副书记
		张志学	男	35	汉	甘沟屯堡	高中	党员	乡政府乡长
		杨晓明	男	36	汉	双岘页沟	小学		页沟村主任
		任天赐	男	35	汉	双岘中湾	小学	党员	中湾村主任
		王吉昌	男	55	汉	双岘王岔	初小		王岔村主任
		吴松峰	男	25	汉	双岘甘峡	高中		乡政府种草员
		吴菊香	女	37	汉	双岘李咀	粗识字		李咀村妇联主任
雷大	6	张光明	男	55	汉	陕西横山	初中	党员	县委常委、纪委书记
		司秉勤	男	35	汉	司桥酸刺	初中	党员	乡政府乡长
		杨富明	男	59	汉	雷大杨沟	初小		杨沟村主任
		孙仰岳	男	50	汉	雷大安乐	高小		安乐村主任
		刘迎弟	女	22	汉	雷大兴坪	高小		兴坪村社员
		张繁华	男	35	汉	雷大张局	初中		张局村主任
余湾	5	杨拴喜	男	33	汉	仁大杨湾	中师	党员	乡政府乡长
		梁武中	男	42	汉	余湾苗岘	初小		苗岘村主任
		韩庆爵	男	32	汉	余湾阴屲	高中		阴屲村文书
		王福琪	男	40	汉	余湾王坪	初中		王坪村社员
		李秀英	女	51	汉	余湾程马	小学	党员	程马村妇联主任
后梁	4	王冠斌	男	39	汉	余湾王坪	初中	党员	乡政府乡长
		范勋元	男	48	汉	后梁范堡	初中		范堡村主任
		李汉金	男	46	汉	后梁麻峡	初小		麻峡村主任
		曹淑萍	女	27	汉	后梁程峡	初中		程峡村社员
阳坡	5	王学谋	男	49	汉	治平刘河	初中	党员	县民政局局长
		刘世丰	男	33	汉	仁大刘川	中师	党员	乡政府乡长
		安国志	男	43	汉	阳坡东湾	小学	党员	东湾村主任
		刘九珍	男	40	汉	阳坡海湾	小学		海湾村主任
		宋蕊芳	女	23	汉	阳坡王马	初中	团员	乡政府妇联主任
		张国盛	男	51	汉	城关西关	本科	党员	县教育局局长

续表1-23

乡镇	代表名额(名)	代表							
		姓名	性别	年龄(岁)	民族	籍贯	文化程度	政治面貌	职务
仁大	7	刘鹏举	男	54	汉	李店刘晋	初中	党员	县水利局局长
		薛恒杰	男	33	汉	李店薛河	中专	党员	乡政府乡长
		李先贤	男	45	汉	仁大深沟	初小	党员	深沟村主任
		李天祥	男	41	汉	仁大李湾	初小		李湾村主任
		李录才	男	35	汉	仁大李河	初中		李河村主任
		马记爱	女	44	汉	仁大高峡	粗识字		高峡村社员
贾河	5	安静修	男	42	汉	红寺玉皇	中师	党员	县农办主任
		刘登明	男	40	汉	阳坡西山沟	高小	党员	乡政府乡长
		宋西珍	男	42	汉	贾河侯山	粗识字	党员	侯山村主任
		任象乾	男	54	汉	贾河剪岔	小学		剪岔村主任
		豆转香	女	23	汉	贾河豆坪	初中		豆坪村妇联主任
李店	9	杨茂林	男	51	汉	新店新店	初中	党员	县委组织部部长
		樊国玺	男	44	汉	深沟深沟	初中	党员	乡政府乡长
		朱春林	男	40	汉	治平朱堡	高中		李店中学副校长
		王兴政	男	40	汉	李店郭湾	初小		郭湾村主任
		李兴财	男	52	汉	李店上杜	小学		上杜村主任
		王效义	男	35	汉	李店核桃岔	初中		核桃岔村支书
		刘连福	男	32	汉	李店白草凸	粗识字	党员	白草凸村主任
		赵淑慧	女	43	汉	李店常坪	高小	党员	常坪村文书
		赵连兄	女	28	汉	李店蒲岔	初小		蒲岔村妇联主任
深沟	4	任堪华	男	36	汉	新店任刘	初中	党员	乡政府乡长
		王东进	男	55	汉	深沟麦顶	初小	党员	麦顶村支书
		樊鹏东	男	28	汉	深沟王堡	高中		王堡村社员
		杨菊莲	女	38	汉	深沟樊沟	初小	党员	樊沟村社员
治平	7	马子坤	男	51	汉	余湾韩马	初中	党员	县法院院长
		王　荣	男	38	汉	治平马合	大专	党员	乡政府乡长
		樊　栋	男	63	汉	治平大庄	粗识字	党员	县农牧局技术员
		王国仓	男	37	汉	治平刘河	小学	党员	刘河村支书
		柴卫国	男	36	汉	治平柳沟	粗识字	党员	柳沟村主任

续表1–23

乡镇	代表名额(名)	代表							
		姓名	性别	年龄(岁)	民族	籍贯	文化程度	政治面貌	职务
		马银昌	男	34	汉	治平马合	高小		马合村马合社长
		马淑贞	女	44	汉	治平雷沟	初小		雷沟村社员
新店	5	王镇华	男	46	汉	四河王河	高中	党员	乡政府乡长
		姚世华	男	45	汉	新店秦王	初中	党员	秦王村支书
		甘致科	男	34	汉	新店甘坡	高小	党员	甘坡村主任
		谢　斌	男	40	汉	新店孙湾	初中		孙湾村李湾社长
		高世莲	女	39	汉	新店段岔	初小	党员	段岔村妇联主任
祁川	6	李映忠	男	39	汉	曹务曹崖	初中	党员	县委组织部副部长
		岳具辉	男	39	汉	三合老庄	初中	党员	乡政府乡长
		靳士宁	男	43	汉	祁川马坡	初中	党员	马坡村支书
		吴俊福	男	36	汉	祁川大柳	粗识字		大柳村吴家社长
		王枫林	男	55	汉	祁川牡丹	小学	党员	牡丹村主任
		陈吉吉	女	31	汉	祁川祁川	粗识字		祁川村社员
甘沟	9	阎志洁	男	51	汉	双岘长岔	高中	党员	县人大常委会副主任
		郭承祖	男	54	汉	庄浪通化	中专	党员	县教师进修学校支部书记
		靳天生	男	40	汉	祁川祁川	初中	党员	乡政府乡长
		刘儒林	男	48	汉	甘沟上岔	初中	党员	上岔村主任
		朱万璋	男	51	汉	甘沟阎岔	初师		圪垯小学校长
		寔修龄	男	41	汉	甘沟甘沟	小学	党员	甘沟村支书
		杨世兴	男	43	汉	甘沟屯堡	初小		屯堡村主任
		张志芳	女	36	汉	甘沟响河	粗识字	党员	响河村妇联主任
		陈冬香	女	25	汉	甘沟庙岔	初中		庙岔村社员
田堡	4	曾远德	男	35	汉	祁川祁川	初中	党员	乡政府乡长
		王志常	男	46	汉	田堡王岔	粗识字	党员	王岔村主任
		包　文	男	46	汉	田堡晨光	小学		晨光村文书
		谭淑娟	女	23	汉	田堡石河	初中		乡政府妇联主任
四河	5	马志俊	男	48	汉	城川胡河	初中	党员	县总工会主席
		李招勤	男	30	汉	细巷谭店	中专	党员	乡政府乡长
		郑仲魁	男	49	汉	四河豆河	小学		豆河村主任

续表1-23

乡镇	代表名额（名）	代表							
		姓名	性别	年龄（岁）	民族	籍贯	文化程度	政治面貌	职务
		臧万良	男	31	汉	四河郭岔	高中		郭岔村副主任
		雷润花	女	41	汉	四河岘口	初中	党员	乡卫生所医生
红寺	7	靳国强	男	48	汉	城川靳寺	大专		县劳动人事局局长
		景世学	男	34	汉	细巷韩川	中师	党员	乡政府乡长
		顾国良	男	32	汉	上海浦东	中专		县种子公司农技员
		魏世清	男	44	汉	红寺魏沟	小学	党员	魏沟村主任
		吕银贵	男	39	汉	红寺八棱	初小		八棱村主任
		范海禄	男	33	汉	红寺丈子	小学		丈子村主任
		席凤莲	女	48	汉	红寺二河	粗识字	党员	二河村社员
细巷	8	张会议	男	42	汉	陕西泾阳	本科	党员	县政府副县长
		彭金山	男	54	汉	湖北黄陂	小学	党员	县工商银行行长
		李吉富	男	34	汉	城川新村	高中	党员	乡政府乡长
		张进财	男	47	汉	细巷细巷	初中		细巷村主任
		马占彪	男	44	汉	细巷朱张	小学		朱张村文书
		米满仓	男	51	汉	细巷慕岔	粗识字		慕岔村西坡社长
		龚玉芳	女	35	汉	细巷米岔	初小	党员	米岔村支书
		赵秀英	女	47	汉	细巷韩川	粗识字		韩川村社员
高界	6	史国忠	男	54	汉	城川靳寺	小学	党员	县人大常委会办公室主任
		杨德元	男	44	汉	高界王堡	小学	党员	镇政府镇长
		罗鹏忠	男	38	汉	高界朱山	小学		朱山村主任
		李　军	男	33	汉	高界高庄	小学		高庄村高庄社员
		郭稳勤	男	37	汉	高界西川	小学		西川村南川社员
		任双梅	女	44	汉	高界继红	小学	党员	继红招待所所长
七里	5	曹升明	男	53	汉	古城二堡	小学	党员	县财政局局长
		韩忠孝	男	40	汉	细巷韩川	初中	党员	乡政府乡长
		尹国章	男	29	汉	七里联盟	高中	党员	联盟村支书
		吕发秀	男	45	汉	七里四福	初小	党员	四福村主任
		张秀芳	女	33	汉	七里李堡	粗识字		李堡村社员
		张文明	男	43	汉	七里七里	初中	党员	乡政府乡长

续表1-23

乡镇	代表名额(名)	代表							
		姓名	性别	年龄(岁)	民族	籍贯	文化程度	政治面貌	职务
原安	8	柳国都	男	33	汉	八里小山	中专		县公路养护站技术员
		韩耀君	男	43	汉	原安民寨	小学	党员	民寨村支书
		李建英	男	34	汉	原安姚河	小学	党员	原安粮站主任
		刘国栋	男	47	汉	原安陈岔	小学		陈岔村文书
		张煜瑞	男	44	汉	原安百富	小学		百富村岔湾社长
		牛克勤	男	38	汉	原安程义	粗识字		程义村李堡社长
		韩玉兰	女	42	汉	原安吉林	小学	党员	吉林村高湾社员
三合	5	陈凤亭	男	50	汉	兰州榆中	中专	党员	县农牧局局长
		李进银	男	36	汉	原安姚河	高中	党员	乡政府乡长
		李宝宣	男	41	汉	三合陈安	粗识字		陈安村上川社长
		刘维忠	男	44	汉	三合王堡	小学	党员	王堡村主任
		李秀珍	女	44	汉	三合新堡	粗识字	党员	新堡村妇联主任
灵芝	6	马勤祥	男	46	汉	祁川马坡	初中	党员	县政府办公室主任
		杨玉邦	男	42	汉	司桥张彭	初中	党员	乡政府乡长
		陈国忠	男	48	汉	灵芝剡庄	粗识字		剡庄村主任
		庞思明	男	39	汉	灵芝苗堡	高小	党员	苗堡村支书
		张维忠	男	52	汉	灵芝高义	小学	党员	高义村支书
		赵燕菊	女	29	汉	灵芝张堡	粗识字		张堡村妇联主任
城关	26	刘思义	男	44	汉	阳坡西山沟	高中	党员	县委书记
		梁钧宪	男	43	汉	甘沟梁岔	初中	党员	县武装部部长
		李文清	男	60	汉	甘沟阴坡	中师	党员	县政协主席
		刘维勤	男	44	汉	三合王堡	初中	党员	县经委主任
		张世俊	男	47	汉	城关镇	初中	党员	县商业局局长
		陈志平	男	34	汉	城关镇	初中	党员	镇政府镇长
		郭森林	男	53	汉	城川红旗	大专		县图书馆馆长
		白秀芳	女	45	汉	城关镇	中专	党员	县医院中医科主任
		刘万举	男	25	汉	会宁头寨	大专	党员	县一中副校长
		王生荣	男	34	汉	余湾王坪	中专		县水利局技术干部
		柴福喜	男	24	汉	李店柴河	中专	党员	农技推广中心技术员

续表1-23

乡镇	代表名额(名)	代表							
		姓名	性别	年龄(岁)	民族	籍贯	文化程度	政治面貌	职务
		高天成	男	42	汉	平凉柳湖	中专	党员	县兽医站兽医
		王俊安	男	29	汉	城关东关	大专		县农机厂技术员
		杨志义	男	30	汉		中专		县建筑公司技术员
		张毓英	女	45	汉	江苏南通	中师		新城小学教师
		米凤翔	女	44	回	城关镇	粗识字		县食品厂工人
		马克勤	男	41	回	城关镇	小学		公路运输管理所工人
		李堆山	男	48	汉	城关镇	粗识字		县副食加工厂工人
		刘小兰	女	24	汉	河南洛阳	高中		二轻机械厂会计
		魏兰英	女	45	汉	河南偃师	小学	党员	南关居委会主任
		吕芳梅	女	48	汉	城关镇	小学	党员	东关居委会主任
		沙金香	女	53	回	城关镇	粗识字		前街居委会居民
		张太平	男	40	汉	城关西关	小学		西关村村主任
		李黑娃	女	32	汉	城关峡门	粗识字		峡门村社员
		王生智	男	41	汉	城关东关	小学		东关村二社社长
		王　伟	男	56	汉	城关南关	小学		南关村个体户

乡镇选举委员会组成情况表

表1-24

乡镇	主任委员	副主任委员	委员
城川	张志洲	张新民　高　旭	马志强　李培刚　李映畔　马孔义
八里	吴桂贵	周复兴　李有江	许定明　樊正芳　李　勤
司桥	张敏行	陈志强	王文波　徐有仓　贾敬斌
曹务	白世明	高宗信　杨　丰	白位西　柳枝池
古城	李　智	梁引堆	李笃勤　谢定科　边宗仁
石咀	李祖芳	胡兆楷	杨永吉　马西武　杨荣华
威戎	刘国书	李正亭　贾秉乾	吕新喜　李元弟　李振杰
双岘	赵智荣	周忠义	王有锡　王永玺　吴松峰
雷大	司秉勤	戴双军　张自立	杨具生　胡具仓
后梁	程希贤	梁登科	张玉新　范勋元　文彦荣
余湾	杨拴喜	赵锡鹏　雷良宽	李顺义　韩庆爵
阳坡	刘世丰	黄　杰　陈进财	刘登明　宋瑞芳　刘九珍

续表1-24

乡镇	主任委员	副主任委员	委员
仁大	王冠斌	宋国顺　薛恒杰	李敏学　韩明德　李录才　李先贤
贾河	王克仁	李建根	王国廷　李国宗　杨海林
李店	高立红	樊国玺　杨统科	常进邦　王效义　杜树清
深沟	任堪华	雷回吉	任作栋　杨汉斌　王东进
治平	王　荣	马国忠　何玉春	杜仲学　王成全
新店	王镇华	郑廷瑜	任玉清　王玉英　王福堂
祁川	岳具辉	何国玺　李志学	贾诗书　韩继学
甘沟	靳天生	田宗仁	屈坤敏　朱世平　窦修龄
田堡	赵　政	曾远德	马学民　李宗荣　谭淑娟
四河	李招勤	张永录　樊国璋	阎　钧　王辅杰
红寺	贾　卓	景世学	张　恒　戴三姓　王志贤
细巷	李吉富	王安国	孙延寿　何西珍　张金山　李富全
七里	韩忠孝	高致宗　李学东	丁金昌　李新学　杨　会　吕发秀
高界	杨德元	高成华　李进银	王维歧　张会平
三合	祁海科	韩国富　朱德功	尤根文　安维俊　李　坤　李彦俊
原安	高兴文	杨继鸿　刘志海	樊秉奇　武宗和　张福利　姚志刚
灵芝	杨玉邦	尹国壁	韩志诚　马世明　潘文珍
城关	段瑞昌	王玉英　方天学	魏兰英　王春旺　贾明儒　胡俊民

第十一节　县第十一届人民代表大会代表

第十一次基层选举暨第四次县级直接选举工作，于1989年10月上旬至1990年1月中旬举行。分三个阶段进行。

第一阶段，1989年10月4日至11月4日。成立选举机构，培训选举工作人员，广泛开展宣传动员，划分选区，分配代表名额，登记、核对、审查和公布选民名单。10月4日成立由县委、县人大常委会、县政府领导及有关部门负责人11人组成的县选委会，高富德为主任，吕忠厚、郜文学、张国盛为副主任，阎志洁、张光明、杨茂林、史国忠、马志俊、曹升明、赵步清为委员。30个乡镇成立5至7人组成的选委会。全县共划分县代表选区170个，乡镇代表选区494个，各选区成立5至7人组成的领导小组，建立选民小组2097个，有小组成员6291人。培训选举骨干4271人，其中科级以上干部245

人，脱产干部697人，村、社干部3329人。经登记审查，全县总人口408548人，选民247612人，占总人口的60.6%。

第二阶段，11月5日至12月5日。推荐、公布代表候选人，确定正式代表候选人，投票选举。12月5日为选举日。实际参加选举239171人，占选民总数的96.5%。共选出乡镇第十一届人大代表1295名（妇女289名，占22.3%；回族7名，占0.5%）。县第十一届人大代表230名（农民137名，占59.6%，干部69名，占30%，工人5名，占2.2%，教师9名，占3.9%，医务人员4名，占1.7%，科技人员3名，占1.3%，居民3名，占1.3%；非党群众106名，占46.1%，党员114名，占49.6%；妇女53名，占23%；少数民族5名，占2.2%；大专以上文化程度26名，占11.3%，中专、高中文化程度92名，占40%，小学及以下文化程度112名，占48.7%；35岁以下47名，36至55岁173名，56岁以上10名）。

第三阶段，1989年12月6日至1990年1月10日。召开县、乡两级人民代表大会。1989年12月中旬至月底，30个乡镇相继召开十一届人大一次会议。新当选的64名正、副乡镇长，年龄在35岁以下30名，占47%，35至45岁34名，占53%；大、中专文化程度43名，占67.2%，初中以上文化程度21名，占32.8%。

县十一届人大一次会议当选的17名人大常委会组成人员中，大、中专文化程度4名，占24%，高、初中文化程度8名，占48%，小学文化程度5名，占18%；平均年龄50.7岁。县政府6名正、副县长中，大专以上文化程度5名，中专文化程度1名，平均年龄41.8岁。

附：

县第十一届人民代表大会代表情况表

表1–25

乡镇	代表名额（名）	代表							
		姓名	性别	年龄（岁）	民族	籍贯	文化程度	政治面貌	职务
城关	30	高富德	男	57	汉	仁大深沟	初中	党员	县人大常委会主任
		韩豫平	男	40	汉	河南偃师	大专	党员	县委副书记、县政府县长
		刘鹏举	男	58	汉	李店刘晋	小学	党员	县水利局调研员
		梁俊秀	男	58	汉	威戎梁马	本科	党员	县文化馆干部
		彭金山	男	57	汉	湖北黄陂	初中	党员	县人民银行行长
		陈凤亭	男	54	汉	兰州榆中	中专	党员	县农牧局局长
		张世俊	男	49	汉	城关西关	初中	党员	县商业局局长
		胡国钧	男	47	汉	城关东关	本科	党员	县教育中心主任

续表1-25

乡镇	代表名额(名)	代表							
		姓名	性别	年龄(岁)	民族	籍贯	文化程度	政治面貌	职务
城关	30	刘维勤	男	47	汉	三合硷滩	初中	党员	县经委主任
		朱寿亭	男	41	汉	陕西城固	高中	党员	县政府办公室主任
		韩世忠	男	45	汉	七里李堡	中师		县一中教师
		邓霭霞	女	45	汉	城关南关	大专		县二中教师
		赵正杰	男	39	汉	贾河赵湾	高中	党员	县公安局局长
		马浴浙	男	56	汉	山东安丘	中专	党员	县邮电局工程师
		高　恒	男	34	汉	城川高湾	中专	党员	县果糖厂工程师
		马克勤	男	45	回	城关	小学		县运管所工人
		陈尚孔	男	33	汉	城川陈马	大专	党员	镇政府镇长
		张世恩	男	44	汉	城关西关	小学	党员	西关村支书
		张晓勤	男	43	汉	城关新城	小学		新城村村主任
		郑克生	男	34	汉	城关峡门	高中		峡口村文书
		孟　昌	男	33	汉	原安辽坡	小学		县供销车队工人
		王　鼎	男	27	汉	深沟王堡	高中		兴飞公司工人
		张维义	男	51	汉	城关东关	小学		东关村社员
		宋徐珍	男	43	汉	城关南关	小学		南关村社员
		米凤翔	女	49	回	城关	粗识字		县食品厂工人
		李芳兰	女	45	汉	城关	小学		县地毯厂工人
		范玉兰	女	44	汉	威戎南关	大专		县医院主治医师
		姚秀兰	女	52	汉	河南兰考	粗识字	党员	前街居委会主任
		沙金兰	女	49	回	城关	小学		庙川居委会主任
		吴存艳	女	36	汉	城关	高中	党员	新街居委会主任
城川	8	陈向华	女	34	汉	威戎北关	高中	党员	县妇联主任
		张新民	男	42	汉	城关新城	初中	党员	乡政府乡长
		阎文彬	男	55	汉	八里阎庙	大专	党员	卫生院院长
		陈志礼	男	40	汉	城川陈马	文盲		陈马村主任
		张　英	男	39	汉	城川红旗	初中		红旗村主任
		陈友丽	女	27	汉	城川靳寺	中师		靳寺小学民办教师
		吴尚礼	男	57	汉	城川吴庙	高小	党员	吴庙村支书

续表1-25

乡镇	代表名额(名)	代表							
		姓名	性别	年龄(岁)	民族	籍贯	文化程度	政治面貌	职务
		刘建安	男	44	汉	城川大寨	高小	党员	大寨村主任
八里	9	吕忠厚	男	46	汉	山东泰安	本科	党员	县委副书记
		梁钧宪	男	46	汉	甘沟梁岔	初中	党员	县武装部部长
		吴桂贵	男	39	汉	城川吴庙	小学	党员	乡政府乡长
		樊正芳	男	50	汉	八里小山	小学	党员	小山村主任
		李　勤	男	36	汉	八里阎庙	高中	党员	阎庙村主任
		马志有	男	42	汉	八里官道岔	小学		官道岔村主任
		王理民	男	63	汉	八里红林	小学		红林村社员
		马国香	女	25	汉	八里高城寨	高中		高城寨教师
		祁秀强	女	32	汉	八里靳坪	小学		靳坪村社员
司桥	6	金福存	男	45	汉	兰州榆中	大专	党员	县委书记
		周忠义	男	34	汉	石咀翟局	中专	党员	乡政府乡长
		陈　龙	男	42	汉	司桥席湾	小学	党员	席湾村主任
		张汉雄	男	48	汉	司桥杨川	小学		杨川村社员
		司新银	男	46	汉	司桥司桥	文盲		司桥村主任
		赛万菊	女	38	回	司桥张彭	小学	党员	张彭村妇联主任
曹务	9	靳国强	男	52	汉	城川靳寺	大专	党员	县纪检委书记
		曹升明	男	56	汉	古城二堡	小学	党员	县人大常委会委员
		王国兴	男	43	汉	古城上程	初中	党员	乡政府乡长
		杜海雄	男	50	汉	曹务张珍湾	初中		张珍湾村主任
		肖国仓	男	47	回	曹务店子	文盲		店子村主任
		柳振中	男	40	汉	曹务中庄	小学		中庄村主任
		张文科	男	43	汉	曹务张rés	小学	党员	张rés村副主任
		马秀娥	女	32	汉	曹务唐山	文盲	党员	唐山村社员
		柳桂兰	女	40	汉	曹务曹大	文盲		曹大村社员
古城	8	张国盛	男	54	汉	城关西关	大学	党员	县政府常务副县长
		马子坤	男	54	汉	余湾韩马	初中	党员	县人大常委会委员
		李祖芳	男	48	汉	曹务中庄	高中	党员	乡政府乡长
		邹仲喜	男	47	汉	古城齐岔	小学	党员	齐岔村主任

续表1-25

乡镇	代表名额（名）	代表							
		姓名	性别	年龄（岁）	民族	籍贯	文化程度	政治面貌	职务
		张永忠	男	48	汉	古城余湾	小学	党员	余湾村主任
		李世忠	男	34	汉	古城丁寺	小学		丁寺村主任
		杨贵香	女	35	汉	古城杨沟	小学		杨沟村社员
		李凤兰	女	28	汉	古城老庄	小学		老庄村社员
石咀	7	安静修	男	46	汉	红寺玉皇	中师	党员	县政府副县长
		武文学	男	34	汉	威戎武高	中专	党员	乡政府乡长
		马西武	男	54	汉	石咀胡坡	小学	党员	胡坡村主任
		马文元	男	34	汉	石咀柳沟	小学		柳沟村主任
		陈浩义	男	45	汉	石咀陈河	小学		陈河村主任
		裴梅珍	女	41	汉	石咀阴坡	文盲		阴坡村社员
		杨新兰	女	28	汉	石咀席湾	高中		席湾村教师
威戎	14	李雪松	男	39	汉	庄浪水洛	本科	党员	县政府副县长
		陈贵录	男	46	汉	山西万荣	高中	党员	县检察院检察长
		尤敏科	男	46	汉	双岘尤家	中师	党员	威戎中学校长
		戴季洪	男	49	汉	威戎北关	中师	党员	威戎小学校长
		陈松友	男	53	汉	广东汕头	本科		县政协副主席、县二中副校长
		陈进财	男	36	汉	仁大南门	中专	党员	镇政府镇长
		杨恒仁	男	39	汉	威戎杨桥	小学	党员	杨桥村支书
		温国军	男	43	汉	威戎新胜	粗识字	党员	新胜村主任
		李志俊	男	37	汉	威戎寨子	高中		威戎水泥厂厂长
		戴多社	男	30	汉	威戎北关	初中		北关村副主任
		张玉勤	男	47	汉	威戎张齐	小学		张齐村社长
		方梅兰	女	24	汉	石咀方庄	高中		镇政府妇联主任
		戴凤玲	女	31	汉	威戎威戎	高中		威戎村妇女干部
		梁亮亮	女	45	汉	威戎梁马	初中		梁马村社员
双岘	7	赵智荣	男	48	汉	雷大赵沟	初中	党员	乡党委书记
		任堪华	男	39	汉	新店任刘	初中	党员	乡政府乡长
		尤世珍	男	42	汉	双岘尤家	初中		尤家村主任

续表1-25

乡镇	代表名额(名)	代表							
		姓名	性别	年龄(岁)	民族	籍贯	文化程度	政治面貌	职务
		杨晓明	男	36	汉	双岘页沟	小学		页沟村主任
		吴菊香	女	40	汉	双岘李咀	文盲		李咀村妇联主任
		张贵兰	女	55	汉	庄浪阳川	文盲	党员	长岔村妇联主任
		王芳勤	男	55	汉	双岘双岘	小学		双岘村主任
雷大	6	王应天	男	39	汉	古城上程	大专	党员	县委组织部部长
		薛恒杰	男	36	汉	李店薛胡	中专	党员	乡政府乡长
		杨富明	男	61	汉	雷大杨沟	初中		杨沟村主任
		张吉祥	男	45	汉	雷大合岘	小学		合岘村主任
		屈志雄	男	48	汉	雷大屈岔	小学	党员	屈岔村主任
		任记记	女	34	汉	雷大张局	粗识字		张局村社员
后梁	4	尤思文	男	43	汉	双岘尤家	初中	党员	乡政府乡长
		范勋元	男	49	汉	后梁范堡	初中		范堡村主任
		李汉金	男	43	汉	后梁麻峡	初小		麻峡村主任
		张　英	女	22	汉	后梁秀锦	初中		秀锦村社员
余湾	5	杨拴喜	男	37	汉	仁大杨湾	中师	党员	乡政府乡长
		梁武忠	男	45	汉	余湾苗岘	小学		苗岘村主任
		王定国	男	39	汉	余湾羊路	小学		羊路村社长
		王福琪	男	43	汉	余湾王坪	小学	党员	王坪村社长
		孙晓霞	女	28	汉	余湾韩店	高中		韩店村社员
仁大	7	阎志洁	男	54	汉	双岘长岔	高中	党员	县人大常委会副主任
		戴建生	男	46	汉	威戎北关	高中	党员	乡政府乡长
		李树荣	男	46	汉	仁大李河	文盲		李河村主任
		周建台	男	51	汉	仁大高沟	文盲	党员	高沟村主任
		陈　峰	男	50	汉	仁大陈坪	初中		陈坪小学校长
		侯能弟	女	28	汉	仁大杨湾	高中		杨湾村社员
		任荣香	女	49	汉	仁大南门	文盲		南门村社员
阳坡	5	宋国顺	男	40	汉	贾河豆坪	大专	党员	乡政府乡长
		宋蕊芳	女	26	汉	阳坡王马	高中		乡政府妇联主任
		付　坚	男	36	汉	阳坡址弓塬	中师		阳坡中学校长

续表1-25

乡镇	代表名额（名）	代表							
		姓名	性别	年龄（岁）	民族	籍贯	文化程度	政治面貌	职务
		万高娃	男	41	汉	阳坡峡口	小学	党员	峡口村主任
		马仲德	男	43	汉	阳坡魏坡	小学	党员	魏坡村主任
贾河	5	刘登明	男	43	汉	阳坡西山沟	小学	党员	乡政府乡长
		贾西文	男	25	汉	贾河贾河	初中		贾河村社长
		吴广元	男	42	汉	贾河石河	小学		石河村主任
		侯印玺	男	45	汉	贾河侯山	小学	党员	侯山村主任
		蔡福勤	女	46	汉	贾河中堡	小学		中堡村妇联主任
李店	9	李怀仁	男	49	汉	城关南关	大专	党员	县委副书记
		郭承祖	男	57	汉	庄浪通化	大专	党员	县人大常委会委员、教科文卫科科长
		李建根	男	35	汉	仁大李湾	中专	党员	乡政府乡长
		朱春林	男	42	汉	治平朱堡	高中		李店中学副校长
		王兴政	男	45	汉	李店郭湾	小学		郭湾村主任
		李兴才	男	58	汉	李店上杜	初中		上杜村主任
		李军义	男	33	汉	李店郭柴	高中		郭柴村主任
		杜偏子	女	35	汉	李店杜河	文盲		杜河村社员
		赵淑慧	女	47	汉	李店常坪	初中	党员	常坪村支书
深沟	4	张自立	男	38	汉	治平刘河	中师	党员	乡政府乡长
		孙庆仁	男	43	汉	深沟王堡	小学		王堡村社员
		郭正华	男	36	汉	深沟大岔	初中		大岔村文书
		樊振社	女	31	汉	深沟小户	高中		小户村社员
治平	7	马世贞	男	55	汉	余湾程马	高中	党员	县政协主席
		杨世忠	男	40	汉	威戎新华	小学	党员	乡政府乡长
		杨作致	男	38	汉	治平大庄	中专		治平卫生院院长
		王凤兰	女	47	汉	治平刘河	文盲	党员	刘河村妇联主任
		雷兴汉	男	53	汉	治平雷沟	大专	党员	雷沟村退休干部
		柴立春	男	27	汉	治平安宁	小学		安宁村主任
		牛喜兰	女	37	汉	治平柳沟	文盲		柳沟村社员
		杨统科	男	33	汉	治平阴坡	大专	党员	乡政府乡长

续表1–25

乡镇	代表名额(名)	代表							
		姓名	性别	年龄(岁)	民族	籍贯	文化程度	政治面貌	职务
新店	5	孔垂敏	男	37	汉	新店新店	小学	党员	新店村主任
		李天荣	男	39	汉	新店秦王	粗识字	党员	秦王村主任
		牛　俊	男	40	汉	新店小湾	文盲		小湾村社长
		王丽萍	女	31	汉	新店段岔	文盲		段岔村社员
甘沟	9	王文进	男	35	汉	双岘团庄	本科	党员	县政府副县长
		史国忠	男	56	汉	城川靳寺	小学	党员	县人大常委会委员、办公室主任
		靳天生	男	43	汉	祁川祁川	初中	党员	乡政府乡长
		姚国奇	男	34	汉	治平雷沟	本科	党员	甘沟中学校长
		朱国章	男	37	汉	甘沟阎岔	文盲		阎岔村主任
		窦修龄	男	44	汉	甘沟甘沟	小学		甘沟村支书
		杨世兴	男	44	汉	甘沟屯堡	小学		屯堡村主任
		殷巧玲	女	40	汉	甘沟小岔	文盲	党员	小岔村妇联主任
		陈秀英	女	43	汉	甘沟梁岔	文盲		梁岔村社员
祁川	6	郜文学	男	51	汉	庄浪赵墩	初中	党员	县人大常委会副主任
		王安国	男	38	汉	四河王河	高中	党员	乡政府乡长
		吴俊福	男	37	汉	祁川大柳	文盲		大柳村社长
		张拴林	男	33	汉	祁川小河	高中		小河村主任
		王枫林	男	56	汉	祁川牡丹	小学	党员	牡丹村主任
		马淑英	女	37	汉	祁川王川	小学		王川村妇联主任
田堡	5	阎　钧	男	26	汉	甘沟响河	中专	党员	乡政府乡长
		周建明	男	32	汉	田堡芦湾	初中	党员	芦湾村支书
		雷　焕	男	32	汉	田堡田堡	高中		田堡村文书
		王志珍	男	40	汉	田堡王岔	小学		王岔村社长
		包梅花	女	42	汉	田堡花沟	小学	党员	花沟村妇联主任
四河	5	李招勤	男	33	汉	细巷谭店	中专	党员	乡政府乡长
		臧　积	男	43	汉	四河郭岔	粗识字	党员	郭岔村主任
		颉　珍	男	39	汉	四河涧沟	小学		涧沟村主任
		张进义	男	31	汉	四河岘口	高中		岘口村主任

续表1-25

乡镇	代表名额(名)	代表						
		姓名	性别	年龄(岁)	民族	籍贯	文化程度	政治面貌	职务
		张玉兰	女	35	汉	四河豆河	文盲		豆河村妇联主任
红寺	8	赵国琳	男	31	汉	兰州永登	本科	党员	县政府副县长
		王学谋	男	55	汉	治平刘河	小学	党员	县人大常委会委员 农业科科长
		景世学	男	38	汉	细巷韩川	中专	党员	乡政府乡长
		化锡国	男	33	汉	红寺化沟	高中		化沟村主任
		曹玉香	女	34	汉	红寺玉皇	初中	团员	玉皇村妇联主任
		赵　耀	男	38	汉	红寺张峡	初中	党员	张峡村主任
		蒲俊德	男	56	汉	红寺王湾	小学		王湾村主任
		席凤莲	女	52	汉	红寺二河	文盲	党员	二河村社员
细巷	9	李克科	男	48	汉	司桥张彭	高中	党员	县人大常委会干部
		王智仁	男	45	汉	治平刘河	初中	党员	县计委主任
		李吉富	男	37	汉	城川靳寺	高中	党员	乡政府乡长
		刘贵堂	男	48	汉	细巷中华	小学		中华村主任
		刘世俊	男	55	汉	细巷郭尹	文盲	党员	郭尹村主任
		马占彪	男	47	汉	细巷朱张	小学		朱张村文书
		李　磊	男	46	汉	细巷谭店	小学		谭店村社长
		李怀英	女	46	汉	细巷厚川	文盲	党员	厚川村社员
		吕秀芳	女	36	汉	细巷瓦岔	小学		瓦岔村社员
七里	5	高致宗	男	37	汉	三合光华	初中	党员	乡政府乡长
		张克智	男	49	汉	七里高堡	小学		高堡村主任
		柴占福	男	42	汉	七里井沟	小学	党员	井沟村主任
		吕发秀	男	47	汉	七里四福	初中	党员	四福村主任
		夏素珍	女	29	汉	七里李堡	高中		李堡村社员
高界	7	张光明	男	58	汉	陕西横山	小学	党员	县人大常委会副主任
		王乃学	男	39	汉	城关南关	高中	党员	镇政府镇长
		吕昌盛	男	40	汉	七里联盟	本科		高界中学教师
		张永成	男	41	汉	高界关湾	文盲	党员	关湾村主任
		董改相	女	33	汉	高界邢岔	文盲		邢岔村妇联主任

续表1–25

乡镇	代表名额（名）	代表							
		姓名	性别	年龄（岁）	民族	籍贯	文化程度	政治面貌	职务
		杨玉忠	男	36	汉	高界西川	高中	党员	高界农机站职工
		杨秀勤	女	30	汉	高界新合	初中		新合村社员
三合	6	张会议	男	45	汉	陕西泾阳	本科	党员	县政府副县长
		高成华	男	46	汉	三合段渠	小学	党员	乡政府乡长
		李宝宣	男	44	汉	三合陈安	粗识字	预备党员	陈安村主任
		景致祥	男	35	汉	三合南岔	高中	党员	南岔村文书
		尹忠祖	男	48	汉	三合任岔	粗识字		任岔村社长
		李牡丹	女	20	汉	三合光华	小学		光华村社员
原安	8	王守元	男	46	汉	三合陈安	本科	党员	县委副书记
		张文明	男	46	汉	七里七里	初中	党员	乡政府乡长
		翟沪兰	女	37	汉	石咀翟局	大专		县妇幼保健站站长
		文守明	男	35	汉	原安哈拉	文盲	党员	哈拉村主任
		韩耀君	男	45	汉	原安民寨	小学	党员	民寨村支书
		韩志斌	男	43	汉	原安水股	小学		水股村主任
		张煜瑞	男	49	汉	原安百富	文盲		百富村社长
		李凤吉	女	46	汉	原安南营	文盲		南营村社员
灵芝	7	漆忠义	男	50	汉	高界继红	大专	党员	县人民法院副院长
		杨玉邦	男	45	汉	司桥张彭	初中	党员	乡政府乡长
		高发财	男	50	汉	灵芝车里	初中	党员	车里村主任
		张林海	男	38	汉	灵芝张堡	小学		张堡村主任
		王乐仁	男	47	汉	灵芝长塬	小学		长源村主任
		李仲子	女	38	汉	灵芝俊峰	小学	党员	俊峰村主任
		陈娥子	女	33	汉	灵芝剡庄	文盲		剡庄村妇联主任

第十二节　县第十二届人民代表大会代表

第十二次基层选举暨第五次县级直接选举工作于1992年9月至11月举行，历时3个月。成立县选委会，由郜文学、吕忠厚、郭林禄、阎志洁、李克科、赵智荣、马子坤、陈松友、张会议、靳士孔、史国忠、郭应童、马志俊、陈向华（女）、赵步清、刘宝生16人组成，部文学为主任，吕忠厚、郭林禄、阎志洁、张会议为副主任，选委会下设办公室，郭应童为主任，柴玉明为副主任。各乡镇相应成立选委会和办事机构。下发《关于县乡两级人民代表大会换届选举工作的安排意见》，成立县人大代表选区领导小组166个，确定领导成员791人，乡镇人大代表选区领导小组485个，确定领导成员1764人，成立选民小组2386个。全县参选人数254273人，占选民总数270489人的94%，选民参选率最低的选区为75.6%，最高的为99.8%，大部分为90%以上。166个县人大代表选区，应选代表241名，共确定正式候选人407名，各选区差额数为三分之一至一倍。485个乡镇人大代表选区，应选代表1320名，共确定正式候选人1810名，差额数约为三分之一。县乡两级人大代表所有选区都是一次选举成功。

选出的241名县人大代表中，工人、农（居）民、军人136名，占56.43%，干部88名，占36.52%，教师、医务人员、农林水等方面科技人员17名，占7.05%；妇女57名，占23.7%；中共党员129名，占53.53%，非党群众112名，占46.47%；少数民族4名，占1.6%；年龄在35岁以下53名，占21.9%，36至55岁174名，占72.1%，56至65岁14名，占6%；大专以上文化程度25名，占10.37%，中专文化程度31名，占12.86%，中学文化程度96名，占39.83%，小学文化程度89名，占36.94%。

1320名乡镇人大代表中，工人、农民942名，占71.36%，干部378名，占28.64%；妇女278名，占21.06%；中共党员664名，占50.3%，非党群众656名，占49.7%；少数民族8名，占0.61%；年龄在35岁以下408名，占30.91%，36至55岁870名，占65.91%，56岁至65岁42%，占3.18%；大专以上文化程度43名，占3.26%，中专文化程度121名，占9.17%，中学文化程度578名，占43.79%，小学文化程度429名，占32.5%。

这次选举的县、乡两级政权机关领导班子，体现干部“四化”方针和德才兼备标准，体现重视妇女干部、重视党外干部政策，乡级领导班子基本形成以30岁左右的干部和专业技术干部为主的结构。有4名妇女干部被选进县人大常委会和县政府领导班子，比上届的2名增加1倍；有12名妇女干部被选为副乡镇长，比上届增加5倍；有5名党外干部被选为县人大常委会副主任、委员，有13名党外干部被选为副乡镇长。

附：

乡镇选举委员会组织情况表

表1–26

乡镇	主任委员	副主任委员	委员
城川	何玉春	梁登科	高森堂　王琴芳　李映畔　姚志刚　马玉清　张　记　张海阔
八里	李如泰	陈志强	杨　丰　张守信　王炳卫　马立民　阎进清
司桥	白世明	张永华	周忠义　胡海林　杨志忠　杜　斌　唐志德

续表1–26

乡镇	主任委员	副主任委员	委员
曹务	杨工作	王国兴	尹军政　王顺天　张婧婧　吴苏彪　柳振忠
古城	杜　杰	程国义	李笃勤　韩文辉　王喜东　谢定科　胡义武
石咀	靳卫国	柴志信	高　泰　邹力学　石生勇　朱凤钦　张振科
威戎	陈进财	杨国珍	樊　旺　贾秉乾　刘国祯　陈生学　吴金光
双岘	牛永琪	程志荣	任堪华　张松树　李固仓　尤维科　王芳莲　王静平　王智琪
雷大	程永年	张文华	王连周　张双喜　程中平
后梁	常奋余	雷回吉	李三正　张　弦　范勋元
余湾	王作义	韩三余	樊　科　张银平　宋礼璧
阳坡	王世生	程世清	刘镇定　侯立文　李正芳　刘永正　陈琪瑛
仁大	张文全	张济林	王智国　李建义　李振东
贾河	高全卯	侯玉玺	万元虎　任贵生　刘兴昌
李店	高长茂	常进邦	李建根　李铭智　樊焕章　雷浪喜　李克俭
深沟	王灵信	任作栋	陈治平　王志治　杜仲学　刘多久　柴锦波
治平	杨源峰	马国忠	杨丰源　王专娃　王玉祥　李国强　张廷俊
新店	包继德	张自玺	韩荣省　王志智　张托娥
祁川	戴双军	杨显标	贾敬斌　马奋刚　鲍初玺　张　锋　杨联斌
甘沟	王志强	祁世明	李国军　胡生忠　陈友学　王军年　李园春
田堡	冯克勤	郑廷瑜	谭廷献　路登荣　杨学文　雷　焕　周秉仁
四河	何升堂	田宗仁	樊国璋　马宁学　郭牛俊　包登科　雷旺祖
红寺	景世学	姚占学	高致宗　苏林忠　王白石　李百文　陈志和
细巷	何国玺	曹应琦	雷旺春　孙延寿　王瑞生　王新虎　王晓明
七里	张晓军	尤根文	李成蹊　朱德功　王军强
高界	黄　杰	杨德元	张进宝　丁金昌　韩兆甲　李占武　慕克恭
三合	尹国璧	席学谦	王学文　吕治军　朱克元　罗杰义　高富英
原安	王志强	王守廷	杨耀东　张森林　韩志忠　梁炳忠　郭国定　李小平　靳　海
灵芝	安维俊	高兴文	高　旭　李鹏章　杨宗合　杜希文　王国斌　李福元　何国峰
城关	靳顺昌	方天学	李克俭　王济华　杜文彪　陈冠璋　张继祖　张维存　黎喜华

县第十二届人民代表大会代表情况表

表1-27

乡镇	代表名额(名)	代表							
		姓名	性别	年龄(岁)	民族	籍贯	文化程度	政治面貌	职务
城关	32	张世俊	男	52	汉	城关西关	初中	党员	县政府助理调研员
		王济华	男	38	汉	治平马合	大专	党员	县政府办公室主任
		段积昌	男	55	汉	城关南关	本科	党员	县教育局局长
		刘秉乾	男	56	汉	贾河贾河	初中	党员	县粮食局局长
		杜文彪	男	37	汉	双岘尤家	大专	党员	县经委主任
		陈冠璋	男	47	汉	四河涧沟	高中	党员	县商业局局长
		骆世清	男	50	汉	甘沟翟岔	高中	党员	县供销联社主任
		柳思桐	男	44	汉	曹务中庄	初中	党员	县人行行长
		邹秉义	男	34	汉	古城邹河	中专	党员	县城建局局长
		赵建忠	男	55	汉	隆德联财	高小	党员	县税务局局长
		杜耀文	男	40	汉	李店杜河	大专	党员	县农技中心主任
		高　恒	男	36	汉	城川高湾	中专	党员	县果糖厂副主任
		戴季昀	男	41	汉	威戎北关	大专	党员	县文化馆馆长
		曹玉芳	女	50	汉	甘肃灵台	中专		县医院主治医师
		杜莲花	女	51	汉	原安吉林	初师		城关小学教师
		王好学	男	30	汉	七里高堡	本科	党员	县一中教师
		吴克帅	男	29	汉	三合北集	中专		县委统战部对台专干
		罗巨生	男	28	汉	曹务永丰	中专		县武警中队指导员
		杜国勤	男	40	汉	隆德温堡	初中		县邮电局统计员
		张文栋	男	34	汉	城关	大专	党员	县运输公司会计
		李秀琴	女	41	汉	城关	初小		县百货公司营业员
		李桂玲	女	36	汉	城关	高中		县地毯厂工人
		程丽娟	女	31	汉	雷大谢吕	初中		兴飞公司工人
		李克俭	男	38	汉	城关峡门	大专	党员	镇政府镇长
		方天学	男	52	汉	石咀方庄	小学	党员	镇人大主席
		吕芳梅	女	54	汉	城关	小学	党员	东关居委会主任
		韩玉成	女	61	汉	城关	小学	党员	新街居委会居民
		胡振东	男	50	汉	城关东关	高中		东关村文书

续表1-27

乡镇	代表名额（名）	代表							
		姓名	性别	年龄（岁）	民族	籍贯	文化程度	政治面貌	职务
		沙金兰	女	52	回	城关	小学		庙川居委会主任
		张将友	男	49	汉	城关西关	小学		西关村主任
		郝俊安	男	35	汉	城关南关	高中	团员	南关村农民
		马仿援	男	43	汉	城关新城	小学		新城村三社社长
城川	8	马成龙	男	40	汉	甘沟响河	高中	党员	乡政府乡长
		梁登科	男	47	汉	双岘胡河	初中	党员	乡人大主席
		翟沪兰	女	40	汉	石咀翟局	大专		县妇幼保健站站长
		阎文彬	男	58	汉	城关	中专	党员	城川医院院长
		张　英	男	42	汉	城川红旗	初中		红旗村主任
		吴希玉	男	56	汉	城川吴庙	初小		吴庙村主任
		屈凤琴	女	36	汉	城川高湾	高中		高湾村社员
		曹瑞香	女	30	汉	城川冯局	高中	党员	冯局村妇联主任
八里	9	陈向华	女	39	汉	威戎北关	高中	党员	县妇联主任
		张光明	男	60	汉	陕西横山	高小	党员	县人大常委会专职委员
		杨　丰	男	37	汉	威戎杨桥	大专	党员	乡政府副乡长
		陈志强	男	49	汉	城关峡门	初中	党员	乡人大主席
		阎民国	男	43	汉	八里阎庙	小学		阎庙村主任
		王　宽	男	33	汉	八里官道岔	初中		官道岔村主任
		姚克凡	男	49	汉	八里小山	初小	党员	小山村主任
		田桂兰	女	47	汉	八里高城寨	小学	党员	高城寨村社员
		祁秀强	女	41	汉	八里靳坪			靳坪村社员
司桥	7	郭林禄	男	39	汉	灵台吊街	大专	党员	县委副书记
		周忠义	男	38	汉	石咀翟局	中专	党员	乡政府乡长
		徐向清	男	40	汉	司桥酸刺	小学		酸刺村主任
		司秉功	男	37	汉	司桥南坡	高中	党员	南坡村主任
		杨升学	男	39	汉	司桥杨川	初中		杨川村主任
		刘引梅	女	30	汉	司桥席湾	高中		司桥初中教师
		赛万菊	女	41	回	西吉玉桥	小学	党员	张彭村妇联主任

续表1–27

乡镇	代表名额(名)	代表							
		姓名	性别	年龄(岁)	民族	籍贯	文化程度	政治面貌	职务
曹务	9	陈松友	男	56	汉	广东汕头	本科		县人大常委会副主任、县二中副校长
		靳士孔	男	48	汉	祁川马坡	本科	党员	县委常委、组织部部长
		尹军政	男	40	汉	石咀柳沟	中专	党员	乡政府乡长
		王国兴	男	47	汉	古城上程	初中	党员	乡人大主席
		肖国仓	男	51	回	曹务店子	文盲	党员	店子村主任
		柳仲西	男	48	汉	曹务唐山	小学	非党	唐山村主任
		柳振忠	男	42	汉	曹务中庄	小学		中庄村主任
		张桂兰	女	39	汉	曹务曹崖	小学		曹崖村妇联干部
		柳爱叶	女	28	汉	曹务罗林	初中		罗林村社员
古城	8	韩豫平	男	43	汉	河南偃师	大专	党员	县委书记
		蒙谦恭	男	52	汉	灵芝红星	初中	党员	县劳动服务中心主任
		李笃勤	男	39	汉	曹务程垣	中专	党员	乡政府乡长
		程国义	男	47	汉	威戎上磨	初小	党员	乡人大主席
		邹益民	男	55	汉	古城邹河	小学		邹河村主任
		杨宗学	男	40	汉	古城杨沟	小学		杨沟村社长
		杨雪雪	女	41	汉	古城西岔	小学		西岔村社员
		李后圈	女	34	汉	古城梁老	小学		梁老村妇联主任
石咀	7	杨成堂	男	38	汉	红寺甘湾	大专	党员	县政府副县长
		高　泰	男	36	汉	城川高湾	中专	党员	乡政府乡长
		李佩红	女	40	汉	城关	高中		县副食厂营业员
		翟万有	男	62	汉	石咀翟局	文盲	党员	翟局村主任
		贾军庄	男	47	汉	石咀贾庄	小学		贾庄村主任
		马西武	男	56	汉	石咀胡坡	小学	党员	胡坡村主任
		王彩霞	女	29	汉	石咀石咀	初中		石咀村妇联主任
威戎	14	李怀仁	男	52	汉	城关南关	大专	党员	县政府县长
		刘宝生	男	34	汉	李店白草凹	中专	党员	县财政局局长
		樊　旺	男	29	汉	治平大庄	高中	党员	镇政府镇长
		戴季洪	男	52	汉	威戎北关	中师	党员	威戎小学校长

续表1–27

乡镇	代表名额（名）	代表							
		姓名	性别	年龄（岁）	民族	籍贯	文化程度	政治面貌	职务
		樊仓仓	男	39	汉	治平大庄	本科	非党	威戎中学副校长
		杨国珍	男	43	汉	双岘页沟	初中	党员	镇人大主席
		沙芳琴	女	27	回	曹务店子	中专		县二幼教师
		杨凤歧	男	54	汉	威戎杨桥	初小	党员	镇砖瓦厂厂长
		吴满余	男	48	汉	威戎李河	高中		县第二建筑公司经理
		陈忠贤	男	48	汉	威戎威戎	小学		威戎村主任
		梁余安	男	36	汉	威戎梁马	高中		梁马村主任
		戴凤琴	女	36	汉	威戎北关	小学	党员	新华村主任
		吴　蕊	女	36	汉	威戎北关	小学	党员	北关村社员
		阎志军	男	30	汉	威戎杨湾	初中		杨湾村主任
双岘	7	马世贞	男	58	汉	余湾程马	高中	党员	县政协主席
		任堪华	男	43	汉	新店任刘	初中	党员	乡政府乡长
		吴忠和	男	51	汉	双岘甘峡	小学	党员	甘峡村主任
		张畔珠	男	36	汉	双岘上海	高中	党员	上海村支书
		马秉毅	男	41	汉	双岘姚湾	小学		姚湾村主任
		李淑芳	女	30	汉	双岘双岘	小学		双岘村妇联主任
		程菊芳	女	28	汉	双岘中湾	初中		中湾村妇联主任
雷大	7	李克科	男	51	汉	司桥张彭	高中	党员	县人大常委会副主任
		岳具辉	男	45	汉	三合老庄	初中	党员	县委组织部副部长
		王连周	男	40	汉	余湾王坪	中专	党员	乡政府乡长
		杨富明	男	65	汉	雷大杨沟	初中		杨沟村主任
		屈志雄	男	50	汉	雷大屈岔	小学	党员	屈岔村主任
		王正才	男	39	汉	雷大合岘	初中		合岘村社员
		任记记	女	36	汉	雷大张局	小学		张局村妇联主任
后梁	4	李三正	男	31	汉	仁大李湾	中专	党员	乡政府乡长
		范勋元	男	52	汉	后梁范堡	初中		范堡村主任
		张升林	男	38	汉	后梁麻峡	小学	党员	麻峡村主任
		徐晚叶	女	27	汉	后梁下马	初中		下马村社员
		王守元	男	49	汉	三合陈安	本科	党员	县委副书记

续表1-27

乡镇	代表名额(名)	代表							
		姓名	性别	年龄(岁)	民族	籍贯	文化程度	政治面貌	职务
余湾	6	樊　科	男	30	汉	治平大庄	中专	党员	乡政府乡长
		梁武忠	男	48	汉	余湾苗岘	小学		苗岘村主任
		王定国	男	42	汉	余湾羊路	小学		羊路村文书
		王福琪	男	46	汉	余湾王坪	小学	党员	王坪村主任
		孙晓霞	女	30	汉	余湾韩店	高中		韩店村妇联主任
仁大	7	郜文学	男	54	汉	庄浪赵墩	初中	党员	县人大常委会主任
		王智国	男	30	汉	治平刘河	中专	党员	乡政府乡长
		王维华	男	39	汉	阳坡扯弓塬	大专	党员	仁大中学校长
		李树荣	男	49	汉	仁大李河	文盲	党员	李河村主任
		陈立贤	男	39	汉	仁大南门	初中		南门村副主任
		陈若蕊	女	44	汉	仁大高沟	文盲		高沟村社员
		李串香	女	35	汉	仁大深沟	初中		深沟村社员
阳坡	6	漆忠义	男	53	汉	高界继红	大专	党员	县法院院长
		王静林	男	35	汉	贾河王沟	高中	党员	乡政府乡长
		李正芳	男	37	汉	阳坡新兴	小学		新兴村主任
		孙麦换	男	30	汉	阳坡东张	初中		东张村主任
		王二良	男	39	汉	阳坡扯弓塬	小学		扯弓塬村主任
		宋根莲	女	28	汉	阳坡东湾	小学		东湾村社员
贾河	6	聂正国	男	44	汉	城关东关	中专	党员	县委副书记
		万元虎	男	39	汉	阳坡阳坡	中专	党员	乡政府乡长
		张志雄	男	39	汉	贾河山上湾	高中	党员	南坡梁小学校长
		吴广元	男	45	汉	贾河山庄	小学		山庄村主任
		王信喜	男	29	汉	贾河王沟	高中		王沟村文书
		侯改琴	女	36	汉	贾河侯山	中专		侯山村妇联主任
李店	9	张会议	男	48	汉	陕西泾阳	本科	党员	县政府副县长
		胡青汉	男	57	汉	甘沟甘沟	初师	党员	县卫生局局长
		李建根	男	40	汉	仁大李湾	中专	党员	乡政府乡长
		常进邦	男	53	汉	李店店子	初中	党员	乡人大主席
		朱春林	男	46	汉	治平朱堡	高中		李店中学副校长

续表1-27

乡镇	代表名额(名)	代表							
		姓名	性别	年龄(岁)	民族	籍贯	文化程度	政治面貌	职务
		刘文奎	男	48	汉	李店中庄	小学	党员	中庄村主任
		杜建斌	男	38	汉	李店杜河	小学		杜河村主任
		杨引兄	女	28	汉	李店常坪	高中	团员	常坪村二社会计
		张晓红	女	23	汉	李店刘晋	初中		刘晋村社员
深沟	5	王灵信	男	38	汉	李店郭柴	中专	党员	乡政府乡长
		王宏科	男	45	汉	深沟王堡	小学	党员	王堡村主任
		刘正己	男	51	汉	深沟深沟	小学		深沟村社员
		任振华	男	55	汉	深沟麦顶	初中		麦顶村社员
		马爱弟	女	23	汉	深沟樊沟	初中		樊沟村社员
治平	7	靳国强	男	55	汉	城川靳寺	大专	党员	县委常委、县纪委书记
		王智仁	男	48	汉	治平刘河	初中	党员	县计划委员会主任
		李玉岱	男	38	汉	仁大南门	高中	党员	乡政府乡长
		杨友桐	男	51	汉	治平杨店	文盲		杨店村主任
		王凤兰	女	50	汉	治平刘河	文盲	党员	刘河村妇联主任
		朱克俭	男	49	汉	治平朱堡	小学		朱堡村一社社长
		牛喜兰	女	40	汉	治平柳沟	文盲		柳沟村社员
新店	5	韩荣省	男	36	汉	双岘甘峡	中专	党员	乡政府乡长
		秦含华	男	48	汉	新店秦王	小学		秦王村主任
		张习谦	男	35	汉	新店新店	初中		新店村主任
		牛　俊	男	42	汉	新店小湾	文盲		小湾村社员
		王丽萍	女	41	汉	新店段岔	小学		段岔村社员
甘沟	9	高富德	男	60	汉	仁大深沟	初中	党员	县委调研员
		郭应童	男	44	汉	城川靳寺	初中	党员	县人大常委会办公室主任
		李国军	男	28	汉	仁大南门	高中	党员	乡政府乡长
		祁世明	男	44	汉	祁川祁川	初中	党员	乡人大主席
		李　儒	男	45	汉	甘沟庙岔	小学	党员	庙岔村支书
		郜永堂	男	35	汉	甘沟余岔	高中		余岔村主任
		王升堂	男	49	汉	甘沟上岔	小学		上岔村主任
		任变芳	女	31	汉	甘沟圪垯	初中		圪垯村社员

续表1-27

乡镇	代表名额(名)	代表							
		姓名	性别	年龄(岁)	民族	籍贯	文化程度	政治面貌	职务
		张玉珍	女	25	汉	甘沟甘沟	初中		甘沟村社员
祁川	7	毛喜来	男	43	汉	曹务大庄	高中	党员	县人武部办公室主任
		王维岐	男	49	汉	三合光华	初中	党员	县监察局副局长
		贾敬斌	男	38	汉	司桥南坡	初中	党员	乡政府乡长
		吴俊福	男	39	汉	祁川大柳	文盲		大柳村主任
		张高堡	男	30	汉	祁川小河	高中		小河村主任
		马淑英	女	40	汉	祁川王川	小学	党员	王川村妇联主任
		雷桂花	女	48	汉	祁川牡丹	小学		牡丹村妇联主任
田堡	5	王治军	男	34	汉	甘沟甘沟	高中	党员	乡政府乡长
		田胜利	男	26	汉	田堡田河	初中		田河村主任
		雷　焕	男	35	汉	田堡田堡	高中		田堡村主任
		王志刚	男	35	汉	田堡上芦	高中	党员	上芦村文书
		贾淑英	女	34	汉	田堡晨光	高中	党员	晨光村社员
四河	6	马子坤	男	57	汉	余湾韩马	初中	党员	县人大常委会副主任
		樊国璋	男	44	汉	红寺甘湾	初中	党员	乡政府乡长
		王孝仁	男	51	汉	四河王河	小学	党员	王河村支书
		罗焕雄	男	40	汉	四河上赵	小学		上赵村主任
		雷旺祖	男	37	汉	四河四河	初中		四河村主任
		何俊花	女	45	汉	四河黄川	小学	党员	黄川村医生
红寺	8	阎志洁	男	57	汉	双岘长岔	高中	党员	县人大常委会副主任
		马志俊	男	54	汉	城川胡河	初中	党员	县总工会主席
		高致宗	男	40	汉	三合光华	初中	党员	乡政府乡长
		姚占学	男	50	汉	细巷靳堡	小学	党员	乡人大主席
		张怀玉	男	44	汉	红寺红寺	小学		红寺村主任
		化锡国	男	36	汉	红寺化沟	高中	党员	化沟村主任
		曹玉香	女	38	汉	红寺玉皇	初中		玉皇村妇联主任
		席凤莲	女	56	汉	红寺二河	文盲		二河村社员
		赵智荣	男	51	汉	雷大黎沟	初中	党员	县人大常委会副主任
		赵步清	男	49	汉	高界邢岔	初中	党员	县民政局局长

续表1-27

乡镇	代表名额（名）	代表							
		姓名	性别	年龄（岁）	民族	籍贯	文化程度	政治面貌	职务
细巷	9	雷旺春	男	43	汉	田堡田堡	初中	党员	乡政府乡长
		曹应琦	男	53	汉	细巷曹川	中专	党员	乡人大主席
		芦全玺	男	47	汉	细巷靳堡	文盲	党员	靳堡村社长
		李国清	男	45	汉	细巷谭店	小学		谭店村社长
		司福祥	男	44	汉	细巷文坪	小学	党员	文坪村主任
		王卓卓	女	30	汉	细巷刘堡	文盲		刘堡村妇联主任
		张万玲	女	25	汉	细巷细巷	小学		细巷村妇联主任
七里	6	安静修	男	49	汉	红寺玉皇	中师	党员	县政府副县长
		李招勤	男	36	汉	细巷谭店	中专	党员	乡政府乡长
		李占龙	男	30	汉	七里李堡	初中		李堡村主任
		李振新	男	39	汉	七里谷湾	小学	党员	谷湾村主任
		穆致和	男	45	汉	七里高堡	小学		高堡村副主任
		李平爱	女	26	汉	七里赵岔	高中		赵岔村社员
高界	7	陈贵录	男	49	汉	山西万荣	高中	党员	县检察院检察长
		张进宝	男	30	汉	红寺二河	本科	党员	镇政府镇长
		慕克恭	男	41	汉	红寺甘湾	本科	党员	高界中学校长
		张满堂	男	30	汉	高界大河	初中		大河村主任
		王维赫	男	39	汉	高界上河	中专	党员	上河村主任
		杨秀勤	女	32	汉	高界新合	初中		新合村社员
		李凤琴	女	24	汉	高界魏湾	初中		魏湾村社员
三合	6	赵国全	男	40	汉	泾川党原	大专	党员	县政府副县长
		尹国璧	男	40	汉	七里联盟	高中	党员	乡政府乡长
		柳具元	男	49	汉	三合任岔	小学		任岔村主任
		逯育贤	男	46	汉	三合前咀	小学		前咀村主任
		台耀俊	男	36	汉	三合黄湾	高中		黄湾村主任
		安琴英	女	38	汉	三合段渠	初中		段渠村妇联主任
		吕忠厚	男	49	汉	山东泰安	本科	党员	县委副书记
		王志强	男	35	汉	灵芝杨渠	中专	党员	乡政府乡长
		王守廷	男	37	汉	原安荞岔	中专	党员	乡人大主席

续表1-27

乡镇	代表名额（名）	代表							
		姓名	性别	年龄（岁）	民族	籍贯	文化程度	政治面貌	职务
原安	8	何仕科	男	38	汉	七里井沟	中专	党员	原安卫生院院长
		张煜瑞	男	52	汉	原安百富	小学		百富村社长
		张文启	男	41	汉	原安姚化	小学		姚化村主任
		程玉芳	女	37	汉	原安程义	小学		程义村社员
		张桂芳	女	22	汉	原安齐埂	小学		齐埂村社员
灵芝	7	张国盛	男	57	汉	城关西关	大学	党员	县政府常务副县长
		王镇华	男	51	汉	四河王河	高中	党员	县体委主任
		高　旭	男	31	汉	原安张营	大专	党员	乡政府乡长
		王乐仁	男	50	汉	灵芝长垣	小学		长垣村主任
		张志忠	男	42	汉	灵芝张堡	小学		张堡村主任
		李具英	女	41	汉	灵芝宋岔	小学	党员	宋岔村妇联主任
		陈娥子	女	36	汉	灵芝剡庄	文盲		剡庄村妇联主任

第十三节　县第十三届人民代表大会代表

县第十三届人大代表选举即第六次县级直接选举工作于1997年9月下旬至11月底举行，历时两个月时间。分四个阶段进行。

第一阶段，组织筹备和选民登记。9月21日至10月24日，成立选举工作机构、召开有关会议、培训选举工作人员、开展宣传发动、划分选区、分配代表名额、核对登记选民、公布选民名单。成立有县委、人大、政府领导及有关部门负责人参加的县选委会，吕忠厚为主任，王守元、李克科、靳士孔为副主任，赵智荣、潦忠义、段积昌、岳具辉、王镇华、郭应童、冯应莲（女）、樊生茂、王维军为委员，下设办公室，郭应童为主任，柴玉明为副主任。各乡镇分别成立由5至9人组成的选举工作指导小组。全县共划分选区158个，其中农村选区145个，县直机关、企事业单位和居民委员会选区13个，各选区设立由5至7人组成的选区领导小组。成立选民小组2395个，推选正、副组长4790名。选民登记按选区进行，以选民小组为单位，以户口为基准，以1995年乡镇换届时登记的选民为基础，逐人进行核对。1995年登记确认的选民资格长期有效，此次不再登记。对上次登记后，到1997年11月13日新满18周岁的选民及迁入各选区和被剥夺政治权利期满后恢复政治权利的选民，予以登记。对迁出的选民、死亡和依照法律被剥夺政治权利的人，从选民名单中取消。

第二阶段，10月25日至11月8日，提名推荐、确定公布正式代表候选人名单。由政党、团体或选民10人以上，提名推荐代表候选人、组织选民酝酿讨论和确定公布正式代表候选人。按照《甘肃省实施选举法细则》关于县人民代表大会代表名额与人口比例的规定，省人大常委会确定静宁县第十三届人大代表名额212名，县选委会按照每一选区选举1至3名代表的规定进行分配。根据省、地原则要求，工农代表应占代表总数的半数以上；妇女代表一般不低于代表总数的20%；中共党员代表占代表总数的60%以上；教育、卫生、文化、农林水等方面的知识分子和少数民族、军人应有适当比例，适当控制党政领导干部代表的推荐名额。各乡镇、各选区按照《中华人民共和国全国人民代表大会和地方各级人民代表大会选举法》关于候选人名额比应选名额多三分之一至一倍的差额比例，共确定正式代表候选人370名。

第三阶段，11月9日至20日，选举准备、投票选举和审查公布当选代表。确定1997年11月13日为全县选举日。以选区为单位，召开选举大会，组织投票选举，并在3日内公布选举结果，7日内完成选举任务。此次选举，全县参选人数为263278人，占选民总数278027人的94.7%，参选率最低的选区为80.2%，最高的为98%。158个选区均一次选举成功。

当选的212名县人大代表中，工人、农民、军人、居民123名，占58%，干部74名，占34.9%，教师、医务人员、农林水等方面科技人员15名，占7.1%；妇女47名，占22.1%；中共党员129名，占60.8%，非党群众83名，占39.2%；少数民族4名，占1.9%；大专以上文化程度26名，占12.3%，中专及高中文化程度84名，占39.6%，初中以下102名，占48.1%；年龄在35岁以下79名，占37.3%，36至45岁72名，占33.9%，46至50岁26名，占12.3%，51至61岁35名，占16.5%。

第四阶段，筹备召开县十三届人大一次会议。

附：

县第十三届人民代表大会代表情况表

表1-28

乡镇	代表名额（名）	代表							
		姓名	性别	年龄（岁）	民族	籍贯	文化程度	政治面貌	职务
城关	29	张维国	男	35	汉	红寺吊岔	大专	党员	水泥集团公司总经理
		杨耀忠	男	57	汉	城关	本科	党员	县医院院长
		李友辉	男	47	汉	曹务店子	高中	党员	县武装部干部
		赵玉民	男	53	汉	河北昌黎	高中	党员	县地税局局长
		王　平	男	45	汉	城关南关	小学	党员	南关村支书
		王智国	男	35	汉	治平刘河	中专	党员	镇党委书记

续表1-28

乡镇	代表名额(名)	代表							
		姓名	性别	年龄(岁)	民族	籍贯	文化程度	政治面貌	职务
城关	29	骆世清	男	55	汉	甘沟翟岔	高中	党员	县供销联社主任
		吕芳梅	女	57	汉	城关东关	小学	党员	东关居委会主任
		贾秉乾	男	58	汉	石咀贾庄	高中	党员	建筑企业集团总支书记
		吕思强	男	41	汉	泾川罗汉洞	大专	党员	县公安局局长
		米宝山	男	44	回	城关	初中	党员	县农行行长
		高　恒	男	41	汉	城川高湾	中专	党员	县经济委员会主任
		戴季昀	男	47	汉	威戎北关	大专	党员	县文化馆馆长
		杨志尚	男	60	汉	城关新城	小学	党员	新城村支书
		樊应毅	男	48	汉	祁川杨咀	初中	党员	县邮电局职工
		文　武	男	52	汉	灵芝甘湾	中师	党员	县教育局局长
		邓　颖	女	35	汉	城关	中师		城关小学教师
		王　毅	男	52	汉	治平马合	大专		县林业局农艺师
		张淑英	女	34	汉	城关	初中		县饮食服务公司工人
		刘光族	男	59	汉	细巷慕岔	本科		县一中教师
		刘文乾	男	34	汉	城川大寨	中专		县农牧局干部
		高淑英	女	44	汉	司桥杨川	初中		县化工厂工人
		阎怀信	男	46	汉	八里阎庙	小学		兴飞公司工人
		邹淑琴	女	50	汉	城关	高中		新城小学教职工
		王小宁	男	33	汉	城关	中专	党员	县水利局水管股长
		王治甲	男	43	汉	城关东关	初中	党员	东关村主任
		陈新庄	男	37	汉	城关峡门	初中	党员	峡门村二社社长
		杨月英	女	60	汉	城关西街	小学	党员	西街居委会主任
		沙金兰	女	57	回	城关庙川	小学		庙川居委会主任
城川	7	王学书	男	33	汉	庄浪水洛	大学	党员	县委副书记
		李　读	男	34	汉	雷大李咀	高中	党员	乡党委书记
		张　时	男	52	汉	治平刘河	大专	党员	城川卫生院院长
		靳九高	男	40	汉	城川靳寺	高中		靳寺村主任
		尹广萍	女	27	汉	城川杨庄	初中		杨庄村妇联主任
		高淑珍	女	36	汉	城川大寨	初中		大寨村社员

续表1-28

乡镇	代表名额（名）	代表							
		姓名	性别	年龄（岁）	民族	籍贯	文化程度	政治面貌	职务
		王国省	男	46	汉	城川红旗	小学	党员	红旗村主任
八里	7	赵景山	男	42	汉	庄浪赵墩	大专	党员	县委书记
		王维军	男	40	汉	七里井沟	中专	党员	县财政局局长
		杨志敏	男	42	汉	祁川牡丹	高中	党员	乡党委书记
		张莲英	女	41	汉	八里小山	高中		小山村妇联主任
		李淑琴	女	37	汉	八里刬白	小学		刬白村妇联主任
		张照娃	男	23	汉	八里阎庙	初中		阎庙村主任
		鲍思智	男	53	汉	八里靳坪	初中		靳坪村主任
司桥	6	张自杰	男	41	汉	新店秦王	中专	党员	县政府副县长
		邹振革	男	37	汉	古城邹河	中专	党员	乡党委书记
		平士乾	男	34	汉	司桥司桥	初中		司桥村平山社社长
		刘志智	男	34	汉	司桥牟沟	高中		牟沟村主任
		高志科	男	41	汉	司桥庙咀	初中		庙咀村主任
		赛万菊	女	45	回	西吉玉桥	小学	党员	张彭村妇联主任
曹务	8	靳士孔	男	53	汉	祁川马坡	本科	党员	县委常委、 县政府常务副县长
		米宝林	男	45	回	城关	中师	党员	县民族宗教局局长
		武文学	男	41	汉	威戎武高	中专	党员	乡党委书记
		马孟子	女	34	汉	曹务页湾	初中		页湾村社员
		宣海平	女	37	汉	曹务店子	小学		店子村社员
		张　科	男	35	汉	曹务张岻	初中		张岻村社干部
		杜显宗	男	35	汉	曹务曹大	初中	党员	曹大村主任
		柳富昌	男	43	汉	曹务中庄	小学	党员	中庄村支书
古城	7	张金业	男	48	汉	八里刬白	初中	党员	县人大常委会副县级干部
		陈芳萍	女	34	汉	仁大南门	大专	党员	乡政府乡长
		吕　峰	男	31	汉	细巷韩川	大专	党员	乡党委书记
		齐兵团	男	34	汉	古城高旗	高中		高旗村副主任
		石学礼	男	33	汉	古城丁寺	高中	党员	丁寺村主任
		梁小红	女	28	汉	古城齐岔	高中	党员	齐岔村妇联主任

续表1–28

乡镇	代表名额（名）	代表							
		姓名	性别	年龄（岁）	民族	籍贯	文化程度	政治面貌	职务
		梁文录	男	34	汉	古城梁老	高中	党员	梁老村支书
石咀	6	郜文学	男	59	汉	庄浪赵墩	初中	党员	县政协主席
		王治军	男	39	汉	甘沟甘沟	高中	党员	乡党委书记
		杨志俊	男	53	汉	石咀岳咀	小学	党员	岳咀村支书
		李效忠	男	45	汉	石咀西湾	小学	党员	西湾村主任
		王卫军	男	32	汉	石咀陈河	初中		陈河村主任
		赵托托	女	28	汉	石咀贾庄	初中		贾庄村主任
威戎	12	王济华	男	43	汉	治平马合	大专	党员	县委常委、宣传部部长
		王智仁	男	53	汉	治平刘河	初中	党员	县计划委员会主任
		樊　旺	男	34	汉	治平大庄	高中	党员	镇党委书记
		王勤学	男	33	汉	高界高堡	大专	党员	镇政府镇长
		樊仓仓	男	43	汉	治平大庄	本科		威戎中学校长
		杨正强	男	40	汉	威戎新华	高中	党员	县第二建筑公司经理
		杨凤岐	男	54	汉	威戎杨桥	高中	党员	镇工商综合公司经理
		吴　蕊	女	43	汉	威戎北关	小学	党员	北关村妇联主任
		朱双虎	男	41	汉	威戎李沟	初中		李沟村主任
		梁余安	男	42	汉	威戎梁马	高中		梁马村支书
		梁应富	女	35	汉	威戎王咀	中专		王咀村社员
		吕双信	女	32	汉	威戎武高	初中		武高村妇联主任
双岘	6	聂正国	男	49	汉	城关东关	中专	党员	县委副书记
		吴国锦	男	33	汉	李店王沟	大专	党员	乡党委书记
		王浪浪	女	28	汉	双岘尤家	初中		尤家村社员
		姚鹏达	男	32	汉	双岘李咀	初中		李咀村主任
		马秉毅	男	44	汉	双岘姚湾	初中		姚湾村主任
		吴交平	男	38	汉	双岘长岔	初中	党员	长岔村支书
雷大	6	王守元	男	54	汉	三合陈安	本科	党员	县委副书记
		刘永勇	男	41	汉	阳坡西山沟	中专	党员	乡党委书记
		雷引安	男	49	汉	雷大陈局	小学	党员	陈局村支书
		王国兴	男	37	汉	雷大新义	高中		新义村主任

续表1–28

乡镇	代表名额(名)	代表							
		姓名	性别	年龄(岁)	民族	籍贯	文化程度	政治面貌	职务
		张绪子	男	38	汉	雷大合岘	初中		合岘村团庄社社长
		张晓霞	女	37	汉	雷大屈岔	小学		屈岔村妇联主任
后梁	4	王连周	男	44	汉	余湾王坪	中专	党员	乡党委书记
		王新生	男	35	汉	后梁秀锦	初中		秀锦村主任
		张旭平	男	27	汉	后梁麻峡	初中		麻峡村文书
		徐晚叶	女	29	汉	后梁下马	初中	党员	下马村妇联主任
余湾	5	李克科	男	56	汉	司桥张彭	高中	党员	县人大常委会副主任
		万元虎	男	44	汉	阳坡阳坡	中专	党员	乡党委书记
		张召弟	女	39	汉	余湾苗岘	小学		苗岘村妇联主任
		王定国	男	46	汉	余湾羊路	小学	党员	羊路村支书
		王福琪	男	52	汉	余湾王坪	小学		王坪村社员
仁大	6	吕忠厚	男	55	汉	山东泰安	本科	党员	县人大常委会主任
		樊　科	男	35	汉	治平大庄	中专	党员	乡党委书记
		付　坚	男	44	汉	阳坡扯弓塬	中专	党员	仁大中学校长
		周建台	男	58	汉	仁大高沟	文盲	党员	高沟村主任
		梁萍珍	女	36	汉	仁大南门	小学		南门村妇联主任
		孙继权	男	56	汉	仁大杨湾	初中		杨湾村主任
阳坡	5	赵智荣	男	56	汉	雷大赵沟	初中	党员	县人大常委会副主任
		侯立文	男	34	汉	贾河宋堡	高中	党员	乡党委书记
		周进录	男	50	汉	阳坡峡口	小学		峡口村主任
		孙麦换	男	35	汉	阳坡东张	高中	党员	东张村主任
		王引引	女	19	汉	阳坡扯弓塬	中师		阳坡中心小学教师
贾河	5	漆忠义	男	57	汉	高界继红	大专	党员	县人大常委会副主任
		李玉岱	男	43	汉	仁大南门	高中	党员	乡党委书记
		杜晓霞	女	20	汉	贾河豆坪	初中		豆坪村妇联主任
		任仰贤	男	32	汉	贾河高窑	高中	党员	高窑村文书
		张有定	男	38	汉	贾河山上湾	高中		山上湾村主任
		陈向华	女	41	汉	威戎北关	本科	党员	县委副书记
		刘镇定	男	34	汉	仁大刘川	高中	党员	乡党委书记

续表1-28

乡镇	代表名额（名）	代表							
		姓名	性别	年龄（岁）	民族	籍贯	文化程度	政治面貌	职务
李店	8	胡耀国	男	34	汉	双岘上海	中专	党员	乡政府乡长
		王国勤	男	56	汉	李店蒲岔	小学	党员	蒲岔村支书
		朱春林	男	50	汉	治平朱堡	高中		县人大常委会副主任、李店中学校长
		刘仁兴	男	33	汉	李店白草岻	高中	党员	白草岻支书
		李冬香	女	45	汉	李店店子	小学		上杜村社员
		杨引兄	女	35	汉	李店常坪	高中		常坪村社员
深沟	5	任跟路	男	36	汉	双岘中湾	大专	党员	乡党委书记
		苟代忠	男	35	汉	深沟大岔	高中		大岔村主任
		孙法望	男	36	汉	深沟王堡	初中		王堡村社员
		樊梅梅	女	29	汉	深沟小户	中专		小户村社员
		刘　锋	男	43	汉	深沟深沟	高中	党员	深沟村支书
治平	6	岳具辉	男	50	汉	三合老庄	大专	党员	县委常委、组织部部长
		李三正	男	35	汉	仁大李河	中专	党员	乡党委书记
		陈玉峰	男	35	汉	治平陈峡	初中		陈峡村主任
		雷冬生	女	27	汉	治平朱堡	初中	党员	朱堡村妇女干部
		刘维忠	男	56	汉	治平杨店	小学	党员	杨店村支书
		姚守玺	男	52	汉	治平后沟	初中	党员	后沟村主任
新店	5	王星耀	男	43	汉	界石上河	大专	党员	县工商局局长
		李国军	男	33	汉	仁大南门	高中	党员	乡党委书记
		甘耀进	男	47	汉	新店甘坡	初中	党员	甘坡村支书
		臧建芳	女	27	汉	新店段岔	高中		段岔村社员
		张文峰	男	34	汉	新店新店	高中		新店村主任
甘沟	8	戴双军	男	48	汉	威戎北关	高中	党员	县委常委、纪委书记
		尤维科	男	49	汉	双岘尤家	初中	党员	乡党委书记
		马效礼	男	48	汉	甘沟响河	小学	党员	响河村支书
		牛满川	男	35	汉	新店小湾	大专	党员	甘沟中学校长
		王克中	男	42	汉	甘沟上岔	初中	党员	上岔村王坪社社长

续表1–28

乡镇	代表名额(名)	代表							
		姓名	性别	年龄(岁)	民族	籍贯	文化程度	政治面貌	职务
		赵景兰	女	35	汉	甘沟马咀	初中		马咀村妇联主任
		窦凤英	女	35	汉	甘沟张湾	初中		张湾村妇联主任
		张耀继	男	47	汉	甘沟屯堡	小学		屯堡村主任
祁川	6	毛文平	男	39	汉	庆阳西峰	大专	党员	县委副书记、县政府县长候选人
		阎　钧	男	34	汉	甘沟响河	中专	党员	乡党委书记
		冀森宏	男	36	汉	祁川祁川	高中	党员	祁川村支书
		吴俊福	男	44	汉	祁川大柳	初中		大柳村主任
		樊伍拾	男	37	汉	祁川杨咀	初中		杨咀村主任
		厚静平	女	32	汉	祁川牡丹	高中		牡丹村社员
田堡	5	柴玉明	男	42	汉	石咀陈河	大专	党员	县人大常委会办公室副主任、教科文卫工委主任
		冯克勤	男	40	汉	新店新店	中专	党员	乡党委书记
		卢玉芳	男	52	汉	田堡上芦	小学		上芦村堡湾社社长
		张玲霞	女	36	汉	田堡晨光	小学		晨光村社员
		包　刚	男	45	汉	田堡大庄坪	初中		大庄坪村主任
四河	5	王克选	男	35	汉	李店小庄	本科	党员	县政府办公室主任
		张进宝	男	34	汉	红寺二河	本科	党员	乡党委书记
		尤国强	男	42	汉	四河上赵	初中		上赵村社员
		何炳璋	男	44	汉	四河麻岔	小学		麻岔村主任
		王平香	女	34	汉	四河豆河	初中		豆河村社员
红寺	7	许富忠	男	47	汉	城川陈马	小学	党员	县政府常务副县长
		李佩红	女	44	汉	城关	高中		县副食厂工人
		李录才	男	43	汉	仁大李河	高中	党员	乡党委书记
		牛正堂	男	54	汉	红寺王湾	小学	党员	王湾村文书
		王浩奇	男	33	汉	红寺红堡	高中		红堡村文书
		谢维军	男	25	汉	红寺魏沟	小学		魏沟村主任
		曹玉香	女	43	汉	红寺玉皇	初中	党员	玉皇村妇联主任
细巷	8	王维岐	男	54	汉	三合光华	高中	党员	县人大常委会农财委主任
		柴桂兰	女	43	汉	治平马合	高中	党员	县总工会主席

续表1–28

乡镇	代表名额（名）	代表							
		姓名	性别	年龄（岁）	民族	籍贯	文化程度	政治面貌	职务
		王专娃	男	42	汉	治平刘河	高中	党员	乡党委书记
		时志学	男	44	汉	细巷瓦岔	小学	党员	瓦岔村主任
		刘文智	男	34	汉	细巷朱张	小学	党员	朱张村主任
		李国清	男	48	汉	细巷谭店	小学		谭店村北坡社社长
		司福祥	男	48	汉	细巷文坪	初中	党员	文坪村支书
		王卓卓	女	35	汉	细巷刘堡	文盲		刘堡村妇联主任
七里	5	樊生茂	男	52	汉	祁川杨咀	高中	党员	县民政局局长
		李招勤	男	41	汉	细巷谭店	中专	党员	乡党委书记
		吕发秀	男	55	汉	七里四福	初中	党员	四福村支书
		陈　华	女	25	汉	两当鱼池	初中		中寨村妇联主任
		李学明	男	42	汉	七里高堡	初中		高堡村主任
界石铺	6	张光明	男	66	汉	陕西横山	初中	党员	县人大常委会离休干部
		王静林	男	40	汉	贾河王沟	高中	党员	镇党委书记
		杨建国	男	48	汉	界石西川	小学	党员	西川村主任
		张满堂	男	35	汉	界石大河	初中	党员	大河村主任
		王君兰	女	28	汉	界石二夫	高中		二夫小学教师
		李　建	男	35	汉	界石崔岔	初中		崔岔村主任
三合	6	郭应童	男	49	汉	城川靳寺	高中	党员	县人大常委会办公室主任
		樊建军	男	31	汉	深沟樊沟	中师	党员	乡党委书记
		罗秀芳	女	32	汉	三合硷滩	小学		硷滩村社员
		尹坤瑞	男	34	汉	三合任岔	高中		任岔村主任
		吴士祥	男	44	汉	三合北集	初中	党员	北集村主任
		景致强	男	34	汉	三合南岔	高中	党员	南岔村主任
原安	7	李居洲	男	34	汉	崇信黄花	大专	党员	县检察院检察长
		张晓军	男	35	汉	城关东关	中师	党员	乡党委书记
		任占锋	男	35	汉	甘沟圪塬	中师	党员	乡政府乡长
		王跟怀	女	38	汉	原安坷老	小学		坷老村妇联主任
		张尚忠	男	35	汉	原安姚河	高中		姚河村主任
		周志芳	男	35	汉	原安辽坡	高中		辽坡村主任

续表1-28

乡镇	代表名额（名）	代表							
		姓名	性别	年龄（岁）	民族	籍贯	文化程度	政治面貌	职务
		李明军	男	44	汉	原安民寨	小学		民寨村主任
灵芝	6	杨志军	男	43	汉	庄浪大庄	高中	党员	县法院院长
		高　旭	男	36	汉	原安张营	大专	党员	乡党委书记
		李成蹊	男	42	汉	七里李堡	高中	党员	乡政府乡长
		阎继富	男	34	汉	灵芝秦懂	初中	党员	秦懂村支书
		张统华	男	33	汉	灵芝红星	初中		红星村主任
		杜彩彩	女	43	汉	灵芝何杜	小学		何杜村妇联主任

第十四节　县第十四届人民代表大会代表

县第十四届人大代表选举即第七次县级直接选举工作，于2002年9月下旬至11月上旬举行，分四个阶段。

第一阶段，9月21日至10月10日，组织筹备和选民登记。成立选举工作机构、召开有关会议、培训选举工作人员、开展宣传动员、划分选区、分配代表名额、核对登记选民、公布选民名单。县选委会由李雪峰、王学书、李旺军、牛力军、许富忠、岳具辉、张金业、郭应童、王守荣、吴水利（女）、马志刚、王运军、魏柏树13人组成，李雪峰为主任，王学书、许富忠、岳具辉为副主任。选委会下设办公室，郭应童为主任，柴玉明为副主任。各乡镇成立选举工作指导小组，由5至9人组成，设组长1名，副组长1至2名，并设立相应的办事机构，负责办理选举事宜。各选区设立选举领导小组，由5至7人组成，负责本选区选举工作。选区领导小组成员由乡镇选举工作指导小组与选区各单位、居民委员会或者村民委员会、村民小组协商产生。选区按照便于召开会议、讨论协商问题的原则，划分若干选民小组，由选民推选正、副组长，主持选民小组会议。全县共划分选区158个，其中农村选区145个，县直机关、企事业单位和居民委员会选区13个。根据《中华人民共和国全国人民代表大会和地方各级人民代表大会选举法》的规定，省人大常委会确定静宁县第十四人大代表名额为212名，县选委会按照每一选区选举1至3名代表的规定进行分配。选民资格审查结束后，由各选区在选举日的20日前，即10月10日前予以张榜公布。

第二阶段，10月11日至25日，提名推荐、确定公布正式代表候选人名单。由党组织、团体或选民10人以上，提名推荐代表候选人、组织选民酝酿讨论确定公布正式候选人。根据选举原则，工农代表占代表总数的半数以上；妇女代表不低于代表总数的

25%；中共党员代表不超过代表总数的60%；教、文、卫、农、林、水等方面的知识分子和少数民族、军人代表要有适当比例。各乡镇、各选区按照《中华人民共和国全国人民代表大会和地方各级人民代表大会选举法》关于候选人名额比应选名额多三分之一至一倍的差额比例，进行充分酝酿讨论，共确定正式代表候选人370名。

第三阶段，10月26日至11月4日，选举准备、投票选举和审查公布当选代表。确定2002年11月3日为全县选举日。以选区为单位，召开选举大会，组织投票选举，并在3日内公布选举结果。158个选区均一次选举成功。

212名县人大代表中，工人4名，占1.89%，农民108名，占50.99%，军人2名，占0.94%，干部75名，占35.40%，教育、文化、卫生、科技等方面专业技术人员13名，占6.1%，工业企业、集体经济、个体经济和城镇居民8名，占3.77%；中共党员126名，占59.4%，民主党派和无党派人士3名，占1.4%，非党群众83名，占49.2%；妇女53名，占25%；少数民族3名，占1.4%；具有大专以上文化程度71名，占33.5%，中专、高中文化程度48名，占22.6%，初中文化程度93名，占43.9%；年龄在35岁以下52名，占24.5%，31至45岁91名，占42.9%，46岁以上69名，占32.6%。

第四阶段，筹备召开县十四届人大一次会议。

附：

县第十四届人民代表大会代表情况表

表1-29

乡镇	代表名额（名）	代表							
		姓名	性别	年龄（岁）	民族	籍贯	文化程度	政治面貌	职务
城关	29	张秉银	男	42	汉	彭阳孟源	大专	党员	县人武部干部
		朱春林	男	55	汉	治平朱堡	高中	党员	县人大常委会副主任、县职教中心副主任
		张新民	男	54	汉	城关新城	初中	党员	县计划生育局局长
		柴桂兰	女	49	汉	治平马合	高中	党员	县总工会主席
		王克选	男	36	汉	李店大庄	本科	党员	县政府办公室主任
		戴三姓	男	47	汉	威戎威戎	大专	党员	县林业局局长
		李艳晓	男	48	汉	华亭东华	大专	党员	县公安局局长
		姚国奇	男	48	汉	治平雷沟	本科	党员	县科学技术局局长
		王志高	男	39	汉	祁川王川	本科	党员	县建设局局长
		付具河	男	38	汉	城关镇	大专	党员	县地税局局长
		吴福臣	男	49	汉	甘肃泾川	中专	党员	县人行行长
		李新学	男	39	汉	城川红旗	本科	党员	镇党委书记

续表1-29

乡镇	代表名额（名）	代表							
		姓名	性别	年龄（岁）	民族	籍贯	文化程度	政治面貌	职务
		朱宗乾	男	49	汉	城关东关	大专	党员	县公路段段长
		邓　颖	女	40	汉	城关镇	中专	党员	城关小学教师
		张三相	男	48	汉	余湾张沟	大专		县医院外科主任
		阎伟刚	男	25	汉	八里阎庙	中专		县农技中心助理农艺师
		樊镇云	男	48	汉	深沟樊咀	大专	党员	县第三建筑公司经理
		穆思慧	女	48	汉	城关南关	中专		县中医院医生
		李　钦	男	45	汉	威戎南关	中专		县水保局工程师
		李振宇	男	32	汉	威戎小磨	本科	民盟	县一中教师
		刘淑萍	女	39	汉	三合王堡	高中		县陇兴化工公司工人
		吴力协	男	58	汉	威戎上磨	高中		县建筑集团公司工人
		朱　萍	女	46	汉	甘肃临夏	高中		县供暖公司财务股长
		魏新娥	女	46	汉	城关北环路	高中	党员	北环路居委会主任
		马艳芬	女	29	回	城关庙川	中专		庙川居委会居民
		张来有	男	48	汉	城关西关	高中	党员	西关村支书
		张治忠	男	51	汉	城关南关	小学	党员	南关村支书
		陈新庄	男	42	汉	城关峡门	初中	党员	峡门村支书
		王治甲	男	49	汉	城关东关	初中	党员	东关村主任
城川	7	李雪峰	男	42	汉	灵台邵寨	本科	党员	县委书记
		李　读	男	39	汉	雷大李咀	大专	党员	乡党委书记
		张占彬	男	35	汉	雷大张局	大专	党员	城川卫生院院长
		吴东牛	男	36	汉	城川吴庙	初中		吴庙村主任
		李国军	男	37	汉	城川大寨	高中		大寨村主任
		张乃兵	女	32	汉	城川咀头	初中		咀头村社员
		赵向军	女	32	汉	城川靳寺	初中		靳寺村社员
八里	7	张自杰	男	46	汉	新店秦王	中专	党员	县委副书记
		张光明	男	72	汉	陕西横山	初中	党员	县人大常委会离休干部
		杨志敏	男	47	汉	祁川牡丹	大专	党员	镇党委书记
		王胜利	男	45	汉	八里红林	初中		八里建筑公司队长
		王全生	男	46	汉	八里高城寨	初中	党员	高城寨村主任

续表1-29

乡镇	代表名额（名）	代表							
		姓名	性别	年龄（岁）	民族	籍贯	文化程度	政治面貌	职务
		张莲英	女	45	汉	八里小山	初中		小山村社员
		王喜弟	女	34	汉	八里刘白	小学		刘白村社员
司桥	6	杨志军	男	48	汉	庄浪大庄	高中	党员	县法院院长
		张秉鑑	男	39	汉	后梁张峡	本科	党员	乡党委书记
		唐效锦	男	36	汉	司桥唐岔	初中		唐岔村主任
		吕福学	男	40	汉	司桥吕曲	高中	党员	吕曲村主任
		魏元生	女	27	汉	司桥潘王	小学		潘王村妇联主任
		赛万菊	女	50	回	西吉玉桥	小学	党员	张彭村妇联主任
曹务	8	李旺军	男	42	汉	威戎李河	大专	党员	县委常委、县政府常务副县长
		王高江	男	44	汉	后梁秀锦	中专	党员	乡党委书记
		陈振学	男	49	汉	古城杨沟	大专	党员	曹务初中校长
		高凤荣	男	51	汉	曹务唐山	小学	党员	唐山村支书
		张文科	男	52	汉	曹务张山	小学	党员	张山村主任
		马　林	男	36	回	曹务店子	初中		店子村社员
		曹召兄	女	30	汉	曹务曹大	初中		曹大村社员
		张燕子	女	22	汉	曹务中庄	初中		中庄村社员
古城	7	靳建荣	男	40	汉	华亭西华	本科	党员	县政府副县长
		吕忠厚	男	59	汉	山东泰安	本科	党员	县人大常委会退休干部
		吕　峰	男	34	汉	细巷韩川	本科	党员	乡党委书记
		金　钊	男	38	汉	古城二堡	初中	党员	二堡村主任
		王　军	男	29	汉	古城老庄	初中		老庄村社员
		崔辛平	女	33	汉	古城杨沟	初中		杨沟村社员
		邹引琴	女	29	汉	古城邹河	初中		邹河村社员
石咀	6	张维国	男	40	汉	红寺吊岔	大专	党员	县政府副县长
		张琪洲	男	35	汉	甘沟响河	本科	党员	乡党委书记
		陈小平	男	47	汉	石咀陈河	高中		珍珠林酒业公司经理
		邵生泉	男	50	汉	石咀陈河	初中	党员	陈河村支书
		李凤梧	男	42	汉	石咀庙堡	初中	党员	庙堡村主任

续表1-29

乡镇	代表名额(名)	代表							
		姓名	性别	年龄(岁)	民族	籍贯	文化程度	政治面貌	职务
		邹新平	女	34	汉	石咀胡坡	高中		胡坡村社员
威戎	12	张　正	男	36	汉	甘肃正宁	本科	党员	县委副书记、县政府县长候选人
		王守荣	男	54	汉	雷大新义	本科	党员	县人大常委会代工委主任
		杨向前	男	40	汉	祁川大柳	大专	党员	镇党委书记
		王　武	男	29	汉	八里高城寨	本科	党员	镇政府镇长
		杨正强	男	52	汉	威戎新华	大专	党员	县第二建筑公司经理
		吴国强	男	43	汉	威戎威戎	中师		寨子小学校长
		张占彪	男	33	汉	威戎下沟	初中	党员	下沟村支书
		李懂娃	男	39	汉	威戎寨子	高中	党员	寨子村主任
		吕双信	女	39	汉	威戎武高	初中		武高村妇联主任
		梁亮亮	女	50	汉	威戎梁马	小学		梁马村妇联主任
		魏菊花	女	49	汉	威戎杨桥	小学		杨桥村社员
		戴凤琴	女	45	汉	威戎新华	小学		新华村妇联主任
双岘	6	王济华	男	48	汉	治平马合	大专	党员	县委常委、宣传部部长
		王明星	男	38	汉	治平刘河	大专	党员	乡党委书记
		任立功	男	47	汉	双岘中湾	初中		中湾村主任
		李文举	男	42	汉	双岘甘峡	小学		甘峡村社员
		王浪浪	女	34	汉	双岘尤家	高中	党员	尤家村社员
		胡小念	女	33	汉	双岘双岘	初中		双岘村社员
雷大	6	李玉彪	男	36	汉	甘肃兰州	本科	党员	县政府副县长
		赵宏军	男	38	汉	城川高湾	本科	党员	乡党委书记
		杨彦学	男	36	汉	雷大杨沟	初中	党员	杨沟村支书
		黎知绪	男	36	汉	雷大黎沟	高中		黎沟村社员
		张新桂	女	33	汉	雷大张局	初中		张局村社员
		王小勤	女	33	汉	雷大谢吕	初中		谢吕村社员
后梁	4	赵建军	男	29	汉	崇信黄寨	本科	党员	县委常委
		侯立文	男	39	汉	贾河宋堡	高中	党员	乡党委书记
		裴智国	男	45	汉	后梁范堡	小学		范堡村社员
		范托弟	女	39	汉	后梁曹沟	初中		曹沟村社员

续表1-29

乡镇	代表名额(名)	代表							
		姓名	性别	年龄(岁)	民族	籍贯	文化程度	政治面貌	职务
余湾	5	马志刚	男	53	汉	甘沟甘沟	高中	党员	县民政局局长
		杨康乐	男	39	汉	司桥庙咀	大专	党员	乡党委书记
		赵军海	男	34	汉	余湾韩店	初中	党员	韩店村支书
		韩安安	男	52	汉	余湾张沟	小学		张沟村主任
		苏麦巧	女	34	汉	余湾阴屲	初中		阴屲村社员
仁大	6	许富忠	男	52	汉	城川陈马	初中	党员	县人大常委会副主任
		王专娃	男	39	汉	治平刘河	高中	党员	乡党委书记
		陈金章	男	39	汉	仁大南门	本科	党员	仁大中学校长
		刘六喜	男	32	汉	仁大高沟	高中		高沟村文书
		陈林科	男	28	汉	仁大南门	高中		南门村社长
		任清润	女	40	汉	仁大深沟	初中		深沟村社员
阳坡	5	王星耀	男	48	汉	界石上河	本科	党员	县政协副主席
		台万吉	男	40	汉	庄浪阳川	大专	党员	乡党委书记
		孙麦换	男	36	汉	阳坡东张	初中	党员	东张村支书
		周登红	男	37	汉	阳坡新兴	高中		新兴村文书
		安岁秀	女	32	汉	阳坡阳坡	初中		阳坡村妇联主任
贾河	5	杜文彪	男	47	汉	双岘尤家	高中	党员	县发展计划局局长
		王瑞生	男	38	汉	城关东关	本科	党员	乡党委书记
		杜忠信	男	48	汉	贾河豆坪	初中	党员	豆坪村支书
		贾国卯	男	40	汉	贾河王坪	初中		王坪村主任
		王偏爱	女	32	汉	贾河侯山	初中		侯山村计生小组长
李店	8	张进宝	男	39	汉	红寺二河	本科	党员	县监察局局长
		张永宏	男	42	汉	新店甘坡	大专	党员	镇党委书记
		李桃花	女	34	汉	李店细湾	本科	党员	成纪中学教师
		王国勤	男	47	汉	李店蒲岔	小学	党员	蒲岔村支书
		王建义	男	35	汉	李店五方河	高中		五方河村社员
		刘仁兴	男	38	汉	李店白草屲	高中	党员	白草屲村支书
		吴明杰	男	47	汉	李店王沟	小学		王沟村社员
		李瑞子	女	36	汉	李店杜河	高中		杜河村社员

续表1-29

乡镇	代表名额(名)	代表							
		姓名	性别	年龄(岁)	民族	籍贯	文化程度	政治面貌	职务
深沟	5	李雪云	男	38	汉	庄浪水洛	本科	党员	县政府副县长
		王军杰	男	38	汉	雷大秀锦	大学	党员	乡党委书记
		杨忠太	男	35	汉	深沟小户	初中	党员	小户村支书
		王小旺	女	26	汉	深沟王堡	小学	党员	王堡村妇联主任
		孙佰勤	男	49	汉	深沟孙山	小学		孙山村社长
治平	6	聂正国	男	54	汉	城关东关	中专	党员	县委副书记
		张廷俊	男	39	汉	李店小庄	大专	党员	乡党委书记
		柴国强	男	38	汉	治平阴坡	初中	党员	阴坡村支书
		雷冬生	女	32	汉	治平朱堡	初中		朱堡村社员
		雷全玺	男	51	汉	治平雷沟	小学		雷沟村主任
		张小娟	女	24	汉	治平刘河	高中		刘河村社员
新店	5	张金业	男	53	汉	八里刹白	初中	党员	县人大常委会司法工委主任
		王运军	男	35	汉	治平后沟	本科	党员	县财政局局长
		胡耀国	男	39	汉	双岘上海	大专	党员	乡党委书记
		刘雄彪	男	50	汉	新店任刘	高中	党员	任刘村支书
		吴小勤	女	27	汉	新店段岔	初中		段岔村社员
甘沟	8	牛力军	男	41	汉	庄浪南湖	本科	党员	县委常委、组织部部长
		靳宝生	男	40	汉	祁川马坡	本科	党员	乡党委书记
		阎　斌	男	40	汉	甘沟响河	高中	党员	甘沟小学教师
		黄尚明	男	47	汉	甘沟雷黄	高中	党员	雷黄村主任
		蔡东升	男	51	汉	甘沟甘沟	初中	党员	甘沟村主任
		李升举	男	38	汉	甘沟崖湾	高中		崖湾村社员
		周淑珍	女	36	汉	甘沟阎湾	小学		阎湾村社长
		刘粉粉	女	33	汉	甘沟水坪	初中		水坪村计生小组长
祁川	6	李居洲	男	39	汉	崇信黄花	大专	党员	县检察院检察长
		孙青茂	男	38	汉	新店新店	本科	党员	乡党委书记
		王志军	男	59	汉	祁川王川	初中	党员	王川村支书
		马勤民	男	48	汉	祁川靳马	初中		靳马村主任
		樊伍拾	男	41	汉	祁川杨咀	小学		杨咀村主任

续表1-29

乡镇	代表名额(名)	代表							
		姓名	性别	年龄(岁)	民族	籍贯	文化程度	政治面貌	职务
		杨冬果	女	32	汉	祁川张著	初中		张著村妇联主任
田堡	4	岳具辉	男	55	汉	三合老庄	大专	党员	县人大常委会副主任
		任占锋	男	40	汉	甘沟圪垯	中师	党员	乡党委书记
		石具山	男	39	汉	田堡石河	高中		石河村主任
		谭淑红	女	38	汉	田堡田河	初中		田河村社员
四河	5	陈向华	女	47	汉	威戎北关	本科	党员	县政协主席
		张玉新	男	40	汉	余湾花咀	高中	党员	乡党委书记
		厍鹏程	男	49	汉	四河王河	初中		王河村主任
		颉　珍	男	53	汉	四河涧沟	小学		涧沟村主任
		厍晓玲	女	30	汉	四河四河	初中		四河村社员
红寺	7	戴双军	男	53	汉	威戎北关	高中	党员	县委副书记、纪委书记
		杨　东	男	34	汉	深沟深沟	大专	党员	乡党委书记
		任跟路	男	42	汉	双岘中湾	大专	党员	乡人大主席
		赵　宏	男	43	汉	红寺化沟	高中	党员	化沟村支书
		唐国珍	男	46	汉	红寺甘湾	高中	党员	甘湾村主任
		李对明	女	32	汉	红寺红堡	小学		红堡村社员
		靳慧娥	女	37	汉	红寺庙河	初中		庙河村妇联主任
细巷	8	葛会荣	男	50	汉	崇信黄花	大专	党员	县委副书记
		柴玉明	男	47	汉	石咀陈河	大专	党员	县人大常委会办公室副主任
		谭廷献	男	44	汉	田堡大庄坪	高中	党员	乡党委书记
		张广泰	男	35	汉	细巷曹川	初中		曹川村主任
		马燕杰	女	28	汉	甘沟	大专		细巷卫生院医生
		芦　峰	男	47	汉	细巷靳堡	初中	党员	靳堡村主任
		厍耀东	男	50	汉	细巷厍川	初中		厍川村主任
		李品荣	女	24	汉	细巷谭店	中专		谭店村卫生员
七里	6	徐永宏	男	40	汉	雷大安乐	大专	党员	八里工业小区管委会主任
		李鹏玺	男	44	汉	双岘甘峡	大专	党员	乡党委书记
		樊莹琴	女	37	汉	祁川杨咀	本科	党员	乡政府乡长
		韩正明	男	53	汉	七里七里	初中	党员	七里村支书

续表1-29

乡镇	代表名额（名）	代表							
		姓名	性别	年龄（岁）	民族	籍贯	文化程度	政治面貌	职务
		王惠琴	女	28	汉	界石西川	初中		井沟村社员
		韩希贤	男	50	汉	七里韩岔	高中		韩岔村主任
界石铺	6	韩太平	男	41	汉	陕西礼泉	本科	党员	县人武部干部
		刘小进	男	31	汉	李店小庄	大专	党员	镇党委书记
		蔡军武	男	48	汉	界石邢岔	初中	党员	邢岔村支书
		吕　科	男	40	汉	界石魏湾	初中	党员	魏湾村文书
		王芳琴	女	25	汉	界石关湾	初中		关湾村社员
		李军窜	女	32	汉	红寺魏沟	初中		水鱼村社员
三合	6	郭应童	男	54	汉	城川靳寺	初中	党员	县人大常委会办公室主任
		徐俊红	男	34	汉	灵台西屯	大专	党员	乡党委书记
		尹玺凡	男	50	汉	三合新堡	初中	党员	新堡村支书
		吴国录	男	44	汉	三合北集	初中	党员	北集村支书
		李勤子	男	37	汉	三合南岔	初中		南岔村主任
		张　彩	女	34	汉	三合任岔	小学		任岔村社员
原安	7	王学书	男	38	汉	庄浪水洛	本科	党员	县委副书记
		景来万	男	35	汉	七里七里	大专	党员	乡党委书记
		余满录	男	57	汉	原安吉林	初中	党员	吉林村支书
		高宗武	男	48	汉	原安陈岔	高中	党员	陈岔村主任
		程志强	男	58	汉	原安程义	小学	党员	程义村主任
		王红卫	女	36	汉	原安关音	大专		关音村社员
		刘凤霞	女	29	汉	原安苏赵	初中		苏赵村社员
灵芝	6	陈玉梅	女	34	满	辽宁兴城	本科		县政府副县长
		席　荣	男	56	汉	甘沟甘沟	大专	党员	县人大常委会农财工委主任
		李成蹊	男	48	汉	七里李堡	高中	党员	乡党委书记
		庞　旭	男	48	汉	灵芝苗堡	高中	党员	苗堡村支书
		尹雄祥	男	39	汉	灵芝东庄	初中	党员	东庄村主任
		王安君	男	48	汉	灵芝前湾	初中		前湾村社员

第十五节 县第十五届人民代表大会代表

县第十五届、乡第十六届人大代表换届选举即县级第八次直接选举工作，于2006年10月下旬至12月中旬同步举行。分四个阶段。

第一阶段，10月20日至11月8日，开展宣传动员、成立选举机构、划分选区、分配代表名额、核对登记选民。根据《中华人民共和国全国人民代表大会和地方各级人民代表大会选举法》的规定，成立县选委会，聂正国为主任，位志贤、徐爱国、李雪云、岳具辉为副主任，薛小勇、李金、王守荣、王运军、张进宝、吴水利（女）、高赫、王宏峰、王根旺为委员，选委会下设办公室，李金为主任。各乡镇均成立由5至9人组成的选委会，城区街道办事处设立选举工作联络组。各选区设立选举领导小组，由3至5人组成，负责本选区的选举工作。甘肃省人大常委会确定静宁县第十五届人大代表名额212名，县选委会预留机动名额2名，其余210名按照每一选区选举1至3名代表的规定，分配到24个乡镇和城区街道办事处。县人大常委会确定各乡镇第十六届人大代表名额总数为1262名。全县共划分为178个选区。

第二阶段，11月9日至12月11日，提名推荐和确定公布代表候选人。省、市原则要求代表的结构比例是，党员干部不超过60%；妇女占22%左右；工人、农民和知识分子占半数以上；军人、少数民族、民主党派占到适当比例；连任比例在30%左右。县选委会确定县代表具体构成：一、干部90名，占42.5%，主要是县级领导、县人大常委会委员、县委和政府综合部门负责人、群众团体负责人、离退休干部、乡镇党委书记、部分人大主席和乡镇长。二、工人、农民96名，占45.3%；三、知识分子15名，占7%；四、军人、居民、民主党派、无党派人士以及其他11名，占5.2%。初步候选人名单在选举日的15日前公布，正式候选人名单在选举日的5日前公布。各乡镇选委会、各选区按照《中华人民共和国全国人民代表大会和地方各级人民代表大会选举法》关于候选人名额比应选名额多三分之一至一倍的差额比例，提名推荐初步候选人390名，于11月13日前进行公布。各选区充分酝酿讨论，最终确定正式候选人388名，经县选委会审查后，于12月11日前进行张榜公布。

第三阶段，12月12日至16日，投票选举。确定12月16日为全县选举日。各乡镇、各选区按照法律规定的程序，同时、同地分别投票选举县、乡人大代表。选举乡镇第十六届人大代表1262名，其中：男984名，女278名；35岁以下329名，36至55岁837名，56岁以上96名；中共党员731名，群众531名；汉族1257名，少数民族5名；大学本科以上141名，大专及高职236名，中专及高中289名，初中以下596名。

在210名县第十五届人大代表中，工人4名，占1.9%，农民92名，占43.81%，干部88名，占41.9%，教育、文化、卫生、科技等方面专业技术人员15名，占7.14%，军人1名，占0.48%，民主党派和无党派人士2名，占0.95%，公有经济、民营经济和城镇居民8名，占3.81%；中共党员121名，占57.62%；妇女52名，占24.76%；少数民族4名，占1.9%。妇女、少数民族代表比例均比上届有所提高；具有大专以上学历95名，占45.2%，中专及高中学历44名，占21%，初中文化程度64名，占30.5%；大专以上学历代表比例较上届提高11.7个百分点，初中以下文化程度代表比例较上届下降13.4个百分点；年龄在35岁以下39名，占18.6%，36至45岁之间113名，占53.8%，46岁以上58名，占27.6%，年龄在40岁以下较上届提高6.5个百分点，45岁以上较上届下降5个百分点。

第四阶段，12月17日至12月30日，筹备召开县十五届、乡镇十六届人大一次会议。

附：

县第十五届人民代表大会代表情况表

表1–30

选区	姓名	工作单位及职务	性别	籍贯	出生年月	民族	学历	党派
街道23名	高　恒	县人大常委会副主任	男	城川	1956.5	汉	本科	党员
	姜兴卫	县人武部干部	男	陕西子洲	1963.1	汉	本科	党员
	赵鹏飞	县委办公室主任	男	古城	1972.4	汉	本科	党员
	李永成	县政府办公室主任	男	威戎	1967.5	汉	本科	党员
	王运军	县财政局局长	男	治平	1967.8	汉	本科	党员
	杨升旺	县物价局局长	男	城川	1962.12	汉	本科	党员
	姚国奇	县人大常委会教科文卫工委主任	男	治平	1955.8	汉	本科	党员
	王根旺	城区街道办事处工委书记	男	雷大	1964.9	汉	本科	党员
	张三相	县医院外科主任	男	余湾	1954.11	汉	大专	
	李会宾	县农技中心助理农艺师	男	威戎	1967.6	汉	本科	
	裴晓江	县工业品包装公司经理	男	雷大	1966.9	汉	高中	
	李录才	县建筑集团公司经理	男	仁大	1954.11	汉	本科	党员
	杜　勇	县信用联社理事长	男	平凉	1956.2	汉	大专	党员
	杜耀文	县科协副主席	男	李店	1953.12	汉	大专	党员
	吕润霞	县二幼园长	女	界石铺	1975.1	汉	本科	
	李振宇	县一中教师	男	威戎	1970.4	汉	研究生	民盟
	贾芦存	县阿阳实验中学教师	女	古城	1976.9	汉	本科	民盟
	王来兄	县水务局工程师	女	深沟	1968.3	汉	大专	
	魏新娥	北环路居委会主任	女	城关	1954.12	汉	高中	党员
	刘淑萍	县陇兴化工公司工人	女	三合	1964.2	汉	初中	

续表1-30

选区	姓名	工作单位及职务	性别	籍贯	出生年月	民族	学历	党派
	王　凤	县电信局工人	女	城关	1964.3	汉	初中	
	鲍志娟	县残联工人	女	城川	1976.6	汉	本科	党员
	马艳芬	庙川居委会居民	女	城关	1968.2	回	大专	党员
城关6名	魏晓平	静宁县委副书记	男	武山	1963.4	汉	研究生	党员
	景来万	城关镇党委书记	男	界石铺	1967.4	汉	本科	党员
	王　武	城关镇政府镇长	男	八里	1973.4	汉	研究生	党员
	张来有	城关镇西关村支书	男	城关	1954.5	汉	高中	党员
	李胜蔚	城关镇峡门村八社社长	男	城关	1956.7	汉	初中	
	阎品贤	城关镇南关村三社农民	女	城关	1976.2	汉	中专	
城川7名	陈　铎	县政府县长	男	崇信	1963.6	汉	本科	党员
	徐俊红	城川乡党委书记	男	灵台	1968.2	汉	本科	党员
	阎学恭	城川乡人大主席	男	城关	1958.2	汉	中专	党员
	张占彬	城川卫生院院长	男	雷大	1962.7	汉	本科	党员
	赵　辉	城川乡红旗村主任	男	城川	1967.4	汉	初中	
	尹广平	城川乡杨庄村妇联主任	女	城川	1972.8	汉	初中	
	陈冬花	城川乡吴庙村妇联主任	女	城川	1962.12	汉	高中	
八里8名	马千里	县政府副县长	男	平凉	1963.7	汉	本科	党员
	靳宝生	八里镇党委书记	男	甘沟	1962.12	汉	本科	党员
	樊义和	八里镇政府镇长	男	深沟	1965.9	汉	大专	党员
	王相中	八里建筑公司经理	男	八里	1956.10	汉	高中	
	陈　强	麦林蔬菜公司经理	男	城关	1966.7	汉	本科	
	王全生	八里镇高城寨村主任	男	八里	1956.4	汉	初中	党员
	王小梅	八里镇红林村三社农民	女	李店	1979.8	汉	初中	
	王玉霞	八里镇小山村农民	女	城关	1964.8	汉	初中	
司桥6名	张秉银	县人武部干部	男	宁夏彭阳	1959.10	汉	大专	党员
	王瑞生	司桥乡党委书记	男	城关	1964.9	汉	研究生	党员
	刘桂香	司桥乡政府乡长	女	治平	1974.4	汉	研究生	党员
	吕福学	司桥乡吕曲村主任	男	司桥	1962.1	汉	高中	党员
	张汉义	司桥乡杨川村主任	男	司桥	1954.6	汉	高中	
	单玉梅	司桥村峡山社自管组长	女	司桥	1971.6	回	初中	
	张金业	县人大常委会副主任	男	八里	1949.2	汉	大专	党员

续表1-30

选区	姓名	工作单位及职务	性别	籍贯	出生年月	民族	学历	党派
曹务9名	李根进	县法院院长	男	庄浪	1964.8	汉	本科	党员
	樊爱平	曹务乡党委书记	男	治平	1963.4	汉	本科	党员
	赵忠中	曹务教委教师	男	曹务	1962.10	汉	中专	
	田兴周	曹务乡田沟村三社农民	男	曹务	1959.10	汉	高中	
	张文科	曹务乡张洼村庄科社农民	男	曹务	1947.12	汉	初中	党员
	沙万春	曹务乡店子村上店子社农民	男	曹务	1965.7	回	初中	
	柳盈盈	曹务乡程垣村石坪社农民	女	曹务	1971.5	汉	初中	
	王琴叶	曹务乡罗林村上新庄社农民	女	曹务	1965.3	汉	高中	
古城13名	陈向华	县政协主席	女	威戎	1954.3	汉	研究生	党员
	周永宏	县政府副县长	男	泾川	1962.12	汉	本科	党员
	胡志科	县人大常委会信访室主任	男	李店	1962.5	汉	大专	党员
	王喜东	县国土资源局局长	男	贾河	1966.11	汉	本科	党员
	何冠群	古城乡政府乡长	男	甘沟	1965.7	汉	大专	党员
	张国霖	古城中学校长	男	曹务	1965.12	汉	大专	
	陈小平	珍珠林酒厂经理	男	古城	1955.9	汉	高中	
	梁万财	古城乡佘湾村支书	男	古城	1958.08	汉	初中	党员
	李凤悟	古城乡庙堡村支书	男	古城	1961.2	汉	初中	党员
	马国斌	古城乡连湾村主任	男	古城	1952.3	汉	初中	
	邹引琴	古城乡邹河村农民	女	古城	1974.6	汉	初中	
	张治霞	古城乡贯庄村农民	女	古城	1973.5	汉	初中	
	胡静霞	古城乡陈河村农民	女	古城	1972.11	汉	初中	
威戎12名	宋全科	静宁县委书记	男	灵台	1964.7	汉	本科	党员
	祁治国	县人大常委会原副主任	男	界石铺	1945.1	汉	本科	党员
	王守荣	县人大常委会代表联络工委主任	男	雷大	1948.2	汉	本科	党员
	杨康乐	威戎镇党委书记	男	司桥	1963.7	汉	本科	党员
	王贵雄	威戎镇人大主席	男	甘沟	1956.8	汉	中专	党员
	李文革	威戎二建公司副总经理	男	威戎	1951.6	汉	本科	
	杨拴弟	威戎教委教师	女	威戎	1970.3	汉	大专	
	周峰仁	戎都酒业有限公司董事长	男	威戎	1959.12	汉	高中	
	李懂娃	威戎镇寨子村支书	男	威戎	1961.12	汉	高中	党员

续表1-30

选区	姓名	工作单位及职务	性别	籍贯	出生年月	民族	学历	党派
	尹　春	威戎镇梁马村农民	男	威戎	1978.11	汉	初中	
	武元恒	威戎镇武高村农民	男	威戎	1964.1	汉	初中	
	聂凤仙	威戎镇北关村农民	女	威戎	1966.12	汉	初中	
双观6名	崔鹏林	县委常委、政法委书记	男	庄浪	1963.9	汉	本科	党员
	王明星	双岘乡党委书记	男	治平	1964.9	汉	本科	党员
	张畔珠	双岘乡上海村支书	男	双岘	1956.12	汉	高中	党员
	任立功	双岘乡中湾村主任	男	双岘	1953.11	汉	小学	
	李引弟	双岘乡李咀村徐湾组农民	女	双岘	1976.1	汉	初中	
	胡小念	双岘乡双岘村自管小组长	女	双岘	1972.10	汉	小学	
雷大9名	王克选	县委常委、宣传部部长	男	李店	1966.11	汉	本科	党员
	薛小勇	县公安局局长	男	正宁	1964.4	汉	研究生	党员
	阎国军	雷大乡党委书记	男	八里	1962.12	汉	本科	党员
	程中平	雷大乡人大主席	男	雷大	1963.6	汉	高中	党员
	王荣录	雷大乡新义村支书	男	雷大	1964.8	汉	高中	党员
	张连雄	雷大乡合岘村主任	男	雷大	1965.2	汉	初中	
	范富银	雷大乡范堡村主任	男	雷大	1948.7	汉	初中	
	张石头	雷大乡麻硖村农民	女	雷大	1971.9	汉	小学	
	王小琴	雷大乡谢吕村农民	女	雷大	1968.5	汉	初中	
余湾5名	戴双军	县人大常委会副主任	男	威戎	1950.9	汉	高中	党员
	吕治军	余湾乡党委书记	男	界石铺	1963.1	汉	大专	党员
	赵军海	余湾乡韩店村支书	男	余湾	1968.11	汉	初中	党员
	许长子	余湾乡胡同村文书	男	余湾	1965.11	汉	初中	
	柴彩兄	余湾乡王沟村农民	女	李店	1971.8	汉	高中	
贾河5名	徐永宏	八里乡镇工业小区管委会主任	男	雷大	1962.8	汉	本科	党员
	杨举民	贾河乡党委书记	男	甘沟	1971.6	汉	本科	党员
	任玉怀	贾河乡高窑村支书	男	贾河	1960.2	汉	初中	党员
	宋敬宗	贾河乡宋堡村主任	男	贾河	1960.2	汉	初中	
	王燕菊	贾河乡王沟村农民	女	贾河	1972.6	汉	初中	
	位志贤	县委常委、政府常务副县长	男	崇信	1963.6	汉	研究生	党员
	高长茂	县人大常委会农财工委主任	男	仁大	1953.9	汉	初中	党员
	赵宏军	仁大乡党委书记	男	城川	1965.10	汉	本科	党员

续表1–30

选区	姓名	工作单位及职务	性别	籍贯	出生年月	民族	学历	党派
仁大11名	张汉基	县人大常委会司法民政工委主任	男	新店	1968.7	汉	本科	党员
	王社余	仁大乡政府乡长	男	李店	1968.9	汉	本科	党员
	陈金章	仁大中学校长	男	仁大	1965.7	汉	本科	党员
	刘丁科	仁大乡刘川村农民	男	仁大	1970.9	汉	初中	
	高银锁	仁大乡扯弓塬村农民	男	仁大	1986.12	汉	初中	
	李向军	仁大乡新兴村农民	男	仁大	1984.11	汉	初中	
	高亚萍	仁大乡李河村农民	女	仁大	1976.3	汉	初中	
	高菊香	仁大乡深沟村农民	女	仁大	1968.11	汉	高中	
深沟5名	李文平	县政府副县长	男	通渭	1963.12	汉	本科	党员
	王　东	深沟乡党委书记	男	甘沟	1964.2	汉	大专	党员
	吕芳芳	深沟乡中心小学民办教师	女	深沟	1968.10	汉	大专	
	王晓阳	深沟乡王堡村街道社农民	男	深沟	1966.9	汉	初中	党员
	王保宝	深沟乡深沟村西川社农民	男	深沟	1967.5	汉	高中	
治平6名	张自杰	县人大常委会主任	男	新店	1956.7	汉	大专	党员
	朱春林	县人大常委会原副主任	男	治平	1947.12	汉	高中	
	郭　煜	治平乡党委书记	男	界石铺	1963.4	汉	本科	党员
	樊发喜	治平乡大庄村三组农民	男	治平	1964.6	汉	初中	党员
	柴国强	治平乡阴坡村沟滩组农民	男	治平	1964.3	汉	初中	党员
	杨转香	治平乡伍坪村伍坪组农民	女	治平	1962.4	汉	高中	
李店8名	沙芳琴	县人大常委会副主任、一幼园长	女	曹务	1965.8	回	大专	
	杜文彪	县发展和改革局局长	男	双岘	1955.9	汉	高中	党员
	王宁宁	李店镇党委书记	男	城川	1973.7	汉	研究生	党员
	张新江	李店镇政府镇长	男	甘沟	1968.9	汉	本科	党员
	王兰兰	李店镇教委教师	女	李店	1976.6	汉	本科	党员
	刘仁兴	李店镇白草洼村支书	男	李店	1964.8	汉	高中	党员
	王守太	李店镇蒲岔村文书	男	李店	1962.6	汉	初中	党员
	张　玲	李店镇王沟村农民	女	李店	1980.5	汉	高中	
新店5名	岳具辉	县人大常委会原副主任	男	三合	1947.12	汉	大专	党员
	魏小良	新店乡党委书记	男	红寺	1973.10	汉	本科	党员
	王耀先	新店乡秦王村支书	男	新店	1956.3	汉	初中	党员
	王　智	新店乡小湾村文书	男	新店	1971.12	汉	高中	

续表1-30

选区	姓名	工作单位及职务	性别	籍贯	出生年月	民族	学历	党派
	张娟玲	新店乡秦王村农民	女	新店	1983.8	汉	初中	
甘沟13名	徐爱国	县委常委、组织部部长	男	山丹	1964.1	汉	研究生	党员
	王有华	县政协原副主席	男	深沟	1942.6	汉	小学	党员
	张进宝	县民政局局长	男	红寺	1963.5	汉	本科	党员
	杨　飞	甘沟乡党委书记	男	古城	1968.7	汉	本科	党员
	周仲勤	甘沟乡人大主席	男	四河	1959.4	汉	中专	党员
	马文奇	甘沟中心卫生院院长	男	古城	1963.1	汉	本科	
	邓满斗	甘沟乡教委主任	男	四河	1957.10	汉	大专	党员
	冀森宏	甘沟乡祁川村支书	男	甘沟	1960.1	汉	高中	党员
	杨多兄	甘沟乡屯堡村农民	女	甘沟	1977.9	汉	小学	
	王汉斌	甘沟乡响河村农民	男	甘沟	1962.1	汉	初中	
	王稳学	甘沟乡梁岔村农民	男	甘沟	1966.3	汉	初中	
	王　霞	甘沟乡上岔村农民	女	甘沟	1967.4	汉	初中	
	李秀芳	甘沟乡大柳村农民	女	甘沟	1968.5	汉	初中	
四河9名	刘　学	县公安局政委	男	庄浪	1964.10	汉	本科	党员
	李　金	县人大常委会办公室主任	男	甘沟	1964.9	汉	本科	党员
	张新民	县人大常委会教科文卫工委主任	男	城关	1947.10	汉	初中	党员
	刘昌麟	四河乡党委书记	男	李店	1971.2	汉	本科	党员
	张升祖	四河乡黄川村支书	男	四河	1945.5	汉	小学	党员
	张　锦	四河乡郭岔村农民	男	四河	1961.7	汉	高中	
	蔡志明	四河乡蔡河村阴坡社农民	男	四河	1962.11	汉	初中	党员
	库小玲	四河乡四河村农民	女	四河	1972.5	汉	初中	
	何桂苹	四河乡上卢村农民	女	四河	1967.2	汉	小学	党员
红寺7名	王星耀	县人大常委会副主任	男	界石铺	1954.7	汉	本科	党员
	厚　学	水泥集团公司董事长、总经理	男	细巷	1952.3	汉	大专	党员
	杨　东	红寺乡党委书记	男	深沟	1968.11	汉	本科	党员
	胡春强	红寺乡二河村农民	女	红寺	1971.3	汉	小学	
	唐国珍	红寺乡甘湾村支书	男	红寺	1957.7	汉	高中	党员
	曹萍宗	红寺乡庙河村主任	男	红寺	1961.12	汉	初中	党员
	冯玲霞	红寺乡胡沟村后湾社农民	女	红寺	1965.11	汉	小学	
	陈玉梅	县政府副县长	女	辽宁兴城	1968.9	满	本科	

续表1-30

选区	姓名	工作单位及职务	性别	籍贯	出生年月	民族	学历	党派
细巷8名	杨晓光	县人大常委会机关党支部书记	男	城关	1952.3	汉	高中	党员
	郭三省	县教育局局长	男	治平	1964.3	汉	本科	党员
	张建宁	细巷乡党委书记	男	城川	1965.3	汉	本科	党员
	芦　峰	细巷乡靳堡村支书	男	细巷	1956.11	汉	初中	党员
	张前胜	细巷乡细巷村支书	男	细巷	1963.9	汉	初中	党员
	张　俭	细巷乡文坪村农民	男	细巷	1960.6	汉	高中	
	祁秀珍	细巷乡谭店村农民	男	细巷	1966.2	汉	小学	
界石铺11名	聂正国	县人大常委会原主任、党组书记	男	城关	1948.12	汉	大专	党员
	陈　龙	县检察院检察长	男	泾川	1971.7	汉	本科	党员
	刘小进	界石铺镇党委书记	男	李店	1970.12	汉	研究生	党员
	李　读	县人口与计划生育局局长	男	雷大	1963.9	汉	高中	党员
	王守荣	界石铺镇人大主席	男	八里	1957.12	汉	高中	党员
	吕　科	界石铺镇魏湾村支书	男	界石铺	1965.1	汉	初中	党员
	李粉娥	界石铺镇中心小学教师	女	红寺	1975.4	汉	大专	
	曹有成	界石铺镇关湾村农民	男	界石铺	1949.1	汉	小学	
	韩　斐	界石铺镇七里村支书	男	界石铺	1968.10	汉	高中	党员
	苏万成	界石铺镇新合村农民	男	界石铺	1959.3	汉	初中	
	杨　娴	界石铺镇西川村农民	女	界石铺	1977.1	汉	高中	
三合6名	许富忠	县人大常委会副主任	男	城川	1950.1	汉	初中	党员
	李存时	县农业办公室主任	男	雷大	1959.12	汉	本科	党员
	付鹏举	三合乡党委书记	男	双岘	1967.5	汉	中专	党员
	尹玺藩	三合乡新堡村支书	男	三合	1951.9	汉	小学	党员
	李　刚	三合乡陈安村支书	男	三合	1962.6	汉	初中	党员
	王丽萍	三合乡光华村农民	女	三合	1974.11	汉	初中	党员
原安6名	吴水利	县妇联主席	女	城川	1967.11	汉	本科	党员
	高万福	原安乡党委书记	男	灵芝	1962.5	汉	大专	党员
	文慧轶	原安乡人大主席	男	界石铺	1965.8	汉	大专	党员
	程志科	原安乡程义村农民	男	原安	1962.10	汉	小学	
	李明军	原安乡民寨村主任	男	原安	1953.5	汉	小学	
	刘凤霞	原安乡苏赵村农民	女	原安	1973.9	汉	初中	
	李雪云	县委常委、县纪委书记	男	庄浪	1964.9	汉	本科	党员

续表1-30

选区	姓名	工作单位及职务	性别	籍贯	出生年月	民族	学历	党派
灵芝6名	张　荣	灵芝乡党委书记	女	双岘	1970.3	汉	研究生	党员
	李成蹊	县人大常委会农财工委副主任	男	界石铺	1955.7	汉	高中	党员
	尹雄祥	灵芝乡东庄村支书	男	灵芝	1963.4	汉	初中	党员
	李维春	灵芝乡宋岔村主任	男	灵芝	1958.10	汉	小学	
	王　林	灵芝乡前湾村文书	男	灵芝	1964.4	汉	高中	

第十六节　县第十六届人民代表大会代表

县第十六届、乡镇第十七届人大代表换届选举即第九次县级直接选举工作于2011年7月至10月同步举行。按照平凉市委、市人大常委会的安排，此次人大代表选举工作在界石铺镇先行试点的基础上，于7月上旬全面推开。分四个阶段进行。

第一阶段，7月1日至22日，开展宣传动员、成立选举工作机构、培训选举工作人员、划分选区、分配代表名额、核对登记选民、公布选民名单。

第二阶段，7月23日至8月3日，提名推荐、确定公布正式代表候选人。由政党、群众团体或选民10人以上提名推荐代表初步候选人、组织选民酝酿讨论和确定公布正式候选人；代表候选人的人数按多于应选代表名额的三分之一至一倍，确定县人大代表正式候选人404名（差额197名）。各选区按照时限要求，于7月27日前公布初步候选人名单，于8月3日前公布正式候选人名单。

第三阶段，8月4日至10日，选举准备、投票选举和审查公布当选代表名单。确定8月10日为县、乡两级人大换届选举统一选举日。

第四阶段，8月11日至10月，筹备召开县十六届、乡镇十七届人大一次会议。

此次换届选举涉及全县24个乡镇和1个街道办事处，总人口48.25万人。全县共划分县人大代表选区189个，乡镇人大代表选区499个，选举县第十六届人大代表209名，乡镇第十七届人大代表1262名。县人大代表中，工人、农民和专业技术人员126名，占60.3%，党政干部83名，占39.7%；妇女52名，占25.1%。乡镇人大代表中，工人、农民和专业技术人员841名，占66.7%，党政干部421名，占33.3%；妇女305名，占24.2%。

附：

县第十六届人民代表大会代表情况表

表1-31

选区	姓名	性别	民族	出生年月	文化程度	党派	工作单位	职务
街道17名	熊玉林	男	汉	1970.12	研究生	党员	县人武部	干部
	周浩仁	男	汉	1974.11	本科	党员	县委组织部	副部长
	刘晓梅	女	汉	1964.1	本科	党员	县气象局	局长
	王根旺	男	汉	1964.9	本科	党员	城区街道办事处	工委书记
	阎惠群	女	汉	1965.7	大专	党员	县博物馆	馆长
	李会宾	男	汉	1967.6	本科		县农技中心	副主任、农艺师
	朱国军	男	汉	1969.1	本科	党员	县中医院	院长
	曹宁子	男	汉	1964.9	本科	党员	阿阳实验学校	校长
	王君芳	女	汉	1962.1	大专	民盟	县第一幼儿园	教师
	裴晓江	男	汉	1966.9	高中		工业品包装公司	总经理
	杜　进	男	汉	1965.5	高中		恒达有限责任公司	总经理
	姚　莉	女	汉	1978.6	初中		县客运有限责任公司	工人
	常　萍	女	汉	1980.4	大专	党员	酒钢集团甘肃兴安民爆公司静宁分公司	工人
	李叔强	男	汉	1967.8	本科		县环保局	工人
	刘玉兰	女	汉	1968.4	高中		县公用事业管理局	工人
	厚凤兰	女	汉	1963.12	大专	党员	人民巷社区居委会	主任
	马　葳	男	汉	1966.11	大专	党员	阿阳路社区	居民
城关5名	史录平	男	汉	1966.2	本科	党员	县委	副书记
	王顺义	男	汉	1973.10	本科	党员	城关镇党委	书记
	张来有	男	汉	1954.5	高中	党员	城关镇西关村	党支部书记
	阎品贤	女	汉	1976.2	初中		城关镇南关村	农民
	刘小勇	男	汉	1969.8	高中		城关镇新城村	农民
城川8名	徐　毅	男	汉	1964.5	研究生	党员	县政府	县委副书记、县政府县长
	阎国军	男	汉	1962.12	本科	党员	县人社局	组织部副部长、人社局局长

续表1-31

选区	姓名	性别	民族	出生年月	文化程度	党派	工作单位	职务
	刘银锋	男	汉	1970.5	本科	党员	城川乡党委	书记
	王高林	男	汉	1970.1	本科	党员	城川乡人大	主席
	马红子	男	汉	1955.3	高中	党员	城川乡红旗村	党支部书记
	杨学学	男	汉	1969.6	高中		城川乡杨庄村	农民
	司爱红	女	汉	1973.6	初中		城川乡甘河村	农民
	王霞霞	女	汉	1979.9	中专		城川乡吴庙村	农民
八里8名	徐德才	男	汉	1964.6	本科	党员	县政府	县委常委、副县长
	李　强	男	汉	1978.3	研究生	党员	八里镇党委	书记
	王彦飞	男	汉	1971.5	本科	党员	八里镇政府	镇长
	陈　强	男	汉	1966.7	本科		麦林果蔬公司	经理
	王全生	男	汉	1956.4	初中	党员	八里镇高城寨村	村委会主任
	王相中	男	汉	1956.10	高中	党员	八里镇红林村	农民
	杨　草	女	汉	1980.5	初中		八里镇阎庙村	农民
	王宝琴	女	汉	1977.12	初中		八里镇高城寨村	农民
司桥6名	柳振源	男	汉	1965.11	本科	党员	县人武部	干部
	王笃庆	男	汉	1965.7	本科	党员	司桥乡党委	书记
	高志科	男	汉	1962.11	高中	党员	司桥乡庙咀村	农民
	王粉菊	女	汉	1986.7	初中		司桥乡吕曲村	农民
	张进生	男	汉	1958.1	高中		司桥乡上马村	农民
	单玉梅	女	回	1971.6	初中		司桥乡司桥村	农民
曹务8名	李根进	男	汉	1964.8	本科	党员	县人民法院	院长
	江小兵	男	汉	1978.3	本科	党员	曹务乡党委	书记
	刘国军	男	汉	1973.4	本科	党员	曹务乡政府	乡长
	文　铭	男	汉	1965.4	初中	党员	曹务乡张洼村	党支部书记
	王海霞	女	汉	1982.7	本科		曹务乡教育办	教师
	田兴周	男	汉	1959.10	高中		曹务乡田沟村	农民
	摆俊梅	女	回	1979.3	初中		曹务乡店子村	农民
	杨菊芳	女	汉	1972.5	初中		曹务乡中庄村	农民
	慕锡武	男	汉	1957.9	大专	党员	县人大常委会	副主任
	吴水利	女	汉	1967.11	本科	党员	县妇联	主席

续表1–31

选区	姓名	性别	民族	出生年月	文化程度	党派	工作单位	职务
古城14名	杨立新	男	汉	1958.7	本科	党员	县人大常委会代表联络工委	主任
	王升斌	男	汉	1972.1	本科	党员	古城乡党委	书记
	程军伟	男	汉	1968.7	本科	党员	古城乡政府	乡长
	樊文义	男	汉	1971.1	大专		古城乡卫生院	院长
	高勤学	男	汉	1968.8	大专		古城乡政府	农技人员
	陈小平	男	汉	1952.9	高中		珍珠林酒厂	经理
	石学礼	男	汉	1962.1	初中	党员	古城乡丁寺村	党支部书记
	罗　华	男	汉	1962.8	高中	党员	古城乡邹河村	党支部书记
	贾浩军	男	汉	1971.8	高中	党员	古城乡贾庄村	党支部书记
	邵生泉	男	汉	1952.6	初中	党员	古城乡陈河村	党支部书记
	曹灯花	女	汉	1971.1	初中		古城乡同心村	农民
	许　红	女	汉	1969.7	初中		古城乡胡坡村	农民
威戎14名	王晓军	男	汉	1967.8	研究生	党员	县委	书记
	吕锦鸿	男	汉	1974.4	本科	党员	工业园区管委会	主任
	王　敏	男	汉	1969.11	本科	党员	县财政局	局长
	王吉庆	男	汉	1975.12	本科	党员	威戎镇党委	书记
	张友明	男	汉	1971.12	本科	党员	威戎镇人大	主席
	王齐平	男	汉	1968.2	中专		威戎镇政府	干部
	戴中锋	男	汉	1969.8	大专		威戎镇沁园春酒厂	厂长
	吴树海	男	汉	1955.6	初中	党员	威戎镇威戎村	党支部书记
	杨东生	男	汉	1969.8	初中	党员	威戎镇杨桥村	党支部书记
	王军会	女	汉	1974.9	本科		威戎镇教育办	教师
	党雪荣	男	汉	1963.2	高中		威戎镇威戎村	农民
	聂凤仙	女	汉	1966.12	初中		威戎镇北关村	农民
	吕明明	女	汉	1977.12	初中		威戎镇李沟村	农民
	杨余子	女	汉	1985.7	初中		威戎镇下沟村	农民
双观6名	胡麒军	男	汉	1967.5	研究生	党员	县委宣传部	县委常委、部长
	屈稳强	男	汉	1972.8	本科	党员	双岘乡党委	书记
	马刚喜	男	汉	1974.1	初中		双岘乡团庄村	村委会文书
	王军社	男	汉	1972.11	初中		双岘乡双岘村	村委会副主任

续表1-31

选区	姓名	性别	民族	出生年月	文化程度	党派	工作单位	职务
	雷国省	男	汉	1958.11	高中		双岘乡上海村	农民
	李引弟	女	汉	1976.1	初中	党员	双岘乡李咀村	农民
雷大8名	姚小燕	女	汉	1975.12	本科	党员	县委统战部	县委常委、部长
	唐亢亢	男	汉	1969.12	本科	党员	雷大乡党委	书记
	文治卿	男	汉	1969.8	大专	党员	雷大乡人大	主席
	王爱利	女	汉	1976.8	初中		雷大乡合岘村	农民
	张继明	男	汉	1948.12	初中	党员	雷大乡张局村	农民
	张友明	男	汉	1975.7	初中		雷大乡屈岔村	农民
	张石头	女	汉	1971.8	初中		雷大乡麻峡村	农民
	裴智国	男	汉	1957.3	小学		雷大乡范堡村	农民
余湾5名	陈　龙	男	汉	1971.7	本科	党员	县检察院	检察长
	刘桂香	女	汉	1974.4	研究生	党员	余湾乡党委	书记
	赵军海	男	汉	1968.11	高中	党员	余湾乡韩店村	党支部书记
	王安界	男	汉	1976.3	高中		余湾乡王坪村	村委会主任
	陈丽丽	女	汉	1982.3	高中		余湾乡韩马村	农民
贾河5名	陈进财	男	汉	1956.3	大专	党员	县人大常委会	副主任
	梁永红	男	汉	1973.10	本科	党员	中共贾河乡党委	书记
	贾珍祥	男	汉	1968.11	初中	党员	贾河乡贾河村	村委会主任
	何小慧	女	汉	1985.2	初中		贾河乡中堡村	农民
	侯兵强	男	汉	1977.7	初中		贾河乡侯山村	农民
仁大11名	沈学英	女	汉	1968.5	本科		县政府	副县长
	马世明	男	汉	1956.8	本科	党员	县人大常委会司法民政工委	主任
	史晓平	男	汉	1962.9	本科	党员	县发改局	局长
	雷旺盛	男	汉	1968.12	本科	党员	仁大乡党委	书记
	万德强	男	汉	1979.2	本科	党员	仁大乡人大	主席
	杨仲祥	男	汉	1964.2	本科	党员	仁大中学	校长
	李省勤	男	汉	1967.5	初中		仁大乡故坪村	农民
	陈孜兄	女	汉	1981.6	初中		仁大乡高峡村	农民
	陈小雪	女	汉	1984.10	初中		仁大乡解放村	农民
	贠应来	男	汉	1970.11	高中	党员	仁大乡杨湾村	农民

续表1-31

选区	姓名	性别	民族	出生年月	文化程度	党派	工作单位	职务
	周　喜	男	汉	1987.6	高中		仁大乡峡口村	农民
深沟4名	王星耀	男	汉	1954.7	本科	党员	县人大常委会	副主任
	王亚鹏	男	汉	1973.9	本科	党员	深沟乡党委	书记
	杨麦良	男	汉	1964.11	初中	党员	深沟乡深沟村	党支部书记
	王永珠	男	汉	1966.7	初中		深沟乡王堡村	农民
治平7名	王智国	男	汉	1962.5	本科	党员	县政协	主席候选人
	武文学	男	汉	1956.2	大专	党员	县人大常委会农财工委	主任
	郭国定	男	汉	1965.4	大专	党员	治平乡党委	书记
	杜东洲	男	汉	1973.1	本科	党员	治平乡人大	主席
	王霞霞	女	汉	1989.5	初中		治平乡后沟村	农民
	雷新茂	男	汉	1972.2	初中		治平乡雷沟村	农民
	郭玉霞	女	汉	1976.2	初中		治平乡安宁村	农民
李店9名	徐永宏	男	汉	1962.8	本科	党员	县政府	副县长
	胡志科	男	汉	1962.5	大专	党员	县人大常委会信访室	主任
	王宁宁	男	汉	1973.7	硕士	党员	李店镇党委	书记
	王壬寅	男	汉	1962.11	大专	党员	李店镇政府	镇长
	李亚萍	女	汉	1984.11	本科		李店镇教育办	教师
	郭　忠	男	汉	1958.12	高中	党员	李店镇阴坡咀村	党支部书记
	毛小琴	女	汉	1978.1	高中		李店镇白草疘村	农民
	刘广益	男	汉	1964.11	高中		李店镇刘晋村	农民
	杜草草	女	汉	1978.12	初中		李店镇郭柴村	农民
新店4名	高　恒	男	汉	1956.5	本科	党员	县人大常委会	县人大常委会副主任、县总工会主席
	薛仁杰	男	汉	1973.7	本科	党员	新店乡党委	书记
	张文锋	男	汉	1963.2	高中	党员	新店乡新店村	党支部书记
	甘治雄	男	汉	1974.11	初中		新店乡甘坡村	农民
	何鹏峰	男	汉	1972.11	研究生	党员	县委组织部	县委常委、部长
	张秉鑑	男	汉	1963.5	本科	党员	县纪委、监察局	常务副书记、局长
	魏小良	男	汉	1973.10	本科	党员	甘沟乡党委	书记

续表1-31

选区	姓名	性别	民族	出生年月	文化程度	党派	工作单位	职务
甘沟13名	薛小田	男	汉	1973.4	本科	党员	甘沟乡人大	主席
	牛国喜	男	汉	1972.7	本科	党员	甘沟中学	校长
	王小梅	女	汉	1979.7	大专		甘沟卫生院	护士
	戴广智	男	汉	1978.10	高中		广源果牧有限责任公司	党支部书记、总经理
	冀森宏	男	汉	1960.1	小学	党员	甘沟乡祁川村	党支部书记
	任奋飞	男	汉	1962.6	初中		甘沟乡水坪村	村委会主任
	郜小会	女	汉	1976.9	初中		甘沟乡雷黄村	农民
	张百姓	男	汉	1962.10	高中	党员	甘沟乡屯堡村	农民
	贾　惠	女	汉	1975.5	初中		甘沟乡上岔村	农民
	张来弟	女	汉	1973.10	初中		甘沟乡梁岔村	农民
四河10名	戴双军	男	汉	1950.9	高中	党员	县人大常委会	原副主任
	冯克勤	男	汉	1957.1	大专	党员	县人大常委会教科工委	主任
	靳宝生	男	汉	1962.12	本科	党员	县卫生局	局长
	王社余	男	汉	1968.9	本科	党员	四河乡党委	书记
	伏国泰	男	汉	1965.7	大专	党员	四河乡政府	乡长
	王生元	男	汉	1960.5	高中		四河乡张尤村	农民
	张　锦	男	汉	1961.7	高中	党员	四河乡周岔村	农民
	王满平	女	汉	1983.1	初中		四河乡岘口村	农民
	王　霞	女	汉	1977.6	初中		四河乡雷河村	农民
	雷永春	男	汉	1963.7	初中		四河乡田堡村	农民
红寺8名	王发永	男	汉	1972.9	本科	党员	县纪委	县委常委、书记
	张进宝	男	汉	1963.5	本科	党员	县民政局	局长
	何冠群	男	汉	1965.7	大专	党员	红寺乡党委	书记
	柳军洲	男	汉	1975.10	本科	党员	红寺乡人大	主席
	石生勇	男	汉	1962.8	大专	党员	红寺乡教育办	教师
	马政海	男	汉	1963.12	初中		红寺乡庙河村	农民
	王　莉	女	汉	1962.7	初中		红寺乡红寺村	农民
	唐国珍	男	汉	1957.7	高中		红寺乡甘湾村	农民
	沙芳琴	女	回	1965.8	大专		县人大常委会	副主任、一幼园长

续表1-31

选区	姓名	性别	民族	出生年月	文化程度	党派	工作单位	职务
细巷9名	厚连世	男	汉	1960.11	本科	党员	县环保局	局长
	王　奕	男	汉	1972.12	研究生	党员	细巷乡党委	书记
	朱奋喜	男	汉	1971.2	大专	党员	细巷乡政府	乡长
	厚耀东	男	汉	1952.12	小学	党员	细巷乡厚川村	党支部书记
	张发堂	男	汉	1956.7	小学	党员	细巷乡中华村	党支部书记
	米万宝	男	汉	1961.3	初中		细巷乡米岔村	村委会主任
	李占萍	女	汉	1975.4	初中		细巷乡细巷村	农民
	张　俭	男	汉	1960.6	高中		细巷乡文坪村	农民
界石12名	张自杰	男	汉	1956.7	大专	党员	县人大常委会	党组书记、主任
	李　金	男	汉	1964.9	本科	党员	县人大常委会办公室	主任
	杨康乐	男	汉	1963.7	本科	党员	县农业办公室	主任
	张亚鹏	男	汉	1966.10	大专	党员	界石铺镇党委	书记
	米发明	男	汉	1972.7	大专	党员	界石铺镇人大	主席
	张晓婷	女	汉	1979.3	本科		界石铺镇教育办	教师
	王银喜	男	汉	1965.10	小学	党员	界石铺镇西川村	党支部书记
	赵文学	男	汉	1964.9	初中	党员	界石铺镇崔岔村	党支部书记
	吕克生	男	汉	1971.4	小学		界石铺镇七里村	农民
	伏学德	男	汉	1955.10	小学		界石铺镇祁岔村	农民
	张　瑜	女	汉	1966.12	初中		界石铺镇关湾村	农民
	张百长	男	汉	1967.1	初中		界石铺镇井沟村	农民
三合5名	梁文义	男	汉	1967.3	本科	党员	县公安局	局长
	靳建喜	男	汉	1971.3	本科	党员	三合乡党委	书记
	李　刚	男	汉	1962.6	初中	党员	三合乡陈安村	党支部书记
	王罗庆	女	汉	1981.3	初中		三合乡光华村	农民
	赵志明	男	汉	1953.8	小学		三合乡任岔村	农民
原安7名	孙智清	男	汉	1965.4	大专	党员	县政府	副县长
	王维军	男	汉	1957.8	本科	党员	县政协	副主席
	王　宏	男	汉	1968.8	本科	党员	原安乡党委	书记
	吴满会	男	汉	1966.2	本科	党员	原安乡人大	主席
	时淑琴	女	汉	1970.4	大专	党员	原安乡原头村	党支部书记

续表1-31

选区	姓名	性别	民族	出生年月	文化程度	党派	工作单位	职务
	李明军	男	汉	1956.4	初中		原安乡民寨村	村委会主任
	程孝义	男	汉	1956.4	小学		原安乡程义村	农民
灵芝6名	王运军	男	汉	1967.8	本科	党员	县委统战部	县委常委、部长
	王平仁	男	汉	1955.10	本科	党员	县政协	副主席
	李　荣	男	汉	1969.2	本科	党员	灵芝乡党委	书记
	尹雄祥	男	汉	1963.4	初中	党员	灵芝乡东庄村	党支部书记
	尹万东	男	汉	1971.4	高中		灵芝乡尹岔村	村委会主任
	贾会军	女	汉	1977.7	初中		灵芝乡高义村	农民

第十七节　县第十七届人民代表大会代表

县第十七届、乡镇第十八届人大代表选举即第十次县级直接选举工作，于2016年5月至8月同步举行。分四个阶段开展工作。第一阶段，组织筹备和选民登记。开展宣传动员、成立选举工作机构、培训选举工作人员、划分选区、分配代表名额、核对登记选民、公布选民名单。第二阶段，提名推荐、确定公布正式候选人。主要是由政党、群众团体或选民10人以上提名推荐初步候选人、组织选民酝酿讨论和确定公布正式候选人。第三阶段，选举准备、投票选举和审查公布当选代表名单。确定7月21日为全县选举日。第四阶段，筹备召开县十七届、乡镇十八届人大一次会议。

一是省、市人大常委会关于县、乡两级人大换届选举工作学习班结束后，县人大常委会先后召开党组会议、主任会议和常委会会议，传达学习有关换届选举文件精神和省、市关于县、乡两级人大换届选举工作学习班精神，提出实施意见，对选举时间、乡镇第十八届人大代表名额和设立县选委会等作出决定。6月2日，召开县、乡两级人大换届选举工作动员大会。制定下发《静宁县县乡两级人民代表大会换届选举工作实施方案》和行事历等指导性文件。

二是成立县、乡人大换届选举工作领导小组和县、乡选委会（城区街道办事处设立选举工作联络组），设立选区选举工作领导小组。上述机构组成人员，从拟不担任代表候选人的人员中遴选，由县人大常委会任命，以保证选举法中“关于代表候选人不得担任选举委员会组成人员和县人大常委会依法任命”规定的落实。

三是利用县电视台、县人大常委会机关网站，通过召开群众大会、进村入户、刷写标语、悬挂横幅、向全体选民印发《致广大选民的一封信》等形式，重点宣传宪法和新修订的选举法、地方组织法、代表法等法律法规以及省、市有关换届选举工作文件精神，特别是对换届选举中代表候选人的提出、审查以及积极推进信息化系统建设等一些新的规定做重点宣传。投票选举时，通过制作专栏、广播宣传以及在投票站、选举大会会场悬挂国旗、彩旗、横幅，努力营造换届选举浓厚氛围。

四是6月上旬举办县、乡两级人大换届选举培训班，统一订购《县乡人大选举工作流程与规范样本》等学习资料，集中对乡镇人大主席、选委会主任和选举工作人员进行业务培训。

五是按照“城乡相同人口比例选举人大代表”的要求，坚持“每一选区选举1至3名代表”和“各选区每一代表所代表的人口数应当大体相等”的原则，全县共划分县人大代表选区127个、乡镇人大代表选区501个。在选区划分中尽量做到县代表选区中套若干个乡镇人大代表选区，使县、乡两级共享选民登记信息。

六是坚持以户口所在地和工作单位为主，以户口簿和身份证为准，逐人进行核对登记。对流动人口在户口所在地进行登记，对外出未返农民，由其亲属通过电话、信函取得联系，制作委托投票书，确保流动选民行使其选举权利。于7月6日前对选民进行张榜公布，发放选民证。

七是落实选举法关于城乡按相同人口比例选举人大代表的规定和省、市人大对代表结构中“工人、农民和专业技术人员的比例要较上一届有所上升；妇女代表的比例要较上一届有所提高；党政干部担任人大代表的比例要继续从严掌握，不得超过代表总数的三分之一，不应挤占工人、农民和专业技术人员代表名额；军人、少数民族代表也要有适当比例”的要求，县选委会按照城乡相同人口比例，对县、乡人大代表名额进行分配。

八是按照选举法中“代表候选人数应多于应选代表名额三分之一至一倍”的规定，经县、乡党委、基层党组织和选民10人以上联名推荐，提出县、乡人大代表初步候选人名单。在提交各选区选民小组反复酝酿讨论协商的基础上，县、乡选委会对确定的初步代表候选人进行审查把关。7月1日至2日，县人大常委会会同县委组织部、县纪检委，组成6个考察组，对各选区确定的385名县第十七届人大代表初步候选人的政治素质、思想品行、遵纪守法、廉洁自律、履职能力、群众基础、社会形象等进行考察，对不符合要求的初步候选人作了调整。纪检、组织、统战、检察、公安、非公经济党组织对县第十七届人大代表初步候选人进行审查，并提交县委常委会议批准。乡镇选委会对各选区提名推荐的2123名乡镇第十八届人大代表初步候选人同样进行考察和审查，分别提交乡镇党委会议批准。各选区在7月6日前张榜公布代表初步候选人名单。7月11日至12日，县选委会组成人员分6个组，对拟确定的335名县人大代表正式候选人进行依法审查，乡镇选委会对各选区确定的1775名乡镇人大代表正式候选人进行依法审核，并于7月14日前张榜公布县、乡代表正式候选人名单。各选区按照《关于做好代表正式候选人与选民见面工作的通知》要求，制定正式代表候选人与选民见面实施方案，于7月21日前组织正式候选人到各自选区，采取走访选民、召开选民座谈会等方式，向选民介绍自身有关情况，回答选民提出的问题，并对当选后执行代表职务、履行代表义务作出表态。

九是按照《关于严格依法组织做好投票选举工作的通知》精神，以选区为单位，于7月21日同时、同地分别投票选举县第十七届、乡镇第十八届人大代表，全县参加投票的选民371377人。在选举过程中，根据实际情况设立流动票箱、在投票站设立秘密写票处。同时，落实差额选举代表和正式候选人不得主持各自选区选举大会工作、严格控制流动票箱数量以及选民委托投票等规定，确保投票选举依法依规进行。选举结束后，对选举情况进行审查，并公布选举结果。

这次县、乡两级人大代表换届选举涉及全县24个乡镇和1个街道办事处，全县总人口497531人，选民371377人。选举县第十七届人大代表203名，乡镇第十八届人大代表1262名。县人大代表中，工人、农民和专业技术人员122名，占60.1%，党政干部62名，占30.5%；妇女57名，占28.1%；少数民族4名，占1.97%；民主党派1名，占0.5%；军人1名，占0.5%。乡镇人大代表中，工人、农民和专业技术人员908名，占71.9%；党政干部312名，占24.7%；妇女336名，占26.6%，少数民族13名，占1.03%。

县第十七届人大代表选出后，李卫东、王运军、胡麒军、李永成、王吉庆、李根进、崔晓晖7名代表因工作需要调离本县，根据《中华人民共和国全国人民代表大会和地方各级人民代表大会选举法》第五十四条“地方各级人民代表大会代表在任期内调离或者迁出本行政区域的，其代表资格自行终止，缺额另行补选”的规定，上述人员的代表资格自行终止。按照有关法律规定，由代表出缺的古城选区补选县第十七届人大代表2名，红寺、甘沟、四河、司桥、治平、雷大、仁大、曹务、新店、城川、原安11个乡镇选区补选县第十七届人大代表各1名，各乡镇选区按照法定程序，分别补选史虎平、朱卫华、陈景春、杨会君、李岳、张进宝、李读、马发荣、范军、张立军、杨青、何浩强、孙青茂为县第十七届人大代表。通过补选，县第十七届人大代表实有209名，其中工人、农民和居民104名，占49.76%；干部68名，占32.54%；教育、文化、卫生、科技等方面专业技术人员16名，占7.66%；军人1名，占0.48%；民主党派人士1名，占0.48%。中共党员119名，占56.94%；妇女57名，占27.27%；少数民族4名，占1.91%。具有大专以上学历111名，占53.11%；中专及高中学历34名，占16.27%；初中及以下文化程度64名，占30.62%。年龄在35岁以下33名，占15.79%；36至40岁之间37名，占17.7%；41至50岁之间89名，占42.58%；51至55岁之间35名，占16.75%；56岁以上15名，占7.18%。

十是召开县十七届人大一次会议、乡镇十八届人大一次会议。7月29日前，各乡镇分别召开十八届人大一次会议，10月17日至20日，召开县十七届人大一次会议。

附：

县选举委员会组成名单

主　任：胡麒军（县委常委、组织部部长）

副主任：慕锡武（县人大常委会副主任）

李稳收（县人大常委会人事与代表工委主任）
委　员：王致中（县人大常委会人事与代表工委副主任）
付鹏举（县纪委副书记）
马堆荣（县委宣传部常务副部长）
台万吉（县委统战部常务副部长）
秦平代（县委政法委常务副书记）
袁金全（县民政局副局长）
王　东（县财政局副局长）
库小宁（县人力资源和社会保障局副局长）
杨　飞（县总工会常务副主席）
尹瑞琴（县妇联副主席）

乡镇第十八届人民代表大会代表名额分配情况表

表1-32

乡镇	代表名额（名）	乡镇	代表名额（名）
城关	57	深沟	45
城川	51	治平	50
八里	52	李店	53
司桥	49	新店	46
曹务	53	甘沟	63
古城	62	四河	54
威戎	60	红寺	51
双岘	50	细巷	52
雷大	54	界石铺	58
余湾	47	三合	48
贾河	47	原安	52
仁大	58	灵芝	50
合计（名）	1262		

县第十七届人民代表大会代表情况表

表1-33

选区	姓名	性别	民族	出生年月	文化程度	政治面貌	工作单位及职务
街道16名	姜全春	男	汉	1971.4	本科	党员	县人武部干部
	王国随	男	汉	1968.12	本科	党员	城区街道办事处党工委书记
	朱国军	男	汉	1969.1	本科	党员	县中医院院长
	牛国喜	男	汉	1972.7	本科	党员	县文萃中学校长
	李建明	男	汉	1964.11	本科	党员	县果树果品研究所所长
	李健贞	男	汉	1986.5	本科	党员	静宁成纪村镇银行行长
	梁惠玲	女	汉	1972.1	本科	党员	县德顺小学教师
	贾芦存	女	汉	1976.9	本科	民盟	县阿阳实验学校教师
	裴晓江	男	汉	1966.9	本科		欣叶集团有限责任公司总经理
	受存军	男	汉	1970.5	高中		县委办公室工人
	米春梅	女	汉	1972.3	大专		县文体广电局工人
	邹新席	女	汉	1966.1	高中		县工程质量检测中心工人
	王小兵	女	汉	1978.9	大专		酒钢集团甘肃兴安民爆公司静宁分公司工人
	厚凤兰	女	汉	1963.12	大专	党员	城区街道办事处人民巷社区居委会主任
	马　葳	男	汉	1966.11	初中	党员	城区街道办事处阿阳路居民
	袁晓华	女	回	1973.3	初中		城区街道办事处西城区居民
城关4名	沙芳琴	女	回	1965.8	大专		县人大常委会副主任
	戴彦荣	男	汉	1975.9	本科	党员	城关镇党委书记
	刘小勇	男	汉	1969.8	高中		城关镇新城村四组农民
	高翻宁	女	汉	1978.11	初中		城关镇南关村一组农民
城川8名	张兴荣	男	汉	1965.11	本科	党员	县政府县长
	李平安	男	汉	1963.8	本科	党员	县人大常委会科教文卫与民侨工委主任
	何浩强	男	汉	1977.2	本科	党员	县政府办公室主任
	蒋建怀	男	汉	1974.6	本科	党员	城川镇党委书记
	柳志军	男	汉	1962.6	初中	党员	城川镇靳寺村党支部书记
	胡永亮	女	汉	1972.10	高中		城川镇红旗村七组农民
	魏健康	男	汉	1988.3	高中		城川镇高湾村四组农民
	吉　娜	女	汉	1985.10	高中		城川镇大寨村四组农民
	何鹏峰	男	汉	1972.11	研究生	党员	县委副书记
	李稳收	男	汉	1975.5	本科	党员	县人大常委会人事与代表工委主任

续表1-33

选区	姓名	性别	民族	出生年月	文化程度	政治面貌	工作单位及职务
八里7名	胡生平	男	汉	1971.1	本科	党员	八里镇党委书记
	王相中	男	汉	1956.10	高中	党员	建兴房地产开发有限公司董事长
	王全生	男	汉	1956.4	初中	党员	八里镇高城寨村党支部书记
	张娟娟	女	汉	1985.5	初中		八里镇大路村一组农民
	杨彩玲	女	汉	1979.4	初中		八里镇阎庙村三组农民
司桥6名	张进宝	男	汉	1963.5	本科	党员	县人大常委会副主任
	王瑞生	男	汉	1964.9	本科	党员	县人大常委会法制工委主任
	李文环	男	汉	1977.2	本科	党员	司桥乡党委书记
	吴宗润	女	汉	1989.8	初中		司桥乡唐岔村堡庄组农民
	李贤乐	男	汉	1983.11	中专		司桥乡张彭村一组农民
	马雪琴	女	回	1973.2	初中		司桥乡司桥村中庄组农民
曹务9名	靳宝生	男	汉	1962.12	本科	党员	县人大常委会副主任
	张立军	男	汉	1975.10	本科	党员	县法院院长
	王晓峰	男	汉	1964.7	大专	党员	县人大常委会法制工委副主任
	席鹏举	男	汉	1978.12	本科	党员	曹务镇党委书记
	王海霞	女	汉	1978.4	本科		曹务中心小学教师
	杜显宗	男	汉	1959.11	小学	党员	曹务镇曹大村党支部书记
	梁　霞	女	汉	1981.6	初中		曹务镇永丰村一组农民
	摆俊梅	女	回	1979.3	小学		曹务镇店子村下店组农民
	马政协	男	汉	1979.10	大专		曹务镇曹大村三组农民
古城14名	史虎平	男	汉	1968.12	研究生	党员	县委副书记
	陈景春	男	汉	1973.11	本科	党员	县委常委、县政府副县长
	牛满川	男	汉	1962.11	大专	党员	县人大常委会财经与城建工委副主任
	白路民	男	汉	1973.3	本科	党员	人行静宁县支行党组书记、行长
	吕　斌	男	汉	1968.7	本科	党员	古城镇党委书记
	陈江平	男	汉	1972.11	本科	党员	古城镇人大主席
	刘芳芳	女	汉	1983.9	本科		古城镇农业技术服务中心干部
	李　婷	女	汉	1990.7	大专		古城镇卫生院护士
	陈振东	男	汉	1968.7	高中		古城镇杨沟村陈坡组农民
	曹宗元	男	汉	1960.3	初中		古城镇丁寺村黑湾组农民

续表1-33

选区	姓名	性别	民族	出生年月	文化程度	政治面貌	工作单位及职务
	梁万财	男	汉	1958.8	高中	党员	古城镇余湾村余湾组农民
	周计划	男	汉	1978.5	初中		古城镇朱川村六组农民
	贾浩军	男	汉	1971.8	高中	党员	古城镇贾庄村贾一组农民
	陈昌霞	女	汉	1983.2	初中		古城镇陈河村周庄组农民
威戎13名	王晓军	男	汉	1967.8	研究生	党员	县委书记
	柴福喜	男	汉	1962.1	本科	党员	县委农村工作办公室主任
	马川娃	男	汉	1962.6	本科	党员	县人大常委会信访室副主任
	崔江鸿	男	汉	1979.3	本科	党员	威戎镇党委书记
	赵小刚	男	汉	1977.9	本科	党员	威戎镇人大主席
	于海燕	女	汉	1988.3	本科		威戎镇政府干部
	韩小燕	女	汉	1984.12	本科		威戎镇下沟小学教师
	戴中锋	男	汉	1971.11	大专		沁园春酒业有限责任公司经理
	吴树海	男	汉	1956.7	初中	党员	威戎镇威戎村党支部书记
	胡双红	男	汉	1973.12	初中	党员	威戎镇新华村党支部书记
	杨国年	男	汉	1963.2	初中		威戎镇杨桥村四组农民
	程正月	女	汉	1976.10	初中		威戎镇威戎村十组农民
	吕明明	女	汉	1977.12	高中		威戎镇李沟村下堡组农民
双岘6名	吕锦鸿	男	汉	1974.4	研究生	党员	县委常委、宣传部部长
	程晓霞	女	汉	1976.5	本科	党员	双岘乡党委书记
	王永辉	男	汉	1962.8	小学	党员	双岘乡团庄村党支部书记
	任　晖	男	汉	1968.6	高中		双岘乡中湾村村委会主任
	王军社	男	汉	1972.11	初中		双岘乡双岘村村委会主任
	雷代贤	男	汉	1958.12	高中		双岘乡上海村雷二组农民
雷大9名	马发荣	男	汉	1969.3	本科	党员	县政府副县长
	李进祥	男	汉	1961.10	本科	党员	县人大常委会农业与环境资源工委副主任
	李留学	男	汉	1978.1	本科	党员	雷大镇党委书记
	王万平	男	汉	1979.4	本科	党员	雷大镇人大主席
	王彦喜	女	汉	1983.9	大专		雷大镇中心小学教师
	裴治国	男	汉	1957.3	小学	党员	雷大镇范堡村党支部书记
	程满银	男	汉	1964.12	小学		雷大镇后梁村村委会主任

续表1–33

选区	姓名	性别	民族	出生年月	文化程度	政治面貌	工作单位及职务
	何亮子	男	汉	1973.5	初中		雷大镇屈岔村上湾组农民
	张芳梅	女	汉	1983.1	初中		雷大镇陈局村陈局组农民
余湾5名	王　敏	男	汉	1969.11	本科	党员	县委常委、政法委书记
	凌　森	男	汉	1974.9	本科	党员	余湾乡党委书记
	赵军海	男	汉	1968.11	高中	党员	余湾乡韩店村党支部书记
	程利利	女	汉	1982.3	初中		余湾乡韩马村上梁组农民
	韩平平	女	汉	1972.11	初中		余湾乡王坪村新院组农民
仁大11名	王宁香	女	汉	1968.2	本科	党员	县委常委
	范　军	男	汉	1970.2	本科		县政府副县长
	屈稳强	男	汉	1972.8	本科	党员	县工商联党组副书记、主席
	张前江	男	汉	1973.2	本科	党员	仁大镇党委书记
	王彪炜	男	汉	1973.12	本科	党员	仁大镇人大主席
	李林英	女		1985.10	大专		仁大中心小学教师
	杨剑波	男	汉	1980.7	高中	党员	仁大镇杨湾村党支部书记
	周　喜	男	汉	1987.6	高中		仁大镇峡口村文书
	陈进勤	男	汉	1966.12	高中		仁大镇南门村文书
	陈小雪	女	汉	1984.10	初中		仁大镇解放村长坪组农民
	靳和平	女	汉	1973.10	本科		仁大镇阳山村上川组农民
贾河5名	李彦荣	男	汉	1973.12	本科	党员	县政府副县长
	李小宁	男	汉	1975.11	本科	党员	贾河乡党委书记
	李银芳	男	汉	1969.10	高中	党员	贾河乡王沟村党支部书记
	宋丽丽	女	汉	1988.9	高中		贾河乡中堡村中庄组农民
	伏军吉	男	汉	1976.7	初中		贾河乡中堡村关咀组农民
李店9名	王智国	男	汉	1962.5	本科	党员	县人大常委会主任
	胡志科	男	汉	1962.5	大专	党员	县人大常委会信访室主任
	王国平	男	汉	1973.7	本科	党员	李店镇党委书记
	王惠勤	男	汉	1973.4	大专	党员	李店镇人大主席
	王宁霞	女	汉	1981.9	本科		李店中心小学教师
	郭　忠	男	汉	1958.12	高中	党员	李店镇徐岔村党支部书记
	李同霞	女	汉	1984.11	初中		李店镇郭湾村前湾组农民

续表1-33

选区	姓名	性别	民族	出生年月	文化程度	政治面貌	工作单位及职务
	樊爱梅	女	汉	1963.1	高中		李店镇店子村一组农民
	王强子	男	汉	1973.2	高中		李店镇薛胡村薛坪组农民
深沟5名	杨　华	男	汉	1967.11	研究生	党员	县人大常委会党组成员、副县级干部 县总工会主席
	徐小胜	男	汉	1978.6	本科	党员	深沟乡党委书记
	王小旺	女	汉	1976.8	小学	党员	深沟乡王堡村街道组农民
	吕顺祖	男	汉	1970.12	高中		深沟乡大岔村李湾组农民
	杨周财	男	汉	1965.4	初中		深沟乡小户村上庄组农民
治平7名	李新学	男	汉	1963.7	本科	党员	县政协主席
	李　读	男	汉	1963.9	大专	党员	县人大常委会副主任
	张建良	男	汉	1973.9	本科	党员	治平乡党委书记
	张高生	男	汉	1971.5	初中	党员	治平乡刘河村党支部书记
	王红霞	女	汉	1977.5	小学		治平乡后沟村贾刘组农民
	王娟娟	女	汉	1983.11	初中		治平乡雷沟村三组农民
	雷百兴	男	汉	1968.9	高中		治平乡安宁村上组农民
新店5名	杨　青	男	汉	1965.10	本科	党员	县检察院检察长
	樊尚平	男	汉	1979.11	本科	党员	新店乡党委书记
	任　杰	男	汉	1964.7	初中	党员	新店乡小湾村党支部书记
	甘治雄	男	汉	1974.11	初中		新店乡甘坡村一组农民
	张红红	女	汉	1978.3	初中		新店乡段岔村下庄组农民
甘沟14名	杨会君	男	汉	1976.9	研究生	党员	县委常委、组织部部长
	刘桂香	女	汉	1974.4	研究生	党员	县妇联主席
	王致中	男	汉	1962.5	大专	党员	县人大常委会人事与代表工委副主任
	吴剑霖	男	汉	1970.10	本科	党员	甘沟镇党委书记
	李旺喜	男	汉	1976.10	本科	党员	甘沟镇人大主席
	库映映	女	汉	1979.10	本科		甘沟中学教师
	高晓丽	女	汉	1988.2	大专		甘沟中心卫生院护士
	刘二勇	男	汉	1978.5	初中		伊尔德保鲜库经理
	张其为	男	汉	1967.10	高中	党员	甘沟镇马坡村党支部书记
	张振科	男	汉	1971.3	初中	党员	甘沟镇上岔村党支部书记

续表1–33

选区	姓名	性别	民族	出生年月	文化程度	政治面貌	工作单位及职务
	何粉粉	女	汉	1986.11	小学		甘沟镇圪垯村圪垯组农民
	黄立功	男	汉	1965.11	小学		甘沟镇雷黄村庙川组农民
	张稳稳	女	汉	1981.9	小学		甘沟镇水坪村任塬组农民
	杨高林	男	汉	1975.9	初中		甘沟镇杨咀村马干川组农民
红寺8名	朱卫华	男	汉	1970.1	研究生	党员	县委常委、纪委书记
	周浩仁	男	汉	1974.11	本科	党员	县委组织部常务副部长
	刘来滨	男	汉	1975.10	本科	党员	红寺乡党委书记
	刘连定	男	汉	1959.5	高中	党员	红寺乡张峡村党支部书记
	李效义	男	汉	1974.9	初中	党员	红寺乡文寺村党支部书记
	贾治国	男	汉	1974.5	高中		红寺乡化沟村村委会主任
	张立新	男	汉	1962.6	初中		红寺乡二河村咀儿组农民
	王　丽	女	汉	1968.7	初中		红寺乡红寺村四组农民
细巷8名	厚连世	男	汉	1960.11	本科	党员	县人大常委会副主任
	王友忠	男	汉	1963.7	本科	党员	县人大常委会财经与城建工委主任
	吕社军	男	汉	1975.4	本科	党员	细巷镇党委书记
	刘国平	男	汉	1975.6	大专	党员	细巷镇朱张村村委会主任
	米万宝	男	汉	1961.3	初中	党员	细巷镇米岔村村委会主任
	李占平	女	汉	1975.4	初中		细巷镇细巷村山庄组农民
	刘　礼	男	汉	1974.8	初中		细巷镇刘堡村六堡组农民
	何彦霞	女	汉	1986.1	初中		细巷镇慕岔村崖二组农民
四河10名	李　岳	男	汉	1980.11	本科	党员	县委常委、统战部部长
	王壬寅	男	汉	1962.11	大专	党员	县人大常委会农业与环境资源工委主任
	平　宏	男	汉	1974.2	本科	党员	四河镇党委书记
	李小强	男	汉	1974.2	本科	党员	四河镇人大主席
	张海霞	女	汉	1981.2	本科		四河初级中学教师
	王镇川	男	汉	1961.9	初中	党员	四河镇王河村党支部书记
	王生元	男	汉	1960.5	高中	党员	四河镇张尤村党支部书记
	田利香	女	汉	1989.10	初中		四河镇田河村五组农民
	裴明义	男	汉	1966.1	初中		四河镇上赵村湾口组农民
	王铁牛	男	汉	1976.5	初中		四河镇涧沟村阳㞗组农民

续表1-33

选区	姓名	性别	民族	出生年月	文化程度	政治面貌	工作单位及职务
界石铺12名	张自杰	男	汉	1956.7	大专	党员	县人大常委会原主任、党组书记
	张录牛	男	汉	1981.8	大专	党员	县人大常委会办公室主任
	李会宾	男	汉	1967.6	本科		县农技中心副主任
	马　斌	男	汉	1978.9	研究生	党员	界石铺镇党委书记
	魏永牛	男	汉	1981.5	本科	党员	界石铺镇人大主席
	张　婷	女	汉	1988.5	本科	党员	界石铺红军长征毛泽东旧居纪念馆讲解员
	赵文学	男	汉	1969.4	高中	党员	界石铺镇崔岔村党支部书记
	吕建国	男	汉	1965.11	初中	党员	界石铺镇西川村新堡组农民
	牛永学	男	汉	1970.2	初中		界石铺镇井沟村井沟组农民
	张　倩	女	汉	1982.4	中专		界石铺镇李堡村中湾组农民
	苏保卷	男	汉	1978.8	初中		界石铺镇邢岔村杨渠组农民
	吕引床	男	汉	1974.4	小学		界石铺镇魏湾村油湾组农民
三合5名	高　旭	男	汉	1961.1	本科	党员	县人大常委会副主任
	吕　鹏	男	汉	1978.6	本科	党员	三合乡党委书记
	李　刚	男	汉	1962.6	高中	党员	三合乡陈安村党支部书记
	安翠芳	女	汉	1964.3	初中		三合乡光华村上咀组农民
	张银虽	男	汉	1974.2	初中		三合乡任岔村阳局组农民
原安7名	慕锡武	男	汉	1957.9	大专	党员	县人大常委会原副主任
	王　宏	男	汉	1968.8	大专	党员	县人大常委会科教文卫与民侨工委副主任
	孙青茂	男	汉	1964.5	本科	党员	县卫计局局长
	赵小灵	男	汉	1981.5	本科	党员	原安乡党委书记
	余刚平	男	汉	1969.6	高中		原安乡吉林村文书
	李忠堂	男	汉	1968.5	初中		原安乡苏赵村文书
	时淑琴	女	汉	1970.4	大专	党员	原安乡原头村文书
灵芝6名	王维军	男	汉	1957.8	本科	党员	县人大常委会原副主任
	陈　雄	男	汉	1984.10	本科	党员	县人大常委会办公室干部
	李好信	男	汉	1978.4	本科	党员	灵芝乡党委书记
	李盼盼	女	汉	1991.7	初中		灵芝乡车李村二组农民
	靳自强	男	汉	1971.8	高中		灵芝乡长塬村阳坡组农民
	李鹏刚	男	汉	1977.1	初中	党员	灵芝乡俊峰村中庄组农民

第三章　代表行使职权

《中华人民共和国全国人民代表大会和地方各级人民代表大会代表法》规定，地方各级人大代表是地方各级国家权力机关组成人员。人大代表在人代会会议期间的工作和在人代会闭会期间的活动都是执行代表职务。代表法对人大代表的职权及人代会期间相应的工作范围做了明确规定：人大代表的职权有10项：1.会议出席权；2.审议权；3.提议案权；4.提建议批评和意见权；5.提议组织特定问题调查权；6.选举权；7.询问权；8.咨询权；9.罢免权；10.表决权。围绕行使10项职权，人大代表在人代会会议期间，相应的工作也有10个方面，即出席会议，审议工作，提议案工作，提建议批评和意见工作，提议组织特定问题调查工作，选举工作，询问工作，咨询工作，罢免工作，表决工作。与上述工作相对应，人大代表在人代会闭会期间活动的形式也有10种：参加代表小组活动，视察，调查，评议，执法检查，参加特定问题调查，列席有关会议，出席临时召开的人代会，列席选民选举单位和人民群众会议，向同级人大及其常委会提出建议、批评和意见。县级以上各级人大代表的活动由县级以上人大常委会及代表工作部门组织；乡镇人大代表的活动由乡镇人大主席组织；下级人大组织受上级人大组织的委托，组织上级人大代表的活动。人大代表在人代会闭会期间开展活动应围绕国家的中心任务，结合各自行政区的实际开展活动，这是代表活动的一个根本性原则；宣传、执行、落实、检查本级人大及其常委会指定的法律法规、决定、决议，是人大代表在人代会闭会期间开展活动的重要内容；不直接处理问题，这是代表活动的一个基本原则。

县历届人大代表依照《中华人民共和国宪法》和《中华人民共和国全国人民代表大会和地方各级人民代表大会代表法》等法律法规的规定行使各项职权，执行代表职务。

一、参加审议和表决。县历届人大代表，依法参加县人代会的全体会议、代表团会议，部分代表还参加主席团会议，列席县人大常委会会议、评议会议和其他会议，依法行使职权，充分发挥代表作用。在县人代会会议期间，县人大代表对县人大常委会、县政府、县法院、县检察院的工作报告，县人大常委会关于代表议案、意见、建议办理情况的报告，以及列入大会议程的其他各项报告、议案，通过听取和阅看报告、分组审议、专题讨论发言等方式，积极发表自己的意见。对人代会提出的各项议程、办法、名单以及决议（草案），依法行使表决权。

二、选举。县人大代表在历届历次人代会会议期间，按照法律法规和大会通过的选举办法，反复酝酿，依法行使选举职权，代表人民意愿，选举县政府（人委会、革委会）县长（主任）、副县长（副主任）（在人委会时期，县人委会委员也是选举产生的），选举县法院院长、县检察院检察长；从第八届开始，选举县人大常委会主任、副主任、委员；从第十七届开始，选举县监察委员会主任；选举甘肃省第一届至九届人大代表（从第十届开始，省人大代表由平凉市人代会选举产生）；选举平凉市历届人大代表。

三、视察、调研、评议和检查。历届县人大常委会在召开常委会会议之前，一般要围绕会议议题、执行宪法和法律法规及人民群众关心的热点、难点问题，组织常委会组成人员和部分人大代表开展集中视察、调研、检查活动；根据上级安排和工作需要，组织省、市人大代表进行视察、检查活动；通过代表小组开展视察、检查、召开座谈会，对政府及有关部门、监察委员会、法院、检察院提出建议和意见。1992年以来，县人大常委会组织组成人员和人大代表，对“一府两院”开展工作评议和述职评议活动。

四、提出议案、建议、批评和意见。县历届历次人代会召开会议时，根据有关法律法规的规定，人大代表10人以上联名可向县人代会提出属于县人代会职责范围内的议案，由主席团决定是否列入大会议程；提出对各方面工作的建议、批评和意见，由县人代会代表意见建议审查委员会审查后，常委会工作机构转交有关部门研究处理，负责答复代表，并在下一次人代会会议上，向代表作关于代表意见、建议办理情况的报告（或书面）。人代会闭会期间，在常委会组织的视察、调研、检查、评议活动和代表履行职务的过程中，收集到的建议、批评、意见，经常委会工作部门整理后，一并转交“一府一委两院”办理、答复。

第四章　代表工作

为了保证人大代表依法行使代表职权，履行学习宣传政策法律、协助政府推行工作、发挥模范带头作用、联系选民、接受监督等义务，县人大常委会及县、乡（镇）政府、各工作部门根据《中华人民共和国全国人民代表大会和地方各级人民代表大会代表法》第四章“代表执行职务的保障”的规定，做好代表工作，为代表行使职权和履行义务提供“四个保障”：一、司法保障。宪法和法律赋予代表的司法保障，包括言论免责和人身自由的保障。县人大代表在人代会各种会议上的发言和表决，不受法律追究。在会议期间，非经人代会主席团许可，在人代会闭会期间，非经人大常委会许可，不受逮捕或者刑事审判。如果因为是现行犯被拘留，执行拘留的机关应当立即向人代会主席团或人大常委会报告。二、时间保障。由于实行的是兼职代表制，县人大代表的主要精力和时间，大都用于本职工作。为了保障代表执行职务规定的时间，依照《中华人民共和国全国人民代表大会和地方各级人民代表大会代表法》规定，县历届人大代表在参加县人代会或常委会安排的视察、调研、执法检查等代表活动时，代表所在单位对代表执行职务均给予时间上的支持和保证。三、物质保障。县历届人大代表在执行代表职务期间，其所在单位均按正常出勤对待，享受其所在单位的工资和其他待遇。代表活动经费由同级财政负担。无固定工资收入的代表执行代表职务，根据实际情况由同级财政适当予以误工补贴，并做到了及时落实兑现，往返交通费用予以报销，从而保证了人大代表执行职务和参加代表活动的需要。四、工作保障。按照《中华人民共和国全国人民代表大会和地方各级人民代表大会代表法》规定，县人大常委会采取多种形式加强同县人大代表的联系，为代表执行职务提供了必要的条件，各工作机构和办事机构为代表执行职务提供各种服务。吸收代表列席常委会会议，广泛收集和倾听群众意见建议，保持同代表经常联系；定期、不定期组织人大代表开展视察、调研和执法检查等活动，由县人大常委会出资为每名代表订阅《中国人大》《人民之声报》，配发《中华人民共和国各级人民代表大会常务委员会监督法》《中华人民共和国全国人民代表大会和地方各级人民代表大会代表法》等学习资料，采取多种形式和渠道对代表进行法律法规和人大业务知识培训，全面提高代表素质；进一步健全各项规章制度，不断拓宽代表履职渠道。

第八届常委会以公社为单位，在16个社镇建立代表小组和联系制度。各社镇代表小组通过不定期的会议，对代表们的意见用书面或口头汇报的方式，及时向县人大常委会反映情况。

第九届、第十届常委会在乡镇全部建立代表小组，先后在曹务、古城、石咀、威戎、治平、灵芝、仁大等乡召开代表座谈会，讨论制定代表小组工作任务和制度，听取和收集代表们对县、乡两级政府贯彻执行党和国家的方针政策、法律法规等方面的意见和要求。吸收部分代表分别列席县人大常委会会议和参加视察活动。代表们就重视粮食生产、加强农业技术推广和水利建设、兑现种草种树补助款、做好扶贫工作、重视农村中小学教育、加强基层卫生工作、加强社会治安管理等方面提出意见和建议。

第十一届常委会组织部分专职委员和机关工作人员，分两个组，在30个乡镇开展代表联系活动。通过采取和县人大代表、乡镇人大代表座谈、个别走访、印发意见征询表等方式，听取、收集广大群众对工农业生产、教育卫生、社会治安、群众生产、生活资料供应等9个方面162条意见、建议，在常委会主任、政府县长、法院院长、检察院检察长联席会议上，进行通报，交由“一府两院”和有关部门认真研究办理。随后，又召集粮食、供销、商业、供电、公安、教育等部门的负责人，对人大代表和群众反映比较强烈、问题比较集中的一些意见进行研究，提出办理的意见和要求。设立代表联络工作委员会，学习宣传《中华人民共和国全国人民代表大会和地方各级人民代表大会代表法》，制定了《静宁县人大常委会联系人大代表办法》，加强代表工作。总结推广代表先进事迹，进一步调动人大代表参政、议政、管理国家事务的积极性，促进代表工作的健康发展。

第十二届常委会组织部分组成人员先后到曹务、城关等10个乡镇检查代表法的贯彻实施情况和县、乡人大代表小组的组建工作。30个乡镇共建立代表活动小组180个，民主推选了组长，为代表依法开展活动、履行职责创造条件。同时，组织人大代表开展视察活动，组织在本静宁县的省八届人大代表和部分县、乡代表，先后到城川乡、高界镇和县水泥厂、针织厂、印刷厂就农民负担问题和全民所有制工业企业转换经营机制问题进行视察和调查研究。在认真组织代表学习《中华人民共和国宪法》《中华人民共和国全国人民代表大会和地方各级人民代表大会代表法》和市场经济知识的同时，围绕经济建设，广泛开展“争先创优”活动。广泛征求人大代表和群众对政法部门、工商部门工作的意见和建议，并到基层法庭、公安派出所、工商所进行座谈了解，在此基础上，分别召开有公、检、法三部门负责人参加的政法部门评议会和工商局及局长工作述职评议会，有效地促进政法部门、工商部门的工作。开展“六个一”活动，走访省、县、乡人大代表，收集各种批评、意见和建议，建立和完善代表活动小组制度。

第十三届常委会按照该届代表的构成和分布情况，本着便于组织开展活动的原则，以乡镇为单位将212名县人大代表组建为30个代表小组，坚持开展活动，通报政情，咨询意见，参与村务公开、民主监督等工作。共有20名县人大代表，分别被有关部门聘请为执法执纪和行风评议监督员，有400多名县、乡人大代表参与了村上的民主理财、民主监督活动。为便于指导代表小组开展闭会期间的活动，确定由常委会主任、副主任及专职委员分工包乡联系代表，并对联系的内容、方法、要求等做出具体规定。各责任人除专门走访外，还利用视察、调研和搞中心工作的机会，开展“民情恳谈”和“三个十”活动，联系走访代表，征询对常委会及“一府两院”工作的意见、建议。组织代表先后对财政、计划、农业建设、政法工作等进行视察和调研，在参与退耕还林、调整产业结构、发展非公有制经济、依法治村、村务公开等工作中，开展以“三率先”“四个一”“五带头”“五比五看”为主要内容的“创先争优”活动，对表现突出的优秀县人大代表进行了表彰奖励。同时，根据新形势的需要，在县、乡人大代表中组织开展以“学理论，查宗旨意识强不强，做联系群众、乐于奉献的模范，学法律，查自我要求严不严，做遵纪守法、维护大局的模范，学科学，查精神风貌好不好，做崇尚科学、倡导文明的模范”为主要内容的“四学四查做模范”活动，常委会组成人员集中走访联系代表和代表联系选民“双联系”活动，以“学邓小平理论、学七一讲话、学农村实用技术，评致富本领、评奉献精神、评作用发挥”为主要内容的“三学三评”活动，引导各级人大代表在各自的工作岗位上进一步发挥好桥梁纽带和模范带头作用。

第十四届常委会在县人大代表中成立33个代表小组，指导代表开展学习、视察、联系选民和向选民述职等活动；组织全体委员和在静宁县的部分省、市人大代表，对农村产业开发和农业科技示范园区建设工作进行视察。省、市两级人大代表向省、市反映静宁县经济社会发展中的一些困难和问题，认真负责的向省、市人代会提出议案、意见和建议。在省十届人大一次会议上，静宁县的省人大代表提出直接关系静宁经济社会发展问题的意见、建议10多条。组织代表开展“走访一次选民、提一条合理化建议、为群众督办一件实事、向选民述一次职”的“四个一”活动。指导雷大等乡镇人大完成乡镇撤并后的代表补选工作，确定威戎、李店、红寺3个乡镇为联系点，指导开展评议活动。先后邀请68名市、县人大代表列席常委会会议、参加常委会视察和评议工作。在县、乡代表中开展以“带头抓产业、上项目，做促进发展、创业致富的模范；带头建言献策，做反映民意、集中民智的模范；带头化解矛盾，做为民排忧解难、维护社会稳定的模范；带头宣传法律，做推进基层法治建设的模范”为主要内容的“四带头，做模范”活动，努力调动代表履职积极性。加强代表培训和服务工作，为每位代表配发代表知识学习光盘等资料，采取以会代训方式，对66名代表小组长进行法律知识和人大业务培训，提高代表小组活动能力。

第十五届常委会采取以会代训方式，对部分代表进行监督法、地方组织法和人大知识培训，增强代表履职能力。在县人大代表中组建26个代表小组，指导开展学习、视察等活动。召开代表座谈会，听取代表对常委会及“一府两院”工作的意见、建议。扩大代表闭会期间参与常委会活动的面与量，邀请部分代表列席常委会会议，参加常委会组织的执法检查、视察和调研等活动。在静宁县的省、市人大代表以意见、建议形式，争取省、市对静宁县工作的支持。《关于解决静宁县农村饮用苦咸水问题的建议》，被省人大、省政府列为重点督办件，省人大常委会领导、相关部门负责人先后两次来静宁进行现场办理，所提问题得到较好解决。制定《静宁县人民代表大会代表建议、批评和意见处理办法》，对代表意见建议的提出与受理、交办、承办、答复及办理的督促检查等作出详细的规定和要求，规范代表意见、建议办理工作。召开政情通报会，举办代表培训班，集中对140名基层县人大代表进行社会主义民主政治与人民代表大会制度、代表法等专题培训，不断增强代表履职能力。

第十六届常委会针对换届后新任代表数量较多的实际，为代表配发代表知识学习读本，以人民代表大会制度、《中华人民共和国宪法》《中华人民共和国全国人民代表大会和地方各级人民代表大会代表法》《中华人民共和国各级人民代表大会常务委员会监督法》和中共十八大精神为主要内容，对130多名基层人大代表及各乡镇人大主席进行专题培训。按照便于活动的原则，在全县组建26个代表小组，指导开展闭会期间代表活动。坚持开展“双联系”活动，集中走访基层县人大代表，了解代表在工作、生活中的困难和问题，听取代表对常委会及“一府两院”工作的意见建议。坚持代表列席常委会会议制度，每年邀请80多名（次）代表参与常委会组织的调研、视察、执法检查等活动，拓宽代表知情知政渠道。根据代表法和有关政策精神，研究制定下发《关于进一步加强县、乡人大代表工作的意见》，为代表依法履职提供有力保障。按照省、市人大的总体要求，开展“人大代表在行动”活动，组织人大代表宣讲惠农政策，反映群众诉求，开拓致富路子，积极建言献策，帮助群众解决实际困难。修改完善《静宁县人大常委会联系代表办法》，对常委会领导联系代表、代表联系选民，以及参加代表小组和“代表之家”活动的方式、内容做出明确规定，制定印发《“人大代表之家”创建实施方案》，指导乡镇人大建成“人大代表之家”94个，其中乡级25个，村级69个，积极引导各级人大代表进“家”开展活动。推荐部分代表担任政府专项工作监督员、参加县上有关听证、评议、座谈会，让代表在参与政务工作中发挥监督作用。组织部分省、市、县人大代表视察全县重点工作，详细了解果品产业发展、农村道路建设、新农村建设、工业园区发展、教育园建设等情况，现场进行评议，提出意见建议。根据全国及省、市人大要求，首次开展代表述职活动，先后组织72名县人大代表、199名乡镇人大代表向选民述职，回答选民询问，接受选民监督，充分发挥代表桥梁纽带作用。

第十七届常委会始终把代表工作作为基础性工作，认真落实有关规定，积极探索新形势下开展代表工作的有效途径，支持和保障代表依法履行职责、行使权力。举办新一届县人大代表履职培训班，邀请市人大常委会有关委室负责人、县委党校讲师，为代表专题辅导中共十九大精神和《中华人民共和国宪法》《中华人民共和国地方各级人民代表大会和地方各级人民政府组织法》《中华人民共和国全国人民代表大会和地方各级人民代表大会代表法》等法律法规及代表履职知识。组织130余名县人大代表赴将台堡红军会师纪念园开展党性教育活动，增强代表党性意识。将县人大代表向选民述职活动列入常委会重点工作，让代表自觉接受选民评议和当面“打分”，强化履职意识，激发履职自觉。组织、邀请市、县人大代表参加常委会开展的调研检查视察、列席常委会会议、参加县上有关重大活动。召开政情通报会，向在静宁县的省、市人大代表和全体县人大代表通报全县经济社会发展情况，为代表知情知政创造条件、提供服务。为县人大代表订阅和寄送《人大研究》《人民之声报》等报刊资料，书面通报常委会和“一府一委两院”工作情况，努力拓宽人大代表知情知政渠道。依托“人大代表之家”，综合运用信息平台，积极为代表开展学习培训、接待选民、收集建议等活动提供服务，推动闭会期间代表履职经常化，让代表在广泛参与中履职尽责、发挥作用。坚持把提高代表建议意见办理质量作为保障代表依法履职的重要内容，常委会领导和相关委室包抓重点建议意见，有效带动其他建议意见办理落实。为进一步增强办理实效，提高办结率，常委会组织组成人员对办理工作进行专门视察，听取和审议县政府关于代表建议意见办理情况的报告，首次进行满意度测评，力促代表建议意见办理工作取得实效。

卷二　县各界人民代表会议

县各界人民代表会议（以下简称各代会），是中华人民共和国成立初期，人民代表大会制度建立之前，县人民政府联合群众行使民主权利的机构，是团结各界人民的重要工具，是人民管理国家政权的初级形式，是县人民代表大会的雏形和准备。根据《县各界人民代表会议组织通则》规定，县各代会每3个月召开1次，但经县政府或三分之一代表提议，可提前或延期召集。每次会议由县政府主持召开。县各代会休会期间，设立常务委员会，由县各代会选举主席1人，副主席若干人组成。县各代会的职权：

一、听取县政府的工作报告，并进行讨论，提出批评和建议。

二、向县政府反映人民的意见和要求，讨论并建议有关县政兴革事宜。

三、向人民传达并解释会议决议案，并协助县政府动员人民执行。

1949年10月至1954年7月，静宁县各代会共召开7届11次会议，在团结和动员人民群众完成土地改革、镇压反革命、恢复和发展生产、民主法治建设等方面发挥重要作用。

附：

县各界人民代表会议召开情况表

表2-1

<table>
<tr><th rowspan="3">届别</th><th rowspan="3" colspan="2">召开时间</th><th rowspan="3">应出席代表（名）</th><th rowspan="3">实出席代表（名）</th><th colspan="4">选举情况</th><th rowspan="3">提案（件）</th></tr>
<tr><th colspan="3">驻会委员会(常务委员会)</th><th rowspan="2">省代表（名）</th></tr>
<tr><th>主席</th><th>副主席</th><th>委员(名)</th></tr>
<tr><td>一</td><td colspan="2">1949年10月26日至30日</td><td>106</td><td>106</td><td>宋　钦</td><td></td><td>6</td><td></td><td>140</td></tr>
<tr><td>二</td><td colspan="2">1950年1月29日至2月1日</td><td>183</td><td>153</td><td>宋　钦</td><td>刘文正</td><td>11</td><td></td><td>39</td></tr>
<tr><td>三</td><td colspan="2">1950年6月6日至8日</td><td>174</td><td>149</td><td>刘文正</td><td>于　光</td><td>10</td><td>省一届
5</td><td>不详</td></tr>
<tr><td>四</td><td colspan="2">1950年12月8日至10日</td><td>174</td><td>167</td><td>刘文正</td><td>于　光</td><td>15</td><td></td><td>不详</td></tr>
<tr><td rowspan="2">五</td><td>一次</td><td>1951年5月22日至25日</td><td>不详</td><td>225</td><td>刘文正</td><td>于　光
受云亭</td><td>14</td><td></td><td>不详</td></tr>
<tr><td>二次</td><td>1951年8月4日至7日</td><td>不详</td><td>195</td><td></td><td></td><td></td><td></td><td></td></tr>
<tr><td>六</td><td colspan="2">1951年11月16日至20日</td><td>260</td><td>237</td><td>刘文正</td><td>于　光
受云亭</td><td>14</td><td></td><td>18</td></tr>
<tr><td rowspan="4">七</td><td>一次</td><td>1952年8月12日至14日</td><td>253</td><td>235</td><td>刘文正</td><td>武德惠
王尔全</td><td>14</td><td></td><td>15</td></tr>
<tr><td>二次</td><td>1952年10月16日至18日</td><td>253</td><td>198</td><td></td><td></td><td></td><td>省二届
5</td><td>56</td></tr>
<tr><td>三次</td><td>1953年3月17日至20日</td><td>253</td><td>173</td><td></td><td></td><td></td><td></td><td>109</td></tr>
<tr><td>四次</td><td>1953年12月1日至3日</td><td>253</td><td>200</td><td></td><td></td><td></td><td></td><td>7</td></tr>
</table>

县各界人民代表会议常务委员会主席、副主席任职情况表

表2-2

任职时间	职务	姓名	性别	文化程度	籍贯
1949.10—1950.6	主席	宋　钦	男	高中	河北鸡泽
1950.6—1954.7	主席	刘文正	男	初中	山西沁县
1950.1—1950.6	副主席	刘文正	男	初中	山西沁县
1950.6—1952.8	副主席	于　光	男	初中	宁夏中宁
1951.5—1952.8	副主席	受云亭	男	不详	甘肃静宁
1952.8—1954.7	副主席	武德惠	男	高小	山西霍县
1952.8—1954.7	副主席	王尔全	男	中专	甘肃静宁

第一章　县第一届各界人民代表会议

（1949年10月至1950年1月）

县第一届各代会于1949年10月26日至30日在县城召开，应出席代表106名，实出席106名（男104名，女2名；汉族102名，回族4名；工人11名，农民60名，城市贫民5名，知识分子3名，自由职业者1名，县委2名，县政府6名，县武装大队2名，教师、学生3名，商界1名，职员8名）。会前，成立县第一届各代会筹委会和代表资格审查委员会、提案审查委员会。筹委会设秘书长1人，下设事务股和总务股，具体负责会议的筹备工作。会议在主席团（由县委各书记、各分委书记、区长及5名先进代表共15人组成）领导下进行。会议主要采取大会报告、小组讨论两种方式，其中小组讨论安排两天半时间，以区为单位，共分8个小组，由区干部代表担任小组长。第一组：城关区及学生、教职员代表，组长张明；第二组：一区殷平单硙，组长寒波；第三组：二区及人民大队，组长李九利；第四组：二区新民威戎，组长张怀德；第五组：三区，组长王新民；第六组：三区，组长孙秉钧；第七组：四区，组长刘通政；第八组：五区，组长邓俊辰。大会由县委书记宋钦致开幕词，会议听取县长于光所作的《关于政府工作的报告》和县委书记宋钦所作的《关于1949年冬天工作报告》，研究有关政策问题，即以征粮为中心，结合恢复与发展生产，肃清匪特，建立人民武装，废除保甲制度，建立乡村政权等重点工作，并在今后数年内，坚决执行以农村为重点兼顾城市的工作方针，贯彻阶级教育，发动群众，组织群众，执行政策，完成各项工作任务；通过民主协商，选出县第一届各代会驻会委员会（即常务委员会）组成人员。会上收到代表关于借粮、恢复工农业生产、废除保甲制度等方面提案140条。

附：

县第一届各界人民代表会议驻会委员会

主　席：宋　钦（兼，1949年10月至1950年1月）

委　员：于　光　高保全　薛有俊　张生香　李文清　赵正清

县第一届各界人民代表会议驻会委员会成员情况表

表2-3

姓名	年龄(岁)	代表类别	文化程度	备注
宋　钦	36	县委代表	师范	县委书记
于　光	32	政府代表	高小	县长
高宝全	24	工人代表（雇工）	不识字	一区石咀人，区农代会委员
薛有俊	37	农民代表（党员）		解放后参加借粮工作，表现积极
张生香	33	农民代表	粗识字	区农代会委员
李文清	25	革命知识分子	天水师范	解放后参加借粮工作，表现积极
赵正清	49	市民代表		东关治安委员会委员，与群众关系密切

关于政府工作的报告

（县人民政府县长于光　1949年10月26日）

各界代表：

我代表静宁县政府向今天召开的各界代表会议报告静宁解放后80天的政府工作。在我们工作中，由于全县劳动人民的热情帮助及各界人士的善意支援，使我们的工作获得了相当的成绩，当然我们的工作当中也还存在着不少的缺点，希望各位代表能够予以讨论指正，并对我们今后的工作能够提供宝贵的意见，以便我们的工作继续前进。

一、解放的静宁，人民的静宁。静宁是8月5号（《静宁县志》1993年版认定静宁解放时间为8月6日）解放的，到昨天25号，恰恰是80天的时间。8月5号以前，静宁的人民还是在马匪军统治压制之下过着地狱的生活，整个静宁的人民负担着各种苛重的税捐及兵役，就是在解放前不久的时间，马匪军以及马匪军的走狗等还向静宁的人民浑水摸鱼，趁机掠夺了一批巨款，征拔了一批壮丁，这种负担完全或大部分加在劳动人民的身上，这是一方面。而另一方面是，农村的地主恶霸高利贷对于农村的剥削和压迫也变本加厉，他们不仅是对敌人的负担既少出财又不当兵，而且也趁机发财，据我所知，我们县有许多地主打办公人，不出粮款，但是他们对老百姓要债要租都非常厉害，至于说在地方上办公的乡保长，也在马匪军及地主恶人支持下欺压群众不出粮款，老百姓则是被马匪军地主阶级弄得既无吃又无穿，甚至为了躲避这种捐税兵役与压迫，不少人流离失所，逃荒在外。但是8月5号以后，静宁的情况根本变化了，静宁的人民被共产党领导的人民解放军解放了，现在的情形，和历史上，就是说和以往任何时代不同，今天的各界代表会就是民主的一种具体表现，我们静宁的劳动人民从此开始民主地幸福地生活了，虽然我们也有负担，但是我们的负担是公平合理的，不论是地主富农也好，或者是有势力的绅士和办公人也好，都得按照政府政策公平负担，而且这种负担向各户的摊派一般都是经由民主讨论决定的，这就是说，我们劳动人民翻身了，静宁已成了解放的静宁，人民的静宁了。

二、我们的工作。在这解放以后的80天当中，我们主要的工作是支前，配合接管城乡，恢复生产，安定社会秩序，肃清反动武装，建立人民的革命秩序，并结合支前与接管，我们在建政建军公安、发动群众方面也有相当的成绩。

（一）支前工作

1.关于借粮工作

为了支援解放军消灭蒋匪军，解放兰州、解放全西北，使这种解放尽可能的迅速起见，我们静宁进行了5万担的借粮工作，这种借粮工作是在下列情况下进行的。

(1) 兰州尚未解放，数十万大军集中在定西、榆中数县，用粮非常紧急，因为粮食的缺乏，打仗的部队一天只能吃一顿饭，甚至吃不上粮食，只能吃一顿洋芋充饥。

(2) 我们分区只解决了静宁、会宁、定西三个县主要负担。

(3) 在完成的时间上说又非常紧迫，半个月的时间要完成5万石公粮的任务。

这个工作是8月27号开始的，现在将近两个月的时间，我们的借粮任务和运粮任务是完成得很好的。根据我们的统计：

区别	原派数（石）	运交数（石）	运交数和借粮数的%
第一区	11078.6	7064	64
第二区	11607	7310	63
第三区	10614	2257	21
第四区	10922	5038.4	46
第五区	5706	2137	37
总计	50001.6	23866.4	48

这就是我们的送粮数字，已占我们运粮任务的近一半。我们的借粮工作一般则是3天到5天，这是很大的一个成绩。为什么能有这种成绩呢？这是因为我们全县人民觉悟程度的提高及热情支援前线的结果，在我们借粮的时候，正是连天下雨，碾场困难，有的人就把麦子拿回家来，放在炕上炕干；不能在场上打，就放在家里捶，甚至有用手搓的；路上泥滑，但还是运粮；没有住处就在野外住；这说明群众是有了认识，他了解今天的打仗是为了谁，因此，虽有困难，但都克服了。在政策上，我们坚决执行了合理负担与照顾生产的政策，就是说我们执行了地主负担不过40%，富农负担不超过25%，佃富农负担不超过15%，中农负担不超过10%。

在负担面上，我们执行了负担面不超过总户数的60%左右，这样做完全是合理的，因为富有就应多出。

在我们的做法上，坚决地采取了走群众路线的方针，就是说依靠群众宣传政策，让群众自己去民主讨论，采取评议会、代表会以及群众大会讨论的方法，这样做的结果使我们政策贯彻在农村中去，使农村中各阶级的负担基本上得到了公平合理。在这种路线下，群众了解我们的政策，知道了谁应该出多，谁应该出少，因此试图顽抗借粮的地主如朱某、李某等人都没有达到目的，终于拿出了他们应出的粮食。

我们这样做，全体农民是拥护的，但是恶霸地主、富农他们很不高兴，说：（1）按地亩借粮；（2）按分数摊派；（3）借粮不公；（4）学生不好；（5）装穷假死；（6）拖延少交；（7）打保长。因此，就造谣破坏，甚至到省上散布流言，说什么借粮不公等，我们说那是没有用处的，因为我们是共产党领导的、为人民服务的、按政策办事的人民民主政府，对于地主富农、地方势力者的各种阴谋破坏，我们都很熟悉，我们都有经验，使造谣者失败。我要告诉今天到会的代表，对于这些造谣者的活动，我们应该警惕，但是我们丝毫用不着惊慌害怕，现在我们这样做，将来还要这样做，这是我们的政策，我们要贯彻。当然，我们不否认，我们工作中还有缺点，但是这种缺点是进步中的缺点，我们在了解了我们的缺点以后，我们就会纠正的，现在不是我们正在纠正吗？我们很快就要按照征粮办法使得负担更加公平合理，这不是害怕地主富农的破坏，这是我们的政策。

2.关于战勤动员方面

除大军过路的时候没有政府手续动员的400头毛驴外，支应各部过路后方人员解决运输困难，而拔之民工3442人、牲口2958头，此次借粮中还运了32000多担粮食，这是一个艰巨的任务，依赖劳动人民的力量也完成了。

（二）接管工作

静宁虽然是8月5号解放，但我们接收工作是从15号正式接收，而且这种接管工作是在极端缺乏干部的情况下进行的，我们差不多一种工作就只有一个人负责接收，我们用很少的人接收很多的部门，当然是会有缺点，但是我们的接管工作在群众及各界人士的帮助下，我们还是做了相当的工作。

1.建立人民民主政权。建立人民民主政权方面，首先我们就是建立人民县政府，随着人民县政府的成立，而将全县敌人时代的十二个乡镇划分为五区：

第一区：城关、殷平、单硙；

第二区：威戎、新民、人和；

第三区：治平、云苹、仁当；

第四区：高界、雷寺；

第五区：岷屯；

并委任了各区的区长，正式成立了区公署，这样做是为了克服干部缺乏的困难，为了便于领导工作，为了更好地执行政策和摧毁敌伪保甲制度。因为不如此，就会分散干部，互不联系，这样，在县的领导上极不方便，对政策研究上也很困难。当然，这对群众历史上的习惯有些不得合适，但拿这件事情和执行政策作比，我们觉得并乡划区还是需要，有的村庄建立了村公所，将来保一律划为乡公所，对统治人民的保甲制度，实行摧毁的方针。不过，在借粮期间，因为是解放初期，我们对保甲长个人，在执行人民政府政策和法令的原则下，暂时地利用，以便有利于借粮工作的开展。

2.接管机关。根据我们的了解，全城的敌伪机关共有18个，我们对于这18个敌伪机关都分别予以接管或恢复。我们接管的原则是，对群众有利的，就是说，对新民主主义事业有利的，就采取保留或恢复的原则，如邮局、电信局、卫生局、县苗圃、工务段等5个机关，我们就是按这个原则处理的；对反动或有害于群众的，我们就采取了坚决摧毁的原则，如伪县政府、国民党县党部、农会、妇女会、参议会、文献委员会、地方法院等12个机关，就是按这个原则处理的。因此，邮局、电信局、苗圃、工务段等很快就都恢复了工作，这对于支援军队作战起了很大作用，特别是工务段。

对于各机关人员，凡是保留或恢复的机关，一般维持原状，不加更动，对于反动机关之职员，则选择较好者、没有绝大劣迹并愿意进步、要求工作、群众又不反对的，则分别予以录用，参加人民政府的各方面工作，例如张扶、杨文焕等，而且很好。伪政府时代的职员，现在参加了工作，统计我们各部门录用的，共约：

机关	干部(名)	工人(名)
县政府	7	104
邮局	5	8
卫生局	7	2
汽车站	1	11
电讯局	4	11
银行	2	1
工务段	9	1
苗圃	1	2
粮站	18	2
统计	54	142

我们对于伪人员的处理方针是，首恶者必办，协从者不问，有功者受奖。例如高全成先生就是有功者的范例，不仅我们给他以物质上的奖励，同时，我们在各个方面帮助他，一句话，只要过去在伪方做过工作，现在愿意悔过自新，按照约法八章，保护物资，保存文件档案，并实在交代者，我们都采取教育改造，使他们有为人民服务的机会。

除此之外，我们还吸收了各进步的青年知识分子及农民积极分子参加了我们各方面的工作。

3.接收物资方面。在接收敌人物资方面，根据统计约有下列数种：A.粮食：5175.16石；B.款项：硬币4032.5元，人民币600元；C.牲口：马6匹，骡4匹，驴6头，共16头。

4.其他。电话机7个，电台1个，度量衡仪具1部，麻布袋7000条，军衣146件，用具、文具、灶具共200余件。

这些物资，原系敌压榨自人民的，现在由人民政府接收转到人民方面来，这自然仍旧用之为人民的生产建设方面来，不再重新置买，这给人民减轻了负担。

（三）消灭反动武装，安定社会秩序

1.接收敌人的武装和建设人民的武装方面，我们根据现有统计接收反动武装，如伪自卫队及伪警察局、伪乡公所等枪支，经说服动员，依法交给政府。这些反动武器转向人民的结果，使我们社会秩序的安宁有了保证，同时，我们利用这些武装建设了人民自己的武装。

2.集训自卫队，建立县大队。关于集训方法：一是贴布告，广召受训；二是动员积极分子及各区分队。目前县大队、公安队和分队共约300人，这自然对于人民的安全有了保卫的力量，对于地方的反革命特务土匪、破坏分子的破坏是一个镇压。

3.治安工作方面，公安局在接收初期，曾举行了敌方人员及党团负责人员的登记接收，这种登记的约有264人。为什么要这样做？因为这样做为的是迅速安定社会秩序，为的是分别予以处理安置，使各任其所。除此之外，抓获了赌博烟毒案5件，近来正在进行城内的户口登记，这种登记显然是安定社会秩序，保障群众安全措施，赌博烟贩逐渐减少。

（四）恢复生产，繁荣市场

1.农业生产。我们在各种工作中宣传了我们的生产政策：（1）允许并发展劳动起来获财致富；（2）土地因劳动好而超过应产量的不负担；（3）我们的负担政策是合理负担。

2.工业生产。我们对于一点工业都很注意，城内只有新生火柴工厂一座，起初不敢开门，但在我们宣传了政策以后也开门了。

3.工商业方面。（1）召开了工商座谈会，宣传了我们的商业政策和税收政策；（2）我们曾出了布告，号召大家使用人民币，我们还出了禁止买卖银洋的布告。

（五）恢复教育和司法工作。

1.教育。我们采取的是恢复改造和发展的方针。关于教职员，我们认为是脑力劳动的自由职业者，因此，我们采取改造和任用的方针。对于课本，除了对于反动的公民、童子军训，及一些最反动的内容，暂行停止教授外，其余在目前情况下，一般仍用原课本，以便逐渐得到全部更换的目的，在这样方针下，我们的学校教育逐渐全部或大部恢复。

（1）中学。300多人，这是在各教员努力下获得的，在逐渐走向改造之路。

（2）完校。17所，一般都已恢复，不过教员质量较低，学生较少。

（3）保校。各区也大部或全部恢复。

2.至于司法工作，80天当中，我们因为司法机制尚不健全，除重大刑事案件外，对于一般司法案件采用调解方式处理，不使两家再起纠纷为原则。

（1）刑事共22案，其中，婚姻6案，伤害8案，人命7案，盗匪1案。已处理：婚姻

3案，伤害2案。

(2) 民事共65案，其中，婚姻5案，债务10案，贪污11案，高利贷2案，恶霸4案，霸业3案，骗租5案，抗差1案，兵价6案，诈财2案，隐藏枪支5案，烟贩5案，赌博3案，强奸1案，土地2案。已处理：债务3案，赌博3案，烟贩5案，强奸1案，婚姻2案，恶霸2案，兵价2案，高利贷2案。

(3) 刑事处理5案，民事处理20案。

我的报告就是这样，请各位代表讨论批评。

第二章　县第二届各界人民代表会议

（1950年1月至6月）

县第二届各代会于1950年1月29日至2月1日在县城召开，应出席代表183名（妇女8名，回族5名），实出席153名（工人3名，农民96名，妇女8名，回族5名，知识分子16名，学生5名，商界5名，民主人士2名，机关及军队13名）。会议的中心内容是听取县长于光所作的关于第一届各代会后的政府工作报告；讨论征粮入仓、剿匪反霸、摧毁保甲制度建立人民民主政权和人民武装、自由借贷和春耕生产等问题，提出剿匪4条、反霸10条、减租3条、清债17条、恢复和发展生产5条具体意见。2月1日选举由主席1名、副主席1名、委员11名组成的第二届各代会常务委员会。

附：

县第二届各界人民代表会议常务委员会

主　席：宋　钦（县委书记，1950年1月至6月）

副主席：刘文正（县委副书记，1950年1月至6月）

委　员：于　光（县长）　　张柏林（驻静宁某野炮团参谋长）

赵正清（城市市民）　　马存余（回族，知识分子）

高保全（雇工）　　李桂英（女，妇联副主席）

李文清（革命知识分子）　　王守诚（静宁中学副校长）

受云亭（民主人士）　　王志德（贫农）

张　明（公安局局长）

关于农民代表会议与第二届各界人民代表会议召开情况的综合报告

地委：

我们接连召开了这两个会议。农民代表会议是1月25日召开，经过3天多的时间，于28日早晨结束了。第二届各界人民代表会议于29日召开，经过3天半的时间，于2月1日上午结束了。

农民代表会议的代表共计243名（妇女7名，回族11名），从成分上说，雇农23名、贫农156名、中农52名、革命知识分子9名、小商贩3名。经过这个大会，推选了县农会筹备委员，计11名，主任宋钦（县委书记），副主任刘文正（县委副书记），委员于光（县长）、马存余（回族，知识分子）、高保全（雇工）、杨秉钧（贫农）、张恭（中农）、师圣（中农）、王治德（贫农）、杨江满（雇工）、张健英（妇女，知识分子），已正式成立了农民协会筹备委员会。

第二届各界人民代表会议，共计代表183名（妇女8名，回族5名），从成分和产生地区上说，计工人代表3名，农民代表会议产生代表75名，民主妇联3名（内1名列席），县大队代表2名，炮兵团代表3名，革命知识分子代表16名，学生代表2名，商人代表5名，民主人士代表2名，中共县委会代表2名，各机关代表6名，其余64个代表都是各区各乡选来的农民。

在代表会的最后改选了常务委员会，经大家提出24个候选人中，票选了主席、副主席和常务委员共计13名。主席：宋钦（县委书记），副主席：刘文正（县委副书记），常务委员：于光（县长）、张柏林（驻静野炮团参谋长）、赵正清（城市市民）、马存余（回族，知识分子）、高保全（雇工）、李桂英（民主妇联副主席）、李文清（革命知识分子）、王守诚（静宁中学副校长）、受云亭（民主人士）、王志德（贫农）、张明（公安局局长）。

这两个会议，我们召开得都还不错，由于农民代表会议的召开，各界人民代表会议在召开上又提高了一步。

这两个会议的中心内容都是剿匪、反霸、减租、清债、恢复开展农业生产等问题，但在农民代表会议上，研究了农民协会问题，在各界人民代表会议上，各代表听取了于县长第一届各界代表会议后的政府工作报告。

在这两个会议上，各位代表提高了阶级觉悟，交换了斗争经验，互相鼓舞了斗争情绪，并比较明确了工作中的一些政策问题，认识了群众自己的力量、发动起来、团结起来的作用。现在把大家讨论的意见综合如下：

甲、剿匪：大家认识了以招抚为主的剿匪方针是正确的，并认识了土匪中有经济土匪与政治土匪，以及认识了土匪、恶霸、特务有时又是三位一体的东西，认识了匪患对人民的危害是很大的，土匪是整个人民的公敌，是回汉人民的公敌，必须坚决肃清，安定社会秩序。过去有的代表和群众已做出了成绩，今后大家都应这样做。可是剿匪必须发动群众，配合政府来剿，光军队不了解情况是不行的，光群众没有武器有时不敢下手也是不行的，所以群众要和军队配合起来才有办法，并且大家提出下列一些有效办法。

1.发动群众剿匪。首先要组织扩大农会，大家团结起来，孤立坏人，大家捉拿土匪，并要宣传对土匪的政策，以及调查了解情况。

2.组织地方武装。

3.要争取土匪，利用民兵自新土匪、瓦解土匪。

4.要搞好情报进行密查。

总之，各位代表克服了光依靠军队剿匪、政府镇压的片面思想，认识了剿匪是群众、政府、军队、大家一齐进行的事情，这样才能彻底消灭匪患。

乙、反霸：

1.未开会前，有些代表认为恶霸是很多的，打了架也是恶霸，骂了一句也是恶霸，夫妻吵嘴也是恶霸，听了报告后，开始认为乡里又没了恶霸，经过了讨论，才有了明确的认识，不是一定要够7个条件才是恶霸，也不是有了强奸妇女、没有杀死人命的就不是恶霸，报告时说的恶霸条件，是说明恶霸是有好些罪恶的，不能认为有一桩一件罪恶，就算恶霸。至于有的说，有剥削霸，放账多的都是霸，或全乡100户人家，有60户反对的就是霸，这种说法也是错误的，应当根据实际情况，够霸的条件时，就算恶霸，不能随便给人家戴恶霸的帽子。

2.必须发动群众打倒恶霸，不是一二人能打倒的，因此要打倒恶霸，必须先把群众串联起来，组织起来。

3.在反霸中，我们农民怕官司打不赢，这一思想是相当普遍的。恶霸所以能压迫我们，是因为有反动的军队和政府给人家办事，今天有人民解放军，有人民政府，那是给咱们人民办事的，现在斗争恶霸的官司，保险是可以打赢的，大家要大胆斗争恶霸。

4.事后怕恶霸报复。大家知道了，人民解放军把蒋胡马匪军消灭了，不能再来，我们农民团结起来，把这小蒋介石打倒，只要团结，又组织了民兵，斗后的恶霸是不敢报复和报复不成的，但我们是应警惕的，大家知道，有些恶霸，未斗争还很厉害，如王某、陈某等，可是经斗争后，就软下来了。

5.对恶霸斗争的方法问题：对继续压迫人民的，就应斗得重一些，对愿意投降人民，愿意悔过承认错误的，就应分别对待，也可用谈判的方式去处理，不然就不策略，就会增多我们斗争中的困难。

6.斗争恶霸，事先必须经人民政府和县农会批准，不准随便乱斗，说理必须真实，严禁动手打人，并只准斗争本人，不准叫别人顶替，罪恶大的，可选人民政府或组织人民法庭，依法治罪。

7.斗争恶霸，事先不要都扣起来，要向恶霸进行工作，说明要向人民低头认错，赔偿群众损失，改过自新，好好劳动，人民就可宽大处理。

8.工商业坚决不能动。

9.已斗争的王某、白某、陈某、杨某、吕某等5个恶霸，大家都认为应当斗争，这就是大会上批准了群众的正当行为。

10.果实分配问题，应从贫苦程度出发，照顾被害者本人，这是原则，应再多征求群众意见，务要分得公平合理，分好了，我们就会团结，镇压了当权派，如分不公，就会引起农民内部不团结，给敌人有空子可钻，大家就要吃亏，这一点是非常重要的，并且不能浪费果实，以及闹社火开支果实，也是不许可的。

丙、减租清债问题：

减租清债办法宣布后，全体农民代表都非常拥护，认为："这再不怕地主逼着要债了。"代表赵正清说："有钱还款，没钱立约，高利贷不找我们，我们还要找高利贷"。农民都在用心记忆和抄写（识字的）减租清债办法。不过，在开始讨论这个问题时，普遍地存在着下边的错误：

1.认为清债办法是要给地主清偿旧债，发愁还不起怎么办。

2.认为凡是欠地主的债务，要给到一本一利。

3.另外还有一种过左的要求，就是农民债超过两倍以上的，地主应当退还农民，以及要求再规定地主倒偿利息等等。

经过小组讨论和集体讨论，大家对清债办法才有了正确认识，并经过农民代表会议的小组讨论，提出了很多具体问题，又经过各界代表会议集体研究、热烈争论，把减租清债全部归纳成20条（减租3条，清债17条）补充意见，并都提出具体解决办法，这些意见，已报地委请示批准，这里不赘。

丁、恢复与发展农业生产，度过春节困难，并准备开展今年大生产运动。

在乡村中，基本上可分两种情况：一种是农民们都较安心地生产着，一种是地主富农大部分不安心生产，还有一部分在破坏生产，如卖牲口、解雇雇工等。对于生产，各代表解决了下列几个问题：

1.大家领会了今后土改的“中间不动两头平”的政策。

2.生产必须节约，这两者是分不开的，这样才能渡过困难。

3.地富今后不借了，只有依靠自己和农民间的互借互助。

4.要抓紧时间，全家动员起来，能搞些什么生产就搞些什么生产。大家还具体算了一些账，有的说运粮能行，有的说拾粪能行，有的说妇女扫茅衣和纺棉花能行，有的说地主不逼着缴债，只要努力生产就会够吃的，就能解决一部分口粮和生产资料，有的说斗恶霸还能分果实。由于具体情况不同，大家提出很多办法。

5.对地、富破坏生产，大家都认为应积极抵制，并提出下列具体办法：

(1) 应向地、富说明政策，不能荒地，不能随便解雇，不能卖牲口，不能大吃大喝，否则要受政府法律制裁。

(2) 解雇雇工，要经过农会和乡政府，不准随便解雇雇工，已解雇的，应即经农会和乡政府，向地、富讲明政策和说理进行复工，估计静宁全县，约有5000雇工以上，这是一个大问题，应当采取这样有效办法解决之。

(3) 有的农民提出“查出地、富变卖人民财产，将被变卖部分应归农会果实，不变卖仍归地、富所有”，我们认为这意见也是制止地、富盗卖人民财产的好办法。已报地委考虑是否合适，我们尚没有允许农民这样做。

有的代表提出：只要不允许地、富随便解雇雇工和制止了变卖牲口，地、富自然就不会荒土地了。我们认为这句话是有道理的。

总之，这两个会议是接连着开的，开始经过代表诉苦，普遍提高了代表的觉悟，并集中大家智慧，根据政策，定出具体执行中的法令。因此，各界人民代表会议在农民代表会议基础上召开，又提高了一步，所以说，我们对于这两个会议的召开，都是满意的。

第三章　县第三届各界人民代表会议

（1950年6月至12月）

县第三届各代会于1950年6月6日至8日在县城召开，应出席代表174名，实出席149名（男144名，女5名；汉族143名，回族6名；工人3名，农人97名，工商界7名，青年学生2名，文教界2名，部队3名，机关团体27名，爱国民主人士2名），邀请代表6名。会议听取县长于光所作的题为《肃清匪特，恢复生产》的政府工作报告、县委副书记刘文正所作的《执行党的政策，改进干部工作作风》的报告，着重讨论总结肃清匪特、粮食征购、执行党的政策和改进干部工作作风等问题；6月8日选举甘肃省第一届各代会代表4名，选举由主席1名、副主席1名、委员10名组成的第三届各代会常委会。

附：

省第一届各界人民代表会议代表

于　光（男，34岁，县政府县长）

陈思义（男，41岁，新民区议和乡乡长）

黄彦昌（男，回族，46岁，单硙区四堡乡保长；未出席省第一届各代会）

苏万奎（补选，替补黄彦昌出席省第一届各代会。男，九区单民完小教员）

王尔全（男，61岁，县水利委员会委员）

县第三届各界人民代表会议常务委员会

主　席：刘文正（兼，1950年6月至12月）

副主席：于　光（兼，1950年6月至12月）

委　员：张柏林　赵正清　马存余（回族）　高保全　李桂英（女）　李文清
王守诚　受云亭　王志德　张　明

肃清匪特，恢复生产

（县人民政府县长于光　1950年6月6日）

我们静宁县召开各界人民代表会，这是第三次了。这次会议延期了一个多月，原因是县上的一些负责人分别在平凉、定西开财经会议。这次会议要解决些什么问题？我们认为，主要有两件：第一件是清匪肃特；第二件是恢复生产。

一、先讲清匪肃特

自解放以来，我县各区发生土匪强案将近30次，特务造谣破坏时有所闻，甚至打黑枪伤我炮兵团战士。近两个月来，封建会道门在特务煽动下，活动更为猖狂。自5月以来，甘肃各地连续发生匪特武装骚动，这种骚动是带群众性的武装骚乱。从这些事情发生的情况看，正说明匪特正利用回汉之间历史上的民族矛盾进行挑拨破坏，企图挑起回汉仇杀事件，达到反动派报复的阴谋。

平凉事件发生后，匪特造谣说“汉民要洗回民”，反过来又对汉民说“回民要造反”，他们生怕我们回汉人民团结起来（静宁回汉人民是团结的）。由于历史上的一些民族矛盾，回汉人民中还有一些不了解中央人民政府是联合政府，是主张民族平等的，在共同纲领中已有明确规定。由于特务分子的破坏挑动，我县单家集民兵2人带枪3支投匪，同时，在威戎区、城关区汉民说“张家川回民要造反。”有的准备炒面鞋袜逃难，挑起不安情绪。事实上，特务这种阴谋，我们是完全有办法的。单家集民兵误入歧途，投匪没过10天，就被人民解放军打败，有的被打死，有的被俘，没打死偷跑了回来的单文举，又扛回一支步枪。各区群众现已安定下来，同时也应说明，汉民中间也有土匪，土匪并不完全是回民。

9个月来，我县在剿匪肃特上是有成绩的，有不少特务已向我登记，如李登弟等土匪案，也破获了不少，如黄花镇张俊富、魏善登等案，追回不少财物，有些已退还群众。我们的成绩还不大，其原因就在于，剿匪肃特还没把广大群众发动起来，但是，少数干部与公安局公安队、再加上野炮团，高界、甘沟土匪活动没有了，但人和、威戎却又增加了。所以，土匪不能完全破获，特务不能完全肃清，必须认识到剿匪肃特是全体人民的事情，如不能把人民发动起来，土匪特务是不能肃清的，同时人民财产的损失也是不堪设想的。

我们必须认识，毛主席在政治协商会议开幕时就着重指出：“帝国主义者和国内反动派不甘心于他们的失败，他们还要作最后的挣扎，他们将每日每时企图在中国复辟。”同时，还要谨记毛主席告诉我们的“拿枪的敌人被消灭以后，不拿枪的敌人仍然存在。他们必须要和人民作垂死的挣扎，我们决不能认为太平无事”。我们绝不可以轻视这些敌人，我们要坚决消灭他们。

肃特清匪是一种复杂的、尖锐的、长期的、隐蔽的斗争，它是一种智力战争，这一种斗争，不是一时的现象，是阶级社会阶级斗争的产物。有些人认为，公开的敌人被消灭以后，秘密敌人也将随着被消灭，这种认识，无疑是错误的，谁要这样认识，谁就要吃亏。我们要告诉人民，我们对此情况认识不足与估计不足，就要犯错误。

我们的政策首先是要争取群众，孤立与打击少数首要分子，对特别坏的，还要坚决镇压。

我们为遏止事件的继续发展，迅速地安定社会秩序，平静人心，稳步地进行各种工作，完成各项任务，所以仍然应以清匪肃特、团结各族人民、安定社会秩序、恢复生产为基本方针。我们的口号是，保护各族人民安居乐业，保护生产，在这样的号召下来搞好各项工作。

依据上述情况，在我县提出以下几项具体任务，希望代表们加以讨论研究执行。

（一）要广泛地、深入地宣传胜利形势、生产政策与民族政策。大陆除西藏外，已全部解放，海南岛、舟山群岛也相继解放，目前只剩下台湾一个孤岛了。3年来，消灭蒋匪700多万人，现在只有50多万人，就更不顶事了。我们有毛主席的英明领导，解放军的英勇善战，过去有力量解放西北，消灭了公开的敌人，今后，我们也将有力量消灭秘密敌人，巩固已取得的胜利，敌人是不可能再来统治我们了。在生产上，我们是提倡生产致富、劳动发家的。在土改时，富农土地、财产也不动了，我们是奖励生产，保护生产的。要宣传民族平等政策，这在共同纲领中与联合政府中，已明显地规定与提出来，使得每一个群众都能懂得这些政策，这样，特务、土匪无法活动了，群众也就不会上当了。

（二）发动群众、组织群众扑灭特务、土匪，是我们党政军民各族各界人民一致的任务，希望代表们回去以后，首先要宣传政策，把群众发动起来，团结起来，用群众的力量来扑灭特务土匪（同时必须注意封建会道门的活动，尤其是一贯道，更应注意，目前对我们的生产破坏是很大的）。我们要组织治安委员会、组织民兵，互通情报，组织联村联防，一村有事，大家帮助，土匪到一村，一村反对，到一乡，一乡反对。只要我们全体人民团结起来，行动起来，我们是完全有把握把特务土匪肃清的。

（三）检查我们以往的工作，纠正在工作中的缺点。如征粮中的畸重畸轻、组织农会中的关门主义，改造乡村政权后，仍被坏分子把持，在执行自由借贷中的强借、硬借、派条子等错误。这些缺点，应坚决纠正。当然，不是说我们一切都错了，我们是有成绩的。这些缺点，是进步中的缺点，是可以纠正的，是不容忽视的，只要我们能改正错误，群众就一定能拥护我们。

（四）反对官僚主义与命令主义。在群众的监督下，纠正区乡干部乱捆、乱打、唾骂、罚贪污、多派军鞋、欺压群众的恶劣作风，他们不愿向人民做说服工作，他们命令办事，为了完成任务，可以不谋方式，严重地破坏了党和政府与人民群众的联系，我们正确地处理了这些问题，就可挽回党和政府在群众中的恶劣影响，使党和政府与人民群众密切地联系起来。我想要讲的第一个问题，就是这些。讲到了要肃清土匪特务，同时亦要注意纠正我们工作中的缺点。

二、生产自救，防旱备荒

入春以来，我县即以生产工作为中心，在各级干部的具体领导下，执行了自由借贷政策，借了4000多石粮，解决了生产当中的一些困难，因而获得不少成绩。个别村庄还实行了二五减租，大大提高了群众生产情绪，但因好久天旱不雨，冬麦有冻死与旱死现象，因而引起了一些群众恐慌，5月27号落雨后，农民们非常欢喜，积极进行补种等。

兹据目前季节与目前情况，我们懂得以下道理和做好下列几件工作：

发展生产，使大家把日子过好，这是我们革命的目的。共产党和人民政府一向是主张劳动致富、生产发家的，所以咱们一年四季都不要放松生产，不论做什么事情，都要对生产有利，而不要妨碍和耽误了生产。一切社会改革的目的，都要归到恢复和发展生产的目标上，这些道理，我们应该懂得。我们代表回去以后，应积极带头领导广大人民群众，把生产搞好。首先要解决群众思想顾虑，如有的是单纯依赖政府的救济观点和“听天由命”的思想，向一些日子稍好的人讲清，富农土地、财产土改时不动，放账还是有借有还，不因放账提高成分，我们定成分是按照解放前三年情况来定的，同时也应向某些干部讲明，不要有认为群众会生产、无须领导的错误思想，贯彻生产自救的方针。

第一，要组织群众，领导群众，加紧锄苗拔草及雨后赶种小日月庄稼（如苦荞、甜荞、六十日黑糜等），和当地老农研究补种因受旱死亡青苗。开小型水利，进行副业生产，如养猪、养鸡、养蜂、采药卖柴、运输、纺织，并发动妇女参加生产，提倡变工，根据自愿两利原则，把人力畜力组织起来，使3人能做4人的活。总之，应该领导群众做到靠山吃山，靠水吃水。

清理义仓斗争果实。有计划地解决目前已断灶或将要断灶户的困难，给予救济，保证不饿死1个人。这些粮食，不能平均摊派与单纯地救济，应和组织生产结合起来，作为生产的抵垫基金。在城市中，要组织失业人与正当职业人就业生产。

第二，号召群众起来节约备荒，精打细算，反对浪费，提倡过年、过节、婚丧大事都要俭朴，不要大吃大喝，不要唱戏。俗话说：“应在洞口节约，不要在洞底节约。”又说：“吃不穷，喝不穷，打算不到一世穷。”在群众中提倡积小成大的思想与做法。

第三，活跃农村自由借贷是目前新区农村生产救灾极其重要的一项措施。在今年春耕中，由于对借贷政策的宣传与解释和具体领导，已获有初步成绩，但我们不能满足现状，自由借贷还未普遍展开（包括地主、富农及农民），由于我们对生产借贷政策宣传不够深入，兼有在此次工作中发生不少缺点和偏向（如强借、硬借、派条子、强挖洞），尚有不少顾虑和误会，故表现得不正常，如借粮双方隐蔽利息，不立字据，不让干部知道，黑夜偷借等。因之，今后应广泛地宣传政策，克服上述缺点，在全县进一步开展自由借贷，保证有借有还，有本有利，立约立字。政府与农会对这种新的自由借贷关系，应加以保护，并坚决防止二流子浑水摸鱼、坏分子造谣破坏行为，只要我们搞好生产，特务破坏与土匪活动也可减少。

第四，普遍地领导减租，处理债务，群众要求要返的租，还是要返。

我要讲的，就是这些，希望代表好好研究，对我们的工作提出批评，提出今后改进意见，我们是热烈欢迎的。只要我们各族各界人民与政府亲密地团结起来，静宁人民的事情一定能办好。

县第三届各界人民代表会议总结报告

静宁县召开各界人民代表会这是第三次了，第二次是在1月底，第三次本应在4月底召开，计划5月初开，因到平凉开财经会议，回来时，又召开了财经会议，所以延至6月上旬召开了第三次各界人民代表会议，时间两天半，6日开会，8日下午结束。

此次代表会原计划174人，因天下雨，实到149人，占原计划的85%强，计有党员52

人（还组织了1个支部）。

开会时，首先由于县长根据财经会议精神，结合本县具体情况，主要说明我们负担的用途，是取之于民用之于民，而国民党是取之于民用之于己。其次是公粮入仓情况与保证收入，及为什么要整编，着重区划问题。再次，文正同志作了中心工作与紧密结合生产工作的报告，并检查了干部作风问题，分组进行了讨论。在检查中，主要检查了乡干部的作风，发现了从未发现的问题。

一、在这次会议中解决的一些问题

（一）认识肃特是群众的事，解决生产政策中的若干问题并检查了干部的作风。认为剿匪必须发动群众，一方面认为政策太宽大，对坏的惩办不够，怕报复，另一方面，也认识到要把土匪肃清，这是群众的事，不但要发动男人还要发动女人，组织农会民兵治安委员会（秘密小组），联村联防，互通情报，监视坏人等，有些人在讨论时，已提出现在村里有个什么人，很可疑，应注意。

（二）在肃特方面，大家搞不清，如在讨论时说，过去国民党说红帮是共产党的特务，共产党来说是国民党的特务组织（我们并没有这样说），并且认为红帮都是特务，土匪都是红帮，三青团是特务，国民党党员是特务，干过事的是特务，说坏话的是特务，土匪是特务。根据此情，对特务作了专门解释，后来逐步认识了。初开始，在治平区红帮分子宣传说，参加了红帮，就是参加了共产党，有的群众就参加了红帮，后来经我们揭露红帮不是共产党，好多同志就退出来了。在人和区李家河，全村都参加了无极道，先出道费每人1元半、1元不等，有一家姓马的全家参加了，没钱，把一头牛卖了。后来又研究无极道头儿是些什么人时，代表说是地主和国民党的一个乡长，于是代表们又认识了地主阶级又用别的办法来剥削我们，大大地提高了他们的阶级觉悟。

（三）在生产政策上，解决了一些政策问题与自由借贷政策，反对强借硬借等做法。再次则通过代表会检查工作，检查三级干部作风，其中由于情况问题，则着重在乡干部身上。有的乡干部自己进行了检讨与反省，发现了乡干部（包括农会主任）在工作中（主要是征粮），有打人骂人扣人捆人吊人等严重现象，多派军鞋，私自罚款，多派公粮，贪污腐化，乡干部下乡吃饭不开条子，农会干部吃饭不出粮食等普遍现象，还有个别乡干部到区开会骑骡子。根据城关、甘沟区不完全材料的统计：

1.贪污。4个乡多派军鞋55双，7个乡贪污白元163元，人民币5000元（1个乡），麦子15.1石（2个乡长，1个文书），贪污羊毛（私派）20斤，土布1匹（1个农会主任）。

2.打人骂人问题。计打人9个，扣人3个，捆人1个，还有持枪抢妇人的，骂人3个。

3.浪费。单民乡（回民）募捐人民币14万元作唱戏用，另同乐乡（城关区）成立乡政府时，募捐白洋3元，吃酒吃肉。

4.腐化。甘沟同义乡乡长牛某吃大烟，到区开会，第一次派骡子骑，第二次派马骑，第三次没派下牲口，就不到区上开会去了。同时为了和一个富农周某的女人拉关系，竟搬到周家院子住。

我们认为实际情况比这还多，这些都要引起我们注意。干部这种行政命令、贪污腐化的思想、作风是多么严重，如何地脱离群众，将来深入检查时，一定会发现比这更严重的现象。

在讨论对这些问题的认识时，甘沟金汤乡代表说：“不捆不行，我把一个富农捆了一绳，拿出了40石粮，光说好的什么也办不成。”还有的代表说：“三句好话不如一马棒。”还有的说：“你们拿上华北的做法来这用不通。”我们认为区乡干部这样做，是有群众落后舆论的支持，并没有认为是错误，经过再三动员说服不能光靠命令办事。甘沟区民联乡代表靳国士说：“我们过去穷人受人欺侮时常感到难受，反对他们，现在我们当了干部，这样做也是不对，群众一定又来反对我们。”经这么一说，思想也转过来了，认识了打人不对。

二、贯彻了财经会议的精神，使代表们对负担政策有个正确的认识。我们的负担取之于民用之于民，与国民党的取之于民用之于私有根本的区别。有的人说负担重，对这一点，也作了明确的认识，拿事实说明，负担不是重不重的问题，而是公不公的问题。代表们列举国民党时期的负担大户轻小户重，要的名目真多，有30多种，天天要。人和区居安乡代表说：“去年马匪军在时，在村上要马1匹骡1头，壮丁7个，花了1000多石，但去年对我村负担才550石。”（会后有的人也反映我们的负担不重，特别是地方附加不重，国民党时附加30%，我们15%。）

在划区问题上也进行了讨论。代表们提出了如何划才合适，没提出反对意见，主要就是征求群众意见的问题。

这次会议的主要缺点是，时间短，问题多，讨论还不够深刻，同时，过去的代表会开会后执行情形不知道，有些人批评我们开会后代表下去没有传达，代表会存在着严重的形式主义毛病。另外，代表反映这次招待不如上次好。

会议后，我们开了一个常务委员会议，选举了主席、副主席，中学副校长王守诚提出，刘文正为正主席，于光为副主席，全体一致通过。并提出有这样一些问题，应引起我们以后注意：

（一）过去常委开会太少，开完会好像没事了，今后应多开一些，最少1个月开1次。

（二）要和代表联系起来，1月能联系1次，让他们报告开会传达与执行情况。

（三）代表最好不要随便更换，这在领导上要注意培养，好的应发动群众连选连任，坏的当然应选掉。

（四）提案解决：东关人民要求，东关商人重归东关领导，不要归城商街商会，可统一城内在15号以前调解解决（按：该问题14号已经解决）。

（五）常委要协助代表传达会议决议，有的常委提出还要下乡检查。

（六）代表到村和乡干部团结不够，同时，区上对代表尊重也不够，以致代表作用没有发挥。

第四章　县第四届各界人民代表会议

（1950年12月至1951年5月）

县第四届各代会于1950年12月8日至10日在县城召开，应出席代表174名，实出席167名（妇女4名；回族8名；工人3名，农人139名，工商界2名，青年学生2名，文教界2名，机关团体11名，爱国民主人士2名），列席11名，邀请3名。会议讨论继续做好秋粮入仓、减租减息、剿匪肃特、镇压反革命、冬季生产、准备土改等工作任务；12月10日选举由主席1名、副主席1名、委员15名组成的第四届各代会常委会。

附：

县第四届各界人民代表会议常务委员会

主　　席：刘文正（兼，1950年12月至1951年5月）

副 主 席：于　光（兼，1950年12月至1951年5月）

秘 书 长：王新民

副秘书长：王守诚

委　　员：王新民　受云亭　王守诚　王尔全　苏万奎(回族)　马存余(回族)　李文清　曹少渤　李桂英(女)　赵正清　李炳致　毛许民　袁文兴　张俊富　陈思义

县第四届各界人民代表会议常务委员会成员情况表

表2–4

姓名	会内职务	年龄(岁)	性别	籍贯	个人身份	文化程度	民族	党派	会外职务	简历
刘文正	主席	31	男	山西沁县	革命职员	初中	汉	党员	静宁县委书记	1937年参加抗日工作，1938年任村青年抗日救国会秘书，1939年在县情报社工作，1944年、1945年任区委副书记，日本投降后调太原党委任秘书干事，1946年任翼城区委书记及曲沃区委书记，1949年任静宁县委组织部部长，1950年任静宁县委书记

续表2-4

姓名	会内职务	年龄(岁)	性别	籍贯	个人身份	文化程度	民族	党派	会外职务	简历
于　光	副主席	35	男	宁夏中宁	革命职员	抗日军政大学毕业	汉	党员	静宁县县长	1938年在延安陕北公学、抗日军政大学毕业，1939年在八路军总司令部卫生部任文书，1940年任襄垣县民政科科长，1942年任政务秘书，1943年在太岳区浮山县任农会工作员，1945年8月任临汾县民政科科长，1949年任静宁县县长
王新民	秘书长	42	男	山西平陆	革命职员	初中毕业	汉	党员	静宁县政务秘书	1938年在原籍游击队任政治文书、县农会秘书，1939年任晋南农民抗日救国会总会组织部部长，1943年至1945年在原籍任抗日民主一区署区长，1946年任太岳区专署总务股长，1948年任山西新绛县政府科长，1949年任静宁县秘书科科长
王守诚	副秘书长	37	男	甘肃静宁	革命职员	兰州工业学校毕业	汉	无	静宁中学副校长	曾任西安市平工纺织企业公司事务员、陕西长武县参议会秘书、陕西永寿县县立中学教员及参议会秘书，1949年任甘肃省静宁中学副校长
受云亭	委员	71	男	甘肃静宁	旧职人员	甘肃武备学堂毕业	汉	无	农人	曾充新疆将军学堂监督，参加辛亥革命北伐战争、抗日战争等
王尔全	委员	62	男	甘肃静宁	旧职教师	后师毕业	汉	无	静宁女子小学校长	曾任甘肃平凉师范、静宁中学校长，时任静宁县女子完小校长

续表2–4

姓名	会内职务	年龄(岁)	性别	籍贯	个人身份	文化程度	民族	党派	会外职务	简历
苏万奎	委员	49	男	甘肃静宁	传教阿訇		回	无	静宁九区单民完小教员	静宁县单家集南寺社头兼阿訇及单集完小教师
马存余	委员	25	男	甘肃静宁	革命职员	初中肄业	回	无	静宁工商科副科长	在静宁单集完小任过教员2年，解放后在城关镇公所任文书2个月，1950年在平凉干校学习4个月
李文清	委员	27	男	甘肃静宁	革命职员	高中毕业	汉	无	静宁农会主任	以前当学生，静宁解放后参加革命工作
曹少渤	委员	24	男	陕西	革命军人	初中毕业	汉	无	野炮团文书	毕业后由友人介绍任兰州伦华印刷厂司账员，兰州解放后，入甘肃军区军政学校学习，毕业后先到二兵团学习，期满后分配至野炮团司令部工作
李桂英	委员	29	女	山西	革命职员	粗通文字	汉	党员	静宁妇联主任	
赵正清	委员	49	男	甘肃静宁	农人	不识字	汉	无	磨户	参加过3次静宁县各界人民代表会议并被选为常委会委员，时任东关街治安委员会委员
李炳致	委员	25	男	甘肃静宁	学生	初中肄业	汉	无	静宁县商会副会长	静宁中学肄业后，于1950年任静宁县商会副会长

续表2-4

姓名	会内职务	年龄(岁)	性别	籍贯	个人身份	文化程度	民族	党派	会外职务	简历
毛许民	委员	41	男	甘肃静宁	工人	小学毕业	汉	无	静宁火柴公司技工	1921年在静宁中和火柴公司做工人3年，在平凉陇东火柴公司当工人12年，1937在静宁警察局当警侦员8年，1947年在静宁火柴公司当工人
袁文兴	委员	21	男	陕西富平	革命职员	高中肄业	汉	团员	共青团静宁县委工作	1949年2月前在陕西富平县上小学、中学，肄业于国立西北农学院附设高职；1949年2月至8月在延安大学上学
张俊富	委员	30	男	甘肃静宁	农人	不识字	汉	无	农会主任	静宁解放前当雇工，解放后任农会副主任，时任曹务乡农会主任
陈思义	委员	42	男	甘肃静宁	农人	不识字	汉	无	农民	一生务农，解放后参加省第一届各界人民代表会议

县第四届各界人民代表会议总结报告

一、一般情况

我县各界代表会议，自去年10月份起（第一次）、今年2月、6月共开过3次，这是第四次会议。以往的3次会议，因为我们对代表会议精神领会不够，虽有成绩，但缺点也很多，我们不了解各界人民代表会是新中国最根本的政权制度，是人民管理国家政权的基本方式，是建设国家的组织形式，忽略了代表性，对代表的招待也较差，是照例开会，开罢会，事就算完，代表回到乡，与政府联系也少，每次开会，代表更动也大，代表们认识是应差来的（当然，只是一部分）。

这次会议，准备仍不够完善，比较以往是好得多，生活招待各方面都注意了，代表们反映说，政府对咱们这样关心和照顾，咱们回到乡上，总要把政府的工作搞好不可。此次会议共开了3天，会议内容主要是，在目前形势下，如何做好秋征入仓工作，其次是减租、剿匪肃特、冬季生产等，并有静中与第一、二完小学生演剧慰劳，代表情绪是很好的。

二、会议内容

主要是讨论了公粮入仓问题。开幕式毕，接着由县长报告秋征负担情况与入仓问题，全体代表讨论发言。一致认为：（一）要做好秋征工作，必先报实土地、讲清政策，我们负担是取之于民，用之于民，动员群众以实际行动抗美援朝、保家卫国，必先做好秋征工作。（二）要依靠农会干部发动群众，报实土地，划好等级，评好质量，负担才能做到公平合理。群众不是不愿负担，而是反对负担不公。有重点地调查土地，进行反隐瞒斗争，如一区四屏乡地主姚某隐瞒土地，引起群众向他斗争，并给隐瞒土地的分子以适当处分。

静中副校长王守诚说，听到下乡帮助征粮的学生来信，去年征粮往定西宁远店送，老实人送去了，奸猾人有送到县上的，还有的未送，政府也不追究，这是鞭打快牛。今年群众在观望，看政府如何处理。今年征粮要定出奖惩办法，对上粮好的、快的，应当奖励，对拖拉顽抗的，给予适当处分，如此，公粮才能很快入仓。

第一区干部说，要组织下乡督摧公粮，同时要抓紧大户和负担户，定出计划，限时交完公粮，这样，可以按期入仓。第二区干部说，夏季借征，因仓库缺少，乡间送粮排不上队，将粮低价出售粮贩子，群众吃亏，粮贩子从中捣鬼交坏粮，对仓库好粮有影响，政府要增加大秤，坚决禁止包粮贩子捣鬼。

关于剿匪肃特问题，邀请代表受云亭先生说，解放后，土匪多的原因，是胡马匪溃逃时遗留下来的散兵游勇，还有一部分是从前当了土匪的，再加上政府执行宽大政策偏差，造成坏人钻空子。

第六区干部说，这次会议，我们要好好发动群众，组织民兵，健全农会，叫群众都要负起这个责任，使个别地方人来我乡及我乡人去他乡，都要注意他是干部。并在群众会上讲清镇压与宽大政策的结合，使群众不要误解，会后，土匪就可减少。

关于二区减租及冬季生产问题。根据大会发言，一致认为，减租的目的，是为了削弱农村封建制度，改善人民生活，因为此项工作尚未进行（在城关区只做了1户），大家提的意见较少。冬季生产先已归还春天的借贷，执行有借有还政策，没有资本，才能向别的较好的殷实富户借出资本来。

另一方面，要宣传“生产发展，劳动致富”的政策，邀请代表张烈先生说，在静宁仁当区、治平区，以胡麻织帽子、袋子、纺毛线、打毛衣是很好的副业生产，今后应动员群众，做好宣传手工业工作，生产可以提高。

三、常委会改选

大会最后一天是改选常委会，选举方法是采用省各代会的方式，提出候选人17名，选举结果名单如下：刘文正（县委书记）、于光（县长）、王新民（政务秘书）、受云亭（民主人士）、王守诚（静宁中学副校长）、王尔全（民主人士）、苏万奎（邀请回族代表）、马存余（政府、回族代表）、李文清（农协筹委会委员）、曹少渤（部队代表）、李桂英（妇联代表）、赵正清（农民代表）、李炳致（商人代表）、毛许民（工人代表）、袁文兴（青年代表）、张俊富（农民代表）、陈思义（农民代表）。

四、大会经验

（一）会议时间不宜过长，会议内容不宜太多，有中心、有重点地解决两个主要问题，收效较大。

（二）生活上要搞好，招待要周到，在客观条件困难的情况下，给代表讲清楚，可以提高代表情绪，生活改善了，也可以得到代表满意。

（三）各区代表不能按时报到，有早有晚，拖长了会议时间，增加了开支。今后，要明确规定代表报到时间，确实克服这种不正规的行为，才能使会议按时顺利进行。

第五章　县第五届各界人民代表会议

（1951年5月至11月）

第一节　第一次会议

县第五届各代会第一次会议于1951年5月22日至25日在县城召开，出席代表225名（男212名，女13名；汉族219名，回族6名；工人3名，农人175名，工商界5名，青年学生2名，文教界2名，部队1名，机关团体7名），邀请8名，列席10名。会议传达讨论省民政会议关于优抚工作的决定，总结、部署继续加强抗美援朝、拥军优属、发展农业生产等项工作任务，动员人力物力支援朝鲜战争，动员新战士扩大中国人民解放军（1951年6月7日，各区送县的志愿军1714名，经县审查后送部队1497名，其中回族志愿军44名），巩固胜利果实，争取抗美援朝早日胜利；5月25日选举产生由主席1名、副主席2名、委员14名组成的第五届各代会常委会。

附：

县第五届各界人民代表会议常务委员会

主　席：刘文正

副主席：于　光　　受云亭

委　员：（不详）

第二节　第二次会议

县第五届各代会第二次会议于1951年8月4日至7日在县城召开，出席代表195名（男186名，女9名；汉族188名，回族7名；工人2名，农人170名，工商界1名，机关团体12名，爱国民主人士2名）。会议听取、讨论政府工作报告，以征粮工作为中心，讨论中国人民抗美援朝总会三大号召以及镇压反革命工作。

第六章 县第六届各界人民代表会议

（1951年11月至1952年8月）

县第六届各代会于1951年11月16日至20日在县城召开，应出席代表260名，实出席237名（女12名，回族4名）。会议听取、讨论并通过县长于光所作的《关于各族各界人民动员起来为完成土地改革而奋斗》的报告，听取、讨论法院副院长杨义关于婚姻法执行情况的报告，通过土地改革委员会全体组成人员名单、县人民法庭第一分庭第二分庭第三分庭全体工作人员名单，11月20日选举了由主席1名、副主席2名、委员14名组成的县第六届各代会常委会。

附：

县第六届各界人民代表会议常务委员会

主　席：刘文正

副主席：于　光　受云亭

委　员：（14名，具体名单不详）

县第六届各界人民代表会议总结报告

一、会议的基本情况

从11月16日至20日历时5天，出席会议的代表237名（即区域代表195名，党派代表1名，人民团体代表7名，机关代表6名，各界代表9名，当然代表8名，邀请代表11名），缺席代表23名。会议主要解决的问题：通过了于县长《关于各族各界人民动员起来为完成土地改革而奋斗》的报告，并认真地加以讨论，基本上领会了报告的精神，并一致通过了土地改革委员会全体委员和正副主任的名单及县人民法庭第一分庭第二分庭第三分庭全体工作人员的名单，最后又选举了刘文正、于光等17人为常务委员会委员。会议进行期间又增加了检查婚姻法执行情况的讨论，代表们听取了法院杨义副院长关于这一问题的报告，展开了讨论。总的来说，各位代表的情绪非常高涨，大会的收获是很大的，会议始终在热烈、紧张、民主、团结的气氛中进行着。主要通过了今冬明春我县20万人翻身的大事，土地改革普遍提高了代表们的思想觉悟，为今后顺利开展土改工作打下良好的基础。在讨论时，对土改中的一切问题，均是集中力量严肃认真地对待，这次真正做到了普遍发言，在讨论中再用不着干部引导发言，代表的发言连续不断。在讨论到为什么要实行土地改革时，代表们以自己亲身所受地主阶级的压迫剥削来诉苦，充分说明了土改的理由。如六区代表梁福邦说：“过去几千年受地主的压迫和剥削，把我们的土地都剥削去，在古城乡地主梁某一家占的320多垧地，一人要核15垧多地，而我们农民每人才平均有1垧多地。”一区代表陈信说：“我乡土恶霸地主陈某原来只有20多垧地，就是在过去有势力，靠欺压剥削我们穷人发了家，现在已有270多垧地，他欺压穷人太毒了，有一次把一个雇工的生殖器绑在板凳上打，经常不给雇工给工资。”在三区，雇工给地主做活，先写好欠的积工，一日补工三日，崖石崖边若要摔死，与我掌柜的无干，若要抬人，还要把工钱算清。从以上事例中即可说明，在讨论时，每个代表都表示土地改革非实行不可，唯有实行土改，农民才能彻底翻身，国家才能富强。在讨论如何实行土改时，代表们认为唯有依据党的总政策、总路线，充分放手发动群众都参与这一运动，依靠贫雇农，把中农团结起来，把青年妇女都发动起来，加强农民自己的力量，彻底消灭地主阶级。代表们提供了许多发动群众的好办法，有个别代表虽对团结中农上认识不对头，但在讨论中已及时总结纠正了。总之，这次会议，对土地改革工作讨论得很好。在讨论检查婚姻法执行情况时，有些代表首先检查了自己对婚姻法错误的思想认识，初步端正了态度。还有许多代表根本不了解婚姻法，在讨论中反映了许多材料，如农村早婚现象，一般结婚多为15、16岁，童养媳、抢寡妇的事情经常出现。据初步调查，因婚姻不自由或干涉婚姻自由，致使群众自杀、被杀的案件有31件，死了男4人、女27人。有的已经处理，但还有多一半没有得到处理。代表们表示，要协助政府检查婚姻法执行情况。

二、这次会议的几个特点

（一）代表情绪异常高涨。由于这次会议的中心议题是全县今冬明春的土地改革工作，这是农民的翻身大事，几千年来，从来没有的事情。正因为全体农民非常欢迎并渴望这件大事，所以代表们在开会时无论听报告，还是讨论，情绪始终是热烈的，这对于很好地讨论土地改革起了很大的作用。

（二）政策学习得好。在听了于县长的报告后，有关土改的总政策、总路线，代表们绝大部分都记下了。在讨论土改工作时，代表们在发言中对政策说得很好，基本上领会了精神。如在讨论时，大家认为在这次土改下去后，必须首先依靠贫雇农，先把最穷、最苦的贫雇农发动起来，通过他们个别串联，就可以把所有的贫雇农发动起来，只要把贫雇农发动起来，就一定能把群众发动好。有的代表提出了对贫雇农要耐心启发、打通他们的良心命运的观点，这些人最老实，过去受地主的压迫剥削最大，所以要慢慢发动，给他们把道理讲清楚，只要贫雇农懂得了谁剥削谁，谁养活谁的道理，就能够起来和地主阶级作斗争，在这个问题的讨论上，对代表们的印象最深刻。

（三）政治觉悟显著提高。在这次会议上，与历次不同的是代表们的政治觉悟显著提高了。表现在认识到了代表的职责，给政府部门提出了一些建设性的批评和改进意见。同时在大会讨论时，也批评了开明地主，给开明地主提出了许多意见。如对王某提出至今还看不起穷苦农民，今年去兰州开会时，和他同车的一位农民代表郭诚，因穿的衣服烂些，王便嫌他脏，并说“你坐过车没有？要是呕吐的话可要把我的衣服弄脏。”等语讥讽农民。并且购买土地，如购买了平凉的水地5垧。又对受某提出分散转移财产等不法行为。

（四）民主作风好。这主要表现在领导和代表们能够很好地相互研究改进工作的办法。大会接到了18件提案，迅速和有关方面研究，及时给代表们作了答复，能执行的立即开始执行，有困难的，向代表讲清了原因，大家感到很满意。

这次会议在筹备召开时，各方面做了比较充分的准备。会议期间，又发扬了民主，一切问题由代表展开讨论。一般地说，都解决得很好，有很大成绩。但在个别地方也有一些缺点，如在会议领导上有时显得紊乱，在开幕式时，次序不顺，选举时错误发选票等，这些经验教训当全心记取，求得在下次会议时有更大的进步。

第七章　县第七届各界人民代表会议

（1952年8月至1954年7月）

第一节　第一次会议

县第七届各代会第一次会议于1952年8月12日至14日在县城召开。应出席代表253名（男223名，女30名），实出席235名（男215名，女20名；汉族223名，回族12名；工人3名，农人168名，工商界6名，青年学生2名，文教界1名，部队2名，机关团体28名，爱国民主人士3名，医药界3名）。会议推举刘文正、武德惠、程怀庭、李桂英（女）、李文清、周应元、赵生贵、臧生荣、马存余（回族）、同秀贞（女）、李静、张烈、于子祥、李万福、张汉林、张生香、王宏谟、李守茂、靳利祯、张国政、王建堂、李天鹏、单芝兰、李九利、张平25人组成大会主席团。李文清、马存余、李桂英、赵生贵、李兴杰、周应元、张烈、李万福、张生香9人组成提案审查委员会。会议听取、讨论并通过代理县长武德惠所作的《静宁县土地改革和粮食征购工作的报告》；8月14日改选县各代会常委会组成人员；收到代表关于工商业、农业税和地界划分等方面提案15条。

会议日程

县第七届各界人民代表会议第一次会议日程表

表2-5

时间		会议日程
8月12日	上午9时至10时30分	1.开幕典礼
	上午10时30分至12时	2.政府工作报告
	下午2时至5时30分	3.小组讨论（土改）
	晚上	4.休会
	上午6时至7时30分	1.征粮报告
	上午7时30分至8时30分	2.小组讨论（征粮）
	上午9时至12时	3.小组讨论（征粮）
	下午2时至5时30分	4.小组讨论（征粮）

续表2-5

时间		会议日程
		5.休会
8月14日	上午6时至8时30分	1.酝酿选举
	上午9时至12时	2.大会讨论征粮
	下午2时至4时	3.选举
	下午4时至5时30分	4.提案审查报告
		5.闭幕

会议口号

（1）坚决贯彻征粮政策；（2）查田评产是做到负担公平合理的主要关键；（3）踊跃交纳爱国公粮，迎接国防经济建设；（4）我们要早交粮，交干粮，交净粮；（5）订立交接合同是解决群众运输困难的好办法；（6）我们要在查田评产的运动中起模范带头作用；（7）我们要带头报实自己的土地；（8）交纳公粮是抗美援朝的爱国具体行动；（9）增加生产，厉行节约，以支持中国人民志愿军；（10）中华人民共和国万岁；（11）中国共产党万岁；（12）毛主席万岁！

附：

县第七届各界人民代表会议常务委员会

主　席：刘文正（兼，1952年8月至1954年4月）

副主席：武德惠（兼，1952年8月至1954年7月）

王尔全（兼，1952年8月至1954年7月）

委　员：李文清　李桂英（女）　周应元　苏万奎（回族）　于子祥（回族）

张　烈　同秀贞（女）　李万福　李　静　马存余（回族）　赵生贵

程怀庭　李九利　赵顺天

县第七届各界人民代表会议第一次会议总结报告

我县第七届各界人民代表会议在8月12日开始开会，14日闭幕，参加的有各族各界代表共235名。会上，首先向代表们报告了政府半年多的工作，主要是县六届各界人民代表会议上的决议执行情况。这次会议中心议题是讨论全县1952年征粮工作。会上发扬民主，经过充分酝酿讨论，代表们情绪饱满，发言积极，讨论热烈，一致通过全县1952年农业税收工作计划，最后改选了常务委员会，这次会议基本上开得很好。

一、会议内容

（一）报告和检查了工作：首先向代表报告了半年多政府的工作，如土改、生产、“三反五反”运动。检查了工作，特别是缺点方面，由于代表对于会议有了认识，同时发扬了民主，用很关心的态度，向政府提出了工作上宝贵的意见。在缺点上，综合起来有以下几点：

1.我们在农村工作中，召开了无准备的会议，有时开会太多，耽误群众生产，群众有意见，对抗开会，个别地方不给工作组干部解决吃饭住宿问题。

2.有些乡长、文书，把农会主任、民兵队长、村长等不脱离生产的干部，一齐组织起来，和自己一样做工作，耽误了他们的生产，影响他们不愿意当干部，虽然他们觉悟不高，不了解前途，没有认识到人民民主专政要自己当家，是主要原因，但我们对干部缺乏教育，没有照顾他们的成绩，存在着一旦运动会调换一批干部的偏向，同样使干部产生退休思想，认为当干部没有下场，这也是我们政府应该负责解决的。

3.在土改运动中，也有缺点，执行政策不够严肃稳当，划成分不够十分准确，有个别提高和降低现象，发动群众不够充分，斗争地主不够策略，有些地方在区别对待上做得不够，因之对某些地主威风没有彻底打掉。政府没有很好地帮助代表传达，而一般干部对代表也认识不足，认作和乡长、村长、组长等一样使用，没有很好地尊重代表职权，失掉代表应起的作用。

（二）讨论通过征粮计划，坚定了代表信心，决心带头完成征粮任务。3年来的征粮，已做出了实际事例，代表对于征粮情况知悉，体验也最深刻。在讨论了“贯彻查田评产，依率计征，依法减免，取消一切附加”的农业税总方针和今年全县征粮计划后，代表们情绪很高，了解了税收政策，认识了农业税的重要。如二区代表武自发说：“美帝打不下去，就不能过好日子，要过好日子，就要政府说啥，咱们干啥，早交公粮，以支持中国人民志愿军。”同时，明确了今年公粮没有预定任务，一定要查实土地，评公产量，按政策办事。在讨论中，代表们还提出了以往征粮工作中的缺点，如邀请代表宋廷弼说：“过去公粮不是重而是不公，主要是选举评议员有问题，群众认为评议员有嫌麻烦、换着支差的思想，因此，土地报不实，等级划不公，负担自然就不会公平合理。如公粮入库上，聚集乡群众等候齐全，打锣敲鼓，扭秧歌送粮，讲求形式，耽误生产。”他还提出了今后应注意粮质的干净和迅速入库的建议。各个代表讨论热烈，信心坚定，一致表示要在整个征粮工作中起带头模范作用，广泛宣传政策，发动群众，报实土地，交清公粮。如七区代表李万福（互助组长）订出了全组交粮计划，要和别村别组挑战，他还说：“谁先把粮交到仓库，谁就爱国。”二区梁马乡代表在开会前和群众商议好：“代表去县上开会，群众准备碾麦子，在7天内把全乡公粮都准备好。”八区代表计划回去以后，准备好公粮，组织大车运送。九区组织人力畜力集体送交。三、七区群众贩瓜、卖桃，搞副业，买麦子准备交粮。这些都是代表们觉悟提高的表现，他们在群众中已经起了相当作用。经过讨论，一致通过全县1952年农业税征收工作计划，并决议召开三级干部会议布置全县征粮工作。

（三）改选常委会：会议最后一天改选了常务委员会，选举结果如下：

主席：刘文正（县委书记），副主席：武德惠（县长）、王尔全（民主人士），委员：苏万奎（回族阿訇）、于子祥（回族阿訇）、张烈（民主人士）、李万福（农民代表、互助组长）、同秀贞（妇女代表）、赵生贵（工会代表）、李文清（县农会副主任）、李桂英（县妇联会主任）、赵顺天（卫生院院长）、马存余（回族代表、工商科科长）、李静（团县工委书记）、程怀庭（公安局局长）、李九利（区委书记）、周应元（劳模代表）。

闭幕会上，政府接受代表委托，按照代表意见改进今后工作，并给各区写了指示，要求区上负责帮助代表召开会议，将会议精神传达下去，各个代表也表示了决心，要带头交公粮，带动群众并将会议精神带到农村，变成群众的实际行动。

二、会议体会

我们为了开展当前征粮中心工作召开各界人民代表会议，结合着报告了政府工作，这次会议开得很好。我们认为各界人民代表会议是新中国最根本的政权制度，是人民管理国家的基本方式，必须要与各种中心工作密切结合起来，通过人民代表会议，讨论人民群众当前的主要事务，使人民代表会议形成制度，推动各项工作。所以代表的产生，首先，一定要通过民主讨论，要有代表性质；其次，必须发扬民主，尊重代表职权，让代表多提意见，改进工作，会后帮助代表进行传达，和代表经常取得联系，树立代表在群众中的威信，发挥代表的桥梁作用，我们觉得这次会议在这方面比较好，因而发现了工作中的一些问题，对今后工作帮助很大。

第二节　第二次会议

县第七届各代会第二次会议于1952年10月16日至18日在县城召开。应出席代表253名（男223名，女30名），实出席198名（男184名，女14名；汉族186名，回族12名；工人3名，农人143名，工商界6名，青年学生1名，文教界2名，部队1名，机关团体22名，爱国民主人士3名，医药界3名）。会议推举刘文正、武德惠、王尔全、张烈、李文清、李桂英、周应元、赵顺天、李万福、李九利、马存余（回族）、程怀庭、于子祥、苏万奎（回族）14人组成大会主席团。王尔全、张烈、李文清、李友仁（负责召集）、赵顺天、马存余、周应元7人组成提案审查委员会。会议讨论关于1952年冬和1953年春土改复查、整顿建立乡村政权、加强干部教育、改进工作作风等工作任务；选举甘肃省第二届各代会代表5名；会议收到代表关于交通建设、金融贸易、宣传贯彻婚姻法等方面提案49条。

附：

县第七届各界人民代表会议第二次会议各区首席代表

一区：魏丕武；二区：朱彦林；三区：高树堂；四区：蒋士忠；五区：张凤鸣；六区：王永玺；七区：王建堂；八区：张彦铭；九区：单芝兰；十区：田昆；十一区：刘维祖。

省第二届各界人民代表会议代表

武德惠　王尔全　苏万奎（回族）　李万福　陈思义（补选）

县第七届各界人民代表会议第二次会议总结报告

我县第七届各界人民代表会议第二次会议在10月16日开始，会期3天，18日闭幕。到会的代表共198名，包括区域代表174名，机关团体代表22名，党派代表2名。这次会议广泛地吸收了各族各界、机关学校、各行各业，各阶层都有代表参加，代表范围是很广泛的，邀请了各民主人士及回族阿訇参加。会上，首先向代表们报告了政府两月来的工作，主要是七届一次各界人民代表会议上的决议执行情况。这次会议的中心议题是讨论今冬明春土改复查工作，其次是选举出席省各界人民代表会议的代表及增加区的划界问题。会上，发扬了民主，经过充分酝酿讨论，代表们情绪很好，发言积极，讨论热烈，反映土改和征粮中我们工作上不少缺点与错误，尤其是干部作风问题，并学习了土改复查政策，提出了做好这一工作的好多意见，这对今后我们做好土改复查工作，打下了良好的基础。最后，一致通过我县今冬明春土改复查计划并选举了出席省各界人民代表会议的代表。会议在紧张、热烈、愉快、严肃的情况下，胜利的闭幕了。这次会议基本上开得很好。

一、会议内容

（一）报告和检查了工作。首先向代表报告了两月多的工作，主要是征粮工作及我县今冬明春土改复查计划，要求代表们检查工作及反映我们在土改征粮中的问题，特别是缺点方面。由于大会充分发扬了民主，代表们对会议都有了认识，都能本着知无不言、言无不尽的批评与自我批评的武器，用很关心的态度，平心静气地向政府工作提出了宝贵的意见，尤其是建设性的意见。缺点方面有以下几点：

1.在土改时划成分，个别乡有提高和降低的现象。提高的原因主要是：①有些群众有报复情绪。过去是伪乡长、伪保长的，或者爱打官司的，一些群众痛恨，为泄私恨，划成了地主。②少数群众有油水思想。为了多分东西，加上干部执行政策宁左勿右，划成地主不划富农和其他成分，群众可以多分一点东西。③干部掌握情况不够。在短工上、年龄上、剥削上搞不清，划时又不深入调查，且听少数人意见，划错了成分。④村和村比较有提高成分的。认为别村地主多能分到东西，本村地主少就要吃亏，提高了成分。降低成分的主要原因：①地主收买了干部和群众，所以有些成分应是地主，结果被干部包庇降低了成分。②村与村有宗派不团结。认为城内骨头不能向城外去，互相包庇，变成了富农。③干部不民主，听少数人意见，不走群众路线，降低了成分。

2.分配果实不当。①有平均现象。如有的村将58万元每户1万元，分了58户；有的村将54万元每户6000元分了；有的村将1口铡子分给了3个户；分木板不管贫雇中农，每家都是2页；分树木不管大小每家都是1棵。②分配土地不按质量按数量。有川地就给分山地，有山地就给分川地。川地每人8分，山地每人1亩。③分地远近有不照顾的。有的农民嫌地远，够不上种，有将地荒芜的，也有给地主分好的，而不照顾贫雇农的，也有分地不照顾原耕基础的。④分配不公的。有的农民没房住，分的是牛圈，有房住的，反而分的是好房；有的分牲口不按原则，在15垧以下的不分牲口，15垧以上到20垧地的分三等牲口、20垧地到25垧地的分二等牲口1头，25垧地以上的分一等牲口1头，有瞒地多分的，有一家算两家多分的。⑤干部积极分子多得果实、分好的。有私自将果实送人的，也有偷盗果实的，隐瞒果实几个人分了的。⑥分配果实有抢的，有抓阄的，工作组也有要私情送人的。

3.干部违法乱纪，群众很不满，使党和政府严重脱离了群众。①不民主，听少数人意见。如提高成分、降低成分，私换干部、私放干部，引起干部不团结，群众开会不到。有些群众反映说，共产党说是实事求是，怎么不一样，歪曲了政策。征粮中有个别干部强迫评议员将地的等级一定按上中下要划到百分之几，还说小腿扭不过大腿，有听了少数人意见，丢开了原有干部。②搞男女关系，破坏了干部纪律。也有民兵借查夜调戏妇女的。③简单急躁，行政命令。个别干部有打人骂人现象，土改中斗争地主不策略，有私自绑捆吊扣变相肉刑，雪地冰地搞地主的，有的还斗了中农。干部多分果实，偷盗果实，隐瞒果实，包庇地主，贪污果实等。

以上这些问题代表们都反映出来后，作了分析批判，找出了根源，并提出今后改进意见。主要是，我们对干部教育不够，干部学习差，对政策理解不够，文化水平、政策水平没有提高，加之领导上对干部发生问题处理上有些不及时，因而使我们工作受了莫大的损失。今后要加强领导，加紧教育，严格学习，努力搞好我们的土改复查工作。

（二）讨论通过土改复查计划。代表们对完成土改复查工作有了信心，土改中一些问题的教训，使代表们对土改复查工作更进一步地熟悉了情况，讨论土改复查工作后，代表情绪很高，认识了土改复查工作，取消了土改复查是二次土改、是三反的思想顾虑，真正了解了共产党不是像有些群众说的：共产党口说实事求是，做的全是两样。如一些代表说，毛主席比我们想得周到得多，用不着我们操心，亏枉了一个人。一些代表说，我们只有给群众好好宣传，叫他们把思想放开，工作组马上来，问题就解决了。一些代表说，我们不能参加工作组，回去可以分村宣传。一些代表说，干脆我们和征粮一样，将大会精神传达给群众。这些都说明代表们对土改复查政策有了深刻地了解。最后一致通过全县今冬明春土改复查计划，同时，大会组织了由7人组成的提案审查委员会，接受代表提案56件，除合并2件保留4件外，其余50件有关建设、文教、工商、贸易、政策等，经研究审查，结果得到解决的，当时向代表报告外，分别送达有关部门研究执行。

（三）选举出席省各界人民代表会议代表。会议最后一天，以票选方式，选举了出席省各界人民代表会议代表4人：武德惠（代县长）、王尔全（民主人士）、苏万奎（回族阿訇）、李万福（各代会常委、互助组长），后补代表1人陈思义。

闭幕会上，政府接受代表委托，按照代表意见，改进了今后工作，并要求代表们将会议精神贯彻到群众中去，随时和政府以通讯方式取得密切联系，对违法乱纪的干部随时向政府反映，不要怕报复，有共产党人民政府做主，且要大力做好土改复查宣传工作，使政策能变成群众的实际行动。代表们要大力宣传今冬明春我们将要代行人民代表大会的职权，选举县长及县政府委员，使群众确实明白我们真正是当家做了主人，并做到家喻户晓。要代表们发动群众搞好冬季副业生产，加强防匪特，做好农村治安及工农教育工作，动员群众交清公粮尾欠，来迎接土改复查工作。

二、会议的收获

（一）通过这次大会，我们充分发扬了民主，代表们学习了土改复查政策，对政策有了更明确的认识，正确地反映了我们工作中的缺点及干部的作风问题，清醒了我们领导头脑，对今后的改造及教育干部密切党和群众的关系上有很大的帮助。

（二）通过这次会议，代表们对繁荣市场、搞好城乡物资交流、整顿市容、开展工农教育，都提出了宝贵的意见，给明年经济大建设也创造了一些条件。

（三）通过选举出席省各界人民代表会议代表的形式，使代表们确实明白了他们真正是得到了民主，做了国家的主人，更进一步地认识到，不会像过去那样不关心开代表会，开了你就走，才知道这是政府真正民主集中的表现。

（四）通过代表会，各族各界和政府更密切了联系。如有些代表保证回去要经常给会里反映情况，回族阿訇在会上也表示了态度，坚决在回族地区要和汉族加强团结，这说明这次会议在回汉民族团结上也有了新的进展。

第三节　第三次会议

县第七届各代会第三次会议于1953年3月17日至20日在县城召开，应出席代表253名，实出席173名（区域142名，机关团体25名，邀请民主人士及回族阿訇6名）。会议听取《关于政府工作情况及今后意见报告》《土改复查情况报告》，讨论通过1953年发展农业生产计划、宣传贯彻婚姻法、拥军优属、公粮减免、开展文化教育、整顿干部作风等工作任务。会议以小组讨论为主，重点向代表宣传1953年要开展代行人民代表大会的职权，选举县长及县政府委员会委员，让群众明白真正是当家做主了，号召群众以搞好生产的实际行动来迎接选举；收到代表关于农业生产、社会、水利、税收4类提案共109件，除保留11件外，其他都在大会上作了解答，并分别抄送有关部门研究处理。

附：

关于政府工作情况及今后意见报告

今天我们静宁县第七届第三次各界代表会议正式开幕了。从上年10月二次代表会后，已经5个月了。政府根据代表会的决议，进行了一、二两期的土改复查工作，结合着领导群众进行了冬季生产、优待烈军属的工作，做了公粮减免，开展了文化教育工作。在各位代表的积极协助、全体工作干部的努力、全县各族各界人民群众的积极拥护与参与下，广泛地宣传政策，得到了很大的成绩。

土改复查工作，前后两期，共3个月20天。从1952年10月23日开始到今年2月12日，除个别乡还未进行建政、土地证未发到群众中外，基本上完成了9个区73个乡的工作，取得了以下成绩：1.训练了乡村干部6461人，积极分子1967人，提高了阶级觉悟，工作也积极了，政策观点比较明确了，干部之间、干群之间的关系更趋密切和团结了。2.处理遗留问题大小8254件，一般的经过干部群众代表讨论，都做了严肃认真的处理。查定了错划成分235户，其中地主降富农的82户，小土地出租者12户，中农18户，降成雇农的1户，其他成分7户，查定漏网地主13户，并改定了一些农民成分和个人成分。返还与补偿了错划户的财产，计中农18户，共退还土地395.03亩，牲口14头，粮食82.97石，农具86件，房屋21间，其他财产84件；人民币206万元。给其他成分64户补偿了土地902.08亩，粮食76.64石，农具38件，房屋215间，牲畜6头，人民币55万元，其他财产610件。处理了剩余果实与新没收果实：计粮食3052.6石，房屋1196.5间，牲口75头，土地5267.85亩，农具4058件，树木3578棵，人民币29611元，其他财产31742件，分配给雇农1378户，贫农3361户，中农2727户，其他590户。解决了群众生产生活上的困难，农民内部团结了，干群关系密切了，群众非常满意。如说“毛主席的政策端得很，真是实事求是。”对开展生产运动扫除了障碍。处理了地主拖欠果实：除一部分全免补交外，分别交出一部或全部的余粮966.87石，人民币22196元。打击了反水地主，严重的管制了9个，一般的分别警告，分化了地主阶级。3.安置了转业军人，给19个乡的40个军人，分给土地139.2亩，粮食30.42石，房屋40间，驴1头，农具21件。4.填发了60个乡的土地证，13个乡正在填写。5.进行了建政，有48个乡召开了人民代表会，有20个乡以农代会代行了人民代表大会职权，选举了乡政府委员会和以下6种委员会，并整顿了农会妇联和发展壮大了民兵，人民真正当家做主，把自己拥护的人选成干部，大大地调动了干部的积极性，广大人民和政府的关系更加密切了，人民民主专政在农村更加巩固了。6.结合复查，领导群众进行了冬季生产，计用果实购买农具3377件，光第一期的16个乡就买水车3辆，牲畜7头，步犁68部，锄头356个，其他如土犁镢头铡刀等。重点地整顿互助组、灌冬水，结合银行，建立信用互助组，集聚群众资金，互助互济，解决困难。

结合复查，结束了1952年度征粮工作，完成了各年度公粮减免，计1949、1950、1951年尾欠公粮就减免672263斤，1952年社会、灾歉、照顾，共减免585507.5斤，有些是群众长交的，退还出去，解决了一部分群众的生产生活问题。

结合土改复查，全县普遍开展了文化教育，特别是工农教育工作，1952年计办冬学888处，义务教师1018人，兼任教师111人，有学员32749人。民校35处，义务教师35人，学员1395人。在6个区开办了速成班23班，有兼职干部5人，兼任教师26人，群众教师28人，学员928人。共计有35072人上了学，识了字，其中妇女有12712人，她们在学习后，一般地提高了文化，增进了爱国热情，有些乡村干部，由于学习，工作更积极了。

复查工作的主要缺点是群众发动不充分，个别乡执行政策有偏差，有些干部在工作中还有强迫命令、违法乱纪的现象。民主建政上，六区11个乡将农民代表会变为人民代表会议，该区兴民乡早上选举农协会委员会时是农民代表会，下午选乡政府委员会时，就变成人民代表会议。训练干部不从实际出发，对工作积极的干部也同样叫谈“退休”思想，以致发动群众不够细致深入。在领导思想作风上，主要是经验不能及时总结交流与发挥，缺点错误不能及时发现予以纠正。工作深入钻研不够，会议开得多，问题解决少，工作没办法，工作组干部包办代替、行政命令。在二期中，工作紧张，任务多，粗糙不细致，选择干部不慎重，选上不愿当干部；选举方法不够民主，整顿农会是形式，妇女工作做得最差，生产工作虽比过去重视，但因缺乏计划，心中无数，有的还认为是结合工作，所以成绩不大，很多形成自流。还发生了几件严重问题，如地主自杀，未经请示捆人，送区又无材料，还冻了1个地主，乡村干部处理不下问题唾人，工作组也还有骂人现象。土地证填写抓得不紧，未全部发下去。

结合进行了烈军属优待工作。全年发放优抚事业费11165.7506万元，解决了烈军属376户的生产生活困难问题。并在八一和春节前召开了两次烈军属代表会和两次优抚工作者会议，检查了工作，布置了年关优属等工作。

目前，我们的中心任务是开展1953年农业生产运动，这是农村压倒一切的中心工作，结合继续完成土改复查，宣传贯彻婚姻法运动。根据省农业生产工作会议及专区县长联席会议精神，结合本县实际情况，经过十二届三级干部会议研究讨论确定“静宁县1953年生产工作计划”。并遵照上级指示，拟定“静宁县宣传贯彻婚姻法运动计划”。向各位代表提出报告，请审议，并提出意见。

甲、关于1953年农业生产工作计划问题

（一）总方针和总任务

土改后农村生产力得到解放，贫苦农民分到了生活和生产资料，经过复查，一般遗留问题基本上得到了圆满解决，农民内部更趋团结，农民生产情绪普遍高涨。

同时，我们今天的农业生产工作，是在新的历史时期进行的，今年国家开始了大规模经济建设，是国家建设五年计划的头一年，对我们静宁来说，农业生产是经济建设的重要部分，我们若能完成今年的农业生产任务，就能给以后发展经济打下基础，否则就会影响整个建设计划。解放3年来的各项运动，都是为了发展生产，改善人民生活，因此，今后农村中全力领导农业生产就成为长期的压倒一切的中心任务。

我县1953年农业生产总方针和总任务是：整顿巩固提高农村互助合作组织，推广科学技术和先进经验，防止自然灾害，更广泛更深入地开展爱国丰产运动，提高单位面积产量，以大量增产粮食。计划粮食增产5%，平均每亩增产粮食5市斤，以增产小麦为主，计划共增产粮食7470015斤，其中小麦增产1823.135斤。

（二）具体计划

第一，组织起来，战胜灾荒，解决群众在春耕生产中的困难问题，顺利地开展各项农业生产工作，这是一个最主要的问题。我们要做好这项工作，首先要了解和掌握情况，在目前将开始春耕播种的时候，必须抓紧农业生产的同时，积极组织群众，开展各项副业生产，并配合银行、合作社组织农村信用互助组，提倡互助互济，解决困难。根据各区乡实际情况，组织群众搞运输贩粮、加工面粉、加工粉条，组织妇女纺织、打麻鞋、编草帽，应用各种办法，解决群众生产和生活上的困难，顺利地开展各项农业生产工作。

第二，整顿巩固提高现有的农村互助合作组织。组织互助合作是农村经济发展的方向和组织形式，因此，组织起来互助合作，是目前发展农业生产的中心问题，是引导个体农民走向集体化的唯一正确的道路。在咱们县，互助组去年发展很快，但问题很多，极不巩固，很多是形式，因之今年必须采取这样的方针，稳妥地进行开展。全县计划从临时季节性的巩固提高到常年的互助组，连1952年的在内共929个，开展临时的250个，共4498个临时季节性的互助组。共组织17989户，42602个农业劳动力，组织土地595486亩，要把50%的农业户数真正组织起来，并试办两个农业生产合作社。县上领导丰产乡的干部，在3个丰产乡试办整顿，各区领导丰产村丰产组试办，土改复查区结合复查试办整顿，春耕和复查结束之后，即须大力整顿，分别在麦收秋收，全部整顿完备。

推行与供销合作社订立“结合合约”，计划在丰产乡村好的互助组中，重点订立10个。为了更好地整顿和领导互助组，建立互助组代表会议制度，县每年召开3次互助组代表会，乡每两个月召开1次互助联席会议，等等，以宣传政策，交流经验，推动工作。

第三，加强防旱抗旱。去冬雨雪奇少，旱灾威胁增大，因此，发动农村广大群众采取各种有效办法，与旱灾作斗争，是今年农业生产中的严重任务。必须十分重视这一工作，教育群众克服“不下雨，没办法”和“靠天吃饭”的保守思想，树立“人定胜天”的信心，做好防旱抗旱工作。计划全县整修旧有小型渠道，灌田2436亩；引用泉水灌田553亩；兴修可能利用的渠道，灌田2691亩；打井44眼，安装水车22部，灌田760亩；淘涝池肥土上粪，水土保持，培地埂43810亩，修水平沟14636亩；修防洪渠，防洪面积8100亩；修梯田860亩。总计水浇田6440亩，水土保持67406亩。还要在山地耱地，川地磙地。

第四，大力推广农业科学技术，并防治各种自然灾害。经验证明，“没有不良的土地，只有不良的耕作方法”。我们的农业生产，所以提不高，主要是我们的耕作方法粗略，不能发挥土地的潜在力，因此，必须大力领导农民改变这一现象，推广科学技术。全县计划推广新式步犁50部，改良旧农具1500件（主要是把二牛抬扛改为软套），推广良种播种3363亩，群众换种播种35870亩，群众选种6905330斤，改撒播为条播2万亩，贷放化学肥料4500斤，主要在一区及七区水田。油渣肥料4500斤，由合作社负责供应。民权乡丰产点不上油渣，由合作社贷放大粪肥料，资金由群众自行解决，如万一有困难时，银行贷款支持。计划轮种苜蓿4408亩。用药粉拌种10

万亩，群众土法拌种11.7万亩。扑灭虫害325652亩（主要是捕虫，捉麻雀，打瞎瞎，翻秋地等）。

第五，为了改造自然环境，克服自然灾害，保证农业生产，培养森林资源，供应建设需要，必须迅速发展农业，大力造林育苗。全县计划合作造林1万亩，群众植树1人1棵半，共植树33万棵；封山育林500亩，抚育森林300亩，苗圃育苗110亩，合作育苗220亩，群众育苗300亩，采集树种18000斤，包括桃、杏、榆、槐、椿等，分夏秋两季采集。造林植树在清明节前后完成五分之四，秋收后完成五分之一。封山育林及抚育森林，要由各区负责领导各乡村具体分工，划开界线，由群众包干管理抚育。

第六，为了满足人民及轻工业的需要，供给农业的耕畜肥料，必须特别注意发展畜牧业。1953年畜牧业的方针任务是“普遍开展群众性的爱畜、保畜、增畜运动，加强防治兽疫，大量繁殖，提高品质”。农区以发展役畜为主，并大量养羊、养鸡，在汉民区养猪。为了积肥卫生，大量提倡圈养攒粪。全县计划，马增殖34匹，骡子增殖69头，驴增殖3050头，牛增殖1911头，绵羊增殖8108只，山羊增殖2821只，猪增殖3908口，鸡增殖10480只。这是群众生产本钱。还须注意兽疫防治，把所有兽医组织起来，向群众宣传兽疫常识。如发现疫疾传染，除立即隔离封锁外，及时向上反映情况，设法治疗。

（三）完成任务的办法

今年的生产任务是十分艰巨和繁重的。为了保证完成以上任务，经干部讨论提出，必须做好以下工作：

1.加强组织领导。县级机关抽出干部37人，已完成土改复查的9个区73个乡抽调干部227人（区干部77人，乡干部150人），直接参加领导生产，其中科部长级干部5人，区长级干部17人。没有进行土改复查的4个区28个乡配备干部249人，以生产为中心，结合进行土改复查。在县生产抗旱委员会下成立办公室，由有关科室干部组织，一方面，总结材料，请示报告，指导工作，一方面组织检查组，巡回检查。抽出4个科部长级干部，直接从头到尾地领导丰产乡，并抽出专人领导丰产村，银行抽出21个干部参加生产。在每个丰产乡和丰产村配备1名银行干部，结合组织信用互助组，全县计划结合领导丰产点，办好96个信用互助组。复查区要通过领导好生产去领导复查。

为了使这项任务真正贯彻到群众中去，县上于本月15日召开三级干部会议，学习政策，打通思想，检查过去领导生产的缺点，订出各区乡生产计划。同时召开有214人参加的生产积极分子会议（主要是丰产点的干部、互助组长、劳模、党团员等），讲明政策，交代任务，鼓动情绪，制订了具体的丰产计划，并组织挑应战竞赛，藉以开展运动。计划春耕开始以后，各区结合领导春耕生产，首先发动群众定计划，接着深入地发动和组织挑应战，并组织检查，完成计划。

2.培养典型，树立旗帜，发动和组织群众挑应战，开展爱国主义丰产竞赛运动。全县计划培养一区民权乡、四区界石乡、七区同和乡3个丰产乡。三区解放乡五方河、五区丰产乡车刘家、六区曹务乡门扇岔、八区力行乡谢家沟、十区细巷乡店子村、十一区四河乡王家河、十二区五和乡贾家河等7个丰产村，50个丰产组。培养劳模方面，全县计划培养农业劳模88人，林业劳模18人，水利劳模13人，畜牧劳模6人，共计125人。组织开展竞赛运动，计划县以内组织1443个单位竞赛，培养参加省的竞赛单位15个，并争取培养好1个丰产组或村参加全国竞赛。

3.普遍开展自下而上的制定增产计划运动。各区、乡、村、互助组均须订出计划，通过群众，以大面积丰产为目标，有领导地去定。互助组应在整顿的基础上去定，区、乡、村在领导春耕生产中普遍开展定1953年生产计划运动。

4.抓紧生产季节性，及时发动群众耕种收获，做到不违农时，如目前主要是解决农民生活生产上的困难问题，组织群众战胜灾荒，顺利地做好春耕生产工作。

乙、关于贯彻婚姻法运动计划问题

根据中央指示，今年3月要在完成土改的汉民地区，展开一个宣传婚姻法的群众运动，教育干部群众，以便逐步摧毁封建婚姻制度，建立男女平等、婚姻自由的新民主主义婚姻制度。

婚姻法是1950年5月1日毛主席颁令施行的，是我国新民主主义时期的国家大法之一，这是中国人民在中国共产党领导下，经过长期奋斗，驱逐了帝国主义，推翻了反动统治之后，根据社会发展，以及全国人民在婚姻、家庭关系上的迫切要求而制定的新民主主义婚姻法。这个婚姻法的基本精神，是废除包办买卖、男尊女卑、漠视子女利益的封建婚姻制度，实行男女婚姻自由，一夫一妻，男女平等，保护妇女和子女合法利益的新民主主义婚姻制度。

封建婚姻制度的害处。在封建婚姻制度下，男女双方对于自己的婚姻大事不能自主，由父母、媒婆包办，这种包办强迫，很难美满，有的天天相打相骂，好像仇人冤家，男女双方都有很大苦痛，特别是妇女，更为不幸，逼得跳井、上吊、服毒、自杀。在这种封建婚姻制度的深重痛苦下，自不能全力从事劳动生产，改善家庭生活，造成贫困。过去买卖包办婚姻，认为是合理合法的，把妇女当作牲口货物一样，随便买卖，群众思想上存在着“养羊是攒粪呢，养女儿是解困呢”，如四区高旺乡青年团员黄某被父母包办卖了洋布6匹，人民币40万元，黄某很不愿意，媒人还找去骂她说：“真个把女子养到世上了，你不去由你着呢！”一区东关自1950年至1952年结婚的44对中，有12对是先由男女双方见面谈过后，再由家庭商量财礼，群众反映为“自由买卖”。

早婚是极其严重普遍的。一般14、15岁的孩子，被包办结婚，2、3岁的孩子被父母包办订婚，还有隔肚子许亲的。特别不合理的是8、9岁的男孩子和17、18岁的大姑娘结婚，15、16岁的女子和40、50岁的男人结婚，根本谈不到感情，也不会有和睦的家庭。甚至由于年龄不相当，发生仇视虐杀暗害现象。如三区解放乡李厚某和李冬某，不足结婚年龄，在区上登记未准，却下去私自结了婚。婚后，由于李厚某年幼，不去睡觉，而女方在黑夜谋害男子，持刀行凶，将男人几乎杀死，致成重伤。如六区兴隆乡鸭儿沟一个自然村，自解放到1951年底，结婚者9对，有7对不够年龄。

封建神权和旧礼教的统治，束缚男女婚姻自由。在订婚时看门风，找“门当户对”“书香子弟”，请阴阳算生年八字，合相数，写婚书，算定日期，如男方不在，或患重病时，就和公鸡同床，被命运观点束缚，只得“嫁鸡随鸡，嫁狗随狗”，成了“望郎妻”。

封建婚姻制度下严重的存在着童养媳的恶习。解放前，劳动人民在统治阶级的压榨之下，由于生活贫困，往往把女儿卖给人家做童养媳，同时由于买卖婚姻制度，有的人怕儿子大了，没钱娶媳妇，就抱个童养媳，家里也好多出一个劳动力。童养媳在家庭中，一般都没有任何地位，一天劳动到黑，吃不饱，穿不暖，还要受公婆的打骂。等到长大，不管本人愿意不愿意，就强迫“戴头”，完全由公婆、丈夫支配，没有一点做人的自由和权利。

虐待打骂，是封建婚姻制度中，男子、公婆的唯一特权。媳妇可以随便被公婆、丈夫打骂虐待，是极其普遍的，还说什么“面是揉成的，媳妇是打成的”。丈夫不打妻子，被人讥笑为“绵羊头”“怕老婆”。妇女因受封建婚姻制度的束缚，而受虐待被杀和自杀现象很严重。如九区民城乡小山周某某被婆婆和丈夫经常打骂虐待，并给以绳刀逼迫自杀，周某某就抹脖子致死。仅在本年元月份，虐待被迫自杀的妇女就有3人。男子因婚姻问题，也有被杀现象。如九区陈和乡徐某某，被其岳父马某某及其岳母和其妻马海某用绳勒死，而又持刀割开肚子，拔出五脏。这种惨无人道的封建婚姻制度，使许多青年男女无辜地葬送了他们美好的青春和幸福的生活。

封建婚姻制度下，男女不平等，家庭财产的管理和支配，完全操纵在男子手里，妇女无权过问。女人死了，男人可以“续弦”，丈夫死了，女人却不能再嫁，要“守节”。男人娶小老婆，不以为奇，寡妇再嫁，却认为是有失“节烈”，用“三从四德”统治妇女，阻止寡妇改嫁。抢寡妇，卖寡妇，认为是合理的方式，甚至因抢去及买卖，打伤人命，自以为是。

有些乡村干部，对军属私开介绍信，进行登记结婚。甚至不经任何手续，而与别人私自结婚。个别干部威胁军属离婚。甚至和军属谈恋爱，引起军属闹离婚，情绪不安，直接地妨害了革命利益。

封建婚姻制度，不论对男人、女人、家庭、社会，都有很大害处，几千年来，不知道有多少青年男女，特别是妇女，在这种封建婚姻制度下，牺牲了幸福和生命。

因此，在今年3月份，根据上级指示，在完成土改的汉民地区，展开一次大张旗鼓的宣传贯彻婚姻法运动，教育干部，教育群众，以便逐步地摧毁封建婚姻制度，树立男女平等、婚姻自由的新民主主义婚姻制度，是非常需要和适时的。

在我们县上，为了贯彻上述指示精神，达到在群众和干部中，划清新旧婚姻制度的思想界限，制止今后虐杀和虐待，从而建立家庭和睦、团结生产的幸福家庭的目的，计划采取慎重严肃宣传教育的方针，分别地区开展运动和进行宣传。在第一区中街、后街、南关、西关、东关、民权、四屏和九区陈和乡共8个乡开展运动，共有干部30人。在十三区的两个乡和一区北街，通过各种生产会议，宣传政策。其余90个乡发给宣传品，通过领导生产和复查，了解群众对这一运动的思想顾虑，在各种会议上宣传婚姻法的好处，解除群众思想顾虑，安定人心，制止虐杀和虐待。最后，选举执行婚姻法模范，模范夫妻，订立公约，搞好家庭和睦，团结生产。

在3个回民乡宣传的内容：

1.男女在社会、政治、经济地位上的平等和买卖婚姻的害处。

2.尊婆爱媳，夫妻互敬互爱，家庭和睦。

3.男女共同增产节约，抚养后代。

在90个乡的宣传内容：

1.男女在政治、社会、经济地位上的平等和买卖婚姻的害处。

2.尊婆爱媳，夫妻互敬互爱，家庭和睦。

3.男女共同增产节约。

4.做好家庭卫生，抚养后代。

5.学习文化，培养妇女人才。

为了使运动有领导、有计划、有步骤、健康地进行，县上成立贯彻婚姻法运动委员会，下设办公室，内有干部3人，由委员负责。室下组织3个检查组，发现问题，随时研究解决和纠正。

县第七届各界人民代表会议第三次会议总结

我县七届三次各界人民代表会议，在本月17日开幕，20日闭幕，会期3天。到会代表共计173名，其中：区域代表142名，机关团体代表25名，邀请代表6名（包括民主人士及回族阿訇），包括各族各界代表，代表性是很广泛的。会议中心议题是，讨论通过1953年我县农业生产计划及贯彻宣传婚姻法运动，其次是向代表们报告了一二期7个区73个乡土改复查的执行情况。经过充分酝酿讨论，发扬民主，代表们情绪饱满，发言积极，毫无顾虑地反映了我们在土改复查、领导生产及执行各种政策上的缺点和错误，尤其是干部作风问题，并对今后做好各项工作也提出了一些宝贵意见。会议开得较好。

一、会议的开法及收获

（一）报告和检查了工作：主要向代表们报告了土改复查情况、1953年农业生产计划，结合贯彻宣传婚姻法运动，要求代表们检查工作，提出意见，特别是缺点方面。由于大会贯彻并发扬了民主，代表们对会议有了认识，提出了以下的缺点：

甲：干部作风问题。（1）强迫命令。工作中不能很好地和群众商议，如过去领导生产、防旱抗旱工作，不从实际出发，打通思想，强挖涝池，群众不愿干，便罚工甚至打骂，后山洪冲了庄稼。组织互助组，不讲明大原则，说是公家命令非组织不可，挨门逐户编了起来，流于形式，结果都垮台了。复查建政中，不采纳群众意见，私设干部，群众说人家早弄好了，那还选个啥？（2）官僚主义也很严重。一些同志到乡下看病，嫌路远不去。（3）违法乱纪。放羊娃不小心将羊跑进了苗圃，即罚手举石头，足跟离地。新年慰问烈军属，有些群众不愿捐钱，干部叫来骂道："你不满意共产党吗?"捆了一绳。其他如不通过法院，乱罚劳役。为了缴税，骂农民，罚农民跑。贩卖大烟，一个村8个民兵，6个贩卖大烟，也有连吃带卖的。

乙：执行政策不严肃。一村干部自己儿子不够年龄，强迫乡政府给开证明，减免公粮，不要原则要私情，引起群众说："什么时候还是有面子的人吃得开。"

丙：宣传政策不全面。如一些同志在宣传组织信用互助组时说："参加信用互助组，没牲畜、没籽种的，可贷款，不组织就不照顾。"没有讲清是生产自救的一种方法，弄得群众说："我们组织起来了，政府为啥不管，还是哄人呢。"

（二）会议以小组讨论为主，讨论了生产计划。代表们有了更进一步的认识，认为只有组织互助合作，推广科学技术，改进耕作方法，精耕细作，多施肥料，做好防旱抗旱、防治自然灾害工作，才能提高单位面积产量，多打粮食，争取丰收。又分析批判单纯靠天吃饭、靠政府贷款的思想是错误的，树立人定胜天的信心，大家组织起来，省吃俭用，减少浪费，搞好副业，做好生产自救工作，才能保证计划完成，提高了信心。如有些代表说："武县长说得对，我们要争取浇1亩算1亩，种1亩算1亩，不能坐着等吃。"讨论了贯彻宣传婚姻法，代表们由新旧法的好坏、新旧事例的对比，在思想上初步划清了新旧婚姻法思想界线，将生产和婚姻法结合起来。如代表周应元在闭幕会上说："夫妻不和睦，就搞不好生产，我们一定要实行新婚姻法。"有些代表说："新婚姻法就是好，咱们脑筋太旧了。"

（三）大会组织了一个9人提案审查委员会，接收代表提案109件，归纳为生产、社会、水利、税务等4类，除保留11件外，其他能解答的，都在大会上作了解答，并分别抄送有关部门研究处理。

二、代表们希望的几件事

第一，闭幕会上，政府接受了代表委托，采取通过代表提意见的方式改进工作。要求将大会的精神以小型座谈会、冬学、民校、集市等方式，随时地贯彻到群众中去，随时以通讯方式，和政府取得联系。

第二，要求代表们协助乡政府做好生产自救工作，积极号召群众防旱抗旱、搞好生产，多打粮食，以实际行动来支持祖国大建设。

第三，希望代表们向群众说明封建婚姻的害处，新婚姻法的好处，以尊婆爱媳、家庭和睦团结、搞好生产为目的，并说明过去结婚不够年龄的不许追究，教育农民安心搞好生产。

第四，希望代表向群众宣传不要听信谣言，加强防匪防特，做好农村治安工作，开展工农教育。

第五，要向群众宣传，今年我们要代行人民代表大会的职权，选举我们的县长及县政府委员会，使群众明白，我们真正是当家做了主人，号召群众以搞好生产的实际行动，来迎接选举。

第四节　第四次会议

县第七届各代会第四次会议于1953年12月1日至3日在县城召开，应出席代表253名，实出席200名。会议听取县长武德惠关于8个月来的政府工作报告；讨论关于宣传过渡时期总路线总任务、开展增产节约运动、实行粮食统购统销等工作任务；收到代表关于维修静秦公路、高家湾桥；制止赌博吸大烟；土地出租、买卖处理；制止宰杀耕牛；执行粮食政策等方面提案11件，经审查合并为7件。

附：

县第七届各界人民代表会议第四次会议总结报告

我县第七届第四次各界人民代表会议，是从本月1日开幕，3日闭幕，开了3天时间，共到会代表200名，其中女代表8名，回族代表17名，区域代表142名，邀请代表11名，机关团体代表22名（包括县委会、县政府、公安局、银行、静宁中学师生、武装部、卫生工作协会、工商联等单位）。

这次会议，由县委书记刘文正致开幕词，由代理县长武德惠报告了8个月来的政府工作、国家在过渡时期的总路线和总任务及粮食统购工作，以便支援国家建设，这就是这次会议解决的中心问题。接着按区划分成小组（机关团体是一个小组），酝酿讨论，取得了一致的认识。其次，代表们结合讨论提出了提案，经过研究，当会解答。最后，做了总结，一致通过了工作报告。

会议的收获：

会议开始，结合讨论，代表们暴露了自己的思想，有些家庭较好的代表情绪很低，不肯发言，光喊叫困难。大部分家庭较为困难的代表，一般情绪较高，发言积极，无形中表现出一些报复思想，对农村富户的买地囤粮，很不满意。城镇代表还怕供应不及时，普遍对购粮政策不了解，他们认为征了粮，为啥还要购粮？农村没有粮食，咋能购上呢？通过报告、讨论，结合学习文件、算账，代表思想有所转变，提高了认识，基本上取得了一定的成绩。

（一）明确了党在过渡时期的总路线和总任务，认识到，只有发展重工业，才能巩固国防，发展工农业生产，从根本上改善人民生活，初步懂得了要走大家富裕的社会主义道路。买卖土地就会使农村阶级重新分化，穷富对立，走向旧的资本主义道路，是极其危险的、错误的。如十区代表米世明说：“一家一户的小块土地，不能用机器耕种，确实增加不了产量，如遇天灾人祸，意外损失，就得卖牲口、卖地。渐渐变穷，少数有钱的富户，雇人放账，买地发财，又走了老路，是一条死亡的道路，我们必须要听共产党的话，向农民宣传政策，大家自愿地组织互助组，改进技术，多打粮食，才能走向幸福、美满的社会主义。”三区代表张生元说：“农村组织互助组，就是走社会主义道路的基础。”好多代表表示，要回去领导好自己的互助组，没参加互助组的，代表也表示要回去组织互助组，增产粮食，支援国家经济建设。

（二）讨论了粮食统购统销，初步地了解了国家的粮食政策，既统购，又统销，特别是认识了购粮的重要性，在国家开始大规模经济建设时期，需粮很多，为了保证国家经济建设，工人、部队及农村缺粮人民的吃粮，并扩大自己的生产，一定要由国家统购粮食。只有国家掌握了大批粮食，才能建设国家，改善人民生活。代表们的思想认识提高了，提出下去后，要很好地宣传政策，协助政府做好购粮工作，并积极地响应政府号召，在会上带头要出卖自己的余粮，支援国家建设，扩大自己的生产。共有112个代表自报带头卖粮225石3斗。如六区代表景润德，带头卖粮300斤，还要动员自己的互助组卖出余粮2000斤，计划买牲口扩大生产，不用的一部分钱存到银行，明年春上用。罗林乡代表郭安泰（互助组长）自报要卖余粮2000斤，还要动员7户组员，卖出1500斤。七区同和乡代表李万福（互助组长），自报卖粮4石，并保证发动组员卖出20石。三区代表李文俊计划卖粮500斤，买1头驴；李忠计划卖粮300斤，给牲口买草。解放乡代表张生元说：“五方河今年是丰产村，政府贷给了耕畜款和油渣款，我的8分谷子打了4石5斗，政府唯把我五方河好，我要带头卖出余粮350斤，并动员组里多卖余粮。”十二区五和乡代表王明治自报卖粮1石，还要回去动员女人、孩子、媳妇，大家都节约，把剩下的余粮卖给国家，支援工人老大哥。有的代表家庭本来很困难，为了爱国，为了支援国家建设，提出要节约粮食，带头把余粮卖给国家。如一区代表高振基、穆丕显，提出要省吃俭用，节约粮食，1人卖给国家1石。三区太和乡代表田国珍（雇农），自己很穷，他还要卖50斤粮，归还贷款，情绪很高，不但报了自己卖的粮，还算了乡上有粮户的账。八区代表张彦彪（贫农），年年不够吃，春上青黄不接时，靠自由借贷吃用，这次他报了2石，还说：“家庭虽不够吃，但还有几个人没穿上裤子呢，一定要卖粮买布用。”大部分代表都感到庄稼人要靠粮食搅用呢，就是没粮的多少还得出卖粮食，保证要把出卖的粮卖给国家。有的代表还算了乡上的细账，肯定了农村是有余粮的。如十区代表算了新建乡最不好的一个村子，一锨土共67户，其中每户能卖10石的就有5户，每户能卖出3石、5石的，就有18户，说明农村是有余粮的。从而鼓舞了代表情绪，增强了信心。好多代表保证，回去后要协助干部，共同搞好自己乡上的收购任务。二区马玉明代表保证动员别的群众卖粮50石。四区代表任生才说：“我要起火车头作用，把群众带动起来。”

（三）反映了农村的一些主要情况。主要是群众对购粮的不正确思想认识和顾虑，有的是怕购粮跟公粮，交了公粮，到购粮时没粮了，因而不交公粮，或者到处打探消息，干部开会回来干啥？粮咋购呢？故意装穷、叫苦，当时没有饭吃。有的说："好好吃，吃了是便宜。"甚至有不满情绪。有的还认为购粮是二次土改，改中农呢，有的认为政府看见今年庄稼薄了，购粮顾自己，不管群众了，挨饿先饿死群众呢，政府把粮买上拉走，粮多的人要把粮归公，多少按人口留一点。因此，好多群众碾粮埋藏，较为普遍。其次是农村中买卖土地的资本主义自发倾向很严重，一户有买地45垧的，还有些粮贩子在农村偷贩粮食，或用茶叶换粮食，有些乡长还压低别人地价，抬高自己粮价，换买农民川地。

卷三　县人民代表大会

县级人民代表大会，是县级国家权力机关。1979年7月1日第五届全国人大二次会议通过的《中华人民共和国地方各级人民代表大会和地方各级人民政府组织法》规定了县级人民代表大会的职权。此后，《中华人民共和国地方各级人民代表大会和地方各级人民政府组织法》分别于1982年12月10日五届全国人大五次会议、1986年12月2日六届全国人大常委会第十八次会议、1995年2月28日八届全国人大常委会第十二次会议、2004年10月27日十届全国人大常委会第十二次会议、2015年8月29日十二届全国人大常委会第十六次会议作了5次修正。修正后的《中华人民共和国地方各级人民代表大会和地方各级人民政府组织法》第八条规定，县级人民代表大会行使下列职权：

一、在该行政区域内，保证宪法、法律、行政法规和上级人民代表大会及其常务委员会决议的遵守和执行，保证国家计划和国家预算的执行；

二、审查和批准该行政区域内的国民经济和社会发展计划、预算以及它们执行情况的报告；

三、讨论、决定该行政区域内的政治、经济、教育、科学、文化、卫生、环境和资源保护、民政、民族等工作的重大事项；

四、选举县人民代表大会常务委员会的组成人员；

五、选举县长、副县长；

六、选举县人民法院院长、人民检察院检察长、监察委员会主任；选出的县人民检察院检察长，须报经市人民检察院检察长提请市人民代表大会常务委员会批准；

七、选举市人民代表大会代表；

八、听取和审查县人民代表大会常务委员会的工作报告；

九、听取和审查县人民政府和人民法院、人民检察院、监察委员会的工作报告；

十、改变或者撤销县人民代表大会常务委员会的不适当的决议；

十一、撤销县人民政府的不适当的决定和命令；

十二、保护社会主义的全民所有的财产和劳动群众集体所有的财产，保护公民私人所有的合法财产，维护社会秩序，保障公民的人身权利、民主权利和其他权利；

十三、保护各种经济组织的合法权益；

十四、保障少数民族的权利；

十五、保障宪法和法律赋予妇女的男女平等、同工同酬和婚姻自由等各项权利。

宪法规定县人民代表大会的任期。1954年宪法第五十七条规定，县人民代表大会每届任期2年；1975年宪法第二十一条、1978年宪法第三十五条、1982年宪法第九十八条规定，县人民代表大会每届任期3年；1993年宪法第九十八条规定，县人民代表大会每届任期5年；2004年宪法第九十八条规定，地方各级人民代表大会每届任期5年。

静宁县从1954年7月4日召开第一届人民代表大会开始，至2021年1月，67年间共召开17届55次人民代表大会。

附：

历届历次县人民代表大会召开基本情况表

表3-1

届别	次别	召开时间	应出席代表（名）	实出席代表（名）	听取审议工作报告（项）					作出决议（项）	议案意见建议（件）
					人大	政府（人委）	法院	检察院	监委		
一	一	1954年7月	215	200		1				1	205
	二	1955年4月	215	190		1				3	108
	三	1956年1月	212	187		2				1	26
二	一	1956年12月	215	195		2				1	56
	二	1957年7月	215	不详		3				1	不详
三	一	1958年6月	195	195		2	1			1	86
四	一	1962年5月	201	145		2	1			1	51
五	一	1963年6月	239	174		3	1			1	55
	二	1964年11月	230	133		2	1			1	89
六	一	1965年10月	237	169		2	1			1	87
七	一	1978年12月	302	290		2	1			1	不详
八	一	1981年1月	210	207		1	1	1		2	123
	二	1982年3月	210	171	2	1	1	1		3	71
	三	1983年3月	205	185	2	2	1	1		4	53
九	一	1983年12月	220	202	2	2	1	1		4	69
	二	1984年12月	217	196	2	3	1	1		5	73
	三	1986年2月	212	195	2	5	1	1		5	44
十	一	1987年1月	219	202	1	1	1	1		5	109
	二	1987年11月	219	191							
	三	1988年3月	219	174	2	2	1	1		4	49
	四	1989年1月	217	208	2	3	1	1		5	54
十一	一	1990年1月	230	221	2	3	1	1		5	90
	二	1991年3月	227	190	2	4	1	1		7	63
	三	1992年1月	227	205	2	3	1	1		6	87

续表3-1

届别	次别	召开时间	应出席代表（名）	实出席代表（名）	听取审议工作报告（项）					作出决议（项）	议案意见建议（件）
					人大	政府（人委）	法院	检察院	监委		
十二	一	1992年11月	241	235	2	3	1	1		6	111
	二	1994年1月	239	212	2	3	1	1		6	85
	三	1994年8月	236	196							
	四	1995年1月	237	221	2	4	1	1		7	81
	五	1996年1月	235	206	2	4	1	1		7	57
	六	1997年1月	231	198	2	3	1	1		6	68
十三	一	1997年11月	212	209	2	3	1	1		6	50
	二	1999年1月	211	195	2	3	1	1		6	56
	三	2000年3月	209	197	2	3	1	1		6	53
	四	2001年1月	209	197	2	3	1	1		6	42
	五	2002年1月	206	181	2	3	1	1		6	100
	六	2002年9月	206	171							
十四	一	2002年11月	212	206	2	3	1	1		6	90
	二	2003年12月	211	199	2	3	1	1		6	104
	三	2004年12月	211	201	2	3	1	1		6	49
	四	2006年1月	212	200	2	4	1	1		9	39
十五	一	2006年12月	210	207	2	3	1	1		6	70
	二	2008年1月	208	205	2	3	1	1		6	66
	三	2008年12月	208	195	2	3	1	1		6	58
	四	2010年1月	209	203	2	3	1	1		6	43
	五	2011年1月	210	197	2	4	1	1		6	33
十六	一	2011年10月	209	206	1	3	1	1		6	32
	二	2013年1月	210	202	1	3	1	1		6	27
	三	2013年12月	209	202	2	3	1	1		6	33
	四	2014年12月	210	203	1	3	1	1		6	32
	五	2015年12月	210	205	1	4	1	1		7	25

续表3-1

届别		召开时间	应出席代表（名）	实出席代表（名）	听取审议工作报告（项）					作出决议（项）	议案意见建议（件）
届别	次别				人大	政府（人委）	法院	检察院	监委		
十七	一	2016年10月	209	206	1	3	1	1		6	40
	二	2017年12月	206	200	1	3	1	1		6	42
	三	2018年12月	208	190	1	3	1	1		6	49
	四	2020年5月	210	193	1	3	1	1		6	36
	五	2021年1月	206	183	1	4	1	1		7	35

历届历次县人民代表大会选举情况表

表3-2

届别	次别	选举情况										
		人大常委会			县政府（人委）			法院院长	检察院检察长	监委主任	省代表	市代表
		主任	副主任	委员	县长	副县长	委员					
一	一										一届 5名	
	二				李友仁		20名	田　平				
	三											
二	一				李友仁	张国政 马存余 霍桂芳	17名					
	二											
三	一				李文清	张国政 马存余	18名	张殿彪			二届 5名	
四	一				李九利	张国政 张书义	20名	张殿彪				
五	一				李九利	张国政	21名	张殿彪			三届 7名	
	二							杜友梧				
六	一				李九利	史玉俊 徐培颖 魏礼芝	19名	杜友梧				

续表3-2

届别	次别	选举情况										
		人大常委会			县政府（人委）			法院院长	检察院检察长	监委主任	省代表	市代表
		主任	副主任	委员	县长	副县长	委员					
七	一				王怀琨	郑建才 高富德 宋春明 郜文学 张光明	24 名	杜友梧	曹炯文			
八	一	高富德	张光明 马存余 刘文俊	11 名	郑建才	马世贞 郜文学 杜东海 钱樟炎 李怀仁		马子坤	曹炯文			
	二											
	三										六届 6 名	
九	一	高富德	阎志洁	15 名	郑建才	吕忠厚 张光复 郜文学 钱樟炎		马子坤	王锦华			
	二											
	三				金福存	李怀仁 李雪松						
十	一	高富德	阎志洁 郜文学 张光明	13 名	金福存	张国盛 李雪松 张会议 王文进		马子坤	陈贵录			
	二										七届 7 名	
	三											
	四				韩豫平							
十一	一	郜文学	阎志洁 李克科 赵智荣 陈松友	12 名	韩豫平	张国盛 张会议 王文进 安静修 赵国琳		漆忠义	陈贵录			
	二											
	三		马子坤		李怀仁							

续表3-2

届别	次别	选举情况										
		人大常委会			县政府（人委）			法院院长	检察院检察长	监委主任	省代表	市代表
		主任	副主任	委员	县长	副县长	委员					
十二	一	吕忠厚	阎志洁 李克科 赵智荣 马子坤 陈松友	11名	李怀仁	张会议 安静修 赵国全 杨成堂 陈向华		漆忠义	陈贵录		八届 7名	
	二											
	三				赵景山	靳士孔						
	四		漆忠义 段积昌			许富忠		张金业				
	五		朱春林					杨志军	张学明			
	六				李长明	张自杰						
十三	一	吕忠厚	靳士孔 李克科 赵智荣 朱春林	14名	毛文平	许富忠 张自杰 张维国 王星耀		杨志军	李居洲		九届 5名	
	二		岳具辉									
	三		祁治国									
	四											
	五											
	六	李雪峰	许富忠			李旺军 靳建荣 李雪云 李玉彪						
十四	一	聂正国	戴双军 岳具辉 许富忠 王星耀 朱春林	12名	张　正	李旺军 张维国 陈玉梅 靳建荣 李雪云 李玉彪		杨志军	李居洲			一届 54名
	二					景笙芳						
	三		张金业									
	四			1名	陈　铎							

续表3-2

届别	次别	选举情况										
		人大常委会			县政府（人委）			法院院长	检察院检察长	监委主任	省代表	市代表
		主任	副主任	委员	县长	副县长	委员					
十五	一	张自杰	戴双军 许富忠 王星耀 张金业 高　恒 沙芳琴	15名	陈　铎	位志贤 马千里 陈玉梅 李文平 刘小进		李根进	陈　龙			二届 53名
	二			1名		薛晓宏 徐永宏						
	三			1名								
	四		陈进财 慕锡武 陈尚孔									
	五			4名	徐　毅							
十六	一	张自杰	王维军 王平仁 高　恒 沙芳琴 陈进财 慕锡武	14名	徐　毅	徐德才 王运军 沈学英 孙智清 王吉庆		李根进	陈　龙			三届 63名
	二			2名								
	三			3名					崔晓晖			
	四		高　旭 厚连世 靳宝生	3名								
	五			3名	张兴荣							
十七	一	王智国	沙芳琴 高　旭 厚连世 张进宝 李　读 靳宝生	24名	张兴荣	陈景春 马发荣 李彦荣 范　军		张立军	杨　青			四届 60名
	二			2名						朱卫华		
	三											
	四		牛永琪 杨　飞	6名	陈景春							
	五	王永平	孙青茂									

第一章 县第一届人民代表大会

县第一届人大任期为1954年7月至1956年12月。共召开代表大会3次，出席代表577名（次）。听取和审议县政府（县人委会）工作报告4项（次），作出决议5项，办理议案338件；选举县人委会县长1名，委员20名，县法院院长1名，省第一届人大代表5名。

第一节 县第一届人民代表大会第一次会议

大会概况

县一届人大一次会议于1954年7月4日至8日在县城召开，应出席代表215名（女27名），实出席200名（女22名）。

这次大会，是县各界人民代表会议完成历史使命、《中华人民共和国宪法》即将颁布实施、由普选的人大代表组成的人民代表大会举行的第一次会议。

武德惠等29人组成大会主席团。

大会讨论学习《中华人民共和国宪法（草案）》；听取和审议县政府副县长李友仁所作的县政府工作报告，并作出决议；选举省第一届人大代表5名。

大会收到代表提案205件，其中：有关农业水利19件，粮食18件，金融5件，供销合作7件，文教卫生5件，公安司法25件，划界合乡3件，房产土地4件，修桥铺路6件，干部作风14件，其他99件（信用社3件，互助组3件，民兵工作2件，燃料1件，财政、林场25件，优抚工作1件，合作贸易13件，部门营业8件，文教卫生3件，税务3件，友协分会4件，兴修水利3件，公安、司法7件，其他23件）。

大会议程

一、开幕式；

二、学习讨论《中华人民共和国宪法（草案）》；

三、政府工作报告；

四、选举；

五、通过大会决议；

六、大会闭幕。

大会选举

省第一届人民代表大会代表：

李友仁　王尔全　贾子祯　王治邦　杨生兰（女）

附：

县第一届人民代表大会第一次会议总结报告

我县第一届人民代表大会第一次会议是在1954年7月3日报到，4日正式开会，8日上午闭会，历时4天。应出席代表215名，其中女27名，男188名；实报到200名，其中女22名，男178名。

这次会议，是以进一步贯彻国家过渡时期总路线为基础，宣传讨论学习了《中华人民共和国宪法（草案）》，检查了政府4年10个月的工作，确定了继续大力开展互助合作运动、发展农业生产、预交公粮、夏粮统购及防灾保秋等工作。最后选出了出席省第一届人民代表大会的代表，并作了决议，因而，这次会议开得是比较成功的。

一、代表的产生

（一）代表名额的分配。普选后，我们在分配代表名额时注意了如下几点：1.必须加强工人阶级在政权中的领导地位。代表中，有党员112名，团员32名，贫雇农成分的112名。2.农民代表中有一定数量的互助合作社的领导干部，农业社长1名，互助组长22名，组员6名。3.为了加强民族团结和人民民主统一战线，使他们在人民代表中有地位相当的代表，回族和民主人士代表各2名。4.为了照顾代表的地区分布，除按人口每乡最少有1名代表外，每区的区书、区长或相当的乡长都当选为代表，这对及时反映各地情况及传达贯彻决议都有很大好处。5.县委、县人民政府各部门、各人民团体、企事业等19名领导干部当选为代表，文教工作者代表1名。这就保证了人民代表大会真正成为富有工作能力的权力机关。

（二）代表候选人的提名。大体有两种做法：第一，由县选举委员会，邀请共产党组织、县人民政府、各人民团体协商提出县、区、乡应选为代表的名单，根据各候选人在做过工作的乡与群众有联系、群众熟悉及在本乡有威望的原则，分别分配给应当选的乡人民代表大会，并通过一定酝酿讨论和征求群众意见，选成代表。第二，非县、区干部的代表，由乡党支部、乡人民政府、乡人民团体研究协商提出名单，一般的还经过居民讨论，根据多数群众的意见，在乡人民代表大会上选为代表。群众讨论、鉴别后，更换了2名，均因工作不积极，群众不拥护。

（三）代表的产生，除县境内公安队及武装部代表3名，由其直接选举产生外，一般均采取了举手表决代替投票的方法。

由于这次的人民代表是在轰轰烈烈的普选运动的基础上产生的，是在广大人民群众爱国主义政治觉悟进一步提高的情况下选举的，所以，选出的代表，一般是懂得了自己的重大责任和神圣任务，这是此次开好会议的根本条件。

二、听取和审查了政府的工作报告

会上，由副县长李友仁作了政府4年10个月的工作概况和今后任务的报告，由于政府虚心认真地检查了工作中的缺点和错误，并肯定了工作成绩，在会议过程中，由于充分地发扬了民主，大胆地启发了代表的积极性，对政府工作开展了批评，在讨论审查政府工作报告的过程中，结合提出了建设性的意见和提案，共205件，其中，有关农田水利的19件，粮食统购统销的18件，金融类的5件，供销合作方面的7件，文教卫生的5件，公安司法的25件，划界和合并乡制的3件，房产土地的4件，修桥补路的6件，干部作风的14件，其他99件。如批评在统购中，对政策宣传得不好，引起了死人的问题，对统购中大粮户的欠粮没有作最后处理，结果形成了这些人以后在各项工作中顽固抵抗行为。法院对不足法定年龄而结婚的不作处理，公安局对二流子、小偷不处理，影响社会秩序。有些敌伪人员在农村抵抗工作，骂我农村干部等。王彩文代表提出，第三区新兴乡初小教员刘某某，给校长张某介绍了个6岁的儿媳，贷了30多万元，两匹板丈布。杜举代表说："三区民议乡初小教员以罚立正来体罚学生。"合作社供应农具不及时，干部态度不好，群众买货问不喘。特别是在农田水利方面，提出了许多建设性的提案。如提出在今年夏收、秋收、明春建立农业社8个，要求政府派人戡测帮助开修小型水利以及水土保持工作，这些提案和意见经过了会议提案审查委员会的综合研究，向代表当面答复，作了分别的处理。有的当面解答，有些需要有关部门调查处理，有些在最近几年内尚难解决的做了保留，有的交由有关部门答复，并改进工作，这样更加加强了代表当家做主的思想认识。从审查政府工作和提案中，充分了解到每个代表的确负起了人民交给自己的光荣使命，反映了人民群众的迫切要求，在大会上本着知无不言、言无不尽的精神，发表了自己的意见。总之，代表都诚恳而尖锐地揭发了政府工作和干部作风方面的很多缺点。这样，不仅提出了工作中的缺点，教育了干部，改进了领导，而且更加密切了政府与人民群众的关系。同时，使代表受到感动，普遍反映，这真是"人民自己的政府"。如汪生有代表说："过去，国民党时连给甲长都不敢提意见，现在还给县长提意见呢。"

三、讨论决议了今后工作任务

代表们一致认识到，我们在国家过渡时期总路线的光辉照耀下，实现国家对农业的社会主义改造，是一项十分复杂而艰巨的工作，但是，却表示有勇气有信心完成这一光荣的任务。而且，明确了今后农村的工作，要在"以互助合作为动力，农业生产为中心"的前提下讨论决议以下几件工作。

（一）在"积极领导，稳步前进"的方针下，开展互助合作运动，扩大影响，做好重点领导、树立榜样、组织参观、评比、学习先进生产经验，不断地改造耕作技术。有8个乡的代表提出，在今秋建立农业社8个，如陈田仓代表，以带头移了4垧玉米苗的实际行动，带动组内都移了苗。50%的谷子间苗了，并在11垧小麦地追了肥，带动了周围5个互助组都这样办，他在会上情绪饱满地表示，回去更加要领导好互助组，准备今秋建社。

（二）夏收夏选，翻耕茬地，播种回茬庄稼，完成油籽的播种任务。保证做到随黄随收随驮，帮助贫苦无劳力的烈军属，做好夏收，使他们的庄稼也不受损失。如杨仁代表说："现在就要收获了，我们下去，把会议精神传达下去；互助组里重点检查一下；把农具准备好；订个夏收计划，先收水口地、风嘴地、先黄的、肯落籽的。发动组内妇女，组织抱娃小组，把组内工作调整一下，组织民兵站岗放哨。"总之，代表情绪很高，表示动员一切劳动力完成夏收。

(三) 公粮预交，夏粮统购。现在，首先作好宣传工作，使群众早作充分的准备，夏收后，具体开展这一工作。按照"种多少地田，应产多少粮食，依率计征，依法减免，增产不增税"和"多余多耕、少余少耕、不余不耕"的政策方针和原则，完成公粮预交和夏粮统购任务。七区全体代表在提案上提出，在7月底8月初就要预交公粮(冬麦区)。在预交公粮上，群众都有了习惯，如六区古城乡刘世兰互助组早就订了计划，夏收后一次把公粮交清。代表们一致认识到，今年的公粮预交和夏粮统购，是有许多有利条件的：1.今年夏田很好，肯定能够普遍丰收。2.群众对交爱国公粮有习惯。3.统销工作实际地教育了群众，认识了统购的好处，代表们认识到了公粮是取之于民、用之于民的道理。但是，也讨论了还有许多困难和问题，首先要抓住大粮户，做好顽皮户、欠粮户的工作。

(四) 做好兴修水利、安装水车、防洪防旱、秋季植树造林、消灭害虫、保秋收秋等工作。这一系列的工作，都是保证秋田增产的关键。并要下去不拘形式地宣传宪法草案。

总之，我们认为，这次会议一直是在严肃、慎重、民主的气氛中进行的。代表们精神饱满，情绪很高，体现了主人翁的态度，行使了自己的职权，审查了政府的工作，并作了今后工作任务和拥护宪法草案的决议，交给人民政府执行。深深感到人民代表大会的重要意义，克服了以往认为开代表会不解决问题的错误想法和过去先开干部会再开群众会的形式主义。今后一定要把人民代表大会这一制度充分运用好。

四、开好会议的几点体会和经验

(一) 这次会议的领导思想是明确的，组织领导也比较坚强。首先，县委和政府的领导上，始终抱着认真严肃、慎重的态度来开好会议，并作了工作计划，使会议的筹备工作早有安排。

1. 从6月11日开始，即抽调了各机关单位强有力的干部26人、通讯员16人，进行筹备。大会的组织设秘书处，有秘书长1人，由民政科长张国政担任，副秘书长2人，由常务委员张烈、财政科副科长陈万和担任，下设秘书股，共7人，由团县委书记田得川任股长，专门负责收集材料等大会的报告、提案整理、记录，草拟大会开闭幕程序、议事日程、选举办法、会场规则、大会须知、议事规则、时间表等。总务股由副秘书长陈万和任股长，共7人，专门负责吃饭住房子。所住房子是政府最近修的新房子，一律是借的新床板，打扫比较干净。吃饭方面，灶房上新修的、搭了帆布棚子的饭厅，设圆桌和凳子，每8人1桌，在不超过上级规定标准的原则下，每日分早点、午餐、晚餐3顿，比较好。招待股由法院副院长田平任股长，共7人，专门布置会场，搭彩门，给代表打洗脸水、提开水、会场招待和吃饭招待、打扫清洁卫生等。另外，在秘书处设有收音员2人、扩音器和唱机2副，专门负责娱乐。我们认为，此次会议是静宁解放后头次开得较好的会议，上至领导下至招待员，工作一律是积极、热情、认真的，尤其是吃好、住好、招待好，这是决定能否开好会议的关键问题。

2. 为了使会议庄严隆重、代表们感到慎重，除布置好会场外，有计划地发动机关、学校，给大会献锦标、锦旗21面。在会议开、闭幕式，均组织了少儿队献花献词及音乐队。为了鼓舞代表情绪，除因一晚下雨外，共组织晚会1次，由剧团演戏2次，并组织参观了民权农业社马拉农具收获机，观看了篮球表演比赛各1次。这也是给代表以慎重的环境条件。在开幕前，由县委书记、县长为首，组织了机关首长向代表进行了慰问。代表一致感觉到非常庄严。如干部代表王建堂说："这真的以往从未开过这样的会议。"

（二）放手发扬了民主，使代表从实际活动中体会到自己当家做主，确实以主人翁的身份来积极地开好会议。为了切实地达到这一要求：

1. 关于政府4年以来的工作报告和今后任务，在开会前两个月，即开始收集材料、准备，为了切合实际，适合代表的口味，前后共经过五六次反复修改，这样既简明扼要，又切合实际，既肯定了工作成绩，又揭露了工作缺点，使代表容易听懂。

2. 在会议召开以前，由政府布置各区乡及各乡工作组干部及组织县上整党的20多名干部，分别在各乡普遍开展了一次对广大群众人民民主政权的教育，把召开县首届人民代表大会的意义，向群众来了一次交代，使广大群众都关心这件有史以来的大喜事。并督促乡人民政府召开了一次乡人民代表大会，征求收集人民群众当前迫切需要解决的问题，带上来交给代表大会讨论。

3. 县区领导干部代表，始终保持了虚心态度，以身作则地检讨了工作缺点，激发了代表们积极发言，使代表毫无顾虑地给政府提意见，这样，会议始终在民主气氛中进行，所以开得生动、活泼，解决问题。这也是代表讨论热烈、发言积极、能够提出许多提案和批评意见的重要一环。

4. 重视了民主的实质，克服了过去开代表会认为是走过场的形式主义。（1）大会组织了主席团29人，又设常务主席团13人，领导会议进程。设提案审查委员会11人，负责研究处理提案。凡是会议中的报告、决议、代表候选人的提名、提案报告等，首先经过主席团有领导、有掌握地讨论、研究，再交给代表讨论，认识一致后，才行通过。（2）为了保证开好会议，使与会代表都有发言权，避免顾此失彼，我们采取报告一个讨论一个，讨论时间占了会议的二分之一，同时小组讨论占了讨论的四分之三，在大会讨论上都是事先作了准备，有目的、有中心地发言，因而既解决问题，又使代表说话机会比较多。

第二节　县第一届人民代表大会第二次会议

大会概况

县一届人大二次会议于1955年4月2日至6日在县城召开，应出席代表215名，实出席190名。

王尔全、王本义、王建堂、王俊生、王蔚斌、田得川、田平、李九利、李友仁、李万禄、武德惠、陈国良、马存余（回族）、张生荣、张生香、张子涛、张具福、张高魁、张玉兰（女）、郭志德、冯国民、靳利祯、赵顺天、裴育卿、杨生兰（女）、蒋世忠、霍桂芳（女）27人组成大会主席团，靳文浩为秘书长，麻生录为副秘书长；张国政、王尔全、王永玺、王俊生、田平、周凤鸣、马存余（回族）、陈万和、靳文治、赵顺天、霍桂芳（女）11人组成议案审查委员会，张国政为主任委员，王尔全为副主任委员。

大会听取省第一届人大代表王尔全所作的关于甘肃省一届人大二次会议精神的传达报告；听取和审议县政府副县长李友仁所作的《静宁县1954年农业生产情况和1955年农业生产任务》的报告；成立县人民委员会，选举县人委会县长1名、委员20名（包括政府部门民政、财政、建设、教育、卫生、粮食、工商、公安、税务、县联社的负责人计10名，党委合作部、县妇联、团县委、武装部、工商联负责人5名，农民代表4名，社会人士2名），选举县法院院长1名。通过讨论，对当前农业生产、发展互助合作、宣传兵役法等工作任务作出3项决议。

大会收到代表议案108件，涉及7个方面。其中：①民政人事5件；②政法13件；③财政粮食13件；④文教卫生12件；⑤工商合作38件；⑥建设23件；⑦其他4件。

大会议程

一、传达省第一届人民代表大会第二次会议精神；

二、听取、审议静宁县1954年农业生产情况和1955年农业生产任务的报告；

三、拥护《中华人民共和国兵役法（草案）》及热烈响应世界和平理事会常务委员会《告全世界人民书》“关于反对使用原子武器签名运动”的号召；

四、选举；

五、通过会议决议。

大会日程

县第一届人民代表大会第二次会议日程表

表3-3

时间		内容
4月2日	上午	1.开幕式；2.王尔全作《关于甘肃省第一届人民代表大会第二次会议的传达报告》
	下午	李友仁作《1954年农业生产情况和1955年农业生产任务的报告》

续表3-3

时间		内容
4月3日	上午	分组讨论
	下午	分组讨论
4月4日	上午	大会讨论
	下午	大会讨论
4月5日	上午	分组讨论:1.县人民委员会组成人员候选人名单;2.县人民法院院长候选人名单
	下午	1.选举县人民委员会组成人员;2.选举县人民法院院长
4月6日	上午	1.通过决议;2.闭幕式

大会选举

县人民委员会：

县　长　李友仁

委　员　王尔全　王存仁　王俊生　王统华　田得川　邵　仪　陈　祥　周凤鸣　周登英（女）　陈万和　马存余（回族）　郭志德　梁耀祖　张国政　张　烈　张子涛　张具福　靳文治　赵顺天　霍桂芳（女）

县人民法院：

院　长　田　平

附：

关于县1954年农业生产情况和1955年农业生产任务报告

（县人民政府副县长李友仁　1955年4月2日）

一、1954年农业生产情况

本县一年来的农业生产工作，是在对群众深入地进行总路线、互助合作政策宣传教育之下、1953年的灾情基础之上，大力展开了以互助合作为中心的农业增产运动的前提下，由于党和各级人民政府的正确领导，全体干部的共同努力，以及广大群众的积极拥护，取得了很大成绩。农业生产各种粮食作物播种面积为140.7114万亩，总产量为16425.5699万斤，每亩平均产量为116.73斤，超过原计划104斤的12.2%，共计增产粮食1791.2561万斤。其中小麦播种面积为34.441万亩，总产量为3478.541万斤，每亩平均产量为101斤，超过原计划95斤的6.3%。油料作物播种面积为6.5822万亩，总产量为362.021万斤，虽然在播种面积上没有完成计划，但较1953年仍有增加。林业方面造林6884.18亩，超过原计划的11%，育苗346.6亩，超过原计划的3.7%，幼苗抚育520亩，超过原计划4%。牲畜数量除骡子略有增加外，其他各类家畜，据统计有所减少。

总的讲，本县1954年在农业生产上是打了胜仗的。正因为这样，我们前后完成了1166.1万斤公粮（包括自筹粮在内）和1837.719万斤秋夏粮统购任务（包括市场收购197.8562万斤），其他如土地房产证照费粮、公产粗籽粮等共175.3866万斤，有力地支援了国家工业建设和灾区群众及缺粮人民的生产生活。检查原因，除过1954年雨水适时这一自然条件外，是各级党政的正确领导，及时安排布置，随时检查，工作深了一步，办法多了一些，加之各级干部长期在农村的努力，共同抓住了以下几个中心环节，因而在工作中得出了显著成绩。

（一）以互助合作为中心的农业增产运动。由于我们基本上贯彻了“积极领导，稳步前进”的方针，一年来互助合作运动发展很大，1953年在本县还没有农业社，组织起来的农户是8732户，占全县总户数的27.1%。1954年至1955年3月，新建了62个农业社，有2057户农民参加，互助组4783个，有15328户，组织起来的农户达17442户，占总农户的52.3%，其中农业社占11.7%，常年互助组占36.1%，计5514户。数量上发展很大，质量上也有显著提高，这些社、组一般显示了它组织起来的极大优越性，如建立较早的民权、贾家河两个农业生产合作社，基本上是成功的。按中央规定，办好社的四个标准“生产增加、分配合理、接受国家计划、认真帮助社外农民”来衡量，都办到了，两个社的产量，平均比周围互助组的产量提高22%到48%。贾家河社较1953年增产73%，民权较平常年增产61%，基本上做到了家家满意。对国家出卖余粮方面，民权社占全乡8.9%的户数，出卖余粮占全乡任务的12.7%。两个社都增种了油料作物，计划105亩，对周围群众的帮助和带动很大。贾家河社由30户扩大到70户，民权社由30户扩大到259户，全乡基本上合作化。同时，周围都办起了一些新社。这样，一方面，出现了农村互助合作运动的新高潮，一方面，依靠组织起来的力量，做到了农业增产。

一年来，我们在农业生产合作社中所得到的主要增产经验是：1.统一使用了土地，统一调配了耕畜、农具及其他生产资料，逐步做到了地尽其利，物尽其用。2.重视建立与健全劳动组织，推行小包工制度，分工分业，因才使用，用其所长。3.初步改进了耕作技术，并按照各区不同情况，开始抓住增产关键。4.开展爱国增产竞赛，提高了社员的生产积极性。

一年来的互助合作运动发展，特别是农业社的发展证明，在工人阶级的领导下，广大农民是愿意走社会主义道路的，同时从社的增产证明，只有通过合作社的道路，才能发展生产，从根本上脱离贫困，共同富裕，这样一方面更加鼓舞了农民互助合作的积极性，一方面坚定了广大干部领导农民群众、走互助合作道路的决心与信心。

（二）在互助合作的基础上，初步改革了耕作技术。一年来，推广新式农具204件，其中包括马拉农具1套，双轮双铧犁3部，双轮单铧犁1部，各种步犁196件，7寸简化犁3部。大力推广了高粱、谷子、玉米的间苗壅土、施肥、追肥等工作，据4个区31个乡的不完全统计，共间苗壅土及重点施、追肥的高粱、谷子、玉米15930.3亩，估计可以增产90万斤（按每亩增产60斤计算）；小麦、糜子的窄行疏播及糜子的籽肥混合种植法，在民权社的影响帮助下，已在一区、九区的部分地区推广了，作用很大。民权社用此法种植的小麦，每亩平均195斤，较之全乡平均增产134斤，提高45.5%。民和乡靳国栋用窄行疏播，籽肥混合法种植两垧糜子，平均产量530斤。靳文杰用此法种植的糜子，每亩实产555斤，而同组靳满川的糜子，因思想搞不通，在同等地里、同时下种，每亩少打了200斤。这一经验，已在一区取得显著效果。另外在全县范围内，普遍增施了肥料，做到了精耕细作，多耕、多锄、多耘，在部分地区实行了合理密植，改撒播为条播，对农业增产起了一定的作用。

在这里，我们取得的经验与体会是：1. 静宁各区的耕作粗放，土地潜力大，只要在土地上多加工，就能多打粮食。2. 改进耕作技术，必须依靠互助合作组织，特别是农业社。如果将改进耕作技术与发展互助合作组织对立起来，将得不到应有的效果。3.群众的增产经验很多，就是没有加以总结，提高推广，如果善于深入群众，与群众研究，就地取材，就地推广，将在今后的技术改革上得到很大的成绩。

（三）进行了一些小型水利灌溉及水土保持工作。去年由于墒气充足，在水利上发展不大，但1953年冬灌的353亩土地，在1954年检查作物，一般生长良好，多打了粮食。如二区新店乡农民李树成，冬灌的1.8亩谷子，每亩打了3石2斗，比同畔没有冬灌的多打了1石3斗。在增加实效、提高群众认识的基础上，去年冬季的灌溉面积增加到4507亩，比1953年增加31%。在夏田作物成长期间，有水利条件的地区，作了水利灌溉，并改进了灌溉技术，如改漫灌为畦灌等。在山区作了水土保持工作，据34个乡不完全统计，共培地埂11269.4亩，修梯田141.7亩，挖水平沟684亩，水簸箕50丈，地窖2个，大小涝池17个，这些都在去年的农业增产上起了一定的作用。但此项工作在本县才刚开始，今后要大力开展。

（四）与各种自然灾害作了斗争。首先用赛力散药粉，拌种108.0495万斤，可以播种春小麦72033亩，在防治小麦腥黑穗病上起了作用。据民权杨家庄检查，杨正中的一垧小麦，一段是拌过种的，一段是没拌过种的，拌下种的发病率占0.9%，没拌种的发病率占4.1%，相差3.2%。冬小麦地区开展了保苗工作，1954年冬小麦地区的积淀地，板结决裂现象严重，据9个区19个乡和3个村的统计，碾冬麦的有463亩，耱的有1615亩，撒盖路旁肥土的有10996亩，打板结的2079亩，上追肥的244亩。在4、5月份，先后在9个区22个乡，发生了麦牛、蛴螬等虫害，危害扁豆、青稞、玉米等，6月下旬先后在4个区的28个乡，发生了卷叶虫，危害高粱、玉米、苜蓿，都依靠互助合作组织，大力发动群众，进行了捕灭，如后一次8个乡，在6天时间内，组织了3700多人，捕灭了734亩地里的虫害。在晚霜侵冻之后，对缺苗作物，依靠合作互助组织积极分子，发动群众，进行了移苗、补苗工作。雹雨之后，及时领导群众抢救，这些紧急措施，在1954年的农业增产上都起了重要作用。

（五）国家从各方面大力协助。1954年，全县贷放各种农业贷款179436万元，供应群众各种籽种13.4582万斤，其中冬小麦籽种就有59212万斤，统销粮食1093.1318万斤，并组织收购各种土特产计824267万元，发放各种优抚救济款106825.91万元，供应各种农具14.1664万件，有力地解决了群众在生产和生活上的困难，保证了农业增产，还打击了农村中的高利贷活动。

（六）随着农业在互助合作运动的开展，供销合作、信用合作和手工业合作社，一年来亦有进一步的发展。全县现有供销社11个，分销店9个，门市部56个，信用合作社54个，信用组31个，手工业合作社1个，生产小组3个，这些都在帮助农民解决生产生活困难、限制农村资本主义、促进农业互助合作的发展上起了一定作用。正因为这样，所以我们去年在农业生产上打了胜仗，有力地支援了国家社会主义建设，巩固了工农联盟，提高了农民群众的生活水平，有效地限制了农村中资本主义的活动，因而在工作中取得了不少经验。

但在这里，千万不能骄傲，因为1954年的农业增产，雨水合适是主要的。而我们的农业生产，还赶不上工业发展的需要，同时，在我们的整个工作中，还存在着如下几个问题：

（一）在对农业生产互助合作的领导上，还存着好多问题。首先是，我们对农业的社会主义改造认识不足，对当前农村实行社会主义建设这一任务，思想不明确，因而我们的领导重心，特别是区的领导重心，虽然开始转到互助合作方面来，但转得不够坚决有力，在实际工作中，缺乏具体办法，工作不深入，对农业生产合作社，还缺乏经常地督促检查与系统地总结经验。指导上，仍然没有摆开一般化的领导方法。其次，对农村的阶级情况与农民的思想动态，缺乏应有的分析研究，对几千年来小农经济在农民心理上、习惯上所产生的影响估计不足，因而在实际工作中，不善于适用当地的具体事例，说服农民，切实帮助农民解决思想上的顾虑和疑惑，贯彻自愿原则，故在部分地区是以强迫命令的方式完成任务，结果在工作中产生不少问题。第三，不少干部对党在农村的阶级政策认识模糊，不能在实际工作中具体地、正确地、全面地贯彻执行。第四，有些办社干部在工作中包办代替，民主作风差，对培养社内骨干，注意不够。

（二）在改进耕作技术上，对以“互助合作为中心的农业增产运动”体会不深，没有和互助合作组织密切地结合起来，往往在一些互助合作组织中，不研究改进耕作技术，有些地方在研究改进耕作技术时，不在互助组中进行，因此，有些地方的技术改革做得很差，特别是在一些山区，做得更差。对新式农具的推广，只说教育群众推广，不说如何教给群众使用方法，因而有些地方的步犁，形成挂犁，水车一般没有安装起来，没有发挥它应有的作用，甚至于在有些地方，零件遗失，残缺不全，影响很坏。碧码一号麦种子，是从陕西运来的，费了很大的一批运费，我们还有一部分没有推广出去，形成积压。对农业生产计划是订了，但如何贯彻执行，很少检查。正因为这样，油料作物面积仅完成计划面积的65%，当然，原来计划不切合实际，是原因之一，但主要是对如何检查贯彻计划做得不够。

（三）在整个生产的领导上，一般化现象仍然存在。主要表现在，根据自然条件、各地区的生产特点，解决生产上的主要问题，做得不够。如本县山区占耕地面积的

98%，解决山区生产问题，没有作专题研究。原来在确定重点的时候，计划在山区选择一个重点，摸索山区特点，但一直没有确定下来。牲畜繁殖在本县也是重大问题之一，去年除骡子外，其他各类家畜是在减少，春季因牲口饲草困难，各区的牲口有死亡现象，但一直没有引起我们的重视，这是一个十分严重的问题，还未研究解决。

总之，这一年来，由于开展了以互助合作为中心的农业增产运动，我们对于农村中的社会主义建设、保证农业增产、支援国家社会主义工业化、巩固工农联盟、逐步提高农民的生活水平和限制农村中的资本主义势力，确实取得了很大的成绩，同时，在工作中还得到了不少的经验，这就为我们做好1955年的农业工作创造了有利条件。

二、1955年农业生产任务

1955年，是保证完成我国第一个五年计划极为重要的一年，也是整个合作化运动过程中一个极其重要的关键。我们国家的工业建设和城市建设也将在今年大规模地进行，这就要求我们的农业要更快地和更有计划地发展，才能与我国社会主义工业化发展的速度相适应。

因此，我们的方针是：在1954年的基础上，继续深入开展以互助合作为中心的农业增产运动，保证增产粮食，增产油料作物及其他经济作物，并积极发展畜牧业和林业，以适应国家社会主义工业化和城乡人民生活日益改善的需要，巩固工农业联盟。

1955年本县农业计划任务是：

（一）大力开展农业生产互助合作运动。计划在1955年10月底前，本县再建立42个生产合作社，加上原有的43个社，共计有85个社，有2513户农民参加，入社农户将达到总农户的6.3%；农业互助组计划发展到5300多个，有18796户农民参加，其中有常年组的户数应占35%以上，这样组织起来的农户将达到全县总农户的62.7%；供销社再发展1个，发展社员32800人，信用社发展28个，手工业生产合作社2个，生产组7个，分销店4个，收购站4个，门市部12个。

（二）农业增产方面，今年粮食作物播种面积为139.4055万亩，总收获量为16766.7268万斤，比1954年提高4.4%，平均单位产量为120.27斤，其中播种小麦34.5348万亩，收获量为3227.4714万斤；油料作物面积计划达到11.0534万亩，收获量为613.6637万斤。

为了达到上述增产任务，计划今年推广新式步犁470部，计划山地犁230部，铁辕7寸犁200部，双轮双铧犁40部，六六六药粉2500斤，滴滴涕1000斤，喷雾器1架，拌种用的赛力散药2800斤，拌种9万亩。

为了逐步改变干旱地区面貌，做好山地水土保持，计划修梯田水平沟2700亩，梯田2.3万亩，地边埂4万亩，沟头防护38道，谷坊16处，涝池4000公方（注：1公方等于1立方米），种草木墚2000亩，小型渠道及经济用水灌溉4332亩，其中安装水车7部，洪水漫地4500亩。

（三）积极发展畜牧业，繁殖牲畜，要求各种牲畜在现有的基础上再增加牛1204头，驴2296头，骡子77头，马9匹，绵羊9495只，山羊2177只，猪在汉民地区再增加

1441口，此外还提倡多养鸡鸭及毛猪。

（四）林业方面，计划国营造林300亩，合作造林8200亩，育苗总面积480亩，其中国营202亩，合作育苗241亩，委托群众育苗37亩，采种37867斤，种树28.4348万株。

为了胜利完成1955年的计划任务，我们必须做到：

第一，大力巩固现有社，有领导、有准备、积极而稳步地办好新社，这是保证农业互助合作运动健康发展的根本关键，也是农业增产运动的核心。而办好现有62个农业生产合作社的主要环节是：1.提高生产量，多打粮食，真正增加社员收入，这是巩固农业社的唯一环节。必须要依据各社具体条件，制订比较全面、切实的年度生产计划，进而订出季度计划及完成计划的措施，再推行小包工制度，改善劳动组织，合理组织人畜力，保证其实施。2.开展多种经济经营，在充分发挥农业潜力的前提下，依靠当地的情况，因地制宜发展种树造林，发展果树、蔬菜、畜牧、饲养鸡鸭及其他副业生产，从各方面增加社员收入，并适当地增加公共资金的积累。3.进行基本建设，在不影响社员收入逐年有所增加的原则下，稳步进行兴修水利，添置新式农具，做好水土保持，进行土地加工，以扩大生产，提高耕作技术。4.健全财务制度，大力培养会计人才，以现有能力较强、思想进步的会计为中心，吸收周围社和组内会计实行互教互学，认真做好收益分配工作，确立个人利益与集体利益的正确关系，正确贯彻互利政策。5.结合制定与修正社章、各个季度的检查总结工作，解决社内存在的问题，加强对社员的政治思想教育与文化学习，对一些基础不够巩固、问题较多的社，更要给予大力帮助。

为了有计划地领导群众建社，就必须根据“积极领导，稳步前进”的方针，全年计划分批进行，由点到面，逐步开展，准备一批，发展一批，巩固一批，再准备一批。为此：1. 各区乡对今年建社的地方，必须及早做到心中有数，研究在各区乡的哪个组在夏收后建社，哪个组在秋收后建社，要在互助合作代表会上，进行酝酿讨论、评议，根据骨干多少、群众要求程度及对社的认识等情况，慎重确定下来，便于及早培养。2. 在夏收后要建社的地方，现在就要派干部去做工作。他们的任务有三条，一是领导订出生产计划，改进生产技术；二是领导学习社章；三是培养骨干，并在实际工作中切实认真评选干部。3. 县上计划今后仍训练一批建社干部，并在经济上帮助，这样全力做好准备工作之后，在建社时还要检查，准备好了就建，准备不好缓建。这就是说，必须在做好准备工作的基础上建社，不能盲目突击，必须强调不出废品。办好第一，健康第一，既要增加数量，又要保证质量，防止一哄而起或放任自流两种偏向。为了保证互助合作运动的健康发展，除全年准备之外，还需要坚决贯彻以下政策原则：1. 坚持群众自愿原则。要依靠广大的乡村干部、农业生产合作社社员和其他积极分子，通过他们个别地去串连群众，办好其他各方面的工作，用群众能体会的实际事例，说明解释，讲清有关合作社的一切道路，启发群众入社的自觉性，做到入社农民本人通、全家通，千万不能采取任何突击或强迫命令的方式，强迫农民入社。2. 为使互助合作运动健康发展，必须坚持贯彻依靠贫农（包括新中农在内）、巩固地团结中农、限制和逐步消灭富农经济这一完整的阶级政策。对有些地方不注意依靠贫农，甚至排斥贫农，压低劳动报酬及不注意团结中农，损害中农利益的现象，都必须予以迅速纠正。3. 认真帮助互助组与单干农民，要依靠办好现有的合作社来帮助互助组大发展，并认真帮助互助组解决互利问题、多打粮食问题，达到真正的巩固提高。对周围单干农民，要满腔热情、没有隔阂地去团结照顾，帮助他们解决生产生活上的困难，逐步吸引他们组织起来。

随着农业生产合作的大量发展，对现有的供销合作社应继续整顿巩固，在提高的基础上改善经营管理，降低成本，反对浪费，认真总结经验，培养干部，并可组织农村的小商小贩开展城乡物资交流，为工农业生产服务。对农村信用合作事业，要一面大力巩固，一面积极发展，在巩固与发展信用社的基础上，做好今年各种农业贷款新币30.34万元的贷放工作。

第二，要依靠互助合作组织带动广大农民，抓住当地的主要增产关键，积极提高单位面积产量。在这一工作上，要抓住做好：

1. 继续开展群众性的农田水利及水土保持工作。在有小型水利条件的一、二、七、九等区，要做好现有水利工作，改进灌溉管理，实行经济用水，扩大灌溉面积。方法上除加强对受益户的组织领导外，着重是学习其他地方先进的灌溉技术，整渠固堤，平整土地，改变灌溉方法等。在有水利条件但尚未发展的河川地区，如二、六区等地，可分别情况，固定专人加以领导，对水内含有盐碱质的，可进行试灌，没有盐碱质的或含成分很少的，如六区的景莫渠，即应大力发动教育群众灌溉，首先做出样子，全面大力开展。各区水车今年必须全部安装，发挥其应有效能。在没有水利条件的地区，可大力提倡引洪水漫地，这在各个地方都有条件，也是在干旱地区必须抓住的一个问题。方法就是在洪水沟道两岸做好引洪渠道，排洪水渠做好畦子，在暴雨后组织人放水，既可保墒，又可淤地，各农业社都应抓住这一条。在一般山、川、塬、旱地都应该做蓄水保墒工作，主要是在地内打上畦子，即在粮食下种二餐糖过之后，根据地形做好畦子，就可使本地的一切天雨不至流失，起保墒作用，达到增产，这一方法既简单又效果大。要求各区干部在这方面多做一些具体工作。在山道地区，要大力开展群众性的水土保持工作，这在静宁来说是个增产关键，因为静宁山地占总面积的89%，做好这一工作就能增产。在内容上，对塬地山坡普遍培地埂，重点挖水平沟，修梯田，在不易耕作的陡坡地提倡种草木墀、苜蓿或栽培果树等，积蓄雨水，保持水土，并有利黄河下游，在这一工作上，今后要做规划工作，要全面规划，分期进行。

2. 继续改进耕作技术。一是抓住增产关键，根据静宁历年的经验证明，小麦应继续推行改撒播为条播，提倡深耕细作，用耧下种，采用窄行疏播的合理密植，除草、拔草等有效措施，方法是绞窄耧腿，增加种植行数，并适当增加下籽量，这样做产量就能显著提高；糜子采用窄行疏播的方法，并用油渣粒与籽肥混合下种，就能提高产量；高粱、谷子、玉米的间苗壅土施肥法，注意间隔的大小及全苗，产量就会提高。所有这些办法都是经过试验而肯定的增产经验，各地都要抓住。至于其他各种作物的适时下种，适当密植，精耕细作，倒茬保墒，多锄多耘等措施，在农作物的增产上关系都很大。加强群众性的技术传授，认真总结增产经验。根据就地取材、就地推广的原则，树立群众路线的工作方法，向群众推广。二是积极开辟肥源，大量积肥，这是增产关键之一，各地要想办法开辟肥源，可利用人尿粪、装堆肥、积绿肥、挖涝池肥土、打烂房屋、旧墙旧炕土等压绿肥，从各方面开辟肥源。在积肥的基础上要注意保肥，使肥料不要散失，这样作用就会更大。三是推广新式农具，提倡深耕，这是改良土壤、提高产量的重要办法。土地平坦、互助合作基础好的地方，着重推广双轮双铧犁及双轮一铧犁，一般地区推行新式步犁，山地推行山地犁。在推广新式农具时，必须教会农具使用技术，解决修理、配零件的问题，并帮助解决畜力困难，从这里解决深耕。四是选种拌种。我县各种作物的品种，有好多优良籽种，如小麦中的皇皮（兰麦），玉米中的金皇后，谷子中的白沙谷、竹叶青，高粱中的大红袍，扁豆中的小暑豆，都产量高，收成稳定，各地要组织互换，对一般品种要注意选种，提倡穗选、块选，注意留种子地。在选种的基础上要提倡拌种，小麦要用赛力散药粉拌，其他各种作物要用行之有效的方法拌种或浸种。

3. 积极与各种自然灾害进行斗争，这也是增产上的直接措施。各地在这方面要做具体工作，如及早从各方面想办法防旱、抗旱，多种避雹抗灾高产作物，并准备一些小日月庄稼，备作灾后措施等，教育群众防止四月八前后的黑霜，这些都要及早注意，做好准备。

4. 从各方面刺激群众的生产积极性，这是动员群众参加生产、发挥群众生产潜力、保证增产的直接措施。在内容上必须抓住：一是抓住农业生产互助合作政策的宣传解释，认真贯彻互利原则，坚决防止片面强调照顾贫农、侵犯中农利益。在合作社内，劳动报酬应稍高于土地报酬，但也不宜过高，土地报酬不宜过低，耕畜、农具最好采取私有公用的方式，给以合理报酬，不必急于归社共有，如有自愿将耕畜、农具实行折价共有者，亦按正常市价折价偿还，期限不能拖得太长。社员的猪、羊不必归社，对社员积肥、整地等劳动，都应给予适当的报酬，这样从各方面鼓励社员的生产情绪。二是大力宣传粮食的统购统销办法及实行定产、定购、定销的三定政策，从而更进一步地提高农民生产积极性。各区、乡在农村工作的干部，必须根据《甘肃日报》3月10日转载之《人民日报》社论及《甘肃日报》3月19日登载的《关于实行粮食定产、定购、定销的宣传讲话》，迅速组织干部进行学习，并向农民宣传，以提高农民的生产积极性，保证各种农作物的全面丰收。三是做好粮食供应及各种农业贷款工作，粮食部门和供销合作部门要做好准备及时解决，该供应的要及时供应，该少供应的不多供应，不该供应的不供应。对各种农业贷款，要及时发放，做到不耽误农时，并真正解决群众困难。

第三，在畜牧方面，大力开展增畜保畜运动，积极解决耕畜、役畜困难问题。在增畜上着重组织民间种畜户，提高种畜户的社会地位，提高民间牲畜配种，减少母畜空怀。在保畜上，着重是团结与组织中兽医，防止牲畜疫病，大力推行牲畜看槽制，保证牲畜健康。在缺草地区，提倡种植苜蓿，收割野草，逐步解决牲口饲草困难。对牲口劳役，须适当减轻，防止牲口劳役过重现象，特别是农业社除公共种些苜蓿等、储备一定的牲口饲草数量外，还须在饲养管理等方面定出制度，否则，会形成为了挣工分而过于疲劳牲口。对于猪、羊的繁殖，今后也要研究具体办法，大力领导群众饲养。为了解决静宁今后的耕畜、役畜问题，县上计划成立一个保畜委员会，领导这一工作，并在一、九两区成立兽医联合诊疗所1处。

第四，在林业方面，要大力贯彻谁种谁有、多种多有、村种村有的林业政策，提倡合作造林，开展群众性的植树造林运动。对现有少量的森林及解放后栽植的林木，要加强保护管理，委托给农业社互助组保护，定期剪樵，禁止牧童随意砍伐践踏，对县苗圃及区乡苗圃要加强领导，改进经营管理制度。为有计划地抚育幼苗，供应群众造林需要，保证成活率，除加强保护管理外，还要研究改进造林技术，大力解决静宁以后的造林问题。

为了完成1955年的农业计划任务，必须加强领导。在领导问题上要抓住以下几个环节：

1. 继续做好重点，推广示范全面。县上计划仍以一区民权乡为县的基点乡，固定专人深入下层，具体领导，并定期研究有关互助合作运动的重大问题，总结建社和办社各个环节中的经验教训，掌握运动发展规律，指导全县。

2. 加强检查及调查研究工作。县上在各个阶段有重点地组织专人，深入到各区乡检查工作，了解情况，帮助各区乡干部改进工作，并深入重点，做好调查研究工作。

3. 要加强对农业生产技术的指导。对各个地区的增产关键，要有计划地研究总结推广。对新式农具的推广，要负责做好技术传授，县上今年要建立两个区的农业技术推广站。对农业社的会计工作要加强领导，真正做到会计业务熟悉，社内账目清楚。

4. 做好各方面的工作配合。今后有关农村的一切工作，都必须在上级政府的统一领导下，围绕互助合作运动这一中心去进行，而互助合作运动也必须有各方面工作的密切配合，才能顺利开展。要求粮食部门做好粮食统购、统销工作，供销合作部门做好生产资料、生活资料的供应工作，银行做好农贷贷放工作，建设科做好交通运输及技术传授工作。这些工作都要通盘筹划，具体安排，既能掌握中心，又能兼顾其他，保证各项工作围绕中心工作，有计划、有步骤地均衡发展。

5. 加强对干部的学习领导。整顿干部思想作风，教育他们认真学习农业互助合作的方针政策和农村中的阶级政策，结合干部的工作和思想实际，进行自我思想教育，通过总结领导互助合作运动，从领导群众生产和执行阶级政策的经验入手，帮助干部学会分析阶级情况，分析群众思想动态，学会和群众商量办事，发扬民主作风，改进工作，克服包办代替和强迫命令，这样，一方面从思想上武装干部，提高其社会主义觉悟，一方面，学习领导互助合作的具体知识，使其逐步变成内行，通晓业务。

6. 县、乡人民代表大会和人民委员会必须根据集体领导的原则，发挥人民政权机关的效能，动员而后组织广大群众的力量，保证本县1955年农业生产计划任务的完成。

1955年，本县的农业生产任务是十分艰巨的，工作是十分繁重的，但也是十分光荣的，完成任务也是有条件的。首先是全县的农业互助合作运动有了一定基础，广大群众社会主义的觉悟和生产积极性正在不断地提高，各级领导和农村工作干部对于领导以互助合作为中心的农业增产运动也积累了一些经验，加之去年雨水冬雪充足，今年墒气较好，我们相信在中国共产党、毛主席和上级人民委员会的正确领导下，只要我们切实遵循中央所规定的各项政策方针，充分利用这些有利条件，力戒任何虚夸和骄傲，团结一致，密切联系群众，努力工作，我们是一定可以克服前进道路上的各种困难，一定会胜利地完成各项任务。

我们要共同为争取1955年的全县大丰收，为实现我国的社会主义建设和社会主义改造而奋斗。

第三节　县第一届人民代表大会第三次会议

大会概况

县一届人大三次会议于1956年1月11日至12日在县城召开，应出席代表212名，实出席187名。大会听取和审议县人委会县长李友仁所作的《关于静宁县1955年度兵员征集工作实施计划的报告》、县委书记武德惠所作的《关于静宁县1956年度增产7000万斤粮食的各种措施的报告》，作出相应决议。

大会收到代表关于农林水、民政、文教、卫生等方面的议案26件，其中：民政、行政区划2件，农业合作化2件，政法4件，文教卫生4件，农村水利建设10件，其他4件。

大会议程

一、开幕式；

二、听取和审议县1955年兵役征集实施计划的报告；

三、听取和审议关于县1956年以农业合作社为基础的农业生产问题的意见报告；

四、通过会议决议；

五、大会闭幕。

附：

县第一届人民代表大会第三次会议总结报告

我县第一届人民代表大会第三次会议，于1956年1月10日报到，11日早晨开幕，12日中午闭会，历时两天。这次会议应出席代表212名，实报到187名，病故代表1名，因事因病未到者24名。

这次会议是在我县农业社会主义改造合作化运动进入高潮、兵员征集工作将要开始的形势下召开的。会议主要讨论通过了《静宁县1955年度兵役征集工作实施计划》与《1956年度以农业合作化为基础的农业增产报告》，并作出了决议。这次会议由于各级党政领导的重视，事先作了较充分的准备，因此，会议进行得是顺利的，成功的。

会议听取了静宁县人民委员会李友仁县长《关于静宁县1955年度兵员征集工作实施计划的报告》、武德惠（县委书记）代表关于静宁县1956年度增产7000万斤粮食的各种措施的重要报告，代表们根据这些报告，在大会小会上进行了热烈详尽地讨论。在讨论过程中，都一般同意和拥护上述报告精神，认为：义务兵役制是最公平最合理的征兵制度，并以真人真事的实际行动事例表示坚决带头、大力贯彻，到会代表经过不到2小时的小组讨论，就有5人送子应征，9人动员兄弟应征，2人动员侄子应征，3人家中因没有适龄子弟，提出保证动员亲戚应征。适龄青年代表杨仁当会报名，坚决响应祖国的号召，应征入伍。这些生动具体的事例，表现了代表对兵役法的衷心拥护和热爱，到会代表都一致提出要以自己的实际行动完成这一光荣伟大而艰巨的任务。靳国士（党支书）代表说：“我听了李县长的报告，完全拥护，并要以自己的实际行动，坚决贯彻执行，自从兵役法在我乡上宣传之后，我就动员通了我的大儿子报名应征，以后念书的二儿子知道了还争着要去，这种情况我很高兴。但我们工作中间是有困难的，主要是老年人和妇女由于过去反动派长期拉兵抽兵的恶劣影响，他们思想上是有顾虑的，因此，我下去一定要组织好我乡上的8个复员建设军人和妇女积极分子，先打通他们的思想顾虑，通过他们去动员说服适龄青年应征。总之，我要尽一切力量做好党交给我的光荣任务。”李世俊代表说：“我听了李县长的报告后，心里非常痛快，非常高兴，因为我明白了，没有现代化的国防军，我们的胜利果实就没法保证。我有3个儿子，大的今年刚20岁，合于征集年龄，我下去一定要动员我的大儿子报名应征，等大的回来后，二儿子的年龄够了，就叫二儿子去。二儿子回来，三儿子再去，叫我的儿子轮着给人民尽义务。儿子参军后，我还要带动群众，继续搞好我乡上的合作化运动，争取更大的光荣。”回民代表马存余提出：“我保证回去把政策向回民讲清楚，做好回民的工作，以自己的实际行动带动回民，争取回民适龄青年百分之百的报名应征，我有个弟弟今年20岁，兵役法宣传后已向兵役局报了名，我回去保证还要作好思想巩固工作，达到使应征者自始至终要保持情绪饱满，高高兴兴。”妇女代表提出要坚决做好妇女工作，保证征集工作的顺利进行。代表张玉兰说：“我听取李县长的报告，完全同意，在小组讨论中有适龄子弟的代表都提出要动员自己的子弟报名应征，我家里没有适龄青年，但我下去后，一定要保证做好我乡的妇女工作，使每一个应征报名的青年家中老人及妇女都高高兴兴地欢送，而不拉后腿。”有些复员建设军人代表，都提出回去要用自己的亲身经历，向群众宣传解放军保卫祖国伟大事业的神圣职责与军队中的各种民主制度，并以动员子弟说服亲戚的实际行动来带动群众。如阎松寿代表说：“我是个复员建设军人，这次会上听了李县长的报告，我确实想再去第二次，就是年龄过了政府批不准，但我回去一定要动员我侄子报名应征，并且要给群众宣传解放军的一切民主制度，军事与政治生活，解除群众的思想顾虑，争取我乡适龄青年百分之百的应征。”代表们都以新旧社会对比的方法，说明我们实行义务兵役制的好处。青年代表杨仁在发言中说：“我认为兵役法是最合情最合理的，我今年19岁，我要坚决报名应征，因为我是个贫苦家庭出身，过去过的生活连牛马一样，苦下到头都是吃不饱，穿不暖，炕上连一条铺盖的毡都没有，但现在我家不但有吃有穿，而且还缝了两条新被子，为了保卫我们人民能过这样好的光景，我要坚决报名应征。”各区代表在会议上都表示了完成任务的态度和决心，如高界区代表蒋世忠（区委书记）说：“我们下去要坚决全面地向群众宣传政策，保证按时、按质、按量完成分配给我区的57个新兵任务。并要做到人人高兴，个个满意。”同时，与会代表对1956年全县完成增产7000万斤粮食的计划任务，都充满信心，一致表示拥护。有些家里没有适龄青年的代表，都提出要以增产粮食的实际行动，支援祖国的国防建设，拥护兵役法。如贺真祥代表说：“我的娃娃很小，想给国家尽义务不够条件，我感到很惭愧，但我听了武书记关于农业增产措施的报告，感到我社在调整高产作物面积上还有保守思想，这次回去一定要按武书记的报告调整高产作物播种面积，一定要完成每亩增产45斤，全县增产7000万斤粮食的伟大而艰巨的任务。”

在讨论上述报告的过程中，由于充分发扬了民主，大胆地启发了代表的积极性，对县人民委员会的各项工作也开展了批评。结合讨论，代表们共提出了26件宝贵的议案，其中有关民政、行政区划的2件，农业合作化2件，政法4件，文教卫生4件，农村水利建设10件，其他4件。在议案中充分体现了代表当家做主的主人翁态度，对各项工作毫无顾虑地提出了自己的建议与群众的要求。仁当区张万德、高凤元等4位代表提出野河湾、新庄、高家峡、侯家山等农业生产合作社的社员都积极要求取消土地报酬，建立高级农业社，这充分反映了农民群众社会主义觉悟的提高。高世铭、裴玉卿2位代表提出：城关区静乐、民乐乡在合作化运动中有坏分子进行破坏，仁当区文明乡反动富农分散土地，诬蔑群众，打击干部，均将材料先后报县公安局数月，但未得到处理，影响农业合作化运动的发展，又影响农村社会治安。特别是对交通、农田、水利、建设等提出了建设性的提案，如提出要求政府派员勘测水利，挖渠修坝者达10处，修桥补路以及做好水土保持等等，这些提案和意见，经过了议案审查委员会的详细审查讨论，向代表作好当面解答，有些交有关部门作参考并改进工作，这样更加加强了代表当家做主的思想认识。从讨论报告和提案中使我们充分了解到每个代表的确负起了人民交给他的光荣使命，反映了人民群众的迫切要求，在会议上都本着“知无不言、言无不尽”的精神，而且更加密切了政府与人民群众的关系，如杨仁代表说：“过去见了拉兵的都把人吓着跑了，有一次我为了逃兵，跑了一天一夜都没有吃饭，但现在我和大家能在一块儿研究讨论国家征兵大事，这真是咱们人民自己的政府。”

经过报告与讨论之后，代表们都一致认识到征集兵员工作与农业合作化运动是一项十分复杂而艰巨的政治任务，为了动员全县广大人民集中全力，为完成全县征集兵员工作和增产粮食任务而奋斗，会议作了如下决议：

一、会议认为：征集兵员工作，是进一步加强祖国国防建设，保卫社会主义建设事业的一项伟大政治任务，要求各级人民委员会必须加强领导，正确掌握政策方针和工作方法，在全县境内广泛深入地宣传兵役法，在教育提高群众认识的基础上，争取全部适龄青年按照兵役法应征服兵役，在保证完成本年度征集任务的过程中，要提高全县人民的国防观念和社会主义觉悟，以逐步地建立正规的定期征集制度。

二、会议经过代表详尽讨论之后，一致认为：目前全县各地的建设工作均提前超额完成了计划，全县已基本上实现了半社会主义性质的农业合作化，因此各级人民委员会必须做好思想工作和组织上的准备工作，依照“全面规划，加强领导”的方针，积极地、有计划地领导这个伟大的群众运动，从现在起，各级领导应将领导重心，立即转到整社和生产方面来，保证做到：社社巩固，社社增产，为完成和超额完成本年全县增产粮食7000万斤（即每亩平均单产在1955年计划120斤的基础上达到160.87斤）的光荣任务而奋斗。

同时对资本主义工商业要做好社会主义改造，逐步由行业归口合营到达公私合营，以便使其为工农业生产服务。

三、与会代表一致认为：征集兵员工作和农业合作化运动，是一场激烈而复杂的阶级斗争，是一项艰巨的任务，要求各级人民委员会必须妥善地安排今冬明春工作，使农业生产合作社的大发展、农业生产建设和兵员征集工作很好地结合进行，在开展工作的同时，必须提高政治警惕性，克服和平麻痹思想，严防反革命分子的造谣破坏，以保证兵员征集工作和农业生产合作化运动顺利的完成。

总之，这次会议是得到了很大的成绩，其所以取得成绩的原因主要有以下几点：

一、首先是由于我们伟大的领袖毛主席与中国共产党的英明正确领导，制定了合乎我国人民最大利益的兵役法，当前开展兵员征集工作及发动农业合作化与生产高潮，正合我国广大人民的迫切要求，因此，就得到与会代表的一致同意并拥护。

二、由于各级党政领导的重视，事先做了充分的准备工作，在会议召开前7天，就抽调了有关部门干部8人，组成秘书、总务两个股，负责筹备会议所需各种材料与代表食宿招待等工作，由于事先做好了这些准备工作，就保证了会议的顺利进行。

三、会议在开幕之后，就由甘肃省人民委员会平凉专员公署贺副专员对会议作了重要指示，指明了方向，鼓舞了到会代表的积极性。

四、解放后几年来，经过了各项伟大的社会改革运动，特别是总路线的宣传教育与农业合作化运动的猛烈开展，到会代表的社会主义觉悟空前提高，热心于祖国的社会主义建设事业，因此，在会议上表现了意见的融洽一致。

这次会议虽取得了一定的成绩，但由于整个时间短促，工作人员量少质差，也是存在着一些问题的：

一、整个会议讨论时间比较少些，尤其是小组讨论只有2个小时，有许多代表都因为时间的限制未能发表自己的意见。

二、会后对如何贯彻会议精神，只在闭幕词中讲了一下，但没有在代表中进行广泛深入的讨论，取得意见一致，这样就使一些文化程度低、记忆力较差的代表在传达中有困难。

三、由于会议时间短促，又与烈军属代表会议同时召开，因此，工作人员较少，接待工作做得较差。

第二章　县第二届人民代表大会

县第二届人大任期为1956年12月至1958年6月。共召开代表大会2次，出席代表不详（第一次会议出席代表195名，第二次会议不详），听取和审议县人委会工作报告5项（次），作出决议2项，选举县人委会县长1名，副县长3名，委员17名，办理代表议案总数不详（第一次办理56件，第二次会议不详）。

第一节　县第二届人民代表大会第一次会议

大会概况

县二届人大一次会议于1956年12月8日在县城召开，应出席代表215名，实出席195名。

大会听取和审议县人委会县长李友仁所作的县人委会工作报告，审查1957年农业发展规划纲要，并作出相应决议；选举县人委会组成人员21名，其中：县长1名，副县长3名。

大会收到代表议案56件，其中：农业11件，水利3件，卫生7件，文教10件，文化6件，财政6件，工业交通6件，粮食2件，商业1件，供销4件。

大会议程

一、开幕式；

二、听取和审议县人民委员会工作报告；

三、审查通过1957年农业发展规划纲要；

四、选举；

五、通过大会决议；

六、大会闭幕。

大会选举

县人民委员会：

县　长　李友仁

副县长　张国政　马存余（回族）　霍桂芳（女）

委　员　王存仁　任太珍　于振江　陈万和　张子涛　武治万　王统华

阎忠孝　薛念智　张具福　梁耀祖　王尔全　赵顺天　张健英（女）

邵　仪　周登英（女）　李吉五

第二节　县第二届人民代表大会第二次会议

大会概况

县二届人大二次会议于1957年7月11日在县城召开。

大会听取和审议县人委会副县长张国政所作的《县人民委员会工作报告》、马存余所作的《关于1956年财政收支决算和1957年财政预算（草案）的报告》，听取和审议县人委会民政科关于做好复员安置工作的报告，并作出相应决议。

大会议程

一、开幕式；

二、听取和审议县人民委员会工作报告；

三、听取和审议关于1956年财政收支决算和1957年财政预算（草案）的报告；

四、听取和审议关于做好复员安置工作的报告；

五、通过大会决议；

六、大会闭幕。

附：

县人民委员会工作报告

（县人民委员会副县长张国政　1957年7月11日）

从第二届人民代表大会第一次会议开幕以来，已经整整半年了，在这期间，县人民委员会根据第一次会议决议，同全国各地一样，进行社会主义革命和社会主义改造工作，已经取得了基本胜利，使全县人民的社会生活发生了历史性的深刻变化，社会主义建设也获得了巨大的成就。

半年来的工作，县人民委员会决定由我向第二届人民代表大会第二次会议作报告。我的报告是依据毛主席在全国最高国务会议第十一次扩大会议上的《关于正确处理人民内部矛盾问题》的报告所提出的方针，来检查半年来县人民委员会的工作的，但在一些问题的看法和理解上不一定恰当，请各位代表审议。

一、关于农业基本建设

我县系农业地区，半年来，我们在上级党政的正确领导下、各位代表和所有干部的共同支持下，农业生产在1956年高级合作化的基础上，由于增产增收，增加了社员收入，特别是今春在全县各地大量地展开了农业合作化十一大优越性的宣传教育，提高了社员的政治思想觉悟，更重要的是毛主席《关于正确处理人民内部矛盾》的讲话，在广大农村大量展开宣传后，初步解决了社与社之间、队与队之间、组与组之间、社员相互之间有碍当前生产的一些主要矛盾，并清理了社内的各种账项，处理了社内在去冬分配中解决不恰当和未解决的问题，建立了财务制度等一系列工作，从而更进一步地加强了社会主义经济阵地，巩固了社会主义革命胜利，并显示了农业合作化的优越性。去年全县在雷大等部分地区遭受了人力不可抗拒的自然灾害，受灾田地约145109.24亩，受灾人口约45386人，给今年顺利地开展农业生产带来了很大威胁。但在党和政府的积极领导和支持下，以及发挥了农业合作化的优越性，在开展生产自救的原则下，对一些真正因灾减产而生活确实困难的社员，由国家贷款和救济，基本上顺利地度过了灾荒，更进一步地坚定了农民走社会主义道路的决心。全县粮食产量在1956年总产量21284万斤的基础上，1957年在继续贯彻“全面发展生产”的方针下，预计完成增产粮食3040万斤，亩产平均要达到160斤，比1956年每亩增加20斤，现根据各地的作物生长情况来看，除仁当、雷大、治平等部分冬小麦地区冬麦有死亡外，其他各地一般生长良好，由于我县大部分地区属于秋田作物，只要秋后不再发生意外的自然灾害外，完成1957年亩产160斤的生产任务还大有希望。为了保证今年生产任务的完成，今春还贯彻了如下几条增产措施：

（一）大力开展了整地。在去年收获后，夏茬地都耕耱过2次至3次，秋茬地80%的都耕翻过1次到2次，比去年大有改进，而去冬今春又以打耱、干打胡墼等办法整地602502亩，占夏田播种面积的79%，尤其95%以上的川地都碾了1次到2次，种前还进行了春灌2.2万亩，在部分地区还分散了积雪，更进一步地做好保墒养墒，保证了播种质量。

（二）大量施肥，减少了以往白水下种的不良现象。为了多打粮食，保证农业增产，今春在开展备耕工作的同时，在全县范围内开展了一次巨大的积肥、搜肥运动，并提出全县每亩平均施肥35袋粪土的任务，据现在检查，虽然在部分地区没有完成任务，但和去年相比是有所增加，今年每亩平均施肥量已达到25袋左右，比1956年增加35%左右。各地除大量的增施粪肥外，还增施了土肥，在施肥面积上普遍扩大，往年扁豆不上粪，在我县来说是比较普遍而严重的问题，但由于今年生产运动的热潮鼓舞，只有10%左右的没有上粪，仅个别社和个别地块。

（三）广泛地推进了优良品种。良种的推广，对农业增产起着一定的作用，因而全县各地广泛地推广了各种优良品种共87041.5亩，其中碧码一号麦30697.9亩，96号春小麦5239.6亩，玉皮麦15771.9亩，占小麦面积的21.9%，白豌豆10822.9亩，占豌豆面积的14.5%，小暑扁豆24569.2亩，占扁豆面积的23%。

（四）改进提高了播种技术。全县在春播开始前，分区分乡训练了农业技术员6759人，对于倒茬、下种技术都作了具体的研究和安排，因而各社的茬道一般安排得较好。在今年普遍缺豆茬的情况下，合理地安排和调整了茬道，许多社通过社员座谈，摸清了土地特性和作物生长的要求，对原计划安排不当的茬道，进行了调整。在调整茬道的同时，改进了播种方法，为了抢墒下种，在部分山区还采用了耧种小麦，在春播中共推广十二行播种机27台，种小麦、莜麦、扁豆、豌豆、胡麻共1438亩，三角耧今春大部分都使用起来了，据7个区统计，共播种麦豆160103亩。对小麦、莜麦还推广了十字交叉播种1472.3亩，其中小麦1420.6亩。

（五）进行了间作，大量种植了各种经济作物。间作和大量的种植各种经济作物，是农业增产增收的主要一环。今春，全县各地抓住了这一环节，在播种的同时，通过挖掘社内潜力，开展增产增收的献计运动，发动社员在秋田地内以及利用各种空闲地段，进行了间作和种植了各种经济作物，全县共间作28.31万亩，占全县应间作面积的62.7%。另外利用空闲地段种植了各种经济作物，据7个区不完全统计，种西瓜、蔬菜、刀豆、蒜、辣子、旱烟叶、红花等共13641亩，向日葵2860326株，瓠子1498331窝，这些经济作物的种植，对社员的增产增收起着一定的作用。

在领导好农业生产的同时，还开展了农田水利、植树造林、增畜保畜、副业生产等一系列的工作。

（一）农田水利工作

今春预计，全年要完成水利任务，新增可灌面积2.21万亩，水车60部，完成可灌面积1800亩，整修水井5000眼，水土保持完成整修综合田间工程87.07万亩，兴修综合田间工程30万亩，洪水漫地8万亩。为了完成上述任务，在今年3月份，县上召开了460人参加的水利、水土保持技术训练会议，通过训练，发挥了群众的力量，开展了工作。同时，为了保证全年任务的完成，在2月中旬召开的三干会议上提出，春灌任务为3万亩，完成32311亩，占春灌任务的103%。为了推动工作，还采用了以点带面的工作方法，确定了城关区陈和乡陈家沟为全县的水土保持重点。由于以上工作，目前全县已完成放水任务，新增可灌面积13035亩，占全年任务的65%，水车25部，完成可灌面积390亩，整修综合田间工程355735亩，占全年任务的40.9%，新修综合田间工程150438亩，占全年任务的50.2%，扩大种植牧草3743亩，占全年任务的12.8%，治沟412798亩，占全年任务的14.3%，洪水漫地已做好了水利工程30267亩，占全年任务的37.8%，还试做了龙骨水车4副，天车2部，群众反映尚好。

（二）造林工作

在1956年完成造林任务174121亩的基础上，今年预计再完成86333亩，育苗5000亩，整地59245亩，补种3.78万亩，采种255270亩，幼苗抚育23万亩。根据现在完成的情况来看，造林33175亩，占全年任务的38.5%，育苗1723亩，占全年任务的34.5%，补种19926亩。从以上数字检查，完成得并不好，秋后如果再不加努力，很可能落空。

（三）增畜保畜

增畜保畜在农业生产上也起着主要作用，但由于去年高级合作化后，农民在管理以及使役制度各方面缺乏经验，因而今春牲畜死亡、瘦弱、猪疫流行感染，在各地显得较为突出。县上对原有的加强饲养管理、改变使役制度、进行猪疫预防注射外，预计今年再繁殖各种大家畜31418头，增养生猪103544口，每户要达到3口。为了完成任务，在全县范围内开展了大家畜的配种工作，确定车里区为畜牧重点，城关区阎家庙农业社为增养生猪重点。从重点地区的工作情况来看，只要积极努力，任务可以完成。另外，猪疫病在全县的大部分地区程度不同的发生了，由于积极预防治疗，现在已基本上制止了蔓延。

（四）副业生产

副业生产可以保证社员增加收入，县上今年计划每户100元的任务，从现在完成的情况来看，有些搞得好的社，每户已经达到82元，一般每户已经达到40元左右，秋后只要再抓一把，可以完成。

二、关于财政金融

由于正确贯彻了党中央八届二中全会精神，半年来保证了各项事业的发展和人员的供给。在1956年财政收支平衡的基础上，今年预计收支达到1156710元。为了完成上述任务，除在财政制度本身节约外，县上成立了增产节约委员会，并组织了办公室，抽调了干部。在干部精简、控制各项财政经费开支等各方面，计划全年节约任务为4730.5万元。农村金融工作在不突破专署分配给我县全年指标1014646.2元的原则下，我们又根据农业社以及社员个人生产、口粮等需要与将来归还的可能，已经发放了各项农贷739953元，占全年指标的72.9%，基本上解决了农业社、社员在生产、口粮各方面的困难，支持了农业生产。

三、关于文教卫生

首先，在全县各个学校开展了思想教育工作。半年来，我们的工作主要是从以下几方面着手的。

从教育事业的发展上，我县原有中学1处，1957年上半年学生人数已达到938人，其中高中达到180人，初中达到758人。小学114处，学生人数已达到14456人，民办小学116处，学生人数已达到4186人，农村参加扫盲的学员40414人。根据中央提出初中今后发展方向面向农村的方针，已经开始在威戎增设静宁中学第二部，共增设3个班，可招收180个学生。在甘沟完小采用戴帽子的办法，附设初中班1处，可招收55个学生上学，再加上静中秋后计划招收高、初中学生215人，共计全县能招收450人，占应届毕业生的80%。一些不能升学需要参加农业生产劳动的，我们于6月下旬个别召开了完小校长、中小学毕业生代表会议，对升学就业问题进行了妥善的安排。

其次在卫生工作方面，今年本着巩固提高原则，除对原有的卫生机构进行了整顿和巩固外，进行了各项预防工作的宣传。今春，流行病传染严重时，在全县范围内开展了一次大规模的预防宣传教育，因而没有出现大的问题。同时，开办了中医进修班1处，共有28个中西医参加。通过这个训练学习，进一步地提高了医疗人员的政治、业务、技术水平，回到农村，便利群众。

四、关于手工业和私营工商业

在手工业合作社上普遍进行了一次整社，贯彻了民主办社的方针，解决了社干不参加生产等主要问题。为了更好地支援农业生产，全县临时组织了5个农具修配点，分赴甘沟、威戎等地进行工作，这样做的结果群众很满意。

对私营工商业的社会主义改造，通过普遍整顿，加强教育，提高了政治觉悟，并解决了业务经营上的一些实际困难。3月份还进行了工资改革，职工工资增加了13.25%。对小商贩也进行了妥善安排，使他们生活有了保证。为了加强对私营工商业的社会主义改造，又派去坚强干部3名。

五、关于社会优抚

半年来，我们共安置了复员转业建设军人717人。为了搞好这项工作，成立了复员转业建设委员会，并组织了办公室，配备了专职干部，专管此项工作。同时，于7月上旬在各区分别召开了烈军家属、复员转业军人座谈会，通过座谈，更进一步地鼓舞了烈军家属以及复员转业军人在农村的生产情绪。

在社会优抚救济方面，半年来共发放了各种优抚款15000元，社会救济款20599.8元，在农业社内，对一些缺乏劳动力的烈军家属、残疾军人等，还进行了优待劳动日的照顾，基本上解决了这些户缺劳力的困难。

另外，在粮食工作上，本着节约原则，保证了群众口粮供应。半年来，全县城乡共统销粮食519.85万斤。

总之，半年来的工作，成绩是主要的，但我们不可否认，还存在着以下问题：

第一，有些计划指标，从上半年的完成情况来看并不好，有些本来经过努力是可以完成的，但由于我们的工作做得差，没有完成。例如造林工作，仅完成全年任务的38.5%，和上级要求春季造林完成全年任务的70%来比，相差很远。在农田基本建设上，整修水井、修梯田完成很差。在农业生产上，96号春小麦优良品种从目前生长来看，各地基本良好，但还有195362斤没有推广出去，主要是我们的工作做得少所造成的。

第二，在整个工作中有顾此失彼的现象。例如去冬忙于搞农业社的分配，而忽视了对副业生产的领导，再加上政治思想教育工作做得差，因而影响了一些社员收入。

在邮电和广播工作上，因为协作不够，还曾发生过问题，使国家财产遭受了一些不应有的损失。

第三，工作不深入，不调查，官僚主义作风仍然存在。例如今年在播种洋芋时，本来大部分已经播种上了，但县人民委员会还在下发播种洋芋的栽培技术。

以上这些缺点和错误，主要来自两个方面：一方面是在新的社会主义革命过程中，由于我们经验不足，有些问题很难预料到，有些问题也只能在实践中逐步去解决，因而有些缺点和错误是难以避免的。另一方面，有些缺点和错误是由于我们主观努力不够而造成的。从县人民委员会的领导工作来检查，首先是对上级的政策方针钻研不够，对于深入实际、深入基层了解情况，主动地、及时地研究和解决问题做得不够，在工作中存在着主观主义、官僚主义和拖拉扯皮现象，一些基层工作中存在的好多问题，和我们的主观主义、官僚主义是分不开的。

针对以上情况，我们下半年的工作任务，应继续贯彻“全面发展生产”的方针，以农业增产为中心，通过处理人民内部矛盾，挖掘增产潜力，保证完成全县增产粮食3040万斤的基础上，结合完成农田水利、秋季造林、地方道路整修养护、增养生猪、副业收入、油粮征购、财政收入等各项任务，并加强对农业社的经营管理，中小学毕业生的就业和复员转业军人的安排，爱国卫生运动的开展，以及继续对手工业和私营工商业的社会主义改造等一系列工作的领导，特别在当前应抓好以下几项主要工作：

（一）更进一步地巩固新的生产关系

在巩固农业合作社的工作上，我们应当着重搞好夏收预分工作，因为农业社的收益分配关系到各方面各种人的利益，是广大社员最关心的问题。如果说在春耕时期，社员关心的是能否增产，那么，收获后社员最关心的是能否合理分配，达到增收。因此我们要在思想上明确，分配问题是巩固合作社的关键之一，是社会主义生产关系的一个重要方面，社会主义经济的优越性，也要通过分配同社员的个人利益结合起来，才能为广大社员所公认。必须了解，生产固然是分配的基础，但是如果分配不当，必然会反过来影响生产的发展。认真做好农业社的夏收分配工作，又是解决当前农业社内部主要矛盾的中心环节，做好了，就可以调节合作社内部矛盾。因此，农业社、个人与集体、先进与落后等许多矛盾，往往在分配中集中体现出来，我们只有用最大的努力做好夏收预分工作，真正达到公平合理，广大社员满意，才能促使合作社的巩固和生产的发展。

正确合理的确定各项扣除，关系着体现国家、合作社、社员三方面利益正确结合的问题。在夏收分配中，首先要慎重处理从收入中扣除多少、分配给社员多少的问题，必须把各方面统筹兼顾，合理安排，各地根据具体情况确定：1.农业税应按国家规定的数量、良种如数交清。2.公积金、公益金在全社农副业收入中，扣除籽种、饲料后，再扣除。一般公积金扣除占3%至5%，最多不超过5%为宜。3.公益金应按社内五保户多少和福利设施的迫切需要，一般扣除不超过2%为宜。4.行政管理费，在节约的原则下，不要多扣，一般扣除不超过0.5%为宜。上述规定系一般地区而言，有些社因冬小麦死亡严重，夏田面积少，减产又多，公积金、公益金、行政管理费还可少扣，小于这个比例。5.生产费用、籽种要留足1958年夏田播种所需要量，其他生产费用在支持生产、节约开支原则下，适当扣留。6.饲料要留一部分豌豆，留多少不作统一规定，由各社按豌豆产量多少确定。7.副产物、草、衣子（注：粮食外壳）等，首先应留足喂牲畜的草、衣子（包括羊吃的豆衣子），然后，再把不能喂牲口和下余的草、衣子分配给社员，作烧柴用。另外，在夏收预分中，应教育社干和社员积极归还到期的贷款、投资和到期生产资料入社后长余的价款。

（二）农业生产

根据农时季节，在农业生产上，当前应着重抓以下几方面：

1. 夏收工作：仁当、治平等区已经开始夏收，其他各区将要先后开始，因此，在未开始的地区，首先把夏收的一切用具，进行一次细致的检查，有短缺和损坏的，要立即购买和修补，每个农业社的男女劳力全部动员起来，以便真正做到“随黄随收”，不致遭受意外的自然灾害。并要做好细收细打，颗粒还家，寸草归场。

其次，做好选种工作。今年我们有计划地培育了一些留种地，地的数量还不够所需，因此，必须在一般作物中进行选育足够的良种，各地对当地现有良种和所需进行全盘规划，不足地区要主动和邻近地区乡社联系调换，良种有余地区，也应主动多留，所有良种均应单打单藏。

再次，加强保卫工作。夏收期间，保卫工作相当重要，应教育社员提高警惕，防止一切破坏分子的破坏，并发动社员订立简单易行的防火防盗计划，要求真正做到“人人防火，夜夜防盗，保证不出问题，顺利完成夏收”。

2. 大秋作物的田间管理，目前主要应抓住锄草、间苗、壅土、施追肥、引洪漫地这几项工作，这是争取更大丰收的关键，各地应认真研究，具体安排，抓紧进行，勿失良机。

3. 复种在我县有习惯，各地在不影响明年茬道的基础上，可以多种一些复种作物。复种什么，各地根据具体情况研究解决。在复种工作上，干部、群众都程度不同地存在一些思想顾虑，一般是怕没粪，怕破坏茬道等，因此，我们必须从具体解决复种肥料、茬道等矛盾去打通思想，任何不做细致的艰苦工作，凭强迫命令办事都是行不通的，在进行复种的同时，要做好夏耕工作。

（三）做好1957年度粮食（油料）征购工作

这是一项重要的工作，如果做得不好，就会直接影响人民的生产和生活，影响社会主义事业的顺利进展。现根据上级指示精神，结合我县实际情况，对1957年度的粮食（油料）征购销工作提出如下意见：

1. 农业税方面：不论农业社或个体农户，一律采取比例税制的办法进行征收，全县征收任务1287.5万斤，较1956年增加9.3%，并附征12%的地方自筹粮。为使农民负担公平合理，保证完成任务起见，兹就有关主要问题提出如下意见：

（1）调整常产：征收农业税的常年产量，系1952年度评定的，现在看，常产与实产之间悬殊，为了使农业税适应农业生产的增长，改变目前的实产远远超过征粮实际的情况，做到大体平衡，消灭灾歉减免上有灾减不上的现象，贯彻执行农业税收的方针，使农民负担公平合理，进一步兼顾到农民的长远利益和眼前利益，巩固工农联盟，我县依据省上提出的全县每亩平均提高常产9斤，调整后四年不变，县上初步计划以原定常产为基础，并根据农业生产发展的速度，在秋季征购前，根据不同的情况划分地区，确定指标，以社为单位调整，不再逐块进行评定。

（2）确定税率：今年农业税一律采取比例税制，即对同一地区的纳税人，原则上按照一个税率征收，不再累进，专署确定我县平均税率是12.35%。

（3）减免问题：凡农作物因遭受自然灾害而致歉收，按其受灾土地的减产量，占纳税单位全部常产的成数，依法减免。

（4）幼畜照顾：对于饲养幼畜的农业社（户），为了保护耕畜，凡未满36个月的马、骡，每头在应缴的税额内减免15市斤，未满24个月的牛、驴，每头在应缴税额内减免10市斤。

2. 统购粮方面：本年国家对农业社的粮食（油料）仍采取以社为单位进行计购计销、余缺由社内统一平衡的办法，对个体农户的粮食（油料）仍以户为单位，进行统购统销，专署分配我县统购任务1800万斤（其中小麦400万斤），油料统购任务320万斤。为了顺利完成任务，现就统购统销工作上的几个原则问题提出：

（1）今年的粮食（油料）征购工作，仍按照秋季一次计征计购、分夏秋两次入库的办法，以社为单位，计算征购任务，由社内平衡余缺，该收购的粮食必须如数购足，在保证不购过头粮的原则下，完成任务，夏粮预交于11月底完成入库任务。

（2）必须坚持三定基础不变的原则。为了巩固三定成果，继续稳定粮食局势，1957年度继续贯彻执行三定基础不变，这是因为1955年的粮食三定指标是通过全体农民定下来的，这个指标一般是合理的，对国家有利，对农民有利，同时政府已经向农民宣传过，定产订购3年不变，今年是3年的最后一年，所以仍要按三定指标办事，因此，农业社的定产如粮田播种面积没有大的变动，仍以三定的产量作为今年的产量，如果今年粮田面积变动过大，且去年核定的产量不合理的，可以1955年粮食三定的每亩平均产量乘今年全社实播种面积，作为全社的总产量。各项用粮标准，在1955年三定基础上，原则上不应提高，计算留量时，均以三定时的人畜数字为基础，农业社（户）的实际产量多于定产的增加部分，应先按三定标准，扣除三定后所增加的人畜留量后，有余粮的，国家增购40%，如不够扣除，可在定购后余粮内解决，如还不能解决时，在订购任务内减除，如实际产量少于定产产量时，可适当减少购量或增加销量。

（3）农业社的粮食分配顺序。必须贯彻执行“先国后社”的原则，农业社先按实际需要留足种子，并按三定的用粮标准，留下牲畜饲料和分给社员基本口粮。其次，完成国家核定的粮食征购任务，然后，如果还有余粮，再量力照顾劳动强、出工多的社员需要，以及安排副业用粮等。为了有效地执行这个分配原则，必须在粮食收货以后实行边处理、边分配、边征购的办法，这里必须注意的是，农业社在完成国家征购任务以前，只能按三定标准分配粮食。

（4）社内余缺平衡工作，是一项很重要的工作。1956年度部分地区对这一工作重视不够，做得很差，以致有一部分社员分得粮食超过实际需要，有一部分社员的基本口粮却未分足，这样，不但增加了农业社进行社内粮食调剂的工作负担，而且加大了国家的粮食销量。据初步统计，全县今年有93个余粮社和自足社出现了缺粮户1138户，缺粮30万斤，这给本年的粮食统销工作造成了很大的困难，不仅给粮食统销上增加了虚假性，而且使群众往返跑路耽误生产，因此，今年应汲取这一教训，在统购的同时一次安排妥当。余缺平衡的办法很多，如果缺粮户当时缺乏现钱，农业社可以从公积金、公益金中拿出部分钱来，如不足时，还可以从银行或信用社贷款，以收买余粮户平衡出的粮食，然后由社统一保管，以便随时解决缺粮户的口粮困难，在分配中，适当地给余粮户多分钱，给缺粮户多分粮，也是平衡的好办法。

（5）坚持市场粮食定量供应制度。市场供应今年经过几次整顿压缩，目前除个别地区仍有偏高偏低现象，应继续调整外，一般地区居民口粮和行业用粮基本上切合实际，要求在现在基础上稳定下来，不能随便提高。同时，必须加强教育，号召广大人民厉行节约，省吃俭用，自觉遵守国家定量供应制度。

（6）农村统销工作。必须贯彻执行该销的粮食保证如数供应、不该销的粮食坚决不销的原则。夏粮收获后，除少数灾区应继续进行供应外，一般均停止供应，以减少国家粮食销量。

(7) 统购开始后，粮食自由市场应一律停止，待统购结束后，再行开放。农业社经营副业，只能用本社余粮，不应向国家粮食市场或社外购买，以粮食为原料的产品，也必须进行管理。

(8) 今年油料统购统销，仍继续贯彻“多产多得，增产多留”的政策，在计算方法上也应以社为单位，和粮食统购一次安排，同时结合进行。入库时，如果社员愿意交售油品且有加工条件的社，也可交售一部分或全部油品，抵作统购任务。

以上是我代表县人民委员会向县第二届人民代表大会第二次会议所作的工作报告，不妥之处，请各位代表提出批评指正。

第三章　县第三届人民代表大会

县第三届人大任期为1958年6月至1962年5月。共召开代表大会1次，听取和审议县人委会工作报告2项（次），审议县法院工作报告1项（次），作出决议1项；选举县人委会县长1名，副县长2名，委员18名，省第二届人大代表5名；办理代表议案86件。

大会概况

县三届人代会会议于1958年6月14日至17日在县城召开，应出席代表195名，实出席195名，列席11名。

张国政等11人组成大会主席团，马子坤任秘书长。

大会听取和审议县人委会工作报告、1957年财政决算和1958年财政预算的报告、县法院工作报告，并作出相应决议；选举县人委会组成人员21名，其中：县长1名、副县长2名，县法院院长1名，省第二届人大代表5名。

大会收到代表议案86件，其中：民政25件，财政5件，办公室3件，水利8件，农业7件，文教5件，卫生4件，粮食4件，商业6件，法院7件，公安11件，林业1件。

大会议程

一、开幕式；

二、听取和审议县人民委员会工作报告；

三、审议1957年财政决算和1958年财政预算的报告；

四、听取和审议县人民法院工作报告；

五、选举；

六、通过大会决议；

七、大会闭幕。

大会选举

县人民委员会：

县　长　李文清

副县长　张国政　马存余（回族）

委　员　霍桂芳（女，城关镇镇长）　王存仁（农业科科长）　史国忠（民政科科长）　王国胜（工交科科长）　石恒录（农业银行副行长）　于振江（商业局局长）　任太珍（兵役局局长）　王永录（水利科科长）　王广录（公安局局长）　阎忠孝（团县委书记）

张桂兰（女，雷大区民主乡副乡长）　王蔚斌（水利科科长）
张子涛（工商联主任）　张明清（社主任）
张具福（城关区民和乡乡长）　王尔全（文教科科长）
赵顺天（医院院长兼卫生科科长）
魏兰香（女，威戎乡农业社主任，劳动模范）

县人民法院：

院　长　张殿彪

省第二届人民代表大会代表：

张国政（县人委会副县长）
王尔全（文教科科长）
魏兰香（女，威戎乡农业社主任）
刘有成（兰州大学化学系主任）
李丕显（共青团平凉地委副书记）

第四章　县第四届人民代表大会

县第四届人大任期为1962年5月至1963年6月。共召开代表大会1次，出席代表145名。听取和审议县人委会工作报告2项（次），审议县法院工作报告1项（次），作出决议1项；选举县人委会县长1名，副县长2名，委员20名，县法院院长1名；办理代表提案51件。

大会概况

县四届人代会会议于1962年5月21日至26日在县人委会礼堂召开。应出席代表201名，实出席145名，柴效武、马存余（回族）、梁守俊、宋世鑑、刘润田、柳云武、宋庆丰、薛礼刚、高俊德、高恩成、王家象、杨显业等151名机关干部列席会议。

此次大会是在县三届人大一次会议召开4年之后，自1960年12月传达贯彻西北局兰州会议精神和《关于农村人民公社当前政策问题的紧急指示信》（即“十二条”）、《农村人民公社工作条例（草案）》（即“农业六十条”）等一系列政策，检查纠正错误，扭转严重局势，恢复和发展农业生产，经济情况开始好转的形势下召开的。会议的主要任务是，进一步贯彻以农业为基础和调整国民经济的八字方针，尽快恢复和发展农业生产，逐步解决吃、穿、用问题为主，检查县三届人大一次会议以来县人委会工作中的经验教训，讨论1962年农业生产和其他各项工作的任务。会议仍然以贯彻总路线、“大跃进”、人民公社三面红旗为总基调。

张思维、王尔楷、李九利、张国政、张书义、王尔全、赵顺天、陈友谊、张桂兰、张殿彪、李仲银、岳安泰、靳利祯、安贵福、王占歧、赵建忠、史国忠、樊春林、霍桂芳（女）、单芝花（女、回族）、李子才、陈连仓、张彦珍23人组成大会主席团，宋世明为秘书长，张文彬为副秘书长；李文秀、李仲银、张文彬、岳安泰、邹振汉5人组成代表资格审查委员会，李文秀为主任委员；李九利、王尔全、靳利祯、史国忠、阎忠孝、司秉华、赵建忠、陈世英、安贵福9人组成提案审查委员会，李九利为主任委员。

大会举行预备会议1次、全体会议6次。5月21日上午7时，由县人委会副县长张国政主持举行预备会议，通过大会有关事项。随后，举行第一次全体会议，由县委书记张思维主持，县人委会县长李九利致开幕词，听取县人委会副县长张国政所作的《县人民委员会工作报告》；第二次全体会议于5月22日上午举行，由县人委会副县长张国政主持，听取县粮食局局长赵建忠所作的《关于1961年财政决算和1962年财政预算报告》、县法院院长张殿彪所作的《关于县人民法院工作报告》；第三次全体会议于5月24日上午举行，由县人委会县长李九利主持，县人委会副县长张国政传达周恩来总理在1962年3月召开的第二届全国人大三次会议上所作的《政府工作报告》精神；第四次全体会议于5月24日下午举行，由县农建局局长史国忠主持，县委副书记王尔楷继续传达周恩来总理所作的《政府工作报告》精神；第五次全体会议于5月25日举行，听取张思维、史国忠、李文秀、陈世英、赵顺天、李仲银等代表所作的大会交流发言；第六次全体会议于5月26日举行，选举县人委会组成人员23名，其中：县长1名、副县长2名，县法院院长1名；作出《静宁县第四届人民代表大会第一次会议决议》。

大会收到代表提案51件，其中农林水牧6件，工商交通4件，政法6件，财粮贸易24件，文教卫生6件，其他5件。

大会议程

一、开幕式；

二、听取和审议县人民委员会工作报告；

三、听取和审议1961年财政决算和1962年财政预算报告；

四、听取和审议县人民法院工作报告；

五、传达周恩来总理政府工作报告精神；

六、选举；

七、通过大会决议；

八、大会闭幕。

大会选举

县人民委员会：

县　长　李九利

副县长　张国政　张书义

委　员　陈友谊　阎凤翔　李仲银　靳利祯　王尔全　赵顺天　张桂兰（女）
史国忠　赵建忠　王占歧　宋世明　安贵福　陈世英　李维甲
马存余（回族）　李子才　单芝花（女，回族）　王家象　贾明钧
杜思文

县人民法院：

院　长　张殿彪

县第四届人民委员会成员、人民法院院长个人情况表

表3-4

姓名	性别	年龄（岁）	文化程度	籍贯	入党时间	工作时间	简历
李九利	男	43	完小	山西晋城	1944.5	1941.1	1940年前给别人当长工；1941年1月参加工作，任农会通讯员、区委工作队员，区委委员、副书记、书记，县委统战部部长；在省委党校文化班学习后，任静宁县委副书记、古城公社党委书记；1961年起，任县委书记处书记

续表3-4

姓名	性别	年龄（岁）	文化程度	籍贯	入党时间	工作时间	简历
张国政	男	34	完小	山西泾源	1947.10	1945	1945年前上学；1945年至1946年当教员；1946年至1947年4月在晋冀鲁豫区太岳专区干校学习，后至1949年6月在山西曲沃三区农会工作；1949年7月至10月任静宁县三区分队长；1949年11月至1952年5月任三区、五区副区长、区长；后任代理区委书记、县民政科科长、县委生产合作部部长、副县长、安口工业党委书记；1960年10月至1961年12月在张掖专区安西县国营农场、甘肃省农垦局、泾川县国营农场工作；1962年1月起任静宁县副县长
张书义	男	30	初中	静宁八里	1955.1	1950.6	1950年1月前上学；1950年1月至9月任静宁复员军人招待所任招待员；1950年10月至1952年10月任静宁六区助理员；1952年11月至1955年1月任四区代理副区长；1955年1月至1956年5月任县委秘书室干事；1956年5月至8月任县委财贸部副部长；1956年9月至1960年1月任县委秘书；1960年7月起任副县长
陈友谊	男	29	完小	静宁祁川	1955.11	1951.5	1951年前在家上学务农；1951年5月至1952年4月任静宁县法院法警；1952年5月至1954年5月任法院书记员；1954年6月至1955年3月在省司法干部训练班学习；1955年4月至1956年6月任县法院书记员；1956年7月至1958年2月在监委会工作；1958年3月至1961年12月任县委农村工作部干事；1962年1月至1962年2月任农建局副局长；1962年3月起任团县委副书记
阎凤翔	男	46	初中	山西恒曲	1941.7	1937	1937年前在家务农；1937年至1938年9月在军队任战士；1938年至1942年2月在陕西旬邑荣誉教导院休养；1946年11月前任延安国际和平医院登记员；1949年8月前任解放军连长；1945年10月前任兰州总医院保卫干事、股长；1953年2月前任甘肃军区三连学员；1958年12月前任庄浪县兵役局副局长；1961年11月起任静宁县武装部部长
李仲银	男	39	完小	甘肃环县	1947.2	1947.3	1943年前上学；1943年至1944年在家务农；1944年至1945年任环县某公司营业员；1946年前做私人生意；1948年5月前任环县警卫队战士；1948年至1949年4月任警卫队班长；1950年前任环县公安队副队长；1951年11月至1959年8月任庆阳分区公安队民警直属二队政治指导员；1959年9月至1960年1月任平凉公安处副监狱长、监狱长；1960年7月起任静宁县公安局局长

续表3-4

姓名	性别	年龄（岁）	文化程度	籍贯	入党时间	工作时间	简历
靳利祯	男	46	完小	山西曲沃	1946.5	1948.8	1948 年 7 月前在家务农，给别人做活；同年 8 月参加工作任镇长；1949 年 7 月调静宁县任副区长、区委副书记；1952 年在省委党校学习 4 个月，后任静宁县区委书记、县监委副书记、四河乡党委副书记；1958 年在县委试验田工作；1961 年 11 月起任县民政局局长
王尔全	男	72	高中	静宁城关		1949.9	1949 年 9 月前在中学任校长、教育督导员等职；1951 年至 1952 年 9 月任静宁县城关女子小学校长；1952 年 10 月起，任县人委文教科科长、县文教局局长
赵顺天	男	44	高中	甘肃平凉		1950.12	1950 年 12 月前在静宁城内开医疗所、在静宁福音堂工作；1950 年 12 月起，任县人民委员会卫生科代理科长、县医院院长
张桂兰	女	27	完小	静宁高界	1954.9	1951.9	1951 年 8 月前在家务农；1951 年 9 月至 1952 年 3 月在静宁县高界区参加土改；1952 年 4 月在人和区工作；1952 年 8 月在省委党校学习；1953 年在县妇联工作；1956 年 8 月任威戎区副区长；1957 年 4 月任威戎乡总支书记；1958 年 7 月起，任县妇联副主任、主任
史国忠	男	29	完小	静宁城关	1952.10	1950.10	1950 年 9 月前在家上学、务农；1950 年 9 月至 1951 年 1 月在静宁县城关区工作；1951 年 2 月至 7 月在平凉地委干校学习；1951 年 8 月至 1952 年 8 月在静宁县城关区做青年工作；1952 年 9 月至 1954 年 1 月在平凉干校学习，任共青团仁大区工委副书记；1954 年 2 月至 1956 年 8 月在团县委工作、任治平区第二副区长；1956 年 9 月至 1958 年 8 月在县人委民政科任科长；1958 年 9 月起，任农林科科长、农建局局长
赵建忠	男	26	初中	宁夏隆德	1954.12	1952.8	1952年以前在家放羊、念书；1952年8月至1954年7月在静宁县税务局当通讯员；1954年8月至1956年4月任税务员；1956年5月至1957年1月在县委审干办公室工作；1957年5月至1958年8月在甘沟税务所任所长；1958年8月至11月在省农垦会工作；1958年12月至1959年1月在静宁县财政局任副局长；1959年2月至12月在城川公社工作；1959年12月起，任粮食局副局长、局长

续表3-4

姓名	性别	年龄(岁)	文化程度	籍贯	入党时间	工作时间	简历
王占歧	男	38	完小	河北唐县	1948.5	1943.8	1943年8月在部队工作，历任战士、班长、排长、政治指导员；1956年4月前在静宁县纺织品公司任经理；1956年4月至1958年2月在省文化干校学习；1958年2月至12月任静宁县县工业局局长；1959年1月至10月任红寺公社副书记兼社长，后进行劳动锻炼，于1961年5月在县工业局工作；1961年12月起，任工交局局长
宋世明	男	25	初中	静宁贾河	1955.5	1952.9	1952年5月前在家上学务农；1952年9月至10月在隆德县政府当通讯员；1952年11月至1952年12月在隆德县干部训练班学习；1953年1月至3月在隆德县人民银行工作；1953年4月至8月任隆德县委机要收发员；1953年9月至1954年8月任静宁县车李区党河乡文书；1954年9月至1955年8月任车李区会计；1955年9月至1956年6月任车李区委干事；1956年7月至1959年2月任县委秘书室文书、档案室档案员；1959年3月至1959年8月任平凉专署档案馆档案员；1959年9月至1961年8月任平凉地委档案科副科长；1961年9月至12月在静宁县粮食办公室工作；1962年1月起任县人委办公室副主任
安贵福	男	37	初中	甘肃清水	1956.10	1947.1	1939年11月前在家上学务农；1939年11月至1940年5月被拉丁在国民党军队当兵；1940年8月至1942年2月在家务农，给别人做活；1942年2月卖兵一次，同年5月回家参加地方工作；1946年2月当长工，同年11月又卖兵一次，至1947年1月起义入伍；1947年1月至1948年8月任警三旅五团班长、排长；9月调任联发司令部警卫排长；至1949年3月调任联发司令部警卫团警卫连长；1949年9月至1950年11月任19兵团警卫员；1950年11月至1951年3月任司令部警卫连排长；1951年3月至1952年11月任后勤建工连副连长；1952年11月至1953年12月任高炮营连长；1954年6月至1955年7月任63军中队长；1955年8月至1956年6月学习；1956年10月在华北训练团学习；1956年12月转业在庄浪县百货公司工作；1958年起任经理、副局长

续表3-4

姓名	性别	年龄(岁)	文化程度	籍贯	入党时间	工作时间	简历
陈世英	男	31	初中	宁夏隆德	1956.3	1950.9	1950年前在静宁中学上学;1950年9月至1951年6月在县粮食局和威戎仓库任助收员；同年7月至1952年1月在甘省财经学校学习;1952年2月至1956年5月在高界粮食仓库、县粮食仓库任保管员,负责储运工作;任粮食科人事监察员、城关粮站负责人;同年6月至1957年8月在西安财政干校学习;1957年至1958年6月在县财政科工作;1958年7月起在县计委工作,任副主任
李维甲	男		完小	甘肃宁县	1955.1	1953.1	1952年12月前在家上学、务农、当店员、冬学义务教员;1953年1月至1954年7月在宁县城关粮站工作;1954年8月至1956年11月在静宁县治平粮站工作（1955年12月至1956年8月在宁县审干办公室工作);1956年11月起任县财政局副局长
马存余(回)	男	35	初中	静宁城关	1955.6	1949.8	解放前曾当保户籍事务员，给别人拉脚、当教员、上学;1949年8月至9月任静宁县城关镇公所代理文书；同年10月至1950年6月在县政府民族事务委员会工作;1950年7月至10月在平凉干校学习；同年11月至1953年4月任县工商科副科长;1953年5月起任科长、副县长、公社副主任
李子才	男	47	完小	陕西华县		1956.3	1956年3月前在静宁相记书局工作,在凉州新华书店当学徒，兰州华荣利药庄当学徒;1956年3月至1957年11月公私合营后任静宁县文具商店经理;1958年7月起任综合商店印刷负责人
单芝花	女	24	初小	静宁	1958.8	1956	1947年至1958年4月在家卖热食、开粉房、务农;1958年4月至1961年12月担任生产队长;1962年1月起任司桥公社妇联干事
王家象	男	33	大学	辽宁盖平		1949.10	解放前在中学上学、华北大学政治学院学习;1949年10月至1953年6月任平凉中学任教员，西北人民革命大学政治训练班学习;1953年7月至1958年6月任平凉中学副教导主任;1958年7月起在静宁中学任教员、副校长
贾明钧	男	28	初小	静宁城关	1955.1	1956	1956年前在家务农、放羊;1956年至1957年在张掖部队当士兵;1958年至1959年在家务农;1960年起任静宁县国营五金厂车间主任

续表3-4

姓名	性别	年龄（岁）	文化程度	籍贯	入党时间	工作时间	简历
杜思文	男	44	初小	静宁威戎	1954.12		1952 年前在家务农；1952 年 1 月至 1955 年 11 月任威戎公社劳神大队农会主任；1955 年 12 月至 1957 年 7 月任劳神大队社主任；1957 年 8 月起任劳神大队支部书记
张殿彪	男	41	初小	华池南梁	不详	1937.10	1934 年 11 月加入南梁苏维埃革命儿童团，后任团长；1936 年 10 月加入南梁游击队担架队，1937 年 10 月任担架队队长；1941 年组建陇东华池县苏维埃政府，任华池县游击大队大队长；同年参加抗日军政大学七分校干部文化培训；1949 年任崇信县公安局局长，同年参加省委组织部新任干部文化教育、土改等培训；1952 年调静宁县工作，先后任第七区（仁当）区委书记、威戎区石咀乡党支部书记；1957 年 12 月至 1958 年 6 月任县法院代理院长；1958 年 6 月至 12 月任县法院院长；1961 年 12 月至 1962 年 5 月任县法院代理院长（1958 年 7 月、1962 年 4 月分别任第三届、第五届县委委员）

附：

县人民委员会工作报告

（县人民委员会副县长张国政　1962年5月21日）

第一部分，1958年—1961年工作的基本总结

从上次会议以来的4年时间，我们静宁的各项工作，在上级党政的正确领导下，在总路线、“大跃进”、人民公社三面红旗的光辉照耀下，在中共静宁县委的直接领导下，经过全体干部和各族各界人民的共同努力，在工业、农业、财贸、文教卫生等各个战线上，都取得了进一步的成就，探索了不少经验，但也犯了严重的错误，得到了教训。

4年来的实践，更加清楚地表明，党的社会主义建设总路线、“大跃进”、人民公社三面红旗是完全正确的，是具有伟大生命力的。

鼓足干劲、力争上游、多快好省地建设社会主义的总路线，不但反映了广大人民迫切要求改变一穷二白面貌的强烈愿望，更重要的是，为实现这个愿望指出了正确途径。由于总路线的指引，我们全县各族各界人民，同全国人民一样，认清了前途，明确了方向，在各个战线上意气风发，斗志昂扬，开创了“大跃进”的局面，使全县社会主义建设获得了一定的成就。总路线的伟大作用在社会主义实践中，越来越为广大人民所认识和体会，时间越久，体会越深，总路线的光辉，将照耀着社会主义建设整个历史时期，引导我们从胜利到胜利不断前进。

我们的人民公社，是在高级农业生产合作社的基础上发展起来的，人民公社建立以后，就显示出了无比的优越性，特别在农田水利建设、在组织群众大搞集体生产、向各种自然灾害作斗争等各个方面，充分发挥了巨大威力，有力地促进和发展了农业生产，使农村政治、经济、文化面貌发生了巨大的变化。

社会主义建设各个战线上的"大跃进"，是贯彻执行总路线的产物，大跃进的成就是多方面的，主要表现在：

（一）在农业生产上，根据国民经济以农业为基础的方针，大抓了直接为增产粮食服务的基本建设工程。全县截至现在，共发展水地63356亩，等于解放前400亩的158倍，比1957年底52720亩增加20.2%；排灌机械设备能力由1957年的1台30马力，发展到3台180马力，增加了5倍。水库工程已建成和基本建成百万方以上的中小型水库5座，现有库容量4000万立方米，其中1959年以后完工的就有4座，库容量3900万立方米。东峡水库的建成，可灌地21719亩，已保证了下游10935亩土地的灌溉。水土保持截至现在，共做工程面积达1180平方公里，占水土流失面积的30%，比1957年底915平方公里增加28.9%。同时，各地还治理了一些沟壑，这对控制水土流失、改变山区面貌、发展山区生产、多打粮食起了一定作用。

（二）在工业生产上，贯彻了工业为农业生产和人民生活需要服务的方向。几年来，我县工业发展是很快的，成绩是显著的，1957年全县只有一个火柴厂和几个手工业生产合作社，生产水平很低，1958年随着国民经济大跃进的形势，全县开展了大办地方工业，在很短的时间内，有了很快的发展。经过几年来的不断整顿、巩固，截至现在全县共有工厂6个，县属手工业社（组）9个；公社工厂5个、手工业社（组）10个。在生产设备和生产技术上，也有一定的发展和提高，由完全的手工业生产，提高到部分生产机械化，原来不能生产制造的东西，现在能生产制造了，产品品种由原来的56种增加到75种，并不断提高生产效率，提高了规格质量。如1958年前，全县比较先进的工具设备是虎头钳、手摇钻、缝纫机和翻砂用的小甘泥罐等，经过几年来不断的技术革新和技术革命，现在有电动车床2台、锅拖机1台、柴油机5台、发电机3台、电动机11台、鼓风机5台、熔铁炉2套、氧电焊设备2套。随着机器生产的发展，大大减轻了工人的劳动强度，提高了生产效率。我县在1958年以前，农业需要的犁、铧，生活需要的铁锅等，全靠外进，自己根本不会生产，而现在铁锅、犁、铧及当前生产、生活需要的工具大部分都能自己生产。如1961年全县共生产各种小件铁制农具（包括铁锹、镢头、锄头、铲子等）158940件，火柴2480件（每件100包），铁锅4996口，食糖9吨，面粉加工885吨，食油加工15.15吨，有力地支援了农业生产。交通运输也有相应的发展，几年来，共新修和复修公路112公里，现在全县公路比1957年底增加67%。几年来，邮电线路长度增加了662杆程公里，比1957年底增长了126.7%。

（三）文教卫生工作由于坚持贯彻了"教育为无产阶级政治服务，教育与生产劳动相结合的"的方针，使教师、学生的政治觉悟也有不断的提高。尤其是1961年以来，贯彻执行了"调整、巩固、充实、提高"的方针以后，学生数量虽有所减少，但教育质量有了改进和提高。医疗机构队伍继续壮大，1958年前共有医生52人，现在增加到59人；1958年前医院共有病床20张，现在增加到30张。全县至现在，共成立公社卫生所23处，比1957年增加了13处，目前以公社为中心的医疗、保健组织正在壮大。同时经过几年的培养教育，医务人员的思想觉悟、服务态度和技术水平也有很大的提高，这对医疗保护全县人民身体健康起了很大作用。

（四）财政贸易和基本建设工作也取得了很大的成绩。4年来，财政收入比第一个五年计划期间增长306%，农村产品的收购额增长了12.4%，基本建设投资243万多元，为国家积累基金扩大再生产起了很大的作用。

（五）民族政法和民兵组织，配合各项工作，依靠群众，及时有力地打击了反革命分子和坏分子的破坏活动，巩固了社会秩序，保障了生产建设，保护了国家和人民的利益。同时在调解人民内部纠纷、社会救济、优抚等方面也做了大量的工作，进一步解决了一些人在生产、生活等方面存在的各种困难，扶持他们建家立业，发展生产。

经过几年的实践，我们可以满怀信心地说，有了总路线、“大跃进”、人民公社三面红旗，我们就一定能够逐步地从根本上改变静宁经济、文化落后的面貌，胜利地完成社会主义革命和社会主义建设这一伟大的历史任务。

在取得成就的同时，我们前进的道路上也出现了一些暂时性的严重困难。主要是，由于粮食的减产而引起经济上的困难，人民生活中吃、穿、用紧张，在实际工作中也有许多问题。困难的产生原因，主要是我们在实际工作中有严重错误。在各项建设事业的安排上，没有很好按照农、轻、重的次序办事，把工业战线、基本建设战线、文教战线拉得过长，不分主次，齐头并进，指标过高，任务过大，力量分散，指挥紊乱，基本问题是搞得过了一点，削弱了农业战线上的力量，影响了农业生产。在处理农村生产关系上有严重的平调，侵犯了人民公社的三级集体所有制和社员个人所有制；在分配方面，也没有认真贯彻按劳分配的原则，加之生产上的瞎指挥，挫伤了农民群众的积极性。以上这些缺点和错误，发生的原因是多方面的，就人民委员会来说，主要在实际工作中，没有认真执行毛主席的指示和党的政策，没有认真贯彻群众路线，缺乏调查研究，相当严重地存在脱离实际、脱离群众，甚至强迫命令作风。另一方面，在实际工作中产生这样的缺点和错误，有些固然是可以避免的，有些确实是很难避免的。我们的缺点和错误不管怎样，总是在前进过程中产生的，是可以克服的，而且一般都是出于好心好意，而没有把事情办好，这同反动派专办坏事和敌人故意破坏是根本不同的。对于过去工作中的缺点和错误，我们是认真检查，坚决改正，并且吸取深刻的教训。在几年来的实践中，我们上了社会主义建设丰富生动的一课，一切经验，包括成功的经验和错误的经验，对于我们来说，都是来之不易的，极其宝贵的，只要我们真正取得了正面的和反面的这些比较完全的经验，就能改变过去缺乏经验的情况，就能够很好地根据具体情况来解决今后工作中遇到的复杂问题，这对于推动全县社会主义建设事业继续胜利发展，将有不可估量的意义和深远的影响。

其次，是连续3年的严重自然灾害，给农业生产上带来了很大的威胁。在抗击灾害的过程中，人民公社固然发挥了巨大的作用，生产救灾也取得了显著的成绩，但是在目前条件下，我们还不可能完全避免灾害所造成的损失，特别是1960年的灾情大于1959年，全县受灾面积259775亩，占播种面积的15.6%，由于连续3年遭灾，因此，粮食和其他农作物的减产还是相当严重的。

另外，由于少数坏分子混入基层组织，利用我们的困难和工作中的缺点错误，乘机破坏，使问题更加严重。

自从1960年冬季以来，我们在中央和毛主席的亲切关怀下，在上级党政的直接领导下，在兄弟省县的热情支援下，动员和团结全体干部、各族各界人民，继续高举三面红旗，在巩固成绩、克服缺点错误、总结经验教训的基础上，在各个方面，特别是在农村做了大量的艰苦工作，取得了巨大的成绩。首先，在全县范围内广泛宣传和贯彻执行中央关于农村人民公社当前政策问题的紧急指示信和农村人民公社工作条例修正草案，中共中央关于改变农村人民公社基本核算单位问题的指示等一系列的方针政策，在农村分批分期开展整风整社，主要是彻底纠正一平二调的错误，坚决退赔，调整了社队规模，下放了基本核算单位，贯彻按劳分配、等价交换的原则，克服了队与队、社员与社员之间的平均主义，确定了公社各级的职权范围，整顿纯洁了基层组织和干部队伍，在建立和健全民主管理制度，进一步加强了人民公社的各级领导，贯彻了以生产队为基础的人民公社三级管理、三级所有制，这就更加适合于当前农村生产力发展水平，更适合于当前农民觉悟程度，也更加适合于当前基层干部的管理水平，走向了更加健全和发展的道路。人民公社的巩固和提高，极大地调动了广大人民群众集体生产的积极性，普遍地掀起了生产热潮，农村气象一新。

在整社运动中，我们除坚决贯彻执行党的各项政策之外，还主要进行了生产自救，抢救病人，安排人民群众生活，帮助群众解决困难，恢复和发展农业生产。1961年国家先后供应口粮1680万多斤，发放救济款147万多元，棉布9800多公尺（注：1公尺=1米），棉花23400多斤，并为了大力支援农业生产，根据国民经济“调整、巩固、充实、提高”的方针，缩短了工业、文教和基本建设战线，压缩了城镇人口，加强农业战线，到1961年底城镇吃供应粮的人口已经压缩了815人，职工总数减少527人，其中已有459人（不包括外地下放的）回到了农村，有力地支援了农业生产。

同时，为了使全体干部和广大群众认清形势，提高觉悟，克服各种不良倾向，增强发奋图强、自力更生的意志和信心，结合整风整社，普遍地进行了社会主义思想教育运动。通过教育，广大干部和群众的政治觉悟有了很大提高，广大职工的积极性有了很大增长，机关工作有了较大改进，社会治安有了很大好转，同时，遵守纪律，遵守国家法令，爱护公共财产、爱护国家、集体和个人荣誉，扶持正气，表扬好人好事，积极向坏人坏事和歪风邪气作斗争，正在逐步成为社会风尚。

通过这一系列的工作，贯彻执行了中央的政策，调动了广大群众的积极性，使农村人民公社进一步走上巩固和健全发展的道路，发挥了更大的优越性，工农联盟进一步巩固，民主团结更加加强，领导作风有了很大转变，干部和群众的关系更加密切了。特别是中央和毛主席无微不至地关怀，使静宁人民深深地受到感动和鼓舞，正是因为这样，1961年虽然继续遭到严重的自然灾害，而粮食生产却能够获得比1960年较好的收成，每亩平均单产75.8斤，比1960年增长25.8%，农村的人力、畜力、地力有了恢复，人民生活安排得比较实。总的说，1961年以来，全县形势一天比一天好转，而且继续向好的方向发展。尽管在我们面前有相当严重的困难，当前吃、穿、用还紧张，生产的恢复和发展也需要一个过程，只要我们继续鼓足干劲，同心同德，群策群力，艰苦奋斗，就能够缩短克服困难的过程，我们的前途是无限光明的。

第二部分，今后任务

今后在社会主义建设中，必须继续坚决地贯彻执行总路线、认真执行以农业生产为基础的方针。在1972年以前有步骤地完成我县国民经济恢复、发展和继续大跃进的任务，力争粮食产量恢复到1956年前的最高年产水平，每亩平均单产146斤；在1967年以前，把所有弃耕地全部种完，粮食单产恢复到合作化时期的平均水平，每亩平均单产124斤，每年平均净增10.7%；大家畜发展到4万头左右，每年平均净增3%；猪发展到4万多口，平均每户1口；羊发展到12.9万只，每年平均净增12%；争取在三五年内解决静宁20多万人民的吃、穿、用问题，提供足够的商品粮，支援国家社会主义建设。

什么是1962年的任务呢？1962年是调整国民经济最关键的一年，今年工作的好坏，对国民经济的恢复和发展将产生很大影响，我们要埋头苦干，艰苦奋斗，下定决心，坚决认真地执行“调整、巩固、充实、提高”的方针，以调整为中心，安排国民经济中的一切工作。具体任务有下列各点：

（一）千方百计多打粮食，一切为了多打粮食而努力。根据中央以农业为基础的方针，结合我县实际情况，必须重点抓好粮食、油料的生产，积极发展畜牧业。我县农业生产的要求是，种足管好现有播种面积，努力提高单位面积产量，并尽可能地恢复一些弃耕地，力争多种，粮食亩产必争91斤，力争100斤，具体任务是：

全县耕地面积计划165.3万亩，保持了1961年的水平，总播种面积150.4万亩，粮食作物面积128.1万亩，亩产91斤，比1961年增加15.6斤，增长20.1%，总产11657万斤，比1961年增长20%；工业原料面积7.58万亩，其中油料7.5万多亩，亩产34斤，比1961年增加34%，总产255万斤；大麻50亩，亩产30斤，总产1500斤；药材90亩，亩产60斤，总产5400斤；其他作物15.4万亩。

畜牧业计划：全县大家畜1961年底存栏数36042头，要求在1962年内把净减的局面变为净增的局面，迅速扭转下降局势，到年底净增3%，达到37123头；小家畜、生猪比1961年净增28%，达到14200头，羊只在保持现有基数的基础上，争取发展一些。

（二）工业企业必须加强对农业的支援，增加农业生产资料的生产。努力增产小农具12万件。加强轻工业和手工业的生产，增加市场日用品供应，尽一切可能合理地利用原料，注意质量，增加品种，做到合用耐用。交通运输要加强设备维修，大力改善车辆和道路的技术状况，提高运输质量和效率。特别是发展短途运输，发挥群众运输力量，力争多运快运，保证支援农业生产。为了完成工业生产任务，必须认真贯彻国营工业企业工作条例草案，切实整顿工业企业，改进领导方法，建立严格的责任制和经济核算制，提高劳动生产率，提高产品质量，降低成本。

（三）认真开展增产节约和清仓查库工作。勤俭建国、勤俭办企业、勤俭办一切事业，是毛主席一再指示我们的一条长远方针。增加生产，厉行节约，是发展社会主义经济、扩大社会主义积累的基本方法，它不但在经济上有重大意义，而且在政治上也有重大意义。当前必须认识到我们的财政状况是困难的，因此，我们必须坚决地贯彻执行中共中央和国务院“关于厉行节约的紧急规定”和有关指示，把厉行节约、解决人民吃、穿、用问题当作一项重要的任务。目前各机关、团体、学校、部队和一切企业、事业单位，都必须紧缩开支，压缩购买力，节约一切可以节约的财力、物力、人力以及把有限的资金和物资都用到刀刃上去，以便稳定市场，调整生产，发展生产，迅速缓和财政、物资的紧张状况。

关于清仓核资，这是自力更生、增产节约、克服目前供应出口困难、缓和当前市场供应紧张的重要措施之一。我们应该坚决贯彻中共中央和国务院“关于彻底清仓核资，充分发挥物资潜力”的指示，必须加强政治思想领导和组织领导，发动群众，彻底清查，如实上报，顾全局，服从国家的统一调度，严格禁止弄虚作假、以多报少、隐瞒不报、分散转移等不良行为，通过这次清查处理，认真总结物资管理经验，建立和健全物资管理制度。

（四）认真做好“精兵简政”，压缩城镇人口。“精兵简政”压缩城市人口是调整城乡关系、调整工业与农业生产的关系、加强农业战线、克服当前财经困难最有效的办法。我们应该坚决贯彻中央“关于继续减少城镇人口的决定”和有关指示，“精兵简政”，厉行节约，并力争多减早减，在这方面任何犹豫观望都是有害的，我们必须从大局出发，不要怕减过头。如果日后生产、工作上确实需要增加职工，补充起来并不难，那种担心补充不到人的顾虑是不必要的，应当上下一致，全力以赴，完成今年的减人任务。

（五）改善市场供应状况。商业部门必须切实做好商品的收购工作和供应工作，扩大城乡物资交流，使市场的供应工作有所改善，在商品不足的情况下，合理地分配商品是一项很重要的工作，国营商业部门应尽可能地组织切合农民需要的商品下乡，凡是农村急需的生产资料和生活资料，应该优先供应农村，以适当满足农民的生产和生活需要，促进农业生产的恢复和发展，并且应该换回一些农副产品，供应城市居民需要。在城市要改进商品的供应办法，积极压缩社会集团购买力，同时要求所有国营商店、合作社商店都必须接受群众监督，改进服务态度，彻底纠正和防止“后门”现象。

农村集市贸易，要继续发挥积极作用，克服消极因素，加强税收，加强思想教育，反对弃农经商，坚决取缔投机倒把。

（六）财政、银行部门必须节约支出，增加收入，加强现金管理，保证财政收支平衡。保证财政收支和信贷的平衡，是政府当前的一项重要工作。所有的经济部门和企业单位都要改进经营管理，努力降低生产成本，努力降低审批流通费用，尽可能增加收入，减少支出。

现金管理不严的情况应该彻底改变，一切企业、事业单位和机关团体，都要严格遵守国家的现金管理制度、信贷管理制度和财政管理制度。企业从银行的贷款，应该按期归还，企业的流动资金只能用于生产周转和商品流通的需要，不能用于基本建设、弥补亏损和其他财政性开支。财政金融部门应该加强对国民经济各部门的财政监督，各部门、各单位都应该继续贯彻执行勤俭建国的方针，反对铺张浪费，努力节约开支。

（七）文化教育卫生事业应该继续贯彻“调整、巩固、充实、提高”和“百花齐放、百家争鸣”的方针，巩固现有成绩，提高教学质量，逐步开展人民的文化娱乐活动，大力开展基本疾病防治工作，保障人民的身心健康。

（八）为了保障生产的恢复和发展，保护人民生命财产安全，必须进一步加强司法、检察、公安部门的工作，继续整顿民兵组织，更好地发挥人民民主专政的武器作用，坚决打击一切破坏活动的反革命分子和破坏行为，维护城乡社会秩序。复员转业军人，是社会主义建设战线上的重要力量，必须妥善安置，优抚工作应该进一步加强。对于无依无靠的老、弱、孤、寡、残疾，在生活上应妥为安排；由于各种原因造成生活十分困难的群众，也要给予必要的救济。

（九）进一步改进计划工作。计划机关在拟定计划的时候，应该进行系统的调查研究，根据准确的资料，力求使国家计划指标符合实际，并且适当留有余地，保持必要的后备。同时，要求计划工作必须走群众路线，倾听群众意见，计划确定后，都要严格执行，保证完成，不得随意改变，对于计划执行情况，严格检查。

总之，必须在恢复和发展生产的同时，切实安排好城乡人民的生活，主要是吃、穿、用的问题，充分发挥计划经济的优越性，改进粮食和其他商品的供应工作。吃饭问题是人民生活中的第一件大事，但粮食生产在短时间还是有限的，安排仍然很紧张，必须城乡兼顾，国家、集体、个人兼顾，坚持低标准、瓜菜代。粮食征购任务必须保证如数完成，油料和其他农产品的收购任务也要坚决完成，以保证城市和工矿区的需要。在目前的困难下，要教育人民顾全大局，发扬同甘共苦的精神，压缩城市人口，支援农业，增产为农村所需要的工业品，是城市人民应尽的责任。而农村以一部分粮食和其他农副产品支援城市，支援工业，支援社会主义建设，也是广大农民的光荣义务，只有城乡互相支援，工农互相支援，人民经济生活才能得到全面合理的安排，工农联盟才能更加巩固，工业和农业生产才能共同发展。

我们的任务是艰巨的，关键是多打粮食，必须认识粮食不增产，上面讲的那些都是空的。如要多打粮食，应着重抓好以下几条具体措施：

1. 大力发展耕畜。耕畜是农业生产上的动力，是肥料的主要来源，是当前农业生产上的一个根本问题，必须抓实抓好。根据“保护为纲，繁殖第一，牛驴为主，大量养猪养羊，为农业提供充足的动力和肥料，支援社会主义建设”的方针，我们必须采取：(1) 保护好现有耕畜，彻底扭转牲口的乏弱、死亡现象。目前应迅速开展一个全民性的保畜运动，继续贯彻分户喂养和集体喂养相结合的制度，做到养用合一，专人喂养，专人使用，建立健全饲养、劳役、繁殖奖励制度，定期检查，发现问题，及时解决。对母畜、幼畜、弱畜、种畜、孕畜更要加强保护。饲草不足的，要及时设法解决，以保证畜体健康。（2）大抓配种，积极抓好繁殖。自繁自养，这是发展耕畜的根本途径，现在正是配种旺季，各地要采取积极有效措施，千方百计，力争使现有的适龄母畜60%~80%的受胎。当前，应首先建立配种机构，加强具体领导，社、队应建立配种站或设专职配种员。对现有的配种站，要组织起来，以社为单位，加以训练，搞好配种工作。民间配种员归所在队管理，不得随便调离。同时，必须合理解决配种报酬和种畜饲料，在配种方法上灵活多样，如拉种畜上街、串乡、赶集和实行按队包配等不同形式进行，把土种土配和发展良种很好地结合起来。（3）加强防疫工作，必须贯彻“防重于治”的方针，各公社要建立兽医分站，对于各队的兽医人员要组织训练，划片包干，实行看槽制。当前应迅速开展一个全面性的预防治疗工作，没有进行驱虫的社、队，要立即进行一次预防注射，确保头头免疫，坚决消除传染病的发生发展。（4）认真贯彻畜牧业政策，牲畜划归生产队所有，配种、繁殖、使役由生产队负责。同时，全面贯彻“五定”“三包”一奖制，按时检查，奖惩兑现。（5）做好保胎工作，坚决制止流产、空怀，力争做到保配、保怀、保产、保成活。

2. 大抓肥料。肥料是粮食的粮食，是增产的关键，是恢复地力的主要措施。要求各地必须充分发动群众，依靠群众，千方百计，开创肥源，以农家肥为主，采取集体积肥和个人积肥并举，家肥和野肥并举，积肥、运肥、长期积肥和短期突击相结合的办法，切实抓好肥料，提高质量。为此，必须贯彻肥料政策，集体积肥摊派任务，定期检查验收，实行超额奖励，短少任务扣罚，社员私人积肥摊派任务，按质计价，折计工分或付现金。肥料不足的，应在不影响水土保持的原则下，组织社员铲地埂肥土、烧生灰、换炕土、房土、旧墙土等。同时，实行羊只上山、生粪上山，建立田头积肥站等行之有效的办法，包积包运，减少运输力。

3. 因地制宜，合理布局，迅速恢复地力，是保证粮食增产的重要措施。首先抓好耕地。耕地是改良土壤，培养地力，抗旱保墒，增产粮食的主要措施，特别要抓好伏耕地。农谚：“伏里戳一椽，强如秋后耕半年”。这个时间性最强烈，要和抢收黄粮一样抢耕，做到随收随耕，真正把地耕好。其次是倒茬。倒茬如上粪，合理倒茬的好处是地肥、地净、保墒、产量高，必须根据历史习惯和群众经验，因地制宜，合理布局夏秋作物的播种面积，争取在一两年内把茬倒好。

4. 加强田间管理，做好锄草保苗，千方百计与自然灾害作斗争，积极做好防冻、防旱、防雹、防病虫等工作，从各个方面减少损失，增产粮食。

5. 加强农田基本建设工作。1962年我县农田水利以“工程岁修，清淤为主，工程整修和恢复同时并举”。首先，维持通水，保证夏秋灌地2万亩，目前迅速做好现有渠道的整修和排灌机械的配套、安装、利用工作，以扩大和改善灌溉面积，充分发挥灌溉效益。

水土保持方面，应坚决贯彻中央提出的“在依靠群众，发展生产的基础上，实行全面规划，因地制宜，集中整治，连续治理，综合治理，沟坡兼治，治坡为主”以及“预防与治理兼顾，治理与养护并重”的方针。1962年恢复整修现有工程面积60平方公里，荒坡、荒沟造林、种草1.5万亩，零星植树20多万株，引洪漫地5万亩。

6. 抓好当前生产。这是争取1962年粮食丰收的关键。在当前生产上，应突出地抓好两件事：第一，集中全力，加强领导，抓好秋播，按时完成秋播任务；第二，应该做好夏田查苗补苗、锄草、灌水、运肥等田间管理工作，力争夏季获得大丰收。

7. 大力扶助困难大的队恢复生产。目前全县在生产、生活上困难特别大的生产队有500多个，如何帮助这些队尽快恢复发展生产，有着十分重要的经济意义和政治意义，是摆在我们面前的一项艰巨任务，应该抓好。首先，教育这些队的干部、社员要有志气，有信心，有改变困难面貌的干劲，从各个方面充分调动基层干部的工作积极性，认真加强领导，提高社员的集体生产积极性，切实抓好生产。其次，要坚决贯彻党的政策，认真做好按劳分配、评工记分、劳动管理、生产管理和财务管理等制度，调动群众积极性，促进生产。第三，国家和县、社各部门大力支援：（1）及时注意解决好口粮问题，并适当照顾，比一般较好地区增加二三两粮食；（2）组织医务人员经常深入这些地区检查防治疾病，并在药物等方面予以照顾解决；（3）国家发放的救济款，优先照顾解决这些地区的困难；（4）从外地和县内购买支援一些牲畜；（5）在每年播种、收获等农事紧张阶段，要求县、社各机关、学校、事业、企业单位，抽调一定人力、物力、畜力帮助这些地区抢种、抢收，做到不误农时，并在生产、生活资料等方面优先照顾解决；（6）在最近两三年内，适当减轻征购负担，照顾他们多吃些口粮，以增强劳力、畜力的体质；（7）为了贯彻抓好这项工作，除经常深入调查了解、掌握情况外，每年至少召开两次这些地区干部或社员代表参加的会议，专门讨论，研究转变情况和如何恢复发展生产的问题。总之，从各个方面想办法，帮助和鼓励他们增强信心，迅速恢复和发展生产，改变面貌。

第三部分，加强团结，巩固人民民主专政

1962年的任务是光荣而艰巨的，在工作过程中，难免有许多困难，特别是全县有500多个生产队困难更大，在这些地方，畜力不足，肥料缺乏，地力很薄，耕、种、锄等方面都存在许多问题，社员的口粮标准一般不高，财政收支仍很紧张，市场商品供应的增长也还是有限的，再加今春气候也不太好，旱象已呈，寒流较往年较多，给农业生产又增添了新的困难。同时，在我们实际工作中还存在许多问题，就县人民委员会来说，主要是对党的政策贯彻执行得不够坚决有力；在领导作风上，深入实际，调查研究工作做得不够。所有这些困难和问题，毕竟是前进中的困难，是可以克服的，更重要的是，我们应该看到当前有许多有利条件，全县形势一天比一天好起来。首先，广大农村的政治和经济形势是好的，生产力正在恢复，社员的集体生产积极性有了极大的提高，生活安排一般比去年扎实。第二，通过整风整社和社会主义思想教育运动，广大人民的爱国主义、集体主义和社会主义觉悟正在普遍提高，三面红旗和各项政策越来越深入人心，各方面的积极因素都在更充分地调动起来。第三，各级领导机关和全体干部在总结经验的基础上，正在取得越来越多的进行社会主义建设的本领，懂得按毛主席的指示和党的政策办事，调查研究，实事求是，走群众路线的工作作风有了新的改进。第四，特别重要的是，有我们党和毛主席的英明领导，有三面红旗的鼓舞和指引，有一系列的正确政策，有过去12年间，特别是“大跃进”以来创造的物质基础，有系统的成功经验，也有足以借鉴的教训，有全县20多万具有艰苦奋斗光荣传统的各族各界人民。这一切表明，我们的有利条件是比过去更多了，而不是少了；我们是比过去强了，而不是弱了。客观条件既然已经具备，那么，能不能克服困难，夺取丰收，完成1962年的任务，完全要看我们能不能保持和发扬充沛的革命朝气和革命干劲了。目前，人们对于客观形势有着两种不同的认识：一种是正确认识客观形势，全面分析克服困难的一切客观条件，千方百计挖掘一切有利因素，克服困难，继续前进；另一种是夸大困难，看不清前途，灰心丧气，迷失方向。我们应该采取的是前一种态度，而不是后一种态度。应该知道，困难是任何时候都会有的，而一切前进中的困难本身总是包含着有利的因素，克服困难的过程，也就是取得胜利的过程。困难对于我们每一个人来说，都是最好的考验和锻炼，也是鉴别我们革命气概的试金石。如果害怕困难，精神上就会处于受束缚的状态，工作也不可能摆脱被动的局面。只有不怕困难，才能掌握主动，敢于斗争，敢于胜利。因此，从我们主观上来说，正确认识形势，正确对待困难，是胜利完成1962年任务的根本关键。

全县各族各界人民都要认清形势，提高信心，加强团结。团结就是力量,团结就是胜利。我们的团结是工人阶级通过共产党领导的，是建立在工农联盟这个巩固基础之上的，是包括一切拥护党的领导、拥护社会主义的各族各界人民在内的、广泛的人民民主统一战线，这样的团结，是经得起任何考验的，困难是不能影响我们的团结的，相反的，在克服困难的斗争中，我们是团结得更加紧密了。维护人民的革命大团结，不断地进行努力来加强团结，是我们每一个人不可推卸的责任。我们做一切事情都应该从有利于团结出发，继续贯彻“长期共存，相互监督”的方针，加强合作共事的关系，互相学习，互相帮助，做好工作，共同进步；继续贯彻“百花齐放，百家争鸣”的方针，正确地执行党对知识分子的团结、教育、改造政策，使广大知识分子为社会主义建设事业做出更多的贡献；继续贯彻民族宗教政策，加强民族团结，加强人民民主统一战线。总之，只要我们全县人民一条心，拧成一股劲，不管什么困难和障碍，都阻挡不了我们胜利前进。在这里，县人民委员会衷心希望各位代表，本着团结—批评—团结的原则，知无不言，言无不尽，对我们工作多多提出批评和意见，并且加强今后的经常联系，随时反映群众的意见和要求，使我们能够更多地了解情况，及时解决工作中的问题，更好地动员和团结全县人民，完成我们的光荣任务。

我们国家在人民内部实行民主，对人民的敌人实行专政，这两个方面是分不开的，把这两个方面结合起来，就是人民民主专政。民主集中制，它是高度民主基础上的集中，又是高度集中指导下的高度民主。各级国家机关必须在人民内部坚持执行民主集中制的原则，充分发扬民主，加强集体领导，贯彻群众路线，改进作风，改进工作，提高效率，健全制度，踏踏实实地进行艰苦的工作，坚决克服官僚主义和命令主义。必须严格遵循党的方针政策，遵守国家法律法令，充分发挥主动性和积极性，尽可能地避免和减少缺点错误。各级领导和全体工作人员，一定要刻苦学习马列主义和毛泽东著作，提高自己的思想水平，认真钻研和贯彻执行党的各项政策，加强调查研究，特别是领导干部，更要亲身到下面去做深入的调查研究，真正了解实际情况，发现问题，解决问题。密切联系群众，遇事与群众商量，虚心向群众学习，接受群众监督，依靠群众力量，贯彻政策，促进生产，推动工作。要以平等的态度对待群众，关心群众利益，了解群众的意愿和要求。重视人民群众来信来访工作，认真讨论群众反映的各种实际问题，如实反映情况，有什么，说什么，一是一，二是二。一定要加强革命事业的责任感，遇事严肃认真，负责到底，办事讲实效，真正发扬艰苦朴素的优良传统，全心全意、勤勤恳恳为人民服务。

各级国家机关、工作部门、事业、企业单位和全体工作人员，必须坚决服从党的统一领导，严格执行请示汇报制度，保证中央规定的路线、方针、政策和国家计划的贯彻执行。一定要贯彻全国一盘棋的精神，坚持个人服从组织，下级服从上级，局部服从整体，地方服从中央的原则，使高度的集中统一领导同充分发挥每个部门和广大群众的积极性正确结合起来。要全面认识国家、集体、个人利益的一致性，当前利益和长远利益的一致性，正确处理有关这些方面的问题。越是困难，越要加强统一集中、统一领导，加强全局观点，加强组织性和纪律性，做到思想一致，行动一致，使一切积极因素在集中统一领导下，充分发挥作用，反对只顾局部、不顾整体，只顾眼前、不顾将来，只顾自己、不顾别人的各自为政、无组织、无纪律现象。

对人民的敌人必须实行专政。我们专政的手段，是用来对付那些被推翻了的反动阶级、反动派和反抗社会主义革命的剥削者，对付那些对于社会主义建设的破坏者的，所以，当前对于那些反革命分子和危害社会治安、扰乱社会秩序的贪污盗窃分子、投机倒把分子、流氓分子等这类坏人加以惩处，以保卫我国社会主义建设和人民的幸福生活。

我们面临的任务是十分艰巨的，而又是光荣伟大的。暂时的困难吓不倒我们，我们要坚定革命的意志，发扬革命的英雄气概，树立共产主义风格，紧密团结在党中央和毛主席周围，高举三面红旗，鼓足干劲，克勤克俭，发奋图强，百折不回，艰苦奋斗，依靠我们勤劳的双手，来建设我们繁荣、富强的祖国，创造我们美好幸福的生活。我们的伟大理想一定要实现，也一定能实现。

第五章　县第五届人民代表大会

县第五届人大任期为1963年6月至1965年10月。共召开代表大会2次，出席代表307名（次）。听取和审议县人委会工作报告5项（次），县法院工作报告2项（次），作出决议2项；选举县人委会县长1名、副县长1名、委员21名，县法院院长2名，省第三届人大代表7名；办理代表提案144件。

第一节　县第五届人民代表大会第一次会议

大会概况

县五届人大一次会议于1963年6月6日至10日在县人委会礼堂召开。应出席代表239名，实出席174名，张文彬、柴效武、王智英、黎文生、刘绍武、马效刚、梁守俊、安贵福、詹学礼、田占英、李克甲、宋世俭、马德丕、霍桂芳（女）、黄海鱼、杨茂林、彭金山、翟克勤、杜福庆列席会议。

王尔楷、王尔全、王占歧、史国忠、杜思文、吕锁昌、李子才、李九利、李文秀、李仲银、周应元、吴桂兰（女）、马存余（回族）、夏玉英（女）、陈友谊、单芝花（女、回族）、张思维、张国政、张桂兰（女）、张殿彪、冯国民、赵顺天、靳利祯、阎凤翔、樊春林25人组成大会主席团，陈世英为秘书长，刘绍武为副秘书长。

大会共举行全体会议6次。第一次全体会议于6月6日上午举行，听取县委组织部部长李文秀所作的代表资格审查报告、县人委会县长李九利所作的《县人民委员会工作报告》；第二次全体会议于6月7日上午举行，听取县财政局副局长李维甲所作的《关于1962年静宁县财政收支决算和1963年财政收支预算安排（草案）的报告》、县法院院长张殿彪所作的《县人民法院工作报告》；第三次全体会议于6月8日上午举行，传达甘肃省二届人大四次会议精神，听取提案审查委员会所作的《上届代表会议提案处理情况报告》；第四次全体会议于6月9日上午举行，听取马德丕、李仲银、王尔全、刘绍先、王占歧、樊春林、刘汉玺、赵建忠、周应元、李桂英（女）、陈世英等代表就当前农业生产、社会治安、学校、民政、贯彻执行婚姻法、工业交通、税收、公安、民兵建设、粮食、卫生、计划、商业等工作所作的大会讨论发言；第五次全体会议于6月10日上午举行，听取提案审查委员会所作的《提案审查报告》；第六次全体会议于6月10日下午举行，选举县人委会县长1名、副县长1名、委员21名，县法院院长1名，省第三届人大代表7名；表决通过县人委会工作报告、关于1962年县财政收支决算和1963年财政收支预算安排（草案）的报告、县法院工作报告，并作出决议。县委副书记马德丕作了讲话。

大会将代表和列席代表分成10个代表小组，安排小组会议3次。

大会收到代表提案55件，其中：农林水牧9件，工业交通9件，政法12件，财贸11件，文教卫生8件，其他6件。

大会议程

一、开幕式；

二、代表资格审查报告；

三、县人民委员会工作报告；

四、县1962年财政收支决算和1963年财政收支预算安排意见报告；

五、县人民法院工作报告；

六、传达甘肃省第二届人民代表大会第四次会议精神；

七、上届代表会议提案处理情况报告；

八、张思维代表的发言；

九、大会讨论发言；

十、提案审查报告；

十一、选举；

十二、通过大会决议；

十三、大会闭幕。

大会日程

县第五届人民代表大会第一次会议日程表

表3-5

时间		会议内容	
6月6日	上午	大会	预备会议:1.选举大会主席团;2.通过大会秘书长人选;3.通过会议议事日程;4.通过代表资格审查委员会人选;5.通过提案审查委员会人选 大会:1.致开幕词;2.代表资格审查报告;3.县人民委员会工作报告
	下午	小会	分组讨论
6月7日	上午	小会	分组讨论
	下午	大会	1. 县 1962 年财政收支决算和 1963 年财政收支预算安排意见报告; 2.县人民法院工作报告
6月8日	上午	小会	分组讨论
	下午	大会	1.传达甘肃省第二届人民代表大会第四次会议精神；2.上届代表会议提案处理情况的报告；3.张思维代表的发言

续表3-5

时间		会议内容	
6月9日	上午	大会	分组讨论;大会发言
	下午	大会	大会发言
6月10日	上午		1.分组讨论候选人名单;2.大会讨论;3.提案审查报告
	下午	大会	1.选举;2.通过大会决议;3.闭幕

大会选举

县人民委员会:

县　长　李九利

副县长　张国政

委　员　王尔全　赵顺天　陈友谊　阎凤翔　李仲银　靳利祯　陈世英
张桂兰（女）　史国忠　王占歧　李维甲　杜思文　马存余（回族）
张俊茂　李才子　王家象　贾明钧　单芝花(女,回族)
杜芝秀(女)　李兰英（女）　吴芳兰（女）

县人民法院:

院　长　张殿彪

省第三届人民代表大会代表:

王尔全　尤振华　刘有成　朱凡英（女）　夏玉英（女）　李九利　薛效勤

县第五届人民代表大会第一次会议选举人员情况表

表3-6

姓名	性别	年龄（岁）	民族	职业	政治面貌	本人成分	工作单位	担任职务
李九利	男	44	汉	干部	党员	农民	县委	副书记兼县长
张国政	男	35	汉	干部	党员	学生	县人委	副县长
王尔全	男	73	汉	干部	民主人士	伪职员	文教局	局长
赵顺天	男	45	汉	医生	民主人士	自由职业	县医院	院长
陈友谊	男	30	汉	干部	党员	学生	团县委	副书记
阎凤翔	男	47	汉	军人	党员	革命军人	武装部	部长
李仲银	男	40	汉	干部	党员	农民	公安局	局长

续表3–6

姓名	性别	年龄（岁）	民族	职业	政治面貌	本人成分	工作单位	担任职务
靳利祯	男	47	汉	干部	党员	雇工	民政局	局长
陈世英	男	32	汉	干部	党员	学生	经计委	副主任
张桂兰	女	28	汉	干部	党员	学生	县妇联	主任
史国忠	男	23	汉	干部	党员	学生	治平公社	主任
王占歧	男	39	汉	干部	党员	革命军人	工交局	局长
李维甲	男		汉	干部	党员	学生	财政局	副局长
杜思文	男	45	汉	农民	党员	农民	劳神大队	支部书记
马存余	男	36	回	干部	党员	小商贩	城关公社	副主任
张俊茂	男	33	汉	干部	党员	学生	商业局	副局长
李子才	男	48	汉	干部		商人	综合商店	经理
王家象	男	34	汉	教师	团员	学生	静宁一中	副校长
贾明钧	男	29	汉	工人	党员	农民	五金厂	车间主任
单芝花	女	25	回	农民	党员	农民	司桥大队	大队长
杜芝秀	女	19	汉				五方河生产队	队长
李兰英	女	25	汉				念口大队	团支部书记
吴芳兰	女	22	汉				张景大队	副大队长
张殿彪	男	42	汉	干部	党员	学生	法院	院长
尤振华	男	43	汉	干部	党员	学生	地区医院	副院长
刘有成	男	43	汉	干部	党员	学生	兰州大学	系主任
朱凡英	女	52	汉	农民	党员	农民	曹务公社管委会	委员
夏玉英	女	29	汉	干部	党员	农民	甘沟公社管委会	副主任
薛效勤	男	47	汉	农民	党员	农民	郑湾公社	大队长

附：

县人民委员会工作报告

（县人民委员会县长李九利　1963年6月6日）

一

从1958年第四届（应为第三届）代表大会以来的5年间，我们静宁的各项工作在党中央和毛主席的英明领导下，在总路线、“大跃进”、人民公社三面红旗的光辉照耀下，在县委的直接领导下，贯彻执行了党的各项方针政策。经过全体干部和各族各界人民的共同努力，在工业、农业、财贸、文教卫生等各个战线上都取得了显著的成就，摸索了不少经验。5年来的实践更加清楚的证明，党的社会主义建设总路线、“大跃进”、人民公社三面红旗是完全正确的，是具有伟大生命力的，不但反映了广大人民迫切要求改变一穷二白面貌的强烈愿望，更重要的是为实现这个愿望指出了正确的途径，我们全县各族各界人民在各个战线上意气风发，斗志昂扬，开创了“大跃进”的局面，使全县社会主义建设获得光辉的成就。

大家知道，在取得社会主义建设伟大成就的同时，在我们的工作中也犯了严重的错误，得到了种种教训。主要是对各项社会主义建设事业安排没有很好地按照农、轻、重的次序办事，把工业战线、基本建设战线、文教战线拉得过长，不分主次，齐头并进，指标过高，任务过大，力量分散，指挥紊乱，基本问题是搞得过头了一点，削弱了农业战线上的力量，影响了农业生产。在处理农村生产关系上有严重的平调，侵犯了人民公社的三级集体所有制和社员个人所有制以及生产上的瞎指挥等，挫伤了农民群众的积极性，加之连续3年的严重自然灾害，给农业生产带来了很大的威胁，在抗击自然灾害中，人民公社固然发挥了巨大的作用，生产救灾也取得了一定的成绩，但是在目前情况下，我们还不可能完全避免灾害所造成的损失，因此，我们在前进的道路上也出现了一些暂时性的困难，这就是由于粮食的减产而引起经济上的困难，人民生活中的吃、穿、用紧张，农村的人力、畜力、地力减弱，群众的家底也有很大消耗，之所以能够发生这些问题，根本原因是我们没有认真贯彻执行毛主席的指示和党的方针政策，没有认真贯彻党的群众路线、调查研究的工作作风。另一方面是我们对建设社会主义这样一件新事物没有经验，所以在实际工作中出现了这样或那样的缺点和错误。

自从1960年西北局兰州会议以来，我们在中央和毛主席的亲切关怀下，在上级党政的直接领导下，在兄弟省、县的热情支援下，动员和团结全体干部和各族各界人民继续高举三面红旗，在巩固成绩，克服缺点错误，总结经验教训的基础上，从各个方面特别是在农村做了大量的艰苦工作，取得了巨大成绩。首先在全县范围内广泛宣传和贯彻执行中共中央《关于农村人民公社当前政策问题的紧急指示信》《农村人民公社工作条例（修正草案）》《关于改变农村人民公社基本核算单位问题的指示》等一系列的方针政策，在农村分期分批地开展了整风整社，彻底纠正了一平二调，调整了社、队规模，下放了核算单位，贯彻了按劳分配、等价交换的原则，克服了队与队、社员与社员之间的平均主义，确定了公社各级的职权范围，整顿纯洁了基层组织和干部队伍，建立和健全了民主管理制度，进一步加强了人民公社的各级领导，贯彻了以生产队为基础的人民公社三级管理、三级所有制，这就更加适合农村生产力的发展水平，更加适合于当前农民的觉悟程度，也更加适合于当前基层干部的管理水平，人民公社的巩固和提高，极大地调动了广大农民群众的集体生产积极性。

正由于我们坚定不移地执行了中央的政策，贯彻了西北局兰州会议的决定，坚决地向困难、向错误、向敌人进行了斗争，才能够有力地克服工作中的缺点错误，战胜连续几年的自然灾害，特别是1962年，虽然又遇到了解放以来最严重的旱灾，但是经过全县人民的艰苦奋斗，粮食生产仍然获得了较好的收成，加之经过传达贯彻党的八届十中全会精神和去冬今春的农村社会主义教育运动，全县农村有了很大的变化，不论政治、经济形势都比去年更有好转。

从政治上讲，首先是经过社会主义教育运动，“六十条”更加深入人心，解决了社会主义和资本主义两条道路的问题，打退了单干风，纠正了侵犯集体利益经济的行为，集体经济得到了更进一步的巩固；其次是基层组织和干部队伍进行了整顿，干部作风有所改进，基本树立了贫下中农的领导优势，党群关系、干群关系进一步密切了；再次，阶级敌人的各种破坏活动受到了一定的打击，当前农村中的四类分子基本上能够循规守法；第四，随着农村单干风所带起的各种“黑风”“邪气”，诸如赌博、迷信、败坏社会主义道德等行为得到了压制，社会秩序基本上是稳定的；第五，农民群众的集体生产积极性也已经调动起来。

从经济上说，最困难的时期已经过去了，今年人民生活的安排比较扎实，广大群众的生活水平得到了一定的恢复和提高，群众生活日用品的供应有了一定缓和，农村初级市场的价格不断地有所降低。

从生产上说，生产力得到了较快的恢复和发展，群众生产秩序逐步走上正常，力量都集中到生产上来了，全县绝大部分生产队春耕播种比去年好，庄稼生长较好，丰收在望，这为尽快恢复和发展农业生产奠定了基础。

总之，从1961年以来，全县形势一年比一年好，今年将比去年有更大的好转，但在我们面前还有许多困难，过去错误所造成的后遗症，一时还不能彻底消除，农村的吃、穿、用仍比较紧张，生产的恢复和发展还需要一个过程。总的来说：“东西不多，票子不少，自由市场的物价还高。”加之在我们的工作中，还存在着一些缺点，主要是对国民经济以农业为基础，以工业为主导的总方针认识不够有力，对党的政策的伟大作用认识不足，深入发动群众认真贯彻政策还抓得不紧，对阶级斗争的复杂性、尖锐性认识不够，对贪污盗窃、投机倒把和各种破坏社会主义建设的罪恶活动打击不狠，工作作风还不扎实，不够具体，缺乏深入细致的调查研究。上述这些缺点，都应该引起我们的重视，并在今后工作中认真改正。我们深信，只要我们继续鼓足干劲、团结一致、发奋图强、艰苦奋斗，就能够缩短克服困难的时间。我们的前途是无限光明的。

二

从上届以来4年期间的人民委员会工作在去年5月份召开的代表会议上，已作了较全面的检查，现在我就1962年人民委员会的工作向大会作以报告。

1962年是全县国民经济调整工作取得决定性成就的一年。正如党的八届十中全会所指出的1961年比1960年好一些，1962年又比1961年好一些，从农村到城市，正在一天天地好起来，这主要表现在：

（一）在农业生产上，遵循着国民经济以农业为基础的方针，在农村认真贯彻了党中央的各项政策，特别是“十二条”“六十条”和核算单位下放等各项政策，发挥了伟大的作用，调动了广大农民的积极性。1962年，我县在生产战线上虽然遇到了严重的旱、冻、风、雹等自然灾害的威胁，受灾面积达102万亩，占粮食播种面积的80.9%，但经过全县人民的艰苦奋斗，经过一系列生产救灾工作之后，粮食生产仍得到了较好的收成。全县完成粮食播种面积126万亩，实现计划的98.3%，总产量达到71858万斤，平均每亩57斤，除掉征购、籽种、饲料外再加上社员自留地收入和商品粮的扶持，社员吃粮标准仍在200斤以上。

我们还必须看到党和国家对静宁人民的关怀和照顾是无微不至的，特别是减少了粮食征购任务，调整了国家、集体和个人的关系，减轻了农民负担，给了农民一个休养生息的机会。全县1962年粮食征购实入库1107.5万斤，超额任务7.5万斤，比1961年实入库1703万斤减少三分之一以上，比历史最高的1959年减少4倍多，今年国家又回销745万斤，占征购任务的67.2%，同时还拨付了各种救济金54.6万元，棉布11万尺（注：1尺≈33.33厘米），棉花1.8万斤，棉毯470条，支援耕畜264头，用于农业方面的资金22.3万元，其中发放长期无息贷款17.8万元，农村免费医疗4.1万元，所有这些，对于恢复生产、抗击自然灾害、克服困难、争取形势好转发挥了积极作用。

在畜牧方面，畜力已经有所恢复，大家畜下降趋势基本停止，开始回升，1962年底实有大家畜3.91万头，比1961年增长10.1%，猪、鸡等家畜、家禽普遍发展较快，生猪在1962年底达到2.5万头，比1961年增长1倍多。

在农田基本建设方面，认真贯彻了“恢复、整修、提高”的方针，全年用于水利投资3.9万元，整修渠道19条，新增有效灌溉面积2.3万亩，保证灌溉面积1.8万亩，安装抽水机2台，续修了东峡水库，完成造林1384亩。

（二）在工业生产上，坚决地贯彻了以调整为中心的八字方针，调整了工业生产，贯彻了工业“七十条”和手工业“三十五”条，使我县工业发展规模与农业生产水平不相适应的状况有所改变，全县工业企业由年初的30个调整为13个，撤销了16个社办厂，合并了2个手工业社，工业生产开始好转，1962年是这几年完成计划最好的一年，在29种主要产品中，完成和超额完成计划的有18种，工业总产值完成了86万多元，超额计划的13.5%，其中铁制小农具14.6万元，超额计划的7%，有力地支援了农业生产，支援了市场。在完成产值产量的同时，我县地方工业的产品品种由年初的106种增加到125种，新增19种，目前，可以说数量问题基本解决了，质量和价格问题也已为大家所重视，正在积极解决。

在交通运输和邮电工作方面，也做出了一定成绩，动员民工整修了县、社道路4条，长达110公里，桥涵7座。

与此同时，我们还进行了精兵简政、清产核资、清理拖欠、扭转亏损等重大措施，开展了增产节约运动。全县1962年压缩城镇人口1665人，其中精简职工914人，有85%以上的回到了本县农村，不仅增加了农业劳动力，加强了农业生产战线，而且也减少了粮食销量，减轻了农民负担，城市粮食销量由1962年年初的16.69万斤，年底减少到12.29万斤，降低26.2%。工资总额1962年比1961年减少20.9万元。目前盈利的企业逐渐增多，亏损企业逐渐减少，亏损企业由年初的11个减少到2个。其中：工业企业全部盈利，给国家积累资金9.91万元。这一切不仅支援了农业、支援了市场，回笼了货币，更重要的是为企业的经济核算打下了基础，随着生产的恢复和城市负担的减轻，从而保证了城市人们生活的稳定。

（三）在财政、金融和商业工作上，根据“当年平衡，略有回笼”的方针，继续发扬了艰苦奋斗，勤俭建国的光荣传统，实行了勤俭办企业，勤俭办事业、勤俭办社、勤俭办一切事业的原则，开展了增产节约运动，严格控制了财政支出，压缩了社会集团购买力，使1962年的财政支出比1961年减少330万元，减少1.5倍，社会集团购买力由54万元压缩到35万元，货币投放1962年比1961年减少194.9万元，回笼1962年比1961年增加43.3万元，这对保证市场的稳定，保证建设投资，提高人民币的信用，缩小购买力与商品可供量之间的差额，争取市场的好转，起了重要作用。

商业工作在“发展生产，繁荣经济，城乡互助，内外交流”的方针指导下，通过国营企业、供销合作商业、农村集市贸易三条渠道，扩大了城乡物资交流，使市场供应状况有所改善，全县1962年完成社会商品零售额608万元，其中国营商业完成262万元，比重占43%，合作店（组）和农村集市贸易各完成27万元，各占4.5%，国营商业和合作社商业在供应农村生产资料和生活资料，支援农业生产方面有了不少改进，在农副产品，畜产品和药材收购方面任务完成得比较好，基本上满足了城市需要。一年来，还加强了基层税收机构，进行了初级市场的整顿，恢复和建立农村集市贸易11处，保证了市场秩序的稳定，打击了投机倒把活动，使市场价格逐步回落，促进了全民所有制和集体所有制的巩固，也促进了工农联盟的巩固。

（四）在文化、教育、科学、卫生、体育工作上，贯彻了教育为无产阶级政治服务，教育与生产劳动相结合的方针，使教师和学生的政治觉悟有所提高，特别是1962年文教事业经过调整后，战线缩短了，布局合理了，全县各类学校招生1336人，年底在校学生达到5296人，占适龄儿童的16.5%，在教学质量方面较过去有所提高，对不适宜学校工作的教师，进行了适当调整。卫生工作配合农村中心工作巡回医疗，减轻了人民疾病痛苦，增强了人身健康。

（五）在政法工作上，配合党在农村各个时期的中心工作，广泛发动群众，依靠群众，及时有力地打击了反革命分子、坏分子和资产阶级暴发分子的破坏活动，巩固了人民公社和社会秩序，保障了生产建设和集体经济，保护了国家和人民利益。在社会救济、优抚和民兵训练等方面也做了一定的工作，解决了一些人在生产、生活等方面存在的各种困难。

一年来，遵照党的民主政策和少数民族的风俗习惯，帮助少数民族恢复了清真寺，发放少数民族补助费9000元，帮助少数民族建家立业，发展生产。

经过1962年国民经济调整工作所取得的成就，使我们深刻地体会到发展国民经济以农业为基础，以工业为主导的总方针具有伟大的历史意义，基础和主导的关系也就是农业和工业的关系，是我们社会主义建设中必须经常注意解决的一个根本问题，听党的话，听毛主席的话，坚决贯彻执行党的各项方针政策，特别是党的阶段路线，巩固地树立贫农和下中农的阶级优势，团结和教育中农，维护集体利益经济，打击阶级敌人的破坏活动，巩固社会主义阵地，巩固集体经济，坚定不移地走社会主义道路，这是一条颠扑不破的真理。

三

1963年是我国第三个五年计划的第一年，因此，今年全县国民经济计划的安排必须坚定不移地贯彻党的八届十中全会的各项决定，贯彻执行“以农业为基础，以工业为主导”的发展国民经济的总方针，把我们各项工作彻底转移到以农业为基础的轨道上来，要动员全县人民，集中主要力量，进一步巩固人民公社集体经济，大力地、全面地支援农业，恢复与发展生产，争取今年农业丰收。继续贯彻执行“调整、巩固、充实、提高”的八字方针，调整工业与农业的关系，开展增产节约运动，在保证农业恢复与发展的同时，使工业能够有相应的发展，尽可能地增产农业生产资料和市场需要的日用品，增产“短线”商品，改善经营管理，在提高产品质量和增加品种的基础上，做好分配，安排好积累和消费，组织好城乡物资交流，安排好人民生活。具体安排如下：

第一，关于农业和畜牧业。

巩固人民公社集体经济，恢复与发展农牧业为主，是今年全县经济建设的首要任务，因此，公社和生产队要在国家计划的指导下，根据不同的自然条件，在优先发展粮食生产的同时，安排好经济作物，安排好农田水利建设，安排好畜牧业和林业。

粮食作物和经济作物方面：要在保证粮食增产的基础上，逐步恢复和发展经济作物，主要是油料作物。粮食生产今年计划集体播种面积128万亩，比1962年增加1.7%，单产91斤，比1962年增长59.5%，总产量达到11648万斤，比1962年增长62.1%；油料生产计划播种6.27万亩，比1962年增长39.5%，单产30斤，比1962年增长1倍，总产量183万斤，比1962年增长1.6倍。

水利建设方面：水利建设是农业建设的中心，必须继续贯彻小型为主、社办为主、现灌为主的方针，抓紧现有水利工程的恢复，1963年计划水利投资28.2万元，其中：东峡水电站20万元，解放渠3万元，西干渠2.2万元，小型水利补助3万元。初步安排恢复有效灌溉面积7886亩，达到22512亩，安装抽水机5台，达到8台，灌溉面积累计达到3万亩。

发展畜牧业方面：大家畜是现阶段农业生产的主要动力和肥源，全县1963年大家畜计划达到4.1万头，增长5.1%，其中：牛增长8.1%，驴增长4.1%，骡子增长1.4%，马保持现状，羊计划达到82630只，增长9.3%，猪31000口，增长23.8%，其他家畜家禽业要大力发展。

第二，关于工业生产和交通运输。

1963年工业生产和交通运输工作应以支援农业为中心，提高产品质量，增加品种，安排“短线”产品的生产，大力支援农业、支援市场。努力完成工业总产值55.45万元，其中生产资料11万元，占总产值的20%，生活资料44.45万元，占80%。主要产品产量：火柴2700件；铁制小农具2.25万件，其中镢头2000件，铁锨5000件，锄头

3000件，铲子1万件，铡刀1500件，木制小农具和日用木制品3700件。同时更要加强对个体手工业的领导，组织合作社，逐步纳入集体化轨道，更好地为农业生产服务。

交通运输主要是加强设备维修和县内道路维修，千方百计提高运输效率，发挥短途运输力，力争多拉、快运。

邮电事业计划投资8000元，完成由县上—威戎—石咀—古城和县上—甘沟—四河等5条线路架设工程。

第三、关于财政、金融和商业工作。

今年财政、金融和市场安排，必须根据“发展经济，保障供给”的原则，继续贯彻“当年平衡，略有回笼”的方针，加强管理，堵塞漏洞，同分散资金和浪费资金现象作斗争。

财政方面：预算收入118.7万元，比去年增加8.2%，支出105.4万元，比去年减少12.5%，安排支援农业资金52.8万元，比去年增长17.3%。

市场方面：今年的主要任务是支援农业生产，扶持工业生产，活跃城乡物资交流，加强工商协作，改变服务态度，尽可能地增加化肥、牲畜、竹木、麻类、农具、农药等生产资料的供应。今年计划完成社会商品零售额650万元，比去年增长6.4%，其中：国营占45%，合作社占47%，合作店（组）占3.4%，集市贸易占4.6%。在保证完成粮油征购任务的同时，完成农副产品采购总值42.7万元，其中主要品种生猪2600口，活羊2000只，绵羊毛4.25万斤，山羊毛3850斤，山羊绒380斤，绵羊皮4300张，山羊皮4600张，牛皮210张，冬花150担，甘草250担。

第四，关于文化、教育、科学、卫生工作。

1963年应该继续贯彻以调整为中心的八字方针，把支援农业，支援集体经济放在首要地位，加强农村的文教卫生事业建设。

全年计划招生5740名，其中：高中40名，初中200名，初小5500名，农民业余教育100名，扫盲2500名，对初中以上学校的招生名额要严格加以控制，按计划办事。对农村学龄儿童要积极动员入学，逐步达到普及教育。

卫生方面：继续贯彻以预防为主的方针，做好防病治病工作，积极开展群众性的除“四害”、讲卫生运动，认真防治危害严重的几项主要疾病，对基层卫生机构和社、队办的医疗机构，稳定在现有基础上，加强领导，整顿提高。在药物供应方面要优先照顾农村。

第五，关于政法工作。

为了保障生产的恢复和发展，保护国家和人民生命财产的安全，必须进一步加强司法、公安部门的工作，继续整顿民兵组织，更好地发挥人民民主专政武器的作用，坚决打击一切进行破坏的反革命分子和坏分子，维护城乡社会秩序。复员转业军人是社会主义建设中的一支重要力量，必须妥善安置，优抚工作应进一步加强，对于无依无靠的老弱、孤寡、残疾的烈军属、复员军人，按照国家规定给予应有的照顾，对于由于各种原因致以生活十分困难的群众，也要给予必要的救济。

此外，还应继续抓好精简工作和减少城镇人口的工作，特别是城市闲散劳力和职工家属，要继续动员下乡上山到农村去安家落户，同时对回乡人员也要妥善加以安置，使其安心农业生产。

四

为了保证社会主义建设事业的顺利进行，在我们有计划地进行社会主义建设的时候，必须坚决继续贯彻党的八届十中全会各项决定，按照党的方针政策办事，充分发扬民主，依靠广大群众，坚决克服官僚主义和分散主义，接受广大人民群众的监督，加强调查研究，发扬实事求是的作风，如实反映情况，认识矛盾，进行科学的分析，提出解决问题的办法，努力做到情况明、决心大、方法对。当前在农村，我们还必须继续深入地开展社会主义教育运动，全县农村人民公社集体经济在连年自然灾害的严重考验下，绝大多数社、队是巩固的，全县绝大多数农村干部也是好的和比较好的，他们在严重的情况下，能团结群众，站稳立场，坚持斗争，克服困难，为人民服务。但是由于资本主义势力在一个时期的猖狂活动以及思想影响，有少部分社、队集体经济受到削弱，曾经一度刮起了单干风，少数干部在资产阶级思想腐蚀影响下，发生了动摇而和蜕化变质，另外还有一部分干部多吃多占，铺张浪费，生活特殊，脱离群众。我们决不能容忍资产阶级思想的泛滥，必须通过社会主义教育运动，加以解决，以巩固集体经济，巩固社会主义阵地。农村社会主义教育运动是一场尖锐的阶级斗争，是推动当前农村各项工作的动力，应以生产为中心，妥善安排。因此，在社会主义教育运动中要认真贯彻党的阶级路线，巩固地树立贫农、下中农的阶级优势，依靠他们贯彻执行党的政策，监督和爱护干部，团结和教育中农，维护集体利益，打击阶级敌人的破坏活动。

我们的任务是光荣而艰巨的，我们已经胜利地完成了社会主义建设的第一个五年计划和第二个五年计划，现在进入了第三个五年计划的第一年。目前国际国内形势都很好，全县第一季度农业、工业和调整国民经济的进度情况也是比较好的，特别是农业生产战线上已经奠定了丰收的基础，我们要充分利用当前的有利形势，在党中央和毛主席的领导下，进一步加强全县各族人民的大团结，坚持鼓足干劲，力争上游，多快好省地建设社会主义的总路线，巩固大发展中取得的巨大成就，发奋图强，艰苦奋斗，克服困难，为今年的农业丰收，为国民经济的新高涨，为社会主义建设各个战线上取得更大的成就而奋斗。

第二节　县第五届人民代表大会第二次会议

大会概况

县五届人大二次会议于1964年11月16日至18日在县人委会礼堂召开。县五届人大一次会议以来，张书义、贾明钧、刘汉玺、赵均科、张秀莲（女）、厚裕、刘秀花（女）、陈玉花（女）8名代表因工作调动或其他原因离开静宁县，其代表资格自行终止；魏文珍因严重错误，经县人委会行政会议决定，由原选举单位罢免其代表资格。因此，此次会议应出席代表230名，实出席133名，吕国衡、梁守俊、阎忠孝、翟克勤、王智英、王镇玉、翟万宝、张文彬、杜甫清、徐进才、胡克勤、杨付清、彭金山、王明、谭积田、孙文学、雷兴存、马维才、张文、杨显业列席会议。

王尔全、王家象、史国忠、杜思文、吕锁昌、李九利、李子才、李文秀、周应元、吴桂兰（女）、马存余（回族）、陈世英、张思维、张国政、冯国民、赵顺天、阎凤翔、薛效勤、赵建忠19人组成大会主席团，陈世英为秘书长，彭金山为副秘书长；李九利、陈世英、王尔全、史国忠、朱浩善、赵建忠、赵顺天7人组成议案审查委员会，李九利为主任委员，陈世英为副主任委员；李文秀、王敦厚、岳安太、杜廷甫、魏礼芝5人组成代表资格审查委员会，李文秀为主任委员。

大会举行3次全体会议。第一次全体会议于11月16日上午举行，由县委组织部部长李文秀主持，听取代表资格审查报告，传达甘肃省三届人大一次会议精神；第二次全体会议于11月17日举行，听取县人委会县长李九利所作的《县人民委员会工作报告》、县粮食局局长赵建忠所作的《关于1963年县财政收支决算和1964年财政收支预算（草案）的报告》、县法院代理院长杜友梧所作的《县人民法院工作报告》；第三次全体会议于11月18日举行，听取提案审查委员会所作的提案审查报告，补选县法院院长1名，审议通过《县人民委员会工作报告》和《关于1963年县财政收支决算和1964年财政收支预算（草案）安排的报告》，并作出决议。

大会将代表、列席代表分为7个代表小组，安排小组会议4次。

大会收到代表提案89件，其中，农林水牧11件，工业交通5件，财粮贸易26件，文教卫生科技18件，政法民政19件，其他10件。

大会议程

一、开幕式；

二、听取代表资格审查报告；

三、传达省三届人大一次会议精神；

四、听取和审议县人民委员会工作报告；

五、听取和审议县1963年财政收支决算和1964年财政收支预算（草案）的报告；

六、听取和审议县人民法院工作报告；

七、听取提案审查报告；

八、补选县人民法院院长；

九、通过大会决议；

十、大会闭幕。

大会日程

县第五届人民代表大会第二次会议日程表

表3-7

<table>
<tr><th colspan="3">时间</th><th>会议内容</th></tr>
<tr><td rowspan="2">11月16日</td><td>上午</td><td>大会</td><td>预备会议：1.选举大会主席团；2.通过大会秘书长人选；3.通过会议议事日程；4.通过代表资格审查委员会人选；5.通过提案审查委员会人选。大会：1.开幕式；2.致开幕词；3.代表资格审查报告；4.传达省三届人大一次会议精神</td></tr>
<tr><td>下午</td><td>小会</td><td>小组讨论</td></tr>
<tr><td rowspan="2">11月17日</td><td>上午</td><td>小会
大会</td><td>1.小组讨论；
2.静宁县人民委员会工作报告</td></tr>
<tr><td>下午</td><td>大会</td><td>1.静宁县1963年财政决算和1964年财政收支预算（草案）的报告；
2.静宁县人民法院工作报告</td></tr>
<tr><td rowspan="2">11月18日</td><td>上午</td><td>小会</td><td>小组讨论</td></tr>
<tr><td>下午</td><td>大会</td><td>1.提案审查报告；2.补选静宁县人民法院院长；3.通过大会决议；4.闭幕式</td></tr>
</table>

大会选举

县人民法院：

院　长　杜友梧

县人民法院院长杜友梧个人情况表

表3-8

姓名	性别	年龄（岁）	民族	文化程度	籍贯	入党时间	工作时间	主要经历
杜友梧	男	30	汉	完小	隆德温堡	1956.9	1952.5	1944年1月至1950年6月在隆德县温堡小学念书；1950年6月至1951年1月在家务农；1951年1月至12月在静宁县曹务公社李店完小念书；1952年1月至4月在本村参加劳动；1952年5月至1953年10月任杜堡乡担文书；1953年10月至1954年10月任安东区公所财政干事；1954年10月至1956年4月任庄浪县人民委员会科员；1956年4月至1958年7月任维新区副区长；1958年5月至1960年6月任静宁县人委民政科科长；1960年7月至1961年6月在仁大公社工作；1961年7月至1964年2月任贾河公社党委书记；1964年9月至11月任法院代理院长

附：

县人民委员会工作报告

（县人民委员会县长李九利　1964年11月17日）

一

从1963年本届第一次会议结束一年多来，全县人民在党中央、毛主席的英明领导下，在县委的直接领导下，高举总路线、“大跃进”、人民公社三面红旗，贯彻执行了以农业为基础，以工业为主导的发展国民经济总方针和一系列具体政策，特别是我们继续遵循党的八届十中全会精神，在城市和农村广泛地开展了社会主义教育运动，深入地开展了阶级斗争、生产斗争、科学实验三项伟大革命运动，进一步提高了广大干部和群众的政治觉悟，特别是贫农、下中农的革命精神大为振奋，发扬了自力更生，奋发图强、艰苦奋斗、勤俭建国的无产阶级革命精神，因此，在社会主义革命和社会主义建设的各个方面，都取得了新的伟大的胜利。

一年多来，我们根据党的八届十中全会精神，遵循毛主席关于阶级、阶级矛盾和阶级斗争的指示，在党的统一领导下，向全县各界人民广泛深入地宣传了“双十条”，开展了社会主义教育运动。

在开展农村社会主义教育运动中，我们采取了点面结合的办法。1963年冬，县、社两级分别召开了三级干部会议，认真地学习了中央两个文件和毛主席六条指示，层层训练了干部。然后在全县两千多个生产队开展了宣传教育工作。通过教育，在提高广大基层干部和群众思想觉悟的基础上，抓了当年“四清”，许多大队和生产队干部主动下楼洗澡，放了包袱；同时整顿了小自由，揭发了地、富、反、坏分子的各种破坏活动，解决了一些突出问题，初步发动了群众，歪风邪气受到了一定的打击。在进行宣传教育的同时，我们根据中央的指示，组织了有300多人参加的社教工作团，在原城关公社系统地进行社会主义教育试点工作。通过试点，在城关地区清理了阶级成分，建立了贫、下中农组织，重新组织了革命阶级队伍，初步解决了基层干部中大量“四不清”的问题，打击了阶级敌人的嚣张气焰和歪风邪气，伸张了正气，深挖了修正主义的根子，声讨了破坏社会主义的牛鬼蛇神，进一步提高了广大干部和群众的阶级觉悟，调动了集体生产的积极性，促进了农业生产，进一步巩固了集体经济，巩固了农村社会主义阵地，初步整顿了农村基层政权，加强了农村无产阶级专政。

在城市社会主义教育运动中，先后在县级机关的党政群、财粮贸、工交、农林、文教等5个系统的43个单位中，开展了增产节约和“五反”运动，参加运动的有766人，通过反复组织学习中央“五反”指示、“双十条”，请老红军讲革命故事，参加县三级干部会议揭阶级斗争盖子，参观阶级斗争展览，进行忆苦思甜，以及通过现身说法进行新旧社会对比等，加强阶级教育。通过领导干部下楼和群众的自我教育，领导干部的思想作风有了不同程度的改进，广大干部思想认识和积极觉悟有所提高，机关工作面貌有所改变。同时还揭发和挖掘了一批贪污盗窃、投机倒把分子，打击了资本主义势力的猖狂进攻。

在城镇，结合社会主义教育，整顿了集市贸易，处理了社会上的投机倒把等重大案件。加强了无产阶级专政，政法部门紧密配合社会主义教育运动和各项中心工作，广泛发动群众，依靠群众，加强了对敌斗争，打击了阶级敌人的破坏活动。同时，由于加强了民兵建设，加强了对民兵的阶级教育和军事训练，充分发挥了民兵的作用，维护了社会治安和集体经济，保证了生产建设的顺利进行，保障了人民生命财产安全，巩固了无产阶级专政。

一年多来的实践证明，毛主席和党中央关于阶级、阶级矛盾和阶级斗争的指示是完全正确的，也是完全符合静宁的实际情况的。也正是由于我们遵循着毛主席和党中央的教导，以阶级斗争为纲，通过阶级斗争，广大干部和群众的政治觉悟提高、精神面貌大变。加之我们认真贯彻执行了党的各项方针政策，党的政策发生了巨大的威力，调动了人民群众的生产积极性，有力地促进了经济建设的发展。1963年我县的国民经济计划已经超额完成。1964年的国民经济在开始全面好转的基础上继续向前发展，各项计划都已超额完成或接近完成。

（一）农业生产方面

认真贯彻执行了以粮为纲，多种经营，全面安排的方针，在大抓粮食生产的同时，抓紧恢复畜牧业，特别是大抓了油料等经济作物，使农业生产获得了较快的恢复和发展。1963年农业生产获得了大丰收。全县粮食单产达到124斤（包括自留地），超过1957年的10%，总产达17100多万斤，已接近1957年的水平，比1961年增长75%，比1962增长1倍。油料播种面积为6.5万多亩，单产达55斤多，比1962年增长2.7倍，总产达370多万斤，增长4.6倍。1964年集体粮食播种面积完成126.3万亩，占计划面积的98.6%，油料作物播种面积7.01万亩，占计划面积的113%，今年粮食作物虽然在种、管、收的过程中，遭受了严重的自然灾害，特别是遭受了10年未有的大洪灾和解放后未有的小麦黄锈病，但在上级党政和县委的领导下，依靠人民公社集体经济的优越性，人委采取紧急措施，集中全力，加强领导，动员了足够的人力和物力，支援抗洪和防锈斗争。各级领导干部亲临前线，与群众并肩作战，顽强斗争，基本战胜了自然灾害的威胁，粮食产量虽然不如去年，但仍是一个较好的年景。

林业方面，由于对人民公社化以来新造的林木坚持了谁造谁有的造林政策和抚、造、管、护相结合的有关规定，1963年新造林3000多亩，超过原计划2.5倍，补植造林1200多亩，零星植树28万多株。今年以来造林9885.2亩，占年计划的242.2%，补植598亩，零星植树40.86万株。

在畜牧业方面，已经全面转向稳定回升的局面。1963年底，共有各类大家畜4.2万多头，比1962年净增8.3%，今年截至9月底有4.598万头，又比去年增加8.4%，生猪1963年达到5.1万多口，比1962年增长了1倍，今年以来达到62415口，又比去年增长22.1%，大大超过了历史最高水平，羊只1963年达到9.1万多只，赶上了1957年，今年以来达到94314只，又比去年增长3.3%，其他家畜、家禽均有很大的恢复和发展。同时，今年以来，我们还训练了农村兽医人员80人，目前，绝大部分已经能够独立工作，为解决兽医人员不足和今后开展防治大家畜疾病方面打下了良好基础。

在农田基本建设方面，1963年以来，在种好、管好全部农田的基础上，以水土保持为中心，本着建成一批，收效一批，再建一批的精神，有计划地、分期分批地开展了旱涝保收、稳产高产的基本农田建设工作。1964年度完成控制水土流失面积35平方公里，占年计划的87.5%。在水利工作上，我们贯彻了“巩固提高，加强管理，积极配套，重点兴建，小型为主，配套为主，群众为主”的方针和以“恢复、整修为中心，当年增产为目的”的原则，1963年整修大小灌溉渠道12条，完成各种建筑工程72座，使有效灌溉面积达3万多亩。今年以来，整修、配套和新修扩建大小渠道8条，水库3座，完成大小建筑物85座，使有效灌溉面积达到40290亩，旱涝保收面积27314亩。为了综合利用水库，在国家大力支援下，今年在加固水库的同时，省上给我们投资58万元新修东峡水电站，目前正在紧张施工。

在农业科学实验方面，也有了加强，并且取得了一定的成绩。今年以来，我们除了总结推广陈家沟等7个重点地区的先进经验以外，全县还建立多种项目实验点94处，驻点干部66人，共试验引进和选育当地良种7类50多种，糜子土壤消毒6000多亩，推广化肥6891亩，并建立试验田7368亩，不仅给各级干部参加劳动创造了条件，而且做出了样板，总结经验，推广全面。

（二）工业交通运输方面

工业生产，继续贯彻执行了“调整、巩固、充实、提高”的八字方针，深入开展了增产节约和“五反”运动，广泛进行了学解放军、学大庆、学其他先进企业经验的活动，把比学赶帮为中心的增产节约运动推向一个新的阶段。经过广大职工的艰苦努力，产品产量有所提高，品种有所增加，成本有所降低，劳动生产率和企业管理水平都有不同程度的提高。1963年工业总产值完成57.95万元，占年计划的104.5%，今年截至10月份完成521697元，占年计划的100.4%，比去年同期增长10.7%；产量总成本1963年比1962年降低2.1%，今年又有5种地方工业产品成本比去年降低了7.03%，21种手工业产品降低了17.7%。3个厂、11个社、8个组全部都有盈利，实现利润32379元，又比1963年同期增长30.93%。今年以来，手工业部门在高界、原安、红寺、李店等地建立了手工业社3个，手工业组4个，目前全县设有制修点30多处，流动服务组7个。他们采取前门设店，后门设厂，下乡上山，送货赶集，就队加工等办法，为群众加工农具、用具1800多件，修理小农具8797件，有力地支援了农业生产。

交通运输和邮电部门在加强设备维修，增设线路，维修县内道路，提高运输效率，支援农业生产等方面也取得了很大成绩。

（三）财粮贸易工作方面

随着国民经济的全面好转，特别是农业生产的迅速恢复和发展，财贸工作根据“发展经济，保障供给”的总方针，经过各方面的积极努力，使财贸工作出现了欣欣向荣的局面。

商业工作方面，随着生产的发展，城乡的物质交流更加活跃，出现了“城乡皆旺，农村尤旺，购销两旺，收购更旺”的新局面。商品供应继续有了增长，特别是主要商品增长更加迅速，敞开供应的商品大大增加，品种越来越全，质量越来越好，价格越来越便宜。社会商品零售额1963年完成627.52万元，比1962年增长3.1%，今年元月至10月完成592万元，比去年同期增长24.9%。农产品收购量也有较大幅度的增加，而且质量也有很大提高。粮食征购1963年完成1205万斤，占任务100.4%，今年截至目前完成11869745斤，占任务100.3%；油料1963年收购82.4万斤，较1962年增长3.7倍，今年以来收购1150574斤，又较上年同期增长42.4%；其他农副产品收购总值1963年比1962年增长119.1%，今年以来已经超额83.59%完成了全年任务，较上年同期又增长180.9%。企业经营管理水平也有了很大的提高。

财政金融方面，一年多来根据“当年平衡，略有回笼”的方针，继续加强了财政监督和信贷监督，发扬了艰苦奋斗、勤俭建国的光荣传统，挖掘了收入潜力，严格控制了财政支出，压缩了社会集团购买力。财政收入1963年比1962年增加5.45%，今年以来又比去年同期增加14.6%；支出方面，1963年较1962年减少0.68%，今年以来比去年同期增加33.6%；货币仍然是回笼局面，1963年净回笼57.1万元，今年净回笼27.9万元；城乡储蓄1963年较1962年增加4.6%，今年又比去年同期增加33.3%。今年以来发放各种农业贷款306643元，支援了农业生产。

（四）文教卫生和其他各项事业也都有了相应发展

文教卫生方面，全县在校学生达到15216人，比去年同期增加1倍多，特别是民办学校，今年比1963年增加123所，学生增加4倍多，贫农、下中农子弟入学也有很大增加，今年在校学生中已占到71.6%，尤其是今年以来，办起了半耕半读学校27所，入校学生745人。文化艺术方面，各业余剧团编写和演出现代戏的活动增多了，为了推动文化艺术改革，去年以来还组织了两次业余现代戏会演，交流了经验。体育方面，坚持了为生产建设和国防建设服务的方针，本着在普及的基础上提高的原则，广泛开展了群众性体育活动，而且还办起了青少年业余体校，对增强人民体质，提高技术水平等方面都取得了一定成绩。医疗卫生方面，在加强县医院的同时，充实了农村基层卫生组织，加强医务人员思想教育，提高医疗质量，防病治病等方面都取得了显著成绩。

民政方面，今年以来发放各种救济款208717.58元，救济棉布55526公尺，棉花4283市斤，补助布证45087公尺，棉证4508市斤，解决了21610户117719人的口粮、治病、住房、穿衣等各方面的困难。同时还发放优抚款23027.57元，优待劳动日14052个，解决烈、军属和复、退军人的各种困难。

一年来，我县按照中央民族政策，尊重少数民族风俗习惯，发放少数民族救济款3000元，解决少数民族生产、生活上的困难。同时调整了社队体制、开展了人口普查、进行了城市规划和农业七年发展规划。所有这些将为我县今后进行社会主义建设发挥积极作用。

上述成绩的取得，是全县人民在党中央和毛主席的英明领导下，在中共静宁县委的直接领导下，高举三面红旗，奋发图强，艰苦奋斗的结果；是贯彻党的一系列方针政策的结果；是根据毛泽东思想，正确处理农业内部和发展农业与其他各项事业关系的结果；是进一步把高度的革命精神和严格科学态度密切结合起来的结果；特别是根据毛主席和党中央的指示，从各方面广泛开展社会主义教育运动，广泛地开展三项伟大革命运动的结果；也是上级党委和兄弟地区大力支援的结果。所有这些都是我们静宁地区社会主义革命和社会主义建设取得胜利的决定因素。回顾一年多来的工作，我们的体会是：

（一）任何工作都必须以阶级斗争为纲。社会主义革命是以社会主义来代替资本主义，是以公有制来代替私有制，从根本上消灭剥削阶级和人剥削人的社会制度，这是人类历史上最伟大的革命。这样翻天覆地的革命，当然必须经过严重的、激烈的阶级斗争，而且不可避免地要经历长期的、反复的、曲折的斗争过程。从我们静宁一年多来的城市“五反”和城乡社会主义教育运动中大量事实证明，在社会主义里，仍然存在着阶级斗争。阶级斗争无处不有，处处有，任何地区，任何部门和任何单位毫不例外。一年多来在城市“五反”和农村社会主义教育运动中，尽管我们对党中央和毛主席的指示领会不深，没有完全抓住要点，方法上也还不大对头，工作做得比较粗一些，但是由于我们紧紧抓住了阶级斗争这个纲，初步揭开了阶级斗争盖子，打击了阶级敌人的嚣张气焰，伸张了正气，人们的精神面貌大有改观，许多机关的工作有所改进，许多工厂由亏转盈。特别是在农业生产上，在党的领导下依靠了贫农、下中农，团结了广大人民群众，战胜了各种自然灾害的袭击，夺得了较好的收成。这说明阶级斗争一抓就灵是千真万确的。但是，在过去的一些工作中，我们有些地区、有些部门和有些单位，还不善于用阶级分析的方法去分析和处理一切问题，忽视政治，忽视阶级斗争，模糊阶级斗争的观念还没有很好地克服，这是十分危险的，必须引起我们的警惕。我们必须汲取过去在这方面的教训，时刻记住毛主席关于阶级、阶级矛盾、阶级斗争的教导，在任何时候都不要忘记阶级斗争，在开展一切工作的时候都以阶级斗争为纲，贯彻阶级路线，紧紧依靠贫农、下中农，运用阶级观点分析处理一切问题，才能搞好社会主义革命，保证国民经济不断高涨。

（二）必须贯彻群众路线，依靠人民群众的大多数。毛主席教导我们“社会主义革命和社会主义建设必须坚持群众路线，坚决相信群众，依靠群众，放手发动群众，大搞群众运动”。这是一个颠扑不破的真理。开展社会主义教育运动，把社会革命进行到底，没有坚定的无产阶级立场，没有群众自觉地革命行动，没有真正的群众运动是不可能搞深搞透的。“四清”“五反”搞不彻底，修正主义根子就挖不掉，运动就必然走过场。县级有些单位前一段的“五反”运动正是由于群众发动得不充分，许多人没有参加到运动中来，形成有些人干，有些人看，结果问题揭发得不够深透彻底，贪污盗窃、投机倒把分子没有完全孤立起来，面对面的说理斗争开展得不够好，这是我们应该汲取的教训。在社会主义建设过程中也是这样。今年猪瘟流行的时候，正是由于各级党委的领导，发动群众，依靠群众，采取土洋结合的防治办法，才制止了猪瘟的蔓延，并且总结出了100多条防治经验。所以能不能贯彻群众路线，能不能依靠人民群众的大多数，能不能发挥广大群众的积极性和创造性，是决定社会主义建设成和败、快和慢的关键。

（三）必须坚定不移地、原原本本地按照党的政策办事。党的政策是党的生命，是群众利益的集中表现，是衡量我们一切工作好坏的准则。在过去一年多的时间里，正是由于我们比较认真地学习了“十二条”“六十条”，并且广泛地原原本本地交给了群众，坚持贯彻了按劳分配加照顾的分配政策，调动了广大农民集体生产的积极性，促进了农业生产的迅速恢复和发展。所以经验证明，要坚定不移地、原原本本地按照党的政策办事，关键在于吃透上下两头。这就是说，一方面要深入学习和领会党的方针政策，正确掌握党的路线方针政策的精神实质，这样就能够把握正确的政治方向，就能够掌握有力的思想武器来研究实际问题，处理一切事情，就能够眼望全国，胸怀全局。另一方面，就是要深入群众，深入实际，参加劳动，蹲点进行调查研究，对具体问题进行具体分析。这样才能做到情况明、决心大，并根据实际情况正确地、全面地执行党的政策。但是，从人委会和各个部门的工作来看，开会学政策，讲政策，有问题查政策的风气还不够浓厚，系统地、有课题地、深入实际进行调查研究还不够，因此，往往是头疼医头，脚疼医脚，就事论事，就问题解决问题，这都需要我们今后认真改进。

（四）必须整顿机关工作，改进领导作风，才能正确执行党的方针政策，胜利开展工作。一年多来，随着城市“五反”运动的深入开展，经过学习解放军、学习大庆和其他地区的先进经验，各级干部的思想作风和工作作风有了很大改进，面向基层，为基层服务，深入实际，深入基层，参加劳动，种试验田，调查研究，取得第一手材料，总结经验，指导全面的情况逐渐增多。但是从目前来看“五多”虽然有所克服，但还没有彻底解决，不少同志陷入事务圈子中，很少参加三项伟大革命运动的实践。在机关工作中还缺乏说了就干，干就干好，干就干到底的雷厉风行的工作作风，有些问题不按政策办事，不按规定办事，说了不干，拖拖拉拉的工作作风还未彻底扭转，这种不良状态必须立即解决。

（五）必须坚定树立以农业为基础的思想，把各行各业的工作都转移到以农业为基础的轨道上来，为农业生产服务，促进农业生产的快速恢复和发展。从1962年党的八届十中全会以来，特别是1963年以来，我县各行各业在为农业生产服务，从人力、物力和财力等方面支援农业生产已经做出了很大成绩，促进了农业生产的迅速恢复和发展。但是从目前来看，三大观点还不够坚强，支援农业还不够主动，项目也还不多，还不能完全满足于农业生产的要求，需要在今后工作中改进和加强。

（六）各级干部必须参加集体生产劳动。参加集体生产劳动对于社会主义制度来说，确是带有根本性的一件大事，通过参加集体生产劳动，可以逐渐缩小脑力劳动和体力劳动的差别，抵制资本主义和修正主义的侵蚀，丰富农业知识，丰富领导生产的经验。一年多来我县各级干部参加劳动的情况有了好转，部分单位和社队已经出现了干部积极参加劳动的良好局面。但是，目前仍然有部分同志对参加集体生产劳动的伟大意义认识不足，轻视体力劳动的思想还未彻底解决，以至于有的借口工作忙，没时间，不参加劳动或把劳动停留在口头上，加之有的单位只布置不检查或者对参加劳动中的具体问题没有具体研究解决，这些都是需要我们立即解决的问题。

二

当前国际国内都是一派大好形势。在国际上，东风继续压倒西风。国际形势的发展越来越有利于各国人民，而不利于帝国主义、各国反动派和现代修正主义。帝国主义、各国反动派和现代修正主义分崩离析，摇摇欲坠，不是越来越神气，而是越来越倒霉。各国革命人民勇往直前，坚如磐石，不是越来越削弱，而是越来越强大，越来越扬眉吐气了。现在的特点是：革命力量大发展，马克思列宁主义大发展，国际共运大发展。在国内，全国人民在党中央和毛主席的英明领导下，在三面红旗的光辉照耀下，战胜了严重的自然灾害，克服了种种困难，经过农村社会主义教育和城市“五反”，开展反对现代修正主义、资产阶级思想和封建思想在意识形态方面的斗争。目前全国政治经济形势越来越好，国民经济进一步全面好转。正如刘少奇主席在国庆招待会上指出的：“我国社会主义物质基础，从来没有像现在这样强大。我国各族人民的团结，从来没有像现在这样巩固。我国人民的革命精神，从来没有像现在这样旺盛”。

我县和全国、全省一样，也是一派大好形势。全县人民在三大革命运动中，以阶级斗争为纲，经过开展城乡社会主义教育运动，广泛宣传和认真贯彻执行“双十条”“六十条”，开展学习毛主席著作、学习人民解放军和大庆、大寨、玉门市等先进经验，广大干部和群众，特别是农村贫农、下中农阶级觉悟进一步提高，革命精神大为振奋，生产热情不断高涨。可以预料：只要我们在这个大好形势下，鼓足干劲，力争上游，乘胜前进，努力工作，全县政治、经济形势将会沿着正确的方向向前发展。

但是在看到大好形势的同时，还要看到困难和问题，特别要正确认识当前阶级斗争形势，以便克服麻痹轻敌、重业务、轻政治和骄傲自满、盲目乐观的情绪。我们面前的问题是什么呢？

在政治上，被推翻的地主阶级和其他反动阶级，并不甘心灭亡，他们还千方百计地企图复辟，倾覆我人民民主政权。1963年以来破获的两起反革命集团案，就是地主阶级和其他反动阶级进行反革命复辟活动的一个部分。这两起反革命势力，筹集反革命经费，搜集枪支，拟制反动纲领，刻制反动印鉴，委官派职，密集会议，图谋暴乱。同时也还有不少地方民主革命不彻底，漏划、少划了地主、富农。已划的地主、富农也有的没有被斗倒。这些没有被斗倒和漏网的地主、富农分子，继续压迫、剥削农民，不断进行破坏社会主义的活动。还有一部分资产阶级分子，不服改造，利用合法地位，经常地、反复地同我们进行公开的和隐蔽的斗争，进行资本主义复辟活动。社会上尖锐复杂的阶级斗争情况，也反映到我们国家机关和干部队伍中来。由于地主、资产阶级的腐蚀拉拢，小资产阶级自发势力的包围和旧社会习惯势力的影响，使革命阵营内部一些不坚定分子，被敌人分化瓦解，变成贪污盗窃分子、投机倒把分子、蜕化变质分子。这些新旧资产阶级分子结合起来，里勾外连，挖社会主义墙角，向社会主义发动了猖狂进攻。我们有的国家机关或企事业单位，实际上已经烂掉了，打着人民政权的旗号，实际上变成为资产阶级服务的工具。有些基层组织领导权实际上被敌人把持了。曹务公社原庄科大队干部刘某，纠合地、富、反、坏分子30人，在1961年到1963年3年当中，先后盗窃国家粮食3万多斤、集体粮食1万多斤。实际上，敌人的破坏活动，并不仅于这些，大量的问题还需我们结合城乡社会主义教育运动进一步揭发，进一步搞清。

这些事实表明，在无产阶级专政的整个历史时期，阶级斗争不是熄灭了，而是继续进行着，不过变得更加曲折、更加复杂了。我们和敌人的斗争除了暴力的一方面以外，现在更突出、更危险的是阶级敌人用糖衣炮弹的手段进行“和平演变”，并在我们的下一代潜移默化，和我们进行争夺接班人的斗争。因此，我们当前的任务，就是要在党的领导下，继续警惕敌人的武装进攻，同时学会同敌人“和平演变”作斗争，防止资本主义复辟，挖掉修正主义的根子。我们有了两手准备，既能打败敌人的武装进攻，又能防止敌人的“和平演变”，就为保证社会主义和共产主义的胜利，奠定了万世不朽的根基。

在经济建设方面，国民经济各部门虽然取得了很大成就，但是我们的困难还不少，总的是吃、穿、用问题还没有完全解决。在农业生产上，由于今年阴雨多，直接影响到粮食作物的产量，加之我们底子薄、基础差，特别是一些受灾地区和生产恢复迟缓的生产队困难更大。与农业有重大关系的水、肥、土和牲畜还远远赶不上生产需要，影响着农业生产的稳定上升。在工业、手工业生产上，由于管理不善，技术水平不高，思想工作赶不上去，目前的状况仍然是成本高、利润少、产量低、质量差，产、销矛盾不能解决。在财贸工作上，改善经营管理工作还抓得不深，老残商品处理不力，资金周转不快。除此在文教、卫生等方面都还存在很多问题，需要我们积极解决。

因此，我们必须用“一分为二”的观点，既看到成绩，又看到缺点，既看到有利条件，又看到不利因素。只要充分利用有利条件，克服不利因素，就一定能够克服困难，不断前进。

综合上述情况，摆在全县人民面前的任务是：高举毛泽东思想的伟大红旗，以阶级斗争为纲，一手抓阶级斗争，一手抓生产斗争和科学实验，深入地开展三大革命运动，把社会主义革命进行到底。进一步贯彻“以农业生产为基础，以工业为主导”的发展国民经济总方针，大力发展农业，优先发展粮食生产，进一步巩固人民公社集体经济。在保证农业增产的前提下，积极加强工业、手工业，相应地发展财贸、交通、邮电、文教卫生、科学研究事业，使国民经济有重点地、按比例地向前发展。1965年的具体任务是：

（一）大搞农田基本建设，力争农业生产全面丰收

我县今后在经济建设上的首要任务，仍然是发展农业生产。必须继续贯彻执行以粮为纲、多种经营、全面安排的方针，争取粮食生产有较快的恢复和发展。在大力增

产粮食的同时，积极增产油料、药材等其他经济作物，大搞农田基本建设，逐步实现稳产高产，改善人民生活，支援工业建设，支援国防建设。

1965年，全县计划粮食作物播种面积达到138.9万亩，比1964增加1.1%，粮食单产保证达到121斤，比1964年预计产量增加19.8%，力争达到126斤，粮食总产量保证达到16807万斤，比1964年预计产量增加21.1%，力争达到17501万斤。油料作物播种面积达到7万亩，基本保持1964年播种面积，单产58斤，比1964年预计产量增加23.4%，总产量406万斤，比1964年预计产量增加22.2%，其他大麻、药材、棉花、瓜果、蔬菜等经济作物播种面积达到2700亩。

大搞农田基本建设，有计划地建设和扩大旱涝保收、稳产高产农田，这是根本改变农业落后面貌，解决人民群众吃穿用问题的一个极其重要的战略方针。全县计划到1970年基本农田面积达到50万亩，占总土地面积的29.7%，每个农业人口平均占有1.8亩，植树造林和种草各20万亩，控制水土流失面积1385平方公里，占流域面积61.5%，水利有效灌溉面积达到60355亩，保证灌溉面积达到42012亩。1965年是实现这个任务的关键年，打好头一炮，以后就有了基础。全县计划1965年新修水平梯田1万亩，新修地边埂6万亩，整修8万亩，造林7000亩，育苗1200亩，采集树种5万斤，荒坡种草1万亩，耕地种草4000亩，治理毛沟438条，挖涝池1000个，修谷坊2000个，沟头防护350个，引洪漫地2万亩，向河争地1000亩。通过上述措施控制水土流失面积58平方公里。水利有效和保证灌溉面积各新增3000亩。在进行水土保持工作中，要贯彻依靠群众，自力更生；从生产出发，为生产服务；从实际出发，因地制宜；全面规划，综合治理；以农为主，农林结合；修管并重，防治结合；集中力量重点抓好七条方针，一块一块治理，治好一块，利用一块，管好一块，稳扎稳打，步步为营，不断扩大水土保持的治理效益。在水利工作中，要根据“以小为主、配套为主、群众为主”的方针和“巩固提高、加强管理、积极配套、重点兴建、充分发挥现有水利工程效益，并为进一步发展创造条件”的近期水利方针，本着“群众自力更生为主，国家补助为辅”“尽力而为，量力而行”和集中优势兵力、打歼灭战的原则，以城关、威戎、曹务等为主，保证完成水利新修任务，充分发挥水利现有工程设施潜力，做好灌区的清查整顿和工程配套工作，不断扩大和提高灌溉面积。在植树造林工作中，要贯彻“谁造谁有”的林业政策，正确处理林权、妥善解决造林、育林的劳动报酬和收益分配，充分调动群众造林积极性，如质如量如期完成与超额完成造林任务。

大家畜是农业生产的主要动力和肥料来源，尽快地发展大家畜对建设高产稳产田，发展农业生产有着重要作用。我们必须本着自繁自养、自力更生的方针，大抓畜牧业生产。1965年全县计划净增大家畜3150头，年终存栏48150头，比1964年预计存栏数增加7%，猪达到6.5万口，净增18.1%，羊达到1.64万只，净增12%，改良细毛羊1000只，其他鸡、鸭、兔、蜂等小家畜也要有一个相应的发展。县社都要选择草山较好、母畜较多、负担较轻、群众有繁殖经验的公社、大队、生产队，建立繁殖基地，力争在两三年内做到自给有余。

与此同时，还必须抓好今冬生产和争取明年丰收的准备工作，全面安排，统筹兼顾。当前和今冬农业生产的主要任务是：善始善终抓好秋耕、秋选，管好冬麦、洋麦和冬油料，完成冬季农田基建，搞好积肥、保畜，特别要做好牛羊口蹄疫防治，认真进行年终收益分配，安排好社员生活，积极开展冬季副业生产，增加收入。

（二）继续抓好工业、手工业生产，相应地发展和提高交通运输与邮电事业

全县工业、手工业生产及交通运输和邮电事业，1965年继续贯彻执行"调整、巩固、充实、提高"的方针，加强领导，改善经营管理，提高管理水平，提高劳动生产率，增加产品品种，提高产品质量，降低成本，节约费用，增加收入。

工业企业和手工业合作组织，要继续以支援农业为中心，面向农村，进一步发挥积极作用。1965年全县计划完成工业总产值64.64万元，比1964年增长6.2%，其中生产资料11.65万元，占总产值18%，生活资料52.99万元，占82%。1965年电力工业必须保证投入生产，全年发电40万度（注：1度=1千瓦时），完成产值2.6万元；生产铁木小农具2.03万件，修理小农具3万件。工业生产成本1965年要求在1964年的基础上降低3.5%，实现利润3.6万元，其中工业2万元，手工业1.6万元。国营工业企业从现在起要逐步把重心放在半机械化农具、运输工具、加工工具的试制、维修、配套方面，手工业社（组）继续以"修制并举，以修为主"的精神，主要做好小农具维修工作。

交通运输业，主要是改善路况，整修好静宁至红寺、静宁至甘沟、威戎至曹务3条公路路面及涵洞工程，便利群众，利于运输。提高运输效率，加强车辆维修保养，降低成本费用，更好地为工农业生产和城乡物资交流服务。1965年计划运输总量达到1.024万吨，比1964年预计增长27%，其中现代化工具运输量达6120吨，非现代化运输量达到4120吨。

邮电事业1965年计划加架甘沟至四河、威戎至曹务2条线路，共长70杆公里，更新7个邮电所交换机、保险器、电缆，更换电杆20%。根据迅速、准确、安全、方便的原则，进一步提高通讯质量，改善服务态度，更好地为社会主义革命和社会主义建设服务。

（三）切实加强财政粮贸工作，保证社会主义经济稳定上升

财贸工作要继续贯彻执行"发展经济、保障供给"总方针，大力支援农业生产。按照统筹兼顾、合理安排的原则，根据任务发展情况积极增加财政收入，节约支出；积极改进和做好农副产品的收购工作；继续改善市场供应；加强农村集市贸易管理，认真做好代替私商的工作；进一步改善经营管理，提高服务质量。

1965年初步计划财政预算总收入2158851元，比1964年预计增加15.75%，支出2158851元，比1964年增加14.36%，其中投入农业机械、轻工业、农、林、牧、水和支援农村人民公社556250元，比1964年预计增加35.52%。发放农业贷款55万元，比1964年预计放贷增长35%，其中国家放贷47万元，信用社放贷8万元。积极开展农副产品收购，支援国家社会主义建设，完成收购总值456.87万元，比1964年预计增长8.2%。社会商品零售额614.26万元，比1964年计划增长8.6%。

同时必须加强对农村集市贸易管理，发挥其积极作用，限制其消极作用，为社会主

义建设服务。继续缩小集市贸易价格与国家计划价格之间的差距，坚决打击和取缔投机倒把活动，保护农民正当的交易，上市品种、上市范围应该根据不同情况区别对待。

（四）加强文教卫生和体育工作

1965年计划新增学校86处，连同原有学校达到342处，每个公社（镇）平均22处，新增学生4950人，连同在校学生共达20166人，增加32.5%，增加电影放映站1处，病床10张，增设农村医疗保健所2处。

教育工作要认真贯彻执行教育为无产阶级政治服务，教育与生产劳动相结合的方针，积极实行两种教育制度，举办半耕半读、半工半读的学校，学生一边劳动，一边读书。这是组织阶级队伍，解决贫农、下中农子女读书的问题，是坚持教育面向贫农、下中农这样一条鲜明的阶级路线的问题。同时要加强对学生的政治思想工作，克服学生负担过重现象，提高教学质量，努力改进教学方法，把学生培养成有社会主义觉悟、有文化的劳动者，培养成革命的接班人。积极开展群众性的业余文化活动，整顿和加强业余剧团和俱乐部，引导他们演革命现代剧，读革命的书，唱革命的歌，用新的图画、对联，代替旧的封建的甚至反动的图画、对联、门神。在卫生工作上，要认真贯彻从生产出发，配合生产，为生产服务的方针和预防为主的方针，认真克服资产阶级思想作风，分期分批整顿农村基层卫生组织，以革命精神办好卫生事业。继续广泛深入地开展爱国卫生运动，切实防治严重危害人民健康的几种主要疾病、地方病和传染病，加强计划生育的宣传教育，保证人民健康，保护劳动力。体育工作要继续贯彻执行为无产阶级政治服务，为劳动生产和国防建设服务的方针，根据需要、可能，坚持业余自愿、小型多样的原则，积极开展群众性体育活动。

当前和今后一年内，摆在我们面前的任务是十分光荣和艰巨的，为了实现这个光荣的任务，我们必须采取以下措施：

（一）将社会主义革命进行到底，保证各项建设事业顺利进行。当前主要是广泛深入地开展城乡社会主义教育运动。这是一场重新教育人、改造人的斗争，是重新组织革命的阶级队伍，打退资本主义势力和封建势力猖狂进攻的斗争。以什么态度对待这一场伟大的革命斗争，是一个根本立场问题，对每一个革命者来说，是一场严峻的考验。我们应该提高社会主义觉悟，站稳立场，统一认识，进行自我革命，争取在这一场革命中改造自己。我们的任务，集中精兵、重兵，投入河西点上社会主义教育运动，在运动中锻炼干部以外，还必须认真贯彻省三届一次人民代表大会精神，切实做好农村面上社会主义教育。同时，有计划、有重点、分期分批地抓好县级机关“五反”运动。农村面上社会主义教育及城市“五反”运动，都必须坚持高标准、高质量，不惜精力、不惜时间，保质保量，善始善终。

（二）高举毛泽东思想红旗，大学毛主席著作。毛主席是当代最伟大的马克思主义者，毛泽东思想是我国革命经验和无产阶级革命、无产阶级专政经验的总结，是反对帝国主义和现代修正主义的强大思想武器，是我国人民进行革命和建设的行动指南，是促进人们思想革命化的锐利武器。我们只有努力学好毛泽东思想，才能在阶级斗争、生产斗争和科学实验三大革命运动中取得彻底的胜利和更大的成绩。各地区、各部门要把领导广大干部和群众学习毛泽东思想，当成头等重要的政治任务。学习毛主席著作主要是学习毛主席最坚定的无产阶级立场和最彻底的革命精神；学习毛主席运用辩证唯物主义和历史唯物主义的观点和方法，来观察问题、处理问题；学习毛主席深入实际、关心群众、联系群众、艰苦朴素的作风。当前主要是学习毛主席《实践论》《矛盾论》《关于正确处理人民内部矛盾的问题》《人的正确思想是从哪里来的》等哲学著作。学习毛主席著作必须坚持活学活用、学用结合、急用先学、学以致用的原则。学好毛主席著作，关键在于领导干部切实重视，以身作则。因此，县、社、队各级领导干部，特别是县、社领导干部，必须带头学好毛主席著作，并认真抓好本地区、本单位的学习。在大学毛主席著作的同时，还要认真学习党的各项方针、政策。党的政策是毛泽东思想的具体体现，我们必须不惜时间，对党的每一项重要政策充分地进行学习和讨论，学深学透，正确领会政策精神实质。

（三）继续发扬艰苦奋斗、厉行节约的革命精神，认真贯彻执行勤俭建国的方针。勤俭建国，勤俭办一切事业，是我国建设社会主义的长远方针。执行这一方针，就是用无产阶级革命精神来办一切事业，少花钱，多办事，实行多快好省。各级国家机关、企业、事业和人民公社都必须用革命精神、革命手段艰苦奋斗，厉行节约，与一切求大求全、百废俱新、讲排场、图阔气、铺张浪费及各种违犯财产制度的行为，与一切资产阶级思想影响作斗争；都必须树立全国一盘棋的思想，从全国、全省着眼，为社会主义着想，身在静宁，胸怀全国，识大体，顾全局。并在具体经济工作中，善于分清轻重缓急、先后主次，统筹兼顾，全面安排，精打细算，力求节省，把仅有的资金用在最需要的地方。

（四）加强政法、武装工作，巩固无产阶级专政。无产阶级专政是巩固和发展社会主义的基本保证，是无产阶级在两条道路的斗争中战胜资产阶级，取得社会主义胜利的根本保证。政法和武装工作又是无产阶级专政的重要工具。在当前阶级斗争复杂、尖锐的情况下，尤为重要。政法工作必须坚持依靠广大人民群众和专门机关相结合的方针，及时打击敌人破坏活动，加强对地、富、反、坏分子经常的监督改造工作。要结合社会主义教育运动，进一步做好民兵工作，整顿民兵队伍，重点抓好武装基干民兵，做到组织、政治、军事三落实，把民兵武器真正掌握在政治可靠的工人和贫农、下中农手里，真正达到毛主席所要求的“招之能来，来之能战，战之能胜”。今年整顿的主要内容是：出队入队，改选干部，总结工作，改进制度，登记统计。通过整顿做到有官有兵、有制度、有活动，切实提高民兵战斗力。

（五）改进领导作风，实现机关革命化

1. 大力提倡雷厉风行的工作作风，说干就干，干就干到底，干好，反对拖拖拉拉、松松垮垮的作风，坚决克服文牍主义、事务主义和官僚主义，大力精简会议、公文、报表，把领导干部从文件堆里、会议室里、事务圈子里解放出来。

2. 领导干部亲自蹲点，加强调查研究。县、社两级要抽出二分之一的干部深入工农业第一线，参加生产，领导生产，在毛泽东思想指导下，取得社会主义革命和社会主义建设的直接经验。领导干部蹲点要有决心，有始有终，做出成绩。凡能够蹲点的都必须分战线、分期分批，轮流下去蹲点，要把蹲点作为制度。蹲点干部原来的工作，应当妥善安排，指定专人代理，保证他们在蹲点期间不受机关工作影响。

3. 动员和组织干部参加集体劳动。必须组织干部认真地、深入地学习中央有关干部参加集体劳动的文件，要使干部懂得：不劳动就是蜕化变质的开始。在提高干部劳动自觉性的基础上，建立一套切合实际的劳动制度，合理安排干部工作、学习和劳动。各级干部必须按照中央1957年关于干部参加劳动的指示和“六十条”规定办事，积极完成规定的劳动天数。要组织各级干部学习山西昔阳干部参加劳动的革命精神，定出计划，保证实现。今后要把干部参加集体劳动作为年终鉴定和考核干部的一项重要内容进行检查。

4. 加强科学实验。科学实验必须和生产实践相结合，更好地为生产服务，特别是为农业生产服务。县、社、队各级干部都要参加科学实验活动。下到农村的县、社干部，要和当地干部、技术人员、在乡知识青年、老农一起，组成科学研究小组，大搞试验田，积极进行研究活动。县上原来确定的靳家寺等4个实验点要坚持下去，真正取得经验。今后每个生产队都要由干部加种2至5亩试验田、丰产田或样板田。通过实践，认真总结省人委提出12项科学实验项目中关于中部干旱地区粮油作物稳产增产综合研究方面的经验。科学实验是人民认识客观世界，改造客观世界和主观世界的革命运动，必须大搞、狠搞、搞彻底。各行各业在各项工作中都应该进行科学实验，在各项重大工作中，都要运用先搞试点，然后全面展开的方法，一切通过实验。

一年多来，我们取得的成绩是巨大的，当前形势是好的，摆在我们面前的任务是光荣而艰巨的，让我们更加紧密地团结在中国共产党和毛主席的周围，继续高举毛泽东思想红旗，在总路线的光辉照耀下，发扬艰苦奋斗、勤俭建国、自力更生、奋发图强的革命精神，鼓足干劲，再接再厉，兢兢业业，踏踏实实地做好各项工作，为争取明年农业生产获得一个更好收成，为争取我县国民经济的全面新高涨，为争取社会主义革命和社会主义建设的新胜利而努力奋斗。

第六章　县第六届人民代表大会

县第六届人大任期从1965年10月开始，由于1966年5月“文化大革命”爆发，人民代表大会制度随之陷于瘫痪，因此，县第六届人大任期截止时间不详。共召开代表大会1次，出席代表169名，听取和审议县人委会工作报告2项（次），县法院工作报告1项（次），作出决议1项，选举县人委会县长1名，副县长3名，委员19名；县法院院长1名；办理代表意见建议87件。

大会概况

县六届人大一次会议于1965年10月9日至15日在县委党校礼堂召开。应出席代表237名，实出席169名，王尔楷、梁守俊、田占英、王振武、徐进财、杨富清、李志明、张文彩、阎忠孝、冯国民、翟克勤、赵锡云、袁天来、周良本、马河太、杨俊元、王明、高兴亚、崔藏珍、李万禄、孙培新、王正煜22人列席会议。

王尔全、王家象、王敦厚、加治宽、马存余（回族）、史玉俊、张思维、张国政、杜思文、李维甲、李兰英（女）、李佐仓、李九利、陈友谊、李子才、杜芝秀（女）、邹振汉、吴芳兰（女）、徐培颖、海芝莲（女、回族）、崔树德、彭金山、魏礼芝、赵顺天、翟万宝25人组成大会主席团，彭金山为秘书长，崔藏珍为副秘书长；魏礼芝、王敦厚、伏智信、李佐仓、邹振汉5人组成代表资格审查委员会，魏礼芝为主任委员；徐培颖、张进甲、王尔全、张俊茂、陈友谊、李维甲、赵顺天7人组成提案审查委员会，徐培颖为主任委员，张进甲为副主任委员。

大会听取、审议并通过县人委会副县长魏礼芝所作的《县人民委员会工作报告》、县财政局副局长李维甲所作的《关于1964年财政决算和1965年财政预算（草案）的报告》、县法院院长杜友梧所作的《县人民法院工作报告》，并作出决议；会议听取县委副书记王尔楷所作的《高举毛泽东同志伟大红旗，争当社会主义革命和社会主义建设的英雄和闯将》的政治报告；听取加治宽、李万禄、张俊茂、张进甲、邹振汉、李佐仓、赵顺天、宋世明、李文秀等代表就农业生产、文教卫生、工业交通、财贸、民政、政法等工作所作的发言；选举县人委会县长1名、副县长3名、委员19名，县法院院长1名；作出《静宁县第六届人民代表大会第一次会议决议》。

大会收到代表意见建议87件，其中：农业8件，工交10件，财贸20件，文教卫生28件，政治17件，其他4件。

大会选举

县人民委员会：

县　长　李九利

副县长　史玉俊　徐培颖　魏礼芝

委　员　王家象　邹振汉　加治宽　王占歧　海芝莲（女，回族）　王尔全　李兰英（女）　赵顺天　杜芝秀（女）　崔树德　夏玉英（女）　马存余（回族）　李佐仓　李子才　李维甲　杜思文　张国政　吴芳兰（女）　王克铭

县第六届人民委员会成员个人情况表

表3-9

姓名	性别	民族	年龄（岁）	文化程度	工作时间	入党时间	籍贯	主要简历
李九利	男	汉	46	高小	1941.1	1944	山西晋城	1940年给别人当长工，1941年1月工作后，先后任农会通讯员，区委工作队员、委员、副书记、书记，统战部部长，县委副书记，古城公社书记，1961年任县委副书记兼县长，时任县长
史玉俊	男	汉	38	初中	1948.4	1947	甘肃华池	1948年工作以来历任乡长、区长、区委书记、公安局局长、公社书记、公安处副处长，时任静宁县副县长
徐培颖	男	汉	37	初中	1949.1	1949	甘肃灵台	1949年参加工作，历任区委副书记、书记，农村工作部部长，时任副县长
魏礼芝	男	汉	33	高小	1952.1	1952	静宁曹务	1952年参加工作，历任乡支书、组织委员、区委副书记、审判员、公社书记、代理公安局长，时任副县长
王家象	男	汉	36	大学	1949.10		辽宁盖平	解放前上学，在华北政治学院学习，解放后，在西北革大训练班学习，1953年以来历任平凉中学教员，副教导主任，静宁中学教员，时任静宁一中副校长
邹振汉	男	汉	33	高小	1952.5	1955	静宁曹务	1952年前在家上学、务农，1952年工作后先后在仁和区、组织部工作，曾任威戎区乡支书，民政科员，劳动科副科长，民政局副局长，公社副书记，时任县民政局副局长
加治宽	男	汉	39	高小	1943.1	1947	陕西子洲	1943年参加革命，历任战士、班长、排长、营长，时任县武装部部长

续表3–9

姓名	性别	民族	年龄（岁）	文化程度	工作时间	入党时间	籍贯	主要简历
王占歧	男	汉	41	高小	1943.8	1948	河北唐县	1943 年 8 月参加工作，历任战士、班长、排长、政治指导员，静宁花纱布公司经理，工业局局长，公社书记兼社长，时任商业局局长
海芝莲	女	回	24	初小	1961.3		静宁城关	1961 年以前在家当市民、打短工，1961 年至 1965 年 10 月在饭店当服务员
王尔全	男	汉	74	高中	1949.9		静宁城关	1949 年 9 月前在静宁中学任校长、教育督导员等职，1951 年至 1952 年 9 月任城关女子小学校长，1952 年 10 月以来任人委文教科科长、文教局局长
李兰英	女	汉	27	初中			静宁曹务	解放后一直上学，1961 年回家参加农业生产，担任团支书，时任杨沟大队妇联主任
赵顺天	男	汉	45	高中	1950.12		甘肃平凉	1950 年 12 月前在静宁城内开医疗所，任静宁福音堂干事，1950 年 12 月后曾任卫生院院长、县人委卫生科科长等职，现任县医院院长
杜芝秀	女	汉	21				静宁李店	解放前后在家务农，1961 年担任生产队队长
崔树德	男	汉	58				静宁雷大	解放前一直拉长工 26 年，解放后在家务农，1965 年被选为出席甘肃省贫下中农代表大会代表
夏玉英	女	汉	30	初小	1956.4	1954	静宁高界	从小在家务农,1956 年参加工作,任高界乡副乡长,1958 年公社化后,任公社妇联干部,1960 年任甘沟公社管委会副主任
马存余	男	回	38	初中	1949.8	1955	静宁城关	解放前曾当伪保户籍事务员，给别人拉脚，当教员，1949 年参加工作，曾任城关镇公所代理文书，县民族事务委员会干事，工商科副科长、科长，副县长，时任城川公社副主任

续表3-9

姓名	性别	民族	年龄(岁)	文化程度	工作时间	入党时间	籍贯	主要简历
李佐仓	男	汉	34	高小	1949	1948	宁夏固原	1949 年参加工作，历任科员、监狱长、科长，时任县公安局局长
李子才	男	汉	50	高小	1956.3		陕西华县	1936 年前在凉州新华书局当学徒，兰州华荣利药庄当学徒，1936 年至 1956 年在静宁相记书局工作，1956 年公私合营后为文具商店经理，时在综合商店负责
李维甲	男	汉	31	高小	1953.1	1955	甘肃宁县	1953 年前在家上学、务农，当店员、冬学义务教员等，1953 年参加工作，在治平、城关粮站工作，时任财政局副局长
杜思文	男	汉	48	初小		1954	静宁威戎	1952 年前在家务农，1952 年起曾任劳神大队农会主任、农业社主任，时任劳神大队党支部书记
张国政	男	汉	36	高小	1945	1947	山西沁原	1945 年参加革命，历任教师，农会干部，区分队队长、区长，代理区委书记，民政科科长，合作部部长，安口工业党委书记，静宁县副县长，时任县委副书记
吴芳兰	女	汉	24				静宁城川	1962 年 11 月以前在家务农，1962 年 12 月担任城关公社张景大队副大队长
王克铭	男	汉	30	高小	1955.10	1956	静宁雷大	1955 年前在家上学、务农，1955 年参加工作后，历任乡文书，公社党委文书、副主任，时任团县委副书记

县人民法院：

院　长　杜友梧

附：

县人民委员会工作报告

（县人民委员会副县长魏礼芝　1965年10月9日）

一、社会主义革命和国民经济建设成就

从1963年第五届人民代表大会第一次会议以来，全县人民在党中央、毛主席和上级政府的领导下，在县委的直接领导下，高举毛泽东思想伟大红旗，坚持社会主义建设总路线，贯彻执行以阶级斗争为纲，以生产为中心、抓革命、促生产的方针，深入进行阶级斗争、生产斗争、科学实验三大革命运动，认真贯彻执行国民经济以农业为基础，以工业为主导及调整、巩固、充实、提高的方针和一系列具体政策，发扬了自力更生、奋发图强、艰苦奋斗、勤俭建国的革命精神，在社会主义革命和社会主义建设的各条战线上，取得了新的巨大的成就。目前无论在政治、经济、思想文化和军事战线上都是一片大好形势。

1963年以来，我们根据党的八届十中全会精神，遵循毛主席关于阶级、阶级矛盾和阶级斗争的指示，在全县农村开展了面上社会主义教育工作，在原城关公社初步进行了社会主义教育试点，县级机关74%的单位开展了“四清”运动。在面上社会主义教育工作中，初步整顿和调整了有问题的领导班子，加强了各级领导；大张旗鼓地打击了地、富、反、坏的反攻倒算和犯有严重“四不清”错误干部的打击报复行为，打击了歪风邪气和贪污盗窃、投机倒把活动；正确处理了“小自由”，刹住了单干风，巩固和壮大了人民公社集体经济；广泛宣传了“双十条”“二十三条”；县社两级召开了贫代会、三干会、四干会，通过忆苦思甜，大揭阶级斗争盖子，从队到社、到县层层建立了贫下中农组织，为贫下中农撑腰壮胆，树立了阶级优势。同时，坚持“说服教育，洗手洗澡，轻装上阵，团结对敌”的方针，启发各级干部自我革命，自觉放包袱，不仅使他们认识了“和平演变”的危害，而且初步解决了一些一般“四不清”问题，解放了干部的大多数，密切了干群关系。

经过社会主义教育工作的深入开展和全省点上社会主义革命的影响，通过大学毛主席著作，广大干部和群众的阶级觉悟大大提高，思想精神面貌有了很大变化，革命精神大振，革命干劲和劳动热情空前高涨，到处呈现一片革命的气象。

社会主义教育成为带动一切工作的纲，既带动了农业和工业生产的发展，也带动了财贸工作和文教卫生事业的发展。

农业生产方面：经过认真贯彻执行“以粮为纲，多种经营，全面安排”的方针，全县农业生产有了较快的恢复和发展。粮食生产1963年获得了全面大丰收，产量接近1957年水平，比1962年增长1倍。去年以来，虽然连续遭受了各种自然灾害的侵害，但由于全县人民的共同努力，仍然取得了较好的收成。去年粮食单产108.4斤，总产15009万斤，今年预算单产107斤，总产15039万斤，比1962年分别增长75%和76%。油料1963年、1964年两年总产量比1962年平均增长4.76倍，今年估计可达424万斤，又比去年增长5.2%，是1959年以来油料产量最高的年份。同时，还出现了许多大面积的高额丰产田。城川公社靳寺大队2008亩冬小麦，预计亩产平均332斤，比1964年增产35.9%。威戎公社新华大队一、二生产队200亩玉米，估计亩产600斤以上，比周围队增产近1倍。

为了扩大稳产高产农田面积，不断提高单位面积产量，使农业生产持续向前发展，我们动员全县人民大搞了农田基本建设。3年来，共治理水土保持面积150平方公里，占解放以来治理总面积的15%，今年又比去年增长2.14倍，是16年来进度快、质量高的一年。3年共完成造林面积23417亩，占原有林地面积15%。今年春季造林完成

13630亩，比去年全年造林面积还超过60%。3年来共新修、整修渠道14条，扩大有效灌溉面积12910亩，增加保证灌溉面积13654亩，相当于现有灌溉面积的41%。由于水土保持、植树造林和农田水利的发展，全县实现旱涝保收、稳产高产农田32468亩，这些农田基本建设和旱涝保收田在抗击各种自然灾害，特别是在抗击旱、洪灾害中，已经显示并将继续发挥它的作用。在国家大力支援和全县人民的积极努力下，东峡水力发电站今年已经建成，并在五一节正式投入生产。这在我们静宁历史上是一个伟大建筑，是全县人民的一件大喜事。它不但解决了我县工业生产的动力，而且改变了县城面貌，在今后工农业生产建设中，将继续发挥它的应有作用，尤其使人们看到了社会主义的伟大前程，增强了革命和建设的信心。

在发展农业生产中，还突出地大抓了肥料、良种、植保及新式农具的推广工作。施肥面积逐年扩大，施肥量逐年增加，现在施肥面积一般保持在95%以上，施肥量比1962年增加30%以上，先后还推广化学肥料28万多斤。平田整地愈来愈多，愈来愈细，茬地过冬及连茬下种的现象大大减少。良种推广工作发展更快，全县1963年以后引进试种小麦、豌豆、玉米、莜麦及胡麻良种达124个。良种面积共达107万亩，约占集体粮油面积的79%。在植保工作中，积极推广药剂拌种、土壤消毒及病虫害防治工作。近两年来突出进行了防锈斗争，今年防治锈病面积占小麦面积的63%，基本控制了锈病发展。同时经过连续防治，基本控制了多年以来危害农作物的糜子钻心虫，玉米、高粱黏虫，小麦黑穗病。新式农具推广工作也有很大发展，目前农村中使用的架子车达800多辆，新式农具近100部，喷雾、喷粉器500余架。

畜牧业生产，由于认真贯彻执行了党的各项具体政策，恢复发展很快。从1963年到今年上半年，大家畜比1962年净增8690头，增长22%，达到47848头，今年预计可达5万头，比去年增长8%。猪1964年达到历史上最高水平，比解放后养猪最多的1958年还高出8%，今年上半年存栏65055口，比去年同期增长4.4%，平均每户有猪1.4口。羊只今年上半年存栏数比1962年增长48%，比去年同期增长20.7%。在大抓畜牧业发展的同时，还注意品种改良工作。近年来，全县改良细毛羊200多只，繁殖驴、骡子1000多头，先后引进大小家畜优良品种500余头。同时还大力开展了牲畜疾病防治工作，培训了近200名兽医人员。除加强猪瘟、羊瘟防治外，去年还突击扑灭了牛羊口蹄疫，保证了农业生产。

随着农业生产的发展，多种经营也有了很快的发展。据年终收益分配方案统计，副业收入1963年比1962年增长14%，1964年又比1963年增长16%，今年预计也将比去年好。

工业交通运输方面：两年多来，我县工业生产，在增产节约运动推动下，产量稳步上升，质量有所提高，成本有所下降。1963年工业总产值完成计划的104.5%，1964年又比1963年增加20%，今年9月又比去年同期增加18.6%；产品总成本1963年比1962年降低2.1%；1964年6种地方工业产品单位成本比1962年降低3.94%；21种手工业产品单位成本平均降低4.65%。今年以来，地方工业产品的单位成本又比原计划降低5%；

手工业12种可比产品单位成本又比去年降低了1.87%。3个厂、16个手工业社（组）都有盈利，1963年至1965年实现利润占计划120%。手工业合作组织根据农村需要，在红寺、高界、原安、李店等地恢复和建立手工业社7个，农具修配网点30多处。并根据修造并举、以修为主的原则，大力组织工人下乡上山，巡回检修各种农具3万多件、运输车辆近1000辆，有力地支援了农业生产。

交通运输工作，1963年完成货运量4835吨，货物周转量184834吨公里，今年上半年完成货运量10741吨，货物周转量263160吨公里。两年多来，整修县社道路15条，长达263公里，修建桥涵15座，维修14处。

邮电部门在扩大投递，维修线路，提高通讯质量，扩大报刊发行量，改善服务态度方面都取得了很大成绩。两年多来，邮路和农村投递路线由9条增加到16条，投递大队、生产队分别由38.1%和27.2%扩大到83%和37%；报刊发行增长4倍多；线路大修138.23杆公里，中修168杆公里，维修298.4公里，保证了通讯。

财贸工作方面：随着国民经济的全面好转，特别是农业生产的恢复和发展，财贸工作根据“发展经济，保障供给”的总方针，在积极支援社会主义革命和社会主义建设方面，在为农业生产和人民生活服务方面取得了很大成绩。农副产品收购量逐年上升，粮油征购，1963年、1964年两年都超额完成了任务。今年到9月底已完成全年任务的97%；油料已经完成全年任务的28.9%；其他农副产品收购总值1963年比1962年增长94.6%，1964年又比1963年增长80.7%，今年预计将比去年又有较大幅度增长，其中生猪已超额16%、鲜蛋超额1.4倍完成了全年任务。商品供应状况显著改善，社会商品零售额1963年比1962年有所增加，1964年比1963年增加15.4%，今年又比去年同期增加2.5%。企业管理水平也有了很大提高。

财政收支平衡，并略有回笼。收入任务连年超额完成，1963年超额20%，比1962年增长11%，1964年超额11%，比1963年又增长47.6%，今年9月底已完成全年任务的84.7%，比去年同期增长4.5%。在支出方面，由于坚持了按计划、按预算办事的原则，压缩了社会集团购买力，对计划内、预算内的大力支持，及时拨款，对计划外、预算外的，坚决堵住。几年来，在全县范围内还清理出“小钱柜”资金6.8万多元，集中了财力、物力，支援了经济建设。

在金融工作上，继续深入基层，深入企业，深入社队，加强信贷监督，帮助精打细算，安排财务收支计划，安排资金运用，充分挖掘物资和资金潜力，使有限的资金最大限度地发挥效能，打击了高利贷，支援了农业生产。同时，国家为了减轻农民债务负担，豁免了1961年底以前农村赊销、预付、预购定金、农业贷款等4项欠款100多万元。

在物价工作上，对主要商品和服务行业全面进行了审价。经过有计划地、不断地合理调整，物价继续稳定，价格水平基本合理，工农业产品交换基本上也是等价的，两个市场的价格日益接近，人民群众的生活水平不断提高，城乡储蓄余额1963年比1962年增长4.6%，1964年比1963年增长30.2%，今年9月底又比去年同期增长16.8%。

农村集市贸易，经过两年整顿，打击了投机倒把，保证了农民合法交易，活跃了城乡经济。

文教卫生及体育工作方面：根据“教育为无产阶级政治服务，教育与生产劳动相结合”的方针，积极进行了教学改革，积极推行两种教育制度，发展了耕读学校，提高了贫下中农子女入学率。全县现有学校比1962年增长4.8倍，在校学生比1962年增长4.5倍，占学龄儿童的58%，贫下中农儿童入学占67%。耕读学校和民办小学占学校总数的85%。这些学校绝大多数都是去年和今年办起来的，深受广大群众欢迎。继续加强了群众文化活动，创办了一批社会主义文化室，初步占领了农村文化阵地。继续加强了卫生医疗工作，大力组织医生下乡，成药下乡，抽出三分之一的义务工作者，深入到队，为农民防病治病。同时大力培养农村防疫员、卫生员、接生员，现在每个大队有卫生员1至2人。继续加强了体育活动，广泛利用节日和业余时间，开展多种多样的群众性体育活动。两年多来，农村体育活动发展很快，这对增强人民体质，为今后进一步开展国防体育活动创造了条件，打下了基础。

民政和民族工作方面，也取得了不少成绩，发放了各项社会救济款、少数民族补助费，解决了受灾地区和贫下中农社员生产、生活上的许多困难。进行了拥军优属活动，全县普遍实行了优待劳动日制度，帮助烈、军属安排好生活。同时，还帮助复员退伍军人治疗疾病，使许多人恢复身体健康，参加了集体生产劳动。所有这些，对现役军人安心部队工作、学习和今后部队补充兵员具有积极作用和重要的意义。

我们在社会主义革命和社会主义建设方面所取得的这些伟大成绩，是战无不胜的毛泽东思想的胜利，是党的建设社会主义总路线的胜利。这是全县人民高举三面红旗的结果，是我县开展面上社会主义教育工作和全省进行社会主义教育运动影响的结果，是贯彻执行了党中央、国务院一系列方针政策的结果，是坚持自力更生、奋发图强、艰苦奋斗、勤俭建国方针的结果，是全县人民群众和广大干部辛勤劳动和积极努力的结果。

事物总是充满矛盾，“一分为二”是事物发展的客观规律。所以我们在检查总结工作的时候，应当遵循毛主席的指示，坚持“一分为二”的观点，树立不断革命的思想。我们不论是分析形势也好，估计任何工作也好，都要一分为二。既要看到大好形势，也要看到阶级斗争和生产斗争错综复杂的情况；既要看到成绩和优点，也要看到缺点和不足；既要看到有利形势，也要看到不利条件。当前仍然存在着严重的、尖锐的阶级斗争。我县虽然开展了社会主义教育工作，但基本上还没有进行系统的社会主义教育运动，群众还没有充分地发动起来，革命的阶级队伍还没有完全组织起来。对于走资本主义道路的当权派问题，还没有彻底解决，有些单位的领导权不在我们手里，或不完全在我们手里。反对社会主义的阶级敌人还没有受到严重打击，反动气焰还很嚣张。前一段我们遭受干旱威胁的时候，阶级敌人的破坏活动又有所抬头。现在阶级斗争严重、尖锐的情况并没有发生根本变化。更值得我们注意的是，有许多人对阶级敌人主要是用“和平演变”的方式企图恢复资本主义的特点认识不足。我们必须牢牢记住党中央和毛主席的教导："在无产阶级革命和无产阶级专政的整个历史时期，在由资本主义过渡到共产主义的整个历史时期（这个时期需要几十年甚至更多的时间），存在着无产阶级和资产阶级之间的阶级斗争，存在着社会主义和资本主义两条道路的斗争。被推翻的反动统治阶级不甘心于灭亡，他们总是企图复辟。同时，社会上还存在着资产阶级倾向。因此，在人民中还有一些没有受到社会主义改造的人，他们人数不多，只占人口的百分之几，但一有机会，就企图离开社会主义道路，走资本主义道路。在这种情况下，阶级斗争是不可避免的。"同时在各项建设事业中，也还存在着许多缺点、问题和困难。在农业生产上，我们的家底薄、基础差，全县约有20%至30%的生产队，生产力没有完全恢复，他们在吃穿用方面还存在着许多困难。特别是农业的现代物质技术基础很差，大面积农田还不能达到稳产高产要求，抵抗不住自然灾害袭击，影响着农业生产稳定上升。在工业、手工业生产上，由于经营管理不善，技术水平不高，目前仍然是成本高、品种少、产量低、质量差，因而产销矛盾未能解决。在财贸工作上，"发展经济，保障供给"的总方针没有具体贯彻到各项业务工作中；在财贸人员中，三大观点和两个服务的思想没有完全树立起来；商品流通路线还不合理；物价工作、对私改造和市场管理上，也还存在着不少缺点和问题。在文教卫生方面，两种教育制度有些人还认识不足，因而耕读学校发展不快，办起的要巩固，还需做大量工作；医疗卫生方面也存在着许多问题，农民群众防病治病还有不少困难。只有这样一分为二地看问题，我们才能增强胜利信心，意气风发，同时又不骄傲自满，在新的形势和任务面前，不断革命，不断前进。我们坚信，在党中央和毛主席的英明正确领导下，有总路线的光辉照耀，有各级党委和政府的直接领导，只要我们抓住阶级斗争、两条道路斗争之纲，继续发扬自力更生、奋发图强、艰苦奋斗、勤俭建国的革命精神，充分发挥群众的积极性和创造性，任何缺点、问题和困难都是可以克服的，我们静宁的社会主义革命和社会主义建设事业一定能够继续阔步前进。

二、今后任务

目前美帝国主义正在扩大侵略越南的战争，严重地威胁着我国的安全，随时有可能把战火烧到我国来，我们的各项工作都要立足于战争，以战备的精神，搞革命、搞建设、搞生产，随时准备援越抗美和抗美卫国。同时，从明年起，我国将开始实行发展国民经济的第三个五年计划，这是一个伟大而艰巨的任务。我们必须身在静宁，眼望全省、全国、全世界。甘肃是祖国战备后方的重要组成部分，在建设祖国战略后方的伟大斗争中，静宁人民负有重大责任。根据这个要求，要坚决地把社会主义革命进行到底，把社会主义建设搞上去，为把静宁建设成一个稳固的粮油基地贡献出自己的力量。为此，1966年全县人民的任务是：更加坚定地继续高举毛泽东思想伟大红旗，贯彻执行党的社会主义建设总路线，继续坚持以阶级斗争为纲，以生产力为中心的方针，抓革命、促生产，认真做好面上社会主义教育工作，力争各项建设事业大发展，千方百计夺取农牧业全面大丰收，为实现第三个五年计划打好基础，创造良好开端。

社会主义教育运动是推动我国社会前进的伟大动力，是使我们国家永不变色的伟大的革命运动，也是搞好备战和社会主义建设的根本保证。我们要坚持以阶级斗争为纲，以社会主义和资本主义两条道路斗争为纲，把社会主义革命进行到底。那种等待革命，或者只抓生产，不抓革命的想法都是错误的。我县今后一个时期内，主要任务是搞好面上社会主义教育工作。县上计划在这次大会以后召开四干会和贫下中农代表会，组织学习“二十三条”，启发干部自觉，号召和组织他们洗手洗澡、放包袱，使干部中大量的一般性问题，基本上得到解决，团结干部大多数，鼓足干劲，发展生产。县上会议结束后，继续全面地向广大群众宣传“二十三条”，结合年终分配，进行当年经济四清。对那些领导权不在我们手中的地区，放手发动群众，进行夺权斗争，把领导权坚决夺过来；对阶级敌人的反攻倒算等破坏活动，有领导地开展斗争；对性质严重的打击报复、反攻倒算案件，发动群众，大张旗鼓地进行处理。

阶级斗争、革命运动是促进生产发展的动力。革命的目的归根结底是为了解放生产力，发展生产。我们必须在社会主义教育工作的推动下，大抓生产建设，特别是大抓农业生产，把革命和建设正确地结合起来。

在农业生产战线上，继续贯彻执行“以粮为纲，多种经营，全面安排”的方针，进一步发扬大寨的革命精神，埋头苦干，奋发图强，自力更生，力争1966年农业生产获得大丰收，超过历史上最高水平。全县计划粮食播种面积保持139.14万亩，单产达到136.5斤，总产19000万斤，比1965年预计产量增长26.3%。油料面积保持7万亩，单产65斤，总产455万斤，比今年预计产量增长7.2%。大麻播种100亩，单产38斤，总产3800斤，药材、瓜果、棉花等都要有相应的发展。

必须狠抓农业八字宪法，大搞农田基本建设，逐步扩大旱涝保收、稳产高产农田，提高单位面积产量，从根本上改变我县农业落后面貌。1966年计划治理水土流失面积100平方公里，造林1500亩，育苗2800亩，种草45000亩，扩大灌溉面积和提高保证灌溉面积各4000亩。水土保持工作必须贯彻以建设稳产高产农田为中心，治理坡耕地为重点，依靠群众、自力更生，修、管并重的原则，紧密结合解决“三料”俱缺困难，从现有农田入手，大搞农田基本建设。大量种植速生乔灌林和苜蓿、草苜蓿，培植苜蓿带。植树造林，要因地制宜，什么树肯活，长得快，就种什么树。积极发展经济林，加强河床两岸及公路两旁树木的种植与管理。葫芦河的护岸林争取两年完成。同时要贯彻谁造谁有的政策，规划地点，确定造林基地。积极开展私人造林。国家集体造林都要自插自育，哪里种树就在哪里育苗，种什么，育什么。机关单位的生产用地要全部育苗，不许种庄稼。并本着三分种、七分管的精神，加强护林工作。兴修水利，要贯彻“大寨精神，小型为主，全面配套，狠抓管理，更好地为农业增产服务”的方针，依靠群众，自力更生，积极配套，发展自流灌溉，大力发展低程提水灌溉。以解放渠为重点，完成东峡南、北渠、新渭、庙堡、新华五渠配套，整修扩建前进渠、永丰渠，开发西干渠。有计划地帮助社、队安装水轮、水锤泵等提水机械。肥料工作要贯彻“以农家肥为主，畜肥为主，自力更生为主，贯彻集体积肥与农家积肥同时并举，数量质量并重”的方针，狠抓积、管、用。1966年要求粮油每亩平均施肥2500斤以上，比今年提高48%。全县各地都要积极推广靳寺、张景大队生粪上山、地头积肥的先进经验。加强厕所、畜圈基本建设。用革命的精神，移风易俗，逐步解决烧粪问题。积极发展绿肥，绿肥费用小，收益大，见效快，1966年各地都要积极试种绿肥作物，大搞绿肥坑。土地宽广地区实行草田轮作。认真贯彻肥料政策，多奖少罚，摊派任务，及时收交，分等论价，合计付酬，进一步推动广大群众积肥投肥积极性。

畜牧生产，要贯彻“自繁自养，自力更生”的方针，1966年要求大牲畜达到53500头，增长7.1%。羊达到12.68万只，增长13.2%。猪达到7.9万口，增长7.1%。大家畜继续以灵芝、曹务、原安为繁殖基地，有条件的地区都要建立母畜群或确定繁殖母畜专作繁殖。猪要贯彻“公养私养并举，以私养为主”的方针，生产队要集体喂养3至5口母猪，社员每户要养1.5口肥猪。积极扶持贫下中农自力更生发展养猪，认真帮助解决猪源、资金、猪圈等各种困难。羊要突出解决饲草、饲料及圈场，要妥善安排草场，特别是要积极抓好冬季贮草，千方百计制止冬春乏弱死亡。积极大抓优良品种，大力发展细毛羊。积极进行牲畜疫病防治，贯彻防治并重的原则，以消灭猪瘟、鸡瘟为中心，全面加强防疫工作，大力扑灭和控制其他疾病，保证畜体健康，槽头兴旺。

建立良种繁殖体系，全面加强植物保护工作。种子工作要贯彻“自选、自繁、自留、自用为主，外援为辅”的方针，县上办好繁育场，公社办好种子队，生产队办好种子田，逐步实现小麦、玉米、高粱、糜谷、洋芋及胡麻等主要作物良种化。各地从现在起，就要进一步抓好秋田选种，提高种子纯度，认真做好良种经常性更新工作。以种子为中心，积极做好防锈、药剂、拌种、土壤消毒等植物保护工作，减轻地下虫害及秋田黑穗病、白发病。同时要加强抗旱、防洪、消雹、防冻等工作，减少灾害威胁。

必须进一步贯彻“以粮为纲，多种经营”方针，克服只抓粮食，不抓多种经营的倾向，广开副业门路，千方百计增加收入。我县今后要突出大抓种植性的副业生产，广泛利用地边地角，土坑渠畔，荒沟野山，房前屋后等空地种苇子、花椒、药材、瓜果、蔬菜、小茴香及木本粮油。大量养殖猪、鸡、鸭、蜂等。开展四坊，编山货，生产队还可以办一些亦工亦农的小型厂、场。1965年要求每户收入现金40元，今冬明春每个社员收入5至10元。

工具改革和使用新式农具在我县是最薄弱的一环，必须本着积极稳步的原则，引、改、创结合，从当前占用劳力、畜力最多的农活出发，在现有基础上，先易后难积极改良、试制。推广使用新式农具，重点抓好深耕、运输、磨面工具，结合大抓中耕除草、车马挽具、打碾、收割、植物保护工具的改良工作。1966年要求推广山区步犁800部，继续试验和推广七寸简化犁、架子车、玉米脱粒机、两用铡草机、风力磨及轴承磨等，为逐步实现农具机械化半机械化创造条件。

为了保证农业生产持续发展，还要进一步贯彻执行党对农村的各项方针政策，调动广大群众生产积极性。全面执行基本口粮加按劳分配的口粮分配办法，正确处理积累与消费的关系，安排好群众生活。随着生产的不断发展，在保证社员收入增加的前提下，适当扩大公共积累，丰收地区还要多积累一些。要提倡生产队和社员适当搞一些贮备粮，备战、备荒。要按“六十条”的规定继续处理好社员多划自留地、多开荒地和超过规定自留羊只的遗留问题，认真清理林权，逐步推行大牲畜集体喂养的办法。

当前要继续以三秋为中心，突出抓好秋收、秋播扫尾，集中抓好秋耕，结合进行水土保持和积肥；秋后封冻前，以农田基本建设为中心，结合搞好生产过冬和种植性副业生产；封冻后到春耕前，以肥料基本建设和积肥送粪为中心，结合搞好冬季副业生产；开春后以备耕生产为中心，结合生产，继续搞好三大建设。

在工业交通运输战线上，继续贯彻以农业为基础，以工业为主导发展国民经济总方针，发扬自力更生、奋发图强的革命精神，进一步提高企业管理水平，充分利用现有电力和设备条件，大搞手工操作机械化，提高劳动生产率，增加品种，提高质量，降低成本，更好地为农业生产服务。比1965年预计完成数增长11.3%。工业生产可比产品总成本计划在1965年基础上降低8%。同时要根据修造并举、以修为主、因地制宜、质量第一、不误农时的原则，组织工人下乡上山，巡回检修到队，修配中小型农具，做到包修、包换、包退。

交通运输工作，继续贯彻“切实整顿，加强养护，积极恢复，逐步改善”的方针，采取集中优势兵力、打歼灭战的办法，对县境道路全面进行一次整修和铺砂，改善路况。要求把静秦、威曹两条公路达到风雨无阻的标准。修通县城至原安、灵芝的山区公路。加强车辆维修保护，提高运输效率，降低费用成本，更好地为工农业生产和城乡物资交流服务。1966年货运量计划完成19700吨，比1965年预计完成数增长15.4%。

邮电事业，1966年计划增设邮电代办所2处，农村大队全部达到投递，生产队投递达到50%。同时根据迅速、准确、安全、方便的原则，更新和大修农村电话线路94杆公里，进一步提高通讯质量，改善服务态度，更好地为社会主义革命和社会主义建设事业服务。

在财贸战线上，必须继续贯彻“发展经济，保障供给”的方针，面向农村，更好地为生产服务，为人民生活服务，千方百计适应备战、后方建设和工农业生产新高潮的要求。

商业工作要贯彻“及时收购，积极推销，生意做活，活而不乱”的原则，继续做好农副产品的收购工作。1966年计划完成收购总值440.5万元，比1965年预计完成增长13.5%。同时，要安排好农村人民生活，做好农村的生产资料和生活资料供应工作。1966年社会商品零售额初步计划完成804.6万元，比1965年预计完成数增长6.7%。坚决按经济区域组织商品流通，精简企业管理机构，减掉不必要的中间环节，充实业务第一线。同时要切实改进农村工业品供应，积极组织工业品下乡，并根据农村特点，改进经营方式，合理设置网点，下乡上山，送货上门，便利群众购销。要继续推行勤俭办企业的方针，改进企业管理，大练基本功，进一步提高服务质量，降低流通费用。

粮食工作，要切实贯彻执行“及时收购，同时安排”的原则，积极完成国家分配的粮油征购任务。对畸轻畸重地区逐年进行调整，逐渐达到公平合理，进一步解决同一生产队又购又销的问题。城乡粮食销量要继续注意控制，按计划销售，不突破指标。粮食部门要帮助生产队做好贮备粮的保管工作。大力宣传计划用粮，节约用粮，提倡城乡居民把自己的节余粮食贮备起来。

财政金融工作，要积极开辟财源，组织收入，坚持有多少钱办多少事、少花钱多办事的原则。坚决压缩某些不急需和可以节约的开支，力争做到财政收支平衡。1966年初步计划总收入166.3万元，较1965年预计收入增长7.1%，支出计划208.3万元，比1965年预计支出增长40%。同时要继续抓紧清理“小钱柜”，促进各个部门增加生产，厉行节约。切实贯彻执行勤俭办企业，勤俭办一切事业的方针，积极做好工商流动资金的管理工作，支持工业部门按照国家计划增加生产，提高质量，增加品种。支持商业部门及时收购，积极推销。按照以经济区域组织商品流通的新情况，改进结算工作。支持穷队和贫下中农，逐步改变经济贫困面貌。加强对各项农业资金的拨款监督工作。协助生产队管好用好资金。

同时，要进一步加强对合作商店、合作小组和个体商贩的社会主义改造，坚决反对投机倒把活动和资本主义经营作风。继续加强市场管理，把政治教育、经济措施、行政管理这三个方面正确地结合起来，巩固和发展社会主义统一市场，更有力地促进工农业生产新高潮。

在文化教育战线上，必须继续贯彻执行“教育为无产阶级政治服务，教育与生产劳动相结合”的方针，积极推进两种教育制度，大力发展和巩固耕读小学，积极试办农业中学和农业中等技术学校，适当发展全日制中小学。大力开展农村业余教学。到1967年耕读学校发展到550所，比现有学校增长15%，入学儿童达到适龄儿童70%左右。在曹务、红寺、灵芝、城川4社兴办农中4所，入校学生达到500人左右。计划在司桥、三合建立全日制完小各1所，入校学生达到250人左右。从今冬开始两个大队成立1所业余学校，按照不同程度，以扫盲为主，普及教育。要普遍建立社会主义文化室，通过文化室组织广大群众学习毛主席著作，宣传党的方针政策，演革命戏、唱革命歌曲、办冬学、办黑板报、读报纸、学文化、讲卫生、开展文娱体育活动，使文化室不仅成为组织群众进行文娱活动的中心，而且成为社会主义教育、兴无灭资的思想阵地。举办文化室，开始内容不必求全，任何时候都不要搞形式主义，不要讲排场，更不能耽误生产。要继续组织医务人员下乡，为农民防病治病，为农村培养医务人员。认真调整、改造和充实现有农村卫生机构和卫生人员，逐步建立农村卫生网。认真加强对个体医生的管理。要继续提倡晚婚，大力宣传节制生育。进一步开展“两管一灭”（管粪、管水、灭“四害”）为中心的爱国卫生运动。体育工作必须根据业余自愿、小型多样、单位自办的原则，以军事体育为主，以民兵为骨干，全面普及，利用多种形式，广泛开展群众性体育活动，但注意不要妨碍生产。

在军事工作上，要认真加强民兵建设，实行全民皆兵的制度。这是我们巩固国防，防御帝国主义侵略的根本措施，是打败帝国主义武装侵略的可靠保证，是巩固无产阶级专政的工具，是我国人民武装力量的重要组成部分，是人民解放军的有力助手和强大后备力量。几年来，我县民兵组织结合社会主义教育工作进行了多次整顿，在全体民兵中进行了形势、阶级斗争、战备、援越抗美等一系列的政治思想教育，大大提高了全体民兵的爱国主义和国际主义思想，增强了国防观念。广大民兵在阶级斗争、生产斗争和科学实验三大革命运动中起了积极作用，保卫了生产，维护了治安，监视了四类分子的破坏活动。同时建立了一批武装基干连、排和重点连排，进行了战备训练和军事演习，使这些连队达到了召之即来，为参军参战、保卫祖国做好了准备。今后各级人民委员会应当进一步加强对民兵工作的领导，把民兵工作列为重要议事日程，定期讨论，经常检查，彻底克服“只要钱，不要枪，只抓文，不抓物”的倾向。积极加强民兵组织整顿、军事训练和政治思想教育工作，切实达到三落实。毛主席关于三落实的指示，指明了民兵建设的方向，规定了民兵建设的任务，具有伟大的战略意义。这是在当前国内外阶级斗争的新形势下，对付美帝国主义和一切反动派的反华阴谋、准备粉碎敌人发动侵略战争、巩固无产阶级专政的重大战略措施。组织、政治、军事三落实是互相联系的，缺一不可。但政治落实是第一位，是关系到枪杆子是否能完全掌握在政治上可靠的贫下中农手里的问题。政治不落实，组织落实和军事落实是靠不住的。我们必须积极努力，兢兢业业，踏踏实实地实现民兵工作三落实。继续加强对民兵进行阶级和战备教育，坚持四个第一，发扬三八作风。教育全体民兵，克服麻痹思想，树立战备观念，做到身站家门口，眼望全中国，胸怀全世界，一声令下，召之即来，来之能战，战之必胜，担负起保卫社会主义革命和社会主义建设的光荣任务。

此外，民政工作必须以革命精神做好拥军优属和社会救济工作，坚决克服只讲照顾、不讲革命精神的忽视政治的倾向，使优抚、优待补助工作更好地为战备服务。同时要积极做好复员、退伍军人的安置和保护军婚等工作。

不论搞农林、搞工业、搞军事、搞一切事情，都要高举社会主义建设总路线的旗帜，坚持自力更生，走大寨之路，走火烧沟之路。不要眼睛向上，依赖国家。有些社队国家支援很多，反而助长了依赖思想，生产长期上不去。要突出强调树雄心，立壮志，要有革命志气，革命干劲，当革命建设的闯将，敢于革命，敢于胜利，敢于改变自然面貌。这次大会应着重讨论一下自力更生问题，生产搞得好的社队，是把粮食分光、吃光、大吃大喝、铺张浪费呢？还是适当多搞一些积累，扩大再生产，适当多搞一些储备粮，备战备荒呢？生产搞得不好的社队，是依赖国家救济，还是大搞生产自救？我们这次会上讨论了，回去还应当发动全体社员讨论，特别是那些国家支援很多，生产长期没有赶上去的社队，要发动群众反复讨论自力更生问题，发动大家算一算账：国家支援我们多少？我们给国家贡献多少？以激发广大群众自力更生，奋发图强，改变落后面貌的革命志气，坚决走大寨之路，走火烧沟之路。

三、高举毛泽东思想伟大红旗，切实改进领导作风

当前，我们面临的任务是光荣的，也是繁重艰巨的，必须进一步提高领导水平，改进领导作风和工作方法，以适应新的形势和新的任务的要求。提高领导水平，改进

领导工作作风和工作方法的关键在于认真学习毛泽东思想，坚持在一切工作中用毛泽东思想挂帅。现在全县无论机关、工厂、企业、学校、农村中，已经掀起了学习毛泽东著作的群众运动，并且涌现出许多学习先进单位和积极分子，成为推动阶级斗争、生产斗争、科学实验三大革命运动的强大动力。但是，就全县来说，学习开展还不够平衡，自觉性还不够高，学用结合还不够好。我们应当继续努力，把学习毛主席著作运动更广泛、深入和持久地发展下去。这就必须深入地进行思想发动工作，大讲毛泽东思想的威力，大张旗鼓地宣传毛泽东思想的伟大意义。毛泽东思想是帝国主义走向崩溃、社会主义走向胜利的时代，在中国革命的具体实践中，在党和人民的集体奋斗中，应用马克思列宁主义的普遍真理，创造性地发展了马克思列宁主义。毛泽东思想是中国人民革命和社会主义建设的指南，是反对帝国主义的强大思想武器，是反对现代修正主义和教条主义的强大的思想武器。我们学习毛泽东思想，首先要学习毛泽东最坚定、最彻底的革命精神和最灵活最灵巧的斗争艺术；学习毛主席的世界观和方法论，学习他如何从无产阶级立场出发，运用辩证唯物主义和历史唯物主义的观点和方法观察解决问题；学校毛主席永远紧紧地同人民群众站在一起，全心全意为人民服务的精神；学习毛主席深入群众、深入实际，联系群众的作风和刻苦的学习精神。要采取各种形式和方法启发和提高全体干部和广大群众的自觉性。学习的自觉性越高，学习热情就越高，就能够学习得更经常、更有成效。要带着阶级感情学，活学活用，在实践斗争中学，特别是在工作中遇到问题时学。通过学习，检查每个人的立场、观点和方法，总结经验教训，一步一步地、更完善地领会和掌握毛主席著作的精神实质。要继续加强对学习毛主席著作运动的领导，在布置工作时，首先布置学习，检查工作时首先检查学习，汇报工作时首先汇报学习，总结工作时首先总结学习。并通过定期或不定期地召开学习座谈会，进行督促检查，总结交流经验，推广典型。特别是各级领导同志要以身作则，带头学好，身教胜于言教，不能正己，焉能正人。只有领导重视，带头学，措施才能更落实，才能从思想上、组织上、制度上和措施上保证学习运动能够持久地发展下去。

要进一步深入开展以“五好”为目标的比学赶帮超社会主义精神运动，充分调动广大职工、群众建设社会主义的积极性，促进工农业生产高潮健康地持续地向前发展。近两年来，我们大力开展了学解放军、大寨、大庆、火烧沟、歇家嘴、五十里铺等先进单位活动，而且还树立了陈家沟、新华等7个先进单位，作为全县学习的样板。今后我们还要继续加强领导，进一步深入发动群众，进行具体的组织工作。开展以五好为目标的比学赶帮超社会主义竞赛运动，是贯彻执行多快好省地建设社会主义总路线的有效方法。要教育全体干部和广大群众，一切工作都要按照总路线的精神进行，要树立力争上游、多快好省、“好”字当头的思想，不但要学先进，赶先进，而且要立志超过先进。反对那种干劲不足、甘居中游，停滞不前、无所作为，不求有功、但求无过，不敢负责、“怕”字当头的精神状态。我们既要干劲充沛，又要实事求是，脚踏实地，一步一个脚印前进。比学赶帮超运动，是发扬共产主义精神的劳动竞赛运动。帮后进，是发扬共产主义精神最集中的表现。所有先进单位和先进人物，都要把帮后进赶上先进当作自己一项最重要的任务。一花独放不是春，万紫千红才是春。要开展一帮一、一对红，使先进单位和人物成片、成林。帮助别人实际上也能提高自己，学然后知不足，教然后也能知不足，帮能使自己知不足，促使自己继续进步和提高。这是因为，通过帮后进，督促自己系统地总结经验。在比学赶帮超群众运动中，要把群众一切成绩、一切进步、一切经验、一切好的思想作风，及时总结起来，传播出去，要大树自己的标兵，广立本地区的样板，做到比有对手，学有榜样，赶有目标，使群众看得见，摸得着，造成一个你追我赶、互相学习、互相帮助、共同提高的生动局面，做到：一面红旗举得高，千百面红旗跟上来。

要继续坚持各级领导干部蹲点调查，总结经验，点面结合，以点代面的工作方法。这是一项防修措施，是长期的。只有深入群众、蹲点，才能听到贫下中农的呼声，才能了解贫下中农强烈的革命要求，增强阶级感情，坚定无产阶级立场，正确地领导革命和建设。近两年来，县、社领导作风有了很大的转变，行政机关80%、90%的干部经常深入农村第一线，参加生产，领导生产，掌握了许多第一手材料，真正取得了农业生产的领导权。特别是通过试点，总结经验，推动全面工作。但是，应当看到，我们的调查研究还做得很不够，还有不少同志没有真正蹲下去，以至于有许多问题，长期发现不了，解决不了。我们必须下定决心，彻底改变这种状况，精简公文，报表，精简会议，克服机关“五多”现象，彻底揭发脱离实际、脱离群众、不调查研究、拖拖拉拉、松松垮垮、办事迟缓、效率不高等不良作风。精简机构和人员，组织更多的干部，特别是领导干部，以普通劳动者的身份，深入实际，深入群众，一起劳动，一起商量，一起总结经验，然后以点上的经验指导面上的工作，做到工作紧密结合实际，办事雷厉风行，大兴调查研究之风，实现机关革命化，更好地适应战备的需要，更有效地领导三大革命运动。

要坚持干部参加集体生产劳动的制度。干部参加集体生产劳动，才能从根本上克服和防止“做官、当老爷”的作风，使我们的干部成为普通劳动者，与群众同甘苦、共呼吸，真正同群众打成一片。我县从1963年贯彻执行“双十条”以来，把各级干部参加集体生产劳动列为干部思想革命化的内容之一，加强领导，加强教育，开展评比，特别是改变领导作风，为干部参加劳动创造条件，现在干部参加劳动的情况一年比一年好，基本形成了风气，形成制度。通过参加劳动，锻炼提高了干部，促进干部的思想革命化；密切了干群关系，调动了社员参加集体生产劳动的积极性，促进了生产；及时发现解决问题，正确指挥了生产。但这仅仅是一个开端，目前还存在不少问题，同“六十条”的规定衡量，还有一定距离，还很不平衡，基层干部参加劳动好，县级脱产干部次之，社级脱产干部较差。今后，我们一定要按照毛主席的指示，把干部参加集体生产劳动，当成一项政治任务，列为面上社教的一项重要内容，教育干部认识参加集体生产劳动是社会主义制度带有根本性的问题，懒、馋、占、贪、变，由懒而来，不劳动就会脱离群众，就会变颜色，就会出修正主义。要不断总结经验，改进方法，使干部参加劳动的制度逐步地完备起来。要使大多数干部真正做到自觉劳动、自觉工作、自觉学习，并把三者互相结合起来，使干部的思想和工作更好地适应新形势的要求。

当前形势大好，让我们高举毛泽东思想的伟大红旗，坚持社会主义革命，团结各族各界人民，坚决贯彻执行党的鼓足干劲、力争上游、多快好省地建设社会主义总路线，奋发图强，艰苦奋斗，发扬不断革命精神，把工作做得既轰轰烈烈又扎扎实实，为进一步组织工农业生产新高潮，为完成1966年各项建设任务而奋斗！

第七章　县第七届人民代表大会

县第七届人大任期为1978年12月至1981年1月。共召开代表大会1次，出席代表290名，听取和审议县革委会工作报告2项（次），县法院工作报告1项（次），作出决议1项；选举县革委会主任1名、副主任5名、委员24名，县法院院长1名，县检察院检察长1名；办理代表议案、意见、建议情况不详。

大会概况

县七届人大一次会议于1978年12月7日至10日在县城召开。应出席代表302名，实出席290名。

这次会议，是县人民代表大会会议因“文化大革命”而停开13年后，恢复召开的第一次会议。从此，静宁县的人民代表大会制度及民主与法治建设进入一个全新而有序的阶段。

王扶邦、王怀琨、郑建才、高富德、宋春明、郜文学、张光明、胡建华、刘文俊、孙孝治、马子坤、王占歧、陈世英、马存余（回族）、孙瀛洲、柴桂兰（女）、田逢春、李文秀、王玉英（女）、杜友梧、曹炯文、李翰、樊枨、赵顺天、吕国衡、张自化、吕维邦、罗德民、张玉英（女）、肖连城、任双梅（女）、康玉珊、张文彩、李保顺、王海珠、靳作山36人组成大会主席团，王扶邦、王怀琨、郑建才、高富德、宋春明、郜文学、张光明为主席团会议召集人，郑建才为秘书长，马子坤、杨安民为副秘书长；郜文学、孙孝治、杜友梧、曹炯文、陈世英5人组成代表资格审查委员会，郜文学为主任委员。

大会于12月7日上午举行预备会议，通过主席团成员、主席团会议召集人、大会秘书长名单；通过第七届人民代表大会代表资格审查委员会名单。

大会举行全体会议2次。第一次全体会议于12月7日下午举行，县委副书记王怀琨致大会开幕词，会议听取县革委会副主任郜文学所作的《代表资格审查报告》、县委书记、县革委会主任王扶邦所作的《县革命委员会工作报告》、县法院院长杜友梧所作的《县人民法院工作报告》；第二次全体会议于12月10日下午举行，选举县革委会主任1名、副主任5名、委员24名，县法院院长1名、县检察院检察长1名；审查通过县革委会工作报告、县法院工作报告，审查批准1978年到1985年全县国民经济发展规划（草案），并作出《县第七届人民代表大会第一次会议决议》。

大会将代表分为20个代表组，安排分组会议5次。

大会日程

县第七届人民代表大会第一次会议日程表

表3-10

日期	上午	下午	执行主席
12月7日	1.通过主席团成员、主席团会议召集人、大会秘书长名单；2.通过代表资格审查委员会名单	1.王怀琨致开幕词；2.郜文学作代表资格审查报告；3.王扶邦作革命委员会工作报告；4.杜友梧作法院工作报告	郑建才　宋春明 刘文俊　陈世英 田逢春　曹炯文 张自化　肖连城 李保顺
12月8日	分组讨论县革委会工作报告和法院工作报告	分组讨论县革委会工作报告和法院工作报告	王扶邦　郜文学 孙孝治　马存余 李文秀　樊　栿 吕维邦　任双梅 王海珠
12月9日	分组讨论1978至1985年全县国民经济发展规划	分组酝酿县革委会主任、副主任、委员，县法院院长、县检察院检察长候选人名单	高富德　张光明 马子坤　孙瀛洲 王玉英　赵顺天 罗德明　康玉珊 靳作山
12月10日	继续酝酿候选人名单	选举县革委会主任、副主任、委员，县法院院长，县检察院检察长；郑建才致闭幕词	王怀琨　胡建华 王占歧　柴桂兰 杜友梧　吕国衡 李　瀚　张玉英 张文彩

大会选举

县革命委员会：

主　任　王怀琨

副主任　郑建才　高富德　宋春明　郜文学　张光明

委　员　胡建华　孙孝治　马世贞　孙瀛洲　陈世英　张世俊　郭承祖　许天福　王占歧　刘金英（女）　马存余（回族）　田逢春　韩具仓　吕国衡　王玉英（女）　尹大光　罗德明　张光复　肖连城　张玉英（女）　樊　栿　靳作山　张自化　王生荣

县第七届革命委员会成员个人情况表

表3-11

姓名	性别	年龄（岁）	民族	文化程度	工作时间	入党时间	籍贯	时任职务
王怀琨	男	46	汉	高小	1949.7	1950	灵台县邵寨公社	县委副书记
郑建才	男	42	汉	初中	1955.1	1955.6	宁县中村公社	县革委会副主任
高富德	男	46	汉	高小	1951.7	1955.5	静宁县仁大公社	县革委会副主任
宋春明	男	44	汉	初小	1954.10	1954.10	泾川县窖店公社	县革委会副主任
郜文学	男	41	汉	初中	1956.1	1955.11	庄浪县赵墩公社	县革委会副主任
张光明	男	48	汉	高小	1948.8	1949.9	陕西省横山县	县革委会副主任
胡建华	男	54	汉	高小	1945	1948	陕西省靖边县	县武装部干部
孙孝治	男	55	汉	高小	1946.9	1946.9	甘肃省镇原县	县委组织部副部长
马世贞	男	44	汉	初中	1952.10	1954.9	静宁县李店公社	县农办主任
孙瀛洲	男	48	汉	初中	1951.4	1956.6	静宁县高界公社	县工交局局长
陈世英	男	47	汉	初中	1950.9	1956.3	宁夏隆德县	县民政局局长
张世俊	男	39	汉	初中	1956.3	1963.5	静宁县城川公社	县商业局局长
郭承祖	男	48	汉	大专	1955.8	1961.7	庄浪县通边公社	县文教局局长
许天福	男	42	汉	大学	1960.9	1972.7	静宁县城关镇	县计委副主任
王占歧	男	52	汉	高小	1943.8	1948.5	河北省唐县	县总工会主任
刘金英	女	42	汉	初中	1956.8	1958.8	河北省枣强县	县妇联主任
马存余	男	51	回	高小	1949.8	1955.6	静宁县城关镇	县水电局副局长
田逢春	男	46	汉	高小	1954.8	1956.7	静宁县三合公社	李店公社党委书记
韩具仓	男	37	汉	初中	1965.11	1972.7	静宁县原安公社	高界公社革委会主任
王玉英	女	41	汉	初小	1956.3	1955.11	静宁县威戎公社	城关镇革委会主任
吕国衡	男	52	汉	大学	1949.8	1956.4	静宁县城川公社	县中学校长
尹大光	男	46	汉	学学	1956.8	1955	河北省武安县	县医院外科主任
罗德明	男	44	汉	高中	1956.9	1965	甘肃省临洮县	县农科所副所长
张光复	男	34	汉	中专	1967.9	1977.1	河南省巩县西村	县水电局技术员
肖连城	男	40	汉	高小	1974.10		河北省沧县	县运输队司机
张玉英	女	29	汉		1974.10	1976.12	静宁县城关镇	县地毯厂工人
樊　栦	男	55	汉	高小		1956	治平公社大庄大队	公社林场场长
靳作山	男	45	汉		1956	1956.7	灵芝公社宋岔大队	一队队长
张自化	男	44	汉			1953	威戎公社新华大队	大队长
王生荣	男	44	汉	初小	1956	1971	红寺公社魏沟大队	党支部书记

县人民法院：

院　长　杜友梧

县人民检察院：

检察长　曹炯文

县第七届人民法院院长、人民检察院检察长个人情况表

表3–12

姓名	性别	年龄（岁）	民族	文化程度	工作时间	入党时间	籍贯	时任职务
杜友梧	男	45	汉	初中	1952.5	1956.9	隆德县温堡公社	县法院院长
曹炯文	男	45	汉	初中	1952.11	1952.12	静宁县曹务公社	县检察院代检察长

附：

县革命委员会工作报告

（县革命委员会主任王扶邦　1978年12月7日）

一

自1965年10月县第六届人民代表大会以来，到这次会议已经13年了，从1968年3月县革命委员会成立到今天已经10年了，在过去的10多年中，我们国家经历了尖锐复杂的阶级斗争和路线斗争，全县广大人民群众在这些斗争中经受了考验和锻炼。10年来，尽管遭受了林彪、江青反革命集团的严重干扰破坏，但毛主席的革命路线始终占着主导地位。经过无产阶级文化大革命，粉碎林彪、江青反革命集团后，深入揭批他们的罪行，努力清除他们干扰破坏所造成的恶果，认真贯彻党的十一大路线和五届人大精神，各方面都有了新的变化和发展。

在政治思想方面，通过深入揭批江青反革命集团，分清路线是非，分清敌我界限，抓了清查工作，抓了落实人的政策，抓了冤、假、错案的复查和处理，组织上清查与江青反革命集团有牵连的人和事已基本告一段落，“文化大革命”中我县发生的抢档案、抢枪支、砸公检法，面粉厂武斗和公路段死人等几起大案件已基本查清，有严重打、砸、抢问题的人，绝大多数已说清楚了，并且得到解脱，历次运动中受审查的干部已审查结案194人，占总数的70%，147名“右派分子”，已全部摘了帽子。敌党团合并案中搞了扩大化的已基本复查结束，基层干部、工人、营业员、居民和社员中复查结案的有4776人，占应复查总数的71%。属政法部门复查的案件已复查了88人，占应复查的86%。补划阶级成分由县上批的18户已得到纠正，社队错戴乱戴的“四类分子”帽子也正在纠正。“一批双打”运动中揭出的766起案件，已经查处702起，占91.6%，收回现金16900元，占应退的30%以上，退赔粮票、粮食6400斤，占应退的32%。

在国民经济建设方面，农业生产正在得到恢复、发展。根据两次全农会议精神，农村普遍进行了党的基本路线教育，认真落实经济政策，贯彻中央37、42号文件，减轻农民不合理负担，转变干部作风，大大调动了广大干部群众大干社会主义的积极性。人们感到，社会主义建设有希望、有奔头了。1977年全县粮食总产16000万斤，人均产粮458斤，每人收入67元。今年粮食总产量预计在18000万斤以上，比去年增长12.5%，比10年前15400万斤增长14.4%。人均产粮500斤，有相当一部分社队的产量超过1975年的水平，其中人均产粮600斤以上的大队55个，人均产粮700斤的生产队200个，并出现了靳堡、新华、宋岔、小山一批稳步上升的学大寨先进队。

农田基本建设发展较快。水平梯田由1970年北农会议前的7万亩增加到了35万亩，增加了4倍。水浇地由10年前的5万亩增加到了14万亩，增加近2倍。造林由10年前的8万亩增加到了现在的20多万亩，增加了1.7倍。现在全县人均已有1亩梯田，4分水地，6分林地。农业机械，10年前只有拖拉机4台，现大中型拖拉机已增加到231台，手扶拖拉机增加到1058台，平均每2个大队有1台中型拖拉机，每2个生产队有1台手扶拖拉机，还有10个公社9个大队通了大电。畜牧业生产，大牲畜结束了近10年连续下降的局面。截至9月底统计，今年全县大家畜45573头，比1977年底净增850头，净增1.9%。生猪近两年饲养量一直保持在9万、10万头之间，羊由1970年前的10.7万只增加到12万只，今年光社员自留羊比去年年底增加了29%。兔子的发展更快。

工业、交通运输：10年前全县工业总产值仅86万元，1977年总产值达到981万元，增加近10倍。今年前10个月已完成765万元，又比去年同期增长6.7%。现在全县社社通卡车，有四分之三的公社、三分之一的大队通班车。全部公社、大队和88%的生产队通邮。

财政贸易：10年前，年财政总收入135万元，1977年242万元，增长了77%。今年截至10月底，财政预算总收入226万元，完成年计划的87%。社会商品零售额10年前847万元，1977年为2488万元，增长1.9倍，今年前10个月已完成2623万元，基本完成了年计划。城镇储蓄存款由10年前的30万元增加到了1977年的84万元，增长了1.6倍。

文教、卫生方面：中学由10年前的3所增加到了23所，小学由原来33所增加到了342所，全县适龄儿童入学率达90%。电影放映机比10年前增加了5倍。广播喇叭普及率达到95.4%。社社有了卫生院，病床比10年前增加了5倍。计划生育初见成效，全县人口自然增长率已由10年前的34‰下降到了12.5‰。

总之，过去10年中，我县的广大农民、工人、干部、知识分子的劳动和工作是积极的，出了力、流了汗，这一点是应当肯定的。那么，作为我们革命委员会领导工作来讲，在肯定成绩的时候，还应当着重总结经验教训，看到工作中的问题。就是说，林彪、江青反革命集团的干扰破坏给我们各项建设事业造成的危害是十分严重的；但也有自然灾害，也有我们工作中的缺点和错误。比如，批资本主义倾向，批得不适当，批了政策所允许的东西，社员正当的家庭副业就曾经以投机倒把论处，搞罚款补税；不走群众路线，压制民主，强迫命令，生产瞎指挥，“枪毙”莜麦、豌豆、扁豆；学习大寨经验抓不住根本，生搬硬套，推行标兵工分，收社员自留地，等等。这些不按党的政策办事，不按经济规律办事的事过去是有过教训的，如果当时能够认真地、严肃地加以分析研究，稍微听取一点群众意见，损失的程度也可能会轻一些，少一些。有些单位对江青反革命集团那一套，人家就有抵制，现在情况就好得多，事实就是这样，我们是全省有名的贫困县，现在生产建设拉了一个相当大的距离，1977年人均产粮还低于1949年的水平。社员生活还很困难。去年社员口粮人均在292斤以下的生产队有1094个，人均收入50元以下的生产队1718个，分别占60%和90%。

这次会议，我们要充分发扬民主，敞开思想，揭露我们工作中的问题，批评缺点和错误，总结经验教训，促使我们的工作做得更好。

二

当前，我国社会主义革命和建设已进入一个新的发展时期。党的十一大和五届人大已为我们制定了新时期的总路线和总任务。为加速实现这个总任务，华主席最近又向全国发出了“思想再解放一点，胆子再大一点，办法再多一点，步子再快一点”的号召，这是一个伟大的战略决策，是我们今后努力的方向和行动指南。

静宁县是甘肃中部干旱地区低产缺粮县之一。改变中部干旱地区的低产贫困面貌，是周总理的遗愿。今年2月召开的五届人大，又把甘肃中部干旱地区列为全国狠抓改变低产面貌的重点地区之一。华主席在政府工作报告中明确提出，要“在两三年内实现粮食自给有余”。这就是我们今后两三年的奋斗目标，是摆在全县人民面前最紧迫的政治任务。

我们的规划设想是分两步：一是到1980年，基本解决全县人民的吃饭问题，不吃调进粮；二是1985年基本改变贫穷落后面貌，实现粮食自给有余。几项大的指标任务是：

农业方面：粮食生产，1980年总产达到21500万斤，人均产粮600斤；1985年总产26000万斤，人均产粮700斤。8年内，每年平均递增6.2%。农田建设，1980年梯田面积达到48.2万亩，人均1.8亩，1985年达到82万亩，人均2.5亩；灌溉面积，1980年达到19万亩，保灌15.2万亩，人均4.2分，1985年有效面积22万亩，保灌18万亩，人均0.5亩。

造林种草：造林成活面积1980年达到32.6万亩，人均9分；1985年达到50万亩，人均1.3亩。8年内每年造林成活面积3.5万亩。种草1980年达到32.5万亩，人均9分；1985年达到40万亩，人均1.1亩。

畜牧业生产：大牲畜1980年达到5.2万头，1985年达到6.5万头，每年递增4.8%。生猪1980年存栏达到16万口，户均2.5口，1985年存栏20万口，户均3口，每年递增10.4%。羊，1980年达到14万只，1985年达到16.5万只，每年递增4.9%。

多种经营：油料作物，1980年9万亩，1985年10万亩，产量每年递增5.4%。1980年每个生产队有5亩瓜果菜园、5箱蜂，人均1鸡1兔，多种经营集体收入人均30元；1985年每个生产队13亩瓜果菜园，多种经营集体收入人均40元。

农业机械：1980年大中型拖拉机达到484台，每个大队1.5台，手扶拖拉机每个生产队1台，每4个劳力1辆架子车，每个生产队有1台粉碎机，1台铡草机，每个大队有2

台磨面机，农村用电量达到600万度，实现20个公社、三分之一的大队、四分之一的生产队通电、用电。

工业方面：县、社工业总产值1980年计划达到1300万元，1985年达到1800万元，8年内，每年递增10.2%。

文教卫生方面：1980年普及小学五年制教育。1985年基本普及初中教育，扫除青少年、壮年文盲。人口自然增长率，1980年降到8‰，1985年降到6‰。要以农业为重点，大力开展科学技术工作，向科学技术现代化进军。

财政贸易工作：要贯彻“发展经济，保障供给”的总方针，大力发展社会主义商品生产，组织好人民经济生活，解决好新长征路上的吃、穿、用问题。在发展经济的基础上，增加财政收入和信贷资金。今后8年光农业投资共需4800万元。保证集体经济有较快的发展，城乡人民生活水平不断改善和提高。

三

为了实现上述计划和任务，在今后一个时期，我们必须认真扎实地做好以下几项工作：

（一）把揭批江青反革命集团的斗争进行到底，解放思想，加快步伐

华主席在五届人大的政府工作报告中指出：“我国人民当前和今后一个时期的头等大事，仍然是把揭批‘四人帮’这场伟大斗争进行到底。我们要通过深入揭批‘四人帮’，进一步分清路线是非，整顿好各方面的工作，恢复和发扬党的优良传统和作风，把巩固无产阶级专政的任务落实到基层。”当前，我们一定要把林彪、江青反革命集团对我县农村和各条战线影响最深、危害最大的问题，揭深批透，真正肃清其流毒。如政治和经济、革命和生产的关系问题，政治、生产、民主问题，各项经济政策问题，劳动人民物质利益问题等。这些被林彪、江青反革命集团搞乱了的问题如不进一步得到澄清，把人的思想不从江青反革命集团的精神枷锁下彻底解放出来，各项工作就难以做好。在总结经验教训，分清路线是非的基础上，把思想放开来，实事求是地研究和解决各项工作中的新情况、新问题，使各项工作取得新的更好的成绩。两月前县上召开会议，学习了国务院领导同志在务虚会上的讲话，大家畅所欲言，觉得很有教益。初步总结回顾了我县29年来的历史，共同认识到：什么时候坚持实事求是，按客观规律办事，生产就发展，形势就好转；什么时候受错误路线的干扰，丢掉了实事求是，违背了客观规律，生产就下降，群众生活就困难。根据静宁的历史和现状，大家提出：不论执行政策，指导生产，第一，要着眼于解放生产力，促进生产的发展，生产发展了，什么事情都好办。第二，指导生产一定要因地制宜，从实际出发，这样才能经受实践考验；按“长官意志”办事，一切领导说了算往往吃大亏。第三，要发扬社会主义民主和群众路线的优良传统，凡事多和群众商量，倾听群众正确意见，办事就不会出大错，单靠行政命令去推动工作和维持局面，群众运动就不可能持久开展下去。第四，要加强政治思想教育，也要多搞一些经济措施，工作才不至空谈。我们的认识对不对，这次会议上大家充分发表

见解，展开争论，以求认识上的统一。

（二）用政策调动一切积极因素，加快经济建设速度

要尽快改变静宁的落后面貌，最根本的是要把30多万人民的积极性调动起来，而要调动群众的社会主义积极性，最关键的是要认真地全面地落实党的各项方针政策，特别是干部政策、知识分子政策、对敌斗争政策和农村工厂的各项经济政策等。干部是党和国家的宝贵财富，要认真按照党中央的指示，妥善处理过去审查干部中遗留的问题，凡是在错误路线干扰下定的冤案、错案、假案都要平反。一切污蔑不实之词都应推倒，对犯错误的干部，要按照“惩前毖后，治病救人”的方针，既要帮助他们认识错误，又要允许人家改正错误，对农村阶级成分，一律以土改时的成分为准，对凡是错划成分的，乱戴的帽子都要纠正。

农村经济政策，要按照“六十条”和华主席、党中央一系列指示以及省委的“二十条”和县委贯彻落实的两个“八条”办事。要坚决保障农民的集体所有制，尊重公社、大队、生产队的自主权，今后农业生产计划要真正由社员讨论。坚决反对强迫命令瞎指挥。要继续学习贯彻湘乡经验，减轻农民不合理负担，要认真贯彻执行“各尽所能、按劳分配”的原则，保证多劳多得，反对平均主义。要切实加强经营管理，严格实行政治民主、生产民主、财务民主。要鼓励社员经营正当的家庭副业。对工作、生产卓著的职工、社员要给予奖励。只有让农民、职工看到社会主义集体经济和企业的发展会给自己带来实在的物质利益时，他们的积极性才能真正发挥出来。

要做好少数民族的工作和统战工作，调动一切积极因素，共同努力，为四个现代化贡献力量。

（三）要十分重视发展社会主义科学技术和文化教育事业

邓副主席在全国科学大会报告中指出：“四个现代化，关键是科学技术的现代化。”“没有科学技术的高速发展，也就不可能有国民经济的高速发展。”实现四个现代化，科学技术没有任何工作与此无关，没有任何人可以置之度外。一定要重视加强对科技工作的领导。从现在起，要大造学习科学技术的舆论，大力培训技术人才，各级领导干部要学习，钻研技术，变成内行，主管部门要经常组织科技知识讲座，要大力宣传现代科学技术知识，并且广泛应用于生产实践，获得显著成效。

扫除文盲是提高全民族科学文化水平的起码要求，从现在起要采取多种形式，开展一个群众性的扫盲运动。农村小学要吸收15岁以下的超龄儿童入学。扫盲工作的重点是青少年、党团员、社队干部和农业技术人员。

卫生工作要继续坚持把重点放到农村去的方针，办好县、社两级医院，提高赤脚医生的医疗水平，认真落实华主席在政府工作报告中提出的“力争在三年内把我国人口自然增长率降到百分之一以下”的任务。加强宣传教育，落实具体措施，扎扎实实地搞好计划生育。要提倡晚婚，要重视妇幼保健工作。

（四）加强政权建设，充分发挥各级革委会的作用

宪法规定：“地方各级革命委员会，即地方各级人民政府，是地方各级人民代表

大会的执行机关，是地方各级国家行政机关。”前几年，由于江青反革命集团的干扰破坏，各级革委会的作用没有充分发挥，现在，各级人民代表大会召开了，新的各级革委会成立和健全了，我们一定要在党的领导下，重视加强各级革委会以及政法机关的建设，发扬社会主义民主，完善社会主义法制，创造出安定团结、生动活泼的政治局面。

民主集中制是我们国家政治生活中最根本的指导原则，既要有广泛的民主，又要有高度的集中，我们要把集中领导和民主管理很好地结合起来。宪法已经明确规定人民的各种权利，国家机关要保障人民群众享受和行使这些权利。不论农村和工厂，都要定期召开社员大会和职工大会，民主讨论决定各项重大事宜，包括表扬、批评、选举、罢免干部等。今后，农村生产队长、大队长，工厂车间主任、班组长，都要真正由群众民主选举产生。要认真做好人民来信来访工作，采纳群众的合理化建议，解决群众一些正当要求，决不允许压制群众意见和打击报复。国家机关各部门及其工作人员，都要全心全意为人民服务。经常深入实际，调查研究，虚心听取群众的意见。坚决反对那种官僚主义、命令主义和形式主义等妨害群众利益、妨碍生产的领导方法和工作作风。要在党委的领导下，重视工会、贫协、共青团、妇联等群众组织的作用，注意通过他们联系广大人民群众，做好各项工作。

人民公安、检察机关和人民法院，是无产阶级专政的重要工具，要遵照毛主席关于正确区分和正确处理两类不同性质矛盾的教导，执行党中央关于对敌斗争的一系列方针政策。稳、准、狠以准为重点地打击一小撮阶级敌人。要深入宣传新宪法，教育人民树立遵守社会主义法制的观念，干部要守法、群众要守法，人人都要守法。要依靠广大人民群众，加强社会治安，同各种违法犯罪行为作坚决的斗争，以保证社会主义革命和经济建设的顺利进行。

我们静宁是毛主席当年率领工农红军长征经过的地方，是周总理生前关怀过的甘肃中部干旱地区县之一。我们一定高举毛主席的伟大旗帜，在华主席、党中央的领导下，下决心在较短的时间内，改变静宁落后面貌，解决群众的吃饭问题。现在，我们肩负着当前实际任务和本世纪末实现四个现代化两种责任，只有彻底地完成当前的实际任务，才能为实现四个现代化一步一步打好基础，通过这次大会，应当进一步把全县人民动员起来，深入开展农业学大寨、工业学大庆群众运动，大搞各项经济建设，为实现四个现代化而努力奋斗。

第八章　县第八届人民代表大会

县第八届人大任期为1981年1月至1983年12月。共召开代表大会3次，出席代表563名（次）。听取和审议县政府工作报告4项（次），县人大常委会工作报告4项（次），县法院工作报告3项（次），县检察院工作报告3项（次）；作出决议9项；选举县人大常委会主任1名、副主任3名、委员11名，县政府县长1名、副县长5名，县法院院长1名，县检察院检察长1名，省第六届人大代表6名；办理代表提案247件。

在县八届人大一次会议上，设立县人大常委会，撤销县革命委员会，恢复县人民政府。

第一节　县第八届人民代表大会第一次会议

大会概况

县八届人大一次会议于1981年1月11日至14日在县革委会大礼堂召开。应出席代表210名，实出席207名；马廷秀、武文魁、刘都盈、邓思义、曹升荣、蒙生华、柴桂兰（女）、陈贵录、王万同、邹振汉、王永珊、崔兆善、伏智信、陈凤亭、李传阳、张进甲、景维新、韩维平、刘鹏举、陈国刚、张应机、姚丕烈、李翰、石恒录、范劲宇、阎克恭、王秀峰、武珍、张国盛、马河太、王智英、李柱、孙瀛洲、盖永革、杜友梧、郭承祖、李文秀、刘东太、田逢春、黎文生、孙进忠41人为列席代表；王志、罗宪成、冯国民、赵文秀、陈雄、李文秀6人为特邀代表。

马子坤、马世贞、马存余（回族）、王正仓、王占歧、王怀琨、王秉章、王敦厚、孙孝治、权执钧、刘文俊、刘绍先、陈向华（女）、陈世英、杜东海、李怀仁、杨儒林、张光明、张林垣、张百忍、郑建才、郜文学、胡建华、赵顺天、南雄、钱樟炎、高富德、程天爵、蒙谦恭、樊枨30人组成大会主席团，王怀琨、高富德、南雄、郑建才、马世贞、郜文学、张光明、杜东海、李怀仁、钱樟炎、胡建华、马存余12人为主席团常务主席；郜文学为秘书长，阎忠孝、史国忠为副秘书长；郑建才、王敦厚、陈世英、孙孝治、陈向华（女）、张林垣、胡建华、蒙谦恭8人组成代表资格审查委员会，郑建才为主任委员，王敦厚、陈世英为副主任委员；南雄、张光明、钱樟炎、王占歧、王秉章、权执钧、李香兰（女）、罗德明、曹炯文、程天爵10人组成提案审查委员会，南雄为主任委员，张光明、钱樟炎为副主任委员。

大会举行全体会议2次。第一次全体会议于1月11日举行。此前举行预备会议，通过大会议程及主席团、第八届人民代表大会代表资格审查委员会、提案审查委员会、秘书长名单。第一次全体会议由县革委会副主任张光明主持，县革委会副主任郑建才致开幕词，会议听取县委常委、县纪委书记王敦厚所作的《关于代表资格审查情况的报告》、县革委会主任高富德所作的《县革命委员会工作报告》、县法院院长马子坤所作的《县人民法院工作报告》、县检察院检察长曹炯文所作的《县人民检察院工作报告》；第二次全体会议于1月14日举行，由县革委会主任高富德主持，会议选举县人大常委会主任1名、副主任3名、委员11名，县政府县长1名、副县长5名，县法院院长1名，县检察院检察长1名（在新当选的县人大常委会委员中，非党群众4名，占26.6%，少数民族和妇女各1名，分别占6%，平均年龄51岁；新当选的6名县长、副县长中，非党群众1名，平均年龄42岁，较革委会原主任、副主任平均年龄减少3.8岁）；通过《关于县革命委员会工作报告的决议》《关于县人民法院工作报告和县人民检察院工作报告的决议》。会议闭幕时，由高富德致闭幕词。

大会举行主席团会议4次。

大会将代表分为15个代表小组，安排分组讨论2天。

大会共收到代表提案123件，其中工业交通13件，主要是建议新建公路、修建桥梁、为新成立的公社安装电话等；农业方面22件，主要是建议进一步巩固和完善生产责任制、搞好农业基本建设、合理安排使用农业投资等；文教卫生33件，主要是建议培训师资、提高教学质量、中小学校布局调整、学校、卫生院建设、巩固合作医疗、搞好计划生育、解决民办教师和不脱产卫生人员报酬等；财贸8件，主要是建议增加商业网点、加强市场物价、商品管理、农副产品收购等；司法、民政、政权建设47件，主要是建议加强法治、维护社会治安、改进领导作风、落实政策、机构设置、城镇规划、职工住宅建设和管理分配及福利、环境保护、土地管理、民族事务、人民武装建设、复员退伍军人安置、招干招工办法等。

此次大会，是在实施《中华人民共和国全国人民代表大会和地方各级人民代表大会选举法》《中华人民共和国地方各级人民代表大会和地方各级人民政府组织法》、我国社会主义民主和法制建设有了很大发展、第一次由选民直接选举代表后召开的，它是静宁县民主化进程的一个新的开端。会议决定设立县人大常委会，撤销县革命委员会，恢复县人民政府。通过代表选举和召开人民代表大会，对于进一步发扬社会主义民主、加强社会主义法治、搞好政权建设、促进安定团结、加速静宁县各项建设事业都具有非常重要的意义。

大会议程

一、县革委会主任高富德代表县革委会作工作报告；

二、县法院院长马子坤作县人民法院工作报告；

三、县检察院检察长曹炯文作县人民检察院工作报告；

四、选举县人大常委会主任、副主任、委员；县长、副县长；县人民法院院长；县人民检察院检察长；

五、通过关于县革委会工作报告、县人民法院工作报告、县人民检察院工作报告的决议。

大会日程

县第八届人民代表大会第一次会议日程表

表3-13

时间	日程内容
1月11日	预备会议：通过大会议程，通过大会主席团和秘书长名单；通过代表资格审查委员会和代表提案审查委员会主任委员、副主任委员、委员； 第一次全体会议。致开幕词；听取、审议关于代表资格审查报告、县革命委员会工作报告、县人民法院工作报告、县人民检察院工作报告
1月12日	讨论审议县革委会、法院、检察院三个工作报告，结合讨论，请代表充分发表意见、建议和咨询
1月13日	讨论协商确定县人大常委会主任、副主任、委员，县长、副县长，法院院长，检察院检察长候选人名单
1月14日	选举县人大常委会主任、副主任、委员，县长、副县长，法院院长、检察院检察长。 通过关于县革命委员会工作报告、县人民法院工作报告、县人民检察院工作报告的决议； 提案审查委员会作关于代表提案审查的报告； 致闭幕词

大会选举

县人大常委会：

主　任　高富德

副主任　张光明　马存余（回族）　刘文俊

委　员　王乃学　王占歧　王秉章　王敦厚　史国忠　孙孝治　陈向华（女）
　　　　赵顺天　胡建华　程天爵　樊　枨

县第八届人大常委会组成人员个人情况表

表3-14

姓名	性别	民族	年龄（岁）	文化程度	工作时间	是否党团	籍贯	主要经历
高富德	男	汉	49	初中	1951.7	党员	静宁仁大	1938年至1950年上学，1950年至1951年6月在家劳动，1951年7月至1952年6月先后在平凉干校学习，参加土改和“三反”工作，1952年7月至1955年10月先后在威戎、甘沟、四河营业所工作、兰州银行学校学习，1956年3月至1957年3月在县委肃反办公室工作，1957年4月至1958年12月任县人行、农行党支部书记、副行长，民和乡党委书记、高峡铁矿教导员等职，1959年至1974年3月任城川、甘沟公社革委会副主任、主任、党委书记等职。1974年以来任县委常委、城川公社党委书记、县委副书记、县革委会主任等职

续表3-14

姓名	性别	民族	年龄(岁)	文化程度	工作时间	是否党团	籍贯	主要经历
张光明	男	汉	49	高小	1948.8	党员	陕西横山	1948年8月至1951年在西北野战军某团当兵，任班长、排长，1951年至1954年11月在西北军区空军干校学习，任过区队长，1954年12月至1958年5月在人民解放军宝鸡干校工作，任排长，1958年至1970年在西藏军区某师通讯营任连长、营长，1971年至1978年在某团任参谋长、副团长，1978年10月以来任静宁县革委会副主任
马存余	男	回	55	初中	1949.8	党员	静宁城关	生于1925年，1932年至1941年在小学、中学读书，1942年至1943年靠出卖劳动力为生，1944年至1948年在西吉县单家集当小学教员，1949年至1950年在平凉干校学习，1951年至1955年先后任县水利科副科长、工商科科长。1956年至1959年先后任静宁县副县长、高界公社主任，1960年至1961年在水利工地劳动，1962年至1973年4月在城川公社工作，任副主任，1973年以来任水电局副局长
刘文俊	男	汉	46	初中	1952.8	党员	静宁仁大	生于1934年9月，1941年至1951年先后上学，在家做零活，1952年8月至1955年在静宁县威戎、治平区工作，曾任团委书记、治平区区长等职，1956年至1959年在省干校学习，1959年至1961年在环县县政府工作，曾任县人委副主任，1962年至1978年在静宁县工作，曾任水务局副局长、甘沟、祁川、城川公社党委书记、县革委生产指挥部副主任、县革委副主任等职，1978年以来病休离职
王乃学	男	汉	46	大学	1957.9	否	静宁祁川	生于1934年，1945年至1953年先后在第三中心小学、静宁县中学读书，1953年至1957年在西北农学院水利系读书，1957年至1962年在平凉专区水利局工作，1962以来今在静宁县水电局工作

续表3-14

姓名	性别	民族	年龄（岁）	文化程度	工作时间	是否党团	籍贯	主要经历
王占歧	男	汉	56	高小	1943.8	党员	河北唐县	生于1924年12月，1939年前在家做零活，1940年至1943年给地主当长工，1943年8月至1954年8月参加中国人民解放军任班长、排长、政治指导员、教导员等职务。1954年9月以来在静宁县工作，先后任公交局副局长、红寺公社党委副书记、社主任、公交局局长、生产指挥部副主任、邮电局副局长、县总工会主席等职
王秉章	男	汉	46	初中	1951.4	否	宁夏固原	1950年前在固原县上学，1950年7月至1951年1月在固原当教师，1951年4月至1953年3月在中国人民盐务缉私部队当战士，1953年3月至1958年7月在静宁盐务推销处工作，1958年7月至1971年9月在县商业局工作，1971年10月至1978年1月在县百货公司工作，任革委会副主任，1978年1月以来任县商业局业务股股长
王敦厚	男	汉	57	初中	1952.2	党员	静宁三合	1952年2月至1956年7月在高界区三合乡、第九区公所工作，1956年8月至1962年5月在静宁县水利科、农建区、县委农村工作部工作，任副局长、副部长职务，1962年6月至10月负责细巷公社工作，1962年11月至1964年2月任县委农村工作部副部长，1964年3月至1967年9月在县委秘书室工作，1967年10月至1968年5月在县五七干校学习劳动，1968年6月至1969年11月在保卫部专案组工作，1969年12月至1974年2月任四河公社党委书记，1974年3月至5月在县委政策研究室工作，1974年6月至1979年2月任县委常委、组织部部长，1979年2月以来任县委常委、县纪委书记
史国忠	汉	汉	48	小学	1950.10	党员	静宁城川	生于1932年，1949年前在小学读书，1949年10月至1952年12月在民和乡农会、城关区工作，并在平凉党校学习，1953年1月至12月在仁大区工作，1954年1月至8月在团县委工作，1954年9月至1956年6月在治平区工作，1956年7月至1962年12月先后在县审干办公室、民政科、水利科、农建局工作，并任民政、水利科科长、农建局长等职，1963年1月至1972年10月任治平公社党委书记，1972年11月以来任县农机局局长

续表3-14

姓名	性别	民族	年龄（岁）	文化程度	工作时间	是否党团	籍贯	主要经历
孙孝治	男	汉	57	高小	1946.9	党员	镇原庙渠	生于1923年，1941年至1945年参加当地的民兵工作，1946年9月至1964年9月参加中国人民解放军，先后任副班长、班长、连支部书记、副指导员、民运助理员、营副教导员、教导员等职务。1964年10月至1968年3月任县财贸部主任，1968年4月至1970年8月任县革委会副主任，1970年9月以来先后在物资局、组织部工作，任物资局领导小组组长、组织部副部长
陈向华	女	汉	27	高中	1976.1	党员	静宁威戎	生于1953年，1964年至1973年先后在威戎小学、威戎中学读书，1974年至1975年在生产队劳动，1976年以来在县妇联工作，时任县妇联副主任
赵顺天	男	汉	62	高中	1950.12	否	平凉城关	生于1918年，1924年至1935年在平凉西街小学、平凉中学读书，1936年至1938年在西安广仁医院高级护校读书，1939年至1950年在静宁私人开业行医，1950年12月至1969年任静宁县人民医院院长，其中1953年至1957年兼任卫生科科长，1970年至1973年任三合卫生院医生，1973年至1977年任甘沟中心卫生院副院长，1977年至1980年8月任城川卫生院副院长，1980年9月退休
胡建华	男	汉	55	高小	1945	党员	陕西靖边	生于1925年8月，1933年至1940年给地主拉长工，1941年至1944年在家务农，1945年参加中国人民解放军以来，历任战士、班长、排长、连长、团参谋、协理员、县武装部副部长、部长

续表3-14

姓名	性别	民族	年龄(岁)	文化程度	工作时间	是否党团	籍贯	主要经历
程天爵	汉	汉	55	大专	1949.11	党员	四川江津	生于1925年，1935年8月至1947年1月先后在四川江津县龙门障小学、刘家堡补习学校、江津县立初级中学、四川省立师范学校读书，1947年9月至1949年11月在重庆上桥小学当教员，1949年12月至1953年8月，先后任重庆市大兴场第一初级小学教员、校长，1953年9月至1955年8月在贵阳师范学院学习，1955年9月至1956年2月在宁县中学任教，1956年3月至8月在陇东师范任教，1956年9月以来在静宁县中学任教
樊枨	男	汉	57	初小		党员	静宁治平	生于1923年，1931年至1935年上学读书，1936年以来一贯务农，1955年任互助组组长，1958年至1973年任大队林场场长，1974年至1976年任治平公社樊家大庄大队党支部书记，1977年以来任治平公社革委会副主任（不脱产）

县人民政府：

县　长　郑建才

副县长　马世贞　部文学　杜东海　钱樟炎　李怀仁

县第八届人民政府县长、副县长个人情况表

表3-15

姓名	性别	民族	年龄(岁)	文化程度	工作时间	是否党团	籍贯	主要经历
郑建才	男	汉	43	初中	1955.1	党员	宁县中村	生于1937年10月，1954年以前上学，1955年1月至1958年12月在宁县工作，曾任乡政府文书、县人委四科科员，1959年1月至1978年10月在平凉地区工作，曾任地委公交部干事、秘书处秘书、地区革委会生产指挥部秘书组副组长、地区革委会办公室副主任、农业局局长，1978年11月以来在静宁县革委会工作，任县革委会副主任

续表3-15

姓名	性别	民族	年龄（岁）	文化程度	工作时间	是否党团	籍贯	主要经历
马世贞	男	汉	45	初中	1952.10	党员	静宁余湾	生于1933年12月，1940年至1952年9月在程马、刘河小学、静宁中学、陇东师范读书，1952年10月至1956年在县委统战部工作，任干事，1957年至1958年任新店、人和乡党委书记，1959年至1962年5月任平凉地区经委科长，1962年6月至1964年任细巷公社党委书记，1965年至1969年9月任县委农村工作部部长,1969年10月至1972年任城川公社党委书记，1973年至1979年任农业局局长、农林办公室主任，1979年8月至1980年10月任县革委会副主任兼城川公社党委书记，1980年11月以来任县革委会副主任
郜文学	男	汉	42	初中	1956.1	党员	庄浪赵墩	生于1938年3月，1946年至1950年上学，1951年至1955在家务农，1956年至1957年8月在庄浪县委肃反办公室工作，1957年9月至1958年8月先后在城关镇保泉乡、通边乡任文书，1958年9月至1959年3月在县委工作，任会计，1959年4月至1960年7月任水洛公社秘书，1960年8月至1965年8月在静宁县委办公室工作，1965年9月至1969年3月任高界公社副主任，1969年4月至1973年7月任县革委会办公室秘书、副主任，1973年8月以来任县革委会副主任
杜东海	男	汉	35	专科	1967.10	党员	庄浪赵墩	生于1945年8月，1957年8月至1965年7月先后在庄浪县石富乡小学、南湖小学、南湖中学、庄浪县第一中学读书，1965年8月至1967年9月在甘肃省教育学院读书，1967年10月至1971年7月在威戎中学任教，1971年8月至1972年1月在中共甘肃省委党校学习，1972年2月至1975年6月在县委政治部、县委办公室工作，1975年7月至1978年9月任细巷公社党委书记，1978年10月至1980年11月任团地委副书记，1980年12月以来任县革委会副主任

续表3-15

姓名	性别	民族	年龄(岁)	文化程度	工作时间	是否党团	籍贯	主要经历
钱樟炎	男	汉	47	中专	1954.10	否	上海市	生于1933年，1954年毕业于江苏省立南通农校，1954年10月分配平凉地区农技站工作，1955年至今在静宁县工作，曾在静宁县城关区农技站、红寺区农技站、县农机站工作，1969年至1978年在县红专学校任农业技术教师，1978年先后在县农科所种子公司、农业局工作，任种子公司经理、农业局副局长，1980年9月以来任县革委会副主任
李怀仁	男	汉	40	高中	1964.7	党员	静宁城川	生于1940年1月，1950年至1962年6月先后在城关镇小学、县中学读书，1962年7月至1964年6月在生产队劳动，任生产队会计，1964年7月至1971年10月任仁大公社秘书，1971年11月至1973年1月任县革委会政治部组织组副组长，1973年2月至1974年10月在县委宣传部工作，任副部长，1974年11月至1980年10月在双岘公社工作，任党委副书记、书记，1980年11月以来任县革委会副主任

县人民法院：

院　长　马子坤

县人民检察院：

检察长　曹炯文

县第八届人民法院院长、人民检察院检察长个人情况表

表3-16

姓名	性别	民族	年龄(岁)	文化程度	工作时间	是否党团	籍贯	主要经历
马子坤	男	汉	45	初中	1953.5	党员	静宁余湾	生于1935年7月，1943年至1951年7月先后在后梁、合岘、白草凸、治平小学、静宁中学上学，1951年7月至1953年4月在家劳动，1953年5月至1958年12月在共同乡、治平区公所、县人委办公室任文书、办公室副主任，1959年1月至1961年12月在红寺公社、县委农村工作部工作，任红寺公社党委副书记，1962年1月至1964年9月任雷大公社党委副书记、管委会主任，1964年10月至1965年8月在县委农村部负责，1965年9月至1968年10月任县林业总站副站长、革委会主任，1968年11月至1980年10月先后任县委、县革委会办公室主任，1980年11月以来任县人民法院院长

续表3-16

姓名	性别	民族	年龄(岁)	文化程度	工作时间	是否党团	籍贯	主要经历
曹炯文	男	汉	47	高小	1952.11	党员	静宁曹务	生于1933年12月，1945年前在家放羊，1946年至1948年在田大小学读书，1949年至1951年在家务农，1952年至1954年在六区巨安乡任党支部书记，1954年9月至1955年11月在县委农村工作部工作，1955年12月至1964年12月先后任威戎区委、甘沟、曹务公社党委书记，1965年至1969年8月任县贫协副主任，1969年9月至1975年7月任司桥公社党委书记，1975年8月至1978年9月任县知青办公室主任，1978年10月以来任县人民检察院检察长

附：

县革命委员会工作报告

（县革命委员会主任高富德　1981年1月11日）

一、关于两年来的工作情况

从1978年12月第七届人民代表大会闭幕到现在，已经整整两年了。两年来，全县广大干部群众，在党中央、国务院的正确领导下，在省、地、县委的直接领导下，认真贯彻执行党的十一届三中全会以来的路线、方针、政策，清除极“左”路线的流毒和影响，巩固和发展安定团结的政治局面，同心协力，积极奋斗，各条战线的工作都有新的进展。

两年来，我们在农村工作中，认真贯彻落实了中央两个农业文件和关于进一步加强和完善农业生产责任制的通知，极大地调动了广大社员的积极性。农村形势明显好转，农业生产开始恢复和发展，群众生活也有一定改善。1979年在遭受各种自然灾害的情况下，粮食获得了较好收成，总产达到16827万斤。1980年预计可达18000多万斤，比去年增产1100多万斤，大家畜由1978年的46516万头，发展到1980年的50450万头，比1978年增长8.5%。生猪1978年存栏94663头，1980年发展到100473头，比1978年增长12.6%。羊只在1978年118892只的基础上，1980年达到145792只，比1978年增长22.6%。农业基本建设和植树造林也有新的发展，1979年新修水平梯田40151亩，1980年完成22023亩，历年累计达到434829亩；全县12.43万亩川地，经过多年平整，基本实现了条田化。两年来，新增水浇地3012亩，有效面积累计达到162847亩，两年造林49906亩，累计保存面积达到282929亩。现在，全县人均占有梯田1.2亩，水地0.45亩，林地0.8亩。目前，广大农民心情舒畅，劳动积极性高涨，过好日子的信心和决心越来越大了。

农村形势显著好转的原因，除了天时好这个客观条件外，关键是认真贯彻落实了党在农村的各项经济政策，调整了生产关系，促进了生产力的发展。在这方面，我们主要做了以下几项工作: (1) 从便于领导，便于生产的实际出发，适当地调整了社队规模，现在公社由原20个调整为29个；大队由318个调整为395个；生产队由1899个调整为2607个。从调整后的实践看，现在的社、队规模是比较符合我县领导工作和生产实际情况的。（2）按照中央和省、地有关政策精神，因地制宜，从实际出发，积极慎重地推行了各种形式的生产责任制。有效地克服了集体生产中的平均主义，真正体现了按劳分配的政策。这两年，可以说我们的主要精力就是抓了这一政策的落实，不断进行调查研究，不断提高认识，思想逐步得到解放，使这一重大政策得到较快落实。首先是去年在真理标准问题讨论中，认真总结了30年来的经验教训，深切认识到我县农业长期上不去，主要是过去搞了“大”“公”“平”等一套极“左”的东西，指导农业生产搞了瞎指挥、“一刀切”的错误造成的。通过学习讨论，大家面对静宁客观条件和大多数社队群众生活不得温饱的现实，认为到了解决问题的时候了，不仅要讲，而且要大胆实行。这次讨论，为解放思想奠定了基础。其次，学习外地经验，开阔思路。去年5月，《人民日报》发表了宋平同志关于在贫困山区可以实行责任到劳的“责任田”制度的谈话，以及中央领导同志在全国长期规划会议上提出甘肃等几个困难较大的省，要进一步放宽农村经济政策的意见传达后，对我们启发鼓舞很大，在去年初试点的基础上，夏收前后，许多社队按照县上部署，实行了包干到户。特别是《中共中央印发〈关于进一步加强和完善农业生产责任制的几个问题〉的通知》文件传达后，全县广大农村引起了强烈反响，要求大面积推行包干到户的势头越来越高，实为大势所趋，人心所向，我们大胆领导了这一工作。经过几个月的工作，到目前为止，全县实行包干到户的生产队有2523个，占生产队总数的96.8%，实行其他责任制的结果，把恢复发展农业生产和社员的切实利益更加紧密地结合起来，极大地激发了社员的劳动积极性。（3）在生产上充分尊重生产队的自主权，农作物布局更加符合自然规律。两年来，我们在清除极“左”路线影响的过程中，力戒主观主义和片面性，不断改变领导作风，改进工作方法，把生产自主权交给社队、交给群众，实行生产民主，因地制宜，搞好生产。现在，许多社队都能够按照当地的历史传统和自然条件合理安排作物布局，特别是一些气候复杂的山区社队，秋夏作物及其种类，基本上恢复到了50年代中期的比例，达到适种、增产的效果。（4）国家给予大力支援，落实了休养生息的政策。粮食征购实行一定三年不变，由过去的1913万斤减少到现在的425万斤，豁免了1977年以前累欠的农业税，减轻了群众负担。同时提高了农副产品收购价格，增加了集体和社员收入。1979年，省人民政府把我县列为穷困低产县之一，在国家安排的资金中，投资482.9万元扶持生产，我们用这笔钱购买耕牛1378头，建起良种牛场71个，购买良种牛308头，手扶拖拉机380台，配套原有拖拉机拖车94辆，购买面粉机258台、饲料粉碎机299台，架子车9981辆，拉水汽车6辆，扶持社员购买仔猪5383口，羊11993只，大家畜616头，帮助社队企业购买各种设备26台（件）。

国家的大力支援，有力地促进了农、林、牧、副各业的发展，使广大干部、群众受到鼓励，增强了信心。(5) 放宽了小自由，开放了集市贸易。各社队普遍调整了自留地，增划了饲草料地。现在，全县共有自留地、饲草饲料地219392亩，占总耕地面积的12.4%，人均0.61亩。有条件的地方，还给社员划了荒山、荒坡，植树种草，发展经济作物。1980年全县多种经营收入，仅葵花一项，国家收购280多万斤，加上社员自销，平均每人收入现金近5元。为了繁荣经济，广开流通渠道，恢复了农贸市场，城镇集体所有制企业得到了巩固和发展，现已登记发证的个体工商户有102户，使城乡物资交流出现了一派兴旺景象。

在工业交通战线上，主要抓了调整和整顿工作，对长线产品的生产进行了控制，按照市场需要，增加了一些适销对路产品。同时，按照经济原则，关停并转了铁厂、煤矿等消耗高、质量差、原材料缺、货不对路、长期亏损的企业。对现有企业，主要是加强了经营管理、提高产品质量，进行了扩大企业自主权的试点，使企业办得更活。1979年完成工业总产值814.9万元，1980年完成706.11万元，占年计划的94.1%。地毯、架子车辐条、水泥、火柴等主要产品质量有了很大提高。交通运输事业也有一定发展，所有公社及一部分大队通了汽车，有17个公社开放了班车，大大方便了群众。与此同时，抓了社队企业的调整，停办了一些水泥厂，充实了地毯厂和手工业企业。今年社队企业总产值预计可完成250万元，占年计划的86.2%。

财政贸易方面：财政在调整期间收入有所减少，商业、供销购销两旺，城乡储蓄增加。1979年，全县财政收入完成212.9万元，1980年预算收入250.28万元，占年预算的99.2%，较1979年增长17.6%。除工商税超额完成分配任务外，其他都未完成。出现这种状况的原因，主要是，我们的工农业生产没有真正恢复和发展起来，工业企业利润大大减少，免了相当一部分社队的农业税。同时根据政策规定，减免了社、队企业和其他一些税收。商业供销工作，今年试行扩大企业自主权，调动了企业和职工的积极性，给商业工作带来了新的活力，商业网点增多，商品品种增加，经营渠道疏通，市场活跃。1979年社会商品零售额2572.7万元，比1978年增长9.9%；1980年完成2795.85万元，占年计划的99.4%，比上年增长8.7%。农副产品收购，1979年完成553.9万元，比1978年增长2.5%;1980年完成826.69万元，比上年增长49.2%。城乡储蓄，在1978年72.1万元的基础上，1980年增加到163.8万元，增长了1.27倍。

随着国民经济的逐步调整，文化教育、科技、卫生事业以及民兵建设也有新的发展。全县现有中学35所，在校学生63900多名，教师2894人；全县学龄儿童入学率达到74.6%。在学校教育工作中，重点抓了教学制度、教学方法的整顿，改革工作使教学业务水平、教学质量有了提高，学校秩序、学习风气较前有了好转，尊师爱生的优良传统开始恢复和发扬。在“百花齐放，百家争鸣”的方针指导下，文化艺术事业呈现一派繁荣景象。电影、戏剧增多，业余文艺活动遍及城乡社队，大大地活跃了人民的文化生活，科研项目逐步增多，农业技术推广工作取得了一定的成绩。卫生工作，认真贯彻预防为主的方针，广泛开展爱国卫生运动，积极防治地方病、传染病，医疗质量、医疗作风有所改进，人民的健康水平不断提高。计划生育工作取得了较好成绩，1980年全县人口自然增长率下降到10‰以下，比上年下降5‰。通过整顿训练，民兵组织进一步加强，广大民兵在保卫生产、维护社会治安中发挥了积极作用。

两年来，在全县广大工人、农民、知识分子和各条战线上干部的共同努力下，我县各方面取得了一定的成绩，这是有目共睹的。但是，在新形势下，我们更应当看到工作中的缺点、错误和困难。目前的主要问题是：我们对林彪、江青反革命集团极“左”路线的影响还没有完全消除，思想还不够解放；恢复和发展农业生产的步子还很缓慢，生产力水平还很低，大部分生产队的畜力不足，生产工具落后，劳动效率不高；人民的生活还相当困难；特别是在完善生产责任制方面还有大量具体工作要做，各级领导和干部的思想作风不适应新的形势；思想政治工作薄弱；工业调整的步子不大，经营管理不善，产品质量不高，缺乏竞争能力，相当一部分企业吃不饱，扩大企业自主权没有全面推开；议价商品范围不明，乱涨物价的问题比较突出。商业仍然存在商品中转环节多，流通渠道不畅通；教育方面师资不足、质量差、学生入学率下降；卫生基础薄弱，新建9个公社还没有卫生机构，群众看病有困难；计划生育任务艰巨，一孩率很低；民主与法制教育的工作量还很大，社会秩序不够好，城乡住房还有不少问题等。所有这些，都说明我们调整的任务还很艰巨，困难和问题还很多。各级政府都应该有足够的认识，存在这些问题并不可怕，只要我们既看到困难的一面，又看到有利的条件，保持清醒的头脑，注意研究新情况，解决新问题，全面实行和坚决贯彻执行党的调整方针，这些困难和问题是可以克服的，工作中的被动局面是可以扭转的。我们热切希望，各位代表对我们工作中的缺点和错误，提出批评和建议，帮助我们搞好今后工作。

二、1981年的主要任务

新的一年开始了。1981年我们的主要任务是：在安定团结的基础上，继续执行党中央和国务院制定的对国民经济进行调整、改革、整顿、提高的方针，坚持实事求是，一切从实际出发，发扬艰苦奋斗的精神，克服各种困难，同心同德、扎扎实实地搞好国民经济调整工作，争取工农业生产和各方面工作有一个新的发展。

第一，不断加强和完善农业生产责任制，稳定政策，大抓生产建设。

落实农村经济政策工作，这方面尽管我们做了大量工作，取得了显著成效，但按上级要求，还有很大差距。这种差距，主要表现在思想认识和具体工作两个方面。在思想认识上，我们应当明确的问题是：现今全县已有96%的生产队实行了包干到户或其他形式的责任制。可以说，在农业政策上，我们已经达到了放宽的程度，也就是说，初步解决了历史上在农业政策方面多年“积欠”的问题。在这种情况下，我们应当清醒地认识到，实行包干到户的生产责任制形式定下来以后，就要稳定下来，再退就不行了。表现在工作上，要做的是：许多队包干到户过程中，还遗留一些具体问题，没有得到明确的处理，而且又出现了许多新情况、新问题。诸如工作方法、社队经营管理、科学种田、农业基本建设以及基层文教、卫生、商业、社队企业等问题，都要认真调查研究，把工作做好。这些工作，特别是完善生产责任制，要在今冬明春集中一段时间，认真加以解决。

在不断完善生产责任制的同时，要认真贯彻以农为主、农林结合、多种经营、全面发展的方针，实行科学种田，大力抓好各项生产建设。在处理农业内部关系上，重点是抓好粮食生产，力争1981年粮食总产达到19800万斤，解决好吃饭问题。同时努力发展油料、葵花、养猪、养兔等种植业和养殖业，搞好多种经营，增加收入。我县干旱多灾，要树立长期抗旱思想，抓好灌水、碾压地，实行精耕细作，争取今年获得丰收。要大力推广农业新技术，搞好科学种田，要根据变化了的生产形式，组织科技队伍，争取多种形式，具体地帮助指导集体和社员实施科学技术措施，开展群众性的科学实验活动。要坚持不懈地搞造林、种草和梯田建设。1981年计划造林3万亩，种草2万亩，新修梯条田3万亩。要教育干部群众深切体会国家对我们进行三项建设的支持，集体、社员、个人一齐搞，使造林、种草、梯田建设不断发展，年年都有新成就，逐步恢复生态平衡，改变自然条件，促进农业生产。当前，要大张旗鼓地迅速落实国务院关于坚决制止乱砍滥伐森林的紧急通知和省政府的有关规定及县革委会的布告，采取一切行之有效的措施，刹住破坏林木的歪风，一定使多年的成果不能受到破坏。要大力发展畜牧业，不论在目前还是将来，不论在农业生产上还是在人民生活中，畜牧起着重要的作用，它依然是农业生产的动力，是肥料和畜产品的重要来源。当前，实行包干到户责任制后，必须继续认真贯彻落实畜牧政策，奖励和扶持社员发展大家畜，力争1981年大家畜达到5.1万头，羊只存栏14万只，生猪存栏9.5万口。

第二，搞好工业调整工作，大力发展轻手工业。

我县工业基础薄弱，技术水平低，产品质量差，缺乏竞争能力，相当一部分产品没有销路，致使许多企业“吃不饱”、没活干，面临不少困难。按照调整、改革、整顿、提高的方针，根据当地资源和市场需求，进一步搞好调整工作，对那些材料无来源、产品无销路的企业，要在深入调查研究的基础上，进行合并或转产，对那些消耗高、质次价高、经营管理不善的企业，要认真搞好整顿工作，加强企业管理，降低消耗，提高质量，增强竞争能力，采取计划调节与市场调节相结合的方针，尽快打开销路。要扩大企业自主权，在去年试点的基础上，今年要全面推开，各企业要充分发动和依靠广大职工，根据当地优势，大力发展轻手工业，使我县工业生产在调整中继续前进，争取1981年工业总值完成700万元。

第三，发展商品经济，活跃市场，做好商品流通，保障城乡供给。

当前，由于市场开放、商品流通，把生产、流通和消费结合了起来，调整了余缺，加速了交换，对稳定经济、保障供给起到了良好的作用。今后，我们要在坚持社会主义道路，坚持生产资料的公有制占绝对优势的前提下，允许多种经济成分、多条流通渠道和多种经营方式同时并存。要在继续发展国营商业的同时，积极恢复和大力发展集体所有制的商业和服务业，也允许个体工商户从事经营商业及服务业，要进一步搞好城乡集市贸易、疏通流通渠道。在政策规定的范围内，允许社员经营完成统购任务以后的商品，允许社员自产自销农副产品，允许工业部门完成计划任务后的部分产品到市场自销。与此同时，加强市场管理，打击投机倒把活动，做到管而不死，活而不乱。

商业供销部门要在1980年扩权试点的基础上，认真总结经验，争取在1981年全面铺开，取得更好的效果。同时，必须大力扶持工农业生产，特别是社队企业和多种经营，对农副产品收购要认真贯彻政策，从有利于促进生产出发，千方百计扩大生猪、葵花、活兔的生产、收购和销售。要切实改变官商作风，增设网点，摆摊设点，流动服务，送货下乡上门，方便群众。各级都可举办物资交流大会，举办贸易货栈，采取多种形式，扩大商品流通，以便促进市场更加活跃，经济更加繁荣。

第四，在发展生产的基础上，逐步改善人民生活。

关心和改善群众的生活，是我们党的一贯方针，也是人民政府的一项重要职责。尽管我们的生产力落后，经济困难，但是我们还要在恢复和发展生产的基础上，逐步改善人民的物质、文化生活。（1）减轻农民负担，得以休养生息，全县粮食征购从1981年起为450万斤，回销1150万斤，结余归县，用于灾年，一定3年不变，减少农业税260万斤。这充分体现了党和政府对农民群众生活的关心，我们一定要认真贯彻执行。要求各级一定要管好用好国家给我们的回销粮和救济款，真正用在那些缺吃少穿的困难户上，使其在短期内改善生产和生活。（2）抓紧职工和居民住宅的规划和建设，我县职工和居民虽然不多，但住房十分紧张，为了解决这个问题，要在统一规划的基础上，动员各方面的力量，加强住宅建设，工交、商业、物资、邮电等各系统都要用好自筹资金，逐步解决本单位职工家属的住房困难。城建局要挖掘潜力，尽可能多地修建一些军民住房，制止拉关系、走后门和私自抢占住房的问题。（3）做好待业青年的安置工作，全县现有198名待业青年，安置这些人是群众的迫切要求和待业青年的心愿，各部门都要关心这件事。坚决贯彻中央确定的“要积极创造条件，在国家统筹规划和指导下，实行劳动部门介绍就业，自愿组织起来就业和自谋职业相结合”的方针。首先要解决好思想认识问题，克服单纯依靠国家统招统派的思想。其次要从实际出发，广开生产门路，充分挖掘各方面的潜力，大办各种集体所有制企业和服务业。同时鼓励待业青年自愿组织起来，就业和自谋职业，要求各行各业、各个单位都动手，切实安置好本系统、本单位的待业青年。确实一时安排不了的，教育部门要开办补习班，组织他们复读。总之，采取各种办法，把安置待业青年的工作做好。（4）大力控制人口增长。搞好计划生育是关系到“四化”建设和人民生活的一件大事，尽管1980年全县计划生育工作有较大进展，但还没有完成任务。从1981年起，由于新婚大量增加，几年内还将是个生育的高峰。因此，各级政府和部门以及社队，仍然要把这项重要的战略任务坚持不懈地抓下去，做好宣传教育，要不断提高技术水平，对确因手术质量造成疾病的，必须予以治疗，解决他们的生活困难，同时要抓好妇幼保健工作。

第五，加强文化教育、科学技术和卫生工作的建设。

教育工作要继续做好调整，从实际出发，合理布局，稳步推进，使其与国民经济相适应。要重点抓好中小学生基础教育，下功夫办好重点学校，狠抓教育质量的提高，加强教师队伍建设和业务培训工作，加强学校领导班子建设，选拔那些具有专业知识、真正懂得教育的、有组织领导能力的、年富力强的同志担任领导工作。加强对青少年的思想政治工作，逐步改善教学条件。全县普遍实行包干到户的责任制后，小学入学率有所下降，应当引起重视。办好一批半耕半读学校，尽量防止新文盲产生。全县教育经费十分紧张，除了请求上级增拨外，必须做到专款专用，精打细算，绝不允许挪作他用。要继续实行民办公助的方针，发动群众办学，社队要在资金和劳力上给予大力支持。要开展群众性的文化体育活动，丰富人民的文化生活，占领社会主义思想文化阵地，防止和抵制封建迷信等剥削阶级思想的侵蚀。

科技工作要为我县工农业生产和人民生活服务，重点研究和引进适宜我县自然条件的优良品种和各种病虫害的发生、发展规律和防治办法，减轻病虫害对农作物的危害。加强对农业科研单位的领导，积极推广研究成果的应用。要积极推广沼气，逐步解决三料俱缺的困难。

加强卫生队伍的建设。在办好现有医院和加强各级医院科学管理的基础上，分期分批地逐步建立起9个新公社医院。在实行包干到户责任制后，必须注意坚持办好合作医疗，加强领导和管理，提高医疗服务质量，方便群众，继续做好地方病、传染病防治，开展爱国卫生运动、切实改变城乡卫生面貌，增强人民健康水平。各条战线都要重视积极落实知识分子政策，从工作、生活等方面给予必要的关怀和照顾，充分发挥他们的积极作用。

第六，加强思想政治工作，进一步开展法制教育。

当前我们处在一个历史转折时期，一些人对形势、现行政策以及历史教训认识不够清楚。我们必须加强思想教育工作，大力开展形势教育、共产主义道德品质教育，坚持党的四项基本原则，树立共产主义的理想、信念、道德、纪律、革命的立场和原则、人与人的同志式关系，发扬优良传统，振奋起勤俭建国、艰苦奋斗的革命精神，巩固和发展安定团结的政治局面，搞好各项经济建设。要广泛深入地开展法制教育，增强人民和广大干部的法制观念。各级领导干部要带头遵纪守法，保证法律的实施。人民公安、检察院和法院，要坚决履行自己的职责，依法严办那些严重破坏社会主义建设事业和严重破坏社会主义秩序的犯罪分子。机关、学校、工厂、街道、家庭要密切配合，加强综合治理，安定社会秩序，保障人民利益和四化建设顺利进行。

第七，加强和改进政府工作。

为了保证上述工作任务的完成，必须克服官僚主义，改进工作作风，加强和改善政府工作。（1）加强调查研究，继续发扬实事求是的作风。大兴调查研究之风，是联系群众、坚持实事求是的思想路线、搞好工作的基本功。在今后的工作中，要进一步密切政府同人民群众的联系，深入基层，调查研究，倾听群众呼声，关心群众的温饱和疾苦，解决群众生产、生活中的实际问题，不断克服官僚主义，真正把党的政策和当地的实际密切结合起来，变成群众的自觉行动，使人民政府真正成为带领人民群众进行四化建设的战斗指挥部。（2）明确各级行政部门和工作人员的职责范围。县人民政府和各行政业务职能部门，要在执行民主集中制的原则下，实行集体领导与个人分工负责结合的制度，主动地、积极地开展工作，正确地行使自己的职权，政府工作人员也要职责分明，建立岗位责任制，提高办事效率。（3）接受群众监督，全心全意为人民服务。县人民政府和各级行政职能部门，要接受县人民代表大会和人大常委会的监督、检查以及批评、质询。要虚心听取群众意见，认真处理群众对政府工作的批评建议，把政府工作置于人民群众的直接监督之下。各级干部特别是领导干部，必须做努力学习的模范，执行政策的模范，遵守纪律的模范，克己奉公，勤勤恳恳，兢兢业业，做好工作，当人民的勤务员，为社会主义四个现代化建设贡献力量。

第二节　县第八届人民代表大会第二次会议

大会概况

县八届人大二次会议于1982年3月29日至31日在县政府礼堂召开。应出席代表210名，实出席171名。

马子坤、马世贞、马维才、王乃学、王占歧、王怀琨、王秉章、王敦厚、史国忠、刘文俊、刘绍先、孙孝治、陈向华（女）、陈世英、张光明、张世俊、张自化、郑建才、郜文学、胡建华、赵顺天、高富德、曹炯文、程天爵、韩三余、樊枨、樊俊峰27人组成大会主席团，王怀琨、高富德、郑建才、马世贞、郜文学、张光明为主席团常务主席，张光明为秘书长；郜文学、王敦厚、王占歧、王秉章、权执钧、罗德明、曹炯文、程天爵、樊枨9人组成议案审查委员会，郜文学为主任委员，王敦厚为副主任委员。

大会举行全体会议3次。第一次全体会议于3月29日上午举行，由县委书记王怀琨、县人大常委会副主任张光明分别主持，县人大常委会主任高富德致开幕词；会议听取县政府县长郑建才所作的《县人民政府工作报告》；传达学习中共中央主席胡耀邦对甘肃工作的重要指示及五届全国人大四次会议政府工作报告精神；第二次全体会议于3月30日下午举行，由县政府县长郑建才、县委副书记马世贞分别主持，会议听取县人大常委会主任高富德所作的《县人大常委会工作报告》、县人大常委会副主任张光明所作的《县人民代表大会常务委员会代表提案办理情况报告》、县法院院长马子坤所作的《县人民法院工作报告》、县检察院检察长曹炯文所作的《县人民检察院工作报告》；第三次全体会议于3月31日下午举行，由县人大常委会主任高富德、县政府副县长郜文学分别主持，会议听取《县第八届人民代表大会第二次会议提案审查委员会关于提案的审查报告》，通过《关于政府工作报告的决议》《关于县人民代表大会常务委员会工作报告的决议》《关于县人民法院工作报告和人民检察院工作报告的决议》；会议结束时，县委书记王怀琨作了讲话，县人大常委会副主任张光明致闭幕词。

大会分15个代表团，召开分团会议3次。

大会收到代表提案72件，其中1件不符合政策规定未立案。其余71件提案中，农业方面15件，占21.1%，主要是建议科学种田、保护耕地、加强林业管理、管好水利设施等；工业交通方面3件，占4.2%，主要是建议向边远公社通放客车等；商业财贸方面5件，占7%，主要是建议多供复合肥、管好磷肥、改进服务态度；文教、卫生、计划生育方面22件，占31%，主要是建议培训教师、提高教学质量、增设县办农中、合理分布学校，搞好计划生育、安排好各公社医务人员，解决边远农村社员看病难等问题；司法、社会治安方面7件，占9.9%，主要是建议加强法制、维护社会治安、制止迷信活动等；思想建设、政权建设方面12件，占17%，主要是建议改进领导作风、端正党风、加强思想教育、关心离退休人员政治福利待遇等；城镇建设方面5件，占7%，主要是建议搞好建设规划、保护环境、解决城镇居民住宅吃水等；其他方面2件，占2.8%，主要是建议解决城镇人口死亡埋葬地点等。

附：

县人民政府工作报告

（县人民政府县长郑建才　1982年3月29日）

1981年国民经济计划执行情况

1981年，我们在上级党和政府的领导下，认真贯彻执行党中央、国务院在经济上实行进一步调整，在政治上实现进一步安定的方针，经过全县各级政府和全县人民的共同努力，各项工作取得了新的进展。

农业生产形势基本是好的。1981年，我们继续贯彻执行党的三中全会以来关于发展农业的一系列方针、政策，积极稳妥地推行和完善农业生产责任制，逐步调整农业生产结构，调整作物布局，狠抓粮食生产，大力发展多种经营，进一步调动广大社员群众的积极性，农村出现了一个农、林、牧、副全面发展的新形势。去年农作物遭受旱、涝、冻、病虫等灾害比较严重，但由于党的政策的正确，农村广大干部、群众的艰苦努力，以及上级党组织的大力支持，减轻了灾害程度。粮食总产15061.74万斤，完成计划17300万斤的87.06%，比1980年减产26.22%。经济作物播种面积11.86万亩，比1980年扩大了11497亩。油料总产653.67万斤，完成计划530万斤的123.33%，比1980年增产8.2%。葵花种植24052亩，完成计划20550亩的117%，比1980年增长44.5%，收购达280万斤。当年造林成活保存面积1.01万亩，完成计划1.5万亩的67.4%，比1980年减少57.1%。社员零星植树282万株，人均7.7株，是历史上最好的一年。育苗2206亩，完成计划5000亩的44.1%，比1980年减少59.06%。种草1.22万亩，完成计划2万亩的61%，比1980年减少64.3%。畜牧业发展较快，大家畜存栏达到56924头，完成计划5.22万头的109.1%，比1980年增长12.1%。羊只存栏153496只，完成计划15万只的102.3%，比1980年增长5%。生猪存栏106937头，完成计划10.2万头的104.8%，比1980

年增长2.8%。肥猪出栏55227头，完成计划4.8万头的115.1%，比1980年增长16.6%。养鸡200576只，比1980年增长11%。农田基本建设任务完成也比较好，新增梯田27999亩，完成计划2.2万亩的127.3%，比1980年增长22.2%。水利建设，主要抓了现有工程管理，提高了灌溉效益，全年实灌面积103449亩，比1980年增长2.9%。机耕面积8.14万亩，完成计划9万亩的90.4%,比1980年减少40%。

工交战线继续进行调整工作，在原材料不足、产品销路不广等困难较多的情况下，经过广大干部、工人的积极努力，计划完成情况还是较好的。县属国营工交企业和集体所有制企业都没有发生亏损。全面完成工业总产值710万元，超额1.5%完成了计划。其中国营企业完成产值494万元，占计划的112.2%，比1980年增长7.2%；集体所有制企业完成产值216万元，占计划的83.1%，比1980年下降13.6%（其中公社工业完成产值86万元，占计划的86%，比1980年下降15%）。经过调整，工业内部结构有了新的变化，轻工业占全部工业的比重由1980年的63.9%上升到73.9%。9户国营企业实现利润26.98万元，占计划的141.2%，上缴利润18.47万元，上缴税金14.94万元，集体企业上缴税金13.43万元，盈亏相抵后，实现利润11.22万元。国营和集体所有制工业企业全员劳动生产率由1980年的5416元提高到5764元，提高6.4%。重点考核的26种工业产品，有10种超计划完成了任务，其中火柴、地毯、布鞋、服装加工、布瓦、糕点、水果糖、工艺美术品这几种产品有较大幅度的增长。交通运输行业也较好地完成了任务。运输队和商业车队共有载重汽车53辆，202个吨位，全年完成货运量2.96万吨，货物周转量567.79万吨公里。客运汽车完成客运量14.2万人（次），客运周转量350万人公里，实现利润8.27万元，缴纳税金4.19万元。

财贸战线坚持以计划经济为主、市场调节为辅的原则，搞活经济，扩大流通渠道，支援工农业生产，取得了显著成绩。1981年，商业、供销、医药商品纯购进完成991.2万元，完成计划699万元的141.1%，比1980年增长28.6%。其中农副产品收购总值完成695.1万元，完成计划551.5万元的126%，比1980年增长12.6%。生猪完成37078头，占计划3万头的123.7%，比1980年增长19.3%；鲜蛋完成740642斤，占计划68万斤的108.9%，比1980年增长5.5%；活羊完成4752只，比1980年增长85.5%，纯销售完成2226.57万元，占计划的104%，比1980年增长4.2%。全县社会商品零售额完成2858万元，比1980年2654万元增长7.7%。随着经济政策的调整，集体商业和个体工商业逐渐增多，全县集体商业、饮食服务业网点由1980年的18个、82个发展到46个、175个，经工商管理部门审查批准发给正式营业执照的个体工商业户371户，从业人员385人。集市贸易成交额424万元，比1980年增长26.83%。财政金融情况良好，1981年继续实行了财政包干制度，注意抓了开源节流、增收节支工作，财政收入完成277.25万元，占预算的244.1万元的114%，比1980年增长9.8%，是我县财政收入较好的一年。财政支出完成797.02万元，占预算834.05万元的96%，比1980年下降15.2%。财政决算达到收支平衡。粮食征购完成457.93万斤，超额完成地区下达任务425万斤的7.7%，比1980年增长4.7%；油品完成64.82万斤，占任务58万斤的

111.7%，比1980年增长19.3%。

在过去的一年里，围绕经济建设这个中心，文教、卫生、科学技术、计划生育等方面都做了大量工作。教育战线从我县实际出发，对中小学进行了有组织、有领导的调整。全县撤并31所戴帽初中，将4所完全中学改为独立初中，撤并19所小学、178所村学。建立了学区，加强了对学校的领导。1981年，初中招生3630名，占计划4223名的86.7%，比1980年减少15.2%；高中招生960名，占计划1300名的73.9%，比1980年增长72.8%；小学招生11223名，占计划11300名的99.3%，比1980年增长13.5%。由于我们实际工作没有赶上去，农村实行责任制后，学龄儿童入学有较大幅度下降，全县学龄儿童入学率仅为72.4%。医疗卫生和计划生育虽然做了大量工作，有一定成就，但还做得不够好，目前农村基层卫生医疗问题较多，计划生育出现回升趋势，人口自然增长率为11.11‰，比1980年增加了2‰。

在过去的一年里，我们虽然取得了上述成绩，但工作中还有不少问题，在前进中还有不少困难。去年灾情严重，成灾面积75.5万亩，粮食减产幅度较大，给群众生产和生活带来了一定困难。对农村落实生产责任制中出现的新情况、新问题，调查研究不够，解决不及时，多种经营门路不广，潜力还没有真正挖掘出来，社员群众用钱还有很大困难。林业发展不快，特别是管理工作没有跟上去，乱砍滥伐的问题还没有彻底制止下来。工业生产仍然存在着原料不足、销路不广、管理不善、经济效益差的问题。社会治安还没有根本好转。文教、卫生、计划生育方面抓得不够有力，缺乏领导经验，一些工作做得较好，而有些方面做得就不够好，也是关键所在。我们要继续发扬成绩，克服自己工作中的弱点，决心把工作做得更好。

1982年工作主要任务

五届全国人大四次会议通过的我国今后经济建设的十条方针，是我国今后相当长时期的经济工作纲领。在新的一年里，我们要认真贯彻全国、全省人代会议精神，坚持两手抓，一手抓物质文明建设，一手抓精神文明建设。在经济上，要努力争取一个扎扎实实的没有“水分”的一定速度。在政治上，要努力争取社会治安、社会风气和党风有一个决定性的好转。1982年总的奋斗目标是：工农业总产值达到4577万元，比上年增长6%，其中：农业总产值稳定在上年700万元的水平上，力争增长3%。粮食总产量达到17300万斤，多种经营收入达到1400万元。为了完成上述任务，应抓好以下几项主要工作。

（一）以主要精力，抓好农村工作

第一，继续落实党在农村的各项政策完善、稳定农业生产责任制。当前，要通过各种形式，广泛深入地向群众宣传中央一号文件，做到家喻户晓，人人明白。宣传的着重点是：“全国农村90%以上的生产队建立了不同形式的生产责任制，大规模的变动已经过去，现在已转入了总结、完善、稳定阶段”“我国农村的主体经济形式，是组织规模不等、经营方式不同的集体经济”“我国农业必须坚持社会主义农业集体化的道路，公有制长期不变，生产责任制长期不变”；农业生产责任制，“不论采取什么形式，只要群众不要求改变就不要改动”等。各级都要不断总结经验，进一步做好完善，健全各种责任制工作，并且按照有关规定，处理好遗留问题。集体留的机动地，是用作以后调剂使用的土地，不能划分到户，为了不致荒芜，可以研究收益分成办法，指定给社员耕种。要严禁在承包地上修庄打院、葬坟、起土，不服从生产队统一规划，未经公社批准，强行修庄打院的，要限期拆掉。社员自留地和承包土地是集体财产，不准买卖，不准出租，不能转让，不准荒废，否则生产队有权收回。林场、果园、养殖场、农业机械、水利等集体企事业，要逐步变为专业分工和专业承包，全面落实责任制。要向群众进行“三兼顾”教育，各项生产经营活动，必须服从国家计划的指导，要正确处理国家、集体、个人三者之间的利益，国家规定的各项交售任务要保证完成。今年国家统购派购任务（包括粮、油、鲜蛋、生猪、活羊、肉兔、“三皮一毛”和其他应收购的农副产品），集体提留以及集体用工、民工建勤等劳务用工等，统统要以合同形式明确下来，合同一经签订，就要共同遵守，不得违反。大队、生产队两级干部的补贴，年初应经群众讨论，作出明确规定。大队、生产队干部编制，一般大队3人，生产队2人为宜，多的应当精减。两级干部都要制定明确的岗位责任制，保证完成各项工作任务。要抓紧财务整顿工作，上半年完成大队、生产队和社队企业的财务整顿工作，走了过场的要补课。在财务整顿中，不论搞过的还是将要搞的，都要抓紧经济退赔和归还。要结合落实五保户、困难户和烈军属的照顾政策，解决好他们的吃饭、穿衣、烧柴、疾病等困难问题。

第二，大力开展科学种田。五届全国人大四次会议政府工作报告所提的十条建设方针，第一条就是“依靠政策和科学，加快农业的发展”。在落实农业生产责任制这一大规模的变动已经过去的情况下，指导农业生产的重点要转到大抓科学种田上来。县上搞了一个到1985年的规划和今年科学种田实施措施，大体要求是：（1）主要抓好推广良种，科学施肥，改进栽培技术，防止病虫害，改良畜种，推广沼气和太阳能灶等项目。（2）建立科技联产责任制，组织县、社农技干部与社员户签订技术推广承包合同。（3）把农村广大知识青年组织起来，加强培训，投入科学实验行列，成为科学种田的骨干力量。（4）公社、大队普遍建立科协组织，成为学习、传授、普及科技知识的阵地。（5）按自然区域着手建立区域性农技推广站。（6）搞好农业经济区划分工作。能不能把重点转到科学种田上来，关键是领导问题，思想认识问题。要求各级干部，深刻领会胡耀邦同志对甘肃工作指示中有关干部的评价和教育，对我们的长处，要坚持发扬光大，特别要注意克服弱点，对文化科学知识水平不高这一点要有一个猛醒，办法就是刻苦学习和钻研，只有掌握生产技能，才能对生产进行实际地、有效地指导。这里，还要提出的一点是，在科学种田上，各级干部都要充分注意到：实施各项增产措施，必须适应我县干旱多灾的自然特点，必须坚持推广农民从实践中获得的一整套传统的先进增产措施。比如在抗旱保墒方面的伏耕、秋耕以及镇压耙耘；在培肥地力方面的合理倒茬、增施有机肥料；以及因地制宜，合理布局作物和栽培适应抗旱等，这些都是极为重要的，绝对不可忽视。

第三，大力发展多种经营。发展多种经营是治穷致富、繁荣农村经济的战略措施。党的十一届三中全会以来这几年，我们看到了一个事实，就是农民手里钱确实多起来了，这与放宽政策关系极大。具体讲，就是农民有了生产自主权，作物布局更加趋于合理，多种经营发展起来了，拿到市场交换的东西多了，现金收入就多了。在多种经营这个问题上，胡耀邦同志教育我们不要老盯着现有耕地抓粮食。这也是符合我们实际情况的，因为我们的自然特点是干旱多灾，在近期内大幅度提高粮食产量是不行的，因地制宜对作物布局适当作些调整，增加经济作物面积是很必要的。要求：(1) 就全县来说，能够大量生产而社会又需要的几个大宗产品，一定抓紧抓好，比如种植性的油料、葵花、辣椒、大蒜以及各种果树等；养殖性的大家畜、生猪、羊、鸡、兔子等；加工性的有粉条、油料加工等。同时，要广开门路，大力发展其他产品生产。(2) 各级都要因地制宜，从实际出发，从社会需要出发，进行具体规划，加强具体指导。(3) 县上成立多种经营办公室，作为政府职能部门，进行调查研究，具体组织指导这项工作，公社也要有一名负责同志主管此项工作。

第四，坚持抓好农业基本建设，努力改变生产基本条件。农业基本建设项目很多，最主要的是造林、种草、改土、水利这几项。每年都要规定任务，努力付诸实现。今年全县造林任务3.5万亩，零星植树180万株，育苗2500亩，种草（包括荒地种草）2万亩，平整梯田2.2万亩。几项工作应注意的问题是：造林，今春必须掀起一个更大规模的植树造林群众运动新高潮。农村任务到队、到户、到人。城镇今年主要是搞好机关、城区的绿化、美化。除了规定任务外，每人义务植树（包括用材林、经济林）最低要栽活5棵，多者不限。机关所用苗木都要自费。农村义务植树应由大队、生产队统一组织，在集体林场或荒坡、荒沟进行，集体管护，为集体所有，要以大队为单位，组织专门班子，协同生产队尽快给社员划定“三荒地”，发给林权证。县、社、队道路争取春季全部栽上树，实现绿化，要大抓管护工作，一种就管，明确管护责任。集体果园、林场要坚持办好，不能分给社员。对破坏林木未处理的要彻底清查，严加处理。为了加强领导，县、社都要成立绿化委员会，大队、生产队和城镇、机关单位都要成立绿化领导小组，人数较少的单位也要指定专人负责，从上到下把绿化领导工作的指挥系统建立起来。改土要注意的是，今年2.2万亩任务，是县对公社说的，必须保证完成，社对基层要按1人1分的要求分配。要在春播时留下改土地块，常年坚持去搞。必须坚持统一规划，定点、定地、定开挖线，采取以队或联户等形式去搞。水利重点是抓好现有水利工程、设施的管理，抓好现灌，发挥水利效益，今年有关管理方面的工程，有关公社要认真抓好。

(二) 努力抓好工业生产和城镇建设工作

在国民经济调整过程中，一般来说县一级工业生产困难较多，加之我们缺乏经验，如何走出新路子，还正在摸索阶段，但只要继续努力，一定会创出一些经验来。今年的工交企业生产，必须继续贯彻调整的方针，按照国务院《关于实行工业生产经济责任制若干问题的意见》和《关于实行工业生产经济责任制若干问题的暂行规定》

两个文件精神，继续抓紧抓好推行各种经济责任制，切实加强企业经营管理，进一步提高经营管理水平，提高经济效益。这是搞好工业生产的关键所在。凡没有推行经济责任制的企业，上半年一定要明确和实行起来；已建立了经济责任制的企业，必须加以总结和完善。要大抓思想政治工作，大抓劳动纪律，大抓车间、班组、个人岗位责任制，大抓各项经济技术指标的检查考核，大抓产品质量，增加花色品种，在生产安排上，要注意市场变化和社会需要，以销定产、以销促产，凡是国家计划调拨的产品，必须按照计划组织生产；自产自销的产品或由商业、供销及其他经销单位经销的产品，就要按照市场需要和签订供货合同组织生产。要大力发展消费品生产，诸如火柴、服装加工、腈纶毛针织品、食品饮料、粮油加工、橡胶杂件、小五金、中小农具、车马挽具以及砖瓦、水泥等建筑材料的生产。同时要抓好县、社公路和桥梁工程建设，按时完成任务。国营、集体以及社队的整顿试点工作，按照县政府的安排，必须组织好力量，及时开展工作。

在抓好工业生产的同时，要切实加强城镇建设工作的领导。(1) 县城建设规划，应在原有基础上，再经一番群众路线，赶年底修改制定出来。(2) 计委等部门制定的基本建设管理暂行规定，已经政府讨论试行，一面严格执行，一面修改完善，如有违反，要按规定进行处理。(3) 城镇各项建设计划、设计，必须严格按照基建程序进行报告和审批，必须符合城镇建设规划和要求，不许各行其是。(4) 各部门要密切配合，切实搞好文明建设，建立一套行之有效的制度，真正解决“脏”“乱”“差”的问题，搞好城镇绿化、美化。

(三) 努力做好财贸工作。

(1) 商业、供销部门要继续抓好完善经营责任制，加强企业经营管理，调动广大职工的社会主义积极性。要坚持以计划经济为主，市场调节为辅的原则，进一步搞活经济流通和开辟流通渠道，按照经济规律组织商品流通，积极组织货源，抓好推销工作。要及早抓紧签订农副产品收购合同，保证完成农副产品收购计划。(2) 抓好财税大检查，把单位自查与重点检查结合起来，边检查，边处理，边改正。对于严重违反财经纪律的，要严肃处理。(3) 要保证完成今年粮、油征购任务，同时要抓好社员生活安排。(4) 加强市场管理，保护农民正当交易，打击投机倒把活动。(5) 银行部门要及时发放春耕生产贷款。支援农业生产，支持发展多种经营。(6) 加强物价管理，保持物价稳定，对违反物价政策的问题，要进行严肃处理。

(四) 狠抓计划生育工作。最近党中央、国务院发出了“关于进一步做好计划生育工作的指示”，要把这一指示反复宣传群众，组织干部群众认真讨论，充分认识计划生育工作的战略意义。计划生育是关系到我国社会主义现代化建设成败的大事，非大抓狠抓不行。

(五) 抓好文化、教育、卫生工作。随着国民经济的好转，广大人民群众迫切要求学习和掌握文化科学知识，丰富文化生活，改进医疗卫生条件，提高健康水平。我们要十分重视群众的需求，努力创造条件，把文化、教育、卫生事业办好。农村社队要因陋就简，积极办好文化站、文化室，组织社员学政治、学文化、学科学技术、开展业余文艺活动。要努力创造条件，办好广播、电视、电影、戏剧、体育事业，尽量满足群众文化生活需要。教育事业要重点抓好普及小学教育，1982年全县计划招收小学学生15700名，比上年增长39.9%；初中生5085名，比上年增长40.1%；高中生720名，比上年减少25%。要加强思想政治工作，提高教学质量，积极引导学生德、智、体全面发展，成为四化建设的有用人才。县、社、队各级组织，都要坚持两条腿走路的方针，实行民办公助；认真研究解决农村学校存在的各种困难和问题。医疗卫生工作要认真贯彻“预防为主”的方针，把工作重点放到农村去。今年要抓好农村医疗站的全面整顿工作，研究解决合作医疗中存在的问题。要抓好医务人员的培训，提高医疗技术。要大力开展爱国卫生运动，做好防疫工作。

（六）大抓社会主义精神文明建设。第一，当前重要的一项中心任务就是要抓好打击经济领域里的违法犯罪活动。在经济领域里，发生在少数单位和少数人中的走私贩私、投机诈骗、贪污受贿，把大量国家和集体的财产窃为己有等严重违法犯罪活动，已经比1952年“三反”“五反”时严重得多，它是我们党和国家不断前进中的一股逆流，必须集中力量同这种逆流进行最坚决最严肃的斗争。要在县委统一领导下，认真传达学习中央有关指示精神，统一思想认识，明确政策，在提高思想认识的基础上，抽调强有力的干部，各部门协同动作，首先抓好大案要案的查处。与此同时，要大力进行思想政治工作，严肃党规党纪，严肃法规，一切按照党的政策办事，使党风有一个决定性的好转，使各项经济工作走向正轨，真正搞活经济，为四化作新的贡献。第二，坚持抓好整顿社会治安工作，整顿社会治安，必须贯彻“综合治理”的原则，上下一齐行动起来，只有这样才能真正获得成效。当前要重点抓好一些地方发生的赌博、偷盗、封建迷信、破坏林木、破坏计划生育的问题，触犯刑律的必须绳之以法。情节较轻的，也要给予批评教育和经济制裁。农村修建的庙宇要一律限期拆除，巫神、阴阳、马角要一律取缔，市场销售的迷信用品要一律没收。发现复制、销售、播放的反动黄色下流录音、录像制品的一律没收销毁。第三，大力开展“五讲”“四美”活动，促成一个新的社会风气。通过3月份的“文明礼貌月”活动，我县城乡的环境卫生、公共秩序和服务质量有了明显的好转，各级组织要一鼓作气，深入持久把这一活动开展下去。党政部门要抓党风、政风，制定机关文明办公守则，密切联系群众，提高工作效率。工交部门要抓文明生产和安全生产，搞好文明行车和安全运输；财贸部门要抓文明经商，礼貌待客，优质服务，方便群众；教育部门要执行《学生守则》，开展学雷锋，创“三好”活动，引导学生德、智、体全面发展，整顿校纪，改变校容，建立良好的校风；医疗卫生部门要学习和发扬白求恩救死扶伤的革命人道主义精神，改进服务态度，提高医疗技术，做好防病治病工作。在农村要广泛开展“文明村”“卫生村”“五好社员”“五好家庭”活动。各级干部要以身作则，引导广大群众移风易俗，提倡婚事新办，坚持一切从俭。大力宣传土葬改革，实行土葬深埋，不划坟院，不培坟堆。利用荒坡瘠地建立公墓，节约耕地。只要我们一层带一层，坚持常抓不懈，实实在在，不图形式，不走过场，社会主义文明就更加深入人心，逐步变为广大干部、群众的自觉行动，整个社会风尚就会越来越好。

县人大常委会工作报告

（县人大常委会主任高富德　1982年3月30日）

自静宁县第八届人民代表大会第一次会议闭幕以来，县人大常委会遵照党中央提出的在经济上实行进一步调整，在政治上实现进一步安定的方针，根据第一次会议提出的任务，一年来，在县委的直接领导和支持下，主要进行了以下几个方面的工作：

一、加强学习，提高做好本职工作的思想认识水平和自觉性。县人大常委会一经设立，我们就认识到它和政府工作是有原则区别的，这对人大常委会的每个同志来说，都是新情况下的新工作、新任务。能不能正确地行使法律赋予的职责权限，关键在于加强学习，提高认识和要求。因而过去一年多来，我们始终坚持政治思想领先的原则，把学习党的路线、方针、政策和全国人大、省人大有关文件精神放在首位，根据县委的统一安排部署，利用每次的常务例会和机关学习时间，组织全体委员、机关工作人员加强政治理论、经济政策和各级人大有关文件精神的学习，不断地提高做好本职工作的思想业务水平。特别在党的十一届六中全会文件发表后，县人大常委会及时召开全体委员会议进行了认真的传达、学习和讨论。通过学习六中全会文件，委员们一致认识到六中全会是继三中全会以后又一次具有重大历史意义的会议，会议通过的《关于建国以来党的若干历史问题的决议》，回顾了党的60年战斗历程，总结了中华人民共和国成立以来32年党的基本经验，对一系列的重大历史事件作了实事求是的结论，科学地阐明了毛泽东同志的历史地位和毛泽东思想的指导作用。决议中还强调指出，党委“从各方面保证国家权力机关、行政机关、司法机关和各种经济文化组织有效地行使自己的职权”，从而加深了认识，统一了思想，使大家明确了和党中央保持政治上一致的重要性。表示坚决拥护决议，以决议为指导，武装思想，统一认识，做好工作。

同时，有针对性地学习了彭真同志在全国各省、市、自治区人大常委会负责同志座谈会上的讲话纪要和全国人大常委会办公厅《工作通讯》有关介绍各地县级人大工作方法的经验，对我们启发很大。进一步明确了人大常委会工作的性质、任务和职权范围，主要是按有关法律规定，正确地行使决定权、监督权、任免权。在实施“三权”的基础上，按照合法手续督促政府各部门和有关单位办理落实人民代表提案，同时，通过有效的调查和建议，帮助政府改进工作，尽力体现人民当家做主、管理国家的权利作用。

二、听取县人民政府的汇报，审议和决定全县国民经济计划和财政预算。1981年4月下旬，县人大常委会召开第二次全体委员会议，听取县人民政府负责同志关于1980年全县国民经济计划执行情况的汇报和1981年国民经济计划说明及财政预算。全体委员密切联系我县工农生产实际，敞开思想，集思广益地进行讨论，提出了不少好建议和要求。县政府负责同志也认真听取和采纳了委员们的意见。在统一思想认识的基础上，县人大常委会批准并作出决议，号召全县广大干部群众，自力更生，艰苦奋斗，为完成1981全县国民经济计划的各项指标，作出积极的努力。

1982年3月16日，第四次常委会会议听取了县人民政府负责同志关于1981年国民经济计划执行情况汇报和1982年国民经济计划安排的说明，委员们进行了认真的讨论。这次会议期间，代表们又进行了讨论，作出决议，贯彻执行。

三、认真执行督促检查，搞好提案办理工作。人民代表提案，是依法郑重提交代表大会审查通过的成文议案，督促办理代表提案，是人大常委会的重要任务之一，也是政府的重要工作之一。我县第八届人民代表大会第一次会议上，共有提案123条，根据大会提案审查委员会的意见，将这些提案分别转交政府各部门、法院和检察院研究办理。

为了提高办案效率，首先在第八届人民代表大会后的第一次常委会上，就按各种提案的性质，区别情况，讨论提出了提案办理的原则和方法。县人大常委会在提交办理的过程中，由负责同志还向重点单位作了具体的交代。去年9月下旬县人大常委会又一个单位一个单位地进行了检查汇报，一边检查，一边督促，加快办案进度。从去年以来的办理情况看，各单位还是比较重视的，普遍分开轻、重、缓、急，实事求是地抓住对当前政治、生产影响较大、群众比较关心的实际问题，及时调查，抓紧办理。除涉及思想、政策和一些组织建设方面的提案，由政府直接办理，并基本办完外，各单位都做了大量工作。单位之间办理速度较快、效果较好的是公、检、法三单位，他们接近办理完毕。至于提案办理的具体情况，还有专题报告。

四、逐步建立制度，加强上下联系。为了广泛倾听群众意见，在去年8月下旬召开的第三次常委会会议期间，经过充分酝酿讨论，在县人大常委会的工作纪要中，突出地强调了以公社为单位，抓紧建立代表小组的问题。各社镇代表小组可以通过不定期的会议，对代表们的意见用书面或口头汇报的方式，及时向县人大常委会反映情况。去年以来，已经有16个社镇建立了代表小组和联系制度。工作搞得较好的是城关镇小组，他们向县人大反映了一些好的建设性意见，我们及时转有关单位研究，改进工作。但总的看来，建立代表小组的联系制度，才仅仅是个提出和开始，并未起到实际的作用，有待进一步去做这方面的工作。再是县人大常委会本身也接待了一些人民来信来访，及时转交有关单位办理，今后我们准备分工指定人员，以便协同有关单位处理人民来信来访中的问题。

五、在县委的统一领导下，按县委的统一分工，县人大常委会在抓好本职工作的同时，根据每个阶段的政治、生产中心，同政府一道参与农业生产、财贸商业和社会治安、计划生育、人口普查等工作。通过实际的工作支持人民政府做好工作，在实际的工作中来体现对一府两院的监督。同时人大常委会兼职委员都较好地完成了各自分担的工作任务，本身的遵纪守法也是好的。

当然，应当看到人大常委会的工作，毕竟是一项新的工作，所以过去的一年是学习的一年，探索的一年，实践的一年，因而工作中存在一些缺点和问题。首先，我们人大常委会领导成员的主导思想方面由于某些问题不够明确，就存在等和看的思想，即等上面的精神，看别的地方人大怎样工作，以致工作没有很好地开展起来，没有充分地发挥权力机关应有的职能作用。实际工作中，调查研究得少，解决实际问题也少，如提案办理方面，没有跟政府很好研究，提出切实可行的办理方法，致使某些难度较大的提案不能及时落实。按照规定，县人大常委会本应每两月举行一次会议，却认为没有什么内容可议，就没坚持这种正常例会制度。在建立基层代表小组和代表们的联系方面，工作做得更差，任免权也未执行。诸如这类问题，都值得我们今后注意。

在新的一年中，必须根据这次大会通过的各项决议，踏踏实实，做好工作。

1. 为了努力完成本届人大代表赋予我们的各项工作任务，县人大常委会的全体同志，要先从自己做起，带头学好党的路线、方针、政策，带头学习和宣传执行全国人大制定和通过的有关法律和法令，做到端正党风，严守法纪，切实发扬党的优良传统，改进思想作风，从人大常委会工作性质的角度，帮助做好工作。

2. 要坚持一般每两月一次常务委员会的例会制度，把研究工作，决定政府报批的有关问题和学习结合起来，有工作讨论工作，没工作可组织委员学习政策、法律、如何行使人大的权力。同时，也可有选择、有目的地进行一些必要的视察，发现问题，解决问题。

3. 对已经建立起代表小组的社镇，要帮助总结，交流经验。没建立起小组的单位，这次会后要尽快建立起来，健全工作联系制度。同时县人大常委会本身也要制定和代表们的联系制度，从各方面听取人民群众的呼声和意见，以便改进工作。

4. 继续抓好代表提案的办理落实工作。对八届一次代表会上提交尚未办理落实的提案，包括这次会议审查通过的提案，都要和政府协调步骤，改进办案方法，抓紧办理，确实做到件件有交代，事事有着落。

5. 按照组织法的规定，做好政府行政局长、委、办主任和县法院、检察院有关负责人员的任免工作。

6. 在县委统一领导、统一分工的原则指导下，要按照人大常委会代表机构的工作性质，积极配合人民政府搞好农业、工业、财贸、文卫、科技等建设事业。深入开展“五讲”“四美”和文明礼貌月活动，为建设社会主义精神和物质文明作出新的贡献。

第三节　县第八届人民代表大会第三次会议

大会概况

县八届人大三次会议于1983年3月25日至28日在县城召开。应出席代表205名，实出席185名，不是代表的公社管委会主任和县直及省、地驻静宁各单位的主要负责人，先进人物、退休干部、劳动致富户代表列席会议。

马子坤、马世贞、马存余（回族）、王怀琨、王秉章、王敦厚、刘文俊、刘绍先、杜东海、李怀仁、张光明、张林垣、郑建才、郜文学、胡建华、南雄、贾秉乾、高富德、钱樟炎、曹炯文、梁盘中、程天爵、彭金山、樊枨、戴彩花（女）25人组成大会主席团，王怀琨、南雄、高富德、张光明、刘文俊、马存余（回族）、郑建才、马世贞、郜文学9人为主席团常务主席；张光明为秘书长，马勤祥、史国忠为副秘书长；刘文俊、王敦厚、马子坤、陈世英、陈向华（女）5人组成代表资格审查委员会，刘文俊为主任委员，王敦厚为副主任委员；马存余（回族）、马世贞、王正仓、王秉章、史国忠、程天爵、彭金山7人组成大会提案审查委员会，马存余为主任委员，马世贞为副主任委员。

大会共举行全体会议4次，安排分组讨论4次。开幕式及第一次全体会议于3月25日上午举行，县人大常委会主任高富德致开幕词，会议听取县委常委、县纪委书记王敦厚所作的《县第八届人民代表大会第三次会议代表资格审查委员会关于代表资格审查情况的说明》，传达学习省人大常委会主任王世泰《关于五届全国人大五次会议讨论通过宪法的情况报告》；第二次全体会议于3月25日下午举行，会议听取县政府县长郑建才所作的《关于1982年的政府工作和1983年任务的报告》、县委副书记景维新所作的《关于静宁县1983年至本世纪末农业建设规划要点（草案）的说明》；第三次全体会议于3月27日上午举行，会议听取县人大常委会副主任张光明所作的《县人大常委会工作报告》、县人大常委会副主任马存余所作的《关于八届人大二次会议代表提案办理情况的报告》、县法院院长马子坤所作的《县人民法院工作报告》、县检察院副检察长李志明所作的《县人民检察院工作报告》；第四次全体会议于3月28日下午举行，选举省第六届人大代表6名，通过《关于县政府工作报告的决议》《关于静宁县1983年至本世纪末农业建设规划要点（草案）的决议》《关于县人大常委会工作报告的决议》《关于县人民法院工作报告和县人民检察院工作报告的决议》4个决议；听取《代表提案审查报告》；县委书记王怀琨作了讲话，会议闭幕时，县人大常委会主任高富德致闭幕词。

大会收到代表提案53件，其中农林水利方面14件，包括农电、水利建设、造林种草、林业管护、人畜饮水、机耕费补助及有关农业建设投资等；财政、税收、商业、供销方面10件，包括化肥、燃料和回销粮供应、税务贷款管理、手工业品收购及改进经营作风等；政法、民政、社会福利及有关政策方面11件，包括灾区群众生活安排、五保老人抚养、退休职工福利待遇、关心知识分子生活、油料统购政策及社会治安等；文教卫生方面11件，包括开办农业中学、培训小学教师、改革办学方法、用好教育经费、适龄儿童入学、幼儿园扩建、广播线路安装、合理调配卫生人员及传染病防治等；工业交通、城乡建设方面5件，包括修建县社公路、桥梁、开放班车、农村集镇建设规划、城市街道照明等；计划生育方面2件，主要是合理配备妇科手术大夫问题。

大会日程

县第八届人民代表大会第三次会议日程表

表3-17

时间		会议内容	主持人
25日	上午	大会：1.预备会；2.致开幕词；3.传达省人大常委会主任王世泰在省五届人大五次会议上《关于五届全国人大常委会五次会议讨论通过宪法的情况报告》	王怀琨 马存余
	下午	大会：1.县人民政府工作报告；2.静宁县1983年至本世纪末农业建设规划要点（草案）报告	
26日	全天	小组会：讨论县人民政府工作报告和“规划”（草案）报告	马世贞 张光明
27日	上午	大会：1.县人大常委会工作报告和八届人大二次会议代表提案办理情况报告；2.县人民法院工作报告；3.县人民检察院工作报告	郑建才 刘文俊
	下午	小组会：讨论四个报告	
28日	上午	小组会：酝酿省第六届人大代表候选人名单	高富德 南　雄 郜文学
	下午	大会：1.选举省第六届人大代表；2.通过县人民政府工作报告、“规划”（草案）报告、县人大常委会工作报告、县人民法院工作报告、县人民检察院工作报告的决议；3.提案审查委员会作这次会议代表提案审查报告；4.县委书记王怀琨讲话；5.致闭幕词	

大会选举

省第六届人民代表大会代表：

马克勤（回族）　尹大光　郑建才　赵崇德　程天爵　戴彩花（女）

省第六届人民代表大会代表个人情况表

表3-18

姓名	性别	民族	年龄(岁)	文化程度	工作时间	党派	籍贯	主要经历
赵崇德	男	汉	62	高中	1935.6	党员	陕西延长	1935年6月至1937年3月任陕西宜川县委组织部经济员、区团委书记，1937年4月至1944年6月任镇原马区区委书记、陇东地委统战部干事、环县县委组织部部长，1944年7月至1976年3月任海固工委书记、固原县委书记、平凉地委统战部部长、省粮食厅副厅长、临夏自治州副州长，平凉地委常委、地区革委会党组副书记，1976年10月以来任平凉地区革委会副主任、地委副书记，行署专员

续表3-18

姓名	性别	民族	年龄（岁）	文化程度	工作时间	党派	籍贯	主要经历
郑建才	男	汉	46	高中	1955.1	党员	宁县中村	1946年至1954年6月上学，1954年7月至12月任小学代课教师，1955年1月至1958年12月在宁县中村区六乡当文书，在县建设科工作，1959年1月至1978年10月在平凉地区工作，任地委秘书处秘书、革委会生产指挥部副组长、办公室副主任、农业局局长，1978年11月以来任静宁县革委会副主任，县政府县长
尹大光	男	汉	51	大学	1956.8	党员	河北武安	1939年9月至1951年6月在北京市上小学、中学，1951年9月至1955年8月在北京医学院上学，1955年9月至1956年7月在北京市人民医院实习，1956年8月至1969年10月在北京市第一、第三附属医院任麻醉科医师，1969年11月以来在静宁县医院工作
程天爵	男	汉	57	大学	1949.11	党员	四川江津	1935年8月至1953年8月先后在四川龙门障小学、江津中学、省立师范上学，任重庆上桥小学、大兴场小学教员、校长，1953年9月至1955年8月在贵阳师范学院上学，1955年9月至1956年8月先后在宁县中学、陇东师范任教，1956年9月以来在静宁县中学任教
马克勤	男	回	38	高小	1960.5	无	静宁城关	1960年前上学，1960年5月至1962年11月在县五金厂工作，1962年12月至1970年10月在县手工业联社工作，1970年11月以来在县运输队工作
戴彩花	女	汉	41	初中		党员	静宁余湾	1951年至1958年在雷大小学、静宁二中上学，1959年至1973年参加劳动，1974年以来任韩店大队党支部书记

附：

关于1982年的政府工作和1983年任务的报告

（县人民政府县长郑建才　1983年3月25日）

1982年全县国民经济和社会发展计划的执行情况

1982年，在上级党委和政府的领导下，全县广大干部和群众认真贯彻落实党的十二大和五届全国人大五次会议精神，艰苦奋斗，努力工作，各条战线取得了一定成绩。工农业总产值完成5068.58万元，占年计划5444万元的93.1%。

（一）农业生产方面。由于进一步推行、完善和稳定生产责任制，积极推广科研成果，与各种自然灾害作斗争，有效地减轻了灾害造成的损失，夏粮获得丰收，秋粮因遭受大旱而大幅度减产。粮食总产为12518万斤，比1981年减产18.2%。在粮食减产的情况下，农民支援社会主义建设的积极性是很高的，粮食征收任务超额1%，油品超额45.5%，完成了国家下达的任务。农业各项基本建设取得了显著成绩，完成造林面积4.1万亩，超额任务的36%。由于灾害影响，成活率很低，年终保存面积仅达1.2万多亩，“四旁”植树284.7万株，超额任务的58.2%，义务植树132.3万株，超额任务的32%，育苗2171亩，超额任务的7%，纯种草（不包括荒地种草）完成14800亩，占任务的73.8%；新修梯条田38198亩，超额任务的73.6%，进度快、质量好，是近几年中搞得较好的一年；水利建设共安排56项，完成54项，完成投资额121万元，实际灌溉面积达到11.08万亩，也是最好的一年；大家畜继续恢复和发展，年底存栏达到59617头，比1981年净增2693头，净增4.73%。生猪存栏97227头，比1981年减少9710头，出栏肥猪达到58748头，比1981年增加3521头；羊只存栏116972只，比1981年减少36524只，出栏菜羊5215只，比1981年增加456只。社队企业重点发展加工业、建筑、建材企业，逐步调整了产品方向和产品结构，发展良好。1982年完成产值295.5万元，实现利润42.1万元，与1981年相比，分别增长32.3%和112.7%，占年计划的128.9%和120.3%，增加了社员收入，为发展农业生产提供了一定的资金。

1982年，在农村工作中我们继续抓了完善各种责任制的工作。（1）广泛深入地宣传了中央1号文件和十二大文件，使政策更加深入人心，解除了群众怕变的思想顾虑，进一步调动了广大群众的生产积极性。（2）普遍建立健全了干部岗位责任制，增强了各级干部的责任感。1982年公社脱产干部普遍建立了干部岗位责任制，大队干部建立岗位责任制的267个，占大队总数的67.6%，生产队建立岗位责任制的1128个，占生产队总数的43.2%。通过实行岗位责任制，减少了大队、生产队两级干部的编制，大队干部由上年的1363人减为1251人，减少112人，减少8.2%；生产队干部由上年的6414人减为5631人，减少783人，减少12.2%。干部工作、思想情绪和工作效率比前都有好转。（3）抓了经济承包合同的签订兑现。1982年粮油征购以及其他主要农副产品收购普遍签订了合同，进一步完善了水利、农机、林业、果园、集体工副业、科学种田等承包责任制。通过年终分配，全县有2390个队，占91.6%，按承包合同进行了兑现。（4）继续抓了社队财务的整顿工作。整顿结束的生产队2493个，占总队数的

95.6%。通过整顿，搞清了债权债务，建立健全了账簿，教育了干部群众。在财务整顿中，收回贪污挪用、欠款16.7万多元。(5) 县委、县政府制定了关于严肃处理毁林案件和乱建房屋、乱占耕地两个具体规定，先后查处乱砍林木案件76起，处罚491人，罚款8317元，罚栽树13695棵；对997户建房占地问题分别情况，进行了处罚，基本上刹住了毁林和乱建房屋、乱占耕地的歪风。(6) 通过放宽政策，一批专业户、重点户、兼业户发展了起来，一些户已经由穷变富了。

（二）工业生产方面。工业部门继续贯彻八字方针，通过企业整顿，推行和完善责任制，经济效益有了提高。全年共完成工业总产值867.6万元，占年计划750万元的113.7%，比1981年增长108%。县列水泥、机砖、辐条、水果糖、食用植物油、火柴、地毯等25种主要产品中，有16种完成和超额完成了年度计划。全民所有制企业劳动生产率比1981年增长20.58%，实现利润37.87万元，全县工业实现了无亏损企业。交通运输在运力大于运量的情况下，完成货运量8250吨，占年计划9000吨的93.3%，比1981年增长18%；完成货运周转量145万吨公里，占年计划110万吨公里的132%，比1981年增长3.6%；客运量完成19万人次，完成年计划11万人次的177.5%，比1981年增长36.6%，客运周转量完成474万人公里，完成年计划110万人公里的4.3倍，比1981年增长34.9%，给国家缴纳税金1.67万元，比1981年增长7.7%。同时，还大抓了民工建勤，县社道路养护开始好转。红寺河桥建成通车，古城河桥正在施工。邮电事业也有新的发展，完成业务总量25.3万元，占计划的98.7%，整修邮电线路258杆公里，对高界、四河、仁大3条不合理线路进行了改线，提高了通讯质量。报刊发行量完成7.71万元，比去年增长17.9%。基本建设方面，全年共安排350个项目，计划总投资142.26万元，由于种种原因，仅完成23项，完成投资额98.12万元，分别占年计划的46%和47%。

（三）财政、金融方面。1982年全县财政收入完成272.9万元，占年度预算230.5万元的118.4%；支出完成1067.37万元，占年度预算1040.1万元的104.2%，比1981年增加33.9%，净赤字72.8万元。金融部门在加强信贷管理、组织货币回笼、促进经济发展、支持多种经营等方面做出了较好成绩。全县投放农贷552.8万元，比上年增加17.2%；回收贷款437.55万元，比上年增加25.6%；全年拨付支农资金434.8万元，占计划的94.9%，较1981年增加165.5万元，增长61.4%；并加强了各项资金的检查和监督，充分发挥了经济效益。

（四）商业方面。商业、供销工作在推行体制改革中积极开展购销活动，坚持为工农业生产和群众生活服务。商业购进总额完成705.3万元，完成计划675万元的104.45%，比上年的663万元增长6.4%，商业纯销售完成728.41万元，占年计划的703万元的103.6%，比上年679.5万元增长7.1%。供销购进总额完成286.36万元，占年计划306万元的93.5%，比上年下降11.5%，商品纯销售完成1513.2万元，完成年计划的1360万元的110.27%，比上年1443.3万元增长4.84%。全县农副产品收购完成674.5万元，占计划662万元的101.9%，比去年增长1.2%。生猪年计划收购3.5万头，实际完成4.075万头，超额16.4%。菜羊收购完成7909只，比上年减少900只，其中派购羊任务

3400只，完成3970只，占计划的116.7%。鲜蛋年计划收购75万斤，实际完成61.8万斤，占计划的82.43%。葵花计划收购300万斤，实际完成360.47万斤，占计划的120.2%。工商行政管理工作做得也是比较好的，城乡个体工商户发展到511个，对于调节市场起了积极作用。

（五）教育、文化、卫生等各项事业都有新的发展。在教育方面，认真贯彻党的教育方针、政策，使教育事业有了新的提高和发展，通过整顿和培训教师，学校布局逐步趋向合理，教学质量有了提高。现在全县有完全中学9所，独立初中25所，大队小学339所，村学221所，在校学生达6.92万名，达到社社有初中，队队有小学。全县离职进修中、小学教师46名，通过考核辞退民请教师215名。农村文化工作有了新的发展，现在全县有电影放映队22个，年放映电影5200多场，收入11.85万元。县剧团深入农村，下乡为农民演戏242场。有7个公社建立了文化站，有6个公社设有书刊发行点，年书画发行量达112.1万册（张），完成销售额28.3万元，占计划27万元的104.7%，其中，农村销售16.7万元，占总销售额的59.7%，超过省颁规定的9.17%。每逢重大节日，各社队大都组织各式各样的文娱体育活动，大大活跃了农村文化生活。广播、电视发展迅速，现在全县有26个公社的263个大队481个生产队的广播、架线向高标准发展，木杆改为水泥杆，重新通上了喇叭。电视机发展到185部，其中农村101部。医疗卫生条件继续改善，去年拨给县、社医院维修改建费1.9万元，对年久失修的病房进行了修整，增设了病床。同时帮助26个公社卫生院建立健全了各项制度，加强了管理，实行了经济责任制，提高了服务质量和医疗水平。抽组人员，整顿了155个大队医疗站，合理解决了医疗人员的报酬，调动了他们为社员群众防病治病的积极性。卫生防疫部门，认真落实“预防为主”的方针。大抓了计划免疫工作。及时发放各种疫苗，注射率达94.4%。全县6种传染病基本上得到控制。发病率比上年下降53%。氟中毒、地甲病、人间布病等地方病均控制在国家标准指标以内。人们的健康水平普遍提高。

（六）计划生育各级都做了一定工作，有成效但成效不大。由于我们领导重视不够，态度不够坚决，没有做到长年坚持去抓，因此又一次出现人口回升的情况。全年共出生6714人，出生率高达18‰，死亡率为4.5‰。净增人口5033人，自增率为13.5‰，比1981年回升2.39‰，这已成我们各级领导工作中的一个严重问题，县政府首先负有直接责任。

（七）在社会主义精神文明建设中，比较突出的是抓了全民文明礼貌活动。三月份，在全国“全民文明礼貌月”活动的推动下，全县开展了“除脏、治乱、改差”为中心的“五讲”“四美”活动。五一、十一、元旦又集中抓了3次。在普遍宣传和号召的基础上，一些公社（镇）和县直单位都根据本地、本单位的实际情况，发展动员群众和职工制定了《乡规民约》《五好家庭标准》《职工守则》，开展了文明村、卫生村、五好家庭、文明大院、文明旅社、最佳门市部、优秀营业员、红旗车等活动，县城卫生面貌比前有所改观。全县涌现和评选出好人好事5000多件，受到县委、县政府表彰的先进集体有45个，先进个人24名。各公社评选表彰的卫生村24个，卫生户

320个，五好家庭102户，好婆婆73人，好媳妇89人。通过年终总结，各条战线召开先代会，表彰先进，起了很好作用。

（八）开展了打击经济犯罪活动的斗争。全县先后共立案27起，属投机诈骗的6起，贪污受贿11起，工作不负责任造成损失的3起，属其他性质的7起，现已查清结案的21起，占立案数的77.8%，受到各级处分的18人。通过这一段工作，各种经济犯罪活动有所收敛。同时，还以经济领域中揭露出来的严重问题作为反面教材，对广大职工进行反腐蚀教育，取得了一定效果。

（九）城乡人民生活有了进一步改善。城乡储蓄越来越多，年末达到339.5万元，占年计划266.7万元的127.3%，比1981年增长53.9%。安排待业青年89名，占总数的23.5%。职工工资总额达到11.19万元，比去年增加44.99万元，增长10.9%。社会购买力明显提高，中高档商品的销售量比去年大幅度增长。其中：自行车销售2400多辆，比上年增加600多辆；缝纫机销售2800多架，比上年增加1700多架；手表销售1600多只，比上年增加500多只；收音机销售3100多台，比上年增加100多台；电视机销售114台，比上年增加26台。全县现在有24个公社、95个大队、409个生产队、19500多农户通上了电，城乡人民的居住和照明条件均有了一定的改善。

（十）民政、民族、侨务等工作被列入重要议事日程。民政部门认真做了优抚、社会救济和复退军人的安置工作。经过调查摸底，按照党和国家的优抚政策，对6000多名（户）烈军属进行了优抚照顾。同时各社（镇）把平时走访与节日期间开展拥军优属活动结合起来，帮助他们解决了一些具体困难，使党的优抚政策得到了较好的落实。1982年共接收退伍军人299人，其中安置农村的295人，基本达到了“妥善安置、各得其所”的要求。全年共发放自然灾害、口粮和冬季衣被及建房救济款131万元，减轻了群众的困难，扶持和发展了生产。同时，还对全县30个社（镇）的民政经费进行了清理，查处了民政经费发放中存在的问题，帮助社队建立健全了管理制度，体现了党和国家对困难地区群众的关怀和照顾。

民族工作，认真执行了中央19号文件精神，按照我县少数民族人口数量少，居住分散，生活困难的情况，做了大量工作。一是对因各种原因迁往农村单家独户杂居汉民地区的21户回民按有关政策规定，报了城镇户口。二是少数民族儿童免费上学，并拨出专款5000元扶持回民集中的曹务、司桥发展文化教育事业。三是关心他们的生产和生活，年内除对少数民族困难户和汉族一样救济外，还专门拨款4000元帮助他们解决了实际问题，落实了党的民族政策，调动了少数民族发展生产、建设家园、劳动致富的积极性。

在省、地侨务部门的指导下，我们认真贯彻执行侨务政策，落实了部分侨眷侨属的私房和极“左”路线造成的冤、假、错案。经过民主协商，成立了我县侨联小组，推动了侨务工作的开展。1982年我们对基督教发展活动情况进行了初步整顿，确定了5个活动点和负责人。伊斯兰教批准成立了两个寺，一个点，使宗教活动在党的领导下，走向正规道路。对1958年反封建特权中造成5名宗教上层人士的错案已经做了纠正，政治上平反了，经济上给予适当补助，党的宗教政策得到了贯彻落实。

一年来，我们各方面工作都做出了一定的成绩，这是贯彻执行党中央、国务院一系列方针、政策的结果，是广大干部和群众努力的结果。但是，我们还没有能够完全体现出一个开创新局面的气魄，工作还做得很不够。在我们政府领导工作上，领导作风还不够扎实；在农业生产建设上，对一些重要措施抓得不很有力，比如造林、种草、改土、水利等，这几项建设是关系到改变条件，改变面貌的关键，我们还没有放开手脚大干起来，这方面还缺乏对干部群众进行自力更生方针的教育，一切依赖国家资助的思想普遍存在，因而严重影响着建设速度和质量；在思想作风上认识赶不上形势发展要求，除了农村经济改革较快而外，其他经济战线的改革，思想不够解放，行动迟缓，一致存在管理缺乏活力，人民积极性没有完全调动起来；不论是生产领域还是流通领域都存在经济效果不佳的情况；计划生育搞得很不好，人口增长继续回升，县政府领导负有直接责任；其他方面都还存在一些问题。希望各位代表提出诚恳批评和建议，以便今后改进。

1983年的主要任务和基本要求

1983年全县各项工作总的指导思想是，认真贯彻落实党的十二大和中央1号文件精神，继续解放思想、大胆改革、放宽政策、搞活经济，围绕农业这个中心，搞好物质文明和精神文明建设，争取党风、社会风气和社会治安的进一步好转，努力开创我县社会主义建设的新局面。主要抓好以下六个方面：

一、集中主要精力，抓好农村工作和农业生产建设

1983年全县工农业总产值计划为5500万元，比上年增长8.5%，其中农业产值为4600万元，比上年增长9.5%，粮食总产17000万斤，多种经营收入1500万元，比上年增长5.4%。为了实现上述任务，具体抓好以下几项工作：

（一）在大力宣传贯彻中央1号文件的同时，还要广泛宣传党中央、国务院关于“两西”建设的决策。中央和省委决定加快河西商品粮基地建设，迅速改变以定西为代表的中部干旱地区贫困面貌，给了我县大量投资，并且从建设方针、具体措施上提出了明确要求，这是党和国家对全县人民的巨大支持和深切关怀。要把党中央和国务院的关怀和支持广泛宣传给群众，做到家喻户晓，人人皆知，并以此为动力，动员广大干部、群众积极投入到实际建设中来，做出很大成绩，绝不辜负党中央、国务院对我们的期望。

（二）大抓造林、种草、改土、水利各项基本建设。我县面貌能否尽快改变，关键是要在农业基本建设上狠下功夫。各级都要从我县的实际出发，从改变生产条件入手，实行生物措施和工程措施结合，坚持不懈地抓好造林、种草、改土、水利等几项基本建设。造林今年任务为4万亩（其中新造3万亩，重造1万亩），要继续放宽政策，实行个人、集体、国家一齐上，以户联户和个人为主的方针，要把工作重点转移到调动千家万户和社员个人的积极性上来，大力发展造林、育苗重点户、专业户，以户为主营造小林场、小果园、小片薪炭林基地。义务植树主要在集体林场补植或新造。在

树种上要因地制宜，适宜栽什么就栽什么，积极发展耐旱、耐冻、速生的乡土树种，改变树种过于单一的做法。要把管护摆在重要的位置，做到一造就管，毫不放松。要严肃处理毁林案件，全县的13条主要林带要适当增加管护人，其报酬以集体补助为主，国家适当补贴。全县规划确定29处小流域治理工程，要进一步搞好规划，公社领导要包干负责，加快治理，此项建设亦列专项经费，进行补助。为了解决燃料、能源问题，县上确定贾河、三合、甘沟3个公社作为重点，搞好薪炭林建设试点，要及早选户定点，落到实处。在继续研究推广沼气、太阳灶的同时，大搞炉灶改革，采取各项措施，解决群众燃料困难问题，增加植被，恢复生态平衡。

种草任务定为2.9万亩，其中退耕种草1.4万亩，确定由灵芝、原安、高界、三合、红寺、田堡、四河7个公社选择7000户社员重点种草，其余1.5万亩种草任务，由其他公社按下达计划落实到户。

改土今年任务定为4万亩。为了提高质量，加快速度，必须坚持以队为单位，统一规划，集中连片治理。要利用农隙，坚持常年施工，保质保量完成任务。

水利建设要以挖潜改造配套为主，充分发挥现灌效益，实灌面积要求达到11万亩。初步确定今年小型水利工程有30多处，有关社队要抓好施工。同时学习细巷公社发动群众、联户自筹资金办水利的经验，逐步扩大灌溉面积，为粮食稳产高产奠定基础。

（三）抓好科学种田。在我县要把粮食生产始终摆在首位，绝对不能放松，全县1983年粮食播种面积116万亩稳定不变。要教育群众学习科技知识，大力实施各项科学种田措施，努力提高单位面积产量。各级干部要学科学用科学，提高指导农业生产水平。要充分发挥农科组织和科技人员的作用，给他们交任务、提要求、压担子，鼓励支持他们到农村去，到生产第一线去，传授科技知识，帮助农民解决生产中的实际问题。要继续实行技术合同制，搞好科学种田。同时要抓好优良品种、增施肥料、灌水、机耕深翻、精耕细作和防病虫鼠害等。

（四）积极开展多种经营，大力发展商品生产。搞好多种经营是自给自足的自然经济向商品经济发展的重要途径，也是治穷致富的必由之路。要农林牧副全面发展，农、工、商、种、养、加综合经营。（1）种植业，根据各地自然特点，充分发挥优势，继续抓好瓜果、蔬菜、药材及其木本粮油的生产，重点抓好油料、葵花两个大宗经济作物，要保证完成油料9.5万亩，葵花2万亩的种植计划。（2）养殖业在我县发展很有前途，要开阔视野，积极组织引导群众大力发展大家畜、猪、羊、鸡、兔、蜂等。养鸡在我县是个优势，要在发动千家万户养鸡的同时，发展养鸡专业户，有关部门要给以大力支持，解决好资金、孵化、饲料供应、防疫、技术指导、产品销售等问题。(3) 广开生产门路，给剩余劳力寻找出路。各公社、县计委、社队企业局要紧密配合，把剩余劳力组织起来，组建建筑工程队、副业队，参加本县各项建设工程和外出承包各种工程，增加群众经济收入。（4）社队企业要有一个新的发展，要组织农村能工巧匠和“能人”兴办加工作坊，社队企业局要办好祁川粉丝加工厂，尽快恢复后梁水泥厂的生产。（5）专业户、重点户、兼业户要多渠道发展，促进农村经济逐步走向专业化、社会化。大中型拖拉机、农用汽车、各种加工机械、社队农林牧场、社队企业、双代店、大队合作医疗站等都可以实行单独或联户承包。要积极发展集体和个体零售商业服务业，使全县10%、约6000户社员成为兼业户、重点户或专业户。

（五）落实政策，完善农业生产责任制。要按中央1号文件要求，继续放宽政策，在“包”字上下功夫，进一步调动群众生产积极性，大力发展生产，使农民尽快富起来。要继续做好完善农业生产责任制的工作，签订农副产品收购、派购和粮油征购等各项合同，处理好财务整顿中的遗留问题，建立健全各项管理制度。抓紧处理毁林案件，坚决制止乱砍滥伐。对乱占耕地乱打庄基、毁坏水渠、水利设施和道路的问题要及时进行查处。

（六）搞好春耕生产。干旱是我县农业生产的最大威胁。各级领导一定要从我县干旱多灾的实际出发，牢固树立长期防旱抗灾的思想，做好抗灾准备工作。有水利条件的地方，要抓紧搞好渠道衬砌、清淤、渠系配套以及水利机械设施维修，切实抓好现灌。并要采取打耱镇压、铺压沙田等办法搞好保墒。及早备好肥料、籽种、农具，加强牲畜饲养管理，做到适时下种，种足种好春田作物。去年粮食减产，群众生活困难，各社队要把安排好社员生活当作一件大事来抓，切实搞好调查研究，摸清底子，按照省政府规定的返销、供销、议销三种办法落实到户。要教育干部群众克服平均主义，保证重点户、困难户的口粮供应，要坚决制止乱开口子、乱给补助的错误做法，把返销粮真正管好用好，以便促进生产发展。

二、以改革为重点，认真贯彻八字方针，促进工业生产的发展

工业企业要继续贯彻调整、改革、整顿、提高的方针，坚决而有序地进行一系列改革，努力提高经济效益，完成全县900万元的工业产值计划和各项技术经济指标。所有工业企业都要进行市场调查和预测，按社会需要安排好生产。要以销定产，防止造成新的积压和浪费。各企业要把产品销售工作提到经营管理的重要位置，加强力量，加强社会联系，搞好产品推销。工业、商业、供销部门要加强协作，采取代销、联系等方式，积极扩大产品销售，扶持地方工业发展。要抓好企业的全面整顿，严格按照中央2号文件规定的标准和要求，把领导班子、经济责任制、劳动组织、劳动纪律和财务管理整顿好。整顿的方法，必须坚持自己整顿和重点帮助相结合，争取明年完成所有企业的整顿工作。已整顿过的企业要继续搞好“三项”建设，向“六好”企业的目标奋斗。要积极推行、完善工业经济责任制。各企业要积极推行以承包为中心，国家、集体、个人三者利益相结合，职工福利和劳动成果相联系的工作责任制，以解决“吃大锅饭”、克服平均主义问题。在执行中，一定要把企业对国家承担的经济责任制，层层包下去，具体落实到每个车间、班组和个人。进一步建立健全质量管理制度，提高产品质量。要抓好技术改造，重点改造落后的工艺、设备技术和检验手段。县水泥厂、火柴厂的技术改造，要抓紧进行，必须保质保量按期完成。

交通方面除抓紧完成古城甘渭子河桥梁施工任务外，要积极做好县社道路的整修和养护，保证车辆畅通无阻。社队道路，今年要普遍进行一次整修，加宽路面，加强

管护，对随意毁路的要严肃处理。运输要积极组织动力运量，搞好平衡，把该运的物资运出去，把该拉回的物资拉回来。

在城镇建设中，要重点抓好给排水工程的设计和施工，以及居民住宅的建设。居民住宅除了城建部门统一安排外，各机关单位都要根据需要和可能，自己解决自己的问题。为了解决居民住宅和整个建设用地问题，一些单位的生产用地要逐步收回用于基建，需要征用集体土地，亦应按规定进行征用。

三、抓好商业体制的改革，努力做好财贸工作，繁荣城乡经济

商业体制改革，必须按照上级确定的大政方针和要求，在搞好试点的基础上，全面开展工作，争取上半年完成商业经营承包、供销体系改革及承包等项主要改革任务。在抓好体制改革的同时，要安排好城乡供应，把支农商品摆在首位，对化肥、农药、柴油、中小农具要加强采购、调运和供应，促进农业生产。要积极开展供销工作，完成和超额完成全年的各项任务。

财政工作要积极广开财源，抓好增收节支，保证完成271.8万元的财政收入计划。要加强财政监督和财经纪律检查，同一切违反财经纪律的行为作斗争。要进行财税体制改革的调查研究，今年县对工交、商业两局确定实行财政大包干，要切实实行起来，主管局要很快落实到企业和企业基层。金融信贷部门要及早发放各项贷款，不失时机地支援农业生产，扶持发展多种经营。要认真抓好货币回笼，加强管理，确保各项建设资金的需要。

搞好粮食工作，加强粮食管理。粮食征购继续实行包干办法，地区确定我县1983年至1985年每年粮食征购包干425万斤，原分配各公社的任务不变。油品任务160万斤，统购和超购按新的规定比例执行。粮油任务各公社要及早分配到户，定出主要粮食品种，由县人民政府统一制发征购合同通知书，保证完成征购任务。粮食返销包干指标2275万斤，一定三年不变，由县上根据每年各社丰歉情况进行安排。

四、搞好教育、卫生等工作。

党的十二大把教育事业列为现代化建设的重点之一，各级组织和干部要充分认识教育在四化建设中的战略地位和作用，教育部门更应深感自己责任重大，切实加强对教育工作的领导，坚定信心，克服困难，努力把我县教育事业搞上去。1983年主要抓好三件事：一是努力开创普及小学教育工作的新局面。中央、国务院《关于普及小学教育若干问题的决定》要求在1990年普及小学教育，而我们县目前学龄儿童入学率不到60%，巩固率不到30%，合格率不到10%，差距相当大。各级要把普及小学教育作为今年教育工作的重点，抓紧抓好。各社队要层层负责，上下一齐动员，一级一级地抓好落实。学校和教师个人都要包干负责，定地区、定人数、定措施、定检查验收，大力动员学龄儿童入学，全县学龄儿童入学率要达到75%以上，其中：城川、威戎、八里、仁大、雷大5个公社入学率达到95%以上。二是要改革教育结构单一的状况。今年要办1所农业中学，要在一部分普通高中增设农业技术课，为教育结构的全面改革摸索经验，为农业现代化培养合格的人才。三是要努力提高教学质量。要加强教师的

思想政治工作和业务培训，大力推广新的教育法和教学法。要继续抓好落实知识分子的政策，尽力解决他们生活、工作中的实际问题，激发工作热情，调动积极性，搞好教育工作，作出新的贡献。

卫生工作，要认真贯彻落实城乡兼顾、中西医结合、预防为主的方针，保障人民身体健康。要进一步加强农村卫生事业的整顿和建设。近几年来，随着农业体制的改革，大队医疗站采取了不同形式的承包办法，收到了一定效果，但还存在不少问题，要下决心进行整顿。要抓紧对赤脚医生的技术考试和思想业务考核工作，合格的按规定发给一定的报酬补助。要不断地组织他们进行业务培训，提高业务技术水平。在此同时，要积极发展一批有技术专长的个体医务工作者和集体医疗组织，为群众防病治病服务。县社卫生院在农村工作中起着重要作用，要切实加强管理，建立健全各项规章制度，加强社会主义的医德教育和医疗技术学习，不断增强医务人员为人民服务的自觉性。防疫部门要继续推广定包奖合同制的防疫措施，搞好卫生防疫工作。

五、努力抓好精神文明建设

社会主义精神文明建设是一项长期的任务，要坚持不懈地抓下去。要按照十二大提出的要求和全国农村思想政治工作会议、职工思想政治会议精神，建立健全必要的政治工作制度。紧密联系本地、本单位的实际，经常对广大干部和群众进行形势教育、政策教育，开展向先进人物学习活动。各行各业要结合职工特别是青年职工的思想和工作实际，进行职业道德、职业纪律、职业规范教育，通过教育使广大干部群众坚定共产主义理想和信念，坚持四项基本原则，树立爱国家、爱人民、爱劳动、爱科学、爱社会主义的高尚品德。今年3月份是第二个“全民文明礼貌月活动”月，要以政治思想教育为中心，大力开展“三优”（优质服务、优良秩序、优良环境）、“一学”（学雷锋和先进人物）和“五讲四美”“三热爱”（讲文明、讲礼貌、讲卫生、讲秩序、讲道德，心灵美、语言美、行为美、环境美热爱祖国、热爱社会主义、热爱中国共产党）活动。农村要继续组织群众制定和履行“乡规民约”，努力抓好“卫生村”“文明村”建设和“五好家庭”评选活动。县城要进一步解决脏、乱、差的问题，各单位要以卫生绿化和美化为突破口，创造一个整洁、清净、优美的学习、工作和生产环境。文化、体育、广播事业是精神文明建设的重要内容，必须抓好。要积极创造条件，办好公社广播站，力争户户通喇叭。办好公社电影队、文化站和农村业余剧团、体育队，重要节日都要开展文化、体育活动，活跃农村文化生活，使广大人民群众经常受到精神上的鼓舞和教育。在进行思想政治工作的同时，一定要加强社会治安工作，继续整顿社会秩序，抓好法治教育，建立健全治安保卫、民事调解组织，充分发挥这些组织作用，促使社会秩序进一步好转。

六、要抓好干部的选拔使用和培训工作

按照党的干部路线，选拔一批德才兼备、年富力强、懂业务、会管理、能打开新局面的干部充实领导班子，特别要注意选拔知识分子干部，县上今年计划从近几年毕业分配的专科以上的干部中，选拔一部分新生力量，加强公社领导班子，争取各公社有1名知识分子的领导干部，逐步做到干部队伍年龄、文化等结构合理，充分发挥应有作用。要抓好干部培训工作，今年计划选送50名左右的领导骨干到省、地参加学习，县上准备培训脱产干部100人，大队干部395人。各系统各单位也要制定培训计划，对干部、职工进行短期培训。要改革老一套培训办法，紧密结合干部的思想状况和工作实际，按照专业分工，组织干部学政治、学文化、学业务、学管理，不断提高思想文化水平和业务能力。要支持干部参加广播、电大学校的学习，鼓励干部自学成才，逐步实现干部队伍知识化、专业化，使之适应四化建设的需要。要进一步做好转业干部的职称评定工作。

七、改进作风，加强领导

1983年是党的十二大提出全面开创社会主义现代化建设新局面的头一年，又是实施新宪法、为国家实现长治久安而奋斗的头一年，目前又面临着全面系统地进行改革的艰巨任务。为了适应这种新的形势，我们的领导作风、工作作风、思想认识都要有一个新的变化。各级各部门都要大兴调查研究之风，深入实际，研究新情况，解决新问题。现在农村改革工作虽然取得了一定成绩，但是新的情况还在层出不穷，农民怎样尽快富裕起来，怎样实行科学种田，怎样组织发展商品生产，以及工业、商业、文教、卫生等各行各业的改革，这些都是面临的新问题，都需要我们具体实践和具体尝试后才能完成这一艰巨任务。要建立健全各级干部岗位责任制，严格考勤考核制度，鼓励先进，批评后进。各级领导干部都要树立为基层服务、为生产服务、全心全意为人民服务思想，努力工作，为四化建设作出新的贡献。

县人大常委会工作报告

（县人大常委会副主任张光明　1983年3月27日）

静宁县第八届人民代表大会第二次会议闭幕以来，整一年时间了。过去的一年是非常重要的一年，党的十二大制定了全面开创社会主义现代化建设新局面的正确纲领，五届全国人大五次会议通过、颁布了治国安邦的新宪法。这一年我县和全国一样，国民经济稳步前进，社会主义民主和法制建设有了新的发展。县人大常委会在十二大和五届人大五次会议的精神指引下，根据第二次代表会议确定的各项任务，遵照宪法和组织法的有关规定，在县委的直接领导下，1982年主要做了以下几方面的工作：

一、组织全县人民学习讨论了《中华人民共和国宪法修改草案》

第五届全国人大常委会第二十三次会议，1982年4月26日通过了关于公布《中华人民共和国宪法修改草案》、交付全国人民讨论的决议后，县委对学习讨论好宪法修改草案提出了具体意见，成立了学习讨论修改草案领导小组，人大常委会根据县委的部署，抓紧时机，集中力量，抓了这件人民政治生活中的大事。5月下旬，专门召开了八届全体委员会议，县政府、检察院、法院和公安、司法、宣传、广播、民政、工、青、妇等有关单位的负责人列席了这次会议。会议系统地学习讨论了宪法修改草案，提高了思想认识，作出了《组织全县人民学习讨论宪法修改草案的决定》。会后，为了推动全民学习讨论的深入开展，人大常委会还召开了县直各单位领导和有代表性人员参加的学习座谈会，由人大常委会负责同志作了辅导讲解。还及时购买了1300本宪法草案单行本，分发到各机关单位和农村生产队，满足了广大职工和群众学习的需要。各社镇和各部门对学习宪法草案都很认真，做了大量工作。基本的做法，大都是首先组织领导班子成员和各级领导干部带头进行学习讨论，然后由各级领导和脱产干部向广大职工和社员群众进行宣讲。据不完全统计，全县共召开大小宣讲会763场，有7.87万群众听到了宣讲。为了加强学习并收集修改意见，先后召开各种类型的座谈会1490多次，有5.03万人参加，共提出的修改意见经汇总整理为17条，向省讨论宪法修改草案领导小组专门作了书面汇报。通过组织全民学习讨论宪法修改草案，生动地体现了社会主义民主，广大干部和群众受到了一次系统的、深刻的法制教育，增强了法制观念。普遍认识到，宪法是国家治国安邦的根本大法，没有这个根本大法，就不能保证人民的权利和义务的履行，就不能保证国家民主、自由和一切权利的实行；没有这个大法，就不能保证社会的安定团结和社会主义现代化建设的顺利进行。当然，对宪法的学习仅仅是开始，新宪法已正式颁布实施，要组织人民群众系统地学习，形成一个人人遵守宪法，维护宪法的好风气。

二、听取和审议批准县政府、法院、检察院的工作报告及有关重要问题

一年来，县人大常委会对政府工作和法院、检察院实行监督方面，主要是听取各个阶段的有关工作报告，进行审议，并通过参与一些实际工作，实行对“一府两院”的监督。1982年3月，听取审议了县人民政府《关于1982年全县国民经济发展计划的报告》，并作出决议，批准执行。对法院、检察院的工作，除人大常委会分管政法的负责同志，经常参加会议、听取汇报、检查指导外，1982年8月份召开了第六次委员会议，政法部门和各公社管委会的负责同志列席了会议。这次会议专门听取了法院、检察院、司法科关于宣传法律、执行法律和全县元至7月份社会治安情况的汇报，并介绍了双岘公社举办法纪教育学习班的经验，会议经过认真讨论，在肯定成绩的同时，分析了工作中存在的问题。认为法制教育不深入；治保组织和调节组织不健全；在一些群众，特别是青少年中法制观念淡薄，一度违法犯罪的案件不断发生等问题。会议作出了《关于在全县开展法制宣传教育的决议》。要求政法部门和各级政府要提高认识，坚持不懈地把开展法制教育、整顿社会治安和处理好民事纠纷作为一项重要工作去抓。这次会议，对促进全县社会治安好转，起到了积极的作用。

三、开始履行了人事任免工作

根据《中华人民共和国地方各级人民代表大会和地方各级人民政府组织法》规定，地方各级人民政府组成人员和法院、检察院的审判、检察人员都由地方各级人大常委会履行任免。县人大常委会1982年开始履行人事任免，对27名局、委、办局长、主任，都由人大常委会颁发了任命书。这项工作是一个依照法律程序办事的重要问题，是行使地方人民代表大会常务委员会职权的具体体现。

同时，根据组织法、选举法的规定精神，人大常委会先后两次和社镇主任共同研

究了开好社镇人民代表会议的问题。全县30个社镇都在1982年8月份以前召开了人民代表大会。会议除审议了本社镇的工作报告外，有23个社镇还对因调整充实领导班子、干部提拔调动变动的实际情况，补选了社镇主任13名，副主任21名，履行了人民代表会议选举产生社镇领导的规定，充分体现了人民当家做主的民主权利和人民代表制度的严肃性。

四、检查督促了代表提案的办理落实工作

县第八届人民代表大会第二次会议上，代表们提出议案共71条。人大常委会把这些提案分类整理后，提交县人民政府，按提案性质和业务范围分别责成有关单位办理并报告办理结果。为了加快提案办理，人大常委会曾先后两次在主任办公会议上督促提案落实问题。9月间，人大常委会分管办理提案的负责同志和县政府负责同志研究决定，由人大办公室和政府办公室抽出2名同志，对承办提案的单位，逐单位、逐提案进行了检查，边检查，边督促，加快了办案进度。绝大多数单位，对办理代表提案都比较重视，实事求是地抓紧办理。71条提案，已基本办理完结。关于提案的办理情况，另有专题报告。

五、在县委的统一领导下，一年来，人大常委会在抓好本职工作的同时，根据各个阶段的中心任务，在农业生产、财贸商业、社会治安、计划生育及人口普查等各项工作中，做了一些工作。在做这些工作的过程中，都能主动地注意与人大常委会的本职工作有机地结合起来，走访代表，调查研究，听取人民群众的呼声。从实践中感到，这也是对“一府两院”工作实行监督的有效办法。

同时，1982年，人大常委会共处理和转办人民来信14件，还对甘肃日报社和上级有关部门转办的人民来信，直接派人进行了调查，并提出了处理意见。

一年来，人大常委会主要做了上述几方面的工作，取得了一定成绩，但是，按照《中华人民共和国宪法》和《中华人民共和国地方各级人民代表大会和地方各级人民政府组织法》赋予地方人大常委会的职权来衡量，我们的工作做得很不够，还没有充分地发挥权力机关应有的职能作用，有些工作如组织人大常委会委员、代表视察、调查研究基本上没有开展，与代表小组和代表们的联系等方面做得很不够。对于我们工作中的缺点，欢迎代表们提出批评意见，帮助和监督人大常委会进一步做好工作，充分发挥地方国家权力机关应有的作用。

第九章　县第九届人民代表大会

县第九届人大任期为1983年12月至1987年1月。共召开代表大会3次，出席代表593名（次）。听取和审议县政府工作报告10项（次），县人大常委会工作报告6项（次），县法院工作报告3项（次），县检察院工作报3项（次）；作出决议13项；选举县人大常委会主任1名、副主任1名、委员15名，县政府县长2名、副县长6名，县法院院长1名，县检察院检察长1名；办理代表提案186件。

第一节　县第九届人民代表大会第一次会议

大会概况

县九届人大一次会议于1983年12月27日至30日在县政府礼堂召开。应出席代表220名，实出席202名，列席代表胡国钧、邹振汉、靳国强、杨晓光、李文秀、安静修、靳守廷、赵建忠、李映江、陈贵录、田逢春、曹炯文、王嘉宾、张应机、胡青汉、马来仓、郭承祖、靳士孔、伏智信、陈国刚、王万同、马河太、阎克恭、王智英、穆熙雄、邓思义、韩亦武、王秀峰、刘太明、李万禄、李少峰、阎忠孝、王秉章、盖永革、李西侯、杨志忠、高兴亚、丁寿夫、黄俊生、金福存、宋世明、刘都盈、范劲宇；邀请代表马西林、刘文俊、杨世忠、戴文义、胡建华、景彦清、刘志义、刘东太、翟万宝、陈振邦、安忠孝、陈国良、李万福、王国栋、郑富仓、韩玉诚、张文、张生荣、王得金、张利、张富莲（女）、王令绪、王建民、陈雄、冯国民、刘振西、朱凤兰（女）、张世军。

马世贞、马存余（回族）、马克勤（回族）、王正仓、王占歧、王学谋、王敦厚、白秀芳（女）、刘石头、刘思义、吕忠厚、李文选、张光明、张光复、张志良、陈向华（女）、陈松友、郑建才、郜文学、柳金川、高富德、贾秉乾、贾晨曦、钱樟炎、阎志洁、程天爵、樊桭27人组成大会主席团，马世贞、马存余（回族）、刘思义、吕忠厚、李文选、张光明、张光复、郑建才、郜文学、高富德、钱樟炎、阎志洁12人为主席团常务主席；阎志洁为秘书长，马勤祥、史国忠为副秘书长；郜文学、王敦厚、王学谋、王锦华、刘鹏举、张世俊、张国盛、陈向华（女）、彭金山9人组成议案审查委员会，郜文学为主任委员，王敦厚为副主任委员。

大会共举行4次全体会议。第一次全体会议于12月27日上午举行，由县人大常委会副主任候选人阎志洁主持，县人大常委会主任高富德致开幕词，听取县政府县长郑建才所作的《关于第八届县政府工作和今后任务的报告》；第二次全体会议于12月28

日下午举行，由县委书记刘思义主持，听取县人大常委会主任高富德所作的《县人大常委会工作报告》、县法院院长马子坤所作的《县人民法院工作报告》、县检察院检察长曹炯文所作的《县人民检察院工作报告》、县人大常委会副主任马存余所作的《关于县第八届人民代表大会第三次会议代表提案办理情况的报告》（书面）、县委副书记金福存所作的《县农业建设指挥部关于县农业建设长远规划（修改草案）的说明》，通过选举办法草案；第三次全体会议于12月30日上午举行，由县委副书记马世贞主持，选举县人大常委会主任1名、副主任1名、委员15名，县政府县长1名、副县长4名，县法院院长1名，县检察院检察长1名（这次换届选举，贯彻中央关于逐步实现干部队伍“革命化、年轻化、知识化、专业化”的方针，选出的县政府5名正、副县长中，大、中专文化程度的3名，占60%，比上届提高了30%；平均年龄42岁，比上届降低了1.5岁）；第四次全体会议于12月30日下午举行，通过《关于政府工作报告的决议》《关于静宁县农业建设长远规划的决议》《关于第八届人民代表大会常务委员会工作报告的决议》《关于县人民法院工作报告和县人民检察院工作报告的决议》，会议结束时，县委书记刘思义作了讲话，县人大常委会主任高富德致闭幕词。

大会将代表、列席代表分作18个小组，安排小组会议4次。

大会共收到代表提案69件。其中：农林水电方面24件，文教卫生方面18件，工业交通方面8件，财贸方面6件，政法民政方面8件，其他方面5件。

大会日程

县第九届人民代表大会第一次会议日程表

表3-19

时间		会议内容	执行主席
12月27日	上午	大会：1.预备会；2.致开幕词；3.县人民政府工作报告	高富德　马存余 程天爵　马克勤 樊　栋
	下午	小组会：讨论县人民政府工作报告	
12月28日	上午	小组会：讨论县人民政府工作报告	刘思义　张光明 吕忠厚　王敦厚 王学谋　刘石头 张志良
	下午	大会：1.县人大常委会工作报告；2.县人民法院工作报告；3.县人民检察院工作报告（书面）；4.县人大常委会关于八届人大三次会议代表提案办理情况报告（书面）；5.县农业建设指挥部关于县农业建设长远规划（修改草案）的说明；6.通过选举办法（草案）	
12月29日	上午	小组会：讨论以上四个报告和农业建设规划	郑建才　郜文学 李文选　柳金川 贾秉乾　王正仓 陈向华　白秀芳
	下午	小组会：酝酿讨论和预选产生县人大常委会组成人员，县长、副县长，法院院长和检察院检察长候选人名单	
12月30日	上午	大会：选举县人大常委会组成人员，县长、副县长，法院院长，检察院检察长	马世贞　阎志洁 张光复　钱樟炎 王占歧　陈松友 贾晨曦
	下午	大会：1.通过县人民政府工作报告、人大常委会工作报告、人民法院工作报告、人民检察院工作报告和县农业建设长远规划的决议；2.提案审查委员会作提案审查报告；3.县委书记刘思义讲话；4.致闭幕词	

大会选举

县人大常委会：

主　任　高富德

副主任　阎志洁

委　员　张光明　李文选　王敦厚　史国忠　陈向华（女）　程天爵　孙孝治　王占歧　樊　枨　柳金川　白秀芳（女）　张志良　马克勤（回族）　贾晨曦　陈松友

县第九届人大常委会组成人员个人情况表

表3-20

姓名	性别	民族	年龄(岁)	文化程度	工作时间	是否党团	籍贯	主要经历
高富德	男	汉	52	初中	1951.7	党员	静宁仁大	1939年至1950年上学，1950年11月至1951年6月在家劳动，1951年7月至1952年6月在平凉干校学习，参加土改和“三反”工作，1952年7月至1956年2月先后在威戎、甘沟、四河营业所工作、兰州银行学习，1956年3月至1957年3月在县委肃反办公室工作，1957年4月至1958年12月任县人行、农行党支部书记、副行长，民和乡党委书记，高峡铁矿教导员，1959年至1974年3月任城川、甘沟公社革委会副主任、主任、党委书记，1974年4月至1980年任县委常委、城川公社党委书记、县委副书记、县革委会主任，1981年以来任县人大常委会主任
阎志洁	男	汉	48	高中	1956.8	党员	静宁双岘	1942年7月至1956年7月上学，1956年8月至1960年5月在静宁县委宣传部、农村工作部工作，1960年6月至1963年3月任县人委会、县委办公室副主任、县委秘书，1963年4月至1965年5月任水坪公社副主任，1965年6月至1966年3月在平凉地委农村工作部工作，1966年4月至1968年3月任华亭县委秘书，1968年4月至1980年5月任华亭县革委会办公室、政治部、县革委会副主任，1971年1月至1983年10月任华亭县委常委，1980年6月至1983年10月任华亭县政府副县长，1983年11月在静宁县人大常委会工作
张光明	男	汉	52	高小	1948.8	党员	陕西横山	1948年8月至1951年在西北野战军某师某团当兵，任班长、排长，1952年至1954年11月在西北军区空军干校学习，任区队长，1954年12月至1958年5月在人民解放军宝鸡干校任排长，1958年6月至1970年在西藏军区某师通讯营任连长、营长，1971年至1978年9月任某师某团参谋长、副团长，1978年10月至1983年10月任静宁县革委会、县人大常委会副主任，1983年10月任县委常委、县纪委书记

续表3-20

姓名	性别	民族	年龄(岁)	文化程度	工作时间	是否党团	籍贯	主要经历
李文选	男	汉	45	初中	1954.10	党员	陕西大荔	1954年10月以前上学，1954年10月至1956年2月在西北军区当战士，1956年2月至1957年4月在西北军区某炮连任学员、班长，1957年5月至1959年1月在某师司令部管理科任文书，1959年2月至1962年在天水步校任学员、射击教员，1963年至1981年3月任平凉军分区司令部保卫干事、副科长、科长，1981年4月以来任静宁县人武部干部
王敦厚	男	汉	60	初中	1952.2	党员	静宁三合	1952年2月至1956年7月在高界区三合乡、九区公所工作，1956年8月至1962年5月任县水利科、农建局、县委农村工作部副局长、副部长，1962年6月至10月负责细巷公社工作，1962年11月至1968年5月任县委农村工作部副部长、县委秘书，1968年6月至1969年11月在保卫部专案组工作，1969年12月至1974年2月任四河公社书记，1974年3月至5月在县委政策研究室工作，1974年6月至1979年2月任县委常委、组织部部长，1979年2月至1983年10月任县委常委、县纪委书记，1983年11月在县人大常委会工作
史国忠	男	汉	51	小学	1950.10	党员	静宁城川	生于1932年，1939年至1949年在小学读书，1949年10月至1952年12月在民和乡农会、城关区工作，并在平凉党校学习，1953年元月至12月在仁大区工作，1954年元月至8月在团县委工作，1954年9月至1956年6月在治平区工作，1956年7月至1962年12月先后在县审干办公室、民政科、水利科、农建局工作，并任民政、水利科科长、农建局局长等职，1963年1月至1972年10月任治平公社党委书记，1972年11月以来任农机局局长、县人大常委会办公室主任
陈向华	女	汉	30	高中	1976.1	党员	静宁威戎	生于1953年，1964年至1973年先后在威戎小学、威戎中学读书，1974年至1975年在生产队劳动，1976年以来任县妇联副主任、主任

续表3-20

姓名	性别	民族	年龄(岁)	文化程度	工作时间	是否党团	籍贯	主要经历
程天爵	男	汉	58	大专	1949.11	党员	四川江津	生于1925年9月，1935年8月至1947年1月先后在四川江津县龙门障小学、刘家堡补习学校、江津县立初级中学、四川省立师范学校读书，1947年9月至1949年11月在重庆上桥小学当教员，1949年12月至1953年8月先后在重庆市大兴场第一初级小学任教员、校长，1953年9月至1955年8月在贵阳师范学院学习，1955年9月至1956年2月在宁县中学任教，1956年3月至8月在陇东师范任教，1956年9月以来在静宁县中学任教
孙孝治	男	汉	60	高小	1946.9	党员	镇原庙渠	生于1923年，1941年至1945年参加当地的民兵工作，1946年9月至1964年9月参加中国人民解放军，先后任过副班长、班长、连支部书记、副指导员、民运助理员、营副教导员、教导员等职务。1964年10月至1968年3月任县财贸部主任，1968年4月至1970年8月任县革委会政治部副主任，1970年9月以来先后任物资局领导小组组长、组织部副部长
王占歧	男	汉	59	高小	1943.8	党员	河北唐县	生于1924年12月，1939年前在家做零活，1940年至1943年给地主当长工，1943年8月至1954年8月参加中国人民解放军，任班长、排长、政治指导员、教导员等职务。1954年9月以来在静宁县工作，先后任工交局副局长、红寺公社党委副书记、革委会主任，工交局局长、生产指挥部副主任、邮电局局长、县总工会主席等职
樊枨	男	汉	60	初小		党员	静宁治平	生于1923年，1931年至1935年上学，1955年任互助组组长，1958年至1973年任大队林场场长，1974年至1976年任治平公社樊家大庄大队党支部书记，1977年以来历任治平公社革委会副主任(不脱产)、县人大常委会委员

续表3-20

姓名	性别	民族	年龄(岁)	文化程度	工作时间	是否党团	籍贯	主要经历
柳金川	男	汉	53	初中	1951.8	党员	静宁曹务	1946年至1951年7月上学，1951年8月至1957年4月任庄浪支行农金组长、营业所主任、农行副行长，1957年5月至1960年7月任朱店乡总支书记、卧龙公社党委书记，1960年8月至1964年9月任甘沟公社党委书记，1964年10月至1969年2月任县供销社主任，1969年3月至1975年7月任雷大公社书记，1975年8月以来任县农业局局长
白秀芳	女	汉	42	中专	1964.9	否	静宁城关	1952年至1960年7月在静宁上学，1960年8月至1964年9月在兰州中医学校上学，1964年以来在县医院工作
张志良	男	汉	49	初中	1952.10	否	静宁城关	1950年前上学，1951年至1952年10月在家劳动，1952年10月以来先后在供销、工交、财政、商业局、基层供销社、商业、供销车队任会计
马克勤	男	回	38	高小	1960.5	否	静宁城关	1959年6月以前上学，1959年7月至1960年4月在家劳动，1960年5月至1970年10月在县五金厂、手工业社工作，1970年11月以来在县运输公司、县公路运输管理所工作
贾晨曦	男	汉	38	中专	1968.10	否	静宁威戎	1956年以前上学，1956年10月至1968年9月在省水利学校上学，1968年10月至1976年10月在庄浪县水利局工作，1976年11月至1977年11月在兰大上学，1977年11月至1980年11月在庄浪县水利局工作，1980年12月以来在静宁县水利局工作
陈松友	男	汉	47	大学	1959.9	否	广东湖阳	1959年9月至1965年1月在静宁一中任教，1965年2月以来先后在城关镇小学、城川中学、威戎中学任教

县人民政府：

县　长　郑建才

副县长　吕忠厚　张光复　郜文学　钱樟炎

县第九届人民政府县长、副县长个人情况表

表3-21

姓名	性别	民族	年龄（岁）	文化程度	工作时间	是否党团	籍贯	主要经历
郑建才	男	汉	45	初中	1955.1	党员	宁县中村	1954年前上学，1955年至1958年在宁县工作，曾任乡政府文书、县人委会四科科员，1959年至1978年10月任平凉地委工交部干事、秘书处秘书、地区革委会生产指挥部秘书组副组长、地区革委会办公室副主任、农业局局长，1978年11月以来任静宁县革委会副主任、县政府县长
郜文学	男	汉	45	初中	1956.1	党员	庄浪赵墩	1950年前上学，1951年至1955年在家务农，1956年至1957年8月在庄浪县委肃反办公室工作，1957年9月至1958年8月先后任保泉乡、通边乡文书，1958年9月至1959年3月任县委工作，任会计，1959年4月至1960年7月任水洛公社秘书，1960年8月至1965年8月在静宁县委工作，1965年9月至1969年3月任高界公社管委会副主任，1969年4月至1973年7月任县革委会办公室秘书、副主任，1973年8月以来任县革委会副主任、县政府副县长
张光复	男	汉	38	中专	1967.9	党员	河南巩县	1965年8月前上学，1965年9月至1967年8月在甘肃省水利学校上学，1967年9月至1981年4月在静宁县水利局工作，1981年5月至1983年10月任水利局副局长，1983年11月在县政府工作
钱樟炎	男	汉	50	中专	1954.10	党员	上海市	1954年前上学，1954年10月在平凉地区农技站工作，1955年至1968年在静宁县城关区、红寺、县农机站工作，1969年至1978年在县红专学校任教，1979年至1980年8月任种子公司经理、农业局副局长，1980年9月以来任县革委会副主任、县政府副县长

续表3-21

姓名	性别	民族	年龄（岁）	文化程度	工作时间	是否党团	籍贯	主要经历
吕忠厚	男	汉	40	大学	1970.9	党员	山东泰安	1970年7月前上学，1970年9月至1971年8月在省农宣队静宁分队工作，1971年9月至1972年11月任司桥公社文书，1972年12月至1978年12月任雷大公社党委副书记、革委会副主任，1979年至1980年8月任雷大公社党委副书记，1980年9月至1983年10月任县林业局副局长，1983年10月在县政府工作

县人民法院：

院　长　马子坤

县人民检察院：

检察长　王锦华

县第九届人民法院院长、人民检察院检察长个人情况表

表3-22

姓名	性别	民族	年龄（岁）	文化程度	工作时间	是否党团	籍贯	主要经历
马子坤	男	汉	48	初中	1953.5	党员	静宁余湾	1951年7月前上学，1951年7月至1953年4月在家劳动，1953年5月至1958年12月在共同乡、治平区公所、县人委会办公室任文书、副主任，1959年1月至1964年9月任红寺、雷大党委副书记、主任，1964年10月至1965年8月负责县委农村工作部工作，1965年9月至1968年10月任县林业总站副站长、革委会主任，1968年11月至1980年10月任县委、县革委会办公室主任，1980年11月以来任县人民法院院长

续表3-22

姓名	性别	民族	年龄（岁）	文化程度	工作时间	是否党团	籍贯	主要经历
王锦华	男	汉	51	完小	1951.11	党员	静宁雷大	1949年7月前上学，1949年8月至1951年10月在家劳动，1951年11月至1953年7月在雷大、仁大区公所工作，1953年8月至1958年7月在县贸易公司、威戎供销社工作，1958年8月至1962年1月任商业局副局长，1962年2月至1964年7月任祁川公社党委副书记、管委会主任，1964年8月至1965年11月任甘沟公社管委会主任，1965年12月至1979年8月任四河、城川公社党委副书记、管委会（革委会）副主任，1979年8月至1983年10月任八里公社党委书记，1983年10月在县检察院工作

附：

关于第八届县政府工作和今后任务的报告

（县人民政府县长郑建才　1983年12月27日）

从1981年元月召开第八届人民代表大会到现在已经三年时间了。在这三年中，我们在县委统一领导下，坚持党的十一届三中全会制定的路线，贯彻执行调整、改革、整顿、提高的方针，动员全县人民艰苦奋斗，使国民经济各条战线和各个领域都取得了新的进展，发生了新的变化。

农业生产得到较快的恢复。三年来，我们坚持进行了农村经济改革的正确方向，不断完善和巩固以家庭经营为基础的承包责任制，极大地调动了广大农民的社会主义生产积极性，促进了农业生产建设和科学种田的热潮，进而促进了生产的发展。尽管三年中出现了许多旱、冻、病、虫等自然灾害，农业生产还是有一定的发展。工农业总产值年平均达到6029万元，比1980年增长18.3%。粮食生产三年平均16000万斤左右，保持了正常年份的产量。今年粮食获得丰收，总产预计在2亿斤左右，接近1980年的水平，在不放松粮食生产的前提下，多种经营生产发展很快，重点户、兼业户发展到8700多户，农村提供社会商品较前有较大的增长，农民现金收入增加了，今年全县多种经营产值预计可达2078万元，比1980年增长13.44%。畜牧业得到稳定发展，今年预计大家畜可达到59600多头，比1980年增长17.6%。农业各项基本建设取得很大成绩。三年完成造林67998亩，比前三年增加6.99%。今年完成造林45400亩，超额计划13.6%，成活率也是较好的一年。今年完成种草面积52700亩，超额计划31.8%。三年新修水平梯田104700亩，其中今年完成梯田46000亩，超计划的15%。水利建设，重点抓了挖潜配套和管理工作，进一步提高了灌溉效益，每年实际灌溉面积均在10万亩以上，这些水浇地已成为我县的高产稳产农田。

工业、交通、基本建设战线，经过几年的调整，轻重工业的比例、产业结构趋于合理，生产有所发展，产业质量和经济效益都在不断提高。工业总产值三年中年均完成813万元，保持稳定增长，今年工业总产值预计可完成839万元，相当于去年的水平，但水分减少，经济效益有较大提高，预计可实现利润37万多元，比去年可增长9%。三年中基本上没有亏损企业。县乡道路养护和建设比前几年有了较大转变，三年来新修了红寺、古城河桥，新修和改建公路28.3公里，通车里程有了新的增加。三年中架设农电线路119公里。交通运输部门今年预计可完成货运量54900吨，货物周转量962万吨公里，保证了工农业生产物资的运输。基本建设今年计划内控制投资额为230.3万元，预计可完成201万元，完成计划的80%。三年中，新建居民住宅8970多平方米，初步缓和了县城居民住宅紧张的局面。

财政收入增加，城乡市场更加繁荣。我县财政为国家补贴县份之一，按国家下达财政收入，近三年来都完成和超额完成了计划。今年工农商经济生产较好，加之进行财税体制改革和财税大检查，收入亦有增加，上级下达财政收入为266.1万元，预计完成291.1万元，可超额9.4%。金融信贷工作，注重经济效益，在支持生产，搞活流通，控制不合理投放，组织货币回笼，稳定市场物价方面，取得了一定成绩，进一步发挥了经济杠杆作用。近几年来，我们对商业供销经济体制进行了初步改革，对调动企业和职工的积极性，活跃城乡经济，方便人民生活，提高经济效益，都起到了良好的作用。今年全县社会商品零售额预计可达3769.85万元，比去年增长3.9%。城乡个体工商户已达1247户，从业人员增加到1576人，城乡市场贸易成交额预计可达460.9万元，比上年增长10.3%。

文教卫生事业和计划生育工作正在开创新局面，在进行四化建设中，各级对加强智力开发，特别是加强教育事业在认识上有了很大转变。近几年来经过不断整顿，调整了学校布局，加强了农村小学建设，整顿了教师队伍，增加了教育经费，办学条件有了一些改善。近几年新建校舍8400多平方米，维修校舍1.4万多平方米，添置课桌凳1500多套。全县学龄儿童入学率由以前的58.4%，上升到72%。教学质量都在不断提高，三年输送大中专学生649名，大学升学人数逐年增加。计划生育工作，各级都作为一项大政方针，摆上了重要议事日程，虽然落在全区后面，但都做了大量艰巨的工作。今年预计人口自增率稍有下降。只要坚持去抓，就一定能够取得更好的成绩。城乡文化、体育、卫生工作都有了新的发展。

社会治安有了明显好转。近三个月来，我们坚决贯彻执行党中央国务院的指示，开展了严厉打击刑事犯罪活动的斗争。摧毁了几个较大的流氓团伙，查获了一批重大案件，收捕了一批，判处了一批，震撼了敌人，广大群众无不拍手称赞。加之综合治理的巨大作用，社会治安有了一定的好转，进一步保证了四化建设的顺利进行，去年以来开展的打击严重犯罪活动的斗争，已查处结案的有17起，追缴赃款赃物折价2.1万多元，教育了广大职工群众，对于严肃政纪起了很好的促进作用。

县、乡机构改革工作已基本完成，正在进行乡以下的体制改革。其他各项工作也取得了一定的成绩。

过去的三年，是我们贯彻党的十一届三中全会精神关键的三年，是我们从政治上和经济上克服种种困难走上健康发展的三年，也是人民群众心情舒畅，经济开始好转的三年，之所以能够取得上述成绩，是党的十一届三中全会制定的路线、方针、政策指引的结果，是全县广大人民群众努力的结果。在肯定成绩的同时，还应当看到我们存在的问题。1981年本届政府刚刚成立的时候，实行党政分工，面临着一系列急需去办的繁重任务，加之我们缺乏经验，在一些方面工作做得不够有力，有些任务完成得不够好。主要是调查研究工作做得不够细致，作风不够深入，没有把主要精力转到抓提高经济效益上来，农业落后面貌没有根本改变，群众生活还有很大困难。其他经济部门，如生产建设和流通领域，经营管理水平差，经济效益不高。人力财力物力在某些方面存在着许多浪费的现象。计划生育搞得很差，人口生产连续几年没有达到计划指标。这些都要下届政府继续努力，振奋精神，使工作做得更好。

本届政府经过对三年工作的回顾和当前形势的分析研究，认为对下届政府需要提出以下建议，请大会予以审议。

今后三年政府工作的主要任务应当是：动员全县人民完成和超额完成各项国民经济计划，把以经济建设为中心的各项建设事业继续推向前进，实现县第九次党代会提出的各项建设任务，在全面开创社会主义现代化建设新局面斗争中，取得更大的胜利。胡耀邦同志视察甘肃工作期间提出了“种草种树，发展畜牧，改造山河，治穷致富”的战略方针，政府工作现阶段的任务，就是动员全县人民为完成“种草种树，治穷致富”的战略转变，实现三年停止破坏、五年解决温饱的近期目标而奋斗。

一、贯彻执行“种草种树，治穷致富”的战略方针，搞好农林牧副各业的生产和建设

根据县第九次党代会提出的任务，我们实现战略转变的基本要求和设想是：坚持从林草起步，种草先行，发展畜牧，初步实现农林牧全面发展，农工商综合经营。在停止破坏、解决温饱问题的基础上进而建设成为初具规模的林牧基地。近期的奋斗目标是：三年停止对生态的破坏，五年解决温饱，使林草建设有个大发展。具体要求是：种草在现有24万亩的基础上，每年种植10万亩，其中退耕种植多年生牧草4万亩，1987年达到48万亩。造林在现有23万亩的基础上，每年营造6万亩，库存4万亩，1987年保存面积达到40万亩，加上零星植树，覆盖率达到15%。粮食1984年计划17000万斤，1987年力争达到23000万斤。农业总产值年递增5%，1987年达到6000万元。人口自然增长率严格控制在10‰以内。

为了实现上述奋斗目标，我们必须认真做好以下几方面的工作。

（一）把种草种树放在首位，努力实现农业建设的战略转移。今冬明春全县城乡要继续组织好全民性种草种树的大学习、大宣传、大讨论。学习胡耀邦同志的指示，摆脱恶性循环的现状，总结多年来我们农业生产上正反两方面的经验和教训，使广大

干部和群众深刻认识理解种草种树、治穷致富的典型案例，讨论落实制定种草种树的规划和措施。在提高认识的基础上，动员千家万户，组织千军万马投入到种草种树的实践中来。各级干部要把种草种树工作放在一切工作的首位，集中主要精力抓种草种树，要做好充分准备，尽最大努力打胜1984年战略转移的头一个硬仗。

实现三年停止破坏，必须认真解决农村燃料问题。根据我县的实际，要采取开拓能源和节约能源并重的办法。作为开拓就是开发利用新能源，一是利用“三荒”大种草木樨，1年新种1万亩，这是高效开发生物能源的一条措施。二是营造薪炭林，每年在计划造林面积中新造2万亩。三是推广太阳能，每年新增1万台，1987年达到4万台。四是有条件的地方办好沼气池。五是架设输电线路，解决一些农户的照明和生活用电。六是计划在华亭开办1座小煤窑，为县内群众供煤。所谓节约就是建好节柴省煤灶，1984年改灶3万个，1985年全部改完。

种草种树要认真贯彻“谁种谁有，长期不变，子女继承，允许转让”的政策，把种草种树的所有权、收益权、继承权彻底交给群众。要坚决实行个人、集体、国家一齐上，以户和联户种植为主的方针，大力扶持种草和种树专业户、重点户，充分调动和发挥千家万户的积极性。明春要结合造林，完成“三荒地”划包的全部任务。为了发展林草，在一定时期，控制羊的发展还是对的。我们意见，在发展养羊问题上，还是稳定现有数量，大力改良品种，提高经济效益，教育群众实施圈养舍饲，一时尚未种草种树的荒坡荒山可以放牧，但决不允许破坏林草，干损人利己的事。

我县农业建设的大部分已列入国家“两西”建设计划，国家对我们的经济扶持是很大的，我们要珍惜和用好各项建设资金，一定要实行经济合同制，保证专款专用，发挥投资效益。每项建设成果，都必须在检查验收的基础上，按质按量发放投资，坚决反对粗制滥造，虚报冒领，贪污挪用，胡支滥用等不正之风。这里我们还要特别强调发扬艰苦奋斗、自力更生精神，种草种树所需要的种子，苗木都应当采取自采、自育，一切都依赖国家，这种想法是错误的，应当批评纠正。

种草种树，重在管护，要采取有力措施，切实管护好现有林草。各级林场、果园、防护林带、成片林都要建立管护组织，落实责任制，新种的林草要一种就管，一管到底。要发动群众订立护草爱树公约，乡规民约和管护制度，树立护草爱树光荣，毁林毁草可耻的社会风气。对于毁林毁草的案件，要发生1起，查处1起，该罚款的罚款，该法办的要法办，绝不能手软。

在大规模的种草种树活动中，干部要起带头模范作用，从县长做起，每个干部都要保证每人每年种2亩草，栽10棵树，采树籽或草籽1斤的任务，县直各部门各单位的种草种树联系点要坚持搞下去，示范群众。

（二）做好农业生产和建设，争取农业全面丰收。农业是我县的主体经济，农业生产形势的好坏对全县经济建设和人民生活影响极大，在突出种树种草的同时，丝毫不能放松农业生产和其他建设。要采取一切有效措施千方百计提高粮食和经济作物产量，增加收入，改善生活，减轻国家负担，稳定和发展农村的大好形势。

我县大部分是山区，要坚持不懈地进行梯田建设。要坚持按照统一规划、集中连片治理的原则，动员组织群众，利用春、夏、秋农业生产间隙常年去搞。确定今后每年新修梯田4万亩，1987年达到70万亩，人均1.8亩。水利建设，要把重点放在现有水利设施的挖潜配套上，搞好现有渠道，不断扩大灌溉效益。并有计划地发展一些投资小、见效快的小型水利工程。东峡水库改造加固工程，省地已经批准设计施工计划，必须加强领导，加快施工进度，争取4年内完成任务。畜牧业生产要通过调整畜群结构，搞好母畜群建设，逐步发展肉、乳、役兼用牛，增加商品畜，采用先进的科学技术，加快畜种改良，改善饲养管理，加快周转，提高出栏率。积极兴办饲料工业，以促进家畜、家禽和养殖业专业户、重点户的发展。畜牧收入，1987年力争达到1500万元，人均40元，使农业经济结构逐步趋向合理。

（三）大抓智力开发，推广先进科学技术。要依靠现有科学技术力量，利用多种形式，不断造就和壮大专业技术队伍，大力推进科学技术知识的普及和应用，依靠科学技术去开拓新的生产领域，增加生产，劳动致富。要建立健全各级农业服务机构，争取明年建成县级农业技术服务中心。通过体制改革建成乡一级的农业技术推广站、畜牧兽医工作站、林业水保工作站和农业机械服务站。技术服务中心主要负责技术培训，技术引进，掌握科技信息，搞好技术攻关。各乡镇主要负责科技成果的推广和应用，指导生产实践，抓好农科户、种子户、专业户、重点户和示范户，形成三级技术服务网。要大力实施和推广旱作农业技术措施，增施有机肥料，培肥地力，轮作倒茬，深耕蓄水，耙耱保墒，选择耐旱作物和品种，推广坡地水平耕作方法等，增强抗旱能力，增加粮食产量。

二、切实搞好企业整顿，大力提高经济效益

我县工交财贸企业，通过近两年的调整、改革和整顿，经济效益有所提高，经营状况有所好转，但工交生产成本提高、商业流通费用增加的情况还在继续，这远远不能适应国民经济形势发展的需要。今后，政府工作的主要任务应当是抓好经济工作，过去几年如果说抓了调整工作的话，而后几年就要在继续进行调整工作的同时，着重转向抓企业的整顿工作，只有这样，才能全面提高经济效益。从1984年起，要围绕提高经济效益这个中心，由主要领导同志负责，抽组一批力量，对工交财贸企业分期分批地进行全面整顿，对领导班子、职工队伍、经营管理、技术改造等问题，要逐个研究，认真解决。整顿要坚持高标准，严要求，敢于碰硬，善于解决疑难问题，整顿1个验收1个，验收不合格的要坚决重搞，决不允许凑合应付走过场。通过整顿要建立起懂业务、会管理、能够打开局面的领导班子和强有力的生产指挥系统，提高经营管理水平。反映到生产上，就是要提高产品质量，降低物资消耗，增加花色品种，提高经济效益。各个企业的领导，都要进一步解放思想，开阔眼界，搞好企业的技术管理，坚持职工全员培训，开办技术学校，学政治，学技术，学习管理知识，提高职工队伍素质。与此同时，一个企业内某一工艺，某一生产环节长期守旧或技术落后而影响产品质量，就要走出去学习，请同行业技术人员进来，引进先进技术。不这样搞，局限于自己的小圈子，想在新的形势下打开新局面是难以办到的，企业也不可能有出路。要求各部门和所有企业一定要牢固树立提高经济效益的观念，绝不能只讲投入，不讲产出，只向国家要钱，不为国家做贡献的不良现象。要立即动员起来，努力增产节约，加强劳动纪律，提高工作效率，同一切铺张浪费、无人负责的现象作坚决的斗争。

三、搞好社会主义精神文明建设

精神文明是物质文明的保证，今后在抓物质文明建设的同时，必须重视抓精神文明建设，这里着重讲的是：

（一）以普及小学教育为重点，努力把教育事业搞上去。在四化建设中，越来越看到教育工作的重要性，我们的生产建设步伐慢的原因，固然有客观条件限制作用，但更重要的还是缺乏知识，缺乏科学技术力量，这一点已经看得很清楚了。基于这种情况，再不抓紧抓好教育，就将带来失误。要下定决心像抓种草种树一样抓教育。当前至关重要的是要把普及小学教育，突出出来，重点抓好，就是要采取一切行之有效的措施，动员学龄儿童都能够上学读书，力争在1990年以前实现普及小学教育。其次，必须贯彻“两条腿走路”的方针，国家扶助和群众自筹相结合，解决校舍、桌凳等办学条件的问题。再次，要切实抓好教师队伍的建设，培养一支有知识、有道德、忠诚党的教育事业、能胜任教学工作的教育队伍。最关键的是各级要切实加强对教育工作的领导，列入议事日程，定期讨论研究教育工作中存在的实际问题。这里想再提及一个问题，《人民日报》12月20日登载了湖南省石门县山区女教师覃申媛的事迹，我建议各级干部，特别是全体教师认真读一读，联系实际，开展热烈讨论。要向覃申媛同志学习，为开创我县教育事业新局面作出实际的贡献。

（二）抓好文化工作，活跃城乡文化生活。农村文化建设是我们精神文明工作的一个薄弱环节，今后我们要调动各方面的积极性，挖掘一切潜力，办好城乡文化设施。县城要建设好文化馆、博物馆和影剧院，办好广播站，电影管理站和县秦剧团。县秦剧团要立足本县，面向农村，积极下乡为群众演出。1984年、1985年要建成高界、威戎、李店、甘沟4个乡的文化中心。乡村都要建立文化站，发展广播、电影、电视、业余剧团，组织好传统节日和农闲季节的文艺演出。同时搞好体育活动，以活跃农村文化生活，用社会主义思想和文化占领农村文化阵地。

（三）搞好医疗卫生，提高人民健康水平。要大力开展爱国卫生运动，搞好食品卫生、工业卫生和学校卫生。要抓好农村卫生机构的建设和整顿。各乡镇卫生院和大队卫生所要不断巩固和发展，搞好卫生所的经营管理，逐步解决一些农村缺医少药的状况，使农村卫生机构在防病治病中发挥更大作用。更重视抓好防疫工作，千方百计防止各种传染病的发生和降低地方病的发病率。

（四）克服困难，搞好计划生育工作。

（五）继续整顿社会治安，促进社会风气的根本好转，保障社会主义现代化建设的顺利进行。今年下半年来，我们贯彻党中央、国务院的指示和全国人大六届二次会议精神，打击了一批严重破坏社会秩序的刑事犯罪分子。这还不够，必须按照“从重从快，一网打尽”的精神，放手发动群众，深揭深挖隐藏较深的犯罪分子，务必把这场斗争进行到底。同时要坚决贯彻综合治理、积极治安的方针，各个部门、各个方面都要配合政法公安部门，做好疏导、转变和挽救工作。要广泛深入地开展法制宣传教育，加强基层的治安环保和调解工作，避免民事纠纷激化为刑事案件。打击经济领域里的犯罪活动，同整顿社会治安是相互联系的，经济犯罪和治安犯罪一样，都是在不同的领域里扰乱社会治安，污染社会风气，破坏社会主义建设。因而，必须坚持把这场斗争深入进行下去，绝不可半途而废。在打击经济犯罪活动中，要正确掌握政策，严格区分两类不同性质的矛盾，划清经济犯罪同工作失误的界限，划清违法犯罪同经济上不正之风的界限，认真研究政策，深入调查研究，慎重对待。

四、搞好政权建设，发挥政府职能部门作用，把各项工作搞上去

在上级党委领导下，目前县级机关和乡、镇机构改革工作已基本完成，乡以下的体制改革要抓紧进行，按春节前后全部结束。新的政权机构建立后，面临着艰巨繁重的任务，一定要注意抓好领导班子自身革命化建设，加强学习，抓好整顿工作秩序，明确职权范围，建立健全岗位责任制，认真改进作风，提高工作效率。要深入实际，调查研究，分析新情况，解决新问题。新的班子要有新的面貌、新的气象、开创新的工作局面。这是党组织对我们的要求，也是人民的期望。我们一定要兢兢业业勤奋工作，不负党和人民的重托。

县人大常委会工作报告

（县人大常委会主任高富德　1983年12月28日）

根据《中华人民共和国地方各级人民代表大会和地方各级人民政府组织法》的规定，县第八届人民代表大会第一次会议于1981年元月选举了本届常务委员会，到现在已经三年了。这三年正是我们在政治、思想、组织和经济领域进行拨乱反正、实现工作重点的转移和通过一系列的调整改革，各项事业出现了新的转机，走上健康发展的道路，全县政治和经济形势都发生根本变化的三年。三年来，县人大常委会在县委的直接领导下，认真贯彻了党的十一届三中全会和十二大的路线、方针和政策，贯彻执行了全国人大和省人大历次会议精神，依照法律规定的职权范围，逐步开展了工作。在这期间，共召开了3次人民代表会议，在第三次会议以前，人大常委会的工作，已向各次会议作了报告，并经会议作了决议。现在着重报告县八届人大三次会议以来常务委员会的工作。

县八届人大三次会议闭幕已近一年时间了，近一年来，在党的十二大和六届全国人大会议精神的指导下，人大常委会遵照宪法和组织法的有关规定，根据县八届人大三次会议确定的各项任务，主要做了以下几方面的工作：

一、学习宣传和贯彻实施新宪法

加强对宪法的学习宣传，保证在全县有效地贯彻实施，是人大常委会的庄严职责。1982年12月，第五届全国人民代表大会第五次会议通过并颁布的《中华人民共和

国宪法》，是一切国家机关、政党、社会团体、企事业组织以及每一个公民的根本活动准则，遵守宪法、维护宪法尊严是各族人民神圣义务。人大常委会根据省五届人大五次会议作出的关于在全省组织学习宣传和贯彻执行宪法的决议精神，在县委的统一部署下，配合有关部门，把学习宣传好新宪法作为一件大事来抓。在今年3月召开的县八届人大三次会议上把学习讨论宪法列为一项重要内容，传达了王世泰同志在省五届人大五次会议上《关于五届全国人大五次会议讨论通过宪法的情况报告》，组织全体代表和与会同志认真学习了新宪法，并进行了热烈的讨论。大家一致认为新宪法总结了我国社会主义发展的历史经验，体现了党的十二大制定的纲领、路线、方针和政策精神，反映了全国各族人民的共同意志和根本利益，是保证社会主义现代化建设事业顺利进行的国家根本大法，是新的历史时期治国安邦的总章程。代表们表示，要带头学习、带头宣传、带头遵守和带头维护宪法的贯彻实施。

为了使全县人民群众学好宪法，遵守宪法，采取了多种形式，紧密结合实际，普遍深入地进行社会主义法制宣传教育。首先是宪法的宣传教育。县广播站和各社放大站播放了宪法的全文和有关学习宪法的辅导材料，县司法科还编写了新宪法宣传讲话材料，反复进行了广播宣传。电影放映公司和文化馆等单位利用幻灯、专栏、黑板报，大力开展了宣传活动。通过广泛深入的宣传和组织人民群众认真学习讨论，使宪法和法律逐步达到家喻户晓，使各级干部和广大群众基本知道了宪法的主要精神和各项重要规定，增强了法制观念，提高了遵守、维护宪法和法律的自觉性。

在广泛进行学习、宣传宪法的同时，还注意抓了对宪法和法律的贯彻实施。由于宪法和许多规定主要是依靠国家机关贯彻执行的，人大常委会主要通过委员和代表进行调查研究，听取政法部门的工作汇报和负责同志亲自参加、审查一些重大案件等方式，了解情况，发现问题，督促协助法院、检察院认真贯彻执行宪法，严格按照宪法和法律办事。在广泛进行法制教育、实行综合治理的基础上，根据全国人大常委会《关于严惩严重危害社会治安的犯罪分子的决定》，在县委的直接领导下，纠正了过去打击不力、不及时的现象，充分发挥专政职能，并动员社会各方面的力量，按照“依法从重从快”的方针，严厉打击了严重危害社会的刑事犯罪分子，使城乡社会治安有了明显的好转，有力地维护了社会秩序的安定，保护了人民生命财产的安全，保卫和促进了社会主义现代化建设的顺利进行。

通过对宪法和法律的贯彻实施，使广大干部和群众对维护和发展社会主义制度，进一步加强党的领导和加强社会主义民主与法制建设有了进一步的认识，使我们的宪法在维护社会主义制度，促进社会主义现代化建设事业胜利发展中，发挥更加巨大的作用。

二、开展视察工作，进行调查研究

坚持开展视察活动，进行调查研究，是监督和促进政府部门工作，解决人民群众普遍关注的问题的一种好形式。人大常委会今年围绕广大群众反映比较强烈的问题和八届人大三次会议的有关提案，组织委员、代表，先后进行了两次视察。重点视察了曹务、古城、原安、李店4个公社执行返销粮政策和群众生活安排情况。去年我县农业因灾减产，今春部分群众生活有困难，县委和县政府很重视群众的生活安排，及时调查摸底分配了指标。各社、队按照返销粮政策和供应办法，做了大量的工作，安排了群众生活。但在视察中发现，这4个公社在返销粮安排工作中，固然有缺粮面大、返销指标紧的实际困难，但也确实程度不同地存在着乱支乱用、平均主义、前松后紧、供销政策不能正确执行和供应的部分粮食质量差等工作上的问题，致使一些重灾队群众和特殊困难户的口粮得不到保证。对这些问题，县人民政府及时召开公社负责同志会议，做了认真地研究处理。对农村生活安排中的错误做法很快做了纠正，增拨了返销粮指标，改进了供应办法，保证了重点，妥善安排了群众生活。

接着又视察了饮食服务公司、糖业烟酒公司、社队企业局、物资局、卫生局、橡胶厂、搬运社和城关镇等11个单位所属的17个国营、集体门市部和6个个体经营户的物价、衡器、经营管理情况，以及粮食部门的食油加工供应和粮油议价的经营情况。总的看，情况是好的，市场繁荣，物价基本稳定，大多数单位能够正确地执行国家牌价，经营管理比较好。但有些单位在经营管理、执行物价政策中也存在一些问题。如有的单位不按工商行政管理部门批准的经营范围，跨行业经营紧缺商品；有的违反价格规定，对一些商品改变批零差率，提高零售价格；有的以次充好，质次价高；有的缺斤短两；有的经营管理混乱，对一、二类产品乱批发，等等。这次视察中对面粉厂加工的食油稠、质量差的问题列为重点，在听汇报、问情况的同时，还深入车间、供应库房进行实地测验，比较详细地调查了食油加工的流程和供应环节，基本上弄清了食油质量差的主要原因，除了机械设备不齐全、缺少技术人才等客观原因外，还存在着岗位责任制不健全、不注意抓质量等经营管理上的问题。对这次视察中发现的问题，视察组同有关单位的负责同志都进行了座谈，并提出了改进意见。绝大多数单位都引起了思想上的重视，有的态度积极，行动快，及时提出有效措施，着手改进；有的召开各种会议，认真讨论研究，制定改进的具体办法。总之，通过开展视察工作，进行调查研究，了解了一些单位工作中存在的问题和人民群众的一些呼声反映，履行了人民代表机关的监督权和支持政府工作的职责，改进和推进了一些方面的工作，收到了较好的效果。

三、做了换届选举和召开县第九届人民代表大会的筹备工作

按照组织法、选举法的有关规定和全国人大、省人大的决定，县第八届人民代表大会到今年年底任期已满，要执行换届选举。人大常委会认真抓了县第九届人大代表的选举和召开第九届人民代表大会的筹备工作。

县级代表选举，是发扬社会主义民主，体现人民群众行使民主权利，搞好政权建设的一件大事，是人大常委会的一项重要工作。根据县委的统一安排，人大常委会于10月下旬召开了第十次会议。在这次会议上学习了省委批转省人大常委会党组《关于在机构改革中县级人民代表大会换届等有关问题的请示报告》的通知和《甘肃省县级以下人民代表大会选举实施细则》，讨论研究了换届选举工作中的有关问题，决定成

立了县选举委员会和30个乡镇的选举委员会。这次会议还决定成立了第八届人民代表大会常务委员会代表资格审查委员会。会后发出了关于召开县、乡第九届人民代表大会的通知，提出了县、乡两级人民代表大会的主要议程和做好筹备工作的要求。

县选举委员会在人大常委会的领导下，按照“两法”和选举实施细则的规定精神，详细安排了第九届县、乡两级人民代表大会代表的选举工作。

这次选举共用了40多天时间，分三个阶段进行的，每个阶段的工作内容和方法步骤都是严格按照选举法和选举实施细则的规定精神搞的。为了搞好这次选举工作，县上给30个乡镇都派了工作组，各乡镇的干部基本上全力以赴到各选区帮助工作，加强了对选举工作的具体领导。在选举工作中，特别注意了自下而上、民主协商推荐候选人和选民民主推荐、协商提出代表候选人，经本选区选民酝酿讨论，按照大多数选民的意见并报县人大常委会代表资格审查委员会确定正式代表候选人名单，全部实行差额选举。由于充分发扬了民主，尊重了选民的民主权利，选举工作进展顺利。全县158个选区选出的220名县人大代表，都是一次选举成功，并经审查确认全部有效。这次选出的代表具有较广泛的代表性，其主要特点是专业人员和知识分子代表明显增加，同上届相比增加了10名，占9.5%；代表中还有勤劳致富、科研、计划生育等方面的先进人物；并注意照顾了非共产党员和妇女、少数民族代表的比例和名额，体现了人民群众的意愿，效果是好的，人民群众是满意的。选举结束后，各乡镇即召开了人民代表大会，按照“两法”的有关规定，完成了会议的各项任务，选举成立了乡镇人民政府，健全了基层政权机构，加强了领导班子建设。

四、做了代表提案的办理，人民来信来访的查处和人事任免等工作

在今年3月召开的县第八届人民代表大会第三次会议上，代表们共向大会提出各种议案64条，经提案审查委员会审查归并为53条。会后人大常委会于4月份提交县人民政府，按提案性质和业务范围分别转送有关单位办理。为了认真办理代表提案，人大常委会还先后两次召开主任办公会议，进行了讨论研究，提出了对人大代表提案必须做到件件有交代，条条有着落的要求，会议除确定1名负责同志和1名工作人员分工主管，督促办理外，并决定对提案中群众反映强烈的问题，由人大常委会组织委员、代表和有关部门的同志进行视察，督促办理。根据县政府的报告，截至现在已基本办理完毕。

今年，人大常委会共处理转办了人民来信来访13件。对上级和有关部门转来的一些人民来信，还直接派人进行了调查，并提出了处理意见，交给有关单位办理。

依照法律规定的权限，决定国家机关工作人员的任免，是人大常委会的职权。县八届人大三次会议以来，根据组织法的规定，人大常委会通过审查，对县人民法院的副院长、审判委员会委员、审判员、庭长和人民检察院的副检察长、检察员等26名工作人员履行了任免手续，并颁发了任命书。在机构改革中对县人民政府直属各局、委、办的35名干部依法履行了任免手续。在审查过程中，对个别不适当的人选，经过反复讨论，未予批准，维护了行使任免权的严肃性。从实践中我们进一步认识和明

确，人大常委会既要坚持党管干部的原则，又要本着对党对人民负责的精神，进行认真审议，依法履行干部任免手续。

近一年来，人大常委会在做好上述几方面工作的同时，按照县委的统一部署，根据各个阶段的中心任务，在工农业生产、财政商业、社会治安、计划生育等方面，也做了一定的工作。但是，按照宪法和组织法赋予地方人大常委会的职责和任务来衡量，我们的工作还做得很不够，许多方面的工作还没有开展起来，视察、调查研究工作也做得不够经常，对于我们工作中的缺点和问题，请代表们提出批评。

第二节　县第九届人民代表大会第二次会议

大会概况

县九届人大二次会议于1984年12月27日至30日在县政府礼堂召开。县第九届人大一次会议以来，程天爵、王兰青2名代表病逝，张文玉被罢免代表资格，杨波因工作需要调离静宁县，根据选举法的有关规定，上述4人的代表资格自行终止。根据选举法有关规定，在代表出缺的三合选区补选靳卫国为县第九届人大代表，至此，县第九届人大实有代表217名，此次会议实出席196名。

马世贞、马存余（回族）、马克勤（回族）、王占歧、王敦厚、史国忠、白秀芳（女）、刘思义、孙孝治、李文选、张光明、张志良、陈向华（女）、陈松友、郑建才、柳金川、高富德、贾晨曦、阎志洁、樊栜20人组成大会主席团，马世贞、马存余（回族）、王敦厚、刘思义、李文选、张光明、郑建才、高富德、阎志洁9人为主席团常务主席，阎志洁为秘书长，史国忠、马勤祥为副秘书长；部文学、王敦厚、马克勤、柳金川、高立宏、彭金山、樊正芳7人组成议案审查委员会，部文学为主任委员，王敦厚为副主任委员。

大会举行全体会议4次。第一次全体会议于12月27日上午举行，会议听取县政府县长郑建才所作的《关于1984年的政府工作和1985年的任务》的报告；第二次全体会议于12月28日下午举行，听取县人大常委会主任高富德所作的《县人大常委会工作报告》、县法院院长马子坤所作的《县人民法院工作报告》、县检察院检察长王锦华所作的《县人民检察院工作报告》、县人大常委会副主任阎志洁所作的《关于县第九届人民代表大会第一次会议提案办理情况的报告（书面）》；第三次全体会议于12月29日下午举行，听取县政府副县长钱樟炎所作的《关于静宁县农业区划工作的说明》、县城乡建设环境保护局局长李映江所作的《关于静宁县城区总体规划的说明》；第四次全体会议于12月30日下午举行，听取县政府副县长部文学所作的《提案审查报告》，通过《关于政府工作报告的决议》《关于县人大常委会工作报告的决议》《关于县人民法院工作报告和县人民检察院工作报告的决议》《关于静宁县农业区划报告的决议》《关于静宁县城区总体规划报告的决议》5个决议；会议结束时，县委副书记金福存作了讲话。

大会安排分组会议4次。

大会收到代表提案73件。其中：①农林水电方面34件，占46.6%，主要是建议加快山区农电线路建设、兑现种草种树补助款、维修水利设施建设小型提灌工程、继续提倡羊只舍饲圈养、加强兔病防治、兴办饲料加工业、解决威戎、司桥、深沟、雷大乡政府所在地人畜饮水等。②财政、金融、粮贸方面14件，占19.2%，主要是建议解决雹灾地区群众口粮问题、就近交售公购粮、解决一些政府住房紧张等问题。③教科文卫方面13件，占17.8%，主要是建议增拨太阳能、解决小学校舍问题、提高广播信号、增建乡卫生院、组建计划生育技术工作队等。④工业、交通、基建方面5件，占6.8%，主要是建议新建县乡公路、桥梁、新增公共汽车路线、班车等。⑤民政、社会福利方面2件，占2.7%，主要是建议增加社会救济款、县城附近建立公墓等。⑥其他方面5件，占6.8%，主要是建议改进工作作风、总结推广“两户一体”经验、加强与外地工作人员联系等。

大会日程

县第九届人民代表大会第二次会议日程表

表3-23

<table>
<tr><th colspan="2">时间</th><th>会议内容</th><th>执行主席</th></tr>
<tr><td rowspan="2">12月27日</td><td>上午</td><td>大会：1.预备会；2.县人民政府工作报告</td><td rowspan="2">高富德　马存余
王敦厚　孙孝治
白秀芳</td></tr>
<tr><td>下午</td><td>小组会：讨论政府工作报告</td></tr>
<tr><td rowspan="2">12月28日</td><td>上午</td><td>小组会：讨论政府工作报告</td><td rowspan="2">刘思义　张光明
王占歧　张志良
贾晨曦</td></tr>
<tr><td>下午</td><td>大会：1.县人大常委会工作报告；2.县人民法院工作报告；3.县人民检察院工作报告；4.县人大常委会关于九届人大一次会议代表提案办理情况报告（书面）</td></tr>
<tr><td rowspan="2">12月29日</td><td>上午</td><td>小组会：讨论以上四个报告</td><td rowspan="2">郑建才　阎志洁
柳金川　陈松友
樊　栎</td></tr>
<tr><td>下午</td><td>大会：1.县人民政府关于我县农业区划的说明；2.县人民政府关于县城城区总体规划的说明</td></tr>
<tr><td rowspan="2">12月30日</td><td>上午</td><td>小组会：讨论县农业区划和县城城区总体规划报告</td><td rowspan="2">马世贞　李文选
史国忠　陈向华
马克勤</td></tr>
<tr><td>下午</td><td>大会：1.通过县人民政府工作报告、人大常委会工作报告、人民法院工作报告、人民检察院工作报告、农业区划和城区总体规划报告的决议；2.提案审查委员会作提案审查报告；3.县委副书记金福存讲话</td></tr>
</table>

附：

关于1984年的政府工作和1985年的任务

（县人民政府县长郑建才　1984年12月27日）

1984年是第九届县政府任期第一年。在这一年里，我们在县委统一领导下，认真贯彻执行党的各项方针政策，积极进行农村经济结构改革和城镇经济体制改革，努力完成县第九届一次人代会确定的任务，经过全县各级干部和广大群众的共同奋斗，各条战线和各个领域的工作都取得了新的成绩。生产发展，市场繁荣，社会安定，人民生活有所改善，经济发展形势很好。工农业总产值计划5800万元，预计可完成7305万元，超额25.9%，比上年增长7.8%，其中：农业总产值计划4900万元，预计可完成6351万元，超额29.6%，比上年增长7.3%；工业总产值计划900万元，预计可完成954万元，超额6%，比上年增长11.3%。社会商品零售额预计可完成2620万元，将比上年增长6%。财政收支执行情况良好，今年财政收入计划为260.8万元，预计可完成290万元，超收13.1%，比去年增长5.1%，财政支出预算指标为1638.6万元,预计支出1725万元，超支5.3%，这主要是政策性增支因素加大而造成的。

农业生产稳步发展。我们认真贯彻执行中央一号文件精神，继续稳定和完善家庭经营承包责任制，进一步调动了广大农民的生产积极性，通过调整生产结构，大搞科学种田，实行多种经营，开展抗灾斗争，获得了好收成。粮食总产预计可达2亿斤以上，大部分农民的吃粮问题得到解决。多种经营产值预计可达3451万元，多数农民的经济收入有所增长。畜牧业，除羊只有所下降外，其他畜禽都有发展。年末大家畜存栏预计可达6.47万头，比1983年增长4.4%；生猪存栏预计可达到10万头，比1983年增长6%左右；鸡、兔生产也比上年有较大幅度的增长。

发展商品生产，进行经济结构改革，是今年农村工作的重点。各级干部认真贯彻省委扩大会议精神，把发展商品生产作为中心任务，解放思想，调查研究，大力开拓生产门路，发展两户一体和乡镇企业，兴起了农村商品经济的好势头。目前，乡镇企业已有266个，从业人员达到4000多人，总产值预计可达400万元，比1983年增长8.8%。按全省统一规定标准，全县专业户发展到368户。农民进入流通领域的人数越来越多，加工业、运销业、集体个体工商业开始大量出现，全县自营汽车25辆，大中型拖拉机50台，手扶拖拉机560台，加工机械2600多台。个体工商户达到1450户，比去年增加180户。农民进入城镇集市办服务业的已有60户。农贸市场空前活跃，成交额预计可达645万元，比去年增长48%。一部分专业户摆脱了贫困，开始富裕起来。在他们吸引和带动下，越来越多的农民开始注重商品生产，促进传统的自给自足的单一农业经济向农工商综合经营的商品农业经济转化。

农业基本建设，围绕“三年停止破坏”的近期奋斗目标，在调查研究的基础上，制定了实施方案。年初逐级签订了责任书，使各项建设任务落到了实处。林草建设取得突破性发展，种草完成12.6万亩，超计划14.2%。造林完成6.85万亩，超计划14.2%。四旁植树完成215万株，育苗完成6000亩。改土任务5万亩，预计可以完成6万亩。水利建设方面，完成渠道衬砌28.3公里；东峡水库抗震加固改建工程进展比设计要求要快。今年新增农电线路43.9公里；完工后全县30个乡镇可以全部通电。今年新建节柴省煤灶5.04万台，全县改灶任务已经完成。为了解决农村燃料问题，完成植薪5000亩，向农民组织供煤2.5万吨。通过种草种树，推广节能灶，植薪供煤和连年粮草丰收，我县“三料”俱缺的问题大部分得到解决，初步打下了停止生态破坏的基础，只要努力工作，“三年停止破坏”的目标就可以提前实现。

今年5月六届全国人大二次会议后，按照国务院、省政府有关规定精神，我们积极而又谨慎地进行了城镇体制改革。目前，工交、商业、供销等系统所属企业，体制改革已由点到面全面铺开，其他各条战线的改革正在试点或探索阶段。全县共有企事业单位129个，已进行改革的45个，占35%，还有10个单位在试点。城镇改革借鉴农村改革的经验，把“包”字请进城，下放权力，改革人事制度、分配制度和经营责任制，进一步增强了企业活力，打破了“大锅饭”和“铁饭碗”。经过改革，调整了生产关系，解放了生产力，调动了职工积极性，经济效益显著提高，财政收入、企业提留、职工所得都有不同程度的增长。据调查，改革后的企业，经济效益一般提高10%至20%，有的成倍增长。城镇改革的实践消除了职工的种种疑虑，群众对改革的态度已经由担心变成了期待。对今后继续改革和全面改革提供了初步经验，奠定了思想基础。改革的同时，进行了企业整顿，今年计划整顿25户，已验收合格19户。

在经济体制改革的推动下，工业交通企业改善了经营管理，各项经济指标完成都较好。总产值预计可完成954万元，产品销售收入预计完成904万元，超计划39%，预计实现利润61万元，超计划31%。主要产品产量，除水泥、力车配件外，其他产品都能超额完成计划。在促进技术交流，引进人才、技术、设备，扩大生产规模，提高产品质量，增加新产品等方面也取得了一定成绩。交通运输方面，货运量预计可以完成6.9万吨，超计划6%。今年在静秦公路上，从县城开始铺设油路5公里，仁大河公路桥的建筑工程即将竣工。县乡公路维护和建设各级都比较重视，取得了新的进展，将对发展商品经济，扩大城乡交流起到重要作用。

商业、供销企业按独立核算门店计算共有60户，已进行改革的49户，占81%。经过改革的商、供企业，经济效益显著提高，社会效益也很显著。服务行业普遍改善了服务设施，延长了服务时间，增加了服务项目，提高了服务质量，改善了服务态度。既活跃了经济，也方便了群众。

城镇建设进展较快。县城城区总体规划的勘测、资料整理工作已经结束，规划方案已初步审定。其他村镇的规划也提出了方案。县城供水的骨干工程已经完工，四季度对部分单位和居民开始供水，为城区生产和人民生活提供了方便。

城乡人民生活有了改善，群众的消费水平有所提高，自行车、手表、收录机、电视机等高档耐用消费品的销量比去年增加较多。毛料、化纤服装普遍增加，人民的衣着水平明显提高。县城新建职工住宅784平方米。通过各种渠道，开辟就业门路，今年招聘和安置待业青年就业309人，占待业青年总数的75%。城乡储蓄总额预计可达

435万元，比去年增长36%。今年国家给我们扶贫资金150万元，共扶持贫困户7500户，解决了贫困户生产中的部分困难。基层干部做了大量工作，帮助扶贫户安排项目，搞好生产。国家还给我们赊销棉布棉絮资金210万元，解决了3万困难户的衣被问题，体现了党对群众的关怀和社会主义制度的优越。

教育、文化、卫生、体育事业有了新的发展，今年上半年开展了普通教育大检查，教育质量和学龄儿童入学率都有提高。现有中小学在校学生74258人，入学率达到91%，大中专招考录取新生332人，比1983年增加89人。通过国家资助和群众集资办学，维修了一部分校舍，增添了部分设备，改善了教学条件。为了快出人才、多出人才，今年我县把3所普通中学改为职业中学，开设了电大建筑班和农业广播学校，并与甘肃农大协商为我县培训畜牧兽医人才40名。全县已办成农村文化中心和文化站17处，县城文化馆和工人俱乐部已经落成，为群众文化活动提供了良好的场所，活跃了城乡文化生活。我县参加省、地自行车、田径、象棋、武术比赛，取得了较好的成绩。卫生系统对各乡卫生院的工作进行了全面检查，整顿了医疗作风，对提高服务质量起到了一定的作用。

继去年严厉打击刑事犯罪活动第一战役后，今年8月又开展了第二战役第一仗，重点打击了流窜犯，捕判了一批刑事犯罪分子，打击了他们的嚣张气焰，社会治安进一步好转，群众有了安全感。通过各种形式的精神文明活动，城乡讲文明礼貌、团结友爱的风气，学习先进、勤奋致富的风气和学习科学文化知识、奋发向上的风气正在兴起。

今年初我们曾提出在完成和超额完成国民经济计划任务的前提下，为群众办10件急需办而且经过努力能够办到的好事。经过一年的努力，除增加奶牛，解决供奶问题因牛源紧缺未买上以外，其他9件事都已完成。

1984年，我们取得的这些成绩是全县广大干部和群众在党的领导下，奋发努力取得的结果，国家在财力、物力方面给了大力支持，也是完成各项任务的重要条件。但是，还必须看到，我们的工作还做得不够好，离党和人民的要求还有很大的差距。政府工作还没有把主要精力和力量集中到经济建设方面来，忙于应付事务的多，缺乏开创新局面的魄力和能力。农村商品生产没有大的突破，乡镇企业还很薄弱；城镇经济体制改革步子慢、不彻底；开放、引进工作还没有打开局面，信息不灵、流通不畅的问题依然存在，贫困、落后、闭塞、保守的状况还没有根本改变。少数群众的温饱问题还未解决，多数群众有粮无钱，经济还是十分困难的。计划生育工作的被动落后状况没有扭转，任务还很艰巨。城镇建设欠账还很多，居民住房还相当紧张。所有这些，需要我们在下一年工作中，继续努力去做，而且应当做得更好。

1984年过去了，1985年就要到来了。在新的一年里，政府工作的主要任务是带领全县人民认真学习贯彻党的十二届三中全会和六届全国人大二次会议精神，进一步解放思想，清除“左”的影响，坚持理论联系实际、实事求是和创新改革精神，坚决贯彻落实《中共中央关于经济体制改革的决定》，加快我县以城镇为重点的整个经济体制改革步伐，抓好经济工作，努力完成和超额完成各项国民经济计划，把我县经济建设继续向前推进。

1985年我县国民经济计划的主要指标是：粮食产量23000万斤，人均产量610斤；农业商品产值2240万元，人均60元；植树造林10万亩，种草10万亩，改土5万亩；工业总产值950万元，社会商品零售总额完成3985万元。人口自然增长率控制在10‰以下。

为了达到上述指标，必须认真做好以下几方面的工作：

一、搞好农村产业结构改革，促进农业生产和建设的发展

农业产业结构改革，是建设社会主义现代化农业的必由之路。农业结构改革，一是要调整种植业内部结构。主要是调整粮食作物和经济作物面积比例，扩大经济作物面积和收入。特别要求南部的调整要加快，要放手，逐步形成全县的经济作物基地，争取明年有个好的开端。二是调整大农业结构，主要是通过种草种树调整农、林、牧业用地比例，达到省政府提出的6：2：2的比例，扩大林草面积，增加林牧业产值，改变单一的农业经济。三是调整整个农村产业结构，鼓励农民务工经商，发展第三产业，促使土地向种田能手集中，农业逐步分工分业，实现农、工、商综合经营的合理结构。通过调整农村产业结构，提高生产水平，繁荣农村经济，增加农民收入，改变落后面貌。当前，农村经济工作的重点，就是围绕产业结构改革促生产、促建设。

（一）继续贯彻落实“种草种树，治穷致富”的战略方针，加快农业基本建设的步伐

搞好林草建设，实现战略转移，仍然是政府工作的主要任务。1985年计划种草10万亩，创历史最高水平。要切实搞好以草兴牧的转化工作，抓好饲草利用，大力发展牛、驴、骡、马、猪、羊、兔等各种草食畜禽，以更多的畜产品供应市场，使农本畜牧业向商品畜牧业转化，实现更好的经济效益。要注意按商品畜牧业发展的要求，改良畜种和调整畜群结构。1985年，猪、兔、鸡的饲养量要创新水平，同时要提高出栏率，加快周转，增加群众收入。畜牧业总产值完成1100万元，人均30元。大家畜存栏要恢复历史最好水平。

1985年植树造林要达到10万亩，创历史最高水平。林业部门要帮助基层搞好规划计划，实行技术承包，提高造林质量。林业生产要在注意生态效益的前提下，狠抓经济林的营造。南部充分发挥宜林条件好的优势，重点发展果园、花椒、核桃、泡桐等经济林和速生用材林，建设经济林和速生用材林基地。中部建设用材林基地，同时也要积极发展果园山杏等经济林。西北部发挥土地面积大的优势，建设薪炭林基地，同时也要积极发展用材林。林种布局达到：经济林1万亩，用材林6万亩，薪炭林3万亩。要进一步完善林业政策，使植树造林与群众利益挂钩，扩大群众对林木的经营自主权。集体经营的林场、成片林和果园，可以折价卖给社员经营，也可以由个人或联产承包经营，还可折股经营。要认真贯彻执行森林法，明确采伐审批权限，加强管护工作，制止毁林事件，保护林业建设成果。

改土任务计划5万亩，比上年增加1万亩。改土是改变农业生产基本条件的有效措

施，经过多年艰苦劳动，农民已经尝到甜头，今后必须坚持下去，达到我们的预期目标。水利建设，要以搞好现有水利设施的挖潜配套和渠道建设为主，扩大灌溉面积，提高灌溉效益。要继续搞好东峡水库抗震加固改建工程。要抓好解放渠、西干渠等6条干渠衬砌工程，计划衬砌19.3公里，新建、改建小型水利8处，新建人饮、病改工程各6处，解决1万亩水地的灌溉问题和1.2万人的饮水问题。水利部门要加快改革步伐，抓好施工队伍建设，县政府拟批准成立一个水利施工公司，从明年起新开工程一律实行工程承包责任制。电是发展商品生产、改善群众生活的重要条件，要继续抓好农电线路建设，通过国家资助、地方自筹、群众筹集等多种办法解决农电建设的资金问题，在实现乡乡通电后，从明年起村、社农电建设要有一个新的发展。要贯彻“民办公助，民工建勤”的方针，切实抓好县乡公路建设和管理，提高道路质量，保证安全畅通。1985年计划建成谭店河公路桥，修通李店—新景公路。除此之外，各乡要组织群众利用农隙，搞好乡以下道路的建设，抓好道路绿化，进一步改善交通条件，为开发山区，发展商品生产服务。

我县是“两西”建设重点县，国家给予大量投资，有关部门要保证把这部分资金管好用好，切实发挥效益。同时，我们要充分利用“两西”建设的有利条件，加快建设步伐，尽快改善面貌。

(二) 解放思想，发挥本县资源优势，努力开创商品生产新局面

商品生产是我们农村经济工作的薄弱环节，现在形势发展很快，人民生活水平不断提高，市场空前活跃，我们一定要解放思想，开阔思路，发动群众，群策群力，充分发挥本地优势，开拓商品生产门路。千家万户的商品生产，仍然要靠种植业和养殖业及这些产品的加工和运销。种植业和养殖业的商品生产，必须保持和提高本地一些大宗的传统产品的数量和质量，并且按其社会需要，开辟新的生产项目和品种。进行商品生产，不仅要立足本地，而且要面向外地，开通销路。各级领导和有关部门对千家万户的商品生产要大力扶持，积极提供信息、培训技术人才，疏理流通渠道。要大力宣传党的富民政策，不断发展城乡专业户，发挥专业户的带头作用。引导现有的致富冒尖户向高生产、高收入、高消费方面发展，增强社会吸引力。条件成熟的专业户要鼓励他们分工分业，离土离乡，从事专业经营。对专业户中有技术、有本事、有条件的人，要帮助他们选择对口行业，解决好资金、设备等具体问题，使他们发展成专业户。工商城建等部门要积极创造条件，鼓励农民进入城镇集市经商务工，发展第三产业。要把农村剩余劳动力组织起来，大搞开发性的生产建设，参加建筑业承包县内外楼房、水利、筑路等工程建设，同时想办法搞一些劳务输出。

各乡镇要根据本地资源、技术、交通等条件，以建材、农副产品加工、服务行业为主大办乡镇企业。1985年乡镇企业总产值达到900万元，比上年翻一番，力争乡乡有企业。基础好的乡要在扩大生产规模、提高生产水平的同时大抓新建企业，努力增加乡镇收入，为建立乡镇财政体制创造条件。各乡镇要派得力干部，以改革的精神整顿乡镇企业，不断提高经营管理水平，提高经济效益。乡镇企业都要实行能人承包或

者厂长负责、集体承包的经济责任制，采取自主经营、自负盈亏的方式。要推广畜禽联营公司的经验，建立各种形式的经济联营体，可以进行纵向联合，连接城乡实行产、加、销和社会服务一条龙，促进大规模的商品生产，也可以以专业户的生产带动左邻右舍，逐步形成专业村，进行横向联合，促进区域性商品生产的发展。

（三）提高科学种田水平，搞好农业生产，争取粮食丰收

农业是国民经济的基础，在当年农业生产中，必须抓紧抓好粮食生产。我县农村近几年形势稳定，群众安居乐业，粮食丰收起着重要的作用。我县自然条件差，干旱多灾，粮食生产很不稳定，不要以为近年丰收而掉以轻心。根据气象部门预报，近几年的气候处于湿润周期，对粮食生产较为有利，利用这一有利因素，教育群众，进一步学习科技知识，大力实施科学种田各项措施，搞好作物布局、增施肥料、推广良种、加强田间管理，争取粮食连续丰收，增加粮食储备。

二、认真抓好城市经济体制改革

以城市为重点的经济体制改革是政府工作的重要任务。我们要认真贯彻执行党的十二届三中全会精神，坚定思想，加快步伐，积极而稳妥地、坚决而有秩序地把体制改革引向深入。

（一）继续完成工交、商业、供销、粮食、医药等系统的企业改革。这些企业中，有些企业经过一段工作，要认真总结经验，不断完善和发展改革内容，不断创造新的经验。有些企业的改革搞得不好，要继续深入进行下去，有些企业还未开始改革，应立即开展工作。供销系统的改革与全县商品生产息息相关，要下决心，花力气，扎扎实实地进行改革，使供销社真正成为农村综合服务中心，成为国家和农民经济联系的纽带，成为连接城乡经济的桥梁。

搞好企业改革。一是要彻底实行政企分开，扩大企业自主权，使企业增加活力。企业主管部门不要再直接经营企业，主管部门的职能就是贯彻执行各项政策，对企业经营管理进行监督检查，为企业提供技术、信息、人才等服务工作。二是要完善经济责任制，进一步使企业经济效益与职工利益挂钩，实行按劳分配，调动起职工的积极性。凡能搞计件的要实行计件工资制，不能搞计件的可以搞含量工资制，不能搞含量工资的可实行工资全浮动。管理人员的报酬可按企业利润增长比例，工资进行浮动。要拉开职工收入的档次，充分体现奖勤罚懒奖优罚劣。三是推广租赁经营和承包经营的形式。四是要认真实行职工招聘制，彻底打破“铁饭碗”。

（二）积极试点，大胆探索，搞好上层建筑领域各条战线的改革。凡事业单位的一些生产经营单位如种子公司、良种场、苗圃、水管所、秦剧团、影剧院、医院等单位都要参考企业的办法进行改革，逐步实行自负盈亏。在科研、推广、生产和工程建设中，专业技术人员要实行技术承包制，按完成任务好坏进行奖罚。党政机关各部门都要探索改革的路子，提高工作效率，全心全意为人民服务。要全面推行干部岗位责任制，实行考勤工资和百分记奖制，奖勤罚懒，对部分乡干部逐步实行招聘制或合同制。

（三）选贤任能，充分发挥各类人才的作用。四化建设和体制改革都需要大批人才。我县文化落后，人才奇缺。为了解决这个矛盾，首先我们要珍惜现有的专业技术人才，进一步落实知识分子政策，解决他们工作和生活中的实际困难，要充分信任他们，重用他们，大胆选拔其中的优秀分子担当重任，发挥他们的特长和才干。二是要通过各种渠道，各种方式引进人才。人才不一定都当官，有的可以担任领导，搞企业管理，有的可以当技术骨干，有的可以为梳理流通、搞活经济、引进开放穿针引线，铺路搭桥。要因材施用，各尽其能。这里还应指出，在我们的一些工商企业中，有一部分厂长、经理，年龄虽然偏大，没有学历，没有文凭，他们担任厂长、经理多年，善于钻研，具有一定实践经验，他们懂业务，会管理，绝不能搞唯文凭而把他们换掉。也希望这些同志安心现职，把人民的事情办好。

（四）在改革的推动下，把城镇经济搞上去，使城镇经济有一个新发展。要继续抓好火柴、化工、水泥、印刷等几个骨干企业的挖潜改造，扩大生产规模，增加新产品，提高经济效益，使产品、产量、产值和利润都有较大幅度的增长。同时，要立足本地资源，以食品工业、建材工业和农副产品加工为重点，兴办一些新企业。1985年我们计划对涂料、水泥预制、塑料壁纸、石料加工、水果及肉类罐头、油炸洋芋片、羽绒加工、亚麻深加工等项目做出考察论证，成熟一个上一个。新企业、新项目上马要积极引进新技术、新设备，可采取自办、吸引外地人办、内外联动、引进外资办等多种方式办。这样搞，其发展趋势，将是以城镇企业为中心，带动一批以组织原料生产和粗加工为主的乡村企业和家庭企业，促进全县商品经济不断向前发展。

三、进一步加强社会主义精神文明建设

（一）突出抓好教育工作。振兴经济要靠科学技术的进步和大批人才涌现出来，而人才的培养主要靠教育。我们要以战略的眼光，重视教育，抓好教育工作。当前，重点要抓好普及小学教育，提高学龄儿童入学率和巩固率，同时也要搞好中学教育，进一步提高教学质量。要贯彻两条腿走路的方针，发动群众，调动各方面的积极性来办教育，除了国家补贴外，要继续抓好群众性集资，解决教育经费不足问题，解决好校舍、桌凳、民办教师报酬等具体问题，进一步改善教学条件。要以改革的精神整顿和加强教师队伍建设，培养一支有知识、有道德、忠诚党的教育事业、能胜任教学工作的教师队伍。同时，要继续办好电大建筑班和农村应用技术广播学校，加强与大专院校的联系，为我县代训一部分人才。要继续发挥农业技术培训中心、县委党校的作用，开办各种短训班、轮训班，搞好应用技术教育、成人教育和职业教育，为各行各业培养急需的实用人才。

（二）发展文化体育事业。文化事业要贯彻四项基本原则，坚持为人民服务，为四化建设服务的方向。要调动各方面的积极因素，坚持抓好城乡文化设施的建设，1985年在巩固提高现有17个乡文化站和文化中心的基础上，再发展5个乡文化站。要加强对乡文化站骨干和业余文化活动积极分子的培训工作，提高他们的业务素质。要努力办好广播、电视，搞好电影发行和放映工作。县文化馆、俱乐部、图书馆和秦剧团要面向大众，提高服务质量。要大力开展群众性的文化体育活动，活跃城乡人民的文化生活。

（三）抓好医疗卫生工作。1985年重点抓好3件事：一是搞好各级卫生机构的体制改革，加强管理，提高医疗质量，改善服务态度。二是进一步搞好乡镇卫生院的建设，整顿医疗作风，解决农民看病难的问题。三是抓好防疫工作，做好各种传染病、地方病的普查、普治，降低发病率。

（四）坚持不懈地抓好计划生育工作。要组织群众认真学习、全面领会中央7号文件精神，大力开展思想教育，克服思想阻力，贯彻执行计划生育有关政策、规定。要经常深入群众，摸清底子，一个人一个人地进行工作，一个人一个人地落实措施，卓有成效地开展计划生育工作，千方百计完成人口计划。

（五）继续做好扶贫和优抚工作。对扶贫户不仅要扶资金，而且要扶本、扶志、扶本领、扶办法。农村的帮贫组织要帮助他们用好资金，落实扶贫项目，搞好生产，尽快脱贫。农村的优抚优待工作，一是要改变原来一社一村负担为一乡统一平衡负担，解决村、社负担畸轻畸重的问题。二是要保证兑现、落实，以鼓励现役战士安心服役。

（六）搞好社会治安，为改革和四化建设创造良好的社会环境。1985年要继续开展打击经济领域严重犯罪活动和其他各种刑事犯罪活动，进一步巩固和发展安定团结的政治局面。要贯彻综合治理的方针，广泛深入地开展法制宣传教育，做好疏导、转变和挽救工作，加强基层治安保卫工作和调解工作，预防犯罪。当前，在农村要采取有力措施，制止赌博、封建迷信活动，特别是修庙、早婚、私婚等问题。要积极开展公证、法律咨询服务业务，以适应经济建设发展的需要。

（七）进一步搞好城镇建设。从明年起要重点抓好县城的道路和街道建设，尽快形成县城总体建设的骨架。争取搞好环城路的路面建设。进一步搞好自来水管道的延伸，扩大供水网点，增加供水量。逐步搞好排水、排污和卫生设施。尽最大努力，采取多种办法解决居民住宅。要广开就业门路，解决待业青年就业难的问题。

1985年的工作是艰巨的，各级政府必须加强具体领导，把主要力量集中到经济建设方面来。政府和各部门的负责同志除留一人主持日常事务外，其他领导和大部分工作人员都要经常深入下去，调查研究，参与一个企业改革的全过程，进行一些实际的、卓有成效的工作。要认真克服官僚主义作风，实行精兵简政，把工作基点放在基层，为基层服务，为群众服务。只要上下一致，全体干部都能按照党的要求去做，不谋私利，全心全意为人民服务，我们的工作就一定能够取得新的成就。

县人大常委会工作报告

（县人大常委会主任高富德　1984年12月28日）

县九届人大常委会自1983年12月换届选举以来，在党的十二大和六届全国人大会议精神指引下，根据《中华人民共和国地方各级人民代表大会和地方各级人民政府组织法》规定的职权和县九届人大一次会议的决议，按照今年年初人大常委会的工作安排，在县委的直接领导下，一年来主要做了以下几方面的工作：

一、认真学习贯彻中央八、九号文件，进一步做好人大常委会的工作

今年上半年，中央相继下发了八号、九号文件，这两个文件对于加强地方各级人大常委会的工作和建设，发展社会主义民主，健全社会主义法制，更好地坚持四项基本原则，进行社会主义现代化建设，有着极其重大的意义。特别是中央八号文件印发彭真委员长的两个讲话中深刻阐明了社会主义民主和法制建设的发展历程、趋势和重要意义，进一步明确了人大常委会的工作特点和指导思想。县人大常委会在先后几次会议上进行了认真的学习和讨论，并结合学习了省委批转省人大党组《关于进一步发挥州、市和县人大常委会作用的报告》和李登瀛主任在省人大工作研究班上的讲话。通过学习讨论，使我们进一步认识到县以上人大设立常委会，是为健全国家民主生活、完善人民代表大会制度而采取的重大措施，是我国政权建设的一项重大改革。地方人大常委会作为人民代表大会的常设机构、地方国家权力机关，它的主要任务，就是要认真学习宣传、坚决贯彻执行宪法和国家的法律、法令，加强社会主义民主与法制建设，依照法律规定，监督“一府两院”做好工作，审议、决定有关地方重大事项，任免国家机关工作人员，紧紧围绕四化建设和人民群众生活中的重大问题进行调查研究，积极反映人民群众的要求和意见，以促进社会主义物质文明和精神文明建设的发展，从而提高对地方人大常委会性质、地位、作用和工作任务的认识，增强做好人大工作的信心和决心。今年人大常委会负责同志还参加了省人大召开的有关会议和工作研究班学习，并在外地参观学习了人大工作经验，为进一步做好我县人大工作起到了积极作用。

通过学习中央文件和有关法律以及外地先进经验，不断改进工作方法，坚持依法办事，促进了各项工作的开展。今年初，人大常委会讨论安排了1984年工作要点，明确了一年的工作任务，为了使各项工作落到实处，在坚持集体领导的原则下，根据机关实际情况，建立了机关工作人员岗位责任制。使每个同志明确了各自的工作任务。增强了责任心，提高了工作效率。

坚持依法办事，是人大常委会的职责，在今年的工作中，根据中央九号文件的精神，对于任免国家机关领导人员的问题，经和组织人事部门商量研究，纠正了过去一些不符合法律程序的做法，基本做到了组织手续完备，严格依照法律程序办理的要求。对于乡镇经过人民代表会议选举的行政领导人员，在闭会期间，个别因工作变动需要补选或因犯错误需要给予行政处分的，按照规定补办了法律手续，既维护了党在群众中的威信，也维护了宪法和法律的尊严。

此外，今年先后在人大常委会会议上，有县人民政府及法院、检察院、林业等部门的负责人列席会议，共同认真学习讨论了《中华人民共和国森林法》和省人大通过、公布实施的《甘肃省种草种树实施条例》。通过学习，进一步加深认识中央领导同志视察甘肃时指出的“种草种树，发展畜牧，是改变甘肃面貌的根本大计”和“种

草种树，发展畜牧，改造山河，治穷致富”战略方针的重大意义。我们认为要全面贯彻落实种草种树，发展畜牧的方针，实现农业建设上的战略性转变，法律的保证是不可缺少的。今后要进一步在全县人民群众中广泛宣传，认真贯彻森林法和种草种树实施条例，使人人自觉维护和遵守国家法律、法规，以保证和促进全县种草种树和畜牧业的发展。

今年，县人大常委会还根据省人大的通知，组织在县城的委员和法院、检察院、妇联等部门的负责同志讨论了《省人大常委会关于维护妇女儿童合法权益若干问题的决议(征求意见稿)》，通过讨论，提高了思想认识，增强了法制观念。讨论中还提出了一些补充修改意见上报了省人大常委会。同时在全县开展了维护妇女儿童合法权益宣传月的活动，司法局、妇联和宣传等部门紧密配合，充分利用有线广播、宣传车、墙报、标语等形式，开展了广泛的宣传活动。政法部门还结合宣传活动，打击处理了一些拐卖妇女等刑事案件，对广大群众进行了一次深刻的法制教育，收到了较好的效果。

二、围绕中心工作进行调查研究，协助政府做好工作

围绕全县的中心工作，深入实际进行调查研究，是人大常委会的一项重要工作，也是改变工作作风，密切联系群众的有效措施。今年，按照人大常委会的工作安排，根据县委的意见，办公室抽出3名工作人员，由1名副主任和1名委员带队，先后两次用1个多月时间分别对贾河乡的扶贫工作和雷大、治平、李店、原安、灵芝等5个乡的种草种树进行了调查研究，通过调查，了解掌握了一些基本情况和问题，为听取和审议政府有关方面的工作汇报事先做了准备。

一年来，先后在3次常务委员会议上分别听取了县财政局关于1983年财政决算和1984年财政预算安排的汇报，县民政局关于全县扶贫工作的汇报，县政府办公室关于九届一次人代会提案办理情况汇报和县林业局关于全县林业工作的汇报，每次听取汇报后，都进行认真的讨论和审议，在充分肯定工作成绩的同时，提出了一些问题和改进工作的建议，以会议纪要的形式上报县委，送县人民政府，并印发到各乡镇人民政府和县直各单位。会议提出的一些意见和建议受到政府和有关部门的重视，对于协助和促进一些单位改进和做好工作起到了积极的作用。

今年年初，在听取了县财政局关于1983年财政决算和1984年预算安排后，认为我县是一个干旱多灾、财政经济很困难的县，1983年在县政府和财政、税务等部门的共同努力下，超额完成了各项税收任务，做到收支基本平衡。1984年在保证正常费用开支的前提下，合理安排使用资金，适当照顾教育、卫生、文化等事业的发展，是符合我县实际的。在执行中，县政府和财政部门进一步加强领导，经常检查监督，严格财经纪律，大抓增收节支，财政收支完成情况是良好的。

在听取了县民政局关于全县扶贫工作的汇报后，认为县人民政府今年在扶持困难户发展生产上，做了大量的工作，取得了成效，并针对工作中存在的一些干部、群众对扶贫工作认识不够明确，一些村、社扶贫对象定得不准，扶贫计划不完善等问题提出了一些建议。县上先后召开了两次乡长会议和民政助理员会议，进一步传达贯彻省

地关于扶贫工作的政策规定，不断提高各级干部对扶贫工作重大意义的认识。乡、村、社也层层召开会议，向广大干部和群众进行深入广泛地宣传和思想教育工作，以增强贫困户治穷致富的决心和信心。县扶贫领导小组对15个乡分片进行了检查验收，发现问题，及时解决。在检查验收中对全县扶贫对象不合格的500余户进行了调整。对一些乡、村在发展生产项目上不重视商品生产等问题也作了研究解决，经过县、乡两级政府和各村、社认真细致地做工作，使绝大多数地方基本做到了扶贫对象准确，生产项目合理，群众比较满意。

在听取了县林业局关于全县林业工作汇报后，认为自党的十一届三中全会以来，特别是去年8月份中央领导同志视察甘肃工作以来，县、乡两级政府和各村、社认真贯彻“种草种树，发展畜牧，改造山河，治穷致富”的战略方针，把植树造林当作实现伟大战略转变的头等大事来抓，经过各级干部和广大群众一年来的共同努力，取得了显著成效，开创了新局面。会议针对一些乡、村、社在林业政策和管护方面存在的问题，提出今后要进一步宣传和放宽林业政策，建立健全承包责任制，根据我县自然条件，从实际出发，搞好林业区域规划，研究推广新技术，加强防治病虫害，实行科学种树，继续提倡养站羊、搞舍饲，坚决制止牲畜、羊只践踏破坏林木。在已经供煤植薪、改灶节柴、初步解决燃料困难的情况下，教育群众停止铲草皮、挖草根，保护植被，尽快恢复生态平衡。要广泛宣传、认真贯彻实施森林法，建立健全各种责任制，切实搞好林木管护。县政府和林业部门召开有关会议，进行了研究，根据林木管护工作中存在的问题，起草了关于加强林木管护的暂行规定，将以布告形式广泛张贴宣传，以教育各级干部和广大群众遵照执行，进一步促进我县种草种树，发展畜牧的步伐。

三、建立代表小组，加强代表联系工作

人大代表是人大常委会联系群众的桥梁和纽带。人大代表来自各条战线，对县人大常委会、人民政府和人民法院、人民检察院贯彻执行党的方针政策和国家法律、法令的情况最了解、最有发言权。只有充分发挥人民代表的作用，才能使人大常委会的工作真正建立在广泛的群众基础上，才能接受群众的监督，代表人民群众的利益，为人民群众说话、办事。

今年，人大常委会把开展联系人大代表作为一项重要工作，除办公室确定1名同志负责接待人大代表来信来访外，在下乡搞调查研究的同时，也把联系代表列为一项工作内容去做。10月下旬以来，由人大常委会1名负责同志带领4名干部集中搞了一段联系代表的工作。先后在曹务、古城、石咀、威戎、治平、灵芝、仁大等乡召开了代表座谈会。建立了代表小组，讨论制定了代表小组的工作任务和开展活动的制度，以便充分发挥人大代表在四化建设和经济体制改革中的模范带头作用。并听取和收集了代表们对县、乡两级政府贯彻执行党和国家的方针政策、法律法令等方面的意见和要求。对群众反映比较强烈的如造林、种草补助款不能及时兑现等问题，建议县政府和有关部门及时进行了研究解决。

四、认真办理代表提案，依法做好人事任免工作

办理代表提案是尊重人大代表民主权利和关怀群众利益的具体体现。在去年12月召开的九届一次人代会上，代表们共同向大会提出各种提案69件，会后人大常委会按照提案性质和业务范围分类整理打印后，在提交县人民政府的同时，分别抄送了各承办单位。为了认真落实代表提案，人大常委会先后几次召开主任办公会，进行研究，确定由2名工作人员具体办理。6月中旬人大办公室协同县政府办公室对承办提案的单位进行了一次全面检查了解，对一些还没有研究办理的单位提出了要求，督促其抓紧办理。在9月份召开的第四次常委会会议上，听取政府办公室关于提案办理的情况汇报后，进行了认真的讨论。认为今年县人民政府和大多数承办单位对代表提案很重视，及时进行了研究办理，特别是城镇幼儿入园困难、城乡一些孤寡老人得不到妥善照顾等多年没有解决的老提案得到了解决，赢得了广大群众的赞扬。对没有研究办理的单位要求必须严肃认真地对待，抓紧研究办理，切实做到代表提案件件有着落，从而促进了办理的进度，根据县政府的报告，69件提案基本都进行了研究办理。

今年，人大常委会认真处理和接待了一些人民来信来访，对一些属人大查处的信件，都直接派人进行了调查，提出了处理意见，转交有关单位办理。依照法律规定的权限，决定国家机关工作人员的任免，是人大常委会的职权。一年来人大常委会按照干部队伍革命化、年轻化、知识化、专业化的方针，经过认真的讨论，决定任命了15名局级领导干部和县法院、检察院的工作人员，颁发了任命书。

在过去的一年里，县人大常委会在做好上述几方面工作的同时，按照县委的统一部署，根据各个阶段的中心任务，在水利建设、社会治安及计划生育等方面，也做了一定的工作，但是从宪法、地方组织法和人民群众对我们的要求衡量，工作还有不少差距，如联系代表的工作开展得不够普遍，调查研究工作做得不够经常等，希望代表们提出批评，监督和帮助我们改进工作。

第三节　县第九届人民代表大会第三次会议

大会概况

县九届人大三次会议于1986年2月21日至24日在县政府礼堂召开。县九届人大二次会议以来，郑建才、李文选、张光复3名代表因工作需要调离静宁县，孙孝治、贾晨曦代表病逝，根据选举法的有关规定，上述5人的代表资格自行终止。至此，县第九届人大实有代表212名，此次会议实出席195名；不是代表的县级领导金福存、王守元、黄俊生，县委、政府部门负责人陈贵录、张应机、胡国钧、杨成堂、靳士孔、曹炯文、柴平伍、王必成、王治华、靳国强、张进甲、靳守廷、李映江、赵建忠、王嘉宾、胡青汉、马来仓、陈志平、伏智信、陈国刚、王万同、赵正杰、韩亦武、宋世明、高兴亚、李柱、邓思义、阎克恭、程万福、周锡堂、安静修、梁盘中、陈凤亭、

王有华、高居首、邓文耀、张银魁、文武、王耀华、李天元、李志贤、李效勤，省地驻静宁单位负责人李文秀、王永勤、李少峰、田逢春、冯耀新、贺应明、陈志新、丁寿夫、姚丕烈、刘都盈，乡政府乡长张志洲、白世明、李祖芳、司秉勤、任堪华、王镇华、靳天生、何升堂列席会议；离、退休干部王存仁、李益清、翟万宝、刘文俊、张生荣、苗先海、张建英、王福堂、赵永茂、张殿彪、陈国良、王福录，离、退休教师王令绪、王鼎新，退休工人陈赢洲、王占林、刘振西、王建明，省人大代表戴彩花(女)，“两户一体”先进代表马守忠、张秀娥（女）、许富忠、王贵生、沙金贵、厚登弟、李万福、何福乾、马书林应邀列席会议。

马世贞、马存余（回族）、马克勤（回族）、王占歧、王敦厚、史国忠、白秀芳(女)、刘思义、张光明、张志良、陈向华（女）、陈松友、柳金川、高富德、阎志洁、樊枨16人组成大会主席团，马世贞、马存余（回族）、王敦厚、刘思义、张光明、高富德、阎志洁为主席团常务主席；阎志洁为秘书长，史国忠、马勤祥为副秘书长；部文学、王敦厚、陈松友、张志良、柳金川、高立宏、彭金山组成议案审查委员会，部文学为主任委员，王敦厚为副主任委员。

大会在正式会议开幕前，举行预备会议，听取县委常委、县纪委书记、代表资格审查委员会委员张光明所作的《静宁县第九届人民代表大会常务委员会代表资格审查委员会关于代表资格审查报告》，通过有关事项。

大会举行全体会议4次。第一次、第二次全体会议于2月21日上、下午举行，由县人大常委会主任高富德主持，听取县政府副县长吕忠厚所作的《县人民政府工作报告》、县政府副县长钱樟炎所作的《关于静宁县国民经济和社会发展第七个五年计划（草案）的报告》、县财政局局长曹升明所作的《关于1985年财政决算和1986年财政工作要点的报告》和《1986年财政收支预算补充报告》、县农业办公室主任安静修所作的《关于县1985年两西农业建设工作报告》；第三次全体会议于2月23日上午举行，由县人大常委会委员王敦厚主持，听取县人大常委会主任高富德所作的《县人大常委会工作报告》、县法院院长马子坤所作的《县人民法院工作报告》、县检察院检察长王锦华所作的《县人民检察院工作报告》、县人大常委会副主任阎志洁所作的《县第九届人民代表大会第二次会议提案办理情况的报告（书面)》，通过关于接受郑建才辞去县政府县长职务请求的报告和大会选举办法；第四次全体会议于2月24日下午举行，补选县长1名，副县长2名；听取县人大常委会委员王敦厚所作的《关于代表提案的审查报告》，通过《关于政府工作报告的决议》《关于静宁县国民经济和社会发展第七个五年计划（草案）报告的决议》《关于1985年财政决算和1986年财政预算报告的决议》《关于县人大常委会工作报告的决议》《关于县人民法院和县人民检察院工作报告的决议》；会议最后，县委副书记、县长金福存作了讲话。

大会安排分组会议4次。

大会收到代表提案45件，审查立案44件。其中：①农业方面4件，占提案总数的9.1%，主要是建议加快蔬菜基地建设、解决口粮供应、农技区站的修建等。②水利方面7件，占15.9%，主要是建议维修现有水利设施、水利占地兑现等。③农电方面8件，占18.2%，主要是建议加快山区农电线路建设等。④教育方面6件，占13.6%，主要是建议增设中学、增拨教育经费、解决校舍不足问题等。⑤卫生方面4件，占9.1%，主要是建议改进医疗作风、增设乡卫生院、解决医疗设备、配足医务人员等。⑥交通方面3件，占6.8%，主要是建议修通乡与乡之间公路、开放班车等。⑦供销方面3件，占6.8%，主要是建议搞好化肥农药的供应等。⑧财政金融方面3件，占6.8%，主要是建议拨款解决村干部报酬和贷款扶持农民养牛等。⑨城建、环保方面3件，占6.8%，主要是建议解决县城脏乱差和自来水设施等。⑩其他方面3件，占6.8%，主要是建议增加移民名额、解决边远山区电视节目收看、协调基层法庭和派出所工作等。

大会日程

县第九届人民代表大会第三次会议日程表

表3-24

时间		会议内容	执行主席
2月21日	全天	大会：1.预备会；2.县人民政府工作报告；3.关于“七五”计划（草案）报告；4.关于财政预、决算报告；5.关于“两西”建设工作发言	高富德　马存余 王占歧　马克勤
2月22日	全天	小组会：讨论以上三个报告	刘思义　阎志洁 柳金川　樊　栋
2月23日	上午	大会：1.县人大常委会工作报告；2.县人民法院工作报告；3.县人民检察院工作报告；4.县人大常委会关于九届人大二次会议代表提案办理情况报告（书面）；5.通过县长郑建才的辞职报告；6.通过选举办法	张光明　王敦厚 张志良　白秀芳
	下午	小组会：讨论县人大常委会、县人民法院、县人民检察院工作报告	
2月24日	上午	小组会：酝酿讨论和预选县长、副县长候选人	马世贞　史国忠 陈松友　马克勤
	下午	大会：1.选举；2.通过县人民政府工作报告、县人大常委会工作报告、县人民法院工作报告、县人民检察院工作报告、“七五”计划报告、财政预决算报告的决议；3.提案审查委员会作提案审查报告；4.领导讲话	

大会选举

县人民政府：

县　长　金福存

副县长　李怀仁　李雪松

县人民政府县长金福存、副县长李怀仁、李雪松个人情况表

表3–25

姓名	性别	民族	年龄（岁）	文化程度	工作时间	是否党团	籍贯	主要经历
金福存	男	汉	41	大学	1968.12	党员	甘肃榆中	1952年9月至1968年11月在小学、中学、甘农大上学，1968年12月至1970年2月在后梁公社劳动，1970年3月至1978年12月在县良种场工作，1979年1月至1982年3月任县农科所所长，1982年4月至8月任县农业局副局长，1982年9月至1983年1月任县委农工部副部长，1983年2月以来任县委副书记
李怀仁	男	汉	46	大专	1964.7	党员	静宁城关	1950年至1962年在小学、中学读书，1962年7月至1964年6月在生产队劳动，1964年7月至1971年10月任仁大公社秘书，1971年11月至1973年1月任县革委会政治部组织组副组长，1973年2月至1974年10月任县委宣传部副部长，1974年11月至1980年10月任双岘公社副书记、书记，1980年11月至1983年9月任县革委会副主任、县政府副县长，1983年9月至1985年8月在省委党校学习，1985年9月在县政府工作
李雪松	男	汉	35	大专	1977.2	党员	庄浪水洛	1958年至1970年在水洛小学、庄浪一中上学，1971年回乡劳动，1972年至1973年8月在省建工作，1973年9月至1977年1月在甘工大上学，1977年2月至1985年8月在甘工大工作，1985年9月在静宁县政府工作

附：

县人民政府工作报告

（县人民政府副县长吕忠厚　1986年2月21日）

1985年，是国民经济和社会发展第六个五年计划的最后一年。在这一年里，全县各级干部和广大群众，在县委的统一领导下，沿着党的十一届三中全会指引的方向，发扬愚公精神，团结一致，克服困难，艰苦奋斗，努力完成上次代表会议确定的任务，各条战线和各个领域的工作都取得了新成绩。

一、农村经济改革深入发展，产业结构有所改变

1985年，全县农村在继续完善联产承包责任制的基础上，认真贯彻中央一号文件精神，进行第二步改革，从实际出发，调整产业结构，出现了新的变化。农村生产在

遭受严重锈病袭击，粮食总产由上年的23694万斤下降到16989万斤，减产28.3%的情况下，工农业总产值达到7669万元，仅比上年的8123万元下降6%。粮食占农业总产值的比重由上年的57%下降为40.2%，林、牧、副多种经营收入初次占据优势，总产值达到3289万元，比上年增长12.9%。粮食减产，其他林、牧、副各业增产，大大减轻了自然灾害造成的损失，所以在重灾之年，农村形势仍然是一派繁荣兴旺、安定团结的景象。

造林、种草等农业基本建设持续稳步发展，1985年造林完成11.21万亩，占年度计划10万亩的112.1%，比1984年6.85万亩增长63.6%，造林质量、树种选择和林种布局比往年好，中南部果园和经济林面积增加，新栽果树及花椒3430亩，中部川区新造农田林网4727亩，由生态效益和防护效益逐步向经济效益转变，与商品生产结合，调动了群众植树造林的积极性。种草完成17万亩，占计划15.3万亩的111.1%，比1984年种草14.02万亩增长21%。为了走种草养畜、种草卖草籽这样一条一举双得的致富之路，1985年秋季新种红豆草2.88万亩，调整和改良了我县的牧草品种结构。

农田水利建设，坚持不懈，年内新增梯田4.53万亩，占计划5万亩的90.6%，基本保持了多年来的发展势头，年末梯田累计达到73.55万亩，人均近2亩。水利以提高工程效益为中心，以管护现有工程为重点，除抓好东峡水库加固改建外，维修新建24项小水利工程，新增有效面积500亩，改善面积3400亩，配套面积800亩，实际完成灌溉面积3400亩，同时，解决病改人饮1.55万人，畜牧饮水1386头。

畜牧业出现了前所未有的发展速度，经济效益也明显提高。年末大牲畜存栏达到78137头，占计划7万头的111.6%，较上年68574头增长13.8%，超过了历史最高水平。生猪年末存栏137705口，占计划11万口的125.1%，比上年116700口增长17.9%。养鸡年末达到35.1万只，较上年29.93万只增长17.3%；禽蛋产量达到159.14万斤，较上年117.59万斤增长35.3%。养羊也扭转了连年下降的局面，开始回升，年末存栏3.15万只，较上年25235只增长25%。畜禽改良、疫病防治、饲料加工以及科学队伍的培训等产前产后服务工作胜于往年。

乡镇企业起步良好。1985年全县乡镇企业发展到292个，比1984年增加14个，从业人数达到5757人，比1984年增加1455人。企业总产值达到1191.87万元，占计划1000万元的119.2%，比1984年450万元增长1.6倍。新建了祁川造纸厂、八里皃皮厂、城关镇水泥预制厂和砖瓦厂、城川乡和治平乡罐头厂等一批骨干企业，全县乡镇企业已初步形成了农副产品加工、建材、建筑等三大支柱产业，为乡镇企业奠定了基础。

二、以改革、开放、搞活为动力，推动城镇经济全面发展

1985年，我们认真贯彻《中共中央关于经济体制改革的决定》，以提高经济效益为目的，大搞企业技术改造，加强经营管理，增强企业活力，推动了城镇经济的全面发展。经过一年的努力，企业整顿全面完成，经济责任制进一步落实，经济管理有所加强，速度和效益同步增长，各项经济指标达到和超过计划要求。

工交生产持续、稳定、协调发展。去年以来，我县工业企业普遍实行了以经济责

任制为主要内容的经济改革，加强了经营管理，狠抓了技术改造，提高了竞争能力，充分调动了职工的生产积极性，克服了原材料紧张和价格上涨等不利因素，全面完成了各项任务。工业总产值达到1366万元，占年计划1200万元的113.9%，比1984年增长35.8%，地区考核的6项产品质量指标和7项原材料、燃料、动力消耗指标，均超额完成任务。预算内6户国营企业，实现利润80万元，占年计划41万元的196.5%，比上年增长117%；交纳税金36万元，比上年20万元增长82.8%；可比产品成本降低2.12%，全员劳动生产率达到5883元，比上年增长15.8%。技术改造进展快，质量好。水泥厂机立窑、火柴厂人造板生产线、橡胶厂胶管车间、面粉厂粉楼改造、食品厂红外线炉安装均已完成，生产出的人造板、橡胶水管、优等粉、人造革箱等一批新产品，投入市场供应，深受用户欢迎，也填补了我县工业的空白。

交通运输和公路建设有新的发展。客运量达到47.13万人，占年计划45万人的104.7%，比上年增长19.6%，客运周转量1356万人公里，占年计划1000万人公里的135.6%，比上年增长37.6%；货运量完成8.87万吨，占年计划8.5万吨的104.4%，比上年增长9%，货运周转量935万吨公里，占计划900万吨公里的103.9%，比上年增长11.7%。新开辟了县城至三合和庄浪两条客运线路，增加了客车班次,方便了群众。公路建设新修了谭店河、马家河两座桥和李店至通渭新景公路等5项工程，完成投资74万元，初步解决了一些地方过河难、行路难的问题。

财贸战线紧紧围绕搞活流通，提高经济效益这个中心，积极扶持商品生产和地方工业的发展，促进农村产业结构的调整，努力开拓服务领域，服务质量有了新的提高，出现了销售增长，费用下降，实现利润增加的好势头。全县国内商品纯销售完成4044.5万元，比去年增长60%；国内纯购进完成1963万元，比去年增长25.4%。在生猪、鲜蛋退出派购后，商业企业充分调动和发挥各基层站的积极性，采取多种办法扩大收购，特别是生猪和鲜蛋的收购成绩显著。1985年生猪收购5.28万头，比去年增长58.6%；鲜蛋收购完成23.36万斤，比去年增长36%。供销企业走“一扩二联三加工”的路子，增强了综合能力，开始由单纯经营型向生产经营服务型发展，1985年新扩股金32万元，累计股金占基层社流动资金的20%。县、乡供销企业采取自办与联办，县上办与基层社结合办的形式，积极兴办加工厂、点，已生产出了粉丝、罐头、无香瓜子等产品，批量投入生产，供应市场。

财政收支情况良好，全年财政收入完成365.7万元，占年度预算281万元的130.1%，超收84.7万元，比1984年297.9万元增长22.8%；财政支出（不包括省地下达的专项资金）完成792.8万元，比年初核定包干基数686.3万元增支106.5万元，比1984年714.5万元增加10.8%。当年超收和省照顾补助与增支相抵，全年财政实现了收支平衡。

三、精神文明建设受到重视，各项工作都有进步

教育工作遵照邓小平同志“三个面向”的指示，认真贯彻落实党的教育方针和各项政策，教育事业不断前进，教学质量逐步提高，教育面貌发生了较大变化，各级领导和广大群众对教育在国民经济中的地位认识更明确，全民办教育、全社会尊师重教

的局面已初步形成；认真贯彻中央《关于教育体制改革的决定》，对学校实行分级管理，加强了对学校的领导，调动了乡村办学的积极性，通过第一个教师节活动，全县广泛开展对教师的慰问，提高了教师的地位，广大教师更加热爱本职工作，教学质量明显提高。1985年全县学龄儿童入学率达到93.92%，比去年上升2.92%；有8个乡镇基本普及了初等教育，各乡也接近普及初等教育，60多所小学、村学基本实现了“一无两有”；1985年大中专录取新生417名，高考初选率、录取率均居全区第一。

1985年新建文化站13个，已实现了乡乡建起文化站的目标；完成了三馆（文化馆、图书馆、博物馆）建制，并积极开展各种活动，活跃了群众文化生活；电影发行放映和戏剧演出，面对新形势，克服困难，做了很大的努力。广播电视事业建设有了新的发展，寺山广播调频发射台、电视差转台，于1985年国庆节起正式转播甘肃电视节目，解决了长期以来电视节目单调，信号质量差的问题；广播调频信号，经过测试和改进，绝大多数乡都能够收到，已给12个乡配发了接收机；农村有线广播的普及率较上年也有所提高。

科学技术工作，认真贯彻《中共中央关于科技体制改革的决定》，在科技计划、科研课题的管理、科技成果的推广应用、科技情报和科普宣传、扶持乡镇企业等方面，做了一定工作，1985年实施省列科技项目5个，自选科技项目20多项，部分项目技术鉴定和通过了验收，促进了工业生产的发展。

卫生系统贯彻“预防为主”的方针，重视社会效益，在去年对基层卫生院整顿的基础上，1985年调整加强了领导班子，开展了创文明卫生院的活动，加强了医院管理，努力解决服务态度差的问题；认真宣传和组织实施了食品卫生法和药品管理法，与有关部门配合，查处了一些违法案件，销毁了一些变质食品和假冒、伪劣药品，对保证人民健康起到了一定的作用。

以治理“脏乱差”为主要内容的县城管理也取得了一定成绩。大张旗鼓地动员全社会力量开展了卫生突击活动，增设了一批公共卫生设施，协调解决了基础排污问题，实行了门前“三包”责任制，县城卫生面貌和交通秩序有了明显的改变。

计划生育工作虽然还没有改变被动局面，但是各级领导下了很大的决心，各级干部尽了很大努力，1985年取得了一定成效，同去年相比，各项控制指标都有好转，该升的升了，该降的降了。人口自增率为13.07‰，比去年下降0.64‰。

民政部门的扶贫、救济、优抚工作收到了一定效果，1983年以来，在23个乡扶持贫困户9641户，占贫困户的48%，投放扶贫资金200万元，户均200多元。经过3年努力，初见效益的有5097户，脱贫的264户。对因遭受各种自然灾害造成经济、生活困难的社员群众，在摸清底子，组织群众亲邻相帮、开展生产自救的同时，国家予以救济，保证了困难户基本生活需要。优抚工作引起各级政府重视，适当提高了优待标准，狠抓了落实兑现工作。对烈军属、残废军人，普遍进行了慰问，帮助解决了部分困难。

司法、公安工作，继续以严厉打击刑事犯罪活动为中心，大力推进社会治安综合治理，保障了经济建设的顺利进行，促进了社会治安的持续好转。公证、律师业务进一步开展。普法教育进行了试点，取得了经验。

四、强化监督，加强宏观控制，保证经济建设的顺利进行

去年一个时期，在一些部门和单位，无视财经纪律和基本建设程序，乱发奖金、服装，乱上基建项目的问题比较突出，一度使财政支出和基本建设失控。对此，政府多次召开会议研究，在全县范围内大张旗鼓地开展了财务和基本建设大检查，采取坚决果断措施，狠刹了这股歪风。据审计部门立案审查和财务检查，共查出违纪资金65.1万元，财政收回26.78万元，收回了3辆违纪购买的汽车，纠正了乱发奖金、滥发服装、物品及请客送礼等不正之风，检查通报了一些单位计划外基建工程，重新讨论制定了基本建设管理办法，使财政支出和基本建设都控制在年度计划之内，保证了各项建设的协调发展。去年第四季度，我们按照国务院的部署，在全县开展了税收大检查，查出偷、漏税款9万多元，已全部补缴入库，从而严明了税收法规，加强了税收征管工作。

物价、计量工作积极为经济建设服务。1985年在大力做好物价改革、计量法宣传工作的同时，全县开展物价、计量大检查，及时而严肃地纠正和处理了乱涨价和计量器具失准失灵问题，维护了党的物价、计量政策的严肃性和社会主义商业的道德风尚，受到了广大群众的好评。

1985年，我县各条战线形势的发展，充分证明了党的十一届三中全会以来的路线、方针、政策的无比正确，体现了经济体制改革的巨大作用，是全县各级干部和广大群众辛勤努力的结果，也为我们进一步开发致富奠定了基础。但是，我们还应该清醒地看到，各条战线、各行各业的进步，与党和人民的要求、与改革的步伐相差还很远，况且我们还正处在解决温饱阶段，困难和问题很多。农业经济脆弱，工业基础单薄，城镇集体经济和乡镇企业落后的状况还没有根本改变，地方财政入不敷出，技术设备、科技人才严重不足，科技文卫发展缓慢，计划生育长期被动，耕地管理混乱，滥建、乱占耕地的问题普遍存在，精神文明建设很不得力，特别是各级政府工作人员的思想还不够解放，作风还很不扎实，没有真正为全县人民做出表率。摆在我们面前的任务是十分繁重和艰巨的，还需我们做大量而艰苦的工作。

1986年，是本届政府任期的最后一年，也是我国第七个五年计划的头一年。在新的一年里，政府工作的主要任务是，进一步贯彻落实党的全国代表会议精神和中央一号文件精神，坚持物质文明和精神文明一起抓的战略方针，继续稳定和完善搞活经济的各项政策，深入搞好农村经济结构调整和城市经济体制改革，加强领导，改善服务工作，充分发挥各级干部的工作主动性，调动广大群众的劳动积极性，努力提高经济效益，加快治穷致富的步伐，完成和超额完成各项经济计划，为全面实现本届政府的工作任务，为争取“七五”建设计划的良好开端，而努力拼搏，务求必胜。

1986年，全县经济计划的主要指标是：工农业总产值9700万元，其中农业总产值8200万元，工业总产值1500万元，粮食总产值23000万斤，人均产粮600斤;人均多种经

营收入120元，人均纯收入228元。人口自然增长率控制在10‰以下。

为此，我们要认真做好以下几项工作：

一、认真贯彻落实中央一号文件精神，推进农村经济全面发展

根据中央一号文件精神，1986年我县农村经济工作的指导思想是：加强对农村工作的领导，以家庭经济为基础，具体工作抓到户，鼓励致富，着重治穷，快脱贫，先富民。农村工作总的要求是：落实政策，深入改革，改善农业生产条件，组织产前产后服务，推动农村经济持续、稳定、协调发展。

第一，改善农业生产基本条件，是保证粮食生产的关键。全县广大干部和群众，要以“愚公移山”的精神，坚持不懈地进行农田基本建设。山区以梯田为主，采取常年不间断、秋冬突击战的办法，统一规划，联户联片治理、全年新修梯田达到5万亩。川区以水利为主，狠抓管理，突出现灌，配套挖潜，充分发挥现有水利工程的效益。

土地是农民赖以生存的基础，节约土地是一项既定的国策。要教育广大群众，牢固树立土地集体所有制的观念，十分珍惜和爱护土地，村镇建设必须按规划进行，采取得力措施，切实制止各种滥建、乱占耕地的现象。

在抓长远建设的同时，必须坚持毫不放松粮食生产，狠抓当年增产的各个环节。农机、良种、植保、防疫、技术培训等都要用目标管理的办法，推进各项粮食生产的服务工作，为粮食增产作出各自应有的贡献。

第二，积极发展乡镇企业，是振兴农村经济的突破口。发展乡镇企业要立足于农业，服务于农业，坚持积极扶持，合理规划，正确引导，加强管理的方针，以兴办家庭和联户企业为主，采取个体办、联户办，村社办、乡镇办、与外地联合办5个轮子一齐转，乡镇企业产值达到1300万元。同时，要切实整顿办好现有企业，重点发展农副产品加工和建材、建筑业，努力发展具有地方特色的拳头产品，不断提高经济效益。

第三，树立经营观点，促进畜牧业向商品型转变。畜牧业是农村经济的主要成分，也是千家万户治穷致富的主要门路。畜牧业在去年大发展的基础上，1986年逐步向经营型、商品型转化。大家畜年末存栏达到8万头，出栏商品畜7000头；生猪存栏11万口，出栏10万口；羊、鸡、兔等都要有一个大的发展。全年畜牧业总产值达到1700万元。

第四，注重种草种树的经济效益，把种草种树和治穷致富结合起来。总的要求是：坚持不懈，稳步发展，注重质量，加强管理，保护植被，提高效益。1986年计划造林6万亩，种草7万亩。造林要在适地适树的原则下，注重质量，加强管理，保证成活。同时，适当提高经济林的比重，多建小果园，提高经济效益。种草要加强管护，提高产量，要与养畜结合，发挥经济效益，使农民从种草中尝到甜头，形成种草的自觉性。

二、坚持改革，加强管理，努力提高城镇经济效益

1986年，城镇经济工作的指导思想是：“坚持改革，加强管理，提高质量，突出效益”和“抓效益求速度，抓质量求发展”的方针，全面完成各项经济指标和任务。

第一，抓改革，增活力。要进一步贯彻中央关于经济体制改革的决定，持续简政放权，使企业真正得到应有的人、财、物、产、供、销自主权；在继续实行厂长经理负责制的基础上，推行厂长、经理任期目标管理责任制；进一步完善企业内部的经济责任制，真正体现按劳付酬的原则，充分调动职工的积极性。

第二，抓管理，增效益。1986年工业企业要以抓经营管理为重点，以提高效益为目标，建立健全统计、计量、消耗、质量等各项制度，使生产管理逐渐走上正轨；加速企业技术改造，不断增强企业的发展后劲；努力提高质量，降低成本，提高企业竞争能力；全县工业总产值增长15%~20%，达到1500万元至1600万元，利润增长50%，达到170万元，使火柴、化工、面粉、地毯4个厂产值达到200万元，水泥、农机、毛针织3个厂产值达到100万元，力争火柴厂实现利税百万元，使我县工业生产跨上一个新台阶。

第三，抓流通，促生产。梳理流通渠道，是搞活经济、发展生产的关键。商业、供销、粮食等部门，要充分发挥主渠道作用，积极参与市场调节，平抑物价，平衡余缺，保证供应，促进市场繁荣；工商管理部门要搞好市场规划和建设，积极发展个体工商户，鼓励农民进城赶集经商，提倡国营、集体、个体一齐上，形成多渠道、多形式、四通八达的流通网络；各流通部门要努力改善服务态度，千方百计为农民提供信息和服务，为发展商品生产做出贡献。1986年全县农副产品收购总值1100万元，商品零售总额达到4900万元。

第四，加强检查监督，严格宏观控制。根据中央关于微观放活、宏观控制的精神，我县加强宏观控制，主要是严格控制固定资产投资规模，坚决按基本建设程序办事，不搞计划外工程，不准任意扩大面积，提高标准；严格控制消费基金增长，严禁乱购小汽车等控购商品和乱发奖金、实物等不正之风；严格税收征管，制止偷税漏税；严禁乱涨物价和出售伪劣商品，切实保护消费者的利益。

三、提高思想认识，开创精神文明建设的新局面

高度的物质文明、高度的精神文明，是我们建设社会主义现代化强国应该同时达到的两大战略目标。所以，社会主义精神文明是社会主义的重要特征，是社会主义制度优越性的重要表现，是物质文明建设的保证，必须引起各级政府的高度重视。

首先，要加强思想政治工作，以“四有”教育和开展“五讲四美三热爱”活动为主要内容，对广大群众进行形势、政策教育，使大家能看清当前的大好形势，正确对待出现的问题和困难，认清我们进行的改革和经济建设都是为了建设有中国特色的社会主义，把当前的形势和美好的四化前景以及共产主义远大理想结合起来，把共产主义理想作为稳固的精神支柱，统一思想，统一行动，同心同德搞四化。

其次，切实把教育工作搞上去。经济建设、社会发展和科技进步，都有赖于教育事业的发展，我们要以战略眼光，重视教育事业，搞好教育工作。1986年，要继续改革和完善教育管理体制，搞好分级办学，分级管理，调动多方面的积极性，关心教育，办好教育。要加快普及初等教育，为普及九年义务教育打好基础，到年底，各乡

村小学“四率”要达到国家规定的标准。加强教学业务管理，继续提高教育质量，特别是把初中、小学的质量抓上去。

第三，发展文化体育事业，活跃城乡文化生活。要进一步加强农村文化站、室的建设，做好巩固充实和提高工作，使各站逐步达到“四室”“两场”。到1986年底，力争80%的村建起文化室。要努力办好广播、电视，尽快完善寺山广播调频和电视差转台的建设，整修好农村广播线路，提高广播效果。县文化馆、图书馆、俱乐部要把工作搞活，真正发挥教育与娱乐相结合的效益。秦剧团要继续改变作风，提高演出水平，为城乡人民服务。要大力开展群众性的文化体育活动，增强人民体质，丰富人民精神生活。

第四，搞好医疗卫生工作。今年的卫生工作重点要放在农村，着重抓好农村卫生工作改革，要整顿农村合作医疗站，加强乡卫生院、卫生所的建设，解决农村缺医少药的问题。改进服务态度，提高医务水平，坚持卫生工作以社会效益为唯一标准，切实保护人民健康和利益。

第五，再打计划生育翻身仗。要组织干部和群众认真学习、全面领会中央七号文件精神，克服思想阻力。各级干部要统一认识，步调一致，坚持开展经常性的工作。要推行计划生育目标管理制或分级承包制，逐级签订责任书，规定任务，明确奖罚，形成工作大家做，担子大家挑的好风气。对已婚育龄妇女实行分级分类管理。各级干部要齐心协力，迎难而上，做扎扎实实的、艰苦细致的工作，再打计划生育翻身仗。

第六，做好扶贫和优抚工作。今年的扶贫工作要和农村脱贫致富的整体工作结合起来搞。我县今年有300多名战士赴滇参战，我们一定要尽最大努力搞好优抚工作。农村优抚优待工作要保证户户兑现落实，以鼓励战士安心服役。除正常的优抚工作外，今年临时性的优抚工作也很多，有关部门和单位都要积极主动地做好工作，出色地完成优抚任务。

第七，搞好社会治安，为改革和四化建设创造良好的社会环境。1986年，要继续贯彻依法“从重从快”的方针，深入开展严打斗争，推进综合治理，促进社会治安和社会风气持续好转。要贯彻综合治理的方针，在城乡广大干部群众中开展普及法制宣传教育，整顿、健全治保组织，认真落实各种形式的治安责任制，做好保卫工作和调解工作，预防犯罪。要采取有力措施，禁止赌博、贩毒和封建迷信活动。

第八，做好治理工作，推进县城文明建设。贯彻“人民城市人民建，人民城市人民管”的方针，落实“县城门前三包制”，继续治理县城“脏、乱、差”。今年，县城要在道路建设、排污建设和卫生建设方面有大的突破。要抓紧县城文明单位的建设，到年底，要把县城建成文明县城。

新的形势，新的任务，对我们的领导工作提出了新的更高的要求。各级领导工作必须进行大的转变才能适应新的形势，完成新的任务。

邓小平同志说“什么叫领导，领导就是服务”。这对我们的领导工作实行转轨改型指出了方向。为人民服务是我们共产党人和广大干部的天职。现在农民发展商品经济，需要我们为他们服务的方面越来越多。商品生产具有分工细、结构复杂、技术性强、相互依存等特点。许多事情是一家一户干不了、办不好的，需要由社会服务来解决。发展社会化服务，是农村商品经济发展的客观要求。这些社会化服务，诸如技术、信息、资金、流通以及各种关系的协调，都要靠各级领导去组织，去提供，这就要求我们的工作必须从传统的行政领导型向经济服务型转化。如今的农村工作，不是无事可做，也不是任务小了，而是需要我们的工作更细致、更具体、更深入、更扎实。我们要适应这种转变，学会新的服务本领，才能履行我们的天职和使命。

领导农民治穷致富，是我们农村工作的根本任务。当前首要的是帮助贫困户治穷脱贫。今年，县乡两级领导干部都要建立自己的联系乡、联系村、联系户，帮助农民脱贫。要抽调大批干部力量，深入到农户，以家庭经济为基础，逐户帮助制定脱贫计划。粮食生产是千家万户的基础产业，除此以外，要根据各户的实际情况，选一两项“短、平、快”的多种经营项目作为他们脱贫的支柱产业，并要帮助他们定好发展计划，解决好各方面的具体问题，起好步，见成效，务求必成，使他们从治穷无方的困境中解脱出来。各行各业都要围绕这项工作出力献策，干些实事。县乡各级部门都要包村、包户、包脱贫。农村干部的主要精力要集中在困难户治穷上。要发挥致富户的吸引、带动作用，帮助贫困户脱贫，但不能搞均富。帮脱贫，要立足于扶志、扶本、扶技术、扶本领、扶办法，不能单纯扶钱，不能用“输血型”的办法，而是要强化他们的“造血”机能，提高自我发展能力。要动员一切力量，调动一切积极因素，把这件大事办好。

当前的形势和任务要求我们必须改变领导作风。县乡两级干部都要深入基层，调查研究，在“下沉、实干、决策”上下功夫。要亲自动手，解决问题，干一件，成一件，讲求实效，干出实绩，开创领导工作的新局面。

1986年，我们的任务是繁重的，摆在我们面前的问题和困难也很多。但是，我们有党的正确路线和政策，有广大干部和群众的大力支持，只要我们奋发努力，积极进取，扎扎实实地做好工作，我们的任务就一定能完成!

县人大会常委会工作报告

（县人大常委会主任高富德　1986年2月23日）

自县九届人大二次会议以来，在六届全国人大三次会议和党的全国代表会议精神指导下，县人大常委会遵照地方组织法的规定，认真贯彻执行九届人民代表大会第二次会议的各项决议，按照1985年初人大常委会的工作要点，围绕党的中心任务，在县委的领导和支持下，主要做了以下几方面的工作：

一、认真贯彻实施宪法，开展法制宣传教育工作

《中华人民共和国宪法》颁布实施3年来，对新的历史时期安邦治国，保证社会主义现代化建设事业的顺利进行发挥了强大的威力。一年来，县人大常委会把宪法作为行动的准则，在组织召开人民代表大会和人大常委会会议，审议、决定全县有关重大

事项，组织进行视察活动，监督“一府两院”的工作，任免干部等方面都严格按照宪法规定开展工作，有效地行使了人大常委会的职权，保证了宪法的具体实施。

开展以宪法为主的法制宣传教育，在全体公民中普及法律常识，是社会主义法制建设的基础工作，对于促进社会主义精神文明建设，促进经济体制改革和社会主义经济建设的发展，具有重大的现实意义和深远的历史意义。根据中央《关于向全体公民基本普及法律常识的五年规划》和全国人大常委会《关于在公民中普及法律常识的决议》及县委《关于在全县普及法律常识的安排意见》，在县人大常委会第九次会议上，听取和审议了县司法局关于普及法律常识的规划及工作情况汇报，作出了《关于加强法制宣传普及法律常识的决议》，县人民政府及时进行了研究部署，加强领导，落实措施，具体组织实施，动员组织宣传、教育、文化等部门在法制宣传方面做了大量的工作。各级学校加强了对青少年的法制课程教育。广播站把法制宣传作为专题节目，先后播出普及法律常识讲座30讲。文化馆、电影院利用宣传栏、幻灯等形式开展了宣传工作。司法局订购了干部、职工、农民3种普法教育读本12820本，为在全民中开展法律教育提供了学习材料。县政府还举办了一期企业管理干部经济法规学习班，组织各企业单位的负责人和财会人员学习了《中华人民共和国经济合同法》《中华人民共和国会计法》等法律知识。在普及开展各项宣传活动的同时，县上还在火柴厂搞了普及法律常识试点工作。全厂共有干部职工325人，参加普法学习的318人，占职工总数的97.8%。通过普法教育，使全厂干部职工普遍增强了法制观念，提高了依法办事的自觉性，改变了过去有法不依，用行政手段管理企业的办法，坚持依照经济法规管理企业，保证了生产和销售任务的按时完成，提高了经济效益。同时还教育了一些后进青年职工的思想觉悟，使他们遵纪守法，坚守工作、生产岗位。进一步加强了内部安全保卫工作，促进厂风明显好转。这次普法试点，为在全县全面开展普法教育总结了经验，做了准备工作。

二、听取、审议“一府两院”的工作报告，依法行使监督权

听取和审议工作报告，是依法监督“一府两院”工作的主要形式。一年来，人大常委会围绕经济建设这个中心，认真听取审议了政府一些方面的工作汇报或报告，并作出了相应的决议。

在人大常委会第八次会议上，听取了县政府《关于静宁县1985年国民经济和社会发展计划报告》和《1984年财政决算和1985年财政预算的报告》，对这两个报告进行了认真的审议，分别作出了决议。会议认为，1985年国民经济和社会发展计划，突出了发展商品生产、调整农村产业结构和农业建设等重点，贯彻了改革精神，符合我县实际，会议批准了这个报告。会议在审议1984年财政决算和1985年财政预算时，认为我县在1984年超额完成了财政收入任务，总的情况是好的，但由于后期检查监督不严，管理松懈，在一些单位出现了乱发奖金、乱发服装和乱发工资等问题，造成财政紧张，增大了赤字。1985年的财政预算本着“划分税种、核定收支、分级包干”的财政体制原则，有利于增加收入，压缩开支。在执行中，县人民政府和财政部门正确执

行政策，加强领导，吸取1984年财政工作中的经验教训，经常监督检查，严格财政纪律，大抓增收节支，超额完成了各项税收，财政收入是我县历史上最好的一年。财政支出没有突破预算指标，完成情况是良好的。

在人大常委会第十次会议上听取了县人民政府关于县城环境保护和环境卫生、食品卫生工作的汇报。这次会议前，人大常委会组织部分委员、人民代表和卫生监督等部门的负责同志，由1名副主任带队，对有关单位贯彻执行《中华人民共和国环境保护法（试行)》的情况进行了视察，为审议县城的环境保护、环境卫生和食品卫生工作做了充分准备。会议认为《中华人民共和国环境保护法》和《中华人民共和国食品卫生法》颁布以来，县人民政府和主管部门及时进行了贯彻实施，做了一定的工作，取得了一些成绩。但是由于历史上形成的问题和近几年来人口大幅增长，城镇建设不断发展，新的污染源增多，给环境保护和卫生工作增大了任务，管理工作没有跟上去，造成县城环境污染相当严重，脏、乱、差的问题十分突出，严重影响着人们的身心健康和城镇建设的顺利进行。会议要求，县人民政府和有关部门要针对一些干部、职工不学法、不懂法、不依法办事的问题，结合法制宣传教育工作，组织干部、职工认真学习《中华人民共和国环境保护法》《中华人民共和国食品安全法》和甘肃省实施《中华人民共和国食品卫生法》的若干规定，增强法制观念，坚持依法办事。认真组织实施县城总体规划，增加基建管理，治理污染源，增加环境保护、环境卫生和食品卫生管理，彻底治理脏、乱、差，加快建设文明城镇。

县人民政府对治理县城脏、乱、差的问题，进行了认真的研究，拟定了10条治理措施，建立健全了卫生责任制度和检查奖罚制度，印发了布告，动员全城职工、居民，大搞突击，坚持经常治理，使县城的卫生面貌有了明显的改变。

三、加强代表联系工作，组织代表开展活动

依靠人大代表是做好人大常委会工作的基础。只有同人大代表经常保持密切联系，才能充分发挥代表的作用，对县人大常委会和“一府两院”实施有效的监督。一年来，县人大常委会将联系人大代表作为一项重要工作去做。采取以乡镇为单位，建立代表小组，召开代表座谈会、组织部分代表参加视察和调查研究、吸取部分代表列席县人大常委会会议等形式开展联系代表工作。对未建立代表小组的23个乡镇全部建立了代表小组，在县人大常委会负责同志和工作人员的参加和主持下，各代表小组先后都召开了座谈会，参加会议的代表114名，占23个乡镇应参加代表的76%，吸收16名代表分别列席了县人大常委会会议和参加视察活动。通过这些活动，组织代表学习党的方针政策和法律、法规，听取人大代表对人大常委会和“一府两院”的意见和要求。代表们就重视粮食生产、加强农业技术推广和水利建设、兑现种草种树补助款、做好扶贫工作、重视农村中小学教育、加强基层卫生工作、加强社会治安管理等方面提出意见和建议共87条。这是来自群众中的呼声，反映了广大人民的意见和要求，绝大部分是符合实际的、是正确的。县人大常委会在第十一次会议上向全体委员作了汇报，并报送县委、抄送人民政府，已引起各级领导的重视，有些问题已得到解决。

通过组织人大代表开展活动，使人大代表在不同的岗位上，在各项生产、工作和社会活动中，传达和贯彻执行县人民代表大会及其常委会的各项决议，监督和协助人民政府、人民法院、人民检察院推行工作，实现党和政府提出的各项任务，有效地发挥了人大代表的模范带头作用。

四、尊重代表民主权利，督促办理代表提案

在县第九届人民代表大会第二次会议上，代表们共向大会提出各项提案73件，会后人大常委会责成办公室按照提案的性质和范围，分类整理印发，提交县人民政府和各承办单位。为了使人大代表提案落到实处，人大常委会前后两次召开主任办公会议进行研究，并请县人民政府的负责同志参加，共同讨论办理的情况和问题。在人大常委会第十一次会议上又听取了县人民政府关于办理代表提案的汇报。针对办理提案中存在的问题，提出了具体的要求。县人民政府和大多数承办单位都比较重视人民代表提案，及时进行了研究办理。73件提案已办理落实了63件，占86%。如对群众要求最迫切、代表提案最集中的农村拉电问题，1985年已给12个乡49个村完成了124公里的农村电路建设，将解决这些地区群众生产、生活的需要，促进乡镇企业的发展，广大群众是很欢迎和满意的。对其他10件因受财力、物力的限制没有完全落实，但都进行了研究，做出了规划，创造条件，逐步落实。

五、依法做好人事任免工作

一年来，县人大常委会在人事任免工作中，认真贯彻执行中央9号文件精神，按照干部队伍革命化、年轻化、知识化、专业化的方针，既坚持党管干部的原则，又维护法律的严肃性，本着对党对人民负责的精神，认真审议，依法任命了“一府两院”的16名干部，并颁发了任命书。对过去人事任免工作中存在的问题，同有关部门的负责人一起学习中央9号文件和法律规定，提高认识，统一思想，大部分做了纠正，逐步做到按照法律规定和程序办事，维护了法律的尊严。

六、加强人大常委会自身建设

搞好人大常委会的自身建设，对保证发挥地方国家权力机关的职能作用十分重要。针对机关干部包括组成人员在内，大部分不熟悉业务、不适应工作的状况，首先注意抓了学习问题，组织干部坚持学习宪法、地方组织法和党的方针政策，学习中央8号、9号文件和外地人大工作经验，不断提高全体干部对人大工作性质、任务和作用的认识，掌握一定的法律知识和其他方面的知识，提高业务工作能力和议政水平，以适应人大工作的需要。其次，结合整党，组织党员联系实际，对照检查了思想和工作中存在的问题，增强了党性观念和组织纪律性，端正了业务指导思想，振奋了革命精神，改变了工作作风，使机关工作比过去有了改进和加强。第三，为了有效地开展工作，人大常委会设置了政法、财经、科教文卫3个组，健全了机构，充实了干部力量，进一步健全了各项制度，使人大常委会的工作逐步制度化、法制化。

一年来，人大常委会围绕党的中心任务，依照法律规定做了一定的工作，但是工作中还有不少差距和问题，如监督“一府两院”工作，思想上还不够明确，具体做法上缺乏经验。开展视察和调查研究工作不够经常，不够深入细致。联系代表工作还没有制定出办法。人事任免方面不按法律规定和程序办理的问题还没有完全解决。希望代表们提出批评，监督我们改进和做好工作。

第十章　县第十届人民代表大会

县第十届人大任期为1987年1月至1990年1月。共召开代表大会4次，出席代表775名（次）。听取和审议县政府工作报告6项（次），县人大常委会工作报告5项（次），县法院工作报告3项（次），县检察院工作报告3项（次）；作出决议14项；选举县人大常委会主任1名、副主任3名、委员13名，县政府县长2名、副县长4名，县法院院长1名，县检察院检察长1名，省第七届人大代表7名；办理代表议案1件，意见、建议212件。

第一节　县第十届人民代表大会第一次会议

大会概况

县十届人大一次会议于1987年1月8日至11日在县政府礼堂召开。应出席代表219名，实出席202名。刘文俊、陈赢洲、李瑞新、吕国杰、朱进国、黄文珍、王仰东、马润民、李维民、王鼎新、马存余（回族）、翟万宝、朱兆才、宋庆丰、文纪才、王广录、裴玉卿、郑富仓、张生香、王俊仁、郑自仁、李军、马效玉、谢平子、王世祥、吕世清、王贵生应邀列席会议。

马志俊、马克勤（回族）、王生荣、王学谋、王郁仁、白秀芳（女）、史国忠、刘万举、刘思义、吕忠厚、朱春林、李文清、吴尚礼、张光明、张秀娥（女）、孟建邦、陈俊、郜文学、高富德、郭承祖、梁钧宪、阎志洁、靳国强23人组成大会主席团，刘思义、吕忠厚、张光明、郜文学、高富德、阎志洁为主席团常务主席；阎志洁为秘书长，史国忠、马勤祥为副秘书长；郜文学、张国盛、王学谋、刘维勤、张志洲、彭金山、靳国强7人组成大会议案审查委员会，郜文学为主任委员，张国盛、王学谋为副主任委员。

1月8日上午第一次会议开幕前，举行预备会议。听取县人大常委会代表资格审查委员会主任委员张光明所作的《关于县第十届人民代表大会代表资格审查结果的报告》。

大会举行全体会议3次。第一次全体会议于1月8日上午举行，听取县政府县长金福存所作的题为《以脱贫致富为目的，深入改革，强化服务，奋斗三年，争取全县各项工作登上新台阶》的政府工作报告，通过《县第十届人民代表大会关于议案的暂行办法》；第二次全体会议于1月9日下午举行，听取县人大常委会主任高富德所作的《县人大常委会工作报告》、县法院院长马子坤所作的《县人民法院工作报告》、县检察院检察长王锦华所作的《县人民检察院工作报告》，通过选举办法；第三次全体会议于1月11日下午举行，选举县人大常委会主任1名、副主任3名、委员13名，县政府县长1名、副县长4名，法院院长1名，检察院检察长1名；听取县人大常委会副主任部文学所作的《关于议案审查的报告》，通过《关于县人民政府工作报告的决议》《关于县人大常委会工作报告的决议》《关于县人民法院工作报告的决议》《关于县人民检察院工作报告的决议》《关于修建静宁县中医院议案的决议》；会议最后，县委副书记吕忠厚作了讲话。

大会安排分团会议4次，组织代表参观1次。

大会收到议案1件，《关于修建静宁县中医院的议案》；收到代表建议、意见108件，其中：①农牧方面12件，占建议、意见总数的11.1%，主要是建议做好草籽收购、优良品种培育、人工养鱼、地膜使用、饲料供应等；②教育方面12件，占11.1%，主要是建议增设初中、高中，解决学校危房、桌凳短缺、饮水困难等问题以及加强教师队伍建设、办好幼儿园等；③卫生方面17件，占15.7%，主要是建议改进医疗管理制度，增设卫生院，配足医务人员和医疗设备，防治幼儿肝炎等；④水利方面11件，占10.2%，主要是建议解决人畜饮水困难、维修水利设施、搞好农田蔬菜灌溉等；⑤农电方面10件，占9.3%，主要是建议加快山区农电线路建设等；⑥交通方面11件，占10.2%，主要是建议建设县乡和乡村道路、桥梁等；⑦城建方面10件，占9.3%，主要是建议搞好县城规划、制止乱修乱建，解决污水排放等；⑧供销方面5件，占4.6%，主要是建议增设乡供销社，解决化肥、农药、煤油供应等；⑨粮食方面4件，占3.7%，主要是建议增设县城粮油供应点和乡粮管所等；⑩民政方面3件，占2.8%，主要是建议做好扶贫工作，解决赊销中存在的问题等；⑪广播电视方面3件，占2.8%，主要是建议增设电视转播台和维护好现有设备等；⑫其他方面10件，占9.3%，主要是建议做好农村改土款的兑现，增拨基建款和危房维修款，扩大农贸市场，加强县城交通、城镇户口、计划生育管理等。

大会议程

一、听取和审议县人民政府工作报告；

二、听取和审议县人大常委会工作报告；

三、听取和审议县人民法院工作报告；

四、听取和审议县人民检察院工作报告；

五、选举县第十届人民代表大会常务委员组成人员，县人民政府县长、副县长，县人民法院院长，县人民检察院检察长。

大会日程

县第十届人民代表大会第一次会议日程表

表3-26

时间		会议内容	执行主席
1月8日	上午	大会：1.预备会；2.县人民政府工作报告；3.通过议案暂行办法	高富德　李文清 史国忠　朱春林 王生荣　吴尚礼
	下午	小组会：讨论政府工作报告	
1月9日	上午	小组会：讨论政府工作报告	刘思义　吕忠厚 孟建邦　郭承祖 白秀芳　陈　俊
	下午	大会：1.县人大常委会工作报告；2.县人民法院工作报告；3.县人民检察院工作报告；4.通过选举办法（草案）	
1月10日	上午	小组会：讨论县人大常委会、人民法院、人民检察院工作报告	部文学　梁钧宪 王学谋　刘万举 张秀娥
	下午	参观	
1月11日	上午	小组会：酝酿讨论县人大常委会组成人员、县长、副县长、法院院长和检察院检察长候选人	张光明　阎志洁 靳国强　马志俊 王郁仁　马克勤
	下午	大会：1.选举；2.通过关于县人民政府、县人大常委会、县人民法院、县人民检察院工作报告的决议；3.议案和建议、意见审查报告；4.县委领导讲话	

大会选举

县人大常委会：

主　任　高富德

副主任　阎志洁　部文学　张光明

委　员　马志俊　马克勤（回族）　王生荣　王学谋　王郁仁　白秀芳（女）　史国忠　朱春林　吴尚礼　张秀娥（女）　陈　俊　郭承祖　梁钧宪

县第十届人大常委会组成人员个人情况表

表3-27

姓名	性别	民族	年龄（岁）	籍贯	文化程度	政治面貌	工作时间	主要经历
高富德	男	汉	55	静宁仁大	初中	党员	1951.7	1939年至1951年6月在原籍上学、参加劳动，1951年7月至1952年6月在平凉干校学习、搞土改工作；1952年7月至1957年3月先后在威戎、甘沟、四河营业所、县委肃反办公室工作，1957年4月至1974年3月先后任县人行、农行党支部书记、副行长，民和乡党委书记，城川、甘沟公社革委会副主任、主任、党委书记；1974年4月至1980年12月任城川公社党委书记、县委副书记、县革委会主任；1981年1月以来任县人大常委会主任

续表3-27

姓名	性别	民族	年龄（岁）	籍贯	文化程度	政治面貌	工作时间	主要经历
阎志洁	男	汉	51	静宁双岘	高中	党员	1956.8	1942年7月至1956年7月上学；1956年8月至1960年5月在静宁县委宣传部、农村部工作；1960年6月至1963年3月任县人委会办公室副主任、县委秘书；1963年4月至1965年5月任水坪公社副主任；1965年6月至1966年3月在平凉地委农工部工作；1966年4月至1969年12月任华亭县委秘书、革委会办公室副主任；1970年1月至1983年10月任华亭县委常委、县革委会副主任、县政府副县长；1983年11月以来任静宁县人大常委会副主任
郜文学	男	汉	48	庄浪赵敦	初中	党员	1956.1	1955年前上学、务农；1956年1月至1957年8月在庄浪县肃反办公室工作；1957年9月至1958年8月任保泉乡、通边乡文书；1958年9月至1959年3月任县委会计；1959年4月至1960年7月任水洛公社秘书；1960年8月至1965年8月在静宁县委工作；1965年9月至1973年7月任高界公社副主任、县革委会办公室秘书、副主任；1973年8月至1986年12月任县革委会副主任、县政府副县长
张光明	男	汉	55	陕西横山	高小	党员	1948.8	1948年8月至1951年在西北野战军某团当兵，任班长、排长；1952年至1954年11月在西北军区空军干校学习、任区队长；1954年12月至1958年5月在解放军宝鸡干校任排长；1958年6月至1978年9月在西藏军区任连长、营长、团参谋长、副团长；1978年10月至1983年10月任静宁县革委会、县人大常委会副主任；1983年10月至1986年12月任静宁县委常委、县纪委书记
梁钧宪	男	汉	43	静宁甘沟	初中	党员	1960.7	1960年7月以前上学；1960年7月至1963年1月在窑街煤矿工作；1963年2月至1974年12月在解放军某团任战士、班长、排长、政治指导员；1975年1月至1978年9月任迭部县人武部副部长；1978年9月至1986年3月任临潭县人武部副政委、部长；1986年4月以来任静宁县人武部部长

续表3-27

姓名	性别	民族	年龄（岁）	籍贯	文化程度	政治面貌	工作时间	主要经历
史国忠	男	汉	54	静宁城川	高小	党员	1950.10	1949年以前上学，1949年10月至1952年12月在民和乡农会、城关区工作；1953年1月至1956年6月在仁大区、治平区工作；1956年7月至1962年12月先后任民政、水利科科长、农建局局长；1963年1月至1972年10月任治平公社党委书记；1972年11月至1981年2月任县农机局局长；1981年3月以来任县人大常委会办公室主任
郭承祖	男	汉	54	庄浪通化	中专	党员	1955.8	1955年8月至1956年7月在隆德县神林任教；1956年8月至1957年7月在甘肃师专学习；1957年8月至1960年1月在威戎中学任教；1960年2月至1965年2月任一中总务主任；1965年3月至1970年9月任甘沟农中校长；1970年10月至1985年7月任县文教局局长、体委主任、文化局局长；1985年8月至1986年12月任县教师进修学校党支部书记
王学谋	男	汉	49	静宁治平	高小	党员	1956.8	1942年至1949年上学；1950年至1956年在家务农；1956年8月至1986年12月先后任治平、甘沟、仁大公社文书、党委副书记、书记、民政局局长
朱春林	男	汉	39	静宁治平	高中		1970.1	1956年7月至1968年11月上学；1968年12月至1970年1月在家劳动；1970年1月至1971年8月在甘肃省玉门石油管理局工作；1971年8月至11月在治平中学当民办教师；1971年12月至1985年6月先后在县一中、李店中学任教；1985年7月以来任李店中学教导主任、副校长
白秀芳	女	汉	45	静宁城关	中专	预备党员	1964.9	1952年至1960年7月上学；1960年8月至1964年9月在兰州中医学院上学；1964年以来在县医院工作，任中医科主任
陈俊	男	汉	50	静宁仁大	中专		1957	1954年至1957年在兰州农校上学；1957年至1958年在庄浪农机站工作；1959年至1978年在县农机站、五七红专学校工作；1979年以来在县农技站、种子公司、农技中心工作，任培训组长

续表3-27

姓名	性别	民族	年龄（岁）	籍贯	文化程度	政治面貌	工作时间	主要经历
王郁仁	男	汉	54	庄浪水洛	大学		1957.9	1941年至1953年7月上小学、中学；1953年8月至1957年8月在兰州大学上学；1957年9月至1970年2月在县一中任教；1970年3月至1985年7月在威戎中学任教；1985年8月以来在县教师进修学校任教。
王生荣	男	汉	33	静宁余湾	中专		1974.7	1962年8月至1972年12月上学；1973年1月至1974年7月在家劳动；1974年7月至10月在县水利局打井队当合同工；1974年11月调水利局工作；1975年12月转为正式干部；1976年1月至1982年9月搞测量工作；1982年10月至1985年7月在省水利学校上学；1985年7月以来在水利局工作，技术干部
吴尚礼	男	汉	54	静宁城川	高小	党员		1945年至1951年上学；1951年5月参加中国人民志愿军，在省军区独立团某营某连任班长；1957年3月至1959年1月在家劳动；1959年2月至1962年6月任城川公社砖厂党支部书记；1962年7月以来任生产队长、大队长、党支部书记
马克勤	男	回	41	静宁城关	高小		1960.5	1959年6月以前上学；1959年7月至1960年4月在家劳动；1960年5月至1970年10月在县五金厂、手工业联社工作；1970年11月以来在县运输公司、县公路运输管理所工作
张秀娥	女	汉	41	静宁城川	小学			1953年至1958年在祁川乡马坡小学上学；1959年8月至1962年5月在家劳动；1962年6月至1979年在城川乡红旗村劳动；1980年以来在县城做缝纫加工
马志俊	男	汉	50	静宁城川	初中	党员	1956.8	曾在静宁高界区当通讯员，县民警队、平凉民警三队、庆阳民警大队当警士；历任庆阳民警大队排长，陕西独立师副连长、连长、后勤生产股副股长，静宁县威戎、石咀公社革委会副主任，八里公社党委副书记、管（革）委会主任，八里乡党委书记，县总工会负责人、主席

县人民政府：

县　长　金福存

副县长　张国盛　李雪松　张会议　王文进

县第十届人民政府县长、副县长个人情况表

表3-28

姓名	性别	民族	年龄(岁)	籍贯	文化程度	政治面貌	工作时间	主要经历
金福存	男	汉	43	甘肃榆中	大学	党员	1968.12	1952年9月至1968年11月上学；1968年12月至1970年2月在后梁公社劳动；1970年3月至1978年12月在良种场工作；1979年1月至1982年3月任县农科所所长；1982年4月至8月任县农业局副局长；1982年9月至1983年1月任县委农村部副部长；1983年2月至1986年2月任县委副书记；1986年2月以来任县政府县长
张国盛	男	汉	51	静宁城关	大学	党员	1965.9	1948年至1960年3月上学；1960年3月至11月在兰州科学院档案室工作；1960年12月至1961年9月在家养病；1961年10月至1965年9月在甘肃师大上学；1965年10月至1968年8月任金川公司一中副主任；1978年9月至1980年3月任静宁一中副校长兼教导主任；1980年4月至1981年6月任县委宣传部副部长；1983年11月至1986年12月任教育局局长
李雪松	男	汉	37	庄浪水洛	大学	党员	1977.2	1958年至1970年上学；1971年回家乡劳动；1972年至1973年8月在省建工作；1973年9月至1877年1月在甘工大上学；1977年2月至1985年8月在甘工大工作；1985年9月任静宁县政府副县长
张会议	男	汉	42	陕西泾阳	大学	党员	1968.12	1951年9月至1968年12月上学；1968年12月至1969年12月在灵台县龙门乡王家山锻炼；1970年1月至1986年3月任灵台一中副校长；1986年4月以来任静宁县政府副县长
王文进	男	汉	32	静宁双岘	大学	党员	1978.1	1963年4月至1971年12月上学；1972年1月至1974年9月在家劳动；1974年10月至1978年1月在清华大学上学；1978年2月至1984年12月在县水利局工作，任副局长；1985年1月以来任县政府副县长

县人民法院：
院　长　马子坤
县人民检察院：
检察长　陈贵录

县第十届人民法院院长、人民检察院检察长个人情况表

表3-29

姓名	性别	民族	年龄（岁）	籍贯	文化程度	政治面貌	工作时间	主要经历
马子坤	男	汉	51	静宁余湾	初中	党员	1953.5	1951年7月前上学；1951年8月至1953年4月在家劳动；1953年5月至1958年12月先后在共同乡、治平区公所、县人委会办公室任文书、副主任；1959年1月至1964年9月先后任红寺、雷大公社党委副书记、管委会主任；1964年10月至1965年8月负责县委农工部工作；1965年9月至1968年10月先后任林业总站副站长、革委会主任；1968年11月至1980年10月任县委、县革委会办公室主任；1980年11月以来任县人民法院院长
陈贵录	男	汉	43	山西万荣	高中	党员	1963.12	1963年以前上学；1963年12月至1964年7月参加社教；1964年8月至1974年12月先后在县检察院、保卫部、公安局工作；1975年1月至7月任县委办公室副主任；1975年8月至1980年10月任司桥公社书记；1980年11月至1983年10月任县委农村部部长；1983年11月至1986年12月任县委办公室主任

附：

以脱贫致富为目的
深入改革　强化服务　奋斗三年
争取全县各项工作登上新台阶

（县人民政府县长金福存　1987年1月8日）

第九届县人民政府任期的3年，是贯彻胡耀邦总书记“种草种树、发展畜牧”重要指示、实现省委提出的停止植被破坏的3年，是深入进行城市和农村经济体制改革的3年。这3年，我们在党和上级政府的领导下，顺利地完成了国民经济和社会发展的第六个五年计划；制订了第七个五年计划，并为完成“七五”计划创造了良好的开端。经过全县各级干部和广大群众的共同努力，全县国民经济和社会发展成为中华人民共和国成立以来最好的时期之一。工农业生产稳定协调发展，城乡经济日趋活跃，财政状况和社会治安明显好转，人民生活水平明显提高。3年间，全县工农业总产值年平均以8.5%的速度增长，1986年达到8658万元，比1983年增长27.8%，其中农业总产值6873万元，比1983年增长16.2%，粮食总产量年平均在2亿斤以上，1986年为19856万斤；财政收入预计可完成460万元，比1983年增长63.4%；财政总支出预计为2048.7万元，比1983年增长92%；社会商品零售额4900万元，比1983年增长43.4%；农民人均纯收入1986年为232元，比1983年增长60元。各条战线都发生了显著变化。

一、坚定不移地实现农业建设战略转移，基本实现了3年停止植被破坏的目标

3年来，我们认真贯彻胡耀邦总书记视察甘肃工作时提出的“种草种树、发展畜牧”的指示，全县人民大念“草木经”，林草建设取得了突破性进展。3年来，全县累计植树造林24.11万亩，其中1986年完成6.03万亩，年末累计达到44.94万亩；3年共种多年生牧草27.29万亩，其中1986年完成4.76万亩，年末留床面积达到29.56万亩。与此同时，狠抓了农村能源建设，改建节柴省煤灶6.6万台，给农民供煤2.5万吨，架设输电线路245公里。截至现在，全县所有的乡和57%的村通了电。在辅助能源方面，3年累计推广太阳灶1900台，新建沼气池2124个，经过努力，“三料”俱缺的矛盾大大缓解，基本停止了铲草皮、挖树根等破坏植被的现象。

为了保持粮食的持续增产，我们十分重视加强农业生产条件的改变，特别是农田基本建设一直作为改变山区农业生产条件的主攻方向，坚持实行统一规划、集中连片、联合治理，3年内，每年新修梯田均在5万亩左右，至1986年累计达到68.93万亩，人均占有梯田已达1.85亩。在水利建设上，立足于现有水利设施的维护和管理，并努力扩大灌溉面积，东峡水库加固改建工程顺利进行，总投资698万元，至1986年底，已完成496万元。3年内，衬砌干支渠道63.16公里，至1986年底，全县有效灌溉面积达到13.82万亩，其中保灌面积12.33万亩，年平均实灌面积9.56万亩，使占总粮面积8%的水浇地拿回了全县粮食总产量的1/3。生产条件的改变为全面推行粮油丰产综合技术创造了条件，广大社员群众普遍重视良种推广、增施肥料、药剂拌种、叶面喷磷、机耕深翻、病虫防治等关键性增产措施，发挥了比较显著的增产作用。经过长期艰苦的努力，全县粮食生产已经具备一定的物质和技术基础，抗御自然灾害的能力大大增强。1985年、1986年两年在频繁的自然灾害面前，仍然夺取了一个丰收的年景。

在推进农业基本建设的同时，我们及时地把农村工作的重点转移到调整产业结构、努力发展商品经济上来，引导干部群众解放思想、因地制宜地开拓新的生产门路。全县初步形成了以粮食作物、经济作物、养殖业、乡镇企业和劳务输出为主的经济结构，在全县农业总产值中，农业比重由1983年的76.9%下降到1986年的66.6%。林牧业比重由1983年的22.2%上升到1986年的30.6%。在农民纯收入中，生产性劳务收入和畜牧业收入已占到与粮食收入对等的水平，初步改变了广大农民窝在地里搞饭吃的单一经营的局面。

乡镇企业通过对外开放，多方面集资，发展了一些重点项目，初步形成了建筑、建材、地毯三大优势。到1986年底，乡镇企业数达331个，比1983年增加64个；从业

人员达6055人，比1983年增加2401人，总产值预计达1727万元，在1983年356.49万元的基础上翻了两番多，总收入预计1100万元，比1983年增长2.5倍。3年内新增了罐头、黄板纸、胶背地毯、预应力空心楼板、毛皮等新产品，家庭工业从无到有，开始出现新的转机；劳务输出逐年增加，1986年达2.55万人。

畜牧业开始由农本畜牧业向商品畜牧业转化。1986年全县大家畜存栏8.84万头，比1983年净增2.64万头，平均每年递增12.5%。猪年末存栏14.7万头，出栏11.18万头，分别比1980年增长49.5%和50.3%；鸡、兔生产也有了新的发展。羊只饲养量已开始回升，1986年底存栏3.44万只。渔业在我县从无到有，目前，全县有人工鱼塘320亩。

在引导农民发展商品生产的同时，我们注重了扶贫和社会救济工作。坚持“扶志”与“扶本”相结合，通过发展生产增加收入。3年来，上级投放扶贫资金200.92万元，共扶持22个乡镇的贫困户9641户，占扶贫户总数的48%。据初步统计，已扶持的贫困户中，约占80%农户生活水平有了提高。3年中，我们对部分重灾区注意抓了群众的生产自救和生活安排，没有出现大的问题和异常现象。为解决部分社员的衣被困难，1984年以来，进行了棉布和絮棉的赊销工作，赊销金额共617万元，赊销棉布655万尺，絮棉102.8万斤。3年中，先后办起农村敬老院9所，较好地解决了部分五保老人的赡养问题。

二、工交生产、城镇集体经济稳步发展，流通领域出现新变化

工交企业通过改革，逐步推行厂长（经理）负责制，扩大了企业自主权，调动了职工积极性。3年来，通过抓老企业的技术改造和新产品开发，注重经济效益和产品质量，产值利润都有了较快的增长。城镇集体企业和乡镇工业得到发展，产值占工业总产值的比重逐年增加，并安排了部分待业青年和一批农村剩余劳动力。全县工业总产值1984年突破了1000万元大关，1986年达到1785万元，比1983年翻了一番。

公路建设和交通运输，在促进城乡经济发展、搞活流通中发挥了重要作用。3年内先后建成了仁大、谭店、古城、李店等10座桥梁。静庄公路油铺5公里，新建公路1条20公里，改建3条21.5公里，整修7条101.6公里，新开辟了县城至三合、至庄浪、至安口等6条客运线，解决了部分地方遇雨不通车和群众过河难的问题。

邮电事业发展较快，实现了乡乡通电话。1986年邮电业务总量达到33万元。

流通领域通过商业体制改革和落实放宽搞活的各项政策，形成了多层次、多渠道经营和竞争的局面。商业、供销、粮食部门在支持地方工业、农业和商品生产、满足人民生活需要方面发挥了积极作用，取得了较好的经济效益。1986年国内纯销售预计完成4682万元，比1983年增长41%，国内纯购进预计完成2000万元，比1983年增长23.8%。农副产品收购总值预计完成1279.4万元，比1983年增长13.2%。各企业在增设服务网点、扩大批发业务的同时，从搞活市场、发展商品生产和方便群众的需求出发，努力扩大服务范围，并根据行业特点自办、联办结合，积极兴办各类加工业、修理业、服务业和养殖业，提高了综合服务能力，城乡集市贸易和个体商业在商品流通中的地位越来越显著。3年中，新增农贸市场7个，1986年农贸市场成交额预计达795

万元，比1983年增长82%。县城商业街的开辟，东关个体销售货棚的兴建以及其他各农贸市场服务设施的建设，为支持农民进城和到集镇经商办企业提供了较好的条件。农民运销队伍的出现，作为一种新型的商品流通形式，在解决农产品出路问题，促进农村商品生产发展中起到了应有作用。

三、加强宏观控制，努力实现财政收支平衡

财政工作通过狠抓增收节支、计划管理、检查监督等环节，提高了资金使用效益。财政支出前两年基本控制在上级核定的基数之内。财政总支出与财政收入加国家补贴相抵基本达到了收支平衡。1986年财政收入完成占任务388.6万元的118.4%，预计超收71万元；财政总支出预计完成2048.7万元，其中包干经费因为正常性增支因素增加，预计支出1187.7万元，占支出指标的123.7%，可形成赤字220多万元。并按照微观搞活、宏观控制的精神，加强了职能部门的检查监督作用，财政、审计、税务、物价等部门紧密配合，通过税收、财务大检查，清理回收了一部分预算外资金，清查解决了一些企业乱挤成本、偷税漏税和行政事业单位滥发补助和奖金、请客送礼、胡花乱用及职工拖欠公款等问题，纠正处理了少数单位乱购小汽车问题。审计部门成立以来，积极有效地开展审计监督，配合省、地审计部门进行了1984年财政总决算的审计和“两西”建设资金、教育经费、粮食系统的议转平销售、工商管理费等重要资金的审计以及部分国营企业、集体企业、乡镇企业的经营管理情况的审计，3年来共审计出违纪资金125万元。1986年的财政执行情况，因决算工作还没有完成，代表大会后由政府向人大常委会另作专题报告。

为了保证经济体制改革的顺利进行，维护社会主义经济秩序，加强了物价管理、工商行政管理和计量管理工作，积极开展经济监督检查，查处了一批经济违法案件和乱涨价问题，销毁了一些假、冒、次、劣和霉变商品、药品及食物，没收了各种失准失灵计量器具，按照国家法定标准实行了新的计量制，从各方面维护了消费者的利益。

金融部门在支持工商企业的生产、控制消费基金和基本建设增长、监督各项资金使用中发挥了应有的作用。保险业务逐渐扩大。

四、教育、文化、卫生、广播电视事业有了新的发展，推动了社会主义精神文明建设

教育工作越来越引起全社会的普遍关心和重视。在以“分级办学”“分级管理”为突破口的改革推动下，集资办学的积极性空前高涨，1986年群众集资达208万元，大大改变了办学条件，学龄儿童入学率逐年提高，1986年新建校舍2484平方米，改建校舍30769平方米。维修校舍33682平方米，新做课桌凳2310套（双人），维修课桌凳2412套，打校围墙9984米，新修校门69处。学龄儿童入学率达到94.7%，比1983年提高14.7%。初、高中在校学生达到17943人，比1983年增加4199人。教学质量有了显著提高，3年来，仅大、中专录取新生就达1199人，其中1986年录取443人，是全区最好的县。成人职业教育开始起步，3年内，改建了3所农业中学，先后开设了电大土木建筑、党政干部经济管理、汉语言文学、英语等专业班。成立了农业广播电视学校和农

村应用技术广播学校，新办了教师进修学校，筹建了我县第一所职业技术学校。各系统和有关单位还举办了职工夜校培训班，进行业务技术培训。通过以上各种办学措施，提高了职工的文化素质和业务素质。

文化、体育、广播电视的发展，活跃了城乡文化生活，促进了精神文明建设。县城文化馆和工人俱乐部的落成，为群众文化活动提供了新的场所；完成了文化馆、图书馆、博物馆3馆建制，为独立开展活动创造了条件。文物普查、收集、发掘工作进展快、效率好。一支青少年、农民业余创作队伍逐年壮大，产生了一批优秀的文学艺术作品。群众性的体育活动日益活跃，在近几年省地竞赛中，我县自行车、田径、象棋、武术等项目获得了好成绩，为省地争取了荣誉。1984年以来，办起文化站、文化中心30个，实现了乡乡有文化站的目标，活跃了农村群众文化生活。电影发行放映和剧团下乡演出，对于满足城乡文化需求、宣传科技知识和精神文明做了积极的努力。广播电视事业建设有了新的变化。1985年寺山电视差转台和调频广播发射台建成并投入使用，解决了电视节目单调、信号差和边远地区收看电视难的问题，电视覆盖人口25.3万人，占总人口的67%。最近又建起卫星地面接收站，这对开展电视教学、普及科技知识将发挥重要作用。县志编纂工作是我县文化建设的一件大事，任务繁重、意义深远。编志办公室已搜集整理了大量资料，各行业志的编纂工作正在加紧顺利进行。

卫生战线，重点抓了地区病和各类传染病的普查和防治工作。经过广大医务工作者的共同努力，我县地甲病、氟病的发病率大大下降，结核病得到了较好的控制和治疗。医疗设施建设也有一定发展，1986年建成了县医院门诊楼，9个没有卫生院的乡成立了卫生所。卫生部门与有关部门配合，在宣传、实施食品卫生法和药品管理法中，查处了一些违法案件，销毁了一批变质和假冒伪劣药品，保证了群众的健康。

计划生育工作，通过深入广泛地宣传党的一系列方针、政策，坚持突击与经常性工作相结合，为扭转长期被动落后的局面做了大量工作。1986年人口自增率为23.61‰，比1983年下降1.57‰。少生、优生已被绝大多数群众所接受。计划生育工作逐渐走向正规化。

社会治安状况进一步好转。通过继续深入地开展严厉打击严重刑事犯罪活动和经济犯罪的斗争，落实综合治理的各项措施，保证了正常的社会秩序和安定团结的政治局面。随着各种法规的颁布实施，各经济部门和企业单位在经济活动中，依法办事的观念进一步加强。公证业务和律师顾问业务日益扩大，经济合同的公证、经济纠纷的仲裁和经济案件的查处工作得到了加强。普法教育正在广泛深入进行，越来越被各级领导所重视。

五、基本建设和城市管理工作逐步走上正轨

随着经济建设的发展，基本建设项目增加很快。我们按照“控制规模、保证重点、搞好改革、提高效益”的原则，加强对基本建设的管理，制订了基本建设管理制度，推行了投资包干、招标投标，建立了质量监督机构，制订了质量管理制度，开展基本建设大检查，及时发现和处理违章建筑和施工质量等方面存在的问题，建设规模基本控制在计划投资以内。建筑队伍逐年扩大，建筑质量不断提高。

经过勘测设计、论证，1985年完成了县城总体规划。几年来，县城建设，特别是公用设施建设发展很快。县城自来水工程于1984年正式投入使用，解决了县城各单位和居民生产生活用水问题；1984年至1986年共铺设排洪、排污管道3736米。1986年对县城街道、北环城路和南关什字市场进行油铺。同时，还增添了部分公共卫生设施。为了搞好城市卫生管理，特别是解决县城“脏、乱、差”的问题，实行了以包卫生、包绿化、包交通秩序为内容的门前“三包”责任制，组建了城市卫生清洁队。在各职能部门的积极努力下，县城卫生面貌有了明显改观。

六、转变思想，改变作风，为经济建设服务，为基层服务

随着工作重点的转移和经济建设的发展，政府机关着力转变思想，改进作风，简政放权，服务基层。几年来，我们注意克服官僚主义，改变包揽过多、捆得太死的做法，把政府工作放在制订计划、开展检查，进行技术、资金、信息、流通以及其他协调等社会服务方面。一是把工作重点切实转移到经济建设上来，认真探索新形势下经济工作的规律和特点，研究新情况、解决新问题；二是加强宏观控制、重视计划管理、财政检查、审计监督和税收工作；三是改变过去单纯依靠行政手段，学会既使用行政手段，同时又使用经济手段、法律手段办事；四是推行目标管理，逐级签订经济责任书；五是努力克服官僚主义作风，经常深入基层，做扎实具体的工作；六是下决心减少“文山会海”，提高办事效率。

在过去的3年里，各条战线都有变化，取得了一定成绩。这是我们正确贯彻执行党的各项方针、政策、深入推行经济体制改革的结果，是全县各级干部和广大群众辛勤努力的结果。但是摆在我们面前的困难和问题还很多，我们肩负的担子还很繁重。我们深深感到，我县现有的农村经济基础还很脆弱，单位面积产量还很低，人均占有粮食还不足，粮食问题还没有真正解决；农民收入水平还比较低，相当一部分农民生活还很困难，领导农民脱贫致富任重而道远，农村教育、文化、卫生事业还适应不了经济建设的需要；损坏农民利益的不正之风还没有彻底解决；封建迷信活动在一些地方比较突出；农村知识青年再培训任务还很大，农村基层政权建设没有形成；地方工业基础薄弱、企业经济效益不理想，财政困难很多；城镇建设中住房问题还严重存在，城市管理不尽人意，需进一步加强完善；经济体制改革和政治体制改革的任务还很艰巨。有效地解决这些问题，政府在观念、作风和工作上还很不适应。这些问题已经和正在引起我们的重视。我们要发扬成绩，总结经验教训，把今后的工作做得更好。

省委、省政府决定，今后3年，实行县长任期目标责任制，这是农村经济目标管理的继续和发展，是县级综合改革的重要内容。根据省、地和县第十届党代会的要求，本届政府任期的目标是：以脱贫致富为目的，坚持改革，强化服务，继续奋斗3年，使城乡经济和人民生活水平登上一个新台阶。实现这一目标，并保持继续发展的后劲，今后3年及1987年的任期执行指标是：（1）全县工农业总产值3年后达到11700万元，较1980年翻一番，其中工业总产值3200万元，农业总产值8500万元，1987年

9400万元，其中工业破2000万元之大关，农业7400万元。（2）农民人均纯收入3年后达到286元，力争300元，实现增百元，其中1987年240元。（3）财政收入3年后达到486万元，其中1987年422万元。（4）粮食总产量3年后达到24000万斤，人均占有粮食达到600斤，实现增百斤，其中1987年21000万斤。（5）乡镇企业产值3年后达到3000万元，其中1987年2000万元。（6）种草养畜：今后每年新增多年生牧草5万亩，3年后累计达到48万亩。猪、鸡、兔、羊、牛的商品量和肉类总产量，均要有较大幅度的提高。（7）造林每年新增6万亩，3年后累计达到63万亩。（8）农田基本建设：今后每年新修山地水平梯田5万亩，3年后累计达到81万亩，人均2亩。有效灌溉面积每年新增300亩，改善3000亩，达到14.7万亩。（9）基础教育和职业教育：普通初中招生3年后达到6299人，小学招生3年后达到7077人，其中1987年招生6139人。农业职业中学招生3年后达到720人，其中1987年招生390人。（10）人口增长：全县总人口3年后不超过40.75万人，其中1987年控制在39.5万人左右。人口自然增长率1987年控制在15‰以内。

为完成上述任务，政府决心抓好以下12个方面的工作：

第一，立足抗旱，增加收入，抓紧抓好粮食生产

我县农业生产，灾害频繁，应着眼于防灾抗灾。因此在指导思想上，必须牢固树立抗灾夺丰收的观念，把粮食生产始终摆在重要位置上抓紧抓好。

解决我县粮食问题的出路是稳定面积，主攻单产，增加总产。县乡两级政府要加强土地管理，采取有效措施，在全县范围内广泛开展学习、宣传和贯彻执行土地法的活动，采取行政的、经济的和法律的手段，坚决刹住目前乱占滥用农用土地和出租买卖土地的现象。要进一步改革管理体制，严明土地法规，建立健全审批制度，保证粮食用地不减少。提高粮食单位面积产量，要把着眼点放在技术和物质的投入上。要恢复和普及旱作农业综合技术措施，特别是山区，要重视大面积推广雷大梁4乡10万亩旱农耕作6条丰产技术规程。品种改良要以高产、抗灾、优质为中心，合理布局，以优替劣，不断更新，以满足生产需要。要恢复三级良种繁育体系，引进试验，提纯复壮，按区域性实现成龙配套。为解决边远地区农民换种难的问题，以县种子公司为依托，1987年力争全县建成威戎、李店、甘沟、高界4个供种点。全社会每年供种量要保证在50万斤以上。病虫害防治实行以加强预测预报为前提，以建设城乡两级防治队伍为中心，狠抓土壤处理这个基础，全面推进大田防治。每年土壤消毒2万至5万亩，药剂拌种20万至30万亩，田间防治45万至50万亩。要不断扩大机耕深翻面积，充分重视现有大、中型农机的利用，尤其川区要逐步实行以社为单位集中统一布局，为打破地界、连片机耕创造条件。水利工作要在加强现有水利设施管护维修的基础上，继续抓紧抓好工程的挖潜配套和水利体制的改革工作。从今年起，各灌区要重点实行劳动积累制度，集中人力、物力，加快田间工程的整修和田园化建设，使各灌区早日达到设计灌溉能力，提高保灌面积，3年内县灌每年不少于11万亩。要重视增施化肥，扩大氮、磷配合施用。同时，要引导农民把培肥地力的着重点从增施化肥转到发展绿肥

和农家肥上来。耙糖、镇压等抗旱保墒的土壤耕作措施，仍要普遍提倡和应用。

实现今后粮食生产的稳定增长，农业技术的传播和培训，生产资料的组织和供应，农贷资金的管理和发放至关重要。要加强指导、协调、监督，为粮食生产创造良好的条件。尤其是化肥、柴油、农贷等国家计划内投入，应进一步完善管理，促成合理投向。

第二，坚持改革，进一步调整单一经济结构，大力发展具有本县特色的农村商品经济

总的设想是深入改革，更新观念，把瞅准了的路子坚持走下去。通过政策和技术调动千家万户的积极性，“八仙过海，各显其能”，初步形成具有本县特点的农民家庭经济结构，进而形成本地的经济优势。就全县来讲，除粮食外，具体抓好四大产业。

商品畜牧业：要走以销促养、以养促种、以草促畜、促农的路子。在种草种树有一定基础之后，要通过加工转化使畜牧业有一个更大的发展。重点是猪、羊、牛,大家畜要稳定质量，增加出栏，提高商品量。今后每年出销商品畜1万头以上。猪每年出栏稳定在10万口以上。羊只在家庭舍饲的基础上稳步发展，3年达到8万只。近期抓见效快的鸡和兔，3年饲养量实现两个100万，商品量分别达到69万只和90万只。发展畜牧业，必须始终坚持人工舍饲，禁止自由放牧。为提高畜牧业经济效益，畜种改良、畜禽防疫、饲养加工、畜产品加工、运销等系列服务要继续完善提高，使现有的牧工商一条龙发挥更大的社会效益。到1989年全县畜牧业产值达到2410万元，占到农业总产值的23.6%。

经济作物：油料在我县基础好，市场需求量大，商品率高，应成为经济作物中的拳头产品。要采取优惠政策，逐步扩大面积，推广高产综合技术措施。今年播种面积要达到15万亩，3年内单产提高20斤，总产量达到1260万斤。要从改良品种和推广地膜入手，加速南部瓜菜基地建设，从产量、质量、时间诸方面增强市场竞争能力。同时，要因地制宜地抓好豆类、莜麦、荞麦等小杂粮生产。

乡镇企业：要坚持乡办、村办、社办、户办、联办“五个轮子”一齐转，3年内产值再翻一番。一两年内，先使基础较好的10个乡产值过50万元。基础薄弱和还未发展起来的乡镇，要从小起步，3年内每乡产值至少达到20万元。家庭工业设备简单，投资少，容纳劳动力多，见效快，风险小，农民可直接受益，应该成为今后发展乡镇企业的重要形式。同时，下功夫把那些有市场，大企业不愿意搞的工艺品、针织品、塑料制品和小食品等引向千家万户，广泛开展家庭加工业、运输业、商饮业、建筑业，国家和集体在技术上加以培训提高，逐渐地使其成为家庭经济的重要支柱。1987年先扶持10村300户，再因地制宜新建一批骨干企业。白有光纸、刺绣工艺、燕麦片、塑料鞋厂要在今年建成投产。同时，要完成城川罐头厂、祁川造纸厂、城关镇预制厂、威戎水泥厂的扩建改造。要继续落实对乡镇企业的各种优惠政策，在立项、管理、经营、用工等方面彻底放开。

输出劳务：今后很长一段时间，有计划地向外输出劳务，不仅是解决我县劳动

力过剩、增加收入的一条有效途径，而且是开阔眼界、锻炼人才、收集信息、引进技术的重要途径。首先要发动各级干部和群众，走出去在省内外开辟有前途的劳务市场，有组织地输出劳动力。其次，提倡农民携邻结友、自由组合、自发寻求活路，争取3年后我县输出劳务3万人，加乡镇企业和公干人员，达到户均1人有较稳定的经济收入。

第三，坚持不懈抓好基本建设，不断改变农业生产条件，为农业的大发展积攒后劲

以林、草、水、土为内容的基本建设，是改变我县农业生产条件，提高产出水平和经济效益，实现良性循环的重大措施。我们要加倍努力，坚持不懈地抓下去。主要有三个方面。

继续坚持种草种树，不断完善农业的生态环境。现在全县已有各种林地47万亩，从面积上看，布局已接近合理。但覆盖率低，生态效益差。今后的林业建设，一是要稳步增加面积，坚持每年新增5万亩；二是要强化管理，对现有林地要在补植、抚育、改造和管护上下功夫，努力提高经济效益和生态效益；三是今后每年以新建1万亩的速度，加快果园建设；四是发挥地域优势，以农田林网为主，抓好一批速生用材林基地的建设，力争3年后能发挥经济效益。随着畜牧业的发展，畜草量将会不断增加，因此，今后的种草要继续坚持以多年生牧草为主，在提高单位面积产量的同时，适当增加面积。在草种结构上，要积极推广红豆草等优质、高产、周期短的优良品种。同时，要像爱护粮食一样，加强草地管理，提高经济效益，并积极开展草粉加工及综合利用，做到以草兴牧，草畜同步发展。

继续抓好以改土为中心的农田水利建设。梯田建设要在认真总结经验教训的基础上，组织群众常年坚持，集中连片，当年建成，当年见效。今后每年新修梯田5万亩，力争全县实现人均2亩梯田。水利建设的重点是加强现有水利设施的挖潜、配套和维修，改革水管体制，建立健全蓄水、灌水、收费等制度，提高经济效益。把工程管护、渠道维修、农田灌溉和粮食增产等环节有机地结合起来，充分利用“两西”建设和省地水利部门的资助，3年内建成团结渠进水工程、庙堡渠的进水改造工程和梁马川的渡槽工程，争取完成鞍子山水库的前期勘测设计工作。并充分利用国家资助的有利条件，积极自筹，采取以工代赈和开展民工建勤的办法，3年建成大小桥梁11座，修筑县乡公路90公里，乡村公路300公里。

第四，加强对农业的技术武装，培养和造就致富人才

农村实行联产承包制后，充分发挥了家庭经营的灵活性和积极性，农民在生产经营上迫切希望提高产前、产中、产后的各项服务工作，或者在某些环节上实行新的联合，克服一家一户分散经营的困难。今后，我们要积极兴办各种服务行业，实行国家、集体、个人一齐上的方针，建立多层次、多渠道、多形式的服务体系。与此同时，按照我县实际，重点抓好以下10项技术的推广和应用工作：（1）更新农作物品种技术；（2）中、小畜禽科学饲养技术；（3）地膜覆盖技术；（4）配合饲养的生产应用技术；（5）多种农副产品家庭加工技术；（6）人工开发鱼塘水面养殖技术；

(7) 氮磷优化配合施用技术；(8) 优质高产果树栽培技术；(9) 洋芋淀粉综合加工技术；(10) 粮油高产稳产综合栽培技术。这些技术的普及和应用，必将给农村经济带来新的生机。从今年开始，要组织动员科技人员上山下乡、服务上门，开展以科技脱贫村和单项中心示范区为主要形式的承包服务活动，做出样板，充分发挥示范辐射作用，推动全社会的科技进步。农村广大知识青年是我们推广应用农业科学技术的生力军，我们要花大气力，下大功夫，通过各种渠道进行技术培训，使他们真正成为一代新型农民。

第五，以增强企业活力为中心，促进地方产业的发展

今后经济体制改革的中心任务是增强企业活力，使企业真正享有充分的自主权。在宏观上，我们要进一步把应该放给企业的权放下去，使企业真正成为自主经营、自负盈亏的商品生产者和经营者。要坚决贯彻执行中共中央、国务院颁发的全民所有制企业3个条例和关于深化企业改革、增强企业活力的8条规定，完善提高厂长（经理）负责制。坚决清理并立即停止执行与国务院精神不符的规定和做法。计划、财政、金融、税收、物资、劳动人事、审计、工商等部门，都要以企业为服务对象，通过转变职能，改善管理，从外部为企业创造平等的竞争环境和可以自负盈亏的条件。在微观上要把企业行为坚定不移地转到提高经济效益为中心的轨道上来，鼓励企业由"速度型"向"效益型"转变，把加强管理，晋等升级，夯实基础，提高素质作为今后的主攻方向。调整责任目标体制，改进考核办法，建立健全质量监督和降低物耗的管理制度，强化购销队伍，扩大产品推销。推进以效益促速度，以质量促生产，以销售促收入，实现效益和速度同步增长。

城镇集体企业，要坚持"因地制宜、各有侧重、分类指导、放手发展"的方针，进一步改善领导，放宽政策，加强协调，优先扶持，促其再上一个台阶。一是要在政策上真正突破，从各方面为其发展大开绿灯，多创条件；二是要把着眼点放在投资少、产出多、周期短、效益好的短、平、快项目上；三是立足于更灵活、更有效的经营管理办法，使城镇集体企业真正突破，开创一个新局面。

要继续抓紧地方工业的挖潜改造、扩大和新建。今后3年充分利用省地的扶持措施，对现已确定的17项改造、新建项目，切实搞好前期工作，抓紧工作量的完成，尽早投入生产，争取新增1500万元以上的生产能力。

第六，搞活流通，完善市场体系，满足全县人民生产、生活需要

必须重视流通对生产的反作用，进一步解放思想，勇于探索，树立新观念，拓宽新领域，探求新形式。国营商业系统要深化改革，开放搞活动，积极参与市场竞争，按照所有权和经营权分开的原则，在饮食服务业试点的基础上，对零售门市部（柜组）全面推行"转、改、租、卖"，加快转、改、租的步伐。供销系统要突出"三性"，走"一扩二联三加工"的路子，把供销社真正办成体现农民利益的合作经济组织。批发改革要围绕发展横向联合，组建工商、商商、农商相结合的新的商业流通形式，创办各类贸易中心，组织联购分销，推动工业品下乡，组织分购联销，促进地方

工业产品和农副产品的扩散。粮食、物资、医药、外贸等部门也要立足开放搞活，拓宽业务领域，发展多形式、多层次的联合，在经济效益和社会效益更好地结合上改革创新，迈出新步子。今后3年，全县国内纯购进、国内纯销售、社会商品零售总额、农副产品收购总额，力争年递增不低于10%。

要加快集镇建设步伐，重点是农村。今后3年，全县乡镇所在地力争都要建起农贸市场，总成交额由现在的795万元上升到850万元，个体工商户由现在的1852户发展到2100户。要围绕搞活市场，把有关部门组织起来，搞好市场设施的建设和管理，主要精力要放在为市场服务上，做好整顿秩序、增添设施、搞好预测、提供信息等工作。县城要积极创造条件，开辟新的综合贸易市场，兴办各类专业市场，试办生产资料、劳务、技术、金融市场。经过3年努力，在全县初步形成多层次、多功能、开放式的市场体系。同时加强以物价、计量、食品卫生为主要内容的市场管理。

第七，增收节支，努力实现财政状况的进一步好转

我县财政入不敷出，困难很大，解决的根本途径是通过发展生产，提高效益，增加收入，节约支出的办法来实现。今后财政工作总的指导思想应该是：支持改革，促进生产，紧抓收入，管好支出，统筹安排，保证重点，量力而行，尽力而为。首先，要在经济体制改革中进一步转变理财思想，树立新的市场效益、时间、投入、产出的观念，帮助工商企业改善经营，加强核算，挖掘潜力，提高效益，增产增收。同时，在实现全县财政总平衡的前提下，完善国家和企业分配关系，在核定企业上缴税利基础上，把超额部分让利于企业，并放宽税前还贷的尺度，增强企业自我发展、自我改善的能力，在培植财源上下功夫、做文章。其次，要抓紧财政收入，严格控制支出。要实现财政收入的总目标，每年收入必须保证7%的增长速度。因此，该收的钱必须足额、及时地组织入库。不仅要做好工商企业的征收管理，而且要适应市场经济的需要，加强零散税源的征管工作。农业税征收一般不开口子，不留退路。财政支出要改变多年来支出安排与使用效果脱节的状况，建立检查考核制度。对个人部分的正常经费、社会公益事业必须费、各项必须保证的事业费、业务费和一些必需的维修费要适当地增加，并实行按编制定额管理，超支不补。进一步控制行政经费和消耗性购置费，严格控制社会集团购买力，压缩非生产性开支。总之，在严格管理的基础上，3年内财政总支出相对值提高到一个恰当的水平。要成立专门的组织，管好、用好支农和补贴两大块建设专款，注重前期论证和效益分析，扩大有偿和增率使用面，并用这部分资金与信贷资金配套，扩大通融范围，更有效地提高资金使用效果。严禁非生产性开支，要加强财政监督、严明财经纪律，税收财务大检查要每年坚持下去，督促行政事业单位遵守财经纪律，严格按规章制度办事，纠正和处理在财政收入上偷税、漏税、欠税以及采取不正当手段侵占、截留、隐瞒不报应缴利润和其他收入的现象。乡镇财政建设要提到重要议事日程上，积极创造条件，3年争取10个乡镇搞起来。金融单位要执行国家的信贷政策，积极组织收入，更多地吸取存款，开拓县内外通融范围，尽力支持城镇经济体制改革和农村产业结构调整。

第八，切实抓好救灾扶贫工作，妥善安排好群众生活

救灾扶贫，关心群众，是社会主义优越性的根本所在，也是全县实现脱贫的重点和重要措施。尤其是我县1985年、1986年两年，因粮食生产连续遭灾，导致群众家底薄，困难增大。因此，妥善搞好救灾扶贫，是下届政府义不容辞的任务。从现在起，要重视过去3年已扶持的户和经济实体的扶贫效益，扶持一片，巩固一片，脱贫一片，保证每年20%的脱贫率，并因户而宜，分期回收已投放的扶贫资金，建立全县扶贫基金，不断扩大扶持面。党委、政府部门、事业单位的包乡、包村、包户扶贫责任制，要在以往工作基础上，务求落实，今后3年再扶5000户，做到“四定”（定对象、任务、时间、效果）和“四到户”（目标、项目、措施、责任到户）。扶贫要坚决理顺体系，有效地杜绝优亲厚友、平均分配等问题，把有限的钱、粮、物真正送到贫困户手里。要逐步改善和完善社会福利事业，进一步做好优抚和社会救济工作，积极兴办幼儿园和敬老院，3年内幼儿园增到4处，敬老院增加到20所。重视盲聋哑人工作，切实保障残疾军人生活，抚恤烈士家属，适当提高优抚对象的补助标准，安置好复退军人的生活和就业工作。

第九，加快城镇建设步伐，创建文明县城

县城是全县人民政治、经济、文化的中心，其环境秩序、规划布局、设施建设与群众衣食住行息息相关，对社会进步和经济振兴关系极大，因此，城镇管理是政府的一项重要职能。今后3年，要下大决心、花大力气，真正把县城管理纳入正确的轨道上来。着重抓好3方面的工作：首先要加强城市规划管理，建立健全监督体系，促使各方面的建设服从县城总体规划的要求，不得自行其是，影响大局。其次要通过多种渠道，采取多种形式，开发居民住宅，有步骤、有计划地解决居民住房难问题。再次要以彻底治理脏、乱、差为目的，切实搞好环境卫生工作。在进一步巩固、完善门前“三包”责任制的同时，抓紧抓好县城道路及卫生设施的改造和配套工作。最后，要统一规划，组织发动各方面力量，大搞县城绿化美化，开辟能供人民娱乐的美化环境区和风景区。今后每年都要在县城建设上干成几件实绩。

第十，围绕经济建设，大力发展教育、文化、卫生、计划生育、广播电视、体育事业

今后3年，我们要在抓好物质文明建设的同时，继续加强社会主义精神文明建设，在全县广泛深入地开展“五讲”“四美”“三热爱”活动，使广大群众树立理想，遵纪守法，振奋精神，保证改革和经济建设的顺利进行。

教育工作要继续贯彻改革的精神，对已实施的分级办学、分级管理体制，要在调查研究的基础上，认真总结经验，进一步完善提高。基础教育要从改革教学方法入手，不断提高教学质量。要广开门路，大力发展职业教育，为我县经济建设培训实用人才。农业中学、职业技术学校要面向社会扩大招生。要继续坚持集资办学，改善教学条件。1986年已实现“一无两有”的20个乡，要进一步巩固完善，逐步达到校舍建设标准化、规范化。1987年开展的10个乡，从一开始就要抓好质量，抓出成果。经过

多方努力，力争1988年全县基本实现“一无两有”。在此基础上，要从人力、物力、财力等方面逐步为普及九年义务教育创造条件。同时要抓好青少年的脱盲工作。

文化工作要坚持为社会主义服务、为人民服务的方向，扩大业余创作队伍，加快文化设施建设，建立健全乡、村文化中心。集镇地方的文化中心要有“四室二场”，川区乡村的文化站要有“两室一场”。500人以上的自然村，要办起文化室。各文化站要积极开展以文养文、代销图书等业务，逐步增添和丰富文化室的内容。县文化馆、图书馆、博物馆、俱乐部要按照各自的业务范围，积极开展工作，把教育寓于娱乐之中。县秦剧团、乡电影队都要继续改变作风，深入农村，为群众演出。广播电视要切实加强农村线路的维护管理工作，提高广播传输效果和广播喇叭入户率。要高度重视广播电视的宣传作用，妥善解决好广播人员的报酬问题。要抓紧抓好县志编纂工作，在本届政府任期内，力争定稿付印。

医疗卫生工作要坚持“预防为主”的方针，把改革放在首位，县医院要完善院长负责制和专业技术职务聘任制，各中心卫生院要逐步实行院长负责制。1987年卫生工作的重点要放在农村，特别是农村医疗卫生人才的培训和提高。要不断整顿和加强农村合作医疗站。县、乡医院要实行技术挂钩，帮助基层医疗人员提高业务水平，切实抓好传染病、地方病的防治工作。要多方努力，上下配合，采取有效措施，认真解决农村缺医少药及看病难、取药难的问题。同时，要动员全县人民积极开展以灭鼠防病为重点的爱国卫生运动，努力提高人民健康水平。

计划生育工作，更继续贯彻地委、县委有关文件和省计划生育条例，继续提倡晚婚晚育和优生优育。在农村按照政策规定，合情合理安排好二胎生育计划。县、乡政府要加强对计划生育工作的领导，做到上下配合，齐抓共管，彻底扭转我县计划生育工作的被动局面。

体育工作，要坚持普及与提高相结合的方针，重点抓好青少年体育工作，积极开展业余训练和群众性体育活动。

侨务、旅游、文物保护等项工作，一直是个薄弱环节，亦应引起我们的重视，要兑现政策，制订计划，抓好落实。

第十一，深入开展普法教育，加强社会治安的综合治理，促进社会风气的进一步好转

进行社会主义物质文明和精神文明建设，必须全面加强社会治安的综合治理工作，普及法律常识的教育活动，要按照全县的统一规划，在上年工作的基础上，今年要分期分批地全面展开，使全县干部群众普遍接受一次法律常识的教育，形成执法、守法的良好社会风气。要一手抓严厉打击严重刑事犯罪和经济犯罪活动，一手全面落实综合治理的各项措施。政法部门要适应经济体制改革的需要，积极主动地为社会提供法律服务和法律保障，要提高政法、公安、武警队伍的政治、业务素质，使之更好地为建立良好的社会秩序作出贡献。

当前，我们要在全民中开展认清形势，珍惜和发展安定团结政治局面的宣传、教

育。教育广大干部群众，包括青少年，明确认识今天的大好形势来之不易，安定团结的政治局面是我国社会主义现代化建设成败的关键，也是坚持改革开放最重要的保证。珍惜和发展安定团结的政治局面，是亿万人民的共同心愿，也是每个公民的神圣职责。要认清形势，明辨是非，排除干扰，不受利用，从自己做起，从实际做起，共同为发展安定团结的大好局面，为改革和建设事业作出积极的贡献。

第十二，转变思想，改变作风，加快工作节奏，提高工作效率

为保证我县经济工作持续、稳步地向前发展，必须把工作的着重点真正转移到经济建设上来。各级领导要牢固树立领导就是服务的观念，按照服务、精简、统一、效能八字原则，改变工作方法，学会服务本领。政府机关要面向基层，面向群众，深入调查研究，实行现场办公，面对面地解决问题。要围绕商品经济做好产前、产中、产后的系列化服务，在帮助千家万户脱贫致富上办实事、创政绩。县、乡两级干部，特别是领导干部，要有“俯首甘为孺子牛”的服务精神，以身作则，深入生产第一线，研究新情况，总结新经验，解决新问题，为群众排忧解难，坚决克服官僚主义、形式主义、虚报浮夸、摆花架子等不良倾向。政府各部门要加快工作节奏，提高工作效率，充分发挥主观能动性，尽职尽责，创造性地开展工作，凡是自己职权范围内能够解决的问题，要果断解决，不能推诿或拖而不办，贻误工作。要加强各级领导班子和干部队伍建设，乡镇班子通过这次换届，进行了调整和充实，一般来说都有一定程度的加强。村级班子通过整党，也要进行适当调整，使年龄、文化结构逐步趋向合理。从本届开始，县、乡两级政府都要实行任期目标制，并要把主要指标公布于众，把我们的工作置于群众的监督之下。政府希望全县广大干部、职工，都能以四化建设为己任，为脱贫致富、振兴静宁经济献计献策，贡献力量，力争本届政府期满后能向全县人民交一份比较满意的答卷。

县人大常委会工作报告

（县人大常委会主任高富德　1987年1月9日）

根据《中华人民共和国地方各级人民代表大会和地方各级人民政府组织法》的规定，静宁县第九届人民代表大会第一次会议于1983年12月底选举产生了本届常务委员会，到现在已经整3年了。3年来，县人大常委会在县委的领导和支持下，贯彻执行党的十一届三中全会以来的路线、方针、政策和中央1984年8号、9号文件，1986年18号文件，贯彻实施宪法和地方组织法，不断学习摸索和完善人大常委会的工作，紧紧围绕社会主义物质文明和精神文明建设，发展社会主义民主，健全社会主义法制，开展了各项工作。3年来，依法按期召开了人民代表大会和人大常委会会议，听取和审议“一府两院”的工作，组织人大委员和人民代表进行了视察和调查研究工作，督促办理了历次人民代表大会提出的各项提案；依法任免了县人民政府、人民法院和人民检察院的领导干部和工作人员；接待处理了人民来信来访和开展了联系人民代表的工作。

在县九届人民代表大会第三次会议以前，人大常委会的工作，已向各次会议作了

报告。现在着重报告县九届人民代表大会第三次会议以来常务委员会的工作，请代表们审议。

一年来，在六届全国人大四次会议和党的十二届六中全会精神指引下，县人大常委会根据县九届人民代表大会第三次会议的各项决议，围绕发展社会主义民主，健全社会主义法制，促进经济和政治体制改革，加快我县社会主义物质文明和精神文明建设，主要做了以下几方面的工作：

一、依法开好人大常委会会议，认真听取、审议“一府两院”的工作报告

县九届人民代表大会第三次会议以来，县人大常委会共召开了8次会议，先后听取、审议了县人民政府关于1986年财政预算、审计、教育、社会治安、普法、代表提案办理等工作和县人民法院、人民检察院上半年的工作汇报，并对财政预算和审计等工作报告作出了决议。

在县人大常委会第十四次会议上，听取了县人民政府关于1986年财政预算的报告，会议进行了讨论、审议。认为1986年的财政预算按照“划分税种、核定收支、分级包干”的财政管理体制原则，本着增加收入，紧缩开支，保证人头经费的精神，适当照顾教育、卫生和基层单位的经费开支，是符合我县实际情况的，提出完成收支任务的措施是积极可行的。会议作出了决议，批准执行。一年来，在执行中，县人民政府和财政部门加强领导，监督检查，严格财经纪律，大抓增收节支，总的完成情况是良好的。特别加强了税收工作，严格执行税收政策，超额完成了全年的税收任务，减少了财政赤字。

在县人大常委会第十八次会议上，听取和审议了县人民政府关于审计工作的报告，并作出了决议。决议指出，自1983年审计局成立以来，做了大量工作，为维护财经纪律，纠正不正之风，发挥了积极的作用。决议要求，县人民政府要进一步加强对审计工作的领导，重视和支持审计部门做好工作。对审计查出的违反财经法纪的问题，要认真严肃地处理。各机关和企事业单位要自觉地接受审计监督，积极配合审计机关开展工作，不得以任何借口阻挠、干扰审计监督工作。县人民政府积极执行人大常委会的决议，在11月份召开的审计工作会议上，政府主要负责同志对贯彻执行人大常委会的决议提出了具体要求。审计局召开全体干部会议，讨论研究了人大常委会的决议和政府对审计工作的具体要求，提高了积极性，增强了责任感，进一步加强了的审计工作。

在人大常委会第十五次会议上，听取了县人民法院、人民检察院、公安局、司法局关于1986年上半年的工作汇报。会议经过讨论、审议，肯定了工作成绩，提出了民事案件有所上升，特别是青少年犯罪突出，社会治安没有达到持续稳定好转等问题。会议要求政法部门进一步发扬成绩，总结经验，纠正工作中的问题，坚持严格依法办事。在办案过程中既要依照法律程序办事，互相制约，又要紧密配合，互相支持，提高办案效率和质量。要重视和加强干部队伍建设，不断提高全体干警的政治素养和业务水平，以适应工作的需要。政法部门根据会议提出的要求，针对社会治安方面存在

的问题，进一步加强了侦查破案和审判工作，严厉打击严重刑事犯罪和经济犯罪活动，加强了综合治理，为尽快实现社会治安的根本好转作出了较大的努力。

二、加强调查研究，监督和支持“一府两院”做好工作

为了保证宪法和法律的实施，保证党的方针政策和人大的决议、决定的贯彻执行，县人大常委会在听取“一府两院”工作汇报，作出决议、决定或提出意见、建议之前，都坚持做调查研究，尽量使所决定的问题或提出的意见，言之有据，符合实际，以便更好地监督和支持“一府两院”做好工作。一年来，人大常委会把普法工作和改善办学条件，实现“一无两有”，加快普及初等教育等问题作为重点进行了调查研究。对调查发现的问题，及时提交政府处理解决，取得了良好效果。

1986年前季，根据党中央、全国人大常委会和国务院关于用5年左右的时间在全体公民中基本普及法律常识的决定，县人大常委会将普法工作作为一件大事来抓。并抽出4名干部，由负责同志带领，先后两次到开展普法工作的甘沟、高界、城关和经委所属的各单位进行了调查。通过调查，总结了开展普法工作的经验和存在问题，向县人大常委会第十五次会议作了汇报。会议根据人大常委会的调查报告和县司法局的汇报，进行了认真的讨论，肯定了工作成绩，指出了存在问题，提出了进一步开展普法工作的意见和要求，总结吸取了第一期普法工作中的经验教训，安排部署了第二期普法工作。第二期普法工作在党政机关和各企事业单位开展，从1986年10月开始至1987年10月结束，为期1年。这期普法工作，在县委的统一领导下，政府和宣传、司法行政部门充分发挥了职能作用。对普法工作进行了具体安排部署，狠抓了思想发展和组织落实工作。10月份以来，先后召开了县直单位职工动员大会，举办了骨干培训班，有计划地开展了讲课辅导和各种学习活动。在各级领导亲自参加听课、学法的带动下，目前一个群众性的学法、守法热潮正在县级单位初步形成和发展。

1986年6月份，针对社会治安方面存在的各类案件有所上升，特别是青少年犯罪突出的问题，县人大常委会组织人员，分别到治平、李店乡的一些村、社，就社会治安特别是青少年违法犯罪的问题进行了调查。通过走访县、乡部分人大代表和群众，召集村社干部座谈讨论，干部、群众普遍反映，在流氓团伙发案地召开大会，对广大群众和青少年是一次现实的法制教育，对促进社会治安好转具有深刻、现实的意义，并要求政法部门既要严厉打击各种刑事和流氓犯罪活动，更要注意经常的法制教育，特别要加强对青少年的教育，加强社会治安管理，以预防和减少违法犯罪。对上述调查的情况和问题在人大常委会第十五次会议听取政法部门的工作汇报时，一并进行了讨论研究，会议指出了政法部门工作中存在的问题，提出了要求。政法部门根据人大代表和群众的意见，加强和促进了这方面的工作。

为了更好地贯彻执行中央《关于教育体制改革的决定》和义务教育法，紧密配合县委的部署，由人大常委会和政协的主要负责同志带领，组织6名干部，分两个组，从1986年7月中旬开始，用了两个多月的时间，对全县30个乡镇的233所小学（占小学总数的67.5%）改善办学条件、实现“一无两有”、提高教学质量和教师队伍建设等情

况进行了比较全面的调查。从调查的情况看，近几年来，我县教育事业发展很快，特别是1985年以来，县人民政府认真贯彻实施《教育体制改革的决定》和义务教育法，动员全县人民大办教育，提出1986年在20个乡镇实现“一无两有”，改善办学条件、加快普及初等教育的要求。绝大多数乡、村干部也逐步认识了分级办学的重要意义，积极动员群众集资办学，取得了显著成绩。截至1986年底，全县共集资208万元，新建、改建校舍33253平方米，维修37682平方米，添置和维修课桌凳4722套，使教学条件普遍有了改善。但在调查中也发现了不少问题，诸如对分级办学思想不明确、工作不扎实；新建校舍标准低、质量差，维修粗糙，危房没有彻底解决；教师事业心不强、学校管理混乱；教师队伍素质差、水平低、教学质量上不去等问题，在一些乡、村和学校程度不同的存在。在调查过程中，对上述问题，及时同乡、村干部和学校负责人共同研究，提出了解决的办法和措施，有效地推动了工作。如城川乡党委和政府根据前段办学中存在的问题，及时召开会议认真研究，进行具体安排部署，组织乡、村干部参观学习，实行乡干部包村，村干部包学校，层层发动群众，掀起了群众性的办学热潮。全乡共集资218908元，对10所小学进行了新建、改建和维修，共新建、改建校舍2321平方米，维修924平方米。

对以上调查的情况和问题向县人大常委会第十七次会议作了汇报，会议进行了认真的讨论研究，除对当前能够解决的问题，要求人民政府和教育主管部门及时研究解决外，对牵涉政策、经费等不能解决的问题向县委写了调查报告，提出了处理意见，以便在今后进一步研究解决。

为了做好法律监督工作，1986年后季，县人大常委会对贯彻执行宪法和地方组织法的情况作了一些调查。在调查中发现一些乡镇不能依法按期召开人民代表大会。究其原因，除了县人大常委会监督和指导不够外，主要是部分乡镇干部对宪法和地方组织法学习不够，对乡镇人民代表大会的性质、地位和作用认识不明确，法制观念淡薄，不能依法行使人民代表大会的职权，不能充分发挥人民代表的作用。根据调查的情况，人大常委会主任会议进行了认真讨论研究，作出了处理意见，向县委写了报告，有七里等乡及时补开了人民代表大会，维护了法律的尊严。

三、坚持依法办事，认真做好人事任免工作

按照地方组织法的规定和中央1984年9号文件《关于任免国家机关领导人员必须严格依照法律程序办理的通知》和1986年18号文件《关于全党必须坚决维护社会主义法制的通知》精神，县人大常委会既坚持党管干部的原则，又坚持国家法律规定的任免干部制度，对县人民政府、人民法院、人民检察院提请任命的干部，按照干部队伍革命化、年轻化、知识化、专业化的条件，认真进行审议，履行任免手续，并颁发了任命书。对过去任免国家机关领导干部程序不清楚、手续不完善等问题，会同组织、人事部门的负责人一起学习中央文件和法律规定，统一思想认识，明确任免干部程序，应纠正的及时做了纠正，该完善的不断得到完善。对于依法选举的干部，在任期内尽量做到相对稳定，对因工作需要变动了的，多数履行了补选手续，逐步做到了依法应由各级人民代表大会选举或人大常委会任免的干部严格按照法律程序办事。

四、尊重代表民主权利，认真办理代表提案

县第九届人民代表大会第三次会议共提出各项提案44件，县人大常委会及时提交县人民政府处理承办。为了使代表提案落到实处，1986年4月份，人大常委会和县人民政府共同召开承办提案单位的负责人会议，逐件落实到每一个单位，要求各承办单位要把办理结果及时报告县人大常委会和县人民政府，并答复提案者本人。在县人大常委会第十七次会议上，听取了县人民政府关于提案办理情况的汇报，会议对政府办理代表提案工作，肯定了成绩，指出了问题，要求继续加快办理。在县人大常委会第十九次会议上，同县人民政府的主要负责同志一起对一些没有办理的提案，共同研究提出了办理的办法和要求。经过县人民政府和各承办单位的共同努力，44件提案都得到了研究处理。其中，已经办理的26件，占59.1%；正在创造条件，逐步办理的6件，占13.6%；呈报上级审批的3件，占6.8%；因各种原因不能办理或由乡、村自行办理的9件，占25%。

五、发扬民主，搞好换届选举工作

县级直接选举是发扬社会主义民主，搞好政权建设的一件大事。县人大常委会根据省、地和县委的安排部署。召开了第十八次会议，讨论研究了换届选举工作中的有关问题，决定成立了县、乡选举委员会。由县选举委员会召开有乡镇选举委员会负责人参加的选举工作会议，认真学习了地方组织法、选举法和甘肃省县级以下人民代表大会选举实施细则，按照“两法”和选举实施细则具体安排了县、乡两级人民代表大会的换届选举工作。各乡镇层层召开会议，培训人员，开展宣传工作。全县共培养选举工作人员2258人，具体帮助和指导各选区和选民小组开展工作，加强了对选举工作的领导，保证了选举工作的顺利经行。县人大常委会在组织领导选举工作的过程中，严格依照法律规定的程序办事，对工作中出现的问题，及时研究解决。县选举委员会和办公室的负责同志先后到27个乡镇和部分县级单位进行检查指导工作。在全县选举日前，还专门召开了电话会议，由县人大常委会主要负责同志讲了话，要求各乡镇一定要按照六届全国人大常委会第十八次会议修改通过的地方组织法和选举法的规定，认真做好选举工作。由于县级直接选举工作的顺利成功，保证了县人民代表大会的届时召开。

一年来，县人大常委会遵照宪法和法律赋予的职权，做了上述各项工作，同时本着为实现党的总任务、总目标服务的精神，积极参与做了党的各项中心工作，为保障、促进经济体制改革和政治体制改革，加快我县物质文明和精神文明建设做出了共同的努力。但是，按照地方人大常委会的职责和任务来衡量，我们在联系人大代表、接待处理人民来信来访、依法进行监督工作和任免干部等方面工作做得很不够。并由于县人大常委会的办事机构不健全、工作人员不足，使许多应该做的工作没有做。这些都需要新的一届人大常委会继续努力，不断健全和完善人大和人大常委会的制度，更好地履行宪法和法律赋予的职责，进一步做好各项工作，充分发挥地方权力机关的作用。

第二节　县第十届人民代表大会第二次会议

大会概况

县十届人大二次会议于 1987 年 11 月 9 日至 10 日在县文化馆三楼总工会会议室召开。应出席代表 219 名，实出席 191 名，不是县人大代表的县级领导列席会议。

马志俊、马克勤（回族）、王生荣、王学谋、王郁仁、白秀芳（女）、史国忠、刘思义、吕忠厚、朱春林、李文清、吴尚礼、张光明、张秀娥（女）、孟建邦、杨茂林、陈俊、郜文学、高富德、郭承祖、梁钧宪、阎志洁、靳国强 23 人组成大会主席团，刘思义、吕忠厚、张光明、孟建邦、郜文学、高富德、阎志洁 7 人为主席团常务主席；阎志洁为秘书长，史国忠、朱寿亭为副秘书长。

会议学习中国共产党第十三次全国代表大会精神，选举省第七届人大代表 7 名。大会由县人大常委会主任高富德致开幕词，县委书记刘思义作了讲话，县人大常委会副主任张光明致闭幕词。

大会选举

省第七届人民代表大会代表：

李永彬　丁　齐　高富德　杨耀忠　刘宗勤　米凤翔（女，回族）　吴兴文

省第七届人民代表大会代表个人情况表

表3-30

姓名	性别	年龄（岁）	民族	文化程度	政治面貌	籍贯	本人简介
李永彬	男	62	汉	大学	党员	河北涉县	1939年至1950年先后在河北省涉县税务局担任征稽员、任太行卷烟厂、造纸厂出纳、会计、股长，中国人民保险总公司审计；1951年至1953年在中国人民大学财政信贷系学习；1954年至1957年任国家计委金融财政局组长、副处长；1958年至1967年在甘肃省计委任处长；1968年至1969年在西和县下乡插队；1969年至1972年在省卫生局任处长；1973年至1977年在省计委任处长；1978年以来任省计委副主任、党组成员、副书记兼省物价委员会主任
丁齐	男	48	汉	大学	党员	天津南阳	1947年8月至1958年8月在兰州上学；1958年9月至1963年8月在甘农大兽医系学习；1963年9月至1969年8月在甘肃省科委任干事；1969年9月至1972年8月在甘肃省革委会毛泽东思想宣传队工作；1972年9月至1981年1月分别在甘肃省纺织机械厂、畜牧厅任干事；1981年2月至1984年12月任平凉地区行政公署专员；1985年1月以来任平凉地区行政公署专员、地委副书记

续表3-30

姓名	性别	年龄（岁）	民族	文化程度	政治面貌	籍贯	简介
高富德	男	55	汉	初中	党员	静宁仁大	1951年7月至1952年6月在平凉干校学习，搞土改工作；1952年7月至1957年3月在分别在静宁县甘沟乡、四河营业所、县肃反办公室工作；1957年4月至1958年12月先后在静宁县人行、农行担任党支部书记、副行长、民和乡党委书记；1959年1月至1974年3月任甘沟公社管（革）委会副主任、主任、党委书记；1974年4月至1980年12月任县委常委、副书记、县革委会副主任、主任；1981年1月任县人大常委会主任
杨耀忠	男	47	汉	大学	党员	静宁城关	1958年9月至1963年9月在兰州医学院医疗系学习；1963年10月至1966年12月在县人民医院工作；1967年1月至1979年11月先后任县人民医院李店分院、威戎中心卫生院医师、院长；1979年12月至1984年8月任县人民医院副院长、主治医师；1984年9月任县人民医院院长
刘宗勤	男	35	汉	初中	中共党员	静宁曹务	1960年至1969年在原籍上学；1970年至1974年在家劳动，担任大队民兵连长、团支部书记；1975年至1978年11月任曹务公社张岇大队党支部书记
吴兴文	男	34	汉	中师		静宁威戎	1962年至1972年在威戎小学、威戎中学上学；1973年至1977年任威戎小学民办教师；1977年9月至1979年7月在甘肃省平凉师范上学；1979年8月至1980年9月在县教育局工作；1980年10月以来在威戎小学任教
米凤翔	女	45	回	初小		静宁城关	1958年9月以前在原籍上学、劳动，1958年10月至1987年11月在县糕点厂、食品厂工作

第三节　县第十届人民代表大会第三次会议

大会概况

县十届人大三次会议于1988年3月6日至8日在县政府礼堂召开，应出席代表219名，实出席174名，政协委员等128人列席会议。

马志俊、马克勤（回族）、王生荣、王学谋、王郁仁、白秀芳（女）、史国忠、刘思义、吕忠厚、朱春林、李文清、吴尚礼、张光明、张秀娥（女）、杨茂林、孟建邦、金福存、陈俊、郜文学、高富德、郭承祖、梁钧宪、阎志洁23人组成大会主席团，刘思义、吕忠厚、李文清、张光明、孟建邦、金福存、郜文学、高富德、阎志洁9人为主席团常务主席；阎志洁为秘书长，朱寿亭、郭应童为副秘书长；郜文学、张国盛、马志俊、杨茂林、郭承祖5人组成议案审查委员会，郜文学为主任委员，张国盛为副主任委员。

大会在正式开幕前，举行预备会议，通过有关事项。

大会举行全体会议3次。第一次全体会议于3月6日上午举行，由县人大常委会主任高富德主持，听取县政府县长金福存所作的《县人民政府工作报告》、县财政局局长曹升明所作的《关于1987年财政决算和1988年财政预算安排的报告》；第二次全体会议于3月7日下午举行，由县委副书记吕忠厚主持，听取县人大常委会主任高富德所作的《县人大常委会工作报告》、县法院院长马子坤所作的《县人民法院工作报告》、县检察院检察长陈贵录所作的《县人民检察院工作报告》，审议《关于县第十届人民代表大会第一次会议代表意见建议办理情况的报告（书面）》；第三次全体会议于3月8日下午举行，由县人大常委会副主任张光明主持，听取县人大常委会副主任郜文学所作的《关于代表意见建议的审查报告》，通过《关于政府工作报告的决议》《关于县1987年财政决算和1988年财政预算报告的决议》《关于县人大常委会工作报告的决议》《关于县人民法院和县人民检察院工作报告的决议》；会议最后，县委书记刘思义作了讲话。

大会安排分团会议3次。

大会收到代表意见、建议49件。其中：①法制宣传教育方面2件，占4.1%，主要是建议加强青少年法制教育等；②公路交通方面9件，占18.3%，主要是建议加强公路的新建和维修，增加公共车班次等；③农林水利方面14件，占28.6%，主要是建议改变农田基本建设的组织形式，加强农业水利设施的维修管护和农田灌溉的管理等；④农电建设方面7件，占14.3%，主要是建议加快山区农电线路的建设，加强农电管理等问题；⑤农业生产方面4件，占8.2%，主要是建议解决好化肥、柴油供应，制止化肥乱涨价等；⑥科技教育方面6件，占12.2%，主要是建议搞好优良籽种的引进和供应，建立科技发展基金，帮助条件差的小学实现“一无两有”，修建教师宿舍等；⑦城建方面2件，占4.1%，主要是建议修建五台山公园等；⑧扶贫方面1件，占2%，主要是建议给扶贫对象解决化肥；⑨其他方面4件，占8.2%，主要是建议增设粮管所，帮助销售山毛桃，维修乡政府危房，加强广播线路建设和管理等。

大会议程

一、听取和审议县人民政府工作报告；

二、听取和审议1987年财政决算和1988年财政预算安排的报告；

三、听取和审议县人大常委会工作报告；

四、审议县人大常委会关于县第十届人民代表大会第一次会议代表议案和意见、建议办理情况报告（书面）；

五、听取和审议县人民法院工作报告；

六、听取和审议县人民检察院工作报告。

大会日程

县第十届人民代表大会第三次会议日程表

表3-31

时间		会议内容	执行主席
3月6日	上午	大会：1.预备会；2.县人民政府工作报告；3.1987年财政决算和1988年财政预算报告	刘思义 高富德 李文清 杨茂林 郭承祖 王郁仁 白秀芳 马克勤
	下午	小组会：讨论以上两个报告	
3月7日	上午	小组会：继续讨论两个报告	吕忠厚 阎志洁 孟建邦 梁钧宪 王学谋 朱春林 陈　俊 吴尚礼
	下午	大会：1.县人大常委会工作报告；2.县人大常委会关于县十届一次人代会议案和意见、建议办理情况的报告（书面）；3.县人民法院工作报告；4.县人民检察院工作报告	
3月8日	上午	小组会：讨论以上三个报告	金福存 郜文学 张光明 史国忠 马志俊 王生荣 张秀娥
	下午	大会：1.通过县人民政府工作报告，财政决、预算报告，县人大常委会工作报告，县人民法院工作报告和人民检察院工作报告的决议；2.议案审查委员会关于意见、建议审查的报告；3.县委领导讲话	

附：

县人民政府工作报告

（县人民政府县长金福存　1988年3月6日）

过去的一年，是本届政府任期的第一年，我们在党和上级的统一领导下，坚持开放搞活，坚持四项基本原则，进一步深化农村和城市经济体制改革，经过全县人民的共同努力，各条战线和各个领域的工作都取得了新的成绩。生产稳定发展，市场空前繁荣，社会日趋安定，人民生活水平有了一定的改善，基本完成了十届一次人代会提出的各项任务。1987年全县工农业总产值完成9694.48万元，占年计划9397万元的103.2%，较上年8794万元增长10.2%。其中，农业总产值完成7215万元，占年计划7200万元的100.2%,工业总产值完成2479.48万元，占年计划2197万元的112.9%。经济建设的发展，给社会发展奠定了良好的物质基础。

农业面对连续两年严重干旱的威胁，始终突出粮食的基础地位，组织千家万户，动员千军万马狠抓抗旱生产各项措施的落实，从而使灾害造成的损失降到最低程度，大灾之年仍然获得较好收成。全年粮食产量达到8.3万吨，占年计划10万吨的83%，较上年减产16.4%。在抗旱抓粮的同时，进一步调整了产业结构，使多种经营在农业结构中的比例更趋合理，在严重干旱、粮食减产的情况下，农业总产值仍以4.9%的速度增长，农村经济已由单一型向综合型迈出了一步。畜牧业生产在系列化服务推进下，以猪、鸡、兔等小畜禽饲养为突破口，带动了整个畜牧业生产的发展，畜牧业产值已由1986年的1629.8万元增长到1663.2万元，大家畜年末存栏9.34万头，占年计划9.05万头的103%，较上年增长6%；生猪存栏14.13万口，占年计划14.5万口的87%，和上年基本持平，出栏肥猪11.29万口，占年计划10.5万口的103%，较上年增长1%；养兔业在三起三落中开始重新起步，发展势头很好，初步形成了以外贸冷库为龙头，县乡畜牧站为依托，千家万户为主体的系列化生产体系。全县养兔户达到5万户，养兔达到35.7万只，提供商品量25万只；养鸡业持续发展，饲养量达到57万只，提供商品鸡18万只。全县肉类总产量达到7363吨，占年计划5158吨的143%,较上年增长38%。农业基本建设取得了很好的效益。林业建设以双岘、治平2万亩一次性绿化和8900亩果园建设为重点，全面完成了5万亩造林任务；种草达到8.74万亩，占年计划的117%，其中多年生牧草4.89万亩，年末草地留床面积达到32.99万亩；梯田建设继续坚持统一规划，集中连片，联合整治的方针，年内共兴修梯田6.36万亩，占年计划5万亩的107%，较上年略有增加；水利建设围绕抗旱生产共恢复中小型水利工程104处，新增保灌面积800亩，新增有效灌溉面积300亩，分别达到计划要求；东峡水库改建工程通过几年的紧张施工，已完成投资640万元，完成工作量和投资额分别为80%以上；农电线路建设也有新的发展，全年共架设农电线路84公里，占年计划20公里的4.2倍。乡镇企业和劳务输出发展很快，在整个农村经济中发挥了越来越明显的作用。全县乡镇企业总产值达到了2790万元，占年计划2400万元的116.3%，较上年增长60.8%；乡镇企业总收入达到1926万元，全面完成了计划，较上年增长60.6%；乡镇企业数由1986年的530个增加到832个，净增302个；从业人数由1986年的7495人增加到10604人，连同劳务输出，全年共向非农产业转移劳力3.2万人，全县农民纯收入中，乡镇企业和劳务输出收入比重由1986年的41元上升到62.5元。

城市经济工作围绕搞活企业这个中心，全面推进承包经营责任制，将竞争机制开始引入企业活动，在年初商业16个门店租赁的基础上，后半年在全县范围内铺开了公开招标承包。目前全县22户国营集体县属工商企业，已有13户签字承包，占企业数的59%。通过改革，进一步理顺所有权和经营权的关系，增强了企业活力，调动了干部职工的积极性。工业生产，面对资金和原材料紧缺，销售不畅的困难，通过完善企业内部的经营机制，挖掘内部潜力，速度和效益得到同步增长。工业总产值完成2359.31万元，较上年增长22.7%。列入全县考核的19种产品，产量均超额完成了任务。在完成总产值和产品产量的同时，各企业狠抓了产品质量和降耗节能工作，列入全县考核的8项质量指标和7项消耗指标，全部达到了国家控制的标准之内。随着产值、产量、质量的不断增长和提高，经济效益也越来越显著，全县工商企业实现利润176.15万元，占年计划170万元的103.6%，较上年增长11.4%；上缴利税完成47万元，占年计划的106.39%，较上年增长18.8%。各企业普遍重视了横向经济联合，推进了企业进步和升级。通过引进人才、技术，扩大了生产规模，增加了适销对路的新产品，填补了我县工业生产的空白，促进了地域之间的信息交流和经济往来，保证了全县经济发展的稳定协调。交通运输方面，客货运量与去年相比都有不同程度的增长，年内共完成客运量75万人次，货运量10.5万吨，旅客周转量1300万人公里，货物周转量1300万吨公里，并取得了较好的经济效益。与此同时，我们还抓紧了以工代赈公路建设和其他工程的建设，秦静公路新威段15公里油铺在省地单位的配合下，经过我们努力终于建成通车；仁大刘川大桥正在紧张施工，县乡公路完好率达到45.7%，三级养护路面达到15.6%，这些工程的建成和事业的不断发展，将对发展我县商品经济，扩大城乡流通，群众脱贫致富起到了很大作用。

财贸工作继续坚持开放、搞活的原则，突出购销，扩大流通，促进了城乡经济的进一步繁荣。商业购销两旺，商品纯购进完成1846.8万元，占年计划的37%；商品纯销售完成4314.6万元，占年计划的114.6%；商品零售总额达到5658万元；农副产品收购完成得也很满意，生猪、粮食、油品3种大宗收购量不同程度地超额了计划和有所增加，收购总额达到1078万元。服务业随着改革的逐步深入，调动了职工的积极性，服务质量有了明显提高。市场建设有了新的突破，流通渠道进一步拓宽。年内新建市场5个，扩建市场17个，农贸市场成交额达到868.89万元，比上年增长24.29%，新增个体工商户402户，总数达到2272户，从业人数3611人，资金总额252.49万元，已成为全县经济中不可低估的一部分。财政工作围绕“双增双节”运动的开展，重点抓了以开源节流、压缩开支、扩大税源、增加收入为主要内容的增收节支工作，并通过改革，理顺了财政管理体制，在继续推行“财务包干，分灶吃饭”和堵塞“跑、冒、漏”的原则下，初步建立了15个乡财政所，进一步加强了乡级财政。经过努力，全年财政收支基本达到了预算要求。

固定资产投资进展良好。列入全县考核的24项基本建设项目，总投资327.18万元，到年底已完成18项，完成投资859.25万元。这些项目，按要求均已全面完成。在抓进度、抓质量的同时，我们注重了投资效益和投资结构，提高了固定资产交付使用率，保证了生产的正常进行。在煤矿和果葡糖浆厂的建设过程中，一切围绕生产，资金效益发挥比较正常。目前煤矿建设已完成井巷665米，地面工程均已建成，设备购置基本配套，年内工程量达到要求。果葡糖浆厂一期工程已全面完成，原料储备、人员岗位技术培训均告结束，开机生产，指日可待。城市建设工作也有很大发展，阿阳路的拓开，大大缓解了主干通行路的拥挤问题；西环路南端的污水管敷设已完成360米，今年可竣工投入使用，彻底解决西环路南段存在的排污难等问题；地毯厂污水坑的处理，彻底解决了部分居民水井、农田污染等问题；北环路居民住宅区的开发初步讨论通过，规划已完成，将准备实施。我们还根据县城卫生差的状况，拨出专款8000元，购置垃圾车1辆，解决了城市垃圾拉运中的困难。所有这一切，都为城区干部群众的生活和工作创造了良好的环境，发挥了有益的作用。

教育、文化、卫生、体育、计划生育事业也有了较好的发展。教育工作在改革的推动下，基础教育稳步发展。小学招生7654人，占计划的113%；初中招生4036人，占计划的96%；高中招生1002人，占计划的115%。小学中“三率”已达到国家要求，儿童入学达到95.22%，学生巩固率达到98.64%，毕业率达到95.67%。大中专录取也取得了好成绩，共向省内外大专院校输送新生189人，中专220人，职业教育和成人教育也迈开了新的步伐，职中招生403人，占年计划115.14%；已有农学、林果、统计、会计、企管、体育、师范等专业在校学生1777人。经过各单位统筹，8个培训中心已初步建立，这些中心与电大、职业中学相配合，加速了我县职业技术教育的发展。目前已培养出大专人才59人，中专95人，初级技术骨干4272人，充实了全县技术队伍。中小学改善办学条件，小学实现“一无两有”也取得了较好的成果。几年来，在国家、集体、个人三结合投资中，部分中小学校舍已修葺一新，危房面积已降到5%左右，接近国家“一无两有”的标准。卫生防疫为保证人民身体健康做了大量工作，基层医疗机构基础设施建设引起了普遍重视，县中医院经过几年的酝酿讨论，于今年9月开业，对缓解群众就医难的问题起到了积极作用。计划生育工作经过多方努力，长期被动落后的局面得到了扭转，人口自然增长率控制在14.88‰，年末人口控制在39.52万人之内，较好地完成了上级下达的各项任务。文化、体育在普及群众性文化体育活动中成效显著，戏曲、文物普查取得了较好成绩；县志编纂正在抓紧进行，成绩显著；电视覆盖、电视收看率、无线电广播接收水平均有不同程度的提高。

城乡人民生活水平有了很大的改善，群众的消费水平有所提高，收录机、电视机、洗衣机等高档耐用消费品日趋普及，人民的衣着水平明显提高。社会商品零售总额达到6277.66万元，比上年增长5.7%。在严重干旱的情况下，仍有20%的农户盖起了新房。通过各种渠道开辟就业门路，共安置城市待业青年358人，缓解了待业青年的就业问题。同时，我们还抓紧了城乡贫困户的生活安排，共投放救济款81万元，口粮1650万斤，新修敬老院14处。对于困难户、五保户和残疾人进行了优抚安置，收到了很好的效果。军队转业干部的安置也抓得很紧，基本达到了人尽其才，妥善安置的要求。去年，我们在县级机关开展普法教育，增强了广大干部职工的法制观念，促使社会治安有了进一步的好转。司法和公安部门还通过在乡镇巡回宣传法律知识，对禁止当前农村中出现的封建迷信和流氓滋扰、赌博活动起到了打击和制止作用。公安部门还根据城市交通不好的状况，采取有效措施，促进了交通秩序的好转。

在过去的一年，我们取得的这些成绩，是全县广大干部和群众在党的领导下，奋发努力的结果，国家在财力、物力方面给予很大的支持，也是完成任务的重要条件。但是，还必须看到全县脱贫致富的步伐还不快，目前仍有约40%的群众温饱问题尚未解决。粮食生产经营水平低，自给能力差，仍然是困扰我们的一个大难题。乡镇企业的发展跟不上农村经济变革的需要，与发达地区相比显得更为落后，工商企业经济效益还很低，技术水平和管理能力仍然存在很多问题。改革的步子还不快，落在全省和全区的后面。部分公益事业建设不尽人意，诸如乡镇供粮点、公共卫生设施、群众住房等问题，反映在我们工作方面还很不扎实；宏观调控能力差，思想观念还比较陈旧，决策水平仍然很低，基层部分干部素质差，认识不统一，上下没有拧成一条绳。这些问题，将在今后政府工作中努力克服和解决。

1988年，是“七五”计划的第三年，也是本届政府执行任期目标的第二年。在这一年里，我县经济发展必将面临更为严峻的挑战，同时深入改革的形势也将会对我们提出更高、更新的要求。因此必须以十三大精神为指针，按照省、地安排部署，紧紧联系我县实际，用改革总揽全局，突出抗旱生产和深化改革两个重点，唱好粮食生产、脱贫致富、乡镇企业“三台戏”，因地制宜，分类指导，发挥优势，强化基础，优化服务，扩大成果，促进全县经济跨上新台阶。奋斗目标是：工农业总产值在1987年计划的9397万元的基础上达到10360万元，增长10.2%，其中农业总产值达到7510万元，增长4.3%，工业产值达到2850万元，增长29.7%；粮食总产量在1987年1.66亿斤的基础上达到2亿斤，增长20.5%；乡镇企业产值在1987年计划2400万元的基础上达到4440万元，增长46%；财政收入在1987年计划428.9万元的基础上达到441万元，增长2.8%；农民人均纯收入在1987年221元的基础上达到273元，增长23.5%。与此同时，教育、科技、文化、卫生、体育、计划生育和民政福利等各项事业都有新的发展。

为实现上述目标，必须扎扎实实抓好10个方面的工作。

一、继续立足抗旱救灾，狠抓以粮食生产为主的农林牧稳产高产

突出抗旱，抓好粮食生产。根据我县实际，解决粮食问题，必须认真贯彻“决不放弃粮食生产，积极发展多种经营”的方针，走“完善政策，依靠科学，稳定面积，增加投入，主攻单产，增加总产”的路子。具体抓好以下几点：

一是全力以赴抓抗旱，打好春耕生产第一仗。持续两年的大旱，给今春农业生产造成了很多困难。面对现实，我们必须做好长期抗旱的思想准备，狠抓各项关键措施的落实。首先是千军万马抓现灌，组织群众抓住解冻后的有利时机，充分挖掘现有水利工程设施的潜力，利用一切水资源，努力扩大实灌面积。其次是千家万户搞镇压、耙耱及追肥，做到冬小麦镇压2次，面积达到25万亩。对于春播地，要采取干打胡墼等措施，压碎土块，紧实土壤，确保墒情，以待春播。再次是千方百计抓准备。重点是抓好化肥、地膜、柴油、农药、良种、农贷等，并组织有关部门紧紧围绕春耕生产的需求，切实做好各项服务工作。

二是继续改善生产工作，不断增强农业后劲。水利建设要坚持“近挖远开”的方针，以挖潜为主，挖潜和开发相结合。近挖的主要任务是恢复水毁、老化和失修工程，这是川区粮食增产的潜力所在，但数量很大，完全依靠国家投资解决不现实，必须坚持国家、集体、个人一齐上的方针，从今年起，灌区的每个劳动力每年要拿出5至10个义务工，建立劳动积累制度；抓好以土方加固为主的田间工程。远开的重点是在抓好当年国家投资百万元左右的小型水利工程的同时，抓好基建工程，力争今年年底对东峡水库改建工程扫尾竣工，并做好团结渠新建工程的开工准备工作。大搞“梯田”建设，对4万亩梯田建设继续实行以村、社为单位，采取“四统一”“三集中”的办法，做到规划合理，质量全优，搞一块，成一块。

三是增加物质、技术投入，主攻单产。继续走好增施肥料、实行科学养地、培肥地力、以肥促产的路子，坚持化肥、农肥、绿肥一齐上，有机肥和无机肥相结合，氮磷钾和微肥配施相结合，认真纠正目前存在的重化肥、轻农肥，重用地、轻养地，重产出、轻投入的倾向，切实加强地力建设，提高土地质量。继续扩大地膜栽培面积，完成玉米地膜覆盖面积2万亩以上。继续推广优良新品种，研究不同区域的主栽品种和搭配品种的换代更新，认真做好优良品种的外调和提纯复壮工作，不断提高种子纯度，保持优良品种，防止退化混杂。继续扩大机耕面积，要通过供应平价柴油，农机监理等手段，做好伏耕季节机子归田，使机耕面积继续回升。继续重视推广农业新技术，建立各种良种繁育基地；要稳定和加强农村科技队伍，抓好县、乡、村、社四级农技队伍的建设，提高他们的素质，逐步形成农村科技普及服务网络。

四是强化土地管理，稳定粮田面积。要教育广大干部群众，十分珍惜和合理利用土地，严格按照土地法规办事，坚决制止在粮田上乱打庄基、乱建房屋的现象，严格控制非农业用地。要按照土地管理法规管理好土地，依照规划要求和土地管理程序，确保粮田面积基本稳定。

突出猪、鸡、兔，发展商品畜牧业。生猪生产要采取更优惠的措施，放手发展母猪。同时，要动员群众多养猪，养好猪，扩大出栏，增加收入。经过努力，饲养量达到24万头，出栏11万头；养兔生产要突出抓好重点村、重点社、重点户的饲养，并通过抓重点推动面上的工作，力争饲养量达到70万只，商品量达到50万只；鸡的生产重点是抓好孵化工作，力争饲养量突破百万只。

突出效益，大力发展以果园为主的林草建设。主要抓好4件事：一是按照县委、县政府《关于果树生产的决定》，保质保量完成2万亩果园建设任务。二是抓好雷大、后梁、余湾3乡2万亩一次性绿化和面上的1万亩造林任务的落实。三是抓好西兰公路沿线的高界、七里、八里、城关4乡镇14公里行道树的更新改造工程。四是切实加强林木管护工作。要把林木管护作为今后林业建设的一项重要工作来抓，并制定一些行之有效的管护办法和奖罚政策，确保林业建设走上良性循环的轨道。

种草要继续坚持和养畜结合，多种多年生优质牧草，以草养牧，以牧促农。年内完成种草任务5万亩，其中多年生牧草4万亩。

二、集中全力抓扶贫，为3年解决温饱起好步

我县的扶贫工作，在省、地的关心和指导下，经过几年的努力已初步实现了由单纯救济向经济开发的转变，进入了一个新的发展阶段。通过重点扶持和建设，农业生产基本条件有所改变，生产有了发展，群众的生活水平有了不同程度的提高，温饱问题初步得到缓解。但由于我县底子薄，条件差，目前仍有部分群众的生活问题未得到解决。据统计，目前全县贫困户仍然接近40%，除去五保户、社会救济户外，需要扶贫的对象有22841户，127718人。根据省、地安排部署，奋斗3年，力争使80%的贫困户人均纯收入达到245元以上，人均占有粮食达到600斤以上，解决温饱，实现基本脱贫。分年实施计划是：1988年扶持1万户，脱贫7000户；1989年扶持1万户，脱贫7000

户；1990年扶持8841户，脱贫4278户。在具体工作上要逐乡、逐村、逐户调查，在摸清底数的基础上，建立完善的管理制度，做到县建簿、乡造册、户立卡，进而制定力争3年基本解决温饱的规划和分年实施计划。规划的年度目标要连同“五种三养二转移”的开发项目和组织措施都要层层落实到县、乡、村干部身上，保质保量限期完成。同时兴办乡村扶贫经济实体，采取多种形式，积极组织回乡高中初中毕业生、退伍军人、乡土人才、能工巧匠搞经济开发。要像张山村那样，干部组织，能人带头，“办起一个点，安排一批人，带动一大片”。通过办经济实体，把农村的能人发动起来，把缺乏经营能力的贫困户组织起来，扩大经济开发领域，提高综合扶贫效能。

为了给贫困户脱贫创造物质技术条件，在政策允许的范围内，给予适当优惠。一是安排扶贫项目和资金优先；二是组织劳务输出优先；三是推广科学种田、家畜家禽饲养和林果业建设等农业科学技术以及供应化肥、地膜、农药、柴油、种子等生产资料优先；四是为农副产品的产、加、销提供设备、场地、技术、信息等综合服务优先；五是抓智力投资、专业技术培训优先；六是为贫困户兴办企业提供服务优先。

三、大办乡镇企业，向非农产业转移劳动力

1988年我县发展乡镇企业的重点是：从教育干部群众转变观念入手，组织千军万马、千家万户站在调整产业结构突破口的位置上，挥动乡镇企业这面大旗，组织和动员劳动力向二、三产业转移，保证乡镇企业产值上4000万元的新台阶，企业从业人员和劳务输出总数逾4万，使农民从非农产业获得的收入继续明显增加。

为确保1988年上台阶目标的实现，要在认真总结过去经验教训的基础上，坚定不移地走以建筑企业为依托，充分利用人力资源，走劳务输出的路子。巩固发展提高建筑队规模和水平，建安工作量2000万元以上，形成万人队伍。立足当地资源，广泛开展加工增值，走户办联办的路子，广泛兴办以农产品加工为主的户办联办副业。广辟市场，搞活流通，发展第三产业，走以商促工的路子。要继续放宽政策，强化服务，拓宽市场，鼓励农民进入流通，从事个体贩运、运输、修理、饮食和其他服务业，在新的领域中更新观念，掌握信息，增加收入。围绕龙头产品，扩散联合，走产、加、销一条龙的路子。要围绕地毯、刺绣等龙头产品，继续从资金、人才、技术和产品销售方面给予指导和帮助，从点到面纵深发展。抓管理、上水平、上技术、上质量，走挖掘企业内部潜力的路子。对重点企业通过承包经营和整顿，挖掘企业内部潜力，强化经营管理，争创优质产品，提高经济效益。依托大城市、大中型企业，走横向联合的路子。要主动和外地先进企业结对子，多形式、多渠道地从大中城市引进技术、人才和资金，积极发展横向联合。在新的一年里发展乡镇企业，必须一手抓发展，一手抓提高，根据我县实际，着重抓发展，在重视宏观指导原则下，对起步迟、基础差的乡镇，要把发展重点放在联户、个体企业和劳务输出上。没有村办企业的空白村，要充分利用当地资源，着重兴办一批集体企业。用国家有偿投资和银行贷款建设的重点项目，要按照规定的审批权限审定。对于批准建设的项目，要及时落实配套资金，力争做到当年投资、当年建设、当年见效。劳务输出是开发农村剩余劳力，促进农业专业化、商品化生产的一项重要措施，必须高度重视，切实抓好。县上拟将劳务办公室改为“县劳务输出服务中心”，并增加编制，充实力量，扩大业务范围。开拓新的劳务市场，实行有计划、有组织地输出。同时要加强劳务输出管理，选好带队干部，并同带队干部签订合同。经过努力，力争1988年输出劳务3.5万人，收入达到1000万元。

四、加快改革步伐，搞活工商企业

国营、集体、乡镇企业全面实行承包经营责任制，对1987年未搞承包的国营工商企业、城镇集体企业、乡镇企业中的骨干企业，要在总结现有承包经验的基础上，实行系统内和面向社会相结合，公开招标，真正把竞争机制引入企业承包，重点要抓好最佳经营者和最佳经营方案两个选择，通过承包人平等竞争，公开答辩，评估领导小组评议，确定最佳承包人。要完善企业内部经营机制，建立健全内部经营责任制。已实行承包的企业，要把竞争机制引入内部管理，把承包合同确定的各项指标落实到车间、班组、门店和个人，建立健全各项规章制度，重点是完善内部分配制度和人事制度，正确处理国家、集体、个人三者之间的关系。积极发展县内横向联合，搞好工商衔接。企业要根据各自的生产、经营优势，努力发展县内外之间的横向联合，特别是要搞好县内工商、工农、农商之间的衔接，努力消化地方工业、乡镇企业产品，促进地方工业和乡镇企业的发展，增加地方财政收入。改革企业用工制度，干部管理制度，完善厂长（经理）责任制。创造条件，完善政策，形成企业与职工互相选择的外部环境，增强企业活力。今后企业招工，实行“先培训，后就业”的方针，由劳动人事部门下达新增劳动指标，由企业公布招工简章，面向社会，择优录用。

五、以提高经济效益为中心，提高工交企业素质

抓速度，突出质量。我县是一个农业县，工业基础薄弱，工业总产值仅占工农业总产值的25%左右。为此，我们必须加快工业发展步伐，确保今年任务的完成。在保任务的同时，努力抓好适销对路和畅销产品的生产，保证市场需求。全力提高产品质量，国营工业企业应尽快建立全面质量管理保证体系，健全质量检测手段，搞好企业计量定级升级工作，加强职工培训，下功夫把职工的文化技术素质再提高一步，以优秀的职工群体，保证优良的产品质量。

抓改造，突出开发。各企业加快技术改造，扩大生产能力，引进新技术、新工艺，开发新产品，促进产品的更新换代。1988在完成84号生产线、人造板生产线、包装材料生产线、力车辐条生产线等技术改造项目续建工程的同时，搞好轻纺、化工、造纸、淀粉深加工等项目的前期准备工作，使企业根据市场需求和本企业实际，争取推出一些适宜自己生产的、适销对路的新产品，不断提高企业的应变能力和竞争能力。

抓生产，突出购销。要从强化企业内部管理入手，认真调整产品结构，在组织好适销对路产品生产的同时，把抓推销作为企业的关键环节来抓，变产供销为销供产，达到以销促产。今年原材料供应缺口较大，要做好充分准备，采取切实可行的措施，确保原材料供应，满足生产需要。

抓增产环节，突出降低成本。一是要组织力量，对历年已建成的基建项目进行一

次效益大检查，使其如期投产，达产达标，对未能达产达标的项目进行分析，采取措施，限期达产达标。二是通过提高劳动生产率，降低原材料消耗，降低能耗，降低费用，达到降低成本，提高经济效益的目的。一方面要求各企业建立健全财务管理制度，加强核算管理，另一方面把企业和车间管理费降到最低程度，减少产品积压，加快资金周转，提高资金利用率，使有限的资金发挥更大的作用。

各业务主管部门要加强对企业的监督指导，协调服务工作。要帮助、引导企业增强市场观念、竞争观念和开拓观念，以技术开发为立厂之本，走出适应市场变化的新路子。要帮助企业广辟资金、物资供应市场，开发新产品，为企业分忧解愁。要帮助企业增强政策性投资，减少对企业生产经营活动的行政干预，为企业生产经营活动创造宽松的外部环境。

六、开辟市场，扩大流通

根据国营商业、供销社和个体户在流通领域的不同地位，充分发挥其作用。国营商业要充分发挥主导作用，稳定市场，平抑物价，以安排市场为主要任务，积极组织省内外工业品的购销，拓宽地方工业品和农副产品的购销渠道，为发展地方工业作出贡献。供销社要充分发挥合作经济的优势和在农村流通领域的主渠道作用，从方便群众生产、生活出发，通过各种渠道，积极做好化肥、地膜、农药等农业生产资料的组织供应，搞好农副产品收购，要把农贸市场建设提到重要的议事日程上，作为一项搞活经济的基础工作组织实施，在逐步完善配套现有21个农贸市场的同时，从方便群众从事流通出发，今年计划再拓宽、改造、新建一批农村市场。同时，根据互相竞争，促进联合，摸索各种适应商品经济发展专业化、社会化的新型贸易体制，创办农工商，牧工商等产销一体化的经济形式和农民自我调整的各种购销联营组织。

七、双增双节，开源节流，努力实现资金的供应平衡

加强税收征管，增加财政收入。税收是我县财政收入的主要来源，企业要通过增产节约，降低成本，提高经济效益，确保上缴利税任务的完成。税务部门要落实“分级负责，分段管理，任务到人，包干完成”的责任制，积极组织零散税收，坚决堵塞“跑、冒、滴、漏”，增加税收，把应该收的如数收上来。

量力而行，量入为出，严格控制财政支出。一是控制自筹基建投资规模，完善管理办法。建设单位对基建资金要严格按照“先存后批，先批后用”的原则存入专业银行，彻底杜绝计划外建设项目。二是大力提倡勤俭节约、艰苦奋斗的精神，压缩社会集团购买力，从严审批控购商品；严格控制会议费、购置费、维修费和各项管理费；财政预算要确保“人头费”。三是实行编制与工资基金统一管理。对党政群机关、事业单位的经费和工资，坚决按编制部门核定的编制和工资基金预拨经费，支付工资。

加强审计、财政监督，严肃财经纪律，纠正各种不正之风。对经过财务、税收、物价检查发现和审计部门审计出的偷税漏税、乱摊成本费用，不按规定搞各项提留，擅自提高奖金、补贴、津贴等标准和乱发奖金、实物，利用公款请客送礼等违反财经

纪律的行为和各种不正之风，进行严肃处理，对有关领导和直接责任者要视其情节，给予必要的处罚，维护财政法纪的严肃性。

金融保险事业要为经济建设服务。银行要坚持“紧中有活”的原则，大力筹集社会闲散资金，增加储蓄，为经济建设融通资金，提供服务。保险事业要扩大宣传，充分发挥保险的补偿作用，提高保险的社会信誉，广拓服务领域。

八、围绕经济建设，大力发展教育、文化、卫生、计划生育等事业

教育工作必须进一步完善分级管理体制，提高管理水平。重点抓乡镇教育管理委员会职责的再制定和各项管理制度的再完善，把普通教育、职业技术教育、成人教育纳入乡级教育的网络，充分加强各学区工作人员，使其真正成为管理学校、承办各类教育事业的实际工作班子。巩固和发展改善办学条件的成果，全面完成小学实现“一无两有”任务，并开始解决中学危房改造工作。要切实端正办学指导思想，纠正单纯追求升学率的偏向，普教质量丝毫不能放松，要在做好教师队伍思想工作的同时，对教学质量实行目标管理责任制，建立健全学校质量管理制度及考核办法。与此同时，突出抓好成人教育和职业技术教育，办好8个职业技术教育培训中心，搞好对现有职工、城乡待业青年和农村回乡知青的培训，要重点办好县教育培训中心和靳寺农业职业中心，为我县经济建设培训更多的实用人才。

文化工作要突出抓好农村文化站（室）的建设，要把农村文化站（室）办成扫盲场所，让农民识字、学文化；办成传授农业技术知识的场所，让农民脱贫致富；要重点组织好重大节日期间的文化体育活动，引导学校、企业、机关事业单位开展群众性文体活动；组织好省、地各项运动会参赛项目的训练，争创好成绩。县文化馆、图书馆、工人俱乐部要积极开展各项文化娱乐活动，尽量满足广大群众对文化生活的需求。要加速文物的普查、收集和管理工作。编修新县志是一项全县性的精神文明建设工程，要切实抓紧，争取年内形成初稿。广播电视事业从增大广播调频功率和加强线路管理入手，全力以赴认真解决广大农村听广播难的问题，并重视电视差转质量，提高自办节目的水平。

医疗卫生工作，以提高社会效益为目的，加快乡卫生院的改革步伐，实行分级办医，分级管医，层层推行各种形式的承包和岗位责任制，以此作为开创医疗卫生工作的突破口，促进医疗、防疫、妇幼保健、计生手术等任务的落实。改善服务态度，提高服务质量，重视医疗卫生设施建设，有计划地解决卫生院的危房问题。同时，要继续重视县中医院筹建中的完善配套工作，逐步解决住院难的问题。加强乡、村两级防疫保健工作和乡卫生所的管理和指导，搞好地方病、多发病以及各类传染病的防治，重视少年儿童的防疫注射，切实搞好农村保健工作。搞好爱国卫生运动，县城要突出抓好农贸市场、车站、旅店等公共场所的环境卫生和食品卫生，确保城区清洁、干净和人民身体健康。

九、加强法制教育，实现社会治安的根本好转

继续搞好普法教育，1988年计划分两批在中、南部10乡镇开展普法教育，通过这

一活动，进一步增强农村基层干部的法制观念和依法办事的能力，提高广大群众遵纪守法的自觉性。抓好社会治安的综合治理，在城区开展治安联防，重点是落实单位内部夜间值班放哨和城区夜间巡逻，加强防范。要搞好县公共场所的治安保卫工作，加强对流动人口和特定行业的管理。要加强对青年职工的法制教育和违法青少年的帮教工作，学校要加强对学生的法制教育，预防和减少青少年违法犯罪。要重点查处赌博、盗窃、利用封建迷信骗钱害人、拐卖妇女儿童、破坏林木、水利设施和其他公用设施、打架斗殴等违法犯罪案件，保证经济建设的顺利进行，保障人民的合法权益。要重视人民调解，加强信访工作，要适应农村改革后的新情况和新问题，及时解决一些民事纠纷，超前预防刑事案件，要及时查处和答复群众来信来访，尽力解决涉及群众切身利益的一些实际问题。

十、注重实绩，转变职能，改进作风

为适应我县国民经济和社会发展的需要，政府工作必须继续坚持以服务为宗旨，下决心转变职能，改进作风，鼓实劲，干实事，讲实效。

要牢固树立“领导就是服务”的观念，把政府的全部工作真正转移到促进发展生产力，加快脱贫致富步伐和为基层、企业服务的轨道上来。各级政府领导和全体工作人员都要自觉地把自己置于人民公仆的地位，加强革命事业心和责任感，识大体，顾全局，兢兢业业，呕心沥血，尽自己的最大努力，为社会主义现代化建设服务。政府机关要精兵简政，明确职责，减少环节，提高办事效率，坚决清除那种遇事推诿、互相扯皮、以权设卡、办事拖拉的官僚主义弊病，要经常深入实际，调查研究，剖析典型，总结经验，充分发挥自己的创造性和主动精神，积极做好工作。凡是职权范围内的事，都要认真负责，善于决断，敢于拍板，决不能一推了之，应付了事，提倡部门之间直接对话，协商办事，扎扎实实地帮助基层和企业解决问题。要虚心倾听人民群众的意见、建议和批评，经常关心人民疾苦，少说空话，多办实事，尽心竭力地解决人民群众迫切需要解决的实际问题。在新的一年里，政府尽力再办一些要求最迫切的社会公益事业和看得见、摸得着的实事。要下放权力，转变职能，充分发挥政府各职能部门的作用。加强基层政权建设，逐步建立行政责任制，站在稳定经济、深化改革的高度上，理顺各方面关系，推动两个文明建设。

要继续加强政府部门的自身建设。所有工作人员都要认真学习党的十三大文件和一系列路线、方针、政策，坚持两个基本点教育，创造性地推进开放搞活。要加强经济知识、法律知识、管理知识的学习，拓宽知识面，掌握真本领，增强解决实际问题的能力。要以改革总揽全局，把主要精力放在调查研究，抓基层抓典型上，身先士卒，有效地克服“文山会海”，摆脱事务主义，兢兢业业，廉洁奉公，忠于职守，始终如一做人民的公仆，坚决反对高高在上，当官做老爷的官僚主义作风，抵制讲排场、比阔气、以权谋私等不正之风。人民政府必须体现人民的意愿，要热情欢迎人大代表的视察活动，认真办理人大代表的议案建议。要专人专时接待人民来访，定期与社会各方面进行对话，公开接受对政府工作的民主监督。

展望未来，我们今后的任务是光荣而艰巨的，肩负的责任是重大的。我们一定要自觉地服从党的领导，接受人大的监督，充分发挥和重视人民政协和各民主党派的监督作用，重视和发挥工会、共青团、妇联等社会群众组织以及社会舆论的监督作用，在管理各项政务方面充分发挥行政机关的职能。我们真诚希望各位代表对政府工作提出批评和建议，使政府部门的服务水平有新的提高。我们坚信，只要我们以十三大精神为指针，坚持四项基本原则，坚持改革、开放、搞活的方针，紧紧依靠全县工人、农民、知识分子和各界人士，团结一致，扎实工作，励精图治，奋发进取，就一定能够推进我县社会主义现代化建设！

县人大常委会工作报告

（县人大常委会主任高富德　1988年3月7日）

1987年1月县十届人大一次会议到现在，历时一年零两个月（在此期间召开了第二次会议，但未作工作报告）。一年多来，在党的十一届三中全会以来的路线、方针、政策指引下，县人大常委会遵照宪法和地方组织法赋予的职责，认真执行一次会议的各项决议，围绕经济建设这个中心，以发展社会主义民主，健全社会主义法制为重点，开展了人大的各项工作，发挥了地方权力机关的职能作用，较好地完成了各项任务。

一、认真宣传贯彻宪法和全国人大常委会的决定，深入开展了普法教育工作

宪法是人大行使职权的总的法律依据和根本准则。全国人大常委会《关于加强法制教育维护安定团结的决定》是向全体人民进行法制教育的重要材料，是坚持四项基本原则、反对资产阶级自由化、维护安定团结的法律武器和思想武器。县人大常委会把宣传贯彻实施宪法与决定作为任务，摆在各项工作的首位。在常委会先后召开的3次会议上都列为重要议程，组织全体委员认真学习宪法和决定，提高大家对贯彻执行决定重要意义的认识，作出了《关于学习贯彻全国人大常委会决定的决议》，号召全县各级干部和广大群众深入开展学习决定，并把学习决定和普法教育紧密结合起来，同步进行。听取了县司法局“关于普法教育进展情况的汇报”。与此同时，常委会还派出1名专职委员协同县普法办公室，对县直一些单位的普法工作进行了督促检查。根据会议汇报和检查发现的问题，对进一步深入学习决定和开展普法教育提出了意见和要求。根据县委的统一部署，人大常委会积极协助普法领导小组，先后分3期举办了县直机关及省、地驻静宁各单位共936名干部职工参加的学习班，集中系统地学习了“十法一条例”和决定。为了使学习深入基层，人大常委会还派人到一些乡镇，组织部分县、乡人大代表学习了决定，通过他们带动促进广大群众的学习。

通过宣传贯彻宪法和决定，深入开展普法教育，增强了干部群众的宪法观念和公民意识，提高了依法办事的自觉性。各级领导干部进一步明确了过去是单纯依靠政策办事，今后既要依靠政策又要依靠法律办事，广大群众逐步懂得了运用法律规范自己的行动。学校、家庭、社会都重视和加强了对青少年的管理教育，这对减少和预防犯

罪、促进社会治安好转、维护安定团结、保障经济建设，起到了很大作用，收到了良好的效果。

二、听取和审议“一府两院”的工作报告，依法行使监督权

一年多来，县人大常委会依法召开了9次会议，听取审议了人民政府、人民法院、人民检察院的12项工作报告，通过了5项决定、决议。围绕会议内容，开展了调查、视察活动，为会议做了必要的准备。一年内重点调查、视察了医疗卫生、教育、农业建设专项资金管理使用情况和政法机关执法办案等工作。

医疗卫生工作，是直接关系到保护人民健康，增强人民体质的大事，对于发展经济，加快脱贫致富步伐具有特别重要的意义。1987年前季，由人大常委会领导同志带队，组织力量，对威戎等5个乡镇卫生院及11个村卫生所的工作进行了视察。在常委会第三次会议上听取了县人民政府《关于1987年上半年卫生工作的汇报》和常委会的视察报告。会议针对一些基层卫生单位存在的领导班子不强、技术力量薄弱、医疗设备差、制度不健全、管理混乱等问题，建议政府和主管部门从深化卫生工作改革、健全承包责任制、调动医务人员积极性、加强医疗队伍建设和改善基层医疗卫生工作条件等方面研究解决问题，加强工作。县人民政府及时采取了措施，给基层卫生院特别是新建的乡卫生所解决了一部分维修和周转资金，调整了一些基层领导班子，解决了一些突出问题，促进了卫生工作的改革和发展。

加强农业建设，是改变我县贫困面貌的头等工作。几年来，国家投入了大量资金，扶持我县恢复和发展农业生产。如何管理使用好这批资金，使其充分发挥效益，是人民群众十分关心的问题。人大常委会于1987年9月份，组织财政、审计等部门的同志，对农业、水利等主管部门和祁川、甘沟、双岘、雷大4个乡的农业建设资金管理使用情况进行了调查。常委会第四次会议听取了县政府《关于1986至1987两年农业建设专项资金使用及项目完成情况汇报》和常委会的调查报告。根据会议审议提出的意见和要求，政府从改善农业资金管理体制、提高资金使用效益和制止截留挪用、开支不当等方面，研究健全制度，加强管理，努力做好工作，使农业建设资金基本做到了专款专用，较好地发挥了效益。

发展教育事业，关系到为国家培养建设人才，是千家万户都关心的大事。为了尽快改善办学条件，提高教学质量，人大常委会把教育工作列为视察的重点，组织力量，用1个月多的时间，对双岘等10个乡镇65所小学的改善办学条件和16所中学、10所中心小学的教学质量进行了比较全面的视察。视察情况表明，自贯彻中央《关于教育体制改革的决定》和义务教育法颁布实施以来，全县乡、村两级把集资办教育列入了重要议事日程，广泛发动群众，各方筹措资金，使大部分学校的办学条件有了很大的改善，广大教师教书育人的事业心和责任感进一步增强，教学质量不断上升。但还存在一些问题，主要是有些乡、村领导对集资办学认识不足，群众还没有充分发动起来，个别学校的面貌变化不大；部分教师的政治、业务素质差，教学效果不好，大部分中学的危房和校舍短缺问题严重存在。在常委会第七次会议上听取了县政府《关于

1987年教育工作总结及今后意见的汇报》和人大常委会的视察报告。县委很重视和支持人大工作。县委书记刘思义同志亲自参加听取了教育工作汇报，并作了重要讲话。同时，县政府于今年2月份召开了全县教育工作会议，重点研究了加强学校管理，提高教学质量问题。并对视察中提出的尽快解决仁大中学校址问题和原安、阳坡中小学吃水困难等具体问题，采取了有效措施，得到了解决和正在研究解决。

政法工作是人大实行法律监督的重点。人大常委会于1987年9至10月份，对公检法机关及所属8个人民法庭和10个公安派出所的执法办案工作进行了调查，并在第六次常委会议上听取了县人民法院、人民检察院、公安局的工作汇报和常委会的调查报告。会议针对政法部门的汇报和常委会的调查报告，进行了认真的讨论和审议，指出了政法部门在办案中存在的一些不符合法律程序、办案不及时和群众告状难等问题。要求政法部门以十三大精神为指针，提高办案效率，切实解决群众告状难的问题。按照人大常委会审议的问题，政法部门采取了积极措施，纠正了办案中一些不合法律规范的问题，解决了办案中群众反映强烈的问题，进一步改进和加强了政法工作。

三、认真办理代表提出的议案和意见，加强同人大代表的联系

认真办理人大代表提出的议案和意见、建议，不断加强同人大代表的联系，是尊重代表的民主权利、做好人大工作的基础。在十届人大一次会议上，代表们提出的议案和意见、建议，反映了广大人民群众的意愿和要求。一年来，十届一次人代会通过的1件议案和代表提出的108条意见、建议，在县人民政府的重视和各方面的共同努力下，现已全部办理结束。关于修建县中医院的议案，经过多方做工作，较快地解决了地址问题，配备了领导班子，调配了医务管理人员，已于1987年9月1日正式开业，受到了广大人民群众的欢迎。对108条意见、建议，已经办理解决的占50%；列入计划，筹措资金，逐步解决的占12%；还有38%的因人力、物力、财力和其他原因所限，暂时还不能解决。对于上述意见、建议的研究和办理情况，各承办单位都分别给代表作了答复。在这次大会上，人大常委会还要作专题书面报告。

信访工作是人大常委会直接联系人民群众的主要渠道。一年来，常委会共收到反映群众生活、计划生育、案件审理、社会治安以及违反招生规定等方面的人民来信13件，接待群众来访38人（次）。对群众来信来访中反映的问题，按照“分工负责，归口管理”的原则，该转办的及时批转有关单位办理，该直接办理的及时派人查处。对一些重大疑难问题，由领导同志亲自批示，督促办理。1987年7月份收到群众反映县教育局1名干部在中专招生中作弊的来信后，领导同志及时批转教育局查处。教育局通过认真调查，来信中所反映的问题完全属实。局里做了深刻检查，总结吸取了教训，严肃认真地纠正了招生工作中违反政策规定的错误做法，给直接犯错的同志给予了党纪、政纪处分，维护了国家招生政策的严肃性。

为了充分发挥人大代表的作用，提高代表参政议政的能力，在人民代表大会上充分发扬民主，让代表提议案、意见、建议和批评，审议各项工作报告，讨论决定重大问题，行使管理国家民主权利。在人代会闭会期间，还采取各种形式，不断加强同人

大代表的联系。1987年初，全县以乡镇为单位成立了30个代表小组，普遍开展活动。人大常委会还派负责同志和工作人员，先后在10个乡镇主持召开了代表小组座谈会，组织县人大代表和部分乡镇人大代表学习宪法和法律，听取代表的意见和要求。对座谈中代表提出的涉及教育、卫生、交通、物资供应及社会治安等方面的30多条意见和要求，常委会及时转送有关部门，并召集有关单位负责人会议，进行研究和督促办理。大多数单位对人大代表和群众提出的意见，都严肃认真对待，及时负责地研究办理。如威戎代表小组提出的威戎中学和中心小学的基建经费和原安代表小组提出的化肥供应等问题，转送主管单位后，都很快得到了解决，这是人民政府关心人民、尊重代表民主权利的具体体现。

四、依法搞好人事任免工作

一年多来，人大常委会依照宪法和地方组织法的规定，按照干部“四化”的标准要求，对县人民政府、人民法院、人民检察院提请任免的干部，进行认真审议，严格按照法律程序办事。坚持做到不经依法正式任命的干部，不能宣布职务，不能行使职权。对依法选举的干部，基本做到了在任期内相对稳定,对个别因工作需要变动的坚持履行了法律手续。

为了切实搞好人事任免工作，做到对干部既任又管，1987年以来，人大常委会紧密配合组织、人事部门对县直各局、委、办及人民法院、人民检察院的领导班子全面进行了民主测评。通过测评，对人大常委会所任干部的素质和工作实绩做了较全面的了解掌握，为做到知人善任、正确行使任免权，创造了先决条件。同时还增强了被测评干部的民主、法制和公仆观念，改正了工作中的缺点错误，提高了事业心和责任感，有效地促进了工作。

第四节　县第十届人民代表大会第四次会议

大会概况

县十届人大四次会议于1989年1月12日至14日在县政府礼堂召开。应出席代表217名，实出席208名。县直及省、地驻静宁各单位负责人，在静宁县的省人大代表，部分离退休老干部、教师、工人、医务人员及乡镇企业、个体户代表共140人列席会议。

马志俊、马克勤（回族）、王生荣、王学谋、王郁仁、白秀芳（女）、史国忠、吕忠厚、朱春林、李文清、吴尚礼、张光明、张秀娥（女）、杨茂林、孟建邦、金福存、陈俊、部文学、高富德、郭承祖、梁钧宪、阎志洁、靳国强23人组成大会主席团，吕忠厚、李文清、张光明、杨茂林、孟建邦、金福存、部文学、高富德、梁钧宪、阎志洁、靳国强11人为主席团常务主席；阎志洁为秘书长，史国忠、朱寿亭、郭应童为副秘书长；张光明、张国盛、安静修、刘维勤、郭承祖5人组成议案审查委员会，张光明为主任委员，张国盛为副主任委员。

大会在正式开幕前，举行预备会议，通过大会有关事项。

大会举行全体会议3次。第一次全体会议于1月12日上午举行，由县人大常委会主任高富德主持，听取县政府常务副县长张国盛所作的《县人民政府工作报告》、县财政局局长曹升明所作的《关于1988年财政决算和1989年财政预算安排的报告》、县计委主任王智仁所作的《关于1988年国民经济和社会发展计划执行情况及1989年计划草案的报告》。第二次全体会议于1月13日上午举行，由县人大常委会副主任阎志洁主持，听取县人大常委会主任高富德所作的《县人大常委会工作报告》、县法院院长马子坤所作的《县人民法院工作报告》、县检察院检察长陈贵录所作的《县人民检察院工作报告》，审议县人大常委会《关于县第十届人民代表大会第三次会议代表意见、建议办理情况的报告（书面）》，通过关于接受金福存辞去县政府县长职务请求的决定，通过选举办法。第三次全体会议于1月14日下午举行，由县人大常委会副主任部文学主持，选举县政府县长1名；听取县人大常委会副主任张光明所作的《关于代表意见、建议审查情况的报告》，通过《关于政府工作报告的决议》《关于县人大常委会工作报告的决议》《关于县1988年财政预算执行情况和1989年财政预算安排的报告的决议》《关于县1988年国民经济和社会发展计划执行情况及1989年计划安排的报告的决议》《关于县人民法院工作报告和县人民检察院工作报告的决议》。会议最后，县委书记金福存作了讲话。

大会安排分团会议3次。

大会收到代表意见、建议54件。其中：①农业基本建设方面22件，占40.7%，主要是建议在改土上因地制宜，分类指导，在水利建设上维护维修设施，出资修建提灌站，在农电方面增加供电量等。②群众生产、生活资料方面8件，占14.8%，主要是建议解决食盐、煤油、火柴、煤炭生活资料和化肥生产资料的乱搭配问题等。③交通运输方面6件，占11.1%，主要是建议修建公路桥梁、增加班车次数等。④文教、卫生、广电、计划生育方面13件，占24.1%，主要是建议增加教育经费、修建卫生院、按期拨付计划生育经费、修建电视差转台等。⑤其他方面5件，占9.3%，主要是建议解决乡镇政府危房、加强城乡治理管理、提高农技人员素质、改变养兔工作方法等。

大会议程

一、听取和审议县人民政府工作报告；

二、听取和审议县人民政府关于1988年财政预算执行情况和1989年财政预算（草案）的报告；

三、听取和审议县人民政府关于1988年国民经济和社会发展计划执行情况和1989年计划安排（草案）的报告；

四、听取和审议县人大常委会工作报告；

五、审议县人大常委会关于县第十届人民代表大会第三次会议代表意见、建议办理情况报告（书面）；

六、听取和审议县人民法院工作报告；

七、听取和审议县人民检察院工作报告；

八、通过县人民政府县长金福存的辞职报告；

九、选举。

大会日程

县第十届人民代表大会第四次会议日程表

表3–32

时间		会议内容	执行主席
1月12日	上午	大会：1.预备会；2.大会开幕：①县人民政府工作报告；②1988年财政预算执行情况和1989年财政预算（草案）的报告；③1988年国民经济和社会发展计划执行情况及1989年计划（草案）的报告	高富德 吕忠厚 李文清 梁钧宪 史国忠 马志俊 陈　俊 张秀娥
	下午	小组会：讨论以上三个工作报告	
1月13日	上午	大会：1.县人大常委会工作报告；2.县人大常委会关于十届人大三次会议代表意见、建议办理情况的报告（书面）；3.县人民法院工作报告；4.县人民检察院工作报告；5.通过县长金福存的辞职报告；6.通过选举办法	金福存 阎志洁 靳国强 孟建邦 郭承祖 朱春林 白秀芳 王生荣
	下午	小组会：讨论以上四个工作报告	
1月14日	上午	小组会：酝酿讨论县长候选人	郜文学 张光明 杨茂林 王学谋 王郁仁 吴尚礼 马克勤
	下午	大会：1.选举；2.通过县人民政府工作报告、1989年财政预算报告、1989年国民经济和社会发展计划报告、县人大常委会工作报告、县人民法院和人民检察院工作报告的决议；3.议案审查委员会关于议案和意见、建议审查报告；4.县委领导讲话	

大会选举

县人民政府：

县　长　韩豫平

县人民政府县长韩豫平个人情况表

表3-33

姓名	性别	民族	年龄(岁)	文化程度	工作时间	是否党团	籍贯	主要经历
韩豫平	男	汉	39	大专	1968.7	党员	河南偃师	1968年7月以前在小学、中学读书；1968年7月至1971年5月在平凉红旗印刷厂当工人；1971年6月至1974年1月任平凉红旗印刷厂任政工组党总支委员、团支部书记；1974年2月至1978年10月先后任平凉市红旗印刷厂党总支委员、书记，革委会副主任、主任；1978年11月至1979年7月任平凉地区印刷厂四车间党支部委员、副主任；1979年8月至1981年8月任平凉地区半导体器件厂党支部委员、副厂长；1981年9月至1983年9月任共青团平凉地委副书记；1983年10月至1984年8月任共青团平凉地委书记；1984年9月至1986年9月在中共甘肃省委党校学习；1986年10月至1988年12月任华亭县委常委、政府副县长

附：

县人民政府工作报告

（县人民政府常务副县长张国盛　1989年1月12日）

1988年在党的十三大关于“稳定经济，深化改革”的方针指引下，全县广大干部和群众以改革总揽全局，围绕发展生产力这个中心，以解决温饱为目标，狠抓各项关键性措施的落实，较好地完成了十届三次人代会确定的各项任务。1988年全县工农业总产值完成11526.1万元，比上年增长18.89%；粮食产量达到1.04亿公斤，比上年增长25.48%；财政收入完成557.8万元，比上年增长20.1%；社会商品零售总额达到6687万元，比上年增长22.87%；农民人均纯收入达到267.67元，比上年净增46元多。

过去的一年，我们县乡两级政府认真贯彻发展国民经济以农业为基础的指导思想，把发展农业放在十分重要的地位，充实、加强对农业的领导，通力唱好粮食生产，向二、三产业转移劳力和扶贫开发“三台戏”，带动了农村整个经济的繁荣，农业总产值完成8082.23万元，比上年增长12%，粮食生产由于立足抗旱生产，千方百计增加技术和物质投入，总产量达到1985年以来的最好水平，比上年净增2.2万吨。据统计,1988年全县共配套、修缮小型水利6处，投资70.7万元，保灌面积达到11.04万亩。供应化肥16333吨，施用量好于上年，地膜覆盖玉米2万亩，机耕深翻16.48万亩，病虫害田间防治32万亩；建立稳产高产样板田20万亩。所有这些再加上天时地利，为粮食生产上新台阶打下了坚实的基础。乡镇企业在一手抓整顿提高，一手抓发展壮大中呈现出新的局面。一大批启动性龙头产业迅速崛起，联办、户办企业有较大发展，4万多劳动力开始不同程度地摆脱了耕地，实现了向非农产业的转移。乡镇企业总产值达到5000万元，比上年增长79%；实现利润272.96万元，较上年增长60.89%；总收入预计达到3302.27万元，较上年增长71.45%；农民从二、三产业中获得的纯收入较上年增加13.26元，达到77.51元。扶贫工作在各级干部和群众的努力下基本上完成了年初制定的脱贫总目标。根据“三西”和省委的要求，我们在制定规划的基础上，提出了抽组千人扶贫大军包扶万户贫困户，年内力争达到7000户脱贫的总目标。一年来，各级干部为贫困户讲政策，办实事，搞服务，抓实效，着重扶本扶志，并辅之以必要的技术物资和政策优惠，增强了贫困户脱贫的信心和决心。全县县级单位共向贫困户投入各种资金91198元，化肥47吨，柴油3吨，煤4吨，创办经济实体23个，提供仔猪1600头，仔兔1100只，建立农村经济互助会21个。这些措施的落实，万户贫困户已有7951户达到了人均年收入300元钱、300公斤粮的目标，脱贫面积达到77.7%，全县贫困面已由原来的33.3%下降到22.3%。同时，以猪、鸡、兔为主的畜牧业仍呈上升趋势，其产值达到2129.43万元，较上年增长13.54%。以林果业为主的经济作物有新的突破，农田水利建设无论是数量还是质量，整体水平好于上年。总之，农村工作以“三台戏”为主，稳住了整个农村经济形势，农村工作取得了较为理想的成绩。

过去的一年，经济体制改革在不断巩固的基础上，取得了一些开拓性的进展，以工商业深化改革为主的承包租赁经营责任制在我县全面铺开并延伸到企业内部，横向经济联合和多种形式的企业分配形式和劳动制度的改革，使制约生产力发展的各种因素逐渐进行裂变和重新组合，新的企业经营体制得到有效的完善，在原材料、资金、市场、电力诸因素十分不利的情况下，我县工业生产依然保持较快的发展水平。全县工业总产值达到3443.87万元，比上年增长38.9%，实现利润270万元，比上年增长18.32%，其中全县预算内国营工业企业产值较上年增长9.1%，而实现利润增长33.2%，经济效益明显高于发展速度，均是中华人民共和国成立以来最好的一年。其原因首先是改革有效地改善了企业机制，激发了内部的活力。其次这几年通过技术改造、扩建、新建形成了一些新的生产能力。同时，县内若干工业产品市场需求旺盛也提供了有利的机遇。交通运输业在燃料相当紧缺的情况下，由于强化企业内部的经营管理，增强了营运手段，基本满足了全县工农业生产和群众生活对运输业的需要，全面完成了客运、货运任务。企业经济效益也令人满意。

过去的一年，我们在中央“治理经济环境，整顿经济秩序”决策精神指导下，强化宏观调控能力和手段，使财贸、金融、基本建设、生产资料和生活资料的市场供应成效显著，实现了社会总需求与总供给的基本平衡。财政税收工作在开源节流、增收节支的思想指导下，财政收入显著增长。支出紧缩社会集团购买力，压缩修缮费、购置费、会议费，加强财政资金的使用、投向、效益的审计监督，维护财经纪律的严肃性和财政收支的合理性。在增支因素繁多的严峻形势下，财政支出达到2543.3万元，比上年增长18.5%，专项资金较好地保证了建设与工业发展的需要，包干经费支出没有形成债务和缺口，赤字减少到了最小程度，整个财政预决算执行良好。金融信贷工作在国家控制信贷规模和货币投放规模，即抽紧银根的情况下，努力克服资金供求十分尖锐的矛盾，大力组织存款和市场拆借，积极回收信贷，用信贷杠杆引导企业加强资金周转，提高资金使用效益等办法，满足了全县工农业生产的资金需求。商流领域在今年市场非常活跃且不稳定、物价上涨、商品供应紧张、商品秩序混乱时有发生的情况下，商供系统发挥主渠道作用，努力组织货源，大力保证供给，抑制抢购风，为争取农业生产资料和群众生活必需品的供应做了大量的工作，市场供应没有出现大的震荡、大的反复，全局基本正常。与此同时，物价、工商部门积极参与了市场的整顿与治理，对变相涨价、多头抢购、哄抬物价、转手倒卖、投机倒把等现象进行了坚决的打击，为全县改革朝着健康的轨道向前发展做了积极的工作。粮油订购工作完成也比较顺利，通过县乡两级努力，粮食订购完成275.8万斤，占任务的83.09%。固定资产投资在坚决控制规模、调整结构的总方针指引下，积极调整并压缩了一部分基建项目，压缩和调整后的一批生产性、基础性的基本建设项目进展明显加快，质量上升，效益好转。列入全县重点考核的东峡水库加固、仁大刘川大桥、县供销商场、县招待所服务楼已竣工投入使用。威戎造纸厂、古城变电站、城关镇亚麻厂、蔡家庄煤矿目前正在加紧施工。果葡糖浆厂一期淀粉工程已形成能力，最近已通过省级初步鉴定，这些项目的建成，将给我县经济发展带来不可低估的爆发后劲。

过去的一年，教育、文化、卫生、体育、计划生育事业迈出了新步伐。教育工作认真贯彻《中共中央关于教育体制改革的决定》，牢固树立“百年大计，教育为本”的战略思想，基础教育在继续巩固完善办学条件中，全面完成了小学“一无两有”的扫尾工作，并着手解决中学校舍的危房改造。这些工作的实施，使我县跨进国家教委、财政部1988年表彰的全国37个教育先进县的行列。职业教育按照“八方统筹”办职教的思想，大力开展职业技术教育，形成了以电大教育为领头，职业中学和8个培训中心为主体的多层次、多规格、多形式的职业技术教育体系。医疗卫生工作打破长期以来吃大锅饭、端铁饭碗的弊端，将竞争机制引入卫生体制改革，实行了院长承包责任制，促进了卫生事业的发展。全县22个医疗单位，已有17个实行了承包。承包后的医疗单位，服务质量、服务态度有了很大的改善，业务有进一步的扩大，医风医德有了很大的扭转。卫生防疫重点抓了地方病和慢性病的防治，儿童计划免疫工作进展比较顺利，“四苗”接种覆盖率达到87%。文化、体育在普及群众性文化体育活动中做了大量工作，成效显著。新县志的编修工作进展顺利，目前大部分形成初稿。广播电视事业进一步得到发展，广大农村收听收看广播电视难的问题得到进一步扭转和改善。计划生育工作长期被动、落后的局面开始改善，人口自然增长率控制在13.5‰以下，总人口控制在39.95万人之内，较好地完成了1988年度人口计划。

过去的一年，我们注重社会治安的综合治理，把执法与普法结合起来，突出了优抚工作和待业青年的安置，保证了社会治安的基本稳定，城镇待业青年安置工作贯彻先培训、后就业的原则，全年共培训279人，安置431人，并加紧了待业保险金、合同制工人养老金的收缴工作。贫困户的社会救济共投放救济款84.5万元，救济粮850万公斤，新建敬老院1处，新建福利工厂2处，收到了较好的效果。普法教育工作按规划正在逐步深入开展，上半年在农村5乡镇开展了普法教育，冬季在22个乡直机关开始了普法教育，计划在今年第一季度完成乡直机关干部、职工的学法任务。为了严肃执法和严格依法办事，年内我们还集中时间对政府序列的执法情况进行了大检查，对执法检查中发现的问题及时进行了纠正。通过这些活动，提高了广大干部、职工和农民群众的法律意识，增强了法制观念和依法办事的自觉性，公安、司法部门配合社会治安的综合治理，狠抓了城区联防、单位内部治安责任制和基层调解组织的整顿与建设，并有力地打击了流氓滋扰、盗窃、赌博和农村的封建迷信活动，使社会治安状况有了进一步的好转。信访工作加强和提高了透明度，及时查处了一部分违法乱纪案件，解决了当前农村改革中出现的新情况、新问题。社会治安的综合治理，保障了改革的顺利进行，对发展生产力、促进经济发展起到了保驾护航的作用。

过去的一年，市政建设也迈出了新的步伐。中街路灯的更新和阿阳路的拓开，方便了群众；北环路居民小区的开发建设，无疑对缓解居民住房紧张有一定的改善；城市排污、排水工程的延伸和改造，对解决城镇卫生差的状况起到了积极作用。

我们如实地对全县形势的本质和主流做出充分肯定的同时，也必须十分清醒地看到，政府工作中仍然存在不小困难和问题、缺点和失误，不尽人意的因素不同程度地反映在各个方面。在经济领域里，农村经济发展不快，城市经济缓慢的状况仍然没有大的改变；粮食产量不稳，农民人均纯收入还很低，贫困面还相当大；企业经济效益低，改革不深入，企业应变能力差，成本上升；流通不畅、不活；信息闭塞，城市建设进展不快；住房、就业欠账很大；工作指导上，政府工作中还存在着某些预见性不强、措施不力、宏观调控能力差等问题，官僚主义、人浮于事以及不正之风时有发生。对这些问题，必须引起我们的高度重视，必须下很大气力消除和杜绝。

1989年是本届政府任期的最后一年，要实现本届政府的最后任期目标，我们的工作任务还相当艰巨，差距还相当大，同时，深化改革和治理经济环境、整顿经济秩序形势非常严峻。为此，政府工作的主要任务是，进一步贯彻落实党的十三届三中全会精神，坚持改革，稳定经济，依靠科技，增加投入，优化服务，为深化改革和经济发展创造良好的环境。保证工农业生产和人民生活水平有较大的提高，全面完成本届政府的任期目标。主要奋斗目标是：工农业总产值达到11270万元，其中工业总产值达到3400万元；粮食产量10.5万吨；乡镇企业产值达到5000万元；财政收入达到506.2万元；农民人均纯收入达到260元。

要实现上述目标，必须抓好7件大事。

一、强化基础促农业

要继续树立发展国民经济必须优先发展农业的战略思想，在新的一年紧紧依靠政策，依靠科学，依靠投入，启动新的活力，挖掘新的潜力，抓紧农业特别是粮食生产，进一步繁荣农村经济。

必须千方百计确保粮食丰收。一是必须稳定耕地面积，要教育广大干部和群众珍惜和合理利用每一寸土地，坚决纠正乱占滥用耕地的不良现象，并通过行政的、经济的、法律的手段强化土地管理，严格控制非农业用地，确保全县农作物播种面积稳定在113万亩以上。二是必须增加对农业的投入，扩大农用生产资料有效供给，化肥、农膜、农药、柴油、农业机械的供应量争取要好于去年，在肥料投入上，要采取积极的措施，确保增加有机肥的投入，迅速解决目前存在的重化肥、轻农家肥的问题。三是必须重视农业实用技术的推广，要加快农技服务体系建设。本着提高县一级、强化乡一级、延伸村一级的原则，迅速建立贯通全县的农技服务网络。特别要重视发挥乡农业技术推广站的作用，使其成为农村基层重要的农业科技服务咨询组织。要积极推广投资少、效益高的先进作物栽培技术，主要是优良品种的推广、地膜覆盖、氮磷配施、机耕深翻、复种绿肥、节水灌溉、防虫治病等实用技术的应用和推广。要抓好各项抗旱措施的落实，牢固树立长期抗旱、抗灾的思想准备，认真做好抗旱的一切准备工作。川区要把立足点放在充分挖掘现有水利工程设施潜力上，利用一切可以利用的水资源，努力扩大灌溉面积，山区要动员千家万户广泛开展群众抗旱，认真抓好各种传统抗旱措施的落实。

必须坚持不懈地努力改变农业生产条件。水利建设要实行大中小并举，县、乡、村一齐动手，挖掘和开发并重，特别要扶持乡村、集体和农户兴办当年能见效的小型水利工程。同时，要抓好对现有水利工程的配套和维修，努力完成10公里干支渠的衬砌，恢复高峰渠、佘湾人饮、红卫渠等5处小型水利提灌工程，新增保灌面积250亩。梯田建设坚持以村、社为单位，集中连片治理的原则，确保年内完成4万亩的改土任务。林草建设的重点是，抓好农田防护林、经济林和水土保持林的建设，要切实保护现有林木，严禁乱采滥伐。种草要和养畜相结合，以草促畜、以畜促草，在抓好利用荒山荒坡种植牧草的同时，努力发展饲料加工。要努力抓好农电线路的建设，采取国家投资，集体和个人集资的办法，新架农电线路15公里。

必须在治理与整顿中稳步发展乡镇企业。加快农业剩余劳力的合理转移，继续坚持既定的全县发展乡镇企业的5条路子，面对新形势和困难，在指导思想上注重经济效益和实际收入，在工作上要侧重组织向二、三产业转移劳动力，而不盲目追求发展速度。乡镇企业的发展资金，要立足于筹措社会游资，多方吸引农民入股，实行入股分红，以扩大企业的资金来源。并加强对现有企业的充实整顿，全面实行承包经营责任制，改善企业经营机制，使其在生产、经营、财务等方面有新的突破。要进一步鼓励党、政干部和技术人员承包、领办乡镇企业，解决乡镇企业管理干部和技术人员不足的困难。一些在建项目和技改项目要推行达产达标目标责任制，使其尽快形成能力。通过上述工作，年内转移劳力4万人以上，使农民从二、三产业中获得更多的经济收入。

必须进一步统一思想认识，加快扶贫开发步伐。新的一年全县确定扶贫1.21万户，年内总目标达到7000户脱贫。要完成这一任务，我们要在认真总结去年扶贫工作经验的基础上，认识新形势，提高各级干部的政治责任感，增强广大群众的脱贫信心和决心，在明确任务，层层分解指标，严格单位包乡扶贫责任制的基础上，继续按照去年提出的“五种、四养、一转移”，狠抓温饱工程，对号入座，因人因户选择好项目。同时，要采取有力措施优先发展少数民族地区的经济和加快脱贫步伐，抓紧抓好靠能人靠集体发展扶贫经济实体，采取农行贷款、“两西”建设、民政扶贫和个人集资的办法，兴建一批见效快、效益好、有发展后劲的速效扶贫产业，带领贫困户摆脱贫困。县级单位要继续改变作风，完善服务，发挥自身优势，为贫困户办实事、创业绩。

必须进一步深化农村改革，完善承包经营责任制，推进双层经营，要稳定以土地承包为主的家庭联产承包责任制，从鼓励农民增加农业投入和强化集体管理功能两方面入手，通过试点，逐步实行土地分等定级，以等定产，合理收取土地承包费，并根据农村生产力发展的实际需要，完善双层经营，强化统的功能，有效地解决新形势下一家一户不好办或办不好的事情，逐步做到统一种植计划，统一组织农田水利建设、统一组织灌溉、统一组织机耕、统一推广农业新技术、统一组织防虫治病、统一兴办公益事业，逐步形成多层次、多规格、多形式、多功能的服务网络。要进一步加强农村各种经济和专业合同的管理，使之法规化、制度化。建立一套行之有效的约束机制，并辅之以乡规民约，建立统分结合的农村新的经济管理体制，保证农村改革的进一步深化。

二、深化改革兴工业

要进一步深化企业改革，在推行承包经营责任制、完善内部经营机制的同时，逐步创造适应企业改革的配套政策和环境，并抓紧前两年承包租赁工作的不断完善和充实。要在承包租赁企业中普遍实行内部层层承包，落实承包指标，探索全员风险基金抵押等新的企业内部改革，改革分配制度和用工制度，打破新的大锅饭和铁饭碗，开展工效挂钩、优化劳动组合。未承包的企业，要积极创造条件，年内全部承包完毕，要使承包工作做到纵包到底，横包到边，引进竞争机制。要根据企业法强化厂长、经理在企业中的中心地位，开展厂长经理任期目标和任期终结审计制，促使企业经营者和生产者加强企业基础工作，建立严格的内部管理制度，逐步形成企业自我约束的行为机制，以提高企业在改革中的承受能力和应变能力。

要大力推进企业技术进步，努力提高企业素质，通过大力开展技术进步，引进新技术，更新旧的生产观念，改进那些高能耗、低效率的设备和工艺，最大限度地生产适销对路产品，开发新产品，提高产品质量，降低消耗，降低成本，提高劳动生产率。同时要抓紧诸如计量、档案、标准化、消耗、定额成本和质量管理等企业内部管理的基础工作，推进现代化管理，促进企业晋等升级，年内力争再创省二级企业2户。

要进一步理顺城镇集体工业的管理渠道，打破所有制界限，积极扶持城镇集体工业的发展和开发，引导其走上新的发展轨道，以此带动全面，形成多类型、多层次的工业发展格局。

要继续加快技术改造步伐，全面实行固定资产达产达标，不断积蓄工业发展后劲。在原来建成而未达到设计能力的技术改造项目中，要全面检查未达产达标的原因。不管是客观或主观上造成的问题，都要拿出解决问题的办法，限定时间达产达标，促其尽快实现效益。在建项目和新建项目中，蔡家庄煤矿、威戎造纸厂年内要达到设计能力，果葡萄糖浆厂淀粉工程要纳入企业管理轨道，达规模、出质量、出效益。年内拟定要上的毛巾生产线、氯酸钾生产线、火柴厂搬迁、皮毛厂扩建等都要完成筹建任务。以上项目均要实行项目考核，实行奖罚责任制，以促进投资效益的实现。

要继续保持工业发展有一个合理的速度。合理的速度是保持经济效益不断增长的必要前提，要根据我县工业发展水平和实际，按照市场需要量，强化销售环节和原材料的采购，在保持均衡生产的前提下，使生产有一个稳定的增长速度，以求取得较为良好的经济效益。

三、整顿秩序抓供求

明后两年改革和建设的重点是“治理经济环境、整顿经济秩序”。根据中央这一决策，在新的一年里，应围绕社会总需求与社会总供给的基本平衡，有重点地做好以下几方面工作：

一是继续压缩基本建设规模，调整投资结构。提高基建工程交付使用率，按照国务院“三保三压”的原则，坚决压缩计划外工程、非生产性工程和周期长、效率低的工程。进一步调整投资结构，有效保证生产性和公益性项目建设的需要，并注重投资效益。同时，要抓紧各类项目的投标招标准备工作，凡今年列入计划的工程项目都要进行招标投标承包，以提高基建工程竣工率和交付使用率。

二是继续开展双增双节活动，开源节流，力争财政状况有一个好转。财税工作要在多创收、紧开支上下功夫，不断扩大税源，强化税收征管，定期不定期地开展财政税收检查，确保财政收入稳定增长。要严格控制社会集团购买力，压缩会议费和维修费，严肃财经纪律，坚决抑制过高的消费欲望，制止讲排场、比阔气、请客送礼、滥发钱物、挥霍公款、奢侈成风的现象，并加强经常性的审计监督。

三是综合应用经济监督手段，强化市场宏观调控，整顿流通秩序。要认真清理整顿公司，惩治“官倒”和各种套购倒卖、哄抬物价、行贿受贿、囤积居奇、牟取暴利等非法行为。要实行各种各类商品明码标价，统一定价，坚决刹住乱涨价风，将物价指数控制在10%以下。要对主要生产资料和重要商品实行专营，未经批准专营而经销专营商品的，要视其情节给予严肃处理，直至吊销营业执照。要遵照“既要搞活又要制约，既要放开又要管理”的原则，加快市场建设步伐，年内新建市场2处，扩建3处，积极引导农民进入流通领域。要支持多渠道、多层次、多形式的生产、经营活动，扩大流通，促进商品生产发展。

四是金融部门要紧中求活，为发展地方经济服务。在注意挖掘多方潜力、搞活现有资金、抓紧回收到逾期贷款和呆滞贷款，积极调整、优化资金投向的同时，根据

“区别对待，限劣扶优”的信贷原则，一方面要回笼货币，折借活用，发展资金市场，扩大资金来源；另一方面可采取集资入股、面向社会筹措资金、引进资金等办法解决我县经济建设的急需。

五是努力稳定市场供应。国营商业、供销、粮食、物资等部门要在整顿流通渠道中发挥其主导和主渠道作用，不断减少流转环节，降低费用，提高经济效益。积极组织适销对路、与人民日常生活有密切关系的产品，尤其是要做好副食品的生产与供应。要根据城乡生活必需的工业品和地方计划单列的生活日用品优先供应农村的原则，扩大工业品下乡。要抓好农副产品的收购，保证城市供应。要维护粮油定购任务的严肃性，安排好粮油市场和回销粮的供应。

四、精心组织办事业

教育工作要在进一步完善分级管理体制、提高管理水平、推行教学质量目标管理责任制的基础上，坚持普通教育、职业教育和成人教育三教一起抓，坚持“教育立县”，努力提高办学效益和教育质量。具体抓好4件事：一是在总结试点工作的基础上，分期分批全面推行校长负责制；二是加强乡教管会的建设，使乡一级把教育真正抓在手上；三是办好靳寺农中和女子职业学校，建立以靳寺农中为依托，以15个独立初中和农民培训中心为骨干的农村职业教育体系；四是开辟集资办学新渠道，从1989年开始，在全县开征教育事业附加费，在各级各类学校大力开展勤工俭学活动。

医疗卫生工作要以提高社会效益为目标，加快改革步伐，提高医疗水平。要在继续完善院长承包经营责任制的基础上，有步骤地实行承包租赁制。要切实搞好儿童计划免疫工作，保证“四苗”合格接种率达到85%以上。要积极推行孕产妇保健合同试点经验，力争年内使全县50%的孕产妇得到合理保健。要继续抓好农村卫生人员的业务培训，进一步巩固农村卫生组织。要进一步广泛开展医德教育，提倡树立全心全意为人民服务的思想。积极开展争创文明卫生院的活动，不断开创医疗卫生工作的新局面。

文化体育事业要以改革为动力，不断加强自身建设。面向社会广泛开展群众喜闻乐见的、生动活泼的文化体育活动，努力占领农村文化阵地。特别要加强农村文化站（室）的建设，使其成为既学文化、又为当地经济建设培训合格人才的场所。县上各文化艺术工作单位都要充分发挥自己的作用，积极开展各项有益的文体活动，以满足城乡人民文化生活的需要。同时，要切实搞好文物的挖掘、普查、收集、管理和保护工作。编修新县志是一项全面性的精神文明建设的系统工程，要加倍努力，争取年内新县志问世。广播电视是舆论宣传的重要工具，尤其是我们边远山区，在交通不便，信息比较闭塞的情况下，努力搞好农村有线广播网络的建设更显得十分重要。因此，要提倡四级办广播，坚决贯彻国务院以及省政府发布的“关于农村有线广播设施保护管理的暂行规定”，强化管理，承包到人，年内要尽快安装调试大功率的瓩调频和发射机，以解决边远乡收不到广播讯号的问题。同时，县广播站要针对我县的实际和特点，努力办好自办节目，切实为宣传党的路线、方针和政策、为促进我县经济建设打造舆论。

五、同心协力办实事

由于社会发展和经济上的不平衡，致使一些关系群众切身利益并带有很大影响的事没有得到及时办理，而且是越来越多。这些事群众正拭目以待，要求我们去解决。我们一定要诚心诚意地向群众解释清楚，根据需要与可能，实事求是地分类排队，按照轻重缓急，一年内争取用有限的人力、财力、物力办几件群众看得见、摸得着的实事。今年计划办好以下几件事：西环路排水与油铺面工程；庙川居民区道路拓开；北环路居民小区一期工程的开发建设和绿化；城镇给水第二水源的建设；后梁、原安乡政府所在地饮水工程；县城小型娱乐活动场地建设。以上几件事我们要下大决心，定出切实可靠的措施努力去完成。

六、综合治理保安定

加强社会主义法治和社会治安的综合治理，是发扬社会主义民主、促进安定团结和两个文明建设的重要保障。一方面我们要进一步加强法治宣传教育工作，切实搞好正在开展的城乡普法教育工作，以提高广大干部和群众的法律意识和法制观念，增强依法办事的自觉性。另一方面要加强基层基础工作。充分发挥农村治保组织和人民调解组织的作用，做到早预防、早调解，使民间纠纷和由此而引起的刑事案件降下来。我们必须抓好少数民族地区的团结，解决好毗邻地区的民族纠纷问题，避免以此而引起的不安定因素。要充分发挥公安机关的职能作用，有针对性地开展打击各种违法犯罪活动的斗争。尤其对一些影响大、危害深的刑事案件，要做到依法从重从快惩处。当前，要采取有效措施，坚决禁止农村中出现的私婚、早婚现象，打击赌博和封建迷信活动。城区要继续坚持治安联防、夜间巡逻和机关安全保卫责任制。想方设法扩大就业面，安置好待业青年，以减轻社会负担。还要重视加强人民来信来访工作，克服互相扯皮、互相推诿现象。积极做好社会救济和安抚对象的安置以及社会流浪人员的收容审查和遣返工作。总之，要上下努力，真正做到“社会治安社会治、综合治理综合治”，为改革和建设提供一个良好的社会环境。

七、清正廉洁服好务

国家行政机关及其工作人员保持廉洁，对于治理经济环境、整顿经济秩序、全面深化改革有着极其重要的意义。党中央和国务院曾三令五申，一再强调，我们一定要把廉政工作摆到重要的议事日程上来，严肃对待。当前要坚决查处群众反映强烈、意见较大的问题，采取行政的、经济的和法律的手段，克服和铲除工作人员中以权谋私、贪污受贿、敲诈勒索等腐败现象，不断加强自身建设，提高干部的政治和业务素质。同时，在改革中要注意强化和改进工作方法，正确行使人民赋予的权力，少说空话、大话，多办实事，提高办事效率。克服“三难”现象，做到优质高效服务。尽量减少文山会海，经常深入基层，调查研究，倾听群众呼声，接受各方面的监督。帮助和支持人民群众积极参政议政。凡能公开的办事制度一律公开，以增强政府部门工作的透明度。

县人大常委会工作报告

（县人大常委会主任高富德　1989年1月13日）

自去年3月县十届人民代表大会第三次会议以来，在党的十三大和七届全国人大一次会议精神指引下，在县委的领导和支持下，人大常委会认真贯彻执行县十届人大三次会议的各项决议，紧紧围绕经济建设这个中心，以健全、完善社会主义民主政治建设为重点，努力开展了人大的各项工作。近一年来，依法召开了6次常委会议，听取和审议了县人民政府、人民法院、人民检察院11个方面的工作汇报，作出了2个决定；认真贯彻省人大常委会关于执法检查的决定，在全县范围内开展了执法检查工作；组织委员、人大代表对群众生活安排、土地管理法贯彻实施、经济体制改革和教育、文化、卫生、体育工作及群众生活、生产资料供应情况进行了8次视察和调查；对县十届人大三次会议代表提出的49条意见、建议进行了督促办理；接待和处理人民来信来访30件、62人（次）；依法任命了县人民政府、人民法院、人民检察院的工作人员32名。同时，根据县委的统一安排，结合各个阶段全县的中心任务，在城乡经济建设、工农业生产和扶贫等方面做了一定工作，较好地发挥了地方权力机关的职能作用。

一、以法律监督为重点，认真开展执法检查，推进法制建设的发展

党的十三大指出“我们必须一手抓建设和改革，一手抓法制”。“国家的政治生活、经济生活和社会生活的各个方面，民主和专政的各个环节，都应该做到有法可依、有法必依、执法必严、违法必究”。党的十一届三中全会以来，我国的法制建设有了很大进展，国家政治、经济、社会生活各方面已经基本有法可依。当前，法制建设的主要任务是加强法律监督，使各执法部门做到严格依法办事。人大常委会把法律监督作为对“一府两院”实行监督的重点，摆在首位，认真去抓。在去年的工作安排中，就把听取、审议“一府两院”的执法工作汇报和对土地管理法、经济合同法贯彻实施情况的调查，作为工作要点提出来。去年5月，人大常委会组成两个调查组，由两名负责同志分别带领，对细巷、红寺、四河、城川4个乡12个村贯彻执行土地管理法的情况进行了调查。通过调查，比较全面地了解了近几年来土地管理使用的现状和存在问题。在调查中发现，这4个乡自土地承包以来，普遍存在制度不健全、管理不严的现象，一些村社乱占耕地、乱修建的问题十分严重。如城川乡陈马村近年来新修庄院的就有80户人，占全村总户数的32%，共占耕地36亩，平均每户占4.5分，都没有经过乡上的审批。细巷乡厚川村郑河社仅有川水地99亩，这几年新建麦场就占用了10.6亩。常委会第十次会议听取了县人民政府关于土地管理法贯彻实施情况和人大常委会的调查报告，针对土地管理工作中的问题，要求县乡两级政府和土地主管部门进一步深入宣传贯彻土地管理法，教育群众增强依法管地用地的自觉性，并要重视和加强土地管理机构的建设，尽快配备乡镇土地管理人员，加强土地管理工作。各级政府和土地主管部门，还要进一步健全和完善土地管理办法，对各种非农业用地，必须严

格履行审批手续。对未经审批、私自占用的耕地，要进行全面清查，对不符合城乡建设规划，非法乱修乱建的，要按土地管理法的规定严肃处理。去年后季以来，县、乡人民政府和土地管理部门加强了对土地管理工作的领导，多次召开会议，组织学习土地管理法和中共中央、国务院《关于加强土地管理、制止乱占耕地的通知》，以及省、地关于土地管理工作的有关规定，研究制定贯彻执行的具体措施。县人民政府先后转发了土地管理局《关于认真开展非农业用地清理工作的安排意见》和《关于开展城镇国有土地使用权申报登记工作的安排意见》，要求各乡镇人民政府和有关单位按照以上安排意见，认真做好非农用地的清理和城镇国有土地使用权的申报工作。土地管理局结合执法检查，和各乡镇积极配合，对全县非农业用地情况进行了一次全面清查，共查出1982年以来，国家、集体、个人三项建设擅自占用、买卖租赁、越权审批等违法案件和问题3282件，占地967.28亩。对这些违法案件和问题，在执法检查中，已采取拆除建筑物、退回耕地、罚款、补办手续等办法，处理2808件，面积891.75亩，占总件数的85.6%，基本上制止住了乱占耕地、乱修乱建的现象。城镇国有土地使用权的申报登记工作也已经全面开展，目前，全县城乡都开始走向依法管地、用地的轨道。

去年5月省人大常委会发布了《关于在全省进行执法检查的决定》，县人大常委会根据决定精神，把执法检查作为一件大事来抓，及时安排部署，用5个多月的时间，在全县范围内认真开展了执法检查工作。在5月下旬召开的常委会第十次会议上，作出了《关于贯彻“省人大常委会执法检查决定”的决定》，随即召开各单位负责人会议，对开展执法检查的时间、内容、方法、步骤和要求作出了具体安排。为了加强领导，推动执法检查工作深入开展，人大常委会集中了主要力量，由主任、副主任3人亲自参加检查和组织领导工作，并抽组人员，加强办公室工作，利用《静宁人大简讯》及时反映检查情况。人大常委会先后召开了2次委员会议、5次主任会议、3次与政府、法院、检察院的联席会议，听取汇报和讨论研究执法检查工作，及时解决存在的问题。7月下旬，由2名副主任带领，分别对政法系统和政府各局、委、办主要执法部门及部分乡镇进行了一次检查督促。9月中旬，由1名副主任、2名专职委员和县政府、法院的负责同志及工作人员13名，组成4个组，用6天时间，对工商、税务等12个县直单位和仁大、威戎等10个乡镇的执法检查工作进行了抽查。通过上述工作，有效地促进了执法检查的深入开展。这次执法检查所涉及的法律、法规有150多个。各执法单位按照分级负责、上下结合、条块结合、以块为主、上级抽查的原则，全面进行了检查。对查出的各类问题，大部分单位采取边查边改的办法，依法进行了严肃认真的处理。据统计，全县共查出在贯彻实施法律、法规中存在的各类问题6220多件，检查过程中已纠正处理了4770多件，占问题总数的77%；正在继续研究处理的1450多件，占23%。县民政局和各乡镇紧密配合，逐村逐社检查了婚姻法的贯彻执行情况。全县共查出1985年以来私婚、早婚的880对，占同时期结婚总对数的5.17%。通过执法检查和思想教育，对私婚、早婚男女双方已够法定结婚年龄的318对，补办了登记手续，占私婚、早婚总对数的35.8%。各乡镇还总结了婚姻登记中执法不严的教训，有的还制定了加强思想教育，制止私婚、早婚，严格按婚姻法办事的具体办法。审计局从1984年成立以来，共审计出52个行政、企事业单位的违纪资金307万元，其中按规定应上缴财政、税务部门的35.9万元，但一些单位久拖不缴。在执法检查中，审计机关坚持依法办事，积极督促有关单位上缴拖欠的违纪资金，共上缴19.7万元，占应上缴数的54.9%。各单位都组织干部职工学习了与本单位业务有关的法律、法规，联系实际，边学习边检查，把违法问题摆上桌面，运用事实开展法制教育，使各级干部和广大群众深刻认识到不依法办事的危害性，增强了学法、守法和依法办事的自觉性，受到了一次法制教育，取得了较好的效果，为今后严格执法奠定了基础。

去年以来，县人大常委会根据省人大常委会的通知，还组织县人民政府、法院、检察院、公安局、监察局、城建局、土地管理局等有关部门的负责同志，先后学习讨论了《甘肃省实施土地管理法办法（草案)》和《中华人民共和国行政诉讼法（草案)》等法律、法规，对讨论提出的修改意见及时整理上报了省人大常委会。

二、围绕经济建设，努力开展人大工作，促进改革和经济建设的发展

党的第十三次全国代表大会明确指出，经济建设是各项工作的中心。人大常委会只有紧紧围绕经济建设这个中心，努力开展工作，才能有效地发挥职能作用。

一年来，县人大常委会把对人民政府、人民法院、人民检察院的监督支持和中心工作有机地结合起来，在保证宪法和各项法规贯彻实施的同时，积极协助和支持县人民政府抓好改革和经济建设。围绕全县的中心工作，从农业、工业、科技、教育、文化、卫生等方面，进行视察和调查研究，广泛了解情况，并针对发现的问题，向人民政府和有关部门提出意见和建议，共同努力，服务于经济建设这个中心。

一是保障促进经济体制改革的深化和完善。去年年初，按照县上的统一部署，卫生系统在县医院和威戎、甘沟等16个基层卫生院实行了院长承包责任制，经济效益和社会效益都比以前有了明显的提高，群众反映较好。6月中旬，县人大常委会组织了由1名副主任带领的视察组，对曹务、威戎、仁大、雷大、甘沟、灵芝、原安7个基层卫生院的体制改革和改善医院条件的情况进行了视察。常委会第十二次会议专门听取了县人民政府关于卫生体制改革的汇报，结合视察情况进行了讨论。会议认为，我县各级医院自实行改革以来，医务人员的积极性得到了充分的发挥，服务态度和医疗质量得到不断的改善和提高，经济效益也有明显增长。会议要求县人民政府和卫生主管部门进一步做好工作，尽快完善县中医院和高界、治平、田堡、司桥4个基层卫生院的承包工作，巩固和发展改革成果。县人民政府在近两年财政十分困难的情况下，拨款21万元，安排给威戎、甘沟等7个基层卫生院，用于修建病房、门诊和职工宿舍，为加强基层卫生工作和促进体制改革创造了条件。会议希望能够把这项工作继续抓下去，尽力搞好基层卫生院危房、旧房的维修和医疗器械的更新添置，不断改善医疗条件，满足人民群众防病治病的需要。

去年，工商企业公开招标，实行承包、租赁经营，使我县经济体制改革工作迈出

了一大步。全县109个工商企业，至年底已承包租赁了100户，占91.74%，为了支持和促进经济体制改革的顺利进行，人大常委会的负责同志，多次参加政府及主管部门的有关会议，提出建议、要求，帮助搞好承包、租赁工作，并深入承包、租赁后的企业，调查了解生产经营情况，鼓励不断深化内部改革工作，提高经济效益。常委会第十三次会议听取了县人民政府关于经济体制改革的工作汇报后，在充分肯定我县经济体制改革工作取得成绩的同时，针对一些企业内部改革深度不够、政策不配套等问题，要求进一步研究解决企业承包、租赁中存在的各种问题，深化和完善内部经营体制，真正把竞争引入承包、租赁后的企业，包出活力，包出效益。并要注重企业生产经营的社会效益，加强职工的思想教育工作和职业道德教育，不断改进服务态度，提高服务质量，最大限度地满足广大群众的生活、生产需求。据了解，去年承包、租赁的100户工商企业，经济效益都有明显提高。如供销系统23户承包企业，销售收入4981万元，占承包指标3900万元的128%，完成利润84.7万元，占承包指标75万元的113%，上缴税金85.2万元，比上年67.8万元增加17.4万元，增长25.6%。商业、粮食、农机、乡镇企业也都完成或超额完成了各项承包经济指标。

二是注重农村工作，促进农村经济的发展。去年，我县的农村经济以抓好粮食生产、发展多种经营、大办乡镇企业和扶贫工作为重点。围绕中心工作，人大常委会除组织人员深入农村进行专题调查研究工作外，还以细巷、红寺、田堡、仁大、贾河、阳坡7个乡为农村工作联系点，在农田水利基本建设、推广科学技术和扶贫等方面，积极开展服务，努力做好工作。人大常委会的负责同志在农村工作中，针对一些地方对水利设施管护不严、工程毁坏严重等问题，帮助细巷等乡整修水渠，维修提灌工程，扩大水源，增加灌溉面积，提高水利效益。并要求水利部门和乡村各级组织认真贯彻执行水法，进一步健全管理制度，加强水利设施的管护，对破坏水利设施的，要依法严肃处理。水利系统1988年全面实行站（所）长负责制，承包管理，自负盈亏。乡、村也重视和加强了对水利设施的管护，在抗旱生产中较好地发挥了效益。人大常委会还通过负责同志所联系的乡，调查了解到在扶贫工作、农田基本建设和发展种、养殖业方面存在的一些工作问题和政策、价格等问题，及时提交政府和有关部门研究解决，为发展农村经济起到了一定的促进作用。

三是重视教育事业的发展。近几年来，我县大抓教育事业，较快地改善了办学条件，教育质量不断提高。但这仅局限于学校教育，而且普遍存在片面追求升学率的思想倾向，从提高全民教育的高度要求，我们的工作还做得很不够，加上科技、文化、体育事业的配合工作跟不上，限制了广大群众劳动素质和思想文化素质的提高，束缚着全县经济建设的迅速发展。针对我县教育事业发展状况和存在问题，人大常委会认真研究，并于去年6月份由人大和政府的负责同志牵头，组织带领教育部门的同志，对一中、二中、威戎、甘沟、高界、李店6所高中和祁川、石咀、八里、双岘、余湾、后梁6所初中的办学思想、教学改革等情况进行了调查。根据存在的问题，要求各级政府和学校认真贯彻实施义务教育法，纠正片面追求升学率的思想倾向，端正教学思想，进一步搞好教育体制改革，在抓好普通教育的同时，广泛开展成人教育，大力发展职业教育，培养更多的教育人才，为我县经济建设服务。去年8月召开的全县教育工作会议上，政府明确提出教育工作要转移重点，突出抓好职业技术教育，使教育更好地为经济建设服务，并提出了办好成人技术培训的具体措施。这必将推动我县教育事业更加蓬勃的发展。

在过去的一年中，人大常委会还对文化、体育部门的工作进行了调查，调查中共同探讨问题，提出建议和要求，希望他们在提高劳动者素质、促进城乡经济建设工作中，充分发挥本部门的职能作用，作出应有的贡献。

三、认真调查处理代表和群众反映的问题，维护群众的利益，尊重代表的权利

关心群众生活，维护群众利益，是人大常委会应有的职责。为了掌握农村群众的生产、生活情况，于去年春季，由人大常委会2名负责同志带领，抽调民政、粮食部门的同志组成的调查组，分别到细巷、古城2个乡以回销粮供应为重点进行了调查。调查中走访了7个村、12个社的351个农民家庭，比较全面地调查了解了群众的生活安排情况，向县委写了专题报告，并提交政府及时研究，纠正了回销粮供应中存在的平均主义和乱挂钩的问题。还根据调查情况，对一些乡、村的回销粮指标做了适当调整。去年后季以来，随着物价上涨和抢购风的影响，导致农村煤炭、食盐、火柴、煤油供应紧张，化肥短缺以及限量供电等问题，给群众生产、生活上造成了一定困难，引起群众的强烈反应。人大常委会第十三次会议认真学习了党的十三届三中全会精神和全国人大常委会《关于加强民主法制维护安定团结保障改革和建设顺利进行的决定》，结合我县实际进行了认真的讨论研究，提出了贯彻落实十三届三中全会精神和全国人大常委会决定的意见和措施。把治理经济环境、整顿经济秩序、全面深化改革作为当前的中心任务，认真抓好，切实抓出成效，充分运用法律武器，打击各种经济犯罪和其他犯罪活动，保障和促进我县经济建设的顺利进行。根据会议决定，人大常委会组织人员去城关、八里、高界、甘沟、仁大、古城等6个乡镇做了调查。农村在生产、生活资料供应方面确实存在不少问题，如一些地方化肥乱挂钩，供煤不凭证，一段时间，食盐、煤油、火柴脱销，给群众生产、生活造成了困难。针对这些问题，由人大常委会和政府的领导同志及时召开了商业、供销等单位的负责同志会议，研究了办法，提出了措施，积极组织货源，改进供应办法，千方百计搞好群众生活、生产必需品的供应工作。最近两个月来，县人民政府和有关部门认真组织安排了元旦、春节期间的市场供应。目前食盐、煤油、火柴等供应紧张的局面有所缓解，群众情绪比较安定。同时，供销部门还积极组织调运地膜、化肥，为明年的农业生产做准备。

认真处理群众来信来访，是人大常委会联系群众的一项重要工作。一年来，县人大常委会共接待人民来信来访90多件（次），对群众来信、来访所反映的问题，分别由人大常委会派人查处和转办处理。如群众来信来访反映威戎镇寨子村劳神社劳改释放犯杜某某夫妻大搞迷信活动，骗钱害人，影响群众生产，扰乱社会治安的问题，人大常委会批转公安局及时进行了查处，对主犯杜某某行政拘留15天，其妻王某某罚款

100元，对参与骗钱活动的其他两人各处行政拘留10天，对骗去群众的300元钱依法予以没收。打击了歪风邪气，安定了群众的情绪，促进了生产。

办理人大代表意见、建议是尊重代表权利的具体体现。县十届人大三次会议上代表共提出了49条意见、建议，及时转送县人民政府和有关单位研究办理。去年4月，人大常委会和县人民政府专门召开了承办单位负责人会议，提出办理的具体要求。11月，常委会第十三次会议听取了县政府关于办理情况的汇报。至现在，49条意见、建议已全部做了研究和办理。其中问题已得到解决的11件，占22.4%；已列入计划和创造条件争取解决的24件，占49%；由于财力、物力的限制或其他原因，目前还不能解决的14件，占28.6%。

对闭会期间代表所反映的问题，也督促有关部门及时研究解决。去年7月，甘沟乡的1名代表来信反映该乡师资不足，影响教育的问题。人大常委会及时将信件批转教育局，并派1名专职委员去乡上做了调查。教育局已给甘沟中、小学分配了6名大、中专毕业生，调进了1名公派教师，增加了2名民请教师，缓解了全乡教师紧缺状况。

县十届人大三次会议以来，人大常委会围绕党的中心任务，依法做了上述各项工作，发挥了地方国家权力机关的职能作用，但同宪法、地方组织法和人民群众的要求来衡量还有很大差距，在调查研究、联系人大代表、接待处理人民来信、来访，健全完善各项制度方面做得还不够。在新的一年里，人大常委会要进一步加强社会主义法制建设，充分发挥地方国家权力机关的职能作用，努力做好人大的各项工作，为保障和促进我县的改革和经济建设而奋斗。

第十一章　县第十一届人民代表大会

县第十一届人大任期为1990年1月至1992年11月。共召开代表大会3次，出席代表616名（次）。听取和审议县政府工作报告10项（次），县人大常委会工作报告6项（次），县法院工作报告3项（次），县检察院工作报告3项（次）；作出决议18项；选举县人大常委会主任1名、副主任5名、委员12名，县政府县长2名、副县长5名，县法院院长1名，县检察院检察长1名；办理代表意见、建议240件。

第一节　县第十一届人民代表大会第一次会议

大会概况

县十一届人大一次会议于1990年1月8日至11日在县政府礼堂召开，应出席代表230名，实出席221名。刘文俊、白秀芳（女）、靳宗洲、张鸿、方天学、张秀娥（女）、曹炯文、马勤祥、高兴亚、梁登科、张永华、胡青汉、曹升荣、杨耀忠、刘向甲、陈志强、尤根文、陈万和、李映江、王有华、张文华、张晓军、刘宗勤、张应机、李文秀、刘永福、韩文辉、柴志信、王郁仁、刘国弼、李效勤、雷维亮、常继宗、刘国祯、马志俊、吕希东、靳士孔、李映忠、周胜启、王永勤、王小平、王连周、程志荣、陈俊、王守财、陈国刚、周锡堂、周瑾、刘世丰、程世清、豆锐廷、伏智信、周世书、舒崇仁、侯玉玺、常进邦、阎克恭、韩维屏、段积昌、梁盘中、杨水亭、杨晓光、郭秉华、姚丕烈、王灵信、杨丰源、李志贤、赵建忠、蒙谦恭、岳精忠、张志贤、祁世明、黄俊生、王生荣、王明安、刘秉乾、靳守廷、陈志新、张惠孔、曹应奇、郑廷瑜、张守才、赵步清、李俊科、王志玺、慕昌德、姚占学、高顺存、武珍、穆熙雄、米世荣、杨小平、韩三余、孙延寿、唐汝山、杨方宝、樊生茂、祁治国、王必成、靳怀仁、杨德元、安维俊、张学仕、张敬荣、骆世清、樊俊峰、徐新学、王志强、潘文珍，县政协第三届委员会全体委员（列席本次会议第一次全体会议）列席会议。

马子坤、马世贞、马克勤（回族）、王应天、王学谋、史国忠、吕忠厚、李克科、吴尚礼、张光明、陈凤亭、陈向华（女）、陈松友、陈贵录、金福存、郜文学、赵智荣、郭承祖、高富德、曹升明、阎志洁、梁钧宪、韩豫平、靳国强、翟沪兰（女）、漆忠义26人组成大会主席团，金福存、高富德、郜文学、韩豫平、马世贞、吕忠厚、阎志洁、李克科、赵智荣、陈松友、张光明11人为主席团常务主席；阎志洁为大会秘书长，王应天、朱寿亭、郭应童为副秘书长；张光明、张国盛、陈凤亭、陈向华（女）、郭承祖5人组成议案审查委员会，张光明为主任委员，张国盛为副主任委员。

1月8日上午大会正式开幕前，举行预备会议，听取第十届人大常委会代表资格审查委员会主任委员张光明所作的《关于县第十一届人民代表大会代表资格审查结果的报告》，通过大会主席团和秘书长名单、议案审查委员会名单和大会议程。

大会举行全体会议4次。第一次全体会议于1月8日上午举行，由县人大常委会副主任部文学主持，听取县政府县长韩豫平所作的《县人民政府工作报告》、县计委主任王智仁所作的《关于1989年国民经济和社会发展计划执行情况及1990年计划（草案）的报告》、县财政局局长曹升明所作的《关于1989年财政预算执行情况和1990年财政预算（草案）的报告》。第二次全体会议于1月9日下午举行，由县政府县长韩豫平主持，听取县人大常委会主任高富德所作的《县人大常委会工作报告》、县法院院长马子坤所作的《县人民法院工作报告》、县检察院检察长陈贵录所作的《县人民检察院工作报告》，审议县人大常委会《关于县十届人民代表大会第四次会议代表意见、建议办理情况的报告（书面）》，通过选举办法。第三次全体会议于1月11日上午举行，由执行主席高富德主持，选举县人大常委会主任1名、副主任4名，县政府县长1名、副县长5名，县法院院长1名，县检察院检察长1名。第四次全体会议于1月11日下午举行，由执行主席高富德主持，选举县人大常委会委员12名（新当选的17名人大常委会组成人员中，大、中专文化程度的4人，占24%，高、初中文化程度的8人，占48%，小学文化程度的5人，占18%；平均年龄50.7岁。县政府6名正、副县长中，大专以上文化程度的5人，中专文化程度的1人，平均年龄41.8岁），审议通过《关于县人民政府工作报告的决议》《关于1989年国民经济和社会发展计划执行情况及1990年计划报告的决议》《关于1989年财政预算执行情况和1990年财政预算报告的决议》《关于县人大常委会工作报告的决议》《关于县人民法院工作报告和县人民检察院工作报告的决议》，听取议案审查委员会主任委员张光明所作的《代表议案、意见、建议审查情况的报告》，会议最后，县委书记金福存作了讲话。

大会分16个代表团、安排分团会议4次。

大会主席团召开会议4次。

大会收到代表意见、建议90件。其中：①农林水牧方面17件，占18.9%，主要是建议培育良种、完善基层农技服务体系，加快果园建设、林业管护步伐，加强水利工程设施维修，解决人畜饮水，扩大耕地面积，改革改土作战形式等。②农电建设方面19件，占21.1%，主要是建议给贾河等16乡的53村架设农电线路，统一全县农电收费标准等。③文教卫生方面23件，占25.6%，主要是建议加强基础教育、学前教育、师生的政治思想教育及社会公德教育，增加民办教师工资、解决中、老年家庭子女就业，解决中学校舍危房，改善基层卫生院医疗设施，调配医务人员，给卫生院拨付计划生育手术费，恢复五台山风景区，给部分乡修建电视差转台等。④工业交通方面7件，占7.8%，主要是建议重视果糖厂生产经营、加快曹务刘长桥的修建、李店至仁大铁门槛公路的开通以及开通田堡、治平、双岘班车等。⑤市政管理方面4件，占4.4%，主要是建议加强城区公共卫生教育、市场管理、油铺街面、建设文明县城等。⑥政法方面5件，占5.6%，主要是建议设立曹务、四河派出所，加强城乡社会治安管理、严格依法办事等。⑦财贸方面10件，占11.1%，主要是建议粮食部门在油料入库时按规定给农民退饼，纠正生猪收购中压级压价和个体户挂靠集体单位牌子等。⑧人大工作方面2件，占2.2%，主要是建议加强对企业法和三个条例贯彻情况的监督，解决乱摊派等问题。⑨其他方面3件，占3.3%，主要是建议成立县标准计量局、解决居委会办公设施、改造曹务乡政府危房等。

大会议程

一、听取和审议县人民政府工作报告；

二、听取和审议县人民政府关于1989年国民经济和社会发展计划执行情况和1990年计划（草案）的报告；

三、听取和审议县人民政府关于1989年财政预算执行情况和1990年财政预算（草案）的报告；

四、听取和审议县人大常委会工作报告；

五、审议县人大常委会关于县第十届人民代表大会第四次会议代表议案和意见、建议办理情况报告（书面）；

六、听取和审议县人民法院工作报告；

七、听取和审议县人民检察院工作报告；

八、通过大会选举办法；

九、选举。

大会日程

县第十一届人民代表大会第一次会议日程表

表3-34

时间			会议内容	执行主席
1月8日	上午	大会	预备会议：(1) 代表资格审查报告；(2) 通过大会主席团和秘书长名单；(3) 通过议案审查委员会名单；(4) 通过大会议程 大会正式开始：(1) 宣布大会开幕，奏国歌；(2) 县人民政府工作报告；(3) 关于1989年国民经济和社会发展计划执行情况及1990年计划（草案）的报告；(4) 关于1989年财政预算执行情况和1990年预算（草案）的报告	郜文学　马世贞 陈松友　马子坤 郭承祖　吴尚礼 陈向华
	下午	小会	以代表团为单位，讨论县人民政府的三个报告	
1月9日	上午	小会	(1) 继续讨论县人民政府的三个报告；(2) 讨论大会选举办法（草案）	韩豫平　阎志洁 赵智荣　陈贵录 史国忠　曹升明
	下午	大会	(1) 县十届人大常委会工作报告；(2) 县人大常委会关于县十届人民代表大会第四次会议代表意见、建议办理情况的报告（书面）；(3) 县人民法院工作报告；(4) 县人民检察院工作报告；(5) 通过选举办法	

续表3-34

时间			会议内容	执行主席
1月10日	上午	小会	讨论县人大常委会、县人民法院和县人民检察院的工作报告	金福存　张光明 梁钧宪　王学谋 王应天　翟沪兰
	下午	小会	酝酿讨论县人大常委会主任、副主任、委员，县人民政府县长、副县长，县人民法院院长和县人民检察院检察长候选人	
1月11日	上午	大会	选举:(1) 通过总监票人、监票人；(2) 选举县人大常委会主任、副主任，县人民政府县长、副县长，县人民法院院长和县人民检察院检察长	高富德　吕忠厚 李克科　靳国强 漆忠义　陈凤亭 马克勤
	下午	大会	(1) 选举县人大常委会委员;(2) 通过县人民政府工作报告、1989年国民经济和社会发展计划执行情况及1990年计划报告、1989年财政预算执行情况和1990年预算安排报告、县人大常委会工作报告、县人民法院工作报告和县人民检察院工作报告的决议;(3) 议案审查委员会作议案审查报告；(4) 县委书记金福存讲话；(5) 大会闭幕	

主席团会议日程

县第十一届人民代表大会第一次会议主席团会议日程表

表3-35

时间	会议内容	主持人
1月8日大会正式开幕之前	第一次会议：(1) 推选常务主席；(2) 通过大会日程；(3) 通过大会执行主席名单；(4) 决定大会副秘书长名单；(5) 通过代表团组成和列席人员名单；(6) 决定议案终止时间	郜文学　马世贞 陈松友
1月9日上午10时	第二次会议：(1) 各代表团汇报对政府三个报告的讨论情况；(2) 讨论选举办法	韩豫平　阎志洁 赵智荣
1月10日上午10时	第三次会议：(1) 各代表团召集人汇报县人大、法院、检察院工作报告讨论情况；(2) 酝酿提出县十一届人大常委会组成人员、县人民政府县长、副县长，县人民法院院长、县人民检察院检察长候选人名单	金福存　张光明
1月10日下午4时	第四次会议：(1) 各代表团汇报对候选人的讨论情况；(2) 决定正式候选人；(3) 提出总监票人、监票人建议名单；(4) 议案审查委员会汇报议案审查情况；(5) 讨论各项决议（草案）	高富德　吕忠厚 李克科

大会选举

县人大常委会：

主　任　郜文学

副主任　阎志洁　李克科　赵智荣　陈松友（兼）

委　员　张光明　马子坤　梁钧宪　史国忠　郭承祖　王学谋　陈凤亭

陈向华（女）　吴尚礼　翟沪兰（女）　马克勤（回族）　曹升明

县第十一届人大常委会组成人员个人情况表

表3-36

姓名	性别	民族	年龄（岁）	籍贯	文化程度	入党时间	工作时间	工作简历
郜文学	男	汉	51	庄浪赵墩	完小	1955.11	1956.1	曾在庄浪县委、宝泉、通边、水洛公社、静宁县委办公室工作，历任静宁县高界公社管（革）委会副主任，县革委会办公室副主任、县革委会副主任、县政府副县长、县人大常委会副主任
阎志洁	男	汉	54	静宁双岘	高中	1954.12	1956.8	曾在静宁县委宣传部、农村部工作，历任县人委会办公室副主任，县委办公室副主任、主任，水坪公社革委会副主任，地委农工部干事，华亭县委秘书，革委会办公室、政治部副主任，县革委会副主任，县政府副县长，静宁县人大常委会副主任
李克科	男	汉	48	静宁司桥	高中	1964.4	1960.6	曾在静宁县公安中队、平凉市公安中队服役，历任平凉地区公安大队副班长、副排长，玛曲县中队、甘南中队副指导员、指导员，武警甘南支队政治处副主任、副政委、政委
赵智荣	男	汉	48	静宁雷大	初中	1972.4	1963.6	曾在雷大粮站、雷大税务所、县财政局、仁大税务所，四河、古城公社工作，历任四河、古城公社党委副书记、革委会副主任、主任，双岘公社党委副书记、管委会主任，双岘乡政府乡长、党委书记
陈松友	男	汉	53	广东汕头	大学		1959.8	曾在县一中、城关镇小学、城川中学任教，历任威戎中学教导主任，县二中副校长兼县政协副主席
张光明	男	汉	58	陕西横山	完小	1949.9	1948.8	历任解放军战士、排长、干校学员，区队长，副连长、连长、副营长、营长、团参谋长、副团长，静宁县革委会副主任，县委常委、纪检委书记，县人大常委会副主任

续表3-36

姓名	性别	民族	年龄(岁)	籍贯	文化程度	入党时间	工作时间	工作简历
马子坤	男	汉	54	静宁余湾	初中	1956.2	1953.5	先后在共同乡、治平区、县人委会办公室工作，历任县人委会办公室副主任，红寺、雷大公社党委副书记、革委会主任，县农村部负责人，林业站副站长、革委会主任，县委、县革委会办公室主任，县法院党组书记、院长
梁钧宪	男	汉	46	静宁甘沟	初中	1964.12	1960.7	先后在窑街煤矿、矿务局当通讯员，在部队服役；历任副班长、班长、副排长、排长、副指导员、指导员，迭部县人武部副政委，临潭县人武部副政委、部长，静宁县人武部部长
史国忠	男	汉	57	静宁城川	完小	1952.10	1950.10	先后在城关区、仁大区、团县委工作，历任治平区副区长，县民政科科长，水利科副科长，农建局副局长，治平公社党委书记，农机局长，县人大常委会委员、办公室主任
郭承祖	男	汉	56	庄浪通化	大专	1961.7	1955.8	曾在隆德县神林、什字、静宁县一中、威戎等中学任教，历任县一中总务主任、甘沟农中校长、县文教局局长、县体委主任、县文化局局长、县教师进修学校党支部书记、县人大常委会专职委员
王学谋	男	汉	55	静宁治平	完小	1953.4	1956.8	曾在治平乡工作，历任县水利局水保站站长，红寺公社党委副书记、革委会副主任，仁大公社党委书记、革委会主任，李店公社党委书记，县民政局局长，人大常委会专职委员
陈凤亭	男	汉	53	榆中甘草	中专	1974.11	1957.9	先后在县畜牧兽医站、县农业局工作，历任县农牧局副局长、局长。
陈向华	女	汉	34	静宁威戎	高中	1974.11	1976.1	曾在威戎粮管所工作，历任大队党支部副书记，县妇联副主任、主任
吴尚礼	男	汉	56	静宁城川	完小	1957.4		曾在中国人民志愿军任战士、班长，退伍后历任城川公社砖厂党支部书记、生产队队长、大队长，吴庙村党支部书记
翟沪兰	女	汉	37	静宁石咀	大专		1968.12	曾在静宁县石咀公社插队劳动，在平凉造纸厂、平凉市草峰卫生院、静宁县城川卫生院、县妇幼保健站工作。任县妇幼保健站站长

续表3-36

姓名	性别	民族	年龄（岁）	籍贯	文化程度	入党时间	工作时间	工作简历
马克勤	男	回	43	静宁城关	完小		1960.5	先后在县五金厂、手工业联社、运输公司、公路运输管理所等单位工作，时任县运管所副所长
曹升明	男	汉	55	静宁古城	高小	1960.8	1951.7	先后在仁和区兴隆乡、甘沟供销社、县委财贸部、监委、财贸办公室、县革委会生产指挥部、财政局、政研室工作，历任县运输队革委会主任、良种繁育场主任、县财政局局长

县人民政府：

县　长　韩豫平

副县长　张国盛　张会议　王文进　安静修　赵国琳

县第十一届人民政府县长、副县长个人情况表

表3-37

姓名	性别	民族	年龄（岁）	籍贯	文化程度	入党时间	工作时间	工作简历
韩豫平	男	汉	40	河南偃师	大专	1971.6	1968.7	历任平凉地区印刷厂党、团总支书记，革委会副主任、主任，平凉地区印刷厂四车间副主任，平凉地区半导体器件厂副厂长，团地委副书记、书记，华亭县委常委、县政府常务副县长，静宁县委副书记、县政府县长
张国盛	男	汉	53	静宁城关	大学	1972.11	1965.9	历任金川公司一中副主任，静宁一中副校长兼教导主任、县委宣传部副部长、县教育局局长、县政府副县长
张会议	男	汉	45	陕西泾阳	大学	1981.11	1968.12	曾在灵台三中、一中任教；历任灵台一中副教导主任、副校长，静宁县政府副县长
王文进	男	汉	36	静宁双岘	大专	1974.1	1978.1	曾在县水利局工作；历任县水利局副局长、县政府副县长
安静修	男	汉	46	静宁红寺	中师	1972.7	1965.8	历任甘沟中学革委会副主任，甘沟公社革委会副主任、党委书记，县农工部部长、县农办主任、县政府副县长
赵国琳	男	汉	31	甘肃永登	大学	1985.11	1982.1	曾在省畜牧改良站、省畜牧总站工作；历任省畜牧总让副科长，静宁县人民政府副县长

县人民法院：

院　长　漆忠义

县人民检察院：

检察长　陈贵录

县第十一届人民法院院长、人民检察院检察长个人情况表

表3-38

姓名	性别	民族	年龄(岁)	籍贯	文化程度	入党时间	工作时间	工作简历
漆忠义	男	汉	49	静宁高界	大专	1961.12	1956.3	先后在高界区公所、县人委会、县委、县革委会工作；历任团县委书记，县人民法院副院长
陈贵录	男	汉	46	山西万荣	初中	1973.7	1963.12	先后在八里马岔小学任教、城川公社参加社教，在县检察院、公安局工作；历任县委办公室副主任，司桥乡党委书记、主任，县委农工部部长、县委办公室主任、县检察院检察长

附：

县人民政府工作报告

（县人民政府县长韩豫平　1990年1月8日）

一、三年工作回顾

1987年1月县十届人大一次会议以来，在上级党政组织的领导下，在县人大常委会的监督支持下，全县人民认真贯彻执行党的十一届三中全会以来的路线、方针和政策，坚持“一个中心、两个基本点”和治理整顿、深化改革的总方针，紧紧围绕3年基本解决温饱这个目标，以发展生产力为中心，以增加财政收入和有效供给为目的，突出农业特别是粮食生产，经过全县上下的艰苦努力和辛勤工作，使全县的经济形势保持了持续稳定发展的局面，较好地完成了十届一次会议通过的本届政府任期目标和实施计划。3年来，全县工农业总产值、财政收入、农民人均纯收入年均分别以12.43%、12.85%、7.97%的速度递增，1989年分别达到12500万元、665.7万元、292元，社会各业和各条战线都发生了较大变化。

（一）以解决温饱为目标，狠抓农业特别是粮食生产，促进农村经济的全面发展

我县是一个农业县，农业问题是事关全局的大问题，解决温饱是全县人民的心愿，也是我们历届政府的奋斗目标。第十届人民政府提出了奋斗3年，力争基本解决温饱问题。为实现这一目标，我们结合静宁的特点提出了狠抓一个基础（农田水利基本建设）、建立健全两个服务体系（政策与服务）、全力唱好三台戏（农业生产、向非

农产业转移劳动力和扶贫）、发展四大产业（粮食、畜牧、经济作物、输出劳务）的主攻方向和开发路子，以“五种、四养、一转移”10个温饱工程为基础，把解决贫困户的温饱问题作为农村经济工作的重点来抓。3年来，通过人努力，天帮忙，收到了明显的效果。粮食产量均衡稳定增长，1989年达到12010.5万公斤，创历史最高水平；人均产粮由1986年的264公斤提高到307公斤；农村贫困户由1986年的41.7%下降到13.15%。多数农户基本解决了温饱，少数农户开始向富裕方向迈进。

一是坚持四个依靠，狠抓粮食生产。一靠政策，调动农民的积极性。3年来，在严肃认真地强调党在农村的各项政策稳定不变的同时，注意不断完善农业生产责任制，深化农村改革，从1989年开始，按照中央和省、地提出的大稳定、小调整和土地分等定级、以等定产、有偿承包的原则，在试点的基础上，积极、慎重、稳妥地在全县范围内开展了土地有偿联产承包责任制的完善工作，普遍推行有偿承包制度。在村社建立“三金、两费”制度，进一步消除了农民怕政策变的疑虑，增强了农民土地公有制的意识，完善了双层经营，在新形势下发展和壮大集体经济，强化了统的功能；建立健全了农村生产服务体系，加强了土地管理，解决了部分农户人地悬殊的矛盾，进一步激发了农民生产粮食的积极性。

二靠科技，加快农业发展。3年来，紧紧抓住稳定面积，主攻单产，增加总产的发展方向，从种植结构和生产技术上抓了调整作物布局、推广优良品种、科学施肥、建设丰产样板田、地膜覆盖栽培、草田轮作、复种绿肥、低产田改造、机耕深翻、节水灌溉、病虫害防治、抗旱抗灾等增产措施的落实。1989年全县粮食播种面积仍稳定在115万亩以上，洋芋、玉米等高产作物和油料等经济作物的播种面积比1986年增长5.8%。小麦面积适当压缩，夏秋作物比例为6：4，作物布局、内部结构进一步趋向合理。围绕提高农技水平这个重点，本着提高县一级、强化乡一级、延伸村一级的原则，加快了农村服务体系的建设，3年来共建立了村服务机构7个，积极鼓励农技人员下基层蹲点，搞科技承包项目33个，供应良种66.69万公斤，各种农药8.64万公斤，建立丰产样板田62万亩，改造低产田25.56万亩，平均亩产比3年前增加65公斤，农业新技术如地膜覆盖、果树栽培、快速养猪等全面推广。1989年仅地膜覆盖玉米3.1万亩，平均亩产为451公斤，仅此一项可增产692.3万公斤。

三靠投入，增强农业发展实力。3年来，动员社会各方面力量，多渠道、多层次、千方百计筹措资金，保证农业投入资金不断增加。根据国务院关于加强粮食生产的决定精神，从1977年开始，县上拿出307.9万元作为支农周转金，加上省、地拨付的资金累计达到386.9万元，“两西”建设每年拨付的农业专项发展、开发总资金1406.7万元，全部用于农业生产。同时采取引导、鼓励、配套、联办等多种办法吸引农民和集体增加对农业的投入。据典型调查，1989年农民用于发展农业生产和购买生产性固定资产的资金，户均59元，比1986年增加17.44元，增长41.96%。化肥在货源短缺、价格上涨的情况下，1989年供应量比1986年增长24.2%。在抓好化肥供应的同时，鼓励农民广开肥源，多积肥造肥，使得农家肥与化肥相结合，以农家肥为主的科学施肥方法普遍得到重视。

四靠改变农业生产条件，增强农业发展后劲。3年来，我们把加强改善农业生产条件和农田水利建设作为改变山区农业生产条件的主攻方向，按照“四集中、四统一”的原则，坚持不懈地抓紧农田水利建设。3年新修梯田13.59万亩，至1989年累计达到82.42万亩，人均占有梯田2.17亩。在水利建设上立足于现有水利设施的维护和管理，并努力扩大灌溉面积。东峡水库加固改建工程经过6年建设，1989年12月通过省、地竣工验收，完成总投资758万元。静宁、通渭团结渠引水工程1989年正式动工修建，已完成投资200万元，渠首工程可提前1年竣工并发挥效益。3年内，衬砌干支渠12.02公里，恢复和新修机井20处。至1989年底，全县有效灌溉面积达到13.43万亩，保灌面积达到12.06万亩，实灌面积11万亩，使占粮田总面积8%的水浇地在干旱年份拿回全县粮食总产的三分之一。

在推进农业基础建设的同时，重视调整农业内部产业结构。种草8.62万亩，累计达到31.35万亩；造林3万亩，累计达到55.7万亩；新建果园0.83万亩，累计达到4.56万亩；年末大家畜存栏9.83万头，出栏12.27万头；兔子收购15万只，农民从中获得收入80多万元；鸡的饲养量有了新的发展；羊只饲养量迅速回升，1989年底存栏8.05万只；渔业生产稳定发展，目前有鱼塘13处，鱼产量达到2.51万斤。

3年来，架设农电线路154公里。截至现在，全县在乡乡通电的基础上，有77.64%的村通了电。与此同时，按照“两西”的决定，有步骤地向河西移民2689人，缓解了我县人多地少的矛盾，加快了脱贫致富的步伐。

二是大力发展乡镇企业，向非农产业转移劳动力。3年来，我们坚持把发展乡镇企业作为振兴我县农村经济的突破口。一手抓扩大发展，一手抓整顿提高，使乡镇企业有了新的发展和突破。1989年底，乡镇企业达1150个，比1986年增加982个，从业人员达14923人，比1986年增加7425人。1989年在资金、能源、原材料极其短缺的情况下，乡镇企业总产值预计可达到5367.34万元，比1986年增长1.84倍，总收入预计4212.21万元，比1986年增加2.5倍。农民从二、三产业中获得的经济收入占到人均纯收入的30.99%。劳务输出逐年增加，1989年达3.66万人，受到了省劳动局的表彰奖励。

三是集中全力抓扶贫，加快脱贫致富步伐。按照省、地3年内力争使80%的贫困户脱贫的要求，我们制订了分年实施计划，1988年扶持1万户，1989年扶持1.3万户。抽组千人扶贫大军，采取单位包乡包村，干部包户，一定3年不变的扶贫形式，扶本与扶志结合，落实一、二、三温饱工程。通过扎实细致的工作，使扶贫工作见到了实效，两年来已有12923户贫困户实现了脱贫。

（二）以提高经济效益为中心，深化企业改革，促进城镇经济稳定增长

3年来，我们坚持以改革为动力，扩大有效供给和提高效益为目的，狠抓了工商企业的深化改革和内部管理，取得了较好的成绩。

第一，工交生产稳定增长，经济效益不断提高。3年来，工业总产值、产品销售收入和实现利润年均分别以27.68%、17.88%、28.6%的速度递增。一是按照国务院颁

发的全民所有制企业3个条例的精神，在企业改革试点的基础上，从1987年开始，全面推行了以“两保一挂”为主要内容的企业承包经营责任制，到1989年底，全县有102户全民和集体工商企业实行了承包租赁经营，占全县企业总户数97.1%。同时把竞争机制引入企业内部，推行了厂长负责制、全员风险抵押、工效挂钩、劳动优化组合等一系列内部改革措施，打破了长期以来吃大锅饭的传统观念，调动了职工的生产积极性。二是抓适销对路产品的生产，从1988年开始，工业生产面临资金不足、原辅材料价格上涨、市场变化等问题，为了克服这些困难，我们在工作上精心组织调度，生产上超前安排，采取“保主保重”的原则，重点抓了产值大户、利税大户和产品销路畅通的企业，全县8个上百万元产值的企业，共实现产值1695万元，占全县工业产值的42.4%，做到了增产增收，以增补歉，减亏增盈，缓解了外部环境对工业生产的困扰。三是抓技术改造工作。3年来共完成技术改造项目12项，为我县企业产品结构的调整、增强企业发展后劲起到了积极作用。四是抓企业经营管理，从产品质量入手，以质量求信誉、求发展。列入考核的产品质量稳定提高率达到了100%。五是抓城镇集体经济，扩大就业门路。在巩固提高已办城镇集体企业的同时我们不断创办新集体企业，3年共安排就业人员1121名，缓解了就业的矛盾，减轻了社会压力。六是抓交通道路和邮电通讯建设。3年来共修建大小桥梁3座，仁大刘川大桥于1988年10月建成通车，总投资为152万元。新改建公路2条9公里，县乡公路完好率达到50.3%，新开辟客运线路2条，解决了部分群众乘车难的问题。邮电通讯也有了一定的发展，新增通讯线路32线对公里，通邮398村，邮电业务总量较1986年增长42.1%。

第二，坚持以流通促生产，有效地搞活了商品经济。3年来我们始终注意发挥国营商业、供销社在流通领域中的主导和主渠道作用，本着保障供给、发展生产的总原则，扩大购销网点，不断扩大购销，严格执行国务院关于农资和高档耐用消费品的专营，在1988年抢购风影响下，由于我们采取了必要的对策和措施，基本保证了人民生活日用品的正常供应，稳定了社会秩序。1989年国内商品纯购进和纯销售分别比1986年增长60.3%和52.7%。在做好市场供应的同时，抓紧农副产品的收购。1989年收购总额预计达到2500万元，其中生猪收购4.51万头。粮油入库工作由于各级思想认识明确，群众政策观念加强，历年来粮油入库完成较好，特别是1989年的粮油入库工作进度快、质量好，得到了行署的表扬。与此同时，积极引导农民进入流通领域。城乡个体工商户由1986年的1870户发展到1989年的2270户。市场建设也有一定的发展，共开拓新建集贸市场1个，整修扩建集贸市场13个，初步形成了以县城乡镇集贸市场为核心，农村市场为集散地、大小结合、城乡联结、多种形式的市场体系。

第三，巩固和发展金融保险事业，为经济建设提供必要的资金。在国家抽紧银根、压缩规模、紧缩信贷的新形势下，各银行通过各种手段，千方百计组织存款，清理回收旧贷，调整信贷结构，努力挖掘资金潜力。正确处理条与块、紧与活的关系，为防止我县经济萎缩、避免经济滑坡作出了积极贡献。1989年底，存款余额达到5842.9万元，比1986年增长101.99%。保险事业迅速发展，到1989年底，全县共设立保险代办机构33个，服务网络遍布城乡，开办了财产、人身、责任保险三大类为主的18个险种，保险总金额达到2956.4万元，比1986年增长7.2%。3年来共支付赔款9.72万元，为促进我县经济发展，保障社会安定，减轻国家负担发挥了积极作用。

（三）狠抓增收节支，加强宏观调控手段，实现了治理整顿与财政收支的平衡

我县经济不发达，财政收入较困难，每年靠吃国家财政补贴过日子。1987年实行财政包干后，随着各项政策增资因素的增多，给县财政造成了很大压力。为此，我们采取了改革、增收、节支、求援的方法，在30个乡镇建立了财政所，调动了两级管理财政的积极性。并通过多方开源和加快税收管理工作，1989年财政收入比1986年增长43.72%。同时，加强了审计监督工作，3年来共审计出违法违纪资金333.53万元，严肃了财经纪律。并通过控制社会集团购买力和各种非生产性开支，使各项支出基本上没有突破预算指标，1989年财政收支做到了基本平衡。

3年来，在加强经常性审计、物价监督的同时，我们还认真抓了一年一度的财务、税收、物价、信贷大检查，清理了固定资产投资和基本建设在建项目，严格了基建审批手续，对全县34个公司进行了清理整顿，使流通领域的混乱现象和市场秩序有所好转，物价上涨指数有所下降。固定资产投资通过控制规模，调整结构，压缩了一部分非生产性基建项目，争取和新上了一批生产性、基础性基建项目。列入全县考核的几项重点建设项目，有的已竣工投入使用并发挥效益，有的正在加紧施工。

（四）加强精神文明建设，促进社会事业的发展

教育事业坚持贯彻县委、县政府提出的“教育立县”的指导思想，把发展教育摆到我县经济战略的首要位置来抓。一是抓办学条件的改善，采取国家、集体、个人一齐上的办学方针，发动全社会集资297.1万元，改善办学条件。1988年在全县小学实现了“一无两有”，受到了国家教委、财政部的表彰奖励，使我县教育跨入全国37个先进县行列。从1989年开始着手解决中学校舍的危房改造。二是强化教学管理，狠抓教学质量。1989年在30个乡镇成立了乡教委，配备了专职干部，专抓教育工作。基础教育得到了进一步巩固和提高，中学全科合格率和小学双科合格率分别达到29.8%和69.9%，比1986年分别提高2个和14.2个百分点；学龄儿童入学率继续巩固在95%以上，毕业率达到99%，比1986年提高1个百分点。3年来共有1257名高、初中毕业生考入高、中等院校。三是大力开展职业技术教育和成人教育，已初步形成以电大教育为领头，4所农职业中学和8个培训中心为主体的多层次、多规格、多形式的职业技术教育体系。1989年共培训各类专业人才13217人。并在普通中学试办了7个“三加一”职业班，有学生204名。幼儿教育也有了新的发展和提高。

计划生育工作仍采取经常抓和突击抓相结合的方法，打开了计生工作的新局面，长期被动、落后的局面有所扭转。人口自然增长率控制在14.5‰以下，较好地完成了年度人口控制计划。

医疗卫生工作在体制改革、实行院长承包责任制、加强医德医风教育的同时，服务质量、服务态度有了进一步改善。防疫工作在地方病、传染病防治方面有了进一步

的突破。儿童计划免疫工作进展顺利，“四苗”接种覆盖率达到87%，通过了联合国儿童基金会、世界卫生组织和卫生部的检查验收，并受到省、地的表扬。

文化、体育、广播电视等事业都了有新的发展。3年来，在国家、省级刊物上发表、展出文学艺术作品270件，5件书画艺术作品在国际性展览中展出并获奖，并且完成了静宁县文化资料丛书的编辑工作，有5种已印刷出书。民间文学三套集成已编成出书并受到省文化主管部门的表彰。古文物及古文化遗址的普查、收集、挖掘、整理及保护工作有了新的进展，新列县级文物保护单位10处，这些对于继承弘扬我县传统文化，激发热爱静宁、建设静宁的热情都起到了积极作用。体育事业在广泛开展群众性体育活动的基础上，积极组织训练，参加了省、地举办的一些体育竞赛项目，其中自行车、篮球、排球等项目取得了较好名次。3年共获金牌10枚，银牌7枚、铜牌11枚。同时还为省体工队输送了3名优秀运动员，有2名自行车运动员进入国家集训队。广播、电视事业有了新的变化，大功率电视发射机和调频广播在寺山差转台的安装使用，使广播、电视覆盖面更为扩大。农村有线广播线路的维护有了很大改观，自办节目的质量和宣传效果均有不同程度的提高。

县志编纂工作进展顺利，到1989年底，已完成初稿，进入总编纂初审工作。档案管理在抓好现有文书档案管理的同时，去年开始进行企业技术档案的管理、检查验收，馆藏量较1986年有较大的上升。

民族、宗教、侨务工作在改革开放中有了新的发展。宗教政策落实，各项宗教活动正常。全县少数民族的文化、生活也有一定改善，脱贫户已在全县处于率先地位。1989年我县共接待归侨台属20多名，这对宣传党的政策，加强海内外同胞联系，起到积极作用，并得到省、地的表扬。

3年来，城镇建设也迈出了新步伐，先后拓开阿阳路和庙川居民道路801米，铺设排污、排洪管道2349米，修建公共卫生设施16处。城镇脏、乱、差现象得到进一步治理。环境保护工作在严格标准、限制排放的方针下，对全县26台锅炉和各排放污水点进行了检测，并制定相应的措施，使粉尘、噪音、污水排放控制在标准之内，改善了群众的生活环境。

（五）强化治安管理，搞好综合治理，为经济建设提供良好的社会环境

3年来，我们十分重视社会治安的综合治理，充分发挥政法机关职能作用，有针对性地开展一些专项斗争和扫除“六害”的突击活动。在全县城乡普遍进行了普法教育工作，使人们的法律意识和法制观念有了进一步增强。同时注意加强人民调解和城区治安联防、单位内部安全防范责任制的建立和落实工作，保证了社会治安秩序的基本稳定。人民武装工作在军民共扶共建和兵役征集、民兵训练中也做出了新成绩。

（六）认真清除腐败，加强廉政建设

从1989年开始，我们把廉政建设列入了工作的重要议事日程，在干部职工中加强廉政教育。政府监督机关设立一年来，共收到群众举报信件337起，通过分析，对群众反映强烈的人和事进行了认真查处。并注意加强了制度建设，年内制定了《科级干

部廉洁守则》，实行“两公开一监督”制度之后，又制定了贯彻廉洁守则的补充规定，并从县政府领导成员做起，带头执行。随之在公安、劳动人事等6个部门积极推行了“两公开一监督”制度，以增强政府工作的透明度，接受群众的监督。

（七）转变政府职能，努力改进工作作风

为了加强宏观调控，我们致力于改变职能，改进作风，提高工作效率。一是建立政府工作程序，力争使决策民主化、科学化。1989年，县政府讨论制定了《县人民政府议事规则》，进一步明确了政府职责范围。二是注意克服官僚主义，改进工作作风。深入基层，加强协调服务，为基层排忧解难。三是注意既使用行政手段，又使用经济、法律手段处理问题。连续聘请了常年法律顾问，加强了行政执法机构和队伍的建设，保证了国家、省上已颁布的行政法规的贯彻执行。土地管理、城镇建设等已逐步走上了依法管理的轨道。四是坚持讲实话、鼓实劲、办实事。在力所能及的情况下，县政府注意每年安排为群众办几件实事，以解决群众迫切要求解决的突出问题。五是下决心减少文山会海，提高办事效率。六是认真办理人大代表和政协委员提案及人民群众来信来访。

以上成绩的取得，是全县人民尤其是奋战在基层第一线的广大干部、工人、知识分子和农民群众辛勤工作的结果，也是县直各部门及省地驻静宁单位配合的结果，县人大代表和县政协委员对县政府的工作也给予了热情支持和通力合作，这里我代表县政府一并表示衷心的感谢。

我们如实地肯定成绩的同时，还必须清醒地看到，政府工作仍然存在着不少缺点和失误，面临着许多困难，不尽人意的问题不同程度地反映在各个方面。主要表现在：一是农村经济发展不快，人均占有粮食仍低于全省平均水平，农民人均纯收入还很低，特别是一些自然条件差的村社，解决温饱问题的难度更大，化肥等农用生产资料供应一直偏紧，群众对此意见较大。二是在市场出现疲软的情况下，工业生产面临资金、原材料严重不足和产品销售不畅，企业经济效益低，应变能力差，发展后劲不足。新上项目由于资金等因素的制约，无法很快上马。改革不深入，不配套。有的承包企业出现了明显的分配不公问题。三是财政困难，资金短缺，严重地制约着经济的发展。这几年虽然增收了一点，但由于历年赤字挂账多，仍然是个“保吃饭”的财政。因此，政府提出要办的实事，有的因无钱而无法解决。一些在建项目也因资金拨不出去，不能如期完工交付使用。四是由于受大气候的影响，思想政治工作有所削弱，存在着“一手硬，一手软”的问题。对四项基本原则的教育不经常，不深入。加之执法不严、监督不力，致使某些腐败现象和不正之风有禁不止，时有发生。尽管发生在个别政府工作人员身上，但其影响不小，危害极大。五是在工作指导上，存在着某些宏观调控能力差，预见性不强，决策不及时，措施不力的现象。官僚主义、人浮于事在一些领导干部和部门中反映突出。六是城镇就业、住房由于受客观条件的限制，欠账较大。农村教育、文化、卫生事业适应不了经济建设的需要，职业教育和成人教育尚未引起全社会的高度重视。社会治安在某些方面反映比较突出，综合治理的措施落实不力。行政执法缺少经常性的监督和检查，存在着有法不依、执法不严、违法不究的现象。这些问题和困难，是影响我们今后工作的不利因素，因此，要引起我们的高度重视，花大力气，努力克服和消除。

二、新的目标和任务

今后3年，我县经济将随着治理整顿进一步巩固和提高，经济改革将进一步深化。在这3年中，我们将全面完成“七五”计划这个艰巨的任务，同时也将为“八五”计划的实施夯实基础。为此，本届政府的任期目标是：立足农业抓粮食，稳定工业促效益，保障供给扩财源，艰苦奋斗，稳定解决温饱，经济协调发展，社会不断进步，人民生活水平得到较大提高。具体指标是：工农业总产值1990年达到13100万元，1992年达到15880万元。工业总产值1990年达到4100万元，1992年达到5500万元。粮食产量在正常年景下平均年达到11.5万吨至13万吨；财政收入按可比口径计算，1990年完成635.6万元，力争达到680万元，1992年达到830万元。乡镇企业总产值1990年达到5400万元，1992年达到6000万元。农民人均纯收入1990年达到300元，1992年达到320元，力争350元。全县总人口1990年控制在40.53万人之内，1992年控制在41.5万人之内。

实现上述目标，困难比较大。其主要问题是财政、信贷和投资环境不宽松；资金、能源、原材料供需矛盾大；农业生产资料的供应在短期内不能缓和；农业基础地位不巩固，靠天吃饭的状况没有得到根本扭转。但是有利的条件仍占主导地位：党的十三届五中全会精神的落实，将给经济建设奠定坚实的思想基础；改革的深入，将会更大限度地发展生产力；一大批工业、农业基本建设项目的建成，将会极大地发挥其应有的效益。我们必须坚信，在中国共产党的正确领导下，只要我们坚持党的四项基本原则，坚持党的各项方针政策，采取有效的政策和措施，这些问题和困难是不难解决的。我们应该满怀希望和信心，为实现上述目标而努力。

三、对策和措施

今年，政府工作要以十三届五中全会精神为指针，既要鼓足信心，又要脚踏实地，把治理整顿、稳定经济作为中心任务，以改革求发展、求出路。进一步开展增产节约、增收节支活动，提倡自力更生、艰苦奋斗，过几年紧日子，使各项工作有新的起色。具体抓好两件事和七个方面的工作。两件事是：一是在思想领域里抓好坚持四项基本原则，深入开展党的基本路线教育，保持和发展安定团结的政治局面；二是在经济领域里坚持治理整顿，建立持续、稳定、协调发展的经济新秩序。七个方面的工作是：

（一）认真传达、学习文件，通过深入细致的思想政治工作，把干部和群众的思想统一到五中全会精神上来。传达学习贯彻中央五中全会和省委七届三次全委扩大会议精神，进一步搞好治理整顿和深化改革，是当前和今后一个时期全党工作的中心任务。政府部门和全体干部都要根据这一要求，认真传达学习贯彻五中全会精神，把传达贯彻五中全会精神作为全县今后工作的重点，作为当前正在进行的党的基本路线教育的重要内容来抓，同时借这次东风进一步促进政府各项工作的顺利开展。在传达学习中，要紧紧围绕我县实际，深刻领会文件精神实质，统一全体干部和群众的思想，切实搞好治理整顿和深化改革。

要加强和改进思想政治工作，以此推进经济的发展。要始终一贯地把坚持“一个中心、两个基本点”作为基本思想来教育人民，特别是教育全体干部和青年学生。这项工作要经常化、具体化。要根据国情、省情和县情，从历史到现实，从事实到原则，一个问题一个问题地展开，作系统有说服力的阐明。同时要注意结合各个时期的形势和任务、干部群众的思想实际，有针对性地深入进行。要大力开展爱国主义、社会主义、独立自主、艰苦奋斗和遵纪守法教育，反对极端个人主义、拜金主义、无政府主义、崇洋媚外的思想和各种腐朽、堕落的不良风气，切实加强社会主义精神文明建设。学校要坚持社会主义办学方向，把德育工作放在首位。要以培养为四化服务的德才兼备的人才为己任，在当前和今后一段时间，突出抓好坚持四项基本原则、反对资产阶级自由化的教育和社会主义民主、自由、法制、纪律的教育。在企业，要继续大力倡导全心全意依靠工人阶级，进一步发挥知识分子的作用，教育职工树立主人翁精神。在农村，要进一步倡导移风易俗，反对赌博、封建迷信。教育农民正确处理国家、集体、个人三者关系，以实际行动支援国家建设。在全社会要大力宣传雷锋精神和表彰好人好事，树立职业道德新风尚和为人民服务思想，鞭挞揭露那些社会丑恶现象和坏人坏事，以此扶正除邪。总之要通过各种形式，迅速把全县干部和群众思想统一到五中全会精神上来，为全县经济建设服好务奠定坚实的思想基础。

（二）强化农业基础建设，促进农业持续发展

第一，狠抓粮食生产，实现稳中有增。

一是稳定粮食播种面积，这是保证粮食稳定增产的基础。在实行土地联产有偿承包，进一步完善土地承包制的同时，要切实加强土地管理工作。从1990年开始，在全县农村每年开展30%农户的宅基地使用证的发放，通过发证严格用地管理。无论是国家、集体建设，还是农民建房用地，都必须依法申报、审核、批准手续，任何单位和个人都不得未批先用，少批多用。通过行政的、经济的、法律的手段，确保全县粮食播种面积稳定在115万亩以上。

二是继续增加投入。对农业的投入要以农民为主体，多渠道增加农业投入。要动员全社会力量办农业，支援农业。抓政策投入：依靠政策进一步启动农业内部发展活力。要坚持深化农村第二步改革，保持农村政策的稳定性和连续性，解除群众担心和疑虑。深化农村改革的主要内容是在家庭承包责任制的基础上，完善联产有偿制度。加强基层班子建设，有效解决村、社干部报酬，发展双层经营，逐渐壮大集体服务的实力，进一步推动农村生产力的发展。抓服务投入：当前和今后主要是健全和完善配套乡、村两级技术，供销、管理三大体系。通过试点，逐步在乡一级建立大农业综合服务中心，分别重点，分别配套，延伸和扩大服务范围。抓农民主体投入：在国家、集体、个人投入一起上的原则下，要充分发挥艰苦奋斗，自力更生的精神，调动广大农民对农业投入的自觉性和积极性。抓资金投入：千方百计从各渠道筹措资金，保证

农业资金在上年的基础上逐年有所增加。

三是坚持大搞农田水利基本建设，改善农业生产条件。在资金投入有限的情况下，要把增加劳动投入作为夺取农业丰收的一项重要措施。梯田建设要常年不断地坚持下去，今后要保质保量每年兴修梯田4万亩。采取行政措施和经济手段，使梯田建设更有声势，更扎实。水利建设要继续实行大中小并举，突出抓投资小、见效快的项目，把能利用的水尽量利用起来。要加强渠系配套，制订用水计划和现有水利工程达产达标计划，通过挖潜，扩大灌溉面积。要加强现有水利设施的维修和管护，充分发挥效益。要按照农田水利建设劳动义务工管理办法，每年完成农田水利义务工300万个。实行以社为单位，当年义务工日，当年使用，当年结清。3年内完成团结渠、西凡沟灌渠、梁马灌渠和响河、张峡、南齐岔水库建设，并积极争取鞍子山水库的动工。

四是坚持科技兴农的正确方针，大力推行农业科技承包。一是继续扩大高产作物、间套带状种植和复种面积。大力推广小麦玉米良种、叶面喷磷、稀土微肥、药剂拌种和土壤消毒、地膜覆盖、配方施肥、病虫害防治、机耕等应用技术和旱农耕作技术。二是搞好科学施肥，提高肥料利用率。当前盲目使用化肥，造成肥料浪费的现象十分严重。要把推广科学施肥作为增产增收的一项重要措施来抓，根据土壤情况，采取多种形式向农民广泛宣传科学配方施肥知识。三是扩大良种覆盖面积。种子部门要积极搞好引进、培育和示范推广工作，扩大种子田，及时向农民提供优良品种，督促农民加快品种更新换代。四是抓好节约用水。要彻底改变大水漫灌、串灌等浪费水资源的做法，充分挖掘潜力，争取用有限的水多灌一些地。五要继续完善农业科技承包办法，抓好重点承包项目。在总结以往科技承包的基础上，借鉴外地经验，实行技术、物资和行政相结合，整村、整乡、双轨和双向集团承包。重点抓好川水区50亩吨粮田建设试点，山旱地1000亩千斤示范田和低产田改造等承包。

五是保证农业生产资料的及时供应。多年来农业生产取得全面丰收的一个重要原因，就是抓住农业生产资料的供应，从而掌握了农业生产的主动权，为农业丰收作出了贡献。今后几年农业生产面临的任务更为艰巨。供销部门要进一步做好农业生产资料的调运销和分配，做到数量、质量、时间、价格四公开、四保证，增加透明度，杜绝不正之风。要继续发挥主观能动性，选派得力人员外出联系采购化肥、农药和地膜资源，以补充计内供应不足。

在抓好粮食生产的同时，要继续抓好经济作物和林果、畜牧业的生产，始终不渝地坚持农村经济全面发展的方针。油料生产在稳定面积的同时，大力推广高产综合技术措施，攻单产、促总产。蔬菜种植要继续改良品种，改进栽培技术，扩大地膜，从产量、质量、时间等方面增强市场竞争能力，解决城镇居民“菜篮子”问题，增加农民的经济收入。林草建设要围绕提高综合效益进行合理布局，要坚持草灌木结合，以短养长，长短结合，速见成效。全面落实林业政策，调动群众造林种草积极性。在抓好当年造林的同时，切实抓好现有林地的补植、抚育、改造和管护工作，依法从严认真查处乱伐乱砍、哄抢林木的事件。果园建设在加强现有果园管理的基础上，推广先进技术，根据不同区域的自然条件，按照规则，逐步建立苹果、梨、杏等基地。种草要继续坚持以多年生牧草为主，以发展畜牧业为前提，以草兴牧，草畜同步发展。包括养兔在内的畜牧业要进一步向商品化发展，大力改良畜种，提高出栏率和商品量。

第二，抓好乡镇企业，在整治中求发展。

党的十三届五中全会对乡镇企业提出了“调整整顿、改造提高”的方针，并明确指出：对中西部乡镇企业起步晚还很薄弱的地区，应当允许适当的发展规模，不能“一刀切”。我们要认真贯彻执行中央的方针和决定，提高认识，稳定发展乡镇企业的政策，稳定人心，稳定队伍。要在调整中积极引导乡镇企业健康发展，主动适应治理整顿的大气候，优化自我发展的小环境，提高自我发展能力。要以提高经济效益为中心，根据适应市场变化和技术进步的原则，积极调整，优化结构，在稳定中求发展。乡镇企业面临资金、原材料、能源不足的困难较多，要加强企业管理，全面提高企业质量，克服困难，实现生产资料的合理布置，增加社会有效供给。要区别情况，分类指导，通过调整使乡镇企业的产业结构、行业结构和产品结构逐步趋向合理。要进一步完善乡镇企业经营承包责任制，引导乡镇企业走小而专，高水平，小商品大批量、专业化、社会化协作生产道路，发展依靠大企业、名优产品和优势产品的企业，兴办具有资源优势主导产业，依托商品基地开发系列产品。要在公有制为主的前提下发展多种经济成分，走以工补农，以工建农的路子，既要富县又要富民。与此同时，在确保农业生产劳力的前提下继续积极抓好劳务输出。要通过各种渠道，开辟新的劳务市场。引导和教育农民克服自由散漫作风，增强纪律观念，在劳务输出过程中，树立新型的农民形象，逐步建立比较稳定的劳务供求关系，力争年内输出劳务比上年有所增加。

第三，抓好扶贫开发，在攻坚中取胜。

几年来的扶贫，全县取得较为理想的效果，全县农村已基本解决了温饱。但随着扶贫面的缩小，扶贫的难度相应加大，扶贫开发已进入最后的攻坚阶段。因此，各级政府要集中力量，重点扶持，攻克难关，带动全面，增强自我开发、自我发展能力。在总结扶贫工作经验的基础上，进一步明确任务，层层分解指标，狠抓10个温饱工程，因地制宜地上一批重点扶贫项目。要加强科技扶贫工作，增加科技扶贫资金，下达承包项目，帮助和指导贫困户提高科学经营水平。要总结和推广自我脱贫、自我发展的成功经验，引导农民依靠自己的力量走上脱贫致富之路。特别要注意调整农村产业结构，因地制宜发展畜牧业和多种经营。在脱贫攻坚中，把稳定脱贫成果作为今后扶贫工作的一项主要内容来抓，以增强自我抵抗能力，防止脱贫后又返贫的现象发生。要按照“两西”计划，有步骤地完成3年向河西移民2000人的任务。

（三）紧紧围绕持续、稳定、协调这个中心，努力提高经济效益，认真组织好工业生产

第一，始终把改革作为贯彻十三届五中全会精神的重要措施，坚定不移地走深化完善、巩固提高的路子。应当肯定，通过深化改革，全县企业已经迈出了可喜的一

步，承包经营是成功的，卓有成效的，企业的活力大大增强，素质也有一定提高，各企业的风险、约束、激励和竞争机制逐步形成，效益明显提高。但是生产力变革的过程中，生产、经营、分配不可避免地存在某些不合理因素，影响改革不能发挥最大的经济和社会效益。所以，要不断总结经验，积极、稳妥地引导企业探索改革的新路子和新方法。在第一批承包的基础上，对能兼顾国家、集体、个人三者利益，经营效果好的企业，继续进行滚动或延期承包；对部分经济效益低下，责权利不明确，并带有短期行为的承包者，采取相应的手段，促使其走向正确的经营轨道。要进一步强化政府的行政指挥和协调监督功能，理顺企业党政工三者之间的关系，明确指出企业党政工的协调是深化改革的最大需要，只有三者相互协调和密切合作，才能使改革获得成功，才能充分发挥广大职工的积极性。要不断强化政府宏观调控和监督手段，开展经营意识和法律教育，定期开展各项工作的检查、指导与服务，保证企业在改革中不偏离社会主义经营方向。

第二，精心组织，立足挖掘，提高经济效益。要使当前的工业生产持续、稳定、协调地向前发展，必须立足挖潜。一是堵塞漏洞，夯实基础，把企业管理推向新的水平。要紧紧围绕提高效益这个中心，以物质消耗、资金管理、基础建设为重点，把现代化管理工作逐步推开。并在抓好标准化、计量、信息和定额管理的同时，严格检查落实以岗位责任制为主体的各项规章制度，减少损失和浪费，大力开展双增双节。1990年要在全县范围内广泛开展企业晋等升级活动，并以此提高企业的整体水平和素质。二是进一步调整产品结构。要以市场为导向，突出抓好市场紧俏品的生产。并适当采取倾斜措施，从原材料、资金、燃料方面给予支持。对于质量差、市场竞争能力弱、成本高的产品要限产或转产。要开展全面质量管理，实行质量否决制度。积极采用国际标准，提高产品质量水平。三是继续组织好生产调度，用仅有的资金和原材料办更多的事情。多年的实践告诉我们，搞好各层次的生产调度，是组织好工业生产的必要措施之一。在原材料、能源、资金匮乏的情况下，及时平衡生产中的矛盾，解决相互制约的问题，是工业生产稳定、协调发展的基础。通过各种形式的调度会，不断疏通各环节中的阻塞现象，做好超前安排、均衡生产。要在全县企业中开展双增双节活动，提倡勤俭节约和艰苦奋斗精神。进一步压缩非生产性费用支出，加速资金周转，减少库存积压。积极催收货款，努力降低物质消耗，使主要产品能源、原材料、动力消耗稳定降低率达到90%以上，万元产值能耗降低2%，物耗下降2%，全员劳动生产率提高2%以上。

第三，走内涵扩大生产的路子，加快技术改造步伐。发扬自力更生，艰苦创业精神，是我们多年来发展地方工业的基本经验。依靠内涵改造扩大再生产，自己武装自己，形成自我发展和改造能力，是我们的必由之路。当前，国家对于物力、财力的投入是有限的，因此，必须引进新技术、新工艺，加快技术改造步伐。要在项目的选择上突出先进性和适用性，本着“补缺门，上空门，创新路”的原则，采取“人无我有，人少我多，人多我新，人新我转”的策略，以转头快、投资小、见效快的项目为主，坚持土洋结合、逐步形成。技术改造要实行达产达标责任制，以保证投资效益的尽快实现。今年内要完成火柴厂搬迁、人造板厂完善改造一期、毛巾生产线、威戎造纸厂投产工作。

第四，加快领导，推进城镇集体工业的发展。我县的城镇集体工业，不论是过去，还是现在，对全县工业的发展有着举足轻重的作用。由于多年来重视不够，效率低、管理差的状况一直存在，大多数企业没有发挥其应有的潜力和作用，今后一定要重视发展城镇集体工业。一是在提高集体工业企业地位的同时，注重领导力量、技术力量的配备；二是采用相应的优惠办法，保护其生产经营的积极性；三是要不断充实壮大集体经济实力，为待业青年创造就业机会和场所。要不断探索发展城镇集体经济的新路子，要利用其灵活性和自我发展的特点，为加快我县工业的发展步伐作出贡献。

安置好待业青年就业是我们目前十分紧迫的一项任务。随着人口的不断增长，我县待业青年已达到1000人。这个问题显得越来越突出，已引起社会各方面的焦虑和关注。要采取多渠道解决就业的办法，一方面积极扩大生产解决就业，一方面鼓励各类人才自谋职业。在安置中要坚持先培训，后就业的原则，以保证就业后的职工素质。对于自谋职业的待业青年要大力宣传和鼓励，得到社会各方面承认。要教育待业青年不能眼睛盯在国家安置方面，而要放眼社会，用自己的能力赢得全社会的承认。通过各种措施，力争年内使待业青年的各种安置在上年的基础上有所增加。

（四）在治理整顿中搞活流通

党的十三届五中全会决定，要用3年或更长一个时期，基本完成治理整顿。根据这一方针，今后要以保障有效供给为目标，继续抓好治理整顿工作。首先要发挥国营商业和供销社的主渠道作用，加强计划外商品和计划内生产资料的采购和供应工作。要实行公开销售制度，公开价格、公开数量、严禁私人从事重要生产资料的经营活动。要根据国家的有关规定，任何部门和单位都不能非法经营国家实行专营的商品。要整顿重要消费品的批发环节，把批发环节牢固地掌握在国营商业和供销社手中。要随时在全县开展流通大检查和清理批发业务工作。第二，下大决心搞好市场和物价管理。市场问题和物价问题是社会最敏感的问题，要在继续开展商业职业道德教育的同时，加强各项规章制度的建立，严禁倒卖紧俏物资和商品。充实和加强工商税务物价部门的力量，提高业务素质，建立健全物价管理制度，加强群众监督和舆论监督，严禁哄抬物价，坚决取缔各种乱涨价、变相涨价的行为，一经查出要严肃处理，绝不放过，使全县的物价水平在现有的基础上相对稳定。第三，坚决制止和纠正各种乱收费、乱摊派、乱罚款的现象。各种名目繁多的乱摊派、乱收费、乱罚款已引起社会各阶层人士的不满，激起了群众的反对，必须采取有力的措施，坚决予以纠正和制止。今后任何单位和部门不得以任何借口乱摊派、乱罚款。对于违反者，由监察部门和物检部门予以查处。各单位也可直接反映。对于乱收费、乱摊派、乱罚款，各单位各企业有权拒绝。第四，在治理整顿中，政府各部门要注意倾听群众呼声，要认真听取人大代表、政协委员和社会各界人士的批评、建议，不断改进整顿治理方面的工作。第五，在治理整顿中，各流通部门要努力改变工作作风，扩大和增加有效供给，实现社会总需求与总供给的基本平衡。商业、供销、粮食、物资等部门要在商品流通中努力克服当前市场不景气的状况，发挥国营企业的主渠道作用，改变服务态度，以保障供给为目的，不断减少流转环节，降低费用，加强企业核算，提高资金使用效益，在抓好供应的同时提高经济效益。要组织好工业品的下乡，保证人民日用消费品的供应。做好农副产品收购，增加农民收入。要维护粮油定购任务的严肃性，确保任务的按时完成。

（五）加强宏观调控手段，实现财政收支的基本平衡

当前，国民经济中存在的困难和问题，是多年来社会总需求超过总供给、国民收入超额分配的反映。我们要按照中央和国务院的要求，不折不扣地下大决心压缩过高的需求热，提倡过几年紧日子，保证全县经济发展目标的实现。

第一，压缩投资规模，提高投资效益。中央要求今后两年内的投资水平要低于1989年，根据这个精神，我县压缩投资规模应主要放在压缩非生产建设规模上，并提出相应办法，对那些利用生产搞非生产性建设的单位和擅自搞计划外工程、无限追加投资工程的，要追究单位领导人责任。今年内县财政再不开口子搞自筹基建工程，一些必须要搞的维修和小土建也要经过严格的审查把关，否则不予放线开工。与此同时，要进一步抓好基本建设的完工率和交付使用率。对于在我县经济发展中有举足轻重地位的煤矿和甘沟河桥要落实各项完工措施，使其早日发挥经济效益。

第二，继续压缩和控制社会集团购买力，切实控制消费需求的增长。要坚决纠正近几年来高消费做法，严格控制消费基金的增长，不断压缩社会集团购买力。今年的社会集团购买力要在1989年的基础上压缩20%。要加强对工资基金的管理，特别是工资外其他资金的管理，杜绝乱发奖金和各种实物、补贴，逐步推行工效挂钩政策。

第三，财政工作要继续开展双增双节。一是进一步加强税收征管工作，把应收的如数收上来；二是对新开税种和财政代征的各项费用要限时限期保证入库；三是紧缩财政支出。继续实行财政包干制度，严格控制人员编制，控制各种会议经费。在全县范围内开展预算外资金管理，清理各种小钱柜，进一步严肃财经纪律，确保财政收支的基本平衡。

第四，信贷金融工作要在紧中求活，更好地为地方经济建设服务。信贷金融工作在治理整顿的形势下，面临困难相当多，要采取有效的措施，用好用活现有资金。要帮助各类专业银行清理回收各种旧贷，争取用较少的资金办更多的事业。同时要树立为人民服务的观念，改善服务态度，杜绝各种不正之风。要进一步开展各项保险业务，搞好保险工作，这是一种利国利民的大好事。保险公司要积极宣传保险知识，扩大参保面，把保险工作推向一个新的水平。

（六）狠抓社会治安的综合治理，为经济发展提供良好的社会环境

在建设物质文明的同时，要不断地把社会主义精神文明建设推向前进。要结合宣传贯彻党的十三届四中、五中全会精神，把法制教育引向经常化、制度化。要联系实

际，学用结合，使广大干部群众既能学到法律常识，又能解决工作中遇到的一些实际问题，提高人们的法制观念和法律意识，真正做到知法、懂法、守法，逐步学会依法办事，以适应治理经济环境，整顿经济秩序，全面深化改革的需要。

要继续坚持两手抓，一手抓治理整顿，一手抓严厉打击，动员和组织社会各方面的力量，齐抓共管，治本与治标相结合，推进社会治安的进一步好转。要充分发挥工会、妇联、共青团组织以及农村治保组织和人民调解组织的作用。大力加强基层政权建设，做到群众路线与专政机关相结合，把可能激化的矛盾消灭在萌芽状态。当前要广泛深入地开展扫除“六害”的斗争，并要根据实际，有针对性地开展以打击各种违法犯罪活动的专项斗争，尤其是一些影响大，危害深的刑事案件，要依法从重从快惩处。要继续加强内部保卫责任制，搞好治安防范工作，全面落实综合治理的各项措施，促进两个文明建设，为经济发展提供一个良好的社会环境。

大力加强民政优抚工作，是开展综合治理的重要组成部分，对维护社会的安定将起到积极作用。今后我们将一如既往在不断开展军烈属、伤残人优抚的同时，积极争取多渠道、多种方法创办残疾人福利企业，使其在全社会的关怀下，变成自食其力的劳动者。要继续坚持老有所养的社会公德和社会主义优越性，开办新的和巩固完善已办的敬老院，使五保老人更好地安度晚年。与此同时抓好社会无业人员的收容和遣返工作，以减少流窜所引起的社会不安定现象。

重视群众来信来访，是我们党的优良传统，它对加深政府同群众之间的关系，加快政府工作民主化进程，提高政府工作透明度有重要的促进作用。我们必须不断地倾听群众呼声，对于群众反映的问题，要认真查处并答复，要通过信访工作，解决那些法律处理不了的事件，以此保证社会秩序的稳定。

（七）搞好教文卫体事业，降低人口出生率

教育工作要坚持“教育立县”，牢固树立“百年大计，教育为本”的指导思想，把教育放在经济发展战略的首位。基础教育要继续完善分级办学、分级管理体制和教学目标管理责任制，充分发挥乡镇教委的职能作用。不断提高教学质量，大力发展职业技术教育，把发展职业技术培训人才作为脱贫致富、振兴经济的一个突破口。要把职业技术教育、成人教育与普通教育结合起来，使三教统筹，协调发展。全面培养人的职业意识、职业修养、职业道德以及专业知识和技能，逐步把阶段性的学校教育扩大为社会性的终身教育。要采取八方统筹办职教的方法，对初、高中毕业生采取多层次、多形式、多渠道、长短结合、灵活多样、因地制宜的职业技术教育和技术培训。巩固和提高现有的一校八中心，培养中、初级专业技术人才。要努力改善办学条件，多渠道筹集办学经费。在小学已实现“一无两有”的前提下，集中力量，分步实施，用3年时间改善中学办学条件。继续加强教师队伍建设，巩固、提高、充实教师队伍，提高中小学教师的社会地位。在农村中，抓紧扫除青壮年文盲工作，把农村教育与普及科学知识和推广农业先进技术结合起来，不断提高教育的整体效益。

文化工作要继续抓好农村文化站（室）的巩固和提高，使其真正成为农村青壮年扫盲、习武、娱乐、学习农业科技知识的场所。提高广大农民科学种田水平，活跃农村的文化生活。要积极开展一些健康的、生动活泼的、群众喜闻乐见的、有益的文化体育活动，占领农村文化市场。要加强农村文化市场的管理，扫除反动、淫秽的东西，净化社会空气。认真抓好文物的收集、保护和管理工作。县志编纂要在完成初稿的基础上，积极做好审阅、修改工作，按期付印出版。广播电视事业要在加强农村广播线路管理和电视差转质量、提高自办节目水平的同时，积极筹建静宁人民广播电台和中央二套节目的差转。

医疗卫生工作要在分级办医、分级管理、实行院长承包责任制的基础上，以提高社会效益为目的，大力开展医风医德教育。加强对传染病、地方病和各种危害人民健康疾病的防治，促进医疗、防疫、妇幼保健等工作。要重视医疗卫生设施建设，有计划地解决基层卫生院的危房改造，完成县医院住院楼的建设，缓解人民群众住院难的问题。坚持开展爱国卫生运动，突出抓好公共场所卫生和食品卫生，保证人民的身体健康。

实行计划生育，控制人口增长，提高人口素质，是我国的一项基本国策。今后几年又处于生育高峰期，加之传统观念的影响，增大了计划生育工作的难度，因此，我们绝不可掉以轻心。大力倡导优生优育，提高人口素质，确保本届政府人口指标的完成。同时，要积极认真地做好第四次全国人口普查工作。

四、清腐倡廉，加强服务

党中央明确指出，改革开放，繁荣经济要坚定不移，保持廉洁、反对腐败也要坚定不移，这是我们的基本方针。因此我们要按照四中、五中全会的总要求，毫不松懈地抓好廉政建设，为全县经济建设服好务。首先各级政府机关必须把廉政教育作为自己工作的一项重要内容，当作经常性的工作来抓。要教育各级政府工作人员公道正派，实事求是，艰苦朴素，秉公办事，倾听群众呼声，自觉接受群众监督，以良好的职业道德赢得群众的信赖。其次要加强制度建设，实行“两公开一监督”的办事制度是廉政建设的主要内容。因此各级政府部门，要根据各自的实际，制定相应的、符合自身建设的两公开一监督办事制度。特别是掌握人、财、物的部门和单位，更应作为重点内容和公开范围，以取得更多群众的监督，增强办事透明度。第三，各级政府领导成员要自觉带头执行好廉政建设的相关规定和措施，把自己永远置身于群众的监督之中。各级政府部门的干部要在廉政建设中起表率作用，提倡不谋权力、不徇私情、不贪赃枉法，从而密切政府与群众之间的血肉关系。

要把认真办理人大代表建议和政协委员提案，作为加强政府与人民群众联系的一条重要渠道，接受群众监督，推动政府各项工作的重要措施。政府各部门都要把承办建议和提案列入议事日程，切实加强领导，确定专人具体承办，提高承办效率，确保承办质量。要不断完善民主协商对话制度，提供必要的条件，定期邀请人大、政协的同志参与政府决策，并评议政府工作，以保证政府决策的客观性、正确性、及时性，提高政府工作的整体效益。

各级政府部门在接受人民群众监督的同时，要提倡为全县经济建设服好务。要探索在新的形势下政府服务职能和手段的转变，坚决克服官僚主义和形式主义，反对以权代法和长官意志。鼓励政府机关工作人员深入基层，调查研究解决新问题，要根据自身的特点和实际，想方设法各自办几件当前最紧迫的、城乡群众最关心的、带有普遍性的实事，并要求按事情的轻重缓急，公开通报办理进展情况，促使各项实事的落实。

县人大常委会工作报告

（县人大常委会主任高富德　1990年1月9日）

第十届人大常委会从1987年1月县十届人民代表大会第一次会议选举产生以来，到现在已经整整3年了。3年来，在党的十三大精神和七届全国人大会议精神指引下，在县委的领导和支持下，我们认真贯彻执行党的基本路线和方针、政策，贯彻实施宪法和地方组织法，以健全、完善社会主义民主政治为重点，紧紧围绕经济建设这个中心，努力开展了人大的各项工作。3年中，组织召开了4次县人民代表大会；召开了21次常务委员会议，听取审议了县人民政府、人民法院、人民检察院16个方面、39次工作汇报，作出了9个决议、决定；组织人大委员、人大代表及有关方面的负责同志进行了19次视察和调查；任免了“一府两院”的81名工作人员；督促办理历次人民代表会议提出的议案和意见、建议211条；接待和处理人民来信来访78件，148人（次）；组织领导了县、乡两级人民代表大会的换届选举。同时，根据县委的统一部署，结合各个阶段的中心工作，在工农业生产、扶贫及教育、卫生、计划生育等方面做了一定的工作。

关于县十届人民代表大会第四次会议以前的工作，已向各次会议做了报告。现着重报告1989年常务委员会的工作，请代表们审议。

一、以治理整顿为重点，监督、支持“一府两院”工作

一年来，县人大常委会在“治理经济环境、整顿经济秩序，全面深化改革”的方针指引下，结合全县各个阶段的中心工作，通过听取、审议县人民政府、人民法院、人民检察院的工作汇报，开展视察和调查研究，广泛了解情况，积极提出问题，促进治理整顿工作的深入发展。

开展税收、财务、物价大检查，是治理整顿经济的重要内容。县人大常委会把这项工作作为全年工作的重点之一做了安排，在常委会第十六次会议上听取审议了县人民政府关于全县税收、财务、物价大检查工作汇报。会议一致认为，在财税物价大检查中，县人民政府领导重视，各主管部门认真进行检查，取得了较好的效果。全年共查出各类违纪资金52.4万元，对应上缴入库的14.9万元，已催缴入库5.9万元。在肯定成绩，指出问题的同时，要求县人民政府把财税、物价大检查工作坚持不懈地抓下去。对检查出的各类违法、违纪问题，要按照有关法律、法规和制度严肃处理，特别要抓紧违纪资金的上缴入库工作。

惩治腐败，开展反贪污、反受贿斗争，推进廉政建设，是党的十三届四中全会决

定在近期内要抓好的4件大事之一。县人大常委会第十九次会议在听取、审议县人民法院、人民检察院和公安、监察机关依法办案工作汇报的同时，重点审议和讨论了贯彻最高人民法院、最高人民检察院通告精神、查处大案要案的工作。会议充分肯定了政法部门的工作，并明确表示，县人大常委会坚决支持惩治腐败和反贪污、反受贿斗争，要求政法部门充分运用法律武器，严厉打击经济犯罪活动，整顿经济秩序。对那些有贪污、受贿、投机倒把等犯罪行为的案件，不管涉及谁，绝不能姑息迁就，要一查到底，坚决打击。对于正在受理的各类案件，特别是经济案件，要抽组力量，抓紧查处，及早结案。县人大常委会的负责同志在日常工作中，关心和重视政法部门的工作，参加有关会议，听取汇报，提出建议，支持和促进政法部门依法做好工作。

县人大常委会在监督、支持“一府两院”开展工作中，广泛听取人民群众的意见，认真履行法律赋予的职责促进社会主义民主政治建设。去年7月下旬，县人大常委会组织了3个组，由负责同志分别带领，深入到县直20多个部门，采取登门访问、座谈了解的方法，广泛征求了对政府工作的意见。人大代表、干部群众在充分肯定政府工作的同时，对我县政治、经济、文化、教育、城镇建设等方面提出了56条意见和建议，并及时召开了人大常委会主任和政府县长联席会议，将这些意见、建议逐条向政府作了反馈。在常委会第十八次会议上，听取了县人民政府县长韩豫平关于1989年上半年政府工作报告。在讨论审议中，会议认为，在上半年工作中，县人民政府认真贯彻执行党中央治理整顿和深化改革的方针，使社会安定，生产稳步上升，各项工作取得了较好的成绩。会议对政府工作是满意的，同时对政府工作中存在的一些问题，提出了中肯的批评意见和改进工作的建议。并指出政府工作中存在一些问题，出现某些失误，人大常委会也是有责任的，说明人大常委会在这些方面的监督和支持是不够的。根据这次会议讨论的情况和会前了解到的一些意见，主任会议进行了认真研究。对人大代表、干部群众反映比较突出的问题，如加强基层农业技术服务工作、果葡糖浆厂的生产经营、畜禽联营公司的经营管理、县城乱修乱建、一些单位乱摊派、乱收费等6个方面的问题，向县委写了专题报告，建议对这些问题进行通盘研究，统筹解决。

一年来，县人大常委会还听取、审议了县人民政府1989年财政预算调整、县城建设总体规划实施、社会救济、普及教育、学费收支管理和扫除“六害”、整顿社会治安等方面的工作汇报。围绕审议政府工作及群众反映突出的有关问题，常委会组织常委会组成人员、人大代表和工作人员进行了6次视察和调查。通过视察、调查，发现问题，提出意见，在一定程度上支持和促进了政府一些方面的工作。如去年5月上旬，由县人大常委会1名副主任带领，有县政府、爱卫会、城建局、城关镇、防汛办公室及人大财经科的负责同志共10多人参加的视察组，采取现场查看、座谈讨论等形式，对我县城区建设总体规划实施、环境保护及防洪排洪工作进行了视察。通过视察，对干部、群众反映比较强烈的违反建设规划乱修乱建；废水废气处理不当，污染严重；锅炉摆布不合理，噪声超标；防汛工作有漏洞，排洪措施不力等问题，提出了改进和加强的建议和要求。县人民政府对上述问题，进行了认真研究，主要负责同志和职能部门履行职责，加强管理，切实搞好城区规划的实施及防洪排洪工作。县财政在资金十分困难的情况下，拨出17万元专款用于县城排洪、排污建设，西环路铺设了直径1米的排洪排污管道，基本上解决了多年来存在的老大难问题。

去年4月下旬，由常委会1名副主任和人大教科文卫、教育局的2名同志组成的调查组，先后用10多天的时间，深入到原安、三合、深沟、四河、田堡5个边远山区乡的25所中、小学和县城的部分学校，采取听汇报、抽样查看等方式，对我县学龄儿童入学率、在校学生合格率、巩固率，普及率和部分学校学费收支管理情况进行了调查。县人大常委会在听取县人民政府关于普及初等教育工作汇报和人大的调查汇报时，正确评价了近年来我县大办教育所取得的成绩和目前存在的问题，要求县人民政府及教育主管部门从扩大师生的思想政治工作入手，认真解决基层教育领导力量薄弱，一些学校管理混乱、教学质量不高及乱收费等问题。县人民政府和教育主管部门对会议提出的意见和要求，及时进行了研究，并提出了解决的具体措施。先后召开了2次有乡镇教委主任、中学校长参加的教育工作会议，集中研究了普及初等教育，加强思想政治工作，提高教学质量，统一收费标准等问题，这些都为促进我县教育事业的健康发展，无疑起到了积极的作用。

二、认真开展执法检查，进一步推进法制建设的发展

加强法律监督是人大常委会的一项主要职责。1989年5月省人大常委会发出了关于1989年度重点检查几个法律执行情况的通知，要求在1988年全省执法大检查的基础上，继续有重点地对几个法律和地方法规的执行情况进行检查。根据省人大常委会通知精神，结合我县实际，主任会议进行了认真研究，就1989年执法检查的内容、方法、时间、步骤做了具体安排，向县人民政府、人民法院和人民检察院发出通知，提出1989年重点检查土地管理法、森林法、婚姻法和全国人大常委会《关于严惩严重破坏社会治安的犯罪分子的决定》《关于严惩破坏经济的罪犯的决定》等项法律的执行情况。要求检查中应注重实际效果，对检查出的各类问题必须严格依法纠正。县人民政府、人民法院、人民检察院和林业、民政、土地管理局等执法部门在检查过程中，按照各自的范围，具体安排，认真检查。县人民政府采取分工负责，上下结合，自查为主，上级抽查，边查边改，查改结合的方法，使检查工作取得了较好效果。民政局针对我县贯彻婚姻法中存在的问题，紧密结合农村形势教育，向各乡镇发出了《认真严肃贯彻婚姻法，促进社会主义物质文明和精神文明建设的通知》，在整顿30个乡镇的婚姻登记工作的同时，建立婚姻审查小组405个，召开会议，对婚姻登记人员进行业务培训。通过检查，对全县查出的409对早婚、私婚对象，采取补办登记手续和经济处罚等办法，处理了250对，占63%。土地管理局在检查土地管理法和甘肃省实施土地管理法办法的执行情况时，注意联系实际抓重点，把执法检查与土地申报登记、土地详查、土地有偿承包和土地管理等结合起来，共查出1989年1月至10月份土地违法案件34件，依法处理了12件。县人民法院采取由办案庭先行自查，全院重点抽查以及

全面回顾、抽卷审查的办法，对1989年1至9月份审理的有关案件进行了全面检查。对检查出属于工作方面的8个问题，进行了认真研究，在总结经验教训的同时，提出了改进的措施。县人民检察院以1989年1至10月份办理的案件为重点，着重检查了对严重危害社会治安的犯罪分子是否都做到了依法从重从快打击；对严重经济犯罪是否做到了坚决打击，严厉惩处；在批捕、起诉工作中有无不构成犯罪而批捕、起诉了等问题，分科室逐案件进行回头看，对内部有分歧，上下左右有争议的一些案件深入讨论，统一思想，吸取教训，增强了严格执法的责任感。

县人大常委会第二十次会议听取了人民政府、人民法院和人民检察院关于1989年执法检查工作汇报，认真总结了我县执法检查工作取得的成绩，指出了存在的问题。要求各执法部门把执法检查作为一项经常性的任务坚持抓下去，在进一步加强法制宣传教育的同时，自觉地、经常地进行执法检查，及时发现和纠正违法问题，维护法律的严肃性，不断增强广大干部群众的法制观念，推进社会主义法制建设的发展。

县人大常委会还根据省人大常委会的通知，组织县人民政府、人民法院、人民检察院和司法局、民政局、卫生局、劳动人事局、计划生育委员会等有关部门的负责同志和部分省、县人大代表，先后学习讨论了《甘肃省各级人民代表大会议事规则（草案)》《甘肃省计划生育条例（草案)》等法规和起草人大代表法征求意见的通知，对讨论中提出的修改意见，及时整理上报了省人大常委会。

三、关心群众利益，办理代表意见、建议，尊重代表的权利

关心群众生活、维护群众利益，是人大常委会应有的职责。近几年来，县人大常委会曾多次组织委员和有关人员视察、调查群众生活安排和农用物资供应等情况，了解问题，提出建议，支持和促进了这方面的工作。去年，根据一些人大代表和干部群众的反映，农村一些特殊困难户，“扶贫列不上对象，救济没有保障”，生活还很困难。为解决这一问题，去年4月上旬，由人大常委会司法民政科会同民政部门，先后深入贾河、双岘、灵芝3个乡，对特困户的生产、生活及救济情况进行了调查。在3乡选择了生活条件好、中、差3种类型的9个村、64个特困户，通过察看访问、翻阅村社的救济粮款账目，同村、社干部座谈等方法，进行了比较全面的调查。常委会第十七次会议，在听取县人民政府关于民政救济工作汇报时，结合人大的调查，讨论分析了造成这些户生活困难的各种原因。同时指出，我县近几年来的基本做法是，通过扶贫解决一般贫困户的问题，通过救济解决特殊困难户的问题。但由于一些村、社在返销粮安排上，对特困户没有重点保证，加之财政困难，救济款有限，致使特困户的问题得不到解决，生活仍然很困难。对此，建议县、乡人民政府和各级领导干部要重视救济工作，采取有效措施。从抓具体工作入手，对特困户在生活上关心照顾，生产上帮助指导，真正体现社会主义制度的优越性，从物质和精神上帮助他们尽快摆脱贫困。去年县财政增拨了2万元救济款，解决了一些特困户的急需，县政府和民政部门将进一步改进和加强这方面的工作。

认真负责地办理人大代表意见、建议，是尊重人大代表的权利，为人民群众办实

事的具体体现，也是改进政府工作的一项重要措施。在县十届人民代表大会第四次会议上，代表们提出意见、建议54条，其中涉及农田水利建设方面10条，农电建设方面的9条，生活资料和生产资料供应方面的12条，教科文卫方面的13条，交通运输方面的6条，其他方面的4条。为了使承办工作落到实处，去年3月中旬，召开了县人大常委会主任和政府县长联席会议，对54条意见、建议进行了全面研究，决定采取积极措施，分别不同情况，认真办理落实。特别对群众要求迫切，急需解决，而且经过努力能够办到的几个问题列为重点，尽快研究解决。县政府即召开各承办单位负责人会议，进行了安排部署，提出办理的具体要求。11月上旬人大常委会第十二次会议听取了县人民政府关于办理情况的汇报，对54条意见、建议全部作了研究和处理。其中问题基本得到解决的19条，占35%；已列入计划和创造条件争取解决的21条，占39%；由于财力、物力的限制或其他原因，尚不能解决的14条，占26%。总之，县政府及各承办单位普遍重视代表意见、建议的办理工作，收到了较好的效果。如文化局的办公地址、八里小山桥的修建和原安乡机关、学校的饮水工程等问题，已经得到了解决，受到广大干部和群众的好评。

四、组织领导县、乡两级人民代表大会代表的换届选举工作

县、乡换届选举是我国民主政治建设的重要内容，是发扬社会主义民主，搞好政权建设的一件大事。根据宪法、地方组织法的规定，本届县、乡两级人民代表大会代表到1990年1月任期届满，按照省地和县委的安排部署，进行了换届选举工作。在县第十届人大常委会第十八次和十九次会议上先后传达学习了省委、省人大和地委关于县、乡换届选举的有关文件，成立了县、乡两级选举委员会，讨论决定了换届选举工作的有关问题。10月中旬由县选举委员会召开了各乡镇选举委员会负责人参加的选举工作会议，传达了省、地委的文件，学习了选举法和甘肃省实施选举法细则，对我县县、乡两级人民代表大会代表换届选举的时间、方法步骤和组织领导作了具体安排。根据县上的部署，各乡镇及时召开会议，认真研究换届选举事宜。为确保整个选举工作的顺利进行，县乡两级培训选举工作人员697人，具体帮助、指导各选区和选民小组开展工作。县人大常委会在组织领导选举工作的过程中，由4名正、副主任、2名专职委员和机关工作人员，组成6个组，分别到各乡镇和县直单位各选区检查指导工作，发现问题，及时解决。特别在登记、审查选民、提名推荐、酝酿公布代表候选人、确定正式代表候选人等重要环节上，注意充分发扬民主，坚持严格依法办事。在选举日前，县上又召开了各乡镇选举委员会负责人会议，总结了前段工作，具体安排了投票选举和召开乡镇人民代表大会的问题。在选举日这一天，人大常委会的2名负责同志分别到细巷、祁川、曹务、古城、石咀等乡的一些选区，察看了选举情况。总之，这次换届选举工作，在县委的领导下，经过县、乡两级选举委员会的努力工作，各选区充分发扬了民主，严格按照法律程序办事，使换届选举工作进展顺利。选举县人大代表的170个选区和选举乡镇人大代表的494个选区，都是一次选举成功。选出的230名县人大代表和1295名乡镇人大代表，经县、乡两级代表资格审查委员会分别审查，其

代表资格全部合法有效，从而保证了两级人民代表大会的届时召开。

五、加强学习，健全制度，搞好自身建设

搞好人大常委会的自身建设，对做好人大工作，保证发挥地方国家权力机关的职能作用十分重要。一年来注意抓了政治、业务学习和制度建设两方面的工作：

一是加强政治和业务学习，提高全体干部的思想觉悟和业务素质。人大常委会及时组织全体委员和机关干部，认真学习讨论中央领导同志的讲话，提高了觉悟，增强了党性，在政治上、思想上同党中央保持一致。在工作上严格要求自己，遵纪守法，坚守岗位，努力完成组织交给的任务。同时，还针对近两年增加的新同志多，对人大工作不熟悉、不适应的状况，组织大家学习了有关法律、法规和外地人大工作经验，努力提高全体干部的业务水平，以适应工作的需要。

二是健全人大工作制度，不断完善常委会的职能。人大常委会通过前两届的工作实践，在原有一些工作制度的基础上，制定了《静宁县人大常委会工作规则（试行）》，经常委会第十八次会议讨论通过，已印发试行。这个工作规则共10章50条，从召开县人民代表大会、常务委员会议、主任会议，行使监督、人事任免、视察和调查、联系代表、处理人民来信来访等方面作了较为详细的规定，将促使我县人大及其常委会的工作逐步走向规范化、制度化。

第二节　县第十一届人民代表大会第二次会议

大会概况

县十一届人大二次会议于1991年3月7日至10日在县政府礼堂召开。应出席代表227名，实出席190名，县委、县政府、县政协、县人武部、县法院、县检察院和县直及省地驻静各单位负责人、各乡镇人大主席团常务主席、部分离退休干部、工人、教师和医务人员共110人列席会议。

马子坤、马世贞、马克勤（回族）、王应天、王学谋、史国忠、吕忠厚、李克科、吴尚礼、张光明、陈凤亭、陈向华（女）、陈松友、金福存、郜文学、赵智荣、郭承祖、高富德、曹升明、阎志洁、梁钧宪、韩豫平、靳国强、翟沪兰（女）24人组成大会主席团，马世贞、吕忠厚、李克科、陈松友、金福存、郜文学、赵智荣、高富德、阎志洁、韩豫平10人为主席团常务主席；阎志洁为秘书长，朱寿亭、郭应童为副秘书长；陈松友、安静修、王学谋、郭承祖、曹升明5人组成大会议案审查委员会，陈松友为主任委员，安静修为副主任委员。

3月6日晚举行预备会议，通过大会议程和大会主席团、秘书长、议案审查委员会名单。

大会举行全体会议4次。第一次全体会议于3月7日上午举行，由县人大常委会主任郜文学主持，听取县政府县长韩豫平所作的《县人民政府工作报告》、县计委主任王智仁所作的《关于1990年国民经济和社会发展计划执行情况及1991年计划（草案）的报告》、县财政局局长刘宝生所作的《关于1990年全县财政预算执行情况和1991年预算（草案）的报告》。第二次全体会议于3月8日下午举行，由县人大常委会副主任阎志洁主持，听取县人大常委会主任部文学所作的《县人大常委会工作报告》、县法院院长漆忠义所作的《县人民法院工作报告》、县检察院检察长陈贵录所作的《县人民检察院工作报告》，审议县人大常委会《关于县十一届人民代表大会第一次会议代表意见、建议办理情况的报告（书面）》。第三全体会议于3月9日下午举行，由县人大常委会副主任陈松友主持，听取县政府副县长王文进所作的《静宁县国民经济和社会发展十年规划及“八五”计划（草案）的报告》。第四次全体会议于3月10日下午举行，由县人大常委会副主任赵智荣主持，听取县人大常委会副主任陈松友所作的《关于代表议案和意见、建议审查情况的报告》；通过《关于县人民政府工作报告的决议》《关于1990年国民经济和社会发展计划执行情况及1991年国民经济和社会发展计划的决议》《关于1990年财政预算执行情况及1991年财政预算的决议》《关于县人大常委会工作报告的决议》《关于县人民法院工作报告的决议》《关于县人民检察院工作报告的决议》《关于静宁县国民经济和社会发展十年规划及“八五”计划的决议》；会议最后，县委书记金福存作了讲话。

大会安排分团会议4次。

大会收到意见、建议63件。其中：①农林水牧和农电建设、管理方面32件，占50.8%，主要是建议收回育苗基地，加快水利设施维修、配套建设，修建人饮工程，重视生猪改良，加强羊只放牧管理，加强农电建设管理等。②文教卫生方面10件，占15.9%，主要是建议增设小学，改善办学和医疗条件，调配医务人员，防疫治病，落实双职工计划生育措施，修建电视差转台等。③城建和环保方面6件，占9.5%，主要是建议积极建设排污等公用设施，加强市场管理和环境保护，解决县城住房不公问题，加强无户籍人员管理，设立居委会等。④政法和社会治安方面5件，占7.9%，主要是建议侦破各类案件，重视社会治安问题，及时调处民事纠纷，新建派出所等。⑤工交财贸方面5件，占7.9%，主要是建议积极建设公路桥梁，改善服务态度等。⑥其他方面5件，占7.9%，主要是建议新建、维修乡政府危房，解决居委会办公地点等。

大会议程

一、听取和审议县人民政府工作报告；

二、听取和审议县人民政府关于1990年国民经济和社会发展计划执行情况和1991年计划（草案）的报告；

三、听取和审议县人民政府关于1990年财政预算执行情况和1991年财政预算（草案）的报告；

四、听取和审议静宁县国民经济和社会发展十年规划和“八五”计划（草案）的报告；

五、听取和审议县人大常委会工作报告；

六、审议县人大常委会关于县十一届人民代表大会第一次会议代表议案和意见、建议办理情况报告（书面）；

七、听取和审议县人民法院工作报告；

八、听取和审议县人民检察院工作报告；

九、其他。

大会日程

县第十一届人民代表大会第二次会议日程表

表3–39

<table>
<tr><th colspan="2">时间</th><th>会议内容</th><th>执行主席</th></tr>
<tr><td>3月6日</td><td>晚 7:30</td><td>预备会议：1.通过大会主席团和秘书长名单；2.通过议案审查委员会名单；3.通过大会议程</td><td></td></tr>
<tr><td rowspan="2">3月7日</td><td>上午</td><td>大会：1.县人民政府工作报告；2.1990年国民经济和社会发展计划执行情况及1991年计划（草案）的报告；3.1990年财政预算执行情况和1991年预算（草案）的报告</td><td rowspan="2">郜文学　金福存
马世贞　马子坤
郭承祖　吴尚礼</td></tr>
<tr><td>下午</td><td>小会：讨论政府工作报告等三个报告</td></tr>
<tr><td rowspan="2">3月8日</td><td>上午</td><td>小会：继续讨论三个报告</td><td rowspan="2">阎志洁　韩豫平
梁钧宪　史国忠
曹升明　陈向华</td></tr>
<tr><td>下午</td><td>大会：1.县人大常委会工作报告；2.县人大常委会关于县十一届人民代表大会第一次会议代表意见、建议办理情况的报告（书面）；3.县人民法院工作报告；4.县人民检察院工作报告</td></tr>
<tr><td rowspan="2">3月9日</td><td>上午</td><td>小会：讨论县人大常委会、县人民法院、县人民检察院的工作报告</td><td rowspan="2">陈松友　李克科
张光明　吕忠厚
王应天　翟沪兰</td></tr>
<tr><td>下午</td><td>大会：关于静宁县国民经济和社会发展十年规划和“八五”计划的报告</td></tr>
<tr><td rowspan="2">3月10日</td><td>上午</td><td>小会：讨论静宁县国民经济和社会发展十年规划和“八五”计划的报告</td><td rowspan="2">赵智荣　高富德
靳国强　陈凤亭
王学谋　马克勤</td></tr>
<tr><td>下午</td><td>大会：1.通过县人民政府工作报告、1990年国民经济和社会发展计划执行情况及1991年计划报告、1990年财政预算执行情况和1991年预算安排报告、静宁县国民经济和社会发展十年规划和“八五”计划报告、县人大常委会工作报告、县人民法院工作报告、县人民检察院工作报告的决议；2.议案审查委员会作议案审查报告；3.县委书记金福存讲话；4.大会闭幕</td></tr>
</table>

附：

县人民政府工作报告

（县人民政府县长韩豫平　1991年3月7日）

一、1990年的政府工作

1990年是本届政府任期的第一年，在上级党组织的正确领导和县人大的监督支持、县政协的紧密团结协作配合下，我们认真贯彻执行党的十三届五中、六中全会精神，进一步治理整顿、深化改革，彻底改变干部作风，紧密联系群众，紧中求活，稳中求进，经过全县人民的艰苦努力，全县政治安定，社会稳定，国民经济保持了持续、稳定、协调发展的好势头，顺利完成了县十一届人大一次会议批准的工作任务和年度计划。全县工农业总产值达到13597.56万元，较上年增长8.24%。财政收入完成797.1万元，较上年增长19.75%。农民人均纯收入完成309.63元，较上年增长19.75%。粮食总产量达到12.61万吨，较上年增长5.06%。

（一）牢固树立农业是国民经济基础的指导思想，重视农业，支援农业，齐心协力发展农业，保持了农村经济的全面发展

过去的一年，农村工作始终以全面贯彻落实党在农村中的各项方针政策、狠抓增产增收的关键措施落实为重点，坚持“四靠”和农、林、牧、副、渔全面发展的方针，以增粮促经济、以经济稳粮食，保持了农村经济全面发展的好势头。全年农业总产值达到8652.3万元，较上年增长2.35%，人均产粮达到314.5公斤，较上年增长3.8%，农村贫困面已下降到10.6%。主要工作：

一是全面贯彻党在农村的各项方针政策，继续深化农村改革。继1989年在村、社开展的土地有偿承包之后，1990年将深化农村改革的重点放在了村社资产清理和管理方面来，全县30个乡镇375个村按照资产改革试点方案，各项规章制度基本建立，全年共收缴土地承包费197万元，清理集体资产16.52万元，这对发展农村集体经济、进一步完善统分结合的双层经营，深化农村改革打下了坚实的基础。全县还强化延伸发展，建立了一批社会化服务体系，解决了农村生产生活中服务体系不健全的问题，保证了农村改革的深化。

二是强化农业基础地位，狠抓粮食生产，确保稳定有增。粮食生产继续贯彻稳定面积，调整布局，增加投入，依靠科技，提高单产，增加总产的总方针，全县粮食播种面积继续巩固在113万亩以上，在布局上适当扩大秋粮高产作物、复种、套种和地膜覆盖面积，作物结构进一步趋向合理，地膜覆盖面积全县达到4.367万亩，其中地膜玉米达到4.1万亩。把科技兴农作为振兴我县农业、发展农业生产的关键性措施来抓，去年我们在10个乡镇成立科委的基础上，又成立了20个乡镇科委，完善了乡镇科技管理体系，推动了乡以下科技服务网络的建立和发展。科技兴农工作以农村实用技术推广为重点，全县共抽组380名科技干部深入到农村，抓了10项农业科技示范项目的承包和10项应用技术的推广，推广良种81.3万亩，良种覆盖率达到70.09%；药剂拌种17.85万亩；叶面喷肥3.1万亩；机耕22.66万亩，机播8万亩。在病虫害防治上，采取打

点保面、打川保山、打南保北的办法，全县共供应机动喷雾器30台、手摇喷雾器6440台，投放农药54.4吨，对18.4万亩小麦进行了防治，为粮食全面丰收打下了基础。与此同时，大力推广了玉米撮苗技术和带状种植，全县共落实“带状田”3510亩，前年推广的770亩亩产平均达到955.1公斤，节水灌溉通过在治平、城川两乡实验和推广，目前这一技术正在为群众广泛掌握和应用。果树矮化密植技术得到进一步推广。在抓技术落实的同时，我们还广泛开展了科普知识宣传，认真抓了培训工作，全县共培训农民技术人员13547人次，从而建立起了一支“养得起，留得住”的农村乡土科技队伍，形成了由政府指挥、科技部门领唱、广大群众积极参加的大合唱。

过去的一年，我们采取多渠道、多层次的办法，千方百计筹措农业生产资金和各种生产资料。全县农业投入达到2670.3万元，较上年净增864.3万元，增长14.05%，其中县财政在力保吃饭的基础上拨出专款112.6万元。在物质投入上，化肥供应量达到27168吨，较上年增加7868吨，亩均施肥量达33公斤。柴油较上年增加100吨，各种中小农机具的供应也好于往年。在国家投入有限的情况下，我们采取引导、鼓励、配套的方法，一方面宣传教育，一方面贯彻劳动积累工制度，强化了农民对土地投入的认识，同时推广一些培肥地力的措施，加强了“两增三推广”工作，即增施磷肥、增施农家肥，推广绿肥、高茬收割、秸秆还田，鼓励农民广开肥源、积肥造肥，保证了肥料的投入，促进了粮食增产。

农、林、牧、渔业也得到全面发展。一年来，造林3.02万亩，占年计划3.5万亩的85.71%，其中新建果园743亩，种草8.2万亩，全县累计达到31.65万亩，年末大家畜存栏9.97万头，生猪存栏16.06万头，出栏13.65万头，鸡的饲养量达到96.31万只，羊只饲养量达到7.09万只，鱼产量1.3万斤，全县畜牧业产值达到2386.3万元，林果业产值达到240.9万元，多种经营的发展，既丰富、满足了人民群众的物质生活，又使农民群众从中取得了更多的经济收入。

三是立足防旱，努力改变农业生产条件。根据全县多年来改土中存在的问题，早动员，早规划，早落实，按照“四集中、四统一”的原则，大打改土翻身仗，通过声势浩大的政治宣传和教育，使改土工作发生了可喜的变化。全县共上劳力10万名，移动土方量109.4万立方米，新修梯田4.1万亩。由于各级的重视，梯田建设规模大，质量高，成为近年来最好的一次，受到了行署的表彰奖励。水利建设按照“大中小”并举的原则，建设和管理结合，长远和目前结合，重点抓了基建工程的建设和现有水利设施的维护和管理，努力扩大灌溉面积。全年共启动“五小”水利11处，衬砌干支渠18公里，恢复和新修机井7处，扩大灌溉面积3.25万亩，静宁、通渭团结渠引水工程已全部竣工，完成投资510万元，今年可交付使用，发挥效益。目前，全县有效灌溉面积达到13.73万亩，保灌面积达到12.12万亩。

农电事业也有较大发展，新架农电线40.7公里，目前，全县390个村已有81.26%的村通了电，推动了工农业生产的发展。根据一手抓建设，一手抓管理的原则，9月份我们召开了全县农电管理工作会议，制定了《静宁县农电管理实施细则》，使农电管理工作走上了规范化、法治化、经常化的轨道。

四是全力以赴抓扶贫，打好扶贫攻坚战。在贫困面下降、扶贫工作难度相对增大的情况下，各级集中力量，重点扶持，攻克难点，带动全面，认真落实各项扶贫措施，实现贫困户从输血型向造血型的转变，增强自我开发，自我发展的能力。全县共抽组1269名干部组成扶贫大军，采取单位包乡包村、干部包户的方法，发扬领导苦抓、部门苦帮、群众苦干的“三苦”精神，扶本与扶志相结合，通过扎实细致的工作，全县所包扶的9918户贫困户已有5350户实现了脱贫，走上了致富的道路。

五是把发展乡镇企业作为农村经济的重要支柱，在整治中求发展。乡镇企业认真贯彻“调整、整顿、改造、提高”的方针，在治理经济环境，整顿经济秩序，全面深化改革和抽紧银根、压缩信贷、原材料涨价、社会经济环境硬化的情况下，经受住了考验，取得了新的进展。全县乡镇企业发展到2202个，从业人员达14702人，乡镇企业总产值达6044.2万元，占年计划的100.73%，较上年增长12.59%，总收入达到4811.5万元，占年计划的111.9%,较上年增加129.3万元，增长30.58%，已成为我县振兴农村经济的重要支柱和国民经济的重要组成部分。

我县共输出劳动力3.71万人，较上年增长1.55%，有效地解决了农村剩余劳动力，增加了农民的经济收入。

（二）以提高经济效益为中心，以稳定、鼓劲、服务为前提，继续深化改革，狠抓管理，城镇经济在激烈竞争中，保持了良好的发展势头

——工业生产在狠抓销售、强化企业管理、不断深化改革的前提下，生产稳定，效益提高，较好地完成了年初确定的各项指标，工业总产值完成4945.26万元，占计划的110.1%，较上年增长20.35%，其中，全民工业完成1610.87万元，集体工业完成3334.39万元；国营工业企业销售收入完成1855.35万元，占年计划的106.9%，预算内企业实现利润206万元，占年计划的61.86%；上缴利税116.4万元，占年计划的92.16%，较上年增长1.04%，全员劳动生产率达到10194元，占年计划的101.45%，较上年增长6.4%。这些成绩的取得，一是从加强企业政治思想工作入手，广泛深入地进行形势和党的基本路线教育，统一了广大干部和职工对面临困难和任务的认识，加深了广大职工热爱党、热爱社会主义、热爱企业和积极干好本职工作的认识，通过李军安事迹的宣传，广大职工集体观念有了新的提高，主人翁责任感进一步加强，关心热爱集体的事迹层出不穷，从而使各企业树立了克服各种困难和完成任务的信心，为企业生产打下了坚实的基础。二是深化改革，以改革促管理，以改革促效益。各企业在经济责任制和承包指标的落实中，根据各自的特点，相应地制定了付之落实的各种分配、竞争、风险、约束机制，改变了过去不健全的制度，极大地调动了干部职工的积极性。据统计，全县各企业共建立健全修订各种质量、消耗、定额、销售、分配制度200多项，大大提高了企业内部管理水平和竞争能力，增强了企业经营管理和应变能力，保证了效益的提高。同时，按照“大稳定，小调整”和“求稳不求快，求深不求新”的原则，扎实细致审慎地进行了企业的第二轮承包，在县印刷厂和糖酒公司进行

试点的基础上，制定了《静宁县企业第二轮承包经营责任制实施方案》。按照方案，我们对第一轮承包班子进行测评，并根据“革命化、年轻化、知识化、专业化”的标准，确定了企业的法人代表和班子群体，得到了组织、群众、干部三满意。按照“包死基数，确保上交，超收多留，歉收自补”的原则，使指标确定可靠、先进，得到了地区的肯定和表扬。通过工作，在12月份使第一轮承包顺利地过渡到第二轮承包期，从而大大激发了干部群众的工作热情和积极性。三是坚持以销促产，狠抓货款回收，提高资金使用效益。各企业在市场疲软的困境中，紧紧盯住市场，想方设法占领市场，扩大地方产品的覆盖率，提高产品的知名度。在保证原有市场的前提下，又扩大了新的销售领域，全县较大的几种地方产品，新增销售点10处，净增销售额200万元。5月份我们根据销售下滑的局面，及时召开了县内工商产销衔接会，一次成交325.98万元。在此基础上，我们鼓励各生产厂家积极参加省内外的订货会和交流会，仅西交会一次成交89.62万元，缓解了企业的困难，启动了生产，大大提高了资金使用效益。四是狠抓了产品质量、原辅材料消耗和企业基础管理工作。各企业通过健全内部机制，管理得到改善，产品质量不断提高，可比产品成本和消耗得到降低，达到了较高的水平。企业基础管理工作也走向正轨，现代化管理在各企业普遍开展，目前全县有3户达到省二级企业的标准。

——交通、邮电通讯事业有了较大发展。交通事业以社会效益为主，紧紧围绕提高经济效益，狠抓了公路的养护和基建。全年公路完好率达到51%，新辟客运线路2条，新修大小桥10座，甘沟河桥的通车，加速了我县西南部乡村经济的发展。年内共完成客运量95.09万人，货运量11.63万吨，营运收入达到260万元，实现利润12.7万元，均超额完成了计划指标，收到了较好的社会效益和经济效益。邮电事业在资金困难的状况下，多方集资，新上500门自动电话工程，极大地方便了群众，提高了工作效率。邮电业务总量较上年增长11.49%，通话率由上年的47%提高到77%。

——商流工作主要围绕广大群众的脱贫致富、保障人民群众生活供应和生产资料的供应为主，继续发挥主渠道和“蓄水池”作用，并以深化改革为动力，转变经营作风，改善服务态度，采取多种形式送货上门，送货下乡，扩大城乡交流，基本保证了人民生活日常用品正常供应和农业资料的供应，取得了良好的经济效益和社会效益。全年国内商品纯购进达到4817万元，较上年增长34.4%，国内商品纯销售达到9251万元，较上年增长23.3%。农副产品收购工作抓得紧，落得实，全年收购总额达到3010万元，较上年增长8.35%，其中收购生猪4.72万头，占年计划的107.3%。粮油入库工作由于全县行动统一，认识明确，经过上下的共同努力，粮食于9月底、油品于10月底前超额完成了定购任务，受到了地区行署的嘉奖。同时粮食部门积极响应国家号召，以稳定和平抑市价为核心，大量收购余粮，全年共收购议价粮424万公斤，增加了农民的收入，稳定了社会，缩小了农副产品与工业产品之间的剪刀差。个体工商业在治理整顿中也有一定发展。目前，全县个体工商户达到2101户，占到全县工商总户数的70.98%，年内还新建、整建集贸市场2处，扩大了市场贸易体系，全年市场成交额达到1401万元，较上年增长1.88%。

——金融工作在国家抽紧银根、压缩规模、紧缩信贷的形势下，各银行千方百计组织存款，回收旧贷，想方设法筹集信贷资金，加强对信贷规模和信贷资金的调度，积极为工农业生产服务。全县存款余额达到5696.5万元，较年初增长22.5%，各项贷款达到9718.1万元，较年初增长20.24%。保险事业稳步向前发展，全县保险总额达到2277万元，较上年增长12%，支付赔款总额达到27.1万元，为促进我县工农业生产、保证社会安定团结发挥了积极作用。

（三）提高宏观调控手段，强化行政综合监督职能，基本建设和财政工作有了新的起色

过去的一年，我们在基本建设管理上狠抓了在建工程的交付试用率和竣工率，杜绝计划外基建，使基本建设有了新的进展。全年技改、基本建设投资达到1776万元，完成投资1220.1万元，占投资额的71.1%，一些生产性项目当年投资，当年投产，当年产生效益，其中500门电话通讯改造，投资85万元，仅用了4个月时间。粮油加工厂浸出油车间投资124万元，仅用了5个月时间。钢窗厂硫化碱生产线7月开工，投资58万元，项目全部竣工。二轻厂塑料编织袋生产线7月开工，目前完成投资的75%，部分设备已安装完毕，准备试车；县煤矿建设历时4年，累计完成投资759万元，去年10月见煤，共产煤6855吨。团结渠和甘沟河桥全部竣工。县医院住院楼已完成总投资的70%。这些基础性设施的建成投产，将促进我县经济的发展，为“八五”计划的实施打下了良好基础。

各行政监督部门在治理整顿中能力和手段进一步得到加强和提高，各种违反物价、财经制度的行为得到查处，一年一度的财政、税收、物价大检查共查处各种违纪问题265件，总金额95.6万元，物价上涨幅度控制在年计划之内。市场整顿也有了新的进展，各种欺行霸市、弄虚作假、哄抬物价、贩卖伪劣假冒商品的行为有所减少。后半年通过纠正行业不正之风的宣传教育，各种“乱收费、乱罚款、乱涨价”的歪风有所收敛，商业职业道德得到改观，治理整顿在深化改革中初见成效。

财政税收工作在工商企业效益下滑、利润减少、各种政策增资因素增多的情况下，我们认真贯彻“双紧”方针，坚持开展“双增双节”活动，牢固树立过紧日子的思想，充分挖掘内部潜力，依法强化税收征管，开源节流，严格控制支出，保证了正常工作和重点建设事业经费的开支，使收支基本趋于平衡。1990年财政收入累计完成797.15万元，占年度预算的109.35%，较上年增长19.75%，其中工商税收完成575.7万元，农业3税完成213.8万元，企业上缴利税完成122.04万元，其他收入完成23.3万元，财政总支出完成2532.5万元，其中财政包干支出1908.6万元，专款支出624万元，赤字79.3万元。

（四）在经济发展的基础上，各项社会事业都有了一定的发展

教育事业继续坚持“教育立县”的指导思想，基础教育得到进一步加强。一是认真抓思想政治工作，把德育放在首位，建立健全强有力的思想政治工作制度，培养“四有”新人。二是根据轻重缓急，在小学实现“一无两有”的基础上，认真改善中

学办学条件，一年来共拨专款99.25万元，改建中学校舍6243.7平方米。为18所独立初中配备了仪器室和试验台，为25所中小学发放图书2万套（册），为10所中小学购置体育器材87副。三是基础教育质量稳步提高，效果良好。中学全科合格率达到35%，小学双科合格率达到80.2%，较上年分别提高0.5个和1.1个百分点。学龄儿童入学率达到96.55%，巩固率达到97.37%以上。1990年共考取各类大中专学生590名，其中大专以上占239名，名列全区前茅。四是以经济建设为中心，职业教育和成人教育已由原来的“一校八中心”扩大到“五校五中心”，一年来共培养经济建设人才15054名，推广“四一燎原”项目4项，为经济建设做出了贡献。勤工俭学活动也有了新的发展，目前有学农基地570亩，校办企业6个，安置就业人员375人，固定资产121万元，流动资金80万元，去年实现利润28.6万元。

文化、广播电视事业继续坚持“二为”方向和“双百”方针，把社会效益作为最高标准，为提高群众政治思想觉悟、道德水平和文化素养提供了健康的食粮，推动了“文化经济”的发展。10月份在兰州举办的“阿阳书画展”，提高了我县的知名度，受到了省内外领导和书画界的好评。剧团坚持送戏下乡，活跃农村文化生活。广播事业以基础建设和自身建设为主，一年来，自编节目共播出自采稿件1245余件。中波台前期工作已经完成。全县广播入户率巩固在60%以上，电视覆盖率达到75%。文化市场的整顿工作抓得紧、落得实，为净化社会环境发挥了重要作用。

体育事业继续贯彻“发展体育运动、增强人民体质”的方针，加强群体工作，体教结合，培养后备人才。尤其是亚运圣火传到我县之际，我们组织了数万人参加的点火仪式，其场面之壮观是县级中最热烈的。地区八运会上，经过我县体育健儿的奋力拼搏，也取得了较好的成绩。全年共获各类奖牌79枚，其中金牌14枚，为省上输送优秀运动员4名，推动了我县体育事业的发展。

卫生事业以加强医风医德建设为重点，坚持预防为主的方针，取得了好成绩。过去的一年，我们进一步解决卫生工作中存在的“两滑一乱”问题，积极开展“三优一满意”活动，使医风医德有明显的好转，服务态度，服务质量有了进一步提高。计划免疫工作，第二个85%省上验收一次合格，防疫工作在地方病、传染病防治方面有了进一步突破。妇幼保健事业也有了新的发展。目前，全县初步形成了以预防为主，医疗、保健三位一体的医疗防保网络，农村中缺医少药看病难的问题有了很大的改观。

计划生育工作打破常规，先难后易，扭转了被动落后局面。

治安管理工作走普法与执法相结合的道路，全面加强社会治安的综合治理，为经济建设提供了良好的社会环境。过去的一年，普法工作认真抓好第一个五年普法最后一年的收尾工作，对几个重要法律法规进行了全面检查，及时结合10月份开始实施的行政诉讼法，广泛开展了宣传教育和培训工作，使全县广大干部群众的法律意识大大加强，全县普法合格率达到75%，普及率达到83%。我们继续开展了“严打”专项斗争，打击了犯罪分子的嚣张气焰，体现了人民民主专政的强大威力，从而使全县各类刑事案件较上年下降15.9%。扫除“六害”的斗争我们常抓不懈，取得了良好的社会效果。同时我们还注意加强人民调解和城区治安联防，单位内部安全防范责任制度的建立和残疾人工作，全年共拨救济粮260万公斤，救济款29万元，安置军转干和退伍军人86名。社会福利事业也有了新的发展，目前有福利工厂6个，安置残疾人就业32名，敬老院15个，安置孤寡老人64名。勘界工作在上级的领导下，对隆德、西吉174公里的边界走向问题进行了认真审定。同时我们还抓了待业青年的安置工作，减轻了社会压力，使全县社会治安明显得到改善，促进了经济建设的发展。

人口普查经过艰苦细致的工作，顺利完成了普查，经过全面复查和质量验收，全部合格，圆满完成了第四次人口普查登记工作。

县志编纂工作五度春秋，三易其稿，已完成了约70万字的送审稿，现已进入后期工作。档案事业也有了新的发展，馆藏量不断上升，档案门类趋于齐全。

民族文化、经济有了新的发展和起色，民族团结更加巩固。宗教工作按照党的政策，坚持“三自”方针，沿着独立自主、自办教会的道路正常发展。侨务工作进一步深入，回国探亲逐年增多，加深了海内外同胞的广泛联系，党的统一战线工作越来越受到人们重视。

（五）认真落实十三届五中、六中全会精神，认真改进作风，加强廉政建设，努力提高工作效率，为群众办实事，进一步增强政府工作的透明度

在党的十三届五中、六中全会精神指引下，过去的一年，我们始终把努力改变工作作风作为干部建设的主要工作来抓，广大干部普遍实行了“包乡扶贫”责任制，尤其在计划生育和改革工作中得到进一步的验证和锻炼，加深了同人民群众的感情。在联系群众的基础上积极为群众办实事，北环路居民供粮点、供热点各1处已动工修建，油铺城区街道5条2623米，更新正街行道树700棵，修建仁大电视差转台1座，这些无疑对方便群众生活，改善市容市貌，密切党群干群关系，促进各项工作的顺利开展起到了积极作用。同时，我们下决心减少文山会海，提高工作效率，认真办理人大代表建议和政协委员提案及人民群众的来信来访，使办事效率和质量在一定程度上有了较大改观，取得了较好的社会效果。在密切联系群众、改变工作作风的同时，廉政建设也有了新的进展，全年共查处违纪案件26件26人，保证了“两公开一监督”制度的落实，提高了政府工作的透明度。

我们对1990年政府工作的主流作出充分肯定的同时，还必须清醒地看到，政府工作中仍然存在着不少困难和问题、缺点和失误，不尽人意的因素不同程度地反映在各个方面。一是重视农业、支援农业、发展农业的大气候虽然形成，但由于受财力的限制，农村经济发展缓慢，农村经济发展中许多经济关系、运行机制尚未真正理顺，深化农村改革的任务还相当巨大，尤其是农村基础建设才刚刚起步，从事农业生产的广大农民科技水平有待于进一步提高，现有农业科技推广、运行慢。二是城镇经济尚未完全摆脱市场疲软的困扰，经济效益徘徊不前的状况很难在短期内彻底扭转，城镇待业青年就业仍然困难，虽然想尽了一切办法，但收效甚微。三是财政困难束缚了我们的手脚，收支矛盾越来越突出。财政累计赤字数额大，使我县各项事业不能正常发

展。四是人口问题仍是经济发展中的突出问题，计划生育工作尚未完全理顺，形势仍然很严峻。计划生育工作要走上规范化、科学化、法制化的轨道，还有一定的距离。五是在工作指导上，政府工作还存在着某些预见性不强、决策不及时、措施不得力的现象，宏观调控能力差，官僚主义、人浮于事的不正之风在一些干部和部门中有所反映。但是当我们分析困难和问题的时候，应该看到前进中利于发展的因素仍然很多。党的十三届七中及党的各项方针政策精神，是我们搞好各项工作的精神支柱；“七五”期间一部分工农业设施的建设和积累的形成，使我们发展经济占据了物质基础；几年来加强社会主义思想教育和综合治理，人们工作和生活意识进一步提高，社会治安好转，为我们提供了一个比较宽松的经济发展环境；文化、教育、科技的发展和推广，劳动者素质、干部作风、服务手段进一步加强，使我们有了更好的工作条件。这些有利因素的存在，是我们夺取今后工作主动权的关键所在。

二、今年的工作目标和任务

1991年工作总的指导思想是以十三届五中、六中、七中全会精神为指针，继续深化改革，坚持“四靠”方针，突出粮食抓收入，争创优质促效益，加强基础建设，搞好“双增双节”，保障供给，强化服务，艰苦奋斗，勤俭建国，促进全县国民经济和社会发展双丰收。

主要奋斗目标是:工农业总产值达到14410万元,其中农业总产值达到9000万元,工业总产值达到5410万元；粮食总产量达到12.8万吨，比1990年增长1.51%；财政收入完成817万元,力争870万元；乡镇企业总产值达到6650万元；农民人均纯收入达到335元。

要实现上述目标，必须抓好以下几方面的工作：

（一）突出农业基础地位，坚持“四靠”方针，促进粮食生产

1. 采取有效措施，实现粮食稳中有增

一是加强土地管理，稳定粮食播种面积。要通过各种手段，搞好宣传，继续强化土地管理意识，使土地警钟长鸣，在善始善终搞好发证工作的同时，进一步完善申报、审核、批准制度，最大限度地减少非农业建设用地。加强土地监督检查工作，划分重点农田保护范围，做好土地类型、等级的登记，通过行政的、经济的、法律的手段，抓好土地资源合理利用，确保粮田面积113万亩。

二是立足抗灾保丰收，狠抓关键性措施落实。入冬以来，少雪偏暖，旱象露头，冬麦已出现大面积锈病，这对夺取农业丰收极为不利。我们要牢固树立防灾抗灾夺丰收的思想，对农业生产的各项工作早动手、早安排、早准备。第一，搞好田间管理，组织群众镇压耙耱，深施化肥，对冬小麦要镇压两次，对春播地要干打土块，紧实土壤，确保墒情。第二，抓住解冻后的有利时机，及早启动“五小”设施，充分挖掘现有水利资源，努力扩大实灌面积。第三，严密监测病虫害灾情，千方百计扑灭菌源、虫源。同时要搞好农药、器械的发放工作，以早春预防为主，结合夏初的药治，使病虫害减轻到最低程度。第四，不失时机，搞好早春、大秋作物的播种，以推广应用技术为手段，着重抓好综合技术组装配套的模式化栽培。农技、种子、供销等部门要早动手，选好、选足优良品种、化肥、农膜、农机具、柴油等配套生产资料，保证供

应。要扩大化肥、农膜的应用率，特别要扩大良种覆盖率，动员群众搞好肥料建设，按照土地肥力结构，在不断掌握氮、磷、钾等大肥料施用技术的基础上，在增施化学肥料的前提下，挖掘农家肥和绿肥潜力，科学地搞好肥料建设，增肥地力，以肥促产。下决心调整作物布局，扩大玉米、洋芋等高产作物种植，调整夏秋比例。抓好“玉米翻身工程”，确保地膜玉米达到7万亩。同时，农技人员要下乡广泛宣传，推广玉米撮苗技术，通过抓良种、密植地膜覆盖、营养钵育苗、带状种植、配方施肥、撮苗种植、地下病虫害防治等8项技术组装配套，今年抓5000亩带状种植，1个万亩玉米片带模式化栽培。第五，抓好机耕机播深翻，要深入动员，创造条件，连村连社，大搞机耕机播深翻，保证25万亩机耕和10万亩机播任务的完成。

2. 继续改善生产条件，不断增强农业后劲

一是狠抓组织发动，强化“统”的功能。以早规划、早准备、早落实为突破口，提高全县改土水平。梯田建设是粮食增长的长效措施，因此，必须切实抓好。首先要大造舆论，大造声势，利用各种宣传工具，结合当前“示范村”和“双文明户”建设，多形式、多渠道向农民宣传政策，在群众中形成“统一领导、统一部署、统一落实”的“统”的思想。其次，要实行目标管理，全面落实劳动积累工制度。县、乡、村要组织签订责任书，以制度促任务，以任务促改土，集中连片，以百亩、二百亩大战场为主，保质保量完成4万亩改土任务。

二是用电、管电相结合，彻底搞好农电建设。要使电力事业更好地为我县工农业生产服务，必须从用电、管电两方面抓好。通过宣传教育，使广大用户懂得电力事业在经济建设中的重要地位和作用，从而支持电力工作，既用电，又管电，节约用电，安全用电。同时，要加强组织领导，健全各种制度，加强乡镇农电管理委员会的职能，揭发、打击窃电行为，使农电建设正常发展。在用好、管好原有线路、设备的基础上，今年县上规划架设农电线路30公里，初步决定建设曹务、古城、石咀3乡及西北9乡的部分村社，不断扩大农电覆盖面，使我县乡村社通电率逐步提高。

三是水利工程继续实行大中小并举，挖潜和开发并重，广开水源，注重调蓄，对水毁、老化、失修的水库、塘坝、机井等现有水利设施要加强维修和管理，继续挖掘潜力，发挥效益。同时，要搞好团结渠、西凡沟灌区、梁马灌区、北岔集灌区和张峡、南齐岔水库的续建，特别是团结渠工程的渠系配套建设。在此基础上，要重点抓好鞍子山拦河闸工程的动工修建工作，制订计划，落实人力、资金、原料，争取早动工、早投建、早使用。另外，要扶持乡村集体和农户兴办的投资少、见效快的小型水利工程，建小提灌站55处，机电井20眼，人畜饮水20处，充分利用有限水利资源，抓住灌溉期，使实灌面积达到11万亩，力争水地产粮4200万公斤。在积极稳妥搞好建设的同时，还要同一切破坏水利设施的行为作斗争，使水利设施建成一处，完好一处，受益一片。

3. 坚持农、林、牧、副、渔全面发展的方针，使农村经济更趋繁荣

今年，林业建设一方面要加强管护原有林带，杜绝乱砍滥伐现象发生，确保林业建设走上良性发展的轨道，另一方面，继续坚持草、灌、乔结合，长短结合种植，要

调动群众植树造林积极性，国家、集体、个人一齐上，确保2万亩林带建成。种草要坚持以多年生优质牧草为主和养蓄结合，以草养牧。果园建设在继续推广先进栽培技术的同时，特别要加强果园管理，与当前“示范村”建设结合，新建一批集体果园，科学修剪，科学追肥，快出效益。畜牧业仍以养猪、鸡、兔为重点，大力发展商品畜牧。教育群众科学养猪，扩大出栏。鸡、兔饲养要突出重点村、社、户，不断推广新兴饲养技术，并加强防疫工作。在继续稳定农业队伍的同时，要积极组织闲散劳力，发展工副业，向非农业输出更多劳务。开辟多种市场，使劳务输出逐渐合理，劳务供求逐渐协调。要抓好庭院经济的推广和示范，使其逐步走上“形式活、出效快、效益好”的轨道。

4. 以村级政权建设、完善双层经营、壮大集体经济为重点，进一步深化农村改革

一是认真负责地搞好村社资产管理改革的收尾工作。农村资产管理改革紧紧围绕壮大集体经济，以强化经营为目的，在减轻农民负担，改善党群、干群关系，促进廉政建设，从根本上解决农村财务长期混乱不清等方面，发挥了巨大作用。目前，这项工作已近尾声。为了不使资产管理走过场，巩固各项改革成果，必须认真做好检查收尾工作，彻底清理村社固定资产账务，查清落实各类遗留问题，加紧各种欠款的收缴工作。并做好总结，使资产管理改革不断完善。

二是在教育农民培养集体观念的同时，继续完善、落实劳动积累工制度，以制度促生产。实行以社为单位，每个农村劳动力每年7个工日，当年使用当年结清。严格按制度规定，经常落实兑现，常抓不懈。

三是以“社教”为主，加强村级政权建设。今年，结合“示范村”试点建设，要将“社教”活动全面铺开。第一，从实际出发，因地制宜，搞好切实可行的规划，发展壮大集体经济。以土地承包费、机动地承包费为基础，建立健全村社公积金积累制度，不断扩大积累。开发现有“三荒”地，发展村社集体小林场、小果园，启动原有村社企业、集体设施，以工促农，积极兴办种、养、加，产、供、销等经济实体，不断扩大集体实力。第二，在壮大集体经济的基础上，花大气力，抽调更多人力，帮助村社建起一批过得硬的示范村和双文明户，带动农村工作的顺利开展。第三，以集体经济做基础，以政策做后盾，切实加强村级政权建设。通过完善健全各项制度，建立一整套村级政权领导与服务体系，使村级政权成为领导农民脱贫致富的坚强堡垒。

5. 乡镇企业继续贯彻“调整、整顿、改造、提高”八字方针，进一步统一思想，稳定政策，理顺关系，为乡镇企业发展创造更好的外部环境

一是深入扎实地开展“企业管理年”活动和“质量、品种效益年”活动，继续把工作的着眼点放在优化结构、深化改革、强化管理、活化经营、依靠科技、增强素质、提高效益上，通过强化企业管理，提高企业管理水平，以科技进步为新的支撑点，主要依靠现有骨干企业，进行挖潜、革新、改造，推动企业晋等升级，以此求生存、求发展、求效益。同时在资金紧缺的情况下，立足当地资源，突出抓好投资少、见效快、有市场、有效益的“短、平、快”项目。二是充分发挥现有骨干企业的经营

优势，以开拓市场为目标，加快产品结构的适应性调整。坚持“发挥效益、讲求实效、积极稳妥”的原则，针对目前市场疲软，重点开发不同规格，不同花色品种的适销对路产品，以多取胜；促进劣势企业转化，发展名优产品，以优取胜；调整效益低的初级型产业结构，积极开发新产品，以新取胜。通过调整，使企业产业结构逐渐合理，适应市场需求，提高竞争力，扩大销售。三是大力宣传和认真贯彻《乡村集体所有制企业条例》，保证企业合法权益。对那些与条例相违背的行为，要坚决依法予以制止和纠正。同时要端正企业经营思想，改善经营作风。四是适应新形势，改善、加强对乡镇企业工作的领导。要彻底改变重生产、轻思想政治工作的倾向，把乡镇企业领导班子建设和企业思想政治工作列入议事日程，统一领导，加强管理，通过以上工作，促进乡镇企业在治理整顿、深化改革中持续、稳定、协调发展，力争1991年乡镇企业总产值达到6650万元。

6. 继续实行倾斜政策，搞好以西北部9乡镇为主的扶贫工作

1990年扶贫工作通过多方努力，使贫困面降到5.9%，但受多种因素影响，脱贫又返贫现象时有发生。实际贫困面又上升到10.6%。总结1990年经验，今年的扶贫工作在稳定以往脱贫成果的基础上，从帮助自我脱贫入手，结合倾斜政策，整体扶贫和重点扶贫相结合，主要抓好三方面工作。第一，增强自我开发、自我发展能力，教育广大农民因地制宜发展畜牧业和多种经营，依靠自身潜力走上脱贫之路。第二，各扶贫单位继续抓好各自包扶乡镇的扶贫工作，总结经验，集中力量，以整体扶贫带动全县扶贫工作的加强。第三，继续实行倾斜政策，重点扶持西北部乡镇脱贫。认真落实人力、资金，以科技扶贫为主，帮助和指导贫困户提高科学管理水平，保证贫困面下降到6%以下。

（二）以开展“质量、品种、效益年”活动和“双增双节”运动为中心，努力促进城镇经济持续、稳定、协调向前发展

1. 以搞活企业为目标，继续深化企业改革。去年，我们按照轻重缓急对21户国营和城市集体企业进行了第二轮承包。今年，企业第二轮承包和深化企业内部改革的任务仍然很艰巨。仍需我们做出不懈的努力。要继续按照《静宁县企业第二轮承包经营责任制实施方案》，对供销、粮食、乡镇企业、城建、物资、劳动保险等系统和企业进行第二轮承包，力争使全部的企业第二轮承包4月底搞完，并在6月底完成第一轮承包审计，认真兑现承包合同，维护承包合同的严肃性。同时，指导企业搞好内部的深化改革。近两年的市场疲软，销售不畅，除了客观原因外，与企业内功欠佳，素质不高有很大关系。因此，深化企业内部改革。

第一，从建立健全企业内部的各项规章制度入手，用制度管理企业的产、供、销、人、财、物，用制度规范职工的行为。首先在当前市场疲软的形势下，企业内部制定的购销政策是十分迫切和必要的。因此，政府和企业主管部门要指导企业制定出合情合理合法的购销奖励政策，用政策加强销售力量。强化购销手段，培养一批稳定的购销队伍，彻底消除购销人员的思想顾虑，充分调动他们的积极性。同时接受社会

监督、检查。其次，要教育职工严格执行制度，用制度管理企业生产、经营的全过程。严格执行制度首先要领导带头，以身作则，这样才能使制度在职工中行得通，达到制定制度的目的。再次要把二轮承包的任务层层分解落实到车间、班组乃至个人身上，变一人承包、数人承包为全员承包，实行工效挂钩、责权利挂钩，把承包指标的落实写进制度。

第二，要精心培养企业精神，建设“四有”职工队伍。一个国家要有民族精神，一个企业要有企业精神，这已是被时间充分证明了的促进企业发展的成功经验，今年要把培育企业精神作为指导企业克服市场疲软、保证思想不疲软的一项重要措施。培育企业精神的实质，就是要克服“一手软”“一手硬”，即加强企业的思想政治工作，做人的工作。培育企业精神：一要加强企业的思想政治工作，用党的路线、方针、政策武装职工的头脑。教育职工热爱党、热爱社会主义、热爱企业，充分发挥思想政治工作的强大感召力和激励作用，始终坚持思想教育工作在企业两个文明建设中的领航导向作用。二要正确处理党、政、工三者的关系。突出党组织的核心地位。充分发挥党组织的政治领导、思想领导和组织领导；突出厂长（经理）的中心地位，充分发挥厂长（经理）在生产、经营中的决策、指挥作用；突出工会的民主管理作用，健全民主管理制度。党、政、工要相互支持，紧密配合，齐心协力办好企业。三要全心全意依靠工人阶级，维护职工的主人翁地位。充分发挥职工在企业生产、经营中的民主管理作用，开展提合理建议活动。四要重视职工的文化、业务、技术培训，提高职工队伍素质。培养职工热爱企业，爱厂如家的良好风尚。

第三，深化企业改革必须辅之以宽松的外部环境，要继续实行县上领导包企业制度，继续坚持月分析、季调度、分类指导、现场办公等各种行之有效的宏观指导措施。

2. 全面开展“质量、品种、效益年”活动，实现工业企业稳步发展。国务院决定，1991年在全国开展“质量、品种、效益年”活动，这是一项十分重要的决策，是我国经济克服当前困难和顺利实现今后发展战略目标的真正希望和根本出路所在，也是今年治理整顿的主要措施之一，为我们克服当前经济困难，实现国民经济持续、稳定发展指明了方向，完全符合我县实际。为此，在指导1991年全县工业生产上，紧紧围绕开展“质量、品种、效益年”活动，引导企业坚决走投入少、产出多、质量高、消耗低、效益佳的发展道路，推动我县经济从数量、价格效益型向质量效益型转变。一是加强对开展“质量、品种、效益年”活动的认识，强化质量、品种、效益意识。当前市场疲软，主要是结构性疲软、质量性疲软，我县一些企业生产不景气，一个很重要的原因是产品质量差、成本高、品种单一。因此，我们把质量、品种、效益作为企业生死存亡的大事和经济工作的生命线来认识，把企业工作的核心放在提高产品质量、开发新产品、改善经济效益上。二是从政府主管部门、企业，必须集中精力抓产品质量、品种和效益。要一手抓管理，一手抓技术进步。在抓管理上，要把质量管理放在首位，健全和完善企业内部的定员定额管理、资金管理、成本管理、安全管理、设备管理、经济核算以及标准、计量、信息等质量保证体系，使我县企业管理走上正规化、标准化、现代化的路子。在抓技术进步上，我们要着眼于长远发展，克服短期行为，大力推行企业技术进步，县上要增加对企业技术改造贷款和财政的扶持。企业也要把更多的自有资金用于技术改造，重点是改造产品质量，降低物资消耗。今年各企业要争取“一厂一品、一厂一改”，即一厂开发一种新产品，一厂进行一项技术改造，力争使我县工业生产的质量、品种、效益有一个明显的进步。年内在保持力车条帽、雷管省优产品的同时，再创造2个省优产品。新产品的保值率达到7.69%，资金利税率达到17%，预算内企业实现利润337.1万元，预算外企业实现利润163.8万元。

3. 启动市场，搞活流通，促进销售，保证供给。根据各方面的信息反馈，今年商品市场将走出疲软的谷底，开始全面复苏。因此，商流部门要在保证人民生活日用品、必需品供应的前提下，一要充分发挥主渠道和蓄水池的作用，加强工商协调、衔接，坚持互惠互利的原则，扩大地方工业品的采购和销售，启动农村市场，组织工业品下乡。二要狠抓生产资料的供应和农副产品的收购工作，做到不违农时，不影响生产，保证农民增产增收，在供应量、收购量上都比全年有一个大的增加。三要及早准备粮油订购任务资金、挂钩物资，兑现有关政策。10月底全面完成400万公斤粮食订购任务和48万公斤油品订购任务。并敞开议价收购，收购量达到400万公斤以上。四要采取必要措施，疏通交货渠道，稳定生猪生产，保证年收购生猪4.6万头。五要继续整顿流通秩序，通过政策调整、经济杠杆和行政管理等综合措施，适当限制集体批发(供销社三级批发除外)，决不允许个体批发，以确保国营商业和供销社主渠道作用的发挥。六要加强物价管理，检查在不放松县城物价管理的同时，加强农村集体贸易市场的物价管理。对那些乱涨价行为要坚决处罚，绝不手软；要坚决制止“乱摊派、乱收费、乱罚款”，清理整顿各种收费标准，特别是房租收费标准。

4. 强化基建管理，理顺管理秩序。经过两年的治理整顿，我县基建管理有了很大好转，非生产性建设得到大量压缩，计划外项目得到控制。但仍存在不少问题。因此，政府今年要把加强基建管理、理顺管理程序列入重要议事日程，严把审批关。同时在建设过程中经常监督检查。要按照治理整顿的要求和我县实际，根据计划、土地、城建和银行在基建管理中的职能，改进和完善县政府印发的《静宁县基本建设管理办法》，使我县国营、集体、个体基建都纳入计划，依法管理。要结合清房和国有资产管理，严格清理机关单位院内建私房，改办公用房为家属院的问题。财政、计划、城建、土地管理部门要把此项工作作为今年的一项重要工作。要进一步调整投资结构，把有限的资金用在重点生产性基建、技术改造项目上。要加快在建设项目的建设速度和建成项目的达产达标。1991年以前竣工的项目，今年要全部达产达标，今年新开的项目，继续实行项目负责制，项目到人，任务到人，实行“三同时”，实现“四个当年”，提高项目交付使用率，缩短项目投资回收率。

5. 强化财政金融工作，大力支持地方经济建设。财政工作要在“双增双节”上下功夫。要完善聚财之策，狠抓各项收入的措施落实，切实增强税法观念，继续完善和健全税收征费责任制，把一切税源和纳税户都纳入征管范围，堵塞一切跑、冒、滴、漏。要增加一切生财之道，“放水养鱼”，拿出更多的资金扶持生产，培植财源。同时狠抓扭亏增盈，消灭亏损户。要强化理财之方，严格控制支出，树立艰苦奋斗、过紧日子的思想，“一保吃饭，二保工作正常开展”。严格控制社会集团购买力，严格控制会议经费，加强机构和人员编制管理，原则上冻结行政事业单位的机构增设、编制和升格。对上级党政组织批准需要提升和设立的机构，所需编制在现有人员编制总数内调剂解决。金融工作继续坚持为生产和建设服务的方针，提高工作质量和服务水平。正确、灵活运用信贷资金，加快资金流转，把有限的规模主要用于支持农业、骨干企业生产和重点建设项目上，支援地方经济建设。

（三）进一步加强教育、文化、卫生、体育、广播电视事业，控制人口增长，保持经济和社会的协调发展

“百年大计，教育为本。”我们要继续坚持“教育立县”的战略指导思想，进一步加强对教育工作的领导。要把学校的德育教育放在首位，建立健全强有力的思想政治工作队伍和规章制度，坚持教书育人，培养有理想、有道德、有文化、有纪律，德、智、体全面发展的一代新人；要根据学生的年龄特点，由浅入深，有步骤地进行爱国主义、集体主义、社会主义和共产主义的思想教育，加强国情教育和劳动教育，继续开展行为规范教育。要认真加强教师队伍建设，帮助广大教师提高思想政治水平和业务水平；继续抓好基础教育，稳步推进九年义务教育，要依托“五校五中心”，把职教重点放在岗位培训和上岗前的就业培训以及农村实用技术教育上，加强职业道德、职业责任、职业纪律的教育。

文化、体育、卫生、广播电视事业在社会主义精神文明建设中处于非常重要的地位，一定要坚持为社会主义服务、为人民服务的方向。坚持四项基本原则，坚持社会效益第一的原则，一手抓整顿，一手抓繁荣。大力弘扬中华民族优秀传统文化；提高竞技水平促进群众体育发展；加强预防保健和农村卫生工作，进一步改善基层卫生条件；扩大电视广播覆盖率，丰富和活跃人民群众的精神文化生活。

实行计划生育是我国的一项基本国策，因此，我们必须坚持贯彻《甘肃省计划生育条例》和《平凉地区计划生育工作经常化、制度化、科学化、法制化的制度（试行）》，切实加强计划生育工作的领导，继续把计划生育工作纳入各级各部门任期目标责任制体系，像抓农业生产一样抓计划生育；要把经常抓与突击抓相结合，脱贫致富与计划生育相结合，严格婚姻登记与计划生育相结合，确保全县年内总人口不超过42.16万人。

（四）以扫“六害”为中心，切实搞好社会治安的综合治理

在搞好物质财富积累的同时，要不断加强社会治安的综合治理，为全县人民创造一个稳定的社会环境。为此，我们一要继续抓好普及法律知识的宣传教育和咨询，推进政府法制建设。通过多渠道、多形式的宣传，把法制教育引向经常化、制度化。结合实际事例，强化群众法治意识，普遍提高群众遵法的自觉性。特别要加强青年学生的法律教育和违法青少年的帮教工作，预防和减少青少年违法犯罪。学校要结合法律

常识课，不但教会学生学法、知法、守法，还要教育学生向社会广泛宣传，形成人人讲法、守法的良好局面。同时，充分发动基层调解委员会、民间组织，重点抓好森林法、土地管理法、婚姻法的宣传。二要进一步搞好民政优抚和受灾群众的生活安排，抓好军转干、退伍军人、城市待业青年的安置，修建敬老院。通过多渠道安置待业青年，逐步缓解就业压力。要抓好社会流窜人员的收容和遣送工作，消除社会不安定因素。三要以扫除"六害"为中心，开展"严打"斗争。继续治理文化市场，清除"黄源""毒源"，使健康书刊、影像占领文化阵地，尽快处理一些文化死角，铲除不法分子的活动场所，使文化环境和市场环境得到净化。利用广大群众对搞好社会治安的强烈愿望和要求，广泛调动群众的积极性，发动群众揭发、打击各类刑事、经济犯罪分子。对危害、影响极大、有代表性的案例，要依法从严从重处理，扩大影响面。在重大节日前后，安排公捕公判大会，打击犯罪分子的嚣张气焰。通过综合治理，力求使我县的政治经济发展有一个良好的社会环境。

（五）倾听人民呼声，加强廉政建设，纠正行业不正之风，办好人民代表、政协委员提案

随着"治理整顿、深化改革"的深入，反对腐败、提倡廉洁、纠正行业不正之风已成为人民与政府的共同要求。为适应我县国民经济和社会发展的需要，政府工作必须坚持服务下基层，下决心改进作风，鼓实劲，干实事，讲实效。

首先督促各级政府机关认真学习党的十三届四中全会以来的各项方针政策，把廉政建设的理论学习、宣传教育作为政府廉政的一个长期任务来抓。各级政府机关要固定学习时间，常抓不懈，形成制度。教育广大干部职工落实党的各项方针政策，自觉地把自己置于人民公仆的地位，牢固树立"领导就是服务"的观念，加强革命事业心和责任感。其次，继续加强政府部门自身建设，纠正行业不正之风，以实际行动赢得群众的信赖。建立健全各种制度，以制度促廉政。继续加强"两公开一监督"制度的贯彻落实，扩大公开范围，增加办事透明度，以求得群众更广泛的监督。彻底杜绝"路难走、门难进、脸难看、事难办"现象的发生。广大干部职工要尽职尽责，公道正派，提高办事效率，坚持清除办事推诿、相互扯皮、以权设卡、办事拖拉的行业不正之风。继续发挥政府监督部门的职能作用，深入群众，调查研究，下决心处理群众怨言最多、意见最大的事。再次，要充分利用人大监督的动力，不断敞开渠道，接受人大、政协参政议政的建议，保证政府工作的正确性。认真办理人民代表意见建议和政协委员的提案，指定专人接待来信来访，切实提高复函和答复工作，体察民情，受理民事，在"为人民服务"的思想的指引下，保证政府的勤政清廉。

县人大常委会工作报告

（县人大常委会主任部文学　1991年3月8日）

县第十一届人民代表大会第一次会议至今已经一年多时间了。一年来，县人大常委会以党的十三届四中、五中、六中全会精神为指针，在县委的领导和支持下，依照

宪法和法律赋予的职责，努力开展了人大的各项工作。

一、认真做好对“一府两院”的监督工作

对本级人民政府、人民法院、人民检察院进行法律监督和工作监督，是宪法赋予地方国家权力机关的主要职权。一年来，县人大常委会以法律监督为重点，以工作监督为主要内容，围绕经济建设这个中心和人民群众关心的热点问题，通过听取、审议“一府两院”的工作汇报，进行视察、调查，讨论、决定重大问题，依法履行了监督职责。在一年多的时间里，共召开了7次常务委员会议，听取、审议了“一府两院”16项工作汇报，作出了4项决议，进行了5次较大范围的视察和调查。在具体工作中，常委会坚持把听取、审议工作汇报和调查研究结合起来，把提出问题和改进工作结合起来，取得了较好的效果。

在法律监督上，主要做了以下两方面的工作：

第一，继续开展了执法检查工作，坚持不断地开展执法检查，是常委会进行法律监督的主要内容。4月下旬，根据省人大常委会《执法检查工作的安排意见》，县人大常委会主任会议认真研究了1990年度的执法检查工作，向“一府两院”发出通知，就执法检查的指导思想、内容、方法和时间做了具体安排，要求在前两年执法检查的基础上，重点对环境保护法、审计工作暂行规定、看守所条例、国营企业所得税暂行条例和保护学校校园、校产若干规定执行情况进行检查。为了加强领导，常委会确定分管领导和司法民政工作委员会具体负责执法检查工作。多次深入执法单位，了解情况，检查指导，督促解决检查出的问题。委员会议和主任会议分别听取了县人民政府、人民法院、人民检察院关于执法检查工作汇报，提出问题和要求，促进了此项工作的开展。各执法单位认真检查、纠正处理了一些违纪资金的上缴入库工作。对1990年审计出应上缴财政的38.22万元，督促上缴了16.71万元。和往年同期相比，上缴资金有较大幅度的增长。城建局在检查环境保护法执行情况过程中，对违章建设的6台锅炉进行了经济罚款处理，并进行了监测验收，控制了对环境的污染。县人民法院在检查民事诉讼法执行情况中，对个别违反审判程序的案件依法作了重新审理。在11月中旬常委会第五次会议听取“一府两院”关于执法检查工作总结汇报后，在肯定成绩的同时，对一些部门领导重视不够，工作不扎实，纠正问题不彻底等提出了批评，并要求把执法检查工作坚持不懈地抓下去，以保证各项法律、法规在我县的正确贯彻实施。

第二，对政法工作进行了调查，听取、审议了公、检、法三机关的工作汇报。去年5至6月，常委会抽组力量，由1名副主任和司法民政工作委员会的负责同志带领，前后用半个月时间，到公、检、法各机关和高界、红寺、仁大、威戎、城关5个乡镇以及所在地的基层法庭、公安派出所，采取听汇报、召开座谈会、个别走访和抽查案卷等方式，对政法干部队伍建设和依法办案工作进行了调查，在第三次常委会议听取、审议公、检、法三机关的工作汇报时，将这次调查了解的情况作了反馈。会议针对工作中存在的立案率低、办案效率不高、个别干警违纪等问题，要求政法各部门进一步搞好干部队伍建设，不断提高办案效率和质量，全心全意为人民服务，切实解决群众“告状难”的问题。并要求政府及有关部门要重视解决政法各机关办公条件差、办案经费不足的问题，为执法办案工作提供必要的物质保证。政法各机关及时研究了会议提出的问题和意见，从提高广大干警的政治、业务素质入手，着重加强了政治思想教育和业务培训，认真纠正了办案中的一些问题，并集中力量查处、打击了一批流氓、盗窃、拐卖妇女等刑事犯罪分子，促进了社会治安的正常和稳定。

在工作监督上，主要做了以下6个方面的工作：

第一，听取、审议政府上半年工作报告，审查、批准1990年财政预算调整。去年7月下旬常委会第三次会议，听取、审议了县人民政府上半年工作报告，会议充分肯定了政府工作所取得的成绩，对委员们提出的城镇经济效益不高，资金短缺；生产资料涨价，农业投入不足；一些地方良种、化肥、农药供应不及时，贻误农时；个别部门和单位的干部作风不扎实，在一些工作中不实事求是等问题，引起了政府的高度重视，采取了积极措施，加强和改进了工作。城镇经济在市场疲软、销售不畅的情况下，经过企业广大干部、职工的共同努力，超额完成了全年生产计划。人大常委会第二次会议听取了县人民政府关于1990年财政预算部分调整的报告，通过认真审议，作出决议。按照人大通过的预算调整方案，超额完成了财政收入，支出控制在预算之内。开展财税、物价大检查是纠正行业不正之风，惩治腐败，加强廉政建设的重要措施。人大常委会在听取了县人民政府关于大检查工作汇报后，要求对检查出的违法违纪问题要严肃处理，应上缴的违纪资金要坚决入库。在财政、税务部门的努力下，对应上缴财政的13.78万元违纪资金，已全部收缴入库，严肃了财经纪律，增加了财政收入。人大常委会还调查、听取了县人民政府关于财政预拨资金管理使用情况的汇报，对一些企业资金使用不当、效益发挥不好等问题提出了意见，政府和有关企业单位通过加强管理，改进工作，积极解决存在问题。

第二，视察了科技兴农工作，促进我县农业生产的发展。科技兴农是加快传统农业向现代农业转化的重要途径。去年3月，常委会的2名副主任、3名专职委员及农牧、农机、水利部门负责同志，共12人组成的调查组，先后到高界、八里、甘沟、司桥、威戎、曹务、城川等7个乡镇的2个农技推广站、2个畜牧兽医站、2个水管站和5个农牧科技试验、示范点，对我县农业、科技部门贯彻国务院关于科技兴农的决定和省委、省政府《关于科技兴农的若干意见》，为农业生产开展科技服务的情况进行了调查。常委会第四次会议听取了县人民政府关于科技兴农工作的汇报和人大常委会的调查汇报，对科技服务体系建设、科技成果推广、畜种改良和农机、水利设施管理使用等方面存在的问题，提出了一些意见。县人民政府在后梁等20个未设科技机构的乡镇全部建立了科学技术委员会，并拟定在全县30个乡镇分期分批成立农业技术服务站；调配充实科技人员，进一步加强基层服务工作。今年元月中旬，召开了全县科协代表大会暨科技兴农工作会议，在总结成绩、交流经验、表彰先进的同时，提出了新的奋斗目标，对我县科技兴农工作起到了积极的推动作用。

第三，把廉政建设作为一件大事来抓。常委会第四次会议听取、审议了县人民政府关于廉政建设汇报后，认为县人民政府在惩治腐败、加强廉政建设方面做了一定工作。为了进一步推进此项工作，消除腐败现象，会议作出了《关于进一步加强廉政建设的决议》，从加强宣传教育、完善廉政建设制度、查处违法违纪建私房、纠正行业不正之风和加强民主监督等方面提出了具体要求。工商、税务、物资、供销、劳动人事等部门在贯彻决议中，进一步健全、完善了公开办事制度，坚持按制度办事，受到群众的好评。司法机关和行政监察部门，充分发挥在廉政建设中的重要作用，根据人民群众的检举、控告，严肃查处国家机关工作人员的违法违纪案件。截至去年底，共查处各类违法违纪案件30起，处理违法违纪干部30人，其中受刑事处分的3人，开除公职的1人，开除留用察看的15人，撤职的4人，受其他处分的7人。人大常委会负责同志还经常深入政法机关和监察部门，检查了解决议的贯彻执行情况，督促处理违法、违纪案件，促进了廉政建设。

第四，把农电管理作为群众关心的热点问题进行了调查。近年来在国家的大力支持下，我县农电建设发展很快，促进了农业生产的发展，解决了群众生产、生活方面的很大困难。但由于管理体制不健全，制度不完善，违章用电、窃电和破坏电力设施的问题比较突出，部分村社电损大、电费高，群众负担重，反应十分强烈。去年3月，常委会的3名副主任和3名专职委员会同政府办公室、农业办公室、供电所、计量所和城关镇的同志，组成3个调查组，分别到甘沟、七里、高界、雷大、城川、城关6个农电管理站和甘沟等11个乡镇的17个村委会、39个合作社、1个居委会做了调查工作。在4月下旬召开的常委会第二次会议上，听取了县人民政府关于全县农电管理工作的汇报，根据政府的汇报和人大常委会调查发现的问题，作出了《关于加强农电管理工作的决议》，要求县乡两级政府，切实加强领导，健全机构，完善制度，使农电管理工作逐步走上制度化。为了贯彻这个决议，县人民政府在做好充分准备的基础上，9月上旬，召开了有乡镇长参加的全县农电管理工作会议，认真讨论研究了农电管理工作中存在的问题，制定了《静宁县农电管理实施细则》，引起了层层重视。目前，大多数乡镇成立了农电管理监督协调委员会，加强领导，促进了管理工作。一些村社结合本地实际，制定了管理制度。在各级政府和电力部门的重视下，使原来电容小、电损大、电费高以及窃电等问题，有些已得到解决，有些正在研究解决。如供电部门积极配合，增大了35千伏变电所容量，改换了一些农电线路，使供电工作逐步走向正常。12月下旬，人大常委会主任会议专门听取了县人民政府对加强农电管理工作决议执行情况的汇报，要求县、乡人民政府和供电部门进一步加强领导，认真贯彻执行《静宁县农电管理实施细则》，切实解决好管理工作中存在的各种问题，使农电更好地为群众生产、生活服务。

第五，重视教育事业的发展。去年5月，人大常委会组织人员到李店、威戎、甘沟、红寺、灵芝、新华、白草屲等7所中学和17所小学，采取听汇报、抽查教案和学生作业等方法，对加强思想政治工作，提高教育质量进行了调查。调查情况表明，大多数学校能够对学生进行爱国主义、社会主义、政治理论和法律常识教育，开展学雷锋活动，收到了较好的成效。但一些学校还存在着重视升学率、忽视思想政治工作的现象。人大常委会第三次会议在听取审议县人民政府关于加强学校思想政治工作的汇报后，提出了进一步加强思想政治教育和基础教育的意见。县人民政府和教育主管部门先后对全县8所完全中学、26所初中都配备了政教主任，加强了学校的思想政治工作。在8月份召开的全县教育工作会议上，推广了李店中学进行思想政治教育和职业道德教育的典型经验，对我县中、小学开展思想政治教育工作，起到了积极的促进作用。

第六，重视医德医风建设，促进医疗卫生工作。为了进一步搞好医德医风建设，促进我县医疗卫生工作，去年10月下旬，常委会组织视察组，到县医院、中医院和雷大、新店等7个乡卫生院，对开展医德医风建设进行了视察。常委会第五次会议听取了县人民政府关于医德医风建设的汇报和人大常委会的视察报告。在讨论审议中，对各医院开展医德医风竞赛活动取得的成绩给予肯定，对视察中了解到的一些卫生院、所医务人员工作责任性差、医疗技术不高、为人民服务的思想淡薄及销售假劣药品等问题提出了批评意见。县人民政府和卫生主管部门根据会议要求，在认真查处销售假药问题的同时，进一步抓了医德医风建设，教育广大医务人员树立良好的职业道德观念，为人民群众防疫治病服好务。并积极筹措资金，维修危房，购置医疗器械，改善了一些基层医院的医疗条件，为群众防病治病作出了努力。

在一年来的实际工作中，我们不断研究改进领导作风和工作作风。人大常委会的几位领导同志经常深入到联系点，抓中心工作，搞调查研究，既体现了广大群众的意志，又支持政府推动了工作。人大常委会的各工作部门也都按照自己的职责进行调查研究，为常委会听取审议工作提供了依据，有效地推动了各项工作。

二、依法行使人事任免权

依法任免地方国家机关工作人员，是宪法赋予地方人大常委会的一项重要职责。一年来，县人大常委会按照地方组织法，人民法院组织法和人民检察院组织法的有关规定，根据县人民政府县长、人民法院院长、人民检察院检察长的提名，决定任命政府各部门领导干部31人；任命“两院”工作人员12人，免去职务的4人；根据主任会议的提名，任命常委会各工作部门负责人9人。

在任命过程中，常委会注意正确处理好党委推荐干部和人大常委会依法任免干部的关系，不断改进和完善人事任免工作。在任命之前，广泛听取各方面的意见，在讨论任命时，按照干部队伍革命化、年轻化、知识化、专业化的标准和德、能、勤、绩方面的实际表现，充分发扬民主，认真讨论决定。对干部的缺点和不足，常委会也能以对党和人民的事业高度负责的精神，提出改进的意见。去年换届后，县人大常委会和人民政府召开县直机关干部大会，向政府各局、委、办新任职的领导干部颁发了任命书。县委、人大、政府主要负责同志分别讲了话，提出了要求和希望，激励他们尽职尽责，勤奋工作，当好人民的公仆。一年来的工作实践证明，这些同志绝大部分在工作中尽职尽责，发挥了领导与骨干作用，推动了全县工作的发展，受到广大群众的好评。

三、密切同人大代表和人民群众的联系

加强同人大代表和人民群众的联系，保证人民群众在国家事务中行使当家做主的权利，是我国民主政治建设的主要内容。去年，人大常委会认真贯彻十三届六中全会决定，总结历届代表联系工作的经验，进一步健全和完善了代表联系制度，加强了人大代表和人民群众对国家权力、行政、审判、检察各机关的监督，为代表和群众参政、议政拓宽了渠道。

去年10月，常委会组织部分专职委员和机关工作人员，在3名正、副主任的带领下，分为两个组，深入到全县30个乡镇开展了代表联系活动。通过和121名县人大代表、161名乡镇人大代表座谈，听取、收集了广大群众对我县工农业生产、教育卫生、社会治安、群众生产、生活资料供应等9个方面的76条意见、建议。在11月下旬召开的主任和政府县长、法院院长、检察院检察长联席会议上，常委会对这些意见、建议进行了通报，并要求“一府两院”和有关部门认真研究办理。会后，常委会的负责同志又召集粮食、供销、商业、供电、公安、教育等部门的负责人，对人大代表和群众反映比较强烈、问题比较集中的一些意见进行了研究，提出了办理的意见和要求。这些部门对人大代表的意见很重视，认真研究，及时进行了办理。如县粮食局根据后梁乡代表提出的关于雷大粮管所对群众上交的油籽不能如数退饼的问题，及时派人进行了调查处理，责成粮管所对未清退的油饼，必须如数退清，并建立健全了管理制度，堵塞漏洞，防止类似问题的发生。

在县十一届人民代表大会第一次会议期间，代表们提出涉及工农业生产、水利灌溉、农电建设、城镇管理、教育卫生、社会治安等各个方面的意见、建议96条。会后，县人大常委会和人民政府主持召开了各承办单位负责人会议，研究部署了办理工作。经各承办单位的积极努力，这些意见、建议已全部办理完毕。其中问题已经得到解决的37条，占38.5%；已列入计划逐步解决的33条，占34.4%；因各种条件限制，暂时解决不了，向代表作了解释说明的26条，占27.1%。

四、指导乡镇人大开展工作

我县于1989年底乡镇人民代表大会换届选举时，给30个乡镇人大主席团配备了专（兼）职常务主席，依法开展工作。这是完善人民代表大会制度，促进基层政权建设和民主政治建设的重大措施。一年来，县人大常委会把指导乡镇人大主席团做好工作列入议事日程，加强了联系和指导。先后召开了两次主席团常务主席会议，学习有关法律和文件，讨论研究乡镇人大工作。常委会负责同志还分别到各乡镇听取主席团工作汇报，检查了解乡镇人大工作情况。4月中旬，常委会主持召开了各乡镇人大主席团常务主席会议，学习讨论了宪法、地方组织法和《甘肃省各级人民代表大会议事规则》，讨论了《静宁县人民代表大会主席团工作简则》，统一了思想，提高了认识，明确了任务，增强了做好乡镇人大工作的责任感。会上，县委和人大常委会的主要负责同志就如何在党委的领导下正确处理乡镇人大与政府的关系，联系代表和人民群众，依法开展工作等问题提出了具体要求。会后，县委批转了县人大常委会关于乡镇人大主席团主席工作中几个具体问题的报告，从政治上、组织上保证了乡镇人大工作的正常开展。为了进一步搞好工作，12月下旬，常委会又召开了主席团常务主席会议，传达学习了省、地委人大工作会议精神，听取了各乡镇人大主席团的工作汇报，研究解决了存在的问题，进一步促进了乡镇人大主席团的工作。

五、搞好人大常委会的自身建设

加强政治和业务学习，不断提高全体组成人员的政治素质和议政水平，是搞好人大常委会工作的重要保证。去年初，新的一届常委会成立后，始终把学习摆在首位，常抓不懈。先后组织委员认真学习了邓小平、江泽民和彭真同志关于人民代表大会制度的论述和宪法、地方组织法、《甘肃省各级人民代表大会实施监督办法》等法律、法规及《县人大常委会工作规则》，增强法制和民主观念。同时，认真组织机关干部学习贯彻省、地委召开的人大工作会议精神，不断提高对人大工作的认识，以适应工作的需要。

一年来，常委会进一步重视加强了工作机构和干部队伍建设。根据工作发展的需要，将原来的“四科一室”改为4个工作委员会和办公室，并加强了各工作委员会的领导力量，按照职责，分别开展工作。坚持机关学习制度，加强干部、职工的政治理论、法律知识和业务知识的学习，不断提高全体工作人员的政治、业务素质和工作效率，努力搞好本职工作，全心全意为人民服务。

一年来，在省人大常委会的指导和县委的直接领导下，在“一府两院”的积极配合和全体代表的监督、支持下，县人大常委会做了上述工作，取得了一定的成绩。但是，同宪法和法律赋予地方国家权力机关的职责衡量，我们的工作还有不少差距，主要是监督的意识还不够强，联系人民群众主渠道的作用发挥得不够好，人大常委会的机关建设及工作人员素质有待进一步加强和提高等，这些都需要在新的一年里研究解决。

今年是实施“八五”计划和十年规划的第一年，县人大常委会要认真贯彻党的十三届七中全会精神和省、地委人大工作会议精神，贯彻执行全国人大、省人大和县人大及其常委会的各项决议、决定，以加强社会主义民主和法制建设为重点，围绕党的中心工作，深入实际，进行调查研究，进一步加强同人民代表的联系，倾听人民群众的呼声，搞好对“一府两院”的监督，努力提高监督效果，更好地发挥地方国家权力机关的职能作用，保障我县治理整顿、深化改革和“两个文明”建设的顺利进行。

第三节　县第十一届人民代表大会第三次会议

大会概况

县十一届人大三次会议于1992年1月15日至17日在县政府礼堂召开，应出席代表

227名，实出席205名。县委、县政府、县政协、县人武部不是县十一届人大代表的领导同志，县委各部门、县直及省地驻静宁各单位主要负责人，在静宁县的省七届人大代表，各乡镇人大主席团常务主席，雷大、余湾、阳坡、甘沟、红寺、细巷乡政府乡长，部分离退休干部，出席政协静宁县第三届委员会第三次会议的全体委员（列席本次会议第一次全体会议），共210人列席会议。

会议听取和审议县政府代理县长李怀仁所作的《县人民政府工作报告》、县计委主任王智仁所作的《关于1991年国民经济和社会发展计划执行情况及1992年计划（草案）的报告》、县财政局局长刘宝生所作的《关于1991年全县财政决算和1992年财政预算（草案）的报告》、县人大常委会主任部文学所作的《县人大常委会工作报告》、县法院院长漆忠义所作的《县人民法院工作报告》、县检察院检察长陈贵录所作的《县人民检察院工作报告》，审议县人大常委会《关于县十一届人民代表大会第二次会议代表议案和意见、建议办理情况报告（书面）》；作出相应的决议；会议通过关于接受赵国琳辞去县政府副县长职务请求的决定，选举县政府县长1名、县人大常委会副主任1名；会议结束时，县委书记韩豫平作了讲话。

大会收到代表意见、建议87件。其中：①农林水利方面30件，占34.5%，主要是建议建立乡农业科技推广站，修建和维修灌溉设施，修建人畜饮水工程，加强林木管护等。②农电建设管理方面15件，占17.2%，主要是建议给边远村社通电，设立农电管理站等。③教科文卫方面12件，占13.8%，主要是建议维修中小学校舍，修建幼儿园、县妇幼保健站，设立乡卫生院，调配医务人员等。④财贸方面11件，占12.6%，主要是建议新建集贸市场，修建粮管所等。⑤交运和乡镇企业方面8件，占9.2%，主要是建议通放班车，修建道路桥梁，扶持乡镇企业发展等。⑥城建、环保方面8件，占9.2%，主要是建议为城区居民安装门牌号，给城关镇环卫队增加设备，解决居委会办公地点等。⑦人事、机构设置方面2件，占2.3%，主要是建议给偏僻乡镇增派工作人员，设立乡镇派出所等。⑧其他方面1件，占1.2%。

大会议程

一、听取和审议县人民政府工作报告；

二、听取和审议县人民政府关于1991年国民经济和社会发展计划执行情况和1992年计划安排（草案）的报告；

三、听取和审议县人民政府关于1991年财政预算执行情况和1992年财政预算（草案）的报告；

四、听取和审议县人大常委会工作报告；

五、审议县人大常委会关于县十一届人民代表大会第二次会议代表议案和意见、建议办理情况报告（书面）；

六、听取和审议县人民法院工作报告；

七、听取和审议县人民检察院工作报告；

八、选举；

九、其他。

大会选举

县人民政府：

县　长　李怀仁

县人大常委会：

副主任　马子坤

县人民政府县长李怀仁、县人大常委副主任马子坤个人情况表

表3-40

姓名	性别	民族	年龄（岁）	文化程度	工作时间	入党时间	籍贯	简历
李怀仁	男	汉	51	大专	1964.7	1971.5	城关南关	生于1940年1月；1950年至1962年6月先后在城关镇小学、县中学读书；1962年7月至1964年6月在生产队劳动；1964年7月至1971年10月任仁大公社秘书；1971年11月至1973年1月任县革委政治部组织组副组长；1973年2月至1974年10月任县委宣传部副部长；1974年11月至1980年12月任双岘公社党委副书记、书记；1980年11月至1981年1月任县革委会副主任；1981年1月至1986年12月任县人民政府副县长（1983年9月至1985年8月在省委党校学习；1985年9月至1986年12月任县人民政府副县长）；1986年12月至1991年5月任县委副书记；1991年6月以来任县人民政府代理县长
马子坤	男	汉	56	初中	1953.5	1956.2	余湾韩马	生于1935年6月；1943年9月至1951年7月先后在合岘、白草疒小学、静宁中学上学；1951年7月至1953年4月在家劳动；1953年5月至1958年12月在共同乡、治平区公所、县人委会办公室任秘书、办公室副主任；1959年1月至1961年12月在红寺公社、县委农村工作部工作，任红寺公社党委副书记；1962年1月至1964年9月任雷大公社党委副书记、管委会主任；1964年10月至1965年8月负责县委农村工作部工作；1965年9月至1968年10月任县林业总站副站长、革委会主任；1968年11月至1980年10月先后任县革委会、县委办公室主任；1980年11月至1989年12月任县人民法院院长；1990年1月以来任县人大常委会专职委员、司法民政工作委员会主任

附：

县人民政府工作报告

（县人民政府代理县长李怀仁　1992年1月15日）

一、1991年的政府工作

1991年是本届政府任期的第二年。一年来，在上级党政组织和县委的正确领导及县人大的监督、支持下，认真贯彻落实党的十三届七中全会和省、地有关经济工作会议精神，始终以经济建设为中心，紧紧围绕“团结、稳定、鼓劲、发展”的总要求，坚持以“两项活动”总揽城乡经济工作，不断推动“双文明”建设的深入发展。经过全县上下的共同努力，继续保持了我县政治安定、社会稳定、国民经济持续、稳定、协调发展的好局面，顺利完成了县十一届人大二次会议批准的工作任务和年度计划。预计，全县工农业总产值按1990年不变价完成26675.18万元，粮食总产量达到11.95万吨，财政总收入完成852.9万元，农民人均纯收入按新粮价计算达到420.68元，和上年相比，除粮食外均有不同程度的增长。

（一）以村级组织建设和“双文明”建设总揽农村工作，重视、支持、服务农业，促进了农村经济的全面发展

“农业稳、人心稳”“农业兴、全县兴”，这是我们县情所决定的，也是我们多年来形成的一致看法和体会。因此，在过去一年里，农村工作始终全面贯彻执行了党在农村中的各项方针政策，以村级组织建设和“双文明”建设总揽整个农村工作，以“两增一提高”为奋斗目标，坚持“四靠”和农、林、牧、副、渔业全面发展的方针，立足抗旱抗灾保粮食，发展多种经营促收入，使农村经济保持了全面发展的好势头，主要考核指标均完成或接近完成了计划。按统计口径，农村贫困面已由上年的10.6%下降到8%，大多数农户已基本解决温饱，少数农户开始向富裕方面迈进。回顾一年的农村工作，主要抓了以下几点：

一是全面贯彻党在农村的各项方针政策，继续深化农村改革。1991年，我们把继续稳定以家庭联产承包为主的责任制，不断完善统分结合的双层经营体制，积极发展社会化服务体系，逐步壮大集体经济实力，全力搞好协调服务。作为深化农村改革的方向和重点，突出抓了村社资产管理改革工作。全县30个乡镇的390个村全部完成了资产清理和建档立卡工作。这项工作的开展，解决了长期以来村社资产管理混乱的问题，为进一步深化农村改革，发展农村集体经济，完善统分结合的双层经营打下了坚实的基础，受到了省、地领导和业务主管部门的充分肯定。同时，全县还建立延伸了一批社会化服务体系，为有效解决农民在生产经营中单家独户办不了、办不好的事情奠定了一定基础，服务水平和服务质量正在由低向高、由单层次向多层次方向发展，一个相互衔接、相互补充、专群结合的服务网络正在全县农村逐步形成。

二是立足抗旱抗灾，狠抓粮食生产。1991年，我县的气候反常，低温、强霜冻、病虫害、冰雹频繁发生，特别是旱灾，发生面积大、持续时间长，是历史上少有的。旱情的持续发展，给农业生产带来了严重威胁。在这种反常的气候条件下，我们积极

发挥人的主观能动性，狠抓了关键性生产措施的落实。全县粮食播种面积继续稳定在113万亩以上，在作物布局上积极扩大秋粮高产作物的种植，适当压缩小麦面积，推广抗旱优良品种，力求使作物布局更趋合理。同时组织群众积极开展生产自救，有灌溉条件的地方，千方百计扩大灌溉面积。山区采取扩大地膜覆盖面积，扩大复种面积，加强田间管理等措施，使灾害造成的损失降到最低程度，夺得了大旱之年粮食生产的较好收成。

三是以推广农业实用技术为主，狠抓科技兴农，不断提高劳动者素质。依靠科技兴农是我们近年来一贯的指导思想，经过几年的真抓实干，目前在全县初步形成了领导抓科技、部门包科技、农民学科技、千家万户用科技的科技兴农新局面，使家庭联产承包责任制的政策威力和科学技术的生产威力得到有效结合，促进了农业生产的稳步发展。1991年，我们把推广普及十大应用技术和综合技术组装配套的模式化栽培作为科技兴农的重点，抽组了一批农技人员深入到生产一线，蹲点跑面，抓科技示范项目的承包和应用技术的推广。全县落实良种推广面积87万亩，机耕12万亩，机播1.9万亩，地膜玉米6.5万亩，川区带状种植3500余亩，山区撮苗种植2100亩，山区撮苗种植出现了“吨粮田”的典型。随着果树的增多，果树栽培技术也得到了广泛应用和推广，全县4.6万亩经济果园大部分开始走上技术化、规范化管理的轨道，1991年有2000亩果园达到了“吨果千元”的标准。在抓好农业技术推广的基础上，我们还十分重视提高人的素质，大抓了科技培训工作，全县共举办各类技术培训班602次，参加人数30331人次，建立科普文明村47个，科技示范户1929户。通过这些工作，使越来越多的农民群众掌握了一定的科技知识，有的已依靠科技脱贫致富。

四是立足改变生产基本条件，扎扎实实开展农田水利基本建设，努力发展林草畜牧业。1991年，我们在1990年全县改土工作出现可喜变化的基础上，继续努力，一鼓作气，按照“四统一、四集中”和“早、统、严、实”的原则，提出了总结经验、任务不欠、狠下决心、提高质量、统一验收、及时兑现的新要求。首先动员县直机关干部职工一举拿下东峡山百亩战场，并以此推动了全县改土高潮的掀起，苦干50天，全县新修梯田4.55万亩，超额完成了任务，其中百亩以上战场156处，面积1.86万亩，占总数的41%，整体规模上了新台阶。水利建设以渠堤加固和渠系配套为重点，立足于现有水利工程设施，坚持“大中小”并举和国家、集体、个人一起上的原则，仅群众自筹资金21.3万元，全年完成加固渠堤46公里，衬砌干支渠23.43公里，恢复新修机井33眼，恢复水毁工程21处，全县累计实灌溉面积12.24万亩，为抗旱保丰收做出了一定的贡献。静宁、通渭团结渠工程年内通过省地正式验收，被评为优良工程，提前一年交付使用，已发挥了较好效益。仁大李河滚水坝工程正在加紧施工，水政建设执法试点工作进展顺利，水利执法队伍和各项水政制度日趋完善。为了使农业生态环境继续得到改善，我们还坚持抓了林、草、畜牧业建设，使种草和畜牧业均有不同程度的发展。全县畜牧业总产值达到6487.93万元，林业产业达到501.9万元。同时，在充分论证的基础上，制定了我县加快农村经济的四大支柱产业，这项工作的展开，对于加快富县富民将起积极促进作用。

农电建设坚持年年不停步、年年有发展的原则，通过争取国家投资和集体、群众自筹的办法，共落实资金88万元，新架10千伏高压农电线路43公里，目前有328个村通了电，占总数的84%，用电量达到1361万度，由过去全区排第五位上升到第二位。农电管理工作也逐步得到了各级政府的重视和加强，管理网络逐步形成，管理制度逐步健全，电费过高的现象有所控制。

五是千方百计增加投入，增强农业发展实力。我们动员社会各方面的力量，多渠道、多层次、千方百计筹措资金，保证对农业的投入。县财政在力保吃饭的情况下，也投入了一定资金扶持农业生产。一年来，农业银行千方百计筹措资金，支援农业建设，年末农业贷款为1219.12万元，较上年增长27%。同时，我们采取引导、鼓励、配套、联办等办法，吸引农民和集体增加对农业的投入，强化农民对土地投入的意识。据调查，农民用于家庭经营生产性支出人均达199.39元。我们还认真贯彻劳动积累工制度，全年共出劳动积累工和劳动义务工达到30多万个工日。在物质投入上，向农民供应各种化肥27000多标吨，供应地膜218吨，农药50多吨，良种201吨，各种中小农机具1866台（件），基本满足了农业生产的正常需要。

六是打好扶贫攻坚战，着力巩固温饱成果。扶贫工作继续贯彻扶本与扶志结合、重在扶志，输血与造血结合、重在造血的指导思想。无论是面上的扶贫，还是西北部9乡镇贫困片带的扶贫，都以巩固扩大3年扶贫成果为工作重心，继续采用单位包乡包村、干部包户和科技扶贫的方法，发扬领导苦抓、部门苦帮、群众苦干的“三苦精神”，全年共包扶贫困户8160户，年底脱贫2042户，占包扶户数的25%。

七是积极发展乡镇企业和非农经济，努力提高农民收入。一年来，乡镇企业积极贯彻“积极扶持、合理规划、正确引导、加强管理”的指导方针，认真贯彻落实省地扶持乡镇企业发展的一系列优惠政策，把开展“质量、品种、效益年”和“双增双节”活动紧密结合起来，着重在调整、整顿、巩固、提高上做文章。面对乡镇企业资金短缺，原材料不足的严峻形势，一方面加强企业管理，挖掘内部潜力，另一方面为企业发展创造良好的外部环境。经过艰苦努力，使乡镇企业在困境中继续得到巩固和发展，乡镇企业总产值按1990年不变价完成7726.6万元，较上年增长15.6%，工业产品销售收入完成1379.4万元，较上年增长25.1%，实现利润547.1万元，较上年增长43.4%。乡镇企业的发展，已成为我县农村经济的重要组成部分。

与此同时，我们还积极鼓励农民群众从单一农业生产中走出来，以现有的建筑、地毯加工业为基础，从事工商、建、运等服务业。据统计，全县从事建筑和地毯加工业的农民有1万多人，全年组织劳务输出3.7万人（次），劳务收入2265万元，既解决了农村剩余劳动力，又增加了农民的经济收入。

（二）以“质量、品种、效益年”活动总揽城镇经济工作，加强宏观调控和协调服务，使城镇经济继续保持了稳步发展的势头

——工业生产稳步增长，经济效益逐月回升。主要经济指标完成较好，全县乡以

上工业总产值完成7453.4万元，占县计划的113.3%，比上年增长11.5%。列入全县考核的35种重点产品中，有15种完成或超额完成计划要求。国营工业企业完成产品销售收入1990.4万元，占县计划的107.1%，较上年增长7.3%。预算内企业实现利润215.6万元，占年计划的63.4%，上缴利税109.5万元，占年计划的87.5%，全员劳动生产率达到19486元。这些成绩的取得，主要是采取以下措施：一是扎扎实实开展“质量、品种、效益年”活动。根据国务院和省地要求，在今年的工交生产中，始终贯穿了“质量、品种、效益年”活动这个中心。县上专门成立了领导小组，督促指导开展这一活动，各主管局、各企业都积极组织开展了这一活动，从而取得了明显的效果。二是不断深化企业改革，将竞争机制逐步引向深入。各企业在落实二轮承包指标和经济责任制中，根据各自的特点制定了各种与之配套的分配、竞争、风险、约束机制，形成了新的生产经营机制。全县各企业均建立和完善了各种质量、消耗、定额、销售、分配制度，不但增强了职工主人翁责任感，而且调动了劳动者的生产积极性。三是全力以赴抓好生产调度工作。县上坚持一季召开一次生产调度会，既交政策，又交方法。分管领导经常深入到企业调查研究，现场办公，解决实际问题，做到了精心安排、典型引路、经常交流、上下一致、齐心协力共同为企业排忧解难。在搞好企业生产调度的同时，采取了分类指导，抓主保重的工作措施，对产值利税大户和“拳头”产品的生产从政策到资金、原材料供应都实行倾斜照顾，促进了这些企业和产品的按期完成，对几户亏损企业也是采取了重点扶持，开发新产品帮助其尽快减亏和扭亏为盈。四是抓销促产增收入。通过进一步落实销售政策，扩大销售队伍，加强县内工商产品的衔接订货，使得工业产品销售收入逐月增加。五是狠抓了产品结构调整，努力开发新产品。在现有工业的基础上，以骨干企业为依托，全年共安排技术改造项目14项，总投资2884.6万元。截至目前，地毯底布、酱油、饴糖等5条生产线已基本建成并投入试生产。火柴厂烘干筛选一体化改造项目完成后，不但扩大了生产能力，而且取得了明显经济效益。六是在宏观指导上注重由速度型向效益型转变，逐步扭转了效益严重下滑局面。由于受外部市场等诸多因素的限制，上半年我县国营企业的经济效益除个别企业外，多数是严重下滑。面对这一突出问题，县上确定了增产增收、扭亏增盈的指导思想，逐企业召开现场办公会议，分析原因，寻找出路和对策，把工作重点放在强化内部管理、挖掘内部潜力上，通过外帮内挖，使全县工业企业的经济效益逐月稳步回升。七是在加强综合监管的基础上，统一协调搞好服务，各行政执法和综合执法部门，在履行各自的职能时，贯彻了原则性与灵活性相结合的原则，用足用活给企业的优惠政策。财政部门按政策规定，通过多种方式支持企业发展资金133.1万元，做到了上下一致、相互配合、协调服务。

——交通、邮电通讯事业以社会效益为主，狠抓了经济效益的提高。交通运输完成客运量93.9万人，货运量11.6万吨，主要公路完好率达到65.4%，新辟客运线1条，新修大小桥涵38座。6月份开始动工修建的甘沟至四河的四级公路全长16公里，路基、桥涵已基本完成，可望今年6月通车，这条公路的开通，对于沟通中西部的交流将起到积极促进作用。邮电通讯业务有了新的发展，电信业务总量和较上年增长12%，500门自动电话装置更趋完善和配套，年内分别受到省政府和地区行署的表彰奖励。

——商流工作继续以深化改革为动力，从转变经营作风、改善服务态度入手，较好地发挥了主渠道和“蓄水池”作用，基本保证了人民生活必需品和农业生产资料的正常供应。国内纯购进达4438万元，国内纯销售达6987万元，社会商品零售达到9305万元。农副产品收购在面临资金短缺、价格下浮、销路不畅的困境中仍较好地完成了收购任务，保护了农民的积极性，全年收购总预计达到3088万元，较上年增长2.59%，其中大宗产品生猪收购完成4.09万头，占年计划的88.3%。粮油入库工作由于全县上下认识一致，突出早抓快交，分别于9月底和10月底完成了国家粮油订购任务。为保护农民种粮的积极性，还采取了增购压销的措施，既增加了农民收入，又减轻了财政负担。全年共收购国家专项储备粮350万公斤。作为国营、集体经济重要补充部分的个体工商经济也有了新的发展，全县个体户达到2235户，增长6.4%。国营、集体批发市场和农副集贸市场通过治理整顿，秩序有了一定好转，城乡集市贸易成交额预计达到1994.9万元，较上年增长42.37%。

——财政税收工作在工商企业效益下滑、利润减少、各种政策性增支因素和赤字挂账增多的情况下，继续贯彻“双紧”方针，采取增收、节支、求援的工作措施，依法强化税收征收，保证了财政收入的稳步增长和重点建设事业及机关正常工作的经费开支。1991年财政收入累计完成852.9万元，占年度调整预算807.7万元的105.9%，按可比口径较上年增长9.6%，本年内赤字141.3万元。

——金融工作继续贯彻“控制总量、调整结构、强化管理、适时调节、提高效益”的货币信贷方针，以经济建设为中心，不断强化信贷资金宏观管理，千方百计争取筹措资金，组织贷款、回收旧贷，优化新增贷款投放结构，为支援地方经济的全面发展做出了积极贡献。年内各项存款余额达到了8323.6万元，比上年增长50.1%，各项贷款余额为12215.9万元，比上年增长25.7%。保险业稳步发展，保险总额达到6969万元，较上年增长104.2%。

——基本建设项目进展快、质量好。列入1991年固定资产投资和基本建设项目41项，总投资为2090.6万元。至目前，已完成投资1057.8万元，占总投资的50.6%，几个大的工业新建项目，基本上做到了当年设计、当年施工、当年投产。

（三）以经济建设为中心，积极推进社会各业的协调发展

教育工作在“教育立县、科技兴农”思想指导下，紧紧围绕“一二三”目标，促进教育改革深入发展。一是认真贯彻实施《义务教育法》。“希望工程”起步良好，教育质量稳中有升。1991年学龄儿童入学率为98.28%，巩固率为97.59%，均比上年有所上升，特别是女童入学率有了明显提高，达到97.4%。初中六科合格率和小学双科合格率分别比全区平均线高4.8和0.4个百分点。高考创历史最好水平，共考取各类大中专学生611人，其中大专以上252人，绝对人数居全区第一；二是加快了四配套建设步伐。一年来为19所独立初中新建、改建校舍10517平方米，维修校舍1491平方米，

添置课桌凳500单人套，为9所独立初中配套实验台、仪器柜162台（件），为16所独立初中配发了36种必备体育器材，为156所小学配备了“两箱”装置和图书，教学实验设备价值52万元；三是职业技术教育和成人教育进一步巩固和完善。一年来，“五校五中心”共培训各类专业人员8214名，这些人回到生产第一线后，大部分已成为科技兴农的二传手；四是积极开展“四一、四评”活动，推广“四一燎原”项目10项，评选县级优秀教师和先进教育工作者230人，先进教育单位14个。教育工作所取得的成就，得到了全国人大视察组和省、地领导的充分肯定和高度赞扬。

文化工作坚持“二为”方向和“双百”方针，较好地组织了元旦、春节文化活动，“五一”平凉《阿阳书画展》、“七一”歌咏比赛和纪念建国42周年“我爱家乡”摄影艺术展览，受到了各界人士的好评。同时，认真组织了《焦裕禄》等革命史诗影片的放映和观看工作。在活跃农村文化方面，注重了农村文化站（室）的整顿、巩固和提高工作。广播电视事业立足基础建设和自身建设，努力提高自编节目质量，全年共播出自采稿件3880余件，完成了中波广播转播台的建设、安装和调试工作。静宁人民广播电台的筹建工作已基本就绪，同时还狠抓了农村有线广播网络的恢复和巩固。目前，全县广播入户率巩固在60%，电视覆盖率巩固在75%。

体育事业以体教结合、重点发展、提高全民体育素质为宗旨，积极参加省、地比赛项目。在省八运会上，我县自行车队荣获全省金牌总数第一名，其他竞赛项目，共获得省级奖牌25块。

卫生工作在继续加强医德医风建设的同时，将工作重点放在乡（村）卫生院（所）的整顿和建设上。一是从现状着手，致力于乡镇卫生院的基础设施建设。1991年共筹措资金43.5万元，全部用于13个乡卫生院的危房维修。二是按照分工合理、相对稳定、适当调整的原则，对基层卫生院的人员进行了充实和加强，基本保证了计划生育手术及业务工作的正常开展。三是按照“六有五统一两落实”标准，对村（社）卫生所（站）进行了整顿，恢复了部分停办所，基本达到了每村1所的要求。四是防疫和妇幼保健工作有了新的发展。“四苗”单苗接种率和覆盖率均达到了85%以上，计免和怀孕产妇有偿保健入保率达到75%以上，四苗控制的6种传染病大幅度下降。目前，一个以预防为主，医疗、保健三位一体的医疗防疫网络在全县已基本形成，农村看病难的问题得到了缓解。

计划生育坚持经常工作与突击活动相结合，一手抓基础服务建设工作，一手抓各项人口计划指标的落实，取得了新的成绩。认真贯彻落实地区文件精神，在古城乡试点工作的基础上，全县多数乡镇普遍建立了计生工作“一卡七簿二账”和服务机构网络，并层层签订了目标责任书，保障体系得到进一步加强。对所有困难的对象从解决生产生活中的实际困难入手，坚持送感情、送温暖，受到了群众的好评。全县出生率和自增率分别为18.4%和13.3%。

社会治安综合治理工作仍坚持专门机关与群防群治相结合，普法与执法相结合，重点打击与普遍教育相结合的方法，紧紧围绕保持社会稳定来开展工作。一是抓了

“二五”普法的宣传启动工作。在总结“一五”普法经验的基础上，根据中央、省、地的安排，制定了我县“二五”普法规划和实施方案。按照规划要求，年内进行了普法试点工作。二是按照省政府和县人大安排，开展了政府系统行政执法监督检查工作，重点就《全国人大常委会关于禁毒的决定》等14个法律、法规的执行情况进行了检查。通过检查，进一步促进了各行政执法部门依法行政的自觉性。三是广泛开展了社会治安综合治理工作，重点就城区和八里乡的治安问题进行了整治，并按照“谁主管谁负责”的原则，强化机关内部的安全防范工作，层层签订目标责任书，广泛发动群众，开展群防群治，取得了较好的社会效果，治安秩序有了进一步的好转。四是充分发挥政法机关的专政作用，依法从重从快惩治重大犯罪分子。在继续开展严打斗争的同时，集中开展了抓禁毒、反“三窃”、反赌博等专项斗争。全年累计查处赌博案13起，破获各类刑事案件318起，查处各类治安案件147件，同时召开了公捕公判大会，震慑了犯罪分子，教育了广大群众。社会福利事业以民政安置优抚为重点开展工作。全年共发放救济款22.6万元，救济粮89.61万公斤，全年安置军转干和退伍军人72名，安置待业青年485名。这些工作的开展，减轻了社会压力，促进了社会安定。人民武装工作按照新的要求和内容，较好地完成了民兵训练和征兵任务，军民共扶共建和“双拥”工作均取得新的成绩。

县志编纂工作进展顺利，初稿已经过初审和复审，得到了省、地有关专家学者的一致好评，现在正在查缺补漏、完善修改，今年即可通过终审并出版发行。档案事业不断发展，馆藏量不断增加，档案门类不断扩大。

民族宗教工作，坚持“三自”方针，走开发与扶贫的道路，恢复了峡山回民小学，修建了基督教堂，使民族宗教政策进一步得到落实，民族宗教团结进一步得到巩固。侨务、对台工作按照党的政策，年内共接待台胞15人（次），既加深了相互之间的了解和友谊，又宣传了党的统战政策。

四、认真改进作风，努力提高办事效率，进一步推进廉政建设

一是以“两公开一监督”制度为主要内容，不断加强廉政制度建设。再继续抓好原定“两公开一监督”制度内容落实的同时，年内又制定了《职工调动管理暂行规定》和“农转非”管理实施意见，进一步增强了政府工作的透明度，特别是群众关心并反映强烈的“农转非”等热点问题，县政府下决心实行了“五公开一监督”制度，接受群众监督，受到群众的一致好评。二是以“勤政为民、服务基层”为宗旨，积极整顿机关作风。针对近年来一些县直机关存在的“四难”现象，年初，县委、县政府就整顿机关作风、加强组织纪律性作了安排部署。各单位按照县上安排，普遍开展了变“四难”为“四个满意”活动，使机关风气和干部作风有了一定好转。一个走出机关、深入基层、体察民情、了解民意、为群众积极办实事的新风正在各级领导机关和领导干部中逐步兴起。三是以“纠风治乱”和清房工作为重点，认真查处违法违纪案件，在“纠风治乱”和清房工作中，全县共查处各类问题89件，涉及54人，违纪金额24.8万元，收缴退赔、没收各种违纪金额24.4万元，立案查处11件13人，清出各种乱收费、乱

集资、乱摊派项目7项，资金57万元，经查取消6项，金额54.6万元，降标1项，金额2.4万元。清理出违法违纪建私房3人，超面积住房236人，收回土地109平方米，收回空锁、出租及其他类型多占公房171间。四是以办实事为突破口，认真办理人大代表和政协委员议案。1991年，人大代表和政协委员共向政府提出议案、意见、建议121条，对这些提案、意见、建议我们进行了认真的办理。按照量力而行的原则，从解决群众最关心最急需的问题入手，重点安排了一些看得见、摸得着的实事。城区基础建设完成了二天门、新街等道路油铺硬化和供热工程；北环路排污排洪工程正在施工修建，年内竣工投用。五是从接受群众监督做起，重视群众来信来访。建立领导接待日制度，全年共接待群众来信来访211件，查办137件，进一步密切了党群、干群关系。

在肯定1991年政府工作主流的同时，还应看到目前面临的困难和问题。主要有：一是农业基础薄弱，综合生产力水平低，特别是抵御自然灾害的能力不强，扶贫和巩固温饱成果的任务还十分艰巨。二是社会化服务体系跟不上，农产品流通不畅，农民收入低，投入赶不上。三是乡镇企业起步晚、规模小、效益低而不稳。四是工业生产的由于受诸多因素的制约，效益回升速度慢，产成品积压严重，“三角债”拖欠较多的问题仍表现突出。五是财政收支矛盾突出，赤字挂账增多，资金调度相当困难。六是计生工作进展不平衡，人口形势仍很严峻。七是宏观调控的手段不力、决策不及时和预见性不强的问题，程度不同地有所反映。八是廉政建设的步伐还不能完全适应形势的要求。所有这些困难和问题，有待我们在今后工作中认真加以克服和解决。从目前形势来看，战胜和克服困难的有利因素和条件是比较多的，中央两会的决定精神，给我们提供了政策依据和良好的大环境，从小环境来讲，我们有较为充足的土地资源和劳力资源，已建立了一定的工农业生产和社会服务基础，加之我们静宁人民有着勤劳憨厚纯朴的传统美德，只要我们善于发挥这些优势，树立必胜信念，困难和问题就会得到解决，振兴我县经济实现脱贫致富的目标就一定能够实现。

二、1992年的政府工作

1992年政府工作总的指导思想是：以党的十三届八中全会精神为指针，以经济建设为中心，以富民富县为目的，以社会主义思想教育和深化改革为动力，突出农业保粮食，抓好工业促效益，促进国民经济持续、稳定、协调发展。工作思路是抓决策、总揽经济全局，抓思想、发挥主观能动性，抓班子、强化组织保证，抓协调、形成搞好经济工作的合力。

主要奋斗目标是：全县工农业总产值达到28271万元，增长6%，其中农业总产值18594万元，增长4%，工业总产值9677万元，增长10%，财政收入净收900万元，粮食总产量达到12.61万吨，增长5.5%，乡镇企业总产值达到8538万元，增长10.5%，农民人均纯收入达到444元，增加23元。

为实现上述奋斗目标，我们要全力抓好以下几方面的工作：

（一）把农业放在全县经济工作的首位，集中全力抓好农村工作，千方百计保持农业和农村经济持续、稳定、协调发展

第一，以稳定农村政策、发展社会化服务体系为重点，进一步强化共识、深化改革。党的十三届八中全会通过的《关于进一步加强农业和农村工作的决定》，全面总结了农村改革的基本经验，提出了90年代的主要任务，明确了一系列方针政策，是今后相当长时间内指导农业和农村工作的纲领性文件。因此，我们要认真学习、深刻领会、全面贯彻、狠抓落实。首先是强化对农业基础地位的再认识，只有农业稳，才有全县稳。各级都要把发展农业作为经济工作的重点，党政一把手要亲自抓农业，要集中三分之二的领导力量，用三分之二的时间，全力抓好农业和农村工作。各行各业都要重视和支援农业，真正形成全党动手、全民动员、各级参与大办农业的新局面。其次，要稳定以家庭联产承包责任制为主的党的各项富民政策。要向农民讲清楚，以家庭联产承包为主的责任制、统分结合的双层经营体制，作为我国乡村集体经济组织的一项基本制度长期稳定下来，使农民吃下“定心丸”，放手大胆地运用党的富民政策，勤劳致富，奔向小康。再次要深化农村改革，下决心抓好农村社会服务体系建设，彻底扭转向农民索取多、服务少的状况，紧紧抓住健全网络、拓宽服务领域、提高服务质量三个环节，按照提高县一级、完善乡一级、强化村一级、扩大社一级的原则，全力做好配套建设工作。乡站建设要在加快步伐的基础上，不断总结经验，拓宽服务领域，提高服务质量，使其由产前半程服务向产前、产中、产后全程服务转变。同时，要大力发展民间服务组织，使单层次服务网络向多层次纵深发展，真正做到以社会化服务体系来保证和推动农村商品经济发展，又以商品经济带动服务体系建设。

第二，以抗旱保粮为中心，狠抓关键性生产措施的落实，力争农业有个好收成。面对大旱威胁，必须把确保粮食生产放在首位，各级都要真正树立抗大旱防大灾的思想，克服一切麻痹侥幸心理，全力抓好抗旱保苗和生产自救工作，全力打好春耕生产第一仗，粮食播种面积一定要稳在113万亩以上。同时，要大力调整作物布局，适当扩大抗旱作物，扩大地膜、复种面积，扩大磷肥施用量，扩大机播和经济作物面积，真正做到夏粮不足秋粮补、秋粮不足副业补，确保农业再夺好收成。川水区要把春灌作为抗旱生产的关键措施来抓，在充分利用现有水利设施和水资源的同时，要广泛发动群众，多方筹措资金，开发新水源，购置新设施，采取五小工程全启动、机井提灌一起上、河水井水统一调的方法，确保12万亩灌溉任务的全面完成。山区抗旱生产的重点是抓好旱作农业技术的推广，全力搞好冬前春后的镇压耙磨、保墒促苗、深施化肥、增施磷肥等田间管理工作，特别是冬春时麦田镇压保墒一定要抓好落实。要广泛动员、精心组织，在全县掀起一个镇压保墒的高潮。同时，要下决心解决羊只啃青问题，对屡教不改者要坚决按县政府《布告》精神予以惩处。对病虫害防治要加强预测预报，掌握时机，主动出击，千方百计扑灭菌源、虫源，努力减轻灾害损失。

第三，大力推广农业实用技术，不断提高科技兴农水平。今年科技兴农的重点，仍然是推广普及十大适用技术，并着重抓好综合技术组装配套的模式化栽培。要继续

搞好农业科技承包，切实抓好地膜覆盖、带状种植、撮苗种植和果树栽培技术等适用技术的推广应用。科技示范工作要在巩固提高的基础上，年内力争再新建一批示范点，以发挥其带动辐射作用。提高劳动者素质是我们今后的一项长期任务，一定要加强农民培训工作，办好多种形式的培训班，不断提高农民的科技意识和应用科技的水平，是新科技能够和传统农业有效地结合起来，并产生良好的效果。

第四，坚持不懈改变农业生产基础条件，不断扩大农业投入，增强农业发展后劲。不断改善农业生产条件，这是我们的一项长期任务，也是旱作农业区的一条成功之道，我们要继续抓紧抓好改变农业深耕基本条件的系统工程，并坚持实事求是的科学态度，注重质量、讲求效益。今年改土工作要在上质量、上规模上多下功夫，奋战两年在全县力争使十乡、百村、千社实现梯田化，以促进和带动我县改土工作向规模化、规范化、优质化的方向发展。水利建设要立足现有的工程设施，坚持以小为主、乡村自办和国家扶持相结合的“三主三结合”方针，广泛发动群众大办水利。干支渠衬砌要保质保量完成30公里。在建的仁大李河滚水坝、庙堡渠衬砌工程要加快建设进度，汛期前要全面竣工并交付使用。团结渠万亩灌区的配套工程今年上半年要全部完成，以便发挥其整体效益。道路建设也是一项不容忽视的基础建设，各级一定要引起高度重视，特别是乡村道路建设，一定要列入规划，认真组织实施。今春要广泛发动组织群众集中几天时间修好道路，为今后道路建设开个好头。

农电建设工作要加快建设步伐。今年在管好、用好原有线路、设施的基础上，再新架农电线路40公里。同时，要把农电管理工作切实列入重要议事日程，健全管理机构，完善管理制度，使农电管理制度真正落到实处。

不断增加对农业的投入，是增强农业发展后劲的关键措施之一。我们要贯彻中央《决定》精神，逐步建立健全国家、集体和农民个人相结合的投资体系，形成多元化的投入格局，特别是要鼓励农民自己多投入。要认真贯彻执行国务院颁布的《农民承担费和劳务管理条例》，切实制止“三乱”，减轻农民负担，使农民有更多的钱用于发展农业生产。在农民收入低的情况下，要坚持搞好劳动积累工制度，采取以工代赈、以资代劳等形式，按建设项目需求，完成规定的积累工任务。同时，要千方百计扩大物资投入，保证化肥、农膜、农药、柴油、农机具、农电等重要生产资料的供应，缺口要采取各种措施予以弥补，供应数量一定保持去年的水平，并力争有所增长。

第五，以振兴林业为突破口，大力发展四大支柱产业。目前，我县林业生产由于多年资金投入不足，特别是管理体制不健全，致使造林面积逐年减少，植被破坏严重。林业下滑的严峻形势，已引起了各级领导的普遍关注，广大干部群众的呼声也十分强烈。因此，我们要狠下决心，2年打基础、3年见成效、5年上水平，推行工程营造、工程管护、灌木戴帽、洋槐填沟、果树绕村，造一片、管一片、成一片，形成规模，保证效益，彻底扭转林业生产下滑局面。今年要完成造林3.2万亩，同时搞好县城南北两山绿化工程的营造工作。发展“四大支柱”产业是我县“八五”期间农村经济发展的重点，是从县情出发，稳定解决温饱，实现富县富民的重要措施。我们要在已形成的适度规模生产的基础上，大力发展“四大支柱”产业，各乡镇要有1名领导挂帅，确定1个科学规划，组织1套班子实施，并确定1个科级单位和1个龙头企业为依托，做到分工具体、任务明确、目标管理、一抓到底、抓出成效。同时，还要大力发展多种经营，扩大油料、瓜果、葵花等经济作物的面积，增加农民收入，有条件的地方还要抓好庭院经济起步工作。总之，要通过扎实而细致的工作，力争按“八五”末达到一村一业、一户一品，以促进我县农村经济再上一个新台阶，进而达到富县富民的目的。

第六，抓住机遇，扶持和引导乡镇企业持续发展。乡镇企业要继续贯彻“积极扶持、合理规划、正确引导、加强管理”的指导方针，着重在企业管理、技术改造、企业素质、产品质量上下功夫、做文章。乡镇企业已是农村经济的重要组成部分，我们要继续为乡镇企业加热、升温，做到加快发展的战略思想不变、突破口的位置不变、大发展的决心不变、扶持发展的优惠政策不变、既定的战略目标不变，用足、用活、用好扶持乡镇企业的各项政策，形成全党抓、全民办的格局，真正把乡镇企业当作富县富民、实现财政扭补的重要措施来抓。要把抓管理、抓质量、上等级、上水平、提高企业效益作为现有企业的主攻方向和重点工作内容。要千方百计、多找门路，争取上一些投资少、见效快、有市场、有效益的新项目，下大功夫、花大力气消灭乡镇企业空白，并有较大突破。今年要确保乡镇企业产值稳定增长的前提下，使利税占到产值的10%以上。

第七，坚定信心，继续打好扶贫攻坚战。扶贫工作尽管取得了较大成绩，但要巩固扶贫成果，稳定解决温饱，任务还十分艰巨。因此，我们要继续打好扶贫攻坚战，做到决心不动摇、政策不改变、工作不松动，要把扶贫规划、目标、路子、项目、政策、措施等落实到乡、村、户。继续推行目标责任制，经常逐乡逐户检查落实情况，及时解决存在的问题。要按照立足当前、着眼长远的原则，要把种植业、养殖业、农副产品加工业作为扶贫开发的主要内容，要采取“请进来、派出去”的办法，引进人才、学习技术、加强科技扶贫。要继续抓好各单位包乡扶贫工作。要通过扎实工作，力争年底贫困面下降到5%以下。

（二）以调整结构和提高效益为重点，努力搞好城镇经济工作

1. 继续抓好“质量、品种、效益年”活动，在保持工业生产适度增长的前提下，注重经济效益的提高

一要认真贯彻落实中央和省委工作会议精神，继续深化企业改革，转换经营机制。要按照中央工作会议提出的搞好国营企业的措施和意见及省上制定的搞活企业的21条政策规定，继续完善厂长负责制，理顺企业领导关系。在认真落实《企业法》赋予厂长的企业法人代表地位、决策权和生产指挥权的同时，切实加强企业党组织的政治领导和思想政治工作，发挥职工的主人翁作用，做到党、政、工同心协力办企业。要继续改革劳动人事制度，积极推行劳动优化组合，让精兵强将加强生产第一线。企业分配制度要在继续执行并完善现行计件工资、提成工资、定额工资和浮动工资的基

础上，积极推行“岗位技能工资”，普遍实行企业工资风险基金制度，改进奖金发放办法，激励职工群众学技术、多贡献。要进一步落实企业经营自主权和经营责任，建立企业约束机制，端正企业行为，重点是资产约束和分配约束，坚决杜绝虚盈实亏的错误做法。要教育广大职工处理好国家、集体、个人和当前与长远的关系，企业自留部分要重点用于发展生产，以增强企业积累和自我发展、自我改造能力。

二要强化企业经营管理，提高企业素质。各级领导，特别是企业领导，要把管理问题摆在企业生死存亡的重要位置，牢牢树立“质量第一、品种第一、效益第一”的企业经营管理方针，把深化改革同强化管理结合起来，坚决克服“以包代管、以改代管”的倾向。质量、品种、效益是企业的生命，三者是相互关联、相互促进的，尤其是效益问题，是最关键的。企业发展靠效益、工人吃饭靠效益、上缴利税靠效益，效益搞不上去，工厂就等于白干了。因此，今年各企业一定要把提高经济效益作为中心任务来抓，下决心解决效益下滑的严重问题，逐步建立起由速度型向效益型过渡的新的发展机制。

三是积极推进技术进步，努力调整产品结构。要坚持以市场为导向，以新产品开发为龙头，加快现有企业的产品结构调整和技术进步。要采取“名优产品上水平、重点产品上规模、特色产品早上马、战略产品早开发、劣质产品速淘汰”的方针，尽可能地多发展一些独创型、换代型、改进型的标准化产品。对于这一点，我们眼光要远、起点要高。同时，企业要把技术开发、技术引进和技术改造紧密结合起来，使科技成果尽快转化为生产力。目前企业在改造问题上有困难和疑虑，有关部门要按照省、地给予的优惠政策，给予大力支持，以加快调整产品结构步伐。

四要充分利用现有的基础和条件，抓好以大带小、以城带乡、整体推动经济发展的思路。这既是一项紧迫的任务，又是一项长期的工作。这几年，我们以现有企业为依托，带动上了几个项目，实践证明这条路是走对了。今后，我们一定要继续抓好这方面的工作，利用我们现有的基础和条件，积极与大专院校、科研单位和省内外大中型企业挂钩，靠引进先进技术再带动发展一批城乡经济实体。同时，县上的国营、集体、合资企业在有条件的情况下也要积极帮助乡镇企业开发新产品，开展经济联合，加快我县经济整体发展的步伐。

五要加强生产调度，搞好协调服务。除坚持以往行之有效的办法外，要继续采取抓主抓重的措施，促进适销对路产品的满负荷生产。各经济主管、综合、监督部门要进一步摆正自己的位置，自觉把自己融入经济发展之中，设身处地为企业着想，关心企业、发展企业、支持企业，积极主动地为企业搞好服务。各企业也要研究对策，采取“一厂一治、一厂一策”的办法，解决好企业经营中存在的突出问题。要从清理固定资产投资项目这个源头入手，继续抓好清理“三角债”的工作。要进一步强化销售工作，把销售与生产摆到同等重要的地位来认识，采取各种行之有效的办法，千方百计扩大销售，增加收入。产品严重滞销的企业，领导要亲自出马抓销售，发动职工群策群力搞销售，把产品资金占用压到最低水平。

2. 不断完善市场机制，千方百计搞活流通。

农产品流通不畅，已成为我县商品经济进一步发展的重大障碍。今年要把流通放到与生产同等重要的位置，像抓生产那样抓流通。我们各级都要牢固树立商品经济观念，认真研究流通规律和市场变化规律，加强对市场的宏观调控，发展扩大农贸市场和综合市场，有计划地发展一些专业市场，逐步建成门类齐全、结构合理的市场体系，积极稳妥地推进农产品流通体制改革，进一步拓宽流通渠道，实行多渠道流通。在充分发挥国营商业、供销、物资等主渠道和“蓄水池”作用的同时，要积极鼓励引导农民进入流通领域，允许集体和个人收购、加工、长途贩运已放开的农副产品。要从重农支农出发，千方百计扩大农副产品的收购，以保护农民的生产积极性。凡是列入四大支柱产业的农产品，有关部门一定要全力做好收购调运工作。要积极进行种、养、加、销一条龙和产、供、销一体化的试点工作，在解决农产品“卖难”的问题上多下功夫、多做文章。粮油收购工作要在确保国家粮油定购任务如期完成的同时，还要千方百计扩大定购外粮油收购，提高利用效率。金融部门要尽可能地筹措农副产品收购所需资金，保证不给农民“打白条”。物价管理要加强经常性的监督检查，清理整顿各种收费标准，对那些随意哄抬物价、欺行霸市的行为要坚决予以惩处，坚决刹住乱涨价的歪风，使物价改革平稳过渡，上涨幅度得到严格控制。

3. 强化财税金融工作，大力支持经济建设。

目前，我县的财政异常困难，我们要把缓解财政困难的问题摆到重要的议事日程上来。要按照“一要吃饭、二要建设”的原则，在“双增双节”上下功夫。加强税收征管，坚决维护税法的严肃性、统一性，杜绝一切跑、冒、滴、漏现象，把该收的钱如数足额地收上来。要把财源建设放在首位，巩固现有财源，扶持发展新财源，开辟后备财源。要强化理财之方，严格控制支出，真正树立艰苦奋斗、过紧日子的思想，在保证吃饭的前提下节约支出，精兵简政，继续冻结行政、事业机构的编制，控制社会集团购买力。今年内，行政事业单位一律不得购买小汽车，要减少会议，压缩会议经费，刹住用公款吃请送礼等不正之风。金融工作要继续坚持为经济建设服务的指导思想，强化宏观管理，千方百计组织存款，收回旧贷，盘活资金，同时要积极组织向上争取、扩大贷款规模。对现有信贷资金要加强管理，提高资金的使用效益，使有限的资金用在刀刃上，为支援地方经济建设做出应有的贡献。

（三）坚决搞好教科文卫体和广播电视事业，严格控制人口增长，切实加强社会治安综合治理，为经济建设创造宽松和谐的环境

教育工作要继续以“教育立县、科技兴农”的战略思想为指导，坚持一手抓管理，一手抓配套，全面提高教育质量。重点要放在抓基层基础教育上，要通过开展社会主义思想教育，进一步端正办学方向，提高教师职业素养，把学校真正建成既教书、又育人的社会主义精神文明的坚实阵地，为培养“四有”新人做出贡献，力争使全县的中小学在短时期内全面完成“四配套”建设任务，为教学创造更好的条件。教育改革要在完善校长负责制和目标责任管理的基础上，将重点放在加强乡镇教委建设

上，逐步建立起乡办、乡管教育的运行机制。职业教育和成人教育要在巩固提高的基础上，不断创新与发展，按照“教、科、农”三位一体的发展要求，继续扩大职校、农校和“三加一”班的招生，为经济建设培养更多更好的实用技术人才。

文化、体育、广播电视事业要紧紧围绕经济建设这个中心，坚持“二为”方向和“双百”方针，采取城乡结合、以城带乡等方式，搞好文化、体育活动。加强乡镇文化站和农村有线广播网络建设，为弘扬民族优秀文化、活跃群众文化生活、丰富人们的精神食粮做出新的贡献。卫生事业要在加强预防保健、巩固乡镇卫生院建设成果的基础上，加快乡镇卫生院危房改造步伐，力争年内基本实现乡镇卫生院无危房。同时，要切实加强村卫生所（站）的整顿、建设工作。按照“六有五统一两落实”的标准，逐村进行整顿，使村卫生所（站）成为农村防疫治病的重要基地。在抓好配套建设的同时，要继续加强医德医风建设，改善服务态度、服务质量，扩大业务范围，使防疫保健、诊断治疗的水平不断提高，为保障人民的身心健康做出应有的贡献。

计划生育工作要继续宣传贯彻“两法一条例”，进一步增强广大干部群众的人口意识、人均观念和控制人口增长的责任感、紧迫感。

社会治安综合治理要发动依靠群众，普法和执法结合，从增强全民的法制意识、守法观念、打击各种违法犯罪行为出发，切实搞好各项综合措施的落实，为经济建设保驾护航。一是有组织、有步骤地实施“二五”普法。在1991年税务系统试点的基础上，总结经验，向全县推开。通过培训骨干、办普法学习班等多种行之有效的方法，大张旗鼓地宣传宪法和婚姻法、土地管理法、森林法、水法等各种专业法，使“二五”普法广泛深入地开展下去。二是搞好行政执法监督检查工作。各行政执法部门要切实加强对执法人员的培训和提高，做到学法、懂法、守法、执法，促进依法行政和依法办事的自觉性。三是适时打击、重点突破。抓“禁毒”、反“三窃”、扫除“六害”，开展“严打”斗争，千方百计侦破刑事案件，提高破案率。同时，要不断总结经验认真搞好社会治安联防网络、内部治安防范网络和基层调解组织网络建设，动员全社会力量，开展群防群治，使“谁主管谁负责”的责任制真正落到实处。对旅店业、废品收购业和文化市场等重点和特种行业的管理丝毫不放松，不断注意净化社会环境，清除“毒窝”“毒源”。四是以救灾救济、优抚双拥、社会保障为重点，进一步搞好民政工作，抓好待业青年、退伍军人的安置工作，通过多种渠道缓解就业压力，为我县政治经济的发展创造一个良好的社会环境。

（四）以“勤政为民、廉洁高效”为宗旨，切实改进作风，加强廉政建设

一是认真学习党的十三届四中全会以来的各项方针政策，把勤政为民、廉洁高效贯穿于廉政建设始终，通过国内、国际形势教育，增强反腐倡廉的责任感和紧迫感。二是充分发扬走出机关、面向基层、为群众办实事的好传统和好作风，变“浮”为“深”、避“虚”就“实”，改变布置多、号召多、检查少、落实少的状况，抓典型带动全面。同时，要进一步改进工作作风，坚决纠正推诿、扯皮、设卡、拖拉的不良现象。县直各部门、各行各业都要根据自身的职责范围、尽最大努力支援经济建设，为

基层服务、为群众服务、为生产服务。各级领导干部要将主要精力放在下基层调查研究、为基层排忧解难上，真正做到“五到现场”，即：生产指挥到现场、政治工作到现场、解决问题到现场、设计规划到现场、协调服务到现场。三是继续实行“两公开一监督”制度，增强政府工作的透明度，继续搞好“纠风”“治乱”和清房工作，认真查处各种违法违纪案件，严厉惩处各种腐败现象，以维护党纪政纪的严肃性。四是倾听人民呼声，认真办理人大代表、政协委员的提案和人民群众的来信来访，使宪法赋予每个公民参政议政的权利得以充分的保障和发挥，并将政府工作真正置于人民群众的监督之下。

（五）以促进经济建设为目的，扎扎实实搞好社会主义思想教育。按照省、地的统一安排，社会主义思想教育已在我县城乡普遍展开。认真搞好“社教”，对于密切党群关系、促进两个文明建设、巩固社会主义制度都具有非常重要的意义。我们要扎扎实实地开展“社教”工作，以之总揽和推动经济建设，具体要抓好五个结合，即把社教工作与深化经济体制改革、强化基层组织建设、整顿机关作风、促进精神文明建设、推动中心工作有机地结合起来，并要把经济建设这个中心贯穿于社教的始终，通过社教达到既提高思想认识，又促进经济建设的目的。

过去的一年，政府工作虽有成效，但不尽人意，还存在不少问题。新的一年，也是本届政府的最后一年，尽管我们工作面临的形势很严峻，任务非常艰巨，但我们要以党的十三届八中全会为指针，进一步解放思想、转变观念、增强信心、克服困难、少说空话、狠抓落实，为保持我县国民经济持续、稳定、协调发展而努力工作、奋斗不止。我们真诚希望县人大和各位代表能够一如既往，继续发挥监督作用，帮助县政府减少和避免工作的失误与偏差，为把静宁的事情办好而共同努力，以实际行动迎接党的十四大的召开！

县人大常委会工作报告

（县人大常委会主任部文学　1992年1月16日）

在过去的一年里，常委会在县委的领导和省、地指导下，依据宪法和法律赋予的职责，按照县十一届人大二次会议通过的各项决议，坚持党的基本路线，围绕加强社会主义民主和法制建设这一根本任务，认真开展各项工作。一年来，常委会共举行了6次全体委员会议，审议了县人民政府、人民法院和人民检察院的17项工作报告，作出了4个决议，任免了13名国家机关工作人员，组织了7次视察、调查活动，较好地完成了全年的各项任务。

一、依照法律赋予的职权，加强监督，支持“一府两院”推动工作

对“一府两院”进行法律监督，决定本行政区域内的重大事项，是宪法和法律赋予地方国家权力机关的一项重要职权。过去的一年，常委会紧紧围绕党的中心任务，根据人大的工作要点，通过听取、审议“一府两院”的工作报告，开展视察、检查和调查，较好地实施了监督权，有效地推动了“一府两院”的工作。

（一）围绕党的中心任务，保障经济建设的发展

常委会第十次和第十一次会议先后听取、审议了县人民政府关于上半年工作汇报、关于工业企业开展“质量、品种、效益年”活动情况的汇报、关于财政预算执行情况的汇报和关于静宁县国民经济和社会发展十年规划及“八五”计划部分指标调整的报告，并作出了《关于批准静宁县国民经济和社会发展十年规划及“八五”计划部分指标调整的决议》。会议在审议上述工作时认为，县人民政府在上半年的经济工作中，认真贯彻了党的七中全会精神和县十一届二次人代会的各项决议，促进了全县经济建设的发展，取得了显著效果。会议针对农业生产面临干旱的严重威胁，城镇经济产品质量不高、销售不畅、资金周转缓慢、经济效益差等问题，要求县人民政府正视困难，采取措施，狠抓落实，努力完成全年的各项任务。首先，要立足于防大旱、抗大灾，切实加强对水利工程设施的维修与管护，力争粮食生产有个好收成。其次，要进一步加强宏观调控，抓好产品结构调整，千方百计启动市场，努力提高经济效益。第三，要继续贯彻财政紧缩政策，严格控制支出，加强税收征管，组织好财政收入。县人民政府根据会议提出的意见、建议，在进行调查研究的基础上，确定了下半年的主攻方向及工作重点。通过采取一系列行之有效的措施，使我县城乡经济得到了持续、稳定、协调发展。全县粮食总产量达到11.95万吨，略低于上年水平；工农业总产值完成26675.18万元，比上年增长3.8%；财政收入完成922.2万元，比上年增长18.5%。为了切实加强农业和农村工作，常委会第八次会议听取了县供销社关于为农业生产服务的工作汇报。供销部门是直接为农业生产服务的单位，他们在化肥、地膜等农业生产资料的组织供应及农副产品收购工作中，较好地发挥了主渠道作用，基本上保证了农业生产的需要。但由于各种原因，化肥供应中乱挂钩、乱搭配、价格不统一以及地膜、化肥供应不及时等问题，在一些基层单位还程度不同地存在。要求供销部门不失时机地为农业生产做好产前、产中、产后服务，切实搞好化肥、地膜、农药等生产资料的组织供应和农副产品的收购工作。根据会议提出的建议，县供销社会同政府有关部门及时进行了研究，提出了改进的具体措施，发出通知，要求各基层社认真贯彻落实。由于主管部门认识明确，态度积极，较好地解决了农用物资供应方面的问题，保证了全县春耕生产的正常进行。为了搞好农村资产管理，巩固发展集体经济，常委会第十二次会议听取了县人民政府《关于农村资产管理改革工作的汇报》。会议认为，在农村资产管理改革方面，近两年来，政府及主管部门从试点到全县，全面开展了工作，并逐乡镇进行了检查验收，颁发了管理合格证书，这为逐步壮大集体经济实力打下了物质基础。实践证明，加强农村资产管理工作，是进一步深化改革，完善双层经营，强化服务功能，增强集体经济凝聚力，巩固农村社会主义阵地的根本途径。会议要求政府进一步加强领导，采取有效措施，从加强社会主义教育、提高干部群众思想认识、健全完善管理制度和加强农经干部队伍建设等方面，下大功夫，坚持不懈地抓下去，推动我县农村集体经济的进一步发展，完善双层经营机制，增强集体经济的凝聚力和吸引力。

(二) 围绕贯彻实施法律、法规，促进民主法制建设

为了保证宪法、法律、法规在全县范围内的贯彻实施，常委会在过去的一年比较认真地抓了执法检查工作。根据省人大常委会的安排部署，县人大常委会于去年4、5月份分别下发了《关于开展检查〈义务教育法〉实施情况的通知》和《关于1991年执法检查工作的安排意见》，要求“一府两院”和各乡镇本着“谁主管的法由谁负责组织检查”的原则，从各自的工作特点出发，重点检查《全国人大常委会关于禁毒的决定》《甘肃省人大常委会关于查禁毒品的规定》《国务院工业产品质量责任条例》《甘肃省产品质量监督条例》《甘肃省保护消费者合法权益条例》《中华人民共和国义务教育法》《甘肃省实施义务教育法办法》《中华人民共和国水法》《甘肃省实施水法办法》等法律法规的贯彻执行情况。根据常委会的安排，县人民政府于去年6月初召开了有关部门负责人会议，就政府序列的执法检查进行了具体安排。为了确保执法检查工作顺利进行，取得好的效果，人大常委会和县人民政府组织人员，分两组对水利、商业等11个县直单位和城川、威戎等9个乡镇的执法检查工作进行了重点抽查，促进了此项工作的深入开展。县乡镇企业局、审计局和石咀乡政府在执法检查中，查出石咀酒厂原正、副厂长于1988年10月通过不正当关系，采取非法手段购得“西凤”酒商标标识、合格证、说明书、酒瓶等包装材料2100套，用本厂生产的“珍珠”散酒装置假冒“西凤”酒1920瓶，总经营额达3.4万余元，该案已由县人民法院以构成假冒商标罪作了判处。县水利局在检查水法贯彻实施的过程中，查出自1988年以来发生水利工程设施被盗案件8起，直接经济损失1.6万元，已由公安机关破案处理2起，挽回了部分经济损失。在执法检查中，对义务教育法作为重点进行检查，由常委会牵头，组织机关工作人员和教育局的同志，先后分2次对威戎、古城等23个乡镇贯彻实施义务教育法的情况进行了检查。针对检查中发现的一些乡镇和学校对义务教育法重视不够，贯彻不力，部分学校的教师有体罚学生的现象；少数乡镇对改善办学条件抓得不够好；个别学校的校园、校产被占用等问题，及时提交县人民政府研究解决，取得了较好效果。首先，翻印义务教育法6000多份，全县4003名公办教师人手1册，在教育系统形成了一个学法、用法、依法办教育的新局面。第二，在执法检查过程中教育、动员失学少年重新归校的有640名。第三，在执法检查工作的推动下，进一步加强了学校的政治思想教育和管理工作，促进了改善办学条件和校园建设。常委会第十一次会议听取、审议了县人民法院、人民检察院和公安局的工作报告，会议充分肯定了政法部门的工作成绩，同时指出了工作中存在的破案率低、执法不严及个别干警素质差、不适应工作等问题，作出了《关于加强社会治安综合治理的决议》。会后，县人民法院和检察院根据人大决议中指出的问题和要求，专门召开会议，认真总结吸取了过去办案中的经验教训，提出了严格依法办案，努力提高办案质量和效率的具体措施。公安局为贯彻决议精神，加强领导，集中力量，突击侦破了几起较大的盗窃、伤害等案件，并在县城召开了公捕公判大会，逮捕、判决了一批犯罪分子，震慑了敌人，教育了群众，保证了我县生产建设的顺利进行，保障了国家、集体和人民生命财

产的安全，促进了社会风气和社会治安的好转。常委会第十一次会议听取了县人民政府《关于在全县开展法制宣传教育第二个五年规划》的报告，要求“二五”普法教育在“一五”普法的基础上认真总结经验教训，进一步加强领导，改进方法，联系实际，把重点放在各级领导干部和各执法单位，把普法教育和农村社会主义教育紧密结合起来。通过普法教育，进一步增强广大干部、群众的法律意识和法制观念，提高依法办事的自觉性，按期落实“二五”普法规划，进一步促进和加强我县的民主、法制建设。

（三）围绕精神文明建设，加强教育、卫生、广播和廉政工作

常委会第九次会议听取了县人民政府《关于教师队伍建设情况的汇报》。县人民政府及教育主管部门坚持把教师队伍建设作为教育工作的关键问题来抓，已初步建立了一支较好的教师队伍，为我县教育事业的发展积蓄了后劲。但是，在学校的思想教育工作、领导班子和教师队伍建设等方面还存在不少问题。根据会议的建议和要求，县人民政府及教育主管部门对5个乡镇教委和3所完全中学的领导班子进行了调整充实。并举办了6期小学校长培训班，提高了领导和管理水平，为进一步搞好教师队伍建设创造了必要的条件。加强农村广播网建设是近年来人大代表和群众反映强烈的一个问题。常委会第八次会议听取了县人民政府《关于全县广播电视工作汇报》。会议针对我县广播网建设中存在的问题，要求县人民政府从加强领导、健全制度、加强广播队伍建设、落实维修经费等方面，切实搞好农村广播网的整顿恢复工作，并作出了《关于加强农村广播网建设的决议》，号召全县人民为实现“一年恢复、三年达标”的目标而奋斗。县人民政府于去年4月份召开了全县农村有线广播建设工作会议，贯彻了人大的决议精神，认真总结交流了办好广播的经验和办法，查找了存在的问题，提出了奋斗目标，狠抓了落实工作。11月中旬，人大常委会又听取了县广播电视局关于贯彻决议、加强农村广播网建设的专题汇报。在全县广播工作会议精神的指引下，大部分乡镇的领导比较重视，组织力量搞规划，多方筹集资金，购置器材，做了大量的准备工作，已有50个村、195个社重新通了广播。至年底，全县广播入户率、音响率分别达到65%和85%，使我县农村广播建设出现了新局面。常委会第十一次会议听取了县人民政府《关于加强农村卫生工作的汇报》。会议针对一些基层卫生院、所思想政治工作薄弱、领导班子涣散、服务质量差、医疗设备简陋、危房突出等问题，要求县人民政府切实加强对农村卫生工作的领导，采取有效措施，认真贯彻落实省人大常委会《关于加强农村卫生工作的决议》，为开创我县医疗卫生工作的新局面而努力奋斗。常委会第十二次会议听取了县人民政府《关于廉政建设工作汇报》。会议认为，自1990年县人大常委会作出《关于加强廉政建设的决议》以来，县人民政府认真抓了以“两公开一监督”为主要内容的制度建设，充分发挥了行政监察机关的职能作用，及时查处了一批违法违纪案件，使廉政建设收到了较好的效果。如去年以来，政府认真贯彻了省、地关于“农转非”户口管理改革办法，实行由计划部门统一管理，并制定了“政策条件公开、分配指标公开、上报对象公开、申报程序公开、审批结果公

开、接受群众监督”的“五公开一监督”制度，使广大干部职工反映强烈的一个难点问题初步得到解决，受到了广大职工的好评。会议针对少数单位领导廉政意识淡薄、廉政制度流于形式、内部制约机制不健全等问题，要求县人民政府进一步加强领导，采取措施，促进我县廉政建设的健康发展。

为了有效地实行监督，促进工作，一年来，常委会认真做了调查研究工作，组织人员40多次，先后到30个乡镇的70个村和90个机关、企事业单位进行了视察和调查，坚持在基层和实际工作中了解情况，掌握第一手资料，写出了反映农村广播网建设、农业生产资料供应、工业企业“质量、品种、效益年”活动、教师队伍建设、执法检查、农村卫生工作、农村资产管理等方面的调查报告10多份，为常委会审议“一府两院”工作提出了依据，创造了条件。

在搞好上述工作的同时，还根据省人大常委会的安排，于去年6月和12月先后两次组织在我县的省七届人大代表，就我县1991年国民经济和社会发展计划、财政预算执行情况、社会治安综合治理、禁毒、执法检查、普法教育等工作进行了视察，并将视察情况向省人大常委会写了书面报告。

二、依法进行了人事任免工作

依法任免地方国家机关工作人员，是法律赋予地方人大常委会的一项重要职权。一年来，常委会按照地方组织法的规定，决定任命政府部门领导干部1人，免去职务的2人；任命法院工作人员2名，免去职务的3人；任命人大常委会工作部门负责人1人，免去职务的1人；任命副县长并决定代理县长1人，接受县长辞职1人。

常委会在行使任命权的过程中，认真贯彻干部队伍“四化”方针，正确处理依法任免干部和现行干部管理制度的关系，注意把党的干部路线、用人标准贯穿于任免工作的始终。在具体做法上，常委会注意事前与提请单位交换意见，沟通情况，并采取严肃慎重的态度，充分发扬民主，严格依法办事，坚持民主集中制原则，少数服从多数，不搞“保证通过”。这样做，既体现了党管干部的原则，又发挥了人大常委会依法行使任免权的职能。

三、加强代表工作，充分发挥代表作用

联系人大代表，加强对代表活动的指导，充分发挥人大代表参政、议政、管理国家事务的作用，是地方人大常委会的一项基本任务和经常性的工作。过去的一年，我们主要从加强同代表的联系、维护代表的民主权利、充分发挥代表作用等方面加强了代表工作：

一是成立工作机构，加强代表工作。为了从组织上保证代表工作的正常开展，人大常委会于去年上半年设立了代表联络工作委员会，配备了工作人员，并制定了《静宁县人大常委会联系人大代表办法》，依据这个办法有效地开展和加强了代表工作。

二是抓了十一届二次人代会代表意见、建议的办理工作。在县十一届二次人代会上，代表们共提出意见、建议63件，截至去年10月底已全部作了研究和办理，并由各承办单位向代表分别作了答复。其中已办理完毕的22件，占34.9%；已列入计划逐步办理的16件，占25.4%；因财力、物力限制暂时办不了、继续创造条件办理的25件，占39.5%。一年来，在办理代表意见、建议过程中，各承办单位本着对人民高度负责的精神，把办理代表意见、建议同本部门的工作结合起来，一些单位还建立了领导把关、专人负责办理的责任制，使代表意见、建议的办理工作落到了实处。如对代表要求加快农电建设的意见，在县人民政府及主管部门的努力下，去年新架设农电线路39公里，使仁大、深沟、三合、原安等乡的14个村用上了电，解决了群众生活上的困难，促进了农村生产的发展。

三是采取召开代表座谈会和个别走访的形式，广泛征求了代表的意见、建议。一年来，由常委会的负责同志带领工作人员，先后到全县29个乡镇，采取召开座谈会、个别走访、印发意见征询表等方式，共收集人大代表反映农业生产建设、工交财贸、教科文卫和计划生育、社会治安等9个方面的意见、建议86条。上半年收集整理的56条意见建议在常委会第十次会议上进行了通报。根据常委会的意见，县人民政府作了认真研究，及时转交有关部门办理，基本上做到了件件有着落，事事有交代。如后梁乡人大代表和群众多次反映的范堡村裴原社人畜饮水问题，县政府很重视，责成水利局负责办理，现已由局领导带领工程技术人员进行了实地勘测和设计，报请地区水利处列入计划，预计在1992年即可动工修建。

四是加强人民来信来访工作。一年来，共接待处理人民来信来访133件（次），其中来信53件，来访80人（次）。对于这些来信来访，除人大常委会直接查处的以外，按照“归口办理”的原则，及时转交有关部门办理，并要求将办理结果报告县人大常委会。从一年来的办理情况看，绝大多数单位领导重视，态度端正，对转去的信件都能认真办理，及时答复，去年转交给公安部门办理的人民来信9件，其中要求报告办理结果的5件，基本做到了件件有回音。

五是总结代表工作，发挥人民代表的模范带头作用，促进我县两个文明建设。常委会和各乡镇人大主席团对县人大代表的先进事迹进行了调查和总结，共写出典型材料18份。八里乡的县、乡人大代表本着“人民选我当代表，我当代表为人民”的宗旨，热心为群众办好事、办实事。几年来，他们坚持自力更生，多方筹集资金，先后组织带领群众修建桥梁3座，新建乡、村道路5公里，维修30多公里，大大方便了群众的生产、生活，促进了农村经济的发展，受到了广大群众的好评。通过对代表先进事迹的总结推广，进一步调动了人大代表参政、议政、管理国家事务的积极性，促进了代表工作的健康发展。

四、加强了对乡镇人大主席团工作的联系和指导

加强同乡镇人大主席团的工作联系，帮助、指导乡镇人大开展工作，是县人大常委会工作的一项内容。一年来，主要从以下几个方面帮助开展工作：一是由县人大常委会负责同志到乡镇帮助指导工作。我县乡镇人大主席团自1989年乡镇十一届人大一次会议选举设立常务主席以来，由于时间短，经验不足，业务生疏，工作中存在不少困难和问题。常委会组成人员先后到各乡镇听取乡镇人大主席团的工作汇报，从思想

上和业务上帮助解决问题，指导开展工作。二是召开专门会议，讨论研究乡镇人大工作，去年12月上旬，县人大常委会利用3天时间召开了乡镇人大主席会议，传达了省人大常委会代表工作会议精神，学习了文件和外地乡镇人大工作经验，听取了乡镇人大工作汇报，研究了开好乡镇人民代表会议的问题，提出了新的一年乡镇人大主席团的工作重点和任务。三是邀请乡镇人大主席列席县人大常委会会议。一年来，有19名专职主席先后轮流列席了常委会会议。这一措施的落实，既使常委会及时了解来自基层的意见和要求，为审议“一府两院”工作提供情况，又有利于乡镇人大主席熟悉、掌握人大的业务，提高工作水平。

五、加强了常委会的自身建设

为了很好地履行宪法和法律赋予的职权，充分发挥地方国家权力机关的职能作用，就必须加强自身建设，不断提高工作水平。一年来，在思想建设方面，组织常委会组成人员和机关工作人员，坚持制度，认真学习了马克思主义的基本理论，运用马列主义、毛泽东思想的基本原理指导人大工作的实践，尽量做到比较全面地、客观地认识、研究和决定重大问题。同时，认真学习了宪法和法律、法规，不断熟悉、掌握法律知识和人大工作知识，为依法办事打好基础。在制度建设方面，根据工作需要，不断健全制度，改进方法，促进工作，于去年上半年制定了《静宁县人大常委会各工作委员会职责范围》，较好地发挥了办事机构的作用，促进了各项工作的开展。在作风建设方面，基本上继承和发扬了党的理论联系实际，一切从实际出发、实事求是的优良传统和作风。按照县委的统一部署和人大的工作安排，积极参与全县的中心工作，并确定了农村工作的联系点，由常委会的几名负责同志轮流深入基层调查研究，体察民情，反映民意，接受人民群众的监督，努力做好人大常委会的工作，更好地为人民服务。

过去的一年，人大常委会在县委的统一领导下，在各方面的大力支持下，较好地完成了各项工作任务。但是，我们的工作与宪法和法律赋予的职责、与党和人民的要求相比还有一定的差距。主要是：对人大及其常委会的性质、地位和作用的认识还不深刻，监督的效果不明显，接受监督的自觉性还不高；对法律的宣传贯彻还不够深入，有法不依、执法不严、违法不究的问题在一些单位还不同程度地存在；一些单位尊重、维护人大代表的民主权利，办理人大代表的意见、建议不够严肃认真；如何进一步做好和加强人大代表工作，充分发挥代表作用的问题，还需要在实践中继续探索；常委会组成人员的马列主义理论水平和思想、工作作风等方面还有不适应工作要求的问题。这些都需要我们在新的一年里继续努力和改进。

我们已经进入90年代的第二年，搞好今年的工作。对于实现我县10年规划和“八五”计划有着十分重要的意义。在新的一年里，我们要以党的十三届八中全会精神为指针，全面贯彻党的基本路线，坚持以经济建设为中心，以加强社会主义民主和法制建设为重点，充分运用宪法和法律赋予的职权，努力搞好人大的各项工作。

第一，进一步加强对人民代表大会制度的宣传。在新的一年里，在全面开展人大工作的同时，要认真贯彻省人大常委会1991年召开的甘肃省人大宣传工作会议精神，把坚持完善人民代表大会制度作为政治体制改革的一个重要内容，通过各种形式，广泛深入地搞好人大宣传工作，继续完善人大的各项职能，进一步搞好各级组织和广大干部群众对人大在国家政治生活中地位和作用的认识，充分重视和支持人大及其常委会依法行使职权，更好地发挥地方国家权力机关的作用。

第二，进一步加强监督工作。要根据上级人大的统一安排部署，联系我县实际，采取切实可行的措施，认真搞好执法检查工作，深入开展普法教育，不断提高广大干部、群众，特别是各级领导干部依法办事的自觉性，认真解决有法不依，执法不严，违法不究的问题。维护宪法和法律的尊严。要进一步强化监督职能，有计划、有准备地听取、审议县人大及常委会选举任命干部的述职报告，评议“一府两院”及其所属基层单位的工作。并对人大及其常委会作出的各项决议、决定和所确定的重点问题，要采取跟踪监督的办法，一抓到底，努力提高监督效果，保障我县改革和建设的顺利进行。

第三，进一步加强代表工作。要认真贯彻省人大代表工作会议精神，通过各种形式加强同人大代表的联系，切实尊重和维护人大代表的民主权利，为他们开展视察、调查和评议工作创造条件，充分发挥人大代表在深化改革、搞好两个文明建设中的模范带头作用，充分发挥他们参政、议政和管理国家事务的作用。

第四，进一步加强自身建设。为了适应新形势下人大工作的需要，常委会组成人员必须进一步加强学习，转变思想，改进作风，坚持深入基层联系实际，搞好调查研究，反对腐败，反对资产阶级自由化，保持清正廉洁，密切联系群众，接受人民群众的监督，努力做到全心全意为人民服务。

第十二章　县第十二届人民代表大会

县第十二届人大任期为1992年11月至1997年11月。共召开代表大会6次,出席代表1268名(次)。听取和审议县政府工作报告17项(次),县人大常委会工作报告10项(次),县法院工作报告5项(次),县检察院工作报告5项(次);作出决议32项;选举县人大常委会主任1名、副主任8名、委员11名,县政府县长3名、副县长8名,县法院院长3名,县检察院检察长2名,省第八届人大代表7名;办理代表意见、建议402件。

第一节　县第十二届人民代表大会第一次会议

大会概况

县十二届人大一次会议于1992年11月27日至29日在县政府礼堂召开，应出席代表241名，实出席235名。戴双军、吕希东、高顺存、李效勤、高兴亚、舒崇仁、马勤祥、王星耀、李俊科、张永华、段瑞昌、李克和、张文辉、米宝山、芦全民、尤根文、靳守廷、王连兴、周浩元、杨小平、刘文俊、杨发善、王占歧、杨成安、陈志新、柴志信、王敦厚、高孟德、王必成、刘世丰、王永勤、侯永济、陈万和、祁治国、李映忠、贾卓、姚鹏远、程志荣、雷回吉、史国忠、张银魁、王守财、刘永福、程世清、张济林、梁钧宪、樊授天、李旺军、裴振东、吕文东、侯玉玺、梁盘中、杨水亭、杨晓光、靳怀仁、马国忠、任作栋、郭承祖、陈志平、岳精忠、樊明镜、常继宗、张志玺、黄俊生、王学谋、米世荣、徐明斌、郑廷瑜、杨显标、曹升明、刘国弼、姚丕烈、刘都盈、王小平、田宗仁、曹炯文、穆熙雄、王有华、吴尚礼、张文华、樊生茂、陈凤亭、张维存、马克勤、杨德元、席学谦、杨培栋、李忠民、马昌林、李文秀、曾远德、高兴文列席会议。

马子坤、马世贞、方天学、毛喜来、吕忠厚、任堪华、张光明、李怀仁、李克科、李佩红（女）、李招勤、沙芳琴（女、回族）、陈松友、陈贵录、吴俊福、赵建忠、赵智荣、郜文学、郭林禄、高富德、阎志洁、常进邦、韩豫平、靳士孔、翟沪兰（女）、漆忠义26人组成大会主席团，马子坤、吕忠厚、李克科、陈松友、赵智荣、郜文学、郭林禄、阎志洁、韩豫平、靳士孔为主席团常务主席；阎志洁为秘书长，郭应童、王济华、柴玉明为副秘书长；赵智荣、张会议、马志俊、王维歧、胡青汉5人组成议案审查委员会，赵智荣为主任委员，张会议为副主任委员。

11月26日举行预备会议，听取县人大常委会副主任、第十一届人大常委会代表资格审查委员会副主任委员马子坤所作的《关于代表资格审查结果的报告》，通过大会议程和大会主席团、秘书长、议案审查委员会组成人员名单，宣布主席团第一次会议讨论通过的事项。

大会举行全体会议3次。第一次全体会议于11月27日上午举行，听取县政府县长李怀仁所作的《县人民政府工作报告》、县计委主任王智仁所作的《关于1992年国民经济和社会发展计划执行情况及1993年计划（草案）的报告》、县财政局局长刘宝生所作的《关于1992年全县财政预算执行情况和1993年财政预算（草案）的报告》；第二次全体会议于11月28日上午举行，听取县人大常委会副主任李克科所作的《县人大常委会工作报告》、县法院院长漆忠义所作的《县人民法院工作报告》、县检察院副检察长冯利民所作的《县人民检察院工作报告》，审议县人大常委会《关于县十一届三次人代会代表意见建议办理情况的报告（书面）》，通过大会选举办法；第三次全体会议于11月29日下午举行，选举县第十二届人大常委会主任1名、副主任5名、委员11名，县政府县长1名、副县长5名，县法院院长1名、县检察院检察长1名、甘肃省第八届人大代表7名；听取县人大常委会副主任、议案审查委员会主任委员赵智荣所作的《关于代表意见、建议审查结果的报告》，通过《关于县人民政府工作报告的决议》《关于县1993年国民经济和社会发展计划（草案）的决议》《关于1992年财政预算执行情况和1993年财政预算（草案）的决议》《关于县人大常委会工作报告的决议》《关于县人民法院工作报告的决议》《关于县人民检察院工作报告的决议》，会议最后，县委书记韩豫平作了讲话。

大会安排分团会议3次。

大会主席团召开会议4次。

大会收到代表意见建议111件。其中，①农林水方面29件，占26.1%，主要是建议增加农业投入，适当调减高寒山区地膜玉米覆盖任务，选种适宜静宁的玉米品种，建立果树苗木繁育基地，新建、维修水利工程，解决人畜饮水困难等；②农电建设方面16件，占14.4%，主要是建议给部分村、社架设农电线路，调配供电设施等；③工交财贸方面28件，占25.2%，主要是建议改造乡政府危房，新建农贸市场，加强市场管理，给有关乡增设粮管所、营业所等；④教科文卫广方面21件，占18.9%，主要是建议维修中、小学校舍，增加乡镇教育附加提留，充实乡卫生所工作人员，给有关乡增设卫生院，加强乡镇文化站管理，更换广播设施，修建电视差转台，加强计划生育指标管理等；⑤城镇建设管理方面7件，占6.3%，主要是建议修建厕所、垃圾台，油铺街道路面，疏通水道等；⑥社会治安方面5件，占4.5%，主要是建议给细巷、余湾、新店等乡设立公安派出所，加强案件侦破工作，为居民户安装、更换门牌号码等；⑦劳动人事方面1件，占0.9%，建议解决老年教师子女的就业问题；⑧邮电通信方面2件，占1.8%，建议给祁川、田堡两乡设立邮电所；⑨其他方面2件，占1.8%，建议扶持余湾乡办草编厂。

大会议程

一、听取和审议县人民政府工作报告；

二、听取和审议县人民政府关于1992年国民经济和社会发展计划执行情况及1993年计划（草案）的报告；

三、听取和审议县人民政府关于1992年财政预算执行情况及1993年预算（草案）的报告；

四、听取和审议县人大常委会工作报告；

五、审议县人大常委会关于县十一届人民代表大会第三次会议代表意见、建议办理情况报告（书面）；

六、听取和审议县人民法院工作报告；

七、听取和审议县人民检察院工作报告；

八、通过选举办法；

九、选举。

大会日程

县第十二届人民代表大会第一次会议日程表

表3-41

时间		会议内容		执行主席
11月26日	晚7时	预备会议	1.代表资格审查报告；2.通过大会主席团和秘书长名单；3.通过大会议案审查委员会名单；4.通过大会议程；5.宣布主席团第一次会议讨论通过的事项	郜文学　马世贞　陈松友　马子坤　郭承祖　吴尚礼　陈向华
11月27日	上午	大会	1.大会开幕；2.县人民政府工作报告；3.1992年国民经济和社会发展计划执行情况及1993年计划安排的报告；4.1992年财政预算执行情况及1993年预算安排的报告	韩豫平　吕忠厚　马世贞　李克科　陈松友　陈贵录　方天学　吴俊福　李佩红
	下午	小会	分团讨论县人民政府三个报告	
11月28日	上午	大会	1.县人大常委会工作报告；2.县人大常委会关于县十一届三次人代会代表意见、建议办理情况的报告（书面）；3.县人民法院工作报告；4.县人民检察院工作报告；5.通过选举办法	李怀仁　阎志洁　高富德　赵智荣　张光明　毛喜来　任堪华　常进邦　沙芳琴
	下午	小会	分团讨论县人大常委会和法院、检察院工作报告	
11月29日	上午	小会	分团讨论县十二届人大常委会主任、副主任、委员，县政府县长、副县长，法院院长、检察院检察长，省第八届人民代表大会代表候选人名单	郜文学　郭林禄　马子坤　靳士孔　漆忠义　赵建忠　李招勤　翟沪兰
	下午	大会	1.选举；2.议案和意见、建议审查报告；3.通过关于政府工作报告、国民经济和社会发展计划报告、财政预算报告、县人大常委会工作报告、法院工作报告和检察院工作报告的决议；4.县委领导讲话；5.大会闭幕	

主席团会议日程

县第十二届人民代表大会第一次会议主席团会议日程表

表3-42

时间		地点	会议内容	参加人	主持人
第一次会议	11月26日预备会议期间	政府礼堂	1.通过主席团常务主席名单;2.通过大会日程;3. 通过代表团组成和列席人员范围;4.决定大会副秘书长名单;5.决定议案和意见建议终止时间	主席团全体成员	阎志洁
第二次会议	11月27日下午4时	招待所三楼会议室	1.听取各代表团关于政府三个报告讨论情况的汇报;2.讨论选举办法	主席团全体成员、各代表团召集人	吕忠厚
第三次会议	11月28日下午4时	招待所三楼会议室	讨论提出县十二届人大常委会主任、副主任、委员,县政府县长、副县长,法院院长、检察院检察长候选人名单	主席团全体成员、各代表团召集人	吕忠厚
第四次会议	11月29日上午10时	招待所三楼会议室	1. 听取各代表团关于人大常委会、法院、检察院工作报告讨论情况的汇报;2. 听取各代表团关于候选人讨论情况的汇报;3.决定候选人名单;4.提出大会总监票人、监票人;5.听取议案审查情况汇报;6. 讨论此次大会各项工作报告决议(草案)	主席团全体成员、各代表团召集人	吕忠厚

大会选举

县人大常委会:

主　任　吕忠厚

副主任　阎志洁　李克科　赵智荣　马子坤　陈松友

委　员　郭应童　蒙谦恭　王维岐　胡青汉　王镇华　马志俊　杜耀文
　　　　翟沪兰（女）　吴俊福　沙芳琴（女，回族）　李佩红（女）

县第十二届人大常委会组成人员个人情况表

表3-43

姓名	性别	民族	年龄(岁)	籍贯	文化程度	入党时间	工作时间	工作简历
吕忠厚	男	汉	49	山东泰安	本科	1965.11	1970.9	曾在省农宣队静宁分队、静宁县城川、司桥公社工作；历任雷大公社副书记、副主任，县林业局副局长，县政府副县长，县委副书记
阎志洁	男	汉	57	静宁双岘	高中	1954.12	1956.8	曾在静宁县委宣传部、农村部工作；历任县人委会办公室副主任，县委办公室副主任、县委秘书，水坪公社副主任，地委农工部干事，华亭县委秘书，革委会办公室、政治部副主任，县革委会副主任，县政府副县长，静宁县人大常委会副主任

续表3-43

姓名	性别	民族	年龄(岁)	籍贯	文化程度	入党时间	工作时间	工作简历
李克科	男	汉	51	静宁司桥	高中	1964.4	1960.6	曾在静宁县公安中队、平凉市公安中队服役，历任平凉独立营副排长、排长，玛曲县中队、甘南中队副指导员、指导员，武警甘南支队政治处副主任、支队副政委、政委；县人大常委会副主任
赵智荣	男	汉	51	静宁雷大	初中	1972.4	1963.6	曾在静宁县雷大粮站、税务所、县税务局、仁大税务所、四河公社工作；历任四河、古城公社副书记、副主任、主任，双岘公社副书记、管委会主任，双岘乡乡长、书记，县人大常委会副主任
马子坤	男	汉	57	静宁余湾	初中	1956.2	1953.5	曾先后在静宁县共同乡、治平区、县人委会办公室工作;历任县人委会办公室副主任,红寺、雷大公社副书记、主任,县委农村部负责人、林业站副站长、革委会主任,县革委会办公室主任、县委办公室主任,县法院院长、党组书记,县人大常委会司法民政工委主任、县人大常委会副主任
陈松友	男	汉	56	广东汕头	本科		1959.8	曾在静宁县一中、城关二小、城川中学任教；历任威戎中学教导主任、县二中副校长、县政协副主席(兼)、县人大常委会副主任(兼)
马志俊	男	汉	55	静宁城川	初中	1961.8	1956.8	曾在静宁高界区当通讯员，在县民警队、平凉民警三队、庆阳民警大队当警士；历任庆阳民警大队排长，陕西独立师副连长、连长、后勤生产股副股长，静宁县威戎、石咀公社副主任，八里公社副书记、主任，八里乡书记，县总工会负责人、主席
王维歧	男	汉	48	静宁三合	初中	1972.12	1964.8	曾先后在三合公社、县收容站、民政局、县革委会生产指挥部、城川公社、财政局工作；历任仁大公社副书记、书记、副主任、主任，原安公社（乡）书记、城关镇副书记，高界镇经委主任、县监察局副局长

续表3-43

姓名	性别	民族	年龄(岁)	籍贯	文化程度	入党时间	工作时间	工作简历
王镇华	男	汉	51	静宁四河	高中	1971.5	1968.11	曾在三合、甘沟、田堡公社工作；历任新店乡乡长，县体育运动委员会副主任、党支部书记
沙芳琴	女	回	27	静宁曹务	中专		1985.7	曾在西吉县幼儿园、静宁县第二幼儿园任教
杜耀文	男	汉	40	静宁李店	大专	1975.11	1978.10	曾在县农技站工作；历任县农牧局副局长、农业技术推广中心主任
李佩红	女	汉	40	静宁城关	高中		1974.3	曾在古城公社红山大队插队劳动、雷大粮站当出纳、县副食加工厂当营业员
吴俊福	男	汉	39	静宁祁川	小学			在家务农，历任祁川乡大柳村吴家社社长、大柳村村委会主任
胡青汉	男	汉	57	静宁甘沟	初师	1956.6	1954.8	曾在泾川县党原、五岳店、玉都、王村二十里铺小学，静宁后梁、民联小学，细巷、红寺小学，县委党校任教；历任县革委会办公室调研组组长，县委政策研究室副主任，县卫生局副局长兼县医院革委会主任、院长、党支部书记，四河公社委副书记、书记、主任，县委宣传部部长，县卫生局局长、党组书记
郭应童	男	汉	43	静宁城川	初中	1976.5	1965.12	曾在静宁县城川公社靳寺大队卫生所、冶金部第四冶金建设公司，静宁县人大常委会工作；历任县人大常委会办公室副主任、主任
蒙谦恭	男	汉	52	静宁灵芝	初中	1969.12	1964.1	曾在城川公社、县农业局会计辅导站、县革委会生产指挥部、政治部组织组工作；历任县革委会政治部干部组副组长，县民政局、劳动局副局长，城川公社副书记，主任，原安公社副书记、主任，八里乡经委主任，县劳务输出办公室、劳动服务中心主任

续表3-43

姓名	性别	民族	年龄(岁)	籍贯	文化程度	入党时间	工作时间	工作简历
翟沪兰	女	汉	40	静宁石咀	大专		1968.12	曾在静宁县石咀公社朱川大队插队劳动，并在平凉造纸厂、平凉市草峰卫生院、静宁县城川卫生院、县妇幼保健站工作；任县妇幼保健站站长

县人民政府：

县　长　李怀仁

副县长　张会议　安静修　赵国全　杨成堂　陈向华（女）

县第十二届人民政府县长、副县长个人情况表

表3-44

姓名	性别	民族	年龄(岁)	籍贯	文化程度	入党时间	工作时间	工作简历
李怀仁	男	汉	52	静宁城关	大专	1971.5	1964.7	曾在仁大公社工作；历任县革委会政治部组织组副组长，县委宣传部副部长，双岘公社书记，县革委会副主任，县政府副县长，县委副书记，县政府代理县长、县长
张会议	男	汉	48	陕西泾阳	本科	1981.11	1968.12	曾在灵台县龙门乡工作；历任灵台三中、一中教师，副教导主任、副校长，静宁县政府副县长
安进修	男	汉	49	静宁红寺	中师	1972.7	1965.8	曾在甘沟中学任教；历任甘沟中学革委会副主任、甘沟公社副主任、副书记、书记，县农村工作部部长，县农业办公室主任，县政府副县长
赵国全	男	汉	40	泾川党原	大专	1974.12	1972.7	曾在某部队服役，退伍后回乡参加劳动、在泾川县计委工作；历任泾川县计委副主任、计生委主任、县委办公室主任，静宁县政府副县长

续表3-44

姓名	性别	民族	年龄(岁)	籍贯	文化程度	入党时间	工作时间	工作简历
杨成堂	男	汉	38	静宁红寺	大专	1981.9	1979.9	曾在灵芝、城川公社、县民政局、人事科工作；历任县委农村工作部副部长、部长，八里乡书记，县农牧局局长，县政府副县长
陈向华	女	汉	38	静宁威戎	高中	1974.11	1976.1	曾在威戎粮站当临时工，历任威戎北关大队副支书，县妇联副主任、主任

县人民法院：
院　长　漆忠义
县人民检察院：
检察长　陈贵录

县第十二届人民法院院长、人民检察院检察长个人情况表

表3-45

姓名	性别	民族	年龄(岁)	籍贯	文化程度	入党时间	工作时间	工作简历
漆忠义	男	汉	52	静宁高界	大专	1961.12	1956.3	曾在高界区公所、县人委会、县委、县革委会工作；历任团县委书记，县人民法院副院长、院长
陈贵录	男	汉	49	山西万荣	初中	1973.7	1963.12	曾在八里、马岔小学任教，在城川公社参加社教，在县检察院、县革委会保卫部、县公安局工作；历任县委办公室副主任，司桥公社书记、主任，县委农工部部长、县委办公室主任，县人民检察院检察长

省第八届人民代表大会代表：
丁　齐　马　斌　吕忠厚　李佩红（女）　段积昌　景宗健　翟沪兰（女）

省第八届人民代表大会代表个人情况表

表3-46

姓名	性别	民族	年龄(岁)	籍贯	文化程度	入党时间	工作时间	工作简历
丁　齐	男	汉	53	天津市	本科	1974.10	1963.8	曾在省科委工作、在西和县苏河公社下放劳动、在省革委会毛泽东思想宣传队、省纺织机械厂、省农牧厅工作；历任省畜牧厅副处长、平凉地区行署副专员、专员，地委副书记，省政府副秘书长，省农委主任、党组书记
马　斌	男	汉	47	陕西延川	本科	1973.1	1968.7	曾在省革委会学习班、省委党校、省教育厅办公室、省人大常委会科教文卫办公室工作；历任省人大常委会科教文卫办公室主任、办公厅研究室主任、法制工作室副主任、法制工作委员会副主任
吕忠厚	男	汉	49	山东泰安	本科	1965.11	1970.9	曾在省农宣队静宁分队、静宁县城川、司桥公社工作；历任雷大公社副书记、副主任，县林业局副局长，县政府副县长、县委副书记
李佩红	女	汉	40	静宁城关	高中		1974.3	曾在古城公社红山大队插队劳动、雷大粮站当出纳、县副食加工厂当营业员
段积昌	男	汉	54	静宁城关	本科	1971.6	1964.8	曾在平凉地区文教局研究室工作；历任平凉师范教育科科长、静宁县文教局、教育局副局长、局长、党组书记
景宗健	男	汉	56	静宁城川	小学	1956.10		在家务农，自1962年起担任城川公社(乡)红旗大队(村)党支部书记
翟沪兰	女	汉	40	静宁石咀	大专		1968.12	曾在静宁县石咀公社朱川大队插队劳动，并在平凉造纸厂、平凉市草峰卫生院、静宁县城川卫生院、县妇幼保健站工作；任县妇幼保健站站长

附：

县人民政府工作报告

（县人民政府县长李怀仁　1992年11月27日）

一、三年政府工作回顾

自1990年1月县十一届一次人代会以来，在上级党政组织和县委、县人大的领导、监督与支持下，政府工作始终围绕经济建设这个中心任务，坚持改革开放，立足县情，着眼长远，抓农促工保收入，经过全县人民的艰苦努力，较好地完成了十一届一次人代会通过的本届政府工作目标。3年来，工农业生产总值、财政收入、农民人均纯收入分别以5.9%、14.9%、12.8%的速度递增，全县经济稳步发展，综合经济实力有了明显提高。

——农村经济全面发展。在继续稳定完善家庭联产承包责任制的前提下，突出抓粮与抓钱，农业总产值1992年预计达到18000万元，粮食产量稳中有增。特别是在今年春夏持续干旱和秋季洪涝灾害十分严重的情况下，全县人民奋力抗灾，扩大复种。仍夺得了总产12.12万吨的好收成。农民人均纯收入1992年预计达到420元，较1989年的292.69元净增127.31元，农村贫困面已由1989年的13.2%下降到目前的7%，农村温饱问题已基本得到解决，少数农户已开始走上致富道路。林业建设重点抓了经济林的管护和发展，仅今秋一次新植果园0.9万亩，1992年林果业产值预计达到668.52万元，占农业总产值的3.7%。畜牧业以畜种改良和提高商品率为重点，家畜家禽饲养量逐年上升，畜牧业产值已占农业总产值的36.6%。经济作物种植面积逐年扩大。个体、私营经济和第三产业蓬勃兴起，个体、私营工商户已达到2369户，从业人员3323人。非农产业占农村社会总产值的比重由1989年的25.2%提高到39.4%。

农业生产基本条件得到进一步改善。以田、水、路、电为主的基础性设施建设有了较快发展。梯田建设每年以4万多亩新增，并在整体水平上有了大的提高，出现了一些跨乡连村的百亩以上大工程，是自农村实行责任制以后所没有过的。

水利建设按照大、中、小并举，国家、集体个人一齐上的原则，重点抓了新建、改建团结渠、仁大李河滚水坝、庙堡渠衬砌及杨桥提灌站等5处大型工程和25处“五小工程”，衬砌干支渠63公里，使全县有效灌溉面积达到13.79万亩，保灌面积12.24万亩。道路建设有了新发展，3年来，共新建、改建乡村公路26公里，桥梁2座，涵洞27道，新开辟的甘沟至四河公路，为中西部经济的发展提供了便利条件。农电建设采取国家、集体、个人三方筹集资金的办法，3年共架设农电线路160多公里，其中1992年完成80公里，使全县84.1%的村和73.8%的社通了电。农业机械化步伐加快，农用拖拉机发展到2492台，机耕机播面积逐年扩大，农机总动力达到5.5万千瓦。乡镇企业发展步伐加快，总户数达到3198户，从业人员15287人，分别比1989年增长181%和5.5%,总收入、实现利润、上缴税金分别比1989年增长60.8%、123.7%、81.1%，乡镇企业在农村社会总产值中的比重已由1989年的29.7%上升到1992年的31.7%。

——城镇经济在内外环境不宽松的情况下，保持了发展势态。在巩固提高现有企业水平、挖掘企业内部潜力的前提下，我们把立足点放在了企业技术改造和突出发展上，依托现有企业，积极争上新项目，初步形成了以建材、地毯、橡塑制品、轻化工、粮食油品、淀粉加工为主体产品的工业格局和体系，产值稳步增长，效益逐年有所提高。1992年全县全部工业总产值预计达到10197万元，其中乡以上工业产值8077万元，年均增长分别为18.5%、18.2%，预算内工业企业销售收入、上缴利润、全员劳动生产率均有一定提高，列入计划考核的29种产品，大部分超额完成年度计划，企业管理水平也有进一步提高。3年共开发新产品29种，新增产值568万元。交通运输主抓道路养护和客货运输，1992年预计完成客运量70万人（次），货运量12.15万吨。商流工作始终注意发挥国营商业、物资和供销社的“主渠道”和“蓄水池”作用，千方百计扩大购销，基本保证了人民生活必需品和工农业生产资料的正常供应。1992年国内商品纯购进预计完成4200万元，国内商品纯销售预计完成7000万元，农副产品收购总额预计完成1200万元，粮油定购年年提前超额完成任务。以新辟县城西关和威戎镇两处综合农贸市场为重点的市场建设也迈出了新步伐，预计1992年集市贸易成交额达到2170万元。财政工作继续坚持了改革、增收、节支、求援的措施，年均收入以百万元的速度增长，1992年预计完成1010万元，占预算的100.3%，总支出预计完成2825.7万元，较1989年增长21.6%。金融保险工作围绕支援地方经济建设，较好地发挥了经济杠杆作用，年末预计全县银行存款余额达到11500万元，各项信贷余额达到15000万元，分别较1989年增长106.9%、67.7%。

——基本建设有了新突破。3年共上各类建设项目88个，完成各类固定资产投资2579万元，其中生产性项目投资1610万元，占总投资的62.43%，完成技改项目21项，新增产值440万元，利税1084.7万元，安置就业人员1428人。在抓项目建设上，采取快上马、快建设、快见效、保资金、保质量的“三快两保”做法，加快建设进度。浸出油车间、塑料编织袋、硫化碱生产线等项目，均做到了当年立项、当年施工、当年投产、当年见效。石英管材生产线今年底即可正式投产，续建的县煤矿、果糖厂综合利用等已全面竣工，县城二期供水工程已开工建设，橡塑缠绕胶管和氯酸钾生产线等几个较大工业项目已做好了开工建设的前期准备工作。城市基础设施日趋完善，先后完成了县城北环路排污排洪隧道工程和南北两侧供暖点建设。继去年县城500门自动电话开通使用后，今年新修邮电大楼已全面竣工。县中医院门诊楼和县医院住院部楼的相继建成，将大大缓解看病住院难的问题。

——社会各业协调发展，计划生育在攻坚破难中有了新进展。科技工作始终贯彻了经济建设必须依靠科技进步、科技工作必须面向经济建设的指导思想，围绕科技兴农、科技兴工，大抓实用科技新成果的推广和普及工作，取得了明显效果。3年来，共完成省、地、县科研项目16项，推行整乡、整村科技示范承包项目28项，推广各类先进实用农业科技成果12项，其中重点抓了抗旱丰产栽培、中低产田改造、新品种引进、农业病虫害综合防治、畜禽防疫及改良、节水灌溉等十大农业新技术的推广普及和组装配套技术的落实。山区地膜玉米和川区带状种植3年跨了三大步，1992年全县地膜玉米面积达到6.11万亩，带状种植扩大到8700多亩，无论是山区地膜玉米种植还是川水区带状种植，均出现了静宁农业史上所没有的“吨粮田”典型。由于普遍推行了规范化技术管理，果园建设也出现了“吨果千元”的好样板。科技服务网络和科技培训也取得了新成绩，乡镇普遍建立了乡科委、农民文化技术学校，乡农技推广站在巩固提高原有4个区站的基础上，1992年又建成了仁大、灵芝等6个中心站，部分村社还组建了农村专业技术协会和各种科技示范户。3年新建科普文明村101个，科技示范户2959户，目前平均每万亩耕地拥有农业技术人员5.9名。教育工作在“教育立县”的战略思想指导下，努力促进农科教结合，初步形成了基础教育、职业教育、成人技术教育“三教”统筹、协调发展的新格局。基础教育更加巩固，教育质量稳步提高，中学全科、小学双科合格率1992年分别达到40.8%和73.6%，3年共考取大中专学生1890名，一直名列全区前茅，学龄儿童入学率巩固在98.5%以上。在基本实现全县小学“一无两有”的基础上，3年共筹措资金430多万元，集中用于改善中学办学条件，共完成校舍建设总面积2.2万平方米，25所独立初中按标准配齐了实验仪器和部分电教设备，目前中学危房已基本解决。职业技术教育和成人教育在继续强化“五校五中心”的同时，在普通中学开设了职业技术课，并开展了“百村燎原建设工程”，3年共向社会培训各类实用人才4600名。医疗卫生重点抓了基层卫生院的建设和村级卫生机构的整顿提高工作，农村“看病难”“买药难”的问题得到缓解。儿童计划免疫实现了第一个85%，地方病得到有效控制。3年共投资150.9万元改建乡镇卫生院危房8328平方米，整顿巩固村卫生所230个。静宁人民广播电台的建成和静宁中波转播台的开通，标志着我县广播宣传工作步入一个新阶段。群众性文体活动蓬勃开展，以“文化搭台，经济唱戏”为主要形式的各类物资交流大会，已成为推动经济发展、促进商品流通、繁荣市场经济的有效途径。县志编纂已正式通过省上审定，正在印刷出版。档案馆藏量不断增加，管理水平有了新提高。民政优抚、救灾救济、养老助残、双拥共建、民兵建设及民族宗教、侨务对台等工作均取得了新实效。

计划生育坚持“一不松手、二不松口、三不松劲”的工作方针，一手抓基础服务网络建设和科学化管理，一手抓各项人口计划指标的落实。1992年全县总人口可望控制在42.9万人以内。

——城乡人民生活水平明显提高。城乡人民的衣、食、住、行、用等基本生活条件明显改善，过去很少问津的高档耐用消费品已进入寻常百姓家。录音机、电视机、洗衣机、轻便摩托车已成为农民衡量家庭经济实力的主要标志，汽车、拖拉机等大型运输工具已进入农民家庭，多数农户盖起了新房，农村人均居住面积由1989年的8.6平方米增加到1992年的12平方米。城镇新建住房35121平方米，城镇人均居住面积达到6.6平方米，较1989年提高1.31平方米。全县城乡居民储蓄存款不断增加，10月底余额人均149.5元，消费水平由1989年的267.67元提高到1992年的450元。

——改革开放迈出了新步伐。农村改革紧紧围绕稳定家庭联产承包责任制、不断完善统分结合的双层经营体制、在发展社会化服务体系、逐步壮大经济实力方面取得了成效。1990年全面完成了以“三金两费”为主要内容的土地有偿承包和土地小调整工作，3年共收缴土地有偿承包费484万元，大大增强了村、社集体经济实力。以清理、整顿、统管为主要内容的农村资产管理改革进展顺利，解决了长期以来村社资产管理混乱的问题，进一步强化了集体“统”的功能。服务体系建设紧紧抓住健全服务网络、拓宽服务领域、提高服务质量3个中心环节开展工作。一是以技术推广站、示范点、示范户为依托，完善新建并举进一步健全了农业科技服务体系；二是以供销社为依托，积极办好“庄稼医院”，走“技物结合”的路子，初步形成了生产资料供应和农产品流通服务体系；三是以信用社、营业所和乡财政所为依托，逐步建立了农经管理和农村资金融通服务体系。县涉农部门还结合转变职能，成立了8个服务性中心，开展综合服务。

城市经济体制改革紧紧围绕贯彻企业法和条例精神，在总结第一轮承包经验和教训的基础上，按照“大稳定，小调整”和“兴利除弊”的原则，顺利进行了国营、集体企业的第二轮承包。重点抓了“五自主、四开放”试点工作，给企业松绑放权，使企业增强了活力。政府职能、劳动人事、劳动保险、物价、计划、财政、税收、金融等方面的配套改革及住房制度的改革正在起步。为了更多更好地吸引资金、人才、技术等，县委、县政府还制定了20条优惠政策和加快发展个体私营经济的10条优惠政策，这些政策的制定，在县内外引起了强烈反响，并初见成效，到目前已吸引建设资金12万元，创办各类经济实体100多个，已有20多名干部职工申请、组织批准停薪留职创办、领办经济实体。

——精神文明建设取得了新成就。3年来，在促进社会主义物质文明建设的同时，进一步加强了社会主义精神文明建设。按照省、地的安排，结合本县的实情，从1991年开始，利用冬闲季节，在城乡开展了两期声势较大的社会主义思想教育活动，比较全面系统地对广大群众进行了党的基本路线、社会主义、爱国主义、集体主义教育。结合社教，一并开展了争创文明单位、文明村社和双文明户活动，3年来，共建成命名文明单位30个，文明村社74个，双文明户6400户。文明县城建设进展顺利，已基本具备验收标准。

廉政建设以纠正行业不正之风为突破口，主抓了制度建设，先后制定了“职工调动”“农转非管理”“复转军人安置”“待业青年就业安置”等方面的“两公开一监督”制度，进一步增强了政府工作的透明度，受到了群众的好评。同时，坚持开展了一年一度的行政执法重点监督检查和财务、税收、物价大检查，对违法违纪案件及时进行了查处。3年共查处各类违法违纪案件242起，收缴各类违纪金额69.78万元，处理政府公职人员59名，有效地促进了廉政建设。

社会治安按照“打防并举，标本兼治，重在治本”的方针，继续坚持“严打”，开展反赌博、反“三窃”、禁毒品等专项斗争，收到了明显效果。同时，按照“谁主管、谁负责”的原则，推进了社会治安综合治理责任制，并对重点地段和重点区域进行了综合整治。在全县开展了“二五”普法教育，使治安状况得到了进一步好转。

1992年各类刑事发案率较上年同期下降35.5%。

回顾3年来政府工作所取得的成绩，除坚定不移地贯彻执行党的“一个中心，两个基本点”的基本路线外，在实际工作中还注意把握以下几点：

一是必须树立发展就是硬道理的观念，以强烈的发展意识和竞争意识来迎接挑战。我县自然条件差，经济十分落后，是“农业大县、工业小县、财政穷县”。纵观经济实力，无法与经济发达地区相比，即使同毗邻周边县相比，也还存在很大差距。这就要求我们必须增强紧迫感和使命感，不断解放思想，更换脑筋，清“左”破旧，转变观念，把发展放到首位，才有可能缩小和接近与周边地区事实上已经拉大的差距。这几年，我们通过外引内联，新上了一些比较大的基建项目，尽管由于各方面因素的制约，效益还不是太明显，但给今后发展奠定了一个好的基础。今后要发展，还是要千方百计地争取多上项目，只有这样，才能缓解财政拮据和就业压力。

二是必须发扬实事求是、真抓实干的工作作风。在改革和建设中，我们既要有敢想、敢闯、敢冒的精神，又要坚持实事求是的路线，不能违背经济发展规律，也不能脱离县情，无论是定规划，还是搞建设，都要遵循发展规律和实际。只要是能办到的，一旦瞅准了，就要真抓实干，一干到底，干出成效。这几年我们坚持大搞农田水利基本建设和下决心推广地膜玉米种植的做法，完全符合我县实际，对于这种造福子孙后代的好事，即使有阻力，有困难，我们也绝不松口和松劲，必须年复一年地抓，一届接着一届干，一届干给一届看。

三是必须坚持全面兼顾、突出重点的工作方法。经济建设和改革开放，是我们今后工作的两大任务，因此，在工作安排上我们必须学会全面兼顾、突出重点的工作方法。在资金有限、矛盾比较突出的情况下，必须分清轻重缓急，保证重点，眼下要集中精力，集中财力，优先搞好既富县又富民的基础建设项目，以此带动，达到全面发展的目的。

四是必须发挥和调动各方面的积极因素，发挥群体智能，形成新的合力。这几年，之所以工作进展顺利，就是因为充分发挥和调动了全社会的力量，上下左右能够团结协作，齐心协力。这当中，有人民代表的意志，有人大常委会的监督，也有政协委员的参政议政，还有群众的正确意见和建议，是各方面智慧的集中体现，今后我们应该继续发扬光大。

各位代表，过去的3年，政府工作虽有成效，但必须充分认识到目前我们所面临的困难和存在的差距与问题。概括起来主要有：一是改革的意识不强，胆子不大，力度不深，仍习惯于按常规办事，缺乏开拓创新精神。二是农业基础薄弱，综合生产力水平低，抗御自然灾害的能力仍不强，双层经营和社会化服务体系还不健全，农民的经济收入仍很低。三是工商企业内部转换经营机制的步伐缓慢，效益不佳，产品单一老化，亏损面增加的问题仍较突出。四是第三产业基础差，水平低，发展速度滞后，缺乏配套措施，不能适应当前形势的要求。五是财政问题十分突出，历年赤字挂账累计达990万元（其中，今年预计赤字298万元），加上政策性增资因素较多等，致使收支矛盾更加突出，资金调度十分困难，已严重影响着吃饭和建设。六是人口形势仍很严峻，早婚私婚依然存在，计生工作进展不平衡，人口增长过快的势头仍未得到有效遏制。七是社会治安仍有不稳定因素，大要案有所上升，盗窃、诈骗、流氓滋扰时有发生。八是廉政建设还不能完全适应经济形势发展的需要，各级领导干部忙于事务多，调查研究少，分散了集中抓经济建设的精力，政府部门职能转变步伐不快，效果不明显，等等。所有这些困难和问题，严重制约着改革开放和经济建设的进一步发展，有待我们在今后工作中引起高度重视，认真加以研究解决。

二、抓住有利时机，加快我县经济发展步伐

党的十四大的召开和全国第二次改革开放热潮的掀起，给我们提供了极为有利的外部发展环境。同时，经过多年努力，我县综合经济实力大大增强，内部发展条件日趋具备。加之，“八五”期间国家几个重点建设项目将在我区兴建，“两西”延期，这些都给我们提供了较好机遇，我们必须抓住有利时机，主动出击，加快经济发展步伐。

今后5年全县经济工作总的指导思想和奋斗目标是：以党的十四大精神为指针，以深化改革为动力，以建设社会主义市场经济为契机，进一步解放思想，更新观念，加快发展，经过努力，力争实现“一个稳定”“两个大发展”“三个翻番”，即农民稳定脱贫致富，市场经济、第三产业大发展；乡镇企业总产值、财政收入、农民人均纯收入翻一番，促使我县经济再上一个新台阶，为向小康水平迈进打下坚实的基础。具体目标是：到1997年，工农业总产值达到4亿元，乡镇企业总产值达到2亿元，财政收入突破2000万元，农民人均纯收入完成800元。

为实现上述“4228”奋斗目标，我们必须努力做好以下5个方面的工作：

（一）继续花大力气抓好农业，争取农村经济更快发展

总的要求是，以深化改革和建立市场经济为动力，以争创高产、优质、高效农业为目标，以改革农业生产条件、开发支柱产业为重点，以科技进步和提高劳动者素质为先导，努力实现“两增一提高”，即粮食增产、农民增收、人民生活水平提高。

1. 狠抓各类关键性生产措施的落实，继续保持粮食稳定增产。一是分类指导，主攻单产，突出抓好川区水浇地和山区梯田两个重点，通过各项配套措施的落实，1997年水地亩产达到400公斤，梯田亩产达到200公斤，粮食总产量达到16.4万吨，人均产粮达到372公斤。二是积极推广先进实用农业新技术，突出抓好良种推广、地膜覆盖、带状种植三大工程，1997年全县良种化程度达到85%以上，地膜覆盖面积扩大到10万亩，带状种植3万亩，仅此两项使总产占到全县粮食总产的三分之一以上。

2. 大力调整农村经济结构，狠抓支柱产业开发。果、豆、猪、油是我县确定开发的农村4大支柱产业，前3年要有突破性的发展。果园建设要在管理、规范、速度、效益上有突破，在“吨果千元”上下功夫。按照统一规划、分户栽植、集中连片、形成规模、突出效益的要求，1997年全县果园面积累计达到14万亩，并建成雷大梁4乡3万亩花椒基地和西北部10乡3万亩杏树基地，使经济林保存面积达到20万亩，实现果品总产4.5万吨，经济收入4500万元。豆类生产主要是扩大套种面积，1997年总面积达到

30万亩，总产达到2万吨。养猪重点抓好品种改良和提高商品率，巩固、完善、扩大改配点，到1997年，杂交改良猪占饲养量的90%以上，养猪产值达到4000万元，存栏15万口，出栏18万口。油料生产要在主攻单产上下功夫，1997年总产达到1.3万吨。并按照“公司+服务+基地+农户”的模式，逐步形成种、养、加一条龙，产、供、销一体化，内外贸结合，多渠道扩散，多层次加工增值的大产业，以此带动我县农业由松散型自然经济向紧密型商品经济发展。1997年果、油、瓜、菜等经济作物种植面积达到40万亩，粮经比例调整为7:3。

3. 继续坚持不懈地改善农业生产条件，增强农业发展后劲。梯田建设要在上规模、上水平、上质量的前提下，保持每年4万亩的发展进度，力争1993年10乡、100村、1000社实现梯田化，1997年全县梯田面积累计达到114万亩，人均梯条田2.5亩，尽快实现梯田化。同时，搞好相应的山、水、田、林、路和小流域综合治理，从1993年开始每年完成100平方公里的小流域治理。水利建设在抓好现有水利工程配套、维修和管理的同时，重点抓好鞍子山拦河闸、梁马滚水坝等11项水利工程的新建、续建和扩建，并积极兴建一批“五小”水利工程，1997年全县有效灌溉面积达到15万亩。农电建设要抓住“两西”延期的机遇，积极筹集资金，加快建设进度，每年完成50公里，及早建成李店35千伏输变电站，到1997年全县10千伏农电线路累计达到 1100公里，实现95%的村和85%的社通电，力争村村通电。林业建设要积极推行工程造林、工程管护、乔灌结合、注重效益，每年保证完成造林3万亩，1997年累计造林面积达到78.2万亩，林木覆盖率22%。道路建设除积极争取新上李店至仁大、八里至西吉等主干线公路的开通、扩建和威戎至雷大公路的油铺等工程外，重点抓好乡村社道路建设。到1997年，力争实现乡、村、社道路畅通。

4. 加快农贸市场建设，进一步搞活农产品流通。今后工作目标要围绕农产品销售这一主体，完善配套威戎和县城西关两个综合农贸市场，扩建古城、甘沟、李店等万人以上乡镇所在地的农贸市场，并以此推动粮油、蔬菜、木材、牲畜、山货、工业品等专业批发市场的兴起，本着谁投资、谁所有、谁受益的原则，鼓励支持国营、集体、联营兴办各具特色的市场，1997年，全县各类市场达到26个，年成交额达到4610万元，切实解决农民买难卖难问题。

5. 加快速度发展乡镇企业，促其跃上新台阶。我们与发达地区差距拉大的主要原因，就是乡镇企业发展不快。因此，我们要把发展乡镇企业当作振兴全县经济的一项战略任务来抓，力争高起点、高效益、高速度，今后全县年平均发展速度必须保持20%，力争30%。在具体工作中，要坚持“一个方针”，做到“五个不变”，坚持一手抓发展，一手抓巩固提高的方针，做到加快发展的战略思想、突破口的位置、大发展的决心、扶持发展的优惠政策、既定的战略目标不变，开创全党抓、全民办的局面。现有企业要把上等级、上水平作为主攻方向，不断强化内部管理，提高产品质量，靠技术进步扩大生产能力，增加效益。同时抓住国家向中西部倾斜、加大投入的机遇，千方百计，多找门路，争取上一些投资少、见效快、有市场、有效益的新项目。城关、城川、威戎、八里、高界、祁川6个重点乡镇，发展速度要确保30%，力争40%。在发展产业上仍要以建筑建材、地毯加工、草编生产3大主导行业为龙头，坚持以大带小，以城带乡，进而达到整体推动的目的。在发展形式上，仍坚持乡办、村办、社办、户办“四轮驱动”，尤其要鼓励个体、私营多办股份合作企业。同时要通过各种渠道开辟新的劳务市场，继续扩大劳务输出，增加劳务收入。

6. 着力巩固扶贫成果，继续打好脱贫攻坚战。随着扶贫面的逐步缩小、脱贫难度相应增大，扶贫工作已进入最后的攻坚阶段，因此，我们要在“两西”延期建设阶段，继续毫不松懈地抓好扶贫工作，做到决心不动摇，政策不改变，工作不松劲，把扶贫规划、目标、路子、项目、政策、措施真正落到实处。同时要积极探讨规模扶贫的路子，不断提高扶贫水平。奋斗5年，使已脱贫农户在稳定脱贫的基础上向致富方向迈进，未脱贫的基本脱贫。

（二）千方百计搞活企业，确保城镇经济稳定协调发展

1. 以转换机制和提高效益为重点，加快工业发展

在全县经济发展中，工业经济的振兴和发展具有极为重要的战略地位。总的要求是：认真贯彻条例，切实转换机制，调整结构，保持增速，提高效益，实现速度与效益同步增长、亏损企业扭亏、企业素质全面提高的三大目标。在工作上，要着重抓好以下几点：

一是认真贯彻条例，切实转换企业经营机制。《全民所有制工业企业转换经营机制条例》是继企业法之后又一个十分重要的经济法规，其核心和最大的突破点就是把企业推向市场。它的实施，是我国经济体制改革特别是企业改革的一件大事，对增强企业活力，提高经济效益，具有十分重要的作用。认真学习贯彻条例，是我们今后经济工作的一项中心任务，各级党政组织，特别是企业主管部门和各企业都要把学习、领会、贯彻、落实条例精神当作头等大事，切实抓紧抓好。使条例成为一条主线贯穿于企业生产经营和改革的全过程。落实条例，关键是落实企业经营自主权，各级各部门要主动还权于企业，企业也要主动以条例为准则，结合各自的实际，制订切实可行的实施计划，理直气壮地行使自己的权利，力争尽快走向市场。

二是强化企业管理，全面提高企业素质。各级领导，特别是企业领导，要把管理问题摆到企业生死存亡的重要位置，一切从管理抓起。目前企业困难，说到底就是销售不畅，资金紧张，效益低下，因而要牢固树立“质量第一，品质第一，效益第一”的思想，狠抓促销压库、扭亏增盈、达产达标、产品开发等关键性工作，积极推进联销联利责任制，实行销售大包干，充分调动销售人员的积极性。对省地县制定的一系列销售政策，要用足用活，不能中间卡壳和有名无实。要按照“人尽其才，用其所长，任人唯贤”的原则，启用或选聘、招聘一批懂业务、善经营、能力强、素质好的人员充实销售队伍。产品积压较多的企业，要按职工总数的6%至10%配备销售人员。扭亏增盈是企业能否发展的一项关键措施，要采取坚决措施，层层建立和落实扭亏目标责任制，与企业领导、职工晋职升级、工资奖金挂钩，凡属经营性亏损企业，“八

五”期间要全部实现扭亏，不能扭亏的，坚决实行关停并转。对已建成投产、但按设计能力没有达产达标的企业，要责任到人，实施目标管理，限期达产达标。所有企业都要采取走出去、请进来的办法，积极与高等院校、科研单位攀亲结姻，依靠技术进步，加快技术改造，积极开发适销对路新产品，以适应市场变化的需求。至1997年，每个企业都要形成一两个有特色、有市场、有优势的主导产品和一批辅助预备产品。要进一步健全财务管理、定额管理等制度，加强现场管理，堵塞漏洞，减少人、财、物的浪费，全面提高企业管理素质。实现利润和上缴利税是考核企业的最根本指标，因此，各企业要努力做到速度与效益同步，并正确处理国家、集体、个人三者的利益关系，从全局利益出发，该上缴的全部上缴，该留企业的留足留够，该分配职工的一文不欠。坚决纠正以往上缴不及时、集体提留不足额的错误做法，确保实现利润和上缴利税稳步增长。

三是加快发展速度，狠抓项目建设。要继续围绕建材、粮油食品加工等“六大工业体系”，在已组建建筑企业集团公司的基础上，积极创建地毯等工业企业集团公司，开展横向联合，积极争取出口经营权，以更好地发挥其辐射带动作用。在项目开发上，我们的目光要远，起点要高，步子要大。要抽组专门人才，从事项目的开发论证研究工作，建立项目库，储存一批高起点、高科技、高效益的新项目，一旦有机会就能拿得出，用得上。在发展形式上，要多办集体和个体、私营以及股份制企业。在建和续建的项目要加快建设进度，缩短建设工期，力争早投产、早见效。

2. 以市场经济为导向，进一步搞活商流企业

国合商流企业是我县流通领域的主渠道，今后工作重点要放在商品流通销售环节上，加强购销队伍，加快机制转换，使商流企业真正从“计划经济”的束缚中解脱出来，走“市场经济”的路子。要把国合企业放在与其他集体、私营、个体企业同一起跑线上平等竞争，促使国合企业改变“大商业”独家经营的官商作风，增强竞争意识。要认真贯彻落实商业部等3部委最近发布的《全民所有制商业企业转换经营机制实施办法》，加快“四放开”步伐，使自主权真正落到企业身上。批发企业要实行“批零捆起，批零合一，以二代三”等办法，解决三级批发问题。对较大的零售商场、门店，实行自主经营，独立核算，逐步与公司脱离，一般零售网点由职工个人承包，商饮网点全部实行租赁经营。对偏僻、效益差、长期亏损的零售网点可拍卖、转让和出租。并要全力抓好商贸设施建设，改变条件差、门面陈旧落后的状况，不断扩大商业网点，提高市场占有率。同时，要利用国道312线改建和毗邻省、地开发区域性商贸集散地等良好机遇，争取多建一些外向型商供网点，以适应市场竞争能力，使其真正发挥好“主渠道”和“蓄水池”作用。

3. 狠抓财政收入，千方百计筹措建设基金

财政困难是制约我县经济建设的主要矛盾，省上对财政补贴县实行一次包死、不留后路、自求平衡的政策，使我县财政形势更为严峻，我们都要正视这一问题，把增加财政收入作为经济工作的“牛鼻子”，始终牵住不放。总的要求是，在广开财源、

城乡齐抓的大前提下，加压力，添动力，促增收。一是加快乡级财政建设步伐。从1993年起，对各乡镇均实行定额补贴、包死基数、增支不补、超收分成的办法，进一步完善乡级预算，充分发挥乡镇生财、聚财、理财的积极性。二是加强税收征管，严格依法治税。努力增强全民纳税意识，杜绝一切跑、冒、滴、漏现象，在农林特产税、个体工商税、集市零散税等方面进一步加强征管。三是千方百计培植新的财源，特别要支持工商企业不断扩大生产经营，增加效益，为财政收入积蓄后劲。四是严格控制非生产性经费支出，实行行政事业费支出大包干、超支不补的办法，促使行政事业单位兴办实体，增加创收，减轻财政负担。

建设资金短缺，也是制约我县经济发展的一大因素，必须多想办法，多方筹措。一是建立企业技术开发资金，从销售收入中提取1%，连同生产发展基金和折旧基金的一部分，集中用于企业技术改进。二是在积极向上争取技改、扭补、基本建设基金和财政临时借款的同时，积极吸引国内外资金，通过多种形式的集资和试办股份制企业吸引社会资金，用于开发建设。三是加强财政预算外资金管理，使其尽可能集中用于发展生产，将“死”钱变成“活”钱。四是通过金融部门办理拆借业务，扩大贷款规模，盘活融通资金。

（三）抓住机遇，大力发展第三产业

根据十四大精神，加快发展第三产业，已成为今后几年紧迫而艰巨的任务。近年来，我县第三产业虽有发展，但与省、地的要求差距很大，不仅数量少，结构不合理，而且专业化、社会化水平很低。为此，从现在开始，必须加快第三产业发展步伐。初步设想和目标是，争取10年左右或更长一些时间，初步建立起适合我县县情的社会主义市场体系、城乡社会化综合服务体系和社会保障体系，使第三产业跨上一个新台阶，争取使第三产业增加值占全县国民生产总值的30%以上，增长速度高于一、二产业。当前，着重抓好4方面的工作。一是制订切实可行的近期发展计划和长远规划。县上正在制定《第三产业发展总体规则》，各行各业都要结合各自的实际，制订出重点发展计划，同时要认真抓好加快第三产业发展的各项配套政策和措施的制定，凡是有利于第三产业发展的政策、措施，一定要用足用活，坚决落实，凡是与中央、省、地要求不符的，一律修订或废止。二是依靠社会力量充分调动各方面的积极性，放手让城乡集体经济组织和私营企业、个人兴办那些投资少、见效快、直接为生产和生活服务的行业。积极鼓励行政事业人员停薪留职，或者直接从机关分离出来从事第三产业，力争1997年个体、私营经济工业产值占全县工业总产值的5%以上，从业人员占全县总人口的3%以上。三是继续鼓励支持行政、事业单位大力创办以社会化服务为方向、以行业服务内容为特点的各类经济实体，有条件的机关和事业单位，可将现有的信息、咨询机构、内部后勤服务设施和交通运输工具向社会开放，实行有偿服务。四是大力发展对国民经济发展具有全局性、先导性的基础行业，在抓好科技、教育事业的同时，要积极兴办交通运输业、邮电通信业和公用事业。1000门市话扩容建设项目和威戎、高界、雷大、李店、甘沟等乡镇程控电话安装，1993年要全部完成。县城自来水改造工程等公用事业建设项目，要保证按期完成。县妇幼保健站和防疫站办公大楼要争取明年立项并开工。

（四）进一步促进科教文卫体和广播电视事业的发展

要认真贯彻邓小平同志提出的科学技术是第一生产力的指导思想，依靠科技进步和提高劳动者素质来促进经济的发展。今后要把提高全社会科技意识、大力开展科普知识宣传、健全科技服务网络和科研成果转化作为发展科技的重点来抓，在企业普遍建立技术攻关小组，农村要在强化乡科委作用的同时，倡导创建科研生产联合体，发展民间科研组织，建立上下纵横的技术网络，把先进实用的农业技术传播到千家万户。经过努力，至1997年，科技成果推广应用率要提高到64.5%，技术覆盖率提高到68.3%。要进一步形成尊重知识、尊重人才的良好风尚，积极改善知识分子的工作、学习和生活条件，对有突出贡献的知识分子可提高其生活待遇，予以重奖，鼓励他们到经济建设第一线发挥作用。要重视和发现人才，凡是我县急需的人才，要不惜重金进行聘用，并要提倡技术转让，实行有偿技术服务。创造条件尽快设立科技兴农、科研发明和技术革新等奖励基金会，为科技人员发挥聪明才智创造良好的环境。

要把教育摆在优先发展的战略地位，坚持“三教”统筹，协调发展。要在重视基础教育、全面提高教育质量的同时，把工作重点转向大力发展职业教育和成人教育上，按照农科教结合的原则，为经济建设培养大批实用技术人才。要在完善、提高现有“五校五中心”的基础上，改革中学招生制度，扩大“三加一”班的招生，尽可能做到农村需要什么样人才，就培训什么样的人才。在发展职教成人教育上还要鼓励多渠道、多形式的社会集资办学、民间办学，发展一批新的职教实体，逐步建起有利于农村科技进步、教育发展、农业振兴的机制，通过多层次、多形式教育，至1997年，全县基本实现普及义务教育，并使所有在岗职工接受一次专业培训，力争达到中等专业文化技术水平。完成农民技术骨干培训3万人，每村至少达到有经过正规培训的农民技术员4至5人。同时，要进一步改善中小学办学条件，加快“四配套”建设步伐。

广播、电视、文化、体育、卫生工作要紧紧围绕经济建设，充分发挥各自的职能，广泛深入地宣传90年代我国社会主义现代化建设的目标、任务和党的方针、政策。组织开展群众喜闻乐见、健康向上的文体活动，努力占领宣传文化阵地。要继续加强农村有线广播网络和文化站（室）建设，并以县城和威戎、高界、甘沟、李店等乡镇为基点，发展综合性文体宣传中心，为活跃城乡文化生活作出积极努力。医疗卫生工作要继续贯彻预防为主的方针，以加强三级医疗卫生网络特别是农村卫生组织建设和培养基层保健人才为重点，进一步改善医疗卫生条件。加强医德医风教育，提高服务质量，使防疫、保健、诊断、治疗水平不断提高。

（五）坚持两种生产一齐抓，严格控制人口增长

在加快经济建设的同时，必须严格控制人口的过快增长。要继续宣传贯彻“两法一条例”，进一步增强干部群众的人口意识、人均观念和控制人口增长的紧迫感和责任感。坚持以往行之有效的工作措施和方法，推行计划生育目标管理和科学管理，使

计生工作真正走上经常化、制度化、规范化、科学化管理的轨道，确保人口年度计划的完成。

三、进一步解放思想，更新观念，大胆创新，加快改革步伐

要实现经济建设的全面快速发展，只有深化各方面的改革，才能达到预期的目的。今后重点要推进以下几方面的改革：

（一）积极推进政府机构改革，加快政府职能转变

长期以来，我们现行的政府机构及其职能一直是按照计划经济的模式建立和运行的，已不适应社会主义市场经济的发展需要，如不下决心进行改革，市场经济就难以建立。总的要求是，按照政企职能分开和“精简、统一、效能”“宏观管住、微观放开”的原则，转变职能，理顺关系，精兵简政，提高效率，逐步向“小机关，大服务”的方向迈进。目前，着重要推进三个方面的改革：一是改革管理体制和方式，努力实现五个转变，即由计划经济体制转变成社会主义市场经济体制；由单纯管理职能转变为规划、协调、监督、服务职能；由直接管理为主转变为以间接管理为主；由微观管理为主转变为以宏观管理为主；由部门管理为主转变为以行业管理为主。二是改革管理职能。按照简政放权的原则，还权于基层和企业，尤其是企业的自主经营权，要按照条例的规定，不折不扣地全部予以下放，为企业进入市场创造良好的外部环境。要进一步理顺条块关系，凡县直部门设置在乡镇的机构，能下放的要逐步下放给乡镇管理，暂时下放不了的，也要实行条块结合，以块为主的管理办法，今后县直部门不得要求乡镇和企业设置与自己对口的机构，增加人员编制。三是改革机构，分流人员。目前重点是学习山西隰县的经验，创办实体，分流人员。凡是适合于转为服务实体、经济实体的部门，要加快向实体化转变，逐步退出政府序列，与财政脱钩，使之真正成为集管理、服务于一身的精简效能机构。

（二）继续深化农村改革，重点是稳定政策，完善承包合同，强化服务体系，壮大集体经济

要通过稳定以家庭联产承包责任制为主的基本政策，全面推行农业规范化双向承包合同，强化合同管理，把承包农户应向国家上缴的定购任务和向集体经济组织上缴的提留等义务同承包的权利联系起来，把集体应向承包农户提供的各项服务明确起来，调动集体统一经营和农户分散经营的积极性。要不断完善统分结合的双层经营体制，当前的重点是健全完善村社经济组织，增强集体经营这一层的实力，进而达到两个层次互为补充，互为推动。要进一步发展农业社会化服务体系，按照提高县一级、完善乡一级、强化村一级、扩大社一级、扶持发展农民服务化队伍的原则，以涉农部门为突破口，健全服务网络，拓宽服务领域，提高服务质量，全力推进专业化服务，真正实现产前、产中、产后全程化、系列化服务，以此带动其他行业服务体系的发展，最终形成以农业科技、生产资料供应和农产品流通、农经管理和农村资金融通三大服务体系为主体的农业社会化服务体系，提高整体服务水平。要逐步壮大集体经济实力，目前，我县大多数农村集体经济十分薄弱，无力为农民提供有效的服务。解决

的办法就是大力兴办集体企业、集体果园等经济实体，由小到大，逐步发展。形式上，乡村社可直接办，也可鼓励个体或联户办。资金上，可以集体单独出资，也可采取集资、入股等办法。内容上，可以办种、养、加实体，也可以办农产品流通、技术咨询等经营性、服务性实体。

（三）围绕社会主义市场经济的建立，全面深化企业改革

在加快政府职能转变，还权于企业的同时，企业自身要大胆地以条例规定的权力放手经营，以市场为导向，积极推进内部配套改革，重点是加快“三项制度”的改革。今后企业内部的机构设置、人员配备、机构规模和人员待遇，都由企业自主决定。在企业内部可实行内部全员合同制和内部待业制，允许职工辞职自谋职业。在改革中要不断强化职代会职能，接受职代会监督，尊重职工民主权利。在分配制度上，企业要统筹兼顾三者利益，县上对企业只控制工资总额，核定上缴利税、集体提留，其内部分配形式由企业自主决定，要坚持“按劳分配，多劳多得，奖勤罚懒”的原则，向生产一线，特别是向苦、脏 、累、险岗位和高技术岗位倾斜，拉开内部分配档次，克服平均主义。无论采取哪种分配形式，工资总额增长都不得超过经济效益的增长，职工收入增长不得超过劳动生产率的增长。在抓好三项制度改革的同时，要积极探索走股份制企业的路子，可先试点，后推开。总之，要通过深化各方面的改革，把企业真正推向市场，使企业在竞争中增强自主经营、自我约束、自我发展的能力。

（四）推动流通体制改革，加快市场体系的培育和建设

为适应全国统一开放市场体系的形成，今后改革的另一项主要任务就是积极推进流通体制的改革，加快市场体系的培育和建设。商业、粮食、物资等部门要逐步改革现行管理体制，成立总公司，由单一的供给型向生产流通型转变，由单纯的本地区向区内外、省内外发展，拓宽流通渠道。同时要积极鼓励生产企业直接进入流通，鼓励各经济部门、经济组织、个体工商户参与流通，以形成大流通格局。在继续大力发展农贸市场，促进商品市场特别是生产资料市场形成的同时，还要积极创造条件，培育包括债券、股票等有价证券在内的金融市场，发展技术、劳务、信息和房地产市场，试办期货、承包、租赁、产权、文化等无形市场，促进我县尽快形成统一的较为完善的市场体系。

（五）积极推进财税、金融、计划等方面的配套改革

财税制度改革，主要是按照国家的统一要求，实行分级管理制度，建立健全复式预算制度。重点是加快财政建设步伐，促其尽快形成找财、聚财、理财的能力。在税收管理上，要围绕财政收入，通过试点，扩大征、管、查相分离的税收管理范围，强化宏观调控的功能。计划体制改革要按照“规划、总量、改革、布局、协调、服务”的要求，进一步减少指令性和指导性计划，扩大市场调节比重，尽快建立起以间接管理为主的调控机制。物价改革要本着“既要稳定物价，又要振兴经济”的原则，把放、调、管三种调控方式有机地结合起来，除国家、省、地控制的少数关系国计民生的产品价格外，其余的一律放开，使价格杠杆在推动经济发展中起到积极促进作用。

劳动人事改革要按照上级的统一安排部署，围绕用工制度、就业安排、促进人才的合理流动，增强干部队伍的活动力等，逐步深化改革。住房、公费医疗、养老保险等制度的改革也要加快步伐。住房制度的改革，按照省、地安排，从今年12月1日起全面推开，我县的房改方案，已经地区批准，我们要按照实施方案，认真抓好起步工作，从改革公房低租金制度开始，逐步将现行公房的实物福利分配制度转变为货币工资分配制度，使住房这种特殊商品进入消费品市场，实现住房资金投入产出的良性循环。公费医疗制度改革要逐步改变现在由国家完全包下来的状况，由国家和个人共同承担，在完善现行办法的同时，逐步向社会医疗、保险方向发展。社会养老保险制度改革，重点是建设国家、企业和个人三方共同负担的社会保险制度，努力扩大社会统筹。同时，要进一步建立待业保险制度。

四、努力为改革和建设创造更好的社会政治环境

（一）加强社会主义民主与法制建设，坚持搞好社会治安综合治理。发扬民主从政府角度讲，主要是逐步建立健全民主的、科学的决策制度和程序，自觉接受人民代表大会及其常委会的监督，充分发挥人民政协、民主党派、无党派人士和人民团体的民主监督作用。在推进民主政治建设的同时，还必须加强社会主义法制建设。首先要结合“二五”普法，深入开展法制宣传教育，提高全民的法律意识，努力把各项工作纳入法制轨道。其次要改善行政执法活动，完善行政执法监督机制，坚决纠正有法不依、执法不严、违法不究的现象，切实保护公民、法人和其他组织的合法权益。提高依法行政和依法办事的自觉性。社会治安是当前人民群众普遍关心的一个问题，我们要继续采取专门机关与群众工作相结合的方法，加强综合治理，使治安状况较快较明显地得到好转。对破坏改革开放和经济建设、严重危害人民生命财产安全的各类犯罪活动，要坚决依法予以打击。同时要发动群众，开展群防群治，落实各种防范措施，健全内部治安防范网络和基层调解组织网络，使综合治理的措施真正落到实处，为经济建设和改革开放提供一个稳定的社会环境。

（二）坚持反腐败斗争，切实加强廉政建设。坚持不懈地开展反腐败斗争，加强廉政建设，是密切党和政府同人民群众联系的重要措施，也是政府部门今后的一项长期任务。首先要从各级领导机关和领导干部做起，做到严以律己，以身作则，带头同腐败现象作斗争。其次要靠教育、靠监督、更要靠法制，建立健全来自社会各方面的监督制度，特别要在执法部门和直接掌管人、财、物权力的岗位，建立健全有效防范以权谋私和行业不正之风的约束机制。对贪污盗窃、索贿受贿的腐败人员要坚决依法惩处，决不迁就姑息。三是继续推行“两公开一监督”制度，增强政府工作的透明度。尤其是对人民群众最关心的热点问题，一定要坚决实行公开办事制度，接受群众的监督。四是要勤政于民，切实改变工作作风，经常深入实际调查研究，多为群众办实事，以赢得人民群众的信任和支持。

（三）坚持两手抓，把社会主义精神文明建设推向新阶段。改革开放和经济建设的深入发展，对精神文明建设提出了更高要求。我们必须坚持两手抓的方针，在抓物

质文明的同时，抓好精神文明建设。要采取多种方法，分不同层次，对广大干部群众特别是青少年，进行党的基本路线教育、近现代史和国情教育，增强自尊、自信和自强精神，自觉抵制资本主义、封建主义腐朽思想的侵蚀，发扬自力更生、艰苦创业的优良传统，积极投身于社会主义现代化建设的伟大事业。并要重视职业道德和社会公德教育，逐步形成适合各自特点的道德规范。还要大力宣传表彰各条战线上的模范人物和先进事迹，进一步开展创建文明单位、文明村社、文明街道、文明户的活动，反对封建迷信，扫除各种社会丑恶现象，净化社会环境，努力促进精神文明建设的深入发展。

县人大常委会工作报告

（县人大常委会副主任李克科　1992年11月28日）

县十一届人大常委会于1990年1月产生以来，在县委的领导和支持下，常委会认真贯彻党的路线、方针和政策，以经济建设为中心，坚持四项基本原则，坚持改革开放，按照历次人民代表大会所作的决议，积极履行宪法和法律赋予的职权，为加强我县的社会主义民主和法制建设，维护和发展安定团结的政治局面，保障和促进全县经济的发展和社会进步，发挥了积极作用。3年间，召开3次县人民代表大会和18次常务委员会议；听取和审议县人民政府、人民法院、人民检察院18个方面的64次工作汇报，做出8个决议、决定；组织常委会委员、人大代表及有关方面的人员开展工作视察、调查17次；任免“一府两院”的68名工作人员和13名县人大常委会工作部门的负责人；组织开展了第十二届县、乡两级人民代表大会的换届选举工作；督促办理历次人民代表大会提出的意见、建议246条；接待和处理人民来信来访295件（次）。

在进行上述工作的过程中，为了适应新形势的需要，我们始终注意了常委会的自身建设，突出抓了四个方面：一是加强思想建设。经常组织常委会组成人员特别是主任会议组成人员，认真学习党的路线、方针、政策和各级党委、上级人大的重要文件，不断提高思想认识，坚定搞好人大工作的信念。二是注意作风建设。常委会凡列入审议的重要事项，事前都要由组成人员与有关部门的同志一起深入实际，调查研究，掌握情况，了解民意。例会审议时，鼓励组成人员畅所欲言，各抒己见，发表意见和建议。一旦提交表决，坚持少数服从多数的原则，以多数人的意见作出决定，从而比较好地体现了常委会集体行使职权、按照法定程序决定问题的原则。三是重视业务建设。由于常委会的工作法律性、政策原则性都很强，因此，我们把学习法律知识当作业务建设的一项重要内容，要求常委会组成人员做到知法、懂法、用法；凡要进行执法检查的主要法律、法规必先弄懂；对调查工作中发现的问题，用法律衡量，按法律规定处理。四是抓机关建设。本届常委会产生后，根据上级人大的要求，及时充实和加强了常委会的办事机构，把原来的“三科一室”改为司法民政、农业财经、教科文卫3个工作委员会和办公室，以后又增设了代表联络工作委员会。同时，拟定了《静宁县人大常委会联系人大代表办法》《静宁县人大常委会各工作委员会职责范围》，加上原来制定的《静宁县人大常委会工作规则（试行）》《静宁县人大常委会任免国家机关工作人员暂行办法》等，使人大工作趋向正规。

总之，这一届人大常委会的工作，依据宪法和法律赋予的职责，坚持实事求是，紧紧依靠广大人民群众，发挥了国家权力机关的作用。

关于前两年的工作，已向二、三次会议作了报告。现在就十一届三次人民代表大会以来的工作作如下报告：

一、注重监督实效，促进“一府两院”开展工作

对“一府两院”进行法律监督和工作监督，是宪法赋予地方各级人大及其常委会的一项重要职权。一年来，常委会通过认真总结以往的经验，充分运用各种法定的形式和手段，着重抓了以下几个方面的工作：

一是有重点地开展了执法检查。根据省人大常委会关于1992年执法检查工作的要求，县人大常委会于4月作出安排，“一府两院”按照各自的实际，重点对《全国人大常委会关于加强社会治安综合治理的决定》《甘肃省人大常委会关于加强社会治安综合治理的决议》《中华人民共和国全民所有制工业企业法》《中华人民共和国未成年人保护法》等法律法规的实施情况开展检查。同时，对行政诉讼法、民事诉讼法、药品管理法、森林法、残疾人保障法等法律的贯彻情况，按照“谁主管的法由谁负责检查”的原则，由有关部门进行对口检查。

在检查过程中，县人大常委会与县政府一起组织力量，深入各单位，了解掌握情况，及时解决。8月下旬至9月上旬，又分别对7个重点检查的县直部门和10个乡镇的执法检查工作进行了抽查。从总的情况看，今年的执法检查是有成效的。各执法部门在检查中与社会治安综合治理结合，与普法教育和法制建设结合，采取自查自纠和重点抽查的办法，发现和纠正了一些法律、法规在实施过程中存在的问题，处理了一批违法案件。政府系统先后查处各类违法违纪案件97起，追回款项1.1万余元。县卫生局在执法检查中，会同有关部门对91个医疗用药单位和药品经营单位进行了检查，共查出各类假、冒、伪、劣药品121种，价值达2360余元，全部得到处理。10月中旬常委会第十七次会议听取了县人民政府、县人民法院和县人民检察院关于1992年执法检查工作的汇报。在肯定工作成绩的同时，对贯彻药品管理法方面，机构、人员、办公用房不落实、工作没有开展起来的问题；在未成年人保护方面，有的企业单位使用童工的问题，提出了批评和建议，要求县人民政府采取有效措施，尽快加以解决，以保障执法的严肃性。

在进行执法检查工作的同时，根据群众的意见和要求，抓了社会治安工作。常委会第十七次会议听取县公安局关于社会治安工作的汇报时，指出了今年1至9月份我县重特大案件上升，盗窃案件突出，案件侦破率低等方面的严峻形势和工作上的薄弱点，提出了加强和改进的要求。

二是积极促进经济建设的发展。今年3月下旬，针对去年夏季以来我县长时间持续干旱，农业生产受到严重威胁的情况，常委会组织力量与农业部门的同志一起由领

导带队，按照全县东西南北和山川等不同区域，对14个乡镇的春耕、抗旱生产情况调查后，就一些亟待解决的问题向县政府提出了意见。4月初，县政府召开专门会议，研究解决了影响春耕生产的农贷、化肥供应等问题；同时向部分乡下拨了回销粮、救济款，解决了部分群众生活上的实际困难；水利部门筹集资金和物资，解决了38处小型水利开工、维修、配套方面的急需。5月中旬常委会第十四次会议又听取了县人民政府关于春耕和抗旱生产工作的汇报。会议就加强水利管护，利用一切水源，扩大灌溉面积；抓好夏田管理、种好大秋、扩大复种，力争粮食少减产；解决农用资金，落实化肥、地膜供应；搞好劳务输出，实现以工补农；深入调查摸底，在妥善安排群众生活等方面，集中进行了讨论研究，并提出了审议意见和建议。县政府经过组织动员，多方筹措，先后用于水利抗旱资金37万多元（群众自筹12万元），安排水利建设，维修配套项目135个，千方百计灌溉夏田5.8万亩。扩大秋田播种面积4.7万亩，复种面积比往年有大幅度增加。经过这样的艰苦努力，使抗旱生产收到了显著成效。

乡镇企业对振兴农村经济，增加农民收入，安排农村剩余劳动力做出了积极贡献，已成为我县国民经济的重要组成部分，为巩固和发展这一改革成果，研究解决这方面的问题，常委会于年初即将其列为今年工作要点之一。6月份常委会组织人员，对城川、后梁、甘沟、祁川等10个乡的乡镇企业做了专题调查，第十五次会议听取了县政府关于乡镇企业发展情况的汇报。经过会议审议，在肯定乡镇企业成绩的同时，指出了当前乡镇企业发展不平衡，整体素质差，管理水平落后，经济效益低的问题，提出了立足本地资源优势，大力发展乡镇企业，加强领导，提高管理水平，推动我县乡镇企业走发展、改革、完善、提高的路子的意见和建议。

交通运输工作，近年来紧紧围绕经济建设这个中心，积极筹集资金，建桥梁、修公路、通班车，为广大群众的生产、生活提供了方便，为加快我县脱贫致富步伐和推进经济建设的发展做了大量工作，取得了显著成绩，但也面临许多困难和问题。常委会亦将其列为今年工作的要点，经过调查掌握情况，第十六次会议听取了县政府关于交通工作的汇报。根据会议讨论，按照实际可能，提出了4条审议意见，要求县政府通过宣传教育，切实解决各级干部重建设、轻管理的问题，把公路建设、管理工作真正纳入各级政府的重要议事日程，形成齐抓共管的局面。要教育群众树立真正的权利义务观念，坚持民办公助的原则，搞好县乡公路建设和管理，进一步制定、落实发展规划和巩固措施，把全县交通运输事业的发展提高到一个新的水平。

三是对体育、卫生工作进行了检查。为了进一步贯彻落实省人大常委会《关于加强农村卫生工作的决议》，促进我县卫生工作的发展，常委会于今年春季会同卫生部门领导同志先后深入10个乡镇卫生院（所）和28个村卫生所，就贯彻省、县人大常委会关于加强农村卫生工作的决议情况进行了检查。总的看，县人民政府和卫生主管部门由于重视抓了基层卫生院的配套建设，农村医疗卫生条件得到一定改善。但是，医疗经费少、设备差、危房多、医疗卫生队伍不稳定，特别是村级卫生组织严重削弱，边远山区缺医少药、卫生防疫保健工作差的问题依旧突出，医疗卫生工作中执法不严的问题仍然存在，对于这些问题，常委会在向省、地报告，要求帮助解决实际困难的同时，向县人民政府提出了加强具体工作的意见和建议。

我县体育工作在诸多困难情况下，近年来经过积极努力，获得一定发展，但也存在不少亟待解决的问题。3月份常委会和县体委、教育局的同志一起，到7所中学、2所小学、7个乡镇和县直部分单位调查后，在第十五次会议上听取了县政府关于全县体育工作的汇报。在肯定成绩的同时，着重就进一步开展群众性体育活动，占领农村文化阵地，活跃群众文化生活，加强精神文化建设；正确处理普及与提高的关系，注重专业人才培养；增加体育经费，尽快解决县城中心体育场地址等问题，提出了审议意见。对意见中提出的要求，县人民政府经过认真研究，有的已经办理，有的筹划了落实的措施。

为了使法律监督和工作监督收到好的效果，一年来，常委会认真开展调查研究工作，先后组织专职委员和机关工作人员46人（次），深入30个乡镇43个村和88个机关单位进行了检查和调查，写出反映抗旱生产、体育、卫生工作、乡镇企业、交通运输、执法检查等方面的调查报告6份，为常委会审议“一府两院”工作提供了依据，创造了条件。

二、依法进行了人事任免工作

依法任命地方国家机关工作人员，是法律赋予地方人大常委会的一项重要职权。一年来，常委会按照地方组织法的有关规定，决定任命县人民政府组成人员11人，其中副县长2名，任命县人大常委会工作部门的负责人3人，免职1人。

常委会在行使任免权的过程中，认真贯彻干部“四化”方针，坚持德才兼备的标准，体现民主择优的原则充分发扬民主，严格依法办事，正确处理依法任命和现行干部管理制度的关系，注意把党的干部路线，用人标准贯彻于任命工作的始终。在具体工作中，常委会注意事前与提请单位交换意见，沟通情况，并采取严肃慎重的态度，及时纠正干部任免中出现的一些违反法律程序的问题。这样做，既体现了党管干部的原则，又发挥了人大常委会依法行使任免权的职能作用。

三、改进和加强代表工作

代表工作是常委会工作的基础。加强各级人大常委会同人民代表的联系，对于促进人大常委会的工作有着十分重要的作用。一年来，主要抓了以下几个方面的工作：

一是组织代表开展了评议试点工作。组织人大代表开展评议活动，是完善人民代表大会制度，加强地方国家权力机关职能的一种有效形式。今年初，常委会主任会议就开展评议工作多次进行研究。2月下旬以正式文件向县委作了专题报告，取得县委对这项工作的重视和支持。随后，常委会派出工作组会同威戎镇人大主席团经过深入调查研究，拟定了《关于评议威戎供销社和人民法庭工作的实施方案》，并经过充分的组织准备和调查研究，于5月份召开了有31名县、镇人大代表和部分列席人员参加的评议会，进行了面对面的评议。在评议过程中，代表们针对供销经营管理、农用物资供应、内部安全保卫和人民法院依法办案方面存在的问题，提出了切实可行的建议。两个被评单位对代表的评议十分重视，认真抓了整改工作。供销社着重从改善服务体系，认真搞好农产品收购、加工、积极引导农民发展商品生产；进一步提高服务质量，更好地为农业生产和人民生活服务；建立健全内部保卫责任制等方面提出了整改措施。人民法庭围绕提高办案质量，解决群众“告状难”的问题改进和加强了工作。通过这次评议试点，不仅有效地推动了被评单位的工作，而且对其他单位产生了积极的影响，为今后开展面上的评议工作积累了经验。

二是抓了十一届三次人代会代表意见、建议的办理工作。一年来，常委会把办理代表意见、建议作为一项重要工作来抓，努力改进办理工作，不断完善办理制度，使意见、建议的办理基本做到“事事有交代，件件有着落”。到9月底，人民代表提出的87条意见、建议已全部研究，并由各承办单位向代表做了书面答复。其中已经解决或部分解决的27件，占31.03%；正在解决或列入计划逐步解决的39件，占44.83%；因财力、物力或其他条件限制暂时不能解决的21件，占24.14%。在办理代表意见、建议过程中，绝大部分承办单位的思想认识较过去有所提高，办理方法和催办检查也有新的改进。首先是常委会和县政府把办理代表意见、建议提高到人民当家做主权利能不能得到实现的高度来认识，多次研究代表意见、建议的办理工作。其次，各承办单位实行领导把关、承办人员具体办理的责任制，使代表意见、建议办理开始走上制度化的轨道。第三，对代表意见、建议的办理情况进行跟踪检查，常委会和政府抽组人员，多次深入有关单位进行检查督促，促进了办理工作。

三是组织开展了学习贯彻代表法的活动。七届全国人大五次会议审议通过的代表法，是加强各级人大代表工作，进一步发挥人大代表作用的法律依据。为了有效地促进这一法律的贯彻实施，人大常委会于5月份向全县发出了《关于认真贯彻〈代表法〉的通知》，提出了通过学习宣传，使各级人大代表明确代表的地位、权利、义务和职责，使国家各级机关更加自觉地尊重、支持和保障代表依法行使职权；各级人大代表要严格按照代表法的规定，依法行使代表职务，履行代表义务；各级组织和个人都要积极支持和保障代表执行代表职务的要求。同时，县人大常委会于6月份还主持召开了在县城的部分省、县、镇三级人大代表座谈会。常委会负责同志又带领工作人员帮助一些乡镇人大主席团分别召开了学习代表法座谈会。通过学习、座谈和宣传活动，为代表法的实施起到了积极的促进作用。

四是加强了人民来信来访工作。一年来，共接待处理人民代表和群众来信来访78件（次），其中来信33件，来访45人（次）。对于这些来信来访，除人大常委会直接查处的外，按照“归口办理”的原则，及时转交有关部门办理，其中一些重要信件，回报了办理结果。从办理的情况看，绝大多数单位领导重视，对转去的信件都能认真办理，及时答复，基本上做到了件件有回音。

四、认真组织和指导了县、乡换届选举工作

按照地方组织法的规定，我县第十一届县、乡人民代表大会到今年年底任期届满。为了搞好这次县、乡换届选举工作，根据省、地安排部署，人大常委会党组于8

月上旬向县委作出《关于县、乡人民代表大会换届选举有关问题的报告》。常委会第十六次会议讨论、决定了换届选举的具体事项，通过了《关于县、乡两级人民代表大会换届选举工作的安排意见》。9月中旬，县选举委员会召开了有各乡镇党委分管领导和人大主席参加的选举工作会议，具体讨论安排了全县县、乡换届选举工作，为了确保这项工作的顺利进行，常委会的主任、副主任和部分专职委员，到各乡镇和县直部分选区进行检查指导，及时发现和解决了存在的问题。总之，这次县、乡换届选举工作进展比较顺利，达到了预期的目的。选举县人大代表的166个选区和选举乡镇代表的475个选区都是一次选举成功。选出的241名县人大代表和1320名乡镇人大代表，经县、乡两级代表资格审查委员会审查，其代表资格全部有效，从而保证了县乡人民代表大会的顺利召开。

第二节　县第十二届人民代表大会第二次会议

大会概况

县十二届人大二次会议于1994年1月17日至19日在县政府礼堂召开。县十二届人大一次会议以来，韩豫平、贾巨生2名代表调离静宁县，根据《中华人民共和国全国人民代表大会和地方各级人民代表大会选举法》第四十二条的规定，其代表资格自行终止。至此，县第十二届人大代表实有239名。此次会议实出席代表212名。

马子坤、马志俊、王守元、王国兴、王维岐、王镇华、毛喜来、吕忠厚、李克科、李怀仁、李佩红（女）、杜耀文、吴俊福、沙芳琴（女、回族）、陈松友、赵建忠、赵智荣、胡青汉、郜文学、郭应童、郭林禄、高致宗、阎志洁、靳士孔、翟沪兰（女）、蒙谦恭26人组成大会主席团，马子坤、王守元、吕忠厚、李克科、李怀仁、陈松友、赵智荣、郜文学、郭林禄、阎志洁10人为主席团常务主席；李克科为秘书长，王济华、郭应童、柴玉明为副秘书长；赵智荣、安静修、马志俊、王维岐、胡青汉5人组成议案审查委员会，赵智荣为主任委员，安静修为副主任委员。

1月16日举行预备会议，听取县人大常委会副主任、第十二届人大常委会代表资格审查委员会主任委员马子坤所作的《关于代表资格变动情况的报告》，通过大会议程、主席团和秘书长名单、议案审查委员会名单。

大会举行全体会议3次。第一次全体会议于1月17日举行，听取县政府县长李怀仁所作的《县人民政府工作报告》、县计委主任王智仁所作的《关于1993年国民经济和社会发展计划执行情况及1994年计划（草案）的报告》、县财政局局长刘宝生所作的《关于1993年全县财政预算执行情况及1994年财政预算（草案）的报告》；第二次全体会议于1月18日举行，听取县人大常委会主任吕忠厚所作的《县人大常委会工作报告》、县法院院长漆忠义所作的《县人民法院工作报告》、县检察院检察长陈贵录所作的《县人民检察院工作报告》，审议县人大常委会《关于县十二届人大一次会议代表意见建议办理情况的报告（书面）》；第三次全体会议于1月19日举行，听取县人大常委会副主任、议案审查委员会主任委员赵智荣所作的《关于代表意见建议审查情况的报告》，通过关于县政府工作报告、1993年国民经济和社会发展计划执行情况及1994年计划（草案）、1993年财政预算执行情况和1994年财政预算（草案）、县人大常委会工作报告、县法院工作报告、县检察院工作报告的决议；会议最后，县委书记曹兴荣作了讲话。

大会安排分团会议3次。

大会主席团召开会议3次。

大会收到代表意见、建议85件，涉及9个方面。其中：①农林水、农机方面29件，占34.1%，主要是建议给阳坡、余湾、深沟、司桥、雷大等乡部分村、社和机关单位修建人畜饮水工程，维修衬砌渠道，增加机井配套设施，治理河道；加强果园建设，改变农用柴油分配办法等。②农电建设方面9件，占10.6%，主要是建议给贾河、雷大、深沟、原安、灵芝、余湾、曹务、威戎、新店等乡镇的部分村社通电。③财贸方面9件，占10.6 %，主要是建议维修李店、贾河、曹务乡政府危房，修建深沟乡粮站，开源节流，增加财政收入，加快威戎农贸市场配套设施建设等。④教文卫广方面13件，占15.3%，主要是建议修建祁川、田堡、曹务、后梁初中，维修阳坡乡峡口村小学，修建威戎镇幼儿园，维修高界红军楼纪念馆，给新店、四河乡修建电视差转台，改进公费医疗管理等。⑤工业交通、邮电通信方面10件，占11.2%，主要是建议解决果糖厂生产用水，修建仁大至阳坡、李店至仁大、治平至新店公路，修复三合公路，设立余湾、祁川、田堡邮电所等。⑥政法、民政方面8件，占9.4%，主要是建议给余湾、新店、祁川、细巷等乡设立公安派出所，增加城关派出所值勤装备，严肃处理殴打乡村社干部事件，解决受灾群众生产、生活困难问题等。⑦市镇建设方面2件，占2.4%，主要是建议增加城关镇环卫设备，油铺庙川路面；⑧加强领导、改进作风方面5件，占5.9%，主要是建议加强对乡镇工作的领导，减少会议和文件，多干实事，支持乡村社彻底清欠农业税和承包费等遗留问题。

大会议程

一、听取和审议县人民政府工作报告；

二、听取和审议县人民政府关于1993年国民经济和社会发展计划执行情况和1994年计划（草案）的报告；

三、听取和审议县人民政府关于1993年财政预算执行情况和1994年财政预算（草案）的报告；

四、听取和审议县人大常委会工作报告；

五、审议县人大常委会关于县十二届人民代表大会第一次会议代表意见、建议办理情况报告（书面）；

六、听取和审议县人民法院工作报告；

七、听取和审议县人民检察院工作报告；

八、其他。

大会日程

县第十二届人民代表大会第二次会议日程表

表3-47

时间		会议内容	执行主席
1月16日	晚7时	预备会议:1.代表资格审查委员会作代表变动情况报告;2.通过大会议程;3.通过大会主席团和秘书长名单;4.通过大会议案审查委员会名单;5.宣布主席团第一次会议通过事项	
1月17日	上午	大会:1.大会开幕;2.县人民政府工作报告;3.1993年国民经济和社会发展计划执行情况及1994年计划(草案)的报告;4.1993年财政预算执行情况及1994年预算(草案)的报告	吕忠厚 王守元 李克科 靳士孔 胡青汉 王维岐 马志俊 高致宗 沙芳琴
	下午	代表团会议:讨论县人民政府的三个报告	
1月18日	上午	代表团会议:继续讨论三个报告	李怀仁 郭林禄 马子坤 陈松友 蒙谦恭 赵建忠 杜耀文 李佩红
	下午	大会:1.县人大常委会工作报告;2.县人大常委会关于县十二届人大一次会议代表意见、建议办理情况的报告(书面);3.县人民法院工作报告;4.县人民检察院工作报告	
1月19日	上午	代表团会议:讨论县人大常委会和法院、检察院的工作报告	郜文学 阎志洁 赵智荣 毛喜来 郭应童 王镇华 王国兴 翟沪兰 吴俊福
	下午	大会:1.议案审查委员会关于议案和代表意见、建议审查报告;2.通过关于政府工作报告、国民经济计划报告、财政预算报告、县人大常委会工作报告、法院工作报告、检察院工作报告的决议;3.县委领导讲话;4.大会闭幕	

主席团会议日程

县第十二届人民代表大会第二次会议主席团会议日程表

表3-48

时间		地点	会议内容	参加人	主持人
第一次会议	1月16日晚预备会议期间	大会主席台	1.通过主席团常务主席名单;2.通过大会日程;3. 通过代表团组成和列席人员范围;4.决定大会副秘书长名单;5.决定议案和意见、建议终止时间	主席团成员	李克科

续表3-48

时间		地点	会议内容	参加人	主持人
第二次会议	1月18日 上午10时	招待所 三楼会议室	听取各代表团关于政府三个报告讨论情况的汇报	主席团成员 代表团召集人	吕忠厚
第三次会议	1月19日 上午10时	招待所 三楼会议室	1. 听取各代表团关于人大常委会、法院、检察院工作报告讨论情况的汇报；2.听取议案审查情况汇报；3.讨论此次大会各项工作报告决议（草案）	主席团成员 代表团召集人	吕忠厚

附：

县人民政府工作报告

（县人民政府县长李怀仁 1994年1月17日）

一、一年来政府工作回顾

一年来，在上级党政组织和县委的领导、县人大的监督与支持下，政府工作始终紧紧围绕经济建设这个中心任务，以党的十四大精神为指针，以深化改革为动力，结合县情，按照十二届一次人代会确定的“双增双收”（粮食增产，农民增收，企业增效，财政增收）目标和措施，努力搞好各方面工作，经过全县上下的艰苦奋斗，保持了全县经济持续、稳定、协调发展的好势态，综合经济实力有了进一步提高，各项主要经济指标完成了计划要求，全县工农业生产总值达到32907.6万元，财政收入达到1461.1万元，农民人均纯收入达到497.78元，乡镇企业总产值达到15892.9万元，分别较上年增长11.6%、46.5%、10.1%和50.1%。

——以保粮增收为主的农村经济得到全面发展。一年来，我们始终把保粮增收作为推动整个农村经济的基础，按照发展“两高一优”农业的路子，大力推广先进的农业实用技术，不断强化农村社会化服务体系建设，有效地促进了农业生产的稳定增长。1993年全县农业总产值达到19914万元，比1992年增长9.7%，粮食产量达到13.62万吨，创历史最高水平。扶贫攻坚取得了新成效，农村贫困面由1992年的7%下降到目前的5.5%。

四大支柱产业开发有了新进展。工作上一改过去干部包乡扶贫为包支柱产业，抽组干部与农技人员组成产业承包开发集团，建立了100个支柱产业开发和小康示范村点，抓重点，促全面。果品产业在抓好现有果园管理的同时，狠抓了新植发展工作。1993年新植果园9241.4亩，其中百亩以上的果园达12处，并且出现了千亩的特大果园，在规模上、管理水平上有了新突破。全县果园面积累计达到5.05万亩，果品收入累计达到660万元。生猪产业，重点抓了猪种改良和提高商品率。在全县30个乡镇建起了生猪改配点，并向村社延伸，已初步形成了纯种繁育和杂交改良的双重体系，杂交改良率达58.6%，商品率达55.4%。草编产业继续按照南抓加工增值，北抓普及推广的要求，动员千家万户，扩大生产，全县草编收入达到1412.5万元。豆、芋、瓜菜等经济作物的播种面积和产量增幅较大，套种和复种指数提高。四大支柱产业的开发，带动促进了林业、畜牧业和农村商品经济的发展，全县农业商品率达到27.9%。

以田、水、路、电为主的农业基础设施建设步伐加快。梯田建设在早抓规划、稳定规模的前提下，突出了质量和效益，新修梯田3.85万亩。水利建设在抓好现有水利工程配套、维修和管理的同时，重点抓了张峡水库改建、仁大红卫渠工程、高界北岔集水库加固、高界继红节水管道的铺设等6处水利工程的新建、续建和扩建工作。全年配套五小工程93处，衬砌干支渠2.6公里，新增灌溉面积2200亩，使全县有效灌溉面积达到12.12万亩，保灌面积10.95万亩。

道路建设在抓好威戎大桥、红山咀大桥和仁大葫芦河大桥水毁护岸加固工程的同时，全力抓了李治公路立项、开建工作。同时，为国道312线改建在征地、拆迁、施工等方面给予了大力支持和紧密配合，目前已完成静宁段土方工程量的80%。

农电建设利用“两西”延期的机遇，继续采取国家、集体、个人三方筹资的办法，架设农电线路突破百公里，全县用电量达到3661万千瓦时，较上年增长16.3%，使全县村、社通电率分别达到92.8%和78%。农业机械化步伐得到进一步加快。农用拖拉机发展到2272台、农机总动力达到49986.02千瓦。畜力播种机成为1993年农民抢购的生产资料之一，播种面积达到16.46万亩。

乡镇企业继1992年产值突破亿元大关后，仍以50%的速度持续发展，并实现了产值、收入、利润同步增长。1993年总产值完成15892.9万元，总收入完成12555.6万元，利税达到1233.8万元，分别占年计划的118.5%、114.1%和114.2%。其中乡镇企业工业产值累计完成6315.4万元，占年计划的112%。乡镇企业在农村社会总产值中的比重达到41.3%。全县乡镇企业总户数和从业人员分别达到4020个、20704人，较1992年分别增长3.9%和13.8%。建筑、地毯、草编三大优势行业，更加得到发展壮大。县建筑集团公司以其实力、信誉，获得省二级资质，2800名建筑大军跨出省门，跻身于新疆、宁夏等省区的建筑市场，年产值达到4676万元，实现利税171万元，已成为县内外有较大影响的建筑企业。股份合作制企业也有了新突破，至目前，较为规范的股份合作制企业发展到8家，合作股金达157.25万元。同时，狠抓了一批新建、续建项目的建设和考查论证工作。投资293.57万元的威戎水泥厂扩建工程已竣工，并通过验收，投入生产，年产量将由3000吨增加到2万吨。城川纸箱厂建设顺利完工，已实现产值4.1万元。高界机砖厂完成投资37万元，可望1994年上半年投入生产。年产5万平方米的县地毯厂扩建项目已经省上批准立项，威戎造纸厂技改及农一清厂的新建，已完成论证和初设。劳务输出工作打开了组织输出的新局面，新增劳务基地5个，全县输出劳务40500人，纯收入2632.5万元，同比增长14.3%，每个农村人口平均为64元。

——城镇经济在资金严重短缺，原材料涨价过猛等不利因素的影响下，通过内抓改革增动力，外抓销售注活力，仍保持了生产和销售同步增长的好势头。全部工业产值完成12993.6万元，占年计划的103.5%,较1992年增长23.9%。其中乡以上工业产值9683.9万元，占年计划的91.8%，较1992年增长14.4%。预算内国营工业企业完成产品销售收入3325.1万元，占年计划的154.3%，较1992年增长75.87%。9个重点达产达标项目中有人造板、原煤实现了达产达标目标，共计实现净增产值823.31万元，实现利税57.74万元。列入技改的4个项目全部顺利完成。国有企业股份合作制有了新突破，城市新集体特别是个体、私营企业有了新发展，其工业产值比重达到39.3%，比1992年高出4.8个百分点。

商流企业，以市场为导向，千方百计扩大购销，搞活流通，基本保证了人民生活必需品和工农业生产资料的正常供应。年内完成国内商品纯购进4903万元，国内商品纯销售10152万元。农副产品收购总额完成7426.9万元。粮食购销体制改革进展平稳，提前完成了粮食定购任务。物资企业实现了减亏和扭亏的目标。

第三产业蓬勃兴起，创办经济实体方兴未艾，仅县级行政事业单位破墙建店创办经济实体154个，创收23万元。第三产业总产值预计达到7659.1万元，占国民生产总值的25.3%。城乡市场繁荣，购销两旺，年成交额达3456万元，较上年增长59.6%。

财政工作继续坚持了改革、增收、开源、节流、求援的措施，在全面推行县乡分灶吃饭，实行财政经费包干制的同时，把组织财政收入放在首位。通过强化税收征管，压缩各种非生产性支出，圆满地完成了财政预决算，各项收入累计完成1461.1万元，占预算的116.2%，超预算204.1万元。总支出完成3640.4万元，较1992年增长19.3%。

交通运输业主抓了道路养护和客货运输。完成标准化养路81公里，主要线路和重点线路好路率达到了要求标准。同时，为解决边远山区群众乘车难的问题，对营运体制进行了大胆改革。扶持发展个体运输户从事客运业，取得了明显社会效益。全年完成客运量100.35万人（次），货运量10.9万吨，金融工作在支援地方经济建设中，较好地发挥了经济杠杆作用。年末全县银行存款余额达到13565万元。各项信贷余额达到15661.9万元，保险业务进一步扩大，经济补偿作用得到进一步发挥。

——基础产业和基础设施等重点建设项目进展顺利。年内全县各类在建、续建项目69个，完成固定资产总投资1791.4万元，其中生产性建设项目投资1148.4万元。县城二期供水工程已完成工作量179万元。邮电通讯除完成1500门市话扩容外，还在威戎、高界、雷大、李店、甘沟5乡镇安装了程控电话，使我县的电话通讯揭开了新的一页。县防疫站综合服务楼和妇幼保健站已立项开建。房地产开发，通过各方集资386.4万元，新建商品住宅1.4万平方米，城区公有旧房改造也已起步，城镇居民住房面积由1992年人均6.6平方米，增加到6.8平方米。投资980万元的鞍子山拦河闸已经省上批准立项，目前已开工建设。底布生产线扩建工程完成投资50万元，橡塑缠绕胶管已完成工程量703万元，县人造板填平补齐项目做到了当年立项、当年建设、当年竣工，年产能力达到10万平方米。县水泥厂自筹资金50万元，新建的均化库，已完成主体工程。

——社会各业协调发展，计划生育工作有了新发展。科技工作重点抓了农业新技术的推广普及和科技培训。1993年，新建综合示范村3个，示范户1083户。全县共有133名科技人员，在24乡214村进行了科技示范承包项目14个，其中以旱作农业为中心的技术承包项目10个，面积达39.5万亩，创出“吨粮田”“双千田”样板100亩。同时，通过各种形式，对广大农民群众进行了科技培训，共举办培训班212期，培训各类技术人员1.4万人，至目前，平均每万亩耕地拥有农民技术人员5名。

教育工作在“教育立县”的战略思想指导下，通过“加强基础教育，强化职业教育，理顺成人教育”，使教育质量稳步提高，初中六科、小学双科合格率分别达到41.8%和36%。1993年向大中专院校输送学生723名，再次名列全区第一。救助失学儿童的“希望工程”得到全社会的支持，通过各种渠道筹集资金4.1万元，救助已经失学和即将失学的少年儿童829名，并争取全县希望工程捐款20万元，在灵芝乡建起我县第一座希望小学。职业教育和成人教育以“五校五中心”为依托，为经济建设培养各类实用人才。集资办学和改造中学危房的步伐不断加快，年内共多方筹措资金192万元，新建、改建、维修校舍5332平方米。

医疗卫生在贯彻预防为主方针的同时，重点抓了医药市场的整顿和医务人员的医风医德建设，医疗保健水平有了新的提高。儿童计划免疫和妇幼保健工作均取得了新成效，在已实现第二个儿童计划免疫率达85%的基础上，顺利完成了消灭脊髓灰质炎投放糖丸的任务。

民政优抚、救灾救济、助残养老、双拥共建工作成效显著。全年拨付救灾和救济款44.6万元，有效地帮助解决了受灾群众的生活困难和生产自救问题。同时，乡乡还实行了统筹优待法，年优待总金额达18.2万元。为配合驻训部队圆满完成任务，广泛开展了双拥共建活动，为部队在生活、训练等方面提供了方便，受到了兰州军区的表彰。

文化艺术、广播电视、出版发行、体育运动等项事业，在突出社会效益的前提下，紧紧围绕经济建设，较好发挥了各自的职能作用。《静宁县志》正式出版发行，并荣获全国地方志评选一等奖。《静宁新闻》和《静宁经济》等电视节目的开办，标志着我县广播电视宣传步入了一个新的阶段。就业安置、民兵工作、司法行政、档案管理、气象服务及民族宗教、侨务对台、旅游接待等都有新的加强和提高。

计划生育继续坚持“三不松”方针，严格实行目标管理责任制，不断完善卡簿等科学化管理手段，把突击活动与经常性工作相结合，使计生工作有了新进展。加强了婚姻登记管理工作，有效地制止了早婚、私婚现象。

——改革开放迈出了新步伐。农村改革在坚持完善家庭联产承包责任制的基础上，围绕建立统分结合的双层经营体制，进一步加强了农村社会化服务体系建设，在科技服务、生资供应、农经管理等方面，网络进一步健全，范围进一步扩大，质量进一步提高。特别是围绕果品等大宗农产品销售，建立了果品经销、纸箱生产等购销服务组织，并积极引导广大农民直接进入流通领域，有力促进了农业生产向社会化、商品化方向发展。同时，土地有偿承包及农村资产管理改革成果得到进一步巩固。

工业企业改革，以贯彻条例为重点，加快了转换经营机制的步伐，以三项制度为核心的14项经营自主权，绝大部分基本得到落实。在总结推行“五自主”试点经验的同时，县上对县水泥厂进行了股份制改建试点，为今后我县建立现代企业制度，发展股份合作制经济，进行了有益的探索和尝试。为充分发挥行业规模优势，1993年又成立了县地毯集团总公司和县粮油总公司，进一步扩大纵横向联合。

商流企业的改革，集中抓了国合商业企业的“国有民营”和“社有自营”，至目前，对43户小型商业零售企业进行了“国有民营”和359个基层供销零售门店进行了“社有自营”的改革，目前工作进展平稳，并显示了较为明显的活力。

财政体制的改革，继续抓了县、乡财政分级包干体制的建立，有效地调动了各方生财、聚财、理财的积极性。同时，大胆改革了医疗住院费的管理使用办法，改财政全包为保险赔偿。继续鼓励支持干部职工创办领办经济实体，分流人员。房改方案进入全面运转，各项房改措施正在逐步落实。

对外开放进一步扩大，对外贸易活动更加活跃。县上先后组织有关部门和企业参加了第二届崆峒旅游节、西交会等经贸活动，并加强了同兄弟县（市）的联络与合作，在宣传静宁、展销产品、洽谈项目、融通资金等方面取得了新实效。全年达成外协项目7个，协议外资212万元，到位59万元。

——精神文明建设和反腐倡廉取得了新成效。在促进社会主义物质文明建设的同时，进一步加强了社会主义精神文明建设。利用秋冬农闲时间，在全县农村集中进行了特社理论和社会主义市场经济理论的教育活动。同时，在全县范围内开展了反腐败斗争。并进一步从加强信访、举报工作入手，鼓励群众检举揭发问题，共接待群众来信、来访139件，并进行了认真调查，对33起违纪案件进行了查处，有11名违纪人员受到党纪政纪处分，移交司法机关立案3起5人。同时，为减轻农民负担，对各种行政事业性收费进行了认真清理，宣布取消各种不合理收费27项，暂缓执行5项，并认真开展了财务税收物价大检查，使反腐败斗争取得了阶段性成果。为增强政府工作的透明度，在一些热点工作上，继续推行了“两公开一监督”制度，制定了勤政为民，廉洁高效工作的15条规定，一些部门还结合行业特点，制定完善了一些内部约束制度，以接受群众的监督。

社会主义民主和法制建设得到不断加强。县乡两级政府充分发挥人民代表当家做主的权利和政协委员参政议政的作用，全年共承办人大代表、政协委员建议、意见、提案129件，得到解决落实的41件，有效地促进了政府决策的科学化和民主化。以专业法学习为主要内容的“二五”普法教育全面开展。土地管理、技术监督、审计事务、物价检查等行政执法工作进一步得到加强，依法办事的自觉性有所提高。行政执法检查普遍得到重视。社会治安综合治理的措施得到进一步落实。通过坚持“严打”，开展反赌博、反“三窃”、禁毒品等专项斗争，采取专门机关和群众工作相结合，重点治理与综合治理相结合的方法，使治安形势进一步好转。重点区域和重点路段的治安秩序比较稳定，刑事发案率较1992年下降5.4%，各类案件的破案率提高到75.7%。

在回顾总结过去一年政府工作的时候，我们十分清楚地认识到，在我们的工作中还存在着一定的差距和问题。一是思想还不够解放，缺乏锐意改革、开拓进取的精神，因而，在指导全县发展市场经济上缺乏经验和胆略；二是改变农业基础条件的任务艰巨，农村社会化服务体系建设不能够完全适应市场经济发展的需求，尤其是产后服务滞后，加之工农产品“剪刀差”拉大，农民增产不增收的问题比较突出；三是乡镇企业发展资金短缺，人才贫乏；四是工业企业设备老化，产品单一，发展后劲不足，结构调整和技术改造的任务相当繁重，加之内外环境的制约，致使企业经济效益持续下降，亏损面和亏损额继续增大；五是财政收入虽以46.5%的速度递增，但因财政赤字累计已达1312万元，加之政策性增支因素较多，致使资金调度相当困难，既影响吃饭，又影响建设；六是市场体系和市场体制不健全，第三产业基础差，水平低，发展速度滞后；七是人口形势仍很严峻，控制人口增长，提高人口素质的任务相当艰巨；综合治理的措施还没有全面落到实处，重大刑事犯罪时有发生；八是政府部门转变职能的步伐迈得不快，反腐倡廉，提高办事效率的任务还很艰巨，等等。所有这些问题，都需要我们在今后的工作中认真加以解决。

二、1994年政府工作的思路、任务及措施

1994年是第十二届政府任期的第二年，也是推进建立社会主义市场经济体制改革，提前实现“八五”计划的关键年。今年政府工作总的指导思想是：全面贯彻党的十四大和省党代会议精神，适应社会主义市场经济的总趋势，进一步解放思想，更新观念，加快改革开放步伐，努力调整经济结构，提高经济效益，求真务实，突出重点，实现“一稳、二增、三发展”（即稳定农业大局；增加农民收入，增加财政收入；乡镇企业、第三产业、市场建设大发展），推动全县经济持续快速健康发展。

主要奋斗目标：国民生产总值达到33290万元，增长9.5%，工农业总产值达到38380万元，增长16.6%。其中：工业总产值达到14900万元，增长14%，农业总产值达到23480万元，增长17.9%；粮食总产量达到14.28万吨，增长4.8%；乡镇企业总产值达到19600万元，增长28.3%；财政收入达到1317万元，社会商品零售总额达到17251万元，增长30%；农民人均纯收入达到543元，增长9.1%；人口自然增长率控制在15.4‰以内。

上述奋斗指标，都是按提前一年完成“八五”计划确定的，具体指标还要待省、地计划会议后再作调整。为确保上述目标的实现我们要重点抓好以下八方面的工作：

（一）以发展“两高一优”农业为目标，大力发展农村经济

今年农村工作总的要求是：继续把农业放在全县经济发展的首位，以稳定解决温饱，增加农民收入，发展高产、优质、高效农业为目的，以改变农业生产条件，开发支柱产业，加快乡镇企业发展为重点，以科技进步和提高劳动者素质为先导，继续强化农业基础，调整农业结构，深化农村改革，努力提高农村综合经济实力。

1. 强化农业基础地位，确保粮食稳定增长。各级都要继续强化对农业基础地位的认识，切实加强对农业和农村工作的领导，千方百计稳住农业这个大局。要按照水地挖潜，旱地改造，依靠科技，加大投入，主攻单产，增加总产的发展路子，毫不放松地抓好粮食生产。一是着力于改革耕作制度，大力推广立体种植、间作套种、提高复种指数和土地利用率。年内全县间作套种面积达到10万亩，复种面积达到15万亩，带

状种植面积达到1万亩。二是大力实施“科技兴农”发展战略，加速科技成果的推广应用。在全县尽力普及优质品种、地膜覆盖、撮苗种植、配方施肥、病虫害防治等农业实用技术。全县良种覆盖率达到80%，地膜玉米达到7万亩，其中：撮苗种植1万亩。三是全力以赴打好春耕生产这一仗。特别是要立足抗旱抗灾夺丰收，牢固树立防大旱、抗大灾的思想，全力以赴，抓好春耕生产的各项准备工作，及早动手，组织好农业生产资料的供应和防灾抗灾的各项准备工作，确保不误农时，有备无患。

2. 继续以农村支柱产业开发为突破口，不断促进农村经济结构的调整。要以提高农产品商品率，增加农民收入为出发点，大力发展多种经营，提高畜牧养殖业、林果业的比重。工作重点继续放在区域发展，系列开发，完善服务，规模经营上，并按照“六个一”的措施（即每个支柱产业有一个领导挂帅、有一个科学规划、有一套扶持政策、有一套班子实施、有一个挂靠科技单位、有一个依托龙头企业），做到分工具体、任务明确，争取年内在发展速度、批量生产、规模经营、增加收入上迈出新步伐。林果业要围绕到1996年全县建成20万亩果树经济林基地的目标，坚持一手抓发展，一手抓管理，年内保质保量完成新建果树经济林4万亩（其中：苹果2万亩、杏树、花椒各1万亩），力争6000亩果园达到“吨果千元”标准。生猪生产要在切实提高改良率和商品率上下功夫。年内全县杂交改良猪占到饲养量的70%以上，商品率提高到60%以上。并以此带动鸡、牛、羊、兔等畜牧养殖业的发展。豆芋产业要继续稳定面积，推广丰产技术，主攻单产，增加总量。草编生产要进一步扩大加工生产和增值能力。同时，各级要积极抓好农村社会化服务体系建设，围绕农村支柱产业开发，特别是果品等重点农产品，大力发展各类商品推销机构和中介组织，鼓励农民直接进入流通领域，逐步建立起配套服务一条龙，产加销一体化的服务体系新格局，以解决农产品的卖难问题。

3. 加快速度发展乡镇企业，促其跨上新台阶。大力发展乡镇企业，对促使我县经济再上新台阶具有十分重要的战略意义，我们必须坚持全党动员，全民大办的方针，发挥优势，拓宽思路，突出重点，坚持一手抓扩大发展，一手抓改造提高，促进乡镇企业持续快速发展，努力做到产值、销售收入、实现利税三同步。具体工作上要着重抓好3件事：

一是全力抓好项目建设，充分发挥三大优势，努力加快发展速度。采取乡办、村办、联办、私营办，多种轮子一齐转，着眼市场需求，立足本县优势，突出“一乡一业，一村一品”，大力兴办农副产品加工、储备、运销企业，发挥劳动力优势发展商业、服务业等劳动密集型企业。县乡都要选择论证一批有资源、有市场的项目，一旦有机遇，就能拿得出，上得去。特别是10个重点乡镇要充分利用交通等有利条件，集中布局，连片开发，发展企业群体，力求使发展速度保持在40%以上。建筑建材、地毯加工、草编生产三大优势行业，要以骨干企业为核心，发挥集团优势，加强横向联合，扩大生产规模，形成整体推动的局面。对在建、续建项目，要千方百计保证资金到位，确保按期投产，发挥效益。今年要重点抓好农一清厂新建、威戎造纸厂扩建和县地毯厂扩建3个投资300万元以上的项目，确保年内完成投产。要把着眼点放在发展股份合作制企业和个体私营企业上，力争年内这方面新增资金占到全县乡镇企业投入的25%以上，所创产值和企业户数有大幅度增长。

二是狠抓企业管理，提高整体素质。要从质量、财务、设备、物资、安全等专项管理抓起，切实提高管理水平。19户重点骨干企业要遵循一调（调整利益）、二改(深化改革、技术改造)、三上（上规模、上效益、上水平)、四突破 (数量上突破、素质上突破、实力上突破、活力上突破) 的思路，紧紧抓住外向带动、科技驱动、改革推动三个环节，加强生产调度，抓好晋等升级、达产达标、扭亏增盈工作，以此带动全县乡镇企业的大发展。

三是大胆起用能人，充分发挥能人效应。要进一步完善措施，建立一种尊重人才、保护人才、使用人才的社会环境，着力培养自有人才，大胆引进人才，创造条件让那些懂经营、会管理、具有开拓创新精神和参与市场竞争意识的各类能人，走上发展乡镇企业的主战场，发挥其带动辐射作用。

4. 继续坚持不懈地改变农业生产条件，增强农业发展后劲。梯田建设要在上规模、上水平、上质量的前提下，坚持因地制宜、分类指导，保持4万亩的发展速度，战场规模以30亩为起点。水利建设要集中力量，重点抓好鞍子山拦河闸、红卫渠和庙堡渠衬砌等一批新建、续建工程。葫芦河流域分段治理工程在已争取省上支持的同时，要进一步搞好规划方案，争取年内完成投资200万元。灵芝乡和后梁裴家塬两处人饮工程及治平杜家塬提灌站确保年内建成并投入使用。年内力争新架农电线路50公里，解决10个村的通电问题，1995年全县实现村村通电。渠马灌区及雷大至李店输变电工程要继续抓紧前期工作，争取早日立项。林业建设要坚持造管同步，以管为主、保证完成造林2万亩。道路建设除积极争取新上仁大至李店、八里至西吉、甘沟至田堡等主干线的立项和李治公路桥的续建外，突出抓好县乡道路的养护和乡村社道路建设，并当作春季农村工作的一项硬仗来打，各乡镇都要做出规划，集中领导，集中劳力，统一实施，力争把乡、村、社道路维修拓宽。对那些侵占蚕食道路的钉子户要来真的，动硬的，决不迁就姑息。

扶贫开发，要走相对集中，综合开发，规模扶贫的路子。对条件较差的西北部9乡镇的扶贫，要继续从各方面予倾斜照顾。并加强劳务输出的组织工作，增加劳务收入。同时，要切实加强村提留、乡统筹的收缴管理工作，落实劳动义务工和积累工制度。认真贯彻执行党中央、国务院《关于切实减轻农民负担的决定》，坚持取消不合理收费，彻底制止“三乱”，并尽快将减轻农民负担工作纳入制度化和规范化的轨道，用政策调动和保护农民的生产积极性。

（二）以搞活增效、调整结构为中心，确保城镇经济稳定协调发展

今年城镇经济总的要求是：认真贯彻条例，切实转换机制，调整结构，保持增速，提高效益，力争实现速度与效益同步增长、亏损企业扭亏、企业素质全面提高的三大目标。

1. 以条例精神为指导，全力抓好新一轮企业承包。二轮承包已到期，县政府已提出了新一轮承包的具体方案，其基本思路是以建立适应市场经济要求，产权清晰、权责明确、政企分开、管理科学的现代企业制度为目标，围绕企业效益、国有资产保值增值、企业管理三大指标体系，确定合理的承包基数，强化分配、消费、纳税、权力约束机制，因企制宜地采取6种承包形式，即组建或改建股份制企业、改建股份合作制、国有资产经营承包、租赁经营、扭亏减亏承包、目标管理责任制，彻底解决只负盈不负亏的问题，以逐步建立起适应市场经济需要的新机制。

2. 以提高效益为中心，加快工业发展速度。面对目前工业企业不景气的状况，要突出企业改革、技术改造和企业管理三个重点，积极开展“转机制、抓管理、练内功、增效益”活动，在确保经济效益的前提下，力争有一个较快的发展速度，全县乡以上工业产值达到10850万元，增长12%，预算内工业企业销售收入达到2745万元，实现利税338.5万元。

一是加快结构调整步伐，不断推进企业技术改造、达产达标和新产品开发。首先要按“一联”“二挂”“三引”的思路（即加强横向经济联合；挂靠科研院所，挂靠大中企业；引人才、引技术、引资金），积极抓好企业组织结构调整。其次，要按照内涵搞改造，外延上项目，大力调整产品结构，争取年内对县人造板、淀粉深加工、石英管材等重点技改项目完成投资800万元。并毫不松懈地抓好达产达标工作。对近年来建成投产尚未达产达标的企业，要继续实行目标管理，限期达产达标。对市场需求量大、经济效益好的产品，要从各方面给予支持和配合，使其开足马力，满负荷生产。所有企业都要尽可能地开发一批起点高、技术新、适销对路的新产品，以适应市场变化的需要。

二是狠抓产品销售，力争实现产销同步。要切实加强销售力量和网络建设。企业可根据“人尽其才，用其所长”的原则，选择或招聘一批懂经销、善攻关、素质好的人员从事经销工作，千方百计注意攻市场、占市场、保市场。对库存积压较多的滞销产品，要下决心进行削价处理，以盘活资金，保证生产。要继续采取有力措施，回收外欠货款，以弥补流动资金的不足，同时，要加强对地方企业产品的扶持和保护，扩大县内工商产品的订货和销售，尤其是对一些生活必需品，商供部门要优先采购县内的。从今年起，县上各单位的生产生活用煤要一律拉用县煤矿的煤，财政供给烤火费的行政事业单位，其烤火费由县财政直接与县煤矿结算，不再拨给单位。这要作为一项制度认真予以执行。

三是采取有力措施，尽力抓好扭亏增盈工作。今年要把扭亏增盈工作作为企业工作的一项硬仗来打。对果糖、农机、针织、火柴等亏损大户，要逐企业调查分析亏损原因，区别不同情况，制定出扭亏减亏方案，并切实予以落实。要把企业减亏、扭亏同企业领导、职工的利益挂起钩来，使其感到人人肩上有担子，个个思想有压力。还要把落实扭亏增盈措施与加强企业管理紧密结合起来，先从降低成本抓起，完善各个环节上的制度和措施。以保证减亏、扭亏目标的实现。

四是强化发展意识，狠抓项目建设。对人造板扩建、塑料编织袋扩建、马铃薯淀粉设备引进和石英灯具、电焊条、缠绕胶管、彩印设备生产线等列入今年计划的在建、续建重点工业项目，以及白酒、碳酸饮料、软塑包装烧鸡3个横向联合项目，一定要积极争取资金到位，力争早日建成投产。抓住宝中铁路即将贯通的机遇，继续抓紧静宁六盘山货物转运站和平凉德顺宾馆的修建工作。对新建项目要以建设单位为主，建立从立项、竣工投产以至达产达标的全程负责制和业主责任制，力求建成一个，见效一个。要进一步抓好项目库的建设工作，组织考查论证、储备一批高起点、高科技、高效益的新项目。同时，要进一步加强生产调度，搞好协调服务，继续实行总量统筹，组织协调，保证工业生产正常运行。当前要全力抓好一季度的生产，力求做到早计划、早筹资、早采购、早启动。

3. 以市场为导向，进一步搞活商流企业。要围绕繁荣城乡市场，千方百计扩大购销。国合商流企业要在已推行“国有民营”和“社有自营”改革的基础上，认真分析改革过程中存在的问题，不断协调完善改革配套措施，使其真正成为自主经营、自负盈亏、自我发展的市场主体。商业企业要把彻底扭转全行业亏损作为今年工作重点，力求在短期内取得明显效果。供销企业要在继续搞好农资专营业务的前提下，不断扩大购销业务，开展多种经营，积极占领农村经济综合服务的阵地，解决农副产品买难卖难的问题。粮食、物资部门要进一步研究放开经营、搞活流通的措施，扩大联合，拓宽市场，以规模优势求生存，求发展。国有粮店要坚决按照国务院的通知精神，挂牌销售粮油，为平抑粮油价格发挥主导作用。

4. 狠抓财政收入，想方设法筹措建设资金。要坚持开源与节流并重，城乡齐抓，努力缓解财政供需矛盾。要按照国家出台的分税制改革措施，进一步强化税收征收征管，严格依法纳税，杜绝“跑、冒、滴、漏”。特别要加强农林特产税和个税、私营集市零散税的征管，严肃查处偷税漏税的不法行为，确保该收的足额收回。要进一步加快乡级财政建设，完善乡镇及行政事业单位经费管理办法，增加各级聚财、理财的积极性和自觉性。要真正树立勤俭节约的思想，从严控制支出，严肃财经纪律，坚持实行“一支笔”审批制度，强化预算约束，严控社会集团购买力。对行政事业单位编制实行冻结。通过争取国家和省上直接投资，吸收社会闲散资金，利用国内外资金，多渠道、多层次筹措建设资金，弥补我县建设资金的不足。金融部门要广泛吸收存款，尽力扩大信贷规模，积极开展资金拆借和融资业务，为支援地方经济建设作出新贡献。

（三）以市场建设为重点，加快发展第三产业

要认真贯彻中央关于发展第三产业的决定，切实把全面快速地发展第三产业，作为经济工作的一个重点，1994年增长速度达到16.8%，实现产值8988.3万元。要按照社会主义市场经济的要求，采取切实有效的政策措施，进一步拓宽发展领域，放手兴办第三产业。鼓励企事业单位、社会团体，特别是个体私营企业以资金、房产、设备、技术、信息、劳务等形式投入第三产业。要继续贯彻“政企分开、独立核算、人员分

流，办起后逐步脱钩”的原则，支持党政机关和事业单位创办经济实体。鼓励工商企业利用现有设施、资金和富余人员，开发和兴办面向社会服务的第三产业。要下大功夫抓好市场建设。按照高档次、多功能、规范化的要求和“谁建谁管谁受益”的原则，继续完善配套威戎和县城西关2个年成交千万元以上的大型综合集贸市场，改建、扩建古城、甘沟、李店3个万人以上区域性农贸市场，并积极创造条件，建立人才、劳务、科技、信息等生产要素市场，促使尽快形成具有我县特色的市场体系。

（四）围绕经济建设，发展科技、教育卫生事业

要大力开展科普宣传，建立和完善科技与经济有效结合的机制，健全城乡科技服务体系，动员组织科技人员进入经济建设的主战场，促进科技成果向生产的转化。教育工作以贯彻纲要为总揽，坚持一个中心，突出两个重点，狠抓三项建设，推进四项改革，上好五个台阶（即坚持以提高教育质量为中心；突出“普九”和扫盲两个重点；狠抓校舍、配套、队伍三项建设；完善分级办学、分级管理制度，深化学校内部管理机制，探索教育思想、内容、方法改革和农村教育综合改革四项改革；力争在普及义务教育、职业技术教育、农村教育综合改革、改善办学条件、教育教学质量五个方面再上新台阶）。医疗卫生工作要继续贯彻预防为主，为人民健康服务的方针，广泛深入开展医风医德教育和爱国卫生运动。加强乡镇卫生院建设，强化对食品卫生、劳动卫生、公共场所卫生和医药市场的监督管理，严厉打击伪医假药，保护和提高群众健康水平。

（五）认真搞好计划生育，严格控制人口增长

今年仍是我县人口出生高峰年，人口控制面临更加严峻的挑战和繁重的任务。切实加强计划生育工作，努力实现责任管理目标至关重要。要继续坚持党政一把手负总责，采取抓城镇带农村、抓干部带群众、抓大乡大村带小乡小村的“三抓三带”措施，严格落实各项责任制，一级抓一级，层层抓落实。切实解决工作不平衡，不实在的问题，做到平茬补账，不留后患。要进一步推行计划生育科学管理，搞好卡簿建设，加强基层基础工作，真正使计生工作走上经常化、制度化、规范化、科学化的轨道。同时，要采取坚决有效措施，制止早婚、私婚现象，清理、查处抢生、超生对象。通过全县上下共同努力，确保完成全年人口计划指标。

（六）坚持“两手抓，两手都要硬”的方针，努力促进精神文明建设

要以培养“四有”新人为目标，以文化建设和群众性活动为载体，进一步开展创建文明县城、文明单位、文明街道、文明村社、文明户活动。文化艺术、新闻媒介要正确把握舆论导向，不断总结新经验，大力宣传改革中的新事物、新典型，努力提高宣传质量。同时，要加快农村有线广播网和文化站（室）建设步伐，加强音像等文化市场管理，大力开展健康向上的群众性文体活动，不断推动精神文明建设的深入开展。

（七）继续加强民主与法制建设，搞好社会治安综合治理

一是自觉接受人大代表及人大常委会的监督，重视和发挥人民政协、民主党派、群众团体在政治协商、民主监督中的作用，虚心听取人大代表和社会各界人士对政府

工作的意见和建议，尽可能地提高政府决策的科学性和民主性。

二是进一步加强廉政建设。各级政府工作人员都要廉洁从政，把为人民服务作为最高宗旨，自觉规范自己的言行。各级领导干部都要带头廉洁自律，自觉执行在加强党风廉政建设方面已经做出的各项规定。继续推行“两公开一监督”制度。工商、税务、审计、公安等执法监督部门，特别是直接同群众打交道的基层站（所），要切实加强自身建设，增强服务意识，杜绝特权行为，当好政府廉政的“窗口”。要认真查处各种以权谋私的行为，狠刹群众反映强烈的不正之风，清除政府工作人员中的腐败现象。同时，坚持“干”字当头，以“实”为先，多调查，少应酬，多办实事，少说空话，切实转变作风，强化服务意识，树立“公仆”思想，提高办事效率。不断塑造廉政为民的好形象，以赢得人民群众的信任和支持。

三是继续抓好社会治安综合治理。各级各部门要把抓好社会治安综合治理工作，确保一方平安，作为任期目标之一，工作上要突出“五个加强”，即加强组织领导，加强法制宣传教育，加强目标管理责任制，加强基层基础建设，加强严打斗争和重点专项整治，努力为经济建设创造一个稳定的社会环境。

（八）进一步深化改革，转变政府职能，加快建立宏观调控新机制

今年是国家经济体制改革政策措施出台最多，力度最大的一年，摆在我们面前的改革任务异常艰巨，因此，我们要以建立社会主义市场经济体制为目标，两转并举，两建并重，配套联动，全面推动，要在解放思想，更新观念，工作气势上有新的突破。企业改革要以三项制度改革为核心，以改建股份合作企业为重点，全方位、大力度地推进。当前要结合新一轮企业承包，全面落实改革措施，把属于企业的权利和责任不折不扣地贯彻下去，使企业真正成为法人实体和市场竞争实体。要加快国有资产管理体制改革，理顺产权关系，实现国有资产的保值、增值，有效地防止国有资产的流失。在县水泥厂改建的基础上，再将县食品厂改成股份有限公司，缠绕胶管厂组建成股份制企业，对化工厂、印刷厂等企业实行国有资产承包经营。财税、金融、投资体制改革是今年改革的重点。我们要适应新的形势，贯彻落实好中央出台的一系列重大改革措施。要采取“上压下促”的办法，促使政府职能部门尽快制定落实各项服务配套改革措施。今年政府对企业只管企业效益、国有资产保值增值、企业管理三项指标。同时，按照中央的统一部署，有领导、有步骤地搞好政府机构改革。以城镇职工养老和医疗保险制度改革为重点，加快社会保障制度和住房制度改革步伐。改革的方向是养老和医疗保险基金由单位和个人共同负担，实行社会统筹和个人账户相结合的新办法。同时，要按照“售房为主，政策配套，分期付款，形成市场”的思路推进住房制度改革。农村改革要以稳定、完善家庭联产承包责任制和统分结合的双层经营体制为重点，进一步明晰产权关系，加强以土地为主的各项制度建设，保障和规范农村的基本经济关系。在坚持土地集体所有制的前提下，延长土地承包期，允许继承开发性生产项目的承包经营权。依法强化农业合同管理，既要坚决制止不合理摊派，又要把该缴的足额缴回。对于改革中出现的新问题、新矛盾，要切实做好疏通引导工作，保证各项改革措施顺利实施。

县人大常委会工作报告

（县人大常委会主任吕忠厚　1994年1月18日）

过去的一年，县人大常委会在党的十四大和八届全国人大一次会议精神的指引下，在县委的领导下，依照宪法和法律赋予的职权，贯彻县十二届人大一次会议的各项决议，紧紧围绕经济建设这个中心，开展了人大工作，为加强我县的社会主义民主和法制建设，维护和发展安定团结的政治局面，保障、促进全县经济的发展和社会的进步，作出了应有的努力。这一年，常委会共召开了7次常务委员会议和11次主任会议，审议了县人民政府、人民法院、人民检察院8个方面的11次工作报告，作出了1个决议；组织常委会委员、人大代表及工作人员进行了视察、调查和检查工作；依法任免了“一府两院”和人大常委会的工作人员；督促办理了县十二届人大一次会议代表提出的意见和建议；接待处理了人民来信来访；加强了机关工作和常委会的自身建设。

在进行上述工作的同时，常委会组成人员还积极参与了城镇和农村经济建设工作。

一、依照法律赋予的职权，监督、支持“一府两院”搞好工作

对“一府两院”进行法律监督和工作监督，是宪法赋予地方各级人大及其常委会的一项重要职权。一年来，常委会在认真总结以往经验教训的基础上，严格依法行使监督权，有效地促进了“一府两院”的工作。

一是围绕法律、法规的贯彻实施，有重点地开展了执法检查。过去的一年，常委会把执法检查作为法律监督的主要形式，坚持执行。根据省人大常委会关于1993年执法检查工作的安排意见，县人大常委会经过认真研究，于5月中旬发出通知，要求“一府两院”以《中华人民共和国全民所有制工业企业法》《全民所有制工业企业转换经营机制条例》《农民承担费用和劳务管理条例》《全国人大常委会关于加强社会治安综合治理的决定》《甘肃省人大常委会关于加强社会治安综合管理的决议》为重点进行检查。并结合《中华人民共和国产品质量法》实施前的准备，对产品质量和打击假冒伪劣商品方面存在的问题进行检查。对妇女权益保障法、未成年人保护法、土地管理法、森林法、水法、药品管理法、代表法，以及全国人大关于禁毒的决定、甘肃省人大常委会关于禁毒的决议等贯彻实施情况进行对口检查。各执法部门依照常委会的部署安排，在检查中普遍做到了三个结合，即执法检查与社会治安综合治理结合、与普法教育结合、与各级人大代表的视察工作结合。在搞好普遍检查的同时，突出了重点区域、重点单位和重点案件的检查。为了确保执法检查工作取得好的效果，县人大常委会和县人民政府共同组织力量深入有关部门和乡镇进行了重点抽查，总的看，检查是有成效的。“一府两院”通过自查自纠、对口检查和重点抽查等方法，发现和纠正了一部分法律、法规在实施过程中存在的问题，处理了一批违法案件。如8月上旬，由县人大常委会和县政府的主管领导同志带队，组织有关部门的负责人，通过对李店等13个乡镇的9个医疗单位、2个国营门市部、40家集体卫生所及个人药店的检查，共查出假冒伪劣药品89种，总价值达1714.97元。按规定处以经济罚款3653.51元，追回非法收入3030.50元。10月下旬，县人大常委会第五次会议听取了县人民政

府、人民法院、人民检察院关于1993年执法检查工作的汇报，会议在肯定成绩的同时，对一些单位存在的检查工作不扎实、处理违法案件偏轻、办案中相互扯皮及贯彻药品管理法方面存在的药检所工作人员少、办公用房不落实等提出了建议，要求县人民政府及主管部门认真研究解决。根据会议审议意见，“一府两院”结合各自的实际，解决了一些比较突出的问题，县人民政府针对药品管理方面存在的问题，充实了药检所的工作人员，落实了办公用房，为他们更好地开展工作创造了条件。在进行执法检查工作的同时，人大常委会还要求公、检、法机关和行政司法部门，要进一步加强法制宣传和普法教育，增强各级干部和广大群众的法律常识，提高依法办事的自觉性；要加强政法队伍建设，重视从严治警，不断提高广大干警的政治素质和业务水平；加强办案工作，充分运用法律武器，严厉打击各种违法犯罪活动，保障社会主义市场经济建设的健康发展。总之，通过法律监督，对维护法律的尊严、纯洁执法队伍，保护国家和人民利益，起到了应有的作用。

二是围绕经济建设，加强监督工作。人大常委会第二次会议听取了县人民政府《关于1992年财政决算和1993年财政预算的报告》后，经过认真审议，作出了相应的决议。会议针对我县财政收支矛盾突出，资金调度困难；专项资金大量结转，企业效益下降以及收入中跑、冒、滴、漏现象突出等问题，要求县人民政府切实加强对财政工作的领导，搞好财税体制改革，大力发展经济，广开财源，压缩不必要的开支，搞好人员分流，减轻财政负担。根据人大常委会的审议意见，县人民政府和财政主管部门充分重视和加强了这方面的工作，完成了全年财政预算任务，在财力十分困难情况下，基本保证了各项事业急需的资金，促进了经济的发展。

为了全面贯彻落实党中央、国务院关于减轻农民负担的一系列指示精神，人大常委会听取、审议了县人民政府《关于农业生产建设和农民负担情况的报告》、县人大常委会调查组《关于仁大等4乡农民负担和统管资金管理的调查报告》。会议认为，我县农民负担虽然没有超出国务院条例规定应征收的比例，但农民收入偏低、隐性负担较重以及行业乱收费、乱摊派、乱罚款的现象比较普遍。要求县人民政府把减轻农民负担问题列入重要议事日程，认真研究解决存在的问题，对国务院条例规定以外向农民的各种收费、罚款、摊派进行全面清理，该纠正的纠正，该取消的取消。根据会议提出的要求，县人民政府就减轻农民负担问题提出了具体的处理意见，11月下旬，下发文件明确宣布取消了27项行政事业性收费，这对减轻农民负担，调动农民生产积极性收到了好的效果。

为了更好地促进全民所有制工业企业转换经营机制，推动城镇经济的进一步发展，县人大常委会第三次会议听取了县人民政府《关于贯彻〈全民所有制工业企业转换经营机制条例〉的情况汇报》和县人大常委会农业财经工作委员会《关于火柴厂等5户企业贯彻〈条例〉的调查报告》。会议既对县人民政府贯彻条例工作中取得的成绩予以肯定，又针对全县贯彻条例不深入、不平衡、企业法和条例赋予企业的部分权利运用不够好等问题，建议县人民政府采取有效措施，进一步抓好条例的贯彻落实，充分发挥政府部门在转换企业经营机制中的职能作用。对这些意见、建议，政府都作出了具体的研究，8月份，又抽组力量对全民所有制工业企业贯彻条例情况进行了全面检查，这些都为促进我县企业改革的健康发展起到了积极作用。

三是围绕精神文明建设，协助政府推动教育、文化和社会治安综合治理工作的发展。监督和支持教育工作，促进教育事业的发展，是历届人大常委会所关心和重视的一个问题，县人大常委会第三次会议听取、审议了县人民政府《关于改善中小学办学条件工作的汇报》和县人大常委会教科文卫工作委员会《关于雷大等4乡镇中小学校舍建设情况的调查报告》。会议认为，我县改善办学条件工作，在县委、县政府的重视领导下，经过全县各级组织和人民群众的努力，取得了显著成绩，但中、小学危房在一些乡镇还比较突出，维修改造任务仍很艰巨；个别乡镇领导对改善办学条件重视不够，教育附加费的管理、使用比较混乱；资金缺乏、基建欠款数额较大，要求县人民政府进一步加强领导，总结经验，调动各方面的积极因素，加快中、小学危房改造步伐，使现有的危房尽快得到解决；要依照有关规定，认真研究解决教育费附加征收和管理使用方面存在的问题，使其充分发挥效益。这些意见、建议，县人民政府及教育主管部门作了认真研究，解决了一些突出的问题。今年以来，从县财政、教育基建专款和各方筹集共计拨付用于改善办学条件的资金188万元，新建、改建、维修校舍5332平方米，使部分学校的办学条件得到了改善。

文化工作是社会主义精神文明建设的一个重要方面。人大常委会第七次会议听取了县人民政府《关于文化市场管理工作的情况汇报》和县人大常委会调查组《关于城关等3镇文化市场管理情况的调查报告》。会议针对我县文化市场发展慢、管理比较乱的实际，要求县人民政府在深入搞好宣传教育、大力发展文化市场的同时，进一步加强文化管理工作，认真研究解决存在的问题，确保文化市场的健康发展。

维护社会治安、稳定社会秩序，是广大人民群众普遍关心、迫切要求解决的问题。为了更好地贯彻《全国人大常委会关于加强社会综合治理的决定》，促进我县社会治安的进一步好转，人大常委会在深入调查研究的基础上，听取、审议了县人民政府关于1993年社会治安综合治理情况汇报。我县的社会治安综合治理，由于县委、县政府和各级领导的重视，收到了较好的效果，但就全县讲，工作还不平衡，基层基础工作不够扎实，特别是大部分公安派出所和人民法庭，人员少、设备差、不适应工作需要的问题比较突出。会议在肯定成绩、提出问题的同时，要求在今后的工作中进一步抓好各项综治措施的落实，充分发挥基层治保、调解组织的作用，群防群治，消除各种治安隐患，努力实现社会治安形势的根本好转。

为了有效地实施监督权，人大常委会注重改进作风，加强调查研究工作。一年来，由领导同志负责，组织人大代表和机关工作人员，先后到30个乡镇和41个机关、事业单位进行了视察、调查工作，写出了反应工农业生产、教育、卫生、文化、社会治安及有关法律法规贯彻实施情况的调查报告7份，并征询、听取了人民群众的各种意见和要求，为人大常委会审议“一府两院”的工作提供了条件，创造了条件。

二、依法进行了人事任免工作

依法任免地方和国家机关工作人员，是法律赋予地方人大常委会的一项重要职权。一年来，人大常委会依照地方组织法的规范，决定任命本级政府组成人员36人，免去职务1人；任命县人民法院审判人员和县人民检察院人员3人，免职2人；任命县人大常委会各部门负责人4人，免职7人。

为了使任免工作既能坚持党管干部的原则，又能严格依法办事，人大常委会在认真汲取以往经验教训的基础上，注意改进和完善了任免工作的程序，重点是把握好三个环节，即提名、审议和表决环节，提名环节主要是政府向人大常委会提请任命的人员，先由组织人事部门向人大常委会主任会议介绍情况，并听取意见；审议环节主要是充分发扬民主、反复酝酿讨论；表决环节是整个任免工作的归宿，首先要有合法的表决人数，其次必须按照法律规定的程序进行，最后以表决结果得票的多少为准，由于我们在任免工作上注意抓了这几个主要环节，正确处理了党管干部和依法任免干部的关系，从而保证了任免工作的顺利进行。

三、改进和加强了代表工作

人大代表是国家权力机关的组成人员，改进和加强人大代表工作是整个人大工作的基础。过去的一年，人大常委会在代表工作方面主要抓了如下几点：

一是抓了代表法的贯彻实施。年初，人大常委会把贯彻实施代表法列为全年工作的要点，9月份，向各乡镇人大主席团发出通知，要求认真总结代表法贯彻实施情况。10月下旬，由人大常委会1名负责同志和代表联络工作委员会的同志先后到曹务、城关等10个乡镇检查了代表法的贯彻实施情况。通过各乡镇人大主席团的全面总结和县人大常委会的重点检查了解，有李店、余湾、城川、贾河等16个乡镇先后召开学习代表法的座谈会32次，有8100人（次）参加了学习，其中县人大代表105人（次），乡镇代表673人（次），干部群众7350人（次）。通过贯彻实施代表法，大部分代表的思想认识有了提高，参政议政、管理国家事务的意识有所增强。许多代表说："代表法是我们行使职权的法律保障，我们当代表，不仅要依法监督政府工作，更主要的是以身作则，发挥模范带头作用，支持和协助政府搞好工作，管理好国家事务。"他们在创办经济实体、推广农业科学技术、遵纪守法、自觉与违法违纪行为作斗争等方面，都较好地发挥了作用。与此同时，人大常委会还注重抓了县、乡人大代表小组的组建工作。至4月底，全县30个乡镇共建立代表活动小组180个，民主推选了组长，负责小组工作，为代表依法开展活动、履行职责创造了条件。

二是组织人大代表开展了视察工作。7月初，县人大常委会组织在我县的县八届人大代表和部分县、乡代表，先后到城川乡、高界镇和县水泥厂、针织厂、印刷厂就农民负担问题和全民所有制工业企业转换经营机制问题进行了视察和调查研究，并就视察过程中农民、工人反映强烈的农业生产资料价格上涨、农民增产不增收；行业乱收费、乱集资、乱摊派、乱罚款的现象有禁不止，企业经营自主权落得不实等问题，向县人民政府及有关部门及时作了反映。至现在，这些问题，有的已经得到解决，有的正在研究解决。

三是督促办理了代表意见、建议。在县十二届人大一次会议上，代表们共提出了意见、建议111件，会后，县人大常委会责成办公室和代表联络委员会逐条进行研究整理，以正式文件印发，分别转交县人民政府和有关单位办理。截至10月底已经全部处理完毕，并由各承办单位向代表作出了答复。这些意见、建议已经得到解决和基本解决的29件，正在解决或列入计划逐步解决的23件，因财力、物力或其他条件限制暂时不能解决的59件。在办理代表意见、建议的过程中，县人大常委会和县人民政府以对人民高度负责的态度，多次进行研究，并派人到各单位进行督促办理，帮助解决存在的问题，从而保证了办理工作的顺利进行。

四是加强了人民来信来访工作。一年来，人大常委会共接待处理人大代表和群众来信来访62人（件），其中来信28件，来访34人（次）。对这些来信来访，除人大常委会直接办理的外，按照“归口办理”的原则，及时转交有关部门办理，从办理结果看，大多数单位领导比较重视，认真负责，基本做到了件件有着落。

四、加强了人大常委会的自身建设

实践证明，人大常委会作用发挥得如何，关键取决于常委会组成人员的总体素质。过去的一年，我们主要抓了以下3个方面的工作。

一是加强思想建设。人大常委会要求全体组成人员认真学习马克思主义国家学说，学习宪法和法律，特别是学习邓小平同志建设有中国特色社会主义的理论，从理论和实践的结合上认识人民代表大会制度在我国产生、发展和完善的历史必然性，分析当前完善人民代表大会制度的现实性和紧迫性，从而提高了思想认识，增强了搞好人大工作的信心。

二是加强作风建设。人大常委会要求组成人员首先必须坚持和发扬党的实事求是、理论联系实际、一切从实际出发的优良作风，坚持群众路线，加强调查研究，掌握真实情况，以便在审议、决定重大问题时言之有据。其次在廉政建设方面，人大常委会要求组成人员都能严格要求自己，廉洁自律，遵纪守法，自觉接受人民群众监督，实事求是做好工作，全心全意为人民服务。第三，坚持民主集中制的原则，发挥集体领导作用，人大常委会每次召开会议，都坚持发扬民主，鼓励组成人员畅所欲言，各抒己见，按照少数服从多数的原则，审议决定问题，充分行使集体领导权。

三是重视业务建设。要求组成人员知法、懂法、用法，常委会的职权是宪法和法律赋予的，行使职权的程序也是法律规定的，这就从客观上要求常委会组成人员必须学习法律、研究法律，严格依照法律程序办事。

四是加强机关工作。在原有的基础上进一步健全了机关的学习、工作及各项管理制度，较好地调动和发挥全体干部职工的积极性，为常委会依法行使职权做好服务工作。

过去的一年，人大常委会按照县十二届人大一次会议决议提出的任务和要求，做了应做的工作，取得了一定的成绩，但与宪法和法律的要求相比还有一定的差距，与人民群众对我们的要求相比差距更大。存在的主要问题是，对“一府两院”监督的实效比较差，尤其是执法监督不够有力，代表工作比较薄弱，自身建设还需要进一步加强。

1994年是实现“八五”计划和十年规划的第四年，是我县国民经济登上新台阶、实现社会全面进步的关键年，新的形势、新的任务，对人大工作也提出了更高的要求。我们要以党的十四大精神为指针，进一步健全、完善人民代表大会制度，更好地发挥地方国家权力机关的职能作用，积极履行宪法和法律赋予的职责，解放思想，实事求是，大胆探索，勇于创新，力争使人大常委会的工作有新的进展，以适应形势的要求。

第一，进一步改善和加强对“一府两院”的监督。建立社会主义市场经济体制，是举国面临的中心任务。因此，在新的一年里，人大常委会要紧紧围绕这一中心开展工作，在县委的统一领导和人民群众的大力支持下，充分运用法律规定的形式和手段，监督和支持“一府两院”推动全县工作，对于广大群众普遍关心且尽力能办到的事情，要实行跟踪监督。要建立反馈制度，对于每次常委会的审议意见，要求“一府两院”按期汇报处理结果，以提高监督效果。

第二，进一步加强同人大代表和人民群众的联系。在新的一年里，人大常委会要进一步密切同人大代表和人民群众的联系，拓宽代表参政议政、管理国家事务的渠道，更好地发挥人大代表的作用。常委会的组成人员，特别是主要负责同志要亲自接待和处理人民来访，加强同代表的联系，倾听人大代表和广大群众的呼声反映，建议政府解决群众生产生活中的实际困难，为人民办实事，协助政府正确指导工作，推动我县经济建设顺利发展。

第三，进一步加强人大常委会的自身建设。围绕改革开放和建立社会主义市场经济新体制，要求全体组成人员和机关干部要加强学习，进一步确立全心全意为人民服务的公仆思想，不断增强法律意识和人大监督意识，更好地发挥人大常委会的职能作用，为保障和促进我县的经济建设而努力奋斗。

回顾过去，展望未来，我们对静宁的前途充满希望和信心。我们相信，在党的十四届三中全会精神指引下，在县委的直接领导下，全县各级干部和广大群众万众一心，奋发图强，我们就一定能够夺取全县经济建设的新胜利。

第三节　县第十二届人民代表大会第三次会议

大会概况

县十二届人大三次会议于1994年8月23日在县政府礼堂召开。应出席代表236名，实出席196名。曹兴荣、赵景山、戴双军、梁钧宪、杨茂林、王乃学、王宝珍以及城关、司桥、李店、阳坡、仁大、四河6乡镇的乡镇长列席会议。

马子坤、马志俊、王守元、王维岐、王镇华、毛喜来、吕忠厚、李克科、李怀仁、李佩红（女）、杜耀文、吴俊福、沙芳琴（女、回族）、陈松友、赵建忠、赵智荣、胡青汉、郜文学、郭应童、郭林禄、阎志洁、翟沪兰（女）、蒙谦恭23人组成大会主席团，马子坤、王守元、吕忠厚、李克科、李怀仁、陈松友、赵智荣、郜文学、郭林禄、阎志洁为主席团常务主席；李克科为大会秘书长，郭应童、王济华、岳具辉为副秘书长。

8月23日上午举行预备会议，通过大会议程和大会主席团、秘书长名单，宣布主席团第一次会议通过的事项。随后，举行第一次全体会议，通过选举办法。下午，举行第二次全体会议，通过关于接受李怀仁辞去县政府县长职务请求的决定；选举县政府县长1名，副县长1名；听取新当选县长赵景山的表态发言；会议最后，县委书记曹兴荣作了讲话。

大会主席团召开会议3次。

大会议程：

一、通过关于李怀仁辞去县人民政府县长职务的决定；

二、选举。

大会日程

县第十二届人民代表大会第三次会议日程表

表3-49

<table>
<tr><th colspan="2">时间</th><th>会议内容</th><th>主持人</th></tr>
<tr><td rowspan="3">8月23日</td><td rowspan="2">上午</td><td>8时预备会议：1.通过大会主席团和秘书长名单；2.通过大会议程；3.宣布主席团第一次会议通过的事项</td><td rowspan="2">吕忠厚</td></tr>
<tr><td>9时大会：1.大会开幕，奏国歌；2.通过选举办法。10时小会：各代表团讨论关于接受李怀仁辞去县人民政府县长职务请求的决定（草案）；讨论县长、副县长候选人名单</td></tr>
<tr><td>下午</td><td>2时半大会：1. 通过关于接受李怀仁辞去县人民政府县长职务请求的决定（草案）；2.选举；3.新当选县长发言；4.县委书记曹兴荣讲话；5.大会闭幕</td><td>吕忠厚</td></tr>
</table>

主席团会议日程

县第十二届人民代表大会第三次会议主席团会议日程表

表3-50

<table>
<tr><th colspan="2">时间</th><th>地点</th><th>会议内容</th><th>参加人</th><th>主持人</th></tr>
<tr><td>第一次</td><td>8月23日
预备会议期间</td><td>政府礼堂</td><td>1.通过主席团常务主席名单；2.决定大会副秘书长名单；3.通过大会日程；4. 通过代表团组成和列席人员范围；5.通过选举办法</td><td>主席团
全体成员</td><td>吕忠厚</td></tr>
</table>

续表3-50

时间		地点	会议内容	参加人	主持人
第二次	第一次大会结束后	政府礼堂	1.通过关于接受李怀仁辞去县人民政府县长职务请求的决定(草案);2.讨论提出县长、副县长候选人名单(草案)	主席团全体成员	吕忠厚
第三次	8月23日上午11时	招待所三楼会议室	1.听取各代表团关于接受李怀仁辞职请求决定(草案)和候选人讨论情况的汇报;2.决定候选人名单;3.提出大会监票人名单	主席团全体成员	吕忠厚

大会选举

县人民政府:

县　长　赵景山

副县长　靳士孔

县人民政府县长赵景山、副县长靳士孔个人情况表

表3-51

姓名	性别	民族	年龄(岁)	籍贯	文化程度	入党时间	工作时间	工作简历
赵景山	男	汉	39	庄浪赵墩	中专	1980.11	1972.10	1972年10月至1973年9月在庄浪县赵墩公社任扫盲专干;1975年9月至1980年10月任庄浪县万泉公社团委书记;1980年11月至1989年8月历任共青团庄浪县委副书记、书记,岳堡乡党委书记,县经委主任;1989年9月至1993年10月任庄浪县人民政府副县长(1992年10月任庄浪县委常委);1993年11月任静宁县委常委、县人民政府常务副县长
靳士孔	男	汉	50	静宁祁川	本科	1973.8	1969.9	1969年9月至1970年7月先后在甘肃师大靖远农场、静宁县灵芝公社劳动锻炼;1970年8月至1981年3月任平凉地委党校指导员;1981年3月至1983年11月任静宁县委宣传部副部长;1983年11月至1986年11月任县委党校副校长、校长;1986年11月至1991年7月任县委宣传部部长(1990年1月任县委常委);1991年8月以来任县委常委、组织部部长

附：

在县十二届人大三次会议上的发言

（县人民政府县长赵景山　1994年8月23日）

县十二届三次人民代表会议，选举我和靳士孔同志分别担任县人民政府县长和副县长职务，这是全县人民和各位代表的信任和支持，我代表我们二位表示衷心的感谢！

我们深感事业光荣，任务艰巨，责任重大，但有决心在县委的领导下，自觉接受人大常委会及各级人大代表的正确监督，广泛吸收政协及社会各方面的合理建议，依靠广大干部和人民群众的力量，继续发扬历届政府的优良传统和作风，团结政府全体成员，竭尽全力把静宁的事情办好，绝不辜负全县43万人民的殷切期望。

我自己阅历浅，水平低，既不具备任何专业特长，又缺少当班长的经验。好在县上几大班子整体素质强，团结和谐，相互支持，敢于负责，顾全大局，创造了一个比较好的工作基础。历任县长特别是李县长留下了好的传统和作风，更重要的是静宁人民勤劳淳朴、憨厚诚实。在这种环境下工作，压力会变成动力，也有利于锻炼提高，搞好全县工作的信心还是挺足的。

静宁是个大县，工作好与坏，在全区占有一定的位置，直接影响着全县人民生活水平的提高，影响着各项社会事业的进步。既然人大代表将政府工作的重担交给我，我只好从命。这里我向各位代表表示以下态度：

一、严格按照共产党员和中纪委对领导干部的标准严格要求自己，做到以身作则、身先垂范，不贪占、不谋私、不搞特权，廉洁自律、勤勤恳恳、扎实工作，注意管好、用好人民赋予的权力。

二、坚决服从县委的正确领导，自觉接受县人民代表大会及其常委会的监督；坚决依法办事，摆正政府是执行机关的位置，坚决做到既不越权擅自决定重大事项，又不推诿该由政府处置和落实的事情。力求做到协调统一、步调一致、形成合力、实事求是、勤政高效，尽可能地避免推诿扯皮现象的发生。

三、坚持群众路线，倾听群众呼声，关心群众利益，接受群众监督，当好人民的忠实公仆，全心全意地为人民服务，说到做到，一切从党和人民群众的利益出发，自觉服务于群众，服务于基层。

四、充分发扬民主，注意团结和调动一切积极因素，共同搞好工作。重大决策注意听取不同方面的意见和反映，不搞一言堂，不搞包办代替。坚持大事讲原则，小事讲风格，勇于开展批评与自我批评，力求创造一个团结和谐、民主宽松的工作环境，使其他领导成员能大胆地、创造性地开展工作，以形成整体推动的效应。

五、不断改进工作作风和方法，努力提高领导艺术和领导水平。在整体工作中，力求做到长计划、短安排。凡集体讨论决定的事项，做到有布置、有检查、有落实。养成雷厉风行、有始有终的工作作风。每年坚持办几件群众看得见、摸得着的实事。在工作上突出一个“实”字，坚持经常深入基层，搞好调查研究，帮助基层解决新问题、新矛盾，总结推广新经验、新典型。力求做到决策民主化、处理难点热点问题公开化、狠抓落实具体化。

六、不断加强自身修养，带头学习特社理论和社会主义市场经济知识，努力提高自身政治业务素质，虚心向全县人民学习，向各位代表学习，以适应不断发展变化的新形势。力求避免指挥失误，思想僵化。

以上把我的思想坦率地交给大家，并在实践中接受监督。我决心政治上坚定，依靠群众，齐心协力，克服困难，带领全县人民把静宁的各项事业推进一步，向党和人民交一份比较满意的答卷。

第四节　县第十二届人民代表大会第四次会议

大会概况

县十二届人大四次会议于1995年1月11日至13日在县政府礼堂召开。县十二届人大三次会议以来，县十二届人大代表安静修调离静宁县，孙晓霞户口迁出静宁县，根据《中华人民共和国全国人民代表大会和地方各级人民代表大会选举法》第四十二条第二款的规定，其代表资格自行终止，并在古城、李店、七里3乡代表缺额的选区补选曹兴荣、赵景山、李克和3人为县第十二届人大代表，至此，县十二届人大代表共有237名。此次会议实出席221名，在静宁县的省第八届人大代表，不是县十二届人大代表的县委、县政府、县政协、县人武部的领导，县委、县政府各部门，省地驻静宁各单位、县人大常委会各工作部门负责人，部分乡镇长、人大主席团常务主席，政协静宁县第四届委员全体委员（列席此次会议第一次全体会议）列席会议。

马子坤、马志俊、王守元、王维岐、王镇华、毛喜来、吕忠厚、李克科、李佩红（女）、杜耀文、吴俊福、沙芳琴（女、回族）、陈松友、岳具辉、赵建忠、赵智荣、赵景山、胡青汉、郜文学、聂正国、郭应童、郭林禄、阎志洁、曹兴荣、蒙谦恭、翟沪兰（女）、樊旺27人组成大会主席团，马子坤、王守元、吕忠厚、李克科、陈松友、赵景山、赵智荣、郜文学、聂正国、郭林禄、阎志洁、曹兴荣12人为主席团常务主席；李克科为秘书长，郭应童、王济华、慕锡武、柴玉明为副秘书长；赵智荣、靳士孔、马志俊、王维岐、王镇华5人组成议案审查委员会，赵智荣为主任委员，靳士孔为副主任委员。

1月10日晚举行预备会议，由县人大常委会主任吕忠厚主持，听取县人大常委会副主任、第十二届人大常委会代表资格审查委员会副主任委员陈松友所作的《关于代表变动情况和补选的代表资格审查报告》，通过大会议程和大会主席团、秘书长、议案审查委员会名单，宣布主席团第一次会议讨论通过的事项。

大会举行全体会议3次。第一次全体会议于1月11日上午举行，由县人大常委会主任吕忠厚主持，听取县政府县长赵景山所作的《县人民政府工作报告》、县政府常务副县长靳士孔所作的《关于静宁县“九五”及到2010年国民经济和社会发展规划（草案）的报告》、县计经委主任王智仁所作的《关于1994年国民经济和社会发展计划执行情况及1995国民经济和社会发展计划（草案）的报告》、县财政局局长刘宝生所作的《关于1994年全县财政预算执行情况和1995年财政预算（草案）的报告》；第二次全体会议于1月12日上午举行，由县人大常委会副主任赵智荣主持，听取县人大常委会主任吕忠厚所作的《县人大常委会工作报告》、审议县人大常委会《关于县第十二届人民代表大会第二次会议代表意见、建议办理情况的报告（书面）》、县法院院长漆忠义所作的《县人民法院工作报告》、县检察院检察长陈贵录所作的《县人民检察院工作报告》，通过选举办法；第三次全体会议于1月13日下午举行，由县人大常委会副主任李克科主持，通过关于接受阎志洁、马子坤辞去县人大常委会副主任职务、漆忠义辞去县法院院长职务请求的决定，选举县人大常委会副主任2名，县政府副县长1名，县法院院长1名，听取县人大常委会副主任、议案审查委员会主任委员赵智荣所作的《关于代表意见建议审查结果的报告》，通过关于县政府工作报告、静宁县“九五”及到2010年国民经济和社会发展规划、1994年国民经济和社会发展计划执行情况与1995年国民经济和社会发展计划、1994年财政预算执行情况和1995年财政预算、县人大常委会工作报告、县法院工作报告、县检察院工作报告的决议。

大会安排分团会议3次。

大会主席团召开会议4次。

大会收到代表意见、建议81件。其中，①农林水方面29件，占35.8%，主要是建议培育优良籽种，扶持贫困地区果园建设，新建、维修水利工程设施，解决乡、村人畜饮水困难及以工代赈项目等；②农电建设方面13件，占16%，主要是建议给一些乡镇部分村社架设农电线路，调配供电设备以及强化农电管理等；③财政、交通、商贸方面17件，占21%，主要是建议修建公路、桥涵，给部分乡、村通班车，维修乡政府危房，新建农贸市场等；④文教卫广方面17件，占21%，主要是建议维修中学校舍，增加乡镇教育附加提留，充实乡卫生院业务人员，给有关乡设立卫生院，为边远乡镇修建电视差转台等；⑤社会治安方面4件，占5%，主要是建议给余湾、三合等乡设立公安派出所、治安室等；⑥其他方面1件，占1.2%，主要是建议解决1994年市容整建方面的有关遗留问题。

大会议程

一、听取和审议县人民政府工作报告；

二、听取和审议静宁县“九五”及到2010年国民经济和社会发展规划（草案）的报告；

三、听取和审议1994年国民经济和社会发展计划执行情况及1995年国民经济和社会发展计划（草案）的报告；

四、听取和审议1994年财政预算执行情况和1995年财政预算（草案）的报告；

五、听取和审议县人大常委会工作报告；

六、县人大常委会关于县十二届人民代表大会第二次会议代表意见、建议办理情况报告（书面）；

七、听取和审议县人民法院工作报告；

八、听取和审议县人民检察院工作报告；

九、选举。

大会日程

县第十二届人民代表大会第四次会议日程表

表3-52

时间		会议内容	执行主席
1月10日	晚7时	预备会议：1.代表变动和补选的代表资格审查报告；2.通过大会议程；3.通过大会主席团和秘书长名单；4.通过大会议案审查委员会名单；5.宣布主席团第一次会议讨论通过的事项	
1月11日	上午	大会：1.大会开幕；2.县人民政府工作报告；3.静宁县“九五”及到2010年国民经济和社会发展规划（草案）的报告；4.1994年国民经济和社会发展计划执行情况及1995年计划（草案）的报告；5.1994年财政预算执行情况及1995年预算（草案）的报告	曹兴荣 吕忠厚 王守元 陈松友 岳具辉 胡青汉 王维歧 马志俊 沙芳琴
	下午	各代表团分组审议县人民政府四个报告	
1月12日	上午	大会：1.县人大常委会工作报告；2.县人民法院工作报告；3.县人民检察院的工作报告；4.通过选举办法	赵景山 郭林禄 马子坤 赵智荣 蒙谦恭 杜耀文 李佩红 吴俊福
	下午	各代表团分组审议县人大常委会和法院、检察院工作报告	
1月13日	上午	各代表团分组酝酿讨论关于接受阎志洁、马子坤辞去县人大常委会副主任、漆忠义辞去县人民法院院长职务请求的决定（草案）和补选的县人大常委会副主任、政府副县长、法院院长候选人名单（草案）	郜文学 聂正国 阎志洁 李克科 毛喜来 郭应童 王镇华 翟沪兰
	下午	大会：1.通过关于接受阎志洁、马子坤辞去县人大常委会副主任，漆忠义辞去县人民法院院长职务请求的决定；2.选举；3.议案和意见、建议审查报告；4.通过关于政府工作报告、“九五”及到2010年规划报告、国民经济计划报告、财政预算报告、县人大常委会工作报告、法院工作报告、检察院工作报告的决议；5.大会闭幕	

主席团会议日程

县第十二届人民代表大会第四次会议主席团会议日程表

表3-53

时间		地点	会议内容	参加人	主持人
第一次	1月10日预备会议期间	政府礼堂	1.通过主席团常务主席名单;2.通过大会日程;3. 通过代表团组成和列席人员范围;4.决定大会副秘书长名单;5.决定议案和意见、建议终止时间	主席团全体成员	李克科
第二次	1月11日大会结束后	政府礼堂	讨论选举办法(草案)	主席团全体成员	吕忠厚
第三次	1月12日下午4时	招待所三楼会议室	1.听取各代表团关于政府四个报告讨论情况的汇报;2.讨论关于接受阎志洁、马子坤辞去县人大常委会副主任、漆忠义辞去县人民法院院长职务请求的决定(草案);3. 讨论提出补选的县人大常委会副主任、政府副县长、法院院长候选人名单	主席团全体成员及各代表团召集人	吕忠厚
第四次会议	1月13日上午10时	招待所三楼会议室	1. 听取各代表团关于县人大常委会、法院、检察院工作报告讨论情况的汇报;2.听取各代表团关于候选人讨论情况的汇报;3.决定候选人名单;4.提出大会总监票人、监票人名单;5. 听取议案和意见、建议审查情况汇报;6.讨论此次大会各项工作报告决议(草案)	主席团全体成员及各代表团召集人	吕忠厚

大会选举

县人大常委会:

副主任　漆忠义　段积昌

县人民政府:

副县长　许富忠

县人民法院:

院　长　张金业

县第十二届人民代表大会第四次会议选举领导人个人情况表

表3-54

姓名	性别	民族	出生年月	籍贯	文化程度	入党时间	工作时间	工作简历
漆忠义	男	汉	1940.5	静宁高界	大专	1961.12	1956.3	曾在高界区公所、县人委会、县委、县革委会工作，历任团县委书记、县人民法院副院长、院长
段积昌	男	汉	1937.4	静宁城关	本科	1971.6	1964.8	曾在平凉地区教育处、平凉地区师范学校、静宁县文教局、教育局工作，历任平凉地区师范学校教育科科长、静宁县文教局副局长，教育局副局长、局长
许富忠	男	汉	1950.1	静宁城川	初中	1970.12	1987.5	曾在城川建筑工程公司、城川乡政府、县建筑公司、县建筑企业集团公司工作，历任城川建筑工程公司经理，城川乡党委委员、经委副主任，县建筑公司经理，县建筑企业集团公司董事长兼总经理
张金业	男	汉	1949.2	静宁八里	初中	1968.9	1968.2	先在84885部队服役，后在原安公社、县政府人事科、信访室、县法院工作，历任县法院审判员、经济庭庭长、办公室主任、副院长

附：

县人民政府工作报告

（县人民政府县长赵景山　1995年1月11日）

一、1994年政府工作回顾

1994年，在上级党政组织和县委的领导、人大的监督与支持下，政府工作坚持以党的十四大精神为指针，以经济建设为中心，正确处理改革、发展与稳定的关系，按照县十二届二次人代会提出的提前一年实现“八五”计划的目标与措施，不断解放思想，深化改革，突出重点，克服难点，加大力度，狠抓落实。经过全县上下的艰苦努力，取得了比较明显的成效，保持了全县经济持续、快速、全面发展和社会安定、政治稳定的好态势，实现了年初确定的计划目标。全县国内生产总值完成25200万元，较上年增长4.4%；工农业总产值完成38307万元，较上年增长16.1%；财政收入完成1741万元，较上年增长19.2%；粮食产量完成12.4万吨，较上年增长10.3%；按全省统一价计算，农民人均纯收入完成553.92元，较上年增长11.3%；乡镇企业总产值完成

23270万元，较上年增长46.4%；全县社会消费品零售总额完成10394万元，较上年增长18.3%。

——农村经济全面发展，粮食生产在遭受连旱的情况下仍获得较好收成。面对靠天吃饭的现实，全县上下始终把抗旱保粮放在农村工作的首位，狠抓以水补旱、以秋补夏、以经补农和扩大地膜覆盖、扩大复种面积等关键性增产措施的落实，努力把干旱造成的损失降到最低限度。全年完成实灌面积12万亩，地膜覆盖6.73万亩，机耕26万亩，农业总产值达到21536万元，较上年增长8.2%。农村贫困面进一步缩小。

农村四大支柱产业特别是生猪、果品主导产业开发起步良好。按照一县一业、区域开发、规模经营、突出重点的发展思路，确定生猪、果品为我县今后发展的两个主导产业，经过半年多时间的宣传动员，组织实施，到目前全县上下已在思想上形成了共识，工作上开始起步，初步取得成效。全县生猪饲养量达到35.4万口，年出栏16.2万口，出售商品猪10.2万口，猪种改良率达到72%。养猪收入达到9700万元，人均为230元，全县畜牧业总收入达到11100万元。果品产业坚持一手抓发展，一手抓提高，年内新植果园1.87万亩，累计达到6.9万亩，实现收入3000万元，人均72元，出现了一批靠种果致富的典型农户，并发挥了辐射带动作用。同时百村兴一业工程开始实施，丰富居民“菜篮子”的塑料大棚、日光温室建设，也有了新发展。农业商品率较上年提高了9个百分点，达到37.4%。

以路、田、水、电为主的农业基础建设取得了新突破。按照统一规划，统一行动的总体要求，春季筑路和秋冬改土声势之大、行动之快、效果之明显是近年来少有的。全县共投劳114万人（次）,整建乡村道路219.5公里，新建道路43条233.5公里，不仅使一些蚕食、展畔的道路得到恢复，而且还开通了部分乡、村、社之间的断头路，全县乡与乡、乡与村互相连接的道路网络初步形成。梯田建设在战场规模和集中程度上都有较大的突破。年内新修梯田4.56万亩，占任务的114%。重点农田保护得到加强，乱占耕地的现象得到制止。同时，多方筹资，加快水利、农电建设步伐。全县共筹资130万元，其中群众自筹28万元，安排抗旱、小型水利维修、配套项目150项，维修干支渠60条52公里，新增灌溉面积2100亩。鞍子山拦河闸、团结渠渡槽、西凡沟北渠衬砌、后梁裴家塬人饮等一批重点水利工程均按计划完成了工程量。年内架设农电线路62公里，累计村、社通电率达到98%和92%。

乡镇企业继续保持了较快发展势头。全县乡镇企业实现总收入18800万元，利润1143万元，上缴县内税金208万元，分别较上年增长50%、71%和26%。总户数和从业人员达到5196个2.3万人，增长29.3%和11.4%。重点乡镇、优势行业及骨干企业继续得到巩固和提高。县建筑企业集团公司以其实力、资质及信誉，实现产值6000万元。企业股份合作制改造开始实施，全年改建股份合作制企业115户，累计达到144户，股金总额达726万元。全县乡镇企业固定资产投资完成1065万元，新上项目34个，已建成30个。全年输出劳务41000多人，总收入2870万元，较上年增长9%。

——城镇经济在内外环境极度困难的情况下，继续保持了一定的增长速度。面对资金严重不足、原材料涨价过猛、市场销售不畅等诸多不利因素，各经济主管部门和企业主动适应国家宏观调控的重大改革政策，努力克服困难，积极开展“转机制、练内功、抓管理、增效益”活动，经过艰苦工作，从10月份起，工业企业经济效益严重下滑的局面有所扭转，亏损面逐步缩小。全县工业总产值完成16771万元，占计划的112.5%，较上年增长28.1%，其中乡以上工业产值完成11320万元，占计划的102%，较上年增长16%。12户预算内工业企业实现利润为负数161.7万元。交通运输完成客运量89.1万人（次），货运量11.4万吨，分别占计划的101.3%和106.5%。

金融工作：面对我县资金紧缺，供求矛盾十分突出的实际，千方百计争取规模，想方设法筹措资金，有力地支持了地方经济建设。年末，城乡存款余额13236.8万元，年内增长44.9%，贷款余额18573.8万元，较上年增长18.6%。保险业务不断扩大，经济补偿作用得到进一步发挥。

商流企业面对市场变化的严重冲击，继续发挥主渠道作用，积极开展扩购促销。年内完成商品购进总额12964万元，商品销售总额17213万元，农副产品收购完成2595万元，粮、油定购完成400万公斤和150万公斤。

第三产业、市场建设和非公有制经济进一步发展。第三产业增加值达到8600万元，较上年增长46.7%。新增个体户438户，私营企业7户，从业人员由上年的4360人增加到目前的4770人。年内共投入资金122.4万元，改扩建各类市场4处，31100平方米，特别是县城西关农贸市场投入资金87万元，硬化场地道路4450平方米，架设货棚1980平方米，为各类客商提供了较好的经营条件，促进了商品流通。同时，通过评选信得过企业、质量监督和打假工作，维护了消费者的利益。全县市场成交额达到4472万元，增长29.4%。

财政工作：积极稳妥地进行了财税体制改革，确保了财政收入的稳定增长。全县地方财政收入完成1169万元，加上上划中央的572万元，共计完成1741万元，占调整预算1537万元的113.3%，占地区下达我县必保目标1700万元的102.4%，较上年增长19.2%，其中工商税收完成1177万元，占地区下达任务1257万元的93.6%，增值税、消费税完成765.2万元，占地区下达任务804万元的95.2%。化工、水泥、人造板、地毯4户重点财源项目增收12.2万元，地区考核财政上台阶的6个重点乡镇增收106.8万元。财政支出完成4186万元，占调整预算的106.8%，增长15%。年内通过多渠道争取专项资金610万元。

——县城综合整建工作取得了显著成效，城区面貌发生了较大变化。年初县上确定了“统一规划、突出重点、综合开发、配套建设”的城市建设指导思想，集中时间，集中力量，统一指挥，统一行动，对县城街道进行了综合整建，取得了阶段性明显效果。先后分6次对中街、西环路、人民路等12条城区主次干道、街坊小巷依法进行了拆除拓宽。拆除规划红线内各类房屋1094间2.51万平方米，围墙4967平方米，评估作价房屋8500平方米，补偿总金额70万元，共清运整建垃圾2万多方（注：1方=1立方米），完成人行道硬化2.9万平方米，拆迁后新建面积达2.1万平方米，完成街道加宽油铺2.27万平方米。全县上下、社会各界积极为市容整建捐款207.3万元，其中静宁籍外地工作人员1.85万元。城区干部职工开展义务劳动，共拉土3万多方。在市容整建过程中，公路、供电、邮电等部门在人、财、物上给予了大力支持，做出了很大贡献，使城市拆迁、补偿、修建等工作得以顺利进行，为全县各项工作带了好头，得到了全县人民的一致好评。年内共安排城市建设项目37项，完成18项，总投资3638万元，使城市服务功能有所增强。房地产开发通过多方筹资，新建商品住宅6.42万平方米，城镇居民住房面积由上年的6.8平方米提高到8.1平方米。基本建设项目进展顺利，县城二期供水工程已经建成，缠绕胶管已建成夹布胶管和编织胶管两条生产线，一次试产成功。李治公路河桥完成工程量85万元，主体工程业已建成。312国道改扩建工程路基和军、地西兰乌两条通信光缆铺设工程全面完成，城区已实现了长话、市话和部分农话的自动化。

——改革进一步深化，开放进一步扩大。企业改革围绕建立现代企业制度，在确保国有企业资产保值增值，全面落实多种形式资产经营责任制的基础上，对26户企业实行了新一轮承包，并在百货公司等3户企业中进行了股份制改组试点，对个别长期经营不佳、亏损较多的企业采取了联合兼并，为进一步转换企业经营机制进行了有益的尝试。财税体制改革在巩固完善“分灶”吃饭、经费包干制度的同时，按照国家分税制财政管理体制改革方案的要求，完成了税收体制转轨改革和税务机构分设工作，各项业务已全部按新机制运转。为确保价格改革，充分发挥物价管理、调控、监督和协调服务的功能，对20种生活必需品和服务收费及蔬菜价格进行监审，对食用油实行最高限价，对居民的面粉、食油供应，实行了临时粮油证。并在全县范围内开展了财税物价大检查，有效地抑制了物价上涨过猛的势头。企业职工养老、失业和公费医疗等社会保障制度及住房制度改革全面起步。

为扩大开放、提高静宁的知名度，县上先后组织有关部门和企业参加了西交会等经贸活动。在兰州召开了“振兴静宁、建设家乡座谈会”，与新疆乌鲁木齐县结成了友好县，这些做法在宣传静宁、引进资金、对外承包工程等方面都起了积极的作用。年内对外承包工程量达14500万元，全年共达成外协项目5个，协议资金522万元，到位74万元。

——社会各业协调发展，计划生育工作取得新实效。科技工作适应经济发展的需要，重点抓了实用技术推广、普及和科技培训。新建各类科技示范村20个，示范户1954户，全县共有131名科技人员在30个乡镇230个村开展科技示范承包项目12个。围绕生猪、果品等产业开发举办各类科技培训班21期，培训人数达1650人（次）。

教育工作坚持“科技兴农、教育立县”的战略思想，基础教育得到进一步加强，教育质量稳步提高。全县普及初等义务教育的乡镇达到6个，适龄儿童入学率达到98.8%，年内向大中专院校输送学生639名，再次名列全区第一。成人教育、职业技术教育有了较大发展。人民教育基金的设立和开征，使多渠道筹措教育经费的机制更趋完善。全年共筹集资金321万元，新建、改建、维修校舍7390平方米，并经省地验收，基本达到实验教学普及县标准。“希望工程”得到全社会的普遍重视和支持，县级干部及高级知识分子救助失学儿童形成制度。年内共筹资1.8万元，救助失学儿童300名。

卫生工作重点抓了乡镇卫生院建设、医院内涵配套及计划免疫工作。年内共筹集9.5万元，新建、维修乡镇卫生院房屋664平方米。增设门诊网点、联办诊所15个，防疫、妇幼两站办公楼主体已建成。更新配套医疗设备总价值达36.1万元，对全县4岁以下儿童进行了脊髓灰质炎计划免疫，免疫率达到99.6%。

民政优抚、救灾救济、助残养老等社会保障工作成效显著。全年拨付救灾救济款59.2万元，动员全县干部职工给贫困户捐款10530元，捐衣被8834件，有奖募捐筹集社会福利资金6.9万元。全县老复员军人已全部落实了定补。受灾群众的生产生活基本得到了妥善安排。新建了双岘、高界敬老院。

文化事业围绕第四届中国艺术节和第三届崆峒旅游节，创作排练的大型舞蹈“伏羲画卦”，受到了各界人士的好评。体育事业特别是群众性文体活动日益普及，竞技水平有了提高。在全省公路自行车竞赛中，我县获得4金5银11铜的好成绩。广播电视等新闻媒介坚持团结、鼓励、正面宣传的方针，在两个文明建设中发挥了较好的作用。就业安置、民兵工作、气象服务、文史档案、民族宗教、侨务对台、旅游接待等工作都有了新的加强和提高。

计划生育工作以“三为主”方针为指导，认真落实党政一把手负总责，坚持突击活动与经常性工作相结合，科学建卡，从严考核，取得了新实效。

——民主法制建设不断加强，社会治安状况进一步好转。县乡两级政府自觉把政府工作置于人大监督之下，充分发挥人大代表和政协、社会各界参政议政的重要作用，促进了决策的科学化和民主化。一年来共向人大常委会报告工作9次，向政协通报工作6次，承办人大代表、政协委员意见、建议、提案96件。政府法制建设不断加强，行政执法水平不断提高，监督检查等约束机制逐步完善，“二五”普法教育面继续扩大，群众法制意识有所增强。通过有组织、有重点地开展以反盗窃、破大案、挖团伙、追逃犯、打击地痞村霸、车匪路霸、扫除社会丑恶现象等专项斗争和农村重点整治，坚持打防并举，综合治理，严惩各类严重刑事犯罪活动，促进了社会治安的进一步好转。全年共发生各类刑事案件126起，比上年下降10%，破案率达到82.5%：查处各类治安案件140件。

——以勤政为民、廉洁高效为宗旨，不断加强廉政建设。年初，对县直部门集中进行了机关作风整顿，通过整顿，有了较大改观，干部职工的改革意识、发展意识和服务意识明显增强。同时，按照反腐败斗争的三项任务，重点抓了领导干部廉洁自律和自查自纠。对各种行政事业性收费项目、干部职工借欠公款情况进行了全面清理清收。在一些热点问题上，坚持实行“两公开一监督”制度，查处了一批以权谋私、贪污受贿的经济案件，监察机关共立案受理各类违法违纪案件11件，已结案9件。加强和改善信访举报工作，共受理群众来信343件。

在总结工作，肯定成绩的同时，我们还清醒地看到，前进中仍存在许多差距，面临诸多困难：一是思想观念转变不快，跟不上形势发展的需要，尤其缺少指导建立市场经济新机制的经验。二是农业基础薄弱，主要是农业尚未形成规模优势，农民收入增长不快，少数群众依然困难，改变农业基础条件和扶贫攻坚任务还相当大，乡镇企业发展不快，组织生产、新上项目困难较大。工业企业设备老化，产品单一，市场占有率低，加之外部环境制约，致使相当一部分企业开工不足，生产销售率下降，效益严重下滑，扭亏减亏、调整结构、技术改造任务相当繁重。四是财政困难的状况在短期内难以扭转，难度进一步加大，资金需求矛盾更加突出，吃饭、建设均有不同程度影响。五是社会治安问题较多，综合治理有待进一步加强。六是政府职能转变和工作作风还不能适应发展市场经济的要求，工作中一些好的思路还没有完全落实，反腐倡廉、廉政建设需更进一步加强。所有这些问题和困难，需要我们在今后工作中，采取切实有力的措施，认真加以解决。

二、1995年政府工作的思路、任务和措施

今年政府工作总的指导思想是：以邓小平同志建设有中国特色社会主义理论和党的基本路线为指导，认真贯彻党的十四大、十四届三中、四中全会和中央经济工作会议精神，进一步处理好改革、发展、稳定的关系，按照加快建立社会主义市场经济体制的总体要求，立足县情，坚持市场导向，改革推动，强农兴工，搞活流通，规模开发，富县富民的经济发展路子，调整结构，提高效益，发挥优势，重点突破，狠抓落实，加快发展，努力实现“双增双收”（即粮食增产、农民增收，企业增效、财政增收），促进全县经济持续、快速、健康发展。

主要奋斗目标：国内生产总值增长8.9%，达到27440万元；工农业总产值增长9.4%，达到41900万元，其中工业总产值增长12.7%，达到18900万元，农业总产值增长6.8%，达到23000万元；粮食总产量增长15.3%，达到14.3万吨；乡镇企业总产值增长22.5%，达到28500万元；财政收入增长6.2%，确保完成1850万元，力争达到2000万元；社会消费品零售总额增长14.3%，达到11880万元；零售物价总指数上涨幅度控制在13%左右；农民人均纯收入增长10%，达到610元；人口自然增长率控制在17.97‰以内。为保证上述目标的实现，我们重点抓好以下8个方面的工作：

（一）强化农业基础，促进农村经济全面发展

我县是一个农业县，任何时候、任何情况下都要真正把加强农业放在全县经济工作的首位，想方设法多渠道增加农业投入，坚持不懈改变农业生产基本条件，大力推广科技成果，加快规模开发支柱产业，特别是主导产业的步伐，大办乡镇企业，努力增加农民收入，提高农村综合经济实力。

1. 立足抗旱防灾，坚持科技兴农，确保粮食生产稳定增长。按照依靠科技、加大投入、主攻单产、增加总产的方针，牢固树立防大旱、抗大灾的思想，全力抓好普及优良品种、地膜覆盖、节水灌溉、配方施肥、病虫防治、中低产田改造等旱作农业栽培技术，努力提高复种指数和土地利用率，力争使全县实用技术普及率达到80%以上，地膜玉米达到7万亩，其中撮苗种植1万亩，带状种植2万亩，粮食复种面积10万亩，

灌溉面积达到12.9万亩。尤其要重视优良品种的引进、示范及繁育推广工作，下决心改变农作物主栽品种混杂退化、优良品种利用程度低的状况。并及早着手，认真抓好化肥、地膜、农药、良种等生产资料的调运供应工作，做好农贷资金的筹措发放，全力以赴打好春耕生产第一仗，以确保粮食生产稳中有增。

2. 以规模开发、系列服务为重点，全力抓好生猪、果品两大主导产业规划的实施工作。按照市场经济优势、规模、效益的原则，以区域化布局、规模化发展、一体化服务为方向，继续实行包项目、包产业制度，落实责任，明确目标，严格奖惩，促其扩大规模，增加总量，提高效益，在品种改良和龙头企业建设方面有大的突破，在加工、储藏、保鲜和销售上有新的进展，尽可能做到生产基地、服务体系、依托企业、骨干项目四配套。生猪产业要以群众性的饲养为基础，以百村万户基地建设为重点，主抓重点村和工厂化养猪，力争年内饲养量达到48万口，商品量达到18万口，建成养猪重点村52个，发展规模养殖户5200户。并大力发展一批饲养场，农牧、粮食、商业、供销系统力争在年内各建成1个工厂化养猪场。生猪改良要继续坚持内繁外引，力争年内引进种公猪50口，每个重点户选留1至2口基础母猪，全县生猪改良率达到80%以上。并按照“科学实用、长短结合”的原则，健全县、乡、村三级技术服务体系，加强以快速育肥、疾病防治、饲料加工调剂为主要内容的科技培训，年内完成2万户的培训任务。同时要充分发挥食品、外贸和农畜股份有限公司的龙头作用，扩大购销总量，提高加工能力，拓展销售渠道，为养猪做好购销服务。果园建设要以“万亩乡、千亩村”基地建设为重点，主抓发展、管理、销售三个环节，促使全县果园建设向基地化、优质化、商品化目标发展。力争年内新增果树经济林4.9万亩，其中：苹果3.2万亩，建成万亩乡1个，千亩村8个，达标果园1万亩。同时新建一批包装、运销、加工企业和服务实体。要以县果品开发总公司为龙头，充实技术力量，加强技术培训，全方位开展集团承包。万亩乡镇要建起林果技术服务站，发展一批果库、果窖。要继续抓好油料、豆类、洋芋等经济作物发展和塑料大棚、日光温室等菜篮子工程建设。

3. 坚持抓住抓重，加快乡镇企业发展步伐。继续坚定不移地把乡镇企业作为振兴全县经济的战略重点，把全面推行股份合作制作为乡镇企业快速发展的突破口，把解决人才和资金缺乏问题作为发展乡镇企业的关键措施，把推进技术进步、加强内部管理、提高工业化比重作为乡镇企业上规模、上水平的重点，确保22.5%的发展速度。工作上突出抓10个重点乡镇、19户骨干企业和地毯、建筑、建材三大优势行业。地区确定的6个重点乡镇年内至少新上1个百万元以上产值的项目，发展速度保持在60%以上，县上确定的4个重点乡，发展速度不低于40%，并认真抓好地毯、造纸、水泥等项目的技术改造和达产达标。要继续扩大劳务市场，拓宽劳务渠道，力争今年达到6万人（次）。

4. 坚持不懈地加强农业基础设施建设。要继续发扬艰苦创业的精神，把立足点放在动员干部群众苦干实干和大搞劳动积累工上。抓住“两西”延期和我县被列入国家扶贫县、以工代赈重点县的机遇，全力争取以工代赈建设项目，毫不松劲地抓好田、路、水、电等基础设施建设。每年春季要集中时间，集中领导，集中劳力，搞好筑路活动，各乡镇每年要保证至少修建1条标准化的乡村道路，全面修复拓宽村庄和田间道路，彻底解决群众行路难的问题。今年要重点抓好甘田、静西、静司、静秦、麻峡公路和马巷公路桥的开工建设及李治公路河桥续建工作，配合支持公路部门争取312线静宁段改建工程早日竣工。梯田建设要在“三集中”“四统一”的前提下，在提高质量、规模上下功夫，确保每年完成高标准优质化梯田4万亩。水利建设要在抓好红卫渠、高峰渠、庙堡渠衬砌及葫芦河分段治理等工程。要按照县乡村协同、国家集体个人结合的方针，拓宽筹资渠道，下大力气抓好现有水利设施的配套、维修，使其尽可能地发挥更大效益。农电建设在抓好李店35千伏输变电工程开工建设的同时，年内力争新架农电线路30公里以上。按照“八七”扶贫攻坚计划要求，以西北部贫困片带为重点，继续抓好扶贫开发工作。林业建设要以工程造林为重点，确保完成3.3万亩造林任务。

（二）以达产达标、提高效益为重点，确保工业生产持续稳定发展

目前工业生产面临的困难和问题较多，突出的是企业亏损严重，既影响整体经济运行，也影响到企业职工队伍的稳定。根本原因是经营管理不善，达产达标率低。因此，今年工业生产要以国家产业政策和市场需求为导向，把工作重点放在搞活现有企业，加快技术进步，强化内部管理，促进达产达标，实现扭亏增盈上。乡以上工业产值必须确保10.4%的增长速度，产品销售收入和实现利税分别达到10%以上和9%的增长速度。12户预算内国有工业企业亏损户控制在3户以内，亏损额控制在100万元以内，盈亏相抵后实现利润50万元。一是全力抓好现有企业达产达标，以达产达标促进扭亏增盈。对未达产达标的企业和亏损企业采取“一厂一策”“因厂施治”对策，建立领导责任目标制，层层签订责任书，考核兑现，严格奖罚。技改、扭补项目要力争全部达产达标，新增产值400万元，利税40万元。二是强化企业管理，提高整体素质，增强市场应变能力。要继续开展“转机制、抓管理、练内功、增效益”活动，引导企业面向市场，苦练内功，向管理要效益。以抓销售、清旧欠、堵漏洞为重点，进一步建立健全各项激励机制和约束机制，促使企业不断提高生产经营水平。把企业经营成果同干部、职工的利益挂起钩来，使人人感到肩上有压力，工作上有动力，促进企业管理迈上一个新水平。三是加快改造步伐，积极开发新产品。本着当前和长远利益相结合的原则，坚持走内涵改造和外延开发相结合的路子，下决心、有计划、有重点地进行技术改造和产品结构调整。在新技术、新材料、新工艺上求突破，全面提高生产技术水平和现有产品档次，进一步开发一批适销对路的新产品。化工厂800万发电雷管、淀粉厂2000吨洋芋淀粉、水泥公司2.8万吨水泥，人造板厂5000立方米刨花板、印刷厂胶印设备等重点项目，要积极争取资金到位，确保建成投产。新上项目要坚持效益第一的原则，选项要准，起点要高，论证要充分，坚决避免低水平重复建设。围绕1997年建成1至2个投资在2000万元以上骨干项目的目标，今年重点抓好金属钠和生物农药项目的论证立项工作。四是抓主抓重，促使优势行业上规模、增效益。对化工、

水泥、地毯等优势行业和其他适销对路的产品，要全力予以扶持，从电力、资金、原材料等方面予以保证，使其满负荷生产，多产快销，做到以丰补歉，以好带差。对产品无销路，且成本又高，亏损严重的企业坚决实行限产压库，想方设法开辟新的生产经营门路。要不拘一格使用人才，突破所有制和身份界限，鼓励有事业心和经营管理才能的人才领办亏损企业。五是认真组织好今年一季度工业生产。突出一个“早”字，加强生产调度，搞好协调服务，早抓早主动，避免前松后紧，以包代管，给全年工作造成被动，为实现全年均衡生产打好基础。

（三）以搞活商流企业为重点，加快第三产业发展步伐

要把第三产业作为增加地方财政收入、提高综合实力、改善人民生活的重要产业来抓，多渠道、多形式增加对第三产业的投入，加快其发展步伐，保持15%的增长进度，年内增加值达到7710万元。国合商流企业要巩固和发展流通体制改革的成果，在继续完善国有民营的同时，积极推行股份合作制，围绕繁荣城乡市场、保障城乡人民生产生活供应需求，不断扩大销售网点，改善经营条件，千方百计扩大购销，全力遏制经营萎缩、市场占有率下降、效益严重下滑的局面。要鼓励个体经营者跨领域、跨行业、跨所有制，开展横向联合、承包、租赁小型国有企业，入股合办股份制企业，力争全年新增个体工商户600户，私营企业13户。要下大功夫抓好市场建设，按照高档次、多功能、规范化的要求，加快威戎和县城西关两个大型综合集贸市场配套步伐，改建扩建古城、甘沟、李店、灵芝4个区域性农贸市场，并积极培育发展专业批发市场。

（四）千方百计增加收入，努力缓解财政困难

各级干部要增强抓财、理财、聚财的意识，充分认识严峻的财政形势，继续贯彻从严、从紧、抠细的方针，全力抓好财源建设，力争完成财政收入2000万元的奋斗目标。今年除保证足额完成下达的工商税收任务外，农业特产税要力争达到35万元。地区确定的4个重点财源项目和6个财政上台阶的重点乡镇要以20%以上的速度增长，其他乡镇也要相应赶上或接近这个增长速度。为了加强资金的统一管理和调度，要严格预算约束，坚决实行一支笔审批，按照“一要吃饭、二要建设”的原则，统筹安排财政支出。一是全县上下要理解、体谅、支持财政工作，树立勤俭节约、过紧日子的思想，切实把财政工作列入重要议事日程，经常分析、研究、算账，解决收入过程中的实际问题，把财政工作作为整个经济工作的“牛鼻子”始终牵住不放，抓出成效。二是要继续实行分灶吃饭的财政包干体制，坚决执行行政事业单位按“二、三、五”比例消化增支因素的办法，并结合机构改革分流人员，坚决压缩会议费和行政事业经费支出。三是努力培植财源，鼓励支持行政事业单位抽出专门人员，积极创办各类经济实体，弥补经费不足，这要作为一项硬任务认真落实。四是为了明确责任，加强征管，重申乡镇长为协税护税的第一责任人，搞好开源节流，加强对生猪、果品、木材等流通贩运环节零散税的征收。政法各部门要支持税务工作，为税收征管保驾护航，坚决打击偷税漏税行为。要加大税收法规的宣传力度，提高公民的依法纳税意识，企

业法人要带头纳税缴税，企业主管部门要督促下属企业积极主动缴纳各项税款，真正在全社会形成纳税光荣、偷税漏税可耻的风尚。五是严格控制社会集团购买力，反对铺张浪费，今年原则上不铺新摊子，不搞修修补补，以确保财政预算的顺利执行。六是各部门、各单位要积极主动向上争项目、争资金，不能眼睛只盯着县财政，而忽视向外求援。金融部门要进一步盘活资金存量，加速资金周转，努力增大信贷资金总量，为地方经济建设多作贡献。

（五）改善投资环境，加快城镇设施建设

加快基础设施建设，不仅是当前经济发展中亟待解决的问题，也是保证经济长远发展的战略性措施。城区改造要在去年市容整建的基础上，年内下大决心搞好城区供排水和供电系统的完善配套，加快建设进度，完成312线东关段、静庄路城区段的加宽油铺，严格红线控制，继续拆除“卡脖子”路段，全力解决交通拥挤的问题。选择树种，搞好规划，春季一次完成城区街道的绿化。并争取静宁客运中心站的审批立项。进一步加快住宅小区开发和旧城改造工作，年内完成1万平方米。坚持城乡结合，以威戎、高界两镇为突破口，采取有效措施，对乡镇政府所在地的街道、公路沿线及集市，进行集中整治，全面解决城乡乱占乱建的问题。邮电通讯要抓住西兰乌通信光缆途径我县的机遇，加快市话和农话程控自动化建设步伐，力争年内开通3000门程控电话。

（六）全面贯彻“教育立县、科技兴农”的战略思想，不断推动社会各业协调发展

教育工作要以贯彻实施纲要为中心，继续坚持“教育立县、科技兴农”的战略思想，加快教育改革和发展步伐，进一步强化质量意识，努力提高劳动者素质，建立适应县情的教育机制，为1997年全县实现普及九年义务教育目标打好基础。工作上力争在三个方面有新突破：一是在农村教育综合改革方面有新突破。要围绕“强农兴工”目标，加强政府统筹，以“三教”协调发展、农科教结合为基础，衔接实施“星火”“丰产”“燎原”计划，建立和完善一体化的人才培训、科技推广、社会化服务网络，全面促进教育与科技的密切结合，为推动全县经济快速发展培养有用人才。二是在职成教育方面要有新突破。职业、成人教育要围绕支柱产业和主导产业开发，以农职中和“五校五中心”为依托，坚持“办学体制地方化，办学模式多样化”的方针，走“产教结合、校企合一”的路子，建立教学、实习、经营、服务“四位一体”的教学体系，扩大职业学校的招生计划，力争使一半以上的高初中毕业生能通过职业学校的培训，学到一技之长，回乡后成为农村科技致富的带头人。农村要以实用技术培训为重点，以乡镇农民文化技术学校为依托，把学文化和学技术有机结合起来，大力推广县上确定的符合我县实际的10项农业实用技术，使农村全员劳动力素质有新的提高。三是在教育内部改革方面有新突破。教育部门要树立正确的质量关，以提高学生素质为重点，面向全体学生，改变传统的应试教育模式，使学生德、智、体、美、劳诸方面得到发展。要加强学校管理和教学研究，加强学校德育工作，加强劳动技能的训练，积极开展爱国主义、集体主义、法制教育及县情教育，促使教育质量全面提高。

为保证教育优先发展战略的贯彻实施，县上决定将1995年作为全县教育年，目的是再认识、再动员、再鼓励、再掀高潮，真正达到统一思想，统一行动，形成全党动员，全民动手，全社会参与大办教育的新局面。各级都要千方百计增加对教育的投入，县上在保证财政拨款“两个增长”的同时，每年坚持切块安排10万元，用于改善办学条件。农村教育费附加今年要按省地规定人均纯收入的1.5%计征，干部职工按年工资总额的1.5%征收人民教育基金，所征资金一定要征足、管严、用好。要进一步实施“希望工程”，广泛开展捐资助学活动，通过多种措施，使失学儿童能够重返校园。

医疗卫生工作要在继续抓好医德医风建设的同时，重点抓好乡镇卫生院的改建和新建工作，从今年起，集中力量，对李店、威戎、红寺等10个乡镇卫生院的危房进行全面改建或新建，以改善农村办医条件。

文化体育工作要以丰富群众文化生活，提高公民文化、身体素质为宗旨，全方位、多层次开展各类文体活动。为了改善县城体育设施差的状况，县政府决定修建静宁县中心体育场，年内完成征地和场地平整及围墙建设任务，并积极向上争取资金，力争1996年建成并投入使用。同时拆除现商业街的临时建筑，建设成纪文化一条街，以满足人民群众的文化生活需要。

广播电视事业要坚持建设、管理并重的方针，全面恢复整修农村有线广播网络，保证村村有广播，社社有喇叭，入户率不低于70%。加快进度完成城区有线电视网建设。同时要加强对业务人员的培训，进一步提高业务素质和工作质量，使其真正发挥“喉舌”作用。

计划生育工作要认真贯彻“三为主”方针，进一步完善人口计划管理目标责任制，把经常性工作与突击活动结合起来，严格执行各项政策法规，全面实施“040”工程，不断提高科学化管理水平。这项工作要特别强调讲实话，报实情，办实事，确保实现全年人口控制目标。

（七）以深化国有企业改革为重点，积极推进各项配套改革

国有企业改革以建立现代企业制度为目标，继续认真贯彻落实条例赋予企业的权利和义务，切实转换经营机制，加快企业股份制和股份合作制改造步伐，在总结推广县水泥公司、百货公司改制试点经验的基础上，国有企业以股份制为主，集体企业以股份合作制为主，年内完成6户国有企业的改造任务。同时要抓好国有企业清产核资，界定产权，清理债权债务等工作，从各方面为国有企业稳定地向现代企业制度过渡创造条件。继续深化财税、物价、金融等体制改革，加快企业职工养老保险、失业保险和公费医疗、住房制度等改革，努力推进各项配套改革。按照省、地安排，认真搞好县乡机构改革。农村改革要在稳定完善以家庭联产承包责任制和统分结合的双层经营体制、强化农村社会化服务体系建设的基础上，加强以土地为主的各项制度建设。在坚持土地集体所有的前提下，要把“四荒地”（荒山、荒坡、荒沟、荒滩）拍卖作为今年深化农村改革的一件大事来抓，采取由点到面逐步推开的办法，全力抓好。

（八）继续加强民主法制建设，努力为经济建设创造良好的社会环境

一是县乡政府要自觉接受人大监督，重视和发挥人民政协在政治协商、民主监督中的作用，虚心听取人大代表和各界人士对政府工作的意见和建议，提高政府决策的科学化、民主化水平。进一步重视和加强政府法制工作，健全执法监督检查制度，坚决纠正有法不依、执法不严和违法不究等现象。

二是继续抓好社会治安综合治理。要高度重视当前广大人民群众反映强烈的社会治安问题，把保一方平安作为一项关系全局的大事，进一步落实社会治安综合治理责任制，毫不动摇地组织好专项斗争和重点整治，严厉打击各种违法犯罪活动，彻底扭转部分地方治安差的状况。切实加强政法队伍建设，从严治警，努力提高政治业务素质。

三是正确处理改革、发展与稳定的关系。要密切注意新情况，及时解决改革和发展中的新问题，保证改革在稳定的环境中有序进行。采取有效措施，解决群众生活中的各种困难和问题，特别要安排好停产、半停产企业职工和受灾群众的生活。要把控制物价涨幅作为正确处理改革、发展、稳定三者关系的关键环节来抓，严格对20种居民基本生活必需品和服务价格的监审制度，加强对各类市场的管理，整顿流通秩序，依法严厉打击哄抬物价、欺行霸市、制假售劣等扰乱市场、坑害消费者利益的行为，保护公平竞争和正常的市场交易秩序。

三、切实改进作风，务求真抓实干，为建设和振兴静宁而奋斗

要把我们静宁建好，任重而道远，需要我们静宁的广大干部和人民群众付出长期艰苦的努力，更需要我们求真务实、真抓实干的工作作风。县政府作为全县经济建设的指挥机关和中枢机构，其肩上的担子更重，任务更艰巨，工作千头万绪，难题不少，要把工作一件一件落到实处，非真抓实干不可。因此我们要从转变作风入手，从廉政高效、勤政为民抓起。首先必须抓好廉政建设。领导机关和领导干部一定要发挥模范带头作用，做到廉洁自律、秉公尽责，忠于职守，身先垂范。对政府工作人员必须教育从严，监督从严，执纪从严，律己从严，对各类违纪案件必须严肃查处。坚决制止有令不行、有禁不止、各行其是等无组织、无纪律现象。要从群众关心的热点问题及最容易产生不廉洁行为的岗位和环节入手，继续实行“两公开一监督”制度。监察、司法、审计等执法监督部门要各司其职，协调配合，发挥整体效能，以实际行动推进廉政建设和反腐败斗争的深入进行。其次必须抓好勤政为民。全体政府工作人员特别是各级领导干部，一定要牢牢树立全心全意为人民服务的公仆思想，时时刻刻想到静宁经济很落后，紧紧围绕为静宁人民办实事这一课题，加强政治业务学习，强化为基层、为群众服务的意识，进一步抓好机关作风整顿，健全岗位责任制，做到岗位职责化，工作程序化，办公公开化，考核制度化，形成一种讲实效、报实情、干实事、求实绩、抓典型、创新路的工作风气，坚决克服“三难”现象和工作不认真、不扎实、不具体的不良作风，下决心解决忙闲不均、苦乐不均和“评论员”多、“运动员”少的问题，真正树立起廉洁高效、勤政为民的政府形象。凡有利于静宁经济建设的事，各部门都要主动落实，不得设卡，不得起梗塞作用。各级都要积极主动并创造

性地开展工作，要有敢想敢干、敢创敢冒、雷厉风行的精神、魄力和作风，认准了的事就要坚持抓下去，并一抓到底，抓出成效。对每一项工作都要建立督促检查反馈制度，做到有布置，有检查，有结果。在抓落实上一定要突出一个“狠”字，也就是工作不到位不撒手，抓不出成效不松手。

县人大常委会工作报告

（县人大常委会主任吕忠厚　1995年1月12日）

1994年的主要工作

过去的一年，常委会在中共静宁县委的领导下，认真贯彻党的十四大和十四届三中、四中全会及八届全国人大二次会议精神，依照宪法和法律赋予的职权，紧紧围绕建立社会主义市场经济的总目标，为加强社会主义民主政治和法制建设，实现县十二届人大二次会议提出的各项任务，保障和促进全县经济建设和各项事业的发展，作出了积极的贡献。

一年来，常委会共召开了7次全体委员会议、13次主任会议，听取、审议了县人民政府、人民法院、人民检察院6个方面的11次工作汇报，作出了1个决议；组织人大委员、人民代表及工作人员进行了10次视察、调查和检查；参与了市容整建、农田基本建设、支柱产业、计划生育等中心工作，较好地完成了全年四项任务。

一、听取、审议“一府两院”工作报告，努力提高监督实效

听取、审议“一府两院”工作报告，是县人大常委会实施工作监督和法律监督的基本方式。一年来，常委会紧紧围绕建立社会主义市场经济体制和全县各个阶段的中心任务，以及广大人民群众普遍关心的重大问题，及时听取、审议了县人民政府、人民法院和人民检察院的工作汇报。

为了加强对财政预算执行情况的监督，常委会在去年4月召开的第十次会议上，听取了县人民政府《关于1994年全县财政收支预算调整的报告》。在审议过程中，委员们针对我县财政收支矛盾突出，资金调度困难等问题，提出了大力发展经济，努力培植财源；加强税收征管，大力组织收入；搞好财税体制改革，加强乡镇财政建设；优化支出结构，从严控制支出等5个方面的意见和建议，并根据会议讨论的意见，作出了《关于静宁县1994年财政收支预算的决议》，号召全县广大干部群众为实现1994年的财政收支预算而努力。根据常委会的建议，县人民政府改进和加强了对财政工作的领导，在财力十分困难的情况下，基本上保证了各项事业急需的资金和职工工资的发放，保持了社会的稳定和经济的发展。

道路建设直接关系到市场经济的发展，也是广大人民群众反映强烈的一个重要问题。常委会第十一次会议，听取、审议了县人民政府关于全县道路建设情况的汇报。为了掌握筑路工作的基本情况，做到审议时心中有数，会前，由1名副主任带队，人大农业财经工作委员会及有关部门的同志组成调查组，深入石咀、曹务、司桥、高界、三合、原安、红寺、李店等乡镇，采取座谈了解、实地察看的办法，进行了认真

调查。审议中，委员们在肯定成绩、指出问题的同时，要求县人民政府及公路主管部门从加强教育入手，认真研究解决道路建设管理方面存在的问题。根据常委会的建议，县交通局组织力量对道路建设情况进行了全面检查，对会议提出的问题逐条作了研究，提出了贯彻落实的具体措施。为解决高界至三合的道路维修问题，县交通局于去年12月中旬，召集两乡镇负责人专门作了研究，提出了具体意见。这些审议意见的办理落实，对全县的道路建设起到了积极的促进作用。

为了贯彻落实党中央、国务院关于加强农业的一系列指示精神，促进全县水利事业的发展，常委会把水利建设、管理作为工作监督的主要内容。6月中旬，由1名副主任带领专职委员和工作人员，对祁川、城川、细巷、高界等4乡镇的水利建设管理及抗旱生产情况进行了调查。在此基础上，常委会于6月下旬召开例会，听取了县人民政府关于水利建设、管理情况的报告。委员们认为，近年来，县人民政府把水利建设作为农业生产的一件大事来抓，取得了比较明显的效果，但水利设施年久失修、效益衰减、对毁坏水利设施的行为打击不力等问题仍然比较突出。建议政府认真抓好水法的贯彻落实，严厉打击破坏水利设施的违法犯罪行为；坚持多渠道筹集资金，大办“五小”水利工程，扩大灌溉面积；加强清产核资工作，防止水利器材流失；坚持从实际出发，妥善处理东峡水库防汛与灌溉的矛盾。会议期间，委员们还就搞好抗旱生产、扩大复种、以秋补夏等向县人民政府提出了建设性意见。根据会议要求，县水利主管部门在认真研究的基础上，按照轻重缓急及我县财力情况，对委员们提出的问题，作了分类排队。除少数确因财力有限而未能解决的外，绝大多数建议基本得到了办理落实。如在宣传贯彻水法方面，利用县广播电台集中一周时间播放了《水法》及与之相配套的6个规范性文件，张贴标语2000多份，查处毁坏水利设施案件2起，治安拘留3人，罚款1.2万元。7月份他们又在祁川乡召开了有全县水管人员参加的水管先进经验现场会，要求各乡镇认真学习祁川乡依法管护水利工程设施的好经验、好做法，这些都为促使我县水利建设、管理工作步入法制化、规范化产生了好的效果。

市镇建设与管理，是广大群众多年来反映强烈的一个难点问题。县人大常委会于8月中旬，组织部分常委会委员、人大代表及工作人员，对县城市容整建工作进行了调查。9月下旬，县人大常委会召开第十三次会议，听取了县人民政府《关于静宁县市政建设管理和城区市容整建情况的报告》及县人大常委会《关于县城市容整建工作的调查汇报》。委员们认为，近年来，在市政建设上，县人民政府比较认真地贯彻实施了城市规划法和《静宁县城区建设总体规则》，县城的市容市貌有了一定改善，尤其是1993年11月份开展市容整建以来，对县城主要街道超占“红线”的建筑物依法进行了拆除，拓宽了道路，油铺了路面，并按统一标准重建，使市容有了较大改观，为建设文明县城打下了坚实的基础。会议在充分肯定成绩的同时，针对目前存在的城区总体规划执行得不够好，个别单位的基建项目没有按规定要求施工，市政配套建设跟不上等问题，要求县人民政府一要认真贯彻城市规划法和《静宁县城区建设总体规划》，严格实行“一支笔”审批制度。二要抓好经常性的管理工作，制定出符合我县实际的管理办法。三要研究解决市容整建过程中的各类善后问题。四要加快市镇基础设施建设步伐。五要加强环卫队的力量，确保城区垃圾及时清运。根据常委会的建议和要求，县城建局在总结以往经验教训的基础上，改进了基建管理办法，严格实行“一支笔”审批制度。同时，成立了城建管理监察队，制定了相应的工作制度，对进一步搞好我县市镇建设管理工作产生了好的效果。

加强对法律法规贯彻实施和社会治安综合治理工作的监督检查，是县人大常委会的一项重要工作。常委会第十四次会议在听取“一府两院”《关于执法检查工作汇报》、县人民政府《关于社会治安综合治理情况汇报》及县人大常委会《关于对仁大等13乡社会治安综合治理工作的情况调查》《关于我县〈农业法〉〈农民承担费用和劳务管理条例〉执法检查情况的调查》后，认为1994年的执法检查工作，由于各级领导重视，各执法部门共同努力，收到了好的效果。如税务部门通过广泛宣传税法，增强了群众的纳税意识，较好地完成了全年的税收任务。县工商部门通过对产品质量法的检查，共查处假冒伪劣商品14大类、100多个品种，价值91550元，其中销毁过期霉变商品价值32340元，罚款2090元，整治和净化了消费品市场。社会治安综合治理工作任务明确，措施具体，收到了较好的效果，但是，在执法方面，有法不依、执法不严的问题在一些部门仍然存在。要求“一府两院”针对存在的问题，切实抓好法律的贯彻实施，搞好社会治安综合治理，为全县经济建设创造一个良好的社会环境。

为了促进义务教育法和教师法的贯彻落实，县人大常委会第十五次会议听取了县人民政府关于贯彻义务教育法和教师法的情况汇报。为提高审议水平，增强监督落实，会前，由常委会抽组人员，于11月下旬对李店、后梁、古城、细巷、原安、司桥6乡贯彻“两法”所取得的成绩及存在的问题进行了全面了解，写出了调查报告。审议时委员们对办学条件、师资队伍、教育质量、教师待遇等方面取得的成绩给予了充分肯定，并指出了存在的问题，建议县人民政府及教育主管部门认真研究解决。这些意见、建议，对促进“两法”的贯彻落实和我县教育事业的发展将产生积极的影响。

一年来，常委会在听取、审议“一府两院”工作报告的过程中，基本上做到了审议前有调查、审议中有建议、审议后有检查，对“一府两院”既起到了监督作用，又达到了支持、促进的目的。

二、依法任免国家机关工作人员

依法任免地方国家机关工作人员，是法律赋予地方人大常委会的一项重要职权。一年来，县人大常委会依照地方组织法的规定，决定任命副县长1名，免职1名；决定任命本级政府组成人员6名，免职8名；任命县人民法院审判员和县人民检察院检察人员7人，免职4人。

为了使任免工作既能贯彻党管干部的原则，又能充分发扬民主，按照法律规定的程序，行使好任免权，主要从提名、审议、表决三个环节完善了任免工作。凡向常委会提请任命的人员，先由组织部门向主任会议介绍情况，听取意见；审议时充分发扬民主，反复酝酿讨论；表决时要有法定的人数，以表决结果为准。由于我们在任免工作中正确处理了党管干部和依法任免干部的关系，从而使任免工作收到了好的效果。从这些任命干部的情况看，中青年干部比例有所上升，知识结构更趋合理。这些同志进入工作岗位后，大都能够解放思想，锐意改革，担负起人民交付的重担，为我县社会经济及其他工作注入了新的活力。

三、加强代表工作，充分发挥代表作用

人大代表既是国家权力机关的组成者，又是经济建设的参与者。做好代表工作，充分发挥代表作用，就从根本上保障了人民当家做主的主人翁地位。一年来，常委会主要从以下4个方面加强了这一工作：

一是在人大代表中组织开展了“争先创优”活动。去年5月上旬，县人大常委会向各乡镇发出通知，要求乡镇人大主席团在认真组织代表学习宪法、代表法和市场经济知识的同时，围绕经济建设，广泛开展“争先创优”活动。为促使这一活动取得好的效果，由1名副主任带领工作人员，于9月上旬到后梁、甘沟、新店、城川等乡镇进行了检查。总的看，这项工作由于县、乡两级人大重视，组织安排具体，取得了较好的效果，涌现出了许多先进典型。县十二届人大代表杜耀文同志，为搞好今年的抗旱生产，深入田间地头，经过认真调查研究，提出了抗旱保苗、扩大复种、改良土壤、强化服务的抗旱措施，并在6月下旬召开的常委会第十一次会议上作了专题发言，他的建议对县委、县政府指导抗旱生产具有重要的参考价值。农民代表中也出现了很多带头勤劳致富的典型。“争先创优”活动的开展，充分调动了代表的生产、工作积极性，提高了代表质量，强化了代表作用。

二是组织人大代表对政法部门的工作进行了评议。去年7月中旬，县人大常委会组织在我县的省八届人大代表和部分县、乡代表，到雷大、高界、城关3乡镇，广泛征求了人大代表和群众对政法部门工作的意见和要求，并到一些基层法庭、公安派出所进行座谈了解。在此基础上，召开了有公、检、法三部门领导参加的评议会。代表们既对政法部门的工作给予了高度评价，又指出了工作中存在的问题，提出了改进的意见和建议。评议结束后，法、检两院和县公安局根据代表们提出的意见，从提高办案质量和效率、解决群众“告状难”、搞好社会治安综合治理、依法治县、加强干警队伍建设等方面提出了整改的具体措施。这次评议活动，有效地促进了政法部门的工作。

三是督促办理了代表意见、建议。在县十二届人大二次会议上，代表们共提出意见、建议85件，会后，县人大常委会以正式文件分别转送县人民政府及各承办单位。4月初，县人大和县政府联合召开了代表意见、建议交办会，就办理工作提出了具体要求。各承办单位本着“归口管理、分级负责”的原则，普遍建立了领导把关、专人负责、承办人员具体办理的三级负责制。在办理过程中，人大和政府共同抽组人员深入各承办单位，进行检查督促，促进了办理工作。截至10月底，85条意见、建议已全部办理完毕，并由各承办单位向代表作了答复。这些意见、建议已经得到解决的35件，占41.2%；正在解决或列入计划逐步解决的15件，占17.6%；因条件所限一时解决不了的30件，占35.7%；留作参考向代表作了解释说明的5件，占5.5%。

四是加强了人民来信来访工作。过去的一年，常委会把信访工作作为联系人民代表和群众的主要措施来抓，一年来，共接待处理人民代表和群众来信来访118件(次)，其中来信45件，来访73次。对这些来信来访，除县人大常委会直接办理的外，按照“归口办理”的原则，及时转交有关部门办理，其中要求报告办理结果的15件，收到办理结果报告的10件。通过办理人民来信来访，保障了公民、法人和其他组织的合法权益，增强了国家机关工作人员的公仆意识。

四、加强了对乡镇人大工作的指导

我县设立乡镇人大主席团及常务主席时间不长，经验不足，加之绝大多数乡镇人大常务主席都是从事党务和行政工作的，对人大工作不熟悉、不适应。针对这一问题，常委会把帮助、指导乡镇人大主席团依法开展工作作为义不容辞的任务来抓。一是常委会组成人员有计划地深入部分乡镇或利用下乡蹲点跑面的机会了解情况，帮助指导工作。二是于11月上旬主持召开了乡镇人大常务主席会议，专门研究部署了乡镇人大工作。会上，各乡镇人大主席汇报交流了换届以来本乡镇的人大工作。县委、人大的主要负责同志从不同的角度，就乡镇人大主席团如何围绕经济建设开展工作讲了具体意见。这次会议，由于领导重视，准备充分，达到了统一思想、增强信心、促进工作的目的。三是对召开乡镇人代会和补选代表问题进行了指导。12月中旬，县人大常委会专门发出通知，就召开乡镇人代会的时间、议程及注意事项、补选代表时间、程序及要求等提出了具体意见，这对开好乡镇人民代表大会，完成代表补选工作起了一定的作用。

五、抓了人民代表大会制度的宣传工作

人民代表大会制度是我国的根本政治制度，它最大的特点是有利于集中人民的意志和要求，便于实现人民当家做主的民主权利。但是，在目前民主与法制不够完善、人们的民主意识、法制观念还比较淡薄的情况下，它的这个优势并没有充分发挥出来。为了深化人们对人大工作的认识，常委会根据省委、省人大的安排，于9月下旬召开了有县上四大机关领导、县十二届人大常委会委员、在我县的省八届人大代表、县直及省地有关单位负责人参加的座谈会，隆重纪念我国人民代表大会成立40周年暨我县人大常委会成立15周年，县委、人大、政府、法院、检院的负责同志分别发了言，从各自不同的角度肯定了我国人民代表大会制度的优越性以及所取得的成绩。会议结束后，县广播电视台将座谈会的实况向全县做了播放，县人大办公室利用简报进行了宣传。通过这一纪念活动，加深了人们对人大性质、地位和作用的认识，为常委会依法行使职权进一步改善了工作环境。

六、加强常委会的自身建设

随着社会主义民主和法制建设的不断发展，县人大常委会不辜负全县人民的重托，履行好宪法和法律赋予的职责，就必须加强自身建设，不断提高工作水平。

首先，抓了思想建设。针对换届以来常委会组成人员思想上缺乏市场经济意识，工作上安于现状的实际，常委会始终把提高认识，转变观念作为自身建设的一个首要任务，在组织组成人员和工作人员认真学习邓小平同志建设有中国特色社会主义理论、法律、法规和党的一系列方针、政策的同时，紧密联系社会主义市场经济体制下人大工作出现的新情况、新问题，探讨研究新的工作方法。通过学习，使大家进一步解放思想，摆脱计划经济僵化观念的束缚，把是否有利于发展社会主义生产力、有利于提高人民的生活水平，作为人大工作的出发点和落脚点，从而在思想上实现了“三个转变”。1.思想观念的转变。变过去单一抓人大工作的“单打一”思想，不断增强“中心”意识，把“中心”贯穿于人大工作的始终。2.工作重心的转变。变过去“一般化”的监督为围绕经济建设这个中心开展监督。3.工作方式的转变。变过去一般的程序性监督为“参与型”监督，做到在参与中监督，在参与中支持，思想认识的提高，为进一步搞好人大工作奠定了基础。

其次，抓了作风建设。过去的一年，常委会重视改进工作作风，坚持群众路线，深入调查研究，组成人员和工作人员先后有200多人（次）深入30个乡镇、150个村社、45个学校和机关单位进行调查研究，共写出调查报告10份，为常委会审议“一府两院”工作提供了依据。同时，常委会还较好地坚持了实事求是的工作方法，不论是审议“一府两院”的工作报告，还是下基层调查研究，都以事实为依据，反映事物的本来面目，保持和发扬了党的“三大作风”。常委会还特别注重了自身的廉政建设，组成人员和工作人员都能廉洁从政、率先垂范，当好人民的公仆。

再次，抓了组织、制度建设。针对本届常委会组成人员新同志多，对人大工作不熟悉的实际，我们采取派出去学、到实践中练的办法，既学人大业务知识，又学市场经济理论，使之成为思想上、行动上都能与时代合拍的人大工作者。去年，先后有3名同志参加了省人大常委会举办的人大工作研讨班、培训班。在努力提高现有人员政治、业务素质的同时，常委会还结合实际，加强了制度建设，在抓好常委会议事规则、人事任免暂行办法实施工作的同时，对各委、办工作职责、机关学习、工作、生活制度作了补充完善，从而保证了常委会工作健康、有序地进行。

过去的一年，常委会在全体代表和全县人民的支持下，经过大家的共同努力，取得了一定的成绩。但是，我们的工作与宪法和法律赋予的职责和人民的期望相比，还有很大的差距。主要是对围绕经济建设进一步搞好人大工作研究不够，办法不多；监督工作不够有力，特别是法律法规的宣传和执法检查工作还比较薄弱；代表工作不够广泛深入，为代表履行职责的服务工作有待进一步改进；调查研究工作还需要进一步加强；机关自身建设还不能适应形势发展的要求，等等。所有这些问题，都需要我们在今后的工作中认真加以解决。

1995年的主要任务

1995年，是实现“八五”计划的最后一年，也是改革全面推进，加快建立社会主义市场经济体制的关键一年。面对新的形势，常委会要继续以建设有中国特色的社会主义理论和党的基本路线为指针，认真贯彻落实党的十四大和十四届三中、四中全会精神，服从服务于“抓住机遇、深化改革、扩大开放、促进发展、保持稳定”这个大局，在县委的领导下，紧紧围绕经济建设这个中心，通过行使法定的各项职权，推动社会主义民主和法制建设，促进全县经济持续、快速、健康发展。

第一，继续大力开展人大宣传工作，提高全社会对人大工作的认识

目前，人们对人大工作有了一定认识，但还存在着宣传不广泛，认识不全面、不深刻等问题。1995年，要进一步采取多种形式，利用各种宣传工具，学习和宣传人大的性质、任务、职能、地位和作用，使人大的基本知识为公民所周知。在各级领导和人大专职干部中，要争取把人大的基本理论和基本知识学得更多一点、更好一点。一方面要弄清人民代表大会制度是我国的根本政治制度，是社会主义民主政治，它同西方资本主义议会制度有本质区别，我们人大的工作必须置于共产党的领导下；另一方面要明确，人大是代表人民依据宪法和法律行使职权的，因此，尊重人大的工作就是遵守宪法、尊重人民。各级领导和社会各界要对人大工作给以更多的理解和支持，进一步增强人大工作的时效性和权威性，使人大在实际工作中发挥更大的作用。

第二，进一步搞好监督工作，保证各项改革措施的落实

在新的一年里，常委会要适应改革开放、建立社会主义市场经济体制的需要，进一步加强对“一府两院”的监督工作：一是围绕全县各个阶段的中心任务，有计划地听取、审议“一府两院”的工作汇报和专题报告，保证县十二届人大四次会议决议的贯彻落实。二是加强对国民经济和社会发展计划、财政预算执行情况以及税收、物价、乡镇企业、支柱产业等工作的监督，促进经济的发展。三是加强对人代会选举和常委会任命的国家机关工作人员的监督，必要时可听取部分政府组成人员的述职报告，并组织人大委员、代表进行评议。四是监督、督促各执法机关严格依法办事，理直气壮地支持他们查处违法违纪案件。五是认真受理人大代表和群众的申诉、控告和检举，并责成有关部门查处。六是进一步加强廉政监督，促进反腐斗争的深入开展。七是有计划、有重点地开展对法律法规实施情况的检查，发现问题，及时解决。八是督促有关部门抓好普法教育，增强全民法律意识。在监督中要注意做到，对热点问题及时监督，难点问题跟踪监督，突出问题重点监督，努力提高监督实效。

第三，继续做好代表工作，充分发挥代表作用

我县有各级人大代表1564名，他们是党和政府联系人民群众的桥梁和纽带，是加强民主政治建设，促进经济发展的一支重要骨干力量。在新的一年，常委会要把代表工作提到重要议事日程，切实抓紧抓好。一是要认真总结多年来开展代表工作的经验，进一步完善代表工作制度，提高代表工作水平。二是常委会主任、副主任和专职委员每年至少同原选举单位及选民联系1次，及时倾听代表的意见和建议，努力为代表履行责任创造条件。三是建立健全办理代表意见、建议的督促检查和工作报告制度，不断提高办理质量。四是努力为代表知情知政创造条件，年内组织在县城的各级人大代表由政府通报1次全县经济形势，常委会每次例会邀请部分代表列席。五是组织代表广泛开展“争先创优”活动，为全县经济建设和社会事业的发展贡献力量。

第四，加强常委会的自身建设，努力造就一批热爱人大工作、熟悉人大业务的干部队伍

社会主义市场经济的发展，对人大工作提出了更高的要求，因此，新的一年，常

委会要进一步抓好自身建设。

（一）要加强学习。不断提高常委会组成人员和工作人员的政治、业务素质。建设有中国特色的社会主义是前人没有进行的伟大事业，在前进的道路上，会遇到许多不熟悉的新事物，正确认识这些事物的发展和变化，是国家权力机关正确行使职权的前提条件。如果不注意学习，充实、提高自己，就会在审议、决定重大问题时感到困惑。因此，加强学习，加深对基本理论的理解，是全体组成人员和每一个工作人员重要而紧迫的任务。当前，要重点学好邓小平同志建设有中国特色社会主义理论和党的一系列方针政策及法律法规，通过学习，进一步解放思想，增强改革意识，以对人民高度负责的态度，做好人大工作。

（二）要进一步改进工作作风，密切同人民群众的联系。常委会组成人员要始终坚持理论联系实际、群众路线、批评与自我批评的“三大”作风，深入基层，深入实际，体察民情，反映民意，不断增强公仆意识，牢固树立全心全意为人民服务的思想，尽职尽责地履行法律赋予的职权、义务和责任。

（三）要搞好机构改革。加强常委会的制度建设，在进一步完善常委会议事规则的同时，根据工作需要，建立健全必要的工作、生活制度。并按统一、精简、效能的原则，搞好机构改革，努力建立一支用建设有中国特色社会主义理论武装的、懂得法律知识、密切联系群众、作风扎实、廉洁奉公的人大干部队伍，以保证常委会工作的健康发展。

第五节　县第十二届人民代表大会第五次会议

大会概况

县十二届人大五次会议于1996年1月23日至25日在县政府礼堂召开。应出席代表235名，实出席206名，县委、县政府、县政协、县人武部、县法院、县检察院不是县十二届人大代表的领导，县委各部门、县直及省地驻静宁各单位负责人，在静宁县的省八届人大代表，部分乡镇长、人大主席、副主席以及离退休老干部，政协静宁县第四届委员全体委员（列席此次会议第一次全体会议），共240余人列席会议。

马志俊、王守元、王维歧、王镇华、毛喜来、吕忠厚、李克科、李佩红（女）、杜耀文、吴俊福、沙芳琴（女、回族）、陈松友、岳具辉、赵景山、赵智荣、胡青汉、柳思桐、部文学、段积昌、聂正国、郭应童、郭林禄、阎志洁、曹兴荣、蒙谦恭、翟沪兰（女）、樊旺、漆忠义28人组成大会主席团，王守元、吕忠厚、李克科、陈松友、赵景山、赵智荣、部文学、段积昌、聂正国、郭林禄、阎志洁、曹兴荣、漆忠义13人为主席团常务主席；李克科为大会秘书长，郭应童、王济华、慕锡武、柴玉明为副秘书长；赵智荣、靳士孔、马志俊、王维歧、王镇华5人组成议案审查委员会，赵智荣为主任委员，靳士孔为副主任委员。

1月22日晚举行预备会议，由县人大常委会主任吕忠厚主持，通过大会议程和大会主席团、秘书长、议案审查委员名单，宣布主席团第一次会议讨论通过的事项。

大会共举行全体会议3次。第一次全体会议于1月23日上午举行，听取县政府县长赵景山所作的《县人民政府工作报告》、县政府副县长李克和所作的《关于静宁县“九五”及到2010年国民经济和社会发展规划修订意见的报告》、县计委主任王智仁所作的《关于1995年国民经济和社会发展计划执行情况与1996年国民经济和社会发展计划（草案）的报告》、县财政局局长王维军所作的《关于1995年全县财政预算执行情况和1996年财政预算（草案）的报告》；第二次全体会议于1月24日下午举行，听取县人大常委会主任吕忠厚所作的《县人大常委会工作报告》、县法院副院长蔡尚志所作的《县人民法院工作报告》、县检察院检察长陈贵录所作的《县人民检察院工作报告》，审议县人大常委会《关于县十二届人民代表大会第四次会议代表意见、建议办理情况的报告（书面）》；第三次全体会议于1月25日下午举行，通过接受陈松友辞去县人大常委会副主任职务、张金业辞去县人民法院院长职务、陈贵录辞去县人民检察院检察长职务请求的决定，选举县人大常委会副主任1名、县人民法院院长1名、县人民检察院检察长1名，听取县人大常委会副主任、议案审查委员会主任委员赵智荣所作的《关于县第十二届人民代表大会第五次会议代表意见、建议审查情况的报告》，通过关于县人民政府、“九五”及到2010年国民经济和社会发展规划、1995年国民经济和社会发展计划执行情况及1996年计划、1995年财政预算执行情况及1996年预算、县人大常委会、县人民法院、县人民检察院工作报告的决议，会议最后，县委书记曹兴荣作了讲话。

大会共安排分团会议3次。

大会主席团召开会议3次。

大会共收到代表意见、建议57件。其中，①农林水电方面18件，占意见、建议总数的31.6%，主要是建议给贾河、深沟、祁川、三合、新店、古城等乡部分村、社和机关单位修建人畜饮水工程，维修加固水坝和衬砌渠道，配套机井设备，加强林木管理，扶持果园建设等；②交通、邮电和城市建设方面16件，占28.1%，主要是建议修通细巷至七里公路，维修仁大至贾河公路，搞好新店至通渭陇川乡公路甘坡段道路养护，给石咀乡设立邮政代办所，搞好县城建设规划工作等；③文教卫生方面9件，占15.6%，主要是建议修建深沟等初中校舍，维修高界红军楼，改造田堡卫生院危房，加强祁川、石咀乡卫生所医疗技术力量等；④财政贸易方面的7件，占12.3%，主要是建议维修贾河、高界、深沟等乡政府机关危房，修建李店、曹务乡农贸市场等；⑤政法、民政和其他方面7件，占12.3%，主要是建议给余湾设立公安派出所，解决离退休干部的生活困难，清理发放军队转业干部住房补助费等。

大会议程

1.听取和审议县人民政府工作报告；

2.听取和审议静宁县“九五”及到2010年国民经济和社会发展规划修订（草案）的报告；

3.听取和审议关于1995年国民经济和社会发展计划执行情况及1996年国民经济和社会发展计划（草案）的报告；

4.听取和审议1995年财政预算执行情况和1996年财政预算（草案）的报告；

5.听取和审议县人大常委会工作报告；

6.审议县人大常委会关于县十二届人民代表大会第四次会议代表意见、建议办理情况报告（书面）；

7.听取和审议县人民法院工作报告；

8.听取和审议县人民检察院工作报告；

9.选举；

10.表彰奖励优秀县人大代表。

大会日程

县第十二届人民代表大会第五次会议日程表

表3-55

时间		会议内容	执行主席
1月22日	晚七时	预备会议：1.通过大会议程；2.通过大会主席团和秘书长名单；3.通过大会议案审查委员会名单；4.宣布主席团第一次会议讨论通过的事项	
1月23日	上午	大会：1.开幕式；2.政府工作报告；3.静宁县"九五"及到2010年国民经济和社会发展规划修订（草案）报告；4.1995年国民经济和社会发展计划执行情况及1996年计划（草案）的报告；5.1995年财政预算执行情况及1996年预算（草案）的报告	曹兴荣　吕忠厚 王守元　陈松友 岳具辉　胡青汉 王维歧　马志俊 沙芳琴
	下午	分组审议政府、计划、财政等四个报告	
1月24日	上午	继续审议政府的四个报告	赵景山　聂正国 赵智荣　漆忠义 蒙谦恭　柳思桐 杜耀文　李佩红 吴俊福
	下午	大会：1.县人大常委会工作报告；2.县人民法院工作报告；3.县人民检察院工作报告；4.通过选举办法；5.表彰奖励县十二届人民代表大会优秀代表	
1月25日	上午	分组审议人大、法院、检察院三个报告；酝酿讨论有关辞职决定（草案）和候选人名单	郜文学　郭林禄 阎志洁　李克科 段积昌　毛喜来 郭应童　王镇华 翟沪兰　樊　旺
	下午	大会：1.通过有关辞职决定；2.选举；3.议案和意见、建议审查报告；4.通过政府工作报告、"九五"及到2010年规划报告、国民经济计划报告、财政预算报告、县人大常委会工作报告、法院工作报告、检察院工作报告的决议；5.县委领导讲话；6.大会闭幕	

主席团会议日程

县第十二届人民代表大会第五次会议主席团会议日程表

表3-56

时间		地点	会议内容	参加人	主持人
1月22日	预备会议期间	政府礼堂	1.通过常务主席名单；2.通过大会日程；3. 通过代表团组成和列席人员范围；4.决定大会副秘书长名单；5.决定议案和意见、建议终止时间	主席团全体成员	吕忠厚
1月24日	上午10时	招待所三楼会议室	1. 听取各代表团关于政府工作报告讨论情况的汇报；2.讨论选举办法（草案）；3. 讨论有关辞职决定（草案）和候选人名单	主席团全体成员及各代表团召集人	吕忠厚
1月25日	上午10时	招待所三楼会议室	1. 听取各代表团关于县人大常委会、法院、检察院工作报告讨论情况的汇报；2.听取各代表团关于有关辞职决定和候选人讨论情况的汇报；3.决定正式候选人名单；4.提出大会监票人名单；5.听取议案和意见、建议审查情况汇报；6.讨论政府工作报告等7个决议（草案）	主席团全体成员及各代表团召集人	吕忠厚

大会选举

县人大常委会：

副主任　朱春林

县人民法院：

院　长　杨志军

县人民检察院：

检察长　张学明

县第十二届人民代表大会第五次会议选举领导人个人情况表

表3-57

姓名	性别	民族	年龄（岁）	籍贯	文化程度	入党时间	工作时间	工作简历
朱春林	男	汉	49	静宁治平	高中		1970.1	1970年1月至1971年8月在甘肃省玉门石油管理局工作；1971年8月至1985年6月先后在治平中学、县一中、李店中学任教；1985年7月至1986年7月任李店中学教导主任；1986年8月至1993年7月任李店中学副校长；1993年8月以来任李店中学（成纪中学）校长

续表3–57

姓名	性别	民族	年龄(岁)	籍贯	文化程度	入党时间	工作时间	工作简历
杨志军	男	汉	42	庄浪岳堡	高中	1974.6	1976.11	1976年11月至1980年4月在庄浪县大庄公社工作;1980年5月至1983年3月任庄浪县大庄公社副书记、副主任;1983年4月至1992年9月先后任良邑、万泉乡党委书记;1992年10月以来任庄浪县人民法院院长
张学明	男	汉	47	灵台上良	高中	1979.4	1969.11	1969年11月至1973年6月先后在灵台县上良、朝阳、梁原中学任教;1973年7月至1982年4月在灵台县文教局、宣传部工作;1982年5月至1984年10月任灵台县委组织部组织员;1984年11月至1992年9月先后任灵台县委宣传部副部长、农办主任、邵寨乡党委书记;1992年10月以来任灵台县人民检察院检察长

附：

县人民政府工作报告

（县人民政府县长赵景山　1996年1月23日）

一、1995年政府工作

过去的一年，政府工作以党的十四届四中、五中全会精神为指针，在上级党政组织和县委、县人大的领导、监督和支持下，按照县十二届人大四次会议提出的“四增一稳定”工作目标，抓主抓重，破难攻坚，加大力度，狠抓落实，保持了全县经济持续、快速、健康发展和社会安定、政治稳定的好势态。除粮食因灾减产外，其他经济指标均完成或超额完成了计划。全县国民生产总值完成4.43亿元，占计划的100.2%，与上年持平；工农业总产值完成4.63亿元，占计划的101.8%，增长20.8%；财政收入完成2077.3万元，占预算1930万元的107.6%，增长19.3%；乡镇企业总产值完成3.38亿元，占计划的102.4%，增长45%；农民人均纯收入完成784元，占计划的105%，增长19.5%；社会消费品零售总额完成1.23亿元，占计划的100.1%，增长18.5%；人口自然增长率控制在12‰以内。

——农村经济立足抗旱减灾、保粮增收，实现了“三个突破”“两个加强”“四个增长”

三个突破：一是地膜玉米种植有了新突破。共完成8.35万亩，占玉米播种面积的

92%。在特大干旱面前各级组织率领广大群众实施担水点灌保苗、施肥防病保产的双保措施，使地膜玉米平均亩产达到325公斤，玉米产量占到粮食总产量的27%。二是小水利建设有了新突破。针对河水断流，水库干涸的严峻形势，全县上下多方筹资688.9万元，其中群众自筹111.6万元，维修配套各类水利设施234处，新打机电井41眼，新建提灌站5处，购置小型灌溉设备138台。这些小水利设施在抗旱生产中发挥了重要作用，仅“五小”工程灌溉面积占全年实灌面积12.2万亩的70%。三是复种面积有了新突破。面对夏粮减产幅度较大的实际，组织、动员群众把扩大复种作为增产粮食的硬仗来打，共完成复种29.25万亩，其中粮食作物19.9万亩，总产1.2万吨，达到以秋补夏、以小秋补大秋的目的。

两个加强：一是以梯田、道路、水利为主的农业基础建设进一步加强。梯田建设坚持上规模、上质量、上水平，年内新修梯田4.6万亩，占任务的109.5%，其中机修梯田500多亩，为今后人机结合，加快梯田建设步伐创出了新路子。道路建设利用春季农闲季节，继续开展了全民“筑路月”活动，新修、维修乡村道路113条378公里，李店至治平公路河桥和石咀马巷桥全面竣工，甘沟至田堡、静宁至西吉等重点公路建设项目均按计划实施。重点水利工程建设步伐加快。鞍子山拦河闸已完成投资480万元。庙堡、红卫、高峰渠衬砌工程均完成年度计划。细巷南坡提灌工程当年建成。年内全县新增有效灌溉面积3800亩，使有效灌溉面积达到14.92万亩，保灌面积达到12.6万亩。“121”雨水集流工程实施进度较快，已有18个乡镇的2455户基本建成。农电建设继续坚持国家投资与农户集资相结合的办法，新架设农电线路31.43公里，使全县村、社、户通电率分别达到93.9%、80.6%和77.4%。二是技物投入和社会化服务体系进一步加强。通过落实技术的、行政的双向承包责任制，各类农业实用技术推广领域拓宽，面积增大，效益明显。以塑料大棚和日光温室为主的蔬菜种植新技术有了新发展，面积分别达到58.3亩和27.5亩，实现产值41.4万元。社会化、系列化服务功能进一步提高。全年供应大化肥18199标吨，小化肥11832吨，农膜344吨，良种27万公斤，落实支农贷款4958.6万元，基本保证了生产所需。农业商品率达到38.8%。

四个增长：一是乡镇企业产值、收入、利税同步增长。通过技术改造，加强调度，达产达标，强化管理等措施，使全县乡镇企业产值、收入、利税分别较上年增长45.1%、55.6%和18.3%。企业户数和从业人员分别增长9.2%和12%。二是劳务输出人数和收入大幅度增长。通过有组织地输出和能人带动，年内共输出劳务6.8万人，收入7000万元，分别增长66%和118%。三是果园面积和果品产量比上年有较大增长。年内新植果园4.5万亩，使果园面积累计达到11.5万亩，挂果面积4万多亩，年产果品2000多万公斤，收入4000多万元，分别增长30%和33%，人均果品收入达到95元。四是以养猪为主的畜牧业收入继续增长。在夏粮减产、饲料价格猛涨、生猪销路不畅的极度困难面前，采取“四保”，即保重点村、保养殖大户、保种猪群和保收购价等措施，全县生猪饲养量、商品量、总收入仍分别达到35.5万口、11.4万口和1亿元，未出现大的滑坡。

——城镇经济以扭亏增盈为中心，强化调度，严格考核，实现了“四个增长”“两个下降”

1995年，城镇经济面对资金严重短缺、电力供需矛盾突出等诸多困难和问题，通过强化服务抓调度，突出效益抓管理，盘活资金抓清欠，明确责任抓考核，优化资产抓兼并，积极组织实施“五个一批”和“三查三压一提高”活动，把实现利润、上缴财政和贷款回收作为刚性指标列入责任目标考核，使城镇经济运行质量和效益明显好于往年，取得了工业产值、销售收入、实现利润和上缴财政四增长，亏损额和亏损面两下降的好成绩。乡以上工业产值完成1.31亿元，增长15.9%；乡以上工业产品销售收入完成1.07亿元，增长15.5%；国有企业实现利润盈亏相抵后为负的21万元，较上年亏损357.5万元，减亏336.5万元，上缴所得税135.1万元，增长1.7倍。23户国有企业中，亏损户、亏损额由上年的13户504.1万元下降到10户276.3万元。

以建立现代企业为目的，企业改革迈出了新步伐。按照“以大带小、以强带弱、整体推动、全面提高”的发展方针，继3月份国有企业兼并、承包乡镇企业组建水泥集团公司后，又经过上下反复调研论证，于12月份完成了水泥集团公司兼并农机厂和人造板厂，打破了所有制界限和行业界限，使我县企业组织结构调整在资源配置、产权重组、制度创新等方面有了突破性进展，大大推进了资产优化组合步伐。积极进行企业股份制改革，分别对五金、糖酒和服装鞋帽公司进行了股份制和股份合作制改制。同时，坚持管事与管人相结合，改革企业干部管理制度，简化企业干部任免程序，建立了政府直接任命企业厂长（经理）、主管部门任命企业副职的企业干部管理体制。

以培植新的经济增长点为目标，项目建设有了新进展。年内开工的生产性项目18项，完成投资1349万元，其中工业技改项目2项，完成投资250万元，交通、水利、电力、邮电等10项，完成投资702万元，乡镇企业6项，完成投资397万元。水泥集团公司4万吨水泥生产线改扩建工程进展较快。威戎造纸厂技改和县地毯厂扩建项目已经完成。建筑集团公司投资968万元的德顺宾馆已建成营业。

以支持地方经济发展为前提，金融工作存贷两增。年末，全县存款金额2.19亿元，较上年增长22%；贷款金额2.25亿元，较上年增长32%；城乡居民储蓄存款余额1.74亿元，较上年增长1.8%。保险业务不断扩大，经济补偿能力明显提高。

以扩销促效、搞活流通为重点，国合商流企业继续发挥了主渠道作用。面对市场购买乏力，竞争激烈的形势，积极扩销促效，加强管理，年内完成商品销售总额1.46亿元，收购农副产品2601.5万元，完成粮食定购任务425万公斤，基本保障了城乡人民生产生活所需。非公有制经济进一步发展，年内新增个体户568户，私营企业6户，从业人员由上年的4770人增加到5644人。全县市场成交额达到6571.83万元，增长46.9%。物价涨幅过猛的势头得到遏制。

——财税工作坚持自我加压，强化征管，增长幅度较大

按照财政包干体制的要求和财政收支矛盾突出的实际，坚持开源与节流并重，增

收与节支同步，突出自我加压，全年收入突破2000万元，超预算147.3万元。在具体工作上，一是对重点财源企业和财政上台阶乡镇，采取加压、扶持的办法，促其超产增收，比上年多缴税金202万元。二是对全部企业的实现利润、上缴所得税下达刚性指标，比上年多缴所得税76.2万元。三是核实个体工商户营业额，增收税金20多万元。并在年内通过各种渠道争取专项资金699万元。在多辟税源，广增收入的基础上，严格预算约束，坚决实行“分灶”吃饭，不断完善财政包干体制，对行政事业单位的增支部分实行“二、三、五”比例消化，调动了各单位创办经济实体的积极性。对行政事业单位由财政供给的计划外用工进行清理清退。全年财政支出完成4852万元，占预算的137.8%，增长15.9%。当年财政赤字1093万元，累计赤字达3303万元。

——以提高综合服务功能为目的，城镇基础设施建设取得新成就

年内完成了东关段加宽油铺4000平方米，城区主要街道油面造化5.84万平方米，敷设城区部分路段排污排洪管道890米，完成了市容整建扫尾工程。有线电视架设主线8000米，安装2000户。3000门程控电话改造工程按期开通，并与8个乡镇自动电话联网。中心体育场已完成灯光球场和宿办楼主体工程。居民小区开发和危房改造进一步加快，新建居民住宅5.18万平方米，人均居住面积达到8.5平方米。威戎镇小城镇建设试点工作起步良好，街道拓宽整建和排污排洪设施按计划完成。

——坚持“科教兴县”战略，社会各业得到全面协调发展

科技工作面向经济建设，围绕粮食生产、扶贫开发、日光温室、主导产业，重点抓了农村实用技术培训和种、养、加结合的综合技术普及推广工作。

教育工作以第二个教育年活动为主线，以“普九”为目标，基础教育进一步加强，教育质量稳步提高。适龄儿童入学率达到98.6%，巩固率99.8%。年内向大中专院校输送新生768人，继续保持全区第一。“普九”步伐明显加快，年内新增“普九”达标乡镇17个。办学条件得到进一步改善，全年筹集资金620万元，其中干部职工捐资108万元，群众集资98万元，新建、改建和维修校舍1.28万平方米，建成标准化学校19所。一中、城关小学的电化教育已达国家一类标准。“希望工程”继续得到全社会的关注和支持，全方位开展救助活动，使大多数失学儿童重返校园。

医疗卫生事业重点抓了乡镇卫生院建设、医疗设备配套、计划免疫和卫生执法监督工作。年内筹资93.42万元，新建、维修乡镇卫生院房屋1703平方米。县防疫、妇幼保健两站办公楼基本建成。第三次消灭脊髓灰质炎儿童强化免疫活动扎实有效，糖丸投服率达96%。

体育事业以启动实施“121”全民健身活动为契机，进一步促进了群众性体育活动的发展。竞技水平明显提高，在全区九运会上，我县代表队获奖牌总数名列全区第二，创历史最好水平。文化、广播电视事业坚持正面宣传，舆论引导，在两个文明建设中发挥了较好作用。文明县城创建已经地委、行署验收，被命名为“文明县城”。司法民政、土地管理、劳动保险、气象服务、文史档案、民族宗教、侨务对台、旅游接待、村级换届、文物保护与开发等各项工作，都取得了新的成绩。

计划生育工作坚持“三为主”方针，采取突击活动与经常性工作相结合，加大工作力度，人口自然增长率为12‰，总人口44.32万人。

——以群众生活安排和综合治理为重点，狠抓了社会稳定工作

一是各级政府始终把保群众生活不出大问题作为一项严肃的政治任务，开展了一系列救灾济贫工作。在发动群众生产自救、互助互济的同时，动员全县干部职工开展“送温暖、献爱心”活动，为贫困户捐粮53万公斤，捐钱3万余元，捐衣被8800余件。先后分4次下拨救灾粮888万公斤，救灾款97万元，解决了11463户56473人的基本生活问题。

二是在天大旱、粮减产、各种不安定因素增多的情况下，始终把维护稳定、保一方平安作为关系全局的大事，全面落实抓点、护线、封边、管面系统工程。全年共发生各类刑事案件102起，较上年下降19%，破案率达到82.4%，新设法庭3个，派出所4个。重点整治的133个村有65个达到“二无”安全村标准，有68个未发生刑事案件。

——立足勤政为民，民主法制和廉政建设继续得到加强

县乡政府自觉接受人大的依法监督和政协的民主监督，虚心听取人大代表、政协委员及各界人士对政府工作的意见和建议，促进了重点决策的民主化和科学化。全年共向人大常委会报告工作8次，向政协通报情况6次，承办人大代表、政协委员意见、建议、提案97件。廉政建设以勤政为民、廉洁高效为宗旨，狠抓了作风转变和反腐败工作。继续对机关工作作风进行整顿，突出办实事、求实效、出实绩，政府与各部门签订了年度主要工作责任书，实行量化考核。反腐败斗争围绕三项任务，采取“一扩展、两延伸”和“三刹三清”的措施，在广度、深度和力度上都有较大突破，领导干部廉洁自律，查处违法违纪案件和纠风治乱等方面取得了一定成效。全年共立案查处党政违纪案件13件13人，已全部结案，违纪人员均受到党政纪处分。立案查处经济违法案件5件5人，挽回经济损失26.8万元。罚没各类违纪资金18.1万元。同时，按照“分级负责，归口办理”的原则，加强和改进信访举报工作，共受理群众来信127件，接待来访群众37人（次），办结率达到100%。

回顾总结一年来的工作，成绩是主要的，但面临的矛盾、问题和困难不少。一是思想观念还跟不上经济发展的要求，缺乏创新意识、自我发展意识、开拓进取意识和求真务实的精神。二是农业基础脆弱，抗御自然灾害的能力差，农民收入增长缓慢，扶贫攻坚的任务还相当艰巨。三是城镇经济内外部环境不宽松，效益不佳，项目建设滞后，缺乏发展后劲。四是财政收支矛盾突出，赤字逐年加大，吃饭、建设难以维继，“造血”功能不强，自我翻身意识较差。五是政府职能转变和干部工作作风还不适应发展市场经济的要求，工作中一些好的思路、措施落实不力，勤政为民、廉政建设需进一步加强。所有这些困难和问题有待于在今后工作中认真研究，采取措施，加以解决。

二、1996年的主要任务

今年政府工作的指导思想是：以党的十四届五中全会精神为指针，紧紧围绕“九

五”期间全县实现粮食稳定自给、财政收支基本平衡、农民稳定脱贫三大目标，牢牢抓住保粮增收、企业增效、财政增收、扶贫开发四个重点，继续坚持市场导向、改革推动、科教兴县、强农兴工、搞活流通、规模开发、富县富民的发展战略，抓主抓重，求真务实，加大力度，大干苦干，确保国民经济和社会各项事业持续、快速、健康发展。

主要奋斗目标：国民生产总值增长10%，达到4.87亿元；工农业总产值增长12.6%，达到5.15亿元，其中工业总产值增长18%，达到2.6亿元，农业总产值增长6.7%，达到2.55亿元；粮食总产量增长13.9%，达到14.3万吨；乡镇企业总产值增长30.5%，达到4.62亿元；财政收入增长25.1%，确保完成2600万元；社会消费品零售总额增长21.8%，达到1.45亿元；零售物价上涨幅度控制在15%以内；农民人均纯收入增长12.3%，达到880元；人口自然增长率控制在12.5‰以内。

围绕以上指导思想和奋斗目标，工作重点抓好8个方面：

（一）强化农业基础地位，促进农村经济稳步发展

农村经济以抗旱生产为中心，围绕粮食增产、农民增收和扶贫开发三个重点，夯实一个基础（旱作农业基础），开发两大产业（以苹果为主的林果业、以生猪为主的畜牧业），主攻三项工程（温饱工程、粮食丰产工程、扶贫综合开发工程），加快四大发展（乡镇企业、劳务输出、农业机械化半机械化、农业科技推广）。具体是：

1.以实施“2218”粮食丰产工程为重点，依靠科技增加粮食总量。按照地县“九五”计划提出的“双百双五”“2218”（即旱地小麦丰产田20万亩、地膜玉米20万亩、坑种洋芋10万亩、川水地带状种植8万亩）粮食丰产工程，今年重点抓好20万亩旱地小麦丰产田，实现亩产160公斤；地膜玉米确保完成12万亩，力争达到15万亩，平均亩产350公斤，其中撮苗种植3万亩，亩产500公斤以上；地膜小麦在1995年秋播1165亩的基础上，今秋力争达到1万亩，平均亩产400公斤。要积极引导农民压夏增秋，调整种植结构，特别是引导西北部9乡镇大面积压缩豌豆等夏杂粮面积，扩大耐旱高产作物面积。进一步改进耕作技术，提高复种指数，增加间作套种面积，年内复种、套种面积均达到20万亩。要进一步强化各级抗旱保粮减灾增收的责任意识，动员群众采取一切行之有效的抗旱措施，把干旱造成的损失降到最低程度。

2.围绕两大主导产业开发，大力发展农村商品经济。以生猪为主的畜牧业，要以发展规模养殖为基础，以万头猪场建设为依托，以推广良种良法为手段，扩大饲养，提高商品率。年内全县生猪饲养量达到48万口，改良率达到85%以上，畜牧业总收入达到1.75亿元。以甘沟猪场为依托，积极探索公司加农户的路子，年内建成规范化圈棚2万平方米，发展塑料温棚养猪5000口。以食品公司、农畜股份有限公司生猪屠宰生产线为依托，开展系列加工，以加工促饲养。着力抓好10个养猪重点村，全县发展规模养猪户8600户，户均饲养20口。建立养鸡示范村3个，发展笼养鸡1万只。建立养牛重点村4个，示范户200户。果品产业坚持发展管理并重，突出抓发展，年内新植苹果2.5万亩，推广早酥梨1万亩，实现5个万亩乡、50个千亩村目标。抓管理，重点抓

好4.5万亩挂果果园的技术管理，使果品产量达到3000万公斤，实现收入6000万元以上。抓销售，动员果农建窖贮果，并创造条件，新建一批包装、运销、加工企业，实现加工增值，提高经济效益。同时，继续大力发展日光节能温室，抓好“菜篮子”工程建设。

3.坚持不懈地抓好农业基础建设，不断增强抵御自然灾害的能力。梯田建设按照突出重点、分类指导的原则，有计划、有重点地实施山、水、田、林、路综合治理。县上成立3个常年机修梯田服务队，加强劳动积累工找平兑现，实行统一指挥，统一调动，人机结合，常年作战，保证年内新修高标准、优质化梯田4.5万亩。水利建设坚持国家投资和群众自筹相结合、大中小并举、挖潜改造与新建并重的方针，以小水利建设为突破口，发动全社会多渠道筹资办水利。在集中力量抓好鞍子山拦河闸、葫芦河甘河段治理及东峡南渠衬砌等重点水利工程的同时，完成晋坡、马山、古堆坪3处人饮，并争取梁马灌区通过初设审查立项。年内新增有效灌溉面积3000亩，保灌面积12.9万亩。要切实把“121”雨水集流工程作为发展山区半灌溉农业的重点项目，保质保量完成省扶建设任务。继续发动和依靠群众植树种草，开展小流域治理。年内完成造林5万亩，其中：沙棘2万亩，刺槐1万亩，林带补植2万亩。在三合、灵芝、原安3乡各建成3个千亩沙棘梁和3个千亩刺槐沟。新上甘沟梁岔、高界水鱼2条1.71平方公里水土保持示范点，并在西北部有计划地退耕还草，扩大草地面积。道路建设重点抓好客运中心汽车站、静西、麻峡公路及甘田公路等重点建设项目，争取静司、静秦公路及早立项开工。继续大力开展全民筑路月和民工建勤活动，新建、维修乡、村、社等级公路100公里。

4.以实施扶贫综合开发工程为重点，打好扶贫攻坚战。今年全县扶贫攻坚的重点是西北部9乡镇。县委、县政府9名领导各包1个贫困乡镇，县直及省地驻静单位、乡镇干部具体包村包社包项目，单位一把手为第一责任人，一包到底，不脱贫不脱钩。要充分体现扶贫攻坚的整体性和实效性，在普遍抓好梯田、农电、道路、人饮等基础设施建设的同时，对贫困户重点落实好人均1亩丰产小麦，半亩地膜玉米、半亩坑种洋芋、半亩油料、1亩草、1户输出1个劳务、年出售2口猪或1头大家畜。并在西北部建立9个小尾寒羊示范村，每村10户，每户投放小尾寒羊3只。今年确定的重点帮扶特困村要求整村脱贫。围绕粮食丰产、温饱工程和主导产业开发，建立西北部科技扶贫试验区，每乡确定1至2个村，集中技术人员实行技术承包，逐项目制定承包方案。确定项目负责领导，实行“定承包面积、定技术服务、定产量指标、定创收目标、重奖重罚”的“四定一奖罚”制度，抓点示范，走科技扶贫路子。

5.强化调度，加强管理，多上项目，不断增强乡镇企业发展后劲。继续发挥建筑、地毯、建材三大优势行业的带动作用，以10个重点乡镇和20个骨干企业为重点，加快现有企业的技术改造、达产达标，在提高质量档次、新上项目上实现新突破。重点抓好2000吨高频焊管和万吨磷肥扩建等新建项目。继续拓宽劳务渠道，输出劳务6万人，收入6000万元以上。

(二) 着力实现两个转变，进一步提高城镇经济的运行质量和效益

城镇经济发展的主要任务是：以国家产业政策和市场为导向，以改革为动力，以扭亏增盈为目标，进一步强化内部管理，完善宏观调度，加快技术改造步伐，继续坚持以“三改一加强”为重点，加大产权改组力度，调研论证新上一批项目。工作重点突出“四个强化”“五个加快”。

四个强化：

1.强化宏观调度。政府定期不定期召开县长办公会、生产调度会，按照分类指导、一厂一策的原则，研究解决企业生产经营中的资金、用电、管理等问题。

2.强化目标考核。政府与各企业主管部门、主管部门与企业分别签订责任书，把工业产值、销售收入、实现利润、上缴所得税、回收货款、应缴税金等作为刚性指标列入责任目标，建立层层目标责任制，依据政府对企业的年度考核，实行真奖实罚。对因工作不努力、责任不落实、未完成目标任务或因决策失误、管理混乱造成企业亏损的，区别不同情况，通报批评、经济处罚或就地免职，情节严重的除行政撤职外，还要诉诸法律，严明政纪国法，从根本上解决厂长（经理）只负盈、不负亏的问题。

3.强化货款清欠。企业货款回收在去年工作取得显著成效的基础上，今年再压缩20%，并分系统、逐企业下达具体压缩计划，作为刚性考核指标，督促企业眼睛向内，挖掘自身资金潜力，用好用活现有资金，提高资金使用效率，有效克服单靠银行筹资的行为。同时，要强化信贷规模管理，在坚持信贷程序不变的前提下，解决一些专业银行把贷款规模分散到储蓄所，只贷好、不贷差，只贷熟、不贷生的问题，确保有限资金的投放、回收由政府统一调度，宏观调控。企业也要自觉严格遵守信贷合同，提高企业信贷信誉，按期偿还本息，坚决杜绝资金体外循环，真正处理好银企之间的鱼水关系。

4.强化企业管理。在全面实施“五个一批”的同时，突出财务管理，进一步搞好“三查三压一提高”活动，继续加强以人为本的企业基础管理、现场管理、质量管理，改革内部三项制度，转换经营机制。

五个加快：

第一，加快企业资产重组步伐。建筑集团公司对人造板、农机厂和水泥集团公司对工艺美术厂、运输公司的兼并工作业已完成。在总结4户企业过去生产经营教训的基础上，充分发挥集团优势，有效利用被兼并企业的厂房、技术和设备，完善现有产品，开发保温门、防盗门、钢木家具、塔吊、搅拌机、电夯、力车底盘等建筑建材新产品以及水泥、玉器等相关产品。同时，以产权为纽带，以骨干企业或拳头产品为依托，放开视野，全力支持县内外企业兼并、联合现有亏损企业，使企业资产重组进一步取得实效。

第二，加快技术改造和项目建设步伐。坚持内涵改造和外延开发相结合的路子，发展“两高一好”产品，即发展技术含量高、附加值高、市场前景好的产品。重点围绕建筑、建材、轻纺、淀粉、化工、地毯六大优势行业，有计划、有步骤地对现有企

业进行全面技术改造，扩大规模，增强实力，提高技术水平和产品档次。必须全社会动员、全方位筹资，实行项目建设领导和部门负责制，年内完成2000吨洋芋淀粉、4万吨水泥、5000立方米人造板3个技改项目和800万发电雷管、300吨果蔬脆片、万头工厂化养猪场、静宁商城等新项目建设。

第三，加快现有企业达产达标步伐。3月底完成缠绕胶管项目的竣工验收，5月底4万吨水泥技改正式投入运行，年内使煤矿9万吨原煤、农机厂1200吨电焊条、水泥集团公司威戎水泥厂2万吨水泥、地毯厂5万平方米地毯、威戎造纸厂3000吨文化纸生产能力达产达标。

第四，加快前期项目的论证立项步伐。按照“九五”发展思路，在重点搞好万吨洋芋淀粉、万吨玉米淀粉、a淀粉、玉米淀粉发酵黄原胶、金属钠、双乙烯酮、过碳酸钠、节能胶、印刷油墨等新项目筛选、论证、立项的同时，要根据市场需求，依托大专院校、科研单位，集中领导、人力、财力，下决心再论证调研一批高起点、高利税的富县项目。

第五，转换商流企业机制，加快非公有制经济发展步伐。在巩固完善流通体制改革成果的基础上，进一步扩大股份制、股份合作制改制范围。要下决心转变死守一业、死守一方的经营模式，采取多条腿走路，建立起新的活而有序的运行机制，切实搞活国合商流企业。培育新的经济增长点，着力加快发展个体私营经济。要积极引导，政策倾斜，避免重复项目，推动个体私营经济由商贸型向工贸型转变。鼓励个体私营经济跨行业、跨所有制承包、租赁县办亏损企业，入股合办股份制企业。全年新增个体户1000户，私营企业10个。

要加快城镇住房制度改革等社会保障制度和社会服务体系改革，并取得明显成效。

（三）自我加压，培植财源，不断增强财政自给能力

财政入不敷出，赤字越累越大，已成为制约我县国民经济和社会事业快速发展的关键因素，也成为各级政府工作中最费精力的难题、难点问题。造成财政、税收困难的主要原因有三条：一是企业效益低下，经济增长乏力，缺少支持地方财政收入的支柱产业和高利税财源企业；二是财税征管方法单一，手段落后，税源流失较为严重；三是分灶吃饭的财政体制没有真正形成，共识不够，压力不足。从县乡两级的财政忧患意识、责任意识和紧迫感来看，存在着县紧乡松、领导急、下面疲的现象。要从我县财政收支的突出矛盾和面临的实际问题出发，必须一反常规，坚决实行“分灶吃饭”，确立“自力更生、自我加压、自造财源、自我翻身”的财政工作“四自”方针。主要应抓好5方面的工作：

第一，扩大重点财源企业。在现有3户的基础上，新增建筑集团公司、供销联社、煤矿、水利工程公司、农畜股份有限公司、兴飞公司、房产公司、火柴厂、粮油加工厂、副食厂、挂毯厂、砖瓦厂等12户企业作为重点财源企业，尽力在资金、电力等方面给予倾斜扶持，促其超产增收，多缴税金。

第二，加大宣传和征管力度，完成农业特产税173.5万元，要按照农业特产税税法

规定，县乡齐抓共管，力争5年时间，使林果业税率征收到位。我这里请在座的各位代表，积极帮助、支持政府做好林果业征税的宣传、教育、解释和征收工作。各乡镇必须彻底转变观念，改变征收方法，及早下发林果业税收通知，要和收缴公粮一样征收农业特产税，对钉子户、抗税户应依法采取措施坚决征收。通过扎实有效的工作，真正解决林果业实际收入与税收的巨大反差和产果多、纳税少的实际问题，使发展果品产业同富县富民有机结合起来。

第三，强化财税部门责任意识，实行目标管理，签订责任书，明确任务，超奖欠罚，确保各项税收任务的完成。要针对过去税收征管中存在的“成型企业有账查个死，个体私营企业无账死难查”的实际，下决心解决偷税、漏税、抗税问题，把重点放在个体零散税、农业特产税、房产税、契税等税种上。同时，要对医院、个体诊疗所开征税收，并逐步将原属事业单位性质企业化管理的单位纳入征管范围，防止税源流失。

第四，强化预算约束，树立艰苦奋斗、勤俭节约和长期过紧日子的思想。继续贯彻从严、从紧、抠细的方针，坚决实行一支笔审批，大幅度压缩行政事业单位的事业费、购置费、接待费。要坚决压缩会议，减少文件、简报，改革电话费等办公费用管理办法。结合机构改革，切实压缩行政事业单位人员，严格按编制核定经费，包死基数，超支不补。要坚决清退计划外用人，对不清退的，坚决倒扣补助款。继续实行政策性增支“二、三、五”比例消化的规定。要把预算外资金管理纳入财政监管范围，实行专户储存，收支两条线，绝不允许胡支乱花。

第五，进一步深化和完善乡镇财政体制改革。按照“一级政府、一级财政”的管理体制，这里明确宣布，乡财政所完全交由乡镇管理，实行包干，彻底分灶吃饭，自己睡觉，自己翻身。各部门、各单位都要积极向上向外争取资金，创办经济实体，消化自身增支，减轻财政压力，对主动争取资金的要给予支持保护。各乡镇要把培植财源、抓好收入作为乡镇最主要、最核心、最关键的工作。财政部门要根据实际，制定乡镇财政上台阶和乡镇财政收支平衡规划，并监督实施。

（四）加快城镇基础设施建设，优化投资环境

城镇建设坚持建管并重、优化环境、招商引资的原则，从今年起，县城建设中心北移，集中力量搞好八里工业小区的规划和开发建设。按照高起点规划、高速度建设、高标准管理的要求，实行集、投、引三结合的筹资办法，争取早日形成区域性工贸中心。采取政府组织、部门协调、群众动手、科学治理、社会监督的方法，全面推动县城基础设施建设和环境卫生的综合治理，加大市政监察管理力度，把门前“三包”责任制真正落到实处，提高城区绿化、美化、净化程度。按照省列示范标准，加快威戎、高界两镇小城镇建设。并以此为突破口，切实加强非农业用地管理，保护基本农田，进行集中整治，全面解决城乡乱占乱建问题。

（五）坚持两种生产一齐抓，促使计划生育工作逐步走上“四化”轨道

坚持“三为主”“三不松”方针，从严从紧执行计划生育政策，进一步落实人口

计划管理目标责任制，以集中活动推动经常性工作，把计划生育工作同致富奔小康、建设文明家庭结合起来，促使群众转变生育观念。乡镇要做到思想不动摇、任务不动摇、重点部位不动摇、执行政策不动摇、科学管理不动摇，不松动，不松口，摸实情，报实数，干实事。全面推进“040”工程和“六好”合格村建设，确保完成全年人口计划。

（六）全面实施“科教兴县”战略，把各项社会事业向前推进一步

科技工作要面向经济主战场，努力同粮食丰产工程、主导产业开发、企业技术进步和提高综合县力结合起来，走科技兴农、科技兴企的路子。切实加强领导，精心组织，注重实效，全面实施科普“1230”工程，即到2000年实现全县大多数农户有1名懂科技、会经营的明白当家人，家家户户都能掌握使用2门以上实用技术，每年推广30项最新先进实用技术，通过广泛深入地开展科普之冬（春）活动，多层次，多形式、多渠道加强对广大农民的农业实用技术培训，保证年内培训各类农民技术人员2万人，其中回乡高、初中毕业生4000名，招收农函大学员1000人，科普宣传影响面达到80%以上。

教育工作以“普九”攻坚为中心，按照“两基”要达标、职教要突破、综改要推进、质量要提高的要求，落实好目标责任，为1997年全县实现普及九年义务教育目标打下坚实的基础。工作上突出四个重点：一是不断提高基础教育质量，逐步实现由传统的应试教育向素质教育转变，使学生德、智、体、美、劳全面发展。加强管理，努力提高教学质量，年内使小学双科、初中六科合格率分别达到60%和40%以上。余湾、贯河、新店、原安、三合、四河、田堡、深沟8乡完成“普九”任务，全县普及初级中等义务教育的各项指标基本达标。继续实施“希望工程”，开展救助失学儿童活动，使适龄儿童入学率和巩固率有大的提高。二是职业教育、成人教育上台阶。坚持三教统筹、农科教结合，大范围培训实用人才，使其掌握一技或多技之长，成为农村科技致富的“领头雁”。进一步办好农民文化技术学校，年内使戚戎、仁大2乡镇农民文化技术学校达到C级标准。三是狠抓教师队伍建设，多形式、经常性地对教师开展爱教、爱岗、爱生的“三爱”教育和职业道德教育，年内完成小学教师中师学历、初中教师卫电高师学历、复式班教师和小学校长4个百人的短期培训。加上统配调整，使全县80%的初中教师达到学历合格。四是校舍和配套建设上台阶。加强教育费附加、人民教育基金和世行贷款的管理、使用，不断改善中小学办学条件。年内完成世行贷款曹务等8所初中和李店中心小学等22所小学的“贫三”项目基建任务，新建改建校舍1.3万平方米，使我县校舍建设基本达到“普九”验收标准。

医疗卫生工作继续贯彻预防为主，防治结合的方针，把重点放在提高县级医院的医疗水平、改进医德医风和乡级医院危房改造、设备配套、预防流行性出血热及灭鼠、防疫网络建设上。同时，认真搞好妇幼保健、食品卫生、计划免疫、医药市场监管等工作，保障人民身体健康。

文化、体育、广播电视事业，以全面提高群众的文化、体育素质为宗旨，广泛开

展丰富多彩、喜闻乐见的文化、体育活动。积极创造条件，扩大广播电视覆盖面。

（七）狠抓社会治安综合治理，确保社会稳定

社会治安综合治理工作以争创治安模范县为目标，以开展“严打”专项斗争为重点，积极推进社会治安综合治理群防群治网络的健全和完善，形成“自我管理、互相监督、责任分明”的社会治安责任制，真正体现“社会治安大家治，综合治理综合抓”。通过打击、防范、教育、管理、改造等基本措施，全方位治理社会治安。切实强化各级组织保一方平安的意识和责任，建立“五长”负责制，特别是农村力求形成以村支部为核心，以治保、调解、帮教、联防组织为骨干的防范体系，防患于未然。从提高政治、业务素质和职业道德教育入手，坚持从严治警、整顿提高，建立一支精干高效、严明执法的干警队伍，肩负起保障社会稳定的重任，为经济建设和社会进步保驾护航。

（八）强化责任，突出重点，切实安排好群众生活

从现在开始到夏收前，这项工作是政府工作的重中之重。要继续坚持群众自救、政府救济、社会捐助相结合的成功经验，三管齐下，确保群众生活不出问题。在总体要求和具体工作上，救灾粮款必须紧缩救济面，突出重点村和重点户，实行分级负责制，县上重点解决“三无户”和重灾的西北部9乡镇，其他乡镇的群众生活安排除“三无户”外，原则上以乡为单位，搞好调剂解决。乡、村两级要逐级搞好摸底调查工作，认真分类排队。对重点户，乡镇一定要逐户登记，掌握清楚。要建立严格的责任制。这里重申，乡镇党政一把手是生活安排的第一责任人。要心系群众，情暖万家，以当官为民的事业心和责任心，制定切实可行的办法，保证重点，把有限的粮款用在最需要的地方，坚持分配公开，绝不能搞平均主义或胡支乱用，优亲厚友。为了及时准确掌握群众生活安排情况，在适当时候，县上将组织纪检、监察、民政、粮食部门参加，跟踪进行检查。并分别召开有人大代表和政协委员参加的座谈会，对群众生活进行回访。对有这样那样问题的，要坚决追究第一责任人的渎职行为。要教育群众计划用粮，节约用粮，团结互助，共渡难关。在群众生活安排上，情况不明、底子不清的硬要和漠不关心、推天过日的不要都是极其错误的，既不能认为多要粮就是好领导，更不能置群众生活困难而不顾，以致出现大问题。这个问题处理得正确与否，是对有关部门、乡镇领导工作水平的考验，我们必须高度重视，在关键时期，用非常手段管理、使用干部，考察、培养干部。

三、转变作风，廉洁奉公，求真务实，确保今年各项工作任务落实

今年，政府工作的任务相当繁重，而且面临的困难和问题比较突出。要全面完成各项目标任务，政府各部门要切实改进作风，真抓实干。

第一，转变作风，廉洁奉公，勤政为民。政府各部门必须牢固树立为基层、为生产、为群众服务的思想，提倡“四实”风尚（报实情、干实事、讲实效、求实绩），树立“四种”精神（无私奉献精神、吃苦耐劳精神、开拓进取精神、爱岗敬业精神），各部门领导要从自身做起，自重、自省、自警、自律，严以律己，防微杜渐，为人表

率，真正做到心中有群众，手里有典型，用自己的苦干实干和言传身教，带动引导全体工作人员恪尽职守、廉洁奉公、勤政为民，树立良好的政府形象。建立工作人员的实绩考核档案，论功记载，以实绩检验衡量每一个人。坚决制止有令不行、有禁不止、各行其是的现象，保证政令畅通。各级领导干部要带头艰苦奋斗，坚决纠正和制止公费旅游、大吃大喝、奢侈浪费等不良作风，提倡雷厉风行、说了算、定了干、言必行、行必果的工作作风，尽力压缩会议，减少文件，从文山会海中解脱出来，深入基层，调查研究，帮助基层和群众解决急、难、新问题。要从群众关心的热点问题及最容易产生不廉洁行为的岗位和环节入手，继续实行"两公开一监督"制度，逐步形成一个多层次、多渠道、高效能的监督网络体系。要大力加强勤政教育，增强广大干部的勤政意识，克服小成即满、小富即安的问题，切实帮助群众解决热点、难点问题，以实际行动赢得人民群众的信任和支持。对国有、集体和乡镇企业的厂长、经理，也要落实廉洁自律制度，加强有效监督和制约。

第二，以人为本，抓好班子，用好干部。要加快我县经济和社会各项事业的发展步伐，必须建立人才脱颖而出的新的用人机制，确立新的用人观念，重用那些思想新、观念新，敢想大事、敢谋大事，敢于想前人、前任没有想过、干过的事，创造性开展工作的人；重用那些敢干、肯干、实干、大干的人；重用那些敢挑重担、敢于改革、敢担风险、敢为人先、不甘落后、雷厉风行、不怕挫折和失败，勇于承担责任和失误的人；提拔那些德才兼备、开拓创新、埋头苦干、积极进取的年轻人。对那些谨小慎微、求稳怕乱、不思进取、作风漂浮、只说不干、播弄是非的干部要坚决予以调整。要培育团结拼搏，敢于竞争，敢闯一流的领导班子群体，确保全县各项事业的健康发展。

第三，进一步加强民主法制建设。县乡两级政府要自觉接受人大的依法监督、政协的民主监督，重视和发挥人民群众的舆论监督，虚心听取人大代表和各界人士对政府工作的意见和建议，使广大人民群众的意志在政治和社会生活中得到充分体现，把办理人大代表的意见建议、政协委员的提案作为接受监督、转变职能的窗口，积极创造条件，提高办理效率和质量。不断增强政府工作的透明度，提高政府决策的科学化、民主化水平。重视人民群众来信来访，进一步加强政府法制工作，坚决贯彻有法必依，执法必严，违法必究的方针，以提高政府依法行政的自觉性。

第四，创造条件，千方百计办好10件实事。一是认真组织实施好"121"雨水集流工程，5月底前完成5800户，年内再力争建成1万户。二是修建民政康复中心。三是重点拓宽、油铺三中路和庙川居民区、阿阳新村小区、北环路居民小区的部分巷道，配套好新建小区的给排水工程。四是继续抓好集中连片供暖，年内新建2至3个集中供暖点。五是建成东关综合农贸市场。六是完成教师百户"安居工程"8000平方米。七是拆除拓宽商业街，建成文化一条街。八是多方筹资，集中力量填平市场坑，为建设成纪文化活动中心打好基础。九是建成中心体育场，召开全民运动会。十是加快有线电视入户进度，年内再安装2000户。除县上办好10件实事外，督促各乡镇在力所能及的范围内办成几件看得见、摸得着的实事，以取得人民群众的信任和支持。

县人大常委会工作报告

（县人大常委会主任吕忠厚　1996年1月24日）

一年来的主要工作

过去的一年，是我国全面推进改革，加快建立社会主义市场经济体制，保持国民经济持续、快速、健康发展的重要一年。一年来，县人大常委会在县委的领导下，以邓小平同志建设有中国特色社会主义理论和党的基本路线为指导，全面贯彻党的十四大和十四届三中、四中全会精神，服从、服务于“抓住机遇，深化改革，扩大开放，促进发展，保持稳定”的大局，依照宪法和法律赋予的职权，围绕经济建设这个中心，认真开展了人大各项工作，为推进我县的社会主义民主和法制建设，维护社会稳定，促进经济和各项事业的健康发展，作出了积极的努力。

一、注重实效，加强了对“一府两院”的监督工作

（一）围绕全县经济建设及广大人民群众普遍关心的问题，听取、审议“一府两院”工作报告，加强了对国家行政、审判、检察机关的工作监督

财政问题是我县经济建设中的一个突出问题，也是全县干部群众最为关心的一个重大问题。去年8月召开的常委会第十七会议，听取和审议了县人民政府《关于1995年全县财政收支预算调整的报告》。委员们针对我县财政收支矛盾突出，专项资金大量结转，公用经费严重不足，资金调度异常困难等问题，要求县人民政府坚持从本县实际出发，认真抓好财源建设；切实加强税收征管，大力组织收入；积极推进企业改革，抓好国有企业扭亏增盈；优化支出结构，严格控制支出；深化财政体制改革，搞好乡镇财政建设；如实反映本县财政状况，努力向上争取资金。会议在深入讨论的基础上，作出了《关于静宁县1995年财政收支预算调整的决议》，号召全县人民继续保持和发扬艰苦奋斗，勤俭节约的优良传统，为完成1995年的财政预算而努力。根据常委会的建议，县人民政府进一步加强了对财政工作的领导，在财力异常困难的情况下，基本上保证了各项事业急需的资金和职工工资的发放，促进了社会的稳定和经济的发展。

农村困难户的生活安排，是党和政府历来十分重视的一个问题。1994年以来，我县遭受了历史上罕见的旱灾，粮食大幅度减产，部分群众的生活出现了困难。为了及时准确地掌握情况，妥善安排好群众生活，去年4月下旬，县人大常委会抽组力量，由1名副主任带领，深入余湾、深沟、四河、细巷、三合等乡的5村10社50户社员家中，采取听汇报、实地察看、座谈了解的方法，对群众缺粮及救灾粮、款的发放情况进行了摸底调查。在此基础上，常委会第十七次会议听取、审议了县人民政府《关于农村困难户生活安排情况的报告》和县人大常委会调查组《关于农村困难户生活安排情况的调查汇报》。委员们认为，在大灾之年，县人民政府把农村困难户的生活安排作为稳定和发展的大事来抓，一面组织群众开展亲邻相帮、生产自救，一面把有限的救灾粮、款及时发放到困难户手中。由于各级领导重视，工作扎实，群众生活没有出现大的问题。针对生活安排中存在的救灾资金不足，部分村社粮、款发放不及时及平

均供应等问题，建议县人民政府继续把农村困难户的生活安排作为维护稳定的一件大事，抓紧抓好。一是要进一步调查摸底，真正做到情况明，底子清；二是要切实改进供应办法，保证把有限的粮、款供应到困难户手中；三是要立足当前，着眼长远，切实抓好储粮备荒；四是要认真搞好生产自救，把灾害造成的损失降到最低程度。这些意见、建议，对搞好农村困难户的生活安排起了一定的作用。

果园建设是我县农村经济发展的主导产业。4月下旬，县人大常委会农业财经工作委员会与县农业办公室、林业局的负责同志组成调查组，由常委会的负责同志牵头，对治平、李店、双岘、城川、石咀、三合等乡镇的果品生产情况进行了调查。5月上旬，县人大常委会召开第十九次会议，听取了县人民政府《关于全县果树经济林建设情况的汇报》和人大常委会农业财经工作委员会《关于治平等6乡果园建设情况的调查汇报》，在审议过程中，委员们认为，从1986年以来，我县的果树生产经过不断认识、不断探索、不断实践，在规模、管理、效益诸方面都有了长足的进步，取得了显著的成绩，但发展不平衡，技术普及率低，服务体系建设跟不上，贮藏设施及包装材料滞后的问题还比较突出。要求县、乡两级政府进一步提高对发展果树生产重要性的认识，正确处理粮、果关系，把发展的重点放在山区，工作的重点放在技术普及、推广和应用上，努力把全县的果园建设提高到一个新水平。根据常委会的建议，县人民政府及林业主管部门进行了认真研究，提出了今后工作的具体意见。县林业局还在国庆节举办了规模较大的果树生产图片展览，产生了良好的社会效果。

为了促进国有企业扭亏增盈工作，常委会第二十一次会议听取了县政府《关于全县国有企业扭亏增盈情况的报告》和县人大调查组《关于计经委系统14户工业企业扭亏增盈的情况调查》，委员们针对扭亏增盈工作中存在的企业生产经营的外部环境差，对扭亏增盈缺乏信心、内部管理工作薄弱、制度不健全等问题，要求县人民政府进一步坚定信心，加大工作力度，使扭亏增盈有新的突破；要以建立现代企业制度为目的，积极稳妥地推进企业改革，要加强企业的领导班子建设，建立健全各项管理制度，提高管理水平，根据委员们的建议，政府及主管部门在后4个月的工作中，广泛开展了“三查三压一提高”活动，以盘活资金为重点，按照“一企一策”的原则，认真抓了以国有企业为重点的城镇经济工作，收到了好的效果。

为了促进《静宁县全民健身计划实施方案》的贯彻落实，推动我县体育事业的发展，6月中旬，县人大常委会教科文卫工作委员会与县体委的同志组成调查组，由1名副主任牵头，到四河、仁大、高界、原安4乡镇及其所属中心小学、中学和县一中、县水泥厂等单位对近年来的体育工作状况进行了调查。7月中旬，县人大常委会召开第二十次会议，听取了县人民政府《关于近年来我县体育工作情况的汇报》和县人大调查组《关于城乡体育工作的调查报告》。委员们认为，我县体育工作在县人民政府及有关部门的重视、努力下，体育设施有所改善，竞技成绩突出，群众体育运动发展较快，但器材短缺，场地不足，师资队伍缺乏的问题还普遍存在。建议县人民政府在今后工作中，要认真扎实地贯彻实施《全民健身计划纲要》，大力普及、发展群众体育运动；全面贯彻党的教育方针，搞好小学体育教师的培训、配备；广泛发动群众，调动各级组织办体育的积极性；下大决心，抓好县中心体育场的修建；这些意见、建议，有的已得到落实，有的正在办理之中，对我县体育事业的发展产生了积极的作用。

教育工作是社会主义精神文明建设的重要内容。12月上旬，常委会抽组教育、审计等部门的同志，在分管副主任的带领下，深入高界、原安等7乡镇，对1995年教育目标管理责任书执行情况和第二个教育年活动及普及九年义务教育情况进行了调查。常委会第二十三次会议听取了县人民政府《关于普及九年义务教育工作情况的汇报》和县人大常委会教科文卫工作委员会《关于高界等7乡镇普及九年义务教育情况的调查汇报》，委员们结合本县实际进行了认真的讨论。认为，1995年，在县委、县政府的正确领导下，我县教育工作以深化改革为动力，以第二个教育年活动为主线，以“普九”攻坚为目标，顺利完成了“八五”计划提出的各项目标任务。委员们在充分肯定成绩的基础上，针对目前存在的部分乡镇领导对“科教兴县”战略的重要性认识不足，“普九”工作没有落到实处；教育投入不足；教育费附加的征、管、用亟待完善；一些乡镇的校舍危房突出，改善办学条件的任务仍很艰巨；乡镇教育管理体制不健全，教委的职能作用发挥得不够好；教师学历达标率低，队伍整体素质有待提高等问题，建议县人民政府进一步落实“科教兴县”的战略思想，打好“普九”攻坚战；严格理顺教育费附加的管理渠道，做到征足、管严、用好；坚持标准化校舍建设，从硬件上保证“普九”工作的顺利进行。这些意见、建议，县人民政府表示将在今后工作中认真办理落实。

（二）组织人大代表开展述职评议工作，加强了对常委会任命干部的监督

根据省人大常委会的意见和县委的要求，常委会于6月上旬至9月下旬，组织部分县、乡代表，对县工商局及局长的工作进行了述职评议，顺利完成了准备、评议、整改三个阶段的任务，收到了较好的效果。主要做了以下4个方面的工作：

第一，把统一思想认识作为评议工作的首要环节，组织人大代表对常委会任命的干部进行述职评议，对于增强人大的监督力度，促进基层民主政治建设具有十分重要的意义。刚开始，一些委员和代表认为评议工作难度大，搞不好会走过场，甚至难收场。针对这些问题，常委会在组织代表重温宪法和有关法律的基础，进过反复讨论，使大家认识到，评议是地方权力机关依法综合运用法定的监督手段，对“一府两院”及其负责人实施监督的具体实践活动，只要我们精心组织，谨慎操作，评议就一定能够搞好。在统一认识的基础上，人大常委会党组就评议的指导思想、方案、步骤及需要注意的问题向县委作了专题报告，县委及时予以批转，并就有关问题提出了具体要求。然后，制定了《关于组织人大代表评议县工商局工作的实施方案》。

第二，深入调查研究，全面掌握被评议单位的基本情况。经主任会议研究，抽调7名同志，组成2个调查组，由常委会的2名负责同志分别牵头，深入威戎等7个乡镇，采取召开座谈会、个别走访等方法，向41名县、乡人大代表、部分乡镇负责人、基层工商所的同志及个体工商户了解了对县工商局及局长本人思想、工作、作风等方面的

情况及存在的问题和意见。

第三，召开评议大会，进行面对面的评议。在深入调查、掌握第一手资料的基础上。经过认真筛选，形成了重点发言材料。7月12日，县人大常委会隆重召开了有县委、县政府、县政协的部分领导，有关部门负责人及参评代表共60多人参加的评议大会。会议在听取被评单位负责人的述职报告后，进行了面对面的评议。代表们既对被评单位的工作给予了充分的肯定，又指出了存在的问题和不足。最后，参加评议的23名代表以无记名方式对被评单位负责人进行了投票表决。

第四，认真抓了整改措施的落实。评议大会后，对代表们的评议进行了归纳整理，形成了《关于评议县工商局工作的意见》，以常委会文件印发工商局办理。随后，县工商局召开了各基层工商所，机关股室负责人会议，专门研究评议意见的办理落实，常委会对整改情况进行了跟踪监督。从整改后的情况看，多数问题已得到解决，有的正在逐步解决。

这次述职评议工作，在县委的正确领导下，人大代表积极参与，被评单位主动配合，有关方面大力支持，取得了比较明显的效果。首先，增强了干部职工的法制观念和依法办事的自觉性。评议的过程是学法、用法的过程，通过评议，使干部职工受到了一次具体的、生动的法制教育。其次，有效地推动了被评单位的工作。代表的评议实事求是，客观公正，被评单位心悦诚服，积极整改。再次，将代表的监督和常委会的监督有机地结合起来，拓展了代表闭会期间的活动内容，使常委会的监督更具民主性和群众基础。

（三）组织开展了执法检查，加强了对“一府两院”的执法监督

加强对法律法规贯彻实施情况的检查监督，是县人大常委会实施法律监督的有效形式。

根据省人大常委会1995年度执法检查工作安排意见，主任会议就我县的检查工作进行了具体研究，于5月下旬发出了《关于1995年执法检查工作的安排意见》。这次检查工作从5月下旬开始到10月底结束，重点对企业法、全民所有制工业企业转换经营机制条例、农业法、甘肃省农民承担费用和劳务管理办法、环境保护法、甘肃省环境保护条例、妇女权益保障法、甘肃省实施妇女权益保障法办法等4个方面的8部法律、法规的执行情况进行了检查。县人民法院、人民检察院按照上级法、检院的安排内容进行了对口检查。这次检查工作采取自查自纠与抽查验收结合，边查边纠与整章建制结合的办法，共查处各类违法违纪案件7起，已纠正处理7起，涉及金额85108.76元；辞退劳动合同制工人1名，整建规章147条，建立配套制度85条。为促使检查工作取得好的效果，常委会还组织有关部门的同志，由1名副主任牵头，对部分法律的检查情况进行了抽查。常委会第二十二次会议分别听取了县人民政府、法院、检察院关于1995年执法检查工作的报告，委员们进行了认真的审议。认为，这次执法检查工作由于各级领导重视，检查工作扎实，取得了较好的效果。目前存在的问题是：少数单位领导不学法、不懂法、感情用事，有些执法单位对工作人员教育不够，执法犯法的问

题时有发生；个别单位领导对执法检查工作重视不够，支差应付。要求在今后的检查工作中，进一步加强领导，精心组织，以严肃认真的态度，确保执法检查工作取得好的效果。

在实施监督的过程中，我们还按照县委的安排，直接参与抓了全县的抗旱生产、果园建设、改土、计划生育、社会治安综合治理等中心工作，做到了在参与中监督、在参与中支持。

二、依法任免了国家机关工作人员

依法任免地方国家机关工作人员，是法律赋予地方人大常委会的一项重要职权。一年来，县人大常委会依照地方组织法的规定，决定任命副县长1名，免职1名；决定任命本级政府组成人员14名，免职11名；任命县人大常委会工作委员会负责人1名，免职1名；任命县人民法院审判人员和县人民检察院检察人员10名，免职3名。

在人事任免工作中，我们既坚持党管干部的原则，注意贯彻党委的意图，又充分发扬民主，按照法律规定的程序办事。凡是“一府两院”提请常委会决定任免的人员，先由组织部门向人大党组或主任会议介绍情况，交换意见。常委会审议时，让大家充分发表意见，最后以表决结果为准。由于我们在任免工作中较好地坚持了干部“四化”方针及重党性、重实绩、重公论的原则，正确处理了党管干部和依法任免干部的关系，从而使任免工作收到了好的效果。从被任命干部的情况看，绝大多数干部进入了工作岗位后，能够解放思想，锐意改革，大胆工作，为我县经济建设和社会各项事业的发展作出了积极的贡献。

三、改进和加强了代表工作

一是督促办理了代表意见、建议。县十二届人大四次会议期间，代表们共提出各类意见、建议82条。会后，县人大常委会以正式文件分别转送县人民政府及各承办单位。各承办单位在办理过程中，普遍建立了领导把关、专人负责和承办人员具体办理的三级责任制。为了提高办理质量，人大、政府还抽组人员，深入有关单位进行了督促检查，截至10月底，82条意见、建议已全部办理完毕，并已由各承办单位向代表作了书面答复。其中问题已经解决和部分解决的有38条，占总数的46.3%；正在解决或列入计划逐步解决的有28条，占总数的34.2%；因条件限制暂时难以解决向代表作了解释说明的有16条，占总数的19.5%。

二是组织代表开展了“争先创优”活动。根据地区人大工委要求，11月份，县人大常委会向各乡镇发出通知，对评选优秀人大代表的有关问题提出了具体意见。各乡镇按照县上要求的条件，在全面总结代表工作的基础上，经自下而上的评选，向县上推荐了表彰的优秀代表名单。县人大常委会二十四次会议，听取了代表联络工作委员会关于各乡镇评选优秀县人大代表情况的汇报，经过认真讨论，决定利用召开县十二届人大五次会议的机会，对骆世清等33名县人大代表予以表彰奖励，并以此为契机，把组织人大代表开展“争先创优”的活动引向深入。

三是加强了人民来信来访工作。县十二届人大四次会议以来，共接待处理人大代表和群众来信来访86件（次），其中来信26件，来访60次。对这些来信来访，除县人大常委会直接办理外，按照“归口办理”的原则，分别转交有关部门办理，其中要求报告办理结果的7件，收到办理结果报告的5件。通过办理人民来信来访工作，不仅保障了公民、法人和其他组织的合法权益，增强了国家机关工作人员的公仆意识，而且使广大人民群众逐步体会到，人大既是代表人民行使国家权力的机关，又是代表人民意志，维护人民权益的机关。

四、加强了对乡镇人大工作的指导

指导乡镇人大开展工作，是县人大常委会的一项重要工作。

一是帮助乡镇人大主席提高认识，熟悉业务。我县的乡镇人大主席，绝大部分是从行政上过来的，对人大工作了解不多，业务不熟。针对这一情况，常委会的负责同志有目的的深入有关乡镇或利用下乡搞中心工作的机会，帮助乡镇人大主席学习宪法和有关法律法规，使他们认识到我国的政体是人民代表大会制度，这个制度的核心是人民当家做主。乡镇人大属于最基层的国家权力机关，是我国政权的基础和重要组成部分。加强乡镇人大工作，是完善我国人民代表大会制度，巩固基层政权的重要措施。思想认识的提高，增强了乡镇人大主席开展工作的自信心和责任感。

二是抓点带面，促进全盘。一年来，常委会把总结、推广乡镇人大工作的成功经验列入重要的议事日程，号召、引导乡镇人大围绕经济建设大胆探索，勇于创新，努力开创人大工作的新局面。经过努力，涌现出了不少好的典型，如余湾乡充分发挥主席团作用、为广大群众办好事、办实事的经验；高界镇围绕经济建设、做好人大工作的经验；曹务乡发挥代表作用、促进经济发展的经验。对这些典型经验，县人大常委会都及时进行了总结，并报地区人大工委在全区人大工作经验交流会上予以表彰奖励，对全县的乡镇人大工作起了典型示范作用。

三是指导了乡镇换届选举工作。到去年底，我县乡镇第十二届人民代表大会任期届满，需进行换届选举，这项工作面大量广，法定程序十分严格，它不仅关系到每个有选举权的公民能否享受法律规定的民主权利，而且是关系到基层政权建设的大事。广大人民群众对此十分关注。基于这种认识，常委会在指导乡镇换届选举过程中，始终坚持和依靠党的领导，严格依法办事，注意掌握全盘情况，及时发现和解决存在问题，使各乡镇换届选举工作做到有条不紊。在具体工作上，着重把握了三点：首先，成立了乡镇换届选举工作领导小组，从组织上加以保证。其次，广泛深入地开展宣传，提高人们的民主意识和主人翁意识，从思想上加以保证。第三，强调充分发扬民主，严格依法办事，从制度上加以保证。同时，常委会还加强了对乡镇换届选举工作的检查指导，及时发现和解决存在的问题。由于上下各级组织的重视，顺利完成了这次换届选举任务。所选出的代表，无论是年龄结构，知识结构，还是界别结构都趋于合理；选出的正、副乡镇长德才兼备，成为我县两个文明建设的中坚力量。

四是加强了乡镇人大的组织建设。根据地方组织法的有关规定和地委文件精神，在这次换届选举中，建议县委将乡镇人大主席团明确为正科级建制。设专职主席17

人，兼职主席13人（均由乡镇党委书记兼任），专职副主席13人。和换届前相比，整体素质有了明显提高，为搞好乡镇人大工作创造了条件。

五、加强了常委会的自身建设

一是抓思想建设。针对常委会组成人员及社会上一些人对人大工作存在的“到人大工作就是退居二线”“搞监督就是挑毛病、找岔子”等不正确认识，组织组成人员和工作人员认真学习邓小平同志关于建设有中国特色的社会主义理论，党和国家领导人关于人民代表大会制度的论述及法律法规。通过学习，进一步提高了对人大工作性质、地位和作用的认识，从思想上达到了两个明确，即明确了人大及其常委会对“一府两院”实施监督是宪法和法律赋予的职权，是国家根本政治制度的一项重要内容，而不是个人行为，人大及其常委会应当理直气壮地履行监督职责；明确了监督者与被监督者，双方的根本利益和目标是一致的，人大及其常委会的监督工作，对“一府两院”既是一种制约，更是一种支持和促进。认识上的提高，为常委会的工作奠定了思想基础。

二是加强了作风建设。一年来，常委会把调查研究作为转变工作作风，提高工作效率的主要措施。常委会组成人员和工作人员先后25人（次）深入21个乡镇18个村、社59个学校和机关、企事业单位进行调查研究，共写出调查报告6份，为常委会审议“一府两院”工作提供了依据。同时，常委会还较好地坚持了一切从实际出发、实事求是的工作方法，不论是审议“一府两院”的工作报告，还是下基层调查研究，都坚持实事求是，反映事物的本来面目。另外，常委会还特别重视自身的廉政建设，组成人员都能廉洁从政，甘当人民的公仆。

三是抓了制度建设。在认真落实《静宁县人大常委会议事规则》《静宁县人大常委会任免国家机关工作人员暂行办法》《静宁县人大常委会联系人民代表办法》等工作制度的基础上，对各工作委员会、办公室的工作范围、职责以及机关学习、工作、生活等制度进行了补充和完善，保证了常委会工作的正常运转。

过去的一年，在全体代表和全县人民的支持、帮助下，常委会的工作取得了一定成绩，但是，我们的工作与宪法、法律赋予的职责和人民的期望相比，还相差甚远。主要是对社会主义市场经济条件下如何开展人大工作研究不够，办法不多；监督工作还比较薄弱，效果不够明显；代表工作不够扎实；调查研究不够深入；机关自身建设还需要进一步加强。这些问题，都需要我们在今后工作中认真加以解决。

今后一年的主要任务

1996年，是“九五”计划的起步年，是实现15年奋斗目标的奠基之年。县人大常委会要以党的十四届五中全会精神为指针，在县委的领导下，认真学习和掌握党的基本理论，基本路线和基本方针，围绕经济建设，认真履行宪法和法律赋予的职责，把加强社会主义民主和法制建设作为根本任务，进一步坚持和完善人民代表大会制度，积极推进经济体制和经济增长方式的根本性转变，保障和促进全县经济持续、快速、健康发展。

一、进一步加强对“一府两院”监督工作

在新的一年里，常委会要适应建立社会主义市场经济体制的需要，增强监督力度，注重监督实效。首先，要加强对县十二届人大五次会议各项决议、决定执行情况的监督，特别是要加强对国民经济和社会发展计划、财政预算执行情况的监督，保证这次人代会批准的计划和预算的顺利执行。其次，要继续坚持每次常委会例会听取和审议“一府两院”工作报告的制度。围绕广大人民群众普遍关心的热点、难点问题，有计划地听取这些国家机关的工作报告，支持、督促他们把各项工作做得更好，促进各项改革措施和工作措施落实。第三，要加强对惩治腐败工作的监督，支持和督促司法机关严格执法，抓紧查处大要案，坚决惩治腐败分子。第四，有计划、有步骤地组织人大代表评议政府部门的工作，并对常委会选举、任命的国家机关工作人员展开述职评议，增强公仆意识。第五，要认真受理人民代表和群众的申诉、控告和检举，并责成有关部门予以查处。第六，要进一步搞好执法检查工作，发现问题，及时处理并注重把执法检查与普法教育结合起来，增强全社会的法律意识。在监督中要不断总结，努力做到既敢于监督又善于监督，既不越权又不失职，切实提高监督实效。

二、继续做好代表工作

常委会要把代表工作列入重要议事日程。一是要建立常委会组成人员与选举单位和代表联系制度，及时反映代表的意见、建议和要求。二是进一步完善对代表意见、建议的办理制度，使督办工作逐步规范化。三是有计划地组织代表开展视察和调查，为代表发挥作用提供条件。四是重视代表来信来访，保障代表的合法权益。五是继续组织各级人大代表开展“争先创优”活动，为全县经济建设和社会事业的发展贡献力量。

三、搞好常委会的自身建设

新的形势、新的任务对人大工作提出了更高的要求，只有加强自身建设才能使常委会的工作不断进步。一是要坚持常委会组成人员的学习制度。有计划、有目的地组织全体组成人员，认真学习党的基本理论、基本路线和基本方针，学习关于建立社会主义市场经济体制的基本知识及法律法规。通过学习，进一步提高常委会组成人员的理论水平、政策水平和业务能力。二是要进一步转变作风。常委会组成人员要继续坚持理论联系实际，深入群众体察民情，反映民意，努力为人民办好事，办实事。三是要不断加强机关的制度建设。结合机构改革，进一步健全完善各项规章制度，定期对职工进行考核，严明纪律，奖勤罚懒，努力造就一支有理想、懂法律、守纪律、讲团结、求真务实、积极肯干、廉洁高效的干部队伍。

第六节　县第十二届人民代表大会第六次会议

大会概况

县十二届人大六次会议于1997年1月22日至24日在县政府礼堂召开。应出席代表

231名，实出席198名，不是县十二届人大代表的县委、县政府、县政协、县人武部、县法院、县检察院的领导干部，县委各部门、县直及省地驻静宁各单位负责人，政协静宁县第四届委员会全体委员，部分乡镇长、人大主席、副主席以及县人大常委会各委、办负责人，共130余人列席会议。

马志俊、王守元、王维歧、王镇华、吕忠厚、朱春林、李克科、杜耀文、吴俊福、沙芳琴（女、回族）、杨成堂、杨国珍、岳具辉、赵景山、赵智荣、胡青汉、柳思桐、郜文学、聂正国、郭应童、漆忠义、蒙谦恭、樊旺23人组成大会主席团，王守元、吕忠厚、朱春林、李克科、杨成堂、赵景山、赵智荣、郜文学、聂正国、漆忠义10人为主席团常务主席；李克科为秘书长，郭应童、王济华、慕锡武、柴玉明为副秘书长；赵智荣、靳士孔、马志俊、王维歧、王镇华5人组成议案审查委员会，赵智荣为主任委员，靳士孔为副主任委员。

1月21日晚举行预备会议，通过大会议程和主席团、秘书长、议案审查委员会名单，宣布主席团第一次会议讨论通过的事项。

大会举行全体会议3次。第一次全体会议于1月22日上午举行，听取县政府县长赵景山所作的《县人民政府工作报告》、县计委主任王智仁所作的《关于1996年国民经济和社会发展计划执行情况与1997年国民经济和社会发展计划（草案）的报告》、县财政局局长王维军所作的《关于1996年财政预算执行情况和1997年财政预算（草案）的报告》；第二次全体会议于1月23日下午举行，听取县人大常委会主任吕忠厚所作的《县人大常委会工作报告》、县法院院长杨志军所作《县人民法院工作报告》、县检察院检察长张学明所作的《县人民检察院工作报告》，审查县人大常委会《关于县十二届五次人代会代表意见、建议办理情况的报告（书面）》，表决通过选举办法；第三次全体会议于1月24日举行，通过关于接受赵景山辞去县政府县长职务、杨成堂辞去县政府副县长职务请求的决定，选举县政府县长1名，副县长1名；听取县人大常委会副主任、议案审查委员会主任委员赵智荣所作的《关于县第十二届人民代表大会第六次会议代表意见建议审查情况的报告》，表决通过关于县政府、1996年国民经济和社会发展计划执行情况及1997年计划、1996年财政预算执行及1997年财政预算、县人大常委会、县法院、县检察院工作报告的决议，听取新当选的县政府县长李长明的表态发言，会议最后，县委书记赵景山作了讲话。

大会安排分组会议3次。

大会主席团召开会议3次。

大会收到代表意见、建议68件。其中：①农林水电方面26件，占38.2%，主要是建议给阳坡、高界等乡镇部分村社和机关单位修建人畜饮水工程，为机井塘坝争取设施配套项目，加固水坝和衬砌渠道，加强林木管护，扶持果园建设以及为个别不通电的村社架设农电线路等；②交通邮电和城市建设方面16件，占23.5%，主要是建议解决新店至甘坡至通渭陇川乡公路养护费，修通新店至治平公路，修复八里至原安县乡公路过水涵管，加强公路管护工作，在原安等乡开展邮政汇款、取款业务，搞好威戎小城镇建设等；③文教卫生方面7件，占10.3%，主要是建议修建阳坡乡峡口小学，设立后梁乡卫生院，为三合、余湾、原安等乡分配手术大夫和妇科大夫，设立雷大电视差转台，维修李店电视差转台等；④财政贸易方面12件，占17.6%，主要是建议维修田堡、贾河、祁川、高界等乡政府危房，选址建设李店农贸市场，加强运输企业票据管理，防止税收流失等；⑤政法、民政和其他方面7件，占10.3%，主要是建议解决村干部退休金，清理、发放军队转业干部住房补助费，设立余湾派出所，原安派出所设在本乡办公，认真贯彻《关于进一步加强林木管护工作的决定》中关于禁羊的精神，加大工作力度，坚决实行羊只圈养。

大会议程

一、听取和审议县人民政府工作报告；

二、听取和审议县人民政府关于1996年国民经济和社会发展计划执行情况和1997年国民经济和社会发展计划（草案）的报告；

三、听取和审议县人民政府关于1996年财政预算执行情况和1997年财政预算（草案）的报告；

四、听取和审议县人大常委会工作报告；

五、审议县人大常委会关于县十二届人民代表大会第五次会议代表意见、建议办理情况报告（书面）；

六、听取和审议县人民法院工作报告；

七、听取和审议县人民检察院工作报告；

八、选举；

九、其他。

大会日程

县第十二届人民代表大会第六次会议日程表

表3-58

时间		会议内容	执行主席
1月21日	晚七时	预备会议:1.通过大会议程;2.通过大会主席团和秘书长名单;3.通过大会议案审查委员会名单;4.宣布主席团第一次会议讨论通过的事项	
1月22日	上午	大会:1.开幕式;2.政府工作报告;3.1996年国民经济和社会发展计划执行情况及1997年计划(草案)的报告;4.1996年财政预算执行情况及1997年预算（草案)的报告	吕忠厚　王守元 朱春林　岳具辉 蒙谦恭　马志俊 樊　旺　吴俊福
	下午	分组审议政府、计划、财政三个报告	
1月23日	上午	继续审议政府等三个报告	郜文学　聂正国 漆忠义　胡青汉 王镇华　杜耀文 杨国珍　沙芳琴
	下午	大会:1.县人大常委会工作报告;2.县人民法院工作报告;3.县人民检察院工作报告;4.通过选举办法	

续表3-58

时间		会议内容	执行主席
1月24日	上午	分组审议人大、法院、检察院三个报告；酝酿讨论有关辞职决定（草案）和候选人名单	赵景山　杨成堂 李克科　赵智荣 柳思桐　王维歧 郭应童
	下午	大会：1.通过有关辞职决定；2.选举；3.议案和意见、建议审查报告；4.通过政府工作报告、国民经济计划报告、财政预算报告、县人大常委会工作报告、法院工作报告、检察院工作报告的决议；5.其他；6.大会闭幕	

主席团会议日程

县第十二届人民代表大会第六次会议主席团会议日程表

表3-59

时间		地点	会议内容	参加人	主持人
第一次会议	1月21日预备会议期间	政府礼堂	1.通过大会日程；2.通过代表团组成和列席人员范围；3.通过常务主席名单；4.决定大会副秘书长名单；5.决定议案和意见、建议终止时间	主席团全体成员	吕忠厚
第二次会议	1月23日上午10时	招待所三楼会议室	1.听取各代表团关于政府等三个工作报告讨论情况的汇报；2.讨论选举办法（草案）；3.讨论有关辞职决定（草案）和候选人名单	主席团全体成员及各代表团召集人	吕忠厚
第三次会议	1月24日上午10时	招待所三楼会议室	1.听取各代表团关于县人大常委会、法院、检察院工作报告讨论情况的汇报；2. 听取各代表团关于有关辞职决定和候选人讨论情况的汇报；3. 决定正式候选人名单；4. 提出大会监票人名单；5.听取议案和意见、建议审查情况汇报；6.讨论政府工作报告等六个决议（草案）	主席团全体成员及各代表团召集人	吕忠厚

大会选举

县人民政府：

县　长　李长明

副县长　张自杰

县人民政府县长李长明、副县长张自杰个人情况表

表3-60

姓名	性别	民族	年龄	籍贯	文化程度	入党时间	工作时间	工作简历
李长明	男	汉	43	灵台梁原	大专	1981.7	1976.12	1976年12月至1979年7月在华亭县安口陶瓷厂工作,1979年8月至1981年7月在华亭县经委工作,1981年8月至1983年10月在华亭县政府办公室工作,1983年11月至1990年2月任华亭县政府办公室副主任,1990年3月至1992年9月任华亭县政府办公室主任,1992年10月至1996年4月任灵台县政府副县长,1996年5月至1997年1月任灵台县委常委、县政府副县长,1997年1月任静宁县委副书记
张自杰	男	汉	40	静宁新店	中专	1984.11	1981.8	1981年8月至1982年7月在古城公社工作,1982年8月至1986年10月在威戎农技推广站工作,1986年11月至1988年12月任曹务乡党委副书记,1989年1月至1989年10月任曹务乡政府乡长,1989年11月至1994年3月任后梁乡党委书记,1994年4月至1995年10月任细巷乡党委书记,1995年11月以来任城川乡党委书记

附：

县人民政府工作报告

（县人民政府县长赵景山　1997年1月22日）

一、1996年政府工作

1996年，政府工作以党的十四届五中、六中全会精神为指针，在上级党政组织和县委的领导下，在人大、政协的监督与支持下，坚持整体推进、块上突破、分类指导、加快发展的指导思想，突出保粮增收、企业增效、财政增收、扶贫开发、计划生育等重点工作，较好地完成了县十二届五次人代会批准的主要任务，促进了全县经济持续、快速、健康发展和社会各业的全面进步，各项经济指标均完成或超额完成了年度计划。全县国民生产总值预计完成5.2亿元，占计划的105.1%，增长3.2%；工农业

总产值完成5.6亿元，占计划的103.3%，增长22.1%，其中农业总产值完成2.59亿元，占计划的102%，增长27.9%；乡镇企业总产值完成5.06亿元，占计划的105.2%，增长49.7%；粮食总产量达到14.55万吨，占计划的101.7%，增长39.6%；农民人均纯收入达到896元，占计划的101.4%，增长14.3%；社会消费品零售总额完成1.83亿元，占计划的126.2%，增长16.6%；人口自然增长率为10.81‰。

——农村经济以“整村推进、扶贫开发”为总揽，全力实施“2218”粮食丰产工程和温饱工程，实现了“三个突破”，保持了“两个发展”

三个突破：一是地膜覆盖和带状种植有了新突破。全县完成地膜玉米14.91万亩，较上年净增6.56万亩，玉米产量达到4.5万吨，占粮食总产的30.9%，在全区率先实现了玉米种植地膜化、良种化。地膜小麦在试验示范的基础上，加大推广力度，完成2.5万亩；粮粮带田完成4.8万亩，净增2.6万亩。二是农业基础建设有了新突破。年内新修梯田5.6万亩，其中机修梯田1345.7亩。鞍子山拦河闸等重点水利工程均完成了年度计划。小水利建设也取得了新的成效，年内多方筹资341.39万元，新建、维修、配套“五小”工程99处。全县已完成“121”雨水集流工程1万户，共建水窖19128眼，建集流场10500处、120万平方米，并在灵芝乡尹岔村成功地进行了雨水集蓄灌溉示范点，为干旱山区发展灌溉农业创出了一条新路子。与此同时，林、路、电建设也有了新发展。年内新增造林面积1.49万亩，新植公路行道树12万多株。新修乡村道路53条192.8公里，静西公路已完成路基主体及桥涵工程，甘田、麻峡等县乡公路及中心汽车站建设均按计划完成了施工进度。新架农电线路30.5公里，使全县村、社、户通电率分别达到95.1%、82%和78.5%。三是扶贫开发有了新突破。通过狠抓领导和部门帮扶责任制的落实，集中人、财、物，其中国家投资546万元，各帮扶单位筹集扶贫发展基金14.43万元，主要用于西北部9乡镇解决温饱和农业基本条件的改善，共落实“温饱工程”3.77万亩，占省、地下达任务的147.8%，人均0.42亩。到年底有37村、4566户、2.42万人实现了整村解决温饱。

两个发展：一是保持了乡镇企业的发展。通过加强调度，强化管理，争上项目，深化改革等措施，全县乡镇企业继续保持了较快的发展速度。销售收入完成4.26亿元、利税总额达到4405.6万元，分别增长45.9%和68.9%。二是保持了果品、生猪两大支柱产业的发展。年内新植果园2.49万亩，其中苹果1.93万亩，早酥梨0.56万亩，挂果面积达到4万亩，果品产量达到2500万公斤，实现收入4000万元。生猪饲养量达到30.6万口，出栏14.2万口。

——城镇经济以扭亏增效为目标，以“三改一加强”为中心，坚持一企一策，分类指导，在深化企业改革、扭亏减亏、项目建设等方面取得了显著成效

一是结构调整和产权重组迈出了较大步伐。发挥骨干企业优势，跨行业、跨所有制进行兼并。由县建筑集团公司兼并了亏损多年的国有企业农机厂和人造板厂，由县水泥集团公司兼并了步履维艰的县运输公司和工艺美术厂，通过兼并，优化了资源配置，重组了生产要素，为亏困企业走出困境寻找了一条出路。对产品相近、经营相关

的企业进行合并划转，先后把经营不善、资不抵债的祁川造纸厂、商业食品厂、毛针织厂分别划转给威戎造纸厂、县糖酒有限责任公司和县地毯厂经营。通过注入资金，开发新产品，使经营状况有了新的转机。按照抓大放小的原则，将原属城镇集体企业的县牧工商公司一次性出售给县农畜股份有限公司，既盘活了资产，又支持了农畜公司的进一步发展。同时，对商业系统9个国有民营门店进行了规范化管理，抽回全部商品资金51.5万元，既加快了商流企业经营机制转换步伐，又确保了国有资产保值增值。

二是项目建设进展顺利，成效显著。全年完成各类固定资产投资8000万元，占计划6300万元的127%。其中生产性项目35项，完成投资3526万元。列入地、县重点调度的生产性项目中，4万吨水泥技改、2000吨洋芋淀粉生产线和缠绕胶管第三条生产线已经建成，并通过了省、地验收。省委、省政府静宁扶贫现场办公会上确定的27个前期项目中，有1000万发电雷管等13个项目已批准立项，到位资金334万元。

三是国有工业企业亏损面和亏损额减小，整体效益有所提高。通过深化企业改革，加强协调服务，强化目标考核，使国有工业企业运行质量和效益明显好于往年。产值、销售收入、实现利税分别较上年增长11.7%、23.2%和1.1倍，其中利润增加199.4万元，增长3.4倍，亏损户由去年的3户下降到1户，亏损额为43万元。

四是城市基础设施建设步子快，变化大。结合文明县城建设，年内共筹资743万元，完成了成纪文化街一期工程和成纪文化中心一期回填工程，县城中心体育场建设进展顺利。并油铺城区街道路面6338.5平方米，敷设排污排洪管道810米。架设有线电视主线2000米，安装2000户。邮电通讯业务总量增加，实现了区内程控电话升位和并网，并继续向乡镇延伸。新建居民住宅7.1万平方米，人均居住面积达到8.8平方米。同时，坚持建管并重，成立了城区治安大队，使长期存在的脏、乱、差问题得到了有效解决。

五是金融保险业扩大，市场供求平稳。年末城乡居民储蓄存款余额2.1亿元，支持生产和建设贷款2.2亿元，有力地促进了全县经济的发展。公有住房制度改革进展顺利，已按房改政策出售公有住房13.2万平方米，收回售房资金495万元。个体私营经济发展势头良好，持照个体工商户和私营企业达到3319户，从业人员5717人，注册资金1264万元。城乡市场面积扩大，交易活跃，年成交额为7020.4万元，增长6.83%。

——财税工作继续坚持改革、增收、节支的方针，较好地完成了财政收入任务

一是坚持自我加压，缓解财政困难状况。年初在地区确定财政收入2250万元的基础上，强化自我翻身、自寻出路的意识，把任务增加到2600万元。二是改革乡镇财政管理体制，强化乡级聚财、理财、生财观念，把乡镇财政所下放给乡镇政府管理，彻底实行“分灶”吃饭。全年完成乡级财政收入1536万元，增长44%，其中农业特产税完成169万元，增长1.3倍。三是坚持开源与节流并重，增收与节支同步，狠抓“三个不放松”。狠抓培植财源不放松。在抓好原有3户重点财源企业的同时，新增建筑集团公司等12户重点财源企业，积极扶持，促其超产增收多缴。15户重点财源企业共上缴工商税765.3万元，占工商税总额的52.3%。狠抓税收征管不放松。对利税总额和上缴

所得税等刚性指标，实行考核到部门，征管到企业。全年工商税、企业所得税、个体零散税分别增长15.7%、6.4%和3.3%。严格预算约束不放松。收入抓均衡进度，做到按预算应收尽收，月税月清。支出严格控制，不该支的坚决不支，使财政预算得到了较好执行。全年财政收入超年初预算407万元。财政支出完成5852万元，占预算的109.9%，增长19.4%。当年财政赤字900万元，累计赤字4303万元。

——计划生育工作变压力为动力，加大工作力度，攻坚破难，为扭转被动落后局面奠定了基础

面对被列为重点管理县的沉重压力，全县各级在思想上深刻反思，变压力为动力，在落后中奋起，在困难中前进。工作中强化了领导责任、宣传教育、难点突破、基础建设、措施落实等方面的力度，坚持集中活动与经常性工作相结合，现场促进与平时督查相结合，重点抽查与面上促进相结合，经过全县上下一年的艰辛努力，完成了上级下达的人口控制目标。全年共出生6847人，自然增长率为10.81‰，经省、地考核，当年解除重点管理。

——精神文明建设取得了新成效

精神文明建设结合贯彻落实党的十四届六中全会精神，在全县范围内广泛开展了“十佳”评选及文明单位、文明村户的争创活动。同时，“文明县城”已被地委、行署命名，并在我县召开了全区精神文明建设现场会。

科技工作围绕粮食丰产工程、支柱产业开发和扶贫攻坚，共实施各类科技推广承包项目41项，举办各类培训班500多期，培训乡村社干部及群众2万多人（次）,开办农函大，首次招生955名，使地膜覆盖、带状种植、果树栽培、科学养畜等一批农业实用技术得到全面普及和推广。

教育工作以实现“普九”为目标，“三教”统筹，协调发展，教育质量稳步提高。全县30个乡镇提前一年基本普及了九年义务教育，年内向大中专学校输送合格学生1034人，再次名列全区第一。“贫三”项目建设进展顺利。共筹资1027万元，改建中小学校舍2.1万平方米，新建标准化学校15所，累计达到120所。同时，注重为教师办实事，年内增加了民办教师和临时代课教师工资，为156名教师及其家属子女解决了“农转非”户口，126名民办教师转为公办，新开建一中、二中、城关小学教师住宅楼3栋，可解决100户教师的住房问题。

医疗卫生事业注重抓了乡镇卫生院建设、医疗设备配套和计划免疫等工作。妇幼、防疫服务办公楼投入使用，县二院门诊楼已完成了主体工程。共筹资117万元，为县、乡、村三级卫生院（所）配套、更新设备1560台（件）。儿童计划免疫第三个85%顺利达标，年内通过国家验收。第三次儿童脊髓灰质炎强化免疫单苗接种率达到98%。

文化工作在大抓载体建设的同时，积极开展群众性文化活动，送戏下乡演出270多场，举办名人书画展览16次。按期建成了红军长征界石铺纪念馆，并承办了全区红军长征胜利60周年纪念大会。体育事业在积极开展全民健身的同时，代表地区参加了

省九运会自行车项目比赛，获全省第二，并在全省中学生排球比赛中获得冠军。广播、电视事业积极配合全县中心工作，坚持正确的舆论导向，为促进两个文明建设作出了积极贡献。司法民政、劳动保险、工商物价、气象服务、文史档案、民族宗教、双拥共建、民兵预备役建设以及侨务对台、旅游接待等工作都取得了新的成绩。

——维稳工作以群众生活安排和“严打”斗争为重点，保持了稳定局面

一是在连续两年受灾，群众生活困难的情况下，始终把保群众生活不出大问题作为政府工作的首要任务，积极开展了一系列救灾济困活动。在及时发放北京、天津等地捐赠衣物的同时，动员全县干部职工开展“送温暖、献爱心”活动，两次捐衣物8739件，捐钱7.73万元。先后6次下拨救济粮1200万公斤，口粮款216.48万元，解决了2.98万户、14.71万人的基本生活问题。对特困企业职工和离退休人员的生活困难问题，采取县上贴息的办法，争取省地安排，贷款发放3个月的基本生活费。同时，提高了民政优抚对象的生活补助标准。养老助残工作取得了新成效，即将投入使用。

二是以打击地痞村霸、车匪路霸，深挖盗窃、流氓犯罪团伙，狠刹赌博和毁林歪风为重点，集中开展“严打”斗争，层层落实“五长”责任制和目标管理责任制，使社会治安综合治理各项措施落得较实。全年刑事发案和大要案分别下降14.7%和13.6%，破案率达到89.5%，侦破积隐案104起，有力地打击了各种刑事犯罪活动。为配合县乡中心工作，政法部门较好地发挥了各自的职能作用。

——民主法治建设和反腐败斗争取得了新的成绩

一年来，县乡两级政府始终把加强自身建设放在突出位置，在狠抓作风转变和反腐败斗争的同时，自觉接受人大代表和政协委员的监督，虚心听取各方面的意见，促进了政府工作民主化、法制化进程。全年共向人大常委会报告工作5次，向政协通报情况2次，承办人大代表和政协委员意见、建议、提案75件。在招工转干、征兵入学、转办城镇户口、人事调动等热点问题上，坚持实行“两公开、一监督”制度，增强了政府工作的透明度。全年立案查处党政纪案件94件，全部得到查结。共受理群众来信177件，上访58人（次），办结率为100%。同时，注重为群众办实事，县政府在十二届五次人代会上，向代表承诺要办的10件实事，除东关综合农贸市场正在协调筹办外，其他9件全部得到落实。

回顾总结一年来的工作，我们清楚地看到，一些长期困扰我县经济和社会发展的制约因素仍然存在。主要是农业基础脆弱，扶贫攻坚和稳定解决温饱的难度和任务相当艰巨，农村经济特别是支柱产业的市场化水平、产业化程度很低，社会化服务体系还很不健全，部分农副产品流通不畅；农民增产不增收的问题比较突出；城镇经济总体效益不佳，特别是商流企业亏损的局面仍然没有得到有效遏制；财政收入的增长赶不上政策性支出的增长幅度，收支矛盾突出，赤字越累越大，资金调度十分困难；小区开发建设、小城镇建设、小康村建设、村集体经济建设等发展缓慢；政府部分工作人员思想观念转变不快，工作作风不扎实，整体素质不过硬的问题仍未得到有效解决，上下一心，想大事，抓大事，干大事的局面尚未真正形成。所有这些问题，我们

要采取得力措施，努力加以解决。

二、1997年的主要奋斗目标和工作任务

今年政府工作的指导思想是：以党的十四届五中、六中全会精神为指导，以财政收入、财源建设为龙头，以扶贫攻坚为中心，按照地委扩大会议提出的“抓大事、求突破、树典型”的工作思路，坚持一个原则（即因地制宜、分类指导原则），加快两个步伐（即西北部脱贫步伐、中南部开发步伐），实施三项工程（即扶贫攻坚温饱工程、财源建设龙头工程、文明建设塑造工程），实现四大目标（即粮食增产、农民增收、企业增效、财政增收），确保全县经济持续、快速、健康发展，以出色的工作和优异的成绩迎接党的十五大的胜利召开。

主要奋斗目标：国内生产总值增长13.7%，达到5.91亿元；工农业总产值增长14.3%，达到6.4亿元，其中工业总产值增长20%，达到3.6亿元，农业总产值增长8.1%，达到2.8亿元；乡镇企业总产值增长42.3%，达到7.2亿元；粮食总产量增长6.9%，达到15.55万吨；财政收入增长20.4%，确保完成3200万元，其中乡级财政收入增长20.4%，达到1850万元；农民人均纯收入增长17.2%，达到1050元；人口自然增长率控制在13.7‰以内。

围绕上述指导思想和奋斗目标，重点做好7个方面的工作：

（一）以扶贫攻坚总揽农村经济工作，努力促进农村经济全面发展

1. 加快解决群众温饱步伐。我县作为国扶县之一，当前和近几年最关键最主要的任务就是解决群众的温饱问题。总的要求是：认真贯彻中央、省、地扶贫工作会议精神，紧紧围绕1998年全县基本解决群众温饱进而整体脱贫这一目标，以西北部贫困片带为主战场，按照“观念、科技、实效”的方针和“梯田、地膜、水窖、调整”的路子，以自力更生、艰苦奋斗为主，全党动员，全社会参与，集中力量，加大投入，啃“硬骨头”，打歼灭战，确保年内解决11887户、5.81万人的温饱问题，其中细巷、红寺、灵芝3乡及82个贫困村整村解决温饱。具体措施是，全力以赴组织落实好温饱工程项目，即贫困户人均必保8分、力争1亩地膜玉米，户均1眼容积30立方米的集雨水窖，种植1亩果园或2亩经济作物。层层实行扶贫工作责任制，保证做到领导、资金、项目和帮扶措施“四落实”。县上9名书记、县长每人各包1个贫困乡，联系1个贫困村，其他县级领导、县直和省地驻静单位各包1个贫困村，乡村干部每人包扶10个贫困户，技术人员每人承包1项实用技术推广，一包到底，不脱贫不脱钩，每年年终考核评比，真奖实罚。县上选派下去的118名帮扶干部，党团、行政关系全部转到乡镇管理，对工作扎实、成效显著的给予奖励和提拔重用，对工作不到位、不扎实的降级使用。近期重点抓好温饱工程的落实，真正做到任务到户、面积到地块，逐户建卡造册，保证完成温饱工程计划。

2. 加快实施“2218”粮食丰产工程，促使粮食产量迈上新台阶。按照立地条件，充分发挥水地和梯田优势，依靠科技加大投入，突出抓好良种推广、灌区增产综合技术、旱地农业丰产技术、中低产田改造等实用技术的推广普及，引导群众调整产业结

构，压夏扩秋，特别是把扩大地膜覆盖面积、带状种植和坑种洋芋作为粮食增产的主攻方向来抓，实行集约生产、系列化服务、目标化管理，以强有力的工作，保证完成地膜玉米18万亩，人均力争达到0.5亩，坑种洋芋12万亩，川水区全面推行带状种植，逐年扩大地膜小麦。工作上继续采取行政推动和上门服务相结合、领导责任与干部报酬挂钩相结合的措施，确保完成播种任务。尤其要把地膜玉米种植和坑种洋芋作为春耕生产的一个硬仗来打，做到任务、面积、服务、农贷、农资供应五到位、五落实。面对今冬干旱的严峻形势，各级要牢固树立抗大旱、防大灾的思想，想方设法增加灌溉面积，加强田间管理，搞好防病灭虫，确保今年粮食产量在去年的基础上再上一个新台阶。

3. 以梯田、水窖为重点，进一步加快农业基本条件改善步伐。按照2000年实现梯田化县的总目标，在工作指导上实现“三个转变”，即由单纯改土向综合性的小流域治理转变，由重视秋季改土向春、夏、秋三季改土转变，由人工改土向人机结合转变。教育群众树立“宁可苦干、不可苦熬”的精神，抓住我县被水利部列为水土保持预防监督试点县和流域治理重点县的良好机遇，加快建设进度，以乡或村为单位，以流域为单元，有计划、分步骤实施山、水、田、林、路综合治理，每年完成优质梯田“保六争八”，即确保6万亩，力争8万亩，其中要求西北部9乡镇完成3万亩，全县机修梯田面积不少于1万亩，并在规模、质量上提高一个档次。为了有效解决机组少、需求大的矛盾，使现有机组能够满负荷工作，实行乡镇机修梯田目标管理，采取分步、划片实施的办法，前半年把机修的重点放在西北部9乡镇，后半年向中南部转移，力争3乡47村年内实现梯田化。水利建设在抓好鞍子山拦河闸、城关南渠改造、仁大红卫渠衬砌、细巷堡湾提灌站、威戎马山人饮等重点工程建设并发挥效益，力争梁马灌区早日通过立项审批的同时，紧紧抓住省上重点投资的机遇，把灵芝乡尹岔村的经验推广到全县，组织实施好雨水集蓄灌溉工程，力争年内完成30立方米的水窖2万眼，发展旱地滴水灌溉4万亩。已建成的“121”雨水集流工程要在1亩庭院经济上挖潜力，使其真正发挥效益。造林工作要抓住西北部10万亩沙棘和5万亩沟道刺槐工程起步、13条重点防护林带恢复、县乡村主干道绿化3个重点，年内完成用材、防护、薪炭林5万亩。道路建设坚持建管并重的原则，按照统一规划、统一组织施工的要求，在扎扎实实搞好春季筑路活动的同时，继续实行以金代砂，加大管护力度，使县乡公路养护达到省、地要求标准。农电建设要加大对边远山区的扶持力度，尽快实现村村社社通电。

4. 因地制宜，分类指导，加快产业开发步伐。支柱产业开发要和整乡的区域经济、整村的产业开发结合起来，以区域化布局、规模化发展、一体化服务为方向，加快产业化进程，促使支柱产业在现有基础上尽快上规模、上档次，形成富县富民的支柱。果品产业要加快中南部苹果、西北部早酥梨基地建设步伐，确保完成3万亩果园新植任务，其中司桥到高界建成1万亩早酥梨带。重点要在扩大科技覆盖面上花力气，在贮藏、运销上下功夫，在包装上做文章。年内，中南部各乡镇都要成立果品运销公司，重点村社都要建起果窖。县上决定由2名县级领导牵头，组成专门班子，在沿海城市和内地中心城市设立窗口，充分运用各种宣传媒介，扩大影响，提高信誉，增强知名度，抓好果品的流通销售工作。养殖业要以养猪、养鸡、养牛为重点，推广普及科学养殖新技术，加快生猪、鸡种改良步伐和规模养殖示范大户建设步伐，力争建成一批具有辐射带动作用的养猪、养鸡大户和示范村。

乡镇企业要坚持速度效益并重的原则，和整乡的区域经济、整村的产业开发相结合，在抓好重点乡镇骨干企业的同时，依托建筑、地毯、建材等优势行业和产业的扩大发展，面向基层和农户，特别是在西北部9乡镇组建工程队，延伸地毯加工网点，以充分利用农村剩余劳动力，增加农民收入。围绕洋芋、玉米、油料及小杂粮等农产品深加工，大力发展加工业，按照公司加农户的模式，建立产、供、销一条龙的服务体系和实体。劳务输出要逐步由苦力型向技术型转变，由自由流动向有组织的输出转变，不断开拓新的劳务市场，使我县劳动力这一资源优势真正发挥效益。

5. 强化统的功能，不断壮大集体经济实力，切实加强村级政权建设

在稳定完善家庭联产承包责任制和统分结合的双层经营体制的同时，按照“明确所有权，稳定承包权，搞活使用权”的原则，逐步建立土地流转制度，进一步加强农业承包合同管理，完善各类承包责任制，重点解决承包费偏低、合同兑现率不高、集体收入流失等问题，清理回收原有公共积累和私人拖欠集体的各种账款，积极发展农村合作基金会，筹集发展基金。要把乡村财务作为审计的重点，切实加强审计监督，健全各项财务管理制度。坚持因地制宜的原则，选择短、平、快的发展项目，创办种、养、加、服等类型的经济实体，力争使60%以上的村集体经济年收入达到万元以上。村部建设要作为一项硬任务，必须在七一前全部建成，投入使用。要进一步加强统的功能，依法强化土地管理，坚决杜绝乱打庄基、乱占耕地行为，严肃查处违法占地案件，维护土地管理的严肃性。同时要选择村级政权弱化，在土地管理、计划生育、税费收缴等方面严重滞后的乡镇作为突破口，综合运用教育、行政、法律的手段，解决各种遗留问题，扭转被动局面，使村级政权建设得到巩固和加强。

（二）进一步深化企业改革，努力搞活国有企业

今年城镇经济工作要以搞活国有企业为重点，按照抓大放小的总体思路，把战略调整和改组改造继续作为突破口，积极推进“三改一加强”，努力提高城镇经济的运行质量和效益。

第一，加大改革力度，增强企业活力。在搞好现有2个集团公司的同时，再组建完善3个集团，即以生资、农副、工业品公司为核心层，以基层供销社为紧密层，组建供销集团公司；以粮油贸易公司为核心层，联合面粉、副食厂和基层粮管所，组建粮贸集团公司；以县地毯厂为核心企业，吸收兴飞、挂毯、静兴3户企业为成员，延伸辐射乡镇地毯加工点，完善地毯集团公司。并加快商流企业国有民营改革步伐，将百货、糖酒、五金等公司的零售网点，一次性抽回商品资金，全部租给内部职工自主经营，照章纳税，并对批发业务划细划小，实行分类租赁、承包经营。

第二，加大管理力度，提高企业经济效益。在宏观管理上，继续实行目标管理责

任制，真奖实罚，坚决兑现。并按照一企一策、因企指导的原则，及时召开办公会，生产调度会，研究解决企业改革和发展中的困难和问题。在微观管理方面，重点加强成本管理，大力推广邯钢和县水泥集团公司经验，在全县各企业实施“模拟市场核算，实行成本否决”，切实降低生产成本，压缩管理费用，盘活存量资本，努力实现国有工业企业无亏损。

第三，加快项目建设步伐，增强企业发展后劲。项目建设按照“促达标、抓新建、争新上”的要求，确保3000吨玉米淀粉、2000吨洋芋淀粉、5万平方米地毯、6万吨水泥、9万吨原煤5条生产线年内实现达产达标。千方百计使1000万发电雷管、200万平方米纸箱、8.6万平方米填充门、1万吨磷肥、1000吨地膜等5个投资300万元以上的新建项目和130吨节能胶生产线等15个技改项目开工建设。并在兰州开工建设投资约3000万元的静宁大厦。

（三）加快财源建设步伐，努力增加财政收入

第一，抓好财源建设。按照夯实基础财源、优化主体财源、拓宽补充财源的思路，集中精力抓好三个财源建设工程：一是抓好水泥、建筑集团公司等15户重点财源企业利税上台阶工程。尽力在资金、电力等方面给予倾斜扶持，促其超产增收，多交税金，成为财政的主体财源。二是抓好1区5乡镇（八里开发小区、威戎、高界、甘沟、李店、古城）区域性财源开发工程。八里开发小区实行集、投、引三结合筹资和人力、物力、项目三集中的办法，实行统一指挥、统一征地、统一施工，年内建成烧鸡一条街，肉食、牲畜两大市场，开工建设大输液、电雷管辅助工程等项目，配套建设两处三站四所（即供电办事处、银行办事处，汽车站、供水站、供暖站，税务所、工商所、邮电所、派出所），使开发区建设初具规模。充分发挥5乡镇地域、交通、资源优势，重点围绕集贸市场扩建，发展乡镇企业和个体私营经济，按规划、有步骤地组建成能辐射带动区域经济发展的集贸中心，以增加乡级财政收入。三是以玉米、洋芋、果品、肉食、建材为依托，实施产业化后续财源建设工程。按照“高起点、高利税”的要求，以市场为导向，以玉米、洋芋淀粉深加工和农副产品加工增值为主攻方向，调研论证一批带动工农业生产和财源建设快速发展的骨干项目，变资源优势为财源优势，变支柱产业为支柱财源。

第二，抓好税收征管。国税、地税、财政三部门要从维护全县大局和支援地方经济建设出发，通力协作，相互配合，确保按月按季足额完成县上分解的收入任务。要将收入任务具体量化到所到人，实行超奖欠罚。要依法加大个体零散税、车船使用税、农业特产税、房产税、契税等税种的征管力度，做到应收尽收，坚决堵塞跑、冒、滴、漏。特别是农业特产税，必须按照税法规定，依法纳税，依率计征，确保完成250万元的任务。

第三，从严控制支出。继续坚持从严、打紧、抠细的方针，真正树立过紧日子的思想。结合机构改革，坚决压缩行政事业单位编制和经费开支，对超编人员财政坚决不拨经费，政策性增资继续按“二、三、五”比例消化。各部门、各单位要积极向上

向外争取资金，创办经济实体，分流人员，消化增支，弥补公务经费不足，减轻财政压力。并进一步强化预算外资金监管，实行专户储存，使用审批，严禁胡花乱用，确保财政预算的顺利执行。

（四）加大城市建设力度，努力争创省级文明县城

继续采取多渠道筹措资金的办法，加快城市基础设施建设步伐，为招商引资进一步创造良好条件。成纪文化街二期工程和县城中心体育场续建工程要在上半年全部建成。成纪文化中心按规划起步实施。年内力争拓宽县城东环路，拓开北二环路和静庄公路与312线接口，向争创省级文明县城目标迈进。进一步加大城区管理力度，提高城区绿化、美化、净化程度。以常青树种为主，春秋两季动员干部职工义务植树，搞好街道和南北两山绿化，并集中城市建设维护费，购置一批活动垃圾箱和固定垃圾桶，以彻底解决乱倒垃圾的问题。

（五）保持清醒头脑，明确形势任务，毫不松劲地抓好计划生育工作

1996年我县计划生育工作虽然取得了突破性进展，解除了重点管理，但是，实事求是地讲，我们的工作仍处于艰难爬坡阶段和后进转化时期，对此，我们必须保持清醒头脑，始终坚持现行生育政策不变，既定人口控制目标不变，党政一把手亲自抓、负总责不变的“三不变”原则和以经常性为主、以宣传教育为主、以孕前管理为主的“三为主”工作方法，切实抓好计生队伍和基层网络建设，按照“三无九有”和“四有六到位”，抓好人员培训和素质提高工作，搞好乡站和村室建设，为计生工作走上经常化、法制化、制度化、科学化轨道打下坚实的基础。

（六）全面落实“科教兴县”战略，进一步加强精神文明建设

要按照党的十四届六中全会作出的决议精神，把精神文明建设摆在更加突出的位置，在全社会大力开展社会公德、职业道德、家庭美德教育和“十佳公仆”“十佳公民”“十佳服务明星”“五好家庭”“双文明户”等评选活动，积极创建地级和县级文明单位、文明街道、文明行业，大力表彰和宣传各类先进典型，弘扬社会正气。商业、交通、金融、邮电、卫生及供电、供水、供暖等精神文明建设的窗口行业，要切实加强对职工的职业道德教育，改善服务态度，提高服务质量，全面推行社会服务承诺制，千方百计为群众排忧解难，多办实事，密切党和政府与群众的关系。

科技工作要以全面实施科普“1230”工程为重点，进一步加强领导，精心组织，注重实效，把主要精力放在先进实用技术的推广和应用上。通过广泛深入地开展科普之冬（春）活动，多层次、多形式、多渠道加强科普宣传和技术培训，保证年内培训各类农民技术人员2万人，招收农函大学员1300人，科普宣传影响面达到80%以上。大抓“菜篮子”工程，力争在日光温室、塑料大棚建设方面有新的突破。

教育工作要以“普九”达标为中心，着力推进软硬件建设，坚决树立分级办学的思想，多渠道筹措办学经费，进一步加强教育费附加的征收与使用，千方百计完成小学1.4万平方米的危房改造和“贫三”项目建设工程，确保年内再建标准化学校60所，累计达到180所。继续贯彻“一纲四法”，广泛开展各种社会救助失学儿童活动，努力

提高义务教育的普及程度，稳步提高教育质量，保证完成“普九”大业。在搞好基础教育的同时，要从我县教育的实际出发，下决心转变观念，逐步把应试教育转向素质教育。认真贯彻职业教育法，以“一中心两分校”为依托，以回乡高初中毕业生为主体，强化政府统筹功能，大抓职业技术教育。

文化工作要以乡村站室建设为重点，组织文化下乡，积极开展健康向上、丰富多彩的文化活动，解决群众看书、看电影难的问题。继续坚持一手抓繁荣、一手抓治理，深入持久地开展“扫黄打非”活动，净化社会环境。广播电视事业要坚持正确的舆论导向，注重更多地宣传报道各条战线、各行各业涌现出的典型事迹和典型人物，以正确的舆论引导和激励全县人民奋发向上，开拓进取。积极创造条件，恢复乡镇有线广播网，进一步扩大广播电视覆盖面。

医疗卫生事业以恢复和加强农村合作医疗为重点，建立和完善县、乡、村三级医疗保健网络，多渠道筹措资金，加快乡镇卫生院新改建步伐。9个乡镇卫生院的新建，年内必须开工，并力争建成使用。在保证县二院门诊楼建成投入使用的同时，重点搞好田堡、高界等乡镇卫生院的维修扩建和医疗器械配备工作。进一步完善医疗卫生监督机制，加强医护人员的医德医风教育，提高医疗水平和服务质量。认真搞好妇幼保健、食品卫生、计划免疫等工作，依法管理医药市场，查禁伪医假药，保护人民群众的身体健康。体育工作坚持群众体育和竞技体育协调发展的方针，充分利用现有条件，广泛推行全民健身计划，增强广大群众的身体素质。及早着手，精心准备，力争年内召开全民运动会。

（七）认真做好群众生活安排和社会治安综合治理，确保社会稳定

一是强化责任，突出重点，切实安排好农村群众生活。继续坚持群众自救、政府救济、社会捐助相结合的成功经验，实行分级负责制，突出重点村、户，确保群众生活不出问题。对特困户和“三无户”必须掌握到户，造册登记，保证有限的粮款用到最需用的地方，绝不能搞平均主义或胡支乱用，优亲厚友。

二是要切实关心特困企业职工的生活。目前，一些国有企业生产经营困难，拖欠职工工资的现象比较普遍。我们要从稳定大局的高度来关心和安排好困难职工的生活。落实好国家提出的解困政策，帮助特困企业渡过难关。实施好再就业工程，尽可能地使这些职工的基本生活得到保障。在深化住房制度改革的同时，起步实施“安居工程”，以解决困难职工的住房问题。

三是以维护全县社会政治稳定为重点，继续按照“谁主管、谁负责”的原则，加大严打力度，开展专项斗争。重点打击暴力犯罪、车匪路霸、流窜作案和经济犯罪，开展农村治赌、治霸和城镇治乱、治盗专项斗争，最大限度地遏制重大刑事案件和严重暴力案件的发生。进一步整治复杂地段和场所，坚决查禁各种社会丑恶现象，净化社会环境。在宗教界广泛深入地开展“四个维护”的教育活动，继续加强对宗教事务的依法管理。同时，要端正警风，严肃警纪，切实加强对公安干警的教育和管理，提高政法队伍的整体素质。进一步加强基层基础工作，把专门机关的工作与群众路线相

结合，建立健全社会治安综合治理网络，通过落实打击、防范、教育、管理、改造等基本措施，全方位治理社会治安。要重视信访工作和民事调解工作，及时妥善地调处群众性纠纷，力求把苗头性、倾向性的问题，解决在萌芽状态，解决在基础。

三、转变职能，改进作风，真抓实干，确保完成今年各项目标任务

今年，政府工作的任务相当繁重，而且面临的困难和问题比较突出。要完成各项工作任务，需要我们上下一心，团结一致，以人十之、我百之的精神去拼搏，去奋斗。

首先，要在全县范围内广泛进行一次大干快上的思想大发动、大讨论。从纵向看，应当承认“八五”期间，特别是近几年全县经济建设和社会事业发展取得了很大的成就。但是从横向比，差距不是在缩小，而是越拉越大，主要经济指标在全区7县（市）中位次一直靠后，财政和扶贫又是我们面临的两大难题。因此，各级一定要进一步认清形势，增强加快发展的紧迫感和责任感，牢固树立“为官一任，造福一方”的思想，紧紧抓住脱贫致富、加快发展这个中心任务，以“三个有利于”为标准来统一我们的思想，衡量我们的各项工作，进一步解放思想，转变观念。当前，要更加广泛地进行再组织、再教育、再动员，彻底解决干部群众中畏首畏尾，安于现状，怕担风险，无所作为，不敢想大事，不敢干大事和不愿当先进，不注意树立典型的落后保守观念，树立超常规想大事、超常规干大事的新观念，坚定不移地带领广大干部群众发扬自力更生、艰苦奋斗的创业精神，以一流的工作，一流的成绩，重新塑造起静宁的形象和精神。

其次，切实加强政府机关作风建设。县、乡两级政府及各部门一定要牢固树立为基层、为生产、为群众服务的思想，大力提倡“四实”作风（即报实数、鼓实劲、干实事、求实效），树立“四种”精神（即无私奉献、吃苦耐劳、开拓进取、爱岗敬业）。各级领导应从自身做起，自重、自警、自律、自省，用自己的苦干实干精神，带动引导全体工作人员恪尽职守，全心全意为人民服务。坚决制止有令不行、有禁不止、各行其是的现象，保证政令畅通。“政之所兴，在顺民心”，政府成员及各部门必须以民为本，深入基层，调查研究，从解决群众所思、所虑、所盼、所急的问题入手，为民排忧解难，特别要下决心减轻农民负担，制止各种乱摊派、乱罚款、乱收费现象，以赢得人民群众的信任和支持。

第三，进一步加强民主法制建设和廉政建设。县乡两级政府要自觉接受人大的依法监督和政协的民主监督，虚心听取人大代表、政协委员和各界人士对政府工作的意见、建议，使广大人民群众的意志在全县政治、经济和社会生活中得到充分体现，提高人大代表意见、建议、政协委员提案的办理效率和质量，不断增强政府工作的透明度，提高政府工作的科学化、民主化水平。重视群众来信来访，建立群众上访接待制度。认真贯彻行政处罚法，进一步加强政府法制工作，教育各级干部学法、知法、懂法，做到有法必依、执法必严，提高政府依法行政的自觉性。继续深入持久地抓好反腐败斗争，认真贯彻有关领导的各项规定，严肃查处贪污受贿、敲诈勒索和以权谋私等违法违纪案件，切实端正部门和行业不正之风。

第四，加大落实领导责任制力度。在统一思想，明确目标任务之后，县乡两级政府必须把全部精力和时间集中到推行县委的决策上来，把工作的着眼点放在抓基层、树典型、促整体上。阶段性中心工作任务，严格实行“四包一抓”（包任务、包产业、包乡村、包项目、抓典型），年终按照每个领导的工作实绩和乡镇、部门一道兑现奖惩。各乡镇、各部门都要紧紧围绕全县中心工作，结合本乡镇、本部门实际，找准问题的突破口，在影响落实的关键环节、关键部位下功夫，求突破，着力抓一两件有力度、有典型指导意义和拓宽发展路子的实事、大事或得意之作。对于重点、难点工作，党政一把手必须亲自上、亲自抓，并一抓到底，抓出成效，抓出典型，以推进整体工作迈上新台阶。

县人大常委会工作报告

（县人大常委会主任吕忠厚　1997年1月23日）

过去的一年，县人大常委会在县委的领导和省、地人大的帮助指导下，以党的十四届五中、六中全会和八届全国人大四次会议精神为指针，紧紧围绕经济建设这个中心，按照县十二届人大五次会议确定的各项奋斗目标，认真履行宪法和法律赋予的各项职责，积极开展各项工作，为我县改革开放、经济发展、社会稳定和民主法制建设做出了应有的贡献。主要是：

一、围绕对重点法律法规的检查，加强了对“一府两院”的法律监督，保证了法律法规的有效实施

对“一府两院”实施法律监督，是宪法赋予各级人大及其常委会的一项重要职权。一年来，常委会主要是通过执法检查，继续加强了对“一府两院”的法律监督。按照“少而精、重深入、重实效”的原则，有针对性、有重点地对有关法律、法规的执行情况进行了检查，取得了较好的成效。一是早安排早动手。根据省、地人大的安排，县人大常委会于4月份下发了《关于1996年执法检查的安排意见》，从5月份开展工作，到9月中旬基本完成了各项检查任务。二是重点突出，针对性强。结合我县实际，我们主要对农业法、企业法、环境保护法等5个方面的9部法律法规进行了检查。检查中注意针对存在的主要问题，有的放矢。如针对加强农业基础地位、增加农业投入、减轻农民负担等问题，重点检查了农业法的执行情况；针对维护社会政治稳定，落实社会治安综合治理领导责任制和目标管理责任制的问题，重点检查了《全国人大常委会关于加强社会治安综合治理的决定》《甘肃省社会治安综合治理条例》的执行情况；针对重视和加强环境保护工作，为经济发展和人民生活创造良好环境的问题，检查了环境保护法和甘肃省环境保护条例的执行情况。同时，对审判、检察机关办案责任制、内部监督约束机制、错案追究制度的落实情况以及“严打”执法情况，也进行了重点检查。三是检查力度较大，效果较明显。在检查中，注意做到了三个结合，即执法检查与社会治安综合治理结合、与普法教育结合、与纠正违法案件结合。在搞好普遍检查的同时，突出了重点区域、重点单位和重点案件的检查。在“一府两院”

进行自查自纠阶段，人大常委会农财委就提前参与了体改委等职能部门对企业法的自查，边查边纠正了一些违反有关规定的问题。9月上旬，人大常委会抽组力量对执法检查工作进行了重点抽查，发现和纠正了一些在执法过程中存在的差距和问题。

10月上旬，常委会第二十八次会议听取并审议了“一府两院”关于执法检查、社会治安综合治理情况的汇报。在肯定成绩的同时，对个别单位领导不重视，对查出的问题没有及时进行处理，政法部门在个别案件上有推诿现象，群众告状难依然存在以及队伍建设尚需加强等问题，提出了批评和建议。会后，“一府两院”结合各自实际，认真检查，解决了一些较突出的问题。会议要求“一府两院”在今后的执法检查工作中，要进一步提高认识，加强领导，严肃执法，真正做到有法必依、执法必严、违法必究。具体工作上，要加强对行政执法的经常性检查，把执法检查与普法教育结合起来；进一步加强领导班子和队伍建设；继续贯彻严打精神，“稳、准、狠”地搞好严打斗争；要加强政法各部门的配合协作，努力提高办案水平；要加强对赃款赃物及罚没款物的管理，建立健全制度，防止发生问题。

总之，通过法律监督，对维护法律的尊严，推进依法治县起到了积极的作用。

二、围绕经济建设和社会热点问题，广泛开展了视察、调查和检查，加强了对“一府两院”的工作监督

一年来，县人大常委会继续加强了对“一府两院”的工作监督。共开展各项视察、调查和检查9次，召开常委会例会6次，听取和审议“一府两院”有关工作报告12件，作出决议决定2件。

财税问题是关系国计民生的大事。在第二十五、二十六和二十八次会议上，分别听取了县人民政府《关于1996年财政收支预算调整的报告》《关于静宁县1995年度财政预算执行情况的审计工作报告》《关于全县农业特产税征收工作情况的报告》，并作出了关于预算调整的决议。会议对1995年的财政预算执行情况表示满意。委员们针对1996年我县财政支出预算缺口大、专项资金不到位、公用经费严重不足，以及农业特产税征收工作中存在的问题，进行了认真的审议。要求县、乡两级政府切实把财税问题作为稳定的一件大事来抓，加大工作力度，全力以赴完成全年财税任务。一是要努力培植财源，扩大财源范围，有重点地扶持一些财源企业，加快农村主导产业开发步伐，增强财政后劲；二是加大税收征管力度，防止跑、冒、滴、漏。特别是在农业特产税的征收上，要教育、引导干部提高依法征税的认识，增强群众依法纳税的自觉性；严格依法征税，规范征管工作，在征收中合理评产、按率计征、公平税负、以法治税；大力引导、扶持群众发展林果业，拓宽服务和销售渠道；三是加强预算约束，从严从紧控制财政支出；四是进一步理顺乡镇财政管理体制，加强乡镇财政管理；五是充分发挥财政职能作用，加强预算外资金的管理。会后，县人民政府根据审议意见，重视和加强了这方面的工作，在全县范围内开展了大规模的财税、物价大检查，对一些单位偷、漏税和预算外私设“小金库”等问题进行了严肃处理，促进了全县财政收支任务的完成。

为保障社会稳定和困难户群众生活不出问题，常委会在第二十六次会议上听取了县人民政府《关于农村救灾救济工作情况的报告》和人大常委会司法民政工作委员会《关于农村救灾救济生活安排情况的调查报告》。委员们认为，在我县粮食连续两年遭灾减产的情况下，县人民政府积极开展了扶贫济困，“送温暖献爱心”等卓有成效的工作，使群众生活没有出现大的问题，成绩是显著的。会议要求县人民政府把救灾救济与扶贫攻坚结合起来，积极发动群众开展生产自救。在救济粮、款的使用上，要向西北部贫困片带倾斜，坚决杜绝平均主义和优亲厚友等问题的发生。会后，县人民政府根据这些要求和意见，在夏接秋粮、款的安排上，明显加大了向西北部倾斜的力度，促进了全县救济救灾工作的健康运行。

“121”雨水集流工程，是解决干旱山区人畜饮水困难，发展农业生产的利民工程。在各级政府和广大干部群众的艰苦努力下，工程进展较快。但还存在着发展不平衡、工作差别大、技术管理跟不上、标准不一，以及水泥不能及时足额到位等问题。常委会在第二十七次会议上，听取审议了县人民政府《关于全县“121”雨水集流工程建设情况汇报》和县人大常委会农财委的专题调查报告。要求县人民政府进一步加强领导，确保工程质量和进度。这些意见、建议，引起了政府及主管部门的重视，对促进全县雨水集流工程的完成起到了积极的作用。

为了加快我县“普九”攻坚步伐，10月份，常委会抽组人员，对“普九”工作情况进行了调查，并在第二十九次会议上，听取、审议了县人民政府《关于普及九年义务教育工作情况报告》。会议在充分肯定我县“普九”工作成绩的同时，针对调查中发现的诸如教育经费严重不足，小学教师队伍整体素质偏低，个别乡镇“普九”的几个重要指标还未达到，有些乡教委职能作用发挥不够好等问题。要求政府在今后工作中，进一步落实“科教兴县”、优先发展教育的战略思想，充分认识“普九”工程的重要性、艰巨性和紧迫性，加快“普九”达标的步伐。委员们还对成立“普九”督查领导小组，改善民教待遇，发挥乡教委职能等问题，提出了具体建议。这些建议，绝大部分都得到了认真的研究和办理。

针对近几年来，我县计划生育工作欠账多，对《甘肃省计划生育条例》执行不力，被省上挂了黄牌，列为全省计划生育重点管理县的实际，更好地配合县委，监督、支持政府抓好这项工作，常委会第二十五次会议听取、审议了县人民政府关于《静宁县计划生育工作汇报》。会议强调，县、乡两级政府要充分认识我县计划生育工作的严峻形势，树立信心，下定决心，打好计划生育翻身仗。会议经过认真讨论，作出了《关于认真贯彻执行〈甘肃省计划生育条例〉，加强计划生育工作的决议》，号召全县人民齐心协力，同心同德，有关部门恪尽职守，积极配合，齐抓共管，为摘掉计生黄牌而努力工作。这次会议，对推动我县计划生育工作产生了积极的影响。经过全县上下一年紧张而艰苦的工作，我县计划生育工作被动落后的情况已大有改变。

三、围绕加强人事监督工作，积极开展了述职评议，促进了勤政廉政建设

组织人大代表开展述职评议活动，是近年来各级人大探索和总结出的一种有效监

督形式，也是反腐倡廉，强化公仆意识和服务意识的一种好方法。去年，常委会在前年评议工商局的基础上，重点对卫生局及局长王守荣同志的工作进行了评议。为了保证评议的质量和效果。常委会主任会议多次进行了研究，作出了具体安排部署。整个评议分调查准备、述职评议和整改三个阶段进行。在评议动员大会后，由常委会的2名负责同志分别牵头，先后深入李店、威戎等8个乡镇和城区各医疗单位、个体医疗网点，以及县直有关部门，进行调查了解，写出了评议调查报告。常委会第二十九次会议在听取了上述报告和王守荣同志的述职报告后，委员们从德、能、勤、绩等方面，客观公正、实事求是地进行了评议。常委会组成人员还采取投信任票的方式，对王守荣同志的工作情况进行了表决，表决结果为称职。会后，常委会及时将评议意见转交卫生局，要求对存在的问题限期进行整改。从评议后的情况看，机关面貌、制度建设等较过去均有改进，评议工作取得了较好的成效。

在搞好上述工作的同时，常委会还专门发出通知，要求政府各局、委、办负责人在认真总结换届以来工作的基础上，向县人大常委会递交书面述职报告。这对于增强政府工作人员的公仆意识、敬业意识都产生了好的效果。

四、围绕德才兼备原则和干部四化标准，充分发扬民主，依法进行了人事任免工作

在过去的一年里，常委会适应干部人事制度改革的要求，认真贯彻江泽民同志关于建立高素质干部队伍的讲话精神，正确处理党委向国家机关推荐重要干部和人大常委会依法行使任免权的关系，注意交换意见，沟通思想，统一认识。每次常委会任命前，党组会议都要听取组织部门考察情况的说明，然后，在充分发扬民主的基础上，再按法律程序任免，保证了任免工作的顺利进行。

一年来，常委会依照地方组织法的规定，决定任命副县长1名，政府各局、委、办负责人9名，免职6名；任命人大常委会各工作部门负责人1名，免职1名；任命法、检院负责人及审判员、检察员9名，免职5名。从这些任命干部的情况看，政治素质普遍较好，平均年龄有所下降，文化水平有所提高，大都能够积极奋进，努力工作，在各自岗位上发挥了应有的作用。

五、围绕发挥代表作用，改进和加强了代表工作

人大代表是国家权力机关的组成人员，改进和加强代表工作是整个人大工作的基础。过去的一年，在代表工作方面，主要抓了以下几点：

一是根据年初地区召开的各县（市）人大主任会议精神和开展“六个一”活动的要求，常委会加强了联系代表的工作。常委会领导充分利用下乡搞中心工作的机会，走访省、县、乡人大代表500余人，收集各种批评、意见和建议60余条，建立和完善了代表活动小组制度。适应改革和发展的形势，各级人大代表积极转变观念，共创办各类经济实体150余个。为了促进这项工作的健康发展，在去年表彰优秀县代表的基础上，要求各乡镇人大主席团，对今年在代表开展“争先创优”活动中成绩显著的乡人大代表，在乡人代会期间，给予表彰奖励。

二是组织代表开展了视察活动。元月中旬，常委会组织本县的省八届人大代表及

部分县人大代表，深入有关乡镇和单位，采取召开座谈会和现场察看等方法，对1995年财政预算执行情况进行了专题视察，并就视察中发现的问题，向县政府及省八届人大四次会议提出了意见和建议。

三是认真办理了代表意见、建议，保障了代表的民主权利。在县十二届人大五次会议上，代表们共提出各类意见、建议61条。会后，人大常委会即按“归口办理，分级负责”的原则，以正式文件转交县人民政府和各承办单位办理。常委会第二十九次会议听取了县人民政府关于代表意见、建议办理工作的汇报。从办理结果看，已经得到解决和基本解决的26件，占42.6%；正在解决或列入计划逐步解决的27件，占44.3%；其余的都向代表作了解释和说明。在具体办理过程中，县人大常委会和县人民政府以对人民负责的态度，多次进行研究、协商，并派专人到各单位进行督促办理，帮助解决存在的问题，从而保证了办理工作的顺利进行。

四是重视和加强了人民来信来访工作。信访工作是人大联系群众，了解民情，掌握民意的窗口，是密切党群、干群关系的纽带和桥梁。过去的一年，常委会认真传达学习了全国人大和省人大信访工作会议精神，重视和加强了这方面的工作。一年来，常委会信访部门共受理人民群众来信来访51件（次），其中来信20件（次），来访31人（次）。对这些来信来访，都由信访人员深入各承办单位，依法进行督促办理。从办理结果看，基本上做到了件件有着落，事事有交代。

六、围绕新形势下开展人大工作的需要，加强了常委会的自身建设

加强常委会的自身建设，提高组成人员的整体素质，是新形势下开展人大工作的需要。在这方面，注意做了以下几点：

一是加强了理论学习。常委会领导除参加县委中心学习小组的活动外，还经常参与机关的各项学习活动。并要求全体组成人员和工作人员，认真学习和深刻领会特社理论及中央有关方针、政策，研究和探讨人大工作的新情况、新问题，增强法律意识和人大工作意识，把讲学习、讲政治、讲正气、讲纪律贯穿于人大工作之中。

二是注意加强与兄弟县（市）人大常委会的联系，学习交流工作经验。每次例会后，我们都以简报的形式与地区各兄弟县（市）人大常委会互相通报情况，交流经验。9月份，常委会部分组成人员赴陕西礼泉县进行了学习考察。对于我们开阔眼界，转变观念，切磋人大工作经验，提高人大工作水平起到了很好的作用。

三是注重深入实际，调查研究，了解社情民意。一年来，常委会先后组织人大代表及工作人员深入到30个乡镇的部分村、社和县直有关企事业单位，进行视察、调查和检查，耳闻目睹了城乡基层的真实情况，经过调查，写出了有关工农业生产、群众生活安排、教育卫生、社会治安及有关法律法规实施情况的调查报告7份，并征询、收集了人民群众的各种意见、建议和要求。通过调查和视察活动，一方面密切了常委会与人民群众的联系，另一方面为常委会审议“一府两院”的工作提供了情况，提高了审议和监督的准确性。

七、围绕全县中心工作，在参与中监督，在参与中支持，壮大了县级领导工作的

合力

1996年是我县任务最艰巨，工作最繁忙的一年。在县委的统一领导和政府的精心组织、大力推动下，全县上下齐心协力，奋力拼搏，取得了各项工作的良好成绩。

在1996年的工作中，常委会坚持在参与中监督，在参与中支持，而且立足重在参与，在完成本职工作的同时，积极参与全县各阶段的中心工作。一是参与了全县重大事项的决策。二是大力支持县人民政府依法行使职权，采取有效措施攻坚破难。在解决热点和难点问题过程中，常委会负责人不回避，不旁观，而是与县委、县政府领导一起身临其境，携手并肩，参与处置难点的工作。三是积极参与农村工作。常委会5名主任分工承担了5个联系乡和3个贫困乡的包乡扶贫工作。一年来经常到联系乡和包扶乡研究、帮助和支持乡上的工作。四是人大机关抽调6名干部，参与了全县计划生育、包村扶贫、支教帮扶等工作。五是常委会按照分工，几名副主任参与了农业生产建设、教育、政法等方面的工作。有些工作从开始启动到检查验收，参与了全过程。

总之，人大常委会与县委、县政府的工作配合上是诚心诚意，尽心尽力的，也是做了一定工作的。“团结协作、互相支持、互相配合”是我县四大机关的优良传统，1996年四大机关继续保持和发扬了这种好传统，以县委为核心，以政府为主体，人大、政协密切配合，同甘苦，共奋斗，带领全县人民苦干实干，全面完成了我县各项任务，并在很多方面获得了创造性和突破性的发展。

过去的一年，在县委的领导和全县人民的支持下，常委会的工作取得了一定成绩，但与宪法和法律赋予我们的职责，与人民群众对我们的期望相比还有很大差距。一是常委会一班人开拓创新意识不强，人大工作没有搞出自己的特色，缺乏生气和活力；二是对人大及其常委会性质、地位和作用的认识不够高，对人大工作的宣传比较薄弱，社会影响面也比较小，因而人大工作还没有引起人们足够的理解、重视和支持；三是人大常委会的职能作用发挥得不够好，监督工作不力，措施和办法较少，形式单调，监督实效较差，没有充分显示人大工作应有的权威性；四是代表工作不够扎实，机关工作特别是工作力量还需要进一步充实和加强。

1997年是实施“九五”计划和2010年远景目标的第二年，是我县实施扶贫攻坚计划，实现全县1999年消除贫困目标的关键一年。在新的一年里，县人大常委会要以党的十四大和十四届六中全会精神为指针，坚持党的基本理论，基本路线和基本方针，坚持以经济建设为中心，在县委的领导和上级人大的指导下，认真履行宪法和法律赋予的职权，强化人大工作的权威性和严肃性，强化常委会的职能作用，加大工作力度，积极开拓进取，努力把常委会的工作提高到一个新水平。

第一，适应工作需要，进一步加强常委会的自身建设。

人大常委会一班人要进一步认真学习马列主义、毛泽东思想和邓小平同志的特社理论，学习宪法、法律和人大工作的知识，通过学习，进一步提高思想认识和业务能力，进一步强化代表人民行使权力的使命感和责任感；充分认识人大的地位就是人民的地位，人大的权威就是人民的权威，要以对人民高度负责的精神，努力搞好人大工作，增强工作的严肃性。通过坚强有力的工作，把人民的事办得更好，真正体现人民的主人翁地位和当家做主的权威，不辜负全县人民的期望和重托。

第二，适应形势的要求，积极探索人大工作的新途径。

要继续解放思想，更新观念，积极探索和大胆实践新形势下搞好人大工作的新方法、新形式和新途径。要进一步理清工作思路，坚持以经济建设为中心，坚持在参与中监督，在参与中支持；把握参与是为了更好地实施监督的原则，处理好参与与监督的辩证关系。新的一年里，人大常委会要在认真搞好本职工作的前提下，按照县委的统一部署，积极地、更好地参与经济工作和全县的中心工作。同时，要继续大力支持县人民政府依法行政，保持和发扬政府工作求真务实的优良传统，为全县人民办更多更好的实事。

第三，深入开展执法检查，促进法制建设。

要结合"三五"普法教育，在全县进行一次更广泛更深入的法律教育，特别要注意提高各级领导干部的法制观念和水平。执法检查是近几年地方人大在实践中总结的一条强化人大法律监督的新途径，是人大常委会的一项重要工作。1997年，我们要按照省、地人大的要求，结合我县的实际进一步搞好这项工作。政法部门要围绕从重从快开展严打斗争和队伍建设，搞好执法检查；行政执法检查要围绕服务经济建设、保护国家和人民利益、促进社会文明和进步来进行。检查中要改变走过场、图形式的倾向，加大检查和纠改力度，在实效上下功夫。通过检查真正解决有法不依、执法不严的问题，提高依法治县的水平。

第四，采用多种形式，加大力度，搞好工作监督。

1997年，我们要紧紧抓住我县经济建设方面的重点问题，工作中的难点问题和人民群众普遍关心的影响社会稳定和社会风气的热点问题，以及国家机关工作人员的勤政廉政问题，综合运用听取、审议报告和汇报、视察、调查、检查、评议、询问、质询等多种方式搞好监督工作。根据当前实际，1997年常委会除对国民经济和社会发展计划、财政等方面的工作进行审议外，还将对扶贫攻坚、精神文明建设、教育"普九"达标、住房改革等方面的政府工作进行审议。述职评议作为监督的有效形式，已成为人大工作的必要内容，正式进入了人大工作程序。我们要在总结前两年述职评议工作经验教训的基础上，进一步改进方法，完善评议规程，继续搞好今年的述职评议。为了加强监督力度，在今后的审议和评议工作中，常委会将采用跟踪监督、意见催办、限期整改等办法，以提高审议和评议的质量与效果。人大的监督就是人民的监督，凌驾于人民之上、不受监督的干部就是腐败的干部、不称职的干部；人大选举和任命的干部都必须端正态度，真正树立公仆意识，虚心接受人大的监督，理解、支持、配合好人大的监督工作。

第五，抓薄弱环节，促后进转化，努力改进人大工作。

一是抓好人大宣传工作，利用人大报刊、广播、电视等渠道大力宣传人大的性质、地位和作用，报道我县人大的工作和活动情况。二是进一步加强代表工作，组织好各级代表的学习、视察、调查和评议等活动，提高代表的参政议政能力，履行好代表职责；加强常委会联系代表的工作，1997年要普遍把县代表联系走访一次。三是要继续开展和落实好地区人大工委提出的“六个一”活动，把人大工作搞活。四是进一步搞好机关工作，解决工作力量不足和改善办公条件等问题。五是抓好人大工作后进乡的工作，促进人大工作的平衡发展。

第六，精心组织好县人民代表大会的换届选举工作。

按照地方组织法规定，今年底，静宁县第十二届人民代表大会及其常委会任期届满，要进行换届选举。我们要在县委的领导和上级人大的指导下，严格依法办事，充分发扬民主，精心组织好换届选举工作。

第十三章　县第十三届人民代表大会

县第十三届人大任期为1997年11月至2002年11月。共召开代表大会6次，出席代表1150名（次）。听取和审议县政府工作报告15项（次）、县人大常委会工作报告10项（次）、县法院工作报告5项（次）、县检察院工作报告5项（次）；作出决议30项；选举县人大常委会主任2名、副主任7名、委员14名，县政府县长1名、副县长8名，县法院院长1名，县检察院检察长1名，省第九届人大代表5名；表彰优秀县人大代表35名；办理代表意见、建议301件。

第一节　县第十三届人民代表大会第一次会议

大会概况

县十三届人大一次会议于1997年11月23日至25日在县政府礼堂召开。应出席代表212名，实出席209名，县委、县政府、县政协、县人武部、县法院、县检察院不是代表的领导干部，县委各部门、县直及省地驻静宁各单位负责人，乡镇人大主席、副主席，人大常委会各委、办负责人，参加政协五届一次会议的全体委员（列席此次会议第一次全体会议），共230余人列席会议。

王毅、王守元、王学书、王维歧、王智仁、毛文平、邓颖（女）、吕忠厚、朱春林、刘文乾、米宝林（回族）、李克科、李佩红（女）、杨耀忠、张金业、陈向华（女）、岳具辉、赵玉民、赵景山、赵智荣、骆世清、聂正国、柴玉明、柴桂兰（女）、郭应童、阎继富、靳士孔、樊旺、戴双军（以姓名笔画为序）29人组成大会主席团，王守元、王学书、毛文平、吕忠厚、朱春林、李克科、陈向华（女）、岳具辉、赵景山、赵智荣、聂正国、靳士孔、戴双军（以姓名笔画为序）13人为主席团常务主席；李克科为秘书长，郭应童、王克选、慕锡武、柴玉明为副秘书长；朱春林、许富忠、王维歧、柴玉明、柴桂兰（女）5人组成议案审查委员会，朱春林为主任委员，许富忠为副主任委员。

11月22日晚举行预备会议，由县人大常委会主任吕忠厚主持，听取县第十二届人大常委会代表资格审查委员会委员郭应童所作的《关于第十三届人民代表大会代表资格审查结果的报告》，通过大会议程和主席团、秘书长、议案审查委员会名单，宣布主席团第一次会议讨论通过的事项。

大会举行全体会议3次。第一次全体会议于11月23日上午举行，由县人大常委会主任吕忠厚主持，听取县政府常务副县长许富忠所作的《县人民政府工作报告》、县计委主任王智仁所作的《关于1997年国民经济和社会发展计划执行情况与1998年国民经济和社会发展计划（草案）的报告》、县财政局局长王维军所作的《关于1997年财政预算执行情况和1998年财政预算（草案）的报告》，通过选举办法。第二次全体会议于11月24日下午举行，由县人大常委会副主任李克科主持，听取县人大常委会主任吕忠厚所作的《县人大常委会工作报告》、县法院院长杨志军所作的《县人民法院工作报告》、县检察院副检察长孙延震所作的《县人民检察院工作报告》；审议县人大常委会《关于县十二届人民代表大会第六次会议代表意见、建议办理情况的报告（书面）》。第三次全体会议于11月25日举行，由县委副书记王学书主持，选举县十三届人大常委会主任1名、副主任4名、委员14名，县政府县长1名、副县长4名，县法院院长1名，县检察院检察长1名，省第九届人大代表5名；听取县人大常委会副主任、议案审查委员会主任委员朱春林所作的《关于县十三届人民代表大会第一次会议议案和意见、建议审查情况的报告》，表决通过《关于县人民政府工作报告的决议》《关于1997年国民经济和社会发展计划执行情况及1998年国民经济和社会发展计划（草案）的决议》《关于1997年财政预算执行情况和1998年财政预算（草案）的决议》《关于县人大常委会工作报告的决议》《关于县人民法院工作报告的决议》《关于县人民检察院工作报告的决议》，会议结束时，县委书记赵景山作了讲话。

大会安排分团会议3次。

大会主席团召开会议5次。

大会收到涉及工农业生产、文教卫生等方面的意见、建议50件。其中：①农林水方面17件，占34%，主要是建议增加农业基础建设投入，推广优良品种，改善农技人员工作环境，制定发展林果业激励政策，增加科技投入，新建、维修水利工程，扩大“121”雨水集流成果，解决部分地方人畜饮水困难等；②道路建设方面8件，占16%，主要是建议修建桥梁、公路，加强公路养护等；③财政、税收方面7件，占14%，主要是建议给有关乡镇政府解决住宿困难和危房，改革现行税收征管体制，加强对个体、私营企业的税收征收力度，解决因税源造成的混库等问题；④教育、卫生方面8件，占16%，主要是建议新建学校、维修中小学校舍、扩大活动场地，增加县医院包干经费，改善乡镇卫生院医疗条件等；⑤城建方面2件，占4%，主要是建议改善居委会办公条件，增加城区卫生设施等；⑥政法方面3件，占6%，主要是建议增加公、检、法办案经费，加快基层派出所建设，设置公安消防队等；⑦工商管理方面1件，占2%，主要是建议加强医药管理，搞好农村灭鼠工作；⑧干部待遇及其他方面4件，占8%，主要是建议兑现军转干部住房条件，减轻企业负担，完善企业职工养老保险制度等。

大会议程

一、听取和审议县人民政府工作报告；

二、听取和审议县人民政府关于1997年国民经济和社会发展计划执行情况及1998

年国民经济和社会发展计划（草案）的报告；

三、听取和审议县人民政府关于1997年财政预算执行情况和1998年财政预算（草案）的报告；

四、听取和审议县人大常委会工作报告；

五、审议县人大常委会关于县十二届人民代表大会第六次会议代表意见、建议办理情况的报告（书面）；

六、听取和审议县人民法院工作报告；

七、听取和审议县人民检察院工作报告；

八、通过选举办法；

九、选举；

十、其他。

大会日程

县第十三届人民代表大会第一次会议日程表

表3–61

时间		会议内容	执行主席
11月22日	晚7时	预备会议：1.听取代表资格审查报告；2.通过大会议程；3.通过大会主席团和秘书长名单；4.通过大会议案审查委员会名单；5.宣布主席团第一次会议讨论通过的事项	吕忠厚
11月23日	上午	大会：1.开幕式；2.县人民政府工作报告；3.1997年国民经济和社会发展计划执行情况及1998年计划（草案）的报告；4.1997年财政预算执行情况及1998年预算（草案）的报告；5.通过选举办法	吕忠厚　陈向华 赵智荣　岳具辉 王维歧　王智仁 杨耀忠　柴桂兰 王　毅　刘文乾
	下午	各代表团审议政府、计划、财政三个工作报告；提名推荐候选人名单	
11月24日	上午	各代表团继续审议政府、计划、财政三个工作报告；酝酿讨论候选人名单	毛文平　王守元 聂正国　李克科 靳士孔　骆世清 柴玉明　米宝林 李佩红
	下午	大会：1.县人大常委会工作报告；2.县人民法院工作报告；3.县人民检察院工作报告	
11月25日	上午	1.各代表团审议人大、法院、检察院工作报告；2.继续酝酿讨论候选人名单	赵景山　王学书 戴双军　朱春林 张金业　郭应童 赵玉民　樊　旺 阎继富　邓　颖
	下午	大会：1.选举；2.听取议案和意见、建议审查报告；3.表决通过政府、计划、财政、人大、法院、检察院工作报告的决议；4.县委领导讲话；5.大会闭幕	

主席团会议日程

县第十三届人民代表大会第一次会议主席团会议日程表

表3-62

时间		地点	会议内容	参加人	主持人
第一次会议	11月22日预备会议期间	政府礼堂	1.通过大会日程;2.通过代表团组成和列席人员范围;3. 通过大会常务主席名单;4.决定大会副秘书长名单;5.决定大会议案和意见、建议终止时间	主席团成员	吕忠厚
第二次会议	11月22日预备会议结束后	政府礼堂	讨论选举办法(草案)	主席团全体成员及各代表团召集人	吕忠厚
第三次会议	11月23日下午4时	招待所下院会议室	讨论提出各项候选人建议名单	主席团全体成员及各代表团召集人	吕忠厚
第四次会议	11月24日上午10时	招待所下院会议室	1.听取各代表团关于政府等三个工作报告讨论情况的汇报;2. 听取代表联名提出候选人情况的汇报,并审查提交各代表团酝酿讨论	主席团全体成员及各代表团召集人	吕忠厚
第五次会议	11月25日上午10时	招待所下院会议室	1.听取各代表团关于人大、法院、检察院工作报告讨论情况的汇报;2. 听取各代表团关于候选人讨论情况的汇报;3.决定正式候选人名单;4. 提出大会监票人名单;5.听取议案和意见、建议审查情况汇报;6. 讨论关于政府工作报告等六个决议(草案)	主席团全体成员及各代表团召集人	吕忠厚

大会选举

县人大常委会：

主　任　吕忠厚

副主任　靳士孔　李克科　赵智荣　朱春林

委　员　张金业　郭应童　王维岐　柴玉明　王智仁　骆世清　柴桂兰（女）
米宝林（回族）　李佩红（女）　王　毅　杨耀忠　阎继富
邓　颖（女）　刘文乾

县第十三届人大常委会组成人员个人情况表

表3-63

姓名	性别	民族	出生时间	籍贯	文化程度	入党时间	工作时间	工作简历
吕忠厚	男	汉	1943.1	山东泰安	本科	1965.11	1970.9	曾在省农宣队静宁分队、静宁县城川、司桥公社工作；历任雷大公社党委副书记、副主任，县林业局副局长，县政府副县长，县委副书记，县人大常委会主任
靳士孔	男	汉	1944.1	静宁祁川	本科	1973.8	1969.9	曾在平凉地委党校工作，历任静宁县委宣传部副部长，县委党校副校长、校长，县委委员、常委、宣传部部长，组织部部长，县政府副县长
李克科	男	汉	1941.9	静宁司桥	高中	1964.4	1960.6	曾在静宁民警中队、平凉民警中队、平凉独立营服役；历任甘南玛曲中队副指导员、指导员，甘南合作中队指导员，甘南武警支队政治处主任、政委；静宁县人大常委会副主任
赵智荣	男	汉	1941.10	静宁雷大	初中	1972.4	1963.6	曾在静宁县雷大粮站、税务所、县税务局、仁大税务所、四河公社工作；历任四河公社党委副书记、古城公社主任，双岘公社主任，双岘乡乡长、党委书记，县人大常委会副主任
朱春林	男	汉	1947.12	静宁治平	高中		1970.1	曾在玉门石油管理局地面处工作，在静宁县治平中学、县中学、李店中学任教，历任李店中学教导处副主任、主任、副校长，成纪中学（原李店中学）校长、县人大常委会副主任（兼）

续表3-63

姓名	性别	民族	出生时间	籍贯	文化程度	入党时间	工作时间	工作简历
张金业	男	汉	1949.12	静宁八里	初中	1968.9	1968.2	曾在84885部队服役，在静宁县原安公社、县政府人事科、县政府办公室工作；历任静宁县法院审判员、办公室主任、副院长，院长、党组书记，泾川县法院院长、党组书记
郭应童	男	汉	1948.11	静宁城川	初中	1976.5	1965.12	曾在静宁县城川乡靳寺村卫生所、第四冶金建设公司工作；历任静宁县人大常委会委员，办公室副主任、主任
王维歧	男	汉	1943.12	静宁三合	初中	1972.12	1964.8	曾在静宁县三合公社，县收容站、民政局，县革委会综合组、生产指挥部物资仓库，城川公社、县财政局工作；历任仁大公社党委副书记、革委会副主任、主任、党委书记，原安乡党委书记、城关镇党委副书记、高界乡经委主任、县监察局副局长、县人大常委会农业财经委员会主任
柴玉明	男	汉	1955.6	静宁石咀	大专	1984.11	1975.3	曾在静宁县石咀中学任教，在平凉地区粮食处，静宁县粮食局、政府办公室工作；历任静宁县政府办公室副主任，县人大常委会办公室副主任、教科文卫工作委员会主任(兼)
王智仁	男	汉	1944.4	静宁治平	初中	1972.9	1961.10	曾在新疆兵团石河子制药厂、畜牧兽医站、农三师48团，静宁县民政局、人事科、劳动人事局工作；历任静宁县劳动人事局副局长、计划委员会主任、计划经济委员会主任、计划委员会主任

续表3-63

姓名	性别	民族	出生时间	籍贯	文化程度	入党时间	工作时间	工作简历
骆世清	男	汉	1942.9	静宁甘沟	高中	1972.8	1967.1	曾在静宁县甘沟商店、县供销社工作；历任静宁县供销社副主任、主任、党组书记，供销集团公司经理(兼)
柴桂兰	女	汉	1953.9	静宁治平	高中	1974.6	1974.1	曾在静宁县治平公社、县物资公司工作；历任静宁县治平公社革委会副主任，团县委副书记、书记，县妇联副主任，县总工会副主席、主席
米宝林	男	回	1952.3	静宁城关	中师	1985.6	1974.9	曾在静宁县灵芝中学、七里中学、城关小学任教，在县政协工作；历任县政协第四届委员会常委、学习宣传组副组长、学习宣传工作委员会主任，县委统战部副部长、县民族宗教局局长
李佩红	女	汉	1953.8	静宁城关	高中		1974.3	曾在静宁县古城公社插队劳动，在雷大粮站、县副食厂工作；任县第十二届人大常委会委员
王　毅	男	汉	1945.12	静宁治平	大专		1978.5	曾在静宁县治平公社马河大队果园实习，在县林业局苗圃工作(农艺师)
杨耀忠	男	汉	1940.1	静宁城关	本科	1975.11	1963.9	曾在静宁县医院、李店卫生院工作；历任雷大卫生院负责人，威戎卫生院副组长、副院长，县医院副院长、院长(副主任医师)
阎继富	男	汉	1963.6	静宁灵芝	初中	1995.6		历任静宁县灵芝乡秦懂村主任，秦懂、杨局村党支部书记

续表3-63

姓名	性别	民族	出生时间	籍贯	文化程度	入党时间	工作时间	工作简历
邓　颖	女	汉	1962.7	静宁城关	中师		1986.10	参加工作后，一直在城关小学任教(小学二级教师)
刘文乾	男	汉	1963.5	静宁城川	中专		1983.8	曾在静宁县高界农技区站、威戎农技区站、县农牧局工作，任县农牧局业务股股长

县人民政府：

县　长　毛文平

副县长　许富忠　张自杰　张维国　王星耀

县第十三届人民政府县长、副县长个人情况表

表3-64

姓名	性别	民族	出生时间	籍贯	文化程度	入党时间	工作时间	工作简历
毛文平	男	汉	1958.1	甘肃庆阳	本科	1987.3	1978.8	曾在平凉地区农科所工作；历任平凉地区农科所栽培室副主任、业务科科长，灵台县委委员、政府副县长，静宁县委委员、常委、副书记
许富忠	男	汉	1950.1	静宁城川	小学	1970.12	1987.5	曾在静宁县城川乡政府工作；历任城川乡经委副主任，县建筑公司经理兼城川建筑公司经理，县建筑企业集团公司董事长、总经理，县委委员、县政府副县长兼县建筑企业集团公司董事长、总经理，县委委员、常委、县政府副县长兼县建筑企业集团公司董事长
张自杰	男	汉	1956.7	静宁新店	中专	1984.11	1981.8	曾在静宁县古城公社、威戎农技站工作；历任曹务乡党委副书记、乡政府乡长，后梁乡、细巷乡、城川乡党委书记，县委委员、县政府副县长

续表3-64

姓名	性别	民族	出生时间	籍贯	文化程度	入党时间	工作时间	工作简历
张维国	男	汉	1962.9	静宁红寺	大专	1985.7	1981.3	曾在静宁县三合公社、县劳动人事局工作；历任县水泥厂副厂长、厂长，县水泥生产有限公司经理，县水泥集团有限公司董事长、总经理兼威戎水泥厂厂长，县委委员
王星耀	男	汉	1954.2	静宁界石铺	大专	1974.5	1970.3	曾在静宁县高界公社任民教，在步兵某团、文县人武部服役；历任武都军分区政治宣传科副营职干事，静宁县人武部政工科科长、县委办公室副主任；县委委员、县委办公室主任，县委委员、县工商局局长、党组书记

县人民法院：

院　长　杨志军

县人民检察院：

检察长　李居洲

县第十三届人民法院院长、人民检察院检察长个人情况表

表3-65

姓名	性别	民族	出生时间	籍贯	文化程度	入党时间	工作时间	工作简历
杨志军	男	汉	1954.3	甘肃庄浪	高中	1974.6	1976.11	曾在庄浪县大庄公社工作；历任庄浪县大庄公社革委会副主任、党委副书记，庄浪县良邑乡、万泉乡党委书记，庄浪县法院院长、党组书记，静宁县法院院长、党组书记
李居洲	男	汉	1963.2	甘肃崇信	大专	1983.1	1981.2	曾在崇信县赤城公社、县委办公室工作；历任崇信县九功乡党委副书记、黄花乡政府乡长、高庄乡党委书记，庄浪县检察院检察长、党组书记

省九届人民代表大会代表：

李重庵　赵景山　翟沪兰（女）　吕生福　罗彭忠

省第九届人民代表大会代表个人情况表

表3-66

姓名	性别	民族	出生时间	籍贯	文化程度	入党时间	工作时间	工作简历
李重庵	男	汉	1944.5	河南洛阳	本科	1991.6	1968.9	曾在北京大学数学力学系力学专业学习；在甘肃省疏勒河5385部队农场劳动锻炼，在兰州炼油厂中学任教；历任兰州铁道学院机械系副教授、教授，学院办公室副主任、副院长、院党委常委，省教委副主任、民盟甘肃省委员会副主任委员
赵景山	男	汉	1955.7	庄浪赵墩	大专	1980.11	1972.10	曾在平凉师范学校学习;在庄浪县赵墩公社、万泉公社、团县委工作;历任共青团庄浪县委副书记、书记,岳堡乡党委书记,庄浪县委委员、县经委主任,县委委员、县政府副县长,县委常委、县政府常务副县长,静宁县委委员、常委、常务副县长,县委副书记、县长,县委书记
翟沪兰	女	汉	1952.10	静宁石咀	大专		1968.12	曾在兰州医学院学习；在静宁县石咀公社朱川大队插队劳动，在平凉造纸厂工作；历任平凉草峰中心卫生院副院长（医师），静宁县妇幼保健站站长（妇幼保健主管医师）、县政协副主席（兼）
吕生福	男	汉	1953.3	静宁细巷	初中		1970.1	曾在静宁县罐子峡煤矿、县水泥厂工作，任县水泥集团有限公司电工班班长
罗鹏忠	男	汉	1948.9	静宁界石铺	初中	1984.12		历任静宁县第十三届委员会委员、界石铺镇朱山村党支部书记

附：

县人民政府工作报告

（县人民政府常务副县长许富忠　1997年11月23日）

一、过去5年政府工作回顾

5年来，在上级党政组织和县委的领导下，在人大、政协的监督与支持下，政府工作以党的十四大精神为指针，围绕实现粮食增产、农民增收、企业增效、财政增收四大目标，坚持整体推进，分类指导，抓主抓重，攻坚破难，国民经济在克服困难中前进，在改革开放中发展，完成了十二届一次人代会通过的任期目标。到今年底，预计全县国内生产总值完成5.96亿元，工农业总产值完成6.4亿元，财政收入完成3220万元，乡镇企业总产值完成7.2亿元，农民人均纯收入完成1050元，均较1992年实现了翻番，粮食总产量达到13.72万吨，较1992年增长12.6%，人口自然增长率控制在7.93‰以内。

（一）以抗旱减灾、保粮增收为中心，坚持分类指导，采取综合措施，农村经济全面发展

一是粮食生产实现了自求平衡。5年来，面对连年干旱的现实，全县上下始终把抗旱保粮放在农村工作的首位，以扩大地膜覆盖、推广带状种植、发展集雨节灌为重点，不断挖掘增产潜力，增加技物投入，努力在关键性增产措施上下功夫，加力度，保证了粮食的稳产增产。1996年在全区率先实现了玉米种植地膜化、良种化。5年累计落实地膜玉米54.6万亩、地膜小麦5.7万亩、川水地带状种植20.3万亩，增产效果非常明显。

二是扶贫攻坚取得了新进展。坚持把西北部贫困片带9乡镇作为扶贫攻坚的主战场，以改善基本条件为基础，以落实“温饱工程”为重点，坚持领导包扶、政策支持、项目优先、资金倾斜，工作一次到户，实行整村推进。5年间，共投入扶贫资金4244万元，解决了8.26万贫困人口的温饱问题，119村实现了整村解决温饱，全县贫困面降到6.2%。

三是农村主导产业有了长足发展。果品产业围绕建设中南部苹果和西北部早酥梨两大基地，一手抓发展，一手抓管理，注重产后服务，开始发挥“绿色”产业富县富民作用。年内新植果园2.7万亩，全县果园面积达到13.4万亩，年产水果2000万公斤，贮藏能力达到500万公斤，实现收入4000万元。今春在西北部一次集中连片规范化栽植早酥梨8665亩，为尽快建成西北部果品基地起到了典型带动作用。以生猪为主的畜牧业，在规模发展、科学饲养、系列服务方面迈出了新的步子，全县生猪饲养量达到34.5万口，猪种改良率、商品率分别达到85%和72%。规模养鸡、养牛业开始起步，年内发展规模养鸡大户38户，养牛示范村6个。全县畜牧业收入达到1.57亿元。

四是乡镇企业增幅较高。5年来，全县乡镇企业产值年均增长达47%，形成了建筑、材料、地毯等重点优势行业。预计年内乡办工业产值可完成8520万元，乡村两级企业上缴税金417万元，分别比1992年增长3倍和4倍。5年间，共完成乡镇企业固定资

产投入5644万元，新上各类项目67个，其中百万元以上项目16个。八里乡镇工业小区开发年内全面起步，并取得突破性进展，以供电、通讯为主的基础设施建设基本到位，已开工建设项目15个，投入资金837.6万元。

五是农业基础建设取得明显成效。梯田建设一年一大步，年年上台阶，5年兴修梯田25万亩。特别是今年按照常年作战、人机结合、综合治理的要求，体现了上规模、上质量、上水平，预计可完成梯田6.3万亩。水利建设坚持“三水”齐抓，大中小并举，突出“五小”工程建设。5年共投入资金1777万元，兴建各类水利工程29项，新增灌溉面积1.5万亩。投资980万元的鞍子山拦河闸工程已基本建成。以解决山区人畜饮水困难和发展旱地集雨节灌农业为目的的集雨工程，自1995年实施以来，采取群众筹、国家投、社会捐的方式，多方面筹集2244.8万元，其中争取国家投资688万元，群众自筹1528万元，建成“121”雨水集流工程1万处，田间集雨水窖10560眼，解决了5.3万人和1.5万头大家畜的饮水困难，发展补灌面积3.1万亩。创出了灵芝尹岔、八里靳坪、界石铺朱山等一批依靠集雨节灌，整村解决温饱的典型。道路建设坚持建设与保护并重，国家投资与民工建勤结合，争取投资963万元，开通了甘四、甘田、静西等4条县乡公路，麻峡公路建设已接近尾声，新增公路33.4公里，新修李治、马巷等公路河桥7座。同时，坚持每年开展春季“筑路月”活动，5年新修乡村道路644公里，仅今春一次新修上等级公路129.4公里，大大解决了农村行路难的问题。农电建设5年架设线路220公里，其中年内新架20公里。实现了全县村村通电。

（二）调整结构，强化管理，因企施治，深化改革，城镇经济稳定增长

一是以产权制度改革为核心，在结构调整上迈出了较大步伐。先后对20户企业进行了产权重组和组织结构调整，全县企业改制面达到50%以上。按照“依托骨干、组建集团、集约经营”的思路，发挥骨干企业的龙头带动作用，5年间，先后组建了建筑、水泥、地毯、促销、粮贸、路大路等6户集团公司，成为带动我县经济发展的高效龙头企业。同时，按照搞活资产存量、优化组织结构的原则，以强带弱，兼并联合，由建筑、水泥集团公司等5户企业分别采取承担债务的办法，跨行业、跨所有制兼并了农机厂、运输公司等7户亏困企业。按照建立现代企业制度的要求，分别对原水泥厂等5户国有集体企业进行了股份制改制。对商业系统的39个零售门店和21辆货车，全面实行了抽资租赁经营，使国有商业销售萎缩、效益下滑的局面得到初步扭转。

二是以培育新的经济增长点为目标，加快技术改造和项目建设。按照“促达标、抓新建、争新上”的要求，5年间，全县国有工业企业共完成固定资产投资3679万元，其中1997年投资211.6万元。共新上和改造水泥、化工、橡胶、淀粉等工业项目12个，其中有9个已建成投产，新增产值2611万元，3个项目正在加紧建设。4万吨水泥技改、2000吨洋芋淀粉、1万吨磷肥、1200吨电焊条、100万标米缠绕胶管、路大路系列食品等项目已建成投产。1000万发电雷管项目今年8月开工，8.6万平方米填充门项目年内可建成投产。以建材、化工、轻纺、淀粉、食品五大优势行业和现有15户骨干企业为主体的县域工业体系开始形成。同时，通过强化调度，加强管理，开展“三查三压一

提高”和“学习县水泥集团公司”活动，使国有企业亏损面和亏损额减小，整体效益有所提高。预算内工业企业亏损户由1992年的3户下降到2户，亏损额为105.8万元。预算内工业企业实现利润106.9万元，较1992年增长61.2万元。

三是市场建设步伐加快，个体私营经济得到迅速发展。5年共新建、扩建各类市场4处。县城西关农贸市场、威戎农贸市场基本建成，对李店、古城、甘沟等乡中心农贸市场进行了全面改扩建。投资150万元、占地38亩的八里肉食市场已完成场地回填，占地 20亩的木材市场开始动工。全县社会消费品零售总额达到2.25亿元，城乡集贸市场成交额达到9619万元，年均递增18.1%和40.1%。第三产业产值占国民生产总值的比重达到20%。全县私营企业新增19户，累计达到32户。个体工商户发展到3368户，从业人员达到5044人，分别较1992年增长47%和58%。

（三）以培植地方财源为重点，自我加压，强化征管，财政收入增幅较大

面对财政收支矛盾突出的实际，坚持开源节流、增收节支并举并重，改革财政体制，加强乡级财政建设，强化税收征管，自造优势，自我翻身，使财政收入年均增长速度保持在26.4%以上，工商税、农业特产税分别较1992年净增983万元和276万元，15户重点企业实现利税980万元，有5个乡镇已基本实现收支平衡。同时，严格预算约束，有保有压，严控支出，勤俭办一切事业。年内财政支出预计完成6960万元，当年赤字可控制在600万元以内。年内通过多种渠道争取专项资金1688万元。行政事业单位通过向上求援，创办实体消化增支448万元。

（四）固定资产投资力度加大，基础设施建设步伐加快，经济建设环境得到较大改善

5年完成固定资产总投资2.17亿元。自1994年以来，连续4年对县城进行了大规模的集中整建，使城区破旧面貌和基础设施落后的状况发生了令人瞩目的变化。以此为契机，坚持建管并重，千方百计加快基础设施配套建设，不断加大管理力度，大大改善了投资环境。1996年被地委、行署命名为“文明县城”。住宅小区初具规模，累计新建居民住宅楼49栋10.7万平方米。县城二期供水工程全面建成。有线电视开始向乡镇延伸。威戎、甘沟、李店、古城、界石铺、城川6乡镇小城镇建设进展顺利，拆迁整建按计划完成。同时，围绕重点农田保护，加大了对农村乱占乱建、浪费土地问题的清查力度，年内共清查出违法用地2577宗，已处理2476宗，恢复耕地33亩，收缴税费49.5万元，收到了良好效果。围绕群众关心的难点、热点问题，连续3年向人大代表承诺办成“十件实事”。今年要办的实事已全部得到落实。投资236万元的乡镇干部安居工程已完成四层主体；规模宏大的成纪文化城，在顺利完成市场坑回填、规划设计、居民搬迁的基础上，于今年10月奠基开工；投资460万元的成纪文化街全面建成；静庄公路与国道312线接口工程和北二环路开始建设；县城体育中心办公楼和灯光球场按期投入使用，并成功地举行了第三届全民篮球运动会；多方筹资100万元，启动实施了村干部养老保险；投资432万元，开通了移动电话、无线寻呼台，完成16乡镇程控电话改造；在县城主街道购置安装了固定垃圾桶；县建筑集团公司1995年筹资

1300万元在平凉建成德顺宾馆，今年总投资3200万元的静宁大厦在兰州破土动工，已完成投资1000万元。

（五）围绕经济建设，社会各项事业得到进一步加强

计划生育工作面对被省上重点管理的压力，始终坚持一把手负总责，主要领导亲自挂帅，立军令状，狠抓重点措施落实，夯实基层基础工作，科学化管理水平不断提高，完成了人口控制目标，总人口控制在45.58万人以内。

教育工作坚持“三教”结合的方针，教育质量稳步提高。“两基”达标今年9月通过省地验收。5年来共向大中专院校输送新生4459名，连续18年稳居全区第一。办学条件明显改善，通过开展“第二个教育年”活动和实施“贫三”项目，5年累计筹资6482万元，新建、改建校舍7.8万平方米，累计建成标准化学校160所，乡镇中心幼儿园13所。

卫生工作突出抓了乡镇卫生院建设、医疗设备配套、计划免疫和医德医风等工作。5年共筹资352万元，新建乡镇卫生院（所）4所，维修危房5885平方米，为乡村配套更新设备1500台（件）。县防疫、妇幼保健站办公楼，县二院门诊楼、县计生服务大楼均建成投入使用。科技、文化、体育、广播电视等各项事业都有了新的进步。

救济救灾、养老助残和民政优抚等社会保障工作成效显著。在遭受多种自然灾害的情况下，始终把保障群众生活不出大的问题作为一项政治任务，及时下拨救灾粮、救济款，动员干部职工开展“送温暖、献爱心”活动。自1993年以来全县共下拨救灾粮452.2万公斤、救济款2260万元，解决了6.5万户、33.2万人的基本生活问题。义务兵家属优待金实行了全县统筹。城镇职工养老保险和失业保险范围进一步扩大，解决了特困企业职工和离退休人员的生活困难问题。统计审计、工商物价、司法行政、气象服务、文史档案、民族宗教、双拥共建、旅游接待以及侨务对台、文物保护等工作都有了新的加强和提高。

（六）民主法制和廉政建设得到加强，社会治安状况进一步好转

5年来，县乡两级始终把加强自身建设放在突出位置，在狠抓作风转变和廉政建设的同时，重视民主法制建设，自觉接受人大的依法监督和政协的民主监督，对一些重大问题，坚持同人大、政协共同研究解决，促进了政府决策的科学化、民主化。认真办理人大代表意见、建议和政协委员提案，5年共承办484件。以勤政为民、廉洁高效为宗旨，对机关工作作风进行了集中整顿，使干部职工的改革意识、发展意识和服务意识明显增强。反腐败斗争在加大查处力度的同时，实行标本兼治，逐步建立健全了监督约束机制，进一步密切了党群、干群关系。5年共立案查处党政违纪案件143件、141人。不断加强和改进信访工作，5年共受理群众来信956件，接待来访群众278人（次）。

社会治安综合治理以维护稳定、保一方平安为目的，通过有组织、有重点地开展反盗窃、破大案、挖团伙、追逃犯、打击地痞村霸、街头市霸、车匪路霸、狠刹赌博、毁林等专项斗争和重点整治，坚持打防并举、综合治理，严惩各类刑事犯罪活

动，维护了安定团结的政治局面。今年以来共发生各类刑事案件53起，比上年下降8.1%，破案率达到88.7%。

回顾总结5年来的工作，我们在许多方面取得了可喜的成绩，创造和积累了许多成功的经验，需要我们在今后的工作中继续坚持和完善。一是牢固树立“发展才是硬道理”的观点，坚持以经济建设为中心，从县情实际出发，扬长避短，发挥优势，确定具有特色的发展路子。二是不断解放思想，更新观念，坚持用市场经济的新机制和深化改革的新举措，解决经济发展中的突出问题。三是集中力量，抓主抓重，对认准了的事，不动摇，不折腾，不变点子，一抓到底，抓出成效。四是牢固树立“科教兴县”的战略思想，不断提高劳动者的素质，提高经济建设的科技含量。五是发扬“宁可苦干、决不苦熬”的精神，自力更生，艰苦创业，在苦干实干中争取投资和扶持，改善经济发展环境，夯实发展基础。六是深入调查研究，不断总结推广经验，发挥辐射带动作用，形成相互促进、争先创优的工作局面。

在肯定成绩的同时，我们也清醒地看到，我县经济和社会发展中还有不少困难和问题。农业大县、工业小县、财政穷县是基本县情。农业基础薄弱，尚处于自然经济、半自然经济状态，社会化、市场化、现代化程度很低。大部分农民虽然基本解决了温饱，但还不够稳定，还有相当一部分群众处于贫困状态，扶贫攻坚的任务十分艰巨。支柱产业规模小，产业化程度不高。城镇经济效益不佳，一部分企业设备老化、技术落后、产品更新换代慢，缺少科技含量高、市场占有份额大的主导产品。综合经济实力弱，财政收支矛盾更加突出，建设资金十分短缺。思想守旧，小农经济、自然经济的思想根深蒂固，不适应市场经济的要求。廉政建设和民主法制建设还需要进一步加强。所有这些问题，是影响我县经济和社会发展的难点，也是需要我们着力解决的重点。

二、今后5年政府面临的主要任务

1998年至2002年，是我县经济社会发展极其关键的5年，新一届政府肩负着跨世纪的历史重任。刚刚闭幕的县十三次党代会，就今后5年全县经济及社会各项事业的发展提出了行动纲领，绘制了新的蓝图，政府工作的主要任务和奋斗目标是，1998年整县解决温饱，1999年整县稳定脱贫，2000年实现粮食自给有余、财政收支基本平衡，到2002年，5大主要经济指标实现“三个翻番”“两个上台阶”目标（即国民生产总值、工农业总产值、财政收入均在1997年的基础上翻一番；农民人均纯收入上2000元、粮食总产上20万吨台阶），综合经济实力跻身全省中部干旱县前列。

为实现上述任务目标，必须在影响全县经济社会快速发展的8个方面不断加大工作力度。

（一）必须在农业产业化上加大力度。紧紧围绕把我县建成以小麦为主的粮食生产基地，以苹果、早酥梨为主的林果生产基地，以猪、鸡、牛为主的畜牧养殖基地，以玉米、洋芋为主的农副产品加工基地，在农业产业化上走好4条路子。以川区高效农业示范区和西北部旱作丰产农业示范区为突破点，在全面进行农业技术综合试点的基础上，将成功经验推广到全县，使我县粮食生产基本实现耕作规范化、种子良种化、管理科学化。二是农业基本建设走综合开发的路子。以梯田建设为主，集雨节灌工程、植树造林、流域治理、道路建设、水库病改等综合配套，到2000年实现全县山地梯田化、川地水利化、水地园田化，从根本上改善生产、生活条件。三是支柱产业走规模开发的路子。林果支柱产业坚持发展与管理并重，2002年建成6万亩早酥梨基地，20万亩苹果基地，每年新增达标果园2万亩。加大扶持力度，加快“菜篮子”工程建设。畜牧支柱产业在扩大生猪饲养量的同时，以养鸡、养牛为重点，建成一批具有辐射带动作用的科学规模养殖村、户，增加总量，提高商品率，成为富县富民的支柱。四是农副产品走产加销一条龙开发的路子。发挥我县玉米、洋芋两大资源优势，按照公司加基地加农户的开发模式，大力引导村社、农户兴办粉条、饲料加工点，建成以玉米、洋芋为主的农副产品加工基地。

（二）必须在扶贫攻坚、小康建设上加大力度。把加大西北部扶贫攻坚、加快中南部致富开发的着力点放在整村推进上。按照我县扶贫攻坚和小康建设规划，抓整村的脱贫致富、整村的小康建设，确保每年有一定数量的村稳定脱贫、一定数量的村达到小康。在整村推进开发路子上，实行分类推进。贫困村要在粮食生产、畜牧养殖上抓落实，实现整村脱贫；温饱村要在支柱产业和多种经营上求突破，实现整村小康；小康村要以一业为主，在集约化、产业化方面求实效，实现整村宽裕型小康。

（三）必须在企业改革上加大力度。按照建立现代企业制度的改革方向，从资本经营、资产重组、减员增效、明确投资主体、调整负债结构、建立新的体制和新的机制等方面，大胆进行探索和实践，尽快使大多数国有企业建立起现代企业制度。在改革形式上，必须结合企业实际，不搞“一刀切”，不搞花架子，防止国有资产流失，税收减少。同时，加快社会保障体系的建立和完善，实行社会统筹和个人账户相结合的养老、医疗保险制度，认真实施再就业工程，拓宽就业门路，关心和安排好下岗职工的生活，为企业改革创造更为宽松的环境。

（四）必须在非公有制经济发展上加大力度。充分认识非公有制经济在我县经济发展中的战略地位，认真调查研究，制定鼓励个体经济、私营经济、户办联户办民营企业快速发展的优惠政策，努力提高非公有制经济对我县经济发展的贡献率。要把扶持非公有制经济的政策贯彻好、落实好，保护私营、个体企业经营者和劳动者的合法权益。

（五）必须在乡镇企业发展上加大力度。坚持一手抓发展、一手抓提高的方针，依托建筑、建材、地毯等骨干企业，发展一批“建字牌”的“龙头”企业和地毯加工网点。围绕支柱产业和农副产品开发，积极支持发展果品、肉食、农副产品加工企业和贮藏、保鲜、运销企业，形成一批“农字牌”的“龙头”企业。要将八里乡镇工业小区尽快培育成为年产值过2亿元、利税3000万元的达标开发区。

（六）必须在财源建设上加大力度。以财源项目、财源企业为主攻方向，每年至少新上两个大型财源项目，并对现有15户财源企业不断进行技术改造，增强发展后劲，提高对财政的贡献率。通过大力发展支柱产业、乡镇企业、市场建设、个体私营经济，2002年30个乡镇全部实现收支平衡。

（七）必须在城乡基础建设上加大力度。县城基础建设坚持建管并重，加快新区开发，绿化、净化、美化环境，完善城市综合服务功能，争创全省精神文明先进县。农村基础建设要加快乡村道路、村社农电、县乡通讯和小城镇建设步伐，力争2002年实现社社通电、村村通路、乡乡电话程控化。

（八）必须在实施“科教兴县”战略上加大力度。在巩固提高“普九”成果的基础上，不断深化教育改革，积极推进由应试教育向素质教育转变，坚持“三教”统筹，协调发展，进一步探索教育、科技服务于经济建设的有效途径和具体措施，加强职业技术教育和实用技术培训，全力实施科普“1230”工程，努力提高教育对经济的回报率和科技对经济的贡献率。

三、1998年重点工作

1998年是新一届政府任期的第一年，也是实现全县整体解决温饱的决战决胜年。着眼长远，立足当前，开好局，起好步，全力抓好1998年的工作，对于全面完成任期目标至关重要。我们必须振奋精神，坚定信心，本着“创造性工作、超常规发展”的精神，以新观念、新机制、新办法、新作风，适应新的形势，踏踏实实迈好第一步。

1998年政府工作的指导思想是：认真贯彻落实党的十五大精神，继续坚持“抓大事、求突破、树典型”的工作思路，以扶贫攻坚为总揽，以财源建设为龙头，以企业改革为重点，全力以赴打好一个硬仗（抗旱生产仗），加快两个步伐（西北部脱贫步伐、中南部开发步伐），加大三个力度（国有企业改革力度、基础条件改善力度、农业产业开发力度）,抢抓机遇，加快发展，确保实现粮食增产、农民增收、财政增收、企业增效、职工增收的目标，推动全县经济建设和社会各项事业持续、快速、健康发展。

主要奋斗目标是：国内生产总值增长11.1%，达到6.62亿元；工农业总产值增长9.4%，达到7亿元，其中农业总产值增长7.1%，达到3亿元，工业总产值增长11.1%，达到4亿元；乡镇企业总产值增长36.7%，达到9.94亿元；粮食总产量增长13.3%，达到15.55万吨；财政收入增长8.7%，确保3500万元，其中乡级财政收入增长8.1%，达到2000万元；农民人均纯收入增长9.5%，达到1150元；人口自然增长率控制在11‰以内。重点做好7个方面的工作：

（一）全力扶贫攻坚，努力促进农村经济全面发展

1. 立足抗旱减灾，全力抓好粮食生产。继续坚持把抗旱保粮放在农村工作的首位，以冬春麦田管理为重点，认真抓好耙耱镇压、深施化肥等常规抗旱措施的落实，全面启动“五小”工程，尽力扩大灌溉面积，把旱灾造成的损失降到最低程度。围绕实施“2218”粮食丰产工程，进一步加大地膜覆盖、带状种植、坑种洋芋落实力度，确保年内地膜粮食面积达到20万亩，其中地膜玉米18万亩。村村都有百亩以上的坑种洋芋示范田，每乡至少建立1处300亩以上的示范点。要把良种推广摆到更加重要的位置，认真搞好作物品种的第七次更新换代，尽快解决我县主要作物品种混杂、退化严

重的问题。抓住我县被国家列为“半干旱地区节水高效农业技术示范推广”项目县的机遇，搞好城川、威戎等川区高效农业示范区和灵芝、八里、界石铺等山区旱作丰产农业示范区建设，以此带动全县粮食生产的稳定增长。

2. 以整体解决温饱为目标，认真打好扶贫攻坚战。坚持“观念、科技、实效”的方针和“梯田、地膜、水窖、调整”的路子，继续实行县级领导包乡、部门包村、乡村干部包社包户，单位一把手为第一责任人的责任制，不脱贫，不脱钩。抓住国家建设重点向中西部转移，“两西”、以工代赈、扶贫资金投入增加的机遇，在帮助贫困户全力落实“温饱工程”的同时，加大开发式扶贫的力度，大力发展蔬菜、瓜果、葵花等经济作物。围绕养猪、养鸡、养牛和农副产品加工以及抽纱刺绣等工副业，每个帮扶单位在自己的帮扶村，帮助兴办一个扶贫开发项目，并力争在年内见到效益。确保年内54个村、4927户、2.5万人解决温饱。

3. 加大基础条件改善力度，推动农业综合开发。围绕2000年实现梯田化县的总体目标，继续坚持和发扬“三转变”的成功经验，突出质量规模，及早规划，人机结合，全年作战，确保年内完成优质梯田7万亩，力争8万亩，其中机修梯田达到1.5万亩。水利建设在争取开工建设向阳南渠、庙堡干渠衬砌和八里张岔、细巷韩川、李店峡口提灌等工程的同时，把主攻方向放在梁马灌区立项和集雨节灌工程上，尽一切努力使梁马灌区批复立项。集雨节灌工程要与梯田建设、果园建设、温饱工程等相互配套，抓出一批千亩窖灌典型，力争年内建成集雨水窖2万眼，发展补灌面积4万亩。同时，进一步完善小水利改革，按照有利于发展、有利于管理、有利于合理开发水资源的总要求，强化水政管理，合理核定水价，严禁擅自提价、以水坑农的行为。造林工作要抓住国家实施“西北山川秀美工程”的大好机遇，以育苗为突破口，继续以西北部10万亩沙棘和5万亩沟道刺槐工程、13条重点防护林带恢复、县乡村主干道绿化为重点，坚持生物措施与工程措施结合，山、水、田、林、路综合治理的办法，全力开展退耕还林、种草种树和小流域综合治理。年内完成造林3.5万亩，流域治理35.4平方公里。每乡镇至少育植各种苗木50亩，全县完成2000亩，彻底解决苗木紧缺的问题。道路建设明年3、4月份集中威戎、雷大、余湾、仁大、阳坡等乡村全部劳力和城区干部职工，采取无偿占地、义务投劳的办法，统一行动，一次打通静秦公路，其他乡镇要再掀春季“筑路月”高潮，每乡镇至少新修2至3条上等级乡村道路。

4. 大力发展支柱产业，推进农业产业化进程。果品产业以区域化布局、规模化发展、社会化服务为方向，年内新植果树经济林3万亩，其中苹果1.5万亩，早酥梨1万亩，其他经济林5000亩。进一步加强现有果园管理，不断在贮藏、促销上创路子，在宣传、包装上做文章，内抓质量，外拓市场，扩大销售，变产品优势为商品优势。养殖业以养猪、养鸡为重点，突出抓好养殖贩运大户、大村，大力推广暖棚养畜、品种改良、青贮氨化、配方饲料等实用技术，缩短饲养周期，提高经济效益。年内建成养猪示范村5个，养鸡示范村5个，养牛示范村8个。

5. 加快八里工业小区建设，推动乡镇企业持续发展。以八里乡镇工业小区建设为重点，以基础设施建设为突破口，加快在建项目进度，保证今年开工项目明年全部建成。并依托资源，论证新上一批以农副产品加工为主的新项目，使其尽快成为新的经济增长点。围绕洋芋、玉米、油料及小杂粮等资源，发动乡、村、农户、企事业单位，创办加工企业，组建有辐射带动作用的产、供、销服务实体，力争年内在农副产品深加工上取得突破性进展。积极鼓励各乡镇、全社会在八里开发区兴办项目，从事商业饮食服务业等经营活动，带动乡镇企业快速发展。

（二）加快企业改革与发展步伐，努力提高城镇经济运行质量

第一，在深化企业改革上求突破。坚持以“三个有利于”为标准，以产权制度改革为中心，在盘活存量资产上狠下功夫，将县化工厂改组为化工集团公司，对其84号、85号，以及1000万发电雷管3个生产线分开经营，并成立销售公司，实行生产独立核算，产品统一销售。水泥集团公司进行扩股改造，成员企业参股经营，增加企业股和职工个人股在总股本中的比例。同时，把条件成熟的县内小型企业划转给现有企业集团，进一步低成本扩张壮大骨干企业；对国有净资产较少的企业，采取买断产权，改为股份制企业；对微利且国有净资产较多的企业，将大部分国有资产划给职工为股，买断职工的国有身份和工龄，改制为职工控股的股份合作制企业；对一些经营困难的企业，选准突破口，采取整体买断工龄、整体买断产权、整体负担养老、整体安置职工、整体承担债务、一步转换机制的办法，将其出让拍卖给个体私营企业或个人；对个别严重资不抵债的企业，坚决依法破产；对流通企业和运输企业，推广商业企业成功经验，抽回商品资金，完全实行职工自主经营。在企业改革过程中，必须坚持一企一策，分类指导，吃透政策，吃透企业情况，力度要大，工作要细，形式要多，不照搬照套，不走过场，不搞一刀切。

第二，在项目建设上下功夫。在资金有限的情况下，按照效益第一的原则，集中力量保重点工程，保当年投产项目，保技术改造项目。进一步改进和加强政府对项目建设的考核和奖励，对在建、新建、达产达标等项目，全面推行责任目标管理。年内1000万发电雷管、4万吨磷肥、煤矿矿井第二水平延伸以及3000吨a淀粉、500万瓶大输液、200万平方米纸箱、4000樘防盗安全门、万吨粉条加工、万吨饲料等项目建成投产。3000吨玉米淀粉、2000吨洋芋淀粉、5万平方米地毯、100万标米缠绕胶管、8.6万平方米填充门达产达标。同时，下决心调研论证一批高利税、高附加值前期项目。

第三，在城镇经济考核上加力度。政府与主管部门、主管部门与企业继续签订责任书，突出真奖实罚，防止出现以改代管或因改革而弱化政府宏观调度、弱化全年责任目标的现象发生。年底对完成和超额完成任务的部门与企业，财政拿出资金进行重奖。对完不成任务的，严格处罚一把手，罚金由个人负担，部门和企业不得列支。

第四，在企业扭亏增盈上见实效。把扭亏增盈的主攻方向放在企业管理上，把内部管理好坏作为衡量厂长（经理）能力大小的主要依据，引导企业眼睛向内，向管理要效益。一是狠抓以成本管理为中心的财务管理。开展“远学邯钢、近学县水泥集团公司”活动，全面推行“模拟市场核算、实行成本否决”的目标成本管理办法，严控

成本，压缩费用，提高效益。二是做好促销压库工作。对畅销产品，进一步扩大生产能力，积极组织生产；对平销产品，组织得力人员，加大推销力度；对滞销产品，采取保本销售等办法，尽力降低产成品资金。三是强化货款回收。把货款回收作为缓解资金供需矛盾的主要措施，实行目标责任制，尽可能把应收账款压缩到最低程度。

（三）大力培植财源，努力增加财政收入

把财税工作的重点转移到乡一级，从解决乡镇领导对财政工作认识不够，对财源建设压力不足等问题入手，确立不抓财政工作和不会抓财政工作的领导不是称职领导的观念。进一步改进和完善乡级财政体制，彻底实行分灶吃饭。在加快发展苹果、早酥梨、养猪、养鸡产业的同时，立足当务之急，把着力点放在有潜力可挖、能够增加财政收入的产业发展上来，全力扩大西瓜、蔬菜、葵花等经济作物种植面积。今年县上将下达经济作物指导性计划。通过因地制宜，分类指导，逐乡逐村抓落实，达到既富民又富县，增加乡级财政收入的目的。继续抓好骨干财源企业和利税大户，不断从资金、电力、项目等方面倾斜扶持，强化调度，严格考核，促其超产增收。

完善税收征管体制，改进征管手段。在全力抓好工商税、农业税等主体税种征收的同时，积极探索和改革农业特产税、个体零散税等税种的征管办法，下决心解决企业与个体户、纳税人与纳税人之间税负不平衡的问题。尤其要依法加大对个体大户的征管力度，做到依率计征，应收尽收，杜绝税款流失。对行政事业单位的收费进行全面清理，认真解决企业及个体户费大于税、收费影响纳税的问题。

树立勤俭节约过紧日子的思想。坚决贯彻从紧、抠细的方针，强化预算约束，严控财政支出。进一步压缩行政事业单位的业务费、事业费，发动各乡镇、各单位创办经济实体，争取省地资金，千方百计增加收入。行政事业单位政策性增支，全部自行消化，以减轻财政压力。按照所有权归国家、调控权归政府、管理权归财政的要求，切实加强预算外资金管理，全面清理单位“小金库”，对预算外资金设立专户，集中管理，分类使用，严格监督，彻底解决乱收费和乱支滥支现象，使大量消费资金转为建设资金。对违反预算外资金管理规定的，不仅要对单位进行经济处罚，还要追究单位领导和直接责任人的责任。

（四）群策群力，加快城市基础建设步伐

1998年城市基础建设坚持思路不变，力度不减，不变点子，不铺新摊子，全力抓好在建、续建工程的建设，力求实事办好，好事办实。成纪文化城按照规划要求，年内建成文化局、图书馆、文化馆并完成博物馆主体。加快静庄公路与312国道接口、北二环路及西岭路段建设进度。强化政府对土地的依法管理职能，统一标准，统一管理，搞好开发与建设。乡镇干部安居工程明年7月份交付使用。年内水利局、卫生局办公楼全面竣工，西苑居民小区、上园子居民小区力争建成。进一步加大城市管理力度，采取严管重罚的办法，把马路让出来，把垃圾装起来，把门前包起来，建立健全监督检查机制，形成全社会讲文明、讲卫生的良好风气。动员干部职工义务植树，绿化、美化县城，搞好公用设施配套，扩大环卫清扫范围，为群众创造一个优美、文明、舒适的工作生活环境。

（五）集中活动与经常性工作结合，毫不松懈地抓好计划生育工作

继续实行党政一把手负总责制，把集中活动与经常性工作结合起来，采取有效措施，制止私婚、早婚现象，把强化基层基础工作作为治本措施，进一步加强队伍和网络建设，规范人口管理。加快计划生育“三结合”进程，落实好农村二女户保险等优惠政策，加强对流动、暂住人口的计划生育管理。通过全县上下的共同努力，彻底扭转计划生育被动落后的工作局面。

（六）进一步抓好社会各项事业，促进精神文明建设

教育工作在巩固“普九”成果的同时，把提高小学教育摆到更加重要的位置，认真纠正重中学、轻小学，重城区、轻乡村的倾向，着力解决好四个突出问题：一是加大投入，解决边远山村小学办学条件差的问题；二是通过交流调整，解决城镇学校教师超编、乡村学校教师短缺、边远山区小学教师奇缺的问题；三是通过师德教育和业务培训解决部分教师素质偏低的问题；四是通过规范管理，解决部分小学不按大纲教材要求开设课程、管理松散的问题。通过抓小学，带中学，促职教，推动全县教育质量的整体提高。进一步严明校规校纪，端正校风教风，解决部分教师敬业精神差，不安心基层，不认真从教的问题，坚决杜绝教师搞第二职业。全面启动国家贫困地区义务教育工程，加强校舍建设及配套步伐，确保年内完成项目校14所。同时，针对我县部分学校收费多、乱、杂的问题，严格中小学收费管理，对未经批准或超标准向学生或家长乱收费、乱摊派的，必须严查深究。对因收费高，引起学生辍学等恶性事件的，要追究法律责任。

医疗卫生事业以加强乡镇卫生院建设为重点，围绕实现无危房，房屋、人员、设备配套的“一无三配套”目标，继续唱好“排危、配套、管理”三部曲。多渠道筹措资金，年内完成贾河、石咀、七里、八里4所卫生所新建和界石铺、县二院2所卫生院扩建任务。进一步搞好预防保健、食品卫生、计划免疫、药品市场监管等工作，保障人民身体健康。切实加强医德医风建设，以方便、快捷、满意、放心为标准，从挂号、就诊、取药、住院等各个环节抓起，加大监督查处力度，严禁吃请和接受礼金，严禁借患者的名义为自己开“搭车药”、做“搭车检查”，严禁开假证明、伪造医疗文书，杜绝“生、冷、硬、横”现象，提高医疗质量，改善服务态度，真正使医疗“窗口”亮起来。

文化工作在全力抓好成纪文化城等硬件建设的同时，进一步挖掘历史文化潜力，加大成纪文化的宣传力度，提高静宁在国内外的知名度。认真搞好乡村文化站（室）建设，组织文化下乡，解决群众看书难、看电影难的问题。体育工作重点抓好全民健身计划的实施，积极组织开展竞技比赛，力争年内跨入全省体育先进县行列。新闻、广播电视事业坚持正确的舆论导向，突出宣传报道各条战线、各行各业涌现出的典型，引导激发全县人民奋发向上，开拓进取。要把全面恢复农村广播作为重点，全面规划，多方筹资，以新的方式和机制，力争明年5月底前使县、乡、村、社广播网络

全面贯通。积极创造条件，扩建城乡有线电视和发射台，扩大电视覆盖面。

广泛开展群众性的精神文明创建活动。农村以提高农民素质、脱贫致富奔小康和建设社会主义新农村为目标，开展创建文明村社、评选“五好文明家庭”“双文明户”和“计划生育模范户”活动。城镇以提高居民素质和文明程度为目标，广泛开展文明小区、文明单位、文明行业创建活动和“十佳公仆”“十佳公民”“十佳职业道德先进集体”以及“十佳职业道德标兵”评选活动，创造优美的环境，建立良好的秩序。进一步搞好拥军优属、拥政爱民，深入开展多种形式的军民共建活动，争创省级双拥模范县。

（七）维护社会稳定，搞好社会治安综合治理

社会治安综合治理以“三镇两线一区”（即城关、威戎、界石铺镇，312国道线、静庄公路沿线和八里小区）为重点，严厉打击暴力犯罪、地痞村霸、流窜作案、团伙犯罪。坚决查禁黄、赌等各种社会丑恶现象，净化社会环境。进一步健全和完善社会治安综合治理群防群治网络，增强打击、防范功能。同时，坚决从严治警，加强政法队伍的教育和管理，努力提高政治业务素质。

认真安排好农村群众和困难职工的生活。对受灾群众继续采取群众自救、政府救济、社会救助相结合的办法，突出重点村、户，确保特困群众生活不出大的问题。同时，从稳定大局的高度，关心和安排好特困企业的职工生活，落实好各项解困政策，实施再就业工程，保障特困企业职工的基本生活。

四、加强政府自身建设，确保各项工作任务全面落实

新一届政府工作的任务很重，面临的困难和问题很多。因此，必须从政府自身建设抓起，树立“团结、务实、严谨、廉洁、创新、高效”的政府形象，上下一心，扎实工作，知难而进，保证圆满完成各项目标任务。

第一，加强民主法治建设，提高依法行政水平。县乡两级政府要自觉接受人大的依法监督和政协的民主监督，虚心听取人大代表、政协委员和各界人士对政府工作的意见、建议，重视群众来信来访，不断提高政府工作的科学化、民主化水平。进一步加强政府法制建设，认真执行行政处罚法，建立健全行政执法监督的各项制度，做到有法必依，违法必究，执法必严。通过依法行政，推动依法治县规划的全面实施。

第二，转变职能，改进作风。县乡政府和各部门必须围绕经济建设大局，牢固树立为基层、为群众、为生产服务的意识，切实转变职能，简化办事程序，提高工作效率。对自己职权范围内的事，必须大胆负责，创造性地开展工作。部门之间，必须主动联系沟通，积极协调配合。对有利于静宁经济建设的事，必须大开绿灯，不得设卡，坚决克服政令不通、各行其是、扯皮推诿、办事拖拉的不良作风，形成齐心协力抓工作的合力。领导干部必须深入基层，倾听群众呼声，关心群众疾苦，注意研究经济建设和社会发展中的新情况、新问题，解决好前进中的突出矛盾和群众关心的热点问题，为基层多办实事，为群众排忧解难，以实际行动赢得人民群众的信任和支持。

第三，干字当头，以实为先，加大行政推行力度。进一步强化政府“统”的功

能，牢固树立全县“一盘棋”思想，围绕全县经济建设，把主要精力和时间集中到抓重点、抓关键、抓落实上来。进一步加大督促检查力度，建立逐级抓落实的责任机制和定性定量考核的奖罚机制，责权利结合，真奖实罚，严格兑现，真正使各级干部任其职、尽其责，奖其功、罚其误，形成求真务实的工作风尚，制止弄虚作假、虚报浮夸、瞒上欺下的行为，保证各项任务的完成。

第四，减负治乱，纠正行业不正之风。进一步建立和完善有效的监督制约机制，切实减轻农民负担，禁止非法负担，管好合理负担，突出解决农民隐性负担过重的问题。全面清理收费项目，狠刹过分强调行业规定、部门利益，巧立名目，变相加重农民负担的不正之风。严肃查处侵害农民利益的案件，维护农民的合法权益。狠刹向企业乱收费、乱罚款、乱摊派歪风，解决企业办社会的问题，减轻企业不合理负担。供电、供水、供暖及商业、交通、金融、邮电等社会服务行业，要切实改善服务态度，提高服务质量，向社会公开各自的服务承诺，千方百计为群众排忧解难，使其真正成为人民群众信得过、靠得住的办事机构。

第五，标本兼治，加强廉政建设。继续实行“两公开、一监督”制度，把政府行为置于人民群众的有效监督之下。针对群众最关心的热点、焦点、难点问题，从最容易出现徇私舞弊的环节抓起，从掌管人财物的单位和部门抓起，政务公开，立项监督，严肃查处贪污贿赂、挪用公款、敲诈勒索和以权谋私等违法违纪案件。坚决纠正和制止公款吃喝、奢侈浪费等不正之风。各级领导要从自身做起，自重、自省、自警、自律，面对市场经济的大潮，必须保持清新的头脑，耐得住艰苦，抗得住歪理，顶得住诱惑，管得住小节，堂堂正正做人，清清白白为政，踏踏实实干事，默默无闻奉献，以自己的苦干实干和言传身教带动引导全体工作人员恪尽职守，廉洁奉公，正确行使党和人民赋予的权力，为静宁人民多办实事、多作贡献。以工作的实绩维护政府在人民群众中的良好形象，使我们的政府真正成为讲政治的政府，依法行政的政府，团结、创新的政府，务实、高效的政府，勤政、廉洁的政府，总之，成为全心全意为人民服务的政府。

县人大常委会工作报告

（县人大常委会主任吕忠厚　1997年11月24日）

县十二届人大常委会于1992年11月选举产生以来，在中共静宁县委的领导和上级人大的指导下，继承和发扬前届的成功经验，以邓小平建设有中国特色社会主义理论为指针，认真贯彻执行党的路线、方针和政策，紧紧围绕经济建设这个中心，积极履行宪法和法律赋予的职权，按照县十二届人民代表大会历次会议的决议和要求，较好地发挥了地方国家权力机关的职能作用，为加强我县的社会主义民主和法制建设，保障促进全县经济持续、快速、健康发展和社会全面进步作出了积极的贡献。5年间，共召开了6次县人民代表大会和36次常委会，先后听取、审议了县人民政府、人民法院、人民检察院关于教育、文化、卫生、体育、计划生育、农民负担、扶贫攻坚、农业生产、城镇经济、财政税收、市容整建、执法检查、社会治安综合治理等20多个方面的58次工作报告，做出决议、决定7件；对20个方面的34件法律和地方性法规的执行情况进行了重点检查；组织常委会委员、人大代表及有关部门的人员开展视察、调查和检查30多次，写出专题调查报告30份；任免“一府两院”工作人员155名、县人大常委会各委、办负责人16名；分别组织进行了县、乡第十三届人民代表大会的换届选举工作；督促办理县十二届历次人代会代表意见、建议407条；接待处理人民代表和群众来信来访426件（次）。

在搞好上述工作的同时，我们还围绕全县中心工作，按照县委的统一部署，积极参与了全县的计划生育、扶贫攻坚、市容整建、支柱产业开发及工农业生产建设等中心工作，努力做到在参与中监督，在参与中支持。

关于这一届人大常委会前4年的全面工作，已向历年的各次人代会作了报告。下面着重报告县十二届六次人大以来的主要工作：

一、认真履行监督职权，促进“一府两院”工作

对“一府两院”进行法律监督、工作监督和人事监督，是宪法和法律赋予地方各级人大及其常委会的一项重要职权。一年来，常委会围绕强化监督职能，充分运用各种法定的形式和手段，开展了各项监督工作。

（一）注重实效，深入进行执法检查。根据省、地人大的要求，县人大常委会于今年4月发出了《关于1997年执法检查工作的安排意见》，按照“少而精、重深入、重实效”的原则，要求“一府两院”重点对劳动法、水法、环境保护法、甘肃省环境保护条例、妇女权益保障法、甘肃省实施妇女权益保障法办法以及有关减轻农民负担等4个方面的7件法律、法规的执行情况进行检查。各执法部门在检查中普遍注意把执法检查与普法教育、纠正查处违法案件、社会治安综合治理相结合，在搞好全面检查的同时，突出了重点区域、重点单位、重点案件的检查。政府系统在检查过程中先后查处违法违纪案件153起，挽回经济损失24万多元，取得了较好的效果。

为了推动执法检查工作的深入进行，县人大常委会采取协同检查、重点抽查、听取汇报等方式，深入有关部门和单位，了解掌握情况，督促解决问题。人大常委会农财工委、司法民政工委及办公室的有关人员先后分别参与了由劳动人事局、体改委等职能部门组织的自查自纠活动；司法民政工委还与县妇联、总工会联合深入公、检、法部门和经委、邮电局等单位专题检查了妇女权益保障法、甘肃省实施妇女权益保障法办法的贯彻执行情况，发现和纠正了一些问题；在总结阶段，常委会又抽组力量对执法检查工作进行了重点检查和抽查，督促有关部门对检查中发现的问题进行查纠整改。10月下旬，常委会第三十五次会议听取、审议了县人民政府、法院、检察院关于1997年度执法检查工作情况的汇报。会议在肯定成绩的同时，针对一些部门领导不重视、检查工作不扎实等问题，提出了批评意见。会后，“一府两院”结合各自的实际，对有关问题进行了研究解决。

在开展执法检查的同时，常委会认真贯彻依法治国方针，积极推进依法治县工

作。在7月下旬的第三十三次会议上，审议通过了《静宁县依法治县规划》，并作出了《关于依法治县的决议》，要求从1997年开始在全县实施《静宁县依法治县规划》，努力实现依法治县的各项目标任务，全面推进我县的法制化建设。

（二）突出重点，有效实施工作监督。一年来，常委会紧紧围绕我县经济建设的重点问题、人民群众普遍关注的热点问题、社会发展中的难点问题和全县各个阶段的中心任务，及时听取、审议了“一府两院”有关工作报告13个，作出决议2件，组织开展视察、调查和检查7次，有效地实施了工作监督。

财政问题是我县经济建设中的一个突出问题。为了加强对财政预算执行情况的监督，按照预算法、审计法的规定，常委会第三十一、三十二次会议分别听取、审议了县人民政府《关于1997年全县财政收支预算调整的报告》和《关于1996年度县级财政预算执行情况的审计工作报告》，并根据代表大会的授权，审议批准了预算调整报告，作出了《关于静宁县1997年财政收支预算调整的决议》。会议针对我县财政面临的严重困难和问题，要求县人民政府从我县实际出发，进一步深化财税体制改革，大力抓好财源建设，强化税收征管，从严控制支出，严肃财经纪律。会议还针对财政管理工作中出现的个别违纪问题提出了纠改意见，这些意见和建议引起了政府的重视，加强和改善了这方面的工作。

从政法工作的需要出发，常委会十分重视政法队伍建设。5月下旬，在视察、调查的基础上，常委会第三十二次会议分别听取、审议了县人民法院、检察院、公安局、司法局关于政法队伍建设情况的汇报。委员们充分肯定了我县政法队伍建设所取得的成绩，提出了当前部分干警政法业务素质低、特权思想严重、执法服务意识不强、内部监督制约机制不完善等问题，提出了加强干警管理教育；整顿执法秩序，严肃执法纪律；强化服务意识，提高办事办案效率和质量；建立健全执法责任制和“两错”责任追究制；严格执行“六条禁令”；加强赃款赃物、罚没款物和诉讼费以及枪支械具的管理等7个方面的11条意见、建议。常委会将这些审议意见转交“一府两院”及有关部门研究办理。在7月下旬的第三十三次会议上，又专门听取了公、检、法、司负责人关于办理落实审议意见的汇报。从反馈的情况看，这些意见、建议绝大多数都得到了办理落实，对推动全县政法队伍建设产生了积极的作用。

扶贫攻坚、国有企业扭亏增盈是当前农村和城镇经济工作的主要任务。常委会第三十四次会议分别听取、审议了县人民政府《关于扶贫攻坚工作情况的报告》和《关于全县国有企业扭亏减亏工作情况的报告》。为了搞好审议，会前常委会抽组了2个调查组，由2名副主任带队，深入四河、灵芝、界石铺等乡镇和经委、商业系统国有企业展开调查研究，写出了专题调查报告。在审议扶贫工作时，委员们认为：近两年以来，我县把扶贫工作作为农村工作的中心，通过各级组织的扎实工作，使改土、筑路、造林、建水窖等改善农业基础条件的工作取得了突破性的进展；“温饱工程”和“2218”粮食丰产工程迈上了新台阶；农村主导产业的规模开发，尤其是西北部果园建设有了大的发展，整个扶贫开发工作成效显著。同时，指出我县区域性贫困的形势仍很严峻，要求县、乡两级政府充分认识扶贫攻坚工作的艰巨性、紧迫性，进一步强化责任，加大工作力度，带领群众扎实苦干，以早日实现脱贫目标。会议还就加强包扶工作、调整种植结构、组织劳务输出、使用好扶贫资金等具体工作提出了改进意见。对于国有企业扭亏增盈工作，委员们在审议中对县政府和企业在工作中所做出的努力表示肯定。针对国有企业生产经营中存在的资金紧缺、技术改造滞后、内部管理不善等困难和问题，要求今后要严格落实扭亏增盈工作责任制，继续搞好“三改一加强”工作，加强企业领导班子建设，清理“三乱”，严格财政管理，特别要注意妥善解决下岗职工的问题，以促进企业扭亏增盈，维护社会稳定。这些意见、建议对推动扶贫攻坚和扭亏增盈工作起到了一定作用。

为了提高审议工作的效果，常委会建立了审议意见办理制度。每次审议结束后，常委会根据提出的意见、建议整理出审议意见，以正式文件转交“一府两院”及有关部门办理落实，并要求报送办理结果。对一些难点问题，常委会还采取跟踪督办的方式督促落实，加强了审议督办力度，达到了促进工作的目的。

（三）精心组织，扎实开展述职评议工作。今年，常委会在总结前几年开展述职评议工作的基础上，采取点面结合的方式，继续开展了述职评议工作。年初，常委会发出通知，要求被任命的政府部门负责人向人大递交书面述职报告。报送的述职报告经主任会议评议后，常委会在7月份召开的全县人大工作会议上进行了公开反馈。对报送及时、撰写认真、述职内容充实的13名部门负责人进行了表扬；对报送不及时，述职不认真和未报送述职报告的5名同志提出了批评。这次述职活动对增强政府工作人员的人大意识、公仆意识和勤政意识都产生了较好的作用。

在全面开展述职工作的基础上，常委会重点对县农牧局及其局长的工作进行了评议。为了提高评议质量和效果，主任会议对这次评议进行了认真研究。6月初，常委会下发了《关于评议农牧局工作的安排意见》。为了掌握被评单位和述职干部的情况，常委会抽组调查组，先后深入农牧局机关及下属单位和雷大等6乡镇，通过个别谈话、召开座谈会、走访、视察等方式，对农牧局及其局长的工作情况进行了全面的调查了解，并形成了评议调查报告。7月下旬，常委会召开第三十三次会议，在听取农牧局局长的述职报告和人大调查组的汇报后，委员们发扬民主，从德、能、勤、绩等方面对述职干部进行了实事求是、客观公正的评议；既充分肯定了成绩，又指出了存在的问题和不足。评议会后，常委会将评议意见转送农牧局，要求对存在的问题限期整改。农牧局召开专题会议进行研究，提出了整改方案和措施。这次评议在县委的领导下，评得准，力度大，解决了一些实际问题和矛盾。

二、依法任免了国家机关工作人员

一年来，常委会依照地方组织法及《静宁县人大常委会任免国家机关工作人员暂行办法》的规定，决定任命县人民政府组成人员10人，其中副县长1人，局、委、办局长、主任9人；免职9人（其中副县长1人）。任命人民法院审判人员和检察院检察人员13人，免职2人。任命县人大常委会工作委员会负责人1人。

常委会在行使任免权的过程中，认真贯彻江泽民同志关于建设高素质干部队伍的讲话精神，适应干部人事改革的要求，既坚持党管干部的原则，积极贯彻县委的意图；又充分发扬民主，按照法律规定的程序办事。在具体工作上，主要抓了提名、审议、表决三个环节：即凡是“一府两院”向常委会提请任免的干部，先由组织部门向人大常委会党组或主任会议介绍考察情况，沟通思想，交换意见；审议时组成人员充分发扬民主，反复酝酿讨论；表决时严格依法进行，以表决结果为准。由于正确处理了党管干部和人大依法任免干部的关系，较好地坚持了干部“四化”标准及德才兼备、重党性、重实绩、重公论的原则，从而保证了人事任免工作的顺利进行。

三、搞好代表意见、建议办理，重视发挥代表作用

一年来，常委会围绕发挥代表作用，主要抓了以下几个方面的工作：

一是尊重和保障代表管理国家和社会事务的民主权利，认真办理代表意见、建议，不断完善办理制度，规范办理程序，努力改进办理工作。县十二届人大六次会议上，代表共提出意见、建议68条，常委会按“归口办理，分级负责”的原则，专门召开了交办会议，及时将这些意见、建议转交县人民政府和有关单位办理。各承办单位在办理过程中，普遍建立了“领导把关、专人负责和承办人员具体办理”的责任制，使代表意见、建议办理基本达到了“事事有交代，件件有着落”。截至10月上旬，68条意见、建议已全部办理完毕，办理结果已由各承办单位书面答复代表。其中，所提问题得到解决和部分解决的28条，占总数的41.2%；正在解决或列入计划逐步解决的27条，占总数的39.7%；因条件限制暂时难以解决，向代表做了解释说明的13条，占总数的19.1%。10月下旬，常委会第三十五次会议听取、审议了县人民政府关于代表意见、建议办理工作的报告，肯定了办理工作的成绩，要求今后要进一步提高办理效率和质量。

二是密切与代表的联系，组织代表开展视察活动。常委会坚持走访代表制度，除专门走访外，常委会领导利用视察、调查和搞中心工作的机会，广泛走访省、县、乡各级人大代表，向他们通报有关情况。今年元月上旬，常委会邀请和组织在我县的省八届人大代表及部分县人大代表，深入有关部门、单位和乡镇，对1996年的财政、计划和扶贫开发工作进行了视察。代表们对视察中发现的问题向县政府提出意见、建议。有些意见、建议通过省代表提到了省八届人大五次会议上，对解决我县一些经济建设和社会发展方面的实际问题起到了好的作用。

三是加强了信访工作。常委会把接受和办理人大代表和群众来信来访，作为联系代表和群众、了解社情民意、反映群众意见和要求的重要渠道。一年来，共收受来信20件，接待来访91人（次）。对这些来信来访，除县人大常委会直接办理的外，都按“归口办理”的原则，由常委会领导批示后转交有关部门办理。对来信来访中反映的一些重大问题，及时向县委作了汇报。对转办信件在办理过程中发生推诿扯皮的，常委会积极进行协调，落实办理单位，催要办理结果。通过办理来信来访，不仅保护了公民的合法权益，而且密切了国家机关同人民群众的联系。

四、加强了对乡镇人大工作的联系和指导

常委会立足我县实际，重视与乡镇人大的联系，加强对乡镇人大工作的指导。一是常委会主任、副主任经常深入各乡镇听取乡镇人大的工作汇报，向他们通报常委会的工作，使县、乡两级人大下情上达，上情下传，相互交流，协调一致。二是帮助乡镇人大主席提高认识，熟悉业务。常委会经常采取谈心、座谈、以会代训等形式，组织乡镇人大主席学习宪法和法律以及人大业务知识，不断提高对乡镇人大地位、性质和作用的认识，增强责任感和自信心，努力搞好本职工作。三是经县委同意，6月份，常委会召开了全县乡镇人大主席会议，传达学习了地委人大工作会议精神，总结了近年来我县乡镇人大的工作，研究部署了今后一个时期的工作。会议还专门抽出半天时间进行了有关法律法规和人大业务的培训。四是积极帮助乡镇人大解决了一些人大工作和人大建设方面的实际问题。五是注意树立典型，以点带面。年初，常委会对界石铺镇围绕经济建设做好人大工作的经验进行了总结，并报送地区人大工委予以表彰，对全县乡镇人大工作起到了示范带动作用。六是指导乡镇人大主席团开展了评议工作。今年，一些乡镇人大主席团组织代表开展了评议“一庭”（法庭）、“两所”（派出所、工商所）活动，常委会在具体操作方法上给予了指导和帮助。

五、主持进行了县人民代表大会换届选举的筹备工作

根据宪法、地方组织法的规定，我县第十二届人民代表大会到1997年任期届满，须进行换届选举。这是全县人民政治生活中的一件大事。在县委的直接领导下，我们注意充分发扬民主，严格依法办事，保证了换届选举工作的顺利进行。在具体工作上：一是成立了县选举委员会和乡镇选举工作指导小组，加强组织领导。二是广泛宣传动员，增强干部群众的民主法制观念和参选意识。三是及早安排，周密部署。常委会在年初的工作要点中就提出了搞好我县人民代表大会换届选举的任务。6月份召开的全县乡镇人大主席会议上，常委会又对此项工作提出了要求。10月中旬，县选举委员会下发了《关于县人民代表大会换届选举工作的安排意见》。同时，县上召开了有各乡镇党委书记、人大主席参加的换届选举工作会议。对换届选举做了具体安排部署。四是进行换届选举业务培训和指导。常委会先后2次采取以会代训的方式对乡镇人大主席进行了选举业务培训。人大办公室在指定专人搞好选举工作咨询的同时，还选派人员到一些乡镇具体进行业务指导。由于各级组织的重视和努力，这次换届选举中，全县158个选区都顺利完成了选举任务，共选出县第十三届人民代表大会代表212名，所选代表的年龄、知识、界别结构都比较合理，为本次会议的胜利召开奠定了基础。

六、加强了常委会的自身建设

一年来，常委会适应工作的需要，进一步加强了常委会的自身建设。

首先是加强了理论学习。一是常委会组成人员和工作人员坚持认真学习、深刻领会邓小平理论和党的基本路线、方针、政策，进一步明确人大工作的指导思想。二是结合工作实际，经常组织学习法律和人大理论，做到知法、懂法，依法开展工作，增强人大工作意识，学习人大新的工作方式和方法。三是督促鼓励机关干部搞好人大理

论、制度和工作方面的宣传报道。

第二，进行了机关思想作风整顿。年初，按照县委的统一部署，县人大机关结合自身的实绩开展了思想作风整顿。在深入学习、提高思想认识的基础上，从常委会领导到一般干部职工，都紧密联系单位工作及个人思想、作风实际，寻找差距、揭摆问题，统一思想认识，并提出了具体的整改意见和措施。通过整改，进一步改进了机关作风。

第三，抓了制度建设。对常委会工作规则、人事任免办法、工作委员会职责范围等规章制度进行了修改和完善。同时，重新制定机关学习、考勤、财务管理、公文处理等6个制度。制度的建立和完善，促进了常委会工作规范、有序地运转。

七、积极参与中心工作，加强了全县工作的合力

常委会在努力搞好人大本职工作的同时，根据县委的统一部署，积极参与了全县的经济建设和各阶段的中心工作。一是参与了全县重大事项的决策，并通过监督程序督促政府及有关部门努力实施决策。二是大力支持县人民政府依法行使职权，采取有力措施，加大工作力度，解决难点、热点问题。三是常委会负责人都按分工，直接参与了教育、政法、农业生产建设和市容整建等方面的工作。四是常委会根据县委的安排承担了5个联系乡和4个贫困村的包乡扶贫工作。一年来，常委会负责人能经常深入乡村帮助开展工作。既推动了工作，又协助解决了一些实际困难和问题。此外，还抽调4名机关工作人员直接参与计划生育、包村扶贫等工作。五是按照县上的安排，参与抓了全县林果业建设，为林果业的发展做了一些工作。

在县委的指导和全县人民的支持下，县十二届人大常委会基本履行了法定的职责，较好地完成了自己的历史使命，但与党和人民的要求相比，与先进县（市）人大的工作相比，还有较大差距。一是常委会的工作思路不够宽，存在一般化的倾向。二是常委会的监督职能没有完全到位，监督手段和措施没有用足用够，监督工作存在软弱无力的现象，因此，没有充分显示出人大工作应有的权威性。三是具体工作上还存在一些薄弱环节，比如人大的宣传工作、代表工作还不够有力，不够扎实。四是常委会的自身建设和机关建设方面还存在一些困难和问题，需要今后努力去解决。

县十三届人民代表大会的任期正处在世纪之交的重要时刻。前不久闭幕的静宁县第十三次党代会提出了本世纪末和下世纪初我县经济发展与社会进步的奋斗目标，本次代表大会根据党代会的精神，确定了本届政府任期的各项任务。我们坚信，我们的目的一定能达到，静宁的明天会更美好！为了适应形势和任务的需要，新一届人大常委会要以党的十五大精神为指针，认真学习邓小平理论和人大理论，在县委的领导下，奋发图强，积极进取，扎实工作，努力把人大工作搞上去，为我县的进步和发展发挥更大更好的作用。

一、进一步加强常委会的自身建设，把人大工作提高到新水平

新的形势和任务，要求人大工作必须要有新水平。新一届常委会要进一步解放思想，更新观念，面对社会主义初级阶段的实际，努力探索市场经济条件下搞好人大工

作的新路子；要增强责任感和使命感，进一步振奋精神，拓宽思路，更加严肃认真地履行好宪法和法律赋予的各项职权；要进一步改进工作作风，求真务实，迎难而上，加大工作力度，讲求工作实效，以刚正良好的风范、坚强有力的工作，树立人大工作的新形象。

二、强化监督职能，推进政府工作

依法对“一府两院”进行法律监督、工作监督和人事监督是人大常委会的重要职责。新一届常委会要在总结继承以往成功经验的基础上，努力探索监督工作的新途径、新方法。对政府部门及其负责人进行述职评议和工作评议是一种监督好形式。今后，要在增强评议力度，提高评议质量的前提下，增加评议数量，争取在一届任期内把大部分部门评议一遍。要指导好乡镇人大对同级政府工作和乡级单位的评议工作。常委会例会审议政府工作，已形成了制度，今后要注意选准工作中的重点、难点和热点问题进行审议，并采取各种行之有效的办法，提高审议质量和效果。要进一步搞好人大信访工作，增强与人民群众的联系，疏通群众监督的渠道。同时，要更好地运用视察、调查、质询等多种形式实施监督，切实改变监督工作中力度不强，效果不大等问题，通过强有力的监督，达到支持和推进政府工作的目的。

三、落实《静宁县依法治县规划》，推进民主法制建设

加强民主法治建设，实现依法治国是各级人大工作的重要任务。《静宁县依法治县规划》已经县委批准，人大审议通过，但要在全县真正实施是一项面广量大的工作。新一届人大常委会，要通过艰苦细致的工作，努力推动规划在全县实施。一是要以“三五”普法为契机，在全县进行一次大规模的法律宣传和教育，以提高广大公民的法律意识。二是要加强对司法部门的执法监督，促进依法办案，不断提高政法干警的政治业务素质。三是进一步搞好一年一度的执法检查，普遍建立执法责任制，促进政府部门和各级干部依法行政。要注意纠正执法检查工作中支差应付、走过场等现象，抓住依法行政这个薄弱环节，大力搞好检查纠改。通过干部严格执法，群众自觉守法，形成浓厚的法治氛围，以推进我县民主法制建设进程，为我县各项事业的发展创造更好的环境。

四、更多更好地参与中心工作，为人大工作增添活力

经济建设是全党的中心工作，人大工作只有服从和服务于中心工作，才能赢得党和人民最广泛的支持，才具有生命力。新一届人大常委会要在认真搞好本职工作的同时，更多更好地参与中心工作，与县委、县政府共奋斗，与人民群众同甘苦，齐心联手为静宁经济的发展献计出力。在参与中心工作时，要按照县委的统一部署，努力完成县委交付的任务。要注重干实事，创实绩，任期内要看准几件事，一抓到底，务求必成。要处理好本职工作与中心工作的关系，立足本职积极参与中心工作，做到相互促进，相辅相成。

五、想长远，抓当前，努力搞好1998年的工作

1998年是新一届人大工作的起步年，起步工作如何是新一届班子工作势头的展

现。因此，一定要精心组织，力求开好头，起好步。首先，要制定好1998年的工作计划，提出工作要点，保证工作有计划、有步骤、健康有序的进行。二是要在县委的领导下，按干部任免程序，选拔任命好新一届政府部门的负责人，保证部门工作不间断的运转。三是要指导好乡镇人大的换届工作，按照地方组织法的规定，明年底，我县乡镇人民代表大会任期届满，需要进行换届选举。新一届人大常委会要按照有关法律规定，严肃认真地帮助乡镇人大主席团搞好换届选举工作。

第二节　县第十三届人民代表大会第二次会议

大会概况

县十三届人大二次会议于1999年1月14日至16日在县政府礼堂召开。应出席代表211名，实出席195名，不是县十三届人大代表的县委、县政府、县政协、县人武部的领导，在静宁县的省九届人大代表，县委各部门、县直及省地驻静宁各单位主要负责人，乡镇人大主席、副主席，部分乡镇长以及部分离退休老干部，出席政协五届二次会议的全体委员（列席此次会议第一次全体会议），共228人列席会议。

王毅、王守元、王学书、王维歧、王智仁、毛文平、邓颖（女）、吕忠厚、朱春林、刘文乾、李克科、李佩红（女）、杨耀忠、张金业、陈向华（女）、岳具辉、赵玉民、赵景山、赵智荣、骆世清、高恒、聂正国、柴玉明、柴桂兰（女）、郭应童、阎继富、靳士孔、樊旺、戴双军（按姓名笔画为序）29人组成大会主席团，王守元、王学书、毛文平、吕忠厚、朱春林、李克科、陈向华（女）、岳具辉、赵景山、赵智荣、聂正国、靳士孔、戴双军（按姓名笔画为序）13人为主席团常务主席；靳士孔为秘书长，郭应童、王克选、郭三省、柴玉明为副秘书长；朱春林、许富忠、王智仁、柴玉明、柴桂兰（女）5人组成议案审查委员会，朱春林为主任委员，许富忠为副主任委员。

1月13日晚举行了预备会议，通过大会议程和主席团、秘书长、议案审查委员名单，宣布主席团第一次会议讨论通过的事项。

大会举行全体会议3次。第一次全体会议于1月14日上午举行，由县人大常委会主任吕忠厚主持，听取县政府县长毛文平所作的《县人民政府工作报告》、县计委主任杜文彪所作的《关于1998年国民经济和社会发展计划执行情况及1999年计划（草案）的报告》、县财政局局长王维军所作的《关于1998年财政预算执行情况和1999年财政预算（草案）的报告》。第二次全体会议于1月15日下午举行，由县人大常委会副主任靳士孔主持，听取县人大常委会主任吕忠厚所作的《县人大常委会工作报告》、县人大常委会副主任李克科所作的《关于县第十三届人民代表大会第一次会议代表意见、建议办理情况的报告》、县法院院长杨志军所作的《县人民法院工作报告》、县检察院检察长李居洲所作的《县人民检察院工作报告》。第三次全体会议于1月16日下午举行，由县委副书记王学书主持，通过关于接受赵智荣辞去县人大常委会副主任职务请求的决定，选举县人大常委会副主任1名，听取县人大常委会副主任、议案审查委员会主任委员朱春林所作的《关于代表意见、建议审查结果的报告》，通过《关于政府工作报告的决议》《关于1998年国民经济和社会发展计划执行情况及1999年计划（草案）的决议》《关于1998年财政预算执行情况和1999年财政预算（草案）的决议》《关于县人大常委会工作报告的决议》《关于县人民法院工作报告的决议》《关于县人民检察院工作报告的决议》，会议结束时，县委书记赵景山作了讲话。

大会安排分团会议3次。

大会主席团召开会议3次。

大会收到代表意见、建议56条，涉及7个方面。其中：①水利建设方面20件，占37.5%，主要是建议配套提灌工程、增加抗旱经费，新建、维修大口井等小水利设施，进一步搞好“121”雨水集流节灌工程，解决部分地区人畜饮水困难等；②道路建设方面5件，占8.9%，主要是建议改建公路，修建桥梁等；③财政税收方面7件，占12.5%，主要是建议给有关乡镇政府解决住宿困难和危房问题，改进农林特产税征管办法等；④教科文卫方面15件，占26.8%，主要是建议新建学校，维修中、小学校舍，改善办学条件，调整教育费附加县提乡留比例，改善县城居民饮水水质，增加卫生院经费，加大科技培训力度，重视文物保护等；⑤城建、邮电方面5件，占8.9%，主要是建议加强小城镇管理，保护油铺路面，运用光缆传输电视信号，修建乡邮电所等；⑥政法工作方面2件，占3.6%，主要是建议成立乡派出所和县公安消防中队等；⑦农电建设方面2件，占3.6%，主要是建议增设变电器，改造农村电网等。

大会议程

一、听取和审议县人民政府工作报告；

二、听取和审议县人民政府关于1998年国民经济和社会发展计划执行情况和1999年国民经济和社会发展计划（草案）的报告；

三、听取和审议县人民政府关于1998年财政预算执行情况和1999年财政预算（草案）的报告；

四、听取和审议县人大常委会工作报告；

五、听取和审议县人大常委会关于县十三届人大一次会议代表意见、建议办理情况报告；

六、听取和审议县人民法院工作报告；

七、听取和审议县人民检察院工作报告；

八、通过选举办法；

九、通过有关辞职的决定；

十、选举。

大会日程

县第十三届人民代表大会第二次会议日程表

表3-67

时间		会议内容	执行主席
1月13日	晚7时	预备会议：1.通过大会议程；2.通过大会主席团和秘书长名单；3.通过大会议案审查委员会名单；4.宣布主席团第一次会议通过的事项	吕忠厚
1月14日	上午	大会：1.开幕式；2.县人民政府工作报告；3.1998年国民经济和社会发展计划执行情况及1999年计划（草案）的报告；4.1998年财政预算执行情况及1999年预算（草案）的报告	吕忠厚　陈向华 赵智荣　岳具辉 王维歧　王智仁 杨耀忠　柴桂兰 王　毅　刘文乾
	下午	各代表团审议政府、计划、财政三个工作报告	
1月15日	上午	各代表团继续审议政府、计划、财政三个工作报告	毛文平　王守元 聂正国　李克科 靳士孔　高　恒 柴玉明　骆世清 李佩红
	下午	大会：1.县人大常委会工作报告；2.县人大常委会关于代表意见、建议办理报告；3.县人民法院工作报告；4.县人民检察院工作报告；5.通过选举办法	
1月16日	上午	各代表团审议人大、法院、检察院工作报告；酝酿讨论有关辞职决定（草案）和补选县人大常委会副主任候选人名单	赵景山　王学书 戴双军　朱春林 张金业　郭应童 赵玉民　樊　旺 阎继富　邓　颖
	下午	大会：1.通过有关辞职的决定；2.选举；3.议案和意见、建议审查报告；4.通过政府、计划、财政、人大、法院、检察院工作报告决议；5.县委领导讲话；6.大会闭幕	

主席团会议日程

县第十三届人民代表大会第二次会议主席团会议日程表

表3-68

时间		地点	会议内容	参加人	主持人
第一次会议	1月13日预备会议期间	政府礼堂	1.通过大会日程；2.通过代表团组成和列席人员范围；3.通过大会常务主席名单；4.决定大会副秘书长名单；5.决定大会议案和意见、建议终止时间	主席团成员	吕忠厚

续表3-68

时间		地点	会议内容	参加人	主持人
第二次会议	1月15日上午10时	招待所下院会议室	1.听取各代表团关于政府等三个工作报告讨论情况的汇报;2.讨论大会选举办法(草案);3.讨论有关辞职决定(草案)和提出补选人大常委会副主任候选人名单	主席团成员及各代表团召集人	吕忠厚
第三次会议	1月16日上午10时	招待所下院会议室	1.听取各代表团关于人大、法院、检察院工作报告讨论情况的汇报;2. 听取各代表团关于有关辞职决定(草案)和补选人大常委会副主任候选人讨论情况的汇报;3. 决定正式候选人名单;4.提出大会监票人名单;5.听取议案和意见、建议审查情况的汇报;6.讨论政府工作报告等六个决议(草案)	主席团成员及各代表团召集人	吕忠厚

大会选举

县人大常委会:

副主任　岳具辉

县人大常委会副主任岳具辉个人情况表

表3-69

姓名	性别	民族	年龄(岁)	籍贯	文化程度	入党时间	工作时间	工作简历
岳具辉	男	汉	51	静宁三合	大专	1968.10	1965.11	1965 年 11 月入伍，在新疆某部队服役，曾任排长等职；1980 年 1 月转业地方，在红寺公社、新店公社工作;1983 年 12 月任祁川乡党委副书记；1986 年 1 月任祁川乡政府乡长;1989 年 11 月任县委组织部副部长，县直机关党委书记;1994 年 11 月以来任县委常委、组织部部长

附:

县人民政府工作报告

(县人民政府县长毛文平　1999年1月14日)

一、1998年政府工作回顾

刚刚过去的 1998年，是我县经济社会发展不平凡的一年。政府工作以党的十五大精神为指针，在上级党政组织和县委的正确领导下，在人大、政协的监督与支持下，坚持“抓大事、求突破、树典型”的工作思路和“抓落实、办实事、求实效”的工作要求，以扶贫攻坚为总揽，以财政工作为龙头，以确保社会稳定为基础，以计划生育、企业改革、基础建设及产业化开发等为重点，不断解放思想，开拓进取，狠抓落实，促进了全县经济的持续快速发展和社会各业的全面进步，全面完成或超额完成了十三届一次人代会确定的目标任务。国内生产总值预计完成6.6亿元，占计划的100%，增长8.7%；农业总产值完成3.2亿元，占计划的102.2%，增长14.3%；工业总产值完成4.57亿元，占计划的103.9%，增长15.6%；财政收入完成3626万元，占预算的103.5%，增长12.3%；乡镇企业总产值（按老口径）完成8.85亿元，占计划的101.7%，增长21.7%；粮食总产量达到15.21万吨，占计划的102.8%，增长10.9%；农民人均纯收入达到1161元，占计划的100.4%，增长10.4%；社会消费品零售总额2.65亿元，占计划的100.1%，增长18.4%；全社会固定资产投资总额完成1.5亿元，占计划的100%，增长39%；人口自然增长率控制在10.76‰以内。

——农村经济以整县解决温饱为目标，立足抗旱减灾，保粮增收，全力在粮食生产、扶贫攻坚、产业化发展和基本条件改善四个重点上加力度、求突破，得到了全面发展。

一是粮食生产获得较好收成。面对持续高温干旱，全县上下始终把落实抗旱减灾措施、推广增产技术作为保粮增收的重点和关键，千方百计加大技物投入，扩大地膜覆盖、带状种植和坑种洋芋面积，完成地膜玉米18.62万亩、川水地带田9.5万亩、坑种洋芋5.88万亩。以小水利建设为重点，挖掘潜力，尽力扩大灌溉面积，完成实灌面积13.71万亩。粮食生产在干旱之年仍创历史最好水平，比上年增产1.48万吨。

二是扶贫攻坚取得了新成效。继续以西北部贫困片带为主战场，不断加大资金投入，落实开发项目，靠实帮扶责任，全面推行“四到村两到户”的开发措施，认真实施基础、温饱和增收三大工程。全县共投入扶贫资金1775万元，其中帮扶资金95.6万元，帮助贫困户落实“温饱工程”10.91万亩，人均达到1.2亩。年内有54个村、2.51万人解决了温饱，农村贫困面下降到4.5%。

三是农村支柱产业在区域化布局、规模化发展、系列化服务方面迈出了新的步子。果品产业坚持抓发展、重管理、上水平、促销售，以静西公路、312国道沿线等6条千亩果带建设为重点，新植果园1.62 万亩，果品总产量达到3000万公斤，实现收入5000万元。全县新建大小果窖80处，果品储藏能力达到1900万公斤，大大缓解了果品的“存难”“卖难”问题。养殖业坚持科技先导、增加产量、提高效益，走“小群体、大规模”的路子，重点扶持发展了一批示范村和养殖大户。按照“工厂加农户、产销一条龙”的思路，建成了民丰仔猪繁育中心。年内发展规模养猪户324户，总量达到27.25万口；新发展规模养鸡户40户，总量达到123.3万只；建成养牛示范村5个。畜牧业总产值达到6483万元。同时，发挥区域优势，分类指导，积极发展区域特色产业，建成了西北部葵花、312国道沿线西瓜、甘渭子川大蒜和药材、城郊川区蔬菜及南部辣椒等5个比较集中的专业生产区。围绕产业开发，新建了一批龙头企业，发展了一批中介组织，使县有强项、乡有特色、村有主业、生产基地有龙头、大宗商品有市场的发展格局开始形成。坚持项目优先，资金倾斜，新建日光温室53亩，使县城淡季蔬菜主要依靠外调的状况大为改观。

四是农业基本条件改善在规模速度和效益水平上有了新的突破。道路建设以静秦公路建设为重点，组织沿线7乡镇100村的广大干部群众，义务投劳，无偿占地，人不分老幼，地不分乡村，全县一心，日夜奋战，历时9个多月，一举打通了全县人民梦寐以求的静秦公路，上演了一幕宁可苦干、决不苦熬、众志成城、自求发展的“活话剧”。以此为带动，在全县开展了声势浩大的“春季筑路月”活动，全县共新修乡村道路97条513.7公里，其中上等公路59条385.3公里。梯田建设围绕“保七争八”的目标，跨乡联村，人机结合，常年作战，综合治理，全县新修优质梯田7.38万亩，完成小流域治理39.7平方公里。水利建设按照“三水”齐抓的兴水思路，在山区重点抓了集雨工程建设，投资1192万元，新建集雨水窖10351眼，发展补灌面积2.7万亩；建设“121”雨水集流工程4000处，人饮工程6处，基本解决了2.8万人，6996头牲畜的饮水困难。高标准建成了八里靳坪、城川吴庙等8个集雨节灌工程示范点，在旱作农业发展和梯田后续开发上树立了典型。在川区重点抓了机电井建设，采取政策推动、扶持带动、利益驱动的方法，想基层之所想，急群众之所急，广泛开展了“打百眼井、保万亩田”活动，筹措资金357.9万元，新打机井241眼，配套恢复66眼，发展改善面积4.9万亩，其速度、数量和效益是多年少有的。以红卫渠、高峰渠衬砌、甘河段治理等为主的水利基建工程完成投资277万元，完成了年度建设目标，新增有效灌溉面积3300亩。鞍子山拦河闸全面竣工，已经投入使用。造林绿化以工程造林为重点，完成2.28万亩。年内新架设农电线路16公里，李店35千伏变电工程全面建成，近期即可投入使用。

五是乡镇企业保持了较快发展势头。八里乡镇工业小区建设速度进一步加快，在新上项目、吸引外资上取得了新突破。开工项目达到30个，累计完成投资2912万元，其中当年1759万元。肉食市场、木材市场、商饮服务楼等骨干项目按期建成营运。全县乡镇企业产销同步，效益好转，实现利税总额827万元。

六是农村改革进一步深化。在大力推行农业产业化经营组织体系建设的同时，全面贯彻十五届三中全会精神，按照“大稳定、小调整”的原则，积极稳妥地开展了土地二轮承包。土地小调整即将全面结束，经营权证书及承包合同正在颁发签订。

——城镇经济以提高效益为中心，以“三改一加强”为主线，狠抓企业改革、扭亏增盈、项目建设和非公有制经济发展，一企一策，分类施治，整体推行，保持了较好的发展势头。

一是全面完成了企业改制。以产权制度改革为核心，以股份合作制为首选模式，股、租、并、转、售、破等多形式并用，对全县37户国有、集体企业进行了全面改制，使企业的组织结构得到调整，资本结构得到优化。化工、水泥等7户企业改制为国家控股的有限责任公司；火柴、印刷等14户企业改制为全员持股的股份合作制企业；饮食公司由水泥集团公司兼并划转；编织袋厂由橡胶厂兼并，组建成橡塑集团；五金公司依法破产；供销企业的工业品实行抽资租赁经营。同时，在改制过程中注意把握改革的力度、发展的速度和稳定的程度，坚持对改制企业进行经常性的检查和有针对性的重点督查，查漏补缺，规范运作。通过改制，基本达到了制度创新、管理规范、效益提高的目的。

二是企业运行质量明显提高。坚持改管并重，不断从政府、部门、企业三个层次强化责任目标，加大宏观调控力度，定期不定期召开生产调度会和经营分析会，逐企业现场办公，协调解决企业发展中的困难和问题，尽力为企业排忧解难。在工作上突出达产达标、扭亏增盈、货款回收三个重点，全面落实改革、改组、改造和加强管理的“三改一加强”措施，狠抓成本、资本、人本“三本”管理，使企业在资金短缺、市场疲软等不利情况下。出现了产销增长、亏损下降、效益攀升的良好势头。全县企业产销率达到76.95%，乡及乡以上工业产品销售收入完成1.67亿元，占计划的102.9%，增长18.6%。国有企业（除粮食）实现利税809.2万元，增长16.8%，其中实现利润294.3万元，增长23.5%，增幅较大的水泥、化工、煤矿、印刷分别实现利润167.3万元、139.2万元、28.2万元和11.6万元。国有工业企业亏损户数由年初的5户下降到3户，亏损额为108.7万元，实现了年初确定的扭亏增盈目标。

三是项目建设成效显著。坚持把项目建设作为扩大总量、增强后劲的主要途径，严格实行项目业主负责制，强化制度，严格管理，抓开工，保建成，促投产，项目建设的数量、速度和效益都是最好的一年。列入重点考核的18个新开工和续建项目，当年完成投资5452万元，占计划的86.3%，1000万发电雷管、4万吨磷肥、煤矿第二水平延伸和砖瓦厂第二条生产线第一批重点工业项目按期建成投产。500万瓶大输液生产线主体工程基本建成。完成了化工公司84号装药机、火柴厂自制盒片、细木工板、节能胶、高档火柴、印刷厂折页机等技改项目，新增工业产值2526万元。

四是非公有制经济有了新发展。围绕调整产业结构和所有制结构，制定优惠政策，依托县城和八里乡镇工业小区等区位优势，积极引导，大力扶持，放手发展。年内新发展个体工商户1691户，私营企业7户，新增从业人员2323人，注册资金1298.94万元。第三产业产值在国内生产总值中的比重达到22%。

——财政工作以财源建设为龙头，完善体制，加强征管，严控支出，超额完成了全年收入任务。

一是财源建设取得了新进展，围绕夯实基础财源、壮大支柱财源、开辟新型财源的思路，筹集挖潜改造资金96万元，财政融通资金176万元，对重点财源企业，继续从政策、资金、项目等方面倾斜扶持，促其超产增收多缴。投入农村财源建设资金165万元，促使农村支柱产业上规模、增效益、多贡献。全县14户重点财源企业上缴利税997.6万元，完成农业特产税411万元，分别增长5.4%和45.9%。

二是乡镇财政管理体制不断完善。认真开展乡镇财政年活动，下决心实行分灶吃饭，促进了乡镇财政上台阶。全县乡级财政收入完成2508万元，有7乡镇跨上了新台阶，八里上200万元台阶，李店、治平、仁大3乡上了100万元台阶。

三是税收征管不断加强。按照开源节流并重、增收节支同步和“抓大放小”的要求，在抓好工商税、农业税等主体税种的同时，对个体私营业户进行了清理整顿，制定了改制企业税收征管和个体零散税收征管办法，加大稽查力度，较好地堵塞了漏洞。推行“三保一挂”目标责任，严格预算外资金管理，鼓励行政事业单位积极向上争取资金2201万元，较好地执行了财政预算。全年财政收入超预算125.8万元，支出8688.2万元，占预算的109.3%。当年赤字666万元，完成了地区下达的控制目标。

——计划生育紧扣年度人口计划，突出关键环节，加强基层基础，强化责任目标，工作水平有了新的提高。

以实现全年人口计划为目标，以加强基层基础工作为重点，坚持集中活动与经常性工作相结合，坚持“三为主”，推进“三结合”，集中力量，抓主抓重，破难攻坚，全面完成了年度人口计划和计生责任目标，通过了省、地考核验收。

——城市基础设施建设以增强综合服务功能为重点，着眼发展，超前安排，城乡结合，建管并重，发展环境得到进一步改善。

按照好事办实、实事办好、思路不变、力度不减的要求，进一步加快城市基础建设步伐。成纪文化城坚持高规格计划、高标准建设，完成投资650万元，“三馆一局”主体已经建成，伏羲纪念馆完成二层墙柱；静庄路与312国道接口工程已建成西河大桥，形成路基600米；北二环路已完成管道敷设和路基整修；西岭路改造油铺全面竣工；以商品房开发和集资建房为主的住宅建设发展较快，年内新建住宅楼9幢29375平方米，城镇居民人均住房面积达到9.28平方米。年内共投入资金134万元，完成城市基础设施建设项目8项。同时，从健全督促检查机制入手，加大城市管理力度，改善了居民工作生活环境。李店、古城、威戎、甘沟、界石铺等10个中心乡镇改造工作基本完成了年度计划，辐射带动作用进一步增强。

——坚持“两手抓、两手都要硬”的方针，软件硬抓，虚功实做，精神文明建设进一步加强，社会事业不断进步。

教育工作以巩固提高“普九”成果、推行素质教育为重点，通过强化队伍建设，深化教学改革，教育质量稳步提高。全县小学双科和初中六科合格率分别达到79.2%和59.1%，向大中专院校输送新生889人，连续19年居全区第一。办学条件在国家项目工程的带动下，新建标准化小学26所，甘沟中学教学楼一期工程、二中教学楼、威中宿舍楼全面完成。建成教师安居工程108套。卫生工作重点抓了农村医疗条件改善、计划免疫和医风医德建设。年内建成石咀、贾河2所卫生院。对县二院和界石铺、甘沟、三合、阳坡等5所卫生院进行了扩建维修。文化工作以弘扬成纪文化为主线，注重基础设施建设，城乡文化生活不断丰富，顺利通过文化先进县省级验收。城川、威戎、古城、李店等4个文化站达到地级示范站标准。“两个鸡蛋工程”为启动全省农村电影放映探索出了一条新路子。体育工作以落实全民健身计划为重点，群众性体育活动发展较快。年内成功地承办了全省象棋邀请赛、武术比赛暨演武大会，举办了全县第四届全民篮球运动会、中学生运动会和职工运动会。李店、城关、仁大、三合4乡镇被省上命名为全省群众体育先进乡镇。广播电视工作顺利完成了寺山100瓦电视发射台改建工程，节目质量、新闻时效和覆盖率有了新的提高。同时，司法民政、金融保险、劳动就业、审计监督、工商物价、气象服务、土地管理、文史档案、民族宗教、双拥共建、民兵预备役建设以及侨务旅游等方面都取得了新的成绩。

——维稳工作以建立社会保障制度为目标，启动实施再就业工程，认真安排农村群众生活，狠抓社会治安综合治理，保证了全县社会稳定。

正确处理改革、发展和稳定的关系，始终把保群众生活不出大问题作为一项严肃的政治任务，积极启动实施再就业工程，对8户国有企业的501名下岗职工，通过转变择业观念，落实优惠政策，多渠道妥善安置就业457人，未就业的44名职工全部进入再就业服务中心托管培训。并按照“三三制”原则，在县财政设立专户，基本保证了特困职工生活费和离退休人员养老金的到位。在发动群众生产自救、互助互济的同时，政府先后下拨救灾款176.6万元，解决了受灾群众和特困户、“三无”户的基本生活。

坚持打防并举、综合治理的原则，加强政法队伍建设，层层落实目标责任制，有重点地开展反盗窃、破大案、挖团伙、追逃犯，打击地痞恶霸、车匪路霸，扫除社会丑恶现象等专项斗争和重点整治，为经济建设创造了良好的环境。

——积极实施“依法治县”方略，强化职能，转变作风，政府自身建设得到加强。

县乡政府自觉接受人大代表和政协委员的监督，细心听取各方面的意见和建议，重视群众来信来访，促进了政府工作民主化、法制化进程，提高了依法行政水平。全年共向人大常委会报告工作11次，向政协通报情况4次，承办人大代表和政协委员意见、建议、提案73件。坚持团结、务实、严谨、廉洁、创新、高效的政府工作宗旨，集中进行了机关思想作风大整顿，使干部职工的改革意识、发展意识和服务意识明显增强。推行罚缴分离制度和民主评议行风活动，进一步规范了行政执法行为。认真落实中央、省、地减负政策规定，取消了24项不合理收费项目，积极推行村务公开、民主管理制度，有效遏制了“三乱”现象，减轻了农民和企业负担。按照中央提出的一系列方针，加大违法违纪查处力度，促进了廉政建设。

回顾总结一年来的工作，在很多方面取得了可喜的成绩，创造和积累了许多成功的经验。有这么几点体会较深，需要继续坚持和完善：一是必须从县情出发，把为人民谋大事、干实事、办好事作为一切工作的出发点和落脚点。围绕多数人受益的事，群众最急需的事，集思广益，慎重决策，把群众的意愿在政府工作中得到充分体现，把加快发展的举措变为广大干部群众的自觉行为。二是必须集中力量，抓主抓重。对看准的事就要不动摇，不折腾，不变点子，一抓到底，抓出成效，树立典型，推动全局。三是必须牢固树立超前发展的意识和市场经济的观念，摆脱传统思维方式和工作模式的束缚，勇于探索，善于创新，敢于突破，用改革的办法解决经济发展中的突出问题。四是必须牢固树立富民与强县相结合的思想，正确处理增收与减负的关系，想方设法培植财源，在发展中增加农民收入，增强财政自给能力。五是必须弘扬“宁可苦干、决不苦熬”的精神，自力更生，艰苦创业，在苦干实干中争取上级支持，多跑多要，先干后要，边干边要，不断改善发展环境，夯实发展基础。六是必须坚持抓工作首先抓干部、抓落实关键抓班子，强化分级负责、目标管理，以责任机制促进工作落实。

在肯定成绩的同时，我们也清醒地看到，全县经济发展中还存在许多困难和问题，政府工作在许多方面还不尽如人意。主要是农业基础薄弱，经营粗放。产业化、集约化程度低，稳定解决温饱的任务还十分艰巨；城镇经济整体效果不理想，企业设备老化，工艺水平低，技术改造缓慢，产品结构不尽合理，市场扩张能力十分有限，企业改革需要进一步巩固提高；财政实力不强，收支矛盾突出，资金调度十分紧张；基础设施建设和小城镇建设步伐比较缓慢，投资环境还不适应开放发展的需要；非公有制经济仍然停留在低层次、小规模发展状态；开放开发的内外部环境有待于进一步改善；政府部分工作人员观念滞后，作风不扎实、素质不过硬的问题仍未得到有效解决；精神文明建设、廉政建设和民主法治建设需要进一步加强。所有这些问题，是影响我县经济建设和社会发展的主要矛盾。在新的一年里，我们要正视前进中的困难，重视存在的问题。采取得力措施，认真加以解决。

二、1999年政府工作的主要任务和工作重点

1999年，是我县经济建设和社会发展承前启后的关键性一年。政府工作的总体思路是：高举邓小平理论伟大旗帜，深入贯彻落实党的十五大和中央、全省经济工作会议精神，继续坚持“九字”工作思路和“九字”工作要求，围绕稳定解决温饱和争创全省精神文明建设先进县两大目标，以提高经济运行的质量和效益为中心，以强化农业基础地位，大力发展二、三产业，调整经济结构，深化企业改革。开拓城乡市场为重点，坚定信心，知难而进，努力增加财政收入、农民收入和职工收入，促进经济建设和社会各项事业持续、快速、健康发展。

主要奋斗目标是：国内生产总值增长10%，达到7.26亿元；农业总产值增长5.6%，达到3.38亿元，农业增加值增长3.3%，达到3.77亿元；工业总产值增长6.1%，达到4.84亿元，乡及乡以上工业增加值增长8.7%，达到7640万元；乡镇企业总产值增长15%，达到10.18亿元；粮食总产值增长1.9%，达到15.5万吨；财政收入增长10.3%，确保4000万元；农民人均纯收入增长7.7%，达到1250元；社会消费品零售总额增长13.1%，达到3亿元；全社会固定资产投资总额1.5 亿元，与上年持平；人口自然增长率控制在11.33‰以内。重点抓好8个方面的工作：

（一）强化基础，依靠科技，促进农村经济全面发展

1. 立足抗旱减灾，全力抓好粮食增产。面对目前旱情严重、不断升级的严峻形势，必须牢固树立抗大旱、防大灾的思想，坚持把抗旱保粮摆到农村工作的首位，以冬小麦田间管理和春播准备为重点，挖掘一切可利用水源，发动群众大搞小水利建设，全面启动“五小”工程，千方百计扩大灌溉面积，把旱灾造成的损失降到最低程度。加大技物投入，积极调整种植结构，稳定地膜玉米，扩大坑种洋芋、带状种植面

积，力争玉米生产实现双垄沟集流增墒化，洋芋生产实现坑种、垄种化。全县地膜玉米面积达到19万亩，带状种植达到9.5万亩，坑种、垄种洋芋达到10万亩，每乡至少建立1处500亩以上示范田。全力实施"种子工程"，加快小麦第七次品种换代步伐，提高种子精选率、包衣率和统供率。以集雨节灌工程和机电井为依托，全力实施增产技术的组装配套，努力提高城川、威戎等川区节水高效农业和八里、灵芝等旱作丰产农业示范区建设水平，典型引路，辐射带动，推动全县农业生产向高产、高效方向发展。

2. 加快农业基础建设步伐，不断改善农业生产条件。以启动实施黄河上中游重点流域治理和黄土高原水土保持世行项目为契机，抓住机遇，集中力量，建设一批综合治理、综合开发的高标准示范区，为夯实农业基础，发展生态农业创出新的路子。梯田建设继续坚持人机结合、常年作战、综合治理的成功做法，重点抓好界石铺至七里南山、八里寺山等10处千亩以上大工程，确保全县完成优质梯田7万亩，力争达到8万亩，使梯田化乡、村分别达到22个和292个。以育苗为突破口，全面推行工程造林。各乡镇确保完成1处千亩以上连片林带建设，全县完成造林3万亩。加大退耕还林还草力度，严禁乱垦荒山荒坡。水利建设坚持发展与配套同步，开源与节流并重，走"三水"齐抓、节水为主的路子，把大力推广节水灌溉技术放在更加突出的位置，提高经济效益和资源利用率。在川区重点开展"百公里渠"衬砌活动，在山区大搞集雨节灌工程，新建集雨水窖1万眼。抓好阳坡、城川高湾、七里李堡3处旱地节灌示范点建设。积极争取国家投资，加快重点水利基建项目建设，力争年内新增有效灌溉面积3000亩以上，多方筹资，适当倾斜，建设一批人饮工程和"121"集流工程，解决部分干旱山区人畜饮水困难的问题。道路建设坚持建管并重、以管为主的原则，继续加快静秦公路改扩建步伐，广泛开展全民"筑路月"活动。各乡镇在确保新修上等级乡村道路15公里的同时，突出配套与管护，下决心解决重建轻管的问题。全面落实道路铺沙、涵洞配套等养护措施，提高道路完好率。抓住国家扶持的机遇，把农电建设的重点转移到农村电网的改造上来，多方协调，积极争取，力争年内静宁110千伏变电站改造工程，威戎、四河35千伏输变电工程及6乡镇10千伏线路和低压线路改造项目立项建设，逐步解决我县农村电网结构差、设备老化的问题。

3. 调整农村经济结构，努力推进农业产业化进程。发挥区域优势，面向市场主体，大力发展区域特色产业，重点抓好果品、养殖、蔬菜、药材等高效农业，不断增加果品业、养殖业和农副产品加工业在农村经济中的比重，果品业重点抓好祁川至甘沟、细巷谭店至店子、李店薛胡至余湾王坪等10条千亩果带和红寺、原安、三合、田堡、四河5乡优质杏树基地建设，确保年内新植果树经济林1.2万亩。大面积推广果实套袋、铺反光膜等果园管理新技术，扩大高产、优质、高效示范园建设。强化名牌、精品意识，扩大宣传，搞好包装，提高静宁果品知名度。养殖业以推广科学饲养技术、增加总量、提高商品率为重点，扶持发展一批生猪和笼养鸡养殖大户，年内建成养牛重点村4个。区域特色产业在稳步扩大葵花、西瓜、大蒜、蔬菜、辣椒播种面积的同时，适应市场需求，以古城、司桥和西北部9乡镇为重点，建立药材生产区，面积达到4500亩以上。认真总结日光节能温室示范建设的经验，广泛宣传典型，引导更多的农户发展反季节蔬菜，力争新建日光节能温室60亩、塑料大棚100亩。同时，适应现代农业发展需要，积极培养龙头企业，推动农业产业化经营。以县果品经销总公司、医药公司、农畜公司、外贸公司等骨干企业为依托，进一步完善农村社会化服务体系，支持发展“产、加、销”“农、工、贸”一体化的中介组织，延长产业链，力求在产前、产中、产后各个环节实现增值，带动产业开发，达到既富民又富县的目的。

4. 坚持分类指导，搞好扶贫开发和小康村建设。今年是全县实现稳定解决温饱的决战决胜年。必须把扶贫攻坚作为一项重大的经济和政治任务，进一步优化思路，细化措施，明确责任，把“人均1亩地膜玉米，户均1眼水窖、1亩果园或2亩经济作物、出售2口商品猪、输出劳务1人”的扶贫项目落到实处，并与科技、教育、卫生扶贫行动有机结合起来，项目优先，资金倾斜，集中力量，奋力攻坚，保证年内57个村、2万人解决温饱，如期实现既定目标，通过省上验收。加快小康示范村建设，年内力争使南关、新城等13个村达到小康标准。

5. 坚持提高与发展并重，促进乡镇企业健康发展。围绕提高质量与效益，以重点乡镇、骨干企业、优势行业为重点，加快技术改造和产品开发，加强科学管理，走结构调整和体制创新的路子，努力实现速度效益同步增长。八里乡镇工业小区建设，在搞好基础设施建设的同时，紧抓工业强区这一灵魂，年内完成供暖站、粮贸大厦等在建项目，并论证新上一批以加工为主的新项目，带动乡镇企业快速发展。

（二）大办工业，搞活增效，提高城镇经济运行质量和效益

第一，进一步深化企业改革，巩固提高改革成果。对已改制企业，按照公司法和企业章程，重点实施“四个一”的管理模式，组织职能部门重点督查一次，股东评议一次，组织、人事部门考评一次，审计部门审计一次，健全机制，规范运作，达到改革增效的目的。对粮油加工厂、副食厂等改制后成效不明显的企业，进行二次改制，触及产权，盘活总量。同时，探索解决股改企业“均股”的问题，破除新的“大锅饭”，鼓励员工、社会法人扩股或持大股经营，切实调动和发挥员工的生产积极性，增强内部活力，通过兼并划转，低成本扩张，进一步壮大水泥、建筑、化工等骨干企业，增强竞争实力，实现规模经营。将人造板厂划转，医药公司收回，归口经委管理。以国有股本为主体，6月底前组建成立全县资产经营公司，管理运营改造企业的国有资产，承担银行债务，协调银企关系，为企业改革与发展创造宽松环境。坚持分块搞活，整体推进，加大商流企业改革力度。商业企业在继续完善抽资租赁经营的同时，以市场为导向，对部分企业调头转向，退“三”进“二”，多业经营，逐步从适于民营的领域退出来，发展立足我县农副产品资源优势的商办小企业。年内重点对食品厂、食品公司、综合公司在通过单个搞活的基础上，调研论证，组建产、加、销一体化的食品龙头企业。供销企业通过压缩库存，完善抽资，健全机制，盘活资产，巩固主营，积极为“三农”搞好服务。认真落实“三项政策、一项改革”措施。全力推进粮食流通体制改革，转岗分流，精干主体，努力扭转亏损居高不下的局面。同时，

对地毯厂、威戎造纸厂等重点乡镇工业企业，以股份合作制为首选模式，6月底前完成改制。

第二，突出扭亏增盈，提高企业整体效益。继续坚持“抓两头、带中间”的有效做法，多方筹集资金，建立工业企业发展基金，保主保重，扶小扶弱。积极培育发展骨干企业，尽最大可能从政策、项目、资金等方面倾斜扶持，促其成为带动县域经济的“小巨人”、拉动整体经济的快速发展。对亏困企业实行县级领导和部门对口包抓责任制，从管理上促、政策上扶、资金上帮，采取综合措施，使一些亏困企业尽快走出困境，恢复生机，力争全县企业亏损面积缩小、亏损额下降。年内乡及乡以上工业企业实现利税增长15.2%，达到1060万元。

第三，强化宏观调控，提高企业管理水平。不断强化政府宏观调控、行政推动、协调服务、监督检查的作用，继续实行政府与主管部门、主管部门与企业签订目标责任书，靠实主管部门和企业抓生产经营的责任，定期调度，严格考核。认真开展“企业管理效益年”活动，狠抓企业内部管理，健全完善企业管理制度，纵深推进成本管理，全面实行“模拟市场核算、实行成本否决”管理模式，努力降本增效。同时，立足盘活资金，严控非生产性支出，通过“三查三压一提高”，力争年内库存商品压缩30%，外欠货款压缩20%。强化营销管理，开拓市场，以销定产，扩销促产，确保全县乡及乡以上工业产品销售收入达到1.85亿元。坚持以人为本，加强企业领导班子建设，提高企业科学管理、民主管理的水平。

第四，积极搞好项目建设，增强发展后劲。抓住国家扩大内需、增大投资的机遇，积极跑项目，争资金，通过项目建设增加经济总量。围绕国家产业政策和市场需求，着眼于结构调整、技术进步和产品升级换代，优化项目结构，避免低水平重复建设，积极开发高技术、高利税、高附加值的项目。对项目重复、负债率高、违背国家产业政策的小企业、小项目坚决予以关停并转。今后，县内各类项目都要经项目办审查批准后，方可立项，其他部门不得各行其是。按照效益第一的原则，集中力量，保重点工程，保当年投产项目，保技术改造项目。对在建项目和达产达标项目，进一步强化业主负责制，加强调度，加快进度，力争年内2000吨洋芋淀粉、100万标米胶管、1000万发电雷管、4万吨磷肥、砖瓦厂第二条机砖生产线和500吨麦芽糊精等项目达产达标，3000吨骨粉生产线、万吨饲料生产线开工建设。同时，认真做好8万吨水泥改扩建工程的前期准备工作。年内每户工业企业至少实施1项技改项目、论证2个前期项目，依靠技术创新，改进产品工艺、质量、包装和功能，增加花色品种，力争水泥、淀粉等产品进入全区名牌产品行列，路大路食品、地毯成为“陇货精品”。

（三）培植财源，强化征管，努力增加财政收入

一是大力培植财源。牢固树立围绕财政抓经济、抓好经济促财政的思想，从强化乡镇对财政工作的认识入手，进一步完善县、乡财政管理体制，引导乡镇围绕农业产业开发跑项目、争资金、建财源，千方百计开辟乡级财政增收的渠道，切实解决乡镇重收入、轻财源，重支出、轻管理的问题。正确处理增收与涵养的关系，扶持骨干财

源企业和利税大户超产增收多缴。在提高果品、养殖两大支柱产业的规模效益上下功夫，在深加工上做文章，进一步提高财政贡献率，确保完成特产税670万元。同时，根据市场需要，及时调整结构，大力发展区域特色产业，培育当年见效的税源。以“一区五乡镇”中心集贸市场建设为重点，立足玉米、洋芋、果品等农副产品资源优势，兴办各具特色的专业市场，创办粉条加工、果品经销等乡镇企业和个体私营经济，发展新型财源。年内全县乡级财政收入达到2768万元。

二是加强税收征管。严格落实“三保一挂”责任目标，从强化县乡两级征管部门的责任意识抓起，进一步加强调度考核，确保月税月清，均衡进度。在着力抓好工商税、农业税等主体税种的同时，依法加大个体零散税、车船使用税、特产税、屠宰税等税种的稽查力度，坚持不懈地抓好农资、石油等六大专业市场的整顿，严厉打击各种偷税、逃税行为，做到依法征收，应收尽收。严格按照政策规定，全面清理行政事业单位各种收费，取消不合理收费项目，切实解决费大于税、收费影响纳税的问题。

三是严控财政支出。进一步优化支出结构，强化预算约束，严控人、车、会、话的支出。对行政事业单位经费年初一次性包死，限额拨付，超支不补。进一步扩大差额定补单位范围，对有固定收入的事业单位实行综合财政预算，根据实际限定比例，尽力减少财政补贴，减轻财政压力。鼓励各单位积极创办经济实体，通过各种途径，争资创收，弥补资金不足。严格实行收支两条线，切实加强预算外资金管理，清理单位“小金库”，下决心解决乱收、乱支、滥支的问题。

（四）警钟长鸣，再加力度，全力抓好计划生育工作

经过近年全县上下的不懈努力，我县计划生育工作水平有了一定提高，被动落后的局面得到初步扭转。但是，我们必须正视严峻的人口形势，正确评估工作的水平，充分认识人口与经济发展这一尖锐矛盾，树立长期艰苦爬坡的思想。进一步落实党政一把手负责和一票否决责任制，坚持经常性工作与集中活动相结合，抓重点，攻难点，促进后进面转化，保证全面完成全年人口计划和计生工作责任目标。围绕2000年基本实现计生工作“三为主”目标，本着巩固提高乡一级、大力加强村一级、不断提高管理水平和服务质量的原则，强化基础，规范管理，完善服务，促进计生工作向规范化、科学化、经常化转变。

（五）改善投资环境，促进非公有制经济快速发展

进一步加强城镇规划和管理，加快基础设施和各种公用设施建设步伐，增强综合服务功能，以开发促发展，力争年内在招商引资、开拓市场、搞活流通上迈出新的步伐。成纪文化城确保9月底完成“三馆一局”建设，年底完成伏羲纪念馆主体。年内力争完成静庄公路和312国道接口工程，建成西苑居民小区和供暖站。以北二环路、八里小区等地段为重点，认真搞好县城绿化美化。不断加大城市管理力度，完善管理措施，落实管理责任，形成全社会讲文明、讲卫生的良好风气。继续抓好中心乡镇的基础建设和设施配套。以此为带动，进一步落实优惠政策，促进非公有制经济和第三产业快速发展。力争使第三产业在国民经济中的比重由上年的22%提高

到24%以上。

（六）认真实施“科教兴县”战略，协调发展各项社会事业

科技工作围绕粮食生产、产业开发、扶贫攻坚和企业技术改造，加大科技投入，充实科技队伍，健全服务网络，加快科技推广步伐，努力提高科技对经济建设的贡献率，力争年内跨入全国科技先进县行列。进一步落实教育优先发展战略，在抓好“普九”教育、重视职业教育、积极推行素质教育的同时，搞好边远山区校舍建设，年内完成86所学校、1.38万平方米的排危任务，新建标准化小学20所、中心幼儿园5所。年内在县城北二环段开工建设一所高标准的小学，解决城区适龄儿童入学难的问题。进一步加强教师队伍建设，建立合理的教师流动机制，解决边远山区师资队伍薄弱的问题。

卫生工作以争创全省卫生工作先进县为目标，以实现“一无三配套”为重点，大力加强县、乡、村三级卫生服务网络建设，年内完成八里、七里卫生院新建和仁大卫生院改建。坚持民办公助、自愿适度的原则，积极推进农村合作医疗，每乡镇确保新建标准化村卫生所2至3个。加强卫生监督，净化医疗市场，依法打击兜售假冒伪劣药品的违法犯罪行为。进一步加强计划免疫、妇幼保健和爱国卫生等工作，提高群众健康水平。

文化工作坚持“二为”方向和“双百”方针，弘扬主旋律，提倡多样化，突出成纪文化宣传，精心组织实施好“五个一”工程。加快乡村文化站（室）建设配套步伐，积极组织开展文化下乡，繁荣活跃城乡人民文化生活。新闻宣传要坚持把握正确的舆论导向，加快广播电视硬件建设，努力提高节目质量和覆盖率。充分利用各种条件，全面推行全民健身计划，促进群众性体育活动广泛开展。

（七）搞好社会稳定工作，为经济建设创造良好的社会环境

在集中精力抓好经济建设的同时，要十分重视做好社会稳定工作，下决心解决一些影响改革、发展、稳定的突出问题。继续坚持政府救济、社会捐助、群众自救相结合的办法，及时下拨救灾粮款，安排好受灾群众的生活。高度重视企业解困和下岗职工再就业问题，落实解困资金和职工最低工资制度，加强对下岗职工的转业转岗培训，帮助他们尽快实现再就业。规范国有企业下岗分流，把好审批关，减轻社会压力。采取有效措施，逐步解决好离退休老干部、老职工的生活费和医疗费拖欠问题。县上决定从今年开始在全县建立城乡最低生活保障制度，必须按照政策公开、保障对象公开、保障资金公开的原则，认真调查摸底，严格测算审批。实行动态管理，保证顺利启动实施。

进一步搞好社会治安综合治理。要把集中统一行动、专项治理和经常性地打击活动结合起来，增强“严打”声威，坚决打击各类刑事犯罪和经济犯罪，从严查禁各种社会丑恶现象，净化社会环境。按照“区域包干、群防群治”的要求，全面落实各项综合治理措施。进一步加强政法队伍建设，从严治警，提高整体素质，为经济建设保驾护航。

（八）减负治乱，保护人民群众利益

减负治乱，是关系改革、发展和稳定的全局性问题，是关系党和政府形象的重大

政治问题，也是关系保护和调动人民群众积极性，加快全县经济发展的关键问题，是摆在各级组织面前的一项严肃的政治任务，必须引起高度重视，积极探索新形势下减负治乱的新途径、新方法，把各项政策规定真正落到实处。各级要正确处理增加集体收入与增加农民收入的关系，正确处理大办各项公益事业与农民承受能力的关系，正确处理指导性计划与农民意愿的关系。坚持执行“标本兼治、合理负担、定向限额、保持相对稳定、一定三年不变”的政策，严禁向农民乱集资、乱罚款、乱摊派。政府向各级组织和广大干部“约法三章”：一是不得违反中央规定，擅自出台加重农民负担的收费项目，或变相增加农民负担；二是农业特产税、牧业税必须依率计征，据实征收，不得在粮食收购过程中代扣代缴除农业税以外的其他费用；三是严禁动用警具向农民征收各种税费，坚决杜绝因工作方法不当而引发严重事件和恶性案件。对不执行政策规定、变相加重农民负担的人和事，不论是哪一级组织，哪一个人，都要严肃查处，取信于民。同时，要严格执行企业收费“一刀切”的政策，认真落实企业收费登记制度，切实减轻企业负担，保护企业利益。

三、加强政府自身建设，确保各项工作落到实处

今年，政府工作的任务十分繁重，面临的困难和问题也比较突出。要圆满完成既定的目标任务，必须从政府自身建设抓起，改进作风，坚定信心，务实苦干，开拓进取。

（一）加强民主政治建设，推进依法治县进程

县乡政府要自觉接受人大的依法监督和政协的民主监督，认真办理人大代表、政协委员的意见、建议和提案。重视发挥人民群众的舆论监督，全面推行“两公开一监督”制度，增强工作的透明度，促进政府工作的民主化、法制化进程。认真执行村民委员会组织法，扩大基层民主，全面开展村务公开，这项工作在1999年要深入广泛地开展，各级要高度重视，真正做到保护农民的合法权益，给干部一个清白，给群众一个明白。坚持和完善以职工代表大会为基本形式的民主管理制度，组织职工参与改革和管理，维护职工权益。深入开展“三五”普法宣传教育，提高各级干部的法制观念和依法办事能力。建立严格的执法责任制，实行持证上岗，亮证执法，规范行政行为和行政执法活动，不断提高依法行政的水平

（二）加强廉政建设，努力改进工作作风

认真落实廉洁自律的各项制度，严肃查处公款消费、以权谋私等违法违纪案件，切实纠正部门和行业不正之风。坚持实事求是的思想路线，大力弘扬党的理论联系实际、密切联系群众的优良传统和作风，大兴调查研究之风，体恤下情，了解民意，认真解决群众关心的热点、难点问题。充分尊重和发扬群众的首创精神，把为群众办实事、办好事作为政府工作的出发点和归宿。坚决克服扯皮推诿、公文旅行、办事拖拉等恶习，努力提高办事效率和工作质量。

（三）加大推行力度，提高抓落实的质量

继续健全完善目标责任制，层层签订责任书，把全年工作任务分解到部门、量化到个人、落实到基层。紧紧围绕全县中心工作，把主要精力和时间集中到抓重点、抓

关键、抓落实上来。落实监督工作责任制，对重点工作全程督查，对阶级性工作跟踪督查，发现问题，及时解决，促使工作落到实处，见到实效。坚持典型推动，鼓励各级各部门创一流、争位次，推动整体工作上水平、上台阶。要严明工作纪律，坚决禁止有令不行、有禁不止、各行其是的行为，保证政令畅通。要严明组织纪律，切实解决不顾大局、条块分割、部门利益至上的问题。要提倡求真务实的工作风尚，严肃纠正弄虚作假、虚报浮夸、欺上瞒下的不良行为。正确行使党和人民赋予的权力，恪尽职守，扎实工作，做好表率，以工作的实绩维护政府的形象。

县人大常委会工作报告

（县人大常委会主任吕忠厚　1999年1月15日）

一、过去一年工作的回顾

刚刚过去的1998年，是我县新一届人大常委会工作的开局之年。常委会在中共静宁县委的领导和上级人大的指导下，高举邓小平理论伟大旗帜，认真学习和贯彻党的十五大精神，按照县十三届人大一次会议确定的各项奋斗目标，积极履行宪法和法律赋予的职权，较好地发挥了地方国家权力机关的职能作用，为加强我县的民主和法制建设，促进我县经济发展，社会进步作出了应有的贡献。

（一）突出工作重点，扎实推进了依法治县工作

“依法治国，建设社会主义法治国家”是我党的一项基本治国方略。一年来，常委会认真贯彻依法治国方略，坚持把推进依法治县作为自己的重要职责和工作重点，努力推动依法治县走向深入。具体抓了5项工作：

一是深入进行执法检查，保证法律法规的贯彻实施。根据省，地人大的要求，常委会本着“抓重点，重深入，求实效”的原则，重点对劳动法、药品管理法、森林法以及农民承担费用和劳务管理条例等法律法规的执行情况进行了检查。同时，检查了审判、检察机关落实办案责任制，实行错案及执法过错责任追究制的情况。为了推动执法检查工作的深入发展，常委会采取协同检查，重点检查，听取汇报，个案监督等方式，深入乡镇和有关部门及基层单位，了解掌握实际情况，督促解决问题。10月中旬，常委会第五次会议听取了“一府两院”关于1998年度执法检查工作的报告。审议中，委员们在肯定成绩的同时，针对一些部门领导不重视，检查不扎实，纠改不彻底的问题提出批评和改进意见。会后，“一府两院”及各执法部门结合各自实际，及时落实审议意见，对检查中发现的问题进行查纠整改，解决了一些法律实施中的突出问题，处理了一些违法违纪的人和事。如在检查药品管理法过程中，执法部门从整顿医药市场入手，查处非法经营药品案，假冒伪劣药品案5起，价值6.9万元，追回非法收入2260元，罚款15946元，打击了非法经营活动，加强了医药质量管理，改善了执法环境。常委会还重视通过信访渠道了解查处执法机构和执法人员有法不依，执法不严，违法不究及执法犯法的问题。对于群众这方面的问题，常委会认真转办查处，对一些典型的问题派人督办，催要查处结果，解决一些违法违规问题。此外，常委会还

结合执法检查，对法院实施了个案监督。通过上述工作，使执法检查收到较大的实效，维护了法律的尊严。

二是大力推动法制宣传教育工作。8月份，常委会组织人员对全县的普法教育工作进行了视察、调查，并在第四次委员会上听取、审议了县政府关于“三五”普法工作的报告。会议客观地分析了当前法制宣传教育工作面临的困难和问题，作出了《关于进一步开展三五普法教育的决议》，要求各级各部门进一步加强对法制宣传教育的组织领导，健全机构，充实人员，制订计划，做到时间、内容、措施、资金“四落实”，努力提高干部群众的法律意识和法制观念，为依法治县营造一个良好的社会环境。根据人大的决议，有关部门改进和加强了普法教育工作。据统计，全县共出动普法宣传车186台（次），开展法制培训150次，受训的普法骨干3000多人。同时，县人大办公室还会同广播电视局举办了“依法治县”专题节目，通过播放，扩大了教育覆盖面。

三是培训推广典型，以点带面，推动基层和行业开展依法治理。为了切实推进我县的依法治理工作，常委会将界石铺镇、县教育局作为依法治乡镇和部门（行业）的试点，组成由司法民政工作委员会和县司法局有关人员参加的依法治理工作组，由1名副主任牵头，深入试点乡镇和单位，帮助制定和完善依法治理规划及实施方案，指导开展工作，并向全县推广了他们的典型经验。7月初，常委会又召开全县乡镇人大主席会议，专题研究部署了乡镇依法治理工作，要求各乡镇把依法治理乡镇作为推进依法治县的基础工程抓紧抓好，争取年内走上轨道。会后，常委会又多次抽组人员对部分乡镇的依法治理工作进行检查，督促其加快依法治理步伐。各乡镇普遍成立了依法治乡镇工作领导小组，制定完善了依法治理规划及实施方案，党委、人大主席团分别作出了相应的决定、决议。在村社开展了以依法建制、村务公开、民主管理为主要内容的依法治理活动，初步收到了好的效果。

四是建立推行行政执法责任制。规范行政执法，提高依法行政水平，是实现依法治县的重要内容。为此，常委会重视抓了行政执法责任制的建立和推行工作。9月中旬，常委会在组织部分委员和县司法局等部门负责人考察学习平凉市人大推行行政执法责任制的基础上，研究部署了我县建立推行行政执法责任制的工作。10月底，在清理编订执法目录的基础上，召开了执法责任书签订大会，由县政府领导与42个县直行政执法部门负责人签订了执法责任书，使我县的行政执法责任制进入实质性实施阶段。

五是结合政法队伍教育整顿，促进执法队伍建设。执法队伍素质及执法水平的高低，是依法治县深入发展的关键。为了促进这项工作，常务会积极参与了全县政法队伍教育整顿。按照县委《关于政法队伍教育整顿工作的安排意见》，采取有效措施，全力抓好落实。4月中旬，常委会组织城区部分人大代表及驻会委员旁听观摩了县法院对两起案子的公开审理，并就法院庭审工作进行了评议。5月份，先后两次组织召开专题座谈会，广泛听取人大代表对政法工作及队伍建设的意见，并将代表所反映的8个方面40条意见整理印发各有关部门，要求结合教育整顿查纠整改。由于这些意见直接来自人民代表，触及了政法队伍建设中存在的一些要害问题，因而引起了较大反响。为了使代表提出的问题和意见得到落实，常委会两次召开主任会议，听取了公、检、法、司各部门队伍教育整顿进展情况的汇报，要求进一步统一思想，提高认识，严查深究，务必使教育整顿工作取得实效。在县委的直接领导和人大的参与监督下，政法部门加大教育整顿力度，边整边改，查处了一些典型的人和事，对搞好政法队伍建设，提高执法水平产生了良好的效果。

（二）认真开展了对“一府两院”的工作监督

一年来，常委会紧紧围绕我县经济建设的重点问题、社会发展中的难点问题和人民群众普遍关注的热点问题，以及各阶段的中心工作，通过组织委员视察，调查，听取和审议工作报告，作出决议决定等方式，对“一府两院”的工作进行了有效监督。先后听取了“一府两院”关于财政预算调整、财政同级审计、道路建设、果品产业化、普及九年义务教育、下岗职工基本生活保障和再就业、扶贫攻坚等10多个方面的工作报告，作出决议2个。审议中，委员们以对人民负责的态度，提出了不少建设性的意见、建议，对推动全县工作起到了一定作用。

对财政预算执行情况的审查是人大实施宏观监督的一个重要方面。根据有关法律规定，常委会第二、第三次会议分别听取审议了县政府《关于全县1997年财政预算执行情况和1998年财政收支预算调整的报告》及《关于1997年财政预算执行情况的审计工作报告》，并根据代表大会的授权审查批准了预算调整报告，作出了相应的决议。会议针对我县面临的困难和问题，要求县人民政府继续深化财税体制改革，努力抓好财源建设，严格预算约束，强化税收征管。会议还就财政管理中存在的个别违纪问题提出了纠改意见。这些意见得到政府及有关部门的重视，加强和改善了财政工作。

林果业是我县农村经济发展的主导产业，常委会第四次会议听取了县政府《关于全县果品产业化发展情况的汇报》。审议中，委员们针对果品产业化发展中存在的技术服务滞后、资金投入不足、结构布局不尽合理、经营管理粗放、营销环境亟待改善等问题，提出了建设性意见、建议。县政府及有关部门根据审议意见，采取有效措施解决存在的问题。如对委员们关于“加强市场管理，防止乱收费、乱罚款、欺行霸市、敲诈客商等不良行为”的建议，政府及时研究落实，在果品销售旺季召开了有工商、税务、公安等部门负责人参加的会议，要求有关部门放宽政策，努力改善营销环境，确保销售工作的顺利进行。经过各方的一致努力，果品销售较为顺利，保护了果农的利益。

道路建设是我县脱贫致富奔小康的重要措施。为促进这项工作，常委会在视察、调查的基础上召开第三次委员会议，听取审议了县政府《关于全县道路建设工作情况的报告》。会议对道路建设取得的成绩予以肯定，认为，1998年我县道路建设以静秦公路为重点，县、乡、村三级联动，无论数量还是质量都上了一个大台阶。会议针对道路建设中面临的困难和问题，要求县、乡政府进一步坚定信心，克服困难，把道路建设这一利民惠民的大事抓紧抓好，为全县经济的进一步发展创造良好的条件。会议还就加强道路养护，搞好配套设施建设等提出了意见、建议。

扶贫攻坚、国有企业下岗职工生活保障和再就业是当前工作的重点、热点问题。常委会第六次会议分别听取了县政府《关于全县扶贫攻坚工作情况的汇报》。审议中，委员们一致认为，近年我县以扶贫攻坚总揽农村工作全局，发扬“宁可苦干，决不苦熬”的静宁精神，在改善农业基础条件、开发支柱产业、增加农民收入等方面取得了显著成效，基本上实现了年内整县解决温饱的奋斗目标。在肯定成绩的同时，针对存在的问题，委员们要求县、乡政府充分认识扶贫工作的长期性、艰巨性，进一步强化责任，加大力度，带领群众扎实苦干，在基本解决温饱的基础上稳定解决温饱，最终脱贫致富奔小康。对于国有企业下岗职工基本生活保障和再就业，审议中，委员们对县政府及各级组织在解决下岗职工生活保障和再就业方面做出的努力给予了充分肯定。同时，针对当前工作存在的突出困难和问题，要求从改革、发展和稳定的大局出发，高度重视下岗职工问题，规范下岗程序，控制下岗人数，健全社会保障机制，广开就业门路，深化就业服务，切实解决好国有企业下岗职工的基本生活保障和再就业问题，维护社会的稳定。

为了增强监督效果，常委会还建立了审议意见办理制度，每次会议后都根据委员们的发言整理出审议意见，以正式文件转交“一府两院”及有关部门办理落实，并要求报送办理结果，对一些重点问题还采取跟踪督办的方式检查落实，从而加强了监督力度，达到了促进工作的目的。

（三）搞好人事任免，开展述职评议

依法任免干部，是人大常委会的一项职责。一年来，常委会依据有关法律规定，按照党的干部“四化”标准和德才兼备原则，任免县人大常委会及“一府两院”国家机关工作人员78名，其中，决定任命县政府局、委、办负责人40名；任命县人大常委会工作委员会负责人10名；任命县法院审判人员和县检察院检察人员19名；免去县人大常委会及“一府两院”国家工作人员职务9名。为搞好人事任免，常委会注重抓了提名、审议和表决三个环节的工作，即任免前首先听取党委组织部门的情况介绍和提请单位的说明，沟通思想，交换意见；审议时充分发扬民主，反复酝酿讨论；表决时严格依法办事，实现了党管干部与人大常委会依法行使任免权的有机统一。

为了加强对任命干部的监督，常委会更有效地开展了述职评议工作。一是由人大任命的政府部门负责人年底都必须向常委会递交书面述职报告，由主任会议进行审查。二是确定对县教育局局长进行述职评议。这次述职评议从9月中旬开始，历时1个多月。为了确保评议质量，抽组2个调查组，由常委会主任和1名副主任分别带队，深入教育局机关及20多个基层学校和仁大等6乡镇，通过召开座谈会，个别谈话，实地检查等方式，对教育局及局长的工作情况进行了广泛调查，形成了专题调查报告。常委会在县教育局主持召开了局机关全体职工及城区学校负责人会议，由述职人员汇报工作，接受评议。在此基础上，常委会召开第五次会议，在听取教育局局长的述职报告和评议调查组的调查汇报之后，对述职人员从德、能、勤、绩等方面进行了认真评议，并结合我县教育工作的实际，就进一步改善边远贫困乡村办学条件、巩固提高“普九”成果、加强教师队伍建设、加快职业技术教育发展、推行素质教育、搞好教育科研工作等提出了意见、建议。会后，常委会及时将评议意见连同调查组整理的《评议调查中基层学校及干部职工反映的一些具体问题和意见》一并转送县教育局，要求结合实际进行整改。教育局根据评议意见研究制定了具体的整改措施。在述职评议过程中，由于我们较好地坚持了实事求是、客观公正的原则，准备充分、调查深入，加之教育局及述职人员积极配合，使评议工作达到了预期的目的。这次评议认真扎实，情况吃得透，问题找得准，意见针对性、指导性强，对推动教育局工作和全县教育事业发展产生了积极作用。三是按照省、地人大关于上下联动对法院院长、副院长进行述职评议的精神，常委会及时研究部署了对县法院院长、副院长的述职评议工作。此项工作从12月上旬开始至1999年3月结束，分宣传动员、调查研究、述职评议、整改总结四个阶段展开。目前整个工作正在按计划进行。

（四）重视代表工作，发挥代表作用

人大代表是国家权力机关的组成人员，代表工作是人大工作的基础。一年来，常委会主要抓了以下工作；一是组建代表小组，实行包乡联系代表责任制。换届后，常委会按照本届代表的构成和分布情况，本着便于组织开展活动的原则，以乡镇为单位将212名县人大代表组建为30个代表小组。同时，为了指导代表小组开展闭会期间的活动，确定由常委会主任、副主任及专职委员分工包乡联系代表，并对联系的内容、方法、要求等做了具体规定。各责任人除专门走访外，还利用视察、调查和搞中心工作的机会，联系代表，向他们汇报全县工作情况，征询对常委会及“一府两院”工作的意见、建议。对于代表反映的问题，常委会都非常重视，及时协调有关部门研究解决。二是组织代表开展视察、调查和“创优争先”活动。常委会组织在我县的省九届人大代表和部分县代表，先后对财政、计划、农业建设、政法工作等进行了视察和调查。7月份下发了《关于在县、乡两级人大代表中继续深入开展“创先争优”活动的通知》，组织代表开展了以“三率先”“四个一”“五带头”为主要内容的“创先争优”活动，较好地发挥了人大代表在两个文明建设中的模范带头作用。三是认真办理代表意见、建议，保障和支持代表行使参与国家管理和社会事务的职权。县十三届人大一次会议上，代表们共提出意见、建议50条，常委会及时召开“一府两院”及各承办单位负责人会议，就办理工作提出了具体的要求。为保证办理工作落到实处，县人大代表联络工作委员会多次深入有关单位催办、督办。常委会第五次会议听取、审议了县政府《关于代表意见、建议办理工作的报告》，并就改进和加强办理工作提出了具体意见。在政府及各承办单位的一致努力下，至9月底，50条意见、建议全部办理结束。其中，所提问题得到解决和部分解决的有29条，占总数的58%，正在解决或列入计划逐步解决的15条，占总数的30%；因条件限制暂时难以解决的有6条，占总数的12%，整体办理时效和质量较往年有了较大提高。四是加强了信访工作。常委会把办理人大代表和群众来信来访作为联络群众和代表、了解社情民意的重要渠道。一年来，共接待群众来访89人（次），收到来信34件。对于这些来信来访，都按“归口办理”的原则由常委会主任或副主任批示后转交有关部门办理。常委会还直接查处了一些信访案件。对于信访案件转办过程中出现推诿扯皮的，常委会积极协调解决。通过办理人民来信来访，保护了公民的合法权益，维护了社会的稳定。

（五）严格依法办事，指导乡镇换届选举

根据地方组织法的规定，我县乡镇第十三届人民代表大会到1998年底任期届满，要进行换届选举。根据上级人大的统一安排，常委会对全县乡镇人大换届选举工作进行了周密安排，成立了乡镇换届选举领导小组，下发了《关于乡镇人民代表大会换届选举工作的安排意见》。为了保证换届选举工作健康有序地进行，常委会抽组人员，由主任和副主任带队，分三片深入全县30个乡镇巡回检查指导。县人大办公室还编印了《乡镇换届选举有关法定时间和数据》等材料，连同换届选举的有关法律、法规和文件一起配发给各乡镇。11月底，常委会采取以会代训的方式，对各乡镇人大主席、副主席进行了换届选举培训。由于县、乡两级的高度重视，这次换届选举进展顺利。全县30个乡镇都是一次选举成功，共选出乡镇第十四届人民代表大会代表1492名。整个选举工作从选民登记、代表候选人的提出到正式选举都严格按法定程序进行。经审查，所选代表的年龄、知识和界别结构都比较合理，整体素质有所提高。各乡镇于年底前均召开了新一届人民代表大会，选举产生了乡镇人大、政府领导班子，圆满完成了换届选举的各项任务。

（六）围绕经济建设，积极参与中心工作

在努力搞好人大工作的同时，常委会紧紧围绕经济建设这个中心，坚持在参与中监督，在参与中支持和促进。一是参与了全县重大事项的决策，支持和促进县人民政府及有关部门依法行使职权，解决难点、热点问题。二是按照县委的统一部署，参与抓了全县林果业建设。常委会成立了由主要领导和农财委、办公室负责人组成的林果业工作小组，会同林业主管部门进行调查研究，制定了林果业生产、建设和服务等方面的具体措施及意见。在春季果园建设中，按照县上五大机关各包1条千亩果带建设的要求，常委会组织机关全体职工进行栽培示范和指导，较好地完成了县上分配的任务。为了促进果品产业化开发，常委会组织人员在深入调查研究的基础上，写出了《关于全县林果产业化发展情况的调查报告》，由于反映的问题真实、准确，提出的建议切实可行，受到县委重视，向全县予以转发。三是根据县委的统一安排，常委会主任、副主任分别承担了4个联系乡和5个贫困村的包扶工作，并参与了静秦公路建设、计划生育、改土、造林等农村工作。同时，根据工作需要，抽调机关干部参与了计生督查、包村扶贫、土地承包等中心工作。

（七）适应新形势的需要，加强了常委会自身建设

搞好自身建设，提高议事和工作水平，是保证常委会履行职责的前提。一年来，主要抓了以下几点：

一是加强学习。首先，认真学习了邓小平理论和党的基本路线、方针、政策，以

及人大理论和法律法规。通过学习，进一步提高政治理论水平，深刻认识人大的地位、性质和作用，不断增强民主法制意识和人大工作意识，为开展人大工作奠定思想基础。其次，重视学习借鉴外地人大工作经验。通过参加省、地人大工作培训会、外出考察、信息交流等，认真学习、推广了兄弟县、市人大依法治理、人事监督、推行执法责任制等方面的经验。同时，常委会还督促鼓励机关干部开展人大工作和理论研究，加强了县内广播电视宣传报道，积极宣传我县人大工作和全县两个文明建设成就。一年来，先后在《人民之声报》《平凉报》等报刊发表了多篇理论文章和新闻稿件。

二是开展了机关思想作风整顿。年初，常委会针对机关工作中存在的问题，进行了为期1月的思想作风整顿。在深入学习，提高认识的基础上，逐人开展批评与自我批评，寻找差距，揭摆问题，进行整改。通过整顿，使机关作风和面貌有了大的改观，初步形成了规范、有序、高效的工作机制。

三是深入实际，加强调查研究工作。一年来，常委会先后组织组成人员和工作人员40多人（次），深入全县30个乡镇的部分村社和县直有关单位，就工农业生产及交通、教育、政法等工作进行了7次规模较大的视察、调查活动，撰写调查报告5份。通过调查视察，为常委会审议“一府两院”工作提供了依据。

过去的一年，在县委的正确领导下，在全体代表及全县人民的支持下，常委会的工作取得了一定成绩。但是，与宪法、法律赋予的职责和人民群众的期望相比，我们的工作还有较大差距。主要是对社会主义市场经济条件下如何开展人大工作研究不够，思路不宽，办法不多；监督工作还比较薄弱，没有用足用够监督手段和措施，力度不大，没有充分显示出人大工作应有的权威性；代表工作不够扎实，缺少活力；对乡镇人大工作的指导也不够得力，这些都需要我们在今后的工作中进一步研究解决。

二、新一年的主要工作

各位代表，1999年是我国历史发展的重要一年，也是我县实施“九五”计划和实现跨世纪奋斗目标的关键一年。在新的一年里，县人大常委会要继续高举邓小平理论伟大旗帜，以党的十五大和十五届三中全会精神为指针，坚持以经济建设为中心，在县委的领导下，进一步改进人大工作，加大工作力度，把加强社会主义民主和法制建设作为根本任务，认真履行宪法和法律赋予的职权，积极推进依法治县，为保障和促进全县两个文明建设发挥更大的作用。

（一）加强自身建设，提高工作水平

新的形势，赋予人大工作的任务越来越繁重。人大常委会只有不断加强自身建设，提高工作水平，才能适应新的要求。在新的一年里，一是要认真组织开展“讲学习，讲政治，讲正气”活动，努力提高常委会一班人的政治素质、道德素质，防止腐败和邪气的侵袭，塑造好人大常委会自身的形象。二是要振奋精神，改进工作，加大力度，做到监督到位，职责到位，使常委会的整体工作有一个新的起色。三是要积极组织常委会组成人员开展参观学习、视察和调查活动，使他们更多地了解县情、政情和民情，以提高议政能力和监督水平，使其更好地履行职责。四是要协调政府及职能部门，让人大常委会各工作委员会的负责人更多地列席政府有关会议，听取政府和职能部门的行政决策，拓宽知政渠道，变事后监督为事前事中监督，以提高监督的及时率和有效性。五是要进一步搞好人大机关的建设，努力提高工作质量和效率，为常委会的工作提供更好的服务保障。

（二）不断深入，狠抓落实，继续推进依法治县

搞好依法治县，努力实现全县法制化的目标，是人大常委会的一项重要工作。目前，我县依法治县的机构和机制已经建立，各级的治理规划已经出台，治理的典型也已出现。新的一年，一是要搞好行政执法责任制的细化、落实、督查和考核工作，围绕农民减负，制止乱收费等热点问题，促进依法行政。二是落实“三五”普法规划，夯实依法治县基础，采取建立普法责任制，号召广大干部、党团员带头学法、以案说法、以事说法、考试考核等办法，形成全县学法的良好氛围，以提高全民的法律素质。三是落实依法治理规划，推广依法治理典型经验。农村从依法治村抓起，县城从依法治理基层单位抓起，进行全面治理，最终实现全县的法制化。四是继续搞好司法机关的整顿治理，采取建立和完善机制、队伍整顿、民主评议等措施，促进严格执法、公正司法。

（三）搞好人大宣传工作，进一步完善工作环境

搞好人民代表大会制度的宣传工作，是民主法制建设的重要环节。新的一年，常委会要更好地运用一切宣传手段，大力宣传宪法和人大的性质、地位和作用，普遍提高人们的民主法制意识。首先在人大任命的干部中真正树立起做人民公仆、受人民监督的观念，其他机关单位和各行各业的工作人员，也必须树立我们的一切权利都是人民交给的，要全心全意为人民服务，虚心接受人民监督的思想。坚决克服人大监督是“找麻烦，胡干扰”、是“行政干预”、是“侵犯行业自主权”等错误观点，从而为人大常委会的工作创造更宽广更优良的环境。

（四）服从大局，积极参与中心工作

人大工作只有服从和服务于经济建设这个中心才具有活力，才能赢得更广泛的理解和支持。常委会要一如既往地在县委的领导下，积极参与林果业建设、联系乡镇工作、包村扶贫、计划生育等中心工作。特别要注意参与政府对重大事项的决策，依法行使好应尽的职责。在中心工作中，要改进工作方法，干实事，求实效，努力改变在联系乡镇工作上被动落后的状况，通过参与中心，以增强全县中心工作的合力，也便于体察实情，把握监督的准确性和合理性，提高监督工作的水平。

（五）搞好本职工作，发挥好权力机关的作用

要围绕宪法和法律赋予县级人大的决定权、监督权和任免权等职权，进一步搞好审议“一府两院”工作、述职评议、执法检查、人事任免、决定重大事项、调查视察、联系代表、接待来信来访等常规性工作。要把法律赋予的、人民交付的权力用足、用好、用到位，更好地发挥人大常委会的职能作用，保证宪法和法律的执行，促进全县的经济建设和社会稳定。

第三节　县第十三届人民代表大会第三次会议

大会概况

县十三届人大三次会议于2000年3月21日至23日在县政府礼堂召开。应出席代表209名，实出席197名，不是县十三届人大代表的县委、县政府、县政协、县人武部的领导，在本县的省第九届人大代表，县委各部门、县直及省地驻静宁各单位主要负责人，乡镇人大主席、副主席，不是代表的乡镇党委书记以及离退休老干部，出席政协五届三次会议的全体委员（列席此次会议第一次全体会议），共237人列席会议。

王毅、王守元、王学书、王维歧、王智仁、王智国、毛文平、邓颖（女）、吕忠厚、朱春林、刘文乾、李克科、李佩红（女）、杨耀忠、张金业、陈向华（女）、岳具辉、赵玉民、赵景山、赵智荣、骆世清、高恒、聂正国、柴玉明、柴桂兰（女）、郭应童、阎继富、靳士孔、戴双军（按姓名笔画为序）29人组成大会主席团，王守元、王学书、毛文平、吕忠厚、朱春林、李克科、陈向华（女）、岳具辉、赵景山、赵智荣、聂正国、靳士孔、戴双军（按姓名笔画为序）13人为主席团常务主席；靳士孔为秘书长，郭应童、王克选、郭三省、柴玉明为副秘书长；岳具辉、许富忠、王智仁、柴玉明、柴桂兰（女）5人组成议案审查委员会，岳具辉为主任委员，许富忠为副主任委员。

3月20日晚，由县人大常委会主任吕忠厚主持，举行预备会议，通过大会议程和主席团、秘书长、议案审查委员会名单，宣布主席团第一次会议讨论通过的事项。

大会举行全体会议3次。第一次全体会议于3月21日上午举行，听取县政府县长毛文平所作的《县人民政府工作报告》、县计委主任杜文彪所作的《关于1999年国民经济和社会发展计划执行情况及2000年计划（草案）的报告》、县财政局局长王维军所作的《关于1999年全县财政预算执行情况和2000年财政预算（草案）的报告》。第二次全体会议于3月22日上午举行，听取县人大常委会主任吕忠厚所作的《县人大常委会工作报告》、县法院院长杨志军所作的《县人民法院工作报告》、县检察院检察长李居洲所作的《县人民检察院工作报告》，审议县人大常委会《关于县第十三届人民代表大会第二次会议代表意见、建议办理情况的报告（书面）》，通过选举办法。第三次全体会议于3月23日上午举行，通过关于接受李克科辞去县人大常委会副主任职务请求的决定，选举县人大常委会副主任1名；听取县人大常委副主任、议案审查委员会主任委员岳具辉所作的《关于代表意见、建议审查结果的报告》，通过《关于政府工作报告的决议》《关于1999年国民经济和社会发展计划执行情况及2000年计划（草案）的决议》《关于1999年财政预算执行情况和2000年财政预算（草案）的决议》《关于县人大常委会工作报告的决议》《关于县人民法院工作报告的决议》《关于县人民检察院工作报告的决议》。大会结束时，县委副书记聂正国作了讲话。

大会安排分团会议2次。

大会主席团召开会议3次。

大会收到代表意见、建议53件，涉及7个方面。其中：①农林水利方面24件，占44.4%，主要是建议开发复垦治平乡杨店村王家河荒地，注册静宁红富士苹果商标，改建东峡段灌渠，给阳坡乡扯弓塬等村配套提灌工程，给李店乡白草屲村修建人饮工程等；②道路建设方面9件，占16.7%，主要是建议修建清水河桥、曹务乡店子河桥等；③农电建设方面3件，占5.6%，主要是建议改接深沟乡大岔村农电线路，给贾河乡豆坪村增加变压器等；④城建方面3件，占5.6%，主要是建议整治城区取水工程计量设计，加强城区街道路灯管理等；⑤交通邮电方面4件，占7.4%，主要是建议加强城区机动车辆管理，油铺石咀至古城乡公路，增设田堡乡邮政所等；⑥文教卫生方面7件，占13%，主要是建议修建甘沟中学宿舍楼，扩建仁大中学校园，修建古城乡卫生院门诊部及宿舍，恢复修建五台山公园等；⑦工商管理、劳务市场管理、社会治安方面3件，占5.6%，主要是建议加快雷大乡农贸市场建设，规范全县劳务市场管理，增设公、检、法办案经费等。

大会议程

一、听取和审议县人民政府工作报告；

二、听取和审议县人民政府关于1999年国民经济和社会发展计划执行情况和2000年国民经济和社会发展计划（草案）的报告；

三、听取和审议县人民政府关于1999年财政预算执行情况和2000年财政预算（草案）的报告；

四、听取和审议县人大常委会工作报告；

五、审议县人大常委会关于县十三届人大二次会议代表意见、建议办理情况的报告（书面）；

六、听取和审议县人民法院工作报告；

七、听取和审议县人民检察院工作报告；

八、选举；

九、其他。

大会日程

县第十三届人民代表大会第三次会议日程表

表3-70

时间		会议内容	执行主席
3月20日	晚7时	预备会议：1.通过大会议程；2.通过大会主席团和秘书长名单；3.通过大会议案审查委员会名单；4.宣布主席团第一次会议通过的事项	吕忠厚
3月21日	上午	大会：1.开幕式；2.政府工作报告；3.1999年国民经济和社会发展计划执行情况及2000年计划（草案）的报告；4.1999年财政预算执行情况及2000年预算（草案）的报告	吕忠厚　陈向华 赵智荣　岳具辉 王维歧　王智仁 杨耀忠　柴桂兰 王　毅　刘文乾
	下午	各代表团审议政府、计划、财政三个工作报告	

续表3–70

时间		会议内容	执行主席
3月22日	上午	大会：1.县人大常委会工作报告；2.县法院工作报告；3.县检察院工作报告；4.通过大会选举办法	毛文平　王守元 聂正国　李克科 靳士孔　高　恒 柴玉明　骆世清 李佩红
	下午	各代表团审议人大、法院、检察院工作报告；酝酿讨论有关辞职决定（草案）和补选县人大常委会副主任候选人名单	
3月22日	下午	大会：1.通过有关辞职的决定；2.选举；3.议案和意见、建议审查报告；4.通过政府、计划、财政、人大、法院、检察院工作报告的决议；5.县委领导讲话；6.大会闭幕	赵景山　王学书 戴双军　朱春林 张金业　郭应童 赵玉民　王智国 阎继富　邓　颖

主席团会议日程

县第十三届人民代表大会第三次会议主席团会议日程表

表3–71

时间		地点	会议内容	参加人	主持人
第一次会议	3月20日预备会议期间	政府礼堂	1.通过大会日程；2.通过大会常务主席名单；3.决定大会副秘书长名单；4.决定大会议案和意见、建议终止时间	主席团成员	吕忠厚
第二次会议	3月21日下午5时	招待所下院会议室	1.听取各代表团关于政府等三个工作报告讨论情况的汇报；2.讨论大会选举办法（草案）；3.讨论有关辞职决定（草案）和提出补选县人大常委会副主任候选人名单	主席团成员及各代表团召集人	吕忠厚
第三次会议	3月22日下午4时	招待所下院会议室	1.听取各代表团关于人大、法院、检察院工作报告讨论情况的汇报；2.听取各代表团关于有关辞职决定（草案）和补选县人大常委会副主任候选人讨论情况的汇报；3.决定正式候选人名单；4.提出大会监票人名单；5.听取议案和意见建议审查情况的汇报；6.讨论政府工作报告等六个决议（草案）	主席团成员及各代表团召集人	吕忠厚

大会选举

县人大常委会：

副主任　祁治国

县人大常委会副主任祁治国个人情况表

表3-72

姓名	性别	民族	年龄(岁)	籍贯	文化程度	入党时间	工作时间	工作简历
祁治国	男	汉	55	静宁界石铺	初中	1971.6	1963.7	1963年7月至1976年4月，先后在高界公社诊疗所、县委办、原安公社、县武装部，县革委会政治部组织组、青年组，团县委、灵芝公社、红寺公社工作；1976年5月至1979年1月任曹务公社革委会副主任；1979年12月至1981年1月任深沟公社党委副书记、管委会主任；1981年2月至1985年7月先后任三合公社党委副书记、管委会主任、乡党委书记；1985年8月至1986年7月任县委老干部科副科长；1986年8月至11月任县农牧局副局长兼养兔办主任；1986年12月以来任农办副主任、主任

附：

县人民政府工作报告

（县人民政府县长毛文平　2000年3月21日）

一、1999年政府工作回顾

1999年，政府工作在上级党政组织、县委的正确领导和人大、政协的监督支持下，负重拼搏，务实创新，突出重点，加快发展，全县经济和各项社会事业取得了令人鼓舞的成效，经济建设和精神文明建设在全区综合考核中均荣获一等奖。主要经济指标除农民人均纯收入外，均完成了十三届二次人代会确定的目标任务。国内生产总值完成7.26亿，增长9%，其中第一产业3.21亿元，增长5.4%；第二产业2.05亿元，增长10.8%；第三产业2亿元，增长11.3%。

——农村经济以增加农民收入为中心，狠抓抗旱减灾、扶贫攻坚、基础建设、产业开发等重点工作，实现了整县基本解决温饱的历史性跨越

一是粮食生产夺得了较好收成。面对严重的自然灾害，立足减灾保粮增收，全力落实综合抗旱措施，大力推广实用技术，积极调整种植结构，粮食生产在大灾之年仍取得了较好收成，总产量达到14.97万吨。

二是扶贫开发取得了新成效。通过实施基础、温饱、增收和科技“四大工程”，

加大帮扶力度，大打扶贫攻坚战，年内解决了3乡57村2.89万人的温饱问题，农村贫困面下降到3.6%，经过省地验收，实现了整县基本解决温饱的目标。

三是支柱产业开发效果显著。坚持走突出主业、多元发展、整村突破的路子，通过扩大规模，加强管理，重视技物投入，完善产后服务，产业化经营程度进一步提高。新建果园1.1万亩，果品总产量达到4000万公斤，实现收入6000万元。区域特色产业重点扶持发展了药材和温室蔬菜产业，种植药材5600亩，新发展温室蔬菜420亩。全县农民人均纯收入达到1179元。

四是农业基本条件得到进一步改善。坚持以流域为单元，山、水、田、林、路统一规划，综合治理，工程、生物和农艺措施同步到位，整体推进。新修优质梯田8.18万亩，整修林地工程6.7万亩，完成小流域综合治理110.9平方公里。新修上等级乡村道路55条283.5公里，配套维修130条703.5公里。新打机电井75眼，集雨水窖1.32万眼，衬砌渠道105公里，新增有效灌溉面积4600亩，解决了2.15万人的饮水困难。建成了城川吴庙、七里李堡、阳坡新兴3处高新节灌示范点，为发展节水高效农业创出了典型，走出了新路子。

五是乡镇企业持续发展。以乡镇工业小区开发为带动，以重点项目为支撑，主体行业、骨干企业的经营效益进一步提高。乡镇企业总产值完成7.21亿元，实现利税5131万元，上交县内税金552万元。年内多渠道输出劳务7.2万人，实现收入1.08亿元。

——城镇经济以“三改一加强”为主线，完善运行机制，狠抓企业管理，加快项目建设，整体运行质量和效益稳步提高

一是企业改革向纵深推进。按照“规范运作、制度创新、提高素质、适应市场”的要求，狠抓了改制企业规范完善，组建成立了全县资产经营公司，对医药公司和综合公司分别实行了股份制和股份合作制改制，对副食厂、粮油加工厂进行了二次改制。商业、供销、粮食商流企业开始向摆脱困境的方向过渡。

二是管理水平进一步提高。深入开展“企业管理效益年”活动，狠抓成本、资金、质量等基础管理，积极开拓市场，扩销促产，企业管理水平和经济效益同步提高。全县乡及乡以上工业企业实现利税994.4万元，基本实现了扭亏增盈目标。

三是固定资产投资持续增长。积极争取国家和省上的支持，加快项目建设步伐，全社会固定资产投资达到1.4亿元。国家生态环境建设和水泥达标节能技改2个前期项目启动实施，水土保持专项治理、万吨饲料生产线、市话扩容、北二环路改建、农网改造等6个新开工项目和成纪文化城、八里工业小区等4个续建项目完成了年度建设计划。静秦公路薛胡到仁大樊王桥、威戎张齐提水节灌工程和1000万发电雷管填平补齐项目，分别通过初设审查和批复立项。投资1098万元，完成了12个技术改造项目，新建住宅4.37万平方米。

——财税工作以财源建设为龙头，强化调度，加强征管，严控支出，全面完成了收入任务

按照“巩固基础财源、壮大主体财源、开辟新型财源”的思路，积极发展农林特

产，大力发展第二产业，加快发展第三产业和非公有制经济，千方百计培植财源，依法加强税收征管，促进了财政收入稳定增长。全县财政收入完成4086万元，增长12.7%。严格预算约束，优化支出结构，基本保证了正常工作的运转和重点支出的需要。全县财政总支出达到9997万元，较上年增长15.1%。金融形势平稳，各项存款余额4.27亿元，增长17.7%；各项贷款余额4.36亿元，增长18.1%。

——社会事业立足服务经济建设，突出计划生育，加大载体投入，狠抓创建达标，保持了协调发展

计生工作围绕完成年度人口计划，坚持“三为主”，推行“三结合”，不断强化基层网络建设。认真开展了“五清一建四落实”活动，计划生育工作整体有了新的提高。

科教兴县战略不断深入人心，科技对经济发展的贡献率进一步提高。“义务工程”实施顺利，新建标准化小学14所，完成排危9200平方米，教育质量稳步提高。农村卫生网络建设得到改善，完成了4所乡镇卫生院的改扩建任务，有18所卫生院达到“一无三配套”标准，农村合作医疗覆盖面达到25%。全面完成了寺山电视差转台扩建工程，“村村通”工程建设进展顺利，年内有109个村安装了卫星地面转播站。以弘扬成纪文化为主线，成纪文化城等硬件建设令人瞩目，群众性文化活动丰富多彩，被文化部正式命名为“全国文化先进县”。精神文明创建活动成效显著，312国道文明样板路通过验收，名列全省前茅。双拥工作扎实有效，荣获全省“双拥模范县”称号。气象服务、体育达标、文史档案、民族宗教以及侨务旅游等方面取得了新的成效。

——维稳工作坚持社会治安综合治理，突出群众生活安排，落实社会保障制度，为改革发展创造了良好环境

正确处理改革、发展和稳定的关系，加强社会治安综合治理，严厉打击各种违法犯罪活动，依法坚决果断地处理了邪教问题。落实“三三制”办法，狠抓扩面征缴，国有企业下岗职工的基本生活得到较好安排，为834名企业离退休职工发放养老金545万元。下拨救灾款118万元，有8500户40820人得到救济。对7900多名城乡特困人员发放了最低生活保障金。

——积极推进依法治县，强化职能，转变作风，民主法制建设和廉政建设继续得到加强。

县、乡政府自觉接受人大代表和政协委员的监督，重大决策主动征求各方面的意见和建议，推进了决策的民主化和科学化。全县共向人大常委会报告工作8次，向政协通报工作2次，承办人大代表和政协委员的意见、建议和提案93件。认真落实依法治县方略，加强“三五”普法教育，努力提高依法行政水平，加强了领导干部的廉洁自律。积极推行村务、政务、厂务公开制度，进一步规范了行政执法行为。开展民主评议行风活动，加大减负治乱的督查力度，较好地保护了农民和企业利益。

回顾总结一年来的工作，在很多方面都取得了令人鼓舞的成绩，也积累了一些比较成功的经验和做法，我们体会最深、需要继续坚持和完善的有以下几点：一是必须

准确理解国家、省、地的政策精神实质，从静宁的实际出发，确定具体化的、有针对性的发展思路和工作重点，因地制宜，分类指导，合理安排工作的起承转合，才能解决好前进中遇到的困难和矛盾。二是必须牢固树立强烈的发展意识，勇于探索，善于创新，敢于突破，创造性地开展工作，扩大静宁的影响，以工作实绩争取上级的关怀和支持。三是必须注重调查研究，尊重群众的首创精神，善于总结人民群众创造的新经验，不断拓宽新思路，着力培育新典型，努力提高工作水平。四是必须集中力量，突出重点，注意解决好热点，难点问题，为老百姓办实事，办好事，赢得人民群众的理解和支持，才能动员和组织群众实现政府工作的各项目标。五是必须大力弘扬“宁可苦干、决不苦熬”的精神，凝聚人心，鼓舞士气，调动各方面的积极性，形成合力，推动工作。

回顾一年来的工作，我们深深地感到，经济和社会发展中还存在着许多不容忽视的困难和问题。主要是：经济结构不合理，产业化程度低，农民收入增长缓慢，脱贫致富奔小康的任务相当艰巨；工业产品优化升级进展不快，科技含量低，缺乏市场竞争力，个别企业改制后机制不健全、运作不规范的问题比较突出，企业整体效益不理想，脱困形势十分严峻；非公有制经济发展不快，就业压力大，抓机遇、跑项目、争资金的意识还不强，财源基础薄弱，收支矛盾十分突出，资金调度难度非常大；对政府公务员的管理还比较滞后，少数工作人员的宗旨意识淡薄，工作方法还不能适应形势发展的需要；精神文明建设、廉政建设和民主法治建设还需要进一步加强。对于这些问题，我们将采取切实有效措施，认真加以解决。

二、2000年政府工作的主要任务和工作重点

今年是世纪交替之年，也是完成“九五”计划的最后一年。做好今年的政府工作，意义十分重大。面对国家实施西部大开发战略这一难得的历史性机遇，正视我们工作中存在的困难和问题，抢抓机遇，艰苦创业，扎实工作，加快发展，成为政府工作的主题。围绕这一主题，今年政府工作的总体思路是：以党的十五届三中、四中全会精神为指导，认真贯彻落实地委扩大会暨全区经济工作会议精神，牢牢抓住实施西部大开发的历史机遇，突出基础建设、生态治理、结构调整、科技进步和非公有制经济发展5个重点，努力提高经济整体质量和效益，实现农民增收、职工增收、财政增收，促进经济社会快速发展。

主要目标是：国内生产总值增长8%，达到7.84亿元；农业总产值增长4%，达到3.37亿元；农业增加值增长3.1%，达到3.31亿元；工业总产值增长12.1%，达到4.18亿元；乡及乡以上工业增加值增长10.8%，达到9200万元；财政收入增长11.4%，达到4550万元；粮食总产量达到15万吨；农民人均纯收入达到1222元；社会消费品零售总额增长11.5%，达到3.2亿元；全社会固定资产投资增长12.9%，达到1.58亿元；人口自然增长率控制在10.26‰以内。

为了保证上述目标的顺利实现，本着抓大事、保重点、促发展的原则，今年政府工作重点抓好以下8个方面：

（一）加强生态环境和基础设施建设，千方百计增加农民收入

1. 调整优化种植结构，努力提高粮食生产水平。围绕提高单产、增加总量，积极引导农民面向市场需求，依靠科技进步，调整农业结构。在继续抓好地膜覆盖、间作套种、配方施肥、病虫害防治等技术的同时，以优质专用小麦、玉米、加工型马铃薯等作物为重点，引进推广一批适合我县发展的优势主栽品种和实用新技术，促进农业逐步适应市场需求多层次、多样化、优质化的要求，使地膜玉米、坑种垄种洋芋、带状种植、膜侧谷子和小麦取得更大发展，确保粮食稳产增产。积极实施丰产技术的组装配套，集中力量，在界石铺、七里、细巷建立3个规模在千亩以上的高效农业科技示范区，为发展“两高一优”农业培育新典型，创出新路子。

2. 突出生态环境建设，着力改善农业基础条件。按照国家退耕还林（草）的政策措施，计划用5年时间，全县完成退耕还林（草），三荒造林60万亩，其中退耕还林（草）32万亩、三荒造林28万亩。今年是实施规划的第一年，开好头，起好步，至关重要。工作中坚持“全面规划、分步实施、突出重点、先易后难、先行试点、稳步推进”的原则，因地制宜，分类指导，以西北部和荒山、荒沟、荒坡为重点，与流域治理、产业开发、增加农民收入相结合，宜粮则粮，宜林则林，宜果则果，宜草则草，实现生态效益与经济效益同步发展。采取以粮代赈、以苗代补、群众投工投劳相结合的办法，严格落实国家的优惠补助政策，突出抓好西北部每乡镇5000亩、南部每乡镇2000亩综合治理示范点建设，确保年内全县退耕和三荒造林6万亩。集中全力搞好苗木基地建设。采取预约育苗的措施，以国营、中心苗圃为重点，尽快建立县、乡、村、户四级育苗基地和自育自栽自繁自用的苗木供应体系，为造林绿化提供苗木保证。年内各乡镇建立1处规模在50亩以上的育苗点，各村依托重点户育苗10亩以上。按照“治理有责、开发有权、经营有利”的原则，采取多种形式，放开三荒地经营权，吸引社会各方面参与生态环境建设。继续坚持人机结合、常年作战、综合治理的成功做法，以坡改梯任务较大的村社为重点，突出质量，采取一村或邻村连战的方式，确保全县新修优质梯田6万亩以上。坚持把水资源的合理开发和节约利用放在突出位置，走“三水齐抓，节水为主”的路子，全力搞好集雨节灌工程建设，大力实施管道输水，不断提高水资源利用率。在抓好吴庙等高新节灌示范点完善配套的同时，全力搞好张齐提水节灌工程建设。继续搞好打井和渠道衬砌工作。进一步深化水利产权制度改革，公开竞价拍卖“五小”水利工程，彻底解决权责不明、资产流失、水价混乱、农民负担较重的问题。坚持建管并重，以管为主的原则，抓好现有道路的维修配套，年内力争有一半以上的乡村道路达到等级标准。

3. 大力推进农业产业化经营，多渠道增加农民收入。积极调整农村经济结构和农业内部结构，大力发展农村支柱产业，拓宽农民增收的渠道。在农村支柱产业发展上，突出市场预测、龙头企业建设、生态基地扩大和健全社会服务体系四个环节，集中发展一批具有示范带动作用的专业村、专业乡，新建一批加工增值型的龙头企业，培育一批营销组织和贩运大户，带动农民直接进入市场，参与营销，跻身省内外大中

城市，开办专卖店，增加销售网点，逐步完善产业化经营的基本框架。果品产业在抓好静庄路、静西路、312国道等6条千亩果带补植完善、管理提高的同时，以山台地为重点区域，大力发展杏树、花椒等干果类树种，确保新植果树经济林3万亩。积极引导广大群众转变观念，依靠科技，采用高接换优、果实套袋、使用果型剂等高新技术，增强静宁果品的市场竞争力。确保果实套袋500万个，改造低产园5000亩的任务落到实处。切实搞好果品的分级包装，提高档次，扩大宣传，注册静宁苹果商标，举办好首届果品交易会，开展评选“十佳果农”“十佳经销户”活动，全方位搞好服务，实现与市场的有机对接，增加果农收入。养殖业抓住市场复苏的时机，大力推广暖棚养畜、饲料青贮氨化、品种改良等新技术，扶持发展一批示范村和养殖大户。特别要加大对静宁土鸡养殖的扶持力度，全力保护好静宁烧鸡品牌。围绕建立“粮、经、饲”三元结构，结合退耕还林还草，引进推广优质牧草，开发优质饲料，促进草产业和饲料工业的发展。区域特色产业按照“壮大老基地，发展新产区”的思路，把药材作为山区群众增收致富的支柱，以甘草、黄芪、板蓝、柴胡为主，早日建成西北部药材生产基地，年内完成种植面积2万亩。进一步扩大温室蔬菜规模，加强科学管理，提高经营水平。年内建成工厂化育苗专用棚和50座“四位一体”日光温室，在312国道沿线建成2处百亩以上的二代日光温室。

4. 继续打好扶贫攻坚战，加强小康村建设步伐。以巩固扶贫成果为重点，进一步加大扶贫开发力度，调动各方面的力量，在项目选择、资金配套、技术服务、智力开发等工作上着力为老百姓办实事、办好事，帮助贫困户建立稳定的增收来源。力争年内1.53万人基本解决温饱，80村、5.8万人稳定解决温饱。全面实施二次创业，真正把工作重心下沉到村一级，加大整村产业突破的力度，加强村级班子建设，大力发展村级集体经济，确保年内有10村达到小康标准，使全县小康村累计达到27个。

5. 大力发展乡镇企业，加快小城镇建设步伐。继续坚持一手抓提高、一手抓发展的思路，积极引导乡镇企业调整结构、转换机制、加强管理，加快现有骨干企业的技术改造和新产品开发，增强乡镇企业的整体素质。特别对建筑、建材和地毯等企业从完善内部管理机制入手，强化监管，规范运作，发挥优势，提高效益。坚持走小区开发、乡镇工业发展、龙头企业带动、小城镇建设“四位一体”的新路子，提高八里乡镇工业小区建设档次和管理服务水平。继续搞好威戎、界石铺、甘沟、古城等中心集镇的设施配套和完善提高，充分运用市场机制，广泛吸引社会资金，增强辐射带动作用，围绕农副产品加工、贮藏保鲜、运销增值，大办乡镇企业和龙头企业。同时，加强对建设用地的管理，搞好村镇建设规划和村容村貌建设。

(二) 不断深化企业改革，促进工业生产稳步增长

第一，进一步强化宏观指导和协调服务。坚持“抓大扶小帮特困”的有效做法，强化政府宏观调控、行政推动、协调服务、监督检查的作用，建立健全严格的激励约束机制，靠实主管部门和企业抓生产经营的责任，加强调度，严格考核，奖优罚劣。对经营效益好、财政贡献大的企业领导班子给予重奖。争取早日使煤矿、砖瓦、地毯

3户企业进入地级队，水泥、化工2户企业进入省级队。严格落实扭亏增盈责任制，在领导力量、资金投入、项目建设等方面全力倾斜，认真研究解决存在的具体困难和问题，促使亏困企业尽快走出困境，恢复生机。坚持不懈地抓好成本管理、财务管理和质量管理，进一步加强企业班子和员工队伍建设。通过齐抓共促，综合施治，整体提高企业运行质量和效益，力争年内乡及乡以上工业企业实现利税1000万元。

第二，继续深化和完善企业改革。对已经改制的企业，进一步强化监督，深化企业内部改革，建立和完善法人治理结构和经营者的激励约束机制，增强运行活力。在水泥、化工2户企业的管理人员中试行年薪制，抓好试点，逐步推开，真正体现权责利有机结合。下决心打破企业“均股”问题，实行股权合理流动，积极探索面向社会募集股金的办法，拓宽融资渠道，加快企业发展。允许亏困企业以转让、出租、抵押、置换、作价引资等多种形式，盘活土地资产，缓解企业资金不足，扶持搞活粮油、副食、火柴、淀粉、造纸厂等亏困企业。建立健全资产经营公司章程和运行机制，充分发挥监管职能，确保国有资产保值增值。对商业、供销、粮食企业，积极走退“三”进“二”、多种经营的路子，兴办农副产品加工业，开展连锁经营、代理经销，加快企业脱困步伐。

第三，全力搞好企业营销。坚持把开拓市场，扩大销售作为搞好企业生产经营的关键环节来抓，切实加强信息网络建设，采用现代手段，拓宽销售渠道，充实壮大营销队伍，完善激励机制和考核办法，促使企业厂长（经理）亲自跑市场、抓订单、促销售，对做出突出贡献的营销人员给予重奖。大胆吸收个体经营者或其他人员参与企业产品销售，改变谁生产、谁销售的单一被动局面，力争使工业产品产销率达到90%以上。切实加大货款回收力度，健全机制，强化监督，严禁资金体外循环。积极协调金融部门和企业建立良好的银企关系，加大信贷支持力度。鼓励县内企业在设备利用、技术互补、资金调剂、信誉担保等方面加强互助协作，在同质同价的前提下优先选用县内产品。

第四，加快企业技术改造步伐。围绕国家产业政策和市场需求，把科技创新、改造传统产业、促进产品升级换代作为工作重点，大办工业项目，挖掘内部潜力，努力增加花色品种，提高产品质量。各企业都要建立技改基金，成立技术开发小组，积极探索走产、学、研相结合的新路子，大胆启用技术人才和新分配的大中专毕业生，在工资报酬上给予倾斜，鼓励他们开展科技攻关和新产品开发，县上每年从国有股本收益中拿出一部分资金，帮助重点企业搞好技术改造和新产品开发。年内完成技改投资1335万元，实施重点技改3项。每户工业企业每年至少实施1项技术改造项目，论证筛选2至3项技改项目，多方衔接，争取国家和省上支持，增强企业发展后劲。

（三）加强财源建设，努力增加财政收入

一是完善财税体制，积极培植财源。按照“一级政府、一级财政”的要求，进一步完善财税管理体制，切实强化各级生财、聚财、理财的自觉性。围绕建立多元化、有后劲的财源体系，抓住省上扶持特困县财源建设的机遇，积极跑项目、争资金，支持有市场、有效益、有发展前途的重点企业和产品，全力抓好水泥、化工等骨干企业技术改造和新产品开发，培育壮大主体财源，促使其超产多缴。立足富民增收、壮大乡级财源，不断强化农业财源项目建设，进一步扩大果品、畜牧、蔬菜、药材等生产规模，提高经营水平和效益，增强财政贡献能力。确保乡级财政收入增长8.6%，达到3247.7万元。进一步拓宽财源建设投入渠道，把财政扶持与社会资金投入结合起来，实行政府引导、财政牵动，多方投资的新机制，形成新的财政收入增长点。

二是强化税收征管，保持财政收入稳定增长。以组织收入为中心，严格执行税收法规，进一步强化征管手段，严格打击偷、逃、抗、骗税等行为，大力清缴欠税，力争年内企业欠税压缩40%。继续坚持抓大不放小、以小补大的原则，进一步加强对个人所得税、零散税等税源的征收管理，强化督查调度，确保均衡进度，避免前松后紧。正确处理财政增长与农民增收、企业增效的关系，严格政策规定，做到既要依率计征，据实征收，又要堵塞漏洞，应收尽收。

三是严格预算约束，确保重点支出。进一步优化支出结构，大力压缩一般性支出和非生产性支出，确保"三条社会保障线"和"两个确保"等重点支出的需要。严格控制财政供养人员的过快增长，坚决实行以编定人、以编控支，规范财政资金供给范围，从严清理，认真测算，对不属于财政供给范围的单位必须停止供应经费，对有稳定收入的事业单位，必须削减经费，对暂时不能推向市场的事业单位必须实行经费定额包干，减轻财政压力。严格执行财经制度，加强审计监督，对各类收费项目坚决实行"收支两条线"，加强对机关事业单位和国有企业资产经营、出租、出让、分红等受益的征管工作，确保收入及时足额入库。对各单位的预算外资金，必须实行专户储存、财政统管、按需审批，把有限的资金用足用活。鼓励乡镇和县直各单位积极向上争取资金，弥补经费不足。

（四）抢抓西部大开发机遇，加大项目建设力度

加大固定资产投资力度，增加经济总量是促进我县经济快速发展的一项重大而紧迫的任务。围绕国家加大生态环境建设、基础设施建设、农村"三通"和企业技术改造投资的政策导向，着眼于结构调整、科技进步和产品升级换代，结合"十五"计划的编制，积极论证一批市场前景好、适合我县发展的高技术、高利税、高附加值项目，充实项目库，多跑多要，多渠道争取专项扶持基金，争取多列国家和省上的试点、示范基地，以积极主动、富有成效的工作争取更多的支持。年内争取河西井灌工程、葫芦河治理、威戎河桥、复混肥、果酒等项目早日列项，确保水泥达标节能技改、精微饲料和保健醋生产线年内建成投产，生态环境建设综合治理工程、水土保持世行二期贷款项目、张齐提水节灌、农网改造等12个项目完成年度建设计划，静庄公路改扩建、导爆管生产线、红寺和原安35千伏输变电工程等6个项目开工建设。不断深化住房制度改革，搞活住房二级市场，加快房地产开发和经济适用住房建设。对各类建设项目，严格实行上报审查备案制度，履行报批手续，避免盲目上项目、铺摊子，搞低层次、低水平的重复建设。建立健全和严格执行项目法人责任制、工程监理

制和工程质量终身责任制，从设计、施工、质检、验收等环节抓起，规范工程建设各方主体行为，保证工程质量不出问题。进一步巩固文明县城建设成果，加快县城基础设施建设，下决心解决县城地下水管实埋渗漏的问题。适当增加街巷便民蔬菜市场。加大监管力度，搞好绿化、美化和环境卫生。

（五）积极调整所有制结构，大力发展非公有制经济

把加快发展非公有制经济作为调整结构、搞活经济、改善财政状况的突破口，进一步落实优惠政策，加大政策扶持、依法保护和环境治理力度，认真解决发展中胆子不大、思路不广、办法不多、怕担风险等问题，以软硬并举的投资环境、条块协调的优惠政策，努力增强对投资者的吸引力。积极引导非公有制经济优化投资方向，把发展重点转向新型产业、创办龙头加工企业上，促其扩大规模，提高档次。鼓励非公有制经济通过租赁、兼并、买断等方式经营国有、集体亏困企业。争取年内非公有制经济保持15%的增长幅度，全县第三产业在国民经济中的比重提高到30%。

（六）狠抓基层基础和规范管理，提高计生工作整体水平

始终把控制人口增长摆到与经济发展同等重要的位置，围绕确保实现全年人口计划和各项责任目标，全面落实“三为主”，大力推行“三结合”，切实加强村级工作，健全服务网络，真正调动村、社两级抓计生工作的积极性，实现村级计生工作经常化。对进展迟缓、工作被动的乡镇，采取有效措施，重点帮助指导，尽快转化提高。通过采取综合措施，攻坚破难，确保年内通过省上“三为主”的达标验收。

（七）认真实施“科教兴县”战略，协调发展各项社会事业

以创建全国科技工作先进县为契机，加大科技投入，充实科技队伍，健全信息服务网络，激励各类专业技术人员到经济建设第一线发挥聪明才智，积极引进技术，吸引人才，加强与科研院所、高等院校的联系与合作，努力提高科技成果转化率和对经济贡献率。

进一步落实教育优先发展战略，继续强化基础教育，大力发展职业技术教育，积极推行素质教育，全面提高教育质量。加强学校思想政治工作，搞好教师队伍的培养、培训和管理。对边远山区学校要从优化师资队伍、改善办学条件等方面实行倾斜，下功夫改善办学条件，提高教育质量。年内建成标准化小学14所，完成小学排危45所、6000平方米，争取早日开工建设一中教学实验楼。继续走职教联办的路子，加快职教中心配套建设，年内实现A级达标。

不断加强医疗卫生、计划免疫、妇幼保健工作，重点搞好乡镇卫生院和村卫生所的改建提高，年内完成四河、七里、石咀等6所卫生院的新建和扩建。每乡镇年内完成3所标准化村卫生所建设。加强卫生监督，整顿规范医药市场，搞好医德医风建设。

围绕发展健康文明向上的社区文化、村镇文化、企业文化和校园文化，深入持久地开展送文化下乡活动，不断丰富城乡群众的文化生活，加快文化城二期工程扫尾建设，巩固全国文化先进县成果。认真实施“村村通”工程，年内完成41个村的建设任务，扩大广播电视覆盖面，进一步提高节目质量，增强宣传的广度和深度。抓紧县志

续修工作。广泛开展全民健身活动，不断提高竞技水平。

（八）重视解决热点难点问题，全力维护社会稳定

保持社会稳定始终是政府工作的一件大事，是做好经济工作的重要保证，必须采取积极有效的措施，解决好热点、难点问题。

一是切实抓好减负治乱。减负治乱，事关重大，任务艰巨。必须严格执行“约法三章”，依法加强对农民负担的监督管理。对村提留、乡统筹必须控制在预算限额之内，按照预决算程序首先由村社提出预算方案，逐级上报审批，张榜公布，接受群众监督。坚决取消不合理收费项目，彻底杜绝乱开口子、层层加码、搭车收费的问题。凡由农民出钱出物的一切达标升级活动，都必须无条件立即停止。对公益事业建设，要根据农民承受能力，征得村民代表大会同意，农民不愿意办和无力办的坚决不办。进一步规范税费征管，对农业特产税、屠宰税要据实征收，坚决制止按地亩、按人头和按牲畜存栏数分摊、虚征强收的现象。切实加强减负政策法规的宣传教育，引导农民正确区分合理负担与不合理负担，积极履行应尽的义务。坚决实行农民负担一票否决制，杜绝因工作方法不当而引发的严重事件和恶性案件。对企业的各类收费严格执行“一刀切”政策，保护企业利益。

二是加大社会保障力度。以扩面征缴、“两个确保”为重点，落实“三三制”办法，确保下岗职工基本生活费按时足额发放、离退休人员养老金不发生新的拖欠。年内“两金”收缴率力争达到90%以上，基本养老金直发面达到80%以上。继续实行群众自救、政府救济、社会捐助相结合的办法，落实城乡居民最低生活保障制度，保证受灾群众和困难职工的生活不发生大的问题。

三是全方位搞好社会治安综合治理。严格落实各级治安责任制，健全基层综合治理网络，加强政法队伍建设，严厉打击各类刑事犯罪，广泛开展禁赌、查毒、扫黄、打非等专项斗争，在禁绝非法种植毒品原植物上加大力度，确保见到实效。坚决打击车匪路霸和地痞村霸等流氓恶势力，及时消除各种不安定因素，保护人民群众生命财产安全，全力维护社会稳定。严密防范、坚决惩治各类经济犯罪和机关工作人员的渎职犯罪，保持经济建设健康发展。重视群众来信来访，疏通信访渠道，及时妥善解决群众反映的各类问题，防止激化矛盾。

三、加强政府自身建设，确保完成各项目标任务

第一，加强民主法制建设，提高依法行政水平。县、乡政府要自觉接受人大的依法监督和政协的民主监督，虚心听取人大代表、政协委员和社会各界人士对政府工作的意见和建议，认真办理人大代表、政协委员意见、建议和提案。重视发挥群众监督和舆论监督，广开言路，促进政府工作的科学化、民主化、法制化，使广大人民群众的意志得到充分体现。结合“三五”普法宣传教育，深入开展以学理论、学政策、学法律，改进工作作风为主要内容的“三学一改”活动，提高各级干部的法制观念和依法办事的能力。建立严格的执法责任制，规范行政行为和行政执法活动，真正做到依法行政、依法办事。扎实有效地搞好政务公开、村务公开和厂务公开，扩大基层民

主，增强工作透明度，赢得广大群众的支持和拥护。

第二，加强勤政廉政建设，努力改进工作作风。认真落实党风廉政建设责任制，坚决执行廉政建设的各项规定，教育各级干部做到勤政廉政，正确行使党和人民群众赋予的权力，恪尽职守，攻坚破难，抓好落实。大力倡导实事求是、求真务实，一切从实际出发，从人民最需要的方面做起，把各项工作建立在实实在在的基础上，坚决反对作风漂浮、欺上瞒下、谎报政绩的错误行为。牢固树立群众观点，深入基层，体察民情，了解民意，正确决策，着力解决群众关心的热点、难点问题，创造性开展工作，以扎实的工作和模范行为，带动和影响群众，调动各方面的积极性，共同完成政府工作的各项任务。

第三，坚持从严治政，提高抓落实的质量。继续坚持以往在抓落实中形成的有效工作机制，从领导干部和责任部门抓起，从重点工作和难点工作抓起，完善责任目标考核，切实加强对干部职工的教育、监督和管理，做到层层有人抓、事事有人管，形成干实事、比贡献，争一流的工作局面。进一步严明组织纪律，严格工作程序，切实解决条块分割、部门利益至上的问题，确保政令畅通、高效运转。把督促检查作为推动政府工作的重要手段，落实督查工作责任制，定期不定期对重点难点工作和阶段性任务跟踪督查，发现问题，及时解决，总结典型，推广经验，促使各项工作落到实处，见到实效。

各位代表，全县经济社会发展正处在机遇和挑战同在、困难和希望并存的关键时期。在新的一年里，我们一定要在县委的正确领导和人大、政协的监督支持下，团结带领广大干部群众，认清形势，明确任务，抓住机遇，开拓进取，齐心协力，扎实工作，确保完成各项工作任务，以优异的成绩迎接新世纪的到来。

县人大常委会工作报告

（县人大常委会主任吕忠厚　2000年3月22日）

刚刚过去的1999年，是世纪之交、承前启后的一年，也是我县经济、文化和社会各项事业全面快速发展的一年。县人大常委会在中共静宁县委的正确领导和上级人大的指导下，高举邓小平理论伟大旗帜，以党的十五大精神为指针，按照县十三届人大二次会议确定的奋斗目标，认真开展了各项工作，为推进我县的社会主义民主和法制建设，促进经济和社会的全面发展作出了应有的贡献。

一、以“三五”普法教育、执法检查、健全和完善执法责任制为重点，努力推进了依法治县进程

“依法治国，建设社会主义法治国家”，是中国共产党的一项长期战略任务，也是各级人大及其常委的一项重要而紧迫的工作。一年来，主要从以下3个方面开展了工作。

（一）加强监督，大力支持，推动“三五”普法教育深入开展。普法教育是依法治县的基础，常委会大力支持司法部门积极开展这项工作，使普法教育工作取得了新进展。首先，把各级干部特别是领导干部的学法用法列入重要议事日程，常抓不懈。

其次，在年初，对城关、城川、八里3乡镇的200余名乡、村干部集中进行了一次法律知识培训。全县共举办各类法制培训班108期，培训执法人员和各级干部2680人（次）。同时，利用农贸市场和农村改土等群众相对集中的机会，组织开展了“农民法制宣传教育月”“培养家庭法律明白人”“法律知识进万家”等活动，受教育面达75%以上。

（二）认真开展督促检查，促进了依法治村工作。村务公开是实现依法治村的一项重要内容，为了促使这项工作扎实有效地开展，常委会抽组力量，于6月下旬，深入细巷厚川、界石铺朱山等4乡8村，就实行村务公开情况进行了专题督促检查，并将情况及时报告了县委。目前，全县391个行政村基本实行了村务公开，并建成了永久性村务公开栏378个。从检查看，凡是村务公开搞得好的，干群关系普遍融洽，依法治理及其他各项工作也搞得比较好。常委会还结合实行厂务、政务公开等活动，推动了依法治厂、治乡镇、治行业的深入开展。

（三）认真搞好执法检查，确保法律法规的正确实施。根据省、地人大的要求，5月份，常委会就今年的执法工作发出通知，做了安排部署。按照“少而精、重深入、重实效”的原则，重点检查了税收征管法、水土保持法、水污染防治法、义务教育法和甘肃省实施义务教育法办法等5部法律法规的执行情况。在“一府两院”自查自纠的基础上，从9月中旬开始，抽组人员，由分管副主任带队，深入法、检两院、城建、财税、水保及相关部门，对上述几部法律法规的执行情况进行了重点抽查。从抽查结果看，执法检查工作较往年有明显的进步：一是各级领导干部思想重视，认识明确，宣传力度大，为法律的贯彻实施营造了良好的舆论环境；二是“一府两院”分别成立了由主要领导任组长的执法检查工作领导小组，按照“法律归口，分块检查，责任到人，齐抓共管”的方针，量化任务，明确责任，从组织领导上保证了执法检查工作的顺利进行；三是重点突出，查纠结合，执法检查效果明显。通过“一府两院”自查和常委会抽查及个案监督，及时纠正处理了检查中所发现的违法违纪案件。如对李宗红、李宗明拒不执行人民法院判决罪一案，常委会及时召开公、检、法3家负责人会议，听取了情况汇报，统一了认识，提出了要求，使该案很快得到了妥善处理。常委会第十一次会议在听取、审议“一府两院”关于执法检查工作报告时，既充分肯定了成绩，又严肃指出了个别单位领导重视不够、部门之间配合不力等问题，要求在以后工作中加以改进。

在搞好执法检查工作的同时，结合“执法责任年”活动，常委会还有针对性地对“一府两院”建立和完善执法责任制及“两错”责任追究制的情况进行了检查。从检查情况看，1999年，县人民政府在深入调查研究的基础上，制定下发了《静宁县依法行政工作实施方案》《静宁县行政执法部门执法责任制考核暂行办法》。7月上旬，政府又召开了有45个行政执法单位负责人参加的会议，专题安排部署了执法责任制的健全落实工作。目前，卫生、公安、工商、财政、水保等19个单位建立起了比较规范的执法责任制。审判、检察机关也全面推行了执法责任制和“两错”责任人追究制，基本达到了执法主体、执法责任、执法保障措施“三到位”，做到了执法依据、执法权限、执法责任、执法程序“四清楚”。

二、以经济建设为中心，对“一府两院”实施了有效的工作监督

一年来，常委会紧紧围绕全县经济建设的重点问题、社会发展中的难点问题和人民群众普遍关注的热点问题，以及各个阶段的中心工作，通过组织委员和代表开展视察、调查，听取、审议工作报告，作出决议、决定等方式，对“一府两院”实施了有效的监督。

财政问题是我县经济建设的一个突出问题。为了确保全年财政收支预算的完成，常委会第八、第十次会议分别听取、审议了县人民政府关于1999年全县财政收支预算调整和1998年度县级财政预算执行情况的审计报告。会议在肯定成绩的同时，针对审计中发现的诸如拨借专款、对税款退库审核不严、违规多提代征代扣手续费、部分乡镇虚列财政收入和支出、少收或漏收税款等问题，建议县人民政府在以后工作中，严格按照预算法和审计法的有关规定，加强预算监督管理，大力培植财源，加大征管力度，正确处理好税收与减负的关系，努力完成全年的收支预算任务。根据这些意见、建议，县人民政府进一步加强了财政监管力度，对审计中发现的问题均做了纠正处理，确保了预算的正确执行。

为了进一步推进农业科技普及，加快实施“科教兴县”战略，常委会第九次会议听取、审议了县人民政府关于全县农业科技普及工作报告。认为，近年来，我县认真落实“科教兴县”战略，农业科技普及推广步伐不断加快，科技含量逐年提高，有力地促进了农村经济的发展。但仍存在着科技推广激励机制不活，科普教育和技术培训的广度及深度不够，基层科技服务网络滞后，粮食作物特别是小麦良种的繁育引进工作跟不上，科普资金紧缺等问题。建议县人民政府不断加大对“科教兴国”战略及农业科技知识的宣传力度，进一步强化各级领导干部的科技兴农意识，逐步建立和完善适应我县农业生产发展的科技普及推广竞争激励机制，努力使科技转化为生产力；切实加强小麦良种的繁育和引进工作，解决我县小麦品种退化、混杂问题；进一步健全乡、村的科技服务网络，努力提高服务质量；逐步加大科技投入，确保农业科普所必需的资金。这些意见和建议，县人民政府均作了认真研究，并组织科技、农牧、林业等部门的技术人员，深入田间地头，进行技术指导。同时，有针对性地举办各类中、短期培训班172期，培训人数达2.23万人，种子工程实施、实用先进技术引进、服务网络建设等工作都有了新的起色。

国有企业改革是我县经济社会发展中的一个重大问题。常委会第十一次会议听取、审议了县人民政府关于全县企业改革及运行情况的报告。委员们在充分肯定成绩的同时，指出了企业改制后诸如思想认识不到位、机制不活、运作不规范、制度不健全、股权结构不合理、历史包袱沉重等问题。要求在今后的工作中认真贯彻落实《中共中央关于国有企业改革和今后发展若干重大问题的决定》，进一步理清思路，深化改革，把改革同整体上促进企业发展，同推动科技进步、调整产品结构，同抓班子、促管理有机结合起来，使企业通过改革，走上良性发展的轨道。根据审议意见，政府

分管领导召集有关职能部门，专题进行了研究，并讨论制定了《关于加快全县工业经济改革与发展的意见》，从指导思想、发展方向、工作重点、政策导向等方面做出了明确规定，对进一步深化企业改革，规范运作产生了积极的作用。

为了改善小学办学条件，加快基础教育发展步伐，常委会第十二次会议听取、审议了县人民政府关于全县小学校舍建设情况的报告。委员们既对我县小学校舍建设方面所取得的成绩予以充分肯定，又针对目前存在的建设资金短缺，排危任务艰巨，学校配套建设较差，一些乡、村领导对改善小学办学条件有畏难情绪和等靠思想等问题，要求今后进一步落实教育优先发展战略，全力抓好校舍及配套建设；继续完善“分级办学，分级管理”体制，强化乡镇对小学校舍建设的责任；逐步调整教育费附加县、乡使用比例，将建设资金向贫困乡、村倾斜；正确处理标准化小学建设与排危的关系；切实加强校舍管护工作。这些意见、建议，县人民政府及主管部门都十分重视，及时抽组人员，深入各乡镇就校舍建设情况进行了摸底抽查。在此基础上，召开会议进行专题研究，提出了今后工作的思路和重点，对促进全县小学校舍建设必将产生重要的作用。

常委会在听取、审议“一府两院”工作报告的同时，重视了对审议意见的办理落实。每次会议后，人大办公室都要将委员们的审议意见归纳整理，及时转送“一府两院”及其职能部门办理。12月下旬，县政府办公室向常委会报送了《关于县人大常委会对政府有关方面工作审议时所提问题和建议整改情况的报告》。从报告的内容看，由于政府领导重视，安排部署得当，重点突出，措施有力，大部分审议意见得到了办理落实，有效地促进了“一府两院”的工作。

三、以促进干部勤政廉政为目的，认真开展了人事任免和述职评议工作，加强了对任命干部的监督

对国家机关干部依法进行任免和监督，是人大及其常委会的一项重要职责。一年来，常委会按照德才兼备原则和干部“四化”标准，严把审议关、任免关、监督关，把事前、事中和事后的监督有机地结合起来，依法任免国家机关工作人员8人（次）。

为了确保严肃执法、公正司法，根据省、地人大关于对全省、全区各级人民法院上下联动开展述职评议工作的要求，在1998年底召开述职评议动员大会的基础上，1999年元月常委会抽组2个调查组，分别由分管政法工作的副主任和司法民政工作委员会主任带队，深入仁大、威戎等9个乡镇和基层法庭及有关部门，采取集中座谈、个别谈话、个案监督、抽查案卷、财务审计以及走访有关案件当事人等方式，对县人民法院及正、副院长的工作进行了全面的调查了解，形成了评议调查报告。在3月份召开的县十三届人大常委会第八次会议上，听取了法院正、副院长的述职报告，并进行了严肃认真、客观公正的评议，既充分肯定了法院近年来在审判改革、队伍建设、改善执法条件等方面所取得的成绩，又严肃地指出了工作中存在的问题，做到了讲成绩不夸大，谈问题不回避，并从关心和支持法院工作的角度，提出了进一步加强政治理论和业务学习、完善各项规章制度、加强队伍和班子建设、提高办案水平、加强基

层法庭管理等7个方面的意见和建议。会后，县人民法院先后3次召开班子成员和全体干警会议，研究落实整改措施，有效地促进了法院严肃执法，公正司法，评议工作取得了明显的成效。

林果产业是我县财源建设的支柱产业。为了加快这一富县富民产业的发展步伐，常委会于7月初组织开展了对县林业局及局长工作的述职评议活动。为使评议有的放矢，收到好的效果，常委会抽组2个调查组，由2名副主任分别带队，深入5乡镇及部分村、社、林业局机关及下属单位，采取召开座谈会、现场察看、个别走访等方式对林业局工作及全县林果产业发展状况作了比较全面的调查了解。常委会第十次会议听取了县林业局局长的述职报告，并进行了认真的评议。委员们在充分肯定成绩的同时，针对工作中存在的起点不高、对涉及全县林果产业发展的重大问题研究不够等问题，提出了改进和加强工作的8条意见、建议。并将这些意见、建议转交县政府及林业局研究整改。从评议效果看，无论是林果产业的发展，还是局机关工作，均比过去有了新的起色。

四、以发挥代表作用为出发点，进一步加强了代表工作

代表工作是人大工作的基础，代表作用能否得到充分发挥，直接关系到人大的整体工作水平。一年来，常委会主要从以下4个方面改进和加强了此项工作。

一是在1998年县、乡两级人大代表开展“争先创优”和组建代表活动小组的基础上，利用下乡搞调查等工作机会，对乡镇人大代表活动的情况进行了检查和指导。从了解到的情况看，绝大多数乡镇的代表活动小组，坚持每季开展1次活动，通报政情，咨询意见，参与村务公开、民主监督等工作。据统计，全县共有20名县代表，分别被有关部门聘请为执法执纪和行风评议监督员，有400多名县、乡代表参与了村上的民主理财、民主监督活动等。同时，部分乡镇对在“争先创优”活动中表现突出的县、乡人大代表，给予了表彰奖励。

二是认真办理了代表意见、建议。在县十三届人大二次会议上，代表们提出了各类意见、建议58条。常委会和县政府对此非常重视，于4月份联合召开交办会议，对办理工作作了具体安排。7月份，县政府召开了县长办公会议，就办理工作进行了专题研究，并产生了会议纪要。12月上旬，县人大常委会第十二次会议，听取审议了县政府关于办理情况的报告。目前，58条意见、建议已全部办理完毕，并逐条答复了代表本人。其中，所提问题得到解决或部分解决的26条，占45%；正在解决或列入计划逐步解决的21条，占36%；因条件所限暂时难以解决，向代表作了解释说明的11条，占19%。由于政府领导重视，有关部门密切配合，办理的实效和质量较过去都有新的提高。

三是加强了代表和人民群众的来信来访工作。一年来，通过多种方式，先后征询到各级人大代表对县、乡工作的意见和建议42条，收到人民群众的来信35件，接待来访98人（次），对这些意见、建议和来信来访，按照“归口办理，分级负责”的原则，及时转交有关部门研究办理，要求报告办理结果的32件，已报来29件，占到91.4%。

县人民法院对承办的信件领导重视，承办人员认真负责，对去年常委会批转的5件来信，全部做了研究处理，并及时上报了结果。

四是组织代表认真开展了视察活动。10月份，常委会组织全体委员和部分县代表视察了静秦公路、城川吴庙高效农业示范区、七里扶贫开发综合示范区、八里寺山、马圈山流域治理和成纪文化城等重点工程建设项目。12月份，常委会又组织在我县的省九届人大代表和部分县代表，集中视察了全县财政预算执行和农业生产建设情况，共收集各类意见、建议12条，为我县的省人大代表参加省九届人大三次会议做了充分的准备。

五、以贯彻省、地人大宣传工作会议精神为契机，认真抓了人大的宣传工作

省、地人大宣传工作会议之后，常委会及时进行了传达学习，并会同县委宣传部制定下发了《关于加强和改进人大宣传工作的安排意见》，明确了指导思想、目标任务和奖罚措施，建立了人大与党委宣传部门及新闻单位的联系制度、联络员制度和评选人大好新闻等制度。所有这些，都极大地调动了人大新闻工作者的积极性。年内，已在《中国人大》《人民之声报》《平凉日报》等报刊上发表新闻通讯和理论文章27篇，有效地宣传了我县人大工作和经济建设取得的新成就。同时，抽调专人筹备《静宁县人民代表大会志》的续编工作，组织人大代表和委员，参加了省人大举办的纪念地方人大成立20周年书画展，丰富了人大的宣传工作，受到了有关方面的好评。

六、注重政治理论和业务学习，加强了自身建设

一年来，常委会在认真搞好各项工作的同时，始终把干部职工的政治理论和业务学习放在重要位置，不断转变工作作风，自身建设得到了进一步加强。

一是认真开展了以讲学习、讲政治、讲正气为主要内容的“三讲”教育和学理论、学政策、学典型，切实改进工作作风的“三学一改”活动。年初，主任会议就机关学习作了具体安排，提出了明确要求。在学习过程中，根据各阶段的具体情况，适时增加新的内容。优秀村党支部书记杨晓明同志的事迹被新闻媒体报道后，及时组织机关全体职工进行学习讨论，并以杨晓明同志为榜样，努力做好本职工作。同时，还积极组织广大干部职工参加了有关部门举办的干部理论知识考试、领导干部党风廉政建设责任制考试、国防教育知识、党政领导干部选拔任用暂行条例知识竞赛等多项活动，有效促地进了常委会组成人员和机关工作人员政治业务素质的提高。

二是注重调查研究，积极参与全县中心工作。一年来，常委会组成人员和工作人员先后10多次深入30个乡镇及部分村、社、县直有关部门、企业和学校，开展评议法院和林业局、村务公开、执法检查、小康村班子建设、优秀村党支部书记风采录、农业产业化、中小学生思想政治工作、农民负担、企业改革、小学校舍建设、代表视察等调查研究活动，写出视察、调查报告和有关经验材料20份，为县委的决策和常委会审议工作提供了重要依据。同时，按照县委的安排，继续参与抓了全县的林果业。常委会的主任、副主任认真抓了联系乡的工作，较好地完成了工作任务。并积极参与了全县计划生育、春季农村工作检查、行风评议、社会治安综合治理等中心工作，为全

县两个文明建设做出了积极的努力。

过去的一年，我们虽然做了大量工作，取得了一定成绩，但与宪法和地方组织法规定的职责、与人民群众对我们的期望相比，工作上还有不少差距。如依法治县工作进展不平衡，执法检查效果不够显著，代表工作仍是个薄弱环节，常委会的自身建设有待进一步加强等。

2000年，是人类历史跨入21世纪的开局之年，是我县经济社会发展中具有特殊重要意义的一年。常委会要继续高举邓小平理论伟大旗帜，全面贯彻十五大精神，坚持和完善人民代表大会制度，认真履行职权，健全监督机制，加大监督力度，监督和支持“一府两院”依法行政，公正司法，充分发挥人大代表的作用，努力做好常委会的各项工作。

第一，继续推进依法治县工作。新的一年，常委会要继续把依法治县工作放在突出位置，以法制宣传教育为基础，以督促落实执法责任制和错案与执法过错责任追究制为重点，深入宣传和贯彻依法治国方略，不断提高广大干部群众对依法治县必要性、重要性和紧迫性的认识。在此基础上，对“一府两院”依法行政、公正司法，建立和完善执法责任制与“两错”责任追究制等情况进行督查，推动依法治县工作的深入开展。

第二，切实改进和加强对“一府两院”的法律监督和工作监督。对一些重要法律法规的检查，要集中时间，集中力量，力求搞深搞透。并结合实施西部大开发战略，积极参与全县重大事项的决策，加强对政府工作力度的监督力度，把深入检查、认真审议、反馈结果、跟踪整改、严肃处理5个环节有机结合起来，确保工作取得实效。

第三，积极探索，努力搞好人事监督工作。要进一步完善常委会的人事任免制度，逐步建立和推行干部任前法律知识考试和考评制度，切实搞好述职评议工作，进一步规范任命干部向常委会报送书面述职报告制度，把任前和任后的监督有机地结合起来，促进干部勤政廉政和依法行政。

第四，进一步改进和加强代表工作。要认真学习贯彻代表法和甘肃省乡镇人民代表大会工作条例,不断提高人大代表的自身素质。要围绕广大人民群众普遍关心的问题，组织代表认真开展视察、调查和评议活动，尊重和支持代表依法开展工作。认真督办代表意见、建议和来信来访，加强同代表的联系，努力为代表履行职责，开展活动创造条件。

第五，不断加强常委会的自身建设。要进一步强化人大宣传工作，加强队伍建设，逐步建立县、乡两级人大宣传网络，进一步协调、指导好乡镇人大的工作，提高全社会对人大性质、地位和作用的认识，增强“一府两院”接受人大监督的自觉性和主动性。要切实改进作风，注重调查研究，积极参与中心工作。要结合“三讲”教育，不断加强常委会一班人的思想、组织、作风和廉政建设，更好地肩负起法律赋予的神圣职责，为新世纪的人大工作打下坚实的基础。

第四节　县第十三届人民代表大会第四次会议

大会概况

县十三届人大四次会议于2001年1月10日至13日在县政府礼堂召开。应出席代209名，实出席197名，不是县十三届人大代表的县委、县政府、县政协、县人武部的领导，县委各部门、县直及省地驻静宁各单位主要负责人，不是人大代表的乡镇党委书记、人大主席、副主席及部分离退休老干部，出席政协五届四次会议的全体委员（列席此次会议第一次全体会议），共232人列席会议。

王毅、王守元、王学书、王维歧、王智仁、毛文平、邓颖（女）、吕忠厚、祁治国、朱春林、刘文乾、李佩红（女）、李雪峰、杨耀忠、张金业、陈向华（女）、岳具辉、赵玉民、骆世清、高恒、聂正国、柴玉明、柴桂兰（女）、郭应童、靳士孔、樊建军、戴双军（按姓名笔画为序）27人组成大会主席团，王守元、王学书、毛文平、吕忠厚、祁治国、朱春林、李雪峰、陈向华（女）、岳具辉、聂正国、靳士孔、戴双军（按姓名笔画为序）12人为主席团常务主席；靳士孔为秘书长，郭应童、王克选、柴玉明为副秘书长；祁治国、许富忠、王智仁、柴玉明、柴桂兰（女）5人组成议案审查委员会，祁治国为主任委员，许富忠为副主任委员。

1月10日晚举行预备会议，通过大会议程和大会主席团、秘书长、议案审查委员会名单，宣布主席团第一次会议通过的事项。

大会举行全体会议3次。第一次全体会议于1月11日上午举行，由县人大常委会主任吕忠厚主持，听取县政府县长毛文平所作的《关于静宁县国民经济和社会发展第十个五年计划（草案）的报告》、县计委主任杜文彪所作的《关于2000年国民经济和社会发展计划执行情况及2001年计划（草案）的报告》、县财政局局长王维军所作的《关于2000年全县财政预算执行情况及2001年财政预算（草案）的报告》。第二次全体会议于1月12日上午举行，听取县人大常委会主任吕忠厚所作的《县人大常委会工作报告》、县法院院长杨志军所作的《县人民法院工作报告》、县检察院检察长李居洲所作的《县人民检察院工作报告》；审议县人大常委会《关于县第十三届人民代表大会第三次会议代表意见、建议办理情况的报告（书面）》。第三次全体会议于1月13日上午举行，表彰奖励优秀县人大代表，听取县人大常委会副主任、议案审查委员会主任委员祁治国所作的《关于代表意见、建议审查结果的报告》，通过《关于静宁县国民经济和社会发展第十个五年计划的决议》《关于2000年国民经济和社会发展计划执行情况及2001年国民经济和社会发展计划的决议》《关于2000年全县财政预算执行情况及2001年财政预算的决议》《关于县人大常委会工作报告的决议》《关于县人民法院工作报告的决议》《关于县人民检察院工作报告的决议》。大会结束时，县委书记李雪峰作了讲话。

大会安排分团会议2次。

大会主席团召开会议2次。

大会收到代表意见、建议42件，涉及9个方面。其中：①农林水利方面12件，占28.6%，主要是建议在2001年对界石铺镇的梯田建设在资金上予以倾斜，对新店乡8个村在2001年计划种植的800亩药材从资金、技术、种子等方面给予帮助，解决余湾等乡政府所在地人畜饮水问题等；②道路建设方面6件，14.3%，主要是建议在仁大乡高沟村建造一座跨越清水河的河桥等。③城镇建设方面5件，占11.9%，主要是建议规范商、饮门店门前广告牌，整修红寺乡驻地街道，增加威戎镇、界石铺镇小城镇建设资金投入，加快小城镇建设步伐等。④广播电视建设方面1件，占2.4%，建议给新店乡新店村等地建设广播电视传输装置，解决广大群众看电视难的问题。⑤农电建设方面1件，占2.4%，建议将深沟乡大岔村四社生活用电从通渭县转接到静宁县的输电线路上。⑥基层政权建设方面3件，占7.1%，主要是建议继续完善双岘、后梁等乡乡村干部养老保险制度等。⑦工商财贸方面的3件，占7.1%，主要是建议规范界石铺镇农贸市场，适当降低农林特产税等。⑧文教卫生方面5件，占11.9%，主要是建议将八里乡阎庙学校初中部和小学部分开办学，维修双岘乡卫生院，维修治平乡杨店村、陈峡村小学危房，改善办学条件等。⑨其他方面6件，占14.3%，主要是建议为后梁乡架设光缆电讯传输线路，加强防雹防灾工作等。

大会议程

一、听取和审议静宁县国民经济和社会发展第十个五年计划（草案）的报告；

二、听取和审议县人民政府关于2000年国民经济和社会发展计划执行情况及2001年计划（草案）的报告；

三、听取和审议县人民政府关于2000年财政预算执行情况和2001年财政预算（草案）的报告；

四、听取和审议县人大常委会工作报告；

五、审议县人大常委会关于县十三届人大三次会议代表意见、建议办理情况报告（书面）；

六、听取和审议县人民法院工作报告；

七、听取和审议县人民检察院工作报告；

八、表彰奖励优秀县人大代表；

九、其他。

大会日程

县第十三届人民代表大会第四次会议日程表

表3-73

时间		内容	执行主席
1月10日	晚7：00	预备会议：1.通过大会议程；2.通过大会主席团和秘书长名单；3.通过大会议案审查委员会名单；4.宣布主席团第一次会议讨论通过的事项	

续表3-73

时间		内容	执行主席
1月11日	上午	大会:1.开幕式; 2.静宁县国民经济和社会发展第十个五年计划(草案)的报告;3.2000年国民经济和社会发展计划执行情况及2001年计划(草案)的报告;4.2000年财政预算执行情况及2001年预算(草案)的报告	吕忠厚　刘文乾　李雪峰　杨耀忠　陈向华　赵玉民　骆世清　柴桂兰　郭应童
	下午	各代表团分组审议政府3个工作报告	
1月12日	上午	大会:1.县人大常委会工作报告;2.县人民法院工作报告;3.县人民检察院工作报告	王　毅　王守元　王维歧　毛文平　邓　颖　朱春林　李佩红　张金业　聂正国
	下午	各代表团分组审议人大、法院、检察院工作报告	
1月13日	上午	大会:1.表彰奖励优秀县人大代表;2.听取议案和意见、建议审查报告;3.通过政府、人大、法院、检察院六个工作报告的决议;4.县委领导讲话;5.大会闭幕	王学书　王智仁　戴双军　祁治国　岳具辉　高　恒　柴玉明　靳士孔　樊建军

主席团会议日程

县第十三届人民代表大会第四次会议主席团会议日程表

表3-74

时间		地点	内容	参加人	主持人
第一次会议	1月10日预备会议期间	政府礼堂	1.通过大会日程;2.通过大会常务主席名单;3.决定大会副秘书长名单;4.决定大会议案和意见、建议终止时间	主席团成员	吕忠厚
第二次会议	1月12日下午4时	招待所下院会议室	1.听取各代表团关于政府、人大、法院、检察院六个工作报告讨论情况的汇报;2. 听取议案和意见、建议审查情况汇报;3.讨论通过政府、人大、法院、检察院六个工作报告的决议(草案)	主席团成员及各代表团召集人	吕忠厚

附:

静宁县国民经济和社会发展第十个五年计划（草案）的报告

（县人民政府县长毛文平　2001年1月11日）

一、“九五”期间全县经济社会发展的简要回顾

“九五”以来，全县上下坚持以邓小平理论为指针，紧紧围绕高举旗帜、加快发展这个主题，经过广大干部群众的团结奋斗，艰苦努力，经济建设和各项社会事业得

到长足发展。

——国民经济持续快速增长，综合实力明显增强。到去年年底，全县国内生产总值预计达到7.01亿元，年均增长10.8%；人均1470元，年均增长5.1%；财政收入达到4388万元，年均增长16.1%。综合县力在全省的排序由1995年的第55位上升到第47位，实现了全县基本解决温饱这一历史性的奋斗目标。

——结构调整取得了一定的成效，经济运行质量和效益逐步好转。一、二、三产业结构由1995年的54.1:25.8:20.1调整到37.1:33.2:29.7。以产业化经营为总揽，坚持不懈地抓整村的产业突破、整村的脱贫致富，农业生产开始向多元化方向转变，初步形成了以果业、养殖、瓜菜、药材为主的产业发展格局，实现了农村经济的新发展。全县农民人均纯收入年均递增8%。坚持“三改一加强”的指导方针和“一企一策”的工作思路，使企业所有制结构、组织结构和产业结构调整取得了新突破，5年共投资6302万元，新建和技改工业项目28个，建成了1000万发电雷管、10万吨水泥节能技改、5万吨复混肥等一批重点项目，新增产值9368万元，工业经济的整体素质明显加强。全县第二产业增加值达到2.33亿元，占国内生产总值的比重达到33.2%。以培育新的经济增长点为目的，制定更加灵活宽松的优惠政策，狠抓发展环境治理，非公有制经济不断壮大，第三产业健康发展。全县第三产业占国内生产总值的比重提高了9.6个百分点。

——固定资产投资大幅度增长，基础设施建设进一步加强。“九五”期间，是我县固定资产增长最快的时期，全社会固定资产投资年均增长23.3%，5年累计5.96亿元，比“八五”增长4.5倍。重点加强了农田水利、生态环境、交通通信、农村电网、城市基础设施建设。5年新修梯田33万亩，工程造林13万亩，建成集雨水窖4.3万眼，兴修乡村道路1445公里，治理小流域427.7平方公里，建成了鞍子山拦河闸、葫芦河甘河段治理、张齐提水节灌和静秦、静西、甘田、裴麻公路等一批重点工程，走出了山、水、田、林、路综合开发的成功路子。完成了成纪文化城二期、中心体育场、北二环路、静庄公路与312国道接口、阿阳新村、西苑新村等重点城市建设工程。八里乡镇工业小区初具规模，完成投资5637万元。开通了无线寻呼和转移电话，实现了电信传输数字化和乡镇电话交换程控化。农民用电条件明显改善，村、户通电率分别达到96.9%和88.7%。

——各项改革稳步推进，市场体系进一步健全。坚持以产权制度改革为核心，对38户预算内国有、集体企业进行了多形式改制，有效激发了企业内部活力。全面完成了土地二轮承包延期工作，巩固和完善了家庭承包责任制和双层经营体制。财税、金融保险和商贸流通等方面的改革也取得了新的突破，社会保障和住房制度改革稳步推进。新建改造各类市场7处，全社会消费品零售总额达到3.21亿元。

——精神文明建设成效显著，各项社会事业取得新的进步。坚持开展群众性精神文明创建活动，认真实施科教兴县战略，一大批先进适用技术得到推广应用。教育事业稳步发展，1997年实现了“两基”达标，5年累计新建和改扩建校舍6万平方米，建成标准化学校82所，向大中专院校输送新生5110人。投入782万元，实现了乡镇卫生院“一无三配套”，医疗条件进一步改善，卫生防疫保健持续发展。建成“村村通”工程182处，广播和电视覆盖率分别达到96%和93%。计划生育工作严格了目标管理责任制，人口过快增长的势头得到有效遏制。文化体育、司法民政、统计审计、民族宗教、档案管理、气象服务等方面的工作取得了新的成绩。

——城乡居民收入稳定增长，人民生活得到明显改善。5年间解决了8.72万贫困人口的温饱问题，农民人均收入达到了1150元，城镇居民可支配收入达到3468元，城镇人均住房面积9.4平方米。初步建立起了统一的企业职工基本养老保险制度、失业保险制度和城乡居民最低生活保障制度，覆盖面逐步扩大，城乡贫困居民的基本生活得到有效保障。

——大力推进依法治县方略，政府法制建设和廉政建设进一步加强。县、乡政府高度重视民主法治建设，自觉接受人大依法监督和政协民主监督，认真办理人大代表意见建议和政协委员提案，推进了政府工作的民主化和科学化。坚持打防并举，综合治理，有效防范和打击各类犯罪活动，全力维护了社会稳定。广泛开展了厂务、政务、村务公开的行风评议活动，廉政建设得到加强，依法行政水平进一步提高。

刚刚过去的一年，全县上下本着“抓重点、办实事、推典型、求发展”的要求，抢抓机遇，加快发展，较好地完成了县十三届人民代表大会第三次会议确定的各项目标任务。一是以增加农民收入为总揽，全力落实抗旱保粮措施，大力发展农村支柱产业，农业和农村经济在大灾之年保持了平稳发展。粮食因旱灾影响虽有减产，但主要经济作物和畜产品产量有较大幅度增长。年内新植果树经济林2.4万亩，果品产量达到4.8万吨，可实现销售收入4800万元。全县畜牧业总产值达到7200万元。以蔬菜、药材为主的区域特色产业，在发展规模、经济效益等方面取得了新突破。新建日光温室315座470亩，使全县温室蔬菜总面积达到1187亩，温室蔬菜专业村达到15个。种植药材1.72万亩，新发展药材专业村20个；发展时间差西瓜1.01万亩。区域特色产业共实现收入2600多万元。输出劳务7.2万人，实现劳务收入1.08亿元。二是围绕基本条件改善和生态环境改观，坚持高起点规划，大力度推进，农业基础建设取得新的成效。全县新修优质梯田6.2万亩，完成工程造林7.9万亩，其中退耕还林（草）2.5万亩，新建上等级乡村道路50条282公里，治理水土流失面积110.9平方公里，建成了八里关道岔、城川上岔等一批综合治理示范工程。年内被省政府命名为“全省梯田建设先进县”。坚持走三水齐抓、节水为主的路子，多方筹资，增加投入，新建机电井55眼，提灌工程14处，集雨水窖1.2万眼。界石铺至七里节水高效示范园区和威戎李沟农业综合开发工程建设起步良好。三是以“三改一加强”为主线，强化管理，搞活营销，工业经济的运行质量和效益稳步提高。全县工业增加值完成2万亿元，实现产品销售收入2.14亿元，产销率达到85%。工业企业实现利税824万元，上缴利税1004万元。四是立足壮大经济实力，坚持内涵和外延扩张相结合，积极争取上新项目，固定资产投资力度进一步加大。年内共争取国家和省地各类投资1.18亿元，其中无偿资金6267万元。实施重点项目20项，完成投资9843万元，其中企业技改资金3406万元。年内全县固定资产投资完成1.52亿元。五是着眼于培育新的经济增长点，落实优惠政策，创造宽松环境，非公有制经济有了新的发展。共吸引县外投资1633万元，对县地毯厂、石咀珍珠林酒厂卖断产权，变为私营企业，对威戎造纸厂租赁经营。年内全县新发展非公有制经济实体752户，其中私营企业14户，上缴税金710.5万元，占财政收入的16.2%。六是广泛开展各类创建活动，协调发展社会事业，全力维护社会稳定，为改革发展创建了良好的环境。教育、卫生、文化、广播电视、体育和计划生育等各项社会事业健康发展。“三讲”教育和警示教育活动的深入开展，使各级干部的思想、作风有了大的转变，政府廉政建设得到进一步加强。妥善安排城乡困难群众的生活，保持了全县社会稳定。年内荣获全国文化先进县、全国科技先进县称号，通过了全省精神文明建设、体育先进县和计划生育“三为主”达标验收。

“九五”是我县经济社会发展最快、最好的时期，为实施“十五”计划奠定了坚实的基础。但是，在充分肯定成绩的同时，我们也清醒地看到，全县经济和社会发展中仍然存在着一些突出的困难和问题。一是经济总量小，结构不合理，经济增长的质量和效益低下。二是农业基础薄弱，还没有摆脱靠天吃饭的被动局面，农村社会化服务体系不健全，市场发育程度低，粮食生产低而不稳，农民收入增长缓慢，稳定解决温饱的任务还十分艰巨。三是工业发展速度不快，企业技术改造和产品升级换代的步伐缓慢，尤其是缺乏高附加值、高技术含量的加工工业项目。四是财源结构不合理，加之历年赤字包袱沉重，新的增支因素较多，财政收支矛盾十分突出。五是阻碍生产力发展的体制性因素仍很突出，开放开发和各种所有制经济公平竞争的环境还不够宽松，非公有制经济和第三产业仍停留在低层次、小规模的发展状态。六是一些政府工作人员机遇意识、发展意识和开放意识不强，作风不扎实，工作效率低，廉政建设和民主法制建设需要进一步加强。对于这些困难和问题，我们将采取有效措施，在今后的工作中，努力克服解决。

二、“十五”期间全县经济社会发展的目标任务和主要措施

“十五”是全县经济和社会发展的重要时期，在这个历史时期，西部大开发战略全面实施，国家继续实行积极的财政和货币政策，进一步加大对西部地区的扶持力度，这一切为我们加快发展提供了难得的机遇。全县经济社会发展的基本思路是：全面贯彻党的十五大和十五届五中全会精神，抢抓西部大开发的历史机遇，坚持以加快发展为主题，以结构调整为主线，以改革开放和科技进步为动力，以富民富县为根本出发点，认真实施工业强县、科技兴县、开放开发、依法治县和可持续发展战略，突出农业综合开发、推进工业化进程、非公有制经济和第三产业发展、基础设施建设、生态环境建设五个重点，发挥比较优势，壮大支柱产业，发展特色经济，推动全县经济快速发展和社会全面进步。

奋斗目标是：经济结构调整取得明显成效，财政困难状况有所缓解，基础设施和生态环境建设取得较大进展，工业化、城镇化进程明显加快，人民生活在稳定解决温

饱的基础上向初级小康迈进，综合经济实力跻身全省中部干旱县前列。主要宏观调控目标是：国内生产总值年均增长9%，2005年达到10.8亿元，其中第一产业达到3.16亿元，第二产业达到3.99亿元，第三产业达到3.65亿元。财政收入年均增长10%，达到7070万元；全社会固定资产投资年均增长14.9%，达到3.04亿元；社会消费品零售总额年均增长12%，达到5.6亿元；农民人均纯收入年均增长6%，达到1539元；城镇居民可支配收入年均增长8%，达到5100元；全县总人口控制在49.38万人以内，人口自然增长率控制在7.11‰以内。

主要任务是：实施五大战略，抓好五项工程，实现六个突破，即实施工业强县、科技兴县、开放开发、依法治县和可持续发展战略；抓好以退耕还林（草）为主的生态环境建设，以水利和交通为主的基础设施建设、以企业改革壮大为主的工业发展、以致富奔小康为主的农民增收和以提高人的素质为主的人才开发利用工程；在农业产业化经营、大办工业、非公有制经济和第三产业、固定资产投入、城镇化发展和财源建设上求突破。

发展重点和措施是：

（一）围绕增加农民收入，全力推进农业综合开发

一是大力推进科技兴农，提高粮食生产能力。把农业发展建立在依靠科技进步上，大力推广先进实用技术，搞好组装配套，推进川区高效农业和山区丰产农业示范区建设。以优化品种、提高质量、增加效益为中心，实施“种子工程”和丰产工程，确保粮食生产稳定增长，实现粮食自给有余。

二是抓好农业生态环境建设，努力改造农业基本条件。按照国家退耕还林（草）的政策，因地制宜，分类指导，重点抓好“三荒”绿化，稳步推进退耕还林（草），综合治理生态环境，努力实现经济效益与生态效益同步发展。“十五”期间，重点搞好13条防风林带的更新抚育，完成“三荒”造林25万亩，退耕还林（草）12.5万亩，小流域综合治理314平方公里。继续加大梯田建设力度，力争2005年实现梯田化县目标。走“梯田、科技、调整”的路子，搞好梯田后续开发。把水资源的合理开发和高效利用摆到突出位置，继续坚持“三水”齐抓、节水为主，抓好集雨节灌、小提灌、人畜饮水等小水利工程建设，大力发展节水农业，基本解决人畜饮水困难，力争“十五”期间新增有效灌溉面积2.8万亩。依法加强农田保护，坚决制止毁林开荒，切实保护好农业资源。

三是积极调整农业结构，加快产业化经营。以增加农民收入为目的，大力发展高效农业和特色经济，走产业化经营的路子。按照扩大提高果品产业、深度开发洋芋产业、大力发展养殖产业、积极开发药材产业、稳步发展蔬菜产业的要求，分类指导，整村推进，规模发展，努力形成果、薯、畜、药、菜“五位一体”推进的产业发展格局。到“十五”末，建成30万亩优质果品、20万亩商品洋芋、300万只商品鸡、5万亩药材、2.5万亩瓜菜种植5个生产基地。围绕基本建设，针对产前、产中、产后各个环节，大力扶持发展一批农副产品销售大户和以农副产品加工为主的乡镇企业，逐步培

育形成以基地及龙头企业为主导的农业产业化经营体系。加快建立适应市场的新型流通群体，加强技术服务和市场信息服务，采取公司加农户的办法，引导农民推广新技术，加工农产品，开拓销售市场，促进农村富余劳动力向二、三产业转移，多渠道增加收入。

四是巩固扶贫成果，加快小康建设。继续坚持科技扶贫、项目带动和产业开发，进一步改善贫困乡村群众的生产生活条件，努力实现稳定解决温饱，推进小康建设。力争2005年全县有3个乡镇、58个村实现初级小康，使小康村占总村数的比例达到15%以上。

五是深化农村改革，搞活农村经济。认真贯彻落实党在农村的基本政策，在稳定农村土地承包关系的基础上，积极探索土地使用权有偿流动和适度规模经营，引导鼓励集体、农户以多种形式开发建设“四荒地”，经营小水利等基础设施。深化农产品流通体制改革，完善市场服务体系，创建“绿色通道”，努力解决好农产品卖难的问题。积极稳妥地推进农村税费改革，切实减轻农民负担。

（二）坚持改造与新建相结合，加快工业化进程

一是壮大工业经济产量。把大办工业作为支撑、拉动县域经济的重要任务，按照国家产业政策，搞好调研论证，确保每年新上1至2个投资500万元以上的工业项目。重点围绕果品、洋芋等农村支柱产业开发，兴办农副产品加工型企业，积极开发绿色食品，搞好冻干蔬菜、果酒果汁、果蔬脆片、熟肉制品、醋酸饮料、洋芋全粉等精深加工、综合利用和系列开发，以工业带动农业发展。突出建设、建材、化工、地毯四大优势产业，进一步拓宽发展空间，大力发展新产品，不断壮大行业规模，提高产业档次。始终按照“专、精、特、新、强”的发展方向，努力造就一批适应市场、机制灵活、效益突出、多种成分共同发展的企业群体。“十五”末，力争第二产业在国民经济中所占的比重提升到36%以上，对财政的贡献率达到40%以上。

二是继续深化企业改革。通过改革，做到国有资本退出一批，引资嫁接一批，放开搞活一批，淘汰破产一批，促使县属国有、集体企业向民营化、社会化方向发展。继续抓好改制企业的规范完善工作，对水泥、化工等国有控股企业，进一步调整优化股权结构，转让压缩国有股，增加法人股和员工股，吸收引进技术股，积聚资本优势，促进重点企业发展壮大，使之成为整体素质较高、规模效益比较明显的地方工业支柱。对尚未改制和改制后效益不明显的橡塑、淀粉等亏困企业，继续采取兼并联合、剥离分立等多种形式，纵深推进改制，尽快走出困境。推行政企分开，健全监管机制，保护所有者权益和国有资产安全。深化企业内部改革，强化质量、财务和成本管理，不拘一格延揽人才，努力提高经营管理者和员工队伍的素质，激发企业创新能力，整体提高企业运行质量和效益。

三是加快技术改造步伐。切实转变工业增长方式，增强企业的市场主体意识，鼓励企业与省内外科研院所、大专院校开展技术合作与交流，联合组建企业技术开发中心，努力提高企业自主开发和技术创新能力。围绕增加品种、改善质量、节能降耗和提高劳动生产率，以创建科技先导型企业为目的，突出重点行业和骨干企业，积极采

用高新技术更新改造现有企业老设备、老工艺、老产品，促进传统产品升级换代。高度重视品牌战略，强化营销手段，扩大市场占有率，力争使水泥、磷肥、电雷管、路大路食品等重点产品跻身于陇货精品行列。

（三）积极引导扶持，大力发展第三产业

围绕满足人民群众生活多样化的需求，加快商贸流通、交通运输、房地产业、旅游服务和其他第三产业的发展，力争使第三产业在总量和水平上有较大突破。一是不断提高商贸流通业。在继续发展传统商业的同时，大胆探索连锁经营、物流配送、多式联运等新型商贸服务方式，提高服务档次，促进传统商贸流通业向现代物流业转变。以县城、八里小区和农村重点集镇为依托，兴建一批具有较强带动功能的综合性和专业性批零市场，逐步使静宁成为周边地区的商品集散地。二是进一步加强交通运输业。改善交通设施，开通城郊公共汽车，开展多方位、多层次的运输服务。三是加快发展房地产业。继续深化住房制度改革，结合县城改造、小区开发和重点乡镇建设，提高房地产规划建设水平，加快经济适用住房建设和房地产综合开发，促进房地产业健康发展。5年在城区新建住宅11万平方米，使城区居民人均住宅面积达到12.4平方米。四是积极开发旅游服务业。以成纪文化的研究、挖掘和利用为主线，搞好成纪文化城、五台山、古成纪遗址、界石铺红军长征纪念馆等自然景区和人文景观的开发建设，力争使旅游业有一个良好的起步。五是加快信息化进程。进一步加强网络通讯等信息基础设施建设，努力提高计算机和网络技术的普及应用程度。同时，积极支持和引导金融保险、家政服务、中介服务和信息咨询等新型服务业，逐步实现服务项目的社会化、产业化和市场化。力争使第三产业年均增速达到12%以上。

（四）大力调整所有制结构，放手发展非公有制经济

实施大开发战略，千方百计扩大利用外资规模，促进非公有制经济和外向型经济发展。要把发展非公有制经济作为搞活县域经济的增长点，进一步解放思想，完善和落实有关政策，简化手续，规范收费，积极引导，强化服务，扶持非公有制经济不断发展壮大，提高档次。按照有进有退的原则，围绕重点行业的发展壮大和支柱产业的规模经营，立足现有基础，在存量上改制一批，增量上发展一批，招商引进一批，全方位、多层次促进非公有制经济快速发展。引导非公有制经济进一步拓展投资领域，积极参与基础设施和生态环境建设，兴办社会公益事业。鼓励非公有制企业通过承包、租赁、参股、控股、兼并、收购等多种形式，参与国有企业的产权改革、资产重组和结构调整，对原企业职工实行“转变身份、承认工龄、接续社保”的政策，使国有资本逐步从一些企业退出来，从一般性竞争领域退出来。进一步扩大开放，不断加强经济技术合作与交流，多形式、多渠道引进项目、技术和资金，力争在招商引资和非公有制经济发展的规模、效益上取得新的突破。“十五”末，全县非公有制经济在国内生产总值中所占比重和对财政的贡献份额均达到25%以上。

（五）切实加强财源建设，增强财政后劲

进一步拓宽财源建设思路，突出乡级财源，夯实基础财源，壮大支柱财源，培育

新型财源，逐步形成一、二、三产业协调推进，各类经济成分共同发展的财源体系，逐步建立稳固有后劲的财政增收基础。结合农村税费改革，进一步完善征管体制，健全征管网络，强化征管手段，着力解决税赋不公和偷、逃、骗税行为，彻底扭转农业特产税均摊的问题，逐步理顺屠宰税征管办法。认真落实行政事业性收费、罚没收入和预算外资金“收支两条线”管理制度，实现各项税收和非税收入的应收尽收。积极推进部门综合预算、国库集中收付制度、政府采购制度等管理措施，强化预算约束，严格财政监督，规范支出行为，依法聚财，科学理财，集中财力解决改革、发展、稳定中的主要问题，提高财政资金的运作效益，努力使财政困难状况得到有效缓解。

（六）加大固定资产投资力度，进一步强化基础设施建设

基础设施薄弱是制约我县经济社会发展的主要因素。要把加强基础设施建设作为拉动经济增长的重要工作，结合西部大开发，千方百计加大投入，努力为经济社会发展提供相适应的基础设施。水利建设重点抓好葫芦河流域治理和北峡拦河闸的论证、立项和组织实施工作，建设威戎河西井灌、鞍子山灌区二期工程，新建界石铺水鱼、三合黄湾等22座提灌工程和威戎李沟、石咀陈河等27处人畜饮水工程，完成8个病险水库的除险加固，改扩建庙堡渠、向阳渠等主干渠道15条87公里。交通建设围绕建成具有较强辐射和快捷运输能力的道路网络，新建威戎河桥、曹务店子河桥，扩建油铺静秦、静西公路，改扩建威曹、张新、甘田公路。加快乡村道路桥涵配套建设，提高通行能力。“十五”末，全县县乡公路全部达到部颁四级以上标准。积极争取国家投资，调动各方积极性，全面抓好城乡电网改建工程和电讯传输工程，解决12个无电村群众用电难的问题，实现村社全部通电，全县交换机总容量达到4.8万门。积极发展太阳能、沼气等农村清洁能源。加快城区供排水、集中供热、道路等公用设施建设，新建供水水源，敷设北二环路供水主管道，全面更新改造城区实埋供水管道，拓建北环路、北二环路东段道路，新建集中供暖点4处。依法加强环境污染治理，绿化美化县城，进一步增强城市综合服务功能。

（七）加快小城镇建设，促进城乡经济共同发展

切实把小城镇建设作为我县乡镇企业和非公有制经济发展的重要载体，把发展二、三产业作为连接城乡、加快城乡一体化的纽带，以建制镇和中心乡为重点，坚持合理布局、科学规划、规模适度、注重实效的原则，突出一镇一特色，完善投资体制，深化土地使用管理制度和户籍管理制度改革，引导乡镇企业和个体私营经济向小城镇适当集中，农村剩余劳动力向小城镇转移，各类资金、技术、人才、信息向小城镇辐射，以地生财，聚财建镇，繁荣小城镇经济。“十五”期间，使威戎、八里、李店、甘沟、仁大、古城6个中心乡达到建镇标准。全县非农业人口比例达到15%以上，建制镇非农业人口达到20%以上。

（八）认真落实科教兴县战略，协调发展各项社会事业

大力推进科技进步和创新，广泛开展科普宣传教育，提高全民的科技意识。健全科技服务网络，加快先进实用技术的推广应用，推动高新技术向传统产业渗透，努力

提高科技对全县经济增长的贡献率。

继续把教育摆在优先发展的战略地位，进一步巩固“两基”成果，提高义务教育普及水平。大力发展高中教育，切实加强职业技术教育，全面推进素质教育，积极开展远程和网络教育，全面提高教育质量。积极探索发展民办教育的有效途径，动员全社会力量兴办教育，逐步形成以政府办学为主、公办和民办共同发展的格局。高度重视和加强边远山区小学校舍排危，进一步改善办学条件。到2005年，建成标准化小学100所，三分之二的乡镇建起中心幼儿园。

进一步营造尊重知识、尊重人才的社会氛围，深化人事劳动管理体制改革和事业单位用人制度改革，制定优惠政策，设立人才奖励基金，建立开放、流动、竞争、合作的人才管理制度，激活现有人才，吸引外地人才，培育新型人才。尤其要加速培育、储备、选拔一批德才兼备的高素质公务员，一批年富力强的科研开发和学术带头人，一批懂经营、会管理的企业经营管理人才，鼓励他们积极参与静宁的开发与建设。

加强公共文化设施建设，注重文化馆、博物馆、档案馆、图书馆的内涵开发，提高其利用率。“十五”期间，每乡镇建成1所标准化文化站。倡导健康有益的文化娱乐活动，丰富城乡人民生活，提高竞技体育水平。不断加强医疗卫生、计划免疫和妇幼保健工作，推进医药和卫生体制改革，努力提高医疗卫生服务水平。严格落实计划生育政策，强化人口与计划生育责任目标管理，稳定低生育水平，提高人口素质，实现经济与人口协调发展。

（九）建立和完善社会保障制度，努力提高人民生活水平

加快建立以社会保险为主要内容，以城乡居民养老保险、医疗保险和失业保险为重点，政府救济、社会捐助、群众互助相结合，资金来源多渠道，保障方式多层次，管理服务社会化的社会保障体系。进一步拓宽就业渠道，减轻就业压力。依法扩大社会保险覆盖范围，提高统筹能力，增强保障功能，实现养老金的社会化发放和离退休人员社会化管理。认真落实城乡居民最低生活保障制度，积极发展社会福利、社会救济、优抚安置和社会互助等社会保障事业，切实保障妇女、未成年人、老年人、残疾人的基本权益，不断提高人民生活的质量和水平

（十）加强精神文明建设和民主法治建设，推进依法治县进程

深入开展理想信念教育，大力弘扬艰苦创业精神，积极倡导良好的社会公德、职业道德和家庭美德，广泛开展文明城市、文明村镇、文明行业、文明窗口等群众性精神文明创建活动，努力提高全县人民的整体素质和社会文明程度。

认真落实依法治县方略，广泛深入地开展普法教育，不断增强人民群众的法制观念。完善村民自治，扩大基层民主，加强廉政建设，坚持从严治政，依法行政，提高行政执法水平。按照“精简、统一、效能”的原则，积极稳妥地推进政府机构改革。

正确处理改革、发展、稳定的关系，认真研究解决全县经济社会发展中出现的新情况、新问题，妥善处理人民内部矛盾。严格执行减负治乱的各项政策规定，减轻农民负担，维护企业利益。加强社会治安综合治理，深入开展基层安全创建活动，严厉打击各

种违法犯罪行为，从严查禁“黄、赌、毒”等各类社会丑恶现象，保持社会稳定。

三、2001年政府主要工作

今年是进入新世纪、实施“十五”计划的开局之年，做好今年的政府工作，对于进一步加快全县经济社会发展、全面完成“十五”计划具有十分重要的意义。

全县经济和社会发展的预期目标是：国内生产总值增长9%，达到7.64亿元；农业增加值增长5.4%，达到2.74亿元；乡及乡以上工业增加值增长12.1%，达到1.08亿元；财政收入增长10.6%，达到4855万元；乡镇企业增加值增长18%，达到1.98亿元；全县固定资产投资增长18.3%，达到1.8亿元；社会消费品零售总额增长12.1%，达到3.6亿元；农民人均纯收入增长5.7%，达到1216元；人口自然增长率控制在8.6‰以内，总人口控制在48.14万人以内。

为了开好局、起好步，确保全面完成今年的工作任务，按照“抓大事、推典型、求突破”的工作思路和“快节奏、高效率、出实绩”的工作要求，政府工作突出做好以下6个方面。

（一）全力抓好农业生产，努力增加农民收入。一是着力推进产业化经营。围绕提高单产、增加总量，大力调整农业种植结构，年内完成16万亩地膜玉米、5万亩膜侧小麦、2万亩地膜谷子和高粱、10万亩坑种洋芋种植任务，确保粮食总产达到14.97万吨。把加快品种更新换代步伐、优化提高农产品品质作为加强粮食生产的重要途径，加大优良品种引进、示范和推广力度。针对我县洋芋产业发展中存在的突出问题，采取引进脱毒良种、建立良繁基地、异地调换等多种形式，促进洋芋产业开发的高产、优质、高效化。加快农业产业化进程，突出抓好果品生产、温室蔬菜、经济作物和畜禽养殖。年内新植果树经济林2.5万亩，落实果实套袋2000万只；发展地膜瓜菜1.5万亩，温室蔬菜600亩，新发展药材2万亩；以笼养鸡和规模养牛村建设为重点，使规模养殖村达到20个、养殖大户4000户。二是切实加强生态环境建设。正确处理退耕还林（草）与粮食生产、恢复生态与提高效益的关系，继续坚持春夏两季修工程蓄水保墒、秋季抢墒栽植保成活的成功做法，年内完成工程造林8万亩，其中退耕还林2万亩，退耕还草1万亩，“三荒”造林5万亩，育植苗木4000亩。把退耕还林（草）的重点向西北部土地面积较广的乡村倾斜，加大退耕力度，在解决贫困群众吃粮问题的同时，促进生产经营方式由广种薄收向精耕细作转变。三是坚持不懈地抓好农田水利基本建设。坚持人机结合，常年作战，综合治理，年内新修梯田6万亩，每乡镇完成1处千亩以上综合示范工程。大力引进推广农业节水新技术，进一步配套完善七里至界石铺节水高效示范园区和威戎李沟农业综合开发工程，新建石咀陈河等8处提灌工程和10个集雨节灌示范点，建成集雨水窖1万眼，发展节灌面积2万亩。以管护维修为重点，组织开展好春季“筑路月”活动，配套完善乡村道路，下决心解决重建轻管的问题。四是认真抓好扶贫开发和小康建设。加快贫困乡村基础设施建设，大力扶持发展特色产业，建立稳定的收入来源。积极组织劳务输出，多渠道增加农民收入。年内使3万人稳定解决温饱，10个村达到小康标准。

（二）搞活壮大工业经济，加大固定资产投资。进一步强化政府宏观调控、政策扶持、协调服务的作用，切实深化企业内部改革，加快工业项目建设，走改革增效与外延扩大相结合的路子，努力提高城镇经济的运行质量和效益。年内开工建设真空冻干蔬菜、铅锌选矿生产线，建成千吨苹果白酒、亿只果实套袋、醋酸饮料和导爆管生产线，水泥节能技改、5万吨高浓度复混肥生产线通过验收。继续抓好现有企业的技术改造，完成县煤矿筛煤系统改造等项目，全县工业技改投资达到1528万元。1000万发电雷管、4万吨磷肥、500吨保健醋、万吨饲料等建成项目完成达产达标计划。同时，多方争取投资，毫不松懈地抓好基础设施项目建设，退耕还林（草）、静司公路改扩建、国家财政支持科技扶贫示范项目完成年度投资计划；全面完成农村电网改造任务，原安、红寺35千伏输电工程和邮政大楼交付营运。进一步拓宽思路，集中力量，抓紧做好前期项目调研论证，增加项目储备。争取葫芦河治理工程、威戎河西井灌、种子加工中心、城区集中供热、垃圾填埋场、南瓜粉生产线、静宁鸡基地建设、万吨苜蓿草粉生产线等8个前期项目批复立项。树立全方位开放开发的意识，强化招商引资优惠政策的宣传，加大政府服务和依法保护力度，实行乡镇和部门争资金、争项目责任制，围绕农业、工业、第三产业和基础设施建设项目，最大限度引进县外直接投资。确保年内招商引资完成3643万元，力争达到4000万元。

（三）做好财政工作，努力增加财政收入。按照建立多元化、有后劲财源体系的思路，在扶持支柱产业和骨干财源企业发展的同时，放手发展非公有制经济和第三产业，力争非公有制经济增加值比上年增长24.3%，达到1.43亿元，第三产业增长速度达到12%以上。坚持把乡级财源建设摆到十分突出的位置，纳入农村经济综合考核，重心下沉，加强指导，搞好服务，切实解决乡镇重收入、轻财源的问题，确保乡级财政收入稳定增长。进一步完善委托代征、代扣代缴、纳税申报制度，大力清缴各类欠税，做到依率计征，据实征收，堵塞漏洞。确保地方财政收入增长12%，达到4060万元。进一步强化支出管理，规范支出范围，提高财政对各项改革和重点支出的保障能力。认真落实中央调整收入分配的政策，力争通过增加收入，优化支出结构，切实予以保证。加强领导，周密测算，积极稳妥地搞好农村税费改革工作，及时解决推行中存在的问题，保证财政收入稳定增长和均衡入库。

（四）狠抓基层基础和规范管理，巩固提高计生“三为主”成果。始终把控制人口增长摆到与经济发展同等重要的位置，继续强化“三为主”措施，加快“三结合”进程，健全服务网络，靠实工作责任，夯实基层基础，严惩数据虚假行为，促进计生工作经常化。狠抓流动人口和干部职工计划生育管理，以城带乡，以干带群，整体推进，确保顺利完成全年人口计划各项责任目标。

（五）协调发展各项社会事业，全力维护社会稳定。积极开展群众性精神文明创建活动，培育和推广一批新典型，扩大静宁影响，凝聚全县人民力量。大力发展科技、教育、文化、卫生、广播电视、体育等社会事业，满足人民群众日益增长的文化生活需要。加大征缴力度，公开享受对象，接受社会监督，确保离退休人员和下岗职工基本生活费、城乡居民最低生活保障金按时足额发放，受灾群众生活不出大的问题。结合农村税费改革，全面清理整顿各类收费，坚决取消不合理收费项目，严格执行农民负担预决算制度，从源头上减轻农民负担。健全基层综合网络，加强政法队伍建设，深入开展严打专项斗争，消除各种不安定因素，全力维护社会稳定。

（六）围绕群众关心的热点难点问题，年内办好10件实事。一是新建8处困难地区人畜饮水工程。二是完成边远山区小学排危6000平方米。三是高标准建成县城阿阳小学。四是高起点开工新建一中教学实验楼。五是开工建设县医院急救中心综合楼。六是架通县城至威戎电视光缆，新发展有线电视用户1000户。七是开工建设新世纪商厦和供销综合超市。八是全面启动实施城镇职工基本医疗保险。九是完成成纪文化城前院的拆迁新建工程，年内投入使用。十是全面改造城区路灯，全力抓好城区绿化、美化。

为了保证“十五”计划顺利实施，县、乡两级政府要进一步解放思想，更新观念，牢固树立强烈的发展意识，切实增强工作的紧迫感和使命感，团结和凝聚各方面力量，开拓进取，真抓实干，保证各项目标任务落到实处。要自觉接受人大的依法监督和政协的民主监督，虚心听取人大代表、政协委员和各界人士的意见、建议，把政府工作置于人民群众的监督之下，提高政府工作的科学化、民主化、法制化水平。紧紧围绕全县经济建设大局，进一步转变职能，强化服务，做到言必行、行必果。坚决克服政府部门中推诿扯皮、公文旅行的恶习，力戒政府工作人员中形式主义和官僚主义的歪风。要始终把群众的利益放在首位，身体力行，做“三个代表”的忠实实践者，了解民情，顺应民意，真正为基层多办实事，为群众排忧解难。要坚持从严治政，明确责任，强化监督，形成上下一致、齐抓共促的合力，确保政令畅通，建设勤政、廉洁、务实、高效的政府。

县人大常委会工作报告

（县人大常委会主任吕忠厚　2001年1月12日）

刚刚过去的2000年，是世纪交替之年，也是静宁经济、文化和社会各项事业全面快速发展的一年。县人大常委会在中共静宁县委和上级人大的领导、指导下，认真贯彻党的十五大和十五届四中、五中全会精神及江泽民“三个代表”重要思想，按照县十三届人大三次会议确定的奋斗目标，认真开展了各项工作，为推动我县的社会主义民主和法制建设，保障和促进全县经济、社会的全面发展作出了应有的贡献。

一、加强督促检查，有效推进了依法治县进程

“依法治国，建设社会主义法治国家”，是党的十五大确定的一项基本治国方略，也是各级人大及其常委会的一项重要职责。一年来，主要做了以下两方面的工作。

（一）组织和参与了“三五”普法验收、依法治县专题调研和社会治安综合治理年终考核。6月份，由县委、人大、政府、政协分管领导牵头，对全县30个乡镇98个县直及省地驻静宁单位的“三五”普法和依法治县规划实施情况进行了检查验收。8月上旬，县人大常委会又组织法院、检察院、公安局、司法局、法制局等部门负责

人，先后深入20多个县直部门、部分乡镇及村社，对依法治县工作进行了一次全面调查。12月中旬，又会同县政法委对全县社会治安综合治理工作进行了考核验收。从检查考核情况看，依法治县工作取得了较好成效。一是法制教育宣传工作得到加强。4月份以来，依法治县领导小组协调政法、教育等部门，为全县593所中小学校配备了兼职法制副校长，对中小学生进行经常性的法制教育。二是行政执法和司法机关进一步建立和完善了执法责任制和“两错”责任追究制。在上年开展“执法责任年”、推行执法责任制和“两错”责任追究制的基础上，年内又进一步抓了深化、完善工作。目前，全县73个行政执法单位和30个乡镇以及审判、检察机关普遍建立推行了执法责任制和“两错”责任追究制，基本达到了执法主体、执法责任、执法保障措施“三到位”和执法依据、执法权限、执法责任、执法程序“四清楚”的要求。大多数执法单位建立了行政处罚听证制度、罚款决定与罚款收缴分离制度及执法过错追究赔偿制度。三是基层、行业和地方依法治理工作初见成效。按照面向农村、面向基层、面向群众的依法治理原则，进一步总结推广了县三中依法治校的典型经验及城川乡红旗村和县农村信用联社依法治村、治社的经验，全县30个乡镇、392个行政村、80%的企业和90%的行业分别开展了依法治乡、治村、治厂、治校工作，初步形成了一个以基层依法治理为基础、以行业依法治理为支柱、以地方依法治理为主体的综合治理格局。

（二）认真开展了执法检查工作。按照“少而精、重深入、求实效”的原则，县人大常委会于6月份就执法检查作了安排，要求重点检查农业法、矿产资源法和《全国人大常委会关于加强社会治安综合治理的决定》及省上相关条例的执行情况。在“一府两院”自查自纠的基础上，常委会抽组人员，深入部分乡镇及有关部门、企业，对上述法律法规的执行情况进行了重点抽查。从抽查结果看，执法检查工作较往年有所进步。一是各级领导重视，安排扎实具体。二是重点突出，措施得力有效。三是对检查中发现的问题及时作了处理。如对石咀乡胡坡等村变通执行土地承包政策的问题，责成有关部门和乡镇及时进行了纠正处理。5月份，还根据省、地人大的安排，对矿产资源法的实施情况进行了专项检查，对发现的证件管理不严、法律宣传不够等问题，分别向有关部门提出了改进意见和建议。常委会第十八次会议在听取“一府两院”关于执法检查情况报告后，委员们在肯定成绩的同时，针对个别单位存在的依法行政观念不够强、执法责任制落实不到位等问题，要求“一府两院”进一步改进和加强执法检查工作，确保检查取得好的效果。

二、围绕西部大开发战略的实施，对“一府两院”实施了有效的工作监督

根据省地和县委关于实施西部大开发战略的方针政策，县人大常委会及时组织开展了“西部大开发，人大怎么办”的专题讨论，并适应新形势的需要，加强了对“一府两院”的工作监督。

果品产业是我县财源建设的支柱产业。根据年初苹果严重滞销、价格大幅下滑的实际，3月份，由县人大常委会组织牵头，深入城川、威戎、仁大、治平、李店等苹

果重点乡镇及部分经销大户，就苹果销售的有关问题进行了调查，向县委提交了《关于全县果品销售情况的紧急报告》，建议县上迅速召开全县果品销售工作会议，研究解决果品销售中存在的突出问题。根据县人大常委会的建议，县委、县政府及时召开了有主要领导和分管领导参加的果品营销会议，从强化营销手段、开辟“绿色通道”、实施优果工程、规范经营行为等方面提出了对策，较好地解决了苹果销售难问题。为了从根本上解决全县果品产业发展中带有普遍性的问题，5月中旬，由常委会的1名副主任牵头，抽组人员深入李店、治平、仁大、威戎、城川5乡镇及20个果品经销大户，对果品产业发展情况又作了深入调查，并针对一些乡、村干部对发展果品产业重要性认识不足、管理粗放、技术力量薄弱、整体效益不好等问题，从提高认识、规模发展、加强管理、增加投入、规范服务等5个方面向县委、县政府提出了意见和建议，对促进全县果品产业的健康发展起到了一定的作用。

有计划、有步骤地开展退耕还林（草）及绿化荒山荒地，加强生态环境保护和建设，是国家实施西部大开发战略的重要内容之一。为抓住我县被列为全国退耕还林（草）试点县的机遇，全面贯彻党中央关于退耕还林（草）的方针政策，促进我县生态环境建设，县人大常委会于5月份召开第十五次会议，听取、审议了县人民政府关于《静宁县2000–2004年退耕及“三荒”地植树种草实施规划》的报告，作出了《关于认真实施西部大开发战略切实搞好退耕还林（草）工作的决议》。按照决议要求，县人民政府及时研究制定了《退耕还林（草）及“三荒”地承包管理办法》《静宁县兑现退耕还林（草）补助粮食暂行办法》，发布了《严禁牲畜放牧加强林木管护工作的通告》，坚持造林绿化与发展生态农业结合，退耕还林（草）与“三荒”治理同步，规模发展与管理提高并重的原则，动员全县人民开展了声势浩大的退耕还林（草）工作，目前已取得初步成效。

财政问题是我县经济建设和社会发展中的一个突出问题。为确保全年财政收支预算的完成，常委会第十五次、十六次会议分别听取、审议了县人民政府关于2000年全县财政收支预算调整和1999年度县级财政预算执行情况的审计报告，并根据代表大会的授权审查批准了年度预算调整，作出了相应的决议。会议针对我县财政面临的困难和问题，建议县人民政府进一步正视困难，提高认识，加大宣传力度，狠抓税收征管，积极调整思路，培植新的财源，完善财税管理体制，优化支出结构，严肃财经纪律，强化财政审计监督，加强财税队伍建设，确保各项收支任务的完成。这些建议得到政府及有关部门的高度重视，改进和加强了这方面的工作。

三、以述职评议为重点，进一步加强了对任命干部的监督

任免国家机关工作人员，是地方人大的一项重要职权。一年来，常委会按照干部“四化”标准和德才兼备的原则，严把提名关、审议关、表决关，把党管干部同人大常委会依法行使任免权有机结合起来，依法任免国家机关工作人员20人（次）。其中，决定县政府局、委、办负责人3 名，任命县法院副院长、庭长、副庭长和检察院检察员7人；免去县人大常委会及“一府两院”国家机关工作人员10名。

为了加强对任命干部的监督，常委会认真开展了述职评议工作。在要求政府部门主要负责人年底向常委会报送书面述职报告的同时，确定对县农机局及其局长进行述职评议。这次评议从9月中旬开始，历时一个半月。为了确保评议质量，常委会抽出2个调查组，分别由2名副主任带队，先后深入农牧局等9个县直机关单位和曹务等7个乡镇，通过召开座谈会、个别谈话、走访农机用户及现场察看等方法，对农机局及其局长的工作情况进行了广泛调查，形成了专题调查报告。常委会第十七次会议听取了县农机局局长的述职报告和评议调查组的调查汇报，并对述职人员从德、能、勤、绩4个方面进行了认真评议。会议在肯定成绩的同时，针对存在的问题，从增强农机事业发展意识，加大《甘肃省农机管理条例》宣传贯彻力度，搞好新型农机具的引进推广工作，加强局领导班子和职工队伍建设等方面提出了7条意见和建议。会后，常委会及时将评议意见转交县农机局，要求结合实际进行整改。被评单位根据评议意见，逐条研究制定了整改措施，并认真办理落实。如在新型农机具的引进推广方面，在组织人员深入调查的基础上，派员参加了全国农业科技博览会，选择引进了适合我县农业生产的新型农机具。在加强农业执法队伍建设方面，组织领导班子成员和机关干部职工认真学习了有关法律法规，使执法人员的法律素质和执法水平有了新的提高。总之，这次述职评议，由于领导重视，准备充分，自始至终坚持了客观、公正的原则，评议过程中问题找得准，建议指导性强，对推动我县农机事业的发展产生了积极作用。

四、改进和加强了代表工作

一年来，主要从联系走访代表、开展“评优选先”活动、召开政情通报会、办理代表意见建议等方面入手，改进和加强了这一工作。

一是实行常委会主任、副主任分片联系代表制度。年初，常委会将主任、副主任联系走访代表的任务具体量化到人，并提出了明确要求。各责任人充分利用到基层调研、检查工作、开展“民情恳谈”和“三个十”活动的机会，联系走访代表，广泛征求了代表对人大常委会及“一府两院”工作的意见和建议。

二是及时通报政情，为代表知政议政创造条件。7月中旬，县人大常委会组织城区县人大代表听取了县政府关于上半年经济形势通报及下半年工作打算。会后，常委会又组织代表进行了讨论，并征询了他们对政府工作的意见和建议。

三是组织代表开展了“创先争优”活动。一年来，常委会组织和引导代表在参与退耕还林、调整产业结构、发展非公有制经济、依法治村、村务公开等工作中，开展以“三率先”“四个一”“五带头”“五比五看”为主要内容的“创先争优”活动，对评选出的35名能自觉实践“三个代表”重要思想、成绩突出的优秀县人大代表，将在本次会议上进行表彰奖励。同时，有20多名县人大代表分别被有关部门聘请为执法执纪和行风评议监督员，有500多名县、乡人大代表参与了民主理财、民主监督小组活动。

四是认真办理代表意见、建议。县十三届人大三次会议上，代表共提出意见、建议56条，会后，县人大常委会在逐条整理研究的基础上，转交县人民政府办理落实。4月份，政府召开交办会议，对办理工作提出了具体要求。10月下旬，县人大常委会第十八次会议，听取、审议了县人民政府关于县十三届人大三次会议代表意见建议办理情况的报告。至10月底，56条意见建议已全部办理完毕，并逐条答复了代表本人。其中，所提问题得到解决或部分解决的24条，占总数的42.9%，正在解决的或已列入规划逐步解决的28条，向代表作了解释说明的4条，占总数的7.1%。

五是加强了信访工作。常委会把办理人大代表和群众来信来访作为贯彻“三个代表”思想、联系代表和群众、了解社情民意的重要渠道，一年来，共接待群众来访85人（次），收到来信和上级批转信32件。对这些来信来访，都按“归口办理”的原则，由常委会主任或分管副主任批示后转交有关部门办理，基本上做到了件件有着落，事事有交代。对一些重要信件，由常委会派员直接参与调查，督促办理。如李店乡店子村部分村民联名向省人大反映，要求改选村委会班子的问题，县人大常委会接到省人大批转的信件后，及时派员参与调查，并责成李店乡政府依据村民委员会组织法进行了选举，使问题得到解决。

五、加强了对乡镇人大工作的指导

《甘肃省乡镇人大工作条例》颁布后，县人大常委会除组织组成人员和机关工作人员认真学习外，于12月中旬召开了全县乡镇人大工作会议，组织乡镇人大专职主席（或副主席）集中进行了学习，并编写教材，从人民代表大会的性质、地位和作用，乡镇人大的职权，乡镇人大主席的职责，乡镇人大闭会期间的工作，乡镇人大工作程序等7个方面进行了系统的业务培训。与此同时，常委会主任、副主任还利用下乡搞中心工作的机会，对乡镇人大工作进行了检查和指导，协调解决了工作中存在的一些困难和问题。

六、以“三讲”教育为重点，加强了常委会自身建设

一是认真开展了“三讲”教育和警示教育。按照省、地委的统一部署，从5月中旬开始，县人大常委会领导班子开展了为期两个月的“三讲”教育。在“三讲”教育过程中，常委会始终坚持把理论学习放在首要位置，深入开展批评与自我批评，坚持不懈地抓了整改任务的落实，圆满完成了各个阶段的任务。领导班子及班子成员的剖析材料、民主生活会情况通报、整改方案、“回头看”情况通报等在县委统一组织的民主评议和测评中均得到干部群众的好评，满意率在90%以上，以较高标准通过了县委“三讲”教育领导小组和省、地委巡视组的验收。为确保“三讲”教育取得实效，常委会突出抓了整改措施的落实，将征求到的32条意见、建议梳理归纳为7个方面23条，并按照马上能改的、近期能改的和今后创造条件逐步整改的3种类型，制定了具体的整改方案，同时还建立了整改工作目标责任制、销号办理制和督查反馈制度。“三讲”集中教育结束后，常委会对整改工作仍常抓不懈。至目前，23条意见、建议已有17条得到了办理落实，其余6条正在办理之中。在搞好“三讲”教育的同时，根据县委的统一部署，在机关全体党员中深入开展了警示教育，增强了领导班子和全体党员廉洁自律意识和拒腐防变能力。

二是组织开展了“三个十”活动。按照县委安排，从“三讲”教育整改阶段开

始，就组织开展了以“深入10个以上农户和城镇困难职工家庭、在群众家至少住10天、为基层和群众办至少10件的实事”为主要内容的“三个十”活动。5名班子成员均抽出10多天时间，分别深入界石铺、三合、雷大、原安等乡镇22个村121个农户，与群众促膝谈心，征求意见，并与50个困难户建立了联系帮扶关系。据统计，自“三个十”活动开展以来，共向群众征求各类意见、建议42条，其中现场解决问题6条。为50个联系户协调解决水泥750袋，落实配套资金3000元，帮助打水窖50眼，为三合乡的困难户捐献衣物60件；为原安乡乔岔小学协调资金1万多元，购置课桌凳60套。“三个十”活动的开展，对于增强常委会领导班子及成员的宗旨观念和公仆意识起到了良好作用。

三是深入开展调查研究，积极参与了全县的中心工作。一年来，常委会组成人员和工作人员先后10多次参与30个乡镇及部分村社、县直有关部门、企业和学校，开展了述职评议、执法检查、果品产业发展、依法治县、中小学校收费等调查研究活动，写出专题调查报告5份，为县委决策和常委会审议“一府两院”工作提供了依据。同时，按照县委的安排，参与了全县的退耕还林（草）、产业结构调整、扶贫攻坚、抗旱生产、农电网改造、非公有制经济发展、计划生育、人口普查、社会治安综合治理等中心工作，较好地完成了县委安排的各项工作任务。

四是加强了人大宣传工作。常委会把宣传工作列入了重要议事日程，通过报刊、广播、电视等新闻媒体，广泛深入地宣传人民代表大会制度、人大工作和全县两个文明建设成就。年内，仅在省级以上报刊发表新闻报道和理论文章23篇。

五是建立和完善了机关的各项规章制度。根据工作需要，重新修订了《静宁县人大常委会工作规划》《人事任免暂行办法》《各工作委员会、办公室职责范围》《联系人大代表办法》等工作制度。制定了《县人大机关保密工作规定》，补充完善了机关的学习、财务、后勤等管理制度，促进了机关工作的规范化运行。

过去的一年，我们虽然做了大量工作，取得了一定成绩，但与“三个代表”重要思想的要求，与宪法与法律赋予的职责和人民群众的期望相比，还存在一定的差距。主要是：如何搞好新形势下人大工作研究探索不够，思路不广，办法不多；依法治县进展缓慢，发展不平衡；监督工作缺乏力度，效果不够明显；代表工作比较薄弱；自身建设还需要进一步加强等。

2001年，是人类历史跨入新世纪的重要一年，也是我县实施“十五”计划的开局之年，常委会要继续高举邓小平理论伟大旗帜，在中共静宁县委的领导下，以党的十五届四中、五中全会精神为指针，全面贯彻江泽民“三个代表”重要思想，坚持和完善人民代表大会制度，认真履行宪法和法律赋予的各项职权，紧紧围绕实施西部大开发战略，充分发挥地方国家权力机关的职能作用，为保障和促进全县两个文明建设作出新的贡献。

一是认真贯彻依法治国方略，继续推进依法治县进程。要以法制宣传为基础，以督促“一府两院”依法行政、公正司法为重点，进一步完善执法责任制和执法过错责任追究制，促进依法治县工作的深入开展。

二是进一步加强监督工作。要充分运用宪法和法律赋予的各项职权，通过听取审议工作报告，进行视察、调查和检查、述职评议、质询、罢免等方式，进一步加强对“一府两院”的法律监督、工作监督和人事监督。要进一步加大监督力度，把深入调查、认真审议和跟踪整改三个环节有机结合起来，确保监督工作取得实效。

三是进一步加强代表工作。要进一步建立健全常委会主任、副主任和委员联系、走访代表制度，密切同代表的联系，努力为代表知政议政创造条件，积极组织代表参与执法检查、视察、评议等活动，进一步加强代表意见、建议办理和信访工作，充分发挥代表在实施西部大开发战略中的作用。

四是不断加强常委会的自身建设。要进一步巩固“三讲”教育成果，认真学习贯彻江泽民“三个代表”重要思想，加强常委会一班人的思想、组织、作风和廉政建设，不断提高议事能力和工作水平。要切实改进工作作风，紧紧围绕实施西部大开发战略，深入开展调查研究，更多更好地参与全县中心工作，努力完成各项工作任务。

第五节　县第十三届人民代表大会第五次会议

大会概况

县十三届人大五次会议于2002年1月18日至20日在静宁宾馆二楼会议室召开。应出席代表206名，实出席181名，不是县十三届人大代表的县委、县政府、县政协、县人武部的领导，县委各部门、县直及省地驻静宁各单位主要负责人，不是代表的乡镇党委书记、人大主席、副主席及部分离退休老干部，出席政协五届五次会议的全体委员（列席此次会议第一次全体会议），共251人列席会议。

王毅、王守元、王学书、王维歧、王智仁、毛文平、邓颖（女）、吕忠厚、祁治国、朱春林、刘文乾、李佩红（女）、李雪峰、杨志敏、杨耀忠、张金业、陈向华（女）、岳具辉、赵玉民、骆世清、高恒、聂正国、柴玉明、柴桂兰（女）、郭应童、靳士孔、戴双军（按姓名笔画为序）27人组成大会主席团，王守元、王学书、毛文平、吕忠厚、祁治国、朱春林、李雪峰、陈向华（女）、岳具辉、聂正国、靳士孔、戴双军（按姓名笔画为序）12人为主席团常务主席；靳士孔为秘书长，郭应童、王克选、柴玉明为副秘书长；祁治国、许富忠、王智仁、柴玉明、柴桂兰（女）5人组成议案审查委员会，祁治国为主任委员，许富忠为副主任委员。

1月17日晚举行预备会议，由县人大常委会主任吕忠厚主持，通过大会议程和大会主席团、秘书长、议案审查委员会名单，宣布主席团第一次会议通过的事项。

大会举行全体会议3次。第一次全体会议于1月18日上午举行，由县人大常委会主任吕忠厚主持，听取县政府县长毛文平所作的《县人民政府工作报告》、县计委主任杜文彪所作的《关于2001年全县国民经济和社会发展计划执行情况及2002年计划（草案）的报告》、县财政局局长王维军所作的《关于2001年全县财政预算执行情况和

2002年财政预算（草案）的报告》；第二次全体会议于1月19日上午举行，由县人大常委会副主任岳具辉主持，听取县人大常委会主任吕忠厚所作的《县人大常委会工作报告》、县法院院长杨志军所作的《县人民法院工作报告》、县检察院检察长李居洲所作的《县人民检察院工作报告》，审议县人大常委会《关于县十三届人民代表大会第四次会议代表意见、建议办理情况的报告（书面）》；第三次全体会议于1月20日上午举行，由县人大常委会副主任靳士孔主持，听取县人大常委会副主任、议案审查委员会主任委员祁治国所作的《关于代表意见、建议审查结果的报告》，通过《关于政府工作报告的决议》《关于2001年国民经济和社会发展计划执行情况及2002年计划的决议》《关于2001年财政预算执行情况和2002年财政预算的决议》《关于县人大常委会工作报告的决议》《关于县人民法院工作报告的决议》《关于县人民检察院工作报告的决议》。大会结束时，县委书记李雪峰作了讲话。

大会安排分团会议2次。

大会主席团召开会议2次。

大会收到代表意见、建议100件，涉及7个方面。其中：①农林水方面51件，主要是建议增加对果品产业科技资金投入，解决果品产业科研和技术推广资金不足的问题，增加资金，加强双岘梁防风林带林木病虫害防治工作，严禁羊只啃青，保护林草等；②道路、桥梁建设方面12件，主要是建议投资修建甘沟屯堡河桥，将红寺至四河公路纳入县乡公路养护范围进行管护，修建双岘乡长岔村锅兔儿咀段道路涵洞等；③农网改造方面5件，主要是建议将深沟乡大岔村、八里乡阎庙村农电线路并入我县管辖范围，将祁川乡大柳村列入农网改造之列等；④教育卫生方面17件，主要是建议扩大仁大中学，撤并姚柳、照世小学，修建寺山标准化小学，维修阳坡中学，加强农村合作医疗管理，为司桥乡配备回族医护人员等；⑤市政建设方面4件，主要是建议油铺威戎镇南环路，解决威戎镇街道下水排放问题，为城区家属楼院修建大门，配备值班人员等；⑥广播电视、电信、邮政方面5件，主要是建议给石咀乡安装电视差转台、扩大深沟乡电信业务量等；⑦其他方面6件，主要是建议加强网吧管理，修建双岘、李店政府职工宿舍等。

大会议程

一、听取和审议县人民政府工作报告；

二、听取和审议县人民政府关于2001年国民经济和社会发展计划执行情况及2002年计划（草案）的报告；审查和批准2002年国民经济和社会发展计划；

三、听取和审议县人民政府关于2001年财政预算执行情况和2002年财政预算（草案）的报告；审查和批准2002年财政预算；

四、听取和审议县人大常委会工作报告；

五、审议县人大常委会关于县十三届人大四次会议代表意见、建议办理情况的报告（书面）；

六、听取和审议县人民法院工作报告；

七、听取和审议县人民检察院工作报告；
八、其他。

大会日程

县第十三届人民代表大会第五次会议日程表

表3-75

时间		内容	执行主席
1月17日	晚7时	预备会议：1.通过大会议程；2.通过大会主席团和秘书长名单；3.通过大会议案审查委员会名单；4.宣布主席团第一次会议讨论通过事项	吕忠厚
1月18日	上午	大会:1.开幕式；2.县人民政府工作报告;3.2001年国民经济和社会发展计划执行情况及2002年计划(草案)的报告;4.2001年财政预算执行情况及2002年预算（草案)的报告	吕忠厚　刘文乾 李雪峰　杨耀忠 陈向华　赵玉民 骆世清　柴桂兰 郭应童
	下午	各代表团分组审议政府三个工作报告	
1月19日	上午	大会：1.县人大常委会工作报告；2.县人民法院工作报告;3.县人民检察院工作报告	王　毅　王守元 王维岐　毛文平 邓　颖　朱春林 李佩红　岳具辉 聂正国
	下午	各代表团分组审议人大、法院、检察院工作报告	
1月20日	上午	大会：1.听取议案和意见、建议审查报告；2.通过政府、人大、法院、检察院六个工作报告的决议;3.县委领导讲话;4.大会闭幕	王学书　王智仁 戴双军　祁治国 杨志敏　张金业 高　恒　柴玉明 靳士孔

主席团会议日程

县第十三届人民代表大会第五次会议主席团会议日程表

表3-76

时间		地点	内容	参加人	主持人
第一次会议	1月17日预备会议期间	静宁宾馆二会议室	1.通过大会日程；2.通过大会主席团常务主席名单;3.决定大会副秘书长名单;4.决定大会议案和意见、建议终止时间	主席团成员	吕忠厚
第二次会议	1月19日下午4时	静宁宾馆三会议室	1.听取各代表团关于政府、人大、法院、检察院六个工作报告讨论情况的汇报;2.听取议案和意见、建议审查情况汇报;3.讨论通过政府、人大、法院、检察院六个工作报告的决议(草案)	主席团成员及各代表团召集人	吕忠厚

附：

县人民政府工作报告

（县人民政府县长毛文平　2002年1月18日）

2001年政府工作回顾

过去的一年，是我县经济社会发展极不平凡的一年。政府工作在县委的正确领导下，紧紧围绕高举旗帜、加快发展这一主题，解放思想，更新观念，开拓进取，真抓实干，努力克服遇到的困难和问题，较好地完成了县十三届人大四次会议确定的各项目标任务，赢得了“十五”计划的良好开局。预计国内生产总值完成7.71亿元，增长9.2%，其中一产2.91亿元，增长2.5%；二产2.6亿元，增长12.6%；三产2.2亿元，增长17%。各项社会事业都取得了新的成绩。

——围绕增加农民收入，突出结构调整，加大开发支柱产业，努力改善基础条件，农村经济发展势头良好。坚持把调整结构作为农业和农村工作的首要任务，强化引导、扶持和推动力度，全方位加大技物投入，果、蔬、畜、药、菜五大支柱产业呈现出规模扩张、开发创新、结构优化的发展态势。全县粮、经、草比例调整到6.7:2.1:1.2。粮食生产通过落实各项抗旱减灾措施，在播种面积较上年减少5.2万亩的情况下，总产量达到15万吨，较上年增加3.52万吨。果品产业保持了强劲的发展势头，新植果树经济林2.66万亩，落实果实套袋4010万只，果品总产值达到5.2万吨，可实现收入5200万元。静宁“陇原红”苹果通过国家商标注册，获得了“全国经济林建设先进县”和“中国苹果之乡”荣誉称号。洋芋产业在栽培技术和品种更新上有了新突破，种植面积达到19.9万亩，其中坑垄种10万亩。建成了40亩网棚原种繁育和2300亩新品种良繁基地。养殖产业坚持大户栽桩，典型引路，新发展规模养殖重点村21个，示范户388户。全县畜禽饲养量稳中有增，总产值达到8964万元。药材产业发展迅速，建立药材示范村18个，种植药材1.77万亩。蔬菜产业在产销衔接上迈出了可喜的一步，发展订单蔬菜1378亩。新建高标准日光节能温室150栋，投资120万元建成了1500吨果蔬恒温保鲜库。全县瓜菜总面积达到5.7万亩，实现收入4100万元。围绕产业开发，新建了苹果白酒、果实套袋、脱水冻干蔬菜、麦林蔬菜公司以及果蔬包装等一批农产品加工购销企业和中介组织，提高了产业的附加值和关联带动效应，有力地推动了农业的市场化进程。坚持高起点规划，大力度推进，狠抓农业基本建设、生态环境建设和旱农综合开发。集中力量实施国家、省、地布点的示范项目（区）建设，八里“三个代表”示范乡、全国贫困社区规划、科技扶贫示范县等项目建设稳步推进，靳寺、红林等农业科技示范园建设进展顺利。全县新修梯田5.63万亩；新建集雨水窖8015眼，提灌工程6处，新增有效灌溉面积4800亩；新修乡村、村社道路414公里；完成工程造林5.98万亩；其中退耕还林（草）1.5万亩，综合治理流域76.2平方公里。年内被水利部命名为全国水土保持先进单位。

加大整村推进力度，积极实施参与式扶贫，贫困乡村的基本生活条件得到进一步改善，又有3900名贫困人口基本解决了温饱。成功地承办了全国扶贫开发规划研讨培训班和西部八省区扶贫师资培训会。全县乡镇企业完成增加值2.01亿元，增长18.9%，其中工业增加值完成8710万元，增长12.8%。多渠道输出劳务7.8万人，实现收入1.4亿元。

——围绕加快工业化进程，深化企业改革，推动技术进步，城镇经济运行质量和效率稳步攀升。确立工业主导型经济模式，制定《加快推进工业化进程试点县实施方案》。年内开工工业项目5个，其中500万元以上的3个，完成投资2145万元。投资1557万元的新水泥达标节能技改项目已通过验收；投资421万元的500万发导爆管生产线建成试产；真空冻干脱水蔬菜生产线一期工程建成投产，完成投资240万元；千吨苹果白酒生产线一期工程建成投产，完成投资600万元；静宁鸡产业化养殖加工项目完成土建和部分设备安装，完成投资280万元；投资122万元的砖瓦厂26门轮窑和缸瓦生产线、投资98万元的煤矿筛煤系统改造等技改项目建成投入运行。以明晰产权、经营层持大股和置换职工身份为重点，水泥、化工2户企业的改革取得了突破性进展。通过建项目、搞改革、活经营、强管理，提高了城镇经济的运行质量和效益。二、三产业在国内生产总值中的比重较上年提高了12.1%。全县企业实现利税1905.9万元，增长76.1%；实现利润盈亏相抵盈利241.9万元，同比减亏416.6万元；上缴利税1593.8万元。

——围绕推进城镇化，坚持以项目为支撑，加大固定资产投资，基础设施建设取得新突破。全社会固定资产投资突破2亿元，达到2.026亿元，增长27.4%。其中，基本建设投资7274万元，增长27.5%；技术改造投资3808万元，增长40.3%；房地产开发投资600万元，增长114%；其他投资8579万元，增长31.8%。年内共争取到位中央及省、地专项资金5480万元，较去年增加1231万元，是近年来投资规模最大、开工项目最多、建设速度最快、向上争取到位资金最好的一年。城镇化建设步伐加快，完成了县城总体规划修编和威戎、界石铺两个地列小城镇建设规划。县城基础设施项目完成投资7000多万元。建成了静宁宾馆、邮政大楼和城区供水应急工程等项目，新开和续建居民住宅楼35幢，建成5.1万平方米。开通了县城至威戎和八里的公交车。实施绿化、美化、亮化、净化工程，深入开展城区环境秩序专项治理，县城管理得到进一步加强。乡镇重点抓了威戎等8个集镇街道的拆迁整建，完成投资797万元。坚持把信息化作为发挥后发优势，实现全县经济社会跨越式发展的平台和跳板，按照从实际出发和以应用为先导的原则，从电讯基础工程、政府上网工程、企业、教育、社会等方面积极推进信息化建设，年内用于信息化建设的投资达1126万元。以硬件建设为载体，促进了农村剩余劳动力的转移，全县新增城镇人口1989人，城镇化水平较上年提高了2.2个百分点，达到16.9%。

——创造宽松发展环境，扩大招商引资，非公有制经济有了新发展。通过落实各项优惠政策，整顿和规范市场经济秩序，举办首届成纪文化节暨果品交易会以及建设家乡座谈会，积极引导，大力扶持，促使非公有制经济由原来基本集中在商贸领域向一、二、三产业同时发展，由低层次、低水平的个体工商户向兴办私营企业发展。年内新开和续建招商引资项目11项，引进县外资金3560万元。果实套袋、铅锌采选、天丰超市、同生酒厂等重点项目已建成投产运营。新发展个体私营户373户，其中私营企业13户，新增从业人员709人，注册资金2033万元。非公有制经济占国民经济的比重达到26.1%，上缴税金802万元，较上年增长12.9%，对财政的贡献达到16.9%。

——广辟增收渠道，确保财政收入，人民生活水平进一步改善。重视财源建设，加强税收征管，优化支出结构，较好地执行了财政预算。全县大口径财政收入完成4735万元，较上年增收347万元，其中地方财政收入4060万元，较上年增收434万元；财政支出完成1.75亿元，占预算的113.2%，增长34.3%；当年财政赤字549万元，较上年下降1267万元；累计赤字7557万元，较上年下降467万元。在地方财力有限、严控赤字的情况下，尽力而为，向上争取，基本保证了工资发放和重点支出需要。同时，通过发展生产，扩大内需，促进了居民收入增长。农民人均纯收入达到1251元，城镇居民人均可支配收入达到4620元，分别较上年增加101元和1152元。社会消费品零售总额完成3.61亿元，增长12.1%。

——加强载体建设，提高创新成果，各项社会事业协调发展。计划生育工作以巩固提高“三为主”成果为目标，计生管理水平进一步提高，人口自然增长率控制在8.02‰以内，较好地完成了年度人口计划和计生责任目标。科技工作坚持面向经济建设主战场，立足吸纳、转化、推广、创新，推广农业新技术11项。积极探索科技人员包产业、包项目的新机制、新办法，收到了较好的效果。继续加快教育改革和发展步伐，国家贫困地区义务教育过程全面完成，危房改造工程顺利实施，新建标准化小学10所，县一中、成纪中学、职教中心等学校的重点建设项目进展顺利。教育质量稳步提高，高考上线率达到70%，上线人数1600人。职教中心年内晋升为国家重点职业中专，我县被教育部评为“全国两基工作先进地区”。文化建设以纪念建党80周年为契机，广泛开展了各类形式的群众性文化活动。卫生工作以满足群众医疗需求为目标，改扩建乡卫生院7所，中医院住院楼建设进展顺利。国土资源保护、体育广播、民政助残、双拥共建、劳动就业、工商审计、统计物价、气象环保、文史档案、民族宗教等方面都取得了新的成绩。

——标本兼治，全力维护社会稳定，民主法制和勤政廉政建设进一步加强。坚持把政府工作纳入法律监督、群众监督和舆论监督之下，认真落实依法行政的各项措施，工作水平有了新的提高。年内共向人大常委会报告工作9次，向政协通报情况2次，办理人大代表建议和政协委员提案63条。各级干部结合“三讲”和“学教”活动，进一步落实廉政准则和有关规定，廉洁自律意识不断增强。认真执行各项减负政策，加强农民负担监督管理，保持了农民负担不反弹。查处了一批违法违纪案件，一些部门和行业的不正之风得到纠正，共查处涉农案件15起，清退不合理收费107万元。坚持打防并举，全面落实社会治安综合治理各项措施，深入开展“严打”整治专项斗争，维护了社会稳定。年内共立案查处治安案件475起，刑事案件270起，破案率达到70.4%；破获积隐案件109起，摧毁犯罪团伙7个，破案率和破案绝对数居全区前列。

——实践“三个代表”重要思想，认真解决热点问题，10件实事得到较好落实。以解决下岗职工、困难企业职工、城乡低收入居民、受灾群众的生活为重点，认真落实社会保障制度，做到了下岗职工基本生活费按时足额发放，企业离退休人员基本养老金当期不拖欠。全县参加养老保险的职工4967人，参加失业保险的职工10634人，覆盖面均达到100%。有2373户8515名城乡低收入居民享受最低社会保障。先后拨付救济款173.5万元，保证了重灾区的困难群众生活没有发生大的问题。同时，从解决群众最关注、经济发展最急需的问题入手，信守承诺，强化调度，10件实事得到较好落实。一是威戎李沟等8处人饮工程全面建成，解决了1.48万人、3360头大家畜的饮水困难。二是投资293万元，完成边远小学排危8900平方米。三是阿阳小学采取公办民助的办法，投资500万元，于9月份建成投入使用。四是县一中图书和科技实验楼已建成主体工程。五是县医院急救中心综合楼建成三层主体，完成投资120万元。六是投资150万元，开通了县城至威戎有线电视光缆传输工程，新发展有线电视用户1000多户。七是新世纪商厦已建成主体工程，完成投资700万元。八是成纪文化城前院拆迁新建工程全面完成。九是投资50万元，对城区路灯进行了全面改造。北二环路绿化美化任务全面完成。十是城镇职工基本医疗保险启动实施。

过去的一年，我县改革、发展、稳定工作都取得了新的成绩，在地委、行署年终重点工作检查中，认为我县整体工作在全区7县（市）中排位第一。这是在县委的正确领导下，全县人民团结一致，艰苦奋斗，扎实工作的结果，是人大代表、政协委员和社会各界监督支持的结果。省、地驻静各单位积极参与、支持静宁经济建设，发挥了重要作用。

在肯定成绩的同时，我们也清醒地看到，静宁经济和社会发展中仍然存在一些突出的矛盾和问题。一是发展速度缓慢，经济总量小，人均占有值低，经济增长的质量和效益不高。二是农业结构调整步伐不快，发展不平衡，产业化程度低，市场信息和农业技术服务滞后，加工转化能力弱，农民增收的渠道狭窄。三是企业技术改造和产品优化升级步伐缓慢，发展资金严重短缺，改革经营还不适应市场经济的要求，工业化发展缺少大的项目作支撑。四是城镇基础建设滞后，规划和管理水平较低，还没有形成经营城镇的理念和机制。信息化建设刚刚起步，差距较大。五是经济发展的软环境不够宽松，投融资渠道比较单一，吸引社会投资和激活民间投资能力不足，招商引资和非公有制经济发展仍处于小规模、低层次的水平。六是财源基础比较薄弱，资金调度异常困难。社会保障体系还不完善，城镇居民最低生活保障覆盖面小，一些困难企业拖欠职工工资的问题还没得到有效解决，社会就业问题日益突出。七是影响社会稳定的因素还比较多，盗窃、诈骗、抢劫犯罪仍很突出，严重暴力犯罪时有发生，危及人民群众的生命财产安全。八是政府职能转变缓慢，一些部门和干部开放意识、竞争意识、服务意识、创业意识不强，难以适应我国加入WTO、经济市场化、信息化发展的要求。对于这些问题，我们将采取有效措施，认真加以解决。

2002年政府工作的主要任务

2002年，是我们党和国家历史上具有重大意义的一年，也是我县积极实施“十五”计划，继续推进西部大开发的重要一年。机遇和挑战并存，希望和困难同在。做好今年的政府工作，对于迎接新的挑战，促进全县改革和建设事业乘势而上，快速发展，至关重要。政府工作的总体思路是：高举邓小平理论伟大旗帜，全面贯彻十五届六中全会精神和“三个代表”重要思想，坚持结构调整为主线，以深化改革和科技进步为动力，以实现“三增一稳”为目标，以加快推进农业产业化、工业化、城镇化、信息化和发展非公有制经济为重点，以农业产业化支撑工业化，以信息化带动工业化，以工业化促进城镇化，加快市场化进程，以营造良好的投资环境、建设环境和干事创业环境为保证，转变政府职能和工作作风，加强民主法制建设和公民道德建设，维护社会稳定，推进全县经济快速健康发展和社会全面进步。

宏观经济和社会发展的预期目标是：国内生产总值增长8%，达到8.32亿元，其中一产增长3.4%，达到3.01亿元；二产增长10.8%，达到2.88亿元；三产增长10.5%，达到2.43亿元；财政收入增长9.6%，达到5085万元，其中地方财政收入增长10%，达到4356万元；限额以上工业增加值增长10%，达到1.048亿元；全社会固定资产投资规模达到2.23亿元，增长10%；社会消费品零售总额增长10.8%，达到4亿元；粮食总产量增加4%，达到15.6万吨；农民人均纯收入达到1350元；城镇居民人均可支配收入达到4800元；人口自增率控制在7‰以内。

本着量力而行，尽力而为，突出重点，狠抓落实的原则，县人民政府经过认真研究，打算重点抓好以下10个方面的工作。

（一）围绕农业增效和农民增收，加快农业产业化经营

高度重视农业、农村和农民工作，以调整农业结构和增加农民收入为中心，突出龙头企业和示范园区建设，促进农村经济全面快速发展。

一是大力开发农村支柱产业，努力提高农业产业化经营水平。面对入冬以来持续高温少雨、旱象严重的形势，必须牢固树立绝不放松粮食生产的思想，全方位落实综合抗旱措施，推广科技，提高单产，增加总量，确保粮食安全。引导群众适应市场需求，发挥区域优势，大力开发支柱产业和特色产品。果品产业在稳步扩大苹果、早酥梨基地规模的同时，优化品种结构和布局结构，在山区加快发展花椒、杏树等干果经济林，提升果品产业的规模效益。年内新植果树经济林3万亩，完成果实套袋5000万只，改造低产劣质园1万亩。洋芋产业立足提高商品率，以推广良种良法为重点，种植面积达到20万亩，其中坑垄种10万亩，建立一级种薯良繁基地2600亩。畜牧养殖业继续走大户栽桩、典型带动、整村推进的路子，新发展养殖重点村10个，示范户500户。结合退耕还林（草），以西北部土地面积较广的乡镇为重点，扩大种草面积，大力发展饲草产业，带动畜牧业快速发展。药材产业以司桥、古城、灵芝等乡镇为重点，坚持种苗育植与移栽发展相结合，新植2万亩。蔬菜产业重点抓好季节差、名优特和无公害生产，连片发展订单蔬菜5000亩，全县蔬菜面积达到5万亩以上。确立发展产业化就是发展农业，扶持龙头企业就是扶持农民的新观念，把龙头企业建设作为推动农业化的突破口，在抓好现有龙头企业生产经营，提高转化吞吐能力的同时，以国家投资为诱导，民间投资为主体，积极创办一批新的农产品购销加工企业。年内使

静宁鸡产业化养殖加工项目建成投产，开工建成5万吨苜蓿草品加工生产线。

二是进一步改善农业生产基本条件，加快生态环境建设步伐。牢固树立改善基本条件不放松的思想，加大力度，综合治理，努力提高抗御自然灾害的能力。梯田建设走人机结合、投劳为主的路子，继续坚持常年作战、规模治理的成功做法，确保年内新修优质梯田5万亩。按照“三水”齐抓、节水为主的建设思路，搞好现有水利工程配套，提高使用效率，开工建设威戎河西井灌工程，完成葫芦河咀头段治理，年内新增有效灌溉面积4700亩。在发动群众筹资投劳，继续搞好集雨水窖建设的同时，新建治平雷沟、李店薛胡等5处人饮工程，解决2.5万人的饮水问题。认真实施退耕还林（草）工程，年内退耕还林2万亩，还草1万亩，完成“三荒”造林5万亩。高度重视沟道治理，提高林木种苗的优质率和造林成活率。增强全民生态环境保护意识，依法严厉打击各类破坏林木资源的违法行为。广泛开展春季筑路月活动，抓好乡村道路维修配套，加强南部乡镇道路建设，努力实现乡村道路连接成网。同时，积极探索小水利和“三荒”地到户经营的办法，尽快建立全新的、符合市场经济规律、能够调动投资者积极性的经营机制。

三是坚持开发式扶贫方针，推进扶贫开发进程。在注重解决绝对贫困人口吃饭问题的同时，调整优化农业结构，培育支柱产业，增强贫困乡村的综合实力，增加相对贫困人口的收入。以尚未解决温饱的贫困村为重点，推行参与式扶贫的新模式，继续落实各级包扶责任制，大力实施整村推进战略，年内使7300人解决温饱。

四是高起点规划，高标准建设，抓好农业科技示范园区。农业科技园区建设是改造提升传统农业，推动农业产业化经营的重要载体。今年要把农业科技示范园区建设摆在农村经济工作的重要位置，握紧拳头，集中力量建设一批经营机制新、科技含量高的综合型、规模型的示范园区，形成一批新的亮点工程和经济增长点。县上集中抓好以下几个重点示范园区：①组织实施好八里红林高效农业示范园，确保完成年度建设任务。②抓好城关至威戎川区高效农业示范区建设，由点及面，扩展延伸，形成集节水灌溉、结构调整、产业开发、科技推广于一体的农业科技示范区。③抓好界石铺至七里川区早酥梨果带的填平补齐和扩展延伸，建成万亩优质早酥梨示范区。④新建4个旱作农业综合开发示范点，即威戎武家塬千亩农业综合开发示范点；开工建设静秦公路威戎至仁大段3万亩流域综合治理示范区；以司桥乡为重点，辐射石咀、古城、曹务的部分村社，连片建成万亩药材种植示范区；在灵芝乡以早酥梨、洋芋、药材三大产业开发为主，建成万亩结构调整示范乡；在仁大乡突出苹果、花椒产业开发，建成“苹果花椒之乡”。⑤新建七里谷湾、八里新坪、灵芝前湾、祁川靳马4个整村推进扶贫示范村。各乡镇和职能部门也要从各自的实际和行业特点出发，积极创办一批大典型、好典型，达到抓点带面、推动整体的目的。

（二）全力抓好工业项目建设和企业改革，加快工业化进程

坚持把发展工业主导型经济作为推进我县经济结构战略性调整的重大举措，以企业改革和工业园区建设为突破口，加大工业项目，搞活现有企业，壮大工业总量。

一是加快工业项目建设和企业技术创新。继续坚持抓新上、增总量，抓改造、促提高的发展路子，围绕现有企业技术改造和产品升级换代，对重点项目，明确责任，靠实业主，尽快完成各项前期工作。年内企业主管部门至少调研论证1个1000万元、2个500万元以上的栽桩工业项目，争取国家和省地扶持。力争铅锌资源综合开发、黄原胶、马铃薯淀粉、千万只白灵菇和茶树菇菌袋、真空包装烧鸡深加工、恒温保鲜气调库等项目立项批复。年内开工建设600万箱大红碗方便面、500吨地膜、千吨羧甲基淀粉和纸箱包装装潢生产线等项目。真空冻干脱水蔬菜生产线二期工程、醋酸饮料、同生系列白酒等续建项目，确保按期完成投产。10万吨水泥、5万吨复混肥、1000万发电雷管、500万发导爆管、千吨苹果白酒等生产线完成达产达标计划。力争完成工业技改项目8项，技改投资达到2478万元。

二是抓好工业园区建设。依托八里乡镇工业小区的区位优势和现有基础，从创新机制、优化环境、配套基础、搞好服务等方面入手，着眼长远，合理布局，尽快制定工业园区发展规划。同时，加大力度，筹措资金，改造完善路、水、电等基础设施，全方位、多渠道吸引县内外投资者在园区内布点兴办工业项目，逐步把八里工业小区建成规模优势企业的聚集区、传统产业升级换代的基地、高新技术的孵化区和对外开放的窗口。三是继续深化企业改革。坚持“有进有退，有所为有所不为”的原则，大力推进经营者（经营层）持大股，全面置换职工国有、集体身份，创新管理体制、经营机制和用工机制。加大产权转让力度，打通国有、集体企业退出的通道，逐步把企业交给经营者、职工和社会法人去办，在推进民营化上取得突破性进展。年内，对淀粉厂、火柴厂、橡塑公司、物资经营公司、食品厂、副食厂等亏困企业，通过产权出让、承包租赁等多种形式，不拘一格，一次性彻底放开搞活。加大建筑企业的改革力度，通过明晰产权，界定债权债务，完善公司与施工队的管理机制，形成责、权、利相统一，自主经营、自负盈亏的运行机制。大力推行以建兴工，引导建筑企业办工业，促进多元化发展。对商流、供销企业继续推行退三进二，发展多种经营，盘活闲置资产，领办、创办“龙头”企业，探索走出困境的路子。

（三）搞好城镇规划和土地经营，加快推进城镇化

把推进城镇化作为实现工业化和发展第三产业的重要载体，认真研究，超前规划，高标准建设。确立经营城镇的新理念，建立政府垄断一级土地市场、放开搞活土地二级市场的经营机制，从根本上解决加快城镇化发展的问题。围绕提高城镇化水平，加快县城基础设施建设和中心乡镇规划开发。在东关和西关新建2处停车场，改建新建4处水冲式公厕。加强调度，加快建设，确保新世纪商厦、供销超市、县医院急救中心、中医院住院楼等重点工程建成或投入使用。新建居民住宅楼4.6万平方米。全面加强县城管理，加快实施绿化、美化、净化工程，提高县城建设档次。为了使县城有一个舒适的生活环境和活动空间，从今年起县城中心地段及单位院内，不再审批住宅楼建设，坚决禁止见缝插针式的建设现象。同时，加快威戎、界石铺2个地列小城镇建设步伐，完成八里、仁大等6个中心乡镇规划修编。改革户籍管理办法，广辟

就业渠道，鼓励先富起来和有一技之长的农民到小城镇务工经商，兴办项目，繁荣小城镇经济。充分发挥建筑等劳动密集型产业的吸纳带动作用，多渠道输出劳务7万人以上，增加农民的现金收入。

（四）努力营造良好的发展环境，加快非公有制经济发展

坚持把非公有制经济作为发展活力最强、潜力最大的增长点来抓，在大力改善供水、供电、通讯、道路、土地等硬件条件的同时，深入开展“经济环境整治年”活动，尽力为非公有制经济发展办实事、办好事。一是实行部门执法备案制度和挂牌保护制度。凡涉及民营企业的各种检查和执法活动，政法部门要到政法委备案，行政部门要到监察局备案，否则个体私营业户有权拒绝。二是实行收费登记卡制度。凡面向个体私营业户的收费项目，可收可不收的不收，非收不可的取最低标准，必须由物价部门核准，凭卡收费，收费登记，否则个体私营业户有权拒缴。三是实行经济发展环境评价和责任追究制度。在监察机关设立投诉中心，及时解决和查处各类经济主体投诉反映的具体困难和问题，定期组织对政府部门的服务和效果进行测评。加大力度查处损害个体私营者利益、破坏经济发展环境的人和事。四是全面推行服务首问制和限时办理制，明确规定办理时限，信守承诺，提高办事效率和透明度。五是重视个体私营经济的统计工作，职能部门必须对全县个体私营户底子清，情况明，协调服务措施必须到位。六是重视个体私营企业专业技术人员的培养使用，对会计等岗位人员纳入全县统一管理，在职称评定、评先选优等方面与国有、集体企业一视同仁。鼓励和引导大中专毕业生到私营企业就业，其档案由人事部门代管。七是对原注册为集体实为私营性质的企业，可提出申请，经有关部门进行产权界定后，由工商部门核准，可变更为私营企业。八是加大对非公有制经济人士及先进典型的宣传力度，努力营造全社会亲近非公经济、支持非公经济的良好氛围。通过认真落实优惠政策，大力开展招商引资活动，吸引县外资金，激活民间投资，积极引导个体私营业主承包、租赁、购买国有、集体企业，入股合办股份制企业，优化投资方向，拓展经营领域，实现非公有制经济在规模和产业升级上的新突破。年内力争使全县非公有制经济在国内生产总值中的比重再上升2个百分点，完成招商引资5000万元。

（五）以政府网站建设为突破口，加快信息化建设

要以计算机、电讯和广播电视“三网”建设为重点，以政府、教育和企业信息化工程为突破口，切实加快信息化建设步伐，确保政府网站春节前开通使用。年内完成县直经济主管部门和重点乡镇、服务行业上网，力争使公文处理、传递等业务利用计算机网络进行，初步实现无纸化办公。有条件的企业要将计算机辅助制造及控制系统运用于生产经营，利用网络技术推介产品、连接产销。启动欧盟远程教育项目，加快教育信息化建设。年内县直学校都要建成计算机教室和卫星地面接收站，开设信息技术必修课。县一中、职教中心等5所学校高标准建成校园局域网，全县高中部全部实现闭路电视教室“班班通”。要加强信息化人才培训培养工作，搞好现有人员特别是党政机关45岁以下工作人员的培训，年底力争使三分之一的公务员都能应用计算机和

网络进行简单的公文处理，加快实现应用信息化手段推进现代化的目的。

（六）努力扩大投资规模，着力抓好重点项目建设

抓住国家继续发行国债并向西部地区倾斜，和我县被列为国家级扶贫开发重点县的有利时机，采取更加得力的措施，切实加大固定资产投资规模，搞好重点基础设施项目建设，增强投资对经济发展的拉动作用。高度重视项目的前期论证工作，根据国家投资导向和产业政策，适时调整和补充项目库，切实做到建成一批、在建一批、开工一批、备选一批、储备一批。年内力争投资1942万元的北峡拦河闸、国家节水增效重点县、投资1500万元的鞍子山灌区二期工程等10个前期项目批复立项。加快投融资体制改革步伐，多渠道筹措建设资金，确保投资478万元的威戎河西井灌工程等9个项目开工建设，国家农业综合开发、农村“三个代表”重要思想学习教育与扶贫开发相结合八里示范乡，国家生态环境建设综合治理、退耕还林（草）等12个建设项目完成年度建设计划。

（七）不断加强财政管理，努力增加财政收入

继续完善“三保一挂”责任制，充分发挥财政政策和资金导向作用，采取贴息、垫息、借款和以奖代补、税收返还等形式、调动各方面的力量，切实加强城乡财源建设，壮大财政增收基础。坚持“加强征管、堵塞漏洞、惩治腐败、清缴欠税”的方针，依法治税，加强征管，不断完善代扣代缴、税务稽查、财务审计和纳税申报制度，大力清查和查处偷逃税行为，整顿税收秩序，做到应收尽收，均衡入库，确保地方财政收入增长高于经济增长。严格预算约束，调整优化支出结构，切实压缩不合理开支，减轻财政负担。加强预算外资金管理，坚持和完善“收支两条线”管理方式，杜绝行政执法部门“坐收坐支”。按照建立公共财政框架的要求，积极推进财政体制改革，大力推行政府采购制度。加强资金调度，保证工资、救灾、社会保障等重点支出及时到位。

（八）切实加强基层基础，不断提高计生管理水平

坚持把控制人口增长摆到与经济发展同等重要的位置，思想不松懈，力度不减弱，扎扎实实地抓好计划生育工作。进一步靠实各级抓计划生育的责任，严格实行计划生育警示制度和责任追究制度，严惩数据虚假行为，对问题多、工作被动落后的乡镇，出示流动警示旗，通过强有力的措施，巩固提高“三为主”成果，促进计生工作经常化，确保完成年度人口计划和计生责任目标。

（九）实施科教兴县战略，协调发展各项社会事业

牢固树立科技是第一生产力和教育为本的思想，坚持科技与经济发展相结合，大力推行科研事业单位体制改革，鼓励科技人员领办创办科技示范园区。对建办科技园区的科技人员，实行“资金自筹、项目自选、独立经营、自负盈亏、工资照发、收入归己”，并保证晋级晋升不受影响，以达到讲给群众听，做给群众看，带着群众干，促进园区建设。加快基础教育改革与发展，全面推进素质教育，扩大高中教育规模，积极发展面向新型产业和现代服务业的职业教育和成人教育。组织实施好危房改造工

程，不断改善办学条件，开工建设威戎中学、界石铺中学教学楼。

积极推进城镇职工基本医疗保险制度、医疗卫生体制和药品流通体制三项改革，全面推行医疗费用清单制度，实行乡村卫生组织管理一体化，广泛开展社区卫生服务，满足人民群众的基本医疗和保健需求。完成原安卫生院的拆迁任务。

坚持以德治国的方针，切实加强社会主义精神文明建设，大力提倡“爱国守法、明礼诚信、团结友善、勤俭自强、敬业奉献”的基本道德规范，树立良好的社会风尚。加强教育、卫生等行业的职业道德建设，建立“横向到边、纵向到底”的管理、考核机制，防止出现管理上的盲区。作为一名人民教师，要教书育人，更要为人师表；作为一名医务工作者，要治病救人，更要注重医德医风。要建立能进能出的用人机制，对不能胜任工作的，该处理的要处理，该辞退的要辞退。文化事业要坚持“二为”方向，贯彻“双百”方针，弘扬主旋律，广泛开展健康向上的社区、村镇、企业、校园文化活动，丰富城乡群众的文化生活。加快有线电视网络建设步伐，不断提高有线电视信号传输质量和覆盖范围。强化新闻报道的精品意识，增强广播电视宣传的广度和深度。普及群众性的体育活动，提高竞技水平，积极参加省、地体育比赛，力争取得优异成绩。

（十）深入开展社会治安综合治理，做好维护社会稳定工作

始终保持严打整治高压态势，适时开展全县性的统一行动，发动群众，集中警力，破积案，打团伙，追逃犯，依法从重从快，严厉打击严重暴力犯罪和严重影响群众安全感的罪犯，坚决遏制刑事犯罪上升的势头。建立“打、防、控”一体化的治安防范体系，狠抓社会治安综合治理各项措施的落实，彻底改变一些地方治安混乱的状况。要按照“谁主管、谁负责”的原则，切实把安全生产的工作任务落实到部门、单位、企业和个人。对安全事故易发多发的行业、单位和重点场所，要严加整顿，做到不安全不生产，事故隐患不消除不生产。要进一步完善项目招投标、工程监理和责任追究等制度，建设、设计、施工、监理等单位都要树立“百年大计、质量第一”的思想，规范管理，科学施工，确保工程质量。要落实信访工作责任制，认真办理群众来信来访，为群众排忧解难。对群众反映的问题，该哪一级解决的，哪一级就要认真解决，负责到底，不能推、拖、压。严格执行“一项制度”“八个禁止”“三个专项治理”的政策规定，加大减负治乱力度，纠正行业不正之风，严防加重农民和企业负担。

全力抓好“两个确保”，继续落实扩面征缴政策，加强社保资金管理，清理追缴企业欠费，尽力做到应保尽保、应收尽收，确保下岗职工和离退休人员基本生活费按时足额发放。高度重视城乡居民最低生活保障工作，扩大覆盖面，合理确定保障标准，实行动态管理，健全工作制度，加强督查回访，保证专款专用，真正发放到低保对象手中。认真做好受灾群众生活安排，确保困难群众的生活不出问题。

同时，围绕群众关心的热点、难点问题，实施民心德政工程，年内政府承诺办成10件实事。一是投资400万元新建五台山水厂，解决城关、城川、威戎3乡镇1.8万人、3400头大家畜的饮水困难；二是实施城区建设规划，打通成纪路北段，北环路、北二

环路东段三条主干道，启动县城东拓工程；三是坚持公用设施、物业服务、环境美化“三位一体”，高起点规划，开工建设东苑住宅小区；四是建立便民政务大厅，将涉及项目立项、审批、收费、管理和与民服务有关的事务集中起来，实行“一厅式”办公、“一条龙”服务，为投资者和人民群众提供便捷、高效、优质的服务；五是投资540万元，开工建设静秦公路威戎河大桥；六是改扩建县特殊教育学校，解决残疾、弱智儿童入学难的问题；七是新建新店至田堡、贾河至山庄等10条上等级乡村道路；八是完成中小学危房改造1万平方米；九是实施农网改造工程，新建改造农电线路760公里；十是完成一中科技实验楼续建工程，年内投入使用。

以新作风落实新部署，努力开创政府工作的新局面

一是勤政为民，加强政风。县政府决定把今年作为政风建设年，按照“八个坚持、八个反对”的要求，集中解决政府机关在思想、作风、学风等方面存在的突出问题，以良好的政风带动和促进社会风气的好转。各级干部要始终把实现好、保护好人民群众的根本利益作为加强政风建设的出发点和落脚点，体察民情，集中民智，珍惜民力，充满爱民之情。抓好政风建设关键是要增强服务意识，简化办事程序，改进工作方式，提高工作效率，在高效行政和优质服务上下功夫，倡导民主管理、科学决策、靠市场引导、典型示范的新方法，坚决克服扯皮推诿、作风漂浮、办事拖拉的积弊，力戒形式主义、官僚主义，形成求真务实的工作风尚，绝不允许弄虚作假，虚报浮夸，欺上瞒下。

二是依法行政，廉洁从政。依法治国方略的实施对政府的直接要求就是必须依法行政，做到廉洁、高效、透明、公正，这也是世贸组织对政府行为的基本要求。县乡政府要自觉接受人大的依法监督和政协的民主监督，进一步加强政府法制建设，切实解决有法不依、执法不严的问题。各级干部要认真学习世贸组织的基本原则和有关规则，提高按国际通行规则办事的能力和行政效率。行政权力的行使必须符合法律、法规的规范，必须坚持公开、公平、公正执法，提倡文明执法，接受群众监督，以良好的服务和信誉，维护人民政府的形象。对那些滥用职权、以权谋私、执法犯法、欺压百姓的行为，必须严肃查处。要进一步加强对政府系统廉政建设和反腐败斗争的领导，坚持一把手负总责，各部门协调行动，切实把反腐败斗争的各项任务落实到实处。

三是转变职能，精兵简政。省地安排今年要进行县乡机构改革。按照精简、效能、统一的原则，合理调整和确定政府部门的职能划分，精干公务员队伍，降低行政成本，实现政企、政事、政社分开，建立廉洁高效、运转协调的行政管理体制。转变政府职能是政府机构改革的出发点和根本目的，是精简分流人员的前提条件，在机构改革中，一定要把政府和企业的隶属关系转变为资产纽带关系，全面落实企业自主权。应该由事业单位和社会中介组织承担的事务，要下定决心，创造条件，交给事业单位和社会中介组织承担。解决新形势下政府职能越位、错位的问题，真正把政府职能转变到宏观经济指导、社会管理和公共服务上来，把主要精力放在创造良好的投资环境、建设环境和干事创业环境上来。要按照便于统一领导和管理的原则，科学配置

部门之间的职能，尽量减少和避免交叉，防止多头管理。要对现有行政性的审批事项全面进行清理，凡是不属于政府职能或不应由政府直接管理的事项，能转移的转移，能下放的下放，确需保留的审批事项，要公开审批程序和结果，实行审批责任追究制。人员编制的精简与分流，关系到广大干部的切身利益，是人们关注的焦点，也是机构改革的难点，要按照“带职分流、定向培训、加强企业、优化结构”的原则，坚持积极稳妥的方针，妥善安置好分流人员。

四是强化考核，从严治政。继续强化和完善工作目标责任制，对各项重点工作和目标任务，层层分解，量化到人，使每个干部肩上有担子，每项工作件件有着落。进一步完善考核办法，围绕办了多少实事，增了多少财力，建了多少典型，在哪些方面真正实现了突破，严格考核，重奖重罚，真奖实罚，严格兑现。各级要树立无功便是过的思想，克服因循守旧、安于现状、小打小闹的思想状态，善于谋事，勇于创新，力求形成抓大事、求突破、树典型、争一流的工作氛围。要破除以部门利益、局部利益和小集团利益为中心，条块分割、各自为政、各自重要的本位主义思想，树立全县上下一盘棋、齐心合力谋求全局发展的意识。今后全县工作要围绕“三增一稳”的总体目标和“五个加快”的工作重点来进行，对县委做出的决策，各级干部必须政令畅通，不折不扣地执行，对认准的事情不争论，不迟疑，必须一抓到底，抓出成效，对责任范围内的各项工作，各级干部必须主动抓，亲自抓，抓紧抓实，为基层和群众做出表率。

县人大常委会工作报告

（县人大常委会主任吕忠厚　2002年1月19日）

一、过去一年的工作

刚刚过去的2001年，是“十五”计划的起始之年，也是全县抢抓机遇，加快发展的一年。常委会在中共静宁县委的领导下，坚持以邓小平理论、江泽民“三个代表”重要思想为指导，认真贯彻落实党的十五届五中、六中全会和县委扩大会议精神，认真履行宪法和法律赋予的职权，为促进全县经济和社会各项事业的发展，发挥了积极作用。

（一）围绕经济建设中心，认真实施工作监督

一年来，常委会紧紧围绕全县经济建设的重点问题以及各个阶段的中心工作，通过组织委员视察、调查、听取和审议工作报告等方式，对“一府两院”的工作进行了有效监督。先后听取、审议了县人民政府、法院、检察院关于财政收支预算调整、市政建设、中小学危房改造、农业产业结构调整、企业项目建设、执法检查、代表意见建议办理等10多个方面的工作报告，作出决议2个。在审议中，常委会组成人员以认真负责的态度，提出了不少建设性的意见、建议，对推动全县一些方面的工作起到了积极的作用。

财政问题是我县经济建设和社会发展中的一个突出问题，也是人大宏观监督的一

个重要方面。常委会第二十一次、第二十三次会议分别听取、审议了县政府关于2001年全县财政预算调整和2000年县级财政预算执行情况审计报告，根据代表大会的授权审查批准了2001年预算调整报告，并作出了相应的决议。要求县、乡两级政府继续深化财税体制改革，努力抓好财源建设，强化税收征管，严格预算约束。会议还就财政管理中存在的个别违纪问题提出了具体纠改意见。根据这些意见，政府及有关部门进一步加大了对财政的监管力度，改进和加强了财政工作。

搞好县城建设对于加快城镇化建设步伐至关重要。3月份，常委会第二十一次会议听取、审议了县政府《关于全县市政建设和管理工作情况的报告》，委员们针对市政建设和管理工作中存在的问题，向政府及主管部门提出了修订完善城区建设总体规划、加大市政基础设施建设力度、加强城区环卫工作、解决群众反映强烈的"热点"问题等审议意见。政府及时予以办理，如对城区路灯问题，从6月份开始动工改造，很快解决了城区路灯长期不亮的问题。11月份，常委会第二十五次会议又审议了县政府上报的《县城总体规划（修编）》，作出了《关于静宁县县城总体规划的决议》，要求全县各级组织进一步增强城市建设法治意识，严格按规划搞好县城建设，为经济发展创造一个良好的城市环境。

校舍建设是保障全县教育事业持续健康发展的基础。常委会第二十二次会议听取、审议了县政府《关于全县中小学危房改造情况的报告》。会议在充分肯定成绩的同时，针对校舍建设和排危工作中存在的突出问题，提出了进一步完善分级办学体制、建立校舍排危工作责任制、科学使用建设资金等意见、建议。这些意见得到县、乡政府及教育主管部门的重视，为促进全县中小学危房改造工作产生了较好效果。

农业产业结构调整是我县加快农村经济发展、实现农民增收和财政增收的"重头戏"。常委会将其列为工作监督的重点，支持和督促县、乡政府抓好此项工作。去年6月、11月，先后2次组织人员对全县农业产业结构调整和果、薯、菜、药、畜五大产业的发展情况进行了调查研究，分析产业结构调整现状，探索搞好产业结构调整的有效途径和方法。在此基础上，常委会第二十五次会议听取、审议了县政府《关于全县农业产业结构调整情况的报告》，针对存在的问题，会议从转变思想观念和工作方式、加强组织领导和典型示范、搞好科技信息服务和市场建设等方面提出了6条建议、意见，对优化产业结构调整思路，促进解决一些突出问题起到了一定的作用。

加强企业项目建设是实现"三增一稳"和工业强县目标的关键。9月份，常委会组织委员对全县6个已建成和在建的重点项目进行了视察。常委会第二十四次会议听取、审议了政府《关于全县企业项目建设情况的报告》，在肯定今年企业项目建设成绩的同时，要求县政府及有关职能部门进一步强化以项目促发展的意识，抢抓机遇，积极跑项目、争资金，深化企业改革，最大限度地发挥企业项目建设的效益，促进全县经济快速发展。

（二）推进依法治县，努力营造良好的法治环境

常委会坚持把推进依法治县，为西部大开发和经济发展营造良好法治环境作为法

律监督的重点。

一是认真开展了执法检查。根据省、地人大的要求和本县实际，按照“少而精、重深入、重实效”的原则，重点对防震减灾法、未成年人保护法、预防未成年人犯罪法等法律法规的贯彻实施情况进行了检查。为了推动执法检查工作的深入开展，专门成立了两个执法检查组，分别由1名副主任带队，采取协同检查、重点抽查、听取汇报、个案监督等方法，深入有关部门和基层单位，了解掌握情况，督促解决问题。在检查未成年人保护法和预防未成年人犯罪法执行情况中，检查组多次深入有关执法部门，通过座谈、实地查看、旁听未成年人案件审理等方式，在全面掌握情况的基础上，督促有关部门解决了一些执法中存在的问题，使执法检查收到了好的效果。常委会第二十五次会议又专门听取、审议了“一府两院”关于2001年度执法检查工作的报告，督促“一府两院”对检查中发现的问题进一步查纠整改。县政府把贯彻行政处罚法作为推进依法行政的一个重点，结合“三证”年审加强对行政执法证件的监督管理。收回注销执法证件23个、监督证4个，较好地杜绝了不具备执法资格人员执法的问题。

二是大力促进法院审判执行工作。搞好法院审判执行工作，确保司法公正，是保证经济建设顺利进行和维护社会稳定的重要方面。针对当前审判工作中普遍存在的“执行难”问题，常委会大力支持县法院加强审判执行工作。9月上旬，组织人员对法院审判执行工作进行了调查，并在常委会第二十四次会议上听取、审议了县法院《关于审判和执行工作的报告》，在肯定成绩的同时，要求法院认真抓好法官队伍建设，充分加强基层办案力量，进一步加大执行工作力度。县法院对这些审议意见十分重视，认真办理落实，建立了案件执行责任制，充实执行力量，使执行工作取得了较好成绩，去年共受理有执行内容的案件347件，已全部执行的337件，执行率达97.1%。

（三）开展述职评议，促进干部廉洁勤政

去年，常委会依据有关法律规定，共任免县人大常委会及“一府两院”工作人员3人（次）。

为了加强对被任命干部的监督，常委会采取点面结合的方式开展了述职评议工作。一是年初对政府所属32个局、委、办主要负责人递交的书面述职报告进行了评议，并将评议结果以常委会文件形式予以通报。对述职态度端正的14个部门负责人进行了表扬，对少数述职不认真的人员提出了批评，社会反响良好。二是组织开展了对县检察院正、副检察长的述职评议。这次述职评议从6月份开始至7月中旬结束，历时一个半月，分调查研究、述职评议、反馈整改三个阶段进行。为了确保评议质量，常委会抽组人员，由1名副主任带队，深入检察机关及法院、公安部门、单位，通过个别走访、集中座谈、抽查案卷、实地检查等方式，对县检察院正、副检察长的工作进行了广泛调查，形成了评议调查报告。7月中旬，常委会召开第二十三次会议，在听取县检察院正、副检察长的个人述职和人大调查组的汇报后，对述职人员从德、能、勤、绩等方面进行了客观公正、实事求是的评议，既充分肯定了成绩，又诚恳指出了问题和不足。评议会后，常委会将评议意见及时转交县检察院及述职人员，要求结合实际进行整改。县检察院根据评议意见制定了具体整改方案，从强化服务全县大局意识、健全规章制度、提高办案质量和加强检查队伍建设等方面进行了整改。由于准备充分，调查深入，这次述职评议问题找得准，意见、建议指导性强，解决了一些实际问题，对促进县检察院工作起到了较好作用。

（四）加强代表工作，密切联系群众

围绕发挥代表作用，常委会主要抓了以下工作：一是办理代表意见、建议。县十三届人大四次会议上代表共提出意见、建议39条，常委会及时转交县政府及有关部门办理。为了确保办理工作落到实处，代表联络工委定期不定期地采取电话询问、现场检查等方式进行督办。截至10月底，39条代表意见建议全部办理完毕。其中，所提问题全部解决和部分解决的18条，占46.2%；正在解决或列入计划逐步解决的14条，占35.9%；因条件限制，暂时难以解决，向代表解释说明的7条，占17.9%。二是坚持常委会主任、副主任分片联系代表制度。为了强化责任，常委会将联系走访代表的任务具体分解到常委会主任、副主任名下，并对联系的内容、方法、要求等做了具体规定。除专门走访外，各负责人还充分利用视察、调查和搞中心工作的机会，联系走访代表，征询他们对常委会及“一府两院”工作的意见、建议。三是通报政情。7月中旬，召开政情通报会，由县政府向城区人大代表通报了上半年全县农村和城镇经济等工作情况及下半年工作打算，为代表参政议政创造了条件。四是继续组织代表开展了“创先争优”活动。在年初召开的县十三届人大四次会议上，对“创先争优”活动中表现突出的35名优秀县人大代表进行了表彰奖励。同时，根据新形势的需要，在县、乡人大代表中组织开展了以“学理论，查宗旨意识强不强，做联系群众、乐于奉献的模范；学法律，查自我要求严不严，做遵纪守法、维护大局的模范；学科学，查精神风貌好不好，做崇尚科学、倡导文明的模范”为主要内容的“四学四查做模范”活动，引导各级人大代表在各自的工作岗位上进一步发挥好桥梁纽带和模范带头作用。五是加强了信访工作。常委会把接待办理人大代表和人民群众来信来访作为联系代表和群众、了解社情民意的重要渠道。一年来，共接待来信来访67件（次）。在办理人民来信来访过程中，注意尽量把工作做实做细，对一些重要信件，由常委会主任或分管副主任批转有关部门查处，并要求报告结果，从人大工作的角度尽力解决问题，化解矛盾，维护社会稳定。

（五）严格依法办事，指导乡镇人大换届选举工作

我县乡镇第十四届人民代表大会于2001年底任期届满，常委会在县委的领导下，根据上级人大的统一安排，及时对换届选举工作进行了安排部署。成立了乡镇换届选举领导小组，下发了《关于乡镇人民代表大会换届选举工作的安排意见》。11月中旬，召开了全县乡镇人大换届选举工作会议，采取以会代训的方式对乡镇主席、副主席进行了选举工作业务培训。县人大办公室还编印了《乡镇人代会工作程序》等材料，连同换届选举的有关法律、法规和文件一起配发给各乡镇，以方便工作。同时，采取由

常委会主任作广播电视讲话等形式，对换届选举工作进行了广泛宣传。为确保换届选举工作健康有序进行，常委会抽组人员，由主任、副主任分别带队，深入全县30个乡镇巡回检查督导。由于县、乡两级高度重视，这次换届选举进展顺利，全县30个乡镇都是一次选举成功，共选出乡镇第十五届人民代表大会代表1492名。整个换届选举工作从选民登记、代表候选人的提出到正式选举都严格按法定程序进行，圆满完成了换届选举任务。

（六）深入开展“学教”活动，加强人大机关自身建设

为适应新形势、新任务的需要，常委会特别重视抓了自身建设。

一是深化了理论学习。首先，认真学习了邓小平理论、江泽民“三个代表”重要思想以及党的基本路线、方针政策和县委的重大决策，增强贯彻落实县委决策的自觉性和工作主动性。特别是江总书记七一讲话发表后，常委会及时组织机关干部职工反复学习，不断加深对讲话精神的理解，努力把思想统一到讲话精神上来，进一步明确了人大工作的指导思想。其次，结合工作实际，组织学习法律法规、人大理论知识，深刻认识人大的地位、性质和作用，掌握人大工作方法，为更好地开展人大工作奠定了基础。同时，常委会还重视鼓励支持人大机关干部开展人大理论研究和宣传工作，从人大角度较好地宣传了我县两个文明建设的成就。

二是深入开展了“学教”活动。从9月底开始，县人大机关进行了为期3个月的“三个代表”重要思想学习教育活动，既严格遵循县委的统一要求，又紧密结合自身的实际，圆满完成了各个阶段的任务。各委、办领导班子及成员的自我检查材料、民主生活会通报、整改方案等在民主测评中均得到干部群众的好评，满意率在95%以上，以较高标准通过了县委“学教”办和督查组的验收。在“学教”活动中，围绕江总书记七一讲话精神和党的十五届六中全会精神，认真抓了整改工作，对督查组反馈和自我查摆出的意见和问题，分别制定了具体整改方案，并建立了整改工作责任制，把每项整改任务都具体落实到部门和个人，提出具体进度和时限，保证了整改工作的顺利进行。通过“学教”活动，机关干部的思想和作风普遍有了较大提高。

三是强化了调查研究工作。围绕全县重点工作，先后组织组成人员和工作人员40多人（次），进行了6次较大规模的视察、调查活动，撰写调查报告6份。6月份，根据县委安排，常委会抽组人员，由1名副主任带队，深入李店等16个乡镇及有关部门，对全县农村产业开发工作进行了调研，并向县委报送了专题调研报告，就如何加快农村产业结构调整步伐，切实抓好果、薯、菜、药、畜五大产业开发提出了具体意见和建议。通过这些调研活动，常委会掌握了比较丰富的第一手资料，在一定程度上增强了人大工作为全县大局服务的实效性。

在认真搞好人大各项工作的同时，常委会紧紧围绕全县经济建设这个中心，坚持在参与中监督，在参与中支持和促进，积极参与了全县各个阶段的中心工作。根据县委的统一安排，常委会主任、副主任分别承担了4个联系乡和贫困村的包扶工作，并具体参与了产业结构调整、成纪文化城二期工程建设拆迁、计划生育重点整治、成纪

文化节及果品交易会筹备、社会治安综合治理等工作。同时，根据工作需要，先后抽调5名机关干部参加了包村扶贫、计划生育督查等工作。

过去的一年，在县委的正确领导下，在全体代表和全县人民的支持下，常委会的工作取得了一定成绩。但是，与县委和全县人民的期望相比，与新形势新任务的要求相比，常委会的工作还存在一些差距和问题。主要是新形势下如何开展人大工作研究不够，思路不宽，办法不多；“怕越位、怕监督过头”的思想较普遍，监督工作还不够有力，效果也不是十分明显；代表工作比较薄弱，方法单一，缺少活力；自身建设方面尚有不少亟待解决的问题等，这些都需要我们在今后的工作中进一步改进。

二、今年的主要任务

今年是继续落实“十五”规划、加快静宁发展的重要一年。常委会工作的指导思想是：以邓小平理论和党的十五大精神为指导，进一步贯彻落实江总书记七一讲话和党的十五届五中、六中全会精神，在中共静宁县委的领导下，以经济建设为中心，按照“三个代表”重要思想要求，解放思想，与时俱进，认真履行职权，充分发挥职能作用，为实现“三增一稳”“五个加快”的目标任务努力工作。

（一）加强自身建设，提高工作水平。首先，要继续深入学习贯彻江总书记七一讲话精神和党的十五届五中、六中全会精神，进一步解放思想，转变观念，努力实践“三个代表”重要思想，按照中央提出的“八个坚持、八个反对”要求不断改进工作作风，以奋发有为的精神状态做好人大各项工作，为全县发展大局服好务。其次，积极组织常委会组成人员开展视察调查活动。围绕西部大开发战略的实施和“三增一稳”“五个加快”目标，结合县情，大兴调查研究之风，更多地了解县情、政情和民情，以提高议事能力和监督水平。再次，要进一步搞好人大机关建设，努力提高工作质量和效率，为常委会工作提供更好的服务保障。

（二）认真贯彻依法治国和以德治国方略，大力推进依法治县，为经济发展和社会进步营造良好的法治环境。一是落实“四五”普法规划，夯实依法治县基础。采取作决议、视察、调查和监督考核等方式，促进“四五”普法活动在全县全面展开，提高干部群众的法治意识和法律素质。二是加强对执法责任制和“两错”责任追究落实情况的督查考核，促进“一府两院”不断提高依法行政、公正司法水平。三是抓好经济发展环境治理改善工作。围绕强化政府职能部门服务功能、制止“三乱”、整顿市场秩序、清理与市场经济和WTO规则相抵触的规范性文件、政策等热点、难点问题，充分运用评议、审议、视察和调查等监督手段，推动“一府两院”加大工作力度，优化经济发展环境，保障和促进“三增一稳”“五个加快”目标任务的实现。

（三）强化监督工作，切实发挥好权力机关的作用。充分运用宪法和法律赋予的各项职权，进一步搞好审议“一府两院”工作、述职评议、执法检查、人事任免等常规性工作，加强对“一府两院”的工作监督、法律监督和人事监督。工作监督要坚持在参与中监督、在参与中支持和促进的原则，紧扣全县经济建设和中心工作，组织代表、委员重点对农业科技示范园区和龙头企业建设、企业改制和工业园区建设、改善经济发展环境、增加农民收入和信息化建设等进行视察、调查，并听取、审议相关工作的专题报告。要加大监督力度，把深入调查、认真审议和督促整改三个环节有机结合起来，确保监督工作取得实效。

（四）进一步加强代表工作。继续完善常委会主任、副主任和委员联系、走访代表制度，密切同代表的联系；努力为代表知政议政创造条件；进一步加强代表意见、建议办理工作，充分发挥代表在实现“三增一稳”“五个加快”目标任务中的作用。

（五）搞好县人大换届选举工作。根据地方组织法的规定，我县第十三届人民代表大会今年年底任期届满，要进行换届选举。常委会要在上级人大的指导和县委的领导下，按照坚持党的领导、充分发扬民主、严格依法办事的原则，周密安排，精心组织，保证换届选举工作的顺利进行，选出素质高、参政议事能力强的人大代表，为新一届人大奠定一个坚实的组织基础。

今年是本届人大任期最后一年，新的形势使我们面临着更加艰巨的任务，“十五”计划的实施、静宁的大发展，都需要我们为之不懈地努力奋斗。让我们在县委的坚强领导下，团结全县人民，抢抓机遇，开拓创新，加快发展，在新的一年干出新的业绩，为静宁的经济和社会各项事业的发展作出新的贡献！

第六节　县第十三届人民代表大会第六次会议

大会概况

县十三届人大六次会议于2002年9月20日在静宁宾馆二楼会议室召开。应出席代表206名，实出席171名，县委、县政府、县政协、县人武部不是代表的县级领导，乡镇党委书记、县直各单位主要负责人列席会议。

王毅、王守元、王学书、王维歧、王智仁、毛文平、邓颖（女）、吕忠厚、祁治国、朱春林、刘文乾、李佩红（女）、李雪峰、杨志敏、杨耀忠、张自杰、张金业、陈向华（女）、岳具辉、赵玉民、骆世清、高恒、聂正国、柴玉明、柴桂兰（女）、郭应童、靳士孔、戴双军（按姓名笔画为序）28人组成大会主席团，王守元、王学书、毛文平、吕忠厚、祁治国、朱春林、李雪峰、张自杰、陈向华（女）、岳具辉、聂正国、靳士孔、戴双军（按姓名笔画为序）13人为主席团常务主席；岳具辉为秘书长，郭应童、王克选、柴玉明、高赫为副秘书长。

9月20日上午举行全体会议，通过关于接受吕忠厚辞去县人大常委会主任职务，靳士孔、祁治国辞去县人大常委会副主任职务请求的决定；通过关于接受许富忠、张自杰、王星耀辞去县政府副县长职务请求的决定；选举县人大常委会主任1名、副主任1名，县政府副县长4名。会上，李旺军代表新当选的县政府副县长作表态发言。会议结束时，县委书记、县人大常委会主任李雪峰讲话。

大会议程

选举

大会选举

县人大常委会：

主　任　李雪峰

副主任　许富忠

县人民政府：

副县长　李旺军　靳建荣　李雪云　李玉彪

县第十三届人民代表大会第六次会议选举领导人个人情况表

表3-77

姓名	性别	民族	出生年月	籍贯	文化程度	入党时间	工作时间	主要简历
李雪峰	男	汉	1960.1	甘肃灵台	本科	1985.1	1977.1	曾在灵台县邵寨乡、峡中水泥厂小学任教，在平凉地区行署人事处、行署办公室工作；历任平凉地区行署办公室副科级、正科级秘书，行署办公室副主任、行署研究室主任、地区保密局局长，行署办公室主任、行署秘书长、行署办公室党组书记，静宁县委书记
许富忠	男	汉	1950.1	静宁城川	初中	1970.12	1987.5	曾在城川乡政府工作；历任城川乡经委副主任，城川建筑公司、县建公司经理，县建筑企业集团公司董事长、总经理，县委委员、县政府副县长，县委委员、常委、县政府常务副县长
李旺军	男	汉	1960.7	静宁威戎	大专	1983.11	1981.1	曾在司桥公社、县民政局工作；历任团县委副书记，县交通局副局长，县文化局局长，县乡镇企业管理局局长，县八里工业小区管理委员会主任，县委委员、常委，县政府党组成员、副书记

续表3-77

姓名	性别	民族	出生年月	籍贯	文化程度	入党时间	工作时间	主要简历
靳建荣	男	汉	1962.9	华亭西华	本科	1985.10	1981.3	曾在华亭县策底、马峡乡政府、县人武部工作；历任华亭县人武部政工科副科长，华亭县委调研室副主任，华亭县委办公室副主任、调研室主任，华亭县西华乡党委书记，静宁县委委员、政府党组成员
李雪云	男	汉	1964.9	庄浪水洛	本科	1987.4	1985.7	曾在泾川县委宣传部工作；历任泾川县高平乡经委副主任，泾川县党校副校长、县广播局副局长、团县委书记，泾川县计委主任，静宁县委委员，县政府党组成员
李玉彪	男	汉	1966.5	甘肃兰州	本科	1999.8	1987.7	曾在省统计局社会科技处、人口与社会科技处工作；历任省城市调查队生产投资价格处副处长，静宁县委委员、县政府党组成员（挂职）

第十四章　县第十四届人民代表大会

县第十四届人大任期为2002年11月至2006年12月。共召开代表大会4次，出席代表806名（次）。听取和审议县政府工作报告13项（次）、县人大常委会工作报告8项（次）、县法院工作报告4项（次）、县检察院工作报告4项（次）；作出决议27项；选举县人大常委会主任1名、副主任6名、委员13名，县政府县长2名、副县长7名，县法院院长1名，县检察院检察长1名，平凉市第一届人大代表54名；表彰优秀县人大代表39名；办理代表议案、意见、建议282件（其中议案2件）。

第一节　县第十四届人民代表大会第一次会议

大会概况

县十四届人大一次会议于2002年11月8日至10日在静宁宾馆二楼会议室召开。应出席代表212名，实出席206名，不是县第十四届人大代表的县级领导，县委各部门、县政府各局、委、办及省、地驻静宁各单位的主要负责人，县十三届人大常委会组成人员，各乡镇人大专职主席或副主席，部分离退休老干部，出席政协六届一次会议的全体委员（列席此次会议第一次全体会议），共258人列席会议。

王守荣、王学书、王济华、王星耀、牛力军、邓颖（女）、朱春林、许富忠、杜文彪、李雪峰、杨志敏、吴福臣、张正、张三相、张自杰、张来有、张金业、张新民、陈向华（女）、岳具辉、聂正国、柴玉明、柴桂兰（女）、席荣、郭应童、阎伟刚、葛会荣、韩太平、戴双军（按姓名笔画为序）29人组成大会主席团，王学书、王济华、王星耀、牛力军、朱春林、许富忠、李雪峰、张正、张自杰、陈向华（女）、岳具辉、聂正国、葛会荣、戴双军（按姓名笔画为序）14人为主席团常务主席；岳具辉为秘书长，郭应童、王克选、柴玉明、高赫为副秘书长；朱春林、李旺军、王守荣、柴玉明、席荣5人组成议案审查委员会，朱春林为主任委员，李旺军为副主任委员。

11月7日晚，大会举行预备会议，听取县人大常委会副主任许富忠所作的《关于县第十四届人民代表大会代表资格审查结果的报告》；通过大会议程和大会主席团、秘书长、议案审查委员会名单；宣布主席团第一次会议讨论通过的事项。

大会举行全体会议4次。第一次全体会议于11月8日上午举行，全体代表和列席人员集中收看中共十六大会议实况。第二次全体会议于11月8日下午举行，执行主席是李雪峰、王济华、牛力军、岳具辉、王星耀、王守荣、张新民、杨志敏、张三相、邓颖。会议听取县政府常务副县长李旺军所作的《县人民政府工作报告》、县发展计划局局长杜文彪所作的《关于2002年国民经济和社会发展计划执行情况及2003年计划（草案）的报告》、县财政局局长王运军所作的《关于2002年财政预算执行情况及2003年预算（草案）的报告》；通过选举办法。第三次全体会议于11月9日下午举行，执行主席是张正、陈向华、张自杰、许富忠、韩太平、杜文彪、席荣、柴玉明、张来有。会议听取县人大常委会副主任岳具辉所作的《县人大常委会工作报告》、县法院院长杨志军所作的《县人民法院工作报告》、县检察院检察长李居洲所作的《县人民检察院工作报告》，审议县人大常委会《关于县十三届人大五次会议代表意见、建议办理情况报告的（书面）》。第四次全体会议于11月10日下午举行，执行主席是聂正国、王学书、戴双军、葛会荣、朱春林、张金业、郭应童、柴桂兰、吴福臣、阎伟刚。选举县人大常委会主任1名、副主任5名、委员12名，县政府县长1名、副县长6名，县法院院长1名，县检察院检察长1名，市第一届人大代表54名，新当选的县政府县长张正作表态发言；听取县人大常委会副主任、议案审查委员会主任委员朱春林所作的《关于县第十四届人民代表大会第一次会议代表议案和意见、建议审查情况的报告》，通过《关于政府工作报告的决议》《关于2002年国民经济和社会发展计划执行情况及2003年计划的决议》《关于2002年财政预算执行情况及2003年预算的决议》《关于县人大常委会工作报告的决议》《关于县人民法院工作报告的决议》《关于县人民检察院工作报告的决议》。会议结束时，县委书记李雪峰讲话。

大会分12个代表团，安排分团会议2次。

大会主席团召开会议5次。

大会收到代表提出的意见、建议90件，涉及9个方面。其中：①农、林、水、牧方面29件，占32.2%，主要是建议列项扶持绿色、无公害和有机农业的示范推广，建议将扶贫项目向西北部贫困片带倾斜，禁止羊只啃青，整顿农用机动车管理秩序，为果品产业的发展提供“绿色通道”，将八里、李店、雷大3乡镇列为“整村推进”重点乡镇，将威戎镇向阳养殖繁育基地列为全县发展圈舍饲养样板，列项修建鞍子山二期工程，修建配套仁大乡故堆坪、周家坪、贾河乡宋堡村、七里乡七里村农业示范园区提灌设施，解决四河、新店乡政府所在地、阳坡乡海湾村、贾河乡王坪村人畜饮水困难，落实八里等乡镇机修梯田贷款等；②县、乡公路建设、养护和管理方面21 件，占23.3%，主要是建议打通新店至治平乡、红寺至甘沟乡公路，修建深沟乡深沟村至通渭县新景道路，加强对曹务至威戎、城川靳寺至甘沟、红寺至四河的公路养护，修建曹务乡刘长沟、治平乡朱堡村、甘沟乡屯堡河、古城乡李河、八里镇狗娃河等河桥，拓宽治平至李店镇、县城至甘沟公路，加强对城区机动车管理等；③教育、文化方面17 件，占18.9%，主要是建议解决李店镇郭柴、薛胡村小学，祁川乡杨咀、王川村小学，余湾乡王坪、羊路村小学，古城中心小学，治平、原安乡部分村小学，曹务、三合、阳坡初中排危资金问题，解决仁大中学危房和校舍紧缺问题，加强对城区中小学生环保教育，解决部分学校收费偏高问题，加强书画市场管理等；④城建方面 6 件，占6.7%，主要是建议加强对城区公用设施的维护和管理，改善城区居民饮用水质量和卫生条件，加大对威戎、李店、曹务等乡镇小城镇建设资金投入等；⑤财政、税收方面5 件，占5.6%，主要是建议合理确定全县财政收入增长幅度，修建维修细巷、灵芝、李店等乡镇政府职工宿舍等；⑥农网改造方面4 件，占4.4%，主要是建议将八里镇郭罗村一社、六社，曹务乡唐山村、新店乡甘坡村的农电线路由外县改接到本县农电电网上，改造祁川乡靳马村农电线路等；⑦工业企业保护和扶持非公有制经济方面3 件，占3.3%，主要是建议改善投资环境，扶持、发展石咀乡白酒生产、保护有序竞争等；⑧广播电视、电信方面4 件，占4.4%，主要是建议扩大县办广播电视节目的覆盖面，增大阳坡、贾河乡电话程控交换容量等；⑨司法方面1件，占1.1%，主要是建议解决法院诉讼收费过高、执法水平偏低的问题。

大会议程

一、听取和审议县人民政府工作报告；

二、听取和审议县人民政府关于2002年国民经济和社会发展计划执行情况及2003年国民经济和社会发展计划（草案）的报告，审查和批准2003年国民经济和社会发展计划；

三、听取和审议县人民政府关于2002年财政预算执行情况和2003年财政预算（草案）的报告，审查和批准2003年财政预算；

四、听取和审议县人大常委会工作报告；

五、审议县人大常委会关于县十三届人大五次会议代表意见、建议办理情况的报告（书面）；

六、听取和审议县人民法院工作报告；

七、听取和审议县人民检察院工作报告；

八、选举；

九、其他。

大会日程

县第十四届人民代表大会第一次会议日程表

表3-78

时间		内容	执行主席
11月7日	晚7时	预备会议：1.代表资格审查报告；2.通过大会议程；3.通过大会主席团和秘书长名单；4.通过大会议案审查委员会名单；5.宣布主席团第一次会议讨论通过的事项	
11月8日	上午	全体代表和列席人员在静宁宾馆二楼大会会场集中收看中共十六大会议实况	王守荣　王济华 王星耀　牛力军 邓　颖　李雪峰 杨志敏　张三相 张新民　岳具辉
	下午	大会：1.开幕式；2.政府工作报告；3.2002 年国民经济和社会发展计划执行情况及 2003 年计划（草案）的报告；4.2002 年财政预算执行情况及 2003 年预算（草案）的报告；5.通过选举办法	

续表3-78

时间		内容	执行主席
11月9日	上午	各代表团审议政府、计划、财政三个报告；提名推荐、酝酿讨论候选人名单	许富忠 杜文彪 张　正 张自杰 张来有 陈向华 柴玉明 席　荣 韩太平
	下午	大会：1.县人大常委会工作报告；2.县人民法院工作报告；3.县人民检察院工作报告	
11月10日	上午	各代表团审议人大、法院、检察院工作报告；继续酝酿讨论候选人名单	王学书 戴双军 朱春林 吴福臣 张金业 聂正国 柴桂兰 郭应童 阎伟刚 葛会荣
	下午	大会：1.选举；2.议案和意见、建议审查报告；3.通过政府、计划、财政、人大、法院、检察院工作报告的决议；4.县委领导讲话；5.大会闭幕	

主席团会议日程

县第十四届人民代表大会第一次会议主席团会议日程表

表3-79

时间		地点	内容	参加人	主持人
第一次会 议	11月7日预备会议期间	静宁宾馆二楼会议室	1.通过大会日程；2.通过代表团组成和列席人员范围；3.通过大会常务主席名单；4.决定大会副秘书长名单；5.决定大会议案和意见、建议终止时间	主席团成员	岳具辉
第二次会议	11月7日预备会议之后	静宁宾馆二楼会议室	讨论选举办法（草案）	主席团成员及各代表团召集人	岳具辉
第三次会议	11月8日晚7时半	静宁宾馆三楼会议室	讨论提出候选人建议名单	主席团成员及各代表团召集人	岳具辉
第四次会议	11月9日上午10时	静宁宾馆三楼会议室	听取代表联名提出候选人情况汇报；审查提名名单并提交各代表团酝酿讨论	主席团成员及各代表团召集人	岳具辉
第五次会议	11月10日上午10时	静宁宾馆三楼会议室	1.听取各代表团关于政府三个报告及人大、法院、检察院工作报告讨论情况的汇报；2.听取各代表团关于候选人讨论情况的汇报；3.决定正式候选人名单；4.提出大会监票人名单；5.听取议案和意见、建议审查情况汇报；6.讨论政府工作报告等六个决议(草案)	主席团成员及各代表团召集人	岳具辉

大会选举

县人大常委会：

主　任　聂正国

副主任　戴双军　岳具辉　许富忠　王星耀　朱春林

委　员　张金业　韩太平　郭应童　席　荣　张新民　王守荣　柴玉明

　　　　柴桂兰（女）　邓　颖（女）　张三相　阎伟刚　张来有

县第十四届人大常委会组成人员个人情况表

表3-80

姓名	性别	民族	出生年月	籍贯	文化程度	入党时间	工作时间	工作简历
聂正国	男	汉	1949.3	静宁城关	大专	1972.9	1970.2	曾在静宁县农机厂工作，在步兵某团、陆军某军政治部、陆军某师政治部服役；历任师政治部组织科正营职干事，静宁县委组织部组织员、农工部副部长、调研室主任、县委办公室主任，县委副书记
戴双军	男	汉	1950.9	静宁威戎	高中	1975.12	1971.3	曾在静宁县威戎中学、余湾中学、雷大中学、新华中学任教；历任静宁县贯河乡、雷大乡党委副书记，祁川乡党委书记，县委常委、纪委书记、县委副书记
岳具辉	男	汉	1947.12	静宁三合	大专	1968.10	1965.11	曾在新疆某部队服役，在静宁县红寺公社、新店公社工作，历任静宁县祁川乡党委副书记、乡政府乡长，县委组织部副部长、县直机关党委书记，县委常委、组织部部长，县人大常委会副主任
许富忠	男	汉	1950.1	静宁城川	初中	1970.12	1987.5	曾在城川乡政府工作；历任城川乡经委副主任，城川建筑公司、县建筑公司经理，县建筑企业集团公司董事长、总经理，县政府副县长，县委常委、县政府常务副县长，县人大常委会副主任

续表3-80

姓名	性别	民族	出生年月	籍贯	文化程度	入党时间	工作时间	工作简历
王星耀	男	汉	1954.2	静宁界石铺	本科	1974.5	1970.3	曾在步兵某团、武都军分区政治部工作；历任静宁县人武部政工科长，县委办公室副主任、主任，县委委员、工商局党组书记、局长，县政府副县长、政协副主席
朱春林	男	汉	1947.12	静宁治平	高中		1970.1	曾在玉门石油管理局工作，在静宁县治平中学、静宁中学、李店中学任教；历任李店中学教导处副主任、主任、副校长，成纪中学校长、县人大常委会副主任（兼），县职业技术教育中心副主任、县人大常委会副主任（兼）
张金业	男	汉	1949.2	静宁八里	大专	1968.9	1968.2	曾在某部队服役，在静宁县原安公社、县政府人事科、县政府办公室工作；历任静宁县人民法院审判员、经济审判庭庭长、办公室主任、党组副书记、书记、副院长、院长，泾川县人民法院党组副书记、院长，县人大常委会专职委员兼司法民政工作委员会主任(副县级）
韩太平	男	汉	1961.11	陕西礼泉	本科	1983.7	1979.11	曾在陆军某师、兰州军区服役；历任兰州军区守备第二师炮兵团参谋、司令部军务所参谋，省军区司令部直属工作处参谋、通讯站副主任、直属工作处政治协理员，静宁县人武部干部

续表3-80

姓名	性别	民族	出生年月	籍贯	文化程度	入党时间	工作时间	工作简历
郭应童	男	汉	1948.11	静宁城川	高中	1976.5	1965.12	曾在静宁县城川公社新寺大队卫生所、第四冶金建设公司、县人大常委会办公室工作；历任静宁县人大常委会办公室副主任、主任、县第十三届人大常委会委员
席　荣	男	汉	1946.7	静宁甘沟	大专	1969.9	1963.12	曾在西藏某部队服役，在静宁县商购站、亚麻厂、农副公司、商业局工作;历任县生资公司副经理、果糖厂筹建处副主任，县化工厂党支部书记、厂长,县陇兴化工有限责任公司党委副书记、董事长兼总经理,县人大常委会农业财经工作委员会主任
张新民	男	汉	1947.10	静宁城川	初中	1970.12	1972.10	曾在静宁县威戎、三合、七里、八里公社工作;历任静宁县威戎乡政府副乡长、党委副书记,城川乡党委副书记、乡政府副乡长、乡长,八里乡党委书记,县计生委主任,县计划生育局局长
王守荣	男	汉	1948.2	静宁雷大	本科	1969.6	1971.4	曾在西藏某部队服役，在静宁县新店、威戎卫生院工作;历任静宁县卫生防疫站站长,县人民医院副院长,县卫生局副局长、党组书记、局长，县人大常委会代表联络工作委员会主任
柴玉明	男	汉	1955.6	静宁石咀	本科	1984.11	1975.3	曾在静宁县石咀中学任教，在平凉地区粮食处、静宁县粮食局、政府办公室工作;历任静宁县政府办公室副主任，县人大常委会办公室副主任、教科文卫工作委员会主任(兼)、县第十三届人大常委会委员

续表3-80

姓名	性别	民族	出生年月	籍贯	文化程度	入党时间	工作时间	工作简历
柴桂兰	女	汉	1953.9	静宁治平	高中	1974.6	1974.1	曾在静宁县治平公社、县物资局工作；历任静宁县治平公社副主任，团县委副书记、书记，县妇联副主席，县总工会副主席、主席，县第十三届人大常委会委员
邓　颖	女	汉	1962.7	静宁城关	中师		1986.10	参加工作后，一直在城关小学任教，时任静宁县第十三届人大常委会委员
张三相	男	汉	1954.11	静宁余湾	大专		1976.6	曾在静宁县仁大卫生院、县人民医院工作；时任静宁县人民医院外科主任
阎伟刚	男	汉	1977.12	静宁八里	中专		1996.11	曾在静宁县灵芝乡农技站、县农技中心工作；时为静宁县农技中心干部
张来有	男	汉	1954.5	静宁城关	高中	1987.8	1991.9	在静宁县城关镇西关村工作；历任静宁县城关镇西关村四社会计、社长，西关村党支部副书记、书记

县人民政府：

县　长　张　正

副县长　李旺军　张维国　陈玉梅（女，满族）　靳建荣　李雪云　李玉彪

县第十四届人民政府县长、副县长个人情况表

表3-81

姓名	性别	民族	出生年月	籍贯	文化程度	入党时间	工作时间	工作简历
张　正	男	汉	1967.12	甘肃正宁	研究生	1992.11	1988.7	曾在平凉地区行署农牧处工作；历任平凉地区行署农牧处综合服务中心办公室副主任、经济作物科科长，农牧处副处长，华亭县委常委、县政府常务副县长，静宁县委副书记
李旺军	男	汉	1960.7	静宁威戎	大专	1983.11	1981.1	曾在司桥公社、县民政局工作；历任团县委副书记，县交通局副局长，县文化局局长，县乡镇企业管理局局长，县八里工业小区管理委员会主任，县委常委、县政府常务副县长

续表3-81

姓名	性别	民族	出生年月	籍贯	文化程度	入党时间	工作时间	工作简历
张维国	男	汉	1962.9	静宁红寺	大专	1985.7	1981.3	曾在静宁县三合公社、县劳动人事局工作；历任县水泥厂副厂长、厂长，县水泥生产有限公司经理、县水泥集团有限公司董事长、总经理、威戎水泥厂厂长（兼），县委委员、县政府副县长
陈玉梅	女	满	1968.9	辽宁兴城	本科		1992.8	曾在宁夏隆德县司法局、平凉地区司法处工作；历任平凉地区司法处基层科副科长、科长，静宁县政府副县长
靳建荣	男	汉	1962.9	华亭西华	本科	1985.10	1981.3	曾在华亭县策底、马峡乡政府、县人武部工作；历任华亭县人武部政工科副科长，华亭县委调研室副主任，华亭县委办公室副主任、调研室主任（兼），华亭县西华乡党委书记，静宁县委委员、县政府副县长
李雪云	男	汉	1964.9	庄浪水洛	本科	1987.4	1985.7	曾在灵台县委宣传部工作；历任泾川县高平乡经委副主任，泾川县委党校副校长、县广播局副局长、团县委书记、县计委主任，静宁县委委员、县政府副县长
李玉彪	男	汉	1966.5	甘肃兰州	本科	1999.8	1987.7	曾在省统计局社会科技处、人口与社会科技处工作；历任省城市调查队生产投资价格处副处长，静宁县委委员、县政府副县长（挂职）

县人民法院：
院　长　杨志军
县人民检察院：
检察长　李居洲

县第十四届人民法院院长、人民检察院检察长个人情况表

表3-82

姓名	性别	民族	出生年月	籍贯	文化程度	入党时间	工作时间	工作简历
杨志军	男	汉	1954.3	庄浪岳堡	高中	1974.6	1976.11	曾在庄浪县大庄公社工作；历任庄浪县大庄公社管委会副主任、党委副书记，良邑乡、万泉乡党委书记，庄浪县法院党组书记、院长，静宁县委委员、县法院党组书记、院长
李居洲	男	汉	1963.2	崇信黄花	大专	1983.1	1981.2	曾在崇信县赤城公社、县委办公室工作；历任崇信县九功乡党委副书记、黄花乡政府乡长、高庄乡党委书记，庄浪县法院党组书记、院长，静宁县委委员、县检察院党组书记、检察长

市第一届人民代表大会代表：

李保印　张秉科　曹兴荣　李长明　李斌武　王　越　苏友义
戴季昀　路纯磊　贾少英　李雪峰　张　正　聂正国　吕忠厚
王学书　戴双军　李旺军　杨志军　高　恒　高孟德　吴水利（女）
李廷章　杨志敏　李鹏玺　李　读　王志强　杨　旭　李宏杰（女）
樊　旺　厚　学　王科社　沙芳琴（女，回族）　邓霭霞（女）王　毅
王　春　刘东光　岳桂梅（女）王国栋　刘淑琴（女）梁景华（女）高宗利
王慧琴（女）柳志军　王喜弟（女）唐效锦　刘婉多（女）马建学　李品荣（女）
单海哲（女，回族）　陈忠贤　王克荣　臧进全　李　洋　杨振华

附：

县人民政府工作报告

（县人民政府常务副县长李旺军　2002年11月8日）

五年来政府工作的回顾

过去的5年，是全县人民在上级党政组织和县委的领导下，加快发展，阔步前进的5年。5年来，全县经济快速发展，社会全面进步，人民生活水平明显提高，精神文明建设和民主法制建设不断加强，全县面貌发生了深刻变化。

——综合实力明显增强。预计今年全县国内生产总值达到8.4亿元，财政收入达到5041万元，年均增速分别达到8.5%和8.6%；三次产业结构由1997年的48.8:29.9:21.3调整到35.8:34.4:29.8。综合实力在全省的排序上升到第49位。这5年，是我县经济发展最快的时期之一，创造了经济贫困县奋力拼搏、自强不息、敢为人先、争创一流的“静宁速度”。

——农村经济全面发展。粮食自给能力不断增强，五大主导产业发展势头强劲。5年新增果树经济林10.1万亩，累计达到18.85万亩，获得了“中国苹果之乡”和“全国经济林建设先进县”荣誉；洋芋产业在栽培技术、改良品质、发展规模上有了新突破；畜牧业以重点村和示范户为带动，饲养规模稳中有增；瓜菜生产在扩大面积、提高产量的同时，生产方式和品质结构有了较大革新；药材产业成为山区群众增收的新渠道。建成了成纪酒业、麦林蔬菜等一批加工购销企业和中介组织，订单农业开始成为衔接产销的新形式，农业产业化经营框架基本形成。建成了八里红林、城川吴庙、七里李堡等一批山、水、田、林、路综合治理，林、果、粮、菜、畜全面开发的典型，全县生态高效农业实现了快速度、大跨度发展。乡镇企业稳步发展，产值达到10.17亿元。扶贫开发成效明显，于1999年实现了整县基本解决温饱，开创的参与式、整村推进做法，被作为新时期扶贫开发的新方式，在全国推广。

——城镇经济运行质量和效益逐步好转。5年间，全县工业企业累计完成投资1.47亿元，新建和技改工业项目39个，建成了1000万发电雷管、10万吨水泥、千吨苹果白酒、600万箱方便面等一批重点项目，壮大了建筑、建材、化工、地毯、食品等五大优势行业，新增了一批科技含量较高、关联度较大的新型农产品加工企业，工业生产稳定增长，效益逐步回升。全县工业增加值年均递增11.8%，净盈利额比1997年增加1260万元，初步走出了农业县办工业的路子。

——发展后劲进一步增强。5年累计完成固定资产投资8.82亿元，年均递增19.5%，是我县投资规模最大、建成项目最多、建设速度最快的时期。农业基本建设大力度推进，生态环境建设起步良好。5年完成坡改梯31.8万亩，新增水浇地2.78万亩，有8.46万人、4.21万头牲畜的饮水问题得到基本解决；完成工程造林37.3万亩，其中退耕还林（草）12.1万亩；新修上等级乡村道路1476公里，治理小流域390平方公里。完成了静秦、静西、静司等公路改建和通信光缆传输、成纪文化城、农网改造、县城公用设施等重点工程建设。信息化建设态势良好，小城镇建设稳步推进。经过5年发展，基础设施建设实现了历史性跨越，为加快发展打下了较好的基础。

——改革开放迈出较大步伐。这5年是我县改革全面展开、向纵深推进的5年。我们完成了农村土地二轮承包延期工作，家庭联产承包责任制和双层经营体制得到进一步完善。国有集体企业改革在推行股份合作制改制的基础上，加大产权转让力度，先后将珍珠林酒厂、县地毯厂和印刷厂卖断产权，改制为私营企业，对化工公司、水泥集团等国有控股企业推行了经营者持大股改革，进一步优化了企业的组织结构、资本结构和所有制结构。社会保障、医疗制度、住房制度等方面的改革进展顺利。今年较好地完成了农村税费改革试点工作，规范了农村税收征管，从根本上减轻了农民负担。同时，按照“精简、效能、统一”的原则，积极稳妥地进行了县乡机构改革。通过改革行政审批制度，理顺管理体制，优化社会服务，营造了较好的投资环境、建设环境和干事创业环境，促进了非公有制经济快速发展。5年引进县外资金9698万元，新增私营企业55户，非公有制经济比重达到26.1%。经过5年探索，市场机制作用明显加大，初步形成了多层次、全方位对外开放的格局。

——人民生活继续得到改善。城镇居民人均可支配收入预计达到 4820元。农民人均纯收入预计达到1300元，较1997年增加248.5元。城镇居民人均住房面积达到11.8平方米。耐用消费品普及率和人均拥有量大幅度提高。人民的物质文化生活有了较大改善，贫困人口的基本生活得到有效保障。

——精神文明建设和各项社会事业又有新进步。社会主义思想道德深入人心，群众性精神文明活动广泛开展，科技进步对经济增长的贡献率逐步提高，教育事业稳步发展。5年新建标准化小学53所，排除中小学危房5.27万平方米，向大中专院校输送新生8431人。卫生工作重点加强了农村医疗、计划免疫和医风医德建设，乡镇卫生院全部达到“一无三配套”。计划生育工作基本实现了“三为主”，全面完成了人口计划。大力发展社会主义先进文化，群众性文体活动丰富多彩。先后荣获全国文化、科技、“两基”、民政工作先进县和全省体育工作、精神文明建设、双拥共建先进县等称号。司法审计、统计土地、民族宗教、广播电视、气象服务等方面都取得了新的成绩。

——政府法制工作和廉政建设进一步加强。5年来，县政府向人大常委会专题汇报工作34次，向政协常委会通报工作10次，办理人大代表意见建议286件，政协委员提案122件。实施依法治县方略，普法教育全面开展，执法监督和依法行政水平进一步提高。坚持打防并举，综合治理，有效防范和打击了各类犯罪活动，维护了社会稳定。加大违法违纪案件查处力度，廉政建设得到加强。

在即将过去的一年，县乡政府深入落实“三增一稳”“五个加快”和“一个保证”的总体思路，自我加压，思进图强，集中突破，推进创新，较好地完成了年初人代会批准的各项任务，开创了静宁发展的新局面。一是突出结构调整和示范园区建设，农业产业化经营迈上新的台阶。在不放松粮食生产和农业基本条件改善，加快生态环境建设的同时，把建设农业科技示范园区作为提升传统农业、推进农业产业化经营的切入点，紧握拳头，上下联动，建成了红林高效农业、城川节水增效农业等55个经营机制新、科技含量高、带动作用强的农业综合开发示范园区，形成了新的经济增长点，有力推动了整体工作。全县新植果树经济林3.06万亩，果品总产量达到6万吨；种植洋芋19.92万亩，药材1.64万亩，瓜菜4.7万亩；发展订单农业5万亩。粮经草比例调整到56:25:19。二是突出项目建设和企业改革，城镇经济运行质量和效益稳步提升。建成了600万箱大红碗方便面、千吨羧甲基淀粉、1.5万吨等级面粉、千吨苹果白酒二期等工业项目。苜蓿草品、果味醋饮料生产线完成了年度建设计划。八里工业小区今年开工建设招商项目6项，完成投资2743万元，累计达到1.24亿元，跻身全省乡镇企业示范区行列。全县限额以上企业实现利税2000万元，较去年增长5%；实现利润盈亏相抵后净盈利260万元。三是突出扩展规模和经营土地，城镇化建设成效显著。县城建设在加快旧区改造、完善管理的同时，确立了经营城镇的新理念，创新筹资机制，实施了县城发展史上一次性开工规模最大、设计标准较高的东拓工程，有力带动了房地产开发和商贸设施建设。总投资1300万元的新世纪商厦全面建成。以威戎、界石铺为主的小城镇建设进展顺利。八里、李店正式撤乡建镇。四是突出落实政策和整治环境，民营经济发展势头强劲。当年新发展个体工商户455户，私营企业27户，注册资金4270万元，上缴税金820万元。完成招商引资4200万元，是我县近年来实际引进资金最多、建成项目最快、产业带动作用最明显的一年。五是突出网络建设和技术应用，信息化建设起步良好。政府上网工程步伐加快，建成了县政府、民政政务、成纪财苑、农家乐4个网站，年内可完成电子政务一期工程。教育信息化有了新进展，70%的中小学校开展现代远程教育，接受信息教育的学生达到1.1万人。六是突出解决热点难点问题，10件实事基本落实。五台山水厂基本建成；东拓工程完成了供排水管网敷设和5条主干道建设，完成投资2500万元，一次扩展县城1平方公里；东苑住宅小区完成了整体规划，已有7幢住宅楼开工建设，完成投资100多万元；政务大厅于7月份投入运行；静秦公路威戎河桥已经建成；县特殊教育学校教学楼已完成四层主体，明春可建成使用；总里程达103公里的10条上等级乡村道路全面建成；对132所中小学的危房进行了全面改造，排除危房2.49万平方米；实施农网改造工程，新建改造农电线路760公里；一中图书科技实验楼于9月份建成投入使用。

过去的5年，我们能够在复杂困难的情况下取得新的成就，最根本的原因是高举邓小平理论伟大旗帜，贯彻“三个代表”重要思想，依靠全县人民顽强拼搏、加快发展而取得的。回顾5年来的工作，我们深刻体会到，为了把静宁经济建设不断推向前进，搞好今后的政府工作，需要坚持和把握好以下几点：必须牢固树立强烈的发展意识，干字当头，以实为先，善于创新，才能赢得上级组织和人民群众的支持；必须把贯彻执行党的方针政策同静宁的实际结合起来，在制定发展目标和远景规划时，坚持科学严谨的态度，既要有超前意识，又要切合实际，提出具体的、有针对性的、创造性的措施，才能解决好前进中遇到的困难和问题；必须实施非均衡发展思路，发挥区域优势，优化资源配置，建立示范园区，才能辐射带动整体发展；必须在加快基础设施和生态环境建设的同时，致力于法制、政策、服务、市场、舆论、社会稳定等软环境的整治和改善，才能营造良好的投资环境、建设环境和干事创业环境；必须要有与时俱进、不甘落后、思进图强、争创一流的创业精神，继续创造后发优势，保持“静宁速度”，加快“静宁速度”，才能推进静宁超常规、跨越式、快发展；必须尊重群众的首创精神，听取人民群众的意愿，踏踏实实为老百姓办实事、办好事，才能最大限度地调动人民群众的积极性，顺利实现政府工作的各项目标。

总结5来的政府工作，我们清醒地看到，我县经济社会发展中还存在许多困难和问题。一是结构调整进展缓慢，经济总量不足，增长的质量和效益不高。二是农业基础脆弱，产业化经营程度低，龙头企业的带动作用不强，农民增收的难度大。三是工业技术改造和产品升级换代步伐缓慢，发展资金严重短缺，经营效益不理想。四是财政收支矛盾突出，社会保障体系不完善，城乡居民最低生活保障覆盖面小、标准较低。五是阻碍生产力发展的体制性因素仍很突出，民营经济规模小、比重低，社会就业压力较大。六是基础设施落后的问题比较突出，促进开放的一些政策措施落实不够，投资环境不适应扩大开放的需要。七是影响社会稳定的因素还比较多，严重暴力犯罪时有发生，危及人民群众的生命财产安全。八是政府职能转变较为缓慢，一些政府工作人员的思维方式、政策水平、工作能力还不能适应形势发展的需要，个别人员为人民服务的宗旨意识和群众观念淡薄，官僚主义、形式主义作风比较严重。对于这些问题，应采取切实有效措施，逐步加以解决。

对下届政府工作的建议

今后5年，是贯彻党的十六大精神，全面落实县十四次党代会确定的奋斗目标，奋力推进静宁经济社会超常规、跨越式、快发展的重要时期，新一届政府肩负着更加艰巨的历史重任。根据县十四次党代会精神，县政府认真听取了各方面的意见，提出了今后5年政府工作基本思路和主要任务。基本思路是：以党的十六大精神为指导，认真贯彻落实县十四次党代会精神，以加快发展为主题，以实施西部大开发战略为总揽，以经济结构调整为主线，以改革开放和科技进步为动力，以“三增一稳”为目标，以推进农业产业化、工业化、城镇化、信息化和民营经济发展为重点，以营造良好的发展环境为保证，认真实施工业强县、科教兴县、开放带动和可持续发展战略，发挥比较优势，发展特色经济，努力实现全县经济社会超常规、跨越式、快发展。宏观调控目标是：国内生产总值年均增长11.5%以上，高于全市平均水平，到2007年达到13.22亿元。经济结构调整迈出实质性步伐，三次产业结构达到27.3:39:33.7。地方财政收入高于全部财政收入增长速度，年均增长12.8%，达到7200万元。人民生活水平有新的提高，农民人均纯收入年均增长6.7%，达到1740元；城镇居民人均可支配收入年均增长5.7%，达到6200元。综合实力跻身全省中部干旱县前列，实现从稳定解决温饱向小康迈进，为建设西陇海兰新线甘肃段经济强县奠定坚实基础。

工作中，着重抓好以下10个方面：

（一）大力调整农业内部结构，加快推进农业产业化

现阶段，农产品供求关系发生了历史性变化，一般意义上的增产并不意味着农民增收，这是农业和农村工作中面临的一个突出矛盾和主要问题。必须把大力推进农业产业化经营作为增加我县农民收入的重要渠道，提高农业竞争力的重要举措，加快农村经济发展最有效的途径和最现实的选择。必须把发展农业产业化经营作为一项带有全局性、方向性的大事来抓。农村经济发展的着力点必须放在大力推进战略性结构调整，放在提高农业的整体素质和效益、增加农民收入上。围绕做大做强支柱产业，进一步调整优化区域布局，扩大发展规模，形成具有特色和优势的产业基地，尽快建成30万亩优质果品、20万亩商品洋芋、500万只静宁鸡、5万亩药材、5万亩瓜菜五大生

产基地。围绕把我县建成全市农业标准化综合示范县和全省优质果品第一县，加快新技术推广应用，革新生产方式，改良品种，生产符合质量标准、适销对路的专用粮食品种和绿色无公害食品。注意用先进技术改造提升传统产品和产业，努力扩大特品，争创名品，培育精品。尤其要把果品、静宁鸡等市场前景好、竞争优势明显的特色产品通过产业化经营的形式做大做强，创出在全国市场上占有一定份额的名牌产品。牢固树立扶持龙头企业就是扶持农民的新观念，进一步完善农村社会化服务体系和市场体系，壮大提高现有龙头企业，扶持新办一批科技含量高、辐射带动力强的加工、储运、保鲜项目，发展一批专业产销协会，努力形成市场牵龙头、龙头带基地、基地连农户的产业化经营格局。坚持把农畜产品的精深加工和销售作为发展龙头企业的切入点来抓，因势利导，推动乡镇企业积极兴办以农畜产品加工和销售为主的龙头企业。鼓励和引导乡镇企业向小城镇合理聚集，把发展龙头企业同发展乡镇企业和小城镇建设有机结合起来，推进农村工业化和城镇化进程，带动农村二、三产业发展。突出312国道、静庄、静秦公路沿线，大力创办高效农业示范园区，搞好先进实用技术组装配套，创新经营机制，由点及面，拓展延伸，努力打造农业科技示范带。坚持走参与式扶贫开发路子，巩固提高扶贫成果，加大整村推进力度，加快小康示范村建设步伐。认真贯彻党在农村的基本政策，稳定和完善农村土地承包责任制，稳步推进土地集约化、规模化经营，鼓励农民和投资者开发荒山、荒沟、荒坡，经营水利设施和集体林场，全力搞活农村经济。

（二）围绕建立工业主导型经济，加快推进工业化

牢固树立“工业强县”思想，加快工业经济发展，努力提高工业整体素质，争取用5到10年时间，实现由农业大县向工业强县迈进。坚持走以农业产业化支撑工业化，以工业化带动农业产业化的路子，围绕农村支柱产业开发，兴办农副产品加工项目。搞好冻干蔬菜、果酒果汁、果蔬脆片、熟肉制品、醋酸饮料、洋芋淀粉等产品的精深加工和系列开发。突出建筑、建材、化工、地毯等优势行业，进一步拓宽发展空间，提高产业档次。加快培育企业集团，努力造就一批适应市场、机制灵活、效益突出、多种经济成分共存的企业群体，形成县域经济支柱。抓好工业园区建设，搞好配套服务，鼓励支持企业加强与科研院所、大专院校、大中型企业开展技术合作与交流，吸引优势骨干项目向园区集聚，确保每年新上1至2个投资在500万元以上的工业项目。高度重视品牌战略，把果酒、磷肥、路大路食品等地方特色产品做优做精，扩大市场份额。继续深化企业改革，加快建立现代企业制度。坚持以市场化、民营化为取向，加大产权转让力度，对国有控股和集体企业，都要逐步改制为民营企业，放手自主发展。加强企业家和经营管理者队伍建设，为工业发展提供人才保证。

（三）突出信息网络建设，加快发展第三产业

面向人民群众物质文化生活日益多样化和消费水平不断提高的要求，逐步建立设施配套、管理规范、功能齐全、形式多样的服务体系。把推进信息化作为改造提升传统产业、加快经济社会发展的战略平台，按照应用先导、网络联建、资源共享的思

路，加快“三网”融合，建设宽带传输网，提高网络容量和传输速度。加快电子政务建设，提高工作效率。加快中小学现代远程教育设施配套，普及信息教育。鼓励引导企业广泛采用信息技术，发展电子商务。重视发展社区服务，规范物业管理，为群众提供快捷、便利和高质量的生活服务。在鼓励发展餐饮服务、房产交易等传统服务业的同时，积极推进商业、供销、粮食等流通体制改革。依托新世纪商厦、供销超市、家具会展中心和城乡重点集贸市场，大力发展连锁经营、物流配送、代理代销、多式联运等现代服务方式，不断提高商贸服务业档次。积极创造条件，兴办一批专业市场，努力把静宁建成辐射周边县市的特色农产品集散中心。积极发展金融保险、会计审计、法律服务、信息咨询等新型服务业，逐步实现服务业的社会化、产业化和市场化，力争使第三产业年均增速达到12%以上。

（四）确立经营城镇新理念，加快推进城镇化

突出县城在城镇化进程中的核心地位，加快旧城改造和新区开发，提升服务功能，扩大县城规模。重点实施好北移、东拓战略，加快工业园区和东拓工程建设，有计划、分步骤实施南扩规划。加快城区水、热、电、路等公用设施和绿地建设，集中力量解决水源短缺、污染治理能力差的突出问题。坚持因地制宜、分层推进原则，加快威戎、界石铺等10个中心乡镇建设，逐步形成布局合理、特色突出、优势互补的区域经济发展中心。强化经营城镇新理念，多渠道筹集和运作建设资金。对城市供水、供热等项目采取以产权换资金、以市场换项目的办法，鼓励社会投资建设。对公用设施使用权、广告权、重点路段冠名权、公共汽车线路经营权等无形资产可公开拍卖，对国有土地实行有偿转让或出让，集聚建设资金。改革城镇户籍管理制度，引导农村富余劳动力向城镇和非农产业有序流动，吸引资金、技术、人才向城镇聚集，繁荣城镇经济。通过不懈努力，使全县城镇化水平每年提高2个百分点，2007年达到28.9%。

（五）实施开放带动战略，加快民营经济发展

必须进一步解放思想，加快政府职能转变，深化行政审批制度改革，积极消除妨碍非公有制经济发展的体制性障碍，为加快发展非公有制经济创造良好的投资、建设、干事创业环境。引导非公有制经济进一步拓宽投资领域，积极参与基础设施和生态环境建设，开发农村支柱产业，兴办工业项目和社会公益事业。鼓励民营企业承包、租赁、兼并、收购国有集体企业。进一步加快开放开发步伐，加大招商引资力度，努力提高利用外资的规模和水平。到2007年，全县非公有制经济在国内生产总值中的比重和对财政的贡献份额分别达到35%和25%以上，招商引资5年累计突破3亿元。

（六）进一步加大固定资产投资，加强基础设施建设

认真实施西部大开发战略，保持固定资产投资快速增长，努力为经济社会发展提供相适应的基础条件，5年完成固定资产投资16亿元。把合理开发、高效利用水资源放在基础设施建设的重要位置，坚持“三水”齐抓、大中小并举的方针，加快水利工程建设，大力推广节水措施，积极实施好农村人饮解困工程。完成威戎河西节灌工程

和北峡调水工程。力争开工建设北峡拦河闸，继续抓好鞍子山拦河闸二期工程前期工作。依托葫芦河河堤治理和滩涂土地开发项目，搞好葫芦河综合治理开发。坚持山、水、田、林、路综合治理，加大坡改梯和生态环境建设力度，抓好退耕还林工程和农业综合开发项目建设。到2005年全县实现梯田化。以县乡公路改建为重点，继续抓好乡村道路新建维修，积极争取油铺静秦、静西等主干道，改扩建雷大至李店段公路，打通新店至治平鞍子山段。依托凤巉高速公路建设，开工建设县城至威戎高等级公路。实施好电网改造工程，实现城乡同网同价。

（七）优化生产力布局，加快建设区域经济增长带

坚持提高全县经济整体水平与增强区域经济发展相结合，确立非均衡发展思路，把建设312线百里绿色经济增长带静宁段作为带动整体快速发展的突破口，调整生产力布局和经济结构，采取倾斜扶持政策，加快改善生态环境，创建绿色长廊；加快工业园区建设，构筑工业主导型经济带，坚持把工业园区建设作为调整区域结构的有效途径，作为提升工业发展水平的载体，使之成为聚集优势企业的基地、对外招商引资的窗口和机制创新的试验田；加快区域特色产业开发，建设生态高效农业带；加快城镇化步伐，搭建经济发展平台；协调发展社会事业，提高社会发育程度。经过3至5年努力，使沿线的城关、八里、界石铺、七里、司桥3镇2乡经济结构明显优化，生态环境和基础设施显著改善，人民生活达到稳定解决温饱，并向小康迈进，综合实力明显高于全县平均水平，努力把312沿线建成高效产业的聚集带，形成带动全县经济发展的优势地带。

（八）加强精神文明建设，协调发展社会事业

深入开展以“爱国守法、明礼诚信、团结友善、勤俭自强、敬业奉献”为主要内容的思想道德建设，积极开展多种形式的精神文明创建活动，在全社会形成良好的精神面貌和社会风气。推进科技创新，加快先进实用技术的推广应用，努力提高科技对经济增长的贡献率。继续把教育摆在优先发展的位置，着力推进素质教育，扩大高中教育，抓好职业教育，全面提高教育质量。深化办学体制改革，鼓励支持社会力量办学，促进办学条件明显改善。力争在县城新办2所高中，在东城区新办1所小学。严格执行计划生育政策，认真落实“三为主”措施，争创计划生育优质服务县。加强卫生服务体系建设，积极推进农村医疗事业发展。围绕发展旅游业，搞好成纪文化城开发利用，打造成纪文化品牌，广泛开展群众性文化活动和全民健身活动，丰富人民群众文化生活。

（九）健全社会保障体系，努力提高人民生活水平

进一步完善和落实以失业、养老、医疗为重点的社会保险制度，确保下岗失业人员基本生活费和离退休人员基本养老金按时足额发放。依法扩大社会保障覆盖范围，提高统筹能力，增强保障功能。强化城市居民最低生活保障制度建设，保障城乡贫困居民的基本生活。高度重视弱势群体的生产生活问题，搞好政府救济和社会援助。拓宽就业渠道，转变就业观念，减轻就业压力。到2007年城镇登记失业率控制在2%以内。

（十）加强民主法制建设，推进依法治县进程

县乡政府要自觉接受人大的依法监督和政协的民主监督，主动听取社会各方面的意见和建议。深入开展法制宣传教育，不断提高公民的法律素质。推行执法责任制和评议考核制，提高行政执法水平。全面落实廉政建设责任制，深入开展反腐败斗争。坚持打防并举，标本兼治,切实把社会治安综合治理措施落到实处，严厉打击危害社会治安的刑事犯罪活动，扫除各种社会丑恶现象。

2003年政府工作的主要任务

明年是我们全面贯彻落实党的十六大和县十四次党代会精神的第一年。做好明年的政府工作，对今后5年开好局、起好步至关重要。县政府提出了明年国民经济和社会发展计划，制定了落实上述目标的保证措施，为下届政府的工作做了必要的准备。

预期目标是：国内生产总值增长9.5%，达到9.2亿元，其中一产增长3.6%，达到3.11亿元，二产增长11.9%，达到3.28亿元，三产增长13.8%，达到2.81亿元；工业增加值增长16.7%，达到2.1亿元；全社会固定资产投资增长15.1%，达到2.44亿元；地方财政收入增长10.3%，达到4850万元；农民人均纯收入达到1378元，城镇居民人均可支配收入达到5000元；人口自然增长率控制在7‰以内。

实现上述目标，需要抓好以下8个方面的重点工作。

（一）围绕增加农民收入，加大支柱产业开发力度，加快基础设施和生态环境建设，确保农村经济全面快速发展。一是进一步提升农业产业化经营水平。在毫不松懈地抓好粮食生产，确保总产达到15.3万吨的基础上，面向市场需求，大力调整农业结构，加快开发果、薯、畜、药、菜五大支柱产业。年内新植果树经济林3万亩，改造低产劣质园1万亩，落实果实套袋1亿只，建设威戎、仁大、治平万亩无公害苹果出口创汇基地；建立种薯繁育基地5000亩，全县洋芋种植面积达到20万亩，其中规范化坑垄种10万亩；扶持发展重点养殖村10个，养殖大户330户；新发展药材1万亩；落实订单蔬菜5000亩，瓜菜总面积达到6.2万亩。积极革新经营方式，努力提高设施农业的经营效益。在继续抓好日光温室蔬菜生产经营的基础上，引导农民发展温室果品、花卉、育苗、食用菌等高效产业。二是进一步加强农田水利基本建设。以坡改梯任务大的乡村为重点，突出规模质量，确保年内新修优质梯田5万亩。加快水利工程建设，大力推广农业节水技术。新建仁大陈坪、深沟王堡等10处提灌工程，发展补灌面积6000亩，完成张峡、王湾、北岔集等3座病险水库改建和阳坡王家磨防洪工程建设。重视道路管护维修，动员全县上下大力开展“道路维修配套建设年”活动，下决心改变路况质量差、通行不畅的问题。3月份迅速掀起“筑路月”高潮，促进乡村道路建设步入高质量、大规模、重养护、常维修的新阶段。实施八里至原安道路改扩建，做好静西公路油铺的前期准备工作。三是积极搞好生态环境治理。突出312国道、静庄、静秦公路沿线面山绿化，以建设城关至石咀、七里至界石铺等3个万亩退耕还林示范基地为重点，实行整山整流域林业生态建设，确保完成工程造林28万亩，其中退耕还林20万亩。全面推行封山禁牧，切实加强林木管护，巩固生态环境治理成果。四是认

真搞好扶贫开发和小康示范村建设。以尚未解决温饱的贫困村为重点，纵深推进参与式、开发式扶贫。抓好红寺化沟、三合新堡等8个整村推进示范村建设。年内使1.5万人稳定解决温饱，5个村达到小康标准。

（二）牢固树立项目发展观，坚持新上与改造相结合，千方百计壮大工业总量。确保建成万吨苜蓿草品加工、千吨果味醋饮料、千吨真空冻干脱水蔬菜二期、恒达纸箱成型装订生产线和1500吨恒温气调库项目；开工建设千吨马铃薯精淀粉、白灵菇菌袋、煤矿第三水平延伸等项目；抓好千吨苹果白酒、10万吨水泥等建成项目的生产经营和秸秆饲料、苹果超细粉、千吨生物有机肥、塑钢门窗、静宁鸡深加工等项目的前期工作。加大企业技术改造力度，改造老设备，引进新工艺，开发新产品，加快传统产品更新换代和结构调整步伐。把推进国有控股企业民营化作为深化企业改革的基本方向，因企施策，稳步推进。对国有资产较小的企业，可一次改制为私营企业；对国有资产量较大的企业，有序退出国有股本；对零资产或负资产企业，采取租赁、出售、兼并等形式盘活有效资产；对资不抵债、扭亏无望的企业，依法破产重组。对商供、粮食等流通企业继续实行“退三进二”，盘活闲置资产，发展多种经营，努力走出困境。

（三）以东拓工程和小城镇建设为重点，加快设施配套，强化市政管理，不断提升城镇化水平。按照高起点规划、高标准建设、高效能管理的思路，提高县城建设的质量和档次。继续抓好东拓工程建设，完善基础设施，搞好道路绿化及路灯安装。拓宽融资渠道，加快房地产开发步伐。搞好沿街单位的拆墙透绿和破硬还绿，改善城区环境秩序，提高县城文明程度。实施中心城镇带动战略，加大小城镇建设力度，继续抓好威戎、界石铺两个地列小城镇规划实施，高标准完成八里、李店、城川等8个中心乡镇的总体规划和312国道、静庄公路沿线的村庄建设规划，杜绝乱修乱建。

（四）加大环境治理力度，落实优惠政策，拓宽发展空间，推动民营经济更快发展。切实转变政府职能，简化办事程序，广泛推行限时办理制和服务承诺制。进一步整顿规范市场秩序，下决心清理“三乱”现象，坚决制止加重民营企业负担的行为，依法查处以部门利益、地方利益损害民营经济合法权益的人和事，努力为民营经济发展创造稳定的政策环境、创新的体制环境和完善的法制环境。积极引导民营经济的商业资本向工业资本转移，拓宽经营领域，增强品牌意识，提高产品档次，努力培育一批科技含量较高、带动作用强、有一定规模优势的骨干企业，形成不拘一格、竞相发展的局面，促使非公有制经济在总量和质量上有新的突破。年内新发展个体工商户480户，私营企业15户，力争非公有制经济增加值增长9.6%，达到2.4亿元，上缴税金900万元，完成招商引资4700万元。

（五）坚持以应用为先导，加快网络建设，搞好技术培训，大力推进信息化。以政府、教育、企业信息化和乡镇“农民信息之家”建设为重点，加大投入，完善功能，充分发挥好信息技术在国民经济和社会发展中的重要作用。不断创新，注重运作，保证已建成的网站和网络设施发挥作用。实施电子政务工程，加快政府系统办公自动化建设，年内试行无纸化办公和政务信息网上传递，促进政务工作全面提速。加快农村信息化建设，力争30个乡镇全部建起“农民信息之家”，全方位为农业和农民提供信息服务。扩大教育信息覆盖面，在10所学校高标准建成计算机教室，把一中、职教中心、城关小学等5所学校建成信息技术教育示范校。实施杆线到村工程和广播电视村村通工程，提高农村电话普及率和电视信号传输质量。继续搞好公务员、企业管理人员信息知识培训，加快信息技术广泛应用。

（六）突出机制创新，整合生产要素，加大科技推广，搞好示范园区建设。坚持把建设示范园区作为促进经济结构调整，提升传统产业，发展特色经济的重要途径，上下联动，集中力量，切实抓紧抓好。对基本建成的各类园区，进一步完善提高，做优做精，发挥好示范带动作用。新开建的要向312国道和静庄公路沿线集中布点，在资金投入和项目安排上，打破部门、行业界限，拼盘匹配，联合开发，集中力量建设经营机制新、科技含量高、带动功能强、经济效益好的综合型、规模型示范园。重点抓好312线绿色通道、万亩无公害瓜菜生产基地、烽台山生态农业综合开发区、武家塬万亩林果示范园、威戎河西节水灌溉农业区等农业科技示范园区。进一步完善八里工业小区规划，加快基础设施配套建设，搞好绿化、亮化，栽植绿篱带，安装主街道路灯。坚持开放促开发的思路，以更加灵活优惠的政策，吸引县内外资金、项目入驻园区。

（七）加强财源建设，强化税收征管，规范财政支出，认真做好财税工作。坚持把财源建设作为财税工作的重中之重，围绕农业产业化和工业发展，积极兴办高利税、有后劲的骨干财源项目，特别重视乡级财源建设，尽力扭转乡镇财政增收困难的局面。深化农村税费改革，精减冗员，精干队伍，减轻财政压力，减轻农民负担。全面推行部门综合预算、国库集中收付和政府采购制度，规范部门财政资金分配使用行为和财经秩序。严格执行收支两条线规定，切实加强预算外资金管理，杜绝资金体外循环和铺张浪费，提高资金使用效益。完善征管网络，坚持依法治税，整顿税收秩序，加强税务稽查，严厉打击各种偷税、逃税行为，下决心解决税赋不公的问题，努力做到依率计征、据实征收、应收尽收。

（八）围绕群众关心的热点难点问题，实施民心德政工程，年内承诺办成10件实事。一是投资165万元，新建县疾病预防控制中心，解决我县预防控制监测疾病能力弱的问题；二是投资400万元，开工建设威戎中学综合楼，年内完成主体工程；三是开工建设东苑小区和德顺花园，新建居民住宅楼及公用建筑10万平方米，高标准完成东城区5条主干道绿化及路灯安装；四是对中街、阿阳路、西环路、北环路等主要街道路面进行罩面油铺，铺设人行道釉面砖，全力改造城市公用设施，建设公交候车亭，努力改善县城基础设施条件；五是全面完成界石铺至三合公路改扩建，新修七里高堡至原安苏赵、深沟至孙山等10条上等级乡村道路，进一步解决乡村群众行路难的问题；六是投资49万元，建成曹务店子河桥；七是改扩建寺山、雷大广播电视转播站，新发展有线电视用户1000户，解决部分乡村群众看电视难的问题；八是完成中小学危房改造2万平方米，新建三合北集等10所标准化小学；九是建成供销超市，增加就业岗位，帮助部分待岗、下岗人员实现就业。十是开工建设东综市场，缓解西综市场场地小、交易活动拥挤的状况，方便人民生活。

以新作风落实新部署，努力开创政府工作新局面

从维护群众的根本利益出发，廉洁从政，勤政为民。各级干部要按照“三个代表”重要思想的要求，始终把实现好、保护好人民群众的根本利益作为加强政风建设的出发点和落脚点，体察民情，集中民智，珍惜民力。抓好政风建设关键是要增强服务意识，简化办事程序，改进工作方式，提高工作效率，在高效行政和优质服务上下功夫。坚决克服扯皮推诿、作风漂浮、办事拖拉的积弊，力戒形式主义、官僚主义，以良好的政风带动和促进社会风气的好转。

从树立政府的良好形象出发，依法行政，从严治政。各级干部要认真学习法律知识，增强法制观念，提高依法行政水平；学习市场经济知识，提高应对世贸组织规则的能力。必须坚持公开、公平、公正执法，提倡文明执法，接受群众监督，切实解决有法不依、执法不严的问题。对那些滥用职权、以权谋私、执法犯法、欺压百姓的行为，必须严肃查处。按照精简、效能、统一的原则，加快政企、政事、政社分开，建立务实高效、运转协调的行政管理体制，解决政府职能越位、错位和服务不到位的问题，真正把政府职能转变到宏观经济指导、社会管理和公共服务上来，把主要精力放在创造良好的发展环境上来。破除部门利益、局部利益和小集团利益至上的本位主义思想，树立全县上下一盘棋、齐心合力谋发展的意识。对决定的事，必须政令畅通，不折不扣，一抓到底，抓出成效。

从加快静宁发展的高度出发，开拓创新，务实苦干。必须牢固树立全方位的开放观、强烈的发展观、敢闯敢试的竞争观和务实苦干的创业观，把广大干部群众思进图强的热情引导到加快经济发展上来，在全社会努力营造一种为干事业的人撑腰，为改革的人壮胆，为勇于探索的人鼓劲的良好氛围，以促进经济快速发展。

从全面落实既定目标的要求出发，强化督查，严格考核。继续强化和完善工作目标责任制，对各项重点工作，层层分解，量化到人。进一步完善考核办法，加强事前、事中的督促检查和事后的考核验收，重奖重罚，真奖实罚。通过合理的考核导向，表彰作风扎实、干事创业的人，处罚作风漂浮、不干实事的人，从严处理欺上瞒下、弄虚作假的人，努力在全县形成抓大事、求突破、树典型，求真务实，争创一流的工作氛围。

县人大常委会工作报告

（县人大常委会副主任岳具辉　2002年11月9日）

县十三届人大常委会于1997年11月选举产生以来，在中共静宁县委的正确领导和上级人大的指导下，高举邓小平理论伟大旗帜，以江泽民“三个代表”重要思想为指针，紧紧围绕经济建设中心，认真贯彻执行党的路线、方针和政策，积极履行宪法和法律赋予的职权，按照县十三届人民代表大会历次会议的要求，较好地发挥了地方国家权力机关的作用，为加强我县的社会主义民主和法制建设，推进西部大开发战略的顺利

实施，保障和促进全县经济持续、快速、健康发展和社会全面进步，作出了积极贡献。

5年间，共召开了6次县人民代表大会和34次常务委员会议。常委会先后听取、审议了县人民政府、人民法院、人民检察院关于教育、财政、审计、道路建设、企业改制、林果产业、执法检查、扶贫攻坚等20多个方面的52项工作报告，作出决议、决定10件；对17个方面的28件法律和地方性法规的实施情况进行了重点检查；组织常委会委员、代表开展视察、调查和检查80多次，写出专题调查报告45份；先后对县法院、检察院及教育局、林业局、农机局的9名负责人进行了述职评议；任免“一府两院”及县人大常委会各委、办负责人145名；进行了县第十四届、乡镇第十四、十五届人民代表大会的换届选举工作；督促办理了县十三届人民代表大会历次会议代表意见、建议286条；处理人大代表和群众来信182件（次），接待来访362人（次）；在省、地、县及国家级刊物上发表宣传人大制度和工作的各类文章110余篇。

在搞好上述工作的同时，我们还积极参与了全县计划生育、林果产业、结构调整、土地承包、城市建设、行风评议、税费改革、包乡扶贫以及社会治安综合治理等中心工作，较好地完成了各项工作任务。

关于本届人大常委会前4年的工作，已向历次的县人民代表大会作了报告。下面着重报告十三届人大五次会议以来的主要工作。

一、认真贯彻依法治国方略，积极推进依法治县

一年来，常委会紧紧围绕省、地关于营造“三个环境”的总体要求，认真组织开展了法制宣传教育和执法检查，为全县各项工作的顺利开展创造了良好的法治环境。

（一）结合“四五”普法，深入开展了法制宣传教育活动。常委会坚持把法制宣传教育作为提高全县人民的法律素质，促进“一府两院”依法行政、公正司法的重要途径，督促有关部门认真开展了此项工作。为了进一步搞好与西部大开发、加入WTO和“十五”发展计划相关法律法规的学习宣传，县“普法办公室”在广播电视台开辟了“法制园地”栏目，有计划地向广大群众宣传普及法律知识。各乡镇及县直单位结合“四五”普法规划的实施，紧密联系各自实际，将干部学法用法列入重要议事日程。通过法制宣传教育，进一步增强了广大干部群众的法制观念和法律意识，为依法治县奠定了坚实的基础。

（二）认真开展执法检查，促进法律法规的正确实施。根据省、地人大的统一部署，常委会按照“少而精、重深入、求实效”的原则，重点对妇女权益保障法甘肃省科学技术协会条例、食品卫生法等法律法规的执行情况进行了检查。县人民政府重点对行政处罚法、土地管理法、气象法、公路法等4个方面12部法律法规的执行情况进行了自查，并按照“三个环境”治理的要求，重点对食品、农机、农资、种子、装饰材料、文化市场等进行了专项整治，共查处各类经济违法违章案件380起，案值22.58万元，没收假冒伪劣商品标值6.82万元，端掉制售假冒伪劣商品窝点5处。县法院和检察院按照各自的业务范围，认真开展了执法检查。常委会第三十三次会议听取、审议了“一府两院”关于执法检查工作的报告，会议在肯定成绩的基础上，针对存在的问

题，提出了今后改进的意见和要求。

在搞好上述工作的同时，常委会还组织有关人员对《甘肃省信访条例》《甘肃省人口与计划生育条例》等6部法规征求意见稿进行了认真讨论，提出了修改意见。

二、围绕经济建设中心，对“一府两院”实施了有效监督

一年来，常委会紧紧围绕全县经济建设的重点问题以及各个阶段的中心工作，通过组织委员、代表开展视察、调查和检查，听取、审议工作报告，作出决议、决定等方式，对“一府两院”实施了有效的监督。先后召开了8次常务委员会会议，听取、审议“一府两院”关于财政收支预算调整、财政同级审计、公安队伍建设、小城镇建设、农业示范园区建设、执法检查、龙头企业带动产业开发、教师队伍思想道德建设以及代表意见、建议办理等8个方面的工作报告11项，作出决议、决定3件。

财政问题是我县经济建设和社会发展中的一个突出问题，也是县人大常委会实施宏观监督的一个重要方面。常委会第二十七、二十八次会议分别听取、审议了县人民政府关于财政收支预算调整和上年度预算执行情况的审计报告，审查、批准了2002年的预算调整报告。针对存在的问题，要求县人民政府在今年的财政工作中，紧紧围绕“三增一稳”“五个加快”“一个保证”的工作思路，抓住西部大开发的历史机遇，积极培植财源，不断强化税收征管，深化财税改革，进一步优化结构，严格控制支出，坚持依法理财，努力提高财税干部队伍素质，确保财政工作规范有序地运行。根据这些意见、建议，县人民政府及有关部门，进一步加大了对财政的监管力度，改进和加强了财政工作。

为适应新形势的需要，进一步加强公安队伍建设，常委会在深入调查研究的基础上，第二十八次会议听取、审议了县人民政府关于全县公安队伍建设情况的报告。会议在充分肯定成绩的同时，严肃地指出了目前存在的诸如理论学习重形式，轻实效；制度方面重建设，轻落实；办案方面重罚款，轻打击等问题。提出了进一步加强业务学习，强化管理，不断提高现代刑侦技术，依法办案，加大对犯罪的打击力度等5个方面的10条意见、建议，对加强公安工作起到了积极的促进作用。

小城镇建设是实施西部大开发战略、营造“三个环境”的一个重要方面。常委会在组织委员和各委、办负责人深入界石铺、威戎两镇以及县城东拓工程调查、视察的基础上，第三十三次会议听取、审议了县人民政府关于小城镇建设情况的报告。认为，我县小城镇建设按照高起点规划、高标准建设、高效能管理的思路，因地制宜，合理规划，界石铺、威戎两镇小城镇建设已初具规模，县城东拓工程进展顺利，成效显著。但建设资金不足，经营城镇的思路不宽，管理措施不到位，配套服务跟不上等问题依然存在。要求县人民政府进一步加强对小城镇建设的领导，立足实际，着眼长远，科学规划，合理布局，努力加快道路、给排水、照明、通讯等基础设施建设步伐，高标准、高质量地建成一批辐射带动能力较强的小城镇。根据常委会的建议，县人民政府对存在的问题进行了认真研究，对城区道路、路灯等设施及时进行了维修。

进行农业结构调整，加快产业开发步伐，建设农业科技示范园区，是广大农民脱

贫致富的有效途径。为促使政府进一步搞好此项工作，常委会组成人员在全面视察八里农业示范园区建设的基础上，第三十三次会议听取、审议了县人民政府关于农业科技示范园区建设情况的报告。认为，近年来，县人民政府以优势产业开发为突破口，以引进推广先进实用技术为重点，实行政府引导、企业和社会各界广泛参与，高起点、快节奏地建成了一批规模较大、机制较活、科技含量较高、发展前景较好的农业科技示范园区，为促进全县农村经济持续、快速发展，产生了较好的辐射带动作用。但同时还存在着部分示范园区功能定位不准，机制不活，科技含量不高，管理不善，效益不好，资金不足等问题。要求在今后工作中坚持与时俱进，不断创新机制，增加科技含量，加大资金投入，进一步完善各项管理制度和配套服务措施，努力提高示范园区的经济、社会效益，更好地发挥其示范带动作用。这些意见、建议，县人民政府进行了认真研究，提出了改进意见。

三、依法进行了人事任免

依法任免地方国家机关工作人员，是法律赋予地方人大常委会的一项重要职权。一年来，常委会根据地方组织法的规定，依法任免“一府两院”及人大常委会各委、办负责人36名。其中，决定任命副县长1名，接受了县人大常委会主任和两名副主任的辞职请求。常委会在行使任免权的过程中，认真贯彻干部“四化”方针和德才兼备的原则。在具体工作上，我们着重把握了提名、审议、表决三个环节的工作，即任前首先听取组织部门对拟任干部情况的介绍，事先沟通思想，交换意见；审议时充分发扬民主，反复酝酿讨论；表决时严格依法办事。既体现了党管干部的原则，又保证了人大常委会依法行使人事任免的权力。

四、加强代表工作，充分发挥代表作用

围绕代表作用的发挥，常委会主要做了以下几方面的工作：一是努力为代表履行职责创造条件。在进行执法检查、视察、调查等重大活动时，邀请有关省、县、乡人大代表参加，听取他们的意见和建议。二是继续坚持常委会主任、副主任联系代表制度。在认真搞好常委会主任、副主任联系代表、代表联系选民和选举单位的“双联系”工作的同时，充分利用下乡搞中心工作和进行调查研究的有利时机，走访联系代表，广泛征求他们对“一府两院”及县人大常委会工作的意见、建议。三是继续组织县、乡人大代表广泛开展了以“学邓小平理论、学七一讲话、学农村实用技术，评致富本领、评奉献精神、评作用发挥”为主要内容的“三学三评”活动，涌现出了一批优秀的县、乡人大代表。四是认真办理了代表意见、建议。在县十三届人大五次会议上，代表们共提出意见、建议83条。会后，我们及时进行了归纳整理，并转交有关部门办理。在办理过程中，针对一些部门对办理工作重视不够，措施不具体等问题，采取电话询问、现场督办等方式进行了跟踪督查。县人民政府办公室于8月份对办理工作的进展情况进行了通报。至10月底，83条意见、建议已全部办理完毕。常委会第三十四次会议听取、审议了县人民政府关于县十三届人大五次会议代表意见、建议办理情况报告。83条建议中，所提问题得到全部或部分解决的29条，占34.9%；正在解决或列入计划逐步解决的28条，占33.7%；因条件限制、暂时难于解决、向代表作了解释说明的26条，占31.4%。五是进一步加强了人民来信来访工作。常委会把接待办理人民群众来信来访，作为联系群众，了解社情民意的重要渠道。一年来，共接待来访40人（次），处理来信14件（次）。这些来信来访，我们都以认真负责的态度，予以办理和落实。由于我们重视和加强了人民来信来访工作，有效地维护了广大群众的合法权益，进一步密切了党群、干群关系。

五、筹备召开了县十三届人大六次会议，进行了县人民代表大会的换届选举

（一）筹备召开了县十三届人大六次会议。在今年的县乡机构改革中，由于县人大、政府领导班子变动较大，我们根据地方组织法的规定，经县委同意，增开了一次县人民代表大会。补选县人大常委会主任1名、副主任1名、县人民政府副县长4名，会议开得圆满成功，达到了预期的目的。

（二）完成了县人民代表大会的换届选举。根据宪法、地方组织法的规定，我县第十三届人民代表大会到今年年底任期届满，须进行换届选举。为了切实搞好此项工作，常委会认真安排部署，精心组织指导，保证了换届选举工作的顺利进行。一是县上成立了选举委员会，各乡镇分别成立了选举工作指导小组，强化了对选举工作的组织领导。二是广泛开展宣传动员，增强了广大选民的参选意识。在各乡镇全面开展宣传教育的同时，常委会在选举日前夕进行了换届选举专题电视讲话，加强了宣传效果。三是加强了对换届选举工作的业务培训和指导。9月下旬，常委会召开了有各乡镇负责人参加的换届选举工作会议，专门研究部署了换届选举工作，并采取以会代训的方式，进行了业务培训。为了确保此项工作健康有序的进行，常委会抽组人员，深入各乡镇进行检查和指导，及时发现和纠正了选举过程中出现的问题。由于各级领导重视，准备工作充分，全县158个选区都是一次选举成功，选出的212名县人大代表，其年龄、结构、文化程度、界别都符合规定要求，素质有了新的提高。

六、按照“三个代表”的要求，进一步加强了常委会的自身建设

一年来，我们主要进行了以下4个方面的工作：

一是进一步深化了理论学习。首先，在年初讨论制定了《2002年县人大机关党员干部理论教育安排意见》和《县人大机关中心学习组2002年理论学习安排意见》，坚持每周星期一、五下午的集体学习制度，认真学习了邓小平理论、江泽民“三个代表”重要思想和“5·31”讲话精神，以及党的路线、方针、政策和县委的重大决策。通过学习，提高了常委会组成人员和工作人员的政治理论水平，进一步明确了新时期人大工作的指导思想和主要任务。其次，选派45岁以下机关干部，分期分批参加了县上统一举办的WTO及现代信息技术培训班，购置了电脑等自动化办公设备。

二是认真开展了牢固树立正确的权力观教育活动。按照县上的统一安排，常委会及时制定了人大机关权力观教育安排意见，成立了领导小组和办公室。在组织干部职工认真学习江泽民有关权力观论述及必读文章的基础上，每个党员干部撰写了学习笔记和心得体会文章。同时，对科级干部进行了民主测评，权力运用的正确率和个人勤

政廉洁的优秀率均在98%以上。通过教育，使机关干部对手中权力的性质有了更加明确的认识，增强了为人民服务的自觉性和主动性。

三是加强了调查研究工作。今年以来，常委会把深入调查研究，努力转变作风作为实践“三个代表”重要思想的重要途径。按照年初工作要点，先后组织开展了“三个环境”建设、农业产业开发、公安队伍建设、小城镇建设、农业示范园区建设、执法检查等专题调研活动，撰写视察和调查报告9份，为县委决策和常委会审议有关方面的工作提供了依据。

四是积极参与了全县的中心工作。根据县委安排，常委会主任、副主任分别承担了4个联系乡和贫困村的帮扶工作，并具体参与了产业结构调整、计划生育、县城东拓工程等重点工作。同时，有3名年轻干部先后参与了农村税费改革、产业结构调整、社会治安重点整治等工作，较好地完成了各项工作任务。

本届人大常委会虽然做了大量的工作，取得了一定成效，但与“三个代表”的要求，与党和人民的期望相比，仍有很大差距：依法行使监督权方面做得还不够，敢于监督和善于监督的问题没有很好地解决，特别是法律监督不够有力，有法不依，执法不严，违法不究的问题仍然存在；代表工作虽比过去有所改进，但工作思路不宽，办法不多，尤其是组织代表开展活动较少，作用发挥得不够好；常委会组成人员的理论素质、业务能力和议事水平不够高，与所肩负的工作重任不相适应，自身建设有待进一步加强等，这些都需要我们在今后工作中加以改进。

今后5年，是我县经济和社会各项事业全面发展的重要时期。面对新的形势和任务，县人大常委会要以党的十六大精神为指针，以全新的姿态，饱满的政治热情，良好的精神状态，务实的工作作风，再接再厉，不断进取，努力开创人大工作新局面。

1. 进一步加强自身建设。一是要组织常委会组成人员和工作人员认真学习邓小平理论、江泽民“三个代表”重要思想、党的路线方针政策、市场经济理论、法律法规和人大业务知识，不断提高理论水平和工作能力；二是要结合机构改革，进一步完善机关的各项工作制度，使机关工作更加规范有序运行；三是要继续发扬实事求是的优良传统，大兴调查研究之风，为县委决策和常委会审议“一府两院”工作，提供可靠的依据。

2. 认真履行监督职能。新的一届人大常委会要在继承和发扬往届优良传统的基础上，进一步强化对“一府两院”的法律监督、工作监督和人事监督，要不断总结监督经验，改进监督方法，提高监督效果，切实做到既敢于监督又善于监督，在参与中监督，在参与中支持和促进。

3. 切实做好代表工作。要依照代表法的有关规定，组织各级人大代表，积极参与常委会统一组织的视察、调查、检查、评议等活动，为代表履行职责创造条件；继续在各级代表中开展“创先争优”活动，为全县经济建设和社会进步贡献力量；进一步加强人民来信来访工作，努力为群众排忧解难，提供服务。

4. 积极参与中心工作。人大工作只有服从服务于经济建设这个中心，才具有生命力。新一届人大常委会要在搞好本职工作的同时，努力完成县委安排的各项工作任务。

第二节　县第十四届人民代表大会第二次会议

大会概况

县十四届人大二次会议于2003年12月23日至25日在静宁宾馆二楼会议室召开。县十四届人大一次会议以来，县十四届人大代表王学书调离静宁，根据选举法第五十一条第二款的规定，其代表资格自行终止。此次会议应出席代表211名，实出席199名，不是县人大代表的县级领导和乡镇党委书记、部分乡镇长，县委各部门，县直及省、市驻静宁各单位主要负责人，各乡镇人大专职主席或副主席，在静宁县的部分省、市人大代表以及部分离、退休老干部，政协静宁县第六届委员会全体委员（列席此次会议第一次全体会议），共268人列席会议。

王守荣、王济华、王星耀、牛力军、邓颖（女）、朱宗乾、朱春林、许富忠、李雪峰、李鹏玺、张正、张三相、张自杰、张进宝、张来有、张金业、张新民、陈向华（女）、岳具辉、聂正国、柴玉明、柴桂兰（女）、席荣、郭应童、阎伟刚、葛会荣、韩太平、戴双军（按姓名笔画为序）28人组成大会主席团，王济华、王星耀、牛力军、朱春林、许富忠、李雪峰、张正、张自杰、陈向华（女）、岳具辉、聂正国、葛会荣、戴双军（按姓名笔画为序）为主席团常务主席；岳具辉为秘书长，郭应童、李永成、高赫、李金为副秘书长；许富忠、李旺军、王守荣、柴玉明、席荣5人组成议案审查委员会，许富忠为主任委员，李旺军为副主任委员。

12月22日下午举行预备会议，由县人大常委会副主任岳具辉主持，通过大会议程和大会主席团、秘书长、议案审查委员会名单，宣布主席团第一次会议讨论通过的事项。

大会举行全体会议3次。第一次全体会议于12月23日上午举行，执行主席是王济华、邓颖、李鹏玺、张正、张三相、张新民、陈向华、岳具辉、聂正国。会议由县人大常委会主任聂正国主持，听取县政府县长张正所作的《县人民政府工作报告》、县发展计划局局长杜文彪所作的《关于2003年全县国民经济和社会发展计划执行情况及2004年国民经济和社会发展计划（草案）报告》、县财政局局长王运军所作的《关于2003年全县财政预算执行情况及2004年财政预算（草案）报告》，通过选举办法。第二次全体会议于12月24日上午举行，执行主席是王守荣、王星耀、戴双军、朱宗乾、张来有、柴玉明、席荣、韩太平、葛会荣。会议由县人大常委会副主任戴双军主持，听取县人大常委会主任聂正国所作的《县人大常委会工作报告》、县法院副院长蔡尚志所作的《县人民法院工作报告》、县检察院检察长李居洲所作的《县人民检察院工作报告》，审议县人大常委会《关于县十四届人大一次会议代表意见、建议办理情况的报告（书面）》。第三次全体会议于12月25日上午举行，执行主席是张自杰、牛力军、许富忠、朱春林、张金业、郭应童、柴桂兰、张进宝、阎伟刚。会议由县委副书记张自杰主持，通过关于接受张维国辞去县政府副县长职务请求的决定，选举县政府副县长1名，听取县人大常委会副主任、议案审查委员会主任委员许富忠所作的《关于代表意见、建议审查结果的报告》，通过《关于政府工作报告的决议》《关于2003年国民经济和社会发展计划执行情况及2004年计划的决议》《关于2003年全县财政预算执行情况及2004年财政预算的决议》《关于县人大常委会工作报告的决议》《关于县人民法院工作报告的决议》《关于县人民检察院工作报告的决议》，会议结束时，县委副书记张自杰讲话。

大会安排分团会议2次。

大会主席团召开会议4次。

大会收到代表意见、建议104件，涉及11个方面。其中：①农林牧方面16件，占15.4%，主要是建议加强果品产销服务，强化林木管护、土地管理，减轻农民负担，加快农业基础设施和农村能源建设、扶持发展养殖业，改良洋芋等农作物品种等。②水利、水保建设方面12件，占11.5%，主要是建议立项治理雷大乡安乐、兴坪流域，修建雷大乡黎沟村、双岘乡中湾村人饮工程，维修城关镇西、南关、祁川乡王川村灌溉渠道，修建余湾乡程马村高山社提灌工程，新建仁大乡高沟村周家坪、陈家坪水利设施，为八里镇协调机修梯田贷款，解决李店乡川区水源不足等问题。③县、乡道路建设方面26件，占25%，主要是建议修建八里镇小山狗娃河桥、仁大乡清水河桥、田堡乡谭河简易桥、曹务乡刘长沟桥、李店河朱堡大桥、石咀乡庙堡通往南山河桥、威戎杨桥至梁马大桥，油铺静秦公路雷大至李店段，立项修建红寺至甘湾乡村道路，维修、加宽静宁至司桥、新店至李店、雷大至双岘公路等。④教育、卫生方面25件，占24%，主要是建议制定本县师范类高校毕业生就业优惠政策、规范高校毕业生考试录用办法、提高高中教育质量，帮助司桥乡、雷大乡张局村、祁川乡靳马村、城关镇峡门村、李店乡杜河村、曹务初中排危建校、改善办学条件，搬迁古城中心小学，新建曹务乡曹大、中庄标准化小学，改善深沟卫生院和村卫生所医疗条件等。⑤城建、环保方面11件，占10.6%，主要是建议为师范巷安装路灯、修建庙川居民区公厕、加强城区生活垃圾清运，解决县水泥厂、砖瓦厂烟尘污染和路大路食品公司屠宰污染，加大威戎镇小城镇建设扶持力度等。⑥财政、税收方面3件，占2.9%，主要是建议强化税收执法力度，改变乡镇政府代征工商税的做法，取消农业特产税等。⑦农网改造方面2件，占1.9%，主要是建议为余湾乡小湾村通电，改造界石铺镇魏湾村电网等。⑧工业园区建设方面1件，占1%，主要是建议制定八里工业园区建设优惠政策，加强园区建设管理等。⑨广播电视、通信方面5件，主要是建议修建曹务乡电视转播站，开通四河乡、甘沟乡、双岘乡尤家村、贾河乡豆坪村农村固定电话，解决小灵通、手机无信号问题等。⑩社保方面1件，占1%，主要是建议对参加社保人员发放《社会保险手册》。⑪建筑市场方面2件，占1.9%，主要是建议整顿建筑市场秩序和清理“三角债”问题等。

大会议程

一、听取和审议县人民政府工作报告；

二、听取和审议县人民政府关于2003年国民经济和社会发展计划执行情况及2004年国民经济和社会发展计划（草案）的报告，审查和批准2004年国民经济和社会发展计划；

三、听取和审议县人民政府关于2003年财政预算执行情况和2004年财政预算（草案）的报告，审查和批准2004年财政预算；

四、听取和审议县人大常委会工作报告；

五、审议县人大常委会关于县十四届人大一次会议代表意见、建议办理情况的报告（书面）；

六、听取和审议县人民法院工作报告；

七、听取和审议县人民检察院工作报告；

八、通过有关接受辞职的决定；

九、选举。

大会日程

县第十四届人民代表大会第二次会议日程表

表3-83

时间		内容	执行主席
12月22日	下午4:00	预备会议：1.通过大会议程；2.通过大会主席团和秘书长名单；3.通过大会议案审查委员会名单；4.宣布主席团第一次会议讨论通过的事项	
12月23日	上午9:00	大会：1.开幕式；2.政府工作报告；3.2003年国民经济和社会发展计划执行情况及2004年计划（草案）的报告；4.2003年财政预算执行情况和2004年预算（草案）的报告；5.通过选举办法	王济华　邓　颖 李雪峰　李鹏玺 张　正　张三相 张新民　陈向华 岳具辉　聂正国
	下午2:30	各代表团审议政府、计划、财政三个报告	
12月24日	上午9:00	大会:1.县人大常委会工作报告;2.县人民法院工作报告;4.县人民检察院工作报告	王守荣　王星耀 戴双军　朱宗乾 张来有　柴玉明 席　荣　韩太平 葛会荣
	下午2:30	1.各代表团审议人大、法院、检察院工作报告;2.讨论有关接受辞职决定(草案);3.讨论补选副县长候选人名单	
12月25日	上午10:00	大会:1.通过有关接受辞职决定;2.选举;3.议案和意见、建议审查报告;4.通过政府、计划、财政、人大、法院、检察院工作报告决议;5.县委领导讲话;6.大会闭幕	牛力军　朱春林 许富忠　张自杰 张进宝　张金业 柴桂兰　郭应童 阎伟刚

主席团会议日程

县第十四届人民代表大会第二次会议主席团会议日程表

表3-84

时间		地点	内容	参加人	主持人
第一次会议	12月22日大会预备会议期间	静宁宾馆二楼会议室	1.通过大会日程；2.通过代表团组成和列席人员范围；3.通过大会常务主席名单；4.决定大会副秘书长名单；5.决定大会议案和意见、建议终止时间；6.讨论通过选举办法(草案)	主席团成员	岳具辉
第二次会议	12月24日上午大会结束后	静宁宾馆二楼会议室	1.讨论通过有关接受辞职决定（草案）；2.讨论提出补选的副县长候选人名单	主席团全体成员及各代表团召集人	聂正国
第三次会议	12月24日下午4:30	静宁宾馆三楼会议室	听取各代表团关于政府三个工作报告及人大、法院、检察院工作报告讨论情况的汇报	主席团全体成员及各代表团召集人	聂正国
第四次会议	12月25日上午9:00	静宁宾馆三楼会议室	1.听取各代表团关于有关辞职决定（草案）和候选人讨论情况汇报；2.决定正式候选人名单；3.提出大会监票人名单；4.听取议案和意见、建议审查情况汇报；5.讨论政府等工作报告决议（草案）	主席团全体成员及各代表团召集人	聂正国

大会选举

县人民政府：

副县长　景笙芳

县人民政府副县长景笙芳个人情况表

表3-85

姓名	性别	民族	出生年月	籍贯	文化程度	入党时间	工作时间	工作简历
景笙芳	男	汉	1962.9	灵台上良	本科	1984.7	1984.5	曾在平凉地委农村部、调研室工作；历任地委调研室副科级调研员、正科级调研员、综合秘书科科长、副县级调研员，平凉市政协副秘书长、办公室副主任

附：

县人民政府工作报告

（县人民政府县长张正　2003年12月23日）

2003年政府工作的回顾

即将过去的一年，是新一届政府任期的第一年，也是全县改革发展非同寻常的一年。一年来，政府工作坚持以党的十六大精神为指针，以加快发展为主题，紧紧围绕“三增一稳”“五个加快”和“一个保证”的工作思路，进一步解放思想，集聚合力，务实苦干，较好地完成了县十四届人代会第一次会议确定的各项目标任务，经济建设和各项社会事业取得了可喜的成绩，迈出了全面建设小康社会的坚实步伐。预计国内生产总值完成 9.45亿元，增长11.8%，其中一产3.2亿元，增长6.36%；二产3.34亿元，增长13.9%；三产2.91亿元，增长15.6%。

——以富民增收为目标，农业产业化经营有了新的发展，农村经济运行态势良好。坚持把调整优化农业产业结构、做大做强支柱产业作为农业增效、农民增收的重中之重，发挥比较优势，发展特色经济，果、畜、薯、菜、药五大产业呈现出基地扩张、管理升级、效益提高的良好态势。全县粮、经、草比例调整为76.7:13.7:9.6。粮食总产量达到14.8万吨。果品产业向标准化生产迈出了新的步伐，新植果树经济林7.1万亩，改造低产劣质园1.5万亩，落实果实套袋1.6亿只，果品总产量达到7.3万吨，可实现收入1.5亿元。养殖产业坚持走大户带动、群体发展的路子，新发展养殖大户395户，畜禽饲养总量达到189.4万头（只），畜牧业总产值首次突破亿元大关，达到1.12亿元。洋芋产业在栽培技术和品种更新上有了新突破，种植面积达到21.89万亩，良种率达到85%以上，其中规范化坑垄种9.6万亩，发展订单洋芋3000亩。蔬菜产业围绕订单化、集约化、反季节做文章，全县瓜菜种植面积达到5.9万亩，其中订单瓜菜3200亩。种植药材1.47万亩。着眼于拉长产业链条，提高综合效益，多方筹资2023万元，扶持新建了千吨果味醋酸饮料、果品恒温气调库等一批加工型和销售型龙头企业，进一步加快了全县农业产业化进程，开辟了农民增收的新领域。预计全县农民人均纯收入达到1392元，其中从支柱产业中收入630元。围绕西部大开发战略的深入实施，加快生态环境和农田水利基本建设，农业生产和群众生活条件明显改善。完成工程造林35万亩，其中退耕还林20万亩，“三荒”造林15万亩；新修优质梯田5万亩，乡村道路55条300公里，完成了雷大至李店公路改扩建；建成节灌、提灌、人饮、病改等重点水利工程21处，新增有效灌溉面积4000亩，解决了3.6万人的饮水困难，进一步夯实了农业后续开发的基础。大力推行参与式整村推进扶贫开发模式，整合资源，注重实效，七里中寨、余湾苗岘等8个整村推进项目建设进展顺利，有1.92万人基本解决了温饱，2.31万人稳定解决了温饱。重点示范乡村的小康建设起步良好。多渠道组织输出劳务7.8万人（次），创劳务收入1.4亿元。

——以建立工业主导型经济格局为方向，项目建设和深化企业改革取得新突破，工业经济运行质量和效益稳步攀升。围绕新品开发、企业技改和产业升级，大办工业项目，壮大工业总量。全县新上工业项目14项，完成投资2906万元。千吨果味醋酸饮料、1000万只白灵菇菌袋、县煤矿采煤方法变更、1000万平方米纸箱生产线等项目已建成投产。千吨生物有机肥、多功能抗旱保水剂、静宁鸡深加工等前期项目基本达到进度要求。年内实施工业技改项目19项，完成投资4578万元。八里工业园区基础设施进一步改善，集聚效应明显增强，新增入园项目18项，完成投资6064万元。坚持以民营化为取向，加快企业产权制度创新，完成了鸿达磷肥厂、医药公司、物资经营公司和百货公司4户企业的深化改革，进一步增强了企业的市场主体意识和自我发展能力。指导帮助企业全方位搞活市场营销，协调解决发展中的困难和问题，积极挖掘市场潜在需求，工业经济效益稳定增长。预计全县限额以上工业增加值完成1.26亿元，增长16.7%；实现产品销售收入2.9亿元，增长14.4%；实现利税1085万元，增长12.4%；实现利润盈亏相抵后盈利450万元，增长39.2%；全县工商税收完成2450万元，占财政收入的42.8%。

——以县城东拓工程为重点，城镇化经营迈出新步伐，固定资产投资显著增长。坚持实施中心城镇带动战略，高起点规划，新机制经营，大力度推进，城镇化建设保持了强劲的发展势头。东城区住宅开发和基础设施配套取得较大突破，当年完成投资9300万元，新开工住宅楼30幢13.5万平方米，已建成9.96万平方米，城镇居民人均住房面积达到11.8平方米。供销超市、疾控中心、东综市场等市政服务设施项目全面建成，提升了县城综合服务功能。大力实施绿化、美化、亮化、净化工程，安装城区路灯200盏，广告灯箱300套，新增绿地2.5万平方米。加大环境秩序整治力度，县城综合管理得到进一步加强。威戎、界石铺两个市列小城镇建成重点项目21项，累计完成投资3060万元。年内新增城镇人口7440人，城镇化水平提高1.6个百分点。以城镇化建设为带动，全县上下形成了争上项目、竞相发展的良好氛围，全社会固定资产投资快速增长，预计年内完成2.98亿元，增长31.1%。其中争取到位中央及省、市各类资金6358万元，较去年增加878万元，是近年来我县争取资金最多、投资规模最大、项目建设速度最快的一年。

——以优化发展环境为基础，积极招商引资，民营经济发展迈上新台阶。深入开展“三个环境”综合整治活动，大力推行政务公开和收费公示制度，着力营造公平竞争、宽松亲商的市场环境和低费赋、高回报、快发展的投资建设环境，不断壮大招商团队，延伸招商链条，走出去、引进来，全方位、宽领域招商引资、招财引智，全县民营经济发展规模进一步壮大，层次不断提升。年内新开和续建招商引资项目11项，引进县外资金5320万元。新发展个体私营业户483户，其中私营企业26户，新增从业人员670人，注册资金2624万元。非公有制经济增加值占国民经济的比重达到27.5%，上缴税金720万元，财政贡献率达到15.3%。

——以强化征管为中心，深化财政体制改革，财政收入稳定增长。加强财源项目建设，深化农村税费改革，强化税收征管，优化支出结构，规范财经秩序，较好地执行了年度财政预算。全县大口径财政收入预计完成5719万元，较上年增收448万元，增长8.5%；其中地方财政收入4730万元，较上年增收485万元，增长11.4%；财政支出预计完成2.4亿元，增长8.8%。在地方财力十分有限、上级转移支付不能按时足额到位的情况下，想方设法，尽力而为，保证了工资发放、社会保障、救灾扶贫等重点支出需要。同时，通过扩大投资、发展生产、刺激消费，拉动了社会就业，增加了居民收入，预计城镇居民人均可支配收入达到5116元，社会消费品零售总额完成4.5亿元，分别增长6%和10.4%。

——以载体建设为先导，信息化覆盖面不断扩大，各项社会事业协调发展。继续把信息化作为跨越式发展的基础平台，进一步突出政府、企业、教育、农村等重点，注重普及应用，“四位一体”，加速推进，年内用于信息化建设的投资达到1102万元，建成了电子政务决策服务系统和计生局、县一中等6个局域网；完成了八里小山等17个有线电视节点、6个杆线到村工程，经济社会信息化程度不断提高。大力开展计生专项治理活动，狠抓重点措施落实，管理服务水平进一步提高，较好地完成了年度人口计划和计生责任目标，人口自然增长率控制在6.54‰以内。以非典防治为重点，全民参与，各方配合，严防死守，夺取了抗击“非典”的阶段性胜利，卫生工作得到进一步加强。注重科技对经济增长的助推和催化作用，引进推广先进实用技术15项，培训人员1.3万人（次），科技对经济增长的贡献率进一步提高。教育事业稳步发展，威戎、仁大、成纪中学教学楼已基本建成，中小学办学条件进一步改善，教育质量稳中有升，高考录取人数达到1741人。不断加强精神文明建设，广泛开展了群众性文体活动，营造了团结向上、和谐有序的社会环境。同时，国土资源、气象环保、广播电视、民政助残、劳动就业等方面都取得了新的成绩。

——以落实社会治安综合治理措施为核心，全力维护社会稳定，民主法制和廉政建设得到加强。坚持打防并举、综合治理，全面落实社会治安综合治理各项措施，有效防范和打击了各类违法犯罪活动，维护了社会稳定。围绕建设服务型政府，加快政府职能转变，自觉接受法律监督、群众监督和社会舆论监督，认真开展了第二轮持证执法工作，全面推进依法行政，坚持从严治政，政府工作水平有了新的提高。当年共向人大常委会报告工作9次，办理人大代表建议和政协委员提案116件。不断加强政府自身建设，整章建制，严格监管，查处了一批违法违纪案件，一些部门和行业的不正之风得到纠正，政府廉政建设不断加强。

——以最大限度实现人民群众的根本利益为宗旨，着力解决热点难点问题，“十件实事”圆满完成。认真落实社会保障制度，确保了城乡弱势群体生产生活没有出现大的问题。新增就业岗位405个，有233名下岗失业人员实现了再就业，城镇登记失业率控制在3.8%以内；有2780户1万多名城乡低收入居民享受最低生活保障，实现了应保尽保；下拨救灾救济款158万元，使灾区群众生活得到了及时安排。同时，从群众最关注、经济发展最急需的问题入手，信守承诺，务求实效，加快进度，“十件实事”得到了较好落实。疾病预防控制中心已经竣工；威戎中学综合楼已基本建成；完成了东城区5条道路路灯安装及绿化美化，对阿阳路等主街道进行了罩面油铺，新建水冲式公厕5座，东苑小区新建住宅楼24幢10万平方米；实现了五台山水厂与城区供水系统并网，有效解决了4.12万居民饮用水问题；新建上等级乡村道路10条；建成了曹务店子河桥；完成了寺山、雷大广播电视转播站改扩建；排除中小学危房2.3万平方米，开工建设标准化小学14所；供销超市全面建成交付使用；东综市场已经建成。

即将过去的一年，是全县干成大事、办成实事较多的一年。在非典疫情冲击，新矛盾、新问题增多的复杂形势下，我们经受住了严峻考验，战胜了各种困难，各项工作取得了较好的成绩，一些重点工作实现了新的突破，走在了全市前列，创出了有一定影响的先进典型，得到了市委、市政府的充分肯定。全省退耕还林、扶贫开发等大型会议相继在我县召开，全县共有37个单位69名个人荣获国家、省、市表彰奖励。

回顾总结一年来的政府工作，我们深刻地体会到，要把静宁这样一个欠发达县份的事业不断推向前进，必须坚持“四个不动摇”：一是必须坚持推进创新、加快发展不动摇。把发展看得高于一切、重于一切、先于一切，时时想发展、人人谋发展，一切都为发展服务，推进创新，务实苦干，才能实现新的发展。二是必须坚持优化环境、大办项目不动摇。把治理优化发展环境作为政府工作的重要职责，把大办项目作为经济发展的头等大事，持之以恒抓环境，千帆竞发干项目，依靠项目支撑和带动，才能实现大的发展。三是必须坚持从严治政、勤政优政不动摇。把转变作风作为落实各项工作的第一举措，在全县上下大力倡导说了算、定了干、马上办、雷厉风行、一抓到底的工作作风，从严治政，勤政廉政，树立良好的政风，谋大事、办实事，敢闯敢干，敢为人先，才能实现快的发展。四是必须坚持典型示范、强化督查不动摇。把培育推广先进典型和加强督促检查作为推动各项工作的重要突破口，面向市场，整合资源，强化督查，统筹推进，在各个层面培育一批辐射带动作用较强的先进典型，推动整体工作上台阶、上水平，才能实现全面发展。

在肯定成绩的同时，我们也清醒地看到，全县经济社会发展中仍然存在一些突出的矛盾和问题，主要表现在：一是经济增长的优势和潜力还没有充分发挥出来，发展速度比较缓慢，经济增长的质量和效益还不高。二是产业结构不尽合理，调整步伐缓慢，三次产业中，一产大而不精，二产小而不强，三产弱而不优的问题依然存在。三是地方财政收入困难，城乡居民收入增长不快，一些群众的生产生活还比较困难，社会就业压力增大。四是一些部门的行业不正之风依然存在，干部的思维方式、思想观念、工作作风还不适应经济社会发展的要求。对于这些问题，我们将高度重视，采取有力措施，认真加以克服和解决。

2004年政府工作的主要任务

2004年，是深入贯彻落实党的十六大和十六届三中全会精神的重要一年，也是实现“十五”计划，加快建设全面小康社会的关键一年。纵观发展形势，机遇与挑战并存，希望与压力同在，做好明年的工作，事关长远，意义重大。政府工作的总体思路是：以党的十六大和十六届三中全会精神为指针，认真贯彻省委十届四次、市委一届四次全委（扩大）会议精神，认真落实“两个高举、一个加强”的重大部署，以结构调整为主线，以项目建设为载体，以改革开放和科技进步为动力，以“三增一稳”为目标，继续突出农业产业化、工业化、城镇化、信息化、民营经济发展和创优环境等重点，坚持以人为本，实施可持续发展战略，统筹协调，扬长避短，整合优势，推进创新，努力促进全县经济快速健康发展和社会全面进步。

经济社会发展的预期目标是：国内生产总值增长12.1%，达到10.59亿元，其中一产增长4.4%，达到3.34亿元；二产增长14.2%，达到3.81亿元；三产增长18.1%，达到3.44亿元；财政收入同口径增长10.2%，达到5034万元，其中地方财政收入同口径增长10.2%，达到3389万元；限额以上工业增加值增长12.6%，达到1.42亿元；全社会固定资产投资增长20.2%，达到3.58亿元；社会消费品零售总额增长12.2%，达到5.05亿元；粮食总产量达到14.5万吨；农民人均纯收入增长3.3%，达到1438元；城镇居民人均可支配收入增长5.6%，达到5400元；城镇登记失业率控制在4%以内；人口自然增长率控制在8‰以内。

重点抓好以下9个方面的工作：

（一）加快农业产业化经营，千方百计增加农民收入

一是发挥比较优势，大力开发农村支柱产业。进一步加强农业的基础地位，下移工作重心，高度重视“三农”问题，在确保粮食生产自给安全的前提下，以市场为导向，依靠科技进步，大力推进结构调整，加快发展高效农业和特色产业，尽力做大做强果、畜、薯、菜四大支柱产业，努力提高农业的比较效益，使其成为富民增收的重要支柱。紧紧抓住我县被列为全国第二批无公害水果生产基地示范县的机遇，突出优果生产、基地认证、品牌推介、加工营销四个环节，一手抓基地拓展，一手抓提质增效，确保年内新植果树经济林6万亩，改造低产劣质园1.5万亩，落实果实套袋2亿只。认真实施优果工程和“果品管理年”活动，加大“陇原红”品牌的保护和推介力度，统一商标管理，严格行业自律，打击非法经销，力争通过绿色果品、无公害产地认证，使静宁果品尽快走向全国，打入国际市场，直接出口创汇。结合退耕还林后续开发，推行林下种草模式，扩大饲草种植面积，以草兴畜，舍饲圈养，新发展养殖重点村15个，养殖大户650户。围绕提升壮大静宁鸡品牌，加快建设静宁土种鸡牧养基地，辐射带动鸡产业发展壮大。实施品种改良，推广模式栽培，扩大集约生产，使洋芋种植面积保持在20万亩以上，建立良繁基地5000亩，着力解决洋芋品质低下、商品率不高的问题。突出调整品种结构和生产方式，扩大高原夏菜种植面积，积极发展订单蔬菜和食用菌等精细蔬菜生产，使瓜菜面积达到4万亩以上。适应农业发展的新要求，用抓工业的思路抓农业，突出龙头企业培育，积极创办一批农产品加工、储藏、保鲜和运销企业，延伸产业链条，提高农业综合效益。引导支持农民按照自愿、自主、民办、互利的原则，大力发展新型农村合作经济组织，加强经纪人和营销队伍建设，健全农村社会化服务体系，引导乡镇企业向农副产品加工、运销业集中，繁荣农村二、三产业，增强农业市场竞争能力和抵御风险的能力。

二是完善运作机制，抓好农业示范园区建设。坚持把农业示范园区作为调整结构、推广科技、提升产业的有效载体，创新完善园区的投入机制、用人机制、土地流转和内部经营管理机制，推行政府搭台、能人带动、招商引资、大户经营的模式，加快节水农业、旱作农业、设施农业、绿色农业技术的推广应用，分层次建立农产品标准体系和监测体系，切实提高园区建设的科技含量，充分发挥园区的试验、示范和辐射带动作用，提升我县旱作农业的发展层次和水平。年内重点抓好葫芦河流域10万亩高效农业示范园区、312国道、静庄、静秦公路沿线绿色经济增长带建设，建成仁大无公害标准化苹果、四河王河千亩早酥梨、原安3000亩大接杏和药材套种等6个特色农产品示范园区，实施贾河豆坪、红寺二河、甘沟张湾、司桥牟沟4个结构调整示范村建设，以此辐射带动全县农村产业开发。

三是加大推行力度，进一步加强生态环境和农业基础设施建设。坚持人机结合、投劳为主、常年作战、规模治理的成功做法，确保新修优质梯田5万亩，完成流域治理80平方公里。加快治理葫芦河堤威戎马岔沟至太山庙段，建成司桥峡山、古城杨沟等10处提灌工程，新增灌溉面积3000亩；新建威戎党塬等人饮工程5处，解决3.7万人的饮水困难；搞好东峡水库、鞍子山拦河闸等3座水库治理。深入开展春季“筑路月”活动，新修新店至深沟等上等级乡村道路6条。完善管护机制，充分调动各方面的力量，切实加强县乡、乡村道路养护，提高通行能力。把经济建设和生态环境建设有机结合起来，全力抓好界石铺至城川、深沟至仁大、细巷至甘沟等8条万亩退耕还林带的拓展延伸和完善补植，集中力量实施好雷大至李店、城关至威戎2个万亩退耕还林示范工程建设。严格落实退耕还林粮款兑现和封山禁牧各项政策规定，健全林木管护机制，依法严厉打击各类破坏林木资源的违法行为，巩固提高生态建设成果。

四是坚持整村推进，加快扶贫开发和农村小康建设。继续走群众参与式扶贫开发的路子，围绕基本解决温饱和稳定解决温饱的目标任务，选准项目，强化责任，抓好整村推进项目建设。把扶贫开发与小康建设紧密结合起来，认真实施扶贫开发和小康建设“双百”工程，一手抓扶贫开发，一手抓小康建设，鼓励引导基础条件较好、产业开发起步较早、经济实力较强的村，加快发展，率先实现小康，为全县小康建设积累经验。年内力争城关镇率先达到初级小康。

（二）全力抓好工业项目建设，不断壮大工业经济总量

一是面向市场，加快工业项目建设和企业技术改造步伐。准确把握国家投资导向，积极论证、建设一批市场前景广阔、发展后劲充足的工业项目，不断增强县域经济实力。继续坚持走以农业产业化支撑工业化、以工业化带动农业产业化的路子，充分发挥我县特色农产品优势，重点发展草品加工、果蔬脆片、熟肉制品、果酒果汁、淀粉生产等农产品精深加工业，为农业县办工业拓展新的发展空间。进一步突出建筑、建材、化工、食品等传统优势行业，切实加强管理，大力开发新品，不断扩张规模，增强发展后劲，使其成为全县工业经济的重要支柱。年内力争3000万米工业导火索、5000吨洋芋精淀粉等项目完成前期工作；开工建设500吨塑料制品、2000吨水性

乳胶漆、1.2万台太阳能热水器等项目；确保新水泥达标节能技改配套、1000万平方米纸箱加工等项目建成投产。积极与大专院校、科研院所和企业集团攀亲结友，分工合作，大力引进推广高新技术和先进适用技术，改造提升传统产业，完成工业技改投资5130万元。

二是集聚优势，抓好工业园区建设。充分发挥八里工业园区的区位优势，坚持布局集中化、经营规模化、生产现代化和产权多元化的原则，搞活机制，多方筹资，加强基础设施建设，配套园区路网和供水管道，绿化美化环境，切实增强园区的服务功能，营造“洼地效应”。全方位、多渠道吸引县外资金，启动民间投资，集聚社会资本，大力兴办工商项目和龙头骨干企业，力争进驻园区项目10项，努力把八里工业园区办成全县新的经济增长板块。

三是加大力度，深入推进以民营化为方向的企业改革。按照“重点突破、分步实施、有序推进”的总体要求，大力推进工业经济的战略性调整，优化企业组织结构和所有制结构。围绕建立“归属清晰、权责明确、保护严格、流转顺畅”的现代产权制度，因企施策，分类指导，通过出售、拍卖、兼并、租赁等多种形式，盘活国有资产，吸引外来资本，增加社会股本，把条件成熟的企业大胆交给经营者、职工个人和社会自然人去经营，一次性改制为民营企业。鼓励引导民营企业主动参与重组国有集体企业，加快民营化进程。建立以市场选择为主的企业优胜劣汰机制，对长期亏损、资不抵债、扭亏无望的企业，在妥善安置职工的前提下，依法实施破产，使其彻底退出市场。不断完善法人治理结构，深化内部改革，强化科学管理，增强发展活力，努力提高企业运行质量和经济效益。

（三）加强城镇基础设施建设，努力提高城镇化水平

把推进城镇化作为实现工业化、带动农业产业化和加快民营经济发展的重要载体，加强基础，完善功能，扩大城镇规模，增加城镇人口，聚集生产要素。以经营城市为手段，最大限度地盘活土地等城市资产，大力推行经营性土地使用权招标、拍卖和挂牌出让制度，对部分经营性市政设施及冠名权、广告权公开招标，拍卖经营，多渠道筹集建设资金，实现城市资产的滚动增值。继续抓好东拓工程开发建设，搞好1号小区内绿化及道路硬化，开工建设东城区集中供热站，完善基础设施配套。加快城市公用设施建设，加强市政设施管理维护，整修永福巷、二天门巷等城区路段，加宽油铺西环路。切实加强城镇规划管理，不断完善功能定位，培育城镇支柱产业，夯实城镇发展的经济基础。积极发展社区服务业，大力推行物业管理，提升城市综合服务水平，方便居民生活。加大综合执法力度，加强市容市貌管理，严管重罚，集中整治，搞好水泥公司粉尘等城区重点污染治理，努力创造良好的人居环境，提高县城文明程度。以威戎、界石铺两个市列小城镇为重点，以项目建设为支撑，加快小城镇和中心集镇建设步伐。认真做好李店、古城、甘沟等8个中心乡镇和312沿线乡村规划修编，以建设小康屋为方向，搞好农村住宅的规划布局，集约利用土地，严格保护耕地，严禁乱修乱建。

（四）实施“十大项目”，增强固定资产投资对经济增长的拉动作用

牢固树立抓发展就要抓项目、抓项目就是抓发展的意识，抓住国家在投资项目、税收政策和财政转移支付等方面向西部地区倾斜的政策机遇，高度重视项目前期工作，认真考察、调研、论证一批符合国家产业政策和投资导向、能够推动全县经济社会快速发展的工业商贸、基础设施、生态能源、社会事业等重大项目，增加项目储备。对有前景的项目，集中财力和人力，统一开发，整理包装，加强与省、市有关部门的衔接协调，加大跟踪落实力度，全力以赴组织攻关，提高项目成功率。大力推行一名领导挂帅、一班人马负责、一个方案落实、一套机制考核的“四个一”的项目建设新机制，强化督查，严格考核，重奖重罚，推动全县项目建设取得新突破。以办实事为目的，年内全力抓好“十大项目”：（1）开工建设县城至威戎道路改扩建工程，缓解南北交通运输压力。（2）按照“小工业、大园区”的思路，大办项目，招商引资，力争八里工业园区项目建设投资达到8000万元，其中招商引资3000万元。（3）高标准、高质量完成10万亩退耕还林工程建设，加快全县生态再造步伐。（4）实施中英合作黄土高原水土保持项目，治理水土流失面积13平方公里。（5）抓好城川大地滩、威戎武家塬、城关烽台山等示范园的扩大发展，力争建成全县农业发展的精品示范工程。同时，在每个乡镇建成1至2个示范点，带动区域经济发展。（6）全力抓好七里井沟、双岘甘峡等8个整村推进示范村建设，使3.3万人稳定解决温饱。（7）认真实施县城建设“386”工程，即搞好东拓工程3个小区开发建设，建成8处停车场和便民市场，设置6处高杆亮化灯和交通指示灯，提高县城综合服务功能。（8）配合搞好巉凤高速公路（静宁段）建设及拆迁补偿，确保建设顺利进行。（9）开工建设供销大厦，活跃商贸流通，增加就业岗位。（10）抓好县二中和阿阳实验学校扩建，确保秋季开学投入使用；开工建设民办华源中学，解决高中学生入学难的问题。以十大项目为带动，在全县形成集中精力抓项目、一心一意谋发展的工作格局，拉动全社会固定资产投资增长，力争完成3.58亿元。

（五）集中整治经济发展环境，加快民营经济发展

深入开展经济环境治理活动，毫不动摇地鼓励、支持和引导民营经济快速发展。一是营造平等竞争的政策环境。坚决落实优惠政策，打破条块分割，取消各种不合理规定，为投资者提供长期、稳定、可靠的政策保障。凡是法律法规没有明确禁止的，都允许民营经济进入。二是创造亲商双赢的服务环境。严格执行服务首问制、限时办理制和行政责任追究制，加强行政效能监察，坚决取缔“三乱”行为，多服务、少干预，积极协调解决民营经济发展中的困难和问题。三是提供公正透明的法制环境。继续执行执法备案制和挂牌保护制，对吃拿卡要、执法犯法、破坏发展环境的人和事，坚决予以查处，切实保护各类投资者的合法权益。四是形成宽松和谐的舆论环境。广泛宣传民营经济的先进典型，在全社会形成发展民营经济有功、服务民营经济光荣的浓厚氛围，使一切守法的投资、创业都受到鼓励，一切有益于富县富民的劳动都得到尊重和保护。五是营造开放有序的市场环境。加强社会信用体系建设，引导民营企业

守法经营、诚信经商，严厉打击偷税漏税、制假售假等违法违规行为。通过营造好环境，着力培育民营骨干企业，引导民营经济调整投资方向，大力发展科技型、外向型和加工型企业，投资开发信息咨询、农村社会化服务、社会公共事业等新型产业，拓宽领域，壮大规模，提升档次。力争使民营经济增加值达到3亿元，增长15.4%。改进招商方式，加大招商力度，千方百计拓宽利用县外资金的渠道，力争年内完成招商引资5800万元。

（六）深化财政体制改革，认真搞好财税工作

始终坚持围绕项目抓财源、抓好财源促增收的思路，积极争取国家、省、市各类专项资金，兴办高利税、有后劲的骨干财源项目，努力夯实基础财源，壮大主体财源，培育支柱财源，开辟新型财源，尤其要抓好乡级财源建设，促使财政收入较快增长。巩固农村税费改革成果，进一步完善县、乡财政体制，充分调动各级生财、聚财、理财的积极性，增强自我发展能力。加大税法宣传力度，严格依法征管，积极清缴欠税，做到应收尽收，均衡入库。严格预算约束，优化支出结构，压缩一般性支出，保证重点支出需要。深化部门预算、国库集中收付和收支两条线管理改革，强化审计监督，严肃财经纪律，加强对各类资金使用的监督管理，坚决反对铺张浪费，把有限的资金用在最急需和最能产生效益的地方。

（七）狠抓各项重点措施落实，切实提高计划生育管理水平

以争创全省计划生育优质服务县为目标，建立完善“依法管理、村民自治、优质服务、政策推动、综合治理”的工作机制，用法律法规规范群众的生育行为，严格控制人口增长，稳定低生育水平。继续坚持集中治理与经常性工作相结合。切实加强基层基础工作，健全完善服务网络，努力提高计生服务水平。加强城镇人口和流动人口计划生育管理，继续实行严格的计生目标管理责任制，通过强有力的措施，促进计生工作走向经常化、制度化、法制化，确保完成人口与计划生育各项责任目标。

（八）积极实施科教兴县战略，推进各项社会事业协调发展

按照“应用主导、面向市场、网络共建、资源共享”的原则，继续突出政务、教育、企业、农村信息化建设，进一步健全信息网络体系，搞好现有信息资源的综合开发利用，加强机关企事业单位电子文档管理，不断提高信息化对经济社会发展的助推作用。开通司桥、八里、界石铺等乡镇有线电视网，新发展有线电视用户1000户。加快移动通讯基础设施建设，提高信号覆盖率。积极引进推广先进技术，努力提高科技对工农业生产的贡献份额。加快办学体制改革，积极鼓励支持社会力量办学，努力改善办学条件，排除中小学危房2万平方米，新建标准化小学10所，把县一中改办为独立高中。深化医疗卫生体制改革，加大乡镇卫生院改扩建力度，改善乡村医疗卫生条件。积极争取农村新型合作医疗试点县项目，解决乡村群众就医看病难的问题。加强公共卫生设施建设，改建县医院传染病救治区，搞好县疾病预防控制中心运营，提高公共卫生服务水平和突发性公共卫生事件应急能力。全面推行药品集中招标采购，严厉打击非法行医，从严查禁假劣药品，规范个体诊疗行为，保障人民群众就医用药安

全。以校风师德和医风医德建设为重点，加强社会公德、职业道德和家庭美德教育。以争创全国农村精神文明建设示范县为契机，广泛开展各种形式的精神文明创建活动，不断丰富人民群众精神文化生活。

（九）认真解决热点难点问题，全力维护社会稳定

全面落实社会治安综合治理措施，推进“打防控”一体化防范管理体系建设，深入开展严打整治斗争，严厉打击各种犯罪活动，查禁各类社会丑恶现象，保持良好的社会秩序。认真开展矛盾纠纷排查调处和信访工作，努力把矛盾化解在基层，解决在萌芽状态。坚持“安全第一、预防为主”的方针，加强对重点部位、重点行业的安全检查和整顿，做到防患于未然，切实保障人民群众的生命财产安全。坚持劳动者自主择业、市场调节就业和政府促进就业的方针，努力开辟就业和再就业门路，加强职业技能培训，引导下岗失业人员转变择业观念，多渠道、多形式实现再就业，缓解社会就业压力。进一步加大社会保险基金的征缴力度，扩大覆盖面，确保企业离退休人员养老金和下岗职工基本生活费按时足额发放。高度重视弱势群体和困难群众的生活问题，认真落实最低生活保障制度，妥善安排好受灾群众的生产生活，确保不出问题。

促进工作的保障措施

明年全县经济社会发展的任务十分繁重，我们肩负着光荣而艰巨的使命，肩负着全县人民的期望和重托。我们要进一步增强忧患意识，加强自身建设，全力以赴抓好落实。

第一，振奋精神，开拓创新。主动适应新形势、新任务的要求，进一步强化市场意识、机遇意识，努力克服安于现状、怕担风险的保守思想和落后观念，大力推进创新，勤于实践，勇于争先，打破常规，突破定势，认准的事，不动摇、不松劲、不折腾，专心致志，集聚合力，不断开创全县改革和发展的新局面。

第二，勤政为民，务实苦干。把人民群众的根本利益作为一切工作的出发点和归宿，从群众最满意的事情做起，从群众最不满意的事情改起，深怀爱民之心，恪守为民之责，善谋富民之策，多办利民之事。尊重群众意愿，靠市场引导、典型示范、宣传教育等方法推动工作，千方百计把群众的积极性引导好、保护好、发挥好。大力倡导讲实话、报实情、办实事、求实效，坚决反对说空话、走过场、做虚功、摆门面。坚持言必信，行必果，雷厉风行，脚踏实地，真抓实干，在干中抓机遇，在干中求发展。不断强化和完善工作目标责任制，对各项目标任务细化量化，责任到人，加强督查，重奖重罚，真奖实罚。通过客观、公正、准确的考核和奖优罚劣、奖罚分明的导向，激励全县上下干事创业，谋求发展。

第三，转变职能，强化服务。加快政府职能转变，从错位的地方换位，从越位的地方归位，从缺位的地方补位，真正把政府职能转移到经济调节、市场监管、社会管理和公共服务上来。深化行政审批制度改革，简化办事程序，加快工作节奏，努力形成行为规范、运转协调、公正透明、务实高效的政务环境。进一步强化服务意识，有令必行，有禁必止，做到遇事快办、急事急办、特事特办，坚决破除部门利益、局部

利益和小集团利益至上的狭隘思想，克服推诿扯皮、作风漂浮、办事拖拉、相互掣肘等不良风气，形成聚精会神搞建设、一心一意谋发展的强大合力。

第四，依法行政，从严治政。自觉接受人大、政协和人民群众的监督，认真办理人大代表建议和政协委员提案，推进政府决策的科学化和民主化。进一步加强政府法制建设，坚持依法行政，严格落实行政执法责任制，依法处理改革、发展和稳定中出现的各种问题，对执法不公、越权执法、执法犯法、徇私枉法等行为，严查严办，确保行政权力高效规范行使。加强公务员队伍政治理论、市场经济知识和法律知识的学习，不断提高依法行政能力和工作水平。严格公务员的管理、监督、检查和考核，创新人才工作机制，用好现有人才，培养后备人才，让各类人才在全县经济建设中大显身手，建功立业。进一步加强廉政建设，坚决纠正部门和行业不正之风，始终做到清正廉洁，勤政为民，以良好的服务和信誉维护人民政府的形象。

县人大常委会工作报告

（县人大常委会主任聂正国　2003年12月24日）

一、2003年的工作

一年来，常委会在中共静宁县委的领导下，坚持以邓小平理论、“三个代表”重要思想为指导，按照县十四届人大一次会议确定的工作任务，认真履行宪法和法律赋予的职权，努力推进民主和法制建设，较好促进了全县各项事业的发展。

（一）推进依法治县，营造良好的发展环境

常委会坚持把推进依法治县，为全县发展营造良好的法治环境作为法律监督的重点来抓。

一是重视法制宣传教育工作。常委会把法制建设作为发展市场经济的基础，组织人员深入有关乡镇及企事业单位，对全县普法教育工作进行检查和调查，听取、审议县政府关于“四五”普法规划实施情况的报告，普遍增强各级对加强法制宣传教育工作的认识。

二是认真开展执法检查。重点组织了对环境保护法、传染病防治法、未成年人保护法、预防未成年人犯罪法及突发公共卫生事件应急条例等7部法律、法规贯彻实施情况的检查。并配合省、市人大对防震减灾法、人口与计划生育法、村民委员会组织法、农村土地承包法的执行情况进行了检查。常委会第八次会议听取、审议了“一府两院”关于2003年度执法检查工作的报告，提出强化执法工作的意见和建议，督促有关执法部门对检查中发现的问题查纠整改。结合执法检查，重视抓了“立法联系县”的工作，配合省人大进行立法调研、法规草案征求意见等工作，得到省人大常委会的充分肯定。

三是积极促进依法行政工作。为了更好地指导工作，常委会将界石铺镇、石咀乡和县工商局确定为依法行政督查联系点，抓点带面。6月和8月，对全县依法行政工作进行了两次集中督查，对一些乡镇和部门执法责任制落实不到位、政务公开不规范及轻视执法程序的问题提出整改意见，强化县、乡两级的依法行政意识。

四是加强信访工作。常委会把办理来信来访作为联系群众，了解社情民意的重要渠道，全年共接待办理群众来信来访120多件（次）。对一些群体性上访的信访案件和执法案件，常委会领导在做好上访人员工作的同时，积极协调有关部门对所反映问题依照法律政策进行解决，使一些不稳定隐患问题得到化解，保护群众的合法权益，维护社会稳定。

（二）认真审议工作，依法进行监督

一年来，围绕全县经济社会发展的重大事项，召开常委会会议9次，听取、审议了“一府两院”10多项专题工作报告，对推动相关工作起到积极的作用。

一是根据预算法的规定和代表大会的授权，审查批准了2003年财政预算调整报告，并作出相应的决议。

二是重视促进解决一些与群众切身利益息息相关的问题。上半年，面对突如其来的非典疫情，常委会领导班子成员先后多次深入基层督查防治工作，并在第四次会议上专题听取、审议了县政府关于“非典”防治工作的报告，大力支持政府及有关部门全力抓好非典防治这一事关人民群众生命健康安全的重大问题。常委会还就城乡群众普遍关心的医疗药品市场管理、基层邮政服务等工作进行专题调查和审议，督促有关部门改进和加强工作，解决群众反映强烈的医疗药品市场管理混乱和基层邮政服务质量差问题。

三是紧扣经济建设大局，对民营经济发展、退耕还林（草）等重点经济工作进行审议，提出一些建设性的意见、建议。如在发展民营经济方面，提出了优化民营经济发展环境、加强项目建设指导、组建行业协会和整合资源、实施名牌战略等意见、建议。常委会还配合省、市人大对全县农村扶贫开发、生态工程建设等工作进行调研，从人大工作角度积极向上反映了静宁工作。

（三）依法进行人事任免，认真开展述职评议和工作评议

按照党管干部的原则，根据县委推荐和提请机关提名，一年来，常委会依法任免县人大常委会及“一府两院”国家机关工作人员59名。其中，决定任命县政府副县长1名；决定任命政府局、办负责人21名；任命县人大常委会工作委员会负责人和县法院审判人员17名；免去县人大常委会及“一府两院”工作人员20名。

在人事监督上，认真进行了对县劳保局负责人的述职评议和对县文体局、贸合局的工作评议。评议中，广泛听取人大代表、人民群众和被评部门干部职工的意见，坚持实事求是、客观公正，肯定成绩，分析问题，提出改进措施，督促整改落实，促进了被评部门和负责人的工作。

（四）做好代表工作，加强与乡镇人大的联系

围绕发挥代表作用，常委会主要做了五方面工作：一是组建代表小组。在县人大代表中成立了33个代表小组，指导代表开展学习、视察、联系选民和向选民述职等活动。二是开展走访联系代表活动，向代表通报全县工作情况，征询意见、建议，较好

地调动了代表参政议政的积极性。三是组织代表视察。7月份，组织全体委员和在我县的部分省、市人大代表，对农村产业开发和农业科技示范园区建设工作进行了视察。代表对农村经济发展所取得的成绩予以充分肯定，并就一些工作提出改进和加强的意见。四是督促办理代表意见、建议。至10月底，县十四届人大一次会议86件代表意见、建议全部办理完毕，代表所提问题得到解决和部分解决的有45件，占总数的52.3%，办理质量好于往年。五是组织在我县的省、市两级人大代表向省、市反映我县经济社会发展中的一些困难和问题，认真负责地向省、市人代会提出议案、意见和建议。在省十届人大一次会议上，我县的省人大代表提出直接关系静宁经济社会发展问题的意见、建议10多条，其中一些受到省、市有关部门的重视，得到办理落实，如关于修建李店镇至通渭新景乡公路的建议，省计委来静宁现场进行办理，已列项修建。

换届以来，常委会还重视加强对乡镇人大工作的指导。先后召开全县乡镇人大主席会议和乡镇人大工作会议，研究部署工作，总结交流经验，对乡镇人大主席进行人大业务培训和基础知识测试；组织乡镇人大主席赴外地学习考察，较好推动了乡镇人大工作。

（五）适应新形势的要求，加强常委会自身建设

常委会把加强自身建设作为搞好新一届人大工作的基础。首先，突出抓了思想和业务建设。围绕新时期人大工作，举办了“三个代表”重要思想、法治建设与依法行政、现代科技知识等专题讲座，邀请有关专业人员讲课，对深化学习起到了较好效果。常委会还重视加强人大宣传工作，通过人大新闻媒体较好宣传了我县人大工作和三个文明建设的成就。其次，注重抓了作风和制度建设。结合贯彻县委扩大会暨三干会精神，进行了机关作风整顿，组织开展了“三个代表”重要思想集中学习和“两个务必”作风教育活动。加强制度建设，制定了《静宁县人大常委会议事规则》，从制度和程序上规范完善了人事任免、决定重大事项和监督工作，并修订完善了主任会议议事制度等10多项机关工作制度。三是改善机关办公条件，按照信息化的要求初步建成人大机关局域网。

在努力搞好人大工作的同时，常委会紧紧围绕全县工作大局，坚持在参与中监督，在参与中支持和服务，积极参与全县各个阶段的中心工作，完成了各项任务。

回顾2003年的工作，主要有以下三个特点：

一是坚持党的领导，正确处理好与“一府两院”的工作关系。常委会把在党的领导下依法行使职权，作为做好人大工作的根本原则，自觉接受和依靠县委的领导，把县委的决定、决策贯穿于人大各项工作的始终，并主动维护好与“一府两院”健康和谐的工作关系，正确处理监督、支持、参与、服务的关系，按照“监督不包揽、支持不代替、参与不干预、服务重实效”的要求，紧紧围绕全县发展大局开展工作。

二是坚持与时俱进，重视工作方法改进和制度创新。从新时期人大工作的实际和需要出发，常委会既严格依法按程序行使职权，又坚持解放思想，更新观念，积极探索创新人大工作。在制度建设上，根据新形势、新要求，制定完善了常委会议事规则

等一系列规章制度；实行了人大代表列席和公民旁听常委会会议制度，将常委会工作置于代表和群众的有效监督之下；在工作监督方面，把省、市驻静单位的工作也纳入审议范围，拓宽了监督领域；在人事任免中，采取拟任命干部任命表决前到会作供职报告、公开颁发任命书等措施，增强了被任命干部的公仆意识和使命感。通过这些制度和方式的改进完善，使党的主张、人民的意志和法律规定在工作中得到更好的统一和体现。

三是努力改进工作作风，切实加强了调查研究。今年，组织代表、委员100多人(次)，进行了10多次较大规模的调查研究和视察活动。通过深入一线，加强与基层和群众的联系，及时掌握全县经济建设和社会发展的实际情况，为审议工作提供准确的依据，提高了人大工作为全县发展大局服务的科学性、实效性、准确性。

一年来，在县委的正确领导下，在“一府两院”和全县人民的支持下，常委会工作取得了一定成绩，但也面临着一些不容忽视的困难和问题：一是对监督工作认识不到位，“怕越位、怕监督过头”的思想较普遍；二是对在新形势下如何突出重点开展执法检查研究探索不够，检查质量不高，检查的方法亟待改进和规范；三是代表工作薄弱，受经费等因素制约，在为代表履行职务提供条件和服务方面做得不够；四是常委会自身建设上，在工作机构配置和人员编制上还存在一些困难和问题。所有这些，都需要我们在今后工作中进一步研究解决。

二、2004年的主要任务

党的十六大提出了发展社会主义民主政治，建设社会主义政治文明的重要目标。最近，省委召开人大工作会议，作出《关于进一步加强人大工作的意见》，对人大工作提出了新的要求。在新的一年里，常委会要坚持以“三个代表”重要思想统领人大工作，深入贯彻落实党的十六大和十六届三中全会精神以及省委人大工作会议精神，按照发展社会主义民主政治的根本要求，把坚持党的领导、人民当家做主和依法治县统一起来，紧紧抓住发展第一要务，按照县委确定的任务目标，认真履行职权，为促进全县国民经济持续、快速、协调、健康发展和社会全面进步，更好地发挥职能作用。

（一）继续推进依法治县进程。把推进依法治县作为贯彻依法治国方略，建设社会主义政治文明的重要举措，摆在人大工作的突出位置，努力为全县经济、社会发展营造良好的法治环境。一是搞好法制宣传教育，为依法治县奠定良好的社会基础。建立对常委会任命干部进行任前法律考试制度，促进“四五”普法活动全面深入地开展。二是加强对执法责任制和“两错”责任追究制落实情况的督查，促进“一府两院”不断提高依法行政、公正司法的水平。三是以依法行政为重点，促进改善经济发展环境。结合行政许可法的贯彻实施，围绕强化职能部门的服务功能和改进管理方式，抓住减负治乱、整顿规范市场秩序、建立规范性文件审查备案制度等突出问题，充分运用法律规定的监督方式，推动依法行政工作。

（二）突出重点，强化监督工作。按照“抓大事、少而精、求实效”的原则，围绕全县发展大局，认真履行宪法和法律赋予的职责，完善监督机制，加大监督力度。法律监督要围绕促进依法行政和公正司法，改进和规范执法检查工作，切实解决一些影响发展、影响稳定、影响国家机关形象的有法不依、执法不严、违法不究的问题。人事监督要继续改进和加强人事任免工作，坚持开展述职评议和工作评议，促进干部廉洁勤政。建立常委会任命干部年底递交述职报告制度，并确定2~3名政府局、委、办负责人重点进行述职评议；工作评议要扩大范围，逐步向乡镇和基层延伸。工作监督要坚持在参与中监督，在参与中支持和促进的原则，紧扣全县经济建设中心和社会实际问题，围绕抓项目、促发展，重点对产业开发、企业改革、增加农民收入和改善城乡人民生活环境等工作进行视察、调查和审议，加大审议意见督办落实力度，确保监督取得实效。

（三）加强代表工作，充分发挥代表作用。人大代表是国家权力机关的组成人员，代表工作是人大工作的基础。要把办理代表议案、意见和建议，作为实现人民当家做主权利的重要工作，抓好办理落实。从新时期的特点出发，以开展“做优秀人大代表”活动为重点，采取有效措施，增强代表工作的活力。分级抓好代表的学习培训，提高代表的履职能力，使代表深刻认识所肩负的神圣职责，做到急人民所急，想人民所想，办人民所盼，替人民说话，为人民办事，当好人民的代言人。加强与代表的联系，定期通报政情，努力为代表依法履行职务提供条件。完善代表履行职务的约束机制，加强对代表履职情况的监督，对不履行职务，选民意见大的代表要依据代表法的规定劝其辞职。建立代表活动制度，在代表中深入开展走访一次选民、提一条合理化建议、为群众督办一件实事、向选民述一次职的“四个一”活动，积极组织代表参与视察、调查、评议、执法检查等活动，引导和支持代表在自己的生产、工作领域带头参与上项目、搞开发、抓产业、办实事，把代表为民代言、为民用权的职责落实到全面建设小康社会的实践中，充分发挥代表在社会主义政治文明建设和促进全县经济发展中的模范带头作用。

（四）依法指导乡镇人大换届选举。根据地方组织法的规定，我县乡镇第十五届人民代表大会明年底任期届满，常委会要按照上级人大和县委的要求，做好乡镇人大换届选举的指导工作，精心安排部署，加强督导检查，确保圆满完成换届选举工作任务。加强与乡镇人大的联系，指导乡镇人大不断提高工作水平。

（五）求实创新，努力改进工作。在新的形势下，全县人民最迫切的要求是加快经济社会全面发展，得到更多实惠和缩小发展差距。群众利益无小事，常委会要把实现群众最迫切的要求作为人大工作的立足点，进一步解放思想，更新观念，从建设社会主义政治文明和发展社会主义市场经济的实际出发，坚持在创新中突破、在探索中完善、在实践中提高，不断改进和加强人大工作，转变作风，努力实践“三个代表”重要思想，围绕全县发展大局发挥好职能作用，实现好、维护好、发展好人民的根本利益。

第三节　县第十四届人民代表大会第三次会议

大会概况

县十四届人大三次会议于2004年12月22日至23日在静宁宾馆二楼会议室召开。县十四届人大一次会议以来，王学书、李旺军、张维国、李新学、吴福臣5名代表调离静宁，根据选举法第五十一条第二款的规定，其代表资格自行终止。同时，在代表出缺的选区补选位志贤、徐爱国、魏晓平、景笙芳为县第十四届人大代表。至此，县第十四届人大代表实有211名。此次会议实出席201名，不是县第十四届人大代表的县级领导和乡镇党委书记，县委各部门、县直及省、市驻静各单位主要负责人，乡镇人大主席，在此县的部分省、市人大代表及部分离退休老干部，政协第六届委员会全体委员（列席此次会议第一次全体会议），共260多人列席会议。

王守荣、王济华、王星耀、牛力军、付具河、邓颖（女）、朱春林、许富忠、李读、李雪峰、张正、张三相、张自杰、张来有、张金业、张新民、陈向华（女）、岳具辉、聂正国、柴玉明、柴桂兰（女）、徐俊宏、席荣、郭应童、阎伟刚、葛会荣、韩太平、戴双军（按姓名笔画为序）28人组成大会主席团，王济华、王星耀、牛力军、朱春林、许富忠、李雪峰、张正、张自杰、陈向华（女）、岳具辉、聂正国、葛会荣、戴双军（按姓名笔画为序）13人为主席团常务主席；岳具辉为秘书长，郭应童、李永成、高赫、李金为副秘书长；许富忠、位志贤、王守荣、柴玉明、席荣5人组成议案审查委员会，许富忠为主任委员，位志贤为副主任委员。

12月21日下午举行预备会议，通过大会议程和大会主席团、秘书长、议案审查委员会名单，宣布主席团第一次会议讨论通过的事项，通过选举办法。

大会举行全体会议3次。第一次全体会议于12月22日上午举行，执行主席是李雪峰、聂正国、张正、陈向华、王济华、岳具辉、张新民、徐俊宏、张三相、邓颖。会议听取县政府县长张正所作的《县人民政府工作报告》、县发展计划局局长杜文彪所作的《关于2004年全县国民经济和社会发展计划执行情况及2005年国民经济和社会发展计划（草案）的报告》、县财政局局长王运军所作的《关于2004年全县财政预算执行情况和2005年财政预算（草案）的报告》。第二次全体会议于12月23日上午举行，执行主席是王守荣、付具河、张自杰、张来有、柴玉明、席荣、韩太平、葛会荣、戴双军。会议听取县人大常委会主任聂正国所作的《县人大常委会工作报告》、县法院副院长蔡尚志所作的《县人民法院工作报告》、县检察院检察长李居洲所作的《县人民检察院工作报告》，审议县人大常委会《关于县十四届人大二次会议代表意见建议办理情况的报告（书面）》。第三次全体会议于12月23日下午举行，执行主席是王星耀、牛力军、许富忠、李读、张金业、柴桂兰、郭应童、阎伟刚。会议选举县人大常委会副主任1名，听取县人大常委会副主任、议案审查委员会主任委员许富忠所作的《关于县十四届人民代表大会第三次会议议案和意见、建议审查情况的报告》，通过

《关于政府工作报告的决议》《关于县2004年国民经济和社会发展计划执行情况及2005年计划的决议》《关于2004年全县财政预算执行情况及2005年财政预算的决议》《关于县人大常委会工作报告的决议》《关于县人民法院工作报告的决议》《关于县人民检察院工作报告的决议》，表彰奖励戴三姓等39名优秀县人大代表，会议结束时，县委书记李雪峰讲话。

大会安排分团会议2次。

大会主席团召开会议3次。

大会收到代表意见、建议49件，涉及9个方面。其中：①农业生产方面5件，占10.2%，主要是建议设立冻害等自然灾害预防机构，规范农药市场，提高果树管理水平、畅通销售渠道等。②水利建设方面9件，占18.3%，主要是建议抓好葫芦河综合治理，解决威戎镇寨子村、雷大乡黎沟村、赵沟村、原安乡坷老村人畜饮水、李店镇薛胡塬二级提灌工程等。③交通运输方面9件，占18.3%，主要是建议加强县、乡道路养护，修建治平朱堡河桥，为东城区安装交通指示灯，修通红寺乡政府至甘湾村道路等。④财政金融方面5件，占10.2%，主要是建议完善税收征管制度，解决乡计生站经费不足，为细巷增加支农贷款等。⑤城市建设和管理方面10件，占20.4%，主要是建议加强城区机动车管理，解决东城区不合理收取供暖接头费问题，打通永福巷道路，解决县委坑家属区卫生环境差，东关小学至二中灌溉渠道污染等问题。⑥教育卫生方面2件，占4.1%，主要是建议解决农村贫困儿童就读问题，改革阿阳实验小学教学设施。⑦通信方面2件，占4.1%，主要是建议为三合乡修建移动基站，为甘沟乡梁岔等村安装固定电话。⑧法律执行和服务方面2件，占4.1%，主要是建议县法院提高执法水平，设立基层法律服务机构等。⑨其他方面5件，占10.2%，主要是建议将县教育挂毯厂并入城关小学、解决该校拥挤的问题，妥善安置改制企业管理人员，解决农民工工资等问题。

大会议程

一、听取和审议县人民政府工作报告；

二、听取和审议县人民政府关于2004年国民经济和社会发展计划执行情况及2005年国民经济和社会发展计划（草案）的报告，审查、批准2005年国民经济和社会发展计划；

三、听取和审议县人民政府关于2004年财政预算执行情况和2005年财政预算（草案）的报告，审查、批准2005年财政预算；

四、听取和审议县人大常委会工作报告；

五、审议县人大常委会关于县十四届人大二次会议代表意见、建议办理情况的报告（书面）；

六、听取和审议县人民法院工作报告；

七、听取和审议县人民检察院工作报告；

八、选举；

九、表彰奖励优秀县人大代表；

十、其他。

大会日程

县第十四届人民代表大会第三次会议日程表

表3-86

时间		内容	执行主席
12月21日	下午4:00	预备会议：1.通过大会议程；2.通过大会主席团和秘书长名单；3.通过大会议案审查委员会名单；4.宣布主席团第一次会议讨论通过的事项；5.通过选举办法	
12月22日	上午9:00	大会：1.开幕式；2.政府工作报告；3.静宁县2004年国民经济和社会发展计划执行情况及2005年计划（草案）的报告；4.静宁县2004年财政预算执行情况和2005年预算（草案）的报告	王济华 邓颖 李雪峰 张正 张三相 张新民 陈向华 岳具辉 聂正国 徐俊宏
	下午2:30	1.各代表团审议政府、计划、财政的三个报告；2.讨论补选的县人大常委会副主任候选人名单	
12月23日	上午9:00	大会：1.县人大常委会工作报告；2.县人民法院工作报告；3.县人民检察院工作报告	王守荣 戴双军 付具河 朱春林 张来有 柴玉明 席荣 韩太平 葛会荣
	大会结束至下午3:00	1.各代表团审议人大、法院、检察院工作报告；2.继续讨论有关候选人名单	
	下午4:00	大会：1.选举；2.议案和意见、建议审查报告；3.通过政府、计划、财政、人大、法院、检察院工作报告决议；4.表彰奖励优秀县人大代表；5.县委书记讲话；6.大会闭幕	王星耀 牛力军 许富忠 李读 张自杰 张金业 柴桂兰 郭应童 阎伟刚

主席团会议日程

县第十四届人民代表大会第三次会议主席团会议日程表

表3-87

时间		地点	内容	参加人	主持人
第一次会议	12月21日预备会议期间	静宁宾馆二楼会议室	1.通过大会日程；2.通过代表团组成和列席人员范围；3.通过大会常务主席名单；4.决定大会副秘书长名单；5.决定大会议案和意见、建议终止时间；6.讨论通过选举办法（草案）	主席团成员	岳具辉
第二次会议	12月21日预备会议期间	静宁宾馆二楼会议室	讨论提出补选的县人大常委会副主任名单	主席团成员及各代表团召集人	岳具辉
第三次会议	12月23日下午3时	静宁宾馆三楼会议室	1.听取各代表团关于政府等六个工作报告及有关候选人讨论情况汇报；2.决定正式候选人名单；3.提出大会监票人名单；4.听取议案和意见、建议审查情况汇报；5.讨论政府等六个工作报告决议（草案）	主席团成员及各代表团召集人	岳具辉

大会选举

县人大常委会：

副主任　张金业

县人大常委会副主任张金业个人情况表

表3-88

姓名	性别	民族	出生年月	籍贯	文化程度	入党时间	工作时间	工作简历
张金业	男	汉	1949.2	静宁八里	大专	1968.9	1968.2	曾在某部队服役，在静宁县原安公社、县政府人事科、县政府办公室工作；历任静宁县人民法院审判员、经济庭庭长、办公室主任，党组副书记、书记，副院长、院长，泾川县人民法院党组书记、院长，静宁县人大常委会司法民政工作委员会主任（副县级）、专职委员

附：

县人民政府工作报告

（县人民政府县长张正　2004年12月22日）

一年来政府工作回顾

即将过去的一年，是全县上下集聚合力，开拓创新，各项工作取得显著成效的一年。一年来，在县委的正确领导下，我们坚持以党的十六届三中、四中全会精神为指针，牢固树立科学发展观，认真落实“三抓”战略，统筹兼顾，克服困难，务实苦干，全面完成了县十四届人大二次会议确定的各项目标任务，经济建设增势强劲，社会事业协调发展，人民生活不断改善。预计全县生产总值完成10.59亿元，增长12.1%，其中一产3.35亿元，增长4.4%，二产3.8亿元，增长14.1%，三产3.44亿元，增长18.1%；大口径财政收入5320万元，同口径增长11.5%，地方财政收入3580万元，同口径增长14.4%；全社会固定资产投资3.58亿元，增长16.1%；城镇居民人均可支配收入5525元，增长8%；农民人均纯收入1476元，增长7.7%；人口自然增长率控制在6.15‰以内。

——大力调整产业结构，加快基础条件改善，农业和农村经济稳步发展。面对严重冻害的影响，一方面积极开展抗灾自救，一方面认真落实“两取一降”税改政策，农民直接减负1050万元，兑现直补资金256万元，保护了农民积极性，粮食生产在大灾之年仍获丰收，总产量达到14.97万吨。大力实施产业富民工程，引导农民加快结构调整，果、畜、薯、菜四大产业的开发规模、管理水平和综合效益有了新的提高。年内新植果树经济林6.8万亩，发展养殖重点村15个、养殖大户650户，洋芋种植面积扩大到22.4万亩，发展瓜菜7.7万亩。多渠道组织劳务输出8万多人，实现收入1.97亿元。着眼于延伸产业链条，多层次提高农业附加值，筹资3266万元，建成了麦林公司二期工程、东莞气调库等6户龙头企业，发展各类专业协会23个，扶持农村经纪人1300多人，有效带动和提高了农业的市场化、组织化程度。坚持政府搭台、能人带动、招商引资、大户经营的开发机制，规划建设各类农业示范园区50个，较好地发挥了孵化推广农业先进技术的作用。积极推进生态环境和基础设施建设，完成“三荒”造林8.5万亩，退耕还林2.82万亩；新修优质梯田5.2万亩；完成葫芦河堤治理4.3公里，建成4座水厂和8处人饮工程，解决了6万人的饮水困难，新建提灌站4处，新增有效灌溉面积3600亩；实施农村沼气“一池三改”工程970户；威曹公路油铺进展顺利，新修、维修乡村道路183条780公里，进一步增强了农业发展后劲。认真组织实施扶贫开发和小康建设“双百”工程，界石铺井沟、双岘甘峡等10个整村推进项目达到计划要求，又有1.49万人基本解决了温饱，3.31万人稳定解决了温饱。

——大办工业项目，深化企业改革，工业经济运行质量和效益进一步攀升。年内新建和技改工业项目26项，完成投资6258万元。1000万平方米纸箱、水泥烟尘治理、500吨塑料制品等项目已建成投产；1000万米导火索、3万吨环保纸等项目达到进度要求。八里工业集中区在基础配套、服务功能、开发机制、入驻项目等方面取得了新的突破，年内新开和续建项目21项，完成投资6045万元，成为带动全县项目建设和工业发展的“活跃板块”。坚定不移地走民营化的路子，稳步推进企业改革，完成了农机厂、供暖公司等12户企业的民营化改制，进一步增强了自主发展活力。通过抓项目带动，抓改革推动，企业经济效益显著增长。预计限额以上工业增加值达到1.5亿元，增长14.5%；实现利税2970万元，增长56.1%；全县工商税收占财政收入的比重达到53.1%。

——狠抓项目建设，拓宽融资渠道，固定资产投资快速增长。咬定发展抓项目不放松，不断强化领导责任，创新推行机制，全县上下形成了争投资、办项目、促发展的良好氛围，有效克服了国家宏观调控政策的影响，实现了建办项目数量和质量的新突破。年内共实施重点建设项目43项，完成投资2.6亿元，较去年增加9000万元，其中争取国家和省、市投资5000万元。全方位开展招商引资，激活民间投资，共引进县外资金7410万元，较上年增长39.3%。建成华源中学一期工程、东城区供热站、广兴超市等10个招商引资项目；新发展私营企业28户，非公有制经济增加值达到3.3亿元，占全县生产总值的31.2%。以项目建设为支撑，全社会固定资产投资增速达到16.1%，有力拉动了县域经济扩量提速，为加快发展搭建了坚实的平台。

——强化基础配套，完善服务功能，城镇化建设有了新的发展。认真实施中心城镇带动战略，以“386”工程建设为重点，县城的开发规模、服务功能和管理水平迈上了新台阶。东城区建成居民住宅10.6万平方米，水、电、路、通讯等各类基础设施不断完善，当年完成投资1.07亿元。建成8处停车场和便民市场，设置高杆亮化灯和景观灯6处。大力加强环境卫生秩序综合整治，市容市貌明显改善。界石铺、威戎等重点小城镇建设进展良好，全县小城镇累计完成投资1505万元。全县城镇化水平较上年提高了1.7个百分点，城镇的聚集辐射功能进一步增强。

——广辟增收渠道，严格税收征管，财政收入稳定增长。面对农业税源受国家税改政策调整的压力，不等不靠，优化思路，以工补农，以小补大，狠抓征管，零散税和非税收入增幅较大。优化支出结构，加强资金调度，严格财经监管，较好地执行了财政预算。全县大口径财政收入和地方财政收入分别较上年增长11.5%和14.4%；财政支出完成2.52亿元，增长3.7%，保证了工资、社保、扶贫、救灾等重点支出的需要。大力整顿和规范市场经济秩序，搞活流通，刺激消费，全社会消费品零售总额达到4.95亿元，增长10%。

——突出载体建设，提高创建成果，各项社会事业协调发展。计划生育坚持经常性工作与专项治理相结合，不断夯实基层基础，提高管理服务水平，新建了10个乡镇规范化计生服务所，完成了年度人口计划和计生责任目标。教育事业健康发展，成纪中学、仁大中学和阿阳实验学校教学楼建成使用，年内新改建校舍6.7万平方米，排除危房1.9万平方米，建成标准化小学13所，教育质量稳中有升，高考本科上线人数首次突破千人大关，达到1043人。科技和信息化工作以推广应用为先导，建成科技信息“村村通”工程31个，科技和信息对经济增长的贡献水平进一步提高。医疗卫生工作进一步加强，县医院传染病区建设进展顺利，公共卫生服务水平不断提高。围绕争创全国精神文明建设先进县，广泛开展群众性文体活动，营造了团结向上、和谐发展的社会氛围。同时，广播电视、国土资源、气象环保、统计物价、监察审计等方面都取得了新的成绩。

——坚持以人为本，重视解决热点难点问题，维护了社会稳定。认真开展矛盾纠纷排查调处，重视群众来信来访，最大限度地消除了各类不稳定因素。积极推行“打防控”一体化建设，全面落实社会治安综合治理措施，保持了社会稳定。严格落实社会保障制度，确保了企业离退休人员、下岗职工“两金”按时足额发放。组织开展“送温暖、解民忧、办实事”活动，发放城乡最低生活保障金184.8万元，下拨救济款114.2万元，保证了困难群众生活没有发生大的问题。

——转变政府职能，改进工作作风，民主法制和廉政建设得到加强。围绕建设服务政府和法制政府，坚持依法行政，从严治政，政府自身建设进一步加强。自觉接受人大的依法监督和政协的民主监督，倾听社会各方面意见，年内共向人大常委会报告工作15次，办理人大代表建议和政协委员提案117件。顺利完成了乡镇机构撤并，大力推行政务公开，深化行政审批制度改革，纠正行业不正之风，加强廉政建设，查处了一批违法违纪案件，维护了良好的政府形象。

一年来取得的成绩令人鼓舞，但我们也清醒地看到，前进道路上还存在不少困难和问题，主要表现在：一是农业基础脆弱，农民收入增长缓慢，部分群众生活困难；二是结构调整步伐不快，城乡二元结构特征明显，经济增长的质量和效益还不高；三是财政增收后劲不足，地方财政困难，收支矛盾十分突出；四是项目建设总量不足，投资规模偏小，特别是缺乏支撑拉动作用强的大项目、好项目，受国家宏观调控政策的影响，一些项目资金不能及时到位，建设进度缓慢；五是群众的生育观念还比较落后，落实计生政策的自觉性不强，稳定低生育水平还需付出艰辛努力；六是就业和再就业压力很大，安全生产形势不容乐观，一些影响社会稳定的因素依然存在；七是普法宣传教育不到位，部分群众的法制观念淡薄；八是经济发展环境仍不宽松，政府民主法制和廉政建设有待进一步加强，一些部门职责不到位，工作不平衡，一些公务员的思维观念、工作作风还不适应经济社会快速发展的要求。我们对这些问题十分重视，正在采取有力措施，认真克服解决。

2005年政府工作的主要任务

2005年，是全面实现“十五”计划、谋划“十一五”发展蓝图，承前启后、继往开来的关键一年，做好明年的工作，意义特殊，责任重大。政府工作的总体思路是：以党的十六大和十六届三中、四中全会精神为指导，认真贯彻中央经济工作会议精神，牢固树立和落实科学发展观，以加快发展为第一要务，以实施西部大开发为总揽，以建立工业主导型经济格局为方向，紧抓项目建设不放松，坚持夯实基础不动摇，集中突破工业发展瓶颈，做大做强特色产业，加快推进城镇化建设，全力构筑招商“洼地”，促进全县经济社会快速健康发展。

经济社会发展的预期目标是：全县生产总值达到11.92亿元，增长12.6%，其中一产达到3.5亿元，增长4.5%，二产达到4.35亿元，增长14.5%，三产达到4.07亿元，增长18.3%；全社会固定资产投资达到4.2亿元，增长17.3%；限额以上工业增加值达到1.8亿元，增长20%；大口径财政收入达到5658万元，增长11.2%；地方财政收入达到3696万元，增长12%；社会消费品零售总额达到5.55亿元，增长12.1%；粮食总产量达到15万吨；城镇居民人均可支配收入达到5967元，增长8%；农民人均纯收入达到1576元，增长6.8%；城镇登记失业率控制在3.6%以下；人口自然增长率控制在6‰以内。

综观发展形势，做好明年的工作，既面临着机遇，又面临着挑战。我们必须始终扭住“五个坚持”不松手，凝心聚力，鼓足干劲，开拓奋进，务求实效。一是坚持改革创新。大力推进思想解放，以观念更新带动机制创新，以市场化为取向推动各项改革，努力增强发展活力。二是坚持项目带动。着力营造发展环境，抢抓各种机遇，调动各方面积极性，大抓项目，抓大项目，努力增强经济实力。三是坚持统筹推进。认真落实科学发展观，用改革和发展的办法解决各类矛盾和问题，统筹城乡经济和社会事业协调发展，保护生态环境，积极探索发展循环经济，努力增强发展后劲。四是坚持执政为民。牢固树立群众利益无小事的观念，改进工作作风，提高执政能力，想问题、作决策、办事情，始终从群众的根本利益出发，把暖人心、得人心、稳人心的好事办实、办好，努力提高城乡居民生活水平。五是坚持维护稳定。正确处理改革、发展、稳定的关系，协调好各方面的利益，及时化解各类矛盾，努力为加快发展营造良好的社会环境。

重点抓好以下8个方面的工作：

（一）加快推进农业产业化经营，千方百计增加农民收入

一是推进结构调整，壮大基地规模。在确保粮食自给平衡的前提下，按照“数乡

一业、多村一品，突出主业、多种经营”的思路，充分发挥市场主导、农民主体和科技主推的作用，努力提高果、畜、薯、菜四大产业的规模化、专业化水平。围绕建设果品大县，优化区域布局，突出“八带四点”，一手抓拓展延伸，一手抓改造提高，年内新植果树经济林6万亩，完成低产园改造和新技术推广9万亩，果实套袋3亿只。加快仁大、治平、李店、城川、威戎绿色果品生产示范基地建设，带动全县果业提质增效。畜牧产业坚持走大户带动、整村推进、以草兴畜、规模发展的路子，新发展养殖专业村24个，养殖大户720户以上。洋芋产业以发展优质专用薯为方向，新建良繁基地1.2万亩，洋芋种植面积达到20万亩以上，其中订单洋芋1万亩，努力提高商品化程度。蔬菜产业以公路沿线和川区乡镇为重点，突出名优特、无公害、反季节生产，确保种植面积达到8万亩。

二是加大科技推广，抓好示范园区建设。坚持科技推广和良种工程两手齐抓，加快农业技术推广和农民教育培训体系建设，创新办园机制，重点抓好仁大堡湾至高沟绿色果品生产示范带、曹务马岔湾3000亩新品种洋芋示范点、原安5000亩果园药材间作套种示范园等44个农业科技园区建设。加强对已建成园区的后续开发和配套管理，巩固建设成果，扩大示范效应。大力实施品牌战略，走出去推介，靠媒体宣传，不断提高支柱产业和特色产品的知名度，重点保护和发展好静宁苹果、静宁鸡两个特色优势品牌，抓紧申报原产地商标认证，真正通过科技把企业与基地、通过品牌把产品与市场捆绑在一起，深化和加固产业链条，实现农民、企业和财政多赢的目标。

三是大办龙头企业，努力拓宽大市场。围绕支柱产业开发，以专、精、特、新为方向，大力兴办一批加工营销型龙头企业，实现建一个龙头、兴一个产业、富一方群众的目的。坚持民办、民营、民受益的原则，以仁大、李店、治平等产业发展较快的乡镇为重点，打破区域和所有制界限，鼓励发展各类产业协会和中介组织，培养致富带头能人，发挥好在开拓市场、推广科技、信息服务等方面的桥梁纽带作用。年内力争新办龙头企业8户，发展专业协会30个，扶持产业带头人600名。与此同时，依托八里工业集中区和重点小城镇，积极建设果品、洋芋和肉牛交易专业市场，健全服务网络，增强对县内及周边区域的辐射能力，有效解决农业特产税取消后，我县果品、洋芋、畜禽产品直接外销，地方财政不增税的问题。

四是抓好扶贫开发，大力发展劳务经济。积极开展参与式扶贫开发，搞好产业增收和基础配套工程，解决贫困群众的生产生活困难。以城郊村和川区村为重点，搞好生态文明小康示范村建设，加快全县农村小康建设步伐。把劳务输出作为增加农民收入的重要渠道，作为促进农村发展的主导产业，抓住大中城市劳务短缺的有利机遇，坚持政府推进与市场运作相结合，依托建筑等劳动密集型行业，扩大发展普通劳务，积极开发技能劳务，着力打造品牌劳务，进一步健全劳务信息、技能培训、法律援助体系，创造服务载体，建立劳务基地，努力提高劳务经济的规模和水平。力争全年输转劳务8万人，实现劳务收入2亿元。

（二）着力培育优势工业群体，不断增强工业经济整体素质

把发展工业作为县域经济的强大引擎和财政增收的重要支柱，坚定不移地落实工业强县战略，努力做大做强工业经济“蛋糕”。一是大办工业项目，形成县域工业支柱。重点支持化工、建筑、建材、食品、包装等优势行业扩张发展，提高企业竞争能力。继续走以农业产业化支撑工业化、以工业化带动农业产业化的路子，围绕农产品精深加工和转化增值，大力兴办龙头项目，拉长产业链条。年内新建2万头肉牛屠宰加工、万佳家具加工、县煤矿“一通三防”安全改造等重点工业项目，确保1000万米导火索、1000万只食用菌袋生产线等续建项目按期建成。二是加快技术改造，提升传统产业。紧紧抓住产业梯度转移的机遇，大力引进和推广高新技术和先进实用技术，促进工业优化升级，积极搞好县内企业与科研院所和企业集团的双向联系，分工协作，形成配套加工基地，扩大就业容量。年内实施技改项目6项，完成技改投资6800万元。三是抓好工业集中区建设，搭建工业发展平台。认真落实优惠政策，完善基础配套，降低入园成本，增强八里工业集中区的服务功能和聚集能力，形成产业集群，年内力争进驻项目10项，完成投资6000万元以上，其中招商引资3000万元。四是深化产权制度改革，巩固提高改制成果。采取破产重组、切块出让等办法，在妥善安置职工和解决银行债务的前提下，使火柴、橡塑等亏困企业彻底退出市场。同时，坚持改管结合，加强对改制企业的宏观指导、税收监控和劳动监管，完善法人治理结构，规范运作机制，不断提高经济效益和社会效益，防止一改了之、税收流失和社会效益弱化的问题。协调金融部门积极构建新型银企关系，大力支持地方经济发展，及时解决企业生产经营中的困难和问题，努力提高工业经济整体效益。

（三）加大项目建设力度，努力改善城乡基础条件

继续把抓项目作为促发展的重要载体和突破口，抢抓国家支持“三农”和社会事业发展、发达地区寻求低成本扩张的各种有利机遇，充分调动各方面的积极性，认真论证编制好“十一五”规划，进一步完善政府引导、市场配置、企业主体、法人负责的项目建设机制和“四个一”的工作推行机制，既抓生产经营性项目，又抓基础设施、生态环境和社会事业项目，既争取国家政策投资项目，又抓外商投资和民间投资项目，特别是抓好能增加财政收入、带动产业发展的大项目、好项目，以项目建设推动县域经济全面提速。年内新开和续建重点项目40项，确保全社会固定资产投资完成4.2亿元。围绕改善农业基础条件，突出抓好造林、梯田、道路、“六小”工程等农村基础设施项目。以万亩臭椿基地建设为重点，完成工程造林4.5万亩。全面落实封山禁牧等各项管护措施，巩固生态建设成果。以坡耕地面积较大的乡村为重点，集中攻坚，分类推进，不留空当，年内新修优质梯田5万亩，积极申报验收梯田化县，搞好梯田后续开发。加快构建节水型社会，努力提高水资源利用率。抓好葫芦河城川咀头至威戎尹沟防洪工程等项目前期工作，新建曹务张山等4处提灌工程。围绕解决交通瓶颈制约，全力配合罗定高速公路建设，搞好宣传发动、征地拆迁等工作，保证这一重大项目在我县顺利实施。争取油铺静秦公路，完成威曹公路油铺。坚持建养并重，

加强道路维修管护，切实提高县乡、乡村道路通行能力。加强国土资源管理，严格保护基本农田，实施好土地开发复垦项目。围绕完善城镇基础设施，大力实施城镇化带动战略，以县城为重点，创新经营机制，聚集生产要素，加强配套建设，推进旧城改造与新区开发同步发展，努力扩大县城容量，提升服务功能和建设档次。重点抓好东城区2号、3号小区的开发建设，完善1号小区基础设施，完成城区电网改造。同时，按照做精做美、建管并重的原则，抓好城区绿化、美化，动员广大居民参与，严格城市管理，下决心解决乱停乱放、占道经营、秩序混乱的问题。坚持“小社区、大服务”，推行有偿、低偿和无偿的管理模式，努力建成一批管理有序、环境优美、治安良好、人际和谐的新型社区。按照规划先导、产业兴镇、特色建镇的思路，下大力气抓好李店、甘沟、古城等8个重点小城镇开发建设，搞好村镇规划，加快农村小康屋建设，辐射带动农村富余劳动力转移和二、三产业发展。

（四）创优发展环境，促进民营经济和第三产业快速发展

环境问题是关系全县经济社会发展的一件大事，坚持把创优发展环境作为各级政府的重要职责，理直气壮地抓，坚持不懈地抓，彻底扫除影响发展的各种障碍。认真组织开展群众评行业、企业评部门，行业改行风、部门改作风的“双评双改”活动，对明知故犯、知错不改、破坏发展环境的人和事，严肃查处，公开曝光，绝不姑息。全面推行首问责任制和限时办结制，全方位搞好协调服务，大力支持非公有制经济发展。积极引导民营经济参与农村产业开发和企业改革，兴办工业、基础设施和社会事业项目，着力培育民营骨干企业，不断提高非公有制经济的产业层次和企业素质，力争非公有制经济增加值增长15%以上，新办私营企业20户以上。进一步提高全县经济外向度，塑造静宁招商引资的品牌，加大项目推介力度，采取以商招商、节会招商等多种办法，承接落户一批产业转移项目，引进催生一批招商引资项目，激发兴办一批民间投资项目，争取完成招商引资7000万元以上。围绕建设区域性商贸中心，积极推进商业、供销、粮食等流通体制改革，大力扶持发展新型服务业，建办市场载体，扩大市场规模，不断提高第三产业的档次和水平。

（五）强化税收征管，确保完成全年财政收支任务

大力支持重点财源项目建设，千方百计拓宽税基，提高创税能力，逐步建立财政收入稳定增长的新机制。坚持依法治税，加大对重点行业、主要税种的征管力度，积极清缴各类欠税和财政借款，努力做到应收尽收，均衡进度，确保完成全年财政收入任务。深入推进农村税费改革，继续执行农业税税率降低的政策规定，切实减轻农民负担，巩固税改成果。进一步完善财政体制，清晰界定县乡财政支出范围，做到事权与财权相统一。强化预算约束，调整支出结构，保工资，保稳定。严格落实以岗定编、以编控支，大力压缩人员经费，严肃财经纪律，加强对项目预算、专款资金和机动资金的监督管理，坚决反对铺张浪费，严禁超财力办事，确保有限的资金发挥应有的效益。

（六）夯实基层基础，确保完成人口与计生责任目标

从人口与经济社会协调发展的高度出发，切实增强人均意识，把控制人口增长作

为落实科学发展观的一项重要工作，毫不松懈地抓紧抓好。围绕争创计生优质服务县，搞好县计生服务站和9个乡镇规范化计生服务所建设，促进计生工作由行政推动向管理服务转变，下决心解决基层计生统计数据不实、工作疲软的问题。认真抓好农村独生子女奖励扶助试点工作，引导群众转变生育观念。加强流动人口计划生育管理，努力提高计划生育管理服务水平。

（七）协调推进社会事业，促进精神文明建设再上新台阶

坚持改善办学条件与提高教育质量同步推进，确保年内建成二幼教学楼，新建三合、阳坡初中教学楼，拓建成纪中学校园，排除中小学危房1万平方米，新建标准化小学10所，开工建设东城区幼儿园。改革教育质量评价机制，深入推进素质教育，统筹推进职业教育，切实提高各个层次的教育质量。认真抓好科技特派员创业行动试点工作，加快科技成果的转化和推广，巩固提高全国科技先进县创建成果。加强疾病预防和医疗救治体系建设，完成县医院传染病区建设，积极争取实施农村新型合作医疗试点县项目。切实加强药品、卫生监督管理，狠抓医德医风建设，提高医疗服务水平，保障人民群众就医用药安全。按照应用先导、以用促建的思路，加快信息技术普及应用，加强电子档案管理。搞好威戎、八里有线电视网络覆盖延伸，新发展有线电视用户600户。认真搞好第一次经济普查。坚持正确的舆论导向，搞好宣传报道，凝聚发展合力。深入开展争创全国精神文明建设先进县活动，切实加强未成年人思想道德建设，大力弘扬成纪文化，积极发展群众文化体育事业，努力提高全县精神文明建设整体水平。

（八）认真解决热点难点问题，全力维护社会稳定

坚持劳动者自主择业，市场调节就业，政府促进就业的方针，大力开发就业岗位，千方百计缓解就业压力。继续加强社会保障体系建设，加大社会保险费征管力度，确保企业离退休人员养老金和失业人员失业金按时足额发放。关心城乡弱势群体，安排好困难群众生活，确保不发生问题。认真对待群众来信来访，完善信访工作责任制，依法及时处理群众反映的问题。坚持打防结合、预防为主，落实社会治安综合治理措施，建立经常性严打工作机制，依法打击各种违法犯罪活动，全力维护社会稳定。严格安全生产责任制和责任追究制，加强企业、建筑、交通运输、消防安全等重点领域的监督检查，坚决预防各类安全事故发生。

同时，围绕群众关心的热点难点问题，年内办成8件实事。一是抓好界石铺联盟、李店常坪等12个整村推进项目，年内使1万人稳定解决温饱，2.09万人基本解决温饱。二是实施以工代赈易地搬迁扶贫试点工程，确保年内完成界石铺、红寺两乡镇1100名贫困农民搬迁工作。三是建成八里小山、双岘中湾等6处人饮工程和病区改水，解决11村1万人的饮水困难。四是完成仁大至贯河、八里至灵芝等4条通乡公路改扩建，改善部分乡镇的交通状况。五是完成一中、二中教学楼建设和甘沟中学拓建，缓解高中入学压力。六是启动实施农村医疗救助试点项目，解决贫困群众就医难的问题。七是实施城区排水管道建设项目，改造敷设管道1.6万米，完善城区排污管网。八是建成13

个广播电视“村村通”工程，解决偏远山区群众看电视难的问题。

新的一年，发展的任务相当艰巨。我们要进一步增强使命感和责任感，加强政府自身建设，努力提高工作水平，全力以赴抓好各项工作落实。

一是致力于建设开拓创新的政府，进一步推动思想解放。县、乡政府及其工作人员，都要带头学习贯彻各项方针政策，结合各自实际，切实增强市场意识、忧患意识和赶超意识，主动适应新形势、新要求，以创新的思维谋划工作，用改革的办法解决问题，与时俱进，开拓进取，善谋发展，勇于干事，真正把开拓创新体现在实际工作中，把解放思想落实到加快发展上，在全县上下形成奋发向上，争先进位，聚精会神搞建设，一心一意谋发展的良好氛围。

二是致力于建设务实高效的政府，进一步转变政府职能。深入推进政企、政事分开，切实把政府和部门职能转变到为市场主体服务和创造良好的发展环境上来，强化社会管理和公共服务职能，着力解决职能缺位、错位和越位的问题，切实提高机关工作效率，简化办事程序，把主要精力用于为群众、为基层办事，用到抓项目、促发展上来。强化目标责任管理，加大行政督查力度，形成靠制度规范行政行为、推动工作落实的长效机制。加强部门之间的协作配合，坚决纠正推诿扯皮、办事拖拉、相互掣肘的不良风气，确保政令畅通，令行禁止。

三是致力于建设诚信法制的政府，进一步加强依法行政。深入贯彻落实行政许可法，全面推行行政执法责任制、评议考核制和过错责任追究制，加强行政执法监督，切实做到有权必有责，用权受监督，侵权要赔偿，坚决查处执法不公、徇私枉法的问题，确保行政权力高效规范行使。加强对公民的普法宣传教育，提高法制观念，依法处理改革发展中的各种矛盾和问题。自觉接受人大、政协和广大人民群众的监督，认真办理人大代表建议和政协委员提案。建立和完善重大问题集体决策、专家咨询、社会公示和听证制度，促进决策的科学化、民主化、规范化，增强政府工作的透明度。

四是致力于建设勤政廉洁的政府，进一步改进工作作风。按照为民、务实、清廉的要求，大力加强公务员队伍建设，切实强化宗旨意识，牢固树立维护群众的利益高于一切，关心群众的疾苦重于一切，解决群众的困难先于一切的观念，善于运用说服教育、示范引导和提供服务的方法，做好群众工作，凝聚群众力量，赢得群众支持。狠抓机关思想作风建设，切实转变工作作风，教育各级干部重实际、鼓实劲、办实事、求实效，力戒官僚主义和形式主义，做到遇事快办，急事急办，特事特办。对决策定了的事，不折不扣地抓好落实，抓出成效。全面落实党风廉政建设责任制，加强行政监察和审计监督，预防和惩治腐败，始终做到清正廉洁，勤政为民。

县人大常委会工作报告

（县人大常委会主任聂正国　2004年12月23日）

一、一年来的工作回顾

2004年，县人大常委会在县委的领导下，坚持以“三个代表”重要思想统领人大工作，认真行使宪法和法律赋予的职权，努力促进我县经济社会发展，各方面工作取得了新的进展。

（一）围绕发展第一要务，认真开展工作监督

一年来，召开常委会会议7次，依法审议决定重大事项，组织代表、委员对26项工作进行了视察、调查和检查，听取、审议“一府两院”专题工作报告12项，作出决议4个，有效支持和促进了“一府两院”工作。

一是突出推动重点经济工作。在深入调研的基础上，对全县农业产业开发和项目建设工作进行了审议。针对存在的问题，要求进一步加快产业结构调整步伐，加强科技服务体系建设，注重县内市场建设和外部市场开拓，大力培育发展龙头企业。强调要重视项目库建设，尊重科学，强化论证，把项目的经济效益、社会效益、生态效益有机结合起来，切实提高项目建设工作质量和水平。这些意见、建议得到县政府及有关部门的重视和落实，对推动相关工作起到较好作用。

二是重视促进解决群众关注的热点、难点问题。年初，城区发生摇蚊幼虫污染自来水问题，常委会及时组织专题视察，严肃指出供水管理中存在的疏漏和问题，要求有关职能部门加强供水安全预防和应急体系建设，完善管理，确保居民饮水卫生安全。之后又两次深入现场督查，使这一问题得到有效解决。针对县乡道路水毁严重，维修跟不上的问题，对公路建设与管护工作进行了视察、审议，作出了《关于加强道路建设与养护工作的决议》。在县、乡政府的重视和努力下，道路建设与养护工作得到加强，重点路段的通行能力有了明显提高。

三是加强对财政经济工作的宏观监督。听取、审议了县政府关于2003年财政预算执行情况的审计报告。根据代表大会的授权，审查批准了2004年财政预算调整及国民经济和社会发展计划调整报告，并作出相应的决议。听取、审议了县政府审计工作情况报告，就加强经济运行和资金使用效果监管提出了具体意见、建议。

常委会还结合阶段性工作重点，就农业综合开发项目实施、农村能源建设、环境污染治理、县城市容管理和消防安全等工作进行视察、调查或审议，督促有关部门改进和加强工作。配合省、市人大完成了对我县龙头企业建设、公安基层基础工作、药品管理法执行情况的调研工作。

（二）坚持依法治县，促进依法行政和公正司法

认真开展执法检查工作。重点组织了对环境保护法、刑事诉讼法、防震减灾法等7部法律、法规执行情况的检查，听取、审议了县政府关于食品卫生法贯彻执行情况的报告，分别提出了强化执法工作的意见和建议，督促有关执法部门对存在的问题查纠整改，提高执法水平。为了提高行政部门的执法能力和服务水平，结合行政许可法的贯彻实施，常委会与县政府联合举办了学习行政许可法专题讲座，对全县行政执法工作进行了两次督查。常委会还按照省人大要求，较好地完成了“立法联系县”的立法调研、法规草案征求意见等工作任务。

加强对司法机关难点工作的监督。针对当前普遍存在的“执行难”问题，对县法

院及基层法庭的审判执行工作进行视察、调研和审议，要求调整力量，强化措施，集中破难，提高执行工作实效。根据审议意见，县法院从完善案件执行责任制入手，充实基层办案力量，使执行工作有了新的进展。常委会对县检察院查处和预防职务犯罪工作进行了调查、审议，促进检察机关加大查处职务犯罪力度，深化预防工作，更好地为经济建设保驾护航。

（三）开展述职评议和工作评议，依法搞好人事监督

根据县委的推荐和提请机关的提名，常委会依法任免县人大常委会及“一府两院”国家机关工作人员12名。其中，决定任命县政府副县长2名；任命县法院副院长1人；任命常委会工作部门负责人和县检察院检察人员7名，免职2名。

重视对任命干部和部门工作监督。一是要求人大任命的政府部门负责人和法、检院副院长、副检察长年底向常委会报送述职报告，由主任会议评议后进行通报。二是认真开展了对县教育局负责人的述职评议和县乡企局的工作评议。评议中，广泛听取意见，既肯定成绩，又分析问题，注重督促整改，促进被评部门和负责人依法行政、廉洁勤政。

（四）做好代表和信访工作，密切与人民群众的联系

围绕发挥代表作用，积极开展了代表工作。一是继续开展常委会联系代表、代表联系选民活动。为了带动基层代表积极履职，常委会组织担任领导职务的市、县人大代表，集中两月时间，走访联系基层代表和选民，征询代表和选民的意见、建议，收到较好效果。在代表中开展了“走访一次选民、提一条合理化建议、为群众督办一件实事、向选民述一次职”的“四个一”活动，评选出39名优秀县人大代表在本次会议上进行表彰。二是认真办理代表意见、建议。至10月底，县十四届人大二次会议85件代表意见、建议全部办理完毕，办理质量有了新的提高。常委会还通过在我县的省、市两级人大代表，以提议案、意见和建议的方式，向上反映我县经济社会发展中的困难和问题。如在省十届人大二次会议提出的“关于加大对静宁县农村能源建设扶持力度的建议”，省农牧厅按“A类”作了答复，把静宁作为重点申报农业部“生态家园富民计划项目”，申请国家补助资金240万元。三是重视做好信访工作。全年共接待办理群众来信来访135件（次）。常委会积极协调有关部门对所反映问题依照法律政策进行解决，维护社会稳定。

重视与乡镇人大的联系。年初，召开全县乡镇人大工作座谈会，总结交流经验，研究部署工作。指导雷大等乡镇人大完成了乡镇撤并后的代表补选工作。确定威戎、李店、红寺3乡镇为联系点，指导开展评议活动。

（五）加强常委会自身建设，努力提高工作水平

一是围绕贯彻落实党的十六届三中、四中全会精神和省委人大工作会议精神，通过举办研讨会、法制讲座、进行机关作风整顿、参加县上专题学习教育活动等，重视抓了政治和业务建设。二是重视通过国家和省、市有关人大报刊、网站等新闻媒体，宣传了我县人大工作和“三个文明”建设的成就。结合纪念人大成立50周年，开展了

举办人大制度知识竞赛、发表电视讲话、召开座谈会等丰富多彩的纪念活动，集中宣传人大制度。三是加强制度建设，制定和修订了述职评议工作办法、信访工作制度及人大机关管理制度等6项制度，使常委会的工作更加制度化、程序化、规范化。四是改进作风，坚持在参与中监督，在参与中支持和服务，按照县委部署安排，积极参与了全县各个阶段的中心工作。

回顾今年的人大工作，有以下几个特点：

一是坚持在党的领导下依法行使职权，自觉接受和依靠县委的领导，认真贯彻落实县委的决策决定和重大工作部署，努力使人大各项工作服务于党的中心和全县发展大局。

二是积极落实科学发展观。在加强经济建设工作监督的同时，注重教育、卫生、环保和社会管理方面的执法监督，坚持“群众利益无小事”，以人为本，围绕群众普遍关注的道路管护、饮水和食品卫生安全、环境污染治理、消防安全、城镇管理等热点、难点，督促有关部门采取措施，切实解决存在的问题，为群众创造良好的生产、工作和生活环境。

三是努力改进工作，不断完善制度。围绕中心，紧贴群众，开展视察和调研，提高了监督工作的针对性、准确性。在审议“一府两院”工作报告中实行主发言制度和票决制，完善了议事程序。分别召开人大与政府和法、检两院工作座谈会，加强思想沟通与工作交流，增强监督工作的公开性与透明度。实行新任命干部到会作任职承诺表态制度，增强被任命干部的公仆意识和使命感。通过这些制度和工作方式的改进完善，进一步增强了监督实效。

四是积极组织代表开展活动，重视发挥代表作用。坚持邀请代表列席常委会会议、参加视察、执法检查、调研、评议等工作，把代表为民代言、为民用权的职责落实到工作实践中。年初制定工作要点时，以书面形式向代表广泛征求了意见。实行公民旁听常委会会议制度，邀请群众代表参与常委会有关活动，自觉将常委会工作置于代表和群众的有效监督之下，扩大了人民群众参政议政范围。

在全体县人大代表和“一府两院”的支持下，常委会工作取得了新的成绩。但也存在着一些困难和问题，主要是：监督程序不够完善，监督力度和深度还不够，一些方面的监督效果不太明显；代表工作仍然薄弱，基层代表的作用发挥不够，代表履职的条件和保障措施有待于进一步改善；常委会机关的机构配置和人员结构上还存在一些困难和问题。所有这些，都需要我们在今后工作中努力解决。

二、新一年的主要工作

即将到来的2005年，是实现“十五”计划，加快全县经济发展，开创“三个文明”建设新局面的重要一年。县人大常委会要紧紧围绕加快静宁经济发展第一要务，按照加强执政能力建设和发展社会主义民主政治的根本要求，把坚持党的领导、人民当家做主和依法治县统一起来，为促进全县国民经济持续、快速、协调、健康发展和社会全面进步努力工作。

（一）切实改进和加强人大工作。认真学习贯彻党的十六届三中、四中全会精神和县委《关于进一步加强人大工作的意见》，积极创新工作方式，不断完善议事制度和程序，努力增强工作实效。落实科学发展观，正确处理监督、支持、参与、服务的关系，围绕发展大局，认真依法行使重大事项决定权、监督权和人事任免权。按照“分工不同、目标一致”的体制格局，努力发展好与“一府两院”健康和谐的工作关系。围绕创建学习型、服务型机关，不断加强常委会思想、组织、业务和作风建设，使常委会成为能够全面担负起宪法和法律赋予职责的工作机关和代表机关。

（二）进一步加强监督工作。按照“抓大事、少而精、求实效”的原则，依法审议决定重大事项，支持政府全力推进经济建设，加快静宁发展。加强对财政预算、社会发展计划执行情况的检查，支持审计机关加强审计监督，对审计发现的问题及时督促整改。围绕抓项目、促发展，重点对增加农民收入、“十五”计划执行情况、农业产业化建设、公共安全和未成年人思想道德教育工作进行视察、调查与审议。加大审议意见督办力度，对重点工作和群众关注的问题，要依法反复监督，跟踪问效。坚持把党管干部和依法任免结合起来，搞好人事任免工作；选择2至3个政府部门及其负责人开展述职评议和工作评议。

（三）继续推进依法治县进程。坚持抓好以宪法为重点的法制宣传教育工作，督促提高“四五”普法实效。围绕事关经济发展和人民群众切身利益的问题，加强执法检查；大力推行执法责任制和执法过错责任追究制，加强对省、市直管部门执法工作的监督，推动行政部门提高依法决策、依法行政的能力，严格按照法定权限和程序办事。以干警队伍建设为重点，加强执法能力建设，促进法、检两院公正司法，执法为民，维护社会公平正义和稳定。

（四）充分发挥代表的主体作用。坚持代表列席常委会会议、向代表通报工作和走访代表制度，加强与代表联系，拓展代表知情知政渠道，认真办理代表议案和意见、建议，努力为代表履职创造条件。抓好学习培训，更多更好地组织代表参与视察、调查、执法检查、评议等工作。建立代表履职考核机制，开展代表向选民述职活动，把选民的满意度作为衡量代表履职的标准，增强代表履职责任感，积极为民代言、替民办事。组织代表开展“四带头、作模范”活动，即“带头抓产业、上项目，做促进发展、创业致富的模范；带头建言献策，做反映民意、集中民智的模范；带头化解矛盾，做为民排忧解难、维护社会稳定的模范；带头宣传法律，做推进基层法制建设的模范。”通过活跃、扎实、有效的代表工作，使人大密切联系人民群众的优势得到充分发挥，增强人大工作活力。

加强与乡镇人大的联系，指导乡镇人大加强对本级政府和村民自治工作的监督，推进基层民主政治建设。

（五）加强信访工作。要把来信来访作为了解社情民意、保持与人民群众联系的窗口和桥梁，针对人大信访工作内容复杂、办理难度大、法律性强的特点，要进一步完善制度，加强力量，加大转办、交办力度；把信访工作与人大各项监督工作有机结合起来，对不尽职责、激化矛盾的部门和单位要依法进行个案监督，维护群众的利益和社会稳定。

第四节　县第十四届人民代表大会第四次会议

大会概况

县十四届人大四次会议于2006年1月5日至6日在静宁宾馆二楼会议室召开。县十四届人大三次会议以来，李雪峰、牛力军、李玉彪、韩太平、李艳晓、付具河6名代表先后调离静宁，根据选举法第五十一条第二款的有关规定，上述6人的代表资格自行终止，在代表出缺的城关镇、城川乡、古城乡、雷大乡、余湾乡、甘沟乡有关选区，补选陈铎、樊建军、薛小勇、厚学、杨飞、王喜东、吕治军为县第十四届人大代表，至此，县第十四届人大代表实有212名。此次会议实出席200名，不是县人大代表的县级领导，县委各部门、人大各委办、县直及省市驻静宁各单位主要负责人，乡镇党委书记、人大主席，在静宁县的省人大代表、部分市人大代表，部分离、退休老干部，政协静宁县第六届委员会全体委员（列席此次会议第一次全体会议），共266人列席会议。

王守荣、王济华、王星耀、邓颖（女）、朱春林、许富忠、李读、杨东、张正、张三相、张进宝、张自杰、张来有、张金业、张秉银、张新民、陈铎、陈向华（女）、岳具辉、聂正国、柴玉明、柴桂兰（女）席荣、郭应童、阎伟刚、葛会荣、魏晓平、戴双军（按姓名笔画为序）28人组成大会主席团，王济华、王星耀、朱春林、许富忠、张正、张自杰、张金业、张秉银、陈铎、陈向华、岳具辉、聂正国、葛会荣、魏晓平、戴双军（按姓名笔画为序）15人为主席团常务主席；岳具辉为秘书长，郭应童、李永成、高赫、李金为副秘书长；许富忠、位志贤、王守荣、柴玉明、席荣5人组成议案审查委员会，许富忠为主任委员，位志贤为副主任委员。

1月4日下午举行预备会议，听取县人大常委会副主任朱春林所作的《关于县第十四届人民代表大会代表变动情况的报告》，通过大会议程和主席团、秘书长、议案审查委员会名单，宣布主席团第一次会议讨论通过的事项，通过选举办法。

大会举行全体会议3次。第一次全体会议于1月5日上午举行，执行主席是张正、聂正国、陈铎、陈向华、张自杰、张秉银、岳具辉、张金业、张新民、张三相、邓颖。会议由县人大常委会主任聂正国主持，听取县政府代理县长陈铎所作的《县人民政府工作报告》，审议县政府常务副县长位志贤所作的《关于静宁县国民经济和社会发展第十一个五年规划纲要（草案）的说明（书面）》、县发展计划局局长杜文彪所作的《关于2005年国民经济和社会发展计划执行情况及2006年国民经济和社会发展计划（草案）的报告（书面）》、县财政局局长王运军所作的《关于2005年全县财政预算执行情况和2006年财政预算（草案）的报告（书面）》。第二次全体会议于1月6日上午举行，执行主席是王济华、戴双军、朱春林、王守荣、柴玉明、张进宝、杨东、张来有。会议由县人大常委会副主任戴双军主持，听取县人大常委会主任聂正国所作的

《县人大常委会工作报告》、县法院副院长蔡尚志所作的《县人民法院工作报告》、县检察院检察长李居洲所作的《县人民检察院工作报告》，审议县人大常委会《关于县十四届人大三次会议代表意见建议办理情况的报告（书面）》。第三次全体会议于1月6日下午举行，执行主席是葛会荣、魏晓平、许富忠、王星耀、郭应童、席荣、柴桂兰、李读、阎伟刚。会议由县人大常委会副主任王星耀主持，选举县政府县长1名、县人大常委会委员1名，听取县人大常委会副主任、议案审查委员会主任委员许富忠所作的《关于代表议案和意见、建议审查情况的报告》，通过《关于政府工作报告的决议》《关于静宁县国民经济和社会发展第十一个五年规划纲要的决议》《关于2005年国民经济和社会发展计划执行情况及2006年计划的决议》《关于2005年全县财政预算执行情况和2006年财政预算的决议》《关于县人大常委会工作报告的决议》《关于县人民法院工作报告的决议》《关于县人民检察院工作报告的决议》《关于切实搞好新型农村合作医疗试点工作议案的决议》《关于加大通乡油路工程建设力度议案的决议》。会议结束时，县委书记张正作了讲话。

大会安排分团会议2次。

大会主席团召开会议3次。

大会收到代表议案和意见、建议39件。其中：代表10人以上联名提出并被列为议案的2件：①张永宏、王军杰等12名代表提出的“关于加大通乡油路工程建设力度的议案”，建议县政府紧紧抓住国家加大农村公路建设投入的良好机遇，以建设全省通乡油路重点县为契机，加大力度，积极衔接争取，认真组织实施，力争早日实现乡乡通油路；②杨向前、杨飞等14名代表提出的“关于尽快建立新型农村合作医疗制度的议案”，建议县政府抓住省上将本县列为2006年全省新型合作医疗试点县的有利时机，加强组织领导，完善管理措施，规范报销程序，强化县乡村三级医疗服务体系建设和定点医疗机构监管，加大宣传力度，提高群众的政策知晓率、普及率和参合率，尽快建立新型农村合作医疗制度，让广大农民群众从中得到实惠。

代表意见、建议37件，涉及5个方面。①农林水方面6件，占16.2%，主要是建议将澳洲青苹果列为静宁县果园建设和退耕还林补充树种，加强对果农的科技培训，维修鞍子山拦河闸及渠道，修复余湾乡花咀村人饮工程等；②道路建设方面9件，占24.3%，主要是建议修建红寺乡政府至甘湾村公路，修建细巷乡店子村河桥，拓宽李店镇政府至蒲岔村乡村道路等；③城建方面5件，占13.5%，主要是建议搬迁城关镇政府、解决庙川居民区排污问题等；④科教文卫方面11件，占29.7%，主要是建议重视精神产品的生产、创新，在东城区新建1所标准化小学，加强对农村合作医疗工作人员的培训，恢复县城“忠烈寺”等；⑤其他方面6件，占16.2%，主要是建议成立农资产品鉴定机构，加强威戎镇新华村等地文物保护等。

大会议程

一、听取和审议县人民政府工作报告；

二、审议县人民政府关于静宁县国民经济和社会发展第十一个五年规划纲要（草案）的说明（书面），审查、批准静宁县国民经济和社会发展第十一个五年规划纲要；

三、审议2005年国民经济和社会发展计划执行情况及2006年计划（草案）的报告（书面），审查、批准2005年国民经济和社会发展计划执行情况的报告及2006年计划；

四、审议2005年财政预算执行情况和2006年预算（草案）的报告（书面），审查、批准2005年财政预算执行情况的报告及2006年预算；

五、听取和审议县人大常委会工作报告；

六、审议县人大常委会关于县十四届人大三次会议代表意见、建议办理情况报告（书面）；

七、听取和审议县人民法院工作报告；

八、听取和审议县人民检察院工作报告；

九、选举；

十、其他；

大会日程

县第十四届人民代表大会第四次会议日程表

表3-89

时间		内容	执行主席
1月4日	下午3时	预备会议：1.关于代表资格变动情况的报告；2.通过大会议程；3.通过大会主席团和秘书长名单；4.通过大会议案审查委员会名单；5.宣布主席团第一次会议讨论通过的事项；6.通过选举办法	
1月5日	上午9时	大会：1.开幕式；2.政府工作报告；3.2005年国民经济和社会发展计划执行情况及2006年计划（草案）的说明；4.2005年财政预算执行情况及2006年预算(草案)的说明	邓　颖　张　正 张三相　张自杰 张金业　张秉银 张新民　陈　铎 陈向华　岳具辉 聂正国
	下午2时30分	1.各代表团审议“十一五”规划和政府、计划、财政三个报告，讨论提出有关议案和意见、建议；2.讨论补选的县人民政府县长和县人大常委会委员候选人名单	
1月6日	上午9时	大会：1.县人大常委会工作报告；2.县人民法院工作报告；3.县人民检察院工作报告	王守荣　王济华 戴双军　朱春林 杨　东　张进宝 张来有　柴玉明
	大会结束至下午3时	1.各代表团审议人大、法院、检察院工作报告；2.继续讨论有关候选人名单	
	下午4时	大会：1.选举；2.议案和意见、建议审查报告；3.通过“十一五”规划及政府、计划、财政、人大、法院、检察院工作报告和有关议案的决议；4.县委书记讲话；5.大会闭幕	王星耀　许富忠 李　读　柴桂兰 席　荣　郭应童 阎伟刚　葛会荣 魏晓平

主席团会议日程

县第十四届人民代表大会第四次会议主席团会议日程表

表3-90

时间		地点	内容	参加人	主持人
第一次会议	1月4日预备会议期间	静宁宾馆二楼会议室	1.通过大会日程；2.通过代表团组成和列席人员范围；3.通过大会常务主席名单；4.决定大会副秘书长名单；5.决定大会议案和意见、建议终止时间；6.讨论通过选举办法（草案）	主席团成员	岳具辉
第二次会议	1月4日预备会议结束后	静宁宾馆二楼会议室	讨论提出补选的县人民政府县长和县人大常委会委员候选人名单	主席团成员及代表团召集人	岳具辉
第三次会议	1月6日下午3时	静宁宾馆三楼会议室	1.听取各代表团关于"十一五"规划及政府等六个工作报告和候选人讨论情况汇报;2. 决定正式候选人名单;3.提出大会监票人名单;4.听取议案和意见、建议审查情况汇报;5.讨论"十一五"规划、政府等六个工作报告及有关议案的决议(草案)	主席团成员及代表团召集人	聂正国

大会选举

县人民政府：

县　长　陈　铎

县人大常委会：

委　员　厚　学

县人民政府县长陈铎、县人大常委会委员厚学个人情况表

表3-91

姓名	性别	民族	出生年月	籍贯	文化程度	入党时间	工作时间	工作简历
陈　铎	男	汉	1963.6	甘肃崇信	本科	1989.12	1985.7	曾在平凉地区农科所工作；历任平凉地区农科所业务科副科长、科长，平凉地区农科所副所长、所长，党组书记兼所长，平凉市水务局党组书记、局长，静宁县委副书记，县政府副县长、代理县长
厚　学	男	汉	1952.3	静宁细巷	大专	1976.4	1970.9	曾在静宁县铁厂、县水泥厂、平凉泾河水泥厂工作；历任静宁县水泥集团公司副总经理、总经理、党委副书记

附：

县人民政府工作报告

（县人民政府县长陈铎　2006年1月5日）

“十五”回顾和2005年工作情况

“十五”期间，全县上下坚持以邓小平理论和“三个代表”重要思想为指导，紧紧围绕加快发展这一主题，抢抓西部大开发战略机遇，开拓创新，务实苦干，经济建设和各项社会事业取得显著成绩，实现了“十五”计划主要发展目标。

——国民经济快速增长，综合实力显著增强。全县生产总值由“九五”末的7.03亿元增加到12.8亿元，年均增长12.7%。全社会固定资产投资累计完成15.7亿元，比“九五”增加10.2亿元，增长1.85倍。

——经济结构渐趋合理，主导产业支撑作用更加明显。三次产业结构由“九五”末的40.4:32.8:26.8 调整到 30.5 :36.7 :32.8。果、薯、畜三大产业总产值达到4.72亿元，人均从三大产业中的收益占到农民人均纯收入的40%。果园面积发展到30.2万亩，荣获“中国苹果之乡”和“全国经济林建设先进县”称号。建成了静宁鸡产业化养殖、麦林果蔬等一批加工购销型龙头企业，农业产业化程度进一步提高。依靠科技进步，加快优良品种推广步伐，良种率达到85%，粮食生产稳定增长。兴办了大红碗食品、恒达纸箱等企业，全县工业增加值由“九五”末的1.4亿元增加到2.5亿元。八里工业园成为引领工业发展的“活跃板块”，跻身全省乡镇企业示范区行列。非公有制经济在全县经济总量中的比重由“九五”末的24.8%增长到35.3%，成为县域经济发展新的增长点。

——生态环境明显改善，城乡基础设施不断加强。抢抓退耕还林政策机遇，完成工程造林73.5万亩，林草覆盖率由“九五”末的13.6%提高到23%，新修优质梯田27.5万亩，治理水土流失408平方公里。建成水利工程72项，新增有效灌溉面积1.68万亩，解决了11.9万人的饮水困难。修建乡村道路1200多公里。以“一池三改”为模式的农村能源建设取得新进展。建设了葫芦河堤防、静秦公路改扩建、威曹公路油铺等一批基础设施项目，为加快发展打下了较好的基础。实施了县城东拓工程，县城规模由2.98平方公里扩大到5.6平方公里，城镇的聚集辐射作用增强，城镇化水平由“九五”末的12.9%提高到20.6%。

——各项改革深入推进，发展活力进一步增强。农村税费改革取得了阶段性成效，完成了乡镇区划调整和县乡机构改革，全面取消了农业税、农业特产税和牧业税，农民负担明显减轻。以产权制度为核心的企业改革有了新突破。经济发展环境逐步改善，引进县外资金2.96亿元，为县域经济发展带来新的生机。

——城乡居民收入稳定增长，人民生活水平不断提高。全县有5.26万农村贫困人口解决温饱，部分人口生活基本达到小康。城镇居民人均可支配收入由“九五”末的3468元增加到5970元，农民人均纯收入由1150元增加到1595元，城乡居民人均储蓄存款由776元增加到1503元。城乡居民居住条件和生活环境明显变化，城镇人均住房面积达到18平方米。

——社会事业全面进步，精神文明和民主法制建设成效显著。科技事业快速发展，办学条件明显改善，教学质量稳步提高。成功预防了“非典”疫情，公共卫生体系初步建立。有效控制了人口过快增长的势头。群众性精神文明创建活动广泛开展，广大干部群众的精神面貌发生新的变化。自觉接受人大、政协和广大人民群众的监督，依法行政水平有了新的提高。“四五”普法教育任务全面完成，社会秩序继续保持稳定。严格落实廉政建设责任制，维护了政府形象。同时，文化体育、广播电视、国土资源、统计审计、民族宗教、档案管理、气象环保等方面的工作也取得了新的进步和发展。

刚刚过去的2005年，全县各级认真贯彻落实党的十六大和十六届四中、五中全会精神，统筹兼顾，实干攻坚，较好地完成了县第十四届人民代表大会第三次会议确定的各项目标任务。

（一）突出增加农民收入，加快产业结构调整，农业和农村经济稳步发展。不断深化农村税费改革，兑现粮食直补资金326万元，保护了农民种粮的积极性，粮食总产量达到15万吨。大力培育块带经济，狠抓示范园区建设，产业结构和布局更加优化。新植果树经济林6万亩，果品产值达到1.76亿元。建成养殖示范村27个，发展规模养殖户720户，畜牧业总产值达到1.2亿元。洋芋种植面积扩大到23.3万亩。建成进东养殖中心、5000吨果蔬气调库等一批龙头企业，加快了农业产业化进程。积极发展劳务经济，输转劳务8万人（次），创劳务收入2.6亿元。

（二）坚定不移地实施工业强县战略，坚持新建与改造并重，工业经济发展后劲进一步增强。新建了红光淀粉、肉牛屠宰加工等龙头项目，拓宽了工业经济发展的领域。加快企业技术改造步伐，建成了1000万米工业导火索、3万吨环保纸二期等项目，全县工业技改完成投资6192万元。八里工业园服务功能进一步增强，新开和续建项目19项，完成投资7700万元。继续深化企业改革，工业经济运行质量和效益稳步提高，预计全县限额以上工业增加值完成1.1亿元，增长9.7%；实现利税1051.3万元，增长12.7%。

（三）加大项目建设力度，完善城乡基础设施，固定资产投资大幅增长。实施交通、水利、生态和扶贫开发等重点项目46项，完成投资3.54亿元。其中争取国家、省、市投资4839万元。完成退耕还林3.25万亩，“三荒”造林4.5万亩，新修优质梯田5.1万亩，治理流域84平方公里。改建、扩建了八里至原安、雷大至治平等4条通乡公路，修建上等级乡村道路34条380公里。完成了葫芦河马岔沟至太山庙段河堤治理，建成八里小山、仁大扯弓塬等3处人饮工程，解决了2.3万人的饮水困难。发展农村能源“一池三改”模式户1300户。通过仁大高峡、李店常坪等12个扶贫开发整村推进项目建设，有2500人基本解决温饱，9600人稳定解决温饱。实施了界石铺、红寺以工代赈易地扶贫搬迁项目，搬迁农户220户1100人。建成“村村通”广播电视工程13处。由于项目建设的拉动，全社会固定资产投资预计完成4.7亿元，增长31.3%。

（四）坚持建设与整治并举，改善发展环境，民营经济持续发展。认真实施中心城镇带动战略，完善城镇功能，着力创造良好的人居环境。投资1305万元的城区给排水及道路建设项目全面建成，完成了东苑小区基础设施配套，新开工住宅楼37幢12万平方米。界石铺、威戎、李店等重点小城镇和农村小康屋建设进展顺利，全县小城镇建设完成投资3000多万元。组织开展了城区环境百日集中专项整治活动，县城环境秩序得到明显改观。大力整顿和规范市场经济秩序，全力打造“洼地”效应。引进县外资金6000多万元，发展私营企业18户，非公有制经济上缴税金760万元，增长4.3%。

（五）强化税收征管，优化支出结构，较好地执行了年度财政预算。全县大口径财政收入完成4354万元，增长8.3%；其中地方财政收入2600万元，增长13.5%；财政支出完成2.9亿元，增长13.9%。在财力十分有限的情况下，想方设法保证了工资发放、社会保障、救灾扶贫等重点支出需要。

（六）实施科教兴县战略，加强载体建设，各项社会事业协调推进。加快科技推广步伐，科技、信息对经济增长的贡献水平逐步提高。大力改善中小学办学条件，排除中小学危房2.4万平方米，建成标准化小学14所，一中、二中、成纪中学等学校教学楼建成投入使用。教育教学质量稳步提升，高考本科上线人数达到1239人。深化医疗卫生体制改革，加强药品、卫生监督管理，医疗服务水平进一步提高。落实计生奖励扶助政策，加强日常管理服务，建成威戎等9乡镇规范化服务所，完成了年度人口计划和计生责任目标，人口自增率控制在7‰以内。完成了《静宁县志》续修。

（七）坚持以人为本，重视解决民生问题，维护了社会稳定。认真落实各项社会保障政策，为1384名企业离退休人员发放养老金870万元，为3253名城市低保对象发放最低生活保障金210万元，下拨救济款266万元，使5.13万人的生活得到及时救济。启动农村医疗救助试点项目，为750户农村重病患者发放救助金80.8万元。落实义务教育“两免一补”资金375万元。多方开发就业岗位，千方百计缓解就业压力，城市登记失业率控制在3.74%以内。认真开展矛盾纠纷排查调处，加强安全生产管理，努力化解各种不稳定因素。严格落实社会治安综合治理措施，社会秩序保持良好。

过去的5年，是全县改革发展取得重大突破的5年，是城乡面貌发生显著变化的5年，是群众得到实惠最多的5年。回顾5年来的工作，最根本的是抓住了发展这个第一要务，全县上下聚精会神搞建设，一心一意谋发展；最重要的是突出了创新这个灵魂，完善发展思路，创新工作方式方法，找准了发展的突破口；最关键的是发扬了艰苦奋斗这个优良传统，激发了广大干部群众的创造热情，成为推动各项工作的不竭动力。

回顾过去的5年，我们清醒地认识到，我县经济社会发展中还存在一些困难和问题，主要是：经济总量不足，发展速度比较缓慢，自主增长能力不强；农业基础脆弱，抵御自然灾害的能力不强，县乡村道路、人畜饮水问题比较突出；农业社会化服务体系还不健全，农业组织化程度低，农民稳定增收的长效机制还没有形成；工业化水平不高，缺乏高附加值、高技术含量的工业项目，企业流动资金严重短缺，民营经济规模小、比重低，市场竞争能力比较弱；财源基础薄弱，新的增支因素较多，财政收支矛盾十分突出；城镇化水平低，城镇功能还不完善，规划严重滞后，经营城镇的机制还没有形成；人口压力较大，就业和再就业形势严峻，解决城乡弱势群体生活困难和农村扶贫开发的任务还十分艰巨；教育、卫生、环保等社会公共事业发展滞后，公共服务水平低，科技创新能力弱；一些体制机制性的障碍还没有完全消除，经济发展环境仍不宽松。同时，我们也深刻地认识到，政府工作还存在不少缺点。政府自身职能转变滞后，社会管理和公共服务职能比较薄弱；一些部门之间职责不清、协调不力、管理方式落后、行政成本较高；一些关系群众利益的问题还没有得到根本解决；一些政府工作人员的思维方式、政策水平、工作作风还不能适应新形势发展的需要。对于这些问题，我们将高度重视，采取得力措施，在今后的工作中努力加以克服解决。

“十一五”发展目标和2006年工作任务

未来5年，是全面落实科学发展观、加快推进社会主义新农村建设、构建和谐社会的关键时期。西部大开发战略的纵深推进，县域经济扩权试点县的启动实施，国家对贫困地区投资的不断加大，平定高速公路、通乡油路、人畜饮水等一批重大项目的建设，为我们加快发展提供了难得的外部条件。但是，我们现有家底太薄，自我积累太慢，银行贷款太难，硬环境不“硬”，软环境不“软”，严重困扰和制约着全县经济的快速发展。我们既要看到有利的条件，树立加快发展的决心和信心，也要正视不利的因素，常存忧患意识，明白自己的差距，明确自己的责任，明察面临的困难，注意总结经验，把握规律，克服困难，缩小差距，促进经济社会又快又好的发展。

“十一五”期间，全县经济和社会发展的奋斗目标是：经济结构更加优化，经济增长方式进一步转变，主要经济指标保持两位数增长，县域综合实力显著增强；农业综合生产能力和产业化水平明显提升，基础条件大大改善，基本实现乡乡通油路、村村通电话、社社通汽车，居民饮水困难得到有效解决；工业主导型经济格局初步形成；城镇化体系进一步健全，商贸流通和服务业更加繁荣，城乡居民收入大幅度增长；各项社会事业协调健康发展，城乡群众享有良好的文化、教育、就业、医疗、社保等公共服务，社会更加和谐进步。

2006年是实施“十一五”规划的第一年，是搞好县域经济扩权试点县的关键一年。做好今年的工作，不仅对我们把握机遇、实现经济提速增效至关重要，而且对于静宁长远发展，建设小康静宁具有深远影响。2006年政府工作的总体要求是：坚持以党的十六届五中全会精神为指导，认真贯彻落实市委一届十次全委扩大会暨市委经济工作会议精神，以科学发展观为统揽，坚持实干攻坚抓突破，围绕提升县域经济竞争力和改善民生这一主线，突出转变经济增长方式、创新体制机制、促进协调发展三大任务，认真实施生态立县、项目强县、产业富县、商贸活县、科教兴县五大战略，大力发展特色经济、劳务经济、民营经济、块带经济四大经济，狠抓社会主义新农村、基础设施、公共事业建设三大工程，着力构建小康静宁、和谐静宁、文明静宁，为顺利实施“十一五”规划开好局、起好步。

经济社会发展的预期目标是：全县生产总值增长13.2%，达到14.5亿元，其中一产增长5.1%，达到4.1亿元，二产增长15%，达到5.4亿元，三产增长19%，达到5亿元；全社会固定资产投资增长18%，达到5.5亿元；限额以上工业增加值增长9.1%，达到1.2亿元；大口径财政收入增长8.4 %，达到4520万元；地方财政收入增长9.7%，达到2830万元；社会消费品零售总额增长12%，达到6.27亿元；粮食总产量达到15.5万吨；城镇居民人均可支配收入增长9%，达到6507元；农民人均纯收入增长6.3%，达到1695元；城镇登记失业率控制在3.7%以下；人口自然增长率控制在7.5‰以内。

集中精力抓好以下几个方面的工作：

（一）围绕推进社会主义新农村建设，调整农业结构，夯实农业基础，在增加农民收入上取得新成效

一是大力提升产业发展水平。在稳定提高粮食生产能力的基础上，发挥资源优势，依托现有基础，走发展特色经济之路。从主导产业、特色产业和优势产品三个层次上，聚集生产要素，着力发展果品、畜牧、洋芋等支柱产业。果品产业以建设全国优质苹果基地和出口创汇基地为目标，依托优势区域，扩大规模，加快品种更新换代，提高建管水平。年内使仁大、李店等6乡镇一次性实现果园化，甘沟、深沟、新店等12乡镇川区基本实现果园化。全县新植果树经济林10万亩，完成低产园改造和新技术推广13.5万亩，落实套袋5亿只，商品率、优果率分别提高到95%和55%以上，果品总产量达到16万吨，直接出口6000吨以上，总产值突破2亿元。畜牧产业坚持草畜并进的发展模式，大力发展猪、牛、鸡产业，引进瘦肉型猪优良品种，扩大静宁土种鸡和良种肉牛养殖规模。扶持发展养殖专业村30个，养殖大户1000户。洋芋产业以发展优质专用型薯为重点，加快种薯引进繁育推广体系建设，新建良种繁育基地1.2万亩，洋芋种植面积力争突破30万亩。

二是努力提高农业科技示范园区建设层次。把培育示范园区作为调整结构、产业开发、推广科技的有效载体，发挥优势，突出效益，在科学规划论证的基础上，整合项目、资金、技术等要素，运用市场手段，吸纳民间资本，创新建设、经营、管理机制，下决心解决示范园区生命力不强、群众参与程度不高、发展前景不好的问题，确保建一个，成一个，见效一个。重点抓好城川大地滩、仁大扯弓塬、城关五台山等已建成示范园区的后续开发和规范管理，提高园区效益，扩大示范效应。

三是加强农村基础设施和生态环境建设。加大对农村道路、安全饮水、农村能源等设施的投入，完善电力、广播、通讯等配套设施，使农村基础设施不断改善。道路建设围绕健全网络，建、养、管齐抓，开展“道路建设年”活动，发扬吃大苦、打硬仗的精神，在全县掀起道路建设新高潮，切实提高道路通行能力。各乡镇至少新建1条5公里以上的上等级乡村道路。水利建设围绕川区灌溉化、山区梯田化、流域生态化、节灌配套化、人饮自供化、水务一体化“六大”目标，全县新修梯田3万亩，力争城川、司桥等10个乡镇年内实现梯田化。搞好水土保持综合治理，完成水土流失治理面积60平方公里。以解决农村人畜安全饮水、抗旱、防汛为重点，抓好古城、司桥、城关等饮水安全工程建设，解决1.3万人的饮水困难，将建水利、管水利与经营水

利有机结合起来，逐步实现以水养水、用市场经济手段促进水利的可持续发展。生态环境建设按照退耕还林、“三荒”造林、村镇绿化、四旁植树、行道树栽植“五位一体”推进的思路，突出生态脆弱区域的绿化治理，坚持适地适种，推行多林种、多树种、乔灌草混交的复合经营，完成退耕还林1万亩、“三荒”造林1万亩，建成余湾程马、仁大杨湾等10个林业绿化小康村。加大林木管护力度，成立森林公安分局，巩固生态建设成果。加强农村能源建设，全力推进果、沼、畜一体化，建成农村能源“一池三改”模式户1200户。坚持开发式扶贫，认真组织实施李店上杜、界石铺王庄等14个整村推进项目，使2400人基本解决温饱，8600人稳定解决温饱。加强农村环境建设，开展农村生活垃圾、院落畜圈整治，创造良好的生态环境和优美的生活环境。建设具有地域风情、美观实用的民居民宅，探索农村社区人居建设新模式。将传统文化与现代文明、改善面貌与提高素质有机结合起来，倡导文明健康的生活方式，移风易俗，改善村风民风。

四是大力发展劳务经济。切实转变思想观念，把劳务经济作为农民增收的大产业，完善组织、服务、管理体系，加快实现劳动力资源向经济优势转化。开展调查摸底，建立劳动力资源信息库，准确掌握劳动力资源状况。按照市场引导培训、培训促进转移的原则，成立静宁县劳动力输转培训中心，制订培训计划，整合培训资源，开展有针对性的技能培训，提高劳动力素质。认真做好劳务信息的收集、发布、传输工作，抓住沿海发达地区对劳动力保持旺盛需求的机遇，建立长期、稳定的劳务基地，拓展劳务输出领域，打造劳务品牌。加强劳动用工监察，做好跟踪服务，切实维护务工人员的合法权益。坚持就地转移与异地转移相结合，组织输出与灵活就业相结合，努力扩大输出规模，真正把劳务经济做成全县最大的项目。力争年内输转劳动力8万人（次）以上，创劳务收入3亿元以上。

五是不断健全农业服务体系。围绕农业产前、产中、产后全过程，建立健全资金、信息、技术、购销、贮运等社会化服务体系，加快农产品质量标准化及监测检验、防疫检疫体系建设，推进农产品标准化生产进程，逐步改变农产品无标生产、无标流通、无标上市的状况。积极申报静宁苹果和静宁烧鸡地理标志认证，保护和发展好特色优势品牌，真正通过品牌实现产品与市场的有机链接。建成标准化生产基地6.8万亩，出口创汇基地认证1万亩以上，果品无公害生产率达到80%。以搞活农产品流通为重点，不断增强集体经济服务功能，充分发挥供销社服务“三农”的优势，积极发展“民管、民办、民受益”的各类农民合作经济组织，大力发展农民经纪人队伍，提高农业的组织化程度。重点建设林果、畜禽、瓜菜、洋芋等大宗农产品专业市场和批发市场，完善市场化服务体系。

（二）围绕建立工业主导型经济格局，壮大总量，盘活存量，在工业经济持续发展能力上取得新提高

立足于把产业做大、把企业做强、把产品做精、把机制激活，大办工业项目，加强技术改造，深化企业改革，努力构建县域工业经济发展的基本框架。依托农业办工

业，立足产业办企业，抓好红光淀粉二期、万吨果品清洗打蜡等龙头企业建设，延伸产业链条，实现农副产品的就地加工和转化增值。巩固提升化工、建筑、建材、食品、包装等优势行业，加快技术改造步伐，着力培育骨干企业群体，重点抓好3万吨环保纸三期、县煤矿矿井安全改造、1000吨复合油相生产线等项目建设。充分发挥八里工业园在发展工业中的主阵地作用，坚持走新型工业化的路子，以发展产业集群为方向，不断加大投入，完善配套设施，增强园区的承载能力，吸引和调动社会力量投资兴办竞争力强的大项目，带动上下游企业、配套协作企业进入园区，真正把八里工业园建成科技创新的基地、吸引外资的平台、经济增长的引擎。年内确保入园项目达到10项，完成投资6000万元。以市场化、民营化为取向，继续抓好企业产权制度改革。按照建立现代企业制度的要求，完善法人治理结构，提高企业运行管理水平。

（三）围绕增强经济社会发展后劲，把握机遇，扩大投资，在项目建设上取得新突破

坚持发展抓项目不动摇，深入研究国家产业政策，寻求项目与投资导向、市场需求的对接点，聘请专家参与，积极谋划论证一批符合我县实际、能够支撑带动经济社会发展的大项目、好项目，不断充实、更新、完善项目库。建立项目考核激励机制，充分调动全县上下争投资、上项目、促发展的积极性。强化项目管理，提高项目质量效益，树立良好的项目建管形象，以建促争，以争带建。全县实施重点建设项目47项，完成投资4.4亿元。集中力量抓好“十大项目”：一是全力以赴配合好平定高速公路静宁段建设，发展与高速公路建设的配套经济，使较多的经济主体融入国家重点项目的分工协作体系。二是完成威戎—雷大、治平—李店—深沟、新店—甘沟—细巷—红寺等公路改扩建，油铺道路100公里以上，初步改变县乡道路通达能力差的状况。三是精心组织实施新型农村合作医疗试点项目，力争使85%以上的农民受益，解决群众因病致贫、因病返贫的问题。四是建成甘泉调水工程，提高城区及沿线乡镇居民饮用水标准。五是建设西岭公园，为群众提供休闲娱乐场所。六是开工建设行政服务中心和人民广场，提高行政效能，提升城市品位。七是建设葫芦河鲍家咀头至尹家沟堤防工程，提高防洪能力，保护人民生命财产安全。八是抓好雷大、原安、城川等易地扶贫搬迁项目，新建移民住宅200套，改善1000多名贫困群众的居住条件。九是抓好甘肃飞天静宁鸡产业开发项目，带动鸡产业规模化发展。十是新建5000吨果品保鲜气调库，扩大果品贮藏能力，提升果品产业效益。

（四）围绕完善服务功能，创新经营机制，加强基础设施配套，在城镇化建设上取得新进展

切实把规划作为城镇建设管理的重要依据和手段，立足当前，着眼长远，尽快编制县城修建性详细规划、乡镇集镇和界石铺、威戎两个市列镇的村庄规划。树立经营城市的理念，走社会化服务、产业化发展、市场化运作、企业化经营的路子，通过拍卖城镇公用设施冠名权、经营权等方法，最大限度地盘活城市资产，使城镇建设中的存量资本变为再投资的货币资本。严格执行土地有偿使用制度，强化土地储备中心的

职能，提高城镇土地归集、经营、管理水平，以地生财，以地建城，真正把城镇土地这篇文章做大做活。按照“谁投资、谁受益”的原则，引导各方面力量投资开发城镇公共事业。以县城开发建设为中心，以界石铺、威戎市列重点小城镇建设为延伸，集中力量抓县城、促乡镇、带村庄。实施绿化、亮化、净化和畅通四大工程，加强县城市政设施建设和维护，完成街道绿化、路面油铺和路灯改造，逐步解决南北道路通行不畅的问题。完善配套东城区2号、3号小区基础设施，建成住宅10万平方米。建立县城管理的长效机制，加大执法力度，改善城区环境秩序。强化宣传教育，增强市民的社会公德和环境意识，提升县城文明程度。因地制宜，分层推进，抓好李店、甘沟等8个中心小城镇建设，辐射带动农村富余劳动力转移和二、三产业发展，繁荣城镇经济，加快城乡一体化进程。

（五）围绕优化发展环境，提高服务质量，扩大招商引资，在民营经济和第三产业上取得新发展

强化“人人都是发展环境”的意识，从源头上治理，在机制上创新，努力营造良好的政策、法制、市场和信用环境。加快开放合作步伐，坚持以资源换技术、以产权换资金、以市场换项目、以存量换增量，全方位、多层次、宽领域开展招商引资，不断提高利用外资的规模和水平，完成招商引资6000万元以上。支持大红碗食品、麦林果蔬、果品公司等企业争取外贸订单，实现外贸出口200万美元以上。引导民营经济进一步拓宽投资领域，积极参与企业改革，开发农村支柱产业，兴办工业项目和社会公益事业。新发展私营企业20户，民营经济增加值增长10%以上。围绕满足人民群众生活日益多样化和消费水平不断提高的需求，大力推进服务业的市场化、产业化、品牌化和社会化，努力做大以商贸流通为主的第三产业。在鼓励发展餐饮服务、房产交易等传统服务业的同时，积极发展连锁经营、物流配送、多式联运、电子商务等现代服务方式，不断提高商贸服务业档次。重视发展社区服务，规范物业管理，为群众提供快捷、便利和高质量的生活服务。

（六）围绕增收节支，加强征管，深化改革，在财政资金管理和使用效益上取得新变化

高度重视培植财源，积极争取各类专项资金，兴办高利税、有后劲的骨干财源项目，为财政增收奠定基础。加大依法治税工作力度，加强对重点税源和主体税种的有效监控，积极清缴欠税和各类财政借款，促进财政收入稳定增长。按照建设节约型社会的要求，加强预算约束，优化支出结构，统筹使用资金，规范行政性收费管理，坚决制止铺张浪费，压缩控制会议费、招待费等一般性开支，使有限的资金发挥更大的作用，保证工资、社保、扶贫、救灾等重点支出。进一步完善县乡财政管理体制，做到事权与财权相统一。巩固农村税费改革成果，完善农村义务教育等配套改革，严格兑现退耕还林补助和粮食直补政策，加强农村收费管理，规范一事一议筹资筹劳制度，切实维护农民利益。

（七）围绕培育“文明静宁”，注重统筹兼顾，协调推进各项社会事业，在精神文

明建设上取得新进步

以争创全国科普示范县为契机，加速先进实用技术的推广应用，提高科技服务水平。牢固树立人才是第一资源的观念，创新人才培养、吸引、使用和管理机制，优化人力资源配置，用好现有人才，稳住关键人才，引进急需人才，培养未来人才，为经济社会发展提供智力保障。

深化教育体制改革，巩固提高义务教育，稳步扩大高中教育，大力发展职业教育，鼓励支持民办教育，不断提高教育教学质量。整合教育资源，合理调整城区学校布局，更好地满足学生就学需求。加快排危建校步伐，新建一中、甘沟中学等6所学校学生公寓楼和教学楼，建成10所标准化小学，排除中小学危房1万平方米以上。

加强公共卫生和基本医疗服务体系建设，深化卫生和药品流通体制改革，提高疾病预防控制和医疗救治能力，基本建立新型农村合作医疗制度。加强基层卫生机构建设和管理，改善医疗服务条件，努力解决群众看病难看病贵的问题。围绕服务“三农”，加强农村文化建设，改善乡村文化设施，着力发展乡土文化，广泛开展群众性文化活动和全民健身运动，丰富人民群众文化生活。加快界石铺红军长征纪念馆改造建设，搞好成纪文化资源的保护和开发利用，论证编制全县旅游业发展规划。继续实施广播电视“村村通”工程，扩大有线电视网络覆盖面，新增有线电视用户600户以上。以应用为先导，促进信息技术在生产、教学、管理中的普及应用。

围绕建设资源节约型和环境友好型社会，正确处理经济发展与人口、资源、环境的关系，促进人与自然和谐发展。强化计划生育基本国策意识，认真落实计生奖励扶助政策，建立利益导向机制，引导群众转变生育观念。坚持专项治理与经常性工作相结合，严格控制人口增长。加强土地执法，保护基本农田。大力发展循环经济，推行清洁生产，加强环保宣传教育和环境污染整治，彻底关停“十五小”违法排污企业，保护生态环境。

大力弘扬以改革创新为核心的时代精神，在全社会倡导遵纪守法、明礼诚信、团结友善、勤俭自强、敬业奉献的基本道德规范，在各行各业开展精神文明创建活动，使全县人民始终保持昂扬向上的精神状态，为全面建设小康社会提供强大的精神动力。

（八）围绕构建“和谐静宁”，完善社会保障措施，保护群众利益，在维护稳定上取得新成绩

按照市场导向、自主择业、政府支持、社会援助的就业原则，千方百计扩大就业，缓解就业和再就业压力。以民营企业、下岗失业人员、企业漏保职工为重点，扩大社会保险覆盖面。始终关注弱势群体，认真落实社会保障制度，安排好城乡困难居民和受灾群众的基本生活。深入开展“平安静宁”创建活动，建立健全社会预警体系和应急救援、社会动员机制，提高处置突发性事件的能力。健全完善信访工作机制，妥善处理群众反映的热点难点问题。以开展“整风纪、树形象”集中教育活动为动力，加强政法队伍建设，不断提高广大干警的政治素质、业务能力和执法水平。加强社会治安综合治理，依法严厉打击各种违法犯罪活动，全力维护社会稳定。坚持安全

第一、预防为主、综合治理，落实安全生产责任制，严格安全执法，严防各类安全事故的发生。强化对食品、药品、餐饮、卫生等市场的监管，保障人民群众健康安全。

加强政府自身建设

“十一五”期间全县经济社会发展的任务十分繁重，我们肩负着光荣而艰巨的使命，肩负着全县人民的期望和重托。我们将把公务员职业道德建设摆在政府自身建设的突出位置，务实清廉，依法行政，从严治政，不断提高行政效能和管理水平。

第一，建设以人为本、为民谋利的政府。我们的政府是人民的政府，为人民服务是我们的根本宗旨。强化“民本”意识、“公仆”观念，凡事想着群众，工作依靠群众，一切为了群众，真正做到重大决策依民而定，工作措施应民而出，安危冷暖唯民而系。在政府工作中更多体现人文关怀，更多关注全体社会成员的公共利益，搞好公共服务，让群众更直接地享受发展成果，得到更多实惠。了解群众呼声，关心群众冷暖，真正弄清群众在想什么、干什么、盼什么、怨什么，忧民所忧，急民所急，民有所呼，我有所为，把群众关心的小事当作大事办，把群众关注的热点作为重点抓。统筹兼顾各方面群众的利益，做大多数群众赞成的事，办大多数群众受益的事，充分体现群众的利益。

第二，建设改革创新、敢于负责的政府。坚持解放思想、实事求是、与时俱进，冲破影响发展的思想观念、束缚发展的陈规陋习、制约发展的体制弊端，在加快发展中解放思想，在解放思想中统一认识，以思想的大解放、观念的大创新，促进经济社会的大发展。始终保持敢于争先的锐气、自我加压的勇气、负重奋进的志气，走出静宁找差距，对照先进定目标，着眼未来谋发展。坚持以发展为己任，敢闯敢试、敢抓敢管、敢作敢为，看准的事盯紧抓实，探索中的事勇于突破，有争议的事大胆尝试。大力营造创新、创造、创业的社会氛围，使一切创新愿望得到尊重，创造活动得到支持，创业成果得到承认，让想干事的有机会，能干事的有舞台，干成事的有地位。树立正确的政绩观，坚持对党和人民负责，对历史和现实负责，作决策讲科学，定一条是一条，条条算数；做事情重到位，做一件成一件，件件落实；作承诺有尺度，说一项是一项，项项兑现。

第三，建设高效运作、求真务实的政府。加快推进政府职能转变和管理创新，真正把政府职能转到经济调节、市场监管、社会管理和公共服务上来。大兴求真务实之风，以科学的态度和求实的精神，兢兢业业地做好工作，把心思和精力放在踏实工作、狠抓落实上，放在勤勤恳恳为民谋利益上，放在打基础、增后劲、事关长远发展的大事、实事上。坚持“一线工作法”，到一线调查研究，到一线推动工作，到一线解决问题，到一线培树典型，到一线建立互信，以实际行动赢得群众的理解和支持。把立足基层需求、顺应群众需要、改善农村人居环境作为调查研究的重点，在调研中察民思、创民愿、为民盼、解民难、聚民力，达到安民富民，实现县域经济的快速发展。建立科学合理的绩效考核机制，既看经济指标，又看社会指标，既看当前发展，又看可持续发展，既看发展速度，又看群众受惠程度，激励全县上下干事创业。深化行政体制改革，改进行政管理方式，减少行政许可项目，规范行政行为，加快建立行为规范、运转协调、公正透明、廉洁高效的行政管理体制。以提高行政效能为突破口，扎实开展“机关作风建设年”活动，在行政机关干部中全面开展“理想、责任、能力、形象”教育，努力建设一支政治坚定、业务精通、作风优良的公务员队伍，体现先进性，促进大发展。

第四，建设依法行政、清正廉洁的政府。建立和完善重大问题集体决策、专家咨询、社会公示和听证制度，促进政府决策的科学化、民主化、规范化，增强政府工作的透明度。自觉接受人大的依法监督和政协的民主监督，主动听取社会各方面的意见和建议。深入推进政务公开，完善村民自治，扩大基层民主，保证人民群众依法行使选举权、知情权、参与权和监督权。认真贯彻依法治县基本方略，广泛开展法制宣传教育，不断增强公民的法制观念。依法规范政府行为，严格行政执法责任制和执法过错追究制，做到行政权力授予有据、行使有规、监督有效，防止和克服行政“不作为”和行政“乱作为”。坚持标本兼治、综合治理，认真落实廉政建设责任制，深入开展反腐败斗争，严肃查处各类违法违纪案件，坚决纠正部门和行业不正之风。全体公务人员特别是领导干部要遵守政治纪律、组织纪律、经济工作纪律和群众工作纪律，时刻牢记“两个务必”，做公道正派之人、诚实厚道之人、谦虚谨慎之人、清正廉洁之人，切实履行好党和人民赋予的神圣职责。

县人大常委会工作报告

（县人大常委会主任聂正国　2006年1月6日）

过去一年工作的回顾

2005年，县人大常委会在县委的正确领导和“一府两院”的支持配合下，按照县十四届人大三次会议确定的工作任务，认真履行宪法和法律赋予的职能，各项工作取得新进展，为推动我县民主法制建设和经济社会发展做出了积极的努力。

一、认真履行监督职能，支持促进“一府两院”工作

一是加强对事关人民群众切身利益问题的监督。专题听取、审议了全县未成年人思想道德建设和保护农民工权益工作情况报告，先后对农资市场管理、交通安全、移动通信工作、人畜饮水工程建设以及食品卫生法、水污染防治法执行情况进行了视察，督促和支持有关部门努力解决群众在生产、工作和生活环境方面反映强烈的一些问题。

二是加强对经济发展和项目建设的监督。组织市、县代表对生态农业生产基地和八里工业集中区项目建设进行视察、调研，听取、审议县政府关于发展劳务经济、退耕还林工程管理、财政预算执行情况审计等工作报告，对进一步抓好各项工作提出了意见、建议。配合省、市人大对全县“十一五”规划编制、农业科技推广、退耕还林等工作进行调研，从人大工作角度积极向上反映了我县经济建设工作成效。

三是加强对执法工作的监督。听取、审议全县“四五”普法工作报告，对行政许

可法、环境保护法等6部法律进行了执法检查，督促执法部门对存在的问题查纠整改，规范执法行为。召开常委会与法院、检察院两院工作联席会，相互通报工作，确定司法监督工作重点和难点。组织代表、委员旁听县法院庭审活动，专题审议法官法、检察官法执行情况，促进法院、检察院两院不断加强干警队伍的司法能力建设。结合“立法联系县”工作，成立静宁县立法联系工作研究会，配合开展立法调研工作，得到省人大的充分肯定。

四是加强信访工作。在乡镇人大配备兼职信访员，进一步完善了人大信访工作网络。坚持常委会领导阅批和处理信访件制度，全年共接待办理群众来信来访90多件(次)，结合监督工作积极协调解决群众信访所反映问题，化解不稳定因素，维护社会和谐稳定，被市人大授予“全市人大信访工作先进单位”称号。

二、依法决定重大事项，搞好人事任免工作

根据法律规定和代表大会的授权，审查批准了2005年财政预算调整、国民经济和社会发展计划调整报告。在深入调研和审议的基础上，作出《关于进一步加强退耕还林工程管理工作的决议》，就严格执行退耕还林政策、加强林木管护、抓好后续产业开发等工作提出了具体要求。决定选任了县人民法院陪审员，支持法院积极推行人民陪审员制度，不断改进审判工作。

按照坚持党的领导、充分发扬民主和严格依法任免的原则，依法任命国家机关工作人员19人，接受辞职和免职6人。其中，决定代理县长1人、任命副县长2人，任命政府局、办负责人4人，接受辞职1人，免职4人；任命县人大常委会工作部门负责人1人，任命县法院审判人员11人，免去县检察院检察人员职务1人。依法补选了出缺的7名县人大代表。

认真开展述职评议和工作评议。年初，对27名政府和法、检院组成人员递交的述职报告进行了认真评议，并召开专题会议通报评议结果。对县农机局、环保局进行了工作评议，广泛听取意见，坚持实事求是评工作，严肃认真抓整改，促进了被评部门的工作。

三、积极组织代表履职，注重发挥代表作用

常委会以集中民智、反映民意、关注民生为切入点，积极组织代表开展活动，先后邀请68名市、县人大代表列席常委会会议、参加常委会视察和评议工作。召开代表工作座谈会，就如何搞好代表工作向代表和选民广泛征求了意见。组织担任领导职务的市、县人大代表，集中开展走访联系选民和基层代表活动，听取意见和要求，在县、乡代表中开展以“带头抓产业、上项目，做促进发展、创业致富的模范；带头建言献策，做反映民意、集中民智的模范；带头化解矛盾，做为民排忧解难、维护社会稳定的模范；带头宣传法律，做推进基层法制建设的模范”为主要内容的“四带头、做模范”活动，努力调动代表履职积极性。采用召开督办会、代表沟通会、反馈答复会等方式，加大督办力度，认真办理答复了县十四届人大三次会议45件代表意见、建议，办理质量有了新的提高。

加强与乡镇人大的联系。年初，召开全县乡镇人大主席会议，交流研究乡镇人大工作。依据《甘肃省乡镇人大工作条例》，对乡镇人大工作中存在的一些不规范做法进行了纠正。指导乡镇人大完成了领导班子调整后的补选工作。

四、加强常委会自身建设，努力提高议事能力

按照县委的统一部署，紧密结合人大工作实际，深入扎实地开展了保持共产党员先进性教育活动。围绕创建学习型、服务型、务实型、创新型机关，认真抓了常委会机关的思想、业务和作风建设。加强人大宣传工作，通过国家和省、市有关新闻媒体积极宣传我县“三个文明”建设成果。围绕经济建设和群众关注的重点工作，加强调查研究，提出有针对性、操作性的意见和建议。如在推动未成年人思想道德建设工作中，常委会组成调查组，深入20多个部门、乡镇、学校，进行了为期近1月的调研，专题向县委报送了调查报告，县委向各乡镇和各部门作了批转。常委会举行会议力求简短实效，突出审议重点和质量，开短会、开精会。在依法监督中，探索推行以提高透明度、增强公开性为主要内容的“阳光监督”，得到上级人大的肯定，省《人民之声报》在“省委人大工作会议两周年巡礼”宣传活动中作为典型进行了深度报道。

常委会组成人员在努力搞好人大工作的同时，坚持在参与中监督，在参与中支持和服务，积极主动参与全县中心工作，合力推进全县经济和社会各项事业的发展。

回顾一年来的工作，我们进一步认识到，要做好新时期人大工作，必须善于把党的主张、人民的意愿变成人大的工作实践，努力使人大工作与时代要求合拍、与县委中心工作同步、与群众期盼同向；必须按照“分工不同、目标一致”的原则，尽职尽责地行使宪法和法律赋予的职权，既要消除顾虑，实事求是反映社情民意，替人民群众说话，做到敢于监督，又要严格依法按程序工作，注重调查研究，透过现象看本质，把着力点放在如何解决实际问题上，做到善于监督；必须正确处理监督与接受监督的关系，把“权为民所用，情为民所系，利为民所谋”作为人大工作的基本标准，自觉将人大工作置于人民的监督之下。只有这样，人大工作才有活力，才能不断克服不足，更好地代表人民行使好各项职权。

2005年，常委会的工作取得了一定成绩，但仍存在一些突出问题，主要是：代表工作相对薄弱，基层代表履职条件差、作用发挥不够的问题还没有得到有效解决；开展监督工作的方式方法比较少，监督的力度、深度和实效还不够理想；决定重大事项的程序和制度需要进一步探索完善。对于这些不足和问题，我们要以对人民、对代表高度负责的态度，在今后工作中努力改进和解决。

新的一年工作的建议

2006年，县人大常委会要在中共静宁县委的正确领导下，坚持以邓小平理论和“三个代表”重要思想为指导，深入贯彻党的十六大和十六届五中全会精神，全面落实科学发展观，紧紧围绕全县发展大局，认真行使宪法和法律赋予的各项职权，为加快全县经济社会发展、推进民主政治建设和构建和谐静宁更好地发挥职能作用。

一、认真贯彻中央9号文件精神，努力做好新形势下的人大工作

去年5月，中央9号文件转发了全国人大常委会党组《关于进一步发挥全国人大代表作用，加强全国人大常委会制度建设的若干意见》，这是对我们党加强执政能力建设50年经验的高度概括和总结，是做好新时期人大工作的纲领性文献。我们要结合省委发出的59号贯彻文件，联系我县实际，抓好贯彻落实。

首先，要在人大工作中始终做到“三个坚持”。一是坚持正确的政治方向，自觉依靠县委的领导；二是坚持民主集中制，严格依法按程序办事；三是坚持走群众路线，以人为本，把维护和实现全县人民的根本利益作为工作的出发点和归宿。

其次，要进一步发挥好代表作用。加强对代表的法律和业务培训，提高代表履职能力。坚持走访代表和邀请代表列席常委会会议制度，及时向代表提供县人大常委会工作信息和“一府两院”主要政情，为代表参政搞好服务。积极探索开展代表联系选民和向选民述职工作，更多更广泛地组织代表参与常委会的各项活动。加强代表议案和意见、建议督办工作，对办理工作敷衍，代表满意率不高的部门、单位，要采取询问、评议等方式监督改进，努力把办理代表议案和意见、建议的过程变成加强调查研究、促进落实科学发展观的过程，变成干事创业、共谋富民兴县大业的过程，变成执政为民、诚心诚意为群众办实事办好事的过程，保证代表为民代言、替民用权作用的有效发挥。

再次，要加强制度建设。根据新形势的要求，抓好常委会议事规则等基本工作制度的贯彻实施，进一步建立和完善代表小组活动制度、代表议案和意见建议处理办法、审议意见办理规定、决定重大事项办法等工作制度，推进工作的制度化、法制化、规范化，使常委会更好地发挥地方国家权力机关、工作机关和代表机关的作用。

第四，加强与乡镇人大的联系，指导乡镇人大建立完善议事和工作制度，依法做好乡镇人大工作，共同推进基层民主法制建设。

二、积极落实科学发展观，依法审议工作和决定重大事项

加强对财政、计划、项目建设、“三农”问题、公益事业发展等工作的调查、审议和监督，特别对关系群众切身利益的“吃、住、行”问题和教育、卫生、社会保障、改善生活环境等工作，要不间断地关注、不间断地监督，促进经济社会和谐发展，努力使群众安居乐业生活。

三、强化法律监督，促进依法行政和公正司法

积极推动“五五”普法规划的启动实施，不断增强群众知法、守法和依法维权的意识，提高执法人员的法律素质。围绕群众和社会普遍关注的学校安全、生产安全、生活安全等热点问题，开展执法大检查，促进平安建设。加强行政执法监督，对政府部门落实执法责任制和执法过错责任追究制的情况进行督查，推动执法部门提高依法行政能力，严格按照法定权限和程序办事，更好地为经济发展服务。听取和审议县法院关于审判机关内部监督工作的报告、县检察院关于法律监督工作的报告，促进司法机关进一步规范司法行为，公正司法、文明执法。

四、依法做好人事任免，不断改进评议工作

完善人事任免办法和程序，依法做好对“一府两院”国家机关工作人员的任免工作。根据代表和各方面的意见，确定1~2名人大任命干部进行述职评议；选择1~2个县直及省、市驻静宁部门和单位进行工作评议；组织代表和群众对一些重点执法、司法部门及其工作人员开展执法评议。

五、加强督查和信访工作，进一步提高监督实效

加强对人代会及常委会有关决议、决定和审议意见落实情况的检查监督，对工作中的突出问题要跟踪问效，限期整改，增强监督实效。

加强信访工作，把来信来访作为了解社情民意和化解社会矛盾的重要渠道，按照“分别受理、综合分析、统一交办、定期反馈、严格督查”的原则，认真接待和处理群众来信来访。要以热情宽容的态度善待上访群众，认真耐心听取他们的诉求，切实做到接访登记、研究处理、交办落实和结果反馈“四个百分之百”，真心诚意为群众排忧解难。要把信访工作与人大各项监督工作有机结合起来，特别是对群众信访反映的司法不公、执法粗放等问题，要作为重点信访案件来抓，对不尽职责、激化矛盾的部门和单位依法列入个案监督程序进行监督，督促及时有效地解决所反映问题，保护公民合法权益，维护社会平安和谐。

静宁县人民代表大会志

静宁县人民代表大会常务委员会　编

中

方志出版社

第十五章　县第十五届人民代表大会

县第十五届人大任期为2006年12月至2011年10月。共召开代表大会5次，出席代表1007名（次）。听取和审议县政府工作报告16项（次）、县人大常委会工作报告10项（次）、县法院工作报告5项（次）、县检察院工作报告5项（次）；作出决议30项；选举县人大常委会主任1名、副主任9名、委员21名，县政府县长2名、副县长7名，县法院院长1名，县检察院检察长1名，平凉市第二届人大代表53名；办理代表意见、建议270件。

第一节　县第十五届人民代表大会第一次会议

大会概况

县十五届人大一次会议于2006年12月26日至28日在静宁宾馆二楼会议室召开，应出席代表210名，实出席207名，不是县人大代表的县级领导和乡镇党委书记、人大主席，县委各部门、人大各委室，县直及省市驻静宁各单位主要负责人，在静宁县的部分省、市人大代表以及部分离、退休老干部，出席县政协七届二次会议的全体委员(列席此次会议第一次全体会议)，共243人列席会议。

马千里、王克选、王星耀、朱春林、许富忠、李金、李文平、李根进、李雪云、杨升旺、杨康乐、吴水利（女）、位志贤、沙芳琴（女，回族）、宋全科、张荣（女）、张自杰、张来有、张秉银、张金业、陈龙、陈铎、陈玉梅（女，满族）、陈向华(女)、岳具辉、周永宏、厚学、姜兴卫、聂正国、徐爱国、崔鹏林、魏晓平、戴双军(按姓名笔画为序）33人组成大会主席团，王星耀、朱春林、许富忠、宋全科、张自杰、张金业、张秉银、陈铎、陈向华（女）、岳具辉、聂正国、魏晓平、戴双军（按姓名笔画为序）13人为主席团常务主席；岳具辉为秘书长，李金、李永成、高赫为副秘书长；许富忠、位志贤、李成蹊、胡志科、高长茂5人组成议案审查委员会，许富忠为主任委员，位志贤为副主任委员。

大会成立临时党委，宋全科为书记，聂正国、陈铎、张自杰为副书记，魏晓平、位志贤、张秉银、马千里、王克选、崔鹏林、徐爱国、李雪云、张荣（女）为委员(大会结束后，临时党委自行撤销)。

12月25日下午举行预备会议，听取县人大常委会副主任戴双军所作的《关于代表资格审查情况的报告》，通过大会议程和大会主席团、秘书长、议案审查委员会名单，宣布主席团第一次会议讨论通过的事项。

大会共举行全体会议3次。第一次全体会议于12月26日上午举行，执行主席是马千里、位志贤、宋全科、张自杰、张秉银、陈铎、陈向华、聂正国、魏晓平、戴双军。会议由县人大常委会主任聂正国主持，听取县政府县长陈铎所作的《县人民政府工作报告》，审议县发展和改革局局长杜文彪所作的《关于2006年国民经济和社会发展计划执行情况及2007年国民经济和社会发展计划（草案）的报告（书面）》、县财政局局长王运军所作的《关于2006年全县财政预算执行情况和2007年财政预算（草案）的报告（书面）》。第二次全体会议于12月27日下午举行，执行主席是王克选、朱春林、许富忠、李根进、杨升旺、吴水利、沙芳琴、张荣、张来有、张金业、陈龙。会议由县人大常委会副主任朱春林主持，听取县人大常委会主任聂正国所作的《县人大常委会工作报告》、县法院代理院长李根进所作的《县人民法院工作报告》、县检察院代理检察长陈龙所作的《县人民检察院工作报告》，审议县人大常委会副主任许富忠所作的《关于县十四届人大四次会议代表议案、意见建议办理情况的报告（书面）》。第三次全体会议于12月28日下午举行，执行主席是王星耀、李金、李文平、李雪云、杨康乐、陈玉梅、岳具辉、周永宏、厚学、姜兴卫、徐爱国、崔鹏林。会议由县人大常委会副主任岳具辉主持，选举县人大常委会主任1名、副主任6名、委员15名，县政府县长1名、副县长5名，县法院院长1名，县检察院检察长1名，市第二届人大代表53名；听取县人大常委会副主任、议案审查委员会主任委员许富忠所作的《关于议案和意见建议处理意见的报告》，通过《关于政府工作报告的决议》《关于2006年国民经济和社会发展计划执行情况及2007年国民经济和社会发展计划的决议》《关于2006年财政预算执行情况和2007年财政预算的决议》《关于县人大常委会工作报告的决议》《关于县人民法院工作报告的决议》《关于县人民检察院工作报告的决议》，新当选的县政府县长陈铎作表态发言。会议结束时，县委书记宋全科作了讲话。

大会安排分团会议3次。

大会主席团召开会议4次。

大会收到代表意见、建议70件，涉及7个方面。其中：①农业和农村工作方面7件，占10%，主要是建议积极稳妥地推进新农村建设，农村产业结构调整注重从数量增长向质量提高的转变，全面推广以“三池一改”为主要内容的农村能源建设等；②水利方面21件，占30%，主要是建议建设鞍子山二期工程和维修拦河闸配套渠道，建设四河乡王河村提灌工程，在贾河乡部分村、社修建小塘坝，为司桥乡酸刺村、红寺乡甘湾村、雷大乡黎沟村等地修建人饮工程等；③道路建设方面14件，占20%，主要是建议油铺静西公路和贾河乡、双岘乡通乡公路，修建红寺乡甘峡公路、葫芦河李沟大桥等；④教育卫生方面16件，占22.9%，主要是建议进一步整合优化城区教育资源，修建威戎镇新华村初级中学，加强农村卫生所建设，扶持曹务乡医疗卫生基础设施建设等；⑤城建方面5件，占7.1%，主要是建议加强城区街道社区建设，为东综市场修建垃圾台，加快界石铺镇、曹务乡小城镇建设步伐等；⑥文化旅游方面的2件，占

2.9%，主要是建议加大对音像制品经营户的管理，开发利用东峡水库库区旅游资源等；⑦其他方面5件，占7.1%，主要是建议协调解决细巷乡政府贷款遗留问题，修建灵芝乡洋芋销售市场，扩大双岘乡有线电话覆盖面等。

大会议程

一、听取和审议县人民政府工作报告；

二、审议县人民政府关于2006年国民经济和社会发展计划执行情况及2007年国民经济和社会发展计划（草案）的报告（书面）；

三、审议县人民政府关于2006年财政预算执行情况和2007年财政预算（草案）的报告（书面）；

四、听取和审议县人大常委会工作报告；

五、审议县人大常委会关于县十四届人大四次会议代表议案和意见、建议办理情况的报告（书面）；

六、听取和审议县人民法院工作报告；

七、听取和审议县人民检察院工作报告；

八、选举；

九、其他。

大会日程

县第十五届人民代表大会第一次会议日程表

表3-92

时间		内容	执行主席
12月25日	中午12:00前	全体代表、列席人员在静宁宾馆报到	
	下午3:00	预备会议：1.代表资格审查报告；2.通过大会议程；3.通过大会主席团和秘书长名单；4.通过大会议案审查委员会名单；5.宣布主席团第一次会议讨论通过的事项	
12月26日	上午9:00	大会：1.开幕式；2.政府工作报告；3.通过选举办法	马千里　戴双军 位志贤　宋全科 张自杰　张秉银 陈　铎　陈向华 聂正国　魏晓平
	下午2:30	各代表团审议政府、计划、财政三个报告；提名推荐、酝酿讨论候选人名单	
12月27日	上午9:00	各代表团继续审议政府、计划、财政三个报告；提名推荐、酝酿讨论候选人名单	王克选　朱春林 许富忠　李根进 杨升旺　吴水利 沙芳琴　张　荣 张来有　张金业 陈　龙
	下午2:30	大会：1.县人大常委会工作报告；2.县人民法院工作报告；3.县人民检察院工作报告	

续表3-92

时间		内容	执行主席
12月28日	上午 9:00	各代表团审议人大、法院、检察院工作报告；继续酝酿讨论候选人名单	王星耀 李金 李文平 李雪云 杨康乐 陈玉梅 岳具辉 周永宏 厚学 姜兴卫 徐爱国 崔鹏林
	下午 2:30	大会：1.选举；2.议案和意见、建议审查报告；3.通过政府、计划、财政、人大、法院、检察院工作报告决议；4.新当选县长表态发言；5.县委领导讲话；6.大会闭幕	

主席团会议日程

县第十五届人民代表大会第一次会议主席团会议日程表

表3-93

时间		地点	内容	参加人	主持人
第一次会议	12月25日预备会议期间	静宁宾馆二楼会议室	1.通过大会日程;2.通过列席人员范围;3.通过大会常务主席名单;4. 决定大会副秘书长名单;5.决定大会议案和意见、建议终止时间	主席团成员	聂正国
第二次会议	12月25日预备会议结束后	静宁宾馆二楼会议室	讨论选举办法（草案）	主席团成员及各代表团召集人	聂正国
第三次会议	12月26日大会结束后	静宁宾馆三楼会议室	讨论提出候选人建议名单	主席团成员及各代表团召集人	聂正国
第四次会议	12月27日上午10时	静宁宾馆三楼会议室	1.听取各代表团关于政府、计划、财政报告讨论情况汇报；2.听取代表联名提出候选人情况汇报；审查提名名单并提交各代表团酝酿讨论	主席团成员及各代表团召集人	聂正国
第五次会议	12月28日上午10时	静宁宾馆三楼会议室	1.听取各代表团关于人大、法院、检察院工作报告讨论情况的汇报；2.听取各代表团关于候选人讨论情况汇报；3.决定正式候选人名单；4.提出大会监票人名单；5.听取议案和意见、建议审查情况汇报；6.讨论政府工作报告等六个决议（草案）	主席团成员及各代表团召集人	聂正国

大会选举

县人大常委会：

主　任　张自杰

副主任　戴双军　许富忠　王星耀　张金业　高　恒　沙芳琴（女，回族）

委　员　姜兴卫　李　金　张新民　王守荣　高长茂　张汉基　胡志科　杨晓光
　　　　李成蹊　厚　学　吴水利（女）　张三相　张来有　李会宾　裴晓江

县第十五届人大常委会组成人员个人情况表

表3-94

姓名	性别	民族	出生年月	工作时间	政治面貌	籍贯	文化程度	主要工作经历
张自杰	男	汉	1956.7	1981.8	党员	静宁新店	大专	曾在静宁县古城公社、威戎农技站工作；历任静宁县曹务乡党委副书记、乡政府乡长，后梁乡党委书记，细巷乡党委书记，城川乡党委书记，静宁县政府副县长，县委副书记，县人大常委会党组副书记、主任候选人
戴双军	男	汉	1950.9	1971.3	党员	静宁威戎	高中	曾在静宁县威戎中学、余湾中学、雷大中学、新华中学任教；历任静宁县贾河乡、雷大乡党委副书记，祁川乡党委书记，县委常委、纪委书记，县委副书记、纪委书记，县人大常委会副主任
许富忠	男	汉	1950.1	1987.5	党员	静宁城川	初中	曾在静宁县城川乡政府工作；历任城川乡经委副主任，城川建筑公司经理，县建筑企业集团公司董事长、总经理，县政府副县长，县委常委、县政府常务副县长，县人大常委会副主任
王星耀	男	汉	1954.7	1970.3	党员	静宁界石铺	本科	曾在步兵某团、武都军分区政治部工作；历任静宁县人武部政工科长，县委办公室副主任、主任，县委委员、工商局党组书记、局长，县政府副县长，政协副主席，县人大常委会副主任
张金业	男	汉	1949.2	1968.2	党员	静宁八里	初中	曾在某部队服役，在静宁县原安公社、县政府人事科、县政府办公室工作；历任静宁县人民法院审判员、经济审判庭庭长、办公室主任、党组副书记、书记、副院长、院长，泾川县人民法院党组书记、院长，静宁县人大常委会专职委员兼司法民政工作委员会主任（副县级），县人大常委会副主任

续表3-94

姓名	性别	民族	出生年月	工作时间	政治面貌	籍贯	文化程度	主要工作经历
高　恒	男	汉	1956.5	1980.7	党员	静宁城川	本科	曾在甘肃省二轻拖拉机配件厂、静宁县经协办工作；历任静宁县经委副主任、果脯糖浆厂筹建处副主任(兼)，果脯糖浆厂厂长，县委委员、经委主任、党委书记、化工厂党委书记(兼)，县经济贸易局(经济局)党委书记、局长，县人大常委会党组成员、副主任候选人，经济局党委书记、局长
沙芳琴	女	回	1965.8	1985.7		静宁曹务	大专	曾在宁夏西吉幼儿园、静宁县第二幼儿园任教；历任静宁县第二幼儿园园长、第一幼儿园园长（副科级），县人大常委会副主任候选人、县第一幼儿园园长
姜兴卫	男	汉	1963.1	1981.10	党员	陕西子洲	本科	曾在某部队服役；历任某部队团副政委、保卫科长，安西县委常委、人武部干部，静宁县人武部干部
李　金	男	汉	1964.9	1986.7	党员	静宁甘沟	大专	曾在教师进修学校任教，在静宁县人大常委会工作；历任静宁县人大常委会教科文卫委员会副主任，县人大常委会办公室副主任，县人大常委会办公室副主任、党支部书记，县人大常委会办公室主任
张新民	男	汉	1947.10	1972.10	党员	静宁城关	初中	曾在静宁县威戎、三合、七里、八里公社工作；历任静宁县威戎乡政府副乡长、党委副书记，城川乡党委副书记、乡政府乡长，八里乡党委书记，县计生委主任，县计划生育局局长，县人大常委会教科文卫工作委员会主任

续表3-94

姓名	性别	民族	出生年月	工作时间	政治面貌	籍贯	文化程度	主要工作经历
王守荣	男	汉	1948.2	1971.4	党员	静宁雷大	本科	曾在西藏某部队服役，在静宁县新店、威戎卫生院工作；历任静宁县卫生防疫站站长、县人民医院副院长，县卫生局副局长，党组书记、局长，县人大常委会代表联络工作委员会主任
高长茂	男	汉	1953.9	1971.1	党员	静宁仁大	初中	曾在陆军某师步兵某团、政治部、炮兵团服役，在静宁县阳坡乡政府、审计局工作；历任仁大乡政府副乡长，阳坡乡、李店乡党委书记，县农机局局长，水保局党支部书记、局长、预防监督站站长，县人大常委会农业财经工作委员会主任、县水保局党支部书记、总工程师
张汉基	男	汉	1968.7	1991.8	党员	静宁新店	本科	在静宁县人大常委会工作；历任静宁县人大常委会司法民政工作委员会副主任、主任
胡志科	男	汉	1962.5	1985.4	党员	静宁李店	大专	曾在李店乡白草岻中学任教，在曹务乡政府、县人大常委会工作；历任县人大常委会代表联络工作委员会副主任，人大常委会信访室主任
杨晓光	男	汉	1952.3	1972.2	党员	静宁城关	高中	曾在青海刚察县铁道部第一工程局四处、计划统计处、静宁县统计局工作；历任县统计局副局长、局长，县人大常委会机关党支部书记
李成蹊	男	汉	1955.7	1974.10	党员	静宁界石	本科	曾在界石铺镇、七里乡政府工作；历任七里乡政府副乡长，灵芝乡政府乡长、党委书记，县人大常委会农业财经工作委员会副主任

续表3-94

姓名	性别	民族	出生年月	工作时间	政治面貌	籍贯	文化程度	主要工作经历
厚　学	男	汉	1952.3	1970.9	党员	静宁细巷	大专	曾在静宁县铁厂、水泥厂工作；历任平凉泾河水泥厂副厂长，静宁县水泥公司经理助理、副总经理兼威戎水泥厂厂长，静宁县水泥(集团)有限公司董事长、总经理、党委副书记，静宁县水泥（集团）有限公司董事长、总经理、党委副书记、县人大常委会委员(兼)
吴水利	女	汉	1967.10	1989.9	党员	静宁城川	本科	曾在静宁县百货公司、商业局工作；历任静宁县妇联副主任、主席
张三相	男	汉	1954.11	1976.6		静宁余湾	本科	曾在李店张沟大队、仁大卫生院、县医院工作；历任县医院外科副主任、主任
张来有	男	汉	1954.5	1991.9	党员	静宁城关	高中	时任静宁县城关镇西关村党支部书记
李会宾	男	汉	1967.6	1991.6		静宁威戎	本科	曾在甘沟、雷大、细巷农业技术推广站工作；时在县农技中心工作
裴晓江	男	汉	1966.9	1985.9		静宁雷大	高中	从事个体经营工作，时任县工业品包装公司经理（私营）

县人民政府：

县　长　陈　铎

副县长　位志贤　马千里　陈玉梅（女，满族）　李文平　刘小进

县第十五届人民政府县长、副县长个人情况表

表3-95

姓名	性别	民族	出生年月	工作时间	政治面貌	籍贯	文化程度	主要工作经历
陈　铎	男	汉	1963.6	1985.7	党员	甘肃崇信	本科	曾在平凉地区农科所工作；历任平凉地区农科所业务科副科长、科长，副所长、所长、党委书记，平凉市水务局党组书记、局长，静宁县委副书记、县政府代理县长、县长

续表3-95

姓名	性别	民族	出生年月	工作时间	政治面貌	籍贯	文化程度	主要工作经历
位志贤	男	汉	1963.6	1985.8	党员	甘肃崇信	研究生	曾在崇信县经委、平凉地区行署办公室工作；历任平凉地区行署办公室副科级秘书、正科级秘书，平凉地区交通处副处长，静宁县委常委、县政府常务副县长
马千里	男	汉	1963.7	1982.7	党员	甘肃宁县	本科	曾在原平凉市黄家园小学任教，在原共青团平凉市委、原平凉市委办公室工作；历任原共青团平凉市委副书记、书记，原平凉市委办公室主任、市保密局局长，灵台县委常委、组织部部长，静宁县委常委、县政府党组成员、副县长候选人
陈玉梅	女	满	1968.9	1992.8		辽宁兴城	本科	曾在宁夏隆德县司法局、平凉地区司法处工作；时任静宁县政府副县长
李文平	男	汉	1963.12	1985.7	党员	甘肃通渭	本科	曾在静宁县化工厂工作；历任静宁县陇兴化工公司副经理、经理、党委副书记，静宁县政协副主席，静宁县政府副县长
刘小进	男	汉	1970.12	1991.7	党员	静宁李店	研究生	曾在静宁县贯河初中任教，在共青团静宁县委工作；历任静宁县界石铺镇党委副书记、镇政府镇长、书记，静宁县政府党组成员、副县长候选人、界石铺镇党委书记

县人民法院：

院　长　李根进

县人民检察院：

检察长　陈　龙

县第十五届人民法院院长、人民检察院检察长个人情况表

表3-96

姓名	性别	民族	出生年月	工作时间	政治面貌	籍贯	文化程度	主要工作经历
李根进	男	汉	1964.8	1988.7	党员	甘肃庄浪	本科	曾在庄浪县人民法院工作；历任庄浪县民事审判庭庭长、刑事审判庭庭长，庄浪县人民法院副院长，静宁县人民法院党组书记、代理院长
陈　龙	男	汉	1971.7	1987.2	党员	甘肃泾川	本科	曾在泾川县公安局、平凉检察分院工作；历任平凉检察分院办公室副主任、助理检察员、副科级检察员，平凉市检察院办公室副主任、法警支队支队长、办公室主任、正科级检察员，静宁县人民检察院党组书记、代理检察长

市第二届人民代表大会代表：

李雪峰　李保印　曹兴荣　贾少英（回族）李克和　葛会荣　张小流
苏友义　李长明　张和平　戴季昀　宋全科　张自杰　陈　铎
魏晓平　位志贤　徐爱国　戴双军　沙芳琴（女，回族）
陈玉梅（女，满族）　李根进　张进宝　王运军　史晓平　李　读
李鹏玺　杨升旺　柴春军　杨　飞　魏小良　李如泰　王国随
刘桂香（女）李宏杰（女）曹宁子　李会宾　宋秀兰（女）靳玲芳（女）
王伟东　杜　进　高宗利　刘淑琴（女）　王　凤（女）穆　琴（女）
刘婉多（女）李　洋　王　林　张　锦　王喜弟（女）聂凤仙（女）
张连雄　许长子　刘丁科

附：

县人民政府工作报告

（县人民政府县长陈铎　2006年12月26日）

四年来政府工作回顾

过去的4年，是全县人民在县委的正确领导下，认真贯彻落实科学发展观，开拓创新，真抓实干的4年，是全县上下抢抓机遇，加快发展，阔步前进的4年。4年来，全县经济建设和各项社会事业快速发展，各行各业都取得了较好成绩，全县面貌发生了深刻变化。

——经济持续快速健康发展，综合实力明显增强。4年来，全县生产总值年均增长11.2%，预计达到12.9亿元；全社会固定资产投资累计完成16.5亿元，年均增长

38.7%；地方财政收入达到2950万元，同口径年均增长13.7%。综合实力由2002年全省第49位上升到46位。

——特色产业开发步伐加快，经济结构进一步优化。三次产业结构由2002年的43:26:31调整为36:30:34。果、薯、畜三大产业基地规模扩大、品牌优势凸现，成为农民增收的支柱，农民从中得到的收益占到人均纯收入的50.2%。荣获“中国果菜无公害十强县”称号。果园面积发展到40.4万亩，实现了果品直接出口创汇。农副产品加工业发展较快，工业增加值年均增长13.2%。非公有制经济在全县经济总量中的比重占到38.2%，成为县域经济发展新的增长点。

——基础设施建设成效显著，生产生活条件不断改善。完成工程造林68.8万亩，林草覆盖率提高到23%。修建乡村道路521.7公里。新修优质梯田23万亩，治理水土流失372.3平方公里，全县基本实现梯田化。建成水利工程60项，新增有效灌溉面积8600亩，解决了12.6万人的饮水困难。葫芦河堤治理、农业综合开发、通乡油路、农村能源等重点项目的实施，为加快发展奠定了坚实的基础。县城规模进一步扩大，威戎、界石铺等小城镇初具雏形，城镇化水平提高到22%。

——各项改革深入推进，体制机制日趋完善。农村税费改革和乡镇管理体制改革取得明显成效，全面取消了农业税、农业特产税和牧业税，落实了以粮食直补、科技投入为主的“三农”扶持措施，完成了乡镇行政区划调整。企业改革不断深化，运行活力逐步增强。经济发展环境进一步优化，开放交流合作步伐不断加快，累计引进县外资金2.47亿元。

——城乡居民收入稳定增长，人民生活水平提高较快。养老、失业、救助等社会保障体系进一步健全，城乡居民生活质量稳步提高。城镇居民人均可支配收入达到6510元，净增1397元；农民人均纯收入达到1690元，净增298元；城镇人均住房面积由14.8平方米增加到18.8平方米。全县有5.6万农村贫困人口解决了温饱，部分群众生活达到初级小康。

——各项社会事业蓬勃发展，民主法制建设得到加强。教育质量稳步提高，教育品牌效应日益扩大，高考连续29年保持全市第一，职业教育成为新的亮点。公共卫生服务保障能力不断增强，群众就医环境逐步优化。人口与计划生育工作在夯实中提升。精神文明创建扎实有效，广大干部群众干事创业的意识更加强烈。县乡政府自觉接受人大、政协和社会监督，依法行政水平有了新的提高。社会治安综合治理和“四五”普法同步实施，社会秩序保持和谐稳定。廉政建设和反腐败工作持续推进。双拥共建、文化体育、广播电视、民族宗教、环境保护、灾害预防等各项工作都取得了新的成就。

即将过去的2006年，全县各级认真贯彻落实上级的各项方针政策，统筹兼顾，集中突破，较好地完成了县第十四届人民代表大会第四次会议确定的各项目标任务，实现了“十一五”规划的良好开局。

（一）围绕新农村建设，加快产业结构调整，农业和农村经济稳步发展。按照

"五新一好"的要求，研究制定了全县新农村建设总体规划和专项规划。集中建设了威戎北关、城川红旗等15个新农村示范村，为全县新农村建设分类推进探索了路子。进一步扩大果品、畜牧、洋芋产业规模，提升质量，增加效益。新植果树经济林10.2万亩，果品总产量达到16万多吨，总收入2亿多元，直接出口突破1万吨。静宁苹果通过了国家质检总局地理标志产品保护认证，成功举办了果品展销会，提升了果品知名度。建成了常津公司5000吨果品气调库等一批龙头企业，延伸了产业链条。发展规模养殖大户1000户，畜牧业总产值达到1.6亿元。加快洋芋品种更新换代，种植洋芋30.2万亩。多渠道输转劳务11.6万人（次），创劳务收入3.13亿元。

（二）立足扩量增效，坚持新建改造并举，县域工业经济持续提速。加快技术改造步伐，投资7274万元，实施了煤矿矿井安全改造、3万吨环保纸三期等工业项目。积极培育工业品牌，"陇兴牌"煤矿许用铵锑炸药荣获甘肃名牌产品，实现了我县省级名牌产品零的突破。完成了工业园区道路扩建和路灯改造等基础设施建设，新开续建纸箱包装生产线等项目15个，吸引投资6522万元，园区功能和实力进一步增强，跻身全省15个省级开发区行列。新发展民营企业27户，完成了国有粮食加工购销企业的改制。强化对工业经济运行的监控和协调服务，工业经济运行质量和效益稳步攀升。预计全县工业增加值完成2.7亿元，增长8%；实现利润550万元，增长12.5%。

（三）实施项目带动，扩大投资规模，城乡基础条件再现新变化。实施道路交通、水利生态等重点项目48项，完成投资6.9亿元，增长近2倍。完成平定高速公路征地拆迁、补偿安置等工作，保证了国家重点项目的顺利建设。改扩建新店—红寺、治平—深沟等县乡公路2条56公里，油铺通乡道路85公里，新修上等级乡村道路26条241公里。建成了甘泉调水一期工程，解决了城区及沿线乡村6万多群众的饮水安全问题。新修优质梯田2.1万亩，完成退耕还林和"三荒"造林2.5万亩，补植苗木22.8万亩，治理水土流失45平方公里。建成农村能源"一池三改"模式户1200户。实施整村推进项目15个，解决了4600名贫困人口的温饱，有1.03万低收入人口稳定解决温饱。在雷大、原安、城川建成移民住宅200套。建成了西岭生态公园基本框架，油铺城区道路8.8公里，完成了主街道路灯一期改造工程，建成居民住宅楼19幢7.4万平方米。以项目为支撑，全社会固定资产投资完成8.4亿元，增长18.3%。

（四）坚持科学理财，强化税收征管，财政收入稳定增长。预计全县大口径财政收入完成4550万元，同口径增长4.5%，其中地方财政收入2950万元，增长13.5%；财政支出完成3.48亿元，增长20.1%，保证了职工工资、救灾救济、社会保障等重点支出需要。严格执行农村综合改革的各项政策规定，兑现"三项补贴"1126万元、义务教育保障经费2677万元。

（五）注重统筹兼顾，加强载体建设，各项社会事业协调推进。加快先进适用技术的推广应用，科技信息对经济社会发展的助推作用得到充分发挥。千方百计加大教育基础投入，排除中小学危房2万平方米，新建标准化小学21所，建成了二中、威戎中学、甘沟中学等学校的公寓楼、教学楼。高考本科上线人数达到1648人，较上年净增411人。认真组织实施新型农村合作医疗试点项目，全县农民参合人数达到38.5万人，参合率88%，为3.74万名患病群众报销医疗费用788.8万元，有效缓解了群众看病难、看病贵的问题。实施广播电视覆盖工程，新建乡镇有线电视网络20个，实现了乡镇有线电视与城网连接。深入开展计生集中治理活动，落实奖励扶助政策，完成了年度人口计划和计生责任目标，人口自然增长率控制在6.3‰以内。

（六）关注民本民生，重视解决热点难点问题，社会秩序保持稳定。加强就业和再就业工作，开发公益性就业岗位235个，通过公开考试录用大中专毕业生469名，城市登记失业率控制在4%以内。企业离退休人员养老金、失业人员失业保障金按时足额发放，有3770名城市低保对象享受了最低生活保障，基本实现了动态管理下的应保尽保。落实扶贫济困措施，救助困难群众5.9万人。高度重视群众来信来访，强化安全生产监管，着力整治治安问题，维护了社会稳定。

经过4年的不懈努力，全面完成了本届政府的各项目标任务，全县经济更加繁荣，社会更加进步，人民生活更加殷实。回顾4年来的政府工作，我们深刻体会到，要把静宁这样一个贫困县份的各项事业不断推向前进，必须坚持和把握以下几点：一是必须坚持发展为本。把发展作为富民强县的第一要务，切实强化发展理念，抓住一切机遇加快发展，集中所有力量促进发展，用发展的办法解决前进中的各种困难和问题，不断提高经济增长的质量、速度和效益。二是必须坚持项目为纲。把项目作为加快发展的重要载体，围绕农业产业开发、工业经济增效、基础设施建设和社会事业进步，坚持不懈争项目，上项目，建项目，用项目吸引投资，支撑拉动经济快速增长。三是必须坚持改革为先。在改革中创新，在创新中发展，在改革中不断消除影响发展的体制机制性障碍，增强经济发展活力。四是必须坚持环境为要。不断优化投资环境、项目环境、执法环境和市场环境，为创业者拓展政策空间，提供服务空间，构建发展空间。五是必须坚持民生为重。把维护好、实现好、发展好人民群众的根本利益作为一切工作的出发点和落脚点，做到发展为了人民、发展依靠人民、发展成果由人民共享。六是必须坚持稳定为上。正确处理改革、发展和稳定的关系，坚持稳定压倒一切，在稳定中推动发展，以发展促进稳定。

4年来，我们之所以能够较好地把握县情、科学决策，取得显著成绩，我们之所以能够积极应对、攻坚克难，经受住一次又一次考验，战胜“非典”、重大动物疫情、干旱冻害等多种自然灾害和困难，靠的是党的基本理论、基本路线的指引，靠的是市委、市政府和县委的坚强领导，靠的是人大、政协的监督支持，靠的是乡镇、县直及省市驻静宁单位的协作努力，靠的是广大基层干部的辛勤工作，靠的是全县人民的团结奋斗。4年的奋斗历程极不平凡，4年的发展成就来之不易，4年的丰硕成果激励人心，凝聚了方方面面的心血和智慧。

4年的成就令人鼓舞，但我们也清醒地认识到，全县经济社会发展中还存在着许多困难和问题。主要是：经济总量小，人均占有量低，增长的质量和效益不高，自主发展能力较弱；农业基础脆弱，抵御自然灾害的能力不强，交通、水利、生态瓶颈制约仍然突出；产业化程度不高，农民稳定增收的长效机制尚未形成，尤其是西北部乡镇农业经济结构调整缓慢，县内南北差距明显；工业规模不大，发展后劲不足，缺乏支撑县域经济的行业和品牌，建立工业主导型经济格局任重道远；民营经济发展层次较低，竞争实力不强；城镇规划建设管理严重滞后，服务功能不尽完善，广大居民对城镇环境不够满意；财源基础薄弱，财政收支矛盾突出，增收任务繁重；人口压力较大，就业和再就业难度加大；中小学布局不尽合理，城区就学难的问题较为突出；社会保障资金有限，困难群众的救助保障面较小；政府职能转变与加快发展、构建和谐社会的要求还不相适应；少数工作人员理想信念淡薄，法制观念淡漠，责任与服务意识不强，作风不实，效率不高，执法不严。对以上困难和问题，必须在今后工作中采取得力措施，认真加以解决。

对下届政府工作的建议

今后5年，是我县加快建设小康、构建和谐社会的关键时期，是推动经济社会实现新发展的战略机遇期。建设社会主义新农村、构建和谐社会的政策措施，国家加大对国扶贫困县基础设施、教育卫生等公共事业的投入，县域经济扩权试点县和通乡油路重点县的继续实施，为我们加快发展提供了科学的理论指导和强有力的政策支持；沿海发达地区产业重组转移速度加快，一些劳动密集型和资源加工型产业正在寻找新的发展空间，资本要素和产业要素向西部加速转移，为我们寻求合作、借力发展提供了难得的机遇；随着平定高速公路的建成，我县地处兰州、银川、西安几何中心的区位优势将更加明显；经过多年的实践探索，尤其是“十五”时期打基础、攻难关、蓄能量，全县经济实力、发展环境、支撑条件发生了深刻变化，具备了良好的物质基础和产业基础；广大干部群众求富思变的愿望，为我们加快发展提供了强大的精神动力。面对新的形势，站在新的历史起点上，我们必须立足实际，抢抓机遇，科学谋划，在重点突破中整体推进，在改革创新中破解难题，促进经济社会又快又好发展。

根据县十五次党代会精神，县政府广泛听取各方面的意见、建议，提出了今后5年政府工作的总体思路和主要任务。总体思路是：以邓小平理论和“三个代表”重要思想为指导，以科学发展观、构建和谐社会为统揽，以富民强县为目标，创新体制机制，转变增长方式，加速推进农业产业化、新型工业化、城乡一体化、经济市场化、科技信息化，做大做强果品、洋芋、草畜、建筑、劳务五大优势产业，做精做优教育、苹果、烧鸡三大品牌，加快社会主义新农村建设，增强县域经济综合实力，构建经济繁荣、环境优美、文明和谐、充满活力的新静宁。经过5年的发展，使全县人民生活质量显著提升，城乡居民收入稳定增长，家庭财产普遍增加，人均受教育年限持续延长，吃住行条件大为改善，普遍享有基本医疗、公共卫生服务和丰富多彩的文化生活，群众的安全感和满意度明显提高。奋斗目标是：全县生产总值年均增长13.2%，到2011年达到24亿元；三次产业比例调整为21:42:37；地方财政收入年均增长8.3%，达到4400万元；城镇居民人均可支配收入年均增长6.6%，达到8960元；农民人均纯收入年均增长9.8%，达到2700元；城镇登记失业率控制在3%以内；人口自然增长率控制在9.4‰以内。主要任务是：

——扎实推进社会主义新农村建设，努力建设农业生产发展，农民生活宽裕的新静宁。用工业理念指导农业，用城镇理念建设农村，用现代理念教育农民，把推进新农村建设与加速农村工业化、城镇化结合起来，促进新农村建设取得新成效。立足产业提升、农业增效、农民增收，抓住特色和规模两个关键，加快农业区域化调整、标准化生产、专业化经营、信息化服务和品牌化发展进程，培育一批竞争力、带动力强的龙头企业和农村经济合作组织。建成50万亩果品、30万亩洋芋、300万只静宁鸡、10万头肉牛、10万亩瓜菜五大产业基地。加强以农业科技、市场信息和农产品质量安全为主的社会化服务体系建设，不断提高农业综合生产能力。坚持科学规划、政府引导、多元投入、统筹发展，加大农村交通、水利、通讯设施建设力度，绿化美化净化村庄环境，改善农村生产生活条件。建立社会保险、社会救济、社会福利、慈善事业相衔接的农村社会保障体系，解决好农村群众的生活。加强对农民的培训教育，培养造就有文化、有技能、懂法律、重道德、善经营、会管理的新型农民。创新扶贫思路，转变扶贫方式，整合扶贫项目，提高扶贫实效，增强贫困人口脱贫致富的能力。

——不断加快经济结构调整，努力建设实力日益壮大，活力日渐增强的新静宁。加快工业产业结构调整步伐，推动传统产业升级改造和新兴产业规模发展。立足现有资源和产业基础，大力发展纸箱包装、食品生产、洋芋淀粉等优势特色农产品加工业和劳动密集型工业。继续把建筑业作为经济发展的一项重要产业，以打造优良队伍、创建精品工程、提升资质为手段，稳定县内市场，拓展县外市场，实现建筑业量的扩大、质的提高。组建烧鸡加工户联合体，规范加工工艺，统一营销品牌，提升静宁烧鸡这一传统产业发展水平和档次。着力培育一批特色名牌产品，扩大市场份额，提高创税能力。经过5年发展，使全县工业增加值达到5亿元。积极发展电子商务，注重培育信息咨询、会计审计、社区服务等新兴产业，进一步提高社会服务业的比重和水平。争取实施“万村千乡”工程，建设连锁化“农家店”，引导流通网点向农村延伸，繁荣农村市场。大力发展特许经营、物流配送等现代流通方式和组织形式，提升商贸服务业规模和档次，努力把静宁建成辐射周边县（区）的区域性商贸中心。全面落实各项优惠政策，强化扶持措施，努力把民营经济发展成为全县经济增长的主体，财政增收、群众增收的主体和就业岗位增加的主体。

——着力破解基础瓶颈制约难题，努力建设后劲明显增强，区域协调发展的新静宁。加快县乡、乡村公路油铺改造步伐，打通城区、乡际、村际断头路，实现乡乡通油路，村村通上等级路，构建便捷畅通的县城和农村道路交通网络。以解决农村安全饮水、抗旱、防汛为重点，抓建一批重点水利项目，实施一批农村小型水利工程，发展有效灌溉面积1.5 万亩，解决10万人的安全供水问题。实施城区电网改造工程，完成110千伏、35千伏和10千伏送变电改造。加快宽带通信网、数字电视网等信息基础设施建设，推进城乡信息化，实现社社通电话。积极探索以规划为龙头、以建设为重点、以经营为出路、以项目为支撑、以机制为保障的城镇发展新路子，加大以县城为中心，以威戎、界石铺、李店等中心乡镇为重点的城镇基础设施投入力度，努力打造富有成纪文化特色和静宁地域风情的新城镇。

——高度重视人口资源环境问题，努力建设生态环境优美，人与自然和谐的新静宁。正确处理经济利益与社会效益、生态效益的关系，落实节约资源和保护环境基本国策，加快资源节约型、环境友好型社会建设，坚决摒弃以牺牲环境换取经济增长的错误做法，走生产发展、生活富裕、生态良好的路子。加强退耕还林、“三荒”造林、梯田建设、流域治理等重点生态工程建设，抓好北岔集小流域治理、狗娃河流域坝系建设等项目，建成境内国道、省道、县乡公路和河堤护岸绿色通道，改善生态环境。积极发展循环经济，推行清洁生产，促进经济增长方式转变。依法淘汰高污染、高耗能的生产技术，治理水泥、砖瓦等企业和葫芦河污染。全面推广普及节能、节材、节水技术，提高资源利用效率，降低物质消耗。积极推进废弃物回收利用，建成垃圾填埋场和污水处理厂。大力发展生态农业，坚持实施“一池三改”农村清洁能源建设工程，控制农村面源污染。加强资源保护，合理开发和利用水、土地、矿产等自然资源。严格土地执法，保护基本农田。认真落实计生奖励扶助政策，引导群众转变生育观念，严格控制人口增长。

——协调发展各项社会事业，努力建设社会全面进步，秩序和谐稳定的新静宁。认真组织实施“科普惠农兴村计划”和“科技富民强县专项行动计划”，提高科技对县域经济发展的贡献水平。加强农村义务教育，改善办学条件，充实农村教师队伍，促进城乡教育水平整体提高。推行素质教育，扩大高中教育规模，大力发展职业教育，积极支持民办教育，办好让人民满意的教育，逐步建立起高质量均衡化的基础教育体系和开放灵活而富有特色的终身教育体系。加快城乡公共卫生体系建设，完善新型农村合作医疗和城乡医疗救助制度，真正解决群众看病难、看病远、吃药贵的问题。以乡镇为依托，以村为重点，加强文化旅游设施建设，构建农村公共文化服务网络，促进文化资源向农村倾斜。建设县城综合性文化娱乐场所，广泛开展群众性文化活动和全民健身活动，丰富群众文化生活。严格落实安全生产责任制，预防重大安全事故和突发性公共事件的发生。深入推进“五五”普法教育，综合运用法律、政策、经济、行政的手段和教育、协商、疏导等办法，积极化解各类矛盾纠纷。落实社会治安综合治理措施，维护社会稳定。

2007年是实施“十一五”规划的关键一年。全县经济社会发展的预期目标是：全县生产总值增长11%，达到14.3亿元；全社会固定资产投资增长15%，达到6.1亿元；工业增加值增长12%，达到3亿元；大口径财政收入增长10%，达到5008万元；地方财政收入增长10%，达到3245万元；社会消费品零售总额增长12%，达到7亿元；城镇居民人均可支配收入增长6.8%，达到6959元；农民人均纯收入增长6%，达到1790元；城镇登记失业率控制在5%以下；人口自然增长率控制在7.7‰以内。重点抓好以下8个方面的工作：

（一）立足增加农民收入，大力实施产业开发增收工程

落实粮食生产扶持政策，调动农民种粮的积极性，稳定粮食播种面积，确保粮食自给平衡。围绕提高农业综合生产能力和农产品竞争力，积极推进农业结构调整，培育壮大主导产业，促使产业向优势产区集中。以建设全国优质苹果基地和全省果品出口创汇基地为目标，在扩量、提质、增效、创牌上下功夫，打响静宁苹果品牌。调整优化品种结构，建设苗木繁育基地，新植果树经济林10万亩。建立标准化生产基地4万亩、认证出口基地5000亩，落实果实套袋6.5亿只，果品商品率和优果率分别达到95%和60%，总产量达到18.9万吨。支持麦林果蔬、常津公司、果品公司等企业争取外贸出口订单，扩大外贸出口总量。建成县城和李店两个果品批发市场。加强果品市场监管，严厉打击欺行霸市、盲目抬价、恶意压价、强收强卖、坑农抑商的不法行为，维护果品市场秩序。落实静宁苹果地理标志保护措施，规范苹果包装标识，防止以次充好、以劣充优、以外地苹果冒充静宁苹果。在西北部坚持走立草为业、以草兴畜、大户带动、整村推进的路子，推广健康养殖方式，大力发展猪、鸡、牛产业，扶持发展养殖专业村30个，规模养殖户1000户。加快种薯引进繁育推广，扩大订单面积，种植洋芋30万亩。继续把农业示范园区作为带动农业产业发展的有效载体，创新建管机制，应用先进生产方式，充分依靠群众，建好新园，提高老园，使园区活起来、强起来、亮起来、富起来。重点抓好城川大地滩、威戎武家塬等已建成示范园区的后续开发和规范管理，扩大示范效应。大力发展劳务经济，完善组织、管理、服务体系，加强宣传培训引导，巩固发展劳务基地，拓展输转领域，提高劳务组织化、规模化、品牌化程度，促进劳动力资源向经济优势转化。输转劳务11万人（次），实现现金收入4亿多元。

（二）立足培育产业集群，大力实施工业结构调整工程

认真实施工业强县战略，坚持走科技含量高、经济效益好、资源消耗低、环境污染少、人力资源优势得到充分发挥的新型工业化道路。依托农业办工业，立足产业办企业，大办龙头项目，延伸产业链条，实现农副产品就地加工和转化增值。支持化工、建材、食品、包装等传统行业加快技术改造步伐。实施煤矿安全改造、磷肥深加工等技改项目，完成技改投资6000万元。把工业园区作为带动工业增长的主阵地，加大基础投入，完善配套设施，增强承载能力，聚集社会资本，培育产业集群，确保新入园项目10项，完成投资8000万元以上。动员全社会力量积极兴办各类非公有制经济实体，力争非公有制经济增加值增长10%以上。

（三）立足改善基本条件，大力实施基础设施配套工程

从解决影响经济社会发展最紧迫的问题入手，整合项目，集中财力，加大基础建设投入，着力改善生产生活条件。实施交通、水利、生态和能源等重点项目46项，完成投资5.3亿元。抓好八里至原安通乡道路油铺工程，新增通乡油路36公里。落实道路管护责任，对县乡、乡村、村社道路进行全面整修养护，切实提高道路通行能力。完

成甘泉调水二期和葫芦河高湾沟至马岔沟段堤防治理工程，开工建设北岔集病险水库除险加固工程。建成农村能源“一池三改”模式户1890户。实施司桥、古城土地整理项目。新修优质梯田2万亩，治理水土流失45平方公里。完成退耕还林1万亩、“三荒”造林2万亩。坚决落实封山禁牧措施，切实加强林木管护，巩固生态建设成果。

（四）立足提升城镇功能，大力实施规划建设整治工程

围绕建设区域性农副产品加工、商贸流通经济增长带，多渠道、多形式投资兴办基础设施和公用事业，增强城镇辐射带动能力，加快推进城乡一体化进程。强化规划先行、规划必行的意识，完成县城总体规划的局部修改调整、修建性详细规划的审批和18个乡镇规划的编审工作，编制符合地域特色的村庄建设规划。建立县城管理的长效机制，加大执法力度，整治市容市貌，严查乱修乱建行为。续建西岭生态公园，绿化南北两山，严禁破坏面山环境。创新城市经营方式和机制，最大限度地盘活城市资产。严格土地有偿使用制度，以地生财，以地建城，提高城镇土地归集、经营、管理水平。整顿规范建筑市场和房地产市场，建设经济适用住房，逐步改善城镇中低收入家庭的住房条件。强化供暖企业监管，提高供暖质量。完善提高城川红旗、威戎北关等15个新农村建设示范点，开工建设城川吴庙、治平刘河等20个文明新村。充分发动群众开展清洁院落、清洁道路、清洁村庄，改水、改路、改厕、改厨、改圈和村庄绿化“三清五改一绿”农村环境整治活动，解决垃圾乱倒、粪土乱堆、畜禽乱跑、污水乱泼、柴草乱垛、房屋乱建等脏乱差现象，提高农村文明程度。

（五）立足增强统筹能力，大力实施地方财政保障工程

高度重视财源培植，拓宽增收渠道，加大依法治税力度，强化税源监管，严格非税收入管理，确保应收尽收，促进财政收入稳定增长。加强公共财政建设，调整优化支出结构，大力压缩一般性支出，集中财力办大事。继续加大对“三农”、弱势群体、社会事业的倾斜力度，提高财政资金使用效益。加强预算执行审计，维护预算的严肃性。大力倡导艰苦奋斗、勤俭节约的优良传统，把有限的资金用在刀刃上，坚决反对铺张浪费和大手大脚。稳步推进县乡财政管理体制改革，全面实行乡财县管，继续深化部门预算、国库集中收付、政府采购和收支两条线管理制度改革。巩固农村税费改革成果，完善农村义务教育等配套改革，严格落实退耕还林和粮食直补政策。加强农村收费管理，规范一事一议筹资筹劳制度，切实维护农民利益。

（六）立足提高服务水平，大力实施公共事业完善工程

认真抓好“全国科普示范县”创建工作，普及科技知识，加速先进实用技术的推广应用。优化教育资源，改善教学条件，扩大城区小学容量，缓解城区小学就学难的问题。加快排危建校步伐，完成完全中学改扩建工程，建成标准化小学10所，排除中小学危房1万平方米。按资源、产业分类培养技术人才、新型农民和现代服务人员，为经济社会发展提供智力保障。加强医德医风建设，优化新型农村合作医疗管理模式，规范运行机制，扩大群众受益面。以实施乡镇卫生院改扩建项目为契机，改善乡村医疗卫生服务条件。加强文化市场综合执法，开展扫黄打非，取缔非法网吧，扶持

健康文化，改造落后文化，抵制腐朽文化。完成界石铺红军长征纪念馆景区的立项开发，建成广播电视村村通工程30处。加大计划生育工作推行力度，夯实基层基础，提高服务水平，争创省级优质服务县。

（七）立足解决民生问题，大力实施社会保障覆盖工程

加快建立市场导向、自主择业、自谋职业、政府支持、社会援助的就业体制，千方百计扩大就业，实现城镇就业1500人以上。完善城镇职工基本养老、基本医疗、失业、工伤、生育保险制度，努力扩大社会保障覆盖面。全面实施农村低保，规范城镇低保，解决城乡困难居民和受灾群众的生产生活问题。坚持开发式扶贫，组织实施好余湾胡同、四河岘口等15个整村推进项目，使4600人基本解决温饱，1万人稳定解决温饱。抓好以工代赈易地扶贫搬迁项目，改善部分贫困群众的生产生活条件。

（八）立足维护社会稳定，大力实施和谐静宁创建工程

深入开展社会主义荣辱观教育，加强社会主义思想道德建设，大力倡导和谐理念，培育和谐精神，增强全县人民的凝聚力和创造力。广泛开展和谐社区、和谐村镇、和谐单位、和谐家庭创建活动，营造齐心追求和谐、众志维护和谐的良好氛围。把维护群众利益放在构建和谐社会的首位，认认真真察民情，诚诚恳恳听民意，实实在在帮民富，兢兢业业保民安，最大限度地增加和谐因素，最大限度地减少不和谐因素，切实做好维护社会稳定的各项工作。扎实开展双拥共建活动，巩固发展军政、军民团结。建立健全社会预警体系和应急救援机制，提高处置突发性事件的能力。完善人民调解、行政调解、司法调解“三位一体”的矛盾纠纷调解工作体系，推进城乡一体化社会治安防控体系建设，把问题解决在萌芽状态。不折不扣地落实省政府两个调查组提出的城关镇东关村一二社问题处理意见和工作建议，扎扎实实地抓好有关问题的整改落实。深入开展平安静宁创建活动，加强城区及城乡接合部的治安管理，增强人民群众的安全感。强化道路交通、矿山、公众聚集场所等重点领域的安全监管，确保安全生产形势稳定。整顿农资、药品、食品等市场秩序，维护群众切身利益。

加强政府自身建设

抢抓新机遇，实现新发展，既是历史赋予我们的光荣使命，也是全县人民的期望和重托。我们要倍加珍惜人民赋予的权力，自觉担负起历史重任，努力建设法治政府、服务政府、责任政府、效能政府，为人民服务，对人民负责，受人民监督，让人民满意。

第一，推进思想解放，增强创新意识。适应改革发展的新形势，正视现实，直面差距，拓宽视野，开阔眼界，破除怕担风险、怕负责任的思想，树立敢为人先的观念；破除小富即安、小进则满的思想，树立不进则退的观念；破除消极畏难、无所作为的思想，树立积极进取的观念；破除因循守旧、墨守成规的思想，树立开拓创新的观念；破除思维狭隘、自我封闭的思想，树立开发开放的观念，彻底打破凡事都要看看领导讲没讲、别人干没干、过去有没有的思维定式，敢闯敢试，敢抓敢管，敢作敢为。善于把握经济社会发展的新规律，善于抢抓加快发展的新机遇，努力在更高层次

上谋划全局、推动发展。敢于高点定位，勇于争先进位，高质量、高要求、高效率地干好每一项工作，在常规工作上有创新，在重点工作上有进展，在难点工作上有突破。

第二，转变政府职能，增强服务意识。坚持以人为本，牢记执政为民，在政府工作中更多体现人文关怀，更多关注全体社会成员的公共利益，搞好公共管理和社会服务，让群众更直接地享受发展成果，得到更多实惠。不断改进行政管理方式，规范行政行为，提高服务质量，努力在改革中推进服务，在服务中实施管理，在管理中体现服务。认真履行市场调节和监管职能，着力为市场主体搞好服务，做到该管的不失位，该放的不越位，职能明确不错位，承担责任不缺位。深化行政审批制度改革，简化办事程序，提高工作效率，确保政府工作高效运转。推进乡镇政府职能转变，把工作重心转移到服务“三农”、发展产业、改善基础、民主管理上来，协调解决好农民在生产过程中遇到的技术、资金、信息等难题。动员各级各部门树立全县一盘棋的思想，充分调动省市驻静宁单位服务地方经济发展的积极性，形成齐心协力谋发展的强大合力。下功夫解决上下梗阻、左右掣肘、推诿扯皮、敷衍塞责等问题，确保政令畅通、令行禁止。把审批、执法、检查等重要岗位作为监督的重点，坚决防止政府权力部门化、部门权力利益化、公共利益私有化，对门难进、脸难看、事难办和刁难设卡、以权谋私的违法违纪行为严惩不贷。

第三，坚持依法行政，增强法治意识。牢固树立法治观念，增强依法办事的自觉性，做到在执法方式上坚持法治原则，在宏观决策上考虑法律效果，在具体管理中牢记依法办事，在工作生活中严格遵纪守法，把依法行政贯穿于政府行为的全过程，落实到政府行为的各环节。认真实施行政许可法，建立责权明确、行为规范、监督有效、保障有力的行政执法体制，不断提高依法行政能力。严格实行行政问责制，防止和克服行政不作为和行政乱作为，提高政府执行力和公信力。坚持科学民主决策，认真听取人大代表、政协委员以及人民群众的意见和建议，完善决策规则和程序，建立重大决策调查研究、社会公示、专家咨询和社会听证等制度，不断提高决策的科学化、民主化水平。

第四，大兴务实之风，增强实干意识。大力倡导求真务实、崇尚实干的作风，坚持深入实际，察民情、访民苦、虑民计、解民忧，坚持以实为先，说实话、办实事、鼓实劲、求实效，坚决反对摆花架子、做表面文章，力戒官僚主义和形式主义，真正把心思放在务实上，把精力花在落实上，把时间用在办实事上，以实干推动经济社会更快更好地发展。树立正确的政绩观，多做打基础的工作，多做增强发展后劲的工作，多做关系百姓生计的工作，防止急功近利。不断改进工作方式方法，深入一线调查研究，深入一线推动工作，深入一线解决问题。加强机关作风建设，大力精简会议、文件，坚决改进会风、文风。进一步强化工作责任，健全督查考核机制，推动各项工作落实。

第五，清正廉洁干事，增强自律意识。正确行使人民赋予的权力，勤政为民，做到权为民所用，情为民所系，利为民所谋。从教育、惩治、监督、制度建设入手，加强思想道德和纪律教育，提高公务员整体素质，造就一支政治强、业务精、纪律严、作风正的公务员队伍。认真落实廉政建设责任制，以解决群众反映的突出问题为重点，坚决纠正损害群众利益的不正之风。加强廉政制度建设，真正形成用制度规范行为、按制度办事、靠制度管人的有效机制，严查干部职工参与赌博等违纪行为，保证公务员廉洁从政。深入开展反腐败斗争，坚决从源头上预防和治理腐败，树立良好的政府形象。

县人大常委会工作报告

（县人大常委会主任聂正国　2006年12月27日）

2006年的工作

一年来，在中共静宁县委的领导下，常委会认真履行宪法和法律赋予的职权，为推动我县民主法制建设，促进经济社会和谐发展，较好发挥了职能。

一、依法审议决定重要事项，有效开展监督工作

全年召开常委会会议6次，听取、审议“一府两院”专题工作报告9项，作出决议、决定7件，努力通过人大法定程序支持促进“一府两院”工作。

根据审计法和预算法的规定，听取县政府关于2005年财政预算执行情况的审计工作报告，审查批准了2006年财政预算调整报告，并作出决议，就进一步提高财政监管水平，强化预算约束提出具体要求。大力推动项目建设，组织代表对农业综合开发、农村人畜饮水和通乡油路等年度重点建设项目的进展情况进行视察、调研，提出了进一步抓好各项工作的意见、建议。围绕社会普遍关注的热点问题，听取审议政府关于社会公共安全保障工作情况报告，对新农村建设、新型农村合作医疗、饮用水源地保护情况进行专题视察，支持推动有关部门加强改进工作。

重视加强法治环境建设，促进依法行政和公正司法。专题审议县政府“五五”普法规划报告，作出《关于加强法制宣传教育的决议》，推动全县法制宣传教育工作不断走向深入。按照“少而精、重深入、求实效”的原则，重点对动物防疫法、药品管理法和食品卫生法的执法情况进行检查，对存在的问题督促执法部门立即查纠整改，执法成效不断提高。通过召开法院人民陪审员和检察院人民监督员座谈会，组织代表、委员旁听法院庭审活动，听取、审议法院内部审判监督工作和检察院法律监督工作报告等措施，促进法、检两院不断提高司法能力，确保司法公正。坚持常委会领导接访制度和信访责任制，全年来共接待群众来信来访80多件（次），结合监督工作积极协调解决所反映问题，说理释法，化解矛盾，维护社会稳定。

二、认真做好人事任免，顺利完成县、乡人大换届选举工作

一年来，常委会依法任命国家机关工作人员24人，接受辞职2人，免职18人。其中：任命副县长2人、政府组成部门负责人5人，免职7人；任命县人大常委会工作部门负责人5人，免职3人；任命县法院代理院长1人、审判人员6人，接受辞职和免职8人；任命县检察院代理检察长1人、检察人员4人，接受辞职和免职2人。采取点面结合的方式开展评议工作，召开人大任命干部述职报告评议情况通报会，促进述职干部

认真解决工作中存在的问题；对县公安局进行工作评议，就进一步加强干警队伍建设、改善工作条件、完善处置突发事件机制、推进打防控一体化建设等，提出具体建议。公安局积极进行整改，成效显著。

根据中央和省、市的安排，在县委领导下，常委会周密部署，精心安排，认真组织实施了县、乡人大同步换届选举工作。整个换届选举工作从10月下旬开始，12月底结束，全县近30万选民参加选举，共选出县第十五届人民代表大会代表210名、乡镇第十六届人民代表大会代表1262名。

三、重视改进代表工作，切实发挥代表作用

加强代表培训和服务工作，为每位代表配发了代表知识学习光盘等资料，采取以会代训方式，对66名代表小组长进行法律知识和人大业务培训，提高代表小组活动能力。开展常委会组成人员集中走访联系代表和代表联系选民“双联系”活动，密切与代表的联系。围绕“一府两院”重点工作，组织代表60多人（次）参与常委会视察、调查、执法检查和评议等活动，就有关工作提出意见建议，扩大了代表闭会期间参与全县经济建设和社会事务管理的范围。坚持在代表中开展“四个一”和“四带头、做模范”活动，有效调动了代表的履职积极性。采取督查、视察、审议等形式，督促承办单位不断提高代表意见、建议办理质量。至11月底，县十四届人大四次会议确定的“百公里通乡油路建设”“新型农村合作医疗试点工作”2件议案和37件意见、建议，全部办理完毕。召开乡镇人大工作会议、组织乡镇人大主席外出参观考察，加强与乡镇人大的联系，对提高乡镇人大工作水平起到积极促进作用。

四、加强调查研究，努力提高工作实效

常委会把加强调查研究作为改进工作作风，提高工作质量，加强与基层联系的重要措施，选择关系发展和群众关注的重点工作，适时开展调查研究，准确了解反映经济建设和社会发展中的突出问题。今年4月、6月，分别对全县农村人畜饮水解困工作、优化教师结构和城区学校布局工作进行调研，向政府及职能部门提出针对性、操作性较强的意见、建议，并向县委报送专题调查报告，县委加了重要按语，向各乡镇和部门作了批转。常委会还配合省、市人大对我县非公经济发展、城市社区建设等工作进行调研，从人大工作角度积极向上反映我县经济社会发展成效。为了增强监督工作的实效和透明度，年初，分别召开人大与“一府两院”工作联席会议，相互通报情况，加强沟通交流，把人大监督渗透到“一府两院”重点工作之中，增强了工作合力。在努力搞好人大工作的同时，常委会组成人员坚持在参与中监督，在参与中支持和服务，积极参与了全县各个阶段的中心工作。

四年工作的体会

县十四届人大常委会任期内，听取、审议“一府两院”专题工作报告41项；做出决议、决定18件；对10多个方面的20多项工作进行了视察、调查；对26部法律法规的贯彻执行情况进行了检查；对7个政府部门及其负责人的工作进行了评议；办理代表议案2件、意见和建议240多件；接待群众来信来访280多件（次）；依法任免国家机关工作人员146名。

总结几年来的工作，主要有以下几点认识和体会：

一、做好人大工作，必须始终坚持党的领导

党的领导是做好人大工作的根本保证。4年来，常委会依靠县委的领导和支持，紧紧围绕全县发展大局履行法定职责，努力把县委的决策、决定和工作部署贯穿于人大工作的始终。实践使我们认识到，只有坚持党的领导，使人大工作与时代要求合拍、与县委中心工作同步、与群众期盼同向，才能使人大工作保持正确方向，不断取得新成绩。

二、做好人大工作，必须严格依法行使职权

按照法律规定和法定程序办事，是人大履行职责的基本要求。常委会抓住依法行使人民当家做主权利这个根本，深化认识，不断增强做好人大工作的责任感和使命感，努力行使宪法和法律赋予的职责。既实事求是反映社情民意，替人民群众说话，做到敢于监督，又严格依法按程序工作，注重调查研究，透过现象看本质，把着力点放在如何解决实际问题上，做到善于监督，从而较好地发挥了地方国家权力机关的作用。

三、做好人大工作，必须努力促进解决关系群众切身利益的问题

4年来，常委会紧贴民生，围绕群众最现实的“吃水、行路、看病、上学”等问题，坚持不间断地对人畜饮水、公共安全保障、环境污染治理、新型农村合作医疗、通乡油路以及教育等方面的工作进行监督、调研，跟踪问效，促使有关部门变压力为动力，努力解决存在的突出问题，维护人民群众根本利益。

四、做好人大工作，必须切实发挥代表的作用

人大代表受人民的委托参与管理国家和社会事务，是人大工作的主体。常委会坚持邀请代表列席常委会会议，参加常委会组织的视察、调研、执法检查、评议等活动，全县257名省、市、县三级人大代表直接参加过常委会有关活动的达到180多人(次)。通过组织代表开展闭会期间的活动，认真办理代表意见、建议，为代表履职创造条件，有效发挥了代表作用。

五、做好人大工作，必须重视工作创新

根据新时期人大工作的要求，常委会坚持在实践中探索，在创新中发展，不断健全完善工作制度和程序。特别是建立和实行公民旁听常委会会议制度、审议主发言制度、审议“一府两院”工作报告票决制度、人大与“一府两院”联席会议制度、述职评议工作通报制度、任命干部承诺表态制度，对提高议事水平起到较好效果。正确处理监督与接受监督的关系，探索推行以提高透明度、增强公开性为主要内容的“阳光监督”，得到上级人大肯定，省《人民之声报》作为典型进行了深度报道。通过这些制度和工作方式上的创新完善，常委会的工作作风、会风得到很大改进，讲实话、干实事、求实效的良好风气得到进一步发扬，使党的主张、人民的意志和法律规定在人大工作中得到更好的统一和体现。

4年来，在全体代表和“一府两院”的支持下，常委会按职责努力做了一定工作，

但与新形势的要求和全县人民的期望相比，还有不少差距。主要是：监督工作还需要进一步完善程序，改进方式，增强实效；基层代表履职条件差、作用发挥不够的问题还没有得到有效解决；常委会工作机构和机关干部队伍建设还需要进一步加强等。这些不足和问题，有待在今后工作中改进和解决。

对今后工作的建议

今后5年，是我县深入推进社会主义新农村建设、努力构建社会主义和谐社会、顺利实现“十一五”规划目标的关键时期，做好2007年及今后的工作至关重要。建议即将选举产生的新一届人大常委会，在中共静宁县委的正确领导下，以邓小平理论和“三个代表”重要思想为指导，深入贯彻县十五次党代会精神，认真行使宪法和法律赋予的职权，为促进经济社会又快又好发展和实现富民强县目标，发挥更好的作用。

一、围绕全县发展大局，努力开创工作新局面

要按照“分工不同，目标一致”的原则，正确处理监督、支持、参与、服务的关系，不断创新工作方式，进一步加强常委会思想、组织、作风和业务建设，不断提高依法履职能力。紧紧围绕全县发展大局，深入了解民情，及时反映民意，充分集中民智，广泛凝聚民心。依法认真行使重大事项决定权、监督权和人事任免权，努力通过人大法定程序，把县上重大工作部署变成人民群众的自觉行动，实现坚持党的领导、人民当家做主和依法治县的有机统一，做到监督不缺位、支持不越位、参与不错位、服务要到位，使常委会成为能够全面担负起宪法和法律赋予职责的地方国家权力机关、工作机关和代表机关，推动全县人大工作再上新台阶。

二、以贯彻实施监督法为契机，不断改进加强监督工作

2007年1月实施的监督法，进一步完善了人大监督形式和内容，对于保证常委会依法行使监督职权，增强监督实效，更好发挥人民代表大会制度的特点和优势，具有重要意义。我们要在实践中深化认识，突出重点、讲求实效，坚持抓大事、抓急事、抓难事、抓社会最关注的事。围绕全县工作大局，从解决人民群众最关注、最现实、最直接的衣食住行等方面问题入手，加强对“一府两院”及其执法部门的工作监督和法律监督，推动其提高依法决策、依法行政和公正司法的能力，切实解决一些影响发展、影响和谐、影响执法部门形象的问题，使人大监督工作与全县经济建设结合得更紧，与群众期盼实现的愿望结合得更紧，与执政为民的目标结合得更紧，为全县经济发展营造良好的法治环境和干事创业环境。

三、切实搞好代表工作，加强与乡镇人大联系

坚持代表列席常委会会议、向代表通报工作和走访代表制度，加强与代表的联系，拓宽代表知政渠道。抓好对代表的法律和业务学习培训，在代表中开展“尽好职责，当好代表”活动，积极组织代表搞好各类视察、调查、执法检查和评议工作，认真督办代表议案和意见、建议，为代表履职创造良好条件，保证代表作用的有效发挥。加强与乡镇人大的联系，指导乡镇人大建立完善议事和工作制度，共同推进基层

民主法制建设。

四、重视信访工作，全力维护社会和谐

认真接待和处理群众来信来访，切实做到接访登记、研究处理、交办落实和结果反馈“四个百分之百”。把信访工作与人大监督工作有机结合起来，通过信访体察民情、了解民意、反映民声，真心诚意为群众排忧解难，努力把矛盾化解在萌芽，把问题解决在基层，维护群众的根本利益，促进社会平安和谐。

第二节　县第十五届人民代表大会第二次会议

大会概况

县十五届人大二次会议于2008年1月6日至7日在静宁宾馆二楼会议室召开。县十五届人大一次会议以来，位志贤、李文平、陈玉梅（女、满族）、姜兴卫4名代表因工作需要调离静宁县，根据选举法第五十一条第二款的规定，上述4人的代表资格自行终止，在代表出缺的仁大乡和街道办选区分别补选薛晓宏、史晓平为县第十五届人大代表，至此，县第十五届人大代表实有208名。此次会议出席205名，不是县人大代表的县级领导和乡镇党委书记、人大主席，县委各部门、群众团体、人大各委室、县直及省、市驻静宁各单位主要负责人，在本县的部分省、市人大代表及部分离、退休老干部，出席县政协七届二次会议的全体委员（列席此次会议第一次全体会议），共292人列席会议。

马千里、王守荣、王克选、王运军、王星耀、史晓平、刘小进、许富忠、李金、李存时、李根进、李雪云、宋全科、沙芳琴（女、回族）、张荣（女）、张自杰、张来有、张秉银、张金业、陈龙、陈铎、陈向华（女）、周永宏、赵宏军、厚学、聂正国、徐永宏、徐爱国、高恒、高长茂、崔鹏林、靳宝生、薛晓宏、魏晓平、戴双军（按姓名笔画为序）35人组成大会主席团，王星耀、许富忠、宋全科、沙芳琴（女、回族）、张自杰、张金业、张秉银、陈铎、陈向华（女）、高恒、聂正国、魏晓平、戴双军（按姓名笔画为序）13人为主席团常务主席；高恒为秘书长，李金、李永成、马鸣、李文环为副秘书长；许富忠、马千里、王守荣、王运军、李成蹊、李存时、胡志科、高长茂8人组成议案审查委员会，许富忠为主任委员，马千里为副主任委员。

大会成立临时党委，宋全科为书记，聂正国、陈铎、张自杰为副书记，魏晓平、薛晓宏、张秉银、马千里、王克选、崔鹏林、徐爱国、李雪云、张荣（女）为委员（大会结束后，临时党委自行撤销）。

1月5日下午举行预备会议，由县人大常委会主任张自杰主持，听取县人大常委会副主任、第十五届人大常委会代表资格审查委员会主任委员高恒所作的《关于代表出缺变动和补选代表资格审查情况的报告》，通过大会议程和大会主席团、秘书长、议案审查委员会名单，宣布主席团第一次会议讨论通过的事项。

大会共举行全体会议3次。第一次全体会议于1月6日上午举行，执行主席是马千里、史晓平、宋全科、张自杰、张秉银、张金业、陈铎、陈向华、聂正国、崔鹏林、薛晓宏、魏晓平。会议由县人大常委会主任张自杰主持，听取县政府县长陈铎所作的《县人民政府工作报告》，审议县发展和改革局局长史晓平所作的《关于2007年国民经济和社会发展计划执行情况及2008年国民经济和社会发展计划（草案）的报告（书面）》、县财政局局长王运军所作的《关于2007年全县财政预算执行情况和2008年财政预算（草案）的报告（书面）》。第二次全体会议于1月7日上午举行，执行主席是王守荣、王克选、王运军、李雪云、沙芳琴、张荣、张来有、陈龙、徐永宏、靳宝生、戴双军。会议由县人大常委会副主任戴双军主持，听取县人大常委会主任张自杰所作的《县人大常委会工作报告》、县法院院长李根进所作的《县人民法院工作报告》、县检察院检察长陈龙所作的《县人民检察院工作报告》，审议县人大常委会《关于县十五届人大一次会议代表意见、建议办理情况的报告（书面）》；第三次全体会议于1月7日下午举行，执行主席是王星耀、刘小进、许富忠、李金、李存时、李根进、周永宏、赵宏军、厚学、徐爱国、高恒、高长茂。会议由县人大常委会副主任王星耀主持，通过关于接受位志贤、李文平、陈玉梅（女，满族）辞去县政府副县长职务请求的决定，选举县政府副县长2名、县人大常委会委员1名，听取县人大常委会副主任、议案审查委员会主任委员许富忠所作的《关于议案和意见建议审查情况的报告》，通过《关于政府工作报告的决议》《关于2007年国民经济和社会发展计划执行情况及2008年国民经济和社会发展计划的决议》《关于2007年财政预算执行情况和2008年财政预算的决议》《关于县人大常委会工作报告的决议》《关于县人民法院工作报告的决议》《关于县人民检察院工作报告的决议》。会议结束时，县委书记宋全科作了讲话。

大会安排分团会议3次。

大会主席团召开会议4次。

大会收到代表意见、建议66件，涉及7个方面。其中：①农业和农村工作方面8件，占12.1%，主要是建议示范推广规模养殖，在北部乡镇产业结构调整中加大高山酸苹果种植比重，对曹务乡旧村改造给予资金扶持等；②水利建设方面17件，占25.8%，主要是建议加固维修甘沟乡响河水库，对县城南河河道进行清淤治理，在贾河乡部分村、社修建小塘坝，为仁大乡窑庄、阳洼村、司桥乡张彭村、雷大、灵芝乡政府所在地等处修建人饮工程等；③道路建设方面16件，占24.2%，主要是建议油铺静西公路和双岘乡通乡公路，打通鞍子山峡道路，修建葫芦河威戎梁马大桥，仁大乡高沟村清水河桥等；④小城镇建设和管理方面5件，占7.6%，主要是建议对李店镇小城镇建设给予项目支持，帮助解决界石铺镇、威戎镇、李店镇小城镇管理费用筹措难的问题等；⑤教育卫生方面13件，占19.7%，主要是建议健全和完善教育评价体系，进一步加强排危建校工作，对司桥乡吕曲小学、界石铺镇四福小学、灵芝乡长塬小学等进行危房改造，加强乡镇卫生院管理，增加对县级医院的财政补助等；⑥文化旅游方面4件，占6.1%，主要是建议将东峡库区旅游开发纳入县城总体规划，开发刺绣、剪纸等民俗文化产品，规范文化娱乐场所管理等；⑦其他方面3件，占4.6%，主要是建议搬迁地处城区的石油公司加油站，加强甘泉工程水源地保护，改善司桥乡政府办公条件等。

大会议程

一、听取和审议县人民政府工作报告；

二、审议县人民政府关于2007年国民经济和社会发展计划执行情况及2008年国民经济和社会发展计划（草案）的报告（书面）；

三、审议县人民政府关于2007年财政预算执行情况和2008年财政预算（草案）的报告（书面）；

四、听取和审议县人大常委会工作报告；

五、审议县人大常委会关于县十五届人大一次会议代表意见、建议办理情况的报告（书面）；

六、听取和审议县人民法院工作报告；

七、听取和审议县人民检察院工作报告；

八、选举；

九、其他。

大会日程

县第十五届人民代表大会第二次会议日程表

表3-97

时间		内容	执行主席
1月5日	下午3:00	预备会议：1.代表变动及补选情况报告；2.通过大会议程；3.通过大会主席团和秘书长名单；4.通过大会议案审查委员会名单；5.宣布主席团第一次会议讨论通过的事项	张自杰
1月6日	上午9:00	大会：1.开幕式；2.政府工作报告。会后，各代表团分团审议政府、计划、财政工作报告	马千里　史晓平 宋全科　张自杰 张秉银　张金业 陈　铎　陈向华 聂正国　崔鹏林 薛晓宏　魏晓平
	下午2:30	1.各代表团继续审议政府、计划、财政工作报告，结合审议提出有关议案和意见、建议；2.讨论有关接受辞职决定（草案）；3.讨论选举办法（草案）；4.酝酿讨论补选县政府副县长和县人大常委会委员候选人名单（草案）	
1月7日	上午9:00	大会：1.县人大常委会工作报告；2.县人民法院工作报告；3.县人民检察院工作报告；4.通过选举办法	王守荣　王克选 王运军　戴双军 李雪云　沙芳琴 张　荣　张来有 陈　龙　徐永宏 靳宝生
	大会结束至下午3:30	1.各代表团审议人大、法院、检察院工作报告；2.继续酝酿讨论有关候选人名单	

续表3-97

时间		内容	执行主席
1月7日	下午4:00	大会:1.通过有关接受辞职的决定;2.选举;3.议案和意见、建议审查报告;4.表决政府、计划、财政、人大、法院、检察院工作报告决议;5.县委领导讲话;6.大会闭幕	王星耀　刘小进 许富忠　李　金 李存时　李根进 周永宏　赵宏军 厚　学　徐爱国 高　恒　高长茂

主席团会议日程

县第十五届人民代表大会第二次会议主席团会议日程表

表3-98

时间		地点	内容	参加人	主持人
第一次会议	1月5日预备会议期间	静宁宾馆二楼会议室	1.通过大会日程；2.通过主席团常务主席名单；3.决定大会副秘书长名单；4.决定大会议案和意见、建议终止时间	主席团成员	张自杰
第二次会议	1月6日第一次会议结束后	静宁宾馆三楼会议室	1.听取县人大常委会有关备案报告；2.讨论通过有关辞职决定（草案）；3.讨论通过选举办法（草案）；4.讨论提出补选县政府副县长和县人大常委会委员候选人名单（草案）	主席团成员及代表团召集人	张自杰
第三次会议	1月6日 17:30	静宁宾馆三楼会议室	1.听取关于县政府三个报告讨论情况的汇报；2.听取选举办法(草案)讨论情况汇报;3.听取关于辞职决定(草案)讨论情况汇报	主席团成员及代表团召集人	张自杰
第四次会议	1月7日 14:30	静宁宾馆三楼会议室	1.听取各代表团关于人大、法院、检院三个工作报告讨论情况汇报；2.听取各代表团关于候选人名单（草案）讨论情况的汇报；提出大会选举监票人名单（草案）；3.听取议案和意见、建议审查情况汇报；4.讨论政府、计划、财政、人大、法院、检察院工作报告决议（草案）	主席团成员及代表团召集人	张自杰

大会选举

县人民政府：

副县长　薛晓宏　徐永宏

县人大常委会：

委　员　杜文彪

县人民政府副县长薛晓宏、徐永宏、县人大常委会委员杜文彪个人情况表

表3-99

姓名	性别	民族	出生年月	籍贯	文化程度	工作时间	入党时间	主要工作经历
薛晓宏	男	汉	1963.1	甘肃泾川	研究生	1981.7	1985.10	曾在泾川县太平乡农技推广站、泾川县农业局工作；历任泾川县农业委员会副主任、泾川县政府办公室副主任、法制局局长，泾川县政府办公室主任，泾川县政府副县长，平凉市政府副秘书长、办公室副主任、外事侨务办公室主任，静宁县委常委
徐永宏	男	汉	1962.11	静宁双岘	本科	1982.7	1986.6	曾在静宁县双岘中学、县委政策研究室、县纪委工作；历任县纪委副科级纪检员、廉政室主任，八里镇政府镇长、界石铺镇党委书记、八里工业园区管委会主任（副县级）
杜文彪	男	汉	1955.9	静宁双岘	高中	1973.1	1977.4	曾在某工程兵某支队服役，历任班长、排长、预算员、核算员；后转业安徽马鞍山建设公司、静宁县劳动人事局工作；历任马鞍山建设公司预算员，静宁县劳动人事局副局长，纪委副主任、主任[其间兼任县火柴厂党委书记(副县级)]，纪委副书记、审计局局长、计委主任、发改局局长、人大常委会司法民政工作委员会主任

附：

县人民政府工作报告

（县人民政府县长陈铎　2008年1月6日）

2007年工作回顾

2007年，全县上下认真贯彻落实科学发展观，统筹兼顾，创新实干，全面完成了县十五届人大一次会议确定的各项目标任务，经济社会保持良好发展态势。

经济实力在加快发展中不断壮大。生产总值达到14.3亿元，增长12.8%；人均生产总值达到3076元，增长14.4 %；全县大口径财政收入完成5247万元，增长9.2%；地方财政收入完成3411万元，增长11.8%；人均财力达到864元，增长32.3%；全社会固定资产投资完成11.1亿元，增长33.7%。

经济结构在产业开发中不断优化。粮食在大灾之年仍获丰收，总产量达到15.26万吨。全膜双垄沟播旱作农业生产技术推广应用获得成功，农业综合效益不断增强。新植果树经济林10.02万亩，良好农业规范基地和绿色基地认证取得新突破，果品总产量达到19.2万吨。荣获“中国苹果20强县”“中华名果”“2008北京奥运推荐果品一等奖”等称号，静宁苹果的知名度明显提升。种植洋芋32.1万亩，其中新品种洋芋21万亩。发展规模养殖大户1100户，畜牧业总产值达到1.6亿元。建筑业产值达到3.06亿元，创业增收的平台作用更趋凸显。成功注册金果之乡·静宁人劳务品牌，输转劳务12万人（次），收入3.73亿元。工业园区服务功能进一步增强，新开、续建项目11项。纸箱、地毯等传统行业规模不断扩大。工业增加值达到3.02亿元，增长11.8%。城乡服务网络进一步健全，社会消费品零售总额达到7.02亿元。

城乡基础在项目支撑中不断改善。完成了县城总体规划修编评审和18个小城镇、105个村庄规划编制，城乡规划体系初步建立。西岭生态公园和城网改造、路灯安装、永福巷拓建等市政工程建成，城镇管理和物业管理得到加强，人居环境进一步改善。李店、雷大、甘沟、双岘等小城镇建设取得新进展。成功拍卖出让了东城区238.61亩国有土地使用权。新农村建设扎实推进，城川吴庙、八里小山等一批试点村生产生活条件发生较大变化。实施道路、水利、生态等重点项目64项，完成投资8.2亿元，增长18%。油铺八里至原安等县乡道路85公里，新增通油路乡镇4个，使通油路乡镇达到17个。建成西北部7乡镇2295眼集雨水窖和甘泉调水二期工程，治理葫芦河堤12.6公里。新修梯田2.3万亩，完成三荒造林3万亩。新发展沼气用户1890户。

发展活力在改革创新中不断增强。农村综合改革和县乡财政管理体制改革稳步推进，落实粮食直补、农资补贴、退耕还林和“两免一补”资金9801万元。全面完成了淀粉厂、橡塑公司、医药公司等企业的改制。行政审批制度改革进一步深化，取消行政审批事项360项。对外开放合作进一步扩大，招商引资成效明显，引进通达果汁等项目14项，资金1.56亿元，增长108%。外贸出口达到220万美元，增长150%。经济发展秩序渐趋规范，新发展私营企业23户，民营经济增加值达到4.27亿元。

社会事业在协调发展中不断进步。先进适用技术推广应用步伐加快，获得全国科普示范县称号。建成了德顺小学等21所标准化小学和甘沟中学综合楼、界石铺中学学生公寓楼、治平初中、威戎小学宿办楼，排除危房2.1万平方米。高考本科上线人数1615人，上线率达到24.3%。群众性精神文明创建、竞技体育和全民健身活动深入开展。建成“村村通”工程30处。新建了19所乡镇卫生院和县医院急诊楼、威戎卫生院住院楼，“四个全覆盖”全面落实，公共卫生服务保障能力不断增强。对干部职工违纪超生问题进行了清查处理，人口与计划生育政策落实与服务水平进一步提高，人口出生率控制在11.06‰以内。

人民生活在共建共享中不断提高。就业再就业、社会保障和救助工作得到加强。发放失业人员再就业小额担保贷款214万元，援助116名零就业家庭人员实现就业，新增就业岗位1500个，城镇登记失业率4.1%。城镇居民基本医疗保险启动实施，参保率81%。城乡低保进一步提标扩面，有5.23万名城乡低保对象和2500名五保供养对象实现了应保尽保。116户城镇最低收入家庭享受到廉租住房补贴。建成甘沟、古城中心敬老院。扶贫帮困和社会救济活动广泛开展，困难群众的基本生活得到有效保障。城乡居民收入稳步增长，衣食住用行条件明显改善。城市居民人均可支配收入达到7406元，农民人均纯收入达到1810元，分别增长13.8%和7%。整村推进扶贫开发和易地扶贫搬迁项目顺利实施，有6200人基本解决温饱，1.1万人稳定解决温饱。

社会管理在转变职能中不断加强。自觉接受人大依法监督、政协民主监督和社会舆论监督，办理人大代表建议和政协委员提案116件，办结率100%。政府自身建设得到进一步加强，政务公开深入推行，行政监察和审计监督有效开展，依法行政和公共服务水平有了新的提高。廉政建设取得新成效。东拓工程用地遗留问题得到妥善处理，矛盾纠纷集中排查调处和“平安静宁”创建活动扎实开展，群众反映的热点难点和社会治安问题得到有效解决。新建了雷大、红寺基层派出所和三合、原安等12个标准化司法所，组建了政府专职消防队。应对突发公共事件的能力进一步增强，安全生产形势总体平稳，社会秩序保持和谐稳定。同时，双拥共建、统计物价、气象环保、档案管理、民族宗教等工作也都取得了新的进步和发展。

过去的一年，是全县经济建设实现新进展，城乡面貌展现新形象，社会发展取得新进步的一年，也是全县上下负重前行、奋勇争先的一年。一年来，面对有气象记载以来最严重的干旱等自然灾害，全力抗灾减灾，形成了竭尽全力办实事、解民困的良好局面；面对国家宏观调控趋紧带来的压力，加强项目建设，形成了全力以赴抓招商、引资金的良好局面；面对社会转型时期矛盾增多带来的挑战，妥善处理各类遗留问题，形成了坚持不懈打基础、解难题的良好局面；面对市场变化带来的不利影响，深化改革创新，形成了坚定不移活机制、增动力的良好局面；面对纷繁复杂的发展任务，坚持统筹兼顾，形成了集中精力抓典型、促整体的良好局面。这些成绩的取得，是县委正确领导的结果，是人大代表、政协委员监督支持的结果，凝聚着全县人民的心血、智慧和奉献，凝聚着各单位、各部门、各人民团体、离退休老干部和社会各界对政府的热情支持和有效监督。

一年来，我们也清醒地看到，政府工作与干部职工和群众的期望还有一定差距，发展中还存在不少困难和问题，主要是：经济结构性矛盾比较突出，转变经济发展方式还需付出艰辛努力；农业基础薄弱，抗御自然灾害和市场风险的能力仍然脆弱，农民持续增收难度较大；经济发展不平衡，产业结构还不合理，主导产业优化整合难度大，培育发展特色产业、缩小南北差距的任务还十分艰巨；财力不足，基础建设和社会事业欠账较多；城镇服务功能不尽完善，管理仍存在一些需要解决的顽症；城乡就业、社会保障、节能减排、环境保护、安全生产、社会治安等方面的压力依然存在；政府的整体行政效能与科学发展的要求还不相适应；少数部门存在本位主义现象，大局观念不强，整合资源、整合工作还不够有力，落实工作还不到位；少数工作人员身上还存在责任感不强、进取心缺乏、服务意识淡漠、作风散漫等现象。对此，我们将高度重视，认真解决，绝不辜负全县人民的期望和重托。

2008年工作主要任务

2008年是落实“十一五”规划、加快全面建设小康社会的关键一年。政府工作的总体要求是：以党的十七大精神为指导，以科学发展观为总揽，以增强县域经济实力为主线，坚持加快发展项目为先、强县富民产业为先、深化改革创新为先、开放开发招商为先、构建和谐民生为先，做大果品、洋芋、草畜、建筑、劳务五大产业，强化基础设施、特色经济、人力资源三大支撑，全面加强经济、政治、文化、社会建设，奋力开创建设小康静宁、和谐静宁、活力静宁的新局面。经济社会发展的预期目标是：生产总值增长12%，达到16.04亿元；全社会固定资产投资增长20%，达到13.3亿元；工业增加值增长12%，达到3.38亿元；大口径财政收入增长10%，达到5772万元；地方财政收入增长12%，达到3820万元；社会消费品零售总额增长12%，达到7.9亿元；城镇居民人均可支配收入增长10%，达到8147元；农民人均纯收入增长7%，达到1937元；城镇登记失业率控制在4 %以下；人口自然增长率控制在6.5‰以内；万元生产总值能耗降低4.4%。

在工作的总体把握上，围绕贯彻落实科学发展观，坚持提升实力，加快发展。抓住一切机遇加快发展，集中所有力量促进发展，用发展的办法解决前进中的各种困难和问题。坚持深化改革，创新发展。在改革中创新，在创新中发展，在改革中不断消除影响发展的体制机制性障碍，增强发展活力。坚持项目为纲，持续发展。把项目作为一切工作的总开关，在论证储备上下功夫，在争取实施上见成效，靠项目支撑拉动经济社会发展。坚持优化环境，借力发展。不断改善投资环境，扩大开放开发，加大招商引资，增添发展动力。坚持改善民生，和谐发展。高度关注民本、民生、民利，着力解决人民群众最关心、最直接、最现实的利益问题，使人民群众共享改革发展成果。

重点抓好以下8个方面的工作：

（一）更加注重农业增效农民增收，加快推进农业基础建设

不断增强对农业基础地位的认识，增加对农村基本现状的了解，增进对广大农民群众的感情，下大决心、下真功夫把农业的基础夯实做强，全力促进农业生产不停滞不滑坡，积极争取农民增收势头不回落不放缓，务必做到新农村建设不松懈不走样。

一是着力提高特色产业发展水平。坚持把发展现代农业、繁荣农村经济作为首要任务，持续推进农业产业结构调整，不断优化区域布局，扩大规模优势，提升品牌优势，凸显经济优势。科学制定果品产业发展规划，坚持鲜食与加工并重，合理调整栽植品种，建成苹果良种苗木繁育基地。扩大山区果园的栽植面积，新植果树经济林10万亩，建立标准化生产基地2万亩，巩固完善中端注册基地3.8万亩，商品率和优果率

分别达到95%和65%，总产量达到24万吨，直接出口3000吨，使静宁苹果真正走出去、上台阶、增效益。以新品种推广、订单化生产、基地化扩张为重点，种植洋芋30万亩，良种覆盖率达到80%以上。推广幼龄果园套种瓜菜模式，种植瓜菜10万亩。继续走“小规模、大群体，小区域、大布局”的路子，大力发展牛、猪、鸡产业，推广健康养殖方式，以西北部乡镇为重点，发展养殖专业村10个，不断提高畜牧业在农业中的比重。

二是强化农业科技的助推作用。切实加大农业新技术、新品种、新成果的集成配套推广力度，提高农业综合生产效益。突出旱作农业技术推广，完成全膜双垄集雨沟播玉米10万亩，稳定粮食播种面积，提高单产，增加总产，确保粮食安全。把示范园作为推广科技的有效载体，坚持新建与后续开发并重，整合资金，探索机制，规模建设，扩大示范效应。突出抓好果树幼园的精细化管理，全面推广以标准化、绿色无公害为重点的果园生产技术，提高果品产量，不断扩大“万元园”面积。引导果农做好果园防霜冻工作，严控使用高毒、高残留农药，维护果品安全。着力抓好新型农民科技培训和外出务工基本技能培训，提高农民的科学素质和就业、创业能力。大力发展劳务经济，扩大劳务品牌效应，巩固拓展劳务基地，提高技能型、有组织输出比例，输转劳务9.5万人（次），实现收入3.6亿元以上。

三是加强农村基础设施建设。从破解农村经济社会发展的瓶颈入手，加大水电路讯等基础投入，改善群众生产生活条件。实施西河桥改造，启动静庄公路县城至威戎段改建工程前期工作，抓好雷大至仁大、雷大至余湾、仁大至贾河等3条道路油铺，新修上等级乡村道路100公里。推进农村公路管护体制改革，建立维修管护的长效机制，提高道路持续通行能力。启动东峡库区移民后期扶持项目，实施东峡、张峡、王湾、北岔集等4座病险水库除险加固工程，完成葫芦河高湾沟至胡家沟河堤治理，建成甘沟上岔等3处提灌和威戎南关等6处人饮工程。实施土地整理、北岔集小流域综合治理、退耕还林地区基本口粮田建设等项目，新修梯田2万亩，改造中低产田9600亩，治理水土流失45平方公里。抓好有线电视网络延伸入户工作，完成阳川至雷大等农村电网改造和威戎、李店变电站扩容。

四是抓好新农村示范点建设。围绕推进农村经济社会全面发展，突出产业支撑、基础配套和提高农民素质，注重调动农民参与的积极性，建立整合项目、集中使用资金的投入机制，抓好界石铺李堡、治平大庄等30个村的试点工作。坚持因地制宜、突出特色，以旧村改造为主，开展“三清五改一绿”农村环境整治活动，提高农村文明程度。认真实施雷大安乐、细巷米岔等16个整村推进扶贫开发项目和城关峡门、余湾王坪等易地扶贫搬迁项目，基本解决温饱5400人，稳定解决温饱1.1万人，改善345户群众的居住条件，加快贫困村致富奔小康进程。

（二）更加注重壮大总量提高质量，加快推进新型工业化

立足于把产业做大、把企业做强、把产品做精、把机制激活，大办工业项目，加强技术改造，深化企业改革，同步提升工业经济速度、质量与效益。依托主导产业，

积极发展龙头企业，新建、扩建通达果汁、恒昌生猪屠宰等项目，深度开发果汁、果酒、果醋、肉制品、淀粉等系列产品，延伸产业链条，拓宽工业发展领域。支持传统优势行业加快技术创新，建成1.2万吨乳化炸药、高速瓦楞纸板、矿井压风改造等项目，完成技改投资1.47亿元。实施品牌带动战略，支持有发展潜力和能力的企业推进自主创新，下功夫研发新产品，形成新的竞争优势。优化工业园区总体规划、产业规划和环保规划，准确定位功能，以主导产业引领关联产业，以主导企业带动配套企业，形成集中度高、关联度大、竞争力强的园区支柱产业群。加强基础建设，完善管理机制，增强园区聚集优势，确保新入园项目6项，完成投资6000万元。

（三）更加注重完善功能提升品位，加快推进城乡一体化

围绕扩大规模、提升功能、做精做细、彰显特色，突出城镇规划整治和基础配套，提高管理水平，增强聚集效应，改善人居环境。强化规划的龙头作用，遵守城乡规划法，严格执行县城总体规划，科学编制县城重点区域修建性、控制性详细规划和54个村庄规划，杜绝未批先建和随意乱建，防止资源浪费，维护规划的权威性和严肃性。遵循“谁投资、谁经营、谁受益、谁管理”的原则，改革城市建设管理体制和市政公用事业运行机制，变政府包建为全民公建、社会共建。将城镇资源纳入经营视野，树立经营理念，加大经营力度，充分运用市场经济手段，最大限度盘活城镇资产。合理集约利用城镇土地，提高经营效益。加大资金投入，重点抓好与人民生活关联度大、共享率高的市政设施建设。改造影剧院小区，建成新盛、顺昌、德美花园。大力实施绿化、净化、亮化、美化工程，继续完善西岭生态公园配套设施，抓好城区面山、单位、小区和路旁绿化，新增绿地9.9万平方米。开展城乡环境整治年活动，建立城镇精细管理的长效机制，加大执法力度，整治市容市貌，下决心解决县城和公路沿线村镇交通秩序乱、环境卫生脏、商业秩序差等突出问题。加强宣传教育，增强居民的社会公德和环境意识，提升城乡文明形象。以争创省级重点小城镇为目标，抓好小城镇的提质扩容，完善道路、排水等基础设施，增强集聚力和辐射力。引导农民向城镇转移，务工经商，发展二、三产业，加快以城带乡步伐。

（四）更加注重市场培育消费拉动，加快推进第三产业发展

围绕满足人民群众生活日益多样化和消费水平不断提高的需求，不断活化投资机制，培育大市场、组织大流通、发展大服务，促进经济发展方式转变。一是积极发展旅游产业。弘扬红色文化，挖掘人文底蕴，依托果业资源，加快成纪文化城、界石铺红军长征纪念馆等景点开发建设，加强宣传推介，实现与崆峒山、会宁长征会师景园等省内知名景区景点和精品旅游线路的有效组合，培育新的经济增长点。二是重视发展新型服务产业。在巩固发展餐饮、娱乐等传统服务业的基础上，注重培育电子商务、物业管理、社区服务、咨询评估、会计审计、信息服务等现代服务业。发挥区位优势，大力发展特许经营、物流配送等现代流通方式和组织形式，不断提升商贸服务业规模和档次。围绕农业产前、产中、产后全过程，建立健全资金、技术、购销、贮运等社会化服务体系。重视以利益关系为纽带，扶持发展各类专业合作经济组织和市

场中介组织，提高农民的组织化程度。探索建立龙头企业与基地和农户的联结机制，积极支持大红碗、通达果汁、麦林果蔬、常津公司、果品经销公司等企业争取外贸订单，实现外贸出口300万美元以上。三是加强市场体系建设。着力发展农村新型商业业态，实施“万村千乡”和“退市还路”工程。鼓励建设果品、瓜菜、洋芋等大宗农产品专业市场和批发市场，搞活农产品流通。强化市场价格监管，严肃查处合谋涨价、哄抬物价违法案件。严厉打击假冒伪劣、商业欺诈等不法行为，规范经济秩序，保护消费者合法权益。

（五）更加注重改革创新开放合作，加快推进招商引资

坚持以改革促发展，以开放促发展，稳步推进重点领域和关键环节的改革，在更大范围、更广领域、更高层次的交流合作上取得新突破。认真研究解决改制企业遗留问题，全面完成火柴厂、毛针织厂、鸿菲公司、商运公司、永兴地毯厂等企业的改制。围绕推进基本公共服务均等化，优化财政支出结构，促进财力保障向基础建设倾斜、向改善民生倾斜、向公共事业倾斜。深化部门预算、国库集中收付、政府采购、非税收入和“收支两条线”管理制度改革。深入推进农村综合改革，严格落实各项支农惠农政策，规范农村收费管理，积极化解乡村债务，切实维护农民利益。鼓励引导金融机构调整信贷结构，更好地为地方经济发展服务。推进体制机制创新，下功夫改善投资发展环境，提高办事效率和服务质量。实施开放带动战略，开展全员招商、全民创业活动，提高利用外资的规模和质量，完成招商引资8000万元以上。大力扶持非公有制经济发展，引导民营企业推进技术创新和管理创新，扶持建筑、地毯、白酒、纸箱、烧鸡加工等实体走集约化、规模化发展的路子，增强市场竞争实力。全县非公有制经济增加值增长8%以上。

（六）更加注重节约资源保护环境，加快推进生态文明建设

实施可持续发展战略，牢固树立生态文明的观念，切实加强人口、资源与环境工作，实现人与自然和谐发展。抓好退耕还林、“三荒”造林的补植补造，积极探索林权制度改革和退耕地生态林改造，严格落实退耕还林补助及各项林木管护措施，加大封山禁牧力度，促进生态修复。落实节能减排工作责任制，完善资源能源消耗统计和评估办法。积极开展资源综合利用，推行清洁生产，发展循环经济。依法淘汰高污染、高耗能的生产工艺，全面推广节水、节能、节材技术。加强机关节能，降低行政运行成本，发挥示范表率作用。突出抓好8户重点企业的监管和水、土壤的污染防治。加快全国生态示范区创建步伐，严格控制农村面源污染。搞好第二次土地调查。严格土地执法，依法保护耕地。围绕创建省级计划生育优质服务县，加强服务体系建设，完善利益导向机制，兑现各类奖励扶助政策，引导群众转变生育观念，实现计生工作由管理为主向服务为主转变。

（七）更加注重公共服务社会需求，加快推进社会事业进步

立足于确保公益、促进均衡、激发活力，加大对公益性社会事业投入，着力提高社会事业的发展质量和水平，促进人的全面发展和经济社会协调发展。进一步弘扬崇

学重教的优良传统，树立大教育观，加强教育布局中的薄弱环节，优化整合教育资源，做实义务教育，做强高中教育，做大职业教育，打造教育品牌，提升教育综合实力。持续改善办学条件，扩建成纪中学，建成职教中心教学楼和双岘初中学生宿舍楼。争取核销“普九”债务，建成标准化小学20所以上，排除中小学危房1万平方米。完善农村义务教育保障机制，加强学校收费监管，严禁巧立名目乱收费。加强学校内涵建设和教师队伍建设，不断提高教育教学质量。以就业为导向，以培养高素质劳动者和技能型人才为重点，推行工学结合、校企结合的办学模式，大力发展职业教育。加强科技知识的宣传普及和先进实用技术的推广，促进科技成果向现实生产力转化。实施政务专网建设，加快推进机关办公信息化。坚持医疗卫生的公益性质，建立服务、医疗、监督于一体的卫生管理体制，规范医疗价格，改善医德医风，打击非法行医，为群众提供安全、有效、便捷、价廉的基本医疗服务。建成中医院医技楼和妇幼保健站综合楼。深化乡镇卫生院管理体制改革，实行绩效考核，着力解决乡镇卫生院硬件建设改善和人员工资统发后管理跟不上的问题。规范新型农村合作医疗和城镇居民基本医疗保险运行机制，进一步扩大群众受益范围。强化食品、药品市场监管，保障人民群众健康安全。启动特色文化县建设工程，加强社区和乡村文化设施建设。挖掘地方文化资源，加强文物、档案和非物质文化遗产保护利用，健全文化市场监管机制，促进文化市场大繁荣、大发展。加强基层体育设施建设，广泛开展全民健身活动。重视诚信文化建设，引导公民自觉履行法定义务、社会责任和家庭责任。

（八）更加注重保障民生改善民生，加快推进和谐社会建设

围绕群众普遍关心的现实问题，落实各项政策措施，使构建和谐社会的成效真正体现到为群众排忧解难上，体现到实现和维护群众的切身利益上。鼓励引导自主创业、自谋职业，加强就业观念教育和技能培训，使更多劳动者成为创业者，以创业促就业。完善就业援助制度，稳定公益性就业岗位，帮助零就业家庭解决就业困难，新增城镇就业再就业1500人。坚持保基本、广覆盖，继续完善养老、失业、工伤、生育等保险制度，提高城乡居民最低生活保障水平。加强五保供养、大病医疗救助、救灾救济等城乡社会救助体系建设，发展以扶老助残、救孤济困为重点的社会福利和慈善事业。扎实开展双拥共建活动，巩固军政军民团结。统筹协调各方面的利益关系，完善矛盾纠纷排查调处工作制度，充分发挥司法、行政、人民调解的作用，妥善处理各类矛盾，努力把不和谐不稳定因素解决在萌芽状态。严格落实信访分级负责制，畅通社情民意表达渠道，下功夫解决群众反映的热点难点问题，维护群众的合法权益。坚持安全发展，强化安全生产管理和监督，严防安全事故发生。完善应急管理机制，提高应对和处置各类突发公共事件的能力。以平安建设为载体，落实社会治安综合治理措施，从源头上减少和预防犯罪。始终保持对刑事犯罪的高压态势，依法严厉打击“两抢一盗”等违法犯罪活动，切实维护社会稳定。深入开展和谐创建活动和社会主义荣辱观教育，大力倡导和谐理念，培育和谐精神，努力形成社会和谐人人有责、和谐社会人人共享的生动局面。

围绕解决群众要求最迫切、社会最关注的热点难点问题，集中各方面意见建议，全力办好12件实事。1.完成通乡油路75公里、通达工程92公里、通畅工程112公里，进一步提高道路通行能力。2.建设北水南调一期和甘泉调水三期工程，使威戎、雷大、曹务、古城4乡镇3.1万人用上自来水。3.建成集雨水窖1万眼，重点解决西北部7乡镇4.6万人的饮水困难。4.落实人均住房面积6平方米以下城镇最低收入家庭廉租住房补贴，建设经济适用住房5000平方米，解决城镇困难居民的住房问题。5.拆除阿阳路两层以下建筑并拓宽道路，完成三中巷等背街小巷路灯安装，建成东综市场南口广场，改造提升城区环境。6.建成30个标准化村卫生室，方便群众就医。7.建设三中、城关小学、新城小学教学楼，扩大办学规模，缓解城区中小学生就学难问题。8.建成仁大、李店、治平、威戎等4个防雹点，降低雹灾对农业生产的损害。9.抓好农村居民最低生活保障提标扩面工作，使4.72万农村贫困人口基本生活得到保障。10.建成静宁县社会福利院和威戎中心敬老院，使全县集中供养五保人员达到230人。11.建成移动通信基站55个，消除通信盲区。12.在城川吴庙、威戎杨湾等22乡镇31村发展“一池三改”农村沼气用户2500户，改善农村居民生活条件。

加强政府自身建设

新的一年，我们将继续推进政府职能转变，坚持为民执政、依法行政、高效施政、务实从政、从严治政，着力建设为人民服务、对人民负责、让人民满意的政府。

第一，为民执政，不断提高服务力。牢记服务宗旨，树立政府所有部门都是服务部门、所有岗位都是服务岗位、所有公务员都是服务员的观念，把主要精力转移到为基层服务、为企业服务、为群众服务、为投资者和纳税人服务上来。加强诚信服务，落实首问责任制、限时办结制，言必信，行必果。大力开展便民服务，推行政务公开，优化服务环境。把审批、执法、检查等重要岗位作为监督的重点，防止政府权力部门化、部门权力利益化、公共利益私有化，严肃查处门难进、脸难看、事难办和刁难设卡、以权谋私的违法违纪行为。

第二，依法行政，不断提高公信力。严格按照法定权限和程序行使权力，全面推动社会生活在法制规范下有序运行，矛盾纠纷在法律框架内有序解决，各项工作在法治轨道上有序开展，提高依法管理社会事务和其他行政事务的能力。严格行政执法责任制和执法过错追究制，做到行政权力授予有据、行使有规、监督有效，防止行政不作为和乱作为。加强对经济社会发展重大问题的调查研究，完善重大事项集体决策、专家咨询、社会公示和听证制度，增强决策的科学性。充分发扬民主，广开言路，积极听取采纳人民群众的意见建议，使人民群众成为制定决策的参与者、贯彻决策的落实者、建设成果的共享者。

第三，高效施政，不断提高执行力。把执行作为县乡政府及部门的主要职能，以执行力的提高来推动工作，推进发展。吃透上情，摸清下情，找准执行的结合点，增强执行的针对性和实效性。强化责任理念，讲担当不讲借口，讲服从不讲价钱，讲主观不讲客观，敢抓敢管，积极履职；始终保持奋勇当先的冲劲和永不言弃的韧劲，直面矛盾，迎难而进。大力倡导雷厉风行、立说立行，提高行政效能。完善政府内部分工负责、合力推进的工作机制，注重加强部门之间的沟通、协调和配合，不搞上有政策、下有对策的不执行，不搞利益优先、有所选择的半执行，不搞各自为政、各行其是的乱执行，确保政令畅通。

第四，务实从政，不断提高落实力。大力弘扬求真务实、崇尚实干的作风，把精力集中在想干事上，把本领体现在会干事上，把目标锁定在干成事上，做到鼓实劲不务虚事，求实效不图虚名，开拓进取不自满，脚踏实地不浮躁，埋头苦干不张扬。树立正确的政绩观，多做打基础的工作，多做增后劲的工作，多做利长远的工作，多做系民生的工作，使各项工作经得起群众检验，经得起实践检验，经得起历史检验。善于用开放的意识正视存在的差距，用超前的理念研究争先的思路，用积极的办法落实发展的措施，做到在常规工作上有创新，在重点工作上有进展，在难点工作上有突破。建立健全工作落实保障机制，以岗位责任制规范工作职权，以承诺兑现制明确工作要求，以责任追究制严肃工作纪律，真正在深化、细化、具体化上做文章，在实抓、实干、求实效上下功夫。

第五，从严治政，不断提高凝聚力。正确行使人民赋予的权力，勤政为民，做到权为民所用，情为民所系，利为民所谋。认真落实廉政建设责任制，以解决群众反映的突出问题为重点，坚决纠正损害群众利益的不正之风。加强廉政制度建设，真正形成用制度规范行为、按制度办事、靠制度管人的有效机制，防止滥用权力。大力发扬艰苦奋斗和勤俭节约的精神，勤俭办一切事情，坚决反对铺张浪费。加强思想道德和纪律教育，提高公务员整体素质，造就一支政治强、业务精、纪律严、作风正的公务员队伍。把团结作为一种能力来锻炼和提高，作为一种文化来继承和弘扬，作为一条纪律来遵守和执行，打造团队精神。

县人大常委会工作报告

（县人大常委会主任张自杰　2008年1月7日）

2007年工作回顾

2007年，常委会深入贯彻落实科学发展观，紧紧围绕改革发展稳定大局，按照县十五次党代会和十五届人大一次会议确定的各项任务，认真履行宪法和法律赋予的职责，扎实开展工作，为推动我县民主法制建设，促进经济社会发展发挥了积极作用。

一、认真审议工作，强化执法监督

一年来，围绕关系经济社会发展和群众切身利益的重要事项，召开常委会会议6次，听取、审议“一府两院”专项工作报告12项，针对具体问题提出意见、建议，有效推动了工作落实。

常委会重视对经济和社会发展的宏观监督，听取审议了县政府关于2007年上半年国民经济和社会发展计划执行情况、2006年财政决算和2006年县级财政预算执行情况审计报告，就确保完成年度经济和社会发展目标任务，严格财政预算约束提出审议意见。专题审议了县政府关于全县果品产业发展情况的报告，在肯定成绩的同时，要求县、乡政府和有关部门进一步优化发展思路，提高果园管理水平，健全服务体系，优化营销环境，推动果品产业快速发展。

常委会高度关注行路、就医、上学等与群众生产生活息息相关的问题，对通乡油路建设、新型农村合作医疗、改善办学条件工作进行视察、调研和审议，提出切实可行的意见、建议，督促职能部门加强和改进工作。县城建设与管理是群众十分关注的难点问题，常委会在广泛听取社会各界意见的同时，通过组织代表视察，听取审议专项报告，提出严格县城规划管理，改善城区治安状况，解决市容脏、乱、差问题，加强供热监管，抓好环境污染治理等意见、建议，支持和促进政府职能部门加大工作力度，努力解决存在的问题。

常委会积极贯彻依法治国方略，加强执法监督，开展执法检查，促进依法行政、公正司法。重点对土地管理法的执行情况进行检查和审议，就严格土地管理、依法查处各类土地违法行为、开展土地执法大检查和进行集中整治等提出意见，督促职能部门进行查纠整改。专题听取审议了法、检两院关于2007年执法检查工作情况的报告，促进法、检两院进一步加强干警队伍建设，规范执法行为，维护司法公正。常委会还按照省人大的要求，积极开展立法调研、法规草案征求意见等活动，较好地完成了“立法联系县”工作。

二、依法决定重大事项，做好干部任免工作

根据法律规定和代表大会的授权，审查批准了县政府关于2007年财政预算调整、2007年国民经济和社会发展计划调整的报告，作出有关决议、决定4件。

完善任免工作程序，实行任命干部表态发言、公开颁发任命书等制度，按照坚持党的领导、充分发扬民主和严格依法任免的原则，完成了换届后政府组成部门负责人任命工作。一年来，共任命国家机关工作人员36人，接受辞职和免职10人。其中，任命县政府副县长1人，政府组成部门负责人20人；任命县人大常委会工作委员会负责人3人，接受辞职1人，免职2人；任命县法院副院长1人，审判人员10人，免职7人；任命县检察院副检察长1人。

三、加强调查研究，重视信访工作

常委会坚持把调查研究作为改进工作作风、提高议事质量的重要措施，结合审议和监督工作，选择一些重点事项进行专题调研，真实准确地反映经济建设和社会发展中的实际情况及突出问题，提出针对性、指导性和操作性较强的意见、建议。先后组织开展了6次较大规模的调研活动，其中，关于发展果品产业、改善办学条件两个调查报告，报送县委后被批转各乡镇、各部门研究落实，对促进果品产业和教育事业发展起到积极作用。

重视信访工作，坚持常委会领导接待信访和重大信访件由主任会议研究处理制度，全年共接待群众来信来访30多件（次），督促协调有关部门认真解决群众反映的问题，疏导化解矛盾，维护群众合法权益和社会和谐。

四、改进代表工作，发挥代表作用

采取以会代训方式，对部分代表进行监督法、地方组织法和人大知识培训，增强代表履职能力。按照便于组织和活动的要求，在县人大代表中组建26个代表小组，指导开展学习、视察等活动。走访基层代表，密切与代表的联系，8月份，分别在仁大、三合等6乡镇召开代表座谈会，听取代表对常委会及“一府两院”工作的意见、建议。邀请部分代表列席常委会会议，参加常委会组织的视察、调研、检查活动，一年来，闭会期间直接参与过常委会有关活动的市、县代表近100人（次）。加大代表意见、建议督办力度，对少数办理不认真、答复不规范的意见、建议，退回承办单位重新办理。至10月底，县十五届人大一次会议61件代表意见、建议全部办理完毕，代表所提问题已经得到解决和基本解决的达32件，占总数的52%，办理质量有了新的提高。组织在县的省、市人大代表以意见、建议形式向上反映我县经济社会发展中的一些困难，争取省、市的支持。我县的省人大代表向省十届人大五次会议提出的《关于解决静宁县农村饮用苦咸水问题的建议》，被省人大、省政府列为重点督办件，省人大常委会领导、相关部门负责人先后两次来静宁进行现场办理，所提问题得到较好解决。

五、规范议事程序，加强机关建设

严格落实常委会议事规则等基本工作制度，结合实施监督法，下发了《关于贯彻〈监督法〉进一步规范听取审议“一府两院”专项报告工作的通知》，就专项工作报告的基本形式、报告责任人、报送程序和时效、审议意见的办理等提出了具体要求，改进和规范了工作，审议质量明显提高。

深入学习贯彻党的十七大精神，结合市、县开展的解放思想、转变观念大讨论和纪律作风整顿活动，积极创建学习型、创新型、务实型、服务型机关，增强了为人大工作服务的能力。常委会领导班子成员坚持在参与中监督，在参与中支持和服务，在搞好人大工作的同时，积极主动参与各个阶段的中心工作，深入到分工联系的乡镇、部门和企业，调研、检查和指导重点工作，合力推进全县经济建设和各项社会事业的发展。

常委会一年来各项工作所取得的成绩，是县委正确领导的结果，是各位代表辛勤工作的结果，是“一府两院”及有关部门密切配合的结果，也是社会各界关心支持的结果，在此，我代表县人大常委会表示衷心的感谢！

一年来，常委会各项工作虽然取得了新的进展，但与宪法、法律的要求和全县人民的期望相比，我们的工作还有一定差距。主要是：监督工作的实效还不够理想，审议意见的办理督查工作有待进一步加强；代表履职条件和保障措施还不到位，代表的作用发挥不够。所有这些问题，都需要我们在今后工作中认真研究，逐步加以解决。

2008年工作任务

2008年，县人大常委会要以中国特色社会主义理论为指导，在县委的领导下，深入贯彻党的十七大精神，把坚持党的领导、人民当家做主和依法治县有机统一起来，按照“围绕中心、贴近民生、服务发展、促进和谐”的总体思路和“抓大事、促难点、求实效”的工作要求，认真履行法定职权，努力开创人大工作新局面，为推动全县经济社会又好又快发展做出新的贡献。

一、围绕推动科学发展，认真开展工作监督

贯彻实施监督法，进一步规范和强化监督工作。依法审议工作和决定重大事项，加强对财政、计划执行情况的监督，重点对项目建设、产业发展、生态环境建设与保护、民营经济发展等工作进行视察、调查和审议。关注民生，从群众最关心、最直接、最现实的问题入手，对新农村建设、医疗卫生条件改善、乡村道路建设、城镇建设、居民住房、弱势群体权益保障、社会治安管理等热点、难点问题进行深入调研，开展监督，促进经济社会和谐发展。加强对县人大及其常委会决议、决定执行情况，常委会审议意见、执法检查意见、视察意见、评议意见落实情况的检查监督，定期听取情况汇报，及时发现和督促解决问题，不断增强监督实效。采取多种方式，将常委会开展监督和“一府两院”改进工作的情况，向代表通报，向社会公开，提高监督工作的透明度。

二、围绕营造良好的法治环境，大力推动依法行政、公正司法

重视法制宣传教育工作，积极推动“五五”普法活动，增强执法人员和全社会的法治意识。针对社会普遍关注的生产、交通、食品和药品等公共安全问题，有重点地开展执法检查，督促有关部门切实解决群众反映强烈的问题，为群众创造良好的生产、工作和生活环境。加强对依法行政工作的监督，推动政府组成部门提高依法决策、依法管理的能力，进一步转变职能，改进作风，严格按照法定权限和程序办事，创优发展环境，更好地为经济建设服务。加强司法监督，促进法、检两院抓好队伍建设，着力解决审判和检察工作中社会反映突出的问题，规范司法行为，提高办案质量，严格、公正、文明执法，维护社会公平和正义。

三、围绕充分发挥代表作用，不断改进代表工作

深入贯彻落实中央9号文件精神，努力提高代表工作质量。坚持对代表进行法律和人大知识培训，不断提高代表履职能力。开展“双联系”活动，加强与代表的联系，及时向代表提供县人大常委会工作信息和“一府两院”主要政情。邀请代表列席常委会会议，更多更好地组织代表参与常委会组织的视察、调查、检查和评议活动，为代表知情参政搞好服务，保障代表依法行使职权。探索规范代表活动小组工作，有计划地组织开展学习、视察和向选民述职等活动，密切代表与选民的联系。在代表中开展以“努力学习、更新观念，争当解放思想的表率；积极进取、干事创业，争当加快发展的表率；宣传法律、化解矛盾，争当促进和谐的表率；反映民意、建言献策，争当履行代表职务的表率”为主要内容的“创先争优”活动，进一步调动代表履职积极性。改进和加强代表意见、建议办理工作，对一些重点意见、建议，通过现场办理、跟踪督办等形式，提高办理质量，保证代表为民代言、替民用权作用的有效发挥。加强与乡镇人大的联系，指导乡镇人大进一步完善工作制度，共同推动基层民主法制建设。

四、围绕提高工作水平，努力加强自身建设

坚持用党的十七大精神武装头脑和指导行动，进一步加强常委会组成人员和工作人员的思想、作风和业务建设。大兴调查研究之风，围绕全县重点工作，深入开展调查研究活动，充分听取代表和群众的意见，了解民情，反映民意，集中民智，说实话、干实事、求实效，把工作的着力点放在促进解决影响发展、影响和谐的突出问题上，努力提高为全县发展大局服务的水平。根据新形势的要求，修订完善常委会有关工作制度，研究制定代表议案和意见、建议处理办法，探索实行规范性文件备案审查制度，建立审议意见落实情况督查和通报反馈制度，不断提高常委会工作的制度化、规范化、程序化水平，使常委会更好地发挥地方国家权力机关、工作机关和代表机关的作用。

第三节　县第十五届人民代表大会第三次会议

大会概况

县十五届人大三次会议于2008年12月29日至30日在静宁宾馆二楼会议室召开。县十五届人大二次会议以来，张秉银代表因退休迁出静宁县，根据选举法第五十一条第二款的规定，张秉银的代表资格自行终止，在代表出缺的司桥乡选区补选王彦博为县第十五届人大代表，至此，县第十五届人大代表实有208名。此次大会实出席195名，不是县人大代表的县级领导和乡镇党委书记、人大主席，县委各部门、群众团体、人大各委室、县直及省市驻静宁各单位主要负责人，在静宁县的部分省、市人大代表及部分离、退休老干部，出席县政协七届三次会议的全体委员（列席此次会议第一次全体会议），共305人列席会议。

马千里、王克选、王运军、王星耀、王彦博、史晓平、许富忠、李金、李存时、李根进、李雪云、杨康乐、吴水利（女）、沙芳琴（女、回族）、宋全科、张荣（女）、张三相、张自杰、张来有、张金业、张建宁、陈龙、陈铎、陈向华（女）、聂正国、徐爱国、高恒、高万福、高长茂、郭煜、崔鹏林、裴晓江、薛晓宏、魏晓平、戴双军（按姓名笔画为序）35人组成大会主席团，王星耀、许富忠、沙芳琴（女、回族）、宋全科、张自杰、张金业、陈铎、陈向华（女）、聂正国、高恒、魏晓平、戴双军（按姓名笔画为序）12人为主席团常务主席；高恒为秘书长，李金、李永成、杨军虎、平宏、李文环为副秘书长；许富忠、薛晓宏、王运军、史晓平、杜文彪、李成蹊、李存时、胡志科、高长茂9人组成议案审查委员会，许富忠为主任委员，薛晓宏为副主任委员。

12月28日下午举行预备会议，由县人大常委会主任张自杰主持，听取县人大常委会副主任、第十五届人大常委会代表资格审查委员会主任委员高恒所作的《关于代表出缺变动和补选代表资格审查情况的报告》，通过大会议程和大会主席团、秘书长、议案审查委员会名单，宣布主席团第一次会议讨论通过的事项。

大会共举行全体会议3次。第一次全体会议于12月29日上午举行，执行主席是马千里、王彦博、史晓平、宋全科、张自杰、张金业、陈铎、陈向华、聂正国、崔鹏林、薛晓宏、魏晓平。会议由县人大常委会主任张自杰主持，听取县政府县长陈铎所作的《县人民政府工作报告》，审议县发展和改革局局长史晓平所作的《关于县2008年国民经济和社会发展计划执行情况及2009年国民经济和社会发展计划（草案）的报告（书面）》、县财政局局长王运军所作的《关于2008年财政预算执行情况和2009年财政预算（草案）的报告（书面）》。第二次全体会议于12月30日上午举行，执行主席是王克选、王运军、李雪云、杨康乐、沙芳琴、张三相、张来有、陈龙、高长茂、郭煜、戴双军。会议由县人大常委会副主任戴双军主持，听取县人大常委会主任张自杰所作的《县人大常委会工作报告》、县法院院长李根进所作的《县人民法院工作报告》、县检察院检察长陈龙所作的《县人民检察院工作报告》，审议县人大常委会《关于县十五届人大二次会议代表意见、建议办理情况的报告（书面）》。第三次全体会议于12月30日下午举行，执行主席是王星耀、许富忠、李金、李存时、李根进、吴水利、张荣、张建宁、徐爱国、高恒、高万福、裴晓江。会议由县人大常委会副主任王星耀主持，选举县人大常委会委员1名，听取县人大常委会副主任、议案审查委员会主任委员许富忠所作的《关于议案和意见建议审查情况的报告》，通过《关于政府工作报告的决议》《关于2008年国民经济和社会发展计划执行情况及2009年国民经济和社会发展计划的决议》《关于2008年财政预算执行情况和2009年财政预算的决议》《关于县人大常委会工作报告的决议》《关于县人民法院工作报告的决议》《关于县人民检察院工作报告的决议》。会议结束时，县委书记宋全科作了讲话。

大会安排分团会议3次。

大会主席团召开会议3次。

大会收到代表意见、建议58件，涉及7个方面。其中：①农业和农村工作方面6件，占10.3%，主要是建议扩大农村能源沼气建设，建设村民综合服务中心，扶持发展曹务乡洋芋产业，支持林苑养殖业发展，对古城乡余湾、齐岔和红寺乡八棱等12村农网进行改造等；②水利建设方面14件，占24.1%，主要是建议将西北部小塘坝建设列为基础设施建设重点项目，对甘渭河河堤、葫芦河李湾河堤进行治理，在细巷乡南坡塬、三合乡段渠、司桥乡白土岔流域建设提灌工程，为界石铺镇邢岔、谷湾，古城乡二堡、丁寺，仁大乡阳洼、西山沟，深沟乡王堡、樊沟，双岘乡中湾、李咀等村修建人饮工程等；③道路建设方面17件，占29.3%，主要是建议油铺界石铺至三合、雷大至双岘通乡公路，改造油铺西、南关原油铺道路，新建新店至治平、深沟至通渭陇川、邹河至隆德联财道路，对余湾韩店至静秦公路段、灵芝张堡至魏岔等道路进行硬化、铺沙，修建八里照世至城川甘河桥、李店滨河路桥、细巷厚川河桥、界石铺七里河桥、司桥乡政府至杨川河桥等；④城镇建设和管理方面6件，占10.3%，主要是建议在城区增建公共厕所，对威戎镇、界石铺镇、甘沟乡等小城镇建设给予项目支持，解决街道排水排污和卫生脏、乱、差等问题；⑤教育卫生文化方面8件，占13.8%，主要是建议修建司桥初中宿办楼，修建四河、灵芝乡文化站，加强基层卫生医疗机构服务能力建设和健全完善新型农村合作医疗制度等；⑥非公经济方面3件，占5.2%，主要是建议落实民营经济发展专项基金，解决中小企业“贷款难”问题，组建静宁县地毯集团公司等；⑦其他方面4件，占6.9%，主要是建议提高村社干部报酬，加大农村畜牧防疫信息中心建设，新建红寺甘湾村移动网络覆盖点，解决新店乡新店、甘坡两村移动通讯漫游费问题等。

大会议程

一、听取和审议县人民政府工作报告；

二、审议县人民政府关于2008年国民经济和社会发展计划执行情况及2009年国民经济和社会发展计划（草案）的报告（书面）；

三、审议县人民政府关于2008年财政预算执行情况和2009年财政预算（草案）的报告（书面）；

四、听取和审议县人大常委会工作报告；

五、审议县人大常委会关于县十五届人大二次会议代表意见、建议办理情况的报告（书面）；

六、听取和审议县人民法院工作报告；

七、听取和审议县人民检察院工作报告；

八、选举；

九、其他。

大会日程

县第十五届人民代表大会第三次会议日程表

表3-100

时间		内容	执行主席
12月28日	下午3:00	预备会议：1.代表变动及补选情况报告；2.通过大会议程；3.通过大会主席团和秘书长名单；4.通过大会议案审查委员会名单；5.宣布主席团第一次会议讨论通过的事项	张自杰
12月29日	上午9:00	大会：1.开幕式；2.政府工作报告。会后，各代表团分团审议政府、计划、财政工作报告	马千里 王彦博 史晓平 宋全科 张自杰 张金业 陈 铎 陈向华 聂正国 崔鹏林 薛晓宏 魏晓平
	下午2:30	1.各代表团继续审议政府、计划、财政工作报告，结合审议提出有关议案和意见、建议。2.讨论选举办法（草案）；3.酝酿讨论补选县人大常委会委员候选人名单（草案）	

续表3-100

时间		内容	执行主席
12月30日	上午9:00	大会：1.县人大常委会工作报告；2.县人民法院工作报告；3.县人民检察院工作报告	王克选　王运军 戴双军　李雪云 杨康乐　沙芳琴 张三相　张来有 陈　龙　高长茂 郭　煜
	大会结束至下午3:30	1.各代表团审议人大、法院、检察院工作报告；2.继续酝酿讨论有关候选人及监票人名单（草案）	
12月30日	下午4:00	大会:1.通过选举办法;2.选举;3.议案和意见、建议审查报告;4.表决关于政府、计划、财政、人大、法院、检察院工作报告的决议;5.县委领导讲话;6.大会闭幕	王星耀　许富忠 李　金　李存时 李根进　吴水利 张　荣　张建宁 徐爱国　高　恒 高万福　裴晓江

主席团会议日程

县第十五届人民代表大会第三次会议主席团会议日程表

表3-101

时间		地点	内容	参加人	主持人
第一次会议	12月28日预备会议期间	静宁宾馆二楼会议室	1.通过大会日程；2.通过主席团常务主席名单；3.决定大会副秘书长名单；4.决定大会议案和意见、建议终止时间	主席团成员	张自杰
第二次会议	12月29日第一次全体会议结束后	静宁宾馆三楼会议室	1.讨论通过选举办法（草案）；2.讨论提出补选县人大常委会委员候选人名单（草案）；3.提出大会选举监票人名单（草案）	主席团成员及代表团召集人	张自杰
第三次会议	12月30日下午3:00	静宁宾馆三楼会议室	1.听取各代表团关于政府等六个工作报告讨论情况汇报；2.听取关于选举办法（草案）讨论情况汇报；3.听取关于候选人名单（草案）讨论情况汇报；4.听取关于大会选举监票人名单（草案）讨论情况汇报；5.决定正式候选人名单；6.听取议案和意见、建议审查情况汇报；7.讨论政府、计划、财政、人大、法院、检察院工作报告的决议（草案）	主席团成员及代表团召集人	张自杰

大会选举

县人大常委会：

委　员　姚国奇

县人大常委会委员姚国奇个人情况表

表3-102

姓名	性别	民族	出生年月	籍贯	文化程度	工作时间	入党时间	工作简历
姚国奇	男	汉	1954.4	静宁治平	本科	1976.9	1984.12	曾在治平教委、甘沟中学任教；历任甘沟中学副校长、校长，县直机关工委副书记（正科级），县科委主任（科技局局长）、科协主席，县文化体育局局长，提名为县人大常委会教科文卫工作委员会主任

附：

县人民政府工作报告

（县人民政府县长陈铎　2008年12月29日）

2008年工作回顾

2008年，全县上下坚持以科学发展观为指导，按照“强化基础、突出特色、科学发展”的总体要求和“好中求快、稳中求进、紧中求活、变中求新”的工作基调，坚持抓落实、干到位，在克服重重困难中开拓奋进，全面完成了县十五届人大二次会议确定的各项目标任务。

——致力于总量扩张，实现了综合实力的大幅提升。全县经济持续较快发展，社会和谐稳定，人民生活水平稳步提高。预计全年生产总值达到16.36亿元，比上年增长14.4%；大口径财政收入完成5961万元，增长13.6%；地方财政收入完成3934万元，增长15.3%；固定资产投资完成16.9亿元，增长50.45%；农民人均纯收入达到2079.5元，增长14.8%；城镇居民人均可支配收入达到8561元，增长15.6%。

——致力于扩量提质，实现了产业开发水平的持续提高。认真落实农民增收六大行动，强力推进农业结构调整，集中扩基地、抓特色、增效益。推广种植全膜双垄沟播玉米10.08万亩，平均亩产740公斤，增产2.5万吨；种植优质专用小麦11万亩；夏、秋粮全面丰收，粮食总产稳中有增，达到15.32万吨。果品产业纵深推进，完成了《静宁县2008—2012年果品产业规划》，新植果树经济林10.67万亩，总面积突破60万亩，其中挂果园22.5万亩；建成标准化生产基地8.02万亩，优质苹果良种苗木繁育基地840亩；果品总产量达到24万吨，实现产值4亿元；积极开拓果品销售市场，出口4800吨，创汇325万美元；静宁苹果走进北京奥运，在第五届深圳果蔬展览会上荣获2008年度全国“兴果富农”工程建设百强示范县称号，知名度进一步凸显。加快推进畜牧养殖业，发展红寺白局等养殖示范村30个，规模养殖户1020户，畜禽饲养量、出栏量分别增长2.8%和11.7%。洋芋产业规模发展，种植32.6万亩，新优品种占到81.3%。间作套种区域特色瓜菜10万亩。新开拓新加坡、沙特阿拉伯等3个境外劳务基地，多途径输转劳务8.73万人次，创收4.6亿元。农民人均从特色产业中收益1158元，占农民人均纯收入的55.7%。

——致力于提速增效，实现了工业经济的快速发展。完成工业园区总体规划修编和环境影响评价，实施道路油铺等基础设施配套，园区聚集功能不断增强，新入园项目10项，完成投资7090万元。坚持依托产业办工业，建成2.5万吨通达果汁、2万吨乳化炸药、5000万平方米高速瓦楞纸板等10个重大工业项目，地方工业支撑力迅速增强。严格落实节能降耗措施，关停石灰窑、小淀粉等企业13户，超额完成了节能减排任务。加强工业经济调度，运行质量和效益稳步攀升，规模以上工业增加值达到2.23亿元，增长24.9%；实现利税1897万元，增长15.1%。

——致力于夯实基础，实现了城乡发展条件的明显改善。持续推进农村道路建设，完成静庄公路县城至威戎段改扩建工程前期工作，可研报告通过省发改委评审批复。油铺雷大至阳川等通乡道路3条75公里，硬化通村道路82.8公里，全县通油路的乡镇和通等级路的村分别达到83%和60.2%。建成乡镇客运站6个，行政村汽车停靠点18个，开通县城至甘沟城乡公交一体化班线，群众出行条件大幅度改善。集中进行水利攻坚，建成安全饮水、县城供水复线、病险水库除险加固、河堤治理等水利工程21项，新增农村自来水用户6458户。千方百计自筹资金2600万元，建成集雨水窖1.04万眼，解决了西北部7乡镇4.8万人的饮水困难。持续推进生态建设，完成三荒造林1万亩，补植补造16万亩，治理水土流失48平方公里，新修梯田2万亩，整理土地6416亩；积极推进农村能源建设，发展沼气用户2500户。县城及小城镇建设在规模扩张、功能配套、小区管理等方面取得了新进展，《县城总体规划》修编通过市政府审批，甘沟等17个集镇规划通过评审，细巷韩川等54个村庄规划编制完成。建成新盛花园等7个住宅小区，开发商住楼79幢39.6万平方米。阿阳路改造、西岭公园续建、成纪路广场等市政工程全面建成，启动了县城西展工程。李店、威戎等8个重点小城镇建设进展良好，城镇辐射带动能力进一步提升。突出产业培育、设施配套和村容村貌改善，八里小山等30个新农村试点村建设成效显著，城川吴庙省列试点村通过验收。余湾王坪、贾河山上湾等易地扶贫搬迁项目进展顺利。312沿线村庄和环境综合整治深入开展，农村人居环境进一步优化。全年城乡建设投资总额达到8.2亿元，城镇化水平提高2个百分点。

——致力于协调发展，实现了社会事业的长足进步。全县教育基础设施建设实现历史性跨越，建成职教中心、三中、城关小学、新城小学教学楼和双岘等7所初中宿舍楼，新建改建学校130所7.2万平方米，一次性排除D级危房3.3万平方米。全年用于教育基础设施的投资达到5779万元，是我县教育史上建设规模最大、投入资金最多、建设质量最高的一年。教育质量稳步提高，高考大专及高职以上上线6533人，上线率81.2%，稳居全市之首。职业教育迈上新台阶，职业中专成功改办为平凉机电工程学校，成为职业教育发展新的里程碑。医疗卫生条件进一步改善，成立了社区卫生服务中心，建成中医院综合楼、妇幼保健站业务楼、李店等4所乡镇卫生院和30个标准化村卫生室。深入开展以医德医风和服务能力建设为重点的集中整顿，改革乡镇卫生院管理体制，强化条块管理，加强绩效考核，人民群众就医看病条件得到进一步改善。全面推行科技特派员制度，积极争取、启动实施科技富民强县工程，培训农民8.4万人次。文化体育事业发展加快，建成“农家书屋”59家、乡镇体育场 24个，全面开展第三次文物普查，“千台大戏送农村”文化下乡、迎奥运健身活动蓬勃开展。立足县域特色，编制完成全县旅游业发展规划，建成成纪历史人物纪念馆，自筹资金建设界石铺红军长征纪念园，目前已完成主次展馆、南大门、游客中心、管理接待中心、星级厕所等主体工程和红军楼的维修，实现了全县旅游产业开发规划和体系建设的新突破。狠抓各项节育措施和政策落实，改扩建细巷等3乡镇计生服务所，人口出生率控制在10.84‰，农村计生率达到79.6%，全面完成当年人口和计划生育目标，省级优质服务县创建工作扎实推进。新发展有线电视用户700户，全县广播电视综合覆盖率达到94%。建成移动通信基站60个，县内移动通信盲区基本消除。《静宁军事志》编纂完成。

——致力于改革创新，实现了发展活力的不断增强。全力推进企业改革，完成火柴厂、毛针织厂等7户企业的改制，安置职工1070人。适应公共事业发展需要，组建规划局、公用事业管理局等机构，增强了城市规划管理和公共服务能力。深化财政体制改革，加强财政项目管理和国库集中支付，优化支出结构，当年财政支出9亿元，较上年增长46%，财政资金进一步向民本民生和重点建设倾斜。“万村千乡”和“退市还路”工程深入推进，城乡市场日益活跃，社会消费品零售总额达到8.35亿元，增长18.9%。坚持走出去、引进来，全方位开展招商引资，签约项目16项，引进县外资金2.97亿元，增长91.1%。外贸销售总额6600万元，增长24%。大力实施全民创业工程，新发展私营企业18户，非公有制经济增加值达到4.8亿元，增长9.9%。积极培育地方金融体系，组建成立了成纪村镇银行，筹建恒达小额贷款公司，金融机构存、贷款余额分别增长29.8%和12%。

——致力于共建共享，实现了民本民生的显著改善。全面落实各项惠农政策，兑付“两免一补”等补贴补助2.2亿元。完善就业援助制度，发放下岗失业人员小额担保贷款462万元，新增城镇就业2534人，城镇登记失业率控制在3.8%以下。新农合补助标准实现翻番，住院报销比例和报销封顶线进一步提高，全县参合人数累计达到41万人，参合率93.4%。建成覆盖中南部乡镇的威戎中心敬老院。城乡低保、农民工工伤保险、城镇居民基本医疗保险等社会保险体系逐步完善，覆盖面不断扩大，保障标准持续提高，落实最低生活保障金3638万元，发放救灾救济金5041万元、医疗救助金302万元。建成廉租住房2幢126套，发放住房补贴99.5万元。修订了城区供暖管理办法，采取综合措施提高供热质量，保证广大居民温暖过冬。全面落实贫困大学生生源地助学贷款、贫困家庭住宿生生活补助、农村义务教育教科书免费发放等政策，上学难、上学贵问题基本得到解决。扶贫开发力度不断加大，有6700名贫困人口基本解决温饱，7800名低收入人口稳定脱贫。县政府年初承诺的12件实事均全面落实。

——致力于抗灾自救，实现了灾后重建的阶段性胜利。“5·12”特大地震、“7·19”特大雹灾发生后，我们坚持以人为本，不等不靠，迅速行动，在第一时间核实灾情、安置群众、排危除险，全力以赴开展灾后重建，最大限度地降低了灾害损失。先后为3211户9841名“三无”“三孤”人员和受灾困难群众发放帐篷等物资近8000件（套）、临时生活补助2392万元。抢修受损的电力、交通、水利等基础设施23处，保证了基础设施的正常运行；高标准、高质量完成学校重建85所，农宅重建1000户2662间，维修加固2228户5720间，全县经济发展和群众生活没有因灾出现大的波动。

——致力于和谐创建，实现了社会秩序的平安稳定。加快政府职能转变和管理创新，依法行政工作全面推进。坚持定期向人大及其常委会报告工作，向政协通报情况，认真听取社会各界的意见建议，办理人大代表建议和政协委员提案121件，办结率100%。加强公共应急管理，积极处置“三鹿奶粉”事件，及时组织筛查婴幼儿6374名，免费治疗478名。强化市场监管和价格监控，全面推进食品药品两网建设，积极开展食品药品市场整顿，有效保证了人民群众的生命健康。高度重视信访工作，畅通民意诉求渠道，广泛开展矛盾纠纷排查调处，一批突出问题得到有效处理。扎实推进“平安建设”，社会治安综合治理成效明显。政法基层基础建设不断加强，建成法院办公大楼、检察院技侦楼、城关派出所和仁大等4个司法所。深入开展重点领域、重点行业的安全整治，安全生产形势保持平稳。重视维护妇女儿童、残疾人、老年人的合法权益，全县安定团结、文明和谐的良好局面得到巩固。与此同时，人民武装、监察审计、民族宗教、统计档案、消防等工作迈上一个新的台阶，工商质监、金融保险、电力通信、盐业烟草等省市驻静单位都为服务全县发展作出了重要贡献。

2008年，我县大事多、难事多、急事多，是发展进程中很不寻常、很不平凡的一年。一年来，全县上下同心同德、迎难而上、顽强拼搏，妥善应对地震、冰雹、霜冻等特大自然灾害的严峻挑战，努力克服国际国内经济形势带来的诸多影响，尽力把各种损失降低到了最低程度，把各个难题化解到了最小范围，把各项工作发展到了最新水平，全县经济社会保持了增速加快、结构优化、效益改善、协调推进的良好态势。过去的一年，是我县农业结构调整大幅推进的一年。一年来，我们充分发挥优势，整合资源，大力度推进农业结构调整，完成了10万亩全膜双垄沟播玉米、10万亩果树经济林、10万亩瓜菜和30万亩洋芋产业开发任务，支柱产业更加壮大，农业结构渐趋合理，发展效益明显提高，农民收入稳定增长。过去的一年，是我县项目建设投资最大的一年。一年来，我们紧贴投资导向，抢抓发展机遇，实施亿元以上项目9个、千万元以上项目46个、50万元以上项目165个，完成总投资19.4亿元，增长27%，项目建设取得了令人振奋的成就。争取国家投资和转移支付4.5亿元，增长62.8%，创历史新高，有力地拉动了县域经济快速发展。过去的一年，是我县工业经济快速发展的一年。一年来，我们坚持外引内扶，深化企业改革，大办工业项目，建成了通达果汁、乳化炸药、恒达瓦楞纸板等省内相关行业最大的3条生产线，构建了骨干企业体系新格局，迈出了工业强县的坚实步伐。过去的一年，是我县发展基础全面夯实的一年。

一年来，我们着眼基础改善，集聚合力，攻坚破难，建成了百所学校、百公里道路硬化油铺、千亩土地整理、千座沼气池、万眼水窖、万亩梯田等一批重点工程，使22村群众走上了硬化路，3万名学生搬进了新教室，2500户家庭用上了清洁气，2600户农民种上了平整田，4.8万人用上了洁净水，城乡基础条件发生了深刻变化。过去的一年，是我县改善民生成效显著的一年。一年来，我们坚持以人为本，顺应民意，全面办成了省、市、县确定的21件惠民实事，社会保障扩面提标，全年社保支出达到2.2亿元，农村困难家庭、五保户的保障水平进一步提高，人民群众饮水、看病、上学、行路等民生民计得到显著改善。过去的一年，是我县埋头苦干锐意进取的一年。一年来，我们风雨同舟，和衷共济，狠抓政风行风建设，完善目标责任体系，严格考核奖惩，抓落实，干到位，调动和凝聚了全县各级的创造性，形成了你追我赶、竞争向上、争创一流的良好态势，夺取了各项工作的新胜利。这些充分证明：静宁是一方充满活力、大有希望、大有作为的天地，静宁人民是充满智慧、勤劳勇敢、富于创造的人民。只要我们团结一心、勇往直前，就一定能战胜前进道路上的各种艰难险阻；只要我们解放思想、开拓创新，就一定能破解发展进程中的任何难题，实现经济社会的又好又快发展。

道路充满艰辛，成就来之不易。过去的一年，我们之所以能够战胜困难，全面完成年初确定的各项目标任务，主要归功于县委的正确领导和人大、政协的监督支持，归功于全县广大干部职工的勤奋工作，归功于47万静宁人民的团结奋斗。

我们也清醒地认识到，全县经济社会发展和政府工作中还存在着不少困难和问题。虽然全县经济发展加快，但总量不大，自我发展能力不足，实现可持续发展的压力依然较大；虽然经济结构调整取得一定实效，但产业层次偏低，发展方式落后，高污染、高能耗的问题还比较突出，优化经济结构、转变发展方式的任务依然繁重；虽然农民收入稳定增长，但农业基础脆弱，预防和处置霜冻、冰雹、干旱等自然灾害的能力十分有限，农民增收的不稳定因素还很多；虽然工业发展态势较好，但企业总体数量少、规模小、效益差，仍是经济增长的“短腿”；虽然财税收入稳定增长，但税源不足、自有财力过小、硬性支出缺口很大，收支矛盾仍然十分尖锐，一些急需要办的事情还得不到有效保障；虽然基础设施不断夯实，但农村群众吃水难、行路难、农产品运输难、城区群众如厕难、背街小巷灯光暗、城镇环境脏乱差等问题还没有解决好，交通、信息、市场等发展的“瓶颈”制约还未能从根本上得到改善；虽然全县人民生活质量逐步提高，但城镇下岗失业人员、农村困难群众的生活还比较艰辛，就业再就业压力仍然很大，社会保障任务十分艰巨；虽然社会管理得到加强，但安全生产、应急管理、信访稳定、优化环境等方面仍存在诸多薄弱环节；虽然工作作风、机关风气明显转变，但作风漂浮、落而不实的现象在少数机关和干部中还比较突出。尽管政府工作还存在不少困难和问题，但是我们有决心、有信心把全县经济社会发展好，把热点难点问题解决好，把广大群众的利益维护好，绝不辜负全县人民的期望和重托。

2009年工作目标和主要任务

2009年，是贯彻落实党的十七届三中全会精神、实施“十一五”规划的关键一年。全县经济社会发展既面临着严峻挑战，又蕴藏着重大机遇。当前国际经济形势持续动荡，危机已经从局部发展到全球，从发达国家传导到发展中国家，从金融领域扩散到实体经济领域，影响到经济社会发展的方方面面，触及每一个人的日常生活。为了应对挑战，国家采取积极的财政政策和适度宽松的货币政策，出台了扩大内需、促进经济平稳较快增长的一系列措施，尤其是更加注重改善民生、更加注重夯实基础、更加注重生态环境建设、更加注重社会事业发展、更加注重自主创新和结构调整、更加注重金融财税支持的投资导向，为我们加快发展带来了十分难得的机遇。就目前的整体形势而言，机遇远远大于挑战。只要我们坚定信心、趋利避害、妥善应对，就一定能够化“危”为“机”，克难制胜，迎来更加光明灿烂的前景。

2009年政府工作将坚持以党的十七大、十七届三中全会和中央经济工作会议精神为指导，以科学发展观为总揽，以项目建设为主线，抢抓国家保增长扩内需调结构的政策机遇，壮大特色产业，夯实基础条件，大力改善民生，促进经济社会持续快速发展，不断增强县域经济综合实力，提高人民生活水平，努力建设小康和谐活力新静宁。

经济社会发展的预期目标是：生产总值增长12%，达到18.32亿元；规模以上工业增加值增长18.5%，达到2.64亿元；全社会固定资产投资增长25%，达到21.1亿元；大口径财政收入增长11%，达到6617万元；地方财政收入增长12%，达到4400万元；社会消费品零售总额增长13%，达到9.45亿元；城镇居民人均可支配收入增长10%，达到9420元；农民人均纯收入增长14.5%，达到2380元；人口自然增长率控制在7‰以内；单位生产总值能耗降低4.4个百分点；化学需氧量、二氧化硫排放量分别下降2%和2.2%。

主要任务是：抓住四个关键，实现六个突破，办好十件实事。

2009年，面对外部环境趋紧、发展的不确定性增加、各种矛盾错综复杂的情况，全县整体工作必须牢牢抓住四个关键：

一是保经济增长。始终把保增长作为首要任务，全面贯彻落实中央、省、市决策部署，牢牢抓住发展这个第一要务，扎扎实实办好我们的事情，不为任何风险所惧，充分估计可能遇到的困难，周密谋划妥善应对的措施，采取一切办法促进经济发展，努力使主要经济指标保持两位数增长。

二是抓项目建设。始终把项目建设作为经济社会发展的生命线，全力以赴抓储备、抢机遇、争项目。积极争取实施50万元以上项目100项以上，概算总投资33.8亿元，当年完成投资19.8亿元，其中过亿元项目9项，千万元以上项目45项。努力扩大固定资产投资，夯实发展基础，积蓄发展后劲。

三是重民生改善。始终把改善民生作为最主要的职责和最大的政绩，下功夫解决好群众关心的就业、看病、饮水、行路等现实问题。城镇登记失业率控制在4%以内，“零就业家庭”动态为零，农村自来水入户率提高11.3%，农村等级公路通达率提高3%，新型农村合作医疗覆盖率达到98%以上，城镇居民医疗保险覆盖率达到90%以上。

四是促和谐稳定。始终把维护稳定作为硬任务，作为第一责任，摆在重要位置。狠抓“平安静宁”创建活动，严厉打击各类刑事犯罪，严肃查处制售假冒伪劣商品的违法行为，严格落实安全生产责任制和事故责任追究制，确保群众生命财产安全，不断增强人民的安全感。进一步完善信访工作机制，强化责任追究，畅通民意反映渠道，把群众的呼声愿望作为第一信号，把群众关心的热点难点作为工作重点。依法管理宗教事务，防范取缔和打击各类邪教组织，努力创造和谐稳定的社会环境。

2009年，面对繁重的改革发展任务，全县上下必须知难而进，突出重点，在以下六个方面实现集中突破：

（一）坚定不移地建设现代农业，在增加农民收入上集中突破

适应现代农业发展新形势，顺应农民过上美好生活新期待，抢抓国家推进农村改革发展新机遇，不断深化农村改革，加强农业基础，扶持农村发展，加快农民增收。一是稳定粮食生产促增收。不折不扣落实强农惠农政策，稳定粮食播种面积，推广种植全膜双垄沟播玉米14万亩、优质专用小麦30万亩，优化品种结构，提高单产水平，总产稳定在15万吨以上。二是壮大支柱产业促增收。坚持扩张规模、加强管理、提升品质，新植果树经济林10万亩，实施幼园标准化管理21.5万亩，改造低产园6万亩，使挂果园达到30万亩，总产量达到30万吨，实现产值6亿元。加大扶持力度，发展八里红林、司桥庙咀、恒瑞祥等养殖小区3个，灵芝苗堡、红寺甘湾等养牛专业村15个，养殖大户1000户。种植洋芋30万亩，间作套种区域特色瓜菜10万亩。加大对设施农业的扶持，巩固日光温室建设成果，提高生产经营效益，丰富群众的“菜篮子”。强化技术培训，输转劳务8.75万人次，创收5亿元。三是强化农业服务促增收。稳定和完善农村基本经营制度，严格耕地保护，依法促进土地经营权有序流转，大力发展集约化经营，提高农业生产水平。坚持“产前抓良种、产中抓技术、产后抓市场”，加大农业服务力度。建立健全果业服务体系，加强果园管理，大力推广精细化、标准化、无公害生产技术，加快各类认证基地建设，扩大精品园、万元园比例，商品率、优果率分别达到95%和70%。建成洋芋脱毒组培中心，加快良种推广，使良种率达到85%以上。引进推广秸秆微贮、日光暖棚技术和优良品种，扩大养殖规模，提高养殖效益。争取补贴农机具2800台（套），提高农业机械化程度。加快测土配方施肥技术应用，建设农产品质量安全检测中心。加强气象和动物防疫基础设施建设，做好霜冻、冰雹等自然灾害和农作物病虫害、动物疫病的防控工作，保障农产品安全。大力发展农村专业合作经济组织，强化经纪人队伍、产业协会和营销企业的培训管理，规范市场秩序，提升静宁苹果等农产品品牌形象。四是加大扶贫开发促增收。建成整村推进扶贫开发村15个和易地扶贫搬迁项目5个，实现6500名绝对贫困人口基本解决温饱，8000名低收入人口稳定解决温饱，绝对贫困面下降到8%以下。

（二）坚定不移地发展新型工业，在壮大地方工业体系上集中突破

把发展工业放在更加突出的位置，加快建立工业主导型经济格局，不断夯实强县

之基，实现以工促农带农、以工强农富农。一是坚持产业集群带动。发挥工业园区的载体作用，积极鼓励招商引资项目进入园区，大力吸引民间闲散资金投入园区，改善园区基础设施，提升承载能力，打造有利于人才、资金、项目聚集的发展平台，确保新入园项目8项，完成投资8000万元以上。二是坚持栽桩项目拉动。集中力量培育建材、纸箱、农产品加工等优势产业，新建纸箱精包装、高速瓦楞纸板二期、环保型工业灰粉砖、挤塑泡沫保温隔热板、5万吨面粉生产线等项目，努力形成配套紧密度高、集聚规模大、市场竞争力强的产业体系。支持县建集团晋升一级建筑施工总承包企业，拓展县外市场，全县建安产值达到4亿元。三是坚持优化服务推动。注重工业发展的质量与效益，依法淘汰落后工艺和产能，集中抓好水泥公司、砖瓦厂等企业的节能减排和污染治理。帮助企业深化产权制度和内部管理制度改革，加大用电、用工和资金等生产要素协调服务力度，全力支持通达果汁、化工公司等企业满负荷生产。鼓励和支持非公有制经济加快发展，力争在层次上提升、领域上拓展、总量上扩大、质量和效益上提高，增加值增长10%以上。

（三）坚定不移地加强基础建设，在夯实发展后劲上集中突破

认真组织好“重大基础设施建设突破年”活动，改善生产生活条件，拉动经济社会持续快速发展。一是实施道路攻坚。投入5.48亿元，抓好国道、省道、县乡道路等公路主干线建设，破解交通瓶颈制约。做好平定高速公路建设协调服务。以农村公路养护体制改革为契机，全县动员，全民参与，新修上等级乡村道路15条100公里，平整拓建田间路、林带路，促进农业产业发展。建成双岘、三合等乡镇客运站6个，行政村停靠点18个，争取开通县城至界石铺等3条城乡一体化公交，改善群众出行条件。二是实施水利攻坚。继续实施农村安全饮水工程，开工建设东峡、西凡沟、小堡子等中小型病险水库除险加固和库区移民后期扶持项目，改造甘渭子川灌区，完成葫芦河胡家河至高湾沟左岸堤防工程，提高群众生活质量，保障经济社会发展。三是实施生态攻坚。加快推进集体林权制度改革，实施退耕还林成果巩固、亚行贷款“丝绸之路”生态恢复项目，完成补植补造10万亩，“三荒”及“三北四期”工程1.4万亩，高速公路面山绿化5000亩。加强林木林地管护，巩固生态建设成果。实施水土保持生态工程葫芦河流域治理项目，新修梯田2万亩，治理水土流失48平方公里。完成第二轮土地利用总体规划修编，实施古城、司桥土地整理二期和葫芦河土地开发项目，开发整理土地8175亩。四是实施电力通讯攻坚。加快农网改造和无电户通电工程建设，新建10千伏线路25公里，低压线路18公里，解决部分偏远乡村用电难问题。建成移动通信基站12个，提高移动通讯质量。

（四）坚定不移地加快城镇开发，在推进城乡一体化上集中突破

准确把握全县城镇建设的阶段性特征，明确功能定位，坚持建管并重，大力开展“城市规划建设管理年”活动，全力提升城镇化水平。一是坚持规划先行。按照科学规划、城乡统筹、适度超前、体现特色、合理布局、完善功能、提升形象、协调发展的要求，在严格执行县城总体规划的基础上，搞好区域和各个专项规划。科学编制西

城区、东城区部分区域控制性详细规划、阿阳南路道路控制性规划、街景规划，完成县城规划区1:1000地形图测绘和30个村庄规划，做到既有总体规划，又有详细规划，注重城市符号、街景和细节特色的塑造，为全县城镇建设绘好蓝图，发挥好先导作用，坚决维护规划的严肃性和权威性。二是突出扩容提质。坚持突出特色，体现风格，花大气力建成一些标志性建筑和组团式建筑群，进一步提升城镇形象和品位，创造更加良好的宜居环境。启动实施县城西展工程，建设垃圾填埋等市政设施项目，抓好威戎、李店等10个小城镇建设，构建区域发展平台。坚持以旧村改造为主，整合项目资金，建成界石铺高堡、城川新寺等30个新农村试点村。三是切实加强城市管理和经营。围绕争创省级园林城市，改进城市管理方式，加强综合执法，集中抓好县城出入口、城郊接合部等重点区域的专项整治，严格落实门前“三包”责任制，着力解决占道经营、乱停乱放、乱挖乱建、乱泼乱倒、噪音污染等群众反映强烈的问题。规范城镇户外广告，提升广告档次，切实把城镇管理工作提升到一个新水平。全面贯彻物业管理办法，强化房屋维修基金监管，促进物业管理规范运作。实施县城绿化、亮化、美化工程，抓好面山治理，新增绿地24万平方米。以乡镇驻地、国道、省道沿线为重点，扎实搞好环境卫生综合整治，集中解决粪堆、土堆、草堆、垃圾堆“四堆”问题，切实改变全县城镇脏、乱、差和以街为市的现象。创新城市经营方式，完善经营机制，加快城中村改造，盘活城镇资源，促进城镇建设。

（五）坚定不移地推进开放开发，在发展第三产业上集中突破

积极挖掘成纪文化、红色文化内涵，加强宣传推介，主动对接周边市场，做亮“华夏之根”“红色圣地”“金果家园”三张名片。建成界石铺红军长征纪念园景区改扩建工程，完善旅游基础设施，健全旅游体系。编制全县商业网点规划，加强引导、规范和扶持，培育一批商流服务民营企业。建设亨利果品批发市场、李店镇果品专业市场、古城农资农副产品批零市场升级改造等项目，打造交易平台。实施农资配送中心连锁经营网点项目、“万村千乡”和“退市还路”工程，改造“农家店”38户，完善农村流通网络。鼓励常津公司等企业克服困难，扩大出口份额，创汇200万美元以上。坚持把招商引资作为促进县域经济快速发展的重要引擎，依托区位和产业优势，引进县外资金1.6亿元。引导鼓励金融机构调整优化信贷结构，加大对农村农业、重点项目和骨干企业的信贷支持。

（六）坚定不移地维护民计民利，在提高惠民水平上集中突破

始终坚持爱民、为民、富民、利民的根本取向，将更多的财力向民生倾斜，更多的投资向民生集中，更多的精力用在解决民生问题上。一是健全完善保障体系。抓好强农惠农资金支付方式改革，全面推行“一册明、一折统”发放管理，加强监管，严格程序，确保强农惠农政策不折不扣、公正透明地兑现到农民手中。积极落实就业再就业政策，做好农村剩余劳动力转移就业、城镇新生劳动力及大中专毕业生的就业工作，尽力帮助零就业家庭和困难人员就业。开发公益性岗位216个，实现城镇新增就业2480人。建成人力资源和社会保障服务大厅。启动村干部养老保险。继续完善以城

乡低保、医疗救助、救灾救济等为主的社会救助制度，保障困难群体的基本生活。二是协调发展社会事业。进一步改善办学条件，建设一中2号学生公寓楼、威戎中学学生宿舍楼和甘沟、成纪中学初中部教学楼，新建标准化小学10所。突出师德建设，切实加强教师队伍管理，提高教师综合素质。加强小学基础，规范初中教学，稳定高中规模，发展职业教育，全面提升教育质量。扎实推进科技特派员进村入企服务制度，实施好红富士苹果产业化开发与示范项目，做好全国科技进步先进县复验工作。不断完善农村卫生、社区卫生等服务体系和新型农村合作医疗制度，加强对乡镇卫生院的绩效考核，巩固医德医风和服务能力建设整顿成果，认真实施好中国农村卫生发展、“降消”等卫生项目，改善医疗环境。严格执行计生“五包”责任制，落实优先优惠政策，建成古城等7个中心乡镇计生服务站，提高计生服务能力，确保年内顺利通过省级优质服务县创建验收。三是全面繁荣城乡文化。深入开展文明行业、文明单位、文明村镇、文明家庭创建活动，倡导人人讲素质、个个重修养的社会风气，促进家庭和美、邻里和睦、人际和谐。加快文化事业发展，保护传统文化，发掘民间文化，加强文化基础设施建设，建成县级文物库房等文体设施，组织好中华人民共和国成立60周年庆祝活动。深入开展扫黄打非和网吧治理工作，净化文化市场，为未成年人健康成长营造良好环境。扩大乡镇有线电视覆盖面，解决群众收视难的问题。加强普法教育，建成四河等3个派出所和余湾等4个司法所，改善政法基层基础条件。

2009年，在推进经济社会持续较快发展的同时，围绕与群众息息相关的难点问题，积极筹资，竭尽全力，办好10件实事：（1）开工建设静庄公路县城至威戎段改线工程，破解南北交通瓶颈。（2）实施北水南调二期和北部人饮一期工程，解决雷大、余湾等8乡镇69村5.4万人的饮水安全问题。（3）油铺县城至司桥、威戎至曹务、界石铺至三合等3条通乡道路55公里，建成通畅工程50公里，提高道路通行能力。（4）建成余湾、司桥、新店等11所独立初中学生宿舍楼，缓解学生住宿难的问题。（5）建成社区卫生服务中心业务楼、2个社区卫生服务站和八里、原安等14乡镇43个标准化村卫生室。（6）在曹务柳岔、古城连湾等23乡镇68村发展沼气用户4500户。（7）加快乡村文化体系建设，建成50个农家书屋。（8）新建廉租房2幢200套9000平方米，对人均住房面积低于10平方米的城镇低收入家庭发放住房租赁补贴。（9）启动实施城镇职工生育及国有破产企业退休职工医疗保险。（10）在城区修建水冲式公厕6座，解决群众如厕难的问题。

加强政府自身建设

新形势、新任务，对政府工作提出了新要求。新的一年，我们将坚持不懈地推进科学理政、规范行政、高效施政、务实勤政、廉洁从政，不断提高抓落实、干到位的能力和水平。

进一步解放思想，科学理政。解放思想是一个永恒的主题。只有思想的大解放，才能推动经济社会的大发展。新的挑战、新的使命，迫切要求我们必须进一步解放思想、转变观念。贯彻落实科学发展观，关键是要摒弃一切不适应、不符合科学发展要求的思维定式、工作机制和推行方式，扎实搞好科学发展观学习实践活动，坚持发展第一要务，牢固树立以人为本理念，娴熟运用统筹兼顾方法，破解县内南北差距拉大、市场化程度低、经济运行质量不高等问题，推动科学发展，实现经济发展方式的根本性转变。跳出就农业抓农业的狭隘观念，用工业化思维谋划农业发展，用企业化理念管理农业产业，用工厂化方式组织农业生产，用市场化手段激活农业营销，促进农业产业提质增效。改变单纯依靠行政手段推动工作的简单做法，善于运用市场引导、典型带动的办法，推动工作，促进发展。

进一步转变职能，规范行政。坚持科学决策，建立健全重大决策调查研究、专家咨询、社会听证、决策评估和纠错问责制度，按科学程序办事，该走的步骤一定走到位，做到没有深入调查不决策，没有科学论证不决策，没有比较方案不决策，使做出的决策更加符合实际。坚持民主执政，建立政府与群众之间有序、平等、制度化的交流方式，做到问政于民、问需于民、问计于民，使我们的工作更加符合民情、深入民心、维护民利、保障民权。坚持依法行政，严格按照法定权限和程序行使职权，健全和完善执法责任制，做到有法必依、执法必严、违法必究。自觉接受人大及其常委会的依法监督和政协的民主监督。切实增强政策观念，把不折不扣地执行政策作为基本要求，提高政策落实的严肃性。更加注重履行社会管理和公共服务职能，把更多的精力放在优化服务、营造良好的发展环境上，推动经济社会持续快速发展。

进一步创新机制，高效施政。抓工作必须研究机制，抓落实必须从机制入手。不断推进机制体制创新，确保把各项工作部署和目标责任落到实处。建立健全目标定位机制，层层分解工作任务，细化量化责任目标，做到“事有专管之人、人有专管之责、时有限定之期”，以严格的责任促进落实。建立健全市场化的工作推行机制，以市场为导向，以利益为纽带，激发群众创业致富的能动性，切实把政府的正确意图变为群众的自觉行动。健全和推行项目整合机制，打破部门各自为政、利益分割的格局，统筹资金资源，集中财力办大事。建立健全协调推进机制，对重大项目、重点工作明确牵头部门、协作单位，优化工作流程，促进信息共享、情况互通、工作联动，形成步调一致、齐抓共管的工作局面。建立健全追究问责机制，改进考评办法，根据经济增长指标和重大任务完成情况实行重奖重罚，该奖的重奖到人，该罚的处罚到位，严肃追究不执行、执行不力、执行偏差等失职渎职行为，确保政令畅通，执行有力。

进一步实化作风，务实勤政。始终把狠抓落实、务求实效作为政府工作的根本要求。加强政风建设，坚决盯住不落实的事，追究不落实的人，下功夫治理部门权力利益化和行政不作为的不正常现象，着力解决作风漂浮、不推不动、抓而不实，有利的事争着干抢着干、没利的事不想干不去干的问题，努力形成雷厉风行、细致深入、说干就干、干就干好的良好政风。坚持察实情、办实事，大力推行一线工作法，把工作的着力点和落脚点定位在基层，多到农村和企业中去帮助发展，多到困难和矛盾多的地方去解决问题，多到群众意见大的地方去理顺情绪。实施“行政提速”工程，大力推行“时限工作制”，快决策，快节奏，快落实，力争用最短的时间、最小的成本，完成最大的工作量，实现最好的工作效能。

进一步强化监督，廉洁从政。加强廉政建设，营造风清气正的施政环境。严格落实党风廉政建设责任制，推行政务公开，坚持按制度用权、依制度办事、靠制度管人。加强廉政教育，引导政府工作人员筑牢思想道德防线，理性面对各种利益，诚实做人，踏实干事，不图虚名，不牟私利。加强对专项资金管理使用、土地使用权出让、建设工程招投标、政府采购、产权交易等重点环节的监督，做到行政权力运用到哪里，职能监督就到那里；公共服务提供到哪里，绩效评估就到那里。发扬艰苦奋斗、勤俭节约的传统，从领导干部和机关做起，勤俭办事业，反对大手大脚、铺张浪费，树立干干净净干事业的良好形象。

县人大常委会工作报告

（县人大常委会主任张自杰　2008年12月30日）

2008年的主要工作

2008年，县人大常委会在县委的领导下，深入贯彻落实科学发展观，按照县十五届人大二次会议确定的各项工作任务，认真履行宪法和法律赋予的职责，为促进全县经济社会发展和民主法制建设发挥了积极作用。

一、依法行使职权，审议决定重大事项

常委会紧扣全县发展大局，依法审议决定经济社会发展重大事项。一年来，召开常委会会议6次，听取、审议“一府两院”工作报告15项，作出决定、决议5件。

按照法律规定，审查、批准了县政府关于2008年国民经济和社会发展计划调整、财政预算调整和2007年县级财政决算、财政预算执行审计情况的工作报告。在听取汇报、提出意见、再行修改的基础上，听取、审议了县政府关于县城总体规划局部修改调整情况的报告，审查通过了修编后的《静宁县城总体规划（2006—2020）》，并作出相应的决议。

依法做好人事任免。一年来，按照坚持党的领导、充分发扬民主和严格依法任免的原则，任命人大及“一府两院”国家机关工作人员9人，接受辞职和免职8人。其中，任命政府组成部门负责人2人，免职2人；任命县人大常委会工作委员会负责人1人，接受辞职1人，免职3人；任命县法院审判委员会委员2人，免职2人；任命县检察院检察委员会委员4人。根据选举法、代表法的规定，组织原选区对出缺的县人大代表进行了补选。

二、围绕推动科学发展，认真开展监督工作

常委会围绕推动科学发展这一目标，加强对宏观经济运行和重点经济工作的监督。先后听取、审议了县政府关于2008年上半年国民经济和社会发展计划执行情况、城区规划管理、民营经济发展、退耕还林及“三荒”造林工程管护等工作报告，针对具体问题就进一步抓好各项工作提出审议意见，通过人大法定程序支持和促进政府及其职能部门工作，推动全县经济社会全面、协调、可持续发展。为促进县城的科学规划、建设与管理，常委会经过充分调研，听取、审议了县政府关于城区规划管理工作的报告，针对实际工作中存在的规划区控制不严、规划执行随意性大等问题，要求抓紧编制详细性修建规划，加快公用基础设施规划与建设，加强规划实施管理，坚决制止和严肃查处乱修乱建行为，为县城长远发展打下基础、留足空间。民营经济是现阶段加快县域经济发展的新支撑点，为促进各级切实抓好发展民营经济工作，常委会专题对全县民营经济发展进行调研、审议，提出了理顺管理机制、创优发展环境、规范企业经营行为、优化产业结构布局等意见、建议。

常委会坚持关注民生，重视监督解决与群众生产生活息息相关的热点难点问题，促进和谐社会建设。今年以来，先后对城区供热监管、县乡医疗机构服务能力建设、生鲜牛奶生产、奶品市场管理、问题奶粉患儿诊治、政府承诺的12件实事落实等工作进行视察、调研和审议，提出了切实可行的意见、建议。针对广大群众反映强烈的看病难、看病贵问题，常委会组织人员对县乡医疗机构服务能力建设进行全面调研，专题听取、审议了县政府关于县乡医疗机构服务能力建设情况的报告，提出了完善乡镇卫生院管理机制、加强医院领导班子建设，强化医疗机构内部管理、深化院务医务公开、开展医德医风整治等审议意见，以正式文件转交县政府及主管部门办理落实。县政府及时召开会议研究，完善了相关管理制度，在全县医疗卫生机构开展了集中整顿活动。为推动整顿取得切实效果，常委会随后进行了跟踪督查，并专题听取、审议了县政府关于审议意见落实情况的报告。通过3个月的集中整顿，大部分医疗机构医德医风得到较大转变，特别是乡镇卫生院管理工作全面加强，服务质量明显提高，群众普遍反映较好。供热问题关系千家万户的现实生活。针对近年来居民对城区供热意见较大的现状，常委会从5月初就组织开展调研，6月底听取、审议了县政府关于供热监管工作情况的报告，指出了城区供热管理中存在的供热质量差、供需双方矛盾多、监管不到位等问题，提出具体改进意见和建议，督促主管部门及早着手，完善管理制度，加强供热监管，有效解决供热矛盾。

常委会重视加强执法工作监督，通过审议执法报告、开展执法检查、办理涉法信访案件等，促进依法行政和公正司法，为经济发展和社会和谐营造良好的法治环境。重点对环境保护法贯彻执行情况进行了检查，就抓好环保宣传教育、落实环保目标责任制、严格执行环保准入制度、抓好重点污染治理等工作提出了意见、建议。专题听取、审议了法、检两院关于2008年执法检查工作情况的报告，促进法、检两院进一步加强纪律作风建设，规范执法行为，维护司法公正。坚持常委会领导接访制度，全年共接待群众来信来访56件（次），协调督促有关部门解决群众反映的问题，使一些不稳定隐患及时得到化解。

三、努力改进代表工作，充分发挥代表作用

加强代表服务工作，积极为代表履职创造条件。坚持走访联系代表制度，在原安等6乡镇分片召开代表座谈会，听取代表对常委会及“一府两院”工作的意见、建议，密切与代表的联系。与县政府联系，召开政情通报会，向120多名省、市、县代表通报了2008年上半年政府工作和全县经济社会发展情况。扩大代表闭会期间参与常委会活动的面与量，先后邀请30多名代表列席常委会会议，110多名代表参加常委会组织的执法检查、视察和调研等活动。

规范工作程序，抓好代表意见建议办理。制定《静宁县人民代表大会代表建议、批评和意见处理办法》，对代表意见建议的提出与受理、交办、承办、答复及办理的督促检查等作了详细的规定和要求，规范了代表意见、建议办理工作。加大代表意见、建议督办力度，对办理工作进行专项督查，听取、审议了县政府办理情况报告，对少数办理不认真、答复不规范的意见、建议，退回承办单位重新办理。县十五届人大二次会议期间代表提出的66条意见、建议已全部办结，办理质量明显提高，所提问题得到解决或基本解决的32件，占总数的48.5%，所提问题正在解决或者列入计划逐步解决的24件，占总数的36.5%，所提问题受政策和客观条件限制暂时难以解决、向代表作了说明的10件，占总数的15%。

四、注重加强调查研究，提高工作质量和水平

突出抓好常委会机关的思想、业务和作风建设，组织常委会组成人员、工作人员深入学习党的十七大及十七届三中全会精神和有关法律法规，提高为人大和全县工作服务的质量和水平。常委会领导班子成员坚持在参与中监督，在参与中支持和服务，深入到分管联系的乡镇、部门，检查、指导、帮助工作，积极参与了全县各个阶段的中心工作。

常委会坚持走群众路线，努力改进工作作风，不断加强调查研究工作，着力在改进调研方式、扩大调研范围、提高群众和代表参与程度上下功夫，通过认真的调研，提高常委会会议审议质量。在每次听取审议“一府两院”专项工作报告之前，深入基层、深入群众、深入实际，全面掌握基本情况和工作中存在的突出问题，广泛听取社会各界的意见建议，真实反映群众的呼声，确保提出的意见建议科学准确、符合实际，能够代表广大人民群众的利益。先后组织开展了县乡医疗机构服务能力建设、退耕还林及“三荒”造林工程管护、民营经济发展等5项较大规模的调研活动，直接参与的代表和干部群众达到了3600多人（次），收集到各方面意见建议800多条，对提高人大常委会监督工作质量、促进相关部门改进工作发挥了积极作用。

一年来的工作，使我们充分认识到，要做好新时期人大工作，必须坚持正确的政治方向，在工作中体现党的领导、人民当家做主和依法治县的有机统一；必须深入贯彻落实科学发展观，紧贴中心，服务大局，依法履行职权，合力推动经济社会全面进步；必须高度关注民生，把实现好、维护好、发展好最广大人民的根本利益作为工作的出发点和落脚点，认真开展监督工作，促进社会和谐；必须紧紧依靠人民群众，充分发挥人大代表的作用，加强调查研究，多方听取意见、建议，不断提高审议质量。

过去一年里，常委会工作取得了一定成效，但仍存在一些突出问题，主要是：代表履职条件有待进一步改善，基层代表发挥作用的渠道和形式有待进一步探索完善；对审议意见的跟踪监督落实力度不够，监督工作有待进一步加强等。这些问题，都需

要我们在今后的工作中努力改进和解决。

2009年工作任务

2009年，县人大常委会要以邓小平理论和“三个代表”重要思想为指导，以科学发展观为统领，在中共静宁县委的领导下，深入贯彻党的十七大和十七届三中全会精神，按照“围绕中心、贴近民生、服务发展、促进和谐”的总体思路和“抓重点、议大事、求实效”的工作要求，进一步加强人大各项工作，依法履行各项职权，努力推动全县经济社会又好又快发展。

一、进一步加强工作监督

把促进科学发展作为第一要务，紧紧围绕全县经济社会发展大局，依法审议和决定重大事项，认真做好人事任免，进一步加强监督工作。加强对财政预算和经济社会发展计划执行、重大项目建设、生态环境保护、公共安全保障等工作的监督；认真贯彻落实《中共中央关于推进农村改革发展若干重大问题的决定》，有重点、有选择地对基础设施建设、产业开发、扶贫开发、农业科技推广、惠农政策落实等农业和农村工作进行监督，积极推进新农村建设；突出改善民生，对社会治安治理、文化市场管理、最低生活保障、市政基础设施建设等城乡居民关切的工作进行调研、视察和审议，推动解决人民群众最关心、最直接、最现实的一些利益问题，保障群众合法权益，促进社会和谐。创新工作方式方法，进一步增强人大监督工作的公开性和透明度，抓好常委会决定、决议和审议意见的贯彻落实，对重点工作和群众关注的问题，要依法反复监督，跟踪问效，努力做到件件有落实、事事有回音，力求在增强监督实效上取得新进展。

二、进一步加强执法监督

围绕群众和社会普遍关注的食品、药品、交通、生产安全等热点问题，开展安全执法检查，着力解决一些带有普遍性、倾向性的问题，保障人民群众生产和生活安全。以促进依法行政和公正司法为重点，改进和加强法律监督工作，着力解决执法工作中一些影响发展、影响和谐、影响执法部门形象的突出问题，为加快静宁发展营造良好的环境。有重点地对行政执法部门落实执法责任制、规范收费、减负治乱情况进行督查，推动执法部门依法行政，严格按照法定权限和程序办事。围绕提高审判和检察工作水平，开展年度执法检查和专项执法检查，抓好群众来信来访中涉法涉诉案件的监督，促进法、检两院以干警队伍建设为重点，进一步加强司法能力建设，提高办案质量，确保司法公正。

三、进一步加强代表工作

进一步健全完善代表工作制度，创新代表工作方式方法，促进代表活动经常化、制度化。加强与代表的联系，坚持邀请代表列席常委会会议、向代表通报工作和走访代表制度，扩大代表参与常委会执法检查、集中视察和专题调研活动范围，拓宽代表知情知政渠道，为代表依法履行职务搭建平台。加强对代表小组活动的指导，探索闭会期间代表活动的有效形式，组织开展学习、调查、联系选民、向选民述职等活动，密切代表与群众的联系，增强代表活动实效。认真办理代表议案和意见、建议，严格落实《静宁县人民代表大会代表建议、批评和意见处理办法》，加大督办工作力度，督促承办单位采取现场办理、面商办理、并案办理、公开办理、跟踪办理、联合办理等灵活多样的方式，提高办理工作质量。

四、进一步加强自身建设

深入开展学习实践科学发展观活动，积极开展以“加强作风建设、创建和谐机关、推动科学发展”为主题的实践活动，全面加强常委会及人大机关自身建设。适应新时期人大工作的需要，进一步健全完善常委会议事制度，不断提高人大工作的规范化、制度化、科学化水平，努力创建学习型、创新型、务实型、服务型机关，进一步增强为人大工作和全县发展大局服务的能力。继续把调查研究作为改进工作作风、提高议事质量的重要措施来抓，作为主线贯穿于各项工作的始终，坚持说实话、干实事、求实效，围绕事关科学发展的重大问题、社会关注的热点难点问题和关系群众切身利益的突出问题，扎实开展调研，深入了解民情，充分反映民意，广泛集中民智，为常委会审议工作和决定事项提供准确科学的依据。加强与乡镇人大的联系，指导乡镇人大健全完善议事和工作制度，不断提高工作水平，依法搞好各项工作。

第四节　县第十五届人民代表大会第四次会议

大会概况

县十五届人大四次会议于2010年1月7日至9日在静宁宾馆二楼会议室召开。县十五届人大三次会议以来，李雪云、徐爱国、张荣（女）、刘小进、王彦博、刘学、李存时7名代表因工作需要调离静宁县，根据选举法第五十一条第二款的规定，上述7人的代表资格自行终止；另外，胡春强代表因病去世，其代表资格终止。根据选举法有关规定，在代表出缺的甘沟、红寺、司桥、原安、细巷、深沟、三合、灵芝、界石铺9乡镇选区分别补选杨晓勇、王发永、柳振源、路韬、沈学英（女）、陈进财、慕锡武、陈尚孔、王敏为县第十五届人大代表，至此，县第十五届人大代表实有209名。此次会议出席代表203名，不是县第十五届人大代表的县级领导和乡镇党委书记、人大主席，县委各部门、群众团体，人大各委、室，县直及省、市驻静宁各单位主要负责人，在静宁县的省人大代表和部分市人大代表及部分离、退休老干部，出席县政协七届四次会议的全体委员（列席此次会议第一次全体会议），共305人列席会议。

马千里、王东、王敏、王发永、王克选、王运军、王星耀、史晓平、许富忠、刘昌麟、宋全科、杜文彪、李金、李根进、杨晓光、杨晓勇、杨康乐、吴水利（女）、沙芳琴（女、回族）、张三相、张自杰、张来有、陈龙、陈铎、陈向华（女）、柳振源、高恒、阎国军、崔鹏林、路韬、裴晓江、樊爱平、薛晓宏、魏晓平、戴双军（按姓名笔画为序）35人组成大会主席团，宋全科、张自杰、陈铎、陈向华（女）、魏晓平、薛晓宏、戴双军、许富忠、王星耀、高恒、沙芳琴（女、回族）11人为主席团常务主席；高恒为秘书长，赵鹏飞、李金、吕锦鸿、王武、李文环为副秘书长；高恒、薛晓宏、王运军、史晓平、杜文彪、李成蹊、杨康乐、胡志科、高长茂9人组成议案审查委员会，高恒为主任委员，薛晓宏为副主任委员。

大会成立临时党委，宋全科为书记，张自杰、陈铎为副书记，魏晓平、薛晓宏、马千里、王克选、崔鹏林、杨晓勇、王发永、柳振源、路韬为委员（大会结束后，临时党委自行撤销）。

1月6日下午举行预备会议，由县人大常委会主任张自杰主持，听取县人大常委会副主任、第十五届人大常委会代表资格审查委员会主任委员高恒所作的《关于代表出缺变动和补选代表资格审查情况的报告》，通过大会议程和大会主席团、秘书长、议案审查委员会名单，宣布主席团第一次会议通过的有关事项。

大会共举行全体会议3次。第一次全体会议于1月7日上午举行，执行主席是马千里、王运军、许富忠、宋全科、杨晓光、张自杰、陈铎、陈向华、柳振源、崔鹏林、薛晓宏、魏晓平。会议由县人大常委会主任张自杰主持，听取县政府县长陈铎所作的《县人民政府工作报告》，审议县发展和改革局局长史晓平所作的《关于2009年国民经济和社会发展计划执行情况及2010年国民经济和社会发展计划（草案）的报告（书面)》、县财政局局长王运军所作的《关于2009年全县财政预算执行情况和2010年财政预算（草案）的报告（书面)》。第二次全体会议于1月8日上午举行，执行主席是戴双军、高恒、王克选、王发永、陈龙、杜文彪、史晓平、王东、王敏、张三相、张来有。会议由县人大常委会副主任戴双军主持，听取县人大常委会主任张自杰所作的《县人大常委会工作报告》、县法院院长李根进所作的《县人民法院工作报告》、县检察院检察长陈龙所作的《县人民检察院工作报告》，审议县人大常委会《关于县十五届人大三次会议代表建议意见办理情况的报告（书面)》。第三次全体会议于1月9日上午举行，执行主席是王星耀、沙芳琴、杨晓勇、路韬、李根进、李金、吴水利、杨康乐、阎国军、刘昌麟、樊爱平、裴晓江。会议由县人大常委会副主任王星耀主持，补选县人大常委会副主任3名；听取县人大常委会副主任、议案审查委员会主任委员高恒所作的《关于议案和意见建议审查情况的报告》，通过《关于政府工作报告的决议》《关于2009年国民经济和社会发展计划执行情况及2010年国民经济和社会发展计划的决议》《关于2009年全县财政预算执行情况和2010年财政预算的决议》《关于县人大常委会工作报告的决议》《关于县人民法院工作报告的决议》《关于县人民检察院工作报告的决议》。会议结束时，县委书记宋全科作了讲话。

大会安排分团会议3次。

大会主席团召开会议4次。

大会收到代表意见、建议 43件，涉及6个方面。其中：①农业和农村工作方面5件，占11.6%，主要是建议稳定全膜双垄沟播玉米投资政策，建设原安双术、程义洋芋交易市场，扶持发展三合、司桥养牛产业，建设深沟绿色苹果生产基地等；②水利建设方面11件，占25.6%，主要是建议维修鞍子山水库，新建威戎贾马、灵芝张堡及杨岔、原安长易河人饮工程，解决双岘李咀、樊梁，余湾苗岘、花咀，古城朱川、二堡，治平陈峡、伍坪等村人畜饮水困难等；③道路建设方面13件，占30.2%，主要是建议油铺、硬化静西公路，新店至通渭陇川公路，贾河剪岔至秦安梨树公路，以及雷大至双岘、甘沟至田堡、三合至原安、灵芝前湾至杨岔道路，改造维修界石铺西川至魏湾、祁岔道路危桥等；④城镇建设和管理方面6件，占14%，主要是建议解决甘沟街道排水排污困难问题，改善农村环境卫生，解决小城镇建设资金短缺问题等；⑤教育卫生方面4件，占9.3%，主要是建议在西城区新建西苑初中，修建四河晨光、涧沟标准化小学，健全完善新型农村合作医疗制度等；⑥其他方面4件，9.3%，主要是建议对古城下梁、二堡等10村农网进行改造，加强劳务技术、果园管理技术培训等。

大会议程

一、听取和审议县人民政府工作报告；

二、审议县人民政府关于2009年国民经济和社会发展计划执行情况及2010年国民经济和社会发展计划（草案）的报告（书面）；

三、审议县人民政府关于2009年财政预算执行情况和2010年财政预算（草案）的报告（书面）；

四、听取和审议县人大常委会工作报告；

五、审议县人大常委会关于县十五届人大三次会议代表意见、建议办理情况的报告（书面）；

六、听取和审议县人民法院工作报告；

七、听取和审议县人民检察院工作报告；

八、选举；

九、其他。

大会日程

县第十五届人民代表大会第四次会议日程表

表3-103

<table>
<tr><th colspan="2">时间</th><th>内容</th><th>执行主席</th></tr>
<tr><td>1月6日</td><td>下午3时</td><td>预备会议：1.代表变动及补选情况报告；2.通过大会议程；3.通过大会主席团和秘书长名单；4.通过大会议案审查委员会名单</td><td></td></tr>
<tr><td rowspan="2">1月7日</td><td>上午9时</td><td>大会：1.开幕式；2.政府工作报告。会后，各代表团分团审议政府、计划、财政工作报告</td><td rowspan="2">马千里　王运军
许富忠　宋全科
杨晓光　张自杰
陈　铎　陈向华
柳振源　崔鹏林
薛晓宏　魏晓平</td></tr>
<tr><td>下午2时30分</td><td>1.各代表团继续审议政府、计划、财政工作报告，结合审议提出有关议案和意见、建议；2.讨论有关接受辞职决定（草案）；3.讨论选举办法（草案）；4.酝酿补选讨论县人大常委会副主任候选人名单（草案）</td></tr>
</table>

续表3-103

时间		内容	执行主席
1月8日	上午 8时30分	大会:1.县人大常委会工作报告;2.县人民法院工作报告;3.县人民检察院工作报告。会后,各代表团分团审议人大、法院、检察院工作报告	王　东　王　敏 王发永　王克选 史晓平　戴双军 杜文彪　张三相 张来有　陈　龙 高　恒
	下午 2时30分	1.各代表团审议人大、法院、检察院以及政府、计划、财政工作报告;2.继续酝酿讨论县人大常委会副主任候选人名单(草案);3.讨论大会选举监票人名单(草案)	
1月9日	上午 9时30分	大会：1.通过有关接受辞职的决定；2.选举；3.议案和意见、建议审查报告；4.表决政府、计划、财政、人大、法院、检察院工作报告决议；5.县委领导讲话；6.大会闭幕	王星耀　刘昌麟 阎国军　李　金 李根进　杨晓勇 杨康乐　吴水利 沙芳琴　路　韬 裴晓江　樊爱平

主席团会议日程

县第十五届人民代表大会第四次会议主席团会议日程表

表3-104

时间		地点	内容	参加人	主持人
第一次会议	1月6日 预备会议 结束后	静宁宾馆 三楼 会议室	1.通过大会日程；2.通过主席团常务主席名单；3.决定大会副秘书长名单；4.决定大会议案和意见、建议终止时间	主席团成员	张自杰
第二次会议	1月7日 第一次 全体会议 结束后	静宁宾馆 三楼 会议室	1.听取县人大常委会有关备案报告；2.讨论通过有关辞职决定（草案）；3.讨论通过选举办法（草案）；4.讨论提出补选县人大常委会副主任候选人名单（草案），5.提出大会选举监票人名单（草案）	主席团成员 及各代表团 召集人	张自杰
第三次会议	1月8日下 午5时	静宁宾馆 三楼 会议室	1.听取关于选举办法(草案)讨论情况汇报; 2.听取关于辞职决定(草案)讨论情况汇报; 3.听取关于县人大常委会副主任候选人名单(草案)讨论情况汇报;4.听取关于大会选举监票人名单(草案)讨论情况汇报;5.决定县人大常委会副主任正式候选人名单	主席团成员 及各代表团 召集人	张自杰
第四次会议	1月9日上 午8时30分	静宁宾馆 三楼 会议室	1.听取各代表团关于政府等六个工作报告讨论情况汇报；2.听取议案和意见、建议审查情况汇报；3.讨论政府、计划、财政、人大、法院、检察院工作报告的决议（草案）	主席团成员 及各代表团 召集人	张自杰

大会选举

县人大常委会：

副主任　陈进财　慕锡武　陈尚孔

县人大常委会副主任陈进财、慕锡武、陈尚孔个人情况表

表3-105

姓名	性别	民族	出生年月	籍贯	文化程度	入党时间	工作时间	工作简历
陈进财	男	汉	1956.3	静宁仁大	大专	1988.2	1981.8	曾在静宁县七里乡政府、统计局工作；历任阳坡乡政府副乡长、乡长，威戎镇政府镇长、党委书记，农牧局党组书记、局长，县政协副主席
慕锡武	男	汉	1957.9	甘肃环县	大专	1985.11	1975.2	曾在崇信县九功公社冉李大队插队；在崇信县农机厂、崇信县检察院、静宁县检察院、静宁县委组织部工作；历任静宁县委组织部组织员、副部长兼党史资料征集办公室主任，县审计局局长、县人事局局长
陈尚孔	男	汉	1956.5	静宁城川	本科	1977.7	1974.8	曾在静宁县红寺公社魏沟小学、玉皇中学任教，在红寺乡政府、县委宣传部工作；历任共青团静宁县委副书记、治平乡政府乡长、县委办公室副主任，城关镇政府镇长、党委书记，县委政法委副书记兼综治办主任、政法委书记，县纪委副书记、监察局局长

附：

县人民政府工作报告

（县人民政府县长陈铎　2010年1月7日）

2009年工作回顾

2009年，是我县发展历史上极不平凡的一年。面对国际金融危机带来的不利影响和多种自然灾害频繁造成的困难，全县上下以科学发展观为指导，按照“统筹城乡、均衡南北、改善民生”的总体要求，围绕“保增长、强基础、调结构、重民生、促和谐”的工作主线，奋力攻坚，集中突破，全面完成了县十五届人大三次会议确定的各项目标任务，经济社会呈现出增速加快、结构优化、效益提升、民生改善的良好态势。

狠抓第一要务，综合实力在科学发展中大幅提升。抓住国家扩大内需的历史机遇，加大经济结构调整和投资力度，三次产业协调推进，主要经济指标实现两位数增长。生产总值达到18.44亿元，增长12.2%；大口径财政收入完成7167万元，增长20.2%；地方财政收入完成4331万元，增长15%；财政支出达到12.05亿元，增长26.6%；全社会固定资产投资完成26.55亿元，增长52.9%；城镇居民人均可支配收入达到10145元，增长18.5%；农民人均纯收入达到2381.9元，增长14.54%；经济运行质量和效益显著提高，万元生产总值能耗、电耗分别下降7.2%和7.8%。规模以上工业增加值、固定资产投资、社会消费品零售总额、地方财政收入、城镇居民人均可支配收入、农民人均纯收入等6项主要指标提前1年完成“十一五”规划目标。

狠抓结构调整，特色产业在转型升级中提质增效。制定并落实进一步加快果品产业发展的意见，推动果品产业由规模扩张型向质量效益型转变。新植果树经济林10.8万亩，果园面积突破70万亩，果品总产量达到30万吨，实现产值6亿元。人均果品收入1320元，增长48%。静宁苹果跨进欧盟高端市场，完成与澳大利亚苹果自由贸易出口前期工作，《人民日报》、中央电视台、新华网等媒体多次宣传报道，品牌效应进一步凸显。当年直接出口6972吨，创汇491万美元。新建扩建了鑫龙公司等果品气调库，新增贮藏能力3.5万吨，全县总贮藏能力达到18.5万吨。畜牧产业迈出新步伐，发展养殖小区6个，规模化养殖企业3户，养殖示范村24个，养殖大户1100户，全县牛、猪、鸡饲养量分别达到6.8万头、30万口和120万只。建成24个乡镇畜牧兽医站，畜牧兽医管理体制逐步健全。种植洋芋33.2万亩，良种良法得到大面积推广。间作套种瓜菜10.6万亩。推广种植旱作农业23.5万亩，增产粮食5.16万吨。

狠抓项目建设，基础条件在攻坚破难中加速改善。扎实开展重大基础设施建设年活动，在我县全力配合支持下，平定高速公路如期建成通车。克服资金紧缺等诸多困难，先干后争，积极衔接争取，启动了县城至威戎二级公路改扩建工程，提前完成了征地拆迁、补偿安置和70%的路基工程。界石铺至三合等3条通乡公路按期建成油铺。自筹资金540万元，打通了治平至新店鞍子山峡段公路，结束了乡际公路“断头”的历史。硬化通村路106.9公里，新修上等级乡村道路15条100公里，改建加固仁大樊王等5座危桥，建成农村客运站10个，开通县城至红寺等3条城乡公交班线，群众出行条件显著改善。全年用于道路交通建设的投资达到1.6亿元，比上年增长89%。完成葫芦河堤治理6.8公里。东峡等4座病险水库除险加固、库区移民后期扶持等重点水利项目进展良好，新增有效灌溉面积1200亩。完成北水南调二期和北部人饮一期工程，解决了雷大、三合等7乡镇5.4万群众的饮水困难。集体林权制度改革启动实施。退耕还林成果巩固、亚行贷款“丝绸之路”生态恢复、水土保持庄静大示范区等项目顺利推进，完成造林5.4万亩，补植7万亩，新修梯田2.1万亩，整理开发土地8299亩，治理水土流失48平方公里。加快推进农村能源建设，发展户用沼气9558户。建成电力集控中心，完成灵芝、治平等10千伏及以下农网完善和无电户通电工程。新建移动基站22个、宽带通村工程64线。

狠抓总量壮大，地方工业在园区扩张中集群发展。完成工业园区规划编制，启动实施了威戎工业集中区规划编制，工业发展园区化迈出了新步伐。建成鼎元纸箱、工业品公司五层瓦楞纸生产线、5万吨小麦等级粉、挤塑泡沫保温隔热板生产线等8个工业项目，形成了新的经济增长点。规模以上工业增加值达到2.58亿元，增长20.5%；实现利税2120万元，增长13%。百货公司改制全面完成。实施地暖式供热等节能项目6项，新建了恒达再生纸和通达果汁污水监控处理设施，节能减排目标全面完成。

狠抓扩容提质，城镇面貌在完善功能中持续改观。编制完成了成纪南路、西街路和阿阳南路等8条道路控制性规划，西城区2个住宅小区、西岭公园综合服务区等修建性规划和30个村庄规划。克服重重困难，完成县城西展征地拆迁，安置农户115户，西街路建成雏形，为城市长远发展拓展了空间。城区天然气利用一期、生活垃圾填埋场、二天门巷改造、6座水冲式公厕等市政工程按期建成，城市综合服务功能进一步增强。建成新盛花园等6个住宅小区，开发商住楼37幢18.2万平方米。威戎、李店等小城镇基础配套取得较大突破。城川靳寺、威戎李沟等30个新农村示范村生产生活条件发生较大变化。城乡建设总投资达到7.1亿元，城镇化水平提高2个百分点。

狠抓消费拉动，第三产业在开放开发中蓬勃发展。全面完成界石铺红军长征纪念园改扩建工程，成纪文化城成功晋级国家AAA级旅游景区。建成城川果品包装材料市场，“万村千乡”和“退市还路”工程深入推进，市场体系进一步完善。“家电下乡”顺利开展，城乡居民消费活跃，社会消费品零售总额达到10.03亿元，增长20.1%。完成外贸销售收入7600万元，增长15%。招商引资成效显著，引进资金3.7亿元，增长24%。新发展私营企业17户，非公有制经济增加值达到5.33亿元。金融服务地方经济发展的能力进一步增强，存贷款余额分别增长28.9%和38.7%。

狠抓公共服务，社会事业在协调发展中全面进步。编制完成中小学布局结构调整规划，建成职教中心实训楼、一中等3所学生公寓楼、田堡初中等13所学校学生宿舍楼、甘沟等2所学校教学楼和新店甘坡等10所标准化小学，新建改建校舍6.2万平方米，总投资达到7900万元，是近年来教育基础设施投资最多的一年。教育质量稳定提高，高考二本上线突破2000人大关，达到2319人，拔尖学生群体性增加，有10人进入全省文理科前百名，8人被北大、清华录取，取得了历史性突破。社区卫生服务中心业务楼、2个社区卫生服务站和60个村卫生室建成投入使用，扩建威戎、司桥等6乡镇卫生院，医疗卫生条件大幅度改善。新型农村合作医疗参合率达到97.5%，为37.8万人次报销医药费4056.6万元。顺利通过全国科技进步先进县、文化先进县和省级卫生县城复验。建成四河、界石铺等7个中心计生服务站，省级计生优质服务县通过省政府验收命名，人口和计划生育水平稳步提高。成功举办了中华人民共和国成立六十周年系列庆祝活动，群众性精神文明创建活动蓬勃开展。新发展有线电视用户1600户。新建、改建村部104个，建成了城川靳寺等村民服务中心，开工建设曹务、古城等8个综合乡镇文化站、52个农民体育健身场、129个农家书屋，秦剧《金果人家》荣获全省新创剧目调演二等奖。

狠抓民生改善，人民生活在共建共享中显著提高。就业再就业步伐加快，安置纯农户零就业家庭大学毕业生148名，考录大中专毕业生503人，高校毕业生就业规模是近年来最大的一年。开发公益性岗位364个，新增城镇就业3236人，城镇登记失业率控制在3.2%以内。输转劳务10.1万人次，创收6.57亿元。开拓约旦等3个境外劳务基地。启动实施了国有破产企业下岗职工医疗、城镇职工生育和村干部养老等3项保险，办理下岗失业人员小额担保贷款2991万元，城乡低保、五保供养实现扩面提标，发放各类保障补助资金1.7亿元。建成界石铺中心敬老院，可保障100名老人集中供养。留守儿童和老弱病残人员关怀救助工作得到加强。保障性安居工程建设步伐加快，新建廉租住房4幢302套，为771户城镇低收入家庭发放住房租赁补贴124万元，改造农村危旧房2997户18.1万平方米。干部职工津（补）贴、政策性增资发放到位。推行“一册明、一折统”支付方式，发放强农惠农补助资金1.53亿元，全县农民人均351.7元。补贴购置农机具1.36万台。实施仁大故坪、细巷瓦岔等15个扶贫开发整村推进项目，解决了1.04万人的温饱和增收问题。

狠抓社会管理，社会秩序在和谐建设中保持稳定。食品药品专项整治深入开展，质量监管延伸到生产流通各个领域，市场环境逐步优化。应急体系建设不断加强。开建天气雷达站，建成3个区域自动气象站、2个标准化人影作业点，气象预警防灾能力明显增强。甲型H1N1流感疫情得到有效防控。安全生产形势保持平稳。加大领导干部信访包案和办理落实力度，扎实开展千名干部下基层排查调处矛盾纠纷和“大接访”活动，成功化解了一些涉法涉诉、征地拆迁、劳资纠纷、企业改制等方面的矛盾和问题。建成了人武部新营区综合大楼、检察院办案和专业技术用房、城关派出所、威戎等4乡镇司法所。社会治安综合治理措施有效落实，社会秩序保持稳定。

狠抓自身建设，施政行为在依法行政中逐步规范。深入开展灾后重建、扩大内需、强农惠农、教育经费、财政项目资金大检查和小金库专项治理，集中查纠整改问题，完善监管制度，各类资金管理进一步规范。定期向人大报告、政协通报工作，办理人大代表意见建议和政协委员提案97件，办结率100%。行政监察和审计监督有效开展，廉政建设得到加强。政务公开深入推行，依法行政水平有了新的提高。同时，双拥共建、民族宗教、统计物价、县志档案等工作也都取得了新的成绩。加强省市驻静宁单位的协调，形成了促进静宁发展的合力。

过去的一年，是全县经济建设实现新发展，城乡面貌发生新变化，人民生活得到新改善，社会发展取得新进步的一年。一年来，我们把抓项目作为夯基础、保增长的关键举措，全年实施50万元以上项目173项，其中1000万元以上项目38项；当年完成投资29.8亿元，增幅达到53%；争取国家扩大内需项目57项，总投资1.99亿元，其中中央预算内投资1.06亿元，有力地拉动了全县经济社会发展。一年来，我们把改善民生作为最主要的职责，竭尽全力解决群众关心的行路、饮水、上学、就医、住房、就业等问题，向全县人民承诺的十件实事全面兑现，完成了省市安排的实事办理任务，民生支出达到7.6亿元，占全县财政总支出的63%，人民生产生活条件显著改善。一年来，我们把培育先进典型作为推动工作的有力抓手，成功抓建了一批先进典型，县城至威戎二级公路、西展工程、鼎元纸箱、界石铺红军长征纪念园、旱作农业等典型成为全市具有重大影响的亮点，提升了全县整体工作水平。一年来，我们把推行集中突破作为推动发展的基本方法，加大领导力量、工作力量和投资力度，紧握拳头，整体联动，攻坚克难，全面实施“六个新突破”，各项重点工作取得明显成效。一年来，我们把学习实践科学发展观作为改进工作的动力，扎实开展干部作风集中整顿活动，解决突出问题，完善体制机制，形成了抓大事、干实事、解难事的良好局面，推动了工作有效落实。这些发展成效和工作成绩来之不易，得益于县委的正确领导，得益于人大、政协的监督支持，得益于全县各级组织和广大干部群众的团结奋斗。

回顾过去一年的工作，我们也深刻认识到，全县经济社会发展和政府工作还存在着不少困难和问题。主要是：生态环境脆弱、农业基础薄弱的现状短期内无法根本改善，应对自然灾害的能力差，农业产业体系还不完善，特别是西北部主导产业尚未形成，农民增收难度较大；工业发展缺少大企业支撑，全县规模以上企业仅有9户，对县域经济发展的拉动作用不强；民间投资和利用外资比重低，经济发展的内生活力不足；城乡规划编制和市政设施建设相对滞后，环境脏乱差的问题仍需下功夫解决；地方财力不足，民生投入有限，公共基础设施欠账大，一些事关群众切身利益的热点难点问题还没有得到很好解决；房屋拆迁、土地征用、企业改制、安全生产等工作中的问题仍然比较突出，引发群体性事件的风险和压力增大；城镇未就业人员和大中专毕业生增加，就业压力进一步加大；少数单位工作人员不依法办事，服务意识差，缺乏事业心和责任感，与人民群众的期望差距较大。对此，我们将始终保持清醒头脑，时刻忧患在心，积极作为，尽最大努力争取最好的结果。

2010年工作目标和主要任务

今年，是实施“十一五”规划的最后一年。做好今年的政府工作，对顺利启动实施“十二五”规划至关重要。政府工作的总体要求是：全面贯彻党的十七大和十七届三中、四中全会精神，以科学发展观为指导，以富民强县为目标，围绕建设中国优质苹果生产及出口创汇、西北地区纸箱包装及农副产品加工集散“两大基地”，加快结构调整，突出基础建设，壮大特色产业，均衡南北发展，继续深入推进“六个新突破”，全面完成“十一五”规划的各项目标任务，努力构建小康和谐活力新静宁。

综合考虑各方面的因素，今年全县经济社会发展的预期目标是：生产总值增长12%，达到20.7亿元；规模以上工业增加值增长15%，达到2.97亿元；全社会固定资产投资增长30%，达到34.5亿元；地方财政收入增长12%，达到4850万元；出口创汇400万美元以上；社会消费品零售总额增长16%，达到11.63亿元；城镇居民人均可支配收入增长10%，达到11160元；农民人均纯收入增长14%，达到2715元；城镇登记失业率控制在4%以内；人口自然增长率控制在7‰以内；万元生产总值能耗降低5个百分点；化学需氧量、二氧化硫排放量分别下降3%和3.4%。

在工作总体把握上，一是紧紧抓住结构调整这一主线。把结构调整作为解决经济发展深层次矛盾、提升发展质量的根本途径，加快改造提升传统产业，持续培育壮大特色优势产业，大力发展现代服务业，支持非公经济发展，“四轮驱动”实现经济结构优化。二是紧紧抓住项目建设这一支撑。把项目建设作为求突破、促发展的重要载体，集中抓建136个重点项目，总投资34.2亿元，增长14%。以项目带动投资规模扩张，夯实发展基础。三是紧紧抓住区域经济这一重点。把区域经济作为带动整体发展的突破口，科学编制完成“十二五”规划，抓好工业园区和威戎工业集中区产业集群培育、葫芦河和李店河流域苹果标准化生产、西北部贫困片带开发等重点板块，壮大特色经济。四是紧紧抓住优化环境这一保障。把优化环境作为加快发展的助推器，认真组织开展省级文明县标兵创建活动，努力营造廉洁高效的政务环境、公正公平的法治环境、规范守信的市场环境、健康向上的人文环境、安居乐业的生活环境和可持续发展的生态环境。

主要任务是：抓好“八个重点”，办好“十件实事”。

2010年，为保持全县经济社会持续较快发展，我们将重点抓好8个方面的工作：

（一）全力推进结构调整，加快农业产业化进程

坚持以社会主义新农村建设统领农业和农村工作，大力发展现代农业，提高农业综合生产能力，强化助农增收措施，促进农业持续发展、农民持续增收、农村持续繁荣。

一是稳定粮食生产。认真落实粮食直补、农资综合补贴等强农惠农政策，保护农民种粮积极性。加大新品种、新技术推广应用力度，提高单产，增加总产。推广以全膜双垄沟播玉米为主的旱作农业35万亩，粮食总产量保持在15万吨以上，确保粮食安全。

二是提升产业发展水平。突出扩量、提质、增效、创牌，努力把果品打造成静宁的标志性产业，把静宁打造成国际知名、国内闻名的优质果品生产及出口创汇基地。重点抓好中南部适宜区全覆盖，新植果树经济林6万亩。深入开展“果园建设管理年”活动，推广树形改良、果实套袋、配方施肥、综合防治等丰产增效技术，制订静宁苹果标准化生产管理技术规程，全面推行无公害、标准化生产。大力实施优果工程，集中抓建一批“万元园”“精品园”“有机园”，完成果园标准化管理20万亩，商品率、优果率分别达到95%和70%以上，挂果园面积达到35万亩，总产量达到35万吨，实现产值7亿元。紧盯国际高端市场，加大宣传推介力度，扩大果品知名度，增加出口创汇。制定西北部发展规划和产业规划，加强对西北部乡镇政策和资金倾斜扶持，整合基础建设项目，下功夫改善发展条件。坚持种草养畜、旱作农业、洋芋产业和劳务经济四位一体推进，解决西北部乡镇农民增收问题。扩大饲草种植面积，抓好秸秆青贮，大力推广暖棚养殖技术和优良品种，新建原安润通等3户养殖企业、三合新堡等6个养殖小区、司桥牟沟等20个养殖示范村，发展规模养殖大户1500户，带动千家万户发展草畜养殖，扩大养殖总量，使牛产业尽快成为西北部群众增收致富的主导产业。加快种薯引进繁育和模式化栽培技术推广，种植洋芋33万亩。主动对接定西洋芋销售市场，巧借外力拓销路，不断提高洋芋产业效益。

三是大力推进新农村建设。坚持新村建设与旧村改造相结合，产业开发和基础设

施相配套，村容整治与民主管理相协调，扎实推进新农村建设。完善项目、资金整合机制，开展以“三清五改一绿”为主的村庄环境整治，抓好威戎梁马、甘沟祁川等30个新农村示范村建设，做到路水气电房“五配套”。根据不同区域发展状况，优化扶贫工作思路，突出基础改善，认真实施西北部贫困片带整区域开发和雷大杨沟、仁大窑庄等13个扶贫开发整村推进项目，解决1.05万人的温饱问题。

四是加快农业社会化服务体系建设。建立健全农产品质量监测和动物防疫体系，确保农畜产品安全。加强农村经纪人队伍管理，扶持引导专业合作经济组织围绕科技、信息、农资、管理、贮运、购销等重点，为产业化经营提供产前、产中、产后服务，提高农民的组织化程度。完善农产品销售网络，提高农产品的商品转化率。引导农民以转包、出租、转让、股份合作等形式流转土地承包经营权，推进农村土地适度规模经营。

（二）大力实施工业强县战略，加快工业集群化进程

坚持以项目为抓手，以园区为载体，以创新为动力，制定加快地方工业发展意见，着力培育农产品深加工、纸箱包装和建材产业集群，推动工业结构优化、总量扩张、质量提升。围绕果产业深度开发和配套服务，谋划新建一批工业项目。抓好鼎元纸箱二期、恒达纸箱瓦楞纸和虹桥商品混凝土、国草药业等项目建设。改造提升民爆、建材等产业，扶持通达果汁等龙头企业做大做强。完成威戎工业集中区总体规划和工业园区修建性详规编制，进一步加大基础完善和功能配套力度，创优服务环境，创新运行机制，发挥集聚效应和引擎作用，加快把静宁工业园区打造成西北地区最大的纸箱包装生产基地和果品集散地，把威戎工业集中区建成以果品精深加工为主的循环经济示范区。年内新入园项目5项，完成投资1.53亿元。持续推进“质量兴县”战略，鼓励支持自主创新，推进产品升级。继续深化企业改革，加强对企业生产经营的协调调度和煤电油运保障服务，增强企业运行活力。支持化工公司与酒钢集团联合重组，加快研发新产品，增强竞争力。加强建筑企业监管，继续支持县建集团晋升一级建筑施工总承包企业。加强企业家队伍建设，增强企业家社会责任意识。建立经济金融联席会议制度和银企项目融资洽谈制度，营造良好的金融生态环境，促进中小企业健康发展。强化污染治理，依法淘汰落后产能，推行清洁生产，全面完成节能减排目标任务。

（三）竭力改善发展条件，加快基础配套化进程

坚持统筹城乡，集中力量，加大路水电气讯等基础投入，改善基本条件，完善服务功能，推进可持续发展。抓好静庄公路改造等重点交通项目，深入开展“筑路月”活动，新修上等级乡村道路26条124公里。进一步推进农村公路养护管理体制改革，建立分级管养的长效机制，对县乡、乡村、村社道路进行全面整修养护，提高道路持续通行能力。改建启用八里中心汽车站，开通县城至曹务等3条城乡公交班线和城市公交，方便群众出行。积极配合做好引洮工程规划及各项前期工作。完成葫芦河胡家河至高湾沟右岸堤防工程、东峡等病险水库除险加固和甘渭川等灌区配套与节水改

造，新建集雨水窖8100眼。加强水源地保护和水质检测，确保城乡群众用水安全。大力倡导节约用水，加快构建节水型社会。继续实施退耕还林成果巩固、亚行贷款“丝绸之路”生态恢复项目，完成造林2万亩。毫不松懈地抓好封山禁牧。突出沟道、荒坡综合治理，大规模栽植刺槐、直柳等适生树种，每乡镇抓建1处2000亩以上的生态建设示范点。抓好静庄公路沿线绿化带建设和通乡油路、通畅工程沿线行道树栽植，促进生态改善。按照“明晰产权、承包到户”的要求，全面完成集体林权制度主体改革，实现“林定权、树定根、人定心”。争取实施全国黄土高原综合治理示范县项目，抓好水土保持综合治理工程，新修梯田2.75万亩。严格保护耕地，合理集约利用土地。建设三合等土地复垦整理和葫芦河滩涂开发项目，整理土地5559亩，改造中低产田6013亩。积极推进电力通讯设施升级改造，抓好李店等变电工程建设，完善10千伏以下农网，新建移动通讯TD基站20个。

（四）着力强化功能完善，加快城乡一体化进程

坚持规划高起点、建设高标准、管理高水平、运营高效益，加强城乡联动，加快城镇建设步伐。

一是强化规划管理。树立规划先行、规划必行的意识，突出规划的系统性和超前性，加大规划投入，注重土地利用规划与城乡建设及发展规划相衔接，修编全县土地利用总体规划，科学编制旧城区及西城区等控制性详细规划和5个小城镇、30个村庄规划。加强规划管理，杜绝未批先建和随意乱建，切实维护规划的权威性和严肃性。

二是加快城镇建设。立足于特色产业、历史文化和风土人情，加快建设人文型、特色型和宜居型县城。坚持新建改造并举，加快推进西展工程，完成西街路油铺及设施配套，新开新街西路、西环支路、南环西路，建设西城区供热站、滨河花园住宅小区。按照“整体规划、分步实施、招商引资、市场运作”的原则，实施影剧院改造及小区开发。抓好县城中街改造，实施绿化亮化，规范楼体及广告牌装饰。完成城区雨污管网分设，建成生活污水处理场。创新经营城镇理念，充分运用市场经济手段，盘活城镇资产，吸引更多民间资本和社会资金参与城镇开发建设，新开商住楼42万平方米。围绕产业发展重点，找准城镇建设定位，打造个性特质城镇。抓好界石铺红色古镇、威戎现代工业城等小城镇建设，完善道路、排水等设施，增强综合承载能力。

三是加强城市管理。围绕创建省级园林城市，加强综合执法，推进城市精细化管理。大力整治占道经营、乱泼乱倒、乱停乱放、噪音污染等群众反映强烈的问题。整顿房地产开发市场，重点抓好公共服务设施配套。提高天然气利用率，加强供热监管，规范物业管理，改善居住环境。推行市民文明公约，教育市民增强社会公德，倡导市民积极参与城市管理，提升城市文明形象。

（五）强力拉动消费增长，加快三产现代化进程

充分利用高速公路建成通车的有利条件，依托区位优势和资源优势，加大开放开发力度，健全市场体系，大力发展“通道经济”，促进服务业发展。积极支持商贸

流通、餐饮业发展，完善社区服务网络，鼓励发展各类中介服务机构。立足“华夏之根·红色圣地·金果家园”定位，完善界石铺红军长征纪念园设施，争创国家AAAA级旅游景区。加快成纪文化城后续开发，依托果业资源，启动建设大地滩生态观光旅游景区。创新经营管理体制，成立旅游服务公司，强化旅游宣传推介，链接周边旅游市场，健全游、购、娱、食、住、行功能配套，着力把静宁打造成独具魅力的红色旅游、寻根旅游之地。进一步引导对内需求，认真落实“家电下乡”政策，刺激和扩大农村消费。继续实施“万村千乡市场”和“退市还路”工程，完善李店等6乡镇农贸市场和家电下乡乡镇销售网点，改造农家店34户，扩张乡村商业销售网络。推行物流配送、连锁经营、营销代理等现代营销方式，发展电子商务，健全消费服务体系。统一规划、分期实施，建设鼎元物流中心。强化扶持奖励措施，支持外贸企业在对接国际高端市场、扩大出口上取得新突破。加强扶持和监管，引导村镇银行、小额贷款公司、金融保险业健康发展。坚持引进外资与激活民间资本有机结合，分析国内资本流向，掌握产业转移动向，对接合作企业意向，增强招商引资的针对性和实效性，力争引进县外资金3亿元以上。落实各项优惠政策，鼓励支持企业和社会自然人创办实业，新发展非公企业16户，非公经济增加值达到5.8亿元，增长8%。

（六）倾力发展社会事业，加快服务均等化进程

着眼于满足人民群众对公共产品的需求，坚持普惠制原则，将财力投入重点向公共服务领域倾斜，加强学校、卫生院等公共服务单位管理，推动社会事业进步。加快实用技术转化应用步伐，提高科技对经济社会发展的贡献水平。认真实施教育布局结构调整规划，扎实推进中小学校舍安全工程。继续深化教育教学改革，全面提升教育层次，持续打造教育品牌。加快发展职业教育，争取平凉机电工程学校进入全国1000所示范性职业学校行列。规范学前教育管理，高度重视基础教育发展，强化乡镇教育办管理职责，提高乡村学校管理和教学水平。突出师德师风建设，加强教师队伍管理，提高教师综合素质。深化医药卫生体制改革，逐步完善公共卫生、医疗服务、医疗保障、药品供应体系。争取实施仁大、李店等4所乡镇卫生院业务楼建设项目，配套乡镇卫生院医疗器械设备，改善医疗条件。强化卫生行业监管，规范医疗机构和医务人员服务行为，构建健康和谐的医患关系。加强各类传染病的预防、监测和控制，严防重大传染病暴发流行。大力推行使用国家基本药物，调整优化新农合运行机制，实行住院统筹和门诊统筹相结合的补偿模式，扩大报销比例，简化报销程序，提高群众受益水平。巩固提升“省优”创建成果，坚持计划生育优质服务与规范管理并重，宣传引导与落实政策同步，严格控制计划外生育，稳定低生育水平。新建李店、细巷2个中心乡镇计划生育服务站。搞好第六次全国人口普查。统筹发展公益性文化事业和经营性文化产业，重视非物质文化遗产保护，挖掘成纪文化等优秀特色地域文化。搞好精品文艺创作和展演。实施曹务等乡镇综合文化站、农家书屋和农民体育健身工程。完成博物馆维修改造。严厉打击违规经营网吧、不良图书、非法出版物及卫星地面接收设施行为，净化和规范

文化市场。

（七）努力保障改善民生，加快社会和谐化进程

更加注重完善社会保障体系，扎实推进各项民生工程，维护社会公平正义，保持社会和谐稳定。把促进就业作为经济社会发展的优先目标，突出解决大中专毕业生、复退军人、下岗失业人员就业难的问题。采取小额担保贷款、小额信用贷款等多种形式，积极支持全民创业，以创业促就业。加大公益性岗位开发力度，新增城镇就业2800人。加快人力资源开发，建成人力资源市场和社会保障服务中心。整合各类教育培训资源，加强技能培训，积极开拓劳务市场，健全农民工工资保障机制，输转劳务10万人次以上，创收6.7亿元。扩大社保覆盖面，全面提高城镇职工养老、失业、医疗、工伤和生育保险参保率。加强城乡低保、五保供养规范化管理，加大社会救助力度，有效保障困难群众和特殊群体的基本生活。强化政法基层基础，建设城市报警与监控系统，建成行政拘留所、四河、曹务等3所派出所和城关等3所标准化司法所。加快平安静宁建设，加强社会治安综合治理，有效打击各类违法犯罪活动，增强人民群众的安全感。扎实开展双拥共建活动，巩固发展军政、军民团结。纵深推进普法教育，提高干部群众法制意识。落实信访工作归口、属地管理责任，畅通群众信访诉求渠道，继续深入开展矛盾纠纷排查调处活动，妥善解决群众反映的热点难点问题。完善应急机制，提高处置各类突发事件的能力。严格落实安全生产责任制，加强重点领域监管，坚决遏制重特大安全事故发生，保障人民群众生命财产安全。

（八）合力改善发展环境，加快静宁文明化进程

坚持软硬齐抓，强化基础，突出管理，实施“五大行动”，提升发展形象。一是城乡环境治理行动。开展城乡环境综合治理年活动，建立责任考核机制，集中搞好县城、乡镇街道、公路沿线、重点村庄、城乡接合部和河道沟道环境治理，下功夫解决脏、乱、差等突出问题，逐步建立规范化、常态化和全覆盖的城乡环境综合治理格局，努力营造干净整洁的城乡人居环境。二是校园文化塑造行动。在全县各级各类学校开展校园文化建设，从净化、绿化、美化校容校貌入手，培育校园物质文化、精神文化和制度文化，全面改善校园环境，整治周边环境，实现教学质量与校园文化同步提升，努力创造良好的校园育人环境。三是政务信息提速行动。坚持以用促建，加快电子政务建设，拓展网上办公业务，提高政务专网应用水平。完成政府网站改版升级，建设“中国·甘肃·静宁”门户网站，优化栏目设置，整合链接县内网络资源，建立网站集群，扩充信息容量，提高运行质量，搭建政府与公众的交流平台，努力塑造宣传静宁、了解静宁的窗口形象。四是干线公路沿线及面山生态修复行动。以司桥、八里、灵芝、界石铺、三合等平定高速公路沿线乡镇为重点，春秋两季、全线铺开、一次灭荒，全面开展公路面山和沟道绿化，改善生态形象。以威戎、城川、城关、甘沟、八里、界石铺等静庄路、312国道沿线乡镇为重点，全面进行果树经济林填空补齐，形成栽植标准、管理规范的观光型果树经济林带。五是市场秩序整顿行动。突出食品、药品、农资、建材等经营性市场，集中开展专项整治活动，严厉打击假冒伪

劣、商业欺诈、欺行霸市、强买强卖、哄抬物价等侵害消费者权益的不法行为，特别是加大果品市场整治力度，规范流通销售行为，保护果品品牌，努力营造诚信、公平、有序的市场秩序。

2010年，为解决群众最现实、最关心、最直接的利益问题，我们将办好10件实事：（1）建成县城至威戎二级公路并通车，油铺甘沟至四河、后梁至双岘等通乡公路，实现乡乡通油路，建设通畅工程50公里。（2）建成北水南调三期和原安陈岔、细巷谭店等3处人饮工程，使农村自来水入户率达到62.8%，解决3万农村群众的饮水难题。（3）大力发展“果、草、畜、沼”四位一体推进的生态循环农业，建成户用沼气4000户。（4）修建城区水冲式公厕6座、乡镇（街道）公厕17座。（5）建成廉租住房192套9860平方米，为人均住房面积低于15平方米的城镇低收入住房困难家庭发放租赁补贴，完成农村危旧房改造5220户。（6）建设二中、原安中学等8所学校教学楼，威戎、甘沟中学等3个学生餐厅，新建校舍3.4万平方米，进一步改善办学条件。（7）争取建设县医院门诊住院综合楼，建成威戎梁马等26个村卫生室，改善医疗卫生条件。（8）建成民政救灾储备库和城区应急避难场所，增加救灾物资储备，提高突发应急救灾能力。（9）建成一中体育馆，改造县体育场，维修扩建灯光球场，为开展竞技性、群众性文体活动和全民健身创造优良环境。（10）建成天气雷达站，开展以果产业为主的气象服务，提高农业防灾减灾能力。

加强政府自身建设

新的一年，我们将主动适应形势发展的新要求，顺应人民群众的新期盼，把增强执行力和公信度作为政府自身建设的主题，推行政府机构改革，规范行政行为，提高行政效能，努力开创政府工作新局面。

更加注重执行政策。切实增强政策观念，深入研究、敏锐把握国家宏观经济政策和投资导向，把政策转化为加快发展的有利机遇。加强政策宣传，畅通政策“直通”渠道，让群众了解政策、认知政策。严格落实强农惠农、土地利用、节能降耗等政策规定，不变通，不截留，不打折扣，提高执行政策的严肃性。善于把上级政策与工作实际结合起来，选准对接点，提高政策执行水平。

更加注重依法行政。严格按照法定权限行使权力，全面推动社会生活在法制规范下运行，矛盾纠纷在法律框架内解决，各项工作在法治轨道上开展，提高依法管理社会事务和其他行政事务的能力。加强行政执法队伍建设，提高文明执法、规范执法的水平。完善执法责任制和过错追究制，做到行政权力授予有据、行使有规、监督有效。自觉接受人大依法监督、政协民主监督，主动接受舆论监督，认真办理人大代表建议和政协委员提案，广泛听取人民团体和社会各界的意见，不断改进政府工作。

更加注重规范程序。执行重大事项专家咨询、社会公示和听证、集体决策等制度，提高决策的科学化、民主化水平。通过规定的方式，履行规定的手续，遵循规定的步骤，实现预期的效果，尽力规避工作的随意性。大力推行阳光行政，建立政府新闻发言人制度。对涉及重大项目审批和实施、行政许可事项办理及城乡低保、救助救济、医药价格等与群众切身利益相关的内容，严格依照程序公开公示，接受社会监督，增强工作透明度。

更加注重机制创新。建立监督问责机制，把审批、执法、资金管理等岗位作为监督的重点，对各自为政、有令不行、有禁不止和行政不作为、慢作为、乱作为的人和事，实行责任倒查，严肃追究责任。健全督查督办机制，正在落实的查进度，没有落实的查原因，影响落实的查责任，已经落实的查成效。建立工作协调机制，促进信息共享、情况互通、工作联动。完善考核评价机制，突出发展看项目、经济看效益、工作看效率，靠事实说话，凭实绩奖惩。以责任明确的硬任务，真督实查的硬措施，奖罚分明的硬机制推动工作落实，努力在全县形成比思想解放程度、学破解难题举措、赶改变面貌进度、创一流发展目标的氛围。

更加注重改进作风。大力推行“一线工作法”，坚持深入实际、深入基层、深入群众，开展调查研究，虚心问政于民，努力使发展目标、工作思路、政策措施更加符合实际、更加符合人民群众的愿望。在群众最盼上抓谋划，在群众最怨上抓整改，在群众最急上抓落实，多干打基础、利长远、惠百姓的事。下大力气精简会议、压缩文件，切实把时间和精力放在狠抓落实、推动发展上。落实限时办结制，推行全程代办制，简化办事流程，创造零障碍、低成本、高效率的服务环境，更好地为群众、为企业、为基层提供方便快捷、优质高效的服务，打造政务服务绿色通道。

更加注重廉洁从政。认真落实党风廉政建设一岗双责制，深入开展纠风治乱活动，加快推进惩治和预防腐败体系建设。认真开展“项目管理年”活动，加强项目管理，规范项目建设行为。加强审计监督和行政监察，努力提高对重点领域、重点项目、重点职位的监管水平。扎实开展工程建设领域突出问题专项治理，规范建设管理。全面推行国库集中支付和部门预算，严格预算约束，执行“收支两条线”规定，强化财政资金监管，提高资金使用效益。推进节约型机关建设，反对铺张浪费。加强公务员教育、监督和管理，提高为民办事、为民服务的能力和水平。

县人大常委会工作报告

（县人大常委会主任张自杰　2010年1月8日）

过去一年的主要工作

2009年，在县委的正确领导和“一府两院”的有力支持下，县人大常委会深入贯彻落实科学发展观，按照县十五届人大三次会议确定的工作任务，认真履行宪法和法律赋予的职责，为促进全县经济建设、政治建设、文化建设、社会建设和生态文明建设发挥了积极作用。

一、依法审议决定重大事项，全力推动科学发展

一年来，常委会紧扣全县工作大局，综合运用视察、调研、审议等方式，依法决定重大事项，加强对经济社会发展重点工作的监督，全力推动经济社会科学发展。先后听取、审议“一府两院”工作报告12项，作出决定、决议4件。

审查、批准了县政府关于2009年国民经济和社会发展计划调整、财政预算调整、地方政府债券转贷资金分配等报告，并作出相应决议。听取、审议了县政府关于2009年上半年国民经济和社会发展计划执行情况、2008年县级财政决算、财政预算执行审计、果业市场管理等工作报告。审议中，在充分肯定成绩的同时，指出存在的一些突出问题，有针对性地提出意见建议，促进了相关工作。果品产业是我县富民强县的支柱产业，常委会一贯高度关注，今年以来，在全面调研的基础上，专题听取、审议了县政府关于全县果业市场管理工作的报告，针对果业技术人员短缺，品牌宣传保护不够，营销市场管理混乱等问题，提出进一步优化果业发展思路，健全完善服务体系，加强农资和果品市场建设与管理，加大静宁苹果宣传推介力度，创优果品营销环境等意见建议。

完善任免工作程序，落实任命干部任后表态发言、公开颁发任命书等制度，按照坚持党委领导、充分发扬民主和严格依法任免的原则，认真做好人事任免工作。一年来，任命人大及"一府两院"国家机关工作人员15人，接受辞职和免职10人。其中，接受县人大常委会副主任辞职1人；任命政府副县长2人，免职1人；任命政府组成部门负责人5人，免职5人；任命县人大常委会工作委员会负责人2人，免职1人；任命县法院法庭庭长2人，免职2人，任命审判员4人。组织原选区对出缺的9名县人大代表进行了补选。

二、认真开展监督工作，着力促进改善民生

常委会坚持以人为本，认真开展工作监督，着力促进改善民生。今年以来，重点对城乡文化市场管理、居民区物业管理、安全饮水工程建设、政府承诺的10件实事等社会普遍关注的工作进行调研、视察和审议，并对2008年审议的县乡医疗机构服务能力建设、城区供热监管等工作进行跟踪监督。年底，对全年审议意见的落实情况进行全面回访督查，对一些突出问题现场督办、持续监督，推动解决与群众切身利益息息相关的热点难点问题，促进和谐社会建设。针对群众反映强烈的文化市场管理工作，常委会专题调研并听取、审议了县政府关于城乡文化市场管理工作情况的报告，就解决网吧违规大量接纳未成年人、超时通宵营业，书屋租售不良书籍等问题，提出了具体意见建议，要求组织开展集中整顿，切实规范文化市场管理，为未成年人健康成长营造良好的社会环境。随着我县城镇化步伐的加快，物业管理逐渐成为居民关注的焦点。6月份，常委会对居民区物业管理工作进行了调研、审议，针对居民区规划、建设与管理脱节，开发遗留隐患较多，物业服务质量不高等问题，就进一步加强物业管理提出意见建议，督促相关部门认真研究解决，为广大居民创造安全、舒适的生活环境。

常委会重视加强法律监督工作，积极推动依法行政、公正司法。年内对法、检两院执法工作进行了检查，听取、审议了法、检两院年度执法检查工作报告，针对少数司法人员执法行为不规范、部分案件质量不高、一些民事案件执行力度不大、法律监督工作不力等问题，要求法、检两院认真研究，积极整改，努力提高司法水平，切实维护司法公正。常委会还注重将法律监督与办理群众来信来访有机结合，对一些涉法涉诉信访件，督促有关部门认真办理，及时解决问题，疏导化解矛盾，维护群众合法权益和社会稳定。

三、重视改进代表工作，充分发挥代表作用

常委会注重发挥代表的主体作用，认真做好代表服务工作，拓宽代表知情参政渠道，组织开展好闭会期间活动，积极为代表履职搭建平台。

坚持走访联系代表，7月份，由常委会分管领导带队，组织人员深入四河等6乡镇，分片召开代表座谈会，听取代表对常委会及“一府两院”工作的意见、建议，对代表反映的问题及时转交有关部门研究解决。8月份，与县政府联系召开政情通报会，向代表通报了上半年政府主要工作和全县经济社会发展情况。加强代表培训，为全体代表配发了《人大代表任职学习读本》等资料，举办代表培训班，集中对140名基层县人大代表进行了社会主义民主政治与人民代表大会制度、代表法等专题培训，不断增强代表履职能力。坚持邀请代表列席常委会会议和参加有关活动，尽可能地扩大闭会期间代表参与常委会各项活动的范围，一年来，列席常委会会议和参加常委会检查、视察、调研活动的代表达到120多人（次）。

加大代表建议、意见督办力度，对群众和代表关注程度较高的重点建议，实行常委会主任、副主任包号督办制度，常委会领导深入基层和部门进行集中督办，促进了问题解决。组织提案代表对办理工作进行现场督查，对少数答复不规范、办理不认真的退回重新办理，整体办理质量得到明显提高。至10月底，县十五届人大三次会议期间代表提出的54条建议、意见全部办结，所提问题得到解决或基本解决的20件，正在解决或者列入计划逐步解决的21件，受政策和客观条件限制暂时难以解决、向代表作了说明的13件。

四、切实加强自身建设，努力提高工作水平

常委会领导班子成员坚持在参与中监督，在参与中支持和服务，认真贯彻落实县委的决策部署，紧紧围绕全县工作大局，积极主动参与各个阶段的中心工作，合力推动经济社会发展。

坚持将调查研究贯穿于人大各项工作的始终，着力在深化调研内容、改进调研方式上下功夫、求实效，围绕事关县域经济社会发展的重点工作和群众关注的热点难点问题开展调研活动，在“沉下去”深入基层，全面掌握实际情况，扩大代表和群众参与范围，广泛听取各方面意见建议的同时，“走出去”学习借鉴外地先进经验，努力使提出的意见建议更加科学、准确，更具针对性、前瞻性。在居民区物业管理、果业市场管理调研中，调查组先后对平凉崆峒区部分居民小区物业管理、陕西洛川县果品市场管理以及定西安定区马铃薯市场管理的先进经验进行了考察学习，就做好相关工作、促进长远发展提出了一系列符合县情实际的意见建议。

紧密结合人大工作实际，扎实开展深入学习实践科学发展观活动和干部作风集中整顿活动，全面加强常委会领导班子及人大机关政治、思想、作风、业务建设，不断提高服务能力和工作水平。按照学习实践活动的要求，着眼于构建科学发展长效机制，建立健全规章制度，修订完善了县人大常委会议事规则，制定了人大机关《各委室工作职责》《各委室负责人工作职责》，进一步规范常委会议事活动，加强机关管理，提高议事质量和服务水平。

重视人大宣传工作，一年来在国家及省、市新闻媒体刊发一批新闻通讯稿件，省《人民之声报》先后7次以头版头条通讯和评论员文章对我县党委支持人大工作、人大积极依法履行职责的做法进行了报道，通过人大新闻媒体宣传展示了全县民主法制建设和经济社会发展成就。

加强对乡镇人大工作的指导。5至6月，由常委会主要领导、分管领导带队，深入全县24个乡镇人大进行调研和检查，督促乡镇进一步加强人大机构和队伍建设，逐步规范乡镇人大工作。根据实际工作需要，对年龄偏大的10名乡镇人大主席汇报县委进行调整，充实基层人大工作力量，激发了乡镇人大主席工作积极性。为乡镇人大统一配发人大工作业务资料，举办乡镇人大工作培训班，对全县乡镇人大主席进行了地方组织法、代表法、乡镇人大工作业务等专题培训，推动乡镇人大提高工作水平。

回顾一年来的工作，我们感到还存在许多不足，主要是：跟踪监督还不到位，抓审议意见落实的措施不够有力；法律监督工作比较薄弱，监督方式方法需要改进；代表履职条件有待改善；对乡镇人大的工作指导还不够经常。对这些问题，我们将虚心听取代表意见，认真研究解决，不断改进和加强常委会的工作。

今年的主要工作任务

2010年，县人大常委会要以邓小平理论和“三个代表”重要思想为指导，以科学发展观为统领，在中共静宁县委的领导下，深入贯彻党的十七大和十七届四中全会精神，坚持“围绕中心、贴近民生、服务发展、促进和谐”的总体思路和“抓重点、议大事、求实效”的工作要求，认真履行各项法定职权，为促进全县民主法制建设和经济社会发展努力工作。

一、深化工作监督

坚持把推动科学发展作为各项工作的立足点，紧扣发展第一要务，及时审议决定重大事项。按照党管干部原则和法律规定，认真做好人事任免工作。积极贯彻监督法，把推动县上重大决策部署的贯彻落实作为人大监督工作的重中之重，着力加强对经济建设和解决民生问题的监督，督促和支持“一府两院”做好工作，确保全年各项目标任务的顺利完成，努力推动经济社会又好又快发展。进一步增强监督的针对性，把监督的重心放到关系全县改革发展稳定的重大事项、关系群众切身利益的重点工作上来，加强对财政、计划、项目建设、工业园区建设等工作的监督，促进经济社会持续、快速、健康发展；坚持关注民生、改善民生，有针对性地对基础设施建设、农村低保、城乡教育资源配置、食品药品安全、社会治安管理等民生重点工作进行调研、视察和审议，促进解决群众最关心、最直接、最现实的一些利益问题，实现好、维护好、发展好最广大人民的根本利益。进一步增强人大监督工作的实效性，把工作着力点放在常委会决定、决议、审议意见的办理落实上，对近两年常委会重点审议意见的落实情况，特别是群众关注程度较高的医疗卫生、供热监管、饮水安全、文化市场管理、物业管理、果业市场管理等热点难点工作，进行回访督查、跟踪监督，推动解决一些突出问题，力求取得实实在在的效果。

二、抓好法律监督

认真贯彻依法治国方略，重视抓好法律监督。加强对“五五”普法规划实施情况的监督，推动法制宣传教育深入开展，为经济社会发展创造良好的法治环境。围绕促进可持续发展，对水土保持、生态环境等有关方面法律法规的执行情况进行检查，推动解决一些带有全局性和倾向性的问题。围绕推进依法行政，逐步探索开展规范性文件备案审查工作，有重点地对涉农、涉企执法部门贯彻执行有关法律法规和减负治乱情况进行调研、检查，着力促进解决一些影响发展、影响和谐、影响民生的突出问题。围绕推动公正司法，加强对法、检两院司法工作的监督，听取审议法院、检察院关于民事案件执行工作、法律监督工作情况的报告，督促法、检两院抓好干警队伍建设，规范司法行为，不断提高审判和检察工作水平。做好群众来信来访工作，要把涉法涉诉信访件的督办与法律监督工作有机结合起来，对群众反映强烈的一些信访案件实施跟踪监督，督促有关部门及时认真办理，切实解决一些方面存在的有法不依、执法不严、违法不究的问题，维护司法公正和社会和谐稳定。

三、改进代表工作

继续抓好代表培训，不断提高代表履职能力。加强对代表小组活动的指导，完善活动制度，丰富活动内容，以开展“创先争优”活动为载体，在县乡人大代表中广泛开展“创先进代表小组、做优秀人大代表”活动，充分发挥代表在促进全县经济社会发展中的模范带头作用和桥梁纽带作用。坚持走访联系代表制度，组织开展代表向选民述职活动，密切常委会组成人员与代表、代表与群众的联系。坚持邀请代表列席常委会会议，参加常委会组织的执法检查、视察和调研等活动，积极创造条件，扩大基层代表和群众参与的范围，增加监督工作的透明度。切实抓好代表建议、意见督办工作，采取跟踪督办、现场督办、包号督办等多种有效方式，督促承办单位不断规范办理工作程序，提高办理工作质量。

四、加强自身建设

加强常委会组成人员、机关干部职工的政治和业务学习，全面提高干部队伍素质，努力创建学习型、创新型、服务型机关，进一步增强为人大工作和全县发展大局服务的能力。认真落实常委会议事制度及机关管理制度，不断提高常委会工作的制度化、规范化和科学化水平。加强对乡镇人大的工作指导，进一步规范乡镇人大工作。坚持不懈抓好作风建设，对常委会审议的各项工作都坚持调研为先，通过深入一线，加强与基层和群众的联系，尽可能多地听取基层代表和群众的呼声，充分了解县情、社情、民情，努力使掌握的情况更加真实全面，提出的意见更加准确中肯，增强监督工作的预见性、针对性，提高人大工作为全县发展大局服务的科学性、实效性。

第五节　县第十五届人民代表大会第五次会议

大会概况

县十五届人大五次会议于2011年1月13日至15日在静宁宾馆二楼会议室召开。县十五届人大四次会议以来，宋全科、陈铎、马千里、薛晓宏、王克选、路韬、薛小勇、徐俊宏、杨东9名代表因工作需要调离静宁县，根据选举法第五十四条第二款的规定，上述9人的代表资格自行终止，根据选举法、代表法和甘肃省实施选举法细则的有关规定，在代表出缺的威戎、红寺、原安、灵芝、八里、仁大、四河、城川、雷大9乡镇选区分别补选王宗良、徐毅、何鹏峰、胡麒军、孙智清、梁文义、马世明、武文学、冯克勤、杨立新10人为县第十五届人大代表，至此，县第十五届人大代表实有210名。此次会议出席197名，不是县人大代表的县级领导和乡镇党委书记、人大主席，县委各部门、群众团体，人大各委、室，政府各局、委、办，省、市驻静宁各单位主要负责人，在静宁县的省人大代表以及部分市人大代表，出席县政协七届五次会议的全体委员（列席此次会议第一次全体会议），共300余人列席会议。

王敏、王宁宁、王发永、王运军、王宗良、王星耀、史晓平、杨飞、杨晓勇、杨康乐、李金、李根进、吴水利（女）、何冠群、何鹏峰、沙芳琴（女、回族）、张三相、张自杰、张来有、陈龙、陈进财、陈尚孔、周永宏、柳振源、胡麒军、高恒、阎国军、徐毅、崔鹏林、慕锡武、裴晓江、魏小良、魏晓平（按姓名笔画为序）33人组成大会主席团，王宗良、王星耀、沙芳琴（女、回族）、张自杰、陈进财、陈尚孔、高恒、徐毅、慕锡武、魏晓平（按姓名笔画为序）10人为主席团常务主席；慕锡武为秘书长，赵鹏飞、李金、王武、李文环、何浩强为副秘书长；高恒、杨晓勇、王敏、王社余、史晓平、冯克勤、吴水利、张新江、武文学9人组成计划和预算审查委员会，高恒为主任委员，杨晓勇为副主任委员；慕锡武、徐永宏、马世明、阎国军、刘桂香、刘昌麟、杨立新、杨康乐、胡志科9人组成议案审查委员会，慕锡武为主任委员，徐永宏为副主任委员。

大会成立临时党委，王宗良为书记，张自杰、徐毅为副书记，魏晓平、王发永、杨晓勇、崔鹏林、柳振源、周永宏、何鹏峰、王运军、胡麒军9人为委员（大会结束后，临时党委自行撤销）。

1月12日下午举行预备会议，由县人大常委会主任张自杰主持，听取县人大常委会副主任、第十五届人大常委会代表资格审查委员会主任委员高恒所作的《关于代表出缺变动和补选代表资格审查情况的报告》，通过大会议程和主席团、秘书长、计划和预算审查委员会、议案审查委员会名单，宣布主席团第一次会议通过的事项。

大会共举行全体会议3次。第一次全体会议于1月13日上午举行，执行主席是王宗良、史晓平、杨晓勇、沙芳琴、张自杰、陈铎、柳振源、胡麒军、阎国军、崔鹏林、魏晓平。会议由县人大常委会主任张自杰主持，听取县政府常务副县长杨晓勇所作的

《县人民政府工作报告》，审查《关于〈静宁县国民经济和社会发展第十二个五年规划纲要（草案）〉的说明（书面）》、县发展和改革局局长史晓平所作的《关于2010年国民经济和社会发展计划执行情况及2011年国民经济和社会发展计划（草案）的报告（书面）》、县财政局局长王敏所作的《关于2010年全县财政预算执行情况和2011年财政预算（草案）的报告（书面）》。第二次全体会议于1月14日上午举行，执行主席是王敏、王发永、王运军、杨康乐、李金、吴水利、张来有、陈进财、陈尚孔、周永宏、高恒。会议由县人大常委会副主任陈进财主持，听取县人大常委会主任张自杰所作的《县人大常委会工作报告》、县法院院长李根进所作的《县人民法院工作报告》、县检察院检察长陈龙所作的《县人民检察院工作报告》，审议县人大常委会《关于县十五届人大四次会议代表建议意见办理情况的报告（书面）》。第三次全体会议于1月15日上午举行，执行主席是王宁宁、王星耀、杨飞、李根进、何冠群、何鹏峰、张三相、陈龙、慕锡武、裴晓江、魏小良。会议由县人大常委会副主任王星耀主持，通过关于接受陈铎辞去县政府县长职务请求的决定；选举县政府县长1名、县人大常委会委员4名；听取县人大常委会副主任、议案审查委员会主任委员慕锡武所作的《关于议案和意见建议审查情况的报告》，通过《关于政府工作报告及国民经济和社会发展第十二个五年规划纲要的决议》《关于2010年国民经济和社会发展计划执行情况及2011年国民经济和社会发展计划的决议》《关于2010年全县财政预算执行情况和2011年财政预算的决议》《关于县人大常委会工作报告的决议》《关于县人民法院工作报告的决议》《关于县人民检察院工作报告的决议》。会议结束时，县委书记王宗良作了讲话。

大会安排分团会议3次。

大会主席团召开会议4次。

大会收到代表意见、建议33件，涉及5个方面。其中：①农业和农村工作方面5件，占15.2%，主要是建议加大扶持西北部养牛产业，在司桥乡酸刺等村实施土地整理项目，解决村组合并后遗问题，加大深沟乡农地基础设施建设，扶持发展三合乡洋芋产业，改造红寺乡张峡、王湾等村农网；②道路建设方面11件，占33.3%，主要是建议修建威戎梁马大桥、仁大峡口清水河桥，油铺三合至原安通乡道路、李店镇滨河路、四河乡田河至田堡道路、贾河剪岔至秦安梨树道路，硬化灵芝乡前湾至杨岔道路、曹务乡店子至张珍湾道路，新修司桥乡席湾至上马道路，拓宽古城邹河至隆德联财道路；③水利建设方面10件，占30.3%，主要是建议新建灵芝乡机岔、高义及曹务乡唐山人饮工程，解决古城乡北山八村、威戎镇东山梁三村和界石铺镇继红、西川、仁大乡堡湾、故坪等7村人畜饮水困难，修建双岘乡中湾、团庄沟道蓄水塘坝，治理静秦公路大桥至寨子村峡门口段河堤；④城镇建设方面6件，占18.2%，主要是建议加强县城交通管理，解决甘沟街道排水排污困难，新建古城乡街道上下水管网，扩建余湾乡农贸市场，解决李店镇镇区环卫经费问题；⑤教育方面1件，占3%，建议修建原安中心小学教学楼，改善该校办学条件。

大会议程

一、听取和审议县人民政府工作报告；

二、审查和批准静宁县国民经济和社会发展第十二个五年规划纲要；

三、审议2010年国民经济和社会发展计划执行情况及2011年国民经济和社会发展计划（草案）的报告（书面），审查、批准2010年国民经济和社会发展计划执行情况的报告及2011年国民经济和社会发展计划；

四、审议2010年财政预算执行情况和2011年财政预算（草案）的报告（书面），审查、批准2010年财政预算执行情况的报告和2011年财政预算；

五、听取和审议县人大常委会工作报告；

六、审议县人大常委会关于县十五届人大三次会议代表意见、建议办理情况的报告（书面）；

七、听取和审议县人民法院工作报告；

八、听取和审议县人民检察院工作报告；

九、选举；

十、其他。

大会日程

县第十五届人民代表大会第五次会议日程表

表3-106

时间		内容	执行主席
1月12日	下午 3:00	预备会议:1. 代表变动及补选情况报告;2. 通过大会议程;3.通过大会主席团和秘书长名单;4.通过大会计划和预算审查委员会名单;5.通过大会议案审查委员会名单	
1月13日	上午 8:30	大会:1.开幕式;2.政府工作报告。会后,各代表团分团讨论有关接受辞职的决定(草案)和选举办法(草案),审议政府、计划、财政报告及“十二五”规划纲要	王宗良　史晓平 阎国军　杨晓勇 沙芳琴　张自杰 柳振源　胡麒军 徐　毅　崔鹏林 魏晓平
	下午 2:30	1.各代表团继续审议政府、计划、财政报告及“十二五”规划纲要,结合审议提出有关议案和意见、建议;2.酝酿讨论补选县政府县长和县人大常委会委员候选人名单(草案)	
1月14日	上午 8:30	大会:1. 县人大常委会工作报告;2. 县人民法院工作报告;3.县人民检察院工作报告;4.通过有关接受辞职的决定;5.通过大会选举办法。会后,各代表团分团审议人大、法院、检察院工作报告	王　敏　王发永 王运军　杨康乐 李　金　吴水利 张来有　陈进财 陈尚孔　徐永宏 高　恒
	下午 2:30	1.各代表团继续审议人大、法院、检察院以及政府、计划、财政报告及“十二五”规划纲要;2.继续酝酿讨论补选县政府县长和县人大常委会委员候选人名单(草案);3.酝酿讨论选举监票人名单(草案)	

续表3-106

时间		内容	执行主席
1月15日	上午9:30	大会:1.选举;2.表决政府、计划、财政、人大、法院、检察院工作报告及“十二五”规划纲要决议;3.县委领导讲话;4.大会闭幕	王宁宁 王星耀 杨 飞 李根进 何冠群 何鹏峰 张三相 陈 龙 慕锡武 裴晓江 魏小良

主席团会议日程

县第十五届人民代表大会第五次会议主席团会议日程表

表3-107

时间		地点	内容	参加人
第一次会议	1月12日预备会议结束后	静宁宾馆三楼会议室	1.通过主席团常务主席名单;2.通过大会日程;3.通过主席团会议日程;4.通过大会执行主席分组名单;5.决定大会副秘书长名单;6.决定大会议案和意见、建议终止时间;7.讨论通过有关接受辞职的决定(草案);8.讨论通过选举办法(草案);9.听取县人大常委会有关备案报告	主席团成员及各代表团召集人
第二次会议	1月13日上午11:30	静宁宾馆三楼会议室	1.听取关于有关接受辞职的决定(草案)讨论情况汇报;2.听取关于选举办法(草案)讨论情况汇报;3.通过关于代表联合提名有关选举候选人截止时间的决定;4.讨论提出补选县政府县长和县人大常委会委员候选人名单(草案);5.提出大会选举监票人名单(草案);6.确定大会选举计票人名单	主席团成员及各代表团召集人
第三次会议	1月14日下午4:30	静宁宾馆三楼会议室	1.听取计划审查情况汇报;2.听取预算审查情况汇报;3.听取议案和意见、建议审查情况汇报;4.听取关于补选县政府县长和县人大常委会委员候选人名单(草案)讨论情况汇报;5.听取关于大会选举监票人名单(草案)讨论情况汇报;6.决定补选县政府县长和县人大常委会委员正式候选人名单	主席团成员及各代表团召集人
第四次会议	1月15日上午8:30	静宁宾馆三楼会议室	1.听取各代表团关于政府等六个工作报告和“十二五”规划纲要讨论情况汇报;2.讨论政府、计划、财政、人大、法院、检察院工作报告及“十二五”规划纲要决议(草案)	主席团成员及各代表团召集人

大会选举

县人民政府:

县 长 徐 毅

县人民政府县长徐毅个人情况表

表3-108

姓名	性别	民族	出生年月	籍贯	文化程度	工作时间	入党时间	主要工作经历
徐　毅	男	汉	1964.5	甘肃华亭	研究生	1982.8	1986.11	曾在定西县团结乡，华亭县农牧局、县委党史办、调研室工作；历任华亭县委调研室副主任、县委办公室副主任、县委宣传部部长，华亭县委常委、宣传部部长，原平凉市政府副市长，崆峒区政府副区长，庄浪县委常委、政府常务副县长，泾川县委副书记，平凉市安全生产监督管理局党组书记、局长，静宁县委副书记

县人大常委会：

委　员　马世明　冯克勤　杨立新　武文学

县人大常委会委员马世明、冯克勤、杨立新、武文学个人情况表

表3-109

姓名	性别	民族	出生年月	籍贯	文化程度	工作时间	入党时间	主要工作经历
马世明	男	汉	1956.8	静宁余湾	高中	1976.3	1975.1	部队转业后曾在静宁县委宣传部工作；历任灵芝乡政府副乡长，县纪委纪检员，县工商局副局长，县计划委员会副主任兼县项目办公室主任，县计划经济委员会副主任兼县项目办公室主任，县计划委员会副主任，县计划委员会副主任兼县项目办公室主任，县发展计划局副局长兼县项目办公室主任，县发展和改革局副局长兼县项目办公室主任，县人大常委会司法民政工委主任
武文学	男	汉	1956.2	静宁威戎	大专	1976.10	1983.8	曾在平凉农校、静宁县威戎镇政府工作；历任威戎镇政府副镇长，石咀乡党委副书记、乡政府乡长，曹务乡党委书记，县农牧局副局长，县农牧局副局长兼县农村能源建设办公室主任，县人大常委会农业财经工委主任

续表3-109

姓名	性别	民族	出生年月	籍贯	文化程度	工作时间	入党时间	主要工作经历
冯克勤	男	汉	1957.1	静宁新店	大专	1980.7	1976.7	曾在静宁县委农村工作部工作；历任细巷乡政府副乡长，甘沟乡党委副书记，田堡乡党委副书记、书记，县委组织部副部长兼党史办主任，县劳动和社会保障局副局长，县人大常委会教科文卫工委主任
杨立新	男	汉	1958.7	静宁双岘	本科	1981.12	1990.10	曾在宁夏海原县税务局、静宁县审计局工作；历任县审计局副局长,县商业局局长，县贸易合作局局长，县商务局局长，县人大常委会代表联络工委主任

附：

县人民政府工作报告

（县人民政府常务副县长杨晓勇 2011年1月13日）

“十一五”经济社会发展回顾

“十一五”时期，全县上下坚持以科学发展观为指导，在县委的正确领导和县人大、县政协的监督支持下，紧紧围绕加快发展这一主题，深入实施生态立县、产业富县、工业强县、商贸活县、科教兴县和项目带动战略，成功应对国际金融危机、“5·12”特大地震及干旱、冰雹、霜冻灾害等难以预料、历史罕见的困难和挑战，全力保增长、强基础、调结构、重民生、促和谐，圆满完成了“十一五”规划确定的各项目标任务。

——过去的5年，是县域经济快速增长的5年。5年来，我们狠抓产业开发，突出工业发展，加强商贸流通，三次产业协调推进，主要经济指标快速增长。全县生产总值由“十五”末的12.8亿元增加到19.2亿元，年均增长8.4%。地方财政收入由2600万元增加到5300万元，年均增长15.3%；财政支出由2.9亿元增加到13.4亿元，是“十五”末的4.6倍。特色产业发展取得重大突破，新植果树经济林44万亩，总面积达到76万亩，产值14.7亿元。静宁苹果获得地理标志产品等4张国家级名片。发展通达果汁等果品龙头企业4户，建成优质苹果苗木繁育基地和城川靳寺等果品批发市场，果品产业链条不断延伸，由规模扩张向质量效益全面转型。全膜双垄沟播等旱作农业新技术大面积推广，5年发展旱作农业69.4万亩。草畜产业取得实质性突破，牛饲养量达到8万头。工业强县步伐进一步加快，完成了火柴厂、橡塑公司等7户国有企业改制，建成了乳化炸药、鼎元包装等一批工业项目，工业企业由78户发展到142户，规模以上工业增加值由1.48亿元增加到3.05亿元，年均增长18.2%。旅游产业快速发展，建成了界石铺红军长征纪念园，成纪文化城晋升为国家3A级旅游景点。市场更加繁荣，建成"农家店"169个，实施"退市还路"工程2处，社会消费品零售总额由5.6亿元增加到11.75亿元，是"十五"末的2倍。招商引资成效明显，5年累计引进资金13亿元。组建了农发行静宁县支行、成纪村镇银行、恒达小额贷款公司，金融对地方经济发展的贡献水平进一步提高。

——过去的5年，是发展后劲明显增强的5年。5年来，我们争取实施50万元以上项目711个，全社会固定资产投资完成97.36亿元，是"十五"时期的5.6倍。实施了平定高速、通乡油路等一批重大交通项目，油铺硬化道路600.8公里，实现了乡乡通油路目标。水利建设成效显著，建成了北水南调、河堤治理等38项重点水利工程，自来水入户率由42.1%提高到62.1%。城乡规划体系初步建立，县城提质扩容步伐明显加快，东拓工程基本建成，县城西展全面铺开，城区规模达到6.6平方公里。建成了新盛花园等一批宜居小区、西岭公园等群众休闲娱乐场所、城区生活垃圾填埋厂等市政工程，城区人居环境明显改善。威戎、李店等中心小城镇在基础配套、功能完善等方面取得了较大突破，全县城镇化率由16.9%提高到27.9%。建成余湾王坪等29个易地扶贫搬迁试点村和城川吴庙等89个新农村示范村。生态环境建设逐步加强，完成造林封育58.95万亩，新修梯田15.3万亩，整理土地1510.3公顷，治理水土流失243.8平方公里，发展沼气用户2.07万户。

——过去的5年，是社会事业全面进步的5年。5年来，我们坚持以满足人民群众多层次需求为目标，强化公共服务，各项社会事业协调发展。教育布局调整步伐加快，办学条件大幅度改善，撤并村小学及教学点56个，新建、改建校舍28万平方米。高中阶段入学率提高到75.7%，高考继续保持全市领先，5年向各类高校输送学生2.05万人。县职教中心成功改制为平凉机电工程学校。完成了义务教育和"普九"债务的化解。乡镇卫生院全面完成改扩建，建成县医院急诊楼、中医院医技楼、妇幼保健站综合楼，新农合参合率达到98.27%，县乡医疗条件得到显著改善。人口和计划生育工作扎实推进，建成县计生服务站和16个乡镇标准化计生服务所，人口自增率控制在6.8‰。群众性精神文明创建活动蓬勃开展，新建乡镇文化站8个、农家书屋392个。广播电影电视事业进一步发展，建成村村通工程1021处2.84万户，综合覆盖率达97%。高质量完成了农业、经济、人口、文物和环境污染源普查。编纂完成《静宁军事志》《反贫困之路》《静宁巨变六十年》。审计物价、工商质监、地震人防、石油烟草、档案宗教等事业都取得了新的进步。

——过去的5年，是人民生活显著改善的5年。5年来，我们集中精力办理了一批惠民实事，解决了群众要求最迫切、社会最关注的热点难点问题。群众收入不断增加，农民人均纯收入由1581元增加到2682元，城镇居民人均可支配收入由5970元增加到11549元。全面落实强农惠农政策，5年发放各类惠农资金7.22亿元，人均受益1624

元。就业再就业步伐加快，多渠道招录大中专毕业生2844名，新增城镇就业1.32万人，城镇登记失业率控制在3.8%以内。民生保障水平显著提高，建成廉租房386套，实施农村危旧房改造4997户。启动实施了新型农村合作医疗、城镇居民医疗保险等制度，城乡低保等政策落实到位。建成威戎等4个中心敬老院和残疾人综合服务中心。扶贫开发成效显著，实施整村推进项目71个，减少贫困人口5.07万人。

——过去的5年，是自身建设不断加强的5年。5年来，县政府及组成部门认真执行县委的决策部署，自觉接受人大的法律监督、政协的民主监督和群众的舆论监督，办理人大代表建议262件、政协委员提案235件。完成了县政府机构改革，制定完善了重大事项决策程序及专家咨询等制度，政府决策的民主化、科学化水平进一步提高。全面推行政务公开制度，完善了财政资金、项目资金、土地资源监管等制度，实施了国库集中支付、“一册明、一折统”强农惠农政策支付方式改革，下大力气整治行业不正之风，政府工作的规范化程度和办事效率、服务水平明显提高。加强政法基层基础，完成了人武部、法院、检察院整体搬迁，建成4个标准化基层派出所和16个乡镇司法所。“五五”普法顺利通过考评验收。加强公共应急管理和安全生产监管，有效防控了甲型H1N1流感疫情，全面完成了“5·12”地震灾后恢复重建。深入开展矛盾纠纷排查调处，妥善处理了几起影响较大的群体性上访事件，维护了安定团结、和谐稳定的良好局面。

刚刚过去的2010年，全县上下围绕年初县人代会确定的各项任务，自我加压，奋发图强，实干攻坚，集中突破，开创了全县经济社会发展的新局面。

（一）特色产业持续壮大，农民收入稳步增长。推广旱作农业35.8万亩，增产粮食9500吨，有效保障了粮食安全。新植果树经济林6万亩，完成幼园标准化管理32万亩，果品总产量36万吨。建成源润等28处气调库，新增冷藏能力12.3万吨。成立了县苹果产销协会和22个果品专业合作社，开通了陇原红和益源果品电子交易中心，出口果品1.04万吨，果汁1890吨，创汇991.5万美元。草畜产业规模进一步扩大，建成三合新堡等养殖小区4个、德利养牛等养殖企业4户，发展养牛示范村20个。洋芋产业效益明显提高，产值达到2.3亿元。输转劳务10.25万人次，创收8亿元。

（二）项目总量迅速增长，基础条件加快改善。年内实施各类项目190项，累计投资26.6亿元。完成静庄公路县城至威戎段路基工程和城区段路面油铺工程，建成甘沟至四河通乡油路3条59公里，硬化通村道路74.9公里。实施北水南调四期等3处人饮工程，完成东峡等4座病险水库除险加固，治理河堤6.8公里，新建水窖6430眼。集体林权改革取得阶段性成效，坡耕地水土流失综合治理试点、高速公路沿线等生态工程扎实推进，完成造林8万亩，梯田5.9万亩，整理土地7072亩。

（三）优势产业集群发展，工业效益显著提升。扎实开展工业园区“基础设施建设年”活动，园区发展规划通过省级评审，完成基础设施投资2374万元。新入园项目6项，完成投资2.9亿元，增长46.5%。恒达公司30万吨废纸综合利用一期、鼎元纸箱二期等项目建成投产。完成了陇兴化工公司与酒钢集团兴安民爆公司联合重组，工业企业实现销售收入6亿元、利税2440万元，分别增长65%和15.1%。

（四）城镇功能日趋完善，人居环境有效改善。完成县城主城区控制性详细规划、中西街街景等5个修建性详细规划、界石铺等6个小城镇规划、城川杨庄等30个村庄规划编制。西展工程快速推进，油铺西街路、西环支路等区间道路5条12.5万平方米，滨河花园住宅小区开工建设。完成城区雨污分流管网敷设、9条主次道路的油铺、绿化、亮化和人行道铺装等重点市政工程。李店等小城镇基础配套进一步完善。全县城镇建设总投资达到5.8亿元，是近年来投入最大的一年。城乡环境综合整治行动取得明显成效，城乡环境不断好转。

（五）第三产业增速加快，发展活力持续增强。界石铺红军长征纪念园建成开放，大地滩生态农业观光园编制完成详细性规划。旅游产业综合收入达到1.02亿元。签约招商引资项目14项，到位资金4.04亿元，增长13%。"万村千乡"和"家电下乡"工程扎实推进，"家电以旧换新"启动实施，发放家电下乡补贴479万元。深入开展农资、果品等专项整顿，市场秩序进一步规范。

（六）服务载体更加完善，社会事业协调发展。省市县确定的34件实事全部办结，用于民生方面的支出达到9.78亿元，占财政支出的73%。一中体育馆、二中教学楼等12个教育重点项目全部达到进度要求，高考二本上线2095人，有3人被清华大学录取。建成3所乡镇卫生院业务楼和45个标准化村卫生室。县中心体育场改建、博物馆维修工程全面完成。城区有线电视实现数字化转换。新建2个乡镇计生服务所和217个村计生室，全面完成了年度人口计划。实施西北部片带扶贫开发和原安张营等13个整村推进项目，1.03万人实现稳定脱贫。建成了救灾物资储备库、城区地震避难场所，应急救援能力不断加强。

过去的5年，是我县发展史上极不平凡的5年，也是全县经济社会快速发展、各行各业取得显著成就的5年！5年来，我县先后荣获中国纸制品包装产业基地、中国果菜无公害10强县、中国苹果20强县、全国"兴果富农"工程建设百强示范县、全国科技进步先进县、全国科普示范县、省级园林县城、省级计生优质服务县、全省未成年人思想道德建设先进县和全省精神文明县标兵等一系列荣誉称号。这些成绩的取得，得益于县委的坚强领导，得益于历届政府班子和老同志打下的坚实基础，得益于各位人大代表、政协委员、民主党派、人民团体的监督支持，得益于省市驻静宁单位的理解参与，得益于广大人民群众和社会各界人士的共同努力。

回顾过去5年的工作，我们也清醒地看到，政府工作与人民群众的期望还有不少差距，前进中还面临不少困难和问题：农业产业化程度不高，发展不平衡，北部乡镇农业经济结构调整缓慢，县内南北差距明显；地方工业结构单一，总量较小，整体竞争及创税能力不强，工业短腿的问题相当突出；三产比重低，对县域经济发展的贡献不高；发展基础和底子薄弱，制约发展的交通、水利、生态等问题没有得到有效解决；城镇规划建设管理比较滞后，服务功能不尽完善，与全县经济社会快速发展的形势还不相适应；社会事业发展欠账较大，公共服务相对滞后；个别部门和工作人员的全局意识、服务意识仍不强，作风建设还需进一步改进和加强。对于这些困难和问题，在今后工作中，我们将采取有效措施认真加以解决。

"十二五"发展目标和主要任务

"十二五"时期，是深入落实科学发展观、加速转变经济发展方式、推进社会公平正义、全面建设小康社会的重要时期。我们必须认真分析发展形势，把握机遇，迎接挑战，加快发展。从外部环境看，经济全球化深入发展，国际国内生产要素流动和产业转移加快，工业化、城镇化加速推进，转变经济发展方式力度加大，这些为我们加快发展提供了广阔的空间。从政策机遇看，西部大开发战略深入实施，国家出台支持甘肃加快发展的一系列政策，我县被列入《陕甘宁革命老区振兴规划》，将进一步推动基础设施和生态环境建设，促进特色优势产业发展，这些为我们加快发展带来了十分有利的机遇。从自身实际看，经过"十一五"时期的快速发展，我县的产业实力进一步提升，基础设施显著改善，人民生活水平大幅度提高，各项事业长足发展，并且积蓄了实力、积累了经验、集聚了人气，这些为我们加快发展奠定了坚实的基础。只要我们充分利用各种有利条件，未来5年的发展大有可为，充满希望。

"十二五"时期政府工作的基本思路是：认真贯彻落实党的十七大、十七届五中全会精神和国家支持甘肃发展一系列政策措施，坚持以科学发展为主题，以转变经济发展方式为主线，以富民强县为目标，紧紧围绕全市"四三二一"发展战略，按照"城镇工贸、南部果菜、北部畜薯"的区域布局，做大做强果品、包装材料、现代物流三大产业，突出基础设施、城镇建设、扶贫开发三项重点，协调发展社会事业，不断保障改善民生，推进和谐社会建设，加快建设中国优质苹果生产加工、中国纸制品包装产业两大基地，把静宁建成甘肃中部旱作特色农业示范县和全国文明县，努力实现经济社会跨越发展。

奋斗目标是：

——综合实力显著增强。生产总值增速高于"十一五"水平，年均增长14%，达到38亿元，实现翻番；规模以上工业增加值年均增长18%，达到7亿元；全社会固定资产投资年均增长15%，达到68亿元；社会消费品零售总额年均增长18%，达到27亿元；地方财政收入年均增长15.5%，突破亿元大关。

——经济结构更趋优化。特色产业实力明显增强，工业总量进一步壮大，第三产业规模和水平明显提升，三次产业结构调整为30:36:34。

——城乡条件持续改善。交通、水利、电力等制约全县长远发展的重大基础设施问题得到有效解决；统筹城乡发展取得阶段性成效，城镇化水平达到35%。

——生态环境全面加强。环境质量明显改善，森林覆盖率提高到30%，县城生活污水处理率达到80%以上，生活垃圾无害化处理率达到90%以上，治理水土流失面积200平方公里。

——社会事业全面进步。基础教育和职业教育协调发展，医疗卫生服务体系不断完善，群众科学文化素质和健康水平不断提高；社会保障体系更加完善，社会保险覆盖面达到94%，城镇登记失业率控制在3.8%以内；人口自增率控制在7‰以内。

——生活水平大幅提升。农民人均纯收入年均增长12%，达到4727元；城镇居民人均可支配收入年均增长10%，达到18600元。

围绕上述目标，突出抓好“六个重点”，实现“六个新跨越”：

（一）突出项目支撑，实现基础建设新跨越。按照优化布局、配套成网、提升功能、适度超前的要求，加快基础设施规划和建设步伐，不断夯实发展基础。一是构建综合交通运输网络。配合支持平定铁路、静天高速静宁段建设，积极争取改造静秦公路和县乡公路，新建乡际联网路1078公里，油铺硬化通村道路1864公里，修建改造桥梁20座。组建静宁运业集团，提高运输服务能力。二是加快水利工程建设。配合建设引洮二期静宁供水工程，完成北峡拦河闸、东峡等灌区改造和病险水库除险加固项目。加快安全饮水工程建设，解决16.8万人饮水不安全问题。治理葫芦河及其支流重点河段，实施山洪地质灾害防治工程，提高防汛抗灾能力。三是完善能源供应。实施城区供热和节能改造项目，完善天然气、加油站网络布局，积极发展太阳能，提高能源保障能力。四是推进信息化建设。加快三网合一和信息基础设施建设，建成数字化城乡管理信息系统、电子政务工程，提高信息化水平。

（二）突出产业开发，实现现代农业新跨越。按照“南部果菜、北部畜薯”的产业布局，加快结构调整，推进产业升级。一是提升果品主导产业。全方位提高果品质量和效益，促进果品向有机食品转变，向高端市场迈进，向产业集群发展。新植和改造果园26万亩，优质果园面积达到80万亩，实现适宜区全覆盖。果品总产量达到75万吨，产值20亿元。二是壮大畜薯产业。依托“平凉红牛”品牌，加快发展绿色畜牧业，建设10万头肉牛养殖基地，畜牧业总产值达到2.8亿元，成为北部农民增收的重要来源。巧借“定西洋芋”品牌效应，加大脱毒种薯繁育基地建设，洋芋种植面积稳定在30万亩。三是健全农业社会化服务体系。实施农业科技推广、农产品营销、农产品质量安全监测和农业防灾减灾体系建设等项目，大力发展农村各类专业合作经济组织，提高农业社会化服务水平。

（三）突出扩量提质，实现工业发展新跨越。坚持以项目为抓手，以园区为载体，以创新为动力，推动工业结构优化、总量扩张、质量提升，加快构建工业主导型经济格局。一是做大做强优势产业。实施果品精深加工和畜禽屠宰等项目，延伸果、畜、薯等农产品产业链条。扩大纸箱包装产业规模，提升纸质包装产品档次，引导发展塑料、金属、玻璃、板材等包装，推动包装产品向多元化、精细化转变。二是改造提升传统产业。整合产业资源，引进龙头企业，嫁接改造传统产业，提高竞争力。新建导爆管雷管和工业电雷管、机织地毯生产线、果蔬专用复混肥、新型建筑建材等项目，纵深推进地方传统工业发展。三是积极发展新兴产业。发挥区域特色优势，积极培育生物能源、生物制药等新兴产业，建设废弃物资回收利用等项目，培育新的经济增长点。

（四）突出综合治理，实现生态建设新跨越。坚持预防、治理、开发并举，管护与建设并重，扎实推进生态建设和环境保护。实施黄土高原综合治理、沟道坝系、易灾地区生态环境综合治理等林业生态工程，新增造林20万亩，抚育改造中幼林及低产林25万亩。以农村生活垃圾、农田土壤、地膜等面源污染治理为重点，建设10万亩土壤污染防治示范、集约化畜禽养殖污染防治和有机肥综合利用工程，改善农村环境质量。规范工业园区入园项目，抓好重点企业节能减排，削减污染物排放总量。积极争取启动森林碳汇工程试点，实现生态与经济效益的有机统一。

（五）突出城乡一体，实现统筹发展新跨越。坚持把统筹兼顾作为促进县域经济科学发展的根本方法，增强发展的协调性。一是加大新农村建设力度。以旧村和危旧房改造为突破口，加大水、电、路、气等基础设施和公共服务设施建设力度，建成新农村示范村150个，使全县60%以上的行政村实现“三清五改五化”目标。二是加大扶贫攻坚力度。把北部乡镇发展放在更加突出的位置，在项目摆布、资金安排上向北部乡镇倾斜，重点推进北部和南部干旱山区两大贫困片带整区域扶贫开发，实施整村推进项目80个，着力解决贫困人口的温饱和增收问题。三是加大城镇建设力度。实施中心城镇带动战略，完善城区路网框架，改造城区供水、供热管网，加快棚户区改造步伐，修建廉租房、公租房，改造农村危旧房。编制威戎等6个市列小城镇道路、给排水等控制性详细规划，配套建设基础设施，提升承载能力。四是加大商贸物流建设力度。按照城镇工贸的发展思路，大力发展以鼎元物流为依托的物流业，建设果品批发、建材百货等专业市场和李店等11处农贸市场，健全市场体系，构建新型商贸发展格局。

（六）突出共建共享，实现社会事业新跨越。持续加大投入，加快推进各项社会事业协调发展，让更多的群众共享改革发展成果。一是坚持教育优先发展。建设寄宿制学校、中小学校舍安全、青少年校外活动中心等项目，进一步改善办学条件。均衡配置城乡教育资源，加强教师培训，普及农村学前教育和高中阶段教育，积极发展职业教育和民办教育，做强教育品牌。二是壮大文化旅游事业。建设城乡文化体育活动中心，争取成纪故城遗址等列入国家级文保单位。深度挖掘成纪文化、红色文化内涵，着力打造历史源远、内容丰富、积极向上的特色文化精品，提高我县文化发展软实力。实施界石铺红军长征纪念园景区基础设施建设和成纪文化城基础设施改造项目。大力发展乡村旅游，建设葫芦河流域生态观光农业旅游区。三是完善医疗服务体系。深化医疗卫生体制改革，逐步完善公共卫生、医疗服务、药品供应和医疗保障体系。建设乡村卫生人员培训基地、疾病预防控制检测中心和308个标准化村卫生室，完善卫生服务网络。四是增强社会保障能力。全面落实社会保障各项政策，建成老年服务活动中心、社会福利院、残疾人康复和托养中心等项目，完善五保供养、医疗救助、救灾救济等城乡社会救助体系，扩大城乡社保覆盖面。

2011年政府工作的主要任务

2011年是“十二五”的开局之年。做好今年的工作，对于圆满完成本届政府确定的目标任务，为“十二五”规划开好头、起好步具有十分重要的意义。

经济社会发展的预期目标是：生产总值增长12%，达到21.5亿元；规模以上工业增加值增长13%，达到3.5亿元；全社会固定资产投资增长15%，达到38.4亿元；地方财政收入增长14%，达到6040万元；社会消费品零售总额增长16%，达到13.6亿元；城镇居民人均可支配收入增长10%，达到12700元；农民人均纯收入增长14%，达到3058元；城镇登记失业率控制在4%以下；人口自增率稳定在7‰以内；万元生产总值能耗降低5个百分点。

政府工作的主要任务是：深入推进“六个集中突破”，全力实施“十大项目”，努力办成“十件实事”。

深入推进“六个集中突破”：

（一）持之以恒抓产业、促增收，深入推进现代农业集中突破。坚持把解决好农业、农村、农民问题作为重中之重，壮大增收产业，夯实发展基础，提高农业现代化和农民生活水平。一是稳定粮食生产。落实强农惠农政策，调动农民种粮积极性，加强耕地保护，稳定粮食面积，推广良种良法，发展旱作农业50万亩，粮食总产量保持在16万吨以上，确保供给安全。二是做优果品产业。坚持扩量、提质、增效同步推进，提高果品产业综合效益。持续扩大果园规模，新植果树经济林6.3万亩，填平补齐4.3万亩。深入开展“果园集中管理年”活动，全面落实树体改良、果实套袋、果园覆膜、人工辅助授粉、增施有机肥等提质增效综合措施，完成果园标准化管理40万亩，总产量达到40万吨，优果率和商品率分别达到65%和95%。高度重视果业安全问题，强化疫病监测和生产投入品监管，严禁使用违禁农资。加强静宁苹果品牌保护，教育引导果农、企业和中介组织增强品牌保护意识，严厉打击掺杂使假、以次充好、缺斤少两、以外地苹果冒充静宁苹果等有损静宁苹果品牌的违法行为，进一步提高知名度和影响力。紧盯国际高端市场，扩大出口创汇份额，力争创汇超过1000万美元。三是狠抓草畜产业。依托旱作农业，加大饲草青贮力度，引导千家万户发展草畜产业。新建细巷宝元等4户养殖企业、灵芝杨岔等8个养殖小区、三合段渠等10个养殖示范村，在北部乡镇发展养殖大户1000户，全县牛饲养量达到9万头。四是稳步发展薯菜和劳务产业。建设一级脱毒种薯繁育基地4000亩，二级脱毒种薯繁育基地3.5万亩，种植洋芋30万亩以上。推广幼龄果园套种瓜菜技术，种植瓜菜11万亩。加大劳务输转力度，年输转劳务10万人次以上，创收8亿元。五是加快新农村建设。强化产业支撑，加强基础配套，抓好综合整治，建设威戎下沟等30个新农村示范村，硬化砂化道路110公里，改造危旧房3210户，建设村民服务中心19处，进一步改变农村面貌。

（二）持之以恒抓总量、增效益，深入推进地方工业集中突破。以发展优势产业、骨干企业、特色产品为重点，突出项目建设，强化技术创新，优化发展环境，努力提升工业经济发展质量。一是建好发展平台。编制完成威戎工业集中区总体规划。完善工业园区道路、给排水、供电等基础设施，确保新入园项目6项，完成投资2.4亿元。二是抓好工业项目建设。新建塑料日用品加工、中邦伟业家具建材商城、五色全张平板胶印、高速瓦楞纸生产线、中正公司纸箱生产线，续建鼎元物流等项目。论证完成地毯产业园、纸箱包装产业园、水泥粉磨站、20万吨化肥生产线等前期项目。强化企业管理，搞好协调服务，支持工业企业加快发展。规范纸制品包装协会管理。组建地毯行业协会，引导企业整合重组，推进产品结构调整，振兴静宁地毯产业。三是加大招商引资力度。落实招商引资优惠政策，优化投资发展环境，加大宣传推介力度，搞好定向招商、节会招商、外出招商、以商招商，力争引进县外资金4亿元以上。四是抓好节能减排工作。突出重点行业和企业污染治理，督促企业采用高效节能工艺，淘汰落后产能，建成红光淀粉污水处理等项目，全面完成节能减排任务。

（三）持之以恒抓规划、重配套，深入推进城镇建设集中突破。坚持以战略眼光规划、以精品意识建设、以先进理念管理、以市场化手段经营，抓好城镇开发与建设。一是强化规划管理。科学编制阿阳南路等5条道路、县城4个出入口、滨河花园住宅小区等修建性详细规划，李店、甘沟等6个市列小城镇给排水、垃圾填埋专项规划，进一步健全规划体系。严格规划管理，加大查处力度，坚决杜绝随意变更规划方案及未批先建、随意乱建等违法建设行为。二是加快城镇建设。开工建设西城区C、D小区路网及西城区等5条道路人行道铺装和亮化工程，打通2条断头路，对中街、北环路等3条县城主次街路进行罩面油铺。续建滨河花园住宅小区，开工建设成纪大剧院，启动实施文屏山生态公园和滨河路景观绿化带，续建烽台山公园，改善县城人居环境。配套完善现有公厕，设置活动公厕，实行公厕免费开放。完善威戎、甘沟等小城镇道路、排水基础设施，建设威戎垃圾填埋场和李店亮化工程，提升小城镇品位。三是严格城镇管理。深入开展环境综合治理，整治县城出入口及城区脏乱差问题。加强供热监管，规范物业管理。强化宣传教育，增强市民的社会公德和环境意识，树立城乡文明形象。

（四）持之以恒抓关键、破瓶颈，深入推进基础建设集中突破。把改善城乡基础条件作为促发展、增后劲的主攻点和突破口，争取上级支持，加大投入力度，推动基础设施建设取得新突破。一是打好道路建设攻坚战。完成静庄公路县城至威戎段油铺和威戎至静庄交界段路基工程。新修八里阎庙等通村水泥硬化路6条40公里，力争建设威戎至双岘等乡际联网路2条40公里，开工建设威戎梁马大桥，改善威戎、双岘等乡镇群众出行难问题。进一步推进农村公路养护管理体制改革，发挥乡村主体作用，对县乡、乡村、村社道路进行全面整修养护，使50条600公里道路达到等级化标准。二是打好水利建设攻坚战。建成细巷谭店、红寺甘湾和甘沟北山3处供水工程，实施土牛等3座病险水库除险加固、小农水重点县和东峡库区移民后期扶持项目，完成八里红林等6处末级渠系节水改造，新建维修原安陈义等塘坝27座，治理南河河堤12公里，建成集雨水窖8066眼。加强水源建设、水源地保护和水质检测，确保城乡群众用水安全。完成第一次全国水利普查年度任务。三是打好生态建设攻坚战。进一步深化集体林权制度改革，加强林地保护利用，完成荒山造林1万亩、三北工程8000亩、生态示范点6.3万亩，补植5.9万亩，栽植行道树745公里。加快流域综合治理步伐，新修梯田2.8万亩，开发滩涂3675亩，治理水土流失42平方公里。

（五）持之以恒抓开放、添活力，深入推进第三产业集中突破。把发展商贸服务等第三产业作为转变经济增长方式的战略举措，依托区位和特色产品优势，着力培育市场，搞活商贸流通。一是大力发展旅游产业。深度挖掘旅游资源，加快旅游基础建设，强化旅游宣传推介，扩大旅游产业规模。继续完善界石铺红军长征纪念园设施配套，加强景区及周边环境综合治理，创建国家AAAA级旅游景区。大力实施乡村旅游富民工程，在界石铺继红和城川靳寺等村积极发展“农家乐”。二是加快完善流通体系。发挥果品和畜薯产业优势，发展专业市场，促进农超对接。实施“万村千乡”“退市还路”和“新网工程”，建成县级农资配送中心、31个日用品农家店，建办李店果品专业合作社。全面落实“家电下乡”“家电以旧换新”政策，扩大农村居民消费。整合执法力量，持续整顿食品、药品、农资等市场秩序，加强物价调控监管，严厉打击非法生产、营销行为，促进市场规范繁荣。

（六）持之以恒抓和谐、保民生，深入推进社会事业集中突破。倾斜更多的财力、物力和精力，发展各项社会事业，促进公共服务均等化。一是优先发展教育事业。深化教育教学改革，规范幼教，完善小学，强化初中，优化高中，发展职教，推动教育事业科学发展。做好西城区幼儿园、小学、初中和三中、东关小学扩建规划，千方百计争资金争项目，努力扩大城区办学规模。在李店镇中心小学开展农村小学寄宿制试点工作。进一步实施校园“五化”工程，加强“三风”建设，全面提高教育质量。二是提升医疗卫生服务能力。加快建设县医院综合楼等卫生基础项目，改善群众看病就医条件。深入推进医药卫生体制综合改革，认真执行国家基本药物制度，完善基层医疗卫生机构经费保障机制，逐步扩大新农合报销范围，提高群众受益水平。三是大力发展文体事业。加强公共文化阵地建设，新建乡镇文化站14个。规范文化市场管理，强化文化遗产保护，扶持公益性文化事业发展。全面推动全民健身运动，积极参加平凉市第三届运动会。四是抓好人口和计生工作。以争创国家级计划生育优质服务县为目标，加大计划生育工作推行力度，切实解决责任不清、措施不实、管理不严等突出问题，加强乡、村计生服务站所建设，不断提高统筹解决人口问题的能力。五是健全社会保障体系。积极争取实施新型农村社会养老保险、人力资源和社会保障基础项目，建设李店、甘沟等4个乡镇社保服务中心。新建续建廉租住房342套，对人均住房15平方米以下的城镇低收入家庭发放租赁住房补贴。做好基金征缴，规范城乡低保、五保供养管理，提高保障水平。六是高度重视安全生产。严格落实安全生产“一岗双责”责任制，加强重点行业、重点领域和重点部位的安全监管，排查治理各类安全隐患，坚决遏制重特大事故发生。在全县所有企业推行企业班组安全建设工作，充分发挥企业在安全生产中的主体责任。充实应急队伍，储备应急物资，努力提高应对突发公共事件的能力。七是全力维护社会稳定。进一步落实信访工作逐级负责制，完善领导包案制度，及时解决群众的合理诉求。加强政法基层基础建设，提高执法服务能力，扎实推进矛盾纠纷化解、社会管理创新、公平正义执法等三项重点工作，促进社会和谐稳定。

全力实施“十大项目”：

围绕工业经济、产业开发、基础配套、社会事业发展，投资10.4亿元，实施10大项目：1.恒达公司30万吨废纸综合利用二期项目。投资1.1亿元，新上一条年产13万吨箱板纸生产线，配套建成抄纸车间、纸浆车间和流化床锅炉等设施。2.欣叶万吨果品保鲜库及高速瓦楞纸生产线项目。投资5000万元，建设工业品公司欣叶万吨果品保鲜库和中正公司2条瓦楞纸生产线，新增纸箱生产能力4000万平方米。3.整村推进和新农村示范村项目。投资2800万元，建成曹务唐山等14个整村推进和城川大寨等30个新农村示范村。4.110千伏和35千伏及以下变电项目。投资1150万元，新建变电工程，建成2条110千伏、3条35千伏送电线路和24乡镇10千伏以下电网配套工程。5.旱作农业技术推广项目。投资1200万元，推广全膜双垄沟播玉米、洋芋、瓜菜50万亩。6.农田水利建设项目。投资4800万元，除险加固3座病险水库，治理南河河堤，改造6处末级渠系，维修27处塘坝和机电井工程。7.退耕还林成果巩固项目。投资2400万元，完成当年基本口粮田、农村能源、后续产业和补植补造等任务。8.县城重点基础设施建设项目。投资1亿元，新建城区道路5条，油铺罩面3条，整治县城出入口，配套完善市政基础设施。9.城区生活污水处理及集中供热项目。投资5500万元，建成生活污水处理场，开工建设西城区集中供热站。10.西城区综合开发项目。投资6亿元，修建商住楼26万平方米，配套小区公用设施。

努力办成“十件实事”：

2011年，我们将投资3.2亿元，集中力量办好与人民群众生产生活密切相关的10件实事：1.实施道路建设工程。完成静庄公路县城至威戎段、新建2条乡际联网路、6条通村硬化路，开工建设威戎梁马大桥，开通县城公交。2.实施校舍安全工程。新建威戎小学、灵芝初中2座教学楼和细巷、古城初中2座学生公寓楼。3.实施休闲场所建设工程。分期建设文屏山公园和滨河路景观绿化带。4.实施保障性安居工程。续建静观茗苑5号、6号廉租房，新建3号、4号廉租房，改造农村危旧房2000户。5.实施医疗卫生条件改善工程。建成县医院综合楼和甘沟、曹务卫生院业务楼，新建八里阎庙等15个标准化村卫生室。6.实施农村安全饮水工程。完成细巷谭店等3处安全供水工程，解决4乡镇31村2.5万人饮水安全问题。7.实施信息化基础设施建设工程。新建移动基站10处，优化移动网络15处，开通手持移动广播电视，新增有线电视用户1500户。8.实施农村沼气及暖棚建设工程。建成“一池三改”沼气用户4000户，配套建设暖棚4000座。9.实施就业再就业扶持工程。年内开发公益性岗位400个，考录大中专毕业生600名，实现再就业1200人，困难人员就业900人。10.实施农民技能培训工程。整合培训资源，完成农民实用技术培训12万人次。

加强政府自身建设

应对新挑战，推动新发展，开创新局面，政府重任在肩。我们将主动适应形势发展和群众要求，强化自身建设，提升综合能力，更好地为经济社会又好又快发展服务。

一是转变政府职能。进一步理顺政府与企业、市场、社会的关系，推进政府职能转变，在更好地履行经济调节、市场监管职能的同时，强化社会管理和公共服务。扎实推进乡镇机构改革，深入实施政务提速行动，整合审批职能，缩减审批事项，简化办事程序，提升服务效能。认真落实《中华人民共和国公务员法》和《静宁县领导干部监督管理问责暂行办法》，强化干部职工教育、管理和监督，改进工作作风，提高工作水平。坚持以人为本，高度关注困难群众和弱势群体，积极为群众办实事、解难题。

二是坚持依法行政。深入实施依法行政纲要，全面落实行政执法责任制，严格按照法定权限和程序行使权力、履行职责，努力提高政府工作规范化、法制化水平。建立健全依法行政各项配套制度，用制度管人管事。加强行政执法监督，规范行政执法行为，不断提高依法处理经济社会事务的能力。自觉接受人大的法律监督、工作监督和政协的民主监督，认真办理人大代表建议和政协委员提案。高度重视社会监督、舆论监督和政府内部监督，推进政务公开、信息公开，充分保障人民群众的知情权、参与权、表达权和监督权，确保行政权力依法阳光行使。

三是狠抓工作落实。立足高起点谋划，高标准要求，高质量落实，创造性开展工作。坚持言必信，行必果，说了就算，定了就干，干就干好。建立工作协调机制，注重加强部门之间的沟通、协调和配合，促进信息共享、情况互通、工作联动。健全督查督办机制，加大效能监察和问责力度，正在落实的查进度，没有落实的查原因，影响落实的查责任，已经落实的查成效。完善考核评价机制，突出发展看项目、经济看效益、工作看效率，靠事实说话，凭实绩奖惩，营造说实话、干实事、求实效的浓厚氛围。

四是加强廉政建设。全面落实党风廉政建设责任制，深入开展“小金库”和工程建设领域突出问题专项治理，完善和落实政府投资项目、国有资产经营、工程建设招投标、土地使用权出让、政府采购等制度，强化对重点领域、关键岗位的行政监察和审计监督，切实纠正各种损害群众利益的不正之风。始终保持艰苦奋斗的优良作风，坚持勤俭节约，反对铺张浪费，努力控制公务开支，降低行政运行成本，树立为民、务实、清廉的良好形象。

县人大常委会工作报告

（县人大常委会主任张自杰　2011年1月14日）

2010年的主要工作

一年来，在中共静宁县委的正确领导下，县人大常委会按照县十五届人大四次会议确定的任务，依法认真履行职权，各方面工作取得新进展，为推动全县民主法制建设和促进经济社会科学发展较好地发挥了职能作用。

一、紧扣中心，服务大局，认真履行各项法定职责

常委会紧紧围绕全县工作大局，及时审议决定重大事项，认真开展监督工作，依法做好人事任免，努力为全县经济社会发展服务。先后组织开展较大规模调研、视

察、执法检查活动20多次，召开常委会会议6次，听取、审议专项工作报告16项，提出各类专题审议意见62条，作出决议、决定6项，积极通过人大法定程序支持和促进“一府两院”工作。

根据有关法律规定和代表大会授权，适时对县政府提请决定的重大事项进行审议，审查批准了2010年县级财政预算调整、2009年县级财政决算、2010年国民经济和社会发展计划调整、地方政府债券转贷资金支出安排等报告，并作出相应决议。重视强化对计划和财政运行情况的宏观监督，促进国民经济和社会发展计划及财政预算的有效执行。常委会第二十次会议专题听取、审议了县政府关于2010年上半年国民经济和社会发展计划执行情况的报告及2009年县级财政预算执行情况的审计工作报告，分别就改进和加强相关工作提出了具体意见、建议。

加强执法和司法监督工作，促进依法行政和公正司法。按照监督法的规定和省市人大要求，制定出台《静宁县人大常委会规范性文件备案审查暂行办法》，启动实施规范性文件备案审查工作，推动行政执法和管理走向规范化、法制化。组织人员对食品安全法贯彻执行情况进行检查，并听取审议了县政府专题工作报告，针对存在的问题提出落实食品安全责任制、严格食品市场准入、加大食品安全执法力度、整顿规范食品生产经营秩序等执法检查意见，要求相关部门采取有效措施查纠整改，保障广大群众的食品安全。围绕推动解决社会和群众呼声较大的“执行难”以及司法不公、执法不严等问题，先后对县法院民商事案件审判执行工作、县检察院法律监督工作、县公安局公安队伍建设工作进行调研和审议，指出了县法院一些案件审理质量不高、执行工作力度不大，县检察院对一些重大刑事案件提前介入不及时、民事审判监督不力，县公安局部分干警综合素质不高、为民意识淡化等问题，要求法、检两院和公安局结合各自实际认真研究，积极整改，加强队伍管理，抓好对干警的思想道德、纪律作风、廉洁自律教育，不断提高干警队伍的整体素质和执法办案能力，公正司法、文明执法，切实维护社会公平正义，更好地为经济建设和社会发展保驾护航。坚持常委会领导接待和处理信访制度，重视把督促办理群众涉法涉诉信访案件和监督工作有机结合起来，促进解决诉求合理和反映准确的问题，维护群众合法权益，化解社会矛盾。

坚持党管干部原则，依法进行人事任免。先后任命县人大常委会及“一府两院”国家机关工作人员31人，接受辞职和免职26人。其中，任命县政府副县长4人、免职2人；任命县政府组成部门负责人15人、免职10人；任命县人大常委会工作委员会负责人8人、免职7人，接受委员辞职2人；任命县法院副院长2人、免职1人，审查任命人民陪审员24人，免去审判人员职务4人；任命县检察院副检察长2人，免去检察人员职务2人。组织原选区对出缺的9名县人大代表进行了补选。

二、关注热点，持续监督，切实增强监督工作实效

积极改进监督方式方法，坚持对常委会审议过的一些重点工作进行持续监督、跟踪问效，督促“一府两院”及相关部门抓好审议意见的落实，着力推动解决社会普遍关注的一些热点、难点问题。

重视和关注县城长远、可持续发展，从2007年起连续4年对县城规划、建设与管理工作进行监督，力求通过持续跟踪监督，增强全社会的规划意识，不断改进加强县城建设与管理工作，为广大居民创造较好的工作生活环境。4至5月，对常委会第七次会议审议通过的《静宁县城总体规划（2006—2020）（修编）》实施情况进行了检查、审议，指出了控制性详细规划和专项规划编制滞后、建设管理无章可循，一些单位和个人规划意识淡薄、不按规定程序审批、随意变更规划方案，规划执法不力、乱修乱建、未批先建、少批多建和擅自改变土地用途现象突出等问题，要求县政府及主管部门加强规划公示和宣传，加快详规和专规编制，从全局和战略的高度出发，牢固树立“留足发展空间也是政绩”的理念，严格规划执法，加大责任追究，对没有制定控制性详规的地段和不符合规划的项目都不得建设，坚决杜绝无规划就建设以及边规划、边建设等行为，切实维护规划的严肃性和权威性。县政府结合实际出台了《关于进一步加强城乡规划工作的意见》，对一些违规建筑作了拆除处理。

为促进解决网吧管理混乱、安全隐患突出、违规接纳未成年人、超时通宵营业以及一些书屋租售不良书籍，影响青少年健康成长这一社会反映强烈的问题，常委会在2009年调研、审议的基础上，年内多次组织人员对审议意见落实情况进行检查，第二十一次会议听取、审议了县政府的专项报告。针对存在问题，提出坚决落实网吧零点断网规定、限期清理搬迁学校周围网吧、从重打击网吧违规经营行为、严格实行责任追究等审议意见，要求认真抓好整改落实。县政府及主管部门高度重视，采取有效措施，开展集中整顿，网吧管理进一步加强，未成年人上网现象得到有效遏制。

城区供热是一项涉及千家万户的民生工作，矛盾集中、困难较多，是近年来又一个热点问题，常委会对此十分关注。在2008年调研审议、2009年两次检查的基础上，今年又对供热监管工作审议意见的落实情况进行了专项检查和审议。供暖前，县政府召开会议专门安排部署，有关部门深入现场协调解决问题，城区供热工作整体有了明显改善。

三、密切联系，扩大参与，进一步加强代表工作

常委会始终把发挥代表的主体作用作为基础性工作来抓，通过走访联系、通报工作、征求意见等方式密切与代表的联系，努力为代表知情知政和履行职务创造条件。由常委会分管领导带队，组织人员深入城关、李店等7乡镇，分片召开代表座谈会，听取代表对常委会及“一府两院”工作的意见、建议。与县政府协调召开政情通报会，向部分人大代表通报了全县上半年经济运行和社会事业发展情况。坚持邀请代表列席常委会会议和参加调研、视察、执法检查活动，扩大代表参与常委会监督工作的范围，一年来，列席常委会会议、参加常委会有关专题活动的市县代表达到110多人（次），对提高代表履职能力和增强监督工作透明度起到了较好作用。

采取检查、视察、审议等方式，加大代表意见建议督办力度，努力把代表为民代言的职责落到实处。县十五届人大四次会议期间，与会代表共提出42件意见建议，会后常委会及时转交县政府及有关部门办理，常委会有关委、室多次深入承办单位对办

理情况进行检查，并与政府有关部门组织提案代表对一些涉及民生问题的意见建议办理情况进行现场视察。至10月底，代表意见建议全部得到办理和答复，其中所提问题已经解决和基本解决的19件，正在解决或列入计划逐步解决的14件，因政策因素和客观条件限制暂时难以解决，需创造条件逐步解决，并向代表作了解释说明的9件。

四、改进作风，加强调研，努力提高履职能力

常委会领导班子成员坚持在参与中监督，在监督中支持和服务，认真贯彻落实县委的决策部署，积极参与了全县各个阶段的中心工作。

坚持把加强调查研究作为提高议事水平的重要措施，结合审议决定事项，选择事关发展大局的重点工作和群众关注的热点问题开展调研，对促进相关工作起到了较好作用。为了提高调研质量，常委会注重改进调研方法，采取灵活多样的方式，力求深入基层、深入群众、深入实际，尽可能大范围、多层次地听取各方面意见建议，真实反映基层实际和群众呼声；从人大工作特点出发，注重在调研中督促有关部门运用法律法规及时解决实际问题，从而把调研活动变为宣传政策和贯彻法律的过程，带动参与调研的部门负责人增强学法用法、依法行政和接受监督的自觉性。在全县公安队伍建设工作调研时，先后深入20多个县直单位和乡镇，发放调查表400多份，召开座谈会23场（次），参加座谈的人数达到350人，倾听了大量意见建议，掌握了存在的突出问题。在全县农业技术推广工作调研中，调研组深入乡镇、村社、田间地头，全面了解农技推广工作现状，并考察了庄浪县农技推广体系建设的做法，就加快基层农技推广机构建设，改革管理体制，充实壮大农技推广专业技术队伍，加强农资市场监管等方面提出了一些针对性、操作性较强的意见建议。

抓好人大宣传工作，积极通过国家及省内外人大新闻媒体宣传我县民主法制建设和经济社会发展成就。

回顾即将过去的一年，我们也清醒地认识到，常委会的工作还存在一些薄弱环节和不足之处，主要是：监督工作的实效仍然不够明显，决议、决定及审议意见的督办落实力度需要进一步加大；基层代表的履职条件和保障措施还不到位，代表闭会期间的活动形式有待进一步探索完善；常委会自身建设需要进一步加强等。对这些问题，我们将虚心听取代表意见，在今后工作中认真研究，努力加以改进和解决。

2011年工作的建议

2011年，县人大常委会要在中共静宁县委的正确领导下，深入贯彻落实科学发展观，按照围绕中心、贴近民生、服务发展、促进和谐的基本思路，认真履行宪法和法律赋予的各项职责，努力在推动全县经济社会科学发展方面作出新贡献、取得新成效。

一、围绕营造良好法治环境，进一步推进依法治县工作

把推进依法治县作为加强法律监督，为发展营造良好法治环境的重要举措，摆在人大工作的突出位置。结合“六五”普法规划的启动实施，听取审议有关工作报告，促进法制宣传教育活动深入开展，不断增强干部群众的法律意识和法治观念。改进执法检查工作，围绕群众和社会普遍关注的热点、难点问题，有计划、有重点地对公共

安全、城乡规划、环境保护、市场价格监管等方面法律法规的贯彻执行情况进行检查，推动执法部门规范执法行为、严格依法办事，切实解决一些方面存在的有法不依、执法不严、违法不究等突出问题，促进社会和谐，创优发展环境。继续加强司法监督，坚持对法、检两院年度执法情况进行检查、审议，抓好群众涉法涉诉信访案件的督办落实，促进法、检两院加强干警司法能力建设，着力解决社会反映强烈的一些问题，不断提高审判和检察工作水平，全力维护司法公正。

二、围绕推动科学发展，进一步强化工作监督

正确处理监督、支持和服务的关系，进一步加强与“一府两院”的沟通联系，把推动县上重大工作部署的落实作为人大工作的着力点，依法审议工作和决定重大事项，努力通过人大法定程序把县委的决策部署变为全县人民的自觉行动，使党的主张、人民的意志和法律规定在人大工作中得到更好的统一和体现。认真做好工作监督，坚持抓大事、抓急事、抓难事、抓关系发展和民生的事，有重点地对农村基础建设、特色产业发展、城乡饮水安全、城区教育发展、交通秩序管理、商品房价格监管调控等工作进行调研、视察和审议，推动解决一些突出问题，使人大监督工作与全县发展大局结合得更紧，与群众期盼实现的愿望结合得更紧。通过调研和听取审议县政府相关工作报告等方式，开展对国民经济和社会发展计划执行情况的宏观监督。根据监督法、预算法、审计法的规定，改进完善财政预决算审查工作，将非税收入纳入监督范围，促进管理规范化。

坚持依法科学监督，综合运用好法律规定的调研、视察、执法检查、听取审议工作报告、开展规范性文件备案审查等监督方式。积极改进工作方法，有针对性地选择一些议题进行专题询问，丰富人大监督方式。继续强化跟踪监督，督促“一府两院”及有关部门抓好常委会决议、决定和审议意见的落实，对近几年审议过的县城规划建设及管理、文化市场管理、供热监管工作、法院执行工作、公安队伍建设等人民群众普遍关注的热点难点工作进行跟踪问效，听取落实审议意见情况专题报告，督促抓好重点问题的整改落实，不断增强监督实效。

三、围绕促进干部勤政廉政，进一步做好人事任免工作

改进和完善人事任免程序，把党委推荐、“一府两院”提请和常委会依法任免有机结合起来，坚持党的领导、充分发扬民主、严格依法办事，认真做好人事任免工作。建立和完善任前法律知识考试、任后表态发言、颁发任命书等制度，增强被任命人员的民主意识、法律意识、责任意识，促进其廉洁自律、依法行政、更好地履行职责。

按照地方组织法的规定，我县县乡人大明年底任期届满，将进行换届选举。常委会要在县委的领导和上级人大的指导下，精心组织安排，加强督导检查，严格依法做好各个环节工作，确保圆满完成县、乡人大代表的选举任务。

四、围绕切实发挥代表作用，进一步改进代表工作

抓好新修改代表法的贯彻实施，进一步改进和加强代表工作。认真搞好服务，积极为代表履行职务创造条件、搭建平台。完善代表小组活动方式，丰富活动内容，指

导开展好闭会期间代表活动。有计划地抓好代表培训，为基层代表免费订阅报刊、寄送文件资料，促进提高履职水平。坚持邀请代表列席常委会会议，参加常委会组织的执法检查、集中视察和专题调研，及时向代表通报全县重大事项和经济社会发展情况，拓宽代表知情知政渠道，广泛听取代表意见建议。认真开展常委会联系代表、代表联系选民的“双联系”活动，密切常委会与代表、代表与选民的联系，扩大代表在视察、调研、评议、执法检查等活动中的参与面，调动代表的履职积极性。加大代表意见建议督办力度，通过重点督办、现场办理、面商办理等方式，进一步提高办理质量。通过活跃、扎实、有效的代表工作，使人大密切联系人民群众的优势得到充分发挥，增强人大工作的活力。

五、围绕提高工作水平，进一步加强自身建设

认真贯彻落实市、县委关于加强人大工作的有关意见，增强依法履职的使命感和责任感，坚持在创新中突破、探索中完善、实践中提高，不断改进和加强人大工作，积极发挥职能作用，努力提高为全县发展大局服务的水平。

围绕创建学习型、服务型、务实型、创新型、规范型机关，进一步加强思想、组织、作风和业务建设，全面提高议事能力和工作水平，努力把常委会建设成为依法办事的权力机关、规范高效的工作机关、亲民务实的代表机关。

坚持说实话、办实事、求实效，不断改进工作作风，加强调查研究，通过深入基层和群众，及时掌握全县经济建设和社会发展的实际情况，形成一批有水平、有分量的调研报告，客观准确地反映存在的问题，提出切实可行的意见建议，为常委会审议工作和决定事项提供可靠依据，从而使提出的审议意见更加符合广大群众的意愿和利益，决定的事项更加符合静宁发展的实际和需要，增强人大工作为发展大局服务的科学性、实效性。

加强与乡镇人大的联系，适时对乡镇贯彻落实县委《关于进一步加强县乡人大工作的意见》情况开展督查，指导乡镇人大健全完善有关议事和工作制度，共同推进基层民主法制建设。

第十六章　县第十六届人民代表大会

县第十六届人大任期为2011年10月至2016年10月。共召开代表大会5次，出席代表1018名（次）。听取和审议县政府工作报告16项（次）、县人大常委会工作报告6项（次）、县法院工作报告5项（次）、县检察院工作报告5项（次）；作出决议31项；选举县人大常委会主任1名、副主任9名、委员25名，县政府县长2名、副县长5名，县法院院长1名，县检察院检察长2名，平凉市第三届人大代表63名；办理代表意见、建议149件。

第一节　县第十六届人民代表大会第一次会议

大会概况

县十六届人大一次会议于2011年10月20日至22日在静宁宾馆二楼会议室召开。县十六届人大代表名额212名，实际选出代表207名，预留机动名额5名。代表选出后第一次会议召开前，王宗良、魏晓平、杨晓勇、崔鹏林、周永宏5名代表因工作需要调离本县，根据选举法第五十四条有关规定，上述5人的代表资格自行终止，在代表出缺的威戎、治平、城关、八里、雷大5乡镇选区分别补选王晓军、王智国、史录平、徐德才、姚小燕（女）为县第十六届人大代表；另外，在预留机动名额的原安乡第四选区、灵芝乡第四选区分别选举王维军、王平仁为县第十六届人大代表。至此，县第十六届人大代表实有209名。此次会议出席206名，不是县人大代表的县级领导和乡镇人大主席，县委各部门、群众团体，人大各委、室，政府各局、委、办，省、市驻静宁各单位主要负责人，县法院副院长，县检察院副检察长，部分县第十五届人大常委会组成人员，在静宁县的省人大代表以及部分市人大代表，出席县政协八届一次会议的全体委员（列席此次会议第一次全体会议），共300余人列席会议。

王宏、王敏、王发永、王平仁、王亚鹏、王全生、王社余、王运军、王星耀、王晓军、王维军、王智国、史录平、史晓平、刘银峰、何鹏峰、张自杰、李金、李根进、杨康乐、沙芳琴（女、回族）、陈龙、陈进财、厚凤兰（女）、姚小燕（女）、柳振源、胡麒军、徐毅、徐永宏、徐德才、高恒、阎国军、曹宁子、慕锡武、裴晓江（按姓名笔画为序）35人组成大会主席团，王星耀、王晓军、史录平、张自杰、沙芳琴（女、回族）、陈进财、徐毅、高恒、慕锡武9人为主席团常务主席；慕锡武为秘书长，赵鹏飞、李金、周浩仁、李文环、何浩强为副秘书长；陈进财、徐德才、马世明、王敏、王宁宁、王笃庆、冯克勤、史晓平、张亚鹏、张秉鑑、屈稳强、武文学、魏小良13人组成计划和预算审查委员会，陈进财为主任委员，徐德才为副主任委员；慕锡武、孙智清、王根旺、刘桂香（女）、江小兵、阎国军、何冠群、杨立新、杨康乐、胡志科、雷旺盛、靳宝生、薛仁杰13人组成议案审查委员会，慕锡武为主任委员，孙智清为副主任委员。

10月19日下午举行预备会议，由县人大常委会主任张自杰主持，听取县人大常委会副主任沙芳琴所作的《县第十五届人大常委会代表资格审查委员会关于第十六届人民代表大会代表资格审查结果的报告》，通过大会议程和大会主席团、秘书长、计划预算审查委员会、议案审查委员会名单，通过大会议案和意见、建议处理办法。

预备会议之后，由县委副书记史录平主持，召开党员大会。县委常委、组织部部长何鹏峰宣读关于设立县十六届人大一次会议临时党委和各代表团临时党支部的决定，县委书记王晓军讲话。

大会共举行全体会议3次。第一次全体会议于10月20日上午举行，执行主席是王敏、王晓军、王智国、史录平、史晓平、张自杰、沙芳琴、柳振源、徐毅、徐永宏、徐德才。会议由县人大常委会主任张自杰主持，听取县政府县长徐毅所作的《县人民政府工作报告》，审议县发展和改革局局长史晓平所作的《关于2011年国民经济和社会发展计划执行情况及2012年国民经济和社会发展计划（草案）的报告（书面）》、县财政局局长王敏所作的《关于2011年全县财政预算执行情况和2012年财政预算（草案）的报告（书面）》。第二次全体会议于10月21日上午举行，执行主席是王宏、王发永、王社余、王运军、王维军、李根进、杨康乐、陈龙、陈进财、高恒、曹宁子、裴晓江。会议由县人大常委会副主任陈进财主持，听取县人大常委会主任张自杰所作的《县人大常委会工作报告》、县法院院长李根进所作的《县人民法院工作报告》、县检察院检察长陈龙所作的《县人民检察院工作报告》。第三次全体会议于10月22日下午举行，执行主席是王平仁、王亚鹏、王全生、王星耀、刘银峰、阎国军、何鹏峰、李金、厚凤兰、姚小燕、胡麒军、慕锡武。会议由县人大常委会副主任王星耀主持，选举县人大常委会主任1名、副主任6名、委员14名，县政府县长1名、副县长5名，县法院院长1名，县检察院检察长1名，市第三届人大代表63名；表决通过《关于政府工作报告的决议》《关于2011年国民经济和社会发展计划执行情况及2012年国民经济和社会发展计划的决议》《关于2011年全县财政预算执行情况和2012年财政预算的决议》《关于县人大常委会工作报告的决议》《关于县人民法院工作报告的决议》《关于县人民检察院工作报告的决议》；新当选的县政府县长徐毅作表态发言。会议结束时，县委书记王晓军作了讲话。

大会安排分团会议4次。

大会主席团召开会议5次。

大会收到代表意见、建议32件，涉及农业和农村工作、道路建设、水利建设、城镇建设和其他5个方面。其中：①农业和农村工作方面的9件，占28.1%，主要是建议在果品产业发展中实施劳务和技术“南北对接”工程、规范果业市场管理、在雷大乡屈岔进行水土流失综合治理、扶持甘沟乡建设养殖小区、加大对细巷乡养殖业扶持力度、帮助红寺乡部分农户建设青贮池、对贾河乡中堡村后湾中庄两组实施移民搬迁、在余湾乡王坪村实施旧村改造、深沟乡南部山坡地进行坡改梯等。②道路建设方面的12件，占37.5%，主要是建议修建威戎梁马大桥，油铺三合至原安、新店至治平、贾河剪岔至秦安梨树、四河田河至田堡等公路，硬化原安齐梗至田湾、深沟王堡至孙山、仁大李河至堡湾、余湾韩店至静秦公路等道路，对三合乡路网进行改造。③水利建设方面的6件，占18.8%，主要是建议解决贾河、灵芝两乡和古城乡北山八村群众饮水困难问题，对细巷乡朱张、中华和余湾乡王坪三座塘坝进行加固。④城镇建设方面的2件，占6.3%，主要是建议立项改造界石铺镇街道排水工程、解决新店乡街道排洪排污渠系建设所需资金问题。⑤其他方面的3件，占9.4%，主要是建议在居民区从严控制燃放烟花爆竹、在城区建立适量车辆停放点、加强城区市场秩序管理。

大会议程

一、听取和审议县人民政府工作报告；

二、审议2011年国民经济和社会发展计划执行情况及2012年国民经济和社会发展计划（草案）的报告（书面），审查和批准2011年国民经济和社会发展计划执行情况的报告及2012年国民经济和社会发展计划；

三、审议2011年财政预算执行情况和2012年财政预算（草案）的报告（书面），审查和批准2011年财政预算执行情况的报告和2012年财政预算；

四、听取和审议县人大常委会工作报告；

五、听取和审议县人民法院工作报告；

六、听取和审议县人民检察院工作报告；

七、选举事项：选举县人大常委会主任、副主任、委员；选举县人民政府县长、副县长；选举县人民法院院长；选举县人民检察院检察长；选举静宁县出席平凉市第三届人民代表大会代表；

八、其他。

大会日程

县第十六届人民代表大会第一次会议日程表

表3-110

时间		内容	参加人员	执行主席
10月19日	下午4时	预备会议：1.代表资格审查报告；2.通过大会议程；3.通过大会主席团和秘书长名单；4.通过大会计划预算审查委员会名单；5.通过大会议案审查委员会名单；6.通过大会议案和意见、建议处理办法	全体代表；不是代表的乡镇人大主席	

续表3-110

时间		内容	参加人员	执行主席
10月20日	上午 8时30分	大会：1.开幕式；2.政府工作报告。会后，各代表团分团讨论选举办法（草案），审议政府、计划、财政报告	全体代表及列席人员	王　敏　王晓军 王智国　史录平 史晓平　张自杰 沙芳琴　柳振源 徐　毅　徐永宏 徐德才
	下午 2时30分	1.各代表团继续审议政府、计划、财政报告，结合审议提出有关议案和意见、建议；2.酝酿讨论主席团提名的各项选举候选人名单（草案），代表联合提名有关候选人		
10月21日	上午 8时30分	大会：1.县人大常委会工作报告；2.县人民法院工作报告；3.县人民检察院工作报告；4.通过大会选举办法。会后，各代表团分团审议人大、法院、检察院工作报告	全体代表及列席人员	王　宏　王发永 王社余　王运军 王维军　李根进 杨康乐　陈　龙 陈进财　高　恒 曹宁子　裴晓江
	下午 2时30分	1.各代表团继续审议人大、法院、检察院以及政府、计划、财政报告；2.继续酝酿讨论各项选举候选人名单（草案）		
10月22日	上午 8时30分	1.各代表团继续审议人大、法院、检察院以及政府、计划、财政报告；2.酝酿讨论各项选举正式候选人名单；3. 讨论选举监票人名单（草案）	全体代表及列席人员	王平仁　王亚鹏 王全生　王星耀 刘银峰　阎国军 何鹏峰　李　金 厚凤兰　姚小燕 胡麒军　慕锡武
	下午 2时30分	大会：1.选举；2.表决关于政府、计划、财政、人大、法院、检察院工作报告决议；3.新当选县长表态发言；4.县委领导讲话；5.大会闭幕		

主席团会议日程

县第十六届人民代表大会第一次会议主席团会议日程表

表3-111

时间		地点	内容	参加人
第一次会议	10月19日预备会议结束后	静宁宾馆三楼会议室	1.通过主席团常务主席名单；2.通过主席团会议日程；3.通过大会日程；4.通过大会执行主席分组名单；5.决定大会副秘书长名单；6.决定大会议案和意见、建议终止时间；7.讨论通过选举办法（草案）	主席团成员及各代表团召集人
第二次会议	10月20日上午11时20分	静宁宾馆三楼会议室	1.听取关于选举办法（草案）讨论情况汇报；2.决定代表联合提名有关候选人截止时间；3.讨论提出各项选举候选人名单（草案）	主席团成员及各代表团召集人

续表3-111

时间		地点	内容	参加人
第三次会议	10月21日上午11时	静宁宾馆三楼会议室	1.听取代表联名提出候选人情况汇报，审查提名名单并提交各代表团酝酿讨论；2.听取计划审查情况汇报；3.听取预算审查情况汇报	主席团成员及各代表团召集人
第四次会议	10月21日下午4时30分	静宁宾馆三楼会议室	1.听取各代表团关于各项选举候选人名单(草案)讨论情况汇报;2. 决定各项选举正式候选人名单;3.提出大会选举监票人名单(草案);4.确定大会选举计票人名单	主席团成员及各代表团召集人
第五次会议	10月22日上午10时	静宁宾馆三楼会议室	1.听取议案和意见、建议审查情况汇报;2.听取各代表团关于政府、计划、财政、人大、法院、检察院工作报告讨论情况汇报;3.讨论政府、计划、财政、人大、法院、检察院工作报告决议(草案);4.听取各代表团关于监票人名单(草案)讨论情况汇报	主席团成员及各代表团召集人

大会选举

县人大常委会：

主　任　张自杰

副主任　王维军　王平仁　高　恒　沙芳琴（女，回）　陈进财　慕锡武

委　员　李　金　胡志科　马世明　武文学　冯克勤　杨立新　周浩仁

　　　　米发明　李会宾　曹宁子　朱国军　裴晓江　厚凤兰（女）　王全生

县第十六届人大常委会组成人员个人情况表

表3-112

姓名	性别	民族	出生年月	籍贯	文化程度	工作时间	入党时间	主要工作经历
张自杰	男	汉	1956.7	甘肃静宁	大专	1981.8	1984.11	曾在静宁县古城公社、威戎农技站工作;历任静宁县曹务乡党委副书记、乡政府乡长,后梁乡党委书记,细巷乡党委书记,城川乡党委书记，静宁县政府副县长,县委副书记,县人大常委会党组副书记、书记、主任
王维军	男	汉	1957.8	甘肃静宁	本科	1973.7	1977.7	曾在静宁县红寺学区、县人事科、县文化局工作;历任静宁县司桥乡政府副乡长,县劳动人事局副局长，县财政局局长、国资局局长,县委统战部部长，县政协党组副书记、副主席,县人大常委会副主任候选人

续表3-112

姓名	性别	民族	出生年月	籍贯	文化程度	工作时间	入党时间	主要工作经历
王平仁	男	汉	1955.10	甘肃静宁	本科	1980.7	1975.11	曾在静宁县城关小学、县委组织部工作;历任静宁县劳动人事局副局长、局长,县政协副主席,县人大常委会副主任候选人
高　恒	男	汉	1956.5	甘肃静宁	本科	1980.7	1981.12	曾在甘肃省二轻拖拉机配件厂、静宁县经协办工作;历任静宁县经委副主任，县果脯糖浆厂筹建处副主任，县果脯糖浆厂厂长、党支部书记，县经委主任、党委书记,陇兴化工有限责任公司党委书记(兼),县经济局党委书记、局长,县人大常委会副主任、县总工会主席(兼)
沙芳琴	女	回	1965.8	甘肃静宁	大专	1985.7		曾在宁夏西吉县幼儿园、静宁县第二幼儿园工作;历任静宁县第二幼儿园、第一幼儿园园长、县人大常委会副主任
陈进财	男	汉	1956.3	甘肃静宁	大专	1981.8	1988.2	曾在静宁县七里乡政府、县统计局工作:历任静宁县阳坡乡政府副乡长、乡长,威戎镇政府镇长、党委书记,县农牧局局长、党组书记,县政协副主席,县人大常委会副主任
慕锡武	男	汉	1957.9	甘肃环县	大专	1975.2	1985.11	曾在崇信县九功公社冉李大队插队,在崇信县农机厂、崇信县人民检察院、静宁县人民检察院、静宁县委组织部工作：历任静宁县委组织部副科级组织员、副部长、党史资料征集办公室主任，县审计局局长,县人事局局长,县人大常委会副主任

续表3-112

姓名	性别	民族	出生年月	籍贯	文化程度	工作时间	入党时间	主要工作经历
李　金	男	汉	1964.9	甘肃静宁	本科	1986.7	1995.12	曾在静宁县教师进修学校、县人大常委会办公室工作;历任县人大常委会教科文卫工委副主任,办公室副主任、机关党支部书记,办公室主任
胡志科	男	汉	1962.5	甘肃静宁	大专	1985.4	1988.8	曾在静宁县李店白草山中学、曹务乡政府、县人大常委会代表联络工作委员会工作;历任县人大常委会代表联络工作委员会副主任、信访室主任
马世明	男	汉	1956.8	甘肃静宁	高中	1976.3	1975.1	曾在部队服役,在静宁县委宣传部工作;历任静宁县灵芝乡副乡长,县纪委纪检员,县工商局副局长,县计划委员会副主任、县计划经济委员会副主任、县项目办公室主任,县发展计划局副局长、县发展和改革局副局长,县人大常委会司法民政工委主任
武文学	男	汉	1956.2	甘肃静宁	大专	1976.10	1983.8	曾在平凉农校、静宁县威戎镇政府工作;历任静宁县威戎镇政府副镇长,石咀乡党委副书记、乡政府乡长,曹务乡党委书记,县农牧局副局长、县农村能源建设办公室主任,县人大常委会农业财经工委主任
冯克勤	男	汉	1957.1	甘肃静宁	大专	1980.07	1976.7	曾在静宁县委农村工作部工作;历任静宁县细巷乡政府副乡长,甘沟乡党委副书记,田堡乡党委副书记、书记,县委组织部副部长、党史办主任,县劳动和社会保障局副局长,县人大常委会教科文卫工委主任

续表3-112

姓名	性别	民族	出生年月	籍贯	文化程度	工作时间	入党时间	主要工作经历
杨立新	男	汉	1958.7	甘肃静宁	本科	1981.12	1990.10	曾在宁夏海原县税务局、静宁县审计局工作；历任静宁县审计局副局长，商业局局长，贸易合作局局长，商务局局长，县人大常委会代表联络工委主任
周浩仁	男	汉	1974.11	甘肃静宁	本科	1997.12	2001.6	曾在静宁县古城乡政府、县政府办公室工作；历任县政府督查信息科副科长、办公室副主任，县委组织部副部长、正科级组织员
李会宾	男	汉	1967.6	甘肃静宁	本科	1991.6		曾在静宁县农技中心工作；任静宁县农技中心副主任
裴晓江	男	汉	1966.9	甘肃静宁	高中	1985.9		从事民营企业工作，时为县工业品包装公司总经理
米发明	男	汉	1972.7	甘肃静宁	本科	1997.10	1999.11	曾在静宁县红寺乡政府工作；历任静宁县深沟乡副乡长、治平乡党委副书记、曹务乡党委副书记、界石铺镇党委副书记、界石铺镇人大主席
曹宁子	男	汉	1964.9	甘肃静宁	本科	1988.7	1996.6	曾在平凉地区教育学院、静宁一中任教；历任静宁三中校长、县阿阳实验学校校长
朱国军	男	汉	1969.1	甘肃静宁	本科	1995.9	2001.11	曾在静宁县城川卫生院工作；历任静宁县威戎中心卫生院院长、县中医院院长
厚凤兰	女	汉	1963.12	甘肃静宁	高中	2001.9	2001.7	曾在静宁县工艺美术厂、人造板厂、街道办庙川社区居委会工作；先后任街道办庙川居委会主任、人民巷居委会主任
王全生	男	汉	1956.4	甘肃静宁	初中	1994.10	1998.7	在静宁县八里镇高城寨村劳动，任八里镇高城寨村委会主任

县人民政府：
县　长　徐　毅
副县长　徐德才　王运军　沈学英（女）　孙智清　王吉庆

县第十六届人民政府县长、副县长个人情况表

表3-113

姓名	性别	民族	出生年月	籍贯	文化程度	工作时间	入党时间	主要工作经历
徐　毅	男	汉	1964.5	甘肃华亭	研究生	1982.8	1986.11	曾在定西县团结乡，华亭县农牧局、县委党史办、调研室工作；历任华亭县委调研室副主任、县委办公室副主任、县委宣传部部长，华亭县委常委、宣传部部长，原平凉市政府副市长，崆峒区政府副区长，庄浪县委常委、政府常务副县长，泾川县委副书记，平凉市安全生产监督管理局党组书记、局长，静宁县委副书记、政府县长
徐德才	男	汉	1964.6	甘肃泾川	本科	1984.7	1988.6	曾在平凉日报社、平凉地区工会工作;历任平凉地区工会副科级秘书、人秘科科长,平凉地委政研室副县级调研员,平凉市体改办副主任,庄浪县委常委、组织部部长,华亭县委常委、县政府副县长，静宁县委常委、县政府副县长候选人
王运军	男	汉	1967.8	甘肃静宁	本科	1988.8	1993.6	曾在静宁县财政局工作;历任静宁县国有资产管理局副局长，县财政局副局长，县政府驻兰办主任,县财政局局长,县委常委、统战部长,县委常委、县政府副县长候选人
沈学英	女	汉	1968.5	甘肃崇信	本科	1992.7		曾在平凉地区饲草饲料工作站、平凉地区农牧处工作：历任平凉市农牧局计划信息科副科长、妇委会主任、科长，静宁县政府副县长

续表3-113

姓名	性别	民族	出生年月	籍贯	文化程度	工作时间	入党时间	主要工作经历
孙智清	男	汉	1965.4	甘肃泾川	本科	1986.7	1990.7	曾在泾川一中、泾川县计生委工作;历任泾川县城区计生站站长,党原乡党委副书记、纪委书记、乡政府乡长,泾川县城关镇乡政府镇长、党委书记,泾川县林业局局长,静宁县政府副县长
王吉庆	男	汉	1975.12	甘肃静宁	本科	1996.10	1997.3	曾在静宁县三合乡政府、县民政局、县政府办公室工作;历任静宁县信息办主任,纪委办公室主任,红寺乡党委书记,威戎镇党委书记,县政府党组成员、副县长候选人

县人民法院：

院　长　李根进

县人民检察院：

检察长　陈　龙

县第十六届人民法院院长、人民检察院检察长个人情况表

表3-114

姓名	性别	民族	出生年月	籍贯	文化程度	工作时间	入党时间	主要工作经历
李根进	男	汉	1964.8	甘肃庄浪	本科	1988.7	1993.6	曾在庄浪县人民法院工作;历任民事审判庭庭长、刑事审判庭庭长,庄浪县人民法院副院长,静宁县人民法院党组书记、院长
陈　龙	男	汉	1971.7	甘肃泾川	本科	1987.2	1991.5	曾在泾川县公安局、平凉检察分院工作;历任平凉检察分院办公室副主任、助理检察员、副科级检察员,平凉市人民检察院办公室副主任、法警支队支队长、办公室主任、正科级检察员,静宁县人民检察院党组书记、检察长

市第三届人民代表大会代表：

赵景山　李雪峰　丁巨胜　吴镇图　薛秋生　李文业　张小流
葛会荣　位志贤　马小槟　陈泾瑞　白堆仓　郭斌峰　刘桂香(女)
王晓军　张自杰　徐　毅　史录平　何鹏峰　王维军
沙芳琴(女,回族)　徐德才　李根进　吕锦鸿　李　读　王顺义
雷旺盛　薛仁杰　何冠群　张亚鹏　江小兵　李　荣　樊瑞琴(女)
阎国军　张进宝　柴福喜　胡耀国　王兴国　刘晓梅(女)王伟东
王怀罡　李小林(女)张雪红(女)杨春娟(女)郑雪莲(女)张小凤(女)王宝琴(女)
单玉梅(女,回族)　摆俊梅(女,回族)　聂凤仙(女)张友明　王新生
雷新茂　刘玉海　梁　健　高万来　曹宁子　李卓玲(女)李玉兰(女)
刘彩香(女)李会宾　王永强　裴晓江

附：

县人民政府工作报告

（县人民政府县长徐毅　2011年10月20日）

过去五年政府工作回顾

过去的5年，是我县经济社会发展非常关键和极不平凡的5年。5年来，在县委的正确领导下，我们紧紧团结依靠全县人民，坚持以科学发展为主题，锐意进取，开拓创新，励精图治，务实苦干，圆满完成了县十五届人大一次会议确定的各项目标任务，在推动科学发展、促进社会和谐、加快建设小康社会进程中迈出了坚实步伐。

——经济总量快速增长，综合实力明显提高。全县生产总值由2006年的12.5亿元增加到2011年的24.4亿元，年均增长13.9%；全社会固定资产投资累计完成41亿元，年均增长37.5%；地方财政收入由2830万元增加到6150万元，年均增长16.8%；财政支出由4亿元增加到13.4亿元，增长2.4倍；规模以上工业增加值达到2.9亿元，年均增长13.2%；社会消费品零售总额达到14.5亿元，是2006年的2.3倍。

——三次产业协调发展，经济结构不断优化。果、畜、薯等农业特色产业持续壮大，果园面积实现翻番，果品产值16亿元，是2006年的4.7倍。畜禽饲养量、出栏量分别增长62.3%和52%，实现产值2.6亿元，增长38.8%。年种植洋芋30万亩以上，产值1.5亿元。推广旱作农业139.3万亩，增产粮食14万吨。农业增加值由4.7亿元增加到8.9亿元，年均增长13.7%。工业强县进一步加快，累计投资11.69亿元，建成工业项目71项，新发展工业企业42户，改制国有企业7户，工业经济对财政的贡献率由21%提高到29.6%。特别是纸箱包装产业异军突起，生产能力占到全省的三分之一，荣获“中国纸制品包装产业基地”称号。区域物流、商贸餐饮、休闲旅游等快速发展，鼎元物流中心投入使用，界石铺红军长征纪念园建成开放，成纪文化城晋升为国家AAA级旅游景点。招商引资成效显著，引进项目69项，到位资金15.8亿元，年均增长59%。三次产业结构由37:31:32调整为37:36:27。

——基础条件大幅改善，发展后劲持续增强。平定高速静宁段建成通车，静庄公路改建完工，鞍子山峡断头路全面打通，油铺硬化道路600公里，实施通达工程570公里，实现了乡乡通油路、村村通公路。除险加固病险水库11座，治理河堤28公里，建成集雨水窖2.7万眼，新增有效灌溉面积6700亩，完成北水南调等农村安全饮水工程11处，解决了17.3万人的饮水安全问题，农村自来水入户率提高了37.3个百分点。农村电网不断升级，供电能力达到47.5兆伏安，增长82.6%。生态建设逐步加强，完成造林16.3万亩，新修梯田18.3万亩，整理土地 2.5万亩，治理水土流失252平方公里。城镇化建设步伐加快，编制各类规划242个，实现了城乡规划全覆盖。东拓工程全面建成，西展工程全面推开，累计投资26亿元，实施道路、供热、给排水、垃圾污水处理、西岭生态公园等城建工程31个，建成宜居小区8个，住宅130万平方米，城市人均住房面积由17.9平方米增加到23.7平方米，县城规模由5.6平方公里扩大到8.6平方公里，城镇化率提高了11个百分点，达到28%，被命名为省级园林县城和卫生县城。建成易地扶贫搬迁试点村20个、新农村示范村114个，实施扶贫开发整村推进村71个，贫困人口减少5.6万人。

——社会事业蓬勃发展，人民生活显著提升。中小学布局调整和“两免一补”政策全面落实，完成了义务教育和“普九”债务化解。新建、改建校舍28.6万平方米，职教中心改办为平凉机电工程学校，并跻身“国家中等职业教育改革发展示范学校”行列，高考保持全市领先，向各类高校输送学生2.4万人。乡镇卫生院全部完成改扩建，建成县医院急诊楼、中医院医技楼、妇幼保健站综合楼，县乡医疗条件逐步改善。基层医药卫生体制改革稳步实施，城乡居民医疗保障体系进一步健全，群众受益面和医保水平明显提高。文物、非遗普查、文化下乡等活动扎实推进，乡镇文化站、农家书屋实现乡村全覆盖。群众性精神文明创建活动深入开展，荣获全省未成年人思想道德建设先进县、双拥模范县和精神文明县标兵等称号。人口自增率控制在6.5‰以内，建成省级计划生育优质服务县。被征地农民、村干部养老和城乡居民社会养老保险启动实施，城乡低保、社会救助、廉租住房等保障体系不断健全。新增城镇就业1.5万人，招录大中专毕业生2284名，城镇登记失业率控制在3.8 %以内。不折不扣落实退耕还林、粮食直补等惠农政策，发放惠农、救助资金13亿元。集中精力办理了一批惠民实事，用于民生方面的财政支出达到32亿元，占到总支出的73%。城镇居民人均可支配收入和农民人均纯收入达到12660元、3112元，分别增长94%和84%。城乡居民存款余额从8.7亿元增加到24.1亿元，是2006年的3倍。居民消费结构发生较大变化，固定及移动电话用户25万户，互联网用户0.8万户，汽车保有量1.4万辆，分别增长1.4倍、3.6倍和2.2倍。

——民主法制进程加快，社会大局和谐稳定。行政管理体制改革不断深化，制定完善了重大事项决策专家咨询、社会公示与听证制度，确保了政府决策的科学性和民主性。修订了政府议事规则和办事制度，完善了财政资金、项目资金、工程建设招投标、土地使用权出让、政府采购等制度，政府工作的规范化程度有了明显提高。全面推行政务公开，建立健全了首问责任制、服务承诺制、限时办结制，深入开展医药购销、教育、涉农涉企收费等纠风和专项治理，政风行风建设取得新的成效。主动接受人大的依法监督、政协的民主监督和群众的舆论监督，办理人大代表建议262件，政协委员提案235件。政法基层基础全面加强，完成了人武部、法院、检察院整体搬迁。"五五"普法顺利通过验收，全社会法制意识和依法行政水平进一步增强。扎实推进平安静宁建设，深入开展矛盾纠纷排查调处，强化安全生产监督管理和突发事件应急处置，应急体系不断健全，全面完成了"5·12"地震灾后恢复重建，维护了安定团结、和谐稳定的良好局面。民族宗教、统计审计、县志物价等工作全面加强，双拥共建、外事侨务、爱国卫生、老龄档案等各项事业取得长足进步。

2011年以来，我们紧紧围绕年初人代会确定的各项任务，求实创新，奋力攻坚，实现了"十二五"规划的良好开局。

（一）特色产业在转型升级中实现新发展。推广旱作农业50.5万亩，粮食总产量17.3万吨。新植果树经济林6.3万亩，填平补齐4.3万亩。"果园管理年活动"扎实推进，建成标准化示范园21.7万亩，果品总产量40万吨。新建气调库12处，新增冷藏能力7.8万吨。果品、果汁实现出口创汇1000万美元。发展细巷宝元等养殖企业（小区）10个、养殖示范村10个、养殖大户1000户，牛饲养量达到9.59万头。加快良繁体系建设，种植洋芋33.2万亩，脱毒种薯种植率和良种覆盖率均达到100%。种植瓜菜12.3万亩。大力发展劳务经济，输转劳务10.2万人次，创收9.4亿元。

（二）基础设施在攻坚破难中实现新改善。实施各类项目114个，完成投资23亿元。硬化通村道路 11条52公里，维修养护县乡公路12条320公里，改造危桥1座，开通了县城公交。建设原安陈岔等农村安全饮水工程7处，完成崖边等3座病险水库除险加固，治理葫芦河、南河河堤5.5公里，新建集雨水窖8066眼。编制了全县坝系建设总体规划，建成原安陈义等小塘坝21处，城川牛站沟等3处塘坝与产业配套工程进展良好。集体林权制度主体改革全面完成，新增造林8.6万亩，新修梯田7.12万亩，整理土地3675亩，建成沼气4000座。

（三）地方工业在总量扩张中实现新突破。启动了工业园区南片区控制性详细规划编制，完成了园区隔离带及道路绿化。新入园项目7项，完成投资2.3亿元，增长3.7%。中正果品、工业品欣叶公司、中邦伟业一期工程、恒达塑料制品和印刷公司五色彩印生产线建成投产，30万吨废纸综合利用二期和导爆管生产线项目建设进展顺利。壮大提升纸箱包装产业，积极振兴地毯产业，纸箱包装产业园建设进展较快，地毯产业园完成规划编制，成功举办了第一届地毯展销会。预计全县规模以上工业企业实现销售收入7.8亿元、利税2600万元，分别增长31.8%和19.2%。

（四）城乡面貌在完善功能中实现新改观。高标准编制完成了滨河花园C、D住宅小区等5个修建性详细规划，委托同济大学修编县城总体规划。建设滨河花园商住楼34幢17.21万平方米，油铺区间道路 4条2.3公里，完成滨河路景观绿化带雨污管网敷设、内路铺装和景观长廊。开工建设了文屏山公园和西城区集中供热站，维修改造了烽台山公园，打通了富康南路、西环支路，红学巷打通工作正在进行。县城出入口改造、人行道铺装等市政工程全面完成，安装交通信号灯5处，城区公厕免费开放。李店等小城镇基础配套进一步完善。全县城镇建设总投资达到5.8亿元。城乡环境综合整治取得明显成效，人居环境不断好转。曹务唐山等12个整村推进项目和八里阎庙等30个新农村示范村建设进展良好，完成农村危旧房改造1900户，农村生产生活条件进一步改善。

（五）第三产业在开放开发中实现新提升。界石铺红军长征纪念园4A级景区创建工作扎实开展，成纪文化城基础设施改造工程基本完工，旅游产业综合收入达到2.2亿元，增长26%。高标准建成日用消费品“农家店”40个、直营店10个，“家电下乡”“家电以旧换新”全面实施，城乡居民消费日趋活跃。招商引资成效显著，到位资金5亿元，增长25%。

（六）社会事业在协调发展中实现新进步。省、市、县确定的34件实事全部办结。“两基”迎国检工作扎实推进，素质教育深入开展，全年教育基础设施建设投资达到4800万元，一中体育馆和细巷初中宿舍楼等7个校安工程全面建成，配齐了中小学151个功能室及仪器设备，教育教学条件显著变化，教育教学质量全面提高，高考二本上线2339人。县医院门诊住院综合楼、甘沟等2个乡镇卫生院业务楼、25所村卫生室建成使用，新农合参合率和受益率分别达到98.1%和105.8%，国家基本药物制度全面落实。建成乡镇文化站14个、移动基站62处，新增有线电视用户1500户。计生“国优”创建扎实推进，全面完成了年度人口计划。积极组织参加了市“三运会”，取得了金牌和总分第一的优异成绩。签约招考高校毕业生629名，新增就业3458人，城镇登记失业率控制在3.5%以内。城乡居民医疗、社会养老保险试点工作启动实施，发放各类救助救济资金6586万元，建设保障性住房534套。

过去的5年是我县经济社会快速发展、各行各业取得显著成就的5年。通过5年的成功实践，我们加深了对发展规律的认识，丰富了推动科学发展的经验。一是必须把加快发展作为第一要务。抓住一切机遇加快发展，集中所有力量推动发展，以发展凝共识，以发展破难题。二是必须把项目建设作为第一抓手。坚持不懈争项目、上项目、建项目，用项目吸引投资，支撑拉动经济社会发展。三是必须把群众利益作为第一追求。把保障和改善民生作为一切工作的出发点和落脚点，做到发展为了人民、发展依靠人民、发展成果由人民共享。四是必须把依法行政作为第一保证。不断加强政府自身建设，严格按照法定权限和程序行使权力，切实提高依法行政的能力和水平。五是必须把维护稳定作为第一责任。正确处理改革、发展、稳定的关系，坚持稳定压倒一切，在稳定中推动发展，以发展促进稳定。

过去的5年，全县经济建设和社会发展虽然取得了长足进步，但仍存在一些困难和问题。主要是：经济总量偏小，结构不尽合理，发展的层次较低；制约发展的交通、水利、生态等问题没有得到有效解决，农业持续增效和农民增收的基础不够稳固，县内南北发展差距明显；地方工业总量较小，结构单一，缺少大企业支撑，对经济增长的拉动作用不强；三产比重较低，对县域经济发展的贡献不高；城镇规划建设管理比较滞后，功能还不完善，承载能力不强；社会事业发展欠账较大，公共服务体系不够健全；安全生产、应急管理、信访维稳、优化环境等方面还存在诸多薄弱环节，社会管理和服务水平有待进一步加强。这些困难和问题，在今后的工作中，我们将采取有效措施，认真研究解决。

今后五年政府工作建议

今后5年，是深入落实科学发展观、推动全县经济社会跨越发展的关键时期。国家继续实施扩大内需、促进经济平稳较快增长的宏观政策，经济结构调整力度加大，经济发展转型步伐加快，为我县加快发展从大环境上提供了空间。新一轮西部大开发战略的深入实施，支持甘肃发展意见的全面落实，《陕甘宁革命老区振兴规划》的出台，省市区域发展战略的纵深推进，为我县经济社会跨越发展提供了强有力的政策支持。经过多年的快速发展，我县的后发优势日益凸显，内生动力和发展活力不断增强，广大干部群众思发展、谋发展、抓发展的氛围更加浓厚，加快发展的愿望更加迫切，发展的基础条件更加坚实。特别是刚刚召开的县十六次党代会，在全面分析我县经济社会发展面临形势的基础上，作出了未来5年我县将处于“夯实基础、优化结构、提升层次、统筹城乡、跨越发展”重要阶段的科学判断，提出了“夯实基础增后劲、突出特色兴产业、统筹城乡快发展、保障民生促和谐”的总体要求。只要我们抢抓机遇，乘势而上，就一定能够推动经济社会发展实现新的跨越。

今后5年，政府工作的基本思路是：以“三个代表”重要思想为指导，以科学发展观为统揽，以加快转变发展方式为主线，紧紧围绕全县经济社会“十二五”发展规划，突出现代农业、地方工业、基础设施、商贸流通、社会事业、改善民生六项重点，做大做强果品、包装材料、现代物流三大产业，加快建设中国优质果品生产加工、中国纸制品包装产业两大基地，实现富民强县、统筹城乡这一目标，努力推动全县经济社会跨越发展。

奋斗目标是“五翻番、四提高、两控制、两降低”，即到2016年，全县生产总值、固定资产投资、规模以上工业增加值、社会消费品零售总额、地方财政收入年均分别增长13%、20%、18%、18%、15.5%，达到43亿元、100亿元、6.4亿元、32亿元和1.2亿元，较2011年实现翻番；城镇居民人均可支配收入、农民人均纯收入、城镇化水平和森林覆盖率明显提高，分别达到21142元、5154元、35.8%和30%；城镇登记失业率、人口自然增长率分别控制在3.8%和7.5‰以内；万元GDP能耗和污染物排放总量显著下降。

围绕上述目标，重点实施“六坚持六加快六推动”工程：

（一）坚持项目带动，加快基础设施建设，推动发展环境大改善。切实加强项目建设，每年实施10个过亿元项目，为统筹城乡、跨越发展奠定坚实基础。构建综合交通运输体系，积极配合平定铁路、静庄高速建设，建成静宁至秦安、静宁至通渭县际道路，加快实施乡际联网路、村际硬化路、产业路和安保工程，完善城乡运输站场，提高运输服务保障能力。加快水利基础设施建设，抢抓国家加大水利建设投入的机遇，配合建设引洮二期静宁供水工程，实施农田水利建设、甘渭河等中小河流治理、威戎武高等小型病险水库和鞍子山拦河闸除险加固项目，保障群众安全饮水，提高抗旱防汛能力。加强生态建设和环境保护，实施黄土高原综合治理、沟道、坝系等生态建设和饮用水源地保护、生活垃圾污水处理等环境综合整治工程，加大造林、水土流失治理、梯田建设和环境保护力度，改善环境质量。

（二）坚持产业富民，加快发展现代农业，推动农民收入大提升。集中精力做大做强果、畜、薯等农业特色产业，努力增加农民收入，为统筹城乡、跨越发展积蓄发展后劲。做优果品产业，大力推行果畜互支互促发展，加强果园管理，加快果品产业转型升级，新植和改造果园26万亩，实现适宜区全覆盖，新建苹果出口创汇基地6万亩，果品总产量达到75万吨，努力把静宁建成全国优质果品生产加工基地。壮大畜薯产业，推进畜牧业布局区域化、生产规模化，加快优质脱毒种薯繁育推广，全县畜牧业总产值达到3亿元，年洋芋种植面积稳定在30万亩以上。发展高效农业，继续加强旱作农业技术推广，粮食总产量保持在17万吨以上，瓜菜年栽培面积稳定在10万亩以上，着力打造甘肃中部旱作特色农业示范县。健全服务体系，实施农业科技推广、农产品质量安全监测体系建设等项目，抓好农产品市场体系和农业社会化服务体系建设，提高农业综合生产能力。

（三）坚持工业强县，加快培育产业集群，推动地方工业大跨越。加快推进工业强县战略，壮大地方工业总量，为统筹城乡、跨越发展提供重要支撑。做大做强优势产业，把纸箱包装和农产品加工作为地方工业发展的主攻方向，实施果品精深加工和畜禽屠宰等项目，延伸果、畜、薯等产业链条。引进国内一流食品药品包装印刷技术，促进纸箱包装业向多元化、精细化方向发展，进一步提升我县中国纸制品包装产业基地的地位。改造提升传统产业，整合产业资源，利用先进技术，嫁接改造地毯、民爆器材、建筑建材等传统产业，进一步增强市场竞争能力。积极发展新兴产业，发挥区域特色优势，发展循环经济，积极培育生物能源、生物制药等新兴产业，建设废弃物资回收利用等项目，培育新的经济增长点。

（四）坚持统筹发展，加快城乡建设步伐，推动城乡面貌大变样。着眼消除城乡二元结构，加强城乡公共设施建设，为统筹城乡、跨越发展搭建良好平台。着力加快县城建设，以规划为龙头、以建设为重点、以管理为抓手、以经营为出路、以项目为支撑，逐步改造老城区，加快建设西城区，拓展延伸新城区，建设文屏山、烽台山公园，集中抓建路网完善、管网改造等重点市政工程，增强综合服务功能，提升城市品位，努力把我县建成生态和谐、人文宜居、商贸繁荣的中小型城市。着力加快小城镇建设，编制小城镇建设规划，加快完善道路、给排水、垃圾处理等基础设施，积极引导生产要素和优势资源向小城镇集中，构建环境优美、生活便利、具有产业支撑的城镇体系。着力加快新农村建设，积极争取六盘山区域贫困片带扶贫开发项目，以旧村和危旧房改造为突破口，以“三清四化五改六有”为主要内容，强化产业培育和基础配套，大力开展生产发展示范村、生活宽裕示范村、乡风文明示范村、村容整洁示范村、管理民主示范村“五村联创”活动，建设新农村示范村150个，努力推进城乡公共服务和生活质量均等化。

（五）坚持三产活县，加快发展现代服务业，推动第三产业大繁荣。充分发挥区位优势，搞活商贸流通，加强招商引资，为统筹城乡、跨越发展注入强大活力。大力发展旅游业，精心打造“华夏之根、红色圣地、金果家园”旅游名片，加快界石铺红军长征纪念园景区配套、大地滩生态农业观光园和葫芦河特色旅游带建设，加强宣传推介，连接周边旅游线路，促进旅游业快速发展。加快发展商贸物流业，完善果品、纸箱、建材等专业市场和农贸市场，健全信息服务体系，优化商贸服务环境，构建甘宁边界区域性商贸物流中心。着力提升传统服务业，实施“万村千乡”市场工程，建设城乡农资配送、日用消费品配送、农产品收购与加工、再生资源回收利用“四大网络”，引导商业网络向农村延伸。积极培育新兴服务业，加快发展物业管理、社区服务、家政服务等生活性服务业和审计评估、法律会计、金融担保等新兴服务业，逐步提高第三产业的比重。

（六）坚持和谐共享，加快改善民计民生，推动社会事业大发展。多方筹措资金，每年措办10件惠民实事，妥善解决好群众最关心、最直接、最现实的利益问题，为统筹城乡、跨越发展营造和谐环境。完善社会保障体系，千方百计扩大就业，鼓励和扶持全民创业。完善养老、失业、医疗、工伤、生育等社会保险制度，加快建设覆盖城乡居民的社会保障体系，提高社会保障水平。协调发展社会事业，加大科技示范推广力度，不断提高科技对经济发展的贡献率。优先发展教育事业，加强学前教育，强化基础教育，提升高中教育，发展职业教育。按照“高中向县城集中、初中向片区集中、小学向乡镇集中、教学点向行政村集中、新增教育资源向城区集中、学前教育向乡村延伸”的“五集中一延伸”原则，稳妥推进学校布局结构调整，实施好“3万学生进城工程”，在城区新建学校11所，改扩建2所，迁址新建1所，改办2所，满足群众对优质教育资源的需求。深化医疗卫生体制改革，积极争取建设中医院特色门诊住院综合楼、传染病防治专科医院和村卫生室等项目，提高医疗保障水平。大力发展文化体育事业，实施综合体育中心、青少年文化宫等项目，加快乡村文化体育设施建设，实现乡乡有综合文化体育站、村村有文化体育活动中心。加强人口和计划生育工作，争创国家级优质服务县。促进社会和谐稳定，全面落实安全生产责任制，抓好交通运输、非煤矿山、食品药品等重点领域的隐患排查治理，确保群众生命财产安全。完善应急管理体系，提高预防和处置突发事件的能力。围绕建设平安静宁，积极推进社会管理创新，全面加强社会管理服务，构建运行顺畅、机制健全、全面覆盖的社会管理与服务网络。强化社会治安综合治理，及时妥善处理各类矛盾纠纷，依法打击违法犯罪活动，努力营造安全、稳定、和谐的社会环境。

2012年政府工作建议

2012年是实现“十二五”规划的关键一年，也是新一届政府的开局之年。做好明年的各项工作，具有十分重要的意义。

经济社会发展的预期目标是：生产总值增长13%，达到27.6亿元；规模以上工业增加值增长20%，达到3.5亿元；全社会固定资产投资增长20%，达到49亿元；地方财政收入增长15%，达到7100万元；社会消费品零售总额增长18%，达到17亿元；城镇居民人均可支配收入增长11%，达到14052元；农民人均纯收入增长12%，达到3485元；城镇登记失业率控制在3.8%以下；人口自增率稳定在7‰以内；万元生产总值能耗降低5个百分点。

政府工作的主要任务是：全力做好“六项重点工作”，努力实施“十大项目”，竭力办成“十件实事”。

全力做好“六项重点工作”：

（一）持之以恒发展现代农业，推进富民增收。稳定粮食生产，依托旱作农业项目，推广全膜双垄沟播技术60万亩，建设2万亩小麦、1万亩玉米高产田，确保粮食安全。提升果品产业，大力推广应用国内果品生产的新技术、新成果，制定果沼畜互支互促发展规划，走养畜建沼促果的发展路子，积极发展有机果品。新植果树经济林6万亩，填平补齐4万亩。深入推进优果工程，改良树形10万亩、测土配方15万亩、覆黑膜10万亩，力争全县果品总产量达到45万吨，产值18亿元。进一步优化农资供给、技术服务、果品营销市场环境，扩大出口创汇，实现创汇1000万美元，提高果产业综合效益。做大畜薯产业，新建养牛龙头企业7个，建成玉米秸秆青贮示范点50处，配套建设青贮窖3000眼，青贮玉米秸秆15.5万吨，全县肉牛饲养量达到10.5万头，畜牧业总产值达到2.3亿元。建立种薯扩繁基地3万亩，实现脱毒种薯全覆盖。推广专用型品种和订单生产，种植专用薯15万亩以上，确保商品率达到85%以上。扩大设施蔬菜和高原夏菜生产，种植瓜菜10万亩以上。拓展劳务输转，输转劳务10万人（次）以上，创收8亿元。加快新农村建设，结合实施整村推进扶贫开发项目，加快农村饮水、能源、道路、房屋改造建设，深入开展“五村联创”，拓展新农村建设新内涵，建成新农村示范村30个。

（二）坚定不移壮大地方工业，推进工业强县。完善园区功能，按照布局集中、产业集聚、土地集约、生态环保的原则，完成工业园区控制性规划编制。改造扩展园区道路，完善园区路网、电网和地下管网，提升园区承载能力。新入园项目4项，完成投资2.2亿元。大办工业项目，新建果渣综合利用、马铃薯加工等项目，续建纸箱包装产业园、雷管技改、康盛源面粉深加工项目。开工建设地毯产业园，组建静宁地毯加工集团，推进地毯产业快速发展。扩大招商引资，全面落实优惠政策，加大招商引资力度，力争引进县外资金6亿元以上。严格节能减排，突出重点行业和企业污染治理，督促企业采用高效节能工艺，淘汰落后产能，争取建设工业园区污水处理等项目，全面完成节能减排任务。

（三）千方百计发挥比较优势，发展第三产业。大力发展旅游业，编制《沿葫芦河流域旅游发展规划》，争取建设沿葫芦河流域现代农业生态观光旅游带。力争启动实施界石铺红军长征纪念园景区基础设施建设项目，完善景区交通、给排水、供电和停车场、游客中心等服务设施，积极创建国家AAAA级旅游景区。大力发展商贸物流业，以鼎元物流为依托，加快建设工业园区物流园。开工建设建材市场，建成天元汽车销售服务、中邦伟业家具建材商城二期等商流项目，拓宽商贸服务领域。加快农超对接，改扩建李店、灵芝等9乡镇农贸市场和城川靳寺果品批发市场，完善葫芦河果品经销等连锁经营网络，健全农村消费服务体系。大力整治市场秩序，高度重视食品安全问题，深入开展食品、药品、农资等市场秩序整治，加强物价调控监管，严厉打击非法生产、经营行为，促进市场规范繁荣。

（四）坚持不懈推进基础建设，改善发展环境。狠抓项目建设，论证各类重点项目80项以上，争取项目资金突破10亿元。加快道路交通建设，改建三合至原安、贾河剪岔至梨树梁通乡公路2条41公里，建成通村水泥路80公里，开工建设威戎梁马大桥，增开2条公交线路，完善城市公交网络。加快水利设施建设，投资6000万元，实施西干渠灌区续建配套与节水改造，完成李堡、武高2座小型水库除险加固，续建南河河堤，建设7处集中式供水工程，解决3.6万人的饮水安全问题。加快生态环境建设，完成造林7.4万亩，补植行道树700公里，新修梯田4.59万亩，大力实施坝、池、窖“三位一体”与产业开发配套工程，建成原安、三合等坝系工程32处，户用沼气4000座。加快城镇开发建设，突出规划引领，抓好县城总体规划修编。围绕建设教育集中区，实施县城南扩工程，新修文屏大桥，拉开路网框架，完善基础设施。加快西城区建设步伐，打通2条断头路，完善路网框架。开工建设滨河花园C、D住宅小区，续建A、B小区，开发西街路两侧街景，建设滨河路小广场。建成西城区集中供热站和城区生活污水处理厂。续建文屏山和西岭生态公园。抓好廉租房、经济适用房建设，保障贫困群众住有所居，平抑房价过快增长。加强供热监管，规范物业管理，改善居住环境。加强城市管理，加大执法力度，集中解决乱修乱建、占道经营、乱停乱放等突出问题。加大城乡环境的综合治理，整治县城出入口及脏乱差现象，下功夫改变城乡环境面貌。

（五）统筹协调发展社会事业，促进民生改善。健全社会保障体系，全面落实妇女小额担保贷款、下岗失业人员创业贷款等政策，解决好高校毕业生、城镇就业困难人员、退役军人的就业问题。深化城乡居民社会养老保险试点，扩大养老、工伤、失业、医疗、生育保险覆盖面，保障困难群众生产生活。优先发展教育事业，全面推进学校布局结构调整，在城区开工建设高中2所、初中1所，启动迁建职业教育学校，缓解城区学校入学难的问题。持续改善医疗条件，抓好仁大中心卫生院和县急救中心业务楼建设，建立健全基层医疗卫生机构管理信息系统，提高医疗服务水平。大力发展文化事业，实施市级广播电视节目无线覆盖工程和“十二五”村村通工程，完成有线电视数字化转换1500户，新发展有线电视用户1000户。加强文化市场管理，免费开放

“两馆一站”，满足群众文化生活需要。抓好人口计生工作，以争创国家级计划生育优质服务县为主线，深入开展计划生育利益导向政策体系示范区建设活动，严格节育措施落实，稳定低生育水平。

（六）多措并举创新社会管理，建设和谐静宁。深入开展“六五”普法工作，提高全民法治意识。积极推进社会管理创新，树立多方参与、共同治理的理念，完善群众利益协调、诉求表达、权益保障机制，发挥社会力量在社会管理中的协同、自治、自律、他律、互律作用，形成社会管理合力。切实加强信访工作，妥善化解各类矛盾纠纷。加强政法基层基础建设，争取建设公安局业务技术综合大楼、现役消防中队，开工建设司法局业务楼，扩建县看守所。强化安全监管和应急管理，扎实推进企业班组安全建设，及时消除安全隐患，严防重特大事故发生。全面贯彻党的民族宗教政策，依法管理宗教事务，加强外事侨务工作，巩固和发展团结和谐的良好局面。

努力实施“十大项目”：

围绕工业经济、产业开发、基础配套、社会事业发展，投资13.1亿元，实施十大项目：1.纸箱包装产业园续建项目。投资2.8亿元，建设占地265亩的纸箱包装产业园，建成各类纸箱生产线11条。2.地毯产业园建设项目。投资2亿元，开工建设地毯产业园，新上3~5条机织地毯生产线。3.西城区综合开发项目。投资5亿元，新建续建滨河花园住宅小区，新建、拓建城区道路3条，配套完善公用设施。4.巩固退耕还林成果项目。投资5000万元，建设基本口粮田1.8万亩，发放节能设备1.4万台，补植补造2.4万亩，后续产业开发3.4万亩。5.城区生活污水处理及集中供热项目。投资1.2亿元，建成生活污水处理场和西城区集中供热站。6.旱作农业技术推广项目。投资6080万元，推广全膜双垄沟播玉米60万亩、全膜穴播小麦16万亩。7.工业雷管技术改造项目。投资3320万元，新建一条工业电雷管自动装填生产线。8.果渣综合利用项目。投资2868万元，建成果渣综合利用生产线一条，年生产成品饲料1.8万吨。9.梯田建设项目。投资2300万元，新修梯田4.6万亩，配套道路150公里。10.造林绿化项目。投资1500万元，栽植各类绿化苗木1450万株，补植行道树700公里，新增造林面积7.4万亩。

竭力办成“十件实事”：

2012年，集中力量办好与人民群众生产生活密切相关的10件实事：1.实施道路建设工程。建设通乡公路2条41公里，建成通村水泥路80公里，新建桥梁1座。2.实施教育集中区建设工程。建设文屏教育集中区，开工新建学校4所。3.实施保障性安居工程。新建保障性住房256套，其中廉租住房162套、公共租赁住房36套、棚户区改造58套，续建廉租住房144套7200平方米，限价商品房170套1.5万平方米。4.实施城乡安全饮水工程。开展城区水源地普查，搞好水源井建设，实施城区居民饮用水水质改善工程，完善供水管网，确保城区群众用水安全。建设农村集中式供水工程7处，解决3.6万农村人口的饮水安全问题。5.实施扶贫开发工程。建设整村推进项目11个、整乡推进项目1个，改善贫困乡村生产生活条件。6.实施县城功能提升工程。续建文屏山、西岭生态公园，建设成纪大剧院和休闲广场。7.实施城乡居民社会养老保险试点工程。

严格执行城乡居民社会养老保险制度，强化基金征缴，力争参保率达到95%以上。8.实施创业促进就业工程。全面落实公益性岗位安置、小额担保贷款、高校毕业生考录等就业政策，新开发公益性岗位350个，发放小额担保贷款2000万元，考录高校毕业生600人以上。9.实施学前教育推进工程。依托项目支撑，建设乡镇中心幼儿园10所。10.实施医疗卫生服务能力提升工程。启用县医院门诊住院综合楼，新建仁大中心卫生院、县急救中心业务楼和城川红旗等10个标准化村卫生室。

加强政府自身建设

面对今后5年繁重的发展任务，政府工作将按照跨越发展的要求，进一步转变职能，加强自身建设，提高社会管理和公共服务能力，确保各项目标任务圆满完成。

一是深入推进思想解放。大力倡导和牢固树立重视学习、终身学习的意识，加快学习型机关建设，用科学理论武装思想，用先进理念指导工作，努力提高推动科学发展的能力。广泛开展调查研究，准确把握上级政策，真正了解社情民意，创新思路谋划工作。树立争先进位、争创一流的赶超意识，对有利于发展、有利于群众的事，敢于动真碰硬，敢于突破定势，克服各种困难和影响抓推动，不断促进经济社会跨越发展。

二是加快转变政府职能。主动适应社会结构和利益格局的发展变化，创新管理方式，加快政府职能向创设良好环境、提供优质服务、维护公平正义转变。进一步理顺政府与企业、市场、社会的关系，更好地履行经济调节、市场监管、社会管理和公共服务职能。进一步整合行政审批资源，全面优化审批服务流程，规范行政审批行为，提高行政审批效率。认真落实公务员法和《静宁县领导干部监督管理问责暂行办法》，强化干部职工教育、管理和监督，改进工作作风，提高工作水平。坚持以人为本，高度关注困难群众和弱势群体，积极为群众办实事、解难题。

三是全面推进依法行政。健全重大决策规则，完善工作程序，广泛听取专家、公众和社会各方面的意见，切实做到科学决策、民主决策。自觉接受人大依法监督、政协民主监督、群众舆论监督，认真办理人大代表建议和政协委员提案，巩固满意率，提高办成率。严格按照法定权限和程序行使职权、履行职责，善于运用法律手段调节和管理经济社会事务。切实抓好政府信息公开、行政复议和行政应诉工作，强化新闻发布制度，主动公开重大事项，促进政府工作公开透明、规范高效。

四是全力抓好工作落实。紧紧围绕跨越发展，联系实际作决策，咬定目标不放松，转变作风抓落实，加快节奏求实效。大力倡导敢于负责、勇挑重担的优良政风，积极营造讲实话、办实事、求实效的浓厚氛围。坚持言必信，行必果，说了就算，定了就干，干就干好，对重大项目建设、突发事件处置，坚持亲力亲为，查实情、定措施，促使问题及时解决，工作快速推进。进一步规范工作制度、工作流程、工作行为、协调机制和内部监督程序，严明工作纪律，严格执行首问责任制、限时办结制、责任追究制，切实提高工作效率。强化工作督查和目标考核，准确掌握工作进度，提升整体工作层次和水平。

五是加强政府廉政建设。全面落实廉政建设责任制，强化“一岗双责”，严格廉洁自律。坚持用制度管人、管权、管事，加强对工程建设、土地出让、产权交易、医药购销、政府采购和资源开发等领域的监管，从源头上预防和治理腐败。强化审计监督、行政监察，突出经济责任审计和日常监督，确保行政权力依法、公正、有效运行。加强对政府系统公务员的教育、培训、管理和监督，促进勤政、廉政，建设一支高素质的公务员队伍。继续深入开展专项治理，纠正部门和行业不正之风，营造风清气正、廉洁高效的干事创业环境。

县人大常委会工作报告

（县人大常委会主任张自杰 2011年10月21日）

五年工作回顾

2006年12月选举产生以来，县十五届人大常委会在中共静宁县委的正确领导下，以“三个代表”重要思想为指导，以科学发展观为统揽，按照围绕中心、贴近民生、服务发展、促进和谐的基本工作思路，认真履行职责，较好地完成了自己的历史使命，为推动全县经济社会发展和民主法制建设作出了应有贡献。

一、服务大局，依法审议决定重大事项，全力推动科学发展

常委会紧扣全县工作大局，依法决定重大事项，加强对经济社会发展重点工作的监督，全力推动经济社会科学发展。先后召开常委会会议29次，听取、审议“一府两院”专项工作报告65项，作出决议、决定27件。

按照有关法律规定和代表大会授权，坚持每年对国民经济和社会发展计划宏观运行情况、财政预算执行情况进行审查、审议，作出决议、决定，就严格财政预算约束、提高财政监管水平等方面提出切实可行的意见建议，促进经济社会发展计划及财政预算的有效执行。

坚持抓重点、议大事，先后对新农村建设、民营经济发展、生态建设、农业技术推广等事关经济建设和社会发展的重点工作进行有效监督，努力促进全县经济社会又好又快发展。规划事关县城的长远可持续发展，常委会在审查批准县城总体规划（修编）的同时，从2008年起，连续3年对县城规划实施和管理工作进行调研、审议，要求严格按规划办事，加快详规和专规编制步伐，认真查纠整改存在的规划执法不力、随意变更规划、未批先建、少批多建等突出问题，对遏制乱修乱建行为、规范规划执行工作起到了较好作用。果品产业是我县富民强县的支柱产业，常委会一贯高度关注，2007年组织对全县果业市场管理工作进行专题调研、审议，就解决果业技术人员短缺、品牌宣传保护不力、营销市场管理混乱等问题提出意见建议，促进果品产业健康发展。

按照坚持党的领导、充分发扬民主和严格依法任免的原则，建立完善任命干部任后表态发言、颁发任命书等制度，认真做好人事任免工作。5年来，先后任命县人大常委会及“一府两院”工作人员94名，接受辞职和免职61人。其中任免县政府副县长

10人、组成部门负责人58人；接受县人大常委会副主任、委员辞职3人，任免县人大常委会工作委员会负责人27人；任免县法院副院长5人、审判人员职务42人；任免县检察院副检察长4人、检察人员职务6人。

二、关注民生，认真做好工作监督，尽力促进和谐社会建设

常委会把以人为本、关注民生作为主线贯穿于人大工作的始终，重视监督解决与群众生产生活息息相关的热点难点问题。5年来，先后对社会和群众普遍关注的新型农村合作医疗、县乡医疗卫生机构管理、城区供热监管、改善办学条件、通乡油路建设、生鲜奶生产、物业管理、政府承诺的实事、文化市场管理等工作进行视察、调研、检查和审议，促进有关方面及时解决存在的突出问题，改善群众生产、工作和生活条件。

常委会坚持对一些重点民生工作进行跟踪监督，先后对优化城区学校布局、医疗卫生机构管理、城区供热监管、城乡文化市场管理、公安队伍建设等群众关注程度较高、存在困难和问题较多的工作进行持续监督、跟踪问效，督促“一府两院”及有关部门抓好审议意见的落实，增强了监督工作实效。特别是通过对医疗卫生机构管理、网吧等文化市场管理连续几年进行跟踪监督，促进乡镇卫生院管理工作明显加强、医德医风明显改进，网吧违规经营行为明显减少、接纳未成年人现象得到有效遏制，社会反响较好。

三、突出重点，扎实开展法律监督，大力营造良好发展环境

常委会积极贯彻依法治国方略，通过开展执法检查、督促办理涉法涉诉信访案件等方式，加强法律监督，促进依法行政、公正司法。坚持每年对法院、检察院年度执法工作进行检查，并对法院民商事审判执行工作、检察院法律监督工作进行专题调研、审议，促进法、检两院进一步加强干警队伍建设，规范执法行为，维护司法公正。加强行政执法监督，对环境保护法、土地管理法、食品安全法等法律法规贯彻执行情况进行检查，配合省、市人大对水土保持法、人民警察法、档案法、劳动合同法、种子法、义务教育法、公路法、农业技术推广法等10多部法律法规执行情况进行了检查，促进行政职能部门提高依法行政能力，严格按照法定权限和程序办事，更好地服务经济社会发展。重视做好人大信访工作，把促进解决群众反响较大的涉法涉诉信访案件作为法律监督工作的重要内容，5年来，共接待群众来信来访96件（次），督促、协调有关执法部门解决了一些当事人多次上访而又久拖不决的问题，及时化解矛盾纠纷，保障当事人合法权益，维护社会和谐稳定。

四、强化服务，改进加强代表工作，着力发挥代表作用

坚持把代表工作作为人大工作的基础，不断改进代表服务工作，增强代表工作活力。加强代表培训，为基层代表全部免费订阅《人民之声报》，配发学习资料，举办人大代表和乡镇人大主席培训班，不断提高代表履职能力。密切联系代表，制定了《联系代表办法》，每年至少开展2次集中走访代表活动，常委会领导充分利用视察、调查和搞中心工作的机会联系代表，征询代表对人大常委会及“一府两院”工作的意

见、建议，及时协调解决代表反映的问题。拓宽代表知情知政渠道，与县政府协调，坚持每年召开政情通报会，向代表通报全县经济社会发展情况。坚持邀请代表参与常委会监督工作，5年来，列席常委会会议、参加常委会调研、视察、执法检查等活动的代表达到620多人（次），扩大了闭会期间代表履行职务的范围。抓好代表意见、建议办理，制定了《代表建议、批评和意见处理办法》，实行重点意见建议包号督办、代表满意度不达标退回重办、对上年度未办结意见建议进行跟踪回访等制度，督促承办单位采取现场办理、面商办理、并案办理、跟踪办理、联合办理等灵活多样方式，提高办理工作质量。县十五届历次人代会期间，代表共提出意见、建议256件，所提问题得到解决或基本解决的112件，正在解决或列入计划逐步解决的98件，受政策和客观条件限制暂时难以解决、向代表作了说明的46件。

五、完善制度，不断加强自身建设，努力提高工作水平

常委会按照有关法律法规的规定，对议事规则、人事任免暂行办法、主任会议制度进行修订完善，下发了《关于贯彻〈监督法〉进一步规范听取审议“一府两院”专项工作报告工作的通知》等文件，制定了各委室工作职责、各委室负责人工作职责等机关管理制度，不断完善工作程序，提高工作的规范化、制度化、科学化水平。按照中央、省、市、县委的安排，开展深入学习实践科学发展观、创先争优、解放思想转变观念大讨论、纪律作风整顿等专题教育活动，大力创建学习型、服务型、务实型、创新型、规范型机关，积极倡导扎实的作风、务实的会风、朴实的文风，不断提高工作水平，树立人大机关为民、务实、清廉的良好形象。把调查研究作为改进工作作风、提高审议质量的有效举措，先后组织开展大型调研活动15项，有12份调研报告被县委在全县范围内转发，通过广泛深入基层，密切联系群众，认真倾听群众的呼声和意见，及时掌握经济社会发展实际情况，充分发挥了人大在体察民情、反映民意、集中民智方面的优势和作用，为县上决策和常委会审议工作提供了可靠依据。常委会领导班子成员认真贯彻落实县委的决策部署，坚持在参与中监督，在参与中支持和服务，积极主动参与各个阶段的中心工作，注重加强与“一府两院”的沟通协调，全力维护团结和谐、共谋发展的良好局面，合力推动全县经济社会发展。重视做好人大理论研究和宣传工作，机关干部在国家及省级新闻媒体发表理论文章及通讯报道310篇，省《人民之声报》先后10次以头版头条和评论员文章对我县党委重视支持人大工作、人大认真履行职责的经验及做法进行专题报道，宣传展示了全县经济社会发展、民主法制建设取得的成就。

2011年，县人大常委会坚持务实进取、依法履职，顺利完成了县十五届人大五次会议确定的各项任务。重点抓了以下几方面工作：

——及时审议决定重大事项。听取、审议了县政府关于2010年县级财政预算执行情况审计、2011年上半年国民经济和社会发展计划执行情况报告，审查批准2010年全县财政决算、2011年全县财政收支预算调整、基金收支预算调整、“十二五”规划及2011年国民经济和社会发展计划调整方案，并作出相关决议。围绕加快推进依法治县

进程，听取、审议县政府关于全县“五五”普法规划实施情况和“六五”普法规划的报告，作出了《关于进一步加强法制宣传教育的决议》，促进全县法制宣传教育工作不断走向深入。

——深入开展监督工作。坚持突出重点、关注民生，积极促进解决群众和社会关注的突出问题。针对近年来城区居民对饮水安全问题反映强烈的现状，常委会专题对城区居民饮水安全工作进行了调研和审议，指出了基础设施建设滞后、供水能力不足、饮用水质不达标、安全监管不力等问题，要求县政府及有关部门认真研究解决，切实保障居民饮水安全。公安队伍建设事关全县社会和谐稳定。常委会在2010年调研、审议的基础上，今年又对审议意见的落实情况进行了跟踪检查、审议，提出加强干警纪律作风教育、完善选人用人机制、开展城区交通秩序专项治理、大力整治社会治安秩序以及强化工作督促检查等意见和建议，要求切实抓好整改落实、达到预期效果。

——依法做好县乡人大代表选举工作。县乡人大代表换届选举是今年的一项重点工作，法律规定严、时限要求紧、工作任务重。常委会根据省、市人大的统一安排，在县委的领导下，周密安排部署，严格依法办事，认真组织实施了县乡人大同步换届选举工作。在先行试点的基础上，整个选举工作从7月中旬开始，8月中旬结束，全县30多万选民参加了选举活动，共选出县第十六届人民代表大会代表209名、乡镇第十七届人民代表大会代表1262名，顺利完成了选举任务。

——加强人大机构和队伍建设。贯彻落实市、县委关于加强人大工作的意见精神，进一步加强县乡人大建设。完善常委会工作机构，强化服务职能，抓好常委会组成人员、机关工作人员的政治理论和业务学习，提高工作能力和水平，努力做法律、法规、政策的模范践行者。加强对乡镇人大工作的指导，促进乡镇人大不断加强机构、队伍、制度建设，依法规范开展工作。4月中旬，常委会组织人员深入全县各乡镇，对贯彻落实县委《关于进一步加强县乡人大工作的意见》情况进行督查，针对存在的困难和问题，积极向县委汇报反映解决。县委对部分年龄较大和自身有实际困难的人大主席调进城区单位妥善安置，将一些年轻优秀人大主席推荐到同级重要岗位任职，新提拔一批年轻干部担任人大主席，充实了乡镇人大工作力量，有效调动了乡镇人大主席工作积极性。

5年来，本届人大常委会着眼于推动全县经济社会科学发展，着眼于保障和维护最广大人民群众的切身利益，依法履行职责，监督工作取得了明显成效，代表工作得到了进一步加强和改进，社会各界重视人大工作、支持人大工作的氛围更加浓厚。这些成绩的取得，都是在县委的正确领导下、“一府两院”密切配合、社会各界大力支持和全体代表共同努力的结果。在此，我代表县第十五届人大常委会表示衷心感谢和崇高敬意！

回顾总结本届人大常委会的工作，主要有以下几点认识和体会：

一是做好人大工作，必须始终坚持党的领导。党的领导是做好人大工作的根本保证，人大工作只有充分体现党的领导，才能使各项工作保持正确的方向，不断取得新成绩，从而把静宁的事情做好，把群众的利益维护好。二是做好人大工作，必须始终紧扣发展主题。发展是第一要务，充分发挥职能作用，积极为经济社会发展大局服务，是人大及其常委会义不容辞的职责。只有紧扣发展主题，依法行使职权，才能保持人大工作旺盛的生命力。三是做好人大工作，必须始终高度关注民生。维护好、实现好、发展好人民群众的根本利益，是人大一切工作的出发点和落脚点。只有坚持以人为本、关注民生，推动解决关系人民群众切身利益的问题，人大工作才能赢得人民的信任和支持。四是做好人大工作，必须始终严格依法办事。只有坚持充分发扬民主、严格按照法律规定和法定程序办事，才能保证人大工作的规范性、科学性，从而更好地带动行政及司法职能部门依法办事、推进依法治县进程。五是做好人大工作，必须始终坚持求真务实。只有坚持求真务实、察实情、讲实话、出实招、干实事、求实效，才能真实准确反映实际情况，科学合理提出意见、建议，从而推动解决实际问题，充分发挥人大在全县经济社会发展中的重要作用。六是做好人大工作，必须始终加强调查研究。只有坚持从群众中来、到群众中去，深入实际、深入基层，紧紧围绕关系发展、关系民生、关系和谐的热点难点问题开展调研，认真倾听群众呼声，才能确保说话办事充分反映群众意愿，集中群众智慧，代表群众利益，提高人大工作为全县发展大局服务的科学性、实效性。

总结过去5年的工作，我们也清醒地认识到还存在一些不足和差距，主要是：对人民代表大会制度和人大工作的宣传还不够深入广泛；监督工作的方法还不够灵活，监督的针对性、实效性还不够明显；由于各方面的原因，规范性文件备案审查工作基本没有开展起来；代表意见建议督办力度还不够大，代表反映的一些问题没有得到很好解决；在创造履职条件、充分发挥代表作用方面还做得不够等，这些问题需要在今后的工作中认真加以解决。

对今后工作的建议

今后5年是我县深入实施“十二五”规划，加快推进富民强县进程，全面建设小康社会，推动经济社会跨越发展的关键时期。建议新一届人大常委会，在中共静宁县委的正确领导下，认真贯彻落实党的十七大、十七届四中、五中、六中全会精神，以科学发展观为指导，紧紧围绕县第十六次党代会提出的总体思路、奋斗目标和重点任务，继续坚持围绕中心、贴近民生、服务发展、促进和谐的工作思路和抓重点、议大事、求实效的工作要求，全面履行宪法和法律赋予的各项职责，为推动全县经济社会跨越发展更好地发挥职能作用。

一、坚持党的领导，不断改进加强人大工作

认真贯彻省、市、县委关于加强人大工作的一系列文件精神，进一步改进和加强人大工作。自觉依靠县委的领导，坚持重大事项请示报告制度，在思想上、政治上、行动上始终与党委保持高度一致。紧扣中心、服务大局，把促进落实县委提出的“夯实基础增后劲、突出特色兴产业、统筹城乡快发展、保障民生促和谐”的总体要求作为工作的着力点，积极通过人大工作途径推动县上重大工作部署的贯彻落实，做到坚持党的领导、人民当家做主和依法治县的有机统一。进一步解放思想、更新观念，深入研究新形势下人大工作面临的新任务，积极探索做好新时期人大工作的新方法，使各项工作与全县发展大局结合得更紧，与群众期盼实现的愿望结合得更紧，不断增强人大工作的生机与活力。加强与“一府两院”的沟通联系，正确处理监督、支持、参与、服务的关系，依法行使重大事项决定权、监督权和人事任免权，努力通过人大法定程序支持促进“一府两院”工作，积极为全县经济社会发展凝心聚力、贡献力量。

二、坚持依法履职，不断深化监督工作

围绕贯彻执行监督法，进一步改进和加强监督工作。在监督方式上，综合运用好调研、视察、督查、审议、规范性文件备案审查以及询问等各种法定监督方法，不断增强监督工作实效。在监督内容上，要立足长远、着眼当前，围绕促进落实全县经济社会“十二五”发展规划和县第十六次党代会提出的“突出六项重点，做大做强三大产业，加快建设两大基地，实现富民强县、统筹城乡”的奋斗目标，切实抓住带有普遍性和倾向性、经过努力可以解决的突出问题作为监督工作的突破口，加强对“一府两院”的工作监督，促进各个阶段中心工作的落实，合力解决存在的困难和问题，努力为推动全县经济社会跨越发展服务；坚持群众利益无小事，着力促进解决关系人民群众切身利益的上学、就医、住房、行路、饮水、社会保障等现实问题，保障和改善民生；积极推进依法治县，不断改进执法检查工作，加强对行政、审判和检察机关执法工作的监督，促进依法行政、公正司法，着力解决一些影响发展、影响和谐、影响静宁形象的突出问题，推动社会管理创新和平安静宁创建，为经济社会发展营造良好法治环境。重视加强人大信访工作，把信访督办与监督工作有机结合，及时协调解决人民群众反映的问题，维护群众合法权益和社会和谐稳定。

三、坚持突出主体，不断增强代表工作活力

切实改进和加强代表工作，保证代表主体作用的有效发挥。多渠道、多形式组织开展代表培训，增强代表的履职责任感和使命感，提高代表履职能力。坚持开展“双联系”活动，加强与代表的沟通联系。定期召开政情通报会，为代表寄送有关资料，进一步拓宽代表知情知政渠道。完善代表小组活动制度，依法有序组织开展好闭会期间代表活动，更多更好地组织代表参与常委会视察、调查、执法检查、评议等工作，积极为代表履职搭建平台。把办理代表意见、建议作为实现人民当家做主权利和促进各单位各部门科学决策、民主决策、依法决策、提高工作水平的有效途径，加大督办力度，提高办理质量，督促各承办单位认真研究解决代表意见建议中提出的问题，支持代表在联系群众、促进发展中发挥好桥梁纽带和模范带头作用。

四、坚持改进作风，不断加强服务能力建设

适应新时期人大工作的需要，进一步加强常委会班子及人大机关政治、思想、作风、业务和制度建设，努力提高工作水平，不断增强人大工作为全县发展大局服务的能力。坚持不懈抓好调查研究工作，紧紧围绕推动科学发展和促进改善民生两大重点深入开展调研，着力在改进调研方式、扩大调研范围、提高群众和代表参与程度上下功夫、求实效，从而使提出的审议意见更加符合广大群众的意愿和利益，决定的事项更加符合静宁发展的实际和需要。召开乡镇人大工作会议，组织乡镇人大主席外出参观考察，加强与乡镇人大的联系，指导乡镇人大健全完善工作制度，促进乡镇人大不断加强自身建设，提高履职能力，增强工作实效。

第二节　县第十六届人民代表大会第二次会议

大会概况

县十六届人大二次会议于2013年1月5日至6日在静宁宾馆二楼会议室召开。县十六届人大一次会议以来，柳振源、陈龙、梁文义3名代表因工作需要调离静宁县，根据选举法第五十四条的规定，上述3人的代表资格自行终止，在代表出缺的司桥、三合、余湾、甘沟4乡选区，分别补选杨华、杨昌宁、赵宏军、李文环为县第十六届人大代表，至此，县第十六届人大代表实有210名。此次会议出席202名，不是县人大代表的县级领导、乡镇党委书记、人大主席，县委各部门、群众团体，人大各委、室，政府各局、委、办，省、市驻静宁各单位主要负责人，县法院副院长、县检察院副检察长，在静宁县的省人大代表和部分市人大代表，部分离退休老干部，出席政协静宁县八届二次会议的全体委员（列席此次会议第一次全体会议），共300余人列席会议。

王敏、王发永、王平仁、王全生、王运军、王顺义、王晓军、王维军、王智国、史录平、江小兵、何冠群、何鹏峰、张自杰、李根进、沙芳琴（女、回族）、杨华、杨康乐、陈进财、赵宏军、厚凤兰（女）、姚小燕（女）、胡麒军、徐毅、徐永宏、徐德才、高恒、阎国军、曹宁子、靳宝生、雷旺盛、慕锡武、裴晓江、熊玉林、薛仁杰（按姓名笔画为序）35人组成大会主席团，王平仁、王晓军、王维军、王智国、史录平、张自杰、沙芳琴（女、回族）陈进财、徐毅、高恒、慕锡武为主席团常务主席；慕锡武为秘书长，李强、何冠群、何浩强、周浩仁、李文环、张录牛为副秘书长；高恒、徐德才、王敏、王宁宁、王亚鹏、王社余、王彦飞、李金、杨立新、屈稳强、赵宏军、唐亢亢、薛小田、魏小良14人组成计划和预算审查委员会，高恒为主任委员，徐德才为副主任委员；慕锡武、孙智清、王宏、王奕、王升斌、王壬寅、刘桂香（女）、张进宝、李文环、杨康乐、武文学、胡志科、程军伟、靳建喜14人组成议案审查委员会，慕锡武为主任委员，孙智清为副主任委员。

1月4日举行预备会议，由县人大常委会主任张自杰主持，听取县人大常委会副主任、第十六届人大常委会代表资格审查委员会主任委员慕锡武所作的《关于代表出缺变动和补选代表资格审查情况的报告》，通过了大会议程和大会主席团、秘书长、计划和预算审查委员会、议案审查委员会名单，通过选举办法（草案）。

大会共举行全体会议3次。第一次全体会议于1月5日上午举行，由县人大常委会主任张自杰主持，听取县政府县长徐毅所作的《县人民政府工作报告》，审议县发展和改革局局长赵宏军所作的《关于2012年国民经济和社会发展计划执行情况及2013年国民经济和社会发展计划（草案）的报告（书面）》、县财政局局长李强所作的《关于2012年全县财政预算执行情况和2013年财政预算（草案）的报告（书面）》。第二次全体会议于1月6日上午举行，由县人大常委会副主任王维军主持，听取县人大常委会主任张自杰所作的《县人大常委会工作报告》、县法院院长李根进所作的《县人民法院工作报告》、县检察院副检察长张坚强所作的《县人民检察院工作报告》。第三次全体会议于1月6日下午举行，由县人大常委会副主任高恒主持，选举县人大常委会委员2名；通过《关于县人民政府工作报告的决议》《关于2012年国民经济和社会发展计划执行情况及2013年国民经济和社会发展计划的决议》《关于2012年全县财政预算执行情况和2013年全县财政预算的决议》《关于人大常委会工作报告的决议》《关于县人民法院工作报告的决议》《关于县人民检察院工作报告的决议》。会议结束时，县委书记王晓军作了讲话。

大会安排分团会议3次。

大会主席团共召开会议4次。

大会收到代表意见、建议27件。

大会议程

一、听取和审议县人民政府工作报告；

二、审议2012年国民经济和社会发展计划执行情况及2013年国民经济和社会发展计划（草案）的报告（书面），审查和批准2012年国民经济和社会发展计划执行情况的报告及2013年国民经济和社会发展计划；

三、审议2012年财政预算执行情况和2013年财政预算（草案）的报告（书面），审查和批准2012年财政预算执行情况的报告和2013年财政预算；

四、听取和审议县人大常委会工作报告；

五、听取和审议县人民法院工作报告；

六、听取和审议县人民检察院工作报告；

七、选举；

八、其他。

大会选举

县人大常委会：

委　员　杨　华　何冠群

县人大常委会委员杨华、何冠群个人情况表

表3-115

姓名	性别	民族	出生年月	籍贯	文化程度	工作时间	入党时间	主要工作经历
杨 华	男	汉	1967.11	静宁深沟	研究生	1988.7	1990.6	曾在静宁县深沟初中、县政府办公室工作；历任县政府办公室督查信息科科长，县委办公室副主任、保密局局长，县委办公室主任，华亭县委常委、宣传部部长，静宁县委党校副县级干部，县政协党组成员、常委，县人大常委会党组成员、副县级干部
何冠群	男	汉	1965.7	静宁甘沟	大专	1990.10	1991.12	曾在静宁县新店乡政府工作；历任静宁县细巷乡人大副主席、经委副主任、计生站长，威戎镇计生站长、镇政府副镇长、党委副书记，古城乡党委副书记、乡政府乡长，红寺乡党委书记，县人大常委会党组成员、办公室主任

附：

县人民政府工作报告

（县人民政府县长徐毅　2013年1月5日）

2012年政府工作回顾

刚刚过去的2012年，在县委的正确领导和县人大、县政协的监督支持下，我们坚持以科学发展观为指导，认真贯彻落实中央和省、市一系列重大决策部署，集中突破，狠抓落实，全面完成了县十六届人大一次会议确定的各项目标任务，全县经济社会发展呈现出速度加快、结构优化、效益提升、活力增强的良好势头。预计全县生产总值达到31.2亿元，较上年增长17.1%；规模以上工业增加值达到3.8亿元，增长24.5%；全社会固定资产投资达到46.8亿元，增长42%；社会消费品零售总额达到16.8亿元，增长19%；地方财政收入达到8531万元，增长30.2%；城镇居民人均可支配收入达到14448元，增长13%；农民人均纯收入达到3602元，增长17.6%。

（一）特色产业持续壮大，农村经济稳步发展。持续推进特色产业深度开发，果、畜、薯等在扩量、提质、创牌、增效方面实现了新的突破。苹果产业不断壮大，新植果园8.7万亩，补植4.3万亩，建成了4个5000亩以上示范带和16个千亩以上示范点。扎实开展“果园标准化管理年”活动，认真落实行政、技术双轨责任制和领导挂牌管理

制度，大力推广先进生产技术，积极创建“果沼畜”互支互促等三级五类示范园，果园整体管理水平大幅度提升。落实果园标准化管理45万亩，果品产量达到45万吨，产值18亿元。成功举办了2012′中国苹果年会暨中国·平凉金果博览会，得到了国家有关部委和省委、省政府的充分肯定，在全省乃至全国产生了较大影响，苹果产业知名度进一步提升。畜牧产业取得突破，紧密结合帮扶工作，协调落实妇女小额担保贷款等各类资金1亿多元，集中力量扶持发展养殖小区和分散养殖户，建成养殖企业（小区）40户、养牛示范村4个、养牛示范户400户，完成黄牛冻配改良1.2万头，青贮玉米秸秆17.5万吨，全县牛饲养量达到13.3万头，畜牧业发展迈出了实质性步伐。薯菜产业较快发展，以西北部乡镇为重点，集中连片发展全膜洋芋和全膜秋播大蒜，培育壮大了区域特色产业，进一步拓宽了农民增收渠道。全县种植洋芋38.5万亩、全膜秋播大蒜1万亩，建成拱棚1250座，瓜菜面积达到11.7万亩。旱作农业全面推广，落实全膜双垄沟播和良种良法配套技术，部分乡镇旱作农业基本实现了整山整流域全覆盖。全县发展旱作农业76.6万亩，建成了18个万亩示范带和23个千亩示范点，全年粮食产量达到18.1万吨。

（二）项目总量快速增长，基础条件大幅改善。千方百计争项目夯基础，全年实施各类重点项目121项，完成投资39.4亿元，增长83%，项目总量和投资总额较上年大幅增加，为经济社会发展提供了有力支撑。水利建设成效明显，实施农村安全饮水、城区居民饮用水水质改善等重点水利项目7项，治理河堤21.4公里，完成威戎武高等2座病险水库除险加固，建成甘沟北山二期等农村集中供水工程6处，有效解决了4.9万人的饮水安全问题。坚持“坝、窖、池”建设与产业开发一体推进，新建塘坝21座，走出了干旱山区产业培育、吃水用水和生态修复同步发展的新路子。道路建设快速推进，实施通畅工程等交通项目32项，硬化通村道路25条143公里，维修养护县乡道路320公里，建成了威戎梁马大桥和南河桥，进一步改善了群众出行条件。生态环境持续好转，实施了退耕还林成果巩固、高速公路沿线绿化等重点生态工程，完成造林10.8万亩，新修梯田5.6万亩，开发整理土地1.8万亩，建成户用沼气2185座。电讯基础逐步改善，建成110千伏李店输变电站供电用房，新增移动通信基站48个。

（三）园区建设扎实推进，工业效益显著提升。瞄准市场办工业，发挥优势上项目，实施重点工业项目10项，完成投资5.8亿元，地方工业总量逐步壮大。园区服务功能不断增强，编制完成工业园区控制性详细规划，建成次二路路基工程，环境综合整治取得明显成效，园区面貌发生了新的变化。今年新入园项目4项，完成投资4亿元，增长7.5%。重点工业项目进展良好，纸箱精包装生产线、工业雷管技改等重点项目建成投产，地毯集中加工项目完成环评、可研等前期工作，正在征用土地。企业经营效益稳步提升，规模以上工业企业实现销售收入9.9亿元，增长26.4%；实现利税3500万元，增长29.6%。节能减排工作扎实开展，切实加强重点行业和企业污染治理，建成了城区生活污水处理厂、恒达公司废水深度处理和城川靳寺等10个农村环境连片整治项目，完成了水泥公司政策性关闭改制工作，万元生产总值能耗下降了4.6个百分点。

（四）城镇功能日臻完善，人居环境逐步改观。坚持规划、建设、管理并重，实施城镇建设项目25项，完成投资13.1亿元，全县城镇化水平提高了2个百分点，达到31.7%，城镇承载能力进一步增强。城镇规划持续加强，委托上海同济城市规划设计研究院高标准修编县城总体规划，对主要街景、单体建筑等各项重点工程，均委托省级以上规划设计单位编制规划，全年编制各类规划20个，为提升城镇建设品位和档次奠定了基础。进一步加强规划执法管理，认真查处违规修建行为，有效维护了规划的严肃性。城镇建设快速推进，全年征用土地1453.5亩，保障了重点工程建设用地需求。西城区开发和旧城改造同步推进，开工建设商住楼24幢27万平方米，滨河路小广场、红学巷道路改建等重点市政工程全面建成，成纪大剧院、文屏山公园等项目进展良好，威戎、界石铺等重点小城镇建设取得了新的成效。城镇管理日趋规范，扎实开展城乡环境综合整治，建立健全门前三包、日常保洁等管理机制，拆除违章建筑1561处，更换各类牌匾6300面，亮化沿街楼体65幢，取缔马路市场13处，城乡面貌发生了较大变化。

（五）第三产业增速加快，开放开发成效明显。积极发展旅游产业，不断搞活商贸流通，第三产业增加值达到8.9亿元，增长18.1%，县域经济发展活力进一步增强。旅游开发步伐加快，建成了成纪书画院，界石铺红军长征纪念园二期项目前期工作进展良好，全县旅游产业综合收入达到2.7亿元，增长21%。商贸物流日益活跃，深入推进“万村千乡市场工程”和“新网工程”，建成农家店30个、农资配送店24个、日用消费品配送中心和李店镇商贸中心，城乡市场日趋繁荣。招商引资成效显著，引进招商项目13项，到位资金13.4亿元，增长14%。不断扩大出口份额，实现创汇1600万美元。

（六）社会事业协调发展，公共服务不断优化。加大资金投入，狠抓规范管理，科教文卫等社会事业发展质量和水平明显提升。教育事业优先发展，新建实验小学、西城区幼儿园等学校4所，建成校安工程、学前教育推进工程等项目12项，教育基础条件大幅改善。集中全力实施了文屏教育园建设工程，园区框架全面拉开，实验中学、文萃中学等基建项目进展较快。农村义务教育阶段学生营养改善计划全面落实，教育教学质量稳步提升，高考二本上线2350人，其中重本上线690人，有3人被北大、清华录取。国家三类城市语言文字创建工作顺利通过验收。医疗改革深入推进，全县所有乡村医疗机构实现了基本药物零差率销售，新农合市级统筹全面实施，健康教育、预防接种等公共卫生项目和传染病防治有序开展。建成了卫生监督所、急救中心、仁大中心卫生院业务楼和20个标准化村卫生室，城乡医疗卫生服务体系更加完善。成功创建省级药品安全示范县，食品药品监管水平不断提高。文体事业较快发展，建成体育惠民工程2个，安装“户户通”7.5万户，新增有线电视用户960户，发展手持移动电视用户500户。完成了县秦剧团、电影公司转企改制和县网络公司的整合运营。计生工作不断加强，全面落实各项优先优惠政策，人口自增率控制在7‰以内。

（七）民本民生加速改善，社会大局和谐稳定。财政用于民生方面的投入达到16亿元，占总支出的81.2%，增长25.2%。实事办理取得实效，县政府承诺的10件实事全部办结。全面落实就业再就业政策，签约招考高校毕业生756名，新增城镇就业3973人，城镇登记失业率控制在3.4%以内。编制完成《静宁县六盘山片区区域发展与扶贫攻坚规划》，建成新农村示范村32个、整乡整村推进项目11个，改造农村危旧房3100户，新建续建保障性住房740套，发放住房租赁补贴650户122万元。帮扶工作扎实开展，实施帮扶项目126项，落实帮扶资金2600万元，联系乡村群众生产生活条件得到改善。保障体系逐步健全，城镇失业、工伤、生育等社会保险缴费人数快速增长，城乡居民养老保险实现了全覆盖。发放城乡低保、医疗救助、临时救助资金1.3亿元。快速有效开展了“6·20”特大冰雹暴雨灾害抗灾救灾工作，受灾群众生产生活妥善解决。社会管理不断创新，开工建设了现役消防中队营房，建成司法局业务楼主体工程，为17乡镇安装了公共视频监控系统，政法基层基础进一步加强。深入开展矛盾纠纷排查调处，一些历年信访积案得到有效化解。不断健全应急体系，突发事件应急处置能力逐步提升。切实加强安全生产监管，全面推行企业班组建设，及时排查整改安全隐患，安全生产形势持续好转。

（八）政风行风全面改进，施政行为更加规范。扎实开展“效能风暴”行动和廉政风险防控，深化行政审批制度改革，严格落实政府采购、医药购销、教育、涉农涉企收费等管理制度，项目资金、财务收支等重点领域管理不断加强。全面推行政务公开，主动接受人大法律监督、政协民主监督和群众评议监督，切实加强与各民主党派、工商联、人民团体的联系，办理人大代表建议32件，政协委员提案39件。重视发挥监察、审计、司法等部门作用，全力支持工商、质监、金融、电力、通讯、气象等驻静单位开展工作。同时，民族宗教、双拥共建、统计、物价、县志、档案、地震、残疾人保障等工作有了新的发展和变化。

回顾总结一年来的工作，我们始终坚持：一是把务实创新作为首要前提，将政策要求、群众意愿与县情实际紧密结合起来，更加注重探索创新，更加注重优化思路，高点定位抓谋划，集中精力干大事，全力以赴推动跨越发展。二是把项目建设作为有力抓手，抢抓政策机遇，多方衔接争取，集中建成一批大项目、好项目，扩大经济总量，积蓄发展后劲。三是把壮大产业作为重要支撑，紧盯目标不放松，持之以恒做大做强果品、养殖、包装材料等特色优势产业，推动扩量提质、转型升级，夯实富民强县基础。四是把改善民生作为根本任务，从群众的切身利益出发，想方设法解决行路、吃水、上学、看病、就业等方面的实际问题，竭尽全力提高广大群众生活水平。五是把推动落实作为基本职责，大力弘扬务实政风，深入一线，真抓实干，确保各项目标任务不折不扣落到实处。

回顾一年来的工作，我们更加深刻地认识到，全县经济社会发展中仍存在一些困难和问题，主要是：经济总量小、人均水平低，调整经济结构和转变发展方式的任务艰巨；农业基础薄弱，特色产业链条短，农民持续稳定增收的基础不稳固；交通、水利、生态等基础条件较差，建设步伐相对缓慢；工业经济缺少大企业支撑，对县域经济发展的贡献不高；三产比重较低，非公有制经济发展不快，拉动经济增长的作用不明显；城乡规划建设管理比较滞后，环境脏乱差等问题仍需下功夫解决；民生保障层次较低，部分群众生活还比较困难；一些干部思想观念和工作作风还需进一步加强。这些困难和问题，在今后工作中，我们将采取有效措施，认真研究解决。

2013年政府工作主要任务

2013年，是贯彻落实党的十八大精神的开局之年，是实施“十二五”规划承前启后的关键一年。展望新的一年，党的十八大提出了优先推进西部大开发、促进区域均衡发展等重大战略举措，国家将以提高经济增长质量和效益为中心，按照稳中求进的工作总基调，继续实施积极的财政政策和稳健的货币政策，积极扩大内需，大力调整结构，为我们加快统筹城乡、实现跨越发展提供了强大的内在动力。当前国内贸易格局发生重大变化，东部地区环境容量和劳动力等要素成本制约加剧，一批劳动密集型产业加速向西部转移，为我们利用县外资源、实现借力发展提供了重大的历史机遇。国务院支持甘肃发展的意见、关中—天水经济区发展规划、六盘山片区扶贫攻坚规划和陕甘宁革命老区振兴规划的深入实施，省市区域发展战略和“3341”项目工程的纵深推进，为我们夯实发展基础、实现赶超发展提供了有力的政策支持。同时，多年来积累的发展基础、积蓄的发展后劲、集聚的发展合力，为我们加快发展形成了日益凸显的后发优势和广阔的发展空间。只要我们抢抓机遇，乘势而上，就一定能够推动经济社会发展实现新的跨越。

政府工作的总体要求是：坚持以党的十八大精神为指导，以科学发展观为统揽，按照县第十六次党代会确定的总体思路和目标任务，全力稳增长、调结构、强产业、夯基础、促和谐，推动项目建设跃上新台阶，产业升级迈出新步伐，城乡面貌发生新变化，改善民生取得新成效，努力开创经济社会跨越发展新局面。

经济社会发展的预期目标是：生产总值增长15%，达到36亿元；规模以上工业增加值增长17%，达到4.4亿元；固定资产投资增长40%，达到65.5亿元；地方财政收入增长18%，达到9440万元；社会消费品零售总额增长18.5%，达到19.9亿元；城镇居民人均可支配收入增长16%，达到16760元；农民人均纯收入增长19.5%，达到4304元；城镇登记失业率控制在3.8%以内；人口自增率控制在7‰以内；万元生产总值能耗降低3个百分点。

政府工作的主要任务是：全力做好“六项重点工作”，努力实施“十大项目”，竭力办成“十件实事”。

全力做好“六项重点工作”：

（一）突出产业转型，加快发展现代农业，推进富农增收。围绕建设百万亩优质苹果生产大县和全省养殖大县，抢抓我县被列为省级现代农业示范区的机遇，集中精力做大做强果、畜、薯等特色优势产业，推进产业转型升级，努力促进农业增效、农民增收。新植果园10万亩，补植5万亩，挂果园总面积达到43万亩，果品总产量达到48万吨；牛饲养量达到17万头，出栏5万头；推广全膜覆土穴播等旱作农业技术90万亩，粮食总产达到18.5万吨。做优果品产业，持续推进适宜区全覆盖，以静秦公路、

312国道、高速公路沿线等“三线”和李店—贯河、双岘—余湾、威戎—曹务、甘沟—细巷、界石铺—三合等“五片”为重点，建成千亩以上示范点20个，不断扩大果园新植面积。深入实施优果工程，狠抓示范园创建，完成果园标准化管理45万亩，树形改良10万亩，覆黑膜10万亩，果实套袋20亿只，果品商品率和优果率分别达到95%和70%以上。建成平凉金果博览城，加强果品生产与营销市场对接，创优果品营销环境，拓宽销售渠道。加大苹果品牌保护力度，严厉打击掺杂使假、欺行霸市等行为。高度重视果品产业安全，落实防范措施，提高抗御风险能力。扩大出口创汇，实现创汇1800万美元。壮大畜薯产业，结合帮扶工作，大力扶持发展畜牧产业，全面推广暖棚养殖技术和优良品种，新建养殖小区14个、养牛示范村7个、养牛示范户700户，完成玉米秸秆青贮18万吨。加快脱毒种薯扩繁推广步伐，提高良种覆盖率，建设脱毒种薯繁育基地3.9万亩，种植洋芋30万亩以上。推广幼龄果园套种瓜菜技术，种植大蒜3万亩，发展设施蔬菜1000亩、瓜菜10万亩以上。稳定粮食生产，依托旱作农业项目，全面推广膜侧小麦、全膜玉米等综合增产技术，确保粮食安全。加快新农村建设，切实强化产业支撑，不断完善基础配套，集中实施整乡整村推进项目，建设“五村联创”示范村219个、新农村重点示范村26个，努力改善农村人居环境。健全服务体系，开展建立新型农业社会化服务体系试点，建成30个村农技所和8个农技区域推广站，提高乡村农技服务水平。加强农产品质量安全、动植物疫病防控、防灾减灾、农产品流通等公共服务体系建设，完善农民专业合作社、行业协会和农民经纪人等农业生产者自我服务体系，加快全县农业产业化和现代化进程。

（二）突出扩量增效，加快培育产业集群，壮大地方工业。继续做大做强优势产业，改造提升传统产业，加快培育新兴产业，着力提升工业经济发展质量和效益。实施工业项目8项，完成投资6.5亿元，全县工业增加值达到8亿元。集群发展优势产业，争取实施塑料包装产业基地项目，促进包装产业向多元化、精细化发展。开工建设地毯集中加工项目，组建静宁地毯加工集团，推动地毯产业快速发展。新建乳化剂生产线、苹果脱水与膨化加工等项目，延伸产业链条，壮大工业总量。大力推进园区建设，深化工业园区体制改革，理顺管理机制。建成次二路及绿化工程，力争开工建设西滨河路狗娃河桥，完善基础设施和综合服务功能。年内新入园项目5项，完成投资3.8亿元。全面扩大招商引资，紧盯重点产业、重点企业和重点领域，多渠道、多层次引进一批财源型、生产型和就业容量大的项目。优化招商环境，落实优惠政策，严格责任考核，努力提高招商项目的合同履约率、资金到位率和开工投产率，引进县外资金15亿元以上。严格实施节能减排，强化高耗能、高污染项目审批管理，抓好重点行业污染治理，实施红光淀粉技术改造、方圆养殖污染治理等节能技改和污染减排项目，全面完成节能减排任务。

（三）突出项目带动，加快改善基础条件，优化发展环境。大力实施“3341”项目工程，精心谋划和争取建设一批能够拉动投资、加快转型、促进发展、改善民生的重大项目。全年实施重大基础建设项目41项，完成投资9.3亿元。完善交通路网，争取实施静秦公路升级改造，改建通乡公路2条53公里，改造危桥3座，维修养护通乡油路320公里，加快建制村通畅工程建设，持续提高道路通行能力。强化水利保障，配合做好引洮二期静宁受水区工程前期工作，续建西干渠灌区配套与节水改造工程，治理李店河、葫芦河河堤29.5公里，完成城区供水改扩建工程，建设人饮工程8处。加强生态建设，认真实施退耕还林成果巩固、天然林保护、重点公益林等项目，加快城镇面山和道路沿线绿化，完成造林5.2万亩，栽植行道树650公里，新修梯田5.2万亩，整理土地1.5万亩，发展户用沼气800座。

（四）突出扩容提质，加快城镇建设步伐，增强集聚能力。持续推进城镇扩容提质，加快城乡一体发展，全县城镇化水平提高2.5个百分点，达到34.2%。突出规划引领，完成县城总体规划修编，编制城区供水专项规划、7个城区修建性详细规划、2个特色小城镇规划和10个重点新农村建设规划。严格规划审批，严查乱修乱建，维护规划的权威性和严肃性。加快城镇建设，大力实施南扩工程，续建文屏山公园，建设文屏教育园道路、广场、供热站和南河景观绿化带。加快建设西城区，续建西城区集中供热站和滨河花园住宅小区，建成商住楼18幢22万平方米。持续改造老城区，续建成纪大剧院，改造人民巷、成纪路北口2个县城出入口和成纪路等5条城区道路，完善西岭公园儿童游乐园设施，提升县城综合服务功能。加快威戎、李店、甘沟、界石铺等重点小城镇建设，完善基础设施，增强承载能力。严格城镇管理，加大综合执法力度，持续深入开展城乡环境综合整治，建立健全管理长效机制，提高城镇规范化、精细化管理水平。加强供热监管，规范物业管理，逐步改善群众居住环境。

（五）突出三产活县，加快发展现代服务业，提升发展活力。充分发挥区位优势，强化旅游带动，搞活商贸流通，积极发展非公经济，增强县域经济发展活力，第三产业增加值增长15.5%，达到10亿元。大力发展旅游业，编制完成《沿葫芦河流域旅游发展规划》，完善界石铺红军长征纪念园设施配套，争创国家AAAA级旅游景区。深度挖掘旅游资源和潜力，扶持发展果园观光、红色经典旅游景观带，积极发展农家乐，完善提升旅游要素，不断做大“华夏之根·红色圣地·金果家园”旅游品牌，全年游客接待量和旅游综合收入分别增长20%以上。大力发展商贸物流业，论证建设建材市场、汽配城等大型商贸设施，扶持鼎元等物流企业做大做强，建立健全集原材料采购、运输、仓储、配送为一体的物流服务体系。实施“万村千乡市场工程”和“新网工程”，新建日用消费品“农家店”30个、甘沟配送中心1处，拓展商品配送方式，完善市场体系，活跃城乡消费。深入开展食品、药品、农资等市场秩序整治，强化物价调控监管，促进市场规范繁荣。大力发展非公经济，认真落实贷款贴息、社保补贴等创业政策，激活民间资本，扶持社会自然人创办实业，鼓励个体私营企业走集约化发展路子，支持发展中介服务、住宿餐饮、家政服务等生产生活性服务业，促进第三产业发展提速、比重提高、水平提升。新发展非公企业18户，非公经济增加值增长17.5%，达到6.3亿元。

（六）突出共建共享，加快发展社会事业，改善民本民生。集中更多的财力、物力和精力，加快发展社会事业，全力改善民生质量，努力让广大群众过上更好的生活。全面发展社会公共事业，以办人民满意的教育为目标，加快文屏教育园建设，大力实施乡镇中心幼儿园、学校食堂和教师周转宿舍项目，着力改善教育基础条件。深化教育教学改革，扎实推进高校课堂、学生养成教育和校园文化建设，持续打响教育品牌。加快发展学前教育，大力发展职业教育，强化农村基础教育，切实提高乡村学校管理和教育水平，促进教育优质均衡发展。持续改善医疗卫生条件，迁建妇幼保健站，建成4所乡镇卫生院业务楼，建设10个标准化村卫生室。充分发挥中医药特色优势，积极创建全省中医药工作示范县。完善新农合补偿、突发公共卫生事件应急和疾病预防控制机制，加强医疗人才队伍和医德医风建设，提升基本医疗保障和服务水平。着力发展文化事业，争取实施寺山广播电视转播台改造项目，新增有线电视用户1500户、手持移动电视用户1000户。积极争创全国文明县城，提升社会文明程度。扎实做好人口计生工作，统筹解决人口问题，全力争创国家级计划生育优质服务县。加快健全社会保障体系，稳步推进城乡居民养老保险，开工建设社会福利院，续建就业和社会保障服务中心综合楼。高度重视困难群众生产生活，切实抓好城乡低保、大病救助、五保供养、救灾救济和临时救助工作。深入开展帮扶工作，继续加大资金投入和项目整合，扶持贫困村培育产业、夯实基础、改善面貌，全力加快脱贫致富步伐。积极推进社会管理创新，强化社区建设，完善提升服务功能，建成城市标准化社区1个。高度重视群众来信来访，落实重大信访案件领导包案、督查督办和“一岗双责”制度，妥善解决群众合理诉求，及时化解各类矛盾纠纷。深化平安创建活动，健全城乡治安防控体系，加强社会治安综合管理，严厉打击违法犯罪行为。严格落实安全生产责任和各项监管措施，有效遏制安全事故发生，努力营造安全稳定和谐的社会环境。

努力实施“十大项目”：

投资31.8亿元，实施十大项目：1.滨河花园小区建设项目。投资10亿元，续建滨河花园A、B、D住宅小区，新建C区，建设商住楼18幢22万平方米，配套建设小区基础设施及绿化工程。2.文屏教育园建设项目。投资4.9亿元，续建实验中学、文萃中学，新建职教中心、文德初中和青少年校外活动中心，建成教育园广场，配套完成园内道路5条5.6公里。3.新农村示范村建设项目。投资4.8亿元，建成八里大路等26个新农村示范村。4.地毯集中加工项目。投资3亿元，开工建设地毯集中加工项目，新上机织地毯生产线3条，建设标准化厂房12幢5.2万平方米，配套完善区间路网等基础设施。5.平凉金果博览城建设项目。投资2.3亿元，建成占地100亩的平凉金果博览城。6.城镇基础配套项目。投资2.1亿元，续建成纪大剧院、文屏山公园和西城区集中供热站，建设南河景观绿化带，改造东城区道路，整治县城出入口，配套完善6个小城镇基础设施。7.交通建设项目。投资1.4亿元，改建三合至原安、深沟至通渭陇川通乡公路，改造葫芦河大桥等3座危桥，迁建静宁汽车站，新建通村公路100公里。8.特色产业开发项目。投资1.3亿元，新植果园10万亩，补植5万亩，建成标准化苹果生产基地2200亩，推广旱作农业技术90万亩。9.塑料包装产业基地项目。投资1亿元，完成以废旧塑料无害化处理、果蔬塑料包装生产线等为主的塑料包装产业基地项目前期工作，力争开工建设。10.建材市场和汽配城建设项目。投资1亿元，争取年内开工建设建材市场和汽配城。

竭力办成“十件实事”：

集中力量办好与广大群众生产生活密切相关的10件实事：1.实施校舍安全工程。新建曹务、细巷等8所乡镇中心幼儿园、古城初中等4个教师周转宿舍和贾河初中、新店中心小学等20个学生食堂。2.实施社会福利院建设工程。新建社会福利院8000平方米，提高全县“三无”老人、孤残儿童等弱势群体生活保障水平。3.实施保障性安居工程。新建廉租住房144套、公租房2000套，完成棚户区改造800户，改造农村危旧房5000户。4.实施安全饮水工程。改扩建城区供水工程，完成甘沟张著等8处安全供水工程，解决城区居民和16乡镇4.9万人的饮水不安全问题。5.实施医疗条件改善工程。迁建妇幼保健站，新建威戎、界石铺、红寺、新店4乡镇卫生院业务楼，建设10个标准化村卫生室。6.实施易地搬迁工程。搬迁安置城关峡门等5乡镇贫困群众318户1542人。7.实施扶贫开发工程。抓好雷大乡整乡推进和李店蒲岔、四河黄川等9个整村推进项目，改善贫困乡村生产生活条件，实现3.5万人稳定脱贫。8.实施创业促进就业工程。全面落实公益性岗位安置、小额担保贷款、高校毕业生考录等就业政策，新开发公益性岗位300个，发放小额担保贷款2000万元，考录高校毕业生750人以上。9.实施电力通讯改造工程。改造110千伏、35千伏和10千伏及以下部分线路，建设通讯基站47个。10.实施农民技能培训工程。整合培训资源，完成农民实用技术培训5.6万人（次）。

加强政府自身建设

做好今年各项工作，责任重大，任务艰巨。我们将按照跨越发展的总体要求，进一步增强使命感和责任感，切实加强政府自身建设，全面提高执行力，确保圆满完成各项目标任务。

一是解放思想促发展。深入学习党的十八大精神，用十八大精神武装头脑、统一思想、指导工作。敏锐把握国家政策导向，精心谋划实施一批项目，最大限度地发挥政策效应。广泛开展调查研究，真正了解社情民意，创新思路谋划发展。牢固树立争先进位、争创一流的赶超意识，高起点、高标准谋划推动工作，努力争位次、树典型。着力加强公务员队伍建设，全面提高公务员思想觉悟和整体素质，始终做到以群众利益为重、以静宁发展为重，形成人人干事有激情、各个单位有活力、凝心聚力抓落实的良好局面。

二是改进作风提效能。始终把依法行政贯穿于政府决策、执行、监督的全过程，健全重大决策规则，完善工作程序，广泛听取专家、公众和社会各方面的意见，做到科学决策、民主决策。自觉接受人大依法监督、政协民主监督、群众舆论监督，认真办理人大代表意见建议和政协委员提案，提高办结率和满意率。深入推进“效能风暴”行动，深化行政审批制度改革，全面推行政务公开，不断提升政务服务水平。严格落实中央关于改进工作作风、密切联系群众的规定，改进会风文风，少发文开短会，勤办事办实事，为群众提供规范有序、高效便捷的服务。

三是创新机制抓落实。创新工作推行机制，建立分工负责层级管理、纵向到底横向到边的责任体系，以严格分明的责任，保证工作任务高效落实。创新目标考核机制，细化目标责任管理，进一步改进和完善督查方式方法，全方位加大重点工作、先进典型、惠民实事的督办力度，确保各项工作高标准按期完成。创新行政管理机制，强化政府投资项目、专项资金、人力资源、国有资产等方面的监管，不断提高科学化、规范化、精细化管理水平。

四是廉洁从政树形象。严格落实党风廉政建设责任制，坚持按制度用权、依制度办事、靠制度管人。进一步规范政府采购、工程招投标等行为，加强对重点领域、关键环节、重要岗位权力运行的监督制约。强化效能监察和审计监督，加大行政问责力度，确保行政权力依法、公正、有序运行。牢固树立过紧日子的思想，按照节俭、高效、廉洁的原则，加快节约型机关建设，积极推进公务消费和公务接待制度改革，大力削减行政成本，树立良好的政府形象。

县人大常委会工作报告

（县人大常委会主任张自杰　2013年1月6日）

过去一年的主要工作

2012年，在中共静宁县委的正确领导下，县人大常委会认真贯彻落实党的十七大、十八大精神，以科学发展观为指导，紧紧围绕县第十六次党代会提出的总体思路、奋斗目标和重点任务，坚持服务大局、围绕中心、贴近民生、促进发展的工作思路和抓重点、议大事、求实效的工作要求，全面履行宪法和法律赋予的各项职责，为推动全县经济社会又好又快发展发挥了积极作用。

一、服务大局，依法履行重大事项决定权，在促进决策落实、保障经济社会科学发展中发挥积极作用

常委会紧紧围绕县委总体工作思路和部署，坚持紧扣全县工作大局，把促进落实县委“夯实基础增后劲、突出特色兴产业、统筹城乡快发展、保障民生促和谐”的总体要求作为工作的着力点，依法履行重大事项决定职权，对经济社会发展中带有全局性、根本性、长远性的重大事项进行审议并作出决定，通过人大工作途径有效推动全县重大工作部署的贯彻落实，合力推进经济社会又好又快发展。一年来，先后召开常委会议6次，听取、审议“一府两院”专项工作报告16项，作出决议、决定6件。

审查、批准了县政府关于2011年县级财政决算、2012年县级财政预算调整、2012年国民经济和社会发展计划调整、地方政府债券转贷资金支出安排等报告，并作出相应决议。听取、审议了县政府关于上半年国民经济和社会发展计划执行情况、2011年财政预算执行情况的审计工作报告，对加强财政预算管理和全年经济工作、统筹抓好各项重点任务、保持经济社会科学发展提出了具体意见、建议。

按照党委领导、充分发扬民主和严格依法任免的原则，坚持和完善任命干部表态发言、颁发任命书等制度，认真做好人事任免工作。一年来，先后任命县人大常委会及“一府两院”国家机关工作人员49人，接受辞职和免职1人。其中任命县政府组成部门负责人36人，免职8人；任命县人大常委会工作委员会负责人6人，免职4人；任命县法院审判人员职务10人，免职5人。

为推动“六五”普法规划的实施，常委会组织工作团队深入部分乡镇和部门，对全县贯彻落实普法规划前期工作进行了检查，不断深化法制教育工作，有力推进了依法治县进程。

二、围绕中心，进一步强化监督职能，在推动重点工作、促进解决热点难点问题中发挥积极作用

认真贯彻落实监督法，坚持立足长远、着眼当前，围绕促进落实县第十六次党代会提出的“突出六项重点，做大做强三大产业，加快建设两大基地，实现富民强县、统筹城乡”奋斗目标，紧扣全县经济社会发展中的重大问题和人民群众普遍关注的热点、难点问题，依法开展监督。先后对果品产业发展、农村基础教育、城区居民饮水安全、新型农村合作医疗、居民区物业管理、公安队伍建设、城区供热监管、法检两院年度执法等工作进行调研、视察、检查和审议，督促和支持“一府两院”有效开展工作。

果品产业是我县富民强县的支柱产业。当前，是发展好、保护好静宁果业品牌，做大做强果品产业的关键时期。为掌握现状、审视形势、分析问题、提出对策，促进加快建设百万亩果品大县，5月份，常委会组织对全县果品产业发展情况进行全面调研，通过多方考察学习、邀请专家论证咨询、常委会议审议等途径，有针对性地指出了目前全县果品产业发展中存在的区域发展不平衡、规划滞后、西北部乡镇栽植品种不对路、技术力量严重不足、科技推广和服务不到位、市场体系不健全等问题，围绕“扩量、提质、增效、创牌”，提出了完善果业组织体系、强化科技支撑、因地制宜规划树种、加大品牌保护力度、推进果品产业可持续发展等意见建议，为做大做强果品产业提出了切合实际的意见建议。

近年来，在农村基础教育布局结构调整中，出现农村适龄儿童上学远、成本高，基础教育阶段学校“择校热”、乡镇中心校和城区学校“大班额”，校外住宿生迅速增多、安全隐患突出，加剧城乡、校际之间教育发展不平衡，出现城挤、乡弱等问题，群众反响强烈，影响全县基础教育健康发展。出现上述新问题的主要原因，是由于对均衡教育资源的片面认识和盲目撤点并校、重城区轻农村等一些不切实际的做法造成的。常委会对此高度重视，抽组调研人员，在9月、10月对全县农村基础教育发展情况进行了全面深入地调研和审议，围绕贯彻落实义务教育法和国务院《关于深入推进义务教育均衡发展的意见》、国务院办公厅《关于规范农村义务教育学校布局调整的意见》精神，以办人民满意的教育为着眼点，从事关全县教育长远发展的角度出发，提出了进一步落实政府职责，坚决制止盲目撤点并校，科学合理确定学校布局，充分

保障学生就近方便上学，努力办好农村学校、缩小城乡教育差距、均衡城乡教育资源等切实可行的意见建议，为进一步规范办学行为，促进全县教育健康有序发展做出了积极努力。

城区居民饮水安全工作事关广大居民切身利益，常委会高度关注，分别于2008年、2011年进行了调研、审议。2012年10月份，常委会专题对审议意见落实情况进行检查和审议。从检查情况看，县政府对这一工作高度重视，作为一项重大民生工程来抓，专题研究，制定规划，争取项目，并列入2012年政府为民措办的10件实事之一，及时启动实施，保障资金投入，加快工程进度，一期工程即将建成。工程全面建成后，城区居民饮水水质将得到有效改善。

常委会注重不断改进监督方式、增强监督实效，继续抓好跟踪监督，促进常委会有关审议意见的落实。一年来，先后对群众比较关注的一些热点、难点工作进行了持续监督、跟踪问效，有效解决了一些实实在在的问题。城区供热工作关系千家万户，与群众生活息息相关，常委会在2008年、2009年、2010年连续三年调研、审议的基础上，2012年3月、11月两次进行检查，督促抓好常委会审议意见的落实。在2009年对居民区物业管理工作进行监督的基础上，2012年对审议意见落实情况进行了跟踪检查，提高了各级对居民区物业管理工作的重视程度，促进物业管理工作得到较快发展和较大改进。

常委会重视加强执法工作监督，坚持把开展执法检查、督促办理涉法涉诉信访案件相结合，促进“一府两院”依法行政、公正司法，为经济发展和社会和谐营造良好的法治环境。专题对法、检两院2012年执法工作、公安队伍建设审议意见落实情况进行检查、审议，对群众反映的涉法涉诉信访案件，及时转交有关部门办理，促进公、检、法机关进一步加强执法队伍建设，规范执法行为，维护群众合法权益和社会和谐稳定。同时，配合省、市人大对农产品质量安全法和村民委员会组织法、水法、防洪法、劳动法、婚姻法等法律法规贯彻执行情况进行自查、检查，保证了宪法和法律法规的正确贯彻执行。

三、强化服务，不断增强代表工作活力，在动员各方力量、集聚发展合力中发挥积极作用

始终把代表工作作为常委会的基础性工作，摆在重要位置，不断加强与代表的联系，积极为代表履行职务提供服务，充分发挥代表为全县经济社会发展建言献策、凝聚力量的作用。

加强代表培训工作。针对去年换届后新任代表数量较多的实际，为代表配发了代表知识学习读本，以人民代表大会制度和代表法为主要内容，对130多名基层人大代表及各乡镇人大主席进行了专题培训，增强了代表履职能力。

加强与代表的沟通联系。按照便于活动的原则，在全县组建了26个代表小组，指导开展闭会期间代表活动。坚持常委会领导联系代表、代表联系选民“双联系”活动，7月份，由常委会分管领导带队，组织人员深入治平、三合等7乡镇，集中走访了

部分基层县人大代表，了解代表在工作、生活中的困难和问题，听取代表对常委会及“一府两院”工作的意见建议。

积极为代表履职创造条件。9月份，召开政情通报会，向代表通报了上半年全县经济社会运行情况，通过人大代表工作渠道积极宣传县上的决策部署、重点工作和取得的成效。坚持代表列席常委会议制度，一年来，邀请89名（次）代表参与常委会组织的调研、视察、执法检查等活动，拓宽了代表知情知政渠道。

加大代表意见建议督办力度。不断改进代表意见建议办理工作，通过重点意见建议集中督办和现场办理等方式，促使承办单位采取有效措施、提高办理质量。县十六届人大一次会议期间代表提出的32条意见、建议全部按时办结，所提问题已经解决和基本解决的21件；正在解决或列入计划逐步解决的8件；因政策因素和客观条件限制暂时难以解决，需创造条件逐步解决，并向代表作了解释说明的3件，办理质量是近几年最好的，也是代表满意程度最高的一年。

四、改进作风，切实提高依法履职水平，在加强基层政权、促进民主法制建设中发挥积极作用

全面加强常委会自身建设。紧密结合人大工作实际，认真学习党的路线方针政策、法律法规和人大理论、业务知识，不断提高常委会组成人员的政策理论水平和依法办事能力。坚持用法律法规规范各项工作，严格按照常委会议事规则、人事任免办法、主任会议制度的规定办事，督促抓好各委（室）工作职责的落实，不断提高常委会及机关工作的制度化、规范化、科学化水平。以创建学习型、创新型、服务型机关为重点，切实加强人大机关思想、业务和作风建设，为常委会更好地履行职权提供了有效保障。按照省、市、县委安排，在人大机关和全体代表中组织开展了“人大代表在行动”活动，进村入户，措办实事，帮助群众解决生产生活中的困难，加强了机关与代表、代表与群众的联系。

注重不断改进工作作风，加强调查研究工作。坚持从群众中来、到群众中去，深入实际、深入基层，紧紧围绕关系发展、关系民生的热点难点问题开展调研，广泛倾听群众呼声，真实掌握工作现状，不断提高人大工作为全县发展大局服务的科学性、实效性。在调研中，同时考察学习了周边省、市、县（区）的先进经验和做法，走访咨询了业内人士和学者，邀请专家现场考察论证，使提出的意见建议更具前瞻性、准确性和指导性。

加强对乡镇人大工作的业务指导，督促完善工作制度，规范工作程序，依法开展工作，共同推进基层民主法制建设。

一年来，常委会各项工作虽然取得了一定成效，但与宪法、法律的要求和广大人民群众的期望相比还有一定差距。主要是：监督的方式方法还不灵活，监督工作的效果还不明显；为代表服务工作还不到位，代表作用发挥仍不充分，部分意见建议办理还不理想；乡镇人大工作还相对薄弱等。对于这些不足和问题，我们将虚心听取代表意见，在今后工作中努力改进和解决。

今年的主要任务

党的十八大对发展社会主义民主和保证人民当家做主权利提出了新的要求。新的一年里，常委会要在中共静宁县委的正确领导下，高举中国特色社会主义伟大旗帜，以科学发展观为指导，深入贯彻落实党的十八大和十八届一中全会精神，把坚持党的领导、人民当家做主和依法治县统一起来，紧紧围绕全县发展大局，认真履行宪法和法律赋予的各项职权，为推动全县经济社会发展更好地发挥职能作用。

一、深入学习贯彻党的十八大精神，不断改进和加强人大工作

把学习贯彻党的十八大精神作为当前及今后一个时期的重要任务，贯穿于常委会工作之中，坚持以党的十八大精神为指导，进一步解放思想、更新观念，认真研究新时期人大工作的新情况、新问题，积极探索新形势下做好人大工作的新方法、新途径，不断加强和改进人大工作。始终坚持党的领导、人民当家做主、依法治国有机统一，认真贯彻执行党的路线方针政策，自觉把人大工作置于党的领导下，全力维护党委总揽全局、协调各方的领导核心地位。按照“分工不同、目标一致”的原则，正确处理监督、支持、参与、服务的关系，依法行使重大事项决定权、监督权和人事任免权，努力通过人大法定程序，推动县上重大工作部署的贯彻落实。积极加强与“一府两院”的沟通联系，做到在参与中监督，在参与中支持和促进，用卓有成效的工作保证地方国家权力机关职能作用的有效发挥。

二、紧扣发展第一要务，依法履行各项职权

紧紧围绕促进全县经济社会全面、协调、可持续发展这一目标，及时审议决定事关改革发展稳定大局的重大问题，努力为推动经济社会科学发展保驾护航。

认真贯彻落实监督法，不断改进和加强监督工作。坚持服务大局、围绕中心，加强对经济计划运行、重大项目建设、财政预算执行及审计等重点工作的监督。坚持关注民生、改善民生，有重点地对农村基础建设、新农村建设、现代农业、县城规划建设与管理以及与群众生产生活息息相关的行路、上学、就医、社会保障等工作进行调研、视察、检查和审议，着力推动解决广大人民群众最关心、最直接、最现实的一些问题，实现好、维护好、发展好最广大人民的根本利益。

围绕贯彻落实依法治国基本方略，加强法律监督，积极开展执法检查，解决一些带有普遍性、倾向性的问题，支持和促进“一府两院”依法行政、公正司法。把涉法涉诉信访件的督办与法律监督工作有机结合起来，及时督办群众反映的问题，解决一些影响发展、影响和谐、影响国家机关形象的突出问题，为全县经济社会发展创造良好的环境。

进一步改进和加强监督工作。坚持跟踪监督，抓好常委会审议意见的督促落实，增强人大监督工作的实效性，对农村基础教育发展、果品产业发展等一些群众关注程度高的工作进行回访督查、持续监督，推动解决一些突出问题。探索实施专题询问、质询等刚性监督方式，对一些事关全局、矛盾突出、久拖未决、社会反响强烈的工作，适时开展专题询问、质询，督促“一府两院”加大工作力度、推动解决问题，树

立人大为民代言、为民谋利的权威。

坚持党管干部原则，依法做好人事任免工作。把对任命干部的监督贯穿于常委会调研、视察、检查和审议工作的全过程，提高国家机关工作人员依法行政的能力和水平。

三、突出代表主体作用，认真做好代表工作

继续加强代表培训工作，通过为代表配送人大知识学习资料、举办培训班、以会代训等方式，全面加强代表学习培训，提高代表素质和履职能力。不断拓宽代表知情知政渠道，坚持召开政情通报会，邀请代表列席常委会议和参与常委会组织的调研、视察和检查活动，积极为代表履职创造条件。坚持走访联系代表制度，密切常委会组成人员与代表、代表与群众的联系。充分发挥代表小组的作用，组织好闭会期间的代表活动，不断丰富活动内容，增强活动实效，提高人大代表履行职责的自觉性。

加强代表意见建议办理工作。通过面商办理、现场办理等形式，加大代表意见建议的督办落实力度。尤其对办理工作重视不够、代表对答复不够满意的意见建议有针对性地进行重点督办，限期办理。对历年代表意见建议办理情况进行“回头看”，对已答复、未落实，已有方案、尚未办理的意见建议，督促承办单位再梳理、再研究、再办理，使代表所提问题得到较好解决。

四、坚持依法履职，不断加强自身建设

进一步加强常委会组成人员思想、组织和作风建设，全面提高常委会组成人员政治素质、业务素质，增强履职责任感和主动性，以更加奋发有为的精神状态，投入到人大工作实践中。认真落实常委会议事规则，进一步健全调查研究、审议发言、机关管理等各项制度，加强对乡镇人大主席的培训和乡镇人大的业务指导，着力在增强依法履职水平上下功夫、求实效。加强机关干部的政治和业务学习，全面提高干部队伍素质，进一步增强为人大工作和全县发展大局服务的能力。

扎实开展“人大代表在行动”活动，深入宣传和贯彻落实党的十八大精神，充分发挥常委会机关和人大代表在密切联系群众、推进富民强县进程中的作用。坚持改进作风，加强调查研究，广泛听取民声、反映民意、集中民智、维护民利，不断提高工作的民主化和科学化水平，确保常委会作出的各项决议、决定符合科学发展观的要求、符合人民的意愿、符合全县的实际，为县委决策和“一府两院”改进工作提供参考依据。

第三节　县第十六届人民代表大会第三次会议

大会概况

县十六届人大三次会议于2013年12月26日至27日在静宁宾馆二楼会议室召开。县十六届人大二次会议以来，徐德才、徐永宏、熊玉林、吴水利、曹宁子5名代表因工作需要调离静宁县，根据选举法第五十四条的规定，上述5人的代表资格自行终止，另外，王笃庆代表病逝。根据选举法、代表法的有关规定，在代表出缺的李店、司桥、细巷、八里4乡镇和街道办选区，分别补选李永成、柳伯平、崔晓晖、王友忠、李稳收为县第十六届人大代表，至此，县第十六届人大代表实有209名。此次会议出席202名，不是县人大代表的县级领导、乡镇党委书记、人大主席，县委各部门、群众团体，人大各委、室，政府各局、办，省、市驻静宁各单位主要负责人，县法院副院长、县检察院副检察长，部分离退休老干部，出席政协静宁县八届三次会议的全体委员，在静宁县的省人大代表和部分市人大代表（列席此次会议第一次全体会议），共300余人列席会议。

王友忠、王升斌、王平仁、王发永、王全生、王运军、王彦飞、王晓军、王维军、王智国、史录平、吕锦鸿、朱国军、刘桂香（女）、李强、李永成、李根进、杨华、杨康乐、何鹏峰、沙芳琴（女、回族）、张自杰、陈进财、胡麒军、柳伯平、厚凤兰（女）、姚小燕（女）、徐毅、高恒、阎国军、崔晓晖、靳宝生、靳建喜、慕锡武、裴晓江35人组成大会主席团，王平仁、王晓军、王维军、王智国、史录平、沙芳琴（女、回族）、张自杰、陈进财、徐毅、高恒、慕锡武11人为主席团常务主席；慕锡武为秘书长，江小兵、王友忠、何浩强、周浩仁、张录牛为副秘书长；高恒、王敏、王奕、王社余、王顺义、李金、李强、杨立新、屈稳强、唐亢亢、靳宝生、雷旺盛、薛小田、魏小良14人组成计划和预算审查委员会，高恒为主任委员，王敏为副主任委员；慕锡武、孙智清、王宏、王壬寅、朱奋喜、刘国军、李稳收、杨康乐、武文学、赵宏军、胡志科、梁永红、程军伟、薛仁杰14人组成议案审查委员会，慕锡武为主任委员，孙智清为副主任委员。

12月25日举行预备会议，参加全省警示教育电视电话会议的代表16名，请假6名，预备会议实出席代表187名。会议由县人大常委会主任张自杰主持，听取县人大常委会副主任、第十六届人大常委会代表资格审查委员会主任委员慕锡武所作的《关于代表出缺变动和补选代表资格审查情况的报告》，通过大会议程和大会主席团、秘书长、计划和预算审查委员会、议案审查委员会名单，通过选举办法（草案）。

大会共举行全体会议3次。第一次全体会议于12月26日上午举行，由县人大常委会主任张自杰主持，听取县政府县长徐毅所作的《县人民政府工作报告》，审议县发展和改革局局长靳宝生所作的《关于2013年国民经济和社会发展计划执行情况及2014年国民经济和社会发展计划（草案）的报告（书面）》、县财政局局长李强所作的《关于2013年全县财政预算执行情况和2014年财政预算（草案）的报告（书面）》。第二次全体会议于12月27日上午举行，由县人大常委会副主任王维军主持，听取县人大常委会主任张自杰所作的《县人大常委会工作报告》、县法院院长李根进所作的《县人民法院工作报告》、县检察院代理检察长崔晓晖所作的《县人民检察院工作报告》，审议县人大常委会《关于县十六届人大二次会议代表意见建议办理情况的报告（书面）》。第三次全体会议于12月27日下午举行，由县人大常委会副主任王平仁主持，选举县检察院检察长1名，县人大常委会委员3名；通过《关于县人民政府工作报告的决议》

《关于2013年国民经济和社会发展计划执行情况及2014年国民经济和社会发展计划的决议》《关于2013年全县财政预算执行情况和2014年全县财政预算的决议》《关于县人大常委会工作报告的决议》《关于县人民法院工作报告的决议》《关于县人民检察院工作报告的决议》。会议结束时，县委书记王晓军作了讲话。

大会安排分团会议3次。

大会主席团召开会议4次。

大会收到代表建议、意见33件。

大会议程

一、听取和审议县人民政府工作报告；

二、审议县2013年国民经济和社会发展计划执行情况及2014年国民经济和社会发展计划（草案）的报告（书面），审查和批准2013年国民经济和社会发展计划执行情况的报告及2014年国民经济和社会发展计划；

三、审议县2013年财政预算执行情况和2014年财政预算（草案）的报告（书面），审查和批准2013年财政预算执行情况的报告和2014年财政预算；

四、听取和审议县人大常委会工作报告；

五、审议县人大常委会《关于县十六届人大二次会议代表意见建议办理情况的报告》（书面）；

六、听取和审议县人民法院工作报告；

七、听取和审议县人民检察院工作报告；

八、选举；

九、其他。

大会选举

县人大常委会：

委　员　王友忠　李稳收　薛小田

县人大常委会委员王友忠、李稳收、薛小田个人情况表

表3-116

姓名	性别	民族	出生年月	籍贯	文化程度	工作时间	入党时间	主要工作经历
王友忠	男	汉	1963.7	静宁界石铺	本科	1985.7	1987.8	曾在静宁县经济协作办公室、县政府办公室工作；历任静宁县五金公司副经理（挂职），县体改委副主任，县政府办公室副主任，县档案局局长、县档案馆馆长，县工业和信息化局副局长、科学技术局局长，县人大常委会党组成员、办公室主任

续表3-116

姓名	性别	民族	出生年月	籍贯	文化程度	工作时间	入党时间	主要工作经历
李稳收	男	汉	1975.5	静宁红寺	本科	1996.10	1998.6	曾在静宁县界石铺镇政府、县人大常委会办公室工作；任县人大常委会代表联络工委副主任
薛小田	男	汉	1973.4	静宁界石铺	本科	1994.7	1995.11	曾在静宁县司桥乡政府工作；历任静宁县后梁乡计生站站长，雷大乡计生站站长，甘沟乡纪委书记、党委副书记、人大主席

县人民检察院：

检察长　崔晓晖

县人民检察院检察长崔晓晖个人情况表

表3-117

姓名	性别	民族	出生年月	籍贯	文化程度	工作时间	入党时间	主要工作经历
崔晓晖	男	汉	1965.3	甘肃庄浪	本科	1987.8	1994.3	曾在平凉检察分院工作；历任平凉检察分院检察员（副科级），民事、行政检察科科长，平凉市检察院检察员（副县级）、检委会委员、侦查监督处处长，静宁县检察院党组书记、代理检察长

附：

县人民政府工作报告

（县人民政府县长徐毅　2013年12月26日）

2013年工作回顾

一年来，在县委的坚强领导和县人大、县政协的监督支持下，我们认真贯彻落实中央和省、市各项决策部署，团结带领全县广大干部群众，求实创新，开拓进取，真抓实干，圆满完成了县十六届人大二次会议确定的各项目标任务，全县经济社会保持了增速加快、结构优化、效益提升、协调推进的良好势头。预计全县生产总值达到35亿元，增长15%；规模以上工业增加值达到4.6亿元，增长17%；全社会固定资产投资达到67.3亿元，增长42%；社会消费品零售总额达到19.8亿元，增长18.5%；地方财政收入达到1.02亿元，增长20%；城镇居民人均可支配收入达到15600元，增长15%；农民人均纯收入达到4370元，增长20%；全面建成小康社会实现程度达到68.8%。

特色产业提质增效，增收基础更加牢固。深度推进特色产业开发，果、畜、薯等规模进一步扩大，经济效益稳步提升。苹果产业不断壮大，新植果园11.2万亩，补植5.8万亩，种植区域向西北部适宜区乡镇不断覆盖。加强校企联合、院地合作，大力推广先进生产技术，积极开展“果沼畜”互支互促等三级五类示范园创建，苹果产业逐步由规模扩张向提质增效转变。全县落实果园标准化管理56万亩，果品总产量达到50万吨，实现产值20亿元。产业化经营步伐加快，新发展龙头企业6户、农民专业合作组织68家，流转土地1.7万亩，新增气调保鲜能力3万吨。畜牧产业实现突破，协调落实帮扶贷款等各类资金1亿多元，扶持建成养殖企业（小区）50户、养牛示范村20个、养牛示范户2000户，青贮玉米秸秆21万吨，全县牛饲养量达到15.1万头，畜牧产业发展迈出了新的步伐。旱作农业全面推广，集中连片种植全膜小麦30.1万亩、玉米27.3万亩、洋芋33.5万亩、大蒜3万亩，发展设施蔬菜2100亩，培育壮大了区域特色产业，拓宽了农民增收渠道。

项目总量快速增长，发展后劲持续增强。抢抓政策机遇，积极衔接争取，全年实施各类重点项目106项，完成投资58亿元，增长46%，进一步夯实了发展基础。交通建设成效显著，实施静秦公路改建等项目51项，完成投资2.2亿元。油铺硬化道路340.6公里，通村道路硬化率提高了10.7个百分点，是近年来争取项目最多、建设里程最长的一年，群众出行条件大幅改善。水利建设快速推进，城区供水改扩建一期工程投入使用，建成甘沟张著等农村集中供水工程10处，有效解决了5.5万人的饮水安全问题，自来水入户率提高了9.8个百分点。治理河堤53.9公里，新修塘坝8座，水利保障能力不断增强。生态环境明显好转，加大公路沿线、沟道梁卯和道路绿化等重点生态工程建设，完成造林7.2万亩，栽植行道树650公里，建成苗木繁育基地2万亩。新修梯田5.9万亩，开发整理土地2.6万亩。新增户用沼气1300户，发展天然气用户790户。电讯基础逐步夯实，110千伏李店变电站、35千伏和10千伏及以下线路改造完工，新增通讯基站204个。

地方工业集群发展，质量效益逐步提升。突出纸制品包装、农产品加工、化工、地毯等重点，培育壮大产业集群，工业经济稳步增长。规模以上工业企业实现销售收入18.2亿元，增长23.8%；实现利税9500万元，增长32.4%。园区功能不断完善，编制完成控制性详细规划，建成狗娃河桥、次二路及绿化工程，园区基础条件进一步改善。新入园项目2项，完成投资3.3亿元。工业项目进展良好，实施重点工业项目11项，完成投资6.3亿元。乳化剂生产线、马铃薯精淀粉改扩建、空心砖隧道窑等7个项目建成投产，地毯集中加工、苹果脱水与膨化加工项目完成厂房等基础工程。节能减排深入开展，重点行业和企业污染治理不断加强，城区生活污水处理厂投入运营，单位生产总值能耗降低4.5个百分点，主要污染物排放控制在目标值以内。

城镇建设扎实推进，人居环境不断改观。加快城镇开发建设，实施城镇建设项目

23项，完成投资17亿元，城镇化率提高2个百分点，达到20.1%。城镇规划持续完善，高标准修编县城总体规划，完成了7个修建性详细规划、3个小城镇规划和10个新农村建设规划。城镇建设扩容提质，文屏教育园学校校舍、道路桥梁、绿化亮化工程进展较快，西城区集中供热站等市政工程全面建成。新建续建商住楼45幢55万平方米，完成既有建筑节能改造75幢35万平方米。甘沟等重点小城镇基础配套取得新的进展。城镇管理得到加强，扎实开展“城乡环境综合整治巩固提升年”活动，集中整治中心城区、交通主干线及乡村环境“脏乱差”问题，建立健全长效管理机制，城乡人居环境不断好转。

第三产业增速加快，开放开发成效显著。积极发展旅游产业，搞活商贸流通，全力拉动县域经济增长，第三产业增加值达到9亿元，增长18.1%。旅游开发步伐加快，编制完成葫芦河现代农业生态观光园规划，建成成纪书画产业园，精心组团参加各类旅游推介活动，全县旅游综合收入增长20%。商贸物流更加活跃，深入实施“万村千乡市场工程”，建成30个农家店和甘沟乡商贸中心，改造完成红寺、余湾2处农贸市场，金果博览城建设进展较快，市场体系不断健全。实施招商引资项目19项，引进到位资金25亿元。不断扩大出口份额，创汇1800万美元。金融服务稳步提升，新增麒瑞、汇民等小额贷款公司2个，增设金融服务网点4个，全县贷款余额达到34.7亿元，增长25.2%，贷存比提高1.5个百分点，金融支持地方经济发展的能力进一步增强。

社会事业协调发展，公共服务全面加强。突出基础配套，狠抓规范管理，统筹发展科教文卫等社会事业，公共服务均等化进程进一步加快。教育事业稳步发展，新建改建西岭等幼儿园9所，完成校安工程和教师周转房项目6个，改造薄弱学校食堂20个，建成文屏教育园4所学校23幢校舍主体工程，教育基础条件显著改善。深入推进高效课堂建设、学生养成教育和校园文化建设，教育教学质量稳中有升，高考二本上线2608人，较上年增长4.6个百分点。医疗条件有效改善，开工建设了县妇幼保健院医疗保健综合楼，建成4个乡镇卫生院业务楼和26个标准化村卫生室。中医药事业发展步伐加快，建成县医院中医馆和8个中医特色乡镇卫生院，中医院顺利通过“二级甲等中医医院”评审。积极推进医药卫生综合改革，规范新农合报销管理，强化医疗队伍建设，医疗保障和服务水平进一步提高。科技文化事业得到加强，各行各业科技成果不断涌现，申报专利23件，顺利通过全国科技先进县复验。华夏文明传承创新区建设扎实推进，编排完成大型历史秦剧《李广》，成纪故城遗址成功申报国家级文物保护单位。建成体育惠民工程2个、乡镇综合文化站22个，新增有线电视用户700户，发展手持移动电视用户1280户。计生服务逐步优化，全面落实优先优惠政策，人口自然增长率控制在7‰以内，顺利通过“国优”省级评估验收。

民本民生加速改善，社会大局和谐稳定。坚持把改善民生摆在各项工作的首位，下功夫解决了一批事关群众切身利益的困难和问题，省市县列实事全部办结，财政用于民生方面的投入达到18.4亿元，占总支出的81.5%，增长21.1%。社保体系逐步健全，建成老年人日间照料中心和2个农村互助老人幸福院，开工建设老年福利服务中心。新建续建保障性住房3370套，改造农村危房3600户，发放各类救助资金1.4亿元，有效解决了困难群众的基本生活。签约考录高校毕业生788人，新增就业5600人。加大劳动技能培训，培训农民5万人次，输转劳务10.1万人次，实现劳务收入12.2亿元。扶贫开发纵深推进，建成新农村示范村29个，实施整乡整村推进项目15个，年内3.5万人实现了稳定脱贫。社会治理不断创新，现役消防中队营房完成主体工程，司法局业务楼全面建成，为四河、红寺等7个乡镇安装了公共视频监控系统，全县24个乡镇实现了全覆盖，政法基层基础进一步加强。认真落实信访联席会议、领导包案和通报谈话制度，深入排查调处矛盾纠纷，群众信访案件得到妥善处理。突出隐患排查治理和安全生产标准化建设，加大检查频次，加强日常监管，安全生产形势保持稳定。同时，民族宗教、双拥共建、统计、审计、物价、县志、档案、地震、残疾人保障等工作取得了新的成绩，省市驻静单位为地方经济社会发展作出了积极贡献。

一年来，我们适应跨越发展、科学发展的任务要求，积极推进政府职能转变和管理创新，修订完善了乡镇、部门责任目标考核办法，顺利完成了水利、食药监等领域改革，政府规范化、科学化决策管理水平不断提升。我们自觉接受人大依法监督、政协民主监督和社会舆论监督，积极配合人大、政协开展视察、调研，高度重视人大代表建议和政协委员提案办理，65件建议提案均按期办结。我们按照省、市、县委开展帮扶工作的统一部署，深入开展进村入户走访、政策技术宣讲、矛盾纠纷排查、示范典型培育和助农增收帮扶工作，规划实施帮扶项目142项，联系乡村的生产生活条件明显改善。我们深入开展效能风暴行动，加大纠风治乱和民主评议行风力度，加强政府投资项目、社保资金和经济责任审计，取消和调整行政审批事项22项，取消行政事业性收费10项，建成了县政务服务中心和24个乡镇便民服务中心，强化行政效能监察和廉政风险防控，政务服务水平进一步提升。

一年来，全县上下同心同德、迎难而上、顽强拼搏，妥善应对了霜冻、暴雨、冰雹等自然灾害的严峻挑战，努力克服了经济下行压力带来的诸多影响，全县经济建设实现新发展，城乡面貌发生新变化，人民生活得到新改善，社会发展取得新进步。回顾总结一年来的工作，我们始终坚持：一是把优化思路作为发展前提，努力提升工作层次。深化县情认识，注重发挥比较优势，牢固树立综合开发、集中突破等理念，不断优化发展思路，创新推行机制，全力推动整体工作上台阶、上水平。二是把项目建设作为关键抓手，全力破解发展瓶颈。坚持不懈争项目、上项目、建项目，集中建办了文屏教育园等一批大项目、好项目，夯实了发展基础，拉动了县域经济快速发展。三是把壮大产业作为支撑引领，着力优化经济结构。坚持把经济结构调整作为主攻方向，集约化发展地毯、建筑等传统产业，品牌化推进果品、包装等特色产业，现代化提升信息物流、商贸旅游等服务产业，推动了一、二、三产业协调发展。四是把共建共享作为根本任务，合力改善民本民生。千方百计筹措资金，下功夫解决群众关心的行路、吃水、上学、就医、住房、就业等问题，逐步提高群众的生活水平。五是把狠抓落实作为基本保障，奋力促进争先进位。大力推行“一线工作法”，全县各级克服困难，务实苦干，快节奏、高标准推动工作落实，形成了不甘落后、竞相发展、争创一流的工作局面。

一年的成绩鼓舞人心，来之不易。这是县委正确领导的结果，是人大代表和政协委员监督支持的结果，凝聚着全县人民的心血和智慧，凝聚着各单位、各部门、各人民团体、离退休老干部和社会各界的辛劳和努力。

回顾一年的工作，我们也清醒地认识到，全县经济社会发展和政府工作中仍存在不少困难和问题，主要是：经济总量小，自我发展能力不足，实现跨越发展的压力较大；农业基础依然脆弱，产业发展层次偏低，农民持续增收的难度较大；工业经济缺少大企业支撑，对县域经济的贡献不高；投融资渠道单一，基础设施建设欠账大，经济社会发展后劲不足；城乡规划建设管理还不到位，乱修乱建和脏乱差等问题仍需下功夫解决；自有财力过小，硬性支出缺口较大，收支矛盾突出；科技、教育、文化、卫生等社会事业发展与人民群众期望还有一定差距，基本公共服务均等化水平亟待提高；安全生产、应急管理、信访维稳、优化环境等方面还存在诸多薄弱环节，社会管理有待进一步加强；一些部门、单位和干部创新意识、服务意识不强，庸懒散慢浮的问题仍然存在。这些困难和问题，在今后工作中，我们将采取有效措施，认真研究解决。

2014年工作任务

2014年是贯彻落实党的十八届三中全会精神的第一年，也是实施“十二五”规划至关重要的一年。党的十八届三中全会提出了全面深化改革的总体思路和目标任务，开启了新一轮改革的宏伟征程，为我们破解发展难题、推动转型跨越提供了难得机遇。国务院支持西部发展、建设丝绸之路经济带、六盘山特困片区扶贫规划、陕甘宁革命老区振兴规划的纵深推进和全省“3341”项目工程、“1236”扶贫攻坚行动的深入实施，为我们争取项目支持、实现赶超发展创造了广阔空间。经过历届领导班子和广大干部群众的共同努力，县域综合实力显著增强，特色产业迅速壮大，社会事业协调推进，为我们集聚发展合力、加快小康进程奠定了坚实基础。只要我们抢抓机遇，真抓实干，就一定能够实现新突破、推动新发展。

政府工作的总体要求是：全面贯彻落实党的十八大、十八届三中全会和县第十六次党代会精神，以科学发展观为指导，以改革创新为动力，紧紧围绕建设百万亩优质苹果生产大县、全省教育强县和全国文明县城，突出现代农业、地方工业、基础设施、城乡建设、社会事业、改善民生六项重点，全力稳增长、调结构、促改革，奋力开创全县经济社会跨越发展新局面。

经济社会发展的预期目标是：生产总值增长12%，达到39.5亿元；规模以上工业增加值增长14%，达到5.4亿元；固定资产投资增长28%，达到86亿元；地方财政收入增长15%，达到1.18亿元；社会消费品零售总额增长15%，达到22.8亿元；城镇居民人均可支配收入增长12%，达到17472元；农民人均纯收入增长18%，达到5157元；城镇登记失业率控制在3.8%以内；人口自增率控制在7‰以内；万元生产总值能耗降低4个百分点；全面建成小康社会实现程度达到73.3%。

政府工作的主要任务是：全力做好“六项重点工作”，努力实施“十大工程”，竭力办成“十件实事”。

全力做好“六项重点工作”：

（一）突出产业增效、农民增收，进一步加快农业发展进程。持续做大做强果、畜、薯等特色优势产业，确保农业增加值增长8%，达到13.7亿元。做优做强苹果产业，按照果品适宜区全覆盖的要求，以细巷、古城等重点乡镇和静秦公路、高速公路等重点区域为带动，新植果园10万亩，补植5万亩，育苗2000亩以上，实现百万亩优质苹果生产大县目标。大力推广先进生产技术，落实标准化管理措施，推动果品产业提质增效，建成“三级五类”示范园24万亩，覆黑膜30万亩、反光膜10万亩，果实套袋25亿只，搭建防雹网2000亩，完成果园标准化管理70万亩，确保挂果园面积达到50万亩，总产量60万吨，实现产值24亿元。高度重视苹果品牌保护和推介，进一步加强农资市场、营销市场、包装市场的规范管理，坚决打击各类违规违法行为，提高果品经营效益。扩大出口创汇份额，创汇1600万美元以上。持续发展畜牧产业，整合帮扶惠农贷款和妇女小额担保贷款等各类资金，加大畜牧养殖扶持力度，新建养殖企业（小区）25个、养牛示范村25个、养牛示范户2500户，青贮玉米秸秆25万吨，畜牧业总产值达到2.6亿元，力争进入全省养牛大县行列。稳步推广旱作农业，组装配套全膜覆土沟播、测土配方施肥等实用技术，粮食总产量稳定在20万吨以上，确保全县粮食安全。加大优良种薯扩繁力度，建立种薯繁育基地3.9万亩，种植洋芋30万亩以上。积极发展设施蔬菜及高原夏菜，种植瓜菜12万亩以上。纵深推进扶贫开发，集中实施“1236”扶贫攻坚行动，创新工作机制，积极争取扶持，抓好整村推进项目，改善基本生产生活条件，大力培育富民产业，提高贫困农民自我发展能力。扎实开展帮扶行动，强化帮扶单位帮扶责任，加大扶贫绩效考核，着力推动贫困村加快发展、贫困户尽快脱贫，确保贫困村农民人均纯收入增幅高于全县平均水平2个百分点，全年减贫4万人。深化农村重点改革，构建新型农业经营体系，积极发展专业大户、家庭农场、龙头企业和合作组织，加快土地流转，鼓励农民以承包经营权入股发展农业产业化经营。推进农村产权制度改革，建立新型农村用地制度，开展农村土地确权颁证，探索实行利用土地、宅基、林地“三权”进行抵押担保。进一步加强农技推广、农产品质量监管、防灾减灾、市场流通、信息服务等社会化服务体系建设，扩大农业保险承保规模和覆盖面。

（二）突出扩张总量、提高效益，进一步加快壮大地方工业。坚持工业强县，做强优势产业，改造传统产业，发展新兴产业。实施工业项目8项，完成投资5.8亿元。提升园区承载能力，加快道路、给排水、污水处理、集中供热等基础设施建设，开工建设西滨河路和次七路。集中开展环境综合整治，创优发展环境，提升整体形象。年内新入园项目5项，完成投资5.2亿元。集群发展优势产业，开工建设皓天原料药生产基地、15万吨废纸综合利用等6个项目，续建地毯集中加工、苹果脱水与膨化加工项目，不断壮大工业经济总量。帮助企业破解融资、销售等难题，做大做强恒达、欣叶等纸箱包装龙头企业，全力推动特色优势产业改造升级、集聚规模、集群发展。加大招商引资力度，积极承接东部产业转移，推进以商招商、产业链招商，多渠道引进一批财源型、生产型、高新技术型和就业容量大的项目，确保招商引资20亿元以上。严格实施节能减排，突出重点行业和企业污染治理，加大环保执法力度，加强节能减排技改，加快新产品、新技术推广应用，确保完成节能减排任务。

（三）突出项目带动、增强后劲，进一步加快基础设施配套。抢抓政策叠加的良好机遇，精心论证储备和争取实施一批大项目、好项目。全年实施重点项目144项，完成投资84.6亿元。不断完善交通路网，配合抓好天平高速静宁段建设，积极争取静西路等进入省级路网改造规划。完成静秦公路改建，畅通南北主通道。加大通畅工程争取实施力度，强化施工监管，提高建设质量。继续抓好村社路、产业路建设养护，方便群众出行，促进产业发展。切实强化水利保障，积极争取实施引洮二期工程。加快农村安全饮水工程建设，提高设计标准和建设质量，建成界石铺北山、仁大峡口等集中供水工程。治理狗娃河口至胡家河段河堤7公里。积极开发利用清洁水源，加强重点水源地保护，做好水质检测和净化处理，确保城乡群众用水安全。规范河道采砂管理，严禁乱采乱挖行为。全面加强生态建设，扎实推进国家级生态县创建，认真实施黄土高原林业综合治理、退耕还林等项目，做好绿色城市、绿色屏障、绿色通道、绿色村镇和绿色庭院“五绿工程”建设，栽植各类苗木2500万株。严格封山禁牧和林木管护，巩固生态建设成果。建设“一池三改”户用沼气700户，推广太阳能路灯1000盏、太阳灶3300个、太阳能热水器1680个。

（四）突出完善功能、提升品位，进一步加快城镇建设步伐。统筹推进城乡一体发展，实施城镇建设项目38项，完成投资21亿元，全县城镇化率提高2.5个百分点，达到22.6%。完善规划体系，完成县城总体规划修编，编制县城控制性详细规划和风貌规划，抓好6个专项规划、4个小城镇总体规划和10个村庄风貌特色规划。加大规划执法力度，从严查处未批先建、乱修乱建等违法行为，确保城乡建设规范有序。加快城镇建设，续建文屏教育园，完成道路、给排水、绿化、亮化、人行道铺装等工程，开工建设文屏广场和集中供热站。敷设完成西城区地下管网，续建滨河花园C、D住宅小区，新建北二环东路、东关路等城区道路。加快威戎、仁大、李店等小城镇建设步伐，配套完善基础设施，增强承载能力。以全省美丽乡村建设试点县为契机，加快新农村建设，持续改善农村面貌。严格城镇管理，深入开展城乡环境综合整治，集中解决突出问题，创优发展环境。组建成立县城市管理行政执法局，全面加强市容市貌、交通秩序等日常管理，健全完善长效机制，提高精细化管理水平。切实加强供热监管，规范物业管理，不断改善居民生活环境。

（五）突出市场培育、消费拉动，进一步加快第三产业发展。充分发挥区位优势，扩大开放开发，加快发展商贸物流和现代服务业，确保第三产业增加值增长13%。积极发展旅游业，实施界石铺红军长征纪念园美化亮化和展馆更新工程，争创国家

AAAA级旅游景区和国家爱国主义教育基地。深度挖掘成纪历史文化，启动建设伏羲文化馆、静宁历史人物馆等六大展馆。完善提升旅游要素，大力发展农家乐，加快建设葫芦河流域现代农业生态旅游观光园，确保全年游客接待量和旅游综合收入分别增长20%以上。大力发展非公经济，全面落实推动非公经济跨越发展的各项政策措施，废除各种不合理规定和隐形壁垒，引导社会资本进入基础建设、市政设施、社会事业等领域，鼓励恒达、欣叶等有条件的私营企业建立现代企业制度。协调解决非公企业投资融资、建设用地等方面的困难和问题，推动企业转型升级。非公经济增加值占生产总值的比重提高3个百分点。加快发展商贸物流业，论证建设建材市场、汽配城等大型商贸设施，建成平凉金果博览城一期工程和沣泰公司2.5万吨储备库。认真实施“万村千乡市场工程”，新建日用消费品“农家店”30个、乡镇商贸中心1处。大力发展社区养老、家政服务、健康养生等生活性服务业。做好陇原红、鑫龙果品公司等重点流通企业和威戎、界石铺等乡镇农村商务信息服务试点工作。深入开展以食品、药品、农资为重点的市场秩序整治，强化调控监管，促进市场规范繁荣。

（六）突出公共服务、改善民生，进一步加快和谐社会建设。坚持项目向民生倾斜，资金向民生聚拢，集中精力办实事、解难题，让发展成果更多更公平惠及广大群众。统筹发展教育事业，加快教育综合改革，均衡配置城乡义务教育资源，不断缩小城乡、校际差距，逐步解决城区学校择校热和大班额问题。加快教育园建设进度，续建实验中学、文萃中学、职教中心和文德初中等4所学校，确保职教中心顺利通过国家中职改革发展示范校验收，2所高中明年秋季开始招生。大力实施校舍改造和学前教育推进工程，建成三中、高城寨小学教学楼，威戎中学、原安中心小学、四河初中教师周转房和仁大、曹务、威戎梁马幼儿园，进一步改善农村办学条件。加强师德师风和教师队伍建设，全面推行素质教育，提高教育教学质量。不断改善医疗条件，加快中医院、妇幼保健院、乡镇卫生院和标准化村卫生室建设。健全县、乡、村三级中医服务网络，创建全省中医药示范县。深入推进公立医院改革，持续抓好医德医风建设，不断规范诊疗服务，做好新农合筹资提标和资金风险防控，逐步提高城乡医疗保障水平。加快发展文体事业，全面推进华夏文明传承创新区建设，扶持建办一批养生产品、手工文化产品、民间工艺品、地方特色文化旅游纪念品开发营销等中小型文化企业，确保文化产业增加值增长30%以上。建成成纪大剧院，改造寺山广播电视转播台，新建界石铺继红文化广场，开展全民健身活动，不断丰富群众文化体育生活。顺利通过全国文明县城创建验收。抓好人口计生工作，严格落实计划生育责任制，加大工作推行力度，确保完成年度人口计生工作目标任务。健全社会保障体系，全面落实各项就业政策，统筹解决好高校毕业生、城镇就业困难人员、退役军人、残疾人的就业问题。建成5个互助老人幸福院，争取建设城区老年公寓、城市社区老年人日间照料中心和李店镇中心敬老院。关心农村空巢老人、留守妇女和儿童。规范城乡低保等社会救助制度，提高城乡低保标准和补助水平，保障困难群众生产生活。扩大养老、工伤、失业、医疗、生育保险覆盖面，不断提高社会保障水平。创新加强社会治理，高度重视群众来信来访和网络舆情，严格落实领导干部下访、约访、包案制度，及时妥善解决群众合理诉求。按照“全覆盖、零容忍、严执法、重实效”的要求，严格落实安全生产“一岗双责”责任制，强化隐患排查和安全监管，确保安全生产形势稳定。加强国防教育、双拥共建和民兵预备役建设，做好民族宗教、残疾人、红十字会等工作。加快政法基层基础建设，争取实施人民法院审判法庭、看守所和派出所改造项目，建成公安局业务技术用房。深入开展大平安建设，从源头上防范和处置各类矛盾，推动社会治理从打击防范控制向服务管理建设延伸和拓展，确保社会大局和谐稳定。

努力实施“十大工程”：

1.现代农业增收工程。投资2.2亿元，新植补植果园15万亩，育苗2000亩，养牛17万头、养猪35.3万口，推广旱作农业65万亩，种植瓜菜12万亩，确保农民人均从特色产业中收入4500元。2.美丽乡村建设工程。投资8.1亿元，建成新农村示范村50个，高标准建设美丽乡村示范点4个。3.道路交通提升工程。投资16.3亿元，配合做好天平高速静宁段建设，改造加固危桥4座，完成通畅工程350公里，新修维修乡村道路240公里、村社道路150公里、产业道路200公里，铺砂养护道路750公里。4.地方工业提质工程。投资5.8亿元，新开工业项目6项，续建工业项目2项，新增从业人员600人，确保规模以上工业企业实现销售收入、利税分别增长15%和13%以上。5.教育基础完善工程。投资2.1亿元，续建校舍23幢12.6万平方米，新建教师周转房116套3935平方米。6.医疗条件改善工程。投资1.4亿元，续建妇幼保健院综合楼，开工建设县中医院中医特色门诊住院综合楼，新修3个乡镇卫生院业务楼、周转宿舍和10个标准化村卫生室。7.县城开发配套工程。投资19亿元，新建市政工程10项，建设城市道路4条3.5公里，实施棚户区改造1200户，开工建设商住楼25幢35万平方米，完成既有建筑节能改造60万平方米。8.生态治理保护工程。投资1.2亿元，完成造林8.5万亩，新修梯田5.5万亩，建成塘坝10座，治理流域40平方公里，全县森林覆盖率达到27.3%，水土流失治理程度达到86.8%。9.环境综合治理工程。投资1亿元，整治城区及交通沿线、乡镇驻地、村庄周围环境，配套完善重点小城镇基础设施，实施11村农村环境连片整治项目，加大面源污染治理，收集处理废旧农膜、生活垃圾。10.电力通讯保障工程。投资1.8亿元，新建、改造10千伏及以下线路50公里，建成移动、电信、联通基站180个，4G网络覆盖城区及重点乡镇。

竭力办成“十件实事”：

集中力量办好与人民群众生产生活密切相关的10件实事：1.续建城区供水工程，新建乡镇集中供水工程15处，解决10万人的饮水安全问题。2.建成农村幼儿园3所。3.完成静秦公路改建。4.新建廉租房90套、公租房800套，续建廉租房144套、公租房2000套。5.搬迁安置12乡镇贫困群众1432户6831人。6.改造农村危房4000户。7.建成汽车南站。8.建成老年福利服务中心。9.新增城镇就业4000人，考录高校毕业生600人以上。10.建设城区天然气站和输气管线。

加强政府自身建设

面对新的形势和任务，我们将以改革创新为动力，扎实开展党的群众路线教育实践活动，加快转变政府职能，着力推进治理体系和治理能力现代化，确保圆满完成各项目标任务。

始终坚持改革创新。认真贯彻落实党的十八届三中全会精神，稳步推进政府机构改革，创新施政理念和行政管理方式，理顺政府与企业、市场、社会关系，着力推进政企分开、政资分开、政事分开、管办分开。加快政府职能转变，深化行政审批制度改革，进一步简政放权，清理规范审批事项，简化审批程序，更好地发挥市场在资源配置中的决定性作用。推行行政审批事项集中办理模式，推进审批程序网上办公及办理过程网上监察，探索完善便民利民综合服务平台，严格执行首问负责、限时办结、公开承诺和责任追究制，建设服务型、高效型政府。

始终坚持依法行政。牢固树立法治理念，自觉学法、守法、用法，全面推进法治政府建设。抓好“六五”普法，加强法律服务和法律援助，建立健全社会征信体系，营造良好的法治环境。进一步完善政府议事规则及重大决策咨询等制度，提高政府决策的科学化、民主化、规范化水平。着力防控债务风险，加强源头监管，严格举债程序，控制和化解地方政府性债务。规范执法行为，完善行政执法责任制和过错追究制，切实做到严格规范公正文明执法。自觉接受人大依法监督、政协民主监督，及时办理人大代表建议和政协委员提案，认真做好人大视察、政协调研意见建议的落实和反馈。高度重视社会舆论监督，全面推进政务公开，保障广大群众的知情权、参与权和监督权。

始终坚持务实苦干。大力弘扬求真务实、雷厉风行、快捷高效的工作作风，推行一线工作法。坚持高起点谋划、高标准要求、高质量落实，创造性开展工作。建立分工负责层级管理、纵向到底横向到边的责任体系，以严格分明的责任，保证工作任务高效落实。建立工作协调机制，注重加强部门之间的沟通配合，促进情况互通、工作联动。进一步改进和完善督查方式方法，全方位加大重点工作、先进典型、惠民实事的督办力度，确保各项工作高标准按期完成。

始终坚持清正廉洁。严格落实中央“八项规定”和省、市、县各项具体规定，加强调查研究，改进文风会风，精简会议文件。认真搞好党的群众路线教育实践活动，坚决整治“四风”问题，下功夫纠正庸懒散慢浮等不良习气。扎实推进惩防体系建设，强化行政问责、审计监督和效能监察。健全建筑工程、土地交易、产权交易、政府采购、医药购销、资金监管、国有资产管理等重点领域的反腐倡廉长效机制，加大纠风治乱力度，依法治理和纠正损害群众利益的不正之风。坚决落实《党政机关厉行节约反对浪费条例》和《党政机关国内公务接待管理规定》，做好机关办公用房清理整顿，大力削减行政成本，严格控制和压缩“三公”经费，坚决制止奢侈挥霍、铺张浪费行为，树立良好的政府形象。

县人大常委会工作报告

（县人大常委会主任张自杰 2013年12月27日）

2013年的主要工作

2013年，县人大常委会在县委的正确领导和“一府两院”的配合支持下，紧紧围绕全县工作大局，认真履行宪法和法律赋予的职责，求真务实，开拓创新，突出重点，强化监督，圆满完成了县十六届人大二次会议确定的各项工作任务，为推进全县经济社会发展和民主法治建设作出了积极努力。

一、依法决定重大事项，积极服务全县发展大局

紧紧围绕县委的决策部署和县十六届人大二次会议确定的各项工作任务，统筹安排审议议题，依法认真审议和决定重大事项，提出审议意见，作出决议决定，促进了全县经济社会较快发展。

全力推动县委决策部署的贯彻落实。围绕县委确定的“突出一条主线，紧盯三个目标，强化四项支撑，实施八大攻坚”的全县工作总体部署，依法对全县经济社会发展中带有全局性、基础性和长远性的农村基础教育、农村公路建设与管护、整村推进扶贫开发等重大事项，深入开展调研、检查、视察和审议。先后召开6次常委会会议，听取、审议“一府两院”13个专项工作报告，提出56条专题审议意见，作出3项决议决定。

依法加强计划和预算的审查监督。在深入调研、综合分析的基础上，依法审查批准了县政府关于2013年国民经济和社会发展计划调整、2012年全县财政决算、2013年财政预算调整的报告；听取、审议了县政府关于2013年上半年国民经济和社会发展计划执行情况的报告、2012年财政预算执行情况的审计报告，研究分析了经济运行中的深层次问题，并就加强宏观经济调控、加大项目争取力度、规范预算行为、强化预算约束提出了审议意见。县政府强化措施，加强调控，认真落实，使全年经济保持了良好发展态势。

依法任免国家机关工作人员。按照县委领导、人大依法任免的原则，进一步改进和规范人事任免程序，采取投票表决、表态发言、颁发任命书等形式，增强被任用干部的法律意识和责任意识。同时，把干部任后监督贯穿于常委会调研、检查、视察和审议工作之中，不断提高被任用干部的依法行政水平。一年来，共任命县人大常委会及“一府两院”国家机关工作人员44人，接受辞职和免职20人，为有效开展工作提供了组织保证。

二、认真开展工作监督，着力保障和改善民生

围绕关系全县改革发展稳定大局和群众切身利益、社会普遍关注的重大问题，依法加强对政府及其各部门的监督，推进依法行政。

紧扣经济发展，加强对宏观经济运行的监督。听取、审议计划和预算执行情况的报告，并根据有关政策和我县实际，依法对计划和预算进行了调整，提高了计划、预算的科学性、指导性和针对性。

聚焦社会热点，加强对民计民生问题的监督。坚持把促进民生问题的解决放在突出位置，有计划、有重点、有针对性地组织代表对农村公路建设与管护、整村推进扶贫开发、县城规划管理等工作进行调研、检查、视察和审议，就加强和改进工作提出了切实可行的意见建议，有效促进了政府及相关部门依法行政。

注重监督实效，加强对审议意见落实的跟踪监督。6月份，对2009年、2010年全县网吧管理审议意见的落实情况进行了跟踪监督，并专题听取、审议了县政府关于全县网吧管理审议意见落实情况的报告，提出了进一步强化部门职责，加强行业监管，加大查处力度，健全监控制度的意见建议，较好地促进了全县网吧管理。9月份，组织人员对去年全县农村基础教育工作审议意见落实情况进行了跟踪检查，听取、审议了县政府关于审议意见落实情况的报告，提出了进一步落实政府职责，优化学校布局，大力改善办学条件，建立健全教师补充机制，加大经费保障力度，全面提高教育教学质量的意见建议，为推进全县城乡教育均衡发展献计献策。

三、积极开展法律监督，努力营造良好法制环境

常委会把推动公正司法作为司法监督的重点，组织人员开展了法院、检察院执法情况检查，听取、审议了法、检两院2013年度执法情况的报告，并就加强队伍建设，严格执法程序，加大办案力度，为经济社会发展营造良好法制环境提出了意见建议。同时，把执法检查作为实施法律监督的重要形式，组织人员深入乡镇和企业，对全县残疾人保障法实施情况进行了执法检查，听取、审议了县政府关于残疾人保障法实施情况的报告，就加强社会保障和服务体系建设，重视残疾人教育培训，提升医疗救助服务能力等提出了意见建议，督促相关部门整改落实，促进了残疾人保障法的实施。积极配合省、市人大常委会对消防法、价格法、农产品质量安全法等5部法律法规实施情况进行了检查，促进了法律法规的贯彻执行。坚持以维护人民合法权益、回应群众合理诉求、促进社会和谐稳定为目标，认真办理群众涉法涉诉信访案件，及时督促、协调有关部门解决群众反映的突出问题。全年共办理群众涉法涉诉信访案件28件（次）。

四、切实加强代表工作，充分发挥代表作用

积极创造代表履职条件。采取以会代训、集中办班等形式，对部分代表和乡镇人大主席进行法律法规的学习培训，重点讲解代表法、监督法和党的十八大精神。通过培训，使代表和人大主席掌握了人大工作的基本知识、法律法规和业务技能，提高了履职能力。同时，根据代表法和有关政策精神，研究制定下发了《关于进一步加强县、乡人大代表工作的意见》，为代表依法履职提供了有力保障。

进一步加强“双联系”工作。坚持常委会组成人员联系代表、代表联系选民的“双联系”制度，充分发挥代表的纽带作用，广泛听取代表对常委会工作的意见建议，及时协调解决代表履职中存在的困难和问题。积极创造条件，不断拓宽代表知情知政渠道，先后邀请80多名各级人大代表参与了常委会组织的调研、检查和视察活动，邀请26名市、县人大代表列席了常委会会议，先后走访了30多名基层县人大代表。与县

政府联合召开政情通报会，向省、市、县人大代表通报常委会和政府工作情况，努力为代表全面掌握县情提供服务，扩大了人代会闭会期间代表履行职责的范围。

认真办理代表意见建议。常委会始终把提高代表意见建议办理质量作为支持代表依法履职的重要环节，会同县政府召开建议交办会，逐条逐件落实承办部门，明确办理时限和要求，确保意见建议办理工作落到实处。实行重点意见建议常委会领导包号督办制度，对代表关注程度较高的李店河治平段河堤治理等4条意见建议进行了现场办理，促使县十六届人大二次会议期间代表所提27件意见建议全部得到办理并答复了代表。其中有22件已经得到解决或基本解决，占总数的81.5%；有5件正在解决或列入计划逐步解决，占总数的18.5%。

加强“人大代表在行动”活动。按照省、市人大的总体要求，把“人大代表在行动”活动作为县、乡人大代表开展帮扶行动的重要载体，组织人大代表带头宣讲惠农政策，带头反映群众诉求，带头开拓致富路子，带头积极建言献策，带头帮助群众解决实际困难，建办了一批实事、好事，受到了群众的普遍好评。

五、切实加强自身建设，不断提高履职水平

围绕坚持和发展人民代表大会制度，结合工作实际，全面加强自身建设，努力提高常委会的议事决策水平。加强政治理论学习。坚持把政治理论学习放在自身建设的重要位置，组织常委会组成人员全面系统地学习党的十八大和十八届三中全会精神，准确领会精神实质，不断增强常委会组成人员和机关工作人员的法律意识、大局意识和群众观念，努力提高把握全局、依法办事、审议决策和服务保障的能力。切实提高调研检查水平。把扎实开展调研检查活动作为依法履职的基础性工作，紧扣大局精选议题，结合实际制定方案，深入一线收集情况，反复讨论形成报告，努力提出具有较强指导性的意见和建议，不断提高调研检查的针对性和实效性。《关于县城规划管理工作情况的检查报告》《关于全县整村推进扶贫开发工作情况的视察报告》等5个调研、检查、视察报告，经县委批转全县各乡镇、各单位组织落实。加强作风建设。坚持把改进作风作为提升工作效能的主要抓手，严格执行中央和省、市、县委有关文件规定，切实改进工作作风，密切联系代表和群众，不断增强贯彻县委各项决策部署的自觉性和坚定性。加强对乡镇人大工作的指导。年初召开了全县乡镇人大主席会议，总结交流了上年度工作，安排部署了今年各项工作任务，并采取以会代训的方式，对24个乡镇人大主席进行了业务培训。下半年，由常委会领导带队，对各乡镇人大工作开展情况进行了全面检查考核，促进了乡镇人大依法、规范开展工作。重视加强人大工作宣传。充分借助电视、广播、报刊、网络等新闻媒体，对常委会重要工作和代表风采进行了全方位、多层次的宣传报道，先后在国家、省、市级报刊和网络等新闻媒体上发表通讯、简讯及理论文章50余篇，积极向外界宣传展示了我县人大工作及人大代表履职情况。

2013年常委会的各项工作虽然取得了明显成效，但也存在一些薄弱环节和不足，主要是：对新形势下人大工作如何更好地服务大局研究得还不够深入，切入点找得还不够准确；开展调研、检查、视察活动还不够扎实细致，掌握的情况还不够全面具体；监督的形式和方法还不够完善，产生的作用和效果还不够明显；闭会期间代表活动还不够经常，服务保障还有待进一步改进；作出的审议意见重点还不够突出，监督落实的力度还需进一步加强，等等。对此，我们将自觉接受人民监督，虚心听取代表意见，进一步加以改进。

2014年的工作建议

2014年，县人大常委会工作的总体思路是：以党的十八大和十八届三中全会精神为指导，紧紧围绕全县中心工作，突出重点，创新机制，求真务实，依法履职，努力推进我县经济社会发展和民主法治建设。具体做好以下五个方面的工作：

一、围绕全县大局，依法决定重大事项

常委会应从促进全县改革发展稳定的大局出发，深入开展调查研究，广泛听取意见建议，认真组织审议表决，使人大及其常委会作出的决议决定，与县委决策同心、与中心工作合拍、与人民群众愿望相符。重点听取、审议国民经济和社会发展计划报告、财政预算执行和审计报告、“十二五”规划执行情况报告等，并就有关重大事项适时作出决议决定。建立健全决议决定落实机制，使“一府两院”在贯彻落实中提高执行力。

二、加大监督力度，不断提高监督实效

认真贯彻执行监督法，正确处理监督与支持的关系，加强与“一府两院”的沟通联系，在监督中支持，在支持中监督。围绕全县重点工作和重大项目开展视察。通过视察，提出一些改进工作、完善项目管理的意见建议，为县委决策提供参考，为政府推动工作提供支持。围绕群众关切的现实问题开展调研。在深入调研的基础上，有针对性地提出意见建议，督促政府及相关部门解决涉及群众切身利益的问题，切实维护人民群众的根本利益。围绕社会关注的热点难点问题开展执法检查。通过执法检查，督促政府及执法部门进一步贯彻实施好相关法律规定，切实解决好社会关注的热点难点问题。围绕促进公正司法开展法律监督。把推进公正司法作为人大监督的重点之一，加大对审判、检察工作的监督力度，督促法、检两院切实加强队伍建设，突出为民司法，严格依法办案，加大办案力度，提升办案水平，切实提高司法公信力。同时，积极创新人大监督方法，建立常委会审议报告专题询问、重大事项专题质询、半年工作通报、审议意见办理落实情况督查和“一府两院”规范性文件备案审查制度，进一步健全完善监督工作的体制、机制。

三、规范监督程序，深化人事任免工作

坚持党管干部与人大依法任免相统一的原则，认真做好人事任免工作。在具体工作中，严把三个环节：第一，注重任前审查。坚持德才兼备、以德为先的用人标准，注重工作实绩，注重社会公论，力求做到审查公正、任命准确。第二，规范任命程序。坚持任职表态发言、投票表决等制度，不断规范任命程序，确保人事任免工作组织严谨、程序合法。第三，加强任后监督。坚持把依法任命与任后监督有机结合起来，综合运用调研视察、执法检查、听取报告、工作评议、专题询问等手段强化日常监督，不断增强“一府两院”国家机关工作人员依法行政、公正司法。

四、健全服务机制，不断活跃代表工作

加强代表培训，提高代表履职能力。采取多种行之有效的培训形式，对各级人大代表进行法律法规和履职技能培训，提高代表的履职水平。完善服务机制，调动代表履职积极性。坚持向代表通报全县经济社会发展和人大工作情况；广泛开展常委会组成人员联系代表、代表联系选民的“双联系”活动和“人大代表在行动”活动；完善代表列席常委会会议、参与常委会重要活动的长效机制；积极组织代表参加各种听证会、评议会等活动，不断拓宽代表履职渠道，引导激励代表履职尽责，充分发挥议事决策作用、桥梁纽带作用、监督促进作用、模范带头作用，为促进经济社会健康发展发挥才能、贡献力量。强化督促检查，办好代表意见建议。健全交办、督办、反馈机制，做到办前会商、办中沟通、办后反馈。以代表满意为标准，加强意见建议办理的全程跟踪监督，对代表反映集中、涉及面广、事关长远、办理时间跨度大的重点难点意见建议，实行常委会领导包号督办制度，努力提高意见建议办理的时效和质量。加强联系指导，提高乡镇人大工作水平。按照“密切联系，加强指导，大力支持，推动工作”的思路，切实加强乡镇人大工作。实行常委会领导联系基层人大制度，拟定工作要点，督促开展工作；举办乡镇人大主席培训班，组织考察学习，交流经验，提高履职能力。同时，按照有办公场所、有工作人员、有工作制度、有文书档案、有代表活动的“五有”基本要求，指导乡镇建立工作机制，健全工作制度，推动基层人大工作逐步走上规范化、制度化轨道。

五、加强自身建设，全面提高人大工作水平

不断适应新形势、新任务对人大工作的新要求，坚持不懈地抓好自身建设。着力提高综合素质。以学习党的十八大和十八届三中全会精神为重点，切实加强理论学习，强化理论武装，努力提高常委会组成人员及人大机关工作人员的政治理论素养，着力推动人大工作创新发展；以学习法律法规和人大工作知识为主要内容，切实加强业务知识学习，努力提高人大机关干部的业务水平和工作能力；全面加强机关建设，建设一流队伍、争创一流业绩、塑造一流形象，努力建设学习型、服务型、创新型、和谐型机关。着力改进工作作风。深入开展群众路线教育实践活动和帮扶行动，积极贯彻落实中央、省、市、县委有关改进作风的规定；坚持深入基层，加强调查研究，使常委会工作贴近实际、贴近群众，顺应民心、反映民意。着力提高宣传工作水平。重视宣传工作，丰富宣传形式，加强对人大及其常委会重要履职活动、代表履职风采等的宣传报道，努力营造全社会关心和支持人大工作的良好氛围。着力做好信访工作。推行常委会领导牵头负责、相关委室督办工作机制，督促信访案件及时办结，切实维护人民群众的合法诉求，维护社会和谐稳定。

第四节　县第十六届人民代表大会第四次会议

大会概况

县十六届人大四次会议于2014年12月30日至31日在静宁剧院召开。县十六届人大三次会议以来，史录平代表因工作需要调离静宁县，根据选举法第五十四条的规定，史录平的代表资格自行终止；另外，经马政海本人申请，辞去县第十六届人大代表职务。根据选举法、代表法的有关规定，由代表出缺的红寺、城关、雷大3乡镇选区，补选高旭、李平安、张晓军为县第十六届人大代表，至此，县第十六届人大代表实有210名。此次大会出席203名，不是县人大代表的县级领导、乡镇党委书记、人大主席和县人大常委会各委、室负责人，县委各部门、群众团体，政府各局、委、办，省、市驻静宁各单位主要负责人，县法院副院长、县检察院副检察长，部分离退休老干部，在本县的省人大代表和部分市人大代表，出席政协静宁县八届四次会议的全体委员（列席此次会议第一次全体会议），共300余人列席会议。

王友忠、王壬寅、王平仁、王发永、王全生、王运军、王顺义、王晓军、王维军、王智国、吕锦鸿、朱奋喜、朱国军、刘国军、刘晓梅（女）、江小兵、李永成、李会宾、李金、李强、李根进、杨华、杨昌宁、何鹏峰、沙芳琴（女、回族）、张自杰、陈进财、赵宏军、胡麒军、柳伯平、厚凤兰（女）、厚连世、徐毅、高旭、高恒、崔晓晖、程军伟、靳宝生、慕锡武、裴晓江、薛小田41人组成大会主席团，王平仁、王晓军、王维军、王智国、沙芳琴（女、回族）、张自杰、陈进财、厚连世、徐毅、高旭、高恒、靳宝生、慕锡武13人为主席团常务主席；慕锡武为秘书长，江小兵、王友忠、何浩强、周浩仁、张录牛为副秘书长；王维军、王敏、王社余、王顺义、王奕、王彦飞、李金、李强、杨立新、屈稳强、唐亢亢、雷旺盛、薛小田13人组成计划和预算审查委员会，王维军为主任委员，王敏为副主任委员；慕锡武、孙智清、王壬寅、王宏、朱奋喜、刘国军、李稳收、张秉鑑、武文学、赵宏军、胡志科、梁永红、程军伟、薛仁杰14人组成议案审查委员会，慕锡武为主任委员，孙智清为副主任委员。

12月29日下午举行预备会议，由县人大常委会主任张自杰主持，听取县人大常委会副主任、第十六届人大常委会代表资格审查委员会主任委员慕锡武所作的《关于代表出缺变动和补选代表资格审查情况的报告》，通过大会议程和大会主席团、秘书长、计划和预算审查委员会、议案审查委员会名单，通过选举办法（草案）。

大会共举行全体会议3次。第一次全体会议于12月30日上午举行，由县人大常委会主任张自杰主持，听取县政府县长徐毅所作的《县人民政府工作报告》，审议县发展和改革局局长靳宝生所作的《关于2014年国民经济和社会发展计划执行情况及2015年国民经济和社会发展计划（草案）的报告（书面）》、县财政局局长李强所作的《关于2014年全县财政预算执行情况和2015年财政预算（草案）的报告（书面）》。第二次全体会议于12月31日上举行，由县人大常委会副主任王维军主持，听取县人大常委会主任张自杰所作的《县人大常委会工作报告》、县法院院长李根进所作的《县人民法院工作报告》、县检察院检察长崔晓晖所作的《县人民检察院工作报告》。第三次全体会议于12月31日下午举行，由县人大常委会副主任慕锡武主持，通过关于接受王平仁、高恒、陈进财辞去县人大常委会副主任职务请求的决定，选举县人大常委会副主任3名、委员3名；表决通过《关于政府工作报告的决议》《关于2014年国民经济和社会发展计划执行情况及2015年国民经济和社会发展计划的决议》《关于2014年全县财政预算执行情况和2015年财政预算的决议》《关于县人大常委会工作报告的决议》《关于县人民法院工作报告的决议》《关于县人民检察院工作报告的决议》。大会结束时，县委书记王晓军作了讲话。

大会安排分团会议3次。

大会主席团召开会议4次。

大会收到代表意见、建议32件。

大会议程

一、听取和审议县人民政府工作报告；

二、审议2014年国民经济和社会发展计划执行情况及2015年国民经济和社会发展计划（草案）的报告（书面），审查和批准2014年国民经济和社会发展计划执行情况的报告及2015年国民经济和社会发展计划；

三、审议2014年财政预算执行情况和2015年财政预算（草案）的报告（书面），审查和批准2014年财政预算执行情况的报告和2015年财政预算；

四、听取和审议县人大常委会工作报告；

五、听取和审议县人民法院工作报告；

六、听取和审议县人民检察院工作报告；

七、选举；

八、其他。

大会选举

县人大常委会：

副主任　高　旭　厚连世　靳宝生

委　员　李平安　张晓军　牛国喜

县十六届人大四次会议选举县人大常委会组成人员个人情况表

表3-118

姓名	性别	民族	出生年月	籍贯	文化程度	工作时间	入党时间	主要工作经历
高　旭	男	汉	1961.1	静宁原安	本科	1981.7	1984.4	曾在静宁县城川乡政府工作；历任城川乡经委副主任、乡政府副乡长，灵芝乡政府副乡长、乡长、党委书记，县交通局党支部书记、局长、养护站站长，经济局党委书记、局长，县工信局党委书记、局长，县政协副主席

续表3-118

姓名	性别	民族	出生年月	籍贯	文化程度	工作时间	入党时间	主要工作经历
厚连世	男	汉	1960.11	静宁细巷	本科	1979.12	1985.11	曾在静宁县检察院工作；历任县检察院助理检察员、检察员（副科级）、法纪监督检察科科长，县委宣传部副部长，县城乡建设环境保护局副局长，县城乡建设环境保护局副局长兼党总支书记(正科级)，县环境保护局局长，县政协副主席
靳宝生	男	汉	1962.12	静宁甘沟	本科	1986.7	1992.3	曾在静宁县农技中心工作；历任县百货公司副经理（挂职），甘沟乡经委副主任、乡政府副乡长、计生站长、乡政府乡长、乡党委书记，八里镇党委书记，县卫生局党组书记、局长，县卫生局党委书记、局长，县发展和改革局局长
李平安	男	汉	1963.8	静宁城川	本科	1982.7	1993.12	曾在静宁县界石铺中学、县教育局工作；历任静宁四中校长(副科级)，县委组织部副科级组织员，县教育局副局长、县教育督导团督学(正科级)、党委副书记，县人大常务会教科文卫工委主任
张晓军	男	汉	1962.1	静宁城关	本科	1982.8	1985.11	曾在静宁县城关镇教委、县委宣传部工作；历任曹务乡党委副书记、曹务乡人大主席（副科级），七里乡党委副书记、纪委书记，原安乡党委书记、人大主席（兼），县农机局局长，县人大常务会农业工委主任
牛国喜	男	汉	1972.7	静宁新店	本科	1996.8	2003.9	曾在静宁县甘沟中学任教；历任甘沟中学教导主任、副校长、校长，县文萃中学校长

附：

县人民政府工作报告

（县人民政府县长徐毅　2014年12月30日）

2014年工作回顾

一年来，在县委的坚强领导和县人大、县政协的监督支持下，我们坚持以科学发展观为指导，认真贯彻落实中央和省、市一系列重大决策部署，团结带领全县广大干部群众，锐意进取，创新实干，集中突破，较好地完成了县十六届人大三次会议确定的各项目标任务。预计全县生产总值达到39亿元，增长11.5%；规模以上工业增加值达到4.5亿元，增长10.2%；固定资产投资达到66亿元，增长26.2%；社会消费品零售总额达到21.9亿元，增长14.5%；地方财政收入达到1.46亿元，增长41.6%；城镇居民人均可支配收入达到18216元，增长12%；农民人均纯收入达到4823元，增长16%。

着力壮大特色产业，现代农业快速发展。坚持扩量、提质、创牌、增效并举，深度开发果、畜、薯等特色产业，推进产业转型升级。苹果产业持续壮大，新植果园10万亩，补植5万亩，全县果园面积达到101.2万亩，实现了百万亩优质苹果生产大县目标。大力推广果沼畜互支互促、大苗栽植等先进技术，建成3级5类标准化示范园30万亩，果品产量达到60万吨，产值24亿元。不断深化院地合作，挂牌成立了甘肃农业大学专家院，建成苹果良种苗木繁育基地300亩。支持扩大政策性农业保险，苹果投保面积达到7.6万亩，兑付理赔资金1985万元。积极发展苹果电子商务，成功登陆淘宝网“特色中国·甘肃馆”，在北京等大中城市设立静宁苹果直营店6家，新增贮藏保鲜能力3万吨。畜牧产业快速发展，协调落实帮扶贷款等各类资金1685万元，扶持发展养殖企业（小区）25户、养牛示范户2500户，牛饲养量达到17万头，畜牧业总产值达到2.6亿元，成为西北部农民增收的重要渠道。旱作农业稳步推广，突出良种良法配套，推广全膜玉米33万亩、洋芋32.3万亩，种植大蒜3.1万亩、瓜菜12万亩，粮食总产量达到21万吨，有效保障了全县粮食安全。

着力推进项目建设，发展基础持续改善。始终坚持抓项目夯基础不动摇，实施各类重点项目103项，完成投资57.2亿元。道路建设实现突破，积极争取六盘山片区扶贫攻坚示范试点县等项目资金5.6亿元，油铺硬化道路522公里，建成路基380公里，完成静秦公路改建，新修改造桥梁4座，建成汽车南站主体工程，新建行政村停靠点239个，通村道路硬化率提高了33.2个百分点，群众出行条件显著改善。水利建设成效明显，城区居民供水改扩建二期工程开工建设，甘渭河调水工程和司桥牟沟水源地建成投入使用，及时化解了城区居民用水危机。建成界石铺北山等农村集中供水工程6处，有效解决了3.5万人的饮水安全问题，全县农村自来水入户率达到93.6%。生态环境持续好转，完成造林12.6万亩，栽植行道树710公里，新增城市绿地4.4万平方米，新修梯田4.2万亩，整理土地2.7万亩，完成流域综合治理42平方公里。电讯基础逐步改善，新建、改建10千伏及以下线路67公里，建成通信基站180个，4G网络覆盖城区及重点乡镇，新增城乡宽带用户3500户。

着力提升质量效益，地方工业集群发展。注重发挥优势，外引内扶，实施重点工业项目7项，完成投资6.1亿元，增长7.9%，地方工业总量逐步壮大。园区功能不断完善，编制完成控制性详细规划，深入开展环境综合整治，园区承载能力不断提升。新入园项目4项，完成投资4.3亿元。工业总量稳步扩张，皓天药业、地毯集中加工等6个项目建成投产，苹果脱水与膨化加工项目完成主体工程。全县规模以上工业企业实现销售收入17.4亿元、利税1亿元。节能减排深入开展，加强重点行业、企业的节能监管和环境执法，实施四海食品废水处理、南城区集中供热锅炉烟气脱硫除尘和13个规模化畜禽养殖场污染治理等项目，单位生产总值能耗下降了4.4个百分点。

着力加快城镇建设，城乡面貌不断改观。坚持规划、建设、管理并重，实施城镇建设项目34项，完成投资20.9亿元，城镇化率提高2.8个百分点。规划体系持续完善，完成了县城总体规划修编大纲、老城区空间战略发展等4个修建性详细规划、10个新农村建设规划、8个美丽乡村建设规划和4个乡镇集镇总体规划。城镇建设扎实推进，文屏教育园南河景观绿化带、2号景观桥、集中供热及东关路、城区道路改造等市政工程全面建成。完成既有建筑节能改造84幢60万平方米，新建续建商住楼61幢67.2万平方米。南关、东关、高城寨等棚户区改造工程全面启动，入户调查登记基本完成。甘沟、仁大、红寺等小城镇基础设施不断完善，承载能力持续增强。城乡环境不断好转，全国文明县城创建纵深推进，大力整治县城、交通主干线等环境脏乱差问题，建成城川红旗等美丽乡村示范村8个、甘沟屯堡等新农村示范村50个，改造农村危房3300户，城乡面貌发生了新的变化。

着力激活市场要素，第三产业增速加快。积极发展旅游产业，搞活商贸流通，第三产业增加值达到11.2亿元，增长13%。旅游开发步伐加快，编制了葫芦河流域金果养生园建设规划，建成了伏羲部落生态园一期工程和八里大路、曹务张山旅游养生示范村，新发展农家乐15户，全县旅游综合收入增长26%。市场体系不断完善，建成“农家店”30个、农贸市场2处，发展快递公司11家，沣泰粮油储备库等项目进展较快，城乡市场更加繁荣。招商引资成效显著，引进落地项目28项，到位资金37.4亿元，增长42.7%。成功签约引进了三峡风力发电等新能源产业项目，前期工作已经全面展开。积极引导鑫龙、常津等企业扩大出口份额，实现出口创汇1868万美元。非公经济快速发展，全面推行注册资本登记制度改革，新登记非公经济市场主体4413户，新增就业13090人，非公经济增加值达到20.4亿元，增长20%。全县存贷款余额分别增长19.2%和28.5%，金融服务地方发展的能力进一步增强。

着力加强公共服务，社会事业协调发展。千方百计加大投入，多措并举规范管理，教科文卫等社会事业发展质量和工作水平不断提升。教育事业优先发展，建成文屏教育园校舍30幢17.7万平方米，文萃、二中2所高中按期招生。2个校安工程、5个教师周转房项目全面完成，仁大等10个幼儿园、界石铺中学等11个食堂建设进展顺利，农村教育基础条件持续改善。积极推进城区学校布局调整，不断加强教师队伍建设，教育质量稳步提升，高考二本上线2656人，有7人被清华、北大录取。科技创新步伐加快，申报各类专利48件，荣获科技进步奖18个。医疗条件持续改善，县妇幼保健院医疗保健综合楼主体工程完工，3个乡镇卫生院业务用房和30个标准化村卫生室基本建成。深入推进医疗卫生体制改革，调整完善新农合补偿政策，城乡医疗保障和服务水平进一步提高。扎实开展全省中医药工作先进县创建，建成中医药特色卫生院10个。文化事业健康发展，编制完成了成纪故城遗址文物保护规划，静宁剧院建成投用，新建农村文化广场9个、“乡村舞台”149个、体育惠民工程1处。大型秦剧《汉关飞将》荣获第七届西北五省区秦腔艺术节剧目奖和优秀表演奖。完成了广电网络覆盖及城域网双向升级改造，改造用户1.2万户，新增有线电视用户820户。全县文化产业增加值完成8019万元，增长32.2%。计生工作得到加强，“国优”成果不断巩固提升，全国利益导向示范县创建扎实推进，人口自然增长率控制在7‰以内。

着力促进共建共享，社会大局保持稳定。坚持把更多的公共资源用于民生保障薄弱环节，省市县列实事全部办结，财政用于民生方面的投入达到19.3亿元，占到总支出的81.2%。社保水平逐步提高，全面完成了城乡低保、农村五保的提标和清理规范，建成老年福利服务中心、阿阳社区和21个农村老年人日间照料中心，新建续建公租房1520套、廉租房90套，发放各类补贴救助资金1.3亿元，困难群众的生产生活得到及时保障。认真落实就业再就业政策，公开招考高校毕业生756名，新增城镇就业4558人，城镇登记失业率控制在3.2%以内。加强农村转移劳动力就业服务和技能培训，输转劳务10.2万人次，创收15.3亿元。扶贫开发步伐加快，扎实推进“1236”扶贫攻坚和帮扶行动，落实社会帮扶和扶贫专项资金5200万元，实施整村推进项目18个，年内2.3万人实现了稳定脱贫。社会治理不断创新，持续加强重点行业、重点领域和重点部位监管，深入排查整治各类隐患，安全生产形势保持稳定。认真落实信访联席会议和领导包案制，强化矛盾纠纷排查调处和信访积案化解，有效解决群众合理诉求。健全食品药品安全监管长效机制，集中整治生产经营行为，保障群众饮食用药安全。完善社会治安防控体系，建成城川等11个无派出所乡镇视频监控系统，严厉打击各种违法犯罪行为，全县社会秩序保持和谐稳定。

着力加快职能转变，自身建设全面加强。稳步开展各项改革，完成了县级政府新一轮机构改革，事业单位分类改革稳妥推进。大力推进简政放权，取消调整行政审批事项98项，进一步方便了群众办事。国库集中支付和公务卡应用改革全面推开，依法理财水平不断提升。全面推进依法行政，健全重大决策公众参与、专家论证、风险评估、合法性审查等制度，不断提高政府决策的科学性。认真贯彻执行县委的决策部署，定期向人大报告、政协通报工作，自觉接受人大依法监督、政协民主监督和人民群众评议监督，办理人大代表意见建议和政协委员提案61件，办结率100%。切实加强廉政建设，认真落实党风廉政建设主体责任，突出行政监察和审计监督，严格落实政府集中采购、公开招投标和经营性土地使用权招拍挂出让等制度。同时，民族宗教、双拥共建、统计、审计、县志、档案、残疾人保障等工作取得了新的成绩，省市驻静各单位为全县经济社会发展作出了积极贡献。

即将过去的一年，全县上下同心同德、迎难而上、积极作为，妥善应对了霜冻、冰雹等自然灾害的严峻挑战，努力克服了经济下行压力带来的诸多影响，经济建设实现新发展，城乡面貌发生新变化，人民生活得到新改善，社会发展取得新进步。一年来，我们紧盯国家投资动向，更加注重捕捉机遇、争取项目，成功争取了交通部六盘山片区扶贫攻坚、黄土高原地区生态综合治理、全省美丽乡村建设、全省新型城镇化建设和全省精准扶贫等5个试点示范县，争取各类财政专项资金16.3亿元，比去年增加3亿多元，有力拉动了县域经济快速增长。一年来，我们主动回应社会关切，更加注重化解矛盾、破解难题，妥善解决了城区居民饮水安全、城区道路建设、工业园区用地、房地产确权登记发证和被征地农民养老保险等历史遗留问题，切实维护了群众切身利益，为经济社会发展营造了良好环境。一年来，我们立足县情实际，更加注重握紧拳头、拼盘开发，通过项目整合、组装配套，走点面结合、整体推进的综合开发路子，集中力量建办了文屏教育园、通畅工程、美丽乡村、整村推进、果树经济林建设、旱作农业等一批先进典型，带动提升了全县整体工作水平。一年来，我们始终坚持以人为本，更加注重改善民生、促进和谐，千方百计筹措资金，下功夫解决群众关心的热点难点问题，使1.4万名学生搬进了新教室，72村群众走上了硬化路，3552户城乡困难家庭住上了新房子，9340户农民种上了平整田，群众生产生活条件得到较大改善。一年来，我们以党的群众路线教育实践活动为契机，更加注重改进作风、提升效能，聚焦“四风”突出问题，扎实开展专项整治，健全完善体制机制，形成了抓大事、干实事、解难事的良好局面，推动了工作有效落实。

道路充满艰辛，成就来之不易。一年来，我们之所以能够战胜困难、快速发展，主要归功于县委的正确领导和人大、政协的监督支持，归功于全县广大干部职工和48万静宁人民的辛勤努力，也凝结着离退休老干部和社会各界的关心支持。

回顾一年的工作，我们也清醒地认识到，全县经济社会发展和政府工作中仍然存在不少困难和问题，主要是：经济总量小，产业层次低，发展方式较为落后，实现跨越发展的压力还很大；生态环境脆弱、农业基础薄弱的现状没有根本改善，应对自然灾害的能力不足，农民增收的不稳定因素还很多；工业企业数量少、规模小，对县域经济发展的拉动作用还不强；投融资渠道单一，支撑和带动经济跨越发展的大项目较少，城乡基础设施建设欠账还很大；城乡规划建设管理比较滞后，乱修乱建、乱停乱放等问题整治效果还不明显；自有财力不足，硬性支出缺口较大，一些群众急需解决的事情还没有得到很好解决；城镇下岗失业人员、农村困难群众的生活比较艰辛，就业、再就业压力较大，社会保障任务还很艰巨；政府职能转变还不到位，一些部门创新意识不强、服务效率不高，少数干部存在懒政怠政不作为的现象。这些困难和问题，在今后工作中，我们将采取有效措施，认真研究解决。

2015年工作任务

2015年是全面深化改革的关键之年，是全面推进依法治县的开局之年，也是全面完成“十二五”规划的收官之年。展望新的一年，国家继续实行积极的财政政策和稳健的货币政策，继续加快“丝绸之路经济带”、六盘山特困片区和陕甘宁革命老区建设，为我们争取项目支持、夯实发展基础、实现赶超发展提供了重大机遇。只要我们坚定信心，攻坚克难，乘势而上，就一定能推动全县经济社会迈出科学发展、跨越发展的新步伐。

政府工作的总体要求是：紧紧围绕深入学习贯彻十八大和十八届三中、四中全会精神这一主线，积极探索经济生态融合发展、南北互补均衡发展两条路子，持续推进项目带动、扶贫攻坚、帮村帮户三大行动，全力抓好现代农业、地方工业、基础设施、城镇建设、商贸物流、改善民生六项重点，全面完成“十二五”规划各项目标任务，奋力迈出推进富民强县、建设全面小康新步伐。

经济社会发展的预期目标是：生产总值增长10%，达到43.1亿元；规模以上工业增加值增长8%，达到4.9亿元；固定资产投资增长20%，达到79亿元；地方财政收入增长10%，达到1.5亿元；社会消费品零售总额增长14%，达到25亿元；城镇居民人均可支配收入增长12%，达到20402元；农民人均纯收入增长14%，达到5498元；城镇登记失业率控制在3.8%以内；人口自然增长率控制在7‰以内；万元生产总值能耗降低4个百分点；全面建成小康社会实现程度达到75.3%。

在工作总体把握上，一是把保增长的关键放在结构调整上。把结构调整作为解决经济发展深层次矛盾、提升发展质量的根本途径，培育壮大苹果、纸箱、化工等优势产业，改造提升建筑、建材、地毯等传统产业，积极发展医药卫生、风能光能、信息技术等新兴产业，不断优化经济结构，扩大经济总量，带动主要经济指标保持两位数增长。二是把夯基础的关键放在项目建设上。把项目建设作为改善发展条件、破解瓶颈制约的有力抓手，高起点高标准编制“十三五”规划，全力以赴抓储备、抢机遇、争项目，储备重大项目500个以上，项目库动态保持在400亿元以上；实施重点项目103项，完成投资79.2亿元，增长38%，为统筹城乡、跨越发展奠定坚实基础。三是把提效能的关键放在加强管理上。把加强管理作为规范政府施政行为、提升工作能力的重要举措，依法行使公权、履行公职，强化“一岗双责”，严格落实党风廉政建设主体责任，加强项目资金监管，规范工作程序，严明工作纪律，不断提高政府工作的科学化、规范化、法治化水平。四是把促发展的关键放在优化环境上。把优化环境作为加快发展的助推器，扎实推进全国文明县城创建，努力营造廉洁高效的政务环境、公正公平的法治环境、规范守信的市场环境、健康向上的人文环境、安居乐业的生活环境和可持续发展的生态环境。

主要任务是：抓好“六个重点”，实施“十大项目”，办成“十件实事”。

2015年，为加快全县经济社会跨越发展，重点抓好六个方面的工作：

（一）突出产业开发，狠抓转型升级，推动现代农业实现新突破。集中精力做大做强果、畜、薯等特色优势产业，着力促进农业增效、农民增收。深度开发苹果产业，新植果园8万亩，补植5万亩，推动果品产业向西北部乡镇拓展延伸，走出南北互补、均衡发展的路子。更加注重苹果产业提质增效，加快校企联合、院地合作步伐，加大果农技术培训力度，积极推广大苗栽植等先进技术，扩大果沼畜互支互促园面积，扶持建设有机肥加工厂，增加有机肥投入，建成3级5类示范园20万亩，挂果园面积达到55万亩，总产量达到68万吨。加强苹果品牌保护，抓好农资、营销、包装市场管理，坚决打击销售假冒伪劣农药化肥等违法行为，提高果品经营效益。健全完善果品营销体系，引导苹果营销企业增设大中城市形象店和直营店，拓展延伸果品营销网络，扩大终端市场占有份额。加大出口创汇力度，实现创汇2000万美元以上。大力发展畜牧产业，继续走“小规模、大群体”的发展路子，加大帮扶贷款等资金投入，抓好品种改良、科学饲养、秸秆转化和疫病防治，巩固提升已建成的养殖小区，新建养殖企业（小区）25个、养牛示范村15个、示范户3000户，畜牧业总产值达到2.9亿元，力争尽快进入全省养牛大县行列。稳步推广旱作农业，强化农业科技服务，加大良种良方推广应用，完成旱作农业85万亩，粮食总产量稳定在20万吨以上。建立种薯繁育基地3.9万亩，种植洋芋35万亩以上。扩大设施蔬菜及高原夏菜生产，种植大蒜4万亩，瓜菜12万亩，切实保障城乡居民的“菜篮子”。构建新型农业经营体系，持续推进集体林权制度配套改革和农村土地承包经营权确权登记颁证，研究解决土地撂荒问题，加快土地流转步伐，促进土地向龙头企业、家庭农场、种养大户适度集中。全面加强农技推广、农产品质量监管、农业保险等社会化服务体系建设，建成农技区域推广站12个，新建扩建龙头企业6户。注重发挥各类农民专业合作社引领作用，加强农民经纪人队伍管理，加快全县农业产业化和现代化进程。

（二）突出项目支撑，狠抓质量进度，推动基础设施实现新突破。抢抓政策叠加的良好机遇，精心谋划和争取实施一批重大项目，拉动全县固定资产快速增长。加快道路交通建设，新建通畅工程480公里，续建431公里，确保建制村通畅率达到100%。坚持农村公路建设与养护并重，强化质量监管，加大养护力度，切实提高建设管护质量和水平。建成汽车南站，改建危旧桥梁3座，维修养护通乡油路380公里，着力改善群众出行条件。配合做好天平高速、静庄高速静宁段建设前期工作。加快水利设施建设，提高设计标准和建设质量，新建续建深沟西山等集中供水工程10处，全面建成城区供水改扩建二期工程，做好水质监测和净化处理，抓好重点水源地保护和涵养林建设，保障城乡居民饮水安全。大力倡导节约用水，加快构建节水型社会。规范河道采砂管理，集中整治非法开采、滥采乱挖等违法行为。加快生态环境建设，积极探索经济生态融合发展路子，扎实推进国家级生态县创建，稳步开展第二轮退耕还林工作，统筹抓好生态造林、流域治理和城乡绿化，完成造林绿化8万亩，栽植行道树800公里，治理水土流失40平方公里。加大封山禁牧力度，明确人员，落实经费，抓好日常管护，下功夫整治放牧毁林反弹问题，巩固林业建设成果。加快农村能源建设，建成甘沟等3乡镇沼气服务站，推广太阳能路灯400盏、太阳能热水器1700个。加快扶贫开发步伐，认真开展“1236”扶贫攻坚和帮扶行动，推进精准扶贫和片带开发，实施整村推进项目20个，易地扶贫搬迁项目7个，建成美丽乡村示范村2个、新农村建设试点村70个，完成减贫2.9万人，贫困对象人均纯收入增长14%以上。

（三）突出扩量增效，狠抓扶持服务，推动地方工业实现新突破。把发展工业放在更加突出的位置，推动工业总量扩张、结构优化、质量提升。实施工业项目8项，完成投资11.7亿元。持续改善园区条件，建设园区西滨河路、次七路，维修改造主次干道，集中开展综合整治，不断优化发展环境，努力提升园区的承载能力和聚集功能。完成工业园区循环化改造方案修编，积极争取专项资金，推动资源循环化利用。壮大提升优势产业，抓好塑料包装产业基地、液化石油气供应站等6个前期项目，新建风力发电、光伏发电、绿洲新型墙体材料、震源药柱生产线等项目8个，持续壮大工业经济总量。积极扶持纸箱包装、化工医药、地毯加工等龙头企业做大做强，全力推动特色优势产业规模化、多元化、精细化发展。加大招商引资力度，坚持外引内聚相结合，大力推行区域性定向招商、产业性专业招商、龙头企业带动招商等模式，争取引进一批带动能力强、发展前景好的大项目，提高合同履约率、资金到位率和开工投产率，力争招商到位资金达到40亿元以上。严格实施节能减排，认真贯彻落实新环境保护法，强化建设项目环保准入，严格环评管理，从严查处环境违法行为。加大重点行业污染治理，加快新产品、新技术推广应用，全面淘汰落后产能。抓好红光淀粉、铅锌矿等重点企业清洁生产审核，实施城川红旗等6乡镇7村环境集中整治和14个规模化畜禽养殖场污染治理项目，全面完成年度节能减排任务。

（四）突出扩容提质，狠抓综合配套，推动城镇建设实现新突破。扎实推进全省新型城镇化试点，全县城镇化率提高2个百分点，达到23.7%。提升规划层次水平，完成县城总体规划成果评审及报批，高标准编制新型城镇化“多规合一”规划，抓好城乡控制性、修建性详细规划和7个专项规划、2个乡镇总体规划、10个新农村建设规划。严格规划审批，加大规划执法，从严查处未批先建、少批多建、乱修乱建等违法行为。完善城镇功能配套，实施城区道路改造提升工程，新建东城区道路贯通二期、南河南路等道路7条5.3公里，改造北环东路、西兰路等道路3条2公里，改善城区交通条件。建设文屏广场，续建文屏山公园。拓宽滨河路南段，配套建设城市管网，新建景观绿化带，进一步提升县城承载能力。实施高城寨、东关、南关等棚户区改造，抓好征收补偿安置，全面完成改造任务。加快威戎、界石铺、李店、甘沟等小城镇建设，突出抓好路网框架、绿化亮化、商贸市场和垃圾填埋场等基础配套，增强辐射带动能力，推进城乡一体发展。加强城镇精细管理，理顺城市管理体制，研究探索长效机制，加大综合执法力度，下功夫解决县城、交通主干线及集镇环境卫生脏乱差、交通混乱、占道经营、噪音污染等问题，着力提升城乡整体形象。加强房地产市场管理，抓好住宅小区公共设施配建，规范物业管理，强化供热监管，不断改善居民生活环境。

（五）突出旅游商贸，狠抓市场培育，推动三产发展实现新突破。充分发挥区位优势和资源优势，着力培育第三产业新的经济增长点，不断增强县域经济发展活力。积极培育旅游业，争取完成界石铺红军长征纪念园国家爱国主义教育基地命名，启动伏羲文化馆等6个展馆陈列布展。加快葫芦河金果养生园建设，续建伏羲部落生态园、曹务张山民俗文化园等项目，建成民俗旅游示范村1个、农家乐集中示范户15户。加大旅游宣传推介，建成静宁旅游网和成纪文化城、界石铺毛泽东旧居纪念馆景区网站，确保全年游客接待量和旅游综合收入分别增长20%以上。加快发展物流业，抓好产地小型农产品集散市场和乡镇商贸中心建设，规范“农家店”、物流配送中心管理，不断健全农村市场网络体系。积极发展电子商务，建立县乡村三级平台，引导扶持开办网店，扩大苹果网上交易。建成沣泰2.5万吨储备粮库，做好地方粮食储备和定购。深入开展食品、药品、农资等市场秩序整治，强化物价调控监管，促进市场规范繁荣。着力提升服务业，加强餐饮住宿、交通运输、消费购物等行业管理，积极发展金融保险、中介服务、货运快递等生产性服务业，鼓励发展物业管理、家政服务、健康养生等生活性服务业，不断提升第三产业比重。

（六）突出共建共享，狠抓和谐创建，推动社会事业实现新突破。加大民生投入，促进财力向民生倾斜、政策向民生聚焦、服务向民生覆盖，让改革发展成果更多更公平地惠及全县人民。统筹发展教育事业，加大教师队伍管理和紧缺专业教师招聘力度，深入推进教育教学改革，不断加快教育强县步伐。加快文屏教育园建设，加大一中信息技术、基础条件改善投资力度，完成二中、文萃和职教中心续建，抓好农村“全面改薄”和校安工程等项目，着力改善教育基础条件。加快城乡学校布局调整，整体搬迁职教中心和阿阳实验学校，阿阳小学全面招生，解决城区、乡镇中心学校择校热和大班额问题。规范民办幼儿园管理，改善办园条件，加大幼教培训，不断提高办园水平。加强边远山区学校管理，提高农村学校教育教学质量。开展学校周边环境综合整治，严格校外寄宿生管理，下功夫解决影响教育教学的突出问题。持续加强卫生计生工作，完成妇幼保健计划生育服务中心搬迁，新建细巷卫生院业务楼和周转房等项目。突出中医特色，加快县级公立医院综合改革，认真执行国家基本药物制度，全面推行分级诊疗，逐步提高城乡医疗保障能力。严格落实计生工作责任，巩固提升“国优”创建成果，创新完善利益导向机制，大力实施“陇家福”工程，进一步提升计划生育工作水平。加快发展文化体育事业，深入推进华夏文明传承创新区建设，实施广电网络县通乡一期项目，开工建设寺山广播电视转播台改造工程，建成文化广场、体育惠民工程4处、乡村舞台100个。加强文艺精品创作和文化宣传服务，扶持培育一批中小型文化企业，确保文化产业增加值完成1亿元以上。广泛开展精神文明创建和全民健身活动，培育和践行社会主义核心价值观，提升全民身体素质、道德素质和社会文明程度。着力健全社会保障体系，全面落实各项就业政策，不断扩大就业渠道，促进高校毕业生、城镇失业人员和就业困难人员充分就业，新增城镇就业4300人，发放失业人员小额贷款2000万元。大力开展扶贫济困活动，关爱留守儿童、关怀空巢老人、关心弱势群体，切实保障城乡困难群众的生产生活。规范城乡低保等社会救助制度，扩大养老、工伤、失业、医疗、生育保险覆盖面，不断提高社会保障水平。积极推进社会管理创新，严守安全生产红线，严格落实“党政同责”“一岗双责”，加强隐患定期排查治理，杜绝重特大安全事故发生。充分发挥基层食药监所职能作用，加大食品药品安全日常监管和专项整治力度，保障人民群众饮食用药安全。认真落实领导信访包案和下访约访制度，推行逐级走访、网上信访和依法治访，及时化解信访突出问题。加快政法基层基础建设，建成公安局业务技术用房，争取实施甘沟等3个派出所业务用房项目。深化平安建设，加强社会稳定风险评估，加大维稳反恐力度，提高立体化治安防控体系，确保社会大局和谐稳定。

2015年，为全面提升整体工作水平，计划投资44亿元，集中实施“十大项目”：

1.房地产开发项目。投资11.6亿元，新建续建商住楼45幢58万平方米。2.新农村示范村建设项目。投资7.5亿元，建成威戎新华等新农村示范村70个，高标准建设美丽乡村示范村2个。3.光伏和风力发电项目。投资6亿元，新建50兆瓦的光伏电站，力争开工装机量25兆瓦的风能发电站。4.棚户区改造项目。投资5.5亿元，改造县城棚户区2257户。5.交通建设项目。投资4.7亿元，新建续建通畅工程911公里，改造危旧桥梁3座，建设乡镇客运站4个。6.城镇基础配套项目。投资2.4亿元，新建改造城区道路10条，建设文屏广场，配套完善6个小城镇基础设施。7.农村危房改造项目。投资1.8亿元，改造农村危房3500户。8.商贸物流建设项目。投资1.7亿元，新建德美成纪购物中心、欣叶电子商务产业孵化园等项目。9.电力通讯建设项目。投资1.5亿元，新建改建电信、移动、联通等4G通讯基站302个，实施10千伏及以下农网改造升级136公里。10.梯田建设项目。投资1.3亿元，整理土地7万亩，新修梯田2.7万亩。

2015年，为解决群众最现实、最关心、最直接的利益问题，努力办好“十件实事”：

1.续建城区供水工程，新建续建深沟等10处集中式供水工程，解决城区居民和9乡镇2.6万人的饮水安全问题。2.抓好原安吉林等20个整村推进和界石铺镇精准扶贫项目，改善贫困村生产生活条件。3.搬迁安置4乡镇贫困群众381户1863人。4.新建改建中小学校舍1.4万平方米，购置教学及生活设备2.8万台套、图书8万册。5.开工建设县中医院门诊住院综合楼，建成10个标准化村卫生室。6.建成老年福利服务中心，新建李店中心敬老院和30个城乡老年人日间照料中心。7.打通富康路南段等城区断头路。8.新建公租房260套，续建800套，完成既有建筑节能改造10万平方米，改善8乡镇干部职工基本工作生活条件。9.加快建设城区天然气站和输气管线，扩大用户覆盖面。10.新增城镇就业4300人，新开发公益性岗位200个，公开招考高校毕业生600人以上，完成农民实用技术培训12万人（次）。

加强政府自身建设

面对新的形势、新的任务，我们将主动适应经济发展新常态，全面深化改革，全面推进依法治县，全面转变发展方式，锐意创新，真抓实干，确保圆满完成各项目标任务。

深入推进思想解放，增强创新发展能力。以更大决心突破思想观念束缚，克服体制机制障碍，使各项工作更加体现科学性、增强针对性、富于创造性。准确把握国家宏观经济政策与全县经济社会阶段性特征，广泛开展调查研究，注重从不同方面倾听意见，从不同角度分析问题，不断优化发展思路，转变发展方式，全力推动全县经济社会持续发展、科学发展。敏锐把握政策导向，注重从政策条文中捕捉信息、对接项目、寻找资金，最大限度地用足用活用好各类政策，集聚发展要素，增强发展后劲。

深入推进法治建设，增强依法行政能力。自觉运用法治思维、法治方式，审视发展问题，破解改革难题，加快政府法治建设，推进政府管理创新。全面落实行政执法责任制、执法过错追究制，严格按照法定权限和程序履行职责。全面落实县人大及其常委会的决议决定，自觉接受人大法律监督、工作监督和政协民主监督，认真办理人大代表建议和政协委员提案。高度重视社会舆论监督，完善政府信息公开和新闻发布制度，充分保障人民群众的知情权、参与权、表达权和监督权。

深入推进职能转变，增强科学决策能力。稳步推进政府机构改革，加快转变政府职能，进一步简政放权，清理规范审批事项，简化审批程序，促进政府管理由事前审批转为事中事后监管和服务。持续深化政务公开，推行行政审批事项集中办理模式，规范运行县政务服务中心、乡镇便民服务网点和村级便民服务站，最大限度为群众提供方便、快捷、高效的服务。坚持科学民主决策，进一步完善政府议事规则及重大决策咨询、听证、公示、风险评估等制度，增强政府决策的科学性和实效性。

深入推进作风建设，增强工作落实能力。严格落实中央“八项规定”及省、市、县各项规定，加强调查研究，精简会议文件，改进会风文风，下功夫纠正庸懒散慢等不良习气。牢固树立服务意识，真心诚意为群众排忧解难，更科学、更具体、更有效地指导和推动工作落实。大力弘扬求真务实的工作作风，办事情、作决策坚持从实际出发，尽力而为，量力而行，多干打基础、利长远、惠民生的事。进一步建立健全重点工作推行、责任目标考核等机制，确保各项工作高效落实，不断提升整体工作层次和水平。

深入推进廉政建设，增强清廉干事能力。严格落实党风廉政建设主体责任，扎实推进惩治和预防腐败体系建设，健全风险预警和权力运行监控机制。严格遵守党的各项纪律，切实加强廉政教育，筑牢思想防线。加强审计监督和行政监察，健全工程建设、土地管理、公共资源交易、财政资金监管等重点领域的反腐倡廉长效机制，严肃查处各类违法违纪案件，切实纠正损害群众利益的不正之风。始终保持艰苦奋斗的优良作风，严格遵守公务接待、车辆配备等有关规定，严格控制和压缩“三公”经费，降低行政成本，树立为民、务实、清廉的良好形象。

县人大常委会工作报告

（县人大常委会主任张自杰　2014年12月31日）

2014年的主要工作

2014年，在县委的正确领导下，县人大常委会认真贯彻党的十八大和十八届三中、四中全会及习近平总书记系列重要讲话精神，全面落实县委的决策部署和县十六届人大三次会议的各项决议决定，积极履行宪法和法律赋予的各项职责，为促进全县经济社会发展和民主法治建设作出了积极贡献。

一、围绕发展大局，认真履行监督职能

一年来，常委会紧紧围绕全县中心工作，改进监督方式，完善监督内容，加大监督力度，依法监督“一府两院”工作。

围绕经济建设，依法监督经济运行。在深入调研、听取汇报、综合分析的基础上，依法审查批准了县政府2014年国民经济和社会发展计划调整报告、2013年全县财政决算报告、2014年财政预算调整报告；听取、审议了县政府关于2014年上半年国民经济和社会发展计划执行情况的报告、2013年财政预算执行情况的审计报告，并就加强宏观经济调控、完善财政预算管理、促进经济社会科学发展提出了审议意见。县政府进行专题研究，提出改进措施，使全县经济社会保持了良好的发展态势。同时，依法审议批准了县政府制定的《甘肃省静宁县国家级生态县建设规划（2012—2020年)》，为我县争创国家级生态县工作提供了法律依据。

突出以民为本，高度关注民计民生。针对城区居民反映强烈的商品房产权管理问题，组织人员进行了认真检查、审议，提出了稳妥解决历史遗留问题、明确相关部门职责、着力规范产权管理、加强法律法规宣传等审议意见，并明确了办结时限。县政府高度重视，制定出台了《静宁县解决国有土地上房屋权属登记有关历史遗留问题的若干意见》，明确了解决商品房产权管理问题的政策措施、部门职责、具体任务和完成时限。

以办人民满意的教育为着眼点，连续第三年对全县农村基础教育发展情况进行了检查、审议，提出了加大项目争取力度、加快改善薄弱学校办学条件，加大招聘力度、着力解决专业教师短缺问题，加大管理力度、切实提高教师职业道德水平和专业能力，加大监管力度、着力规范学校办学行为，加大综治力度、努力净化学校周边环境，加大资金筹措力度、加快化解教育债务步伐等审议意见，督促政府及主管部门更好地解决群众反响强烈的农村基础教育问题。同时，针对教育主管部门提出的全县中学布局结构调整的意见，组织组成人员和人大代表，在深入基层调研、广泛听取群众意见的基础上，形成了明确的建议，为县委提供了符合实际、符合民意、科学合理的决策依据。

高度重视新农合工作，组织人员对2012年审议意见落实情况进行了回访检查，针对检查中发现的问题，提出了具体的审议意见，要求卫生部门进一步改进和加强新农合工作，有效解决工作中存在的突出问题。

紧贴重点工作，扎实开展跟踪监督。在2013年调研的基础上，今年又对农村公路建设管护工作进行了跟踪监督，形成了专题检查报告，提出了加强农村公路建设质量监管、强化农村公路养护管理、加大路政执法力度、加强砂石资源管理等审议意见，要求政府及交运部门高度重视，采取得力措施，切实解决农村公路建设、管护工作中存在的问题。

牛产业是缩小我县南北发展差距、促进西北部农民增收的支柱产业。为掌握现状、分析问题、提出对策，促进牛产业加快发展，人大常委会组成调研组，集中1个月时间，深入西北部9乡镇养牛小区、养牛企业和养牛大户，对全县牛产业发展情况进行了全面调研，针对发展中存在的主要困难和问题，提出了加强组织领导、加大资金扶持、重视科技培训、推进品种改良、扩大养殖规模、健全市场体系等审议意见，为我县牛产业找到了一条“小规模、大群体”的发展路子。

坚持依法治县，持续加强法律监督。选择群众普遍关注的未成年人保护法和预防未成年人犯罪法（简称“两法”）开展执法检查，听取、审议了县政府关于“两法”实施情况的报告，提出了明确部门职责、完善工作机制、净化社会环境、建设未成年人活动场所、做好违法犯罪预防控制工作的建议，有效促进了“两法”的实施。改进监督方式，将“事后”监督变为“事前”监督，听取、审议了法、检两院年度执法工作安排意见，要求法、检两院公正司法，依法办案，努力让人民群众感受到法律的公平正义。同时，积极配合省、市人大对人大代表工作及中小企业促进法、专利法、残疾人保障法、旅游法、省扶贫开发条例等法规条例实施情况进行了调研、检查。

严格法定程序，依法任免国家机关工作人员。按照县委提名、人大依法任免的原则，通过听取人员介绍、审议任职能力、投票表决、表态发言、颁发任命书等，进一步规范人事任免程序，依法任命县人大常委会及“一府两院”工作人员15人，接受辞职和免职13人。

畅通舆情渠道，认真做好信访工作。始终把做好群众来信来访作为畅达民情、维护稳定的一项重要工作来抓，不断改进信访接待制度，完善信访督办机制，对一些涉法涉诉案件和群众反映强烈的问题，督促“一府两院”依法妥善处理，及时化解社会矛盾。全年共接待来访26人（次）、来信19件（封）。

二、加强代表工作，提高代表履职能力

坚持“双联系”制度，加强与代表沟通联系。修改完善了《静宁县人大常委会联系代表办法》，对常委会领导联系代表、代表联系选民，以及参加代表小组和“代表之家”活动的方式、内容做出了明确规定。按照办法规定，人大常委会领导深入乡镇和街道、社区，集中走访人大代表，了解他们在生产、工作、生活中的困难和问题，听取代表对常委会及“一府两院”工作的意见建议，进一步加强了与基层代表的沟通联系。

积极创造条件，保障代表作用充分发挥。8月中旬，与县政府联合召开政情通报会，向省、市、县人大代表通报了上半年全县经济运行和社会事业发展情况，让代表了解县情、掌握政情，更好地监督政府工作。同时，先后组织60名人大代表参加了常委会组织的专项调研、视察、检查活动，邀请24名市、县代表列席了常委会会议，推荐部分代表担任了政府专项工作监督员、参加了县上有关听证、评议、座谈会，让代表在参与政务工作中发挥监督作用。

加大督办力度，提高意见建议办理质量。与县政府联合，两次组织相关代表对县十六届人大三次会议所提意见建议全面进行督办，并组织代表对保障城区人口用水安全的意见建议办理情况进行专门视察，推动办理工作扎实开展。对重点意见建议实行常委会领导包号督办制度，从而使33件意见建议全部办结并向代表作了答复，其中所提问题已经解决和基本解决的21件，占63.64%，正在解决或列入计划逐步解决的8件，占24.24%。

组织代表视察，加强重点工作监督。组织部分省、市、县人大代表视察今年全县重点工作，详细了解果品产业发展、农村道路建设、新农村建设、工业园区发展、教育园建设等情况，现场进行评议，提出意见建议，促进了全县重点工作和民生实事的落实，提高了代表依法履职能力。

三、加强工作指导，进一步提升乡镇人大工作水平

加强学习交流。组织乡镇人大主席和街道办负责人赴泾川、永昌、七里河等县（区）考察学习乡镇人大工作和“代表之家”创建工作。召开现场推进会，观摩学习界石铺、甘沟等乡镇“代表之家”创建情况，相互交流做法和经验，促进乡镇人大依法开展工作。

健全完善制度。指导乡镇人大健全完善主席团议事制度、监督制度、视察制度、意见建议办理制度，编写下发《乡镇人民代表大会会议工作程序》，推动乡镇人大工作规范化。

扎实创建“代表之家”。认真贯彻落实省、市人大《关于进一步加强乡镇人大工作的意见》和全省乡镇人大工作现场会议精神，制定印发了《关于开展创建“人大代表之家”的实施方案》，指导乡镇人大按照“九有”（场所、标牌、制度、人员、公示、信箱、书刊、记载、经费）标准，建立“代表之家”63个，其中乡级25个，村级38个，并积极引导各级人大代表进“家”开展活动。

四、扎实开展群众路线教育实践活动，切实加强和改进自身建设

按照中央和省、市、县委的统一部署和要求，扎实开展党的群众路线教育实践活动，积极整改“四风”突出问题，并把建章立制作为解决“四风”问题的长效之策，研究制定出《静宁县人大常委会询问和质询暂行办法》等8项制度，修改完善了《静宁县人大常委会联系代表办法》等3项制度，促进了常委会及机关工作的规范化、制度化。认真学习习近平总书记在庆祝全国人大成立60周年大会上的讲话，把常委会组成人员的思想统一到讲话精神上来，凝聚力量，认真履职。加强人大工作宣传，在国家、省、市级新闻媒体上投稿50多篇，充分宣传展示了我县人大工作及人大代表履职情况。启动《静宁县人民代表大会志》编纂工作，成立机构，抽组力量，制定编目，完成了编纂资料的收集。

一年来，常委会各项工作虽然取得了一定成效，但也存在着一些不足。主要是：监督职责还不够到位，开展调研、视察、检查还不够扎实；监督方式还不够灵活，监督效果还不够明显；闭会期间代表活动的形式还不够多样，代表作用发挥还不够充分。对于这些不足和问题，我们将虚心听取代表意见，自觉接受人民监督，在今后工作中努力加以改进。

2015年的工作建议

2015年是我县全面深化改革的关键之年，是全面推进法治建设的开局之年，也是全面完成“十二五”规划的收官之年。县人大常委会工作的总体思路是：以党的十八大和十八届三中、四中全会精神为指针，认真贯彻落实县委的决策部署，围绕中心，以民为本，求真务实，依法履职，努力推进全县经济社会发展和民主法制建设。

一、围绕全县大局，依法审议决定重大事项

依法审议、决定重大事项。认真落实县委各项决策部署，依法对全面深化改革、法治建设的重大事项进行审议，并适时作出决议、决定，积极通过人大法定程序把县委的重大决策部署转化为全县人民的共同意志和自觉行动。

做好人事任免工作。坚持党管干部与人大常委会依法任免相统一的原则，进一步完善任免办法，规范任免程序，推行新任国家工作人员向宪法宣誓制度，切实增强“一府两院”工作人员公仆意识、宪法意识和法律意识。

二、加大监督力度，促进“一府两院”工作

围绕经济建设，加强对经济运行的监督。听取、审议县政府2015年国民经济和社会发展计划调整的报告、2015年上半年国民经济和社会发展计划执行情况的报告、2015年财政预算调整的报告、2014年财政决算的报告以及2014年财政预算执行情况的审计报告。按照全国人大关于全口径预算决算审查监督的要求，把社会保障基金、政府性债务、土地收益纳入预算监督范围，支持和督促审计部门依法开展审计，加大审计问题整改的督查力度。

围绕突出问题，开展工作调研。针对农村放牧毁林、县城管理脏乱差、城区学校教师校外补课等突出问题，常委会将组织人员，对全县生态林建设管护、县城管理脏乱差、城区学校教育教学工作进行调研，在全面掌握实情的基础上提出审议意见，督促政府及相关部门改进工作，解决问题。

围绕重点工作，组织代表视察。重点对扶贫开发、果品产业、新农村建设、农村道路、工业项目、科技创新、县城规划建设管理等全县重点工作进行视察，为县委决策和政府推动工作提出切实可行的建议。

围绕群众关切，开展跟踪检查。对商品房产权管理审议意见落实情况进行跟踪检查，督促政府及有关部门彻底解决群众关切的商品房权属登记及办证问题。对乡镇中心小学学生校外寄宿问题进行跟踪监督，提出检查审议意见，督促政府及教育主管部门研究提出切实可行的对策，使小学学生校外住宿问题得到有效解决。

围绕依法治县，开展法律监督。对全县六五“普法”、《甘肃省河道管理条例》贯彻实施情况进行执法检查，提出审议意见，督促政府整改落实。围绕促进公正司法，听取、审议法、检两院年度执法工作计划，督促两院突出为民司法、公正司法，并对县法院审判执行工作进行检查，督促法院加大执行力度，提升执行水平，提高司法公信力。

三、完善监督方式，提高监督实效

围绕群众关注的热点难点问题开展询问、质询。认真贯彻落实监督法、甘肃省实施监督法办法及县人大常委会有关规定，对一些事关全局、矛盾突出、久拖未决、群众反映强烈的问题适时进行专题询问或质询，督促“一府两院”更好地解决突出问题。

围绕“一府两院”工作开展满意度测评。在认真听取、审议“一府两院”专项工作报告及落实人大常委会审议意见报告的基础上，对“一府两院”的每项工作报告进行满意度测评，促进“一府两院”改进工作、依法行政、公正司法。

开展审议意见跟踪督办。对2012年以来人大常委会会议的审议意见落实情况进行一次检查，督促“一府两院”对审议意见落实情况进行一次“回头看”，加大督促落实力度，给人大代表和人民群众一个满意的交代。

四、强化代表工作，充分发挥代表作用

拓宽代表履职渠道。加强常委会组成人员联系代表、代表联系选民制度，扩大代表列席常委会会议范围，加大代表调研、视察、检查工作的频次和力度，支持代表依法履职，保障代表的参与权、知情权、表达权和监督权，进一步发挥代表的监督作用。

完善代表活动平台。扎实推进“人大代表在行动”和“代表之家”创建活动，不断完善代表活动平台。

加大意见、建议办理力度。在努力办好本次人代会代表意见建议的同时，开展意见建议回头督办，对换届以来代表所提问题未得到有效解决的B类、C类意见建议进行一次“回头看”，督促相关部门重新办理，给人大代表一个满意的办理结果。

全面加强乡镇人大工作。实行常委会领导联系基层人大制度，指导乡镇人大完善议事程序，健全工作制度，依法有序开展工作，切实增强乡镇人大工作能力。同时，根据《甘肃省财政厅关于乡镇（街道）人大工作经费保障的意见》，县、乡财政要将乡镇人代会经费、代表活动经费、代表务工补贴、乡镇人大日常工作经费列入财政预算，保障乡镇人大工作需要。

五、加强政策理论学习，坚定人大工作政治方向

加强政治理论学习。把学习贯彻党的十八届四中全会精神和习近平总书记在庆祝全国人大成立60周年大会上的讲话精神作为自身建设的一项重要政治任务，坚持全面系统学、结合人大实际学，深刻领会精神实质，坚决贯彻党的领导、人民当家做主、依法治国有机统一的方针，认真落实“一府两院”由人大产生、对人大负责、受人大监督的要求，努力使人大常委会工作始终坚持正确政治方向，始终坚持依法监督，始终坚持服务中心，始终坚持维护人民利益，始终坚持改革创新精神。

加强法律法规培训。对人大常委会及“一府两院”组成人员进行宪法、监督法及《静宁县人大常委会询问和质询暂行办法》《静宁县人大常委会关于听取和审议“一府两院”专项工作报告实行满意度测评暂行办法》等法律和制度的培训，使常委会及“一府两院”工作人员知法懂法，提高依法履职的能力和自觉性。

加快《静宁县人民代表大会志》编纂工作。把人大志编纂工作作为县乡两级人大自身建设的重要内容和重要工作来抓，加强组织领导，树立精品意识，靠实工作责任，加快工作进度，确保完成编纂计划。

加大人大工作宣传。进一步拓宽宣传渠道，创新宣传方式，完善工作制度，加强队伍建设，增强宣传实效，努力营造全社会关心和支持人大工作的良好氛围。

加强人大机关建设。加强机关管理，加大干部培养力度，不断提高政治素养和工作能力，努力培养一支政治可靠、业务娴熟、纪律严明、作风扎实、结构合理的高素质人大机关干部队伍。

第五节　县第十六届人民代表大会第五次会议

大会概况

县十六届人大五次会议于2015年12月30日至31日在静宁剧院召开。县十六届人大四次会议以来，徐毅、王发永、柳伯平、沈学英、孙智清、王宁宁6名代表因工作需要调离静宁县，根据选举法第五十六条的规定，上述6人的代表资格自行终止；另外，张晓军代表病逝。根据选举法、代表法的有关规定，在代表出缺的城川、李店、仁大、司桥、雷大、红寺6乡镇选区按照法定程序，分别补选张兴荣、李新学、王彦成、李卫东、姜全春、张录牛、王瑞生7人为县第十六届人大代表，至此，县第十六届人大代表实有210名。此次大会实出席205名，不是县人大代表的县级领导，县委各部门、群众团体，人大常委会各委、室，政府各局、办，省、市驻静宁各单位主要负责人，县法院副院长、县检察院副检察长，乡镇党委书记、人大主席，在静宁县的省人大代表和部分市人大代表，部分退休干部，出席政协静宁县八届五次会议的全体委员(列席此次会议第一次全体会议)，共339人列席会议。

王友忠、王吉庆、王全生、王运军、王奕、王彦飞、王彦成、王晓军、王维军、王智国、牛国喜、吕锦鸿、朱国军、米发明、江小兵、李卫东、李文环、李永成、李会宾、李强、李根进、李新学、杨华、杨昌宁、何鹏峰、沙芳琴（女、回族）、张自杰、张兴荣、张秉鑑、胡麒军、厚凤兰（女）、厚连世、姜全春、高旭、唐亢亢、崔晓晖、靳宝生、雷旺盛、慕锡武、裴晓江、薛仁杰41人组成大会主席团，王彦成、王晓军、王维军、王智国、李新学、沙芳琴（女、回族）、张自杰、张兴荣、厚连世、高旭、靳宝生、慕锡武12人为主席团常务主席；慕锡武为秘书长，江小兵、王友忠、何浩强、周浩仁、张录牛为副秘书长；高旭、王敏、王亚鹏、王奕、王顺义、李金、李强、杨立新、唐亢亢、雷旺盛、薛小田、薛仁杰12人组成计划和预算审查委员会，高旭为主任委员，王敏为副主任委员；慕锡武、何鹏峰、王壬寅、王彦飞、朱奋喜、刘国军、李稳收、张秉鑑、赵宏军、胡志科、梁永红、程军伟12人组成议案审查委员会，慕锡武为主任委员，何鹏峰为副主任委员。

12月29日下午3时，由县人大常委会主任张自杰主持，召开预备会议，全体代表，不是代表的乡镇党委书记、人大主席参加会议，听取县人大常委会副主任、第十六届人大常委会代表资格审查委员会主任委员慕锡武所作的《关于代表出缺变动和补选代表资格审查情况的报告》，表决通过大会议程（草案）、大会议案和建议、意见提出及处理办法（草案），表决通过大会主席团、秘书长、计划和预算审查委员会、议案审查委员会名单（草案）。

大会共举行全体会议3次。第一次全体会议于12月30日上午举行，执行主席是王友忠、王运军、王奕、王晓军、牛国喜、江小兵、李卫东、李永成、李强、李根进、张自杰、厚连世、高旭、雷旺盛。会议由县人大常委会主任张自杰主持，听取县政府代理县长张兴荣所作的《县人民政府工作报告》，审议县政府常务副县长何鹏峰所作的《静宁县“十三五”规划纲要（草案）（书面）》、县发展和改革局局长樊旺所作的《关于2015年国民经济和社会发展计划执行情况及2016年国民经济和社会发展计划（草案）的报告（书面）》、县财政局局长李强所作的《关于2015年全县财政预算执行情况和2016年财政预算（草案）的报告（书面）》。第二次全体会议于12月31日上午举行，执行主席是王彦飞、米发明、李会宾、李新学、杨华、沙芳琴、张兴荣、张秉鑑、胡麒军、姜全春、唐亢亢、崔晓晖、慕锡武、裴晓江。会议由县人大常委会副主任沙芳琴主持，听取县人大常委会主任张自杰所作的《县人大常委会工作报告》、县法院院长李根进所作的《县人民法院工作报告》、县检察院检察长崔晓晖所作的《县人民检察院工作报告》，表决通过大会选举办法（草案）。第三次全体会议于12月31日下午举行，执行主席是王吉庆、王全生、王彦成、王维军、王智国、吕锦鸿、朱国军、李文环、杨昌宁、何鹏峰、厚凤兰、靳宝生、薛仁杰。会议由县人大常委会副主任王维军主持，选举县政府县长1名、县人大常委会委员3名，表决通过《关于政府工作报告的决议》《关于静宁县国民经济和社会发展第十三个五年规划纲要的决议》《关于2015年国民经济和社会发展计划执行情况及2016年国民经济和社会发展计划的决议》《关于2015年全县财政预算执行情况和2016年财政预算的决议》《关于县人大常委会工作报告的决议》《关于县人民法院工作报告的决议》《关于县人民检察院工作报告的决议》。大会结束时，县委书记王晓军作了讲话。

大会安排分团会议4次。

大会主席团召开会议4次。

大会收到代表建议、意见25件，涉及城乡建设与管理、农业和农村工作、道路交通、水利建设和其他5个方面。其中：①城乡建设与管理方面3件，占12%，主要是建议建设东城区便民市场，对城区环境卫生进行综合整治和扶持修建仁大镇农贸市场；②农业和农村工作方面9件，占36%，主要是建议对四河乡田堡、郭岔等9村土地进行整理，对李店镇川区旧果园进行改造，建设贾河乡高窑、侯山两村节水滴灌和防雹网，四河乡晨光、马岔、大庄坪等6村果园示范带，加大对曹务乡油用牡丹产业发展扶持力度，加大对司桥、灵芝、雷大3乡果品产业发展及原安乡生态林建设扶持力度等；③道路交通方面8件，占32%，主要是建议对旧静庄公路，旧312国道祁家大山段，甘新公路新店段进行改造，硬化李店滨河路、仁大滨河路、城川乡牛站沟道路、威戎镇新胜至寨子村道路，砂化贾河乡高坡社至秦安县梨树梁道路等；④水利建设方面1件，占4%，建议建设界石铺镇南山农村饮水工程、延伸管网至川区；⑤其他方面4件，占16%，主要是建议加大对曹务乡文屲民俗园项目资金扶持力度，建设三合乡初中及中心小学学生住宿楼、余湾乡王坪村苹果文化园，加大财政投入、保护静宁苹果品牌等建议。

大会议程

一、听取和审议县人民政府工作报告；

二、审查和批准静宁县国民经济和社会发展第十三个五年规划纲要；

三、审议2015年国民经济和社会发展计划执行情况及2016年国民经济和社会发展计划（草案）的报告（书面），审查、批准2015年国民经济和社会发展计划执行情况的报告及2016年国民经济和社会发展计划；

四、审议2015年财政预算执行情况和2016年财政预算（草案）的报告（书面），审查、批准2015年财政预算执行情况的报告和2016年财政预算；

五、听取和审议县人大常委会工作报告；

六、听取和审议县人民法院工作报告；

七、听取和审议县人民检察院工作报告；

八、选举；

九、其他。

大会日程

县第十六届人民代表大会第五次会议日程表

表3–119

时间		会议名称	会议内容	参加人员	会议地点
12月29日	9:00–12:00		会议报到	1.全体代表； 2.全体列席人员	静宁宾馆后楼大厅
	下午3:00	预备会议	1.代表变动及补选情况报告；2.表决大会议程（草案）；3.表决大会主席团和秘书长名单（草案）；4.表决大会计划和预算审查委员会名单（草案）；5.表决大会议案审查委员会名单（草案）；6.表决大会议案和建议、意见提出及处理办法（草案）	1.全体代表； 2.不是代表的乡镇党委书记、人大主席	静宁剧院一楼会议大厅
12月30日	上午8:30	第一次全体会议	1.开幕式；2.政府工作报告	1.全体代表； 1.政协委员； 3.其他列席人员	静宁剧院一楼会议大厅
	第一次全体会议后	分团会议	1.讨论选举办法（草案）；2.审议政府、计划、财政工作报告和十三五规划纲要（草案），结合审议提出有关议案和建议、意见	1.全体代表； 2.列席人员	各代表团分团会议室
	下午2:30	分团会议	1.继续审议政府、计划、财政工作报告和十三五规划纲要（草案），结合审议提出有关议案和建议、意见；2.酝酿讨论选举候选人名单（草案）；3.讨论选举监票人名单（草案）	1.全体代表； 2.列席人员	各代表团分团会议室

续表3-119

时间		会议名称	会议内容	参加人员	会议地点
12月31日	上午8:30	第二次全体会议	1.县人大常委会工作报告;2.县人民法院工作报告;3. 县人民检察院工作报告;4. 表决大会选举办法(草案)	1.全体代表; 2.列席人员	静宁剧院一楼会议大厅
	第二次全体会议后	分团会议	1.审议人大、法院、检察院工作报告;2. 继续酝酿讨论选举候选人名单(草案)	1.全体代表; 2.列席人员	各代表团分团会议室
	下午2:30	分团会议	继续审议人大、法院、检察院工作报告	1.全体代表; 2.列席人员	各代表团分团会议室
	下午4:30	第三次全体会议	1.选举;2.表决政府、计划、财政、人大、法院、检察院工作报告以及十三五规划纲要等决议（草案）;3.县委领导讲话;4.大会闭幕	全体代表	静宁剧院一楼会议大厅

主席团会议日程

县第十六届人民代表大会第五次会议主席团会议日程表

表3-120

时间		内容	参加人	地点
第一次会议	12月29日预备会议结束后	1.表决主席团常务主席名单（草案）;2.表决主席团会议日程（草案）；3.表决大会日程（草案）；4.表决大会执行主席分组名单（草案）；5.决定大会副秘书长；6.表决大会议案和建议、意见终止时间（草案）；7.讨论通过选举办法（草案）	1.主席团成员; 2.各代表团召集人; 3.不是县人大代表的乡镇党委书记	静宁剧院三楼会议室
第二次会议	12月30日上午11:30	1.听取各代表团关于选举办法（草案）讨论情况汇报；2.决定代表联合提名候选人截止时间；3.讨论提出有关选举候选人名单（草案）；4.提出大会选举监票人名单（草案）；5.听取有关接受辞职的备案报告	1.主席团成员; 2.各代表团召集人; 3.不是县人大代表的乡镇党委书记	静宁剧院三楼会议室
第三次会议	12月31日上午11:30	1.听取各代表团关于政府、计划、财政工作报告和十三五规划纲要(草案)讨论情况汇报;2.听取各代表团关于有关选举候选人名单（草案）讨论情况汇报,并决定正式候选人名单;3.听取各代表团关于大会选举监票人名单（草案)讨论情况汇报;4.确定大会选举计票人名单	1.主席团成员; 2.各代表团召集人; 3.不是县人大代表的乡镇党委书记	静宁剧院三楼会议室

续表3-120

时间		内容	参加人	地点
第四次会议	12月31日下午3:30	1.听取各代表团关于人大、法院、检察院三个工作报告讨论情况汇报；2.听取十三五规划纲要审查情况汇报；3.听取计划审查情况汇报；4.听取预算审查情况汇报；5.听取代表议案和建议、意见审查情况汇报；6. 讨论政府、计划、财政、人大、法院、检察院工作报告以及十三五规划纲要等决议（草案）	1.主席团成员； 2.各代表团召集人； 3.不是县人大代表的乡镇党委书记	静宁剧院三楼会议室

大会选举

县人民政府：

县　长　张兴荣

县人民政府县长张兴荣个人情况表

表3-121

姓名	性别	民族	出生年月	籍贯	文化程度	工作时间	入党时间	主要工作经历
张兴荣	男	汉	1965.11	甘肃民勤	本科	1988.7	1986.11	曾在平凉地区农科所、共青团平凉地委工作；历任平凉市信访局副局长，庄浪县委常委、组织部部长，崆峒区委常委、组织部部长，崆峒区委副书记，平凉工业园区党工委副书记、管委会主任，静宁县委副书记、代理县长

县人大常委会：

委　员　王壬寅　王瑞生　张录牛

县人大常委会委员王壬寅、王瑞生、张录牛个人情况表

表3-122

姓名	性别	民族	出生年月	籍贯	文化程度	工作时间	入党时间	主要工作经历
王壬寅	男	汉	1962.11	静宁八里	大专	1984.9	1996.12	曾在静宁县细巷乡政府、李店乡政府工作；历任四河乡计生站长、党委副书记、乡政府乡长，李店镇党委副书记、镇政府镇长、教育办公室主任，县城区街道办事处党工委书记

续表3–122

姓名	性别	民族	出生年月	籍贯	文化程度	工作时间	入党时间	主要工作经历
王瑞生	男	汉	1964.9	静宁城关	本科	1984.8	1991.5	曾在静宁县科委工作；历任细巷乡经委副主任、乡政府乡长，后梁乡党委副书记(正科级)，祁川乡政府乡长，贾河乡党委书记，司桥乡党委书记，县总工会常务副主席，县委党校常务副校长；县委宣传部副部长、国防教育办公室主任
张录牛	男	汉	1981.8	静宁余湾	本科	2001.9	2002.10	曾在静宁县雷大教委、县教育局、县人大常委会办公室工作；任县人大常委会办公室副主任

附：

县人民政府工作报告

（县人民政府代理县长张兴荣　2015年12月30日）

“十二五”工作回顾

“十二五”以来，面对艰巨繁重的改革发展任务，在县委的坚强领导和县人大、县政协的监督支持下，我们坚持以转变经济发展方式为主线，以富民强县为目标，做大做强果品、包装材料、现代物流三大产业，突出抓好现代农业、地方工业、基础设施、商贸流通、社会事业、改善民生六项重点，全县经济社会平稳较快发展，较好地完成了“十二五”规划各项目标任务。

5年来，我们致力于加快发展，经济总量快速增长，综合实力显著提升。主要经济指标年均实现两位数增长。全县生产总值达到45.5亿元，年均增长11.4%；规模以上工业增加值达到3.2亿元，增长16.4%；固定资产投资达到73亿元，增长21.7%；地方财政收入达到2.05亿元，增长18%；社会消费品零售总额达到24.8亿元，增长16.3%；城镇居民和农村居民人均可支配收入分别达到19715元和5970元，增长11.8%和17.4%。生产总值、固定资产投资、地方财政收入、社会消费品零售总额和农村居民人均可支配收入5项主要指标均实现了翻番。

5年来，我们致力于产业开发，三次产业协调发展，经济结构持续优化。果园面积由76万亩增加到100万亩，果品产量达到68万吨、产值25亿元，实现了百万亩优质苹果生产大县目标。“静宁苹果”获得中国驰名商标，成功举办2届平凉金果博览会暨静宁苹果节，静宁苹果知名度和影响力日益扩大。每年推广旱作农业80万亩，粮食安全得到有效保障。畜禽饲养量达到258万头（只），实现产值2.9亿元。工业园区规划编制全面完成，设施功能不断完善，以纸箱包装、民爆器材、地毯加工、建筑建材、农副产品加工为主导的工业格局初步形成，工业企业数量由85户增加到175户，工业经济对财政的贡献率达到38.7%。实施招商引资项目109项，完成投资113亿元，新增市场主体1.2万户。旅游、物流、新兴服务业快速发展，第三产业增加值达到17.7亿元。三次产业结构由39.6:33:27.4调整为34.5:26.6:38.9。

5年来，我们致力于大抓项目，基础条件大幅改善，城乡面貌明显改观。实施重点基础设施建设项目159项，投资98亿元。完成城区供水改扩建工程，建成农村集中供水工程35处，解决了城区居民和农村16.8万人的安全饮水问题。建成李店110千伏变电站1座，升级改造电网512.4公里，电力保障能力显著提升。成功争取六盘山片区扶贫攻坚示范试点县项目，改造静秦公路42公里、县乡公路104公里，新修改造桥梁14座，建成通畅工程2045公里，实现了村村通硬化路。新建通讯基站681个，电话用户达到37.2万户，互联网用户达到3.9万户。坚持规划引领，西展工程建设加速推进，中心城区改造步伐加快，新建改造城区道路19公里、管网49公里，新修保障性住房3830套19.1万平方米，开发商住楼125幢121万平方米，完成既有建筑节能改造120万平方米，县城规模由6.6平方公里扩大到9.6平方公里，城镇化率达到24.1%。统筹推进帮扶行动和精准扶贫，实施扶贫开发整乡推进项目2个、整村推进项目82个，建成美丽乡村示范村10个、新农村示范村98个，改造农村危房2.63万户，实现12.6万贫困群众稳定脱贫。积极推进国家生态示范县创建工作，绿化造林43.5万亩，新修梯田28.4万亩，整理土地15万亩，治理水土流失268平方公里，森林覆盖率达到25.9%。

5年来，我们致力于共建共享，社会事业全面进步，民生保障不断增强。全面推进教科文卫体事业发展，实施学前教育、校安工程等项目157项，新建改建校舍34.2万平方米，新增城区中、小学校8所，文屏教育园等重点工程全面建成，高考连续多年保持全市领先，输送高校学生3.5万人。迁建妇幼保健院、卫生监督所，建成县医院门诊住院综合楼、9个乡镇卫生院业务用房、169个村卫生室，扶持发展民营医疗机构81个，医疗卫生服务能力明显增强。成功创建国家级计生优质服务先进县和利益导向政策体系示范县，人口自增率控制在7‰以内。完成县秦剧团、电影公司转企改制和广电网络公司整合运营，建成静宁剧院，乡镇文化站、农家书屋实现全覆盖。签约招考高校毕业生3800名，新增城镇就业2.3万人，城镇登记失业率控制在3.8%以内。建成老年福利中心1处、老年人日间照料中心81个，基本医疗保险、城乡居民养老保险实现了全覆盖，城乡居民就业、养老问题得到有效保障。

即将过去的2015年，我们主动适应新常态，牢牢把握主动权，真抓实干，合力攻坚，圆满完成了县十六届人大四次会议确定的各项目标任务。

（一）特色产业深度开发，现代农业快速发展。坚持“扩量、提质、创牌、增效”并重的原则，加快推进农业产业开发。苹果产业不断壮大，深入开展果品产业提质增效年活动，全面推行精细化管理，高标准新植果园8万亩、补植5万亩，建成三级五类示范园20万亩，覆黑膜30万亩，果实套袋25亿只，完成果园标准化管理50万亩，丰产园投保10.4万亩，苹果产业发展层次和水平进一步提升。加快果品营销市场体系建设，在重庆等大中城市设立静宁苹果直营店5家，新增果品贮藏保鲜能力5万吨。畜牧产业加快发展，注重项目支撑、企业引领、大户带动，扶持发展养殖企业25户、养牛示范户3000户，完成冻配改良3.6万头，全县牛饲养量达到18万头、猪40万头、鸡200万只，青贮玉米秸秆26万吨，畜牧产业发展迈出新步伐。旱作农业全面推广，建成万亩示范带19个、千亩示范点35个，发展旱作农业85.3万亩、瓜菜12万亩，粮食总产量达到21.3万吨。

（二）精准扶贫深入开展，脱贫步伐全面加快。紧盯全面建成小康，集聚各类帮扶资源，全力推动精准扶贫工作。建档立卡全面完成，坚持“六精六准六结合”工作思路，制定出台精准扶贫“2+20”工作方案，明确任务书、时间表、作战图，扎实推进贫困对象识别确认和建档立卡工作，精准识别贫困村150个、贫困人口12.95万人。发展基础明显改善，坚持项目资源向贫困村倾斜，落实各类帮扶项目120个，因地制宜指导发展富民产业，帮助重点贫困村、贫困户栽植果园3万亩，种植洋芋12万亩、蔬菜2万亩、油用牡丹2000亩，推广旱作农业20万亩，发展养牛3万头；建成通畅工程269.6公里、基本农田3.3万亩，实施安全饮水工程4处，改造贫困户危房5609户，搬迁贫困户60户239人，预计实现脱贫人口4万人。扶贫机制逐步健全，坚持扶贫攻坚与帮扶行动深度融合，健全落实了定点帮扶、对口帮扶、社会参与的工作机制，充分发挥170个帮扶单位的资源优势和帮扶队员的专业特长，积极协调落实帮扶惠农、精准扶贫专项贷款5.4亿元，落实各类帮扶资金8340万元，有效解决了贫困户发展产业、改善住房资金短缺问题。同时，成功举办了“三西”扶贫开发现场会、全省富民产业提升农户收入现场推进会和全市精准扶贫现场会，推广介绍了我县的经验做法。

（三）园区功能持续完善，工业经济平稳运行。注重发挥优势，加强外引内联，强化调控管理，加快发展工业经济。园区建设全面推进，建成次七路、地毯产业园区间道路，维修改造静西、静庄公路园区段，配套完善给排水设施，集中开展综合整治，着力解决园区征地遗留问题，园区发展环境进一步优化。工业经济稳步增长，落实招商引资项目36项，实施重点工业项目8项，完成投资2.3亿元，绿洲新型墙体材料、恒达灰砂蒸压砖项目建成投产，苹果脱水与膨化加工二期等项目进展顺利，纸箱包装、地毯加工等优势产业呈现规模化、精细化、集群化发展态势，产品档次和附加值不断提升，规模以上工业企业实现销售收入20亿元，利税达到1.3亿元。节能减排扎实开展，实施恒达锅炉烟气脱硫除尘、通达废水处理升级改造和13个规模化畜禽养殖场污染治理项目，加强重点领域、重点企业环保执法和节能监管，县域环境质量得到改善，单位生产总值能耗下降4.3个百分点。

（四）项目建设加快实施，发展后劲不断增强。始终坚持抓项目夯基础不动摇，实施各类重大基础设施项目90项，完成投资78亿元。道路建设快速推进，建成通畅工程1042公里，建制村通畅率达到100%。养护维修县乡道路440公里，改造危桥3座，静宁县客运站和界石铺等4个乡镇农村客运站全部建成运营，群众出行条件有效改善。

水利建设成效明显，城区供水改扩建二期工程全面建成，新建深沟西山等农村饮水安全工程10处、王湾水库等应急水源5处、司桥牟沟等节水灌溉工程3处，自来水入户率达到97.9%。生态环境持续好转，坚持经济生态融合发展，认真实施退耕还林成果巩固、高速公路面山绿化等重点生态工程，完成造林8万亩、水源地涵养林2500亩，新修梯田4.7万亩，整理土地7.4万亩，流域综合治理51.2平方公里。电讯基础逐步加强，改造城乡电网274公里，建成通讯基站245个，行政村4G网络覆盖率达到80%。

（五）城乡建设步伐加快，人居环境逐步改善。坚持扩容提质、建管并重，实施城镇建设项目33项，完成投资27.7亿元，城镇化率提高2个百分点。规划体系日趋完善，完成“多规合一”规划编制成果、县城总体规划纲要、专项规划、乡镇总体规划、新农村建设规划等各类规划29个，形成了以县城为中心、以小城镇为依托、以中心村为基点的规划建设格局。城镇建设加快推进，新开续建商住楼57幢64万平方米，新建改造南环西路、北环东路等城区道路5公里，油铺破损路面1.2万平方米，施划道路标线1.4万平方米，敷设天然气管道6公里，开工建设全民运动广场，新增城区公厕5座，县城服务功能持续增强。重点小城镇建设步伐加快，李店、界石铺等镇区路网全面拉开，基础设施逐步完善。城乡环境明显改善，抢抓全国县级文明城市创建契机，全民动员，全民参与，集中开展城乡环境综合整治和城区交通秩序治理，全面实施县城4个片区棚户区改造，建成八里关道岔、界石铺高堡美丽乡村示范村2个、曹务永丰等新农村示范村70个，改造农村危房1.24万户，城乡环境面貌和交通秩序有了新变化。

（六）第三产业稳定增长，发展活力明显增强。突出市场体系建设，注重搞活商贸流通，积极发展旅游产业，县域经济活力不断增强。商贸物流更加活跃，建成德美成纪购物中心、威戎、李店、灵芝等一批农资商贸市场，新发展物流快递公司12家。加快电子商务建设，围绕“三园两平台一中心”，建成县电子商务服务中心、10个乡镇服务站、33个重点村服务点，开办网店210家，实现网上销售3600万元。旅游开发步伐加快，完成界石铺红军长征毛泽东旧居纪念馆绿化工程和陈列布展，建成曹务张屲民俗文化园、伏羲部落生态文化产业园。挖掘开发旅游新资源，组织开展生态旅游、农业观光、农耕文化、苹果采摘等活动，组团参加各类旅游推介，旅游综合收入增长25%。非公经济快速发展，全面推行“三证合一”工商登记制度，鼓励引导社会力量办企业，新登记非公经济市场主体3484个，非公经济增加值增长9%。加大苹果外贸市场份额，支持鑫龙、常津等企业实现出口创汇2528万美元。

（七）社会事业协调发展，民本民生加速改善。今年全县财政用于民生支出19.5亿元，占到财政总支出的80%以上。教育事业稳步发展，新建改建校舍4万平方米、乡村幼儿园19所，教育教学改革深入推进，教师队伍建设不断加强，教育教学质量全面提高，高考二本上线2688人，6人被清华、北大录取。卫计工作有序开展，公立医院改革全面推进，建成县医院重症医学科、细巷卫生院业务用房和73个标准化村卫生室，新农合参合率达到98.6%。文体事业健康发展，新建“乡村舞台”113个、体育惠民工程2个、村文化广场3个，新增有线电视用户1400户。民生保障全面加强，社会保障政策有效落实，累计发放城乡低保、居民养老保险、医疗救助等各类资金6.4亿元。开展各类就业服务和技能培训5.6万人（次），输转劳务10万人（次）。向全县人民承诺的10件19项实事中，城区供水续建工程、贫困群众搬迁、中小学校舍改建、标准化村卫生室建设、乡镇干部职工生活条件改善等15项全部落实到位，李店中心敬老院、中医院门诊综合楼、城区断头路、天然气管线建设等4项正在加快办理之中。

（八）依法行政全面推进，社会大局和谐稳定。行政审批制度、医药卫生体制、农村综合配套、财税金融等重点领域改革有序推进，职能转变、简政放权力度加大，取消调整县政府审批事项246项，199项行政审批事项纳入县政务服务中心受理。始终坚持依法行政，认真贯彻执行县委决策部署，自觉接受人大依法监督、政协民主监督和社会舆论监督，办理人大代表意见建议和政协委员提案57件。加快推进社会治安防控体系建设，深入开展矛盾纠纷排查调处，切实强化安全生产、食品药品监管和突发事件应急处置，维护了安定团结、和谐稳定的良好局面。民族宗教、双拥共建、统计、审计、档案、残疾人保障等工作取得了长足发展，省市驻静宁各单位为全县经济社会发展作出了积极贡献。

回顾5年的发展历程，我们深刻体会到：实现经济社会持续健康发展，必须把加快发展作为第一要务，抓住一切机遇加快发展，集中力量推动发展，以发展凝共识，以发展破难题；必须把项目建设作为有力抓手，超前谋划论证，抢抓机遇争取，千方百计引进，集中建成一批大项目、好项目，不断夯实发展基础；必须把壮大产业作为重要支撑，紧盯目标不放松，持之以恒做大做强特色优势产业，增强经济发展后劲；必须把改善民生作为根本任务，想方设法解决事关群众切身利益的问题，不断提高群众生活水平；必须把推动落实作为基本职责，扑下身子，前移重心，亲力亲为，真抓实干，高标准推动工作落实。

在看到成绩的同时，我们也清醒地认识到，全县经济社会发展中还存在不少困难和问题，主要是：经济总量小，地方财力弱。经济发展滞后，人均GDP仅占全省的三分之一，自有财力不足，收支矛盾突出，投入能力有限。经济结构不合理，产业发展层次低。农业基础薄弱，发展方式单一，产业链条较短；工业以劳动密集型为主，产业附加值低，缺乏大企业支撑；新兴服务业发展缓慢，拉动经济增长的作用不明显。基础设施欠账大，城市功能不完善。县域横向骨干交通网络尚未形成，县乡道路建设标准低；水利基础设施建设滞后，用水短缺问题仍未彻底解决；城乡电网结构不优，仍有部分村社没有通动力电；城镇路网、市场、停车场等基础设施欠账较大，乱修乱建、交通拥堵、环境脏乱差等问题比较严重。公共服务不均衡，城乡统筹任务重。城乡教育发展不均衡，农村教育基础薄弱；医疗卫生资源总量不足，看病难、看病贵的问题没有得到根本解决；文化体育设施短缺，就业再就业压力大，社会保障任务艰巨；城乡发展差距较大，脱贫攻坚和统筹城乡的任务还很重。生态环境脆弱，抵御灾害能力弱。自然条件严酷，生态功能区建设、水源地涵养、环境保护和污染治理任务十分繁重。同时，一些干部责任意识不强、履职能力不足、工作作风不实，执法不严、执法不公的问题依然存在。这些困难和问题，在今后的工作中，我们将采取有效措施，认真研究解决。

"十三五"思路目标和战略重点

"十三五"时期是我县全面建成小康社会的决战时期。如期全面建成小康社会既具有难得的发展机遇，也面临艰巨的工作任务。从全国来看，我国经济目前处在增长速度换挡期、结构调整阵痛期、前期刺激政策消化期"三期"叠加期，增长减速、结构调整、动力转化成为今后经济发展的基本特征。从全省来看，省委、省政府高度重视"一带一路"建设和"十三五"期间的发展，推动发展的力度前所未有。从全市来看，市上提出将进一步扩大开放开发，深入推进改革创新，积极谋划建设重大项目，促进特色优势产业、新兴产业和现代服务业等相关产业集聚发展，为今后发展创造了机遇。从全县来看，我县被列入陕甘宁革命老区振兴规划、六盘山集中连片特困地区、全省精准扶贫精准脱贫示范县、全省新型城镇化建设试点县、省级现代农业示范区，必将在政策、项目、资金方面得到更多的倾斜支持。加之我县综合实力显著增强，特色产业持续壮大，干部群众勤劳纯朴、作风务实，具备加快发展的良好基础。只要我们坚定信心，抢抓机遇，乘势而上，就一定能补齐发展短板，缩小发展差距，实现全面小康。

"十三五"时期全县经济社会发展的总体思路是：坚持以邓小平理论、"三个代表"重要思想、科学发展观和习近平总书记系列重要讲话精神为指导，全面贯彻党的十八大和十八届三中、四中、五中全会精神，始终紧盯2017年实现整体脱贫、2020年与全国全省同步进入全面小康社会一个目标，继续坚持经济生态融合发展、南北互补均衡发展两条路子，持续做强果品、纸箱包装、旱作农业三大产业，纵深推进项目带动、扶贫攻坚、帮村帮户、创业创新四大行动，全力实施精准扶贫攻坚、现代农业增收、基础设施改善、地方工业提升、城乡统筹建设、现代商贸物流、文化繁荣发展、生态环境保护、保障改善民生、社会综合治理十大工程，努力把静宁建成中国优质苹果生产加工基地、全国县级文明城市、全省教育强县，着力建设富裕静宁、美丽静宁、文明静宁、活力静宁、平安静宁。

发展目标是：到2020年，全县生产总值达到67亿元，年均增长8%；固定资产投资达到147亿元，增长15%；工业增加值达到7亿元，增长5.5%；社会消费品零售总额达到41.8亿元，增长11%；地方财政收入达到2.9亿元，增长8%；城镇居民人均可支配收入达到31750元，增长10%；农村居民人均可支配收入达到11000元，增长13%。

围绕上述目标，重点实施十大工程：

（一）聚焦全面脱贫，大力实施精准扶贫攻坚工程。以150个贫困村为主战场，瞄准3万户贫困户13万贫困人口，实施整村推进118个，新植果园10万亩，建成养牛小区100个，硬化砂化村社道路3000公里，搬迁安置困难群众1028户，改造贫困户危房19947户，新建改扩建幼儿园44所，发放精准扶贫专项贷款7.5亿元，全面改善贫困群众生产生活条件。2017年贫困面下降到4%以下，基本实现整体脱贫，2020年实现全面小康。

（二）紧盯产业富民，大力实施现代农业增收工程。持续做强果品产业，发展壮大旱作农业、绿色畜牧、劳务输出等多元增收产业，果园面积稳定在100万亩以上，认证各类基地80万亩，果品总产量120万吨，建成养殖小区180个，发展油用牡丹10万亩，每年推广旱作农业85万亩，输转劳务10万人（次）以上。全面加强农技推广、信息服务、产品流通等社会化服务体系建设，规范发展龙头企业85个、专业合作经济组织700个、家庭农场350个，培育新型经营主体，加快现代农业发展进程。新建9个标准化人影作业点，增强气象防灾减灾能力。

（三）立足增强后劲，大力实施基础设施改善工程。积极争取宁夏同心至甘肃成县铁路途径我县，配合实施平定铁路、静天高速和平绵高速静宁段建设，改造国省道160公里、农村公路243公里，着力构建综合交通体系。实施引洮供水二期配套工程、农村安全饮水、城区供水等项目，改造城区供水管网，新建农村集中供水工程13处、抗旱应急水源11处，保障城乡居民饮水稳定。推进城乡电网一体化建设，新建330千伏变电站1座、110千伏变电站3座，架设改造输配电线路1688公里，增强电力保障能力。加快现代通讯网络建设，实施基础干线网、平安城市、通讯基站等一批信息基础设施项目，提升县域信息化服务水平，建设智慧静宁。

（四）坚持工业强县，大力实施地方工业提升工程。引导包装企业兼并重组，新建塑料、纳米绿色保鲜等包装生产线，推进包装产业多元化、精细化、品牌化发展。改造提升民爆器材、地毯加工、建筑建材等传统产业，加强技术创新和产品研发，增强企业竞争力。实施果蔬果汁、肉牛育肥、马铃薯全粉等农产品加工项目，延伸产业链条，实现就地加工转化增值。积极发展光伏、风电等新能源产业，培育工业新的增长点。创新工业园区体制机制，完善基础设施配套，建成省级循环经济示范园。

（五）注重协调发展，大力实施城乡统筹建设工程。科学编制城乡规划，优化城镇空间布局。集中实施城区道路桥梁、地下管廊等一批重点市政工程，扩大城市规模，完善功能配套。加强界石铺、李店等重点小城镇基础设施建设，辐射带动乡村发展，加快城乡一体化进程，积极推进撤县设市。深化户籍制度改革，有序推进农业转移人口市民化，常住人口城镇化率达到40%以上。坚持水电路气房统筹推进，建成省级美丽乡村15个、新农村暨整洁示范村145个，改造农村危房2.36万户，持续改善农村面貌。

（六）着眼三产活县，大力实施现代商贸物流工程。充分发挥区位优势，培育发展一批物流龙头企业，规划建设一批专业市场和农贸市场，优化商业网点布局，构建新型商贸流通体系。健全完善县乡村三级电商平台，积极争取阿里巴巴“千县万村”、京东“千县燎原”和苏宁“农村电商”计划落地实施，着力培育一批知名电商企业，促进电子商务业快速发展。支持发展融资租赁、金融保险、家政养老、健康养生等生产生活性服务业。深入推进大众创业、万众创新，努力培育一批中小企业群和骨干民营企业，促进非公经济快速健康发展。

（七）突出文化惠民，大力实施文化繁荣发展工程。深度开发成纪文化、红色文化、生态文化资源，实施丝绸之路纸制品印刷包装、地毯挂毯产业园等文化产业项目，扶持组建一批文化龙头企业，推动文化产业健康发展，文化产业增加值占GDP比重达到5%以上。完善文化基础设施，实施综合性文化服务中心、广电网络传媒中心等一批文体项目，推动公共文化服务均等化。充分挖掘县域旅游资源，改造提升成纪文化城、伏羲纪念馆，扩容改建界石铺红军长征毛泽东旧居纪念馆，积极发展休闲旅游、中医保健等养生产业，推动文化与旅游融合发展，旅游综合收入达到12.5亿元。

（八）坚持生态立县，大力实施生态环境保护工程。实施三北防护林、小流域治理等生态工程，完成造林33.8万亩，治理水土流失280平方公里，森林覆盖率达到33.5%以上，加快建设生态安全屏障。全面推进大气、水、土壤污染防治行动计划，加强环境执法监管，维护生态环境安全。实施雨洪资源利用、再生水利用工程，建设节水型社会。坚持集约节约用地，严格控制建设用地规模。加大再生资源回收利用，加快淘汰落后产能，培育发展循环经济优势产业链。

（九）围绕普惠共享，大力实施民生保障改善工程。实施农村“全面改薄”等项目，新建改建中小学校舍249所19万平方米、乡村幼儿园188所，均衡发展城乡教育。建成儿童专科医院、3乡镇卫生院业务楼、6个社区卫生服务中心和73个标准化村卫生室，健全医疗卫生服务网络。实施全民参保计划，完善城乡居民养老保险制度，推行机关事业单位养老保险制度改革，基本实现社会保险全覆盖。强化社会救助救济，保障困难群众基本生活。鼓励以创业带就业，促进高校毕业生、城镇失业人员和就业困难人员充分就业。

（十）深化平安建设，大力实施社会综合治理工程。牢固树立安全发展理念，严守安全红线，严格目标管理，强化隐患排查整治，有效防范安全生产事故。健全食品药品基层监管网络，建立覆盖全过程的监管制度，确保群众饮食、用药安全。完善矛盾纠纷综合调处和维稳应急处置机制，建立涉法涉诉信访依法终结制度，预防和减少不稳定因素。扎实推进平安静宁建设，构建立体化社会治安防控体系，增强突发公共事件应急能力，加强重点区域管理，严厉打击各类违法犯罪行为，努力营造安全、稳定、和谐的社会环境。

2016年工作任务

2016年是实施“十三五”发展规划的开局之年，是推进精准扶贫精准脱贫的攻坚之年。全县经济社会发展的预期目标是：生产总值增长8%，达到49.2亿元；规模以上工业增加值增长6%，达到3.4亿元；固定资产投资增长15%，达到84亿元；地方财政收入增长8%，达到2.2亿元；社会消费品零售总额增长11%，达到27.5亿元；城镇居民人均可支配收入增长10%，达到21687元；农村居民人均可支配收入增长13%，达到6746元。

主要任务是：

（一）突出精准施策，加快夯实增收基础，在精准扶贫脱贫上聚力突破。紧盯贫困群众脱贫致富，突出产业培育、基础改善、素质提升三项重点，整合资源，强化措施，全力攻坚，力争年内减贫人口4万人，贫困面下降到11.2%以下。着力培育增收产业。按照村有主导产业、户有致富门路的思路，因地制宜、因户施策，新植果园4万亩，推广旱作农业15万亩，发展养殖小区14个、暖棚养殖600户，持续增加农民收入。着力改善基础条件。全面抓好贫困村通畅工程、安全饮水、电网改造等重点项目建设，实施整村推进项目46个，改造危房7000户，建成集中供水工程3处、文化活动中心37个、幼儿园33所，实现贫困村硬化路、动力电全覆盖。着力破解融资难题。鼓励金融机构扩大贫困乡村信贷投放额度，规范互助资金运行管理，协调落实精准扶贫专项贷款5亿元，解决贫困群众发展资金短缺问题。

（二）突出产业开发，加快推进转型升级，在发展现代农业上聚力突破。以发展现代农业为方向，坚定不移做大做强果品、畜牧、旱作农业等特色优势产业，促进农业增效、农民增收。做强苹果主导产业。按照覆盖优生区、发展适宜区、杜绝不宜区的思路，新植果园6万亩，建成古城西湾、威戎杨湾等5000亩以上示范点10处。推广矮化密植等栽培新模式，发展德美、辰宇等有机苹果示范园800亩。引进苹果新优品种，建成良种苗木繁育基地2000亩。以仁大、李店、威戎等川区果园为重点，推广增施有机肥、树体改良、病虫害综合防控等提质增效技术，认证基地8万亩，改造低产园2万亩，果园标准化管理实现全覆盖，挂果园面积达到60万亩、总产量78万吨、产值30亿元。严格农资市场、营销市场、包装市场管理，规范果品市场秩序，切实保护静宁苹果品牌。健全完善果品营销体系，拓展延伸销售网络，扩大终端市场占有份额。加大出口创汇力度，创汇2500万美元。壮大多元增收产业。组合配套全膜覆土沟播、测土配方施肥等实用技术，推广旱作农业85万亩，种植瓜菜12万亩，发展油用牡丹2万亩。坚持走“小群体、大规模”的发展路子，新建三合北集、新店杏湾等养殖小区10个，发展养殖示范户1000户，组建草产业公司2户，青贮玉米秸秆27万吨，牛饲养量达到19万头，实现畜牧业产值3.4亿元。多渠道输转农村劳动力10万人（次），创收15亿元。健全农业服务体系。加强院地合作、院企合作，建成中国农业大学静宁实验基地。实施农业保险10万亩，新增人影作业点3个，培育发展农民合作社、家庭农场等新型经营主体225个，提高农业防灾减灾能力和社会化服务水平。

（三）突出扩量增效，加快培育产业集群，在壮大地方工业上聚力突破。按照布局集中、产业聚集、园区承载的思路，着力抓招商、建项目，推动地方工业总量扩张、效益提升、集群发展。加强园区建设。完成园区5.1平方公里控制性详细规划评审，规划建设园区污水处理厂，建成西滨河路、次七路，改造312国道园区段，完善给排水、绿化等基础设施，不断提升承载能力。扩张工业总量。投资4.6亿元，开工建设创业创新示范园、光伏设施农业、有机肥生产线、新型墙体建材等重点工业项目，持续壮大工业经济总量，工业增加值达到7.2亿元。积极扶持纸箱包装、化工医药、地毯加工等龙头企业改造升级、做大做强，推动集群发展。扩大招商引资。坚持外引内聚相结合，大力推行区域性定向招商、产业性专业招商、龙头企业带动招商，多渠道引进一批大项目、好项目，提高合同履约率、资金到位率和开工投产率，招商到位资金增长10%以上。严格节能减排。强化环保准入，严格环评管理，抓好重点企业节能技改和清洁生产审核，确保达标排放，全面完成节能减排目标。

（四）突出项目支撑，加快破解瓶颈制约，在改善基础条件上聚力突破。始终把项目建设作为夯基础、增后劲、促发展的主攻点和突破口，精心谋划和争取实施重点基础设施建设项目46项，完成投资63亿元。强化交通保障。新建美丽乡村道路、村社贯通路、产业路240公里，改造危旧桥梁3座，维修养护县乡公路360公里，开工建设平绵高速、静天高速静宁段，进一步改善群众出行条件。强化水利保障。全面启动实施引洮供水二期配套工程，配合做好移民安置、土地征用等各项工作，确保项目顺利推进。建成三合中沟等8处集中供水工程和司桥牟沟等3处抗旱应急水源工程，强化城乡水源污染治理，确保居民用水稳定。突出重点小城镇河道治理，规划实施河堤治理项目，加快形成环形通道。加强联合执法，集中整治非法开采、滥挖乱采等违法采砂行为，切实规范河道管理。强化生态保障。认真实施渭河流域生态恢复、新一轮退耕还林等生态项目，统筹抓好城乡面山治理和公路沿线绿化，完成生态造林8万亩，栽植行道树1000公里，新修梯田4.7万亩，整理土地5.7万亩，治理水土流失40平方公里。严格落实封山禁牧、森林防火等林木管护措施，严防羊只放牧毁林，巩固生态建设成果。实施城乡水源地环境保护和葫芦河流域综合整治工程，加大规模化畜禽养殖污染治理，扎实开展农村环境连片整治，创建国家级、省级生态乡镇13个，提高生态环境质量。

（五）突出扩容提质，加快完善服务功能，在推进城乡建设上聚力突破。完善基础设施配套，适度扩张城镇规模，实施城镇重点建设项目35项，完成投资42亿元。修编完善规划。完成“多规合一”成果评审报批，高标准编制城区控制性详细规划、绿化等4个专项规划、建材市场等11个修建性详细规划、四河等2乡镇总体规划、10个新农村建设规划和2个美丽乡村规划，完善城乡规划体系。加快城镇建设。改造提升城区道路，打通城区断头路，改造县城出入口，维修永福巷等破损路面1万平方米。完善市政基础设施，续建全民运动广场、天然气利用工程、文屏山和烽台山生态公园，改造城市污水管网1.7公里，敷设天然气管网33公里，新建城区生活垃圾填埋厂和东城区集中供热站，完成滨河路桥南、北环东路等道路绿化。改造后街、南环西路以南、北环路棚户区2018户，新建续建商住楼49幢50万平方米。加快界石铺、李店等小城镇建设，城镇化率提高2.5个百分点。强化城镇管理。从政策支持、经费保障、人员充实、机制完善等方面入手，加强城镇管理，提升对外形象，加快全国县级文明城市创建步伐。严格规划审批和执法监管，依法从重查处未批先建、乱修乱建等违法行为，坚决遏制违法建设、乱占耕地等高发势头，切实维护规划的严肃性和权威性。加强工作力量，增加资金投入，完善环卫设施，加大清扫保洁频次，下功夫解决环境卫生脏的问题。坚持日常巡查和重点整治相结合，严查乱停乱放、违章驾驶等交通违法行为，下功夫解决交通秩序乱的问题。加强市场规范管理，大力整治乱摆摊点、占道经营、乱设广告等现象，下功夫解决市场面貌差的问题。加强美丽乡村建设。深入开展改善农村人居环境行动，按照村容整洁、环境优美、基础完善、生活富裕、乡风文明的要求，高标准建成八里大路等3个省级美丽乡村和威戎上磨等40个新农村暨万村整洁示范村，搬迁安置困难群众386户，改造农村危房1.24万户，推动美丽乡村建设在产业支撑、基础配套、内涵提升上实现新突破。

（六）突出旅游商贸，加快发展非公经济，在扩张三产总量上聚力突破。大力发展旅游、商贸、物流和现代服务业，三产增加值达到19.6亿元。做精特色旅游。围绕打造“华夏之根、红色圣地、金果家园”旅游品牌，开工建设界石铺红军长征毛泽东旧居纪念馆游客接待中心和生态广场，改善景区基础环境，力争通过国家级爱国主义教育基地创建验收。建设葫芦河金果养生园，续建伏羲部落生态园、曹务张凸民俗文化园等项目，举办观花赏景、苹果采摘、农事体验活动，大力推进文化生态旅游，探索发展产业旅游。做活商贸流通。规划建设农副产品交易中心、汽贸城等专业市场，实施乡镇农贸市场标准化建设，健全完善市场体系。建成欣叶电子商务产业孵化园，建设德美农产品冷链物流园，带动建办网店190家以上，网上销售达到6000万元，促进电子商务业快速发展。深入开展市场专项整治，严厉打击制假售假、恶意囤积、哄抬价格等违法行为，着力规范市场秩序。做大非公经济。认真落实支持非公经济发展的各项政策措施，进一步放宽准入条件，简化办事流程，新发展非公经济主体2700个，非公经济增加值增长10%，达到23.4亿元，努力培育新的经济增长点。

（七）突出均等服务，加快优化资源配置，在发展社会事业上聚力突破。着眼于满足人民群众对公共产品的需求，持续优化公共资源配置，认真落实公共普惠政策，推动各项社会事业全面进步。坚持教育优先发展。深化教育教学改革，强化教师队伍建设，不断提高教育发展水平。加快实施“全面改薄”项目，改扩建阳坡中心小学等25所中小学校舍，新建多媒体教室500个，实现校园宽带网全覆盖，持续改善教育基础条件。分流疏导乡镇中心小学校外租住生，积极引导就近入学。加强健康静宁建设。开工建设中医院住院部综合楼，建成2乡镇卫生院业务楼，实施县级公立医院综合改革，巩固完善基本药物制度和分级诊疗模式，开展全民健康素养促进行动，提升全民健康水平。落实一对夫妇可生育两个孩子政策，促进人口均衡发展。统筹发展文体事业。建成“乡村舞台”80个、乡镇体育健身中心1个、村级农民健身工程15个、农村文化广场2个。加大文物和非物质文化遗产保护力度，加强文艺创作，培育发展一批中小型文化企业，文化产业增加值达到1.1亿元。

（八）突出实事办理，加快完善社保体系，在改善民本民生上聚力突破。坚持项目向民生倾斜，资金向民生聚拢，集中精力办实事、解难题，不断提高群众的生活幸福指数。集中力量办好“十件实事”。1.打通阿阳南路、南环西路等城区断头路，实施西城区和工业园区道路贯通工程，新建姚柳大桥1座；改造平定高速公路八里出入口、县城东街东出入口、西兰路北出入口、静庄路南出入口、滨河路南出入口。2.在城区新建公共停车场3处、公厕3座、便民市场1处，提升完善西综市场。3.启动建设引洮供水二期配套项目，实施城乡水源地环境保护整治工程，建成8处集中供水工程和3处抗旱应急水源工程，解决城区居民和6.1万农村群众饮水不稳定问题。4.改造农村电网134.7公里，为18个行政村78个自然社通动力电。5.新增宽带用户1万户，新建通讯基站550座，实现行政村4G网络全覆盖。6.新建乡镇公租房1000套3.8万平方米，搬迁安置困难群众386户，改造农村危房1.24万户。7.新建、改扩建中小学校舍1.9万平方米、行政村幼儿园100所。8.建设中医院住院部综合楼，建成贾河、三合2乡卫生院业务楼和标准化村卫生室10个。9.新增城镇就业4300人，新开发公益性岗位120个，完成农民实用技术培训12万人（次）。10.启动运行老年福利服务中心，建成李店中心敬老院、城乡老年人日间照料中心42个。着力健全社会保障体系。进一步扩大城镇职工养老、城镇医疗、工伤、失业、生育保险范围，新农合参合率巩固在98%以上，城乡居民社会养老保险参保率达到90%以上。高度重视困难群众生产生活，认真做好城乡低保、五保供养和救灾救助。坚持就业优先，扩大就业渠道，促进充分就业。积极推进社会管理创新。严格落实安全生产“党政同责、一岗双责”责任制，加强重点行业、重点领域安全监管，坚决遏制重特大事故发生。深化平安建设，进一步落实重大信访案件领导包案制度，妥善解决群众合理诉求，及时化解各类矛盾纠纷，推动社会治理从打击防范控制向服务管理建设拓展延伸，确保社会大局和谐稳定。

加强政府自身建设

进入新阶段，适应新常态，谋求新发展，对政府自身建设提出了新的更高要求，我们将进一步增强服务理念，强化执行意识，加快建设法治政府、创新政府、廉洁政府和服务型政府，更好地担当起推进改革发展、建设小康静宁的历史重任。

坚持科学谋政促提升。深入调查研究，多方倾听群众意见，积极支持人大代表、政协委员视察调研，进一步完善重大事项决策程序和专家咨询、社会公示与听证、社会稳定风险评估、合法性审查等制度，促使各项决策更加符合科学发展的要求、符合静宁发展的实际需要、符合广大群众的愿望。坚持一线工作法，充分掌握社情民意，尊重基层群众的实践和首创精神，统筹兼顾，分类指导，按政策规定办事，按经济规律办事，按市场法则办事，增强决策的针对性、操作性和实效性，把民主决策、科学决策、依法决策的过程变为集中民智、统一思想、激发干劲的过程，形成同谋发展、建设小康、造福人民的强大合力。

坚持依法行政抓规范。全面贯彻党的十八届三中、四中、五中全会精神，进一步强化法治思维，弘扬法治精神，大力推进依法治县，着力规范行政行为，加快建设职能科学、权责法定、执法严明、公开公正、廉洁高效、守法诚信的法治政府。坚决执行人大及其常委会的决议、决定，自觉接受人大法律监督、工作监督和政协民主监督，认真办理人大代表建议和政协委员提案。依法规范执法行为，严格落实执法过错责任追究制，坚决纠正行政不作为、乱作为，努力提高执法服务水平。

坚持务实勤政提效能。大力弘扬求真务实、雷厉风行的工作作风，切实强化工作责任，加大行政问责，对重大项目、重点工作严格考核奖惩，对贻误工作、落实不力的严格追责问效。坚持以实为本，以干为先，真正把心思用在谋发展上，把精力用在抓落实上。巩固和扩大党的群众路线教育实践活动、“三严三实”专题教育成果，持之以恒整治“四风”，驰而不息转变作风。深化机关效能建设，全面实行岗位责任制、服务承诺制、限时办结制和责任追究制，强化效能监察，促进政府行政效能全面提速。

坚持从严治政树形象。严格落实党风廉政建设责任制，贯彻执行好新修订的廉洁自律准则，强化政府内部权力监督制约，在权力集中部门和重点岗位探索推行分事行权、分岗设权、分级授权。强化政府投资项目监管，严控工程建设规模标准，坚决避免重复建设和超预算、超标准建设行为。加强审计监督和行政监察，健全工程建设、土地管理、公共资源交易、财政资金监管等重点领域的反腐倡廉长效机制，严肃查处各类违法违纪案件，切实纠正损害群众利益的不正之风。始终保持艰苦奋斗的优良作风，严格执行中央“八项规定”和省市县委相关规定，严格控制和压缩“三公”经费，降低行政成本，以良好的政风树立形象，凝聚力量，促进发展。

县人大常委会工作报告

（县人大常委会主任张自杰　2015年12月31日）

2015年的主要工作

2015年，县人大常委会在县委的正确领导和“一府两院”的配合支持下，全面贯彻党的十八大和十八届三中、四中、五中全会精神及习近平总书记系列重要讲话精神，紧紧围绕全县发展大局，认真履行各项法定职责，圆满完成了县十六届人大四次会议确定的各项任务，为促进全县经济社会发展和民主法治建设发挥了积极作用。

一、服务全县发展大局，审议决定重大事项

依法审议决定重大事项。听取、审议县政府关于申请棚户区改造项目贷款的报告，审查、批准县政府向国家开发银行申请贷款36631万元用于县城棚户区改造项目；听取、审议县政府关于2015年新增地方政府债券支出安排情况的报告，审查、批准县政府2015年新增地方政府债券6000万元，用于教育园基础设施、县城道路改造和工业园区道路建设；听取、审议县政府关于撤乡建镇情况的报告，决定将甘沟、古城、仁大、城川、曹务、雷大、四河、细巷8乡撤乡建镇。

持续加强计划、预算监督。听取、审议和审查、批准了县政府关于2015年国民经济和社会发展计划调整、财政收支预算调整以及2014年财政决算的报告；听取、审议了县政府关于2015年上半年国民经济和社会发展计划执行情况及2014年财政预算执行情况审计报告，就加强经济社会发展计划和财政预算执行提出了审议意见。

依法决定人事任免。按照县委提名、人大依法任免的原则，进一步规范人事任免工作。一年来，依法任命县人大常委会及“一府两院”工作人员8人，接受辞职和免职11人。坚持把干部任后监督贯穿于常委会调研、检查和代表视察工作之中，不断提高被任用干部依法行政、公正司法水平。

二、依法履行监督职责，助推经济社会持续健康发展

认真开展法律监督。听取、审议了县法院、检察院年度执法工作计划的报告，并对县法院近年来审判执行工作进行了检查，提出了工作建议。加大群众来信来访转办督办力度，督促“一府两院”认真研究解决群众涉法涉诉信访案件，全力维护人民群众合法权益。

针对我县境内河道非法采砂现象突出，河道河堤和生态面貌遭到严重破坏等问题，常委会组成执法检查组，深入全县9大河系，对《甘肃省河道管理条例》实施情况进行检查，建议县、乡两级政府要提高思想认识，加强组织领导，科学编制全县河道管理和砂石资源开发利用规划，制定严格的管理办法，切实加强管理，依法解决非法开采，排除安全隐患，恢复河道生态面貌。

高度重视法制宣传教育工作。对全县“六五”普法实施情况进行了检查，指出了存在的问题，并就“七五”普法及“一府两院”工作人员学法用法、依法行政、公正司法提出了审议意见。同时，举办宪法和法律法规专题培训班，对“一府两院”工作部门主要负责人进行了培训。

持续关注教育事业发展。为促进全县教育事业科学、健康、稳步发展，从2012年开始，常委会每年把教育工作列入监督工作计划。今年对城区学校教育教学管理和乡镇中心小学校外租住生管理进行了调研、检查、审议。针对城区学校学生课业负担过重、课程课时安排不规范、部分学校大班额、教师队伍管理不严、学校周边环境差以及幼儿教育小学化等问题，提出了加强教育教学管理、强化教师队伍建设、提高教师队伍素质、增强安全防范意识、构建平安和谐校园等建议。

针对乡镇中心小学校外租住生多、社会各界及广大群众反响强烈的问题，常委会调研报告明确指出，由于盲目撤并一些农村学校和大量选调教师进城等原因，导致教育优质资源向县城、乡镇中心小学集中，严重削弱了农村边远小学办学力量，大量边远农村学生到县城、乡镇中心小学上学，使校外租住的学生急剧增加，造成学校管理压力大，学生上学成本高，安全隐患突出，“三教合一”中家庭教育缺失，给社会及家庭带来很多负面效应，形成了新的社会矛盾。要求政府及教育主管部门转变思想观念，真正把全县教育工作的重心放到农村，重点放到贫困边远山区；严把适龄儿童就近入学关口，坚决杜绝形成新的校外租住现象；加强分流疏导，尽快消化现有校外租住生；均衡教育资源，切实提高村级小学教育教学质量，确保在两至三年内解决乡镇中心小学学生校外租住问题。

依法保障群众合法权益。城区商品房权属登记办证涉及居民切身利益。在去年检查的基础上，今年4月，又对审议意见落实情况进行了跟踪检查，在听取、审议县政府报告的同时，首次对县政府专项工作报告进行了满意度测评，并向社会公布了测评结果。县政府高度重视，认真研究，制定政策，依法依规解决了城区2550套商品房权属登记历史遗留问题。

高度重视生态环境建设。围绕落实县委提出的经济生态融合发展决策部署，对全

县生态林建设管护工作进行了调研、审议。针对工作中存在的问题，从加快生态林建设步伐、完善管护机制、加大林业执法力度、强化宣传教育、提高生态林建设管护水平、促进全县生态文明建设等方面提出了建议。

积极回应社会普遍关切。针对群众反映强烈的县城道路、便民市场、公共停车场、公共厕所等基础设施建设严重滞后，城市管理严重缺位，城区乱修乱建、乱停乱放、噪音扰民以及卫生脏乱差等突出问题，常委会组织人员对县城建设与管理情况进行了调研、审议，要求县政府将县城建设与管理工作作为“一把手”工程，加大资金投入，下大力气打通城区“断头路”，建设一批便民市场、公共停车场、公共厕所等重点公共基础设施；组织开展县城管理集中整治行动，坚决治理县城管理中存在的各类违法违规问题，下大功夫解决城市脏乱差，为广大市民工作、学习、生活创造整洁、文明的环境。

三、充分发挥代表作用，凝聚推动改革发展合力

努力为代表履职创造条件。组织代表视察全县工作，适时与县政府联合召开政情通报会，向省、市、县人大代表通报全县经济运行和社会事业发展情况，努力为代表知情知政创造条件。坚持常委会组成人员联系代表、代表联系选民制度，及时掌握代表履职需要，协调解决履职中存在的困难和问题。

重视发挥代表作用。根据全国及省、市人大要求，首次开展代表述职活动，先后组织72名县人大代表、199名乡镇人大代表向选民述职，回答选民询问，接受选民监督，充分发挥代表桥梁纽带作用。邀请45名省、市、县人大代表参加了常委会组织的调研、检查，邀请21名市、县人大代表列席了常委会会议，推荐部分代表参加了县上有关听证、评议、座谈会，让代表在广泛参与中更好地发挥作用。

认真办理代表建议意见。坚持把提高代表建议意见办理质量作为支持代表依法履职的重要举措，继续实行重点建议意见领导督办制度，完善面商办理、现场督办、联合督办等办法，加大了代表建议意见办理力度。截至10月底，县十六届人大四次会议代表所提31件建议意见已全部办结并向代表作了答复。

四、认真贯彻各级党委人大工作会议精神，加强和改进县乡人大工作

认真传达学习中央、全国人大及省、市、县委关于人大工作的一系列文件和会议精神，准确把握新时期人大工作的政治方向和主要任务。县委及时研究制定印发了《关于进一步加强新时期县乡人大工作和建设的实施意见》，为加强县乡人大工作提供了坚强的制度保障。按照省、市、县委的要求，县编委将人大办公室信访室提升为县人大常委会信访室，为每个委室核增了1名副主任职数，为威戎、甘沟、古城3镇人大核增了1名副主席职数。县政府将县、乡人大代表活动经费、乡镇人代会经费和工作经费按标准列入2015年县级财政预算，保证了县乡人大工作和人大代表活动的正常开展。

研究制定了常委会领导联系包抓乡镇（街道）人大工作制度，按照分工，多次深入所包乡镇、街道，通过走访座谈、查看资料等方式，对乡镇（街道）人大工作进行全面检查，指导乡镇（街道）人大依法开展工作。先后召开了乡镇人大主席会、工作

推进会和业务培训会，着力提高乡镇人大主席工作能力和工作人员业务水平，促进乡镇（街道）人大工作规范化建设。督促各乡镇改善人大办公条件，配强专职工作人员。建成“人大代表之家”94个（其中乡级25个，村级69个）。

加强自身建设，扎实开展“三严三实”专题教育，严格落实党风廉政建设主体责任，切实转变工作作风，确保机关各项工作高效有序运转。

积极开展人大工作宣传，在国家、省、市新闻媒体发表稿件40多篇，充分宣传展示全县各项工作和人大代表履职情况。认真编纂《静宁县人民代表大会志》，完成了初稿撰写。

过去的一年，常委会各项工作虽然取得了一定成效，但也存在一些不容忽视的问题。主要是：对“一府两院”刚性监督不够，提出的一些审议意见未得到及时有效落实；支持和保障代表依法履职还不到位，组织代表开展经常性活动较少，代表主体作用有待进一步发挥；乡镇人大依法履职水平还不高，工作进展不平衡，一些工作还不规范等。这些问题，需要在今后的工作中高度重视，深入研究，认真加以解决。

2016年的工作建议

2016年是实施“十三五”规划的开局之年，也是本届人大常委会任期的最后一年。总体思路是：贯彻落实中央人大工作会议精神，坚持党的领导、人民当家做主、依法治国有机统一，紧扣县委决策部署，服务全县发展大局，求真务实，依法履职，全力推进全县经济社会发展和民主法治建设。

一、依法履行各项法定职责

依法审议决定重大事项。抓住全县经济社会发展、民主法治建设和深化改革中的重大事项，深入开展调查研究，广泛听取意见建议，认真组织审议审查，依法作出决议决定，通过法定程序将县委的重大决策转化为全县人民的共同行动。

加大计划、预算监督力度。听取、审议和审查、批准县政府关于2016年国民经济和社会发展计划调整及上半年执行情况的报告、2016年财政预算调整情况的报告、2015年财政决算报告及财政预算执行情况的审计报告，加强全口径预算决算审查监督，把社会保障基金、政府债务、土地出让收入纳入预算监督范围，支持和督促审计部门依法开展审计，加大审计问题整改的督查力度。

扎实开展执法监督。认真贯彻依法治国方略，加强对法律实施情况的监督，重点对食品安全法贯彻实施情况进行执法检查，促进政府及相关部门改进执法工作，依法履行职责。将接待群众来信来访与加强法律监督有机结合，切实解决一些有法不依、执法不严甚至执法违法、违法不究的问题，全力维护社会公平正义。

紧盯热点难点问题开展监督。对全县贯彻执行道路交通安全法、城区供热监管工作进行调研、检查，对常委会关于全县贯彻实施甘肃省河道管理条例审议意见落实情况进行跟踪检查，全面掌握真实情况，准确把握问题根源，广泛听取社会各界意见，审议提出符合法律、符合政策、符合实际、有操作性的工作建议，督促政府及主管部门加强和改进相关工作，使人大工作更好地与群众切身利益相结合，使人大监督更多地解决一些热点难点问题。

改进监督方式方法。充分行使地方人大的法定监督权，对一些事关大局、影响深远、社会反响强烈、久拖未决的热点难点问题和“一府两院”工作人员中存在的有法不依、执法不严、违法不究以及不作为、乱作为等问题适时进行专题询问或质询；对“一府两院”部分专项工作报告进行满意度测评。同时，加大审议意见跟踪检查力度，督促“一府两院”认真落实常委会审议意见，更好地解决工作中存在的突出问题，增强人大监督实效。

二、依法做好人事任免工作

进一步规范人事任免程序。坚持党管干部和人大常委会依法任免相统一原则，结合县、乡换届，不断改进和完善人事任免程序，依法做好人事任免工作。全面推行新任国家机关工作人员向宪法宣誓制度，增强国家机关工作人员的宪法和法律意识，促进“一府两院”依法行政、公正司法。

依法做好换届选举工作。2016年县、乡人大将同步进行换届选举。常委会要在县委的领导和上级人大的指导下，精心组织安排，加强指导检查，严格依法办事，认真做好各环节工作，确保圆满完成县、乡人大换届任务。

三、充分发挥代表主体作用

畅通代表知情知政渠道。坚持常委会组成人员联系代表、代表联系选民“双联系”制度，扩大代表参与常委会专题调研、执法检查和视察活动的范围，增加基层代表列席常委会会议的人数，广泛听取代表的意见和建议。坚持定期向代表通报常委会及“一府两院”工作情况，努力为代表知情知政提供服务保障。

组织代表开展扎实有效活动。深化“人大代表在行动”活动，与精准扶贫工作深度融合，组织引导广大代表积极参与，在帮助困难群众脱贫致富上出实招、求实效。充分发挥“人大代表之家”的作用，健全代表活动制度，完善软硬件设施，组织代表经常开展活动，努力将“代表之家”建成代表学习培训的基地、联系群众的渠道、履行职责的场所。

强化代表建议意见督办。在认真办好本次人代会代表建议意见的同时，对本届历次人代会B、C类建议意见进行一次“回头看”，督促政府全面办理落实，特别要下大力气办理好事关广大群众切身利益的建议意见，争取给代表一个满意的办理结果。

四、不断加强县乡人大工作和建设

充分发挥乡镇人大职能作用。举办乡镇人大主席和工作人员培训班，重点学习中央和省、市、县委关于人大工作的相关政策精神，培训宪法、监督法、组织法、选举法、代表法等法律法规，不断增强做好乡镇人大工作的责任意识和法制意识，提高乡镇人大工作队伍整体素质。举办县、乡人大换届选举专题培训班，为顺利完成换届选举工作提供有力保障。坚持常委会领导包抓联系乡镇人大工作制度，进一步督促乡镇人大严格依法规范履职，切实提高工作水平。

健全完善县乡人大工作制度。进一步加强县、乡人大工作制度建设，研究制定实施宪法宣誓制度的办法、乡镇人大议事规则、乡镇人大主席团设置指导意见，建立全口径财政预决算监督机制，探索利用审计结果开展预算监督模式，修改完善规范性文件审查备案制度。

加强县乡人大队伍建设。适应新时期人大工作的新要求，进一步加强县乡人大队伍政治、思想、作风、业务建设，努力提高工作水平。全面落实党风廉政建设主体责任和反腐倡廉各项工作任务，着力改进工作作风，提高工作成效。

重视人大宣传工作。加大宣传力度，改进宣传形式，丰富宣传内容，增强宣传实效，努力营造全社会关心支持人大工作的浓厚氛围。加强协调调度，增加工作力量，加快工作进度，确保年底完成《静宁县人民代表大会志》编纂工作。

第十七章　县第十七届人民代表大会

县第十七届人大任期为2016年10月至2021年。共召开代表大会5次，出席代表972名（次）。听取和审议县政府工作报告16项（次）、县人大常委会工作报告5项（次）、县法院工作报告5项（次）、县检察院工作报告5项（次）；作出决议31项；选举县人大常委会主任2名、副主任9名、委员32名，县政府县长2名、副县长4名，县法院院长1名，县检察院检察长1名，平凉市第四届人大代表60名；办理代表意见、建议202件。

第一节　县第十七届人民代表大会第一次会议

大会概况

县十七届人大一次会议于2016年10月18日至20日在静宁剧院召开。应出席代表209名，实出席206名，不是县第十七届人大代表的县级领导，县委各部门、群众团体，人大各委、室，政府各局、办，省、市驻静宁各单位主要负责人，县法院副院长，县检察院副检察长，乡镇人大主席、乡镇长，城区街道办事处主任、党工委副书记，在静宁县的省第十二届人大代表，部分退休干部，出席政协静宁县九届一次会议的全体委员（列席此次会议第一次、第二次全体会议），共350人列席会议。市委组织部干部教育培训科科长陈涛、市纪委组织部干部陈政，受平凉市委委派指导大会。

马斌、王宁香（女）、王全生、王国平、王国随、王晓军、王敏、王维军、王智国、牛国喜、平宏、史虎平、吕斌、吕锦鸿、朱卫华、朱国军、刘桂香（女）、李会宾、李岳、李建明、李留学、李读、李新学、杨华、杨会君、杨青、吴剑霖、何鹏峰、沙芳琴（女、回族）、张立军、张自杰、张兴荣、张进宝、张录牛、张前江、陈景春、周浩仁、厚凤兰（女）、厚连世、姜全春、柴福喜、高旭、崔江鸿、靳宝生、慕锡武、裴晓江、魏永牛（按姓名笔画排序）47人组成大会主席团，王晓军、王维军、王智国、史虎平、李新学、何鹏峰、沙芳琴（女、回族）、张自杰、张兴荣、厚连世、高旭、靳宝生、慕锡武13人为主席团常务主席；高旭为秘书长，江小兵、张录牛、何浩强、周浩仁为副秘书长；高旭、陈景春、王友忠、牛满川、平宏、白路民、赵小刚、胡生平、柴福喜、蒋建怀、戴彦荣11人组成计划和预算审查委员会，高旭为主任委员，陈景春为副主任委员；慕锡武、李彦荣、王壬寅、王致中、牛国喜、吕斌、李文环、李会宾、李稳收、吴剑霖、魏永牛11人组成议案审查委员会，慕锡武为主任委员，李彦荣为副主任委员。

大会成立临时党委，王晓军任书记，王智国、张兴荣任副书记，何鹏峰、史虎平、朱卫华、陈景春、吕锦鸿、杨会君、李岳、王敏、王宁香任委员（大会结束后，临时党委自行撤销）。

10月17日下午2时30分，召开分团预备会议，推举各代表团临时党支部组成人员，宣读大会须知；3时召开大会临时党委会议，宣布设立大会临时党委的决定，表决通过设立各代表团临时党支部的决定；3时30分，召开预备会议，由县人大常委会主任张自杰主持，观看电视专题片《镜鉴》，听取县人大常委会副主任、第十六届人大常委会代表资格审查委员会主任委员慕锡武所作的《关于第十七届人民代表大会代表资格审查结果的报告》，表决通过大会议程（草案）、大会主席团和秘书长名单（草案）、计划和预算审查委员会名单（草案）、议案审查委员会名单（草案）、大会议案和建议、意见提出及处理办法（草案）；随后召开全体党员会议，宣布成立大会临时党委和各代表团临时党支部的决定，县委书记王晓军作了讲话。

大会共举行全体会议3次。第一次全体会议于10月18日上午举行，执行主席是（按姓名笔画为序）马斌、王国随、王晓军、王敏、牛国喜、平宏、吕斌、朱卫华、李会宾、沙芳琴（女、回族）、张立军、张自杰、张录牛、陈景春、柴福喜、高旭。会议由县人大常委会主任张自杰主持，听取和审议县政府县长张兴荣所作的《县人民政府工作报告》，审议县发改局局长樊旺所作的《关于2016年国民经济和社会发展计划执行情况及2017年国民经济和社会发展计划（草案）的报告（书面）》、县财政局局长李强所作的《关于2016年全县财政预算执行情况和2017年财政预算（草案）的报告（书面）》。第二次全体会议于10月19日上午举行，执行主席是（按姓名笔画为序）王宁香（女）、王维军、朱国军、李留学、李新学、杨华、杨会君、杨青、吴剑霖、张兴荣、张进宝、周浩仁、厚凤兰（女）、厚连世、姜全春、崔江鸿。会议由县人大常委会副主任厚连世主持，听取和审议县人大常委会副主任沙芳琴所作的《县人大常委会工作报告》、县法院代理院长张立军所作的《县人民法院工作报告》、县检察院代理检察长杨青所作的《县人民检察院工作报告》，表决通过大会选举办法（草案）、设立县第十七届人大法制委员会和财政经济委员会的决定（草案）、县第十七届人大法制委员会和财政经济委员会组成人员表决办法（草案）。第三次全体会议于10月20日下午举行，执行主席是（按姓名笔画为序）王全生、王国平、王智国、史虎平、吕锦鸿、刘桂香（女）、李岳、李建明、李读、何鹏峰、张前江、靳宝生、慕锡武、裴晓江、魏永牛。会议由县人大常委会副主任靳宝生主持，选举县第十七届人大常委会主任1名、副主任6名、委员24名，县政府县长1名、副县长4名，县法院院长1名，县检察院检察长1名，市第四届人大代表60名；表决通过《关于政府工作报告的决议》《关于2016年国民经济和社会发展计划执行情况及2017年国民经济和社会发展计划的决议》《关于2016年全县财政预算执行情况和2017年财政预算的决议》《关于县人大常委会工作报告的决议》《关于县人民法院工作报告的决议》《关于县人民检察院工作报告的决议》；表决通过县第十七届人大法制委员会和财政经济委员会组成人员名单；举行新当选的县人大常委会主任、副主任，县政府县长、副县长，县法院院长，县检察院检察长宪法宣誓仪式；新当选的县政府县长张兴荣作表态发言。大会结束时，县委书记王晓军作了讲话。

大会分12个代表团，安排分团会议5次。

大会主席团召开会议5次。

大会收到代表建议、意见40件，涉及城乡建设与管理、农业和农村工作、道路交通、水利建设和其他5个方面。其中：①城乡建设与管理方面9件，占22.5%，主要是建议建设东城区便民市场，加快县城棚户区改造步伐，解决县城道路交通拥堵，打通阿阳南路、东环中路等“断头路”，建成县城道路主框架、东城区全民健身广场，雷大镇、威戎镇小城镇建设和古城镇污水处理厂建设等；②农业和农村工作方面9件，占22.5%，主要是建议加大对原安乡牛产业，仁大、甘沟、司桥、四河4乡镇苹果产业和八里镇靳坪村新农村建设、三合乡生态林建设扶持力度，实施深沟乡麦顶、大岔、联民3村土地整理，李店镇阴坡咀、郑湾、杜河3村农业防雹网示范基地建设等；③道路交通方面11件，占27.5%，主要是建议对旧静庄公路威戎北关至新胜段改扩建，界石铺镇李堡至细巷镇厚川、李堡村至细巷镇谭店村景沟社道路改造维修，仁大镇滨河路、甘沟镇屯堡至阴坡川滨河路修建，城川镇东山梁至陈马村刘家湾、双岘乡页沟村、余湾乡王坪村、贾河乡侯山村、四河镇涧沟村阳峃至苟湾社、威戎镇武家塬道路硬化等；④水利建设方面5件，占12.5%，主要是建议建设双岘乡上海村提灌工程，红寺乡甘湾、张峡人饮和界石铺镇南山人饮备用水源地工程，完善贾河乡侯山村排洪设施以及李店河王沟至薛胡段河堤治理等；⑤其他方面6件，占15%，主要是建议签约高校专业人才，加强医技人员和高中教师队伍建设，加大对全县小微企业、曹务镇文峃民俗园项目资金扶持，加快雷大镇仙人峡旅游景区规划开发，建设贾河乡苹果文化园、全县物流快递产业园等。

大会议程

一、听取和审议县人民政府工作报告；

二、审议2016年国民经济和社会发展计划执行情况及2017年国民经济和社会发展计划（草案）的报告（书面），审查、批准2016年国民经济和社会发展计划执行情况的报告及2017年国民经济和社会发展计划；

三、审议2016年财政预算执行情况和2017年财政预算（草案）的报告（书面），审查、批准2016年财政预算执行情况的报告和2017年财政预算；

四、听取和审议县人大常委会工作报告；

五、听取和审议县人民法院工作报告；

六、听取和审议县人民检察院工作报告；

七、审议和表决关于设立县第十七届人民代表大会法制委员会和财政经济委员会的决定；

八、选举事项：（1）选举县人大常委会主任、副主任、委员；（2）选举县人民政府县长、副县长；（3）选举县人民法院院长；（4）选举县人民检察院检察长；（5）选举静宁县出席平凉市第四届人民代表大会代表；

九、表决通过县第十七届人民代表大会各专门委员会组成人员名单；

十、其他。

大会日程

县第十七届人民代表大会第一次会议日程表

表3-123

时间		会议名称	会议内容	参加人员	会议地点
10月17日	上午		会议报到	1.全体代表； 2.列席人员	静宁宾馆大厅
	下午2:30	分团预备会	1.推举各代表团临时党支部组成人员；2.宣读大会须知	全体代表	各代表团分团会议室
	下午3:00	大会临时党委会议	1.宣布设立大会临时党委的决定；2.表决通过设立各代表团临时党支部的决定	1.大会临时党委书记、副书记、委员； 2.各乡镇党委书记	静宁剧院三楼会议室
	下午3:30	预备会议	1.观看《镜鉴》；2.听取代表资格审查报告；3.表决大会议程（草案）；4. 表决大会主席团和秘书长名单（草案）；5.表决大会计划和预算审查委员会名单（草案）；6.表决大会议案审查委员会名单（草案）；7.表决大会议案和建议、意见提出及处理办法（草案）	1.全体代表； 2.不是代表的乡镇人大主席	静宁剧院
	预备会后	党员会议	1.宣布成立大会临时党委和各代表团临时党支部的决定； 2.县委领导讲话	全体党员	静宁剧院
10月18日	上午8:30	第一次全体会议	1.开幕式； 2.听取、审议县人民政府工作报告	1.全体代表； 2.政协委员； 3.其他列席人员	静宁剧院
	第一次全体会议后	第一次分团会议	1. 宣布设立大会临时党委和各代表团临时党支部的决定；2.审议大会选举办法（草案）；3.审议设立县第十七届人民代表大会法制委员会和财政经济委员会的决定（草案）；4. 审议县第十七届人民代表大会法制委员会和财政经济委员会组成人员表决办法（草案）；5.审议政府、计划、财政工作报告，结合审议提出有关议案和建议、意见	1.全体代表； 2.列席人员	各代表团分团会议室

续表3-123

时间		会议名称	会议内容	参加人员	会议地点
10月18日	下午2:30	第二次分团会议	1.继续审议政府、计划、财政工作报告,结合审议提出有关议案和建议、意见;2.酝酿讨论各项选举初步候选人名单(草案),代表联合提名有关候选人;3.酝酿讨论县第十七届人民代表大会法制委员会和财政经济委员会组成人员名单(草案)	1.全体代表; 2.列席人员	各代表团分团会议室
10月19日	上午8:30	第二次全体会议	1.听取、审议县人大常委会工作报告;2.听取、审议县人民法院工作报告;3.听取、审议县人民检察院工作报告;4. 表决大会选举办法(草案);5.表决设立县第十七届人民代表大会法制委员会和财政经济委员会的决定(草案);6.表决县第十七届人民代表大会法制委员会和财政经济委员会组成人员的表决办法(草案)	1.全体代表; 2.政协委员; 3.其他列席人员	静宁剧院
	第二次全体会议后	第三次分团会议	1.继续审议政府、计划、财政工作报告,审议人大、法院、检察院工作报告,结合审议提出议案和建议、意见;2.继续酝酿讨论各项选举初步候选人名单(草案),代表联合提名有关候选人;3.继续酝酿讨论县第十七届人民代表大会法制委员会和财政经济委员会组成人员名单(草案)	1.全体代表; 2.列席人员	各代表团分团会议室
	下午2:30	第四次分团会议	1.继续审议人大、法院、检察院工作报告;2.继续酝酿讨论各项选举初步候选人名单 (草案);3.酝酿讨论大会选举监票人名单 (草案)	1.全体代表; 2.列席人员	各代表团分团会议室

续表3-123

时间		会议名称	会议内容	参加人员	会议地点
10月20日	上午9:30	第五次分团会议	1.继续审议人大、法院、检察院工作报告；2.酝酿讨论各项选举正式候选人名单	1.全体代表；2.列席人员	各代表团分团会议室
	下午3:00	第三次全体会议	1.大会选举；2.表决政府、计划、财政、人大、法院、检察院工作报告决议；3.表决县第十七届人民代表大会法制委员会和财政经济委员会组成人员名单；4.新当选县人大常委会主任、副主任，县人民政府县长、副县长，县人民法院院长，县人民检察院检察长进行宪法宣誓；5.新当选县人民政府县长表态发言；6.县委领导讲话；7.大会闭幕	全体代表	静宁剧院

主席团会议日程

县第十七届人民代表大会第一次会议主席团会议日程表

表3-124

时间		内容	参加人员	地点
10月17日下午4:30	第一次会议	1.表决主席团常务主席名单(草案);2.表决主席团会议日程(草案);3.表决大会日程(草案);4.表决大会执行主席分组名单(草案);5.表决大会副秘书长名单(草案);6.表决大会议案和建议、意见终止时间(草案);7.讨论通过大会选举办法(草案);8.讨论通过设立县第十七届人民代表大会法制委员会和财政经济委员会的决定(草案);9.讨论通过县第十七届人民代表大会法制委员会和财政经济委员会组成人员表决办法(草案)	1.主席团成员；2.各代表团召集人	静宁剧院三楼会议室
10月18日上午11:20	第二次会议	1.听取各代表团关于大会选举办法(草案)审议情况的汇报;2.听取各代表团关于设立县第十七届人民代表大会法制委员会和财政经济委员会的决定(草案)审议情况的汇报;3.听取各代表团关于县第十七届人民代表大会法制委员会和财政经济委员会组成人员表决办法(草案)审议情况的汇报;4.决定代表联合提名候选人截止时间;5.表决通过各项选举初步候选人名单(草案);6.表决通过县第十七届人民代表大会法制委员会和财政经济委员会组成人员名单(草案)	1.主席团成员；2.各代表团召集人	静宁剧院三楼会议室

续表3-124

时间		内容	参加人员	地点
10月19日上午11:30	第三次会议	1.听取各代表团关于政府、计划、财政工作报告审议情况的汇报;2.听取各代表团关于县第十七届人民代表大会法制委员会和财政经济委员会组成人员名单(草案)讨论情况的汇报;3.听取代表联名提出候选人情况汇报,审查提名名单;4.表决通过大会选举监票人名单(草案)	1.主席团成员;2.各代表团召集人	静宁剧院三楼会议室
10月20日上午8:30	第四次会议	1. 听取各代表团关于各项选举初步候选人名单（草案)讨论情况的汇报;2.决定各项选举正式候选人名单;3.听取各代表团关于大会选举监票人名单(草案)讨论情况的汇报;4. 确定大会选举计票人名单;5.听取大会计划预算审查委员会关于计划审查情况的汇报;6.听取大会计划预算审查委员会关于预算审查情况的汇报;7.听取大会议案审查委员会关于议案和建议、意见审查情况的汇报	1.主席团成员;2.各代表团召集人	静宁剧院三楼会议室
10月20日下午2:30	第五次会议	1.听取各代表团关于人大、法院、检察院三个工作报告审议情况的汇报；2.讨论政府、计划、财政、人大、法院、检察院工作报告的决议（草案）	1.主席团成员;2.各代表团召集人	静宁剧院三楼会议室

大会选举

县人大常委会:

主　任　王智国

副主任　沙芳琴（女，回族）　高　旭　厚连世　张进宝　李　读　靳宝生

委　员　杨　华　张录牛　王友忠　胡志科　李稳收　李平安　王瑞生　王壬寅　李进祥　马川娃　王　宏　王致中　牛满川　王晓峰　陈　雄　周浩仁　牛国喜　朱国军　李会宾　李建明　魏永牛　裴晓江　厚凤兰（女）　王全生

县第十七届人大常委会组成人员个人情况表

表3-125

姓名	性别	民族	出生年月	籍贯	文化程度	入党时间	工作时间	主要工作经历
王智国	男	汉	1962.5	静宁治平	本科	1987.5	1984.8	曾在静宁县农技中心、良种场工作；历任静宁县仁大乡政府副乡长、乡长，双岘乡党委书记,城关镇党委书记,华亭县安口镇政府镇长、党委书记,崇信县政府副县长,崇信县委常委、县政府副县长,庄浪县委常委、县政府常务副县长，静宁县政协党组书记、主席,县人大常委会党组书记、主任候选人
沙芳琴	女	回	1965.8	静宁曹务	大专		1985.7	曾在宁夏西吉县幼儿园、静宁县第二幼儿园任教；历任静宁县第二幼儿园园长，第一幼儿园园长（副科级）、县人大常委会副主任
高　旭	男	汉	1961.1	静宁原安	本科	1984.4	1981.7	曾在静宁县城川乡政府工作；历任静宁县城川乡经委副主任、乡政府副乡长,灵芝乡政府副乡长、乡长、党委书记,县交通局局长、养护站站长,县经济局党委书记、局长,县工信局党委书记、局长,县政协副主席,县人大常委会副主任
厍连世	男	汉	1960.11	静宁细巷	本科	1985.11	1979.12	曾在静宁县人民检察院工作；历任静宁县人民检察院检察员、检察科科长,县委宣传部副部长,县城乡建设环境保护局副局长、党支部书记,县环境保护局局长，县政协副主席,县人大常委会副主任
张进宝	男	汉	1963.5	静宁红寺	本科	1986.12	1982.7	曾在静宁县红寺初中、司桥乡政府、县委党校工作；历任静宁县高界镇党委副书记、纪委书记、镇政府镇长，四河乡党委书记,县纪委副书记、监察局局长,县民政局局长,界石铺红军长征毛泽东旧居纪念馆党工委书记,县政协副主席

续表3-125

姓名	性别	民族	出生年月	籍贯	文化程度	入党时间	工作时间	主要工作经历
李　读	男	汉	1963.9	静宁雷大	大专	1984.12	1981.10	曾在宁夏中宁84804部队服役，在静宁县城川乡政府工作；历任静宁县城川乡武装部部长、党委书记，县计生局局长，县人口和计划生育局局长、平凉市计划生育协会副会长(兼)，县政协副主席
靳宝生	男	汉	1962.12	静宁甘沟	本科	1992.3	1986.7	曾在静宁县农技中心、县百货公司工作；历任静宁县甘沟乡经委副主任、乡政府副乡长、计生站站长、乡政府乡长、党委书记，八里镇党委书记，县卫生局党委(党组)书记、局长，县发展和改革局局长，县人大常委会副主任
杨　华	男	汉	1967.11	静宁深沟	研究生	1990.6	1988.7	曾在静宁县深沟乡初级中学、县政府办公室工作；历任静宁县政府督查信息科科长，县委办公室副主任、保密局局长（兼）、办公室主任、机要室主任（兼），华亭县委常委、宣传部部长，县委党校副县级干部，县政协党组成员、常委，县人大常委会党组成员、副县级干部、县总工会主席（兼）
张录牛	男	汉	1981.8	静宁余湾	本科	2002.10	2001.9	曾在静宁县雷大教委、县教育局、县人大常委会办公室工作；历任静宁县人大常委会办公室副主任、主任
王友忠	男	汉	1963.7	静宁界石铺	本科	1987.8	1985.7	曾在静宁县经济协作办公室、县政府办公室工作（其间在县五金公司挂职任副经理）；历任静宁县体改委副主任，县政府办公室副主任，县档案局局长、县档案馆馆长，县工业和信息化局副局长、科学技术局局长，县人大常委会办公室主任，财经与城建工委主任

续表3-125

姓名	性别	民族	出生年月	籍贯	文化程度	入党时间	工作时间	主要工作经历
胡志科	男	汉	1962.5	静宁李店	大专	1988.8	1985.4	曾在静宁县李店白草山中学、曹务乡政府、县人大常委会代表联络工委工作;历任县人大常委会代表联络工委副主任、常委会信访室主任
李稳收	男	汉	1975.5	静宁红寺	本科	1998.6	1996.10	曾在静宁县界石铺镇政府、县人大常委会办公室工作;历任县人大常委会代表联络工委副主任、主任,人事与代表工委主任
李平安	男	汉	1963.8	静宁城川	本科	1993.12	1982.7	曾在静宁县界石铺中学、县教育局工作;历任静宁四中校长(副科级),县委组织部副科级组织员，县教育局副局长、县教育督导团督学(正科级)、党委副书记,县人大常委会教科文卫工委主任、科教文卫与民侨工委主任
王瑞生	男	汉	1964.9	静宁城关	本科	1991.5	1984.8	曾在静宁县科委工作；历任细巷乡经委副主任、乡政府乡长,后梁乡党委副书记（正科级),祁川乡政府乡长，贾河乡党委书记,司桥乡党委书记,县总工会常务副主席，县委党校常务副校长,县委宣传部副部长、国防教育办公室主任，县人大常委会法制工委主任
王壬寅	男	汉	1962.11	静宁八里	大专	1996.12	1984.9	曾在静宁县细巷乡政府、李店乡政府工作;历任四河乡计生站站长、党委副书记、乡政府乡长，李店镇党委副书记、镇政府镇长、教育办公室主任,县城区街道办事处党工委书记,县人大常委会农业与环境资源工委主任

续表3-125

姓名	性别	民族	出生年月	籍贯	文化程度	入党时间	工作时间	主要工作经历
李进祥	男	汉	1961.10	静宁城关	大专	1986.3	1983.7	曾在静宁县农牧局工作；历任静宁县经营管理站副站长，县人大常委会农业工委副主任，农业与环境资源工委副主任
马川娃	男	汉	1962.6	静宁甘沟	大专	1984.9	1981.10	曾在步兵某师服役；历任步兵某师某团某营副营长、团后勤处副处长，县人武部军事科副营职参谋、后勤科副营职助理员，庄浪县人武部军事科科长，静宁县质量技术监督局主任科员、副局长(正科级)、党组书记、局长，县工商局副局长（兼），县人大常委会信访室副主任（正科级）
王　宏	男	汉	1968.8	静宁灵芝	大专	1993.5	1991.7	曾在静宁县仁大中学、县委老干局工作;历任静宁县祁川乡政府副乡长、党委副书记,甘沟乡党委副书记,原安乡党委副书记、乡政府乡长、教育办公室主任、党委书记,县食品药品稽查局局长,县人大常委会科教文卫与民侨工委副主任(正科级)
王致中	男	汉	1962.5	静宁细巷	大专	1986.3	1982.7	曾在静宁县细巷小学、石咀乡政府、曹务乡政府、县统计局农调队、县劳动人事局工作;历任静宁县人事局副局长、党支部书记，县人力资源和社会保障局副局长、人才交流开发服务中心主任，县人大常委会人事与代表工委副主任(正科级)

续表3-125

姓名	性别	民族	出生年月	籍贯	文化程度	入党时间	工作时间	主要工作经历
牛满川	男	汉	1962.11	静宁新店	本科	1989.5	1981.7	曾在静宁县高界中学、甘沟中学任教;历任静宁县甘沟中学教导主任、校长,县教育局党委副书记、副局长、政府督学,县委宣传部常务副部长、文明办主任,县委宣传部副部长、文体广电局党委书记、局长,县人大常委会财经与城建工委副主任(正科级)
王晓峰	男	汉	1964.7	静宁八里	大专	1991.6	1985.3	曾在静宁县八里乡政府工作;历任静宁县曹务乡经委副主任、党委副书记、乡政府乡长,司桥乡政府乡长,县农机局纪检组长,县扶贫开发办公室副主任,县人大常委会法制工委副主任(正科级)
陈　雄	男	汉	1984.10	静宁原安	本科	2004.6	2003.8	曾在静宁县原安教委、原安中学任教;时为县人大常委会办公室干部
周浩仁	男	汉	1974.11	静宁古城	本科	2001.6	1997.12	曾在静宁县古城乡政府、县政府办公室工作;历任静宁县政府督查信息科副科长,县政府办公室副主任,县委组织部副部长、组织员(正科级)、常务副部长
王全生	男	汉	1956.4	静宁八里	初中	1997.7		在家务农;1994 年 5 月任静宁县八里乡高城寨村村委会主任,2013 年 12 月任高城寨村党支部书记
牛国喜	男	汉	1972.7	静宁新店	本科	2003.9	1996.8	曾在静宁县甘沟中学任教;历任静宁县甘沟中学教导主任、副校长、校长,县文萃中学校长
朱国军	男	汉	1969.1	静宁	本科	2001.11	1995.9	曾在静宁县城川卫生院工作;历任静宁县威戎中心卫生院院长、县中医院院长

续表3-125

姓名	性别	民族	出生年月	籍贯	文化程度	入党时间	工作时间	主要工作经历
李会宾	男	汉	1967.6	静宁	本科		1991.6	曾在静宁县农技中心工作;任县农技中心副主任
厍凤兰	女	汉	1963.12	静宁城关	大专	2001.7		曾在静宁县人造板厂、人民巷社区居委会工作;任城区街道办人民巷社区居委会主任
裴晓江	男	汉	1966.9	静宁雷大	大专		1985.9	曾在静宁县供销合作社工作;历任工业品纸箱制造厂总经理、欣叶包装印务集团有限责任公司董事长
魏永牛	男	汉	1981.5	静宁	本科	2004.12	2005.9	曾在静宁二中、县教育局工作(其间在治平乡政府挂职任乡长助理);历任静宁县红寺乡党委副书记,界石铺镇人大主席
李建明	男	汉	1964.11	静宁李店	本科	1998.7	1989.6	曾在静宁县林业局工作;历任静宁县果业办公室副主任、县果树果品研究所所长

县人民政府：

县　长　张兴荣

副县长　陈景春　马发荣　李彦荣　范　军

县第十七届人民政府县长、副县长个人情况表

表3-126

姓名	性别	民族	出生年月	籍贯	文化程度	入党时间	工作时间	主要工作经历
张兴荣	男	汉	1965.11	甘肃民勤	本科	1986.11	1988.7	曾在平凉地区农科所、共青团平凉地委工作；历任共青团平凉地委副科级秘书、办公室主任，平凉市信访局副局长，庄浪县委常委、组织部部长，崆峒区委常委、组织部部长、副书记，平凉工业园区党工委副书记、管委会主任，静宁县委副书记、县政府县长

续表3-126

姓名	性别	民族	出生年月	籍贯	文化程度	入党时间	工作时间	主要工作经历
陈景春	男	汉	1973.11	甘肃泾川	本科	1995.11	1992.7	曾在泾川县太平乡财政所、丰台乡财政所、县财政局、县委组织部工作；历任泾川县财政局纪检组长，泾川县温泉开发区管委会副主任、温泉宾馆总经理(正科级),泾川县城关镇政府镇长，泾川县玉都镇党委书记，崆峒区政府副区长,崆峒区委常委、政法委书记,静宁县委常委、县政府副县长候选人
马发荣	男	汉	1969.3	甘肃庄浪	本科	1997.9	1988.12	曾在农行庄浪县支行、庄浪县财政局工作；历任庄浪县财政局副局长、工会主席,庄浪县朱店镇政府镇长、党委书记,庄浪县财政局局长,庄浪县政府副县长，静宁县政府副县长候选人
李彦荣	男	汉	1973.12	甘肃庄浪	本科	1996.2	1999.12	曾在庄浪县水保局、县政府办公室工作；历任庄浪县政府信息督查科副科长，县政府办公室副主任，朱店镇政府镇长、党委书记,静宁县政府副县长
范　军	男	汉	1970.2	陕西凤翔	本科		1992.9	曾在平凉地区建设工程招投标管理办公室工作；历任平凉市房地产交易所所长,平凉市建设工程招投标管理办公室副主任，平凉市建设工程交易中心主任（正科级),平凉市公共资源交易中心交易服务科科长（其间在灵台县西屯镇挂职任副镇长),静宁县政府副县长候选人

县人民法院：
院　长　张立军
县人民检察院：
检察长　杨　青

县第十七届人民法院院长、人民检察院检察长个人情况表

表3-127

姓名	性别	民族	出生年月	籍贯	文化程度	入党时间	工作时间	主要工作经历
张立军	男	汉	1975.10	甘肃庄浪	本科	1999.5	1999.12	曾在庄浪县法院工作；历任庄浪县法院办公室副主任、政工科副科长、政工科科长、审判员，平凉市中级人民法院正科级审判员，副主任、主任（副县级），静宁县法院党组书记、副院长、代理院长
杨　青	男	汉	1965.10	甘肃庄浪	本科	1991.6	1985.12	曾在庄浪县检察院工作；历任庄浪县检察院刑事检察一科副科长、副检察长，灵台县检察院检察长，静宁县检察院党组书记、副检察长、代理检察长

县第十七届人民代表大会法制委员会：
主 任 委 员　厚连世
副主任委员　王瑞生
委　　　员（按姓名笔画为序）　王国随　王晓峰　李小宁　周浩仁　胡志科
县第十七届人民代表大会财政经济委员会：
主 任 委 员　杨　华
副主任委员　王友忠
委　　　员（按姓名笔画为序）　牛满川　白路民　李小强　崔江鸿　柴福喜
市第四届人民代表大会代表(按姓名笔画为序)：
马小槟　马明义　马雪琴(女,回族)　王升斌　王伟东　王奋彦
王国平　王国随　王宝琴(女)王顺义　王晓军　王晓爱(女)王娟娟(女)
王智国　王勤学　王新铱　牛国喜　甘　锋　邢建军　吕社军
吕明明(女)刘广益　刘玉海　阎毓强　孙青茂　李玉兰(女)李卓玲(女)
杨玉芳(女)杨会君　杨　青　时淑琴(女)吴剑霖　吴镇图　何浩强
何鹏峰　位志贤　沙芳琴(女,回族)　张立军　张兴荣　张秉鑑

张雪红（女）张　瑜（女）陈泾瑞　陈景春　岳东生　胡凤玲　胡永亮（女）
贾军平　贾芦存（女）柴永生　高小琴（女）高　旭　席鹏举　崔江鸿
蒋建怀　蒋昱程　摆俊梅（女，回族）　樊文浩　裴晓江　薛世尧

附：

县人民政府工作报告

（县人民政府县长张兴荣　2016年10月18日）

本届政府工作回顾

5年来，面对艰巨繁重的改革发展任务，在县委的坚强领导和县人大、县政协的监督支持下，我们紧紧团结依靠全县人民，坚持以转变经济发展方式为主线，以富民强县、统筹城乡发展为目标，做大做强果品、包装材料、现代物流三大产业，突出抓好现代农业、地方工业、基础设施、商贸流通、社会事业、改善民生六项重点，锐意进取，合力攻坚，全县经济社会平稳健康发展，圆满完成了县十六届人大一次会议确定的各项目标任务。

——这5年，是综合实力持续增强的5年。坚持促发展、扩总量，预计2016年生产总值达到48.3亿元，年均增长10%；规模以上工业增加值达到1.7亿元，年均增长12.3%；固定资产投资达到83.2亿元，年均增长20.4%；地方财政收入达到2.3亿元，年均增长28.6%；社会消费品零售总额达到27.3亿元，年均增长14%。固定资产投资、地方财政收入、社会消费品零售总额3项指标实现了翻番。

——这5年，是经济结构不断优化的5年。坚持调结构、促转型，建成百万亩优质苹果生产大县，“静宁苹果”被评为中国驰名商标，知名度和影响力日益扩大；每年推广旱作农业60万亩以上，粮食产量稳定在20万吨以上；畜牧业产值达到3.4亿元，成为西北部农民增收的新渠道。工业企业增加到135户，工业对财政的贡献率达到41%。文化旅游、仓储物流、现代服务业快速发展，第三产业增加值达到19.6亿元，占GDP的40.5%。

——这5年，是基础条件大幅改善的5年。坚持抓项目、夯基础，实施重点建设项目621项，完成投资318亿元。除险加固水库5座，治理河堤68公里，完成城区供水改扩建和农村集中供水工程41处，解决了城乡群众的饮水安全问题。建成110千伏变电站1座，升级改造电网671公里，新建通讯基站681个，实现了动力电、互联网、“户户通”行政村全覆盖。改造提升静秦公路42公里、县乡公路52公里，新修改造桥梁12座，建成通畅工程2045公里，实现了村村通硬化路。新建改造城区道路37公里、管网55公里，开发商住楼180幢145万平方米，完成既有建筑节能改造120万平方米，常住人口城镇化率达到26.6%。完成生态造林43.5万亩，新修梯田33.6万亩，整理土地20.4万亩，治理水土流失319平方公里，森林覆盖率达到25.9%。

——这5年，是社会事业全面进步的5年。坚持抓服务、促均衡，新建改建校舍37.7万平方米，扎实推进教育教学改革，教育质量不断提高，输送高校学生3.4万人。

整体迁建妇幼保健院、卫生监督所，建成县医院门诊住院综合楼、11个乡镇卫生院业务用房和105个村卫生室，发展民营医院3个，城乡医疗卫生体系更加健全。启动实施全面两孩政策，成功创建国家计生优质服务先进县和利益导向政策体系示范县。完成秦剧团、电影公司转企改制和网络公司整合运营，建成静宁剧院，新增体育惠民工程13处、村综合文化中心120个。签约招考高校毕业生3927名，新增城镇就业2.7万人，城镇登记失业率控制在3.8%以内。

——这5年，是人民生活显著提升的5年。坚持抓共享、惠民生，城镇居民人均可支配收入达到21634元，年均增长11.1%；农村居民人均可支配收入达到6750元，年均增长17.1%。实施整乡推进3个、整村推进106个，建成省级美丽乡村13个、新农村示范村134个，改造农村危房40870户，搬迁群众2312户，16.3万贫困群众实现稳定脱贫。建成保障性住房4400套，新建老年福利中心1处、日间照料中心126个，城乡低保标准逐年提高，城乡居民医疗保险、养老保险基本实现了全覆盖。社会消费结构发生深刻变化，农民购房、买车成为消费新时尚。

——这5年，是政府管理体制不断完善的5年。坚持抓改革、保稳定，大力推进“放管服”改革，取消调整行政审批事项274项，完成食品药品监管体制改革和卫生计生、工商质监机构合并，组建公共资源管理委员会办公室和机关事务管理局，修订了政府议事规则和办事制度，完善了行政审批、土地出让、项目管理、资金使用、政府采购和政务公开制度，完成“六五”普法任务。始终坚持依法行政，认真贯彻执行县委决策部署，自觉接受人大依法监督和政协民主监督，办理人大代表意见建议和政协委员提案304件。全面落实党风廉政建设主体责任，加大行政监察和审计监督力度，政风行风建设得到全面加强。创新社会管理综合治理，强化安全生产监督管理和突发事件应急处置，认真排查调处矛盾纠纷，全县社会大局保持和谐稳定。统计审计、双拥共建、档案管理、民族宗教、县志物价等工作取得了长足发展，省市驻静宁各单位为全县经济社会发展作出了积极贡献。

2016年以来，全县上下紧盯年初人代会确定的目标任务，加压奋进，真抓实干，实现了“十三五”良好开局。

（一）着力壮大特色产业，脱贫步伐全面加快。以精准扶贫为统揽，做大培强富民产业，夯实群众增收基础，农村经济快速发展。苹果产业持续壮大。科学搭配栽植品种，试验推广先进栽培模式，新植补植果园7.8万亩。加快推动果品提质，建设科研基地2个、示范基地6个，完成标准化管理60万亩，改造老果园2万亩，新增认证各类基地8万亩。果品总产量达到72万吨，预计产值28亿元。加强防灾减灾能力建设，新增人影作业点6个，实施苹果丰产园保险13万亩。不断规范生产流通环节监管，制定发布“静宁苹果”质量标准，推行商标管理、单果贴牌、生产过程可视等质量安全追溯措施，切实保护静宁苹果品牌。建立果品营销激励机制，制定优秀营销企业（电商）、经纪人扶持奖励办法和直营店扶持补助办法，促进果品销售。注重宣传推介，组团参加北京农交会等各类节会，央视等主流媒体专题报道静宁苹果，我县被评为全国现代苹果产业10强县（市）第三名。畜牧产业加快发展。坚持“小规模、大群体”的路子，强力推进养牛产业，新建养殖小区10个，新发展规模养牛户1000户，青贮玉米秸秆27万吨，冻配改良黄牛3万头，全县牛饲养量达到19万头。旱作农业稳步推广。突出良种良法配套，建成万亩示范带33个、千亩示范点38个，发展旱作农业85.6万亩、瓜菜12.1万亩，建立一、二级种薯繁育基地3.6万亩，粮食总产量达到21万吨。精准扶贫扎实推进。全面推行“853”挂图作业，认真落实“2+20”专项方案，坚持项目资金向贫困村倾斜，整合资金8.6亿元，衔接落实帮扶项目231个，发放精准扶贫专项贷款7.5亿元，帮助贫困户新植果园2.5万亩，发展旱作农业20.9万亩，新增养牛8000头；硬化道路74.3公里，改造贫困村电网40公里、危房11478户，新建幼儿园69所、卫生室12个、综合文化中心21个，预计年内减贫3.1万人。

（二）着力完善园区功能，工业经济企稳回升。更加注重协调服务，强化园区功能配套，加大工业项目建设，持续扩大工业总量。园区功能不断完善。建成西滨河路路基工程和次七路、地毯产业园区间道路1.3公里，改造雨污管网8.6公里，园区承载能力进一步提升。工业总量稳步增长。新开续建重点工业项目15项，完成投资2.6亿元，5万吨有机肥生产、皓天天然植物提取等项目建成投产，3D绿色建筑材料、天然气利用等项目进展较快。规模以上工业企业实现销售收入9.3亿元、利税3200万元。节能减排深入开展。加强重点行业、企业节能监管和环境保护执法，政策性关闭静宁煤矿，实施地毯产业园污水处理和畜禽养殖污染治理等项目，加强葫芦河等流域水污染治理，敷设城区污水收集管网4.7公里，污水收集率达到86%，废旧农膜回收利用率达到80%，单位生产总值能耗下降4.3个百分点。

（三）着力推进项目建设，发展基础不断夯实。坚持大抓项目不动摇，实施各类重点项目71项，完成投资29.9亿元。道路建设快速推进。配合完成国道312线静宁段改造，实施公路安全生命防护、安保工程1614公里，改造危桥3座，建成行政村公交停靠点150个，维修养护县乡道路390公里，砂化田间道路480公里，群众出行条件不断改善。水利建设成效明显。配合完成引洮二期征地拆迁等前期工作，治理河堤14公里，新建农村集中供水工程4处、高效节水和抗旱应急水源工程9处，解决了7.9万人饮水不稳定问题。生态环境持续好转。坚持整流域治理，完成生态造林8万亩，栽植行道树500公里，新修梯田5.3万亩，整理土地3.4万亩，流域综合治理51.2平方公里。加大水源地保护力度，积极争取城区水源地环境保护及葫芦河流域综合整治项目，提早流转土地983亩，建成涵养林1000亩，其他建设方案正在编制之中。电讯基础逐步加强。改造10千伏及以下电力线路134.7公里，完成24乡镇光网改造和178个行政村光网建设，建成4G通讯基站70个，行政村4G网络实现全覆盖，城市和农村带宽分别达到100兆、50兆，宽带资费下降40%。

（四）着力加快城镇建设，城乡面貌持续改观。坚持扩容提质、建管并重，统筹推进城乡发展，城镇化率提高2.5个百分点。规划体系日趋完善。完成“多规合一”、修建性详细规划和集镇村庄等各类规划76个，为城乡建设奠定了基础。城镇建设加快推进。续建文屏山和烽台山公园，建成全民健身广场、312国道过境段亮化等市政工程，改造东街路等城区道路4条2.5公里，开建西街西延工程和姚柳大桥，阿阳南路、东环中路等6条城区断头路正在全力打通。新建续建商住楼44幢51万平方米，完成棚改房屋征收600户，商品房安置3.1万平方米。灵芝、李店等小城镇环形道路基本形成，功能分区和基础设施不断完善，承载能力逐步提升。城乡环境明显改善。深入推进全国县级文明城市创建，加大人财物投入，充实执法力量，增置设施设备，保障水平有效提升。严格落实门前“三包”和县直单位包片保洁措施，加大日常清扫频次，城区环卫机制不断完善。大力整治乱摆摊点、占道经营等问题，市政管理有所加强。安装高清违章抓拍系统146路、人行道护栏2300米，施划道路标线和停车位5460平方米，集中治理车辆乱停乱放等行为，交通秩序逐步好转。改造提升城区绿地7.2万平方米，建成美丽乡村9个、新农村示范村40个，开展农村环境连片综合整治，城乡面貌有了新变化。

（五）着力激活市场要素，第三产业稳定增长。突出健全市场体系，加快培育旅游产业，大力发展非公经济，县域经济活力不断增强。商贸物流更加活跃。加强农家店、商贸中心、物流配送管理，建成四河镇、原安乡农贸市场，农产品交易中心完成规划设计、土地报批等前期工作。成功创建全国电子商务进农村示范县，建成欣叶电子商务孵化园和5个乡镇服务站、70个村级服务点，新发展物流快递公司10户，开办网店210家。旅游开发步伐加快。完成界石铺红军长征毛泽东旧居纪念馆重设布展，建成九龙山民俗文化村和威戎杨桥、下沟旅游专业村，组织开展生态旅游、农业观光、苹果采摘等活动，组团参加丝绸之路国际旅游节和文化博览会等旅游节会，旅游综合收入增长19%。非公经济快速发展。新发展非公经济主体2317户，新增就业2000人，非公经济增加值完成24.4亿元，增长8%。

（六）着力加强公共服务，社会事业协调发展。优化公共资源配置，认真落实普惠政策，强化社会管理服务，民计民生持续改善。教育事业稳步发展。实施全面改薄项目53个，建设行政村幼儿园117所，新建改建校舍8.7万平方米，配发课桌椅1.7万套、多媒体设备176套。扎实推进素质教育，加强教育教学管理，高考二本上线率达到38.2%。卫计工作有序推进。建成三合、贾河2乡卫生院业务楼和14个村卫生室，开工建设中医院门诊医技综合楼。全面开展分级诊疗、多点执业，有序推进健康促进模式改革，新农合参合率达到98.6%。认真落实计生优惠政策，全面两孩生育制度改革稳步实施。文体事业健康发展。改造寺山广播电视转播台，建成体育惠民工程1处、体育健身中心34个，培育小微文化企业33户，文化产业增加值增长15%。政务服务不断加强。统筹推进县乡村三级便民服务体系建设，规范运行县政务服务中心，积极落实行政审批事项集中办理和并联审批，建成乡镇便民服务大厅19个、村级便民服务站246个。民本民生持续改善。发放城乡低保等各类补贴救助资金1.6亿元、社会保险1.9亿元，公开配售公租房411套，招录高校毕业生189人，新增城镇就业4560人，完成农民实用技术培训12.8万人，输转劳务10万人（次）。积极办理人大代表意见建议和政协委员提案50件，向全县人民承诺的10件20项实事中，集中供水工程、农村电网改造、中小学校舍建设等13项已落实到位，城区断头路打通、公共停车场及公厕、姚柳大桥、东城区农贸市场、中医院医技综合楼和李店中心敬老院建设等7项受政策因素和客观条件限制进展较慢，正在全力办理。

回顾5年来的发展历程，我们深深体会到，要实现经济社会持续健康发展，实现全面小康目标，必须把加快发展作为第一要务，准确把握发展规律，紧密结合县情实际，以科学理念定思路、谋发展，全力推动县域经济稳中向好、好中求快。必须把项目建设作为重要引擎，千方百计抓项目、争资金，集中实施一批大项目、好项目，拉动投资，夯实基础。必须把产业开发作为着力重点，以产业开发调结构、促增收，做大做强特色产业，改造提升传统产业，积极发展新兴产业，扩大县域经济总量。必须把改善民生作为根本目标，持续措办实事惠民生、建和谐，解决群众上学、看病、住房、就业等方面的困难，共享改革发展成果。必须把改革创新作为最大动力，全面深化改革，加快创新驱动，破解体制机制障碍，不断扩大开放开发，激发活力，增强动力。必须把改进作风作为坚强保证，大力弘扬艰苦奋斗、吃苦耐劳作风，扑下身子，下移重心，真抓实干，推动发展。

5年来，我们在探索中奋进，在求实中创新，取得了令人鼓舞的成绩，积累了弥足珍贵的经验，这些成绩的取得，归功于县委的正确领导，得益于县人大、县政协的监督支持，饱含着各级各部门和广大干部群众的心血和汗水，凝聚着社会各界人士的智慧和力量。

在看到成绩的同时，我们也清醒地认识到，全县经济社会发展中还存在不少困难和问题，主要是：经济总量偏小，地方财力较弱。人均GDP仅占全省的40%，自有财力不足，收支矛盾突出，投入能力有限。经济结构不合理，产业发展层次低。农业基础薄弱，规避风险能力有限；工业以劳动密集型为主，科技含量普遍较低，企业缺乏市场核心竞争力；新兴服务业发展缓慢，拉动经济增长的作用不明显。基础建设滞后，生态环境脆弱。农村道路、水利、住房、信息等基础设施瓶颈制约还没有完全破解，县城规划管理滞后，城镇路网、市场、停车场、公厕等基础设施欠账较大，棚户区改造进展缓慢，乱修乱建、乱采乱挖等问题突出，生态建设底子薄弱，环境保护压力较大。公共服务不均衡，城乡统筹任务重。城乡教育发展不均衡，农村教育基础薄弱，高中教育有待加强；医疗卫生资源总量不足，看病难、看病贵的问题依然突出；文化体育设施短缺，就业再就业压力大，社会保障任务繁重；食品药品安全日常监管不到位，特别是农村食品安全监管漏洞较多；农民收入不稳定，持续增收难度大，精准脱贫的任务还很重。同时，个别部门学法用法氛围不浓，依法行政意识不强，执法不严、违法不究；一些干部责任意识不强，履职能力不足，工作作风不实。这些差距和问题，在今后的工作中，需要采取有效措施，认真加以解决。

对下届政府工作建议

未来5年，是我县全面建成小康社会的决胜阶段，也是经济社会转型升级发展的关键时期和重要机遇期。刚刚召开的县第十七次党代会，提出了今后5年全县经济社会发展的总体思路是：全面贯彻落实党的十八大和十八届三中、四中、五中全会精神，以邓小平理论、“三个代表”重要思想、科学发展观为指导，深入贯彻习近平总书记系列重要讲话精神，牢牢扭住“四个全面”战略布局，全面落实“五大发展理念”，紧盯脱贫攻坚这一最大任务，围绕建设富裕美丽文明活力平安静宁这一目标，更加突出转型升级、更加突出统筹协调、更加突出绿色富民、更加突出开放开发、更加突出共建共享、更加突出安全安定，统筹推进经济、政治、文化、社会、生态文明和党的建设，确保如期实现整县脱贫、全面建成小康社会。

主要目标是：到2021年，全县生产总值年均增长8%，达到71亿元；固定资产投资年均增长15%，达到168亿元；工业增加值年均增长5.5%，达到7.4亿元；社会消费品零售总额年均增长11%，达到46亿元；地方财政收入年均增长8%，达到3.4亿元；城镇居民人均可支配收入年均增长10%，达到34841元；农村居民人均可支配收入年均增长13%，达到12436元；城镇登记失业率、人口自然增长率分别控制在3.8%和9‰以内；化学需氧量、氨氮、二氧化硫、氮氧化物等主要污染物排放控制在目标值以内。

围绕上述目标，重点抓好六个方面工作：

（一）坚持精准施策，聚焦补齐短板，打赢脱贫攻坚大决战。把精准扶贫精准脱贫作为建成全面小康社会的最大任务，强化责任担当，紧盯时间节点，推进帮村帮户和精准扶贫深度融合，因村施策、因户施法，精准落实帮扶措施，确保10.52万贫困人口稳定脱贫，与全省、全市同步实现全面小康。扶持发展果、畜、薯等优势产业和油用牡丹、中药材等多元富民产业，拓宽贫困群众增收渠道。加快贫困乡村基础设施建设，实施易地扶贫搬迁、饮水安全巩固、电网升级改造、建制村通畅、宽带信息网络等工程，有效改善贫困乡村生产生活条件。认真落实兜底性社会保障和救助措施，建成幼儿园、标准化村卫生室、综合文化中心等一批公共服务项目，补齐弱项短板，推进基本公共服务均等化。创新完善扶贫机制，探索资产收益扶贫方式，动员社会力量参与，强化东西协作、定点帮扶，形成精准扶贫精准脱贫的强大合力。

（二）坚持产业富民，加快转型升级，实现发展质量大提升。立足全县产业发展基础，不断优化结构，持续提升质量效益，为全面建成小康社会提供有力支撑。推动现代农业提质增效。注重绿色有机和标准化生产，全面加强农技推广、信息服务、产品流通等社会化服务体系建设，持续做强果品、旱作农业和畜牧等特色优势产业。突出品质提升、品牌保护、市场营销三项重点，全方位提升果品效益。加大扶持引导力度，建设一批规模养殖小区，发展一批养殖大户，把畜牧产业培育成西北部群众增收的主导产业。加大良种良法推广，调整优化种植结构，每年推广旱作农业85万亩以上。盘活闲置撂荒耕地，稳妥推进土地流转，加快扶持培育新型经营主体，大力发展龙头企业、专业合作社和家庭农场。构建新型工业发展格局。创新园区运行管理体制，加快改造提升民爆化工、建筑建材、纸箱包装等传统优势产业，积极培育农产品深加工和生物医药、新能源等战略性新兴产业，鼓励企业与科研机构组建技术研发中心，加强与国内知名企业合作交流，破解产业发展技术瓶颈，开发生产科技含量高、市场前景好的产品，加快工业强县步伐。促进第三产业繁荣发展。充分发挥区位和产业优势，积极发展仓储物流、专业市场和连锁经营，优化网点布局，加快构建新型商贸流通体系。加强与阿里巴巴、苏宁易购等电商平台协作，扶持做强本土电商企业和网店，促进电子商务业快速健康发展。积极扶持民营企业和中小微企业发展，搭建新型创业服务平台，促进大众创业、万众创新。开发保护红色旅游资源，深度挖掘地域文化资源，扶持组建一批文化龙头企业，推动休闲旅游、中医保健、养老服务等产业融合发展。

（三）坚持项目带动，加大投入力度，推动基础条件大改善。准确把握国家政策导向，及时捕捉各类投资信息，积极论证储备、争取实施一批重点项目、重大工程，着力改善基础条件。实施交通路网工程。全力配合做好平定铁路、静庄高速、天平高速静宁段建设，升级改造国省道和县乡公路，建设乡际道路联网工程和通自然村道路硬化工程，实现县内外高速畅通、铁路贯通和乡村社硬化路连通。实施民生水利工程。建成引洮供水二期配套工程，争取实施农村安全饮水、抗旱应急和水系连通等项目，改造城区供水管网，做好饮用水水源地保护和水质监测，从根本上解决城乡群众饮水安全问题。实施生态屏障工程。严守生态保护红线，抓好山水林田河生态保护修复、新一轮退耕还林等生态项目建设，完成造林33.8万亩，森林覆盖率达到33.5%以上。全面落实联防联控、流域共治等环保措施，深入实施大气、水、土壤污染防治，严格执法监管，全力维护生态安全。实施电讯保障工程。推进城乡电网一体化建设，新建110千伏变电站3座，架设改造电网1688公里，增强电力保障能力。加快现代通讯网络建设，实施基础干线网、智慧静宁、通讯基站等信息基础项目，提升县域信息化服务水平。

（四）坚持统筹发展，突出功能配套，促进城乡面貌大改观。以新型城镇化建设为统揽，科学布局，统筹规划，加快构建功能完善的城镇体系。优化城镇发展布局。充分发挥规划引领作用，完成中心城区控制性详细规划和道路交通、供水等专项规划修编，实现乡村总体规划全覆盖。统筹城镇空间、规模、产业三大结构，建成县城主干道，形成城市主框架，打造“一心三轴六点六区”的城镇空间体系和“一城四区”的城市发展格局。完善城镇服务功能。抓好城区专业市场、停车场、公厕、地下管网等规划布局、建设工作，不断增强城市综合承载能力。全力推进棚户区和城中村改造，配套完善公共设施和服务功能，建成一批宜居住宅小区，提升老城区品位。加快新型城镇化建设。加强重点小城镇开发，完善基础配套，充分发挥小城镇聚集效应。深化户籍制度改革，推进农业转移人口市民化。深入实施农村人居环境改善工程，因地制宜抓好新农村建设，持续改善农村面貌。

（五）坚持普惠共享，强化公共服务，加快社会事业大发展。不断优化公共资源配置，加大民生保障力度，努力增进人民福祉。协调发展社会事业。深化教育改革，改善办学条件，优化师资配备，加强教学管理，健全激励机制，均衡发展各类教育；加快城乡幼儿园建设，有效解决小学生校外寄宿问题，全面提升高中教学质量，补齐发展短板，努力建设陇上教育强县。纵深推进医药卫生体制改革，强化医疗服务能力建设，推动医疗卫生资源向基层倾斜，提高医疗服务能力和群众健康水平，加快建设健康静宁。认真落实全面两孩和计生优惠政策。加快公共文体服务标准化建设，积极开展全民文体活动。健全完善社保体系。认真落实各项惠民政策，集中解决事关群众切身利益的突出问题。完善城乡居民养老保险制度，推行机关事业单位养老保险制度改革，基本实现社会保险全覆盖。强化社会救助救济，保障困难群众基本生活。落实“双创”政策，促进高校毕业生、城镇失业人员和就业困难人员充分就业。

（六）坚持开放开发，持续深化改革，推进发展环境大优化。认真落实各项改革政策，加大开放开发力度，强化社会管理创新，全面提升发展内生动力。深化重点领域改革。统筹抓好国有林场、水务一体化和集体产权等农村综合改革。加快行政审批制度改革，落实“互联网+政务”服务模式，实现集中办理、并联审批和网上办理。全面落实“五证合一、一照一码”登记制度改革，落实市场准入负面清单管理，促进非公经济发展。建立不动产统一登记制度，切实保护不动产权利人的合法权益。推进财税金融、投融资体制改革，健全完善政府预算体系，建立政府债务管理和风险预警机制，推行政府购买公共服务，进一步破解体制机制障碍。拓展开放开发空间。抢抓国家实施“一带一路”倡议机遇，创优县域发展环境，建立多层次开放合作机制，加强与周边地区的务实合作，积极承接中东部产业转移，谋划实施一批文化旅游、现代物流、电子商务等招商项目，支持本地企业“走出去”，构建开放型经济发展新格局。加快社会管理创新。深入推进“平安静宁”建设，加强社会稳定风险评估，加快社会管理信息化、智能化管控体系建设，严厉打击各类违法犯罪行为。深入开展矛盾纠纷排查调处，积极化解各类社会矛盾，切实维护群众合法权益。认真抓好安全生产，切实加强食品药品安全监管，及时防范和处置各类突发问题，确保社会大局和谐稳定。

2017年政府工作主要任务

2017年是实施“十三五”规划的关键一年，也是新一届政府的开局之年。做好明年的各项工作，具有十分重要的意义。经济社会发展的预期目标是：生产总值增长8%，达到52亿元；工业增加值增长7%，达到3.1亿元；固定资产投资增长15%，达到96亿元；地方财政收入增长8%，达到2.5亿元；社会消费品零售总额增长11%，达到30亿元；城镇居民人均可支配收入增长10%，达到23797元；农村居民人均可支配收入增长13%，达到7627元；城镇登记失业率控制在3.8%以内；万元生产总值能耗降低4个百分点。

主要任务是：全力做好“八项重点工作”，竭力办成“十件实事”。

全力做好“八项重点工作”：

（一）精准发力抓扶贫、补短板，深入推进脱贫攻坚。力争年内减贫2.9万人，贫困面下降到10.1%以下。全面提升产业增收水平。推进产业扶贫，扶持贫困户新植果园2万亩，推广旱作农业20万亩，发展养殖小区2个、养殖大户300户，新建标准化暖棚300座，增加贫困群众收入。加快弥补基础设施短板。集中整合涉农专项资金，精准实施扶贫项目，合力推进贫困户住房条件改善和贫困村基础设施建设，完成易地搬迁309户，硬化村社道路100公里，建成集中供水工程5处、综合文化中心16个、幼儿园11所、日间照料中心30个，切实改善贫困乡村生产生活条件。着力强化帮扶措施落实。积极衔接落实开发银行贷款项目，探索建立利用财政资金和贴息等方式撬动银行贷款机制，扩大信贷投放额度，规范互助资金运行管理，解决贫困群众发展资金短缺问题。统筹各类培训资源，培训贫困群众9000人（次），增强自我发展能力。推动帮扶行动与脱贫攻坚深度融合，争取帮扶资金8000万元以上，强化驻村帮扶队伍管理，切实发挥帮扶作用，全力促进群众脱贫。

（二）持之以恒抓产业、促转型，努力增加农民收入。以提高农业质量效益和市场竞争力为核心，大力实施“365”现代农业发展行动，促进农业增效、农民增收。持续做强苹果产业。开展“果园管理提升年”行动，强化技术服务队伍建设，落实果园标准化管理措施，改造老果园2万亩，新增认证基地2万亩，新建五类示范园20万亩，果品总产量达到80万吨，产值32亿元。实施苹果种质资源保护项目，良种苗木繁育面积达到2000亩。全面落实商标管理、单果贴牌、包装防伪等措施，严厉打击以次充好、以假乱真行为，保护静宁苹果品牌。全方位宣传推介静宁苹果，不断提高对外影响力和知名度。健全完善果品营销体系，规划建设果品专业市场，拓展延伸营销网络，开拓国内国外市场，实现创汇2000万美元以上。稳步推广旱作农业。强化农业技术服务，建成界石铺邢岔等万亩以上示范带10处、千亩以上示范点35处，全县旱作农业面积达到85万亩，粮食总产量稳定在20万吨以上。大力发展设施蔬菜和露地蔬菜，种植面积达到12万亩以上。加快发展畜牧产业。突出科学饲养、品种改良、秸秆转化和疫病防控，巩固提升现有养殖小区，新建标准化养殖小区10个、养牛示范村10个，发展养牛大户1000户，改建暖棚1000座，种植饲草玉米3万亩，青贮玉米秸秆27万吨，牛饲养量达到20万头，畜牧业产值达到3.8亿元。健全农业服务体系。强化农资市场和农产品源头监管，注重发挥新型经营组织带动作用，培育发展农民合作社、家庭农场等新型经营主体70个，流转土地2万亩，实施农业保险13万亩，新增人影作业点3个。

（三）多措并举抓扩量、稳增长，稳步发展地方工业。注重发挥优势，加强外引内扶，壮大工业总量，促进工业经济平稳运行。增强园区集聚功能。加快推进园区管理体制改革，完善职能定位，健全机构设置，进一步理顺运行机制。优化园区功能布局和产业规划，完善路网框架等配套设施，实施次五路、次六路，启动建设园区污水处理厂，改造312线过境段非机动车道。新增入园项目7项，完成投资10亿元。加大园区综合整治力度，清理盘活闲置资产，集中解决遗留问题，着力提升园区形象。持续壮大工业总量。开工建设新能源汽车装配、灌装果汁、煤矸石空心砖生产线等工业项目9项，完成投资13亿元。积极扶持纸箱、化工等龙头企业改造升级、做大做强。加大招商引资力度。充实完善招商引资项目库，突出招大引强，开展一对一、点对点招商，引进一批带动能力强、发展前景好的大项目、好项目，年内引进项目30个以上、到位资金60亿元。

（四）千方百计抓项目、夯基础，着力增强发展后劲。深入实施“3341”项目工程，精心谋划、论证充实各类项目库，重点实施基础设施建设项目70项，完成投资47.3亿元。加快交通路网建设。配合做好静庄高速、天平高速静宁段建设，改造566国道阎庙至县城段10公里、平峰至八里等省道2条70公里、八里至细巷等县乡公路2条30公里，新建改造桥梁6座，开建李店、甘沟等乡镇驻地绕行通道5条。探索建立完善管护机制，扎实开展“农村公路管护年”活动，力争实现农村公路管护全覆盖。加快水利设施建设。启动实施引洮二期供水管道、鞍子山拦河闸除险加固项目，治理葫芦河阎庙段等河堤13公里，建成农村饮水安全巩固提升工程3处、抗旱应急水源工程1处，解决4.8万群众饮水不稳定问题。实施界石铺继红等高效节水灌溉工程5处，新增节水灌溉面积5000亩。加强联合执法，严厉打击违法采砂行为，强制关停非法砂场，完善长效监管机制，切实规范河道管理。加强生态环境建设。积极开展国家级生态文明示范县创建工作，全面落实各项创建任务。着力抓好城乡面山治理和公路沿线绿化，完成生态造林5万亩，栽植行道树300公里，新修梯田2万亩，整理土地4.2万亩。不断完善林木管护责任体系，加大封山禁牧、森林防火和病虫害防治力度，切实巩固生态建设成果。全面落实环境网格化监管措施，大力推进水、大气、土壤污染治理。深入推进工程减排、结构减排和管理减排，强化建设项目环保准入，抓好重点企业节能技改，确保达标排放。加快实施农村环境整治和畜禽养殖场污染治理项目，切实解决农村面源污染问题。

（五）发挥优势抓培育、扩消费，持续壮大第三产业。大力发展旅游、商贸、物流和现代服务业，三产增加值达到21.8亿元。加快发展旅游业。编制完成乡村旅游发展规划，加快实施界石铺红军长征毛泽东旧居纪念馆二期、仙人峡旅游开发、余湾王坪观光农业示范园等项目，创建城川靳寺旅游专业村。强化宣传推介，加强对外合作，完善旅游要素，拓展旅游市场，旅游综合收入增长20%以上。提升商贸流通业。加快完善县乡市场体系，规划建设汽贸汽配、家具建材、钢材木材、商业批发等专业市场，力争建成农产品交易中心、仁大物流综合服务中心和雷大农贸市场，培育发展信息快递、仓储配送等配套产业，推动商贸物流业快速发展。持续推进县乡村电商服务体系建设，集中打造一批“电商乡”“电商村”“电商企业”，新发展网店200家以上。壮大非公经济。认真落实“双创”各项政策措施，优化发展环境，新发展非公经济主体3000户以上，非公经济增加值增长8%，达到26.4亿元。

（六）坚持不懈抓建设、重管理，推进城乡一体发展。立足规划提标、建设提质、管理提效，扎实推进新型城镇化建设，城镇化率提高3.5个百分点。高标准编制建设规划。建成“多规合一”综合信息平台，修编城区和工业园区控制性详细规划，编制完成3个专项规划、棚改等重点建设项目修建性详细规划和40个新农村、9个美丽乡村规划。大力度推进城镇建设。新建东关东路等城区道路3条1.5公里，续建新街西路等断头路5条1.9公里，改造八里高速公路下线出入口、成纪路等城区道路1.8公里、人行道2.2万平方米。加快完善文屏山、烽台山公园基础设施，启动建设城区第二生活垃圾填埋场，敷设污水管网3.1公里。加快棚户区改造进程，全力完成历年拖欠1055户、新开3个片区870户的棚改任务，新建续建商住楼30万平方米。加快重点小城镇路网框架、集贸市场和垃圾填埋场建设，强化环境综合整治，建成美丽乡村9个、“万村整洁”示范村40个，切实改善农村人居环境。精细化抓好城镇管理。进一步理顺城市管理体制，落实各级监管责任，实行环境卫生、市容市貌、交通秩序、市政设施智能化、网格化管理。严格规划刚性约束，强化综合执法，突出严管重罚，坚决拆违治乱，切实解决乱修乱建、乱停乱放等突出问题，全面提升城市形象。

（七）统筹协调抓保障、惠民生，全面发展社会事业。始终坚持民生优先，持续加大资金投入，统筹发展社会事业，促进公共服务均等化。大力发展教育事业。投资7500万元，实施全面改薄、普通高中办学条件改善项目，争取建设双岘、三合中心小学教师周转宿舍。均衡城乡教育资源配置，确保顺利通过国家义务教育均衡发展评估验收。深化教育教学改革，实施全省新一轮高考招生制度改革试点，抓好课堂教学改革和学生综合素质评价，切实提高教育质量。深入推进健康工程。建成中医院门诊医技综合楼、疾控中心检测检验中心，进一步改善医疗条件。深化医药卫生体制改革，完善分级诊疗体系，积极探索新农合“先住院、后付费”模式，持续加强妇幼保健、卫生监督、疾病防控等公共卫生服务。繁荣发展文体事业。建成乡镇体育健身中心1个、农村文化广场8个、村级农民健身工程15个，积极争取全民健身活动中心建设项目。完成文庙、清真寺保护维修，启动实施成纪故城遗址和战国秦长城保护工程。加快壮大文化产业，扶持发展民营文化企业5户。持续健全社保体系。认真落实各项就业扶持政策，统筹解决好高校毕业生、退役军人、残疾人等就业问题。建成李店中心敬老院和30个农村老年人日间照料中心。大力开展扶贫济困活动，提高城乡低保标准和救助水平，切实保障城乡困难群众生产生活。进一步扩大城镇职工养老、医疗、失业、工伤、生育保险覆盖面，新农合参合率巩固在98%以上，城乡居民社会养老保险参保率达到90%以上。

（八）全力以赴抓治理、保稳定，加快建设平安静宁。全面推进依法治县，提升公共安全保障水平，努力营造公平、公正、和谐的社会环境。加快社会管理创新。扎实推进“七五”普法，开展“法规政策进万家”活动，大力营造全民学法用法氛围，切实提高社会法治水平。深入开展矛盾纠纷排查化解，认真办理群众来信来访，妥善解决群众合理诉求，切实维护群众合法权益。高度重视安全生产。全面推进安监机构、队伍和基础建设，提升监管能力。严格落实安全生产责任制，紧盯道路交通、建筑施工、工矿商贸等重点行业领域，加大教育、警示、监管、查处力度，确保生产安全。全力维护社会稳定。加强社会治安防控“五张网”建设，严密防范和惩治各类违法犯罪活动，有效防控各类安全风险。落实“四个最严”要求，加大食品药品安全违法整治，完善管理机制，强化监管责任，确保群众饮食用药安全。

竭力办成“十件实事”：

1.建成甘渭河渝河水系连通工程，解决城区供水保障问题。2.投资1亿元，实施城区水源地环境保护及葫芦河流域综合整治项目，解决葫芦河县域过境段水质不达标问题。3.建设330千伏送变电工程，改造农村电网133公里，解决城乡供电能力不足问题。4.新建通讯基站284座，开通行政村光纤宽带205个，解决农村信息化建设滞后问题。5.建成姚柳大桥，形成环形通道，解决县城西出口交通拥堵问题。6.新建通村道路200公里，解决部分原合并建制村未通硬化路问题。7.新建绿地广场1处、停车场2处、公厕2座，新置湿法清扫、垃圾周转、高压冲洗、雾化洒水车8辆，解决县城公共服务、环卫保洁设施短缺问题。8.新建改建中小学校舍5万平方米，购置教育教学设备2800多套，解决部分学校教学设施配备不到位问题。9.新建改扩建李店、司桥等6乡镇卫生院业务用房及周转宿舍1.7万平方米，解决农村医疗卫生条件差问题。10.新增城镇就业4300人，新开发公益性岗位200个，解决高校毕业生、下岗失业人员就业难问题。

加强政府自身建设

新形势、新任务对政府自身建设提出了新标准、新要求。我们将勤勉尽责，主动作为，加快建设创新政府、法治政府、服务政府、高效政府、廉洁政府，更好地担当起推进脱贫攻坚、实现全面小康的历史重任。

推进思想解放，建设创新政府。大力倡导和牢固树立学习意识，全面建设学习型机关。不断更新思想观念和行为方式，破除僵化思想，自觉用新眼光、新思维看待新常态，用新思路、新举措推动新发展，努力使政府工作主动适应经济社会新变化、人民群众新要求。充分发挥市场在资源配置中的决定性作用，大力推进简政放权、放管结合、优化服务，坚持按经济规律办事，按市场法则办事，防止权力失控、决策失误、行为失范。尊重广大群众的首创精神，充分调动全县各级的干事激情，掀起大众创业、万众创新热潮，激发同谋发展、共建小康新活力。

严格依法行政，建设法治政府。牢固树立法治思维和法律底线意识，严格按照法定权限履职尽责，做到依法用权、秉公用权、为民用权。进一步完善政府议事规则及重大决策咨询、听证、公示、风险评估等制度，提高决策的科学化、民主化、规范化水平。认真办理人大代表建议和政协委员提案，自觉接受人大法律监督、政协民主监督、社会舆论监督和政府内部监督。深化政府信息公开，及时回应公众关切，充分保障人民群众的参与权、知情权和监督权。

强化宗旨意识，建设服务政府。坚持问政于民、问计于民、问需于民，始终以群众呼声为第一信号，以群众需要为第一选择，以群众满意为第一标准，大兴调查研究之风，下移工作重心，集中精力干实事、求实效，切实做到权为民所用、情为民所系、利为民所谋。完善县乡政务服务大厅、村级便民服务站功能，全面提升服务能力，解决好服务群众“最后一公里”问题。进一步优化公共资源配置，切实加大财政对民生、“三农”、社会事业和公共设施的投入力度，努力为人民群众提供更多的优质公共服务。

狠抓工作落实，建设高效政府。严格落实目标管理责任制，对重大项目、重点工作，层层分解责任，确保每一项工作、每一个节点都有人抓、有人管。推行一线工作法，大力精简会议文件，腾出更多时间和精力沉下去，搞调研、抓督办，做到工作在一线部署，任务在一线落实，问题在一线解决。对决定的事，立说立行、马上就办，全力以赴抓落实、干到位。加大效能监察和问责力度，对正在落实的查进度，没有落实的查原因，影响落实的查责任，对贻误工作、落实不力的严格追责问效，全面提升政府效能。

坚持勤政廉政，建设廉洁政府。严格落实党风廉政建设主体责任，扎实推进惩治和预防腐败体系建设，健全风险预警和权力运行监控机制。加强政务服务、工程建设、资源开发、土地管理、公共资源交易等重点领域行政监察和审计监督，严肃查处违法违纪案件。巩固拓展党的群众路线教育实践活动、“三严三实”专题教育、“两学一做”学习教育成果，持续整治“四风”问题。切实加强公务接待、公务用车管理，严控政府性债务和“三公”经费支出，大力削减行政成本，树立良好的政府形象。

县大会常务委员会工作报告

（县人大常委会副主任沙芳琴　2016年10月19日）

本届工作回顾

2011年10月县第十六届人大常委会选举产生以来，在县委的正确领导下，认真贯彻落实党的十八大和十八届三中、四中、五中全会及习近平总书记系列重要讲话精神，坚持党的领导、人民当家做主、依法治国有机统一，认真履行宪法和法律赋予的各项职权，为推动全县经济社会发展和民主法治建设作出了积极贡献。5年来，先后召开常委会会议31次，听取、审议“一府两院”专项工作报告65项，作出决议、决定29件。

一、坚持围绕中心、服务大局，审议决定重大事项更加科学

持续加强计划、预算监督。按照有关法律规定和县人民代表大会授权，坚持每年对全县经济社会发展计划及财政预算执行情况进行监督审议，依法审查、批准国民经济和社会发展计划调整、财政预算调整和财政决算报告，就加强宏观经济调控、完善财政预算管理、加大审计监督力度等提出了改进建议，全力保障经济计划和财政预算有效执行。

适时审议决定重大事项。听取、审议了县政府关于申请棚户区改造项目贷款、新增地方政府债券支出安排以及将甘沟、古城、仁大、城川、曹务、雷大、四河、细巷8乡撤乡建镇情况的报告，审查、批准了《静宁县国家级生态县建设规划（2012—2020年）》《静宁县城乡统筹总体规划（2015—2030）》，并作出了相关决议、决定。

依法做好人事任免工作。按照县委提名、人大依法任免的原则，实行任命干部表态发言、颁发任命书、宪法宣誓等制度，规范和完善人事任免工作。5年来，先后任命县人大常委会和“一府两院”工作人员127人（次），接受辞职和免职80人（次）。

二、坚持抓主抓重、讲求实效，监督工作质量和效果更加明显

紧扣发展听取审议专项工作报告。着眼全县改革发展稳定大局，依法听取和审议“一府两院”专项工作报告，就改进和加强相关工作及时提出意见建议，促进全县经济社会持续健康发展。5年来，先后听取、审议“一府两院”专项工作报告64项，提出审议意见300余条，特别是对农村基础教育发展、新型农村合作医疗、《甘肃省河道管理条例》落实等审议事项提出专门审议意见，转交县政府研究整改，取得了良好效果。

围绕重点开展调查研究。有重点、有计划地对“三农”工作、教育卫生、生态建设等事关长远发展的工作进行调查研究，提出意见建议。5年来，先后组织开展大型调研10项，形成有分量的专题调研报告10份，为县委决策和政府改进工作提供了科学依据。特别是针对群众反映强烈的县城道路、便民市场、公共厕所、停车场等基础设施建设严重滞后，城市管理严重缺位，城区乱修乱建、乱停乱放、噪音扰民以及卫生脏乱差等突出问题，常委会组织人员进行了深入调研，形成了专题调研报告。县委对此高度重视，批转政府及相关部门认真办理落实。政府及主管部门积极行动，采取有力措施，加大执法管理力度，县城环境有了一定好转。

突出难点坚持跟踪问效。将开展跟踪监督作为增强监督工作实效的有力举措，先后对文化市场管理、农村基础教育、农村公路建设管护、城区商品房产权管理等11项群众关注程度高、社会反响大的热点难点工作进行持续监督、跟踪问效。为了促进全县教育事业科学、健康、稳步发展，从2012年开始，先后就农村基础教育发展、城区学校教育教学、乡镇中心小学校外租住生管理等情况进行调研检查和审议。特别是针对农村基础教育发展中出现的盲目撤并学校，造成边远山区适龄儿童上学远、成本高等突出问题，连续3年专题进行了检查和审议。

改进方式增强监督实效。在开展视察、调研、检查的同时，根据有关法律规定和监督工作实际，研究制定了满意度测评暂行办法以及质询和询问暂行办法，积极探索运用刚性监督措施加强监督，进一步提高监督质量。针对城区商品房产权管理部分审议意见落实不到位、群众满意度不高的问题，常委会在跟踪检查、重点审议的基础上，采取无记名投票的方式对县政府《关于城区商品房产权管理有关审议意见落实情况的报告》进行了满意度测评。通过满意度测评，督促县政府依法依规解决了城区2550套商品房权属登记历史遗留问题，保障了广大住户的切身利益。

三、坚持依法治县、回应关切，法律监督职能发挥更加有效

着力加强司法监督。围绕促进公正司法、维护公平正义这一主题，坚持每年对法院、检察院年度执法工作进行检查，对法院审判执行工作进行专题审议，促进法院、检察院不断规范执法行为，维护宪法法律权威和司法公正。

认真开展执法检查。对残疾人保障法、未成年人保护法、预防未成年人犯罪法、食品安全法、甘肃省河道管理条例等法规条例贯彻实施情况进行了检查，配合省、市人大对劳动法、中小企业促进法、农产品质量安全法等20多部法律法规执行情况进行了调研、检查，促进政府及职能部门提高依法行政能力，更好地服务经济社会发展。在开展残疾人保障法、未成年人保护法、预防未成年人犯罪法执法检查中，始终坚持关注社会弱势群体，从加强残疾人社会保障和服务体系建设，提升医疗救助服务能力，关心未成年人成长教育，净化未成年人成长环境等方面提出了意见建议，促进了相关法律的贯彻实施。

大力推进普法宣传教育。对全县“六五”普法实施情况进行了检查，听取、审议了县政府关于“六五”普法情况的报告。同时，着眼于增强“一府两院”及其部门工作人员宪法意识和依法办事能力，举办了宪法和法律法规专题培训班，营造了遵法守法用法的良好氛围。

积极做好人大信访工作。以维护群众合法权益、回应群众合理诉求、促进社会和谐稳定为目标，不断改进信访接待制度，完善信访督办机制，加大群众来信来访转办督办力度，及时督促“一府两院”认真研究解决群众涉法涉诉信访案件，切实维护群众合法利益。5年来，共接待群众来信来访112件（次），答复办结108件（次）。

四、坚持加强联系、创新方式，代表履职服务保障更加有力

加强代表培训工作。为代表配发代表知识读本、免费订阅人大报纸杂志，每年定期举办代表专题培训班，组织代表学习宪法、代表法、监督法等法律法规和党的路线方针政策，提高代表依法履职能力。

密切与代表的联系。修订完善了《静宁县人大常委会联系代表办法》，对常委会组成人员联系代表、代表联系选民作出了明确规定。常委会组成人员坚持经常深入联系乡镇，通过上门走访、座谈交流等方式，了解代表的生产生活情况，听取代表的意见建议，协调解决代表反映的困难和问题。

拓宽代表知情知政渠道。坚持每年召开政情通报会，向代表通报全县经济运行和社会事业发展情况，邀请代表参与常委会监督工作，努力为代表了解掌握县情政情提供服务。5年来，应邀列席县人大常委会会议、参加常委会视察调研检查等活动的省市县人大代表达到496人（次）。根据全国和省、市人大要求，先后组织72名县人大代表、199名乡镇人大代表向选民述职，认真回答选民询问，自觉接受选民监督。

认真办理代表建议意见。把提高代表建议意见办理质量作为支持代表依法履职的重要举措，实行重点建议意见常委会领导包号督办制度，采取现场督办、联合督办、面商办理等方式，不断加大办理力度，提高办理质量。县第十六届历次人代会期间，代表们共提出建议、意见148件，所提问题已经解决或基本解决的114件，正在解决或列入计划逐步解决的20件，受政策因素和客观条件限制暂时难以解决、向代表作了解释说明的14件。

五、坚持加强指导、夯实基础，乡镇人大工作更加规范

加强指导联系。认真贯彻落实中央和省市县委关于加强人大工作的一系列文件和会议精神，准确把握新时期人大工作的政治方向和主要任务，切实加强对乡镇（街道）人大工作的业务指导。研究制定了常委会领导联系包抓乡镇（街道）人大工作制度，通过走访座谈、查看资料等方式，指导乡镇人大建立健全主席团议事规则、视察监督、建议意见办理等制度，编写下发了《乡镇人民代表大会会议工作程序》，促进乡镇（街道）人大工作制度化、规范化。

加强机构和队伍建设。高度重视乡镇人大主席队伍的建设、选拔任用和交流，通过选配工作责任心强、业务素质高的乡镇优秀年轻干部担任乡镇人大主席，推荐优秀人大主席转任乡镇党政正职或与县直单位交流任职等途径，进一步增强乡镇人大主席队伍的整体活力。5年来，先后有8名人大主席转任乡镇党政正职，21名人大主席交流到县直机关单位任职。各乡镇人大均配备了专职人大主席，为人口3万人以上的威戎、甘沟、古城3镇各核增了1名副主席职数。指导各乡镇人大设立人大办公室，并配备了专职工作人员，负责办理日常工作，保证了乡镇人大工作的顺利开展。将乡镇人大代表活动经费、人代会经费、工作经费按照标准列入财政预算，为乡镇人大代表更好地开展活动提供了经费保障。

积极创建"代表之家"。认真贯彻落实省市人大有关会议和文件精神，制定印发了"人大代表之家"创建实施方案，指导乡镇人大建成"人大代表之家"94个，其中乡级25个，村级69个，积极引导各级人大代表进"家"开展活动，为代表履职搭建了平台，进一步充实丰富了闭会期间的代表活动。

六、坚持改进作风、依法履职，常委会自身建设更加扎实

加强机关制度建设。研究制定了《静宁县人大常委会询问和质询暂行办法》《静宁县人民代表大会常务委员会组成人员守则》等8项制度，修订完善了《静宁县人大常委会联系代表办法》等3项制度，保证了常委会及机关各项工作依法有序开展。

加强思想作风建设。扎实开展党的群众路线教育实践活动、"三严三实"专题教育和"两学一做"学习教育活动，深入学习党的十八大和十八届三中、四中、五中全会及习近平总书记系列重要讲话精神，不断增强党的观念、政治观念、大局观念、群众观念和法治观念。认真落实党风廉政建设主体责任，严格执行中央和省市县委关于改进工作作风、密切联系群众以及改进文风会风的有关规定，坚持廉洁自律、勤政廉政。

加强人大工作宣传。修订印发了《静宁县人大常委会信息宣传和理论研究工作考核评比办法》，机关干部职工先后在国家、省、市新闻媒体发表通讯、简讯及理论文章300多篇，全方位报道我县党委重视支持人大工作、人大依法履行职权的经验做法，宣传展示了全县经济社会发展、民主法制建设取得的成就。重视人大工作历史资料的收集整理，组织编纂《静宁县人民代表大会志》，完成了编目制定、资料收集和初稿撰写任务。

积极参与全县中心工作。常委会坚持在参与中监督，在参与中支持和服务，积极

主动参与全县精准扶贫精准脱贫、包村帮扶等重点工作，注重加强与“一府两院”的沟通联系，合力促进全县各项工作持续健康发展。

2016年，县人大常委会坚持围绕中心，突出重点，依法履职，较好地完成了县十六届人大五次会议确定的各项任务。重点做了以下几方面工作：

——加强计划、预算监督。听取、审议了县政府关于2015年县级财政预算执行情况的审计报告，审查、批准了2015年全县财政决算、2016年全县财政收支预算调整及国民经济和社会发展计划调整报告，作出了相应决议。

——积极开展监督工作。针对全县食品安全监管领域存在的无证照经营、生产加工不合格食品、经营销售劣质食品等违法违规现象十分突出等问题，常委会组成执法检查组，深入城乡部分食品生产加工企业、小作坊、流通经营店铺、餐饮企业、学校食堂、农贸市场、屠宰企业，开展食品安全法执法检查，督促县、乡两级政府及相关部门全面贯彻实施食品安全法，依法从严做好食品安全监管工作，切实保障人民群众“舌尖上的安全”。

针对全县各级在河道管理工作中思想重视不够、违法问题整改不到位、河道管理流于形式等问题，在去年检查《甘肃省河道管理条例》贯彻实施情况的基础上，今年对审议意见落实情况进行了跟踪监督，提出具体审议意见，转交政府及有关部门研究办理。

——依法做好县乡两级人大换届选举工作。县乡人大代表换届选举是今年的一项重点工作，根据省、市人大的统一安排，在县委的领导下，周密安排部署，严格依法办事，认真组织实施了县乡人大同步换届选举。从5月下旬开始，全县37万选民参加了选举活动，共选出县第十七届人民代表大会代表209名、乡镇第十八届人民代表大会代表1262名，顺利完成了选举任务。

——认真办理代表建议意见。县十六届人大五次会议期间代表共提出建议、意见25件，目前已全部办结并向代表作了答复，其中所提问题已经解决和基本解决的15件，占60%，正在解决或列入计划逐步解决的7件，占28%。

5年来，本届人大常委会着眼于推动全县经济社会健康稳定发展，着眼于保障和维护最广大人民群众的切身利益，依法履行宪法和法律赋予的各项职权，监督工作取得了明显成效，乡镇（街道）人大工作得到了进一步加强和改进，社会各界重视人大工作、支持人大工作的氛围更加浓厚。

回顾总结本届人大常委会的工作，我们深切体会到，做好新形势下的人大工作，必须始终牢牢把握以下几个方面：

一是做好人大工作，必须始终坚持党的领导。党的领导是做好人大工作的根本保证。常委会只有把党的领导贯穿于人大工作全过程、落实到依法履职各方面，认真贯彻党委重大决策部署，才能保证人大工作正确的政治方向。二是做好人大工作，必须始终紧扣发展主题。积极为全县经济社会发展大局服务是常委会义不容辞的职责。认真审议决定重大事项，积极通过法定程序为全县经济社会发展提供保障和服务，在促进发展中发挥职能作用。三是做好人大工作，必须始终高度关注民生。维护好、实现好、发展好人民群众的根本利益，是人大一切工作的出发点和落脚点。坚持以人为本、关注民生，聚焦事关广大群众切身利益的饮水、行路、上学、就医、产业发展等事项开展监督工作，必然会赢得广大群众的信任和支持。四是做好人大工作，必须始终严格依法办事。严格按照法律规定和法定程序办事，才能保证人大工作的规范性、科学性，才能有效带动行政及司法职能部门依法办事，推进依法治县进程。五是做好人大工作，必须始终坚持求真务实。在视察、调研、检查等监督工作中察实情、讲实话、出实招、求实效，真实准确反映实际情况，科学合理提出意见建议，才能更好地推动问题的解决。六是做好人大工作，必须坚持开拓创新。要主动适应新时期人大工作新常态，坚持从县情实际出发，创新开展监督工作和乡镇人大工作，增强监督实效，提高乡镇人大工作水平。

总结过去五年的工作，我们也清醒地认识到还存在一些不足和差距。一是监督工作力度还不大，监督的方式方法单一，常委会作出的一些审议意见监督落实不到位，致使一些影响和制约全县经济社会发展的问题没有得到及时有效解决。二是支持和保障代表依法履职还不到位。闭会期间代表活动开展不经常，代表参与常委会日常工作的范围还不广泛，乡镇人大组织开展代表小组活动较少，代表整体履职能力还需进一步提高等。三是乡镇人大工作水平还不高。乡镇人大开展代表视察、检查等监督工作不经常，人代会组织工作还不规范，档案文书资料管理混乱等。这些问题需要在今后的工作中高度重视，深入研究，认真加以解决。

对县第十七届人大常委会工作的建议

今后五年是我县深入实施“十三五”规划，实现全面建成小康社会的决胜阶段。建议即将选举产生的新一届人大常委会：在中共静宁县委的正确领导下，认真贯彻落实党的十八大和十八届三中、四中、五中全会及习近平总书记系列重要讲话精神，坚持党的领导、人民当家做主和依法治国有机统一，以“四个全面”战略布局为指引，紧紧围绕县第十七次党代会提出的总体思路、奋斗目标和重点任务，坚持抓重点、议大事、求实效，全面履行宪法和法律赋予的各项职权，为推动全县经济社会持续健康发展做出积极努力。

一、自觉坚持党的领导，不断加强和改进人大工作

认真贯彻省市县委关于加强人大工作的一系列文件精神，进一步改进和加强人大工作。自觉依靠县委的领导，坚持重大事项请示报告制度，在行动上始终与县委合拍一致。把促进落实县第十七次党代会提出的“深入推进脱贫攻坚一号工程，加快建设富裕、美丽、文明、活力、平安五个静宁”主要任务作为工作的着力点，积极通过人大工作途径推动县委重大决策部署的贯彻落实，做到坚持党的领导、人民当家做主和依法治县的有机统一。进一步解放思想、更新观念，深入研究新形势下人大工作面临的新任务，积极探索做好新时期人大工作的新方法，使各项工作与全县发展大局结合得更紧，与群众期盼实现的愿望结合得更紧，不断增强人大工作的生机与活力。加强

与“一府两院”的沟通联系，正确处理监督、支持、参与、服务的关系，依法行使重大事项决定权、监督权和人事任免权，努力通过人大法定程序支持促进“一府两院”工作，积极为全县经济社会发展凝心聚力、贡献力量。

二、创新监督方式方法，切实提高人大监督工作实效

紧紧围绕促进全县经济社会全面、协调、可持续发展，实现全面建成小康社会这一目标，及时审议决定事关改革发展稳定大局的重大事项，努力为推动经济社会科学发展保驾护航。

认真贯彻落实监督法，不断改进和加强监督工作。坚持把影响改革发展稳定的重大问题、法律法规实施中的难点问题、人民群众关注的热点问题作为监督工作重点，依法审议决定全县经济社会发展中带有根本性、长远性、全局性的重大事项，持续加强对经济计划运行、重大项目建设、财政预算执行特别是审计发现问题的监督，努力推动“一府两院”加强改进相关工作。紧紧围绕全县“十三五”规划的实施和县第十七次党代会各项决策部署的落实，抓住全面建成小康社会这个最大任务，坚持每年有计划地对精准扶贫精准脱贫、特色产业发展、重大项目建设等工作进行调研、检查和审议，促进各项重点工作任务的落实，合力解决存在的困难和问题。始终坚持关注民生、改善民生，对一些事关全局以及与群众生产生活息息相关的行路、上学、就医、社会保障等工作进行监督审议，着力推动解决群众最关心、最直接、最现实的问题，维护好群众的根本利益。

围绕贯彻落实依法治县方略，不断改进执法检查工作。加强对行政、审判和检察机关执法工作的监督，促进依法行政、公正司法，维护社会公平正义，为全县经济社会发展营造良好法治环境。重视加强人大信访工作，加大信访事项转办、督办力度，有效协调解决人民群众反映的突出问题，维护群众合法权益，促进社会和谐稳定。

进一步改进和加强监督工作。在综合运用视察、调研、检查、审议等法定监督手段的同时，不断创新监督方式方法，加大对常委会作出的有关决定决议和审议意见落实情况的跟踪督办力度，通过开展专题询问、质询和满意度测评等方式，督促“一府两院”加大工作力度、推动解决问题，不断增强监督工作实效，强化人大为民代言、为民谋利的职责。

三、强化履职服务保障，进一步发挥代表主体作用

切实改进和加强代表工作，充分发挥代表主体作用。多渠道、多形式组织开展代表培训，增强代表的责任感和使命感，提高代表依法履职能力。持续深化“人大代表在行动”活动，积极引导广大代表发挥密切联系群众的优势，带头示范引领，带头帮贫助困，广泛听取群众意见，及时反映群众呼声，在各自领域发挥人大代表作用。进一步扩大“人大代表之家”的覆盖面，完善软硬件设施，规范代表小组活动制度，依法有序组织开展好闭会期间代表活动，积极为代表履职搭建平台。继续坚持常委会领导联系代表、代表联系选民的“双联系”制度，不断创新联系方式、增加联系频次、强化联系深度，密切与代表的沟通联系。定期召开政情通报会，邀请代表列席常委会

会议、参加常委会监督活动，进一步拓宽代表知情知政渠道，切实保障代表的知情权、参与权、表达权与监督权。把办理代表意见、建议作为实现人民当家做主权利和促进各单位各部门科学决策、民主决策、依法决策、提高工作水平的有效途径，加大开门办理、面商办理、现场办理力度，督促各承办单位认真研究解决代表意见建议中提出的问题，使代表提出的每条建议“事事有回音，件件有落实”，都能得到满意的答复，支持代表在联系群众、促进发展中发挥好桥梁纽带和模范带头作用。

四、不断夯实基层基础，努力促进乡镇人大工作更加规范

认真贯彻落实中央和省市县委关于加强人大工作的相关精神，将乡镇人大工作摆上更加重要的位置，强化统筹协调职能，健全完善工作机构，不断改进服务保障，协调解决工作中遇到的实际困难，全力支持乡镇人大依法行使职权，推进基层民主法治建设。按照“总结、继承、完善、提高”的原则，加强调查研究，落实包抓责任，定期督查调度，强化业务指导，进一步提高乡镇人大工作规范化水平，做到硬件标准化、软件规范化、活动经常化、履职制度化。严格依照宪法和法律规定，规范乡镇人大履职活动，充分发挥乡镇人民代表大会、人大主席和人大代表的作用，巩固和强化乡镇人大在基层民主政治建设中的重要地位。进一步规范乡镇人民代表大会召开程序，确保法定时间、内容、程序“三不简化”。指导各乡镇人大按照新修订的《甘肃省乡镇人民代表大会工作条例》规定，健全完善乡镇人大主席团工作职责和相关程序，依法履行闭会期间各项职责，组织开展代表学习、视察、检查、评议、述职、联系群众、督办建议等活动，丰富活动内容，完善活动载体，实现代表活动的常态化、规范化。

五、坚持依法履行职权，着力提升常委会整体工作水平

主动适应新时期人大工作新常态，进一步加强常委会班子及人大机关建设。坚持把思想政治工作放在自身建设的首要位置，认真学习党的路线、方针、政策和习近平总书记系列重要讲话精神，全面提高常委会组成人员政治素质、业务素质，切实增强政治意识、大局意识、核心意识、看齐意识，严守政治纪律和政治规矩。坚持民主集中制原则，自觉践行“三严三实”要求和党的群众路线，严格落实党风廉政建设主体责任，切实改进工作作风。大兴调查研究之风，围绕推动科学发展和促进改善民生两大重点，深入开展调查研究活动，充分听取代表和群众的意见，了解民情，反映民意，集中民智，说实话、干实事、求实效，把工作的着力点放在促进解决影响发展、影响和谐的突出问题上，努力提高为全县发展大局服务的水平。加强机关干部的政治和业务学习，全面提高干部队伍素质，修订完善人大及其常委会工作制度和管理办法，不断提高机关服务保障水平。

第二节 县第十七届人民代表大会第二次会议

大会概况

县十七届人大二次会议于2017年12月21日至22日在静宁剧院召开。县十七届人大一次会议以来，县第十七届人大代表史虎平、姜全春、何浩强、白路民因工作需要调离静宁县，根据选举法第五十六条的规定，上述4人的代表资格自行终止。另外，李进祥、杨高林、裴明义3名代表病逝。根据选举法、代表法的有关规定，由代表出缺的古城镇、四河镇、甘沟镇选区补选张薇（女）、张刚栋、张文璞、李寰为县第十七届人大代表，至此，县第十七届人大代表实有206名。此次会议出席代表200名，不是县第十七届人大代表的县级领导，县委各部门、群众团体，县人大常委会各委、室，政府各局、办，省、市驻静宁各单位主要负责人；县法院副院长、县检察院副检察长，乡镇党委书记、人大主席（或副书记）、乡镇长，城市社区人大工委主任、管委会主任，在静宁县的省第十二届人大代表和部分市第四届人大代表，部分退休干部，出席政协静宁县九届二次会议的全体委员（列席此次会议第一次全体会议），共360人列席大会。

马斌、王宁香（女）、王国平、王晓军、王敏、王智国、牛国喜、平宏、吕社军、吕斌、吕锦鸿、朱卫华、朱国军、李小宁、李岳、李建明、李渎、李新学、杨华、杨会君、杨青、吴剑霖、何鹏峰、沙芳琴（女、回族）、张文璞、张立军、张兴荣、张进宝、张录牛、张前江、张薇（女）、陈景春、赵小灵、胡生平、厚连世、凌森、高旭、郭忠、席鹏举、蒋建怀、靳宝生、裴晓江、戴彦荣（按姓名笔画为序）43人组成大会主席团，王晓军、王智国、张兴荣、李新学、何鹏峰、张薇（女）、沙芳琴（女、回族）、高旭、厚连世、张进宝、李渎、靳宝生12人为主席团常务主席；高旭为秘书长（兼），周拯佛、平宏、韩伟周、周浩仁、王飞为副秘书长；高旭、陈景春、马斌、王壬寅、王致中、牛国喜、吕斌、李文环、李稳收、吴剑霖、胡生平11人组成大会议案审查委员会，高旭为主任委员，陈景春为副主任委员。

大会设立临时党委，王晓军任书记，王智国、张兴荣任副书记，何鹏峰、张薇（女）、朱卫华、陈景春、吕锦鸿、杨会君、李岳、王敏、王宁香（女）任委员；同时，设立12个代表团临时党支部（大会闭幕后，临时党委和临时党支部自行撤销）。

12月20日下午2时30分，各代表团召开分团预备会议，推选各代表团临时党支部组成人员，宣布大会须知。3时，在静宁剧院三楼会议室召开大会临时党委会议，宣布设立大会临时党委的决定，表决通过关于设立各代表团临时党支部的决定。3时30分，在静宁剧院一楼大厅召开大会预备会议，听取县第十七届人大常委会代表资格审查委员会主任委员高旭所作的《关于代表出缺变动和补选代表资格审查情况的报告》，表决通过大会议程（草案）、大会主席团和秘书长名单（草案）、大会议案审查委员会名单（草案）、大会议案和建议、意见提出及处理办法（草案）。预备会议之后，召开党员会议，宣布成立大会临时党委和各代表团临时党支部的决定，县委书记王晓军作了讲话。

大会共举行全体会议3次。第一次全体会议于12月21日上午举行，执行主席是（按姓名笔画为序）王晓军、王智国、牛国喜、吕社军、吕斌、李新学、杨会君、何鹏峰、张立军、张兴荣、张进宝、张薇（女）、陈景春、厚连世、凌森、郭忠、戴彦荣。会议由县人大常委会主任王智国主持，听取县政府县长张兴荣所作的《县人民政府工作报告》，审议县发改局局长胡生平所作的《关于2017年国民经济和社会发展计划执行情况及2018年国民经济和社会发展计划（草案）的报告（书面）》、县财政局局长马斌所作的《关于2017年财政预算执行情况和2018年财政预算（草案）的报告（书面）》。第二次全体会议于12月22日上午举行，执行主席是（按姓名笔画为序）王宁香（女）、王国平、王晓军、王敏、王智国、平宏、朱卫华、朱国军、李新学、杨华、杨青、吴剑霖、沙芳琴（女、回族）、张兴荣、赵小灵、席鹏举、裴晓江。会议由县人大常委会副主任沙芳琴主持，听取县人大常委会主任王智国所作的《县人大常委会工作报告》、县法院院长张立军所作的《县人民法院工作报告》、县检察院检察长杨青所作的《县人民检察院工作报告》，表决通过大会选举办法（草案）。第三次全体会议于12月22日下午举行，执行主席是（按姓名笔画为序）马斌、王晓军、王智国、吕锦鸿、李小宁、李岳、李建明、李读、李新学、张文璞、张兴荣、张录牛、张前江、胡生平、高旭、蒋建怀、靳宝生。会议由县人大常委会副主任高旭主持，选举县监察委员会主任1名，县人大常委会委员2名；举行新当选人员宪法宣誓仪式；表决通过《关于县人民政府工作报告的决议》《关于2017年国民经济和社会发展计划执行情况及2018年国民经济和社会发展计划的决议》《关于2017年全县财政预算执行情况和2018年财政预算的决议》《关于县人大常委会工作报告的决议》《关于县人民法院工作报告的决议》《关于县人民检察院工作报告的决议》。会议结束时，县委书记王晓军作了讲话。

大会分12个代表团，召开分团会议4次。

大会主席团召开会议4次。

大会收到代表建议意见55件，经大会议案审查委员会审查，对内容相同或相近的建议意见合并，立案42件，涉及5个方面。①城乡建设与管理方面5件，占11.9%，主要是建议加强县城基础设施建设、提升服务保障能力，拓宽城区道路和增设停车场，整治城区车辆乱停乱放、墙壁乱涂乱画等问题，升级改造西综市场，规范县城道路命名等；②农业和农村工作方面16件，占38.1%，主要是建议扶持西北部乡镇早酥梨产业发展，加大农村废旧农膜回收利用，建设红寺乡养牛合作社和养殖小区，加大对司桥乡唐岔沟、雷大镇麻峡流域和仁大镇东张西张两村以及三合、余湾乡果园标准化管理，扶持加快四河镇生态建设，实施深沟乡大岔、联民等三村土地整理，改造提升李店镇、治平乡川区老果园、贾河乡中低产果园，建设古城镇丁寺、二堡等四村核桃种植基地，扶持西北部乡镇养牛产业发展，曹务镇政府面山绿化等；③水利建设方面9

件，占21.5%，主要是建议加大城区居民饮用水水源地保护，在可采区公开挂牌出让河道采砂权，加大全县河道污染治理力度，立项建设城区水厂、界石铺镇污水处理站，治理狗娃河八里段流域，解决城川镇吴庙村、贾河乡山上湾中堡等6村、八里镇郭罗村人畜饮水不稳定问题等；④道路交通方面6件，占14.3%，主要是建议加强运输车辆超限超载治理，油铺静秦公路李店镇薛胡路口至治平乡刘河村桥头、硬化细巷镇谭店村至界石铺镇李堡村、治平乡胡沟村至大庄常津公司道路，完善界石铺红军长征纪念馆旅游景区道路基础设施，修建仁大镇樊王至高速路口滨河路等；⑤其他方面6件，占14.3%，主要是建议加大残疾人办证工作力度，修建古城镇木材市场，灵芝乡马铃薯、牲畜交易市场和饲料加工厂，加快余湾乡乡村旅游步伐、规划建设八里镇寺山公园等。

大会议程

一、听取和审议县人民政府工作报告；

二、审议2017年国民经济和社会发展计划执行情况及2018年国民经济和社会发展计划（草案）的报告（书面），审查、批准2017年国民经济和社会发展计划执行情况的报告及2018年国民经济和社会发展计划；

三、审议2017年财政预算执行情况和2018年财政预算（草案）的报告（书面），审查、批准2017年财政预算执行情况的报告和2018年财政预算；

四、听取和审议县人大常委会工作报告；

五、听取和审议县人民法院工作报告；

六、听取和审议县人民检察院工作报告；

七、选举事项：（一）选举县监察委员会主任；（二）补选县第十七届人大常委会委员；

八、其他。

大会日程

县第十七届人民代表大会第二次会议日程表

表3-128

时间		会议名称	会议内容	参加人员	会议地点
12月20日	上午		会议报到	1.全体代表；2.列席人员	静宁宾馆一楼大厅
	下午2:30	各代表团分团预备会	1.推选各代表团临时党支部组成人员；2.宣读大会须知	全体代表	各代表团分团会议室
	下午3:00	大会临时党委会议	1.宣布设立大会临时党委的决定；2.表决关于设立各代表团临时党支部的决定	1.大会临时党委书记、副书记、委员；2.各乡镇党委书记、城市社区党工委书记	静宁剧院三楼会议室

续表3-128

时间		会议名称	会议内容	参加人员	会议地点
12月20日	下午3:30	大会预备会	1.听取代表出缺变动和补选代表资格审查情况的报告;2.表决大会议程(草案);3.表决大会主席团和秘书长名单(草案);4.表决大会议案审查委员会名单(草案);5.表决大会议案和建议、意见提出及处理办法(草案)	1.全体代表;2.不是代表的乡镇党委书记、人大主席(或副书记)、城市社区人大工委主任	静宁剧院
	预备会后	党员会议	1.宣布成立大会临时党委和各代表团临时党支部的决定;2. 县委领导讲话	代表中的全体党员	静宁剧院
12月21日	上午8:30	第一次全体会议	1.开幕式; 2.听取、审议政府工作报告	1.全体代表;2.政协委员;3.列席人员	静宁剧院
	第一次全体会议后	第一次分团会议	1.宣布设立大会临时党委和各代表团临时党支部的决定;2. 审议大会选举办法(草案);3.审议政府、计划、财政工作报告,结合审议提出有关议案和建议、意见	1.全体代表; 2.列席人员	各代表团分团会议室
	下午 2:30	第二次分团会议	1.继续审议政府、计划、财政工作报告,结合审议提出有关议案和建议、意见;2.酝酿讨论选举候选人名单(草案),代表联合提名有关候选人; 3.讨论大会选举监票人名单(草案)	1.全体代表; 2.列席人员	各代表团分团会议室
12月22日	上午 8:30	第二次全体会议	1.听取、审议县人大常委会工作报告;2.听取、审议县人民法院工作报告;3.听取、审议县人民检察院工作报告;4. 表决大会选举办法(草案)	1.全体代表; 2.列席人员	静宁剧院
	第二次全体会议后	第三次分团会议	1.审议人大常委会、法院、检察院工作报告; 2.继续酝酿讨论选举候选人名单(草案)	1.全体代表; 2.列席人员	各代表团分团会议室

续表3-128

时间		会议名称	会议内容	参加人员	会议地点
12月22日	下午2:30	第四次分团会议	1.继续审议人大常委会、法院、检察院工作报告。2.酝酿讨论选举正式候选人名单	1.全体代表;2.列席人员	各代表团分团会议室
	下午4:30	第三次全体会议	1.选举;2.表决关于政府、计划、财政、人大常委会、法院、检察院工作报告的决议(草案);3.新当选人员进行宪法宣誓;4. 县委领导讲话;5.大会闭幕	全体代表	静宁剧院

主席团会议日程

县第十七届人民代表大会第二次会议主席团会议日程表

表3-129

时间		内容	参加人	地点
第一次会议	12月20日下午4:30	1.表决主席团常务主席名单（草案）；2.表决主席团会议日程（草案）；3.表决大会日程（草案）；4.表决大会执行主席分组名单（草案）；5.表决大会副秘书长名单（草案）；6.表决关于大会议案和建议、意见终止时间的决定（草案）；7.讨论并表决大会选举办法（草案）	1.主席团成员；2.各代表团召集人；3.不是县人大代表的乡镇党委书记	静宁剧院三楼会议室
第二次会议	12月21日上午11:30	1.听取各代表团关于大会选举办法（草案）审议情况的汇报；2.表决关于代表联合提名候选人截止时间的决定（草案）；3.讨论并表决有关选举候选人名单（草案）；4.讨论并表决大会选举监票人名单（草案）；5.听取有关接受辞职的备案报告	1.主席团成员；2.各代表团召集人；3.不是县人大代表的乡镇党委书记	静宁剧院三楼会议室
第三次会议	12月22日上午11:30	1.听取各代表团关于政府、计划、财政工作报告审议情况的汇报；2.听取各代表团关于有关选举候选人名单（草案）讨论情况的汇报，并决定正式候选人名单；3.听取各代表团关于大会选举监票人名单（草案）讨论情况的汇报；4.确定大会选举计票人名单	1.主席团成员；2.各代表团召集人；3.不是县人大代表的乡镇党委书记	静宁剧院三楼会议室
第四次会议	12月22日下午3:30	1.听取各代表团关于人大常委会、法院、检察院工作报告审议情况的汇报；2.听取人大财政经济委员会关于计划审查情况的汇报；3.听取人大财政经济委员会关于预算审查情况的汇报；4.听取大会议案审查委员会关于议案和建议、意见审查情况的汇报；5.讨论并表决关于政府、计划、财政、人大常委会、法院、检察院工作报告的决议(草案)	1.主席团成员；2.各代表团召集人；3.不是县人大代表的乡镇党委书记	静宁剧院三楼会议室

大会选举

县监察委员会：

主　任　朱卫华

县人大常委会：

委　员　平　宏　张刚栋

县监委主任朱卫华、县人大常委会委员平宏、张刚栋个人情况表

表3-130

姓名	性别	民族	出生年月	籍贯	文化程度	入党时间	工作时间	主要工作经历
朱卫华	男	汉	1970.1	甘肃泾川	研究生	1996.8	1992.7	曾在平凉地区农牧处、财政部驻甘肃省财政监督专员办事处平凉组、平凉地区纪委工作；历任财政部驻甘肃省财政监督专员办事处平凉组副主任科员，平凉市纪委副科级纪检监察员、信访室副主任（正科级）、纪检监察员（副县级）、信访室主任、第四纪检监察室主任，静宁县委常委、纪委书记
平　宏	男	汉	1974.2	静宁司桥	本科	1996.12	1995.8	曾在静宁县城川乡政府、县委组织部工作；历任县委组织部组织员（副科级）、副部长，原安乡党委副书记、乡政府乡长、教育办主任，灵芝乡党委书记，四河乡、四河镇党委书记，县人大常委会党组成员、办公室主任
张刚栋	男	汉	1970.12	静宁新店	本科	2006.11	1994.8	曾在工行平凉分行静宁支行、工行平凉分行泾川支行工作；历任工行平凉分行泾川支行总会计、工行庆阳分行运行管理部副经理、工行平凉分行城关支行副行长，工行平凉分行静宁支行中级客户经理、副行长、行长

附：

县人民政府工作报告

（县人民政府县长张兴荣　2017年12月21日）

2017年工作回顾

一年来，在县委的坚强领导下，在县人大、县政协的监督支持下，我们团结依靠全县人民，全面贯彻党的十九大和十八大、十八届三中、四中、五中、六中全会精神，坚持稳中求进工作总基调，以新发展理念为引领，以推进供给侧结构性改革为主线，着力稳增长、促改革、调结构、惠民生、防风险，较好地完成了县十七届人大一次会议确定的年度目标任务。

——主要指标实中趋优。面对环保力度加大、产能化解加速和经济下行加剧的多重压力，认真落实“三重”“三一”工作方案，及时采取灵活应对措施，主要经济指标从上半年大幅下降转为止滑稳增。预计全县完成生产总值53.4亿元，增长6.3%；规模以上工业增加值1.25亿元，下降6%；固定资产投资45.4亿元，下降45%；社会消费品零售总额30亿元，增长9.5%；地方财政收入2.26亿元，同口径增长2.9%；城镇居民人均可支配收入23100元，增长8%；农村居民人均可支配收入7110元，增长10%。

——基础设施加速改善。坚持立足当前、着眼长远，聚焦薄弱环节和瓶颈制约，统筹推进城乡基础设施建设，加快补齐发展短板。累计投资20亿元，硬化通村道路354公里，实施生命安全防护工程146公里，改造危桥4座，姚柳大桥、威戎大桥建成通车；建成界石铺南山等3处农村饮水安全巩固提升工程，完成河堤治理、高效节水灌溉等重点水利项目；新修梯田2.1万亩，整理土地1.2万亩；启动编制城乡电网规划，谋划争取城川110千伏送变电工程，开工建设成纪330千伏输变电工程，改造农村电网65.6公里；完成电信普遍服务试点项目，2.5万农户接入高速光纤网络，行政村光纤接入实现全覆盖，提前4年完成村村通光纤目标；建成试运行“多规合一”信息平台，编制各类规划22个，新建改造东环路中段、西兰路等城区道路10条5公里，敷设天然气管网2.8公里、污水管网17.6公里，设置停车场3处；稳步推进界石铺等重点小城镇建设，建成美丽乡村19个、新农村暨万村整洁示范村39个，水电气房等重点基础设施建设成效显著，城乡面貌发生了新的变化。

——现代农业快速发展。围绕农业增效、农民增收，深度开发特色优势产业，产业规模和效益同步提升。全面推广矮化密植、大苗移植等栽培模式，新植果园5.6万亩。大力推进果园提质增效，完成老果园改造2万亩、果园标准化管理60万亩，果品总产量达到78万吨，实现产值32亿元。强化院地合作，建设国家苹果种质资源库，建成国家果树研究所静宁综合试验示范基地和平凉市苹果产业人才培训基地。成功举办第三届静宁苹果节，组团赴天津、长沙等地进行果品展销，静宁苹果的知名度和影响力显著提升。积极推行“补助建棚、贷款养牛”发展模式，扶持建成养牛小区10个，新修暖棚6000座，青贮玉米秸秆27万吨，冻配改良黄牛4万头，新增养牛1万头，畜牧产业助农增收效果初显。调整优化种植结构，推广旱作农业86万亩，粮食产量稳定在

21万吨以上，有效保障了粮食安全。加强新型农业经营主体培育，新成立农民专业合作社72个、家庭农场35个。对标群众需求，分层次、分类别开展实用技能培训13.2万人次，建立500人以上劳务输转基地2个、有组织劳务协作点20个，带动输转劳动力10.1万人次，创劳务收入17.5亿元。加快农村综合改革，水务一体化、国有林场、供销社、集体林权制度配套改革有序推进，农村发展内生动力不断增强。

——工业经济企稳回升。坚持优化存量与转换动能并重，加快园区平台建设，落实“一企一策”措施，工业经济触底回升、企稳向好。启动编制工业园区控制性详细规划，加快推进西滨河路建设和高速公路下线口改造，完善供水、供气和绿化、亮化等设施配套，园区聚集功能不断增强。充分挖掘工业经济增长潜力，谋划论证3D新型建材等工业项目17项，建设马铃薯废渣处理等项目13项，废旧塑料资源化综合利用、桃原浆生产线等项目建成投产。积极开展招商引资，引进到位资金46亿元。强化工业经济运行监测，全力遏制下滑势头，积极搭建银企合作平台，帮助企业解困发展，新增规上企业1户，规上工业企业实现销售收入7.7亿元、利税2800万元。

——第三产业活力增强。突出健全市场体系，加快培育旅游产业，大力发展非公经济，三产总量持续壮大。完成界石铺红色旅游小镇规划编制，续建仙人峡旅游景区、曹务文㐂民俗文化园，组团参加西北旅游营销大会、丝绸之路国际旅游节等节会，拓展乡村旅游和苹果采摘等载体，旅游综合收入增长26%。建成原安农贸市场，快速推进农产品电子商务冷链物流产业园项目，专业化市场要素不断完善。加快推进全国电子商务进农村示范县建设，建成乡镇电商服务站16个、村级服务点100个、示范企业3家，线上交易额达到8900万元。全面推行商事制度改革，新发展非公经济主体2310户，非公经济增加值完成26.5亿元，增长8%。扩大苹果外贸市场份额，实现出口创汇1.6亿元。充分挖掘消费增长潜力，培育发展餐饮住宿、金融服务等消费热点，三产增加值占GDP的比重提高1.5个百分点。

——社会事业全面进步。突出基础配套，狠抓规范管理，统筹发展各项事业，共建共享水平进一步提升。实施“全面改薄”“温暖工程”、高中办学条件改善、教师周转宿舍等项目，新建改建校舍13.9万平方米。高考二本上线2535人，上线率达到45.4%。顺利通过国家义务教育均衡发展评估认定，成功创建命名国家级职成教育示范县。建成中医院住院部综合楼主体工程和余湾、曹务卫生院业务用房，城乡医疗条件逐步改善。深入推进公立医院改革，巩固药品零差率成果，调整诊疗价格，规范诊疗行为，服务水平得到提升。新建体育惠民工程1处、社区多功能运动场1个、农民健身工程36处。加大文物保护力度，强化文化市场监管，创作《金果雪里红》等文艺精品，文化产业增加值增长26.5%。加快推进社会治安防控体系建设，深入开展矛盾纠纷排查调处，切实强化安全生产、食品药品监管和突发事件应急处置，维护了安定团结、和谐稳定的良好局面。民族宗教、双拥共建、统计、审计、档案、残疾人保障等工作取得了长足发展，省市驻静各单位为全县经济社会发展作出了积极贡献。

即将过去的一年，在困难多、任务重、压力大的情况下，我们集全县之智、举全县之力，综合施策、精准发力，解决了一些急事要事，破解了一些短板难题，整改了一些突出问题，弥补了一些历史欠账，夯实了发展基础，创优了发展环境。

一年来，我们紧盯精准扶贫这个一号工程，坚持脱贫攻坚不松劲，瞄准深度贫困乡村，凝聚帮扶力量，脱贫攻坚在“啃硬骨头”的关键时期迈出了坚实的步伐。果、牛、劳三大产业覆盖所有贫困村，贫困户产业收入占到家庭总收入的70%。1433户贫困群众住上了安全房，2000户群众通上了自来水，6.7万农村低保对象实现了应保尽保、精准兜底，有需求的贫困村幼儿园、标准化村卫生室、电商服务点实现了全覆盖，全县扶贫资金投入达到8.9亿元，占财政支出的27.4%。全国打赢教育脱贫攻坚战现场会推广了我县经验。对接落实定点帮扶、东西协作帮扶项目资金8350万元，全社会参与脱贫攻坚的效应持续放大。预计全年减贫2.67万人，贫困发生率由19.27%下降到13.54%。

一年来，我们紧盯基础建设这个最大短板，坚持狠抓项目不放松，深入研究政策，敏锐把握机遇，积极衔接争取，一批打基础、利长远的重大项目落地实施。组建成立引洮公司，快速推进引洮供水骨干和配套工程，建成隧洞20条、暗渠3.1公里，敷设管网3.8公里，完成投资1.2亿元，从根本上解决全县人民期盼已久的饮水问题企踵可待。平天、静庄2条高速和平峰至八里、城川至新店2条省道改造全面开工，过境道路建设和县乡道路升级成为完善路网结构重头戏，阻碍通行的瓶颈制约将逐步打通。大力度推进棚户区改造，完成房屋征收701户，兑付补偿安置资金8.1亿元，带动打通新街西路等城区“断头路”5条，弥补了棚改欠账，扭转了被动局面。

一年来，我们紧盯保护环境这个基本国策，坚持绿色发展不动摇，秉持绿水青山就是金山银山的理念，深刻汲取祁连山生态破坏教训，下硬手整改环境突出问题，环保工作的重视程度、投入强度、推进力度创历年之最。采取PPP模式快速推进工业和生活污水处理厂建设，全力加快葫芦河流域综合整治和界石铺、威戎垃圾填埋场建设，开工建设威戎污水处理站，建成古城污水处理站，完成李店等6乡镇污水垃圾处理项目前期工作。取缔非法采砂企业21户、石料厂8户，整治砖厂30户，淘汰治理燃煤锅炉40台，建成县煤炭专营市场和乡镇配送网点。认真落实“河长制”，开展全域无垃圾治理，县域环境面貌得到改善。大规模开展工程造林和全民植树活动，完成绿化造林6万亩，森林覆盖率达到30.36%。

一年来，我们紧盯执政为民这个根本宗旨，坚持改善民生不懈怠，将更多的财力向民生倾斜，更多的投资向民生集中，更多的精力用在解决民生问题上，一批事关群众切身利益的惠民举措落实见效，民生支出占财政总支出的88.3%。向全县人民承诺的10件17项惠民实事中12项已落实到位，甘渭河渝河水系连通、绿地广场建设等5项正在全力加快办理。全民参保登记计划工作全面推开，机关事业单位养老保险入轨运行。城乡居民医疗保险整合稳步推进，农村低保对象逐一清理规范，城镇居民医疗保险、农村特困供养等补助标准进一步提高，发放各类保障资金2.1亿元，受益群众10.2万人次。深化大众创业万众创新，发放创业担保贷款1500万元，安置高校毕业生就业

527人，城镇新增就业4367人。建成农村互助老人幸福院10个、社区老年人日间照料中心2个，民生保障水平逐步提升。

一年来，我们紧盯改革创新这个首要任务，坚持提升效能不停步，牢固树立“四个意识”，坚定不移维护以习近平同志为核心的党中央权威，不折不扣贯彻执行中央和省市县委重大决策部署，政府自身建设得到进一步加强。自觉接受人大依法监督和政协民主监督，坚持重大事项向人大报告、与政协协商制度，认真听取民主党派、工商联以及无党派人士意见建议，按期办结人大代表建议38件、政协委员提案28件。积极推进政府职能转变和管理创新，健全完善政府工作规则和重大事项决策程序，推行政府信息公开目录清单管理，政府决策的科学化、民主化、法治化水平持续提升。深入推进“放管服”改革，取消调整行政审批事项5项，集中办理行政审批事项3552件、便民服务事项8934件。稳步推进公务用车改革，拍卖处置公车33辆。突出公共资源交易、项目招标和政府采购等重点领域，强化审计监督和行政监察，完善权责清单管理，严防滋生腐败。扎实推进“两学一做”学习教育常态化制度化，大力开展党建统领“一强三创”行动，认真落实党风廉政建设责任制，严格执行中央八项规定，持之以恒改进工作作风，树立了为民务实清廉的政府形象。

在肯定成绩的同时，我们也清醒地认识到，全县经济社会发展中仍存在不少困难和问题，主要是：从前三季度全县经济指标走势预测，一些主要指标实现年度预期的难度大，个别指标负增长；经济总量偏小，三次产业结构不尽合理，新兴产业培育不足，工业稳增基础不牢固、“短腿”问题还比较突出；土地、资金、环境容量等硬约束加剧，有效投资持续缩减，固定资产投资下滑严重；城乡规划引领作用发挥不充分，建设管理相对滞后，市政基础设施、棚户区改造欠账较大，乱修乱建、乱停乱放等问题整治效果还不明显；解决就业、教育、医疗、居住、养老等问题的步伐还不快，民生领域需要补齐的短板依然较多；贫困人口基数大、贫困程度深，自身发展能力不强，持续增收难度较大，脱贫攻坚任务还十分艰巨；个别部门单位主动服务的质量和效率不高，在一些方面群众办事还不方便；少数干部责任意识、担当意识不强，抓工作的方法不多，抓落实的力度不大，工作能力和水平还不能适应新形势发展需要。对于这些困难和问题，我们将在今后工作中勇于面对，对症施策，认真加以解决。

2018年工作任务

2018年是全面贯彻落实党的十九大精神的开局之年，是决胜全面建成小康社会的关键一年。党的十九大描绘了全面建成小康社会、夺取新时代中国特色社会主义伟大胜利的宏伟蓝图，进一步指明了党和国家事业的前进方向。站在新的历史起点上，用新思想、新目标、新要求深刻审视，我们面临的主要矛盾是发展不充分不平衡，我们面对的紧迫任务是决战脱贫决胜小康，我们存在的最大短板是基础设施建设滞后，我们肩负的重大使命是加快发展。从现阶段发展特点出发，2018年政府工作的总体要求是：高举中国特色社会主义伟大旗帜，以习近平新时代中国特色社会主义思想为指导，全面贯彻党的十九大精神和习近平总书记视察甘肃时重要讲话及“八个着力”重要指示，统筹推进“五位一体”总体布局和协调推进“四个全面”战略布局，坚持稳中求进工作总基调，牢牢抓住推进脱贫攻坚、加强生态环保两个关键，持续强化优势产业培育、重大项目带动、发展环境优化三个支撑，着力在决战脱贫攻坚、产业转型升级、城乡协调发展、保障改善民生、增强发展活力、维护社会稳定等方面聚力突破，统筹推进经济、政治、文化、社会和生态文明建设，加快富裕美丽文明活力平安静宁建设。

综合考虑宏观经济形势和现实基础，2018年全县经济社会发展的预期目标是：生产总值增长7%，规模以上工业增加值增长5%，固定资产投资增长10%，地方财政收入增长8%，社会消费品零售总额增长9%，城镇居民人均可支配收入增长8%，农村居民人均可支配收入增长12%，城镇登记失业率控制在3.8%以内，万元生产总值能耗完成市上下达的目标任务。

围绕上述思路目标，我们将立足当前、着眼长远，以点带面、整体推进，重点做好8个方面的工作：

（一）聚焦整县脱贫，下足绣花功夫，着力推动脱贫攻坚取得新成效。围绕“两不愁三保障”，以深度贫困乡村为重点，突出攻坚难点、薄弱环节、到村到户和脱贫质量，内外发力，抓实落细，确保2.6万贫困人口脱贫退出。做强产业稳定增收。充分发挥农投公司、林投公司等融资平台作用，对接落实全省特色产业发展工程贷款、产业发展投资基金和全市牛果产业发展专项资金，扶持贫困户发展果、牛、劳等多元增收产业，新植苹果1.2万亩、核桃8000亩、早酥梨1000亩；新修暖棚3800座，新增养牛8000头；实施国家家政扶贫培训试点，完成职业技能培训1.2万人，输转贫困劳动力3万人，实现建档立卡贫困村增收产业、贫困户增收项目全覆盖，贫困人口人均产业收入占可支配收入的75%以上。坚持“政府引导、市场主导、企业运作、农户参与”的发展理念和“政策驱动、龙头带动、能人引领、组团经营”的模式，全面推进农村“三变”改革，通过土地租赁、经营权入股和参与劳务等方式，多途径增加村级集体经济和贫困户财产性收入。突出重点补齐短板。争取全省农村基础设施和人居环境综合治理工程专项贷款，实施自然村通硬化路三年规划，推进光伏扶贫、饮水安全、危房改造、易地搬迁等项目，实现通村硬化路全覆盖，自来水入户率、水质达标率、供水保障率全面达标。加快贫困村幼儿园、卫生室、综合公共文化服务中心建设。加大重特大疾病救助和农村低保、五保供养力度，兜牢社会保障底线。重视解决非贫困乡村基础设施、公共服务等问题，防止出现贫困“死角”。压实责任聚力攻坚。强化脱贫攻坚头等大事和“一号工程”意识，落实包乡抓村责任，推动县乡村各级将精力向精准扶贫倾斜。严格落实清单式管理，务实抓好“一户一策一干部、双帮双扶双促进”的全员帮扶机制，督促第一书记和驻村帮扶工作队员沉下身子、常态工作、真帮实扶。加强与天津武清区、中投公司对接，深入开展“百企帮百村扶千户”等活动，做细做实结对帮扶项目，真正构建专项扶贫、行业扶贫、社会扶贫“三位一体”的大扶贫格局。

（二）聚焦破解瓶颈，狠抓项目建设，着力推动基础条件得到新改善。突出项目“主引擎”作用，严格落实“五个一”包抓责任制，持续加大谋划储备和推进力度，年内论证储备项目300亿元以上，重点实施500万元以上重大项目189项，当年完成投资75.4亿元。加快完善交通路网。积极做好新店至李店、静西路等项目前期工作，加快平天、静庄高速公路建设，建成省道平峰至八里、城川至新店段64.8公里，改造八里至细巷三级公路13.2公里，改线升级静秦公路仁大过境段9公里，完成村道窄加宽33.6公里，实施安防工程、危桥改造等项目，进一步改善群众出行条件。加快水利设施建设。快速推进引洮骨干和配套工程建设，启动建设城区水厂，实施农村饮水安全巩固提升、高效节水灌溉、河堤治理等项目，全面深化水务一体化改革，加强重点水源地保护，做好水质检测和净化处理，提升城乡水利保障能力。加快电讯基础建设。改造10千伏及以下农村电网，争取实施城川110千伏送变电工程，实现县城双回路稳定供电。切实加快信息化建设，新建和改造一批通讯基站，积极推进4G物联网建设进程，实施“宽带乡村”建设，加快城乡接入网络增宽提速，自然村光网覆盖率达到85%以上。

（三）聚焦农民增收，深化产业开发，着力推动农村经济实现新发展。深入实施乡村振兴战略，按照产业兴旺、生态宜居、乡风文明、治理有效、生活富裕的要求，加快推进农业农村现代化。持续做强苹果产业。紧盯有机苹果生产方向，大力推行短枝密植等不同立地条件机械化、新技术栽培模式，全面落实果园标准化、精细化管理措施，新植果园3.2万亩，改造老果园2万亩，新建五类示范园39万亩，果品总产量达到82万吨，产值34亿元。强化院地合作，加快良种苗木繁育，培育推广适生、高产、优质品种，为促进苹果产业提质增效提供苗木保障。加大苹果原产地追溯认证、包装防伪、品牌监管力度，强化宣传推介，积极开拓国内外市场，加快构建稳定营销体系，实现出口创汇1.2亿元以上。加快发展草畜产业。积极探索养牛产业发展新模式，扶持培育新建龙头企业，推广优良品种，扩张养殖规模，新建标准化养殖小区28个，发展养牛大户1000户，改良肉牛4.5万头，种植饲草玉米3万亩、优质牧草4万亩，青贮玉米秸秆27万吨，新增养牛1.5万头，畜牧业产值达到4.3亿元。坚持良种良法配套、农机农艺融合，优化种植结构，发展旱作农业85万亩，种植马铃薯45万亩，粮食总产量稳定在20万吨以上。健全农业服务体系。培育发展农民专业合作社、家庭农场等新型经营主体，提高农业生产经营组织化、规模化、标准化、机械化水平，实现小农户和现代农业发展有机衔接。推行按需培训，加大有组织输转力度，年内开展实用技能培训13万人次，创劳务收入17亿元以上。拓展延伸特色产业链条，加快发展贮藏加工服务业，促进农村一、二、三产业融合发展，增强特色优势产业转化升值能力。重视解决农村土地闲置撂荒问题，探索建立流转、托管机制，培植发展农业新经营主体。建设人影作业点3处，实施苹果丰产园保险18万亩，示范推广防雹网，提高农业防灾减灾水平。加快美丽乡村建设。认真实施农村人居环境改善行动，注重科学规划，保留乡土本色，因地制宜抓好19个美丽乡村和40个万村整洁示范村建设，完善公用设施和公共服务，健全环境卫生管护机制，积极培树乡风文明，下功夫改善人居环境。

（四）聚焦扩量增效，强化扶持服务，着力推动地方工业迈出新步伐。深入实施工业强县战略，大力发展实体经济，积极培育全产业链工业产业集群，着力构建工业上下游聚集发展、联动共进的产业体系，加快新型工业化步伐。完善配套强园区。围绕增强“聚”的功能，编制园区控制性详细规划和供电供水、供热供气专项规划，优化功能布局。深化园区管理体制改革，创新融资和建设模式，盘活园区土地等资源要素，建设西街西路、寺山东二路等园区道路，完成高速公路下线口改造，不断提升园区承载力和吸引力。加大项目企业入园力度，引导相似资源、同类产业、关联企业向园区集聚集约集群发展。多措并举扩总量。围绕开发“增”的潜力，对接争取市级工业发展专项资金，全面落实扶持政策，加快虹桥环保干粉砂浆等项目前期工作，建设玻璃制品加工等项目8项，20兆瓦集中式光伏电站实现并网发电，持续壮大工业经济总量。实施企业梯次培植计划，支持纸箱包装、医药化工、建筑建材、农产品加工等重点企业，加大技术改造和产品创新，提升企业核心竞争力，积极培育县内企业在“新三板”挂牌上市。鼓励扶持一批科技创新型、专业配套型、精深加工型、劳动密集型中小企业，培育企业集群，促进工业经济壮体量、扩规模、强筋骨。精准对接抓招商。围绕拓宽“引”的渠道，创优投资环境，立足资源禀赋，突出补链延链扩链强链，策划论证充实招商项目库，有针对性地开展全产业链招商、节会招商、精准招商，引进一批投资额度大、市场前景好、带动能力强的大项目、好项目，全年招商引资到位资金增长6%以上。

（五）聚焦做大做活，健全市场体系，着力推动第三产业激发新动能。紧盯消费结构升级，大力发展旅游、商贸、物流和现代服务业，推动三产发展提速、比重提高、水平提升，实现增加值24.2亿元。特色化发展旅游产业。围绕做响“华夏之根·红色圣地·金果家园”旅游品牌，挖掘文化资源，讲好静宁故事。争取实施成纪故城遗址保护项目。加快完善界石铺红军长征纪念园功能设施，推进红色旅游特色小镇建设。依托百万亩苹果和万亩梨园，大力发展生态观光、果实采摘、农事体验旅游。积极发展乡村生态休闲旅游，续建仙人峡生态观光园，建设李店苹果小镇，新建界石铺崖岔、余湾阴山等旅游扶贫试点村，完善旅游要素，加大宣传推介，积极融入周边旅游圈，旅游综合收入增长20%以上。多元化发展商贸物流。建成农产品电子商务冷链物流产业园，新建农副产品交易中心，改造天元汽配城，推进乡镇农贸市场标准化建设，健全完善市场体系。加快国家电子商务进农村示范县建设，抓好电商人才引进培育、快递物流体系建设和融资渠道拓展，用好阿里巴巴、京东等国内知名电商平台，全县电子商务交易规模突破1亿元。深化供销体制改革，加快建设县乡村三级网点，创新运营模式，提升服务水平。深入开展市场专项整治，严厉打击制假售假、恶意囤积、哄抬价格等违法行为，着力规范市场秩序。规模化发展非公经济。深化商事制度改革，落实鼓励支持非公经济发展的各项政策措施，建立市场准入负面清单制度，破除基础设施和公共事业等重点领域各类显性或隐性门槛，扩大民间投资比重。大力发展普惠金融，发挥“助保贷”平台作用，着力解决中小微企业融资难融资贵问题。新发展非公经济主体2200户，非公经济增加值增长8%，达到28.6亿元，努力培育新的经济增长点。

（六）聚焦协调发展，补齐建管短板，着力推动城镇面貌呈现新变化。坚持问题导向，全面强化规划布局、基础配套和日常管理，切实加快新型城镇化建设步伐。精心编制城镇规划。坚持“先规划后建设、无规划不建设”，立足远谋近做，创新规划理念，突出特色品位，高标准完成城区控制性详细规划、供水等2个专项规划、棚改等修建性详细规划和12个新农村规划，不断强化规划对新型城镇化的引领作用。强化规划的刚性约束，严守规划红线，加强规划管理，加大执法力度，严查严处随意变更规划和未批先建、乱修乱建等行为。加快推进城镇建设。牢固树立经营城镇理念，创新投融资机制，吸引社会资本参与城镇建设，实施重点城镇建设项目37项，完成投资24亿元。抢抓棚改政策机遇，用足用好金融资金，探索创新建设模式，大力度推进棚户区改造，集中完成历年尾欠503户征收任务，新开普陀巷等9个棚改片区844户，开工配建安置房10万平方米。加快建设城区主道路框架，改造提升阿阳路，新建南环中路等城区道路，初步建成环城路网。完善烽台山公园基础设施，配套敷设城区供排水、供热、供气管网，逐步补齐功能短板。推进“厕所革命”，加大新建改造城区公厕力度，加快农村厕所“旱改水”步伐。稳步推进商品房开发，新建续建商住楼40万平方米，足额配建停车位等公共服务设施。实施城市绿化、亮化工程，结合棚户区改造，打造富有特色的建筑群落，增强城市魅力。持续完善威戎、界石铺等重点小城镇路网框架、集贸市场和垃圾污水处理设施，着力打造特色明显、功能强劲，上联城市、下引农村的重点小城镇。切实强化城镇管理。进一步优化城市管理体制，制定城市管理职权目录和责任清单，建设数字化城市管理平台，落实网格化管理措施，全面加强居民小区物业管理，加快构建综合治理长效机制。扎实推进“城镇管理提升年”活动，集中开展城管队伍“强基础、转作风、树形象”专项行动，强化综合执法，严格落实门前“三包”责任制，大力度整治房屋乱建、车辆乱停、摊点乱设、垃圾乱倒和噪音扰民等突出问题，下功夫提升城镇形象。强力推进全域无垃圾治理，坚持因地制宜、系统治理、标本兼治、城乡联动，扎实开展“十大环境卫生治理活动”，实现全域无垃圾、无污水。加快全国县级文明城市创建，增强广大居民思想觉悟、道德水准、文明素养，提高全社会文明程度。

（七）聚焦改善环境，突出标本兼治，着力推动生态建设迈上新台阶。突出生态立县，坚持节约资源与保护环境并重，矢志不移走绿色发展之路。提升生态保障能力。全面落实主体功能区规划，坚决守住生态保护红线、永久基本农田、城镇开发边界三条控制线，筑牢生态安全屏障。推进国家生态文明建设示范县创建，实施退耕还林等生态项目，持续抓好城区景观绿化、面山造林等重点生态工程，完成造林7.9万亩，栽植行道树622公里，力争成活率达到90%以上，森林覆盖率达到32.1%。加快流域综合治理，新修梯田1.7万亩，整理土地1.4万亩。强化林木管护责任和审批管理，落实封山禁牧、森林防火和病虫害防治措施，切实巩固生态建设成果。加大环境治理力度。坚持思想不松、力度不减，全力抓好中央环保督察反馈问题整改巩固提升，形成长效机制，防止问题反弹。深入实施大气污染防治行动，落实网格化管理和“六张清单”制度，着力控排放、控扬尘、控煤质、控车辆、严管理，打赢蓝天保卫战。深入实施水污染防治行动，全面深化“河长制”，落实“一河一策”措施，完成城区水源地环境保护及葫芦河流域综合整治，建成工业和生活污水处理厂，分期分批建设重点乡镇污水垃圾处理设施，治理城市黑臭水体，规范河道采砂秩序，合理布局建办砂厂，有效改善水环境质量。深入实施土壤污染防治行动，强化农业面源污染防治，推进废旧农膜、畜禽粪便等种养业废弃物资源化利用、无害化处置，保持主要农作物化肥、农药使用量零增长，从源头上保证农产品质量和人居环境安全。强化环境监管执法，严肃查处破坏生态环境违法行为。大力发展循环经济。推进节能减排，淘汰落后产能，积极推广节能环保新技术新工艺，申报一批绿色低碳循环化项目。倡导简约适度、绿色低碳生活方式，鼓励绿色出行、绿色消费、绿色居住，积极创建绿色机关、绿色学校、绿色社区、绿色家庭。推进节能、节水、节地、节材，促进资源全面节约和循环利用。

（八）聚焦保障民生，强化共建共享，着力推动各项事业取得新进步。抓住人民最关心最直接最现实的利益问题，完善公共服务体系，保障群众基本生活，加强社会综合治理，不断提升群众获得感、幸福感和安全感。协调发展各项社会事业。优先发展教育事业，围绕打造全国教育扶贫先行先试区，继续实施“全面改薄”工程，新建改建校舍3.5万平方米，重点发展乡镇中心寄宿制学校，进一步改善办学条件。深化教育教学改革，重视传统文化和思想道德教育，规范教育教学行为，强化师德师风建设，扶持办好农村小规模学校，统筹解决城镇“大班额”问题，不断提高教育教学质量，推动城乡教育一体化发展。加快改善县乡医疗服务条件，力争实施县医院综合楼和疾控中心检测检验中心项目，积极争取社会组织为我县捐赠1亿元医疗设备。全面深化医药卫生体制改革，优化资源配置，完善分级诊疗制度，推进县级公立医院改革。加强医德医风建设，提升乡镇医疗卫生机构服务水平。倡导健康生活方式，加快建设健康静宁。完善公共文化服务设施，实施县电视台制播能力提升工程，新建村级综合文化活动中心32个。加强文物和非遗保护，实施战国秦长城静宁段保护等项目。培育和践行社会主义核心价值观，鼓励文艺精品创作，实施全民健身计划，不断丰富群众体育文化生活。健全完善社会保障体系。完成城乡居民医保全面整合，实现城镇职工、城乡居民就医异地直接结算。统筹做好社会保险、城乡低保、救灾救济、优抚安置等工作，认真落实被征地农民养老保险、城乡居民大病保险、机关事业单位养老保险制度，不断扩大保障覆盖面。加快残疾人办证工作，落实优惠政策，保障残疾人合法权益，争取实施残疾人康复中心。弘扬优良传统，支持社会资本参与养老服务，形成全社会养老敬老孝老良好风尚。移风易俗稳妥推进殡葬改革，加快公墓、殡仪馆项目前期工作。落实“双创”政策，促进高校毕业生、城镇失业人员和就业困难人员充分就业。全力维护社会和谐稳定。健全矛盾纠纷预防调处机制，畅通信访渠道，有效化解社会矛盾。树牢安全发展理念，落实责任体系，加强安全生产监管信息化和应急救援能力建设，强化隐患排查治理，坚决遏制重特大事故发生。深化平安静宁建设，开工建设曹务等3个基层派出所，加快建设社区综治中心。完善社会治安防控体系，严密防范和惩治各类违法犯罪活动，有效防控各类安全风险。落实“四个最严”要求，加大食品药品安全违法整治，完善管理机制，强化监管责任，确保群众饮食用药安全。加强国防动员和双拥、广播影视、气象、老龄、地方志、档案、红十字会等工作，支持工会、共青团、妇联、科协、残联等群团组织工作。

2018年，紧紧围绕与群众生产生活息息相关的热点难点问题，竭尽全力办好十件民生实事：1.投资3228万元，建成三合中沟等农村饮水安全巩固提升工程3处，解决6.57万人饮水不稳定问题。2.投资3亿元，建设成纪330千伏输变电工程，改造农村电网45公里，新增光网入户2.9万户，解决城乡电讯保障能力不足问题。3.投资2.9亿元，建成自然村硬化路574.6公里、安全生命防护工程158公里，解决农村道路安全通行问题。4.投资4.1亿元，搬迁群众1116户4860人，改造C级危房3231户，解决群众住房安全问题。5.投资1.2亿元，新建改造明德路、成纪路等城区道路7条5公里，维修人行道4800平方米，新增停车场2处、公厕2座，维修公厕23座，解决市政基础设施建设滞后问题。6.投资2.7亿元，建设城区第二生活垃圾填埋场、10个乡镇垃圾处理站和6个乡镇污水处理站，解决环保基础设施欠账问题。7.投资5000万元，改扩建城关镇南关小学，建成细巷靳堡等8个行政村幼儿园，加快寄宿制中心小学校舍建设，解决城乡学生入学难问题。8.投资1.7亿元，建成中医院住院部综合楼、门诊医技楼和李店中心卫生院业务楼，解决城乡医疗服务能力不足问题。9.投资370万元，建成李店中心敬老院、农村互助幸福院10个、老年人日间照料中心2个，改造提升农村敬老院，缓解社会养老问题。10.城镇新增就业4300人，开发公益性岗位150个，解决高校毕业生、下岗失业人员就业问题。

建设人民满意的服务型政府

问题是时代的声音，民心是最大的政治。我们将把人民群众满意作为最高追求，着力加强政府自身建设，不断增强政府公信力和执行力，切实把执政为民落实到政府工作全领域全过程。

始终坚持科学理政。把政治建设摆在首位，旗帜鲜明讲政治，坚决维护以习近平同志为核心的党中央权威和集中统一领导，不折不扣地落实中央、省、市和县委的各项决策部署，切实增强决战脱贫决胜小康的政治自觉、思想自觉和行动自觉。深入学习贯彻党的十九大精神，坚持用习近平新时代中国特色社会主义思想武装头脑，主动适应经济社会发展新形势、新变化，改变对原有发展路径、发展方式的依赖，推动思维创新、工作创新、机制创新。

始终坚持依法行政。把依法行政作为政府工作的基本遵循，严格按照法定权限和程序行使权力、履行职责，做到于法有据、程序正当、公平公正。坚持重大事项向县人大报告制度，坚持重大决策公开听证、专家论证、合法性审查、社会风险评估和集体研究决定。自觉接受人大依法监督、政协民主监督、新闻舆论和社会公众监督，广泛听取民主党派、工商联、无党派人士意见建议，认真办理人大代表建议意见和政协委员提案。深入推进“七五”普法，推动全社会增强法治意识。树立执法为民理念，严格规范公正文明执法，有效解决不执法、乱执法问题。

始终坚持为民勤政。坚持以人民为中心，牢记为民服务宗旨，进一步改进服务方式，精简办事程序，拓宽服务渠道，最大限度方便群众和企业。推进“互联网+政务服务”，推行网上行权，形成网上大厅与实体大厅相结合的政务服务新模式，让数据多跑路，让群众少跑腿。加大政府信息公开力度，更新政务服务事项目录，完善信息发布制度，推进财政预算、公共资源配置、重大项目实施、公益事业建设等信息公开，让群众看得到、听得懂、能监督。完善网站留言、政务微博微信管理运行机制，搭建多种形式的沟通平台，妥善解决群众反映的困难问题。

始终坚持高效施政。强化能力建设，不断增强指导发展、引领发展、组织发展的能力和水平。严格落实目标管理责任制，对重大项目、重点工作，层层分解责任，确保每一项工作、每一个节点都有人抓、有人管。强化责任担当，倡导务实苦干，勇于攻坚克难，以钉钉子精神做实做细做好各项工作。加大督查问责力度，对正在落实的查进度，没有落实的查原因，影响落实的查责任，对落实不力的严格追责问效，力戒敷衍塞责、推诿扯皮，营造肯干事、能干事、干成事的良好氛围，切实提高政府执行力。

始终坚持从严治政。严格落实从严治党主体责任，始终把政治纪律和政治规矩挺在前面，用铁的纪律规范和加强政府系统党风廉政建设。扎实推进“两学一做”学习教育常态化制度化，深入开展“不忘初心、牢记使命”主题教育，拓展丰富党建统领“一强三创”行动实效。深化领导干部经济责任审计，加强工程建设、土地管理、公共资源交易、财政资金等重点领域监管，严肃查处违规违纪问题。从严落实中央八项规定及实施细则，始终保持艰苦奋斗的优良作风，严格遵守公务接待、公务用车、机构编制管理规定，严控“三公”经费支出，降低行政成本，营造风清气正、干事创业的良好环境，建设人民满意的服务型政府。

县人大常委会工作报告

（县人大常委会主任王智国　2017年12月22日）

2017年的主要工作

2017年，是县第十七届人大常委会依法履职的开局之年。一年来，在县委的正确领导下，县人大常委会认真贯彻落实党的十八大和十八届三中、四中、五中、六中全会精神，深入学习贯彻党的十九大精神和习近平新时代中国特色社会主义思想，始终不渝坚持党的领导，准确把握人大工作政治方向，依法行使宪法和法律赋予的各项职权，圆满完成了县十七届人大一次会议确定的各项任务，为促进全县经济社会发展和民主法治建设作出了积极贡献。一年来，共开展调研、检查、视察活动10次，配合省、市人大常委会开展调研、执法检查活动10次；召开常委会会议9次，听取和审议“一府两院”工作报告22项，作出决议、决定9项，任免国家机关工作人员50人（次）；督办代表建议意见38件。

一、服务大局，依法决定重大事项

认真审议决定重大事项。紧紧围绕县委决策部署和全县改革发展大局，依法审议决定关系全县经济社会发展和民主法治建设的重大事项。审查、批准了县政府2017年国民经济和社会发展计划及财政收支预算调整报告、2016年财政决算报告、2017年新增地方政府债券支出安排、《静宁县国家生态文明建设示范县规划（2016—2018年）》。审议、决定从2016年至2020年在全县公民中开展第七个五年法治宣传教育。根据全县经济社会发展需要，决定将治平、原安、红寺、双岘4乡撤乡建镇，按规范程序报批。适时调整五台山城区备用水源地为乡镇水源地，合理分配城乡水源。

依法行使人事任免职权。坚持党管干部和人大依法任免有机统一，严格人事任免程序，依法任免国家机关工作人员。一年来，任命县人大常委会及“一府两院”工作人员37人，接受辞职和免职13人。认真落实宪法宣誓制度，组织被任命国家机关工作人员进行宪法宣誓，推动树立宪法意识和法治理念，增强依法行政、公正司法的责任感和使命感。

二、围绕中心，认真履行监督职权

积极推动美丽静宁建设。按照县委统一部署，人大常委会主任、副主任先后多次组织“美丽静宁”建设协调领导小组成员单位，深入城区建设现场和各乡镇，督促检查，推动落实。城乡规划建设管理、生态环境治理及农村人居环境改善初见成效。在参与中监督，在监督中参与。常委会组织人员对县城规划执法管理情况进行了调研、审议，提出了高度重视规划工作，加大支持保障力度，健全县城规划体系，严格规划实施管理；依法查处违法建设行为，逐步消除违法建筑存量，坚决遏制违法建筑增量等审议意见，要求县政府及相关部门认真研究解决县城规划管理中存在的突出问题。

始终关注教育事业发展。常委会组织部分市、县人大代表，深入城区及15个乡镇83所中小学，对城乡义务教育均衡发展情况进行了视察，审议提出了重视支持教育事业，加大经费投入力度，科学规划学校布局，均衡城乡师资力量，落实就近入学规定，强化教师队伍管理，加强基础设施建设，配齐教学仪器设备，净化学校周边环境等意见建议，为我县义务教育均衡发展发挥了积极促进作用。

高度重视苹果产业升级。苹果产业是我县助农增收、富民强县的支柱产业。为推动苹果产业转型升级、提质增效，常委会组织人员深入14个乡镇30余处果园，对中低产苹果园改造提升工作进行了调研。经过审议，提出了制定改造规划，注重宣传引导，强化督查考核；加大资金投入，加强基础设施建设，扩大良种苗木繁育规模；合理密植，大苗移植，积极推广栽植早产丰产优质苹果苗木；增施有机肥，改良土壤结构，提高苹果产量质量；建强专业技术队伍，加大果农培训力度；健全防灾减灾体系，示范推广防雹网，鼓励参加苹果保险等建议。

着力促进工业经济发展。常委会组成调研组，对全县工业企业发展情况进行了调研，针对相关部门重视不够、政策落实不到位、工业园区软硬件薄弱、企业自主发展能力不强等问题，提出了牢固树立工业强县战略，加大政策资金扶持力度，加强工业园区基础设施建设，增强企业创新发展能力，优化企业外部发展环境等审议意见，要求县政府将发展工业经济作为促进县域经济发展的战略举措，列入重要议事日程，认真落实支持企业发展的相关政策，细化措施，强化责任，全力加快我县工业经济发展。

切实加强法律实施监督。对种子法、道路交通安全法、残疾人保障法贯彻实施情况进行了执法检查，听取了县政府关于三部法律实施情况的报告。针对种子法贯彻实施中存在的问题，审议提出了严格执法，强化监管，规范种子经营行为；试验示范，推广良种，确定适宜主栽品种；加大扶持，严格管理，拓宽苗木销售渠道等建议。在审议道路交通安全法贯彻实施情况的报告时，提出了加强道路交通基础设施建设，提高道路通行能力；健全完善道路管养机制，提升安全保障能力；加强执法队伍建设，提高综合执法能力等建议。围绕残疾人康复、教育、劳动就业、文化生活、社会保障等方面存在的问题，提出了健全完善工作机制，重视医学鉴定办证工作，支持特殊教育事业，加强服务保障体系建设，落实相关保障政策，通过政策兜底实现残疾人家庭精准脱贫等审议意见，促进残疾人事业与经济社会协调发展。

依法维护群众合法权益。认真贯彻落实十二届全国人大四次会议精神，监督支持县法院解决执行难问题。9月，常委会组织人员对县法院“两年内基本解决执行难问题”工作情况进行了检查、审议，提出了加强执行工作宣传，加大执行工作力度，完善执行联动机制，加强执行队伍建设等意见建议，促进公正司法，维护公平正义，提升司法公信力。

认真开展满意度测评。普法宣传教育、城区“断头路”打通，是县委的决策、政府的重点工作，是推进法治社会建设的重要举措和广大群众始终关心关注的热点问题。为此，常委会听取、审议了全县“七五”普法规划实施及城区“断头路”打通情况的报告，并进行了满意度测评，力求人大监督工作取得实效。在听取“七五”普法规划实施情况的报告后，组成人员在肯定普法工作成效的同时，针对普法宣传的广度深度不够，全社会遵法守法用法意识不够强、氛围不够浓等问题，提出了完善工作机制，落实普法责任，突出普法重点，创新宣传形式，加大宣传力度，增强宣传实效等建议，有效推动了“七五”普法规划贯彻落实。在审议县政府关于城区“断头路”打通情况的报告前，常委会全体组成人员深入道路建设现场进行了检查。从检查情况看，东环路中段、新街西路、教育园2号桥与南环路连接工程全面贯通，阿阳路南段基本打通，南环西路取得较大进展，组成人员认为2017年“断头路”打通工作取得较好成效。同时，审议提出，县政府及相关部门要进一步强化组织领导，加大拆迁力度，严格执行道路建设规划，确保城区道路主框架全面建成，有效解决县城交通拥堵问题。

三、强化服务，充分发挥代表作用

努力提高代表履职能力。举办新一届县人大代表履职培训班，邀请市人大常委会有关委室负责人、县委党校讲师，为代表专题辅导宪法、组织法、代表法等法律法规及代表履职知识，增强代表履职意识，提高代表履职能力。

积极创造代表履职条件。认真开展代表活动，丰富活动内容，拓展活动载体，让代表在广泛参与中履行职务、发挥作用。一年来，组织、邀请市、县人大代表173人（次）参加常委会开展的调研检查视察、列席常委会会议、参加县上有关重大活动。召开政情通报会，向在我县的省、市人大代表和全体县人大代表通报全县经济社会发展情况，为代表知情知政创造条件、提供服务。

着力加大建议督办力度。常委会把提高代表建议办理质量作为保障代表依法履职的重要内容，及时整理交办，落实承办单位，明确办理要求，采取集中督办、重点督办、联合督办等方式，督促政府及职能部门不断加大办理力度，切实提高办理质量。截至11月底，县十七届人大一次会议期间代表所提建议意见中，涉及城乡建设、农业和农村工作、道路交通、水利建设等方面的27件已得到解决，占建议意见总数的71.1%，有效回应了群众关切，激发了代表履职热情。

四、强基固本，着力加强自身建设

加强学习教育。根据中央和省市县委统一安排，认真推进“两学一做”学习教育常态化制度化，组织机关党员干部深入系统学习党章党规及习近平总书记系列重要讲话，坚定理想信念，增强“四个意识”。及时部署机关党的十九大精神专题学习活动，深刻领会习近平新时代中国特色社会主义思想，努力做到用党的理论创新成果指导人大工作。

强化制度建设。研究制定了县人大财政经济委员会工作规则、计划预算审查工作规程、与政府有关财政经济部门工作联系办法，县人大法制委员会工作规则、会议制度等，为县人大财政经济委员会和法制委员会开展工作提供了制度保障。

加强联系指导。常委会高度重视乡镇人大工作，认真贯彻落实中央和省市县委关于加强乡镇人大工作的有关要求，制定常委会领导联系包抓乡镇人大工作方案，按照方案安排，常委会领导经常深入联系乡镇，对乡镇人大工作进行全面检查，指导乡镇人大依法规范开展工作。重视乡镇人大队伍建设，通过邀请乡镇人大主席列席常委会会议、举办乡镇人大主席及工作人员培训班等方式，切实提高乡镇人大队伍整体素质。

同时，我们也认识到，县人大常委会工作还存在一些薄弱环节和不足之处。主要是：讨论决定重大事项的范围重点需进一步明确细化；监督工作还不到位，监督效果不够明显，常委会提出的一些审议意见未得到有效落实；对人大常委会任命的干部存在重任命、轻监督现象；闭会期间代表活动不够经常，代表作用发挥不够充分；代表提出的建议意见数量较少，质量不够高，办理效果还不理想；乡镇人大履职水平有待提高，乡镇人代会组织工作还不规范等。这些问题，需要在今后的工作中高度重视，深入研究，认真加以解决。

2018年的工作建议

2018年，县人大常委会工作的总体思路是：高举中国特色社会主义伟大旗帜，以马克思列宁主义、毛泽东思想、邓小平理论、“三个代表”重要思想、科学发展观、习近平新时代中国特色社会主义思想为指导，认真贯彻落实党的十九大精神，紧扣县委决策部署，服务全县发展大局，依法履职，扎实工作，着力推进全县经济社会发展和民主法治建设。

一、坚持党的领导，努力做好人大工作

始终把坚持党的领导贯穿于人大工作的全过程和各方面，把维护习近平总书记在党中央和全党的核心地位作为最大政治，把维护以习近平同志为核心的党中央权威和集中统一领导作为最高原则。紧紧围绕全县大局开展工作，及时通过法定程序把县委重大决策和重要意图转化为广大人民群众的意志。坚持重大事项、重大问题请示报告制度，为人大常委会开展工作创造良好的政治环境。紧扣县委深入推进脱贫攻坚“一号工程”，加快建设富裕、美丽、文明、活力、平安静宁等重大决策部署，在积极参与的同时，认真开展调查研究，提出科学合理的意见建议，推动县委重大决策部署有效贯彻落实。坚持党管干部与人大依法任免有机结合，进一步完善任前审议、表态发言、颁发任命书、向宪法宣誓等程序，确保人事任免工作组织严谨、程序合法。

二、依法履行职责，着力增强监督实效

依法决定重大事项。认真贯彻落实中共中央办公厅、省委办公厅下发的关于健全人大讨论决定重大事项制度的文件要求，进一步健全完善县人大常委会讨论决定重大事项的程序机制，依照宪法和法律法规规定，讨论决定全县经济、政治、文化、社会、生态文明建设各方面的重大事项，重点讨论决定保证宪法、法律、法规、上级人大及其常委会决议决定在县域内遵守和执行的重大措施，全县加强民主法治建设的重大措施以及城镇建设、重大改革举措、重大民生工程、重大建设项目等，审查批准全县国民经济和社会发展计划、预算调整方案以及财政决算。

认真行使监督职权。按照国家、省、市统一部署，县监察委员会由县人民代表大会产生，对县人民代表大会及其常委会负责，并接受监督。正确处理监督与支持的关系，切实加强与“一府一委两院”的沟通联系，努力做到在监督中支持，在支持中监督。坚持以人民为中心，抓重点、议大事、求实效，选择关系全县改革发展大局和广大群众切身利益的大事，严格依法监督，着力促进“一府一委两院”依法行政、公正司法。围绕脱贫攻坚、建设“五个静宁”，对扶贫产业开发、县城建设管理、棚户区改造、城乡环境治理、重大项目建设等工作进行调研审议，促进各项重点任务落到实处。围绕保障改善民计民生，对与群众生产生活息息相关的行路、安全饮水、住房、医疗卫生、社会保障、环境保护、寄宿制中小学建设、高中债务化解等工作进行监督审议，切实维护群众利益。围绕全面依法治国基本方略，对重点行业、重点领域相关法律法规贯彻实施情况进行执法检查，保障法律法规正确有效实施。加强审判、检察工作监督，促进法院、检察院严格执法、公正司法，维护社会公平正义，提高司法公信力。

着力提高监督实效。加强干部任后监督，有计划地听取县政府组成部门负责人履职报告，并进行履职测评，增强被任命干部的责任意识和公仆意识，督促被任命干部恪尽职守，勤勉尽责。加大跟踪监督力度，对常委会有关审议意见落实情况进行跟踪检查，督促“一府一委两院”解决工作中存在的突出问题。开展满意度测评，在听取、审议“一府一委两院”专项工作报告的基础上，对部分工作进行满意度测评，促进其不断改进工作。探索开展询问质询，对一些事关全局、影响深远、久拖不决、社会反响强烈的热点难点问题适时进行专题询问或质询，有力推动“一府一委两院”实现好、维护好、发展好广大群众的根本利益。

三、优化服务保障，不断加强代表工作

加强学习培训。继续举办县人大代表履职培训班，采取专题辅导、经验交流等多种形式，组织代表认真学习党的十九大精神以及人大工作相关法律法规和履行职务基本知识，切实提高代表履职综合素质。拓宽履职渠道。定期向代表通报全县经济社会发展和人大常委会工作情况，广泛开展常委会组成人员联系代表、代表联系选民“双联系”活动，扩大代表参与常委会调研、检查、视察等监督工作范围，坚持邀请代表列席常委会会议，积极推荐代表参加各种评议会、座谈会等活动，不断创新代表活动载体，丰富代表活动形式，组织引导代表依法履行职务。强化建议督办。健全完善代表建议意见交办、督办、反馈机制，做到办前会商、办中沟通、办后反馈。以代表满意为标准，加强建议意见督办，对代表反映集中、涉及面广、事关长远的重点建议意见，实行常委会领导包号督办制度，并进行满意度测评，努力提高代表建议意见办理质量。

四、强化自身建设，切实提高工作水平

加强思想建设。深入推进“两学一做”学习教育常态化制度化，组织常委会党组成员及机关全体干部职工，认真学习习近平新时代中国特色社会主义思想以及党的十九大报告和习近平总书记系列重要讲话，牢记党的宗旨，强化使命担当，争做合格党员。加强组织建设。坚持党要管党、全面从严治党，认真落实党建主体责任，扎实开展党建统领“一强三创”行动，严格“三会一课”制度，定期开展主题党日活动，牢固树立政治意识、大局意识、核心意识、看齐意识，切实增强人大常委会机关的向心力、凝聚力和执行力。加强作风建设。认真落实习近平总书记关于纠正“四风”不能止步、作风建设永远在路上的重要指示精神，持之以恒强化作风建设，严格执行中央八项规定及实施细则，继承发扬党的优良传统和作风，以严的要求、实的作风做好人大各项工作。加强纪律建设。严守党的政治纪律和政治规矩，自觉维护以习近平同志为核心的党中央权威。坚持把纪律和规矩挺在前面，严格遵守《中国共产党廉洁自律准则》和《中国共产党纪律处分条例》等党纪党规，切实做到廉洁自律、勤政廉政。重视宣传工作。充分利用各类新闻媒体，全方位、多角度宣传报道人大常委会依法履职过程中的重要会议、重大活动、重点工作以及代表在联系选民、反映民声、为民办事方面的好经验、好做法，努力营造全社会关心、支持人大工作的良好氛围。强化督查指导。落实常委会领导联系乡镇人大工作制度，组织常委会领导定期深入联系乡镇，了解掌握情况，协调解决问题，指导开展工作，不断提高乡镇人大工作规范化水平。加强乡镇人大队伍建设，通过以会代训、集中办班等多种形式，组织乡镇人大主席和工作人员进一步学习掌握党的方针政策、人大工作相关法律法规和业务知识，不断提高乡镇人大队伍综合素质。

第三节　县第十七届人民代表大会第三次会议

大会概况

县十七届人大三次会议于2018年12月27日至28日在静宁剧院召开。县十七届人大二次会议以来，县第十七届人大代表何鹏峰、张薇（女）、李岳因工作需要调离静宁县，根据选举法第五十六条的规定，上述3人的代表资格自行终止；杨彩玲申请辞去县第十七届人大代表职务，县第十七届人大常委会第十五次会议通过了关于接受其辞职的决定；曹宗元代表病逝。根据选举法、代表法的有关规定，由代表出缺的八里镇、古城镇、雷大镇、四河镇、界石铺镇、甘沟镇、深沟乡选区分别补选赵锋、尚友俊、郭满山、王利东、张乾龙、樊茂、米发明为县第十七届人大代表，至此，县第十七届人大代表实有208名。此次会议出席代表190名，不是县第十七届人大代表的县级领导，县委各部门、群众团体，县人大常委会各委、室，政府各局、办，省、市驻静宁各单位主要负责人；县监察委员会副主任、县法院副院长、县检察院副检察长，乡镇人大主席、副主席、乡镇长，城市社区人大工委主任、管委会主任，在静宁县的省第十三届人大代表和部分市第四届人大代表，部分退休干部，出席政协静宁县九届三次会议的全体委员（列席此次会议第一次全体会议），共390余人列席大会。

马斌、王宁香（女）、王国平、王晓军、王敏、王智国、牛国喜、平宏、吕社军、吕斌、吕锦鸿、朱卫华、李小宁、李好信、李建明、李彦荣、李读、李新学、杨华、杨会君、杨青、沙芳琴（女、回族）、张文璞、张立军、张兴荣、张进宝、张录牛、张前江、陈景春、尚友俊、赵小灵、赵锋、胡生平、厚连世、凌森、高旭、郭满山、席鹏举、蒋建怀、靳宝生、戴彦荣（按姓名笔画为序）41人组成大会主席团，王晓军、王智国、张兴荣、李新学、赵锋、尚友俊、沙芳琴（女、回族）、高旭、厚连世、张进宝、李读、靳宝生12人为主席团常务主席，高旭为秘书长（兼），周拯佛、平宏、韩伟周、周浩仁、王飞为副秘书长；高旭、陈景春、马斌、王壬寅、王致中、牛国喜、吕斌、李文环、李稳收、张建良、胡生平11人组成大会议案审查委员会，高旭为主任委员，陈景春为副主任委员。

12月26日下午在静宁剧院一楼大厅举行大会预备会议，听取县人大常委会副主任、第十七届人大常委会代表资格审查委员会主任委员高旭所作的《关于代表出缺变动和补选代表资格审查情况的报告》，表决通过大会议程（草案）、大会主席团和秘书长名单（草案）、大会议案审查委员会名单（草案）、大会议案和建议、意见提出及处理办法（草案）。

大会共举行全体会议3次。第一次全体会议于12月27日上午举行，执行主席是（按姓名笔画为序）王晓军、王智国、吕社军、吕斌、李建明、李新学、杨会君、张文璞、张兴荣、张进宝、陈景春、尚友俊、赵锋、胡生平、厚连世、凌森、戴彦荣。会议由县人大常委会主任王智国主持，听取县政府县长张兴荣所作的《县人民政府工作报告》，审议县发改局局长胡生平所作的《关于2018年国民经济和社会发展计划执行情况及2019年国民经济和社会发展计划（草案）的报告（书面）》、县财政局局长马斌所作的《关于2018年财政预算执行情况和2019年财政预算（草案）的报告（书面）》。第二次全体会议于12月28日上午举行，执行主席是（按姓名笔画为序）王宁香（女）、王国平、王晓军、王敏、王智国、牛国喜、朱卫华、李好信、李读、李新学、杨华、沙芳琴（女、回族）、张立军、张兴荣、赵小灵、席鹏举。会议由县人大常委会主任任沙芳琴主持，听取县人大常委会主任王智国所作的《县人大常委会工作报告》、县法院院长张立军所作的《县人民法院工作报告》、县检察院检察长杨青所作的《县人民检察院工作报告》。第三次全体会议于12月28日下午举行，执行主席是（按姓名笔画为序）马斌、王晓军、王智国、平宏、吕锦鸿、李小宁、李彦荣、李新学、杨青、张兴荣、张录牛、张前江、高旭、郭满山、蒋建怀、靳宝生。会议由县人大常委会副主任高旭主持，表决通过《关于县人民政府工作报告的决议》《关于2018年国民经济和社会发展计划执行情况及2019年国民经济和社会发展计划的决议》《关于2018年全县财政预算执行情况和2019年财政预算的决议》《关于县人大常委会工作报告的决议》《关于县人民法院工作报告的决议》《关于县人民检察院工作报告的决议》。会议结束时，县委书记王晓军作了讲话。

大会分12个代表团，召开分团会议4次。

大会主席团召开会议3次。

大会收到代表建议意见49件，经大会议案审查委员会审查，对内容相同相近的建议意见合并后立案38件，主要涉及城乡建设与管理、农业和农村工作、道路交通、水利建设、生态环保和其他6个方面。①城乡建设与管理方面10件，占26.3%，主要是建议加大城区商品房建设力度，有效增加商品房供给；推进县城棚改安置房，南环西路、圣德路、明德路建设进度；加快威戎镇产业兴村强镇示范建设，界石铺红色旅游小城镇建设；规划修建城区智能停车场，标准化南关小学，新建住宅小区配套幼儿园；加强供暖企业监管，提高城区供暖质量；优化城区保洁机制，提高城市清洁化水平等。②农业和农村工作方面12件，占31.6%，主要是建议加大静宁苹果宣传推介、全县果园管理扶持力度，加强全县果园防灾减灾体系建设；实施八里镇小山村，贾河乡高窑村、贾河村美丽乡村建设；加大八里镇靳坪、刿白、郭罗3村果园管理扶持；改造提升治平镇、李店镇川区老果园；实施古城镇程梁、上李两村坡改梯田；设立古城镇朱川村人影作业点；加大红寺镇黄花菜产业扶持和全县农村10千伏以下电网改造等。③道路交通方面4件，占10.5%，主要是建议加快S222八里至原安道路建设进度；改造静西路口至八里阎庙段、深沟乡北山梁产业路，硬化原安镇齐埂至程义村道路。④水利建设方面3件，占7.9%，主要是建议加快城区水厂建设步伐；落实河长制，加大河道砂坑治理；改造维修双岘镇团庄村排洪渠。⑤生态环保方面4件，占10.5%，主要是建议加大全县乡村环境综合治理投资、城关镇峡门村面山绿化力度，实施312国道界石铺镇关湾至李堡段面山绿化，立项建设细巷镇污水处理站和垃圾中转站。⑥其他方面5件，占13.2%，主要是建议加快编制全县旅游产业发展规划；加快建设县城殡仪馆和公墓；加强乡镇卫生院服务能力、教育信息化建设，增设乡村道路视频监控设备等。

大会议程

一、听取和审议县人民政府工作报告；

二、审议2018年国民经济和社会发展计划执行情况及2019年国民经济和社会发展计划（草案）的报告（书面），审查和批准2018年国民经济和社会发展计划执行情况的报告及2019年国民经济和社会发展计划；

三、审议2018年财政预算执行情况和2019年财政预算（草案）的报告（书面），审查和批准2018年财政预算执行情况的报告和2019年财政预算；

四、听取和审议县人大常委会工作报告；

五、听取和审议县人民法院工作报告；

六、听取和审议县人民检察院工作报告；

七、其他。

大会日程

县第十七届人民代表大会第三次会议日程表

表3-131

时间		会议名称	会议内容	参加人员	会议地点
12月26日	上午		会议报到	1.全体代表 2.列席人员	静宁宾馆一楼大厅
	下午3:30	大会预备会	1.听取代表出缺变动和补选代表资格审查情况的报告；2.表决大会议程（草案）；3.表决大会主席团和秘书长名单（草案）；4.表决大会议案审查委员会名单（草案）；5.表决大会议案和建议、意见提出及处理办法（草案）	1.全体代表 2.不是代表的乡镇人大主席、副主席、城市社区人大工委主任	静宁剧院
12月27日	上午9:00	第一次全体会议	1.开幕式；2.听取和审议县人民政府工作报告	1.全体代表2.政协委员3.列席人员	静宁剧院
	第一次全体会议后	第一次分团会议	审议政府、计划、财政工作报告，结合审议提出有关议案和建议、意见	1.全体代表 2.列席人员	各代表团分团会议室

续表3-131

<table>
<tr><th colspan="2">时间</th><th>会议名称</th><th>会议内容</th><th>参加人员</th><th>会议地点</th></tr>
<tr><td>12月27日</td><td>下午2:30</td><td>第二次
分团会议</td><td>继续审议政府、计划、财政工作报告，结合审议提出有关议案和建议、意见</td><td>1.全体代表
2.列席人员</td><td>各代表团
分团会议室</td></tr>
<tr><td rowspan="4">12月28日</td><td>上午9:00</td><td>第二次
全体会议</td><td>1. 听取和审议县人民代表大会常务委员会工作报告;2.听取和审议县人民法院工作报告;3.听取和审议县人民检察院工作报告</td><td>1.全体代表
2.列席人员</td><td>静宁剧院</td></tr>
<tr><td>第二次
全体
会议后</td><td>第三次
分团会议</td><td>审议人大常委会、法院、检察院工作报告</td><td>1.全体代表
2.列席人员</td><td>各代表团
分团会议室</td></tr>
<tr><td>下午2:30</td><td>第四次
分团会议</td><td>继续审议人大常委会、法院、检察院工作报告</td><td>1.全体代表
2.列席人员</td><td>各代表团
分团会议室</td></tr>
<tr><td>下午4:30</td><td>第三次
全体会议</td><td>1.表决关于政府、计划、财政、人大常委会、法院、检察院工作报告的决议(草案);2.县委领导讲话;3.大会闭幕</td><td>1.全体代表
2.列席人员</td><td>静宁剧院</td></tr>
</table>

主席团会议日程

县第十七届人民代表大会第三次会议主席团会议日程表

表3-132

<table>
<tr><th colspan="2">时间</th><th>内容</th><th>参加人员</th><th>地点</th></tr>
<tr><td>第一次
会议</td><td>12月26日
下午4:00</td><td>1.表决主席团常务主席名单（草案）；2.表决主席团会议日程（草案）；3.表决大会日程（草案）；4.表决大会执行主席分组名单（草案）；5.表决大会副秘书长名单（草案）；6.表决关于大会议案和建议、意见终止时间的决定（草案）；7.听取有关接受辞职的备案报告</td><td>1.主席团成员
2.各代表团召集人</td><td>静宁剧院
三楼会议室</td></tr>
<tr><td>第二次
会议</td><td>12月27日
下午5:00</td><td>1.听取各代表团关于政府、计划、财政工作报告审议情况的汇报;2.听取人大财政经济委员会关于计划审查情况的汇报;3.听取人大财政经济委员会关于预算审查情况的汇报;4.讨论并表决关于政府、计划、财政工作报告的决议(草案)</td><td>1.主席团成员
2.各代表团召集人</td><td>静宁剧院
三楼会议室</td></tr>
<tr><td>第三次
会议</td><td>12月28日
下午4:00</td><td>1.听取各代表团关于人大常委会、法院、检察院工作报告审议情况的汇报；2.听取大会议案审查委员会关于议案和建议、意见审查情况的汇报；3.讨论并表决关于人大常委会、法院、检察院工作报告的决议（草案）</td><td>1.主席团成员
2.各代表团召集人</td><td>静宁剧院
三楼会议室</td></tr>
</table>

附：

县人民政府工作报告

（县人民政府县长张兴荣　2018年12月27日）

2018年工作回顾

即将过去的一年，在县委的坚强领导下，在县人大、县政协的监督支持下，我们团结依靠全县人民，以习近平新时代中国特色社会主义思想为指导，认真贯彻党的十九大和十九届二中、三中全会精神，全面落实国家和省、市一系列决策部署，坚持稳中求进工作总基调，以新发展理念为引领，以供给侧结构性改革为主线，对标高质量发展要求，积极应对经济下行压力，砥砺前行，克难奋进，统筹推进稳增长、促改革、调结构、惠民生、防风险各项工作，基本完成了县十七届人大二次会议确定的目标任务。预计完成生产总值53亿元，增长7%；规模以上工业增加值0.65亿元，下降55%；固定资产投资23.65亿元，增长3%；社会消费品零售总额32亿元，增长8%；地方财政收入2.5亿元，增长9.2%；城镇居民人均可支配收入24983元，增长8%；农村居民人均可支配收入7870元，增长12%。

一年来，我们集中力量攻坚冲刺，精准扶贫取得阶段性成效。牢牢紧盯“两不愁三保障”，深入实施“九大冲刺行动”，落实落细“一户一策”，全县19个村脱贫退出、5504户24377人稳定脱贫，贫困发生率下降到8.37%，通过省市认定验收。增收基础更加牢固。坚持“远抓苹果近抓牛、当年脱贫抓劳务”，制定14类种养业补助办法，落实补助资金1.15亿元。扶持贫困户新植补植果园4.5万亩，提质增效管理13.8万亩。新建暖棚9020座，新增养牛1.5万头。建立劳务基地61处，创办“扶贫车间”33个，输转贫困劳动力1.29万人，创收2.67亿元。全面铺开“三变”改革，推行“国有平台公司+龙头企业+合作社+农户”等多种产业扶贫模式，规范发展专业合作社454个，实现了贫困村合作社全覆盖，集体经济“空壳村”全消除，贫困户在全方位、全环节的产业链条中获得稳定收入。基础条件持续改善。坚持项目、资金、政策向贫困村、贫困户倾斜，整合各类资金6.68亿元，统筹推进贫困村路水电房等建设。硬化村组道路19公里，新开产业路230公里。建成安全饮水巩固提升工程3处，解决了6.59万人饮水不稳定问题。改造农村电网54.8公里，新建村级光伏电站12处。建成易地搬迁集中安置点32个，村级综合服务中心46个，改造C级危房3266户。扶贫政策全面落实。积极推进教育扶贫国家级示范区先行先试，建成行政村幼儿园8所、农村日托制幼儿园16所、寄宿制中小学校22所，发放教育补助资金1.4亿元，坚决筑牢教育脱贫底线。加快推进健康扶贫，落实“先诊疗、后付费”和“一站式”即时结报等政策，新建标准化村卫生室11个，兑付基本医保补偿、提高比例报销等资金2.66亿元。全面推进社会救助兜底，发放保障救助资金1.06亿元，实现了兜底对象应扶尽扶、应保尽保。深化东西部扶贫协作和定点帮扶，调整加强帮扶力量，落实社会帮扶资金1.28亿元，凝聚了强大的脱贫攻坚合力。

一年来，我们更加注重高质量发展，三次产业协调推进。强化产业对经济发展的支撑作用，调整优化结构，加快转型升级，县域经济质量效益持续提升。现代农业稳步发展。加快特色产业提质创牌增效，新植补植果园7.7万亩，改造老果园2万亩，果品产量达到76万吨，产值35.5亿元，创汇3.7亿元。全力应对霜冻冰雹等灾害，全面落实保花优果措施，苹果价格大幅上涨，果农收益稳步增加。全省首个苹果院士专家工作站挂牌成立，全省首批苹果期货交割库落户入驻，静宁苹果的知名度和影响力不断提升。推行户托社养、公司代养、农户自养“三养”模式，扶持建办养牛专业合作社129个，新建养殖小区44个，青贮饲草32.6万吨，牛饲养量达到12.7万头，草畜产业发展取得较大突破。高度重视粮食安全，推广旱作农业85.4万亩，粮食总产达到22.7万吨。实施种植业保险116万亩、养殖业保险3.09万头，理赔资金3246.9万元。第四次全国经济普查、农村集体产权制度改革、土地承包经营权确权颁证、粮食生产功能区划定、农房一体调查有序推进。工业经济触底回升。马铃薯废渣处理、农业废弃物综合利用等项目建成投产，支持重点骨干企业多产快销，工业增加值降幅逐渐收窄。开工建设西街西路、寺山东二路、次七路，完成高速下线口改造，园区承载能力不断增强。规范园区用地管理，部分历史遗留问题得到解决。第三产业活力增强。启动编制全域旅游规划，续建界石铺长征纪念园、仙人峡等旅游项目，丰富苹果采摘等乡村旅游元素，界石铺镇继红村入选中国历史文化名村，旅游综合收入增长29%。现代物流、农村电商等服务业快速发展，天元汽配城改造项目进展顺利，“京东·静宁扶贫馆”“静宁名品汇”上线运营，全县电商交易额达到1.58亿元。积极走出去对接招商，成功引进陇上草、佛慈养殖等项目14个，到位资金16亿元。深化银企合作，落实小微企业贷款29亿元，新发展非公经济主体2571户。预计全县三产增加值达到22亿元，增长12%。

一年来，我们坚持不懈推进项目建设，城乡面貌发生了新的变化。着眼城乡一体化发展，加快基础设施建设，实施各类重点项目111项，完成投资38.5亿元。城乡发展基础进一步夯实。全力协调解决建设用地和征收难题，历年中央预算内投资项目实现全开工，引洮供水、高速公路、330千伏输变电等重大项目顺利推进。聚焦薄弱环节和瓶颈制约，开工建设八里至细巷、新店至李店2条县乡公路改造工程，建成生命安全防护工程93公里、窄路加宽25公里。完成城乡建设用地增减挂2424亩，新修梯田4.7万亩，治理水土流失53平方公里，农业生产条件不断改善。新建通讯基站233座，光纤入户2.7万户，4G信号覆盖率达到97%，通讯保障能力持续提升。城乡建设水平进一步提高。编制县城控制性详细规划等各类规划30个，新建改造阿阳南路、中街路西段等城区道路4条，维修破损路面1.3万平方米，敷设天然气管网4.5公里，设置便民市场5处，城市公共服务功能不断完善。年内建成商住楼11.9万平方米。聚力推进棚户区改造，认真化解棚改难题，新开片区7个844户，完成历年土地房屋征收444户、拆迁435户，配建安置房7.3万平方米。城乡人居环境进一步改善。完成城市综合执法体制改革，扎实开展城镇管理提升年活动，全力治脏、治乱、治差、治污、疏堵，城镇管理水平有了新的提升。深入推进全域无垃圾治理，建成美丽乡村示范村19个、万村整洁示范村50个，设置乡村公益性岗位2859个，投入治理资金1010万元，常态化开展清扫保洁，城乡环境面貌有所改观。

一年来，我们狠抓生态环境综合治理，绿色发展理念更加深入人心。牢树生态文明意识，严守生态环保底线，全力落实防治措施，县域环境质量得到改善。环保欠账加快补齐。采取PPP模式建成运行工业和生活污水处理厂，推进威戎、界石铺等重点乡镇垃圾污水处理设施建设，敷设污水管网25公里，城镇污水垃圾处理能力逐步提升。压茬推进各级环保督察反馈问题整改，一批突出环境问题得到有效解决。污染治理纵深推进。强化煤质管控、扬尘整治和燃煤锅炉、餐饮油烟、工业废气治理，PM10、PM2.5控制在目标值以内。全面落实河湖长制，加强流域综合整治，严厉打击非法排污、采砂行为，12个重点监管水源地水质全部达标。落实土地休耕、化肥农药减量增效等治理措施，土壤环境质量保持稳定。生态建设持续加强。开展大规模国土绿化行动，划定生态保护红线，完成造林绿化7.9万亩，建设绿色通道622公里，森林覆盖率达到32.1%，成功创建全省绿化模范县。

一年来，我们倾心竭力改善民生，群众获得感幸福感不断增强。始终坚持以人民为中心的发展思想，以小财政办大民生，民生支出占财政总支出的82%以上。惠民实事有效落实。高度重视建议提案办理，42件人大代表建议、26件政协委员提案全面办结。千方百计筹集资金，措办的10件惠民实事总体进展良好，个别受前期工作滞后、项目资金下达较迟、征地折迁难度大等影响，正在全力以赴加快办理。社会事业协调推进。优先发展教育事业，加强小规模学校建设，实施“全面改薄”“温暖工程”，新建改建双岘中心小学等校舍9.2万平方米，教育基础条件持续改善。注重青少年学生德智体美劳全面发展，广泛开展社团活动，教学质量不断提高。高考二本上线2411人，上线率达到48%，6人被清华、北大录取。加快推进医疗卫生事业，县医院综合楼开工建设，中医院住院部综合楼、门诊医技楼、李店卫生院业务楼基本建成。深化县级公立医院改革，全面推行分级诊疗，医疗服务能力不断增强。加快发展文体事业，建成乡镇体育中心3个、农民健身工程32个。成纪掐丝画《丝路印象》获得省第三届“创新杯”工业设计大赛金奖。举办金果家园越野挑战赛，开展送戏下乡等文化惠民活动310场次，丰富了群众文化生活。社会保障不断强化。发放创业担保贷款3200万元，新增城镇就业4428人，签约引进紧缺人才70人，招募高校毕业生388人，安置退役军人22人。加大城镇困难家庭住房保障，配售公租房124套，发放租赁补贴68.7万元。城镇职工、城乡居民养老保险、医疗救助等政策全面落实，发放各类保障资金4.1亿元。启动运行老年福利服务中心，建成李店中心敬老院。积极应对暴雨洪涝等自然灾害，多方筹资3372万元用于灾后恢复重建，最大限度减少了灾害损失。

一年来，我们驰而不息转作风提效能，政府行政能力进一步提升。深入学习贯彻习近平新时代中国特色社会主义思想，始终在政治立场、政治方向、政治原则、政治道路上同以习近平同志为核心的党中央保持高度一致，确保中央和省市县委各项决策部署贯彻迅速、落实有力。自觉接受人大依法监督、政协民主监督和社会各界监督，坚持重大事项向人大报告、与政协协商制度，加强法治政府建设，推进行政决策科学化、民主化、法治化。深入开展转变作风改善发展环境建设年、深化“放管服”改革突破年活动，率先建成全市“一站式”县级政务服务中心，基本实现了企业和群众办事“只进一扇门”。大力开展“减政便民”、堵点疏解行动，公布“最多跑一次”事项876项，取消证明事项26项。审计监督覆盖了政府工作各个领域，统计基础在挤干水分中更加坚实。办理来信来访620人次、网上诉求3300多件，一些群众普遍反映的热点难点焦点问题得到有效解决，一些多年沉淀积压的历史遗留问题逐步得到化解。深入开展扫黑除恶专项斗争，切实强化安全生产、食品药品监管和突发事件应急处置，维护了和谐稳定的社会局面。大力开展党建统领“一强三创”行动，认真落实党风廉政建设责任制，严格执行中央“八项规定”，强化预算执行、政府债务管控，政府系统廉政建设不断加强。民族宗教、双拥共建、档案县志、残疾人保障等事业取得新的成效，省市驻静单位为全县经济社会发展作出了积极贡献。

一年来，全县上下为建设富裕美丽文明活力平安静宁，贡献了聪明才智，洒下了辛勤汗水，各项事业正在全面建成小康社会的征程上阔步前进。这些成绩的取得，得益于县委的坚强领导，得益于县人大、县政协的监督支持，得益于社会各界的团结协作，得益于各级帮扶单位的倾力帮助，饱含着全县广大干部群众的心血和汗水。

在肯定成绩的同时，我们也清醒地看到，全县经济社会发展还存在不少困难和问题，政府工作与人民期盼仍然存在不小差距：一是面对宏观经济下行压力，缺乏行之有效的应对措施，经济增速放缓，个别目标任务没有达到预期，尤其是规模以上工业增加值降幅较大。二是脱贫攻坚难度大，剩下的3.6万贫困人口大多集中在西北部贫困片带，产业基础薄弱，致贫原因复杂，扶贫成本较高，实现整县脱贫摘帽的任务繁重而艰巨。三是产业发展层次较低，农业总体处于增收链、价值链低端，抵御自然灾害的能力弱，工业总量小、短腿问题突出，现代服务业发展水平不高，产业转型升级依然任重道远。四是基础设施较为薄弱，县乡道路通行状况较差，城乡供水保障能力不足，特别是S222省道改建、引洮工程因政策调整等原因进展缓慢。城乡规划引领作用发挥不充分，市政基础设施、棚户区改造欠账较大，城市综合环境、功能品位与群众的期望相比还有很大差距。五是财政收支矛盾突出，债务风险管控压力较大，教育卫生、社会保障等方面还存在薄弱环节，公共服务均等化水平亟待提高。同时，少数干部责任意识、担当意识不强，抓工作的方法不多，抓落实的力度不大，工作能力和水平还不能适应新时代新要求。对于这些困难和问题，我们将在今后工作中勇于面对，对症施策，认真加以解决。

2019年工作任务

2019年是新中国成立70周年，是决战脱贫攻坚、决胜全面小康的关键一年。发展不平衡不充分尤为突出的县情，决定了我们必须把发展作为解决一切问题的基础和关键，牢牢把握高质量发展的根本要求，在加快发展中补齐短板，在提升质量中扩大总量。从现阶段发展特点出发，2019年政府工作的总体要求是：坚持以习近平新时代中国特色社会主义思想为指导，全面贯彻党的十九大和十九届二中、三中全会精神，认真落实习近平总书记视察甘肃重要讲话和“八个着力”重要指示精神，统筹推进“五位一体”总体布局，协调推进“四个全面”战略布局，坚持稳中求进工作总基调，坚持新发展理念，坚持推动高质量发展，坚持以供给侧结构性改革为主线，继续打好三大攻坚战，统筹推进稳增长、促改革、调结构、惠民生、防风险工作，着力抓好脱贫攻坚、产业发展、城乡建设、环境保护、改善民生、深化改革六项重点任务，坚决打赢打好脱贫攻坚战，为全面建成小康社会收官打下决定性基础，以优异成绩庆祝中华人民共和国成立70周年。

综合考虑宏观经济形势和现实基础，2019年经济社会发展的预期目标是：生产总值增长7%；规模以上工业增加值增长5%；固定资产投资增长6%；地方财政收入增长6%；社会消费品零售总额增长8%；城镇居民人均可支配收入增长8%；农村居民人均可支配收入增长12%；万元生产总值能耗降低4.5个百分点。

围绕实现上述目标，我们将着力抓好以下6个方面的工作：

一、聚焦整县脱贫摘帽，坚决打赢脱贫攻坚战

深入实施脱贫攻坚“一号工程”，纵深推进“九大冲刺行动”，集聚一切资源，调动一切力量，精准发力，攻坚拔寨，坚决打赢打好脱贫攻坚硬仗，年内减贫3.08万人，贫困发生率下降到1.22%，实现整县脱贫摘帽。

注重精准管理强基础。严把贫困人口退出时序、退出标准、退出程序、核查比对、评估检查“五个关口”，全面开展“十查十看”活动，持续做好脱贫退出、返贫纳入等工作，严控贫困发生率、错退率和漏评率，确保稳定达标。做实做细驻村帮扶工作，对接落实各项帮扶措施，宣传脱贫攻坚特惠政策，妥善解决扶贫领域信访问题，切实提升脱贫攻坚群众满意度。

强化产业支撑稳增收。坚持把产业扶贫作为主攻方向，对接用好产业发展贷款和专项扶持政策，精准实施到户到人产业扶持项目，提升果、牛、劳等多元增收产业效益，确保贫困群众收入稳定高于退出标准。加快培育新型经营主体，规范发展家庭农场、合作社、龙头企业、农业产业化联合体40个，新增扶贫车间29个，联结带动贫困户增收。全面落实政策性保险“增品扩面提标降费”，最大限度降低农业风险。深入推进农村“三变”改革，扶持壮大村级集体经济，力争贫困村集体经济收入达到2万元以上。

改善基础条件补短板。紧扣脱贫验收标准，采取“填空补缺”“筛筛子”的办法，集中力量打好基础设施改善歼灭战，整治“畅返不畅”路段130公里，硬化通村路100公里、巷道384公里，新开产业路119公里。新建安全饮水巩固提升工程6处、村卫生室25个、村级电站9处，改造农村电网465公里，完善幼儿园、综合服务中心等公共服务设施。深入实施农村人居环境改善三年行动，全面推进农村污水、垃圾、厕所“三大革命”，强力整治村容村貌，维护保养公共设施，下功夫消除“视觉贫困”。重视解决非贫困村基础设施、公共服务等问题，防止出现贫困“死角”。

严格政策落实兜底线。把教育扶贫作为“拔穷根”的治本之策，精准落实控辍保

学等政策，决不让贫困家庭的孩子输在起跑线上，坚决阻止贫困代际传递。着力深化健康扶贫，降低因病致贫返贫风险，让贫困群众看得起病、看得上病。全面做好农村低保、五保供养和残疾人保障，统筹做好贫困群众养老保险、城乡居民基本医保参保工作，兜牢社会保障底线。更加注重“志智”双扶，深入开展精神扶贫，充分激发贫困群众的内生动力。积极争取帮扶资源，主动加强与天津武清区、中投公司对接，深入开展“百企帮百村扶千户”等活动，切实提升帮扶实效。推行四大片区分片包抓机制，压实落细攻坚责任，强化扶贫资金监管，进一步凝聚脱贫攻坚合力。

二、狠抓扩量提质增效，多措并举壮大县域经济

把提高供给体系质量作为主攻方向，加快三次产业结构调整，充分挖掘发展潜力，着力构建多点支撑、多元发展的现代产业新体系，推进县域经济发展动能转换、提档升级。

加快发展现代农业。以实施乡村振兴战略为引领，突出质量兴农、绿色兴农，全面提升农业规模化、标准化、产业化水平。紧盯有机苹果生产方向，抓实苹果产业转型升级“八新”举措，新植补植果园4万亩，改造老果园2万亩，建成优质苗木繁育基地2000亩，果品总产量达到84万吨。加大苹果原产地追溯认证、包装防伪、品牌监管力度，搭建产销对接、农超对接平台，多渠道开拓国内外市场，实现产值38亿元。突出科学饲养、品种改良、秸秆转化和疫病防控，巩固提升现有养殖小区，种植优质饲草5万亩，新增养牛1.5万头，确保畜牧业增加值达到4.7亿元。实施藏粮于地、藏粮于技战略，扎实开展粮食高产创建和绿色增产攻关，推广旱作农业85万亩，粮食总产量稳定在20万吨以上。建设人影作业点6处，示范推广防雹网、除霜机，切实提高农业防灾减灾水平。以推进威戎镇产业兴村强镇示范项目为带动，加快葫芦河流域现代农业示范园建设，大力发展休闲农业、观光农业，推进农村一、二、三产融合发展。

持续壮大工业体量。深入实施工业强县战略，加快优势产业升级和传统产业转型步伐，培育新型工业化市场主体，推动工业总量扩张、结构优化、质量提升。完成恒达公司能源与废弃物高效综合利用、生物质燃料生产线等项目前期工作，新建全固态发酵食醋、艺术玻璃制品等重点项目7项。多方协调推动纸箱包装、化工医药、地毯加工等骨干企业挖潜增效、拓展市场，不断提升工业发展质量效益，力争完成“小升规”2户以上。深化工业园区体制改革，突出主责主业，进一步明晰发展重点，优化功能定位。着眼项目落地入园需求，采取政府投入、向上争取和吸引社会资本等多种途径，建成西街西路、寺山东二路、次七路等园区道路，配套给排水、电讯、绿化、燃气管网等工程，提升园区投资吸引力。

提升服务业发展水平。加快商贸流通、住宿餐饮等传统业态改造升级，促进服务业向精细化和高品质方向转变。健全城乡市场体系，新建建材市场和雷大镇、三合乡农贸市场，续建农产品电子商务冷链物流产业园、天元汽配城等项目。完善县乡村三级电商服务体系，推动实体经营与网络经营融合发展，扩大“名品汇”等电商平台知名度，力争网上交易额突破2亿元。顺应居民消费升级趋势，扶持发展信息技术、金

融服务、健康养老等消费新热点，丰富定制化供给，满足多样化需求，提高服务业对经济增长的贡献率。

大力发展全域旅游。围绕打造陇东南文化旅游发展区域中心，持续做大“华夏之根、红色圣地、金果家园”三大品牌，精心塑造“华夏祖源地、东方苹果城”新品牌，着力构建“两园一体一基地”旅游发展新格局。编制完成《静宁县全域旅游发展总体规划》，申报争取仙人峡景区开发项目，启动实施35°苹果景区、悬镜湖湿地公园、界石铺景区基础设施建设，提升旅游景区档次和开发水平。大力发展乡村旅游，建成界石铺崔岔、灵芝尹岔旅游扶贫试点村，培育休闲度假、民俗体验、农业观光等新业态，进一步完善“吃住行游购娱”等要素，力争旅游综合收入增长30%以上。

三、强化项目带动引领，持续夯实城乡发展基础

坚定不移实施重大项目带动战略，坚持谋划与争取、内聚与外引、建设与管理并重，千方百计扩大有效投资，推动基础条件持续改善。

不断拓宽项目争引渠道。敏锐把握、有效对接国家和省上基础设施补短板、十大绿色生态产业、投融资改革等政策机遇，精准谋划一批产业发展、基础设施、公共服务项目，储备库动态保持在300亿元以上，争取更多项目进入国省总盘子。加大项目招引力度，积极开展上门招商、精准招商、全产业链招商、名企名人招商，全面落实优惠政策，主动跟踪协调服务，争取引进有税项目，培植有根企业，确保引进招商项目40项以上，到位资金增长10%以上。

加快推进基础设施建设。强化建设用地审批、环评、安评、融资等要素保障，实施各类重点项目103项117.6亿元，完成投资39亿元。全力做好平天、静庄高速等重大项目协调服务，多方筹资完成S222平峰至八里、城川至新店段省道和新店至李店、八里至细巷县道改造，实施安防工程241公里，争取改造静西路，不断提升道路通行能力。积极配合推进引洮供水工程，开工建设城区水厂，抓好高效节水灌溉、五小水利、河堤治理等项目，切实发挥水利支撑保障作用。建成330千伏输变电站工程，争取实施110千伏配套输送工程，努力满足城乡用电需求。

统筹推进城镇建设管理。全面运行“多规合一”信息平台，编制完成全县乡村振兴及24个试点村、3个棚改片区、17个美丽乡村和雷大集镇规划，发挥规划引领作用。强力推进棚户区改造，加大依法征收力度，抓好历年欠账扫尾，新开成纪路东等7个棚改片区，配建安置房14万平方米。完善住房市场体系，规范用地供应和监管，新建续建商住楼35万平方米。建成明德路、西环路城关初中段等城区道路5条3.4公里，改造提升中街路东段、圣德路西段，打通城市环形路网。开工建设文屏书院，加快公共停车场、便民市场、雨污管网、公厕等公共设施建设，持续做好公园绿地建设和街巷道路、单位小区等绿化亮化，完善城市服务功能，提升城市品位。加强城镇精细化管理，建成数字化城市管理平台，积极推行“街长制”，严格实行网格化管理，科学合理设置禁行、禁停车道，坚决整治乱修乱建、噪音扰民等城市顽疾，切实解决供热供水、物业管理等群众反响强烈的突出问题。统筹抓好界石铺、威戎等重点小城镇开

发，因地制宜建设美丽乡村17个、万村整洁示范村74个，加快城乡融合发展。

四、树牢绿色发展理念，着力建设美好宜居家园

注重全民共治、源头防治，严格环境保护、生态治理和综合整治，坚定不移走绿色发展之路，努力打造天蓝地绿水清的美丽静宁。

筑牢生态安全屏障。严守生态环境保护、永久基本农田、城镇开发边界3条控制线，持续加大生态系统保护力度。坚持新植与补植、绿化与美化、植绿与造景相结合，实施新一轮退耕还林等重点生态项目，完成植树造林4.3万亩，建设绿色通道436公里，整理土地1.9万亩，新修梯田8300亩，森林覆盖率提高1.2个百分点。靠实林木管护责任，加大封山禁牧、森林防火、有害生物防治力度，切实巩固生态建设成果。

打好污染防治攻坚战。持续推进大气污染防治，落实“六张清单”管理制度，着力控排放、控扬尘、控煤质、控车辆、严管理，大力整治烟花爆竹燃放、垃圾秸秆焚烧等问题，确保城区空气质量优良天数达到300天以上，增强人民群众的蓝天幸福感。持续推进水污染防治，全面深化河湖长制，加强地表水、地下水污染防治、城市黑臭水体治理，实施葫芦河流域水环境综合整治项目，加快建设重点乡镇污水垃圾处理设施，确保全流域水质达标。持续推进土壤污染防治，加强土壤环境监测，下功夫治理废旧农膜、农药化肥、畜禽粪便等农业面源污染，着力把牢污染源头，让人民群众“面袋子”“菜篮子”更安全。

强化环境监管治理。落实最严格的生态保护制度，压实企业主体、部门监管和乡镇属地管理责任，全面排查环境风险隐患，从严从重查处环境违法案件，推动形成环保守法新常态。纵深开展全域无垃圾治理，加大公路沿线、河床沟道、乡镇驻地、城乡接合部等重点区域环境整治，建立完善垃圾收集分类、转运处理体系，努力营造干净整洁的城乡环境。积极倡导绿色低碳、文明健康的生活方式，广泛开展节约型机关、绿色家庭、绿色学校、绿色社区创建行动，提高全社会生态文明意识。

五、注重保障改善民生，不断增进人民群众福祉

把满足人民群众对美好生活的向往，作为政府工作的出发点和落脚点，突出普惠性、均等化，全力补齐民生短板，促进社会公平正义，不断提升广大群众的获得感、幸福感和安全感。

完善社会保障体系。把稳就业摆在突出位置，认真落实就业促进和创业引领计划，全力支持高校毕业生、返乡人士、乡土能人、城镇就业困难人员、退役军人等各类群体创业就业，积极引进紧缺人才，城镇登记失业率控制在3.8%以内。严格落实农民工工资保证金制度，保障劳动者合法权益。深入实施全民参保计划，完善居民基本医保运行机制，提高城乡低保、特困供养人员补助标准，编密织牢困难群众基本生活“保障网”。大力发展社会福利和慈善事业，建成残疾人康复中心，做好农村留守妇女儿童、空巢老人关爱服务。探索医养结合养老事业发展模式，鼓励社会资本参与养老服务。加快推进殡葬改革，建设殡仪服务中心、公益性骨灰安放堂。

协调发展社会事业。加快推进城乡教育均衡发展，争取实施一中实验楼、曹务中

心小学综合楼等项目，建设机器人创客教室、录播教室，配备多媒体设备，促进优质教育资源均衡配置，着力解决中小学生课外负担重、“择校热”“大班额”等问题。加强教师队伍建设，建立完善激励机制，提升教育教学质量，努力办好人民满意的教育。加快健康静宁建设，力争完成县中医院整体搬迁，建成县医院综合楼，进一步改善医疗服务条件。深化公立医院改革，推进基层卫生改革，支持发展中医药事业，鼓励社会力量办医，加强重大疫病防控、健康服务、妇幼保健等工作，持续提高城乡医疗服务水平。大力发展文化体育事业，实施应急广播建设工程，建成乡镇体育健身中心3个、村级农民健身工程36个，积极发展文化产业和民间艺术团体，多层次开展群众性文体活动，不断提升全民健康素质。

推进社会治理创新。深入开展“七五”普法，加快推进依法治县进程，提高社会法治化水平。加强应急管理体系建设，强化重点行业领域隐患排查治理，坚决遏制重特大事故发生。扎实推进“双安双创”行动，加大食品药品安全监管，确保群众饮食用药安全。严格落实社会治安综合治理责任制，健全完善矛盾纠纷多元化解机制，畅通信访渠道，构建社会治安防控体系，持续深化扫黑除恶专项斗争，依法打击惩治各类违法犯罪活动，打造共建共享共治的社会治理格局。全面落实党的民族宗教政策，依法加强宗教事务管理。积极培育和践行社会主义核心价值观，整治“高价彩礼”、薄养厚葬等问题，努力形成向上向善、健康和谐的文明风尚。

六、加快改革创新步伐，激发经济社会发展活力

始终以改革破解发展难题，以创新厚植发展优势，不断释放改革红利，激发市场活力，为全县经济社会发展注入强劲动能。

全力做好机构改革。严格按照中央和省市机构改革部署要求，坚持优化协同高效原则，强化编制刚性约束，科学设置机构，规范有序开展转隶移交，稳步推进机构改革各项任务落实。统筹做好改革发展稳定工作，全力保障改革期间工作的延续性和衔接性，实现机构改革与经济社会发展互促共进。进一步厘清事权、理顺职责，着力构建系统完备、科学规范、运行高效的机构职能体系，提高行政效能，发挥改革整体效应。

持续深化“放管服”改革。加大简政放权力度，扎实开展“减证便民”行动，疏解办事堵点问题，规范县乡村政务服务机构运行，扩大政务服务事项入网覆盖面，努力实现群众办事“一网通办”“最多跑一次”。认真落实激发民间投资活力、促进经济健康发展各项措施，全面推行“证照分离”改革，消除各类隐性壁垒，减轻企业税费负担，尽最大努力解决企业融资、土地、人才等方面的突出问题，营造良好的营商环境，新增非公经济主体2400户以上，非公经济增加值增长10%。

积极推进其他领域改革。深化供销体制改革，全面推行行业指导、企业经营“双线”运行机制，健全完善供销合作社经营服务体系。推进社会保险费和非税收入职责划转改革，逐步建立职责清晰、流程顺畅、征管规范、便民高效的征缴体制。持续深化农村综合改革，统筹推进农村集体产权、农业水价、集体林权配套等改革，激发农村发展活力。全面加快户籍制度改革，合理引导农业人口有序向城镇转移，促进农业

转移人口市民化。

民生连着民心，民意凝聚民力。2019年，我们将围绕民心民意，竭力办成十件惠民实事。1.投资5893万元，全面改造维修农村饮水管网，实施饮水安全巩固提升工程，彻底解决全县农村饮水不稳定问题。2.投资8570万元，实施全域无垃圾治理，建设曹务等4乡镇生活污水垃圾处理设施，敷设污水管网14.1公里，配备保洁车、垃圾斗等，充实保洁力量，解决城乡环境面貌差问题。3.投资9242万元，升级改造10千伏及以下农村电网，解决乡村供电保障能力不足问题。4.投资1961万元，实施县乡公路大中修养护、农村公路安全生命防护工程，解决县乡道路安全通行问题。5.投资5100万元，新建改造明德路、中街路东段等5条城区道路，解决城区交通不畅问题。6.投资7000万元，建成南关小学、文惠小学、同乐幼儿园，解决城区学生入学难问题。7.投资1.71亿元，建设县医院综合楼，解决医疗服务能力不足问题。8.投资2000万元，实施公共安全视频监控项目，建成县综治指挥中心，拓展建设监控终端，解决城乡公共安全保障基础薄弱问题。9.投资900万元，建成县公共体育田径跑道和足球场，解决城区体育活动场所紧缺问题。10.发放4000万元创业担保贷款，新增4200人城镇就业，新开发200个公益性岗位，解决高校毕业生、下岗失业人员就业难问题。

全面加强政府自身建设

为政之要，重在力行，贵在担当。我们将始终牢记为民、务实、清廉的宗旨，不断增强依法行政、高效理政和廉洁从政能力，努力建设人民满意的服务型政府。

强化政治意识，坚定政治方向。始终把政治建设放在政府自身建设的首位，深入贯彻习近平新时代中国特色社会主义思想，牢固树立“四个意识”，坚定“四个自信”，坚决维护习近平总书记党中央的核心、全党的核心地位，坚决维护以习近平同志为核心的党中央权威和集中统一领导。严守政治纪律和政治规矩，不折不扣地落实党中央、省、市和县委的各项决策部署，切实增强决战脱贫攻坚决胜全面小康的政治自觉、思想自觉和行动自觉。

强化观念创新，推进思想解放。牢固树立新发展理念，主动适应经济发展新形势新变化，改变墨守成规、因循守旧观念，树立开拓创新、锐意进取意识，审视原有发展路径、发展方式，推动思想创新、工作创新、机制创新。摒弃小富即安、小进即满心态，树立赶超进位、争创一流意识，拉高工作标杆，提高工作标准。破除视野狭窄、自我封闭的局限，树立开放合作、协同发展意识，跳出静宁看问题，站在全局谋发展，通过思想上的“破冰”实现行动上的“突围”。

强化法治思维，规范权力运行。坚持把依法行政贯穿于政府工作全过程，严格按照法定权限和程序行使权力、履行职责。全面落实政府重大行政决策法定程序，健全完善公众参与、专家论证、风险评估、合法性审查和集体讨论等制度，不断提高政府决策的民主化、科学化、法治化水平。认真执行县人大及其常委会的决议决定，自觉接受人大法律监督、工作监督和政协民主监督，提高人大代表建议、政协委员提案办理质量。扩大政务公开，保障人民群众的知情权、参与权、监督权。

强化责任担当，弘扬实干之风。把担当尽责作为政府工作的第一要求，围绕改革发展任务，大胆探索，积极作为，全力以赴破难题、促发展。大力弘扬真抓实干、雷厉风行的工作作风，说了就干、定了就办，咬定目标、一抓到底，推动各项工作高效落实。牢固树立重实干重实绩的导向，规范督查检查考核，强化结果分析运用。健全正向激励、容错纠错机制，为敢于担当的干部担责，为勇于攻坚的干部撑腰鼓劲，努力形成善谋实干、锐意进取的干事创业氛围。

强化作风建设，永葆清廉本色。坚持作风建设永远在路上，全面落实党风廉政建设主体责任和“一岗双责”，严格执行中央“八项规定”及实施细则，持之以恒纠正“四风”，驰而不息改进作风，精简会议文件，推动政风行风持续好转。加大审计监督力度，管好用好财政资金，严控“三公”经费和一般性支出，把有限的财力更多地用在推动发展、改善民生上。持续强化重点领域风险防控，进一步扎紧制度“笼子”，让权力在阳光下运行，树立为民务实清廉的政府形象。

县人大常委会工作报告

（县人大常委会主任王智国　2018年12月28日）

2018年主要工作

2018年，是全县人大工作全面提升，创新发展的一年。县人大常委会在县委的坚强领导下，全面贯彻党的十九大和十九届二中、三中全会精神，以马克思列宁主义、毛泽东思想、邓小平理论、“三个代表”重要思想、科学发展观和习近平新时代中国特色社会主义思想为指导，准确把握人大工作政治方向，依法行使宪法和法律赋予的各项职权，圆满完成了县十七届人大二次会议确定的各项目标任务，为促进全县经济社会发展和民主法治建设作出了积极努力。

一年来，共召开常委会会议7次，开展调研、检查、视察活动9次，配合省市人大常委会开展各项活动9次，听取和审议“一府一委两院”工作报告24项，提出审议意见43条，依法作出决议、决定12项。

一、始终坚持党的领导，准确把握人大工作政治方向

（一）着力提高政治站位。坚持把学习贯彻习近平新时代中国特色社会主义思想贯穿于人大工作始终，坚决维护习近平总书记在党中央和全党的核心地位、坚决维护党中央权威和集中统一领导，牢固树立“四个意识”，切实坚定“四个自信”，始终在思想上政治上行动上同以习近平同志为核心的党中央保持高度一致。按照学懂弄通做实的总要求，迅速掀起学习宣传贯彻习近平新时代中国特色社会主义思想的热潮，扎实推进“两学一做”学习教育常态化制度化。自觉把坚持党的领导、人民当家做主、依法治国有机统一起来，更好地落实到县乡人大工作全过程。

（二）坚决拥护县委正确领导。自觉把人大各项工作置于县委领导之下，凡是涉及全县人大工作中的重大事项、重要会议，严格落实请示报告制度。视察、调研和执法检查报告及时报送县委，为县委科学决策提供参考。坚持党管干部和人大依法任免

有机统一，严格人事任免程序，年内依法任命国家机关工作人员5人（次），接受辞职、免职8人（次）。全面落实宪法宣誓制度，自觉维护宪法权威，牢固树立宪法意识和法治理念，增强国家机关工作人员依法行政、公正司法的责任感和使命感。

（三）积极参与全县中心工作。按照县委统一安排，常委会领导积极参与全县重大项目建设、脱贫攻坚、环保督查等重点工作，深入基层广泛开展调查研究，着力落实县委各项重大决策部署。围绕“美丽静宁”建设，深入城区和各乡镇，督促城乡规划建设管理、棚户区改造、生态环境治理及农村人居环境改善有效落实。围绕关于划分四个片区推进脱贫攻坚任务的要求，积极落实包抓责任，定期组织召开片区工作会议，通报进展情况，分析存在问题，提出建议意见，推动工作落实。常委会组成人员积极主动参与视察、调研和执法检查，认真听取和审议“一府一委两院”工作报告，形成了一些高质量的审议意见，为常委会服务全县中心工作创造了良好条件。

二、依法履行监督职权，全力服务保障全县发展大局

（一）依法审议决定重大事项。围绕县委决策部署和改革发展大局，依法审议决定事关全县经济社会发展和民主法治建设领域的重大事项。审查、批准了县政府2018年国民经济和社会发展计划、财政收支预算调整、2017年财政决算、转移支付增量资金、新增地方政府债券、增加预算支出安排以及将工业和生活污水处理服务费纳入财政中期规划的报告。听取和审议了2017年财政预算执行情况的审计报告，加大预算执行跟踪监督力度，确保财政资金依法科学有效使用，切实维护财政预算的严肃性和权威性。调整取消新店甘坡等5处乡镇集中式饮用水源地，及时切换水源，有效保障受益区群众用水需求及安全。

（二）持续关注县城建设管理。针对群众反映强烈的县城建设管理中存在的问题，常委会组织检查组，对县城建设与管理工作进行检查，要求规划、住建、综合执法、公安等职能部门科学编制各类规划，加强基础设施建设，强化综合执法管理，规范城区交通秩序，着力提升县城建设与管理水平。深入县城13个棚改片区，对棚户区改造情况进行检查，提出了强化工作措施，加快征收拆迁清零进度；修订完善补偿政策，尽最大努力减少拆迁矛盾；加快安置房建设，加大居民安置保障力度；适度增加商品房开发供地，有效遏制房价过快增长；紧抓棚改政策机遇，尽快解决县城基础设施建设滞后等建议，加快县城棚户区改造步伐。

（三）高度重视生态环境保护。按照中央和省市县关于加强环保监督工作的新要求，组织开展了环境保护法贯彻实施情况执法检查。督促县政府及相关职能部门高度重视环保工作，牢固树立生态文明理念；加大环保资金投入，持续加强基础设施建设；突出监管防治重点，深入推进污染源头治理；健全联动共管机制，强化合力治污工作保障，切实做好生态环境保护各项工作。

（四）着力保障改善民计民生。重点开展了精准扶贫精准脱贫工作调研，审议提出聚焦基础短板，狠抓脱贫硬件设施建设；围绕富民增收，持续加大产业扶持力度；加强统筹协作，形成脱贫攻坚强大合力；注重政策宣传，有效激发群众内生动力等建

议，推动打赢打好脱贫攻坚战。加强扶贫专项资金监督检查，规范资金管理使用。围绕维护保障老年人合法权益，对全县贯彻实施老年人权益保障法和甘肃省老年人权益保障条例情况进行执法检查，促进涉老法律法规在我县有效实施。聚焦全县基层医疗卫生工作，提出了加强队伍建设，提升医务人员整体素质；强化职能转变，提升公共卫生服务能力；加大投入力度，夯实医疗卫生基础；完善服务体系，提高健康扶贫服务水平等建议，推进全县基层医疗卫生事业持续健康发展。

（五）积极助推旅游产业发展。深入成纪故城遗址、界石铺红军长征毛泽东旧居纪念馆、余湾王坪村现代农业旅游观光园等旅游景点，对全县旅游产业发展情况进行调研。审议提出高起点、高标准编制全县旅游发展总体规划和红色旅游、乡村旅游等专项规划，充分挖掘旅游资源，精心打造旅游品牌，加大宣传推介力度，努力解决旅游产业发展规划引领不强，资源开发利用不充分，产业知名度不高等问题，加快旅游产业发展，助力精准扶贫精准脱贫和乡村振兴。

（六）跟踪监督审议意见落实。围绕落实常委会关于工业企业发展有关审议意见，及时进行跟踪监督，就扶持企业发展成效不明显、工业园区软硬件薄弱、企业自主发展能力不强等问题，建议县政府树立工业强县思想，坚定不移实施工业强县战略，着力从加大工业企业扶持力度，提升工业园区服务能力，增强工业企业竞争实力等方面加强改进工作。

（七）依法加强部门工作监督。按照有关法律规定，常委会积极探索完善监督方式，依法加强工作监督，有计划地听取了发改、工信、林业、工商、人社等县政府组成部门工作报告，并就工作中存在的问题，提出了一些针对性较强的改进意见，有效督促县政府组成部门更好地履行工作职责。

三、充分发挥代表作用，着力提升县乡人大工作水平

（一）积极创造代表履职条件。坚持为县人大代表免费订阅和寄送《人大研究》《人民之声报》等报刊资料，书面通报常委会和“一府一委两院”工作情况，努力拓宽人大代表知情知政渠道。依托“人大代表之家”，综合运用信息平台，积极为代表开展学习培训、接待选民、收集建议等活动提供服务，推动闭会期间代表履职经常化，让代表在广泛参与中履职尽责、发挥作用。一年来，参加常委会开展的视察、调研和执法检查、县上重大活动以及列席常委会会议的市县人大代表达80余人（次）。

（二）增强代表建议意见办理实效。坚持把提高代表建议意见办理质量作为保障代表依法履职的重要内容，常委会领导和相关委、室包抓重点建议意见，有效带动了其他建议意见办理落实。为进一步增强办理实效，提高办结率，常委会组织组成人员对办理工作进行专门视察，听取和审议了县政府关于代表建议意见办理情况的报告，首次进行了满意度测评，力促代表建议意见办理工作取得实效。截至11月底，代表所提42件建议意见已经解决或列入规划逐步解决的40件，占建议意见总数的95.2%，积极回应了代表和群众关切。

（三）精心指导乡镇人大工作。认真落实中央及省市县委关于加强和改进人大工

作的文件精神，召开全县乡镇（社区）人大工作会议，全面加强人大主席和工作人员业务培训，研究提出改进乡镇人大工作的思路对策。坚持常委会领导联系包抓乡镇（社区）人大工作制度，按照总结、完善、提高的原则，强化督查指导，落实包抓责任。组织人大主席、工作人员参观学习了城关、界石铺、贾河三乡镇“人大代表之家”建设和管理工作。制定印发了县乡人大宣传工作及县人大代表述职指导意见，有力提升了乡镇人大工作水平。

四、全面加强自身建设，努力打造优质高效工作机关

（一）强化思想政治建设。认真落实常委会党组中心组和机关周二集体学习制度，全面学习习近平新时代中国特色社会主义思想和党的十九大精神，全力推进“两学一做”学习教育常态化制度化，扎实开展党建统领“一强三创”行动，着力落实意识形态工作主体责任。严格执行中央关于全面从严治党的各项决策部署，全面落实党风廉政建设主体责任，加强机关党风廉政建设。坚持民主集中制原则，广泛开展批评与自我批评。积极弘扬社会主义核心价值观，形成风清气正、担当尽责、实干奋进的良好氛围。

（二）全力抓好宣传工作。坚持把人大宣传工作列入常委会重要议事日程，在人大门户网站向社会公开常委会决议决定、监督工作、代表工作内容和动态，自觉接受群众监督。制定印发《2018年全县人大宣传工作安排意见》，充分运用电视、网络和报刊，及时宣传报道人大工作动态、特色亮点工作和代表履职经验，先后在《人大研究》《人民之声报》《平凉人大工作》等报刊发表通讯、理论文章40余篇，全方位、多角度展示了我县坚持人民代表大会制度的生动实践。

（三）深入开展驻村帮扶。认真贯彻落实中央和省市县委脱贫攻坚帮扶工作决策部署，紧盯全面小康、全面脱贫战略目标，按照脱贫有计划、产业有支撑、致富有技能、基础有保障、环境有变化的工作思路，常委会领导、机关帮扶干部多次深入贫困村、贫困户了解群众生产生活情况，精准制订帮扶计划，大力培育富民产业，严格落实帮扶责任，机关帮扶工作取得了阶段性成效。

回顾一年来的工作，我们也清醒地认识到，与新时代的要求、人民的期盼和法定职责相比，常委会工作中还存在一些不足之处。主要是：监督工作还不够有力有效，重大事项监督效果不够理想；审议意见跟踪督办机制尚未建立，常委会提出的一些建议意见还没有得到有效落实；闭会期间代表活动不够经常，代表作用发挥还不充分；代表所提建议意见质量不高，办理力度不大，成效不够明显；个别乡镇人代会召开程序还不够规范，乡镇人大履职水平有待进一步提升，等等。对此，我们将虚心听取代表的意见，自觉接受人民监督，在今后工作中认真研究改进。

2019年工作建议

2019年，是新中国成立70周年，是决胜全面建成小康社会第一个百年奋斗目标的关键之年。县人大常委会工作的总体思路是：高举中国特色社会主义伟大旗帜，以马克思列宁主义、毛泽东思想、邓小平理论、“三个代表”重要思想、科学发展观、习

近平新时代中国特色社会主义思想为指导，全面贯彻落实党的十九大和十九届二中、三中全会精神，统筹推进“五位一体”总体布局和协调推进“四个全面”战略布局，坚持稳中求进工作总基调，坚持新发展理念，坚持推进高质量发展，坚持以人民为中心，坚持党的群众路线，密切同人大代表、人民群众的联系，认真贯彻落实县委各项决策部署，围绕全县发展大局，积极履行法定职责，在决战脱贫、决胜小康、推进全县经济社会发展和民主法治建设中发挥更大作用。

一、坚持党的领导，进一步坚定人大政治方向。坚决把维护习近平总书记在党中央和全党的核心地位作为最大政治，把维护以习近平同志为核心的党中央权威和集中统一领导作为最高原则，自觉用党的十九大精神统领人大各项工作。全面贯彻习近平新时代中国特色社会主义思想，扎实推进“两学一做”学习教育常态化制度化，深入开展“不忘初心、牢记使命”主题教育，确保县委各项决策部署贯穿于人大工作各方面。坚持重大事项请示报告制度，切实做到政治信仰不变、政治立场不移、政治方向不偏。

二、围绕中心工作，进一步增强监督工作实效。一是依法决定重大事项。认真贯彻中办、省委办公厅有关文件精神，推行政府提请人大常委会审议决定重大事项年度清单制度，适时对全县民主法治、深化改革、生态文明建设等领域的重大事项作出决议决定，依法审查、批准国民经济和社会发展计划、预算调整方案以及财政决算。坚持党管干部与人大依法任免有机统一，进一步完善干部任前审议、表态发言、颁发任命书和向宪法宣誓等制度，依法行使人事任免权，确保人事任免工作组织严谨、程序合法。二是科学选取监督议题。围绕县委决策部署和中心工作，有重点地选取事关全县改革发展大局和群众关切的大事，依法开展监督审议。围绕脱贫攻坚、富民产业培育、县城建设管理、城乡环境治理、重大项目建设和群众关心关注的道路交通、安全饮水、教育卫生、社会保障、环境保护等工作进行调研。围绕全面依法治国基本方略，对重点行业、重点领域法律法规贯彻实施情况进行执法检查。加强监察、审判、检察工作监督，促进监委、法院、检察院依法行政、公正司法。三是着力增强监督实效。加大跟踪监督力度，对常委会审议意见和决议、决定落实情况进行跟踪检查，督促“一府一委两院”及时整改工作中存在的问题。对落实不力、不到位的，有计划地听取和审议“一府一委两院”专项工作报告，并对专项工作报告进行满意度测评，促进其不断加强改进工作。探索开展询问质询，对一些事关全局、久拖不决、社会反响强烈的重大民生问题适时进行专题询问或质询，切实维护广大群众根本利益。

三、优化服务保障，进一步加强人大代表工作。一是积极搭建履职平台。坚持人民主体地位，始终把人民群众和人大代表是否满意作为评判人大工作的最高标准，保证人民群众通过人大代表行使管理国家事务的权力。坚持举办县人大代表培训班，不断提高代表综合素质，增加代表参与常委会重要会议、重点工作的人数，支持代表依法参与“一府一委两院”各类监督活动和基层民主管理。引导人大代表加强与人民群众的日常联系，有计划地组织代表深入开展走访活动，听取各方面建议意见，畅通群众表达合理利益诉求的法定渠道；加强县人大代表履职管理，认真开展履职登记工作，规范代表向选民述职活动，引导代表争做有责任心、有奉献精神、主动为群众利益鼓与呼的模范代表。二是提高建议意见办理质量。健全完善代表建议意见交办、督办和考核评价机制，采取有力有效的措施，防止出现重答复轻办理、重交办轻督查倾向，切实增强建议意见办理工作的规范性、实效性和严肃性。坚持以解决问题、促进工作为目的，优化完善重点办理、现场办理、开门办理、面商办理的具体形式，对代表反映集中、事关长远的重点建议意见，坚持实行常委会领导"包号"督办制度，切实提高代表建议意见的落实率和办结率。三是加强督查联系指导。围绕发挥乡镇人代会、乡镇人大主席团、乡镇人大主席、基层人大代表四个层面的作用，不断提升乡镇人大工作水平，巩固"三化"建设成果。加大督查指导力度，紧盯乡镇人大工作和建设中存在的问题，适时开展督查指导，总结成绩、推广经验、优化对策，促进乡镇人大工作均衡开展，推动乡镇人大建设由重程序向求实效迈进。

四、强化自身建设，进一步提升人大工作水平。强化思想建设。准确把握新时代党的建设总要求，深入开展党建统领"一强三创"行动，定期开展"主题党日"活动，着力落实意识形态工作主体责任，全面加强常委会党组自身建设，努力打造一支牢固树立"四个意识"、坚定"四个自信"、全面贯彻执行党的理论路线方略的人大工作队伍。强化作风建设。贯彻落实中央八项规定及实施细则，严格执行中央和省市县委关于改进作风的一系列制度，坚决落实党风廉政建设主体责任，推动全面从严治党要求落到实处。认真落实习近平总书记关于纠正"四风"不止步、作风建设永远在路上的重要指示精神，继承发扬党的优良传统和作风，以严的要求、实的作风持之以恒加强作风建设。强化纪律建设。坚持把纪律和规矩挺在前面，严格遵守《中国共产党廉洁自律准则》和《中国共产党纪律处分条例》等党纪党规，切实做到廉洁自律、勤政廉政。重视宣传工作。充分利用各类新闻媒体，全方位、多角度宣传报道人大常委会依法履职过程中的重要会议、重大活动、重点工作以及代表在联系选民、反映民声、为民办事方面的好经验、好做法，努力营造全社会关心、支持人大工作的良好氛围。重视信访工作。全面落实常委会与"一府一委两院"协同处理信访事项办法，加大代表和群众来信来访转办、督办力度，切实维护人民群众合法权益。

第四节　县第十七届人民代表大会第四次会议

大会概况

县十七届人大四次会议原定于2020年2月2日至4日召开，因新型冠状病毒肺炎疫情防控工作需要，推迟至5月22日至23日在静宁剧院召开。县十七届人大三次会议以来，县第十七届人大代表王敏、刘桂香（女）、马发荣、赵小灵、牛国喜、张刚栋、李健贞因工作需要调离静宁县，根据选举法第五十六条的规定，上述7人的代表资格自行终止；另外，李平安代表病逝，其代表资格自然终止。根据选举法、代表法的有关规定，由代表出缺的余湾乡、甘沟镇、城川镇、雷大镇、原安镇、细巷镇、城市社区选区分别补选张宏生、信锦玲（女）、樊旺、杨飞、崔静荣、柳志祥、牛永琪、王飞、景坐社、朱礼10人为县第十七届人大代表，至此，县第十七届人大代表实有210名。此次会议出席代表193名，在静宁县的省第十三届人大代表和市第四届人大代表，不是县十七届人大代表的县级领导，县委各部门、群众团体，县人大常委会各委、室，政府各局、办，省、市驻静宁各单位主要负责人，县监委副主任、县法院副院长、县检察院副检察长，不是县第十七届人大代表的乡镇党委书记、人大主席、副主席、乡镇长，城市社区党工委书记、人大工委主任、管委会主任，部分退休干部，出席政协静宁县九届四次会议的全体委员（列席此次会议第一次全体会议），共390余人列席大会。

马斌、王宁香（女）、王国平、王晓军、王智国、牛永琪、平宏、吕锦鸿、朱卫华、刘来滨、米发明、李小宁、李文环、李好信、李建明、李读、李新学、杨飞、杨华、杨会君、杨青、沙芳琴（女、回族）、张文璞、张立军、张进宝、张宏生、张录牛、张乾龙、陈景春、尚友俊、赵锋、厚连世、徐小胜、高旭、郭满山、崔江鸿、崔静荣、靳宝生、樊尚平、樊旺、戴彦荣41人组成大会主席团（按姓名笔画为序），王晓军、王智国、李读、李新学、沙芳琴（女、回族）、张进宝、陈景春、尚友俊、赵锋、靳宝生10人为主席团常务主席（按姓名笔画为序），张进宝为秘书长（兼），梁斌、平宏、韩伟周、周浩仁、王飞为副秘书长；张进宝、席鹏举、马斌、王壬寅、王致中、吕鹏、朱礼、李稳收、张录牛9人组成大会议案审查委员会，张进宝为主任委员，席鹏举为副主任委员。

大会设立临时党委，王晓军任书记，陈景春、王智国、李新学任副书记，赵锋、尚友俊、朱卫华、张宏生、吕锦鸿、杨会君、王宁香（女）、郭满山、李彦荣、张文璞任委员。各代表团设立临时党支部，戴彦荣、樊尚平、张录牛、崔江鸿、李文环、米发明、张乾龙、刘来滨、王国平、李好信、徐小胜、李小宁分别任第一代表团至第十二代表团临时党支部书记（大会结束后，临时党委和临时党支部自行撤销）。

5月21日下午3时在静宁剧院三楼会议室召开大会临时党委会议，宣布关于设立大会临时党委的决定，表决关于设立各代表团临时党支部的决定；3时30分在静宁剧院一楼大厅举行大会预备会议，听取县人大常委会副主任、第十七届人大常委会代表资格审查委员会主任委员张进宝所作的《关于代表出缺变动和补选代表资格审查情况的报告》，表决通过大会议程（草案）、大会主席团和秘书长名单（草案）、大会议案审查委员会名单（草案）、大会议案和建议、意见提出及处理办法（草案）。预备会后，召开党员会议，宣布关于设立县十七届人大四次会议临时党委和各代表团党支部的决定，听取县委书记王晓军的讲话。

大会共举行全体会议3次。第一次全体会议于5月22日上午举行，执行主席是（按姓名笔画为序）王晓军、王智国、吕社军、吕锦鸿、刘来滨、米发明、李文环、李读、李新学、杨飞、杨会君、陈景春、赵锋、靳宝生、樊尚平、樊旺、戴彦荣。会议由县人大常委会主任王智国主持，听取县政府代理县长陈景春所作的《县人民政府工作报告》，审议县发改局局长王彦飞所作的《关于2018年国民经济和社会发展计划执行情况及2019年国民经济和社会发展计划（草案）的报告（书面）》、县财政局局长马斌所作的《关于2018年财政预算执行情况和2019年财政预算（草案）的报告（书面）》。第二次全体会议于5月23日上午举行，执行主席（按姓名笔画为序）是：王宁香（女）、王国平、王晓军、王智国、牛永琪、李小宁、李好信、李读、李建明、李新学、沙芳琴（女、回族）、张立军、张录牛、陈景春、尚友俊、高旭、崔静荣。会议由县人大常委会副主任任沙芳琴主持，听取县人大常委会主任王智国所作的《县人大常委会工作报告》、县法院院长张立军所作的《县人民法院工作报告》、县检察院检察长杨青所作的《县人民检察院工作报告》。第三次全体会议于5月23日下午举行，执行主席是（按姓名笔画为序）马斌、王晓军、王智国、平宏、朱卫华、李新学、杨华、杨青、张文璞、张进宝、张宏生、张乾龙、厚连世、徐小胜、郭满山、崔江鸿。会议由县人大常委会副主任张进宝主持，选举县政府县长1名，县人大常委会副主任2名、委员6名；表决通过《关于县人民政府工作报告的决议》《关于2019年国民经济和社会发展计划执行情况及2020年国民经济和社会发展计划的决议》《关于2019年全县财政预算执行情况和2020年财政预算的决议》《关于宁县人大常委会工作报告的决议》《关于县人民法院工作报告的决议》《关于县人民检察院工作报告的决议》；表决通过县第十七届人民代表大会社会建设委员会组成人员和其他有关专门委员会部分组成人员人选名单；由县人大常委会主任王智国主持，举行新当选人员和大会表决通过的有关人员宪法宣誓仪式；新当选的县政府县长陈景春作表态发言。会议结束时，县委书记王晓军作了讲话。

大会分12个代表团，召开分团会议4次。

大会主席团召开会议4次。

大会收到代表建议意见51件，经大会议案审查委员会审查，对内容相同或相近的建议意见合并后立案36件。主要涉及城乡建设与管理、农业和农村工作、道路交通、水利建设、生态环保和其他6个方面。①城乡建设与管理方面7件，占19.4%，主要是建议规划建设绿地广场等公共服务设施，提升城市服务功能；加大西北部乡镇基础设施建设力度；提升城区绿化建管水平；加快城区停车场建设；架设西展新客运站十字等三座人行天桥；加快国家长征文化公园界石铺景区建设；避让地质灾害影响实施雷大镇政府驻地搬迁等。②农业和农村工作方面8件，占22.2%。主要是建议加强静宁苹果产业品牌保护、加强中南部乡镇果园防灾体系建设；加大电子商务扶持力度、助推苹果产业发展；加强已脱贫人口劳务输转；加快推进优质特色小杂粮产业发展；加大现代农业示范园区建设投资力度；建设李店镇五方河村文体综合广场；加大对雷大镇苹果产业扶持；建设余湾乡万亩富硒绿色有机苹果生产基地、加快老果园改造升级进度等。③道路交通方面9件，占25%。主要是建议争取将静宁县纳入全国高速铁路网“十四五”规划；争取静秦公路晋升等级改造；列项实施老静庄公路改造；列项建设甘沟镇S222连接线、配齐沿线排水渠；加快S222灵芝至八里段改造建设进度；硬化深沟乡联民村至大岔村村组路；维修加固深沟街道高垫土涵桥；司桥乡、曹务镇村社巷道硬化等。④水利建设方面3件，占8.3%。主要是建议加强农村人饮工程老管网改造建设；加快城区水厂建设步伐；实施高界河河堤治理项目等。⑤生态环境方面5件，占13.9%。主要是建议加大对雷大镇全域无垃圾基础设施建设资金投入；建设双岘镇页沟村仙鹤谷乡村旅游示范点；加大细巷镇面山绿化；列项实施农村环境卫生治理等。⑥其他方面4件，占11.1%。主要是建议建设静宁县传染病专科医院；编纂《静宁苹果志》；加大成纪故城保护开发力度；部分学校门口设立限速标志、安装交通信号灯等。

大会议程

一、听取和审议县人民政府工作报告；

二、审议2019年国民经济和社会发展计划执行情况及2020年国民经济和社会发展计划（草案）的报告（书面），审查和批准2019年国民经济和社会发展计划执行情况的报告及2020年国民经济和社会发展计划；

三、审议2019年财政预算执行情况和2020年财政预算（草案）的报告（书面），审查和批准2019年财政预算执行情况的报告和2020年财政预算；

四、听取和审议县人大常委会工作报告；

五、听取和审议县人民法院工作报告；

六、听取和审议县人民检察院工作报告；

七、审议、表决关于设立县第十七届人民代表大会社会建设委员会的决定；

八、选举事项；

九、表决县第十七届人民代表大会社会建设委员会组成人员和其他有关专门委员会部分组成人员人选名单；

十、其他。

大会日程

县第十七届人民代表大会第四次会议日程表

表3-133

时间		会议名称	会议内容	参加人员	会议地点
5月21日	上午		会议报到	1.全体代表； 2.列席人员	静宁宾馆一楼大厅
	下午2:30	各代表团分团预备会	1. 推选各代表团临时党支部组成人员;2.宣读大会须知	全体代表	各代表团分团会议室
	下午3:00	大会临时党委会议	1. 宣布关于设立大会临时党委的决定;2.表决关于设立各代表团临时党支部的决定	1. 大会临时党委书记、副书记、委员(县委各常委,县人大常委会、县政协党组书记);2. 各乡镇党委书记、城市社区党工委书记	静宁剧院三楼会议室

续表3-133

时间		会议名称	会议内容	参加人员	会议地点
5月21日	下午3:30	大会预备会	1.听取代表出缺变动和补选代表资格审查情况的报告；2.表决大会议程（草案）；3.表决大会主席团和秘书长名单（草案）；4.表决大会议案审查委员会名单（草案）；5.表决大会议案和建议、意见提出及处理办法（草案）	1.全体代表；2.不是代表的乡镇党委书记、人大主席、副主席，城市社区党工委书记、人大工委主任	静宁剧院
	预备会后	“两会”党员会议	1.宣布关于设立县十七届人大四次会议临时党委和各代表团临时党支部的决定;2.宣布关于设立县政协九届四次会议临时党委和各委员组临时党支部的决定;3.县委领导讲话	人大代表、政协委员中的全体党员、各乡镇党委书记、城市社区党工委书记	静宁剧院
	下午4:30	主席团第一次会议			
5月22日	上午9:00	第一次全体会议	1.大会开幕式;2.听取和审议县人民政府工作报告;3.审查静宁县2019年国民经济和社会发展执行情况及2020年国民经济和社会发展计划(草案)的报告(书面);4.审查静宁县2019年财政预算执行情况和2020年财政预算（草案）的报告(书面)	1.全体代表； 2.政协委员； 3.列席人员	静宁剧院
	第一次全体会议后	第一次分团会议	1.宣布关于设立大会临时党委和各代表团临时党支部的决定；2.审议大会选举办法（草案）；3.审议关于设立县第十七届人民代表大会社会建设委员会的决定（草案）；4.审议县第十七届人民代表大会社会建设委员会组成人员和其他有关专门委员会部分组成人员表决办法（草案）；5.审议政府、计划、财政工作报告，结合审议提出有关议案和建议、意见	1.全体代表； 2.列席人员	各代表团分团会议室

续表3-133

时间		会议名称	会议内容	参加人员	会议地点
5月22日	上午11:30	主席团第二次会议			
	下午2:30	第二次分团会议	1.继续审议政府、计划、财政工作报告，结合审议提出有关议案和建议、意见；2.酝酿讨论选举候选人名单（草案），代表联合提名有关候选人；3.酝酿讨论县第十七届人民代表大会社会建设委员会组成人员和其他有关专门委员会部分组成人员人选名单（草案）；4.酝酿讨论大会选举监票人名单（草案）	1.全体代表； 2.列席人员	静宁剧院
5月23日	上午9:00	第二次全体会议	1.听取和审议县人大常委会工作报告；2.听取和审议县人民法院工作报告；3.听取和审议县人民检察院工作报告；4.表决大会选举办法（草案）；5.表决关于设立县第十七届人民代表大会社会建设委员会的决定（草案）；6.表决县第十七届人民代表大会社会建设委员会组成人员和其他有关专门委员会部分组成人员表决办法（草案）	1.全体代表； 2.列席人员	静宁剧院
	第二次全体会议后	第三次分团会议	1.审议人大常委会、法院、检察院工作报告；2.继续酝酿讨论选举候选人名单（草案）；3.继续酝酿讨论县第十七届人民代表大会社会建设委员会组成人员和其他有关专门委员会部分组成人员人选名单（草案）	1.全体代表； 2.列席人员	各代表团分团会议室
	上午11:30	主席团第三次会议			

续表3-133

时间		会议名称	会议内容	参加人员	会议地点
5月23日	下午2:30	第四次分团会议	1.继续审议人大常委会、法院、检察院工作报告;2. 酝酿讨论选举正式候选人名单	1.全体代表; 2.列席人员	各代表团分团会议室
	下午3:30	主席团第四次会议			
	下午4:30	第三次全体会议	1.大会选举;2.表决关于政府、计划、财政、人大常委会、法院、检察院工作报告决议(草案);3.表决县第十七届人民代表大会社会建设委员会组成人员和其他有关专门委员会部分组成人员人选名单	全体代表	静宁剧院
	下午5:00	闭幕会	1.新当选人员和大会表决通过的县第十七届人民代表大会社会建设委员会组成人员、其他有关专门委员会部分组成人员进行宪法宣誓;2. 新当选县人民政府县长表态发言;3. 县委领导讲话;4.大会闭幕	1.全体代表; 2.列席人员	静宁剧院

主席团会议日程

县第十七届人民代表大会第四次会议主席团会议日程表

表3-134

时间		内容	参加人	地点
第一次会议	5月21日下午4:30	1.表决主席团常务主席名单（草案）；2.表决主席团会议日程（草案）；3.表决大会日程（草案）；4.表决大会执行主席分组名单（草案）；5.表决大会副秘书长名单（草案）；6.表决关于大会议案和建议、意见终止时间的决定（草案）；7.讨论并表决大会选举办法（草案）；8.讨论通过关于设立县第十七届人民代表大会社会建设委员会的决定（草案）；9.讨论通过县第十七届人民代表大会社会建设委员会组成人员和其他有关专门委员会部分组成人员表决办法（草案）；10.听取有关接受辞职的备案报告	1.主席团成员；2.各乡镇党委书记、城市社区党工委书记；3.大会组织组组长	静宁剧院三楼会议室
第二次会议	5月22日上午11:30	1.听取各代表团关于大会选举办法（草案）审议情况的汇报；2.听取各代表团关于设立县第十七届人民代表大会社会建设委员会的决定（草案）审议情况的汇报；3.听取各代表团关于县第十七届人民代表大会社会建设委员会组成人员和其他有关专门委员会部分组成人员表决办法（草案）审议情况的汇报；4.表决关于代表联合提名候选人截止时间的决定（草案）；5.讨论并表决选举候选人名单（草案）；6.表决通过县第十七届人民代表大会社会建设委员会组成人员和其他有关专门委员会部分组成人员人选名单（草案）；7.讨论并表决大会选举监票人名单（草案）	1.主席团成员；2.各乡镇党委书记、城市社区党工委书记；3.大会组织组组长	静宁剧院三楼会议室
第三次会议	5月23日上午11:30	1.听取各代表团关于政府、计划、财政工作报告审议情况的汇报；2.听取各代表团关于选举候选人名单（草案）讨论情况和代表联合提名候选人情况的汇报，并决定选举正式候选人名单；3.听取各代表团关于县第十七届人民代表大会社会建设委员会组成人员和其他有关专门委员会部分组成人员人选名单（草案）讨论情况的汇报；4.听取各代表团关于大会选举监票人名单（草案）讨论情况的汇报；5.确定大会选举计票人名	1.主席团成员；2.各乡镇党委书记、城市社区党工委书记；3.大会组织组组长	静宁剧院三楼会议室
第四次会议	5月23日下午3:30	1.听取各代表团关于人大常委会、法院、检察院工作报告审议情况的汇报；2.听取人大财政经济委员会关于计划审查情况的汇报；3.听取人大财政经济委员会关于预算审查情况的汇报；4.听取大会议案审查委员会关于议案和建议、意见审查情况的汇报；5.讨论并表决关于政府、计划、财政、人大常委会、法院、检察院工作报告的决议（草案）	1.主席团成员；2.各乡镇党委书记、城市社区党工委书记	静宁剧院三楼会议室

大会选举

县人民政府：

县　长　陈景春

县人大常委会：

副主任　牛永琪　杨　飞

委　员　崔静荣　樊　旺　王　飞　朱　礼　王相中　柳志祥

县十七届人大四次会议选举县人民政府县长、县人大常委会组成人员个人情况表

表3-135

姓名	性别	民族	出生年月	籍贯	文化程度	工作时间	入党时间	工作经历
陈景春	男	汉	1973.11	泾川党原	本科	1992.7	1995.11	1992年7月至1994年6月在泾川县太平乡财政所工作;1994年6月至1995年9月在泾川县丰台乡财政所工作;1995年9月至1997年11月在泾川县财政局工作;1997年11月至2000年12月在泾川县委组织部工作;2000年12月至2001年12月任泾川县财政局纪检组长;2001年12月至2003年8月任泾川县温泉开发区管委会副主任、温泉宾馆经理;2003年8月至2004年9月任泾川县温泉开发区管委会副主任、温泉宾馆总经理(正科级);2004年9月至2006年2月任泾川县城关镇党委副书记、镇政府镇长;2006年2月至2009年7月任泾川县玉都镇党委书记;2009年7月至2011年9月任崆峒区政府副区长;2011年9月至2011年10月任崆峒区委常委、区政府副区长;2011年10月至2016年9月任崆峒区委常委、政法委书记;2016年9月至2019年11月任静宁县委常委、县政府常务副县长;2019年11月至2020年3月任静宁县委常委、县政府常务副县长、三级调研员;2020年3月至4月任静宁县委副书记、县政府县长候选人;2020年4月至5月任静宁县委副书记、县政府代理县长

续表3-135

姓名	性别	民族	出生年月	籍贯	文化程度	工作时间	入党时间	工作经历
牛永琪	男	汉	1964.9	静宁新店	本科	1986.7	1989.12	曾在县林业局工作；历任双岘乡政府副乡长、纪委书记、党委副书记，城关镇政府镇长、仁大乡党委书记、县科委副主任、县物价局副局长，县文体局局长、广播电视台台长，县委宣传部副部长，县文体广电局局长，县水务局党委书记、局长，县残联党组书记、理事长，县总工会党组书记、常务副主席、四级调研员；时任县人大常委会党组成员、副主任候选人
杨　飞	男	汉	1968.7	静宁古城	本科	1987.10	1990.5	曾在曹务乡政府、城关镇政府工作；历任城关镇武装部长、镇政府副镇长、纪委书记、党委副书记、镇政府镇长，甘沟乡党委书记、城关镇党委书记，县发展和改革局副局长、以工代赈办公室主任，县交通运输局党组书记、局长，县总工会常务副主席，县发改局党组书记、局长、四级调研员；时任县人大常委会党组成员、副主任候选人
崔静荣	男	汉	1962.12	静宁雷大	本科	1981.7	1985.6	曾在八里中学、静宁一中任教；历任静宁一中政教主任、副校长、校长（副县级）；时任静宁一中六级职员
樊　旺	男	汉	1963.7	静宁治平	本科	1985.11	1987.6	曾在城川乡政府工作；历任威戎镇政府副镇长、镇长、党委书记、人大主席，县建筑企业集团公司党委书记、总经理、县乡镇企业管理局副局长（兼），县水务局党组书记、局长，县社会组织党工委书记、县民政局局长，县发展和改革局局长，平凉机电工程学校党委书记（副县级）；时任平凉机电工程学校六级职员

续表3-135

姓名	性别	民族	出生年月	籍贯	文化程度	工作时间	入党时间	工作经历
王　飞	男	汉	1987.7	静宁四河	本科	2005.9	2010.7	曾在四河乡教委、县人大常委会办公室工作;曾任细巷乡政府副乡长、细巷镇政府副镇长;时任县人大常委会办公室副主任
朱　礼	男	汉	1965.3	静宁城川	本科	1985.7	1992.6	曾在威戎中学、静宁四中任教;历任静宁四中校长、界石铺中学校长;时任阿阳实验学校校长
王相中	男	汉	1956.10	静宁八里	高中	1975.8	1980.3	曾在静宁县八里建筑工程公司工作;历任八里建筑工程公司第五项目部施工长、第五项目部负责人、副经理;时任建兴房地产开发有限公司经理兼董事长
柳志祥	男	汉	1976.12	静宁曹务	本科	1997.10	2000.6	曾在古城乡政府、县审计局经济责任审计办公室工作;时任县审计局电子审计中心四级主任科员

县人民代表大会法制委员会:

主任委员　崔静荣

县人民代表大会社会建设委员会:

主任委员　樊　旺

副主任委员　李稳收

委　　员　王万平　王　飞　王　宏　朱国军　陈　雄

附：

县人民政府工作报告

（县人民政府代理县长陈景春　2020年5月22日）

2019年工作回顾

2019年，是静宁发展历史上极不平凡的一年。一年来，在县委的坚强领导下，在县人大、县政协的监督支持下，县政府坚持以习近平新时代中国特色社会主义思想为指导，深入学习贯彻党的十九大、十九届二中、三中、四中全会精神，全面落实习近平总书记对甘肃的重要讲话和指示精神，团结带领全县人民，用汗水浇灌收获，以实干笃定前行，用尽全力推动经济运行从“开门红”实现“全年旺”，较好地完成了县十七届人大三次会议确定的目标任务。全年地区生产总值72.08亿元，增长6.8%；规模以上工业增加值0.66亿元，增长30.3%；固定资产投资29.28亿元，增长23.6%；社会消费品零售总额32.12亿元，增长7.7%；一般公共预算收入3.89亿元，增长58.4%；城镇居民人均可支配收入27090元，增长7.8%；农村居民人均可支配收入8331元，增长9.6%。

一年来，面对非比寻常的脱贫任务，我们攻坚拔寨、冲刺清零，实现了整县脱贫摘帽。紧紧扭住精准扶贫精准脱贫基本方略，举全县之力向贫困发起总攻，在决战决胜的关键时期取得了决定性进展。摘帽指标全达标。紧盯“两不愁三保障”目标，全面推行“四大片区”作战，扎实开展“十查十看十补课”行动，层层拧紧责任链条，聚焦短板冲刺清零，因人因户精准施策，剩下的195个贫困村全部退出，32065人稳定脱贫，贫困发生率下降到0.78%，今年3月3日由省政府批准退出贫困县序列。产业扶贫全覆盖。坚持产业扶贫根本之策，全面推行“国有平台公司+龙头企业+专业合作社+农户（贫困户）”的“静宁模式”，落实到户产业补助2.34亿元，扶持贫困户新植果园2.3万亩、养牛1.6万头、种植旱作农业12万亩，认定扶贫车间44个，开发公益性岗位3684个，选聘生态护林员2552名，组织化输转贫困劳动力3.5万人，规范提升合作社498个，争取苹果“保险+期货”县域全覆盖项目落地，贫困户种养业全部参保，“远抓苹果近抓牛、当年脱贫抓劳务”的产业扶贫举措抓实见效，在全省作了经验交流。政策效应全凸显。发挥政府投入主导作用，集中开展“3+1”冲刺清零，8.3万人饮水不稳定问题得到解决，3501户贫困群众危房全部消除，1212户易地搬迁户喜迁新居。7.5万名贫困家庭学生获得教育扶贫资助，义务教育阶段学生零辍学。贫困村卫生室规范化建设全覆盖，签约服务、基本医保惠及所有贫困人口。7927户19838人享受兜底政策，实现应保尽保。扎实开展东西部扶贫协作和定点扶贫，对接落实帮扶资金1.4亿元，促成劳务输出、消费扶贫等一批合作事项落地实施。纵深推进驻村帮扶，抓实落细“一户一策”，帮办实事7891件，涌现出了一批帮扶先进和脱贫典型。

一年来，面对复杂严峻的经济形势，我们聚力转型、稳中求进，促进了高质量发展。坚持稳增长提质量，加快产业优化升级、转型发展，县域经济总量扩大、效益提升、后劲增强。现代农业提质增效。紧盯“一园六区”建设，抓实苹果产业转型升级

“八新”举措，新植果园5.5万亩，改造老果园2万亩，果品总产量达到88万吨，实现产值39.6亿元。组建成立静宁苹果产业联盟，成功举办第五届静宁苹果节系列活动，平凉苹果国际拍卖中心落户我县，果树果品研究所荣获中国林业产业突出贡献奖，省级农业科技园区验收评定为优秀等次，“静宁苹果·伴您致远”“吃遍天下苹果，还想静宁苹果”的宣传口号和形象标识全新亮相，实现了静宁苹果品牌的“新嬗变”。新建养殖小区13个，种植优质饲草13万亩，牛饲养量达到14.5万头，畜牧业全产业链打造取得新成效。落实粮食安全责任制，划定粮食生产功能区50.15万亩，推广旱作农业85万亩，粮食总产量达到25.86万吨。工业经济蓄势聚力。深化工业园区体制改革，组建成立成欣工业发展公司，建成西街西路、梧桐大道、来凤路，解决土地遗留问题390亩，园区孵化集聚效应更加明显。“一企一策”推动重点行业增量提速、骨干企业多产快销，新的增长动能正在形成，工业经济稳中向好。第三产业活力彰显。着眼全域旅游，编制完成总体规划，35°苹果谷景区一期、界石铺纪念馆展陈项目建成，高堡驿站等田园综合体破题起步，文庙升级为全国重点文物保护单位，旅游综合收入达到8.9亿元。发挥外贸协会作用，主动融入“一带一路”，启用苹果陆海贸易新通道，建成静宁苹果“海外仓”，实现出口创汇3.92亿元。组建成立电商协会，我县被认证为京东生鲜苹果供应基地，线上交易额突破2亿元。静宁苹果产业发展股份公司在新三板正式挂牌，实现全市企业上市零突破。物流快递、信息通讯等新兴服务业竞相发展，新增各类经济主体2464户，非公经济成为拉动增长的重要引擎。

一年来，面对内外趋紧的投资压力，我们谋争引建、大抓项目，筑牢了城乡发展基础。始终把项目建设作为稳增长的重要抓手，实施重点项目133项，拉动固定资产投资逆势上扬。重大带动性项目取得新突破。严格落实重大项目“三个一”包抓责任制，平天、静庄高速加快建设，新店至李店、八里至细巷2条县道基本建成，农村公路“畅返不畅”整治、安全生命防护工程全面完成，农村道路灾毁保险全覆盖，硬化道路100公里，维修养护460公里。主动应对国省交通投资政策调整，县财政自筹1.2亿元弥补资金缺口，S222城川至新店、八里至平峰省道建设即将完工。引洮供水骨干及配套工程加快实施，河堤治理、库区移民等水利项目全面建成，新修梯田1.04万亩，治理水土流失7.4平方公里。成纪330千伏变电站建成投用，改造农村电网708公里。新建5G通讯基站18个，成为全省首个县级试点区域。招商引资结出新硕果。大力开展商会招商、节会招商、产业链招商，沪光电子、供港肉牛等产业链项目实现当年引进、当年投产，全年实施招商项目26项，储备重点项目70项，落实到位资金19.15亿元，为全县发展积蓄了强劲动能。城乡建管得到新加强。深化棚户区改造“百日攻坚”行动，依法推动，强力攻坚，党校南等6个片区历年征收欠账实现清零，永福巷东等3个新开片区快速推进，二天门巷东等4个旧楼改造片区全面完成，配建回购安置房9.3万平方米，成为投入最大、成效最好的一年。完成中街东段、成纪路、西环路城关初中段、二天门巷和站院巷改造，打通圣德路、南环西路等城区断头路，新开通3号公交线路，提升了交通微循环能力。加强城市经营管理，实施土地增减挂4998亩，盘活处置“五未”土地715亩，公开出让土地17宗507亩，新开续建商品房46万平方米，土地供给紧缺局面大幅缓解。坚持建管并重、城乡齐抓，建成雪亮工程和智慧城市管理运营中心，常态化开展全域无垃圾治理，出重拳整治交通拥堵、占道经营等顽疾，市政维修、路灯改造、街巷绿化等工程全面完工，农村“三大革命”初见成效，创建万村整洁示范村102个，改建卫生厕所5610户，城乡面貌得到较大改观。

一年来，面对最为严厉的环保约束，我们综合施策、标本兼治，走实了绿色发展路子。全面践行习近平生态文明思想，坚决扛起环境保护政治责任，县域生态环境明显向好。下实招打好污染防治攻坚战。始终对环境违法行为“零容忍”，集中整治扬尘、烟尘、机动车尾气污染和“散乱污”企业，加强煤炭经营市场和煤质管控，15蒸吨以下燃煤锅炉全部关停，空气优良率和PM2.5、PM10实现“一升两降”。持续深化“河湖长制”，扎实开展“清四乱”专项整治，严厉打击非法采砂、排污行为，葫芦河出境断面水质达标，扭转了长期被动局面。调整优化畜禽禁养区，健全完善废旧农膜回收机制，化肥农药使用量“零增长”，面源污染防控取得阶段性成效。下功夫解决生态环境突出问题。扎实整改第二轮中央环保督察交办案件，解决了一批群众关注的环境问题。建成城区第二生活垃圾填埋场、5乡镇污水处理站和4乡镇垃圾处理设施，敷设城镇污水管网35公里，环保基础设施得到改善。下气力推进生态修复保护。开展大规模国土绿化行动，完成造林7.1万亩，建设绿色通道480公里，森林覆盖率达到30.54%，成功创建“全国绿化模范县”。扎实开展“大棚房”及农地非农化治理，依法拆除违法建筑200余处，守住了“农地姓农”底线。

一年来，面对日益增长的民生期盼，我们倾心竭力、久久为功，践行了为民服务宗旨。以更大力度、更实措施保障和改善民生，群众最关心的上学、看病、就业等热点难点问题得到有效解决。社会事业建设协调推进。力促教育优质均衡发展，新建改建校舍6.9万平方米，实施农村小学温暖工程24所，南关小学、阿阳实验学校教学楼投入使用，文惠小学、同乐幼儿园建成主体，教育质量稳步提升，高考二本上线率达到78%，国家级职成教育示范县成功命名，职业教育保就业经验在全国推广。争取投入1.04亿元，实现了基层卫生院医疗条件提档升级，中医院整体搬迁有序推进，县医院综合楼内装饰加快推进，县乡医疗机构服务能力大幅提升。县融媒体中心投入使用，文屏书院等项目进展良好，成功举办庆祝新中国成立70周年系列活动，群众文化生活不断丰富。民生保障水平提质扩面。民生支出占财政总支出的84%，10件实事全面完成。落实更加积极的就业创业政策，签约引进紧缺专业人才80名，安置高校毕业生和就业困难人员221人，新增城镇就业5593人，输转劳务10.2万人次，创劳务收入22亿元。持续完善社保政策，发放城乡低保、居民养老保险等社保资金6.4亿元，跨省异地就医实现直接结算。残疾人康复中心全面建成，县福利院规范运营。深化双拥共建，精心做好退役军人信息采集、社保接续等服务保障，再次荣获“双拥模范县”，人武部连续三年被评为“全省征兵先进单位”。综合治理能力持续提升。扎实落实防灾减灾措施，健全完善应急救援机制，最大限度减少灾害损失。严格落实安全生产责任制，强化食品药品安全监管。深化“平安静宁”建设，纵深推进扫黑除恶专项斗争，打掉涉黑涉恶犯罪团伙和村霸5个，侦破刑事案件274起，化解矛盾纠纷1400余件，群众安全感更加充实、更有保障。

一年来，面对总书记的谆谆教导，我们转优作风、务实作为，提高了施政能力水平。矢志不渝把建设人民满意政府作为不懈追求，政府执行力、公信力进一步提升。从严治党全面加强。深入学习贯彻习近平新时代中国特色社会主义思想，树牢“四个意识”，坚定“四个自信”，坚决做到“两个维护”。强化政府系统全面从严治党，认真开展“不忘初心、牢记使命”主题教育，扎实整改省委巡视反馈问题，政府意识形态和党风廉政建设持续加强。依法行政全面深化。严格执行重大事项向县委报告制度，自觉接受人大依法监督、政协民主监督和社会各界监督，37件人大代表建议、28件政协委员提案全部办结。全面推进法治政府建设，深入开展“七五”普法，依法行政水平进一步提升。重点改革全面推进。持续深化“放管服”改革，取消调整行政审批事项25项，政务服务事项进驻率、网上可办率大幅提高，投资项目全流程审批时间压减至120个工作日以内，企业开办时间压缩至2个工作日，打通了服务群众的“最后一公里”。机构改革任务基本完成，国有林场改革、第三次国土调查工作顺利通过验收。“三变”改革、集体产权制度改革、财税体制改革等工作有序推进，内生动力进一步激发。行政效能全面提高。持续开展“转变作风改善发展环境建设年”活动，纵深推进“六整治六提升”专项行动，下硬手整治作风顽疾，大力精文简会，规范公务接待，“三公”经费下降5%，政府系统服务意识和能力不断提升。强化政府债务限额管理和预算约束，规范运作县级投融资平台，守住了不发生系统性金融风险的底线。同时，全力支持税务、气象、通信等驻静单位和工青妇等群团组织开展工作，宗教、老龄、地方志、慈善事业等工作都取得了长足发展。

“天道酬勤，力耕不欺”。这一年，我们紧紧扭住脱贫攻坚第一工程，事关整县摘帽的政策措施落实落细，是全县动员、全民参战、汇聚“静宁力量”的一年；这一年，我们紧紧扭住高质量发展第一要务，事关转型升级的产业项目招引落地，是活力迸发、亮点纷呈、绽放“静宁精彩”的一年；这一年，我们紧紧扭住项目建设第一动力，事关发展全局的重大设施快速推进，是只争朝夕、积蓄动能、提升“静宁速度”的一年；这一年，我们紧紧扭住生态立县第一战略，事关绿水青山的环保欠账加速补齐，是强基固本、绿色崛起、凸显“静宁底色”的一年；这一年，我们紧紧扭住改善民生第一追求，事关幸福指数的惠民实事兑现落实，是枝叶关情、共享发展、释放“静宁温度”的一年；这一年，我们紧紧扭住从严治党第一责任，事关干事创业的作风顽疾有效治理，是攻坚克难、真抓实干、展现“静宁形象”的一年。这些成绩的取得，是习近平新时代中国特色社会主义思想科学指引的结果，得益于县委的坚强领导、科学决策，得益于县人大、县政协的有效监督、鼎力支持，凝聚着全县干部群众的智慧才干、心血汗水。

成绩凝结汗水，发展任重道远。我们也清醒地认识到，全县经济社会发展和政府工作中仍然存在不少困难和问题。一是经济发展的结构性、体制性、周期性问题相互交织，下行压力加大，社会消费品零售总额、三产增加值等指标稳定性还比较弱，经济企稳基础不牢，高质量发展的任务还十分艰巨。二是农业总体处于产业链、价值链低端，工业经济结构单一、量小质弱，现代服务业发展滞后，文化旅游资源还没有真正转换为发展优势，产业转型升级的任务繁重。三是农村基础设施、公共服务还存在欠账，村级集体经济收入匮乏，乡村治理面临一系列新问题新挑战，巩固提升脱贫攻坚成果、接续实施乡村振兴任务依然艰巨。四是城市功能布局不够合理，投入不足，停车场、公厕等市政设施不足，物业管理、供热供气等便民服务跟进不够，全域无垃圾、交通秩序等精细化管理还需加强。五是营商环境还不够优化，“放管服”改革还不到位，一些单位对下放事项“接不住”“管不好”，少数工作人员能力不足、动力不足、担当不足，一些工作还抓得不细、不实、不到位。这些问题，我们将认真对待，深入研究，不推脱、不回避、不掩饰，采取有力措施，切实加以解决。

2020年工作任务

今年，是“十三五”规划收官之年，也是全面建成小康社会、打赢脱贫攻坚战的决胜之年。入春以来，突如其来的新冠肺炎疫情快速蔓延，给人民群众的生命安全造成了严重威胁，也给经济社会发展带来了巨大冲击。面对“黑天鹅”式的突变，全县上下坚决贯彻中央和省市县委的决策部署，坚定信心、同舟共济、科学防治、精准施策，建立乡村组三级网格2725个，设立县际交通检疫点11个，规范配备发热门诊和预检分诊点27个、隔离留观室34个，多渠道筹资970万元储备保障医疗物资，全面筑牢了“外防输入、内防反弹”的严密防线，取得了“零确诊”的胜利。坚持一手抓疫情防控，一手抓复工复产、复商复学，农业生产保持稳定，项目建设有序推进，工业经济快速回升，消费市场持续回暖，生产生活逐步恢复到正常轨道，把疫情对经济社会的影响降到了最低。特别是选派的5名援鄂医护人员义无反顾、逆行出征，不辱使命、胜利归来，用仁心大爱书写了“一方有难八方支援”的静宁担当，贡献了静宁力量。

大挑战催生大调整，大危机蕴含大机遇。展望新的一年，静宁发展处于乘势而上、大有可为的黄金发展期，我们要牢牢抓住中央应对疫情逆周期带来的政策机遇、新时代推进西部大开发形成新格局带来的战略机遇、“一带一路”带来的开放机遇、乡村振兴带来的产业机遇、东部产业加速转移带来的市场机遇、黄河流域生态保护和高质量发展带来的生态机遇，下好先手棋、用好组合拳，变压力为动力，把发展的巨大潜力和强大动能充分释放，实现疫情防控和经济社会发展“双胜利”。今年，政府工作的总体要求是：以习近平新时代中国特色社会主义思想为指导，深入贯彻党的十九大和十九届二中、三中、四中全会精神，全面落实习近平总书记对甘肃的重要讲话和指示精神，坚持稳中求进工作总基调，坚持新发展理念，坚持推动高质量发展，认真落实“六稳”“六保”要求，按照中央和省市决策部署，紧扣全面建成小康社会目标，突出巩固提升脱贫质效、推进乡村振兴发展两个关键，强化项目带动、环境优化、机制创新三大支撑，着力抓好产业升级、城乡提质、生态环保、民生共享、改革创新、社会治理六项重点工作，统筹推进经济、政治、文化、社会、生态文明和党的建设，奋力谱写富裕美丽文明活力平安静宁建设新华章。经济社会发展的预期目标是：生产总值增长6.5%，规上工业增加值增长8%，固定资产投资增长10%，一般公共预算收入增长8%，社会消费品零售总额增长8%，城镇居民人均可支配收入增长8%，农村居民人均可支配收入增长10%，万元工业增加值能耗下降4.5%。围绕上述目标，重点抓好七个方面：

（一）聚焦乡村振兴，巩固脱贫成效，决战决胜全面小康。紧盯“小康路上一个都不能少”的庄严承诺，采取非常之计，拿出非常之举，使出非常之力，坚决攻克最后的贫困堡垒，实现与全国全省同步进入小康社会。竭力消除绝对贫困。严格落实“四个不摘”要求，保持政策不变、力度不减、标准不降，推行“四大片区”作战和挂牌督战，压实落细工作责任，完善带贫减贫机制，动态管理、全程跟踪脱贫监测户和边缘户，及时做好返贫人口和新发生贫困人口的监测帮扶，找准攻击点位，强化精准导向，聚力冲刺决战，确保剩下的3346名贫困人口全部脱贫退出。巩固提升脱贫成果。深入实施“3+1”冲刺清零后续行动，消除责任、政策、工作落实中的盲点和死角，对义务教育、基本医疗、安全住房和安全饮水，逐村逐户、逐人逐项核查普查、拾遗补阙，坚决在6月底前彻底清零。扎实开展脱贫攻坚“5+1”质量提升行动，精准落实到户产业扶持资金，规模发展果牛劳等特色优势产业，扶持扩大“五小产业”、扶贫车间、电商、旅游等扶贫新业态，想方设法鼓起贫困群众的“钱袋子”。持续放大“静宁模式”效应，深入开展农民专业合作社质量提升整县试点，大幅提升新型经营主体带农增收能力。精心做好“保居民就业”急文章，从快从严落实就业奖补政策和建设项目“765”要求，“点对点”精准开展技能培训，“六个一批”拓宽输转渠道，全力以赴支持贫困劳动力务工就业、稳岗增收，推动就业扶贫大见成效。常态开展兜底保障比对排查，全面落实低保医保、养老保险、临时救助等综合保障政策，实现应保尽保。切实加强驻村帮扶队伍管理，深化东西部扶贫协作和定点扶贫，加快落实既定项目，管好用好帮扶资金，促进产业互补、人员互动、技术互学、观念互通、作风互鉴。高度重视脱贫攻坚普查，清理核实建档立卡贫困人口档案资料，做实做细各项基础性工作，以脱真贫、真脱贫的实际成效迎接“国考”，确保脱贫成果得到人民认可、经得起历史检验。统筹推进乡村振兴。脱贫摘帽不是终点，而是新生活、新奋斗的起点。注重压茬推进、有效衔接、平稳转型，全面落实乡村振兴战略实施规划，推动脱贫攻坚特惠性政策向常规性、普惠性政策转变，实现全面脱贫与乡村振兴无缝对接、有机融合。深入开展农村人居环境整治暨“百日攻坚”行动，突出抓好“三大革命”和“六项行动”，配套完善水、电、路等基础设施和教育、卫生、文化等公共服务设施，全面消除农村存量危房，实现“住人不危房、危房不住人”，推动人居环境整治向深度迈进、广度拓展。健全完善乡村治理体系，坚决治理农村高价彩礼、薄养厚葬等陋习，推进新时代公民道德建设。

（二）聚焦项目带动，扩大有效投资，强化经济发展支撑。把项目建设作为稳投资、打基础、促发展的“金钥匙”，以做加法的思维拓展存量、以做乘法的思维创造增量，千方百计挖掘投资潜力。把握导向争取项目。深入研究宏观经济政策导向、产业投资方向和市场需求走向，瞄准乡村振兴、基础提升、产业发展、生态环保、新基建等重点领域和“十大生态产业”，科学编制“十四五”规划，做深做细项目可研论证、审核报批、信息对接等工作，项目储备库动态保持在400亿元以上。提高效率推进项目。健全项目包抓包建和督查调度机制，扎实开展“项目建设突破年”活动，积极化解土地供应、规划许可、资金筹措等难题，有力有序推进项目复工开工，实施重点建设项目207项，完成投资61.2亿元，为全县发展再蓄力。坚持交通先行，持续配合推进天平、静庄高速建设，确保年底建成通车。争取改造老静庄路、后梁至双岘、仁大至贾河3条县乡公路和段家庄南河桥，新建甘沟河桥，整治“畅返不畅”、水毁公路72公里，实施安全生命防护工程193公里，畅通交通大动脉。千方百计保障引洮供水取得突破性进展，全面建成骨干工程，加快建设城区水厂等配套设施，建设高标准农田1.6万亩，新修梯田1.1万亩，治理河堤16公里，实现民生水利大突破。精准招商落地项目。强化招商引资要素保障，聚焦重点地区，紧盯实力企业，尽最大努力缓解用地指标不足、资金缺、贷款难、融资贵等问题，点对点、一对一做好签约项目协调服务，用一流的营商环境，让广大企业在静宁发展得顺心、舒心。年内实施健康医养中心等招商引资项目30项，到位资金20亿元。

（三）聚焦绿色发展，严守环保底线，筑牢生态安全屏障。牢固树立习近平生态文明思想，巩固提升生态文明建设成果，让人民群众在绿水青山中共享自然之美、生命之美、生活之美。以更大力度推进生态环境建设。把握黄河流域生态保护和高质量发展重大机遇，着眼构建黄土高原生态安全屏障，全面推进大规模国土绿化行动，高标准实施林草生态扶贫和退耕还林等项目，完成造林绿化5万亩。从严靠实生态护林员管护责任，强力推进封山禁牧、森林防火和病虫害防治。以更高标准改善生态环境质量。坚持源头防治和日常监管并举，严格落实控尘、控煤、控车、控油、控排等综合措施，坚决打赢蓝天保卫战。建立河湖长常态化巡查机制，加强饮用水水源地保护，全面完成河湖确权划界，大力度推进葫芦河流域水环境综合整治，建成2个乡镇污水处理站和6个乡镇垃圾中转站，确保断面水质稳定达标，坚决打赢碧水保卫战。落实最严格的耕地保护制度，持续保持“大棚房”和乱占耕地建房整治高压态势，大力推进全域土地综合整治试点和城乡建设用地增减挂钩项目，加强农业面源污染防治，做好农用地土壤污染状况详查，坚决打赢净土保卫战。以更严措施强化环境执法监管。全力抓好第二轮中央生态环境保护督察反馈问题整改，建立巡查回访制度，定期开展“回头看”，巩固整改成效。实施能源消费、水资源消耗、建设用地等总量和强度双控行动，加快健全自然资源产权制度，严格日常巡护和执法监督。坚持环保底线和生态红线“双线思维”，从严落实环境保护“党政同责、一岗双责”和“属地管理”制度，推行联合执法机制，严肃查处违法行为，提升环境监管能力水平。

（四）聚焦产业转型，深化结构调整，增强县域经济实力。围绕强龙头、延链条、聚集群，加快构建现代产业体系，厚植高质量发展根基。园区引领加速农业转型。坚持项目向示范区摆布、资金向示范区集中、资源向示范区倾斜，突出做强主导产业、融合三次产业、打造高端品牌、聚合经营主体等工作，全力加快“一园六区”建设，促进现代农业向产业化、品牌化、园区化和循环化发展。规范运行苹果产业联盟，抓好技术推广、苗木繁育、生产管理、市场营销、精深加工等产前产中产后服务，推进果品全产业链开发，建设国家级种苗繁育基地，新植补植果园4万亩，落实果园提质增效60万亩，认证绿色果品基地50万亩，果品总产量达到92万吨，实现产值41.5亿元。深入挖掘文化内涵，讲好静宁苹果故事，做足静宁苹果文章，树牢静宁苹果高端引领、行业标准形象，打造全国苹果产业强县。突出科学饲养、品种改良、秸秆转化和疫病防控，扎实推进平凉红牛标准化养殖示范基地创建行动，建成原安、灵芝2个示范乡镇和界石铺崔岔等30个示范村，发展规模养殖户300户，种植优质饲草14万亩，新增养牛1.5万头，牛存栏量10万头以上，畜牧业增加值达到4.6亿元。狠抓农业生产保障供给，加快生猪和蔬菜生产，推广旱作农业85万亩，粮食总产量稳定在26万吨以上，丰富居民“菜篮子”，兜住捆紧“米袋子”。强化政策扶持和指导服务，开展新型经营主体“万人培训计划”，争创市级以上专业合作社、家庭农场26家，实行项目化推动、团队式管理、标准化生产，把小农户引入现代农业发展轨道，构建“粮头食尾”“农头工尾”的产业链条。质效并举夯实工业基础。坚持工业项目保存量、园区承载促增量、转型升级强质量，力争1亿块烧结空心砖、沪光电子二期等3个续建项目建成投产，加快实施农村旱改厕设备生产线等新建项目，完成规下转规上2户。着眼项目落地和企业入园需求，进一步完善园区基础配套，着力破解体制、用地等瓶颈问题，加快农副产品加工扶贫产业园、商务驿站等项目进度，年内新入园项目5项。深挖新一轮西部大开发战略政策红利，支持工业园区建设高质量发展先行区，加快培育一批具有核心竞争力的高新技术企业，壮大新的增长点增长极。扶持恒达、欣叶、兴安民爆、静建集团等骨干企业技术创新、延链补链，加快农产品贮藏加工、地毯等传统工业转型升级、提质增效，壮大工业经济体量，提高市场占有率。融合发展激发三产活力。做强做深旅游品牌，启动国家红色长征文化公园界石铺景区建设项目，加快35°苹果谷二期、悬镜湖湿地公园、靳寺旅游乡村样板村等景区建设，提质升级成纪文化城，保护利用成纪故城。创建旅游扶贫示范村2个，培育壮大观光旅游、农事体验等新兴旅游业态，旅游综合收入增长30%以上。紧紧扭住消费需求，引导企业创新销售方式、培育消费热点、推出消费产品，稳住基本需求、恢复升级需求、激活新的需求，千方百计促消费扩内需。深挖外贸发展潜力，推动外贸稳中求质，力争进出口总额达到4.5亿元，争创国家级外贸转型升级基地。深入实施“互联网+”行动计划，用好阿里巴巴、京东等知名电商平台，建设京东智慧物流园，抓好电商人才培养和快递物流体系建设，线上交易额达到2.7亿元。鼓励全民创新创业，扶持发展信息技术、健康养老等消费新业态，提高服务业对经济增长的贡献率。

（五）聚焦品质提升，完善服务功能，打造美丽宜居家园。突出规划引领，完善城镇功能，强化综合管理，科学有序推进新型城镇化建设，加快城乡一体化进程。优化城乡规划布局。坚持规划一张图，开展国土空间规划，实现乡镇村庄规划和省市列小城镇控制性详细规划全覆盖。以南河、葫芦河为城市透视线，以东西大街和中街为轴线，合理预留城市道路、学校、便民市场、停车场、绿地广场等公共设施用地，为县城建设留足空间。严格城乡重点建设项目规划设计方案审查，加大规划执法力度，严查违法建设、违法占地行为，把规划编制得更精细些、执行得再严肃些。聚力提升城市内涵。实施安居改造工程，下决心清零棚改征收欠账，配建安置楼14万平方米，新开续建商品房80万平方米以上，满足不同群体住房需求。实施道路畅通工程，续建崇德路、南河南路，开工建设崇德东路，争取实施滨河西路，加速构建快速路、主干路和支线路级配合理的路网系统。实施功能配套工程，加快公共停车场、便民市场、雨污管网、公厕等公共设施建设，规划葫芦河—南河风光带及景观提升工程，新增城市绿地7.8万平方米，完善城市服务功能。对接国家深度城镇化政策，统筹抓好界石铺、仁大、威戎、甘沟、古城、李店等小城镇建设，打造区域性中心集镇，把城镇建得更漂亮些、品味再提升些。创新城市精细管理。坚持以管理为重点、以共建为基础、以群众为主体，加快智慧静宁建设，强化城市综合执法，常态化开展环境卫生、市容市貌、交通秩序、市政设施、文明水平“五大整治工程”，强化城区供热监管和小区物业管理，把街道清扫得更干净些、让群众生活得再舒适些。

（六）聚焦普惠共享，致力改善民生，提升群众幸福指数。坚持财力向民生投入、政策向民生倾斜、服务向民生延伸，构建全覆盖的保障体系。打赢疫情防控“阻击战”。坚持外防输入、内防反弹，突出重点人员管控和重点场所防控，严格落实主动报告、健康申报、“点对点”转运、体温检测、核酸筛查、集中隔离或居家隔离等措施，健全及时发现、快速处置、精准管控、有效救治的常态化防控机制，把疫情防控各项工作做实做细做到位，牢牢守住“零确诊”战疫成果，全面打赢这场人民战争、总体战、阻击战。提升公共服务“软实力”。坚定不移落实教育优先发展战略，持续改善办学条件，加强“两类学校”建设，投用文惠小学、同乐幼儿园，有效解决进城务工人员子女上学难问题，巩固扩大义务教育均衡发展成果。大力开展“学校管理整治年”活动，加强校园安全管理和师德师风、学生道德素质建设，减轻中小学教师负担，营造教育教学良好环境，全力办好人民满意的教育。持续深化公立医院改革，完善医疗卫生行业综合监管制度，加强重点科室提升、医疗人才培养和医风医德建设，支持发展中医药事业，持续提高城乡医疗服务水平。以新冠肺炎疫情防控为切入点，彻底排查整治公共卫生环境，健全完善城乡公共卫生体系，提高重大疾病、重点传染病防控水平，坚决守住公共卫生安全底线。积极推进公共文化体育设施建设，建成笼式足球场、公共体育场田径跑道和4个农民体育健身中心，加强对乡镇文化站和村级文化活动中心、健身工程的管理维护，最大限度发挥好资源效能。织密民生福祉“保障网”。乐业才能安居。实施就业优先政策，做好高校毕业生、农民工等重点群体就业服务，引进急需紧缺人才，发放创业担保贷款6000万元，新增城镇就业4800人，城镇登记失业率控制在3.8%以内，确保零就业家庭动态清零。全面落实基本医保等政策，严格医保基金管理，扎实做好城乡低保、特困供养对象保障。高度重视养老问题，探索建设医养中心等新型养老机构，鼓励社会力量参与养老服务。认真落实退役军人各项保障政策，健全完善农村“三留守”人员和残疾人等特殊人群关爱服务体系，不断提升社会保障水平。打好社会治理“组合拳”。加强和创新社会治理，着力建设人人有责、人人尽责、人人享有的社会治理共同体。深入开展矛盾纠纷排查调处，加快推进信访工作规范化、法治化。落实“七五”普法规划，提高全民法治意识。毫不放松地抓好生产安全，加强风险评估和监测预警，强化应急管理体系和队伍建设，提高处置突发事件能力。坚决落实“四个最严”要求，全面开展质量提升行动，确保群众饮食用药安全。强化市场监管，整治价格秩序，保持物价水平基本稳定。持续深化扫黑除恶专项斗争，依法打击各类违法犯罪活动，维护社会和谐稳定。

（七）聚焦改革创新，强化引导服务，激发市场主体活力。持续推进重点领域改革，下决心解决体制机制问题，释放改革红利、挖掘市场潜力、催生发展动力。深化“放管服”改革。紧盯难点堵点痛点破解，建成运行一体化在线政务服务平台，实现“一事一网通办”。完善政务大厅标准化运行管理体系，推行政务服务“好差评”制度，提升“一站式”服务功能。用好管好投资项目在线审批监管平台，进一步简化项目投资、企业开办、工程建设审批办理环节和流程，最大限度地压缩审批时限。全面落实“多证合一”“证照分离”等改革措施，深入实施市场准入负面清单制度和公平竞争审查制度，全覆盖、常态化推进“双随机一公开”监管，持续打造优质营商环境，新增市场主体2500户。紧紧抓住保中小微企业这个市场主体“牛鼻子”，千方百计、穷尽手段减税费、增信贷、降成本、缓期限，真正让政策的“及时雨”帮助中小微企业解难题、渡难关。深化重点领域改革。全面完成供销社综合改革、农村集体产权制度改革和宅基地确权登记颁证，稳妥开展“三变”改革，加强农村“三资”监管，壮大村级集体经济。跟进中央政策及省市部署，探索建立农村集体经营性建设用地入市制度。深化户籍制度改革，加快构建城乡均等化公共服务体系。借力推广区块链技术，逐步在实体经济、城市建设、民本民生和“放管服”改革等领域探索创新。深化财税金融支撑。强化财税征管，规范非税收入，主动对接财政转移支付等财力性补助，全力保障发展需求。创新国有资产运营方式，完善国有公司运营机制，实现保值增值和效益最大化。认真落实坚决打赢新冠肺炎疫情防控阻击战促进经济持续健康发展的政策措施，强化政银企对接，切实用好政府风险补偿基金，破解企业融资难题。完善政府债务管控长效机制，清理拖欠中小企业账款，着力遏制隐性债务增量，妥善化解债务存量。

只有政府过上紧日子，人民才能过上好日子。今年是一个极其特殊的年份，各项收官任务需要盘点交账，新冠肺炎疫情对经济发展造成影响，给企业和群众生产生活带来困难，财政增收压力巨大，脱贫攻坚、疫情防控等刚性支出增加，收支矛盾更为突出，财政运行处于“紧平衡”状态。县政府将持续压缩一般性支出，严控“三公”经费，全面落实保工资、保运转、保基本民生“三保”责任，在统筹预算1亿元保障迫在眉睫的脱贫攻坚、污染防治、防范化解重大风险“三大攻坚战”的基础上，专列预算8000万元实施“八个千万工程”：1.重点项目前期推进工程。财政预算1000万元，保障项目可研论证、勘测设计、规划编制等前期工作，谋划争取一批打基础利长远的重大项目，按下项目建设“快进键”。2.公共安全保障提升工程。财政预算1000万元，持续完善公共安全和应急管理体系，夯实防灾减灾防疫基础，织密平安静宁“保障网”。3.工业经济创新驱动工程。财政预算1000万元，扶持工业发展，促进科技研发，提升硬实力，优化软环境，打造提质换挡“增长极”。4.人居环境整治攻坚工程。财政预算1000万元，购置农村垃圾处理设备，弥补农村环保硬件短板，常态化开展农村环境综合整治，打赢乡村振兴“第一仗”。5.红牛产业片带开发工程。财政预算1000万元，扶持平凉红牛示范基地创建和红牛链条产业发展，培育西北部乡镇区域首位产业，开启红牛发展“新征程”。6.特色产业挖潜增效工程。财政预算1000万元，扶持苹果等特色产业全产业链开发，促进一、二、三产融合发展，做大做强“好中优”“独一份”，催生转型升级“加速度”。7.城乡融合一体推进工程。财政预算1000万元，加快重点小城镇、中心村基础设施和公共服务建设，补齐全面小康农村基础短板，奏响乡村发展“协奏曲”。8.社会事业强基提质工程。财政预算1000万元，统筹推进教育、卫生、文化等基础设施建设，弥补公共服务短板，提升共享发展“获得感”。

民生连着民心、民心凝聚民力。今年，围绕与群众息息相关的热点难点问题，坚持尽力而为、量力而行，竭力办好“十件民生实事”：1.乡村环卫设施配套。为全县24乡镇配置勾臂式、压缩式垃圾车29辆，垃圾箱3914个、人工保洁车2319辆，增列乡镇环卫经费1100万元。2.农村厕所改造。建成卫生厕所8186户、行政村公厕150座、乡镇公厕16座。3.村组道路硬化。实施101个自然村村组道路硬化141公里，完成入户道路、巷道硬化80万平方米。4.农村水质改善。建成八里至灵芝应急水源工程，改造老化管道及问题管网717公里，配齐7处千吨万人工程水质检测设备。5.点亮乡村建设。为100个村安装太阳能路灯3000盏。6.城区供暖保障。新建高城寨、普陀巷2个集中供热站，新建改造供热管网9.8公里，新增集中供热面积195万平方米。7.老旧住宅改造。完成人民巷东片区、文化街片区、南关巷南片区3个旧住宅楼改造27栋，配套提升给排水、小区道路、绿化亮化等公共设施，惠及市民738户。8.电讯设施升级。建设110千伏配套送出工程，改造10千伏线路135公里、安装变压器82台，新建升级4G基站90个、5G基站57个。9.教育基础改善。新建改建贾河中心小学等15所教学楼及生活用房2.4万平方米，配建城区幼儿园3所。10.医疗卫生提升。完成县中医院整体搬迁，建成投用县医院综合楼和疾控中心检测检验中心。

大道至简，实干为要。我们将坚守初心使命，忠诚履职尽责，切实做到为人民服务、对人民负责、受人民监督、让人民满意。以更高站位坚定政治信仰。持续强化政府系统党的建设，深入学习贯彻习近平新时代中国特色社会主义思想和十九届四中全会精神，将树牢“四个意识”、坚定“四个自信”、做到“两个维护”贯穿于政府工作全过程，体现在目标任务的落实、重点工作的突破和服务效能的提升上。以更实举措推进依法行政。把依法行政贯穿到政府工作的各个领域、各个环节，依法接受人大法律监督，自觉接受政协民主监督，主动接受社会监督和舆论监督，认真听取各民主党派、人民团体和社会各界意见，高质量办好建议提案。深入推进政务公开，切实保障人民群众知情权、参与权、监督权。以更大魄力强化责任担当。扛起政府抓落实的主体责任，紧盯乡村振兴、项目建设、产业培育、生态环保、民生改善等重点工作，坚持领导干部带头，盯人盯事盯结果，快办即办限时办，以钉钉子精神做实做细做好各项工作。以更优作风践行为民宗旨。坚持以人民为中心的发展思想，大力弘扬求真务实的工作作风，深入基层一线查实情、解民忧，多方疏解群众吃水行路、上学就医、增收就业等堵点难点，以务实作风服务于民，以践行承诺取信于民，以发展成果惠及于民。以更严要求筑牢纪律底线。认真落实全面从严治党主体责任和领导干部“一岗双责”，拧紧责任链条，层层传导压力，深入推进政府系统党风廉政建设，坚决整治侵害群众利益的不正之风和腐败问题，全力维护为民务实清廉的政府形象。

奋斗创造历史，实干成就未来！静宁正处于建成全面小康的关键期，任务异常艰巨，责任十分重大。路虽远，行将必至；事虽难，做将必成。让我们更加紧密地团结在以习近平同志为核心的党中央周围，在县委的坚强领导下，在县人大、县政协的监督支持下，以功成不必在我的精神境界和功成必定有我的历史担当，只争朝夕，不负韶华，奋力谱写富裕美丽文明活力平安静宁新篇章！

县人大常委会工作报告

（县人大常委会主任王智国　2020年5月23日）

2019年主要工作

2019年，在县委的坚强领导下，县人大常委会坚持以习近平新时代中国特色社会主义思想为指导，深入学习党的十九大和十九届二中、三中、四中全会精神，全面贯彻落实习近平总书记关于坚持和完善人民代表大会制度的重要思想、习近平总书记在十三届全国人大二次会议期间参加甘肃代表团审议发言时重要讲话精神、视察甘肃重要讲话和指示精神，紧紧围绕全县改革发展稳定大局和人民群众普遍关注的热点难点问题，依法行使宪法和法律赋予的各项职权，圆满完成了县十七届人大三次会议确定的各项目标任务，为推动全县经济社会发展和民主法治建设作出了积极贡献。

一年来，共召开常委会会议8次，开展调研、检查、视察活动5次，配合省市人大常委会开展各项活动9次，听取和审议“一府一委两院”工作报告16项，依法作出决议决定6项。

一、坚持党的领导，提高政治站位，坚定人大工作方向。常委会始终把政治建设作为统领、摆在首位，深入学习贯彻习近平新时代中国特色社会主义思想，牢固树立“四个意识”，坚定“四个自信”，做到“两个维护”。

（一）自觉接受党委领导。把党的领导作为加强全县人大工作和建设的根本保证，自觉加强理论武装，严守政治纪律和政治规矩，在重大问题上始终保持头脑清醒、旗帜鲜明、立场坚定。凡涉及全县人大工作中的重大事项、召开的重要会议、组织的重大活动，都按规定落实向县委请示报告制度；作出的重大决定和形成的执法检查、视察、调研报告，都及时上报县委，为县委科学决策、研究部署相关工作提供参考。

（二）依法规范人事任免。坚持党管干部和人大依法选举、任免有机结合，严格执行人事任免程序，规范落实投票表决、颁发任命书、宪法宣誓、履职表态发言制度，依法实现县委人事安排。一年来，共任免国家机关工作人员43人（次），组织宪法宣誓19人（次），任命人民陪审员69名。加强任后监督，听取政府工作部门工作报告3次，督促人大任命干部积极履职、依法行政，促进其转变作风，提高依法办事能力和水平。

（三）全力服务中心工作。牢固树立全县工作一盘棋思想，主动把人大工作置于全县工作大局中来思考、谋划、推进，围绕脱贫攻坚、社会治安、棚户区改造、农村环境整治等中心工作，开展督查检查40余次。常委会领导自觉服从县委统一安排部署，主动落实县委关于四个片区包抓推进脱贫攻坚任务、“五个静宁”建设、重大项目包抓等工作责任，深入一线协调解决实际困难和问题，督查项目进展和质量，破解发展难题；积极深入包抓联系乡镇督查指导党建、脱贫攻坚、信访矛盾化解等工作，参与对口联系工作，做到了在参与中监督，在监督中支持。

二、把握发展要务，紧贴中心大局，依法决定重大事项。常委会坚持抓大事、议大事的原则，通过行使重大事项决定权，适时作出决议决定，全力推进全县经济社会发展。

（一）强化计划预算监督。审查批准了县政府2019年国民经济和社会发展计划调整、财政预算调整、地方政府债券支出安排和2018年财政决算报告，并作出了相应的决议。加强对审计情况以及审计查出问题整改情况的监督，听取和审议了2017年县级财政预算执行审计决定整改情况的报告、2018年财政预算执行情况的审计报告，就审计所提问题，督促相关部门建立整改台账，抓好整改落实，为完成计划和预算任务提供了保障。

（二）保障长远发展需求。为保障静宁县未来城市发展和居民生活用水，根据县政府提请，常委会依法审议并作出了关于引洮供水二期配套工程合作建设及水务一体化合作经营有关事项的决议，要求县政府做好清产核资，健全规章制度，加快工程建设，从根本上解决我县水资源匮乏问题。

（三）促进生态环境建设。建立静宁悬镜湖省级湿地公园，对于改善东峡水库备用水源地水质，促进生态建设与经济建设同步发展，打造静宁生态名片意义重大。常委会听取和审议了关于建立静宁悬镜湖省级湿地公园的报告，作出了相应的决议，指出项目建设要严格遵守涉水法律法规，以湿地资源保护与修复为前提，保护性地建设。

三、恪守民本思想，直面社会热点，依法履行法定职责。常委会紧盯民生热点，以更加强烈的为民情怀，依法履行监督职权，积极回应群众关切，重点工作成效明显。

（一）重视农村污染防治。坚持以习近平生态文明思想为指引和遵循，组织开展了对《甘肃省农村生活垃圾管理条例》贯彻实施情况的检查，为助推农村人居环境改善，建设美丽乡村“把脉会诊”。审议提出要从贯彻落实习近平总书记视察甘肃重要指示精神和实施乡村振兴战略的高度，认清贯彻落实条例的严肃性和重要性，加强宣传引导，多元化筹措资金，补齐基础设施短板，健全运行机制，增强支撑功能。同时提出制定垃圾分类收集办法，强化分类减量，完善回收利用体系，切实保护和改善农村人居环境。

（二）持续保障改善民生。饮水安全关系到千家万户，关系到百姓民生，常委会紧盯全面建成小康社会目标任务，紧紧围绕脱贫攻坚农村饮水安全“清零”，组织开展了对全县城乡安全饮水及工程建设情况的调研，促使县政府及水务部门提高政治站位，强化主体责任，加强统筹调度，严把质量关口，确保高质量、高标准完成安全饮水“清零”任务。

（三）深入推进法律实施。充分发挥执法检查的“法律巡视”作用，对全县贯彻实施产品质量法、治安管理处罚法情况开展执法检查。在听取产品质量法贯彻实施情况的报告时，审议提出了提高思想认识，加强质量管理工作，加大监管力度，提升质量监管水平，加强基础建设，提高质量监管能力，落实主体责任，强化企业质量管理等建议。针对治安管理处罚法贯彻实施中存在的具体问题，提出要提高公民法律素质，加强综合治理，推动“扫黑除恶”专项斗争深入开展，规范执法行为，加大经费投入，提高执法水平等建议，为全县经济社会发展创造良好治安环境。

积极配合省、市人大常委会对道路交通安全法、土地管理法、母婴保健法等法律法规贯彻执行情况进行自查、检查，促进有关法律法规全面、准确地贯彻落实，加快推进依法治县进程。

（四）全力助推脱贫攻坚。组织调研组深入部分乡镇、培训基地和劳务基地，对全县就业扶贫工作进行了调研。针对调研中发现的各级对就业扶贫重视不够、技能培训实效性不强等问题，审议意见要求县政府及相关部门要提升培训实效，加强组织输转，引导就地就业，进一步发挥劳务产业在脱贫攻坚中的重要作用。

（五）推动惠民实事落实。把县政府承诺的10件实事办理落实情况列入重点监督事项，组织常委会委员、人大代表深入县医院综合楼、城区道路等项目建设现场进行视察，听取有关情况介绍。视察组对县政府围绕增进民生福祉，推动民生项目落实方面所做的工作表示肯定。如建成南关小学，有效解决了城区适龄儿童入学难问题；新建改造城区道路，有效解决了交通不畅问题。针对存在的问题，审议提出拓宽融资渠道，确保惠民实事资金投入，关注跨年度工程建设，严格项目后续管理维护，让惠民实事长期惠民利民。

四、构筑履职平台，激发代表活力，充分发挥主体作用。常委会始终把代表工作作为基础性工作，认真落实有关规定，积极探索新形势下开展代表工作的有效途径，支持和保障代表依法履行职责、行使权力。

（一）注重提高代表素质。坚持为县人大代表免费寄送《人大研究》《人民之声报》等报刊资料，让代表在学习中充实理论知识，启迪工作思路。组织130余名县人大代表赴将台堡红军会师纪念园开展党性教育活动，增强代表党性意识。将县人大代表向选民述职活动列入常委会重点工作，让代表自觉接受选民评议和当面“打分”，强化履职意识，激发履职自觉。

（二）积极搭建履职平台。为代表依法履职创造条件，组织126名代表参加了常委会开展的执法检查、调研视察等活动，邀请60名代表列席常委会会议，推荐35名代表参与“一府两院”有关工作座谈、听证、意见建议征询、庭审等。向县人大代表书面通报县人大常委会和“一府两院”上半年工作情况，有效拓宽了代表知情知政渠道。

（三）提高建议办理质量。积极创新加强代表建议办理工作的制度机制，采取常委会领导牵头督办、代表人事工委综合督办、各工委对口督办、组织代表现场视察、听取办理情况报告等举措，加强督办协调，提高落实率和代表满意度。县十七届人大三次会议期间，代表提出的37件建议意见已经解决或基本解决的28件，占75.7%；正在解决或列入规划逐步解决的6件，占16.2%；需要创造条件逐步解决的3件，占8.1%，整体落实比例和办理质量较往年有所提高。

（四）指导乡镇人大工作。注重加强与乡镇人大的沟通联系，不断健全常委会领导包抓制度，7月下旬至8月上旬，对全县乡镇（社区）人大工作进行集中督查，督促乡镇人大进一步加强规范化、制度化建设，完善代表活动阵地，组织开展代表活动。先后有16名乡镇人大主席列席常委会会议，拓宽工作视野，提高业务能力。县人大常委会开展相关调研检查时，要求乡镇人大同步开展自查，形成监督工作上下联动、合力推进的局面，推动县乡人大工作均衡发展。

五、立足时代要求，坚持与时俱进，切实加强自身建设。常委会主动适应新时代、新形势、新任务，把加强自身建设摆在更加突出的位置，不断提高依法履职、服务大局的能力和水平。

（一）更加注重理论学习。坚持人大常委会党组中心组理论学习和机关支部周二集体学习制度，认真推进“两学一做”学习教育常态化制度化，督促机关干部及时学习习近平总书记重要讲话和指示精神，中央和省市县委重要会议精神，以及相关法律法规和人大业务知识，不断提高人大干部政治理论素养和业务工作能力。

（二）认真落实党建责任。全面落实从严治党要求，规范机关支部“三会一课”，着力推进机关党支部建设标准化。加大党员干部日常教育管理，带头执行中央和省市县委关于改进作风的各项规定。班子成员认真落实“一岗双责”，定期深入包抓软弱涣散基层党组织，督促开展党建各项工作。高度重视省委巡视反馈问题，坚持问题导向，增强行动自觉，所反馈和认领问题全部整改到位。

（三）扎实开展主题教育。紧紧围绕“不忘初心、牢记使命”这一主题，深入学习贯彻习近平新时代中国特色社会主义思想，全面把握“守初心、担使命，找差距、抓落实”的总要求，组织机关党员干部到红色教育基地开展党性教育，重温入党誓词，接受精神洗礼。常委会班子成员积极开展调查研究，形成了一批高质量的调研成果。常委会党组召开对照党章党规找差距专题会议和主题教育专题民主生活会，认真开展批评与自我批评，达到了寻找差距、修正错误、凝心聚力的目的。

（四）重视人大制度宣传。把握正确舆论导向，鼓励支持机关干部积极撰稿投稿，先后在《人大研究》《人民之声报》《平凉人大工作》等省市级报刊发表宣传稿件40余篇，推荐优秀作品参加省市“宣传人大制度好新闻”“地方人大设立常委会40周年”评选活动，较好地展示了静宁人大形象及工作风貌。

（五）加强机关帮扶工作。常委会机关认真履行组长单位职责，积极协调，为帮扶贫困村群众免费发放农资，帮助解决农业生产困难。机关干部职工深入帮扶联系贫困户，了解生产生活情况，协调解决具体问题。选派5名机关干部担任贫困村第一书记、帮扶队员，宣传扶贫政策，改善基础条件，为群众帮办了一批实事好事。

回顾一年来的工作，我们也清醒地认识到，与宪法法律赋予的职责相比，与新时代的要求、人民群众的期盼相比，常委会工作中还存在一些不足之处。主要是：依法履职的能力和水平还需进一步提升，监督工作的力度和实效仍需进一步加大，常委会及机关自身建设还需进一步加强，服务保障代表履职的载体和方式有待进一步丰富，乡镇（社区）人大工作有待进一步规范，等等。对此，我们将坚持问题导向，虚心听取各方面的意见建议，抓重点、补短板、强弱项，在今后工作中加以完善和解决。

2020年工作建议

2020年，是全面建成小康社会和“十三五”规划收官之年。常委会工作的总体思路是：高举中国特色社会主义伟大旗帜，以习近平新时代中国特色社会主义思想为指导，全面贯彻落实党的十九大和十九届二中、三中、四中全会精神，紧扣全面建成小康社会目标任务，坚持稳中求进工作总基调，坚持新发展理念，统筹推进“五位一体”总体布局，协调推进“四个全面”战略布局，坚持以人民为中心，紧扣县委决策部署，围绕全县发展大局，依法履行监督职权，积极回应群众关切，为确保全面建成小康社会和“十三五”规划圆满收官，推进富裕美丽文明活力平安静宁建设作出新贡献。

一、坚持党的领导，把准正确方向，旗帜鲜明讲政治。坚持把政治建设摆在首位，深入学习贯彻习近平新时代中国特色社会主义思想、习近平总书记关于坚持和完善人民代表大会制度的重要思想，不断提高政治站位，树牢“四个意识”，坚定“四个自信”，坚决做到“两个维护”。认真贯彻落实省委关于加强新时代人大工作的意见，自觉坚持县委对人大工作的领导，维护县委总揽全局、协调各方的领导地位。严格执行重大事项请示汇报制度，争取县委的重视和支持。主动围绕县委中心开展工作，推动县委决策部署贯彻落实。自觉坚持把党的领导、充分发扬民主和严格依法办事高度统一起来，确保依法实现县委人事安排。

二、回应群众关切，增进民生福祉，服务大局履职权。坚持把推动发展作为人大工作的第一要务，主动在服务大局中依法履职，增强监督工作实效。紧扣县委决策部署，认真贯彻中共中央办公厅《关于健全人大讨论决定重大事项制度、各级政府重大决策出台前向本级人大报告的实施意见》，围绕脱贫攻坚、乡村振兴，以及县域经济社会发展的重大事项和制约改革发展稳定的重大问题，充分调研论证，广泛听取意见，依法审查批准，适时作出决议决定。紧盯政府工作重点，统筹安排听取审议专项工作报告、财政预算执行情况报告和法律法规贯彻实施情况报告。按照中央和省市委关于建立国有资产报告制度的部署要求，开展国有资产管理情况监督检查。有计划地对政府工作部门开展工作评议，组织代表视察政府重大项目建设等工作，在监督助推政府工作中支持大局、服务大局。关注社会民生需求，把人民群众生命安全和身体健康放在第一位，将疫情防控工作作为重点监督议题，开展相关法律贯彻实施情况的执法检查。加强对政府承诺为民措办实事落实情况的监督和对跨年度工程建设、后期管理维护的“回头看”。围绕群众关心关注的致富产业、教育医疗、环境治理等进行调研，督促县政府及相关职能部门严格落实规划，建成县城路网框架、绿地公园、幼儿园等公共设施。围绕增强监督实效，科学选定法律法规贯彻实施情况监督议题，加强监察、审判、检察工作监督，促进司法公正，保障经济社会发展。更加注重事前监督，加强对常委会审议意见和决议决定落实情况的跟踪监督，结合审议开展满意度测评和专题询问，逐步形成“听、审、问、评”相结合的议事模式，强化刚性监督，切实提高人大监督权威。

三、拓宽载体方式，突出主体作用，强化保障激活力。尊重代表主体地位，强化服务保障理念，着力提升代表工作水平。一是拓宽履职平台。坚持和完善代表列席常委会会议制度，常委会组成人员联系代表、代表联系选民的“双联系”制度，扩大代表参加视察调研、执法检查等活动范围，按要求推荐代表担任县政府专项工作监督员、旁听法院审判活动，拓宽代表知情知政渠道。规范“人大代表之家”运行，健全代表活动小组章程，推动代表在闭会期间履职经常化。二是提升履职素质。把代表培训作为一项基础性工作来抓，采取邀请专家学者作专题讲座、现场观摩和“走出去”的方式，让代表掌握新动态，了解新情况，加深对新时代人大工作的认识，拓宽履职视野，提高建言献策能力。三是激发履职活力。加大代表建议督办力度，推动办理工作提质增效，提高代表满意率。有计划地组织代表开展走访活动，畅通民意收集渠道。强化代表履职管理，规范代表述职活动，积极宣传代表先进事迹和履职风采，激发代表履职热情和活力。

四、牢记职责使命，锤炼履职本领，植优补短展风采。主动适应新时代人大工作要求，突出“工作机关”“代表机关”两个重点，与时俱进加强常委会及机关建设。一是加强党的建设。把学习贯彻习近平新时代中国特色社会主义思想和党的十九大精神作为常委会及机关思想建设的首要任务，全面加强政治建设、思想建设、作风建设，注重政治、经济、文化、社会、生态文明和党的建设水平的全面提升，注重用党的最新理论成果武装头脑，加强宪法和法律、人大业务知识学习，加快新知识、新技能升级更新。全面履行从严治党主体责任，自觉践行“三严三实”要求，持续推进

“两学一做”学习教育和“不忘初心、牢记使命”主题教育常态化制度化，巩固拓展学习教育成果，提高知信行合一能力，增强守初心、担使命的思想自觉和行动自觉。二是密切沟通联系。积极向省市人大汇报衔接，参加相关会议和活动，主动接受业务指导。加强与“一府一委两院”的沟通联系，正确处理监督与支持的关系，既依法监督，又倾力支持，共同努力完成好今年各项目标任务。加强对乡镇人大的领导，密切工作协同，督促抓好会议召开、依法履职、服务代表等工作，增强人大工作整体实效。加强人大专门委员会和常委会工作委员会建设，健全工作制度，明确职责分工，理顺工作关系，协调一致开展工作。增进与兄弟县区工作经验的交流学习，提高能力水平，推动工作创新。三是重视宣传信访。自觉落实意识形态工作责任制，把理论宣传工作作为常委会的一项重要工作，把握正确舆论导向，加大对代表履职和监督工作的宣传力度。加强群众来信来访、转办督办工作，有效协调解决人民群众反映的突出问题，切实维护社会和谐稳定。

在县十七届人大四次会议上的表态发言

（县人民政府县长陈景春　2020年5月23日）

这次大会选举我担任静宁县人民政府县长，我深知这一张张选票的分量，承载的是组织的培养和厚爱，凝结的是代表的认可和信任，饱含的是人民的重托和期望，对我来说更是责任、重担和使命。在此，我真诚的向各位代表和全县人民致以崇高的敬意和衷心的感谢！

此时此刻，我既倍感荣幸、又倍增压力，更倍添信心。倍感荣幸，是因为静宁是一方人文荟萃的沃土、红色传承的圣土、蓬勃发展的热土。从2016年9月踏上这片古老浑厚、内敛大气的土地，我就成了静宁50万人民群众的一份子，这里的青山绿水哺育了我，这里的历史文化熏陶了我，这里的干部群众帮助了我，静宁就是我的第二故乡，我对这片土地爱得深沉。能够同勤勉敬业的静宁干部并肩战斗，有幸在政通人和的静宁大地扎根工作，我深感光荣和自豪。倍增压力，是因为当前静宁正处在建成小康社会决战期、加快发展关键期和转型升级机遇期，发展不平衡不充分仍是我们的基本县情、最大实际。有“信”才有“任”、负“重”才能“任”、尽“责”才胜“任”，能否蹚出一条新时代具有静宁特色的高质量发展新路，我深感肩上担子很沉、任务很重，容不得半点懈怠、丝毫放松。倍添信心，是因为有县委的坚强领导，有县人大、县政协的监督支持，有各级各部门的齐心协力，更有50万父老乡亲作坚强后盾，我们都是奔跑者，我们都是追梦人，干字当先，笃定前行，一定能够巩固和发展来之不易的大好发展局面，在继承创新中展现新气象，在抢抓机遇中厚植新优势，在接力奋进中实现新作为。

今天，有幸能站在这里，接过县长的接力棒，内心油然而生一种强烈的使命感、责任感和紧迫感。我一定视任命为使命、化信任为信心，不忘初心、牢记使命，感恩奋进、真抓实干，和大家一道为静宁的发展尽自己的绵薄之力，以实实在在的业绩回报组织、回报各位代表、回报父老乡亲。

一是在服务静宁的征程上，我一定始终不忘来时的路，一心忠诚于党。“天下至德，莫大于忠”。我将把旗帜鲜明讲政治摆在首要位置，把对党忠诚刻在心上、融入血脉、践于行动，深入学习贯彻习近平新时代中国特色社会主义思想，筑牢“四个意识”、坚定“四个自信”、做到“两个维护”，始终在思想上、政治上、行动上同以习近平同志为核心的党中央保持高度一致。尤其是当前，我将深入学习贯彻习近平总书记关于统筹疫情防控和经济社会发展的系列重要讲话精神，带着信仰、带着感情、带着责任，努力把重要讲话精神转化为推动静宁改革发展的强大动力和强劲活力，确保市委、市政府和县委的各项决策部署落地见效。

二是在服务静宁的征程上，我一定时刻保持为民情怀，一心亲民爱民。“悠悠万事，民生为大”。我将牢固树立以人民为中心的发展思想，顺应人民群众对美好生活的新期待，始终把老百姓的“急、难、愁、盼”“安、危、冷、暖”作为确定民生工程的“方向标”，始终把老百姓的“衣、食、住、行”“业、教、保、医”作为感知群众冷暖的“温度计”，用脚步丈量民情，用真心倾听民意，聚焦聚力现代化精致城市建设和乡村振兴，使幼有善育、学有优教、劳有应得、病有良医、住有安居、老有颐养、弱有强扶、诉有回应，努力让群众生活得更称心、更舒心、更开心；聚焦聚力生态环境治理和保护，努力让静宁天更蓝、山更绿、水更清；聚焦聚力民生保障和社会事业发展，真正把增进老百姓福祉作为最大的政绩，每年集中力量抓好一批民生工程，办好一批民生实事，努力让群众更有幸福感、更有获得感、更有安全感。

三是在服务静宁的征程上，我一定拧紧加快发展的责，一心担当作为。“功崇惟志，业广惟勤”。我将始终把抓落实作为政府工作的生命线，“想都是问题、干才是出路”，对看准的工作，咬定青山不放松，把发展的“设计图”尽快变成“施工图”，把“施工图”早日变成“实物量”。我将牢牢抓住发展这个第一要务，自觉践行新发展理念，坚定不移抓调整、快转型，全力以赴抓招商、上项目，持之以恒抓改革、促创新，打造静宁经济“升级版”，构建经济发展“强引擎”，把静宁形象打造得更为鲜亮、把静宁实力塑造得更有底气。特别是面对统筹做好推进疫情防控和经济社会发展工作，我将团结带领政府一班人，切实扛起推动高质量发展的政治责任，全力以赴做好“六稳”工作、落实“六保”任务，高质量打赢打好脱贫攻坚战，持续深化改革开放创新，为当前增长添活力，为长远发展增动能。

四是在服务静宁的征程上，我一定守住务实清廉的戒，一心克己奉公。“公生明，廉生威”。我将始终把“堂堂正正做人、清清白白从政、干干净净干事”作为从政的基本原则，坚持把纪律和规矩挺在最前面，坚守从政为官的底线，不越制度法规的红线，严于律己，管好班子、带好队伍。我将始终把稳用权的“方向盘”，系好廉洁的“安全带”，主动接受人大法律监督、政协民主监督、社会舆论监督，敬畏权力、管好权力、慎用权力，真正做到科学决策、民主决策、依法决策，压实政府系统全面从严治党主体责任，真正让清正清廉清明成为政府的鲜明底色。

各位代表、同志们，一代人有一代人的使命，我们的事业好比一场“接力赛”，需要一棒接着一棒跑。我将倍加珍惜党和人民赋予的神圣职责，倍加珍惜加快发展的难得机遇，倍加珍惜全县人民的热切期盼，真情融入静宁、全心扎根静宁、倾力奉献静宁，绝不辜负人民群众的信赖，绝不推卸改革发展的重担，绝不回避政府工作的主责，在以晓军同志为班长的县委领导下，在历届历任打下的坚实基础上，上满弦、铆足劲、奋力拼，紧握“接力棒”，跑好“新一程”，以实实在在的成效回报这方我深情热爱的土地和人民！

第五节　县第十七届人民代表大会第五次会议

大会概况

县十七届人大五次会议于2021年1月19日至20日在静宁剧院召开。县十七届人大四次会议以来，县第十七届人大代表张兴荣、赵锋、朱卫华、杨会君、吕锦鸿、李彦荣、李小宁、张乾龙、李文环因工作需要调离静宁县，根据选举法第五十六条的规定，上述9人的代表资格自行终止。另外，因无法正常履行代表职务，雷大选区裴治国、双岘选区王永辉、余湾选区赵军海申请辞去县第十七届人大代表职务，县第十七届人大常委会第三十二次会议决定接受上述3名代表的辞职请求。根据选举法、代表法的有关规定，由代表出缺的界石铺镇、红寺镇、甘沟镇、城关镇、双岘镇和贾河乡选区严格按照法定程序，分别补选王永平、冯建君、张小平、杨军红、刘孝平、江小兵、李方正、梁永红为县第十七届人大代表。至此，县第十七届人大代表实有206名。此次会议出席代表183名，在静宁县的省第十三届人大代表和市第四届人大代表，不是县第十七届人大代表的县级领导，县委各部门、群众团体，县人大常委会各委、室，政府各局、办，省、市驻静宁各单位主要负责人；县监委副主任、法院副院长、检察院副检察长，乡镇党委书记、人大主席、副主席、乡镇长、部分乡镇党委副书记，城市社区党工委书记、人大工委主任、管委会主任，部分退休干部，出席政协静宁县九届五次会议的全体委员（列席此次会议第一次全体会议），共357人列席大会。

这次大会是在经受了2020年突如其来的新冠肺炎疫情和前所未有的经济下行压力的严峻考验，疫情防控取得重大成果，顺利实现整县脱贫摘帽，脱贫攻坚圆满收官，千百年来的绝对贫困问题得到历史性解决，“十三五”确定的目标任务圆满完成，“十四五”规划全面启动的形势下召开的。大会的主题是以习近平新时代中国特色社会主义思想为指导，巩固拓展脱贫成果，实施乡村振兴战略，开启全面建设社会主义现代化新征程。

马斌、王宁香（女）、王永平、王国平、王晓军、牛永琪、平宏、冯建君、吕斌、吕鹏、刘孝平、米发明、江小兵、孙青茂、李好信、李读、李新学、杨飞、杨华、杨军红、杨青、沙芳琴（女、回族）、张小平、张文璞、张立军、张进宝、张宏生、张录牛、陈景春、尚友俊、徐小胜、崔江鸿、崔静荣、裴晓江、樊茂、樊尚平、樊旺、戴彦荣（按姓名笔画为序）38人组成大会主席团，王永平、王晓军、牛永琪、冯建君、李读、李新学、杨飞、沙芳琴（女、回族）、张进宝、陈景春、尚友俊（按姓名笔画为序）11人为主席团常务主席；张进宝为秘书长（兼），梁斌、平宏、韩伟周、周浩仁、王飞为副秘书长；张进宝、刘孝平、马斌、吕鹏、朱礼、朱国军、李方正、李稳收、张录牛9人组成大会议案审查委员会，张进宝为主任委员，刘孝平为副主任委员。

大会设立临时党委，王晓军任书记，王永平、陈景春、李新学任副书记，冯建君、尚友俊、张宏生、张小平、王宁香（女）、杨军红、刘孝平、张文璞、江小兵任委员。同时，设立12个代表团临时党支部（大会闭幕后，临时党委和临时党支部自行撤销）。

1月18日下午2时30分，各代表团召开分团预备会议，推选各代表团临时党支部组成人员，宣布大会须知。3时，在静宁剧院三楼会议室召开大会临时党委会议，宣布关于设立大会临时党委的决定，表决通过关于设立各代表团临时党支部的决定。3时30分，在静宁剧院一楼大厅召开大会预备会议，听取县人大常委会副主任、第十七届人大常委会代表资格审查委员会主任委员张进宝所作的《关于代表出缺变动和补选代表资格审查情况的报告》，表决通过大会议程（草案）、大会主席团和秘书长名单（草案）、大会议案审查委员会名单（草案）、大会议案和建议、意见提出及处理办法（草案）。预备会议之后，召开党员会议，宣布关于成立大会临时党委和各代表团临时党支部的决定、关于设立县政协九届五次会议临时党委和各委员组临时党支部的决定，县委书记王晓军作了讲话。

大会共举行全体会议4次。第一次全体会议于1月19日上午举行，执行主席是（按姓名笔画为序）马斌、王永平、王晓军、冯建君、刘孝平、李读、李新学、杨飞、杨军红、张宏生、陈景春、尚友俊、徐小胜、崔江鸿、戴彦荣。会议由县人大常委会副主任李读主持，听取县政府县长陈景春所作的《县人民政府工作报告》，审查《静宁县国民经济和社会发展第十四个五年规划和二〇三五年远景目标纲要（草案）（书面）》，审议县发改局局长王彦飞所作的《关于2020年国民经济和社会发展计划执行情况及2021年国民经济和社会发展计划（草案）的报告（书面）》、县财政局局长马斌所作的《关于2020年全县财政预算执行情况和2021年财政预算（草案）的报告（书面）》。第二次全体会议于1月20日上午举行，执行主席是（按姓名笔画为序）王宁香（女）、王永平、王国平、王晓军、牛永琪、吕斌、米发明、孙青茂、李新学、张小平、张立军、张录牛、陈景春、崔静荣、裴晓江。会议由县人大常委会副主任牛永琪主持，听取县人大常委会主任王智国所作的《县人大常委会工作报告》、县法院院长张立军所作的《县人民法院工作报告》、县检察院检察长杨青所作的《县人民检察院工作报告》，表决通过关于接受王智国辞去县第十七届人大常委会主任职务、靳宝生辞去县第十七届人大常委会副主任职务的请求的决定和大会选举办法（草案）。第三次全体会议于1月20日下午举行，执行主席是（按姓名笔画为序）王晓军、平宏、吕鹏、江小兵、李好信、李新学、杨华、杨青、沙芳琴（女、回族）、张文璞、张进宝、陈景春、樊茂、樊尚平、樊旺。会议由县人大常委会副主任张进宝主持，选举县人大常委会主任、副主任各1名；举行新当选人员宪法宣誓仪式；表决通过《关于政府工作报告的决议》《关于2020年国民经济和社会发展计划执行情况及2021年国民经济和社会发展计划的决议》《关于2020年全县财政预算执行情况和2021年财政预算的决议》《关于静宁县国民经济和社会发展第十四个五年规划纲要的决议》《关于县人大常委会工作报告的决议》《关于县人民法院工作报告的决议》《关于县人民检察院工作报告的决议》。第四次全体会议于第三次全体会议之后召开，由新当选的县人大常委会主任王永平主持，县委书记王晓军作了讲话。

大会分12个代表团，召开分团会议4次。

大会主席团召开会议4次。

大会收到代表建议意见53件，经大会议案审查委员会审查，对内容相同或相近的建议意见合并后立案35件。这些建议意见主要涉及城乡建设管理、农业和农村工作、道路交通、水利建设、生态环境、社会建设6个方面。①城乡建设与管理方面7件，占20%，主要是建议实施平定高速下线口至八原路口街景改造工程、在城区人口聚集区域增建停车场和公厕、加强城区交通秩序管理力度、加快体育运动公园和长征国家文化公园（静宁段）建设、扶持建设静庄公路乡村振兴示范带等；②农业和农村工作方面15件，占42.9%，主要是建议加快静宁苹果、烧鸡等品牌商标注册力度、提高静宁苹果品质规避自然风险、建设葫芦河上游现代化农业科技示范园、扶持八里镇中药材产业发展、加强苹果苗木无毒繁育促进苹果产业转型升级、扶持发展红寺镇特色产业、加大农村基础设施建设力度、建设贾河乡山上湾和山庄两村防雹点、建设省级现代农业静宁县（界石铺）优质肉牛产业园、加大全县果园提质增效及老果园改造力度、分类处置全县弃管果园、加强土地流转复垦解决撂荒问题、实施细巷镇高标准农田建设、改善城区环境卫生、实施全县农村环境综合整治等；③道路交通方面5件，占14.3%，主要是建议加快建设S222连接线、配齐甘沟段排水渠、硬化老静秦路李店段（雷大黎沟至李店薛坪）、加大乡村硬化道路维修养护力度、实施老静庄公路改造项目等；④水利建设方面2件，占5.7%，建议实施八里镇区狗娃子河（小山段）和加大农村人饮工程管护资金投入和管护队伍建设等；⑤生态环境方面1件，占2.9%，建议加快悬镜湖景区开发；⑥社会事业方面5件，主要是建议加大教师签约力度、在县医院成立心理科室、设立防疫应急志愿者储备库、补办城区老旧楼房不动产权证书、增加被征地农民社区服务岗位等。

大会议程

一、听取和审议县人民政府工作报告；

二、审议静宁县人民政府关于编制静宁县国民经济和社会发展第十四个五年规划和二〇三五年远景目标纲要（草案）（书面），审查、批准静宁县国民经济和社会发展第十四个五年规划和二〇三五年远景目标纲要；

三、审议2020年国民经济和社会发展计划执行情况及2021年国民经济和社会发展计划（草案）的报告（书面），审查和批准2020年国民经济和社会发展计划执行情况的报告及2021年国民经济和社会发展计划；

四、审议2020年财政预算执行情况和2021年财政预算（草案）的报告（书面），审查和批准2020年财政预算执行情况的报告和2021年财政预算；

五、听取和审议县人大常委会工作报告；

六、听取和审议县人民法院工作报告；

七、听取和审议县人民检察院工作报告；

八、选举事项；

九、新当选人员进行宪法宣誓仪式；

十、其他。

大会日程

县第十七届人民代表大会第五次会议日程表

表3-136

时间		会议名称	会议内容	参加人员	会议地点
1月18日	上午 9:00—12:00		会议报到	1.全体代表； 2.列席人员	静宁宾馆 一楼大厅
	下午2:30	各代表团分团预备会	1.推选各代表团临时党支部组成人员；2.宣读大会须知	全体代表	各代表团分团会议室
	下午3:00	大会临时党委会议	1.宣布关于设立大会临时党委的决定；2.表决关于设立各代表团临时党支部的决定	1.大会临时党委书记、副书记、委员（县委常委，县人大常委会、县政协党组书记）2.各乡镇党委书记、城市社区党工委书记	静宁剧院 三楼会议室
	下午3:30	大会预备会	1.听取代表出缺变动和补选代表资格审查情况的报告；2.表决大会议程(草案)；3.表决大会主席团和秘书长名单(草案)；4. 表决大会议案审查委员会名单（草案）；5.表决大会议案和建议、意见提出及处理办法(草案)	1.全体代表； 2.不是代表的乡镇党委书记、人大主席、副主席、城市社区党工委书记、人大工委主任，部分乡镇党委副书记	静宁剧院
	预备会后	“两会”党员会议	1.宣布关于设立县十七届人大五次会议临时党委和各代表团临时党支部的决定；2.宣布关于设立县政协九届五次会议临时党委和各委员组临时党支部的决定；3. 县委领导讲话	县人大代表、县政协委员中的全体党员，各乡镇党委书记、城市社区党工委书记	静宁剧院
	下午4:30	主席团第一次会议			

续表3-136

<table>
<tr><th colspan="2">时间</th><th>会议名称</th><th>会议内容</th><th>参加人员</th><th>会议地点</th></tr>
<tr><td rowspan="4">1月19日</td><td>上午9:00</td><td>第一次
全体会议</td><td>1.大会开幕式;2.听取和审议县人民政府工作报告;3.审查静宁县国民经济和社会发展第十四个五年规划和二〇三五年远景目标纲要（草案）(书面);4.审查静宁县2020年国民经济和社会发展计划执行情况及2021年国民经济和社会发展计划(草案)的报告(书面);5.审查静宁县2020年财政预算执行情况和2021年财政预算（草案）的报告(书面)</td><td>1.全体代表;
2.政协委员;
3.列席人员</td><td>静宁剧院
(主会场)
静宁宾馆
(分会场)</td></tr>
<tr><td>第一次
全体会议后</td><td>第一次
分团会议</td><td>1. 宣布关于设立大会临时党委和各代表团临时党支部的决定;2.审议有关接受辞职请求的决定(草案);3.审议大会选举办法（草案);4. 审议政府、计划、财政工作报告及“十四五”规划和二〇三五年远景目标纲要(草案),结合审议提出有关议案和建议、意见</td><td>1.全体代表;
2.列席人员</td><td>各代表团
分团会议室</td></tr>
<tr><td>上午11:30</td><td colspan="4">主席团第二次会议</td></tr>
<tr><td>下午2:30</td><td>第二次
分团会议</td><td>1.继续审议政府、计划、财政工作报告及“十四五”规划和二〇三五年远景目标纲要(草案)，结合审议提出有关议案和建议、意见;2.酝酿讨论选举候选人名单（草案)，代表联合提名有关候选人;3. 酝酿讨论大会选举监票人名单(草案)</td><td>1.全体代表;
2.列席人员</td><td>各代表团
分团会议室</td></tr>
</table>

续表3-136

时间		会议名称	会议内容	参加人员	会议地点
1月20日	上午9:00	第二次全体会议	1. 听取和审议县人大常委会工作报告；2.听取和审议县人民法院工作报告；3.听取和审议县人民检察院工作报告；4.表决有关接受辞职请求的决定（草案）；5.表决大会选举办法（草案）	1.全体代表；2.列席人员	静宁剧院
	第二次全体会议后	第三次分团会议	1.审议人大常委会、法院、检察院工作报告；2.继续酝酿讨论选举候选人名单（草案）	1.全体代表；2.列席人员	各代表团分团会议室
	上午11:30	主席团第三次会议			
	下午2:30	第四次分团会议	1.继续审议人大常委会、法院、检察院工作报告；2.酝酿讨论选举正式候选人名单	1.全体代表；2.列席人员	各代表团分团会议室
	下午3:30	主席团第四次会议			
	下午4:00	第三次全体会议	1.大会选举；2.表决关于政府、计划、财政、人大常委会、法院、检察院工作报告及“十四五”规划和二〇三五年远景目标纲要（草案）的决议（草案）；3.新当选人员进行宪法宣誓	全体代表	静宁剧院
	第三次全体会议后	第四次全体会议（闭幕会）	1.县委领导讲话；2.大会闭幕	全体代表	静宁剧院

主席团会议日程

县第十七届人民代表大会第五次会议主席团会议日程表

表3-137

时间		内容	参加人员	地点
第一次会议	1月18日下午4:30	1.表决主席团常务主席名单（草案）；2.表决主席团会议日程（草案）；3.表决大会日程（草案）；4.表决大会执行主席分组名单（草案）；5.表决大会副秘书长名单（草案）；6.表决关于大会议案和建议、意见终止时间的决定（草案）；7.讨论并表决有关接受辞职请求的决定（草案）；8.讨论并表决大会选举办法（草案）	1.主席团成员；2.各乡镇党委书记、城市社区党工委书记，部分乡镇长；3.大会组织组组长	静宁剧院三楼会议室
第二次会议	1月19日上午11:30	1. 听取各代表团关于有关接受辞职请求的决定（草案）审议情况的汇报；2.听取各代表团关于大会选举办法（草案）审议情况的汇报；3.表决关于代表联合提名候选人截止时间的决定（草案）；4.讨论并表决选举候选人名单（草案）；5.讨论并表决大会选举监票人名单（草案）	1.主席团成员；2.各乡镇党委书记、城市社区党工委书记，部分乡镇长；3.大会组织组组长	静宁剧院三楼会议室
第三次会议	1月20日上午11:30	1.听取各代表团关于选举候选人名单（草案）讨论情况和代表联合提名候选人情况的汇报，并决定选举正式候选人名单；2.听取各代表团关于大会选举监票人名单（草案）讨论情况的汇报；3.确定大会选举计票人名单	1.主席团成员；2.各乡镇党委书记、城市社区党工委书记，部分乡镇长；3.大会组织组组长	静宁剧院三楼会议室
第四次会议	1月20日下午3:30	1.听取人大财政经济委员会关于“十四五”规划和二〇三五年远景目标纲要（草案）审查情况的汇报；2.听取人大财政经济委员会关于计划审查情况的汇报；3.听取人大财政经济委员会关于预算审查情况的汇报；4.听取大会议案审查委员会关于议案和建议、意见审查情况的汇报；5.讨论并表决关于政府、计划、财政、人大常委会、法院、检察院工作报告及“十四五”规划和二〇三五年远景目标纲要（草案）的决议（草案）	1.主席团成员；2.各乡镇党委书记、城市社区党工委书记，部分乡镇长	静宁剧院三楼会议室

大会选举

县人大常委会：

主　任　王永平

副主任　孙青茂

县人大常委会主任王永平、副主任孙青茂个人情况表

表3-138

姓名	性别	民族	出生年月	籍贯	文化程度	入党时间	工作时间	主要工作经历
王永平	男	汉	1968.11	崇信木林	本科	1997.10	1990.7	曾在崇信县农牧局工作；历任崇信县新窑镇党委委员、副镇长，崇信县委组织部组织员（副科级），崇信县黄寨乡党委副书记、乡政府乡长，崇信县黄寨乡党委书记，崇信县政府办公室主任，崆峒区四十里铺镇政府镇长（副县级），平凉工业园区党工委委员、管委会副主任、四十里铺镇党委书记，平凉工业园区党工委副书记，市委直属机关工作委员会副书记，时任静宁县委委员、县人大常委会党组书记、主任候选人
孙青茂	男	汉	1964.5	静宁新店	本科	1993.4	1989.8	曾在静宁县政府办公室工作、县面粉厂挂职锻炼；历任静宁县城关镇党委副书记，七里乡政府乡长，深沟乡党委书记，祁川乡党委书记，县信访办主任，县工业和信息化局副局长、科学技术局局长，县工业和信息化局党委书记、局长，市计划生育协会副会长、县卫生和计划生育局党委书记、局长，市计划生育协会副县级干部、县卫生健康局党组书记、局长、三级调研员，时任县人大常委会党组成员、副主任候选人、县卫生健康局党组书记、局长、三级调研员

附：

县人民政府工作报告

（县人民政府县长陈景春　2021年1月19日）

2020年主要工作和“十三五”发展成就

艰难方显勇毅，磨砺始得玉成。刚刚过去的2020年，是极为特殊、接受大考、奋力攻坚的一年。面对错综复杂的外部环境和艰巨繁重的改革发展任务，在县委的坚强领导和县人大、县政协的监督支持下，县政府全面落实中央和省市各项决策部署，统筹推进疫情防控和经济社会发展，扎实做好“六稳”工作，全面落实“六保”任务，经济社会呈现出全面恢复、逆势增长、积极向好的发展态势。预计2020年全县地区生产总值78.3亿元，增长6%；规模以上工业增加值9110万元，增长51%；固定资产投资34亿元，增长16%；社会消费品零售总额28.35亿元，增长6.5%；地方财政收入3.69亿元，增长9.9%；城乡居民人均可支配收入达到29258元和9164元，分别增长8%和8.9%。单位生产总值能耗和主要污染物排放等约束性指标严格控制在省市规定范围之内，葫芦河等地表水全年稳定达标，安全生产稳定向好，食品监管有力有效。

（一）坚持守土尽责、群策群力，疫情防控取得重大成果。面对突如其来的新冠肺炎疫情，坚持“外防输入、内防反弹”，投入财政资金1782.7万元，建成核酸检测实验室4处，全面落实常态化防控措施，全力保障医用物资和生活必需品供给，有效保障救治急需、防控急需、百姓急需，实现了全县疫情零确诊，筑牢了人民生命安全防线。严格落实援企稳岗、减税降费、融资担保等政策措施，及时制定出台助企纾困一揽子利好政策，争取抗疫特别国债、债券资金4.2亿元，清偿中小企业账款2.3亿元，落实减税降费3673万元，发放贷款9.5亿元，有效减轻市场主体负担，让更多企业留得青山赢得未来，实现了疫情防控和经济社会发展“双胜利”。

（二）坚持挂牌作战、冲刺清零，脱贫攻坚战圆满收官。深入开展“3+1”冲刺清零后续行动和“5+1”专项提升行动，逐村逐户逐人逐项查漏补缺，剩下的贫困人口全部脱贫。持续强化扶贫产业体系构建，规范运行专业合作社1124个，落实产业奖补资金1.05亿元，输转贫困劳动力4.2万人。多方筹措资金，解决新增及“四有人员”住人危房3928户，实现了“危房不住人、住人无危房”。建成投用脱贫攻坚饮水安全和苦咸水改造工程，改造冬季冻管687公里。教育扶贫、健康扶贫、兜底保障等各项工作扎实推进，各级督查反馈问题全部整改到位，圆满完成脱贫攻坚普查，顺利通过国家事后质量抽查。

（三）坚持扩量提质、转型升级，现代产业体系加速构建。全面落实“八新”举措，新植补植果园4万亩，改造老果园2万亩，抓建示范园5.2万亩，果品总产量达到82万吨，实现产值45.92亿元。成功举办首届“甘味”苹果产销对接会暨第六届静宁苹果节，“静宁苹果”荣获中国苹果区域公用品牌10强，进入首批中国100个地理标志受欧盟保护名单。建成平凉红牛标准化养殖示范乡镇2个、示范村30个，种植饲草14万亩，新增肉牛2万头，直接供港澳活牛1084头。食用菌扶贫产业园建成投产。全力调结构、抓监测、扩投资、优环境，储水罐生产线等工业项目建成投产，规模以上工业企业销售收入7亿元。争取实施界石铺长征国家文化公园，35°苹果谷景区、靳寺乡村旅游样板村加快建设，京东数字化物流园开园运行，城乡消费市场加速回暖，三产增加值达到36.2亿元。

（四）坚持争引并举、城乡并重，县域发展动能全面集聚。全面推行重点项目“三个一”包抓责任制，实施重大项目207项，完成投资42.6亿元，县级财政安排8000万元实施“八个千万工程”，发展后劲不断增强。聚力推进棚改清零行动，完成历年片区土地房屋征收欠账175户、拆迁405户、安置777户，改造3个片区旧住宅楼27幢，配建安置房20.6万平方米，2014年以来所有安置房全部开工，棚改工作取得决定性成效。新开续建西环路、崇德路等城市道路6条4.95公里，建成绿地休闲广场，文屏书院、人防应急指挥中心完成主体，公共服务功能不断完善。深入推进精细化管理，县城秩序和卫生得到进一步加强。扎实开展“百日攻坚”行动，拆除乱搭乱建9170处，新建改造卫生户厕8192座、村级公厕93座，创建“清洁村庄”83个。加快推进甘沟、界石铺等小城镇建设，集中实施街路改造、绿化美化、垃圾污水处理工程，重点小城镇形象明显改观。

（五）坚持绿色发展、综合治理，生态文明建设成效显著。高点对标、动真碰硬，中央环保督察信访交办问题全部办结销号。开展大规模国土绿化行动，完成造林6.9万亩，栽植行道树686公里。集中整治扬尘、烟尘、机动车尾气污染，空气质量优良天数达到306天。常态化开展河湖“清四乱”，严厉打击非法采砂、排污行为，葫芦河出境断面水质稳定达标，列入中央生态环境保护“督察整改看成效”候选案例。落实最严格水资源管理制度，严守耕地保护红线，坚决整治农地“非农化”和乱占耕地建房行为，持续加强面源污染管控，蓝天、碧水、净土三大保卫战取得积极进展。

（六）坚持民生优先、共建共享，群众幸福指数日益提升。全力推进重点民生项目，一中实验楼、疾控中心检验检测业务楼全面建成，同乐幼儿园、文惠小学按期招生。打好稳就业保民生“组合拳”，落实创业担保贷款7180万元，新增城镇就业5102人，发放各类社会救助资金2.64亿元。大力弘扬劳动精神，两人分别荣获“全国劳动模范”“全国最美退役军人”。建成残疾人康复中心，完成殡仪馆及骨灰安放堂主体工程。第七次全国人口普查和村（社区）“两委”换届稳步推进。创新安全管理、综合治理，社会安定有序、风气持续向好、人民安居乐业，社会治理工作走在了全市前列。

站在两个五年规划交汇的时间节点回望，我们上下同心、埋头苦干，用汗水浇灌收获，以实干笃定前行，经受了一次又一次压力测试，攻克了一个又一个瓶颈制约，取得了一项又一项工作突破，啃下了不少硬骨头，补上了不少短板弱项，办成了一批发展需要、群众期盼的大事要事。

五年来，我们牢牢扭住脱贫攻坚一号工程，举全县之力攻克贫困堡垒，千百年来的绝对贫困问题得到历史性解决。深入学习贯彻习近平总书记扶贫开发重要论述，认真落实“六个精准”“五个一批”要求，积极推行“一户一策一干部，双帮双扶双促进”全员帮扶责任制，务实开展东西部扶贫协作和定点扶贫，统筹整合资金39.4亿元，富民产业、安全饮水、危房改造、基本医保和养老保险惠及所有贫困人口，贫困村硬化路、标准化卫生室、幼儿园、动力电和通讯网络实现全覆盖，226个贫困村全部退出，16.09万贫困人口稳定脱贫，兑现了不漏一户、不落一人的庄严承诺。职业教育保就业的教育扶贫做法在全国推广，国有平台公司+龙头企业+专业合作社+农户（贫困户）的产业扶贫“静宁模式”“保险+期货”的金融扶贫机制纳入省市扶贫经验。

五年来，我们牢牢扭住产业转型根本任务，深入推进供给侧结构性改革，经济发展的现代特征越来越彰显。立足“一园六区”建设，全力推进苹果产业转型升级，建成国家苹果种质资源库，静宁苹果产业发展股份公司在新三板挂牌，销售价格连续领跑全国，品牌价值达到158.95亿元。引进建办供港肉牛、陇上草等草畜产业龙头企业，牛饲养量达到14.8万头。划定粮食生产功能区50.1万亩，粮食产量保持稳定。皓天天然植物提取等32个重点工业项目建成投产，新增市场主体1.16万户。建成梧桐大道等园区道路，多方化解历史遗留问题，园区孵化集聚效应更加明显。文化旅游、仓储物流、现代服务业快速发展，成功创建全国电子商务进农村示范县和国家外贸转型升级基地，线上销售额达到9.58亿元，进出口13.54亿元。

五年来，我们牢牢扭住项目建设强大引擎，致力破解瓶颈制约，县域发展基础条件全面改善。坚持抓项目、夯基础，实施重点项目585项，完成投资265亿元，对经济增长的贡献率达到43%。签约引进项目103个，到位资金158亿元，是“十二五”时期的2.3倍。新建静庄、平天高速，改造国省道99公里、危桥12座，建成农村公路1051公里，实现了从严重滞后到基本适应的重大跃升。引洮供水二期工程加速推进，建成农村人饮工程58处，330千伏输变电工程投运，4G网络实现全覆盖，水资源支撑和电讯保障能力不断增强。加快推进城镇开发建设，打通阿阳南路、崇文路等断头路8条，新建改造中街等道路12公里，后街、普陀巷等22个棚户区改造基本清零，开建商品房110万平方米，城区规模扩展到11.8平方公里，常住人口城镇化率达到30%。

五年来，我们牢牢扭住生态立县第一战略，以前所未有的力度推进生态保护，绿色发展理念深入人心。全面贯彻习近平生态文明思想，层层拧紧生态环保责任链条，顺利完成第二次全国污染源普查、畜禽禁养区划定和河湖确权划界，有序推进“三线一单”编制。实施城乡增绿工程40.32万亩，森林覆盖率达到32.86%，荣获“全国绿化模范县”称号。安排资金6.8亿元，实施城区水源地保护及葫芦河流域综合整治项目，建成工业和生活污水处理厂、城区第二生活垃圾填埋场及重点乡镇垃圾污水处理设施，改造城镇污水管网35公里，农村环卫队伍、垃圾收运处置设施从无到有，实现了历史性突破。

五年来，我们牢牢扭住民计民生根本宗旨，下功夫提升公共服务均等化水平，群众获得感幸福感更加充实。坚持以人民为中心的发展思想，民生支出达到163.44亿元，占财政总支出的84%，事关群众切身利益的上学、看病、就业、养老等问题有效解决。新建改建校舍58.5万平方米，顺利通过国家义务教育发展基本均衡县评估认定，在首届甘肃省黄炎培职业教育奖评选中斩获优秀学校奖和杰出贡献奖。完成中医院迁建，建成县医院综合楼，县医院、妇幼保健院成功创建三级乙等综合医院和二级甲等妇幼保健院。县融媒体中心投入使用。建成全民健身广场，成功举办庆祝新中国成立70周年系列活动，开拍电视剧《大农商》。深化“平安静宁”建设，“七五”普法任务圆满完成，扫黑除恶专项斗争纵深推进，安全生产形势稳定向好。人民武装和退役军人工作得到加强，荣获“双拥模范县”。同时，妇女儿童、民族宗教、档案史志、统计调查、工商联、工会、共青团、红十字等各项事业取得新进步。

五年来，我们牢牢扭住作风建设关键一招，深化政府职能转变，为民务实清廉形象更加鲜明。自觉接受人大法律监督和政协民主监督，办理人大代表建议意见156件、政协委员提案137件。圆满完成县乡政府机构改革和公务用车改革，全面完成农村土地承包经营权确权登记颁证、国有林场、供销社等改革任务。组建林投、农发、成欣等国有企业，县信用联社成功改制为农商行。深化“放管服”改革，90%以上的政务服务事项集中办理，792项事项实现最多跑1次。扎实开展“两学一做”学习教育、“不忘初心、牢记使命”主题教育，深入开展转变作风改善发展环境建设年活动，干部队伍作风持续好转，政府廉政建设全面加强。

看似寻常最奇崛，成如容易却艰辛。每个看似简单的数字背后，都凝聚着干部群众的心血与汗水；每项看似平凡的工作背后，都饱含着全县人民的努力与坚持。五年取得的成绩，是县委坚强领导的结果，是县人大依法监督、县政协参政议政、社会各界鼎力支持的结果，是全县广大干部群众同心同德、务实苦干的结果。

前进的道路从来不会一帆风顺。我们也清醒认识到，发展不平衡不充分的问题仍然突出：一是农业传统特征尚未根本改变，农业基础还不稳固，规避风险能力有限，工业短腿问题突出，企业缺乏核心竞争力，新兴服务业发展缓慢，拉动经济增长的作用不明显，三次产业结构调整还需持续加力。二是城镇路网、市场、停车场、公厕等基础设施欠账较大，农村道路、水利、信息等瓶颈制约还没有完全破解，生态环境治理和人居环境提升任务还很繁重。三是教育、健康、养老、就业等民生领域短板还比较明显，总量、质量、结构、布局等问题相互交织，干部、群众的收入还很低，离人民群众对美好生活的向往还有不少差距。四是“放管服”改革不够彻底，少数干部责任意识、担当意识不强，抓落实的力度不大，工作作风转变、工作能力提高还有很长的路要走。对此，我们将高度重视，采取有效措施努力加以解决。

“十四五”发展主要目标任务

“十四五”时期是开启全面建设社会主义现代化国家新征程、向第二个百年奋斗目标进军的第一个五年。全县经济社会发展的总体思路是：高举中国特色社会主义伟大旗帜，深入贯彻党的十九大和十九届二中、三中、四中、五中全会精神，坚持以马克思列宁主义、毛泽东思想、邓小平理论、“三个代表”重要思想、科学发展观、习近平新时代中国特色社会主义思想为指导，全面贯彻党的基本理论、基本路线、基本方略，深入落实习近平总书记对甘肃重要讲话和指示精神，统筹推进“五位一体”总体布局，协调推进“四个全面”战略布局，坚定不移贯彻新发展理念，坚持稳中求进工作总基调，以推动高质量发展为主题，以深化供给侧结构性改革为主线，以改革创新为根本动力，以满足人民日益增长的美好生活需要为根本目的，统筹经济和生态、城镇和乡村、发展和安全，聚力推动产业提档、城乡提品、生态提颜、改革提速、民生提质、治理提效，努力打造“一城两区三园四基地”，全力加快富裕美丽文明活力平安静宁建设，奋力开启全面建设社会主义现代化新征程。

在发展目标确定上，坚持努力奋进和跳起来够得着的原则，确保前两年主要指标增速高于全市平均水平，后三年力争两位数增长，到“十四五”末全县综合实力迈上新台阶、城乡基础条件得到新改善、生态文明建设取得新进步、社会文明程度得到新提高、民生保障能力达到新水平、县域治理效能实现新提升。围绕上述目标，重点抓好七个方面：

（一）秉持绿色发展理念，全力筑牢生态安全屏障。坚持生态立县战略，深入推进黄河流域生态保护和高质量发展，实施流域治理、生态修复、国土绿化工程，全面推行林长制，完成植树造林30万亩以上，创建国家森林乡村50个、省级森林小镇10个，治理水土流失170平方公里。严格落实生态功能区保护规划，坚决打好大气、水、土壤污染防治三大战役。实行水资源消耗、建设用地总量和强度双控行动，强化乡镇垃圾污水处理设施运行管理，实现县城、重点小城镇污水、生活垃圾全收集全处理。

（二）实施乡村振兴战略，建设农业农村现代化强县。立足创建国家级农村产业融合发展示范园、国家级农业现代化示范区，健全生产管理、经营服务、科技支撑、投入保障“四大体系”，大力推进“一园六区”建设，深入实施“双百双十”工程，全产业链深度开发果牛产业，推动品种选优、品质提升、品牌培强和标准化生产，果品产量达到100万吨、综合产值突破100亿元，牛出栏量和畜牧业产值分别达到10万头、10亿元以上，打造中国优质苹果生产加工基地和全国优质肉牛生产繁育基地。因地制宜扩大食用菌、设施蔬菜等多元产业，加大“静原鸡”保护利用，拓展农业养生、旅游等多重功能价值，促进一、二、三产融合发展，打造省级现代种养生态循环农业产业园。全面构建乡村振兴规划体系、责任体系、考核体系、保障体系，扎实推进乡村建设行动，推动要素配置、资金投入、公共服务向农业农村倾斜，实现巩固拓展脱贫成果与乡村振兴有效衔接，打造乡村振兴示范区，千方百计让农民有活干、有钱赚、有快乐。

（三）调整优化经济结构，构建高质量发展产业体系。立足强龙头、补链条、聚集群，实施纸箱包装、农副产品加工、建筑建材等工业扩容重点项目，培育主业突出的骨干企业，扶持壮大烧鸡等“独一份”“好中优”特色产业，打造一批新能源、新材料、生物医药、信息技术等新兴产业集群。完善园区基础设施配套，加快构建“一园八区”格局，推动产业兴旺、产城融合。深度挖掘旅游文化资源和特色产业优势，实施长征国家文化公园等旅游基础设施项目，建设葫芦河流域田园综合体，打造成纪故城大遗址公园，争创一批AAAA级旅游景区。建成运营京东数字化物流园，完善汽修汽配、建材家居等专业市场，建设一批商业综合体，大力发展电子商务，支持消费新业态新模式向农村市场拓展。

（四）统筹城乡融合发展，打造丝绸之路经济带节点城市。立足建设全国文明县城，按照“一心三轴六点六区”规划定位，优化空间布局，拉开大框架、构建大格局、完善大功能，实现生产空间集约高效、生活空间宜居适度、生态空间山清水秀。实施城市更新行动，加快地下管廊、城市道路、燃气供热、公园广场等基础设施配套，增强城市的宜居性。建立权责明晰、服务为先、管理优化、执法规范、安全有序的城市监管体制，长效治堵治乱治污，提高城市管理水平。加快推进以人为核心的新型城镇化，抓好重点小城镇建设，健全公共服务设施，把乡镇建成服务农民的区域中心。

（五）强化项目投资拉动，推进基础设施互联互通。积极争取兰太快速铁路过境静宁，争取多途径筹资建设静宁至秦安、通渭高速公路、威戎至仁大二级公路项目，全面推进通乡联镇国省道和“四好农村路”建设，构建综合交通运输体系。实施白龙江调水工程，建成引洮供水二期东部人饮、供水管网改造、水库除险加固等项目，统筹推进水利管理体制改革，构建水利保障体系。全面推进新基建，优化提升城乡输配电网，推广利用地热资源、风力发电和光伏发电，新建汽车充电桩、加油加气站，构建能源基础设施体系。深入推动“互联网+”行动，实施5G移动通信网络、智慧城市、数字城管、电子巡防等信息基础设施项目，新建5G基站5000个，实现主城区及重点区域5G网络全覆盖，创新发展数字经济，构建现代信息网络体系。

（六）优化公共服务供给，促进生活品质大幅改善。全面落实立德树人根本任务，持续改善办学条件，合理规划学校布局，优化教育资源配置，加快推进教育现代化，建设全省教育强县。推进健康静宁建设，深化医药卫生体制改革，完善医疗保障制度，健全医疗服务体系，加快发展中医药产业，实施传染病医院、妇幼保健院儿童保健综合楼等项目，改建提升乡镇卫生院，提高医疗服务水平和公共卫生防控能力。大力发展文化体育事业，建成国学馆、游泳馆等文体设施，推动各类公共场馆有序开放。强化就业优先政策，千方百计扩大就业容量、优化就业结构、提升就业质量，打造“静宁果农”劳务品牌，提高居民收入水平。健全多层次社保体系，保障妇女、未成年人和老年人权益，加快发展残疾人事业，持续完善退役军人工作体系。全面实施依法治县战略，加强创新社会综合治理，打造县域社会治理现代化示范区。

（七）扩大区域协同合作，致力打造开放开发高地。突出科技创新引领，加强院地合作，强化企业创新主体地位，推广应用新技术、新品种，建设静宁苹果优势产业创新区，争创国家级农业科技示范区。有序推进行政管理、国资国企、金融财税、农业农村、市场体系等重点领域改革，破除体制机制障碍，释放发展活力。深化要素市场化改革，健全完善产权、市场准入、公平竞争等制度，支持民营企业改革发展。主动融入新发展格局，加强与西兰银省会城市和周边地区在商贸物流、文化旅游、基础设施等领域的分工协作，支持骨干企业“走出去”，积极承接东部产业转移，持续扩大招商引资，全力拓展出口市场，建立多层次开放合作机制。

2021年主要工作

2021年是建党100周年，也是实施“十四五”规划的开局之年。做好新一年工作，对于加快推进经济社会高质量发展具有十分重要的意义。全县经济社会发展的预期目标是：生产总值增长7.3%，规模以上工业增加值增长10%，固定资产投资增长15%，地方财政收入增长6.5%，社会消费品零售总额增长8%，城乡居民人均可支配收入分别增长7.5%和8.5%，约束性指标控制在目标值以内。

主要任务是：

（一）优先发展农业农村，在推进乡村振兴上展现新作为。全面实施乡村振兴战略，加快推进农业农村现代化，促进农业高质高效、乡村宜居宜业、农民富裕富足。巩固拓展脱贫成果。严格落实“四个不摘”要求，紧盯脱贫不稳定户、边缘易致贫户等易返贫致贫人口，健全动态监测和帮扶机制，开展定期检查、动态管理、重点监测，加大防返贫保险投入，严防规模性返贫风险。落实行业主管部门责任，提升“两不愁三保障”水平，把巩固拓展脱贫攻坚成果的底盘夯得更实。加强扶贫项目资产管理和监督，确保发挥作用、保值增值。大力发展乡村产业。深入开展苹果产业高质量发展建设年活动，按照生产标准化、经营集约化、营销品牌化、服务信息化、运行集团化、产业生态化的思路，新植补植果园3万亩，改造老果园3万亩，新建苗木繁育基地2000亩，创建五类示范园10万亩，高标准打造葫芦河城川至威戎、S222沿线甘沟至治平、静秦公路雷大至仁大3个示范带，果品总产量达到90万吨，实现产值50亿元以上。争取全省“粮改饲”试点县建设项目，种植优质饲草15万亩，建设平凉红牛标准化养殖示范村20个，新增养牛1万头。落实最严格的耕地保护制度，坚决扛起粮食安全政治责任，推广旱作农业85万亩，粮食总产量稳定在25万吨以上。全力抓好生猪保供稳价，因地制宜扩大蔬菜生产，丰富居民“菜篮子”。放大“静宁模式”带动效应，规范运行专业合作组织，创建示范性合作社40家、家庭农场20家，提高组织化程度和社会化服务水平。实施乡村建设行动。突出乡村特点、地域特色，高标准编制村庄发展规划，加强农村建房许可管理，确保乡村建设规范有序，打造界石铺、甘沟、威戎等5个乡村振兴示范乡镇和城川红旗等30个示范村。扎实开展农村公益性设施共管共享，建成卫生厕所1.3万户、行政村公厕50座，硬化村组道路160公里，新建高标准农田1.35万亩，整修农田1.7万亩，推动农村基础设施提档升级。着力加强乡村治理。建强基层党组织战斗堡垒，严格落实“四议两公开”，加大基层小微权力监管，健全“五治”融合、共建共治共享的乡村治理体制。深化社会主义核心价值观教育，持续治理高价彩礼、薄养厚葬、铺张浪费等不良习俗，推动形成文明乡风、良好家风、淳朴民风。

（二）着力培育产业集群，在壮大地方工业上展现新作为。深入实施工业强县战略，加快完善新型工业体系，推动工业向更高层次、更高水平、更快速度迈进。建好园区投资洼地。按照“一园八区”的总体布局，持续完善园区基础配套和服务功能，引导相似资源、同类产业、关联企业向园区集聚集群发展，实施农副产品加工扶贫产业园、农畜公司出城入园等项目6项，着力把工业园区打造成企业家创业的服务高地、政策洼地、投资福地。抓好工业项目引擎。新开续建兴安民爆智能化改造等12个重点工业项目，多方推动纸箱包装、化工医药、地毯加工等骨干企业挖潜增效、技术创新，做大做强烧鸡产业，全方位提升工业发展质量和效益，工业增加值达到4.1亿元。用好招商引资平台。牢固树立“你投资、我服务，你发财、我发展”的理念，健全完善招商引资推进机制、优惠政策和奖励办法，构建“亲”“清”新型政商关系，狠抓各类签约项目和意向项目跟踪服务，切实提高项目落地率，年内招引项目30项，到位资金增长10%以上。

（三）突出商贸文旅融合，在扩张三产总量上展现新作为。拓展融合领域，培育新生业态，推动三产发展提速、效益提升，打造新的经济增长点。做精特色旅游。设立旅游产业发展基金，加快推进长征国家文化公园、靳寺乡村旅游样板村、35°苹果谷二期等重点文旅项目，大力发展以休闲体验、民俗文化、果品采摘等为主的乡村旅游，打造界石铺高堡等3个省级旅游示范村，让乡村旅游持续升温。做活商贸流通。建设商业综合体和特色商业步行街，增加商业布局，形成核心商圈，打造消费升级版。实施电子商务进农村综合示范县项目“升级版”，建成界石铺等乡镇专业物流园区及农贸市场3处，加大网适产品开发，线上交易额达到3.5亿元。主动融入“一带一路”，持续开拓海外市场，开展跨境电商，进出口规模达到2亿元。做大非公经济。认真落实支持非公经济发展的各项政策措施，持续深化商事制度改革，完善“双随机、一公开”监管，积极帮助中小企业解决用地、用工、融资困难，新发展市场主体2000户以上。

（四）坚守环境保护底线，在生态文明建设上展现新作为。牢固树立“绿水青山就是金山银山”的理念，坚决打好污染防治攻坚战，为经济转型升级增添绿色动力。久久为功筑牢生态屏障。高标准实施生态扶贫和退耕还林等重点生态项目，完成植树造林6万亩，建设绿色通道380公里。靠实林木管护责任，加大封山禁牧、森林防火、有害生物防治，切实巩固生态建设成果。保持定力深化污染防治。扎实推进大气、水、土壤污染防治攻坚行动，强化燃煤、餐饮油烟、道路扬尘等污染管控，城区空气质量优良天数达到300天以上。严格落实“河湖长制”，完成葫芦河流域水环境综合整治、污泥无害化处理设施等项目，确保葫芦河水质长期稳定达标。加强农业面源污染防治，做好农用地土壤污染状况详查，全面改善土壤环境质量。建章立制推进问题整改。健全完善督查、调度、督办、回访等制度，从严从实推进生态环境保护督察反馈问题整改。认真抓好黄河流域生态保护和高质量发展、绿色发展崛起等重点任务，大力发展十大生态产业，促进生态产业化、产业生态化。

（五）全力攻坚重点项目，在改善基础条件上展现新作为。坚持项目支撑、投资拉动，实施重点项目193项，打造提速发展新引擎，夯实高质量发展根基。全速推进交通先行战略。实施G566西吉至天水二级公路改造，申报争取静宁至威戎公路改造提升，建成生命安全防护工程200公里，改造危旧桥梁3座，进一步改善群众出行条件。

全力做好民生水利文章。加快推进引洮供水二期建设进度，力争年底建成通水。实施农村饮水安全提升工程，全面做好供水隐患排查，确保居民用水稳定。高标准抓好水利基础设施建设，除险加固水库3座，治理河堤12.5公里、山洪沟道4.5公里。全面加强电讯基础保障。开工建设分散式风电项目，改造10千伏及以下农村电网175公里，建成110千伏输变电工程，实现县城双回路稳定供电。加快改造提升通信塔站、光纤网络等基础设施建设，实现高速宽带全覆盖，城区5G网络覆盖率达到90%。

（六）提升综合承载能力，在推进城乡建设上展现新作为。坚持城乡融合发展，注重精心规划、精品建设、精细管理，努力让城市生活更加美好，让群众生活更加舒心。下决心提升城市功能品质。编制完成国土空间规划，启动地热资源勘探。全力推进棚户区改造，全面实现历年片区征收清零目标，新开续建安置房22.7万平方米。实施葫芦河、南河两河风光带景观提升工程，配套湿地公园和全程健身游步道，改造整治6个城市出入口，建设公园、广场、停车场，打造核心地标，彰显城市特色，提升城市品位。下硬手加强城市精细管理。加快推进“智慧交通”“数字城管”应用，实施全城停车位管理，进一步规范车让人、人快走行为，改善城市交通环境。强化城市综合执法，落实网格化管理，切实解决物业管理、供暖供气、市容市貌等问题，努力让城市更加整洁、有序、舒适。下功夫打造美丽宜居乡村。立足资源优势、产业基础、文化禀赋，提高城镇规划建设档次，抓建一批苹果小镇、文化小镇、商贸小镇、红色小镇等特色小镇。坚持规划先行、大户带动、梯次推进，积极探索推行政企共建、市场运营、购买服务等模式，突出抓好国道312沿线、葫芦河流域、李店河流域3个示范带，打造更高层次、各具特色的美丽乡村示范典型，创建省级清洁村庄80个，带动乡村面貌蝶变。

（七）聚力推进共建共享，在改善民本民生上展现新作为。坚持政策向民生聚焦，财力向民生倾斜，服务向民生覆盖，让发展实绩更有温度，群众生活更有质感。推进教育高质量发展。加快实施义教能力提升工程、普通高中改善办学条件等项目，新建红寺、细巷中心小学教师周转宿舍，改造八里初中等20所学校食堂、运动场。深化教育教学改革，加强师德师风建设，全面提高教育教学质量，办好人民满意的教育。加强健康静宁建设。发挥医疗机构“哨点”作用，常态化开展疫情防控工作。持续深化医药卫生体制改革，支持发展中医药事业，加强薄弱学科建设，完善县域医共体功能。健全医疗卫生行业综合监管制度，狠抓医风医德，提高城乡医疗服务能力。提升公共服务水平。建成村级农民健身工程38个，精心筹划建党100周年系列活动。持续用好援企稳岗政策，多管齐下稳定和扩大就业。加强医保基金监管，做好城乡社保提标扩面、大病保险、困难群体救助等工作，稳步提升城乡居民保障水平。建成殡仪馆和骨灰安放堂，提升殡葬管理水平。提高退役军人服务保障能力，深化双拥创建成果。

（八）创新社会治理体系，在促进和谐稳定上展现新作为。统筹发展和安全，深化基层治理，推进改革创新，努力形成共建共治共享的社会治理新格局。防范化解重大风险。牢固树立过“紧日子”的思想，加大财源培植力度，加强预算绩效管理，集聚财力保工资、保运转、保基本民生、保重点项目投入，坚守政府举债融资红线。强化小额贷款公司、融资担保机构等各类金融机构监管，积极开展非法集资风险排查整治行动，严厉打击电信诈骗、传销等涉众型经济犯罪，营造良好的金融发展环境。加强国有资产监管，促进国有平台公司转型发展，确保国有资产保值增值。落实重点改革任务。持续深化“放管服”改革，深入推进“一窗受理、集成服务”，提升政务大厅标准化建设水平，大力推行不见面审批和不来即享。扎实推进经营类事业单位转企改革，完成行业协会商会与行政机关脱钩改革。纵深推进农村土地制度、集体产权和闲置宅基地“三块地”改革，激活农村资源要素，拓宽村集体和农户收益渠道。提高社会治理水平。深入贯彻习近平法治思想，全面启动“八五”普法，提高全民法律素质。落实农民工工资清欠长效机制，保障农民工合法权益。深化“平安静宁”建设，完善网格化管理机制，全面推行智慧安防小区建设，依法严厉打击各类违法犯罪行为。践行新时代“枫桥经验”，创新工作方式方法、体制机制，依法有效化解矛盾纠纷。严格落实安全生产责任制，持续深化重点行业领域专项整治，确保安全生产形势稳定向好。

征途漫漫，唯有奋斗。今年，县政府在扎实做好“六稳”工作、全面落实“六保”任务的基础上，继续专列预算8000万元实施“八个千万工程”：1.科技创新驱动工程。财政预算1000万元，鼓励扶持企业加大科研投入，构建现代产业体系和技术攻关。2.项目前期推进工程。财政预算1000万元，保障项目可研论证、勘测设计、规划编制等前期工作，谋划储备优质项目，补好基建短板。3.防灾减灾防疫工程。财政预算1000万元，完善公共安全和应急管理体系，保障常态化疫情防控物资供应，确保人民群众生命财产安全。4.人居环境整治工程。财政预算1000万元，一体化推进农村垃圾、厕所、风貌“三大革命”，擦亮乡村振兴美丽底色。5.产业转型升级工程。财政预算1000万元，持续做大做强苹果产业、做精做优红牛产业，让群众的“钱袋子”越来越鼓。6.社会事业强基工程。财政预算1000万元，统筹推进教育、卫生等公共服务体系建设，让发展更具幸福“质感”。7.文化旅游提质工程。财政预算1000万元，推进重点文旅项目建设，补齐“吃住行游购娱”等基础要素，激活商气、带旺人气。8.城市品质提升工程。财政预算1000万元，加强市政设施管护，强化城市综合管理，打造更具魅力的品质之城。

人民对美好生活的向往，就是我们的奋斗目标。今年县政府将竭尽所能，优先保障民生投入，努力办好10件民生实事：1.建设第三幼儿园、二中综合实验楼、职教中心实训基地，改扩建德顺小学等15所中小学校舍。2.建成中医院中医治疗业务楼和医疗废物集中处理中心。3.建设老年养护院和社会救助管理站。4.发放创业担保贷款6000万元，新增城镇就业4500人，新开发公益性岗位200个。5.新安装太阳能路灯3000盏，照亮辛劳的晚归人。6.推进政策性农业保险增品扩面，承保苹果23万亩、粮食作物24万亩，最大限度降低自然灾害损失。7.建设西滨河路，改建南环路，形成便捷顺畅的环形路网。8.开建体育公园和南河公园。9.实施北环东路、阿阳路等街区9个老旧小区住宅楼改造4.43万平方米，配套提升给排水、供暖、智慧安防等公共设施。10.迁建县政务服务中心，统筹解决人民巷等6个社区办公场所，更好地方便群众办事。

努力建设人民满意的政府

为政之要，重在力行，贵在担当。进入新发展阶段，贯彻新发展理念，融入新发展格局，对政府工作提出了新的更高要求，我们将持之以恒加强自身建设，着力提升政府治理效能，努力建设人民满意的学习型服务型政府。

坚定信念忠诚干事。坚持把政治建设摆在首位，增强“四个意识”，坚定“四个自信”，做到“两个维护”，自觉在思想上政治上行动上同以习近平同志为核心的党中央保持高度一致。严守政治纪律和政治规矩，把讲政治贯穿政府工作始终，体现在做决策、定措施、抓落实全过程，坚决落实中央、省市和县委各项决策部署，确保政令畅通、令行禁止。

依法行政规范干事。严格依照法定权限和法定程序履行职责，自觉运用法治思维和法治方式深化改革、推动发展、化解矛盾、维护稳定。认真执行人大及其常委会决议决定，积极支持人民政协履行职责，广泛听取民主党派、工商联、无党派人士和社会各界意见建议。认真落实行政执法“三项制度”，严格规范公正文明执法，强化重大政策解读和政务舆情回应，大力推进政务公开，切实保障人民群众知情权、参与权、监督权。

转变作风高效干事。严格落实中央八项规定及其实施细则精神，驰而不息纠正“四风”，坚决克服和破除形式主义、官僚主义，持之以恒提升政府执行力和公信力。持续深入开展基层减负活动，继续下功夫治理文山会海、规范检查考核、严控“三公”经费，腾出更多精力和财力抓落实、促发展。坚持功成不必在我、功成必定有我，勇于担当负责，敢于攻坚克难，采取清单管理抓项目、对账销号抓工作、“四不两直”抓督查、奖罚问责抓考核，推动各项工作落细落小、落地落实。

廉洁从政干净干事。自觉扛起全面从严治党主体责任，落实管党治党“一岗双责”，强化廉政监督和廉政风险防控，纵深推进政府系统党风廉政建设。加强对公共资源、国资国企等重点领域和关键环节的审计监督、财经监督。坚持无禁区、全覆盖、零容忍，切实整治侵害群众利益的不正之风和腐败问题，让广大干部明法纪、存敬畏、知使命、受监督。

幸福是奋斗出来的。发展蓝图已绘就，扬帆起航正当时，让我们更加紧密地团结在以习近平同志为核心的党中央周围，在县委的坚强领导下，不忘初心、牢记使命，开拓进取、实干攻坚，奋力实现“十四五”良好开局，以高质量发展的优异成绩迎接建党100周年！

县人大常委会工作报告

（县人大常委会主任王智国　2021年1月20日）

2020年主要工作

2020年是全面建成小康社会和“十三五”规划收官之年。在县委的正确领导下，县人大常委会坚持以习近平新时代中国特色社会主义思想为指导，深入学习党的十九大和十九届二中、三中、四中、五中全会精神，全面贯彻落实习近平总书记关于坚持和完善人民代表大会制度的重要思想、统筹推进疫情防控和经济社会发展的重要讲话和指示精神，坚持党的领导、人民当家做主、依法治国有机统一，全面履行法定职责，充分发挥代表作用，切实加强自身建设，圆满完成了县十七届人大四次会议确定的各项目标任务，为推动全县经济社会发展和民主法治建设作出了积极贡献。

一年来，共召开常委会会议7次、主任会议10次，开展调研、检查、视察活动9次，配合省市人大常委会开展各项活动14次，听取和审议“一府两院”工作报告13项，听取县政府工作部门工作报告4项，依法作出决议决定10项。

一、强化政治意识，坚持党的领导，确保人大工作正确方向

常委会认真学习贯彻习近平新时代中国特色社会主义思想和党的十九届五中全会精神，把握正确政治方向，提高政治能力，增强“四个意识”，坚定“四个自信”，坚决做到“两个维护”。

（一）自觉接受县委正确领导。坚持党的领导这个重大政治原则，落实全面从严治党责任，严守政治纪律和政治规矩，自觉在县委领导下统筹安排和有序推进监督审议、重大事项决定、人事任免、代表履职等各项工作。严格执行《中国共产党重大事项请示报告制度》，凡涉及全县人大工作中的重大事项、召开的重要会议、组织的重大活动，提请县委把关定向；作出的重大决定和形成的执法检查、视察、调研报告，及时上报县委审阅批转，为县委科学决策、研究部署工作提供参考。

（二）积极助推全县中心工作。常委会班子成员认真履行岗位职责，按照县委统一安排，主动落实重大项目“三个一”包抓责任，围绕推进高质量发展、生态环境保护、“五个静宁”建设、乡村振兴等中心工作，牵头督办重大项目18项。包抓领导督促责任单位制定工作计划，强化措施，明确时限，确保完成年度目标任务。深入一线开展执法检查、专项督查和专题调研30余次，推动解决发展难题，积极贡献人大力量。

（三）依法行使人事任免职权。坚持党管干部与人大依法选举任免相统一的原则，依法行使人事任免权，先后任免国家机关工作人员31人（次），接受国家机关工作人员辞职6人、人大代表辞职4人，补选出缺县人大代表8人。认真落实宪法宣誓制度，凡有人事任命议程的常委会会议全部举行了宪法宣誓仪式，组织18人（次）进行了宪法宣誓。加强任后监督，听取县政府工作部门工作报告4次，审议提出了富有针对性的工作意见，督促人大任命干部积极履职、依法行政，提高依法办事能力和水平。

（四）全力参与疫情防控。面对严峻的新冠肺炎疫情防控形势，常委会领导率先垂范，到包抓乡镇督导疫情防控，督查企业复工复产、学校返学复课等工作。发布

《致全县各级人大代表的一封信》，号召各级人大代表积极投身疫情防控工作。机关干部职工踊跃捐款，坚守一线开展防控工作，确保打赢疫情防控人民战争。

（五）全面落实县委人大工作会议精神。县委召开人大工作会议，对做好新时代人大工作提出新要求，作出系统部署。常委会党组召开专题会议，学习贯彻县委人大工作会议精神。优化机构设置，调整工作机构及领导职数，增设人大事务服务中心，为今后做好人大工作奠定了基础。完善制度建设，制定了《静宁县人民代表大会代表履职登记办法》《静宁县人大预算审查联系代表工作办法》等制度，为常委会规范化建设提供了制度保障。县财政足额拨付乡镇人大工作经费和代表活动经费，加强监督管理，确保专款专用，使人大工作更具活力。

二、聚焦重点工作，依法履行职权，全力促进经济社会发展

常委会围绕全县重点工作，认真审议经济社会发展中带有全局性、根本性、长远性的重大事项，及时作出决议决定，着力推动县委各项决策部署贯彻落实。

巩固提升脱贫成果。紧盯决战脱贫、决胜小康总目标，常委会领导以“5+1”专项提升行动为抓手，深入包抓乡镇，调研指导脱贫攻坚工作。听取和审议县政府脱贫攻坚专题报告，审议提出持续巩固脱贫成果，拓展脱贫成果运用，强化政策衔接力度。选派机关干部积极服务国家脱贫攻坚普查和成效考核工作。持续落实机关帮扶责任，督促机关党员干部进村入户排查解决问题，不断巩固脱贫成果。

护航经济稳健运行。强化预算审查能力建设，建立人大预算审查联系代表制度，完成人大预算联网监督查阅室阶段性建设任务，为后续开展财政预算在线监督创造了条件。听取和审议并批准了县政府关于2019年财政决算、2020年增加预算支出、县级重大资金支出、政府性基金调入一般公共预算的报告以及2019年财政预算执行情况审计报告和2018年县级财政预算执行审计决定整改情况的报告，组成检查组督促重点部门即知即改，立行立改。审议批准了县政府2020年地方政府债券、抗疫特别国债支出安排情况的报告，持续强化政府债务风险防控工作。审查批准了县政府发放2019年平安建设考评奖和业绩考核奖、2020年取暖补贴和农村危旧房屋改造补贴的报告，有力支持了项目建设和民生保障等重点工作。

推进新型城镇化建设。根据县政府提请，听取和审议并批准了《静宁县中心城区“两规”一致性处理及城乡统筹总体规划（2015—2030）中心城区局部用地调整方案》，指导管控全县各类规划编制，制定了覆盖城乡的规划蓝图，确定了“东拓西展、南扩北伸、中心改造、整体提升”的发展思路，保障县域经济发展需要。关切社会堵点难点问题，审议批准了县政府关于不动产登记历史遗留问题处置意见，为维护人民群众的切身利益助力鼓劲。

力促果业高质量发展。高标准建设省级农业科技园区，对于推动我县苹果产业高质量发展，形成“全链条、全循环、高质量、高效益”的苹果产业集群发展新格局意义重大。常委会审查、批准了县政府提请的《静宁县省级农业科技园区总体规划》和《静宁县省级农业科技园区建设实施方案》，提出了园区建设要立足我县苹果产业优势

条件，突出科技支撑作用，创新组织管理模式，按期建成高标准省级农业科技示范园区的审议意见，为我县果业高效发展持久发力。

三、呼应民生关切，恪守监督定位，推进重点工作见行见效

常委会坚持以人民为中心，积极回应群众关切，依法履行监督职权，以实现正确监督、有效监督为目标，综合运用多种方式加大监督力度，充分彰显人民当家做主的制度优势。

保障法律法规正确实施。深入学习习近平法治思想，贯彻全面依法治国方略。圆满完成“七五”普法目标任务，顺利通过“七五”普法终期检查验收。积极参加“12·4”国家宪法日活动。严格落实宪法宣誓制度，切实增强国家机关工作人员宪法意识。召开党组理论学习中心组会议和常委会会议，专题学习《中华人民共和国民法典》及其重要意义。围绕建立健全规范性文件备案审查制度，首次开展规范性文件报审工作检查活动，听取和审议规范性文件备案审查报告，审查备案规范性文件14件，有效维护了国家法制统一。为促进依法行政，维护社会公共利益，开展公益诉讼专题调研，听取县人民检察院专项报告，督促检察机关紧扣环境治理、生态保护、食品药品等重点领域，凝聚工作合力，提升办案能力，更好地维护国家利益和人民利益。

强化传染病防控能力。全力配合省市人大开展公共卫生方面的立法修法和调研检查。全面检视我县野生动物保护现状及相关法律贯彻实施情况，督促政府部门撤回注销有关企业野生动物驯养繁殖许可证，倡导革除滥食野生动物陋习的社会新风尚。扎实开展传染病防治法贯彻实施情况的调研，针对我县疫情防控工作中暴露出的短板弱项，审议提出尽快建设传染病专科医院和医废处理设施等意见建议，有力推动全县公共卫生服务体系完善建设，提升全县传染病防控能力。

加强国有资产管理监督。持续加强人大对企业国有资产管理的监督，深入部分县属国有企业开展专题调研，听取和审议县政府专项工作报告，督促县政府及相关部门全面落实向人大报告国有资产制度，建立健全国有资产台账，注重防范化解企业债务风险，推进投融资功能类企业向发展实体经济转型，确保国有资产保值增值，为全县经济高质量发展作出应有的贡献。

严格国有土地出让管理。针对2016年以来我县城区国有土地出让程序不够规范、棚改土地处置率低和历史遗留问题多等情况，常委会检查组深入14处国有建设用地现场开展检查活动，听取县政府专项报告，并提出具体可行的审议意见。常委会强化审议意见办理监督，国有土地出让规范化水平有效提升，历史遗留问题多点突破，棚改进度明显加快，违法查处力度显著增强，为我县今后完善城市基础设施和服务功能留足了发展空间。

切实提升科技支撑能力。常委会积极探索科技创新支持保障农业大县经济社会高质量发展的途径举措，认真开展科技工作专题调研，审议提出加快科技强县建设进程的意见，大力推进“人才强县”战略，激发企业创新活力，立足我县农业科技发展现状，广泛宣传推广牛、果、旱作农业方面的先进种养技术，让科技创新真正成为推动

全县经济社会高质量发展的强力引擎。

聚焦农村公路建设管护。紧盯“十三五”交通扶贫任务目标，组成调研组深入12个乡镇及部分农村公路养护维修点开展调研，参考借鉴兄弟县（区）建设“四好农村路”的先进经验，审议提出将自然村通硬化路作为今后我县农村公路建设的主攻方向，厘清县乡村分级管护主体责任，建立财政资金长效稳定增长机制，为巩固拓展脱贫攻坚成果和实施乡村振兴战略奠定基础。

四、优化服务保障，搭建履职平台，充分彰显代表主体地位

常委会坚持把加强和改进代表工作作为基础性工作，积极探索新时代下开展代表工作的有效途径，拓展渠道方式，完善制度机制，优化服务保障，全力支持代表依法履职行权。

（一）拓宽代表作用发挥渠道。坚持为县人大代表送阅《人大研究》《人民之声报》等报刊资料，书面通报县人大常委会和“一府两院”工作情况，拓宽代表知情知政渠道。组织省市县人大代表开展集中视察活动2次，加快重大项目建设进程，推动经济社会健康发展。邀请40名（次）省市县人大代表列席常委会会议，组织80名（次）代表参与相关执法检查和调研活动，扩大代表参政范围。推荐25名（次）人大代表参加座谈会、物价听证、庭审观摩、供暖调研等活动，代表们围绕人民群众关心的热点难点问题，提出了许多建设性的意见建议。鼓励动员代表立足行业和岗位优势，积极投身脱贫攻坚、项目建设、疫情防控等重点工作，充分体现人大代表的责任担当。

（二）强化代表履职保障。制定代表履职登记办法，持续深化“双联系”工作，常委会领导深入部分乡镇，集中走访联系代表，通报政情，收集民意。切实保障代表活动经费，落实有关代表误工补贴和交通补助，减轻代表履职经济负担。组织110余名人大代表和各乡镇人大主席参加专题培训班，提升代表履职能力。加强代表履职先进事迹宣传推介，推荐2名市县人大代表参加平凉市“人大代表履职风采”集中宣传活动。

（三）增强建议办理实效。坚持把办好代表建议作为促进代表履职、发挥代表作用的重要途径，积极创新加强代表建议办理工作的制度机制。及时召开代表建议交办会议，适时开展集中督办，听取和审议县政府办理工作报告，进一步明确进度要求、靠实办理责任。常委会领导牵头督办了一批事关全县经济社会发展、群众广泛关注的重点建议，提高了建议办结率。2020年底，县十七届人大四次会议期间，代表所提31件建议已全部办结并答复，建议办理成效和质量得到明显提高。

（四）规范乡镇（社区）人大工作。加强对乡镇（社区）人大工作的指导，积极创造有利条件，确保乡镇人大工作依法依规有效开展。鼓励支持乡镇（社区）人大依托“人大代表之家”开展学习培训、视察调研等，先后开展县乡“人大代表之家”活动180余场（次），参与代表400余人（次），开展视察调研40余次。尊重基层首创精神，注重提炼典型做法，推出了城川镇创建苹果产业功能型“人大代表之家”的典

型，受到省市人大的一致好评。年内实现乡镇人大主席列席常委会会议全覆盖，县乡人大联动开展监督，跟踪解决事关群众切身利益的热点难点问题，乡镇（社区）人大工作务实规范、高效运行。

五、坚持固本强基，加强自身建设，着力提升依法履职能力

常委会主动适应新时代民主法治建设需要，不断提升依法履职能力和水平，着力打造信念坚定的政治机关、胜任职责的工作机关、人民满意的代表机关。

一是加强思想政治建设。坚持以习近平新时代中国特色社会主义思想为指导，深入学习贯彻习近平总书记关于坚持和完善人民代表大会制度的重要思想。建立“不忘初心、牢记使命”主题教育长效机制，巩固拓展主题教育成果。不断推进“两学一做”学习教育常态化制度化，纵深实施党建统领“一强三创”行动，全面推进机关党支部建设标准化，认真开展“三会一课”“主题党日”等组织生活。全面落实意识形态工作责任制，引导党员干部坚定理想信念，筑牢“四个意识”。成立人大常委会机关党组，进一步强化机关政治领导力量。完成机关党支部换届选举，优化支委会人员结构，积极发展党员，凸显党支部战斗堡垒作用。

二是加强组织作风建设。严格执行中央八项规定及其实施细则和省市县委有关规定，坚持轻车简从、直达现场、直奔问题，切实改进文风、会风和调研之风。重视发挥制度建设的引领规范作用，制定县人大社会建设委员会工作规则，健全完善机关财务、车辆管理、会议筹备等制度，推动机关工作更加规范化和制度化。深入推进党风廉政建设，组织机关党员干部观看警示教育片，以作风建设的新成效保证常委会各项工作有序规范高效运行。

三是加强宣传信访工作。坚持把人大宣传工作列入常委会工作的重要内容，广泛宣传县乡人大推进民主法治建设中的生动实践。充分发挥门户网站的媒体作用，及时发布常委会工作动态和作出的决议决定。在国家及省市级新闻媒体发表通讯、深度报道30余篇，其中《倾注人大情，铺就致富路》荣获甘肃省第三十届“宣传人民代表大会制度好新闻”一等奖，较好地向外界宣传展示了全县人大工作。持续加强信访工作，及时转交督办群众来信来访6件，有效维护了群众合法权益。

四是全力配合上级工作。注重加强和上级人大常委会的配合联系，自觉接受省市人大常委会的监督指导。推动法律实施方面，配合开展了烟花爆竹燃放管理规定、传染病防治法、野生动物保护法、公益诉讼法、老年人权益保障“一法一条例”、土壤污染防治法和甘肃省节约用水条例立法调研等活动。服务发展大局方面，配合市人大常委会开展了企业国有资产、招商引资等专题调研。推进人大工作方面，配合完成市委人大工作会议前期调研和第44号省人大代表建议、第96号市人大代表建议的现场办理工作，组织召开了代表工作座谈会，为省市人大代表建议的办理做好服务保障工作。

五是精心编纂《静宁县人民代表大会志》。经过8年时间认真整理，多方搜集，按例编纂，仔细审校，《静宁县人民代表大会志》八易其稿，业已完成了430多万字的编纂任务，正式进入送审阶段。

回顾一年来的工作，我们也清醒地看到，与法定职责、县委要求和群众期盼相比，常委会的各项工作还存在一些需要加强和改进的地方。主要是：履职能力水平还需提高；刚性监督手段运用较少；代表主体作用发挥不足；自身建设方面仍待完善；乡镇人大工作进展不平衡，等等。对此，我们将在今后的工作中切实加以研究改进。

2021年工作建议

2021年是建党100周年，也是“十四五”规划的开局之年。县人大常委会工作的总体思路是：高举中国特色社会主义伟大旗帜，以习近平新时代中国特色社会主义思想为指导，深入贯彻党的十九大和十九届二中、三中、四中、五中全会精神，坚持稳中求进工作总基调，立足新发展阶段，贯彻新发展理念，融入新发展格局，以满足人民日益增长的美好生活需要为根本目的，坚持党的领导、人民当家做主、依法治国有机统一，严格落实省市县委人大工作会议精神，紧扣县委决策部署，围绕全县发展大局，依法履行监督职权，确保“十四五”开好局，以优异成绩庆祝建党100周年。

一、坚持党的领导，旗帜鲜明讲政治。坚持把深学笃用习近平新时代中国特色社会主义思想作为人大工作的首要政治任务，深入贯彻习近平总书记关于坚持和完善人民代表大会制度的重要思想，以高度的政治自觉，建设旗帜鲜明、立场坚定的政治机关。坚持把党的领导贯穿于人大依法履职的全过程，推动县委人大工作会议精神落实落细。严格执行重大事项请示报告制度，按规定向县委请示报告重要工作开展和重大决策落实情况。严格行使任免权力，依法实现县委人事安排。主动参与乡村振兴、产业发展、项目建设等重点工作，在与全县中心工作同频共振中发挥人大优势。

二、提升监督水平，依法履职促发展。依法行使各项法定职权，综合运用视察、调研、检查、审议等监督形式，推动全县经济社会高质量发展。一是依法决定重大事项。适时对全县民主法治、深化改革、生态文明建设等领域的重大事项作出决议决定。依法审查、批准国民经济和社会发展计划、预算调整方案以及财政决算。坚持党管干部与人大依法任免有机统一，完善和落实干部任前审议、表态发言、颁发任命书、向宪法宣誓和任后监督等制度，确保人事任免工作组织严谨、程序合法。二是科学选取监督议题。聚焦人民群众关注的热点难点问题，围绕经济发展、依法治县、民计民生、乡村振兴、粮食安全、污染防治、城镇住房建设等领域开展执法检查和调查研究。践行习近平法治思想，围绕全面依法治国基本方略，全面实施“八五”普法，开展重点行业、领域相关法律法规执法检查，增强全民法治观念，深化法治社会建设，完善规范性文件备案审查程序，增强工作实效，维护法制统一。加强监察、审判、检察工作监督，促进监委、法院、检察院依法行政、公正司法。三是着力增强监督实效。综合运用多种监督方式，抓实监督过程，推动监督工作落到实处、收到实效。监督“十四五”规划顺利实施，形成监督合力，确保“十四五”开好局、起好步。加强对常委会审议意见和决议决定落实情况的跟踪监督力度，督促监督对象及时整改问题。强化刚性监督，综合运用“听、审、问、评”等手段，对一些事关全局、久拖不决、社会反响强烈的重大民生问题适时进行专题询问或质询，树立人大监督权威，维护人民群众根本利益。

三、落实法定程序，换届选举保质量。贯彻省市县委安排部署，严格执行换届选举工作纪律，严肃落实重大事项请示报告制度，确保换届选举工作依法有序开展。配合县委做好县人大代表候选人提名推荐和考察审查工作，精心指导县乡依法按程序做好选举工作。加强舆论正向宣传，广泛动员和正确引导选民和代表依法参加换届选举，认真细致做好选民登记、选区划分、投票选举等工作，圆满完成换届选举任务。

四、优化服务保障，搭建平台增活力。加强对乡镇（社区）人大工作的指导力度，提升各级“人大代表之家”运行水平，推动闭会期间代表活动常态化。坚持代表列席常委会会议制度，实现本届县人大代表列席常委会会议全覆盖，适当增加代表参加调研检查、庭审听证等活动的人数。完善“双联系”制度，开展集中走访代表活动。配合市人大开展代表履职风采宣传推介活动，开展县第十七届优秀人大代表评选活动。及时交办代表建议，规范办理程序，提高办理实效。落实代表履职登记制度，建立完善代表履职激励、届中退出等制度，激发代表履职热情。举办县第十八届人大代表初任培训班，让人大代表以良好的精神状态、崭新的精神面貌履行岗位职责。

五、加强自身建设，强基固本夯基础。加强党的建设，着力推进“两个机关”建设，落实常委会党组从严治党主体责任，全面推进党支部建设标准化，扎实开展“三会一课”和“主题党日”活动，进一步提升机关党建工作水平。强化作风建设，严格执行中央八项规定及其实施细则和省市县委关于改进作风的规定，持之以恒加强机关作风建设。加强制度建设，修订县人大常委会议事规则和常委会组成人员守则，进一步强化依法履职意识。重视宣传信访，全方位、多角度宣传报道人大常委会和各级人大代表履职动态。继续做好信访工作，及时转交督办来信来访，维护群众合法权益。落实包抓责任，督促联系部门和乡镇真正把工作做扎实、干到位，按照“四个不摘”要求，持续巩固提升脱贫攻坚成果，推进乡村振兴发展，支持驻村帮扶干部开展工作，推动脱贫攻坚和乡村振兴有效衔接。注重学习交流，加强与上级人大的沟通联系，主动接受监督指导，实现新时代全县人大工作创新发展。学习借鉴兄弟县（区）人大工作好经验好做法，不断提升自身工作水平。力争上半年完成《静宁县人民代表大会志》的出版工作，为建党100周年献礼。

卷四　县人民代表大会常务委员会

《中华人民共和国地方各级人民代表大会和地方各级人民政府组织法》第三章规定，县人民代表大会常务委员会（以下简称常委会）是县人民代表大会的常设机构，对同级人代会负责并报告工作。常委会行使下列职权：（一）在该行政区域内，保证宪法、法律、行政法规和上级人民代表大会及其常务委员会决议的遵守和执行；（二）领导或者主持同级人民代表大会代表的选举；（三）召集同级人民代表大会会议；（四）讨论、决定该行政区域内的政治、经济、教育、科学、文化、卫生、环境和资源保护、民政、民族等工作的重大事项；（五）根据同级人民政府的建议，决定对该行政区域内的国民经济和社会发展计划、预算的部分变更；（六）监督同级人民政府、人民法院和人民检察院的工作，联系同级人民代表大会代表，受理人民群众对上述机关和国家工作人员的申诉和意见；（七）撤销下一级人民代表大会的不适当的决议；（八）撤销同级人民政府的不适当的决定和命令；（九）在同级人民代表大会闭会期间，决定副县长的个别任免；在县长和人民法院院长、人民检察院检察长、监察委员会主任因故不能担任职务的时候，从同级人民政府、人民法院、人民检察院、监察委员会副职领导人员中决定代理的人选；决定代理检察长，须报上一级人民检察院和人民代表大会常务委员会备案；（十）根据县长的提名，决定同级人民政府局长、委员会主任、科长的任免，报上一级人民政府备案；（十一）按照人民法院组织法和人民检察院组织法的规定，任免人民法院副院长、庭长、副庭长、审判委员会委员、审判员，任免人民检察院副检察长、检察委员会委员、检察员，任免监察委员会副主任、委员；（十二）在同级人民代表大会闭会期间，决定撤销个别副县长的职务；决定撤销由它任命的同级人民政府其他组成人员和人民法院副院长、庭长、副庭长、审判委员会委员、审判员，人民检察院副检察长、检察委员会委员、检察员，监察委员会副主任、委员；（十三）在同级人民代表大会闭会期间，补选上一级人民代表大会出缺的代表和罢免个别代表；（十四）决定授予地方的荣誉称号。

静宁县一至七届人民代表大会没有常设机构，在人民代表大会闭会期间，由人民政府（革命委员会、人民委员会）代行常设机关的职权。1981年1月，根据修正后的宪法、地方组织法的有关规定，县八届人大一次会议选举产生了第八届人大常委会，并于1983年12月、1987年1月、1990年1月、1992年11月、1997年11月、2002年11月、2006年12月、2011年10月、2016年10月分别进行了换届选举。

人大常委会由人民代表大会依法选举的主任、副主任、委员组成。其组成人员人数：八届15人，九届17人，十届17人，十一届17人，十二届17人，十三届19人，十四届18人，十五届22人，十六届21人，十七届31人。同时，由常委会主任、副主任组成主任会议。主任会议处理常委会的重要日常工作。并设立常委会党组，成员一般由担任常委会主任、副主任和办公室主任（副主任）的中共党员组成。根据法律规定，常委会会议每两个月至少举行1次。根据需要，“一府一委两院”及有关部门负责人、乡镇党委书记、人大主席、乡镇长，常委会各工作机构负责人和工作人员列席会议，也可以邀请市、县人大代表和居民代表列席会议。常委会的决议，由常委会以全体组成人员的过半数通过。常委会组成人员三人以上联名，可以向同级常委会提出属于常委会职权范围内的议案，由主任会议决定是否提请常委会会议审议，或者先交有关的专门委员会审议、提出报告，再决定是否提请常委会会议审议。在常委会会议期间，常委会组成人员三人以上联名，可以向常委会书面提出对本级政府、监委、法院、检察院的质询案。

1981年1月至2021年1月，常委会历经10届40年，共举行264次常委会会议，听取和审议人大常委会各类报告362项，“一府一委两院”和有关部门工作报告533项，作出决议、决定143项，通过有关事项172项，任命国家机关工作人员1062人（次），接受辞职、免职462人（次）。

第一章　县人大常委会党组会议

县人大常委会党组是县委在县人大常委会机关中设立的领导机构。常委会一经成立，即设立常委会党组。第八届至第十七届（至2021年1月）常委会党组，发挥领导核心作用，共召开党组会议251次（统计截至2021年1月），认真履行政治领导责任，做好理论武装和思想政治工作，负责学习、宣传、贯彻执行党的理论和路线方针政策，贯彻落实党中央和上级党组织的决策部署，发挥好把方向、管大局、保落实的重要作用。党组讨论和决定常委会下列重大问题：（一）需要向县委请示报告的重要事项，有关单位党组请示报告的重要事项；（二）内部机构设置、职责、人员编制等事项；（三）重大决策、重要人事任免、重大建设项目安排、大额资金使用等事项；（四）机关党支部和党员队伍建设方面的重要事项；（五）意识形态工作、思想政治工作和精神文明建设方面的重要事项；（六）党风廉政建设和反腐败工作方面的重要事项；（七）其他应当由党组讨论和决定的重大问题。

附：

县人大常委会党组会议召开情况表

表4-1　　单位：次

届别	八	九	十	十一	十二	十三	十四	十五	十六	十七	总计
次数	22	23	27	22	24	43	12	16	29	33	251

说明：第十四届党组会议缺2004年，第十五届党组会议次数不全，第十七届党组会议次数统计至2021年1月

第一节　县第八届人大常委会党组会议

县第八届人大常委会党组召开会议22次。会议由党组书记或副书记主持，党组成员参加，常委会办公室负责人列席，必要时，县委、县政府有关领导，有关部门负责人同时列席。主要讨论研究中共中央1981年、1982年有关文件精神、全国人大常委会副委员长彭真在民法座谈会上的讲话精神的学习贯彻；学习《中华人民共和国宪法(修改稿)》《甘肃省人大常委会关于学习宪法修改问题的决议》等文件精神；讨论研究召开八届人大二次会议、三次会议、九届人大一次会议以及召开八届人大常委会历次会议的有关事宜及换届选举工作；讨论常委会历年工作报告、八届人大一次会议、二次会议代表提案办理情况的报告；讨论研究补选八届人大常委会委员、需提交八届人大常委会会议讨论决定的人事任免案、省六届人大代表初步人选、九届人大常委会组成人员初步人选、宪法修改案领导小组组成人员名单等事项；研究召开公社人民代表大会，补选公社主任、副主任事宜；听取各调查小组关于全县改土补助执行、群众生活安排和粮食政策执行情况的汇报，研究部署代表意见建议的检查督办、药品价格执行情况检查、代表联系制度落实情况调查、组织委员视察等工作；召开民主生活会，开展批评与自我批评；研究机关党的建设、办公条件改善等事宜。

1981年

8月17日会议，由张光明主持，马存余、刘文俊、史国忠出席，讨论研究贯彻中共中央1981有关文件、全国人大常委会副委员长彭真在民法座谈会上的讲话精神等事宜；讨论了常委会会议召开时间、议题等事项。

12月26日党组民主生活会，由高富德主持，张光明、马存余、刘文俊出席。

1982年

2月22日会议，由高富德主持，张光明、马存余、史国忠出席，讨论研究召开八届人大二次会议的有关事项。

3月5日会议，由高富德主持，张光明、马存余、史国忠出席，县政府县长郑建才，副县长部文学、钱樟炎，县政府办公室主任马勤祥列席，讨论研究召开八届人大二次会议的有关事项。

3月6日会议，由高富德主持，张光明、马存余、史国忠出席，讨论常委会工作报告、八届人大一次会议代表提案办理情况的报告。

5月16日会议，由高富德主持，张光明、刘文俊、史国忠出席，学习《中华人民共和国宪法（修改稿)》、中共中央1982年有关文件和《甘肃省人大常委会关于学习宪法修改问题的决议》。

5月29日会议，由高富德主持，张光明、刘文俊、史国忠出席，研究召开公社人民代表大会，补选公社主任、副主任有关事宜。

6月4日会议，由张光明主持，刘文俊、史国忠出席，讨论议定宪法修改案领导小组组成人员名单。

7月28日会议，由高富德主持，张光明、刘文俊、史国忠出席，讨论议定召开常委会会议的时间、议题，代表意见建议催办、组织委员视察等事项。

8月14日会议，由高富德主持，张光明、马存余、史国忠出席，讨论研究召开第六次常委会会议有关事项。

8月22日会议，由高富德主持，张光明、马存余、刘文俊、史国忠出席，讨论需提交第六次常委会会议审议通过的《关于在全县开展法制教育，进一步加强社会治安工作的决议》。

9月2日会议，由高富德主持，张光明、马存余、刘文俊、史国忠出席，讨论研究代表意见建议的检查督办、药品价格执行情况检查、代表联系制度落实情况调查等工作事项。

10月4日会议，由高富德主持，张光明、马存余、刘文俊、史国忠出席，讨论需提交常委会会议决定的人事任免案。

1983年

1月13日会议，由高富德主持，张光明、马存余、刘文俊、史国忠出席，讨论研究召开八届人大三次会议、补选八届人大常委会委员、机关党支部改选、机关办公设备购置等事宜。

1月25日会议，由高富德主持，张光明、马存余、刘文俊、史国忠出席，讨论研究省第六届人大代表初步人选。

2月1日党组民主生活会，由高富德主持，张光明、马存余、刘文俊、史国忠出席。

3月7日会议，由高富德主持，张光明、马存余、刘文俊、史国忠出席，讨论研究召开八届人大三次会议的有关事项。

4月27日会议，由高富德主持，张光明、马存余、刘文俊、史国忠出席，讨论研究常委会1983年5月份开展视察等重点工作。

5月14日会议，由高富德主持，张光明、马存余、史国忠出席，陈万和、郭一民，王秉章、尹世荣列席，听取各调查小组关于全县改土补助执行、群众生活安排和粮食政策执行情况的汇报。

10月25日会议，由高富德主持，张光明、刘文俊、史国忠出席，讨论研究关于换届选举有关事项。

11月5日会议，由高富德主持，张光明、马存余、刘文俊、史国忠出席，阎志洁列席，讨论研究九届人大常委会组成人员初步人选。

12月18日会议，由高富德主持，阎志洁、史国忠出席，王敦厚列席，讨论九届人大一次会议开幕词、常委会工作报告以及召开九届人大一次会议的其他事项。

第二节　县第九届人大常委会党组会议

县第九届人大常委会党组召开会议23次。会议由党组书记或书记委托的党组成员主持，党组成员出席，常委会办公室及有关组、室负责人列席，必要时，县委、县政府有关领导，有关部门负责人同时列席。主要讨论研究常委会1984年、1985年、1986年重点工作及年度阶段性工作安排，对全县重点工作提出了意见建议；讨论研究召开九届人大二次会议、三次会议及县乡换届选举有关事项，讨论常委会工作报告，九届人大一次、二次会议代表提案转办事宜及办理情况报告，讨论研究召开九届人大常委会历次会议有关事项；安排部署常委会整党工作；传达学习地区人大工作座谈会议精神，讨论研究向县委汇报地委人大工作会议、地区人大工作座谈会议精神事宜，研究参加县纪委端正党风经验交流会有关事宜；讨论确定省第六届人大代表补选初步人选；讨论研究常委会机关党的建设、党员登记、机关人员工作分工、先进评选、办公条件改善等事宜。

1984年

3月2日会议，由阎志洁主持，王敦厚、史国忠、郭应童出席，讨论研究常委会1984年重点工作。

6月26日会议，由阎志洁主持，王敦厚、史国忠、郭应童出席，讨论研究2名新调入机关人员的工作分工、机关建设及退休人员退休事项办理等事宜。

8月26日会议，由高富德主持，阎志洁、王敦厚、史国忠、郭应童出席，讨论研究召开第四次常委会会议的有关事项。

11月4日会议，由阎志洁主持，高富德、王敦厚、史国忠、郭应童出席，讨论研究召开九届人大二次会议、第五次常委会会议的有关事项。

12月20日会议，由高富德主持，阎志洁、王敦厚、史国忠、郭应童出席，讨论常委会工作报告、九届人大一次会议提案办理情况报告，研究九届人大二次会议主席团成员、常务主席、秘书长、副秘书长、提案审查委员会成员、邀请代表、列席代表以及筹备会议各组负责人名单（草案）。

1985年

1月5日会议，由阎志洁主持，王敦厚、史国忠、郭应童出席，讨论研究1984年机关先进工作者评选以及机关退休人员临退事宜。

1月7日会议，由阎志洁主持，王敦厚、史国忠、郭应童出席，陈万和列席，讨论研究常委会1985年工作安排、九届人大二次会议代表提案转办等事宜。

4月12日会议，由阎志洁主持，王敦厚、史国忠、郭应童出席，讨论研究召开第八次常委会会议的时间、议程、日程、列席人员等事项。

7月6日会议，由阎志洁主持，王敦厚、史国忠、郭应童出席，讨论研究召开第九次常委会会议的时间、议程、日程、列席人员等事项。

8月9日会议，由阎志洁主持，王敦厚、史国忠、郭应童出席，安排部署常委会整党学习阶段的工作，讨论研究整党中应主要解决的几个问题、召开第十次常委会会议的有关事项。

9月16日会议，由阎志洁主持，王敦厚、史国忠、郭应童出席，讨论拟定常委会整党学习阶段结束后的汇报提纲，并对全县种树种草、粮食生产、文教卫生、加强对乡镇的领导等工作提出意见建议。

9月27日会议，由阎志洁主持，高富德、王敦厚、史国忠、郭应童出席，讨论研究召开第十次常委会会议的有关事项。

11月1日会议，由高富德主持，阎志洁、王敦厚、史国忠、郭应童出席，讨论研究召开九届人大三次会议、第十一次常委会会议的有关事项，安排当前工作。

11月15日会议，由阎志洁主持，王敦厚、史国忠、郭应童出席，讨论研究召开第十一次常委会会议的有关事项，讨论确定参加地区人大工作会议座谈内容，研究县人大常委会整党有关事宜。

12月7日会议，由阎志洁主持，王敦厚、史国忠、郭应童出席，传达学习地区人大工作座谈会议精神，讨论研究向县委汇报地区人大工作座谈会议精神事宜，安排机关几项具体工作。

12月18日会议，由高富德主持，阎志洁、王敦厚、史国忠、郭应童出席，讨论研究召开第十二次常委会会议有关事项，讨论地委人大工作会议精神汇报提纲。

12月29日会议，由高富德主持，阎志洁、王敦厚、郭应童出席，讨论研究常委会机关党员登记排队事宜。

1986年

1月11日会议，由高富德主持，阎志洁、王敦厚、郭应童出席，陈万和列席，讨论研究召开九届人大三次会议的时间、主席团成员、主席团常务主席、秘书长、提案审查委员会组成人员名单以及列席会议人员范围（草案）。

3月14日会议，由高富德主持，阎志洁、王敦厚、郭应童出席，讨论确定权执钧为省第六届人大代表补选初步人选；讨论研究常委会办公室工作人员变动和分组分工事项；讨论常委会1986年工作要点。

4月23日会议，由高富德主持，阎志洁、王敦厚、郭应童出席，讨论研究召开第十四次常委会会议有关事项，讨论常委会当前工作。

5月20日会议，由高富德主持，阎志洁、王敦厚、郭应童出席，讨论研究召开第十四次常委会会议、参加县纪律检查委员会召开的端正党风经验交流会有关事宜，安排部署普法等当前主要工作。

11月7日会议，由高富德主持，阎志洁、史国忠、郭应童出席，讨论研究县乡换届选举时间、成立县选举委员会、第十届人大代表名额分配及组成情况、选举经费预算等事项。

11月10日会议，由高富德主持，阎志洁、史国忠、郭应童出席，讨论研究召开第十八次常委会会议的时间、主要议程等事项。

第三节　县第十届人大常委会党组会议

县第十届人大常委会党组召开会议27次。会议由党组书记或书记委托的党组成员主持，党组成员参加，常委会办公室及有关组、科负责人列席，必要时，县委、县政府有关领导，有关部门负责人同时列席。主要学习中共十三大精神，省委批转省人大常委会党组关于县乡换届选举工作的安排、省委批转省委组织部关于县乡换届选举工作的安排意见、平凉地区人大联络处关于县乡换届选举工作的安排意见；讨论研究常委会1987年、1988年、1989年的重点工作，结合县委、县政府中心工作，确定联系分抓负责人；听取关于列席省人大常委会会议情况、全区县乡换届选举工作崇信座谈会议情况汇报；讨论研究静宁县换届选举有关事宜；讨论研究召开十届人大二次、三次会议，十一届人大一次会议的有关事项，十届人大一次会议代表议案和建议、意见办理事宜，需提交十届人大常委会会议决定的有关人事任免案及召开第十届人大常委会历次会议的有关事项；讨论关于政法工作、中学教学质量、师资力量及排危情况的调查报告，十届人大一次会议议案和建议、意见办理报告；讨论研究人民来信处理办法；议定各乡成立代表小组、联系代表及召开乡镇人代会等有关事项；召开各次党组民主生活会，开展批评与自我批评；安排部署在本县的省人大代表视察等事宜；安排部署省人大代表视察报告、人大工作总结、工作要点的起草、代表意见建议转办、政府工作报告的修改建议等事项，研究关于《静宁县人民代表大会志》的编写、县人大常委会内设机构和人员编制，常委会议事规则制定，机关建设、工作分工、扶贫工作、人员离（退）休等事项。

1987年

2月28日会议（扩大），由高富德主持，阎志洁、部文学、张光明、史国忠出席，王学谋、陈万和、郭应童列席，研究常委会1987年重点工作，结合县委、县政府中心工作，讨论确定联系分抓负责人。

3月19日会议，由阎志洁主持，部文学、张光明、史国忠出席，郭应童列席，听取张光明关于列席省人大常委会会议情况的汇报，听取阎志洁关于全区县乡换届选举工作崇信座谈会议精神汇报；讨论研究关于十届人大一次会议代表议案和建议、意见办理有关事宜；研究关于机关人员离休事项。

5月19日会议，由阎志洁主持，部文学、张光明、史国忠出席，研究第十届人大常委会第三次会议内容和会前准备事宜；讨论研究人民来信的处理办法；议定各乡成立代表小组有关事项；讨论研究《静宁县人民代表大会志》的编写有关事宜；讨论研究机关建设和人员编制等事项。

7月20日党组民主生活会议，由高富德主持，阎志洁、郜文学、张光明、史国忠出席，郭承祖列席，学习县委关于召开党组民主生活会的通知精神，各党组成员谈自己的思想、工作、生活情况，开展批评与自我批评；讨论研究常委会1987年下半年重点工作。

9月14日会议，由高富德主持，阎志洁、郜文学、张光明出席，讨论研究召开第四次常委会会议有关事项。

9月28日会议，由高富德主持，阎志洁、郜文学、张光明、史国忠出席，讨论提出省第七届人大代表候选人初步人选；讨论研究召开第五次常委会会议有关事项。

10月15日会议，由高富德主持，阎志洁、郜文学、史国忠出席，讨论研究省第七届人大代表候选人人选；讨论研究召开十届人大二次会议的有关事项。

10月27日会议，由高富德主持，阎志洁、郜文学、张光明、史国忠出席，郭承祖列席，研究召开十届人大二次会议的有关事项。

11月2日会议，由高富德主持，阎志洁、郜文学、张光明、史国忠出席，讨论关于政法工作情况的调查报告。

11月4日会议，由高富德主持，阎志洁、郜文学、张光明、史国忠出席，郭承祖列席，讨论研究需提交常委会会议决定的干部任免案及召开第六次常委会会议的有关事项。

11月16日会议，由高富德主持，阎志洁、郜文学、张光明、史国忠出席，郭承祖列席，学习中共十三大精神，讨论关于全县中学教学质量、师资力量及排危情况的调查报告，研究关于召开第七次常委会会议的有关事项及会议室设备购置等机关建设事宜。

11月25日会议，由高富德主持，阎志洁、郜文学、张光明、史国忠出席，讨论十届人大一次会议议案和建议、意见办理情况的报告，讨论研究联系代表、召开乡镇人代会等当前重点工作。

1988年

1月3日会议，由高富德主持，阎志洁、郜文学、张光明、史国忠出席，郭承祖、郭应童，县政府县长金福存，副县长张国盛、王文进，县政府办公室主任朱寿亭列席，讨论研究召开十届人大三次会议有关事项及省人大代表视察有关事宜。

1月4日会议，由高富德主持，阎志洁、郜文学、张光明、史国忠出席，郭承祖、郭应童列席，讨论研究第八次常委会会议议程等事项。

2月29会议，由高富德主持，阎志洁、郜文学、张光明出席，郭承祖、王学谋、郭应童列席，讨论研究召开十届人大三次会议有关事项。

4月13日会议，由高富德主持，阎志洁、张光明出席，郭承祖、王学谋、郭应童列席，讨论研究常委会领导班子工作分工、机关规章制度建设等。

6月28日会议，由高富德主持，阎志洁、郜文学、张光明、史国忠出席，讨论研究需提交第十一次常委会会议决定的人事任免案。

6月30日会议，由高富德主持，阎志洁、郜文学、张光明、史国忠出席，讨论研究常委会内设机构和人员编制事项，确定了主任、副主任关于当前工作的分工，研究常委会机关基建事项。

10月6日会议，由高富德主持，阎志洁、郜文学、张光明出席，讨论研究机关干部工作分工，安排部署当前各项检查工作。

1989年

1月18日会议，由高富德主持，阎志洁、郜文学、张光明、史国忠出席，讨论调整常委会机关各科室工作人员，安排部署省人大代表视察报告、人大工作总结、1989年工作要点的起草、代表意见建议转办等工作，讨论确定机关扶贫人员。

3月16日党组民主生活会，由高富德主持，阎志洁、郜文学、张光明、史国忠出席，王学谋、郭应童、郭承祖、陈万才列席，各党组成员、科室负责人围绕人大常委会党组工作发表意见，开展批评和自我批评。

6月13日会议，由高富德主持，阎志洁、郜文学、张光明、史国忠出席，讨论研究召开第十七次常委会会议的有关事项。

8月14日会议，由高富德主持，阎志洁、郜文学、张光明、史国忠出席，王学谋、郭承祖、陈万才、柴玉明列席，学习省委批转省人大常委会党组关于县乡换届选举工作的安排、省委批转省委组织部关于县乡换届选举工作的安排意见、平凉地区人大联络处关于县乡换届选举工作的安排意见，讨论研究静宁县换届选举有关事宜；讨论关于政府工作报告的修改建议和常委会议事规则（讨论稿）。

8月18日会议，由高富德主持，阎志洁、郜文学、张光明出席，讨论研究向县委汇报的几个重点工作。

11月6日会议，由高富德主持，阎志洁、郜文学、张光明、史国忠出席，县政府县长韩豫平、县委副书记吕忠厚列席，讨论需提交第二十次常委会会议决定的人事任命案。

11月6日会议，由高富德主持，阎志洁、郜文学、张光明、史国忠出席，讨论研究向各乡镇推荐县第十一届人大代表候选人事项。

12月14日会议，由高富德主持，阎志洁、张光明、史国忠出席，讨论研究召开十一届人大一次会议和第二十一次常委会会议的有关事项。

第四节　县第十一届人大常委会党组会议

县第十一届人大常委会党组召开会议22次。会议由党组书记或副书记主持，党组成员参加，常委会办公室及有关委、室负责人列席，必要时，县委、县政府有关领导，有关部门负责人同时列席。主要是学习《中共中央关于坚持和完善中国共产党领导的多党合作和政治协商制度的意见》《中共中央关于地方党委向地方国家机关推荐领导干部的若干规定》《中共中央印发〈关于县以上党和国家机关党员领导干部民主生活会的若干规定〉的通知》《中共中央批转中央纪委〈关于加强党风和廉政建设的意见〉的通知》《中共中央、国务院关于加强社会治安综合治理的决定》《中共中央宣传部、司法部关于认真贯彻中央关于在公民中开展法制宣传教育的第二个五年规划的通知》《甘肃省人大常委会法制工作委员会关于学习贯彻地方组织法选举法的若干意见》，中共甘肃省委人大工作会议纪要，平凉地委书记马良骥在全区县委书记会议结束时的讲话；讨论研究县、乡人大代表换届选举，召开十一届人大二次、三次，十二届人大一次会议的有关事项，代表意见、建议的交办，常委会内设机构和人事安排，需提交第十一届人大常委会历次会议决定的人事任免案、决议（草案）及其他事项，关于召开乡镇人大主席会议的有关事项；讨论县人大常委会关于乡镇人大常务主席会议上提出的有关问题的报告，1990年执法检查安排意见，乡镇人大工作简则，给县委民主生活会所提意见、建议，代县委起草的关于人大工作安排意见的主要内容；讨论研究关于常委会对县公安局实施监督的有关问题，省人大常委会关于开展评议工作的贯彻意见；安排部署文教工作会议、政法工作会议精神的传达事宜；讨论研究机关拟推荐提拔干部人选、参加县委优秀干部培训班人选，机关增人事项以及机关学习、下乡等事务。

1990年

2月16日会议，由郜文学主持，阎志洁、李克科、赵智荣、张光明、马子坤出席，县委常委、组织部部长王应天列席，宣读县委关于人大常委会党组组成人员的通知，讨论研究需提交第一次常委会会议决定的政府组成人员任命事项。

3月7日会议，由郜文学主持，阎志洁、李克科、赵智荣、张光明、马子坤出席，郭承祖、王学谋、曹升明列席，学习《中共中央关于坚持和完善中国共产党领导的多党合作和政治协商制度的意见》（〔1989〕14号）和《中共中央关于地方党委向地方国家机关推荐领导干部的若干规定》（〔1990〕2号）。

4月29日会议，由郜文学主持，阎志洁、李克科、张光明、马子坤出席，郭应童列席，讨论常委会关于乡镇人大常务主席会议上提出的有关问题的报告、1990年执法检查安排意见、乡镇人大工作简则，讨论研究需提交第二次常委会会议表决通过的两个决议（草案）。

7月16日会议，由阎志洁主持，李克科、赵智荣、张光明、马子坤出席，讨论常委会关于县委民主生活会的意见、建议。

8月15日会议，由郜文学主持，阎志洁、李克科、赵智荣、张光明、马子坤出席，曹升明、史国忠、郭承祖、王学谋、柴玉明、县纪委副书记张璧列席，学习《中共中央印发〈关于县以上党和国家机关党员领导干部民主生活会的若干规定〉的通知》（中发〔1990〕7号）。

9月18日会议，由郜文学主持，阎志洁、张光明、马子坤出席，史国忠、郭承祖、王学谋、郭应童、柴玉明、法院院长漆忠义列席，讨论研究需提交第五次常委会会议表决的关于县法院有关人事任免案、关于廉政建设的决议（草案）及常委会第五次会议其他事项。

11月20日会议，由郜文学主持，阎志洁、李克科、赵智荣、张光明、马子坤出席，史国忠、郭承祖、王学谋、曹升明、柴玉明列席，学习平凉地委书记马良骥在全区县委书记会议结束时的讲话、中共甘肃省委人大工作会议纪要。

11月29日会议，由郜文学主持，阎志洁、李克科、赵智荣、张光明、马子坤出席，郭承祖列席，学习中共中央批转中央纪委《关于加强党风和廉政建设的意见》的通知（中共中央〔1990〕17号），讨论研究关于召开乡镇人大主席会议的有关事项。

1991年

1月30日会议，由郜文学主持，阎志洁、李克科、赵智荣、张光明、马子坤出席，郭承祖、王学谋、柴玉明列席，讨论研究召开十一届人大二次会议的有关事项。

2月26日党组民主生活会，由郜文学主持，阎志洁、李克科、赵智荣、张光明、马子坤出席，史国忠、陈凤亭、王学谋、曹升明、郭应童、柴玉明列席。

4月11日会议，由郜文学主持，阎志洁、李克科、赵智荣、张光明、马子坤出席，史国忠、郭承祖列席，学习中共中央、国务院《关于加强社会治安综合治理的决定》《中共中央宣传部、司法部关于认真贯彻中央关于在公民中开展法制宣传教育的第二个五年规划的通知》。

4月12日会议，由郜文学主持，阎志洁、李克科、赵智荣、张光明、马子坤出席，郭承祖、史国忠、柴玉明、陈凤亭列席，学习《甘肃省人大常委会法制工作委员会关于学习贯彻地方组织法选举法的若干意见》。

8月17日会议，由郜文学主持，阎志洁、李克科、赵智荣、张光明、马子坤出席，讨论研究关于常委会对县公安局实施监督的有关问题。

9月7日会议，由郜文学主持，阎志洁、李克科、赵智荣、张光明、马子坤出席，史国忠、郭应童、柴玉明列席，讨论研究代县委起草的关于人大工作安排意见的主要内容。

10月1日会议，由郜文学主持，阎志洁、李克科、赵智荣、张光明、马子坤出席，讨论研究机关拟推荐提拔干部人选和机关增人事项。

1992年

2月14日会议，由郜文学主持，阎志洁、李克科、赵智荣、张光明、马子坤出席，郭应童、县委副书记吕忠厚，县委常委、组织部部长靳士孔列席，讨论研究需提交第十三次常委会会议决定的人事任免案和第十三次、第十四次常委会召开时间、议程等事项；讨论研究十一届人大三次会议意见、建议交办事宜；讨论研究甘肃省人大常委会1992年工作要点中关于评议工作的贯彻落实意见；安排部署文教工作会议、政法工作会议精神的传达以及机关学习、下乡等事宜。

2月23日会议，由郜文学主持，阎志洁、李克科、马子坤、赵智荣、张光明出席，郭应童列席，学习中共中央办公厅、甘肃省委有关文件精神，召开党组民主生活会。

5月9日会议，由阎志洁主持，郜文学、李克科、张光明、马子坤出席，郭应童、县法院院长漆忠义列席，讨论研究召开第十四次常委会会议的议程、时间等事项及需提交第十四次常委会会议决定的人事任免案；研究议定参加县委优秀干部培训班人选，讨论研究了机关其他事务。

8月7日会议，由郜文学主持，阎志洁、李克科、赵智荣、马子坤、张光明出席，讨论研究县、乡人大代表换届选举、常委会工作部门负责人任免事项。

8月18日党组民主生活会，由郜文学主持，阎志洁、赵智荣、马子坤、张光明、李克科出席。

11月21日会议，由郜文学主持，阎志洁、李克科、赵智荣、马子坤、张光明出席，县委副书记郭林禄，县委常委、组织部部长靳士孔列席，讨论研究十二届人大一次会议有关人事安排事项。

第五节　县第十二届人大常委会党组会议

县第十二届人大常委会党组召开会议24次。会议由党组书记主持，党组成员参加，常委会办公室负责人列席，必要时，县委、县政府有关领导，常委会非党副主任、有关委室负责人同时列席。主要是传达省人代会、全区人大工作会议精神，地区人大工委主任张新民关于全区人大工作的讲话精神；讨论研究召开常委会历次会议的时间、议程、人事任免等事项，讨论研究召开十二届人大二次、三次、四次、五次、六次会议和乡镇人代会有关事宜，讨论研究常委会年度工作要点，地区人大工委会议参会准备事宜，人大机关挂职干部和后备干部的推荐人选，机关干部职务试用期满转正事宜，安排部署机关当前工作；通报了静西公路建设纠纷调解情况；讨论《关于组织人大代表开展评议活动的报告》，初步确定评议单位，讨论研究乡镇换届选举有关事宜。

1992年

12月29日会议，由吕忠厚主持，阎志洁、李克科、赵智荣、马子坤、张光明出席，郭应童、柴玉明列席，讨论研究机关干部职务试用期满转正事宜；安排部署机关当前工作；讨论研究常委会1993年工作要点。

12月30日党组民主生活会，由吕忠厚主持，阎志洁、李克科、赵智荣、马子坤、张光明出席，郭应童、柴玉明列席。

1993年

7月14日党组民主生活会，由吕忠厚主持，阎志洁、李克科、赵智荣、马子坤、郭应童出席。

10月21日党组民主生活会，由吕忠厚主持，阎志洁、李克科、马子坤、郭应童出席。

11月17日会议，由吕忠厚主持，阎志洁、李克科、赵智荣、马子坤、郭应童出席，柴玉明、县委副书记郭林禄，县委常委、组织部部长岳具辉列席，讨论研究需提交第六次常委会会议决定的有关县政府副县长任免案。

11月25日会议，由吕忠厚主持，阎志洁、李克科、赵智荣、马子坤、郭应童出席，柴玉明列席，讨论研究召开十二届人大二次会议和乡镇人代会有关事宜。

1994年

4月18日会议，由吕忠厚主持，阎志洁、马子坤、李克科、赵智荣、郭应童出席，县委常委、组织部部长岳具辉列席，讨论研究召开第十次常委会会议的时间、议程、人事任免等事项和地区人大工委会议参会准备事宜。

5月20日党组民主生活会，由吕忠厚主持，阎志洁、李克科、赵智荣、马子坤出席，柴玉明列席。

12月29日党组民主生活会，由吕忠厚主持，阎志洁、李克科、赵智荣、马子坤、郭应童出席。

1995年

1月6日会议，由吕忠厚主持，阎志洁、李克科、赵智荣、马子坤、郭应童出席，县委副书记郭林禄列席，讨论研究召开十二届人大四次会议的有关事项，酝酿提出常委会副主任、政府副县长、法院院长候选人名单。

3月11日会议，由吕忠厚主持，李克科、赵智荣、漆忠义、段积昌、郭应童出席，县委组织部副部长慕锡武列席，讨论研究有关人事任免案及召开常委会会议的时间、内容等事项，讨论1995年常委会工作要点及机关其他事宜。

4月12日会议，由吕忠厚主持，李克科、赵智荣、段积昌、郭应童出席，通报静西公路建设纠纷调解情况；传达省人代会和地区人大工委主任张新民关于1995年全区人大工作的讲话精神；讨论研究召开常委会的有关事项，人大机关挂职干部和后备干部的推荐人选；安排部署机关其他事务及常委会当前工作。

5月26日会议，由吕忠厚主持，李克科、赵智荣、漆忠义、段积昌、郭应童出席，讨论了《关于组织人大代表开展评议活动的报告》，初步确定评议单位，研究机关建设等有关事宜。

6月28日党组民主生活会，由吕忠厚主持，李克科、漆忠义、段积昌、郭应童出席。

9月4日会议，由吕忠厚主持，李克科、赵智荣、漆忠义、段积昌、郭应童出席，县委组织部副部长慕锡武列席，讨论研究需要提交常委会会议决定的有关人事任免案。

10月24日会议，由吕忠厚主持，李克科、赵智荣、漆忠义、段积昌、郭应童出席，传达全区人大工作会议精神，讨论研究乡镇换届选举有关事宜，下次常委会召开时间、内容等事项，机关干部推荐任用人选等。

10月26日会议，由吕忠厚主持，李克科、漆忠义、段积昌、郭应童出席，县委组织部副部长慕锡武列席，讨论研究需要提交常委会会议决定的有关人事任免案。

1996年

1月15日党组民主生活会，由吕忠厚主持，李克科、赵智荣、漆忠义、段积昌、郭应童出席。

1月19日会议，由吕忠厚主持，李克科、赵智荣、漆忠义、段积昌、郭应童出席，常委会非党副主任陈松友、县委组织部副部长慕锡武列席，讨论研究召开十二届人大五次会议的有关事项和需提交下次常委会决定的人事任免案。

4月18日会议，由吕忠厚主持，漆忠义、李克科、段积昌、郭应童出席，讨论研究机关作风整顿事宜。

7月25日党组上半年民主生活会，由吕忠厚主持，李克科、赵智荣、漆忠义、段积昌、郭应童出席。

1997年

1月6日党组民主生活会，由吕忠厚主持，赵智荣、漆忠义、段积昌、郭应童出席。

5月19日会议，由吕忠厚主持，李克科、漆忠义、段积昌、郭应童出席，县委组织部副部长慕锡武列席，讨论研究需提交第三十四次常委会会议决定的有关人事任免案等事项。

9月17日会议，由吕忠厚主持，李克科、漆忠义、段积昌、郭应童出席，县委组织部副部长慕锡武、法院副院长陈万才、检察院副检察长孙延震列席，讨论研究需提交第三十五次常委会会议决定的人事任免案。

第六节　县第十三届人大常委会党组会议

县第十三届人大常委会党组召开会议43次。会议由党组书记或副书记主持，党组成员参加，常委会办公室负责人列席，必要时，县委有关领导、常委会非党副主任、助理调研员、有关委室负责人同时列席。主要学习中共中央、省委有关“三讲”教育的文件、理论文章，中共十五届五中全会、省委九届三次全会精神，中共中央、省委关于制定国民经济和社会发展第十个五年计划的建议，《党政领导干部选拔任用工作暂行条例》《关于对违反党政领导干部选拔任用工作暂行条例行为的处理规定》，地区人大工委有关年度工作要点，县委、县纪委有关召开党员领导干部民主生活会的通知，召开党组民主生活会；讨论研究县委有关会议、文件精神的贯彻落实意见，历次常委会会议召开时间、议程、人事任免案，召开乡镇人大主席会议，乡镇人大主席（副主席）业务培训会议，加强全县政法队伍建设，依法治县，乡镇换届选举报告、安排意见，人大代表出缺补选，年度评议工作重点，代表意见建议交办，换届后各局委办负责人任命书发放，有关纠纷案监督，对个别涉嫌违法犯罪人大代表采取强制措施，“三讲”教育、“三个十”活动安排、开展，争先创优活动中成绩突出的县人大代表评选表彰，成纪文化城建设中人大机关所包拆迁户搬迁，迎接地区关于土地河滩化防治情况检查，乡镇税费改革进展、抗旱生产、改土、包乡扶贫、计划生育等工作的督查等事项；讨论研究机关工作安排意见，机构改革方案，参与静秦公路建设、计划生育、财政收入、夏季改土等中心工作，县级干部优秀等次评定，推荐机关优秀年轻干部人选、机关干部职工评议、党风廉政建设考核自查等事宜以及机关其他事务。

1998年

1月7日会议，由吕忠厚主持，靳士孔、李克科、张金业出席，县委常委、组织部部长岳具辉列席，与县委组织部负责人交换有关人事安排意见。

1月14日党组民主生活会，由吕忠厚主持，李克科、靳士孔、郭应童出席。

3月2日会议，由吕忠厚主持，靳士孔、李克科、赵智荣、张金业、王智仁出席，学习地区人大工委关于1998年工作要点、县委关于常委会党组组成人员的通知，讨论研究召开常委会会议、1998年的评议工作重点、代表意见建议交办、换届后各局委办负责人任命书发放、参与静秦公路建设等事项，讨论机关工作安排意见。

5月29日会议，由吕忠厚主持，靳士孔、李克科、赵智荣、张金业、王智仁、郭应童出席，讨论研究贯彻落实县委扩大会议精神、加强全县政法队伍建设、静秦公路建设、推荐机关优秀年轻干部人选等事项。

6月17日会议，由吕忠厚主持，靳士孔、李克科、张金业、王智仁、郭应童出席，讨论研究机关干部职工评议、召开乡镇人大主席会议等事项，讨论机关参与计划生育、财政收入、夏季改土等中心工作事宜。

7月13日上半年党组民主生活会，由吕忠厚主持，靳士孔、李克科、张金业、郭应童出席。

9月22日会议，由吕忠厚主持，靳士孔、李克科、张金业、王智仁、郭应童出席，王维歧、张继祖、司法局局长周浩元、法制局副局长田正军列席，讨论研究依法治县、召开常委会会议、评议县教育局工作等事项。

10月9日会议，由吕忠厚主持，靳士孔、李克科、张金业、王智仁、郭应童出席，柴玉明列席，讨论研究召开常委会会议的时间、议程、会期、列席人员、人事任免等事项。

11月18日会议，由吕忠厚主持，靳士孔、李克科、张金业、王智仁、郭应童出席，讨论研究乡镇换届选举委员会组成人员、橡胶厂与城关建筑工程公司欠款纠纷一案监督等事项。

1999年

1月8日党组民主生活会，由吕忠厚主持，靳士孔、李克科、张金业、王智仁、郭应童出席。会议同时学习中共中央《关于在县级以上党政领导班子领导干部中深入开展以讲学习讲政治讲正气为主要内容的党性党风教育的意见》、县纪委《关于召开1998年下半年党员领导干部民主生活会的通知》。

1月12日会议，由吕忠厚主持，靳士孔、李克科、赵智荣、张金业、王智仁、郭应童出席，县委组织部副部长郭三省列席，讨论研究需提交常委会会议决定的人事任免案。

3月11日党组会议（扩大），由吕忠厚主持，李克科、岳具辉、张金业、王智仁、郭应童出席，骆世清、张继祖、柴玉明、张汉基列席，讨论研究评议县法院调查报告及评议有关事项、县级干部优秀等次评定意见，安排了抗旱生产、改土、包乡扶贫等中心工作的督查事宜。

5月29日会议，由吕忠厚主持，靳士孔、岳具辉、张金业、王智仁出席，柴玉明、县委组织部副部长郭三省及县直有关部门负责人列席会议，讨论研究需提交常委会会议决定的有关人事任免案，确定第九次常委会会议主持人、发言人，讨论通过发言材料，研究机关其他事项。

2000年

2月10日会议，由吕忠厚主持，靳士孔、李克科、岳具辉、张金业、王智仁、郭应童出席，柴玉明列席，讨论研究县委《关于印发〈静宁县党风廉政建设责任制考核办法〉的通知》精神的贯彻落实意见。

3月21日党组民主生活会，由吕忠厚主持，靳士孔、李克科、岳具辉、张金业、王智仁、郭应童出席。

6月29日会议，由吕忠厚主持，靳士孔、赵智荣、岳具辉、祁治国、张金业、王智仁、郭应童出席，柴玉明、张汉基列席，讨论研究上半年机关党风廉政建设责任制自查考核工作事项。

7月31日会议，由吕忠厚主持，靳士孔、岳具辉、祁治国、张金业、王智仁、郭应童出席，柴玉明列席，讨论研究关于开展全县农机服务工作调查、“三个十”活动开展、安排“三讲”活动后续工作，召开常委会会议时间、议题等事项，研究机关其他事务。

10月9日警示教育专题民主生活会，由吕忠厚主持，靳士孔、赵智荣、岳具辉、张金业、王智仁、郭应童出席。

10月12日会议，由吕忠厚主持，靳士孔、岳具辉、张金业、王智仁、郭应童出席，柴玉明列席，传达学习中共中央、省委“三讲”教育办公室的电传精神和中央“三讲”教育情况通报，讨论研究“三讲”教育回头看、开展“三个十”活动、召开常委会会议、乡镇人大主席（副主席）业务培训会、在争先创优活动中成绩突出的县人大代表评选表彰、联系代表等事项，讨论修改《静宁县人大常委会机关警示教育活动总结报告》。

10月20日“三讲”教育学习会议，由吕忠厚主持，靳士孔、赵智荣、岳具辉、张金业、郭应童出席，学习“三个代表”重要思想部分理论文章。

10月23日会议，由吕忠厚主持，靳士孔、岳具辉、张金业、王智仁、郭应童出席，讨论研究需提交常委会会议决定的人事任免案。

11月3日会议，由吕忠厚主持，靳士孔、祁治国、张金业、王智仁、郭应童出席，讨论研究县公安局关于对个别涉嫌违法犯罪人大代表采取强制措施的报告，安排人大代表出缺补选事宜。

10月29日会议，由吕忠厚主持，靳士孔、李克科、岳具辉、张金业、王智仁、郭应童出席，柴玉明列席，讨论研究机关党风廉政建设责任制考核自查事宜。

11月6日会议，由吕忠厚主持，靳士孔、岳具辉、张金业、王智仁、郭应童出席，柴玉明列席，学习《中共甘肃省委关于制定国民经济和社会发展第十个五年计划的建议》。

11月9日会议，由吕忠厚主持，靳士孔、赵智荣、岳具辉、张金业、王智仁、郭应童出席，学习《中共中央关于制定国民经济和社会发展第十个五年计划的建议》。

11月13日会议，由吕忠厚主持，靳士孔、岳具辉、张金业、郭应童出席，讨论研究县检察院关于对个别涉嫌违法犯罪人大代表进行逮捕的报告。

12月8日“三讲”教育学习会议，由吕忠厚主持，靳士孔、赵智荣、岳具辉、祁治国、张金业、郭应童出席，柴玉明列席，学习有关“三个代表”理论文章。

12月11日会议，由吕忠厚主持，靳士孔、赵智荣、岳具辉、祁治国、张金业、郭应童出席，学习中国共产党十五届五中全会和省委九届三次全会精神，《中共中央关于制定国民经济和社会发展第十个五年计划的建议》《甘肃省委关于制定国民经济和社会发展第十个五年计划的建议》。

12月11日会议，由吕忠厚主持，靳士孔、岳具辉、祁治国、郭应童、王智仁出席，柴玉明、李金、张汉基、胡凤玲列席，讨论研究“三讲”教育回头看第二、第三阶段的工作。

2001年

3月13日会议，由吕忠厚主持，靳士孔、岳具辉、祁治国、张金业、王智仁、郭应童出席，讨论研究向县委推荐干部事项及机关其他事务。

4月22日会议，由吕忠厚主持，靳士孔、岳具辉、祁治国、王智仁、郭应童出席，讨论研究派员督查乡镇税费改革进展、成纪文化城建设中人大机关所包拆迁户搬迁、召开常委会会议、迎接地区关于土地河滩化防治情况检查等事项。

7月11日会议，由吕忠厚主持，靳士孔、岳具辉、祁治国、张金业、王智仁、郭应童出席，柴玉明列席，讨论研究评议县检察院工作、下乡督查计划生育工作等事项。

7月23日会议，由吕忠厚主持，靳士孔、祁治国、张金业、王智仁、郭应童出席，柴玉明、张汉基列席，讨论研究对县检察院正、副检察长的评议意见，召开常委会会议的有关事项以及机关其他事务。

7月27日会议，由吕忠厚主持，靳士孔、岳具辉、祁治国、张金业、王智仁、郭应童出席，学习《党政领导干部选拔任用工作暂行条例》《关于对违反党政领导干部选拔任用工作暂行条例行为的处理规定》。

10月30日会议，由靳士孔主持，祁治国、王智仁、郭应童出席，常委会有关委室负责人王维岐、张继祖、骆世清、柴玉明、祁望厚、李金、张汉基、胡志科、胡凤玲列席，讨论关于乡镇换届选举工作的报告。

11月8日会议，由吕忠厚主持，靳士孔、祁治国、张金业、王智仁、郭应童出席，听取了吕忠厚关于外出考察情况的汇报，讨论研究《关于乡镇人大换届选举的安排意见》及召开乡镇换届选举工作会议、常委会会议有关事项。

2002年

1月24日会议，由吕忠厚主持，靳士孔、岳具辉、祁治国、张金业、王智仁、郭应童出席，县委组织部副部长郭三省列席，讨论研究有关城建、卫生、农机三部门负责人调整的意见。

6月10日会议，由吕忠厚主持，靳士孔、岳具辉、祁治国、王智仁、郭应童出席，讨论研究机构改革方案。

6月11日会议，由吕忠厚主持，靳士孔、岳具辉、祁治国、王智仁、郭应童出席，县委组织部副部长郭三省列席，讨论研究常委会召开时间、议程、需提交常委会会议决定的人事任免等事项。

6月13日会议，由吕忠厚主持，靳士孔、岳具辉、祁治国、张金业、王智仁、郭应童出席，常委会非党副主任朱春林列席，讨论研究需提交常委会会议决定的有关人事任免案。

6月25日会议，由吕忠厚主持，靳士孔、岳具辉、张金业、郭应童出席，县委组织部副部长冯克勤列席，讨论研究因机构改革，部门名称变更后需提交常委会会议决定的人事任免案。

8月29日会议，由吕忠厚主持，岳具辉、张金业、郭应童出席，县委组织部副部长高赫列席，讨论研究需提交常委会会议决定的人事任免案。

11月7日会议，由岳具辉主持（出席、列席人员不详），讨论研究第十四届人大常委会委员候选人推荐名单。

第七节　县第十四届人大常委会党组会议

县第十四届人大常委会党组召开会议12次（缺2004年）。会议由党组书记或副书记主持，党组成员出席，常委会办公室负责人列席，必要时，常委会非党副主任、有关部门负责人同时列席。主要讨论研究召开历次常委会会议的有关事项，需提交常委会会议决定的人事任免案，换届后政府部门负责人重新任命、关于2005年国民经济和社会发展计划调整的决议、关于加强退耕还林管理工作的决议、有关辞职请求的决定、向县委推荐正科级干部、第十五届人大常委会组成人员建议人选等事项，以及机关其他事务，召开了“两个务必”作风教育、先进性教育专题民主生活会。

2002年

12月13日会议，由聂正国主持，戴双军、岳具辉、许富忠、王星耀、张金业、郭应童出席，县委组织部副部长高赫列席，讨论研究召开常委会会议的有关事项、需提交常委会会议决定的人事任免案，以及机关其他事务。

2003年

1月7日会议，由戴双军主持，岳具辉、许富忠、王星耀、张金业出席，县委组织部副部长冯克勤列席，讨论研究需提交常委会会议决定的人事任免案。

3月21日会议，由聂正国主持，戴双军、岳具辉、许富忠、张金业、郭应童出席，柴玉明列席，讨论研究换届后政府部门负责人重新任命事宜。

4月14日会议，由聂正国主持，岳具辉、许富忠、张金业、郭应童出席，柴玉明、高赫列席，讨论研究需提交常委会会议决定的人事任免案，以及机关其他事务。

6月2日会议，由聂正国主持，戴双军、岳具辉、许富忠、张金业、郭应童出席，高赫列席，讨论研究需提交常委会会议决定的人事任免案。

7月24日“两个务必”作风教育专题民主生活会，由聂正国主持，戴双军、岳具辉、许富忠、王星耀、张金业、郭应童出席，李金列席。

2004年

（缺）

2005年

4月26日民主生活会，由聂正国主持，戴双军、岳具辉、许富忠、王星耀、张金业、郭应童出席，通报先进性教育活动中征集到的、各方面对人大党组的意见建议，讨论党组剖析材料，在此基础上，各党组成员进行了个人剖析。

9月27日会议，由聂正国主持，戴双军、岳具辉、许富忠、张金业、郭应童出席，李金、高赫列席，讨论研究需提交常委会会议决定的人事任免案，通报第二十次常委会会议筹备情况，讨论关于2005年国民经济和社会发展计划调整的决议、关于加强退耕还林管理工作的决议、有关辞职请求的决定。

11月15日会议，由聂正国主持，戴双军、岳具辉、许富忠、王星耀、郭应童出席，李金、高赫列席，讨论研究需提交常委会会议决定的人事任免案、向县委推荐正科级干部等事项。

2006年

3月28日会议，由聂正国主持，戴双军、岳具辉、许富忠、王星耀、张金业、郭应童出席，朱春林、高赫列席，讨论研究需提交常委会会议决定的人事任免案。

6月28日会议，由聂正国主持，戴双军、岳具辉、许富忠、王星耀、张金业、郭应童出席，高赫列席，讨论研究需提交常委会会议决定的人事任免案。

12月13日会议，由聂正国主持，戴双军、岳具辉、许富忠、王星耀、张金业出席，李金、高赫列席，讨论研究第十五届人大常委会组成人员建议名单、需提交常委会会议决定的人事任免案。

第八节　县第十五届人大常委会党组会议

县第十五届人大常委会党组召开会议16次（不全）。会议由党组书记主持，党组成员参加，常委会非党副主任、办公室负责人列席，必要时，有关部门负责人同时列席。主要讨论研究需提交历次常委会会议决定的人事任免案、第十六届人大常委会组成人员初步人选、市人大代表构成、向县委推荐常委会内设机构负责人人选、科级后备干部人选、机关支部改选等事项，以及党组民主生活会。

2007年

1月19日会议，由聂正国主持，张自杰、戴双军、王星耀、张金业、高恒、岳具辉出席，李金列席，讨论研究向县委推荐代表联络委员会副主任人选。

4月24日会议，由聂正国主持，张自杰、戴双军、许富忠、王星耀、张金业、高恒出席，李金、县委组织部副部长马鸣列席，讨论研究需提交常委会会议决定的人事任免案。

12月12日会议，由聂正国主持，张自杰、戴双军、许富忠、王星耀、岳具辉、张金业出席，李金、县委组织部副部长平宏列席，讨论研究需提交常委会会议决定的人事任免案。

2008年

3月1日党组民主生活会，由聂正国主持，张自杰、戴双军、许富忠、王星耀、张金业、高恒、李金出席。

12月22日会议，由聂正国主持，戴双军、许富忠、王星耀、张金业、高恒、李金出席，沙芳琴、李文环列席，讨论研究需提交常委会会议决定的人事任免案。

12月22日党组民主生活会，由聂正国主持，张自杰、戴双军、许富忠、王星耀、张金业、高恒、李金出席。

2009年

6月17日会议，由张自杰主持，戴双军、王星耀、高恒、李金出席，李文环列席，讨论研究需提交第十四次常委会会议决定的人事任免案。

8月18日会议，由张自杰主持，戴双军、王星耀、高恒、李金出席，李文环、县委组织部副部长王武列席，讨论研究需提交第十五次常委会会议决定的人事任免案。

10月24日会议，由张自杰主持，戴双军、王星耀、高恒、李金出席，李文环列席，讨论研究向县委推荐副科级后备干部事宜。

12月23日会议，由张自杰主持，戴双军、王星耀、高恒、李金出席，讨论研究向县委推荐科级后备干部事宜。

2010年

3月11日会议，由张自杰主持，王星耀、高恒、慕锡武、陈尚孔、李金出席，王武、李文环列席，讨论研究需提交第十八次常委会会议决定的人事任免案。

5月21日会议，由张自杰主持，王星耀、陈进财、慕锡武、陈尚孔、李金出席，李文环列席，讨论研究需提交第十九次常委会会议决定的人事任免案。

6月27日会议，由张自杰主持，王星耀、高恒、陈进财、慕锡武、陈尚孔、李金出席，沙芳琴、王武、李文环列席，讨论研究需提交第二十次常委会会议决定的人事任免案。

7月5日会议，由张自杰主持，王星耀、高恒、慕锡武、陈尚孔、李金出席，李文环列席，讨论研究机关支部改选事宜。

10月26日会议，由张自杰主持，王星耀、高恒、陈进财、慕锡武、陈尚孔、李金出席，李文环、县委组织部副部长周浩仁列席，讨论研究需提交第二十二次常委会会议决定的人事任免案；党组民主生活会。

2011年

10月9日会议，由张自杰主持，王星耀、高恒、陈进财、慕锡武、李金出席，李文环列席，讨论研究第十六届人大常委会组成人员初步人选、市人大代表构成等事宜。

第九节　县第十六届人大常委会党组会议

县第十六届人大常委会党组召开会议29次。会议由党组书记或副书记主持，党组成员参加，常委会办公室负责人列席，必要时，常委会非党副主任、有关部门负责人同时列席。主要讨论研究需提交历次常委会会议决定的人事任免案，向县委推荐科级干部人选；讨论《静宁县人大常委会党组深入开展党的群众路线教育实践活动实施方案》，审定常委会党的群众路线教育实践活动协调领导小组组成人员及办公室人员、县选举委员组成人员、平凉市第四届人大代表候选人建议名单；通报党组成员之间互提批评意见情况；讨论研究常委会内设机构设置；讨论修订常委会有关议事制度；召开“党的群众路线教育实践活动”专题民主生活会。

2012年

2月27日会议，由张自杰主持，王维军、王平仁、高恒、陈进财、慕锡武出席，李文环、县委组织部常务副部长周浩仁列席，讨论研究需提交第一次常委会会议决定的人事任免案。

4月13日会议，由张自杰主持，王维军、王平仁、陈进财、慕锡武、何冠群出席，周浩仁、李文环列席，讨论研究需提交第二次常委会会议决定的人事任免案。

6月21日会议，由张自杰主持，王维军、王平仁、高恒、陈进财、慕锡武、何冠群出席，李文环列席，讨论研究需提交第三次常委会会议决定的人事任免案。

10月25日会议，由张自杰主持，王维军、王平仁、慕锡武、杨华、何冠群出席，周浩仁、李文环、张录牛列席，讨论研究需提交第五次常委会会议决定的人事任免案。

12月21日党组民主生活会，由张自杰主持，王维军、王平仁、高恒、陈进财、慕锡武、杨华、何冠群出席，李文环、张录牛列席。

2013年

4月23日会议，由张自杰主持，王维军、王平仁、高恒、陈进财、慕锡武、杨华、何冠群出席，讨论研究向县委推荐正科级干部人选。

4月24日会议，由张自杰主持，王平仁、高恒、陈进财、慕锡武、杨华、何冠群出席，沙芳琴、周浩仁、李文环列席，讨论研究需提交第八次常委会会议决定的人事任免案。

6月20日会议，由张自杰主持，王平仁、陈进财、慕锡武、杨华、何冠群出席，沙芳琴、李文环列席，讨论研究需提交第九次常委会会议决定的人事任免案。

8月16日会议，由张自杰主持（出席人员不详），周浩仁、李文环列席，讨论研究需提交第十次常委会会议决定的人事任免案。

8月21日会议，由张自杰主持，王维军、王平仁、高恒、陈进财、慕锡武、杨华、何冠群出席，讨论研究向县委推荐科级干部人选。

9月25日会议，由张自杰主持，王维军、王平仁、高恒、陈进财、慕锡武、杨华、何冠群出席，讨论研究向县委推荐科级干部人选。

10月12日会议，由张自杰主持，王维军、王平仁、高恒、陈进财、慕锡武、杨华出席，沙芳琴、周浩仁、张录牛列席，讨论研究需提交第十一次常委会会议决定的人事任免案。

12月18日会议，由张自杰主持（出席人员不详），周浩仁列席，讨论研究需提交第十二次常委会会议决定的人事任免案。

2014年

2月24日会议，由张自杰主持（出席、列席人员不详），讨论《静宁县人大常委会党组深入开展党的群众路线教育实践活动实施方案》，审定县人大常委会党的群众路线教育实践活动协调领导小组组成人员及办公室人员。

6月19日会议，由张自杰主持，王平仁、陈进财、慕锡武、杨华、王友忠出席，沙芳琴、张录牛列席，讨论研究需提交第十五次常委会会议决定的人事任免案。

7月3日会议，由张自杰主持，王维军、王平仁、高恒、陈进财、慕锡武、杨华、王友忠出席，通报党组成员之间互提批评意见情况，再征求，再完善，再提高，为“党的群众路线教育实践活动”专题民主生活会做准备。

7月17日“党的群众路线教育实践活动”专题民主生活会，由张自杰主持，王维军、王平仁、高恒、陈进财、慕锡武、杨华、王友忠出席，沙芳琴列席，市委督导组组长、市委组织部副部长、市编制委员会办公室主任马建军，督导组成员、市档案局科长王璟，县纪委副书记、监察局局长张建宁，县委组织部副部长冯东利指导会议。

9月9日会议，由张自杰主持（出席人员不详），周浩仁列席，讨论研究需提交常委会会议决定的人事任免案、常委会有关议事制度修改案。

10月22日会议，由张自杰主持，王维军、王平仁、高恒、陈进财、慕锡武、杨华、王友忠出席，周浩仁列席，讨论研究需提交常委会会议决定的人事任免案。

12月19日会议，由张自杰主持，王维军、高恒、陈进财、慕锡武、杨华、王友忠出席，周浩仁列席，讨论研究需提交第十九次常委会会议决定的人事任免案。

2015年

4月20日会议，由张自杰主持，王维军、慕锡武、高旭、厚连世、靳宝生、杨华、王友忠出席，沙芳琴、周浩仁列席，讨论研究需提交第二十次常委会会议决定的人事任免案。

8月18日会议，由王维军主持，慕锡武、高旭、厚连世、靳宝生、杨华、王友忠出席，沙芳琴、周浩仁、张录牛列席，讨论研究需提交第二十二次常委会会议决定的人事任免案。

8月28日会议，由张自杰主持，王维军、慕锡武、高旭、厚连世、靳宝生、杨华、王友忠出席，张录牛列席，讨论研究需提交第二十二次常委会会议决定的县政府副县长任命案。

8月28日会议，由张自杰主持，王维军、慕锡武、高旭、厚连世、靳宝生、杨华、王友忠出席，张录牛列席，讨论研究需提交第二十二次常委会会议决定的县政府代理县长任命案。

2016年

1月5日会议，由张自杰主持，王维军、慕锡武、高旭、厚连世、靳宝生、杨华出席，沙芳琴、周浩仁、张录牛列席，讨论研究召开第二十五次常委会会议有关事宜、常委会内设机构设置、需提交第二十五次会议决定的人事任免案。

4月18日会议，由张自杰主持，王维军、慕锡武、高旭、厚连世、靳宝生、杨华、张录牛出席，讨论研究需提交第二十六次常委会会议决定的人事任免案。

5月31日会议，由张自杰主持，王维军、慕锡武、高旭、厚连世、靳宝生、杨华、张录牛出席，沙芳琴、周浩仁列席会议，讨论研究需提交第二十七次常委会会议决定的人事任免案、县选举委员会组成人员名单。

9月22日会议，由张自杰主持，慕锡武、高旭、厚连世、靳宝生、张录牛出席，沙芳琴、周浩仁列席，讨论研究需提交第二十九次常委会会议决定的人事任免案。

10月15日会议，由王智国主持（出席、列席人员不详），讨论研究平凉市第四届人大代表候选人建议名单。

第十节　县第十七届人大常委会党组会议

县第十七届人大常委会党组召开会议33次。会议由党组书记主持，党组成员参加，常委会办公室负责人列席，必要时，常委会非党副主任、有关部门负责人同时列席。主要是传达学习中共中央总书记习近平参加十三届全国人大二次会议甘肃代表团审议、视察甘肃重要讲话和指示精神，习近平重要文章《推进全面依法治国发挥法治在国家治理体系和治理能力现代化中的积极作用》，学习《习近平扶贫论述摘编》有关内容，以及中共中央办公厅颁布的《党委（党组）意识形态工作责任制实施办法》、第十三届全国人民代表大会第一次会议通过的中华人民共和国宪法修正案及说明、《中国共产党廉洁自律准则》《中国共产党纪律处分条例》《静宁县党委（党组）意识形态工作责任制实施细则》，学习关于省委第四巡视组反馈问题的整改落实方案、《中共中央政治局关于加强和维护党中央集中统一领导的若干规定》和省委第四巡视组巡视静宁县情况反馈会议精神，传达学习县上有关会议精神；安排部署机关党建工作、常委会党组成员抓党建、意识形态等工作；讨论研究人大常委会县级领导工作分工、干部职工轮休带薪休假、专委会年度工作打算、需提交历次常委会决定的人事任免案、有关辞职的请求、向县委推荐科级干部人选、机关年度考核和先进工作者评选结果，有关县人大代表、常委会委员、各专门委员会组成人员补选方案等事项，确定机关公选调剂工作人员，专题学习中共中央总书记习近平参加十三届全国人大二次会议甘肃代表团审议时的重要讲话精神和《习近平扶贫论述摘编》有关内容，召开省委巡视反馈问题整改专题民主生活会、“不忘初心、牢记使命”主题教育调研成果交流会、对照党章党规找差距专题会议。

2016年

10月26日会议，由王智国主持，高旭、厚连世、张进宝、李读、杨华、张录牛出席，常委会非党副主任沙芳琴列席，讨论研究常委会县级领导工作分工、干部职工轮休带薪休假、专委会2017年工作打算等事项。

2017年

1月4日会议，由王智国主持，高旭、厚连世、张进宝、靳宝生、杨华、张录牛出席，沙芳琴、李稳收、县委组织部常务副部长周浩仁列席，讨论研究需提交第一次常委会会议决定的人事任免案。

1月22日“两学一做”专题民主生活会，由王智国主持，高旭、厚连世、张进宝、杨华、张录牛出席，沙芳琴、县委组织部副部长冯东利、县纪委党风政风监督室主任吴韡列席，通报县人大常委会党组2015年度民主生活会所提意见整改情况和2016年度专题民主生活会准备情况，领导班子作对照检查，班子成员作自我剖析。

3月14日会议，由王智国主持，高旭、厚连世、张进宝、靳宝生、杨华、张录牛出席，沙芳琴、周浩仁、李稳收列席，讨论研究需提交第二次常委会会议决定的人事任免案。

5月27日会议，由王智国主持，高旭、厚连世、张进宝、李读、靳宝生、杨华、张录牛出席，沙芳琴、周浩仁、李稳收列席，讨论研究需提交第四次常委会会议决定的人事任免案。

6月30日会议，由王智国主持，高旭、厚连世、张进宝、李读、靳宝生、杨华出席，沙芳琴、周浩仁列席，讨论研究需提交第五次常委会会议决定的人事任免案。

8月28日会议，由王智国主持，高旭、厚连世、张进宝、靳宝生、杨华出席，沙芳琴、周浩仁列席，讨论研究需提交第六次常委会会议决定的人事任免案。

8月31日会议，由王智国主持，高旭、厚连世、张进宝、靳宝生、杨华出席，沙芳琴列席，讨论研究需提交第六次常委会会议决定的人事任免案。

12月12日会议，由王智国主持，高旭、厚连世、张进宝、李读、杨华出席，讨论研究需提交第八次常委会会议决定的人事任免案、有关人员辞去第十七届人大常委会委员职务的请求决定。

12月23日会议，由王智国主持，高旭、厚连世、张进宝、李读、靳宝生、杨华、平宏出席，沙芳琴、周浩仁列席，讨论研究需提交第十次常委会会议决定的人事任免案。

12月25日专题民主生活会，由王智国主持，高旭、厚连世、张进宝、李读、靳宝生、杨华、平宏出席，沙芳琴、王飞列席，传达学习《中共甘肃省委关于坚决全面彻底肃清王三运流毒和影响进一步净化政治生态的意见》，党组成员发言。

2018年

3月1日会议，由王智国主持，高旭、厚连世、张进宝、李读、靳宝生、杨华、平宏出席，沙芳琴、周浩仁、王飞列席，讨论研究需提交第十一次常委会会议决定的人事任免案。

4月23日会议，由王智国主持，高旭、厚连世、张进宝、李读、靳宝生、杨华、平宏出席，沙芳琴、周浩仁、王飞列席，讨论研究需提交第十二次常委会会议决定的人事任免案；学习十三届全国人大一次会议通过的《中华人民共和国宪法修正案》及说明。

6月28日会议，由王智国主持，高旭、厚连世、张进宝、李读、杨华、平宏出席，沙芳琴、王飞列席，讨论研究需提交第十三次常委会会议表决的人事任免案；学习《中国共产党廉洁自律准则》《中国共产党纪律处分条例》。

10月25日会议，由王智国主持，高旭、厚连世、张进宝、李读、靳宝生、杨华、平宏出席，沙芳琴、周浩仁、王飞列席，讨论研究需提交第十五次常委会会议决定的人事任免案，接受有关代表辞职的请求、终止其代表资格案。

12月23日会议，由王智国主持，高旭、厚连世、张进宝、李读、靳宝生、杨华、平宏出席，沙芳琴、周浩仁、王飞列席，讨论研究有关辞职的请求、需提交第十七次常委会会议决定的人事任免案。

2019年

1月25日会议，由王智国主持，高旭、厚连世、张进宝、李读、靳宝生、平宏出席，沙芳琴、周浩仁、王飞列席，讨论研究需提交第十八次常委会会议决定的人事任免案。

2月1日会议，由王智国主持，高旭、厚连世、张进宝、李读、靳宝生、杨华、平宏出席，周浩仁、王飞列席，讨论研究有关辞职的请求、召开第十九次常委会会议的有关事项、需提交第十九次常委会会议决定的人事任免案，讨论确定县法院人民陪审员的名额。

2月12日会议，由王智国主持，高旭、厚连世、张进宝、李读、靳宝生、杨华、平宏出席，王飞列席，讨论研究平凉市第四届人大代表补选、召开第二十次常委会会议的有关事项。

3月18日会议，由王智国主持，高旭、厚连世、张进宝、李读、靳宝生、杨华、平宏出席，王飞、县委组织部副部长周拯佛列席，讨论研究需提交第二十一次常委会会议决定的人事任免案、法院人民陪审员名单，讨论审定人大常委会县级领导工作分工、关于省委第四巡视组反馈问题的整改落实方案，传达学习《中共中央政治局关于加强和维护党中央集中统一领导的若干规定》、省委第四巡视组巡视静宁县情况反馈会议精神。

3月18日省委巡视反馈问题整改专题民主生活会，由王智国主持，高旭、厚连世、张进宝、李读、靳宝生、杨华、平宏出席，王飞、周拯佛列席，通报常委会民主生活会召开准备情况，常委会党组及党组成员分别作了对照检查，开展批评与自我批评。

3月18日脱贫攻坚专题学习会议，由王智国主持，高旭、厚连世、张进宝、李读、靳宝生、杨华、平宏出席，王飞列席，传达学习中共中央总书记习近平参加十三届全国人大二次会议甘肃代表团审议时的重要讲话精神、《习近平扶贫论述摘编》有关内容，党组成员作交流发言。

6月13日会议，由王智国主持，高旭、厚连世、张进宝、杨华、平宏出席，沙芳琴、周浩仁、王飞列席，讨论研究需提交第二十三次常委会会议决定的人事任免案。

8月27日会议，由王智国主持，高旭、李读、靳宝生、杨华、平宏出席，沙芳琴、周浩仁、王飞列席，传达学习习近平总书记视察甘肃重要讲话和指示精神，讨论研究了需提交第二十四次常委会会议决定的人事任免案。

10月23日常委会党组及机关“不忘初心、牢记使命”主题教育调研成果交流会议，由王智国主持，高旭、厚连世、张进宝、李读、杨华、平宏出席，沙芳琴、胡志科、李稳收、王瑞生、王壬寅、王飞、牛满川、马川娃、王致中列席。党组成员围绕贯彻落实习近平新时代中国特色社会主义思想、习近平视察甘肃重要讲话和指示精神，紧盯脱贫攻坚、高质量发展、环境保护、保障改善民生、党的建设等改革发展大局交流了调研成果。县委第七巡回指导组组长杨举民，成员戴淏天、任旭亮指导会议。

10月30日常委会党组及机关“不忘初心、牢记使命”主题教育对照党章党规找差距专题会议，由王智国主持，高旭、厚连世、张进宝、李读、靳宝生、杨华、平宏出席，沙芳琴、胡志科、李稳收、王瑞生、王飞、马川娃、王致中列席。党组成员对照党章党规，对照中共中央提出的“十八个是否”，逐条进行检视找差距，查摆自身存在的不足，深刻反思剖析根源，提出整改措施。县委第七巡回指导组组长杨举民，成员戴淏天、任旭亮指导会议。

12月27日会议，由王智国主持，高旭、厚连世、张进宝、李读、杨华、平宏出席，沙芳琴、李稳收、王飞列席，讨论研究第十七届人大代表、常委会委员、各专门委员会组成人员补选方案。

2020年

1月10日会议，由王智国主持，高旭、厚连世、张进宝、杨华、平宏出席，沙芳琴、周浩仁列席，讨论研究需提交第二十六次常委会会议表决的有关人事任免案。

4月2日会议，由王智国主持，张进宝、靳宝生、牛永琪、杨飞、杨华、平宏出席，沙芳琴、周浩仁列席，讨论需提交第二十七次常委会会议表决的有关人事任免案、常委会县级领导工作分工方案、机关2019度考核和机关先进工作者评选结果。

6月24日会议，由王智国主持，张进宝、李读、靳宝生、牛永琪、杨飞、杨华、平宏出席，周浩仁、县人民代表大会法制委员会主任委员崔静荣、县人民代表大会社会建设委员会主任委员樊旺列席，讨论需提交第二十九次常委会会议表决的有关人事任免案。

9月11日会议，由张进宝主持，李读、靳宝生、杨飞、杨华、平宏出席，崔静荣、周浩仁列席，讨论需提交第三十次常委会会议表决的有关人事任免案。

12月25日会议，由王智国主持，张进宝、李读、靳宝生、杨飞、杨华、平宏出席，崔静荣、樊旺、周浩仁、王飞列席，传达学习中共中央总书记习近平重要文章《推进全面依法治国发挥法治在国家治理体系和治理能力现代化中的积极作用》，讨论需提交第三十二次常委会会议表决的有关人事任免案。

2021年

1月14日会议，由王永平主持，张进宝、李读、牛永琪、杨飞、孙青茂、杨华、平宏出席，王智国、靳宝生、崔静荣、樊旺、周拯佛、王飞列席，讨论需提交第三十三次常委会会议表决的人事任免案；讨论关于召开县十七届人大五次会议的有关事项。

第二章　县人大常委会主任会议

县人大常委会主任会议由主任、副主任组成，处理常委会的重要日常工作。第八届至第十七届（至2021年1月）常委会，共召开主任会议372次（统计截至2021年1月）。主任会议向县人大常委会提出属于常委会职权范围内的议案，由常委会会议审议；决定常委会每次会议的会期，拟定常委会会议议程草案；指导和协调各专门委员会、工作委员会的日常工作；在代表大会闭会期间，向常委会提名任命专门委员会的个别副主任委员和委员，提名代表资格审查委员会组成人员的人选，提出县人大常委会各办事机构、工作机构负责人的任免；主任会议决定常委会委员依法提出的议案是否提请常委会全体会议审议，或者先交有关专门委员会审议、提出报告，再决定是否提请常委会会议审议；决定质询案答复的方式和地点。主任会议可以定期召开，如一周或两周举行1次，也可以不定期召开，以便随时解决问题。主任会议在工作方式上实行集体负责制，充分发扬民主，任何问题的决定，都在充分讨论、听取各方面意见后，以少数服从多数的原则决定。

附：

县人大常委会主任会议召开情况表

表4–2　　单位：次

届别	八	九	十	十一	十二	十三	十四	十五	十六	十七	总计
次数	11	23	19	53	55	55	38	41	42	35	372

说明：第八届主任会议缺1982年，第十届主任会议次数不全，第十七届主任会议次数统计截至2021年1月

第一节　县第八届人大常委会主任会议

县第八届人大常委会召开主任会议11次（缺1982年）。会议由常委会主任或主任委托的副主任主持，各副主任参加，常委会办公室主任列席，必要时，县直有关单位、常委会各委室负责人同时列席。传达学习地委秘书处《关于地委扩大会议学习贯彻胡耀邦同志对平工作重要指示精神纪要的通知》；讨论决定八届人大一次、二次、三次会议代表提案交办、年度工作重点、当前工作重点、全县物价执行情况视察等事项；讨论研究县第八届人大常委会历次会议的有关事项、需提交常委会会议决定的人事任免案，八届人大二次、三次会议，甘肃省六届人大一次会议精神学习、宣传等事项。

1981年

3月30日会议，由张光明主持，刘文俊、马存余出席，李养玺列席，讨论决定八届人大一次会议代表提案交办事宜。

1982年

（缺）

1983年

3月11日会议，由高富德主持，张光明、马存余出席，史国忠列席，讨论研究召开常委会第八次会议议程、八届人大三次会议的有关事项。

3月16日会议，由高富德主持，张光明、刘文俊、马存余出席，史国忠、陈万和、郭应童列席，讨论研究八届人大三次会议选举办法说明、代表资格审查、代表编组、大会须知、工作报告等事项。

3月21日会议，由高富德主持，张光明、刘文俊、马存余出席，史国忠、陈万和、郭一民、郭应童列席，讨论八届人大三次会议报告等有关材料。

3月22日会议，由高富德主持，张光明、马存余出席，史国忠、陈万和、郭一民、郭应童、谢兴启列席，讨论研究召开八届人大三次会议的有关事项。

（会议时间不详），由高富德主持，张光明、马存余、刘文俊出席，史国忠、陈万和、郭一民、郭应童列席，讨论决定八届人大三次会议代表提案及转办、1983年工作安排、当前需抓好的几项工作等事项。

6月17日会议，由高富德主持，张光明、马存余、刘文俊出席，史国忠、陈万和，物价委员会副主任崔兆善列席，讨论决定关于全县物价执行情况视察的有关事宜。

7月2日会议，由高富德主持，张光明、马存余、刘文俊出席，史国忠列席，讨论研究当前工作、召开常委会会议、省六届人大一次会议精神学习、宣传等事项。

7月25日会议，由高富德主持，张光明、马存余、刘文俊出席，史国忠列席，传达学习省六届人大一次会议有关文件，讨论研究需提交常委会会议决定的法院、检察院人事任免案。

7月25日会议，由高富德主持，张光明、马存余、刘文俊出席，史国忠列席，讨论研究召开常委会会议有关事项。

8月9日会议，由高富德主持，张光明、马存余、刘文俊出席，史国忠、郭一民、陈万和、郭应童列席，传达学习地委秘书处《关于地委扩大会议学习贯彻胡耀邦同志对平工作重要指示精神纪要的通知》。

第二节　县第九届人大常委会主任会议

县第九届人大常委会主任、副主任2名，因此，第九届人大常委会主任会议与党组会议合并召开，共召开主任会议23次。会议由主任或副主任主持，党组成员、常委会有关委室负责人列席。主要讨论研究了常委会1984年、1985年、1986年重点工作及年度阶段性工作安排，对全县重点工作提出了意见建议；讨论研究召开九届人大二次会议、三次会议及县乡换届选举有关事项，讨论常委会工作报告，九届人大一次、二次会议代表提案转办事宜及办理情况报告，讨论研究召开第九届人大常委会历次会议有关事项；安排部署常委会整党工作；传达学习地区人大工作座谈会议精神，讨论研究向县委汇报地委人大工作会议、地区人大工作座谈会议精神事宜，研究参加县纪委端正党风经验交流会有关事宜；讨论确定省第六届人大代表补选初步人选；讨论研究常委会机关人员工作分工、先进评选、办公条件改善等事宜。

第三节　县第十届人大常委会主任会议

县第十届人大常委会召开主任会议19次（不全）。主任会议由常委会主任或主任委托的副主任主持，各副主任出席，常委会办公室主任列席，必要时，常委会其他委室负责人同时列席。主要讨论研究召开常委会会议、十届人大四次会议、常委会和县政府联席会议，以及普法工作、教育工作视察、计划生育检查、卫生工作、城市居民粮油供应、民事纠纷、商贸流通、教师调动等工作调查，组织静宁、庄浪两县省人大代表视察等事项；讨论教育工作视察、土地管理工作、有关树木纠纷案调查报告及代表建议意见办理情况报告，《静宁县人大常委会关于贯彻执行〈常委会开展执法检查的决定〉的决定》《静宁县人大常委会任免国家机关工作人员暂行办法》、常委会与“一府两院”有关工作制度；安排部署换届选举、计划生育等当前工作，讨论研究有关省人大代表的代表资格，决定了省人大代表补选候选人名单。

1987年

6月4日会议，由阎志洁主持，郜文学、张光明出席，史国忠列席，讨论研究普法工作。

12月21日会议，由高富德主持，阎志洁、郜文学、张光明出席，听取张光明关于教育工作视察情况的汇报，研究视察报告的起草事宜。

12月25日会议，由高富德主持，阎志洁、郜文学、张光明出席，史国忠、郭承祖列席，讨论教育工作视察报告、代表建议意见办理情况报告，讨论研究计划生育检查、10所中学教学质量问题检查等当前工作。

1988年

3月8日会议，由高富德主持，阎志洁、郜文学、张光明出席，郭应童列席，安排部署当前工作：常委会、粮食局、民政局抽组人员，组成两个视察组，对细巷、古城两乡群众生活情况进行视察，3月底前结束。

4月21日会议，由高富德主持，阎志洁、郜文学、张光明出席，郭承祖、王学谋、郭应童列席，安排部署当前需要抓好的常委会会议筹备、几项调研等工作。

5月21日会议，由高富德主持，阎志洁、郜文学、张光明出席，史国忠、郭承祖、郭应童列席，讨论《静宁县人大常委会关于贯彻执行〈常委会开展执法检查的决定〉

的决定》《静宁县人大常委会任免国家机关工作人员暂行办法》及土地管理工作调查报告，确定第十次常委会会议召开时间。

5月30日会议，由高富德主持，阎志洁、张光明出席，史国忠、郭承祖、王学谋列席，安排部署卫生工作检查有关事宜。

11月29日会议，由高富德主持，阎志洁、郜文学、张光明出席，郭承祖、王学谋、陈万才、郭应童列席，讨论石咀乡刘某某和梁某某树木纠纷案的调查报告，安排常委会与“一府两院”有关工作制度的制定、城市居民面粉供应检查事宜。

12月（日期不详）会议，由高富德主持，阎志洁、郜文学、张光明出席，史国忠列席，讨论汇总县城居民面粉供应情况，群众生活用品、生产资料供应情况，讨论研究召开十届人大四次会议有关事宜。

12月15日会议，由高富德主持，阎志洁、郜文学、张光明出席，史国忠、祁望厚列席，讨论研究十届人大四次会议议程、列席人员、邀请人员及经费等事宜。

12月27日会议，由高富德主持，阎志洁、郜文学、张光明出席，史国忠、陈万才列席，讨论研究组织静宁、庄浪两县省人大代表视察，召开常委会第十四次、十五次会议有关事宜。

1989年

3月13日会议，由高富德主持，阎志洁、郜文学、张光明出席，史国忠列席，讨论研究召开常委会、县政府联席会议有关事宜，讨论决定常委会第十六次会议召开时间。

4月28日会议，由高富德主持，阎志洁、郜文学、张光明出席，史国忠、县政府副县长王文进列席，讨论研究常委会第十七次会议议题。

7月27日会议（扩大），由高富德主持，阎志洁、郜文学、张光明出席，史国忠、郭承祖、陈万才、柴玉明列席，围绕常委会第十八次会议议题，安排部署下一阶段工作。

8月23日会议，由高富德主持，阎志洁、郜文学、张光明出席，郭承祖、陈万才、柴玉明、郭应童列席，讨论决定常委会第十九次会议议程，安排部署当前需开展的民事纠纷、商贸流通、教师调动等工作调查，以及换届选举、计划生育等当前工作。

10月10日会议，由高富德主持，阎志洁、张光明出席，史国忠、郭应童、王学谋、郭承祖、陈万才列席，讨论研究换届选举有关事项。

10月19日会议，由高富德主持，阎志洁、郜文学、张光明出席，史国忠、郭应童，县委常委、组织部部长杨茂林列席，讨论通过各乡镇选举委员会组成人员名单。

10月23日会议，由高富德主持，阎志洁、郜文学、张光明出席，讨论研究召开常委会第二十次会议有关事项，需提交常委会决定的人事任免案。

11月20日会议，由高富德主持，阎志洁、郜文学、张光明出席，史国忠列席，讨论研究省人大代表吴兴文的代表资格问题，决定王郁仁为省人大代表候选人。

第四节　县第十一届人大常委会主任会议

县第十一届人大常委会召开主任会议53次。主任会议由常委会主任或主任委托的副主任主持，各副主任出席，常委会办公室负责人列席，必要时，县委、县政府有关领导，常委会各专职委员，各委、室及县直有关部门负责人同时列席。主要传达学习省委人大工作会议有关文件、省人大研究班、省人大常委会关于认真总结十年人大工作的通知、关于组织七届全国人大代表和省人大代表视察的通知、省第七届人大常委会第二十三次会议、省七届人大五次会议、省人大常委会主任许飞青在县乡人大换届选举座谈会上的讲话、地区人大工作座谈会议主要精神；讨论研究召开十一届人大二次会议、常委会历次会议有关事项、需提交常委会会议决定的人事任免案，讨论研究常委会内部机构设置和人员安排、常委会领导工作分工等事项；讨论通过代表资格审查委员会组成人员名单；讨论常委会年度工作报告、年度工作要点、常委会十年工作总结、关于教育工作视察报告、政法工作调查报告、各工作委员会工作职责和代表联系办法、县政府《关于对城区总体规划局部调整的报告》《关于县乡换届选举工作的安排意见》和县代表的选区、代表名额分配方案；安排部署常委会议题的调查、检查、视察，联系代表、执法检查、省人大调研的配合及准备、省人大代表视察工作、代表意见建议办理、常委会领导和工作人员联系代表分组、常委会会议决议的贯彻落实情况督查、省委人大工作会议精神的传达贯彻、代表座谈会意见建议的整理、召开“一府两院”联席会议向“一府两院”通报有关情况、向县委汇报人大工作、召开乡镇人大主席团常务主席会议、召开选举工作会议、常委会十年工作总结及开展纪念活动、听取县政府关于农电管理工作汇报、年度执法检查、省人大常委会关于加强农村卫生工作决议的贯彻执行、组织代表开展评议等事项；听取有关部门关于常委会会议审议意见落实情况、预拨资金使用情况、科技兴农工作调查情况、公检法关于1990年执行检查情况、公安局关于具体案件查处情况、全县有线广播建设、贾河、仁大两乡群众生活情况、供销联社1992年半年经济运行情况、1992年1至6月国营商业经营情况、1992年上半年税收情况、1992年上半年财政预算执行情况、1992年上半年经委系统工作情况的汇报；安排机关基建、搬迁、管理等事务，讨论确定常委会机关参与包乡、计划生育等中心工作的人员。

1990年

1月12日会议，由部文学主持，阎志洁、李克科、赵智荣、陈松友出席，张光明、郭应童、柴玉明列席，讨论研究1990年常委会工作要点。

2月13日会议，由部文学主持，赵智荣、陈松友出席，张光明、马子坤、郭应童列席，讨论研究常委会第一次会议议程、时间、列席人员等事项。

2月17日会议，由部文学主持，阎志洁、李克科、赵智荣、陈松友出席，张光明、马子坤，县政府常务副县长张国盛列席，讨论研究召开常委会第一次会议的有关事项、需提交第一次会议决定的人事任免案、常委会内部机构设置和人员安排、常委会领导工作分工、1990年常委会工作要点等事项，讨论通过代表资格审查委员会组成人员名单。

2月28日会议，由部文学主持，阎志洁、赵智荣、陈松友出席，马子坤、张光明列席，讨论修改1990年常委会工作要点，讨论研究召开常委会第二次会议有关事项、机关管理有关事务。

3月31日会议，由部文学主持，阎志洁、李克科、赵智荣、陈松友出席，张光明、马子坤、史国忠、郭承祖、曹升明、郭应童列席，讨论研究召开常委会第二次会议有关事项。

4月21日会议，由部文学主持，阎志洁、李克科、赵智荣出席，张光明、马子坤、郭应童列席，讨论研究召开常委会第二次、第三次会议时间、列席人员、议程等事项。

5月11日会议，由部文学主持，阎志洁、李克科、赵智荣、陈松友出席，张光明、马子坤、郭承祖、王学谋、郭应童列席，安排部署全县政法工作、教育工作调查事宜。

7月4日会议，由阎志洁主持，李克科、赵智荣出席，张光明、马子坤、王学谋、郭应童、柴玉明列席，讨论研究召开常委会会议的有关事项，安排机关管理有关事务。

7月12日会议，由阎志洁主持，李克科、赵智荣出席，张光明、马子坤、郭承祖、郭应童、柴玉明、张奎、张安仁、王俊奎列席，讨论关于教育工作视察报告、政法工作调查报告。

7月26日会议，由部文学主持，阎志洁、李克科、赵智荣、陈松友出席，张光明、马子坤、郭承祖、王学谋、郭应童列席，讨论研究召开常委会第三次会议时间、议程等事项，第四次至第六次会议议题。

7月30日会议，由部文学主持，阎志洁、李克科、赵智荣出席，马子坤、张光明、郭承祖、王学谋、柴玉明列席，讨论确定常委会机关参与包乡、计划生育等中心工作的人员，安排部署常委会第四次会议议题的调查、联系代表、执法检查、省人大调研的配合及准备、代表意见建议办理等事项。

8月20日会议，由部文学主持，阎志洁、李克科出席，马子坤、张光明、曹升明、县委政法委书记曹炯文、法院院长漆忠义、检察院副检察长李俭、公安局局长赵正杰列席，听取政法部门关于常委会第三次会议有关审议意见落实情况的汇报。

8月31日会议，由部文学主持，阎志洁、张光明出席，马子坤、曹升明、陈凤亭、史国忠、郭应童、柴玉明、财政局局长刘宝生列席，听取县财政局关于预拨资金使用情况的汇报，安排部署关于预拨资金使用情况的调查。

9月13日会议，由部文学主持，阎志洁出席，张光明、马子坤、王学谋、史国忠、郭应童、柴玉明列席，讨论研究召开常委会第四次会议有关事项，听取关于科技兴农工作调查情况的汇报。

10月6日会议，由部文学主持，阎志洁、李克科、赵智荣、陈松友出席，马子坤、张光明、史国忠、郭承祖、王学谋、郭应童、柴玉明列席，讨论研究常委会第五次会议议程，安排部署常委会领导和工作人员联系代表分组、常委会会议决议的贯彻落实情况督查、省委人大工作会议精神的传达贯彻事宜，听取公安局关于具体案件查处情况的汇报，安排当前中心工作。

10月8日会议，由部文学主持，阎志洁、李克科、赵智荣出席，马子坤、张光明、陈凤亭、曹升荣、郭承祖、史国忠、王学谋、郭应童、柴玉明列席，传达学习省委人大工作会议有关文件、省人大研究班主要精神。

10月10日会议，由李克科主持，部文学、阎志洁、赵智荣、陈松友出席，张光明、马子坤、史国忠、郭承祖、陈凤亭、王学谋、曹升明、郭应童、柴玉明、法院院长漆忠义、检察院检察长陈贵录、公安局局长赵正杰列席，听取法院、检察院、公安局关于1990年执行检查情况的汇报，提出意见和建议。

11月5日会议，由部文学主持，阎志洁、李克科、陈松友出席，张光明、马子坤、史国忠、王学谋、郭应童、柴玉明列席，讨论研究常委会第五次会议议题，安排部署代表座谈会意见建议的整理、召开“一府两院”联席会议向“一府两院”通报有关情况、向县委汇报人大工作、召开乡镇人大主席团常务主席会议等事项。

12月8日会议，由部文学主持，阎志洁、李克科、陈松友出席，马子坤、张光明、郭承祖、陈凤亭、曹升明、史国忠、郭应童、柴玉明列席，传达学习省人大常委会关于认真总结10年人大工作的通知、地区人大工作座谈会议精神，讨论议定召开乡镇人大主席会议的有关事项，安排部署省人大代表视察工作。

12月15日会议，由部文学主持，阎志洁、李克科、赵智荣、陈松友出席，张光明、马子坤、王学谋、曹升明、史国忠、郭应童列席，讨论确定常委会第六次会议召开时间、议程、十一届人大二次会议召开时间等，安排部署常委会10年工作总结及开展纪念活动、听取县政府关于农电管理工作汇报、省人大代表视察等事宜。

12月18日会议，由部文学主持，阎志洁、李克科、赵智荣出席，马子坤、史国忠、郭承祖、陈凤亭、王学谋、曹升明、郭应童、柴玉明、县政府副县长安静修、县农办副主任马凤岗、供电所主任常继宗列席，听取县政府关于常委会《关于加强农电管理工作的决议》贯彻情况的汇报，提出进一步加强农电管理工作的意见建议。

1991年

1月23日会议，由部文学主持，阎志洁、李克科、赵智荣、陈松友出席，张光明、马子坤、曹升明、王学谋、郭承祖、郭应童、柴玉明列席，讨论常委会工作报告、十年工作总结和1991年工作要点。

3月30日会议，由部文学主持，阎志洁、李克科、赵智荣出席，张光明、马子坤、史国忠、郭承祖、曹升明、郭应童、柴玉明列席，讨论研究基建、交通工具变更等机关事务。

4月19日会议，由部文学主持，阎志洁、李克科、赵智荣、陈松友出席，张光明、马子坤、郭应童、柴玉明、县政府副县长王文进、法院院长漆忠义，政府办公室副主任王济华列席，讨论研究需提交常委会会议决定的人事任免案。

4月26日会议，由部文学主持，阎志洁、李克科、赵智荣出席，张光明、马子坤、陈凤亭、曹升明、郭承祖、史国忠、郭应童、柴玉明列席，讨论各工作委员会工作职责和代表联系办法，安排部署常委会当前工作。

5月10日会议，由部文学主持，阎志洁、李克科、赵智荣、陈松友出席，张光明、马子坤、史国忠、曹升明、陈凤亭、郭应童、柴玉明列席，讨论研究开展全县执法工作检查有关事宜。

5月24日会议，由部文学主持，阎志洁、李克科、赵智荣出席，高富德、张光明、马子坤、史国忠、王学谋、曹升明、郭承祖、郭应童、柴玉明列席，学习省人大常委会关于组织七届全国人大代表和省人大代表视察的通知，安排部署省人大代表视察工作，讨论研究常委会第九次会议议题调查工作。

6月20日会议，由部文学主持，阎志洁、李克科、赵智荣、陈松友出席，张光明、马子坤、郭承祖、王学谋、陈凤亭、曹升明、郭应童、柴玉明、县委副书记王守元、县政府副县长张会议、县委宣传部副部长周浩元、教育局局长段积昌列席，听取讨论李克科、张光明、郭承祖分别所作的关于威戎等15个乡镇贯彻实施《中华人民共和国义务教育法》情况的检查汇报。

6月24日会议，由部文学主持，阎志洁、赵智荣出席，马子坤、张光明、郭承祖、王学谋、郭应童、县委副书记吕忠厚列席，讨论研究需提交常委会第九次会议决定的有关县政府副县长、代理县长任命案。

7月23日会议，由部文学主持，阎志洁、李克科、赵智荣、陈松友出席，张光明、马子坤、郭承祖、史国忠列席，安排部署常委会当前需要开展的各项检查工作，讨论研究机关搬迁有关事宜。

7月31日会议，由部文学主持，阎志洁、李克科、赵智荣、陈松友出席，张光明、马子坤、史国忠、郭承祖、王学谋、陈凤亭列席，讨论研究召开常委会第十次会议的有关事项。

8月9日会议，由部文学主持，阎志洁、李克科、陈松友出席，史国忠、王学谋、陈凤亭、郭应童、柴玉明列席，安排部署下一阶段常委会各项工作。

11月2日会议，由部文学主持，阎志洁、李克科、赵智荣出席，马子坤、郭承祖、曹升明、郭应童、柴玉明、杨智科列席，传达学习省第七届人大常委会第二十三次会议精神，讨论研究召开乡镇人大主席团主席会议有关事宜。

11月22日会议，由部文学主持，阎志洁、李克科出席，马子坤、史国忠、陈凤亭、曹升明、郭应童、柴玉明列席，讨论常委会1991年工作报告，提出修改意见。

12月6日会议，由部文学主持，阎志洁、李克科、赵智荣、陈松友出席，马子坤、郭应童、柴玉明、郭承祖、曹升明、陈凤亭、王学谋列席，讨论研究常委会1992年工作要点、乡镇人大主席团主席会议议题。

12月14日会议，由部文学主持，阎志洁、李克科、赵智荣出席，郭承祖、陈凤亭、郭应童、柴玉明列席，讨论常委会1991年工作报告，提出修改意见，讨论研究召开十一届人大三次会议的有关事项。

12月17日会议，由部文学主持，阎志洁、李克科出席，马子坤、史国忠、郭承祖、曹升明、陈凤亭、郭应童、柴玉明、广电局局长米世荣列席，听取米世荣所作的《关于全县有线广播建设工作情况的汇报》。

1992年

1月7日会议，由郜文学主持，阎志洁、赵智荣、李克科出席，郭承祖、郭应童、柴玉明、马子坤、史国忠列席，讨论研究常委会领导及工作人员分工、关于召开常委会第十三次会议有关事项，讨论机关人员工作安排事宜。

2月20日会议，由郜文学主持，阎志洁、赵智荣、陈松友、马子坤出席，张光明、郭应童、县政府副县长张会议列席，讨论研究常委会第十三次会议议程。

3月17日会议，由郜文学主持，阎志洁、李克科、陈松友、马子坤出席，传达学习省七届人大五次会议精神，讨论研究评议工作、抗旱生产、体育工作的调查、检查事项。

4月13日会议，由阎志洁主持，陈松友、马子坤出席，讨论研究1992年执法检查工作、省人大常委会关于加强农村卫生工作决议的贯彻执行、组织代表开展评议等事项。

4月25日会议，由阎志洁主持，李克科、马子坤出席，张光明、郭应童列席，讨论研究职工家属住房有关事宜。

6月3日会议，由郜文学主持，阎志洁、李克科、赵智荣、马子坤出席，张光明、史国忠、郭应童、郭承祖、王学谋、曹升明、张思忠、周世让、柴玉明、陈凤亭列席，学习全国人大工作通讯刊登的有关理论文章，讨论研究召开常委会第十五次会议有关事项，讨论研究县政府《关于对城区总体规划局部调整的报告》，作出《关于对城区总体规划作局部调整的报告的批复》。

6月17日会议，由郜文学主持，阎志洁、李克科、赵智荣、陈松友、马子坤出席，张光明、县委常委、组织部部长靳士孔列席，讨论研究需提交常委会第十五次会议决定的人事任免案。

6月30日会议，由郜文学主持，阎志洁、李克科、赵智荣、马子坤出席，张光明、郭承祖、史国忠、郭应童、张思忠、柴玉明、民政局副局长李西仓列席，听取李西仓所作的《关于贾河、仁大两乡当前群众生活情况的汇报》。

7月14日会议，由郜文学主持，阎志洁、李克科、陈松友、马子坤出席，张光明、陈凤亭、曹升明、张思忠、郭应童、柴玉明、周世让、供销社副主任王秉章、商业局副局长王克泰列席，听取王秉章所作的关于1992年半年经济运行情况、王克泰所作的关于1992年1至6月国营商业经营情况的汇报。

7月15日会议，由郜文学主持，阎志洁、陈松友、李克科、马子坤出席，张光明、陈凤亭、曹升明、郭应童、张思忠、祁望厚、柴玉明、周世让、财政局局长刘宝生、税务局局长赵建忠列席，听取赵建忠所作的关于1992年上半年税收情况、刘宝生所作的关于1992年上半年财政预算执行情况的汇报。

7月16日会议，由郜文学主持，阎志洁、李克科、陈松友、马子坤出席，张光明、曹升明、陈凤亭、史国忠、郭承祖、张思忠、郭应童、柴玉明、周世让、经委主任杜文彪列席，听取杜文彪所作的关于1992年上半年经委系统工作情况的汇报。

7月28日会议，由部文学主持，阎志洁、李克科、马子坤出席，张光明、柴玉明列席，讨论研究召开常委会第十六次会议的有关事项。

8月10日会议，由部文学主持，阎志洁、李克科、赵智荣、陈松友、马子坤出席，张光明、郭应童、县委副书记吕忠厚、县委常委、组织部部长靳士孔列席，讨论研究召开常委会第十六次会议的有关事项、需提交第十六次会议决定的有关县政府副县长任命案。

9月8日会议，由部文学主持，阎志洁、李克科、赵智荣、陈松友、马子坤出席，张光明、郭承祖、曹升明、郭应童、张思忠、柴玉明、祁望厚、周世让列席，传达学习省人大常委会主任许飞青在县乡人大换届选举座谈会上的讲话，讨论《关于县乡换届选举工作的安排意见》和县代表选区、代表名额分配方案，讨论研究召开选举工作会议的有关事项。

10月13日会议，由部文学主持，阎志洁、李克科、赵智荣、马子坤出席，张光明、郭应童、柴玉明列席，讨论研究召开常委会第十七次会议有关事项。

10月27日会议，由部文学主持，阎志洁、李克科、赵智荣、马子坤出席，张光明、郭应童、柴玉明列席，讨论研究换届选举下一阶段的工作、召开县十二届人大一次会议的有关事宜。

第五节　县第十二届人大常委会主任会议

县第十二届人大常委会召开主任会议55次。主任会议由常委会主任或主任委托的副主任主持，各副主任出席，常委会办公室负责人列席，必要时，县委、县政府有关领导，常委会各专职委员，各委、室及县直有关部门负责人列席。主要传达学习中共中央关于地方人大、政协机构改革的意见，省人大常委会1995年、1996年工作要点，地区人大工委关于做好省人大代表视察第三阶段工作的通知、地区纪检工作会议精神、县委关于1996年工作的安排意见、关于开展机关作风整顿的通知；讨论研究常委会主任、副主任分工，常委会执法检查工作安排意见、召开十二届人大历次会议、常委会历次会议、十三届人大换届选举、召开十三届人大一次会议、人民代表大会成立40周年座谈会、乡镇人大主席团主席会议、十二届人大代表补选、乡镇人大工作、乡镇换届选举、开展评议工作、常委会机关作风整顿、常委会领导包乡、办公室工作等事项和机关其他事务；安排部署参加省人代会、地区人大工作经验交流会的准备、省第八届人大代表视察、常委会领导和机关人员包乡包产业、参与农村中心工作、信访工作、参加市容整建义务劳动、代表意见建议办理、《中华人民共和国义务教育法》贯彻实施情况、执法工作、水利工作等调查、检查；讨论确定地区人大工作经验交流会、省人大评议工作会、全区人大工作会议参会人员、常委会机关包乡镇抓建支柱产业人员、地区先进信访工作者、先进人大代表人选；讨论常委会年度工作报告、年度工作要点、评议工作方案、《关于贯彻〈全民所有制工业企业转换经营机制条例〉的情况调查》《关于雷大等四乡镇中小学校舍建设情况的调查》《关于文化市场的调查报告》《关于李店等6乡镇贯彻〈中华人民共和国义务教育法〉情况的调查报告》《关于评议卫生局及局长王守荣工作情况的调查报告》《关于开展执法检查的安排意见》《关于县级财政预算执行情况审计工作及政法队伍建设工作的审议意见》、对县委民主生活会的意见建议；座谈讨论省人大代表视察减轻农民负担及企业实施《全民所有制工业企业转换经营机制条例》时所提意见、建议的落实情况；通报西关市场有关问题、八里乡高城寨村群众集体上访情况。

1992年

12月15日会议，由吕忠厚主持，阎志洁、李克科、赵智荣、陈松友、马子坤出席，张光明、郭应童、柴玉明列席，讨论研究常委会主任、副主任分工、省第八届人大代表视察、1993年春节前工作等事项。

1993年

2月26日会议，由吕忠厚主持，阎志洁、李克科、赵智荣、马子坤出席，郭应童、柴玉明列席，讨论研究召开常委会第二次会议的筹备、乡镇人大工作、常委会办公室工作等事项。

4月16日会议，由吕忠厚主持，阎志洁、赵智荣、马子坤、陈松友出席，郭应童、胡青汉、王维歧、王镇华、柴玉明、胡志科列席，讨论常委会执法检查工作安排意见，讨论研究召开常委会第二次会议有关事项，安排部署当前调查、检查等工作。

5月3日会议，由吕忠厚主持，赵智荣、马子坤出席，郭应童、柴玉明列席，讨论研究机关工作车辆购置事宜，安排部署当前的主要工作。

5月6日会议，由吕忠厚主持，赵智荣、马子坤出席，郭应童、胡青汉、王镇华、蒙谦恭、柴玉明列席，讨论研究召开常委会第三次会议的筹备工作。

6月16日会议，由吕忠厚主持，阎志洁、李克科、赵智荣、马子坤出席，郭应童、柴玉明列席，讨论研究召开常委会第三次会议有关事项，讨论西关市场有关问题，安排部署省第八届人大代表视察工作和机关其他事务。

6月19日会议，由阎志洁主持，吕忠厚、李克科、赵智荣、马子坤出席，郭应童、王镇华、柴玉明、王维歧、胡青汉列席，讨论《关于贯彻〈全民所有制工业企业转换经营机制条例〉的情况调查》《关于雷大等四乡镇中小学校舍建设情况的调查》，提出修改意见。

6月26日会议，由吕忠厚主持，阎志洁、李克科、赵智荣、马子坤出席，郭应童、王镇华、柴玉明列席，讨论研究组织省人大代表视察有关事项。

9月2日会议，由吕忠厚主持，阎志洁、李克科、赵智荣、马子坤出席，郭应童、柴玉明列席，讨论研究常委会第五次会议的筹备事宜和机关其他事务。

9月9日会议，由吕忠厚主持，阎志洁、马子坤出席，王维歧、王镇华、柴玉明，省人大代表段积昌、翟沪兰、李佩红，县政府副县长陈向华、农办主任祁治国、经委主任杜文彪、土地局副局长王基正列席，传达学习地区人大工委关于做好省人大代表视察第三阶段工作的通知，座谈讨论省人大代表视察减轻农民负担及企业实施《全民所有制工业企业转换经营机制条例》时所提意见、建议的落实情况。

10月7日会议，由吕忠厚主持，阎志洁、李克科、马子坤、赵智荣出席，郭应童、柴玉明列席，讨论研究召开常委会第五次会议有关事项，安排部署《中华人民共和国义务教育法》贯彻实施情况的检查及机关工作。

12月14日会议，由吕忠厚主持，阎志洁、李克科、马子坤、赵智荣出席，郭应童、柴玉明列席，讨论研究召开十二届人大二次会议有关事项，讨论关于文化市场的调查报告，提出修改意见。

1994年

3月1日会议，由吕忠厚主持，李克科、赵智荣、马子坤出席，郭应童、柴玉明列席，讨论研究召开常委会第九次会议有关事项，讨论常委会1993年度工作总结、1994年工作要点，安排部署参加省八届人大二次会议的准备、常委会领导和机关人员包乡包片、十二届人大二次会议意见建议办理等工作。

3月8日会议，由吕忠厚主持，阎志洁、李克科、马子坤出席，郭应童、王维岐、王镇华、蒙谦恭、柴玉明列席，讨论通过常委会1994工作要点，讨论研究常委会第九次会议时间、议程及常委会领导包乡等事项，确定下乡包抓支柱产业的机关人员。

3月22日会议，由吕忠厚主持，阎志洁、李克科、赵智荣、马子坤、陈松友出席，郭应童、柴玉明列席，讨论研究常委会第十次会议的时间、议题等事项，安排部署向省人代会提出意见建议的筹备、参与农村中心工作、十二届人大二次会议代表意见建议交办等工作和机关其他事务。

5月3日会议，由吕忠厚主持，阎志洁、李克科、赵智荣、马子坤出席，郭应童、柴玉明列席，传达学习地区纪检工作会议精神，讨论研究常委会第十一次会议的时间、议题等事项，安排部署地区人大工作经验交流会的准备工作和机关其他事务。

5月11日会议，由吕忠厚主持，阎志洁、赵智荣、马子坤出席，郭应童、柴玉明列席，讨论确定常委会参加省人大研讨班的人员，安排机关其他事务。

6月7日会议，由阎志洁主持，李克科、赵智荣、马子坤出席，郭应童、蒙谦恭列席，讨论研究执法工作检查、水利工作调查有关事项，安排参加崆峒旅游节有关事宜。

6月21日会议，由吕忠厚主持，阎志洁、赵智荣、李克科、马子坤出席，郭应童列席，讨论研究常委会第十一次会议有关审议事项的调查，安排部署执法检查事宜。

8月16日会议，由吕忠厚主持，阎志洁、赵智荣、马子坤、陈松友出席，郭应童、柴玉明列席，讨论确定常委会第十二次会议的时间、议程及召开十二届人大三次会议的有关事项。

9月22日会议，由吕忠厚主持，阎志洁、李克科、马子坤出席，郭应童、柴玉明列席，讨论研究召开人民代表大会成立40周年座谈会时间、地点、内容、参加人员等事项，讨论确定常委会第十三次会议时间、议题及召开乡镇人大主席团主席会议等事项，讨论决定常委会领导工作分工。

9月27日会议，由吕忠厚主持，阎志洁、马子坤、赵智荣出席，郭应童、柴玉明列席，安排部署常委会第十四次会议的准备工作、机关参加市容整建义务劳动事宜，讨论确定地区人大工作经验交流会参加人员和常委会机关抓建所包乡镇支柱产业人员。

10月4日会议，由吕忠厚主持，阎志洁、赵智荣、马子坤、李克科出席，郭应童、柴玉明列席，讨论研究召开常委会第十四次会议、乡镇人大主席团主席会议的有关事项。

12月7日会议，由吕忠厚主持，阎志洁、李克科、马子坤出席，讨论研究第十二届人大代表补选、召开十二届人大四次会议有关事项。

12月19日会议，由吕忠厚主持，阎志洁、李克科、马子坤、赵智荣出席，郭应童、柴玉明列席，讨论研究召开常委会第十五次会议有关事项，讨论关于李店等6个乡镇贯彻《中华人民共和国义务教育法》情况的调查报告，提出修改意见，讨论通过机关人员工作分工。

12月27日会议，由吕忠厚主持，阎志洁、李克科、赵智荣、马子坤出席，郭应童列席，讨论研究召开十二届人大四次会议、常委会第十五次会议的有关事项，讨论常委会对县委民主生活会的意见、建议。

1995年

2月13日会议，由吕忠厚主持，李克科、赵智荣、漆忠义、段积昌出席，郭应童、王维歧、王镇华、蒙谦恭、柴玉明列席，讨论研究常委会1995年工作，形成初步意见。

2月27日会议，由吕忠厚主持，李克科、赵智荣、陈松友、漆忠义、段积昌出席，郭应童、胡青汉、王镇华、蒙谦恭、祁望厚、柴玉明、周世让、王维歧列席，学习省人大常委会1995年工作要点，讨论常委会1995年工作要点，提出修改意见，讨论确定常委会主任、副主任分工。

4月17日会议，由吕忠厚主持，李克科、陈松友、段积昌出席，郭应童、县委常委、组织部部长岳具辉列席，讨论研究需提交常委会第十八次会议决定的人事任免案及会议其他事项。

5月2日会议，由吕忠厚主持，李克科、赵智荣、漆忠义、段积昌出席，郭应童、柴玉明列席，学习中共中央关于地方人大、政协机构改革的意见，通报八里乡高城寨村群众集体上访情况，讨论研究常委会第十九次会议时间、议题等事项，确定全区人大工作会议参会人员，安排部署机关其他事务。

5月17日会议，由吕忠厚主持，李克科、赵智荣、陈松友、漆忠义、段积昌出席，郭应童、柴玉明列席，讨论研究开展评议工作有关事项，确定县工商局为评议单位。

6月7日会议，由吕忠厚主持，李克科、漆忠义出席，郭应童、王维歧、柴玉明列席，讨论审定评议县工商局工作方案。

7月25日会议，由吕忠厚主持，李克科、赵智荣、漆忠义、段积昌出席，郭应童、柴玉明列席，讨论研究常委会第二十一次会议议题、乡镇换届选举工作。

11月27日会议，由吕忠厚主持，李克科、赵智荣、漆忠义出席，郭应童、柴玉明列席，讨论研究常委会第二十三次会议议题等有关事项，安排部署教育普九调研工作。

1996年

3月11日会议，由吕忠厚主持，李克科、赵智荣、漆忠义、段积昌出席，郭应童、柴玉明、王维歧、王镇华、蒙谦恭、祁望厚、周世让列席，学习省人大常委会1996年工作要点、县委关于1996年工作的安排意见，讨论审定常委会1996年工作要点，讨论研究常委会第二十五次会议时间、议题等事项，安排部署机关工作。

3月20日会议，由吕忠厚主持，李克科、赵智荣、漆忠义、段积昌出席，郭应童、柴玉明、王维歧、王镇华、祁望厚列席，讨论审定常委会第二十五次会议时间、议题、列席人员等事项，讨论需提交第二十五次会议表决的关于计生工作的决议（草案）、常委会1996年工作要点。

4月3日会议，由吕忠厚主持，李克科、漆忠义、赵智荣、段积昌出席，郭应童、柴玉明列席，讨论研究召开常委会第二十六次会议有关事项和机关其他事务。

5月21日会议，由吕忠厚主持，李克科、赵智荣、漆忠义、段积昌出席，郭应童、柴玉明列席，讨论议定常委会第二十六次会议时间、议题、会期等事项，讨论确定省人大评议工作会议参会人员，安排部署参与计划生育等中心工作和机关工作。

7月17日会议，由吕忠厚主持，李克科、段积昌出席，郭应童、柴玉明列席，讨论确定地区先进信访工作者、先进人大代表人选，讨论研究机关其他事务。

11月24日会议，由吕忠厚主持，李克科、赵智荣、漆忠义出席，柴玉明、王维歧、张汉基列席，讨论关于评议卫生局及局长王守荣工作情况的调查报告，讨论议定常委会第二十九次会议时间、参会范围、列席人员等事项，安排部署机关其他事务。

1997年

1月20日会议，由吕忠厚主持，李克科、赵智荣、漆忠义、段积昌出席，郭应童、柴玉明、县委组织部副部长慕锡武列席，讨论通过十二届人大六次会议选举、议程（草案）等事项，讨论通过有关辞职请求的决定（草案），讨论通过县政府县长、副县长候选人、主席团、监票人、秘书长名单（草案）。

2月27日会议，由吕忠厚主持，李克科、赵智荣、漆忠义、段积昌出席，郭应童、柴玉明列席，传达学习县委关于开展机关作风整顿的通知，讨论研究常委会机关作风整顿、参与果品产业、信访工作、扶贫工作等事宜。

3月14日会议，由吕忠厚主持，李克科、赵智荣、漆忠义出席，王维歧列席，讨论常委会1997年工作要点，讨论研究1997年县级财政预算调整的审查报告，讨论通过召开常委会第三十二次会议的有关事项。

3月17日会议，由吕忠厚主持，李克科、赵智荣、漆忠义、段积昌出席，郭应童列席，讨论研究关于财政预算调整的意见，安排部署万亩早酥梨包抓落实工作及机关人员参与中心工作等事项。

4月7日会议，由吕忠厚主持，赵智荣、漆忠义出席，郭应童列席，讨论研究1997年常委会会议审议、评议工作初步意见，讨论确定常委会第三十三次会议议题。

4月22日会议，由吕忠厚主持，李克科、赵智荣、漆忠义出席，郭应童列席，讨论研究关于开展执法检查的安排意见，安排部署常委会领导参与中心工作事项。

5月13日会议，由吕忠厚主持，李克科、漆忠义、段积昌出席，郭应童列席，传达学习全区人大工作会议精神，讨论研究常委会第三十三次会议时间、议题等事项。

5月26日会议，由吕忠厚主持，李克科、漆忠义、段积昌出席，郭应童、柴玉明列席，讨论审定常委会第三十三次会议审议提出的《关于县级财政预算执行情况审计工作及政法队伍建设工作的审议意见》，安排部署乡镇班子调整后代表补选、依法治县规划及决议起草等工作，初步议定常委会第三十四次会议评议农牧局的工作。

6月4日会议，由吕忠厚主持，李克科、漆忠义出席，郭应童列席，讨论研究常委会第三十四次会议议程，讨论确定农牧局为评议单位，决定成立评议工作调查组；讨论研究乡镇人大主席调整后召开乡镇人大主席会议的有关事宜，讨论通过向县委推荐干部名单，安排部署联系乡镇、包抓林果业及其他工作。

10月16日会议，由吕忠厚主持，李克科、漆忠义、段积昌出席，郭应童列席，讨论研究县第十三届人大换届选举、筹备召开十三届人大一次会议事项。

10月23日会议，由吕忠厚主持，李克科、段积昌、漆忠义出席，郭应童、柴玉明、王镇华列席，讨论研究县第十三届人大代表名额分配方案、代表构成、常委会委员构成及召开十三届人大一次会议的有关事项。

10月29日会议，由吕忠厚主持，李克科、漆忠义、段积昌出席，郭应童、县委组织部副部长慕锡武、法院副院长陈万才列席，讨论研究需提交常委会第三十六次会议决定的人事任免案、十三届人大一次会议会务，讨论常委会5年工作总结。

10月30日会议，由吕忠厚主持，李克科、漆忠义、段积昌出席，朱春林、郭应童、县委组织部副部长慕锡武列席，讨论研究需提交常委会第三十六次会议决定的人事任免案。

11月14日会议，由吕忠厚主持，李克科、漆忠义出席，郭应童列席，讨论议定常委会第三十七次会议时间，讨论研究十三届人大一次会议主席团、秘书长建议名单（草案）及选举办法（草案）。

11月16日会议，由吕忠厚主持，李克科、漆忠义、段积昌出席，郭应童、王镇华、王维歧、蒙谦恭、柴玉明、祁望厚、周世让、李金列席，讨论研究召开常委会第三十七次会议有关事项，讨论了常委会工作报告。

第六节　县第十三届人大常委会主任会议

县第十三届人大常委会召开主任会议55次。会议由主任或主任委托的副主任主持，各副主任出席，常委会有关委室负责人列席，必要时，县委、县政府有关领导，县直有关部门负责人同时列席。主要是传达省、地有关会议精神；讨论通过第十三届常委会领导分工；讨论研究省人大代表视察、向省人代会提交的议案和意见建议、第十三届人大历次会议、常委会历次会议、全县乡镇人大主席会议有关事项，省、地、县有关会议精神的贯彻落实，地区人大工委工作督查准备，有关换届选举、依法治县等方面的报告、意见，有关县直单位的评议意见、法律法规执法检查、省县代表联合视察、具体案件调查、常委会机关机构改革方案等事项；讨论有关调查、检查报告，审议、评议意见及地区人大工委调研汇报材料、《人民之声报》社记者采访团关于本县人大开展监督工作的经验材料等；听取有关部门专项工作汇报、各副主任关于乡镇换届选举情况检查汇报等；审定常委会年度工作要点、工作总结、常委会有关规章制度等；讨论议定召开有关单位工作评议动员会议事项、机关公务员考核等次评定及机关先进个人评选等事宜；安排部署省代表视察及意见建议征集、常委会中心组理论学习、乡镇换届选举、人大代表风采宣传、参与中心工作、代表联系工作等具体工作及机关其他工作。

1997年

12月22日会议，由吕忠厚主持，靳士孔、李克科出席，张金业、郭应童、柴玉明列席，讨论通过第十三届常委会领导分工，讨论研究省人大代表视察、主任（扩大）会议听取教育局关于普九达标情况的报告、常委会关于全县林果业发展实施意见的调研起草等当前工作，审定常委会1998年工作要点，安排部署机关其他工作。

12月30日会议，由吕忠厚主持，靳士孔、李克科出席，张金业、郭应童、王维岐、柴玉明列席，讨论研究向县委扩大会议汇报1998年人大工作及抓林果业的打算及思路，研究决定机关其他事项。

1998年

4月20日会议，由吕忠厚主持，靳士孔、李克科出席，王智仁、王维岐、张继祖、郭应童列席，讨论研究第三次常委会会议召开时间、议题、调查等事项。

5月11日会议（扩大），由吕忠厚主持，靳士孔、李克科出席，张金业、郭应童、王智仁、王维岐、张继祖列席，传达地区人大工作会议精神，讨论贯彻落实事宜；讨论研究召开依法治县工作会议、依法治县实施意见起草、依法治理方案制定、执法检查、述职报告上报时间、乡镇换届及走访代表等事项。

5月19日会议（扩大），由吕忠厚主持，靳士孔、李克科出席，张金业、王智仁、王维岐、郭应童，县委政法委书记武珍、副书记陈尚孔，法院院长杨志军、检察院检察长李居洲、公安局局长吕思强、司法局局长周浩元列席，听取公、检、法、司四长关于政法队伍教育整顿进展情况的汇报。

5月20日会议，由吕忠厚主持，靳士孔、李克科出席，张金业、郭应童、张继祖列席，讨论研究《中华人民共和国药品管理法》《中华人民共和国劳动法》《农民负担及承担费用管理办法》等法律法规执法检查事宜，安排部署人大代表风采宣传、政法队伍整顿工作。

6月30日会议，由吕忠厚主持，靳士孔、李克科出席，张金业、郭应童列席，讨论研究地区人大工作会议精神的贯彻落实、地区人大工委半年工作督查准备事宜，讨论决定乡镇人大主席会议召开时间。

7月21日会议（扩大），由吕忠厚主持，靳士孔、李克科出席，郭应童、王智仁、张金业、王维歧、张继祖、柴玉明列席，讨论研究常委会第四次会议的议题。

7月29日会议，由吕忠厚主持，靳士孔、李克科出席，郭应童列席，讨论研究常委会机关机构改革方案。

8月20日会议，由吕忠厚主持，靳士孔、李克科出席，郭应童、王维歧、柴玉明、张继祖列席，讨论确定常委会第四次会议议程、主持人、列席人等事项。

8月23日会议，由吕忠厚主持，靳士孔、李克科出席，张金业、郭应童、王智仁、张继祖、柴玉明列席，讨论《关于发展林果产业化经营的审议意见》和《关于评议县教育局工作的安排意见》。

10月23日会议（扩大），由吕忠厚主持，靳士孔出席，张金业、王智仁、郭应童、骆世清、柴玉明、张继祖、李金、胡志科列席，讨论研究《关于乡镇人民代表大会换届选举工作的报告》、对县教育局的评议意见、关于城关建筑工程公司与县橡胶厂工程欠款纠纷一案的调查情况、关于建立行政执法责任制、地区人大工委几项工作的贯彻落实意见等事项，安排部署当前中心工作、代表联系工作。

10月26日会议（扩大），由吕忠厚主持，靳士孔、李克科出席，张金业、王智仁、郭应童、骆世清、张继祖、柴玉明列席，传达学习省人大培训会议（平凉片区）精神，讨论研究县委常委扩大会议精神的贯彻落实事宜，安排部署常委会包乡领导下乡督查计划生育、改土、土地小调整等工作。

11月6日会议（扩大），由吕忠厚主持，靳士孔、李克科出席，王智仁、张金业、郭应童、王维歧、骆世清、张继祖、周世让、李金列席，安排部署了乡镇换届选举工作，决定分南、中、北三个片区，分别由常委会领导带队，逐乡镇督促落实。

11月27日会议（扩大），由吕忠厚主持，靳士孔、李克科出席，张金业、王智仁、郭应童、王维歧、骆世清、张继祖、柴玉明、周世让列席，讨论确定常委会第六次会议议题，讨论研究需提交常委会会议决定的人事任免案、《中华人民共和国森林法》执法检查、省县代表联合视察、评议县法院工作等事项，安排部署乡镇换届选举再督查工作，讨论县橡胶厂与城关建筑工程公司欠款纠纷案补查意见。

12月10日会议，由吕忠厚主持，靳士孔、李克科出席，张金业、柴玉明、郭应童列席，讨论评议法院院长、副院长工作的安排意见。

12月23日会议（扩大），由吕忠厚主持，靳士孔、李克科出席，郭应童、王智仁、王维歧、柴玉明、骆世清列席，讨论常委会1998年工作总结，安排部署省代表视察及意见建议征集工作，讨论议定召开法院工作评议动员会议时间、参加人员等事宜。

1999年

1月12日会议，由吕忠厚主持，靳士孔、李克科、赵智荣出席，张金业、郭应童、王智仁列席，讨论通过十三届人大二次会议议程、日程（草案），大会主席团、秘书长、副秘书长、常务主席、选举监票人名单（草案）、意见建议终止时间（草案）等，讨论研究机关其他事务。

3月9日会议（扩大），由吕忠厚主持，靳士孔、岳具辉出席，张金业、王智仁、郭应童、张继祖、骆世清、祁望厚、周世让、张汉基列席，讨论常委会1999年工作要点。

3月19日会议（扩大），由吕忠厚主持，靳士孔、李克科出席，张金业、王智仁、郭应童、柴玉明、骆世清、张继祖、祁望厚、周世让、李金、张汉基列席，讨论研究常委会第八次会议主持人、议程等有关事项，讨论通过常委会1999年工作要点。

4月6日会议（扩大），由吕忠厚主持，靳士孔、李克科出席，张金业、郭应童、王智仁、王维歧、张继祖、教育局局长文武列席，听取文武关于1999年教育工作汇报，提出意见建议。

7月5日会议（扩大），由吕忠厚主持，李克科、岳具辉出席，张金业、郭应童、王维歧、柴玉明、祁望厚、周世让、李金、张汉基列席，讨论议定了评议单位，讨论研究评议安排意见的起草，评议领导小组、调查组人员组成及评议工作调查方式等事项。

8月2日会议，由吕忠厚主持，靳士孔、岳具辉出席，张金业、郭应童、柴玉明、张汉基列席，讨论研究地区人大工委督查上半年工作的准备、农民负担情况和果窖建设情况调查等事项，讨论对林业局的评议意见。

8月20日会议，由吕忠厚主持，靳士孔、李克科、岳具辉出席，郭应童列席，讨论研究常委会第十一次会议议题、时间及调研等事项，安排机关家属楼决算等事务。

9月29日会议（扩大），由吕忠厚主持，靳士孔、李克科、岳具辉出席，张金业、王智仁、郭应童、王维歧、张继祖、柴玉明、胡志科、张汉基列席，讨论研究常委会第十一次会议召开时间、日程、组织委员视察等事项，讨论关于化工等6家国有企业改制情况的调查报告。

10月14日会议（扩大），由吕忠厚主持，靳士孔、李克科、岳具辉出席，张金业、郭应童、王智仁、骆世清、张继祖、柴玉明、祁望厚、李金、张汉基列席，讨论《关于仁大等乡农民负担情况的调查报告》《人民之声报》社记者采访团关于静宁县人大开展监督工作的经验材料。

10月21日会议（扩大），由吕忠厚主持，靳士孔、李克科、岳具辉出席，张金业、王智仁、郭应童、王维歧、骆世清、张继祖、柴玉明、祁望厚、李金、张汉基列席，讨论确定常委会第十二次会议召开时间、议题、调研等事项，安排部署《人民之声报》社记者采访团来本县采访、参与林果业建设等中心工作、关于成纪文化城建设筹款等事宜。

11月24日会议（扩大），由吕忠厚主持，靳士孔、李克科、岳具辉出席，张金业、王智仁、郭应童、王维歧、柴玉明、骆世清、张继祖、祁望厚、周世让、李金、张汉基列席，讨论议定常委会第十二次会议时间、议题等事项，讨论联系代表三年计划。

12月6日会议（扩大），由吕忠厚主持，靳士孔、李克科、岳具辉出席，张金业、王智仁、郭应童、张继祖、柴玉明、王维歧列席，讨论确定省代表视察内容，安排部署教育工作视察及视察报告起草、联系代表、包乡、财政收入完成和退耕还林、再造山川秀美工程规划制定情况的督查、十三届人大三次会议筹备等工作。

2000年

8月16日会议（扩大），由吕忠厚主持，靳士孔、岳具辉、赵智荣出席，张金业、郭应童、王维歧、王智仁、张继祖、周世让、柴玉明、李金、张汉基列席，讨论修订《静宁县人大常委会任免国家机关工作人员暂行办法》《静宁县人民代表大会常务委员会联系代表办法》。

8月28日会议，由吕忠厚主持，靳士孔、岳具辉、祁治国出席，张金业、柴玉明列席，安排部署地区人大工委半年工作督查有关事宜。

9月5日会议（扩大），由吕忠厚主持，靳士孔、祁治国出席，王智仁、郭应童、王维歧、张金业、柴玉明、祁望厚、周世让、李金、张汉基列席，讨论研究评议县农机局工作有关事宜，讨论《关于对农机局评议的安排意见》。

9月22日会议（扩大），由吕忠厚主持，靳士孔、岳具辉、祁治国出席，张金业、王智仁、王维歧、郭应童、柴玉明、祁望厚、周世让、李金、张汉基列席，讨论《关于评议县农机局工作调查报告》。

11月6日会议（扩大），由吕忠厚主持，靳士孔出席，张金业、王智仁、郭应童、柴玉明，法院院长杨志军、检察院检察长李居洲、公安局局长李艳晓、公安局办案组成员列席，听取公安局专案组关于阎某某涉嫌违法犯罪情况的汇报。

12月4日会议，由吕忠厚主持，靳士孔、岳具辉、祁治国出席，郭应童、柴玉明列席，讨论通过召开十三届人大四次会议、全县乡镇人大主席会议有关事项。

2001年

1月3日会议（扩大），由吕忠厚主持，靳士孔、岳具辉、祁治国出席，张金业、郭应童、王智仁、王维歧、柴玉明、周世让、骆世清、祁望厚、李金、张汉基列席，讨论通过常委会工作报告、十三届人大三次会议代表意见建议办理情况的报告，讨论研究十三届人大四次会议、常委会第二十次会议有关事项。

2月19日会议，由吕忠厚主持，靳士孔、岳具辉、祁治国出席，张金业、郭应童、王维歧、骆世清、张继祖、柴玉明、周世让、李金、张汉基列席，讨论常委会2001年工作要点。

2月28日会议（扩大），由吕忠厚主持，靳士孔、岳具辉、祁治国出席，王智仁、郭应童、骆世清、张继祖、周世让、祁望厚列席，讨论通过常委会2001年工作要点、常委会第二十一次会议议题、召开时间等事项，安排部署常委会中心组理论学习事宜。

3月14日会议（扩大），由吕忠厚主持，靳士孔、岳具辉、祁治国出席，张金业、郭应童、王智仁、王维歧、骆世清、张继祖、柴玉明、祁望厚列席，讨论研究各局、委、办负责人述职报告的评议、十三届人大四次会议代表意见建议交办、常委会第二十一次会议召开时间等事项。

3月19日会议（扩大），由吕忠厚主持，靳士孔、岳具辉、祁治国出席，张金业、郭应童、王智仁、王维歧、张继祖、柴玉明、周世让、李金、张汉基列席，讨论《关于市政建设和管理工作情况的调查报告》，讨论议定常委会第二十一次会议召开时间、列席人员、会议主持人等事项。

5月8日会议（扩大），由吕忠厚主持，靳士孔、岳具辉出席，张金业、郭应童、骆世清、柴玉明、张继祖列席，讨论研究常委会第二十二次会议议题的调研、《中华人民共和国未成年人保护法》《中华人民共和国环境保护法》等法律执法检查，七一表彰优秀党员、先进党组织推荐名单等事项，研究机关其他事务。

5月30日会议（扩大），由吕忠厚主持，靳士孔、岳具辉、祁治国出席，张金业、郭应童、王智仁、王维岐、骆世清、张继祖、柴玉明、周世让、祁望厚、李金、张汉基列席，讨论研究县委安排的产业结构调整调查、常委会第二十三次会议议题等事项，安排部署参加全县庆七一活动有关事宜。

7月17日会议，由吕忠厚主持，岳具辉、祁治国出席，张金业、郭应童列席，讨论研究常委会第二十三次会议主持人、议程、人事任免等事项。

9月24日会议，由吕忠厚主持，靳士孔、祁治国出席，郭应童、柴玉明列席，讨论研究常委会第二十四次会议有关事项，传达全省乡镇换届选举工作会议精神。

11月28日会议，由吕忠厚主持，靳士孔、岳具辉、祁治国出席，张金业、郭应童、王智仁、王维岐、柴玉明列席，讨论地区人大工委调研汇报材料。

12月12日会议，由吕忠厚主持，靳士孔、岳具辉、祁治国出席，郭应童、柴玉明列席，听取各副主任关于乡镇换届选举情况的检查汇报，讨论研究向省人代会提交的议案和意见建议，安排部署机关建设工作。

2002年

1月9日会议（扩大），由吕忠厚主持，靳士孔、岳具辉、祁治国出席，张金业、王智仁、郭应童、王维岐、柴玉明、骆世清、祁望厚、张汉基、李金、张继祖列席，讨论常委会工作报告。

1月14日会议，由吕忠厚主持，靳士孔、岳具辉、祁治国出席，郭应童、柴玉明列席，讨论研究十三届人大五次会议有关事项。

1月21日会议，由吕忠厚主持，靳士孔、岳具辉出席，郭应童列席，讨论研究常委会机关年终工作总结事宜，讨论议定公务员考核等次评定及机关先进个人，安排部署常委会联系乡镇年终慰问事宜及其他事务。

4月1日会议（扩大），由吕忠厚主持，靳士孔、祁治国出席，张金业、郭应童、王智仁、骆世清、张继祖、周世让、李金、胡志科列席，传达地区人大常委会主任会议精神，讨论研究常委会第二十八次会议召开时间，讨论常委会2002年工作要点，安排部署十三届人大五次会议代表意见建议交办事宜。

9月12日会议，由岳具辉主持，朱春林出席，党组书记吕忠厚及张金业、郭应童、柴玉明列席，讨论研究十三届人大六次会议有关事项。

9月24日会议，由岳具辉主持，许富忠出席，张金业、郭应童、周世让、柴玉明、李金、张汉基列席，讨论研究常委会下一阶段工作。

9月28日会议，由岳具辉主持，许富忠出席，吕忠厚、张金业、郭应童、柴玉明列席，讨论通过十四届人大一次会议有关事项，讨论通过选举委员会组成人员名单、换届选举安排意见。

10月9日会议，由岳具辉主持，许富忠出席，张金业、郭应童列席，讨论研究召开常委会第三十四次会议的有关事项。

11月5日会议，由岳具辉主持，许富忠、朱春林出席，讨论通过召开十四届人大一次会议的有关事宜。

第七节　县第十四届人大常委会主任会议

县第十四届人大常委会召开主任会议38次。会议由常委会主任或主任委托的副主任主持，各副主任出席，常委会办公室负责人列席，会议扩大时，各委室负责人同时列席。主要传达市人大常委会有关会议精神，讨论通过常委会领导班子分工；讨论研究召开十四届人大历次会议、常委会历次会议，召开乡镇人大主席会议、安排代表补选有关事项，围绕群众关注的热点问题，组织人大代表、组成人员进行视察事宜，县人民代表大会成立50周年纪念活动、常委会审议“一府两院”工作报告实行票决制有关事项；讨论常委会年度工作要点及行事历、常委会年度工作报告、十四届人大历次会议代表意见建议办理情况报告，成立代表小组和开展代表活动的通知、常委会年度重点工作安排意见、依法行政联系点工作安排意见，关于评议县直有关单位工作的安排意见、乡镇区划调整后乡镇人大代表补选安排意见，评议工作调查报告、评议意见，常委会各类审查、调查、检查报告以及决议，常委会领导有关会议上的讲话，《中共静宁县人大常委会党组关于贯彻落实中发59号及市委发35号文件精神加强县乡人大制度建设的实施意见》，公安局关于个别县人大代表涉嫌寻衅滋事需要依法进行拘留的请示；讨论审定机关有关管理制度、公文管理制度、常委会议事规则及工作制度；安排部署审计工作情况调查、代表意见建议办理情况督查、代表“四个一”活动开展情况检查、优秀县人大代表表彰、关于人大任命干部年底报送书面述职报告并由主任会议审查通报、关于报送乡镇人大工作总结并于2005年初进行评比表彰、12月下旬视察消防安全工作等工作，以及机关管理等事务；通报机关年度财务收支情况。

2002年

12月4日会议，由聂正国主持，戴双军、岳具辉、许富忠、王星耀、朱春林出席，张金业、郭应童列席，讨论通过常委会领导班子分工、常委会代表资格审查委员会名单，讨论研究机关其他事务。

2003年

2月14日会议（扩大），由岳具辉主持，聂正国、戴双军、许富忠出席，郭应童、王守荣、柴玉明、周世让、李金、张汉基、胡志科列席，讨论常委会2003年工作要点及行事历。

附：

县人大常委会2003年工作安排情况表

表4-3

时间		主要工作	分管领导	牵头部门	参与部门
第一季度	2月中旬	全县乡镇人大主席会议	岳县辉	办公室	代表联络委
	2月下旬	机关思想工作作风整顿	岳县辉	办公室	各工委
	3月上旬至中旬	县十四届人大一次会议代表意见、建议交办会	岳县辉	办公室	代表联络委 政府办、各承办单位
		安排部署依法行政督查和联系点工作	张金业	司法民政委	法制局 联系点乡镇和部门
		组建代表小组，指导代表小组开展活动	岳县辉	代表联络委	各乡镇人大
	3月下旬	1. 县第十四届人大常委会第三次会议:（1）听取、审议县政府关于2003年财政预算调整的报告;（2）换届后重新任命县政府局、委、办负责人。2.县政府局、委、办负责人任命书颁发会	岳县辉	办公室	农财委、政府办 财政局
第二季度	4月上旬至中旬	1.集中开展走访联系代表活动；2.组织委员、代表视察邮政工作	岳县辉	代表联络委 办公室	有关乡镇人大 邮政局
	4月下旬至5月中旬	1.安排部署2003年执法检查工作； 2.关于社保局述职评议的调查	张金业	司法民政委	办公室、社保局
	5月下旬	县第十四届人大常委会第四次会议：(1) 听取、审议县政府关于2002年财政预算执行情况的审计报告；(2) 听取邮政局关于邮政工作的汇报； (3) 对社保局进行述职评议	岳县辉	办公室	农财委、审计局 财政局、社保局 邮政局
	6月上旬至中旬	关于“四五”普法规划实施情况的调查	张金业	司法民政委	司法局
		代表意见、建议办理工作督查活动	岳县辉	代表联络委	政府办、各承办单位
	6月下旬	关于医疗医药市场管理情况的调查	王星耀	教科文卫委	卫生局、药管局

续表4-3

时间		主要工作	分管领导	牵头部门	参与部门
第三季度	7月上旬	县第十四届人大常委会第五次会议：(1)听取、审议县政府关于“四五”普法规划实施情况的报告；(2)听取、审议县政府关于医疗医药市场管理情况的报告	岳具辉	办公室	司法民政委 教科文卫委、司法局 卫生局、药管局
	7月中旬至8月下旬	关于非公有制经济发展情况的调查	许富忠	农业财经委	民发局
		关于文体局述职评议的调查	王星耀	教科文卫委	文体局
		开展依法行政督查和联系点工作	张金业	司法民政委	联系点乡镇、部门
	9月上旬	县第十四届人大常委会第六次会议：(1)听取、审议县政府关于非公有制经济发展情况的报告；(2)对文体局进行述职评议	岳具辉	办公室	农财委、教科文卫委 民发局、卫生局 药管局、文体局
	9月中旬至下旬	代表意见、建议办理工作督查活动	岳具辉	代表联络委	政府办及各有关部门
		督查执法检查工作进展情况	张金业	司法民政委	
第四季度	10月上旬至中旬	依法行政督查和联系点工作总结验收	张金业	司法民政委	司法局、法制局
		集中开展走访联系代表活动	岳具辉	代表联络委	各有关乡镇人大
	10月下旬	县第十四届人大常委会第七次会议：(1)听取、审议县政府、法院、检察院关于2003年执法检查工作的报告；(2)听取、审议县政府关于县十四届人大一次会议代表意见、建议办理工作情况的报告	岳具辉	办公室	司法民政委 代表联络委、法院 检察院、政府办 法制局
	11月上旬至12月上旬	乡镇人大工作会议	岳具辉	办公室	各工委
		关于全县退耕还林(草)工作的调查	戴双军	农业财经委	林业局
		关于贸经局工作评议的调查	许富忠	办公室	贸经局
	12月中旬	县第十四届人大常委会第八次会议：(1)听取、审议县政府关于退耕还林(草)工作的报告；(2)对贸经局进行工作评议	岳具辉	办公室	农财委、政府办 林业局、贸经局
	12月下旬	1.筹备召开县十四届人大二次会议； 2.总结2003年工作，提出2004年工作要点	岳具辉	办公室	各工委

3月7日会议（扩大），由岳具辉主持，聂正国、朱春林出席，张金业、郭应童、席荣、张新民、王守荣、柴玉明、周世让、李金、张汉基、胡志科列席，讨论常委会2003年重点工作安排意见、关于依法行政联系点工作安排意见。

4月14日会议（扩大），由聂正国主持，岳具辉、许富忠、朱春林出席，张金业、郭应童、张新民、王守荣、柴玉明、周世让、李金、张汉基、胡志科列席，讨论通过《关于2003年财政预算调整情况的审查报告》《关于2003年财政预算调整情况的决议》；讨论关于成立代表小组和开展代表活动的通知、关于评议县劳保局及局长工作安排意见。

5月9日会议，由聂正国主持，岳具辉、许富忠、王星耀、朱春林出席，张金业、郭应童列席，讨论确定常委会第五次会议议题等事项，讨论通过常委会主任、副主任工作分工，研究机关管理事务。

6月2日会议（扩大），由聂正国主持，戴双军、岳具辉、许富忠、朱春林出席，张金业、郭应童、席荣、张新民、王守荣、周世让、李金、胡志科列席，讨论《关于劳保局及局长工作进行述职评议的调查报告》《关于防“非典”工作的调查报告》《关于邮政工作情况的调查报告》。

6月13日会议，由聂正国主持，戴双军、岳具辉、王星耀、朱春林出席，张金业、郭应童列席，讨论公安局关于个别县人大代表涉嫌寻衅滋事需要依法进行拘留的请示，同意对第十四届人大代表杨某某予以行政拘留。

6月16日会议，由聂正国主持，戴双军、岳具辉、王星耀、朱春林出席，张金业、郭应童列席，讨论对劳保局及局长工作的评议意见。

7月15日会议（扩大），由聂正国主持，戴双军、岳具辉、许富忠、王星耀、朱春林出席，张金业、郭应童、席荣、张新民、王守荣、周世让、柴玉明、张汉基、胡志科列席，讨论通过常委会第六次会议建议议程，讨论有关调查报告。

8月26日会议（扩大），由聂正国主持，戴双军、岳具辉、许富忠、王星耀出席，张金业、郭应童、席荣、张新民、王守荣、周世让、柴玉明、张汉基、胡志科列席，讨论《关于非公有制经济发展情况的调查报告》《关于对县文体局工作评议的调查报告》。

10月20日会议（扩大），由聂正国主持，岳具辉、许富忠、王星耀、朱春林出席，郭应童、席荣、张新民、王守荣、周世让、柴玉明、李金、胡志科列席，讨论审定关于开展代表活动的通知、关于机关管理制度和公文管理制度。

12月2日会议（扩大），由聂正国主持，岳具辉、许富忠、王星耀、朱春林出席，张金业、郭应童、席荣、张新民、王守荣、柴玉明、李金、张汉基、胡志科列席，讨论《关于退耕还林工作情况的调查报告》《关于评议县贸易经济合作局工作的调查报告》、常委会工作报告、十四届人大一次会议代表意见建议办理情况报告，讨论审定了常委会议事规则及工作制度，讨论通过十四届人大二次会议的有关事项。

12月19日会议（扩大），由聂正国主持，岳具辉、许富忠、王星耀、朱春林出席，张金业、郭应童、张新民、王守荣、柴玉明列席，讨论常委会领导在政府部门述职情况通报会议上的讲话。

2004年

2月9日会议（扩大），由聂正国主持，戴双军、岳具辉、许富忠、王星耀、朱春林出席，张金业、郭应童、席荣、张新民、王守荣、周世让、柴玉明、李金、张汉基、胡志科列席，讨论乡镇区划调整后乡镇人大代表补选安排意见。

2月19日会议，由聂正国主持，戴双军、岳具辉、许富忠、王星耀、朱春林出席，张金业、郭应童列席，讨论研究当前要开展的几项工作：在县委扩大会后召开乡镇人大主席会议，安排代表补选工作，通报常委会工作要点；召开常委会与政府工作座谈会；围绕群众关注的禽流感防治、居民饮水安全等热点问题，组织人大代表、组成人员进行视察。

3月12日会议（扩大），由聂正国主持，戴双军、岳具辉、许富忠、朱春林出席，郭应童、席荣、张新民、王守荣、周世让、柴玉明、李金、张汉基、胡志科列席，讨论通过常委会2004年重点工作行事历，讨论研究召开常委会第十一次会议有关事项，安排了机关管理工作，通报机关2003年财务收支情况。

4月9日会议（扩大），由聂正国主持，戴双军、岳具辉、许富忠、朱春林出席，张金业、郭应童、席荣、张新民、王守荣列席，讨论通过需提交常委会第十一次会议审议的关于2004年国民经济和社会发展计划、财政收支预算调整情况的决议，关于加强道路建设与养护工作的决议（草案）。

7月8日会议（扩大），由聂正国主持，戴双军、岳具辉、王星耀出席，张金业、席荣、郭应童、张新民、王守荣、周世让、柴玉明、李金、张汉基、胡志科列席，讨论通过召开常委会第十三次会议的有关事项，讨论《关于对县教育局及其局长进行评议的调查报告》，安排部署关于审计工作情况调查、代表意见建议办理情况督查、代表“四个一”活动开展情况检查等当前工作。

9月13日会议（扩大），由聂正国主持，岳具辉、许富忠、王星耀出席，张金业、郭应童、张新民、席荣、王守荣、柴玉明、张汉基、胡志科列席，讨论需提交第十四次常委会会议审议的《关于全县农业产业开发工作情况的调查报告》、关于法院审判和执行工作、检察院预防和查处职务犯罪工作及刑事诉讼法执行情况的调查报告，讨论研究县人民代表大会成立50周年纪念活动的有关事项。

10月13日会议，由聂正国主持，戴双军、岳具辉、许富忠、王星耀出席，张金业、郭应童列席，讨论通过召开常委会第十五次会议的有关事项、需提交常委会会议决定的人事任免案及常委会审议“一府两院”工作报告实行票决制有关事项。

11月4日会议（扩大），由聂正国主持，戴双军、许富忠出席，张金业、郭应童、席荣、张新民、王守荣、柴玉明、李金、张汉基、胡志科列席，讨论需提交常委会第十五次会议审议的《关于2004年度项目建设情况的调查报告》《关于县十四届人大二次会议代表意见建议办理工作的调查报告》，讨论通过召开常委会第十五次会议的有关事项。

11月19日会议（扩大），由聂正国主持，戴双军、岳具辉、许富忠出席，张金业、郭应童、席荣、张新民、王守荣、李金、柴玉明、张汉基列席，讨论安排当前的几项重点工作：讨论研究评议县乡企局工作、召开十四届人大三次会议的有关事项，讨论通过了召开常委会第十六次会议的有关事项，安排部署优秀县人大代表表彰、关于人大常委会任命干部年底报送书面述职报告并由主任会议审查通报、关于报送乡镇人大工作总结并于2005年初进行评比表彰、12月下旬视察消防安全工作等当前工作。

12月9日会议（扩大），由聂正国主持，戴双军、岳具辉、许富忠、王星耀出席，郭应童、席荣、张新民、王守荣、柴玉明、周世让、李金、胡志科、张汉基列席，讨论通过召开常委会第十六次会议、十四届人大三次会议的有关事项，讨论需提交常委会会议审议的《关于对县乡镇企业局的工作进行评议的调查报告》《关于十四届人大二次会议代表意见建议办理情况报告》，讨论研究补选第十四届人大代表有关事宜，传达市人大信访工作会议精神，安排部署当前工作。

12月20日会议（扩大），由聂正国主持，戴双军、岳具辉、许富忠、王星耀出席，张金业、张三相、柴桂兰、邓颖、阎伟刚、韩太平、张来有、郭应童、席荣、张新民、柴玉明列席，听取代表资格审查委员会关于十四届人大代表补选资格审查情况的报告，讨论通过补选常委会副主任候选人名单，十四届人大三次会议主席团、秘书长、副秘书长、执行主席分组、选举监票人等各类名单（草案）、关于表彰优秀县人大代表的决定及名单，十四届人大三次会议各类决议（草案）。

2005年

2月1日会议（扩大），由聂正国主持，戴双军、岳具辉、王星耀、朱春林、张金业出席，各委、办负责人列席，讨论常委会2005年工作要点，安排机关春节放假有关事宜，通报机关财务情况。

3月25日会议（扩大），由聂正国主持，戴双军、岳具辉、许富忠、王星耀、朱春林、张金业出席，郭应童、张新民、王守荣、李金、张汉基、胡志科列席，讨论通过召开常委会第十七次会议的有关事项、2005年常委会开展评议的政府部门名单、常委会2005年重点工作行事历，讨论决定从常委会第十七次会议开始改进常委会会议审议政府工作的方式。

5月8日会议，由聂正国主持，戴双军、岳具辉、王星耀、张金业出席郭应童、李金、张汉基列席，讨论通过成立立法联系工作研究会、召开常委会第十八次会议的有关事项。

5月20日会议（扩大），由聂正国主持，戴双军、岳具辉、许富忠、王星耀、张金业、朱春林出席，郭应童、席荣、张新民、王守荣、李金、张汉基、周世让、胡志科列席，讨论《关于评议县农机局工作的调查报告》《关于未成年人思想道德建设工作情况的调查报告》。

7月20日会议（扩大），由聂正国主持，戴双军、岳具辉、王星耀、张金业出席，郭应童、张新民、王守荣、周世让、李金、张汉基、胡志科列席，讨论通过召开常委会第十九次会议的有关事项，讨论《关于保护农民工权益发展劳务经济工作情况的调查报告》、交通安全管理工作视察意见。

9月1日会议，由聂正国主持，戴双军、岳具辉、许富忠、王星耀、朱春林出席，郭应童、李金、张汉基列席，讨论通过召开常委会第二十次会议的有关事项。

9月23日会议（扩大），由聂正国主持，戴双军、岳具辉、王星耀、朱春林出席，郭应童、张新民、席荣、王守荣、周世让、李金、张汉基、胡志科列席，讨论通过召开常委会第二十次会议的有关事项，讨论《关于全县退耕还林管理工作情况的调查报告》《关于〈中华人民共和国法官法〉〈中华人民共和国检察官法〉贯彻执行情况的调查报告》。

11月9日会议（扩大），由聂正国主持，戴双军、岳具辉、王星耀出席，郭应童、席荣、张新民、王守荣、柴玉明、李金、张汉基、胡志科列席，讨论通过召开常委会第二十一次会议、县代表补选有关事项，讨论《关于评议县环保局工作的调查报告》、关于代表意见建议办理情况的督查报告，安排部署十四届人大四次会议的筹备工作。

2006年

2月20日会议（扩大），由聂正国主持，戴双军、岳具辉、王星耀、朱春林、张金业出席，郭应童、席荣、张新民、王守荣、李成蹊、周世让、李金、张汉基、胡志科列席，讨论常委会2006年工作要点和行事历、2005年度“一府两院”组成人员书面述职报告评议意见，讨论通过召开常委会第二十三次会议的有关事项。

3月28日会议（扩大），由聂正国主持，戴双军、岳具辉、许富忠、王星耀、朱春林、张金业出席，王守荣、李金、张汉基、周世让、柴玉明、胡志科、席荣、张新民列席，讨论《关于静宁县2006年财政收支预算调整的决议》《关于县人民法院内部审判监督工作情况的调查报告》。

6月12日会议（扩大），由聂正国主持，戴双军、岳具辉、王星耀、朱春林、张金业出席，郭应童、席荣、张汉基、胡志科、柴玉明、李成蹊、李金、周世让、王守荣、张新民列席，讨论《关于评议县公安局工作的调查报告》《关于农村人饮解困问题的调查报告》，讨论通过召开常委会第二十五次会议的有关事项。

8月18日会议（扩大），由聂正国主持，戴双军、许富忠、王星耀、朱春林、张金业出席，郭应童、席荣、张新民、王守荣、高长茂、张汉基、胡志科、杨晓光、李成蹊、柴玉明、周世让、马志刚、杨毅民、李金列席，讨论通过召开常委会第二十六次会议的有关事项，讨论《关于县人民检察院法律监督工作情况的调查报告》《关于加强法制宣传教育的决议》。

9月8日会议（扩大），由聂正国主持，戴双军、岳具辉、朱春林、张金业出席，李金、郭应童、席荣、张新民、王守荣、高长茂、杨晓光、柴玉明、周世让、李成蹊、马志刚、杨毅民列席，讨论《中共静宁县人大常委会党组关于贯彻落实中发59号及市委发35号文件精神加强县乡人大制度建设的实施意见》。

12月14日会议（扩大），由聂正国主持，戴双军、岳具辉、许富忠、王星耀、张金业出席，李金、郭应童、席荣、张新民、王守荣、高长茂、张汉基、胡志科、杨晓光、柴玉明、周世让、李成蹊、马志刚、杨毅民列席，讨论通过召开常委会第二十八次会议、十五届人大一次会议的有关事项。

第八节　县第十五届人大常委会主任会议

县第十五届人大常委会召开主任会议41次。会议由主任主持，各副主任出席，常委会党组成员、办公室负责人列席，会议扩大时，各委室负责人同时列席。主要是讨论通过常委会主任、副主任工作分工，第十五届人大常委会代表资格审查委员会名单、常委会年度工作报告、要点、行事历，十五届人大历次会议代表意见建议办理情况的报告，常委会各类审查、调研、检查报告及决议，常委会有关议事规则、办法等；讨论研究常委会历次会议有关事项、需提交常委会会议决定的人事任免案、贯彻市委人大工作会议精神、加强人大常委会建设，文化市场管理、规划管理审议意见的监督事项，以及机关建设、办公室负责人工作分工、机关年度各类先进奖励及宣传工作考核结果兑现等事项；安排部署机关“解放思想，优化环境，促进发展”学习讨论活动、机关干部职工为玉树地震灾区捐款等事宜，以及机关其他事务。

2007年

1月12日会议，由张自杰主持，戴双军、许富忠、王星耀、张金业、高恒、沙芳琴出席，党组书记聂正国、党组成员岳具辉、办公室主任李金列席，讨论通过常委会主任、副主任工作分工，讨论了常委会2007年工作要点。

1月26日会议（扩大），由张自杰主持，戴双军、许富忠、张金业、高恒、沙芳琴出席，岳具辉、王守荣、李金、郭应童、张新民、高长茂、胡志科、杨晓光、马志刚、杨毅民、周世让、柴玉明、李成蹊列席，讨论通过召开常委会第一次会议的有关事项、需提交常委会会议决定的人事任免案，第十五届人大常委会代表资格审查委员会人员名单、常委会2007年工作要点。

4月24日会议（扩大），由张自杰主持，戴双军、许富忠、王星耀、张金业、高恒出席，李金、张新民、王守荣、杨晓光、杜文彪、胡志科、李成蹊、高长茂、马志刚、杨毅民、周世让、柴玉明列席，讨论通过召开常委会第二次会议的有关事项、需提交常委会会议决定的人事任免案，讨论《关于静宁县2007年全县财政收支预算调整（草案）的审查报告》《关于静宁县2007年财政收支预算调整的决议》《关于全县〈中华人民共和国土地管理法〉贯彻执行情况的检查报告》，安排部署机关其他工作。

6月23日会议（扩大），由张自杰主持，戴双军、许富忠、王星耀、张金业、沙芳琴出席，李金、张新民、王守荣、高长茂、胡志科、杨晓光、杜文彪、李成蹊、马志刚、周世让、柴玉明、李稳收、郭靖列席，讨论通过召开常委会第三次会议的时间、建议议程等事项，讨论《关于2006年全县财政决算审查的报告》《关于批准静宁县2006年县级财政决算的决议》《关于全县果品产业发展情况的调查报告》《关于全县改善办学条件情况的调查报告》。

8月21日会议（扩大），由张自杰主持，戴双军、许富忠、王星耀、张金业、高恒、沙芳琴出席，李金、王守荣、高长茂、杜文彪、胡志科、杨晓光、柴玉明、李成蹊、马志刚、杨毅民列席，讨论通过召开常委会第四次会议的时间、建议议程等有关事项，讨论通过需提交常委会会议决定的人事任免案，讨论《关于静宁县2007年国民经济和社会发展计划调整的决议》《关于县城建设与管理情况的调查报告》。

10月22日会议，由张自杰主持，许富忠、张金业、沙芳琴出席，李金列席，讨论通过召开常委会第五次会议的时间、建议议程、主持人等事项。

12月10日会议（扩大），由张自杰主持，戴双军、许富忠、王星耀、张金业、沙芳琴出席，王守荣、李金、杜文彪、高长茂、胡志科、李成蹊、马志刚、柴玉明、杨毅民、李文环、李稳收、杨晓光列席，讨论通过召开常委会第六次会议、十五届人大二次会议的有关事项，讨论关于代表出缺变动情况的报告、常委会工作报告、关于十五届人大一次会议代表意见建议办理情况的报告。

2008年

2月26日会议（扩大），由张自杰主持，戴双军、许富忠、王星耀、张金业、高恒、沙芳琴出席，李金、高长茂、胡志科、柴玉明、李成蹊、马志刚、杨晓光、杨毅民、李文环、李稳收、郭靖列席，讨论通过召开常委会第七次会议的有关事项，讨论常委会2008工作要点及行事历、《静宁县人民代表大会代表批评、建议和意见处理办法》。

4月26日会议（扩大），由张自杰主持，戴双军、许富忠、王星耀、张金业、高恒、沙芳琴出席，李金、高长茂、杜文彪、胡志科、杨晓光、李成蹊、柴玉明、马志刚、杨毅民、李文环、李稳收列席，讨论通过召开常委会第八次会议的有关事项，讨论了《关于2007年全县财政决算（草案）的审查报告》《关于批准静宁县2007年县级财政决算的决议》《关于县乡医疗机构服务能力建设情况的调查报告》，讨论研究常委会机关南侧县委坑开发建设有关事宜。

6月26日会议（扩大），由张自杰主持，许富忠、王星耀、张金业、高恒出席，高长茂、杜文彪、胡志科、马志刚、杨毅民、柴玉明、李稳收、李文环列席，讨论通过召开常委会第九次会议的有关事项、需提交常委会会议决定的人事任免案，讨论《关于静宁县2008年国民经济和社会发展计划调整的决议》《关于〈中华人民共和国环境保护法〉执法检查情况的报告》《关于城区规划管理与供热监管工作情况的调查报告》。

7月4日会议，由张自杰主持，戴双军、许富忠、王星耀、张金业、高恒出席，李金列席，讨论研究机关选调工作人员事宜。

8月21日会议（扩大），由张自杰主持，戴双军、王星耀、张金业、高恒、沙芳琴出席，李金、高长茂、杜文彪、杨晓光、胡志科、李成蹊、马志刚、杨毅民、李文环、柴玉明、李稳收、郭靖列席，讨论通过召开常委会第十次会议的有关事项，讨论

《关于全县退耕还林及“三荒”造林工作管护工作的调查报告》。

10月21日会议（扩大），由张自杰主持，戴双军、许富忠、张金业、高恒、沙芳琴出席，李金、杜文彪、高长茂、胡志科、杨毅民、柴玉明、李文环、李稳收、杨晓光、马志刚列席，讨论通过召开常委会第十一次会议的有关事项、需提交常委会会议决定的人事任免案，讨论《关于全县民营经济发展情况的调查报告》《关于县法院县检察院执法情况的检查报告》。

12月3日会议（扩大），由张自杰主持，戴双军、许富忠、王星耀、张金业、高恒、沙芳琴出席，李金、杜文彪、高长茂、胡志科、李成蹊、杨毅民、柴玉明、李文环、李稳收、杨晓光、马志刚列席，讨论通过召开常委会第十二次会议、十五届人大三次会议的有关事项，需提交常委会会议决定的人事任免案，讨论《关于县乡医疗卫生机构服务能力建设工作审议意见落实督查情况的汇报》《常委会工作报告》《关于十五届人大二次会议代表意见建议办理情况的报告》。

2009年

2月18日会议（主持人、出席人、列席人不详），讨论有关工作职责。

2月（日期不详）会议（扩大）（主持人、出席人、列席人不详），讨论通过召开常委会第十三次会议的有关事项、需提交常委会会议决定的人事任免案，讨论《关于2009年全县财政收支预算调整情况的审查报告》《关于2009年全县财政收支预算调整情况的决议》《静宁县人大常委会2009年工作要点》《静宁县人大常委会2009年重点工作行事历》。

6月18日会议（扩大），由张自杰主持，戴双军、许富忠、王星耀、高恒、沙芳琴出席，李金、高长茂、胡志科、杨晓光、李成蹊、杜文彪、姚国奇、厚学、柴玉明、杨毅民、李文环、李稳收列席，讨论通过召开常委会第十四次会议的有关事项、需提交常委会会议决定的人事任免案，讨论《关于静宁县2009年国民经济和社会发展计划调整的决议》《关于2008年全县财政决算的审查报告》《关于批准静宁县2008年县级财政决算的决议》《关于城乡文化市场管理工作情况的调查报告》《关于居民区物业管理工作情况的调查报告》。

7月17日会议，由张自杰主持，戴双军、王星耀、高恒出席，李金列席，讨论研究机关事务。

8月17日会议（扩大），由张自杰主持，戴双军、高恒、沙芳琴出席，李金、高长茂、胡志科、杨晓光、李成蹊、杜文彪、姚国奇、厚学、柴玉明、杨毅民、李文环、李稳收列席，讨论审定检察院人民监督员名单，作出《关于调整县人民检察院人民监督员的批复》；讨论通过召开常委会第十五次会议的有关事项、需提交第十五次常委会会议决定的人事任免案，讨论《关于批准2009年地方政府债券转贷资金相应调整县级财政预算的决议》《关于考察洛川果业市场管理、安定区马铃薯市场管理工作情况的报告》《关于全县果业市场管理工作情况的调查报告》。

10月22日会议（扩大），由张自杰主持，戴双军、王星耀、高恒、沙芳琴出席，李金、高长茂、胡志科、杨晓光、李成蹊、杜文彪、姚国奇、厚学、柴玉明、杨毅民、李文环、李稳收列席，讨论通过召开常委会第十六次会议的有关事项、需提交常委会会议决定的人事任免案，讨论《关于县十五届人大三次会议代表意见建议办理工作督查情况的汇报》《关于县法院县检察院执法情况的检查报告》《静宁县人民代表大会常务委员会议事规则》。

12月15日会议，由张自杰主持，戴双军、王星耀、高恒出席，李金、李文环列席，讨论研究后备干部推荐人选、机关选调人员意见。

2010年

3月4日会议（扩大），由张自杰主持，王星耀、高恒、沙芳琴、陈进财、慕锡武、陈尚孔出席，李金、高长茂、杨晓光、李成蹊、杜文彪、姚国奇、厚学、胡志科、柴玉明、杨毅民、李文环、李稳收列席，讨论通过召开常委会第十八次会议的有关事项，讨论常委会2010年工作要点和行事历。

4月12日会议，由张自杰主持，王星耀、高恒、陈进财、慕锡武出席，李金列席，讨论议定召开常委会第十九次会议的时间，安排部署机关其他事务。

4月30日会议（扩大），由张自杰主持，王星耀、高恒、陈进财、慕锡武、陈尚孔出席，李金、高长茂、胡志科、杨晓光、李成蹊、杜文彪、姚国奇、厚学、柴玉明、杨毅民列席，讨论通过召开常委会第十九次会议有关事项，讨论《关于〈静宁县城总体规划（2006—2020）〉（修编）实施情况的检查报告》《关于〈中华人民共和国食品安全法〉贯彻执行情况的检查报告》，安排部署机关“解放思想，优化环境，促进发展”学习讨论活动、机关干部职工为玉树地震灾区捐款等事宜，以及机关其他事务。

6月21日会议（扩大），由张自杰主持，王星耀、高恒、沙芳琴、陈进财、慕锡武、陈尚孔出席，李金、胡志科、杨晓光、李成蹊、杜文彪、姚国奇、厚学、马世明、武文学、冯克勤、杨立新、李忠荣、贾平峰、胡生忠、李文环列席，讨论通过召开常委会第二十次会议的有关事项，讨论《关于2009年全县财政决算（草案）的审查报告》《关于全县农业技术推广工作情况的调查报告》。

6月21日会议，由张自杰主持，王星耀、高恒、沙芳琴、陈进财、慕锡武、陈尚孔出席，李金、李文环列席，讨论研究贯彻市委人大工作会议精神、加强人大常委会建设，以及机关建设、办公室负责人工作分工等事项。

7月9日会议，由张自杰主持，王星耀、高恒、陈进财、慕锡武、陈尚孔出席，李金、李文环列席，讨论研究改善机关办公条件有关事宜。

8月18日会议（扩大），由张自杰主持，王星耀、沙芳琴、慕锡武、陈尚孔出席，李金、胡志科、高长茂、杨晓光、李成蹊、杜文彪、姚国奇、马世明、武文学、冯克勤、胡生忠、李文环、贾平峰、李忠荣、李稳收列席，讨论通过召开常委会第二十一次会议的有关事项，讨论《关于文化市场管理工作审议意见落实情况的检查报告》《关于县人民检察院法律监督工作情况的检查报告》。

9月30日会议，由张自杰主持，王星耀、高恒、沙芳琴、陈进财、慕锡武、陈尚孔出席，李金、李文环列席，安排部署国庆放假期间机关管理有关事务，听取机关建设工作汇报，讨论议定召开常委会第二十二次会议的时间，讨论文化市场管理、规划管理审议意见的监督事项。

10月18日会议，由张自杰主持，王星耀、高恒、沙芳琴、陈进财、慕锡武、陈尚孔出席，李金、胡志科、高长茂、杨晓光、李成蹊、厚学、马世明、武文学、冯克勤、杨立新、胡生忠、贾平峰、李忠荣、李文环、宋正祥、李稳收列席，听取有关审议意见落实进展情况的汇报，讨论通过召开常委会第二十二次会议的有关事项，讨论《静宁县人民代表大会常务委员会规范性文件备案审查暂行办法》《关于县十五届人大四次会议代表意见建议办理检查情况的汇报》《关于城区供热监管审议意见落实情况的检查报告》《关于县法院民商事案件审判执行工作情况的检查报告》。

12月6日会议，由张自杰主持，王星耀、高恒、陈进财、慕锡武、陈尚孔出席，李金、胡志科、马世明、武文学、冯克勤、杨立新、杨晓光、姚国奇、李成蹊、杜文彪、李文环、李稳收、李忠荣、胡生忠、贾平峰、宋正祥列席，讨论通过召开常委会第二十三次会议、十五届人大五次会议的有关事项，讨论《关于全县公安队伍建设情况的调查报告》。

12月14日会议，由张自杰主持，王星耀、沙芳琴、陈进财、慕锡武、陈尚孔出席，李金、胡志科、马世明、武文学、冯克勤、杨立新、杨晓光、姚国奇、李成蹊、李文环、李稳收、李忠荣、胡生忠、贾平峰、宋正祥列席，讨论通过召开常委会第二十四次会议、十五届人大五次会议的有关事项，讨论常委会工作报告、十五届人大四次会议代表意见建议办理情况的报告。

2011年

1月17日会议，由张自杰主持，王星耀、高恒、陈进财、慕锡武、陈尚孔出席，李金、李文环列席，讨论通过机关先进评选和年度考核等次评定意见，安排部署春节放假事宜。

2月21日会议，由张自杰主持，王星耀、高恒、沙芳琴、陈进财、慕锡武、陈尚孔出席，李金列席，讨论常委会2011年工作要点及行事历，讨论议定机关2010年度评选出的各类先进奖励及宣传工作考核结果兑现的有关事项，讨论研究机关事务。

2月23日会议，由张自杰主持，王星耀、高恒、沙芳琴、陈进财出席，讨论研究机关事务。

3月3日会议，由张自杰主持，王星耀、高恒、沙芳琴、陈进财、慕锡武出席，李金列席，讨论研究机关事务。

3月7日会议（扩大），由张自杰主持，王星耀、高恒、沙芳琴、陈进财、慕锡武出席，李金、高长茂、胡志科、杨晓光、李成蹊、姚国奇、马世明、武文学、冯克勤、杨立新、胡生忠、李文环、贾平峰、李忠荣、李稳收、宋正祥列席，讨论通过召开常委会第二十五次会议的有关事项，讨论《关于2011年全县财政收支预算调整情况的审查报告》、常委会2011年工作要点和行事历。

4月12日会议，由张自杰主持，王星耀、高恒、陈进财、慕锡武出席，李金、李文环列席，讨论研究机关事务。

6月21日会议（扩大），由张自杰主持，王星耀、高恒、沙芳琴、陈进财、慕锡武出席，李金、高长茂、胡志科、杨晓光、杜文彪、马世明、武文学、冯克勤、杨立新、胡生忠、李文环、贾平峰、李忠荣、李稳收、宋正祥列席，讨论通过召开常委会第二十六次会议的有关事项、需提交常委会会议决定的人事任免案，讨论《关于城区居民饮水安全工作情况的调查报告》《关于2010年全县财政决算的审查报告》。

8月22日会议（扩大），由张自杰主持，王星耀、高恒、沙芳琴、陈进财、慕锡武出席，李金、高长茂、胡志科、杨晓光、李成蹊、马世明、武文学、冯克勤、杨立新、胡生忠、李文环、贾平峰、李忠荣、李稳收、宋正祥列席，讨论通过召开常委会第二十八次会议的有关事项，讨论《关于全县公安队伍建设工作审议意见落实情况的检查报告》《关于2011年全县基金收支预算调整情况的审查报告》《关于进一步加强法制宣传教育的决议》。

10月9日会议（扩大），由张自杰主持，王星耀、高恒、沙芳琴、陈进财、慕锡武出席，李金、高长茂、胡志科、杨晓光、李成蹊、姚国奇、马世明、武文学、冯克勤、杨立新、胡生忠、李文环、贾平峰、李忠荣、李稳收、宋正祥列席，讨论通过召开常委会第二十九次会议、十六届人大一次会议的有关事项，讨论常委会工作报告、《关于县十五届人大五次会议代表意见建议办理督查情况的汇报》。

第九节　县第十六届人大常委会主任会议

县第十六届人大常委会召开主任会议42次。会议由主任或主任委托的副主任主持，各副主任出席，常委会党组成员、办公室负责人列席，会议扩大时，各委室负责人同时列席。主要讨论通过常委会领导班子工作分工，第十六届人大常委会代表资格审查委员会组成人员名单、常委会年度工作报告、要点、行事历，第十六届人大历次会议代表意见建议办理情况的报告，各类审查、调研、检查、视察报告及决议、决定，第十六届人大常委会优秀组成人员及优秀人大代表、机关年度考核等次评定优秀公务员、工勤人员及机关先进工作者名单；讨论研究常委会历次会议有关事项、需提交常委会会议决定的人事任免案；讨论研究机关建设、文秘人员选调、《静宁县人民代表大会志》编纂、带薪休假、优秀人大代表和组成人员评选等事宜，讨论通过《县人大常委会宣传工作奖励办法》《静宁县人大常委会专题询问和质询暂行办法》《静宁县人大常委会组成人员守则》《静宁县人大常委会会议请假制度》《静宁县人大常委会联系代表办法》《静宁县人大常委会关于听取和审议“一府两院”专项工作报告实行满意度测评暂行办法》《县人大常委会机关物品采购管理制度和差旅费管理实施细则》。

2011年

10月31日会议，由张自杰主持，王维军、王平仁、高恒、沙芳琴、陈进财、慕锡武出席，李文环列席，讨论议定常委会主任、副主任工作分工。

2012年

2月27日会议（扩大），由张自杰主持，王维军、王平仁、高恒、沙芳琴、陈进财、慕锡武出席，胡志科、马世明、武文学、冯克勤、杨立新、胡生忠、李文环、贾平峰、李忠荣、宋正祥、李稳收列席，讨论通过召开常委会第一次会议的有关事项、第十六届人大常委会代表资格审查委员会组成人员名单，讨论《关于2012年全县财政收支预算调整情况的审查报告》《县人大常委会2012年工作要点和行事历》。

6月8日会议，由张自杰主持，王平仁、高恒、沙芳琴、陈进财、慕锡武出席，何冠群、李文环列席，讨论研究机关建设有关事宜。

6月21日会议（扩大），由张自杰主持，王维军、王平仁、高恒、沙芳琴、陈进财、慕锡武出席，何冠群、马世明、武文学、杨立新、胡志科、冯克勤、李文环、胡生忠、贾平峰、李忠荣、宋正祥、李稳收列席，讨论通过召开常委会第三次会议的有关事项，讨论《关于2011年全县财政决算的审查报告》《关于全县公安队伍建设审议意见落实情况的检查报告》《关于全县果品产业发展情况的调查报告》。

7月13日会议，由张自杰主持，王维军、王平仁、高恒、陈进财、慕锡武出席，何冠群、李文环列席，讨论研究机关建设有关事宜。

8月25日会议，由张自杰主持，王维军、王平仁、高恒、沙芳琴、陈进财、慕锡武出席，何冠群、马世明、杨立新、胡生忠、李文环、贾平峰、李忠荣、宋正祥、李稳收列席，讨论通过召开常委会第四次会议的有关事项，讨论《关于城区居民物业管理有关审议意见落实情况的检查报告》。

9月4日会议，由张自杰主持，王维军、王平仁、高恒、沙芳琴、陈进财、慕锡武出席，杨华、何冠群、李文环列席，讨论通过常委会县级领导干部工作分工事项，讨论研究机关其他事务。

10月25日会议，由张自杰主持（出席、列席人员不详），讨论通过了召开常委会第五次会议的有关事项，讨论《关于全县农村基础教育发展情况的调查报告》《关于全县农村基础教育发展情况的审议意见的函》《关于城区居民饮水安全有关审议意见落实情况的检查报告》《关于县十六届人大一次会议代表意见建议办理督查情况的汇报》。

12月21日会议（扩大），由张自杰主持（出席、列席人员不详），讨论通过了召开常委会第六次会议的有关事项，听取关于筹备召开十六届人大二次会议有关事项的汇报，讨论《关于城区供热监管有关审议意见落实情况的检查报告》《关于县法院县检察院执法情况的检查报告》《县人大常委会工作报告》《关于县十六届人大一次会议代表意见建议办理情况的报告》。

2013年

2月25日会议，由张自杰主持（出席、列席人员不详），讨论通过召开常委会第七次会议的有关事项，讨论常委会2013年工作要点及重点工作行事历。

3月25日会议，由张自杰主持，王维军、王平仁、高恒、陈进财、慕锡武出席，杨华、何冠群、李文环列席，讨论研究机关文秘人员选调事宜。

4月24日会议（扩大），由张自杰主持，王平仁、高恒、沙芳琴、陈进财、慕锡武出席，杨华、何冠群、胡志科、马世明、武文学、冯克勤、杨立新、胡生忠、李文环、贾平峰、李忠荣、宋正祥、李稳收、张录牛列席，讨论通过召开常委会第八次会议的有关事项、需提交常委会会议决定的人事任免案，讨论《关于2013年财政收支预算调整情况的审查报告》《关于〈中华人民共和国残疾人保障法〉实施情况的检查报告》。

4月26日会议，由张自杰主持，王平仁、沙芳琴、陈进财、慕锡武出席，杨华、李文环列席，讨论通过需提交第八次常委会会议决定的人事任免案。

6月20日会议（扩大），由张自杰主持，王平仁、沙芳琴、陈进财、慕锡武出席，杨华、何冠群、胡志科、马世明、武文学、冯克勤、杨立新、胡生忠、李文环、贾平峰、李忠荣、宋正祥、张录牛列席，讨论通过召开常委会第九次会议的有关事项、需提交常委会会议决定的人事任免案，讨论《关于2012年全县财政决算的审查报告》《关于文化市场管理工作审议意见落实情况的检查报告》《关于全县农村公路建设管护工作情况的调查报告》。

8月16日会议（扩大），由张自杰主持，王平仁、高恒、沙芳琴、陈进财、慕锡武出席，何冠群、胡志科、马世明、武文学、冯克勤、胡生忠、贾平峰、李忠荣、宋正祥、李稳收、张录牛列席，讨论通过召开常委会第十次会议的有关事项、需提交常委会会议决定的人事任免案，讨论《关于县城规划管理工作情况的检查报告》。

10月12日会议（扩大），由张自杰主持，王维军、王平仁、高恒、沙芳琴、陈进财、慕锡武出席，杨华、胡志科、马世明、武文学、冯克勤、杨立新、胡生忠、李忠荣、宋正祥、张录牛、李稳收列席，讨论通过召开常委会第十一次会议的有关事项、需提交常委会会议决定的人事任免案，讨论《关于县十六届人大二次会议代表意见建议办理督查情况的汇报》《关于全县农村基础教育发展有关审议意见落实情况的检查报告》《关于全县整村推进扶贫开发工作情况的视察报告》。

12月18日会议（扩大），由张自杰主持，王维军、王平仁、高恒、沙芳琴、慕锡武出席，杨华、王友忠、胡志科、马世明、冯克勤、杨立新、李稳收、王兴国、胡生忠、李忠荣、宋正祥、张录牛列席，讨论通过召开常委会第十二次、十六届人大三次会议的有关事项、需提交常委会会议决定的人事任免案，讨论《关于县法院、检察院执法情况的检查报告》《静宁县第十六届人民代表大会第三次会议代表议案和建议意见提出及办理办法》《县人大常委会工作报告》《县十六届人大二次会议代表意见建议办理情况的报告》。

2014年

1月17日会议，由张自杰主持（出席、列席人员不详），讨论审定常委会机关公务员、工勤人员年度考核等次评定及机关先进工作者评选意见，讨论常委会2014年工作重点，安排部署机关退休人员慰问及春节值班事宜。

2月24日会议，由张自杰主持（出席、列席人员不详），讨论通过召开常委会第十三次会议的有关事项、《县人大常委会宣传工作奖励办法》，讨论《县人大常委会2014年工作要点》《重点工作行事历》。

4月26日会议，由张自杰主持，王维军、王平仁、高恒、沙芳琴、慕锡武出席，杨华、王友忠列席，讨论通过召开常委会第十四次会议、《静宁县人民代表大会志》编纂工作的有关事项，讨论《关于2014年全县财政收支预算调整情况的审查报告》《关于全县新型农村合作医疗有关审议意见落实情况的检查报告》。

6月19日会议（扩大），由张自杰主持（出席、列席人员不详），讨论通过召开常委会第十五次会议的有关事项，讨论《关于2013年全县财政决算的审查报告》《关于城区商品房产权管理情况的检查报告》《关于全县农村公路建设管护工作有关审议意见落实情况的检查报告》。

9月9日会议（扩大），由张自杰主持，王维军、王平仁、高恒、沙芳琴、慕锡武出席，杨华、王友忠、马世明、武文学、冯克勤、胡志科、杨立新、胡生忠、贾平峰、李忠荣、李稳收、张录牛、宋正祥列席，讨论通过召开常委会第十六次会议的有关事项、需提交常委会会议决定的人事任免案，讨论《关于〈中华人民共和国未成年人保护法〉〈中华人民共和国预防未成年人犯罪法〉贯彻实施情况的检查报告》《静宁县人大常委会专题询问和质询暂行办法》《静宁县人大常委会组成人员守则》《静宁县人大常委会会议请假制度》《静宁县人大常委会联系代表办法》，讨论通过《静宁县人大机关学习制度》《静宁县人大机关固定资产管理制度》《静宁县人大机关干部职工管理制度》《静宁县人大网管理制度》，修订完善了《静宁县人大机关财务管理制度》《静宁县人大机关安全保卫和值班制度》。

10月22日会议（扩大），由张自杰主持，王维军、王平仁、高恒、沙芳琴、陈进财、慕锡武出席，杨华、王友忠、胡志科、马世明、武文学、杨立新、李稳收、冯克勤、王兴国、李平安、李忠荣、李进祥、张录牛列席，讨论通过召开常委会第十七次会议的有关事项、需提交常委会会议决定的人事任免案，讨论《关于全县牛产业发展情况的调查报告》《关于全县农村基础教育发展审议意见落实情况的检查报告》《关于县十六届人大三次会议代表意见建议办理督查情况的报告》《静宁县人大常委会关于听取和审议“一府两院”专项工作报告实行满意度测评暂行办法》。

11月26日会议（扩大），由张自杰主持，王维军、沙芳琴、慕锡武出席，杨华、王友忠、胡志科、马世明、武文学、冯克勤、杨立新、李稳收、李平安、王兴国、胡生忠、李忠荣、宋正祥、李进祥、张录牛列席，讨论通过召开常委会第十八次会议、十六届人大四次会议的有关事项，讨论《县人大常委会工作报告》《县人大常委会

2015年工作要点及重点工作行事历》《县十六届人大二次会议代表意见、建议办理情况的报告》。

12月19日会议，由张自杰主持（出席、列席人员不详），讨论通过召开常委会第十九次会议、十六届人大四次会议的有关事项，需提交常委会会议决定的人事任免案，讨论《县人大常委会代表资格审查委员会关于代表资格出缺变动和补选代表资格审查情况的报告》。

2015年

4月20日会议（扩大），由张自杰主持，王维军、沙芳琴、慕锡武、高旭、厚连世、靳宝生出席，杨华、王友忠、胡志科、武文学、马世明、冯克勤、杨立新、李稳收、李平安、张晓军、王兴国、胡生忠、李进祥、李忠荣、宋正祥、张录牛、王飞列席，讨论通过召开常委会第二十次会议的有关事项、需提交常委会会议决定的人事任免案，讨论《关于2015年全县财政收支预算调整情况的审查报告》《关于〈甘肃省河道管理条例〉贯彻实施情况的检查报告》《关于城区商品房产权管理有关审议意见落实情况的检查报告》。

6月24日会议（扩大），由副主任王维军主持，沙芳琴、慕锡武、高旭、厚连世出席，杨华、王友忠、胡志科、杨立新、马世明、李平安、李稳收、胡生忠、王兴国列席，讨论通过召开常委会第二十一次会议的有关事项，讨论《关于2014年全县财政决算的审查报告》《关于城区学校教育教学工作的调研报告》《关于县法院审判执行工作的检查报告》。

8月18日会议（扩大），由王维军主持，沙芳琴、慕锡武、高旭、厚连世、靳宝生出席，杨华、王友忠、胡志科、马世明、李稳收、李平安、冯克勤、王兴国、李进祥、张录牛列席，讨论通过召开常委会第二十二次会议的有关事项、需提交常委会会议决定的人事任免案，讨论《关于全县生态林建设管护工作的调研报告》《关于县城棚户区改造项目申请国家开发银行贷款的审查报告》，讨论通过新制定的《县人大常委会机关物品采购管理制度和差旅费管理实施细则》。

8月28日下午2:40会议，由张自杰主持，王维军、慕锡武、高旭、厚连世、靳宝生出席，杨华、王友忠、张录牛列席，讨论通过需提交常委会第二十二次会议决定的县政府副县长任命案。

8月28日下午3:10会议，由张自杰主持，王维军、慕锡武、高旭、厚连世、靳宝生出席，杨华、王友忠、张录牛列席，讨论通过需提交常委会第二十二次会议决定的县政府代理县长任命案。

10月19日会议（扩大），由张自杰主持（出席、列席人员不详），讨论通过召开常委会第二十三次会议的有关事项，讨论《关于城川等五乡镇撤乡改镇的报告》《关于全县乡镇中心小学校外寄宿生管理情况的检查报告》《关于县城建设与管理情况的调研报告》《关于县十六届人大四次会议代表意见建议办理督查情况的报告》。

12月10日会议（扩大），由张自杰主持，王维军、沙芳琴、慕锡武、高旭、厚连世、靳宝生出席，杨华、王友忠、马世明、武文学、胡志科、冯克勤、杨立新、李稳收、胡生忠、王兴国、张天顺、李忠荣、宋正祥、李进祥、张录牛列席，讨论通过召开常委会第二十四次会议、十六届人大五次会议的有关事项，讨论《关于全县“六五”普法情况的检查报告》《关于2015年新增地方政府债券支出安排情况的审查报告》《县人大常委会工作报告》《县人大常委会2016年工作要点及重点工作行事历》《关于县十六届人大四次会议代表建议意见办理情况的报告》《关于县十六届人大五次会议代表议案和建议意见提出及处理办法（草案）》。

2016年

1月5日会议，由张自杰主持（出席、列席人员不详），讨论通过召开常委会第二十五次会议的有关事项、需提交常委会会议决定的人事任免案、县人大常委会机构规范后名称变更、常委会领导分工等有关事项，安排部署优秀人大代表和组成人员评选工作，讨论研究机关其他事务。

2月1日会议，由张自杰主持，王维军、沙芳琴、慕锡武、高旭、厚连世、靳宝生出席，杨华、张录牛列席，讨论通过第十六届人大常委会优秀组成人员及优秀人大代表、机关年度考核等次评定优秀公务员、工勤人员及机关先进工作者名单，安排部署春节期间值班事宜。

4月18日会议（扩大），由张自杰主持，王维军、沙芳琴、慕锡武、高旭、厚连世、靳宝生出席，杨华、张录牛、胡志科、王瑞生、王友忠、王壬寅、李稳收、李平安、马川娃、王宏、宋正祥、李进祥、王兴国、张天顺、马世明、冯克勤、胡生忠、李忠荣列席，讨论通过召开常委会第二十六次会议、需提交常委会会议决定的人事任免案，讨论研究表彰第十六届人大常委会优秀组成人员及优秀人大代表有关事宜，讨论了《关于2016年全县财政收支预算调整情况的审查报告》《关于〈中华人民共和国食品安全法〉贯彻实施情况的检查报告》。

5月31日会议，由张自杰主持（出席、列席人员不详），讨论通过召开常委会第二十七次会议的有关事项、需提交常委会会议决定的人事任免案，讨论研究县、乡人大换届选举有关事项。

6月20日会议（扩大），由王维军主持，沙芳琴、慕锡武、高旭、厚连世、靳宝生出席，杨华、张录牛、胡志科、王友忠、王壬寅、李平安、王瑞生、李稳收、杨立新、胡生忠、王晓峰、牛满川、王宏、李进祥、李忠荣、宋正祥、王致中、马川娃、王兴国列席，讨论通过召开常委会第二十八次会议的有关事项，讨论《关于2015年全县财政决算的审查报告》《关于对〈甘肃省河道管理条例〉贯彻实施审议意见落实情况的检查报告》。

9月22日会议，由张自杰主持（出席、列席人员不详），讨论通过召开常委会第二十九次会议的有关事项、需提交常委会会议决定的人事任命案。

9月23日会议，由张自杰主持（出席、列席人员不详），讨论通过需提交常委会第二十九次会议决定的人事任免案。

9月29日会议，由张自杰主持（出席、列席人员不详），讨论通过召开常委会第三十次会议、十七届人大一次会议的有关事项。

10月15日会议（扩大），由张自杰主持，王维军、沙芳琴、慕锡武、高旭、厚连世、靳宝生出席，杨华、张录牛、胡志科、李平安、马川娃、王 宏、李进祥、牛满川、王晓峰、王瑞生、李稳收、王壬寅、杨立新、胡生忠、王致中、王兴国列席，讨论通过召开常委会第三十一次会议的有关事项，讨论《县人大常委会工作报告》《县十六届人大五次会议代表建议意见办理情况的报告》《关于代表出缺变动和补选代表资格审查情况的报告》。

第十节 县第十七届人大常委会主任会议

县第十七届人大常委会共召开主任会议35次（截至2021年1月）。会议由主任或主任委托的副主任主持，各副主任出席，常委会党组成员、办公室负责人列席，会议扩大时，常委会各委室负责人同时列席。主要是传达学习市、县有关会议精神，讨论通过县第十七届人大常委会代表资格审查委员会组成人员名单，常委会半年工作、年度工作报告、要点、行事历，第十七届人大历次会议代表意见建议办理情况的报告，常委会各类审查、调研、检查、视察报告及决议、决定，讨论研究召开第十七届人大历次会议、人大常委会历次会议的有关事项，需提交常委会决定的人事任免案、有关辞职的请求，市第四届人大代表补选案，确定县法院人民陪审员名额；讨论《关于加强新时代人大工作的意见》，讨论县人大常委会代表资格审查委员会关于代表出缺变动和补选代表资格审查情况的报告；讨论研究机关建设、文秘人员选调、《静宁县人民代表大会志》编纂、带薪休假、优秀人大代表和组成人员评选等事宜，关于常委会办公室及机关支部、工会负责人工作分工的意见，调整机关临时人员工资标准的意见，关于调整常委会领导包抓乡镇（城市社区）人大工作事宜，讨论确定机关驻村精准扶贫精准脱贫第一书记、工作队队长人员；讨论通过《静宁县人民代表大会财政经济委员会工作规则》《静宁县人民代表大会财政经济委员会与政府有关财政经济部门工作联系办法》《静宁县人民代表大会财政经济委员会计划财政审查工作规程》《静宁县人民代表大会法制委员会工作规则》《静宁县人民代表大会法制委员会会议制度》《静宁县人民代表大会社会建设委员会工作规则》《静宁县人民代表大会代表履职登记办法》《静宁县人大预算审查联系代表工作办法》。

2017年

1月4日会议（扩大），由王智国主持，沙芳琴、高旭、厚连世、张进宝、靳宝生出席，杨华、张录牛、胡志科、王瑞生、王友忠、王壬寅、李平安、李稳收、马川娃、牛满川、李进祥、王宏、张天顺列席，讨论通过召开常委会第一次会议有的关事项、需提交常委会会议决定的人事任免案、第十七届人大常委会代表资格审查委员会组成人员名单（草案），讨论《县人大常委会2017年工作要点及重点工作行事历》《关于开展第七个五年法治宣传教育的决议（草案）》《关于甘肃省静宁县国家生态文明建设示范县规划（2016—2018年）的审查报告》《静宁县人大常委会关于甘肃省静宁县国家生态文明建设示范县规划（2016—2018年）的决议（草案）》《关于将全县村级互助资金协会市县配套资金列入财政预算的审查报告》《静宁县人大常委会关于将全县村级互助资金协会市县配套资金列入财政预算的决议（草案）》《静宁县人大常委会关于治平等四乡撤乡改镇的决定》。

3月14日会议，由王智国主持，沙芳琴、高旭、厚连世、张进宝、靳宝生出席，杨华、张录牛列席，讨论通过召开常委会第二次会议的有关事项、需提交常委会会议决定的人事任免案。

4月25日会议（扩大），由王智国主持，沙芳琴、高旭、张进宝、李读、靳宝生出席，张录牛、王友忠、胡志科、李稳收、李平安、王瑞生、王壬寅、牛满川、王晓峰、王宏、马川娃、李进祥、王兴国、张天顺列席，讨论通过召开常委会第三次会议的有关事项，讨论《关于〈中华人民共和国种子法〉贯彻实施情况的检查报告》《关于全县义务教育均衡发展情况的视察报告》。

5月27日会议，由王智国主持，沙芳琴、高旭、厚连世、张进宝、李读、靳宝生出席，杨华、张录牛、王友忠、胡志科、李稳收、李平安、王瑞生、王壬寅、牛满川、王晓峰、王宏、马川娃、李进祥、王兴国列席，讨论通过召开常委会第四次会议的有关事项、需提交常委会会议决定的人事任免案，讨论《关于2017年国民经济和社会发展计划调整情况的审查报告》《关于2017年全县财政收支预算调整情况的审查报告》《静宁县人民代表大会财政经济委员会工作规则》《静宁县人民代表大会财政经济委员会与政府有关财政经济部门工作联系办法》《静宁县人民代表大会财政经济委员会计划财政审查工作规程》。

6月23日会议（扩大），由王智国主持，高旭、厚连世、李读、靳宝生出席，杨华、王友忠、胡志科、李稳收、李平安、王瑞生、王壬寅、牛满川、王晓峰、王宏、马川娃、李进祥、王兴国、张天顺、马晓荣列席，讨论通过召开常委会第五次会议的有关事项，讨论《关于2016年全县财政决算（草案）的审查报告》《关于取消五台山城区备用水源地情况的审查报告》《关于县城规划执法管理情况的检查报告》《关于〈中华人民共和国道路交通安全法〉贯彻实施情况的检查报告》。

6月30日会议，由王智国主持，沙芳琴、高旭、厚连世、张进宝、李读、靳宝生出席，杨华、陈雄列席，讨论通过需提交常委会会议决定的人事任免案。

8月28日会议（扩大），由王智国主持，沙芳琴、高旭、厚连世、张进宝、靳宝生出席，杨华、王壬寅、胡志科、王瑞生、王友忠、李平安、李稳收、王飞、马川娃、王晓峰、牛满川、王宏、张天顺、马晓荣列席，传达学习全市人大常委会主任座谈会暨县乡人大主任（主席）培训班、县委十七届五次全体会议精神，讨论通过召开常委会第六次会议的有关事项、需提交常委会会议决定的人事任免案，讨论《关于2017年上半年国民经济和社会发展计划执行情况的审查报告》《关于全县工业企业发展情况的调研报告》《关于全县中低产苹果园技术改造提升工作的调研报告》，讨论通过关于调整常委会领导包抓乡镇（城市社区）人大工作事宜。

10月27日会议（扩大），由王智国主持，沙芳琴、高旭、厚连世、张进宝、李读、靳宝生出席，杨华、王友忠、胡志科、李稳收、李平安、王瑞生、王壬寅、马川娃、王宏、牛满川、王晓峰、王兴国、马晓荣、王飞列席，讨论通过召开常委会第七次会议的有关事项，讨论《关于〈中华人民共和国残疾人保障法〉实施情况的检查报告》《关于县人民法院“两年内基本解决执行难问题”工作情况的检查报告》《关于县十七届人大一次会议代表建议意见办理督查情况的报告》《关于2017年新增地方政府债券支出安排情况的审查报告》《静宁县人民代表大会法制委员会工作规则》《静宁县人民代表大会法制委员会会议制度》。

12月12日会议（扩大），由王智国主持（出席、列席人员不详），讨论通过召开常委会第八次会议、十七届人大二次会议的有关事项、需提交常委会会议决定的人事任免案，讨论《关于代表资格出缺变动和补选代表资格审查情况的报告》《县人大常委会工作报告》《关于县十七届人大一次会议代表建议意见办理情况的报告》。

12月18日会议（扩大），由王智国主持，沙芳琴、高旭、厚连世、张进宝、李读出席，杨华、平宏、王友忠、胡志科、李稳收、李平安、王瑞生、王壬寅、马川娃、王宏、王致中、牛满川、王晓峰、王兴国、张天顺、马晓荣、王飞列席，讨论通过召开常委会第九次会议的有关事项，需提交常委会会议决定的有关辞职的请求，讨论《关于2017年新增财力支出安排情况的审查报告》《关于全县“七五”普法规划实施情况的调研报告》《关于城区“断头路”打通情况的检查报告》。

12月23日会议，由王智国主持，沙芳琴、高旭、厚连世、张进宝、李读、靳宝生出席，杨华、平宏、周浩仁、王飞列席，讨论通过需提交常委会会议决定的人事任免案。

2018年

1月25日会议，由王智国主持，沙芳琴、高旭、厚连世、张进宝、李读、靳宝生出席，杨华、平宏、王飞列席，讨论通过关于常委会办公室及机关支部、工会负责人工作分工的意见、调整机关临时人员工资标准的意见，讨论研究常委会2018年重点工作。

3月1日会议（扩大），由王智国主持（出席、列席人员不详），讨论通过召开常委会第十一次会议的有关事项、需提交常委会会议决定的人事任免案，讨论《县人大常委会2018年工作要点及重点工作行事历》，讨论确定机关驻村精准扶贫精准脱贫第一书记、工作队队长人选。

4月23日会议（扩大），由王智国主持，沙芳琴、高旭、厚连世、张进宝、李读、靳宝生出席，杨华、平宏、王壬寅、李稳收、李平安、胡志科、牛满川、王致中、马川娃、王飞、阎钧、马晓荣列席，讨论通过召开常委会第十二次会议的有关事项、需提交常委会会议决定的人事任免案，讨论《关于2018年国民经济和社会发展计划调整情况的审查报告》《关于2018年全县财政收支预算调整情况的审查报告》《关于全县精准扶贫精准脱贫工作的调研报告》。

6月28日会议（扩大），由王智国主持，沙芳琴、高旭、厚连世、张进宝、李读出席，杨华、平宏、胡志科、李平安、李稳收、王瑞生、王飞、王宏、阎钧、牛满川、王致中、马川娃、王兴国、马晓荣列席，讨论通过召开常委会第十三次会议的有关事项、需提交常委会会议决定的人事任免案，讨论《关于取消新店甘坡等5处乡镇集中式饮用水源地的审查报告》《关于2018年转移支付增量资金支出安排情况的审查报告》《关于2018年地方政府债券支出安排情况的审查报告》《关于县城建设与管理情况的检查报告》《关于全县旅游产业发展情况的调研报告》，讨论《静宁县人民代表大会志》关于党组会议、主任会议、常委会会议志撰写体例的优化方案。

8月27日会议（扩大），由王智国主持，沙芳琴、高旭、厚连世、张进宝、李读出席，杨华、平宏、胡志科、李平安、李稳收、王瑞生、王飞、王宏、阎钧、牛满川、王致中、马川娃、王兴国、张天顺列席，讨论通过召开常委会第十四次会议的有关事项，讨论《关于2017年全县财政决算（草案）的审查报告》《关于2018年增加预算支出安排情况的审查报告》《全县工业企业发展有关审议意见落实情况的检查报告》《关于全县乡镇（村）医疗卫生工作情况的检查报告》。

10月25日会议（扩大），由王智国主持，沙芳琴、高旭、厚连世、张进宝、李读、靳宝生出席，杨华、平宏、王友忠、胡志科、李平安、王瑞生、李稳收、王飞、牛满川、王致中、马川娃、王兴国、张天顺、马晓荣列席，讨论通过召开常委会第十五次会议的有关事项、需提交常委会会议决定的人事任免案及有关县人大代表辞职的请求，讨论《关于将静宁县工业和生活污水处理服务费纳入财政中期规划的审查报告》《关于〈中华人民共和国环境保护法〉贯彻实施情况的检查报告》《关于〈中华人民共和国老年人权益保障法〉贯彻实施情况的检查报告》《关于县十七届人大二次会议代表建议意见办理督查情况的报告》。

12月7日会议（扩大），由王智国主持，沙芳琴、高旭、张进宝、李读、靳宝生出席，杨华、平宏、王友忠、胡志科、李稳收、王壬寅、王飞、牛满川、王致中、马川娃、张天顺、马晓荣列席，讨论通过召开常委会第十六次会议、十七届人大三次会议的有关事项，讨论常委会工作报告、十七届人大二次会议代表建议意见办理情况的报告。

12月23日会议（扩大），由王智国主持，沙芳琴、高旭、厚连世、张进宝、李读、靳宝生出席，杨华、平宏、胡志科、李稳收、王壬寅、王飞、牛满川、王致中、马川娃、王兴国、张天顺、马晓荣列席，讨论通过召开常委会第十七次会议、十七届人大三次会议的有关事项、需提交常委会会议决定的人事任免案；讨论常委会代表资格审查委员会关于代表出缺变动和补选代表资格审查情况的报告、十七届人大三次会议代表议案和建议、意见提出及处理办法（草案），关于预算稳定调节基金和政府性基金调入一般公共预算情况、关于机关事业单位发放2017年度科学发展观业绩考核奖重大支出情况、关于静宁县2018年增加预算支出安排情况的审查报告和关于县城棚户区改造情况的检查报告。

2019年

1月25日会议，由王智国主持，沙芳琴、高旭、厚连世、张进宝、李读、靳宝生出席，讨论通过需提交常委会会议决定的人事任免案。

2月1日会议，由王智国主持，高旭、厚连世、张进宝、李读、靳宝生出席，杨华、平宏列席，讨论通过召开常委会第十九次会议的有关事项、需提交常委会会议决定的人事任免案、关于确定县人民法院人民陪审员名额的有关事项。

2月12日会议，由王智国主持，高旭、沙芳琴、高旭、厚连世、张进宝、李读、靳宝生出席，杨华、平宏列席，讨论通过召开常委会第二十次会议的有关事项、需提交常委会会议决定的市第四届人大代表补选案。

3月18日会议（扩大），由王智国主持，高旭、厚连世、张进宝、李读、靳宝生出席，杨华、平宏、胡志科、李稳收、王壬寅、王瑞生、王飞、牛满川、王致中、马川娃、王兴国、张天顺、马晓荣、刘斌、杨升旺列席，讨论通过召开常委会第二十一次会议的有关事项、需提交常委会会议决定的有关人事任免案，讨论《关于引洮供水二期配套工程合作建设及水利一体化合作经营有关事项的审查报告》《县人大常委会2019年工作要点及工作行事历》。

5月7日会议（扩大），由王智国主持，高旭、厚连世、张进宝、靳宝生出席，杨华、平宏、胡志科、王壬寅、王瑞生、王飞、牛满川、王致中、马川娃、王兴国、张天顺、马晓荣、刘斌、杨升旺列席，讨论通过召开县十七届人大常委会第22次会议的有关事项，讨论《关于2019年国民经济和社会发展计划调整情况的审查报告》《关于2019年全县财政收支预算调整情况的审查报告》《关于〈甘肃省农村生活垃圾管理条例〉贯彻实施情况的检查报告》。

6月13日会议（扩大），由王智国主持，沙芳琴、高旭、厚连世、张进宝出席，杨华、平宏、胡志科、王友忠、李稳收、王瑞生、王飞、牛满川、王致中、马川娃、王兴国、刘斌、杨升旺列席，讨论通过召开常委会第二十三次会议的有关事项、需提交常委会会议决定的人事任免案，讨论《关于全县就业扶贫工作的调研报告》。

8月27日会议（扩大），由沙芳琴主持，高旭、李读、靳宝生出席，杨华、平宏、胡志科、王友忠、李稳收、王瑞生、王壬寅、王飞、牛满川、马川娃、王兴国、刘斌、杨升旺列席，讨论通过召开常委会第二十四次会议的有关事项、需提交常委会会议决定的人事任免案，讨论《关于2018年财政决算的审查报告》《关于静宁县2019年地方政府债券支出安排情况的审查报告》《关于〈中华人民共和国治安管理处罚法〉贯彻实施情况的检查报告》《关于全县城乡安全饮水及工程建设情况的调研报告》《县人大常委会半年工作报告》。

10月23日会议（扩大），由王智国主持，沙芳琴、高旭、厚连世、张进宝、李读出席，杨华、平宏、胡志科、李稳收、王瑞生、王壬寅、王飞、牛满川、马川娃、王致中、王兴国、刘斌列席，讨论通过召开常委会第二十五次会议的有关事项，讨论《关于机关事业单位发放2018年度业绩考核奖重大支出情况的审查报告》《关于〈中华人民共和国产品质量法〉贯彻实施情况的检查报告》《关于县政府承诺的10件实事办理落实情况的视察报告》《关于县十七届人大三次会议代表建议意见办理督查情况的报告》。

2020年

1月10日会议（扩大），由王智国主持，沙芳琴、高旭、厚连世、张进宝出席，杨华、平宏、胡志科、王友忠、李稳收、王瑞生、王壬寅、王飞、王致中、马川娃、王兴国、刘斌、杨升旺列席，讨论通过召开常委会第二十六次会议、十七届人大四次会议的有关事项，需提交常委会会议决定的人事任免案，讨论《关于代表出缺变动和补选代表资格审查情况的报告》《县十七届人大四次会议代表议案和建议、意见提出及处理办法（草案）》《县人大常委会工作报告》《关于县十七届人大三次会议代表建议、意见办理情况的报告》《关于政府性基金调入一般公共预算情况的审查报告》《关于县级重大资金支出情况的审查报告》《关于2019年增加预算支出安排情况的审查报告》。

4月2日会议（扩大），由王智国主持，沙芳琴、张进宝、靳宝生、牛永琪、杨飞出席，杨华、平宏、胡志科、王友忠、李稳收、王瑞生、王壬寅、王飞、王致中、景坐社、牛满川、马川娃、王兴国、刘斌、杨升旺列席，讨论通过召开常委会第二十七次会议的有关事项，讨论需提交常委会会议决定的有关人事任免案、常委会2020年工作要点及重点工作行事历。

5月19日会议（扩大），由王智国主持，沙芳琴、张进宝、李读、靳宝生、牛永琪、杨飞出席，平宏、胡志科、王友忠、李稳收、王瑞生、王壬寅、王宏、王飞、王致中、景坐社列席，讨论通过召开常委会第二十八次会议、十七届人大四次会议的有关事项，讨论常委会代表资格审查委员会关于代表出缺变动和补选代表资格审查情况的报告。

6月24日会议（扩大），由王智国主持，张进宝、李读、靳宝生、牛永琪、杨飞出席，杨华、平宏、王友忠、胡志科、李稳收、王壬寅、王瑞生、王宏、王致中、景坐社列席，讨论通过召开常委会第二十九次会议的有关事项，讨论需提交常委会会议决定的有关人事任免案、《静宁县人民代表大会社会建设委员会工作规则（草案）》《关于静宁县2020年地方政府债券支出安排情况的审查报告》《关于静宁县机关事业单位发放2019年度业绩考核奖和农村危旧房屋改造补贴等重大支出情况的审查报告》《关于〈中华人民共和国传染病防治法〉贯彻实施情况的检查报告》《关于全县城区国有土地出让情况的检查报告》。

9月11日会议（扩大），由张进宝主持，李读、靳宝生、杨飞出席，杨华、平宏、王友忠、王瑞生、王壬寅、李稳收、王宏、王致中列席，讨论通过召开常委会第三十次会议的有关事项，讨论需提交常委会会议决定的有关人事任免案、《关于中心城区“两规”一致性处理及城乡统筹总体规划（2015—2030）中心城区局部用地调整方案的审查报告》《关于〈静宁县省级农业科技园区总体规划〉和〈静宁县省级农业科技园区建设实施方案〉的审查报告》《关于2019年财政预算（草案）的审查报告》《关于全县企业国有资产管理情况的调研报告》《关于全县农村公路建设与管护情况的调研报告》《关于规范性文件备案审查工作的检查报告》《关于加强新时代人大工作的意见》《静宁县人民代表大会代表履职登记办法》《静宁县人大预算审查联系代表工作办法》。

11月13日会议（扩大），由王智国主持，张进宝、李读、杨飞出席，杨华、崔静荣、平宏、王瑞生、李稳收、王宏、李方正、梁永红、景坐社、贾世玺列席，传达学习中国共产党第十九届中央委员会第五次全体会议公报和中共中央总书记习近平文章《国家中长期经济社会发展战略若干问题》；讨论通过召开常委会第三十一次会议的有关事项，讨论需提交常委会会议决定的有关人事任免案、《关于2020年抗疫特别国债和部分新增债券安排情况的审查报告》《关于发放全县机关事业单位工作人员2019年平安建设考核奖和2020年取暖补贴重大支出的审查报告》《关于县人民检察院开展公益诉讼情况的调研报告》《关于全县科技工作情况的调研报告》《关于县十七届人大四次会议代表建议意见办理督查情况的报告》。

12月25日会议（扩大） 由王智国主持，张进宝、李读、靳宝生、杨飞出席，杨华、崔静荣、樊旺、平宏、王友忠、王瑞生、李稳收、李方正、梁永红、景坐社、贾世玺列席，讨论通过召开常委会第三十二次会议的有关事项，讨论需提交常委会会议决定的有关人事任免案、《关于政府性基金调入一般公共预算情况的审查报告》《关于2020年增加预算支出和预算调整情况的审查报告》《关于静宁县不动产登记历史遗留问题处置意见的审查报告》。

2021年

1月14日会议（扩大），由王智国主持，张进宝、李读、靳宝生、牛永琪、杨飞出席，王永平、孙青茂、杨华、崔静荣、樊旺、平宏、王友忠、王瑞生、李稳收、梁永红、李方正、景坐社、贾世玺、王飞列席，讨论通过关于召开常委会第三十三次会议的有关事项、关于召开县十七届人大五次会议的有关事项，讨论需提交常委会会议决定的人事任免案、关于代表出缺变动和补选代表资格审查情况的报告、县十七届人大五次会议选举办法（草案）、代表议案和建议、意见提出及处理办法（草案）、县人大常委会工作报告、县十七届人大四次会议代表建议、意见办理情况的报告。

第三章　县人大常委会会议

县人大常委会是县人民代表大会的常设机构，对县人民代表大会负责并报告工作。县人大常委会自成立以来，共召开常委会会议264次（县十七届人大常委会会议次数统计截至2021年1月），依法行使下列职权：（一）保证宪法、法律、行政法规和上级人民代表大会及其常务委员会的决议在静宁县的遵守和执行；（二）领导、主持第八届人大以来历届人大代表的选举；（三）召集第八届人大以来历届人民代表大会会议；（四）讨论、决定静宁县政治、经济、教育、科学、文化、卫生、环境和资源保护、民政、民族等工作的重大事项；（五）根据政府的建议，决定对静宁县内的国民经济和社会发展计划、预算的部分变更；（六）监督政府、法院、检察院、监委的工作，联系人大代表，受理人民群众对上述机关和国家工作人员的申诉和意见；（七）撤销乡镇人民代表大会不适当的决议；（八）撤销政府不适当的决定和命令；（九）在人民代表大会闭会期间，决定政府副县长的个别任免；在政府县长和法院院长、检察院检察长、监委主任因故不能担任职务的时候，从政府、法院、检察院、监委副职领导人员中决定代理的人选（决定代理检察长，须报上一级检察院和人大常委会备案）；（十）根据县长的提名，决定政府办公室主任、局长、委员会主任、科长的任免；（十一）按照法院组织法和检察院组织法的规定，任免法院副院长、庭长、副庭长、审判委员会委员、审判员，任免检察院副检察长、检察委员会委员、检察员，批准任免乡镇人民法庭庭长、副庭长；（十二）任免监委副主任、委员；（十三）在人民代表大会闭会期间，补选上一级人民代表大会出缺的代表和罢免个别代表。

附：

历届人大常委会会议召开情况表

表4-4

届次	召开次数（次）	听取审议工作报告（项）					任免工作人员(名)		作出决议决定（项）	审议通过事项（项）
		人大常委会	政府	法院	检院	监委	任命	辞职免职		
八	12	6	5	1	1		82	22	3	11
九	20	14	16	1	1		58	22	5	12
十	21	24	35	4	4		90	23	8	16
十一	18	23	38	3	3		70	21	8	10

续表4-4

届次	召开次数(次)	听取审议工作报告（项）					任免工作人员(名)		作出决议决定（项）	审议通过事项（项）
		人大常委会	政府	法院	检院	监委	任命	辞职免职		
十二	37	35	51	7	7		122	61	7	15
十三	35	25	44	9	8		107	40	8	18
十四	28	38	43	4	4		96	51	10	19
十五	29	54	59	4	4		120	66	21	15
十六	31	53	61	5	4		146	79	27	31
十七	33	90	97	5	4	1	169	77	46	25

第一节　县第八届人大常委会会议

县第八届人大常委会任期为1981年1月至1983年12月。其间，共召开常委会会议12次。会议由常委会主任或副主任主持，第八届常委会组成人员出席会议，政府县长或副县长、法院院长或副院长、检察院检察长或副检察长、县直及省地驻静有关部门负责人列席会议，必要时，县委有关部门负责人同时列席。历次会议传达学习中共十一届六中全会精神、《关于建国以来党的若干历史问题的决议》、中共中央领导的讲话、指示，六届全国人大一次会议精神、《中华人民共和国宪法修改草案》《中华人民共和国地方各级人民代表大会和地方各级人民政府组织法》《中华人民共和国全国人民代表大会和地方各级人民代表大会选举法》、省委、省人大常委会有关文件和领导讲话18项（次）；听取和审议政府、法院、检院关于学习宣传执行法律等方面工作报告及政府关于财政、计划方面工作报告7项；听取常委会年度工作报告、学习讨论宪法修改草案情况报告以及全县统销粮政策执行情况和物价、食油加工供应情况的视察等方面报告6项；作出决定、决议3项；审议通过有关事项11项；任命国家机关工作人员82名，免（辞）职22名。

附：

第八届人大常委会会议召开情况表

表4-5

次别	召开时间	听取审议工作报告(项)				任免工作人员(名)		作出决议决定（项）	审议通过事项（项）
		人大常委会	政府	法院	检院	任命	辞职免职		
一	1981.1.14								
二	1981.4.24		2					1	

续表4-5

次别	召开时间	听取审议工作报告(项)				任免工作人员(名)		作出决议决定(项)	审议通过事项(项)
		人大常委会	政府	法院	检院	任命	辞职免职		
三	1981.8.21	1							
四	1982.3.16		1						3
五	1982.5.26					26		1	
六	1982.8.21	1	2	1	1			1	
七	1982.11.11					2	1		
八	1983.3.22	2							3
九	1983.7.28	2				27			
十	1983.10.30								4
十一	1983.11.21					27	21		
十二	1983.12.20								1

第一次会议　于1981年1月14日召开，由高富德主持。

会议学习《中华人民共和国地方各级人民代表大会和地方各级人民政府组织法》；讨论常委会机构编制等事宜。

第八届常委会组成人员高富德、刘文俊、马存余、胡建华、王占岐、王乃学、陈向华、王敦厚、史国忠、赵顺天、樊枨、王秉章、程天爵出席会议。

第二次会议　于1981年4月24日至25日召开，由张光明主持。

会议议程有两项：一、学习甘肃省人大常委会主任王世泰的有关讲话和人大常委会的任务、性质、职权等；二、听取和审议政府副县长部文学受政府委托所作的《关于1980年国民经济计划执行情况和1981年国民经济计划（草案）的说明》、县长郑建才所作的《关于财政预算和投资使用意见的说明》，作出《关于静宁县1980年国民经济计划执行情况和1981年国民经济计划（草案）说明及财政预算的决议》。

第八届常委会组成人员张光明、马存余、刘文俊、王占岐、王乃学、王秉章、樊枨、程天爵、赵顺天、史国忠出席会议；政府县长郑建才，副县长部文学、李怀仁，检察院检察长曹炯文、法院副院长漆忠义、计委主任彭金山、财政局副局长韩维屏列席会议。

第三次会议　于1981年8月21日至22日在政府第三会议室召开，由张光明主持。

会议议程是：传达学习中共十一届六中全会精神，学习中共中央《关于建国以来党的若干历史问题的决议》、全国人大常委会副委员长彭真讲话和县委八届三次（扩大）会议精神，讨论常委会下半年的工作任务，并产生会议纪要。

第八届常委会组成人员张光明、马存余、刘文俊、胡建华、王占歧、王秉章、程天爵、王敦厚、陈向华、王乃学、孙孝治、樊枨出席会议；政府副县长钱樟炎，法院院长马子坤，检察院检察长曹炯文，财政局副局长韩维屏列席会议。

第四次会议 于1982年3月16日至17日在政府第三会议室召开，由高富德主持。

会议议程有四项：一、听取和审议副县长部文学受政府委托所作的《关于1981年国民经济计划执行情况及1982年安排和措施的说明》；二、审议通过召开八届人大二次会议的有关事项；三、审议通过常委会工作报告和八届人大一次会议代表提案办理情况的报告；四、传达学习胡耀邦对甘肃工作的指示精神，学习吉林省人大常委会副主任的有关讲话精神和安徽、四川省人大工作中关于一些问题的解决意见。

第八届常委会组成人员高富德、张光明、赵顺天、胡建华、王占歧、孙孝治、王秉章、程天爵、陈向华、史国忠、樊枨、王乃学出席会议；政府县长郑建才、副县长部文学，法院院长马子坤、检察院检察长曹炯文、政府办主任马勤祥、计委主任彭金山、人事科科长靳国强、司法科科长伏智信、民政局局长陈世英列席会议。

第五次会议 于1982年5月26日至28日在政府第三会议室召开，由高富德主持。

会议议程有三项：一、学习《中华人民共和国宪法（修改草案）》全文、彭真在第五届全国人大常委会第二十三次会议上《关于中华人民共和国宪法修改草案的说明》、平凉地委《关于组织全民学习宪法修改草案的通知》；二、审议通过《关于组织全县人民学习讨论〈中华人民共和国宪法修改草案〉的决定》；三、在传达学习省人大常委会办公厅有关补发任命书的通知、省政府关于县级以上人员任免实施办法和地区行署关于地县工作人员任免实施办法的通知等文件精神后，通过人事任免事项。

第八届常委会组成人员高富德、张光明、刘文俊、史国忠、王敦厚、王占歧、王秉章、程天爵、樊枨、胡建华、王乃学出席会议；政府副县长杜东海、公安局局长李柱、民政局局长陈世英、广播局局长高兴亚、团县委书记柴桂兰、法律顾问处律师张奇显列席会议。

附：

人事任免

马勤祥任县人民政府办公室主任

杨志诚任县多种经营办公室主任

赵建忠任县人民政府人事科科长

伏智信任县人民政府司法科科长

郭承祖任县体育运动委员会主任

彭金山任县计划委员会主任

王学谋任县民政局局长

邹振汉任县劳动局局长
许天福任县统计局局长
刘建国任县物资局局长
柳金川任县农业局局长
黎文生任县林业水保局局长
刘鹏举任县水利局局长
张进甲任县粮食局局长
曹升明任县财政局局长
靳守廷任县税务局局长
张世俊任县商业局局长
石恒录任中国人民建设银行甘肃省静宁县支行行长
韩亦武任县农业机械局局长
李映江任县城乡建设局局长
孙瀛洲任县工业交通局局长
张国盛任县文化教育局局长
高兴亚任县广播事业局局长
陈国刚任县卫生局局长
阎忠孝任县医药管理局局长
李　柱任县公安局局长

第六次会议　于1982年8月21日至23日在政府第三会议室召开，由高富德主持。

会议议程有三项：一、听取各社镇关于组织全民学习讨论宪法修改草案情况的汇报，听取常委会办公室主任史国忠所作的《关于县级各单位学习讨论宪法修改草案情况及17条修改意见的报告》；二、听取各社镇关于八届人大二次会议召开情况的汇报；三、听取和审议公安局教导员吕根乾、检察院副检察长李志明、法院院长马子坤、司法科副科长田守川关于当前学习宣传、执行法律情况和社会治安工作及今后工作安排的报告；作出《关于在全县开展法制宣传教育的决议》。

第八届常委会组成人员高富德、张光明、刘文俊、马存余、史国忠、王敦厚、王秉章、程天爵、胡建华、孙孝治、王乃学出席会议；政府副县长钱樟炎、法院院长马子坤、检察院副检察长李志明、公安局教导员吕根乾、司法科副科长田守川、人事科科长赵建忠及各公社管委会主任、城关镇镇长列席会议。

第七次会议　于1982年11月11日在政府第三会议室召开，由高富德主持。

会议议程一项：人事任免。

第八届常委会组成人员高富德、张光明、刘文俊、马存余、王敦厚、王占歧、陈向华、王秉章、胡建华、程天爵、史国忠出席会议，人事科科长赵建忠列席会议。

附：

人事任免

刘国弼任县公安局局长

李　柱任县手工业管理局局长，免去县公安局局长职务

第八次会议　于1983年3月22日至23日在政府第三会议室召开，由高富德主持。

会议议程有六项：一、学习1982年12月10日五届全国人大五次会议第一次修正、通过的《中华人民共和国全国人民代表大会和地方各级人民代表大会选举法》；二、审议通过常委会工作报告；三、审议通过《关于县八届人大二次会议代表提案办理情况的报告（讨论稿）》；四、审议通过八届人大三次会议议程（草案）；五、审议通过八届人大三次会议主席团名单（草案）、代表资格审查委员会组成人员名单（草案）、提案审查委员会组成人员名单（草案）；六、审议通过甘肃省第六届人大代表选举办法说明、代表名额和代表候选人初步提名。

第八届常委会组成人员高富德、张光明、马存余、王秉章、程天爵、王占歧、王乃学、陈向华、史国忠、胡建华、王敦厚、孙孝治出席会议；政府县长郑建才、法院院长马子坤、检察院副检察长李志明列席会议。

第九次会议　于1983年7月28日至29日在常委会机关会议室召开。分别由高富德、张光明主持。

会议议程有四项：一、学习六届全国人大一次会议精神，主要是甘肃省委宣传部关于国务院总理所作政府工作报告的宣传提要、李先念在六届全国人大一次会议上的讲话和彭真在六届全国人大一次会议结束时的讲话；二、听取和审议常委会副主任张光明所作的关于1983年5月份开展的返销粮政策执行情况视察和6月份开展的物价政策执行及食油加工质量问题的视察报告；三、讨论确定1983年下半年常委会的重点工作，即视察“两西”建设规划执行情况，视察物价、城市建设、法制宣传等工作，并结合人大工作实际，讨论“刹三风”问题；四、人事任免。

第八届常委会组成人员高富德、张光明、马存余、刘文俊、史国忠、樊栤、程天爵、胡建华、王占歧、王乃学出席会议；政府副县长部文学、法院院长马子坤、检察院检察长曹炯文、司法科副科长田守川、人事科副科长靳国强列席会议。

附：

人事任免

马子坤、漆忠义、周凤玲、李海良、许芝秀、杨太元、吕志明七人组成县人民法院审判委员会

漆忠义任县人民法院副院长

李海良任县人民法院刑事审判庭庭长

吕志明任县人民法院刑事审判庭副庭长

许芝秀任县人民法院民事审判庭庭长
杨太元任县人民法院民事审判庭副庭长
周凤玲任县人民法院审判员
张金业任县人民法院审判员
郭耀童任高界人民法庭庭长
李祖辉任威戎人民法庭庭长
李继民任红寺人民法庭庭长
张治斌任甘沟人民法庭庭长
王志忠任雷大人民法庭庭长
任世忠任李店人民法庭庭长
李　保任仁大人民法庭庭长
贾国芳任县人民检察院检察员
李　俭任县人民检察院检察员
雷兴存任县人民检察院检察员
王保定任县人民检察院检察员
梁金谷任县人民检察院检察员
冯利民任县人民检察院检察员

第十次会议　于1983年10月30日至31日在常委会机关会议室召开，由高富德主持。

会议议程有两项：一、审议通过换届选举有关事宜：（一）学习省委《关于批准省人大常委会党组〈关于在机构改革中县级人民代表大会换届等有关问题的请示报告〉的通知》和《甘肃省县级以下人民代表大会选举实施细则》；（二）审议通过县选委会组成人员名单；（三）审议通过关于县代表名额的分配方案；（四）审议通过代表资格审查委员会组成人员名单；（五）审议通过各公社选委会组成人员名单；二、讨论常委会1983年工作情况，安排常委会工作报告的起草事宜。

第八届常委会组成人员高富德、张光明、马存余、史国忠、王敦厚、王占歧、陈向华、孙孝治、胡建华、王秉章、王乃学、程天爵出席会议；阎志洁、民政局局长王学谋列席会议。

附：

县选举委员会

主　任：高富德
副主任：马世贞　郜文学　阎志洁
委　员：马存余　李文选　马子坤　史国忠　王学谋　杨茂林　赵建忠　胡青汉
陈向华（女）
（县选委会下设办公室，阎志洁兼任主任，史国忠、王学谋兼任副主任）

代表资格审查委员会

主 任 委 员：高富德

副主任委员：史国忠

委　　　员：张光明　孙孝治　陈向华（女）

第十一次会议　于1983年11月21日在常委会机关会议室召开，由高富德主持。

会议议程一项：机构改革后政府部门和法院、检察院的人事任免事项。

第八届常委会组成人员高富德、张光明、马存余、胡建华、陈向华、孙孝治、王占歧、程天爵、史国忠出席会议；劳动人事局局长靳国强列席会议。

附：

人事任免

马勤祥任县人民政府办公室主任

彭金山任县计划委员会主任

刘维勤任县经济委员会主任

靳国强任县劳动人事局局长

穆熙雄任县公安局局长

陈凤亭任县农牧局局长

黎文生任县林业局局长，免去县林业水保局局长职务

刘鹏举任县水利局局长

陈国刚任县农村集体企业局局长，免去县卫生局局长职务

伏智信任县司法局局长，免去县人民政府司法科科长职务

靳守廷任县审计局局长，免去县税务局局长职务

王学谋任县民政局局长

张世俊任县商业局局长

王嘉宾任县粮食局局长

曹升明任县财政局局长

赵建忠任县税务局局长，免去县人民政府人事科科长职务

张国盛任县教育局局长，免去县文化教育局局长职务

郭承祖任县文化局局长

胡青汉任县卫生局局长

李映江任县城乡建设环境保护局局长，免去县城乡建设局局长职务

马来仓任县工商行政局局长

阎克恭任县计划生育委员会主任，免去县医药管理局局长职务

周凤玲任县人民法院副院长，免去县人民法院审判员职务

王济华任县人民法院审判员、审判委员会委员

李　俭任县人民检察院副检察长

樊卫东任县人民检察院检察员
杨天玉任县人民检察院检察员
免去：
李　柱县手工业管理局局长职务
柳金川县农业局局长职务
邹振汉县劳动局局长职务
石恒录中国人民建设银行静宁县支行行长职务
杨志诚县人民政府多种经营办公室主任职务
许天福县统计局局长职务
刘国弼县公安局局长职务
刘建国县物资局局长职务
韩亦武县农业机械局局长职务
孙瀛洲县工业交通局局长职务
高兴亚县广播事业管理局局长职务
张进甲县粮食局局长职务

第十二次会议　于1983年12月20日至21日在常委会机关会议室召开，由高富德主持。

会议议程有两项：一、审议通过九届人大一次会议召开时间、参加人员、主席团名单（草案）、提案审查委员会名单（草案）、开幕词及预备会议、全体会议议程（草案）等；二、学习彭真在新宪法颁布一周年座谈会议上的讲话。

第八届常委会组成人员高富德、张光明、马存余、王敦厚、史国忠、胡建华、王占歧、王乃学、陈向华、程天爵、王秉章、樊枨出席会议；阎志洁列席会议。

第二节　县第九届人大常委会会议

县第九届人大常委会任期为1983年12月至1987年1月。其间，共召开常委会会议20次。会议由常委会主任或副主任主持，第九届常委会组成人员出席会议，政府县长（党组书记）或副县长、法院院长或副院长、检察院检察长或副检察长、县直及省地驻静宁有关部门、常委会办公室负责人列席会议，必要时，县委副书记、县委有关部门负责人同时列席。历次会议学习中共中央、全国人大常委会、省委、省人大常委会有关会议、领导讲话、法律法规10项（次）；听取和审议政府关于财政、扶贫、林业、计划、城乡环境保护、环境卫生食品、社会治安综合治理、教育、审计、代表提案办理等方面工作报告以及政府、法院、检察院执法、普法宣传方面的工作报告18项（次），听取和审议常委会年度工作报告以及联系代表工作、教育视察等方面的工作报告14项（次），作出决议5项；研究县乡人代会、换届有关事宜8项（次）；研究常委会机关建设4项（次）；任命常委会及“一府两院”工作人员58名，接受辞职及免职22名，补选省人大代表2名。

附：

第九届人大常委会会议召开情况表

表4-6

次别	召开时间	听取审议工作报告(项)				任免工作人员(名)		作出决议决定(项)	审议通过事项(项)
		人大常委会	政府	法院	检院	任命	辞职免职		
一	1983.12.31					22			1
二	1984.4.13	1	1			6			
三	1984.5.19	1				3	1		
四	1984.9.3		2			3	1		1
五	1984.11.27		1			2			1
六	1984.12.24	2							1
七	1985.1.27	1				1	1		
八	1985.4.16		2			3		2	
九	1985.7.26	1	1					1	
十	1985.9.28		2			1	2		
十一	1985.11.27	1	1						1
十二	1986.1.12	2				13	7		2
十三	1986.3.27	1					1		
十四	1986.5.24		1			1	1	1	
十五	1986.7.7		2	1	1				
十六	1986.9.12					1	1		
十七	1986.10.30	1	3			2	1	1	
十八	1986.11.12								2
十九	1986.12.12	2					6		1
二十	1987.1.2	1							2

第一次会议　于1983年12月31日在常委会机关会议室召开，由高富德主持。

会议议程有三项：一、根据组织法的规定和工作需要，审议通过有关常委会机构设置的意见、常委会领导及工作人员工作分工；二、任命县政府部门组成人员，颁发了任命书；三、审议通过代表资格审查委员会组成人员名单。

第九届常委会组成人员高富德、阎志洁、张光明、李文选、史国忠、王敦厚、柳金川、王占歧、樊枨、程天爵、陈向华、白秀芳、张志良、贾晨曦、陈松友、马克勤出席会议；劳动人事局副局长杨成安列席会议。

附：

人事任免

马勤祥任县人民政府办公室主任
彭金山任县计划委员会主任
刘维勤任县经济委员会主任
靳国强任县劳动人事局局长
穆熙雄任县公安局局长
陈凤亭任县农牧局局长
黎文生任县林业局局长
刘鹏举任县水利局局长
陈国刚任县农村集体企业局局长
伏智信任县司法局局长
靳守廷任县审计局局长
王学谋任县民政局局长
张世俊任县商业局局长
王嘉宾任县粮食局局长
曹升明任县财政局局长
赵建忠任县税务局局长
张国盛任县教育局局长
郭承祖任县文化局局长
胡青汉任县卫生局局长
李映江任县城乡建设环境保护局局长
马来仓任县工商行政局局长
阎克恭任县计划生育委员会主任

代表资格审查委员会

主 任 委 员：阎志洁
副主任委员：张光明
委　　　员：史国忠、王占歧、陈向华（女）

第二次会议　于1984年4月13日至14日在常委会机关会议室召开，由阎志洁主持。

会议议程有五项：一、传达学习省第六届人大常委会第六次会议精神；二、听取和审议财政局局长曹升明受政府委托所作的《关于1983年财政决算和1984年财政预算安排情况的报告》；三、讨论《甘肃省种草种树管理暂行条例（征求意见稿）》；四、审议通过常委会1984年工作要点；五、人事任免。

第九届常委会组成人员阎志洁、张光明、王敦厚、孙孝治、史国忠、樊枨、白秀芳、张志良、贾晨曦、程天爵、陈松友、马克勤出席会议；政府副县长部文学、法院院长马子坤、检察院检察长王锦华、劳动人事局局长靳国强、财政局局长曹升明、农牧局副局长李锋、林业局副局长张思忠、农村工作部部长安静修列席会议。

附：

人事任免

张进甲任县统计局局长

王锦华任县人民检察院检察委员会委员

李　俭任县人民检察院检察委员会委员

贾国芳任县人民检察院检察委员会委员

冯利民任县人民检察院检察委员会委员

王保定任县人民检察院检察委员会委员

第三次会议　于1984年5月19日在常委会机关会议室召开，由高富德主持。

会议议程有三项：一、传达学习省六届人大二次会议精神，李子奇、李登瀛在省人大工作座谈会上的讲话精神；二、学习省委组织部转发中央组织部有关文件精神，通过人事任免事项；三、审议通过常委会工作安排意见。

第九届常委会组成人员高富德、阎志洁、张光明、史国忠、王占歧、陈向华、孙孝治、白秀芳、张志良、马克勤、贾晨曦出席会议；法院院长马子坤、检察院检察长王锦华列席会议。

附：

人事任免

王万同任县广播电视管理局局长

张金业任县人民法院审判委员会委员、经济审判庭庭长

高世忠任县人民法院高界法庭庭长

郭耀童任县人民法院民事审判庭审判员，免去高界法庭庭长职务

第四次会议　于1984年9月3日至4日在招待所会议室召开，由高富德主持。

会议议程有五项：一、传达学习《中共甘肃省委批转省人大常委会党组〈关于进一步发挥州市和县人大常委会作用的报告〉的通知》、省人大常委会主任李登瀛在省人大工作研究班上的讲话精神；二、听取和审议民政局局长王学谋受政府委托所作的《关于全县扶贫工作汇报》；三、听取和审议政府办公室副主任王治华受政府委托所作的《关于县九届人大一次会议代表提案办理情况的汇报》；四、人事任免；五、审议通过此次会议纪要。

第九届常委会组成人员高富德、阎志洁、张光明、李文选、史国忠、王敦厚、柳

金川、王占歧、樊栋、陈向华、白秀芳、张志良、陈松友、马克勤出席会议；法院院长马子坤、检察院检察长王锦华、劳动人事局局长靳国强、司法局局长伏智信、民政局局长王学谋、政府办公室副主任王治华列席会议。

附：

人事任免

韩亦武任县农业机械管理局局长

梁盘中任县计划生育委员会主任

阎克恭任县物价委员会主任，免去县计划生育委员会主任职务

第五次会议　于1984年11月27日至28日在招待所会议室召开，分别由高富德、阎志洁主持。

会议议程有四项：一、学习《中华人民共和国森林法》；二、听取和审议林业局副局长张思忠受政府委托所作的《关于全县林业工作的汇报》；三、审议通过关于召开县九届人大二次会议和乡镇九届人大二次会议的有关事项；四、人事任免。

第九届常委会组成人员高富德、阎志洁、张光明、李文选、史国忠、王敦厚、孙孝治、柳金川、王占歧、陈向华、白秀芳、张志良、陈松友、马克勤出席会议；政府副县长吕忠厚、检察院检察长王锦华、政府办公室主任马勤祥、农牧局局长陈凤亭、司法局副局长李志明、林业局副局长张思忠、劳动人事局副局长杨成安列席会议。

附：

人事任免

安静修任县农业办公室主任

张银魁任县经济协作办公室主任

第六次会议　于1984年12月24日至25日在招待所会议室召开，由高富德主持。

会议议程有两项：一、审议通过九届人大二次会议议程、主席团成员名单、秘书长和副秘书长名单（草案）及参会范围等事项；二、审议通过常委会工作报告和九届人大一次会议提案办理情况的报告。

第九届常委会组成人员高富德、阎志洁、张光明、李文选、史国忠、王敦厚、柳金川、王占歧、陈向华、白秀芳、张志良、陈松友、马克勤、孙孝治出席会议；政府副县长吕忠厚、法院院长马子坤、检察院检察长王锦华、政府办公室主任马勤祥列席会议。

第七次会议　于1985年1月27日在招待所会议室召开，由高富德主持。

会议议程有两项：一、审议通过常委会1985年工作安排意见；二、人事任免。

第九届常委会组成人员高富德、阎志洁、张光明、王敦厚、史国忠、王占歧、陈向华、张志良、白秀芳、柳金川、樊栋、贾晨曦出席会议。

附：

人事任免

接受张光复辞去县人民政府副县长职务的请求

王文进任县人民政府副县长

县人民政府副县长王文进个人情况表

表4-7

姓名	性别	民族	年龄	籍贯	文化程度	政治面貌	工作时间	主要经历
王文进	男	汉	30岁	静宁双岘	本科	党员	1978.1	1963年4月至1971年12月上学，1972年1月至1974年9月在家劳动，1974年10月至1978年1月在清华大学上学，1978年2月至1984年12月在县水利局工作；任县水利局副局长

第八次会议　于1985年4月16日至18日在招待所会议室召开，由高富德主持。

会议议程有五项：一、听取和审议计划委员会主任彭金山受政府委托所作的《关于1985年国民经济和社会发展计划报告》，作出《关于批准静宁县1985年国民经济和社会发展计划报告的决议》；二、听取和审议财政局局长曹升明受政府委托所作的《关于1984年财政决算和1985年财政预算安排的报告》，作出《关于批准静宁县1984年财政决算和1985年财政预算报告的决议》；三、学习、讨论《甘肃省关于保护农村专业户合法权利规定》；四、补选省第六届人大代表1名；五、人事任免。

第九届常委会组成人员高富德、阎志洁、张光明、王敦厚、孙孝治、史国忠、王占歧、白秀芳、张志良、贾晨曦、陈松友、樊枨、马克勤出席会议；政府县长郑建才、法院院长马子坤、检察院检察长王锦华、政府办公室主任马勤祥、计委主任彭金山、财政局局长曹升明列席会议。

附：

人事任免

补选吕国衡为省第六届人民代表大会代表

秦玉生任县人民法院审判员

王　经任县人民法院审判员

吕文军任县人民法院审判员

省第六届人民代表大会代表吕国衡个人情况表

表4-8

姓名	性别	民族	出生年月	籍贯	文化程度	工作时间	入党时间	主要经历
吕国衡	男	汉	1927.6	静宁城川	本科肄业	1949.8	1956.4	1934年至1944年7月在本村、城关中心小学、静宁一中上学；1944年8月至1947年7月在兰州中学上学；1947年8月至1949年8月在西北师范学院上学；1949年9月以来在静宁一中任教，先后任教导处副主任、主任，校长、党支部书记

第九次会议　于1985年7月26日至27日在招待所会议室召开，由高富德主持。

会议议程有两项：一、听取和审议司法局局长伏智信受政府委托所作的《关于1985年上半年司法工作和今后任务的汇报》，作出《关于加强法制宣传普及法律常识的决议》；二、审议通过常委会1985年下半年工作安排。

第九届常委会组成人员高富德、阎志洁、王敦厚、史国忠、王占岐、柳金川、马克勤、陈向华、陈松友出席会议；政府党组书记金福存、法院副院长周凤玲、检察院检察长王锦华、县委宣传部副部长高世祥、团县委副书记李旺军、政府办公室主任马勤祥、公安局局长穆熙雄、司法局局长伏智信、律师事务所主任张奇显列席会议。

第十次会议　于1985年9月28日至29日在政府三楼会议室召开，由高富德主持。

会议议程有三项：一、听取和审议城乡建设环境保护局局长李映江受政府委托所作的《关于县城乡环境保护工作的汇报》；二、听取和审议卫生局副局长赵守健受政府委托所作的《关于环境卫生食品工作的汇报》；三、人事任免。

第九届常委会组成人员高富德、阎志洁、王敦厚、史国忠、王占岐、白秀芳、张志良、陈松友、樊栎、马克勤、柳金川、陈向华出席会议；政府党组书记金福存、副县长部文学，法院院长马子坤、检察院检察长王锦华、政府办公室主任马勤祥、劳动人事局局长靳国强、城建局局长李映江、卫生局副局长赵守健、工商局副局长樊成全、商业局副局长王克泰、司法局副局长李志明、律师事务所主任张奇显、城关镇镇长段瑞昌、爱卫会副主任董希凤、防疫站副站长尹万明列席会议。

附：

人事任免

陈国刚任县爱国卫生运动委员会主任，免去县乡镇企业管理局局长职务

免去郭承祖县文化局局长职务

第十一次会议 于1985年11月27日至29日在政府三楼会议室召开，由高富德主持。

会议议程有四项：一、学习中共十二届五中全会精神，主要学习胡耀邦开幕词、邓小平和陈云讲话、李先念闭幕词；二、听取和审议常委会副主任阎志洁所作的《关于联系代表工作的情况汇报》；三、听取和审议政府办公室主任马勤祥受政府委托所作的《关于县九届人大二次会议代表提案办理情况的汇报》；四、审议通过召开九届人大三次会议和乡级人代会的有关事项。

第九届常委会组成人员高富德、阎志洁、张光明、李文选、王敦厚、史国忠、王占歧、陈向华、白秀芳、柳金川、陈松友、张志良、樊枨、马克勤出席会议；政府副县长吕忠厚、法院副院长漆忠义、检察院检察长王锦华、政府办公室主任马勤祥、农牧局局长陈凤亭、林业局局长黎文生、民政局局长王学谋、教育局局长张国盛、农业区划办公室副主任马凤岗、卫生局局长胡青汉，城川、甘沟、李店、曹务、七里5个乡镇政府乡镇长贾秉乾、李克和、高立宏、陈志强、李忠民列席会议。

附：

关于联系代表工作的情况汇报

一、组织代表开展活动

为了同县人民代表大会代表保持密切联系，保证代表履行法律赋予的职责，发扬社会主义民主，发挥人大代表在社会主义现代化建设中的作用，县人大常委会将联系人民代表的工作列为工作要点之一，坚持去做。从去年后季以来，经过一年多时间，采取以乡为单位，建立代表小组，召开代表座谈会，组织部分代表参加视察和调查研究，吸收部分代表列席县人大常委会会议等形式，开展了联系代表的工作。至现在全县30个乡镇全部建立了代表小组，共215名县人大代表都分别参加了各代表小组，在县人大常委会负责同志和工作人员亲自参加和主持下，各代表小组先后召开了座谈会，参加会议的代表共141名，占代表总数的65.6%。有10名代表参加了县人大常委会组织的视察和调查研究，有6名代表列席了县人大常委会会议。

通过上述活动，一方面组织代表学习宪法和有关法律、行政法规，学习党的方针政策，传达县人大常委会会议及其他有关会议精神，同时，征求和听取人大代表对县人大常委会和县人民政府的意见和要求。从而使人大代表在不同的岗位上，在各项生产、工作和社会活动中，传达和贯彻执行县人民代表大会及其常务委员会的各项决议，监督和协助人民政府、人民法院、人民检察院推行工作，实现党和政府提出的各项任务，有效地发挥了人民代表的带头作用。

二、代表反映出的主要问题

通过代表座谈会和其他各种形式，征求和听取代表提出的意见和要求，共124条，综合起来，主要有以下几个方面：

（一）农业方面：代表一致反映，近几年来，由于各级党组织和人民政府认真贯彻执行了党的十一届三中全会以来的一系列方针政策和中央3个一号文件精神，农村实行了联产承包责任制，农业生产发展了，粮食增产了，农民收入增加了，群众生活改善了，全县的面貌有了显著的变化。这是农村形势好的主要标志，但在大好形势下，近年来，从上到下各级都有不够重视粮食生产的现象。文件上写得少了，会议上讲得少了，领导深入检查得少了，表彰奖励得少了。如1984年、1985年县、乡、村层层签订生产合同，实行奖罚兑现的任务指标中，就没有粮食生产这一项。在今春召开的全县种草种树、两户一体先进典型表彰会议上也没有粮食生产的典型。更重要的是，对粮食生产有直接关系的几项工作抓得不够具体扎实，成效不显著。1.农业科学研究和农业技术推广工作很不适应农业发展的要求。代表反映，我县除在70年代引进推广的中引4号、洛夫林和县农科所培育推广的静宁4号及807、917等小麦优良品种外，近几年来再没有引进和培育出什么稳产高产的优良品种。县农科所由于经费紧张、人员不足、试验基地减少，没有认真搞好试验研究工作，没有充分发挥指导全县科学种田的作用，下边四个农业技术推广区站的工作也没有很好地开展起来，特别是李店区站因没房子住，搬到甘沟站住，根本谈不上开展工作，群众意见很大。农作物病虫害防治工作更是一个薄弱环节。今年小麦发生锈病后县上虽然布置了，喊叫了，但对农民的宣传教育不够，群众不认识、没经验，再加上缺少农药器械，组织领导和技术指导没有跟上去，以致防治不及时，贻误了时机，造成小麦大减产。2.机耕地大大减少，现在农民普遍用旧犁老铧耕地，达不到深耕除草和蓄水保墒的效能，影响粮食增产。全县去年机耕地36500亩，今年只完成伏耕地31000亩，占不到梯条田总面积的5%。3.水利建设抓得不好。新的工程上不去，现有的设施毁坏严重。新店乡的水利问题，县上喊了几年没有解决，现在进水口被冲毁，渠道淤塞，河水白流，川平地也灌不上水。细巷乡今年定了两处小型提灌工程，都因资金问题搞成半拉子停下了。仁大乡南门村治河工程收到了良好效益，现在有几处河堤被冲毁，乡、村几次写报告要求维修加固，至今没有解决。城川、八里的水利渠道、工程设施，因管理不善，失修毁坏和一些人挖路挖渠抢种地，影响水利灌溉。4.化肥不断提高价格，增加了农民的负担。代表反映去年以来，磷肥、尿素、硝胺等先后都提了价，特别是进口的二胺原价每袋28元，现提到46元，提高64.2%。由于价格太高，经济困难的农民就用不起化肥，直接影响粮食产量的提高。

由于这几年对粮食生产重视不够，抓得不紧，增产措施不扎实，抗御灾害的能力差，遇上气候好、风调雨顺的一年，收成就好，一遇自然灾害就会严重减产。如今年一些地方，一部分户遭受锈病和蚜虫危害，小麦大幅度减产，甚至个别户有绝收的，给明年的生活安排带来较大的困难。贾河乡今年小麦锈病严重，还遭受两次雹灾，粮食减产约70万斤，预计明年春季将有1/3的农户口粮紧张，要求返销粮在70万斤以上。后梁乡范堡村所属4个合作社，140户，710人，1985年吃回销粮19000斤，1986年春季将有50%的户缺口粮。面对这种现实，我们要深刻领会陈云同志讲的“无农不稳”“无粮则乱”的重要意义，对于粮食生产，千万不可忽视，一点不能放松，一定要引起充分重视，抓紧抓好。

（二）种草种树方面：近几年来，我县认真贯彻“种草种树，发展畜牧，改造山河，治穷致富”的方针，大抓了林草建设，在荒山绿化、保护植被、停止破坏方面取得了显著成效。代表反映，目前在种草种树方面存在的主要问题是：1.任务普遍偏大。贾河乡共有耕地36200亩，人均3.7亩，至1985年累计种草12767亩，其中耕地种草10192亩，占总耕地面积的28%，人均1.03亩。群众意见，种草种树任务再不能增加，再增加就影响粮食生产。县人大代表、李店乡杜河村党支部书记杜树青说：他家人均只有1.7亩地，还年年要求耕地种草，如果真正按上边的要求如数完成耕地种草任务，那就没有土地种粮食了，要求上边下任务时必须切合实际。由于任务重，完不成，在一些地方出现了春季种，夏季验，秋季又耕翻的现象。2.规划在一些地方不够合理。甘沟乡的荒山面积已经造完，但林业二期规划还要求造5000亩，这就要全部退耕造林，乡上只研究落实了700亩。全乡按现有造林面积算，每人已达到1.2亩，成林只占50%左右。群众意见，植树造林不要强求划一，有荒山的就集中连片营造，没荒山的主要搞好稀林补植和充分利用沟壑、四旁、房前屋后和庄廊园子，见缝插针，搞好零星植树和经营好家庭果园，不要图形式，要力求实效。3.政策不兑现，群众有意见。1984年全县种草补助款兑现占71.41%，改土款兑现占73.28%。没有兑现的主要原因，一是超任务部分的补助款上面没有拨下来，二是给群众供了煤，长退短补问题没有处理。代表意见，要求层层查清问题，该兑现的应如数兑现。4.责任制不健全，管护不严，是影响林草建设的一个重要问题。目前铲草皮、破坏植被的问题在一些地方还没有制止，违反森林法，破坏林木的现象各地普遍存在。治平乡乡办林场是管理、收入都比较好的一个林场，但今年以来先后3次被砍伐树木60多棵。仁大乡南门村护河堤上的树木被乱砍滥伐的现象是十分严重的。群众意见，要求政府采取有力措施，加强林草管护，尽快停止破坏。

（三）扶贫工作方面：全县经过普查摸底，共有贫困户19890户，112069人，占总农户、总人口的29.4%和30.2%。自1983年开展扶贫以来，3年累计扶持贫困户9641户，53025人，占总贫困户、人的48.47%和47.3%。共投放资金2009210元，户均208.4元。至现在，已初见效益的有5097户，占扶贫总户的52.8%。已达到脱贫的有264户，占扶贫总户的2.5%。这是党和国家对人民群众的关心和爱护。根据代表的反映，当前在扶贫工作上存在的主要问题是：一是有些扶贫对象定得不准；二是有些扶贫资金使用不当；三是有些扶贫效益不显著。新店乡代表反映，新店全乡今年由下而上反复讨论确定的扶贫对象207户，拨款50300元。现在除确定177户买牲畜的户，拨款37000元，已落实到户大部分买上牲畜外，还有30户人，资金13300元，确定办6个联营厂子，目前除杏湾村4户人（扶贫对象只有1户）联办的竹编厂已经落实外，其余5个厂子都没有办起来，扶贫资金也没有落实到户。祁川乡代表反映，全乡共确定扶贫对象259户，县上计划拨款57000元，人均220元，实际只扶了123户，拨款12000元，户均97元，还有136户人，资金45000元至今没有落实到户。

（四）文教卫生方面：近几年来，我县教育、卫生事业发展较快，教育质量和医疗水平也在不断提高，但在工作中还存在一些问题。在教育方面，代表普遍反映，对农村中、小学重视不够，基础教育质量差，经过统考测验，我县小学教育成绩是全区最差的县之一，具体问题是：1.在师资配备上，大专毕业生分配不到农村学校去，而农村学校里比较好的教师又调到县上来，使农村学校的师资质量越来越差。七里乡代表反映，今年秋季开学时，县上从七里初中调出了6名教师，其中一名是比较好的语文教师，被调到城关镇担任了小学教师。使这个学校在一段时间内开不了课。2.农村学校缺校舍、危房多、少桌凳，条件很差，严重影响学生上学。根据统计，全县各级学校共有危房64086平方米，占校舍总面积220570平方米的29%，其中小学危房46936平方米，占危房总数的73.2%。代表反映，李店中学是近几年教育质量比较好的一个学校，但由于校舍紧张，今年报考初中的学生300多人，只收了100人，2/3的小学毕业生上不了初中。要求住校的有390多人，学校最多能住300人，还有将近100名学生住不了校。往返30华里路跑着上学。学校没有灶房。一个宿舍住12人，每人安一个炉子做饭，既耽误功课，又影响学生身体健康。农村小学用土台当桌凳的不是个别现象，危房倒塌，影响学生上课的问题时有出现。城川乡甘河村小学，临近河边，快要塌陷，乡上要求县教育局帮助搬迁，尚未得到解决。3.对农村小学管理不严。教师没有建立岗位责任制，上边管不上，下边无权管。三合乡代表反映，该乡段渠村小学共有5名教师（其中公派1名，民办4名）经常在校的有3名，有2人轮流回家，晚上教师多时不在学校住，由学生轮流看校。学校的教育质量很差，今年的毕业学生中有12人报考三合初中，只考上了1名，还名列倒数第一。

卫生方面主要的问题是：1.基层卫生院，大部分房子简陋，其中危房面积占20%多，条件、设备差，管理不善，医疗水平低，服务态度不好。群众反映，乡上的医院，好大夫调不进，留不住，现有的大夫大部分医疗技术差，少数人还不好好工作。大夫不出诊，坐堂行医，群众看病难。农村医院普遍缺妇外科大夫，影响计划生育工作的顺利开展。2.全县9个新建乡没有医院，群众吃药看病很不方便。1984年县上给这9个乡各拨了3000元，只搭起了卫生所的架子，因缺经费很难开展工作。余湾乡办起了卫生所，花了6000元，除县上给的3000元外，又贷款3000元，一年光贷款利息300多元，卫生所负担不起。祁川乡正在筹办卫生所，已花资金6200元，除县上给的3000元外，乡上自筹解决2000元，尚欠1200元无法处理。3.原有的386个大队医疗站实行承包后，现在大部分变成了私人的药铺，既给集体不搞提成，又不能很好地为群众看病服务。私人行医卖药，乱提药价，给群众造成困难。双岘乡双岘村医疗站一大夫，每月还拿8块钱的补助款，但不为群众看病，他自己又办了一个小卖部，弃医经商，群众意见很大。祁川乡没有卫生所，群众请医看病，既要多跑路，又要多花钱，同样一瓶药（胃友）卫生院是1.1元，私人药铺是1.7元，提价50%多。贯河乡高窑村一家兄弟两人打架，一人腿部受了伤，从李店请来一名游医检查，说是骨折，他能接骨，结果只用纱布包扎了一下，就收费50元。由于对农村卫生事业重视不够、抓得不紧、管理不善，当前农村缺医少药、群众看病难的问题又复出现。4.建立县中医院，是广大职工群众的迫切要求。当前县医院病人多、床位少，住院、门诊都很紧张，特别要求中医治疗和住院的更紧张。许多代表提出意见，要求尽快成立县中医院，以解决职工、群众吃药看病的困难。

（五）城镇建设方面：我县城区总体规划，已经县第九届人民代表大会第二次会议通过，上报省人民政府待审批。当前县城的建设就应按照总体规划进行。但最近有个别单位和村社干部，不按城镇规划和有关政策规定，自行征用或买卖土地，进行乱征乱建，影响县城总体规划的实施。人大代表强烈反映，要求政府和主管部门，履行职责，加强管理，对不符合政策规定征用、买卖土地和不按规划乱搞建设的单位及群众，要采取果断措施，立即制止，以保证城镇建设按规划进行。

（六）社会治安方面：由于法制宣传工作没有深入开展，思想政治工作抓得不够，许多人不知法、不懂法、不依法办事甚至违法现象很多。当前农村比较突出的问题是：打架斗殴，民事纠纷增多；封建迷信盛行，修庙成风，阴阳、巫神骗钱害人；防范措施不力，被盗案件增多。社会治安方面的问题，也反映出农村的精神文明建设抓得不好，对影响人们思想的不健康东西得不到及时纠正和处理，以至妨碍生产和工作的顺利开展。祁川乡从去年以来，乡经理部先后发生被盗，价值500多元。小河村一社员被盗骡子1头，价值600多元。王川小学一教师的铺盖、衣物被盗，价值100多元。这些问题都向公安部门报了案，至今没有下落。原安、八里、细巷等乡的一些村、社，大兴修庙风，给社员摊派劳力、资金和木料，既增加群众的负担，又妨碍生产。细巷乡一些村、社秋冬造林改土缺劳力，搞不上去，但收钱修庙很多人积极参加。代表反映，刘堡村今年的公粮和地方附加，乡村干部挨门逐户催要，迟迟收缴不上来，而修庙给群众所摊派的钱、粮、物，不费一点劲就很快收起来了。这是个很不正常的现象，在一定意义上讲，这是神权冲击政权的严重问题。

邓小平同志在党的全国代表会议上讲："不加强精神文明建设，物质文明建设也要受破坏、走弯路。"根据当前社会治安方面存在的问题，必须采取广泛深入地开展普及法律常识教育、加强思想政治工作和依法打击违法犯罪活动等综合治理措施，坚决纠正有法不依、执法不严、违法不究的现象，进一步加强社会治安管理，搞好精神文明建设，保卫社会主义现代化建设顺利进行。

代表提出的以上问题，是来自群众中的呼声反映，也是集中了广大人民的意见和要求，绝大部分是符合实际的，是正确的，有助于我们改进和推动工作。县人大常委会建议县人民政府进行讨论研究，对于生产工作中的主要问题和建设性的意见，在符合政策精神和条件许可之下，分别不同情况，予以处理。对于领导作风和工作作风方面的问题，在今后工作中注意改进。我们在人民群众的关心和监督下共同努力，进一步搞好各项工作。

三、进一步加强联系代表的工作

联系代表的工作是一项新工作，我们还缺乏经验，需要继续摸索和实践，努力做好这方面的工作。

（一）根据地方组织法的有关规定和我县一年多来的实践，需要研究制定县人大常委会联系人民代表的办法，建立健全制度，坚持经常地开展工作。

（二）加强代表小组的活动。代表小组一年至少活动两次，城关镇代表小组可还适当多活动几次。代表小组活动，主要是学习宪法、法律和有关文件；反映和讨论人民群众的意见和要求，研究提出建设性的意见；检查了解县人大及其常委会决议的贯彻执行情况，监督和协助各级人民政府做好工作。

（三）各部门、各单位都要为人大代表活动提供方便条件。人大代表小组活动时，工资和奖金照发；没有工资收入的城镇、农村代表参加县上统一组织的视察、调查研究和列席会议等活动，其交运费、伙食补助和误工补贴，由县人大常委会按照规定支付。

第十二次会议　于1986年1月12日在政府三楼会议室召开，由高富德主持。

会议议程有四项：一、人事任免；二、审议通过常委会机构设置方案：根据《中华人民共和国地方各级人民代表大会和地方各级人民政府组织法》第三十条的规定，常委会设立“政治法律组”“财政经济组”“科教文卫组”；三、审议通过召开九届人大三次会议的时间、会议议程（草案）、列席和邀请参会人员、主席团和秘书长名单、主席团常务主席名单、提案审查委员会组成人员名单（草案）；四、审议通过常委会工作报告和关于九届人大二次会议代表提案办理情况的报告。

第九届常委会组成人员10名出席会议；政府副县长部文学、法院院长马子坤、检察院检察长王锦华、政府办公室主任马勤祥、劳动人事局副局长王智仁列席会议。

附：

人事任免

阎志洁任县人大常委会政治法律组组长（兼）

陈万和任县人大常委会财政经济组组长

史国忠任县人大常委会科教文卫组组长（兼）

陈志平任县文化局局长

王有华任县林业局局长

赵正杰任县公安局局长

周锡堂任县科学技术委员会主任

赵忠厚任城关人民法庭庭长

李继民任甘沟人民法庭庭长，免去红寺人民法庭庭长职务

张治斌任红寺人民法庭庭长，免去甘沟人民法庭庭长职务

杨太元任县人民法院审判员，免去民事审判庭副庭长、审判委员会委员职务

王志忠任县人民法院审判员，免去雷大人民法庭庭长职务

郭耀童任县人民法院审判员，免去民事审判庭审判员职务

免去：

黎文生县林业局局长职务

穆熙雄县公安局局长职务

第十三次会议 于1986年3月27日在招待所会议室召开，由阎志洁主持。

会议议程有三项：一、补选省第六届人大代表1名；二、人事任免；三、审议通过常委会1986年工作要点。

第九届常委会组成人员9名出席会议；检察院检察长王锦华、政府办公室主任马勤祥列席会议。

附：

人事任免

接受吕忠厚辞去县人民政府副县长职务的请求

补选权执均为省第六届人民代表大会代表

省第六届人民代表大会代表权执钧个人情况表

表4-9

姓名	性别	民族	出生年月	籍贯	文化程度	工作时间	入党时间	主要经历
权执钧	男	汉	1934.11	西吉平峰	本科	1963.10	1972.7	1944年2月至1948年12月在本村上小学；1949年2月至1952年7月在西吉县平峰完小上学；1952年8月至1954年6月在静宁中学上学；1954年8月至1955年6月在西吉县中学上学；1955年8月至1958年8月在平凉高中上学；1958年9月至1963年8月在兰州医学院上学；1963年10月至1972年11月在静宁县医院工作；1972年12月以来任静宁县医院革委会副主任、副院长、院长、党支部副书记

第十四次会议 于1986年5月24日在政府三楼会议室召开，由高富德主持。

会议议程有两项：一、听取和审议财政局副局长刘宝生受政府委托所作的《关于1986年财政收支预算的报告》，作出《关于1986年财政收支预算报告的决议》；二、人事任免。

第九届常委会组成人员12名出席会议；政府副县长部文学、法院院长马子坤、检察院检察长王锦华、政府办公室主任马勤祥、审计局局长靳守廷、财政局副局长刘宝生列席会议。

附：

人事任免

张会议任县人民政府副县长

免去梁金谷县人民检察院检察员职务

县人民政府副县长张会议个人情况表

表4–10

姓名	性别	民族	年龄	籍贯	文化程度	政治面貌	工作时间	主要经历
张会议	男	汉	41岁	陕西泾阳	本科	党员	1968.12	1951年9月至1968年12月上学;1968年12月至1969年12月在灵台县龙门乡王家山锻炼;1970年1月至1986年3月在灵台一中任副校长;1986年4月以来在静宁县人民政府工作

第十五次会议　于1986年7月7日至9日在招待所会议室召开，由高富德主持。

会议议程有四项：一、听取和审议法院院长马子坤所作的《关于1986年上半年审判工作情况的简要汇报》；二、听取和审议检察院检察长王锦华所作的《1986年上半年检察院工作报告》；三、听取和审议公安局局长赵正杰受政府委托所作的《1986年1至6月公安工作和目前社会治安情况报告》；四、听取和审议司法局局长伏智信受政府委托所作的《关于普及法律常识情况的汇报》，甘沟乡政府乡长靳天生、高界镇政府镇长杨德元、城关镇政府镇长段瑞昌、经委主任刘维勤所作的关于普及法律常识工作情况的汇报。

第九届常委会组成人员12名出席会议；县委副书记吕忠厚、政府副县长王文进、县委政法委书记曹炯文、法院院长马子坤、检察院检察长王锦华、政府办公室主任马勤祥、经委主任刘维勤、公安局局长赵正杰、司法局局长伏智信、城关镇政府镇长段瑞昌、高界镇政府镇长杨德元、甘沟乡政府乡长靳天生列席会议。

第十六次会议　于1986年9月12日在常委会机关会议室召开，由高富德主持。

会议议程有一项：人事任免。

第九届常委会组成人员高富德、阎志洁、张光明、王敦厚、王占歧、陈松友、陈向华、白秀芳、马克勤、柳金川出席会议。

附：

人事任免

穆熙雄任县司法局局长

免去伏智信县司法局局长职务

第十七次会议　于1986年10月30日至11月1日在政府三楼会议室召开，由高富德主持。

会议议程有四项：一、听取和审议审计局局长靳守廷受政府委托所作的《关于1986年审计工作报告》，作出《关于加强审计监督工作的决议》；二、听取和审议教育局局长张国盛受政府委托所作的《关于1986年教育工作报告》、常委会主任高富德所作的《关于全县教育工作视察情况的汇报》；三、听取和审议政府办公室主任马勤祥受政府委托所作的《关于县九届人大三次会议代表提案办理情况的汇报》；四、人事任免。

第九届人大常委会组成人员高富德、阎志洁、张光明、王占歧、陈松友、白秀芳、柳金川、樊枨、张志良出席会议；法院院长马子坤、检察院检察长王锦华、政府办公室主任马勤祥、教育局局长张国盛、审计局局长靳守廷列席会议。

附：

人事任免

朱寿亭任县计划委员会主任

李自贤任县乡镇企业局局长

免去彭金山县计划委员会主任职务

第十八次会议　于1986年11月12日在常委会机关会议室召开，由高富德主持。

会议议程有两项：一、审议通过换届选举有关事项；二、审议通过县、乡两级换届选举委员会组成人员名单。

第九届常委会组成人员高富德、阎志洁、张光明、王占歧、陈松友、白秀芳、柳金川、张志良、王敦厚、史国忠出席会议。

附：

县选举委员会

主　任：高富德

副主任：吕忠厚　阎志洁　张会议

委　员：马存余（回族）　梁钧宪　马子坤　杨茂林　胡国钧　史国忠　王学谋

王智仁　陈向华（女）

（下设办公室，阎志洁兼任主任，史国忠、王学谋兼任副主任）

第十九次会议　于1986年12月12日在常委会机关会议室召开，由高富德主持。

会议议程有四项：一、审议通过常委会工作报告；二、审议通过九届人大三次会议代表提案办理情况的报告；三、审议通过关于召开十届人大一次会议时间的意见；四、人事任免。

第九届常委会组成人员高富德、阎志洁、张光明、史国忠、陈向华、白秀芳、王占歧、柳金川出席会议；政府县长金福存、政府办公室主任马勤祥、常委会办公室副主任郭应童列席会议。

附：

人事任免

免去：

靳国强县劳动人事局局长职务

张国盛县教育局局长职务

王学谋县民政局局长职务

张进甲县统计局局长职务

马来仓县工商行政管理局局长职务

陈志平县文化局局长职务

第二十次会议　于1987年1月2日在常委会机关会议室召开，由高富德主持。

会议议程有三项：一、审议通过常委会工作报告；二、审议通过十届人大一次会议议程（草案）；三、审议通过代表议案办理办法。

第九届常委会组成人员高富德、阎志洁、张光明、王敦厚、白秀芳、王占歧、柳金川、陈松友、陈向华、张志良、马克勤出席会议；政府副县长部文学列席会议。

第三节　县第十届人大常委会会议

县第十届人大常委会任期为1987年1月至1990年1月。其间，共召开常委会会议21次。会议由常委会主任或副主任主持，第十届常委会组成人员出席会议，政府县长或副县长、法院院长或副院长、检察院检察长或副检察长、县直及省地驻静有关部门、常委会各科室负责人列席会议，必要时，县委书记、副书记，县政协主席或副主席、县委有关部门负责人、政协有关委室负责人、省人大代表、有关乡镇人大工作联络员同时列席。历次会议学习党的十三大、十三届历次全会，中共中央、全国人大常委会、省委、地委、省人大常委会关于加强法制教育、维护安定团结、换届等方面的通知、决定、决议及领导讲话，《中华人民共和国地方各级人民代表大会和地方各级人民政府组织法》和《中华人民共和国全国人民代表大会和地方各级人民代表大会选举法》等法律法规15项（次）；听取和审议政府关于财政、城建、教育、卫生、“两西”建设、水利资金管理、粮食、群众生活安排、普法教育、土地管理、执法检查、教育、经济体制改革、代表提案办理等方面的工作报告及法院、检察院执法检查工作报告43项（次）；听取常委会及代表联合调查组关于常委会年度工作、农业专项资金管理、乡村卫生院（所）建设、土地管理、执法检查、文化、体育等方面调查汇报24项（次）；作出决定、决议8项；审议通过有关事项16项；任命人大常委会、政府、法院、检察院工作人员90名（次），接受辞职及免职23名，补选省第七届人大代表1名，罢免省第七届人大代表1名。

附：

第十届人大常委会会议召开情况表

表4–11

次别	召开时间	听取审议工作报告(项)				任免工作人员(名)		作出决议决定（项）	审议通过事项（项）
		人大常委会	政府	法院	检院	任命	辞职免职		
一	1987.2.23	2				40	2	1	1
二	1987.5.4		2					3	
三	1987.7.17	1	2			3	2		
四	1987.9.16	2	3			3	5	1	
五	1987.10.28								2
六	1987.11.6	1	1	1	1	2	1		
七	1987.12.14	1	2						
八	1988.1.11	1				4	3		1
九	1988.3.1	2							1
十	1988.5.26	2	3			9	5	2	1
十一	1988.6.29	1				7			
十二	1988.8.30	2	4	1	1	12	4		
十三	1988.11.15	1	2						
十四	1988.12.30					1			1
十五	1989.1.10	1				2	1		4
十六	1989.3.20	2	2			1			1
十七	1989.6.19	3	5			5		1	
十八	1989.8.21		1						1
十九	1989.9.27	1	3	1	1				1
二十	1989.11.7		2	1	1	1			
二十一	1989.12.25	1	3						2

第一次会议　于1987年2月23日至24日在政府三楼会议室召开，由高富德主持。

会议议程有五项：一、学习中共中央《关于宣传贯彻全国人大常委会〈关于加强法制教育维护安定团结的决定〉的通知》、全国人大常委会《关于加强法制教育维护安定团结的决定》和《中华人民共和国地方各级人民代表大会和地方各级人民政府组织法》《中华人民共和国全国人民代表大会和地方各级人民代表大会选举法》；二、审议通过常委会1987年工作要点；三、听取和审议常委会调研组《关于红寺乡第十届人民代表大会第一次会议违法选举乡政府委员会的情况汇报》，作出《关于撤销违法选举产生的红寺乡政府委员会的决定》；四、审议通过第十届人大常委会代表资格审查委员会组成人员名单；五、人事任免。

第十届常委会组成人员高富德、阎志洁、郜文学、张光明、王学谋、郭承祖、史国忠、梁钧宪、朱春林、白秀芳、陈俊、吴尚礼、马克勤、马志俊、王生荣、张秀娥出席会议；政府副县长李雪松、法院院长马子坤、检察院检察长陈贵录、政府办公室主任马勤祥、劳动人事局副局长王智仁列席会议。

附：

县第十届人大常委会代表资格审查委员会

主 任 委 员：阎志洁

副主任委员：张光明

委　　　员：王学谋　马志俊　白秀芳（女）

人事任免

郜文学任县人大常委会财政经济组组长（兼）

阎志洁任县人大常委会政治法律组组长（兼）

张光明任县人大常委会科教文卫组组长（兼）

史国忠任县人大常委会办公室主任

郭应童任县人大常委会办公室副主任

王学谋任县人常委会政治法律组副组长

陈万和任县人大常委会财政经济组副组长

郭承祖任县人大常委会科教文卫组副组长

马勤祥任县人民政府办公室主任

朱寿亭任县计划委员会主任

安静修任县农业办公室主任

靳守廷任县审计局局长

穆熙雄任县司法局局长

李自贤任县乡镇企业管理局局长

阎克恭任县物价委员会主任

周锡堂任县科学技术委员会主任

陈凤亭任县农牧局局长

王有华任县林业局局长
刘鹏举任县水利局局长
韩亦武任县农业机械管理局局长
刘维勤任县经济委员会主任
曹升明任县财政局局长
王嘉宾任县粮食局局长
张世俊任县商业局局长
李映江任县城乡建设环境保护局局长
赵正杰任县公安局局长
王万同任县广播电视局局长
胡青汉任县卫生局局长
梁盘中任县计划生育委员会主任
李映忠任县劳动人事局局长
赵步清任县民政局局长
杨晓光任县统计局局长
段积昌任县教育局局长
王守财任县工商行政管理局局长
杨水亭任县交通局局长
陈国刚任县爱国卫生运动委员会主任
张银魁任县经济协作办公室主任
刘国弼任县体育运动委员会主任
周复兴任县人民法院审判委员会委员、经济审判庭庭长
王登科任雷大人民法庭庭长
免去：
张金业县人民法院经济审判庭庭长职务
王济华县人民法院审判委员会委员、审判员职务

第二次会议 于1987年5月4日至5日在政府三楼会议室召开，由阎志洁主持。

会议议程有四项：一、听取省第六届人大代表吕国衡关于省六届人大五次会议召开情况的汇报；二、听取和审议财政局副局长刘宝生受政府委托所作的《关于1986年财政决算和1987年财政预算安排的报告》，作出《关于批准静宁县1986年财政决算和1987年财政预算报告的决议》；三、听取和审议城乡建设环境保护局局长李映江受政府委托所作的《关于调整两个单位建设用地的报告》，作出《关于静宁县城区建设总体规划个别调整的决议》；四、学习全国人大常委会《关于加强法制教育维护安定团结的决定》、省人大常委会《关于学习贯彻全国人大常委会决定的决议》，作出《静宁县人大常委会关于学习贯彻全国人大常委会决定的决议》。

第十届常委会组成人员阎志洁、郜文学、张光明、郭承祖、史国忠、朱春林、白秀芳、王郁仁、吴尚礼、马克勤、马志俊、王生荣、张秀娥出席会议；政府副县长张会议、法院院长马子坤、检察院检察长陈贵录、政府办公室副主任杨乐林、城建局局长李映江、财政局副局长刘宝生、审计局副局长时文杰，省第六届人大代表、县一中党支部书记吕国衡，政协静宁县第二届委员会全体常委列席会议。

第三次会议　于1987年7月27日至28日在常委会机关会议室召开，由高富德主持。

会议议程有三项：一、听取和审议司法局局长穆熙雄受政府委托所作的《关于普法教育工作进展情况的汇报》；二、听取和审议卫生局局长胡青汉受政府委托所作的《关于1987年上半年卫生工作汇报》、常委会教科文卫组副组长郭承祖所作的《关于威戎等5个卫生院及11个村卫生所视察情况的报告》；三、人事任免。

第十届常委会组成人员高富德、阎志洁、张光明、郜文学、郭承祖、王学谋、马志俊、史国忠、陈俊、马克勤、白秀芳、吴尚礼、王生荣出席会议；政协主席马世贞、县委副书记吕忠厚，政府副县长张国盛、张会议，政协副主席孟建邦、钱樟炎、陈松友，法院院长马子坤、检察院检察长陈贵录、县委宣传部副部长高世祥、政协办公室主任杨继鸿、政协常委陈世英、卫生局局长胡青汉、司法局局长穆熙雄、工商局局长王守财、劳动人事局副局长王智仁列席会议。

附：

人事任免

朱寿亭任县人民政府办公室主任，免去县计划委员会主任职务

王智仁任县计划委员会主任

周世书任县文化局局长

免去马勤祥县人民政府办公室主任职务

关于视察威戎等5个卫生院及11个村卫生所的报告

由副主任张光明、委员郭承祖、卫生局副局长高顺存3同志组成视察组，于4月下旬分别对威戎、李店、甘沟、高界4个中心卫生院和城川卫生院及11个村卫生所进行了视察。

一、5个卫生院的基本情况和存在问题

卫生工作始终要坚持以社会效益为最高准则的正确业务指导思想，防病治病，计划生育技术指导，救死扶伤，实行革命的人道主义精神。通过视察，我们认为城川乡卫生院是比较好的，在工作中充分调动了广大医务人员的积极性，不断改善服务态度，提高服务质量和工作效率，既抓服务质量管理，又抓了经济管理，讲究经济核算，提高社会效益。他们的做法是：第一，抓改革。1985年、1986年，在卫生局的直接领导下，他们着手改革，首先建立实行了全院职工聘任、院长负责、科室承包管理制度。严格考核登记制度，坚持一日一考核、一评定，并规定职工全年出勤以300天

为基础。科室制定了10项指标，门诊、急诊、会诊都有制度，一年多来初见成效。1986年门诊34043人（次），住院864人（次），经济收入92400元，超额任务的24.53%。1987年1至5月份，门诊1200人次，住院279人次，经济收入37770元，占全年任务的50.36%。过去医生见病人生、冷、硬、推的态度，变成了热情接待、及时处理的可喜医疗作风，医院的面貌有了明显的改变。第二，抓思想教育，抓精神文明建设。城川乡卫生院有职工25人，其中大专1人，中专16人，医师3人，医士7人，妇幼士2人，化验1人，放射1人。从改革中进一步感觉到抓思想教育的重要性，建立和坚持学习制度，规定每月集体学习3次，开展了“假如我是一个病人”的医风、医德教育，坚持建设精神文明医院。在业务上主要是以老带新，互相配合，树立全心全意为人民服务的思想，这样使原来不坚守工作岗位的同志也能坚持每天按时上下班。护士李慧英同志日夜护理病人，被选为出席省代会的先进代表，省卫生厅树立为全省先进护士。第三，充分利用医疗器械。医疗器械是医疗人员必须借助的辅助检查手段。城川乡卫生院的器械设备是比较陈旧落后的，但他们能加强管理，精心操作，较好地发挥了透视机、心电图机、电冰箱、恒温箱、显微镜的作用，一般常见病能查清，下腹部手术能就地治疗。1986年下腹部手术887人，诊断符合率达88.9%，这样大大方便了群众，解决了群众看病、住院难的问题。

威戎中心卫生院在这次视察中，我们认为工作开展还是很不错的。①人员结构和开展业务情况。全院有职工31人，其中大中专16人，医师4人，医士6人，妇幼士1人，化验1人，放射2人，五官1人，麻醉2人，护士8人，调剂、勤杂人员6人。1986年县卫生局下达任务70000元，完成107222元，超额153.24%。门诊37369人次，他们只有24张病床，在紧张的情况下完成住院1098人次，出诊177人次，做各种手术651人。1987年卫生局下达任务84000元，1至5月份完成58605元，占年任务的69.76%，周转金为70000元。门诊12702人次，住院515人次。②领导班子过硬，人员思想稳定。他们今年订立了自学与集体学习相结合的学习制度，学习了中共中央《关于社会主义精神文明建设指导方针的决议》，学习了崔月犁、陈敏亭《在全国卫生厅局长会议上的讲话》和地区、县上的工作安排，同志们订报40余份帮助自学。在工作上、学习上都是领导带头，以身作则。在抓思想教育的同时，抓医风医德的教育，重点抓了改进服务态度，提高服务质量，促进社会效益和经济效益为中心环节，定任务、定指标、提措施，工作取得明显效果，大多数同志表现非常出色。如今年后梁乡一位产妇40多岁了，年龄大第一胎，是个难产，大夫何九菊、邹学文和值班护士冒着风险接生，结果超过正常接生的时间1倍多，由于产程长，造成婴儿窒息，何九菊同志不怕脏，口对口做人工呼吸进行抢救，在其他同志的配合下，抢救成功，家长感恩不尽。③建立健全各种规章制度。他们在抓医风医德教育的同时，讨论完善了以岗位责任制为主的各种管理制度，共定出200项204条，印发张贴到各科室，按章办事，把制度、纪律落实在行动上，这样很少出现迟到、早退、旷工现象。思想教育结合合理的管理制度，使全院医务人员都比较热情、耐心、周到、细心、负责地对待病人，得到广大患者的好评。在设备上简陋一些，但透视、化验、心电图、拍片等辅助检查都在开展，充分发挥了作用。

李店、高界两个中心卫生院我们认为是比较一般的，当然从目前来看，基本完成了上面下达的任务。李店今年承包后有所变化，但还存在一些问题。李店卫生院有职工17人，其中医士11人，护士2人，调剂2人，行政干部2人。1986年门诊16000人次，住院480人次，出诊40人次，收入35562元，超额12.26%。1987年1至5月份门诊7400人次，住院223人次，出诊53人次，收入20896元。高界中心卫生院有职工16人，其中医师1人，医士6人，护士4人，调剂、勤杂人员5人。1986年门诊13551人次，住院245人次，收入33171元。1987年1月至5月门诊6205人次，住院111人次，收入14879元。这两个中心卫生院虽然做了一些工作，但从一个中心卫生院来看，工作还是很一般，没有起到一个中心卫生院的作用。①抓思想教育不力，领导班子不过硬。如李店的卫生院长高某某工作不太安心，平时对职工的思想教育抓得不紧，职工纪律比较松懈。②有些业务没有开展起来，从设备上看，如透视、化验、心电图等器械都有，但由于思想没赶上去就没有开展。有些手术完全可以做，但没有积极去做，只做结扎手术，这样使一般能处理的病人只能到百里之外的县医院诊治。③1987年县卫生局对李店卫生院帮助承包，建立了岗位责任制，面貌开始有所变化。就业务开展和收入来看，承包前1至3月收入为11020元，每月平均3673元。承包后4月收入4951元，5月份收入4924元，比前3个月增长34.8%。街道的门诊部原来2个人每月收入450~500元，承包后1个人4月份收入950元，占应完成任务的130%。过去喊叫人多，现在觉得人很紧。这说明承包、建立岗位责任制，大家有压力，调动了同志们的积极性，正出现着一个坚守岗位、积极负责的新面貌。

甘沟中心卫生院共有职工14人，其中大专1人，中专9人，医师1人，医士4人，妇幼士1人，放射1人，护士4人，调剂2人，收费1人。1986年门诊7469人次，住院367人次，收入23688元。1987年1至5月份门诊3950人次，住院132人次，收入11150元，从业务开展情况看1986年基本完成了任务，但我们视察后认为是一个较差的卫生院，主要表现在：第一，领导班子涣散无力。院长马某某不能严格地坚守工作岗位，经常回家，一旷几天，思想上一不安心，二不愿当院长。工作上无管理制度，没有长远安排。副院长陈某某说家中有拖累，晚上回去，早上再来，也不安心。由于领导班子软弱涣散，院内工作非常混乱，有的计划生育对象来结扎，由于没有大夫结扎，借口回家，有时要到家里叫来结扎。第二，不抓职工思想教育，工作得过且过，不负责任。如门诊上班的是2个大夫一组轮流上班，但1个上，1个随便去转，有时1个回家去，不管哪个科只有1个人。实际上是一半人上班，一半人休息。取药的2个人，经常1个人在家，病人取药还得叫人。14名职工中有12人不安心工作，包括两个院长在内。这样能把工作搞好吗？能使群众满意吗？第三，有些器械是陈旧一些，但有些完全可以用于辅助检查诊断，可他们都没有用。致使一些简单容易诊断的病人也推到县医院。第四，没有建立健全合理的规章制度，对职工教育管理不严，有的人随便回家，无人过问。纪律松懈，服务态度差，医疗质量不高，群众看病难的问题没有得到解决。

4个中心卫生院和城川乡卫生院共同存在的几个问题：

（一）人员少技术力量薄弱。在这5个医院中，城川、威戎还较可以，但并不强，其他3个中心卫生院技术力量很差，也不配套，有外科没有麻醉医，有的能做手术的只有一两个人，1个如不在这个手术就做不成。技术人员缺乏，技术水平也贫乏，设备条件差，人员也少，护士不足，这就造成下面群众看病难，县上医院压力大负担重。

（二）器械设备差。要搞好医疗卫生工作，必须借助于必要的辅助检查手段，这就需要比较先进的医疗器械。从这5个卫生院情况看，设备不仅陈旧、落后，而且非常少。有些透视、拍片、化验、心电图就做不了。

（三）危房严重，面积大，严重威胁职工和病人的安全，病房、床位不足也是造成群众看病、住院难的问题。5个卫生院有些房屋年久失修已成危房，如不及时解决维修问题，会带来严重后果。威戎卫生院病房8间，护士办公室2间，共240平方米，李店卫生院门诊9间225平方米，甘沟卫生院门诊9间220平方米，城川卫生院病房9间半，护士办公室3间，职工宿舍9间半，透视、化验室3间共25间250平方米，地基低下，水道不通，雨水一多就有倒塌的危险。高界卫生院病房4间，职工宿舍8间，库房2间，共14间150平方米。以上5个医院共有危房67间，1085平方米。这是一个严重的问题，应引起我们的足够重视。同时有些中心卫生院病房少，病床紧张，有些病人需要住院治疗，但因容纳不了，只得回去或上县医院。如威戎卫生院病房8间，病床24张，经常床位紧张，有时加位30至40人，1986年住院病人1098人（次），平均每张床45.75人。1987年1至5月份收住515人，平均每张床21.46人，全年按25人（次）计算，超过83%。城川卫生院门诊收费都拥在一个房里，比较混乱。高界卫生院病房只有4间，病床12张，住院难。

二、11个村卫生所情况

我们认为11个村卫生所，好的有5个，一般的4个，差的2个。提高人民群众健康是治穷致富的本钱。就这11个村卫生所的情况，有些为群众防病、看病做了大量的工作，干部满意，群众欢迎。大部分处于中间状况，基本完成了任务，保住了承包资本。但还有少部分由于乡村两级不太重视，无房子，放在私人户，群众不太方便，个别的变价卖给私人，有些还承包给一些一不懂看病、二不懂防疫的“白人”。从视察的11个卫生所现状看：

（一）在农村经济改革后，随之也就进行了改革，要坚持集体办为主，保本吃利不能变卖。卫生所的收入除解决卫生人员的报酬外，都应留做所积累，扩大资金、扩大业务、扩大服务、方便群众。村卫生所不能承包给非专业人员，承包者要全面承包医疗、防疫、妇幼保健、计划生育等任务。像威戎镇的吴家上磨卫生所、李店乡的王沟卫生所、祁川的马坡卫生所、城川的吴庙卫生所都是比较好的。他们是保本吃利，首先这些乡医都热心自己的工作，坚持每天开门，群众随叫随到，开处方、打针一般不收费，他们承包有合同，财务收支、进药有明细账，看病实行处方制，做到收支有账目，看病取药有处方，计划免疫有保健卡，对疫情按旬报，有报告书。资金有的是自己又拿了一些，有的还扩大业务、资金提留，总之在保本的基础上还有扩大，真正把看病、防疫、保障人民的身体健康落到了实处，受到了群众的爱戴尊重。

（二）一般的有4个，这些基本上是保住了本，吃利不多，扩大业务提留没有，好的就是看病、防疫这两项任务基本完成了，也解决了群众看病、买药难的问题。

（三）差的有威戎北关村卫生所，由村干部变卖，原来有资金据说是1万多元，以后大队支书安排他的儿子、女儿，结果不懂医，光卖药，本保不了，就卖4000多元，连根拔掉。城川大寨子卫生所，承包给乡医后，先把房子收了办了戏校，又把卫生所的财产、药品1400元收去，等于卖了，乡医刘强，贷了400元自己想办，终因资金少，周转不过来又把药卖了还了贷款，现在他为了方便群众，光看病、防疫，群众因取药不方便意见很大。祁川乡小河村将卫生所承包给不懂医、不会看病的“白人”，原来卫生所的乡医只得自己拿钱购进少量的药品，个人行医，但仍然承担着防疫任务。

根据平凉地区行署1986年79号文件关于“卫生所不能单独承包药品资金，形成医药分家，更不允许把医疗所（站）变卖给个人经营”的规定，以上做法是非常错误的。

（四）村卫生所存在的几个问题

第一，各级政府和村委会，对健全卫生所的工作不太重视，就我们县上来说，1985年、1986年、1987年三年没有给下面拨计划免疫接种费，使下面卫生院、卫生所同志的报酬无法解决，大家有意见，影响了工作。有些村卫生所被变卖，但乡上还不知道，也不过问，不重新建立。有些村委会把承包当成个人营业之事，把集体的房子收了，使卫生所无适中的地方，乡医只好搬在自己家中行医，不便于群众看病。

第二，村卫生所不能承包给非专业人员。在这次视察中我们发现有些村委会随便换了村医，把卫生所承包给不懂医的“白人”，结果光卖药不看病、不防疫，群众很有意见。祁川小河村就是这样，换乡医给乡政府乡卫生院连招呼都不打。

第三，对乡医的思想教育和业务提高上有些卫生院抓得不够。如李店、甘沟、高界中心卫生院长期不开会、学习，业务上不组织进修，使乡医在思想上、业务上都得不到提高。以上这些问题的存在，只是在5个乡初步视察了解的，全县这样的问题我们认为是不少的，应该进一步调查解决。

三、今后工作的几点建议

（一）卫生业务主管部门要认真抓好乡（中心）卫生院的建设。首先要培养选配好既懂业务又有一定组织领导能力的院长，组建像城川、威戎卫生院那样既团结又有事业心的领导班子，带领全院职工搞好卫生院工作。其次要进一步重视加强乡（中心）卫生院的业务技术力量，今后一般地不要把基层的业务技术人员调到县城单位，而要从县城单位动员一部分技术较强的业务人员加强充实基层，大中专毕业生一般都要分配到乡（中心）卫生院工作，业务技术人员要求调县外的，没有特殊原因一般不予调出，并对现有的业务技术人员要有计划地组织进修培训，不断提高他们的技术水平，尤其4个中心卫生院要逐步做到真正发挥中心作用，更好地为方便群众防病治病服务。

（二）自1981年财政实行地方管理后，卫生事业费每年紧张，是个实际问题，一般只包工资等人头费，房屋维修、医疗器械购置拨的钱不多。这次查看的威戎、高界、城川卫生院病房既少，群众住院困难，又都是危房，李店门诊地基出现问题，甘沟门诊、高界部分职工宿舍屋顶木料已朽，都需要及时维修，如果继续维持下去会出大问题。县政府今后要重视卫生系统的房屋维修和医疗器械的添置更新，在县财政紧张的情况下，适当挤出一些钱，解决卫生系统房屋维修等实际困难，对卫生技术人员安心基层开展业务工作有利。

（三）认真贯彻“预防为主”的方针，切实巩固村级卫生所。村级卫生所是农村群众的卫生福利事业组织，是卫生三级医疗网的最基层，是落实农村防病治病、妇幼保健工作的基础，县、乡两级政府和村委会要重视加强管理，乡政府和村委会要有1名领导监管卫生工作，经常过问检查村卫生所的工作。村卫生所房屋、药品、器械都要坚持集体所有，不能卖给私人，要做到每年年底承包，年底盘点结算账目。卫生所的收入除解决村卫生人员报酬外，都应留作积累，村委会不能以任何借口，提成卫生所收入，挪作他用。承包卫生所的乡村医生和卫生员必须相对稳定，今后的选拔调换，必须坚持村委会推荐，乡（中心）卫生院考核审查，乡政府批准的制度和先考试考核后上岗的办法，对现有人员中个别未经培训不适应工作的，要进行清理和调整。卫生主管部门要加强业务指导，有计划地培训农村卫生人员，逐步解决现有农村卫生人员中年龄、技术老化的问题。

（四）计划免疫接种费连年拖欠，直接影响乡（中心）卫生院防疫专干和农村卫生人员搞卫生防疫工作的积极性。他们都反映：“防疫工作很重要，主管部门只抓业务，经费年年拖欠不落实。”县政府要对已拖欠3年和今后每年的预防接种费及时安排落实，支持基层卫生人员搞好防疫工作。

第四次会议　于1987年9月16日至17日在常委会机关会议室召开，由高富德主持。

会议议程有五项：一、听取和审议财政局局长曹升明受政府委托所作的《关于1987年财政预算的报告》，作出《关于批准调整1987年财政预算的决议》；二、听取和审议农业办公室主任安静修受政府委托所作的《1986年、1987年“两西”农业建设资金使用及项目完成情况的汇报》；三、听取和审议水利局局长刘鹏举受政府委托所作的《关于1986年至1987年水利专项资金执行情况的汇报》；四、听取和审议常委会副主任部文学所作的《关于我县1986年农业专项资金管理使用情况的汇报》、张光明所作的《关于我县1986年农业专项资金使用情况的视察报告》；五、人事任免。

第十届常委会组成人员高富德、阎志洁、张光明、部文学、王学谋、郭承祖、史国忠、白秀芳、张秀娥、马志俊、马克勤、吴尚礼、朱春林、王生荣、王郁仁出席会议；县委副书记吕忠厚，政府副县长张国盛、王文进，法院院长马子坤、检察院副检察长李俭、政府办公室主任朱寿亭、农业办公室主任安静修、财政局局长曹升荣、农牧局局长陈凤亭、林业局局长王有华、水利局局长刘鹏举、审计局局长靳守廷列席会议。

附：

人事任免

王国勤任县人民法院审判员

鲍克荣任县人民法院审判员

吕志明任县人民法院民事审判庭庭长，免去县人民法院刑事审判庭副庭长职务

免去：

张银魁县经济协作办公室主任职务

许芝秀县人民法院审判员、审判委员会委员、民事审判庭庭长职务

王志忠县人民法院审判员职务

高世忠高界人民法庭庭长职务

关于我县1986年农业专项资金管理使用情况的调查报告

（部文学）

由人大办公室和审计局的同志组成调查组，从9月2日至8日用6天时间，对县级机关的农业办公室、农牧局（包括农技中心、兽医站）、林业局、水利局、农机局等部门，采取听取汇报和查账相结合的办法，对我县1986年农业专项资金管理使用情况进行了调查。

1986年，省地下达我县支农资金指标共676.91万元，上年结转60.7万元，合计737.61万元，当年实际支出559.71万元，占75.9%，结转下年177.9万元，占20.1%。其中：“两西”农业建设专项资金479.98万元，上年结转45万元，合计524.98万元，当年实际支出368.68万元，占70.2%，结转下年156.3万元，占29.8%；发展资金70.2万元，上年结转8.5万元，合计25.7万元，当年实际支出18万元，占70%，结转下年7.7万元，占30%；合作生产组织资金23.86万元，其中有偿资金20万元，无偿3.86万元。当年实际支出18.46万元，占77.4%，结转下年5.4万元，占22.6%；各项事业费专项资金155.87万元，上年结转7.2万元，合计163.07万元，当年实际支出154.57万元，占94.8%，结转下年8.5万元，占5.2%。

1986年的农业专项资金，各部门按照专项资金使用管理办法，努力组织实施，基本做到了专款专用，推动了农业建设事业的发展，取得了一定的成效。如：三田建设，完成改土面积5万亩，兑现资金38万元；造林完成6.1万亩，兑现资金21.61万元；农村电力建设投资67.7万元，完成输电线路120公里，架通了48个村，230个合作社；小型农田水利和水土保持费投资93.3万元（不包括东峡改建），补砌鞍子山渠、向阳渠、前进渠等6条主要干渠共15.73公里。打井4处，改建机井3处。新建人饮工程2处，新建病医改水工程2处，共解决饮水人数5647人，牲畜1041头。

总之，这些资金投入农业生产和建设以后，对我县农村经济的发展，发挥了重要的作用，经济效益是比较好的。但是，在管理使用方面还存在一些问题，主要有以下

几个方面：

（一）管理层次多，资金使用周转慢。现在的管理办法是：财政、农办、主管局、再到基层，四五道关口。如畜牧事业费中的乡兽医站建设款，先后经财政局、农办、农牧局、县兽医站、乡兽医站5道手续，3次行文，几经周转，影响使用效率。

（二）拨款不够及时，一些项目不按期如数兑现，直接影响经济效益。1986年未拨款和没有兑现清项目共11项，资金达42.3万元。如种草、育苗、供煤植薪等。有些项目由于拨款不及时，当年完不成，结果把款转为计划外存款，买了建设债券，除国库债券外，这次给农、林、水3个局建设债券3万元。还有一些历年欠账，如农办欠林业局1984年造林补助款50134元，改土款103534元，两项合计为153668元（林业局用买树苗款垫付）。欠1985年的山毛桃种子款和“三站”建设款，共5万多元，至今没有拨付。农牧局1985年草籽基地建设款结余6170元，1986年未使用，结转至今。

（三）主管部门有截留、挪用的问题。根据审计局审计报告和调查中发现，一些主管部门也有使用不当和挪用的问题，如农办用农电线路自筹款和“两西”提苗款4.83万元，购置东风载重车和北京吉普车各1辆。养兔办公室挪用养兔款支付办公费1221元。

（四）农业建设资金效益值得重视。普遍感到改土、造林、种草数字不实，仅据审计局1986年对八里乡的审计，查出虚报改土面积243亩，种草699亩，多领补助款10766元。这是一个比较普遍的问题。再如水利工程，重建轻管，不注重效益。如城川乡吴庙村的人饮工程，投资3.6万元，打井1处，由于勘测不清，水源不足，加之设备不配套（水泵大），供水不正常，当前只能供小香槟厂用水，人畜饮水未得到解决。威戎乡郭马村李沟社的防病改水工程，投资2.5万元，打井1处，使用半年后，由于管理不善，水泵烧坏（水泵价值9000元），停止使用。

（五）有些单位账目管理混乱。如农业中心会计业务生疏，账项比较乱；科委1986年账目至今未记，放下一堆发票，资金使用情况不清。

针对上述问题，今后应加强以下几方面的工作：

（一）切实注意投资效益，提高农业专项资金使用效果。我县农业专项资金每年500多万元，是一个很大的数字，对这笔资金的使用效果政府要列到重要议事日程，认真调查研究，摸清存在问题，切实花出效益来。诸如改土、造林、种草、农电及水利，真正的效益如何？不能层层瞒哄、欺骗。

（二）认真加强专项资金管理。调查中我们觉得现在的部分农业专项资金管理层次太多，下面部门亦有一些意见。今后是否可由财政与主管局直接见面，减少农办这个中转环节。财政应加强监督管理，农办管计划、任务、效益等，不直接管钱，发挥基层单位的积极性与主动性。

（三）及时检查兑现，发挥资金效益。今后除当年任务完不成或因完成太迟兑现不下去的改土等项目外，一般应是当年完工，当年兑现，力戒资金年年结转，甚至转成预算外存款，被挪作他用或审计收回。今年可对历年结转资金全部作一次彻底清查，经过研究，把一部分死钱变活，使其发挥效益。

关于我县1986年农业专项资金使用情况的视察报告

（张光明）

由副主任张光明、干事张济林、财政局农财股长吴志勇3人组成视察小组，与9月2日至7日，用6天时间，对祁川、甘沟、双岘、雷大4个乡及6个村、5个社1986年“两西”专项资金使用情况进行了视察。

一、坚持“两西”资金专款专用的基本情况

按县农办《关于兑现1986年改土补助经费的通知》（县农办〔1987〕8号）精神，祁川乡1986年完成改土任务2170亩，按二等每亩补助19元，兑现金额41230元；甘沟乡完成改土任务3267亩，按一等每亩补助21元，兑现金额68607元；双岘乡完成改土任务3094亩，按一等每亩补助21元，兑现金额64974元，加上3个百亩战场另外补助1705元，共兑现金额66679元；雷大乡完成改土任务2270亩，按二等每亩补助19元，兑现金额43130元。4乡合计完成改土任务10801亩，合计兑现金额219646元，平均每亩补助20.34元。4个乡各自根据质量优劣，作战形式联合分散，分等兑现到村。祁川乡按21元、16元、8元3个等级兑现到村39877.55元，占应兑现总额的96.72%，账面结余1352.45元；甘沟乡按20元、19元两个等级兑现到村64181元，占应兑现总额的93.55%，账面结余4426元；双岘乡按20元、18元、15元3个等级兑现到村62546.6元，占应兑现总额的91.79%，账面结余3537.64元。4乡合计兑现到村206137.51元，占应兑现总额的93.85%，账面结余合计13508.49元。

1986年祁川乡完成造林任务2602亩，获得补助款16206.6元，已兑现到村15844.6元，占应兑现总额的97.77%，账面结余362元；甘沟乡完成造林任务2650亩，获得补助款17475.68元，已全部兑现到村；双岘乡完成造林任务4826亩，获得补助款28251.9元，已兑现到村28212元，占应兑现总额的99.86%，账面结余39.9元；雷大乡完成造林任务3140亩，获得补助款19370元，已全部兑现到村。4乡合计完成造林任务13218亩，获得补助款81304.18元，已兑现到村90902.28元，占应兑现总额的99.51%，账面结余401.9元。

4乡改土造林两项合计获得补助款300950.18元，已兑现到村287039.79元，占应兑现总额的95.38%，账面结余13910.39元。

二、兑现办法与扣除实得的基本情况

目前农村兑现改土造林补助款的基本办法是：按照改土、造林的数量和质量分等结算到户，然后算出户里应上缴的各项款额，从改土造林补助款中一次扣除，长退短补，得扣分明。

实现生产责任制以后，群众承担的赋款名目繁多。主要有干部报酬、文化娱乐、军属优抚、集资办学、地方附加、抗旱防汛、广播线路、道路维修、村社办公费、架设农电线路费、奖金共11项。这些项目都要从改土、造林补助款中扣除。这样，群众实得的为数不多，有的分毫不得，有的甚至出现负数，形成倒挂。双岘乡尤家村付二生产合作社，1986年改土造林两项实得现金2037.57元，村上扣办公费105元，乡村道路维修费178.97元，唱戏款128.63元，架设农电费185.37元，共597.95元。村里扣集资办学289.65元，村社干部报酬197.85元，广播线路安装款593.74元，防汛款36.78元，灭鼠药27.95元，共1145.97元，村社两级合计扣除1743.56元，实发到户仅有294.01元。祁川乡杨咀村共有10个生产合作社，1986年改土补助款是4585.8元，扣除后，有6个社不得分文。雷大乡兴坪村兴坪生产合作社，1986年改土实兑现金额1151.7元，其中拉砂费、电杆费、集资办学、村社干部报酬4项就扣除874.87元，群众实得现金只有276.83元，仅占应兑现总额的24.04%，这个社1986年参加改土48户，扣除后，多少得到一点现款的33户，倒挂的有15户。村主任王效友最多得到26.58元，社员王志远只得到1.07元。社员王庆胡倒挂最多是7.25元，王发丛倒挂最少是1.45元。我们这次视察过的5个社，改土造林2项合计应兑现金额6551.54元，但群众实得到的只有2196.37元，仅占应兑现总额的33.52%。各项扣除4355.17元，占应兑现总额的66.48%。

三、存在的问题

经过视察，我们认为，乡村社在“两西”专项资金的兑现上，基本坚持了专项专用的原则，但还存在一些问题，主要有以下几个方面：

（一）兑现不够及时，进度慢，影响了群众改土造林的积极性。1986年改土造林补助款今年6月中旬才兑现到乡上，乡在7月中旬兑现到村，到我们9月2号视察时，绝大部分村还未兑现到户。

（二）在扣除上有些项目不合理。祁川乡从改土补助款中扣除1502.45元作为乡、村、社干部全年工作奖；甘沟乡扣除改土补助款3758元作为村、社干部全年工作奖，又从改土造林2项补助款中扣除6585.15元支付唱戏费；双岘乡从改土补助款扣除1855.5元作为村、社干部全年工作奖。

（三）有些乡列的三等补助标准过低。就我们了解，各乡在兑现改土补助款时，均按质量好坏、作战形式分散与集中，分等进行。这对于奖优罚劣、促进改土联合作战是有积极作用的。但过量地压低三等地补助标准，不利于激发群众的改土热情。雷大乡，县农办按二等每亩19元补助。乡上分三个等级兑现，一等25元，二等18.5元，三等只有5元。祁川乡，县农办按二等每亩19元补助，乡上分三个等级兑现，一等20元，二等16元，三等仅8元。

（四）个别社截留严重。祁川乡祁川村祁一生产合作社，共36户人，1986年参加改土30户，获得补助款552.05元，只按357.05元结算兑现到户，截留195元，截留率为35.32%。截留的钱支付电影费、干部报酬之后，还余66.28元，备作今后零星开支。祁二社共46人，1986年参加改土的32户，兑现补助款462.5元，给社员实兑现363.87元，截留98.63元支付电影费和村干部报酬，截留率为27.11%。该社1986年兑现造林款442.5元，没有向户结算，用于支付集资办学188元，地方附加146.96元，还剩107元备作今后零星之用。祁一、祁二社先扣除后，将剩余款向下兑现的做法，实际是截留，不仅严重违背了“两西”资金专款专用的原则，而且起到了使改土造林者受损、不改土造林者得益、奖懒罚勤的作用，给今后改土造林工作将带来不良影响。我们已当面给予指出纠正。

（五）农办、银行从改土款中扣贷款和农电款，影响了有些乡、村改土资金兑现工作的顺利进行。甘沟营业所从梁岔村改土补助款中扣社员户贷款6000元；县农办从双岘乡改土补助款中扣农电款15837.3元。

四、几点看法和建议

（一）我县群众经济比较困难，乡、村、社三级又没有什么公共积累，农村的教育、广播、文化娱乐、道路维修、地方附加、优待军烈属、村社干部报酬、年终奖励等费用均需向群众摊派筹集，缴款困难的都寄托于从改土造林补助款中扣除，这是带有普遍性的问题。我们认为，改土造林款只要按照数量、质量如数地结算到户，做到长退短补，就算是兑现落实了，这已经成为现实。

（二）建议县政府对每年的改土造林补助款力争在年底，最迟不能超过第二年3月份兑现下去。并由县乡组织专人负责落实到户。在兑现过程中，哪些款可以从改土造林补助资金中来扣，哪些不能扣，都要做出明确的规定，切实做到专款专用。

（三）我们视察过的4个乡，改土造林款兑现后，从账面看结余13910.39元，估计全县各乡镇程度不同的都有这个问题，应当引起注意。我们认为，按照县农办下拨的改土、造林款数，分等向下兑现是可以的，但必须把补助款全部兑现下去。乡上不能留，留下放到账上就是截留改土、造林补助款。建议县政府作一次认真的检查，防止胡支乱用，保证“两西”建设投资款专款专用。

（四）根据我县的实际情况，改土、造林是改变农业生产条件的根本措施，补助款兑现得好，就会促进扎扎实实地多改一点土，多造一点林，既能提高产量，又能增加社员的收入。

第五次会议　于1987年10月28日在常委会机关会议室召开，由高富德主持。

会议议程有两项：一、审议通过召开十届人大二次会议的有关事项；二、审议通过省第七届人大代表候选人初步提名。

第十届常委会组成人员高富德、阎志洁、张光明、郜文学、王学谋、郭承祖、陈俊、梁钧宪、史国忠、白秀芳、张秀娥、吴尚礼、王郁仁出席会议。

第六次会议　于1987年11月6日至7日在常委会机关会议室召开，由高富德主持。

会议议程有五项：一、听取和审议法院院长马子坤所作的《静宁县人民法院1987年1至9月工作报告》；二、听取和审议检察院副检察长李俭所作的《关于检察院依法办案情况的汇报》；三、听取和审议公安局副局长王永升受政府委托所作的《关于1至10月社会治安情况的汇报》。四、听取和审议常委会副主任阎志洁所作的《关于政法工作中一些问题的调查报告》；五、人事任免。

第十届常委会组成人员高富德、阎志洁、张光明、郜文学、史国忠、郭承祖、王学谋、马志俊、朱春林、白秀芳、王郁仁、陈俊、王生荣、张秀娥、吴尚礼出席会议；政府县长金福存、县委副书记吕忠厚、政府副县长李雪松，政协副主席孟建邦、钱樟炎、王宝珍、王乃学、陈松友，政协办公室主任杨继鸿、常委陈世英，法院院长马子坤、检察院副检察长李俭、公安局教导员王锦华、司法局局长穆熙雄、政府办公室主任朱寿亭、劳动人事局局长李映忠列席会议。

附：

人事任免

刘国弼任县土地管理局局长，免去县体育运动委员会主任职务

舒崇仁任县体育运动委员会主任

关于政法工作中一些问题的调查报告

由副主任阎志洁、专职委员王学谋负责，共抽调4名同志组成调查组，对全县8个人民法庭和10个公安派出所1987年以来的工作进行了调查。在调查中采取听法庭、派出所同志的汇报，召开有县乡人大代表和村社干部参加的座谈会、征求乡镇领导同志的意见等方式，着重了解了各方面对司法、公安机关执法办案的意见和要求。同时还参加听取了县法院的案件汇报研究。

从调查情况看，我县政法战线的工作总的是好的，成绩是显著的。审判、检察和公安机关充分发挥了职能作用，广大干警付出了辛勤劳动，做了大量工作，并能够做到秉公执法，严格依法办事，尽职尽责，努力完成工作任务。特别是今年以来，公、检、法各机关在抓好正常业务的同时，还针对社会治安及其他方面出现的新情况和新问题，及时采取措施，组织力量，开展专项斗争，加以解决。如县法院针对一些单位和个人不按统一规划乱修乱建的问题，依法强制拆除了威戎街道几户人的违章建筑，消除了障碍，推动了威戎镇建设的顺利进行。检察院对几起职工伤亡、交通事故和挪用骗取公款问题，进行了调查和清理，配合有关单位作了恰当处理，取得了较好的社会效果。公安机关在县城和一些乡镇开展了打击流氓滋扰，整顿治安、交通秩序和查禁赌博的专项斗争，使一度在个别地区出现的流氓滋扰和赌博活动大为收敛，治安、交通秩序明显好转，为全县社会治安的稳定好转奠定了良好的基础。

政法工作的改进和加强，维护了社会秩序和公共安全，促进了改革和开放，保护了公民的合法权益，保障了社会主义现代化建设的顺利进行。

在调查中，也发现了一些问题，这些问题从不同角度反映了政法工作中的不足之处，应当引起重视，并予纠正。

一、在办案中存在一些不符合法律规定的做法

根据调查统计，法院和基层法庭今年以来在案件处理中，存在一些问题的有6件（婚姻案2件、抚养案4件）。公安局及派出所今年以来在案件处理中，存在一些问题的有4件（赌博案2件、盗窃案2件）。

李店法庭今年调解处理了一起婚姻纠纷案，经过调解，男女双方达成同意和好的协议，此案即告结束。但时隔不久，一方又起诉要求离婚，法庭认为男女双方感情确已破裂，再调解无效，即受理并准予离婚。按《中华人民共和国民事诉讼法（试行）》第八十六条中关于“判决不准离婚的案件，没有新情况、新理由，在6个月内又起诉的，不予受理”的规定，李店法庭在第一次调解处理后不到6个月又受理起诉并准予离婚，这种做法是不符合法律程序的。甘沟、高界、威戎和红寺法庭各对一起抚养纠纷案没有严格按照法律规定处理。按法律规定，子女是父母双方的，父母有抚养教育子女的权利和义务。若父母一方死亡，另一方有抚养未成年子女的权利和义务。这几起案件都是子女的父亲去世，母亲改嫁时要带走和抚养子女，而子女的祖父母不让带走，发生争执，引起纠纷。法庭在处理这类案件时，都是按照当地实际情况，经调解双方同意后，对子女由祖父母和母亲分别抚养，或调解给任何一方抚养。这种处理使法律屈从了习惯势力，是适合当地实际情况的，但不符合法律规定。雷大法庭今年调解处理的一起离婚案，对财产处理不当。按《中华人民共和国婚姻法》规定，夫妻离婚时，对其共同财产应由双方协议处理或法院判决处理，而法庭在办理这个案子时，对夫妻双方的共同财产没有做研究处理，这是不符合法律规定的。

李店、仁大派出所对两起赌博案件的处理不当。根据《中华人民共和国治安管理处罚条例》第三十二条的规定，对“赌博或者为赌博提供条件的”，“处15日以下拘留，可以单处或者并处3000元以下罚款，或者依照规定实行劳动教养；构成犯罪的，依法追究刑事责任”。而两个派出所今年在查处赌博案件中，对参与赌博的2案4人却给了警告处罚，这是不符合法律规定的。红寺派出所对一起广播线被盗案处理不准。今年元月10日晚，细巷乡瓦岔村到米岔的广播线被盗525米并毁坏水泥杆2根，瓷瓶15个，价值共360多元。红寺派出所人员破案时，做了一定工作，查到了一些线索和疑点，又凭米岔村一妇女的证词为据（这个妇女证明，在广播线被盗的当天晚上，她磨面路过现场不远，发现作案的一个人穿的衣服像同村的社员米某盛），即报县局批准，于4月8日将该村社员米某盛收审5天时间，一直未审问出偷盗广播线的问题，就将此人放回去。后来有几位社员证明，在广播线被盗的那天，米某盛去白银要他搞副业的款，不在家。米某盛在收审后不服，先后找检察院、公安局要求给他落实问题。据上事实看，公安部门收审米某盛是不准的。县公安局协助彬县公安局扣押李某财拖拉机一案的做法不当。我县七里乡社员李某财和陕西彬县社员李某海因买卖拖拉机引起经济纠纷一案，本不属于公安部门受理的案件，而我县公安局以协助彬县公安局办案为由，扣押了李某财的拖拉机，扣押时既没有彬县公安局的正式扣押证件，也没有我县公安局的正式扣押证件，只凭彬县公安局两个临时写的扣押拖拉机的白条子，由我县公安局加盖公章，并派人员持此证直接从李某财家里推出拖拉机让彬县公安局拉走，至现在，此拖拉机已在彬县公安局扣押了将近1年时间，我县公安局几次派人去彬县公安局研究处理，但问题一直没有得到解决。李某财及其父母经常到县公安局追要他的拖拉机，并要求赔偿由此造成的经济损失，还进行谩骂、吵闹，甚至动手打局里的干部和领导，严重影响和妨碍了工作，给局里造成被动，在社会上造成不良影响。对此，公安局应从中汲取教训，今后对待一切问题一定要严肃慎重，办理每一个案件必须符合法律规定。

二、工作不深入，办案不及时

根据调查统计，8个法庭1至9月份共受理民事案件241件（包括历年积案9件），其中法庭自受案81件，县院批转160件。已办理结案184件，结案率76.4%。结案率最高的是雷大法庭，为86%；最低的是高界法庭，为71.4%。平均每月结案最多的是城关法庭，结案6.7件。最少的是高界法庭，结案1.2件。10个派出所1月至9月份共收案222件，其中立案152件，占收案数的68.5%。已结案136件，占收案数的61.2%，占立案数的89.4%。其中收刑事案89件（包括自行车被盗53件），立案32件，占收案的36%，已结案27件（其中立案的19件，未立案的8件），占收案的30%，占立案的84%；收治安案件120件，已结案117件，占97.5%。高界派出所今年共收刑事案8件，只立了1件，查结了1件，其余7件未立也未结；共收治安案19件，已结案9件，占收案的47.4%，是结案率最低的一个所。

在调查中发现，公、检、法及其一些基层单位，都不同程度地存在着办案不及时的问题。特别是个别案件一拖再拖，长期得不到解决，以致造成不良后果和不应有的损失。县法院今年对原安乡政府申诉一个案子受理不及时。原安乡齐埂村有2户社员因住宅发生纠纷一案，乡、村两级组织先后几次研究处理都未处理下去。乡政府于今年7月8日和8月31日两次向县人民法院写报告要求依法处理。县法院先后以乡政府未以正式文件上诉和乡政府原处理决定不符合法律程序为由，均按信访件作了答复，未予受理，致此案件到现在还没有解决。像这样的问题，法院可以及时和乡政府取得联系，讲清楚，要求他们按法律程序办，以便使问题尽快得到解决。按法律规定，“控告、检举可以用书面或者口头提出”，在调查中一些基层干部和群众反映，口头告状，法院、法庭不接收。威戎镇南关村党支部书记赵某某说，威戎新华中学一教师曾给他写了侮辱性的大字报，他到法院口头提出控告，法院没有受理，叫他写状子去，他再没有写状，问题也就一直没有处理。细巷乡米岔村社员米某某和米某因住宅、道路发生纠纷一案，1986年8月就反映到乡政府和红寺派出所，乡政府和派出所先后做了几次处理，都没有处理下去。到今年5月9日，案件又反映到红寺法庭，法庭插手做了一段工作，问题还是没有解决。最后经县政法委员会研究决定，由公、检、法和细巷乡政府四家共同抽人去研究处理。这四家的人去村上后，再没做调查，就按原来掌握的情况，研究提出了处理意见。结果按治安案件处理已过了半年的时限，法院又不能作判决处理，只能再次进行调解。到现在，时间整整拖了1年多，这个案子还是没有解决。就在查处这个案子的过程中，原告米某某的父亲因年纪大，再加上住宅纠纷淘气，于今年4月去世，过了不到1个月米某某也去世。据医生诊断，米某某去世于胃癌，但因两家闹纠纷，去世前曾被米某推拉碰撞，也加剧了病情的恶化。米某某去世后到现在，他的儿子米某某继续向法院、检察院、公安局和乡政府告状。这个问题的教训是：案件本属于一般民事纠纷，就因为久拖不决，造成了不良后果。

公安局今年春季在全县开展查禁赌博活动时，局里以高界、三合、七里为重点，共查出参赌人员270多人，涉及6个乡、12个村、35个合作社。这次行动在当时震动、影响很大，使那些地区的赌博活动大大收敛，深得广大群众的支持和称赞。但截至现在，对查出的参赌人员都没有作处理，乡镇和群众意见比较多，说这是“雷声大，雨点小”。在打击流氓滋扰，整顿县城治安斗争中，对社会反映强烈、群众意见很大、并初步查证落实道德败坏、奸污妇女达10多人（大部分是未婚女青年），已够上流氓犯罪的个别人，没有集中力量，及时、彻底查清处理，社会舆论比较大。政法各机关历年都有一些积案，公安部门比较多。据10个派出所统计，1985年、1986年未结积案有19件，仁大乡高沟村村主任周某某的7分多西瓜苗（共800多苗，估计价500多元），去年5月9日晚被人全部铲掉。据说此案发生后现场保护了2天，因没有及时派人去查，现场被雨水破坏，给破案造成了困难。后来从各方面查证了一些作案线索和对象，但没有下功夫一查到底，中途停止。这个作案者是属于明显的报复行为，此案未破，对基层干部的工作影响很大。

三、基层工作薄弱

在调查中发现，一些基层法庭和派出所在干部力量和工作条件方面存在不少问题和困难，很不适应工作的需要，亟待研究解决。

（一）人员少，变动频繁。高界派出所管辖的地区大部分在交通沿线，属于多事地区之一。今年所里的工作没有搞上去，这与所里人员变动大有着直接的关系。这个所共有5名干警，前半年抽去2人搞农村整党，1人颁发居民身份证，1人作了调换，所里的工作基本上由所长1人承担。目前这种状况基本没有变，工作还是没有很好地开展起来。城关法庭共管辖6个乡镇，地域辽阔，工作量大，人员不足，办案困难较大。原安、灵芝乡的群众向法庭反映问题很不方便。类似问题在其他各法庭都程度不同地存在，人员太少，在法庭接待了群众，就不能下去查处案件，下去查处了案件，就没人接待群众。所以“告状难”的问题确实存在。如李店、高界法庭各有2名人员，且各有1人参加“业大”学习，影响岗位工作，有时工作由1人承担，既不符合办案要求，也确实忙不过来。

（二）基层法庭和派出所的条件很差，给办案工作造成了不便。8个法庭中就有3个没有地方住，甘沟、李店法庭都只有1间房子，2人合住又办公，很不方便。10个派出所的办公桌凳缺少，交通工具不适应，照相机等办案必要的器材、用具基本没有，物质条件差，开展工作困难很多。

（三）乡镇和法庭、派出所在工作上配合不够，办案工作得不到应有的帮助和支持，有些办案人员到村社工作连吃住都没有安排，有时没办法，只能到当事人家里吃住，这既不方便，又落嫌疑。有些法庭修建地址长期得不到解决，给开展工作造成很多困难。

（四）各乡镇的司法干部大部分没有搞本职工作，不能充分发挥作用。

根据上述存在问题，当前必须抓好以下几点：

一、以十三大精神为指针，进一步加强政法工作。坚持党在社会主义初级阶段的基本路线，为改革服务，为开放服务，为社会主义现代化建设服务。这是十三大为政法工作所指出的总的方向和任务。当前要组织全体干警，认真学习十三大文件，深刻领会和掌握十三大阐明的社会主义初级阶段的基本理论和基本路线，以十三大精神为指针，加强法制建设，强化政法战线的工作，保证十三大精神的贯彻执行，维护安定团结，保障各项改革的继续深入发展。

二、搞好政法工作的改革。根据建设有中国特色的社会主义和完善社会主义民主政治的需要，要坚定不移地贯彻一手抓建设和改革，一手抓法制的方针，认真搞好政法系统各机关的自身建设和改革。司法机关必须坚持严格执法，在审判工作中做到及时、合法、准确，努力提高工作效率，讲求社会效果。检察机关除了继续做好刑事方面的法律监督外，还要参加民事、行政诉讼，发挥民事、行政方面的法律监督作用，在实现“有法可依、有法必依、执法必严、违法必究”上狠下功夫，发挥更大的作用。公安机关要加强革命化、正规化、现代化的建设，尽快提高公安队伍的素质和战斗力，更好地发挥职能作用，为保卫改革、开放的继续深入，作出新的、更大的贡献。

三、加强基层工作。加强基层工作是搞好整个政法工作的基础。人民法庭当前首先要解决好地方和修建问题，使工作人员有房子住，开展工作具备起码的条件。同时要尽快充实加强人员。按照实际情况，一个法庭最少得配备3个人员，1人值班搞接待，2人深入村社巡回办案。这样才能解决工作的最低需要。另外，根据一些乡镇领导和群众的意见，要求在灵芝、原安和古城、曹务两个片分别设立人民法庭，以适应群众就近诉讼的需要。

公安部门除通盘考虑从人力、物力上加强基层工作，逐步改善基层派出所的条件，促进工作外，当前急需研究解决工作比较薄弱的派出所的问题。应该尽快调整充实人员，做到相对稳定，加强培训，提高政治和业务素质，建立健全岗位责任制，坚持依法办案，提高办案效率。今后随着派出所工作的加强，要逐步做到以户口管理为基础，以治安工作为中心，发挥多功能的打击敌人、保护人民、服务四化的作用。

根据政治机关及其基层单位存在的问题，要求县、乡两级人民政府要切实重视加强和支持政法工作，要按定编人数尽快配齐公、检、法的人员。在当前财政困难的情况下，也要尽量挤出一点经费解决基层法庭和派出所的困难，以便更好地开展工作。

第七次会议 于1987年12月14日在常委会机关会议室召开，由高富德主持。

会议议程有两项：一、听取和审议教育局局长段积昌受政府委托所作的《深化改革提高质量普教职教和成人教育一齐抓——1987年教育工作情况总结及今后意见》、常委会副主任张光明所作的《关于改善办学条件和提高教学质量的视察汇报》；二、听取和审议政府办公室主任朱寿亭受政府委托所作的《关于县第十届人民代表大会第一次会议代表提案办理情况的汇报》。

第十届常委会组成人员高富德、阎志洁、张光明、郜文学、史国忠、郭承祖、王郁仁、白秀芳、梁钧宪、马克勤、张秀娥、朱春林出席会议；县委书记刘思义、副书记王守元，政府副县长王文进、法院院长马子坤、检察院检察长陈贵录、县委宣传部部长靳士孔、政府办公室主任朱寿亭、财政局局长曹升明、教育局局长段积昌列席会议。

附：

关于改善办学条件和提高教学质量的视察汇报

为了进一步改善办学条件和提高教学质量，从人大、教育局抽出6名同志组成视察小组，由副主任张光明同志带队，自10月4日至26日，对双岘等10个乡镇的小学改善办学条件和中学、中心小学的教学管理、教学质量进行了一次视察。通过视察，我们总的感到，实行分级办学，分级管理后，全县乡、村两级把教育事业列入了重要议事日程；群众集资、改善办学条件的热情很高，学校面貌变化较快；教师的事业性、责任感有所增强；教学秩序良好，质量趋于回升和上升。虽然发展教育事业的势头是好的，但还存在一些问题需要及时指导，妥善解决。

一、关于改善办学条件的情况

10个乡镇共有105个行政村，17461户，104767人；共有95所小学，468个教学班，14818名学生。这次我们视察了65所，占68.4%。

从1985年后季实行分级办学、分级管理以来，10乡镇认真贯彻落实县委、县政府《关于加快普及小学教育步伐的决定》和《中华人民共和国义务教育法》，群策群力、集资办学，使小学面貌发生了较大的变化。1987年共集资514408元，其中投料折价210636元，投工折价67278元，现金236494元，人均4.91元。截至10月底，10个乡镇新建教舍面积8240平方米（其中新建教室178座、5999平方米，新建宿舍140间、2241平方米），占现有教舍总面积38552平方米的21.4%；维修教舍4038平方米；现有危房面积3044平方米，占总面积的7.9%；购置双人桌凳284套，占现有课桌凳6605套的4.3%。有38所学校符合“一无两有”要求，占村小学总数的40%；有44所学校达到了班班有教室和无危房。

通过听汇报和实地考察，我们认为，10个乡镇的小学实现“一无两有”可分为以下三种情况：

第一种是好的，有双岘、四河、田堡、后梁4个乡和其他乡的一些村及其乡、村干部。他们的特点是：

1. 领导认识明确，行动快，措施得力。双岘、四河、后梁、田堡4乡，把发展教育事业当作脱贫致富、改变落后面貌的一件根本大事去抓，充分发动群众，采取各种措施，努力改善办学条件。双岘乡1986年人均集资5.2元，1987年增加到9.61元，2年人均集资14.81元。截至目前，全乡12所小学都达到了班班有教室、无危房，有6所学校实现了“一无两有”。现在教室总数中，新修的高标准、高质量的砖土木结构的架子房占49.5%。四河乡从1984年就开始搞集资办学，1986年动工量最大。今年2月县教育工作会议后，他们召开了脱产干部、村干部和小学负责人会议，认真研究部署集资办学工作，在总结实践经验的基础上，提出实行包干责任制：干部包村校，群众包工，层层签订责任书。乡上抽出1名副乡长，带领脱产干部和学区校长一起，逐校研究、制定修建方案，把每一个村的集资和学校修建任务分别包给了驻队脱产干部和村干部，任务具体，责任到人。现在全乡有7所小学实现了“一无两有”，占学校总数的63.64%；没有实现“一无两有”的学校也达到了班班有教室、无危房。

2. 多渠道集资，勤俭节约，努力提高资金效益。这是搞好集资办学的一个行之有效的方法。贾河乡王沟村自然条件差，群众经济十分困难。今年村上采取有钱的出钱，有物的出物，有技术的献技术的办法，使人均集资达到8元，修成了3座砖土木结构的架子房。教师高军喜、柴向千看到资金紧张，就利用暑假上泥抹墙，并拿自家的檩子修建学校。四河乡王河村，充分发挥木料多的优势，今年集资17900元，人均16.85元。为了节省资金，他们尽量动员能工巧匠投工，从而使新修的5座教室、7间宿舍标准高，质量好。年已六旬的何文敏老师，爱校如家，吃苦耐劳，利用闲暇时间把木棍、椽头加工成搇子，并发动老师、学生筹集麦衣、麦草，为改善办学条件操心出力。田堡乡今年有5个村在人均负担农电款30元的情况下，全乡集资办学人均达3.72元，45%的小学实现了“一无两有”。该乡大庄坪村，狠抓义务投工，千方百计地紧缩手工开支，提高材料质量。村支书张尊仓同志带领群众从3华里之外的沟里运水，120华里之外的县城拉砖，坚持战斗两个多月，圆满地完成了修建任务，受到了领导和群众的赞扬。

3. 领导亲自上阵，办实事。凡是集资办学成绩比较显著的乡、村，一个主要原因是领导干部信心足、决心大。今年县教育工作会议之后，大多数乡在领导班子中进行了包片分工，由主管同志统一指挥，脚踏实地地做工作。高界乡书记张文礼，双岘乡乡长张志学，后梁乡乡长王冠斌，原安乡乡长张文明，四河乡副乡长樊国璋，贾河乡副书记韩来源，田堡乡乡长曾远德等同志表现出了极大的办学热情。原安乡姚河村支书李进云，家中人少力单，今年夏收时，他放弃家务活，在学校连续战斗50多天，保证了修建任务的顺利完成。高界镇邢岔小学基础很差，原有的教室全是危房。村支书张存良，今年秋季40多天食宿在学校，领导群众修成了5座质量较高的砖土木结构架子房，使学校的面貌焕然一新。贾河乡窦坪村支书窦恒吉，四河乡郭岔村支书陈玉堂、涧沟村支书薛珍等一批村干部也都是集资办学的热心人，为改善办学条件作出了积极的贡献。

第二种是比较好的，有原安、高界、贾河、深沟4个乡镇，领导重视，群众基本上发动起来，校校都有行动，但起步迟，进展慢，部分新建教舍质量差。

第三种是比较差的，有雷大、祁川两个乡。主要是群众发动不充分，集资办学没搞起来，部分学校动工迟，有的基本未动，搞了一点新修和维修，工程质量也差。雷大乡乡、村两级干部认识跟不上教育发展的形势，集资办学决心不大，依赖思想严重。今年全乡14个村，21所小学（其中村学10所），计划集资84063元，人均7.3元，但收上来的包括投工投料折价只有53996元。乡机关干部应集资3580元，只收来780元。1987年计划6所小学实现“一无两有”，到我们视察时1所都未实现。该乡雷大小学原有6座教室，4间宿舍共424平方米全部是危房，是定为今年实现“一无两有”的学校，今年乡上重点投资3600元，到我们视察时，只拆掉了2座旧教室，准备新修的2座教室才在砌墙。村上的负责人说集资钱收不上来，就连麦草也收不来。谢吕小学原有教室50%的是危房，校址靠近沟畔，活动场地窄小，乡上决定搬迁到乡地毯厂旁边，但到我们视察时场地平整工程都未完成，学生仍然在危房中上课。祁川乡山区小学面貌变化不大，如张著小学只简单搞了一下维修，马坡村条件较好，而今年人均只收了0.8元教育附加费，没有搞集资，小学面貌没有什么变化。

二、关于提高教学质量问题

这次视察了11所中学和10所中心小学的教学及其管理工作，听课88节，抽查教案145本，作业170本，召开学校领导班子会议17次。从组织领导、目标量化管理、教学效果、校风建设几个方面衡量，可分为以下几种情况：

（一）中学办得好的有双岘、贯河2所学校。他们的做法是：

1. 领导认识明确，教师责任心强，狠抓教学管理和教育质量。双岘、贯河初中办学条件都比较差，教师学历不高，但他们全面贯彻党的教育方针，德、智、体、美、劳一齐抓，牢固树立质量第一的观点，横下一条心，带领全体教师发扬“三苦”精神，坚持数年，不懈奋斗，获得教学质量大幅上升。双岘中学初三毕业生合格率由1985年的40%上升到1987年的61%，跃居全县第一。贯河中学初三毕业生合格率由1985年的24%上升到1987的48.6%。这两所学校的鲜明特色：一是领导班子坚强有力，领导成员以身作则，认识统一，工作扎实，制度健全。各项工作有章可循，能够落在实处。双岘中学校长魏士杰，贯河中学校长王根玺，家都为农户，又无劳力。但他们为了学校工作，从未请长假。有时因公耽误学生一节课，随后都要补上。由于领导本身过得硬，给大家作出了表率，所以领导班子有很大的凝聚力和号召力。二是重视师德教育，采取举办专栏，个别谈话，集体讨论，学习时事政策和先进人物事迹等各种形式，持久开展师德教育活动。双岘中学近4年有5名教师光荣加入党组织，7人被评为县教育系统先进个人。新老党员和先进个人吃苦在先、享受在后。在他们的带动下，教师都有整体观念，勇挑重担。这两所学校的教职工家都为农户，但即使农忙季节，都没有为家务而耽误教学工作。1983年以来，这两所学校坚持向改革和管理要质量，特别是今年地区初中教育工作会议后，学校增强了改革意识，实行了教育质量目标管理制度，教学实行年段循环责任制，逐班下达了“合格率”和“及格率”两个量化指标，制定了考核、奖励措施，促进了教学管理逐步向科学化发展。由于学校领导班子思想认识明确统一，深化改革，狠抓管理，使校风明显好转，学生的学习积极性有很大提高。

2. 端正办学指导思想，按教育规律办事。这两所学校教学设备都差，教师面对差条件不气馁，不等靠，顽强拼搏，奋发图强。他们都有一个共同的心声，把自己的聪明才智全部献给家乡的教育事业。他们善于做新形势下学生的思想教育工作，采取举办有吸引力的专题讨论等多种形式，净化学生心灵，陶冶学生情操，使学生身心健康发展。在教学上他们狠抓双基教学，积极开辟第二课堂，促进教学质量逐年提高。这两所学校除一贯坚持“两课”“两操”“两活动”外，积极组织学生进行体育达标，学生中发病率低，近视眼少，身体素质不断增强。贾河中学依靠师生开展勤工俭学，增强学生劳动观念，培养学生劳动技能，增加学校收入。几年来，他们整修梯田15亩，种植树木2300多株；勤工俭学收入3800多元，自己购置了体育器材和上水工程所需的部分设备和材料。自力更生是这所学校的办学特色。

同时，这两所学校都面向全体学生，提高教学质量，把合格率作为衡量教师教学效果和班级工作的主要指标。都基本按计划招生，乱办复读班的现象得到控制。实践证明，端正办学指导思想，是办好学校，提高教学质量的重要前提。

（二）属于中间状态的有四河、祁川、深沟、高界4所学校。这几所学校近两年重视抓质量目标管理，向管理求效益。学校教学工作有新的起色，教学质量提高比较快。例如四河中学1986年开始实行质量目标管理制度，制定了《质量目标管理方案及措施》，为实现质量目标管理指标，采取有效措施，调动了教师的工作积极性。全县统考，该校初三毕业生合格率名次由1986年的第27名上升到1987年的第18名。祁川中学认真贯彻地区初中教育会议精神，对学校各项工作实行目标量化管理，使各项工作出现了竞争局面。这些学校的经验说明，改革完善现行管理制度，是全面提高教学质量的重要保证。

（三）中学办得比较差的是雷大、后梁、田堡、原安、仁大5所学校。他们的主要差距是：

1. 学校主要领导在思想认识上缺乏紧迫感，满足于现状，向科学管理要质量的观念还没有真正树起来，教学质量连续几年一直很低。1987年这5所学校初中应届毕业生合格率只有14.6%，比全县平均数低9.5%。最低的原安中学只有9.4%。质量差的现状未引起领导的高度重视，也没有采取有效措施加以扭转，而是听之任之。雷大中学校长何某某长年有病，副校长王某某带两个初三班教学，顾不上抓学校工作，至今制度不落实，工作松散，消极观望，各项工作没有新的起色。后梁中学主要是领导班子软弱、缺乏战斗力和号召力，工作抓不起，调动不起教师的工作积极性。

2. 教学方法陈旧、粗糙。这次共抽查中学教案99本，不符合要求的就有63本，占64%。用旧教案的有15人。后梁中学1教师至今还用1982年教案上课。抽查中学作业113本，认真批阅的有三分之二。不负责任的“放羊式”教学方法在这些学校中不同程度地存在。其原因，一是教师缺少科学的管理知识，教学方法落后，业务素质差。二是教导处没有发挥应有的作用，对教学的各个环节没有严格的要求，具体的指导，对教学各个环节检查督促少。三是没有发挥教研组的作用。调查的21所学校，有15所学校教研组有名无实，不搞教学研究活动。教研组长不能按时批教案，有的连时间也不号。教研组不掌握教学信息，对本校教学现状不清楚，对怎样进行教学改革没有设想和打算。

3. 在办学指导思想上有重高中轻初中的倾向。原安、仁大两所学校没有注意到抓初中基础教育，初三毕业生的合格率为全县最低，从而影响了高中的教学质量。另外这两所学校留级率高，造成班大膨胀，有些初中班额达70人左右，从管理和教学上来说，加大了教师的负担，影响了教学质量的提高。

（四）关于小学教学质量，我们重点检查了10所中心小学，对其余小学只作了一般了解。从检查情况看，10所中心小学都建立了各项制度，都程度不同地从本学期开始讨论、研究落实教学质量目标管理指标。从领导到教师认识都有一定变化，事业性和责任感有所增强。从教师讲课和批阅作业反映出，绝大多数学校的教师都能认真执教，工作比较踏实。学生学习勤奋、热爱学校，这是一个新的起步。农村学龄儿童入学率绝大多数的村都在90%以上，相当一部分小学设有学前班，巩固率也在90%以上。

三、关于今后工作的几点意见

（一）继续狠抓集资办学，努力实现“一无两有”。县委1987年有关文件指出：用两三年时间实现“一无两有”。现在一半多时间已经过去了，而工作进度与预计目标的差距还很大。去年实现的20个乡镇，都程度不同地还存在一些问题。今年的10个乡镇问题更多，突出的是乡与乡之间进展不平衡，个别乡领导对发展教育事业的重要性认识不足，集资办学没毅力、没恒心，依赖上面资助，消极观望；一部分乡新修、维修教舍质量低、课桌凳短缺量大。据统计，这次视察的10乡镇尚缺双人课桌凳804套，占应需总数的10.9%。因此，实现“一无两有”的任务还很艰巨，工作切不能放松，各级政府必须坚持不懈地抓下去。对已达到“一无两有”的乡、村。要把重点转到管理好现有校舍上来，防止雨漏水浸又出现危房的问题。对各乡镇实现“一无两有”的工作，县政府应组织有关部门检查验收，把改善办学条件，实现“一无两有”的工作落在实处。

（二）在重视抓好改善小学办学条件的同时，把解决中学危房和教舍短缺问题提上议事日程。我们这次视察的11所中学，有危房面积4964平方米，占教舍总面积14531平方米的34.2%，田堡中学危房比例高达66.7%。此问题在仁大中学尤为突出。全校有师生1020名，占地面积6867平方米，人均仅6.7平方米；宿舍52间，危房达到30间；有482名住校生分散在学校附近的9个自然村、260户人家租房居住，每年共负担房租费14460元，人均30元。据预算，1988年仁大乡有小学毕业生642名，1989年有小学毕业生485名，1990年有小学毕业生642名。按现有条件，仁大中学每年只能招收初中生100名。按此推算，1988年仁大乡小学毕业生的升学率为39%，1989年为29%，1990年为16%。由此可见，解决仁大中学教舍、校址问题已成燃眉之急。

（三）随着办学条件的改善，教学质量也要随之提高。目前中小学的教学质量比较差，留级率高，合格率低。这既不适应教育形势的发展，也辜负了广大干部群众的期望，挫伤了干部群众集资办学的积极性。今后应把提高教学质量放在教育工作的首位切实抓紧抓好。各级政府和有关部门，要重视教师队伍的建设，加强培训，努力提高教师的政治和业务素质，使每个教师不仅有一颗为党的教育事业而献身的赤子之心，而且有一套科学的教学方法。同时要健全学区组织，加强领导，增派教育教学研究人员，提高学区和学校领导班子的战斗力。要深化教育改革，根除其管理上的种种弊端，实行科学的目标量化管理，彻底打破教学上的“大锅饭”，有力地保证教学质量的提高。

（四）原安中学、中心小学及乡政府所在地企事业单位、村庄人畜饮水特别困难，有的井水不足，师生吃水限量；有的从深沟里挑水吃，给教学和工作造成了极大不便。类似问题在阳坡乡也存在。建议县政府予以帮助解决。

第八次会议　于1988年1月11日至12日在常委会机关会议室召开，由高富德主持。

会议议程有四项：一、审议通过关于召开十届人大三次会议的有关事项；二、审议通过常委会1988年工作要点；三、学习中共十三大报告、地方组织法有关章节和省人大常委会主任刘冰在地、县委书记学习班上的讲话、省委副书记卢克俭在第二期省人大工作研究班上的讲话；四、人事任免。会议结束时，高富德作总结讲话。

第十届常委会组成人员13名出席会议；政府县长金福存、副县长张国盛，法院院长马子坤、检察院检察长陈贵录、劳动人事局局长李映忠、财政局副局长王有恒列席会议。

附：

人事任免

刘秉乾任县粮食局局长

米世荣任县广播电视局局长

樊俊峰任县农业机械管理局局长

孙延震任县人民检察院检察委员会委员、检察员

免去：

王嘉宾县粮食局局长职务

王万同县广播电视局局长职务

韩亦武县农业机械管理局局长职务

第九次会议　于1988年3月1日在常委会机关会议室召开，由高富德主持。

会议议程有四项：一、听取省第七届人大代表高富德关于省七届人大一次会议召开情况的汇报；二、审议通过常委会1987年工作报告；三、审议通过十届人大三次会议议程、主席团及常务主席名单、大会秘书长和副秘书长名单、议案审查委员会组成人员名单（草案）和列席、邀请代表范围等有关事项；四、审议通过关于中医院修建议案办理情况的报告。

第十届常委会组成人员高富德、阎志洁、郜文学、张光明、郭承祖、王学谋、梁钧宪、马志俊、马克勤、张秀娥、吴尚礼、白秀芳、王生荣出席会议；县委副书记吕

忠厚、法院院长马子坤、检察院检察长陈贵录、财政局局长曹升明、政府办公室副主任杨乐林、常委会办公室副主任郭应童列席会议。

第十次会议　于1988年5月26日至28日在常委会机关会议室召开，分别由高富德、阎志杰、郜文学主持。

会议议程有七项：一、学习全国人大常委会委员张友渔关于政治体制改革和地方人大常委会工作的讲话、《中华人民共和国土地管理法》、省人大常委会关于全省进行执法检查的决定及有关法律文件；二、听取和审议粮食局局长刘秉乾受政府委托所作的《关于1988年1至7月份群众生活安排工作的汇报》、常委会副主任张光明所作的《关于细巷古城群众生活安排情况的调查汇报》；三、听取和审议土地管理局局长刘国弼受政府委托所作的《关于贯彻实施〈中华人民共和国土地管理法〉情况的汇报》、常委会主任高富德所作的《关于土地管理使用和〈中华人民共和国土地管理法〉贯彻执行情况的调查汇报》；四、听取和审议城乡建设环境保护局局长李映江受政府委托所作的《关于县城区建设总体规划执行情况和个别调整的汇报》，作出《关于县城区建设总体规划个别调整的决定》；五、审议通过《静宁县人大常委会任免国家机关工作人员暂行办法》；六、审议通过《静宁县人大常委会关于贯彻省人大常委会〈执法检查的决定〉的决定》；七、人事任免。会上，副县长张国盛就落实审议意见作表态发言；会议结束时，高富德作总结讲话。

第十届常委会组成人员高富德、阎志洁、郜文学、张光明、梁钧宪、史国忠、郭承祖、王学谋、朱春林、王郁仁、马克勤、陈俊、张秀娥、王生荣、吴尚礼、白秀芳出席会议；政府副县长张国盛、李雪松，法院院长马子坤、检察院检察长陈贵录、政府办公室主任朱寿亭、城建局局长李映江、土地管理局局长刘国弼、粮食局局长刘秉乾、民政局副局长祁连仁、常委会办公室副主任郭应童列席会议。

附：

人事任免

张金业任县人民法院副院长

王登科任县人民法院审判委员会委员，免去雷大法庭庭长职务

赵忠厚任县人民法院审判委员会委员，免去城关法庭庭长职务

王国勤任县人民法院高界法庭庭长

张长树任县人民法院审判员、雷大法庭庭长

张维平任县人民法院审判员

韩文辉任石咀乡人大工作联络员

刘国祯任威戎镇人大工作联络员

梁登科任城川乡人大工作联络员

免去：

周凤玲县人民法院副院长、审判委员会委员、审判员职务

周复兴县人民法院审判委员会委员、审判员、经济审判庭庭长职务

王保定县人民检察院检察员、检察委员会委员职务

关于土地管理使用和《中华人民共和国土地管理法》贯彻执行情况的调查汇报

由主任高富德和副主任张光明、专职委员王学谋及工作人员张文波同志组成调查组，分别到细巷、红寺、四河、城川4个乡的12个村，采取听取汇报、座谈了解和实地查看等方式，对近几年来土地管理使用和《中华人民共和国土地管理法》的贯彻执行情况进行了调查。

近几年土地管理使用的基本状况：

在以上4乡，多数村社组织都能按土地管理法和省、地、县的有关规定管理土地。对一些因分居等原因需要新修庄院的户，坚持从严审批；国家、集体单位征用土地，也都按规定履行了征用手续，缴纳了征用费，在保护土地资源方面做了大量工作。如城川乡吴庙村自土地承包经营以来，一贯坚持宅基地由乡政府审批，按照乡村建设规划执行。在这几年新修庄院的37户社员中，有32户在规划之内。每户开工以前，村社干部都要亲自带上户主去指定地点实地丈量，杜绝了在修建中擅自扩大占用面积的现象。

存在的主要问题是对群众进行依法用地、依法管地的宣传、教育不够，群众认识不清，因而乱修乱占、践踏耕地的问题普遍存在。不少人错误地认为，土地承包到户，就成了私有财产，想咋占就咋占。群众不让管、干部也不敢管。近几年来人口迅速增长，人均占地逐年减少，但土地资源仍然遭受着严重破坏。

一是乱打庄院。我们对12个村的3216户群众进行抽查，新打庄院的357户，占抽查户数的11%，远远超过了这几年人口增长的速度。其中山区155户，占山区抽查户数的24.6%，比川区村社高出了3倍多。红寺乡二河村张堡社共有社员34户，有10户新打了庄院，占全社户数的29.4%，比土地承包初期增长41.6%。以上新打庄院的357户，申报乡政府审批的只有70户，占20%；村上同意的19户，占5%，其余268户都属非法占用耕地，占75%，占用耕地110多亩。城川乡陈马村有80户新打了庄院，占全村总户数的32%，共占耕地36亩，平均每户占0.45亩，都没有经过乡政府审批。调查过的大多数村社没有建设规划，制定了规划的，也不按规划执行。无论庄基地占用山地还是川水地，自留地还是承包地，占地面积或大或小，无人过问。城川乡高湾村1户社员因弟兄分居，村上同意在规划区内新修庄院，但他嫌规划的地方要挖土填坑，费工大，就在村委会门前承包的川水地里修了两道新院，占地面积达1.1亩。红旗村1户社员去年把家里原有的住宅卖给别人，又在承包地里（3亩6分川水地，前两年栽上了苹果树）新修起4间瓦房，全家搬进去居住，当地群众反映很强烈。据我们对城川全乡统计，近几年中乡政府审批的庄基地为31.2亩，实际占用150亩，达审批亩数的4倍多。

二是乱建麦场。自从土地承包经营以来，有30%以上的社员在自留地、承包地里新建了麦场。有的是几家建在一起，有的是一家独建，面积一般在半亩左右，最大也

有超过5亩的。这些麦场都建在村庄周围，占用的是头等良田。细巷乡厚川村郑河社共有川水地99亩，这几年新建麦场占了10.6亩，占10.7%。打碾期过后，只有个别户重新耕种，大多数都成了闲置土地。

三是乱埋坟墓。乱埋坟墓，死人跟活人争地的现象在调查中随处可见。一些地方70年代平掉的坟墓，有不少又重新堆了起来，近几年新埋的坟墓大部分都占用承包的头等良田，而且占地面积越来越大，平均在0.2亩左右。不少人除了埋葬死者，还为自己，甚至为儿子、孙子占了坟地。在四河乡粮站院后一块不到5亩的地里，就有6家埋的坟墓，占地最多的一家达1亩以上。为了把死者埋葬到所谓的“风水宝地”里，有的户竟不惜用自己成倍的好地兑别人的差地，结果给全家生产生活带来困难。四河乡四河村这几年重堆、新埋坟墓57处，占地多达11.4亩。有些村社埋坟占地的亩数还超过了修院占地的亩数。

四是国家、集体单位盲目征用，使用不够合理。细巷农机站原有场地19亩，1984年又征用1.5亩川地、加上改造的1.5亩山荒地，新建了农机站，原有的站内除了地毯加工、停放报废机械占去几间机房外，整个大院都是一片荒草。一些乡镇企业占用良田的问题也比较突出。如城川乡的罐头厂、预制厂、农机站全部占用川水地，群众意见很大。

五是一些村社农转非户的土地不收，私自转让，有的社员出租承包地。红寺乡红寺村张堡社1户社员1987年合家转为城镇户口后，把原来由同村1户社员有偿耕种的5亩土地既没有上交集体，也没有征得村社组织的同意，私下转让给这户社员继续经营，村社至今还没有收回。城川乡一些户把承包地私自做主，非法出租给他人修建房屋，从事工商经营。

对今后工作的几点意见：

一、广泛深入地宣传土地管理法，提高思想认识。土地是人类生存发展的重要物质基础，是创造社会财富的主要来源。依法管理土地，合理利用土地，对促进国民经济发展、造福后代有着深远的战略意义。县、乡、村各级组织要把宣传贯彻土地管理法作为一件大事来抓，结合实际，认真研究解决贯彻实施中存在的具体问题。各级领导干部要带头学法、带头执法，增强依法管理土地的自觉性和责任感，并通过对群众的宣传教育，使广大群众树立土地管理使用的法制观念，珍惜每一寸土地，当好土地的主人。

二、县人民政府要重视和加强土地管理部门的自身建设，充实力量，培训业务，提高土地管理人员的业务素质，各乡镇要有1名领导干部分管土地工作，有条件的乡镇可配备专职的土地管理员，尽快开展土地管理工作。

三、各级政府和土地管理部门要严格按照土地管理法办事，完善审批手续，拒绝以权代法，以言代法的现象。没有乡、村建设规划的乡村要尽快制定规划；规划不合理的应予调整。各单位、各部门要积极配合，大力支持土地管理工作，要十分珍惜、合理利用每一寸土地，造福于子孙后代。

四、要对未经审批、私自占用的土地进行全面清查。对过去遗留的各种问题，要本着实事求是的原则进行处理。对有实际困难，在乡村建设规划以内修了庄院但没有申报、批准的，应批评教育，从轻处理，并要求补办审批手续；对既不合乎规划又没有办理审批手续、非法修建的庄院，要按土地法的规定予以拆除，拒不执行拆除时，要追究当事人的法律责任，以切实做到有法必依，违法必究。

关于细巷古城群众生活安排情况的调查汇报

3月下旬，组织机关工作人员和粮食、民政部门的12名同志，分为两组，由高富德、张光明同志分别带队，用了6天时间，对细巷、古城两乡6村12个合作社（即细巷乡曹川村的小堡子社，朱张村的曲湾、中湾和中庄社，米岔村的米河和庄湾社；古城乡丁寺村的黑羊湾和青崖社，田岔村的田坪和小岔社，余湾村的蒲湾和丁咀社）的群众生活安排情况进行了调查。调查组在乡、村、社干部的积极配合下，采取听取汇报、个别座谈、到户调查的方法，走访了12个社的351户群众（占总户数355户的98%），了解了1987年粮食收成和现有的口粮情况，听取了群众对回销粮安排的意见和要求，并根据调查，对细巷、古城全乡群众的缺粮情况进行了分析研究。

一、1至3月份回销粮安排情况

1987年，我县受自然灾害的侵袭，粮食减产幅度很大，细巷乡北部一些纯山区村、社，由于旱情严重，夏、秋粮食大面积减产，米岔村庄湾社人均口粮不足百斤，部分户去年后季就缺粮。古城乡北部山区连年受灾，是全县有名的困难地区。县上今年给这两个乡都按灾区安排了回销粮指标，1至3月份，细巷乡安排了31万斤，古城乡13万斤。这次调查的12个社都是安排了回销粮的社。这两乡对回销粮安排供应工作都比较重视，做了大量的工作，及时解决了缺粮户的生活困难。古城乡6个社中，就有5个社重点安排了特困户，供应面在20%~35%之间，人均安排回销粮33~52斤。县上拨下去的救济款，也都安排了个别困难户，如余湾村蒲湾社的20元救济款全部给了特困户刘世信一家。到我们调查时，这几个社的困难户生活都没有什么问题。近期连续下了几场春雨雪，旱情有所缓解，群众情绪稳定，生产积极性比较高。

二、存在问题

通过调查，我们认为细巷、古城两乡在安排1至3月份回销粮的工作中，不同程度地存在一些问题。

一是缺少调查研究，缺粮户底子摸得不清，对真正的困难社掌握得不够准确，指标安排得不够合理。如古城乡把丁寺村的黑羊湾和青崖社列为比较好的社，把余湾村的蒲湾和丁咀列为困难社，但调查结果表明，这4个社现存的口粮数量相差无几，而且4至7月份两个比较好的社比两个困难社的缺粮面还要大。

二是安排和审批指标时，对条件较好、缺粮少的村社和受灾较重、困难大的村社类型分得不准，档次拉得不大，重点不够突出。如细巷乡的6个社，去年实产粮食差距很大。曹川村小堡子社是半川半山区，条件比较好，人均口粮240斤（扣除籽种和饲料），米岔村米河社是纯山区，人均口粮不到百斤，少数户历年旧粮有些节余，大部分户春节前就缺粮，去年后季以来，全社已买进粮食5500斤，向亲朋借粮1400斤，合计6900斤，人均84斤。乡政府在安排元至3月份的回销粮时，给小堡子社安排了18%的户，人均60斤（按全社421人算，人均10斤）；给米河社安排22%的户，人均只有63斤（按全社31人算，人均14斤），显然是有问题的。

三是个别村社没有按照乡政府审批的重点户安排，自行扩大供应面，少数户挂名、多数户吃粮，甚至给有粮户比缺粮户安排得还多。如古城乡田岔村田坪社元至3月份供应回销粮3370斤，乡上要求安排到12个重点户。但调查发现，该社49户中有45户吃回销粮，有几户社员家中现有口粮人均在250斤以上，都安排了回销粮，供应面由22%扩大到92%。有1户社员家中3口人，现有口粮800余斤，人均260多斤，也安排回销粮50斤，人均17斤。而另1家困难户有8口人，共有口粮100斤，只安排回销粮70斤，人均不到9斤。细巷乡调查的6个社，都没有按乡政府审批的重点户安排。如朱张村中庄社，乡上审批的只有5户，社里却供应了11户，供应面扩大了1倍多，米岔村的庄湾、米河两社，户户都吃回销粮，救济款也平分到户，每人6角。

三、对今后工作的几点建议

鉴于上述问题，建议今后工作应着重抓好以下几点：

（一）进一步认识到当前安排好群众生活的重要性。我县1987年遭受干旱、冰雹等自然灾害比较严重，粮食减产幅度大，跟往年相比，今后的缺粮面明显增大，但回销粮指标增加不多。因此，安排好群众生活是当前的一项重要工作，直接关系到农业生产和各项工作的顺利进行，4至7月份又是安排回销粮的主要阶段，如果安排不好，将会影响群众生产的积极性，给我们工作造成被动。县、乡、村各级组织都要把这项工作列入议事日程，各乡要有1名负责同志具体分管，认真扎实地做工作，切实安排好群众生活。

（二）深入调查，摸清缺粮村、社、户的底子。乡、村、社各级都要把群众生活安排同当前各项工作紧密结合起来，同步进行。要组织各级干部深入群众，调查了解群众生活的实际情况。对重点困难社、困难户要摸清底子，做到心中有数，使仅有的回销粮、救济款安排到真正的困难户手中，以体现党和政府的关怀，激励群众的生产积极性。

（三）改进供应办法。各乡对4至7月份的回销粮应在摸清底子的基础上，争取做到指标一次到社、到户，按户填证，分月打粮，避免按月安排而造成一些村、社轮流吃粮，人人有份的平均主义，以保证重点户的基本口粮。同时要健全管理制度，严格审批手续，防止一些人乘机弄虚作假，骗购回销粮倒卖谋利。

（四）适当调整回销粮指标。根据这次调查和两乡负责同志座谈，最后征求粮食部门负责同志意见，认为细巷乡去年受灾严重，但基础较好，特别是半川半山区村、社前几年粮食生产好，历年有节余，县上安排的回销粮指标基本是准确的，如摸清底子，安排合理，可以解决重灾社和特困户的口粮。古城乡去年受灾程度较轻，但粮食还是减产的，加之基础差、底子薄，特别是北部山区的村、社，群众生活普遍很困难，缺粮户所占比例较大。这次调查的6个社，约80%的户程度不同地缺少口粮。因此，建议适当调整增加古城乡的回销粮指标。

（五）充分发动群众，积极开展生产自救。由于去年粮食减产严重，今年口粮缺口大，回销粮指标有限，因此，要动员、组织广大群众，通过劳务输出等多种门路，增加经济收入，填补粮食上的不足。县、乡驻村扶贫干部要把扶贫工作与当前的群众生活安排结合起来，把有生产能力的困难户列为主要扶贫对象，帮助他们解决好生活、生产难题，尽快走上脱贫致富的道路。

第十一次会议　于1988年6月29日在常委会机关会议室召开，由高富德主持。

会议议程有两项：一、人事任免；二、审议通过常委会关于执法检查的安排意见。

第十届常委会组成人员高富德、阎志洁、张光明、史国忠、郭承祖、王学谋、吴尚礼、马克勤、陈俊、王郁仁、王生荣、马志俊、梁钧宪、张秀娥、白秀芳出席会议；政府副县长张国盛、赵国琳，法院院长马子坤、检察院检察长陈贵录、常委会办公室副主任郭应童列席会议。

附：

人事任免

赵国琳任县人民政府副县长

县人民政府副县长赵国琳个人情况表

表4-12

姓名	性别	民族	年龄	籍贯	文化程度	入党时间	工作时间	主要经历
赵国琳	男	汉	29岁	甘肃永登	本科	1985.11	1982.1	曾在省畜牧改良站、省畜牧总站工作，任副科长

杨成安任县人民检察院检察委员会委员、检察员

杨天玉任县人民检察院检察委员会委员

陈文学任县人民检察院检察员

冯应莲任县人民检察院检察员

曹仲民任县人民检察院检察员

张有珠任县人民检察院检察员

第十二次会议　于1988年8月30日至31日在常委会机关会议室召开，分别由高富德、张光明主持。

会议议程有三项：一、听取和审议卫生局局长胡青汉受政府委托所作的《关于县医院、乡镇（中心）卫生院实行院长承包责任制情况的汇报》、常委会副主任张光明

所作的《关于卫生工作视察报告》；二、听取和审议政府副县长张会议、法院院长马子坤、检察院检察长陈贵录、公安局教导员王锦华、司法局局长穆熙雄、常委会办公室主任史国忠分别所作的关于执法检查自查阶段的工作汇报；三、人事任免。

第十届常委会组成人员高富德、阎志洁、张光明、史国忠、王学谋、马志俊、朱春林、王生荣、马克勤、吴尚礼、王郁仁、张秀娥出席会议；县委副书记吕忠厚、政府副县长张会议、县委政法委书记曹炯文、法院院长马子坤、检察院检察长陈贵录、公安局教导员王锦华、司法局局长穆熙雄、卫生局局长胡青汉、政府办公室副主任柴玉明，常委会办公室副主任郭应童、司法民政科副科长陈万才，城川、石咀、威戎3乡镇人大工作联络员梁登科、韩文辉、刘国桢列席会议。

附：

人事任免

郭承祖任县人大常委会科教文卫科科长

王学谋任县人大常委会农业科科长

陈万才任县人大常委会司法民政科副科长

赵忠厚任县人民法院经济审判庭庭长

鲍克荣任县人民法院仁大法庭庭长

郭耀童任县人民法院城关法庭庭长

吕文军任县人民法院李店法庭庭长

冀国强任县人民法院审判员、红寺法庭庭长

李　勇任县人民法院审判员、甘沟法庭庭长

任世忠任县人民法院审判员，免去李店法庭庭长职务

张治斌任县人民法院审判员，免去红寺法庭庭长职务

李继民任县人民法院审判员，免去甘沟法庭庭长职务

免去：

李　俣县人民法院审判员、仁大法庭庭长职务

关于卫生工作视察报告

6月下旬，由张光明和财政局局长曹升明（县人大代表）、卫生局局长胡青汉等同志组成视察组，对曹务、威戎、仁大、雷大、原安、灵芝、甘沟等7个乡镇卫生院（其中威戎、甘沟为中心卫生院）及这7个乡镇的12个村卫生所进行了视察。这次视察以推动卫生系统改革的进一步深化、巩固和发展农村医疗卫生机构、改善基层医疗卫生条件为目的，在组织座谈、听取工作汇报的同时，对7个卫生院和12个村卫生所逐个进行了实地检查。

一、关于乡镇卫生院承包责任制的落实情况

这次视察的7个乡镇卫生院，都在今年初根据县人民政府的决定，实行了院长承包责任制。承包中首先由县卫生局向各卫生院下达各项指标，卫生院再下达到科室，

具体落实给每个职工，效益和报酬相挂钩，初步打破了长期影响职工积极性的大锅饭。合同签订不足两月，各卫生院的面貌已经较以前有了明显的变化。

首先是服务态度的改进。过去，各卫生院都程度不同地存在着组织纪律松懈、服务态度差的问题。有的在上班时间干私事，上街闲逛，不能坚守岗位；有的对待病人态度生冷，甚至和病人吵架；还有一些大夫诊断不认真，互相推诿，或者借口让病人转院。群众意见很大，病人越来越少，效益越来越差，群众看病难的问题长期得不到解决。今年实行承包责任制后，各卫生院制定了具体、全面的经营管理细则，实行工作效益、出勤和浮动工资、奖金、津贴三挂钩，严格奖惩制度。这样，使每个职工有了紧迫感和竞争意识，服务态度有了明显改善，受到了群众的好评。现在病人一到卫生院，都能得到医务人员的热情接待。大夫诊断疾病也耐心细致得多了，过去躲避病人的大夫现在都争抢着接待病人。

随着改革的不断深入，广大医务工作者的工作责任性、组织纪律性、坚守岗位、出满勤的自觉性越来越强，各卫生院的医疗质量、社会效益、经济效益都呈现出越来越好的势头。

一是医疗质量迅速提高。各卫生院克服人力、技术和医疗设备上存在的困难，努力提高诊断准确率和治愈好转率，提高医疗质量。目前，威戎、甘沟两个中心卫生院都能开展骨科、下腹部等难度较大的手术业务。甘沟卫生院6月底已做手术40多例，其中有难度较大的胃大部切除、乳腺癌根除各1例。曹务、仁大、雷大也相继开设了透视、化验等辅助性诊断业务。据统计，这7个卫生院现有各科主治医、医师、医士44人，今年1至5月共完成各类治疗性手术167例，人均接近4例。我们在视察中还抽查了一些卫生院的病历档案，这些档案记载详细、书写认真，装订也比较整齐，跟承包以前大不一样。

二是社会效益、经济效益明显变化。在社会效益方面前几年基层卫生院大都反映病人少、病源不足。承包后的事实使他们认识到，造成社会效益和经济效益差的真正原因，是“大锅饭”“三个一样”在作祟，是他们本身工作不过硬、服务质量差，满足不了群众看病治病的需要。病人不愿来，医院效益自然就差。曹务卫生院去年曾一度出现就诊病人寥寥无几、住院病人没有1人的局面，而今年不足半年时间，已接待就诊病人12700人（次），平均每月2120人（次），每天77人（次），住院人次也远远超过往年。邻近的庄浪、隆德等县也有不少病人来院就诊、治疗。根据统计，这7个卫生院共有医、护及各类勤杂人员98人，今年1至6月中旬共接待就诊病人44721人（次），人均456人（次）；接待住院病人1276人（次），人均13人（次）。除灵芝卫生院外，各院接待的病人人次数跟往年同期相比，都有较大幅度的增长。他们就地治愈了一大批患者，减轻了患者的经济负担，方便了群众，受到了群众的普遍好评。

在经济效益方面，我们在视察中把仁大、雷大、原安、灵芝4个卫生院6月中旬以前的毛收入跟去年同期进行了比较：县卫生局今年给这4个卫生院签订的任务指标为83950元，已完成49393.43元，占58.8%；跟去年同期的40341.34元相比，多收入

9052.06元，增长22.4%，其中仁大卫生院多收入4946元，增长49.2%；雷大卫生院多收入3437.07元，增长19.9%；原安卫生院多收入2688.90元，增长54.1%；灵芝卫生院少收入2000元，下降27.4%，总的趋势是上升的。完成任务最好的是曹务卫生院，局里下达指标为3.3万元，已完成30234.79元，占91.6%；按卫生院自定指标6万元计算，占50.4%，年终仍有希望完成。威戎、甘沟两个中心卫生院分别完成85200元和25673元，占局里下达指标的53.3%和59.8%。经济效益的变化，一方面提高了职工的工作积极性，一方面也加速了院内医疗设备的更新和添置，创造了良好的工作条件。威戎卫生院准备从利润中提取部分资金维修旧病房，增设床位，扩大医疗范围，保证社会效益和经济效益同步增长。

各卫生院还积极着手整理院内的环境卫生，改变过去存在的“脏、乱、差”等问题，变化比较突出的是原安卫生院。这个院过去卫生一直很差，院内杂草丛生，垃圾乱堆，在群众中影响不好。今年，新的院长上任，把改变卫生落后面貌作为改进全院工作的一个环节来抓，动员、组织职工铲除杂草、清理垃圾、整修门诊和其他破旧房屋，使全院面貌焕然一新。现在，院内到处都给人以清净、整洁的感觉。有的还重视抓环境的绿化和美化，为患者创造了良好的就诊、治疗场所。

灵芝卫生院各项工作比较被动，各项任务指标均未过半，而且跟去年同期相比下降幅度过大，主要是由于领导工作跟不上，广大职工的积极性没有充分调动起来，这个院去年是卫生系统的改革试点，奖惩兑现不够好，执行制度不严，留下了后遗症，加上今年搞维修，人员不足，客观上也对工作有一定影响。

二、关于村卫生所的情况

这次视察的曹务等7个乡镇，共113个村，有卫生所107个，占94.7%，其中承包给个人经营的101所，占94.4%，卖给个人经营的6所，占5.6%。按照经营管理，防治工作等方面的不同情况，把这107个卫生所分成好、中、差3个类型，一类的28所，占26.2%；二类的54所，占50.5%；三类的25所，占23.3%。有乡医105人，卫生员79人，加上其他无职称的农村卫生人员，平均每个村接近2人；有药品资金216997.11元，每个所平均1190.80元。这些卫生所采取的承包方式不尽相同，但大多数能够承担防疫、保健任务，搞好基层医疗卫生工作，目前存在的主要问题是管理、巩固工作做得不够好。

（一）管理不善、账目混乱。这次视察中重点抽查的12个卫生所，一类的3所，占25%；二类的4所，占33.3%；三类的5所，占41.7%，其中卖给私人经营的2所，保本吃利的6所，保本吃利留积累的2所，保本吃利提成上交村委会的2所。对各卫生所的经营情况，乡、村两级组织都很少过问，心中无数，卫生所从实行承包到现在，对药品大部分没有盘点过，资金进出也不记账。有些所明显出现亏损，也不知道究竟亏了多少，威戎镇武高村卫生所刚承包时的药品资金为2700多元，到我们视察时，大概不足2000元，有些村把卫生所卖给私人，主要是因为长期不闻不问，等到发觉亏损严重，经营不下去了，就当包袱甩掉，有些则是为了解决村干部的报酬或其他方面的开支而出卖的，仁大乡的12个卫生所，卖给私人的有刘川、南门、高沟、杨湾4个所，其中刘川村把所得的资金修了舞台，南门村修了学校，还有一些村的群众反映说“卖了卫生所，富了村干部”，大部分资金被个别村干部贪污、挪用或挥霍尽了。

（二）人员数量不足、素质差。曹务等7个乡镇的总人口为11.7万人，各类村级卫生人员200人左右，平均585个群众才有1名，卫生人员显然太少，有一部分人员因年龄大或其他原因不想干。少数人员业务素质太差，药物储存、管理不善，西药过期失效、中药虫蛀霉变的问题比较突出。武高卫生所还有过期12年的药品没有处理，至今仍同其他药品放置在一起。情况最差的是曹务乡永峰村卫生所，地面堆满垃圾、屋顶挂满蛛网、药橱内积满灰尘，药房管理人员很少清理、打扫卫生，药物霉变、损耗严重，像这样的人员根本不适宜搞卫生工作。我们认为，当前村级卫生所后继乏人的问题是比较严重的。

三、关于解决危房、改善医疗条件的情况

我县乡镇卫生院普遍房屋不足，加上年久失修，危房严重，条件很差，直接影响着医疗卫生工作的顺利开展，群众反映强烈。因此，搞好基层卫生院的房屋维修和改造，成了全县卫生工作的当务之急。县人民政府在财政极其紧张的情况下，1987年拨款6万元，今年又拨款15万元，共计21万元，用于解决部分卫生院的危房问题。县财政局、卫生局把这批资金集中安排给曹务、威戎、仁大、雷大、原安、灵芝和甘沟这7个卫生院，并要求新修的病房、门诊、职工宿舍都修成质量较高、使用期较长的砖混结构的平顶房或楼房，这样的打算是长远的，要求是合理的。

这次检查落实的情况是这样：

拨给曹务卫生院2.6万元（其中1987年已拨1万元），修砖混结构的平顶房11间，作为门诊用房共220平方米，每平方米造价110元，需款2.41万元，现已竣工交付使用，质量也比较好，但病房仍然是危房，卫生院希望县上再拨1.5万元，院内贷款1.5万元（从今后的业务收入中偿还），修砖混结构的平顶房7~10间作为病房，开设15~24张病床，以解决病人住院难的问题。

拨给威戎卫生院3万元，修砖混结构的平顶房12间作病房，共240平方米，每平方米造价125元，需款3万元，已动工修建。卫生院准备自筹资金把原有的12间病房揭顶维修后继续使用。这样，除医生办公室、护士办公室用去4间，还有病房20间，可设病床40~50张，基本满足病人住院需要。

拨给仁大卫生院3.6万元（其中1987年已拨2.2万元），新修砖混结构的平顶房13间，10间职工宿舍，3间门诊，共288平方米，每平方米造价125元，需款3.6万元，正在修建，4间旧病房还能继续使用，可设病床8~10张。

拨给雷大卫生院3.3万元（其中1987年已拨1.5万元），修砖混结构平顶房12间，共264平方米，每平方米造价126元，需款33264元，修成后，病房7间可设病床14张，医办、护办、化验、心电图、妇科等业务用房5间，原有门诊、职工宿舍暂都可以继续使用。

拨给甘沟卫生院6万元，由于地形限制，计划修建砖混结构的二层单边楼22间（含楼梯2间），共553平方米，每平方米造价126元，需款7万元，其中门诊用房13间，单身职工宿舍7间，把现在的6间职工宿舍改为病房，加上原有的3间病房，共可设18~20张病床，病人住院问题也就解决了。

原安卫生院和乡政府都要求把卫生院搬迁到双树，以方便群众、增加收入，卫生院现在地处山洪出口，多次受到冲击，安全也受到很大威胁，这次只拨付4000元，对10间病房和职工宿舍进行维修，以解决当务之急，搬迁问题由县人民政府研究考虑。

灵芝卫生院的位置不适中，道路不便，门诊和住院病人较少，也要求搬迁到显神庙东侧，这次只拨付1.2万元（1987年已拨8000元），对9间门诊和8间职工宿舍揭顶维修，并挤出2间作病房，设4~6张病床，原有6间病房属严重危房，没有维修的必要，不再维修。

视察结束后，和县人民政府的几位负责同志交换了意见，一致同意财政局、卫生局的安排计划。卫生局还有1986年的维修费2万元，加上今年15万元安排余下的4000元，共2.4万元，再拨给曹务卫生院1万元修建病房；拨给县医院1.4万元，修建透视室。

这样，以上7个卫生院的用房在近年内将不再存在较大的困难。

四、对今后工作的几点建议

（一）建议县卫生系统在适当的时候召开一次经验交流会，总结经验，进一步深化卫生改革，巩固改革成果。

（二）建议县人民政府在召开乡级负责人会议时，对村卫生所的巩固和发展工作提出明确要求，卫生所不论实行哪一种承包方式，都应有一定的提留积累，不断扩大发展，更好地为群众服务。根据这次视察的情况和群众意见，对村卫生所，一般不要卖给私人为宜。

（三）全县20个乡镇卫生院普遍存在危房多的问题，这不是一年就能全部解决的，建议县财政每年拿出一些资金，从今年开始，用3年的时间，分期分批，逐步解决，不断改善医疗条件，保证医疗卫生工作的顺利进行。

关于执法检查情况汇报

根据省人大常委会《关于在全省进行执法检查的决定》精神，县人大常委会在抓全县执法检查的同时，认真抓了机关自身的执法检查工作。6月初召开主任会议对机关执法的时间、方法、内容、重点进行了研究安排，并确定由1名副主任具体负责。先后2次召开机关全体干部会议，集中时间学习了宪法、地方组织、选举法和有关文件，回顾总结了县人大常委会自成立以来贯彻实施地方组织法、选举法、开展各项工作的基本情况，重点检查了执行“两法”过程中存在的问题。

我县是1980年11月至12月进行了选民直接选举，1981年1月召开县第八届人民代表大会第一次会议，选举产生了人大常委会，随即设立了人大机关。县人大常委会成立以来，认真贯彻实施了地方组织法和选举法，依照宪法和法律法规规定的职权和任务，开展了各项工作。8年来，进行了2次换届选举，每年至少召开1次人民代表大会，每2个月至少召开1次常委会议。在开展视察和调查、联系人民代表、听取审议和依法监督“一府两院”工作、决定本县内政治、经济、教育、科学、文化、卫生等有关事项、任免干部等方面，做了一定工作，发挥了地方权力机关的职能作用。但在这次执法检查中，通过进一步学习法律和有关规定，回顾检查过去的工作，在贯彻执行法律法规中，还存在不少问题。

一、对法律学习不够，领会不深，执行不严

宪法和地方组织法、选举法对人大的工作性质、任务、职权和有关程序，都有明确的规定，我们在实际工作中，总的是边学习摸索，边开展工作。由于两次换届，人大常委会的组成人员变动较大；工作人员中，大多数是近两年调来的新同志，对人大工作不熟悉。再由于对法律学习得不全面，理解得不深刻，因此，在执行过程中，在一些问题上的认识不明确，执行不严格。具体如下：

（一）在召开人民代表大会时议程不细。决议笼统，执行不严。过去几年召开人民代表大会时，一直没有把国民经济和社会发展计划、财政预算独列为议程，向会议作出报告，而全部包括在县人民政府的工作报告中，只是从大数字、大原则上简要说明，不能分别详细地向代表报告。人民代表大会只对政府工作报告作笼统决议。对国民经济和社会发展、财政预决算没有详细审查，作出单项决议。1986年以来，虽把财政预决算在人民代表大会上分开报告，但国民经济和社会发展计划仍然包含在政府工作报告中。这与地方组织法第八条关于县级以上地方各级人民代表大会职权第二项规定的“审查和批准本行政区域内的国民经济和社会发展计划、预算以及它们执行情况的报告”精神不符合。

（二）监督“一府两院”的工作做得不够。地方组织法第三十九条明确规定了地方各级人民代表大会常务委员会“监督本级人民政府、人民法院和人民检察院的工作”的职权。县人大常委会成立以来的头几年，对行使监督权在思想上认识不清，对监督的意义、目的内容、范围和方法都不够明确，起初，不能理直气壮地提出监督二字，就连发文件都隐隐约约、躲躲闪闪。随着人大工作的不断发展，通过学习中央和全国人大、省人大领导同志多次在讲话中关于人大常委会依法行使监督权的论述，增强了思想认识，在实际工作中不断探索研究监督工作的内容和方法。近几年来，通过听取、审议“一府两院”的工作报告，开展视察、调查活动，督促办理人大代表的意见、建议，加强了对“一府两院”贯彻执行宪法、法律和工作方面的监督，履行了职责。但在实际工作中仍然存在着“监督少了怕失职，监督多了怕越权”的畏难思想，工作上还不够大胆，态度上不够明确，权力机关的职能作用没有充分发挥，这与法律赋予的职责和人民群众的要求来衡量，还存在很大差距。

（三）在依法任免干部方面，工作做得不够。任免本级人民政府、人民法院和人民检察院的工作人员是人大常委会的职权之一。前些年，在任免工作中制度不健全，不按法律程序办。1984年，中共中央发出了关于任免国家机关领导人员必须严格按照法律程序办理的通知后，和有关部门共同学习文件，探讨研究，逐步完善了任免程序，明确了行文关系。今年又制定了人事任免暂行办法，基本健全了任免制度。但在审议任免过程中，对个别不符合任职条件的干部，没有充分发扬民主，听取一些委员的正确意见，量才用人，结果任职后不利于工作，群众反响很大，说人大常委会任免干部原则性不强，关把得不严，只是履行手续，造成了很不好的影响。

二、在执法过程中存在一些违反法律规定和程序的问题

（一）选举乡镇人大代表的选区划分太大。我县1983年、1986年两次换届选举时，县上规定，县、乡两级人大代表都是同一日选举。为便于组织领导，把选举县人大代表和乡镇人大代表的选区统一划分为一个选区，每一选区选举县人大代表人数少，符合法律规定；选举乡镇人大代表人数多，是不符合法律规定的。经查阅资料，有的乡每个选区选5至8名代表，有的个别选区甚至超过了10名，这是不符合《甘前省实施选举法细则》第二十条关于“每一选区应选代表最多不超过三名”的规定的。

（二）不能按法定时间公布选民名单和发选民证。选举法第二十四条规定“选民名单应在选举日的三十日以前公布，并发给选民证”。据1986年换届选举时检查了解，部分乡镇不能按时公布选民名单，有的选区在选举日前一两天才发选民证，个别选区在选举日当天，边发选民证，边进行选举，这是明显违反选举法规定的。

（三）不按法定时间公布代表候选人名单。选举法第二十八条规定“由选民直接选举的人民代表大会代表候选人，由各选区选民和各政党、各人民团体提名推荐。在选举日的二十日以前公布”。据检查了解，1986年选举时。一些乡镇的选区没有按法定时间公布，个别乡离选举日不到10天时间，代表候选人名单还没有公布出去，使选民没有充分的时间酝酿讨论代表候选人。

（四）县代表资格审查委员会直接审查掉代表的资格，不符合法律程序。1986年换届选举时，县人大常委会代表资格审查委员会在审查代表资格时，发现威戎镇北关选区选出的1名县人大代表有严重的经济问题，不符合代表条件，按选举法规定应由原选区罢免，而我们没有按这个程序办，由县代表资格审查委员会直接审查取消了某代表资格，这种做法是违反选举法的。

（五）县人大常委会会议审议批准财政预算、决算，超越了职权范围。地方组织法第三十九条中规定“决定对本行政区域内的国民经济和社会发展计划、预算的部分变更。”我县每年召开县人民代表大会的时间都在年末或年初，因上年财政决算和下年财政预算都搞不出来，故不能在人民代表大会上审查批准，多年来都是等到财政预、决算出来后，由县人大常委会会议审议批准。这种做法是违反地方组织法规定的。

（六）有的乡镇在召开人民代表会议时，不按照法律规定程序进行。为了开好乡镇人民代表会议，县人大常委会曾采取召开乡镇负责人工作会议，发文件指导，派员参加代表会议等多种形式，帮助乡镇开好人民代表会议，起到了一定的作用。但我们

调查发现，还有一些乡镇在召开人民代表会议时，有的没有成立主席团，有的对政府工作报告不作决议，有的对代表意见、建议办理结果不向代表作报告等等。这些问题，不符合法律规定的程序，没有充分发挥乡镇人民代表大会的职能作用。

三、关于修改和完善地方组织法和选举法的几点建议

（一）县、乡人民代表大会任期应和省上一致起来，每届任期由3年改为5年，延长任期，将会进一步增强人大代表的责任感，有利于代表在任期内熟悉情况，做好工作，也有利于县级人大常委会组成人员保持较长时间的稳定，进一步加强和搞好人大的工作。同时，换届时间延长，减少换届次数，可以减少人力、财力的浪费。

（二）为便于组织领导，提高县人大代表的素质，县人民代表大会的代表，应由选民直接选举改为由乡镇人民代表大会选举产生。

（三）地方组织法对县级人大常委会设立办事机构应有明确的规定。目前状况是没有设立工作委员会，有的设科或组，全国各省、甘肃各地都不统一，不便于开展工作。

（四）乡级人民代表大会应设立常设机构或专职人员。目前各地不统一，省内各县有的设主席团常务主席，有的配备人大工作联络员，职权范围不明确，不利于开展工作。

这次全面开展执法检查，对于及时纠正违法问题，加强和推动社会主义民主与法制建设，保障改革开放的顺利进行，有着极其重要的现实意义。县人大常委会将组织机关干部进一步学习法律，深入全面地进行再检查。并本着边检查边纠正的精神，及时予以纠正，努力改进和完善人大常委会的工作，严格依法办事，以维护法律的严肃性。

第十三次会议　于1988年11月15日至16日在常委会机关会议室召开，分别由高富德、张光明主持。

会议议程有四项：一、传达学习中共甘肃省委《关于中央工作会议和党的十三届三中全会传达要点》、中共中央总书记在中共十三届三中全会上的报告和全国人大常委会《关于加强民主法制维护安定团结保障改革和建设顺利进行的决定》；二、听取和审议常委会副主任阎志洁所作的《关于全县执法检查情况的汇报》；三、听取和审议经济体制改革办公室副主任徐新学受政府委托所作的《关于我县经济体制改革情况汇报》；四、听取和审议政府办公室主任朱寿亭受政府委托所作的《关于县十届人大三次会议代表意见、建议办理情况的报告》。

第十届常委会组成人员高富德、阎志洁、郜文学、张光明、梁钧宪、史国忠、郭承祖、王学谋、朱春林、王郁仁、王生荣、马克勤、张秀娥、白秀芳出席会议；政府副县长张国盛、法院院长马子坤、检察院检察长陈贵录、政府办公室主任朱寿亭、经济体制改革办公室副主任徐新学，常委会办公室副主任郭应童、司法民政科副科长陈万才，威戎、城川两乡镇人大工作联络员刘国祯、梁登科，省第七届人大代表杨耀

忠、吴兴文、刘宗勤、米凤翔列席会议。

第十四次会议　于1988年12月30日在常委会机关会议室召开，由高富德主持。

会议议程有两项：一、审议通过十届人大四次会议召开时间、建议议程（草案）等事项；二、人事任免。

第十届常委会组成人员高富德、阎志洁、郜文学、张光明、梁钧宪、史国忠、郭承祖、王学谋、王郁仁、陈俊、白秀芳、马克勤、马志俊出席会议；法院院长马子坤、检察院检察长陈贵录、政协办公室主任杨继鸿、常委会办公室副主任郭应童列席会议。

附：

人事任免

柴玉明任县人大常委会财政经济科副科长

第十五次会议　于1989年1月10日在常委会机关会议室召开，由高富德主持。

会议议程有六项：一、审议通过十届人大四次会议议程、主席团名单、常务主席名单、秘书长和副秘书长名单（草案），邀请代表、列席代表范围等事项；二、审议通过关于金福存辞去政府县长职务请求的报告；三、审议通过县政府县长候选人提名；四、审议通过常委会工作报告；五、审议通过选举办法（草案）；六、人事任免。

第十届常委会组成人员高富德、阎志洁、郜文学、张光明、梁钧宪、史国忠、郭承祖、王学谋、马志俊、王郁仁、王生荣、陈俊、马克勤出席会议；法院院长马子坤，常委会办公室副主任郭应童、司法民政科副科长陈万才列席会议。

附：

人事任免

接受金福存辞去县人民政府县长职务的请求

蔡尚志任县人民法院审判员

李　勇任县人民法院审判员

第十六次会议　于1989年3月20日至21日在常委会机关会议室召开，分别由高富德、阎志洁主持。

会议议程有七项：一、传达学习省七届人大二次会议精神；二、学习和讨论《甘肃省各级人民代表大会常务委员会实施监督法办法（试行）》；三、听取和审议财政局副局长刘宝生受政府委托所作的《关于1988年全县税收、财务大检查的情况报告》、物价委员会副主任樊海廉受政府委托所作的《关于1988年物价检查工作情况汇报》；四、听取和审议常委会科教文卫科科长郭承祖所作的《关于文化、体育工作调查汇报》；五、审议通过常委会1989年工作要点；六、审议通过召开常委会第十七次会议的时间和议程（草案）；七、人事任免。会上，政府副县长张会议就落实审议意见作表态发言。

第十届常委会组成人员高富德、阎志洁、郜文学、张光明、史国忠、郭承祖、王学谋、王郁仁、张秀娥、白秀芳、陈俊、马克勤、吴尚礼、朱春林出席会议；政府副县长张会议、政协副主席孟建邦、法院院长马子坤、检察院检察长陈贵录、政府办公室主任朱寿亭、文化局局长周世书、财政局副局长刘宝生、物委副主任樊海廉、税务局副局长赵玉民、城建局副局长席珍，常委会办公室副主任郭应童、司法民政科副科长陈万才，城川、威戎、石咀三乡镇人大工作联络员梁登科、刘国祯、韩文辉列席会议。

附：

人事任免

樊生茂任县监察局局长

关于文化体育工作调查汇报

1988年10月中旬，由人大常委会副主任张光明带领科教文卫科的同志，通过听取汇报、检查了解和座谈等方式，对文化系统各单位及体委的工作进行了全面的调查。

一、基本情况

文化系统有7个单位，共有干部职工116人，有干部44人，工人72人；党员22人。其中文化局11人，电影发行放映公司13人，秦剧团55人，影剧院13人，文化馆11人，图书馆8人，博物馆5人。机构健全，人员充足，一切工作都能够正常开展。

体委人员编制10人，其中干部2人，教练员6人，后勤2人。职称评定中，获得高级职称的1人，中级3人，初级2人。平凉地区体校在我县分设的2年制自行车中专班，现有学生11人，体委的办公设施及体育活动用具虽然陈旧，但基本能适应和开展我县的体育工作。

这些单位中，文化局、文化馆、图书馆、博物馆、体委是事业单位，实行岗位责任制；影剧院是事业单位，实行经理负责的企业管理制；秦剧团是事业单位，实行企业管理和县财政补助；电影发行放映公司是企业单位。

二、工作情况

通过检查了解，我们认为文化工作和体育工作，为我县的精神文明建设和繁荣城乡人民的文艺体育生活作出了应有的贡献。

文化局的干部职工在租房办公、住房困难的情况下，仍然能积极地开展正常工作。他们统筹安排和管理县城下属6个单位的工作。在建立全县30个乡镇“文化站”的基础上，有重点地办好了城关镇、城川、高界、威戎、八里和七里6个乡镇“文化站”，为部分农民的文化体育活动和农业技术培训工作提供了有利条件。

影剧院和电影发行放映公司的干部职工，在电视、录像和舞会等事业蓬勃发展，电影事业相对衰弱的情况下，尽最大努力搞好影片的发行和放映工作。影剧院仅1988年上半年，完成放映工作日165个，占总任务的54%，场次316次，占总任务的70%，发行和放映收入37214元。电影发行放映公司也基本能完成上面下达的各项任务。

文化馆的干部职工在编辑出版我县十大资料丛书的工作中付出了心血，丛书的出版，不仅是我县人民献给国庆40周年的一份礼物，也是保存和发扬我县民间文化遗产的一项重要工作。

工作之余，文化馆和影剧院的干部职工积极开展“以文养文”活动，实行有偿服务，活动内容丰富多样。如：开办台球、旱冰场、电子游戏、录像出租、舞会等活动。文化馆还积极创办了歌舞大奖赛、书画展销等活动，不仅繁荣了群众的文化生活，而且增加了经济效益，解决了经费不足的问题。

图书馆藏书达27000多册，每年装订保存着有参考价值的36种报纸和120种杂志。共发出借书证2200人次，每天来馆内借书和阅读报纸杂志的有130至150人，在学生假期坚持开放儿童图书阅览室。它为我县不同年龄、不同文化水平、不同工作性质的读者提供了参阅资料的条件。

博物馆自两次文物被盗以后，加强了文物的保护管理工作，暂借工会的工作室把文物搬上了通风干燥的三楼，配备了报警等安全装置，白天黑夜有工作人员轮流值班。截至我们检查时，对馆内的1620件文物都已经整理编号、登记入账。在收集文物和编写我县文物志方面，博物馆也取得了一定成绩。

秦剧团从元月上旬到10月中旬，共下乡演出220场，每月平均22场，收入25000元。同时，他们不断推陈出新，新排了5本折子戏。自编自排了《十二元》《曲江吟》两部历史剧。

体委的工作，去年县上下达了参加省地方级比赛要拿回45枚奖牌的任务，实际完成57枚。其中，金牌8枚，银牌19枚，铜牌30枚，向省上输送学生1人，向地区输送学生6人，这些成绩的取得，鼓舞和促进了我县体育事业的发展。县级运动会去年举行了5次，主要在各重大节日组织了环城赛、象棋赛、中学生田径运动会、职工篮球赛等，参赛的运动员有1194人，活跃了体育运动，增加了节日气氛。

三、存在和需要解决的几个问题

（一）应重视解决文化局办公地址问题。文化局现有11名职工，租借着电影发行放映公司的一个35平方米办公室、3间共60平方米的宿舍，8位职工无宿舍，1位副局长家6口人吃、住都在1间宿舍里。单位无伙房、无保管室。这样的单位在全县是少见的，住房困难、租房办公，确实影响着职工工作和生活的积极性。人代会上代表都提出了这个问题，建议县政府考虑在今年想办法解决，再不能拖下去了。

（二）要加强文物的管理保护问题。我县的文物两次被盗，去年一次被盗后，引起了省、地、县各级领导的重视，加强了文物的保护防范工作，给有关人员给了处分，但文物保护不安全的因素仍然存在：借工会的1间活动室作为文物的储藏和陈列室，既不利于参观又不利于收藏珍贵文物；储藏室窗户上的钢筋细小，随便可以拉开，很不安全；400片汉瓦和其他文物的重量，对楼板的承受力造成威胁。总之，博物馆没有一个长期的文物收藏室，不安全的因素就一直存在，省上已给博物馆拨了5

万元修建费，建议县政府考虑解决博物馆馆址问题。

（三）加强对体委工作领导的问题。体委工作去年取得了一定成绩，但我们有个感觉，就是人员思想教育差，纪律性不强，班子松散。县城的几次运动会，竞争氛围不浓，对裁判员的思想教育不够，对运动员要求不严。纪律松散，比赛混乱，甚至出现裁判员迟迟不到，裁判员与运动员谩骂围攻的现象。体委内部人员学习不够，无组织无纪律现象严重。建议县上加强对体育工作的领导，建立健全各项规章制度，要有计划地开展群众体育活动，加强对职工、裁判员和运动员的思想教育工作，严明管理、严格训练，彻底改变纪律松散的状况。另外，体育场地小，规模稍大的运动会不能举办，从长远看，县政府要考虑修1个体育场，可按城镇总体规划，先划出地皮，逐年落实修建任务。

（四）文化系统存在的其他问题。1.文化馆、博物馆、图书馆和工会四家挤在一起，对各自的工作都很不利。文化馆和工会有舞台、有录像，是文艺活跃单位，而图书馆需要安静，博物馆需要安全，四家互相干扰，互相影响。为有利于工作，应从长远考虑，及早分开为好。2.文化系统各单位和体委，除了影剧院和文化馆搞以文养文活动，经费能勉强支付外，其余单位经费都很紧张。如图书馆借阅书籍的人越来越多，但每年经费紧张，购买不了多少书籍，满足不了读者的需求。建议县财政对这些单位适当增加一些补助经费。3.电影发行放映公司工作量小，人员编制多，经费困难，工资发不出去，他们提议改成发行组，减少人员，这个意见可以考虑。4.剧团招收学生，增补人员，没有经过县人事局的审批，连文化局也不知道，这样下去，工资支付不了。建议剧团的编制人员要有个控制数，县财政按编制人数适当给予补贴，其余经费开支应靠自身的演出收入解决。

总之，对文化工作需要大力加强，对我县的精神文明建设和迎接中华人民共和国成立40周年的活动要作出具体的安排和要求，并在经费上给予支持。在年初就要把任务下达明确，分工专人抓落实，以防临时凑合，影响效果。

第十七次会议　于1989年6月19日至21日在常委会机关会议室召开，分别由高富德、阎志洁、张光明主持。

会议议程有七项：一、传达学习邓小平在接见首都戒严部队军以上干部时的重要讲话、6月16日《人民日报》社论和6月14日《甘肃日报》上刊登的省委书记李子奇的讲话；二、听取和审议财政局局长曹升明受政府委托所作的《关于1989年财政收支预算调整的报告》，作出《关于批准静宁县1989年财政预算调整的决议》；三、听取和审议城乡建设环境保护局副局长席珍受政府委托所作的《关于静宁县城区总体规划执行情况和环境保护情况的汇报》、常委会财政经济科副科长柴玉明所作的《关于对我县城区总体规划实施、环境保护及防洪排洪工作的视察报告》；四、听取和审议民政局局长赵步清受政府委托所作的《关于全县社会救济工作情况的汇报》、常委会司法民政科副科长陈万才所作的《关于对特困户社会救济的调查报告》；五、听取和审议教育局局长段积昌受政府委托所作的《关于农村教育普及和中小学学校收费、思想政治工作的报告》、常委会科教文卫科科长郭承祖所作的《关于边远山区学龄儿童入学及部分中小学校学费收支管理情况的视察报告》；六、听取和审议政府办公室主任朱寿亭受政府委托所作的《关于对执法检查中遗留问题解决情况的汇报》；七、人事任免。会上，政府县长韩豫平就落实审议意见作表态发言；会议结束时，高富德作总结讲话。

第十届常委会组成人员高富德、阎志洁、郜文学、张光明、史国忠、郭承祖、马志俊、朱春林、白秀芳、王郁仁、陈俊、马克勤、王生荣、吴尚礼、张秀娥出席会议；政府县长韩豫平、副县长张国盛，法院院长马子坤、检察院检察长陈贵录、政府办公室主任朱寿亭、财政局局长曹升明、教育局局长段积昌、民政局局长赵步清、城建局副局长席珍，常委会办公室副主任郭应童、司法民政科副科长陈万才、财政经济科副科长柴玉明，城川、威戎、石咀三乡镇人大工作联络员梁登科、刘国祯、韩文辉列席会议。

附：

人事任免

冯利民任县人民检察院副检察长

厚连世任县人民检察院检察委员会委员、检察员

陈文学任县人民检察院检察委员会委员

赵仰奇任县人民检察院检察员

司秉军任县人民检察院检察员

关于对我县城区总体规划实施环境保护及防洪排洪工作的视察报告

根据县人大常委会1989年工作安排及县政府领导同志建议，由县人大常委会组织牵头，县政府、城建局、城关镇、爱卫会及防汛办公室的负责同志共10多人参加，于5月2日至4日，采取现场察看、座谈讨论等形式，对我县城区建设总体规划实施、环境保护及防洪排洪工作进行了视察。

一、关于总体规划实施情况

我县城区建设总体规划自1984年九届二次人代会讨论通过以后，由于县人民政府及主管部门坚持总体规划的原则，注重宣传教育，强化制度建设，多方筹措资金，整个城区建设基本符合规划要求，取得了显著成效。已拓建、修整了阿阳路、北环路、西环路、人民巷、正街5条主要街道，全长4510米；对规划的原有道路和新建道路敷设排洪管道5370米；完成了对正街、北环路、西环路和南环路的油铺，全长5.4公里，以上3项共投资97万元。目前，城区建设总体规划的骨架已基本形成。

在总体规划实施过程中，根据县人民政府提请，县第十届人民代表大会常务委员会第二、第十次会议对原规划作了个别调整，其中包括：

（一）将中医院由原规划城关镇新城村调整到原石油公司所在地，将原规划教育

科研区预留地调整为居民住宅地。

（二）将北环路居民区临街划出27米宽的面积，作为机关单位的办公或营业用地。

（三）将人大、政协机关由原规划人民巷教育局旧址调整到县委对面的菜园地修建。

（四）将政府东面菜园地（规划为绿化用地）作为乡镇企业局、劳动保险局、科委的办公用地。

从几年来的实施情况看，县城区建设总体规划的执行是比较严肃认真的，没有出现大的问题，但由于种种原因，一些小的问题时有发生。一是临时性建筑违反规划的问题比较突出，一些单位和个体户未经批准，擅自在人行道上修筑门店、货棚，不仅影响市容整洁，而且严重挤占人行道，对交通造成一定困难，这个问题如不尽快解决，将会对今后的工作造成越来越多的障碍。二是城郊农民住宅建设管理混乱，乱修乱建问题时有发生，对“三关一城”农户住宅的审批，基本没有按照总体规划的要求布局，新城村在规划的体育场内修建了13户农民住宅，这样下去，必将为总体规划的进一步实施带来新的困难。三是火柴厂和气象站原计划分别迁往城区北面的工业区和西岭，后又调整到庙川子，群众意见比较大。四是经过同意在规划区内修建临时设施的，有的修成了砖混结构的永久性建筑。五是在建设项目管理上，有关部门配合不够，把关不严，人为造成管理上的失误，以致出现了不该出现的问题，如北环路通往姚柳的道路，由于教师新村和物资局修建住宅，影响了道路的拓宽。

针对总体规划实施中存在问题，建议在今后的规划管理上必须抓好以下几点：

第一，必须坚持依法管理的原则。今后在规划管理上，必须以国务院发布的城市规划条例、省政府关于城市规划管理细则和已批准的总体规划为依据，依法管理。大的功能区的调整，必须经过县人民政府提交县人民代表大会或常务委员会审议后，报原批准机关同意后方可实施，其他任何组织或个人不得擅自变更规划方案。

第二，必须坚持建设项目集体讨论制度。在符合总体规划功能区的前提下，每一建设项目的具体安排，必须上报县政府集体讨论决定，以克服管理环节上因口径不一造成的失误。

第三，必须坚持由规划部门一支笔审批的制度。有关规划的变更实施，安排意见的收集、审查、上报均由城建部门统一办理。

第四，“三关一城”的农民住宅建设，必须按照总体规划要求，合理布局，城关镇应加强管理，切实做好这方面的工作。

二、关于环境保护问题

据视察，我县大的污染源有14个，其中老污染源有8个，即县医院、副食加工厂、农副公司粉条厂、农机厂、化工厂、冻兔肉加工厂、县地毯厂、祁川造纸厂。新污染源有6个，即果糖厂、畜禽联营公司、外贸地毯厂、威戎造纸厂、八里皮毛厂、城川罐头厂。近几年，我县在贯彻实施《中华人民共和国环境保护法》《中华人民共和国水污染防治法》《建设项目环境管理办法》《征收排污费暂行办法》的过程中，坚持依法办事，狠抓了各项关键性措施的落实，为改善我县城区环境条件，建设文明县城创造了有利条件。一是狠抓基础设施建设。加宽、开拓了北环路、西环路、阿阳路，油铺了中街、北环路、西环路、人民巷4条主要街道，罩面3900平方米，敷设了中街、人民巷、西环路至南河直径1米的排污管道，新建公厕6个，改造4个，新建粪池1个，垃圾台7处。二是抓了“三废处理”。（1）回填了城区内长期集沤污水的5处大坑，面积为8700平方米，既利用了土地资源，又解决了环境污染。（2）建成了化工厂“二硝基中氮酚”废水处理工程，减少了县城上游的水污染。（3）对锅炉烟尘废气治理普遍安装了除尘装置。全县城区42蒸吨/19台锅炉，除化工厂2台手烧锅炉和6台未检验的外，其余全部安装了除尘装置，基本解决了锅炉的废气污染。

在环境保护工作中，由于主管部门及全社会的共同努力，城区环境面貌有了较大的改观，这是有目共睹的。但是，我们必须看到，环保工作面广量大、综合性、技术性都很强，加之群众对环保工作的重要性缺乏明确的认识，不少单位不按上级有关规定办事，致使老的污染源未得到治理，新的污染源又有所发展，主要表现在以下几个方面：

（一）废水废气未经处理排放。全县11个企业单位废水年排放量达27.06万吨，只有化工厂的0.6万吨废水有处理工程，其他各类废水都未作任何处理直接排放。经化验，硫化物、化学耗氧量、悬浮物均严重超标。工业废水最高容许排放浓度悬浮物500毫克/升，化学耗氧量100毫克/升，硫化物1毫克/升，大肠菌数不大于1000个/升，细菌总数不大于500个/毫克，但从化验结果看，冻兔肉加工厂硫化物超标2.7倍，大肠菌数大于23800，细菌数1.04×107，县医院大肠菌数大于23800，细菌数9.8×106 。以上3个单位的病毒废水均属严重超标，未经处理直接排放后，使污染源转移扩散，水泥厂粉尘50~110公斤/吨的排放量，对周围粮田和环境造成严重污染，东关群众反映强烈。还有外贸地毯厂、八里皮毛厂、县地毯厂、县农机厂的废水在未经处理的情况下，直接排入南河、葫芦河，天长日久，河水污染，给下游人民的生活、生产造成严重危害。

（二）锅炉摆布不合理，噪声超标。县城区建设总体规划中锅炉的布局是以连片供热为前提，按区域功能设4个点，即人行后坑、招待所、原火柴厂、饮食服务公司各安装10蒸吨/2台锅炉，但由于种种原因，规划成为纸上谈兵，据调查，县城区49蒸吨/23台锅炉，绝大部分没有按规划要求施工，从东到西，几乎每隔一段就有1处锅炉。锅炉乱建的结果，不仅浪费了能源，而且由于噪声普遍超标，严重影响了人们的身心健康。据有关规定，县城区的居民、文教区白天噪声不超过50分贝，夜间不超过40分贝，但从地区检测的结果看，城区内的毛针织厂锅炉为62分贝，橡胶厂为63分贝，县医院为59分贝，县政府为60分贝，地毯厂为72分贝，火柴厂为66分贝，以上均属噪声超标，周围群众意见比较大。

（三）废渣乱堆放，影响环境卫生。据视察，县城区的锅炉废渣绝大部分用于基本建设，达到了化害为利的要求。目前存在的主要问题是县城垃圾外运没有地方，城内生活垃圾乱堆放，如东关公共汽车站附近、人民巷、阿阳路、南关市场等垃圾时常堆放，不仅影响市容整洁，而且一遇大风，灰尘飞扬，危害人民健康。

为切实搞好环境保护工作，建议今后认真抓好以下几个方面的工作：

一是教育各级领导干部及广大群众继续认真学好环境保护法等有关法规，提高贯彻执行环境保护法的自觉性，通过广泛深入的学习、宣传，使广大干部群众对环境保护的重要性家喻户晓、人人皆知，从而形成一个全社会重视、监督、自觉遵守环境保护法的良好社会风气。

二是今后新增基建项目，必须严格执行“三同时”制度，防止产生新的污染源。建议县政府今后在审批基建项目时，严格执行环境影响报告书审批制度，并充分发挥县环保委员会的作用，协调处理一些重大问题。

三是环境保护管理目标责任制，对有关单位的环境控制目标，城建部门已经发了通知，应自觉照章执行，特别是县医院、冻兔肉加工厂、畜禽联营公司、农机厂镀锌废水的处理，应限期解决。

四是以总体规划为依据，合理调整锅炉布局，实现连片供热，以降耗节能，减少噪声，提高经济效益和社会效益。

三、关于防洪排洪问题

随着县城区建设总体规划的逐步实施，县城的防洪排洪也较之过去有了新的变化。至目前，已敷设中街、西环路、人民巷至南河直径1米和0.8米的排洪管道4000米，完成东关交叉路口盖板渠道510米，预计县城内的三条主要排洪渠道可在近期内全部完成。这样，如无特大暴雨，城区内的洪水基本可以排除。但是，随着城镇建设的不断发展，县城路边原有的明渠和几处积水大坑大部分已回填，过去的洪水流向有的因渠道不畅受阻，有的流向已完全改变，老问题解决了，新问题又出现了。去年8月25日17时至19时，县城降雷雨仅为20.3毫米，但西环路两侧的部分单位和农户程度不同地遭到洪水侵害，如遇20年或50年一遇的特大暴雨，后果将不堪设想。根据我们视察了解，县城区的防洪工作有关部门尽管采取了一些必要的措施，但问题仍然是相当严重的，切不可掉以轻心，尤其是在目前暴雨多发季节，隐患尤显突出。按区域讲，问题比较大的是东关马路以北的工业区及城关粮站、北环路以南的机关单位、南关市场及新城的部分地段。

东关马路以北的工业区主要是砖瓦厂和水泥厂等，均面临山洪的严重威胁，但厂区内没有大的排洪渠道，如遇特大暴雨，山上的洪水倾泻而下，整个厂区将有被冲淹的危险。城关粮站内正常存粮在200万公斤以上，担负着城关镇、城川、八里及县城1万多居民的粮油购销任务，但由于地势低洼，基建时又填高了排洪渠道，院内洪水无出路，在资金困难、无法修通门前排洪渠的情况下，粮站已在院内安装了6寸和4寸水泵各1台，拟将洪水排往门前的水渠里，但这仅是权宜之计，如发生特大暴雨，不仅单位内部的洪水无法排出，而且门前公路上的洪水也将倾流进去，淹没仓库，威胁储粮安全。

北环路以南的毛针织厂、副食加工厂、中医院、城关镇小学、县地毯厂等单位，因地势低洼，加之过去的洪水流向大都被切断或堵塞，排洪问题相当严重，特别是城关镇小学在校学生达到1300余名，因前院集水坑回填，校内仅靠1口渗井排洪，一旦发生暴雨，直接影响师生安全。去年县防汛办给该校安排了1台6寸水泵用以排洪，但水泵至今还放在水利局仓库。县副食厂过去洪水一直排放在县医院后院的积水坑，去年医院将坑回填后修建了家属住宅，致使院内洪水无法排出，如遇特大暴雨，门前的洪水也将倒流进去，饲料加工间及库房有被淹没的危险。县地毯厂过去洪水流入工商局内的大坑，去年积水坑回填后，洪水无法排除，该厂虽准备在厂门口安装1台6寸水泵将洪水排往西环路，但这仅能对付一般情况，如遇特大暴雨，西环路洪水也将倒流厂内，问题非常严重。

西环路排洪管道的敷设已近扫尾阶段，整个工程竣工后，一般的暴雨不会发生大的问题，如下特大暴雨，从西岭沿北环路的洪水、西街、商业街的洪水都将汇集南关市场，而这里的排洪渠直径仅为1米，如流量过大时，洪水将溢出路面，整个市场周围有被淹没的危险。

县委坑的防洪问题，去年县防汛办已安排1台6寸水泵，但到视察为止，水泵还放在水利局库房。关院坑、工交家属院、橡胶厂、商业车队的排洪也存在一定问题，应尽快采取措施，以防万一。

根据以上问题，建议抓好以下几个方面的工作：

第一，进一步提高各级领导和干部群众对城区防洪重要性的认识，切实加强对防洪工作的领导。

第二，为减轻西环路的排洪压力，建议将西岭沿北环路的洪水从教师新村引入葫芦河。

第三，西环路排洪管道的敷设应加紧进行，务必在大汛之前竣工。

第四，对城区现有的排洪渠道，有关部门应该尽快组织力量，清除淤积，确保渠道畅通。

第五，凡排洪有问题的单位或居民区，都应该尽快落实防洪抗洪措施，切实做好安全度汛的各项准备工作。

关于对特困户社会救济的调查报告

我们会同民政部门的同志，从4月初开始，先后去灵芝、双岘、贾河3乡对特困户的生活及社会救济工作进行了调查。根据各乡的意见，选择生活条件好、中、差3个村，经过对原安的特困户逐门查看，详细询问，翻阅村社的救济粮款账目和村社干部座谈，对其生活现状和救济情况有了一个基本的了解。

一、基本现状

根据民政部门的统计，全县共有特困户4258户，19528人，占全县总户数76219户的5.59%和总人口399511人的4.89%。灵芝、双岘、贾河3乡确定的特困户共254户，1246人，3乡占总户数6881户的0.69%和总人口35816人的3.53%，在灵芝乡高义、东庄、何杜，双岘乡双岘、李咀、凡梁，贯河乡侯山、剪岔、王沟9村确定64户，268人，占总户数1441户的4.4%和总人口7742人的3.5%。

按调查归类，这64户特困户生活困难的主要原因是：

第一，家庭主要劳动力智力低下，庄稼务作不好。共有11户，占17.2%。这些人对农业生产缺乏计划安排，具体耕作措施粗放，一年生产的粮食一般吃半年左右，经常靠吃返销粮维持生活。如灵芝乡高义村张某某一家3口人，由于庄稼务作不好，长期以来靠救济，在全乡都是有名的困难户，住的还是解放初修的破烂房，4月初，家中仅剩返销的几十斤口粮。

第二，主要劳动力长期病残，难以从事生产。共16户，占25%。这些户主要劳动力由于长期患病，无钱治病，不能正常劳动，无力搞好粮食生产，久而久之，拖垮了整个家庭。如双岘乡李咀村马咀社雷某某一家5口人，由于雷某某患有多种疾病，稍一劳动，肛门下垂，又无其他收入，生活很困难，10多亩地，全靠妻子1人务作。再如凡梁村上庄社杨某某，1986年在李店赶集时被土枪走火误伤，子弹至今在肺部深藏，既缺钱医治又无法干重活，6口人的生活全靠妻子1人承担。

第三，遭受天灾人祸，主要劳动力病故。共有13户，占20.3%。这些人在精神上受了很大的打击，又给家庭经济造成了一定困难，元气一时难以恢复，有的户耕种庄稼劳力不足；有的户家庭内务无人管理。如灵芝乡高义村牛某某1983年丈夫去世后，3个孩子又小，既要还债，又要抓养子女，生活十分艰难。高义村张某某，妻子久病于1986年去世，父亲年已七旬，又常年患病久治不愈，只好将唯一的儿子寄养在亲戚家谋生，没人缝衣做饭，家中破烂不堪。

第四，人多地少造成生活困难。共有8户，占12.5%。这类户多数家庭是农村联产承包以后组合的，三四口人耕种1人的土地，又无其他经济收入，仅靠三四亩地很难维持全家人的生活，加上有的家庭生活安排不周，不会过日子，有的主要成员病残，更加剧了困难程度。

第五，长期贫困，缺乏生活信心。共有7户，占10.9%，这些户虽然是长期救济的重点，但就是摆脱不了贫困，这些户对富裕生活缺乏实干精神，没有经济来源，对土地缺乏投资。一年分给的化肥也无力买回，形成恶性循环，年年粮食不够吃。有的户连每年供给的返销粮因无钱买回只好部分作废或让给他人。灵芝乡东庄村尹某某，双岘乡李咀村雷某某，两家都是4口人，居住窄小破旧，炕上没有像样的铺盖，家中仅有供应的一点返销粮。尹某某共种20亩土地，就把8亩以每年每亩20斤小麦租给别人耕种。

第六，因其他原因或定得不准的有9户，占14.1%。如灵芝乡高义村高某某一家10口人，1987年因儿子在县养鸡场工作期间，在采购玉米时欠款还款2000多元，给家庭造成困难。双岘村雷某某1986年从陕西迁回，生活基础条件差，要摆脱贫困，还得一段过程。

根据调查，这64户特困户的生活现状是：首先，口粮普遍紧缺，来钱门路极少。

在双岘、灵芝两乡50户中，口粮不够吃的有28户，130人，其中截至4月每人不足50斤的有9户40人，缺粮多的户要吃半年返销粮。这些户每年的经济收入很微薄，64户1988年人均收入只有65元，其中不足50元的有30户，来钱的门路大都靠养鸡下蛋，出售小猪股子，交售肥猪的极少。有些户因猪娃价高买不起，形成肥料短缺，多数户人单力薄，想出去搞点劳务收入也无法进行。家中常年患病的只好拖着，病重时只得用粮食换药，或出售下蛋鸡或猪股子就医，疾病得不到根本治愈。其次，住房普遍简陋破旧，衣着铺盖寥寥无几。据统计，双岘、灵芝50户连柴房共计127间，户均折合360元。少数户只有一两间破房，屋内摆设家具也很简单，有的户连1张桌子也没有。有的户土炕光席，全家人盖1床被子，冬夏换衣十分困难。相当部分家庭的灶具只有锅、碗、勺，用泥缸装面。再次，生产工具短缺，农业投资很少。64户特困家庭中喂养着67头牲畜，多数是些毛驴，其中17户没有喂养耕畜，在双岘、灵芝调查的50户家庭中，有架子车的只有28户，将近一半的户运送肥料、粮食全靠人背肩挑，一些户只有铁锨、铲子等简单工具，耕地、耱地都要靠借别人的。少数人不但没有柴烧，就连牲口草早已用光，只好靠铲草胡来维持，确实是无粮样样无。在庄稼耕作上，多数户还是传统的老一套，既不注意选用良种，也没钱买化肥、农药，一旦遇上病虫害，收成无几，甚至连籽种也很难收回，来年只得借籽下种。第四，文化素质普遍偏低、求取知识的欲望不高，依靠科学文化致富的观念没有树立起来。在双岘、灵芝调查的50户中，126名成年人中小学文化程度的只有20人，其余都是文盲或粗识字，64名未成年人中小学以上或正在上学的只有34名，有些家庭确实存在交不起学费的问题，但也存在不重视文化知识的问题。

二、救济情况

近几年来，我县社会救济的资金很少，无法解决特困户的各种具体困难。1988年全县民政事业费17.6万元，其中抚恤费9.4万元，离退休费1.5万元，60年代40%精简人员生活补助费1.7万元，药费1400元，收容遣送费2500元，敬老院支付2200元，春节慰问费9100元，五保户定补800元，农村临时救济1.7万元（主要用于解决疾病），其他救济1.7万元。所以在我县经常而又较大范围的救济只是返销粮和口粮款，3年供应返销粮6028万斤，发放口粮救济款250.3万元。双岘、灵芝、贯河3乡发放粮款分别为562.35万斤和25.59万元，对于解决困难群众的生活和保证生产起到了一定的作用。使特困户的生活没有出现大的问题，这是应当肯定的。但是，近几年在发放救济粮款上，虽然坚持的政策原则是保证五保户和特困户的生活，实际上在调查的双岘、灵芝5村，3年发放粮款分别为538689斤和19321元，而特困户仅占5.8%和6.45%。普遍情况是村委会按照上面要求的供应控制面，登名造册，报乡政府，形成所谓体现政策的账目。在发放时各生产合作社对第一季度的粮款或多或少略多给特困户，以后的粮款基本上是平均分配，家家有份，实际发放与上报数字相差较大。如对灵芝乡好、中、差的高义、东庄、何杜3村进行调查，高义特困户1988年人均吃返销粮比全村人均59斤才多24.7斤，享受的救济款占全村的7.4%。东庄村尹某某、王某某两家6口人，1988

年从村委会账面反映享受返销粮676斤和用款50元，而社账实际吃粮390斤和用款7元，杨某某家从1986年至1988年在村社账上开支1583斤粮和192元，而社账上只有927斤和36.66元，何杜村的救济发放也是如此，群众反映不这样做，乡上不批分配方案，按期打不上粮。在双岘、贾河6村的调查证明，供应中存在的问题与灵芝乡的大同小异，只是程度不同而已。双岘村的特困户从1986至1988年人均吃返销粮比全村人均数多67斤，但实际情况不符，如李咀村李某某家6口人3年从社账反映，人均要比村账少41斤。

三、问题和建议

这几年，各级组织在社会救济过程中，做了一定工作，但还存在一些问题，主要是：

第一，在返销粮和救济款的发放上，有的村、社存在一家挂名、几家吃粮分款的做法，特困户的口粮保证不了，使本来基本够吃的一点粮也难以买回来。大多数生产合作社普遍存在财务账目混乱以至不设账务的问题，调查中一些村、社无账可查，干部也说不清楚。

第二，一些村这几年特困户挂了空档，基本上没人管。国家救济不上，扶贫扶不上，银行不给贷款，加重了困难程度。同时一些群众以至部分村社干部对救济粮款的作用、发放范围认识不清。认为种的同样地，为啥每年给那么一些人救济，公粮和其他收费就让这些人去承担，这样，给具体工作的干部增加了一定的阻力，也影响了按政策规定发放。

第三，基层各级组织、干部对部分特困户关切重视不够，既缺乏耐心感人的思想工作，也缺少具体的帮助指导。农村现在基本上是各扫门前雪，一家不问一家事，形成一种相对的封闭状态。在确定的特困户中，相当一些劳力充足，具备经营能力和条件，需要乡村干部帮助解决现实生活中的具体困难，鼓起向上生活的信心，致力改变贫困面貌。双岘乡李咀村在这方面做得比较好，对生产积极性高的户照样供给扶贫化肥和地膜，并指导耕作技术，以增产粮食，逐步改变短粮局面。

第四，出于种种原因，有7户定得不准，在本社相比较还有更困难的户，如高义村的张某某、张某某，凡梁村的李某、李某4家的生活状况明显略低于本社确定的特困户。今后应该经常随着变化更换卡片档案，使对特困户的各项工作及时开展，为决策机关提供准确的信息。

第五，乡政府在以村为单位安排返销粮时，应深入实际，了解掌握真正的困难村，突出重点，避免平均分配。双岘、李咀、凡梁3村1986至1988年在返销粮供应上人均分别为133斤、114斤、150斤。实际上比较好的村还要比困难村吃粮多。

总之，为了把我县的社会救济工作搞得更好一点，尽快改变特困面貌，缩小贫穷面，各级组织、广大干部要进一步提高思想认识，加强领导，向群众认真宣讲社会救济的政策意义，制定行之有效的措施，从具体困难入手，以积极的态度认真解决特困户存在的具体问题，动员社会各方面的力量，实行综合治理，切实搞好社会救济工作。

关于边远山区学龄儿童入学及部分中小学校学费收支管理情况的视察报告

由县人大常委会副主任张光明和科教文卫科、县教育局的3名同志组成的教育工作视察组，从4月下旬开始，先后用12天时间，深入原安、三合、深沟、四河、田堡5个乡学区，5所高、初中，20所中心小学、村小学及城区的教育培训中心、一中、二中、城关小学等29所学校，采取听汇报、抽样检查等方式，重点视察了各学区、学校学龄儿童入学等“四率”情况、学费收支管理情况，并对当前教育工作中存在的其他问题也作了一些了解。

一、边远山区小学的“四率”情况

这次视察的5个乡，都属我县边远山区，经济条件差，群众生活困难，长期以来，教育工作比较落后，学龄儿童入学难，“四率”一直偏低。

在视察中，我们把各乡儿童入学率、在校学生合格率、巩固率和普及率等“四率”作为衡量教育发展现状的重要标准，进行了详细的调查了解。

这次视察的5个乡，共有7~11岁的学龄儿童4257人，已入学3411人，入学率为80.1%，其中男童入学率是81.5%，女童入学率是78.5%。各学区的入学率分别是：深沟96.5%、四河94.4%，为较高的学区；三合83.4%、田堡84.7%，处于中间状态；最低的是原安学区，仅为65.7%。但1988年底各学区上报给县教育局的数字却要偏高一些：原安为97.7%、田堡为90%、深沟为97.6%、三合为90.3%、四河为96%。这次视察的20所小学（包括中心小学）的平均入学率为89.7%，达到80%以上的有10所，占50%。其中最高的是三合乡中心小学所在的光华村，84名学龄儿童中，已有82名入学，入学率为97.6%，最低的是田堡乡罗岔村，共有48名学龄儿童，已入学38名，入学率为79.1%。

各学区、学校的巩固率普遍比较高，视察的20所小学，1988~1989学年初的在校学生总数为2430人，至视察时，流动146人，巩固率为94%。三合乡任岔小学和四河乡上寨小学达到100%，其余18所，除田堡乡华沟岔、大庄坪和中心小学在85%~89%之间外，均在90%以上。

相比之下，在校学生合格率及12~15周岁青少年普及率就要低得多。地区教育处要求我县1987~1988学年小学毕业生语文、数学双科合格率达到62%，我们视察的5个学区，共有小学毕业生608人，双科合格的只有225人，合格率为37%。20所小学，18所有毕业班，一个班的数据统计不准，其余17个班的毕业生总人数为216人，全部参加统考，双科合格的86人，合格率为39.8%。最高的是田堡乡中心小学，20名毕业生，双科合格的13人，升入初中的18人，合格率、升学率分别为65%和90%；最低的是原安乡乔岔村小学，11名毕业生，双科合格、升入初中的均无1人。各个学校其他年级的合格率也都普遍偏低。三合乡古岔村小学1988~1989学年度一至四年级共有学生80人，双科合格的仅有17人，合格率为21.3%；三年级14人，没有1个双科合格的。合格率偏低的问题在各中学也非常突出，我们视察的7所初中（包括一中、二中、原安中学的初中部），1987~1988学年度共有应届毕业生937人，全科合格的205人，合格率只达到21.9%，一中、二中分别为19%和14.3%。由于不合格学生较多，各学校都存在升学率低而留级面广的现象。这次视察的农村小学，各年级的留级面多数在20%左右，比县上控制的5%~10%高出2~3倍。如原安乡乔岔小学一年级共有学生53名，留级的就多达30名，占了56.5%。这样，升学难，升级也难，一些学龄儿童进入学校后留2、3次级，到二、三年级就退学，对农村的教育普及工作也是一个极大的影响。据调查统计，5个乡学区12~15周岁青少年受完小学5年教育的只有20%左右，个别村还不到20%。如田堡乡中心小学所在的田堡村，76名普及对象，仅普及13人，占17%。

视察结果表明，我县边远山区教育事业因受各方面的影响，发展比较缓慢，主要原因是：

（一）基层组织对普及初等教育有些不够重视。近几年来，县、乡两级政府都把重点力量放在实现“一无两有”上，忽视了普及初等教育工作。一些基层组织认为，在实现“一无两有”、改善办学条件方面，广大干部群众已经出了不少力。抓教学质量、抓教育普及是教育主管部门和各学区、学校的事，与自己责任不大。因此，对本乡所管学校的教学、管理工作很少过问。一些乡学区也没有充分发挥职能作用，工作抓得不紧，对教育普及的具体情况很少调查了解，对教学中存在的问题也不能及时研究解决。这样，一些学校长期无人过问，无人管理，各行其是，工作上既没有压力，也没有动力，教学质量差，普及初等教育的步子始终非常缓慢。

有些学校、学区负责人掌握的各种数据，跟实际情况都有一定差距。各学区上报给县上的“四率”比这次视察的都明显偏高。突出的像原安乡的学龄儿童入学率，乡学区向教育局上报的为97.7%，而实际调查的只有65.7%。据四河、田堡、深沟的同志反映，就是这次向视察组汇报的数字也不是十分准确的，仍要比实际情况高出10%左右。他们还说，有些数字上报的难度比较大，就拿学龄儿童入学率来说，一个方面，近几年学龄儿童中有一部分是没有报上户口的孩子，计入总数，会影响计划生育工作的完成；另一个方面，县上要求各乡完成的指数跟实际差距较大，学区有时就虚报数字；还有个别学校多报学生人数，来多要一些教学经费，这几方面的原因都对入学率有一定的影响。我们在调查了解在校学生巩固率时，发现各学校的学生人数从低年级到高年级，都呈明显的金字塔形递减，有些学校五年级的人数只有一年级的五分之一，这说明巩固率也要比汇报的低一些。

（二）教学质量差，影响了学生上学的积极性。前面已经谈到，由于边远山区学校教学质量差，合格率低，许多学生连续几年升不了级，升了级又升不了初中，因此求学的积极性不高。同时，随着年龄的增长，不愿留级上学，有的干脆认为到学校是白花几年钱，不如赶早在家劳动划得来。

（三）部分群众思想守旧，支持孩子上学的态度不积极。有的认为自家几代都是文盲，但生活得并不比别人差。原安乡乔岔村社员韩某某，家里6个孩子，最大的16岁，竟没有1个上过学。有的认为供给男孩子上学还划得来，供给女孩子上学则是“替别人效劳”。田堡乡华沟村杜岔社共有50多户人家，没有1个学龄期的女孩子入学，这个村小学今年毕业班有8名学生，也没有1名女学生。

（四）由于家庭拖累，使一些适龄儿童上不了学。有些户人多劳力少，有些户主要劳动力外出搞劳务，只得让未成年的孩子在家里做家务、带小孩。这样，影响了一部分学龄儿童的入学。

二、学费收支管理情况

近几年来，社会各方面对学校各项学杂费的收支管理有些意见，一些群众不断反映学校乱收费的问题。针对这些意见和呼声，我们在视察中，专门就各个学校的学费收取标准，管理使用情况作了比较详细的检查了解。结果表明，不按教育部门规定、不合理收费的问题是存在的，主要有两种情况：

一是提高收费标准。关于高初中及小学学费、水电费等各项费用的收取标准，县教育局1982年和1986年有关文件都有明确规定。我们视察的28所学校（不包括教育培训中心），在收费标准上都没有严格按规定执行。

1. 学费。规定城镇小学不得超过1元。城关小学实收2.5元，多收1.5元；农村高中不得超过2.5元，原安中学实收5元，多收2.5元；农村初中不得超过1.5元，三合中学实收3元、原安初中实收4元，多收1.5元和2.5元；农村小学不得超过0.5元，以上5个乡学区的20所小学实收都在1~2元之间，多收0.5~1.5元；一中去年在计划外多收50名高中一年级学生插进各班，每生一次交250元。擅自提高学费标准的共23所学校，占视察的82%。

2. 水电费。规定高初中每生每学期应收2元，一中、二中初中生每生每学期实收4元，高中生每生每学期实收5元，多收2元和3元；县区小学每生每学期应收1元，城关小学实收2元，多收1元。城区3所学校都有多收费问题，农村的5所中学，四河多收0.5元，原安多收1元。乡以下学校由乡政府决定，我们未做了解。

3. 补习、插班费。规定县城高、初中每生每学期不得超过30元和25元。一中高中补习生每生每学期实收补习费100元、插班费50元，多收70元和20元，初中插班费每生每学期实收30元，多收5元。二中高中补习生每生每学期实收40~50元，多收10~20元。农村各中学在这方面的收费基本都是按规定执行的。

二是增加收费项目。主要是一中、二中、原安、三合、四河的各中学和城关小学。增收的项目有：

1. 卫生费。城关小学每生每学期0.5元，一中（只向住校生收）每生每学期2元，用于雇人打扫教学楼和住宿区域的卫生。

2. 住宿费。收交的有四河中学，每个住校生每学期1.5元。

3. 公共财物押金。二中、三合、原安中学每生一次交1元（二中住校生2元），预付学生损坏公物的赔偿费，学年终了或毕业时退还本人。

除以上两种情况外，还有一些临时性收费，如文印费、考试费、班级活动费，虽然是取于学生，用于学生，但由于收交次数频繁，不少家长也有意见。在视察中，一些学校还对新华书店硬性发行课外参考书、要求预交书费的做法提出了批评意见，我们回县后也向新华书店作了反映和了解。新华书店表示，对他们自身的错误要及时纠正，从今年开始，书本费可以不再提前预交，但课本之外的一些附加书籍，他们也是按上面的要求发行的，希望各学校也能谅解他们的难处。

多收费的主要原因是：各学校普遍反映财政拨付的教学经费太紧张，无法维持教学工作的正常开展，因此只能向学生多收一些，弥补开支的不足。我们认为，经费紧张是事实，煤炭提价，边远山区给学生供水都成问题，原安中学通校生连凉水也不供应。县上近几年在财政十分困难的情况下，每年尽最大努力增加一些教育经费，各学校应该严格控制不应有的开支，计划安排，满打满算，专款专用。各项学杂费用，一定要严格按照各级政府规定的标准收取，不能各行其是。

三、需要重视解决的几个问题：

除了上面谈到的“四率”和学校学费收支管理情况之外，我们在视察中还发现了一些影响教育事业健康发展的不良因素和问题，希望县、乡政府和教育主管部门能够进一步调查研究，掌握情况，争取解决得更好些。

（一）加强师生的思想素质教育。由于受社会上一些不良风气的影响，一些在校学生学习目的不明确，纪律松懈，行动散漫，对于这些学生，教师不敢管，学校不好管，既给其他学生思想造成混乱，也挫伤了学校教职工的工作积极性。

还有一些教师不安心本职工作，对工作支差应付，不按时上课，不按时批改作业，误人子弟，在群众中造成不良影响，也给人民的教育事业造成极大损失。如原安乡乔岔村小学教师张某某，身为校长，带五年级的语文，到第9周结束才备了1次课，30个课文完成12课，4次作文才完成2次，批改了1次，整个学校管理混乱，教学质量差。教师随便旷课的现象也在农村学校时有发生，三合乡古岔村小学教师任某某，每次回家后几天不到校，不向学校请假，学生无人管，课程无人顶替，校长也一直不敢过问，要求上级调走。

因此，要大力加强教师队伍建设，加大广大师生的思想教育，提高师生的思想素质。对软弱涣散和难副其实的学区、学校领导班子要及时调整，逐步加强，提高战斗力。县、乡领导和教育部门的负责同志，要经常深入基层，多搞一些调查研究，多帮助解决一些实际问题。

（二）全县实现“一无两有”的总工程基本完成后，要重视解决边远山区遗留的一些“死角”。如尚未实现“一无两有”的深沟乡联民小学，5座教室就有4座严重危房，5名教师合住的3间宿舍，也有2间危房。极个别学校师生的安全仍然得不到保证，教学工作也无法正常开展。县、乡政府要继续抓好这方面的工作，尤其是要注重解决那些独立初中的危房问题。

（三）要把抓教学质量作为普及初等教育的主要措施，通过提高教学质量，培养大批合格人才，教育广大群众，提高思想认识，提高“四率”。

（四）要认真做好教师调配工作。现在，县城学校教师满员，农村学校教师不足，影响教学。如一中、二中的物理教师都已配齐，今年从外地调回2名物理本科教师，没有安排到缺物理的农村中学，而是把2人分别调到一中和二中，目前，去二中的那名教师在教体育，去一中的那名教师还没有被接收。对这一类问题，今后应该从全县大局出发，合理调配，以保护绝大多数教师的积极性，保持教师队伍的相对稳定。

第十八次会议　于1989年8月21日至22日在常委会机关会议室召开，分别由高富德、郜文学主持。

会议议程有三项：一、听取和审议政府县长韩豫平所作的《县人民政府1989年上半年工作报告》；二、审议通过《静宁县人大常委会工作规则（试行）》；三、传达学习《甘肃省委批转省委组织部〈关于县、市、区党委、人大、政府、政协换届选举工作的意见〉的通知》《甘肃省委批转省人大党组〈关于今冬明春县、乡两级人大换届选举工作意见〉的通知》《平凉地委关于贯彻省委25号文件的通知》。会上，政府县长韩豫平就落实审议意见作表态发言。

会后，根据审议情况，常委会向县委上报《关于政府工作中几个问题的汇报》。

第十届常委会组成人员高富德、阎志洁、郜文学、张光明、史国忠、郭承祖、王学谋、张秀娥、陈俊、梁钧宪、吴尚礼、马志俊、白秀芳、马克勤出席会议；政府县长韩豫平、检察院检察长陈贵录、法院副院长漆忠义、政府办公室主任朱寿亭、财政局局长曹升明、计划委员会副主任林首章、政协办公室主任杨继鸿，常委会办公室副主任郭应童、财政经济科副科长柴玉明、司法民政科副科长陈万才，城川、威戎、石咀3乡镇人大工作联络员梁登科、刘国桢、韩文辉，省第七届人大代表杨耀忠、吴兴文、刘宗勤列席会议。

第十九次会议　于1989年9月27日至28日在常委会机关会议室召开，分别由高富德、张光明主持。

会议议程有两项：一、听取和审议法院院长马子坤所作的《静宁县人民法院1989年元至8月工作情况报告》、检察院检察长陈贵录所作的《前三季度检察工作情况报告》、公安局局长赵正杰受政府委托所作的《静宁县1989年1至8月公安保卫工作、社会治安情况汇报》、司法局局长穆熙雄受政府委托所作的《关于司法行政工作情况的报告》、监察局局长樊生茂受政府委托所作的《关于行政监察工作情况的汇报》、常委会司法民政科副科长陈万才所作的《关于政法工作一些问题调查情况的汇报》；二、根据选举法和省、地关于换届选举文件精神，审议通过县、乡两级人民代表大会换届选举工作的时间安排、代表名额分配和县选举委员会组成人员等事项。

第十届常委会组成人员高富德、阎志洁、郜文学、张光明、史国忠、郭承祖、王学谋、王生荣、张秀娥、朱春林、王郁仁、白秀芳、梁钧宪、马克勤、马志俊、陈俊出席会议；县委副书记吕忠厚、政府副县长张会议、政协副主席王宝珍、县委政法委书记曹炯文、法院院长马子坤、检察院检察长陈贵录、政府办公室主任朱寿亭、公安局局长赵正杰、司法局局长穆熙雄、监察局局长樊生茂、律师事务所所长张奇显、公证处主任田守川，常委会办公室副主任郭应童、司法民政科副科长陈万才列席会议。

附：

关于政法工作一些问题调查情况的汇报

我们会同县委政法委员会，从人大法律监督职能出发，围绕公、检、法、司各部门今年以来开展的工作，对执法活动及其社会治安综合治理的情况进行了了解。

一、政法机关各司其职依法行使职权

今年以来，公、检、法、司认真贯彻全国政法工作会议精神，在查处案件、社会管理、法制宣传教育诸方面取得了显著的成绩。公安部门通过4次专项斗争和经常性的侦查破案，严厉打击了各种刑事犯罪活动，同时大力开展安全防范，强化治安管理，进一步完善机关内部安全保卫责任制，特别自城区组建治安联防队以来，在预防犯罪中发挥了积极有效作用。检察机关积极开展各项业务，与有关部门密切配合，协同动作，在打击犯罪方面发挥了应有的作用，特别在经济检察工作中开创了新局面，为治理经济环境、整顿经济秩序和惩治贪污腐败行为开展了艰巨的工作，揭开了我县反贪污、反受贿斗争的序幕，触及到了群众目前普遍关心的热点问题，在树立党和政府威信的活动中办了实事，迈出了可喜的一步。法院在各项审判工作中，以事实为根据，以法律为准绳，有效地开展了各项业务，稳、准、狠地打击了各类刑事犯罪分子，基本做到了依法从重、从快打击犯罪的要求。通过民事案件的调解和裁定，维护了人民群众的合法权益，保障了正常的生活秩序，在一定程度上减少了刑事案件的发生。司法行政机关坚持“四个服务”，突出“一个普及”，在20多个乡镇机关、企事业单位的干部职工中分层次有重点地进行了法律常识的宣传教育工作，公民的法律意识有所提高，涌现出了自觉同违法犯罪行为作斗争的事迹，基层调解组织在调处民事纠纷工作中不同程度地发挥了作用，把大量的矛盾消除在起初阶段，有效地缓和了矛盾的激化。律师、公证服务工作有了新的进展，为维护正常的经济生活和群众的合法权益提供了法律保障，取得了较为显著的成绩。

总之，公、检、法、司全体干警，通过辛勤工作，密切配合，为我县社会治安的持续稳定作出了应有的贡献。

二、各部门工作存在的问题

我们在肯定成绩的同时，也要注意到不足的一面，这样才能克服缺点，弥补薄弱环节，更好地开展工作，为改革开放和人民群众的生活创造一个更好的社会环境。

基层基础工作薄弱，案件线索信息比较闭塞。公安、检察院负有案件侦查任务，理应开展经常性的调查研究，建立资料档案，把有违法犯罪行为的人纳入视线之内，进行控制，但从公安逮捕的50多名人犯中，绝大多数事先没有掌握，当然一些偶犯很难掌握。这就使侦破工作始终处于被动地位，难以适应复杂多变的形势。其次，对劳改劳教释放人员、假释、缓刑、保外就医人员和违法青少年的管理在一些派出所流于形式，不掌握他们的思想行为，每年只是空泛地考察一下，尤其对违法青少年，有的只和本人见面询问一下，有的只和村社、居委会干部交谈一下，有的和本人、家长、村社干部未见面帮教，没有全面扎实地开展工作。第三，对于部分报案，没有及时登记备案，一旦破案后，找不到失主，这在盗窃案件上表现明显，有些自行车被盗后，也没有记载。

办案质量亟待提高，以利于准确适应法律。这在各办案机关程度不同地存在，必须引起我们的高度重视。公安环节上的提请批捕案件，问题较多，尤其对伤害案件，只注重对被伤害人验伤，忽视对被告人的活体检验，直接影响判明案情和定罪量刑，例如李某某杀人案，被告供述之所以杀人，是在其嫂紧紧抓住其下身不放的情况下才动刀的，但由于案发后未对被告检验，错过了时机，使这一重要情节悬而难决，无法补查。其次，盗窃、诈骗案件上的赃款赃物原则上移送到法院，最后发还失主，但相当部分案件的赃物在公安环节上就被发还，法庭公审时难以出示赃证，甚至个别案件的赃物不能如数随案移送，出现损坏或短缺问题，这不论对判案还是对政法机关的声望都是有损无益的。再次，办案中的动手动脚问题，在当时可能是奏效的，但到了预审或检察环节，其副作用就明显暴露出来，往往导致被告翻供，在证据不力的情况下给办案带来困扰，本来是真实存在的犯罪事实使办案人员举棋不定。

内部单位安全保卫责任制虽已建立，但执行不能持之以恒，存在较大差距，紧松不一。我县的机关、企事业单位按照省政府的文件规定要求，均建立了安全保卫责任制，今年县委、县政府宿舍发生盗窃后，公安局对有关领导和直接责任人按章处罚，促进了内部单位的安全保卫工作，但此后县级有关单位多次发生被盗，本可乘借东风，按有关单位签订的责任书中规定的处罚原则处罚，但迄今未作出相应的决定，体现出执行制度的不一致性，使社会上一些人误解为风过去了，再不管了，本该严加值班防范的也松动了，无形中给内部单位的治安保卫造成了消极作用。同时，在当前整顿文化市场大力扫黄、惩治腐败的政治斗争中，对有些案件查处不及时，存在一定的盲目性和软弱性。某中心小学在5月份利用3个晚间播放3场黄色录像片，传播范围较大，据说公安局在侦查其彩电盗窃案时获取这条线索，但至今未做查处，派出所只知其事也说不清楚，表现出对扫黄斗争查处不力。

惩治腐败势头欠足，开辟线索来源不力。公安、检院在这方面做了一定工作，仅仅只是拉开帷幕，还需艰苦努力。我们要在抓紧审理举报案件的同时，更要注重建立多渠道全方位的信息源，这只有深入下去，采取各种有效的侦查措施，广开信息来源，在群众中去获取，方可达到。尤其经济活动中的投机投把、诈骗案件在我县还是个空白，需要做艰苦的工作去挖掘，为整顿治理、惩治腐败积极地开展工作，以呼应民心，促进廉政建设。

在我县政法部门告状难的问题程度不同地有所反映，互相推诿、踢皮球的现象还存在，对刑事诉讼法第五十九条的规定执行得不够认真。群众由于掌握的法律知识还不丰富，公检法三机关不论接到什么控告，均应记录接受，然后按照管辖范围转交有关机关办理，并通知控告人，作为执法机关，更应该模范地自觉地按照法律规定办事，以方便群众，避免跑来跑去无人管的问题发生。不应拒之门外或将控告材料、复函退给申诉人。

随着国家法制的健全，行政诉讼案件日益增多，现在乡镇土地、宅基地纠纷案件较多，当事人不服乡镇政府处理决定的事屡有发生，有关乡镇要求县上统一给各乡镇司法助理员或秘书办1期培训班，怎样处理这类案件和如何向县法院书写要求申请执行的诉讼文书，不然现在乡镇向法院送去的文书相当部分不符合要求，被退回去，一则推延时间较长，不能及时处理，二则退回去还是不会书写，纠纷案件迟迟得不到妥善解决。

三、当前治安形势的特点和问题

我县的社会治安秩序从总体上说处于基本平稳状态，不是稳中有降，而是稳中有升，出现了较大的反复。从地域上看，城区的发案频率高于农村；从社会的危害程度看，农村大于城镇；从案件类型看，杀人、盗窃、离婚较为突出。

今年元至8月全县公安刑事立案74起，其中重大案件12起，比去年同期大幅上升，死伤分别净增4人和14人，案件损失总值是去年同期6527元的4倍多。发生在城镇的29起，比去年同期上升95%，内部单位的发案比去年也有上升，去年3起，今年8起，主要反映在盗窃案件上，占全县盗窃案的50%，仅城内自行车被盗78辆，比去年略有上升，其中立案的只有9辆。查处治安案件93起（殴打伤害他人40起、偷盗财物20起，城关镇1至8月26起），比去年同期的64起上升46%。民事案件共收2063件，离婚就占130件，案件总数比去年略有下降，但城镇占27件，比去年略有上升。从逮捕的人犯数量分析（1989年1至8月55人，1988年1至8月34人），犯罪率在急剧上升，是严打后正常年份中最多的一年。严打前的1983年1至8月逮捕38人。从作案成员看，在已查获的59起刑事案件中共计110人，农民占100人，工人7人，初犯占92人，青少年占72人。

从案件类型分析，我县社会治安方面突出的问题：一是杀人、伤害、盗窃案件上升幅度较大，占立案总数的85%，分别是去年的4倍、2.6倍和3.8倍，杀人和大部分伤害案件发生在农村，盗窃相对集中在城镇。自行车被盗更为典型，县城机关单位内部发生的盗窃案等，多在白天，绺窃在威戎、曹务集市反映突出，每逢人多季节就活动频繁，据说有一老年人赶集3次，次次遏制绺窃。二是离婚案件仍然高居不下，对社会的安定团结威胁较大，容易酿成大案。三是地界、宅基地纠纷案件日益增多，往往造成互相殴打，形成伤害。四是报复村社干部、毁坏庄稼的问题时有发生，既侵犯了当事人合法的财产权利，又严重挫伤了他们的工作积极性，这在我们调查过的威戎（5件）、曹务（2件）均有发生。有的是利用羊、狗践踏小麦，有的掰掉玉米棒，有的拔掉瓜苗，毁田面积有的多达1亩多，这些问题有的查无下落，有的没有查结，这需要有关部门为他们撑腰打气，扶正祛邪，通过查处作案人员来解决和堵塞此类问题。五是种植罂粟呈蔓延之势，对社会造成一定的危害。有的种植多达200多株，进行割取吸食。这必须引起各级政府的高度重视，坚决铲除这一危害社会的腐败现象。

四、综合治理的若干问题

我县社会治安的综合治理，各有关部门按照各自的职责范围开展了大量的工作，取得了良好的效果。但是存在的问题还不少，法制宣传教育还未引起各级组织的重视，内部单位安全保卫责任制漏洞较多，部分还未落到实处，政治思想工作淡化，相当基层组织还未把综合治理提上议事日程，没有形成协同动作齐抓共管的局面。

社会治安问题突出，综合治理效果不佳，从我们自身工作找原因，关键是没有协调统一领导的专门机构，一定的任务需要相应的组织通过各项管理活动去完成，组织机构的建立与否，是根据现实需要来取舍的。没有相应的机构要完成某项任务只是一句空话，所以，面对复杂的治安形势，要想把社会治安秩序整治好，必须建立强有力的领导协调机构，专抓综合治理工作，进行有效的决策、执行、检查、反馈、监督工作。在综合治理社会治安的法律法规出台之前，我们应根据全县的实际情况，尽快制定有关系统的规章制度，把社会各方面的力量动员起来，从根本上解决社会治安问题。

在整治社会治安的工作中，关键要把治标和治本有机结合起来，二者不可偏废，只有在政法机关打击、惩处犯罪的同时，建立和完善社会防范机制，减少犯罪因素，消除犯罪土壤，才能逐步促使社会治安秩序的好转。这个防范机制的核心就是要把综合治理寓于各项管理活动中去，把重点放到提高人们的精神素质方面来，人人来管治安。并辅之以奖罚措施，对失职人员要追究责任。一个机关、企业、学校的工作搞得好不好，要把综合治理社会治安作为考核的一项内容，使各级组织真正负起责任，敢抓敢管，善抓善管。综合治理的重点对象仍然是对违法青少年的教育，把综合治理工作同经济工作、业务工作结合起来。要重视抓好基层组织建设，完善群防群治体系，落实各项措施，把"打、防、建、教、改、管"的工作落实到基层，抓在社会治安的第一线，切实抓出成效来。

第二十次会议　于1989年11月7日在常委会机关会议室召开，由高富德主持。

会议议程有五项：一、听取和审议司法局局长穆熙雄受政府委托所作的《关于重点检查几个法律和有关地方法规执行情况的汇报》；二、听取和审议法院院长马子坤所作的《关于1989年执法检查情况的汇报》；三、听取和审议检察院检察长陈贵录所作的《关于1989年执法检查情况的汇报》；四、听取和审议政府办公室主任朱寿亭受政府委托所作的《关于第十届人民代表大会第四次会议代表意见、建议办理情况的报告》；五、人事任免。

第十届常委会组成人员高富德、阎志洁、郜文学、张光明、史国忠、郭承祖、王学谋、张秀娥、陈俊、梁钧宪、吴尚礼、马志俊、白秀芳、马克勤、王郁仁、朱春林出席会议；政府县长韩豫平、副县长张会议，县委副书记吕忠厚、法院院长马子坤、检察院检察长陈贵录、政府办公室主任朱寿亭、公安局政委王锦华、司法局局长穆熙雄、民政局局长赵步清、土地管理局局长刘国弼、林业局林技站站长党仲尧，常委会办公室副主任郭应童、司法民政科副科长陈万才列席会议。

附：

人事任免

安静修任县人民政府副县长

县人民政府副县长安静修个人情况表

表4–13

姓名	性别	民族	年龄	籍贯	文化程度	入党时间	工作时间	主要经历
安静修	男	汉	46岁	静宁红寺	中师	1972.7	1965.8	历任甘沟中学革委会副主任、甘沟公社副主任、书记、县农工部部长，县农办主任

第二十一次会议 于1989年12月25日至26日在常委会机关会议室召开，由高富德主持。

会议议程有五项：一、听取和审议政府副县长张会议受政府委托所作的《关于全县扫除“六害”情况的汇报》；二、听取和审议公安局副局长王永升、张国佐受政府委托分别所作的《关于查处城区赌博一案的汇报》《关于查处贩卖、传播淫秽物品案件的汇报》；三、审议通过召开十一届人大一次会议时间等事项；四、审议通过常委会工作报告；五、审议通过关于罢免吴兴文省第七届人大代表资格的决定，补选王郁仁为省第七届人大代表。

第十届常委会组成人员高富德、阎志洁、郜文学、张光明、郭承祖、王学谋、张秀娥、陈俊、吴尚礼、马子俊、白秀芳、马克勤、王郁仁、朱春林、王生荣出席会议；政府县长韩豫平、副县长张会议，县委副书记吕忠厚、法院院长马子坤、检察院副检察长李俭、县委宣传部部长靳士孔、县委政法委副书记李柱、政府办公室主任朱寿亭，公安局局长赵正杰、副局长王永升、张国佐，广播电视局局长米世荣、工商局局长王守财、文化局局长周世书，常委会办公室副主任郭应童、财政经济科副科长柴玉明、司法民政科副科长陈万才列席会议。

附：

补选王郁仁为省第七届人民代表大会代表

省第七届人民代表大会代表王郁仁个人情况表

表4–14

姓名	性别	年龄	民族	籍贯	文化程度	政治面貌	主要经历
王郁仁	男	55岁	汉	庄浪水洛	本科		1940年至1950年7月在庄浪县上小学、中学；1950年8月至1953年7月在平凉上中学；1953年8月至1957年7月在兰州大学数学系学习，本科毕业；1957年9月至1970年2月在静宁县第一中学任教；1970年3月至1985年7月在威戎中学任教；1985年8月起在县教育培训中心任教

第四节　县第十一届人大常委会会议

县第十一届人大常委会任期为1990年1月至1992年11月。其间，共召开常委会会议18次。会议由常委会主任或副主任主持，第十一届常委会组成人员出席会议，政府县长或副县长、法院院长或副院长、检察院检察长或副检察长、县直及省地驻静有关部门、常委会各委室负责人列席会议，必要时，县委副书记、县政协副主席、县委有关部门负责人、政协有关委室负责人、省人大代表、有关乡镇人大主席团专职常务主席同时列席。历次会议学习党的十三大及十三届一中至九中全会精神，中共中央、全国人大常委会、省委、省人大常委会以及地委有关会议、文件、领导讲话和《中华人民共和国全国人民代表大会和地方各级人民代表大会代表法》等22项（次）；听取和审议政府有关农电管理、财政预算、物价、审计、科技兴农、廉政建设、城区防震抗灾、医德医风建设、社会治安综合治理、工业经济、普法教育、农村资产管理、乡镇企业、交通、卫生、体育、政法、代表意见建议办理等方面的工作报告以及政府、法院、检察院执法检查工作报告44项（次）；听取常委会联合调查组关于农电建设、抗旱生产、体育、广播、卫生、工业经济、农村资产管理、教师队伍建设、执法检查、代表意见办理等方面的视察、调查报告23项（次），作出决定、决议8项，审议通过有关事项10项；任命常委会及“一府两院”工作人员70人（次），其中任命政府副县长3名，决定代理县长1名，接受辞职及免职21名；补选省第七届人大代表1名。

附：

第十一届人大常委会会议召开情况表

表4–15

次别	召开时间	听取审议工作报告(项)				任免工作人员(名)		作出决议决定(项)	审议通过事项(项)
		人大常委会	政府	法院	检院	任命	辞职免职		
一	1990.2.19	1				42			3
二	1990.4.27	1	5					2	1
三	1990.7.27	2	3	1	1	1	1		
四	1990.9.17	1	3			7	4	1	
五	1990.11.16	1	3			1	1		
六	1990.12.25	1	1					1	
七	1991.3.6	2				1	2		2
八	1991.4.19	2	2			3	3	1	
九	1991.6.26	1	2			1	1	1	1

续表4-15

次别	召开时间	听取审议工作报告(项)				任免工作人员(名)		作出决议决定(项)	审议通过事项(项)
		人大常委会	政府	法院	检院	任命	辞职免职		
十	1991.8.2	2	3					1	
十一	1991.10.18		5	1	1		1	1	
十二	1991.12.25	3	3						1
十三	1992.2.20					7	4		
十四	1992.5.11	2	2			1	1		
十五	1992.7.20	1	2			2	1		
十六	1992.8.13	1	1			3	1		1
十七	1992.10.15	1	3	1	1	1	1		
十八	1992.11.19	1							1

第一次会议 于1990年2月19日至20日在常委会机关会议室召开，分别由部文学、阎志洁主持。

会议议程有八项：一、学习《中共中央关于地方党委向地方国家机关推荐领导干部的若干规定》（中共中央〔1990〕2号）精神；二、审议通过《静宁县人大常委会任免国家机关工作人员暂行办法》；三、补选省人大常委会法制工作委员会副主任马斌为省第七届人大代表；四、人事任免；五、审议通过常委会内部机构设置及各工作委员会负责人的决定；六、审议通过十一届人大常委会代表资格审查委员会组成人员名单；七、审议通过常委会1990年工作要点；八、学习《中华人民共和国宪法》和《中华人民共和国地方各级人民代表大会和地方各级人民政府组织法》有关章节、《甘肃省各级人民代表大会常务委员会实施监督法办法（试行）》《县人大常委会工作规则》。

第十一届常委会组成人员部文学、阎志洁、李克科、陈松友、赵智荣、张光明、马子坤、梁钧宪、史国忠、王学谋、郭承祖、翟沪兰、陈向华、马克勤、吴尚礼、曹升明、陈凤亭出席会议；县委副书记吕忠厚、政府副县长张国盛、政协副主席杨茂林、法院院长漆忠义、检察院检察长陈贵录、政府办公室主任朱寿亭、劳动人事局局长李映忠，常委会各委、办负责人列席会议。

附：

人事任免

补选马斌为省第七届人民代表大会代表

省第七届人民代表大会代表马斌个人情况表

表4-16

姓名	性别	民族	出生年月	籍贯	文化程度	工作时间	入党时间	主要经历
马　斌	男	汉	1945.3	陕西延川	本科	1968.7	1973.1	1968年7月至1974年5月在甘肃省革委会学习班学习，省委党校干事；1974年5月至1978年11月任省委党校科学社会主义教研室教员；1978年12月至1979年11月任省教育厅办公室干事；1979年12月至1983年8月任省人大常委会教科文卫委员会办公室干事；1983年9月至1985年4月任省人大常委会教科文卫委员会办公室主任；1985年5月至1986年3月任省人大常委会办公厅研究室主任；1986年3月至1987年3月任省人大常委会法制工作室副主任；1987年3月任省人大常委会法制工作委员会副主任

郭应童任县人大常委会办公室主任

柴玉明任县人大常委会办公室副主任

马子坤任县人大常委会司法民政工作委员会主任

史国忠任县人大常委会司法民政工作委员会副主任

陈凤亭任县人大常委会农业财经工作委员会主任

王学谋任县人大常委会农业财经工作委员会副主任

曹升明任县人大常委会农业财经工作委员会副主任

张光明任县人大常委会教科文卫工作委员会主任

郭承祖任县人大常委会教科文卫工作委员会副主任

朱寿亭任县人民政府办公室主任

王智仁任县计划委员会主任

刘维勤任县经济委员会主任

祁治国任县农业办公室主任

张银魁任县科学技术委员会主任

赵正杰任县公安局局长

樊生茂任县监察局局长

樊授天任县物价委员会主任

赵步清任县民政局局长
穆熙雄任县司法局局长
刘宝生任县财政局局长
李映忠任县劳动人事局局长
邹秉义任县城乡建设环境保护局局长
杨水亭任县交通局局长
杨成堂任县农牧局局长
王有华任县林业局局长
秦复华任县水利局局长
李忠民任县农业机械管理局局长
陈志平任县乡镇企业局局长
刘国弼任县土地管理局局长
张世俊任县商业局局长
刘秉乾任县粮食局局长
王守财任县工商行政管理局局长
段积昌任县教育局局长
李旺军任县文化局局长
米世荣任县广播电视管理局局长
胡青汉任县卫生局局长
舒崇仁任县体育运动委员会主任
梁盘中任县计划生育委员会主任
靳守廷任县审计局局长
杨晓光任县统计局局长
陈万才任县人民法院副院长、审判委员会委员
陈贵录任县人民检察院检察委员会委员

县人大常委会内部机构设置

县人大常委会内部机构设置办公室、司法民政工作委员会、农业财经工作委员会、教科文卫工作委员会，均为科级建制。同时撤销原司法民政科、财政经济科、农业科、科教文卫科。

第十一届人大常委会代表资格审查委员会

主　任：阎志洁
副主任：马子坤
委　员：郭承祖　陈向华（女）　马克勤（回族）

第二次会议　于1990年4月27日至28日在常委会机关会议室召开，分别由郜文学、李克科主持。

会议议程有六项：一、学习中共十三届六中全会通过的《中共中央关于加强党同人民群众联系的决定》；二、听取和审议副县长王文进受政府委托所作的《关于农电管理工作的汇报》、常委会副主任赵智荣所作的《关于对甘沟等乡农电管理工作的调查报告》，作出《关于加强农电管理工作的决议》；三、听取和审议财政局局长刘宝生受政府委托所作的《关于1990年财政收支预算调整情况的报告》，作出《关于批准静宁县1990年财政预算调整的决议》；四、听取和审议财政局局长刘宝生、物价委员会副主任樊海廉受政府委托分别作的《1989年税收财务大检查情况的汇报》《关于1989年物价大检查工作情况汇报》；五、听取和审议审计局局长靳守廷受政府委托所作的《在治理整顿中加强审计监督，为我县经济体制改革和经济建设服务》的报告；六、审议通过《静宁县乡镇人民代表大会主席团及常务主席工作简则（试行）》。会议结束时，郜文学作总结讲话。

第十一届常委会组成人员郜文学、阎志洁、李克科、赵智荣、陈松友、马子坤、史国忠、郭承祖、曹升明、翟沪兰、马克勤、张光明、吴尚礼出席会议；政府副县长王文进、政协副主席王玉英、法院院长漆忠义、检察院副检察长冯利民、政府办公室副主任王康宁、农办主任祁治国、财政局局长刘宝生、税务局局长赵建忠、审计局局长靳守廷、物委副主任樊海廉、供电所所长常继宗、计量所所长王宏、常委会办公室主任郭应童，城关、城川、雷大、甘沟、七里五乡镇人大主席团专职常务主席方天学、梁登科、张文华、祁世明、尤根文列席会议。

附：

关于对甘沟等乡农电管理工作的调查报告

根据县人大常委会主任会议决定，组织县供电所、政府办公室、农业办公室、计量所、城关镇及人大机关干部15名同志，组成3个调查组，由副主任阎志洁、李克科、赵智荣，专职委员马子坤、王学谋、曹升明同志分别带领，于3月20日至26日，先后到甘沟、七里、高界、雷大、城川、城关6个农电管理站和甘沟、新店、祁川、七里、原安、雷大、双岘、后梁、余湾、城川、城关11个乡镇及所属17个村委会、39个合作社、1个居委会，采取召开座谈会、个别走访、现场视察、查对票据等方法，对当前人民群众反映强烈的农电管理情况进行了调查。

一、全县农电建设的基本情况

目前，我县有110千伏变电站1座，变电容量2×16300千伏安，35千伏输电线路4条73.62公里；35千伏变电站4座，变电容量5×4600千伏安。10千伏安高压配电线路18条791.4公里，配电变压器775台，容量23131千伏安，农村低压线路810.6公里，用电功率44424千瓦。

全县已建成城关、城川、威戎、高界、七里、八里、四河、红寺、甘沟、雷大、李店、仁大12个乡镇电管站，有农电工108人。农业用电量到1989年达到1439.5万度，占全县用电量的64.39%，30个乡镇及78%的村庄、73.4%的农户用上了电。按农业人口计算，平均每人年用电量为37.3度。

二、当前农电管理工作的现状

通过这次调查，我们总的印象是，在农电管理工作上，由于电力主管部门领导重视，制度基本健全，措施比较有力，加之各级政府的协助，全县电力供应比较正常，基本保证了工农业生产和人民生活的需要。特别是1987年乡镇电管站成立以来，使乡、村两级的农电管理工作普遍得到加强，为振兴城乡经济、改善人民生活起到了积极的促进作用，也为进一步搞好农电管理工作奠定了基础。从这次了解到的情况看，一些乡、村已经积累了不少好的管理经验，主要有以下几点：

（一）各级政府与供电部门相互配合是搞好农电管理工作的关键。在这次调查中，我们感觉到，凡是当地政府重视农电管理工作，乡、村、社各级组织积极配合供电部门的地方，电力供应正常，群众的意见也比较少。如双岘乡政府把农电管理工作列入议事日程，主动配合供电部门开展工作，近两年曾及时处理了4处违章用电和窃电事件，收到了好的效果。双岘乡的山庄、郭湾、胡河社，雷大乡的雷大社，后梁乡的陡路、麻峡社，余湾乡的胡同、韩马社，城川乡的靳寺一社、二社，甘沟乡的阴坡川社等，由于村、社干部积极配合抓管理，1989年平均每度电价都在0.30元以下，群众比较满意。

（二）不断改进管理办法是搞好农电管理工作的重要保证。从1987年开始，全县将过去一家一户的电表用集装箱统管起来，这对防止窃电起到了积极的作用。但从目前情况看，这种管理办法又不能适应形势发展的需要。如甘沟乡阴坡川社过去由1台变压器总表控制阴坡川和席河2社的62个用电户，经常出现少数人窃电、多数人分摊电费的现象。针对这一问题，乡电管站的负责同志会同村、社干部共同研究，将过去由1台总表控制几十个分表，改为每10户1个集装箱，每个集装箱安装1台分表，再由变压器总表控制分表，从而调动了群众监督的积极性，窃电问题明显减少，电费也趋于正常。据对该社农民马振刚、马维刚、马虎等14个用电户1989年11月份电费收据抽查，总表电度和分表电度基本一致，每度电费最高0.30元，最低0.22元。

（三）由乡电管站向用户统一开票收费是解决乱加价、乱收费的有效办法。据调查，过去全县绝大部分合作社的电费均由动力户代收，往往出现收多交少的现象。乡电管站成立以后，为加强电费管理，县供电所统一印制了“电管站电费收据”，要求收据到户，按票收费，以用电户为单位由乡站建档立卡，这一办法的实施，使电费管理向规范化、制度化迈出了一大步，有效地解决了过去由动力户代管时多摊多收的弊端，受到了群众的好评。据我们对甘沟电管站部分票卡查对，用户所交电费与电管站的票卡完全一致。

（四）及时发现和解决问题是搞好农电管理工作的前提。实践证明，针对一些用户窃电、表不入箱、用动力电照明等问题，采取批评教育、适当罚款等措施，效果是比较好的。如七里电管站于今年2月发现李堡村孙家沟3个社的总表电度为2928度，而分表只有725度的异常情况后，立即进行检查，发现孙某某等4户窃电，当场作了处理。在这次调查过程中，对雷大站农电员张某某去年在执行公务中被打伤的问题、新店乡大园子社孙某某动用动力电照明及1户社员表不入箱、无户口用电的问题，也作了研究处理。这样做，不仅使一些问题及时得到解决，而且起到了以儆效尤的作用。

三、农电管理方面存在的主要问题及原因

据调查，我县在农电管理工作上，供电部门虽然尽了很大努力，各级政府也配合做了一定的工作，全县的整体管理水平较之过去有了明显提高。但由于这项工作难度较大，涉及面广，目前仍然面临不少亟待解决的问题。

（一）县、乡、村、社各级组织配合供电部门抓管理的措施没有得到真正落实。近几年，我县的普遍情况是，各级行政部门偏重农电建设而忽视农电管理。一部分乡村搞建设积极，抓管理消极，客观上形成供电部门孤军作战，使一些本来可以及时解决的问题未能解决。如这次到农电管理方面问题较多的西关村调查时，村干部公开说，群众只是用电、交钱，管理是供电部门的事，与村上无关。由于村、社干部不积极参与管理工作，从而造成该村严重窃电，电费成倍增加。有的电管站因管理人员与当地政府联系不够，一旦出现问题，处理就很被动。

（二）窃电问题严重存在。据调查，窃电是我县农电管理工作上既普遍而又突出的问题。如城川乡大寨村共有297个用电户，其中窃电户约20%。该村1989年10月至12月，总表分摊的电度数是分表电度数的10倍，平均每度电价高达2.40元，电费最低的一月分摊电度也是分表的3.7倍，由于窃电严重，导致该村电管工作长期瘫痪。城关镇西关村共有398个用电户，除120户属城区公网线路管理外，其余278户属城川电管站管理，由于少数人窃电，该村电费一直居高不下，2月份总表电度是分表电度的7.05倍。在有些村、社，窃电已发展到公开化，如新店乡的上街社、雷大乡的柴岔、陈局、团庄等社直接在变压器总表上窃电，造成不良后果。新店乡上街社和机关单位合用1台变压器总表，今年2月因少数人窃电，总表被烧，停电至今。七里乡李堡村上堡、中堡、下堡3个合作社经常出现窃电问题，今年2月份平均每度电价达0.89元。据一些群众反映，社员孙某某家中除用电炉子烧水做饭外，冬季给牛圈、羊圈都用电取暖。祁川乡王川村马干川社，去年11月因窃电，把一个集装箱的10个电表全部烧坏。农电管理人员去年前半年到该村检查时，一次没收电炉子17个。原安乡程义村的王公易、沟湾、岔湾、党河4社由1个变压器总表控制，窃电问题屡禁不止，去年先后烧毁4个总表。类似上述情况，多数乡村都程度不同地存在，已成为一大公害。出现这一问题的原因之一，是法制教育抓得不够，思想政治工作薄弱，一部分用电户缺乏社会公德，不懂用电规则，不知道盗窃国家电力资源是一种违法行为，因而导致违章用电、窃电以至破坏电力设施。

（三）电费拖欠严重。据调查，由于少数人大量窃电，致使一些村、社的电费不断上升，超过了群众的支付能力，给电费收缴工作造成一定困难。如雷大电管站所管用户1989年至今年2月共拖欠电费5707元；城川站仅今年1月至2月拖欠电费9320元；

七里站共拖欠电费11667.36元。有些用户以电费分摊太大为由拒绝交费。目前，拖欠电费、拒交电费户越来越多。由于电费长期拖欠，已影响到供电部门业务的正常开展，由此而造成停电愈来愈频繁，在一定程度上影响了干群关系，影响了社会的安定团结。

（四）电管秩序难以维持。据调查，在农电管理工作上，电管人员遭辱骂、围攻、殴打的事件时有发生。如雷大站农电管理员张某某1989年在执行公务中，被李咀社的部分群众推打致伤。城川站的负责同志到大寨村进行检查时，社员威逼强行给他们通电。在这种情况下，电管人员往往按用电规则停电后，在用户的围攻下又给通电。据供电部门反映，全县这类现象比较普遍，供电部门无能为力。目前，干扰农电人员开展业务的违章行为愈来愈多，给供电部门正常工作造成了很大困难。

（五）停电过于频繁。据调查了解，在一些村、社全年约有二分之一的时间停电。出现这一现象的主要原因是个别用户窃电或不按时缴纳电费造成的。同时，在停电前，电管人员往往不出停电通知，群众意见比较大。

（六）动力户用动力电照明，以高价变低价的问题比较普遍。从这次调查的新店乡大园子社、祁川乡马干川社、原安乡王公易社的6个动力户，除了3户因加工点距家庭较远照明电未接动力电外，其余3户都将照明线拉在动力线上用电。新店乡大园子社的孙某某，他家的1台钢磨从去年后半年就停止加工，到这次检查时仍将照明线接在动力线上用电。据群众反映，类似这种情况，在许多村、社普遍存在。

（七）农电管理人员素质差。全县现有的103名农电管理员，绝大部分是最近两年聘用的社会青年，大都没有经过很好的培训，业务水平低，政治素质差，特别是联系群众，为人民服务的觉悟不高，少数人很不适应工作的需要。同时由于报酬偏低，每月只有45~55元的工资，其中15元为浮动工资，这在一定程度上影响他们的工作积极性，影响农电管理队伍的稳定发展。

农电管理人员家庭用电控制不严。作为基层一级的农电管理人员，本应自觉维护和遵守用电的规章制度，既管好群众用电，又管好自家用电。但据一些群众反映，基层农电管理人员家庭有拉专线的，有安大电炉子的，用电多交费少。还有因沾亲带故搞“人情电”的。这也是造成有些群众借故窃电的原因之一。

（八）电管制度落实得不够好。据县供电所介绍，目前我县基层的电费收缴，都以用户为单位建档立卡，用到户的统一发票收费。但据检查，这一制度在一些村、社落实得不够好。如祁川乡马干川社有23户用电，而电管站的卡片上写的只是村支书王某某的户名。每月收费时，发票只开到社，再由社里的管电人员向各用户收费。如今年2月该社管理人员账上向各用户分摊电度为627度，收费135.36元，而电管站开给这个社的收据上实用电度354度，收费77.88元，相差57.42元。很明显，由于收据未开到户，出现了社管人员多收少交的漏洞。另外，有一些电管站开票很不认真，如甘沟电管站给阴坡川社开的发票中，有一月的票上只写了198×年，使人看不清究竟是哪一年的发票，开给马路社的收据没有电度底数，只是一个疙瘩数。雷大站1989年开给余湾乡张沟村的电费收据有的没有加盖公章。由于制度、手续不健全，给管理工作造成了不少漏洞。

四、今后意见

农电管理工作是直接关系到人民群众生产、生活的大问题，搞不好会影响到社会的安定团结。因此，必须引起各级政府和供电部门的充分重视，切实加强领导，采取有效措施，进一步加强农电管理工作。

（一）加强宣传教育，不断提高广大群众计划、节约用电的自觉性。目前，国家电力资源仍处于紧缺状态，指令性限电还将持续一个相当长的时期，加之我县自身的变电能力受到设备额定容量的制约，全县电力供求矛盾比较突出。在此情况下，搞好计划、节约用电尤为重要。各级政府和供电部门要通过各种途径，广泛深入地宣传计划用电、节约用电的重要意义。教育群众自觉维护供电规则，保护电力设施，爱护电力资源，遵纪守法，同一切盗窃国家电力资源等违法犯罪行为做坚决的斗争，从而形成一个全社会都关心、重视、自觉维护电管秩序的新局面。

（二）加强领导，健全机构，切实改进管理办法。实践证明，仅仅依靠业务部门是很难搞好农电管理工作的，只有实行“条与块结合、业务指导与行政领导结合、经济手段与行政干预结合”的管理办法，才能管好电、用好电。为了从组织上保证农电管理工作的正常进行，县、乡、村、社各级行政组织都应成立行政领导、技术人员和用户代表组成的电管领导小组，具体负责本地区的农电管理工作。建议政府在今年适当时候召开全县农电管理工作会议，认真研究农电管理事宜，在统一认识的基础上提出我县下一步农电管理工作的具体办法，以便贯彻执行。

（三）不断健全完善规章制度。县供电所要根据《全国供电规则》，尽快制定适合我县实际的具体规则，并对原制定的《乡电管站管理办法》等管理制度和办法进行必要的补充和完善。通过抓制度建设，从根本上杜绝“人情电”和乱加价、乱收费的问题。对那些明知故犯、屡教不改的窃电户，要按照有关规定从严处理。各电管站要切实加强票据管理，做票据、卡片、电表三对口。同时，要实行民主管电，各电管站人员要自觉接受用户和各级电管组织的监督，真正做到人民电工为人民。

（四）加强培训，建立一支过硬的农电管理队伍。农电管理人员素质的好坏，直接影响到管理水平的提高。建议县供电所有计划、有步骤地对基层农电管理人员进行培训，使他们尽快掌握一技之长。对那些经过培训仍不能胜任工作的，要及时予以调整，在抓好培训工作的同时，认真解决好农电员报酬偏低的问题，使他们安心本职工作。

（五）需要研究解决的几个具体问题

1. 东关三社、庙川居委会，原安乡程义、明寨、庙川村的供电半径偏大，最远的达2公里。由于电压不足，影响照明，群众反映强烈。建议县供电所会同有关部门和乡镇，尽快研究解决。

2. 南关村线路布局不合理，走向零乱，电线老化，破损严重，急需进行改造。建议由城关镇牵头，供电部门负责技术指导，村、社和居委会筹集资金，组织劳力，及早完成线路改造任务。

3. 新店乡上街社和乡机关单位合用1台变压器，窃电问题屡禁不止，今年2月总表被烧。为杜绝一些人在总表上窃电，乡政府打算修1座砖木结构的变压器专用房，需款3000元，乡上意见由县“两西”补助1500元，其余款项通过集资解决。

4. 甘沟乡政府所在地有220个用电户，近几年，随着农村用电量的不断增加，原有的1台30千伏变压器已不能满足用电需要，中学要求给他们单独安装1台10千伏的变压器，需款1万元，要求县上解决。

5. 县上有关领导同志曾于1988年答应给新店乡小湾村的4个社、原安乡的张营村架设农电线路。按照领导指示，小湾村的4个社于1988年以1分8厘的利率贷款4000元，购回了部分电器材料，至目前，贷款利息已达1900元。张营村于1988年集资6000元。上述村、社至今未通电，群众意见很大。要求县上1990年给他们通电。

6. 新店乡孙湾村1987年在架设农电线路时，全村8个社人均集资4元，当时除王湾和贾湾社外，其余6社都通了电。去年李湾3个社更换变压器时，被王湾的群众抢去，从而造成李湾3个社虽通了电却无变压器，王湾有变压器但无线路，双方都不通电。建议有关部门研究解决。

第三次会议 于1990年7月27日至28日在常委会机关会议室召开，分别由部文学、阎志洁、赵智荣、陈松友主持。

会议议程有四项：一、听取和审议县长韩豫平所作的《政府上半年工作报告》；二、听取和审议教育局局长段积昌受政府委托所作的《关于学校思想政治工作等几个问题的报告》、常委会教科文卫工委主任张光明所作的《关于对中小学教育情况的视察报告》；三、听取和审议法院院长漆忠义所作的《关于1990年上半年工作情况报告》、检察院检察长陈贵录所作的《关于上半年检察工作情况汇报》、公安局副局长王永升受政府委托所作的《关于加强公安队伍建设、依法办案情况的报告》、常委会副主任李克科所作的《关于我县政法工作的调查情况汇报》；四、人事任免。

第十一届常委会组成人员部文学、阎志洁、李克科、赵智荣、陈松友、张光明、马子坤、史国忠、郭承祖、王学谋、曹升明、陈向华、马克勤、翟沪兰、吴尚礼、梁钧宪、陈凤亭出席会议；政府县长韩豫平、副县长张会议，县委副书记吕忠厚、政协副主席杨茂林、法院院长漆忠义、检察院检察长陈贵录、县委政法委书记曹炯文、政府办公室副主任王济华、经委主任刘维勤、农办主任祁治国、财政局局长刘宝生、教育局局长段积昌、司法局局长穆熙雄、监察局局长樊生茂、计委副主任林首章、公安局副局长王永升，常委会办公室主任郭应童、副主任柴玉明，政协办公室主任杨继鸿，省人大代表高富德、杨耀忠、刘宗勤，八里、祁川、治平乡人大主席团常务主席陈志强、杨丰源、曹应奇列席会议。

附：

人事任免

冯应莲任县人民检察院检察委员会委员

免去贾国芳县人民检察院检察委员会委员、检察员职务

关于对中小学教育情况的视察报告

由教科文卫工作委员会主任张光明、副主任郭承祖和工作人员张奎、教育局督导室主任张安仁及教师进修学校教师王俊奎组成的教育视察组，从5月22日开始，用18天时间，先后深入李店、威戎、甘沟3所完全中学，白草凸、新华、红寺、灵芝4所独立初中和李店、威戎、甘沟、红寺、灵芝5乡镇的17所小学，采取听课、抽查教案和作业、听取汇报等方法，就我县中、小学思想政治教育和教学质量情况进行了视察。这次视察的指导思想是，通过对学校思想政治教育和教学质量的了解，发现问题，提出建议，以促进我县教育事业的进一步发展。

一、学校思想政治教育的基本现状

通过这次视察，我们总的印象是，绝大部分学校对思想政治教育认识明确，方法得当，措施有力，收到了较好的效果。其主要做法有以下几点：

（一）普遍建立了思想政治教育工作机构。7所中学都成立了政教处，并配备了专职主任，在校长或校党支部的领导下专抓师生的思想政治教育工作。威戎、甘沟、李店中学等规模较大的学校还注重发挥团支部、工会、学生会的作用。威戎中学以教研组为单位成立了工会小组，具体负责本小组教师的思想政治教育工作。同时，校政教处给每个年级还派上了由教师兼任的正、副政治指导员。甘沟中学充实了团支部的力量，加强对团员师生的思想教育工作。17所小学普遍成立了由校长负责、少先队辅导员和班主任参加的思想政治教育小组。这些组织机构的建立健全，为搞好学校思想政治教育提供了组织保证。

（二）重视抓教师的思想建设。视察的各中、小学，普遍坚持了老师每星期2小时的政治学习制度。本学期主要学习了王忍之关于反对资产阶级自由化的讲话、江泽民在五四青年节的讲话、李鹏在全国七届三次人代会上所作的政府工作报告及《人民日报》《甘肃日报》社论等。威戎、李店、新华中学和威戎小学等还结合教师的思想实际进行了广泛深入的讨论，经过学习和讨论，使教师的政治思想觉悟有了明显提高，澄清了过去思想上存在的一些模糊认识，明确了只有坚持不懈地抓好学校的思想政治工作，把思想教育贯穿于教学工作的全过程，才能为四化建设培养出合格人才。

在搞好政治学习的同时，各学校还重视抓了教师的职业道德教育。不少学校用国家为教师评定职称、提高地位和待遇、全社会重视教育、群众热心办学的大量事实教育教师搞好本职工作。有的学校还以本校或教育战线优秀教师的事迹，启发教师树立“教书育人，为人师表”的思想，如威戎中学提出了向本校教学能手王志立、翟亚红学习的口号，李店中学领导班子成员严以律己、刻苦学习，严把教学质量关，以实际

行动为其他教师树立了榜样。由于各学校把教师的职业道德教育作为教育工作的重要方面来抓，目前，绝大多数教师思想稳定，安心本职工作。视察的5个乡镇的民办教师，尽管工资少，待遇低，但都能够勤勤恳恳、兢兢业业地工作，如红寺乡二河小学民办教师靳国忠，他家新修房屋时，仅雇人就花去了400多元钱，但他没有请1天假，没有耽误学生的1节课。

（三）对学生进行了爱国主义教育。近几年，在教育工作上，由于放松了学生的思想政治教育，加之受资产阶级自由化思潮的影响，致使一些学生爱国的思想观念淡薄了。针对这一问题，各学校加强了对学生的爱国主义教育：一是建立了升国旗、唱国歌制度。各学校普遍坚持了每星期一升旗，星期六降旗的制度。红寺中学还结合升旗，给学生讲解国旗的来历和意义。二是各学校都教唱了《没有共产党就没有新中国》《社会主义好》《学习雷锋好榜样》等革命传统歌曲，取代了过去校园流行歌曲。三是各学校都能很好地利用政治课、历史课、班会、团队活动等，进行革命传统教育和现实教育，激发学生的爱国主义情感。

（四）广泛开展了学雷锋活动。县上3月初召开的学雷锋动员大会后，新华中学、李店中学、威戎中学、甘沟中心小学等20所学校迅速掀起了学雷锋热潮，各学校采取张贴标语、办墙报、壁报和学习专栏，画雷锋像、宣传雷锋事迹、摘抄雷锋日记、学习中央领导有关学雷锋的题词等办法，使学雷锋活动较好地开展了起来。李店、威戎乡镇教委还组织小学生观看《雷锋》电影，威戎中学、甘沟中学分别举办了学雷锋专题文艺会演和学雷锋演讲会。通过广泛深入的宣传，使雷锋平凡而伟大的形象铭刻在学生的心里，学生的思想觉悟有了新的提高，教学秩序有了明显的好转，学雷锋活动收到了一定成效。

一是学生的组织纪律性得到了加强。过去，有不少学校的学生打闹、迟到旷课、偷窃书本、不服管教。通过学雷锋活动，这类现象有了明显减少。如新华中学过去有些学生组织纪律观念不强，平时结伙打架，打砸学校玻璃、灯泡等，个别学生甚至猜拳酗酒，严重扰乱了学校教学秩序，本学期开学以来，该校把学习雷锋、端正校风校纪作为首要任务来抓，组织学生广泛开展了学雷锋、见行动、做一名遵法守纪好学生的活动，自学雷锋活动开展以来，这个学校的校风校纪有了较大的转变。

二是学生集体观念增强了。在绿化、美化校园活动中，威戎、甘沟、白草山3所中学，李店、威戎、甘沟3乡镇的中心小学和李店的王沟、孔沟2所村小学的学生，先后为学校捐送树苗、义务植树达6602棵。威戎中学、红寺中学和王沟、武高、屯堡小学的学生义务给学校修理桌凳、平整教室地面及操场、粉刷墙壁等。威戎中学初二二班的30名学生以班集体的名义向亚运会捐款30多元。

三是师生中助人为乐的好人好事多了。在学雷锋活动中，王沟、新华等小学的高年级学生经常帮助低年级的学生吊水、打扫卫生，雨天主动护送小学生回家。威戎中学高三一班1名学生生病后，因家里困难无钱治病，班上的学生不仅轮流护理，而且捐资35元，为其付了住院费和医药费。又如威戎中学教师雷小东生病后，当时学校医疗费紧张，为了给这名教师及时治病，由70名教师捐资1519.36元，并以私人名义贷款4000元，护送其到兰州治病。甘沟、威戎、李店等乡镇的中、小学生，主动打扫街道卫生。慰问敬老院老人，甘沟中学为此还收到了来自校外的5份感谢信。这些有益的活动，对社会的精神文明建设无疑起到了积极的作用。

（五）对学生进行了较为系统的政治理论和法制教育。我们通过抽查7所中学政治课教案和听课，总的感到政治课教学内容比较全面系统，教师备课也很认真。高中学生主要进行了从实际出发、实事求是、全面看问题、实践中成才等辩证唯物主义教育，初中学生主要进行了较为系统的法律常识教育。通过这门课程的教学，不仅提高了学生认识问题、分析问题的能力，而且增强了知法、守法、同违法犯罪行为作斗争的观念。

二、中、小学教学质量情况

通过这次视察，我们认为，近几年，由于各级领导的高度重视，加之教育主管部门和学校的共同努力，我县中、小教育取得了较好的成绩。

（一）学龄儿童入学率普遍有所提高。这次视察的17所小学所在地有学龄儿童2229名，已入学的有2177名，入学率为97.7%。入学率最高的李店中心小学、威戎新华小学达100%，最低的是灵芝车李小学为90%。据视察的5乡镇教委汇报，共有学龄儿童6719名，已入学的有6445名，入学率为95.9%。学生巩固率也普遍有所提高。视察的17所小学中，除下沟小学本学期流动了2人，巩固率为97.7%外，其他学校均达100%。学龄儿童入学率和巩固率的普遍提高，说明了广大群众热心教育，送子女入学的积极性很高，为全县初等教育的普及打下了坚实的基础。

（二）建立健全了教学管理制度。近几年，教育主管部门和学校在改革过程中，通过不断实践，建立健全了教师岗位责任制、任课带班循环制度、教师档案考核制度、质量目标管理责任制等一系列规章。这些制度的实施，使我县教学工作逐步走向规范化，从制度上保证了教学质量的提高。同时，县教育局给各中学和乡镇教委下达了量化指标，乡镇教委又下达到各小学，中学和小学再分解给各任课教师，并层层签订了责任书。我们视察的5个乡镇教委和各中、小学都结合乡镇和学校实际，具体制定了实施细则和奖罚规定，如县教育局1989年给李店乡教委下达了毕业班双科合格率完成70%的量化指标，乡教委根据本乡实际，区别不同情况，按照70%~80%的幅度向各小学下达了具体指标，并明确规定，对超过或达不到者，每1个百分点奖罚5元。该乡在1989年的奖罚兑现中，有3名教师受罚。王沟小学1名教师的量化指标只完成了67%，缺了3个百分点，被罚款15元。

（三）重视抓了常规教学管理。在这次视察中，我们对23所中、小学教师教案和学生作业进行了抽查。其中抽查语文、数学、物理、化学等教案315本，检查学生作业2420本，其中作文和语文作业1078本，周记256本，数理化作业1086本。同时，我们还深入李店、威戎、灵芝3所中学，甘沟、红寺2乡的中心小学，武高、新华、尹岔3所村小学和威戎小学听课40节。从检查情况看，绝大多数教师能够按照备课、上课、批改作业等教学环节开展教学活动。在检查教案中，除发现白草岇中学、屯堡、二河和灵芝中心小学等4所学校的部分教师没有教案外，其他教师都能坚持备课制度，其中对上过的课程备课比较认真的占80%左右；教案中步骤齐全、目的明确、重点、难点突出和有课时设置的占60%左右。李店、威戎、甘沟3所中学、威戎小学和部分村小学的教导处或教研组坚持了定期审批教案制度，对教学工作均有一定的督促作用。通过听课，我们感到，多数教师教学过程组织合理、严密，讲解语言清晰，重点突出，目的明确，讲述的内容多数学生能够接受。作业方面，从数量上看，大部分学校能达到学校或乡教委规定的要求，有一半以上的教师能够及时、认真地对学生作业全批全改。

（四）教学方法有了新的改进。威戎中学、威戎小学、李店、甘沟、红寺3乡的中心小学和新华、武高小学教改意见比较浓，这些学校组织教师互相听课，进行观摩教学，引导教师变传统的“注入式”教学为“启发式”教学。在教学过程中，教师除注意精讲外，还善于引导学生多练，以提高学生分析问题和解决问题的能力。威戎小学和李店、甘沟、红寺中心小学都开设了“六因素单元教学法”实验班和“JIP”实验班，多数教师反映实验效果比较好，学生成绩有所提高。

（五）考试成绩比较稳定。视察的17所小学中，除细湾、车李小学外，15所小学各年级中期考试（学校自己命题）双科合格率为56.4%，距县教育局下达的60%的指标差3.6个百分点。其中李店、威戎、红寺、甘沟4乡镇的12所小学双科合格率分别为69.9%、60.8%、60.2%和49.3%，灵芝乡2所小学的双科合格率为47.4%，威戎小学为52.2%。双科合格率在70%以上的有新华小学、李店中心小学、红寺中心小学；在60%~70%之间的有王沟小学；在50%~60%之间的有下沟、武高、响河、二河小学、甘沟和灵芝的中心小学、威戎小学；在50%以下的有孔沟、屯堡、丈子、尹岔小学。

7所中学初三毕业统考中，六科合格率为36.8%，比地区教育处下达我县33%的指标高出了3.8个百分点，比1989年7所中学六科合格率33.5%提高了3.3个百分点。其中新华、威戎、灵芝、甘沟初三的六科合格率为36.3%、33.6%、27.4%和58%，分别比去年提高14.6、11.7、10.5和4.0个百分点；红寺、白草岇、李店初三的六科合格率为32.4%、31.6%和28.7%，分别比去年下降了2.4、2.7和11.3个百分点。7所中学初三升学考试中，升学率为29.4%，其中高于29.4%的有灵芝、威戎、甘沟、白草岇4所中学，升学率分别为38.8%、32%、31.1%和30.5%；低于29.4%的有红寺、新华、李店3所中学，升学率分别为17.9%、25%和26.4%。

从上述情况看，这次视察的中小学考试成绩虽然有升有降，但总体水平还是比较稳定的。

三、存在的主要问题

（一）思想政治教育工作发展不平衡。中学虽然成立了政教处，但对如何开展思想政治教育工作普遍缺乏研究，没有相应的措施，职能作用发挥得不够好。部分小学对学雷锋、学赖宁活动声势不大，效果不明显。由于思想政治教育工作薄弱，教师不安心教学，学生不认真学习的问题在一些学校仍然严重存在，影响着教学质量的提高。

（二）片面追求升学率而忽视基础教学的问题比较突出。近几年，县上在强调高考升学率及高、初中毕业升学率、合格率的同时，忽视了初中一、二年级和小学一至四年级教学质量的提高。从视察的15所小学中期考试结果看，毕业班的双科合格率为68.4%，二年级以上常规班的双科合格率为43.7%，低于毕业班24.7个百分点。这种只重视高中教学而忽视初中、小学和常规班教学的做法，也是影响我县教学质量提高的一个重要原因。

（三）高中重复教育问题比较严重。李店、威戎、甘沟3所中学高三有毕业生478名，其中补习生多达201名，占毕业生总数的42.1%。一些学校由于大量涌进补习生，不仅给学校增添了负担，而且相对削弱了对应届生的教育，将一部分应届生又推上了走补习道路的恶性循环之中。

（四）忽视小学识字、写字基本功训练的问题比较普遍。在小学教育中，教师对学生识字、写字等基本功训练重视不够，把关不严，学生作业中错别字非常普遍。新华小学有一篇不到100字的作文中，错别字就有8个。丈子小学一本教师批改过的作文中，错别字仍多达35个。有相当一部分教师在批改作业时字迹潦草，这也是造成学生书写能力下降的一个原因。

（五）中、小学教师缺额较大。按照有关规定衡量，视察的3所完全中学共短缺教师52名，4所独立初中缺16名，5个学区缺7名。教师数量不足，严重影响着一些学校教学质量的提高。如红寺乡丈子小学有6个教学班，4名教师，因任课教师短缺，二年级和五年级、三年级和四年级只好搞复式教学。中期考试中，一年级和六年级的双科合格率分别为81.3%和66.7%，而复式教学班的双科合格率仅在14.3%~42.9%之间。

（六）中学危房比较严重。近几年，经过县、乡两级政府的努力和全县人民的支持，小学办学条件得到了很大改善，基本实现了“一无两有”。目前，比较突出的问题是中学危房严重。在视察的7所中学中，李店中学有危房680平方米，威戎中学有2334平方米，甘沟中学有830平方米，红寺中学有604平方米，灵芝中学有600平方米。李店、威戎、甘沟3所中学，不仅危房面积大，而且有些椽檩已严重虫蛀，屋顶下陷，如遇暴雨或积雪有随时倒塌的危险。

四、几点建议

（一）进一步加强思想政治工作。各学校要坚持把思想政治教育作为教学工作的重要方面来抓，当前要特别重视抓好对教师职业道德教育和对学生的爱国主义教育。为搞好这项工作，建议在今年下半年召开一次中学思想政治教育工作座谈会，在总结交流经验，寻找差距的基础上，提出今后学校开展思想政治教育的具体意见。

（二）加强基础教育，提高教学质量。一是加强学校领导班子建设，建议县政府及教育主管部门在对中小学领导班子全面考核的基础上，进行必要的调整和充实，真正发挥其职能作用。二是加强教师培训，合理调配教师，从数量和质量上保证教学质量的提高。建议县教育局对现有中小学教师进行分类排队，有计划地搞好培训工作。

同时，对各学校教师余缺情况做一次摸底工作，进行合理调配。三是充分发挥乡教委的作用。目前，有少数乡教委领导同志长期包村包社，没有把主要精力用在抓教育上，建议县政府重视解决这一问题。四是认真纠正片面追求升学率而忽视基础教育的做法。今后考核一所学校教学质量的高低，不能只看为大、中专院校输送了多少学生，而要从整体水平上进行全面考核。五是加强检查监督，发现问题，及时纠正。建议县政府每年组织懂教育的内行，对全县中小学教育进行1到2次大检查，及时发现和纠正问题，确保教育工作的健康发展。

（三）重视解决中学危房问题。目前，中学危房普遍严重，建议县政府视我县财力情况，对中学危房有计划地进行维修。同时，动员全社会继续开展集资办学，加快改善办学条件的步伐。

关于我县政法工作的调查情况汇报

县人大常委会组织力量，于5、6月份用半个月时间，会同县法院领导同志、有关乡镇人大常务主席团主席，就我县政法队伍建设及1989年以来依法办案的情况，重点到高界、红寺、仁大、威戎、城关等5个基层人民法庭和5个公安派出所，通过征求乡镇领导意见，听取法院、派出所汇报，抽查案卷，个别走访，并与公、检、法三机关领导座谈等方法，进行了调查。

一、有一支比较好的队伍，为搞好我县政法工作起到了保证作用

目前，公安、检察、法院已配备干警179人。其中，公安局100人，检察院26人，法院53人。从总体看，这支队伍中既有经验丰富的业务骨干，又有年轻力壮的生力军，结构比较好，素质比较高。有共产党员99人，占55.3%，共青团员39人，占21.8%；副科级以上领导（内含副县级）和业务骨干30人，占16.8%，科员检察员、审判员、股、所长42人，占23.5%；从事政法工作10年以上的54人，占30.2%，5年以上的51人，占28.5%；年龄在30岁以下的70人，占39.1%，50岁以上的15人，占9%；有大学文化程度的15人，占9%，中专文化程度的41人，占23%，中学文化程度的108人，占60.3%。

为了把这支队伍建设好，三机关对政治思想、职业道德、管理体制、业务培训等方面的工作抓得比较紧。

（一）根据党在各个时期的中心任务和县委的安排，着眼于自身所负的职责，在进行经常性学习的同时，对干警注重党的四项基本原则、反对资产阶级自由化、贯彻执行党的路线、方针、政策和政治、经济形势的教育，以统一认识、提高觉悟，从政治上、思想上、行动上与党中央保持高度一致。

（二）根据政法工作的特性，把廉政建设、遵纪守法、秉公执法，作为职业规范，严格要求，常抓不懈。法院按照最高人民法院制定的“八不准”，要求每个干警自觉抵制来自各方面的侵袭和腐蚀，做到两袖清风，一尘不染，并要求院领导和党组成员以身作则，作出表率。检察院针对办理经济案件时容易出现的问题，对办案人员明确

提出“六不准”。公安局制定了“加强纪律、保持廉洁”的10条规定，作为每个干警的行动准则。去年个别干警发生违纪问题，局内专门召开整纪会议，收到了较好的效果。

（三）抓学习，不断提高干警的业务素质。近年来，三机关吸收了一些新干警，加之原有干警中存在文化程度偏低的问题，因此，他们有计划地推荐骨干参加省、地两级专业班培训，支持、鼓励干警参加各种专业函授，积极地开展正规化教育。法院现有4名干警参加全国法院干部业余法律大学学习，7名参加法律专业证书教育。检察院有16名干警参加专业学习和教育（法律电大4人、专业证书教育8人，成人自学考试4人），占全院干警人数的67%。同时，在实际工作中采取配对子，以老带新，以强带弱，边学边干，进行岗位基本训练，在实践中锻炼提高，使一些新同志较快地适应了工作，时间长的干警中也涌现出一批能够独立办案的骨干。

（四）建立健全了以岗位责任制为主要内容的案件受理、交办、审结和例会、学习、考勤等方面的管理制度，实行经常督促检查，逐人考核，定期公布，年终评比。

由于教育和管理工作的加强，有力地促进了机关自身建设，绝大多数干警在思想上和工作作风上保持了良好状态。从这次调查情况看，对政法干警反映比较好的：一是政治上坚强。近年来在资产阶级自由化泛滥，社会治安多事的情况下，他们听从指挥，在打击敌人、惩罚犯罪、保护人民、服务四化的斗争中，坚定地履行了法律所赋予的职责。广大干警在严峻的形势面前，不信谣，不传谣，严守纪律，始终坚守自己的工作岗位，照常开展工作，表现出比较高的政治觉悟。二是遵守纪律好。有的法庭、派出所的干警多年来在家庭附近乡镇工作，但他们能够严格遵守职业纪律，正确对待亲朋之间的关系，摆脱“说情”风，严格执法，秉公办案。有的干警在当前“靠关系好办事”“一切向钱看”的不良风气面前，对案件当事人真正做到了送物不要，给钱不收，请吃不到，从而维护了政法干警的声誉，保证了机关廉洁。三是有艰苦奋斗的精神。政法工作任务重，条件差，困难多。但是，广大干警对艰苦的工作、生活条件不埋怨，常年跋山涉水，出力流汗，战斗在第一线，为社会稳定，人民安宁付出了辛勤劳动。对他们吃苦耐劳，积极肯干的工作作风，不少基层组织和干部群众都看在眼里，普遍认为，当前我县社会秩序比较稳定，与政法部门的工作成效是分不开的。有的同志由于工作出色，完成任务好，曾多次受到表彰奖励。仅1989年，有7个庭、科、所和37名干警受到县院、局表彰，其中7人被省、地树立为政法系统先进工作者。

二、以稳定社会秩序为中心，积极地查处了一批案件

1989年以来，政法各部门通过传达贯彻全国和省、地政法工作会议精神，特别是党的十三届四中、五中、六中全会召开以后，在指导思想、工作重心上，紧紧围绕维护政治、经济和社会稳定，保障和促进治理整顿，深化改革的顺利进行，动员和组织广大干警积极地查处了一批刑事、民事、经济、行政、治安等方面的案件。公安部门自去年元月至今年6月，先后侦破各类刑事案件115起，占发案143起的80.4%，其中重大案件18起，占立案22起的82%；查处各类治安案件235起，占立案238起的98.7%，

处罚违法人员659名。同时，有计划、有组织地开展了以扫除“六害”、反盗窃、查禁私种罂粟等为主要内容的专项斗争，及时查获一批违法犯罪人员，收缴一批淫秽物品和赌具，遏制了蔓延势头，整顿了社会秩序。检察院办理刑事批捕64案108人，办理移送、起诉61案96人；查处贪污、受贿、挪用公款等经济犯罪7案8人，为国家追回经济损失8万余元；查办法纪案件6案19人。法院审理各类刑事案68件72人，结案率94.4%；审理民事、行政、经济纠纷案401件，结案率89.6%。

在办理案件的过程中，各部门认真坚持“以事实为根据，以法律为准绳”的原则，对各类刑事案件，从侦查、批捕、预审、起诉、审判等各个具体环节，谨慎、细微地做工作，提高了案件质量。一年多来，公安部门提请批捕的案件占93.8%，人占83.3%（不准逮捕、退查和建议采取其他强制措施的4案18人）；预审后移送起诉的案件占95.2%，人占91.9%（建议免诉、撤销的3案7人）。检察院移送、起诉的案件占96.7%，人占95.8%（决定免诉和不予起诉的3案12人），向法院起诉的52件85人，均以有罪作出判决。为了把好案件质量关，他们还坚持“专人审查，集体讨论，检委决定”的办案制度，并将批捕、起诉两道程序由过去的一人办理改为现在的交叉办理，加强了内部制约责任。法院对审理的59件95人公诉案件，通过认真核对事实，严格审查证据，按照法律规定和每个罪犯的作案手段、情节及社会的危害程度，正确定罪量刑，作出了恰当判处。尤其对杀人、放火、强奸、流氓、重大盗窃、重伤害等26名严重危害社会治安的刑事犯罪分子，在法定幅度内从重判处，重刑面占53.8%，体现了“从重”惩处的精神。在处理经济犯罪案件时，检察院按照一要坚决、二要慎重、务必搞准的要求，从实际出发，讨论提出了罪与非罪的五个界限。民事案件数量多，工作难度大，法院的同志坚持巡回审理，就地办案，“着重调解”的原则，经过艰苦努力，比较及时、妥善地解决了发生在群众中的一批纠纷，调解率67.4%。总之，从调查看，各部门所办案件的质量是比较好的，没有出现大的偏差。尽管在刑事案件的批捕、预审、起诉环节，不准逮捕、免诉、不诉的案件占一定比例，但主要是认识方面的原因，事实和证据上发生的问题不多。法院作出判决的案件，有的在量刑上互有不同看法，也是法定幅度的偏轻偏重，属于正常现象。根据去年和今年上半年法院两次抽查，30件刑事案件中，好的和比较好的29件，占96.7%；差的1件，占3.3%。227件民事、经济、行政案件中，好的和比较好的218件，占96%，差的9件，占4%。这些差的案件，主要是程序方面的问题，个别案件也存在事实不清，定性不准，适用法律不当的问题。

在办案时限上，各部门严格执行了法定办案时间。公安部门对拘留、预审的案件，都在期限内办结，有些收容审查的人员，一时难以搞清的，都按规定报批了延长期限。检察机关办理的批捕案件，都在3天之内；起诉、移送案件，平均为13天时间。法院审结的公诉案件，平均审期24天，其中1个月内审结的占90%。民事、行政、经济纠纷案件，虽无法定办案时限，但平均审期在42天之内。在办案效果上，从这次调查情况看，社会上的反映比较好。在严厉打击严重刑事犯罪的斗争中，各部门认真贯彻执行依法“从重从快”精神，对团伙和多人共同作案的首要分子，以及惯犯、累犯、重点案件的犯罪分子，实行了严厉打击，并通过公捕、公判形式，在较大范围进行处理，有效地震慑了罪犯，对稳定我县社会治安秩序起到了良好作用。近年来，不少地方赌博蔓延，严重危害社会，公安机关曾列为专项整治内容，重点到高界、仁大等乡镇，集中力量进行查处，声势大，震慑强，效果好，干部群众满意。法院在处理民事案件中，经过做艰苦工作，调解处理的案件多，尤其在办结的240件离婚案件中，调解和好、经过思想教育，自行撤诉的达78件，占32.5%。高界法庭今年上半年办结的7件离婚案件中，调解和好的3件，占42.9%。这样做的结果，为一些人成全了家庭，受到了基层组织和干部群众的好评。

三、目前尚有一些问题，需要研究解决

根据这次调查，我们感到，当前在我县政法工作中存在下列几个方面的问题：

（一）办案方面的问题。1.刑事发案后侦破不了的问题比较突出。公安局统计，1989年以来刑事立案未破的28起，其中重大案件4起。但据这次调查的5个派出所汇报，1988年以来立案未破的达31起，大多数是盗窃案，还有11起案件由于各种原因未立案。如红寺张峡村酸刺湾社谢某某，1988年农历十月十八日去会宁县杨集乡梁河村亲戚家，返回到本乡甘湾村的途中失踪。事发后，经派出所调查，报县局后再未查处，至今是悬案。2.办案效率不高。主要表现在，法院、检院刑事自诉、自侦、经济案件和一些民事案件，延长时间过长。威戎法庭1989年审结的44件案子，平均审期61天。今年前5个月收案18件，审结12件，2个办案对子，平均每对每月只办1件多案子。红寺派出所今年刑事立案2起（盗窃1起，破坏电子设备1起），至5月份均未破获。其原因，有难度上的问题，也与工作上抓得不紧有关系。3.未执行的案件多。法院办结的民事、行政、经济纠纷案件，到期未执行的有41件（1988年前的16件），据了解，有的因一方当事人长期外出不归或家庭困难，一时难以执行，但有的具备执行条件而未及时执行，形成一方当事人经常到法院“讨账”和纠缠。还有个别案件，牵涉到国家机关单位，由于对案件的处理思想不通，竟连终审判决置不理态度。这样，不仅影响到执行，而且也损害了国家法律的尊严。4.群众“告状难”的问题仍然存在。经重点抽查，法院信访接待室今年前5个月收受的108件民事、经济纠纷案件中，投状的93件，作口诉笔录收案的15件，占13.9%。威戎法庭1989年至今年5月自收的49件案件中，作口诉笔录收案的只有2件。1989年按信访处理的14件材料中，有3件是离婚、债务，本应立案查处，却以信访简单答复。其中1件离婚，后因连诉，又收案处理。从此看出，有的办案人员，在方便群众、为群众解决困难上着想不够，不加区别，一律要诉状或推托了事的做法，基层组织和干部群众是有意见的。5.有的法庭、派出所1人办案，或全由书记员查案，虽然数量不多，但不符合办案要求。

（二）干部方面的问题。1.在这次调查的5个派出所中了解到，个别干警对一些当事人有动手动脚和轻易动用刑具的行为。如红寺派出所所长雷某时去年以来先后3次打人，影响很不好。今年4月13日和张峡水库的1个人喝酒后，在红寺街上叫粮站临时工郭某某（女）给单位上传电话发生矛盾，被雷拳打脚踢，致郭40多天未上班。事发1月后，公安局才进行了处理（雷检讨认错，赔偿郭的医疗、误工费100元）。但因当时围观者多，且处理不及时，有关单位和群众反映比较大。今年1月，红寺乡红堡村张某胜因婚姻纠纷，遭细巷乡谭店村李某昌毒打，雷当时在场，既未制止，又不分是非，将张某胜和其父张某忠、其弟张某银3人带到派出所，将张某胜再次打骂。去年在所里打扫卫生时，还打了1名干警。2.公安局、法院的个别干警，1989年在社会上参与观看淫秽录像；公安局1名干警参与赌博。虽经检查处理，但影响不好。

（三）社会治安方面的问题。调查了解到，县城区今年以来流氓滋扰严重，已引起群众思想不安，城周围一些村社，以至国家机关单位赌博问题突出，群众反映强烈。

（四）工作和生活条件方面的问题。1.办案经费不足。公、检、法三机关1990年包干经费546400元，除人头费，公用部分为110100元，人均每月51元，与实际需用相差较大。今年前6个月已有117人的20100元差旅费报销不了。还有40件案子因无钱，不能出省、县外调查。2.公安局缺编13人，有的派出所因人员少，开展工作有困难；法院缺编2人，影响到行政审判庭的设立。3.7个基层法庭近年来相继修建审判室，但因没有桌凳和其他设备，影响到案件不能公开审理。10个派出所普遍缺交通工具和手铐、照相机等常用物品，给工作带来困难。4.法、检院一些干警的家属住房问题长期得不到解决，在思想和工作情绪上带来一定影响。5.政法部门的干部到一些村、社调查案件，因基层干部不管，多数在当事人家吃住。这种情况在过去是不允许的，而现在解决不了，长此下去，很难不出问题。

对以上问题，我们在与三机关领导同志座谈时已提出建议，对工作和干警管理教育方面的问题，在上半年工作检查时，由各自具体研究，提出解决办法；对经费不足和办案所需物品，县上在财政困难的情况下，应作特殊性考虑，以免影响工作；社会治安方面的问题，建议公安部门作进一步调查，在“严打”斗争中统筹解决；公安、法院的缺编人员，应予及时解决，个别不宜在政法部门工作的应在组织上作适当调整；法院、检察院干警家属住房问题，县应统筹考虑安排。

第四次会议　于1990年9月17日至18日在常委会机关会议室召开，分别由郜文学、阎志洁主持。

会议议程有四项：一、听取和审议副县长赵国琳受政府委托所作的《依靠科技进步推动全县农业发展》的报告、常委会农业财经工委主任陈凤亭所作的《关于科技兴农问题调查情况汇报》；二、听取和审议副县长张会议受政府委托所作的《清腐倡廉，加强廉政建设，促进经济建设的顺利进行》的报告，作出《关于进一步加强廉政建设的决议》；三、听取和审议财政局局长刘宝生受政府委托所作的《关于财政预拨资金管理使用情况的汇报》；四、人事任免。会上，副县长张国盛就落实审议意见作表态发言。

第十一届常委会组成人员郜文学、阎志洁、陈松友、张光明、马子坤、陈凤亭、王学谋、梁钧宪、陈向华、翟沪兰、曹升明、吴尚礼、史国忠、郭承祖、马克勤出席会议；政府副县长张国盛、张会议、赵国琳，政协副主席杨茂林、法院院长漆忠义、检察院检察长陈贵录、政府办公室副主任王济华、农牧局局长杨成堂、水利局局长秦复华、农机局局长李忠民、财政局局长刘宝生、科委主任张银魁、监察局局长樊生茂，常委会办公室主任郭应童、副主任柴玉明，李店、余湾、威戎、高界、灵芝、石咀六乡镇人大主席团常务主席常进邦、韩三余、刘国祯、杨德元、潘文珍、柴志信列席会议。

附：

人事任免

鲍克荣任县人民法院城关法庭庭长，免去仁大法庭庭长职务

冀国强任县人民法院行政审判庭副庭长，免去红寺法庭庭长职务

薛忠荣任县人民法院审判员、仁大法庭庭长

李尚明任县人民法院审判员

王西功任县人民法院审判员

马仲烈任县人民法院审判员

谢三纲任县人民法院审判员

免去：

杨太元县人民法院审判员职务

李　勇县人民法院审判员职务

关于科技兴农问题调查情况汇报

今年8月，由2名人大常委会负责同志带队，3名专职委员和农牧、农机、水利等部门的负责同志共12人组成调查组，用10多天时间，就我县科技兴农问题，首先和农业主管部门负责同志进行了座谈，听取了情况介绍，然后到高界、八里、司桥、甘沟、威戎、曹务、城川7个乡镇的2个农业技术推广区站、2个畜牧兽医工作站、2个水管站和5个农牧科技试验、示范点进行了调查。

一、科技兴农初步取得成效

科技兴农，是加快传统农业向现代化农业转变的重要途径。我县连续几年来粮食产量稳定增长，今年由于大抓良种、地膜覆盖、配方施肥和防治病虫害等农业新技术，有力地促进了农业生产的发展，获得了历史上最好的收成。农牧、农机、水利等主管部门，做了大量服务工作，取得了显著成效。

（一）抓点示范，带动了科学种田。今年，农牧、农机、水利部门认真坚持“试验、示范、推广”相结合的办法，在全县18个乡镇47个科学种田试验、示范点，由科技人员承包，搞技术服务，作具体指导，使点上的工作普遍取得了增产经验，并以点带面，典型引路，有效地推动了面上的工作。县种子公司在曹务永丰村建立的种子繁殖基地，自1979年以来，采取引进试验和示范繁殖的办法，不断更新小麦、胡麻、洋

芋等农作物品种，先后参加省、地、县试验项目263项、200多个，向全县提供优良籽种21.5万公斤，村社互相兑换15万公斤。近年来，这个点引进繁殖的抗逆性强、丰产性好的冬小麦兰天1号、清农3号等8个品种，春小麦科37、高原602等4个品种，胡麻天亚5号、宁亚10号等3个品种和洋芋高原8号、庆选1号等成为我县推广的主栽品种。永丰村已实现了良种化，充分发挥了增产效益。今年全村小麦平均亩产270公斤，比1978年的90公斤提高了2倍，绝大部分农民依靠良种脱了贫，一部分还成了余粮户。威戎农业技术推广区站，以威戎镇为重点，以北关、南关、下沟为示范村，推广农业新技术，引导农民科学种田，取得了显著效果。一是大抓高产栽培技术。全镇今年推广地膜覆盖种植4400亩，其中玉米3100亩，西瓜1300亩，增产效益都很显著。推广小麦、玉米带状种植160亩，普遍获得高产，平均亩产小麦300公斤左右，亩产玉米500公斤。北关村一社农民代恒荣，搞带状种植0.9亩，实收小麦315公斤，玉米估产485公斤，共计800公斤，折亩产900公斤。该村还推广“两密一高”新技术播种小麦11亩，平均亩产458公斤，比一般田亩产高出68公斤，最高的亩产达500公斤，为川区小麦创造了丰产经验。二是加强病虫害的防治。全镇2.5万亩小麦今年普遍发生了白粉病、锈病，他们及时组织群防群治，全部用粉锈宁防治1~2次，对川区小麦结合叶面喷磷3~4次，取得了显著效果。2000多亩玉米发生茎腐烂病（心叶扭曲症候），及时发动群众，用抗枯宁突击试验防治5天，使病情得到了控制。用颗粒剂灌心（玉米喇叭口期）的办法防治玉米螟面积4000亩。在小麦抽穗期，全镇组织群众开展了拔除洋麦活动，使2万多亩小麦地里的洋麦基本得到了清除。三是推广种绿肥。全镇今年麦田套种和麦收后复种毛苕子、豆类绿肥1500亩，为川水区发展绿肥创出了路子。县水利局和农技部门结合在城关、城川、威戎搞的灌区丰产栽培试验和节水灌溉试验也取得了较好的成果。县畜牧兽医中心和甘沟乡畜牧兽医站在上岔、水坪村搞的新法养猪点，共确定重点养猪户50户，从4月份开始至8月份仅4个多月时间饲养生猪达2550多头，出栏商品猪36头，头均得纯利润50元。生猪平均日增0.75~1.5公斤，与传统饲养法相比，效益提高2~3倍。上岔村支部书记刘儒林等3户，今年共饲养生猪27头，已出栏9头，每头收入200~250元，除过仔猪价和饲料费外，每头纯收入50~60元。群众反映，新法养猪省饲料、出栏快、收入好、划得来、愿意养。

（二）技术人员深入基层，有效地促进了科技兴农。根据统计，农牧、农机、水利系统今年在基层所、站和生产第一线工作的专业技术人员103人（农牧68人、农机11人、水利24人），这些科技人员走出机关单位，深入生产第一线，蹲点跑面，推广科技成果，搞技术服务，有力地促进了农业生产。县种子公司景志国同志从1979年开始，在曹务乡永丰村搞种子繁殖试点，认真负责，任劳任怨，整整坚持搞了12年，先后共计进行了263项新技术试验、示范，其中今年承担完成省、地、县列项目25项，为我县农业作物品种的更新换代和新技术推广做出了贡献。曾先后受到省农业厅“科技承包推广先进工作者”奖励，地委行署“全区学雷锋先进个人”奖励，地区种子公司“种子先进工作者”奖励和县政府、县种子公司的多次奖励。特别受到了当地干部、群众的尊重和赞扬，1989年永丰村群众、曹务乡政府分别给他赠送了“科技兴农”“科技支农”匾额。威戎农技区站的邹国珍等8名农技人员，尽职尽责，坚守工作岗位。他们既做群众工作，广泛宣传科学种田，又亲自深入田间地头作技术指导，直接为农民服务。今年前季，他们检查发现了玉米茎腐病，一面立即向县上报告，一面及时组织防治，很快消灭了病源，保证了粮食生产。八里乡农机站，在农村体制改革的新形势下，克服了重重困难，坚持为农业服务的方向，坚持集体经营办机站。这个站今年除搞机耕地1000多亩外，还利用链轨拖拉机为村社义务修建道路25公里，为17户军属免费机耕40多亩。他们把农机技术和科学种田紧密结合起来，在经费、物资极其困难的情况下，还积极研究仿制了轻便畜力播种机（20台）、地膜覆盖机、化肥深施器和收割器。既推广了农机技术，又服务了农民。

（三）保证物资供应，是搞好科技兴农的前提。随着新技术的推广应用，农用化肥、地膜、农药等物资用量大幅度增加，供销部门与农业部门密切配合积极支农，认真做好农用物资的及时调运、供应，保证了农业生产的需要。据威戎农技示范点上的调查，种1亩吨粮田，需用的籽种、化肥、地膜、农药、水费加劳力工价等需投入134元，比种一般田高49元，实践证明，科学技术的推广，投入不断的增加，促进了较大幅度的增产。所以，今年的大丰收，除了雨水合节、农民勤奋、新技术推广外，同供销部门的积极支农也是分不开的。

二、科技兴农中存在的问题

调查情况表明，几年来在各级领导的重视和全体科技干部的努力下，我县的科技兴农取得了一定成绩，但还存在许多问题，亟待研究解决。

（一）农技服务体系不健全，科技成果难以迅速推广。科技兴农问题归根到底是新技术的推广应用问题。所以，要使农业再上一个新台阶，就得依靠迅速推广新技术。科技作为生产力，不能只局限在实验田里，应当由点带面，大面积推广，才能发挥应有的作用。目前，我县的四级农科网建设没有落实。现有的4个农技区站，平均每个站要管7个多乡，但实际只能在所在地乡镇起作用，发挥不了区站的作用。如威戎区站，只是在镇范围内开展科技服务，对石咀、古城、曹务3乡基本没有管，也管不上。村级农科小组有名无实，社一级的农民技术员、示范户仅在示范点上有几户，其他社基本没有。由于服务体系不健全，农业第一线技术力量薄弱，新技术和科技成果很难推开，这是制约我县农业生产迅速发展的一个重要因素。

（二）畜牧业发展不起来，也影响着我县科技兴农的步伐。当前的主要问题，首先是乡镇畜牧兽医站的工作不能很好地开展。门诊设备简陋，医疗器械短缺，周转资金严重不足，连正常的业务开支都解决不了。全县27个站中有三分之一的站集体人员工资没有保障，严重影响着职工的积极性，部分人员不安心工作。近几年，就有11名从事畜牧兽医工作20多年的人员弃行回家。司桥乡畜牧兽医站，有职工4名，其中国家干部1名，集体人员3名，今年1至6月份，诊疗费和搞草粉加工等收入1490元，而各种支出达2390元，收支相抵亏损900元，3名集体人员7、8两月的工资分文未发，还欠各种贷款7720元，站上应做的许多工作基本没有开展。其次是家畜改良工作跟不上，影响着畜牧业的发展。近几年来，县、乡对此项工作抓得不紧，县站对过去试验成功的冷冻精液、人工授精等新技术现在又不用了，引进推广良种也不搞了，畜种开始退化。全县现有的362头种公畜，因品种不纯和老化不符合良种要求的有186头，合格率仅占48.6%。司桥、甘沟2乡现有的35头种公畜，合乎良种要求的仅有10头，合格率只占29%。目前除猪、羊有少数纯种外，其余家畜家禽都是地方老品种和杂种畜，已形成近亲配种、子母畜大量繁殖，退化速度加快。这种状况如不认真研究改变，必将影响我县役畜和商品畜的发展，也将给农业大发展带来不利因素。

（三）水利是农业的重点基础建设。当前在水利建设和灌溉方面存在不少问题。一是水利工程设施破坏严重。从东峡灌区的情况看，有干渠4条，34.84公里，已衬砌4条，33.14公里，维修管理得比较好。有支渠205条，87.7公里，已衬砌39条，19.1公里，未衬砌的还有166条，65.6公里。大部分管理得不好，群众只顾灌水，不管工程，村社因资金、劳力等问题长期不维修，不清淤，形成人为破坏和年久失修，田间工程毁坏、水的浪费都很严重。这些严重影响着水利效益的充分发挥。据调查，过去历年春灌需20天左右即结束，今年的灌期长达35天，这样使一些地方按时灌不上水，特别是灌溉周期拖长，会减少复灌次数，影响粮食增产。二是管理体制问题。东峡灌区原是东峡水管所统一管理的万亩灌区，自1988年搞水利体制改革，成立了1所2站，将1个灌区分为3段，由乡镇水管站分别管理，并实行独立核算，自主经营。经过两年的实践证明，这种管理体制，机构人员增多，费用开支增大，群众负担加重。同时，由于管理不统一，发生上下游之间抢水的矛盾，水费收交管理也比较乱，群众意见多。如去年冬灌时，威戎南关村有2个社的水费已交，因灌水时间已到，没有灌上水，农民要灌地，还得再交水费，群众意见很大。今年春季灌水期已到，经会议研究决定，从4月20日开始由下游威戎先灌，因一部分群众对过去的灌水和收费有意见，一直拖着未灌，直到5月7日才开始灌水，比原计划推迟了半个月时间，影响了水利效益的发挥。

（四）农业机械化是科技兴农的重要组成部分。近年来，随着各种农业机械的增多，在某些方面促进了农业生产。但当前农机工作中也出现了一些新情况和新问题。一是农机管理不适应当前工作的需要。县农机局将原农机校的教室、食堂、学员宿舍以及供教学用的拖拉机等教具出租、变卖，训练场地也被挤占，农机技术人员减少，人为造成难以开展工作的局面。乡村机耕道路被蚕食毁坏，农机柴油数量少，价格高，给开展农机工作造成了很大障碍。二是机耕程度下降，特别是不多的机耕面积中，深耕面积占比很小，形成耕作层变浅，土地板结，地力下降，杂草丛生，病虫害增多。长此下去，将严重影响粮食产量的提高。三是乡镇农机站管理经营不善，大部分不能适应工作需要。全县30个农机站中，有三分之一的站工作停动，濒于解体。如高界农机站，原是我县规模较大的机站之一，原有农机人员6人，有大中型拖拉机5台。1985年、1986年将2台履带式拖拉机（各带1部挂犁）分别以7300元和6000元低价出卖（拖拉机原价2.2万元，现价4.2万元，悬挂犁5000元），剩下的3台轮式拖拉机，2

台承包给私人经营，1台闲置。现有3名农机人员，1人承包站上的1台拖拉机，2人靠修理维持生活。机站的院落荒废，大部分房子破烂倒塌，仅有的7间机房出租给私人弹棉花。近年变卖拖拉机、出卖机站地皮，出租房屋以及拖拉机承包费等所收资金，全归镇上支配使用，没有作为机站的集体积累。像这样的机站，基本处于瘫痪状态。这是机站集体经济的一大损失。

三、几点意见

为了进一步搞好科技兴农，促进我县农业很快走上新台阶，必须研究解决好以下几个问题：

（一）切实加强对农业的领导。我县是个农业县，也是个贫困县。县、乡政府都应该把农业放在经济工作首位，领导的主要精力和时间要集中到农业方面来。同时要动员各行各业支援农业，搞好服务，齐心协力把我县农业搞上去。

（二）加强农技队伍建设，充分发挥技术人员的作用。农业要上去，干部要下去。号召全体农技干部向景志国同志学习，下乡上山，深入生产第一线工作。如果我们现有的200多名农牧、农机和水利专业技术人员大多数能坚持在农村蹲点几年、十几年，必将开创科技兴农新局面，为我县实现农业现代化做出新贡献。

（三）解决好几个具体问题

第一，建立健全乡镇农技推广站。根据农业部门和一些乡镇同志的意见，采取一次性和分期分批的办法，把各乡镇的农技站都建立起来，尽快地开展工作。村一级以干部为主，吸收农民技术员，组成农技小组，联系千家万户，推广农业新技术。

第二，进一步加强种子繁殖供应工作。借鉴曹务乡永丰村种子繁殖基地的经验，各乡镇应选择1~2个村，建立自己的种子繁殖基地。同时，要把玉米杂交制种田建立起来，全县一年至少需要搞600亩制种田，生产种子10多万斤，克服大调大运现象。政府应研究解决好制种所需的资金、化肥、周转粮等问题，种子部门应把工作重点放在引进繁殖、制种和供应方面来。

第三，为了解决牲畜品种退化问题，政府应研究拿出一些资金，调进一些良种公畜，不断改良畜种，促进我县畜牧业的发展。同时要研究解决乡镇畜牧兽医站的实际问题，使其更好地开展工作，以推动我县畜牧事业的发展。

第四，改进和加强水利管理工作，充分发挥水利效益。一是根据乡镇和水利部门的意见，将城川、威戎水管站划归东峡水管所统一管理，以解决现有的各种矛盾。二是坚持执行水利劳动积累工制度，搞好川区园田化建设，要和山区改土一样，有任务、有规划、有标准要求，进行检查验收，实行奖罚制度，搞好水利渠道的衬砌和维修加固，保护好各种水利设施，做到土地平整，渠系配套，改进灌水技术，进一步挖掘川区增产潜力。

第五，整顿建设乡镇农机站。乡镇农机站承担着本乡镇各类农业机械的管理、使用、维修、人员培训、供应服务、农机化技术示范推广等重要工作。因此，必须重视和加强乡镇农机站的建设，认真研究解决现存的实际问题，调整充实人员，加强集体经营管理，强化农机“统”的职能，为科技兴农作出贡献。

第五次会议 于1990年11月16日至17日在常委会机关会议室召开，分别由郜文学、阎志洁、李克科、赵智荣主持。

会议议程有四项：一、听取和审议卫生局副局长王守荣受政府委托所作的《关于加强医德医风建设情况汇报》、常委会教科文卫工委主任张光明所作的《关于加强医德医风建设和医疗卫生工作视察报告》；二、听取和审议司法局局长穆熙雄受政府委托所作的《关于几个重点法律法规执法检查的情况汇报》；三、听取和审议政府办公室主任朱寿亭受政府委托所作的《关于县第十一届人民代表大会第一次会议代表意见、建议办理情况的报告》；四、人事任免。会上，副县长张会议就落实审议意见作表态发言，郜文学作总结讲话。

第十一届常委会组成人员郜文学、阎志洁、李克科、赵智荣、陈松友、张光明、马子坤、郭承祖、王学谋、史国忠、曹升明、翟沪兰、陈向华、吴尚礼出席会议；政府副县长张会议、政协副主席王玉英、法院副院长张金业、检察院检察长陈贵录、政府办公室主任朱寿亭、卫生局副局长王守荣、司法局局长穆熙雄、公安局局长赵正杰、经委主任刘维勤、城建局局长邹秉义、商业局副局长邵效康、供销社副主任王秉章、常委会办公室主任郭应童，教育、税务、审计负责人，古城、后梁、田堡、红寺四乡人大主席团常务主席韩文辉、程志荣、郑廷瑜、姚占学列席会议。

附：

人事任免

王登科任县人民法院民事审判庭庭长

免去吕志明县人民法院民事审判庭庭长职务

关于加强医德医风建设和医疗卫生工作视察报告

由县人大常委会专职委员张光明、郭承祖、曹升明，兼职委员翟沪兰和卫生局副局长王守荣、人大工作人员张奎组成视察组，由张光明同志带领，从10月22日开始，用7天时间，重点到县医院、中医院、城川、新店、李店、细巷、原安、红寺等乡卫生院及新店乡甘坡村、细巷乡谭店村、红寺乡化沟村3所村卫生所，就医德医风建设等情况，采取听汇报、现场检查和病人座谈的方法进行了视察。这次视察的指导思想是了解医德医风建设情况，发现问题，提出建议，以进一步促进医德医风建设，加强医院管理，搞好医疗卫生工作，解决群众看病难的问题。

一、各医院重视医德医风建设，努力为群众做好防病治病工作

医德医风是衡量医院工作的首要标准。这次视察的各医疗单位，普遍重视和抓了医德医风建设，组织医护人员认真学习了有关文件、省上领导讲话及医德医风规范，对医护人员进行全心全意为人民服务这一社会主义办院根本宗旨的教育。特别是去冬今春，开展“百日医德医风竞赛”活动以来，通过总结成绩，寻找差距，评选先进，

激发了广大医护人员全心全意为人民服务的热情，服务态度进一步改善，医疗质量不断提高。对制止“两滑一乱”（即医德医风、医疗质量滑坡和医院秩序混乱），推动医院各项工作健康发展起到了明显效果。目前，大多数医护人员始终把社会效益放在首位，尽职尽责地为群众防病治病，表现出良好的社会主义职业道德风尚。

（一）注意社会效益，积极为病人解除痛苦。社会效益是医院工作的最高准则。县医院始终坚持把社会效益放在首位，领导班子团结合作，积极开展各项工作，努力改善办院条件，在就诊、住院病人多，床位少、条件差的情况下，组织协调各科室的力量，充分调动医护人员的积极性，创造条件，方便群众，为病人服务。常年坚持以院长、老名医和住院部主任轮流上门诊制度，深受广大群众的赞扬。住院部床位少，医护人员总是想方设法加床，尽量满足病人住院治疗的需求。今年截至9月底，共完成门诊任务62325人（次），接收各类患者住院治疗2831人（次），手术治疗800多例。由于对大多数患者诊断准确，治疗及时，使治愈好转率达85%，病死率下降到0.7%，病人平均住院日为10天，加快了病床周转，减轻了群众的经济负担。今年春天，我县小儿呼吸道疾病流行，住院儿童急剧增加，儿科只有18张床位，全体医护人员紧急动员，克服困难，增加床位，在其他科室的积极配合下，住院儿童最多增加到53人。儿科的医护人员夜以继日，加班加点，超负荷工作。儿科主任、主治医师王庭有带病坚持工作；护师高晓琴、主治医师宋秀兰的小孩生病，同时住院，她们坚守工作岗位，边照顾孩子，边为其他患儿治病，这些，充分体现了全心全意为人民服务的精神。县中医院病床少、条件简陋，但医护人员服务周到，态度好，充分发挥中医特长，接收慢性病患者住院治疗153人（次），完成门诊25120人（次），副院长、主治医师白秀芳负责住院部的工作，始终坚守岗位，亲自查房，为患者诊断治病，受到社会、病员及亲属的一致好评。李店、雷大等6所基层卫生院完成门诊89208多人（次）。他们改变过去坐堂行医、等病人上门的作风，应患者要求，不论白天黑夜都能出诊看病。有的卫生院根据患者病情，设立了少量的家庭病床，医务人员送医送药上门，受到群众的赞扬。城川卫生院在条件差、人员多的情况下，规定了严格的工作制度，全体医务人员坚守岗位，积极工作，多数同志节假日不休息，也没有怨言。今年截至9月底，共完成门诊34778人（次），出诊400多人（次），接收住院病人900多人（次），方便了县城群众就医，减轻了县医院的压力。原安卫生院院长何士科，面对本地交通不便，病人外出求医困难的情况，精心钻研业务，提高医疗水平，在条件十分简陋的情况下，他克服困难，尽最大努力做各种手术48例，其中1例电击伤病人，右上肢、左下肢坏死，急需截肢手术，因病人生活困难，要求在原安医院治疗。何士科院长急病人所急，详细检查诊断，制定治疗方案，终于成功地为病人做了截肢手术，病人先后只花了240多元钱，而且保住了右肘关节、左膝关节以上1/3的部位，使以后安装假肢有了条件。这位病人十分感激，亲切地称他是“活着的白求恩”。这次视察的3所村卫生所的4名乡村医生，今年每人平均诊病1250人（次），服务热情态度好，并且能够坚持出诊，积极为群众防病治病。

（二）医德医风建设推进了医院改革的不断深化。医德医风同医院改革的宗旨是一致的，都是为了提高服务质量和医疗质量，更好地为病人服务。这次视察的县、乡各医院，根据上级的要求，在管理体制上都不同程度地进行了积极改革。县医院实行院长负责下的各科室承包责任制，中医院和其他几所卫生院实行院长负责制和业务目标管理责任制，有效地调动了医护人员的积极性，使过去吃“大锅饭”时，工作闲忙不均和个别医护人员作风懒散的现象有了明显好转。如城川卫生院，实行院长承包责任制后，医护人员的工作责任心有了明显提高，坚持门诊、急诊和首诊责任制，病人不论什么时候到，都能及时治疗。1989年同未实行承包责任制的前一年相比，就诊人次增加1715人，诊断符合率提高到2.4个百分点，治愈好转率提高了1.6个百分点，死亡率下降了0.71个百分点，群众反映好，社会效益明显提高。各医院自实行改革以来，不断扩大服务范围，增加服务项目。县医院、中医院和雷大、李店等卫生院在街面开设了第二门诊部。县医院增设了病理科，增加了B超、脑电图检查等新项目。几所乡卫生院都先后增加了一些常规化验和手术项目，不仅方便了群众就诊治疗，提高了社会效益，同时经济收入也不断增加。今年1至9月份，县医院收入887269元，中医院收入169654元，7所基层卫生院平均收入71000多元，其中最高的城川卫生院收入207406元，最低的原安卫生院收入25417元，和去年同期相比，都有所提高，既保证了医护人员的一些政策性补助，而且缓解了医院经费严重不足的困难。县医院去年年底用2.3万元为病人新做被褥100套，新购床板100张，改善了病人的医疗条件。中医院和城川卫生院今年分别拿出1.5万元和2万元用于医院维修。其他几所卫生院都从纯收入中提留了部分资金，购置了一些医疗设备，保证了业务的开展。

（三）较好地开展了计划免疫工作。搞好计划免疫，保护儿童健康，是造福子孙后代的大事。视察的乡、村卫生院、所，普遍建立了儿童登记卡、疫情报告册和预防接种制度。各乡卫生院都安排有防疫专干，专门分管儿童计划免疫工作，并配备了储存疫苗的电冰箱。各村由乡医承担预防任务。据了解，基本上能够按规定免疫程序，全程足量地给儿童接种卡介苗、脊灰糖丸疫苗、麻疹疫苗和百白破三联制剂。城川卫生院承担着2乡1镇约2000多名儿童的预防任务，卫生院防疫专干和各村乡医紧密配合，及时登记新生婴儿，按时上门给儿童服药、打针，使四苗覆盖率达到86.7%，超过了国家提出的达到85%的标准。细巷乡卫生院还坚持每月召集1次计划免疫工作例会，有效地促进了这项工作的认真开展。新店乡甘坡村乡医甘俊新，具体负责3个社儿童免疫工作，坚持按规定程序打针服药，有效地保护了儿童健康地成长。

（四）坚持按标准收取相关费用。医疗单位能否按国家规定的标准收取各项费用，是衡量医德医风建设和医院改革工作的重要标准，也是维护群众利益的具体体现。在视察中看到，一些乡卫生院能够把主要收费标准公布于众，接受群众监督。如城川、新店、原安等乡卫生院将门诊费、出诊费、各种理疗费和50多种主要药品明码标价，予以张贴。这次视察的医疗单位，没有发现乱收费的问题。

二、由于医院条件差、设备简陋和个别医护人员素质不高，在防病治病中仍存在

着一些问题

（一）小儿传染病流行比较严重。县医院儿科1至9月份收住院儿童836人（次），其中患有肝炎等传染病的有127人（次），占总数的15%。我们视察时，有住院儿童24人，患传染病的有14人，占总数的59%。城川卫生院住院儿童7名，全是肝炎。视察中我们发现这一现象后，建议县城两所幼儿园的416名儿童到防疫站化验检查，最近已检查的327名儿童中，初步化验出肝炎的26名。这个问题已引起了社会的关注和患儿家长的反响。

（二）个别医疗单位销售假、劣药品。近年来，由于对药品市场缺乏严格有效的管理，出现了一些以销售假、劣药品赚钱害人的现象。这次视察中，我们抽查了化沟村卫生所的5种药品，发现乌梅、山芋、吴芋3种是假药，占抽查总数的60%。据这位乡医说，乌梅是他家酸杏皮，山芋和吴芋是从县医药公司购进的。细巷乡卫生院把部分霉变药品仍然向患者销售。另外，一些游医流窜到乡村集市，借口有祖传秘方或治疑难杂症的偏方，迷惑群众，骗钱害人。

（三）县医院基础护理工作薄弱，环境卫生差。住院病人的治疗和端水等日常生活的照料，按规定都是护理人员的工作任务，但护理人员普遍不按操作规程和规范要求办事，只是为病人换药、打针、挂瓶子，而且个别护理人员对待病人态度生硬。护理上一些差错也时有发生。曾有一位脑外伤患者住院给予脱水剂甘露醇治疗，按规定要半小时以内快速输完，由于护理人员工作马虎，使输液长达11小时，没有起到降低脑压的作用，贻误了病人的治疗，给社会也带来了不良影响。另外，县医院由于搞基建和对环境卫生打扫不及时，脏、乱、差的问题比较突出。

（四）县医院患者混住现象严重。由于病房少，住院病人多，使传染病患者和非传染病患者混住，男女混住，大人和小孩混住，给治疗工作带来了困难，也容易发生交叉传染。

（五）基层卫生院条件差，经费不足。新店、原安、细巷等卫生院，房屋普遍破烂，平均有危房面积436平方米。特别细巷卫生院，20间房屋已经倒塌和即将倒塌的就有10间，占50%，给医务人员和病人的安全造成威胁。各基层卫生院业务经费普遍紧缺，药房资金周转困难。新店、李店、雷大、细巷、红寺5所卫生院平均拖欠医药公司药费6000多元，雷大拖欠达15000多元。

三、为了进一步加强医德医风建设，促进我县医疗卫生工作的进一步发展，建议县人民政府和卫生主管部门研究解决好以下几个问题

（一）坚持搞好医德医风建设。各医院要把医德医风建设作为一项长期任务坚持不懈地抓下去，把医德医风教育同思想政治工作结合起来，同制度建设结合起来，教育广大医务人员特别是年轻医务人员，学习白求恩精神，钻研技术，讲求奉献，密切医患关系，讲求文明行医，真正树立起全心全意为人民服务的思想和救死扶伤的革命人道主义精神。并严格落实各种规章制度，实行制度化管理，正确处理好社会效益和经济效益的关系，进一步搞好我县医德医风建设和推进医疗卫生事业的全面发展。

（二）切实加强乡、村医疗卫生工作。我县是一个农业县，绝大部分人口在农村，因此，仍然应把医疗卫生工作的重点放到农村。首先，要重视乡级卫生院建设。要调配充实技术力量，特别要选配好卫生院院长，把那些事业性强，技术过硬，有组织能力，热爱基层工作的同志选配到领导岗位上来，以强化乡级医院的管理，提高医疗水平。同时，要按照我县的财力状况，逐步解决一些资金，购置必需的设备器械，能够开展常规化验、透视和一些手术项目，以方便群众就医。其次，要加强村卫生所的建设，对乡村医生的工作要多检查、多指导，教育他们增强职业道德观念，正确处理个人利益和社会效益的关系，努力为群众防病治病，解决好群众看病难、买药难的问题。

（三）进一步做好预防保健工作。预防为主是医疗工作的基本方针，县防疫站和各级医疗单位，要采取多种形式，广泛宣传儿童计划免疫、预防接种的重要性，提高广大群众的思想认识，自觉让儿童接受计划免疫和传染病预防。爱卫会、防疫站等单位，要坚持经常性地对环境卫生和食品卫生进行检查监督，查处有害食品，严格控制传染病的发生和传播，确保人民群众的身体健康。

（四）要加强对药品的监督检查工作。销售假、劣药品是一种不道德和违法行为，广大群众对此深恶痛绝。卫生主管部门和药品监督检查部门一定要把查禁假、劣药品作为一件大事，切实抓紧抓好。对查出的问题，要严格按照药品管理法严肃处理，坚决制止和杜绝销售假、劣药品赚钱害人现象的继续发生，以确保患者的治疗，维护群众的利益。

（五）帮助医院解决好具体困难。县医院住院楼的修建、中医院门诊楼尾期工程和城川卫生院门诊住院楼的筹建，都面临资金不足的困难，建议县财政在1991年财政预算中安排一些资金，使其尽快完工，投入使用。并视财力情况，逐步解决细巷等基层卫生院的危房改造问题。

第六次会议 于1990年12月25日在常委会机关会议室召开，分别由郜文学、阎志洁主持。

会议议程有三项：一、听取和审议设计室主任董正受政府委托所作的关于《静宁县城区抗震防灾规划》的报告，作出《关于〈静宁县城区抗震防灾规划〉的决议》；二、传达学习《中共甘肃省委人大工作会议纪要》和李子奇、许飞青在省委人大工作会议上的讲话，省委《批转省人大常委会党组〈关于开展总结地方人大十年工作活动的报告〉的通知》，审议通过开展总结人大常委会10年工作和纪念活动的有关事宜；三、审议通过召开十一届人大二次会议的时间、建议议程（草案）等事项。会议结束时，郜文学作总结讲话。

第十一届常委会组成人员郜文学、阎志洁、李克科、赵智荣、陈松友、张光明、马子坤、史国忠、郭承祖、陈凤亭、王学谋、曹升明、翟沪兰、梁钧宪、马克勤、吴尚礼出席会议；政府副县长王文进、安静修，法院院长漆忠义、检察院副检察长李俭、政府办公室副主任王康宁、地震办公室主任张银魁、城建局局长邹秉义、设计室主任董正，常委会办公室负责人列席会议。

第七次会议　于1991年3月6日在常委会机关会议室召开，由郜文学主持。

会议议程有五项：一、审议通过召开十一届人大二次会议的时间、建议议程以及主席团名单、秘书长名单、常务主席名单、议案审查委员会组成人员名单（草案）、列席会议人员范围等事项；二、审议通过常委会工作报告；三、审议通过常委会1991年工作要点；四、审议通过增设常委会代表联络工作委员会的决定；五、人事任免。

第十一届常委会组成人员郜文学、阎志洁、李克科、赵智荣、陈松友、马子坤、史国忠、郭承祖、陈凤亭、王学谋、曹升明、张光明、陈向华、吴尚礼、翟沪兰出席会议；检察院检察长陈贵录、常委会办公室主任郭应童、副主任柴玉明列席会议。

附：

人事任免

史国忠任县人大常委会代表联络工作委员会主任，免去司法民政工作委员会副主任职务

免去杨成安县人民检察院检察委员会委员、检察员职务

第八次会议　于1991年4月19日至20日在常委会机关会议室召开，分别由郜文学、阎志洁、赵智荣主持。

会议议程有五项：一、听取和审议广播电视局局长米世荣受政府委托所作的《关于全县广播电视工作情况汇报》、常委会教科文卫工委主任张光明所作的《关于视察农村广播网建设情况的报告》，作出《关于加强农村有线广播建设的决议》；二、听取和审议供销社副主任陈冠璋受政府委托所作的《关于供销合作社为农业生产及人民生活服务情况的汇报》、常委会副主任阎志洁所作的《对供销工作的调查报告》；三、学习中共中央、国务院《关于加强社会治安综合治理的决定》、全国人大常委会《关于加强社会治安综合治理的决议》、江泽民在中共十三届七中全会闭幕时的讲话；四、传达学习省七届人大四次会议精神；五、人事任免。会议结束时，郜文学作总结讲话。

第十一届常委会组成人员郜文学、阎志洁、李克科、赵智荣、陈松友、张光明、马子坤、史国忠、郭承祖、曹升明、陈凤亭、陈向华、吴尚礼、翟沪兰出席会议；政府副县长王文进、政协副主席王玉英、法院院长漆忠义、检察院检察长陈贵录、政府办公室副主任王济华、农办主任祁治国、广播电视局局长米世荣、供销社副主任陈冠璋、农技中心副主任罗德明，三合、新店乡人大主席团常务主席席学谦、任作栋列席会议。

附：

人事任免

杜文彪任县经济委员会主任

张长树任县人民法院甘沟法庭庭长、免去雷大法庭庭长职务

李尚明任县人民法院雷大法庭庭长

免去：

刘维勤县经济委员会主任职务

李　勇县人民法院甘沟法庭庭长职务

关于视察农村广播网建设情况的报告

由副主任阎志洁、教科文卫工作委员会主任张光明、办公室副主任柴玉明、广播电视局干部赵升贵同志组成视察组，于4月3日至9日，采取听汇报、个别了解和现场察看的方法，对我县农村广播网建设和管理情况进行了视察。

一、视察的基本情况

我们这次重点视察了七里、高界、雷大、后梁、三合、余湾6乡镇的15个村18个社63户的广播入户情况，并对雷大、高界、七里、余湾4乡镇的广播放大站进行了检查。视察情况表明，这6个乡镇的领导对农村广播网的建设是重视的，态度是积极的。广播入户情况比较好的是七里、雷大乡和高界镇，入户率分别为95%、86%和86%；处于中间状态的是后梁、余湾乡，入户率分别为75%和60%；差的是三合乡，线路全部破坏，乡扩大器因操作不慎被烧坏，全乡广播不通。在视察的63户中，广播全通的是52户，音响率为82.5%；线入户喇叭不响的有6户，占9.5%；有喇叭无入户线的有1户，占1.59%；线及喇叭全无的有4户，占6.35%。通过视察，我们认为，有线广播是当前农村的一个重要宣传工具，在教育群众，传递信息，交流经验，促进精神文明建设和生产方面发挥了很重要的作用，今后应当进一步加强建设，不断完善提高，更好地发挥其应有的作用。

二、一些乡村好的管理办法

（一）统一思想，提高认识。把办好有线广播作为乡、村两级的一项重要工作来抓。高界镇历届党委和政府十分重视广播工作，把它作为社会主义精神文明建设的一项重要任务来抓。镇上每次召开村、社干部会议时，首先过问广播网建设问题，为提高有线广播网的质量，镇上先后拿出2万多元用于线路维修。经过几年的努力，全镇基本实现了村村社社水泥杆化，广播入村入社率均达到100%，入户率达到86%。七里乡把农村有线广播网建设当作为群众办实事的具体体现，并列入村社干部政绩考核的内容。1988年以来，乡上本着取之于民、用之于民的原则，号召全乡干部群众有钱出钱，有力出力，先后共集资3950元，投入义务工1290个，使全乡10个村、69个合作社全部通了广播，入户率达到95%。雷大乡在认真搞好原广播设施维修的同时，狠抓了以村为单位的小片广播网建设。经过几年努力，全乡14个村，已有10个村建立了小片

广播网，达到了有高音喇叭、有扩大机、有广播室的“三有”标准。鏊岘村为提高广播网质量，村上先后拿出2400元用于设备购置和线路维修。目前，这个村已达到户户通广播，社社有高音喇叭。实践证明，领导重视，认识明确，是搞好农村有线广播网的关键。

（二）健全制度，落实责任，切实加强管护工作。发展农村有线广播网，管理工作必须跟上去。七里乡为搞好农村广播网的管理，乡政府制定下发了《七里乡农村有线广播设施保护管理暂行规定》，并给村配备了1名线路维护员，专门负责线路维修管理。乡上分管宣传教育工作的领导同志每年带领人员全面检查1次广播线路，为了确保管护工作的正常进行，乡上坚持每月召开1次线务员会议，每年召开1次广播工作会，及时研究和解决工作中存在的问题。高界镇针对过去广播杆、线经常被盗的问题，采取线路分节划段逐级管理的办法，村村配备了线路维护员，做到了人员、报酬、任务三落实。雷大乡采取村、社之间的线路村管，户与户之间的线路社管，乡、村之间的线路由乡管的承包责任制，并实行乡广播站和派出所、供电所、学校等单位联防的管护办法，收到了较好的效果。

（三）加强检查，勤于维修，确保线路畅通。高界镇坚持定期检查和临时抽查相结合的办法，发现和解决存在的问题。去年以来，他们先后维修线路10处，长达1200米，涉及4个村6个社，新增喇叭425个。七里乡至赵岔村的线路，过去一直从七里村川口社引线，经常发生广播线被盗现象，后来乡上改为从韩岔村引线，再未发生被盗问题。后梁乡政府在去年的广播线路维修中，乡上拿出1200元，群众集资1300元，实现了村、社广播水泥杆化。去年下马、麻峡发生了4起广播线被盗，今年张峡又发生了1起，他们都及时进行了维修，确保了线路的畅通。

（四）坚持播放制度，增加自办节目，提高广播使用率。七里乡除坚持每天定时开放3次广播外，还尽可能地增加自办节目，如利用广播宣传地膜玉米栽培技术、小麦病虫害防治、玉米带状种植、致富信息等。高界镇多年来坚持节假日、农忙季节广播不间断。后梁、雷大两乡在计划生育、农田基本建设、植树造林、粮油入库等工作中，充分发挥有线广播的作用，达到了促进工作的目的。一些乡、村还利用有线广播，号召群众积极参与广播网的管理，对广播设施的保护起到了积极的作用。

三、问题和建议

近几年，在各级领导的重视和广大群众的努力下，我县广播事业恢复较快，但由于种种原因，目前仍然存在不少亟待解决的问题：

一是思想认识跟不上。根据我们了解，乡镇领导对广播事业普遍比较重视，但村、社一级却是个薄弱环节。有些人认为，现在农民生活富裕了，电视机、收录机进了农家院落，办有线广播不需要了。有的村、社干部对办有线广播的困难估计过高，缺乏信心，束手无策。这些问题在一定程度上影响着农村广播网的建设和发展。

二是管理工作跟不上。通过这次视察，我们感到，凡是管理工作搞得好的乡、村，广播线路就畅通。如果只建不管，等于白干。前几年，我县农村广播网之所以遭到严重破坏，究其原因，主要是贯落实省政府《甘肃省农村有线广播设施保护管理暂行办法》不力，制度不健全，维护人员及报酬不落实，责任不明确。另外，一些乡镇的广播放大站业务人员素质太差，不适应工作的需要，这也是目前管理工作中需要解决的一个问题。

三是维修经费不落实。三合乡广播站的1台扩大机去年以来先后烧坏2次，因无钱维修，至今不能使用。雷大乡广播站的1台300千瓦扩大机去年秋季改土时因电压过高烧坏，因无经费，至今未修理，现临时借用城川乡的1台27.5千瓦扩大机，因功率太小，音响效果很差。高界镇反映，县上每年拨给他们的广播事业费1300元，除广播员的工资1080元外，所剩资金只有220元，而去年实开支广播员工资、电费、出差补助、机子维修等共达1857.12元，超支557.12元。在视察中，我们还看到一些村、社存在杆倒、线断、喇叭哑的问题，均因经费困难不能及时维修。除此以外，部分未通广播的村、社，现在要架通广播线路，面临的首要问题是无钱购买广播杆、线及其他器材。普遍要求县上适当增加一些经费。如三合乡要使全乡通广播，还需要65根杆、600多个瓷瓶、30公里的线，需款1.5万元。乡政府打算通过群众集资筹集一部分外，要求县上给予适当补助。

四是业务培训工作跟不上。乡广播放大站的工作是一项专业技术性较强的工作，调配人员必须经过严格培训，掌握基本技术，如果盲目上岗，就会给国家造成不应有的损失。如三合乡原线务员去年迁往河西后，县局派来1名未经培训的同志接管此项工作，由于本人是个外行，造成扩大机被烧。

根据上述问题，今后应着重抓好以下三个方面的工作：

（一）进一步提高对发展农村有线广播网的认识。从目前我县的实际看，尽管电视机、收录机等家用电器在农村有了较大发展，但有线广播仍然是特别重要的宣传工具，它在宣传政策，传播农业科技知识，动员群众，促进工作方面发挥着重要作用。各级政府要把恢复农村有线广播列入重要议事日程，认真研究解决存在的问题，确保广播工作的健康发展。

（二）要加快农村有线广播网恢复的步伐。目前，我县乡乡已建起广播放大站，其中八里、双岘2乡建起了标准化广播站。全县有扩大机33台，调频广播接收机30台。已建成水泥杆广播专线1351公里，全县91%的村和70%的社实现了网路水泥杆化，这些都为我县广播事业的进一步发展创造了有利条件。建议政府视各乡的不同情况，提出切实可行的奋斗目标，力争使一些入户率差的乡镇，在一两年内把广播网全部恢复起来，一些好的乡镇尽快向网路、用户标准化方向迈进。

（三）重视解决好农村有线广播网的维修经费。根据我们视察，乡上普遍反映，县上分配各乡的广播事业费偏紧，设备维修无法进行。因此，建议政府在可能的条件下，适当给各乡镇增加一些广播事业费，用于广播网的维修，以保证广播网的正常运行。

第九次会议　于1991年6月26日至27日在常委会机关会议室召开，分别由部文学、李克科、陈松友主持。

会议议程有四项：一、听取和审议教育局副局长张继祖受政府委托所作的《关于教师队伍建设情况的汇报》、常委会教科文卫工委副主任郭承祖所作的《关于中小学教师队伍建设的调查报告》；二、学习全国人大常委会《关于加强社会治安综合治理的决定》、省人大常委会《关于加强社会治安综合治理的决议》，听取和审议公安局局长赵正杰受政府委托所作的《关于1月至5月份全县社会治安情况的汇报》，作出《关于加强社会治安综合治理的决议》；三、审议通过《静宁县人大常委会联系人大代表办法》；四、人事任免。

第十一届常委会组成人员郜文学、阎志洁、李克科、赵智荣、陈松友、马子坤、张光明、王学谋、郭承祖、曹升明、陈凤亭、吴尚礼、史国忠、米凤翔、马克勤出席会议；政府县长韩豫平、副县长张会议，县委副书记吕忠厚、政协副主席王玉英、法院副院长陈万才、检察院副检察长李俭、公安局局长赵正杰、政府办公室副主任王康宁，教育局局长段积昌、副局长张继祖，司桥、高界、细巷、后梁、仁大五乡镇人大主席团常务主席张永华、杨德元、孙延寿、程志荣、程世清，常委会办公室主任郭应童、副主任柴玉明、司法民政工委副主任陈万才列席会议。

附：

人事任免

接受韩豫平辞去县人民政府县长职务的请求

李怀仁任县人民政府副县长、代理县长

县人民政府代理县长李怀仁个人情况表

表4-17

姓名	性别	民族	年龄	籍贯	文化程度	入党时间	工作时间	主要经历
李怀仁	男	汉	51岁	静宁城关	大专	1971.5	1964.7	曾在仁大公社工作；历任县革委会政治部组织组副组长，县委宣传部副部长，双岘公社党委书记，县革委会副主任，县政府副县长，县委副书记

关于中小学教师队伍建设的调查报告

由县人大常委会副主任李克科、教科文卫工作委员会主任张光明、副主任郭承祖分别牵头，教育局局长段积昌，教研室主任王耀华，人大常委会办公室副主任柴玉明及政协等部门的10名同志参加，分3个组，于6月5日至14日，采取听汇报、现场查看等方法，对威戎等15个乡镇的15所中学、35所小学的教师队伍建设情况进行了调查。

一、基本现状

据统计，15所中学共有教师425名，其中男386名，占90.8%，女39名，占9.2%；

公派教师393名，占92.5%，民用32名，占7.5%；党员90名，占21.2%，团员86名，占20.2%；本科学历19名，占4.5%，专科151名，占35.5%，中师181名，占42.6%，高中36名，占3.5%，其他38名，占8.9%；教学能力优秀的104名，占24.5%，一般的283名，占66.6%，差的38名，占8.9%；考试合格的285名，占67.1%，不合格的140名，占32.9%；短缺教师28名，占6.6%。35所小学共有教师367名，其中男320名，占87.2%，女47名，占12.8%；公派教师216名，占58.9%，民用151名，占41.1%；党员46名，占12.5%，团员54名，占14.7%；本科1名，占0.3%，专科3名，占0.8%，中师149名，占40%，高中136名，占37.1%，其他78名，占21.2%；教学能力优秀的141名，占38.4%，一般的208名，占56.7%，差的18名，占4.9%；考试合格的226名，占61.6%，不合格的141名，占38.4%；短缺效师23名，占6.3%。从以上可以看出，15个乡镇的中、小学教师队伍中，女教师所占比例偏低，中学教师中党员比例较大。从学历结构看，小学教师中中师以上学历（包括高中）的有288名，达标率为78.5%。中学大专以上学历的有170名，达标率为40%。由此可见，我县中、小学教师队伍建设尽管存在一些问题，但总体结构是比较好的。

二、加强教师队伍建设的具体做法

从这次调查的情况看，绝大部分乡镇教委、学校在贯彻实施义务教育法过程中，把教师队伍建设作为首要任务来抓，使广大教师的政治素质和业务素质普遍得到了提高。

一是重视抓了各项制度的建设。首先，建立健全政治学习制度。近几年，各学校普遍坚持了每周2小时的政治学习制度，重点学习了《关于社会主义若干问题学习纲要》《社会主义理论教育讲话》《哲学》《政治经济学》《科学社会主义》，以及党在各个时期的路线、方针和政策。在搞好集体学习的同时，许多学校对自学也提出了比较明确的要求。如阳坡中学多年来坚持集体学习与自学相结合，以自学为主，使政治学习落到了实处。其次，围绕教学工作，各学校普遍建立了教师考勤制度，量化目标管理制度、教案审批制度、听课制度、教师值周制度、班主任工作制度、奖罚制度等。这些制度的建立，对教学工作起到了一定的保障作用，如阳坡中学教师达标率仅为11%，但由于各项制度健全，管理措施得到落实，教学质量稳中有升。威戎小学围绕提高教学质量，狠抓了各项管理制度的落实，加强了教学过程的动态管理，连续10年双科合格率保持在90%以上。再次，计划教学管理初步形成制度。据调查，大部分学校都能按照教学大纲要求进行教学。每学年初，各科任课教师一般都能按大纲要求拟定自己的教学计划。乡镇教委在每学期中、末时到各校具体检查教学计划的制定及实施情况，基本上解决了无计划教学的问题。

二是加强了教师队伍的思想政治教育。前几年，由于受资产阶级自由化思潮的影响，学校的思想政治工作一度处于低潮，教师队伍中重智育、轻德育的问题比较普遍。各学校把教师的思想政治教育列入重要议事日程，采取了一系列行之有效的措施，使教师队伍的政治素质普遍得到了提高。主要表现在以下几个方面：1.重视抓了时事政治的学习。据我们这次了解，教师订报刊的积极性普遍较高，绝大部分学校的教师人均订报达1~2份，说明他们关心国家大事，注意充实、提高自己。如威戎杨桥小学的11名教师人均订报在1份以上，所订报刊种类比较齐全，主要有《人民日报》《甘肃日报》《人民教育报》《法制周报》《半月谈》等。威戎中学、阳坡中学、仁大中学、威戎小学的教师都能积极订报学习。2.广泛开展了职业道德教育。1985年以来，15个乡镇通过大抓集资办学，使学校面貌普遍发生了变化，在此情况下，许多学校在教师中开展了“学校修好了，我们怎么办”的讨论，要求每个教师以“忠诚、热爱、奉献”的精神，“办好一所学校，管好一个班级，带好一门课程，写好一篇文章”。阳坡中学对教师制定了比较严格的行为规范，明确提出了“学生进入学习状态，教师进入工作状态”。红寺乡教委组织开展了向李店中学学习，向先进教师赵宗理、王自勖学习的活动。威戎杨桥小学开展了“学雷锋、做好事”的活动。今年3月，杨桥三队麦场起火后，全体教师不顾一切地赶往现场，帮助群众扑灭了大火，为群众挽回损失近2万元。田堡小学针对本校存在的问题，深入开展了“全社会尊重教师，教师怎么办”的讨论。通过职业道德教育，促进了教师队伍的思想建设。3.较好地发挥了党支部的战斗堡垒作用和党员的模范带头作用。乡镇党委在抓学校思想政治工作的同时，注重加强了党建工作，收到了好的效果。威戎镇教育系统有5个党支部、53名党员，其中威戎中学和镇教委党支部被评为先进党支部，威戎小学过去一些教师不安心工作，几次要求调动，支委的同志主动帮助谈心，使这些教师很快打消了调动的念头，一心扑在教学工作上。双岘中学较好地发挥了党支部的作用，11名党员言传身教，以自己的实际行动影响他人，促进了教师队伍的思想建设，该校1990年被省委、省政府授予“德育教育先进集体”，校长魏士杰同志荣获“先进德育工作者”的称号。杨桥小学共产党员张伟同志，身患坐骨神经病，但他从不离开教学岗位，忘我地坚持工作，被镇上树立为“优秀共产党员”。在他的带动下，教师心往一处想，劲往一处使，学校面貌焕然一新。4.学校力所能及地为教师解决了一些实际问题。在抓思想政治教育的过程中，一些乡镇、学校把为教师办实事作为一件大事来抓，从而调动了教师的积极性。阳坡中学由于受条件限制，过去教师连一个像样的办公桌也没有，去年，该校想方设法为每个教师制作了1张办公桌。同时，学校在吃水相当困难的情况下，校长付坚同志经过多方努力，给每个上灶的教师日供开水2壶，未上灶的再增供1壶凉水，基本上解决了教师吃水问题，为他们安心工作创造了条件。

三是加强了教师业务能力的培养。据15个乡镇的35所小学统计，目前正在进修的教师有42名，其中离职的12名，在职的30名。如威戎小学在职进修的有10人，离职的1人，副校长谢恒老师，原先是中师程度，几年来，他坚持刻苦自学，现已达到大学本科学历。七里中学共有20名教师，其中有5名教师通过自学取得了大专文凭，占教师总数的25%，目前正在进修的还有8名，占40%。红寺乡教委为提高小学教师的业务能力，举办了电教中专班，有40名教师参加了学习，占教师总数的50%。在努力抓好离职进修和自学的同时，各学校普遍开展了形式多样的教学活动，促进了教师业务能力的提高。阳坡中学在全体教师中开展了写好1篇教案、讲好1节课、组织好1次课外活动、写好1篇教学论文，评选教学新秀、教学能手、模范班主任、优秀校长的“四一四评”活动，使青年教师不断得到锻炼、充实和提高。威戎中学开展了评选“教学新秀”的活动，共评选出教学新秀12人，并组织他们在全校进行了经验交流。威戎小学采取个别走访和开家长会的办法，广泛征求家长对教学工作的意见，收到了好的效果。祁川中心小学充分发挥集体备课优势，促进了教学质量的提高，去年小学毕业班双科合格率达到91%，优秀率达到35%。田堡上芦小学根据本校教师、年级和学生的特点，进行“复式教学”，为山区教学改革积累了经验。深沟麦顶小学注意改革课堂教学，在尝试“六因素教学法”方面进行了不懈的努力。其他一些学校还采取观摩教学、示范教学等方法，对教师业务能力的提高起到了重要作用。

三、存在的主要问题及建议

（一）教师的思想政治工作仍然是个薄弱环节，有待进一步加强。个别教师由于受社会消极因素的影响，不安心教学，误人子弟的问题仍然存在。教育主管部门应继续加强对教师的思想政治教育，不断提高他们的政治素质，更好地履行教书育人的神圣职责。

（二）学校的领导班子有待进一步加强。能否办好一所学校，关键是选好一个校长，配备好一个领导班子。建议教育主管部门对学校领导班子进行一次全面考查，对个别不称职的学校负责人进行适当调整，切实搞好领导班子建设。

（三）学前班教师普遍短缺。目前，我县农村学前教育发展较快，但学前班教师严重不足，有相当一部分学校不能按学前班的特点进行教学，起不到学前教育的作用。另外，学前班教室普遍窄小，设施过于简陋，应予逐步改善。

（四）民办教师在小学教师队伍中比例较大，但报酬太低，致使部分教师不安心教学，对小学教育质量的提高有直接影响，建议县政府重视我县具体情况，提出切实可行的解决办法。

（五）阳坡、曹务等乡镇无教委主任，对教学工作造成了一定影响，建议尽快配齐，开展工作。

（六）教师队伍达标率还比较低。全县不合格教师所占比例较大，知识结构也不尽合理。因此，要继续抓紧抓好教师的业务进修，鼓励教师通过自学，提高知识水平和业务能力。

第十次会议　于1991年8月2日至3日在常委会机关会议室召开，分别由部文学、阎志洁主持。

会议议程有五项：一、听取和审议副县长张会议受政府委托所作的《关于县人民政府上半年工作汇报》；二、听取和审议经委主任杜文彪受政府委托所作的《关于工业企业开展“质量、品种、效益年”活动情况的汇报》、常委会农业财经工委主任陈凤亭所作的《关于工业企业开展“质量、品种、效益年”活动情况的视察报告》；三、听取和审议常委会副主任阎志洁所作的《关于县人大代表意见、建议办理情况的通报》；四、听取和审议计委主任王智仁受政府委托所作的《关于提请调整静宁县国民经济和社会发展十年规划及“八五”计划部分指标的报告》，作出《关于批准静宁县国民经济和社会发展规划及“八五”计划部分指标调整的决议》；五、学习彭冲在办理全国人大代表意见座谈会上的讲话等有关理论文章。会上，代理县长李怀仁就落实审议意见作表态发言；会议结束时，郜文学作总结讲话。

第十一届常委会组成人员郜文学、阎志洁、李克科、赵智荣、陈松友、张光明、马子坤、梁钧宪、史国忠、陈凤亭、王学谋、郭承祖、陈向华、翟沪兰、吴尚礼出席会议；政府代理县长李怀仁、副县长张会议，法院副院长张金业、检察院检察长陈贵录、政府办公室主任朱寿亭、农办主任祁治国、经委主任杜文彪、计委主任王智仁、财政局局长刘宝生，常委会办公室主任郭应童、副主任柴玉明，省第七届人大代表杨耀忠，余湾、甘沟、李店、贾河、威戎五乡镇人大主席团常务主席韩三余、祁世明、常进邦、侯玉玺、刘国祯列席会议。

第十一次会议　于1991年10月18日至19日在常委会机关会议室召开，分别由郜文学、阎志洁、李克科、赵智荣主持。

会议议程有六项：一、听取和审议政府法制科科长杨成安受政府委托所作的《关于1991年行政执法监督检查工作的报告》；二、听取和审议法院院长漆忠义所作的《关于1991年1至9月工作情况报告》、检察院副检察长冯利民所作的《今年前三季度检察工作情况报告》、公安局局长赵正杰受政府委托所作的《1991年前9个月公安保卫工作情况报告》；三、听取和审议司法局局长穆熙雄受政府委托所作的《关于在全县开展法律宣传教育的第二个五年规划》的报告，作出《关于在全县开展法制宣传教育第二个五年规划的决议》；四、听取和审议财政局局长刘宝生受政府委托所作的《关于全县1月至9月财政收支预算执行情况的报告》；五、听取和审议政府办公室副主任王济华受政府委托所作的《关于县第十一届人民代表大会第二次会议代表意见、建议办理情况的报告》；六、人事任免。会议结束时，郜文学作总结讲话。

第十一届常委会组成人员郜文学、阎志洁、李克科、赵智荣、陈松友、张光明、马子坤、郭承祖、王学谋、史国忠、陈向华、翟沪兰、马克勤、吴尚礼、梁钧宪出席会议；政府副县长张会议、政协副主席王玉英、法院院长漆忠义、检察院副检察长冯利民、县委政法委副书记李柱、政府办公室副主任王济华、公安局局长赵正杰、司法局局长穆熙雄、财政局局长刘宝生、政府法制科科长杨成安、工商局副局长王保定、物价委员会副主任樊海廉、政协提案法制工委主任王举胜，常委会办公室主任郭应童、副主任柴玉明，古城、石咀、田堡、雷大四乡人大主席团常务主席韩文辉、柴志信、郑廷瑜、张文华列席会议。

附：

人事任免

免去朱寿亭县人民政府办公室主任职务

第十二次会议 于1991年12月25日至26日在常委会四楼会议室召开，分别由部文学、阎志洁、李克科、赵智荣主持。

会议议程有六项：一、学习中共十三届八中全会公报；二、听取和审议农牧局副局长张维存受政府委托所作的《关于静宁县农村资产管理改革工作的汇报》、常委会副主任赵智荣所作的《关于八里等5乡农村资产管理改革的调查报告》；三、听取和审议卫生局局长胡青汉受政府委托所作的《关于加强农村卫生工作的情况汇报》、常委会教科文卫工委副主任郭承祖所作的《关于对古城、细巷、李店、治平、甘沟卫生院进行调查的报告》；四、听取和审议监察局局长樊生茂受政府委托所作的《关于廉政建设情况的汇报》；五、审议通过常委会1991年工作报告和1992年工作安排意见；六、审议通过召开十一届人大三次会议的有关事项。

第十一届常委会组成人员部文学、阎志洁、李克科、赵智荣、陈松友、马子坤、梁钧宪、陈凤亭、王学谋、史国忠、郭承祖、翟沪兰、曹升明、吴尚礼出席会议；政府副县长安静修、政协副主席王玉英、法院院长漆忠义、检察院副检察长冯利民、政府办公室副主任王济华、农办主任祁治国、农牧局副局长张维存、卫生局局长胡青汉、政协教科文卫工委主任李西仓列席会议。

附：

关于八里等5乡农村资产管理改革的调查报告

由副主任赵智荣、专职委员王学谋、曹升明和县委调研室、农牧局、经营管理站的负责同志组成两个调查组，由赵智荣和王学谋同志分别带队，从11月18日开始，用6天时间，采取听乡、村汇报，召开群众座谈会，查看账务等方法，对八里、双岘、仁大、四河、原安的农村资产管理改革工作进行了调查。

一、基本情况

我县农村资产管理改革工作于1989年在八里、治平两乡试点后，县上制定下发了《村社两级资产管理改革实施方案》，1990年、1991年在全县展开。实行资产改革后，统管资金主要有：村、社原有资金，专业合同承包费，机动地承包费，各项罚款，土地有偿承包费等，其中资金数额最大的是土地有偿承包费。这次我们对八里、双岘、四河、仁大、原安的土地承包费使用情况，做了较为详细的调查。上述5乡共71村，401个社，70592人，共有耕地211212亩，每年应收土地有偿承包费436287元，亩均2.06元，人均6.18元。其中八里乡共10个村，59个社，16827人，全乡耕地面积43965亩，年收土地承包费122000元，亩均2.77元，人均7.25元，1990年完成了上交任务，1991年已收77000元，占任务的63%。双岘乡14个村，91个社，13070人，耕地面积43855亩，年收承包费85124元，亩均1.94元，人均6.51元，1990年完成了上交任务，

1991年已收84862元，占任务的99.4%。仁大乡14个村，57个社，13100人，耕地面积28513亩，年收承包费84968元，亩均2.98元，人均6.49元，1990年实收79291.46元，占上交任务的94%，1991年实收79000元，占任务93%。四河乡14个村，94个社，10836人，耕地面积33277亩，年收承包费59348元，亩均1.78元，人均5.70元，1990年完成了上交任务，1991年实收32094.46元，占任务的54%。原安乡19个村，100个社，16759人，耕地面积66300亩，年收承包费84847元，亩均1.28元，人均5.06元，1990年完成了上交任务，1991年实收5300元，占任务的6.2%。

二、主要做法及效果

调查中我们了解到，八里、双岘、四河、仁大、原安5乡，从农村资产管理改革开始后，紧紧围绕土地承包费的收交、历年旧欠的清理和回收、专业承包合同的兑现开展了工作，达到了壮大集体经济实力，增强集体经济凝聚力的目的。主要做法是：

（一）消除顾虑，克服畏难情绪，取得广大群众的信任和支持。清理村社资产，是一项既敏感又复杂的工作，群众对此极为关注。资改以前，这5乡的一些村、社程度不同地存在着债权、债务不清，账务混乱等问题。在清理工作中，各乡先后成立了财务整改领导小组，由乡上分管财经的负责同志任组长，乡会计、经营管理员、信用社主任为成员，逐村逐社全面开展了工作，首先从解开村社干部和群众思想疙瘩入手，针对群众怕拔出萝卜带出泥、怕平调挪用、怕统管后资金不由自己等思想疑虑，通过召开群众大会，有线广播宣传等形式，向群众反复讲解资产管理改革的重要性和紧迫性，使广大群众明白实行资产统管后，“村、社资金，权属不变”，资改的目的是壮大集体经济，合理使用资金，进一步发展农业生产。从而消除了村、社干部和群众的各种思想顾虑，取得了群众的支持，为顺利开展工作奠定了思想基础。

（二）全面清理，多形式回收欠款。八里乡充分发动群众，依靠群众，让群众互相监督，查找线索，做到清理工作不留尾巴。乡上采取既清账内，又清账外的办法，特别对群众意见大、反映强烈的经济问题，进行了重点清理。全乡共清出欠款4.3万元，一次性回收3.3万元，占应收的77%。在全面清理的基础上，完善各类专业承包全责4500份。对剩下的4000元欠款，跟踪调查后，对欠款人暂时确定无力偿还的，经研究决定，按“以欠转贷”的方式处理；对14笔计金额6000元的欠款，经群众代表讨论同意，做了呆账处理。四河乡清理村、社欠款时，用“立字据、限期还款”“寻保人担保、分期分批还款”的办法，对债务问题及时找补平衡。全乡共清理出欠款5142.55元，收回3032.74元，占58.9%。双岘乡清理出欠款6085元，收回6052元，占99%。仁大乡清理出欠款20328元，收回19758元，占97%。原安乡清理出欠款11462元，收回9262元，占80%。从这次调查看，上述5乡清理工作比较细致扎实，清理后会计账目清，物资、财产清，存款、现金清，债权、债务清，账物、账款、账据、账账相符，群众比较满意。

（三）建账统管，做到专款专用。双岘乡财务清理工作完成后，清理出的各类物资、财产、土地有偿承包费、机动地承包费等，由乡经营管理员建账统管。具体办法是：乡经营管理员分村设立多栏式总账1本，统管到各社；村专业会计与乡上设相应的总账1本，现金流水账1本。以社立户，设多栏式明细账，统辖各社农户，记载农户的各种经济往来；各社设立固定资产登记簿和指令性任务登记簿各1本。八里、四河两乡为了进一步加强统管，还制定了一些与统管相适应的措施，如资金收入计划管理办法，土地承包合同和专业承包合同管理办法等。统管资金的目的是用好资金，县委、县政府联合下发有关文件，对“三金两费”占土地承包费的比率做了具体规定，其中公积金占15%~25%，公益金占15%~20%，奖励金占4%~5%，统筹费占10%，管理费占40%~45%。调查时我们注意到，八里等5乡，基本上按县上规定的标准开支。八里乡为了确保专款专用，提高资金透明度，对村、社非支不可的不合理开支做了具体规定，如每笔不合理开支，须有群众代表签字，方可入账，否则不予拨款。1991年全乡的不合理开支为391元，占总支出的1.73%，与1989年相比，降低了10个百分点。双岘乡为防止不合理开支的发生，实行主管领导一支笔审批资金的制度，严明了审批手续，堵塞了漏洞。

从调查后的情况看，八里等5乡资改后的优势表现在以下几个方面：

一是严明了财经纪律，密切了干群关系。这次农村资产管理改革结束后，双岘、八里、四河3乡建立了“提留公开化、使用民主化、管理制度化”的资产管理新机制，有规章可循，有制度约束，严明了财经纪律。八里乡专门成立了审计工作小组，定期对村、社财务进行审计，把审计结果公布于众，接受群众监督。乡上还制定了“十清十查”制度，即清结存，查账款是否相符；清产品物资，查账物是否相符；清现金存款，查账款是否相符；清各项支出，查是否合乎制度规定；清承包上交提留，查是否完成合同兑现；清各项罚款，查开支用途是否正确；清干部村民欠款，查是否立据计息；清暂收暂付及其他款项，查明来龙去脉；清各种经济往来，查债权债务是否落实；清各种用工，查分配是否合理。这些制度的执行，充分体现了群众管理、民主理财的意识，改善了干部和群众的关系。

二是兑现了干部报酬，调动了干部的工作积极性。资改以前，一些村、社干部报酬得不到落实，有的干部既没有种报酬田，也没有拿工资，他们工作不积极，干劲不足。实行资改后，八里等5乡的228名村干部全部实行了工资制。仁大乡村支书月工资39元，村主任37元，文书35元。双岘乡村支书、主任月工资40元，文书35元，社干部一年除种2亩报酬田外，每人每月还领5元误工补助。八里乡村干部月工资45元，社干部月工资30元。四河乡村干部月工资37元，社干部一年种3亩报酬田。原安乡村干部月工资38元，社干部一年种3亩报酬田。村、社干部报酬的落实，调动了他们的工作积极性，推动了农村各项工作的开展。

三是壮大了集体经济实体。资产管理改革以前，集体财产被少数人挪用、侵占，集体经济名存实亡，群众对此意见很大。资改后，使集体经济实力大为增强。八里乡目前的集体积累已达48.93万元，比统管前增加了31.62万元，增长64%；四河乡集体积累已达28480元，比统管前增加了23338元，增长了81.9%；双岘乡集体积累已达40072

元，比统管前增加了34020元，增长84%；仁大乡集体积累已达51245元，比统管前增加了31487元，增长61%；原安乡积累资金已达37928元，比统管前增加了28663.8元，增长77.5%。

四是增强了集体经济为群众服务的能力。村、社资金统管后，协调处理了一些村、社想办而办不好或办不到的公益事业。双岘乡页沟村4社的500多口人，原来吃一眼泉水，由于管理不善，水泉经常塌方，吃水比较困难，群众多次想维修，但没有资金。资金统管后，乡上通过协调，从这4个社的公益金中拿出502元，对水泉进行了衬砌和加固，解决了群众的吃水困难。八里乡从统管资金中拿出了2600元，给大路村和关道岔村分别修机耕道1.2公里和3公里。仁大乡从统筹费中拿出钱为李湾等村修复了广播线路。

五是建立了农村合作基金会。双岘乡于今年3月筹集村、社闲散资金29300元，建立了农村合作基金会，按照“不以营利为目的，而以服务为宗旨”“小额、短期、低息、高效”的原则，向群众投放。由于手续简便利息低，群众有了困难，都乐于找基金会帮助解决。从今年3月份开始，现在已融资35218元，投放给264户，其中给225户农民投放20328元，解决了他们种植地膜玉米时资金不足的困难；给13户农民投放4000元，帮助搞副业生产；给26户农民投放10890元，帮助购买大牲畜和家具。至目前，已收回1200元的利息。这种滚动增值的办法，是解决群众急需、增加集体经济实力的好路子。

三、存在问题和建议

八里、双岘、四河、仁大、原安5乡的资产管理改革工作虽然取得了很大成绩，但由于工作刚起步，而且资改涉及面广，工作量大，因此还都程度不同地存在着一些问题，需要在今后的工作中进一步探讨，认真研究解决。

一是个别乡分管资改的领导责任性不强，工作拖沓，影响了农村资产管理改革工作的开展。

二是资金统管不全面，数额小，范围少。原安乡的统管资金中，原有积累资金、发包租赁收入等，在乡上的账务中没有反映出来。仁大乡对机动地承包费和果园承包费没有纳入统管范围，甚至还有少数村、社以机动地户户种为借口，没有搞资金统管。

三是乡经营管理员的业务能力不强，对现在通用的“借贷记账法”不够熟练；一些村的专业会计业务能力差，不懂“借贷记账法”，至今还沿用“收付记账法”。

四是建账不规范，账簿保管不妥善。仁大乡村上的账只有账页，没有账皮，账页不装订，用回形针随便别起来。原安乡个别村，只保存当年的账本，对前任会计的账本和自己经手的旧账本，没有妥善保存，有的已丢失。

五是处理账务不及时，没有按日清月结的原则记账，有的村无专业会计，多半年不记1笔账。

六是资金使用渠道不合理，有借支挪用现象。

针对上述问题，建议县政府要认真抓好以下几方面的工作：

第一，县、乡两级人民政府要进一步加强对乡镇资金统管工作的领导。我们调查后觉得，八里、双岘、四河的资产管理工作搞得好，其主要原因是这3乡的主管领导懂业务，工作认真，责任心强。因此，建议县上今后要切实加强乡镇经委班子建设，选配一些领导有方、业务能力强的同志担任乡镇经委主任。

第二，搞好业务培训工作。业务主管部门要采取举办短训班、分片轮训、到乡镇个别指导等方法，帮助乡镇的经营管理员，系统学习财会知识，提高业务能力，乡经营管理员要主动承担培训和指导村专业会计的任务，帮助他们掌握记账方法，正确运用“借贷记账法”，及时处理好村、社账务。

第三，县经营管理站要配合审计部门，定期对乡镇统管资金进行审计，监督乡镇管好用好资金。从八里等5乡统管的资金数额看，各乡镇目前都拥有一笔数量不小的资金。要管好这笔资金，单靠乡镇经委力量还不够，需要各方面的配合和支持，尤其需要审计部门的监督。对审计出来的违纪问题要严肃处理，以维护广大人民群众的切身利益。

第四，要重视解决乡、村经营管理人员的办公条件。乡镇经营管理员应有专用办公室，村专业会计应购置财务档案柜，以保证他们更好地开展工作。

第五，建立农村合作基金会，健全服务体系。目前，双岘乡农村合作基金会的工作比较活跃，很受群众欢迎。建议县上推广双岘乡的经验，在各乡镇建立起合作基金会，更好地为农民群众服务。

总之，通过这次调查表明，我县的农村资产管理工作确实取得了很大成绩，但对少数乡、村存在的一些问题，必须引起各级领导的高度重视，认真研究解决。让我们共同努力，通过今冬明春的社会主义思想教育活动，进一步提高广大干部群众的思想认识，扎扎实实地做好工作，使农村集体经济不断壮大发展。

第十三次会议　于1992年2月20日在常委会四楼会议室召开，由部文学主持。

会议议程有三项：一、学习全国人大常委会委员长万里关于加强执法检查工作的讲话、甘肃省人大常委会1992年工作要点；二、传达学习省人大常委会信访工作会议、人大系统教科文卫工作研讨会和平凉地区人大工委召开的县（市）人大常委会主任会议精神；三、人事任免。

第十一届人大常委会组成人员部文学、阎志洁、赵智荣、陈松友、马子坤、张光明、史国忠、王学谋、曹升明、马克勤、陈向华、陈凤亭、吴尚礼、郭承祖出席会议；政府副县长张会议、法院院长漆忠义、检察院副检察长冯利民，常委会办公室主任郭应童、副主任柴玉明、农业财经工委副主任祁望厚、代表联络工委副主任周世让列席会议。

附：

人事任免

王济华任县人民政府办公室主任

李克和任县经济体制改革委员会主任
米世荣任县公安局局长，免去县广播电视局局长职务
张新平任县水利局局长
张思忠任县人大常委会司法民政工作委员会主任
祁望厚任县人大常委会农业财经工作委员会副主任
周世让任县人大常委会代表联络工作委员会副主任
免去：
马子坤县人大常委会司法民政工作委员会主任职务
赵正杰县公安局局长职务
秦复华县水利局局长职务

第十四次会议　于1992年5月11日至12日在常委会四楼会议室召开，分别由部文学、阎志洁、李克科主持。

会议议程有四项：一、学习省委、省政府《关于进一步解放思想加快改革步伐的意见》，地委、行署《关于解放思想，加快改革步伐，加速平凉经济发展的意见》和《中华人民共和国全国人民代表大会和地方各级人民代表大会代表法》；二、听取和审议农业办公室副主任李存时受政府委托所作的《春耕和抗旱生产情况汇报》、常委会副主任马子坤所作的《关于春耕、抗旱生产调查情况的报告》，三、听取和审议体委主任舒崇仁受政府委托所作的《关于全县体育工作汇报》、常委会教科文卫工委副主任郭承祖所作的《关于全县体育工作的调查报告》；四、人事任免。会上，副县长张会议就落实审议意见作表态发言。

第十一届人大常委会组成人员部文学、阎志洁、李克科、马子坤、史国忠、郭承祖、曹升明、梁钧宪、王学谋、马克勤、陈凤亭、吴尚礼、张光明、陈松友、翟沪兰、陈向华出席会议；政府副县长张会议、政协副主席杨茂林、法院院长漆忠义、检察院副检察长冯利民、政府办公室主任王济华、体委主任舒崇仁、农机局局长李忠民、农办副主任李存时、农牧局副局长张维存、水利局副局长胡广兴、教育局副局长高世祥，常委会各委、办负责人郭应童、张思忠、祁望厚、周世让，曹务、城川、余湾、灵芝、细巷人大主席团常务主席王国兴、梁登科、韩三余、高兴文、孙延寿列席会议。

附

人事任免

谢三纲任红寺人民法庭庭长
免去王登科县人民法院审判员、审判委员会委员、民事审判庭庭长职务

关于春耕抗旱生产情况的调查报告

经主任会议研究决定，由农业财经工作委员会及农办、农牧局、水利局领导同志

参加，共8名干部组成2个调查组，县人大常委会2名副主任分别带领，于3月下旬用6天时间，按我县东西南北和山川等不同区域，就仁大、贾河、李店、雷大、双岘、威戎、古城、甘沟、细巷、红寺、高界、灵芝、八里、司桥14个乡镇的春耕、抗旱生产情况，采取开座谈会、实地查看、研究解决具体问题的方法，进行了调查了解。

一、旱情十分严重

今年的干旱由于跨年度长达10个多月时间，已给农业生产造成严重威胁。我们所到的地方，经实地查看，川区水浇地，双岘、雷大等乡镇的一部分山区“二阴地”、湾滩地墒情比较好，春耕生产与往年一样正常进行外，其余的山坡向阳地，因干旱太深，基本无法照常生产。尤以仁大、李店2乡严重，在临近“清明”的农事大忙季节，很少看到有人在山坡地里干活。路过的有些村庄，男青壮年劳力大白天坐在一起下象棋、打牌片，妇女搞草编。3月23日李店集贸市场的人数与腊月间差不多，出现反常情况。

由于持久干旱，已经看到的问题是：第一，春播不好。据灵芝、司桥、高界、八里、细巷、红寺、甘沟、古城、雷大、双岘等10乡镇的领导同志讲，他们地区的春田大部分能按时下种，出苗也不会有大的问题；但仁大、贾河、李店3乡和威戎镇纯山区的5村22个社春播计划5639亩，因地墒差，均未下种。第二，大秋播种困难很大。据仁大、贾河、李店、威戎4乡镇反映，按当前的旱情，山区的大秋作物都种不下去。仁大、贾河、李店3乡去年的山坡秋茬地有的没有翻耕，有的翻耕后没有打耱，今春虽干打过胡墼，但仍有一半埋在土里，如无比较好的雨，要下种问题更大。地膜玉米覆盖，只有八里、甘沟、红寺3乡的计划面积落实得比较好，其余乡镇的计划只到村社，没有到户，大部分群众观望墒情，如无好雨，将会落空。墒情很差的地方，群众不买地膜，乡上的领导也在犹豫，没有决心组织落实。第三，冬麦苗情大部分不好。据14个乡镇3月下旬粗略普查排队，播种冬小麦24.09万亩，其中一类5.91万亩，占24.6%；二类8.44万亩，占35%；三类7.97万亩，占33%；需耕翻改种1.76万亩，占7.4%。这个数字还有变化，耕翻的面积肯定将要增多。李店乡共种冬麦1.88万亩，需翻种4500亩，占24%。威戎镇山区小麦2万亩，有1万亩死亡严重，占到一半。就各乡镇所排的二类麦田，从实地看，大部分因播种迟，底墒不好，有的是秋茬连种，缺苗严重；二、三类麦田的周围，约1米宽普遍没苗。有的地块中间死苗空隙很大，即使勉强留下，收成也不会好。总之，就目前的苗情看，若近期有场好雨，只能是减轻损失，但与往年相比，减产已成定局。如久无好雨，形势将更加严重。第四，有的村社群众生活比较紧困，突出的是仁大、李店2乡的川区村社，因去年干旱严重，大秋作物基本绝收，茬田未种下去，当年减产大，加之人均占有耕地少，历年积存不多，目前已有一部分人吃粮发生问题。据李店乡调查摸底，山区12村57社，1752户，9811人中，约有30%的户缺粮；川区8村46社，1721户，9600人中，约有一半户数缺粮，全乡今春预报缺粮72万斤，还未下达供应指标。仁大乡川区7村32社，已有30%的户缺粮。我们调查期间，粮站运到每斤0.45元的议价小麦，群众纷纷争购，有的人还拉上架子车，远到雷大粮站去购买。

二、抗旱生产取得一定成效

在去年夏秋干旱、冬天少雪、开春仍无好雨、干旱持续发展的严重形势面前，各级党政组织在工作安排上，把抗旱生产当作农村压倒一切的中心任务，从思想上重视，措施上落实，普遍抓得具体，取得了一定成效。

一是突出抓水。有水利设施的11个乡镇，去冬今春以来，组织动员干部群众，集资、投工维修工程，启动原有“五小”水利设施，做了前几年雨水合节时被忽略了的许多工作，而且抓得早，抓得扎实，在抗旱生产中发挥了作用。据统计，冬春已灌地5万亩，占应灌面积5.76万亩的86%。八里、甘沟、细巷3乡共有提灌工程44处，经过群众集资、乡上协调、水利部门扶持，有37处发挥效益。细巷乡群众集资3000元，水利局解决水管16节，12处提灌工程全部投入使用，去冬今春使应灌的1100亩地全部灌上水。八里乡动员群众清除北峡灌渠淤积1万多米，乡村出资6000余元，衬砌渠道300米，开春灌地8000亩。李店乡川区历来水源不足，去年干旱时无水可灌，损失重大。他们吸取教训，从秋季开始，乡上确定1名主要领导，具体组织处理井、塘、提灌设施方面的问题，先后在西川启用井、塘、提灌等10处设施，加上开渠引水，有1300亩地灌上了水；东川的6处井、塘因水量不足，由乡上协调，把五方河村大口井的水抽出引到河里，又通过“东风渠”提引补充，灌地3100亩。就这样，全乡冬春2次灌地4400亩，占应灌面积5200亩的84.6%。

二是普遍开展了传统性的抗旱措施。根据14个乡镇统计，今年开春，已镇压15.68万亩，干打胡墼12.34万亩，地墒好的地方冬麦深施化肥6.79万亩，施盖头肥1.3万亩。甘沟乡于3月份通过在屯堡村召开现场会，推动了全乡的冬麦深施化肥，到月底达1.3万亩，占冬小麦面积的一半。仁大乡压沙保墒搞得好，据乡上领导谈和我们在东西两山居高看到的情况，川区和两山低处的台阶地基本是麦田占40%，压砂种经济作物达60%，而且搞得整齐统一，质量很好。这样的作务，农民虽然费工、辛苦，但能连续几年，经济效益是好的。

三是春耕物资调运比较及时。在我们调查期间，各乡镇的化肥调运80%，地膜运到一半多，所需良种基本到齐，正在向村社分配，组织供应。

三、需要研究解决的一些问题

（一）水利方面的问题。这次调查中，有八里、威戎、甘沟、红寺、细巷、高界、仁大、李店8个乡镇要求维修配套，起用原有“五小”工程21处，新建6处，共计需款29.46万元。其中，高界镇南川村，李店乡薛胡村、店子村，甘沟乡屯堡村，红寺乡马川村新建5处大口井，八里乡新建9处提灌工程。虽然所需资金较多，但改善、新增面积大，有的经群众集资，已经开工；仁大乡高沟、张湾2处提灌站，李店乡郭柴村大口井，威戎镇6处大口井，八里、细巷乡的提灌站，都是维修、配套，重新起用，所需资金不多，有的村社也集资了部分。县上应从长期抗旱出发，在资金许可的情况下，尽量给予扶持，提早解决问题，争取在夏灌或秋灌时发挥效益。

（二）农贷资金方面的问题。灵芝乡要求增拨农贷指标10万元，雷大、双岘2乡反映，一部分群众没钱买化肥和地膜，银行部门以拖欠旧贷，不发放新贷。其中，雷大乡欠旧贷款约70万元，而今年的化肥、地膜、籽种共需款16.2万元，80%的户缺钱，供应不下去。双岘乡40%的户买化肥、地膜有困难，需款9万元。而营业所有农贷指标13.5万元，也以有旧贷而不给发放新贷款。

（三）化肥搭配供应的问题。高界、司桥乡反映，供销社供应尿素时搭配二氨和磷肥，雷大供销社实行不买二氨的，就不供应尿素。这种强行搭配供货的行为，群众非常不满，但乡上无法解决。

（四）籽种的准备问题。各乡镇都提出，今年冬麦死亡改种面较大，再加夏粮收成不好，势必要扩大复种面积。因此，除动员群众自筹外，建议县上及早调运荞、糜籽种，以备后用。

上列几个方面的问题，除我们调查期间，水利部门的领导同志经实地查看，给李店、仁大、贾河3乡答应解决了个别小型水利方面的问题外，其余的问题，在调查工作结束后，与县政府的领导同志及时沟通情况，交换了意见。县政府于4月初已在现有指标内，给各乡镇下拨供应粮400万斤，救济款5万元，解决了当前群众生活上的实际困难。又通过电话会议，对农贷、化肥供应中存在的问题，向各乡镇及有关业务部门提出了相应的要求。水利部门集中价值9万元的物资，解决了38处小型水利开工、维修、配套等方面的急需。

关于全县体育工作的调查报告

根据县人大常委会1992年工作安排，经主任会议决定，由人大常委会教科文卫工作委员会和县体委、教育局抽组5名干部，在教科文卫工作委员会主任张光明的带领下，于3月25日至4月6日，深入到县教育培训中心、一中、二中、高界、威戎、四河、红寺、双岘7所中学和高界、威戎镇、四河、双岘乡政府、中心小学、双岘乡云萃小学及县商业局、火柴厂、化工厂，通过听取汇报、观摩教学、检查教案和体育活动场地、设施，抽查《国家体育锻炼标准》达标，对上述乡镇和单位的体育工作进行了调查，同时就全县体育事业的发展现状，与县体委的负责同志进行了座谈。现将情况汇报如下：

一、各类学校的体育工作比较正规化

这次所调查的一些学校，基本上贯彻了党的教育方针和中央关于教育体制改革的决定精神，把体育作为学校整体工作的重要内容，按照国家制定的中小学体育教学大纲及有关规定，开展体育教学和体育锻炼活动。为培养德、智、体、美、劳全面发展的合格人才奠定了坚实基础。

（一）各级各类学校普遍重视体育工作。我们调查的13所学校，都把体育教学与文化课放在同等位置，由1名领导分管，及时解决教学中的问题。县一中和威戎镇中心小学还制定了体育常规教学、器材管理等方面的规章制度，使体育工作有章可循。

县二中把体育教学与其他学科一同纳入量化考核范畴，年初确定目标，年终兑现奖罚，同时开展了最佳体育课和体育教学能手、教学新秀评选活动，充分调动了体育科任教师的工作积极性。其他大部分学校也已初步形成比较健全的体育工作管理体系，使体育教学和体育活动在大纲规定的前提下，学校定任务，教研组作安排，科任教师抓落实，从认识上、管理上都有了不同程度的提高。

（二）体育设施有所改善。8所独立初中以上学校，基本普及篮球、排球、乒乓球、单杠、双杠、跳箱、木马等常规性体育设施；4所完全中学和威戎镇中心小学还购置了联合训练器械，使学生从以往比较单一的活动中解脱出来，提高了运动兴趣和运动技能。4个乡镇的51所村小学，都购置了篮球、铁环、跳绳、小皮球等简单的体育器材。其中有篮球架和篮球场的43所，占84.3%；有乒乓球台、球拍的48所，占94%。

去年以来，县教育局提倡的自制教具活动，是符合我县实际的勤俭办学的好路子。大多数学校已开展了这项活动。威戎镇中心小学自制了3具小山羊、5副乒乓球台、3副跳高架、4块垫子、200对木亚铃、160副铁环、30根跳绳、1000个毽子和1000个沙包；四河乡中心小学自制1副秋千、1副转椅、20个毽子、200个沙包。从而不仅节约了学校经费，丰富了学生的体育活动内容，同时培养了学生的创造能力和艰苦奋斗的精神。

（三）教师队伍不断发展壮大。13所学校共有教学班131个，体育科任教师41人，其中专职25人（中学24人，小学1人），占61%；兼职16人（中学4人，小学12人），占39%；年龄60岁的3人，占7.4%，35岁至44岁的7人，占17%；35岁以下的31人，占75.6%；大专以上文化程度的17人（本科3人），占41.5%；中师文化程度的15人，占36.5%；高中文化程度的9人，占22%。有3人曾被树立为省优秀体育教师、省优秀教练员和“三八红旗手”。从总体上看，这是一支年龄结构合理、学历水平和思想素质较高的体育师资队伍；从初中以上各学校的具体情况看，也是教学力量最强的时期。

从工作实绩看，大多数体育教师热爱本职工作，为党和人民的事业兢兢业业，默默奉献。经我们对25名专职体育教师的教案逐本检查，能够根据中、小学生的生理特点和心理特点，合理安排学年计划和课堂内容，基本符合体育教学大纲要求。在课堂教学实践中，也能够坚持做到：合理掌握课程的密度和运动量；教师讲解清楚，示范准确；素质训练和技能训练配合紧密，各环节衔接、协调自然；结合体育训练进行纪律教育和思想品德教育，培养学生的集体主义精神。县二中郗丕谋、县一中杨志科，虽然年纪较大，但工作责任心强，除了认真完成课堂教学任务，在学校开展的各项体育竞赛中，还能够和年轻教师一起规划场地，组织分配器材，坚持在竞赛场上工作。县教育培训中心的体育教师利用业余时间指导、帮助一些机关单位开展体育活动，受到普遍好评。

（四）坚持开展多种形式的课外体育活动，有力地配合了课堂教学。一是各学校都实行每天上好早操、课间操，每周至少开展2次课外体育活动。有条件的学校还坚持每天做眼保健操，每天向各班安排课外体育活动；有的学校根据不同时期的气候特点，组织学生开展爬山、越野活动。二是积极开展代表队训练，选拔体育人才。除云萃小学外，其他学校都组建了以篮球、乒乓球、田径为主的体育代表队，在体育教师或有体育专长的其他科任教师的组织、指导下进行训练。近年来，4所完全中学通过这种形式，向大专院校培养、输送体育人才58人（一中34人、二中6人、威戎14人、高界4人），向省、地体校、体工大队输送学员24人，先后有500多名学生代表县上参加省、地举办的运动会，获得金牌63枚、银牌54枚、铜牌51枚。县一中的男、女排球队近年来参加省、地比赛，均取得较好成绩，还向其他企业、事业单位输送运动员237人，1986年被树立为全省群体工作先进集体，1989年被树立为省级先进体育传统学校。三是坚持开展体育竞赛活动。各学校普遍建立了体育竞赛制度，一般是每学年举办2次校级运动会，春季以田径比赛为主，秋季以球类比赛为主。独立初中以上学校班与班、组与组、宿舍与宿舍之间的学生也经常开展一些比赛，提高全体师生的参与意识，增强了集体荣誉感。四是开展“达标”活动，全面提高学生身体素质。施行《国家体育锻炼标准》的5所学校，1991—1992学年度的“达标”率分别为：一中97.2%、二中95%、威戎中学92.4%、高界中学85%、威戎镇中心小学87%。我们对这5所学校的45名中、小学生50米短跑、立定跳远2个项目进行抽查（按《国家体育锻炼标准施行办法》规定应测50项），2项成绩达到优秀标准的22人，占48.9%，良好的16人，占35.5%，及格的7人，占15.6%。其中，优秀率最高的县二中为80%，最低的威戎镇中心小学为20%。

二、群众性的体育活动蓬勃发展

近年来，随着城乡经济的发展和人民群众生活水平的提高，广大群众对文体娱乐活动的需求越来越迫切。乡、村各级组织和县直机关单位把群众性体育活动，作为精神文明建设的重要内容来抓，组织广大群众开展了生动活泼的体育竞赛。

（一）农村群众体育运动开展得好。高界、威戎、四河、双岘每年都由乡镇政府或文化站组织开展规模较大的群众性体育活动。今年春节，威戎镇举办了为期10天的综合性运动会，成立运动会筹备委员会，由镇长负责运动会的组织领导工作。运动会设有男子篮球、乒乓球、羽毛球、拔河、武术、象棋和女子跳棋等7个项目，共计111个代表队、710多名运动员参加比赛，掀起了盛况空前的体育运动热。观众每天多达2000多人，一些老人、妇女、小孩步行几十里到运动场地，为各自的代表队和运动员鼓劲、加油。北关村81岁高龄的戴三虎老人登上武术比赛赛场，向观众进行了武术表演。运动会上，共有24个代表队和41名运动员获奖。许多农民运动员表现突出，赢得观众的普遍称赞。在5个获奖的篮球队中，有4个是村上的农民队。据统计，这4个乡镇的60个村，有39个在今年春节开展了篮球及其他项目的比赛，参加的村、社代表队有255个。高界镇继红村组织的比赛，还邀请红寺、三合乡和会宁县的一些村、社参加。双岘乡上海村刘孝祖、页沟村杨晓东等人组织的家庭篮球队也异常活跃，他们除参加本乡村组织的比赛，还跨乡到新店、甘沟、祁川等地参加比赛，为农村文化生活增添了新的乐趣。有的群众已由体育活动的普通观众转变为积极的支持者和参与者。一些村、社购置篮球架，自发捐资赞助，有钱的拿钱，没有钱的拿粮食，钱粮紧困的，参加场地劳动，尽自己的义务。四河乡的14个村中，有10个村制作了篮球架，修成了篮球场，为农闲时间的群众体育活动提供了方便。由于体育活动的开展，一些乡、村干部反映，赌博、封建迷信和各种不健康活动减少了，邻里、家庭之间的团结增强了，社会效果比较好。

（二）县城机关单位的体育活动也比较活跃。县商业局针对本系统职工人数多，年轻职工比例大的特点，把业余体育活动作为丰富职工生活，调动职工积极性的重要措施，每年筹集20000多元用于购置体育设施，举办体育活动。县火柴厂工会、共青团和政工组织共同抓体育，厂女子篮球队曾连续多年获得县职工运动会冠军。现在，厂、车间、班组层层有体育代表队，有体育活动器材。厂里还计划在今年修建灯光球场，为职工的体育活动创造更好的条件。县化工厂自1984年以来，坚持每年举办1次职工运动会，规模大，项目多，使全厂30%以上的职工都有机会展现自己的一技之长，推动全厂体育水平的提高，也促进了全厂生产任务的完成。

三、当前体育工作中存在的一些问题

通过调查，我们认为，我县体育工作在县、乡两级政府和有关单位的积极努力下，总的发展情况是比较好的，但还存在一些问题和困难，需要进一步研究解决。

学校体育工作中的问题：

（一）体育经费短缺，器材、场地不足。由于各学校的包干经费普遍偏紧，若把办公费的大半用于体育教学活动，也只能购置一些球类。现有的常规活动器具大部分是早年配发的，不符合教学要求，而且种类太少，破损严重。县一中在1991年校庆期间筹资4000多元增购体育器材，使器材总数达到325件，是常规器材最多的学校，但与省有关部门规定的1238件相比，仅占26%。二中、高界中学由于操场面积太小，一部分班级上早操围着教室跑步，秩序比较混乱；举办田径运动会时，百米跑道按操场的对角线画，不符合师生的运动习惯。高界、四河、双岘中学因为运动场地方面的问题，多次发生排球架、双杠等体育器材被盗的事。建议县教育局和乡镇教委对各学校的体育器材进行调查，完善制度，加强管理，并对一些学校运动场地方面的问题，通过协商联系，求得解决。

（二）体育师资队伍不能满足教学工作的实际需要。8所初中以下学校，除了红寺中学和威戎镇中心小学，都没有专职体育教师，兼职教师带体育，责任性不强，课前不备教案，课堂无教材内容，业务上也拿不下来。四河中学今年配发了单、双杠，但2名兼职体育教师都不懂杠上动作，给学生无从教起。由于体育教师短缺，不少学校的“达标”活动无法开展，学校体育代表队的训练不能正常坚持，代表队水平提高较慢，尤其是女子代表队后继乏人的问题已十分突出。教育局、体委应当充分重视体育师资队伍的建设，力争在近几年内给全县各独立初中和乡镇中心小学配备专职体育教师，除分配的师范院校毕业生外，还可以对有体育特长而又不适宜教其他学科的年轻教师进行专门培训，使其“转业”为专职体育教师。

（三）学校卫生管理较差。经我们检查学生宿舍、食堂的卫生，较好的是四河、红寺中学，较差的是威戎中学，一中在这方面做了很大努力，卫生面貌较过去有明显改观，但还存在一些问题，高一、高二两级有524名学生，视力不良的就达211人，占40.3%，其中高二五班学生视力不良率高达60.4%，与学校卫生管理都有直接关系。各学校要采取措施，切实加强卫生管理工作，县、乡教育主管部门也要重视和加强这方面的监督检查。

另外，四河、红寺、高界中学反映的教室和学生宿舍、厕所的严重危房问题，住宿紧张问题，也直接威胁着广大师生的健康和安全，需要尽快研究解决。

全县体育工作中的问题：

（一）县体育场面积太小，而且四周是厕所，加上居民乱倒垃圾，脏、乱、差的问题十分突出。灯光球场因年久失修，塌陷严重，再行维修，代价太大。因此，县人民政府应尽快根据县城建设总体规划，研究落实县体育场的新建地址、资金问题。

（二）体育事业费严重不足。县财政每年安排15000元的体育事业费，除了必要的器材购置、维修，参加省、地的一些比赛，全县性的运动会就无法举办；县上举办了运动会，省、地的比赛就参加不了。这在很大程度上制约着我县体育运动水平的提高。建议县人民政府和财政部门适当增加体育事业费，以保证体育工作的最低需求。

（三）县体委领导班子需要加强。体委的2名负责同志都年龄较大，1名副主任在农村工作时间长，对体育业务生疏，本人也不安心工作。县人民政府应根据体育工作的特点，调整、选派年富力强、热爱体育事业、有较高专业水平的同志到体委工作，以加强我县体育工作的领导。

第十五次会议 于1992年7月20日在常委会四楼会议室召开，分别由郜文学、阎志洁主持。

会议议程有三项：一、听取和审议副县长王文进受政府委托所作的《关于静宁县国民经济和社会发展计划1992年上半年执行情况的报告》；二、听取和审议乡镇企业局局长陈志平受政府委托所作的《肯定成绩，寻找差距，解放思想，振奋精神，推动我县乡镇企业再上新台阶》的报告、常委会副主任赵智荣所作的《关于乡镇企业调查情况的汇报》；三、人事任免。会上，副县长王文进就落实审议意见作表态发言。

第十一届常委会组成人员郜文学、阎志洁、李克科、赵智荣、陈松友、马子坤、张光明、梁钧宪、翟沪兰、郭承祖、王学谋、陈凤亭、曹升明、史国忠、马克勤出席会议；政府副县长张会议、王文进，政协副主席王玉英、法院院长漆忠义、检察院检察长陈贵录、政府办公室主任王济华、财政局局长刘宝生、税务局局长赵建忠、商业局副局长王克泰、乡镇企业管理局局长陈志平、计委主任王智仁、经委主任杜文彪、供销社主任骆世清、政协办公室副主任马晓荣，省第七届人大代表高富德、杨耀忠、王郁仁、米凤翔，常委会各委、办负责人张思忠、郭应童、柴玉明、周世让，城关、威戎、八里、后梁、田堡5乡镇人大主席方天学、刘国祯、陈志强、程志荣、郑廷瑜列席会议。

附：

人事任免

陈冠璋任县商业局局长

王连兴任县广播电视局局长

免去张世俊县商业局局长职务

关于乡镇企业调查情况的汇报

6月下旬，由县人大常委会组成人员及有关部门人员组成调查组，对城川、城关、贯河等10个乡镇企业的发展情况进行了调查，并深入到20个企业实地座谈了解。

一、乡镇企业发展现状

这次调查的10个乡镇，现有各级各类企业1186户，从业人员5992人。其中乡办企业46户3220人，村办企业8户398人，联户企业107户590人，个体企业1025户1784人。乡办企业中，有农业企业8户42人，工业企业31户1294人，建筑企业4户1870人，饮食、服务企业3户14人；村办企业、联户企业以工业、建筑业为主，个体企业以商业、饮食和交通运输业为主。1991年，城川等10个乡镇的企业总产值完成3792.7万元，占全年任务3233万元的117.3%，占全县乡镇企业总产值7726.6万元的49.1%；总收入完成2987万元，占全年任务2797万元的106.8%，占全县乡镇企业总收入5650.4万元的52.8%；纯利润完成379.1万元，占全年任务230万元的164.8%，占全县乡镇企业纯利润54.7万元的69.3%；上缴税金122.4万元。占全年任务116万元的105.5%，占全县乡镇企业上缴税金216.2万元的56.6%，与乡镇企业发展初期的1985年相比，企业总数增加10.7倍，从业人员总数增加1.8倍，企业总产值增长5.8倍，企业总收入增长11.3倍。

今年上半年，在工业生产困难重重、农业生产遭受严重旱灾的情况下，乡镇企业仍然保持着较好的发展势头。截至6月中旬，10个乡镇企业总产值完成2054.4万元，占全年任务3435万元的59.8%，比去年同期的1450.4万元增长41.6%；总收入完成1502.1万元，占全年任务3020万元的47.5%，比去年同期的1181万元增长27.2%；纯利润完成111.9万元，占全年任务356万元的31.4%，比去同期的103.3万增长8.3%；上缴税金58.8万元，占全年任务125万元的47%，比去年同期的46万元增长27.8%。

从总体上看，乡镇企业作为一种新兴的经济成分，以产品、产业的多样性和经营方式的灵活性，作为自身生存和发展的优势，为振兴全县农村经济、加快脱贫致富步伐发挥了十分重要的作用。一是拓宽了农村剩余劳动力的就业门路。城川等10个乡镇共有剩余劳动力1.5万多人，从事乡镇企业的约占40%。二是提高了农村劳动者的素质。许多农民在乡镇企业掌握了一技之长，特别是从事建筑行业的2000多名劳动大军走南闯北，既开阔了眼界，又学到了脱贫致富的本领。三是促进了农业生产的发展。1991年，城川等10个乡镇中，乡、村和联户企业的工资总额及个体企业纯收入共计

649.8万元，人均1080元，其中大部分用于购买化肥、地膜等农用生产资料，为农业生产的发展提供了物质条件。四是照顾吸收了一部分贫困户和残疾人参加企业生产，使他们增加了收入，减轻了社会负担。为了发展乡镇企业，县、乡两级人民政府都认真贯执行了上级有关政策和规定，并采取有效措施，加以引导和支持，一些重点企业从论证、立项、建设到投产，都有县、乡领导或主管部门的负责同志参与联系和指导。后梁乡党委、政府每年专门召开2次会议，研究企业工作，全乡6户乡办企业，去年和今年上半年均未出现亏损。贾河、余湾等乡的领导面对本乡地理条件差、发展其他产业困难大的实际，积极动员、引导群众搞草编。1991年，余湾乡草编总收入达30万元，户均164元，人均31元，90%以上的农户从草编生产中获得了收益，其中苗岘村10%的户收入在500元以上，个别户还超过1000元。城川乡对几户亏损企业的扭亏和新项目的筹建，实行领导分工负责制，把乡镇企业作为振兴农村经济的突破口，狠抓各项措施的落实，使企业生产有了新的起色。城关镇政府坚持每年对所属各企业的生产经营情况进行2次检查，及时发现和解决一些违法违纪问题，调整不合格的管理人员，确保了镇属企业的生产顺利进行。

二、目前存在的主要问题

（一）乡与乡之间发展不平衡。1991年，城川乡和城关镇的乡镇企业总产值在工农业产值中所占比例已达到70%以上，而贾河、田堡、灵芝等乡仅为5%左右，其中田堡乡村以上企业只有乡农机站和1户乡办粉坊，固定资产总值3万元，不到城关镇村以上固定资产总值的1%。

（二）企业管理、技术水平落后。这个问题在乡镇企业中比较普遍，城关镇乡镇企业1至6月底实现利润46.7万元，其中镇办企业为5.5万元，占11.8%，村办企业为0.7万元，仅占1.5%。大多数乡村集体企业的管理人员都是原任或现任的村、社干部，管理方式普遍落后，很难适应企业发展的需要。城关镇粉丝厂、城川罐头厂由于管理和技术方面的原因，企业发生严重亏损，已形成资不抵债的局面。其中城关镇粉丝厂总投资170多万元，均系银行贷款和借款，至我们调查时，亏损总额高达39.16万元，企业基本处于倒闭状态。甘沟村鞋厂是我县规模最大的村办企业，总投资37.4万元，1988年投产以来，由于管理不善、财务混乱，产品质量把关不严，在原材料价格基本稳定的情况下，成本逐年上升，形成亏损10多万元，已于今年初关门停产。在生产技术方面，绝大部分企业缺乏专门人才，只好边生产、边学习。有些企业虽然进行了技术培训，但工人们来去自由，流动性大，技术力量长期不稳定，使企业生产受到一定影响。祁川造纸厂设计年产量为1200吨，但从1986年投产以来一直没有达标，去年产量仅630吨，主要产品瓦楞纸生产成本和销售价格长期倒挂，每吨亏损69元。城川乡白乳胶厂曾3次试产没有成功，一开始就给企业造成重大损失。现在生产的白乳胶每瓶成本6.03元，销售4.68元，每公斤涂料成本1.55元，销售1元，两类主要产品都严重亏损。

（三）资金周转困难，“三角债”问题长期得不到解决。乡镇企业投资大多数属银行贷款，资金周转偏紧。一些产品滞销的企业，周转资金大多被库存产品所占用，企业处于停产半停产状态，一些产品销售好的企业，也因货款不能及时回收，使生产受到影响。“三角债”的问题环环相扣，严重制约着企业的正常发展。祁川造纸厂1988年的部分货款至今没有收回，一些厂家还用电视机、电冰箱和假冒“凤凰”自行车抵债，给企业造成了不应有的损失。城关镇五台山香厂是一户年产值13万元小型企业，应收款和其他占用资金达15万元，占周转资金16万元的93.7%，占固定资产22.5万元的66.7%，企业的运转极其困难。

（四）新产品开发不够，骨干企业太少。与前几年相比，多数乡镇的企业户数、产值增加了，而产品、产业种类却减少了。10个乡镇的集体企业，现在能创税利的基本剩下建筑、建材和地毯加工业，产品、产业朝着单一化的方向发展，一旦供求关系发生变化，企业的生产将受到严重威胁。

（五）执行有关法律法规不严。比较突出的是拖欠税金的问题，这次调查的19户乡办企业，大多数不能按期纳税。城关镇6户镇办企业今年上半年总产值完成224.2万元，占年任务的33%，但上缴税金仅2.05万元，占年任务的9.5%。祁川造纸厂近3年中都存在拖欠税金的问题。县税务局曾多次到厂催缴，至今还欠4万元。其次是使用童工的问题。我们通过检查甘沟中学、甘沟、祁川乡和城川罐头厂的4个地毯、挂毯加工点，发现均有16周岁以下的未成年人，其中最小的只有12岁，每天承受10~12小时的工作量，对他们的身心健康影响很大。

三、对今后工作的意见

发展乡镇企业是一项长期而艰巨的任务，县、乡两级政府都要将此作为振兴农村经济、实现富县富民的重要措施来抓。

要通过学习宣传中央2号文件和省、地有关会议精神，不断解放思想，提高认识，增强办好乡镇企业的信心。乡镇企业是实现我县“八五”计划和十年规划的重要组成部分，是广开财源、实现财政扭补的有效措施。各级领导干部都要进一步解放思想、更新观念、消除顾虑、振奋精神，抓住当前大好机遇，立足本地资源优势，用活用足省、地的优惠政策，积极开创我县乡镇企业的新局面。

要加强对现有企业的挖潜改造，提高企业的管理、技术水平。对尚未达产达标的村以上集体企业，要逐户分析原因，寻找差距，切实解决存在的问题，限期达产达标。对重点企业的管理人员，要有计划地进行轮训，努力提高管理水平。同时要认真贯彻落实引进人才和鼓励机关干部领办乡镇企业的优惠政策，启动企业内部活力。充分调动职工的积极性、创造性，提高企业的整体素质。对一些重要岗位上的生产人员，要做到先培训、后上岗。县地毯厂近年来派出一些懂技术、有一定管理水平的职工，对基层加工店进行承包，保证了产品质量，提高了加工店的生产经营和技术水平，这些成功的经验应予以总结推广。对那些严重亏损和濒临倒闭的企业，应当大胆地采用承包、租赁、兼并、拍卖等方式，为企业寻出路，扭亏增盈。

要广开生产门路。大力发展地毯、草编等见效快、风险小、能够给每个家庭带来收益的产业。各乡镇还要结合当地的特点和市场需求，研究、开发一些规模较大、适宜于乡村集体经济的支柱产业，建立多层次、多渠道流通的农村经济体系。民亏村补、农亏工补、工亏商补，稳步提高广大群众的生活水平。

要充分发挥主管部门的职能和作用。县乡镇企业管理局、各乡镇经委要努力转变观念，认真克服工作中存在的检查多、指导少，了解情况多、解决实际问题少的“两多两少”现象，积极履行监督、指导、协调、服务的职责和义务。在具体工作中，一要加强企业的领导班子建设，抓好企业的思想政治工作，保证企业生产的连续性、稳定性；二要加强对企业的考核评定，及时发现和解决企业生产中的困难和问题；三要加强对企业执行国家法律、法规情况的检查督查，纠正企业中存在的各种违法违纪现象；四要建立技术咨询、指导机构，抽调专职或兼职人员，帮助企业解决技术难题；五要建立信息服务网络，及时掌握市场动态，为企业提供产前、产后服务。

另外，后梁乡石料厂由于近几年的利润全部上交乡政府，至今无力解决通电问题。我们调查时，厂里迫切要求县、乡政府帮助解决；余湾乡政府要求县上投资开展草编简易加工。对这两个具体问题，建议政府及相关部门研究解决。

第十六次会议 于1992年8月13日在常委会四楼会议室召开，分别由部文学、阎志洁主持。

会议议程有三项：一、听取和审议交通局局长杨水亭受政府委托所作的《关于全县交通工作的汇报》、常委会副主任马子坤所作的《关于交通工作方面的几个问题和意见》的报告；二、审议通过县、乡换届选举有关事项；三、人事任免。会上，县长李怀仁就落实审议意见作表态发言。

第十一届常委会组成人员部文学、阎志洁、李克科、赵智荣、马子坤、陈松友、马克勤、吴尚礼、梁钧宪、史国忠、郭承祖、王学谋、陈凤亭、曹升明、张光明、陈向华、翟沪兰出席会议；政府县长李怀仁、政协副主席杨茂林、法院院长漆忠义、检察院检察长陈贵录、县委常委、组织部部长靳士孔，政府办公室主任王济华、交通局局长杨水亭，常委会各委、办负责人郭应童、柴玉明、张思忠、周世让、祁望厚列席会议。

附：

人事任免

赵国全任县人民政府副县长

杨成堂任县人民政府副县长

县人民政府副县长赵国全、杨成堂个人情况表

表4-18

姓名	性别	民族	年龄	籍贯	文化程度	入党时间	工作时间	主要经历
赵国全	男	汉	40岁	泾川党原	大专	1974.12	1972.7	曾在8134部队服役，退伍后回乡参加劳动、在泾川县计委工作；历任泾川县计委副主任、计生委主任、县委办公室主任
杨成堂	男	汉	38岁	静宁红寺	大专	1981.9	1979.9	曾在灵芝、城川公社、县民政局、人事科工作；历任县委农村工作部副部长、部长，八里乡党委书记，县农牧局局长

蔡尚志任县人民法院民事审判庭庭长、审判委员会委员

免去厚连世县人民检察院检察委员会委员、检察员职务

关于交通工作方面的几个问题和意见

根据主任会议意见，常委会的2名负责同志和交通局的有关领导同志，先后到阳坡、石咀、甘沟等8个乡级交通局所属的公路养护站、运输管理所、汽车运输公司等3个单位，对县、乡公路建设和交通运输管理方面的工作进行了检查。从检查了解的情况看，县人民政府和交通主管部门在加快公路建设，改善交通条件，促进城乡经济建设方面做出了很大努力，取得了显著成绩。

一、县乡公路养护方面。

(1) 一些新建工程赶不上进度要求。甘（沟）四（河）公路是我县近年来公路建设中规模较大的以工代赈项目，全长14.47公里，由甘沟、四河两乡承建。按照省、地要求，工程自去年6月动工，应于今年6月完工。但到我们这次察看时，有些路段的桥涵、土方工程还没有完成，已完成的质量普遍较差（主要是甘沟路段），整修任务还很大。地区最近要求按8月底竣工，我们认为仍然难以如期完成。究其原因，资金不到位是影响工程进度的主要因素。省交通厅核定的总投资为96万元，实际只拨付50万元，其中工业品23万元，大米7万公斤、玉米12.5万公斤（折价20万元），配套现金7万元。工业品已由交通部门转售给供销部门，亏损1.84万元；大米和玉米因质量差，降价处理给县粮油议价公司和果糖厂（大米调进价每斤0.689元，售出价每斤0.35元；玉米调进价每斤0.275元，售出价每斤0.26元），亏损6.775万元。三项合计亏损8.615万元。而且玉米至今省计委与粮食厅互相推诿，没有着落。省上拨付的7万元现金，省财政也无法拨出，致使工程资金十分紧张。按照交通部门的意见，公路修建过程中每立方米土工支付0.4元补助款，交通局已拨给甘沟乡6万元，乡上至今没有给群众兑现，影响了群众的积极性。还有一些村、社的劳动力组织不好，抓得不紧，修建时断时续，拖了整个工程的后腿。主体工程完成后，路面铺沙共需要8000多方，四河乡的任

务已分解下达，甘沟乡政府的负责同志老认为本乡任务太大，采用民工建勤方式难以完成，提意见由县上解决经费。对于这些问题，建议县政府和交通部门应分别情况，具体研究解决，以加快进度，尽早完工，发挥效益。特别是资金问题，一是未到位的46万元怎么办？二是物资降价亏损的问题怎么处理？因为群众已经付出了劳动，给他们的报酬长期不能兑现，是会有意见的。

(2) 公路养护质量较差。我县境内有县乡公路14条，370.9公里，其中县上养护的7条，253.76公里，乡镇养护的7条，117.14公里。今年全县民工建勤拉沙任务6月底才完成49%，有贾河、阳坡、治平、后梁、双岘、司桥、八里、高界、三合9个乡镇至今未动。一些路段虽然拉了一些沙，但养护不好，路面出现“搓板”“坑槽”，遇到阴雨天，车辆难以运行。仁大至阳坡公路的李家湾地段，本在仁大境内，但由于受益不大，仁大乡不接受养护任务；阳坡乡要组织养护，又受当地群众阻挡，无处取土铺垫，成为两不管的路段。我们这次经过时，500多米路面水坑积水达1尺多深，客车根本无法通行。目前县乡公路养护以农民代表工为主，全县的县道代表工为88人，每人月工资45元，乡道代表工21人，每人月补助20元，由于报酬偏低，兑现也不及时，加上管理比较松懈，大部分不能按要求养护公路。对各乡镇的拉沙问题和交接路段的养护问题，县交通局虽多次到有关乡镇联系督促，并签订了合同，但都没有得到较好的落实。对公路养护不好，路况差的问题，建议县政府予以重视，列入县、乡领导的一项主要工作，每年实行目标管理检查。分管的领导也要督促检查这方面的工作，协助交通分管所解决一些疑难问题。对于固定的道班和农民代表工，要加强教育和管理，搞好经常性的养护工作。同时要根据需要和可能，适当提高代表工报酬，共同办好这项社会福利事业。

(3) 对桥梁水毁工程检查维修不及时。仁大葫芦河桥梁因受河水冲刷，桥头护坡在汛期前就出现了塌方，由于没有及时维修，整个护坡已快冲毁，桥头的桥面已出现裂缝。现在正处汛期，河水较大，无法维修，有可能造成更大的损失。政府和主管部门应吸取这个教训，今后要经常检查爱护，加强这方面的工作。

二、车辆运输和管理方面。

(1) 边远山区乡村群众乘车难的问题仍未解决。在近年召开的县人代会上，阳坡、贾河、治平、深沟、双岘、后梁、田堡、三合等乡的代表多次要求给各乡通放班车，交通部门虽多方努力做工作，但都没有令人满意的结果。其主要原因，一是路况差，二是乘客较少，经济效益不高。今年6月，交通运输部门研究确定对6辆私营面包车统一定路线，统一排班次，通放县城到阳坡、贾河、治平、双岘、田堡、古城6条线路，但由于各方面的原因，仍然没有落实。这些车辆还是哪一路人多就争跑哪一路，随意性很大，到了客运淡季就干脆停下来，保证不了通车问题。最近县运输公司接回6辆中型面包车，准备主要通放边远山区，这方面的情况可望得到好转。但对于私营客运车辆仍需纳入统一管理的范围，不仅要管，而且要管好，以保证正常的客运秩序。要按照国家、集体、个人三者平等竞争的原则，尽量协调、处理好各方面的关系，照顾到各方面的利益，妥善解决各方面矛盾，保证通车。

(2) 随着各种车辆的迅速增加，车站是亟待解决的一个问题。目前，国营、个体客运车辆都在东关的公路交叉地带停靠，既不安全，又堵塞交通。交通局和汽车运输公司研究提出两个办法：一是暂时应急办法，即把本公司的旅社改建成停车点，让乘客集中到点上乘车，已解决东关交通秩序混乱的状况。但旅社后院被1户私人建房占用，交通部门难以落实，建议政府出面协调解决。二是从长远讲，西兰公路改道后，省交通部门计划投资350万元在我县修建1处车站（包括国家、集体、个体车辆营运），县政府应及早做好场地规划、设计等方面的前期准备工作。

(3) 全县运输管理工作还没有走上正轨。已办理营运手续的84辆三轮车全部从事客运，由于不符合安全要求，不能统一安排客运路线，也不能按规定征收客运附加费和有关税金；全县474辆汽车中，征收车船使用税的仅有100多辆；还有一些个体经营的车辆，未到工商、车辆管理部门办理手续就开始营运，采用各种手段偷税漏税、逃避管理。对此，公安、交通、工商、税务部门应当加强协作，共同解决，整顿好交通运输市场，使交通运输工作尽快走上法制化、正规化的轨道，更好地为我县经济建设服务。

第十七次会议　于1992年10月15日至16日在常委会四楼会议室召开，分别由郜文学、阎志洁、赵智荣主持。

会议议程有四项：一、学习中共十三届九中全会公报和人民日报社论《肩负伟大的历史使命》；二、听取和审议政府法制局局长杨成安受政府委托所作的《关于1992年行政执法监督检查工作报告》、法院院长漆忠义所作的《关于1992年1至9月执法检查报告》、检察院检察长陈贵录所作的《关于1992年检察院执法检查情况的汇报》、公安局副局长王永升受政府委托所作的《1992年前9个月社会治安情况报告》、常委会副主任李克科所作的《关于1992年全县执法检查的情况汇报》；三、听取和审议政府办公室主任王济华受政府委托所作的《关于县第十一届人民代表大会第三次会议代表意见、建议办理情况的报告》；四、人事任免。会议结束时，郜文学作总结讲话。

第十一届常委会组成人员郜文学、阎志洁、李克科、赵智荣、马子坤、陈松友、张光明、曹升明、史国忠、王学谋、马克勤、陈向华、翟沪兰、吴尚礼、梁钧宪出席会议；政府副县长安静修、杨成堂，政协副主席杨茂林、法院院长漆忠义、检察院检察长陈贵录、县委政法委书记武珍、政府办公室主任王济华、公安局副局长王永升、司法局副局长王冠斌、政府法制局局长杨成安，常委会各委、办负责人郭应童、柴玉明、周世让列席会议。

附：

人事任免

高孟德任县水利局局长

免去张新平县水利局局长职务

关于1992年全县执法检查的情况汇报

根据省人大常委会、地区人大工委和县人大常委会关于1992年执法检查的安排意见，由县人大常委会和县人民政府领导带队，抽调有关单位负责同志和工作人员李柱、武珍、张思忠、杨成安、薛宗义、李春旺、张永科、张鼎荣、马国瑞、胡志科10人组成2个检查组，于8月27日至9月5日，集中10天时间，分别对经委、教育、公安、林业、文化、卫生、民政等7个县直部门、单位和威戎、高界、红寺、四河、甘沟、余湾、仁大、李店、司桥、灵芝等10个乡镇贯彻党中央、全国人大、省人大关于加强社会治安综合治理的决定、决议；全民所有制工业企业法、未成年人保护法、森林法、药品管理法、残疾人保障法等法律、法规情况，采取座谈、听汇报、实地调查的形式，进行了重点检查和抽查。通过检查，总的看，今年的执法检查，各单位都比较重视。政府根据县人大常委会执法检查的安排，成立了执法领导小组，及时进行了安排，专门进行了部署；5月份会同县人大常委会司法民政工委的同志，深入有关单位就进展情况进行了检查，发现个别单位不够重视，进展迟缓，在6月17日又召集了有关单位领导汇报执法检查工作。会上通报了第一阶段的情况，对搞得好的单位进行了表扬，对搞得差的单位提出了具体要求。在6月27日县直机关负责人大会上，政府领导又讲了全县执法检查工作的情况和意见。法、检院和县直各单位、各乡镇根据县上的安排，都成立了相应的组织，分工专人抓此项工作，并根据各单位实际具体进行了安排。从这次检查的情况看，绝大部分单位能认真组织职工学习有关法律、法规，采取多种形式广泛进行宣传，使执法检查的过程成为普法教育的过程。我们抽查的10个乡镇、7个部门和单位，在宣传活动中，共书写标语4685条，印发宣传材料7708册(份)，办墙报541期，撰写广播稿件26篇，举办各类法律知识培训班114期，培训执法人员1717人。县教育局从1991年9月未成年人保护法公布以来，就组织各级各类学校的广大师生认真学习和领会，利用各种宣传工具和手段，向全社会宣传学校、社会、家庭对保护未成年人应尽的义务和责任。今年3月和5月，他们2次抽调机关干部和乡教委主任45人组成15个检查组，对全县30个乡镇的100多所中、小学校学习、宣传未成年人保护法和贯彻义务教育法的情况进行了督促和检查，促进了全系统执法检查的自觉性。威戎镇3月份召开了乡、村、社和镇附属单位干部215人参加的干部会，在会上安排了全镇的普法教育和执法检查工作，学习了关于加强社会治安综合治理的决定、决议，并给村上和镇附属单位印发了法律知识小册子120份。在全镇广大干部、群众中形成了学法守法的良好风气。在自查自纠阶段，各单位能够一边检查、一边纠正违法问题。今年4月，橡胶厂调整工资时，职工对企业领导提出的调资方案很有意见，反映到经委，经委依据企业法的规定，派人帮助厂里召开了职工代表大会，重新调整了方案，得到全厂职工的一致拥护。为此，经委要求，今后各企业凡涉及职工利益的大事的决策，都必须按企业法的规定，通过职代会讨论决定。甘沟中学校办地毯厂，在贯彻未成年人保护法过程中，清理并辞退了3名16周岁以下未成年职工。各单位都能认真总结，制定了措施，健全了制度。

存在问题和建议

一、社会治安综合治理存在的问题

（一）责任书没有很好的落实。从我们抽查的单位看，对发生问题的单位责任人和直接责任人按责任书进行严肃处理的基本没有，而且发生问题数目至今责任都没有分清。如县医药公司综合门市部去年8月被盗1600元，今年6月被盗价值4890元（只是象征性地对责任人提出处理意见，没有追查领导的责任）；县电影院3月份保险柜被盗，损失达8000元，主管局至今没有作出任何反应；县教育局挂毯厂5月份的强奸案（没任何防范措施），4月份玉器厂被盗损失2500元，均未作处理。这样签订了责任书，不负责任，出了问题又不追查责任，综合治理“谁主管谁负责”的原则就不能很好地落实。

（二）社会治安问题较多，特别是重特大案件发案增加。今年发案24起，比去年全年19起增加5起，比地区要求的今年不超过20起增加了4起。应继续坚持严打，特别应狠抓破案率。

二、药品管理法方面存在的问题

根据卫生局今年对102个药品经销单位的检查和我们对红寺路口几家集体、个体医药门市部的抽查说明，我县出售假冒伪劣药品的问题，还相当严重，今年查出，明显假、劣的药品121种，计价2360元。由于没有设备进行精确验证，可能还有相当一部分没有查出，就是查出的部分，也是用简单的、直观的方法检查的，不能科学地定性（没设备），所以在处理上没有严格地按法处理，只是没收假劣药品和非法所得，没有进行处罚。

《中华人民共和国药品管理法》第四十五条规定：“县级以上行政部门行使药品监督权。”“县级以上卫生行政部门可以设置药政机构和药品检查机构。”据卫生部门反映，我县药检所定编4人，现只有1名专职人员，原因是卫生局没有办公用房，药检技术人员无法调入。省上拨的8000元开办费，如果不能落实机构开展工作，上面就要收回。为使我县药检工作能正常地开展业务，有效地打击假、冒、伪、劣药品，保证人民生命安全和身体健康，建议县上创造条件，尽快解决药检所办公用房问题。

三、未成年人保护法方面的问题

（一）由于初中招生有限，相当一部分家长和孩子迫切要求上学，但无法满足要求，好多学生失去了上学的机会。据抽查，小学毕业后能进入初中继续就读的学生仅占总数的50%。如甘沟学区1992年应届小学毕业生320名，初中录取名额为160名；高界学区小学毕业生205名，初中录取名额为100名，这样就有50%的未成年人流向社会，成为童农、童工。

（二）住校生住宿条件太差，且相当拥挤，严重威胁未成年人健康。如甘沟中学，每个12平方米的宿舍住10多个学生，学生每人用1个煤油炉子在室内做饭，空气污浊不堪。而且部分房子已成危房。

四、森林法方面的问题

管护工作跟不上，蚕食林木的问题比较严重（羊啃、零星砍伐、个别哄抢，够不上案子，破不了案），影响群众的造林积极性。原因是：（一）宣传工作做得不够。（二）林业主管部门、乡镇、公安配合不够，扯皮。（三）护林人员和哨所减少。据对10乡镇抽查，原有哨所73个，现有67个，减少6个；人员原有262人，现有235人，减少27人（每月7元的报酬落实不了）。建议县上采取措施，加强林木管护工作。

五、残疾人保护法方面的问题

我县民政部门去年以来共登记收留遗弃婴儿13人，1人送平凉福利院养护，其余由民政局发给补助分散供养。有几个残疾女婴就是发给补助也无人供养，给民政部门的工作带来很大困难。鉴于平凉福利院已满员，分散供养又很难实现的情况，建议县上酌情解决。

第十八次会议　于1992年11月19日在常委会四楼会议室召开，由部文学主持。

会议议程有两项：一、审议通过常委会工作报告；二、审议通过召开十二届人大一次会议的有关事项。

第十一届常委会组成人员部文学、阎志洁、李克科、赵智荣、马子坤、陈松友、郭承祖、史国忠、曹升明、张光明、吴尚礼、梁钧宪、翟沪兰、王学谋、陈向华出席会议；常委会各委、办负责人郭应童、张思忠、祁望厚、柴玉明列席会议。

第五节　县第十二届人大常委会会议

县第十二届人大常委会任期为1992年11月至1997年11月。其间，共召开常委会会议37次。会议由常委会主任或副主任主持，第十二届常委会组成人员出席会议，政府县长或副县长、法院院长或副院长、检察院检察长或副检察长、县直及省地驻静有关部门、常委会有关委室负责人列席会议，必要时，县委副书记、政协副主席、县委有关部门负责人，部分省、县人大代表、乡镇人大主席团常务主席同时列席。历次会议学习中共中央全会，全国、甘肃省人代会，《人民日报》社论，中央、省委领导讲话，全国人大常委会委员长、副委员长讲话，宪法、组织法、甘肃省实施监督法办法及议事规则、任免办法，全区有关会议精神等30项（次）；听取和审议政府关于财政预算调整、农民负担、企业改革、国企扭亏增盈、道路建设、“121”雨水集流工作建设、市容整建、农村困难户生活安排、果树经济林建设、税收、扶贫攻坚、义务教育、文化、体育、计划生育、代表意见建议办理等方面的工作报告及工商局、卫生局、农牧局局长述职报告及政府、法院、检察院关于执法检查方面的报告65项（次）；听取常委会联合调查组的调查、视察报告35项（次），作出决定、决议7项；任命常委会及“一府两院”工作人员122人（次），接受辞职及免职61人（次）；对工商局、卫生局、农牧局及其局长的工作组织开展了评议，并以无记名投票的方式，进行了满意度测评；审议通过有关事项15项。

附：

第十二届人大常委会会议召开情况表

表4-19

次别	召开时间	听取审议工作报告(项)				任免工作人员(名)		作出决议决定(项)	审议通过事项(项)
		人大常委会	政府	法院	检院	任命	辞职免职		
一	1993.2.22	2				38	9		1
二	1993.4.19	1	2			3		1	
三	1993.6.29	2	2			1			
四	1993.8.28	1	1						
五	1993.10.28	1	3	1	1				
六	1993.11.19					1	1		
七	1993.12.21	1	1						1
八	1994.1.6	1							1
九	1994.3.14	1				2	2		
十	1994.4.26		1			3	5	1	
十一	1994.6.28	2	2						
十二	1994.8.17					6	4		1
十三	1994.9.28	2	1						
十四	1994.11.15		3	1	1	3	3		
十五	1994.12.28	1	1						1
十六	不详						3		3
十七	1995.3.13	1	1			5	2	1	
十八	1995.4.18					1	1		
十九	1995.5.9	2	2			4	1		
二十	1995.7.11	2	2			2	2		
二十一	1995.9.6	1	1			7	1		
二十二	1995.10.31		2	1	1	1	2		
二十三	1995.12.28	2	1			1			1
二十四	1996.1.20					12	8		1
二十五	1996.3.28	1	2			2		2	

续表4-19

次别	召开时间	听取审议工作报告(项)				任免工作人员(名)		作出决议决定(项)	审议通过事项(项)
		人大常委会	政府	法院	检院	任命	辞职免职		
二十六	1996.5.29	1	2			3	3		
二十七	1996.7.31	1	2				1		
二十八	1996.10.4		3	1	1				
二十九	1996.11.28	2	3						
三十	1997.1.14	1				3			1
三十一	1997.1.20						2		2
三十二	1997.3.20	1	1					1	
三十三	1997.5.20	1	3	1	1	3	2		
三十四	1997.7.24		5	1	1	1	1	1	
三十五	1997.9.18	2	2			8	3		
三十六	1997.10.30	1	2	1	1	12	5		1
三十七	1997.11.17	1							1

第一次会议 于1993年2月22日至23日在常委会四楼会议室召开，分别由吕忠厚、阎志洁、李克科主持。

会议议程有四项：一、学习《中华人民共和国宪法》《中华人民共和国地方各级人民代表大会和地方各级人民政府组织法》有关内容和《甘肃省各级人民代表大会常务委员会实施监督法办法》《静宁县人大常委会议事规则》《静宁县人大常委会任免国家机关工作人员暂行办法》；二、听取常委会副主任阎志洁关于常委会成立以来的工作情况汇报；三、审议通过常委会1993年工作要点和第十二届人大常委会代表资格审查委员会组成人员名单；四、人事任免。会上，吕忠厚、郭林禄分别作讲话。

第十二届常委会组成人员吕忠厚、阎志洁、李克科、赵智荣、马子坤、陈松友、郭应童、蒙谦恭、胡青汉、王维岐、王镇华、杜耀文、马志俊、翟沪兰、沙芳琴、李佩红、吴俊福出席会议；政府县长李怀仁、县委副书记郭林禄，县委常委、组织部长靳士孔，法院院长漆忠义、检察院检察长陈贵录，常委会有关委、室负责人柴玉明、祁望厚、周世让列席会议。

附：

人事任免

蒙谦恭任县人大常委会司法民政工作委员会主任

王维岐任县人大常委会农业财经工作委员会主任

胡青汉任县人大常委会教科文卫工作委员会主任

王镇华任县人大常委会代表联络工作委员会主任

王济华任县人民政府办公室主任
王智仁任县计划委员会主任
李克和任县经济体制改革委员会主任
杜文彪任县经济委员会主任
祁治国任县农业办公室主任
张银魁任县科学技术委员会主任
米世荣任县公安局局长
樊授天任县物价委员会主任
樊生茂任县民政局局长
穆熙雄任县司法局局长
刘宝生任县财政局局长
李映忠任县劳动人事局局长
邹秉义任县城乡建设环境保护局局长
杨水亭任县交通局局长
杨世龙任县农牧局局长
王有华任县林业局局长
高孟德任县水利局局长
李忠民任县农业机械管理局局长
陈志平任县乡镇企业管理局局长
刘国弼任县土地管理局局长
陈冠璋任县商业局局长
刘亚平任县粮食局局长
王守财任县工商行政管理局局长
段积昌任县教育局局长
李旺军任县文化局局长
王连兴任县广播电视管理局局长
王守荣任县卫生局局长
胡美雄任县体育运动委员会主任
梁盘中任县计划生育委员会主任
赵步清任县审计局局长
杨晓光任县统计局局长
王必成任县档案管理局局长
贾　卓任县水土保持局局长
杨发善任县技术监督局局长
免去：
张思忠县人大常委会司法民政工作委员会主任职务

陈凤亭县人大常委会农业财经工作委员会主任职务
王学谋县人大常委会农业财经工作委员会副主任职务
曹升明县人大常委会农业财经工作委员会副主任职务
张光明县人大常委会教科文卫工作委员会主任职务
郭承祖县人大常委会教科文卫工作委员会副主任职务
史国忠县人大常委会代表联络工作委员会主任职务
冯应莲县人民检察院检察委员会委员、检察员职务
陈文学县人民检察院检察委员会委员、检察员职务

第十二届人大会常委会代表资格审查委员会
主　任：马子坤
副主任：陈松友
委　员：郭应童　王镇华　翟沪兰（女）

第二次会议　于1993年4月19日至20日在常委会四楼会议室召开，分别由吕忠厚、阎志洁、陈松友主持。

会议议程有四项：一、学习八届全国人大一次会议精神传达提纲和江泽民、乔石在八届全国人大一次会议上的讲话；二、听取和审议财政局副局长王有恒受政府委托所作的《关于1992年财政决算和1993年财政预算的报告》，作出《关于1992年财政决算和1993年财政预算报告的决议》；三、听取和审议农办主任祁治国受政府委托所作的《关于1993年农业生产建设和农民负担状况的报告》、常委会副主任赵智荣所作的《关于仁大等四乡农民负担和统筹资金管理情况的调查汇报》；四、人事任免。会上，吕忠厚作了讲话。

第十二届常委会组成人员吕忠厚、阎志洁、赵智荣、陈松友、蒙谦恭、胡青汉、王维岐、王镇华、翟沪兰、马志俊、郭应童、吴俊福、李佩红、杜耀文出席会议；政府副县长张会议、安静修，政协副主席梁钧宪、法院院长漆忠义、检察院检察长陈贵录、县委调研室副主任姚鹏远、政府办公室主任王济华、财政局副局长王有恒、农业办公室主任祁治国、农牧局局长杨世龙、经营管理站站长李智，常委会有关委、室负责人及八里、古城、后梁、治平、四河、原安六乡人大主席团常务主席陈志强、陈国义、雷回吉、杨丰源、田宗仁、王守廷列席会议。

附：

人事任免

曹仲民任县人民检察院检察委员会委员
徐宝玉任县人民检察院检察委员会委员、检察员
郭国柱任县人民检察院检察员

关于仁大等4乡农民负担和统筹资金管理情况的调查汇报

由县人大常委会副主任赵智荣和农业财经工作委员会及县农经站的同志组成调查组，于3月3日至15日，采取走访、座谈、填写统计表等形式，对仁大、后梁、李店、治平4乡1991年至1992年的农民负担情况及村级资产管理、农业生产成本和收益情况进行了比较细致的调查。这次调查的有利条件是在县委的具体安排下，我们积极参与了全县的十乡百村千户调查全过程。

一、农民负担情况

对农民负担情况的调查，我们按不同地域、经济状况和自然条件，主要对4乡40村400户2290余人2年来包括各项税金在内的负担情况进行了逐户填表和抽样走访调查。1991年至1992年4乡人均缴纳各种费用分别如下表：

项目 乡镇	1992年						1992年					
	合计（元）	税金（元）	村提留乡统筹（元）	其他负担（元）	1990年人均纯收入（元）	除税金外占上年人均纯收入(%)	合计（元）	税金（元）	村提留乡统筹（元）	其他负担（元）	1990年人均纯收入（元）	除税金外占上年人均纯收入(%)
仁大	21.8	9.04	9.83	2.57	321.36	3	17.79	9.74	5.83	2.05	317	1.8
后梁	20.08	9.77	7.33	1.56	297.71	2.46	17.51	8.5	7.46	1.58	327.89	2.3
李店	16.87	9.21	6.55	1.12	328.1	1.9	16.35	8.91	6.57	0.87	312.5	2.1
治平	19.17	8.27	9.87	1.44	325.88	3.1	18.88	7.77	9.95	1.44	355.75	2.7

从上表可以看出，4乡农民缴纳的费用，包括税金在内，1991年收费占上年人均纯收入的6.2%；1992年收费占上年人均纯收入的5.4%，如果除去税金和其他社会负担，村提留和乡统筹费则分别占上年人均纯收入的2.62%和2.23%，低于国务院《农民承担费用和劳务管理条例》第六条“农民直接向集体经济组织缴纳的村提留、乡统筹费，不得超过上一年农民人均纯收入的5%”的规定。其他社会负担诸如电影摊派、庙会收费等，1991年4乡人均1.80元，1992年4乡人均1.44元。根据这次调查充分说明，我县各级党委、政府在贯彻《农民承担费用和劳务管理条例》和省政府有关文件精神，切实减轻农民负担，调动农民生产积极性方面，思想重视，做了大量工作，并取得了一定成效。主要表现在：一是各级领导充分认识到在新形势下减轻农民负担的重要性，对这项工作认真负责，一抓到底。我们所调查4乡，从1991年下半年以来，都按照省政府4批宣布取消的收费、罚款、集资摊派项目的名单进行了清理，该取消的已基本取消，现在除个别村社还征收少量教育集资、对政策规定范围内的乱占耕地罚款等继续收缴外，不合理负担主要是庙会收费，这一般是民间组织自发活动，部分群众虽有意见，但被传统的习惯势力所屈服，年年缴纳。对一些必要的活动如放电影，开展全民体育活动等公益事业所需经费。乡、村也尽量本着节约原则在村提留、乡统筹中支付，不再向农民另行摊派。乡村还加强了对义务工和劳动积累工的管理和使

用。严格按照条例规定对劳务用工进行摊派，积累工劳均每年16个，义务工每年4个左右。二是治标治本结合。把增加农民收入作为减轻农民负担的根本措施来抓，从4乡的情况看，由于大力抓果园建设、经济作物种植、草编加工及乡村企业，在去年严重干旱、粮食减产的情况下，仁大、后梁、李店、治平4乡人均纯收入分别较1991年增长1.2%、0.16%、0.3%、0.4%，而人均收费分别少3.9元、3.31元、0.52元、0.81元。使负担比例有所下降。三是乡、村资金实行乡镇统管后，县上对村提留、乡统筹资金针对各乡人口、土地面积等实际情况，下达了控制指标，各乡不等，一般在8~9元之间。这样，仅提留摊派中任意提高收费数额的现象得到了控制。四是县、乡农业经营管理部门发挥职能作用，开展了行之有效的工作。他们一方面大张旗鼓地宣传国务院条例，另一方面强化监督职能，从1991年起，县农经站会同县监察局对后梁等乡农民负担的项目、数额以及村级资产管理情况进行检查和审计，并召开各乡镇经营管理员会议，及时研究解决了存在的问题，为我县减轻农民负担工作的健康发展起到了良好的推动作用。我们调查的仁大等4乡，已经或逐步把条例规定的村提留、乡统筹、义务工和劳动积累工的收缴、摊派和使用纳入农业承包合同管理。如后梁乡以合同形式对劳动积累工实行乡上统一计划、统一管理、统一使用，建立了决算制度，年终张榜公布、接受群众监督。

二、粮食生产成本及收益

在这次调查中，我们还把农民粮食生产的成本及收益作为衡量农民负担的一项内容。按照地理位置、自然条件，在仁大川区的南门村和后梁山区的曹沟村，按好、中、差各选出5户，就1991年种植小麦的收益情况进行了评估和测算，核算方法按国家统一制定的农产品收入、成本、利润汇总表的要求，同南门村陈建业等5户农民和后梁乡曹沟村马明福等5户农民座谈算账，填统计表进行核算。其基本情况是：川区：小麦平均亩产350公斤，产麦草450公斤，价格分别以每公斤0.76元和0.10元计，则每亩小麦产值折合人民币301元。生产成本主要有：标准用工14个，工价5元，用工合计70元，籽种亩下籽30公斤，折价22.80元，化肥折价40元，农药费2.2元，其他物资费5元（农具购置及易耗），机械作业、畜力作业费用共18元，灌水费4元，其他作业费6元，其他直接费20元（劳保费等），农业共同费3元，管理费及其他20元，农业税和规定摊派每亩10.2元，成本费用共计221元整，总产值减去总成本后，则利润为80元。山区小麦平均亩产165公斤，亩产麦草270公斤，以每公斤0.76元和0.10元计，两项共折合人民币152.40元，成本包括：标准用工12个，工值5元，计60元，种子费每亩17.5公斤折合13.2元，化肥35元，植保费（农药等）2元，其他物资费5元，机械作业费5元，畜力作业费18元，管理费及其他15元，税收及规定摊派每亩平均为4.95元，共计成本费用为158.15元，每亩小麦总产值减去总成本，利润为–5.75元。如果不计入人工费用，川区每亩小麦生产利润为150元，山区为65.75元。1992年由于灾害严重，粮食减产，农业生产资料上涨，粮食生产收益可能会更低。

三、农村资产管理工作

从1990年下半年开始，我县农村集体资金实行了“村社资金、权属不变、乡镇统管”的管理办法。从4乡资产管理情况看，各项财务管理制度基本健全，在资金使用上也体现了“取之于民，用之于民”的原则，使有限资金发挥了较好效益。4乡1991年至1992年村提留、乡统筹的使用情况为：仁大乡2年实收缴资金165604.5元，其中提取公积金68395.5元，占41%，公益金17789元，占10%；管理费和统筹费等支出31464.8元，占17%，1992年底共结余资金56129元；后梁乡2年实收资金63776元，其中公积金8521元，占13%，管理费38394元，占61%，公益金、统筹费12015元，占19%，1992年底共结余资金12884元；李店乡2年实收资金132904元，其中公积金11466元，占8.6%，管理费43232元，占33%，公益金、统筹费24450元，占18.4%，1992年底共结余资金54538元；治平乡2年实收资金122132元，其中公积金28223元，占23%，公益金8852元，占7.2%，管理费、统筹费38830元，占31.8%，1992年底共结余资金51485元。通过调查，我们认为，农村资产管理工作取得了一定成绩，主要有以下几个方面：第一，增加了集体积累，强化了集体经济，“统”的功能，在农业基础设施建设、农业生产和兴办集体经济实体方面解决了部分资金不足的问题。仁大乡1992年提取资金23133元用于架设农电线路、兴修水利工程和学校，为群众解决了一些生产和生活上的困难；治平乡也在乡统筹、村提留费中加大公共积累部分，用于生产性开支，在水利建设等方面发挥了作用；后梁乡1991年利用公积金1468元，购买机动喷雾器5台，乡上统一管理使用，对全乡农作物防治病虫害工作起了很好的作用。第二，为促进农村公益事业、社会保障工作和社会主义精神文明建设起到了积极作用。仁大、治平2乡每年从统管资金中提取公益金10%左右，用于五保户、特困户救济、农村文化娱乐和全民体育活动。仁大乡李湾村单身汉李连娃属特困户，1992年乡上在公益金中抽出60元予以补助。今年年初，李连娃患结核性胸膜炎，没有钱交医疗费，乡、村经群众讨论同意，在公益金中拨出600余元为其交了住院费用。全乡还对12户特困纯女户免收了当年的土地承包费，体现了集体管理制度的优越性。第三，由于管理费用的统一收缴和使用，使村干部报酬问题得到妥善解决，在一定程度上密切了干群关系。同时，李店、仁大2乡对结余资金在管理上建立了农村合作基金会，为群众生产生活提供了方便，又为乡管资产带来了效益。第四，资金乡上统管，管理制度比较健全，使用审批制度严格，群众比较放心。4乡基本上都能按照国务院条例对村提留、乡统筹费的规定范围使用，随便改变其用途而乱支滥用的现象得到控制和纠正。如仁大乡陈坪村1991年仅社火费就花去555元，乡经委不予审批，让违章者自己想办法解决。近两年来，各乡都逐步建立了“提留公开、使用民主、管理规范”的管理办法，“三金两费”的使用严格按《静宁县农村资产管理办法（试行)》执行，本着节约的原则，控制开支，对庙会、社火等开支一般不审批、不报销、不乱开口子，使集体资金真正为农业生产服务。

四、存在的问题

（一）当前农民负担问题从社会整体剖析还是很严重的。从上述调查材料反映出4乡农民负担从数额和比例上看，不论是绝对数还是相对数都比较低，但问题仍然突出。一是减轻农民负担工作进展不平衡，如仁大乡南门村、李店乡大部分村社，在1991年3月省政府文件规定对教育集资取消的情况下，1992年仍搞了摊派征收。有些村社收费渠道混乱、账目不清。李店乡王沟村吴岴社1991年、1992年把招待费、庙会集资分摊到农业税种征收，使农业税数额涨大，造成群众思想上的混乱。有些村、社由民间组织收取的唱戏、修庙、修舞台集资款额较大，使农民负担加重。二是行业和部门乱收费、乱罚款的现象时有发生，群众有意见，乡、村又管不了。典型的有报刊摊派、强买邮电贺年卡、婚前检查费等等。李店乡1992年报刊摊派每村72元；仁大南门村村民陈进虎反映，亲戚汇款1000元，取款时被强买10元钱的贺年卡。三是学校收费较高，已成为农民一大负担。我县农村学校收费，按规定一次性收取的小学每学期杂费9元、初中12元、高中20元，与城镇相比不算太高，也未超出规定，但加上书本费和其他费用如班费、统考费、试卷费等则数额较大。仁大乡南门村陈代反映，他家共5口人，供给高、初中学生各1名，初中补习生1名，共3名，每学期需缴学杂费、书本费、补习费共需200多元，全家2个劳动力供给3个孩子上学，确实困难很大。据我们在仁大中学、后梁、治平初中了解，3所学校本学期有一定数量的学生流失，高、初中各个年级都有。上学费用太高，家长供给不起是重要原因之一。四是由于农业生产资料大幅度涨价，使农业生产成本不断上升，而粮食价格仍然很低，谷贱伤农，导致农民收益不断下降，在部分条件差的山区甚至出现了收益倒挂的现象。

（二）农村资产管理中存在的主要问题是：1.公积金提留比例不足，管理费数额过大。如李店乡共12个村，1992年有3个村未搞积累，其余村提取公积金的比例也只有8.6%，远远达不到县委文件规定公积金提取比例为20%的要求。后梁乡由于村社干部职数多，1991年至1992年的管理费占全部统管资金的61%，所占比例超过规定比例。2.村提留、乡统筹费使用中的问题：一是教育附加费的使用，县上要求乡上上解60%，这不符合国务院条例第九条“乡统筹费内的乡、村两级办学经费（即农村教育费附加）用于本乡范围内乡村两级的民办教育事业”的规定，改变了集体资金的性质。二是从1989年起，县人武部每年从乡统筹费中提取民兵训练费归县人武部统一使用，这也违背了国务院条例第八条关于“乡村两级使用”的规定，基层意见较大。

五、几点建议

（一）各部门要坚决贯彻中央、国务院办公厅的紧急通知，继续把减轻农民负担作为重视农业、发展农村经济的大事，列入各级领导的议事日程。通过对国务院《农民承担费用和劳务管理条例》的大力宣传，使各级各部门真正树立重视农业、扶持农业的思想，不搞乱摊派、乱罚款、乱收费，教育农民一方面要树立爱国主义、集体主义思想，保证国家税金、乡统筹、村提留等应交纳的费用足额完成。另一方面对不合理负担敢于抵制。

（二）对一些省政府已明文规定取消的收费、罚款、集资摊派，要坚决取消。政府职能部门要强化监督职能，加强管理，使这项工作走向制度化、规范化、法制化轨道。

（三）继续抓好农村集体资产管理工作。把管好用好集体资金作为减轻农民负担、密切干群关系的一项重要内容来抓。县人民政府要大力支持农民负担监督部门的工作，主要是要抓好农经工作队伍建设。县农经管理部门要经常到乡、村进行指导，监督检查和审计账务，发现问题，及时处理和纠正，乡经委要加强对乡农经工作的领导，培训农经人员，提高农经人员的政策水平和业务素质。

第三次会议　于1993年6月29日至30日在常委会四楼会议室召开，分别由吕忠厚、阎志洁、李克科主持。

会议议程有四项：一、学习省委书记顾金池在省八届人大常委会第三次会议上的讲话；二、听取和审议教育局局长段积昌受政府委托所作的《关于改善中小学办学条件工作的汇报》、常委会教科文卫工委主任胡青汉所作的《关于雷大等4个乡镇中、小学校舍建设情况的调查》；三、听取和审议体改委主任李克和受政府委托所作的《关于贯彻落实〈全民所有制工业企业转换经营机制条例〉情况的报告》、常委会农业财经工委主任王维歧所作的《关于火柴厂等五户企业贯彻〈全民所有制工业企业转换经营机制条例〉的情况调查》；四、人事任免。会上，政府副县长赵国全、陈向华分别就落实审议意见作表态发言，吕忠厚、王守元讲话。

第十二届常委会组成人员吕忠厚、阎志洁、李克科、赵智荣、马子坤、陈松友、马志俊、郭应童、王维歧、王镇华、蒙谦恭、胡青汉、翟沪兰、沙芳琴、吴俊福出席会议；县委副书记王守元，政府副县长赵国全、陈向华，政协副主席杨茂林、法院院长漆忠义、检察院检察长陈贵录、政府办公室副主任王克选、教育局局长段积昌、经委主任杜文彪、体改委主任李克和、省第八届人大代表景宗健，常委会有关委、室负责人柴玉明、祁望厚、周世让，曹务、雷大、高界、新店四乡镇人大主席团常务主席王国兴、张文华、杨德元、张自玺列席会议。

附：

人事任免

程希贤任县监察局局长

关于雷大等4个乡镇中小学校舍建设情况的调查

由县人大常委会1名领导及教科文卫工作委员会、教育局的负责同志组成调查组，有关乡镇分管领导、人大主席、教委主任配合，于5月17日至27日分别对雷大、高界、新店、曹务4个乡镇的中小学校舍建设情况进行了为期10天的调查。其中，对雷大、高界2乡镇逐校进行察看（个别学校因交通不便未去）；新店、曹务2乡除中学、中心小学外，其余选取好、中、差3种类型进行了抽查，共调查了30所小学、3所独立初中和1所完全中学。

一、当前校舍建设的基本状况

4乡镇共有小学47所（内有中心小学4所）、村学22所、私学1所。有教学班304个，在校学生6425人。校舍总面积19111平方米，其中教室13434平方米、宿舍（含其他用房）5677平方米。生均校舍面积雷大为3.5平方米、高界2.8平方米、新店3.2平方米、曹务2.6平方米。按照4乡镇教委统计，1989年末共有危房2943平方米，占总面积的16.6%（雷大占19%、高界占4.3%、新店占31.3%、曹务占12%）。近3年新建校舍4260平方米，维修改造300平方米。目前，总的看危房面积有所减少。抽查的新店乡，据汇报至1992年底校舍危房改造已基本结束，今后重点解决旧校舍的翻瓦及校园围墙、门头的整修工作。曹务乡按乡上统计，尚有危房215平方米，占校舍面积的3.9%，已作出计划安排，于1994年完成改造工作，并解决3所村学的突出问题。全面查看的雷大乡，据乡上统计，尚有危房590平方米，占校舍面积的7.5%，已列入1993年计划的378平方米（现在开始修建的有315平方米），这与我们所看10所学校的情况基本接近。高界镇汇报，现有危房260平方米，占校舍面积的5.8%，按我们看过的11所学校，约有危房400多平方米，占10%左右，改造任务还比较大。

通过实地查看，我们对以上4个乡镇小学校舍建设总的看法是：4所中心小学的校舍中除个别宿舍有问题外，绝大部分标准较高，质量较好，其中3所学校属土、砖、木结构。高界中心小学的教室和会议室、实验室、图书仪器室、体育器材室都是砖混结构的楼房。其他小学的校舍建设，新店乡起步早、进展快，修建的规格标准比较高，有2/3的校舍属土木架子房。我们所看的新店甘坡小学是全乡修建最好的，6座教室、6间宿舍都是玻璃窗子，墙基有碱砖，墙角是转码头，墙正面窗子以下铺砖，教师宿舍还是砖铺地；杏湾小学的修建属于一般，4座教室、5间宿舍虽是土木滚椽房，但全是玻璃窗子，墙基有碱砖，墙角是砖码头。曹务乡的校舍建设在起步、基础、规格标准上与新店乡相近，但因施工技术问题，修建的房子不端正，门窗和墙壁粗糙，质量普遍不好。雷大和高界两乡镇只有部分校舍是土木架子房，大部分为土木滚椽房，标准、规格比较低，普遍破烂、陈旧。一些80年代初建起的房子已经出现问题，有的屋顶下陷，有的墙基不坚固，有的在雨季渗漏，成为危房。根据以上情况，我们对4乡镇43所小学（不含中心小学）的校舍建设，大体分了3个类型：

第一类：校舍整体情况好，修建标准、规格高，无危房。即雷大乡的合岘、雷大、谢吕小学；高界镇的祁岔、西川、朱山小学；新店乡的甘坡、任刘、段岔小学；曹务乡的中庄、曹大、罗林小学，共12所，占27.9%。

第二类：校舍布局，修建标准及质量一般，危房少。即雷大乡的兴坪、安乐、黎沟小学；高界镇的上河、邢岔、王庄、二夫、新合小学；新店乡的秦王、杏湾、黄林、小湾小学；曹务乡的曹崖、唐山、田沟、柳岔、陈塬、张岻小学，共18所，占41.8%。

第三类：校舍布局不够合理，修建标准、规格低，或陈旧、破烂，危房面积大。即雷大乡的张局、张岔、杨沟、中庄小学；高界镇的水鱼、关湾、崔岔、高庄、魏湾小学；新店乡的孙湾小学；曹务乡的永丰、页湾、张珍湾小学，共13所，占30.2%。

4所中学共有教学班43个，在校学生1766人，校舍总面积6879.9平方米，其中教室50座3210.4平方米（内有砖混结构的1602.4平方米），校舍和其他用房209间3669.5平方米。在修建规格上，近年修建的多为砖混或砖木结构架子房，标准高、质量好。早年修建的多为土木架子房，有些宿舍是土木滚椽房。从总体看，雷大中学校舍大部分属于近年修建，布局合理、质量好、无危房；高界、新店中学近几年虽陆续新建了一些教室、宿舍，但数量少，大部分是70年代修建，房屋陈旧，有的墙基不稳，墙壁裂缝，有的房顶下陷，椽檩虫蛀严重；问题比较大的是曹务中学，共有校舍1523立方米，其中教室10座540平方米，师生宿舍50间350平方米，其他用房133平方米。大部分建于70年代初期，有5间教师宿舍是50年代修的，这个学校的教室、宿舍，整体情况差，普遍陈旧，大部分房子椽檩虫毁严重，有的屋顶下陷，多年阴雨渗漏，椽和栈子霉变成黑色；有的房墙裂缝，地基不稳，但仍在使用，很不安全，有随时发生问题的可能。

在查看校舍建设时，我们又特地了解了与办学相关的教育费附加的使用情况。据统计，4乡镇1989至1992年4年间，应收教育费附加为426209.2元，实际收取380199.72元，占89.2%，尚欠46009.48元，其中上解233344.4元，自留146855.32元，乡镇自留部分用于校舍改建或有关学校方面的开支124856.95元，用于其他方面的5120元，现结余16878.37元。使用效果比较好的新店、曹务2乡，不仅把自留的96925元全部用于学校建设，还从其他方面垫支15144.33元（新店7518.5元、曹务7625.83元）用于办学。新店乡在加快解决危房的同时，给9所小学各制作铁制篮球架1副，水泥面的乒乓球台1处。雷大乡4年间应征教育费附加102274.60元，如数收回，上解64349元，自留37925.6元中，除列支乡上原办的缝纫组债款5120元、1992年县财政借去11967.32元之外，近几年用于办学的11700多元，现结存9134元已安排到学校修建房屋。高界镇1990至1992年应征收教育费附加为97968元，实际收取70911元，占72.4%，除近几年用于校舍修建的部分外，应结余10527.4元，但因镇上会计人员多变，账项只记到1992年10月份，账面余额为17881.91元，同时，由于镇上采用给村直接拨款的办法，教委和学校都不知道情况。

二、社会各方面在办学上付出了很大努力

从这次调查看，我们感到大部分乡村组织及群众，热心教育事业，在改善办学条件上出了力、投了资，取得了显著成效。

一是领导关心重视学校的建设。凡是校舍修建搞得比较好的地方，都是因为各级领导对教育事业思想上普遍重视，工作上热心，能够把办学工作当成一件大事，列入自己的重要议事日程。新店、曹务、雷大3乡的主要领导都对学校的情况了解掌握得清楚，工作上共同采用的办法是，乡上统筹安排、教委详细规划、村社具体落实，齐抓共管，抓出成效。新店乡于1989至1992年4年间先后新修、改造校舍3186平方米，占校舍总面积的85%以上，基本实现无危房，成效显著。甘坡小学修建时，村党支部确定1名村主任具体组织负责，一抓到底。共花费4.8万元，除乡上2次拨款1.5万元外，村上集体投资1万元，发动群众投工、投料折价约2.3万余元，建起了标准高、质量好、布局合理、美观大方的校舍。雷大乡吸取了以往行动慢的教训，正视本地校舍基础差的现实，近几年抓得比较快，去年乡上就教育工作集中讨论过3次，今年2次开会研究安排了学校的修建工作，在具体工作中，每年都确定重点学校，由教委负责落实，不断取得进步，至1992年末学校的危房面积由1989年的19%下降为7.5%。

二是群策群力建校舍。我们这次调查的乡镇，都是条件差，群众生活比较困难的地方，在改善办学条件上，他们除有计划地用好上面的拨款外，大部分都采用村、社集资，主要是靠群众投工、投料的方式，解决了资金不足的问题。如新店乡自1986至1992年校舍修建中，群众曾集资、投工、投料折价达13.82万元。雷大乡1990年至1992年新建校舍739平方米，总造价7.39万元，其中群众集资和投工、投料折价占6.24万元。有些学校的师生在校舍修建改造中，发扬自力更生、艰苦奋斗精神，自己动手，创出了业绩。高界镇祁岔小学由于多年来坚持种树，现已大多成材，今年所修校舍的木料基本上自足，今年已开始新建的校舍84平方米，总造价约7200元，除乡上拨款4000元，其余全由村上和学校自己解决。在此期间，学校师生自己砍伐、拉运、备齐全部木料，节约开支2000多元，现在还有生长的8棵大白杨树，准备用来添置桌凳。雷大乡合岘小学在校舍改造时，由教师自己拆除旧房，带领学生到处拉运石料，节省了大量开支。曹务乡唐山小学新建2所教室，全由学校所种树木解决了椽、檩和栈子，教师动手打土坯、起墙，仅支付2080元的工匠费。

三是修建与管护相结合。从调查中看到的情况，大多数乡镇和学校都把校舍建设和管护视为同等重要的问题，搞得比较好的地方，由于学校领导思想上重视，工作中负责，坚持经常性的管理，减少和防止了人为的损坏。一些建起多年的校舍，门窗、墙壁等易损的地方依然完好如初，有的注意随时维修，消除隐患，如疏通水路、修补墙壁、勤换破瓦等，从而防止了不应有的损坏，延长了校舍的使用寿命。新店乡为了美化校园，由教委组织制作了一批水泥栏杆预制件，分给各学校作花园的围墙，各学校种植白杨树1万多株，栽植常青树600多株，有的学校还培育了多种花草。曹务中心小学种树多，校园整洁、卫生，形成了良好的工作学习环境。

三、需要研究解决的几个问题

（一）校舍建设的规格和质量问题。据调查，有的乡镇在校舍修建中存在着标准低、质量差的问题。雷大、高界2乡镇的张岔、张局、杨沟、安乐、中庄、高庄、二夫、崔岔、新合等学校大部分是木料差、规格低的土木滚椽房，有的校舍建成时间不久，即出现屋檐变形、屋顶下陷渗漏、墙皮脱落等问题。有的因地基处理得不好，发生墙壁裂缝，存在着隐性危险和边修边出问题的恶性循环。因此，在今后校舍建设中，应当十分重视规格和质量问题，既要解决眼前问题，又要有长远打算。特别是乡村小学，应有统一的规划和要求，不能只拨资金由村上自行建造，要提高标准，加强监督，把好质量关。

（二）危房改造问题。据调查，曹务中学的校舍改造比较紧迫，需要尽快解决，高界、雷大、曹务3乡镇都有一定数量的危房，有些学校的问题还比较严重。雷大乡的张局小学现有教室6座、宿舍7间，基本全属危房，其中60年代修的土木滚椽教室实属破烂不堪，有1座教室的椽子已经断裂，用木柱支撑勉强使用。高界镇的崔岔、高庄、关湾小学危房面积大，崔岔小学现有教室4座，其中3座建于1974年，属严重危房，已停止使用，仅剩1座18平方米的教室，有宿舍5间50平方米，其中3间临时作为教室，一间被村上占用，4个教师挤在一间宿舍办公。今年镇上给村拨付3000元，准备修建2座土木滚椽教室，但因镇上与村社、学校没有协调好，只打了几堵墙就停工了。基于上述情况，建议县上对学校危房改造行动慢、问题多的乡镇应加强督促检查，做出计划安排；对于一些危房严重的学校，应予重点及时解决，以免发生问题。

（三）教育费附加的征收和使用问题。我们这次调查的4个乡镇中，只有雷达乡完成历年征收任务，其他3乡镇都有欠账。高界尚欠2.7万元，新店欠1.4万元，曹务欠6000多元，有的乡由于对现行的使用办法有意见，存在着对上解部分尽力完成，自留部分收多少算多少的思想，形成历年累欠，越积越多。在管理使用上，高界镇的情况不够清楚。建议县、乡两级政府加强对教育费附加的征收使用和管理工作，使这部分资金更好地发挥作用。

（四）校舍的管理问题。这是整个校舍建设中一个值得重视的问题。从我们这次调查中看到的情况，有的学校等、靠、要思想严重，就连鼠洞、墙皮脱落、瓦片移位、讲台破烂、地面不平等一些自己动手完全可以解决的维修问题长时间撒手不管。高界镇水鱼小学大部分校舍是80年代中后期翻修的，基础还可以，但学校不注意维修管理，有的房台阶、地面坑坑窝窝，高低不平，墙皮脱落；有1座教室的黑板表皮脱落一大块，竟用黄泥涂抹后使用；还有一座教室内堆放一大堆煤沫和垃圾，崔岔小学去年由村上新修了门头，当时没有盖瓦，现在校园中堆放现成的瓦片，宁使门头被雨侵蚀，自己不动手去办。高庄小学晚上无人值班看校，校舍破旧，到处尘土，也不打扫，卫生状况极差。类似这样的问题，责任全在教师本身，这就需要加强教育，增强他们管好国家和人民财产的意识，以提高校舍的使用寿命和效果。

（五）桌凳配套问题。从调查看，当前桌凳短缺、破旧的问题比较普遍。张局小学60多套桌凳中有30套是50年代初做的，破烂不堪。曹务中心小学学前班70名孩子全是自带凳子上学，还有高庄、二夫、邢岔、新合、安乐、张岔、田沟、唐山等学校不同程度地存在这方面的问题。新店乡在基本解决校舍问题后，已有打算从明年开始着手解决桌凳问题。我们认为，这样的考虑是对的，其他乡镇也应当在抓好校舍建设的同时，设法解决桌凳的添置更新问题。

（六）学校基建欠款问题。4所中学除曹务外，其他学校均有基建欠款。雷大中学新建校舍于1992年完工，但至今欠款1.8万元；高界中学1991年建成1栋单边教学楼，造价13万元，只拨付11万元，1992年新建教工宿舍单边楼1栋，造价18万元，主体工程已完成，只剩内部粉刷，学校亟待使用，但只拨付4万多元基建款，工程队已停止修建；新店中学去年修了2排宿舍，尚欠基建款7000多元。对于这类问题，建议县上在资金允许的情况下，统筹安排，给予解决。

关于火柴厂等五户企业贯彻《全民所有制工业企业转换经营机制条例》的情况调查

由人大常委会副主任赵智荣带队，农业财经工作委员会和县体改委、经委、计委、财政局、广播电视局等单位的同志组成调查组，于6月9日至12日重点对火柴厂、印刷厂、化工厂、农机厂、毛针织厂等5户全民所有制工业企业贯彻实施《全民所有制工业企业转换经营机制条例》的情况，通过听取汇报、个别走访、对比算账等方式，进行了较为细致的调查。

一、企业生产经营情况

我们这次调查的5户企业，共有职工1221人，其中固定工（包括管理人员）330人，劳合工295人，集体工225人，临时工和季节工371人。至今年5月底，固定资产总额净值达到1006.76万元，1至5月各项经济指标的完成情况为：完成工业总产值880.9万元，占年计划1988万元的44%；完成销售收入592万元，占年计划1478万元的40%；实现利润4.8万元；流动资金占用为1149万元，较上年同期增长325万元；产成品资金占用1081万元，较上年同期增长89.9万元；平均资金利税率为5.1%，在5户企业中，生产经营状况良好，效益增长的有化工厂、印刷厂，化工厂1至5月完成工业总产值281.4万元，占年计划的51%，较上年同期增长42%；销售收入完成202.33万元，占年计划的64%，较上年同期增长12.1%；完成利润12.7万元，占年计划的35.3%；资金利税率为9.55%。生产经营有起色，扭亏较好的有毛针织厂、农机厂，生产经营困难，效益下降，产销矛盾突出的有火柴厂。火柴厂元至5月完成工业总产值308万元，占年计划900万元的34%；完成销售收入185万元，占年计划630万元的29%；完成利润0.29万元，占年计划100万元的0.29%，较上年同期的17万元减少58.4倍，流动资金占用和产成品资金占用分别较上年同期增长214万元和223万元，该企业由于资金紧张，只是生产不能正常进行，仅5月份就停产15天。

二、企业贯彻《全民所有制工业企业转换经营机制条例》和各项权利的落实情况

1992年6月条例颁布以来，县委、县政府对贯彻落实条例工作非常重视，于今年2月联合发出了《关于认真学习贯彻〈全民所有制工业企业转换经营机制条例〉的意见》，对我县企业实施条例作出了明确的规划及要求，在实施条例过程中，县人民政府根据我县实际，积极、有效、稳妥地开展工作，以转换机制提高企业在市场竞争中的活力，全面推动条例的贯彻落实，取得了一定成效。

（一）采取多种形式，对条例进行认真的学习和宣传。县上于今年4月份举办了为期1周的企业厂长（经理）培训班，对条例规定的各项权利、义务、关系及法律责任进行了系统的学习。经委利用本系统厂长（经理）开会时间，集中组织学习和讨论，使企业领导对条例有了比较深刻的理解。各企业普遍制定了学习计划，科室、车间、班组在利用政治学习时间和班前班后组织职工进行学习的同时，结合本企业的实际，

层层讨论制定了实施方案。为了促使条例的贯彻落实，县广播电台对条例精神及我县学习贯彻情况分阶段安排节目进行了宣传报道，通过学习宣传，进一步提高了干部职工对贯彻条例重要性的认识，增强了依法经营的自觉性。

（二）根据责、权、利关系明确产、供、销面向市场的原则。落实企业经营方面的各项权利，在条例实施过程中，政府及主管部门把应该属于企业的经营决策权、产品定价权、物资采购权、产品销售权、留用资金支配权、资产处置权、投资决策权等及时下放给企业，使企业真正成为自主经营，自负盈亏的商品生产者和经营者。在调查中，5户企业的领导普遍反映我县在贯彻条例中放权比较充分，政府支持企业改革，企业感到比较满意。现在这些企业从产品结构调整、原材料采购、生产规模的确立到产品的定价、销售及税后资金的分配等，都能根据市场的需求、变化和本企业的生产能力、发展趋向自行决定。毛针织厂、农机厂根据行业特点和市场供求状况，大幅度调整产品结构，对原来生产的压库产品进行削价处理，盘活了资金。印刷厂对塑料车间进行了改造，把长期闲置的设备按照条例规定进行了变卖处理，增强了书刊印刷的生产能力。今年以来书刊印刷活路较好，1至5月完成产值82.52万元，较上年同期增长11.05%，完成销售收入68万元，较上年同期增长13.45%，利润完成6.07万元，占年计划46.6%。火柴厂、毛针织厂还对销售费用实行了全额包干。

（三）以劳动、人事、分配3项制度改革为突破口，合理组合生产要素，实行工效挂钩，调动了干部职工的生产积极性。一是改革企业内部用工制度，实行“试岗、上岗、待岗”的“三岗”制度，各企业都实行以产定岗，以岗定员，对富余人员创办第三产业安置或内部待业，对上岗人员进行岗前培训，强化用工管理和劳动纪律，毛针织厂按规定标准增加生产定额，地毯底布由原来每机产量12公斤增加到现在的18公斤，毛巾由原来每人1机生产96条增加到每人2机142条，提高了劳动生产率和设备利用率。农机厂今年以来对因各种原因不能上岗的9名职工按请长假处理，对3名职工实行内部待业，对长期旷工的1名职工进行除名处理。火柴厂对5名要求停薪留职的职工准许其从事第三产业。二是在完善承包责任制的基础上，进行人事和内部机构改革。目前各企业副厂级干部的任命，能够按照法定程序，由企业厂长（经理）提名，政府及主管部门任命。企业中层管理人员的聘任（任命）权完全在企业。5户企业在聘任中层管理人员时，打破了干部、工人、固定工、劳合工和临时工的界限，按照“能者上庸者下”的原则择优选用。印刷厂由一些临时工担任车间、班、组负责人，农机厂今年对中层人员不称职者进行调整，使管理人员素质明显提高。同时，各企业都按照生产经营的需要设置内部机构，改变了过去人浮于事的现象。火柴厂原有7个车间，第7车间是在机械作业基础上的手工操作工序，功效低下，使劳动力浪费，生产成本增加，厂里结合条例的实施，于今年3月份将这个车间改建为一个针刺胶背地毯车间，安排了部分富余人员，现已形成生产能力。他们还针对本企业产品销售环节薄弱、产成品压库严重、货款回收困难的实际，把原供销科分为供应和销售2个科室，成立了工贸公司，从而加强了销售力量。三是在工资、奖金分配上实行工效挂钩，计件工资逐步取代档案工资，对企业盈亏实行风险抵押制度。为了更好地调动职工的生产积极性，毛针织厂、农机厂都实行了计件工资制，火柴厂正在准备实行岗位技能工资。印刷厂实行计件、档案工资“三七”制，对二、三线人员实行工资结构“倒三七”制，按百分制考核，基本实现了分配和效益挂钩、工资总额增长和企业效益增长同步、分配向一线和险、累、脏、差岗位倾斜，工作效率明显提高。为了增进干部职工的风险意识，印刷厂、化工厂，按厂级管理人员工资总额的15%~20%、中层10%~15%、职工10%的比例提取风险抵押金，对新进厂职工一次性收取风险抵押金1000~3000元。另外，化工厂由于经营状况良好，还建立了承包风险基金、工资储备基金，这样，企业和职工对盈亏都负有责任，增强了企业职工主人翁意识和工作责任心。

（四）积极引进技术和项目，进一步搞活企业，把企业引向市场，各企业在生产、销售、新产品开发上，充分运用各项经营自主权，对企业经营和发展都有新的计划和措施，火柴行业目前国内有大、中型生产厂家300多家，市场疲软，竞争激烈。面对这种严峻形势，火柴厂在资金紧张，生产难以为继的情况下，克服困难，积极引进新的技术和项目，减轻压力，经考察和论证，准备上餐巾纸生产线，该项目投资少、见效快，仅需5万元资金即可上马，准备引进的仿瓷砖生产线正在考察论证过程中。毛针织厂根据生产、销售情况和市场预测，确定在降低成本，拓宽市场的前提下，增加地毯底布产量，他们正在争取打入新疆市场，如果此举能成功，底布产量在现在每月12吨的基础上达到20吨，企业可扭亏为盈。农机厂为摆脱困境，在抓内部管理、抓三项制度改革、增产增收的同时，从企业发展着眼，积极开发新产品，已确定引进的电焊条生产线需资金48万元，厂里动员职工集资10万元，其他资金也已落实到位，项目正在加紧筹备。

（五）企业重视职代会的作用，进行民主管理。各企业都很重视工会和职代会的作用，一般决策厂工会主席参加，重大决策一般都由职工代表大会讨论通过后再做出决定。如化工厂1992年的调资方案，在我县企业增资面都为80%的情况下，该厂广泛听取群众意见，经职代会讨论，最后确定增资面为40%，体现了多劳多得的原则，职工比较满意。

三、存在的问题

条例在以上企业付诸实施后，由于各方面共同努力，在一定程度上增强了企业活力，取得了一定成效。但是，在这项工作的贯彻上还存在一些问题，主要是：

（一）企业改革不够深入，部门职能发挥得还不够好。主要是个别企业认识还不够明确，干部职工思想问题还没有从根本上得到解决，有畏难情绪。有的行动迟缓，有的等待观望。特别是有些企业对三项制度改革心有疑虑，不愿也不敢大胆去改。同时，有些企业注重抓了改革措施的落实，放松了内部管理，出现了一些问题。如个别企业因资金紧张，生产受到很大影响，个别销售人员对回收的货款却迟迟不上缴，直到单位发现督促才上交财务。还有据审计结论表明，农机厂1991年、1992年滥发补贴实物，给职工发放清油3827.5公斤，价值15923.25元；未经批准发放的浮动工资29548元；账务混乱，材料总账与明细账不符，形成的账差11293.05元。政府职能部门在放权的同时，对加强宏观调控，考核和确保企业财产保值、增值的措施缺乏力度。对个别因经营不善造成亏损和效益下降的，因责任不明奖罚没兑现，使亏损局面未能扭转。

（二）企业法和条例赋予企业的权力，有些还未完全落实。有些权力虽然下放了，但企业难以运用。反映较多的是劳动用工权和拒绝摊派权的落实。对于企业用工权的问题，企业虽然体谅政府的难处，也愿意为社会承担责任，帮助政府缓解就业压力，但如果分配给企业工人数量太大，在目前企业富余人员尚待安置的情况下，势必给企业造成负担。由于目前我县社会保障体系还未健全，用工完全自主确实存在很大困难，企业根据生产需要，择优录用职工的权利还难以实现。对于拒绝摊派权，企业都有同感，是摊派就拒绝不了。条例实施以来，明显的硬性摊派已经减少，但变相摊派仍困扰企业。反映比较强烈的是一些职能部门收费过杂过滥，还强行摊派企业购买、订阅行业出版的书刊、报纸。

（三）企业的生产经营还没有形成良好的外部环境，以及历史原因造成的债务负担沉重等不利因素，给一些企业的生产经营活动和条例的贯彻带来很大困难。突出表现在原材料价格上涨幅度太大，资金异常紧张，加之这些企业还不能很好地适应市场经济对企业的要求，导致企业产品成本上升、销售不畅、资金沉淀、效益下滑。经营活动捉襟见肘，举步艰难。在这种情况下，无疑给各项改革措施的落实增加了更大难度。毛针织厂底布生产主要原材料为棉纱，从泾川棉纱厂进货，由于欠供货单位货款太多，对方作为惩罚性措施，高出销售价100元才肯发货。使原本就很高的原材料价格涨得更高，造成产品亏损。化工厂通往85号车间的一段道路，由于受当地村民的挤占“蚕食”，狭窄且凹凸不平，致使原料运不进，产品运不出，目前亟待协调解决，换代锅炉也因道路不通无法更换，造成资源浪费。

四、几点建议

第一，继续加强对条例的宣传学习和贯彻落实工作。要教育干部职工和全社会真正懂得搞活企业的重要性和紧迫性，把条例作为深化企业改革，增强企业活力的法律保障，切实贯彻下去，把该放的权力真正下放给企业，采取有力措施保障这些权力的实现。

第二，政府及其职能部门在企业转换经营机制过程中，要积极发挥职能作用，依法对企业进行协调、监督和管理、提供服务。要在厂长（经理）选拔任用、考核国有资产保值、增值、考核承包方案落实方面进行宏观调控和行业管理，建立企业财务制度和会计制度，加强审计工作。同时要进一步转变职能，在资金、项目、市场等方面协调企业与企业、企业与部门、企业与地方之间的关系，为企业创造良好的内外部条件，以适应改革的需要。

第三，企业要在用好用活各项自主权的同时，不断提高决策水平，加强内部管理，特别是财务管理，强化劳动纪律，确保企业改革的健康发展。

第四次会议　于1993年8月28日在常委会四楼会议室召开，由吕忠厚主持。

会议议程有两项：一、学习全国人大常委会委员长乔石、副委员长田纪云在省、自治区、直辖市人大常委会主任座谈会上的讲话；二、听取和审议卫生局副局长张思忠受政府委托所作的《关于贯彻执行〈中华人民共和国药品管理法〉工作情况的汇报》、常委会司法民政工委主任蒙谦恭所作的《关于贯彻执行〈中华人民共和国药品管理法〉的情况调查》。会上，政府副县长陈向华就落实审议意见作表态发言，吕忠厚讲话。

第十二届常委会组成人员吕忠厚、阎志洁、李克科、赵智荣、马子坤、陈松友、郭应童、蒙谦恭、胡青汉、王维歧、王镇华、杜耀文、马志俊、翟沪兰、吴俊福、李佩红出席会议；政府副县长陈向华、政协副主席梁钧宪、法院院长漆忠义、检察院检察长陈贵录、政府办公室副主任崔仁杰、卫生局副局长张思忠、政府法制局局长杨成安，常委会有关委、室负责人柴玉明、周世让、祁望厚，仁大、红寺、威戎、灵芝4乡镇人大主席团常务主席张济林、姚占学、杨国珍、高兴文列席会议。

附：

关于贯彻执行《中华人民共和国药品管理法》的情况调查

司法民政工作委员会和县人民政府办公室、卫生局、法制局的负责同志，以及药品监督、检验专业人员组成2个检查组，由县人大常委会副主任李克科带队，有关乡镇卫生院院长配合，于8月3日至5日，分别对甘沟、四河、红寺、细巷、祁川、李店、雷大、古城、高界、三合等10个乡镇政府所在地和公路沿线的51家药品经营单位、村卫生所和个体药店、诊所的药品经营情况，采取听汇报、药检人员实地抽查等方法，进行了检查。

一、检查情况

这次主要抽查了2家国营经销单位、9家医疗单位和40家集体、个体药店、诊所销售的各类药品，通过药检人员对药品甄别鉴定和核对，查出假劣药品共16.5公斤，价值565.35元，中成药2种，222丸（粒），价值126.34元；红霉素、氯霉素、四环素、速效伤风胶囊、人参蜂王浆等各种档次的西成药、营养保健药64种，其中假药51种，12413片（支），价值925.51元；劣药13种，1424片（支），价值97.77元，总计折合人民币1714.97元。总体情况是，在10个乡镇中，经检查，销售假药数量不大。药品管理问题较少的有甘沟、四河、红寺、高界、三合5个乡镇。假药销售面广量大、问题突出的有李店、雷大、古城、祁川、细巷5个乡。在被检查的51个单位、药店、诊所中，两证齐全、没有假劣药品出售，药品存放和保管符合各类药品的理化性能，药房卫生整洁，账目、发票装订工整，进药渠道有据可查的有10家，占被检单位的19.6%，没有假药出售，但不同程度地存在着过期药品继续销售、麻醉药品管理不合规定、部分中药材质量不高、药品存放、药房卫生状况较差等问题的15家，占被检单位的28.6%；有假药劣药出售，药品管理问题很多的有26家，占被检单位的51.8%。其中国营、集体单位4家，占15.4%，村卫生所、个体药店、诊所22家，占84.6%，受处罚处理的23家，占被检单位的43.9%，销售假药数量较大，问题比较严重的有3家，占被检单位的

5.3%，无证照经营的1家。

从这次检查了解到的情况看，今年我县在贯彻药品管理法、取缔、打击假劣药品工作上，领导重视，思想明确，卫生、药政部门认真执法，做了大量工作。主要是：

（一）建立了药品监督机构。针对过去药品监督和检验人员无证上岗，监督工作难以开展的实际情况，县人民政府在今年4月任命了4名药品监督员，并核发了药品监督证。县卫生局聘请了20名兼职药品监督员，由乡卫生院药学技术人员担任，分散在基层开展工作。8个中心卫生院和县城2个医院还成立了3~5人组成的药事委员会，对所进药品进行检验，严把质量关，防止假劣药品进入国营医疗单位。

（二）卫生、药政管理部门工作积极主动。今年以来，他们对城区的药店、诊所、药摊经常进行抽查，发现外地来静贩卖假药的游医药贩就坚决取缔。上半年共查处外地非法出售假药的药贩6人，没收“香精油”、虎骨等假冒中药材15种、24公斤。使城区医药市场的混乱状况有明显好转。同时还与公安、工商等部门配合，组织人员27人(次)，对城川、威戎等10乡镇的药品经营情况进行了检查。在对销售假劣药品违法行为的查处上，改变了过去只没收假劣药品和非法收入，不作处罚处理的做法。今年以来，特别是在这次执法检查过程中，药政部门依照药品管理法的有关规定，不管是单位，还是个人，一旦发现在药品经营中有假药出售，都按照情节轻重进行处罚。对属于第一次查出假劣药品，且数量较少，认错态度好的，除批评教育、提出警告、没收假劣药品、追回非法收入外，一般都处以假劣药正品价格1倍的罚款，对3家销售假劣药品数额较大，价值在200元以上，情节较为严重的药店、诊所，作了没收假劣药品和非法收入、处以假药正品2~3倍罚款处理，责成限期停业整顿。对李店中心卫生院、兽医站等一些国营、集体医疗单位销售假药的，除依法对单位进行处罚外，还对单位负责人处以20~50元罚款。今年以来，共计查获没收假劣药品125种，总价值4279.52元，罚款4027.29元，其中这次执法检查过程中罚款3653.51元。同时，还有对销售假劣药品、谋取不义之财的不法分子，对其行为通过集市进行曝光，对药品管理法进行现场宣传教育。

（三）宣传教育工作不断深入。卫生局在今年召开的3次乡镇卫生院长会议上，都以以会代训的形式，对药品管理法及有关法规和政策的规定、内容组织进行再学习。对照法律自查本单位在执法过程中存在的问题和漏洞，特别是在严格把握进药渠道，杜绝假劣药品流入方面提出了改进措施。乡镇卫生院根据卫生局的安排，通过门诊宣传，办板报等形式，向患者和群众宣传假劣药品的危害性，交给他们一些识别假劣药品的知识，使之同销售假劣药品的违法犯罪行为作斗争。今年4月份，药政部门就是根据群众举报的线索，查处了原安、灵芝2乡的假药案。

二、存在的问题

我县在贯彻执行药品管理法，打击假劣药品工作上，由于各方面的共同努力，取得了一定成效，为保障人民身体健康，促进全县医疗事业的健康发展起到了积极的作用。但是，执法工作还存在一些问题。主要是：

（一）对药品管理法的宣传教育还没有深入人心，具有一定的局限性，打击假劣药品的工作还没有得到全社会的重视。实践证明，凡是对假劣药品经常查处的地方，销售假劣药品的相对较少，群众对假劣药品的警惕性比较高。我们在检查中发现，销售假劣药品的，大多是一些个体药店、诊所。如果在对其查处的过程中，能向当地群众公开曝光，以案说法，对法律的宣传就会起到事半功倍的效果。现在的问题是由于人员、经费不足，法律宣传和检查工作公路沿线搞得多，边远山区搞得少；临时突击检查多，经常性工作开展少；问题处理多，公开曝光少。一些偏远山区的群众，只知道有假药，但不知道哪家在卖假药，也不懂得识别假药的方法，不知道如何保护自己，给一些见利忘义的不法药贩和假劣药品销售者可乘之机，给人民群众身体健康造成很大威胁。

（二）销售假劣药品的问题还很严重。从我们这次检查了解到的情况可以看出，销售假劣药品的现象在我县比较突出，点多面广，在一些地方还十分严重。我们在对祁川乡张家小河集市张某某个体药店进行检查时，发现有从外地购进的假批号、假冒厂家生产的假药，在查问其药品来源时，得知祁川乡祁川村个体药店主陈某某有贩卖假药的嫌疑，就对该陈药店跟踪进行了突击检查，结果发现该陈在药品经营企业许可证、营业执照证照俱无的情况下，非法经营达1年之久。药监人员从他销售的药品中，发现用大丽花根块冒充的天麻以及假抗生素、品种针剂等13种，一次性发现的假药价值就达230余元。还有一些不法药店主，如细巷乡细巷村卫生所厚某某，雷大乡合岘村的陈某某等，利用群众对自己的信任，大量销售假药，对社会造成危害。李店乡兽医站以营利为目的，销售假劣药品坑害群众，在该店药房共查出氯霉素等4种假药，价值人民币107元，而当药政人员提出处理意见时，该店负责人竟对执法人员冷嘲热讽，态度蛮横，造成很坏影响。

（三）执法不严，打击不力仍是药品管理法贯彻实施中的主要问题。我县在1992年检查发现的假劣药品有230种，加上一些劣质医疗用输液管总价值达7362.63元，仅追回非法收入3030.52元；没有依法进行处罚，今年1至6月共查出假劣药品36种，价值2564.55元，罚款373.78元。按药品管理法第五十条、药品管理实施办法第四十八条规定，销售假药的，要处5倍以上罚款，但实际上仅以假药总价值的1/10进行了处罚，明显是轻的。据卫生部门的同志反映，这次检查中发现有假劣药品的单位、药店、诊所中，有些是过去因销售假药而被药检人员警告过的，按照《药品管理法实施细则》第五十条第四款之规定，属于“……销售、使用假药、劣药、经处理后重犯的”，应视为情节严重，卫生行政部门应从重给予行政处罚，但实际处罚中没有体现出从重精神。

（四）在打击假劣药品和案件查处上，各执法部门之间的配合还很不够，有待进一步加强。一是在对个体药店、诊所销售假药问题查处上，药政部门和有关部门配合不够，意见不一致，问题难以处理。特别是个别地方在外地药贩还未取得药政部门核发的临时许可证时，就予以登记，准予营业。二是在对假劣药品的截流堵源和案件查处上，药品监督部门由于受条件限制，加之与其他部门主动协调不够，贩运假药的违法分子得不到及时查处和打击，致使假劣药品源源不断地流入我县，祸害人民群众。卫生局根据群众反映，曾组织人员对一些线索进行过跟踪调查，但终因不能采用必要的侦查手段而难以破案。

（五）药政、药检力量亟待加强。我县在1989年就成立了药品检验所，编制有空缺，问题仅仅在于没有办公用房和住宿用房而一直调不进人员，机构形同虚设。在现在的4名持证药品监督员中，专司药检和药品监督的只有1人，其余3人均为兼职（1名是卫生局副局长、2名是办公室行政人员），药检所现有1万多元的药品检验设备，如果利用起来，一般性的业务就能开展，但因用房问题长期得不到解决，这些设备一直压在库房里，省上给的8000元业务开办费也长期得不到利用，药品检验只能靠检验人员直观辨认和用嘴嚼尝，对不能确认和有争议的药品只有送到平凉检验，每个样品要交检验费200元，而且费时费工，给这项工作造成很大困难。还有经费不足的问题，药品监督检查没有专门经费，进行突击性检查一般要出动车辆和较多人员，这些费用都要挤占卫生局办公费，长期下去，单位负担不起。

三、几点建议

第一，进一步加强药品管理法及有关法律的学习和宣传，教育每个公民知法守法，学会用法律武器保护自己的合法权益，自觉抵制销售假劣药品的违法犯罪活动。

第二，卫生部门要主动与工商、公安等部门配合，下决心破获贩运假药的案件，堵死假药流入我县的渠道。

第三，卫生、药政部门在药品管理执法检查工作上要坚持做到点面结合、突击检查和开展经常性工作结合，特别是对一些边远山区的药品管理情况，要组织人员开展经常性的检查。卫生部门要尽快对聘请的基层药品监督员进行培训，开展工作，一方面对本地区销售假劣药品的行为进行监督，同时为药政部门提供信息，形成药品监督管理网络。

第四，进一步加强药品监督队伍建设，努力改善药检工作条件，建议县人民政府及时研究解决药品检验机构的办公和住宿用房，并按编制尽快配备专职药检员。县上还应酌情解决部分经费，以保证药品监督检查工作的正常开展。

第五次会议　于1993年10月28日至29日在常委会四楼会议室召开，分别由吕忠厚、阎志洁主持。

会议议程有六项：一、听取和审议政府法制局局长杨成安受政府委托所作的《关于1993年行政执法监督检查工作报告》；二、听取和审议法院院长漆忠义所作的《关于1993年1至9月执法检查工作报告》；三、听取和审议检察院检察长陈贵录所作的《关于1993年度执法执纪检查情况报告》；四、听取和审议社会治安综合治理委员会办公室主任武珍受政府委托所作的《关于1993年社会治安综合治理工作的情况汇报》；五、听取和审议政府办公室主任王济华受政府委托所作的《关于县第十二届人民代表大会第一次会议代表意见、建议办理情况的报告》；六、听取和审议常委会代表联络工委主任王镇华所作的《关于〈中华人民共和国全国人民代表大会和地方各级人民代表大会代表法〉贯彻执行情况的汇报》。会上，政府副县长陈向华就落实审议意见作表态发言，吕忠厚讲话。

第十二届常委会组成人员吕忠厚、阎志洁、李克科、马子坤、陈松友、王维歧、王镇华、蒙谦恭、吴俊福、李佩红、沙芳琴、马志俊、郭应童出席会议；政府副县长陈向华、政协副主席梁钧宪、法院院长漆忠义、检察院检察长陈贵录、政府办公室主任王济华、综治办主任武珍、公安局局长米世荣、司法局局长穆熙雄、政府法制局局长杨成安，常委会有关委、室负责人柴玉明、祁望厚、周世让，城关、城川、三合、余湾、贾河五乡镇人大主席团常务主席方天学、梁登科、席学谦、韩三余、侯玉玺列席会议。

附：

关于《中华人民共和国全国人民代表大会和地方各级人民代表大会代表法》贯彻执行情况的汇报

正确贯彻实施《中华人民共和国代表大会和地方各级人民代表大会代表法》（以下简称《代表法》），保障代表在人民代表大会期间的工作和闭会期间的活动，是整个人大工作的基础。为了全面了解《代表法》贯彻实施情况，县人大常委会办公室于今年9月初发出了关于总结代表工作的通知，至目前，有15个乡镇总结汇报了《代表法》贯彻实施情况。最近，代表联络工作委员会的同志在常委会副主任阎志洁带领下，先后到曹务、城川、灵芝、城关镇等10个乡镇，重点进行了调查了解，听取了乡镇人大主席团关于《代表法》贯彻实施情况的汇报，并召集了部分县、乡人大代表学习《代表法》，组织进行了座谈讨论。

一、贯彻实施《代表法》的基本情况

《代表法》自1992年4月3日颁布以来，在上级人大及其常委会的指导下，县人大常委会、县、乡人民政府以及各乡镇人大主席团为《代表法》的贯彻实施做了许多工作，取得了一定成效，具体有以下四个方面：

第一，开展了各种形式的学习宣传活动。《代表法》颁布后，各乡镇人大主席团及乡镇政府普遍采用板报、标语、广播以及召开各种会议等形式，组织代表及干部群众学习《代表法》，广泛宣传《代表法》。据不完全统计，李店、余湾、曹务、城川等15个乡镇共召开学习《代表法》会议32次，有7537人（次）参加了学习。其中县人大代表102人（次），乡镇人大代表615人（次），干部群众6787人（次），李店乡人大主席团利用有线广播多次广播关于学习《代表法》讲话稿，先后书写大幅标语109条，宣传了《代表法》。原安乡人大主席团为47名县、乡人大代表印发了《代表法》小册子，把集体学习讨论与代表自学结合起来，学习效果比较好。通过各种形式的辅导学习和座谈讨论，普遍加深了人大代表对《代表法》的正确理解，提高了思想认识。县人大代表、李店乡中庄村主任刘文奎在学习《代表法》座谈会上说，我们当代表，不仅要依法监督政府工作，更重要的是以身作则，发挥模范带头作用，支持和协助政府搞好工作，管理好国家事务，这样，才算是一个合格的人大代表。

第二，组建了代表活动小组。为了把代表工作逐步引上规范化、法制化的轨道，发挥人大代表参政议政，管理国家事务的作用。今年初，县人大常委会根据换届后新当选的代表多，对代表工作不熟悉的情况，把组建代表小组，加强代表的学习，作为首要任务，于3月初发出了文件，就组建代表小组工作向各乡镇人大主席团作了安排部署。3月下旬至4月上旬，县人大常委会负责同志带领工作人员到24个乡镇，对组建代表小组工作进行了检查，就个别乡镇人大主席团工作中存在的问题，特别是学习贯彻《代表法》的问题提出了意见，促进了此项工作的顺利开展。各乡镇人大主席团按照县人大常委会提出的“便于组织和开展活动”的原则，进行了认真研究和讨论，确定由人大主席具体负责组建代表小组工作，在上下共同努力下，至4月底，全县30个乡镇全部建立健全了代表活动小组，共建立小组180个，民主推选组长180人，为代表开展活动，履行职权，执行职务创造了条件。

第三，通过贯彻实施《代表法》，较好地发挥了代表作用。

一是充分发挥了代表的监督作用。今年7月初，县人大常委会根据省人大常委会和地区人大工委的安排，组织了由省、县、乡三级人大代表组成的视察组，就我县农民负担问题和《全民所有制工业企业转换经营机制条例》执行情况进行了调查和视察，代表们先后到城川、高界及县水泥厂、针织厂和印刷厂，听取了乡镇负责人和企业厂长的工作汇报，又深入田间地头、车间班组及群众家里看了农民和职工的生产生活情况，听取了他们的意见、建议，就农民群众反映强烈的工农产品“剪力差”日益扩大，一些行业不正之风加重了农民负担；企业对一些摊派拒绝不了，经营自主权还没有完全落实等问题，向政府及有关部门提出了意见，要求尽快研究解决。雷大乡人大主席团对代表反映强烈的干部挪用土地承包费问题，进行了跟踪监督，督促乡政府研究处理。通过与人大代表座谈，查清账务等办法，对雷大、安乐、陈局等6个村9名干部（其中乡干部1人）挪用5400元土地承包费的错误问题，进行了认真处理，追回了挪用的款项。并对陈局、安乐等村涉及挪用土地承包费的村、社干部，提交乡党委研究，作了调整，加强了基层班子建设。

二是发挥了代表联系人民群众的桥梁纽带作用。县人大代表、县政府办公室主任王济华，能够保持与人民群众密切联系，经常教育办公室工作人员，认真处理群众来信，热情接待群众来访。对办公室能处理的来信来访，他督促工作人员及时处理并向群众作了答复；对来信来访要求解决生活困难的，及时和乡镇联系，摸清情况，确实需要民政部门救济的，与民政部门联系，妥善处理了群众的困难；对一些群众反映强烈的热点问题，及时向分管县长和县长办公会议汇报，使政府领导掌握情况，为领导决策提供依据。今年由于政府的重视和办公室做具体工作，督促检查，使十二届一次人代会议提出的111条意见、建议至9月底已全部作了研究和办理，并及时给代表作了答复。县人大代表、曹务乡店子村主任肖国仓，曹务乡人大代表、下店子社社长马升武，是群众比较信赖的好干部、好代表。他们经常与群众打成一片，积极向上反映群众的意见和要求，向下传达党的方针政策和上级人大及其常委会的决议、决定。曹务乡群众多年来要求设立乡公安派出所的问题，经肖国仓和其他代表多次在县、乡人民代表会议上提意见、建议，终于得到县政府的重视，目前已建立并派驻人员开展工作。群众强烈反映和迫切要求修建店子河桥的问题，从县十一届二次人代会开始，肖国仓代表就提建议，到现在还没有解决。在学习《代表法》座谈会上，他说，修建店子河桥，是曹务乡18000多名群众十分关心和盼望的一件大事。目前，因为财政困难，还没有列上计划，但我决心在这一届代表任期内，要求县、乡政府研究解决这个问题，为人民群众办一件实事。

三是充分发挥代表的模范带头作用。县人大代表、城川乡红旗村主任张英，在推广农业科学技术方面，起了模范带头作用。他引进小麦优良品种，种植成功后，把良种无偿提供给村上群众；把地膜玉米、小麦，玉米带状种植技术手把手地教给群众；带头栽植果树，发展果园经济，增加农民经济收入；今年他又引进了“两犁一空”小麦种植新技术。通过他的示范宣传，使一些先进的农业科学技术在红旗村及全乡推广开来，引导农民走上了科技兴农、科技致富的道路。县人大代表、余湾乡苗岘村主任梁武忠，连续三届被选为县人大代表，为群众办了许多实事。今年他率先在自家饲养优良种猪，推动了苗岘村及周围群众养猪事业的发展，县人大代表、城关镇南关村村民郝俊安，创办了私营服装加工厂，现有从业人员15人，年产值18万元，创利润2万元，向国家缴税6000元，成了全村的致富典型。

第四，县、乡人大代表在协调处理民事纠纷，维护社会安定团结方面也起了很好作用。城川乡大部分村、社干部，既是县、乡人大代表，又兼搞治保工作，他们不但能够在经济建设中起模范带头作用，而且也注意解决群众中发生的各类问题。如前几年，农村因地界、渠界、宅基地、家庭婚姻引起的民事纠纷很多，群众经常到乡上告状，纠缠领导，影响了乡上正常工作。今年以来，乡人大主席团、乡政府重视了代表作用的发挥，经过县、乡代表做耐心细致的民事调解工作，团结教育群众，使各类矛盾基本解决在基层，反映在乡上的民事纠纷大大减少，使乡上的领导和干部都能跳出事务圈，集中力量抓好经济建设。

二、存在的问题和建议

贯彻实施《代表法》工作虽然取得了一些成绩，但目前仍存在着不少问题。主要是学习宣传活动还不够广泛深入，大部分干部、群众对《代表法》没有认真学习，有少数人大代表还不知道国家已经颁布了《代表法》；有少数部门和单位的领导对代表工作重视、支持不够，没有很好地为代表创造工作和活动的条件。有的企业负责人怕代表参加学习、开会影响工作、生产，不让代表参加学习和开展活动，甚至连一年一次的人民代表大会也不让参加；有些代表小组成立后，开展活动少，作用发挥得不好；有的代表把当代表仅看成是一种政治荣誉，没有按照《代表法》的规定很好地行使职权、履行义务、发挥作用。

针对开展代表工作和代表活动中的问题，今后我们要进一步抓好以下几方面的工作。一是要加强学习、宣传《代表法》。《代表法》是一部保障人民当家做主、完善人民代表大会制度的重要法律。我们要利用报刊、广播、标语、墙报、举办短训班等各种行之有效的方式，继续深入广泛地宣传《代表法》，使人大代表和广大干部、群众了解和掌握《代表法》的基本内容，为进一步贯彻实施《代表法》打下更好的基础。二是各级政府的领导和各单位负责同志要进一步提高思想认识，切实重视和支持代表工作。人民代表大会制度是我国的根本政治制度，人大代表是同级人民代表大会的主体。做好代表工作，对于坚持和完善人民代表大会制度，维护社会安定，保障社会主义现代化建设和改革开放有着极其重要的意义。因此，各级政府和各单位的负责同志，一定要提高思想认识，把代表工作列入议事日程，给代表开展工作和活动创造良好的条件，为代表执行职务提供保障服务，不能以任何借口或理由干扰阻碍代表执行职务。三是充分发挥代表活动小组的作用，使人大代表在闭会期间的活动能够经常化、规范化，有效地发挥人大代表参政议政、管理国家事务的作用。四是要重视提高代表素质。今后，我们要进一步加强代表联系工作，并通过各种形式，组织人大代表学习党的路线、方针、政策和国家法律、法规，不断提高政治素质，增强代表意识，进一步发挥代表作用。

第六次会议　于1993年11月19日在常委会四楼会议室召开，由吕忠厚主持。

会议议程有两项：一、学习中共十四届三中全会《关于建立社会主义市场经济体制若干问题的决议》；二、人事任免。

第十二届常委会组成人员吕忠厚、阎志洁、李克科、赵智荣、马子坤、陈松友、郭应童、蒙谦恭、王维歧、胡青汉、王镇华、翟沪兰、李佩红、沙芳琴、杜耀文、吴俊福出席会议；政府县长李怀仁、县委副书记郭林禄、县委组织部副部长岳具辉、法院院长漆忠义、检察院检察长陈贵录、政府办公室主任王济华，常委会办公室副主任柴玉明列席会议。

附：

人事任免

赵景山任县人民政府副县长

免去张会议县人民政府副县长职务

县人民政府副县长赵景山个人情况表

表4-20

姓名	性别	民族	年龄	籍贯	文化程度	入党时间	工作时间	工作简历
赵景山	男	汉	38岁	庄浪赵墩	中专	1980.11	1972.10	1975年9月至1980年10月任庄浪县万泉公社团委书记；1980年11月至1989年8月历任共青团庄浪县委副书记、书记，岳堡乡党委书记，县经委主任；1989年9月至1993年10月任庄浪县政府副县长，1992年10月任庄浪县委常委、县政府常务副县长；1993年11月任静宁县委常委

第七次会议 于1993年12月21日在常委会四楼会议室召开，由吕忠厚主持。

会议议程有两项：一、听取和审议文化局局长李旺军受政府委托所作的《关于我县文化市场管理工作情况的报告》、常委会副主任马子坤所作的《关于城关等3镇文化市场管理情况的调查》；二、审议通过召开十二届人大二次会议的有关事项。会上，政府县长李怀仁就落实审议意见作表态发言，吕忠厚在会议结束时讲话。

第十二届常委会组成人员吕忠厚、阎志洁、李克科、赵智荣、马子坤、陈松友、胡青汉、蒙谦恭、王维岐、郭应童、马志俊、杜耀文、翟沪兰、李佩红、吴俊福出席会议；政府县长李怀仁、政协副主席靳国强、法院院长漆忠义、检察院副检察长李俭、政府办公室主任王济华、公安局局长米世荣、文化局局长李旺军、广播电视局局长王连兴、工商局局长王守财，常委会有关委、室负责人柴玉明、周世让、祁望厚，城关镇、司桥、石咀、七里4乡镇人大主席团常务主席方天学、张永华、柴志信、尤根文列席会议。

附：

关于城关等三镇文化市场管理情况的调查

县人大常委会和文化局于11月下旬组成调查组，威戎、高界、城关3镇的分管领导、人大主席及县、镇公安、工商、广播电视、税务局（所）配合参与，分别对其所辖区域的文化市场管理情况进行了调查。

一、3镇文化市场的基本状况

近年来，随着社会主义商品经济的发展和人民生活水平的提高，这3镇的文化、娱乐市场日益活跃，经营网点逐渐增多。据统计，现有各类文化经营场所158个，其中书刊经销网点14个，音像制品（主要是录音带）经销网点31个，录像放映点9个，电影放映队3个，专业演出团1个，营业性舞厅（场）3个，卡拉OK摊点2个，电子游戏室6处，台球经营点82个，字画装裱店7家。这些经营者中，个体户占总数的79%，如台球、卡拉OK、电子游戏等基本上都是私人经营，从目前的发展情况看，城关镇由于地处城区，文化市场的种类比较多，场所达101个，占3镇总数的89%；其次是威戎镇；高界镇仅有录像放映点1处，电影放映队1个，字画装裱、录音带经销门市部各1个，台球经营店5个，种类少、规模小，无“集日”基本没有活动，录像和电影放映已经停业。

在管理工作中，从了解到的情况看，各级政府及主管部门思想重视，紧密配合，齐抓共管，为文化市场的健康发展做了大量工作。主要表现在：一是不断完善管理制度。县文化局针对我县文化市场管理的实际情况，于1990年4月制定了《静宁县文化市场管理办法（试行）》，从指导思想、管理范围、措施、要求等方面作出了规定。今年又抽调文化系统工作人员7名组成文化市场稽查队，每周巡查1次城区文化市场，并确定1名文化市场专干，经常检查城乡文化市场情况，协调有关部门及时处理管理工作中的问题。二是紧密配合，齐抓共管。公安、工商、税务等部门都能按照各自的职责，与文化、广播电视部门紧密配合，协调工作。几年来，曾统一行动，对城区的文化市场进行多次大检查，从而有力地促进了文化市场管理工作。三是狠抓清理整顿工作。去年8月，文化、广播电视、公安、工商及县社会治安综合治理办公室等单位联合，对城区从事文化市场经营的54个单位及个体摊点进行了大检查，集中查处了无证经营、非法翻录复制等问题。10月份，广播电视局与文化、公安、工商部门配合，检查了城镇音像制品市场，取缔38家无证经营录像带的个体摊点，收缴反映劳改和劳改释放人员颓废心里的录音带《囚歌》5盘，还对30盘非法出版的录音带进行消磁处理。今年9月，文化等部门在检查城区文化市场时，在个体书摊查获反映淫秽色情、暴力凶杀的书刊20本，封建迷信书刊12本，裸露黄色画8张，对违法经营者进行了处罚，所有这些行动，都对遏制文化市场经营中的非法违禁活动，净化文化市场起到了积极作用。

二、当前文化市场管理中存在的问题

（一）管理依然混乱。突出的问题有两个方面：一是无证、照经营的比较普遍。按照规定，凡从事文化市场经营活动的单位或个人，首先要经县文化行政管理部门会同公安、工商等有关部门审核合格，发给文化经营许可证，再向工商行政管理部门申请登记注册，领取营业执照，开业后及时办理税务登记，否则要给予处罚或取缔。但从我们了解的情况看，有的经营者为了逃避纳税、交费和监督检查，证、照俱无，到处摆摊设点，违法经营。此类情况，在3个镇约占文化经营场所的40%，其中音像制品无证经营者达一半以上，县城的台球在今年交流会期间约有140个经营点，平时固定经营者50多个，而办理证、照的只有24家。这样一来，就给文化市场的管理工作造成一定混乱。二是隐性问题不少。如打台球，按文化部、公安部《关于加强台球、电子游戏机娱乐活动管理的通知》，应有固定的场所，网点布局要合理，不得挤占公共场地，在中小学校门前200米半径内不得设置经营点。但在我县，由于场地等条件限制，城区台球活动基本处于失控状态，以街为市，随意设点。参与者大部分是青少年和中小学校学生，有的搞变相赌博，或因各种争执，发生打架斗殴，扰乱社会秩序。再如1家舞场，因领导和组织管理方面的原因，去年以来连续发生问题，群众议论，把舞会办成了“情会”，社会影响很不好。据公安部门反映，仅这1家舞场发生斗殴事件，立案查处的就有2件，最近侦破的1起多人流氓犯罪案件中，有的男女舞伴就是经常从舞场出去到野外或旅馆搞流氓鬼混，走上犯罪道路。城关镇反映，近年来镇区内有的中小学校学生和社会上的青少年违法犯罪也与影视上凶杀、武打、谈情说爱等教唆引诱有关，威戎镇区有录像放映点4处，因为内容不好，大人不愿看，也不让孩子看，经常停业。

（二）以盈利为目的的违禁经营突出。这方面问题比较严重的是一些宣扬淫秽色情、凶杀暴力、封建迷信的书刊及音像制品屡禁不绝，充斥文化市场，严重毒化社会风气。如广播电视局去年10月曾查获城区1家集体录像放映点放映1部明令查禁的录像片《妒情龙虎斗》，威戎工商所在去年4月查获1外地摊贩出售的黄色“情歌”录音带3盘。文化局今年9月在3家个体书摊查获《圣床》《情夫、丈夫、未婚夫》《玉房秘诀》《肉体强盗在行动》等6本反映淫秽色情及凶杀暴力内容的书刊杂志，至于夹杂色情描写在市面上公开销售的书刊就更多了。还有宣扬封建迷信的《麻衣相法》《男女手相大全》《地理五诀》《周易预测学》等书刊在市场上到处可见。

（三）对违禁经营者处治不严。根据这次调查，我们认为，当前在文化市场管理方面同样存在手软的问题，处理违法违禁问题时思想顾虑比较多，失之于宽软。如1992年12月文化、公安、工商等部门共同查获西关村1个体印刷户，以县糕点厂名义给威戎镇“天心园”印制点心商标2万张，除交售大部分，当场查封208张。同时还发现，印制冥纸等封建迷信品在市场销售获利。对于这样比较重大的问题，只对非法印制品查封了事，还有查封的违禁音像制品大多数也是消磁处理后退还本人，这样做的结果，使违法者并未受到警诫，相反给我们的管理工作带来了不好的作用。

（四）管理界限不清楚。据管理部门反映，在实际工作中经常会遇到一些难以处理的问题。比如对违法经营者的处治问题，有关文件只有原则规定，没有执行的细则，一到具体的人和事很难办理，轻重不好掌握。又如音像内容方面的问题，好坏说不清楚，认定不下来。今年县城1家放录像的，群众反映放的片子看不下去，公安部门派人观察确实有问题，与主办单位领导交涉，主办单位以上面审查批准为由被碰了回来。再如证照管理的问题，原来执行省政府的规定，文化、工商、税务3家相互凭证各司其职，但在今年后半年以来，税务部门改变过去无证经营者交纳高税率的规定，实行有证无证一样征收，这给证照管理工作带来了一定困难。

三、需要进一步搞好的几项工作

（一）搞好宣传教育。搞好文化市场管理，必须贯彻“开放搞活、扶持疏导、面向群众、供求两益”的方针，把社会效益放在首位。在指导思想上，要支持健康有益的，抵制低级庸俗的，禁止和取缔内容反动、淫秽和宣扬凶杀、封建迷信的经营活动，以繁荣和发展社会主义文化事业，促进社会主义精神文明建设。同时，应运用多种形式，广泛宣传有关文化市场管理方面的规定，使所有参与文化、娱乐市场经营活动的单位和个人知法、懂法、守法，接受文化市场管理部门的监督和管理，依法开展经营活动。

（二）加强管理工作。文化行政管理部门是文化市场的主管部门，具体负责文化、娱乐市场的日常工作。广播电视、公安、工商、税务等部门负责文化、娱乐市场的经营审核、登记发照、税务征收、场所治安管理，协助文化行政管理部门对文化市场经营活动实施监督检查。就目前讲，只要认真贯彻执行省人民政府颁发的《甘肃省文化娱乐市场管理暂行规定》以及文化部、公安部和省文化厅、公安厅、工商管理局所发的几个单项规定，统一认识，积极配合，严加管理，大部分常见的问题是会得到解决的。同时，要把突击整顿和经常性的管理结合起来，用突击整顿的方式解决突出而严重的问题，用经常性的管理防微杜渐，把整个文化市场纳入有效控制之下，使其健康发展。

（三）解决场地问题。建议县人民政府结合整个市场的管理整顿，统筹安排，解决文化、娱乐活动的经营场所，尤其是台球的活动场地，以改变目前到处摆设摊点的混乱状况。

第八次会议　于1994年1月6日在常委会四楼会议室召开，由吕忠厚主持。

会议内容有两项：一、审议通过常委会工作报告；二、审议通过召开十二届人大二次会议有关事项。

第十二届常委会组成人员吕忠厚、阎志洁、李克科、赵智荣、马子坤、胡青汉、蒙谦恭、郭应童、翟沪兰、李佩红、沙芳琴、陈松友、王维歧、王镇华出席会议；常委会有关委、室负责人柴玉明、周世让、祁望厚列席会议。

第九次会议　于1994年3月14日在常委会四楼会议室召开，由吕忠厚主持。

会议议程有三项：一、学习《人民日报》社论《胸怀大局，共商大计》和《甘肃省各级人民代表大会常务委员会实施监督办法》《甘肃省各级人民代表大会议事规则》；二、审议通过常委会1994年工作要点；三、人事任免。

第十二届常委会组成人员吕忠厚、阎志洁、李克科、赵智荣、马子坤、胡青汉、蒙谦恭、郭应童、翟沪兰、李佩红、马志俊、杜耀文、陈松友、王维歧、王镇华出席会议；法院院长漆忠义、检察院副检察长李俭、政府办公室副主任崔仁杰，常委会有关委、室负责人柴玉明、祁望厚、周世让列席会议。

附：

人事任免

李双相任县人民法院审判员、高界人民法庭庭长

王国勤任城关人民法庭副庭长，免去高界人民法庭庭长职务

免去任世忠县人民法院审判员职务

第十次会议　于1994年4月26日在常委会四楼会议室召开，由吕忠厚主持。

会议议程有三项：一、学习八届全国人大二次会议和省八届人大二次会议文件；二、听取和审议财政局局长刘宝生受政府委托所作的《关于静宁县1993年财政预算执行情况和1994年财政预算调整的报告》，作出《关于静宁县1994年财政收支预算调整的决议》；三、人事任免。

第十二届常委会组成人员吕忠厚、阎志洁、李克科、赵智荣、马子坤、陈松友、胡青汉、蒙谦恭、郭应童、翟沪兰、李佩红、沙芳琴、王维歧、王镇华、马志俊、吴俊福、杜耀文出席会议；政府县长李怀仁、县委副书记郭林禄，县委常委、组织部部长靳士孔，法院院长漆忠义、检察院检察长陈贵录、财政局局长刘宝生、政府办公室副主任崔仁杰，常委会有关委、室负责人柴玉明、祁望厚列席会议。

附：

人事任免

李旺军任县乡镇企业局局长，免去县文化局局长职务

姚鹏远任县经济体制改革委员会主任

李克和任县经济委员会主任，免去县经济体制改革委员会主任职务

免去：

陈志平县乡镇企业局局长职务

杜文彪县经济委员会主任职务

胡美雄县体育运动委员会主任职务

第十一次会议　于1994年6月28日在常委会四楼会议室召开，由吕忠厚主持。

会议议程有两项：一、听取和审议交通局局长杨水亭受政府委托所作的《关于全县道路建设工作的报告》、常委会农业财经工委副主任祁望厚所作的《关于红寺等8乡镇道路建设情况的调查报告》；二、听取和审议水利局局长高孟德受政府委托所作的《关于静宁县水利建设管理情况的报告》、常委会农业财经工委主任王维歧所作的《关于城川等4乡镇水利建设和管理情况的调查报告》。

第十二届常委会组成人员吕忠厚、阎志洁、李克科、赵智荣、马子坤、胡青汉、蒙谦恭、郭应童、翟沪兰、李佩红、沙芳琴、陈松友、王维歧、王镇华、吴俊福、杜耀文出席会议；政府县长李怀仁、政协副主席杨茂林、法院院长漆忠义、检察院检察长陈贵录、政府办公室副主任王克选、农业办公室副主任马凤岗、交通局局长杨水亭、水利局局长高孟德、农机局局长李忠民，常委会有关委、室负责人柴玉明、祁望厚、周世让列席会议。

附：

关于红寺等八乡镇道路建设情况的调查报告

由副主任赵智荣带队，人大农业财经工作委员会、交通局、农机局、农办的负责同志组成调查组，从5月23日开始，用4天时间，先后到原安、三合、高界、红寺、司桥、曹务、石咀、李店等8乡镇，采取听汇报、实地察看、开座谈会等方式，就道路建设情况进行了调查。

近年来，县上把道路建设作为振兴全县经济的一件大事来抓，公路主管部门按照县上的统一要求，一方面与乡镇党委、政府紧密配合，组织广大干部群众以民工建勤方式修路、养路，另一方面，积极向上争项目、要投资。1990年以来，先后从省、地争取公路、桥梁修建资金261.3万元。其中，1990年从省上争取资金66.9万元，建成了张新公路（张家小河至新店）甘沟河大桥，桥长86.48米；1992年争取资金105万元，建成了李深公路（李店至深沟）樊沟桥和甘四公路（甘沟至四河），樊沟桥修建资金15万元，桥长31.8米，甘四公路修建资金90万元，全长17.47公里；1993年争取金25万元，用于修建李治公路（李店至治平）五方河桥和刘河桥，这两项工程目前正在施工。另外，还从省上争取了64.4万元水毁公路维修款，分别用于红山咀桥、仁大桥和威戎

桥的维修。同时，重视抓了公路养护工作。红寺、原安、石咀、李店4乡配备了养护工人，月报酬45元；高界、三合、司桥、曹务4乡镇由公路主管部门发放维修款，乡上统一组织人员自修自养。目前，“搓板”路面基本得到了整修，除三合乡外，7乡镇的县、乡公路都能正常通车。

1994年，县人民政府把乡、村道路建设列入全县工作的重点，明确提出了各乡镇至少整修1条乡、村标准化公路的要求。根据县上的统一部署，公路主管部门对全县30个乡镇筑路工作进行了检查和督促。促进了此项工作的顺利开展。经过多方努力，全县已有378个村能通大卡车，占95.6%。从重点调查的红寺等8乡镇看，自3月份开展“筑路月”活动以来，先后投入劳力29000个工（日），出动车辆114个车（日），运送土石方42600立方米，并对有影响的各类障碍物进行了清除，其中伐树690株，拆除建筑物2处，围墙75米，拓宽路面用地35.2亩，共整修标准化乡村道路8条66公里，新修乡村道路6条23公里，维修147条238.6公里，修建机耕道45条16.1公里，完成民工建勤运砂1028立方米，栽行道树10260株。

二、主要做法

通过调查，我们认为，红寺等8乡镇开展道路建设的做法主要有以下几点：

一是开展广泛深入的宣传活动。3月份“筑路月”活动开始后，红寺等8乡镇普遍召开了乡、村、社三级干部会议，统一思想，提高认识，为筑路活动打好基础。同时，利用黑板报、墙报、标语等形式向群众进行广泛宣传。红寺乡还利用广播向群众多次进行宣传，使广大干部、群众形成了“要想富、先修路”的共识，为筑路工作的顺利开展创造了条件。

二是动员乡直机关积极参与筑路活动。司桥乡政府除积极组织农民群众搞好筑路工作外，还与乡直机关单位协商，动员职工、中小学生投入筑路工作。从3月15日开始，乡直机关先后出动63人（次）、中小学生230人（次），用2天时间，对乡政府附近5公里的县乡公路进行了维修，清除了淤积的边沟，补栽了行道树。曹务乡政府与供销社、中学等乡直机关单位协商，组织干部职工、学生利用3天时间，拉沙100立方米，拉土50立方米，购买水泥10袋，对店子街道进行了整修，赢得了当地群众的称赞。

三是全面规划，精心组织，确保筑路任务的落实。红寺乡党委、政府在认真研究、周密规划的基础上，租用粮管所的汽车，组织村、社干部，到全乡的“卡脖子”路段和“断头路”察看摸底，明确任务。从5月份开始，全乡先后投入劳力6000个工（日），动土方9500立方米，石方4500立方米，新修道路6条23公里，维修11条41公里。石咀乡在抓好1条乡村标准化公路建设的同时，狠抓了村、社道路和机耕道路的维修工作，乡上组织群众统一行动，新修维修村、社道路26条21公里，新修机耕道路46条16.1公里，全乡13个村64个社都能通大卡车，村、社通车率达到了100%。

四是努力完成民工建勤运沙任务。从调查情况看，红寺等8乡镇从“筑路月”活动开展后，一手抓道路新修、维修工程，一手抓县、乡道路民工建勤运砂任务的完成，红寺乡督促群众运沙519立方米，占任务700立方米的74.1%。司桥乡改变了过去乡包村、村包社、社包户运砂的老办法，租用小型拖拉机，集中时间运砂，至5月中旬已完成280立方米，占任务240立方米的116.67%。

调查情况表明，红寺、司桥、石咀3乡今年春季的筑路工作进展快，质量好，达到了县上的要求；曹务、三合、李店3乡的道路建设工作取得了一定成效，但对一些路段还需补修；相比之下，原安乡、高界镇的筑路工作较差，必须利用农闲季节或秋后认真大搞一次。

我们认为，这次筑路工作有以下几点应予肯定：

第一，县上今年提出春季筑路活动决策正确，组织领导有力，措施切实可行，保证了筑路工作的顺利开展。近年来，我县道路建设速度缓慢，路况不好，成为制约全县经济发展的突出问题。因此，政府把修建乡、村道路作为1994年工作要点，认真部署，周密安排，县上专门成立了“静宁县筑路工作协调领导小组”，负责对全县筑路工作的组织领导、技术指导、检查评估等工作，为了使修建的乡、村道路符合技术要求，县上研究制定了统一标准。3月份“筑路月”活动开始后，县上要求各乡镇修建乡、村道路时，必须按照技术标准，把好质量关。4月中旬，县筑路工作领导小组组织了全县范围的检查和评比，将评比结果通报全县，并督促后进乡镇加快进度，提高质量。

第二，筑路工作得到了广大干部群众的大力支持。红寺乡张硖村交通落后、信息闭塞，因当地地质复杂，修路难度大，多年来群众行走在羊肠小道上。开展“筑路月”活动后，群众纷纷表示要为村上修路出力流汗。他们用钢钎撬，铁镐挖，共搬运土石4500立方米，从石峡中开了1条长5公里、宽4.5米的公路，使张硖村不但和乡上通了车，而且能到达会宁双城岘，与西兰公路接连，较好地解决了当地群众行路难的问题。曹务乡中庄至页湾公路全长20公里，在村、社干部的带领下，共投入劳力2000个工（日），动土6000立方米，拓开了“卡脖子”路段，使曹务中、西片连成一体，为当地经济发展创造了条件。

第三，建立健全了管理制度，把经常维修与突击抢修结合起来，基本保证了公路的正常通行。司桥乡对今年春季新修和维修道路采取定人员、包路段，计报酬的办法，加强管理与维修。乡上把部分年轻力壮的村、社干部定为乡、村道路临时养护工，视工作情况，按月付报酬。红寺乡政府至红寺路口配备的6名养护工人，工作认真负责，能够按技术标准进行经常性维修，边坡比例符合要求，边沟利水，雨后出现的坑洼路面能够及时铺砂，这段路面成为县乡公路中养护得最好的一条，道班被树为先进单位。

三、存在的问题和建议

全县道路建设工作在县、乡两级政府的重视和村社干部群众的支持协助下，已取得了明显的成果，但客观地讲，这项工作只是开了个头，目前还存在一些问题，主要是，乡与乡、村与村、社与社之间工作进展不平衡；个别乡修建的道路质量不高，路面窄小，路基不实，无路拱。边沟没有修好，遇大雨形成新的“断头路”，行道树栽得多，但管理跟不上，偷盗现象严重。针对上述问题，建议县人民政府视抓好以下几方面的工作：

第一，要进一步统一思想，提高认识。使广大干部、群众明确道路建设是经济发展的基础工程，从而形成“要想富，先修路”的共识。

第二，要认真贯彻乡村道路“自修自养”的原则，充分发动、依靠群众，修好路，护好路，后半年要重点做好大雨后的道路维修和秋后“补课”，彻底解决道路建设中存在的“半成品”问题。

第三，要进一步加强对县乡公路和乡村道路的管理工作，在搞好道路建设的同时，要教育群众爱护路产，勇于同侵占、损害路产行为的人和事作斗争。对不听劝告，破坏路产的单位和个人，有关部门要坚决按照《中华人民共和国公路管理条例》及《中华人民共和国公路管理条例实施细则》，依法严肃查处。

第四，研究解决下面几个具体问题：

1.个别乡镇民工建勤拉砂任务完成得不好，主要原因是：河道砂石现由水利局管理，要拉砂，需向水利局交取费用，领取采砂证方可拉砂。建议县政府和有关部门协商，对乡镇每年的民工建勤拉砂免费发放砂证，以保证民工建勤任务的完成。

2.三合至高界公路张家湾地段，大雨过后，路面常被冲毁，影响车辆通行，需要在这里修建排洪设施；新修的李店乡至余湾乡公路，部分路段需压设涵管，需有关部门协助解决。

3.司桥乡张彭村至县城，途经赵家岔口是条捷道，张彭村这段路现已修好，但赵家岔口这段路没有维修。建议县政府进行协调，将城关镇所辖的赵家岔口这段路维修好。

关于城川等四乡镇水利建设和管理情况的调查报告

农业财经工作委员会和县水利局、农牧局的负责同志及业务人员组成调查组，由县人大常委会副主任赵智荣带队，于6月15日至17日，分别对祁川、城川、细巷、高界等4乡镇的水利建设、管理、灌溉、抗旱情况，采取听取汇报、实地考察、对比分析等方式，进行了调查，随后又听取了县水利局关于全县水利建设和管理状况及《中华人民共和国水法》实施情况的汇报。

一、基本情况及做法

至目前，全县共建成各类水利设施890项，现发挥效益的593项，其中水库13座，“五小”水利工程556座（处），建成软管试验工程1处，自流灌渠23条，有效灌溉面积达到14.29万亩，其中保灌面积12.66万亩，1993年实灌11.9万亩，实灌占整个应灌面积的83.2%；修建人饮病改工程42处，年供给城市及工业用水50.2万吨，初步形成了防洪、灌溉、供水等多功能的水利服务体系，对我县工农业生产，特别是抗旱生产做出了重要贡献。从我们这次调查的情况看，主要做了以下几方面的工作：

（一）多方筹措资金，大力兴办小型水利。针对我县干旱少雨、原有水利设施效益衰减的实际，从1992年以来，各级政府及水利管理部门把兴办水利，特别是小型水利工程，作为加强农业基础建设、增强农业后劲的重要措施来抓，取得了一定成效。

城川、祁川、高界、细巷4乡镇原有解放渠、向阳渠、高峰渠等自流引灌及提灌设施4处，有效灌溉面积31645亩，基本可以保证4乡镇的灌溉。近年来，由于水源不足，设施老化失修和人为毁坏等诸多原因，1994年实灌面积仅为24810亩，根据这一情况，4乡镇在国家投资很少的情况下，把水利建设的着重点放在发展小型提灌站、机井等“五小”工程的建设和原有设施的启动配套上。3年来动员社会力量，通过群众集资、统筹费、水费列支等渠道，共筹措资金70487元，建成、配套和维修了一些“五小”工程，弥补了大渠灌溉的不足。祁川乡1992年以来，动员群众集资水利建设款37700元，新建、配套水利设施23处，新增灌溉面积367亩，祁川村的冀川社共有49户254人，1993年集资8000元，建成大口井1眼，灌溉面积367亩，还有该村一、二社集资6000元，建成大口井1眼，灌溉面积1000亩。细巷乡党政领导历来重视抓水利建设，他们在强化水利管理措施的基础上，从1988年起，每年从有限的承包费中按每亩保灌地1元钱的比例提取5400元，用于水利建设，收到了较好的效果。

（二）加强制度建设，努力强化水资源和水利设施管理。依法治水、管水是搞好水利工作的关键。4乡镇均根据各自的实际，建立健全了一些行之有效的管理办法，为水资源的合理使用、水利设施的保护和农田灌溉提供了有力保证。城川等4乡镇均有水管所，聘用水管人员36人，在水利主管部门和乡镇领导下开展工作。祁川乡水管所在水管工作中，经过多年探索，形成了一套行之有效的管理办法，他们从1992年开始，分段分片进行管理，实行承包责任制，即把田间、地头的水利设施，按在谁家地头谁管理的原则，承包给农户，造册建卡，年底进行检查，完好率在80%以上者予以奖励，在60%以下者予以处罚，并严格落实奖罚措施，使全乡的水利设施得到有效管护，近年未出现大的毁坏现象。他们对水管人员实行“五定五查”考核办法，即定工程管护、查完好率；定灌溉，查面积；定效益、查产量；定水费收缴，查数额；定安全措施、查水法执行情况。由于这些考核与工资挂钩，调动了水管人员的积极性，他们在工作中认真负责，坚持原则。对毁坏水利设施、偷水抢水、拖欠水费的人和事，敢于碰硬，认真查处，使祁川乡的水管工作走上了健康发展的轨道。灌溉时能做到统一清渠、统一买票，统一开灌。细巷乡根据水管人员少，水利设施大部分为“五小”工程，分散难管的实际，把管理主体转向村、社，乡上由乡长直接负责，与村、社签订管理合同，并积极配合有关部门，宣传水法，增强群众爱惜水资源和水利设施的意识，使水管工作取得了较好成效。

（三）充分利用水源，千方百计抓灌溉，保证农田灌水。4乡镇党政领导及县水利主管部门，把最大限度地发挥现有水利设施效益，开展抗旱生产，作为发展粮食生产的重要措施来抓，特别是今春以来，面对干旱的严重威胁，由于认真发挥了水利的作用，使灌区粮食减产降到最低程度。祁川、城川、细巷3乡灌区冬春小麦在水源严重不足的情况下，采取各种弥补措施，一水灌溉率均在95%以上，二水灌溉率为40%~50%。在具体工作上，一是突出一个“早”字。祁川乡根据气象部门预报和当地水源不足的实际，开春以来，较往年提前1月开始灌溉，同时最大限度地启动“五小”工程，抢时间灌溉，在大旱到来之前大部分麦田基本灌溉结束。二是充分发挥小水利作用。城川灌区地处解放渠中游，实有引灌面积1.45万亩。多年以来，由于水量不足，供需矛盾突出，纠纷不断，灌溉任务难以落实。今年，一方面，县水利局配水工作做得较好，重点保证城关镇和城川灌区，威戎灌区主要靠深井和小型水利工程灌溉；另一方面，城川乡组织集资10600元，配套启动机井28眼（其中今年新启动5眼），灌溉小麦900多亩。三是加强领导，全力以赴保证灌水。4乡镇党政主要领导亲自抓灌水、抓抗旱，统一协调。同时，他们还针对群众面对持续干旱的急躁情绪，对哄抢灌水案件，采取先稳定局势，保证灌水，然后落实处罚措施的办法，缓解了矛盾，保证了抗旱工作的顺利进行。

二、存在问题

我县水利建设、管理工作，虽然取得了较好的成绩，但还存在一些亟待解决的困难和问题。

（一）现有工程老化失修，效益衰减。据我们这次对城川等4乡镇的调查，4条衬砌的干渠中，都有不同程度的老化破损，其中向阳渠有300米已沉陷，解放渠城川段39条衬砌支渠，有50%破旧不堪，一些原有的水库、机井、提灌设施有的被毁坏，有的带病运行，急需配套维修。高界镇王家沟水库灌溉面积800亩，由于反弧形闸门损坏，无法使用，蓄水期间群众只好用混凝土临时处理，灌水时再扒开。1993年因库容淤积严重，灌溉无法进行，如遇大洪水，水库将有报废的可能。细巷乡人畜饮水工程已使用15年，部分管道严重锈蚀，亟须更换；祁川乡王村公路倒虹吸工程因无资金，迟迟不能维修，影响了县乡公路的正常运行。还有一些机井和提灌工程，因配套跟不上，致使数千亩水浇地难以发挥应有的效益。据水利部门的同志讲，农村实行承包责任制以来，一方面原有的水利设施遭到人为破坏，另一方面国家对水利的投资逐年减少。近几年用于兴建“五小”工程和原有设施维修、配套的资金基本没有。同时我县水利事业尚未形成自我维持、自我积累、自我发展的经管机制，水利产业结构单一，服务领域不宽，经济实力薄弱。真正用于水利建设的投资很少，灌水收费低。水费收入基本只保证水管人员工资。据测算，每立方米供水成本为0.084元，而实际水费标准为0.0347元（1994年提高后价格），而且收缴困难，欠账较多。

（二）水法宣传和水管工作需进一步加强。水法颁布以来，水利部门通过多种形式进行了广泛宣传，并及时处理了一些破坏水利设施的案件，目前人为毁坏水利工程设施的现象基本得到遏制，但由于群众法制观念还比较淡薄，加之管理跟不上，水管工作仍存在一些薄弱环节。今年春灌过程中，祁川、城川、高界3乡镇都出现了部分群众哄抢、偷水和围攻水管人员事件，解放渠4个闸楼的铁门、7个水口闸门被盗，春灌前夕，解放渠城川段第一闸楼处有19米衬砌渠道的水泥块被盗，造成灌水无法进行，只好用塑料布铺衬渠道灌水，案子至今未破。高峰渠高堡灌区由于组织不力，无人清淤，渠道不通，致使2300亩保灌麦田未灌水，造成严重减产。另外还有312国道改道，对高界灌区原有渠道影响较大，如果处理不好，一部分水地将变成旱地，需要县上协商解决。

三、几点建议

第一，要加大对水利的资金投入。在国家投入有限的情况下，县上应动员集体、个人和社会力量增加对水利的投入。同时，视我县实际，在乡统筹村提留的公积金部分，按比例提取一定数量的资金，作为水利专项基金。水利部门要因地制宜，调整产业结构，发展综合经营，增强自我发展的能力。

第二，要加强对水法的宣传，做到依法治水。水利执法部门要在提高广大干部群众法律意识的基础上，与有关部门紧密配合，严厉打击破坏水利设施的违法犯罪行为，对一些重大案件要依法公开处理，使之收到打击一点、教育一片的效果。

第三，要突出效益，保证重点，合理使用资金。在搞好重点建设项目的同时，对一些投资少、见效快的项目要挤出资金，予以落实，以调动群众集资办水利的积极性，使其尽快发挥效益。如细巷乡谭店村南坡社二级提灌工程，花钱不多，如果能上去，可新增灌溉面积400亩。还有高界王家沟水库反弧形门已坏多年，当地群众强烈要求维修，应研究解决。

第十二次会议　于1994年8月17日在常委会四楼会议室召开，由吕忠厚主持。

会议议程有两项：一、审议通过召开十二届人大三次会议的有关事宜；二、人事任免。

第十二届常委会组成人员吕忠厚、阎志洁、李克科、赵智荣、马子坤、胡青汉、杜耀文、郭应童、翟沪兰、李佩红、沙芳琴、陈松友、王维歧、王镇华出席会议；政府县长李怀仁、县委副书记郭林禄、法院院长漆忠义、检察院检察长陈贵录、县委组织部副部长慕锡武、政府办公室主任王济华，常委会办公室副主任柴玉明列席会议。

附：

人事任免

接受李怀仁关于辞去县人民政府县长职务的请求

高长茂任县农业机械管理局局长

王锡功任县人民法院行政审判庭副庭长

张正伟任县人民法院审判员

王代代任县人民法院审判员

戴红喜任县人民法院审判员

冀国强任县人民法院经济审判庭副庭长，免去县人民法院行政审判庭副庭长职务

免去：

李忠民县农业机械管理局局长职务

杨天玉县人民检察院检察委员会委员、检察员职务

第十三次会议　于1994年9月28日在常委会四楼会议室召开，由吕忠厚主持。

会议议程有两项：一、听取和审议城建局局长邹秉义受政府委托所作的《关于静宁县市政建设管理和城区市容整建情况的报告》、常委会农业财经工委主任王维歧所作的《关于县城市容整建工作的调查报告》；二、听取和审议常委会代表联络工委主任王镇华所作的《关于加强代表工作发挥代表作用的情况汇报》。

第十二届常委会组成人员吕忠厚、阎志洁、李克科、赵智荣、马子坤、胡青汉、蒙谦恭、郭应童、翟沪兰、李佩红、陈松友、王维歧、王镇华、马志俊出席会议；政府县长赵景山、政协副主席梁钧宪、法院院长漆忠义、检察院副检察长冯利民、政府办公室主任王济华、城建局局长邹秉义、土地局副局长李祖芳、工商局局长王守财、公安局局长米世荣，城关镇镇长赵启龙，常委会有关委、室负责人柴玉明、祁望厚、周世让列席会议。

附：

关于县城市容整建工作的调查报告

农业财经工作委员会和县城建局、工商局、政府办公室的负责同志及工作人员组成调查组，由人大常委会副主任赵智荣带领，于8月中旬就城区市容整建工作的有关情况，同城关镇各居委会主任、东关、新城村的部分村、社干部、拆迁群众，以及部分工商管理人员进行座谈，倾听了他们的意见和建议。

这次市容整建是根据县委、县政府的决定，于去年11月份开始的，至今历时已近1年，这项工作在县政府的高度重视和直接领导下，在各有关部门的积极配合和全县干部、群众的大力支持下，有计划、有组织、有步骤地进行，克服了重重困难和阻力，取得了明显成效。第一阶段主要对城区个体摊点、台球游乐摊点、文化、音像市场和乱停车辆、自行车的问题进行整顿，并通过教育和处罚相结合，解决了历年街道乱堆积雪、乱倒垃圾的问题，落实了门前“三包”责任制。使城区卫生面貌和管理秩序有了很大改观。脏、乱、差的问题有了明显好转。第二阶段严格按照《静宁县城区总体规划》，依法对中街、阿阳路、西环路、人民巷等10条主街道全程或部分路段两旁57个机关单位、241户居民超占规划红线的建筑物进行了拆除，拓宽了卡脖子路段，开通了断头巷，并严格按照统一标准进行重建，为今后的城区建设打下了良好的基础。对于前两阶段市容整建所取得的成绩，广大干部、群众表示充分肯定并予以高度评价，一致认为这是静宁县城建设史上前所未有的重大举措，是一项造福当代、惠及子孙的千秋功业。

这次市容整建，保证了《静宁县城区总体规划》的贯彻实施。《静宁县城区总体规划》（以下简称《规则》）是1984年12月县九届人大二次会议通过，并报经省人民政府批准后实施的。这个《规划》既是我县城区建设的蓝图，也是城区建设所应遵循的根本准则。但是，近几年来，由于各种原因，有关部门执法不严，加上一些单位和个人有法不依，违背《规划》乱修乱建，挤占街道，蚕食工地的问题十分突出，而许多规划内的公用建筑项目却得不到落实，影响了《中华人民共和国城市规划法》和国家有关法律、法规的贯彻实施，这次整建能否全面完成拆迁任务，是能否扭转贯彻

《规划》被动局面的关键问题。截至我们调查时，整建指挥部共计下发拆迁通知298份，依法拆除房屋838间，19000平方米，大门124座，围墙2077米。在这些建筑物中，既有修建于《规划》实施之前，属公用地界内的，也有《规划》实施之后强行修建的，这就既解决了历史遗留问题，更为今后实施《规划》创造了条件。结合拆迁整建，城建部门还进一步加快了城区各类基础设施的建设，先后投资160多万元用于部分地段的供、排水工程和街道整修工程。拆除违章建筑之后所有开始重建的单位和个人，都严格遵循整建指挥部统一放线，统一标高，统一结构，统一装饰的规定，以实际行动贯彻落实了《规划》。同时，这次市容整建也是一次具体、生动的法制教育活动，使广大干部群众深刻认识到依法建设、依法管理城市是城区各单位和每个公民义不容辞的光荣职责；无视城市建设规划，乱修乱建，必将受到有关法规的惩处和经济上的损失，从而为进一步实施《规划》，建设县城奠定了较为坚实的思想基础。

这次市容整建，为我县的经济建设创造了良好的社会环境。县城是我县政治、经济、文化活动的中心，也是各项建设事业的窗口。长期以来，城区环境脏、乱、差及各项管理工作滞后的问题，对我县的整体形象，尤其是对市场经济条件下招商引资，加快脱贫致富步伐，有着直接的影响。通过这次整建，不仅改变了市容市貌，改善了交通秩序和市场管理秩序，为全县经济发展提供了必不可少的先决条件，而且充分显示了静宁40多万人民热爱静宁、重塑静宁形象的坚定信念。这对县内外有志于振兴静宁、发展静宁的仁人志士，无疑会产生强烈的心理共鸣，从而通过携资办厂、经商等形式，在促进静宁经济建设的同时，实现他们的远大抱负。

这次市容整建，为全县各项工作开创了新的局面。思想上“软”，工作中“滑”，是近年来一些干部，尤其是一些执法干部比较突出的问题。县城的“马路市场”“游击市场”是多年来造成城区管理秩序混乱的主要原因之一。几百个个体商贩长期占据人行道，甚至堵塞交通要道摆设摊点，或者沿街叫卖，工商管理人员要说说不下，过往行人想说不敢说，进而形成了放任自流的局面。近几年城区建设总体《规划》的实施也十分被动，违章建筑不断出现。不少路段一再被挤占、蚕食。在这次市容整建中，整建指挥部的领导和全体成员，能够率先垂范，敢于碰硬，排除干扰，克服阻力，解决了一系列问题。这不仅为有关部门的工作创造了新的契机，而且给各部门的干部、职工思想上以极大的震动和深刻的启示，使他们充分认识到只要摒除各种私心杂念，坚持以党的事业和人民利益为重，锐意进取，勤奋工作，就会得到绝大多数群众的支持。现在许多部门的同志已经把市容整建中正视困难、敢于碰硬的精神用于本职工作，使各部门的工作出现了新的起色，参与这次市容整建的成员达60多人，这些同志大多数是县直各部门的负责人，通过1年时间的配合工作，增强了相互之间的团结协作精神，这对我县经济建设和各项事业的发展，必将产生积极的促进作用。

这次市容整建，进一步密切了党群关系、政群关系，增强了政府工作的凝聚力。为人民群众办实事、办好事，是树立党和政府形象、密切党群关系、政群关系的核心问题。文明县城建设既是政府工作的大事，也是与全县广大群众切身利益紧密相连的一件实事。通过这次市容整建，给城区居民以至全县人民生产、生活带来了极大方便。许多群众称赞说，政府这次确实办了一件顺民心合民意的大实事。整建中强制拆除80多家单位、个人强行挤占人行道的违章建筑物，更让广大群众拍手称快，正因为这样，才使整建工作得到了人民群众的理解和支持。在整建第二阶段，凡是有拆迁任务的地方，都是行动迅速，进展顺利。正如许多拆迁户说的，指挥部的人员公正无私、不偏不袒，虽然他们拆了房屋，受了损失，但还是口服心服的；这些年上面说得多，办到得却不多，只要政府今后办每件事都能像这次一样，他们同样会大力支持。县人民政府提倡的捐资献爱心活动在较短时间内取得丰硕成果，有12600多人捐款，资金达176万元，不少外地工作的静宁籍人员，离、退休多年、收入偏低的老干部，以及部分亏损企业职工、农村群众也纷纷捐献资金，都充分体现了人民群众信赖政府，支持政府的高涨热情。

在肯定成绩的同时，广大干部、群众还针对这次市容整建中存在的问题，提出了比较中肯的意见：

一是对群众开展宣传、说服和教育工作不够。在这次调查中，村、社干部普遍认为，在拓展街道之前，应该召开不同范围、不同类型的会议，向群众把有关的法律、政策传达、解释清楚，让群众在完全理解的基础上贯彻执行。指挥部虽然曾出动车辆，应用广播电视进行过宣传，但大多数拆迁户仅断断续续地听了一些，对主要精神还是一知半解，给拆迁工作造成了不小的难度。指挥部的个别工作人员缺乏耐心细致的工作作风，一旦拆迁户提出不同意见，就一概指责为“抗拒拆迁、妨害公务”。对此，一位参加座谈的群众提出批评说：“我们把住了几代人的地方腾出来让给国家，做出了这样大的牺牲，对于我们的难处，难道提出来也有错吗?”一些拆迁户还反映说，指挥部成员在他们拆迁之前不断来过问、催促，等到拆迁之后，他们遇到了吃住困难，这时候没有一个领导来说一句安慰的话。我们通过调查发现，广大群众在这次市容整建中表现出的精神确实是可贵而又可敬的。他们拥护政府的决策，体谅政府的困难，能够顾大局、识大体，通情达理地对待自己受到的损失。他们对市容整建个别环节的工作有看法，如果能够把他们的意见听足、听透，帮助他们解决一些困难，对于政府解决不了的问题，只要向他们讲清楚，进行一些耐心的说服教育，就完全可以解开他们思想上的疙瘩，减小我们的工作难度。

二是配套建设抓得不够，突出的是卫生设施不配套。厕所、垃圾台等公用卫生设施短缺，是整个县城长期存在的问题，现有的几处，构造简单、落后，严重制约着环境卫生面貌的彻底改观。城关镇环卫队因车辆、人员不足，每日只能清扫、拉运垃圾30吨，占实有50多吨的60%。北环路、西环路南段至今还无力清扫。对于这个问题，城关镇政府曾建议县政府在市容整建中一并研究解决，但还没有得到明确答复。其次是农贸市场管理混乱。一些个体商贩欺行霸市，通过把持、垄断等手段乱抬物价，并多次殴打外地客商，哄抢瓜果蔬菜，公然提出“不让外人赚静宁的钱”，有关部门对此配合不够，打击不力。再次是以盗窃自行车为主的违法、犯罪活动猖獗。去年以来，以青少年团伙为主的犯罪分子，已由街头巷尾撬锁盗车，发展到撬门入室盗车，给干部、职工及城镇居民造成损失，成为一大社会公害。据反映，北环路1、2、3号居民区先后有40多户居民的煤房被撬，盗走自行车30多辆，以致4、5楼的居民也得扛着车子上下楼。还有一些不法青少年趁部分单位和居民拆除围墙之机，公然入院行盗，给这些单位和居民造成了不应有的损失。这些问题不解决好，会使建设文明县城的工作功亏一篑，难以实现。

这次市容整建工作已经取得了明显成效，但城区建设和管理是人民政府和全县人民的一项长期而艰巨的任务，为了加强这方面的工作，真正把县城建设好、管理好，我们建议：

第一，要继续深入开展整建活动，狠抓《规划》的落实。在搞好第三阶段各项工作的同时，对第一阶段治理脏、乱、差的遗漏死角，第二阶段拆迁违章建筑遗留的残墙断壁，要进行认真的清理和清除，努力巩固整建工作的前期成果。同时要结合这次整建，通盘考虑公用设施的规划和建议，以及城区的绿化、美化工作，全面落实《规划》这一宏伟蓝图。

第二，要加强卫生设施建设，把环卫工作纳入制度化管理。城关镇的负责同志提出，只要再增加1台拖拉机、15名环卫工人，并拨付相应经费，建立完善管理制度，就可以较好地完成城区各主要街道的环卫工作。对此，建议县人民政府及早研究解决。对后街、北环路、西关、庙川等居民区无公厕、无垃圾台的问题，县城建部门应按其轻重缓急，逐步予以解决。县爱委会要充分发挥其职能作用，协调各有关部门，按照不同的责任分工，尽心尽力，共同把城区卫生工作搞好。

第三，要结合这次整建，开展市容市貌全面治理。要坚持“硬件”“软件”一齐抓的原则，既搞好市政建设，又搞好精神文明方面的建设。公安机关要在适当时机开展一次反盗车犯罪的专项斗争，严厉打击这些犯罪分子嚣张气焰，保护群众切身利益。对农贸市场欺行霸市的问题，工商部门要坚决依法查处，对其中构成犯罪的，要交由政法机关从严惩处，以稳定市场秩序，拓宽流通渠道。

第四，要认真研究，解决好市容整建的各类善后问题。市容整建是一项面广量大，法律性、政策性很强的工作，直接涉及各个方面的利益。对拆迁中公私之间、邻里之间出现地界、财产纠纷要及时化解，避免成为新的遗留问题。对个别因拆迁形成的困难户，也应当进行必要的慰问和安抚，帮助他们渡过难关，恢复正常生活。

关于加强代表工作发挥代表作用的情况汇报

代表联络工作委员会近期对县、乡人民代表依法开展工作、发挥代表作用的情况，进行了调查。

一、代表工作基本情况

1992年底换届选举后，我县共有县人大代表241名（因工作调动等原因，减少5名，现有代表236名），乡镇人大代表1320名。

做好代表工作，是人大常委会工作的基础。今年初，代表联络工作委员会按照县人大常委会1994年工作要点，把加强与代表的联系、组织代表依法开展活动、充分发挥代表作用作为全年工作的重点，制订了工作计划，作出了安排部署，5月上旬，人大常委会办公室发出通知，要求各乡镇人大主席团认真组织县、乡人大代表学习宪法、代表法和市场经济知识，以经济建设为中心，依法开展工作，积极投身到工农业生产和各项经济建设中去，广泛开展“争优创先”活动。截至目前，共收到乡镇人大主席团报送的县、乡人大代表先进典型材料15份。9月5日至12日，代表联络工作委员会的同志在人大常委会副主任阎志洁的带领下，到后梁、甘沟、新店、城川4个乡的7个村、8个社和一些机关单位，采取个别走访和召开座谈会的形式，与部分县、乡人大代表和乡镇负责同志、村社干部、群众进行了座谈，听取了代表和群众的各种意见、建议，实际考察了解了县、乡人大代表在深化改革，发展经济过程中所起的模范带头作用。通过上述工作，有效地促进了县、乡人大代表的工作，较好地发挥了代表作用。

二、代表依法履行职责，发挥模范带头作用

随着人民代表大会制度的不断健全和完善，特别是代表法颁布实施，为各级人大代表依法行使职权提供了重要的法律武器。1992年换届以来，通过认真组织学习和贯彻实施代表法，各级人大代表依法履职、发挥模范带头作用的自觉性进一步增强，“争优创先”活动在各条战线兴起，有23名县人大代表被评为各项建设事业中的先进代表和劳动模范，受到了省、地、县的表彰奖励，给广大人民群众树立了学习的榜样。

第一，积极依法履职，管理国家事务。人大代表是人民代表大会的主体，是国家权力机关的组成人员。他们通过提议案和意见、建议，视察和调查等方式，达到参与管理国家和社会事务的目的。近年来，县人大常委会把办理代表议案和意见、建议作为督促政府改进工作作风、为人民群众更好服务的有效方式，在县第十二届人民代表大会第二次会议上，代表们以主人翁的责任感，紧密联系我县实际，共提出涉及改进领导作风、司法民政、社会治安、农业生产、农电建设、工业交通、教育卫生、文化广播、邮电通信、城镇建设等方面的意见、建议共85条。县人大常会及时转交县人民政府和各承办单位办理，县人民政府和各承办单位对人大代表的意见、建议都很重视，及时认真地作了研究，狠抓落实。至目前，已经办理和给代表作了答复的有60条，占意见、建议总数的70.5%。如代表“关于培育小麦优良品种的建议”，如实反映了广大群众对加快小麦品种改良的迫切要求。县农牧局根据代表的正确建议，采取了“杂交培育”“引进选育”和提纯复壮等办法，积极研究解决全县小麦品种退化的问题。代表提出的“关于要求改进领导作风的建议”，县上十分重视，今年年初集中时间进行了县直机关的作风整顿，通过整顿，各单位都制定了改进领导和机关作风的规章制度，普遍做到了少开会、少发文件，加强调查研究，多做具体工作，实行面对面研究解决问题，全心全意为人民服务。

通过对代表意见、建议的办理和落实，解决了人民群众生产生活中的实际问题，增强了国家机关工作人员的公仆意识，维护了人民当家做主，管理国家事务的权利，推动了我县民主政治建设的顺利发展。

开展视察、调查，加强监督工作，是各级人大代表的职责。今年7月中旬，按照省人大常委会的安排，县人大常委会组织部分县、乡人大代表配合省人大代表组成视察组，开展了对政法部门工作的视察和评议。视察组先后到雷大、城关、高界3乡镇，与县、乡人大代表和基层干部群众座谈，听取了人大代表和群众对政法工作的意见和要求，还到一些人民法庭和公安派出所，检查了解了他们的工作情况。在视察、调查工作的基础上，由视察组主持召开了评议会议，对法、检两院和公安局的工作进行了全面评议，既肯定了法检两院和公安机关的工作成绩，也指出了工作中存在的问题，提出了改进工作的意见和建议。视察和评议工作结束后，法、检两院和公安机关根据评议会上代表们提出的意见和批评、建议，重点研究解决了提高办案质量和效率，解决群众“告状难”和加强干警队伍建设等问题，还结合实际制定了改进工作的具体措施，有效地促进了法、检两院和公安机关的工作。

第二，发挥模范带头作用，促经济建设发展。遵守宪法和法律，在生产、工作和社会活动中，时时处处起模范带头作用，是代表法赋予各级人大代表的一项重要职责。一年多来，县、乡两级人大代表，依法履行职责，积极开展工作，充分发挥了模范带头作用，在经济建设方面做出了显著成绩。

一是重视调查研究，帮助解决群众生产、生活中迫切要求解决的问题。县十二届人大代表、人大常委会委员、高级农艺师杜耀文，在农技战线上坚持奋斗了17个春秋，他把自己所学的专业知识与我县的生产实际结合起来，帮助群众走科技兴农的道路。他积极推广寒旱丘陵地区玉米地膜覆盖栽培技术和化肥增产效益、经济合理施肥技术，取得了显著成绩，曾受到省、地县的多次表彰奖励。今年入夏以来，我县遭受多年未遇的干旱，农作物受到严重损害，面对这种严峻形势，他亲自带领农技人员深入到城川、祁川、细巷、高界等乡镇，实地察看灾情，与当地群众共同座谈，研究抗旱保苗的具体措施。在6月底召开的县人大常委会第十一次会议上，他将调查研究的情况作了专题发言，提出了“加强抗旱生产，以秋补夏，扩大复种面积，减少干旱造成的损失”的合理化建议。他的建议，引起了县政府的高度重视，会后及时动员组织全县人民全力以赴进行抗旱生产，从而使全县粮食生产在大旱之年仍获得了较好的收成。由于他在农业技术研究推广和抗旱生产工作中成绩突出，被省政府授予“甘肃省劳动模范”称号。我县后梁乡范堡村裴塬社是坐落在干山枯岭上的一个贫困社，人畜饮水困难，是严重困扰当地群众生产、生活的一个大问题。面对这种情况，县人大代表、村主任范勋元同志和全村群众一样，看在眼里，急在心上，他除了在每次县人民代表大会上提意见、建议外，还多次骑自行车到县上，向领导和水利部门反映群众的吃水问题。经过几年的努力，今年，争取政府资金17万元，动员群众投工3800多个工日，历时4个月，建成了长达2400米管道的自流人饮工程，当人们渴望已久的吃水问题得到解决后，全社人民衷心感谢党和政府的恩情，齐声称赞范勋元为群众办了实事。

二是大抓山区经济建设，带领群众走共同富裕的道路。新店乡小湾村是个自然条件很差、山大沟深、路不通、电不通的山区村，县人大代表、村主任牛俊同志近年来为改变村上的贫困面貌，团结带领群众办了4件实事：1.发动群众大搞道路建设，使全村6个社都通了车；2.动员群众集资，争取国家投资，给未通电的陈咀、东湾、白草湾3个社架设农电线路3.6公里，解决了群众照明、磨面困难；3.发动组织群众，大搞农田基本建设。新旧累计，全村人均有水平梯田近3亩；4.大抓果园建设，全村共种果树184亩，已挂果的有60亩，大大改变全村的穷困面貌，连续几年被县乡树立为先进村。县人大代表、城川乡红旗村主任张英，结合当地实际，利用距县城近、蔬菜销路好的优势，鼓励和支持群众，兴建塑料大棚种植蔬菜，增加经济收入。1993年全村共建起26个塑料棚，已发挥了较好的经济效益，农民吕红光去年建了0.47亩塑料棚，实收入2099元，为了扩大经营，增加收入，张英和村党支部书记、省人大代表景宗健在县农技部门的帮助指导下，向冬季、淡季蔬菜种植规模化方向发展。他们发动组织群众筹资4万余元，正在动工新修6个节能日光温室，预计今年冬季蔬菜就可上市，以解决城乡居民生活所需。

三是带头发展支柱产业，增加经济收入。甘沟乡上岔村在县畜牧中心的技术指导下，在4名县、乡人大代表的带动下，大力发展养猪事业，至8月底全村259户农民，户均养猪6口以上，出售2口以上，共收入16.09万元，户均达621元。曾任县十届人大代表，现任乡人大代表的村党支部书记刘儒林是大抓支柱产业的带头人，他带头运用新法养猪技术，缩短喂养周期，提高出售率，增加经济收入，他家今年元至8月已交售4口猪，收入1380元，还准备交售2口，过年杀2口，预计年底养猪收入可达3000多元。猪多、肥多，为粮食丰收打下了基础。在今年大旱的情况下，他家的夏粮仍获得亩产300多斤（比同村没有养猪的户亩产高出100多斤）、总产上万斤的好收成。初步计算，他家光养猪和粮食2项收入就可上万元，人均达到千元，还有拖拉机、榨油机等，成了全村的富裕户。甘沟乡人大代表、屯堡村村主任张登明，根据当地自然条件，把发展果园经济作为村上的支柱产业，去冬今春新栽果树150多亩，为全村发展果园打下了基础，开创了新局面。为了进一步搞好果园建设，目前他正发动群众筹资，争取水利部门支持，修建1眼大口井，解决灌水问题，大力发展果园经济，为群众增加收入，他向群众表示："人民选我当代表，我当代表要为人民谋福利，不为人民办几件实事，就辜负了人民群众对我的信任和期望，我就没有资格当人大代表。"

四是以身作则。坚持在平凡工作岗位上做出优异成绩、连选连任4届县人大代表的城川中心卫生院院长阎文彬，1972年从部队转业到地方后就在该医院工作，23年如一日，兢兢业业开展工作，一心一意为群众防疫治病做贡献，使原来缺医少药、机械设备简陋、只有十几张简易病床、许多疑难病不能治疗的小医院，发展到今天，已建起1400多平方米的门诊、住院楼和600平方米的职工宿舍楼各1座，常用医疗器械基本购置配备齐全，实有60多张床位，50多名医疗管护人员的中心卫生院。为了进一步改善和加强医院工作，他组织医务人员，坚持理论和业务学习，牢固树立为人民服务的思想，不断改进服务态度，提高医疗质量。从当地实际情况出发，实行看病不挂号，住院不交押金的制度，大大方便了群众就医治病，受到了广大群众的称赞。由于坚持了为人民服务的宗旨，医院越办越好，病人越来越多，治愈率不断提高，经济收入不断增加，1993年收入达80多万元，创利23万多元，被树立为优秀乡镇卫生院，受到了卫生部的表彰奖励。县人大代表、李店中学校长朱春林，身体有病，但他仍以强烈的责任感和事业心，既抓学校管理，又兼带高三级1个班的物理课，虽然学历不高，但在教学实践中不断摸索探讨，总结经验，教学效果显著提高，连年被地、县评为“教学能手”，并获省“园丁”奖，1993年被破格晋升为中学高级教师。

三、存在问题和今后意见

我县各级人大代在依法履职、管理国家事务、促进经济建设等方面较好地发挥了作用，取得了一定成绩，但代表工作还存在不少问题，主要是学习不够，虽然组织建立了代表活动小组，但基本流于形式，没有组织代表坚持学习，开展视察、调查活动，依法履职作用发挥得不够；在当前深化改革、发展市场经济形势下，一部分代表思想跟不上新形势的要求，在经济建设中发挥模范带头作用不够。

针对上述问题，今后，根据县人大常委会总的工作安排部署，代表联络工作委员会要积极配合乡人大主席团，进一步加强代表联系，做好代表工作。首先要检查督促代表小组开展活动，发挥作用。要组织代表学习宪法、代表法，学习邓小平同志建设有中国特色的社会主义理论，学习市场经济知识，贯彻落实上级和本级人大及其常委会的决议、决定，不断提高依法履职的自觉性。第二，组织开展经常性的视察调查活动，积极反映广大人民群众生产生活中的实际困难和所关心的热点问题，督促协助有关部门研究解决。第三，进一步在全县200多名县人大代表和1000多名乡镇人大代表中广泛开展“争优创先”活动，充分发挥各级人大代表的桥梁纽带和模范带头作用，团结带领群众，扎扎实实搞好各项工作，促进我县经济建设更快地向前发展。

第十四次会议　1994年11月15日至16日在常委会四楼会议室召开，由吕忠厚主持。

会议议程有四项：一、听取和审议政府法制局局长杨成安受政府委托所作的《关于1994年行政执法监督检查工作报告》、法院院长漆忠义所作的《关于1994年执法检查工作的报告》、检察院检察长陈贵录所作的《关于1994年执法执纪检查工作情况报告》；二、听取和审议社会治安综合治理委员会办公室主任陈尚孔受政府委托所作的《关于1994年社会治安综合治理检查情况报告》；三、听取和审议政府办公室主任王济华受政府委托所作的《关于县第十二届人民代表大会第二次会议代表意见、建议办理情况的报告》；四、人事任免。

第十二届常委会组成人员吕忠厚、阎志洁、李克科、赵智荣、马子坤、胡青汉、蒙谦恭、郭应童、马志俊、吴俊福、杜耀文、李佩红、沙芳琴、陈松友、王维岐、王镇华出席会议；政府县长赵景山、县委副书记郭林禄，县委常委、政府常务副县长靳士孔，县委常委、组织部部长岳具辉，县政协副主席梁钧宪、法院院长漆忠义、检察院检察长陈贵录、综治办公室主任陈尚孔、政府办公室主任王济华、公安局副局长王永升、司法局局长穆熙雄、政府法制局局长杨成安、农办主任祁治国，常委会有关委、室负责人祁望厚、周世让列席会议。

附：

人事任免

李克和任县人民政府副县长

县人民政府副县长李克和个人情况表

表4–21

姓名	性别	民族	出生年月	籍贯	文化程度	工作时间	入党时间	主要工作经历
李克和	男	汉	1952.8	静宁后梁	大专	1972.9	1976.11	1972年9月在县委政治部、宣传部工作;1981年8月任余湾公社革委会副主任,1983年10月任甘沟乡政府乡长,1986年1月任仁大乡党委书记,1989年1月任县委委员、城关镇党委书记,1992年1月任经济体制改革委员会主任,1994年4月任经济委员会主任

王智仁任县计划经济委员会主任，免去县计划委员会主任职务

杨毅民任县体育运动委员会主任

免去：

安静修县人民政府副县长职务

免去李克和县经济委员会主任职务

第十五次会议　于1994年12月28日在常委会四楼会议室召开，由李克科主持。

会议议程有两项：一、听取和审议教育局局长段积昌受政府委托所作的《关于〈中华人民共和国义务教育法〉和〈中华人民共和国教师法〉贯彻执行情况的汇报》、常委会教科文卫工委主任胡青汉所作的《关于李店等六乡贯彻实施〈中华人民共和国义务教育法〉〈中华人民共和国教师法〉的情况调查》；二、审议通过召开十二届人大四次会议的有关事项。会上，政府副县长陈向华就落实审议意见作表态发言。

第十二届常委会组成人员吕忠厚、阎志洁、李克科、赵智荣、马子坤、胡青汉、蒙谦恭、郭应童、翟沪兰、李佩红、沙芳琴、陈松友、王维歧、马志俊、吴俊福、王镇华出席会议；政府副县长陈向华、法院院长漆忠义、检察院检察长陈贵录、政府办公室副主任崔仁杰、教育局局长段积昌，常委会有关委、室负责人祁望厚、周世让列席会议。

第十六次会议 于1995年1月（日期不详）在常委会四楼会议室召开，由吕忠厚主持。

会议议程有两项：一、审议通过有关接受辞职请求的报告；二、审议通过县十二届人大四次会议补选常委会副主任、政府副县长、法院院长候选人名单（草案）。

第十二届常委会组成人员吕忠厚、阎志洁、李克科、赵智荣、马子坤、胡青汉、蒙谦恭、郭应童、翟沪兰、李佩红、沙芳琴、陈松友、王维歧、王镇华、吴俊福出席会议；县委副书记郭林禄，县委常委、组织部部长岳具辉列席会议。

附：

人事任免

接受阎志洁关于辞去县人大常委会副主任职务的请求

接受马子坤关于辞去县人大常委会副主任职务的请求

接受漆忠义关于辞去县人民法院院长职务的请求

第十七次会议 于1995年3月13日在常委会四楼会议室召开，由吕忠厚主持。

会议议程有三项：一、听取和审议财政局副局长郭景德受政府委托所作的《关于1995年财政收支预算调整的报告》，作出《关于静宁县1995年财政收支预算调整的决议》；二、审议通过常委会1995年工作要点；三、人事任免。会议结束时，吕忠厚作了讲话。

第十二届常委会组成人员吕忠厚、赵智荣、段积昌、漆忠义、陈松友、胡青汉、郭应童、蒙谦恭、王镇华、马志俊、翟沪兰、李佩红、沙芳琴、杜耀文出席会议；县委常委、政府常务副县长靳士孔，政协副主席梁钧宪，法院院长张金业、副院长陈万才，政府办公室主任王济华、县委组织部副部长慕锡武、财政局副局长郭景德，常委会有关委、室负责人列席会议。

附：

人事任免

姚国奇任县科学技术委员会主任

文　武任县教育局局长

蔡尚志任县人民法院副院长

张维平任县人民法院执行庭庭长

秦玉生任县人民法院刑事审判庭副庭长

免去：

张银魁县科学技术委员会主任职务

段积昌县教育局局长职务

第十八次会议 于1995年4月18日在常委会四楼会议室召开，由李克科主持。

会议议程有两项：一、传达学习省八届人大三次会议精神，学习了省人大常委会主任卢克俭在省八届人大三次会议上的工作报告和《中华人民共和国地方各级人民代表大会和地方各级人民政府组织法》；二、人事任免。

第十二届常委会组成人员吕忠厚、李克科、段积昌、赵智荣、漆忠义、陈松友、郭应童、王镇华、蒙谦恭、胡青汉、王维歧、杜耀文、沙芳琴、李佩红、翟沪兰、马志俊出席会议；县委常委、政府常务副县长靳士孔，县委常委、组织部部长岳具辉，法院院长张金业、检察院检察长陈贵录、政府办公室主任王济华，常委会有关委、室负责人柴玉明、周世让、祁望厚列席会议。

附：

人事任免

王维军任县财政局局长

免去刘宝生县财政局局长职务

第十九次会议　于1995年5月9日至10日在常委会四楼会议室召开，分别由李克科、漆忠义主持。

会议议程有四项：一、学习中共中央关于地方人大、政协机构改革的通知，全国人大常委会副委员长田纪云在八届全国人大三次会议上所作的《全国人大常委会工作报告》和《内参选编》刊登的有关评议干部的调查报告；二、听取和审议民政局局长樊生茂受政府委托所作的《关于农村困难户生活安排情况的报告》、常委会司法民政工委主任蒙谦恭所作的《关于农村困难户生活安排情况的调查报告》；三、听取和审议林业局局长王有华受政府委托所作的《关于全县果树经济林建设情况的汇报》、常委会农业财经工委副主任祁望厚所作的《关于治平等六乡果园建设的情况调查》；四、人事任免。

第十二届常委会组成人员吕忠厚、李克科、赵智荣、段积昌、漆忠义、陈松友、郭应童、蒙谦恭、王镇华、王维歧、胡青汉、李佩红、吴俊福、翟沪兰、马志俊、沙芳琴出席会议；县委常委、政府常务副县长靳士孔，副县长杨成堂，政协副主席靳国强、法院院长张金业、检察院检察长陈贵录、政府办公室主任王济华、民政局局长樊生茂、林业局局长王有华、粮食局局长刘亚平、农办副主任马凤岗，常委会有关委、室负责人柴玉明、祁望厚、周世让列席会议。

附：

人事任免

接受赵国全辞去县人民政府副县长职务的请求

张有珠任县人民检察院检察委员会委员

郭国柱任县人民检察院检察委员会委员

张坚强任县人民检察院检察员

王和平任县人民检察院检察员

关于治平等六乡果园建设的情况调查

农业财经工作委员会同县林业局、农业办公室的负责人及专业技术人员组成调查组，由常委会副主任赵智荣带队，于4月21日至26日对治平、李店、双岘、城川、石咀、三合6乡发展果品产业情况采取听汇报、实地察看等方法进行了调查。

一、基本情况

这次调查的6乡共有89982人，30.07万亩耕地，其中粮田23万亩，有3年以上果园9893亩，新植果园19809亩，其中1995年春季栽植9280亩，完成了县上下达的任务。1994年6乡实现产值713万元，收入上万元的有96户。同时，各乡都有统一的规划，栽植符合技术规范，有50%以上的果树压了沙或覆盖了地膜，苗木大部分为红富士品种。从以上情况看，我县的果园建设经过各级政府的不懈努力，目前已初具规模，逐步成为富县富民的“拳头”产品，也获得了可观的经济效益。

二、主要做法

（一）从宣传教育入手，提高干部群众的思想认识。从我县所处的自然条件看，不论是海拔高度，还是土壤、光照等，都适宜苹果等果树的生长，特别是中南部地区，苹果生长有得天独厚的优势。为此，从80年代后期开始，县上就把苹果栽植作为调整农村产业结构，扩大经济作物面积的重要措施来抓，在南部仁大、李店、治平、双岘及中部威戎、城川等乡镇进行推广，1993年、1994年已取得了可观的经济效益。实践证明，6乡发展果园的决策是正确的。1994年以来，县上把发展以苹果为主的林果业确定为我县的主导产业，各乡镇及林业主管部门首先从宣传教育抓起，用对比算账的方法，向群众宣传果树规模经营的优越性，动员群众多栽树、栽好树，并把此作为增加收入、脱贫致富的重要措施来抓。我们所调查的6乡均多次召开干部、群众会议和深入农户进行宣传，收到了好的效果。双岘乡党委书记王智国，带领乡干部和林业技术人员深入村、社召开群众大会，以自己在仁大乡工作时的所见所闻和自家果品收益情况，现身说法进行宣传，每次会议一讲就是几个小时，使群众深受启发。林业局在每两三个乡镇派1名技术人员，走村串户，一边做思想工作，一边搞技术培训，深受群众欢迎。同时，由于前些年栽种的果园已发挥效益，特别是中南部群众经过算账对比，发现果园收益是种植其他农作物收益的数倍，相当一部分农户靠种果园致了富，事实使群众认识到，要加快农村脱贫致富步伐，发展果园是一个有效途径。

（二）充分发挥“典型”的示范作用。从这次调查的情况看，6乡在果园建设上涌现出了一些好的典型。一是一部分成年果园效益好。治平乡雷沟村的6个社171户1000口人，在胡家塬山地有苹果园425亩，人均0.43亩，去年已全部挂果，共产果70万斤，收入840万元，人均840元。治平乡果品收入人均达到800元以上的有雷沟、刘河两村3518人，其中收入上万元的户就有38户。雷沟村陈长金、刘河村李景云户收入达3万多元。在历来被人们认为栽苹果树不能结果的三合乡，调查中我们看了任岔村尹作平自1989至1992年陆续栽植的果园，部分苹果树已进入产果期，1994年收入达2400多元，使这里的群众亲眼看到了靠栽植苹果脱贫致富的典型。二是去冬今春新植果园面积大，质量高。李店乡于去冬今春新植果园4480亩，且集中连片，栽植技术规范。双岘乡去冬今春新栽果树2840亩，使全乡果园面积达到6120亩，乡上打算到1997年力争达到万亩以上，人均0.8亩。治平乡现有经济林10500亩，其中苹果9300亩，工作重点已基本转入加强管理的阶段。在去冬今春果园建设中，最为典型的是三合乡，在全县大力发展果园建设的形势下，三合乡党委、政府冲破传统观念的束缚，经和林业部门一起反复考察论证，决定在本乡栽植早酥梨。为了确保这项工作的顺利进行，他们首先从加强宣传教育入手，层层解决干部群众的思想认识问题，做到思想教育到家、服务到地头，从地块规划，苗木发放到具体栽植，乡干部多次亲临现场进行指导，保质保量地完成了1000亩早酥梨栽植任务，其中660多亩已覆上了地膜。

（三）坚持因地制宜，使果园健康发展。我县从1994年把果园建设确定为农村主导产业以来，6乡镇都能统筹兼顾、合理安排，一方面下大决心、花大气力发展果园面积，使其向规模化、产业化方向发展，逐步形成地方的“拳头”产品，另一方面根据我县粮食还不能自给的实际，不放松粮食生产，尽量避免一哄而起，发展果园挤占川水地的现象。同时引导农民正确处理种粮与发展经济作物的关系，做到一手抓粮，一手抓钱，以钱促粮。主要通过发展果园等增加收入，加大对粮食生产的投入，提高粮食单位面积产量。治平乡搞果园建设，一开始就把注意力放在较为贫瘠、干旱的山塬和灌水困难的地块，其思路是既不影响粮食生产，又能增加收入。目前已进入盛果期并产生巨大效益的连片果园就建在胡家塬旱塬地和刘河阳山根二三类川地，1994年又在大庄、刘河2村共有的杜家坪旱塬集中栽植苹果园345亩，他们在这些等次较低的地块栽种果树，其丰产措施主是增加土地投入，包括肥力投入和劳动力投入。同时还在山区广泛推广了压沙和地膜覆盖栽培技术，收到了好的效果。杨店村在1994年冬季利用农闲时间组织群众对鞍子山峡口王家河湾不能耕种的500多亩沙土地，在林业部门的指导下投工，进行了改造，用来建设果园。具体做法是每株苗木挖1立方米的坑，去掉沙土，再从别处拉活土填栽，以后随果树不断生长在周围去沙填土，我们调查时看到坑已全都挖好，土已填上，部分苗木已栽种，如果这项工作能够成功，其经济效益将会很大。双岘乡利用本乡土地资源相对丰富、群众对地膜栽培技术形成共识的优势，走种、养、加一体化的发展路子。主要是靠地膜玉米发展养猪，靠养猪提高土地肥力，靠土肥条件和运用地膜优势发展果园，靠果园收入增加土地投入，逐步形成良性循环。曾受到团省委等上级部门多次表彰的井沟村青年王前吉，现有4亩苹果园，果园地头建有砖木结构猪舍12间，饲养良种猪25口，有水井1口，准备配套潜水泵抽灌果园，他家还种植地膜玉米10亩，准备安装1台粉碎机专门加工饲料，目前已形成一套有序的生产过程。经有关部门测算，有果园（产果期）的村社和农户，粮食产量不但没有受到影响，而且有所增加。治平乡雷河村在去年粮食普遍歉收的情况下，人均产粮700多斤，充分显示了农业的投入优势。

（四）抓了各项服务措施的落实。6乡在果园建设中，都采取有效措施，认真开展了产前、产中和产后服务工作。一是在技术方面林业局一包到底，每2~3个乡有1名果树专业技术人员巡回指导，进行技术培训。这些技术人员吃苦耐劳，工作责任心强，受到群众欢迎。林业局从制定规划、苗木调运到规范栽植，与乡镇密切配合，保证果园建设的顺利进行。二是乡领导亲临指导，帮助群众解决实际问题。三合乡在三分之一群众接受、三分之一群众被动接受、个别群众持敷衍态度的情况下，党委、政府的主要负责同志坚持哪里栽果树就到哪里去指导，以免初建果园失败使工作陷于被动。他们还多方争取资金，为部分群众解决了困难。双岘乡用“两会”基金，筹集6万元贷给群众发展果园，解决了资金不足问题。三是产后销售服务逐步开展起来。城川乡靳寺村在支部书记靳玉国带领下成立了果品公司，进行产后服务，既为群众发展果园解除了后顾之忧，也取得了较好的经济效益，他们准备今年还要扩大储藏能力和营销量。林业局也打算今年在治平乡修建3处果窖，开展果品收购、批发业务，为果农开展产后服务。

三、问题与建议

从6乡的调查情况看，我县果园建设还存在以下几方面的问题：

（一）思想认识跟不上。少数干部认为，栽种果树会影响粮食种植面积，担心果品多了会销不出去，因而在工作上墨守成规、维持现状。这种思想在一定程度上影响了群众发展果园的积极性。

（二）投入不足。林果业属高投入高产出的产业，但从调查情况看，我县目前已挂果的果园普遍存在投入不足的问题。

（三）果园管理工作滞后。果园建设是一项技术性强，要求比较严格的系统工程，但我县有相当一部分农户科技意识不强，有的甚至把果树与用材林混种，失去了栽植果树的意义，这种粗放的经营方式，是果园建设中亟待解决的一个问题。

针对上述问题及我县实际，建议今后抓好以下几方面的工作：

一是进一步统一各级干部的思想认识。要针对少数干部群众在果园建设上的不同认识，继续抓好宣传教育工作，使广大干部群众真正懂得有规模才会有销路、有效益。同时，要正确处理种粮和栽果树的关系，使果园建设良性循环、健康发展。

二是认真抓好各项服务措施的落实。根据我县目前果园建设和管理方面存在的问题，林业部门应在一些果带分布比较集中的乡镇设立由专业人员组成的技术服务机构，从事各种服务，必要时可兼营果品销售，以果养站。

三是认真抓好苗木培育工作。目前，我县栽种的苹果苗木绝大部分从山东等地调入，因运输时间长，成活率不高。县林业局应充分利用现有条件，搞好苗木培育工作。

四是治平乡杨店村王家河湾500亩沙地果园无法灌溉，建议政府出面协调，配套水利灌溉设施。

第二十次会议　于1995年7月11日至12日在常委会四楼会议室召开，分别由吕忠厚、漆忠义主持。

会议议程有三项：一、听取和审议体委主任杨毅民受政府委托所作的《关于近年来我县体育工作的汇报》、常委会教科文卫工委主任胡青汉所作的《关于城乡体育工作的调查》；二、听取工商局局长王守财所作的述职报告、常委会副主任李克科所作的《关于评议县工商局局长王守财同志工作的调查报告》，对王守财的工作进行评议，并产生《关于县工商行政管理局工作的评议意见》；三、人事任免。会上，政府副县长靳士孔就落实审议意见作表态发言，吕忠厚、郭林禄分别讲话。

第十二届常委会组成人员吕忠厚、李克科、赵智荣、漆忠义、段积昌、陈松友、郭应童、胡青汉、蒙谦恭、王维歧、王镇华、杜耀文、马志俊、翟沪兰、李佩红、沙芳琴出席会议；县委副书记郭林禄，县委常委、政府常务副县长靳士孔，政协副主席靳国强、法院院长张金业、检察院检察长陈贵录，政府办公室主任王济华、副主任王友忠，县委组织部副部长慕锡武、教育局局长文武、体委主任杨毅民、计经委主任王智仁，工商局局长王守财、总支书记吕希东，副局长王保定、郭秀平、翟维纲，县人大代表杜文彪、方天学、吕芳梅，常委会有关委、室负责人柴玉明、周世让列席会议。

附：

人事任免

安　华任县文化局局长

冀国强任县人民法院民事审判庭庭长、审判委员会委员，免去县人民法院经济审判庭副庭长职务

免去蔡尚志县人民法院民事审判庭庭长职务

关于城乡体育工作的调查

由县人大常委会教科文卫工作委员会和县体委有关人员组成调查组，在县人大常委会副主任段吉昌的带领下，于6月中旬深入四河、仁大、高界、原安4乡镇及其所属中心小学、中学和县一中、县水泥厂等单位，通过听取汇报、实地查看等方式，对上述乡镇、学校和单位近年来的体育工作进行了调查，同时，还就发展体育事业的一些问题与县体委负责同志进行了座谈。

一、城乡体育工作的基本状况

（一）各级组织和领导普遍重视体育工作。通过调查，我们感到各级组织和领导对体育工作思想认识在不断提高，普遍能够把发展体育事业当成社会主义精神文明建设的一项重要内容，列入工作的议事日程，统筹安排，认真去抓。4乡镇都成立了由乡、村、社及学校负责人组成的体育活动领导小组，进行全乡镇体育活动的组织协调和领导工作。四河乡在安排全年工作时把体育工作作为农村精神文明建设的指标之一，列入计划，下达给村、社及驻村干部，督促各级干部重视抓好体育工作。乡上还根据农村工作的特点，把每年1、2月份定为体育活动月，组织发动群众开展体育活动，从而形成农闲时间群众自发组织，男女老少参与，乡、村、社之间掀起接连不断的群众体育运动热潮。该乡从1992年起还提出“5年内实现村村有钢管篮球架”的体

育设施建设计划，采取群众集一半、政府补一半的办法，先后筹资1.2万多元，使全乡14个村有10个村配上了钢管篮球架，一改村社体育设施落后的旧貌。县一中把体育工作放在与文化课同等重要的位置来抓，近几年每年体育经费投入均在1万元左右，体育运动成绩显著。1993年以来组队参加省、地、县各级组织的篮球、排球、田径等运动会16次，每次都取得好的成绩，受到表彰奖励，历年受奖的锦旗、奖牌，都挂满了50平方米的体育室，使人很受鼓舞。县政府及主要领导近年来也非常重视体育事业，1995年把县城体育设施建设列为县政府要办的10件大事之一，狠下决心抓了县城中心体育场的筹建工作。从1994年底起，已召开了2次县长专题办公会议，研究解决体育场筹建的有关事宜，目前，已征地42亩（需款88万多元，已支付55万元），规划设计及各项前期准备工作已初步完成。县城中心体育场的修建，突破了我县县城体育设施建设多年徘徊不前的局面，将为全县体育事业的发展创造一个良好的条件。

（二）群众体育运动状况良好。近年来，随着城乡经济的发展和人民群众生活水平的提高，人们对文体娱乐活动的需求也越来越迫切，加之县、乡、村各级组织和机关单位领导的重视，城乡群众体育运动现在呈现出比较好的状态。

1.农民体育运动蓬勃发展。从调查情况看，4乡镇农村群众体育运动已形成以农民群众自发活动为主，乡、村组织活动为辅，平时分散活动，农闲集中活动等适合农村特点和经济状况的地方体育运动特色。而且活动规模、档次不断提高，方兴未艾。具体特点：一是各乡镇基本上每年由乡镇政府或文化站、教委牵头组织开展1次规模较大的群众性体育活动。运动项目主要有篮球、乒乓球、拔河、象棋等，通过开展这种大型运动会进而掀起全乡体育活动高潮。原安乡几年来坚持每年举办乡级运动会1次，今年4月举行的“全民运动会”历时5天，比赛项目主要有篮球、拔河、象棋，共有81个代表队参赛，仅篮球比赛就有27个代表队，380多名运动员参加。全乡19个村都有代表队，乡机关各单位也都组队参加，乡上专门成立了“全民运动会组委会”，负责运动会的筹备和组织领导工作，为了开好运动会，村、乡直单位、乡政府集资投入经费达8000多元。运动会期间，群众踊跃参加，南营村雷峰汉父子2人一齐上阵打球，一时传为佳话，每天都有数千名观众从各村赶来观看运动会，如赶集赴庙会一般热闹非凡，运动会上有9个代表队和12名运动员受到奖励。二是在群众自发的基础上，由村、社主办及群众自办的体育竞赛活动遍及各地，次数频繁，声势浩大，显示了农民体育运动的广泛基础。据统计，4乡镇62个村，有54个村近两年先后在农闲时节（主要是春节）组织开展了篮球及其他项目的体育竞赛。今年春季仁大乡深沟村花费1100多元举办了篮球运动会。邀请邻近乡、村及秦安、庄浪两县的一些村、社参加，有近30个代表队数百名运动员参赛，盛极一时。高界继红村已经连续几年举办体育运动会，在周围及邻近乡村很有影响；大河村在今年春节由群众自己集资召开运动会，活动项目有篮球、拔河、台球、象棋、自行车等，很是热闹。三是农民群众对体育运动的参与、投入意识逐渐增强。据我们了解，许多村、社举办运动会都是在群众自发推动下才搞的，一些村、社购置体育器材、修建运动场地、组织竞赛活动，农民群众都热情支持，积极参与，或捐资赞助，或出劳助工，表现了极强的参与和投入意识。四河、高界2乡镇29个村有21个村在群众集资出劳的基础上建成了篮球场，四河乡仅私人户零散自制的乒乓球台达20多张。农村群众体育运动的兴起，既丰富了广大农民的文体生活，又锻炼了体魄，增强了人们的集体观念和荣誉感，对农村两个文明建设起到了良好的推动作用。调查过程中，乡、村干部普遍反映，由于农村体育活动的开展，使赌博、打架斗殴等不良现象明显减少，社会效果很好。

2.县城机关单位职工体育运动较为活跃。城区职工体育运动除县体委、县总工会等联合在每年五一、国庆组织开展规模较大的县级单位职工运动会之外，各企事业单位内部年年也都要搞一些规模大小不一、形式多样的体育竞赛活动，十分活跃。几年来，涌现出了一批职工体育运动搞得比较出色的先进典型，如商业、供销两大系统及兴飞公司、人行、化工厂、水泥厂等单位，职工体育活动规模大、档次高，有声有色，引人注目。县水泥厂多年来举办厂内职工运动会，车间、班组之间展开竞赛，1994年五一举办的职工运动会投入经费1500多元，有篮球、乒乓球、象棋等比赛项目，参加职工90多人。该厂平时很注意抓职工体育工作，不断增强体质锻炼。同时，基础体育设施建设也很突出，全厂大的运动设施有硬化篮球场1处、乒乓球案2副、象棋多副，为职工提供了较好的体育活动条件。

3.学校体育工作逐步规范化。从我们这次调查的9所中、小学校体育工作情况看，各学校都能把体育作为学校整体工作的一个重要方面常抓不懈。在具体工作上，按照国家制定的中、小学体育教学大纲及有关规定，结合学校工作的特点，从体育教学到体育锻炼活动已基本形成比较规范的体育工作管理和操作体系，为全面贯彻党的教育方针，培养“德、智、体、美、劳”全面发展的社会主义现代化建设人才奠定了坚实的基础。一是各学校都能安排好学生的“两课”“两操”“两活动”，形成每个教学班每周上好两节体育课、每天上好早操和课间操（有的学校实行“三操”，还做眼保健操）、每周至少开展两次课外活动的学校体育工作定式。一些条件好的学校还每天给各教学班安排课外体育活动。二是认真开展“达标”活动，全面提高学生身体素质。各学校都能较好地执行《国家体育锻炼标准》《中学生体育合格标准》，坚持进行体育“达标”活动。据统计，1993—1994学年度，5所中学体育达标率为92.9%（县一中98.5%、仁大92.6%、高界83.8%、四河100%、原安90%）；4乡镇小学生“达标”率为97.9%（四河96.4%、仁大98.4%、高界99.3%、原安97.3%），其中，达到良好和优秀标准的分别占到42.2%、26%。三是坚持开展学校体育竞赛活动。各学校普遍建立了定期举办体育竞赛的制度，一般是每学年举办两次校级运动会，春季以田径项目为主，秋季以球类项目为主，有的学校每学期不同年级、教学班乃至学生宿舍之间也经常开展一些单项竞赛活动，如篮球、排球、拔河、爬山等，这些体育竞赛活动的开展，既锻炼了师生身体，又推动了学校体育事业的发展。四是学校体育设施有了较大改善。我县学校体育设施建设近年有了很大发展，1993年通过省上有关单位验收，荣获“学校体育设施达标县”。我们实地看过的四河、仁大、高界、原安和县一中5所中学基本都普及了篮球、排球、乒乓球、单杠、双杠、跳箱、木马等常规性体育器材，有4所中学还配备了联合器械，其中条件较好的一中各类体育器械总数达419件，价值50000多元。4乡镇52所小学都购置了篮球、铁环、跳绳、小皮球等体育器材，校校有篮球架、乒乓球台，一些条件好的中心小学器材配备已初具规模，如高界中心小学就有篮球、排球、足球、羽毛球、乒乓球、铅球、联合器械等体育器材10多种。1992年以来，该学校响应教育局倡导的自制教具活动，走自力更生、勤俭办学的路子，自制了相当数量的体育小器材，如四河中心小学自制秋千、转椅各1副，毽子、沙包数百个；仁大中心小学1994年自制铁环40副、跳绳35条、沙包100多个，体育设施的改善和活动器材的增多，丰富了体育活动的项目和内容，提高了学生的运动兴趣和运动技能，使学校体育工作搞得更有生气。

（三）专项体育训练及竞赛成绩突出。在全面开展群众体育运动的基础上，一些学校和单位还重视抓了体育运动队的组建和训练，提高专项运动水平和竞技能力，培养选拔体育人才。这方面工作较为突出的，一是一些有条件的学校都组建了以篮球、排球、乒乓球、田径等为主的体育队，积极开展专项训练。据我们初步统计，4所中学共组建各类体育运动队达15个，参训人数在150左右。1992年以来，仁大、高界、一中3所完全中学通过这种形式向大专院校培养输送体育人才18人，另外还向省地体校、体工大队及厂矿企业输送了不少体育人才。县一中组建有男女篮球、男女排球、田径等5个体育队，其中男、女排球队、田径队多次参加省、地比赛，均取得好的成绩，该校被省体委、教委树立为省级“体育传统项目学校”。二是县体委自行车训练点成绩显著。该训练点自1979年组队开训以来共招收集训210多人，先后给平凉体校输送学员39人，给省体工大队及外省体工大队输送28人，并培养出了一批高水平的体育人才，目前平凉地区荣获“国家级健将”运动员称号的3名运动员（张惠珍、贾根萍、张惠）均出在我县自行车训练队。多年来，县自行车训练队严管、勤练，排除一切困难，加大训练力度，付出了无数的汗水，才在各类级别比赛中取得了优异战绩，仅在全省比赛中就获得金牌48枚、银牌84枚、铜牌136枚，是我县体育战线上的一面旗帜，为静宁人民争得了极大的荣誉。

二、当前体育工作存在的主要问题

（一）体育器材短缺，运动场地不足。从总体和发展角度看，体育器材短缺、运动场地不足仍是制约我县体育事业发展的一个主要因素。从我们实地查看的情况看，多数乡村及机关单位的体育设施还很简陋，且数量不足，一般村社有1副篮球架就算很不错了，在农民运动会开展情况较好的四河、原安、高界3乡镇48个村，有篮球架的30个，占60.2%。学校体育设施相对来说情况要好些，但由于现有的一些大型常规活动器具大多是早年配置的，陈旧破损，且种类太少，难以满足教学和活动的需要，多数学校因为经费偏紧，只能搞些废旧维修更新和小件添置以维持现状，再难有新的发展，若真正按标准化配套建设的指标衡量，还有相当差距。高界镇教委所属14所小学只有2所配上了钢管篮球架，条件最好的一中体育器材最多，经过多年努力总数也只有419件，与省教委规定应达到的1245件标准相比，仅占33%，其他学校差距也就更大了。还有不少学校由于操场面积太小，早操和运动会无法开展，而且诸如投掷、百米跑等教学内容无法进行，我们实地看过的9所中、小学有7所程度不同地存在场地不足的问题，仁大中学只有500平方米的体育专用场地，早操只好在马路上进行，田径运动根本无法开展，对学校体育工作影响很大。

（二）体育师资队伍不能满足学校体育教学及工作的实际需要。我们这次调查的4个乡镇所有小学都没有受过正规师范体育专业培训的专职教师，体育课由其他科任老师兼带，这些兼职教师业务水平低，加之又有其他教学任务，上体育课多数只是起一个组织作用，难以传授给学生有关体育运动项目的技术规范和技巧动作，根本胜任不了教学工作。由于体育教师短缺，不少学校专项体育运动训练不能进行，甚至连“达标”活动也难以正常开展，严重影响学校体育工作。部分乡镇、学校反映，因为缺少专业人员，一些规模较大的运动会很难开展，且不规范，效果不尽人意。

（三）一些部门及单位对体育工作的管理和领导还不够得力。这方面比较突出的有三个问题必须引起重视，一是体育管理职能部门对乡村体育工作业务性、技术性的检查指导不够，对农民群众体育运动典型经验的总结推广工作没有很好地展开，下边普遍缺乏操作性强、较为规范、系统的管理办法，调查中，各乡镇都谈及这类问题，要求体委适应当前农村体育工作的新形势，进一步改进和加强工作。二是部分乡镇对体育工作重要性的认识还不到位，对农民体育运动从政府角度讲，组织管理工作抓得还比较薄弱，没有深入进去研究探索新形势下农村体育运动发展的路子和管理方法，与农民自发体育活动竞相兴起的热潮相比，出现了“群众热、政府冷”的特殊局面，工作显得有些被动。调查中我们发现，有的乡对本乡的体育工作情况不太清楚，开展活动的资料未收集或收集不全，对今后工作也没有打算和计划。三是部分学校体育工作的主观能动性差，一味强调客观条件和因素，而在如何因地制宜、因陋就简地开展体育活动方面努力不够，现有的器材坏了也不想办法修复，能自制的小器材也不设法解决，通过努力能开展的活动也不积极创造条件开展。

三、对今后体育工作的几点建议

（一）认真扎实地推行“全民健身计划”、大力发展群众体育运动。《全民健身计划》是一项在党中央、国务院领导下，动员和组织国民积极投入各种形式体育锻炼，增强体质，提高国民素质的跨世纪的群众体育发展战略规划。县上已制定了《静宁县全民健身计划实施方案》，健身计划的第一期工程“一二一工程”已于1995年元旦启动。今后我县的群众体育工作应以推行实施全民健身计划为中心，大力宣传发动，积极扩大影响，广泛组织群众开展各种体育活动，把各项工作落到实处，从而把我县群众体育运动推向一个新台阶，不断提高人民群众的体质和健康水平。

（二）加大体育设施建设工作力度。强化体育师资队伍培训工作，客观地讲，我县经济欠发达，群众特别是农民的生活水平还不高，体育设施陈旧落后的问题比较突出，体育自我发展能力较差。因此，各级组织和领导要进一步深化认识，加大体育设施建设工作力度，增加体育经费投入，尽其所能地改善体育设施，为体育事业发展创造一个较好的物质基础。同时，教育局、体委要重视学校特别是小学体育教师队伍的培训工作，力争在近几年内给全县中心小学配上专职体育教师，并对其他小学的“兼职”体育教师分期分批进行一次专业培训，使其尽可能地符合教学工作的需要。

（三）全力以赴搞好县中心体育场的修建。县城中心体育场的动工修建，是我县体育事业发展中的一件大事，县政府及体委在前期准备和修建中已做了大量工作，应予充分肯定。由于近年我县财政状况不佳，加之今年大旱给农业生产造成了重大损失，从而客观上增大了工作难度，面对这种形势，希望县人民政府进一步坚定信心，克服困难，全力以赴抓好修建工作。在具体工作上要加强宣传，使各级组织和广大群众都来关心和参与，群策群力，争取体育场早日顺利建成，为发展我县体育事业作出积极贡献。

关于评议县工商局局长王守财同志工作的调查报告

县人大常委会组成两个调查组，由常委会副主任李克科和漆忠义分别带领，到工商局机关和城关、古城、威戎、雷大、李店、甘沟、高界7乡镇，通过参加工商局领导班子总结自评会，召开县、乡人大代表座谈会，在局领导班子成员、股、所长和职工中座谈了解，走访个体工商户等形式，比较全面地了解了局长王守财同志及工商局1993年换届以来的工作。

主要工作

一、认真贯彻党的基本路线和方针政策，围绕全县经济建设中心开展本职工作

随着社会主义市场经济体制的确立和推进，工商行政管理部门的职能不断转变，作用越来越大，任务越来越艰巨，工作内容、范围涉及社会的各个方面，政策性、法律性都很强。局长王守财及局“一班人”思想认识明确，始终把贯彻执行党的基本路线和有关政策、法律贯穿于工作的全过程，紧密配合全县的经济建设中心，履行职责，依法行政，较好地发挥了职能作用。一是工作有计划安排，有监督检查。年初，根据县委、县政府和上级业务主管部门的安排，召开领导班子会议，结合工作实际进行讨论，作出具体安排意见，每年由局长或副局长带领机关股、室工作人员到基层检查两次，督促计划的落实。今年4月下旬，局里组织力量对基层所的工作进行了一次全面检查，肯定成绩，指出问题，对下一步工作提出要求，工作比较实在。二是实行目标责任管理。县局与各工商所签订千分考核责任书，内容有自身建设、市场管理、经济检查、个体工商管理、工商企业管理、经济合同管理、财务管理、统计工作、社会治安综合治理、计划生育10个方面。各所、股、室与每个职工签订百分考核责任书，半年、年底分别考核一次，年终一次奖罚兑现，从实际情况看，效果比较好。三是工作有主有次，重点突出，局领导班子成员分工明确，各负其责，对重点工作，加大力度，集中力量完成。如去年市容整建工作和西关市场建设同时开展，班子两名成员分工负责，局长王守财同志亲自参加西关市场建设，从筹集资金到组织施工，自始

至终，坚持到底，促进了工程进度，市场按期投入使用。四是积极参加全县的中心工作，1993年以来，先后有12名同志参加农村扶贫、社教、发展支柱产业的村、社购买水泥维修猪舍，为困难户购买喷雾器，受到群众的欢迎和县上领导的好评。各基层所也程度不同地参与了乡镇的中心工作，多数工商所与当地政府关系融洽，在工作上能够积极配合。

二、注重自身建设，队伍的整体素质不断提高

1993年年初换届，王守财同志连续三届担任局长，在发展社会主义市场经济的新形势下，针对工商行政管理工作改革不断深化，业务范围不断扩大的实际及我县工商队伍的现状，把加强领导班子建设和队伍建设放在首位，注重自身素质的提高，以适应工作的需要。一是领导班子成员加强自身的政治理论和业务学习，重视思想作风建设和廉政建设，在调查中，上下普遍反映局长王守财同志在班子中的表率作用起得好，带头学习《邓小平文选》和社会主义市场经济理论，学习有关法律、法规和工商行政管理知识，熟悉业务，依法管理，工作认真负责，有较强的事业心。多年来经常加班加点，节假日很少休息，特别对西关市场的建设和管理十分重视，经常到市场查看，发现问题，及时帮助解决处理，作风民主，对重大问题能按民主集中制原则办事，集体讨论决定；重视调动和发挥领导班子成员的积极性，分工明确、放手工作，换届以来，特别是去年领导班子调整后，团结协调，求真务实，具有较强的凝聚力和战斗力。在廉政建设上，按照县委和上级组织的要求，制定了领导班子廉洁自律的具体规定，对照约束、规范行为。如1994年，他用局里大车为家里拉了一车砖，坚持按市场价缴了运费，没有听到违法、违纪和不廉洁的问题。关心同志，重视帮助解决职工的困难和问题，职工群众反映比较好。二是队伍建设方面做了大量工作。针对工商队伍年龄偏大、文化偏低、业务能力不够强的实际，重视抓干部职工的政治业务学习和培训。局机关坚持正常的学习制度，基层所利用工作之余开展学习，以政治理论、市场经济知识和有关法律、法规为主要内容，年年有安排、有检查，要求集体学习有记录，个人学习有笔记，每年不能少于200页，并采取互阅笔记，命题考试的办法提高学习效果。在业分培训上，全系统有82名股、所长和业务骨干分期分批参加了地区组织的为期40天的岗位培训。同时抓队伍的廉政建设和思想教育。县局印发了《工商人员十条纪律》《工商人员廉政守则》《甘肃省工商人员廉政暂行规定》，在年初工作安排和责任书中提出明确要求，纳入千分考核、年终奖罚，以防止吃、拿、卡、要、赊等以权谋私的行为，树立工商人员的良好形象。三是规章制度不断健全完善。局里制定和完善了学习、工作、财务、考勤、机关管理、廉洁自律等各项规章制度，基层所也相应建立健全了工作制度和工作纪律，公开贴在墙上，实行内外监督执行。今年局机关对职工反映比较强烈的用电问题采取分房装表，限定电量的办法加强管理，用电量大幅度下降，节约了办公费用。

三、努力开展各项业务，发挥了工商行政管理机关的职能作用

两年多来，在政府的重视支持和上级业务部门的指导下，全局上下共同努力，各

项业务工作都有新的发展。一是按照公司法、企业登记条例和全民所有制工业企业转换经营机制条例，帮助企业克服困难，促进企业发展，现登记注册企业1013户，从业人员15009人，注册资金15976万元，1993年以来新发展企业200户，从业人员1605人，注册资金1269万元，支持企业改制、改组、改造，允许企业跨行业经营，办理变更企业231户，对全县企业进行年度检查2186户（次），占任务的97.8%，掌握了经营情况，取缔了4户“三无企业”，加强了监督管理，还组织236名厂长（经理）和管理人员参加了市场经济法律法规培训。二是认真贯彻省政府关于发展个体私营经济决定和县委、县政府制定的10条优惠政策，改进作风、简化办照手续，表彰奖励先进，促进了全县个体、私营经济的巩固和发展。至目前，全县个体户达到3029个，从业人员4347人，注册资金476.51万元，私人企业19户，从业人员562人，注册资金227.7万元。1993年以来新发展个体户1253户，从业人员1826人，注册资金242.96万元，新发展私营企业15户，从业人员162人，注册资金5.3万元，1993年到1994年个体户、私营企业给国家上缴税金298.8万元，1994年有178人为市容整建捐款21434元。三是实施新修订的经济合同法，积极做好经济合同的签订工作。1993年以来，签订各类经济合同4789份，金额81559.6万元，签证722份，金额15398.6万元，调解合同纠纷3起，争议金额16354元，协助企业收回外欠货款84万元，开展“重合同、守信用”活动，被县政府命名的企业20户，地区行署命名的5户，省政府命名的3户。

四、加快市场建设步伐，加强监督管理，维护了市场的正常秩序

市场建设和管理是工商部门的主要任务和职责，两年来工作成效显著，一是市场建设发展较快，随经济建设的发展和市场体制的确立，我县集贸市场规模已远远不能适应经济发展的需要，近年来，县上重视集贸市场的建设，由过去的工商行为改变为政府行为，采取了乡办、村办、个人联办等多种形式。以集资、投资、贷款等多渠道筹措资金，大力兴办集贸市场。1993年以来新建曹务永丰、古城市场两处，扩建西关、灵芝市场两处，面积47359平方米，修营业房200间、3920平方米，修建货棚1980平方米，硬化场地、人行道4452平方米。3年中，总投入资金175.3万元，其中工商部门投资85.7万元，县政府投资14.5万元，社会集资75.1万元。至目前，全县共有各类集贸市场25处，面积77729平方米，建筑面积27116平方米，市场建设投入的增加，促进了市场效益的提高，1993年全县市场上市商品达1000余种、成交额4472.2万元，比1992年上市850个品种、成交额2166万元，分别增长17%和106%。管理收费也大幅度增长，1994年完成69万元，比1992年的42万元增长64%。二是强化管理，保证和维护了市场的交易秩序，坚持贯彻实施甘肃省城乡集市贸易管理办法、消费者权益保护法、反不正当竞争法等法律、法规，建立和完善各种制度，实行规范化管理，全县14个乡镇所在地的市场设立了规市牌和监督服务台。同时加强监督检查，1994年配合技术监督局、派出所等部门，检查市场秩序，对234名违法人员进行了加倍收费和罚款等处理，维护了消费者的权益。三是开展了以“打假”为重点的经济检查工作，采取全面检查和重点检查、突击检查和经营性检查相结合的办法，打击查处了以制售关系

人身安全健康和危害农业生产的食品、医药、家电、农业生产资料的违法人员。1993年以来共查处假冒伪劣商品16大类，120多个品种，总价值73.9万元，其中销毁处理10.4万元，公开曝光4次，配合有关部门，整顿了农资、石油、医药、文化等市场，对国营、集体、个人非法经销的商品进行查处，并结合宣传有关法律、法规，增强消费者的自我保护意识，收到了好的效果。

五、重视基础设施建设，基层的工作条件不断改善

工商系统过去的基础设施、办公条件都比较差，近年来，随着各项工作的发展，重视了基层基础设施的建设，在财力困难的情况下，先后重新修建了高界、甘沟、古城、余湾等4个工商所，房屋58间，建筑面积850平方米，维修了威戎、雷大、仁大、李店、细巷、四河等6个工商所，新修房屋11间176平方米，投入资金26万元，给威戎、李店、高界等8个工商所配置摩托车8辆，安装电话8部，加上购置其他设施共投入22万元。

同时，以个人集资为主，先后修建了3处家属住宅，今年新修建家属楼1栋，面积2173平方米，解决了部分职工的住房困难。

问题和建议

一、主要问题

（一）市场管理工作薄弱，一些行业的管理上问题比较突出。由于思想认识上存在重收费、轻管理，有的管理人员只管收费，不重视管理，对一些坑害顾客、“宰”外地客商、打架斗殴的行为也不批评教育，不作处罚；有的怕报复，不敢管，有畏惧心理。管理上的滞后，使一些行业、一些摊贩欺行霸市、缺斤少两、以次充好、强买强卖的问题得不到制止和查处，如车站卖烧鸡的因“以小换大”欺骗顾客，围堵强卖引起的吵架斗殴时有发生。312线两旁的饭馆，女服务员阻挡车辆，招引顾客的行为不文明，影响不好。县城几处菜市场和基层集贸市场架子车乱放，摊点乱摆，阻碍交通，垃圾乱倒，卫生很差，群众意见很大。此外，个体劳动者协会自1991年届满后，至今未换届，组织、教育和发挥个体劳动者“自我管理、自我教育、自我监督”的作用不好，加大了市场管理工作的难度。

（二）在职工队伍的政治、业务建设上存在不足。一些工作人员政治、业务素质差，与新形势下的管理工作不相适应，对有的人员只看重工作能力，忽视思想教育，使个别人发展到违法违纪。如原西关所所长李某某，伙同一些人违法乱纪，打人伤害个体户，在社会上造成很坏的影响。在业务培训上，重视了基层所长、会计等骨干人员，对协管员等人员的培训不够，机关制度上有些方面不够完善，如大车管理不严，亏损严重，全局上下很有意见。

（三）有时工作方法比较简单，在一些问题处理上欠缺周密细致的思考，虽然出发点是好的，但由于方法不够妥当，影响了工作效果，在一些工作的协调联系上不够积极主动，方法欠妥。

（四）原西关所1994年的奖金发放社会反映强烈，存在一定问题。一是年初制定

的责任书奖罚方案有缺陷，如收费超额部分个人拿大头，是不合适的；二是去年因市容整建等原因，西关所收费对象增多，应按特殊情况调整收费定额，但仍按年初任务兑现，工作有疏漏；三是个人发奖方案局里未统一审查管理，内部发奖不公平，高低悬殊，影响职工积极性。对这一问题虽然县政府以征收个人所得税的办法进行了处理，今年的方案也作了调整修改，但要吸取教训，严加把关，防止再发生类似问题。

二、几点建议

（一）进一步明确任务，转变观念，加强对市场的监督管理。工商行政管理机关是国家主管市场的监督管理部门和行政执法机关，基本职责是监督市场，在建立完善社会主义市场经济体制过程中，既要积极参与培育建设市场，更重要的是加强监督管理，维护市场秩序，保证合法竞争，进行公平交易。要教育和引导工作人员克服畏难情绪，加强工作力度，认真履行职责，依法管理市场。要解决好收费和管理的关系，要管收并重，以管理促收费。我县财政紧张，工商局贷款建设市场，在这样的困难情况下，依法收费仍然是一项硬任务，在抓好管理的前提下，该收的规费要坚决收回来，做到管理收费同步进行，加快市场建设步伐，要研究解决收费难的问题，在加强宣传教育工作的同时，对长期抗费，违法经营的典型户，要依法查处，该罚款的罚款，该停业的停业，通过有效措施，逐步形成自觉缴费的社会风气。

（二）加强私人企业、个体工商户和摊点管理，特别是312线和城区的集贸市场管理，要固定人员，明确职责范围，坚守工作岗位，切实解决好以街为市、阻碍交通、影响市容、扰乱秩序等问题，工商部门和城建部门既要紧密配合，又要分清职责范围，各负其责，不能互相扯皮，互推责任。对责任性不强，工作不力的管理人员，要批评教育，不适应工作的要调整，要积极配合公安、技术监督部门加强监督检查，及时查处欺行霸市、缺斤少两、以次充好、强买强卖等违法行为，以保证市场的正常秩序，维护消费者的权益。

（三）加强业务培训，进一步搞好队伍的自身建设。社会主义市场经济在某种意义上讲就是法制经济，至目前，涉及工商行政管理部门的法律和行政法规方面多、数量大、要求高，加强学习，提高工作人员的业务能力，是搞好工作的基本条件。要把正常学习和有计划的业务培训结合起来，经常坚持，常抓不懈。要加强基层工商所的班子建设，对年龄偏大，政治、业务素质差的要及时调整，重视培养选拔一些文化层次高、业务能力强、政治素质好的年轻干部担任所长、副所长，以适应基层工作的需要。

充分发挥个体劳动者协会的作用。要依照有关规定，按时换届，定期不定期地召开协会领导班子会议和行业组长会议，加强学习，履行职责。协会成员和行业组长在个体工商户中有一定的威信，要调动他们的积极性，通过带头、引导作用，发挥个体经营者自我管理、自我教育、自我监督的作用，促进对市场的管理。

第二十一次会议　于1995年9月6日在常委会四楼会议室召开，由李克科主持。

会议议程有两项：一、听取和审议计经委主任王智仁受政府委托所作的《关于全县国有企业扭亏增盈情况的报告》、常委会副主任赵智荣所作的《关于计经委系统14户工业企业扭亏增盈的情况调查》；二、人事任免。会上，副县长李克和就落实审议意见作了表态发言。

第十二届常委会组成人员吕忠厚、李克科、赵智荣、漆忠义、段积昌、陈松友、郭应童、王镇华、王维歧、马志俊、蒙谦恭、胡青汉、吴俊福、翟沪兰、李佩红、沙芳琴出席会议；县委副书记郭林禄，县委常委、政府常务副县长靳士孔，副县长李克和、法院院长张金业、检察院检察长陈贵录、县委组织部副部长慕锡武、政府办公室副主任王友忠、计经委主任王智仁、财政局局长王维军、粮食局局长刘亚平、物资局局长岳精忠、交通局副局长王振江，常委会有关委、室负责人列席会议。

附：

人事任免

翟维刚任县商业局局长

郝长学任县人民法院审判员

张　平任县人民法院审判员

温学斌任县人民法院审判员

卢张娃任县人民法院审判员

冯应忠任县人民法院审判员

刘进满任县人民法院审判员

免去陈冠璋县商业局局长职务

关于计经委系统14户工业企业扭亏增盈的情况调查

由人大、政府、政协有关领导及计经委、政府办、工商银行等有关部门负责人组成的联合调查组，于8月5日至9日分别到化工厂、水泥公司、淀粉厂、农机厂、印刷厂、人造板厂、火柴厂等7户国有工业企业，砖瓦厂、橡胶厂、工艺厂、服装厂、编织袋厂、建安公司等6户集体企业以及毛针织厂（私营企业，隶属计经委）就元至7月份的产销及扭亏增盈情况，采取听取汇报、实地察看、对比分析等方法进行了调查。

一、基本情况

调查的14户企业（不包括建安公司工程队和挂毯厂），有职工2119名，其中干部129名，工人1981名，各类专业技术人员107名。固定资产总计为3870万元，元至7月完成工业总产值2624万元，占计划4398万元的59.6%，较上年同期增长81%；完成销售收入2180万元，占年计划4262万元的51%，较上年同期增长80%，上缴税金139.6万元，占应缴计划161.5万元的86%。年计划实现利润236万元，实际亏损135.55万元，与上年同期亏损177.65万元相比，下降24%，其中国有企业（包括毛针织厂）亏损70.23万元，较上年同期亏损156万元减亏86万元，减幅55%，集体企业亏损66.65万元，较上年同期的21.65万元增亏2.03倍。总的看，今年以来，由于县人民政府及其主管部门把扭亏增盈、提高经济效益作为整个城市经济工作的重点来抓，明确了扭亏减亏责任目标，帮助企业找症结、寻出路，在产品、资金、市场等方面开展全面服务。企业在强化内部管理的同时，也较好地把握了市场机遇，在生产、销售、资金回笼、整体效益上都有明显好转，扭亏增盈工作收到了较好的效果。

二、主要做法

（一）千方百计组织生产。去年以来，由于资金紧缺、市场疲软、管理不善等原因，一些企业相继出现停产、半停产和开工不足的局面，造成资源浪费、职工情绪不稳。针对企业普遍存在的问题和市场变化，县人民政府及主管部门，在深入调查研究的基础上，对症下药，千方百计组织生产。首先对经营无方、扭亏无进展，或因其他原因工作被动，影响生产正常运行的企业领导班子进行了调整，使企业的生产经营和扭亏增盈工作得到加强。其次是想方设法解决资金问题。一方面积极协调，为企业注入资金，帮助停产、半停产企业启动生产，经政府领导出面协调，1至7月份县工商银行共为工业企业注入资金280多万元，使塑料编织厂等企业恢复了生产；另一方面企业内部开展清仓查库，扩大销售，回收货款，提高资金使用效益。县火柴厂抓住今年火柴市场复苏的有利时机，狠抓生产销售和货款回收，基本解决了产品压库问题，应收货款由年初的538万元下降到368万元，在一定程度上减轻了企业压力。橡胶厂在短时间内回收货款30多万元，提高了资金使用效益。经过多方面的共同努力，4月份以来，14户企业运行基本良好。

（二）进行了企业改革尝试。在去年县水泥厂实行股份制改造，与威戎水泥厂、后梁石料厂组建水泥股份有限公司的基础上，今年以来，县人民政府经反复考核论证，决定对历年亏损严重、扭亏无望的毛针织厂改制为私营企业，4月份正式清理财务，进行了移交。4至7月共完成产值46万元，销售收入完成40万元，回收货款99万元，亏损额有所下降。计经委对长期管理混乱的集体企业建安公司进行了内部结构调整，将钢窗厂、预制厂、挂毯厂和各工程队等企业同建筑安装公司实行两级管理体制，成为独立核算、自负盈亏的二级法人管理体制，在承担应负债务的前提下自主生产，每年向公司交纳一定数额的管理费。这样，一方面调动了企业的生产积极性，另一方面有效解决了企业内部财务管理混乱等问题。

（三）加强了企业内部管理。企业生产不景气，效益下滑，原因是多方面的，但关键在于管理。为此，今年以来，在调整充实部分企业领导班子的基础上，各企业广泛开展了清查库存产品、降低产品成本及各项费用、提高产品质量、建立健全各项管理制度的“向管理要效益”活动，特别是对以资金为核心的财务管理制度予以加强。印刷厂针对过去财务管理混乱、个别车间记账、出纳1人兼，实物出入库手续不全等问题，建立健全了新的财务管理制度，加强了成本核算，清理了原班子遗留下来的一些债务债权，堵塞了漏洞。同时还对一些中层管理人员进行了调整，严格了职工劳动纪律，使企业的生产经营有了新的转机。水泥集团公司从保证产销量和产品质量入手，进一步转换企业内部经营机制，在分配上实行工效挂钩的岗位技能工资制，任务与职工工资挂钩，有奖有罚，调动了职工的生产积极性，企业效益大增。橡胶厂缠绕胶管生产线属新上项目，针对工序衔接和操作技术跟不上的实际，认真抓了职工的岗位培训，根据生产过程中存在的问题，坚持每星期一、三、五班后开会分析，研究对策，使产品合格率达到95%以上。

（四）围绕企业生产经营做好服务工作。今年以来，县人民政府及职能部门把企业扭亏增盈作为城镇经济工作的重点来抓，深入车间班组，了解生产经营情况，并针对存在的问题，从资金、项目、产品销售、生产条件、设备等各个方面为企业排忧解难，帮助解决存在的问题。由于政府工作扎实，使农机厂电焊条生产线等一批赢利产品项目从资金上得到保证，解决了一些靠企业自身无法解决的问题，为扭亏增盈工作创造了较好的条件。

三、存在问题

从调查的14户企业看，扭亏增盈工作虽然取得了一定成绩，但仍存在不少困难和问题。主要是：

（一）企业生产经营的外部环境差，制约因素多，这是我县工业企业普遍存在的问题。首先是资金周转困难。在调查的14户企业中，都程度不同地存在着由于资金紧缺而导致开工不足的问题，人员、设备闲置，技改项目无法进行，造成资源浪费，产品成本增大，亏损难以扭转。经测算，塑料编织厂达到年产800万条编织袋才能扭亏，目前由于资金等原因，部分设备闲置，年产量不到设计能力的一半。橡胶厂新产品生产线还需200万元才可达产达标，规模效益才能体现出来，但由于资金不能及时到位，使其优势和效益得不到发挥。一些企业债务负担沉重，也是造成亏损的重要原因。其次，今年以来电力不足，给企业生产造成了困难和损失。火柴厂在多年未有的市场机遇面前，想方设法满负荷投入生产，但由于经常性限电使生产受到影响。塑料编织厂一车间的生产设备，停机1次造成的直接损失就达1万元。第三，货款回收难。由于大环境的影响，企业间拖欠货款是造成亏损的重要原因。我县企业均为小企业，基础薄弱，负债很多，对外欠承受能力差，严重影响了企业活力。火柴厂现欠银行贷款达742万元，却有368万元应收款收不回来，据厂领导掌握的情况，部分货款根本无法收回，可能成为呆账。第四，原、辅材料价格不断上涨，且涨幅过大，使一些企业无力承受。第五，企业自身底子薄，应变能力差，不能适应市场变化而造成亏损。如压板厂原有规格压板产品由于受市场变化不适销，技改又因资金困难短时间内难以完成，今年以来亏损幅度较大。

（二）企业内部管理工作比较薄弱。调查中我们发现，一些亏损严重或扭亏不力的企业，除一些共性的问题外，管理不善是个值得注意的问题。一是个别企业管理水平太低，对企业产销等经济指标不掌握，心中无数，连起码的成本核算都搞不清，更谈不上有正确的决策。二是一些企业财务管理混乱，没有严格的内审制度，造成企业资产流失，在生产、销售、财会各个环节漏洞较多。如有些企业车间的记账、出纳1

人兼，领料、入库手续不全，供销人员回收的货款不及时上缴。三是生产费用高，造成浪费，达不到降低成本，扭亏增盈的目的。一些企业由于缺乏科学的管理制度和手段，使一些应该可以降下来的费用降不下来，压库资金多，外欠多，耗费高，大大降低了资金使用效益。四是个别企业没有良好的生产秩序和环境，管理粗放，劳动纪律松弛，各项制度形同虚设，直接影响了生产的正常运行。

(三) 企业的技改项目有失误。一些企业面对今年以来有利的市场机遇，没有集中资金、力量加足马力生产，走出困境。如火柴厂的技改项目，并不是非搞不可，改后的效益也不是很显著，却在生产的关键时期占用资金搞技改，停产达半月之久，给企业扭亏造成影响。橡胶厂在周转资金极度紧张、生产经营无法运转的情况下，挤占资金修建宿办楼，是一个较大失误。

四、几点建议

（一）进一步提高认识，把企业扭亏增盈作为关系全局的头等大事来抓，政府及主部门要在已有成绩的基础上，加大工作力度，进一步打开局面，定计划、压指标，加强厂、车间、班组各个环节中的核算工作，确保扭亏增盈目标的实现。各企业要高度重视扭亏增盈工作，正确处理好职工利益与上缴利税的关系，整个生产活动要围绕提高经济效益来进行。

（二）进一步提高企业管理水平，建立健全各项管理制度，主管部门要加强企业内部的审计制度，有计划有重点地对企业财务进行审计，掌握情况，堵塞漏洞，并根据审计结果及时向有关领导提建议，为企业决策提供准确依据。

（三）政府及主管部门要继续搞好对企业的领导与服务工作，要重点抓好班子建设，以确保扭亏增盈工作取得更好的效果。

第二十二次会议　于1995年10月31日在常委会四楼会议室召开，由李克科主持。

会议议程有四项：一、传达地区人大工作会议精神，学习省人大常委会关于乡镇换届选举的通知；二、听取和审议政府法制局局长杨成安受政府委托所作的《关于1995年行政执法监督检查工作报告》、法院院长张金业所作的《关于1995年执法检查工作的报告》、检察院检察长陈贵录所作的《1995年度执法执纪检查工作报告》；三、听取和审议政府办公室主任王济华受政府委托所作的《关于县十二届人大四次会议代表意见、建议办理情况的报告》；四、人事任免。会上，政府常务副县长靳士孔就落实审议意见作表态发言。

第十二届常委会组成人员吕忠厚、李克科、赵智荣、漆忠义、段积昌、郭应童、王维岐、马志俊、蒙谦恭、胡青汉、王镇华、沙芳琴、翟沪兰、李佩红、吴俊福出席会议；县委常委、政府常务副县长靳士孔，县委常委、组织部部长岳具辉，政协副主席靳国强、法院院长张金业、检察院副检察长李俭、政府办公室主任王济华、司法局局长穆熙雄、法制局局长杨成安，常委会有关委、室负责人柴玉明、周世让、祁望厚列席会议。

附：

人事任免

吕思强任县公安局局长

免去：

米世荣县公安局局长职务

杨世龙县农牧局局长职务

第二十三次会议　于1995年12月28日在常委会四楼会议室召开，由李克科主持。

会议议程有三项：一、听取和审议教育局局长文武受政府委托所作的《关于普及九年义务教育工作情况的汇报》、常委会教科文卫工委主任胡青汉所作的《关于高界等7乡镇普及九年义务教育情况的调查》、常委会“普九”工作检查组成员、审计局干部王斌所作的《关于高界古城等7乡镇教育资金管理使用情况的汇报》；二、审议通过召开十二届人大五次会议的有关事项；三、人事任免。会上，副县长陈向华就落实审议意见作表态发言。

第十二届常委会组成人员李克科、赵智荣、漆忠义、段积昌、陈松友、郭应童、胡青汉、蒙谦恭、王维歧、王镇华、翟沪兰、李佩红、吴俊福出席会议；政府副县长陈向华、法院院长张金业、检察院检察长陈贵录、政府办公室副主任王克选，教育局局长文武、副局长牛启寿，审计局副局长韩忠孝、干部王斌，常委会有关委、室负责人柴玉明、祁望厚、周世让列席会议。

附：

人事任免

王淑芳任县人民法院审判员

关于高界等七乡镇普及九年义务教育情况的调查

由教科文卫工作委员会及教育局、审计局有关人员组成检查组，在县人大常委会副主任段积昌的带领下，于12月上旬先后赴高界、原安、灵芝、司桥、八里、余湾、古城等7乡镇对1995年教育目标管理责任书执行情况、第二个教育年活动及九年义务教育情况，进行了检查和调查，并对今年实现“普九”的高界、灵芝、司桥、古城4乡镇的“普九”工作进行了评估验收。其方法是：在全面听取乡政府汇报的基础上，采取看（查看学校）、查（查阅档案）、审（审查经费）、谈（座谈情况）、估（评估打分）、馈（反馈意见）等办法，全面了解了他们的办学情况。

一、普及九年义务教育工作的基本状况

（一）各级组织和领导的思想认识不断提高，“普九”工作取得较大进展。近年来在“科教兴县”思想指导下，教育的战略地位已初步确立，各乡镇党委、政府都能把发展教育当作振兴当地经济、推动社会进步的一项基础工程来抓，抓教育的自觉性有了较大提高，对“普九”这项基础教育的奠基工程思想上普遍重视，计划中统筹安排，工作中真抓实干。一是各乡镇普遍成立了由党政领导、教委主任、学校校长及村干部代表组成的“普九”工作领导小组，具体负责“普九”的组织协调工作。同时，制定下发了本乡镇实施义务教育法办法和“普九”工作规划及安排意见。灵芝乡不仅成立了领导小组，还在村成立了由村、学校有关人员组成的“普九”协调小组，使乡、村、校的“普九”组织协调工作形成网络，有效地推动了“普九”工作。二是“普九”宣传教育逐步深入人心，依法治教的观念不断增强。大多数乡镇在“普九”工作过程中都注意以宣传教育为先导，充分利用广播、板报、标语、以会代训等形式广泛宣传义务教育法等教育法规和“普九”工作的具体内容，努力使这项工作家喻户晓，人人皆知，增强各级干部和群众的教育意识。高界镇把每年9月份定为教育宣传月，结合教师节大张旗鼓地宣传“普九”，形成强大的舆论声势。其他乡也注意利用每年秋季开学召开教师及村干部会议安排部署教育工作之际，以会代训，宣传“普九”工作，从而掀起一个宣传教育高潮。各乡镇还普遍按照义务教育法的有关规定建立了义务教育各年级学籍管理制度，对适龄儿童实行发放入学通知书，依法治教，体现了义务教育的严肃性。三是对教育及“普九”工作年初有安排，年中有检查，年底有总结，真正落到了实处。从我们翻阅会议记录、查看工作计划情况看，各乡镇党委、政府普遍能把“普九”为主的教育工作作为一项重要内容列入政府议事日程，领导有分工，会议有安排，重点有检查，抓得较为扎实。高界镇面对教育基础差的现实，自我加压，加大工作力度，党委、政府多次召开专题会议研究教育工作，1995年就召开了3次全体教师大会，部署安排教育工作。八里乡把“普九”列入干部工作成绩考核内容，采取了“乡包村、村包户、校包人”“乡保入学率、村保普及率、校保合格率”的“三包”“三保”办法，很好地促进了“普九”工作。原安乡每学年初由教委统一制定下达教育目标计划，和学校及教师签订责任书，学年末进行考核检查，兑现奖罚。四是“普九”工作有了不同程度的进展，1989年以来，各乡镇在巩固普及初等教育的基础上，努力实现“普九”任务。7乡镇现有小学96所，中学7所，学校布局也较为合理，基本能够满足“普九”的需要，各类“软”“硬”件建设均有了较大改善和加强。目前，八里（1994年已通过县上验收）、高界、司桥、古城、灵芝5乡镇已基本达到了“普九”的要求，初中入学率、辍学率、毕业率和普及率分别达到95.6%、1.3%、92%和93.8%，原安、余湾2乡正在加紧工作，准备于明、后年通过验收。

（二）重教兴学的社会风尚愈来愈浓，“普九”有了较好的社会环境。通过调查，我们觉得近年农村干部群众对教育的认识进一步深化，观念有了根本性的转变，普遍形成了治穷必先治愚、治愚才能致富，越是经济落后越要重视办教育，教育必须超前发展的新思维。重教兴学已成为社会共识，从而形成领导积极讲教育、抓教育，群众热心议教育、办教育的良好社会风尚，涌现出了不少尊师、重教、兴学的人和事，极大地推动了“普九”的实施。调查座谈中，一些乡镇领导干部明确以“不抓教育的领导不是一个好领导”的观点表明自己对教育的认识和态度。每年教师节，各乡党委、政府都要组织慰问教师，鼓舞了教师的积极性。在教育经费的拨付上各乡镇都做到了与其他行政事业单位一视同仁，而且多数能够想方设法优先保证教育。在财政拮据，普遍拖欠干部职工工资的情况下，绝大多数乡镇能做到教师工资优先于其他干部发放。群众办教育的积极性也不断高涨，灵芝乡杨渠小学原校舍破旧不堪，1994年在村、社干部的带动下，群众积极捐资和投工投料，新建教室6座、宿舍5间，均为松木料，水泥墙裙，砖铺地，规格标准高，同时还修建了校门头和花园，总造价达8.8万多元，学校面貌焕然一新。在修建过程中，村主任带领村干部多次发动、组织施工，还带人到一些单位和机关寻求资助，极大地促成了修建工作。高界水鱼小学今年迁址新建，村主任王青彦和退休工人王永才不计报酬，连续3个月在学校督工看料，晚上还填坑平地做零活。在他们的感召和带动下，群众积极行动起来，投工投料，折价3万多元。在乡上的资助下，建成了1所标准高、质量好的崭新学校。更为感人的是，余湾乡中心小学民办教师韩志学在今年的“教育年”活动中，将自己多年辛苦积蓄起来1万元一次性捐出办学，社会影响很大。

（三）多渠道筹集资金，全民办教育的格局基本形成。实施义务教育的根本问题是教育经费的落实，为早日实现“普九”，各乡镇在这方面做了大量的工作。在保证教育经费“两个增长”的同时，把立足点主要放在依靠自己的力量筹集经费，走多渠道筹资、全民办教育的路子，形成征收农村教育费附加和城镇教育基金，大力发动群众集资和社会捐资办学等多方面相结合的筹资办学格局。一是抓好教育费附加和城镇教育基金的征收。根据我们重点对1994年教育费附加征管情况的了解，6乡（余湾乡因会计不在未统计）该年应征教育附加476309元，实征419222元，占应征数的88%，除按规定上解248917.1元（占应解数37.19%）、乡上自留1703049元外，用于校舍修建及教育配套建设方面的129011.97元，结余41292.13元也都列了使用计划。高界镇在足额征收完成当年任务的同时，还下决心收清了1991年以来历年累计欠征的教育附加24621.72元，解决了遗留问题。灵芝乡从1992年开始下决心征收教育费附加22.6925万元，历年不欠账，除上解外自留部分全部用于学校建设。4年间先后对8所小学（占全乡的一半）的校舍进行维修改造，维修新建面积达2676平方米，占全乡校舍总面积的46.8%。1994年教育基金7乡镇全清全解，1995年高界、司桥已全额征收并上解，其余各乡征收工作正在进行。二是大力发动群众集资（主要是投工投料）和社会捐资办学。各乡镇普遍采用政府投一点、村社群众集一点的办法来解决资金不足问题，而且群众的集资部分往往要占到总资金的一半以上。据乡上汇报统计，1994、1995年，7乡镇群众集资办学（包括捐资、投工投料折价）资金达41.17万元，极大地支援了学校建设。灵芝乡仅1992年以来用于改善办学条件的群众集资就达14.39万元。同时，各乡镇还大力发动干部职工和社会捐资助学，在1995“教育年”活动期间，大多数干部职工在工资未能足月领齐的情况下，慷慨解囊，拿出月工资的40%助学。至目前，除余湾外，6乡镇共收到捐资114882元。

（四）校舍及配套建设的步子逐渐加大，办学条件不断改善。几年来，各级组织花大气力抓了“普九”校舍及配套“硬件”建设。7乡镇小学现有校舍总面积48000平方米，生均3.8平方米（其中司桥最多，7.5平方米，原安较低，2平方米），基本达到了县定标准化学校校舍建设二级标准。1993年以来维修改造和新建校舍5569平方米，危房面积大幅度减少。在校舍修建上，多数乡镇转变观念，一改前些年低标准修建的不良状况，新修校舍大多数规格标准较高，质量上乘，争取一次到位，从而逐步建成了一批标准化的校舍，比较持久地解决了长期困扰教育的危房问题。高界镇从1994年起改变以往资金“撒胡椒面”的做法，由镇统一规划，坚持高标准、高质量，分期分批进行。成立了由分管领导、教委、经委、承建村社、学校负责人组成的筹建小组，分工负责，统一购料、统一施工。这样，既加强了关系协调，又互相监督，节省了资金，防止了漏洞，提高了效率。今年新修建的水鱼小学370平方米校舍均为土木架子房，总造价7.4万元，社会反响较好。继红幼儿园的修建材料已购齐，明年春季即可动工修建。司桥乡在校舍建设上采取乡上拨一点、村社投一点、群众集一点的办法，连年集中力量打“歼灭战”。1995年全乡筹资9.3万元，一举完成了潘王、慕沟2所小学的修建，至此，全乡基本上消除了危房。乡上打算从明年开始，把重点转向低标准校舍改建和配套建设上来。古城乡面对危房面积大的现状，加大改造步伐，1995年乡上投入72990元，群众集资（主要是投工投料）49550元，对7所学校的13座教室、16间宿舍进行了维修改造，面积达720平方米，危房面积有了显著下降。6所初级中学校舍总面积12545平方米，生均5.7平方米，其中八里、古城、原安中学校舍大多都是近几年新修的，校舍问题基本解决。司桥、余湾、灵芝中学虽然近年陆续修建了一些校舍，但部分校舍陈旧，危房面积较大。在抓校舍建设的同时，教学配套建设也取得进展。7乡镇小学有2/3配齐了“两箱”“三仪”，其中司桥、灵芝、原安3乡全部配齐，达到了县定教学仪器配套三级标准。图书生均3.4册，最多的八里乡达到生均7册。司桥乡的配套建设起点高、步子大，全乡13所小学不仅配齐了“两箱”“三仪”，而且配齐了音响设备（收录机、扩音机、高音喇叭）。各校都配上了篮球架及标准旗台、旗杆，所有教学班都配发了取暖的铁火炉。教委还统一给各学校配发了图书，建立了图书室。目前生均图书达到5.9册，整体教学配套基本达标。灵芝乡今年投入1.6万元制作了双人桌凳200套，一举解决了桌凳短缺问题。7所中学的教学仪器除原安中学情况较差外，其他中学由于县教育局近年结合“普九”系统进行了配备，均达到三级标准，基本能满足教学的需要，中学生均图书6册，其中灵芝、高界、八里中学生均达到10册。

（五）学校管理和师资队伍建设得到加强，教育质量有所提高。各乡镇在抓“普九”“硬件”建设的同时，注意抓了“软件”建设，紧紧围绕提高教育质量这个核心，千方百计提高办学水平，推动“普九”工作全面发展。一是强化学校内部管理。各乡镇教委及学校在县教育主管部门的指导帮助下，就如何加强学校教育质量进行了很多有益的探索和实践，先后制定推行了一系列规章制度和实施办法，使学校管理趋于规范化。至目前，已普遍形成了一整套较为科学实效、操作性强的管理体系。各学校普遍推行竞争激励机制，建立了以质量目标量化管理责任制为主要内容的管理制度，每学年初由乡教委与学校、学校与教师层层签订责任书，学年末按照既定的项目指标进行考核评比，奖优罚劣。灵芝教委为搞好学校管理先后制定了16个方面的职责管理制度，使各项工作都有章可循，收效较好。高界镇今年在教师节召开全体教师大会，兑现1994—1995学年目标管理责任书，对完成教学工作好的3个学校和10名教师进行表彰奖励（发放奖金800元），对未完成目标责任书要求的学校及教师按一定比例扣罚奖金（共扣罚900元）。原安乡还把村委会也纳入考评范围，今年兑现目标责任书时不仅表彰奖励学校和教师，也评选表彰了4个“尊师重教”村委会，社会效果很好。二是大抓师资建设，建成了一支思想和业务素质基本良好的教师队伍。7乡镇现有小学教师507人，其中民办教师217人，占总数的42.8%；中学（高界只统计初中部）现有教师164人，其中民办教师15人，占总数的9.1%。在教师队伍管理和建设方面，教育主管部门和学校普遍加强了思想政治工作和职业道德教育，先后坚持开展了以“忠诚、热爱、奉献”为主题的大讨论，学习成纪中学优秀教师群体、先进教师演讲团巡回演讲等一系列有声有色、生动实效的活动，对提高教师的思想品德和敬业精神起到了积极作用。在抓思想教育的前提下，各乡教委、学校还坚持以岗位培训为主开展多层次、多渠道、多形式的业务培训，提高教师学历和教学水平。据统计，目前7乡镇学校有80多名教师正在参加卫电高师、成人自学考试、函授等各类在职、离职培训进修。经过连续几年的努力，乡镇小学教师学历合格率为83.5%（除原安、司桥乡较低外，其他乡在84%以上）；八里、灵芝、古城中心小学专任教师学历合格率均为100%；中学教师学历合格率为73.9%（其中高界、灵芝、古城中学都在83%以上，余湾最低，为50%）。学校管理水平和教师业务水平的提高，使教学质量逐年好转。1995年7乡小学毕业生参加全区统考双科合格率为49.8%。除原安、高界外，其余乡都完成了年初签订的责任指标，司桥较高，为60%，高出全县平均线。中学初三毕业生统考六科合格率为27.4%，其中八里、古城中学高于全县平均线。

二、存在的主要问题

（一）一些乡镇领导“科教兴县”的战略思想还不到位，“普九”工作没有落到实处。这次调查有一个突出感觉，就是各乡镇对教育战略地位的认识和“普九”工作的进展很不平衡，且反差较大。一些乡镇教育基础建设“欠账”较大，对于“普九”工作信心不足、决心不大、措施不力，基本工作没有落实。主要表现在：一是群众没有发动起来，“普九”“硬件”建设连年没有大的突破。目前校舍危房面积大、配套建设状况差的余湾、原安，一个重要原因就是前些年全县实现“一无两有”期间，没有积极发动群众大力改善办学条件，形成被动局面。近几年也因客观制约因素多，有畏难情绪，没有掀起群众办教育高潮。今年的教育年活动在这些乡也显得有些“冷”，没有大动作。二是教育经费筹措不力。八里、余湾两个乡教育附加征收1992年至1994年历年未清。1994年欠征91290元，1995年的征收工作，到检查日止尚未完成，把问题留给了新一届政府。三是年初签订的标准化学校修建任务未完成或完成得不好。余湾的阴山小学、八里的红林小学都是年初乡上与县上签订责任书列为当年修建项目的学校，但实际没有进行。原安的关营小学虽然修建，但均为标准低、质量差的杂木滚椽房。

（二）教育附加的管理工作亟待完善。这次调查，随行的审计人员对1994年、1995年两个年度教育附加的征、管、用情况进行了检查审计，发现存在的主要问题是：征收方面，有的乡没有按规定足额收清，1994年余湾少征34203元，八里少征55743元，灵芝少征1319元，1995年的征收至检查时，只有高界完成了任务，其他各乡正在进行中。管理方面，7个乡镇均未按规定纳入乡级财政管理，大多由乡政府机关会计代管，造成管理渠道不顺，列支手续不全，没有做到专管、专存、专用，很容易出现胡支乱用、侵占挪用等问题。检查中，我们发现一些问题，说明这种管理有一定弊病。经费使用方面，拨付透明度不够，群众难以进行有效监督。据我们了解，在教育附加拨付使用过程中，多数乡镇没有文件明文下拨，有的甚至不通过教委而直接下达拨付给村上，这样容易造成资金使用管理漏洞多、效益差等问题。

（三）部分乡镇改善办学条件任务还十分艰巨。据教委汇报统计，原安、古城、八里、灵芝、高界5乡镇小学较为严重的危房面积为2419平方米，占校舍总面积的5%。余湾乡目前已无法使用的危房就有470平方米，占校舍总面积的7.9%，其他危房面积要占到校舍总面积的一半左右。古城危房面积，严重的有873平方米，占校舍总面积的8%。原安乡现有危房面积1370平方米。按以上几乡近年的维修改造进度（1993年以来余湾、古城、原安3个乡改造危房面积2000多平方米），今后两三年内校舍排危任务难以完成，更谈不上标准化学校建设。从我们实地到过的学校看，有的问题确实比较严重，余湾中心小学有校舍890平方米，其中410平方米的宿舍已全部成危房，椽檩腐朽，屋顶陷落，教室也大多破旧不堪，基本属于危房。7所中学除原安、八里中学无危房外，其他都不同程度地存在危房，总面积达1692平方米，占校舍总面积的10.7%。此外，桌凳破旧短缺情况也较普遍，小学尤为突出。八里红林小学和司桥平山小学非常典型，红林村小学一、二年级学生134人，只有27张桌子，一年级92个学生在一座破烂教室里，拥挤不堪、空气污浊，凳子更为短缺，学生自带124个。平山村小学一年级20多个学生无凳子，用粗椽和檩头加工成的凳子，凑合使用。至于教学仪器设备、图书等更是缺少。古城乡小学只有中心小学配齐了“两箱”和“三仪”，余湾乡小学生均图书仅0.4册，司桥中学因房屋短缺无法安置“三室”，正常的活动难以开展。原安中学实验器材严重不足，多数物理、化学课实验无法进行。上述基本问题如不能得到较快解决，势必影响“普九”的进一步开展。

（四）实际教育完成率低，有的学校教育质量差的问题还比较突出。要实现普九教育，完成率是关键，从影响普及程度关系较大的入学率、辍学率、毕业率和教育完成率的统计分析看，各乡镇15周岁人口受初等教育和17周岁人口受初级中等教育的完成率，实际低于统计上报的水平。已实现“普九”的八里、高界、灵芝、司桥、古城5乡镇15周岁和17周岁人口教育完成率分别为97.9%、93.87%，都达到了国家的标准，但是根据我们对灵芝乡学龄儿童数、小学及中学毕业生数的对比分析，实际受完初等和初级中等教育特定年龄段的人口数要少于统计的比例。灵芝乡1995年有学龄儿童

1226人，按该乡人口出生率计每年出生近300人，以年龄段平均估算，每个年级的学生应在200人以上，而1995年该乡小学毕业生为155人，初中毕业生为73人，当年灵芝中学招生数是140人左右，从上面的数据可以看出，小学到初中人数呈逐年级减少趋势，除去到外地就学等因素外，受完初中教育的人数还是低于应受教育人数，且比例差距较大，其他几个乡镇的情况也基本类似。此外，教育质量差的问题在有的乡、学校特别突出，应引起有关方面的重视。司桥中学今年初三学生参加全省统考六科合格率仅17.65%，低于全县平均线15.42个百分点，原安乡教委所属小学今年毕业生双科合格率为30.38%，低于全县平均线27.42个百分点。这些学校教育质量太差的问题，不仅耽误了一批学生，也使当地群众失去对学校的信任，进而影响到了他们办教育的热情和积极性，社会负面效应很大。

三、对今后“普九”工作的几点建议

（一）进一步落实“科教兴县”战略思想，再认识，再发动，打好“普九”攻坚战。按省、地部署，我县要在1997年通过评估验收，实现“普九”，形势紧迫，任务艰巨。我县的“普九”经过几年努力，虽然取得了很大进展，但问题依然不少，困难依然不小，后进面仍然很大。因此，各级组织和领导要正视现实，强化教育意识，充分认识“普九”的重要性和紧迫性，大力依靠发动群众，加大改善办学条件的力度，强化学校管理工作，借第二个教育年的活动再次掀起“普九”高潮，力争按期实现目标。

（二）严格理顺教育费附加的管理渠道。教育费附加的征收是乡级政府教育经费的主要来源，直接关系到“普九”工作的进展，因此，县上有关职能部门要本着征足、管严、用好的原则，针对当前存在的管理渠道不顺的问题，尽快采取有力措施，督促各乡镇把教育费附加坚决纳入乡级财政管理渠道，实行专户专账。使用上严格按照县上的有关规定，由乡教委提出使用计划，经乡政府研究通过后发文下拨。

（三）坚持进行标准化校舍的修建。近年，一些乡镇在校舍修建上采取集中力量，统一规划，统一施工，每年有重点地修一两所规格高、质量好的标准化学校，逐步解决校舍危房问题，收效较好，是解决我县一个时期农村校舍修建存在低标准、质量差、使用期短、效益差问题的好办法。希望县教育主管部门对这方面比较成功的经验加以总结推广，并形成相应的规定，督促各乡镇做好校舍建设工作，从硬件上保证“普九”工作的顺利进行。

第二十四次会议　于1996年1月20日在常委会四楼会议室召开，由吕忠厚主持。

会议议程有两项：一、审议通过召开十二届人大五次会议的有关事项。二、人事任免。

第十二届常委会组成人员吕忠厚、李克科、赵智荣、漆忠义、段积昌、陈松友、郭应童、胡青汉、王维歧、王镇华、马志俊、翟沪兰、李佩红、蒙谦恭出席会议；县委副书记郭林禄，县委常委、政府常务副县长靳士孔，县委常委、组织部部长岳具辉，法院副院长陈万才、检察院检察长陈贵录、政府办公室副主任王克选，常委会有关委、室负责人列席会议。

附：

人事任免

文步高任县人民政府副县长

县人民政府副县长文步高个人情况表

表4-22

姓名	性别	民族	出生年月	籍贯	文化程度	工作时间	入党时间	主要工作经历
文步高	男	汉	1965.8	甘肃崇信	本科	1983.7	1985.12	1983年7月至1991年5月在甘肃省林业勘察设计研究院工作,任助理工程师(其间任院团委书记);1991年5月至1993年8月任甘肃省农业区划委员会办公室科员、副主任科员;1993年8月至1995年9月任甘肃省计委人事处副主任科员、主任科员;1995年9月以来任甘肃省农业区划办公室副主任

柴玉明任县人大常委会教科文卫工作委员会主任

陈进财任县农牧局局长

张新民任县计划生育委员会主任

王星耀任县工商行政管理局局长

王效国任县物价委员会主任

杜文彪任县审计局局长

王智仁任县计划委员会主任

高　恒任县经济委员会主任

马志刚任县监察局局长

杨启明任县水土保持局局长

赵忠厚任县人民法院副院长

免去：

胡青汉县人大常委会教科文卫工作委员会主任职务

梁盘中县计划生育委员会主任职务

王守财县工商行政管理局局长职务

樊授天县物价委员会主任职务

赵步清县审计局局长职务

程希贤县监察局局长职务
贾　卓县水土保持局局长职务
冯利民县人民检察院副检察长职务

第二十五次会议　于1996年3月28日在常委会四楼会议室召开，由吕忠厚主持。

会议议程有五项：一、传达学习八届全国人大四次会议精神；二、听取和审议财政局局长王维军受政府委托所作的《关于1996年全县财政收支预算调整的报告》，作出了《关于静宁县1996年财政收支预算调整的决议》；三、听取和审议计划生育委员会主任张新民受政府委托所作的《关于计划生育工作汇报》，作出《关于认真贯彻〈甘肃省计划生育条例〉加强计划生育工作的决议》；四、审议通过常委会1996年工作要点；五、人事任免。会上，政府副县长李克和就落实审议意见作表态发言。

第十二届常委会组成人员吕忠厚、赵智荣、漆忠义、段积昌、朱春林、郭应童、蒙谦恭、王镇华、马志俊、杜耀文、李佩红、沙芳琴、吴俊福、胡青汉出席会议；政府副县长李克和、政协副主席靳国强、法院副院长蔡尚志、检察院检察长张学明、政府办公室主任王济华、财政局局长王维军、计生委主任张新民，常委会有关委、室负责人柴玉明、祁望厚列席会议。

附：

人事任免

孙延震任县人民检察院副检察长
徐宝玉任县人民检察院副检察长

第二十六次会议　于1996年5月29日在常委会四楼会议室召开，由李克科主持。

会议议程有四项：一、传达学习全区人大工作会议精神；二、听取和审议审计局局长杜文彪受政府委托所作的《关于对静宁县1995年度财政预算执行情况的审计工作报告》；三、听取和审议民政局局长樊生茂受政府委托所作的《关于农村救灾救济工作情况的报告》、常委会司法民政工委主任蒙谦恭所作的《关于农村救灾救济生活安排情况的调查报告》；四、人事任免。会上，政府常务副县长靳士孔就落实审议意见作表态发言。

第十二届常委会组成人员吕忠厚、李克科、赵智荣、漆忠义、段积昌、朱春林、郭应童、王维歧、马志俊、蒙谦恭、胡青汉、王镇华、沙芳琴、翟沪兰、李佩红、吴俊福出席会议；县委常委、政府常务副县长靳士孔，法院院长杨志军、检察院检察长张学明、政府办公室副主任王克选、民政局局长樊生茂、粮食局局长刘亚平、审计局局长杜文彪、财政局局长王维军，常委会有关委、室负责人柴玉明、祁望厚列席会议。

附：

人事任免

李　勇任威戎人民法庭庭长

刘进满任仁大人民法庭庭长

王国勤任县人民法院经济审判庭副庭长

免去：

李祖辉威戎人民法庭庭长职务

薛忠荣仁大人民法庭庭长职务

赵忠厚县人民法院经济审判庭庭长职务

关于农村救灾救济生活安排情况的调查报告

根据县人大常委会1996年工作安排，5月12日至14日，县人大常委会司法民政工作委员会会同纪检监察、民政、粮食等部门的负责同志，在常委会副主任漆忠义的带领下，先后到细巷、灵芝、原安3乡听取汇报，查对账目，了解情况，并同乡、村、社主要负责同志一起，深入到生活上问题较大的村、社群众家中，详细查看了解了群众生活情况，并对各粮管所的粮质和供应情况进行了实地查看了解。现将主要情况报告于后：

一、基本情况和主要特点

我县在1993年部分地区受灾减产后，从1994年以来，又连续两年遭受特大干旱，致使粮食连年减产，部分群众生活遇到了严重的困难，特别是西北部9乡镇群众生活困难更为突出、面对严峻的群众生活现实，各级党委、政府始终把群众生活不出大问题作为一项严肃的政治任务，实行严格的责任制，为妥善安排困难群众生活，确保大局稳定，做了大量艰苦细致的工作，在发动受灾群众开展生产自救的同时，从去年8月至今年5月，县上先后分4次下拨救济粮指标920万公斤，其中国储粮125万公斤，救济款97万元；并动员全县干部、职工为贫困户捐钱、捐粮、捐衣物，上下齐动，支援灾区，使受灾群众特别是特困户的生活得到了及时妥善的安排。目前，群众思想稳定，生产情绪高涨，农村总的形势是比较好的，从调查情况看，其主要特点是：

一是领导重视，工作到位。从检查看，乡主要领导把群众生活安排当作工作的重点，亲自调查，具体安排，心中有数，掌握到户。一般都坚持村、社干部摸排，驻村干部和包片领导核查，上下结合，反复研究，分类排队，造册登记，包片领导和驻村、社干部签名盖章后，集体决定，一次到户。从抽户检查看，基本做到了安排准确，发放及时，工作到位，群情稳定。据统计，从去年8月至今年5月，细巷等3乡共安排救济粮指标146.99万公斤，占总户、人的46.7%和46.5%，救济款16.07万元，占总户、人的17.2%和16.8%，救济面基本上都能严格控制在县上掌握的幅度内，由于重点突出，尚未出现断炊讨要现象。

二是保主保重，突出重点。今年的救济粮、款，尽管多于去年，但因困难面不断扩大，很难满足需求，特别是救济款有限，为了保证不饿死人，都坚持了保证重点。在具体工作上，大体做法是：对三无户、五保户和特重灾户中的“危难户”，由乡上直接掌握钱、粮全包。据统计，细巷等3乡共有114户507人，占到缺粮户、人的2.1%和1.7%，对缺粮户按照困难程度，区别不同情况，分类安排，即对特困户、三无户多安排国储粮，并1斤粮补1角多钱，对一些缺粮较多但还有一些经济来源的户，安排一定数量的市场采购粮，以保证供应粮源问题；对救济款严格实行非现金结算，减少了中间环节，避免了村、社干部的挤占挪用和胡支乱用。

三是广泛发动群众，积极开展生产自救。去年在遭受60年不遇的特大干旱，致使西北部夏粮绝收，群众生活严重困难的情况下，在县委、县政府的正确领导下，各乡镇都狠抓了地膜玉米和扩大复种面，坚持以秋补夏，以小秋补大秋等生产自救措施，全县复种面积达19.19万亩，较上年扩大7.2万亩，增产13.81%，将夏粮减产的损失降低到了最低程度，减轻了群众生活安排的压力，并采取各种补救措施，多渠道增加农民收入，增强群众度荒能力。根据3乡调查统计，在扩大劳务输出，开展以工代赈，发展支柱产业和工副业生产等方面，共收入现金547万元，买回粮食160多万公斤，使一部分困难户的生活有了保障。

四是积极开展了多种形式的社会救助活动。对缺粮户开展互助互济、亲邻相帮、余缺互济，是解决当前困难、共渡难关的主要途径。乡、村、社干部和广大群众都能理解国家的困难，想方设法，尽力自救，如细巷乡元至4月份，亲邻相帮、互相救助粮10.56万公斤，款4.87万元，使1587户7141人渡过了难关。在广泛开展群众自救的同时，动员县、乡干部职工开展了“献爱心、送温暖”的捐衣捐钱活动，在这次活动中，县、乡党政机关，企事业单位和军队等共182个单位的7917人捐赠衣服4829件，现金31899元。对这些款、物，乡、村特别重视，摸底调查，召开专门会议，一次性及时发放给了3138人，体现了党的关怀，密切了党群关系，激励了群众战胜困难的信心。

五是立足当前，着眼长远，大打“温饱工程”翻身仗。当前，在群众生活极度困难的情况下，群众情绪是比较稳定的，积极生产，勤劳务工。今年县上制定了由县级领导牵头、县直几个单位包扶1个乡镇的“西北部9乡镇扶贫攻坚计划”。县上领导和包扶单位的负责人经常下到所包乡镇和乡、村、社的主要负责人一起，研究制定扶贫攻坚计划，有钱出钱、有力出力，极大地鼓舞了广大群众抗灾自救，脱贫致富的信心。如原安乡争取到“温饱工程”贷款14.2万元，扶持1392户7398人发展地膜玉米，户均达2亩。农办、建行等单位给3乡扶贫款29500元，资助346户用于发展地膜玉米、购买化肥和籽种。使过去政府撒胡椒面式的救济行为，变为长期系统的“温饱工程”，为从根本上解决贫困户的吃饭问题找到了一条比较好的路子。

总之，由于县委、县政府把群众生活安排作为稳定和发展的大事，高度重视，常抓不懈。同时，经常深入农户，体察民情，组织发动群众积极开展生产自救。至目前，还没有发生严重断炊、外流讨要的现象，群情稳定，社会安定，抗灾自救的形势是比较好的。

二、存在的主要问题和几点建议

从调查情况看，救灾救济和群众生活安排，总体形势是好的，为了继续加强这方面的工作，根据存在的问题和实际，提出以下几点建议：

（一）缺粮面不断扩大，困难程度更趋严重。从我们对几乡调查、座谈和统计数据的抽样分析，6至7月的缺粮面较前都有扩大。据测算，细巷缺粮面为48%，特困面为18.8%，原安缺粮面和特困面分别为65%和23%，且由于救济粮款有限和群众经济能力的薄弱，部分救济粮指标难以如数完成，特别是市场采购粮价高，供出量不大，乡、村干部和群众都有反映。据了解细巷乡3月底前安排供应粮31.5万公斤，仅供出8万公斤，只占到指标的25.4%。其他乡都程度不同地存在一方面缺粮面在加大，另一方面部分供应指标作废的问题。这个问题，全靠政府是无法解决的。建议在工作中注意以下几点：一是继续坚持抓主抓重的原则，考虑西北部贫困片带，已连续3年受灾和群众经济能力，以及夏粮成熟晚的实际，尽量从低价粮和救济款上给予照顾和倾斜，防止在青黄不接时发生问题；二是对国家发放的救灾救济款及时筹措，发放到位。发放时，继续坚持保重点的原则，分别不同情况，拉开补贴差距，切实纠正平均分配、弄虚作假和少数户造册背名、多数户用款受益的问题，以保证不饿死人，不出现外出讨要等问题；三是继续号召和发动群众开展互助互济、亲邻相帮、艰苦奋斗、共渡难关，以减轻政府的压力，维护社会稳定。

（二）在具体工作上还存在一些情况不明，底子不清的问题，特别是有些乡、镇对县上要求的对特困户掌握到户的工作还不深不细，逐户分类排队不够。个别乡的村、社，在检查时，对5月份以前的粮、款还未分解到户，根据当前形势，救灾救济的任务还很大，时间还很长，今后，各级领导一定要继续高度重视救灾救济和群众生活安排，要真正建立和推行乡镇党政一把手负总责、亲自抓，分管领导具体抓村，驻村、社干部分片抓的工作责任制，深入群众，调查研究，体察民情，及时准确地把有限的粮款发放到最困难群众的手里，切实保证重灾户、特困户和三无户的生活不出任何问题，保障大局稳定。

（三）要进一步动员和组织广大群众立足抗灾，着眼自救，走以自力更生为主、国家救济为辅的救灾救济之路，进一步发动群众打好“温饱工程”攻坚战，不断扩大劳务输出，发挥支柱产业的主导作用，发展工副业生产，变躺着吃、等着吃为干着吃，同时，广泛开展多种形式的社会救助活动，多渠道解决群众的温饱问题。

（四）进一步落实救灾粮储备制度。我县从去年实行救灾储备粮制度后，有些乡镇落实得比较好，但由于去年西北部受灾严重，有些乡没有落实。建议在今年都能够提前分解任务，保证把储备粮制度落到实处，常年积累，掌握救灾救济工作的主动权。

（五）加强救灾救济款、物的管理工作。据检查，有些乡对救灾救济款、物没有专账记载，管理不严，账务混乱，对其发放使用的具体情况反映不清。建议主管部门要提出具体的、切实可行的管理办法和制度，统一要求，经常检查，避免和杜绝乱支乱用现象的发生。

第二十七次会议　于1996年7月31日在常委会四楼会议室召开，由吕忠厚主持。

会议议程有三项：一、听取和审议副县长杨成堂受政府委托所作的《全县“121”雨水集流工程建设情况汇报》、常委会农业财经工委主任王维歧所作的《关于阳坡等乡实施“121”雨水集流工程情况的调查》；二、听取和审议政府办公室副主任王克选受政府委托所作的《关于县政府上半年工作总结和下半年工作打算的报告》；三、人事任免。会上，政府副县长杨成堂就落实审议意见作表态发言。

第十二届常委会组成人员吕忠厚、李克科、赵智荣、漆忠义、段积昌、朱春林、郭应童、王维歧、马志俊、蒙谦恭、王镇华、沙芳琴、李佩红、杜耀文出席会议；政府副县长杨成堂、政协副主席靳国强、法院院长杨志军、检察院副检察长孙延震、政府办公室副主任王克选、农办主任祁治国、水利局局长高孟德，常委会有关委、室负责人柴玉明、祁望厚、周世让列席会议。

附：

人事任免

免去李俭县人民检察院检察委员会委员、副检察长职务

关于阳坡等乡实施“121”雨水集流工程情况的调查

由县人大常委会农业财经工作委员会组成调查组，于7月中旬先后到阳坡、三合、四河、田堡、红寺5乡，对去年以来实施“121”雨水集流工程情况进行了调查。在全面听取乡上汇报的基础上，我们深入一些典型村、社现场查看，并与部分村社干部及农户进行座谈。

一、“121”雨水集流工程实施的基本情况

（一）各级组织高度重视，实施工作扎实有力。县政府去年9月下旬在阳坡乡扯弓塬村召开兴建“121”雨水集流工程现场会后，各乡普遍行动快、成效显著。从调查到的情况看，5乡的乡、村、社各级组织和领导对实施“121”雨水集流工程普遍认识明确，态度积极，都能把集流工程当作解决当地人畜饮水困难、发展农业生产、帮助农民群众脱贫致富的一件大事，采取切实有效的措施，认真抓好各项实施工作。突出表现在：一是加强组织领导，充分发动群众。各乡普遍成立了由乡长（或副乡长）、经委主任、技术指导人员等组成的“121”雨水集流工程领导小组，专门负责集流工程的规划协调、实施等项工作，明确分工，专人负专责；同时多方发动农民群众，努力做好前期准备工作，从而使集流工程兴建工作全面迅速地在各地铺开。二是精心规划，周密部署，使各项实施工作落到了实处。首先，重视做好任务指标的下达分配。各乡都按照省、县的有关要求，认真调查摸底，细致选点定户，分配任务指标。其次，督促搞好前期准备工作。为确保集流工程定一处、建一处、成一处，乡、村都特别重视抓了选址、备料、技术培训等工作。阳坡乡明确规定，只有各项准备工作完成并经过领导小组验收合格后才能发给国家补助的水泥。再次，典型示范，带动辐射。

为了使群众充分认识集流工程的益处，掌握技术规范，各乡在实施过程中采取先选一些重点户指导修建，通过他们的典型示范来带动、引导其他户的修建，进而全面铺开，对整个集流工程的兴建起到了积极的作用。三是严格管理，搞好配套服务。在实施过程中，多数乡都注重在工程配套、技术标准、工程质量、工程进度等方面从严管理，保质保量完成修建工作。四河乡把集流工程的实施与乡上包乡、包村干部的工资挂钩，对不能按期完成任务或工程质量有问题的，扣罚责任人一定数额的工资，促使各级干部努力抓好这项工作。三合乡还与实施户签订了集流工程修建合同，对工程进度标准和质量等都作了相应的规定。阳坡乡在集流工程实施工作中严把“三关”：指标分配关，前期准备工作没做好的坚决不安排水泥补助指标；水泥发放关，水泥到位后由专人负责统一保管、发放，努力做到不盲目平均分配、不无故克扣少供、不优亲厚友、不挪作他用或浪费；工程质量关，严格执行工程标准和技术规范，组织技术人员现场检查指导，发现问题，及时处理，对不合格的要求返工，对不按标准施工的收回补助指标。从我们实地到过的一些村社修建情况看，大多数工程质量比较高。在加强管理的同时，多数乡还注意做好水泥落实到位、现场技术指导等服务工作。阳坡乡除联系县上技术人员经常巡回指导外，还自己聘请调配了4名经验丰富的“土专家”在全乡巡回帮助指导，有效地保证了施工质量。

（二）农民群众热情高涨，建“场”打“窖”行动积极。通过调查，我们觉得农民群众对兴建“121”雨水集流工程的认识越来越明确，热情不断高涨。采砂备料、建场打窖搞得热火朝天。阳坡乡在这方面尤为突出，这个乡有12村、67社、2217户10795人都程度不同的缺水，在集流工程实施之前，有个别农户就自发尝试搞了一些集雨水窖，而大部分农户因经济困难无力去搞。去年省、县号召并补助资金兴建“121”雨水集流工程以来，该乡干部闻风而动，及时抓住这一机遇，争项目、要指标，1995年有3村462户安排了指标。在乡、村组织领导下，各实施户加紧施工，全面完成了任务，建集流场462处，打水窖924眼，当年实现蓄水使用，发挥了效益。在群众的要求下，今年县上又给该乡安排了1463户，从而使全乡12村52社（除峡口村5社）1925户9526人安上了“121”集流工程项目。目前，有26.5%的户已全部完工，有53.2%的户工程完成了大半，其余户也大部分完成了备料、选址等前期准备工作，水泥到位后即可全面施工。其他几乡在去年建成户的示范带动下，群众对集流工程也逐渐“热”起来，出现农户“抢”指标、争项目的可喜现象，县上下达的任务指标都已安排到户实施。

调查中，我们看到通过“121”雨水集流工程的实施，也引导带动了群众观念的更新，许多农户原来那种靠天吃饭、无所作为以及认为办水利要全靠国家的等、靠、要观念已发生变化，为改善生产生活条件，绝大多数农户舍得花钱投资，出力流汗，充分发挥了主观能动性。据估算，修建1处标准集流工程总造价约800~1000元，国家给每户补助400元的水泥（1.4吨），其余费用由群众自筹解决，以每户自筹资金400元计，5乡1996年2747户实施户自筹资金达109.8万余元。在一些偏远地区，每户投入资金还要高于估算数目，如三合乡一些村、社仅拉砂费用每户就达480~800元，如再加上人工花费就更多了，尽管如此，多数农户思想认识明确，积极想方设法筹资修建，不因一时经济困难而放弃。据统计，今年5乡安排的工程，实施户已采砂2330.2方，占总需砂量的94.2%。在现场查看过程中，我们接触到的一些农民群众一提到集流工程就话题不断，已建成的户大谈其建窖的优越性；正在修建的户表示要加快进度，及早建成使用；而一些今年没安上项目的户则说明年一定要争指标修建，甚至有一些户已抢先备好砂石准备争指标。总之，农民群众对集流工程表现出超乎寻常的关心和欢迎。

（三）整体工作进展顺利，已建工程初见效益。从调查看，5乡实施“121”雨水集流工程的各项工作按县上的要求正在顺利进行中。据统计，5乡70村438社12478户59647人中，1995~1996年有57村211社3585户17370人安排了“121”雨水集流工程项目（阳坡最多，有1925户，其他各乡每乡300~500户不等），其中，1995年共安排838户3985人，除个别户外，绝大部分1场2窖全部建成。1996年共安排2747户13405人，至目前完成1场2窖的811户，占总数的29.5%；完成1场1窖的801户，占总数的29.2%；完成1场或1窖的870户，占总数的31.6%；尚未施工的只占9.7%，且大多数备料选址工作基本完成。完成情况较好的红寺、四河2乡完成1场1窖以上的户分别占到100%、52%。从修建情况看，乡上汇报统计的数据基本准确。另外，按“121”雨水集流工程的要求，还落实配套庭院经济果园2180亩、地膜玉米3499亩。

在这次调查中，我们还特意和乡、村干部及农户对已建成的集流工程的收益情况作了调查了解。5乡1995年建成水窖1572眼，蓄水以每窖20方粗估达31440方，浇灌果园612亩，地膜玉米1027亩，受益人口3965人，大家畜914头，效益十分明显。阳坡乡扯弓塬村去年建成集流工程268处，水窖536眼，当年10月份投入使用。据乡、村干部估算蓄水16080方（注：1方=1立方米）左右，配套果园238亩，地膜玉米290亩，并解决了168头大家畜、330头生猪的饮水问题。今年大旱时节，许多农户就是用所蓄窖水点浇下种和保苗，群众受了益，尝到了甜头，许多人对乡上干部说：政府给咱老百姓办了一件看得见摸得着的大好事。三合乡硷滩村阳𡉏社的朱克元给我们掰着指头算了一笔账：他于1995年底投入480多元建成1院2窖，蓄水使用后，解决了一家6口人、3头大家畜的饮水问题，按原来在河里担水走的路程算，一年可以少走200多里路，等于节约了60个工。此外，今年点灌地膜玉米2亩，浇旱酥梨苗3亩223株，还把800多斤水用于农作物叶面喷肥；如此算来，这个工程确实好、“划得来”。

二、当前需要研究解决的问题

（一）各乡实施集流工程工作不均衡，有的工程进度缓慢。从这次调查的情况看，尽管各乡都重视抓了“121”雨水集流工程的实施，但一些乡、村的工程进度迟缓，修建任务还比较大。从各乡的统计看，截至7月中旬，5乡1996年安排的任务指标全部完工的只有29.5%（阳坡26.5%、三合34.8%、四河41.7%、红寺48.8%），完成“半拉子”工程（1场1窖）的有29.2%（阳坡29.1%、三合15.6%、四河10.3%、红寺51.2%、田堡40%）。田堡乡今年安排的290户至今没有1户全部完工（即建成1院2窖）。三合乡今年安排的282户中尚有140户未开始施工，占5乡未施工总数的52.8%。按县上年初的安排，今年的整体工程要在6月底以前竣工验收，而至目前，5乡任务都没有过半，眼下又是夏收农忙季节，多数乡村已把剩下的任务推到后半年来完成，整体工程进度已经延缓。我们认为，如果不加快进度将会错过后半年的蓄水期，影响明春工程效益的早日发挥。因此，建议县上对前半年的集流工程实施工作及时进行检查总结，进一步加大工作力度，督促有关乡镇采取切实措施，加快建设进度，争取早日完成今年下达的任务指标。

（二）一些工程在质量上存在一定的问题。从我们实地查看和与乡、村干部及农户座谈了解到的情况看，这方面的问题主要表现在：一是一些农户施工技术差，所建工程粗糙低劣，有的沙灰比例不太合适，混凝土达不到应有的强度；有的集流场伸缩缝太小，容易发生冻胀破裂；有的水窖内壁处理没搞好，达不到光滑防渗的要求。二是修建的场、窖规格不够设计标准。按要求每一工程必领80~100平方米的集流场1处，打水窖2眼，总容积30方，但有的农户由于施工不当造成浪费，自己又不愿再投资买水泥，便减小集流场的面积和水窖的容积。还有一些已建成1院1窖的农户，因没有合适位置等原因，流露出不想再打另一个窖的念头。此外，有的农户窖址没选好，把水窖打在洪水沟旁，很容易被山洪淤积报废。上述情况虽然只是在一些地方的少数户中存在，但对其他实施户和今后的集流工程实施工作造成一定的影响，应引起有关实施部门和乡、村组织的高度重视，对已发生的问题要妥善处理，凡不符合技术规范的工程应及时返工补救。要严格按照省、县的有关规定和要求坚持统一规划、统一标准、统一质量、统一配套、统一验收的原则，加强对农户施工的检查和技术指导工作，并教育群众树立“百年大计”的思想，保质保量地搞好所有“121”雨水集流工程的建设。

（三）水泥供应不能及时到位。我们这次到过的5个乡，除红寺动手早水泥到位外，其他4乡都存在前期准备工作大多就绪而水泥不能及时到位影响施工的问题，据各乡统计，今年5乡安排的集流工程应供水泥3845.8吨，至目前到位的为2072.8吨，占应供量的53.9%。从了解的情况看，水泥供应不能到位的原因是，正逢建筑高峰期，水泥用量大，供不应求，故而不能保证按时供应。建议县上有关主管部门及时研究解决这一问题，与生产厂家搞好协调、调度，全力保证集流工程专用水泥能如期供应到位，以免影响工程进度。

（四）集流工程普及问题。“121”雨水集流工程具有工程量小、技术简单、投资少、收益快、使用方便、易于管理等优点，确实是干旱贫困山区小水利建设的一条新路子、好路子，应大力推广普及。调查过程中我们经常遇到一些村社和农户要求给他们多安排一些指标，建议县上有关部门立足当前，着眼长远，把集流工程作为当前农村扶贫攻坚工程的一项有效措施来抓，在组织实施好现有工程任务的基础上再向上争取更多的指标，同时大力发动群众，自力更生筹措资金，力争在全县干旱缺水地区普及集流工程。

第二十八次会议　于1996年10月4日在常委会四楼会议室召开，由李克科主持。

会议议程有三项：一、听取和审议财政局局长王维军受政府委托所作的《关于全县农林特产税征收工作情况的报告》；二、听取和审议政府法制局局长杨成安受政府委托所作的《关于1996年行政执法监督检查工作报告》、法院院长杨志军所作的《1996年执法检查工作报告》、检察院检察长张学明所作的《关于1996年度执法检查工作情况的报告》；三、听取和审议社会治安综合治理办公室主任武珍受政府委托所作的《关于1996年社会治安综合治理情况的报告》。会上，政府常务副县长靳士孔就落实审议意见作表态发言。

第十二届常委会组成人员吕忠厚、李克科、赵智荣、漆忠义、郭应童、王维歧、蒙谦恭、胡青汉、王镇华、沙芳琴、翟沪兰、杜耀文出席会议；县委常委、政府常务副县长靳士孔，法院院长杨志军、检察院检察长张学明，县委政法委书记、社会治安综合治理办公室主任武珍，政府办公室副主任王克选、财政局局长王维军、司法局副局长高俊英、政府法制局局长杨成安，常委会有关委、室负责人柴玉明、祁望厚列席会议。

第二十九次会议　于1996年11月28日至29日在常委会四楼会议室召开，分别由吕忠厚、赵智荣主持。

会议议程有三项：一、听取和审议教育局局长文武受政府委托所作的《关于普及九年义务教育工作情况报告》、常委会副主任段积昌所作的《关于深沟等8乡镇普及九年义务教育情况的督查报告》；二、听取和审议政府办公室主任王济华受政府委托所作的《关于县十二届人大五次会议代表意见建议办理情况的报告》；三、听取卫生局局长王守荣所作的述职报告、常委会副主任段积昌所作的《关于评议县卫生局局长王守荣同志工作情况的调查报告》，并评议卫生局及局长王守荣的工作。会上，政府常务副县长靳士孔、副县长陈向华、卫生局局长王守荣分别就落实审议、评议意见作表态发言，吕忠厚作总结讲话。

第十二届常委会组成人员吕忠厚、李克科、赵智荣、漆忠义、段积昌、朱春林、郭应童、王维歧、马志俊、蒙谦恭、胡青汉、王镇华、沙芳琴、翟沪兰、李佩红、杜耀文出席会议；县委常委、政府常务副县长靳士孔，县委常委、组织部部长岳具辉，副县长陈向华、政协副主席靳国强、检察院检察长张学明，纪检委副书记、监察局局长马志刚，政府办公室主任王济华、副主任王克选，教育局局长文武、劳动人事局副局长王平仁，卫生局局长王守荣、副局长王乃学、张维智，常委会有关委、室负责人柴玉明、祁望厚列席会议。

附：

关于深沟等八乡镇普及九年义务教育情况的督查报告

为了进一步加快“普九”步伐，促使全县“两基”达标，经县上研究决定，10月上旬由县人大常委会副主任段吉昌、政协副主席靳国强带领人大、政协、县教育督导团抽组人员组成两个“普九”督查小组，用15天时间先后对今年实现“普九”的深沟、四河、三合、新店、田堡、原安、余湾、贾河等8乡的“普九”工作进行了督导检查。主要内容是：8乡对“一纲三法”的贯彻落实；“普九”的政府行为；学龄儿童入学和普及程度；“普九”硬件建设；“普九”经费筹措；教委职能的发挥；扫盲工作以及两基档案建设。所采用的方式为：听、访、看、查、评、馈，即听取政府汇报，走访群众，观看校舍建设，查阅档案资料，评估打分，反馈信息，全面深入地了解了8乡“普九”的实施情况。

一、八乡普及九年义务教育的现状

（一）“普九”达标概况

普及九年义务教育所要求的几项主要指标8乡完成如下：财政对普及九年义务教育所需事业费基本上给予了保证；生均占有校舍面积为32平方米，达到省级验收标准，危房面积控制在2%以内，生均图书小学达6册，初中达10册；教师学历合格率初中达93%以上，小学达96%；小学学龄儿童入学率98%，巩固率98%，毕业率95%，15周岁人口中初等教育完成率达到97.9%，初中入学率95.5%，初中在校生辍学率在1.9%以内，毕业率为99%，17周岁人口中初级中等义务教育完成率达90.2%，15周岁人口中文盲率为1.5%。上述指标表明：8乡基本达到了普及九年义务教育的办学标准。

（二）主要做法

1.领导认识明确，政府行为逐步到位。近年来，在科教兴县思想的指导下，教育优先发展的战略地位已基本确立，各乡镇党委、政府把教育当作社会发展、经济振兴的一项基础性工程纳入乡镇整体工作规划，精心组织、统筹安排，摆在重要位置来抓。一是各乡都成立了由党政一把手任组长的“普九”工作领导小组，按照县上的工作部署，制定了本乡实施“普九”的5年规划，确立了年度实施的具体目标、主要任务和保证措施。三合、原安2乡制定了“普九”工作的政府行为。二是加大“一纲三法”的宣传力度，把“普九”纳入法治轨道，依法实施义务教育。8乡充分利用广播、板报、标语等宣传媒体，结合《中华人民共和国义务教育法》颁布10周年纪念和我县《中华人民共和国义务教育法》宣传月活动，开展声势浩大的宣传活动，营造了强大的“依法治教”社会氛围。贾河、原安、田堡等乡定期举办“科教兴乡”专题培训班，宣传本乡“普九”的进展情况、教育为农村经济服务的典型事例，激发群众大办教育的热情。8乡普遍在人口集中的地方和交通要道书写永久性标语，增强了群众“普九”的法制意识。三是加强了对“普九”的领导，建立了领导抓点联校制、“普九”工作例会制、教育经费年审制、普九工作检查汇报和督导评估制5种制度，同时落实各项救助措施，使义务教育的普及程度有了进一步提高。如新店、四河等乡结合实际、明确规定每年春秋开学由政府组织召开2次教育工作会、2次乡领导班子研究教育专题会，解决教育中存在的实际问题和困难，同时研究决定，把所包村社适龄儿童入学率作为驻村干部年度考核的一项重要内容。四河乡多渠道开展救助活动，使180

名特困生免费入学，70名失学儿童重返校园。田堡乡研究决定，为纯女户孩子免去义务教育阶段的一切学杂费。贾河乡决定，小学的学籍由教委统一管理，留级学生名册由教委主任亲自审查并交党委会批准，切实控制了义务教育阶段的重复教育现象。各乡实行入学儿童通知书制度和流失学生报告制度，有效地提高了义务教育的普及程度。四是拓宽了经费渠道，加大了教育投入，理顺了经费管理机制，确保“普九”经费基本到位。“有钱先保教育、设法筹资办教育”的认识在各乡得到进一步落实。新店乡党委书记明确提出“有钱先保教育是投资的最佳选择”。在我县财政拮据、干部工资欠账幅度大的情况下，绝大部分乡给教师提前于其他干部1月发放工资，优先为教师排忧解难，鼓励他们敬业爱岗。今年实现“普九”达标的8乡镇普遍是我县边远困难乡镇，在群众温饱尚未解决、生活困难的情况下，近几年的农村教育费附加基本全额上解，按项目管理。8乡今年应征68万元，已征55.9万元，占应征数的81.3%。历年的欠账除余湾外其余7乡均已征齐。乡征县管校用的管理机制已基本健全，乡留部分的使用效益较为显著。

2.进一步完善办学体制，加强教师队伍建设。为了进一步深化农村教育改革，落实普及九年义务教育的办学责任、强化乡级政府行为，调动社会各方面的办学积极性，加快我县普及九年义务教育的步伐，依据《中华人民共和国义务教育法》和《甘肃省普通教育实行分级管理若干问题的意见》，把我县独立初中的办学责任交给了乡政府。各乡就文件精神的贯彻落实作出了具体安排。贾河乡召开专题会议，学习文件，研究讨论贾河初中的校舍建设、配套建设及抓质量的措施。原安初中今年在教师队伍建设中提出“紧缩高中、调整初中、充实小学、精减冗员、保持稳定、确保队伍结构合理、学有所用、发挥效益”的原则。县上制定下发了《关于静宁县乡镇教委工作职责及考核办法的通知》，对乡级教委的职责作了明确界定。各乡普遍加强了教师的职业道德教育，锤炼教师“忠诚、热爱、奉献”的6字师德。兑现了1995—1996学年度质量目标责任书，落实了奖惩制度。贾河乡加强了教师职业道德教育、抓队伍素质的整体提高，并对王坪小学2名旷职校长给予了适当的处分。部分乡利用节假日组织本乡学历未达标的教师集中培训，并结合县上“四一”“四评”练内功活动，在教师队伍中广泛开展了演讲及教法研讨活动，使教师的岗位任用率有较大幅度的提高。同时，各乡校把学历达标放在首位来抓，通过教师自身素质的提高促进教学质量的提高。

3.群众办学热情高，办学条件改善快。随着教育事业的不断发展，促进农村经济的振兴，广大农民深刻认识到“治穷先治愚”“致富靠教育”激发了他们办教育的极大热情。从1992年以来，5年内8乡筹资300多万元，建成标准化小学32所，新建小学校舍1.3万平方米，维修校舍0.8万平方米，添置课桌凳近2000双人套，基本满足了“普九”硬件需求。余湾乡民办教师韩志学将家属开办门市部攒下来的1万元捐给了该乡教育事业；贾河乡侯山村支书王信昌将小学校舍一次包到社，责任到人，筹款到户。

4.强化学校内部管理、提高教育质量。提高办学效益，是教育追求的最终目标，8

乡普遍贯彻“两全”方针，在抓常规管理的基础上，以教育教学改革为突破口，强化学校管理，狠抓质量形成的全过程。继续推行校长负责制、教师聘任制和岗位责任制，不断完善质量目标管理责任制和奖惩机制，利用县督导团下乡督导，对照检查，狠抓严管，使质量有较大幅度提高，四河乡近几年教学质量一直处于全县前茅，深沟、原安、新店乡质量呈上升趋势，贾河初中1995年六科合格率属全县倒数第一，今年年初，针对本校地处边远、底子薄弱的现实，以解决教师困难为契机，倡导开展了爱岗敬业大练基本功活动，寓提高质量于教学过程之中，开展教研、狠抓教改，使学校教学秩序明显好转，今年初中毕业会考，六科合格率完成了县上下达的指标，赢得了社会好评。

5.充分发挥乡农技校作用，加快扫盲步伐。在抓“普九”的同时，8乡狠抓了扫盲工作，结合实际，总结出“扫盲教育与学技术结合协调发展”的工作思路，大力开展了农村实用技术的培训，积极实施了乡农技校达标计划，使8乡青壮年非文盲率达到96%，脱盲人员巩固率达到96%，农技校办学覆盖面达到100%，同时，平均为每10户培养出了1名专业技术人才。

二、存在的问题

从督查情况来看，8乡镇虽然做了大量工作，取得了一定的成绩，但仍然存在诸多困难和问题。一是由于近3年连续遭受百年不遇的大旱，大面积的粮食减产，造成农民生活困难，财政十分紧张；二是由于1988年实现“一无两有”时，部分小学属低标准、低水平改造，历时10年，又形成新的危房，上述原因导致我县1997年实现“普九”困难还很大。主要表现在：⑴硬件建设资金缺口大。⑵由于县上财政紧张，教师工资拖欠，严重影响了教师工作积极性和教育教学质量。⑶距离省地“普九”验收不足1年，时间紧迫，任务相当艰巨。

三、几点建议

为了保证1997年全县“普九”验收顺利通过，根据这次督查了解到的实际情况，针对存在的问题，特提如下建议：

（一）继续深入开展宣传，加深“科教兴县”“治穷先治愚”的认识，使义务教育成为广大干部群众的自觉行动，在全社会形成一个“党以重教为先，政以兴教为本，民以兴教为荣”的有利于“普九”工作的良好社会环境。

（二）明确教委职责，切实加强对“普九”工作的领导。1997年全县要实现“普九”，时间紧、任务重，针对部分乡频繁拉用教委主任搞中心工作的做法，建议各乡镇政府再不要拉用教委主任，全力支持把本乡教育工作搞好。

（三）继续发动群众改善办学条件。各级政府要继续发动群众，发掘潜力，自力更生，不等不靠，千方百计改善办学条件。

（四）实行政策性倾斜，解决西北9乡镇办学难问题。就我县教育现状说，不论是从校舍建设，还是师资力量及其配套建设，西北9乡镇均属薄弱环节。建议县上对西北部实行政策性倾斜，从校舍、经费、师资、领导等方面予以照顾。争取短期内缩小其与全县的差距。

（五）关心民教生活，解决民教待遇偏低的问题。今后一个时期内，民办教师们仍将是我县教育事业的生力军，但民办教师与公办教师待遇上的差距日益加大，“同工不同酬”的矛盾日益突出，希望县上能设法兑现国家、省地有关民教待遇上的政策，提高民教待遇，使其安心教书育人。

（六）建议政府成立“普九”督查领导小组，对各乡镇“普九”工作定期督促检查，促使全县“普九”按期达标。

关于评议县卫生局局长王守荣同志工作情况的调查报告

根据县人大常委会评议工作的安排意见，评议工作领导小组在王守荣同志述职动员会后，于10月中旬组成了两个调查组，由两名副主任分别带领，先后数次深入卫生局机关、城区几个医疗单位及城川、威戎、高界、雷大、古城、新店、甘沟、李店等8个乡镇卫生院，通过召开各种座谈会、个别走访、查阅有关档案、征求有关领导及部门意见等方式，对王守荣局长及卫生局换届以来的工作，进行了比较全面细致的调查了解。现将基本情况汇报如下：

一、对王守荣同志任职以来情况的基本评价

调查认为，王守荣同志有较高的政治觉悟和思想水平，法制观念比较强，工作勤奋努力，作风较为朴实廉洁，在总结过去工作经验和卫生事业不断发展的基础上，为我县卫生事业的进一步发展做了扎实有效的工作。

（一）重视理论学习，坚持改革求发展。王守荣同志自任职以来，能够用邓小平同志建设有中国特色社会主义理论武装思想，认真学习和领会党的十四届四中、五中、六中全会精神，贯彻执行党对新时期卫生工作的一系列方针、政策；适应建立社会主义市场经济的需要，积极转变思想，锐意改革。在我县财政紧张，卫生经费严重不足的情况下，他和局一班人经过调查研究，分析论证，提出了“自我加压求生存，改革开放，改变办医院模式求发展的新思路”，研究制定了“加大卫生改革力度，求生存求发展”的5条规定，走出了一条适合我县发展的新路子。1995年底，全县各类医院门诊达到55.56万人（次），住院13529人（次），做各类手术17551例，业务毛收入972万元，和1992年相比，上述4项分别增加了13.56万人（次）、3104人（次）、10641例和545.8万元，涨幅分别为39.5%、29.8%、154%和129%；重视干部职工政治素质、业务素质的提高和知识更新，定期不定期地主持召开局机关干部职工或党员会议，学习党的各项方针、政策和有关法律、法规，提高干部职工的政治素质。几年来，先后评聘中、高级技术职称人员55人，选送事业性强的卫生技术人员60多人（次）到省、地医院深造，带动了我县医疗水平的整体提高；重视对基层院（站）长和干部的培养、选拔。几年来，按照“四化”标准和德才兼备原则，先后选拔、调配基层院（站）长18人，为基层医院的发展注入了活力。

（二）注意依法行政，有较强的法制观念。随着社会主义市场经济的逐步建立和完善，“二五”普法的顺利实施和“三五”普法的全面展开，依法治国、依法行政，就成了衡量一个领导干部政绩的重要方面。王守荣同志除了本人比较重视对法律法规的学习外，为了提高本系统干部职工的法律政策水平，还先后选派了30多人（次）参加了法律学习班。对食品卫生法、药品管理法、传染病防治法、母婴保健法和医疗机构管理条例等五法八条例，组织广大干部职工进行了系统的学习，并积极协调下发了配套的有关文件；重视卫生执法检查。为了加强对食品和药品的监督、检测，1993年报请县政府批准了食品卫生和药品监督员12名，聘请基层药检员24名，并在各级医院成立了药司委员会。购置和配套执法检测设备50多台（件），价值10多万元。每年组织食品卫生、药品监督员深入村、社、药房、医疗网点、饭馆等，对食品和药品市场进行监督、检查。累计办理食品经营卫生许可证2604单位（户），对食品从业人员进行健康检查4400人（次），组织抽检各类食品422种，罚款107户（次），没收非法收入2020元；办理医疗许可证20个，查处假冒伪劣药品922种（次），价值2.8万元，对经营假冒伪劣药品的单位及个人依法进行罚款1.91万元。有效地净化了食品和药品市场，保障了人民群众的健康和安全；其他如防疫、妇幼、环境卫生和医疗机构的管理等方面，也基本上都能做到依法有序地进行。

（三）多方筹措资金，积极协调组织，为医院的“三配套”建设做了大量工作。面对我县财政困难，大部分医疗机构和基层院（所）房屋、设备老化的实际，王守荣同志4年来，在县委、县政府的重视、支持和有关部门的配合、努力下，先后40多次赴省、地争取资金和设备。经多方努力，积极筹措，共争取到省、地、县三方资金220多万元。立项修建了防疫、妇幼办公楼2500平方米，新修威戎、李店门诊楼2300平方米，并对雷大、红寺、灵芝、细巷、双岘等卫生院的危房进行了新修和维修，共计3000平方米，使基层卫生院的危房由原来的43%下降到15%；几年来，还为各级各类医院争取、购买各种设备180多台（件），价值近112万元；和妇幼保健站的负责同志一道，协调、考察、论证，现已争取到世行贷款卫Ⅵ妇幼综合项目，该项目的实施将全面改变我县占2/3人口的妇女儿童的健康状况；1994~1995年按照卫生部颁布的医院管理晋等升级的标准，对6所医院进行了安排，并进行督促检查，经过卫生局和医院领导同志的共同努力，有5所医院晋等升级。其中，县医院为二级甲等，威戎、城川、甘沟、高界中心卫生院为一级甲等，医院晋等升级工作列为全区之首。

（四）注意钻研业务，及时总结经验，有较强的业务能力和决策能力。为了指导卫生系统的业务，王守荣同志除了大量的行政工作外，平时比较注重业务学习，善于及时总结经验，具有较强的业务能力和决策能力。根据我县孕产妇死亡率高于全省平均水平，以及对167例肺结核病人进行“不住院督导化疗”的调查分析，他及时进行总结，写出了题为《静宁县38例孕产妇死亡原因分析和防治对策》和《静宁县167例肺结核不住院督导化疗疗效的观察》两篇论文，先后发表在《中国基层医药荟萃》杂志上；对贫困县如何抓卫生院建设，他采取“因地制宜、先易后难、分步实施、逐年解决”，对资金的筹措采取“四个一点”的办法，实践证明，是符合我县实际的。对此，他和局一班人及时总结写出了题为《穷有穷办法》的专题报道，刊登在1995年8月份的《健康报》上；面对我县大部分村级集体卫生所名存实亡的现状、如何解决占人口95%的农民看病难的问题，他组织人员经过充分调查研究，今年给地区卫生处写出了《如何加强农村医疗网络建设的几点建议》，被卫生处采纳，并拟在全区卫生工作会议上推广；干部职工的公费医疗问题，历来是一个老大难问题，如何将有限的资金向危重病人倾斜，在县委、县政府的重视支持下，他和县保险公司、城区几家医院协商、研究制定了住院医疗保险制度，虽然这一制度还有待进一步的完善和改进，但在改革公费医疗制度上，仍不失为一种有益的尝试。重视群防群保工作。1994年，我县乙肝流行，大部分群众对预防的重要性认识不够。针对这种现状，他和局班子在加强宣传教育的同时，制定了一套“先城镇、后农村，先干部、后群众”的策略，用城镇干部的实际行动，带动群众，很快在全县普及。城镇儿童乙肝疫苗接种率达90%。农村儿童达58%。1995年8月14日，地区卫生处、地区防疫站在我县召开了全区乙肝疫苗接种现场会，将经验向全区推广。

（五）注重以身作则，勤政廉洁，作风比较扎实，事业性和工作责任心比较强。从我们调查了解到的情况看，王守荣同志在日常工作中，能够从严要求自己，以身作则。为了加强医德医风建设和机关的廉政建设，1993年以静卫党组3号文件下发了关于反腐倡廉的六条规定。他本人也能按这一规定办事，生活朴素，廉洁自律，私人用车也能交付费用。坚守工作岗位，坚持上下班制度，节假日也能主动值班；事业性和工作责任心比较强，作风比较扎实。每年，都要抽出大量时间跑基层院（所），亲自翻病历、查记录、审财务，督促检查指导工作。对县上的中心工作如计划生育等，需要出钱、出人、出车的，也能积极配合；重视对人大代表意见建议、政协委员议案的办理工作。3年来，共办理议案和意见、建议23件（次）；同时，注意关心干部职工的工作和生活，先后报县总工会照顾伤残及有困难的职工6人（次）1500元；对违纪职工能及时查处，对做出优异成绩的也及时进行表彰奖励。这对强化队伍建设，调动职工的积极性，起了一定的促进作用。

二、存在的几个问题

王守荣同志自1993年任职以来，在深化卫生改革，发展卫生事业方面，做了比较多的工作，取得了一定的成绩。但一分为二地看，还存在一些问题，有待改进和加强。一是卫生执法工作比较薄弱，人员少，素质低，对假冒伪劣药品和无证经营的查处力度不够，处理不严。医院药司委员会的作用发挥不够，进药渠道较为混乱；二是局班子工作水平和整体素质存在差距，上下左右的协调和群体作用发挥不够。个别基层卫生院的敬业精神不强；三是机关办事效率和工作质量不够高。议事规则和制度建设不够严谨有序。基层医院内部管理问题较多，护理基本功不过硬；四是跑基层卫生院（所）多，对城区几所医疗单位的帮助、指导和检查上不够；五是王守荣同志在工作中有时有急躁情绪，遇事欠沉着冷静和协商沟通。个别问题的处理缺乏政策性和原则性。

三、对今后工作的几点建议

针对上述问题，现提出如下几点意见和建议，希望王守荣同志和局一班人能够站在对人民负责的高度，认真对待，切实研究制定改进措施，并将整改情况报县委、县人大常委会、县政府。

一要以讲学习、讲政治、讲正气为重点，切实加强领导班子的思想作风建设。领导班子思想作风建设，是推动工作，加强两个文明建设的决定性因素。要认真组织学习党的十四届六中全会精神，学习邓小平同志建设有中国特色的社会主义理论，牢牢掌握马克思主义的基本理论和基本观点，联系实际，在改造客观世界的过程中重视主观世界的改造，不断提高自身的思想修养、政治修养和道德修养。坚持贯彻民主集中制的原则，充分发扬民主，广泛听取意见，结合工作实际，建立配套的制度、规则，严格要求，严格管理，严格监督，严格执行。每个领导干部都要自觉地把自己置于党组织的教育管理和监督之下，勇于认识和纠正工作中的不足，增强党性观念，提高思想政治素质，培养高尚的思想境界，道德情操和行为准则，努力把各方面的工作做好。

二要进一步贯彻执行党对新时期卫生工作的一系列路线、方针和政策，立足我县实际，深化卫生改革，发展卫生事业。目前，农村医疗网络的建设，是一个比较薄弱的环节。乡、村集体卫生组织基本消失。8个乡卫生所有50%属私人经营，绝大部分的村卫生所基本上由私人经营。一些乡、村卫生所的医疗条件、技术、人才和基本设施都比较缺乏。因此，要继续贯彻“预防为主”的方针，加强群防群保工作。希望卫生主管部门要根据我县实际，在发展壮大集体经济的基础上，调查研究，逐步恢复乡、村卫生所的所有权性质，制定出切实可行的管理体制和发展计划，搞好三级医疗网络建设。同时，利用城区几所医院在资金、设备、技术和人才等方面的雄厚力量，采取一对一结对帮扶的办法，对基层医疗人员进行经常性的培训和技术指导，整体推进我县医疗水平的提高；对医疗门店、药品市场要加强监督检查力度，确保群众利益和人民生命财产的安全。

三要加强基层卫生院的管理和医德医风教育。在改革开放和建立社会主义市场经济的新形势下，医疗事业的发展仍重在管理和服务质量的提高。从我县的情况看，总体是好的，但存在的问题不容忽视，如病历记载不规范，药品管理不严格，住院费支付不公开，医疗护理水平不够高等等。有些虽属个别现象，但影响很不好。所以，应注意处理好几个关系：一是正确处理好社会效益和经济效益的关系。我们是社会主义国家，医院的宗旨应该是救死扶伤，实行革命的人道主义，绝不能单纯地追求经济效益而忽视社会效益。经济效益应通过强化管理、提高医术、合理开支来实现；二是正确处理好医疗和管理的关系。医院看病方面是比较好的，但有些医疗单位在管理方面仍是一个薄弱环节，岗位管理、责任管理、效益管理和服务管理需要进一步研究和加强；三是正确处理好医疗和护理工作的关系。目前医疗方面总体是好的，也有个别医德医风不好现象，相比之下，护理工作差距较大。有些护士态度生硬，素质不高，基本功不过硬。有些实习人员无人带班，影响治疗效果，群众有意见；四是正确处理好医院和患者的关系。要加强精神文明建设，发扬白求恩精神，对患者无限热忱，对技术精益求精，牢固树立为人民服务的思想和高尚的职业道德。

四要进一步改进机关工作作风，加强制度建设，提高办事效率。加强领导，改进作风，强化制度，严肃纪律，是我们做好工作的基础和保证。今后，要继续保持和发扬好的工作作风，局领导要经常深入下属医疗单位，调查研究，密切联系，相互沟通，配合工作。特别应重视对城区各院、站、所工作的监督、检查、指导和关心。搞好上下左右的协调，提高班子的向心力和凝聚力；要建立和完善各项机关制度和议事规则，加强请示汇报制度，严格办事程序，提高工作水平和办事效率，使机关的各项管理工作向民主化、规范化、法制化的轨道迈进。

五是王守荣同志要注意克服工作中有时简单、急躁、急于求成的问题，遇事要沉着冷静，搞好上下联系协调，妥善处理。特别作为一把手，更应提高政治敏锐性和洞察力，加强班子整体思想素质建设，严肃执行政策，严明组织纪律，勇于认识和纠正工作中的不足，把各方面的工作做得更好。

第三十次会议　于1997年1月14日在常委会四楼会议室召开，由吕忠厚主持。

会议议程有三项：一、审议通过召开十二届人大六次会议的时间、议程（草案）等事项；二、审议通过常委会工作报告；三、人事任免。

第十二届常委会组成人员吕忠厚、李克科、漆忠义、段积昌、郭应童、蒙谦恭、胡青汉、王维歧、王镇华、马志俊、杜耀文、翟沪兰、李佩红、沙芳琴出席会议；检察院检察长张学明，常委会有关委、室负责人柴玉明、祁望厚列席会议。

附：

人事任免

刘志刚任县人民检察院检察员

吴春莲任县人民检察院检察员

赵　军任县人民检察院检察员

第三十一次会议　于1997年1月20日在常委会四楼会议室召开，由吕忠厚主持。

会议议程有两项：一、审议通过十二届人大六次会议选举事项；二、审议通过十二届人大六次会议的其他事项。

第十二届常委会组成人员吕忠厚、李克科、赵智荣、漆忠义、段积昌、胡青汉、郭应童、蒙谦恭、王维歧、王镇华、杜耀文、李佩红、翟沪兰出席会议；县委组织部副部长慕锡武、常委会教科文卫工委主任柴玉明列席会议。

附：

人事任免

接受赵景山辞去县人民政府县长职务的请求

接受杨成堂辞去县人民政府副县长职务的请求

第三十二次会议 于1997年3月20日在常委会四楼会议室召开，由吕忠厚主持。

会议议程有三项：一、学习全国人大常委会委员长乔石在八届全国人大五次会议闭幕时的讲话；二、听取和审议财政局局长王维军受政府委托所作的《关于1997年全县财政收支预算调整的报告》，作出《关于静宁县1997年财政收支预算调整的决议》；三、审议通过常委会1997年的工作要点。会上，政府常务副县长靳士孔就落实审议意见作表态发言，会议最后，吕忠厚作总结讲话。

第十二届常委会组成人员吕忠厚、李克科、赵智荣、漆忠义、段积昌、朱春林、郭应童、王维歧、王镇华、蒙谦恭、杜耀文、吴俊福、胡青汉、翟沪兰、沙芳琴出席会议；县委常委、政府常务副县长靳士孔，政府办公室主任王济华、法院副院长蔡尚志、检察院副检察长孙延震、财政局局长王维军，常委会教科文卫工委主任柴玉明列席会议。

第三十三次会议 于1997年5月20日在常委会四楼会议室召开，由吕忠厚主持。

会议议程有四项：一、传达学习地区人大工作会议精神，学习地委《关于进一步加强人大工作的决定》；二、听取和审议审计局局长杜文彪受政府委托所作的《关于1996年度县级财政预算执行情况的审计工作报告》；三、听取和审议法院院长杨志军所作的《关于法院队伍建设情况的报告》、检察院检察长张学明所作的《关于检察队伍建设情况的报告》、公安局局长吕思强受政府委托所作的《关于公安队伍建设情况的报告》、司法局副局长王冠斌受政府委托所作的《关于司法行政队伍建设情况的报告》、常委会副主任漆忠义所作的《关于全县政法队伍建设情况的调查报告》，并向政府、法院、检察院提出《关于县级财政预算执行情况审计工作及政法队伍建设工作的审议意见》；四、人事任免。会议结束时，吕忠厚作总结讲话。

第十二届常委会组成人员吕忠厚、李克科、漆忠义、段积昌、朱春林、郭应童、胡青汉、蒙谦恭、王维歧、王镇华、翟沪兰、马志俊、杜耀文、吴俊福、李佩红出席会议；政府副县长许富忠、政协副主席靳国强、法院院长杨志军、检察院检察长张学明、县委政法委书记武珍、县委组织部副部长慕锡武、政府办公室副主任王友忠、劳动人事局局长李映忠、监察局局长马志刚、审计局局长杜文彪、公安局局长吕思强、政府法制局局长杨成安、财政局副局长靳卫国、司法局副局长王冠斌，常委会有关委、室负责人柴玉明、周世让列席会议。

附：

人事任免

王克选任县人民政府办公室主任

周忠义任县土地管理局局长

周浩元任县司法局局长

免去：

王济华县人民政府办公室主任职务

刘国弼县土地管理局局长职务

关于全县政法队伍建设情况的调查报告

由常委会副主任漆忠义我和司法民政工委的同志组成调查组，于5月上旬开始，深入县法院、检察院、公安局、司法局等政法部门，开座谈会听取汇报，视察政法队伍建设情况，并走访听取了部分人大代表、有关部门负责人对政法队伍建设及执法工作方面的意见、建议、要求。

一、全县政法队伍建设的基本情况

据各部门统计，我县公、检、法、司等政法部门现有干警239人（法院61人、检院31人、公安130人、司法17人），其中党员132人，占总数的55.2%，团员42人，占总数的17.6%。副科级以上干部48人，占总数的20%。从文化程度上看，大专以上学历116人，占总数的49%（法院为92%、检院为87%、公安为35.4%、司法为30%）；中专（含高中）86人，占总数的35.9%；初中以下37人，占总数的15.4%。从年龄结构上看，30岁以下的74人，占总数的31%；30~39岁的83人，占总数的34.8%；40~49岁的55人，占总数的23%；50岁以上的27人，占总数的11.2%。

从我们的调查情况来看，近年来，我县各级政法部门以邓小平特社理论和党的基本路线、基本方针为指导，认真贯彻执行党的十四届五中、六中全会精神和国家法律法规，不断加强政法队伍建设，采取多种措施，内强素质，外塑形象，努力造就一批政治强、业务精、作风正、纪律严的高素质执法队伍。主要做法是：

（一）加强领导班子建设，发挥核心带头作用。各部门始终把领导班子建设作为队伍建设的关键来抓，确立治“警”先治长、以过硬的班子带过硬的队伍的观念，努力加强领导班子的思想、组织和作风建设，收到了较好的效果。首先，坚持不懈地抓好领导班子的政治理论学习。提高班子成员的思想认识和政治理论水平。公、检、法、司都建立相应的领导班子学习制度，开展以特社理论、党的路线、方针、政策和国家法律、法规为主要内容的学习活动，以领导学习带动干警学习。其次，各部门领导班子都较好地坚持民主集中制原则，实行集体领导和个人分工负责制，职责明确，分工协作，加强团结，形成合力，充分发挥了一班人的作用。再次，注意发挥领导干部的带头示范作用，各级领导干部严于律己、以身作则，要求他人做到的自己首先做到，要求他人不做的，自己首先不做。同时，重视基层班子的配备，选拔政治业务素质强的骨干充当领导，激励带动干警不断提高自身素质。

（二）重视思想政治工作，增强干警的整体战斗力。各部门都把思想政治教育工作放在队伍建设的首位，不断加强和改进思想政治工作，大力提高干警的思想政治素质。一是坚持经常性的政治学习，教育广大干警讲政治、讲学习、讲正气，用邓小平特社理论武装干警的头脑，进一步解放思想，转变观念，树立正确的世界观、人生观和价值观，自觉抵制各种腐朽思想的侵蚀，提高执行党的政策和国家法律法规的自觉性。二是开展形式多样、丰富多彩的政治思想教育活动。去年以来，政府部门普遍按照上级主管部门的要求，结合职业道德教育开展了“为人民服务”宗旨教育大讨论、“五讲”（讲宗旨、讲政治、讲正气、讲法制、讲纪律）“一树”（树形象）及争先创优等活动，对干警进行群众路线、群众观点、公仆意识教育，纠正部分干警的特权思想和行业不正之风，要求牢记为人民服务的宗旨，爱岗敬业，勤政为民，文明执法。通过上述活动，使干警的思想受到启发教育，“严格执法、热情服务”的意识明显增强，涌现出一批文明执法、秉公办案的先进个人和集体。近两年来，先后有7个集体、26名干警受到全国和省、地有关部门的表彰奖励，有1名同志荣记二等功，8名同志荣记三等功，公安看守所被公安部荣记集体一等功，预审股荣获“全省优秀股所队”称号。法院的业大教学班被最高院树为“先进教学班”，法院荣获全省“综合治理先进单位”。三是开展廉洁自律教育，抓纪律作风整顿。公、检、法、司各部门普遍结合行业特点，对干警适时进行廉洁自律、秉公执法教育，花大力气纠正行业不正之风，整顿纪律作风。今年初，政法部门结合全县机关作风整顿，开展了政法系统春季整训活动，严肃查纠干警队伍中存在的纪律作风问题。同时，结合半年、年终工作总结和每年执法检查，系统有序地开展执法执纪的检查整顿，使队伍精神面貌有了明显好转。

（三）抓业务培训，提高干警执法水平。各部门普遍注意把提高干警的业务素质和工作水平放在应有的地位抓紧抓好，普遍采取在岗学习和离职培训相结合的方式，多层次、多形式、多规格地对干警进行专业培训，支持、鼓励干警通过自学考试、函授、电大和法律专业证书培训等途径，不断提高其业务水平。据统计，目前公、检、法、司参加函授、自学考试的干警达30多人。法、检院大专以上（包括取得法律专业证书）的干警占全院职工的87%。同时，还注意对新进人员进行上岗前培训，使其懂得所在行业的特点、职业道德、执法纪律等。此外，各部门还建立了相应的业务学习制度，组织干警立足岗位，干中学，学中干，以老带新，取长补短，提高自身的业务能力。

（四）建立健全规章制度，强化队伍管理。近年来，政法部门积极适应新形势下政法队伍建设的要求，重视建立健全各类管理制度，规范干警的执法行为，起到了很好的促进作用。一是普遍建立岗位目标管理责任制，对干警的德、能、勤、绩进行量化考核，责任到人，年度依据考核结果实行奖惩，奖优罚劣，在干警中形成自我加压、争先创优的风气，对队伍建设起到了好的效果。二是各单位都建立了相应的队伍管理制度，他们根据各自的实际，制订了“学习制度”“考勤制度”“廉洁自律制度”“保密工作制度”“岗位目标管理责任制”“队伍建设责任制”“违纪违法责任追究制度”等10多个管理制度和办法，使队伍管理工作逐步走上了规范化、制度化、科学化的道路。三是强化内部监督制约机制，实行领导把关、各负其责、互相制约、责任明确的办案责任制和监督制约机制，法、检部门坚持每年进行1~2次案卷评查活动，及时发现、纠正存在的问题，督促执法人员努力提高办案质量。

总的看，政法部门在近年的工作中，坚持以邓小平建设有中国特色社会主义理论和党的基本路线为指导，紧紧围绕我县政治、经济和社会稳定大局，按照宪法和法律赋予的职权，在打击刑事犯罪、严惩经济犯罪、开展专项斗争、维护国家利益、保护公民合法权益、开展审判方式改革和队伍建设等方面，做了大量工作，取得了一定的成绩，各部门都能在执法环境不畅、案件大幅度增加、干警力量有限、办案经费不足的情况下，发扬艰苦奋斗、敬业奉献精神，严肃执法，秉公办案，不辞辛劳，加班加点，办案水平、案件质量、服务态度和工作效率都有了不同程度的提高。据统计，仅1996年审判机关全年受理各类案件763件，审结756件，结案率为99.1%；检察机关全年受理各类案件101件，结案率为100%；公安机关全年共立案各类刑事案件87起，破获75起，破案率为86.2%。同时，及时组织开展各种专项斗争，加强社会面的管理，维护了社会安定，对经济建设起到了保驾护航的作用，社会总体反响较好。

二、当前政法队伍建设中存在的主要问题

（一）部分干警思想认识水平和业务工作能力不能应新形势发展的需要，案件办理质量不高，引起当事人的不满和群众的非议。这方面的问题，公、检、法、司都不同程度地存在。有的干警职业道德修养差，缺乏责任感和事业心，严肃执法意识淡漠，在承办案件中不细致，调查取证工作简单粗陋；有的专业能力不高，工作效率低，审理超限和久拖不决的问题时有发生；有的办一个摩托驾驶证或行车证，七八个月时间还办不了，给当事人造成不必要的损失；有的案件适用法律不当、处理欠妥，执行法律带有某些随意性，造成工作上的被动，影响了政法部门的声誉。

（二）少数政法干警政治素质不强，特权思想严重，服务意识较差，作风不正，吃拿卡要，违法乱纪，刑讯逼供。近年发生个别干警徇私枉法、执法犯法、危害社会的犯罪案件，以及一些干警和聘用人员动手动脚，致伤群众，乱用械具，造成后果的违法违纪案件，社会各界和人民群众反应强烈，严重影响了政法队伍的形象。基层队伍管理也存在薄弱环节，随意脱岗、纪律松散、执法不严的问题也时有发生。

（三）执法队伍内部监督制约机制尚待加强，建立执法责任制及实施错案责任追究制度工作较为薄弱。从我们调查看，公、检、法、司各部门虽然都结合本部门的特点制定了一些规章制度，建立了内部监督制约机制，但还不够健全、规范，约束力和操作性也不够强，有的流于形式，尤其是错案责任追究制度贯彻实施不力。

（四）赃款赃物的管理、移送和上缴上与法律政策的要求有一定差距和问题，有时也存在赃款赃物不随案移送、不及时上缴财政和随意动用赃款赃物的现象，在罚没款、诉讼费的收取、管理和使用上也存在一些漏洞和问题。

上述问题虽属个别现象，发生在少数干警身上，但影响很大，不容忽视，必须严肃对待，认真加以改进，使我们的工作更上一个新台阶。

三、改进和加强政法队伍建设工作的几点意见

当前，形势和任务对政法部门的工作要求更高、更严了，希望各部门能在工作顺

利、受到赞扬时看到不足，扬长避短，警惕出问题。鉴于此，今后一定要坚持党的基本路线，自觉服从和服务于“改革、发展、稳定”大局，不断加强自身改革和建设，加大思想政治工作的力度，狠抓领导班子的思想作风建设，为造就一支过硬的政法队伍而常抓不懈，一抓到底。总的讲，要始终坚持坚定正确的政治方向，坚守全心全意为人民服务的宗旨，严格严肃执法、秉公办案的各项执法原则和制度，不断塑造高风亮节的静宁政法队伍形象，积极主动地做好工作。

（一）要进一步重视政法队伍建设。江总书记指出：“党领导的事业要取得胜利，不但必须有正确的理论和路线，还必须有一支能坚决贯彻执行党的理论和路线的高素质的干部队伍。”因为干警队伍的素质直接关系到能否严肃、公正执法，是严格执法、秉公办案的保证，所以，必须十分重视抓好队伍建设。首先，要把思想政治教育放在首位，坚持用马列主义、毛泽东思想和邓小平同志特社理论教育干警，坚定正确的政治方向，树立正确的世界观、人生观、价值观。其次，要突出重点，加强廉政建设，深入开展反腐败斗争，增强干警拒腐免疫能力，文明执法，公正司法。第三，以班子建设带动整体队伍素质的提高。班子建设是龙头，只有班子建设好了，队伍建设才能搞好。总的讲，队伍建设也就是队伍管理，管理必须以人为本，搞好四个强化：一要强化教育机制，提高思想觉悟和业务素质；二要强化责任机制，明确职责，有错必纠；三要强化激励机制，任贤选能，奖优汰劣；四要强化制约机制，健全制度，加强监督。

（二）坚持严肃执法，依法办案。严肃执法是保证办案质量的关键，人是严肃执法的主体，因此，要加强干警的教育培训工作，适应政法工作不断发展的需要。一要加强业务知识的学习。虽然说我县政法干警的文化程度和业务知识总体都比较高，但形势在发展，改革在深入，任务更艰巨，要求也更高更严，特别是“两法”修改后新的审判方式的改革更需要学习和实践提高，要进一步提高侦破能力、出庭控辩能力和庭审认证能力，提高办案水平，保证办案质量。二要加强调查研究，重视取证、认证工作，不要因为推行直接开庭、当事人举证而忽视公、检、法部门的调查认证工作，因为事实是严肃执法的根据，这方面的工作一定要加强，不可弱化。三要排除干扰和阻力，克服地方保护主义，秉公执法。同时要加大执法力度，维护法律的严肃性，依法保护当事人的合法权益。四要进一步建立和强化科学的监督制约机制、加大执法监督检查力度，实行上下、内外监督，严肃纪律，有错必纠。

（三）强化服务意识，提高办案效率。全心全意为人民服务是党的宗旨，也是政法部门的宗旨。我们的权利只能是一种责任，一定要克服特权思想，树立为社会、为人民的服务意识和工作态度，一切要从人民的利益出发，想群众之所想，急群众之所急，以热情的服务态度，高效的工作作风，为人民群众排忧解难，决不能推诿拖沓。今后对一些窗口行业和社会服务面大的部门，要制定相应的工作制度和效率要求，必要时可实行承诺服务。如果违反制度和承诺的，要追究责任。要热情宣传法律、讲解法律、以案讲法、以案释法，做到礼貌待人，文明执法。并要重视信访申诉工作，加强相互沟通协调，尽力方便群众。今后对无故推诿不办、久拖不决、违法违纪或因工作态度造成的不良后果，引起矛盾激化的，要追究有关人员的责任，严肃处理；治安值勤人员要端庄上岗，严肃认真，注重公安干警形象；律师公证员要进一步加强依法辩护，依法代理，尊重事实，维护当事人的合法权益。

（四）要整顿执法秩序，严肃执法纪律。这方面的问题各部门都不同程度地存在。要按照上级部门的要求，认真进行整领，凡不符合上级和法律规定的要认真纠正和改进，严肃执法纪律，不要为利益驱动而违反法律法规。同时，政法各部门对有关罚款、收费的标准、范围和管理、使用，要严加规范，符合法律，形成制度，狠抓落实。

（五）按照有关法律规定，认真做好司法援助和其他诉讼法规的全面执行工作。我们是社会主义国家，法律服务应是我们的一种责任，今后凡是法律法规有规定的、对残疾人和有特殊困难者的辩护、代理，律师要积极主动地免费给予法律援助，对未成年人的指定辩护，如果家庭情况好，有给付能力的，由法院通知其监护人给予支付，确有困难的，由法院视情况出具证明，律师要给予免费辩护。法院收取诉讼费也应全面贯彻有关法律规定，对特殊案件和特殊当事人，按照减、缓、免的原则，积极受理，不推不拖。庭审中，确需出庭作证的，政法机关有关人员要根据刑事诉讼法的规定，应予出庭作证。

（六）认真执行“六条禁令”，严明各项纪律。各部门对“六条禁令”和办案纪律，要不打折扣地认真执行，违者必究，必须引起高度重视。同时，根据我们目前的经济、社会环境和县委、县政府的要求，今后凡非工作需要，一般禁止政法干警出入舞场，更不允许着装带枪进入舞场、歌厅、音乐厅。机关上班和公务活动时一律不准饮酒，也不允许在非公务活动时酗酒闹事、泄露机密，更不允许政法干警参赌、搞迷信活动，损害政法队伍形象。

（七）严格赃款赃物管理制度。赃款赃物必须按照上级政法部门和财政部门的规定，严格管理，专案专管，一案一缴，收支分开，不许拖欠、挪用。财政部门要加强赃款赃物的检查监督和催缴工作，并研究一些具体的管理办法，确保不出问题。

（八）坚持随案移送赃款赃物制度。未结案的赃款物，必须要有专人保管，随案移送，不许案件未审结而先行处理，或案件审结了而不移送上缴款赃物的现象发生，这都是与爱护干警相关的问题，必须引起高度重视。

（九）要加强诉讼费的收取管理工作。目前，从全国来讲，这方面的问题比较多，收费的范围和标准、管理和使用比较混乱。我们在这方面的情况如何，请法院的同志能够根据法律法规的规定和上级法院的要求，认真检查研究，切实加强规范管理。对于不符合法律政策要求的，要予以坚决纠正，在管理使用上，更要认真研究，用符合法律政策的规章制度管理好、使用好诉讼费，防止和杜绝违法违纪问题的发生。

（十）慎重对待参与非警务活动问题。此类问题请各部门都能把握适度。根据中央和上级部门的要求看，一般禁止参与不属警务活动的催收粮款、承包费等一些行政行为活动，所以，政法部门要根据各自的业务特点和性质，按法律办事，按程序办事，对这类事情，各部门要提出自己的意见、规定，各基层所和法庭可遵照办理，否则，应请示局、院领导同意后行之，这也是维护政法干警形象，支持乡镇、部门工作比较妥当的方法，请各级政府和职能部门给予理解和支持。

（十一）加强对枪支弹药和各种械具的管理使用。在这方面，由于管理限制不严，已发生了严重后果，教训也是深刻的，对此，应引起政法各部门的重视，根据有关规定，严格管理，规范职权，正确执行，对违犯者必须严肃查处。

（十二）进一步增强民主法制观念。一要积极主动地接受党的领导，加强请示汇报；二要积极热情地接受人民群众和社会各界的监督，虚心听取意见，认真改进工作；三要进一步加强政法各机关之间的监督制约和沟通协调，不扯皮，不掣肘，同心协力，搞好工作。

四、几个具体问题的建议

（一）关于政法部门干警职级待遇问题，这方面，县委、县政府也很重视。根据当前政法队伍状况和工作要求，要进一步加强。因为从政法部门人员来讲，相对比较稳定，他们长期从事政法工作，政治思想觉悟、法律政策水平、工作组织能力也相对比较高，但由于工作环境和职数的限制，对他们的职级待遇也受到了影响。为了稳定政法队伍，激励他们的工作，关怀他们的进步，请组织部门根据政法机关的特殊性和机构设置，对符合条件的干警给予相应的待遇，调动他们的积极性。

（二）关于办案经费问题。由于财政困难，办案经费缺口太大，干警的差旅费、医疗费解决不了，在一定程度上也影响了干警的情绪，影响了工作。近年来，一直连续开展“严打”和各种专项斗争，公、检、法的同志经常加班加点，确实辛苦，对他们的身体保健应予关怀，能否从保险渠道给予适当的照顾或适当拨补一些医疗费。办案经费也应特殊考虑，首先，建议对省拨特困县办案补助经费给予及时拨付，对这部分钱不要扣转；其次，县上对政法部门办案经费可按月核定拨付，不要随工资拨付，因为办案有时效，有案就要出差，不能等到年底有钱再办，这样影响工作；第三，对罚没款应一季收缴一次，按照每季收缴情况，分别按各部门的经费状况，及时审查返还一些经费。

（三）关于人员编制、基层组织建设、交通工具配备等问题。请各部门自己向有关部门和领导汇报解决，也请有关部门和主管领导能对他们的意见给予重视，在可能的范围内给予适当解决。

第三十四次会议　于1997年7月24日在常委会四楼会议室召开，由吕忠厚主持。

会议议程有四项：一、听取农牧局局长陈进财所作的《述职报告》和县人大常委会副主任、评议调查组组长漆忠义所作的《关于评议县农牧局及其局长陈进财同志工作的调查报告》，对农牧局及其局长陈进财的工作进行评议，提出《关于县农牧局及局长陈进财同志工作情况的评议意见》；二、听取和审议司法局局长周浩元受政府委托所作的《关于依法治县规划的报告》，作出《关于依法治县的决议》；三、听取和审议政府、法院、检察院、公安局、司法局关于十二届人大常委会第三十三次会议审议意见办理情况的汇报；四、人事任免。会议结束时，吕忠厚作总结讲话。

第十二届常委会组成人员吕忠厚、李克科、漆忠义、段积昌、朱春林、翟沪兰、郭应童、王镇华、王维歧、蒙谦恭、李佩红、杜耀文、吴俊福、马志俊出席会议；县委副书记王守元、杨成堂，县委常委、政府常务副县长靳士孔，县委常委、组织部部长岳具辉，县委常委、宣传部部长王济华，县委政法委书记武珍、法院院长杨志军、检察院检察长张学明、政府办公室主任王克选、劳动人事局局长李映忠、监察局局长马志刚、司法局局长周浩元、政府法制局局长杨成安、公安局副局长张国佐、农办副主任王兴国、农牧局局长陈进财及党组成员、下属单位负责人何升堂、白世明、杨敬勤、吕勤惜列席会议。

附：

人事任免

免去文步高县人民政府副县长职务

李春旺任县人民检察院检察员

关于评议县农牧局及其局长陈进财同志工作的调查报告

根据县人大常委会评议工作的安排意见，评议调查组在农牧局述职评议动员会后，从6月下旬开始，先后深入农牧局机关，所属农技中心、畜牧中心、经营管理站、种子公司、良种繁育场等单位和高界、七里、威戎、古城、雷大、双岘等6乡镇及农牧系统在这6个乡镇的基层单位，采取开座谈会、个别谈话、走访、征求乡镇及有关领导意见、现场观摩等形式，对陈进财同志任职以来的工作和农牧局的整体工作，进行了较为全面细致的调查了解，并汇报主任会议讨论。

一、县农牧局的工作及陈进财同志任职以来的基本情况

在深入调查、广泛听取各方面意见的基础上，我们认为，陈进财同志自1996年初担任农牧局局长以来，农牧局的各项工作和全县农牧业生产有大的起色，干部职工的法律意识有所增强，队伍素质有所提高，工作力度得到加强。特别是今年县上三级干部会后，农牧系统充分体现“抓大事，求突破，树典型”的工作思路，克服困难，积极进取，抓主抓重，努力工作，取得了较好的成绩。

（一）农牧业生产保持了良好的增长势头。近几年来，我县连年遭受干旱等自然灾害，给农牧业生产带来了严重的困难。1996年以来，农牧系统坚持以粮食增产、农民增收为目的，以“2218”粮食丰产工程和生猪主导产业为重点，通过狠抓地膜玉米、地膜小麦、双垄沟种植等各种抗旱抗灾和丰产措施的落实，使各项生产指标都得以完成，1996年粮食总产量达到14.55万吨，较上年增长39.6%，完成年度计划的101.7%；全县大家畜存栏数较上年增长0.09%；生猪全年饲养量、出栏数、年末存栏数虽然受市场等因素的影响，较上年有一定幅度的下滑，但基本完成了地、县下达的任务；肉鸡、鲜蛋、奶类产量也完成了计划指标。在积极配合县委、县政府抓好大范

围的农业新技术推广任务的同时，农牧系统还在一些川区乡镇实施了“双千田工程”，在山区的一些乡镇实施了“双五百田工程”，对10万亩低产田的改造，效果较好，为我县发展高效农业走出了路子。以农技示范为主，完成了旱地小麦丰产工程，科学施肥、病虫害防治等9项技术推广任务，较好地发挥了农业科学技术示范推广的职能作用。畜牧业生产根据今年县委扩大会议暨全县三级干部会议确定的工作思路，及时转向以猪、鸡、牛规模化养殖和开发为重点，摆脱了单纯抓生猪生产所处的被动局面。养牛示范基地建设、笼养鸡技术推广及规模养鸡工作起步良好，全县今春投放良种牛200头，笼养鸡专业户达到28户，投放雏鸡2.7万只，成活率达98%~99%，为今后畜牧业的发展起到了很好的示范作用。种子工程建设在引进冬小麦等作物良种的同时，以种子公司和繁育场为主，向试验点和示范村辐射，形成了网络。并对调进的玉米种子进行精选加工，采用包衣等新技术，达到了丰产的目的，1997年共供应各类种子27万公斤，保证了全县农业生产对种子的需求。

（二）农牧业生产服务体系得到完善。农牧系统的工作职能就是为农牧业生产和农民提供科技、信息、农资、法律等一系列服务。基于以上认识，近两年来，从局领导到干部职工，服务意识进一步增强，服务水平不断提高。首先是强化了农业科技服务。积极配合县上中心工作和工作重点，特别在地膜玉米、地膜小麦、坑种洋芋的大面积推广上，以农技推广中心为主，开展了全方位、系列化的配套服务。如1996年春季地膜玉米覆盖种植阶段，全系统抽调62名农技人员分赴各乡镇和重点村社，从落实面积、技术培训、种子准备、播种到田间管理等各个生产环节都给予了技术上的指导。秋季在播种地膜小麦时，全系统也抽调大量农技干部深入田间地头开展各项服务工作。局领导也分头坚持在第一线检查指导工作，使2万亩种植任务得以顺利完成，在全县的中心工作中起到了应有的作用。农技推广中心基层所设的8个区站，20个示范点的科技人员常年坚持在生产第一线，指导科学种田，推广新技术，进行作物病虫害防治，开展科技宣传活动，为乡镇提供作物生长情况和信息，较好地发挥了服务职能。畜牧技术干部在孵化供雏、畜种改良、饲料生产、畜禽防治等方面广泛开展了系列化的服务。近年来，基层兽医站的工作有了新的起色，防疫工作有所加强，业务加大，收入增加，服务意识进一步增强，如今年畜牧中心和基层兽医站的技术人员承担了笼养鸡示范户的所有技术责任，使这项新的示范工作起步良好，发展顺利。其次是加强了种子和农资供应服务。目前农技推广区站、种子公司、良种繁育场在基层的供应点，除按季节供应各类种子外，大都供应农业器械、农药等生产资料。在搞营销的同时，向农民广泛宣传农药、种子的适应性、用途、用法、用量等等，使营销过程变成技术宣传推广的过程，方便了群众，收到了好的成效。在配合县上进行大范围的技术推广项目中，按照新技术的要求，积极主动地搞好各种配套供应服务。如1996年秋播地膜小麦时，在组织调运种子的同时，还提前订货调运了一批覆膜机和穴播机供到乡镇，为种植计划的完成打好了物质基础。第三，在农民负担监督管理和农村财务管理方面做了大量工作。1996年对部分乡镇农民负担和人均纯收入进行了调查，基本掌握了我县农民负担方面的真实情况。今年省委、省政府减负工作会后，抽组20名干部到三合等6乡镇进村入户开展抽样调查，为我县的减负工作提供了较为可靠的依据。同时，起草下发了《静宁县贯彻中央（1996）13号文件的实施意见》，在县广播电台开办了长达38天的减负宣传专题节目。通过上述工作，使我县的减负工作取得了实效。从抽查汇报看，全县“三提五统”收费数额没有超过国务院《农民承担费用和劳务管理条例》规定的限额。经营管理部门针对农村集体经济管理工作中存在的问题，在检查、审计过程中，帮助指导乡村健全账目，完善制度，并查处了一些违纪问题，增强了基层财务管理的透明度。

（三）农业执法收到了一定成效。农牧系统在开展各项业务工作的过程中，重视加强对“两法一条例”的学习宣传和贯彻执行，不断增强农业执法意识，依法行政的自觉性不断提高。一是组织本系统全体干部职工认真学习农业法、农业技术推广法和农民承担费用和劳务管理条例，并依法对照检查自身的工作，用法律规范自己的行为，自觉依法行政。对过去一些有悖于法律的错误做法进行了检查和纠正。农技推广中心、种子公司对农业技术推广法、甘肃省农作物种子管理条例进行了专门培训。经营管理站在认真学习国务院办法、甘肃省农业承包合同管理条例的同时，还对今年省人大新颁布的甘肃省农村集体资产管理办法专题进行学习讨论，并购买刊登条例的《人民之声报》发给干部职工，人手1册，以便对照开展工作。二是采取出动宣传车、播放录音、张贴标语、农技干部入村入户等形式，向广大群众进行广泛的法律宣传，使全社会都来关心农业，切实保护农业和农民的利益。三是加大了执法力度。今年春季，针对我县种子市场混乱的实际，及时和公安、工商、技术监督等部门联合成立“种子打假队”，依照《甘肃省农作物种子管理条例》的有关规定，对一些非法经营玉米杂交种子的个人和单位进行了查处，对非法经营的劣质种子全部予以收缴没收，整顿了种子市场秩序，保护了人民群众的切身利益。经营管理部门在配合县上依法搞好减轻农民负担工作的同时，对减负工作中存在的问题及时向上汇报，并加强了对农村财务的监督管理工作。1996年以来分两次对新店、曹务等18个乡镇及125村1994年以来的农村财务和收支管理进行了审计，共查出违纪金额12.46万元，不合理开支16.46万元，对违纪资金有些予以收回，有些问题向县上作了汇报，向乡镇提出了处理意见，在一定程度上维护了法律的严肃性。

（四）领导班子和农牧干部队伍建设有所加强。1996年初，陈进财同志任职和新的局班子成立以来，注重抓了领导班子自身建设和干部队伍建设，取得了一定的成效。一是注重抓了政治理论学习。根据县上的安排，农牧局领导班子带头学习党的路线、方针和政策，学习《邓小平文选》及中国特色社会主义理论，并在全系统党员中安排了学理论、学党章活动。同时，重视“两法一条例”等法律法规及业务知识的学习。通过学理论、学法律、学业务，“一班人”及广大干部职工的思想水平、政策水平和业务水平都有新的提高；二是建立健全了各项规章制度。1996年以来，在坚持和完善机关各项制度的基础上，制定了局总支、各支部和各单位的政治学习制度，结合全县机关思想作风整顿，补充制定了考勤、环卫、财务、岗位职责等制度。今年，系统各单位共建立修订各类制度、责任书、承包合同等共计8大类67条，使各项工作基本上有章可循。三是农技干部的政治素质、业务素质普遍有所提高。从我们调查的6个乡镇的领导和有关人员的反映看，农牧干部特别是农业技术人员，大都是农大或农校毕业，具有较高的政策、法律水平和专业知识，有担负起本职工作的能力，工作作风扎实朴素，兢兢业业，吃苦耐劳，特别在乡镇区站工作、生活条件都很差的艰苦环境中，大多数都能和群众打成一片，想群众之所想，急群众之所急，为我县的农业生产和农民群众提供了科技服务，受到了乡镇领导和人民群众的好评。四是领导班子能够团结一致，齐心协力，共同搞好工作。集体领导和分工负责作用都发挥得比较好。班子主要成员都具有一定的专业知识，且有乡镇和基层工作的实践经验，具有一定的管理能力和决策水平，在抓好全局工作的同时，能认真负责地抓好所分管的工作。总之，目前的农牧局班子能够较好地贯彻党的各项方针、政策和法律法规，贯彻执行县委、县政府对农牧工作的决策和要求；能够正确认识农业的基础地位，为我县农牧业的发展努力工作；能够做到勤政廉政，廉洁自律，为广大干部职工所信任。五是陈进财同志是学过农的，有一定的专业知识，有较高的理论水平和政策水平，有较强的法制观念和一定的领导、协调能力。在担任县农牧局局长以来，勤政廉洁，作风扎实，进入角色快，把全局及下属单位的工作抓在手上，处事果断，奖罚分明，工作积极主动，吃苦精神好，能够按照农牧业生产的特点安排和指导工作，分清主次，抓主抓重。在农业生产的关键季节，坚持检查在乡下，工作在地头，节假日很少休息，带领一班人勤奋工作，为农牧业的发展付出了心血。总之，在县委、县政府的正确领导下，在有关部门的配合支持下，在农牧系统全体干部职工的共同努力下，我县农牧工作出现了大的起色，取得了好的成绩。

二、存在的问题和不足

陈进财同志担任县农牧局局长以来，率领一班人艰苦努力，取得了一定成绩，但从总体工作来看，还存在一些问题和不足，主要是：

（一）优良品种的培育和引进是一个薄弱环节。调查中，农牧系统的干部职工和乡镇的负责同志都普遍反映，近年来我县冬小麦特别是川区冬小麦品种混杂，退化严重，目前还没有一个比较好的“当家”接班品种，原有的品种在一些地块“几层楼”的现象十分严重，甘渭子川古城、石咀品种混杂的问题尤为突出。在外引品种的试验繁殖推广上有一定的差距，群众性的选种复壮工作有所放松，自育品种由于工作不到位，使良种培育工作滞后，多年来没有取得新成果；日光温室，塑料大棚及精细蔬菜的生产发展缓慢，“菜篮子”工程差距较大。

（二）农业科技服务滞后，思路不宽，工作跟不上。从我们调查的部门和6乡镇情况看，农牧部门的服务网络不健全，思路单调，工作不到位。基层的同志只有经营收入的负担，缺乏服务责任的压力。畜禽的防疫检疫工作比较薄弱，有的乡镇基本没有开展工作。特别是生猪这一主导产业发展缓慢，去年因市场的冲击，滑坡严重。同时在良种引进，繁殖推广、科学饲养的宣传、服务上也存在一定差距。基层建设问题也比较多，雷大兽医站房屋破旧，威戎兽医站因街道整建，药房拆除，均无力修建，已影响工作。威戎农业区站是省农业厅表彰的“四有”先进区站，但只有人员、房子，而试验设备、试验经费和可靠的服务项目，都未落实具体。

（三）经营管理工作力量不足，工作不力，乡村财务管理有执法不严的问题。一些乡镇反映，经营管理站对乡镇农经员缺乏培训和业务指导，多数农经员忙于中心工作，对本职业务没有抓到手上，有的基本没有介入工作。一些村社财务管理混乱，收支情况不能及时公开，群众反映强烈。去年村级财务审计中，县上下去的人员有些工作不细，走了过场，乡上很有意见。另外在减负工作上，给群众发放的负担卡，没有填写缴纳费用内容，群众说，“明白卡”其实是“糊涂卡”。“减负”工作问题不少。

（四）机关制度建设在一些方面不够完善，在执行上还有一定差距。近两年虽然对原有的一些规章制度进行了补充修订，但作为一个管理农牧业工作的大局，有些方面的制度还不够健全完善，特别在岗位职责等方面随着事业的发展，还有不相适应的地方。局机关及下属单位对制定了的制度在一些工作上也执行不严。陈进财同志在工作中有时遇事不够冷静，方法比较简单，在发挥领导班子的集体智慧、深入讨论我县农业发展的重大问题方面还有些欠缺，今后还需进一步加强和改进。

三、几点建议

针对农牧局整体工作中存在的问题和不足，结合我县的实际，提出以下几点建议：

（一）大力推广典型示范作用，促进“两高一优”农业的发展。农业是国民经济的基础，我县是个农业大县，发展农业生产，繁荣农村经济是农牧部门的职责，要以粮食增产，农民增收为目的，狠抓粮食生产和多种经营，为我县1998年整体脱贫创造条件。一是继续抓好已为广大群众接受的地膜玉米种植这一温饱工程。我县是个旱作农业县，且地瘦缺肥，旱薄相连，蓄水保墒、培肥土壤是稳定发展农业的关键措施。地膜种植是旱作农业的一项新技术，近几年，地膜玉米的增产使我们摆脱了困境。但是由于玉米价格偏低，投入成本高，加之作务费工，部分群众有“厌种”思想，这一倾向不容忽视，必须引起各级的高度重视。要继续把这一解决温饱的基本工程坚持不懈地抓下去，教育群众多种植，多产粮，在解决吃饭的基础上，发展养殖业，增加经济收入，尽快摆脱贫穷，向小康目标迈进。二是推广发展川水地带状种植和山区的地膜小麦种植。川水地发展带状种植是一项高产高效农业，去年县上通过各种措施在城川等4乡镇川区大面积推广种植，虽然今年干旱少雨受到影响，但有水源保证的地方小麦丰收已定，玉米丰收在望。但由于有一部分群众由于不按规范播种，一些地方灌水没有保证，造成减产，群众情绪受到影响。在今后的种植中着重要指导群众按规范行距播种，达到增产的效果。同时要因地制宜，主要应在有灌水条件的区域大面积推广。地膜小麦去年试种，今年增加了面积，据乡镇干部和群众反映，由于成本高，增产不增收，加之今年旱灾和病害侵袭，多数地块增产不明显，也有一些阳山地减产严重。地膜小麦的增产效果是不容否定的，但为了使这项新技术得到广泛推广，农技部门应在今年种植的村社进行全面调查，分析增产和减产的原因，为县、乡下达任务提供依据，做到实事求是，因地制宜，使群众通过实践和实效自愿接受种植。三是进一步抓好旱作农业的技术推广。实践证明旱作农业栽培技术的推广应用，是我县农业发展的根本出路。经过10多年的示范推广，在这方面取得了较好的成效，近年来的连续干旱，进一步证明了它的科学性和生命力。农技部门及广大科技人员要坚持不懈的运用推广。要教育群众从配方施肥、优良品种、地膜覆盖、叶面喷肥、病虫防治等一系列科学技术上系统应用，并搞好集雨滴灌的配套，使旱作农业栽培技术取得更加显著的效果。

（二）充分发挥各部门的职能作用，调动广大科技人员的积极性，强化服务，推广实用新技术，为我县农牧业的发展和农民群众尽快脱贫致富做出应有的贡献。一是努力抓好生猪生产这一主导产业。1995年，县委、县政府确定生猪生产是我县发展农村经济的主导产业之一。但由于市场价格下跌，使生猪饲养受到影响，饲养量、出栏率下滑，群众养猪的积极性受到挫伤。但是只要我们学会运用市场经济规律指导生猪生产，重视抓好良种引进繁殖，圈舍改建、科学饲养和疫病防治，为群众进行全程技术服务，上下各级坚定信心，共同努力，在提倡千家万户饲养的同时，大力发展养猪、养鸡大户，走一户带多户、多户带全村，一村带多村、多村成基地的路子，促进我县生猪的稳定发展。二是切实加强优良品种的引进、推广和培育工作。针对我县冬小麦品种退化、混杂严重的实际问题，在注重良种培育和引进示范推广的同时，当务之急是抓好现有适应品种的选种工作，要教育群众认识品种混杂的危害性和选种的重要性，动员群众进行穗选和块选，进行提纯复壮。科技人员和乡村干部都要重视做好这项工作，责任到人，任务到户，通过两三年的连续工作，努力改变冬小麦品种混杂的问题。三是重视发展日光节能温室。日光节能温室在我县已示范应用，但推广不力，发展不快。这项新技术的应用，既能为城镇居民提供鲜菜供应，又能增加农民经济收入。农技部门要从选择地域、协调资金、物资、菜籽调运和技术服务上多做工作，力求近年有一个大的发展。四是要推广技术承包责任制。按照省、地和我县确定的农牧业技术推广项目，实行定领导、定人员、定指标、定时间、定措施、定奖罚的责任制，真正把技术与生产直接结合，培养农民技术员，促进科技服务体系的建立，把技术送到千家万户，转化为现实生产力。农广校可根据实际，举办农业技术短训班，提高农民科技素质，推进科教兴农的发展。

（三）要进一步加强农业“两法一条例”及有关涉农法规的贯彻执行。农业法、农业技术推广法是保障和促进农业持续、稳定、协调发展的两部重要法律，农牧局作为主要执法部门，要不断提高干部职工特别是领导班子学法、执法、依法办事的自觉性，坚持依法行政，依法兴农，把管理和指导农业纳入法制化轨道。要经常研究执法中的问题，结合我县农牧工作的实际，向上提出各种建议，避免单纯依靠行政命令指导工作所带来的失误，有效地运用法律法规来规范各种农业经济行为，切实保护农业和农民利益。在减轻农民负担工作上，我县“三提五统”数额虽然没有超出国务院条例的规定，但一些乱收费的现象时有发生，一些地方农民的隐性负担仍然是比较重的。这项工作中央三令五申，我们各级一定要严格按条例和中央有关文件办事，把减轻农民负担作为密切党群、政群关系的头等大事抓紧抓好，抓出实效。在农村资产管理上，省人大今年初颁布了《甘肃省农村集体资产管理办法》，要组织经营管理部门及有关人员认真学习，提高业务素质，增强工作责任性，加强基层工作，严格按办法进行管理，逐步使农村集体经济的管理走向规范化。要健全农业承包合同管理机构，明确职责，依法管理，主动开展工作。

（四）以加强领导班子建设为重点，努力建设一支高素质的农技队伍。我县是一个农业大县、农牧局所担负工作面广量大，任务十分繁重，如何充分发挥职能作用，完成各项工作任务，加强领导班子和队伍建设是最根本的保证。这次调查中上下普遍反映，农牧局班子是一个勤政、团结的班子，陈进财同志及班子成员一定要珍惜这一评价，进一步加强党的方针、政策、有关法律、法规及业务学习，提高政策水平和业务水平。在今后的工作中，陈进财同志要注意克服有时遇事急躁，方法欠妥等不足，发扬成绩，坚持集体领导和分工负责相结合，充分调动每一个班子成员的积极性。坚持党组议事制度，充分发扬民主，开展批评与自我批评，以诚相待，互相支持，齐心合力搞好工作。要坚持不懈地抓好队伍建设，进一步加强对干部职工的政治思想教育和艰苦奋斗的传统教育，不断提高思想觉悟，增强公仆意识。特别要重视对基层干部的管理，严格岗位责任制，压任务，出成绩。要重视基层基础建设，按照国家政策要求和农业发展需要，立足服务办实体，办好实体促服务，壮大自己，服务农业。同时在政治上关心，生活上照顾，成果上奖励，激发科技人员的积极性和创造性，努力为我县农牧业的发展作出新贡献。

第三十五次会议　于1997年9月18日在常委会四楼会议室召开，由吕忠厚主持。

会议议程有三项：一、听取和审议副县长李克和受政府委托所作的《关于全县国有企业扭亏减亏工作情况的报告》、常委会副主任漆忠义所作的《关于商业、经委系统国有企业扭亏增盈工作情况的调查》；二、听取和审议农办副主任李存时受政府委托所作的《关于扶贫攻坚工作情况的报告》、常委会副主任李克科所作的《关于四河等三乡镇扶贫攻坚情况的调查汇报》，提出《关于国有企业扭亏增盈及扶贫攻坚工作的审议意见》；三、人事任免。会上，政府副县长李克和、张自杰分别就落实审议意见作表态发言，吕忠厚作总结讲话。

第十二届常委会组成人员吕忠厚、李克科、漆忠义、段积昌、朱春林、郭应童、翟沪兰、王镇华、蒙谦恭、李佩红、沙芳琴、杜耀文、胡青汉、吴俊福、马志俊出席会议；政府副县长李克和、张自杰，县委组织部副部长慕锡武、法院副院长陈万才、检察院副检察长孙延震、政府办公室副主任王友忠、经委主任高恒、体改委主任姚鹏远、粮食局局长刘亚平、物资局局长岳精忠、农办副主任李存时、商业局副局长樊淑琴，常委会有关委、室负责人柴玉明、周世让列席会议。

附：

人事任免

李　金任县人大常委会教科文卫工作委员会副主任

魏柏树任县档案管理局局长

吕志明任县人民法院告诉申诉庭庭长

秦玉生任县人民法院审判委员会委员、刑事审判庭庭长

张正伟任县人民法院审判委员会委员

戴立龙任县人民法院审判员、甘沟人民法庭庭长

温学斌任八里人民法庭庭长

张坚强任县人民检察院检察委员会委员

免去：

王必成县档案管理局局长职务

李海良县人民法院刑事审判庭庭长职务

张长树甘沟人民法庭庭长职务

关于商业经委系统国有企业扭亏增盈工作情况的调查

我们调查工作组在县商业局、经委等有关部门负责人的参与配合下，于8月下旬对商业、经委系统所属国有企业的扭亏增盈工作情况进行了调查。在全面听取主管部门汇报的基础上，先后深入百货公司、糖酒公司、火柴厂、印刷厂4户企业进行了实地查看和座谈。现将情况汇报如下：

一、基本情况

据主管部门汇报统计：商业系统所属8户国有企业有职工878人，离退休职工189人；资产总数为2396万元。1至7月份完成总产值63.37万元，占年计划175万元的36.21%，较上年同期下降27.35%；完成销售收入785.3万元，占年计划2030万元的39%，较上年同期增长1.7%；上缴税金16.6万元，占应缴计划的28.62%，较上年同期下降43.15%；年计划实现利润1.2万元，实际亏损85.2万元，较上年同期亏损30.1万元增亏55.1万元。1996年底累计亏损264.5万元。目前账面亏损2户（煤炭、食品），其余持平，亏损面为25%。经委系统所属6户国有企业，有职工1592人，退休职工106人；资产总数为10682万元。1至7月份完成工业总产值2396.74万元，占年计划4200万元的57.07%，较上年同期增长13.5%；完成销售收入2545.6万元，占年计划4240万元的60.04%，较上年同期增长16.87%；上缴税金242.9万元，占应缴计划的56.36%，较上年同期增长11.67%；实现利润114.44万元，占年计划260万元的44.02%，较上年同期增长56.72%。1996年底累计亏损598万元。目前，有2户亏损（火柴厂、淀粉厂），亏损面为33.3%。1至7月份亏损89万元，较上年同期亏损79万元增亏10万元。从调查的情况看，今年以来，县政府及主管部门、企业针对近年国有企业生产经营不景气，经济效益下滑的实际，把扭亏增盈、提高国有企业经济效益作为城镇经济的中心任务来

抓，按照改革、改组、改造和加强管理的总体思路，采取一系列切实有效的措施，狠抓企业改革和内部管理，大力搞好国有企业的生产、销售，努力实现扭亏增盈目标任务，取得了较好的成效。主要做法有以下几点：

（一）强化责任，加强对扭亏增盈工作的组织领导。一是建立推行责任制。为使各项扭亏增盈工作落到实处，建立了政府分管领导向政府负责、主管部门向分管领导负责、各企业向主管部门负责的层层负责制，年初签订经济责任书，分解下达任务指标，加强考核，哪一层完不成任务，就按责任书处罚，从而增强了各级、各部门、企业及其负责人扭亏增盈的责任感，推动其全力以赴完成扭亏增盈目标任务。各企业也结合各自实际，对车间、班组及职工实行目标责任管理，工效挂钩，强化了职工与企业共兴衰的意识。经委还制定了帮扶困难企业分包责任制，由责任人员蹲点基层促进度、抓落实。二是加强生产调度，搞好重点协调。年初，由于资金紧缺，原辅材料供应不足，造成一些企业生产不能完全启动。政府及主管部门在深入调查研究的基础上，把强化调度作为指导城镇经济、实现扭亏增盈的主要手段，实行月调度、季评比，及时分析研究企业生产经营中存在的实际问题，协助企业解决困难，促进企业生产经营发展。二季度以来各工业企业生产运行基本良好。三是国有商业企业改革有了新进展。去年以来，县上对亏损逐年增大、生产经营一直处于低谷状态的商业企业采取了新的改革举措，在原国有民营的基础上进一步放开搞活，实施抽资租赁。除盐业、煤炭、酒类实行专营外，对各公司的零售门店等在核产清资的前提下定编定岗，全面实行抽资租赁经营。由职工个人或合伙租赁门店自主经营，自负盈亏，公司按一定比例数额抽回商品和其他垫底资金，承租者按岗数向公司上交承租管理费。就目前已放开的门店经营情况看，商品较原来有了较大丰富，上岗人员的工作态度和精神面貌有了根本变化，营业收入也有较大增长，在一定程度上防止了国有资产的继续流失和企业亏损的进一步加大。据商业部门统计，实施抽资租赁以来，已抽回国有商品资金267.2万元，占应抽回总数的85.1%，这部分资金用于还贷99万元，归还外欠130万元。商业运销公司原来车辆大多亏损，新车用1年多就变旧了，实行租赁后将车辆全部出售给个人，用抽回的资金还清了贷款，减少了亏损。

（二）企业内部管理进一步加强。从调查看，政府、主管部门及企业，都能把加强企业管理当作扭亏增盈的关键因素来抓，在建立完善规章制度、理顺管理机制、落实生产经营目标责任制和强化内部财务管理等方面，做了大量细致扎实的工作。今年5月，县上结合学习邯钢“模拟市场核算，实行成本否决”经验，召开了学习县水泥集团公司企业管理现场会，推广其量化成本目标，严格成本控制，严细考核兑现的内部管理成功经验，促进各企业大力加强内部管理，努力提高经济效益。化工、淀粉、火柴厂等企业结合各自实际，建立了相应的成本倒算机制，使以成本管理为中心的企业基础管理工作取得较大进展。经委系统还继续开展了查库存产品、压成本资金，查外欠货款、压应收账款，查各项消耗、压成本费用，努力提高资金利用率和经济效益的“三查三压一提高”活动，各企业尽力压缩非生产性开支，降低库存占用，减少管理费用，从严从细降低生产经营成本，对企业的扭亏增盈产生了积极的效果。火柴厂在开展此项活动中，分解责任目标，在生产车间抓班次质量，在管理层抓货款回收，降低财务费用，管理费用比去年同期压缩24.95万元，生产成本比一季度每件火柴下降了5.6元。各企业的产品质量意识也有了增强，印刷厂不但成立了厂质量管理委员会，而且各工序也设立了质量管理小组，对产品实行严格的内检，有效地促进了产品质量的提高。

（三）重视营销管理，增强市场竞争力。调查中我们感到，近年来各企业的市场意识显著增强，面对竞争激烈的市场，都能把赢得用户、增加销量作为经营工作的主要任务，加强营销管理，开拓市场，千方百计扩大销售，提高经济效益。糖酒公司立足优化经营结构，及时掌握分析市场信息，改善服务态度，送货上门，扩大销售，在去年亏损19万元的情况下，今年实现盈亏持平。印刷厂选派人员在兰州等地定点联系，广揽活源，今年活源稳定增长，产值较去年同期增加18万元。

（四）挖潜改造，推进技术进步。调查中我们了解到，一些企业克服资金紧缺的困难，立足企业实际进行自我挖潜改造，优化产品结构，提高技术水平，对扭亏增盈产生了较好的作用。县水泥集团公司兼并后梁水泥厂后，利用原有的设备进行技术改造，于5月份完成万吨磷肥生产线的改建，已通过有关部门验收，进入正常生产，成为新的经济增长点。火柴厂吸取以前的经验教训，结合自身的工艺流程搞技改，风险小，成功率高，该厂火柴用盒片原由外地购进，1996年厂里花数千元改造和引进了盒片生产线，不但安置了由其他生产线减员下来的26名职工，而且每件纸盒成本比外地购进的降低1元左右，当年已收回投资成本。此外，一些企业的新项目建设也取得了进展，如化工厂的1000万发电雷管生产项目经过多方协调努力，已于8月初开工兴建。

二、存在的困难和问题

总的看，今年的国有企业扭亏增盈工作，在全县上下的共同努力下，取得了一定的成绩。但由于多种因素的影响和制约，国有企业的生产经营和扭亏增盈工作还面临着一些困难和问题。

（一）企业生产经营资金十分紧缺。这是我县国有企业普遍存在的问题。从我们的调查看，无论工业企业还是商业企业，都程度不同地存在因资金短缺而使生产受限，经营不活。目前，绝大多数企业自有资金匮乏，全靠贷款过日子，近年由于信贷政策硬化，资金严重紧缺，无法扩大生产，提高产量。如火柴厂由于资金不足，无法及时备料，致使原料供应中断而停产，产量低于去年，亏损68.3万元，超年控亏目标8.3万元。商流企业由于缺少流动资金而不能组织购进适销对路商品，只好坐失市场。糖酒公司现有周转资金仅2.3万元，很难维持正常经营。货款回收难和商品积压严重，是造成企业流动资金紧缺和营运质量不高的重要原因，火柴厂银行贷款800多万元，却有290万元的外欠货款收不回来。商流企业由于种种原因，商品大量积压，资金调度困难，积重难返，企业经营举步维艰。百货公司实行抽资租赁后，库存压货仍高达190多万元，且多为残次商品，据有关人员估算，实际价值已不足90万元。经委系统企业产品压库也达2336万元，造成资金周转延缓。由于资金极度匮乏，银行信贷又吃紧，企业一些好的技改项目迟迟难以进行。资金的紧缺，导致生产经营不能顺利进行，而生产经营的停顿和损失又造成资金的更加短缺，企业因此而陷入恶性循环的境地。

（二）一些企业债务包袱沉重，效益分流。由于历史原因，造成一些国有企业高负债经营，历年贷款越积越多，企业不堪重负，有的已资不抵债。据统计，经委系统6户国有企业长期负债1232.5万元，流动负债5500.2万元，资产负债率为63.02%。火柴厂现有银行贷款800多万元，每年支付银行利息100多万元，资产负债率达83.4%；淀粉厂的资产负债率高达85.3%，大大超过正常值。商业系统所属国有企业共有资产2396万元，负债2051万元，其中银行贷款1039.2万元，资产负债率为85.6%。百货公司资产总额为981万元，负债就达919万元，资产负债率为93.7%；五金公司资产负债率已达102%。高负债使企业的生产经营费用加大，成本增加，效益分流，造成亏损难以扭转。有的企业因无力付息转贷，在国家贷款利率普遍下调之后，仍按原来的高利率计息，更加重了企业的负担。

（三）技术改造严重滞后，企业缺乏发展后劲。我县工业企业大部分创建年代较久，加之多年技改投入不足，产品结构单一，更新换代慢，应变能力差；产品的科技含量不高，缺少精品，市场竞争力不强，发展后劲严重不足。随着时间的推移，这方面的缺陷会愈加突出。从长远讲，企业不搞大的技改就没有出路。印刷厂的纸箱生产线由于设备落后老化，产品质量上不去而停产近半年，要进行较彻底的技术改造，需资金390万元，厂里无力解决，工人放假，等待立项。此外，我县国有企业在转变公有体制下滋生的滞后经营意识、职工大锅饭思想以及深化企业“三改一加强”、向时间要效益等方面，仍存在不可忽视的差距和问题，在相当程度上影响了企业的挖潜改造和技术进步。

（四）费用支出多，企业负重大。这方面除原辅材料价格不断上涨外，主要是人员压力大，社会统筹重，目前，企业不太景气，富员较多。如印刷厂，现有职工243人（临时工8人），厂里仅有大小铅印机7台、胶印机3台、3个门市部，按岗定员只需100多人，富余人员就有100多人，占到50%。由于企业深化改革力度不大，扩大生产能力也有限，加之我县的经济环境差，就业门路少，社会保障体制又不完善，企业出于顾及社会效益等因素，难以痛下决心减员增效。企业承担的社会统筹也比较重，如商业系统有下岗人员239人，对这些人的养老保险金要由公司交缴，年达18万元；饮食公司有职工139人，而退休人员就有55人，近2人负担1人；印刷厂230多人，年交养老金15万元。如此等等，使企业背上了办社会的重负，难以轻装上阵，成本居高不下，盈利相对下降，对扭亏增盈造成影响。

（五）企业内部管理不善的问题在一些方面表现得较突出。一是有的企业领导班子素质不强，存在政策长期保护下形成的依赖性，对市场经济的新环境尚不适应，反应迟缓，管理水平低，面对市场激烈竞争、资金紧张的严峻形势束手无策，致使企业产销无力、信息不灵、产品积压、效益下滑；有的企业管理人员对企业扭亏增盈缺乏信心，精神不振，没有干事业的气魄和闯劲，一味强调客观条件，怨天尤人，不思进取，企业长期投不了产，形不成规模，坐失发展良机。二是一些企业财务管理混乱、没有严格执行财经纪律和内审制度，造成企业资产流失浪费。有的管理不民主，账务不公开，一人说了算；有的企业供销人员回收的货款不能及时缴回，损公肥私；有的私人贷款，单位背账付息近4万元，严重侵害国家利益，却无人果断处置。三是一些企业新上和技改项目的考察论证、审查管理工作水平不高，给企业造成不必要的损失。县食品厂曾先后引进烧鸡、饮料包装和方便面、夹心饼干等几套生产设备，耗资数十万元，有的因设备质量差，不能正常使用；有的因不懂技术，错误安装，造成报废，这些设备没有1套发挥应有的效益，企业却因此背上沉重的债务，难以翻身。

（六）商流企业抽资租赁改制实施中反映出的一些新问题。一是公司管理层不参与抽资租赁，利用收取的柜台租赁费发工资、福利和奖金，不足部分吃资产，商业主管部门对公司收取的承租费掌握不清，难以实施有效监管。这样下去，国有资产不仅难以保值增值，而且会耗尽一空。二是下岗、脱岗人员增多，“两金”（职工养老保险金、社会统筹金）收缴难度大。如百货公司有职工181人，其中承包柜台的91人，内退9人（发60%的工资），下岗人员57人，除承包柜台的以租金代交，下岗人员的“两金”无法收取。像这样的情况，在商业系统其他公司也较为突出，给企业造成新的困扰。三是改制不彻底，遗留问题较多。如管理人员的设置、费用的来源、资产的监管、再就业人员的处理等，都缺乏一套办法和制度。未改制的批发部和库存积压商品的处理，至今尚无妥善办法。据百货公司讲，改制盘存商品价值193.9万元，3个月来推销了6万元，实际潜亏达100万元，如不及早处理，损失会继续加大。

三、几点建议

（一）进一步提高思想认识，严格落实扭亏增盈目标责任制，促进企业扭亏增盈工作。各主管部门、企业要强化扭亏增盈意识，坚定信心，把国有企业扭亏增盈当作关系全局的大事来抓，严格落实扭亏增盈工作目标责任制，通过定人员、定任务、定措施、定奖罚，签订责任书，加强考核，加大压力，督促各级领导和部门加大扭亏增盈工作力度，对国有企业开展支、帮、促，解决企业存在的实际困难和问题。各企业也要按照工效挂钩的原则，实行工资总额同增利、减亏指标挂钩的收入分配方法。总之，要通过强化责任，增强各级领导、部门、企业和职工的责任感、紧迫感，推动国有企业扭亏增盈工作上新台阶。

（二）国有企业的扭亏增盈工作要与企业改革、改组、改造和加强企业内部管理相结合。国有企业效益低下、亏损面大的因素诸多，既有经济体制方面的，又有企业运行机制方面的，也有企业素质和生产、技术方面的，还有内部管理方面的，等等，每个企业在各个方面表现出的问题程度也不尽相同。要彻底解决实质问题，实现扭亏增盈，就要以经济效益为中心，坚持把企业“三改一加强”四项工作有机地结合起来，对亏损企业既要分类指导，又要综合施治。尤其要加大企业改革力度，大力进行企业改制、改组，对亏损企业采取股份合作制、租赁经营、挂靠联合、公开出售、破产解体等形式，实现产权重组，盘活资产存量，使其在我县经济中发挥应有的作用。

（三）内抓管理，外抓市场，提高企业竞争能力。企业管理是当前影响企业经济效益的关键环节，因此，要切实加强和改进企业内部管理工作，向管理要效益。首先，要加强基础管理工作，以人为本，效益为先，搞好企业制度建设，探索创造适应市场、切合自身特点的管理办法，从严治企治厂。其次，要把财务管理作为企业管理的中心，加强财务审计和民主管理工作；继续开展“三查三压一提高”活动，挖掘内部潜力，减少物耗，降低成本。再次，要在技术改造和技术进步上下功夫，积极适应市场需求，调整优化产品结构，提高产品的科技含量和质量。企业的效益最终要靠市场来实现，因此企业只有瞄准市场，搞活营销，扩销促产，以期实现增产增收增效的目的。要采取灵活多样的营销方式，广开销售渠道，大力开拓市场。

（四）搞好清欠，压缩库存，盘活资金，提高资金营运质量。在当前外部投入不足的情况下，各企业要把清理回收外欠货款和减少积压、库存，作为缓解资金短缺矛盾的主要措施来抓，加大工作力度，把外欠压到最低水平，最大限度减少库存和积压，盘活资金，扩大再生产和经营，实现自我翻身。对高息旧贷要尽力协调，调整利率，各方支持和帮助企业减轻负担。

（五）加强企业领导班子建设。企业管理水平的高低，在相当程度上决定于企业管理人员的素质，因此要把选配好企业领导班子当作目前搞活企业的第一要素，定岗定员，精减职数，努力建设一支懂管理、会经营、事业心强的企业管理队伍。对企业管理人员要积极培养，大胆使用，充分信任，热情帮助他们解决遇到的困难和问题。同时，要建立起企业的决策、执行和监督体系，形成对企业领导班子有效地内部监督和约束机制，严格要求，严格管理，使其正确认识个人的作用，相信和依靠职工，端正生产经营方向，科学决策，开拓进取，兴企兴厂。要推行竞争激励机制，对于扭亏有方，增盈有术，真正搞活企业的要重金奖励，提拔重用；对于个人素质差，管理水平低，事业心和责任性不强，无所作为的要及时调换，以免给企业造成损失。

（六）政府及主管部门要继续加强、改进对国有企业的领导和服务工作。目前在新体制尚未建立、旧体制还在运行、许多遗留问题和深层次矛盾难以短时期内解决、扭亏增盈又迫在眉睫的特殊情况下，政府和主管部门在充分尊重企业经营自主权的基础上，要积极转变职能，加强和改进对企业的领导和监控，帮助企业解难除困，搞好资金协调、生产调度等一系列服务。

（七）统筹解决国有企业扭亏增盈中存在的一些带有普遍性的突出困难和问题。类似债务沉重、人员过剩这类老大难问题，既是长期存在的，也是企业改革中必须要解决的，随着时间的推移，矛盾会越来越突出，难度也会愈来愈大，对企业的困扰也就越加严重，因此，要尽快研究制定对策，采取断然措施加以解决，使企业早日解脱重负，实现扭亏增盈。

（八）妥善解决下岗职工问题。随着企业改革的深入和企业生产经营状况的变化，下岗职工的数量会增多，也势必对企业和社会产生某种冲击和困扰，对此，要及时研究解决。在社会保障体系尚不完善的情况下，要充分发挥政府、企业、劳动者和社会各方面的积极性，综合运用政策和再就业服务手段，通过企业安置、个人自谋出路和社会多方帮助安置等形式，帮助下岗人员尽快上岗就业，以帮助企业摆脱困境，维护社会安定。

（九）完善商流企业抽资租赁改制工作。商流企业的改革搞过多次，但存在问题不少，造成企业财、物的流失浪费。抽资租赁是目前解决商流企业亏损问题的一个比较好的方法。但在具体实施中还存在力度不大和不彻底的问题，如未改制批发部的出路、积压商品的处理、管理层的设置等等，需要在今后工作中尽快研究解决，以免拖延太久，造成国有资产新的流失。

关于四河等三乡镇扶贫攻坚情况的调查汇报

县人大常委会组成调查组，由吕忠厚主任和李克科副主任带队，于8月25日至30日分别对四河、界石铺、灵芝3乡镇的扶贫攻坚工作，采取听取汇报、走村入户、现场察看、对比算账等方法，进行了较为细致的调查了解，掌了一些比较真实的情况。

一、基本情况

这次调查，我们用抽样调查的方法，对3乡镇4村的12个贫困户的基本状况、粮食产量、经济收入、扶贫项目的落实等，按照省、地、县对扶贫工作的总体要求，进行了系统的了解。从了解的情况看，各乡镇都能认真贯彻执行《静宁县扶贫攻坚计划》，把扶贫攻坚作为第一位的任务，做了大量行之有效的工作。由于各级狠抓落实，贫困群众紧密配合，加之西北部今年降雨相对较多，使扶贫工作取得了成效，基本达到了预期的目的。从调查的12个贫困户看，这些户都在帮扶户中处于中、下水平，基本能够代表西北部贫困片带贫困人口的情况。有的户人多地少，有的人多劳少，有的因家庭成员患重病等原因陷入困境，具有较强的代表性。近两年来，由于帮扶措施得力，这些户的贫困状况都有了一定程度的改变，大部分在短期内解决了温饱。调查时我们对今年的秋粮作物按照最低产量进行了估计，从估产情况和夏粮的实际产量看，12户贫困户中人均产粮1000斤以上的10户，占总户数的83%，最高的可达1600斤，其余2户产粮也在800斤左右，人均现金收入在300~400元之间的4户，占总户数的33%；收入在200~300元之间的6户，占50%；收入在200元以下的2户，占17%。调查还表明，一般情况下，产粮多的户现金收入也相对较多，反之亦然。从所调查贫困户的粮食收入和现金收入综合推算，被调查的村基本达到了85%的户人均产粮300公斤、经济收入300元（1990不变价）的解决温饱标准。同时，从发展的角度看，在被调查的12户贫困户中，有4户饲养商品母畜或母猪，2户长年输出劳务2人，1户建有雨水集流灌溉配套的早酥梨果园3亩，1户有其他稳定收入，加之粮食丰产计划的实施和各项扶贫措施的进一步加强，这些都为贫困户稳定解决温饱和脱贫打下了基础。从今年以来的实践看，我县扶贫攻坚工作的路子是可行的，按照现在的思路坚持抓下去，贫困人口解决温饱乃至脱贫是完全可以实现的。

二、主要做法

（一）各级领导高度重视，把扶贫开发作为贫困地区经济工作的中心来抓。今年以来，各级都严格按照包扶工作责任书，采取县级领导包乡、县直部门包村、技术人员包项目、乡村干部包社包户的“四包”责任制。县上领导经常到基层协调资金，理顺关系，检查督促扶贫工作各项措施的落实。在西北部9乡镇，各项经济工作紧紧围绕扶贫攻坚展开，不论是基础建设，还是各项生产计划的安排，都是以扶贫为总揽，以改变面貌、消除贫困为目的，使扶贫攻坚得到了组织保证。县上部门包扶以项目落实为重点，在帮助贫困户转变观念，寻找脱贫门路、协调解决生产所需资金等方面做了大量工作，大部分包扶单位和包扶干部都能以高度的工作责任心坚守岗位、扎实工作。据界石铺镇领导反映，县水利局几位干部长期蹲点住在村上，帮助指导崔岔、王庄2村的雨水集流工程建设，受到了干部群众的一致好评。体改委包扶灵芝乡杨渠村，在春季地膜玉米种植阶段，想方设法为贫困户筹措资金，包扶干部在种植过程中按操作规范具体指导，超额完成了种植计划。

（二）从治本着眼，把改善农业基础条件作为扶贫攻坚的根本性措施来抓。下苦功夫改善农业基础条件，是彻底摆脱贫穷，促进地方经济发展的根本出路，这已成为贫困地区广大干部和群众的共识。近年来，各乡镇都下最大决心，尽最大努力开展了声势浩大的筑路、改土、建水窖、造林等活动。今春以来，四河、界石铺、灵芝3乡镇共修通上等级的乡村公路12条63.2公里，修建村社道路29条，维修拓展了一部分田间道路。这些道路的建成，解决了一些贫困山区生产、生活资料进不来、农产品出不去以及“行路难”的问题。梯田建设也取得了突破性进展，今年变过去的秋季改土为春、夏、秋全年改土，四河等3乡镇已完成7204亩，占全年任务的一半以上，其中灵芝乡已超额完成了全年任务。灵芝乡今年以来把梯田建设作为改善农业基础条件的根本性措施来抓，在春季人机结合完成624亩的基础上，夏收后全力以赴，联村连片展开了大会战，完成优化梯田4000亩，其中2处是由4个村联合作战的千亩战场。在很短时间内完成这样大的改土工程，在灵芝乡的梯田建设史上是少有的。经过多年努力，这个乡目前已建成梯田4.2万亩，人均达到3亩。雨水集流工程带来的实惠和效益，使群众建水窖，发展雨水滴灌的积极性空前高涨，灵芝、界石铺2乡镇，因势利导，大力加强了各项配套服务工作。灵芝乡在原来工作的基础上，今年又开工兴建水窖915眼，目前已完成820眼，配套果园600亩。界石铺镇今年组织资金50万元（其中国家补助22万元，群众集资28万元），在朱山梁沿公路规划水窖1024眼，目前已建成980眼。他们把建水窖和解决贫困户温饱紧密结合，对9个贫困村每村都安排了指标，村上也注意向贫困户倾斜。如崔岔村，贫困户占全村总户数的四分之一，安排修建水窖占全村总数的三分之一。种草种树，改善农业生态环境，是干旱山区改变农业基础条件的重要出路，乡村领导和干部对此认识明确，在春季植树造林活动中，3乡镇都完成了任务。如灵芝乡，今春新造林面积2500亩，其中点播山毛桃1500亩，移栽沙棘1000亩。

（三）大力实施“温饱工程”，把地膜玉米和坑种洋芋作为解决温饱的关键措施来抓。去年以来，各级组织和扶贫单位都把这2项丰产工程的实施作为“攻坚”的硬仗来打，通过2年来的扎实工作，取得了显著的成效。首先是重视解决资金问题。县上坚持扶贫资金倾斜政策，对省上配套的324万元贴息贷款，重点保证西北部9乡镇的“温饱工程”建设。从3乡镇看，贫困户贴贷一般都在200元以上，基本保证了所需资金。同时各扶贫单位也千方百计筹措资金帮助贫困户开展生产，如农行为崔岔村无偿扶助3000元，分摊给29户贫困户用于“温饱工程”，政府办、县妇联给灵芝乡贫困户帮扶尿素、农膜等。其次是加强技术指导。县农技部门从地膜玉米、地膜小麦的种植到田间管理各个阶段，自始至终给予技术指导。第三是狠抓面积落实。3乡镇都把贫困户地膜玉米、坑种洋芋面积落实作为包扶干部扶贫的硬性指标下达，任务分解到人，明确奖罚，保证了任务的完成。从调查情况看，3乡镇地膜玉米种植人均都在半亩以上，贫用户种植地膜玉米，四河乡为人均0.63亩，界石铺镇0.97亩，灵芝乡0.73亩。3乡镇中实施“温饱工程”成绩突出的是灵芝乡。全乡贫困户今年种植地膜玉米、地膜小麦、坑种洋芋3项合计达7443亩，户均7.1亩，人均1.42亩。调查中，我们遇到了一个非常典型的事例，灵芝乡杨渠村特困户叶三有，全家6口人，4个劳动力，由于不会计划过日子，1995年接新前断炊，当时村支书阎继富为其在乡政府申请救济面粉2袋，在群众中募捐洋芋几十公斤，使其渡过了难关，并在去年贷款种植10亩地膜玉米，仅玉米1项就产粮8000斤，当年解决了吃饭问题。村上还优先在村办手套厂照顾叶三有及其侄女就业，使其有了一定的经济收入。今年他又种植地膜玉米6亩，预计人均产粮在1000斤以上。

（四）规模开发农村支柱产业，把建立稳定的收入来源作为脱贫的长远目标来抓。在扶贫攻坚过程中，各级干部都清醒地认识到，要实现贫困山区稳定脱贫，仅靠单一的粮食生产是难以实现的，必须开发适合本地实际、有一定优势的支柱产业，走种、养、加结合，钱粮并举的路子。为此，3乡镇根据全县主导产业规划，今春以来借西北部万亩早酥梨基地建设的“东风”，掀起了大规模果园建设热潮。3乡镇今春共完成果园栽植任务2902亩，界石铺、灵芝2两乡镇的成活率在80%以上。据我们实地察看，基本都做到了统一规划，集中连片，规范栽植，科学管理。同时，一些乡、村还根据土地面积大、广种薄收的实际，开始着手抓种草、抓养畜。灵芝乡在县上领导的协调下，用“两西”贴贷资金11.6万元，引进良种母牛100头，在县畜牧中心的指导下，建立了前湾村良种牛繁育基地，为全乡养牛业的进一步发展起到了示范和推动作用。乡镇企业也有新的发展，四河、灵芝2乡在年内组建了乡建筑工程队，消化了一批剩余劳动力，增加了农民收入。

（五）开展科教扶贫，把提高贫困人口的科技文化素质作为脱贫致富的战略性措施来抓。针对贫困山区交通不便、信息闭塞、广大农民特别是贫困户普遍观念陈旧、科技文化素质低下的实际，扶贫工作以提高劳动者素质，推广各种新技术为主要内容，使贫困人口更新观念，掌握了一定的科技知识和致富技术。3乡镇今年以来共举办各种培训班46期，受训人员达2518人（次）。县委组织部统一组织农、林、牧等各方面技术骨干6人在四河乡举办各类培训班5期，培训600多人，为果园建设以及地膜种植为主的农业生产提供了技术服务。县妇联组织女子职中教员长期传授手绣工艺技术，使一批农村女青年参加了手绣生产，获取了一定的经济收入。林业部门组织技术人员开展技术承包，每乡固定1人，对有果园建设的村逐村举办了技术骨干培训班，使群众初步了解掌握了果树栽培技术。在乡镇开展各种技术培训的同时，一些农村有志青年为了掌握更多的科技知识，还参加了较高层次的学习活动。界石铺镇输送14名青年到县畜牧中心参加培训班，学习规模养鸡、养猪技术；灵芝乡有110名青年农民参加了农函大学习，已毕业56人。这些乡土人才的出现，为推动农业科技进步，带动贫困人口依靠科学技术脱贫致富必将起到重要的作用。

（六）加强基础工作，发展集体经济，把基层组织建设作为扶贫开发的保证性措施来抓。首先是各乡镇都抓了阵地建设。四河等3乡镇已有一半的村，在包扶单位的帮助下建成了高质量、具有综合功能的村部，未建成的村也正在筹措资金准备修建。其次是抓了村级组织和支部建设。四河乡邀请县委党校教员讲课，对村、社干部进行政策教育和解放思想的教育，使基层干部的思想认识和观念有了进一步转变。灵芝乡对个别后进班子进行了调整，把政治素质好、思想观念新、能真正为群众办实事的优秀分子充实到基层班子中，使村级班子整体素质得到提高，在今年的改土、筑路等工作中起到了坚强的战斗堡垒作用。再次是抓了集体经济的发展，灵芝乡杨渠村贷款20万元建成手套编织厂，目前已见效益，走出了贫困山区发展壮大集体经济的路子。

三、存在问题和不足

从我们调查了解的情况看，我县扶贫攻坚总体工作是好的，各级各方面都加大了工作力度，取得了很大成效。但在一些具体工作中还存在一些问题，主要是：

（一）面上工作抓得实，具体指导比较欠缺。主要表现在，由于乡镇各项中心工作特别繁重，使一些包扶干部放松了对包扶户的具体指导。贫困户贫困的原因，除自然环境、基础条件较差外，主要是对脱贫致富缺乏信心，对生产缺乏计划和安排，寻找不到有效的脱贫门路。包户扶贫作为扶贫攻坚的主要措施，就是要求对贫困户的扶贫具体指导，治穷先治愚，使其逐步接受新观念、新技术，从而稳步走上解决温饱的道路。从我们调查的情况看，大部分户除种植地膜玉米、坑种洋芋的任务有人督促落实外，包扶干部很少到户进行具体的指导帮助，贫困户不知道怎么办，该怎么办，仍然是墨守成规，按老套套办。这种情况的存在，中心工作任务重是一个原因，但主要原因是有的包扶干部对“真扶贫，扶真贫”的“真”字理解不深，工作不够深入扎实。

（二）在以解决温饱为主要内容的种植计划和结构调整落实上还存在较大差距。县上根据西北部贫困片带地域特点和自然条件，在扶贫攻坚计划中较为科学地提出了压夏扩秋、扩大覆膜农业的指导方针，但在实施过程中偏差较大，落实不够。如豌豆的种植，前些年曾是西北部地区农户的主要经济来源，但从近年的情况看，由于气候和病害原因，产量非常低，已失去了种植优势，大部分农户仍在大面积种植。这次调查的12户贫困户，种植豌豆都在4亩以上，最多的1户种了10亩。今年的豌豆亩产大都在50斤左右，扣除籽种基本没有收入，有的地块甚至绝收。四河乡目前种植低产夏杂粮如豆类、洋麦、莜麦的面积还在10%~20%之间，而产量较高的糜、谷等秋粮作物种植却比较少，影响了粮食总产量的提高。种植计划的严重失误给这些贫困户带来了不应有的损失。

（三）劳务输出缺乏统一组织，农村剩余劳动力得不到有效转移。调查中干部群众普遍认为，贫困户要在短期内获得一定的经济收入，从而达到解决温饱的目标，最有效的途径是劳务输出，这不仅可以增加收入，还可以节约口粮。但由于缺乏必要的组织，大多打工者盲目外出，独自乱闯，有的收入低微，有的被骗，既造成劳动力资源浪费，又削弱了农业内部劳动力。在调查的12户贫困户长年外出打工的劳动力中，年收入多在几百元至千元左右，有的甚至没有收入。

（四）养殖业的发展比较缓慢。西北部9乡镇土地资源比较丰富，发展养殖业有着较为优越的自然条件，但由于观念、资金、技术、市场等各种因素的制约，商品畜饲养量低，发展非常缓慢。规模养猪、养鸡远远落后于中南部地区，生猪的饲养量也比较少，特别是贫困户情况更差。在所调查的12户中，有4户饲养母畜，几年中出售1头大家畜，今年只有1户能出售1口商品猪。

四、几点建议

（一）各级组织要进一步加大扶贫攻坚工作的力度。我县是一个雨养农业县，农业基本条件差的状况还没有得到根本改变，以发展农业为主的扶贫工作在很大程度上受自然因素的制约，由于基础脆弱，遇灾返贫的矛盾还难以解决。我们各级组织必须认识到扶贫攻坚的任务仍然是十分艰巨的，要坚持不懈地走“梯田、地膜、水窖、调整”的路子，从山、水、田、林、路综合治理出发，继续狠抓农业基本条件的改善。要种、养、加同步发展，号召群众坚定信心，带领群众扎实苦干，一手抓粮，一手抓钱，力求达到家家有存粮，户户有储蓄，彻底摆脱贫困，努力奔向小康。

（二）切实加强各级干部包扶工作，特别要抓好各项扶贫措施的落实。各乡镇今后在继续加强面上的工作，强化农业基础条件建设的同时，要有统一的计划，完整的安排，具体的要求，使包扶干部真正转变作风，进村入户，为贫困户出谋献策，根据不同对象，制定各项扶贫措施，认真负责地做工作，扎扎实实抓落实，使扶贫工作进一步取得实效。

（三）西北部各乡镇要下大决心调整目前种植结构和产业结构不合理的状况，要通过宣传引导和行政措施推动压夏扩秋计划的落实，特别对豌豆等夏杂粮的种植面积要压到最低限度，进一步扩大覆膜粮食和糜、谷等高产粮食的种植面积，以达到丰产增收的目的。同时要在一些土地面积较大，条件较差的地方提倡退耕还草，大力发展畜牧业。如四河乡涧沟村，整个北山山坡陡峭，耕地多为宜草坡地，种植粮食既费力、产量又低。据村、社干部讲，象涧沟这样的村，如能多建一些水窖，现有的梯田和沟台地，配之以地膜加水窖就完全可以解决吃饭问题，陡坡山地退耕还草，发展养牛，必将促进农业和经济的同步发展。

（四）努力发展乡镇企业和有组织的劳务输出。乡镇企业在我县西北部贫困片带仍处于起步阶段，各乡镇都要树立“无工不富”的观念，把兴办乡镇企业作为稳定脱贫的长久之计，在建筑、建材、地毯、粉条加工等产业上多做文章，依靠自身优势，采取多种经济形式，兴办一些效益较好的企业，吸纳本地剩余劳动力，增加农民的经济收入。要加强对劳务输出的组织管理，针对目前建筑、地毯行业劳动力短缺，而大量劳动力盲目外流的实际，乡、村、社都要重视对外出劳务人员的组织和信息服务，加强同县内一些建筑、建材、地毯等企业的联系，有计划地向这些企业输送劳务，同时要创建输出劳务型企业，培养自己的技术人才，以带动本地劳务输出的发展。

（五）进一步加强乡村道路建设。道路建设近年来特别是今年取得了很大进步，多数乡基本实现了村村通汽车，但在个别乡、村还存在一些困难和问题。如四河乡政府至涧沟村的甘四公路延伸段，全长11.3公里，建成后可以解决6村1000多户4000多人行路难的问题。今春乡上组织全乡劳力修通了四河至上赵村下赵社的5.3公里道路，在未修建的5公里路段中，要跨越12条沟壑，工程需资金几十万元，乡上没有能力解决。建议主管部门积极向上争取，特殊情况特殊对待，使该工程列入“两西”以工代赈项目，以彻底解决四河乡道路建设问题。

（六）继续发展主导产业。加强果园建设的配套和管理。西北部早酥梨基地建设要在继续扩大面积，形成规模的同时，切实强化对已建果园的管理。果树的栽植在水肥、技术等方面要求都是很高的，在种好栽活的同时，一定要管好。目前管理上的问题很多，有的在翻地时树苗被耕死，有的地膜被毁掉，有的计划在果园继续种小麦。这些问题一定要引起各级的重视，采取有效措施解决好。此外，今后在建水窖时，尽量与果园配套，使其获得最佳效益。

第三十六次会议　于1997年10月30日在常委会四楼会议室召开，由吕忠厚主持。

会议议程有四项：一、听取和审议政府法制局局长杨成安受政府委托所作的《关于1997年行政执法监督检查情况的报告》、法院副院长陈万才所作的《静宁县人民法院1997年执法检查报告》、检察院副检察长孙延震所作的《关于1997年度执法检查工作情况的报告》、常委会检查组所作的《关于执法检查综合情况的汇报》；二、听取和审议政府办公室主任王克选受政府委托所作的《关于县十二届人大六次会议代表意见建议办理情况的报告》；三、审议通过召开十三届人大一次会议的有关事项；四、人事任免。会上，政府常务副县长靳士孔就落实审议意见作表态发言，吕忠厚作总结讲话。

第十二届常委会组成人员吕忠厚、李克科、漆忠义、段积昌、朱春林、郭应童、王维歧、王镇华、蒙谦恭、翟沪兰、李佩红、杜耀文、马志俊、吴俊福、沙芳琴出席会议；县委常委、政府常务副县长靳士孔，县委组织部副部长慕锡武、法院副院长陈万才、检察院副检察长孙延震、政府办公室主任王克选、公安局局长吕思强、司法局局长周浩元、社会治安综合治理办公室主任陈尚孔、政府法制局局长杨成安，常委会有关委、室负责人柴玉明、周世让列席会议。

附：

人事任免

高长茂任县水土保持局局长，免去县农业机械管理局局长职务

何升堂任县农业机械管理局局长

杨统科任县工商行政管理局局长

戴三姓任县林业局局长

王平仁任县劳动人事局局长

张学焦任县人民法院审判员

魏永红任县人民法院审判员

马彦勋任县人民法院审判员

杨学文任县人民法院审判员

任建民任县人民法院审判员

卢胜胜任县人民法院审判员

靳惠兰任县人民法院审判员

免去：

杨启明县水土保持局局长职务

王星耀县工商行政管理局局长职务

王有华县林业局局长职务

李映忠县劳动人事局局长职务

第三十七次会议 于1997年11月17日在常委会四楼会议室召开，由吕忠厚主持。

会议议程有两项：一、审议通过常委会工作报告；二、审议通过召开十三届人大一次会议的有关事项。

第十二届常委会组成人员吕忠厚、李克科、赵智荣、漆忠义、段积昌、朱春林、郭应童、蒙谦恭、王维岐、王镇华、翟沪兰、马志俊、杜耀文、吴俊福、李佩红、胡青汉、沙芳琴出席会议；常委会有关委、室负责人柴玉明、祁望厚、李金列席会议。

第六节 县第十三届人大常委会会议

县第十三届人大常委会任期为1997年11月至2002年11月。其间，共召开常委会会议35次。会议由常委会主任或副主任主持，十三届常委会组成人员出席会议，政府县长或副县长、法院院长或副院长、检察院检察长或副检察长、县直及省地驻静有关部门、常委会有关委室负责人列席会议，必要时，县委副书记、政协副主席、县委有关

部门负责人同时列席。历次会议听取和审议政府关于财政预算调整、财政审计、果品产业化、扶贫攻坚、《中华人民共和国森林法》执行、农业科普、科技示范、实施西部大开发、退耕还林（草）、企业改革、项目建设、道路建设、市政建设、县城规划、下岗再就业、义务教育、校舍建设、依法治县、“三五”普法、代表意见建议办理等方面的工作报告、“一府两院”关于执法检查、述职等方面的工作报告61项（次），其中，对法院、检察院及教育局、林业局、农机局的9名负责人进行述职评议，并进行信任投票；听取和审议常委会联合调查组关于扶贫攻坚、农业产业结构调整、果园建设等方面的调查报告25次；作出决定、决议8项；任命常委会和“一府两院”工作人员107人（次），接受辞职和免职40人（次）；审议通过《静宁县人大常委会工作规则（试行）》《静宁县人大常委会任免国家机关工作人员暂行办法》《静宁县人大常委会联系人大代表办法》《静宁县人大常委会办公室和各工作委员会职责》，以及其他事项18项；罢免县人大代表1名。

附：

第十三届人大常委会会议召开情况表

表4-23

次别	召开时间	听取审议工作报告(项)				任免工作人员(名)		作出决议决定(项)	审议通过事项(项)
		人大常委会	政府	法院	检院	任命	辞职免职		
一	1998.1.13	1	1			43	2		1
二	1998.3.18		1			12	3	1	
三	1998.5.18	1	2						
四	1998.8.21	2	2			1	1	1	
五	1998.10.13		3	1	1	3	3		
六	1998.12.22	1	3			8			1
七	1999.1.12	1				2	1		1
八	1999.3.22	2	1	3				1	
九	1999.5.31	1	1			1	1		
十	1999.7.30	1	2			2	1		
十一	1999.10.7	1	2	1	1				
十二	1999.12.3	1	2						
十三	2000.1.7	1				2	2		1
十四	2000.3.19	1							1
十五	2000.5.14		2			10	7	2	

续表4-23

次别	召开时间	听取审议工作报告(项)				任免工作人员(名)		作出决议决定(项)	审议通过事项(项)
		人大常委会	政府	法院	检院	任命	辞职免职		
十六	2000.8.18		1			1			4
十七	2000.9.28	1	1						
十八	2000.10.25		2	1	1	1	1		
十九	2000.11.29								1
二十	2001.1.6	1				2			2
二十一	2001.3.21	2	1						
二十二	2001.5.29	1	2					1	
二十三	2001.7.18	1	1		3	1			
二十四	2001.9.27	1	1	1					
二十五	2001.11.20	1	4	1	1			1	
二十六	2002.1.14	1							1
二十七	2002.1.24					4	5		
二十八	2002.4.8	1	1					1	
二十九	2002.6.13		2			1	3		
三十	2002.6.26					9	1		
三十一	2002.8.30					4	9		
三十二	2002.9.13								1
三十三	2002.9.29								3
三十四	2002.10.11	1	3	1	1				
三十五	2002.11.5		3						1

第一次会议 于1998年1月13日在常委会四楼会议室召开，由吕忠厚主持。

会议议程有五项：一、学习《静宁县人大常委会工作规则》《静宁县人大常委会任免国家机关工作人员暂行办法》；二、听取和审议教育局局长文武受政府委托所作的《关于普及九年义务教育工作情况的报告》；三、审议通过常委会1998年工作要点；四、人事任免；五、审议通过第十三届人大常委会代表资格审查委员会组成人员名单。会议结束时，吕忠厚讲话。

第十三届常委会组成人员吕忠厚、靳士孔、李克科、赵智荣、张金业、郭应童、王维歧、骆世清、杨耀忠、柴玉明、李佩红、邓颖、刘文乾、王毅、柴桂兰、米宝林、阎继富出席会议；政府副县长王星耀、法院院长杨志军、检察院副检察长徐宝玉、县委组织部副部长张琪洲、政府办公室主任王克选、教育局局长文武，常委会各委室负责人蒙谦恭、王镇华、周世让、祁望厚列席会议。

附：

人事任免

王克选任县人民政府办公室主任

杜文彪任县计划委员会主任，免去县审计局局长职务

姚鹏远任县经济体制改革委员会主任

高　恒任县经济委员会主任

祁治国任县农业办公室主任

姚国奇任县科学技术委员会主任

吕思强任县公安局局长

王效国任县物价委员会主任

樊生茂任县民政局局长

周浩元任县司法局局长

王维军任县财政局局长

王平仁任县劳动人事局局长

邹秉义任县城乡建设环境保护局局长

杨水亭任县交通局局长

陈进财任县农牧局局长

戴三姓任县林业局局长

高孟德任县水利局局长

何升堂任县农业机械管理局局长

李旺军任县乡镇企业管理局局长

周忠义任县土地管理局局长

翟维纲任县商业局局长

刘亚平任县粮食局局长

杨统科任县工商行政管理局局长

文　武任县教育局局长

安　华任县文化局局长

王连兴任县广播电视局局长

王守荣任县卫生局局长

杨毅民任县体育运动委员会主任

张新民任县计划生育委员会主任

慕锡武任县审计局局长

杨晓光任县统计局局长

魏柏树任县档案管理局局长

杨发善任县技术监督局局长
高长茂任县水土保持局局长
马志刚任县监察局局长
陈万才任县人民法院副院长
蔡尚志任县人民法院副院长
赵忠厚任县人民法院副院长
任建民任古城人民法庭庭长
卢胜胜任红寺人民法庭庭长
谢三纲任城关人民法庭庭长，免去红寺人民法庭庭长职务
孙延震任县人民检察院副检察长
徐宝玉任县人民检察院副检察长

第二次会议 于1998年3月18日在常委会四楼会议室召开，由吕忠厚主持。

会议议程有两项：一、听取和审议财政局局长王维军受政府委托所作的《关于1997年全县财政预算执行情况和1998年全县财政收支预算调整的报告》，作出《关于全县1997年财政预算执行情况和1998年财政收支预算调整的决议》；二、人事任免。

第十三届常委会组成人员吕忠厚、靳士孔、李克科、赵智荣、朱春林、郭应童、王智仁、王维歧、骆世清、杨耀忠、柴玉明、李佩红、邓颖、刘文乾、王毅、柴桂兰、米宝林、阎继富出席会议；县委常委、政府常务副县长许富忠，法院院长杨志军、检察院检察长李居洲、县委组织部副部长张琪洲、政府办公室主任王克选、财政局局长王维军，常委会各委室负责人蒙谦恭、王镇华、周世让、李金列席会议。

附：

人事任免

张金业任县人大常委会司法民政工作委员会主任
王智仁任县人大常委会农业财经工作委员会主任
祁望厚任县人大常委会农业财经工作委员会副主任
张继祖任县人大常委会教科文卫工作委员会主任
李　金任县人大常委会教科文卫工作委员会副主任
王维歧任县人大常委会代表联络工作委员会主任
周世让任县人大常委会代表联络工作委员会副主任
郭应童任县人大常委会办公室主任
柴玉明任县人大常委会办公室副主任
魏柏树任县广播电视局局长，免去县档案管理局局长职务
王友忠任县档案管理局局长
何应旺任县乡镇企业管理局局长
免去：

王连兴县广播电视局局长职务

李旺军县乡镇企业管理局局长职务

第三次会议　于1998年5月18日在常委会四楼会议室召开，由吕忠厚主持。

会议议程有三项：一、听取和审议审计局局长慕锡武受政府委托所作的《关于1997年县级预算执行情况的审计工作报告》；二、听取和审议交通局局长杨水亭受政府委托所作的《关于全县道路建设工作情况的报告》、常委会农业财经工委主任王智仁所作的《关于灵芝等10乡镇道路建设情况的调查报告》；三、传达学习地区人大工作会议精神，讨论贯彻落实意见。会上，政府常务副县长许富忠就落实审议意见作表态发言。

第十三届常委会组成人员吕忠厚、靳士孔、李克科、朱春林、张金业、王智仁、郭应童、王维歧、骆世清、杨耀忠、柴玉明、李佩红、邓颖、王毅、柴桂兰、阎继富出席会议；县委常委、政府常务副县长许富忠，法院副院长陈万才、检察院检察长李居洲、政府办公室副主任李克明、审计局局长慕锡武、交通局局长杨水亭、公路管理站站长陈志平，常委会各委室负责人蒙谦恭、王镇华、周世让、李金列席会议。

附：

关于灵芝等10乡镇道路建设情况的调查报告

由常委会副主任靳士孔牵头，农业财经工作委员会、交通局的负责同志组成调查组，从4月22日开始，用7天时间，先后到灵芝、原安、司桥、八里、甘沟、四河、深沟、治平、后梁、城川10乡镇采取实地察看、听汇报、座谈等方式，就道路建设和县乡公路养护工作进行了调查。

一、乡村道路建设及县乡公路养护的基本情况

自1994年我县开展第一个“筑路月”活动以来，县上始终把乡村道路建设作为发展农村经济的一件大事来抓。交通部门和各乡镇政府严格按照县上确定的标准和要求，认真组织群众，坚持不懈地开展“筑路月”活动，取得了较好成效。特别是今年全县以静秦公路建设为重点，掀起的第五个“筑路月”活动，其声势、规模、质量都是近年来最显著的。截至4月20日，全县已新修乡村公路97条513.7公里，其中上等级公路59条368.3公里，完成土方量255.1万方，投工57.73万人，集资投款38.03万元，投入架子车5.9万辆（次），推土机487个台（班），栽行道树2.46万棵；维修道路36条139.9公里，其中上等级道路9条37.9公里；田间道路288条，495.3公里。我们这次调查的10乡镇，在今年的“筑路月”活动中，累计投劳31.2万个，移动土方121.85万方，动用架子车3.08万辆（次），推土机295个台（班），栽植行道树5800棵，投入资金9.76万元。新修乡村道路42条234.2公里，其中宽度达6.5米以上的上等级公路29条177.2公里，分别占新修道路的69%和75.7%。10乡镇共维修道路15条45.4公里。新修、维修道路直接受益的村社达90村233社，69012人。新修田间道路157条299.8公里。今年县上下达给灵芝等10乡镇上等级公路任务共66公里，实际完成177.2公里，超额完成111.2

公里，超任务168.5%。10乡镇共有130个村、753个社，目前已有129个村、714个社可直通大卡车，分别占99%和94.8%，基本实现了村村通车。

在新修、维修道路的同时，县上还依靠乡、村组织，发动群众，采取“民办公助、民工建勤”的办法，重点对县乡公路加强了养护。我县县乡公路养护分两类，由县乡公路管理站和各乡镇政府分别管护，一类是县管公路，即省地列养的主要和重点公路，包括静秦、雷刘、威曹、靳邢、张新、甘四、八原、静西等8条，共280公里。其中主要公路静秦路和雷刘路共89.1公里，省地每年每公里拨给养护专款1000元，其余170.9公里重点公路，每年每公里拨养护费500~800元，由县乡公路管理站建12个道班进行常年养护。从我们调查的雷刘、静秦部分路段看，县管公路路面平整、砂堆整齐、边沟畅通。雨后路面形成的坑洼能及时铺垫，养护情况较好。另一类是乡管公路，包括其他所有县乡公路，共10条117公里，县财政局每年共拨款7000元，由各乡负责雇用民工进行养护。从这次调查的静司公路东峡段和八原公路原安段看，乡管公路的养护明显差于县管公路。据了解，我县从1996年起，乡管公路的养护由民工建勤改为以金代砂，由县交通局征收，县乡公路管理站负责拉砂铺路。1996年全县共征收以金代砂款128753元，累计拉砂10490.8立方米；1997年共征收298666元，累计拉砂14526.4立方米。

二、今年道路建设的主要特点

通过调查，我们认为今年灵芝等10乡镇道路建设有以下4个方面的特点：

（一）领导重视，发动充分，行动早，进度快。年初，县委扩大会暨全县三级干部会议之后，各乡镇都抓住春节刚过、劳力集中、地面解冻、相对农闲的有利时机，把道路建设提前安排，精心组织。在广泛宣传动员的基础上，从2月28日开始到4月10日结束，利用40天时间全面完成了规划任务。八里乡今年把道路建设作为春季工作的突破口，开工前就成立了由乡党委书记任总指挥的领导小组，具体抓道路建设。并充分利用宣传车、喇叭、标语等工具，进村入社，大力宣传发动，使群众真正认识到“要致富，先修路”的道理，赢得了广大群众的理解和支持，充分调动了他们投工投劳的积极性，奋战30天，新修高质量上等级公路3条23公里，占县上下达任务的383%。四河乡针对全乡劳力分散、单村力量薄弱的现状，确定“全乡总动员，村社齐联动”的修建方针，乡、村、社层层召开动员大会，大张旗鼓地向群众宣传道路建设的意义，迅速掀起了全乡“筑路月”高潮，建设高峰期全乡日投劳3500个。一些村、社的群众每天往返30公里，但毫无怨言。短短15天时间，完成了王河至周岔等上等级公路3条共25.5公里，占下达任务的425%，并栽植行道树3800多棵。

（二）严格考核，检查督促，模范带头，合理补偿，道路建设质量高。一是严格考核，奖罚分明。今春除修建静秦公路的7乡镇外，其他各乡镇以“学习静秦、赶超静秦”为目标，自我加压，自求发展，从乡镇干部做起，建立了严格的考核办法，保证了道路建设的顺利进行。原安乡总结多年的经验，实行领导包点带片抓项目、干部划片包段促劳力的责任制，进度、质量直接与责任人的一定工资挂钩，从而达到了促进度、保质量的目的。今年全乡共新修道路5条24公里，其中上等级公路2条14.5公里，分别占新修道路的40%和60.4%。治平乡把完成道路建设任务作为年终评优选模的重要依据，建立严格的工资奖罚制度和日进度考核办法，取得好的效果。该乡在今春道路建设上累计投工17000个，移动土方10.8万立方米，新修上等级公路18公里，占下达任务的300%。八里乡为确保进度，领导坚持与群众同吃同住，驻村干部联户包社，定劳力、定任务。对因工作失误造成窝工、影响进度的干部，予以扣发本月工资10%的处罚，保证了工程进度和质量。二是检查督促，严把质量关。八里乡从建设一开始就成立了督查验收小组，坚持定期检查与随时抽查相结合，对检查中发现的路面不平、宽度不够、达不到规划标准的刹白、靳坪两段路，坚决要求返工，直至达标。灵芝乡在全线开工之后，针对全乡进度不平衡的问题，专门召开了6村现场促进会，对进度快、质量高的张堡村通报表扬，对进度慢、完成任务差的高义村进行了批评，并限期返工。通过现场参观学习，高义村的干部群众认识到了自己的不足，再发动，再组织，突击5天时间，移动土方15000立方米，修路2公里，赶上了进度，完成了拖欠任务。10乡镇都十分注重质量，在保证路面宽度达到6.5米的基础上，争取8米的标准。灵芝、八里2乡分别新修8米以上的上等级公路41公里和23公里。三是村社干部发挥带头作用，为群众树立了榜样。灵芝乡张堡村支书张志忠、主任张世文在坚持每天完成划任务、促劳力、把好质量关的同时，还抽时间加班加点完成自家分摊的土方任务。在村干部的模范带动下，灵芝乡群众今年修路的积极性空前高涨，截至4月8日，共新修上等级公路4条41公里，路面宽度均在8米以上，是这次调查的乡镇中新修上等级公路数量最多、质量最好的乡镇。四是合理补偿，维护群众的利益。为解决道路建设与占地的矛盾，各乡镇都注意维护群众的利益，对修路占地做了合理补偿。深沟乡决定，占地2分以上的农户由本社负责在机动地中给予补偿，毁坏青苗的按每亩45元赔偿。灵芝乡对占地5分以上的在本社机动地中补偿，5分以下的适当减少土地承包费。以上措施既维护了集体利益又照顾了部分群众的个人利益，广大群众较为满意。

（三）统一规划，注重网络，统筹兼顾，取得了良好的经济和社会效益。在今年的道路建设中，各乡镇都按照县上“统一规划，统一组织，统一标准”的要求，一改以往先给村社分任务，再由各村社分别定路线、搞规划的做法，由乡政府按照网络、效能的原则统一规划，注重拓宽道路受益面。甘沟乡共新修、维修道路7条43公里，联通14村49社，受益群众达15832人，占全乡总人口的80.7%。四河乡王河至周岔路横贯5村23社，受益群众达5000人。修通灵芝乡杨岔至八里乡阎庙路是灵芝群众多年的愿望，但因道路横跨2乡地域，要占八里阎庙40余亩耕地，困难较大，所以多年没有动工。今年灵芝乡把这条道路列为建设重点，乡上领导多次与八里协商，最后在八里乡的大力支持下修通了这条道路，使灵芝乡直接进入静西公路网络，缩短县乡里程14公里，极大地方便了群众。甘沟乡雷黄至余岔路段，全长15公里，通过1村6社，因路途长、受益群众少而一直未能修通，致使余岔村交通闭塞，物资运送困难，也因此成为全乡唯一没有通电的村社。今年乡上下大力气一次修通了这条道路，目前该村所需供电物资已运送到位，可望5月通电。八里乡坚持修一条道路，活一方经济，富一方百姓，以马岔至小山公路为纽带，走机修梯田、果园建设、坑种洋芋、植树造林等多种开发统筹兼顾的路子，使这条9公里长的新修公路充分发挥了效益。

三、存在的问题和建议

从1994年开展第一个“筑路月”活动以来，我县的道路建设工作在县、乡两级政府的正确领导和广大干部群众的共同努力下，取得了显著成效，极大地改善了农村行路难的状况，有力地推动了全县经济的繁荣和发展。但客观地讲，这项工作还存在一些值得研究解决的问题。

（一）一些村社干部思想认识还不统一。实践证明，道路是经济发展的基础工程，我县开展的“筑路月”活动是非常正确的，道路带来的经济和社会效益是有目共睹的。但一些村社干部不能全面地、长远地认识道路建设的重大意义，尤其不能用发展的眼光看待县上在道路建设上提出的高标准和严要求，对道路建设这一苦在当代、功在千秋的工作缺乏认识，只顾眼前和个人利益，怕修路占地、损坏青苗，耽误农时，工作显得不够积极主动，动员组织群众不力，在一定程度上影响了工程质量和任务的完成。调查中我们发现，某村一条规划4公里长的上等级公路，途经一块麦地，因村社干部怕修路损坏青苗，引起群众不满，致使这条规划的重点路只修了1公里，成了“断头路”。针对这些问题，建议今年进一步教育广大村社干部立足当前，着眼长远，统一思想，提高认识，彻底消除思想顾虑，确保每年规划的道路修一条，通一条，发挥一条的效益。

（二）乡管公路养护工作需进一步加强。目前，我县的乡管公路养护责任还不够明确。按规定，乡管的县乡公路由所在乡政府负责养护，但从1996年以来县交通局向各乡统一征收以金代砂款，由县乡公路管理站负责统一拉砂。据我们调查的灵芝、司桥、原安等乡领导讲，近两年公路管理站一直没有按标准拉砂，致使静司、八原等公路缺砂较多，形成新的“搓板路”，给各乡的养护带来了困难，群众对此反映强烈。各乡镇都要求公路主管部门进一步理顺关系，加大检查督促力度，充分发挥以金代砂款的社会效益，彻底改变乡管道路少砂、无砂的现状。调查中，我们看到八原路灵芝境内显神庙路段因缺砂导致路面坑洼不平。静司公路东峡段因缺砂而尘土深积。据了解县上把1996年、1997年两年的以金代砂款主要用在静秦、雷刘等县管公路的养护上，大部分乡管公路无人拉砂，因缺砂而造成路况不好。因此，建议县政府尽快协调解决这一问题。

（三）资金短缺。近年我县新修上等级公路逐年增多，涉水路段缺少桥梁、涵管的问题比较普遍。司桥乡今年新修上等级公路席湾至阳川段3处需压设涵管。甘沟乡甘沟至水坪、雷黄至余岔、杨咀至后湾3条上等级公路共需压设涵管400米，价值约4.2万元。以上道路因资金短缺目前都只是一些“晴通雨阻”路。建议县上主管部门积极向上争取资金，逐年解决上述问题。

（四）道路建设发展不平衡。据10乡镇的调查情况看，乡与乡、村与村、社与社之间存在一定差距，尤其是个别边远小社，因人口少，居住分散，修路困难，导致交通不便，直接制约经济的发展，群众迫切要求修路通车。今年各乡镇都要把道路建设的重点转移到上述村社上来，以解决这些地方群众行路难的问题。

（五）新修的上等级公路目前尚未完全达标。所调查的10乡镇，都完成或超额完成了县上下达的任务，但按规划标准来衡量，目前还没有完全达标。一些施工难度大的路段或经过村庄的路段普遍狭窄，个别仍然是“卡脖子”路段。本来县上要求上等级公路的边沟、路拱、行道树一次形成，但实际除四河、司桥、灵芝等乡镇的部分道路达到了这些要求外，其他乡镇均未达到标准。特别是因边沟未修，一遇大雨，就会造成水毁严重，行车困难。有些路段坡度太大、弯度太小，视线不清，有的垫方路段夯得不实，路面不平整，没有达到标准要求。建议县上督促各乡镇利用当前春播结束、相对农闲的时间，对已修成的道路再来一次回头看，进一步拓宽“卡脖子”路段，碾压路基，整修路面，补修边沟，增加路拱，栽植行道树，使新修道路完全达标。

第四次会议　于1998年8月21日在常委会四楼会议室召开，由李克科主持。

会议议程有三项：一、听取和审议林业局局长戴三姓受政府委托所作的《关于全县果品产业化发展情况的汇报》、常委会农业财经工委主任王智仁所作的《关于我县果品产业化发展情况的调查报告》，提出《关于果品产业化发展的审议意见》；二、听取和审议司法局局长周浩元受政府委托所作的《关于全县“三五”普法教育工作情况的报告》、常委会教科文卫工委主任张继祖所作的《关于“三五”普法进展情况的调查汇报》，作出《关于进一步深入开展“三五”普法教育的决议》；三、人事任免。会上，政府常务副县长许富忠、副县长张自杰就审议意见的整改落实分别作表态发言。

第十三届常委会组成人员吕忠厚、靳士孔、李克科、赵智荣、朱春林、郭应童、王智仁、王维歧、骆世清、杨耀忠、柴玉明、李佩红、邓颖、刘文乾、王毅、米宝林出席会议，县委常委、政府常务县长许富忠，副县长张自杰、法院副院长陈万才、检察院检察长李居洲、县委组织部副部长郭三省、政府办公室主任王克选、林业局局长戴三姓、农业办公室副主任王兴国，公安局局长吕思强、副局长马光明，司法局局长周浩元、法制局局长杨成安，常委会有关委室负责人张继祖、周世让列席会议。

附：

人事任免

杨立新任县商业局局长

免去翟维纲县商业局局长职务

关于我县果品产业化发展情况的调查报告

由常委会副主任靳士孔牵头，专职委员王智仁、王维岐、柴玉明以及县林业局、园艺站的主要负责人组成调查组，于7月下旬，深入治平、城川、灵芝等乡的部分村社和城关镇峡口至城川红旗、静西公路沿线、甘渭子川、祁川至田堡公路沿线、312

国道沿线、细巷至红寺6条千亩果带、万亩早酥梨基地及县林业局，采取听汇报、召开座谈会、个别走访、现场察看等方法，就我县果品产业化发展的有关问题进行广泛深入的调查。

一、基本情况

据统计，至1998年6月底，全县累计果园面积达16.74万亩，占总耕地面积的11%，其中苹果14.1万亩，占果园面积的84.2%。1997年全县挂果面积4.5万亩，占果园面积的26.9%；果品总产量达到2.1万吨，收入4000多万元；全县农村人均果品收入95元，占农民人均收入的11%；上缴农林特产税282.01万元，占全县财政收入的8.74%。

这次重点调查的治平等3乡有耕地15.69万亩，其中果园2.12万亩，占耕地面积的13.51%；挂果面积0.8万亩，占果园面积的37.7%；户均拥有果园2.25亩，人均0.59亩；果品总产量达到5541.93吨，收入1100万元，人均240元。

二、特点与做法

果品产业作为我县农村经济发展的主导产业，从1986年起步以来，经过历届县委、县政府及全县各级党政组织、广大干部群众的不懈努力，已初具规模，且取得了显著的经济效益，成为我县脱贫致富、富县富民的有效途径和财源建设的支柱产业。从这次调查的情况看，主要有以下4个特点：

一是起点高。从治平、城川2乡的情况看，在果园建设的初期阶段，我县就把高起点、高品位作为发展果品产业的战略性措施来抓，取得了令人满意的效果。全县14.1万亩苹果园面积中，优质、高产、耐贮、价高的红富士苹果就占了70%以上，使我县成为全省红富士品种的栽植大县之一，为今后的市场竞争打下了坚实的基础。

二是发展快。我县的果品产业虽然起步较晚，但却保持了较快的发展势头。自1986年以来，平均每年以1.5万亩的速度递增。至目前，全县累计果园面积达到16.74万亩，已建成万亩早酥梨基地，城川、硖口至红旗等6条千亩果带以及仁大、李店、治平、城川、威戎等5个万亩乡，南门、刘河、雷沟、高湾、吴庙等40个千亩村，初步形成了南部苹果北部梨的新格局。

三是效益好。1997年全县农民人均纯收入为1051元，其中果品收入就占了11%。据调查，亩效益最高的达到2万元，一般的也有5000元，治平乡雷沟等5个重点村去年人均果品收入达800元。在农村，我们看到脱贫致富变化最大的村是果树栽植重点村，最富的户绝大多数也是果树栽植大户。雷沟村过去是一个贫困村，经过多年地不懈努力，已成为全县靠发展果品产业致富的典型。去年人均果品收入850元，占全村农民人均纯收入1240元的68.5%，收入上万元的有21户。果品收入的增加，带动了全村经济的发展，目前，该村有私营地毯加工厂1个、小百货店8个、客运面包车1辆、货运卡车2辆、建提灌站1处、购置小水泵8台、小型拖拉机和农用车31辆、电视机327台、录放机6部、洗衣机31台、安装程控电话7部。城川乡吴庙四社社长吴贤娃，过去是一个全村出了名的贫困户，去年果品收入3.3万元，家里安装了电话，购置了高档音响、新式家具，新修了门头、大上房、果窖等。据他本人讲，准备再拿出10万元给2个儿子再修1道院。像这样的典型，在一些果园建设的重点乡、村已是司空见惯。

四是流通活。在果品产业化发展过程中，县、乡两级都很重视果品的流通，并把此作为果品产业化的一个重要环节，常抓不懈。首先加大宣传力度，为外地商人来静宁蹲点收购果子创造条件。每到收购旺季，仁大、治平、威戎、城川等乡都有大量的外商上门收购，各级组织都采取了相应的措施，注意保护其积极性，使收购工作顺利进行。其次鼓励国家、集体、私人建果窖，实现增值销售。据不完全统计，全县已建成有规模的经营性果窖45处，贮藏能力达到900万公斤，农户果窖1400个，贮藏能力1050万公斤，城川乡吴庙四、五社几乎家家建起了贮藏两三万斤的果窖，有效地解决了过去果子收获后堆在地上等待销售的被动局面。再次是我县果子的知名度不断提高。从目前情况看，尽管我们还未创出自己的名牌，但早已结束了过去仅靠天水、陕西人收购的历史，深圳、上海等地的商贩都来直接收购，北京、天津、广州、深圳等大城市几乎都有静宁的果子。由于各级都把果品流通作为一件大事来抓，每年的果品基本上都销售一空，未出现滞销现象。

我县果品产业之所以具有上述特点，我们认为其主要原因：

一是县委、县政府的高度重视和各级领导的齐抓共管，这是果品产业化发展的重要保证。从1986年以来，历届县委、县政府都把发展果品产业作为农村脱贫致富和财源建设的关键性措施来抓。特别是1994年我县将果品产业确立为农村经济建设的主导产业以来，各级领导对“要想富栽果树”的认识有了新的提高，工作力度明显增强。在去年年初召开的三干会上，县人民政府就发展果品产业进行了具体安排。在实施过程中，先后4次在灵芝、七里、八里及中南部10乡镇召开现场会，研究解决发展中存在的问题。尤其在312国道沿线万亩早酥梨基地和6条千亩果带建设中，五大机关领导从规划、栽植、幼苗越冬管理等环节，一包到底，保证了基地建设的顺利进行。事实说明，没有县委、县政府的高度重视及各级领导的齐抓共管，就没有静宁现在果品产业化的规模。

二是坚持集中连片、规模发展是果品产业开发的有效途径。过去，在果园建设上，我们较好地坚持了集中连片发展的方针，收到了好的效果。如治平乡的胡家塬于1987年一次定植红富士500多亩，现已全部进入盛果期。去今两年，集中程度更好于往年，如今春新建的6条千亩果带总面积达到10300多亩，最小的果带也在千亩以上。去年新建果园中，千亩以上的有2处，300亩到1000亩的有9处，最小的也在50亩以上。实践证明，只有坚定不移地实施统一规划、集中连片、规模发展的方针，才便于开展产前、产中、产后服务，保证果园面积的稳步发展。

三是搞好技术服务，增加科技含量是发展果品产业的关键措施。通过这次调查，我们感到，作为主管部门的县林业局，10多年来，在果品产业常规技术普及和新技术示范推广方面，始终发挥着十分重要的作用。栽植前，严把苗木品种质量关，较好地解决了苗木的纯正和成活。在管理方面，园艺站的技术干部一面坚持常年蹲点跑面，巡回指导，解决生产中的实际问题，一面因地制宜，采取灵活多样的办法开展技术培训，每年培训农民都在万人（次）以上。去年，在抓好常规技术普及的同时，在仁大、威戎2个万亩乡举办了管理技术提高班，示范推广了疏花疏果、高效药肥澳普尔、果康乳及反光膜技术，推广面积达2000多亩。今年又在威戎、城川、祁川、城关、仁大、治平6乡选点进行苹果套袋技术示范10万个。我们认为林业局的技术干部在这方面是出了力流了汗的，他们的做法受到各乡镇及果农的高度赞誉。可以说，没有林业技术人员的艰辛努力，就不会有全县目前的管理水平及亩产过万斤的早丰、高产典型。

三、问题与建议

我县的果品产业经过10多年的不断探索与实践已走出了一条适合我县自然特点的发展路子，收到了显著的经济效益，但由于各种主、客观因素，目前还存在一些问题，需要我们共同研究解决。

一是宣传教育还不到位，部分干部群众对发展果品产业重要性的认识不足，造成不应有的人、财、物及土地资源的浪费。调查中我们深深感到，凡是在发展果树方面脱了贫、致了富的村社，他们对发展果树的迫切性更强烈，而至今未见到效益的村社只是消极应付。有的认为，要发展果树，吃粮问题无法解决，更有甚者，认为大面积发展果树，将来销售会有困难。思想认识上的差距，对果品产业的发展必然带来严重影响。如石咀乡去年栽植的千亩苹果带，个别农户今年伏耕时，有的整块毁掉，看后真叫人心疼。出现类似问题，我们认为，关键还是一个宣传教育、思想认识问题，这是摆在我们各级组织、各级领导面前亟待解决的一个突出问题。

二是资金投入不足，在一定程度上影响着科普工作的正常进行。园艺站仅有12名专业技术人员，面对全县10多万亩果园，技术服务面广量大，仅靠目前的一张嘴，一把剪子很难适应形势发展的需要，由于没有培训经费，上档次、上水平的技术培训无法开展，新技术的示范推广也无法进行。

三是发展不平衡。从全县看，苹果面积重点分布在仁大、李店、治平、威戎、城川5个乡镇，“312”国道沿线的万亩早酥梨基地及今年新植的6条千亩果带，也只局限于部分乡镇的少数村社，在全县范围内还没有真正形成整体规模，特别是纯山区至今还处在起步阶段。

四是重栽轻管、粗放经营的问题在一些乡镇比较突出。就全县而言，每年新栽果树都在万亩以上，但成活率比较差，真正实行科学化管理的就更少了。有个别乡镇年年栽树不见树，有的户春天栽植伏耕翻倒，仅作为应付支差而已。雷大、余湾2乡很适宜发展苹果，从1986年开始起步，至今见效不大。在灵芝乡尹岔村我们看到，同一年栽植的早酥梨，种小麦和种洋芋、瓜菜的效果就大不一样。管理好的3年已挂果，差的苗木弱小，成为小老树。在科学施肥方面，盲目性就更大了，我们在治平乡雷沟村，技术人员询问一位果农如何给果树施肥时，他说只需多施些尿素就行了，却不知道科学配方施肥。微肥的应用及农药的喷洒都存在一定的盲目性，起不到应有的作用。

针对我县果品产业化发展的实际及存在的问题，我们认为，今后应着力抓好以下

6个方面的工作：

第一，要进一步统一思想，提高认识，把发展果品产业摆上各级政府的重要议事日程。由于我县气候温暖，光照充足，昼夜温差大，土壤质地好，发展果品产业具有得天独厚的条件，且果树生产适应性强，投资少、效益好，千家万户都能办得到，是符合我县实际的富县富民的产业和经济发展之路。仁大、李店、治平、城川、威戎5个万亩乡的发展就充分说明了这一点。在静宁，依靠果园脱了贫，致了富的村、户已比比皆是，典型不胜枚举。调查中有不少有识之士建议说，静宁的果园不是多了，而是没有形成大的气候、大的规模，整体效益还没有发挥出来，一位外地商人去年收果时说："你们静宁有这样好的自然条件，为什么不大规模地发展果园?"因此从宣传教育入手，通过典型引路，进一步解决干部群众的思想认识问题是发展果品产业的当务之急。各级领导要切实转变观念，统一思想，达成共识，形成合力，促使全县果园建设再上新台阶。

第二，要继续坚定不移地实行统一规划、集中连片、规模发展的方针。调查中大家深深感到，果树生产只有形成一定的规模，才能产生好的效益，只有集中连片发展，才便于开展防虫治病、灌水、修剪以及销售等产中产后服务。我县几个果树种植大乡及仁大南门、高沟、治平雷沟、城川吴庙、高湾等重点村的发展都证明了这一点。今后要继续按照一山、一湾治理的原则，逐步将发展重点放在浅山区或山区。县、乡、村各乡都应有自己切实可行的发展规划，做到一次规划，分年实施。

第三，要进一步加大行政推动力度。实践证明，无论是发展果品产业还是干其他事情，没有强有力的行政推动，就很难成功。据治平乡雷沟村党支部书记胡雄恩介绍，1981年他们在胡家塬一次栽植红富士苹果500多亩，当时有许多群众想不通，但由于县、乡、村三级紧密配合，采取了果断措施，终于完成了预定计划。可以说，如果没有各级组织强有力的行政推动，就没有胡家塬的今天，更没有现在全县果品产业的规模。我们认为，有许多瞅准了的事，如果不采取行政干预，等到群众完全认识了再去干，就会坐失良机，悔之晚矣。因此，县、乡、村各级组织应进一步加大力度，从发展静宁经济的战略高度，抓好果品产业开发，做到力度不减，任务不欠，不达目的，决不罢休。

第四，要切实解决重栽轻管、粗放经营的问题。从这次调查的3乡看，管与不管就大不一样，同样是去年一次定植的千亩果带，曹务、甘沟乡的长势良好而石咀、细巷就比较差。进入盛果期的也是如此，管理好的亩产达5000多斤，差的只有几百斤。今后，县、乡政府及林业主管部门要坚持一手抓发展，一手抓管理的方针，重视发挥乡林业员的作用，搞好常规技术的普及和新技术的应用推广，增加果品产业的科技含量。同时，要围绕果园建设的水窖配套，确保果树稳产、高产。

第五，要重视实施名牌战略。由于我县苹果、早酥梨以其独特的自然条件，辅之以必要的科学管理，水果品位高，品质优，价格好，销路畅，具有一定的市场竞争能力。可惜的是，我县虽有自己的优质果子却没有自己的牌子，上海、广州销的是静宁苹果，而消费者却不知道产地。因此，今后应加大我县果品的宣传力度，提高知名度，同时，以静宁县果品公司为龙头，创建自己的销售网络，生产符合技术要求的高质量的静宁纸箱等包装材料。同时，要进一步抓好常规技术的普及和高新技术的示范推广以及品种的更新换代，不断提高果品的质量和市场竞争能力。

第六，要认真解决资金投入不足的问题，技术服务是果园建设的重要环节，没有资金的投入，就很难奏效。建议政府在财政困难的情况下，想办法挤出一定资金，以保证全县性较高层次技术培训的开展。

第七，为进一步搞活果品市场，拓宽销路，建议政府协调有关部门为我县果品销售提供优质服务，创造良好的环境，坚决制止乱收费、欺行霸市、宰客商等违法行为。特别要解决好在果品销售旺季宁夏方向来我县收果车辆的堵查、收费等问题，确保销售渠道的畅通。

关于“三五”普法进展情况的调查汇报

由人大常委会副主任李克科和司法民政工作委员会主任张金业带领，教科文卫工委主任张继祖和司法民政工作委员会的张汉基参与，从7月底至8月初，利用1周左右的时间，先后深入司法局、教育局、邮电局、经委、甘沟、威戎、界石铺、双岘、古城等几个单位和乡镇，以听汇报、座谈等方式，对“三五”普法进展情况进行了调查了解。刚才司法局周局长受县人民政府的委托作了全县“三五”普法情况的汇报。汇报实事求是地肯定了成绩，找出了存在的问题和差距，也对今后的工作提出了具体的打算。

一、“三五”普法进展情况

总体上讲，我们感觉到“三五”普法工作开局良好，进展比较顺利。主要表现在：

（一）大多数乡镇和单位领导重视，认识明确。我县“三五”普法规划制定下发以后，大多数乡镇立即成立了以主要领导为组长的普法领导小组，在总结“二五”普法工作的基础上，结合各自的实际，研究制定了起点高、操作性强的“三五”普法规划和年度实施计划，工作开展得比较扎实。县邮电局和教育局都制定了详尽的普法规划和年度计划。邮电局还分别给班组长、支局长、所长以上管理干部印发普法宣传提纲35份，组织职工广泛地学习宣传。并将法制教育列入新职工上岗前培训的必修课，使他们从一开始工作就接受必要的法制教育。教育局坚持以法治教，把建立、健全各项规章制度作为“三五”普法第一阶段的首要任务，两年多来，先后制定完善了《静宁县教师队伍管理四十条》《静宁县各级各类学校评估办法》《静宁县开展四项文明创建办法》等10件规范性文件，把对学校、教师、学生的管理工作纳入了规范化、法制化的轨道，为以法治教奠定了坚实的基础。

（二）重视培养普法骨干，注重普法宣传。各乡镇、各单位把普法骨干的培训作为普法工作能否取得成效的一项重要工作常抓不懈，通过多种渠道，采用多种形式培训骨干人员，以此来推动普法工作的全面开展。县经委在每月调度会上，要求厂长

(经理) 首先进行1个小时的法律学习，普法先从领导开始。双岘乡结合阶段性中心工作，每年举办以乡、村、社和广大党团员干部为主的法制培训班6期，参训人员达800多人 (次)。各乡镇、各单位还十分注重宣传工作。在经常性地开办法制宣传栏、墙报、板报、悬挂标语、横幅的同时，结合各自的生产、工作实际和行业特点，利用特定纪念日，大张旗鼓地宣传各种法律法规，收到了比较好的效果。如在国际禁毒日、助残日、人口日、环境保护日、水日、土地日、税法宣传日等特定日期，各有关业务主管部门通过散发传单、广播、开展法律咨询、举办图片展览、邀请有关领导发表广播电视讲话、上街宣传等多种群众喜闻乐见的形式，广泛开展了专项法律法规的普及宣传工作。古城乡在今年的税法宣传日里，录了6盘磁带，利用宣传车巡回各村、社，对税法进行了一次全面宣传，增强了人们依法纳税的意识。县邮电局结合世界电讯日、世界邮政日，通过散发传单、上街咨询，广泛向用户、社会宣传保护邮电通讯设施、保护用户通讯秘密以及用户的权利、义务等有关邮电通讯的法律法规，受到了广大用户和社会的好评。

(三) 各级干部学法用法逐步走上规范化、制度化的轨道，依法行政、依法办事的意识明显加强。为了加强对干部的普法教育，县上先后制定下发了《关于继续为领导干部举办法律讲座的安排意见》和《关于组织广大干部学习社会主义法律知识的通知》，使干部学法走上了规范化、制度化的轨道。县普法办还为广大干部联系购买了《干部法律知识读本》，各级干部尤其是领导干部对照读本，认真学习“一书四法两条例”，积极参加各级各类讲座和培训班，不断增强自身的法律意识和法制观念，为全县学法作出了表率。1997年县上由普法办牵头联合举办了1次法律知识考试，全县6650名干部和广大教师踊跃参加，参考率达95%以上，合格率100%。法律知识的普及和运用，使干部依法办事的意识有了明显的增强。界石铺有1户农民，3年未缴税费，镇领导一改往日的拉粮食或用其他东西做抵押的简单做法，几次派人说服教育，并发出书面催缴通知，如仍不缴，他们将诉诸法庭，依法进行处理。我们感觉到这种做法把执行政策和依法办事有机地结合了起来，是值得其他乡镇学习借鉴的。

(四) 广大职工和群众学法用法的自觉性不断增强，为依法治县打下了坚实的基础。近年来，随着改革开放的不断深化和市场经济体制的逐步建立，人们之间的经济交往活动日益频繁，各类经济和民事纠纷也日益增多，用法律手段来解决各类纠纷，维护自身的合法权益不受侵犯，已成为人们的普遍共识，成了人们的一种自觉行动。经委系统广大干部职工在企业改制的过程中，纷纷意识到，不学法就不能指导企业改革，不学法就不能很好地管理经营企业，不学法也就不能给企业带来最大效益。因此，像水泥、化工、印刷等企业结合各自的特点，重点对公司法、企业法、产品质量法、经济合同法等法律法规，以班组为单位，组织职工进行了系统的学习。在学习过程中注意做到了三个结合，即结合本职工作学、结合企业经营学、结合提高企业效益学，收到了良好的效果。各乡镇也把普法教育同精神文明建设有机地结合起来，广泛开展了“遵纪守法光荣户”“星级文明户”“五好家庭”“安全文明村”建设为主要内容的“细胞工程”创建活动，还在中、小学生中开展了“带法回家”的法律知识进万家活动，使广大群众对法律法规有了一个基本的了解，法律意识也在逐步增强。双岘乡群众有矛盾和纠纷，首先知道找村、社组织，村、社解决不了的找乡上出面解决。几年来，没有发生刑事案件和大的社会治安案件。去年，被地区政法委评为全区治安模范乡。

广大干部群众法律意识和法制观念的不断增强，为依法治县工作打下了良好的基础，使我县的依法治理工作得以顺利开展，进程明显加快。

二、存在的困难和问题

在调查了解中我们发现，我县的“三五”普法工作在取得了一定成效的同时，还存在着许多困难和问题。主要是：

（一）个别乡镇和单位对普法工作重视不够，至今未制定普法规划，没有成立相应的领导机构，工作没有真正落到实处。

（二）乡镇与乡镇、单位与单位之间，工作进展不平衡，总体看，乡镇不如县直单位。

（三）普法宣传不到位，没有造成强大的声势。

（四）普法效果不明显，工作方法简单，依法行政、依法办事的意识和能力还不能适应政府转变职能的要求，少数干部和执法人员以言代法、以权压法、随意执法的现象时有发生，给普法工作带来了一定的负面效应。

（五）普法经费没有按规定列入预算，直接影响了这项社会工程的深入开展。

（六）一些乡镇和单位不能很好地处理法律和政策的关系，在一定程度上影响了普法的效果。

三、对今后工作的几点建议

针对以上存在的困难和问题，建议县人民政府在今后的工作中：

一要进一步深化对普法工作重要性的认识。广大干部尤其是领导干部一定要从维护政策、发展、稳定的大局，从依法治国、建设社会主义法治国家的战略高度，深刻认识普法工作的重要意义，增强使命感、责任感和自觉性，真正将这项工作列入重要议事日程，抓紧抓好，不断增强法律意识和依法办事的能力。

二要不断解放思想，转变观念，改变传统的工作模式和工作方法。正确理解和处理法律与政策的关系，善于寻找、掌握政策与法律、严格执法与行政推动之间的结合点和一致性，做到相辅相成，互相促进，使各项工作依法有序地开展。

三要高度重视普法宣传教育。邓小平同志说：“加强法制，重要的是进行教育，最根本的问题是教育人。”只有学法、懂法，才能执法、守法。对领导干部、单位职工和党团员，可以采取集中学习、以会代训、重点培训、举办专题讲座和法制培训班等方式，进行法制教育；对农民群众要充分利用农闲、开会、演戏、演电影等时机，利用广播、黑板报、墙报等形式，对有关法律进行深入浅出地宣传，也可以采用以案说法的办法，加深群众对法律的理解。要大力开展“法律知识进万家”和组织中、小学生带法回家活动，不断加大普法宣传教育的力度，造成强大的法治宣传舆论环境，为依法治县奠定坚实的基础。

四要切实加强组织领导，将普法和依法治理工作列入重要议事日程。县人民政府要督促有关乡镇和单位尽快制定普法规划，成立普法领导小组，对普法工作抓得不实的要进行补课。同时，要将普法工作作为社会治安综合治理目标管理的一项重要内容，年终进行检查考核。各乡镇要充分发挥人大、司法所、派出所、法庭和民调治保组织的作用，配合党委、政府搞好普法教育工作。

五是县人民政府要在财力十分困难的情况下，想方设法，合理调度，将普法经费列入县级财政预算，从资金上保证普法工作深入持久地开展下去。

第五次会议　于1998年10月13日至14日在常委会四楼会议室召开，分别由吕忠厚、靳士孔主持。

会议议程有四项：一、听取教育局局长文武所作的《述职报告》、常委会副主任靳士孔所作的《关于评议县教育局及其局长文武同志工作的调查报告》，对教育局及其局长文武的工作进行了评议和信任投票，结果为优秀，并产生《关于教育局及其局长文武同志工作的评议意见》；二、听取和审议政府法制局局长杨成安受政府委托所作的《关于1998年全县行政执法检查工作情况的报告》、法院院长杨志军所作的《关于法院执法检查情况的报告》、检察院副检察长孙延震所作的《关于1998年度执法检查工作情况的报告》；三、听取和审议政府办公室主任王克选受政府委托所作的《关于县十三届人大一次会议代表意见建议办理情况的报告》；四、人事任免。会上，县委副书记陈向华就评议教育局及其局长文武的工作作了讲话，政府常务副县长许富忠、副县长张自杰就审议意见的整改落实分别作表态发言；会议结束时，吕忠厚作总结讲话。

第十三届常委会组成人员吕忠厚、靳士孔、李克科、赵智荣、朱春林、张金业、郭应童、王维歧、骆世清、杨耀忠、柴玉明、李佩红、邓颖、刘文乾、王毅、柴桂兰、米宝林、王智仁出席会议；县委副书记陈向华，县委常委、政府常务副县长许富忠，副县长张自杰，政协副主席王有华、法院院长杨志军、检察院副检察长孙延震，政府办公室主任王克选、副主任李克明，监察局局长马志刚、劳动人事局副局长包成德、公安局局长吕思强、司法局局长周浩元、政府法制局局长杨成安、社会治安综合治理办公室主任陈尚孔，县教育局领导班子成员文武、牛启寿、李平安、阎国锁、王志智，常委会各委室负责人张继祖、周世让、李金列席会议。

附：

人事任免

李尚明任李店人民法庭庭长，免去雷大人民法庭庭长职务

吕文军任仁大人民法庭庭长，免去李店人民法庭庭长职务

刘进满任雷大人民法庭庭长，免去仁大人民法庭庭长职务

关于评议县教育局及其局长文武同志工作的调查报告

报据评议县教育局工作的安排意见，县人大常委会抽组两个调查组，分别由吕忠厚主任和我牵头，从9月中旬开始，先后深入城区4所中学、2所幼儿园、城关小学、职教中心、女子职中、教育局机关和原安、双岘、四河、仁大、石咀、城关6乡镇，通过召开座谈会、个别谈话等方式听取了乡镇负责人、人大代表和一些学校教职工的意见，并现场查看了部分学校，对文武同志及教育局的工作进行了调查了解。

一、文武同志任职以来教育局工作取得的主要成绩

从我们调查了解的情况和各方面的反映看，文武同志自1995年初担任教育局局长以来，能够团结和带领一班人认真贯彻执行党的路线、方针、政策及国家的法律、法规，积极落实县委、县政府关于教育工作的一系列决策决定，突出重点，真抓实干，较好地履行了教育行政主管部门的职能，为推动全县教育事业的发展做了大量的工作。

（一）重视依法治教，如期实现了“两基”达标。近年来，教育局重视用法律手段指导和管理教育事业，不断强化依法治教、依法兴教意识，努力提高教育执法和依法行政水平。一是加大宣传力度，强化依法治教。为了使“一纲四法”的宣传学习落到实处，取得实效，将每年的9月定为“义务教育宣传月”，充分利用广播电视、板报专栏、标语及会议等形式，在全县积极开展各种宣传活动，广泛宣传义务教育法、教育法、教师法、职业教育法、中国教育改革和发展纲要等法律、法规，对于增强各级组织和广大干部群众优先发展教育的法律责任意识、促进各项教育法规政策的贯彻落实，产生了良好的作用。同时按照依法治县的要求，结合教育系统实际，制定下发了《静宁县依法治教规划》，在教育部门开展依法治理活动，用法律规范教育部门的行为，不断促进了教育事业的发展。二是全面贯彻实施义务教育法，努力促进“两基”达标。随着国家关于在本世纪末基本普及九年义务教育、基本扫除青壮年文盲奋斗目标的迫近，县上先后确定1996年为“普九”攻坚年，1997年为“两基”达标年。在县委、县政府的直接领导下，文武同志和教育局一班人把握这一时机，在原有工作基础上进一步加大力度，按照“硬件从实，软件从严”的原则，提出“软件硬件同抓，数量质量齐上”的口号，通过强化和完善各项管理制度，加强业务指导，着力解决“普九”指标中入学、巩固、教育完成三率低，流失、辍学、文盲三率高的问题，我县普及九年义务教育的程度有了较大提高。去年9月，我县的“两基”工作顺利通过了省地达标验收，各项软、硬件指标均达到了国家要求的指标，使我县教育跃上了一个新的发展台阶。这一成绩的取得，虽然是在县委、县政府的正确领导下，乡、村各级组织和广大人民群众齐抓共管、通力配合的结果，但也凝聚着教育局一班人扎实细致的工作和教育系统教职工的辛勤劳动。

（二）多方筹集资金，办学条件进一步改善。实施“普九”以来，教育局按照县上的统一部署，及时出台了《静宁县标准化学校建设方案》，采取措施狠抓办学条件的改善。首先，积极争取资金。面对“普九”达标验收在即，改善办学条件任务紧

迫，教育经费又严重不足的问题，在县委、县政府的高度重视和有关部门的积极配合下，文武同志和教育局一班人抓住国家加大对“普九”投资的机遇，通过各种渠道想方设法筹措经费，争取项目援助，1995年以来，先后争取到了“贫三”项目、“义务教育”工程、扶贫教育工程、UNDP/401项目等7个教育建设项目，共争取到世行贷款、国家及省上项目专款1593万元，加上配套资金项目总额达3500多万元，建成项目学校60所，建筑面积4.8万平方米。调查中，教育系统干部职工普遍认为这几年在改善办学条件方面迈的步子较大，取得的成效显著。其次，加强领导和协调。为保证各个建设项目的落实，高质量地改善办学条件，教育局一班人面对校舍及配套建设任务重、困难多、牵扯面广、协调难度大的实际，充分发挥教育主管部门统筹规划的职能，在加强系统内部管理和指导检查的同时，积极与乡、村组织及有关方面联系协调，争取支持配合，保证了校舍建设工程质量和进度。

经过多年来上下的大量工作，特别是近年的艰苦努力，目前，我县各级各类学校的总体办学条件已有了较大的改善。据统计，1990年以来，全县共投入资金412万元，维修、改建、新建校舍面积78万平方米，建成标准化学校120所（小学100所、中学20所），使初中和小学生均校舍建筑面积分别达到5.7平方米、3.1平方米。同时，学校配套建设也得到较大改善，全县初中、小学实验仪器设备均达到国家三类标准以上，生均图书初中达11册，小学达7册。

（三）规范管理，教育质量稳步提高。质量是教育的生命线，近年来，教育局从规范管理入手，采取一系列举措提高教育质量。一是整章建制，先后制定出台了《静宁县教育质量分类达标计划》及质量评估办法等规范性文件15个，基本上形成了一整套较为科学、实效、操作性强的管理制度，使教育教学管理工作有章可循，逐步走向规范化。二是各学校普遍引入竞争激励机制，建立了以目标责任制为主要内容的质量促进制度，量化考核，奖优罚劣，强化了学校和教师的质量意识，调动了广大教师教学的积极性。三是加强督导查学活动，促进教学质量稳步提高。如1997年教育局组织人员督查了15个质量后进教委、学校，对乡镇中心小学和独立初中的实验教学进行了检查，并开展了小学数学赛讲活动。今年前半年又对全县10所独立初中进行了督导检查，有效地促进了学校管理及教学水平的提高。四是素质教育推行工作开始起步。继去年召开实施素质教育动员会之后，教育局今年又采取举办县乡两级素质教育培训班、召开全县素质教育汇报会等措施，统一思想，明确任务，增强了各级学校推行素质教育的紧迫感和责任感。

经过努力，全县各个层次的教育质量继续稳步提高。今年小学毕业生双科合格率为79.17%，由多年全区的后进上升到第3名，比1994年提高18.3个百分点；初中毕业生六科合格率为59.06%，比1994年提高了23.8个百分点；高考上线及录取人数多年来稳居全区前列，1997年首次突破600人大关，今年录取508人。

（四）注重教师队伍建设，整体素质有所提高。教育局新一届班子坚持把教师队伍建设作为重中之重来抓，按照“调整、充实、培训、提高”的方针，狠抓队伍建设，取得了较好的效果。一是围绕锤炼“忠诚、热爱、奉献”六字师德，在全县教师队伍中广泛深入地开展了以培养敬业精神、提高育人水平、塑造师德风范为目标的职业道德教育活动。在正面教育的同时，制定了《静宁县教师队伍管理四十条》，强化行政管理，硬化管理措施，严格要求，严格管理，动真碰硬，对少数师德不好、有损教师形象的人和事坚决予以查处，在社会上受到了一致好评。目前，广大教师普遍有了压力感，教书育人的责任性进一步增强，精神状态和工作作风进一步好转。二是通过岗位自学、离职进修和实施教师队伍建设“五个百”工程以及举办中小学教师基本功达标竞赛活动，多渠道、多层次、多形式地进行业务培训，进一步提高教师的业务素质和教学水平。三是建立教师合理流动机制，逐步解决乡村特别是边远山区教师短缺和结构不合理的问题。同时，在改善提高民办教师待遇、关心教师工作和生活方面也做了大量的工作，调动了教师的工作积极性。1995年以来，通过教师“康居工程”建设，为208户教师解决了住房难的问题，被省政府评为“康居工程”建设先进县。

至目前，全县中小学专任教师学历达标率分别为：小学96.2%，初中93.6%，高中45.5%。一支人数相对稳定、结构基本趋于合理、整体素质较为优良的教师队伍正在逐步形成。

（五）局机关和领导班子建设得到加强。教育局近年在局机关和领导班子自身建设方面迈出了较大的步子。一是注重抓政治和业务学习，建立健全了各项规章制度，机关工作作风有了大的改进。领导班子成员能够坚持带头学习党的基本路线、方针、政策和邓小平理论以及业务知识。文武同志坚持每年写2本以上的学习笔记，带动了全机关的学习。局里先后建立完善了《教育局机关常规管理暂行规定》、局党组《议事规则》等规章制度，并对股室的学习、出勤、工作等每月进行量化考核，有效地消除了对基层同志态度“生、冷、横、硬”以及公事私办等不良现象。调查中，基层的校长及教师普遍认为，近年来局机关工作作风转变较大，职责清楚，工作效率高。二是教育局领导班子主要成员都具有较高文化程度和从事教育行政管理的才能。一班人关系协调，集体领导和分工负责作用发挥得好，能够互相配合，求实苦干，是一个团结进取、勤奋工作的班子。三是文武同志具有较高的政策水平和理论水平，工作能力强，对我县教育的底子清，实情吃得透，思路明晰，重点突出，坚持原则，敢于负责，严于管理，以身作则，大家一致反映，文武同志忠于党的教育事业，责任性和吃苦精神强，带领一班人开拓进取，努力工作，为我县教育事业的发展作出了贡献。

二、不足之处和存在的问题

在肯定成绩的同时，用一分为二的观点看，教育局工作和我县教育事业发展中还存在一些问题和不足。主要是：

（一）巩固“普九”成果的任务还相当艰巨。我县的“普九”工作虽然已通过了省、地的达标验收，但客观实在地讲，还处在一个不高的水平。由于多种因素的影响(诸如乡与乡之间发展不平衡、学生就学需求与师资校舍短缺的矛盾、经济发展的差距等等)，今后相当长一个时期内将处于不稳定状态，工作稍一松劲，就可能出现“反弹”和“回落”。从我们这次调查了解看，在一些关键性指标上已经出现令人担忧的问题，值得引起重视。据汇报统计，城区三中、四中学生的辍学率分别为2.8%和4%；而原安、四河、双岘、仁大、石咀中学的学生辍学率平均为6%，其中仁大中学高达15.3%，大大高于全县初中学生辍学率1.4%的控制线。其他诸如入学率、流失率、教育完成率等也都存在类似问题，如原安、双岘初中，今年初三学生流失率分别高达21%和23%。

（二）小学特别是边远贫困山区学校危房面积大、配套建设差的问题较为突出。随着时间的推移，80年代低标准实现的“一无两有”小学校舍大面积出现危房，在边远山区尤为严重，虽经逐年维修改建、但危房面积依然较大。据教育局统计，目前尚有危房12000平方米。这次调查的原安、四河、双岘、石咀、仁大5乡危房占校舍面积的27.1%，其中原安、仁大、四河3乡危房面积分别占到73%、30%、24%。据原安教委汇报，该乡校舍总面积4680平方米，危房占三分之二，其中严重危房就有100平方米。一些乡小学配套建设差的问题也比较突出，上述5乡小学课桌凳配齐率平均为70%，生均图书仅4.5册，均低于全县平均数；教学设备、实验仪器也很短缺。原安乡荞岔小学校舍总面积380平方米，有80%已成为危房，135名学生，配上桌凳的仅占20%。我们调查时，一年级教室里只有1张讲桌，60多个学生站立上课，课后在院子地面上写字，条件之差，实属罕见。在一些中学，这类问题也不同程度地存在。如仁大中学校舍严重短缺，没有图书室、会议室和实验室，有住校生600人，学校仅能容纳200人，而且都住在危房中，其余都散住在附近群众家里，给学校管理带来极大不便。

（三）教师队伍建设中一些深层次的问题尚待解决。从调查中各乡镇领导、教委、学校负责人及部分教师的反映看，主要有三个方面：一是教师短缺，学科结构不合理。据教育局统计，全县共缺编教师575人，在一些边远山区学校教师缺少更为突出，影响了教学工作的正常进行。教师学科结构在一些中学配备不够合理，如仁大、原安中学主要学科教师少，且音、体、美教师短缺，不符合素质教育的要求。二是小学教师年龄老化。据城关镇教委反映，其所属小学教师中年龄在50岁左右的已占到教师总数的三分之一；双岘教委有教师85人，40岁以上的将近70%，其中45岁以上的达23人。三是一些教师素质不高，敬业精神差。有的厌教厌乡，不安心教书育人；有的忙于私事，工作支差应付，群众意见很大。

（四）部分乡镇学校管理不善和教学质量差的问题应引起高度重视。近年来，我县各级学校整体管理水平和教学质量虽有较大提高，但乡与乡、校与校之间差距较大，一些学校管理工作长期跟不上，教学质量很差。四河初中今年初三毕业生六科合格率只有8.05%，低于全县平均线31.01个百分点；仁大中心小学毕业生今年双科合格率仅为34.1%，低于全县平均线45.07个百分点。由于这些学校管理松散，质量长期上不去，不仅贻误了一批孩子，也影响了群众办学的积极性，社会反响较大。

（五）教育科研工作是一个薄弱环节。调查中普遍认为，从我县目前的教育发展水平来看，教育教学研究工作跟不上形势发展的需要。如教科所工作力量不足，没有充分发挥职能作用，在提供信息、教学指导、引进外地先进经验和总结推广本县教学教改典型等方面都有一定差距；目前成立的一些学科教学研究会流于形式，没有发挥出应有的作用；一些陈旧的传统教育观念和教学方法在学校和教师中仍有较大影响，这些都与我们教育大县的地位不相称。

（六）对职业技术教育的研究探索不够。与普通教育相比，我县的职业技术教育发展缓慢，一些方面有滑坡现象。原来建立的一些职业技术学校，由于办学指导思想不够明确，办学形式和手段单一，缺乏活力，普遍面临着资金、师资、生源短缺等问题的困扰，举步维艰。职教中心在配备教师、调进人员上也存在把关不严的问题，医疗班没教师讲课，全是高薪聘请，对此，职教系统教职工意见较大，认为主管部门对我县职业技术教育发展的路子缺乏研究和探索，使职教工作停滞不前，与国家发展职业技术教育的要求差距较大。

三、几点建议

结合调查中的反映和教育局工作实际，针对存在的问题，对今后工作提出以下建议：

第一，进一步落实“科教兴国”战略，切实抓好“普九”成果的巩固和提高。要强化教育行政部门的督查统筹职能，严格落实普及九年义务教育的各项法律和政策，不断提高依法治教水平。特别是要把改善办学条件的重心向边远贫困山区倾斜，在建设标准上既要立足长远，又要顾及眼前，实事求是，量力而行搞好校舍及配套建设，努力缩小差距，满足适龄儿童少年就学的需要；要继续高度重视并花大气力解决“普九”中存在的“三低三高”问题，在基本“普九”的基础上向高标准“普九”迈进。

第二，坚持不懈地抓好教师队伍建设。要认真落实县委、县政府《关于进一步加强教师队伍建设的决定》，立足优化结构、提高素质，搞好师德教育及业务培训，强化管理，严明纪律，努力建设一支素质优良、结构合理、相对稳定的教师队伍。要及时总结教师调配使用制度改革方面好的经验，积极、稳妥地推行教师合理流动机制，下大决心改变边远山区学校教师人数短缺、学科和年龄结构不合理的问题。同时要重视做好宣传舆论和思想政治工作，防止因调动交流而造成人心不稳，影响教学工作。

第三，深化教育改革，推行素质教育。全面推行素质教育是我国当前中小学教育的重大改革，是时代对基础教育提出的新要求。因此，要进一步认识素质教育的重要性和紧迫性，采取得力措施，积极稳妥地推行素质教育。首先要抓好教育观念的转变，通过学习宣传，帮助校长、教师以及家长树立正确的教育观、人才观和质量观，消除推行素质教育的思想障碍。其次要严格执行国家的课程计划，按照国家对中小学的课程计划和教学大纲，开齐课程，开足学时，严禁学校、教师擅自增减教育科目、教学内容和教学时数，增加学生课业负担。再次要健全完善实施素质教育的督导评估机制，引导推动学校尽快由“应试教育”向素质教育转轨。

第四，大力发展职业技术教育。发展职业技术教育是国家的一项大政方针，教育局要认真落实县委、县政府《关于加快发展职业技术教育几个问题的决定》，明确指导思想，分析和研究我县职业技术教育面临的问题和出路，探索实施职教联办计划的具体方式，走职业技术教育与经济建设相结合的路子。要重视办好现有的职业学校，调配充实专业教师，改进招生办法，开展多层次、多形式的职业技术培训，努力为当地经济建设培养实用人才。

第五，加强教育科研工作。教育科研是发展教育事业的一项重要工作，因此，必须抓紧抓好。一是充实力量，规范管理，切实发挥教科所和各学科教学研究会的作用，培养一批教研骨干，逐步使我县的教育科研与教育发展相适应。二是转变教育观念，把提高教育质量的突破口放在教研教改上，推动教学改革，提高课堂教学质量，研究适应素质教育的教学方法，并及时搞好先进教学方法和经验的总结推广工作，促进教学走向现代化。

第六，进一步理顺县、乡教育管理体制。要进一步加强乡镇教委领导班子建设，明确职责，强化责任，加大压力，努力提高管理水平；要加强督导检查，会同乡镇教委重点解决部分学校规章制度不健全、管理松散、教学质量差的问题，特别对一些条件较好，但长期教学质量差的学校，要认真查找原因，采取有效措施帮助解决，以全面提高我县的教育质量。

第七，对教育费附加的使用比例应根据情况的变化予以适当调整。按照国务院的有关规定，教育费附加应由所征收的乡镇用于改善办学条件，我县多年来采取乡征县管，60%由县上统筹安排，40%归征收乡镇使用的办法。但实行分级办学以来，乡镇担负的改善办学条件任务较重，压力大，资金短缺，因此，大多数乡镇对目前教育费附加的使用比例有意见。鉴于目前小学办学条件差、危房面积大的问题，乡镇的教育经费又有限，县政府及教育部门应对这一问题进行调查研究，逐步调整加大乡镇的使用比例。

第八，文武同志在全面抓好教育局工作的同时，应抽出更多的精力和时间，思考研究全县教育发展宏观方面的问题，避免事务缠身，影响主要工作。对一些重大事项的决策，要深入调查研究，广泛听取意见，集思广益，进一步提高决策的科学性。同时要注意克服急躁情绪，带领一班人发扬成绩，再接再厉，为我县教育事业发展作出新的贡献。

第六次会议　于1998年12月22日在常委会四楼会议室召开，由靳士孔主持。

会议议程有五项：一、听取和审议扶贫办公室主任李存时受政府委托所作的《关于全县扶贫攻坚工作情况的报告》；二、听取和审议林业局局长戴三姓受政府委托所作的《关于〈中华人民共和国森林法〉贯彻执行情况的报告》；三、听取和审议就业服务局副局长韩荣省受政府委托所作的《关于国有企业下岗职工基本生活保障和再就业工作情况的报告》、常委会农业财经工委主任王智仁所作的《关于全县国有企业下岗职工基本生活保障和再就业工作的情况调查》；四、审议通过召开十三届人大二次会议的有关事项；五、人事任免。会上，政府副县长张自杰、张维国分别就审议意见的整改落实作表态发言；会议结束时，吕忠厚作总结讲话。

第十三届常委会组成人员吕忠厚、靳士孔、李克科、赵智荣、张金业、郭应童、王维歧、骆世清、杨耀忠、柴玉明、李佩红、邓颖、刘文乾、王毅、柴桂兰、米宝林、王智仁出席会议；政府副县长张自杰、张维国，法院院长杨志军、检察院检察长李居洲、政府办公室副主任李克明、劳动人事局局长王平仁、扶贫办公室主任李存时、林业局局长戴三姓、就业服务局副局长韩荣省，常委会各委室负责人王镇华、祁望厚、周世让、李金列席会议。

附：

人事任免

田志宏任县人民法院审判员

金光玉任县人民法院审判员

包成林任县人民法院审判员

张智强任县人民法院审判员

关国旺任县人民法院审判员

贾国勇任县人民法院审判员

李应弟任县人民法院审判员

罗巨生任县人民法院审判员

关于全县国有企业下岗职工基本生活保障和再就业工作的情况调查

由常委会副主任靳士孔牵头，农业财经工作委员会及有关工作人员组成调查组，就我县国有企业下岗职工基本生活保障和再就业工作情况，深入到就业服务局、乡镇企业局、商业局等有关单位，进行了调查。

一、基本情况

我县共有国有企业26户，在册职工3981人。在近年来企业改组、改制、改造和经济结构调整的过程中，有一批企业富余人员陆续下岗。截至1998年10月底，全县共有8户国有企业501人下岗，占国有企业职工总数的12.6%。这些下岗职工集中在商业系统的百货公司、糖酒公司、食品公司、供暖公司、商业运输公司、食品厂和隶属于乡镇企业局的农机厂、人造板厂。经社会各方面以及下岗职工的共同努力，目前已经有457人实现了再就业，占下岗职工总数的91.2%，比省、地确定的50%年度再就业目标高出41.2%个百分点。

二、主要工作

（一）各级高度重视，组织领导得力。今年以来，县委、县政府把国有企业职工下岗再就业工作和基本生活保障放到关系改革、发展、稳定的高度来认识，把关系下岗职工生存大计的再就业当作这项工作的重中之重来抓。9月份召开了全县国有企业下岗职工生活保障和再就业工作会议，制定了《关于切实做好国有企业下岗职工基本生活保障和再就业工作实施意见》《国有企业下岗职工管理办法》，使我县再就业工作有了指导性文件，做到了有章可循、目标明确。在组织领导上，调整和加强了县解困再就业工作领导小组，由主要领导任组长，劳保、财政等14个与再就业工作相关的部门负责人为成员，设立了办公室和再就业服务中心两个专门办事机构，同时在下岗职工集中的商业、乡企两个系统建立了下岗再就业服务中心，开展日常工作。在领导责任方面，确定了县级领导、主管部门、企业一把手负总责的管理责任制，保证了这项工作的顺利开展。

（二）摸清底子，掌握情况，千方百计为下岗职工寻找出路。7月份，县上组织劳保、工会等部门，按照有关政策和规定的范围，对全县42户国有、集体企业职工下岗情况进行了一次全面普查，做到了底子清、情况明。在此基础上，对国有企业下岗职工实行“两证”管理制度，目前已核发下岗职工证44本，下岗职工再就业证194本，发放率分别为100%、42.5%。在管理上，从企业、主管部门到县解困办，逐步建立了下岗职工申报、审查和备案制度，按月填报相关统计表和花名册，还开展了经常性的基本情况调查，基本做到了对每个下岗职工的基本情况心中有数。无论是负责全县再就业日常工作的就业服务局的同志，还是商业、乡企等企业主管部门的负责人，都对所有下岗职工是否就业、未就业的原因等掌握比较清楚。在充分掌握下岗职工基本情况的基础上，上下一致，部门联动，多方面、多渠道地开展了帮助下岗职工再就业工作。一是县上通过制定扶持政策，全方位促进再就业。在9月份召开的全县国有企业下岗职工基本生活保障和再就业工作会议上，出台了扶持下岗职工再就业的10条优惠政策和发展所有制经济若干政策规定，主要是从建立市场经济的角度出发，运用市场调节、政府促进的方针，通过企业内部优先，行业调剂、社会帮助分流，鼓励下岗职工自谋职业等渠道，分流安置。二是各相关部门大都能从大局出发，想方设法帮助下岗职工再就业，使政策落到实处。对下岗职工从事个体私营经济的，工商部门在办证、免交有关费用等方面都给予了扶持。由于政策优惠，执行得力，调动了下岗职工自谋职业的积极性。在已就业的457名下岗职工中，有404人属于自谋职业，他们主要从事饮食门店经营、商业、加工、劳务输出等行业的经营，部分还取得了较好的经济效益。三是企业通过深化改革，挖潜改造，吸纳下岗职工。农机厂在实行股份制改造后，多渠道筹措资金20万元，启动精工铸造车间、辐条生产线和界石铺榨油厂，从8月份生产以来，产值达到17.8万元，销售收入11.8万元，有41名下岗职工重新回厂上岗。

（三）大力开展政策宣传和教育引导，促进就业观念的进一步转变。县上针对目前我县部分下岗职工存在的等待、依靠国家、企业安置就业等陈旧择业观念和一些具体问题，充分利用广播、电视等，广泛宣传社会主义市场经济理论，宣传下岗职工基本生活保障和再就业有关政策，宣传下岗职工通过自己的努力实现再就业的典型，用典型经验和事迹教育引导下岗职工转变择业观念，县上召开的“十佳巾帼创业标兵”表彰大会和《平凉日报》关于满永忠等人下岗后不等不靠、艰苦创业的事迹报道，为下岗职工自己创业起到了很大的激励作用。通过正确的舆论引导，就业找市场，岗位靠竞争的大就业观念，在下岗职工中逐步形成。同时，针对下岗职工长期生活在计划经济环境中，一个职业干一生，下岗重新就业在知识和技能上无法适从的现状，职能部门积极开展了下岗职工的转岗培训，使他们很快适应市场就业的需要。县劳动就业培训中心与商业、乡企再就业服务中心合作，在9月份开办了为期1个月的下岗职工烹饪技术培训班，对41名下岗未就业的职工进行了培训，使他们掌握了一定的技术，结业后部分已在餐馆上岗，实现了再就业。

（四）强化托管职责，保证下岗职工基本生活保障的实现。按照有关政策要求，从8月份开始，对商业、乡企两个再就业服务中心托管的44名下岗未就业职工实施了基本生活保障。具体办法是按筹集资金“三三制”原则，即财政、企业、社会各承担三分之一，标准是保证托管对象每人每月110元。今年共筹集8至12月份费用4.76万元，已发放和代缴社会保险费2.66万元，使下岗职工的基本生活得到保证。

三、存在问题和不足

下岗职工基本生活保障和再就业工作是在县委、县政府的正确领导下，由于指导思想明确、具体措施得力，加之下岗人数不是很多，从总的情况看，取得了好的成效，压力有所减轻，但还有很多不足和困难。主要有：

（一）下岗职工的就业观念陈旧，依靠政府和企业安置的思想还普遍存在。在下岗职工中长期形成的只有政府统配，进国有企业才算就业的观念，严重束缚着他们的手脚，成为困扰再就业的思想障碍。长期处在国有企业的优越感和现实形成的反差太大，使他们在选择集体、私营企业就业时有一种失落感和无保障感。所有这些主观上的因素，给就业工作的实施带来了困难。

（二）再就业的门路还不是很宽广，环境还不是很宽松。改革开放和社会主义市场经济的建立给每一个人都带来了发展和机遇，但对于每一个下岗工人来说，不是人人都能适应这个变革。具体表现在，长期生活在国有企业的下岗职工，多年一贯的工作环境使他们的思维和技能都受到限制，有些已是人到中年，面临突然出现的下岗和择业，大多都感到手足无措。经商打工固然是出路，但如果社会能为他们提供发挥技能特长的工作机会，将会使再就业的门路和渠道更加广泛。这些由于社会经济的不发达给就业带来的困难，在短期内是难以改变的。同时，政府鼓励下岗职工自谋职业，从事私营企业和个体经营，并制定了优惠政策，为他们再就业创造了比较宽松的环境，但各种条件的限制使他们难以如愿以偿。譬如资金不足的问题，多年来我县企业效益较差，生产不景气，使职工的收入降低，大多都没有积蓄，现在要投资私营企业或个体，资金筹措困难太大，而信贷部门由于信贷规模的限制，加之下岗职工的信贷条件限制，信贷优惠政策不是像扶贫信贷那样很明确。税收优惠也受政策的限制得不到完全兑现，这些，都给再就业工作带来了不利影响。

（三）基本生活保障制度面临资金筹措困难的问题。目前我县托管的下岗职工有44名，今年的基本生活保障资金已筹措到位，同时也暴露出一些问题。主要是一些企业生产处于停顿状态，无力缴纳下岗职工的基本生活费。如人造板厂有托管职工33

名，但由于企业困难，托管费得不到足额缴纳，目前尚欠6600元。社会筹资的部分，也由于社会保险统筹的覆盖面较小而存在困难。随着我县企业改革的进一步深化，还会出现一部分下岗职工，成为托管对象，而企业生产经营状况得不到根本好转，基本生活保障费的筹措将难以保证。

四、几点建议

（一）从转变思想观念出发，大力开展宣传教育和就业培训。要充分利用各种宣传工具，宣传社会主义市场经济理论和国家再就业的方针政策，总结典型经验，宣传典型事迹，引导下岗职工面向市场，不等不靠，在改革大潮中实现自我价值。职能部门要进一步开展对下岗职工的培训。不仅要注重技能的提高，而且要重视下岗职工观念的更新，为他们提供国家产业政策、社会需求等方面的情况和信息，使他们开阔视野，寻找适合自己的位置。

（二）广开门路，为下岗职工创造更多的就业渠道和机会。要进一步深化企业改革，加快我县工业发展步伐。要大力发展非公有制经济，建立和完善劳动力市场，拓宽就业渠道，充分安置下岗职工。为落实县上制定的就业政策，各相关部门要从稳定的大局出发，切实做到部门联动、特事特办，从办证、管理、信贷和税收等方面优先扶持。县上应建立必要的监督机制，保证各项优惠政策的贯彻落实，为下岗再就业创造一个比较宽松的环境。

（三）要进一步做好下岗职工生活保障工作。一是要完善企业再就业服务中心，切实保证基本生活保障的实施。二是主管部门要同企业一起为下岗职工办实事、办好事，理解他们、尊重他们，体现党和政府对下岗职工的关怀和温暖。

（四）今后要教育监督企业严格下岗程序，规范下岗行为，严把企业兼并划转、减负增效和下岗分流关。

第七次会议 于1999年1月12日在常委会四楼会议室召开，由吕忠厚主持。

会议议程有四项：一、听取十三届人大二次会议补选常委会副主任候选人情况的介绍；二、审议通过常委会工作报告；三、审议通过召开十三届人大二次会议的有关事项；四、人事任免。

第十三届常委会组成人员吕忠厚、靳士孔、李克科、岳具辉、朱春林、张金业、王智仁、郭应童、骆世清、柴玉明、柴桂兰、王毅、刘文乾、杨耀忠、李佩红、王维歧、阎继富出席会议；县委副书记王学书、政府副县长王星耀、县委组织部副部长郭三省，常委会各委室负责人列席会议。

附：

人事任免

张汉基任县人大常委会司法民政工作委员会副主任

赵启龙任县技术监督局局长

免去杨发善县技术监督局局长职务

第八次会议 于1999年3月22日至23日在常委会四楼会议室召开，分别由吕忠厚、靳士孔主持。

会议议程有四项：一、学习九届全国人大二次会议有关文件；二、听取和审议财政局局长王维军受政府委托所作的《关于1999年全县财政收支预算调整情况的报告》，作出《关于静宁县1999年财政收支预算调整的决议》；三、审议通过常委会1999年工作要点；四、听取法院院长杨志军、副院长蔡尚志、赵忠厚分别所作的《述职报告》和常委会副主任李克科所作的《关于对县人民法院正、副院长进行述职评议的调查报告》，对法院正、副院长的工作进行评议和书面民主测评，结果均为称职。会上，政府常务副县长许富忠就审议意见的整改落实作表态发言，法院院长杨志军针对常委会的评议作表态发言，县委副书记王学书、常委会主任吕忠厚分别讲话。

第十三届常委会组成人员吕忠厚、靳士孔、李克科、岳具辉、朱春林、张金业、王智仁、郭应童、骆世清、柴玉明、柴桂兰、王毅、刘文乾、杨耀忠、邓颖、李佩红出席会议；县委副书记王学书，县委常委、政府常务副县长许富忠，县委常委、组织部部长李昌武，常委会调研员赵智荣、政府副县长张维国，法院院长杨志军及领导班子成员、各庭室负责人，检察院检察长李居洲、政府办公室副主任李克明、财政局局长王维军，政法、纪检、审计、人事、监察、司法、法制、广播、公安等单位负责人，常委会有关委室负责人张继祖、张汉基列席会议。

附：

关于对县人民法院正副院长进行述职评议的调查报告

根据省、地人大关于对全省、全区各级法院上下联动开展述职评议工作的要求，经县人大常委会主任会议研究，按照评议日程安排，从1月5日开始至月底，抽组2个调查组，分别由我和司法民政工作委员会主任张金业带队，先后深入仁大、威戎等9个乡镇和9个基层法庭，县委政法委、检察院、公安局、司法局以及法院，采取集中座谈、个别谈话、个案监督、抽查案卷（共抽查案卷30件，其中民事9件、经济1件、刑事自诉案件20件）、财务审计以及走访有关案件当事人等方式，对县人民法院及正、副院长的工作情况行了调查。

一、对法院及正、副院长工作的基本评价

调查认为，县人民法院在正、副院长的团结带领下，以党的十五大精神为指导，贯彻落实依法治国方略，认真履行宪法和法律赋予的职责，重视队伍建设，突出专政职能、审判职能和服务职能，加大执行力度，努力改善执法条件，基本上做到了严肃执法，公正司法，为我县的社会稳定和经济发展做了大量工作，成绩是显著的。

（一）注重队伍建设，确保了司法公正

建设一支高素质的法官队伍，是法院工作的重中之重，是能否严肃执法、公正司法的关键。调查表明，县人民法院从领导到干警，比较重视学习，重视自身政治理论水平和业务素质的提高。一是以加强领导班子建设为重点，重视发挥领导干部在学习方面的带头作用。正、副院长在组织干警开展学习的同时，注重自身学习。2位副院长的几篇论文分别获得了省、地法院系统优秀论文奖，在他们的带动下，3年来，全院共有7人撰写的33篇论文分别获得了全国、省、地法院系统优秀论文奖，县院也连续2年荣获论文组织奖；二是以教育整顿为契机，加强了对干警的政治思想教育。院党组制定了政治理论学习制度，要求从院领导做起，每人订阅1份政治理论学习资料，都要有政治、业务2本学习笔记，每年度要写2万字以上的政治理论学习笔记。同时，还经常对干警进行职业道德教育、廉政教育、为人民服务的宗旨教育和纪律作风教育，要求干警讲学习、讲致治、讲正气，增强为人民服务的意识，努力解决为谁办，为谁执法的认识问题，不断提高干警的政治理论素质；三是以自学和函授教育等为主要方式，鼓励支持干警积极参加法律业大学习和多种形式的业务培训与函授教育。至目前，已提前完成了最高人民法院规定的“七、八、九”学习规划，全院具有大专以上文化程度的干警占全体干警的92%以上；四是以制度建设为基础，加强了对干警的日常管理。特别是自去年教育整顿以来，共制定修改完善了以《岗位目标管理考核办法》和《错案责任追究制》为主要内容的15项规章制度，并打印装订成《静宁县人民法院规章制度汇编》，下发各庭、室严格执行；五是以案件评查和执法检查为手段，加大了对违法违纪人和事的查处力度，特别是对近年来案件评查和执法检查以及教育整顿中发现的问题，都能比较严肃认真地予以处理。如对仁大南门村委会李某某、陈某某土地承包经营2案和办案超审限的几名审判人员，责令写了书面检查，并在全院进行了通报批评。

（二）认真开展各项审判工作，较好地发挥了审判职能作用

面对审判业务面广量大，案件数逐年增多，新类型案件不断出现的情况，院党组及时研究，制定对策，调整审判力量，加大审判方式改革力度，凡诉至法院的各类案件基本上都能及时得到处理，化解了矛盾，解决了纠纷，消除了隔阂，较好地发挥了审判职能作用，保障了经济的发展和社会的稳定。3年来，共计审结各类案件2700件，通过对其中的1875件案件的评查，一类案件为1704件，占90.88%；二类的169件，占9.01%；三类的2件，占0.11%；没有发现错案。从我们抽查的30件案件来看，基本上都做到了程序合法，事实清楚，证据充分，适用法律比较准确，处理恰当。通过法院自身检查和我们的抽查看，案件质量是比较高的，这方面也曾多次得到省、地法院的肯定。

（三）重视和加强了执行工作，维护了法律的权威

近年来，随着市场经济的不断发展，人民群众法律意识的不断提高，案件逐年增加，特别是经济纠纷、婚姻家庭纠纷、损害赔偿、刑事附带民事自诉案件逐年增多，大量生效的法律文书得不到执行，严重损害了当事人的权益，影响了法院的形象，损害了法律的尊严，执行难已成为困扰法院严肃执法的一个突出问题，也是人民群众对法院工作不满意的热点问题之一。针对这一现象，院党组一班人首先在思想上高度重视，成立了由院长任组长的执行领导小组，建立了执行工作责任制，把执行工作落实

到庭到人。在坚持审执结合的基础上，适时组织执行会战，执行时，院长或分管副院长都能亲临现场指挥。3年间，共执行各类新旧案件1068件，标的金额1329.63万元，执行率达到84%，居全区前列，有力地维护了法律的权威。

（四）积极探索新的审判方式，庭审水平有了一定的提高

审判方式改革是近年来法院工作的一个重点，也是县人民法院提高办案效率、保证办案质量、严肃执法、公正司法、适应新时期审判工作的需要。法院针对这一新的工作特点，注重庭审观摩，开展练兵。1997年成立了由院长担任组长的审判方式改革领导小组，并制定了《庭审观摩安排意见》，选择典型案例，邀请和组织社会各界人士、人大代表、政法各部门负责人及本院干警，现场旁听观摩。3年来，县人民法院共组织庭审观摩13场（次）。通过庭审观摩，现场练兵，提高了审判人员的庭审应变能力和驾驭庭审的组织指挥能力，以及对案件事实的分析认证水平，收到了良好的效果。

（五）多方筹措资金，努力改善执法条件

近年来，在我县财力极度困难的情况下，法院一班人千方百计向上争取资金，并主动和有关乡镇协商，在地皮等方面取得优惠和支持，先后完成了高界、八里、雷大、红寺、威戎等5个法庭的新建、改扩建任务，使9个基层人民法庭建设均达到了标准化要求，城关法庭和家属楼今年夏季也将交付使用。同时，还添置、更新了部分交通和通讯工具，改善了办公条件，为审判工作打下了良好的基础。

（六）领导班子团结协调，较好地发挥了带头作用

从调查看，法院一班人基本能够按照各自的分工，认真负责地开展工作，并能够互相支持，互相配合，互相补充，是一个整体上比较好的班子。杨院长工作积极性高，有魄力，处事比较果断，坚持原则，性格直爽，作风正派，有较强的组织领导能力；两位副院长作风扎实细致，业务能力强，在案件质量上各把一关，对分管的工作认真负责，较好地发挥了参谋助手作用。同时，一班人重视机关的财务管理，制度健全，开支合理，从财务审计和我们调查了解的情况来看，都没有发现违反财经纪律的问题。

二、存在的主要问题

法院及正、副院长的工作总体上讲是比较好的，特别是去年政法队伍教育整顿以来变化较大，但从依法治国、治县、治院和全心全意为人民服务的高度来讲，还存在一些不容忽视的问题。主要有：

（一）部分干警思想水平和业务能力还不能适应形势发展的需要，个别干警自身素质不高，工作责任感和事业心不强，严肃执法和为人民服务的宗旨意识淡薄；有的干警能力较差，驾驭庭审的能力不强，当庭宣判率低；个别案件办理质量不高，审理超时限、久拖不决和适用法律不当、处理欠妥的案件也时有发生，造成了工作上的被动，引起了当事人的不满和群众的非议。

（二）对县委、县人大、县政府有关领导批办和群众比较关注的案件，认真研究、主动汇报不够。对一些处理欠妥的案件，也不能及时纠正。机关的一些制度，时紧时

松，执行不严，在有些制度的遵守上，领导的表率作用做得还不够。

（三）对基层法庭的教育管理抓得不紧，乡镇和群众意见比较大。主要表现在个别干警对当事人态度生硬，办案拖拉；有些基层法庭卫生环境不好，脏、乱、差现象比较突出；一些干警精神不振，不安心基层，上班期间脱岗，办事找不着人；有的法庭干警喝酒频繁，喝多了说些不三不四的话，甚至违反原则，影响很不好；有些基层法庭和乡镇工作配合不够，个别人开会几次叫不来，乡上很有意见；基层法庭交通工具普遍较差，有的摩托车使用多年，现已无法使用，影响了办案效率。

（四）在对一些伤害案件的判决上，注重作案手段和情节不够，重于收取罚金，量刑倾向于走低线，重刑面上不去，影响了严打力度，震慑犯罪分子和教育群众的社会效果不够好。

（五）在协调处理各方面的关系上还不够积极主动，特别是和政法委、检察院、公安、司法等部门的协作配合不够紧密；重大事项和重大疑难案件的处理，向县委和政法委请示汇报不够；对一些减刑、假释等材料以及有关法律文书没有及时或者全部送检察院，使检院的法律监督缺乏应有的依据；个别法官对律师在出庭辩护中的言行不够尊重。

（六）从抽查的案卷看，还存在几个方面的问题。一是收费不规范，罚款收据有使用白条的现象，如王某某诉受某某解除非法同居关系一案，罚款收据用的是法院内部制作的款物收据存根；一些离婚案件也存在收费标准不一的问题，同样的离婚案件，有的法庭案件受理费和其他诉讼费收180元，有的收190元；二是审判纪律不严肃，有审委会决议与判决书主文不符的情况。如王某某诉窦某某损害赔偿一案，审委会决议上判处赔偿金额为2150.20元，而在判决书主文上却成了2340.50元；三是一些应公开审理或公开宣判的案件没有出公告，也没有公开宣判，造成程序上的不合法。

（七）法院正、副院长在工作上还存在着几个需要注意克服的问题。院长杨志军同志工作方法有时比较简单，抓审判工作不够扎实细致，特别是对一些重大疑难案件和领导交办的案件亲自抓得不够，请示汇报和协调工作不够积极主动。这些问题在2位副院长身上也不同程度地存在。同时，2位副院长参与机关一些集体活动较少，对个别案件把关不严谨，对分管的庭室工作支持协调不够。

三、对今后工作的意见和建议

针对以上存在的问题，提出以下意见和建议，希望在今后的工作中认真改进：

（一）进一步加强政治理论学习和思想教育。一要把思想政治教育放在首位，坚持以讲学习、讲政治、讲正气为总揽，坚定正确的政治方向，树立正确的世界观、人生观、价值观；二要重视抓好职业道德教育，不断增强勤政廉政意识，通过行之有效的教育整顿和制度约束，增强干警的防腐免疫能力，公正司法，文明执法；三要进一步加强班子建设，发挥好核心带头作用，以班子素质的不断提高来带动干警整体素质的不断提高。

（二）进一步加强业务学习，努力提高办案水平。法院队伍的文化程度和业务素质相对讲是比较高的，但随着形势的发展，人民群众对法官的要求也会越来越高。因此，要不断通过理论研讨、学习交流、岗位练兵等方式，不断加强广大干警的业务学习，努力提高办案水平，确保案件质量。一要加快审判方式改革步伐，扩大庭审观摩的范围，在实践中锻炼队伍，提高素质，增强法官驾驭庭审的组织指挥能力和庭审认证能力。同时，要进一步完善审判监督机制，改进审判作风，确保诉讼活动的公开化和公正性；二要做好认真细致的调查研究，重视取证、认证工作，熟悉案情，吃透案情，不要因为推行直接开庭、当事人举证而忽视调查取证工作。同时，在庭审中，确需出庭作证的有关行政机关及证人、鉴定人，要根据法律的规定，出庭作证；三要牢固树立为社会、为人民服务的意识和工作作风，努力克服个别干警的特权思想。要制定和推行公开承诺服务制度，并制定相应的奖惩办法，一切从人民的利益出发，对群众的信访申诉无故推诿不办、案件审理久拖不决、违法违纪或对当事人态度生、冷、横、硬而造成不良后果的，要坚决予以查处。四要做好对法律法规的宣传咨询工作，要向广大干部群众热情宣传法律、讲解法律、以案讲法、以案释法。同时，要做好对企业厂长经理的法律知识培训工作，最大限度地发挥好法律的保障功能和服务功能。

（三）进一步建立健全各项规章制度，严肃审判纪律，规范执法行为，确保司法公正。近年来，法院在制度建设方面虽然取得了一定成效，但在严格执行上做得还不够。今后，要在进一步建立、健全和完善各项规章制度的基础上，院领导首先要以身作则，带头遵守和执行各项制度。一要认真坚持院长接待日制度，不能流于形式。凡重大疑难案件和信访申诉案件，院长要亲自把关，亲自接待，具体研究解决；二要坚持有效的学习、工作会议制度，以便于领导与干警、庭室与庭室、干警与干警之间互相交流、互相学习、互相监督检查，确保案件质量；三要严格执行收支两条线的规定，明确和严格诉讼费收费标准，规范诉讼收费行为。对一些该重判的案件要坚决重判，不能简单地收取罚金，以罚代刑；四要严肃审判纪律。对案件的判决有不同意见，在审委会会议上，可以充分发表意见，但审委会一旦形成决议，就必须严格执行，决不能随意变动；五要进一步健全完善执行工作责任制，加大执行工作力度，彻底扭转执行的状况，切实保障当事人的合法权益，维护法律尊严；六要按照依法治县的具体要求，参照外地经验，尽快建立和推行执法责任制。对执法责任制的建立情况要专题向人大常委会汇报，人大将在适当时候，组织力量进行检查；七要严格按照错案责任追究制度，对一些明显判决有误，或办关系案、金钱案、人情案的审判人员，要坚决追究其责任，严肃查处，决不姑息迁就；八要严格执行“六条禁令”和“八不准”等规定，自觉维护人民法官的形象。

（四）要切实加强对基层法庭的管理教育工作。院领导要经常深入各基层法庭督促、检查、指导工作，帮助解决一些实际问题，协调处理好与所在乡镇的关系，赢得群众的信赖和乡镇政府的支持。一要与县院机关一样抓好基层法庭干警的政治理论和业务知识学习，增强敬业奉献精神和勤政廉政意识，提高办案效率和水平；二要彻底解决基层法庭脏、乱、差的问题，教育干警坚守工作岗位，文明执法，礼貌待人，维护人民法庭的形象；三要加强上下级之间的联系，互相沟通情况，及时了解掌握基层干警的思想动态，注意解决一些实际困难，如交通工具差、各种费用报销难等问题，最大限度地调动他们的工作积极性，安心基层，全心全意为人民服务。

（五）正确协调处理好各种关系，自觉接受党委的领导、人大的监督、群众的监督和舆论的监督。一要加强向党委的请示汇报。凡重大疑难案件，都要及时向县委请示汇报，取得支持，以便更好地开展工作；二要正确对待人大的监督。对一些当事人不服提出申诉、由人大转办的信访案件，或者人大认为需要法院汇报和重新审理的案件，都要积极负责、严肃认真地研究办理，要求报结果的都要及时写出书面报告；三要自觉接受群众和舆论的监督。充分发挥法院聘请的监督员的作用，经常征求他们的意见，倾听群众的呼声，不断改进工作；四要加强与政法委、检院、公安、司法等政法部门之间的协作配合。该给检察院送的法律文书，必须全部及时送到，主动接受其法律监督。该由法院处理的案件，法院要及时受理。有些认识不一的案件要及时汇报政法委，协调解决。同时，要尊重律师的地位，注意倾听他们的意见和建议。

（六）法院领导班子要进一步加强团结协作，更好地发挥班子的核心带头作用。杨院长要注意克服工作中的急躁情绪，重大决策事前要多听取班子成员和庭室负责人的意见，充分发扬民主，发挥好班长的作用；2位副院长工作中要更加认真细致，把好案件质量关，协调指导好各自分管的庭室工作，协助院长抓好整体工作，进一步发挥好助手作用；班子成员要多参加机关的集体活动，多与干警交流谈心，体贴、关心他们的工作和生活。

只有好的班子才能带出好的队伍，法院一班人只要继续坚持做到自警自励，严于律己，勤政廉政，谦虚谨慎，团结一致，扎实工作，就一定能够使我县法院的工作再上一个新的台阶。

第九次会议　于1999年5月31日在常委会四楼会议室召开，由吕忠厚主持。

会议议程有两项：一、听取和审议科委主任姚国奇受政府委托所作的《关于全县农业科技普及工作情况的报告》、常委会教科文卫工委主任张继祖所作的《关于农业科技普及工作的调查汇报》；二、人事任免。会上，政府副县长张自杰就落实审议意见作表态发言；会议结束时，吕忠厚作总结讲话。

第十三届人大常委会组成人员吕忠厚、岳具辉、朱春林、张金业、王智仁、王维岐、骆世清、柴桂兰、郭应童、柴玉明、王毅、刘文乾、邓颖、李佩红出席会议；政府副县长张自杰、法院副院长赵忠厚、检察院检察长李居洲、县委组织部副部长郭三省、政府办公室副主任李克明、农办副主任王兴国、科委主任姚国奇、林业局局长戴三姓、农牧局局长陈进财、水保局局长高长茂、水利局副局长陈焕康、农技中心主任柴福喜，常委会各委室负责人张继祖、周世让、祁望厚、张汉基列席会议。

附：

人事任免

高　旭任县交通局局长

免去杨水亭县交通局局长职务

第十次会议　于1999年7月30日在常委会四楼会议室召开，由吕忠厚主持。

会议议程有三项：一、听取和审议审计局副局长杨建雄受政府委托所作的《关于1998年度县级财政预算执行情况的审计工作报告》；二、人事任免；三、听取林业局局长戴三姓所作的《述职报告》、常委会副主任岳具辉所作的《关于评议县林业局局长戴三姓同志任职情况的调查报告》，对林业局及其局长戴三姓的工作进行评议和信任投票，结果为称职，并产生《关于县林业局及局长戴三姓同志工作的评议意见》。会上，林业局局长戴三姓就评议意见的整改落实作表态发言，县委副书记王学书、常委会主任吕忠厚分别讲话。

第十三届常委会组成人员吕忠厚、靳士孔、李克科、岳具辉、朱春林、张金业、王维歧、郭应童、骆世清、柴玉明、柴桂兰、王毅、刘文乾、杨耀忠、邓颖、李佩红出席会议；县委副书记王学书，县委常委、政府常务副县长许富忠，法院院长杨志军、检察院检察长李居洲、林业局局长戴三姓及班子成员、审计局副局长杨建雄，政府办公室、财政局、监察局及常委会各委室负责人列席会议。

附：

人事任免

张维平任县人民法院审判委员会委员

张　平任县人民法院审判委员会委员

免去：

李海良县人民法院审判委员会委员职务

关于评议县林业局局长戴三姓同志任职情况的调查报告

根据县人大常委会评议县林业局工作的安排意见，7月7日评议工作动员会议后，常委会抽调7名同志组成2个调查组，分别由副主任靳士孔和岳具辉牵头，深入林业局机关及下属单位和城川、威戎、石咀、七里、田堡等乡镇的部分村、社，采取听取汇报、现场察看、个别谈话等方式，围绕全县果品产业的发展，对林业局及局长戴三姓同志的工作情况进行了调查。现将情况报告如下：

一、主要成绩

戴三姓同志1998年担任县林业局局长职务以来，带领局一班人为我县林果产业的发展做了扎实有效的工作，取得了较好的成绩。

（一）坚持规模开发、连片栽植的原则，果品产业实现了速度和效益的同步增长。1998年，以312国道沿线、静西公路沿线、甘渭子川、城关峡口至城川红旗、祁川至田堡、细巷至红寺6条千亩果带的新建与拓宽为重点，完成新建果园面积17004亩，其中苹果9441亩，52万株，梨7563亩，41.6万株，定植当年成活率达90%。在严重干旱的情况下，果品总产量达3.6万吨，较上年净增1.5万吨，实现产值6000万元，人均133元，占全县农民人均纯收入的12.3%。今春，克服干旱等诸多困难，栽植以苹果、早酥梨为主的果树经济林1.1万亩，60万株，其中苹果0.85万亩，47万株，梨0.25万亩，13万株。经过多年的不懈努力，全县果园面积已发展到17.5万亩，其中苹果14.7万亩，梨2.8万亩，果园面积占整个耕地面积的11.6%。今年，全县挂果面积约6万亩，果品总产量预计达4万吨，可实现产值8000万元，人均183元。下达果品特产税670万元，较上年的411万元增长63%。全县已建成大、小果窖1514孔，贮藏能力达到2700万公斤，其中家庭小果窖1175孔，贮藏量1200万公斤，经营性果窖339孔，贮藏量1500万公斤。已建成仁大、治平、李店、威戎、城川5个万亩乡和仁大南门等40个千亩村，南门、刘河、雷沟、吴庙、高湾5村已成为“双百万”村（产量100万斤，收入100万元），人均果品收入超过800元。据统计，全县收入上万元的有560户，2万元的有250户，3万元以上的有23户。“要想富，栽果树”已成为全县人民的共识，果品产业已成为脱贫致富奔小康、富县富民的主导产业。

（二）强化技术服务，不断提高果品产业的科技含量。1998年以来，在总结完善以往技术服务工作的基础上，着重抓了三点：一是坚持技术干部蹲点跑面，实行包任务、包技术、包效益、定奖罚的“三包一定”责任制，共建立各类示范园1650亩，其中丰产示范园550亩，新建示范园1100亩。这些示范园由技术干部亲自制定管理方案、亲自示范操作，已成为当地果园的管理样板。如威戎镇下沟村张堡社张国华的1.8亩示范园，去年产量达1.6万斤，实现产值3万元，80毫米以上果率达96%，以其优质、高产、高效成为全区“第一园”。二是面向基层，突出重点，认真抓了对农民的技术培训。根据不同的生产季节，技术干部巡回各乡镇，每年至少举办4次培训班，现场讲解，修剪示范，使大多数果农基本掌握了施肥、灌水、疏花疏果、病虫防治、果树修剪等常规管理技术，成为技术明白人。1998年以来，举办各类培训班120余期，培训人员达1.8万人（次）。随着科技服务的普及，使全县的果园管理水平有了新的提高。三是抓了高新技术的示范推广。在推广运用常规技术的同时，根据市场对果品的需求，重点推广了以提高综合品质为目的的高新技术。去年推广果实套袋20万个，铺反光膜2000平方米。今年采取有效措施，果实套袋达到60万个，5000余亩。这些高新技术的推广，使果实的全红率较过去增长了16个百分点，商品率提高了10个百分点，且果实果面细嫩，色泽鲜艳，无污染，对今后面上的推广普及起到了很好的典型示范作用。

（三）积极实施名牌战略，努力提高我县果品的知名度。1998年以来，重点抓了三方面的工作：一是充分利用参加展销会、电视、报纸等新闻媒体，大力宣传静宁果品，拓宽销售渠道。在1997年全省首届林果产品展览交易会上获得1个金奖、1个铜奖的基础上，1998年，经过精心组织，在平凉地区首届林果产品交易会上，选送的6个样品全部获奖，其中长富2号、秋富1号获金奖，金富、早酥梨获银奖，秦冠、王林获铜奖，并获最佳组织奖。静宁果品以其优良的品质受到了不少专家、客商及区内外参观者的好评。展销会期间，同深圳、陕西、天津、珠海等客商签订果品购销合同4份，协议购销果品1180吨，金额达1842万元，位于参展县（市）之首。同时，利用报纸等新闻媒体，加大宣传力度。经多方努力，去年有6篇专题报道或消息在省、地电视、报刊上播出或刊载，尤其是平凉报社记者江冠洲采写的《质量——走向市场的通行证》《市场不相信眼泪》《咬定青山不放松》等3篇报道，从总结全区果品产业的经验教训出发，对静宁果品产业给予了较高评价，在社会上引起了强烈反响。二是鼓励果农自产自贮，实现产后增值和动员全社会参与果品经销。目前，全县家庭小果窖已发展到1175孔，果品经销企业达到45个。贮藏能力的大幅度增加和经销企业的迅速发展，改变了以往静宁果品单靠外地客商销售的被动局面，提高了抵御市场风险的能力。三是从发展果品产业的大局出发，有关部门转变职能，强化服务，为果品营销创造良好的社会环境。林业部门加强市场预测，指导果农适时适价销售；金融部门克服困难，为经销企业注入资金；工商部门加强市场管理，规范交易行为；交通部门对运输车辆大开绿灯；这些在一定程度上为全县果品的销售起到了积极的促进作用。我县果品以其健全的产后贮藏、周到的服务赢得了顾客，果品远销新加坡、泰国、越南等东南亚国家和国内部分大、中城市。在去年果品普遍“卖难”的情况下，我县还出现了抢购果品的现象，销售价格也明显高于山东烟台、陕西礼泉等苹果主要产区。

（四）坚持高标准、高起点，工程造林有了突破性进展。我县有宜林地62万亩，有林地18万亩，森林覆盖率为6.99%。为了进一步加快绿化步伐，今春，面对严重的干旱，在县政府的统一安排部署下，一改往年造林绿化工作小打小闹、零敲碎打的做法，坚持以流域为单位，以综合治理为前提，以千亩造林工程为起点，实行整修与退耕还林相结合，完成千亩以上林地整修工程35处，整修林地4.5万亩，其中退耕还林1.56万亩。每乡有1处千亩以上战场，其中2000亩造林工程10处，规模化和集中化都较往年有了较大突破。同时，对以13条林带为主的防护林工程进一步规划完善，对林带边缘25度以上的坡耕地全面退耕还林，修成林台，为今后的造林绿化工作奠定了坚实的基础。

（五）机关工作比较规范，各项制度比较健全。班子成员相互团结，以诚相待，分工协作，各负其责，是一个干事业的班子。戴三姓同志学习认真，工作勤奋，作风扎实，廉洁奉公，认真地履行了自己的职责。1.政治修养比较好。大事讲原则，小事讲团结，顾大局，结合林业部门的实际，认真贯彻执行党的方针政策、有关法律法规和县委、县政府的决定，并注意在实践中锻炼、充实自己。2.法制观念比较强。在实际工作中，注重运用法律手段指导和管理林业建设，不仅自己带头学法用法，还认真组织全系统职工学法懂法，依法办事。1998年，组织宣传《中华人民共和国森林法》30余场（次），听众达5000人（次）。并认真贯彻落实县委、县政府《关于进一步加强林木管护的决定》等3个决定、通告，使全县林木管护工作逐步走向法制化的轨道。3.

爱岗敬业，吃苦耐劳。林业工作面广量大，任务繁重，但他不畏困难，敢于挑重担，风里来雨里去，和班子成员一道为全县林果产业的发展而努力。1988年国家取消对“两西”地区的林业投入，我县林业建设相应进入投资困难期。为此，去年他多次到省有关部门争取，终于恢复了造林工程和补助费，每年安排我县工程造林2.5万亩，造林补助30万元。同时，争取三北黄防体系建设资金60万元和林业“三站”建设资金30万元。4.有较强的组织协调能力。针对林业建设任务重、困难多、牵扯面广、协调难度大的实际，他通过细致的工作，初步理顺了上下级之间的关系，为全县林果产业的顺利发展创造了条件。5.作风扎实，廉洁奉公。他任职以来，经常深入基层调查研究，帮助解决实际问题，作风民主，重视领导班子的团结，对重大问题集体研究决定，分工负责实施。对己要求严格，以身作则，没有发现以权谋私和违反党纪党风的行为。

二、存在问题

在充分肯定林业局及戴三姓同志工作成绩的同时，用“一分为二”的观点看，还存在一些不足之处，需要在今后的工作中逐步加以改进。

一是果品产业发展不平衡。总的情况是南部好于北部，川区好于山区，果品这一主导产业没有真正形成整体优势，收益好的仅限于少数乡镇和部分村、社，依靠果品发家致富的也只是少数户。

二是重栽轻管，粗放经营的问题比较突出。部分乡、村干部对发展果品产业的重要性认识不足，工作中支差应付，敷衍了事，重栽轻管问题较为普遍，致使大部分果园处于粗放经营的状态，经济效益发挥得不够好。

三是技术服务滞后。县、乡、村没有形成健全的技术服务体系，特别是乡、村两级是个薄弱环节。同时，园艺站人员编制太少，技术力量不足，经费紧缺，很难适应果品产业发展的需要。

四是资金投入严重不足。果品作为全县脱贫致富的主导产业，缺乏应有的资金投入，致使一些上档次的技术培训、高新技术的引进、示范和推广难以开展。

五是苗木繁育工作跟不上。多年来，由于县内苗木繁育处于停顿状态，每年建园时，苗木主要靠外调，造成资金大量外流，影响苗木成活。

六是机关管理和戴三姓同志工作中还存在一些薄弱环节。机关的各项规章制度还不够健全，管理不够科学，缺乏应有的竞争激励机制。班子成员工作起点不够高，对涉及林果产业发展的重大问题研究不够，思路不够清晰，工作缺乏应有的主动性；对林业局下属单位的管理抓得不够紧，经济效益发挥得不够理想；戴三姓本人忙于行政事务，对全局性问题调查研究不够，工作未突破一般化的格局。

三、今后建议

为适应小康村建设的需要，如何进一步发果品产业，这将是今后一个时期全县工作的重中之重，也是摆在全县各级组织和广大干部群众面前的一个迫切任务。为此，建议今后抓好以下几点：

（一）统一思想，提高认识，把发展果品产业作为小康村建设的首要任务来抓。

从静宁的地理位置看，发展以苹果为主的果品产业具有得天独厚的条件，且果品产业投资少，回报率高，家家户户都能办得到，实践证明这是我县脱贫致富奔小康的最有效途径。从近年来我县发展变化的实际看，凡是脱了贫、致了富的村社或农户，靠的基本都是果树。但是，目前还有相当一部分村社干部和群众存在着“种果不如种粮”“果树多了、将来果子无人要”的错误思想，这是影响果品产业发展的关键所在。因此，要大力发展果品产业，必须首先解决部分基层干部和群众的思想认识问题。可以说，没有思想的大解放，就不会有果品产业的大发展。

（二）进一步加大行政推动力度，加快发展步伐。我县的果品产业从1988年起步以来，经过10多年的不懈努力，苹果面积已发展到14.7万亩，但挂果面积只有五六万亩。就全县而言，发展速度还比较慢，规模也不够大，还未形成大的气候。今后要按照稳定早酥梨面积、发展优质苹果面积的思路，到2005年使我县苹果面积达到20万亩。要实现这一目标，宣传教育是一个方面，但更为重要的是必须加大行政推动力度，使任务真正落到实处。

（三）不断强化技术服务，有效解决粗放经营的问题。从总体上讲，我县果园的管理水平还是比较低的，单位面积产量也不高，只要抓好技术服务，提高产量、质量的潜力是很大的。如果平均亩产由目前的1000多斤提高到5000多斤，全县的果品总产量就可以翻几番。因此，要把果园管理和技术服务作为今后发展果品产业的关键环节来抓。为了确保这项工作落到实处，必须进一步建立和完善县、乡、村三级服务网络。县园艺站编制由现在的16名增加到30名，保证每乡镇有1名技术人员，乡镇要有林业站，专抓林果产业；村上要成立相应的民间组织，具体协调解决果品产业发展中的有关问题。县上应按照生产季节，分地区、有计划地开展技术培训，使绝大多数果农熟练掌握施肥、灌水、疏花疏果、拉枝修剪、病虫害防治等常规技术。在此基础上，加快高新技术推广步伐，使果实套袋、铺反光膜、使用果形剂有一个较大的突破，使果品的产量、质量再上一个新台阶。

（四）切解决资金投入不足的问题。县政府和林业主管部门要采取切实有效的措施，千方百计筹措资金，满足技术培训、高新技术的引进、示范和推广所必需的资金。

（五）对果窖的建设应给予正确引导，不能任其盲目发展。如果窖建得太多，超过一定限度，必将导致收购的无序竞争，甚至会挤走外地客商，给果品销售造成困难。

（六）围绕我县林果产业的发展，尽快研究解决苗木大调大运问题。林业局在统筹规划的前提下，要充分挖掘基层苗圃的潜力，搞好苗木繁育，以保证全县林果产业发展所必需的苗木。

（七）进一步加强林木管护工作。要把学习、宣传和贯彻《中华人民共和国森林法》作为今后林业工作的一件大事，常抓不懈。在深入调查研究的基础上，提出符合我县实际的林木管护办法，并抓好落实。同时，工程林要坚持适地适种，从长计议，多栽植杏树等经济林，做到生态效益与经济效益相结合。

（八）适应林果业大发展的需要，局领导班子要进一步加强学习，提高决策和推动能力，增强工作的主动性，充分发挥其整体功能；戴三姓同志要努力提高领导艺术和决策水平。大的决策出台前，要广泛征求班子成员和林业技术干部的意见，提高决策的科学性、准确性；要进一步改进工作方法，理清工作思路，充分调动全体职工的积极性，高质量、高标准、高起点地完成各项工作任务；要进一步加强机关管理，建立健全各项规章制度，使机关工作规范化、制度化。特别要重视对基层苗圃的管理，最大限度地发挥其经济效益和社会效益；要加强职工队伍建设，教育全体职工爱岗敬业，勤奋工作，为我县林果产业的进一步发展作出应有的贡献。

第十一次会议　于1999年10月7日在常委会四楼会议室召开，由靳士孔主持。

会议议程有两项：一、听取和审议政府法制局局长杨成安受政府委托所作的《关于1999年全县行政执法检查工作情况的报告》、法院院长杨志军所作的《关于法院执法检查情况的报告》、检察院检察长李居洲所作的《关于1999年度执法检查工作情况的报告》；二、听取和审议体改委副主任张志文受政府委托所作的《关于全县企业改革及运行情况的报告》、常委会副主任岳具辉所作的《关于印刷厂等6户国有企业改制后运行情况的调查报告》。会上，政府常务副县长许富忠，副县长张维国就落实审议意见分别作表态发言。会后，组织委员参观静秦公路建设，吴庙节水灌溉示范工程，寺山、马圈山小流域治理工程及李堡扶贫综合开发示范区。

第十三届常委会组成人员吕忠厚、靳士孔、李克科、岳具辉、朱春林、张金业、王智仁、郭应童、骆世清、王维歧、柴玉明、柴桂兰、王毅、刘文乾、杨耀忠、邓颖、李佩红、阎继富出席会议；县委常委、政府常务副县长许富忠，副县长张维国、常委会调研员赵智荣、法院院长杨志军、检察院检察长李居洲、政府办公室主任王克选、经委主任高恒、财政局局长王维军、公安局局长吕思强、政府法制局局长杨成安、司法局局长周浩元、城建局副局长厚连世、水保局局长高长茂、体改委副主任张志文，常委会各委室负责人列席会议。

附：

关于印刷厂等六户国有企业改制后运行情况的调查报告

由常委会副主任岳具辉牵头，农业财经工作委员会与县体改委、经委、商业局的负责同志组成调查组，于9月上旬深入印刷厂、县水泥（集团）公司、陇兴化工公司、人造板厂4户国有工业企业和糖酒公司、商业运销公司2户国有商业企业，就企业改制以来的运行情况及有关问题进行了调查。

一、基本情况

这次调查的6户企业，均属股份制企业。现有职工（在册）1693人，其中在岗1561人，下岗132人，有资产6104万元。1999年1月至8月，完成产值2675.71万元，占年计划的67.86%；完成销售收入2968.65万元（包括商业企业的业务收入），占年计划的68.2%；实现利税总额566.22万元，从6户企业的运行情况看，比较好的是水泥、化工、印刷3户企业。

二、改制后企业运行的特点

党的十五大以来，我县根据企业面临的实际情况，以配套改革和解决国有企业难点问题为重点，以优化结构，减人增效为主要手段，对企业进行了组织结构调整，特别是股份制改造，给企业带来了生机。

（一）干部职工的责任意识进一步增强。为了充分调动广大职工的生产积极性、使其真正成为企业的主人，推动投资主体的多元化，水泥、化工、印刷等企业先后改制成国家控股的有限责任公司和全员持股的股份合作制企业，商业运销公司、糖酒公司等企业实施了抽资租赁经营。通过改制，职工在企业由单纯的劳动力变成了持有一定股份的员工，其主人翁地位有了明显提高，增强了工作的主动性。大家都能认识到自己与企业的关系，把企业的兴衰荣辱与自身的利益和出路紧紧联系在一起。特别是在效益比较好的水泥、化工、印刷等企业，1998年股金分红在10%~13.8%之间，职工的养老保险金都足额上缴，使他们有了安全感，调动了生产的积极性，基本形成了以厂为家，与企业共命运的新型劳动关系。职工们普遍反映，改制前的“大锅饭”时期，职工上班大多是图轻松，少干活，而现在是希望有活干，多干活，在增加个人收入的同时为企业的发展多尽一份力，多作一点贡献。如印刷厂作为微利加工企业，经营情况的好坏主要取决于活源的多少，而这些都是以质量和信誉作保证的。今年以来，该厂活源充足，生产任务繁重，广大职工为确保按期交货，在劳动强度加大的情况下，加班加点，很少有怨言。同时，他们根据企业发展的需要，苦练内功，不断提高技术水平和产品质量，为企业树立了良好的形象。

（二）企业的经营管理水平有了新的提高。首先，按照现代企业制度和《公司法》的要求，建立了科学的管理体制。化工、水泥等国家控股的股份责任（有限）公司形成了由公司董事会、理事会、监事会组成的管理机构，印刷厂等股份合作制企业建立了理事会决定企业重大事项制度，使企业逐步走上了科学化和民主化管理的轨道。其次，建立了综合考核制度，把内部管理作为企业发展壮大的系统工程来抓。在成本管理、质量管理及营销管理方面都有所加强和创新。水泥（集团）公司为了把管理工作真正落到实处，公司对下属的分厂、职能科室和工段、车间等24个单位，按工作重点、奋斗目标、责任轻重、效益优劣等，编制综合考核方案，进行量化考核，以此来衡量单位负责人的工作业绩，并作为每月收入分配的依据，进行兑现。这一办法的实施，使各单位都感到工作有压力，为各项任务的完成起到了很好的保障作用，特别是成本管理的强化，使企业获得了较好的经济效益，自1995年以来几个大的项目建设中，仅增收节支活动就节省资金70余万元。今年以来，又狠抓了水泥生产的成本核算，在目前企业生产吨水泥耗电90度的全省最低水平的基础上，通过动员职工挖潜改造和技术革新，吨水泥生产耗电又降低2度，生产成本进一步下降。陇兴化工公司在狠抓质量管理，保证产品100%合格的同时，从企业实际出发，加强了营销管理。在全省已有14家民用化工企业、加之一些无证非法经营民用爆破产品企业的存在、造成市场竞争激烈的情况下，该企业及时加强营销力量，改变营销策略，抢占市场。目前实行的营销人员费用包干，按收回货款比例提成其工资和费用的办法，充分调动了营销人员的积极性，在一定程度上保证了企业产品的销售。第三，加强了对企业管理人员和财务的管理。水泥、化工、商业运销公司等企业，在中层干部聘用上，彻底打破了工人与干部之间的界限，按照能者上、庸者下的优胜劣汰原则，变过去的政府任命为民主选举产生。化工公司先后有7名管理人员被调整，商业运销公司也有2名不称职的中层管理人员被调整，使企业领导班子增强了活力，提高了领导班子的整体工作水平。同时，各企业的财务管理得到进一步加强，如重大决策和重要支出都由理事会研究决定，这就避免了支出的盲目性，减少了浪费，把有限的资金用在发展企业生产的关键环节上。

（三）项目建设成效显著。改制后，各企业都把项目建设作为增强企业发展后劲的关键措施来抓，一批适应结构调整、科技进步和产品升级换代的项目相继建成，增强了企业发展的后劲。水泥（集团）公司1998年完成的4万吨磷肥生产线，今年着手进行的10万吨水泥生产线改造、陇兴化工公司1998年完成的1000万发电雷管生产线和目前正在进行的产品上档次项目、印刷厂1998年完成的折页机技改项目等，都为企业的发展、职工就业和产品结构的优化起到了一定的促进作用。一些困难企业，也都根据自身条件，谋求生存和发展出路。糖酒公司按照县上“退三进二”的思路，经考察论证，决定上苹果白酒生产项目，目前土建工程已在进行，并在千方百计筹措建设资金，商业运销公司利用土地资源优势，正在与有关专家和省主管部门联系，准备上肉狗生产和洋芋、薯片加工项目。

（四）企业效益和运行质量明显提高，职工收入不断增加。以产权制度改革为核心的股份制改革，由于坚持建立现代企业制度的改革方向，把改革、改组、改造和加强管理结合起来，调整产品结构，增强企业活力，基本达到了制度创新、管理规范、效益提高的目的，从而使企业的运行质量和效益得到大的提高。水泥（集团）公司，自1995年建成股份有限责任公司以来，资产总额增长3倍、职工工资递增18%，目前已发展到有成员企业7户，员工950余名，资产总额3855万元的“全区十强国有企业”，今年元至8月工业产值达到1454万元，完成销售收入1742万元、实现利润117.6万元，利税总额达到266.53万元，预计职工年平均工资可达7000元，最高月工资在100元以上，股份分红可达12%~13%。化工、印刷两户企业元至8月实现利税分别达到257.14万元和23.4万元，上年职工平均工资分别为8800元和450元，股份分红分别为13.8%和10%，预计今年可达到或略高于这个水平。商业运销公司由于各项改革措施的实施，使亏损得到遏制，年内可望减亏2万元。人造板厂由于种种原因，在困境中，企业领导班子仍坚守阵地，组织仅有的23名职工（原有职工10人，临时工13人）进行建材生产，年内缴纳税金5000元（包括缴欠税1000元）。

总之，通过股份制改造，各企业由于狠抓了成本、资本、人本“三本”管理，使企业在资金短缺、市场疲软等诸多不利因素下，出现了产销增长、亏损下降、效益攀升的良好势头，改革的目标基本实现。

三、存在的困难和问题

（一）改革措施没有完全到位，难以发挥好的效应。主要表现在股改企业的“均股”问题上，由于股改企业按份额平均配给职工股份，不入股者不能上岗，职工普遍把入股看成是强制性集资，特别是一些效益差的企业，不但分不到红利，还有可能“蚀股”，使职工的积极性大打折扣。同时，工业企业的体制变革明显滞后，迄今为止，一些企业的投资责任和经营责任依然没有落实，产权约束和风险约束机制还没有真正形成，负盈不负亏的状况使一些效益差的企业缺乏压力。

（二）国有企业历史包袱沉重，给改革和发展带来了重重困难。一是人员富余，这是由于历史的原因和体制的弊端造成的。在我们调查的6户企业中，3户效益差的企业情况复杂，一方面是人员富余，一方面又有岗无人上。3户效益较好的企业，都程度不同地存在着人员富余的问题。比较典型的是陇兴化工公司增人太快，导致人员大量剩余。该企业在1997年改制前有职工270多人，目前已增至390多人。由于该企业产品的特殊性，对岗位定员要求很严，大量的冗员存在，不但使企业不堪重负，而且给企业的安全管理等造成隐患。二是一些困难企业的职工养老保险金无法缴纳，如人造板厂，在册职工103人，目前有10人在岗，43人下岗，47人既不在岗，又未办下岗证，游离于企业与社会之间，而养老保险金仍由企业负担。该厂1998年欠缴“两金”16万元,1999年的“两金”至今分文未缴。三是债务负担沉重，糖酒公司目前资产总额为249万元，负债却高达238万元，所有者权益仅为11万元；人造板厂资产总额为385万元，债务达548万元，形成了严重的资不抵债。

（三）由于改革措施不配套，给一些企业的管理造成负面效应。主要是在股改过程中，有一部分职工出于某种考虑，不愿入股上岗。还有一部分人选择干个体，这部分脱岗人员，在诸如计划生育管理、清理住房等工作上，企业虽耗费了大量的人力物力，但仍难以做到有效管理。同时，这部分人涉及企业管理和劳动纪律，按有关规定，无故旷工15天以上者，企业有权除名，但出于维护稳定的考虑，企业难以按章办事。有类似情况的，糖酒公司有27人，印刷厂有74人，商业运销公司有24人，人造板厂有47人。

（四）在股份分红方面还存在一些问题。据一些企业反映，目前实施的股份分红办法，由于国家控制的股份比例太大，不利于个人股的发展，同时由于国家控股分红数额巨大，使企业积累减少，不利于企业的继续发展。

四、几点建议

（一）进一步深化企业改革，以改革求发展。要以党的十五届四中全会精神为指导，认真贯彻《中共中央关于国有企业改革和发展若干重大问题的决定》，从宣传教育入手，使广大干部职工都明白，改革是大势所趋，企业要搞活，要发展，只有从体制和制度改革中寻找出路。在坚定信心、扫清思想障碍的前提下，抓住“优化资本结构”的机遇，从重点、难点问题上开刀，在政企分开、国有资产管理和监督、建立和完善社会保障体系、解决企业负担过重等重大问题上进行突破。结合我县实际，要对国有企业进一步放开搞活，积极探索公有制的多种有效实现形式。在充分发挥水泥、化工等优势企业的带动作用、鼓励企业在县内相互联合的同时，对一些效益较差、运行困难的企业进一步放开，认真抓好兼并和破产两方面的工作，突出市场调节作用，使企业改革尽可能成为企业行为，使企业结构在优胜劣汰的竞争中得到优化。

（二）要把企业改革同从整体上搞好国有企业结合起来，推动和促进各项工作的开展。一是要坚持一手抓改革一手抓管理，通过改革，从根本上理顺企业的内外关系，完善企业的管理机制，目前我县企业管理要向民主化和科学化方面迈进，真正发挥企业理事会、监事会对重大事项的决定和监督作用。同时建立诸如劳动用工制度、干部聘用制度、财务管理制度等，以制度作保障，使企业生产、质量、营销的管理水平不断得到提高。二是把企业改革同我县企业的具体情况联系起来，因地制宜，因厂制宜，对症下药，通过改革，不断提高科技水平，调整产品结构，以优势产品占领市场，促进发展。三是把企业改革同企业的经营机制转换联系起来，切实转变政府职能，真正还权给企业，特别是保证企业的劳动用工权，使之成为市场竞争的主体。四是把企业改革同加强企业领导班子建设结合起来。只有一个好的领导班子才能带出一个好的企业，今后要着力把那些政治素质高，事业性强，懂技术、懂生产、会管理的干部推上企业领导岗位，提高领导班子的整体素质。五是把企业改革同推动技术进步、调整产品结构联系起来，促使企业尽快步入良性发展的轨道。

（三）对一些在改革中暴露出来的具体问题，县上应制定具体的解决办法，为企业排忧解难。如对企业脱岗人员的管理、下岗人员“两金”负担等问题，县上应根据有关规定，制定相应的办法和措施，解决存在的问题。

（四）尽快解决人造板厂的归属问题。1998年12月县委、县政府联席会议决定将人造板厂划转，归口经委管理，但至目前经委尚未接管，该企业银行账户被封，1998年工商年检未搞，亟待研究解决。

第十二次会议　于1999年12月3日在常委会四楼会议室召开，由岳具辉主持。

会议议程有两项：一、听取和审议教育局局长文武受政府委托所作的《关于全县小学校舍建设情况的报告》、常委会教科文卫工委主任张继祖所作的《关于细巷等4乡小学校舍建设情况的调查报告》；二、听取和审议政府办公室主任王克选受政府委托所作的《关于县十三届人大二次会议代表意见建议办理情况的报告》。会上，政府常务副县长许富忠就落实审议意见作表态发言。

第十三届常委会组成人员靳士孔、李克科、岳具辉、朱春林、张金业、王智仁、郭应童、王维歧、骆世清、柴玉明、柴桂兰、王毅、刘文乾、杨耀忠、邓颖出席会议；常委会调研员赵智荣、法院副院长赵忠厚、检察院检察长李居洲、政府办公室主任王克选，教育局局长文武、副局长牛启寿，常委会各委室负责人张继祖、祁望厚、周世让列席会议。

附：

关于细巷等四乡小学校舍建设情况的调查报告

由教科文卫工作委员会和教育局有关人员组成调查组，在常委会副主任靳士孔的带领下，于11月中旬，先后深入细巷、曹务、李店、三合，通过听汇报座谈、实地查看等方式，就1997年以来的小学校舍及配套建设情况进行了调查。

一、校舍建设工作基本情况

细巷等4乡共61村7.05万人，有小学73所（完小56所，村小17所）；在校学生1.03万人；教师402人。校舍建筑总面积2.49万平方米，生均校舍面积2.4平方米（细巷2.4平方米、曹务1.75平方米、李店2.13平方米，三合3.4 平方米），已建成标准化小学17所，占完小总数的30.4%。

从调查情况看，1997年全县“普九”验收达标后，在县委、县政府的正确领导和教育主管部门的指导下，各乡从实际出发，正视校舍建设方面存在的问题，不断加大工作力度，努力改善办学条件，校舍建设工作取得了新的进展。

（一）乡村组织和领导普遍重视学校建设。我们感到，各乡党委、政府都能把优先发展教育作为推动当地经济社会发展的一项重要措施来抓，做到了思想上高度重视，计划上统筹安排，工作上真抓实干。四乡主要领导对教育工作和学校情况底子清，对今后的校舍建设思路清晰，重点突出，工作扎实具体，效果比较明显。细巷乡党委、政府坚持每年把教育工作和校舍建设与其他中心工作同研究、同部署、同检查、同落实。在财政拮据的情况下，不等不靠，积极向上争取项目和资金，充分发动群众和社会各方面力量改善办学条件。1997年以来筹资84.8万元，建成标准化学校4所，新建、维修校舍1806平方米，占校舍总面积的26%，成效显著。曹务乡面对校舍基础差、危房面积大的现实，狠下决心，今年筹资7.3万元，由乡党委书记亲自挂帅，乡人大主席专门督查，乡上统一规划，统一购料，发动群众投工投料，一次性排除了797平方米的一级危房，使危房面积由26.7%减少为14%。三合乡任岔村党支部、村委会一班人把修好学校当作自己义不容辞的职责，在1995年以较高标准完成任岔小学校舍修建的基础上，想方设法搞好配套建设，1997年、1998年先后将村上的2座油坊卖掉，为学校添置了110双人套课桌凳，基本满足了学生的需要。

（二）群众积极兴学助教。由于资金紧缺，各乡在校舍建设中除有计划地用好上级拨款和乡留教育费附加外，大部分采取发动社会捐资、村社集资和群众投工投料的方式解决资金不足问题，广大群众在改善农村小学办学条件方面发挥了重大作用，做出了新的贡献。调查中，乡上同志普遍反映，近年农村干部群众对教育的认识进一步深化，观念有了根本性转变，办教育的热情不断高涨，有力地促进了校舍建设工作。据4乡教委统计，1997至1999年校舍建设中，群众捐资、集资和投工投料折价达70多万元，有力地支援了学校建设。细巷乡近3年校舍建设中，群众投入资金（含投工投料折价）占到总资金的35.7%。该乡刘堡村地处纯山区，群众生活困难，但却踊跃集资5.5万元（人均42元），在乡上帮助下修建标准化学校1所。李店乡马邑堡小学原来校舍破旧，1999年马邑堡社发动在外地工作人员和群众捐资、集资13万元（含投工投料折价），新修砖木鞍架结构教室7座、宿舍6间，总建筑面积达350平方米，同时整修绿化了校园，建起了一所全新的标准化学校。

（三）校舍建设取得较大进展。据统计，1997年以来，4乡投入资金294.5万元（其中上级141.5万元，乡上投入82.1万元，群众捐资、集资和投工投料折价70.8万元），新建校舍6170平方米，占现有校舍总面积的24.8%；维修校舍1922平方米，占总面积的7.7%，危房比重由1996年的27%下降为16.8%，校舍状况和结构有了较大改善。在修建标准和质量上，多数乡、村转变观念，认真实施县上制定的《标准化小学建设方案》，立足长远，力争一次到位，新建校舍绝大部分标准高、质量好，比较持久地解决了长期困扰教育的危房问题。4乡已建成的17所标准化学校中有14所就是在近3年修建的；新建的6170平方米校舍中，高标准砖木架子房占到64.8%。细巷乡在校舍建设中坚持把危房改造与标准化小学建设结合起来，集中资金，统一规划，高标准、高质量、有计划地分期分批对全乡校舍进行改造，仅今年就建成了朱张、郭尹2所标准化小学。目前，该乡13所完小中已有7所完成了标准化改造（校舍均为砖木架子房），剩余的几所也都安排了改造计划。李店乡面对小学数量多、危房面积大的现状，加快排危改造步伐，1997至1999年乡上投入资金38万元，群众集资（含投工投料折价）26万元，新建和维修校舍2175平方米，危房面积由1996年的50.5%下降为31.9%，相对缓解了校舍危房压力。

（四）校舍管护状况良好。这次调查中，我们有一个明显的感觉，多数学校都十分重视校舍的管护，做到了建设与管护并重。由于坚持经常性的管护，从而有效地减少和防止了人为及自然损坏，延长了校舍的使用期。在管护工作搞得好的学校，我们看到已建成多年的校舍门窗、墙壁等易损处依然完好如初。同时，多数学校注意了对校园的整修美化，校园整洁美观，给人一种赏心悦目的感觉。

二、存在的主要问题

从调查情况看，尽管近年各乡在校舍建设方面付出了艰辛努力，做了大量工作，取得了较大成效，但由于多种因素的影响和制约，校舍建设工作中还存在一些需要研究解决的问题。

（一）小学校舍建设任务还十分艰巨。一是危房面积大。据教委统计汇报，4乡现存在危房4190 平方米（其中一级危房810 平方米，二级危房3380 平方米），占校舍总面积的16.8%（细巷为4.3%、曹务为14%、李店为27.8%、三合为16.9%）。总的看，除细巷校舍建设基础好，绝大部分校舍修建标准高，基本无危房外，其他3乡由于校舍大多是80年代中期实现“一无两有”时修建的，相当一部分标准低、质量差，目前已陆续大面积出现危房。4乡56所完小中，没有危房的只有17所，其余39所均程度不同地存在危房，其中危房面积较大的有19所。我们在实地调查的学校看到，有的危房十分严重，李店薛胡小学有教室8座，其中2座系一级危房已停用，尚在使用的教室中，三年级教室前后墙出现裂缝，五年级教室墙脚碱蚀严重，都已成为危房。三合乡王湾小学建于1986年，因标准低（土木滚椽房），6座教室椽朽墙裂，破旧不堪，全部成为危房。二是校舍短缺。据我们了解，曹务、李店、细巷3乡除乡中心小学和新建的标准化小学外，其他小学均存在校舍短缺问题。最突出的曹务乡，生均校舍面积只有1.75平方米，大大低于全县平均数（3.3平方米）。

（二）一些学校配套建设差的问题较为突出。从调查看，当前小学课桌凳、教学仪器、图书等配套建设差的问题比较普遍。据教委汇报，4乡小学课桌凳配齐率只有81.3%（细巷为82.6%、曹务为83%、李店为75%、三合为84.7%），且相当一部分比较破旧。李店薛胡小学有学生296人，课桌凳只有98双人套，短缺50双人套，一至三年级学生3个人挤坐1套桌凳。三合王湾小学学前班89人，只有15双人套简易桌，有20多名学生蹲在地上听课。教学仪器配备上，4乡小学中只有细巷全部配齐了“两箱”（自然、数学教具箱）和“三仪”（地球仪、演示仪、星球仪），李店、曹务只配齐了“两箱”。三合乡12所学校只有中心小学配齐了“两箱”“三仪”。4乡生均图书只有3.8册（细巷5.6册、曹务4册、李店3册、三合2.8册），只有县平均数（7册）的一半，而且，这些图书主要集中在乡中心小学和条件好的学校，其他学校就更少了。

（三）建设资金普遍紧缺。拮据的财政状况和持续多年的干旱给当前校舍建设资金的筹措带来很大困难。乡小学校舍及配套建设资金筹措主要有三个渠道：一是向上争取；二是乡征教育费附加；三是社会捐资和群众集资。对多数乡来说，向省、地争取资金难度较大，县拨资金和教育费附加数量也有限，不足部分主要靠社会及群众捐资、集资。但由于校舍基础薄弱的乡、村多数经济落后，群众比较贫穷，集资数额有限，致使校舍建设进展缓慢。据三合乡反映，按目前征收的教育费附加等财力，需要9年左右的时间才能完成全部校舍修建改造任务。由于资金紧缺，致使一些计划修建的项目无法按时进行，如李店薛胡小学、三合王湾小学均是计划年内新修的学校，新址用地早已征好，因资金不到位，至今无法动工。此外，一些乡在校舍修建中因资金不足，靠贷、借、欠，超前投入建校，形成较大数额的欠款，影响今后校舍建设工作的进行，我们调查的4乡中最多的李店乡累计达34万元。

（四）一些乡村干部对教育发展的战略地位认识还不到位。主要表现是：教育基础建设“欠账”较大，对高标准改善办学条件工作有畏难情绪和等靠思想，信心不足，决心不大，措施不力，群众没有充分发动起来，校舍建设连年没有大的进展。

三、对今后校舍建设工作的几点建议

第一，进一步落实“科教兴县”战略，统一思想，提高认识，加大力度，扎扎实实搞好校舍建设。我县的教育工作经过多年的努力，取得了令人瞩目的成就，但就小学校舍建设而言，当前正处在一个上台阶的关键时期，面临着不少困难和问题，因此，各级组织和领导要强化教育先行意识，充分认识校舍及配套建设的重要性和紧迫性，坚定信心，狠下决心，多方筹措资金，大力发动群众，大打校舍建设攻坚战，早日实现校舍建设的第二次飞跃，为我县教育跨世纪发展奠定坚实的基础。要特别注重加强对校舍基础薄弱和工作后进乡镇的督查，使其明确乡、村两级办小学的职责，加大力度，迎头赶上，不拖全县的后腿。

第二，正确处理标准化小学建设与排危的关系。标准化小学建设实施以来，我县已建成了一批高标准、高质量的校舍，为教育的进一步发展积蓄了后劲，这条路子无疑是正确的，应该坚持下去。与此同时，也要充分认识到校舍建设的艰巨性和各乡的差异性，在当前低标准校舍大量存在、新增危房大面积出现和建设资金十分紧缺的情况下，应对标准化建设与排危工作统筹安排，做到分类指导。在校舍建设基础和经济条件好的乡、村（校），坚持以标准化小学建设为主，力争彻底淘汰低标准校舍；在校舍基础和经济条件差的乡、村（校），可适当放宽标准，修建经济实用的校舍；对于一些危房面积大，校舍状况极差，筹措资金困难的学校，当务之急是尽快排除危房，以避免和防止危房出现意外事故。

第三，坚持把校舍建设资金向贫困乡、村倾斜，缩小全县小学校舍建设差距。由于历史和经济的原因，一些贫困乡、村小学校舍建设已明显落后于全县整体步伐。这些乡、村，在近年要打校舍建设“翻身仗”，仅靠他们自己的力量比较困难，因此，县教育主管部门应继续落实资金倾斜政策，给他们多安排一些项目及资金，使这些贫困乡、村的校舍建设尽快有一个大的起色。

第四，重视解决好小学配套建设差的问题。课桌凳、教学仪器、图书等配套建设是改善办学基础条件的一个重要方面，直接影响着教学工作的进行。因此，县、乡在加大这方面投入的同时，要千方百计调动村社、学校、群众的积极性，依靠社会力量搞好配套建设。

第五，坚持不懈地抓好校舍管护工作。这是当前和今后校舍建设和学校管理工作中一个必须重视的问题。在加强对师生和群众教育、增强他们管护好国家和人民财产意识的同时，县、乡教育主管部门要制定出严格的管护规定，明确学校和村社的责任，突出抓好经常性保护和维修，以提高校舍的使用寿命和效果。

第十三次会议　于2000年1月7日至8日在常委会四楼会议室召开，分别由吕忠厚、李克科主持。

会议议程有三项：一、审议通过常委会工作报告；二、审议通过召开十三届人大三次会议的有关事项；三、人事任免。

第十三届常委会组成人员吕忠厚、靳士孔、李克科、岳具辉、张金业、王智仁、郭应童、王维岐、柴玉明、骆世清、杨耀忠、王毅、刘文乾、李佩红、邓颖、阎继富出席会议；县委常委、政府常务副县长许富忠，常委会调研员赵智荣、法院副院长蔡尚志、检察院检察长李居洲、县委组织部副部长郭三省列席会议。

附：

人事任免

马志刚任县民政局局长，免去县监察局局长职务

张进宝任县监察局局长

免去樊生茂县民政局局长职务

第十四次会议 于2000年3月19日在常委会四楼会议室召开，由吕忠厚主持。

会议议程有两项：一、审议通过召开十三届人大三次会议的有关事项；二、审议通过常委会工作要点。

第十三届常委会组成人员吕忠厚、靳士孔、李克科、岳具辉、朱春林、张金业、王智仁、郭应童、王维歧、柴玉明、骆世清、杨耀忠、刘文乾、李佩红、阎继富出席会议；县委组织部副部长郭三省列席会议。

第十五次会议 于2000年5月14日在常委会四楼会议室召开，由吕忠厚主持。

会议议程有三项：一、听取和审议财政局局长王维军受政府委托所作的《关于2000年全县财政收支预算调整情况的报告》，作出《关于静宁县2000年财政收支预算调整的决议》；二、听取和审议副县长张自杰受政府委托所作的《静宁县2000—2004年退耕及"三荒"地植树种草实施规划》的报告，作出《关于认真实施西部大开发战略切实搞好退耕还林（草）工作的决议》；三、人事任免。会上，政府常务副县长许富忠、副县长张自杰就落实审议意见分别作表态发言。

第十三届常委会组成人员吕忠厚、靳士孔、岳具辉、祁治国、朱春林、张金业、王智仁、郭应童、王维歧、柴玉明、骆世清、杨耀忠、王毅、刘文乾、李佩红、邓颖出席会议；县委常委、政府常务副县长许富忠，副县长张自杰、法院院长杨志军、检察院副检察长孙延震、县委组织部副部长郭三省、政府办公室主任王克选、农委主任李存时、财政局局长王维军、林业局局长戴三姓、农牧局局长陈进财、水保局局长高长茂、常委会各委室负责人张继祖、祁望厚、周世让列席会议。

附：

人事任免

周世让任县人大常委会代表联络工作委员会副主任

祁望厚任县人大常委会农业财经工作委员会副主任

牛启寿任县教育局局长

李存时任县农业委员会主任

张正伟任县人民法院副院长

鲍克荣任县人民法院经济审判庭庭长，免去县人民法院城关法庭庭长职务

王代代任县人民法院执行庭庭长

戴红喜任县人民法院告诉申诉庭庭长

王淑芳任县人民法院民事审判庭副庭长

王国勤任县人民法院城关法庭庭长，免去县人民法院经济审判庭副庭长职务

免去：

文　武县教育局局长职务

祁治国县农业办公室主任职务

张维平县人民法院执行庭庭长职务

吕志明县人民法院告诉申诉庭庭长职务

谢三纲县人民法院城关法庭副庭长职务

第十六次会议　于2000年8月18日在常委会四楼会议室召开，由岳具辉主持。

会议议程有三项：一、听取和审议审计局局长慕锡武受政府委托所作的《关于1999年度县级财政预算执行情况的审计工作报告》；二、审议通过《静宁县人大常委会工作规则》《静宁县人大常委会任免国家机关工作人员暂行办法》《静宁县人大常委会联系人大代表办法》《静宁县人大常委会办公室和各工作委员会职责》；三、人事任免。会上，政府常务副县长许富忠就落实审议意见、进一步做好财政工作作表态发言，吕忠厚作总结讲话。

第十三届常委会组成人员吕忠厚、靳士孔、岳具辉、朱春林、祁治国、张金业、柴桂兰、王智仁、郭应童、王维歧、柴玉明、骆世清、杨耀忠、王毅、李佩红、邓颖出席会议；县委常委、政府常务副县长许富忠，法院院长杨志军、检察院检察长李居洲、政府办公室主任王克选、财政局局长王维军、审计局局长慕锡武，常委会各委室负责人列席会议。

附：

人事任免

厚　明任县人民检察院检察员

第十七次会议　于2000年9月28日在常委会四楼会议室召开，由吕忠厚主持。

会议议程有一项：听取农机局局长何升堂所作的《述职报告》、常委会副主任靳士孔所作的《关于评议县农机局及局长何升堂工作的调查报告》，对农机局及其局长何升堂的工作进行评议和信任投票，结果为称职，并产生《关于县农机局及局长何升堂同志工作的评议意见》。会上，政府副县长张自杰、农机局局长何升堂就落实评议意见分别作表态发言；县委副书记王学书讲话。

第十三届常委会组成人员吕忠厚、靳士孔、岳具辉、朱春林、张金业、王智仁、郭应童、骆世清、王维歧、柴玉明、柴桂兰、王毅、刘文乾、邓颖、阎继富出席会议；县委副书记王学书、政府副县长张自杰、法院副院长蔡尚志、检察院检察长李居洲、县委组织部副部长冯克勤、政府办公室副主任李克明、农委主任李存时，农机局局长何升堂、副局长宋国顺、任堪华，常委会各委室负责人列席会议。

附：

关于评议县农机局及局长何升堂工作的调查报告

根据评议县农机局工作的安排意见，县人大常委会抽组人员，组成2个调查组，分别由我和祁治国副主任牵头，从9月11日开始，先后深入农牧局、水利局、林业局、水保局、农技中心、技术监督局、国资局、物委、农机局机关和曹务、石咀、古城、界石铺、三合、红寺、细巷等乡镇，通过召开座谈会、个别谈话、走访农机用户及现场察看等方法，广泛征求了对县农机局及局长何升堂工作的意见和建议。

一、主要工作成绩

从我们调查了解的情况看，何升堂同志自1997年担任县农机局局长职务以来，在县委、县政府的正确领导下，团结带领局一班人，认真贯彻执行党的路线、方针、政策、有关法律、法规和县委、县政府的重大决策，为我县农机事业的发展做了一定工作，取得了较好成绩。

（一）重视和加强了农机推广工作，农业机械化程度得到进一步提高。3年来，县农机局始终把新型农机具的科研、推广和应用作为实现农业现代化的重要措施，常抓不懈。曾先后完成了上级业务部门下达的“旱作农区适用综合机械化技术”和“节水农业及机械覆膜穴播小麦技术”2项课题的试验示范任务，在双岘、雷大、七里、细巷等10乡镇完成试验示范田4.19万亩，并顺利达标，通过验收。在新型农机具的推广上，采取技术人员随机行、跟踪服务到田头的办法，推广了多功能追肥枪、覆膜机、畜力播种机以及膜侧小麦种植机和地膜小麦穴播机等5种新型农机具共922台（件）。据不完全统计，以上5种农机具的社会拥有量已达6000台（件），为我县农业机械化的进一步发展奠定了基础。在发展农用机动车方面，农机局在坚持照章办事原则的同时，尽量降低牌证办理收费标准（农用三轮车在县交警大队办证合计收费576元，在农机主管部门办证收费348元），以促进农用机动车的快速发展。据统计，目前全县各类在册农用机动车达5333台，总动力约80000千瓦。另据调查估算，全县还有约2000台专门从事农田作业和1000台左右在西吉、隆德挂牌入户的农用机动车。因此，目前我县实有各种农用机动车约9000台。这些农用机动车，在农机主管部门的协调、指导和组织下，承担了大量的农田作业任务，为全县的机耕、机播发挥了重要作用。3年共完成机耕57.24万亩、机械覆膜种植18.68万亩、机械深施化肥141.22万亩，小麦、玉米等主要粮食作物种植基本实现了机械化。先后2次组织小麦机械化跨区联合收割，完成机收面积3.82万亩。1998年、1999年分别完成农机作业面积548.86万标亩和554.65万标亩，保持了35%的同比增长速度。另外，3年共完成农机经营纯收入998.8万元，取得了较好的经济效益。

（二）认真开展了农机监理和培训工作，基本完成了上级下达的监理、培训任务，基层农机站划归乡镇管理后，由于多数农机专干忙于中心工作，加之农机分散经营，挂牌入户情况复杂，给农机安全监理和培训工作造成了一定难度。对此，县农机主管部门首先从宣传教育入手，自1998年以来，先后组织开展了3次“农机安全生产月”宣传活动。先后向农机从业人员和群众发放农机科技安全教育、农机管理等宣传资料6400余份。为了方便群众，县农机部门还一改以往定时定点、等待用户上门接受监理培训的被动做法，充分利用农闲季节，提前分解下达任务，并组织业务人员进村入户开展工作。据统计，农机监理站3年共检验农用拖拉机3296台，审验机手2642人。农机化学校共举办农机技术培训班20期，培训人员1220名（其中拖拉机驾驶员312名），基本完成了上级下达的农机监理、培训任务。

（三）进一步规范了农机管理、服务工作。一是完成了30个乡镇农机管理服务站资产、人员和经营状况的清理登记。二是对全县农用运输车的发展现状进行了全面普查，初步掌握了农业机械的基本现状，为进一步做好农机管理服务工作打下了基础。三是对全县农机市场进了全面清理整顿，抽查审核了县内3家农机生产企业、20家农机经营单位和13家农机维修摊点的产品质量及资质水平，净化了农机市场，使我县农机生产、经营和维修进一步规范化。

（四）积极参与了全县的中心工作。在搞好本职业务的同时，县农机局还积极参与了全县各个阶段的中心工作。3年来，主要参与了计划生育、扶贫攻坚、发展支柱产业、膜侧小麦种植技术推广等工作，较好地完成了县上分配的各项任务。

（五）局领导班子和机关建设得到加强。一是加强了政治业务和有关法律法规的学习，制定完善了一些规章制度，机关的工作作风有较大改进。领导班子成员带头坚持学习马列主义、毛泽东思想、邓小平理论和江泽民一系列重要论述，学习党的路线、方针、政策、有关法律法规和业务知识。何升堂本人坚持经常写学习笔记，机关干部职工坚持每人每年订阅1份党报党刊，局机关先后制定完善了学习、考勤、信访、档案管理及奖罚等5项规章制度，并对下属站、校的学习、出勤、工作进行量化考核，有效克服了纪律松弛、工作散漫等现象。在定制度、抓学习的同时，坚持不懈地抓了局机关工作人员的思想政治教育，机关作风有了一定的转变。调查中，机手们普遍认为，大部分农机执法人员能够严肃执法、秉公办事。二是局领导班子成员具有较强的法制观念。一班人关系协调，步调一致，互相支持，以诚相待，是团结共事、认真工作的班子。三是何升堂本人学习努力，工作认真，作风朴实，廉洁奉公，认真履行了自己的职责。1.政治修养比较好，遇事能坚持原则、顾全大局。能够结合农机部门实际，认真贯彻执行党的方针政策、有关法律法规和县委、县政府的决策。2.爱岗敬业、吃苦耐劳。近年来，我县农机事业的发展遇到了不少困难，但他不畏困难，和班子成员一道为全县农机事业的发展而尽力。1998年，在为我县争取14台推土机的过程中，做了大量工作，起到了积极作用。3.法制观念比较强。在实际工作中，他不仅自己带头学法，还组织机关干部职工学法懂法，依法办事。4.作风朴实，廉洁奉公。他任职以来，能够经常深入基层，帮助解决实际问题。作风民主，重大问题都能集体研究决定，不搞一言堂。对己要求严格，以身作则，没有发现以权谋私等违纪行为。

二、存在的问题和不足

（一）农机局工作缺乏应有的主动性。我县的农机事业经历了70年代蓬勃发展的高峰期，进入八九十年代，由于受土地承包政策的影响和市场经济的冲击，原有的管理体制被逐步打破。近年来，又面临基层农机站划归乡镇管理、拖拉机作业市场萎缩和因法规打架、农用三轮车管理移交未能理顺等问题，加之各级领导对发展农机事业的重要性认识不足，重视不够，资金投入不足，基层服务体系不健全，农机推广、管理和服务工作难以开展，在此情况下，农机局对发展农机事业信心不足，工作缺乏应有的主动性。

（二）对《甘肃省农机管理条例》宣传还不够深入广泛。宣传和贯彻国家和省上有关农机管理的法律、法规是农机主管部门的重要职责，去年12月颁布实施的《甘肃省农机管理条例》，是我省唯一的1部农机管理方面的地方性法规，它的颁布实施是我省进一步推进农业机械化、充分发挥农业机械作用、加速农业现代化进程的重大举措，是全省农机系统的一件大事。县农机主管部门应借此机会大力宣传，使条例家喻户晓，人人皆知。但据我们调查了解，县农机局对条例宣传还不够深入广泛，群众及农机用户很少了解条例精神，致使农机安全监理和培训工作难以有效开展。

（三）农机引进推广工作滞后，农业机械化进程缓慢。近年来，随着农业结构的调整和农业科学技术的广泛应用，农业现代化的步伐明显加快，但农机管理工作却严重滞后。近年，我县的农机引进推广仅限于覆膜机、小麦膜侧种植机、畜力播种机等，对近年来试验成功且有推广价值的果园微耕机、果园农药喷施机、中型收割机、全方位大型机引深松机、抗旱提灌新农机等农民群众所急需的新型农机，引进推广不够。1999年全县机耕、机播、机收、机深施化肥仅占总耕地面积的19.5%、3.3%、1.5%、46.7%，农业机械化程度较低。

（四）对农机产品的质量监督职责不够到位。据调查，农机局虽于今年前半年对我县的农机市场进行了摸底整顿，但据技术监督部门、农机销售企业和农机用户反映，县农机局很少会同技术监督部门检验鉴定农机产品质量、履行农机产品质量监督职责，使一些假冒伪劣产品流入我县。

（五）农机安全监理和驾驶员上岗培训工作流于形式。农机主管部门对拖拉机、联合收割机、农用运输车辆实行年度检验，对驾驶人员实行年度审验和培训，是农机部门的一项重要职责。其目的是保证农机安全生产、提高生产效率。但据我们调查，目前我县农机检审验和驾驶员培训考试工作，只是顺应农机用户的要求，只收费办证，而对农机质量和性能没有真正进行检验，对驾驶人员也未进行严格地培训和考试，农机监理和培训工作基本流于形式，给农机安全生产留下了隐患。

（六）农机基层服务体系不健全，农机推广、监理、培训、维修和乡镇农机站等农机服务组织，是农业服务体系的重要组成部分，健全和完善农机基层服务体系，大力发展农机社会化服务，是深化农村改革，完善统分结合的双层经营体制的要求，也是提高农业生产能力，转变农业增长方式的需要。但就我县目前情况看，基层农机站划归乡镇管理后，80%的场地被挤占挪用，有的承包给他人搞个体经营。乡镇农机专干除负责统计报表和农机检审验相关业务外，常年忙于中心工作，基层农机工作无人问津。县农机局也因受人、物、财力限制，业务工作难以开展。

（七）农机局机关管理和何升堂本人工作中还存在一些薄弱环节。机关的规章制度不够健全，已有的制度落得不够实。机关管理不够科学，职工的积极性未充分调动起来。局领导班子工作起点不够高，对涉及农机发展的重大问题缺乏研究，工作思路不够清晰，对乡镇农机专干的业务培训和管理抓得不紧，作用发挥得不够好。何升堂本人忙于事务性工作，对农机事业发展的全局性问题调查研究不够，开拓创新意识和工作主动性不够强，向上争资金、跑项目成效不够明显，工作未突破一般化的格局。

三、今后工作的建议

第一，统一思想，提高认识，增强发展我县农机事业的主动性和责任感。农机事业虽然经历了市场经济的冲击，原有的管理体制被打破，但农业机械化在实现农业现代化中的地位和作用却丝毫未改变，用先进的农业机械装备农业，永远是农业生产力发展水平和农村社会进步的重要标志，是发展农村经济、提高农村劳动生产率的重要途径。随着农业机械在农业生产和科技转化中巨大作用的显现，广大农民实现农业机械化的愿望越来越强烈，从我县近年来的发展情况看，农用机动车每年净增在千台以上。1999年全县农机生产总收入达到3350余万元，占全县农村经济总收入的30%以上。在运输方面，农用机动车承担了中、短途运力的65%以上，特别在农副产品和城乡基本建设运输中发挥了无可替代的作用。小麦膜侧种植机、玉米覆膜机等一些适合农技发展需要的农机具也逐步在我县得到推广使用。可以预见，随着农业生产力水平的提高和农民生产、生活条件的改善，以及西部大开发战略的实施，农机事业将以更快的速度发展，农机工作大有可为。因此，各级领导及县农机主管部门要从战略的高度，进一步深化对发展农机事业重要性的认识，坚定信心，知难而进，把发展农机事业作为推进农业现代化的一个关键环节，常抓不懈，抓出成效。县农机局对农机发展中出现的一些新情况、新问题要高度重视，及时汇报县委、县政府和上级主管部门，共同研究，协调解决，确保农机事业的健康发展。

第二，要广泛深入地宣传贯彻《甘肃省农机管理条例》。条例明确规定了加强农机管理的目的、范围、基本原则、罚则、主管机构，并对农业机械的经营使用、生产销售、技术推广、质量监督、安全监理、社会化服务等具体环节的管理都作了明确规定，是规范我省农机事业发展的一部重要法规。因此，广泛深入地宣传条例，是增强广大干部群众的法制意识，净化法制环境，有效开展农机管理的前提。今后，县农机局要进一步强化农机宣传工作，充分利用广播、电视等宣传媒介和年度检审验等机会，向广大群众，特别是从事农机管理、生产、销售、推广、维修、使用的单位和个人反复宣传条例，使条例真正深入人心，为农机管理营造良好的法制环境。

第三，加大农机引进推广力度，逐步扩大机耕、机播、机收面积。县政府和农机主管部门要采取切实有效的措施，千方百计筹措资金，引进和推广适合我县农业产业化发展的新型农机产品，搞好联合收割机的跨区作业，逐年扩大机耕、机播、机收面积，努力推进农业现代化进程。

第四，认真搞好农机产品质量监督工作，切实维护农机用户的合法权益。县农机监理站要会同技术监督部门，按照条例规定，认真开展农机产品质量检查监督工作，加大对流通领域整机和零配件抽检力度，严格市场准入规则，促进农机生产经营企业不断提高产品质量，切实保障农民的合法权益。同时，要严格执行许可证制度，及时受理农机消费者的质量投诉，落实“三包”规定，维护农机用户的利益。

第五，狠抓农机安全监理和农机培训，确保农机安全生产。县农机监理站和农机化学校要牢固树立监理培训为农机安全生产、提高生产效率服务的思想，切实改变监理、培训图形式、走过场的现状，扎实认真地做好工作，真正督促农机用户及时维修、更新机械配件，督促驾驶人员掌握、提高农机驾驶技术，消除事故隐患。

第六，坚持管理与服务并重、有利生产、方便群众的原则，建立健全农机管理服务体系，切实减轻用户负担。县农机局要认真学习、借鉴西吉县的先进经验，充分利用现有的乡镇农机站，按片设立农机监理分站和农机维修服务网点，搞好辖区内农机入户挂牌、安全监理、驾驶员培训和农机维修等业务，并从方便群众出发，减少办事程序，提高工作效率，减轻农机用户负担。

第七，要进一步加强农机队伍建设。县农机局要在逐步理顺管理体制的基础上，不断加强对工作人员的思想、作风和纪律教育，牢固树立全心全意为人民服务的宗旨，对那些有意设卡、刁难和坑害群众的人和事，一经发现，必须从严处理，确保农机管理队伍的纯洁性。

第八，适应农机事业发展的需要。局领导班子要进一步加强学习，提高政治理论水平和组织协调能力，充分发挥领导班子的整体功能；何升堂同志要进一步加强学习，努力提高领导艺术和决策水平。对班子决定了的事要一抓到底、抓出成效；要进一步改进工作方法，理清工作思路，充分调动全体职工的积极性，高质量、高标准、高起点地完成各项工作任务；要进一步加强机关管理，建立健全各项规章制度，使机关工作规范化、制度化；要加强职工队伍建设，教育全体职工爱岗敬业，团结向上，勤奋工作，为我县农机事业的进一步发展作出应有的贡献。

第十八次会议　于2000年10月25日在常委会四楼会议室召开，由吕忠厚主持。

会议议程有三项：一、听取和审议政府法制局局长张淋冰受政府委托所作的《关于2000年全县行政执法检查工作情况的报告》、法院院长杨志军所作的《静宁县人民法院2000年执法检查报告》、检察院检察长李居洲所作的《静宁县人民检察院2000年执法检查工作报告》；二、听取和审议政府办公室主任王克选受政府委托所作的《关于县十三届人大三次会议代表意见建议办理情况的报告》；三、人事任免。会上，政府常务副县长许富忠就落实审议意见作表态发言。

第十三届常委会组成人员吕忠厚、靳士孔、岳具辉、朱春林、张金业、王智仁、郭应童、王维岐、柴玉明、骆世清、杨耀忠、王毅、刘文乾、邓颖、柴桂兰、阎继富出席会议；县委常委、政府常务副县长许富忠，法院院长杨志军、检察院检察长李居洲、政府办公室主任王克选、县委组织部副部长冯克勤、综合治理办公室主任景忠政、司法局局长周浩元、法制局局长张淋冰、公安局局长李艳晓，常委会各委室负责人张继祖、周世让、李金、张汉基列席会议。

附：

人事任免

李艳晓任县公安局局长

免去吕思强县公安局局长职务

第十九次会议　于2000年11月29日在常委会四楼会议室召开，由吕忠厚主持。

会议议程有一项：审议通过灵芝乡杨渠村剡成学等32名选民关于罢免阎继富县十三届人大代表资格的请求。

第十三届常委会组成人员吕忠厚、靳士孔、岳具辉、祁治国、张金业、王智仁、郭应童、王维歧、柴玉明、骆世清、杨耀忠、王毅、刘文乾、邓颖、柴桂兰、李佩红出席会议。

第二十次会议　于2001年1月6日在常委会四楼会议室召开，由吕忠厚主持。

会议议程有四项：一、审议通过常委会工作报告；二、审议通过召开十三届人大四次会议的有关事项；三、审议通过关于表彰优秀县人大代表的决定；四、人事任免。

第十三届常委会组成人员吕忠厚、靳士孔、岳具辉、祁治国、张金业、王智仁、郭应童、王维歧、柴玉明、骆世清、杨耀忠、王毅、刘文乾、邓颖、柴桂兰、李佩红出席会议；法院院长杨志军列席会议。

附：

人事任免

王　健任县人民法院审判员

靳相军任县人民法院审判员

第二十一次会议　于2001年3月21日在常委会四楼会议室召开，由靳士孔主持。

会议议程有两项：一、听取和审议城建局局长邹秉义受政府委托所作的《关于全县市政建设和管理工作情况的报告》、常委会副主任祁治国所作的《关于全县市政建设和管理工作情况的调查报告》；二、审议通过常委会2001年工作要点。会上，政府常务副县长许富忠就落实审议意见作表态发言。

第十三届常委会组成人员吕忠厚、靳士孔、岳具辉、祁治国、朱春林、张金业、王智仁、郭应童、王维歧、柴玉明、骆世清、杨耀忠、王毅、刘文乾、邓颖、李佩红出席会议；县委常委、政府常务副县长许富忠，检察院检察长李居洲、法院副院长蔡尚志、县委宣传部副部长王小龙、政府办公室副主任赵鹏飞、城建局局长邹秉义、公安局局长李艳晓、广播电视局局长魏柏树、工商局副局长雷旺春、爱卫会办公室主任王银录、城关镇政府镇长杨飞，常委会各委室负责人列席会议。

附：

关于全县市政建设和管理工作情况的调查报告

由常委会副主任岳具辉、祁治国分别带队，于3月8日至12日，先后深入县城建局及所属自来水公司、城关镇政府、工商局、公安局巡警大队、爱卫会等单位，采取听汇报、座谈讨论、实地察看等方式，对近年来我县市政建设和管理工作，进行了比较深入的调查。

一、工作的主要成效

我县的市政建设和管理工作，由于历届县委、县政府领导班子的高度重视，城建主管部门及相关职能部门的共同努力，取得了长足的发展。特别是1994年市容整建以来，县人民政府努力克服财力紧张的困难，多方筹措资金，动员全民参与，坚持“人民城市人民建、建好城市为人民”的服务宗旨，始终把市政基础设施建设和配套完善工作作为重点，不断强化服务功能，使市政基础设施建设得到了一定改善，市容市貌有了很大的转变，为县域经济增长和各项社会事业的发展，以及人民安居乐业，创造了一个良好的城市环境。

（一）城市的规模不断扩大，市政基础设施建设有了较大改善。我县城区总体规划经1987年省政府批准实施以来，经过10多年的建设，现已建成城区面积4.64平方公里，占规划总面积7.5 平方公里的61.87%，城区人口约4.46万人；现有各类道路28条16.9公里、29万平方米，其中车行道16万平方米，人行道13万平方米，人均占道路面积6.5平方米；城区供水管线全长约41公里，其中主管道长13公里，分支管道28公里，用户1175户，供水人口达3.6万人，平均日供水量为1800立方米。采用污混合流制排水形式，建成排水主管道6条18公里，形成了较完善的供排水网络；住宅和居民小区建设发展迅速。现已建成北环路、阿阳新村、西苑新村、庙川、上园子等一批居民小区和人民巷、站院巷等商品住宅区，城区共建成各式住宅楼144幢、44万平方米，使城区人均居住面积达9.8平方米，住宅成套率达到78%；城区集中供暖、绿化美化、路灯安装、环卫设施及卫生状况有了很大改善；特别是先后多方筹资建成了八里开发小区、成纪文化城、城区供水二期工程、北二环路、集中供暖点等大型市政工程建设项目，使县城规模不断扩大，市政基础设施建设有了长足的发展。

（二）市政管理工作正在逐步走上规范化、制度化的良性发展轨道。为了进一步加强对日益发展的县城日常管理工作，1995年县政府成立了市容监察大队、隶属县城建局，负责城区的日常管理工作。但由于人员、设备、相关职能部门互相扯皮等原因，使市容监察大队的职责没有得到有效发挥，城区管理方面的矛盾和问题也没有得到有效解决，因此，县人民政府在立足城区管理现状、借鉴外地成功经验的基础上，依据有关法律规定，于1997年撤销了市容监察大队，将其职责和设备一并移交公安局治安大队，后改为巡警大队，并于1999年制定下发了《静宁县城区治安、交通、市容和环境卫生管理暂行办法》，进一步明确了公安巡警大队、城建局等相关职能部门各自的职责范围、处罚办法等，使市政管理工作逐步走上了规范化、制度化的良性发展轨道。

（三）环卫基础设施和队伍建设得到了加强，城区环境卫生状况有所好转。目前，城区共建成公厕16座，其中水冲式公厕6座；垃圾台点40个；环卫工人42名，其中管理人员3名，临时工39名；有拖拉机6台，所有清扫工人均配备了架子车或三轮车。这些环卫工人承担着城区16万平方米道路的清扫保洁和每天30吨垃圾的清运任务，月平均工资由1996年前的不足110元调整到现在的215元。在日常管理上，实行岗位责任制，划片包干，工效挂钩，年终奖罚兑现。由于管理措施和制度健全，加之广大环卫工人的辛勤劳动和默默奉献，使城区主街道上的环境卫生状况较前几年有了明显好转。

二、存在的主要问题

近年来，我县的市政基础设施建设和日常管护工作虽然取得了明显的成效，但从长远发展的角度看，从为实施西部大开发战略创造一个良好的城市环境的高度看，还存在许多不容忽视的问题，主要有：

（一）个别建设项目的布局不尽合理，一些单位竞相在临街修建家属楼，在一定程度上制约了城市的进一步发展。

（二）由于我县财政困难，给排水、道路等市政基础设施项目的建设滞后，远远不能满足城市规模不断扩大、人民群众日益增长的物质和文化生活的需要。

（三）对一些市政设施的管理、维护措施不够有力，有关职能部门服务意识不强，履行职责不够到位。一些街道特别是文化街、站院巷、人民巷等巷道油铺路面翻浆严重，坑洼不平；县委坑等个别居民区下水管道长期堵塞，无人修复；有的路段路灯年久失修，长期不亮，群众意见很大。

（四）由于受防汛与蓄水、农田灌溉与城区供水两大矛盾的制约，致使东峡水库二期供水工程，一遇干旱，就出现供水不足，甚至水源枯竭的问题，同时，现有1.33万米实埋地下的钢制分支供水管道，使用时间都在10年以上，锈蚀严重，跑、冒、滴、漏现象随时可能发生，给建在这些管道之上的阿阳宾馆等19户机关和私人住宅楼房留下严重隐患，更新改造任务相当艰巨。

（五）市政环卫设施建设滞后，布局选点不尽合理，城区环境卫生状况没有得到根本好转。一是城区绿化、美化工作才刚刚起步，绿地面积少、绿化水平比较低。二是一些垃圾台点、公厕等基础环卫设施数量少，不能满足需要。西苑小区、西关商品楼等几个地方没有设立垃圾台，师范巷的公厕因无人管理而长期搁置未用；三是乱倒垃圾和积雪、乱泼污水、乱摆摊点的“三乱”现象没有得到有效遏制，特别是在一些城郊接合部、居民和农民混合居住区、城区主次街道和小巷道的交叉路口，如庙川路、站院巷、南关十字等地段，“三乱”现象尤为突出；四是一些地方的垃圾清运和街面清扫不及时，永福巷、县委坑、西关综合市场等几处公厕、长期无人清扫或清扫不及时，有关部门对雇用的临时人员缺乏有效的监督管理，致使一些工作任务落不到实处。

（六）《静宁县城区治安、交通、市容和环境卫生管理暂行办法》尽管明确规定了相关职能部门各自的职责权限、管辖范围，但由于有些职责交叉，界限不清，相关职能部门受部门利益、条块分割、人员经费等因素的制约，互相推诿扯皮的现象仍然时有发生。特别是卫生费由多头收取，加之标准提高后，宣传不到位，个别规定不具体，群众一时适应不了，收缴难度比较大。

（七）一些居民的城市意识、环保意识和公德意识，与文明城市的要求还有一定差距，随地乱吐痰、乱扔烟头、乱倒垃圾污水和积雪、随意损害市政设施等不文明的行为，仍然随处可见。

三、几点建议

市政建设和管理工作的好坏，是一个城市文明进步的标志，是广大居民自身综合素质的反映。只有坚持“人民城市人民建，人民城市人民管”的原则，把职能部门的管理与居民自管、把重点治理和经常性的管理有机地结合起来，统筹兼顾，综合施治，才能收到好的效果。

（一）要充分利用广播电视等新闻媒体，加大对创建文明县城工作的宣传力度，教育、引导广大居民群众自觉树立城市意识、环保意识和公德意识，使人人都能以“县城是我家，文明靠大家”的主人翁精神，不断规范自己的行为，监督纠正别人的行为，努力为西部大开发创造一个良好的城市环境。

（二）要认真贯彻执行《中华人民共和国城市规划法》等有关法律法规，严格依法行政，严禁在主街道两侧乱修乱建。对一些需要变更规划的重大市政建设项目，要依照法定程序逐级上报审批。

（三）随着城镇化步伐的加快，居民人口的不断增加，县人民政府要立足当前，着眼长远，尽快论证修订城区总体规划方案；想方设法，筹措资金，加大对市政基础设施项目的投资建设力度，拓宽发展空间。改造更新城区供排水管网，切实解决好供水水源问题；全面改造更换城区街道的路灯；不断加快城市绿化美化步伐。

（四）县人民政府要在调查研究的基础上，进一步补充、修订、完善《静宁县城区治安、交通、市容和环境卫生管理暂行办法》。对垃圾清运、卫生费的征收标准和范围、卫生费的使用、有关部门职责权限、管辖范围的界定、市容市貌的监督管理等，进一步明确细化，不断强化服务功能，完善配套服务机制，努力解决城市管理中互相扯皮、职责不到位、服务不及时等问题。

（五）借鉴外地城市管理的经验，在退休职工中，选一批热心公益事业的老同志，成立市容监察大队，隶属巡警大队，协助巡警大队在白天实行定点巡逻值勤，以缓解巡警大队人力不足、管了东顾不了西的矛盾，彻底扭转城区部分区段卫生脏、乱、差的现状。

（六）要尊重环卫工人的劳动成果，提高他们的经济待遇，努力改善城区基础环卫设施。各居委会要协助配合环卫队搞好辖区内居民小区和巷道的环境卫生，经常检查督促，发现问题，及时协同有关部门处理。爱卫会要充分发挥统筹协调、监督指导的职能作用，教育、引导广大居民养成良好的生活和卫生习惯，为创造一个整洁有序、安全文明的城市环境而尽职尽责。

第二十二次会议　于2001年5月29日在常委会四楼会议室召开，由祁治国主持。

会议议程有两项：一、听取和审议财政局局长王维军受政府委托所作的《关于2001年全县财政收支预算调整情况的报告》，作出《关于2001年全县财政收支预算调整的决议》；二、听取和审议教育局局长牛启寿受政府委托所作的《关于全县中小学危房改造情况的报告》、常委会副主任岳具辉所作的《关于边远山区小学排危情况的调查报告》。会上，政府常务副县长许富忠就落实审议意见作表态发言。

第十三届常委会组成人员吕忠厚、靳士孔、岳具辉、祁治国、朱春林、张金业、王智仁、郭应童、王维歧、柴玉明、骆世清、王毅、邓颖出席会议；县委常委、政府常务副县长许富忠，法院院长杨志军、检察院副检察长孙延震、财政局局长王维军、教育局局长牛启寿、政府法制局局长张淋冰，常委会各委室负责人张继祖、周世让、祁望厚列席会议。

附：

关于边远山区小学排危情况的调查报告

由常委会副主任岳具辉牵头，抽组县人大常委会办公室、教科文卫工作委员会及教育局的负责同志，于5月10日至14日，深入四河、田堡、石咀、古城、阳坡、仁大等乡镇的部分小学，采取现场察看、座谈交流的方法，就边远山区小学校舍排危情况进行了调查。现将情况汇报如下：

一、基本情况

根据县教育主管部门排查鉴定，目前我县完全中学和小学校舍建筑面积为24.21万平方米，其中危房面积为8.99万平方米，占建筑面积的37.1%，占全县中小学校舍建筑总面积36万平方米的24.97%。其中B级（轻微）危房1.79万平方米，占危房总面积的19.9%；C级（较严重）危房2.78万平方米，占危房总面积的30.9%，D级（严重）危房4.42万平方米，占危房总面积的49.2%。完全中学总建筑面积为4.06万平方米，危房面积达1.77万平方米，占建筑面积的43.6%，小学建筑面积为20.15万平方米，危房面积达7.22万平方米，占建筑面积的35.8%。

至目前，全县共排除各类危房2849平方米，投入资金63.36万元，其中改建后梁曹河等7所小学，投资2.16万元，排危面积1150平方米，新建雷大杨沟等8所小学，投资61.2万元，建筑面积1699平方米。

二、主要做法

（一）结合小学布局结构调整，撤销合并了部分危房比较严重的学校。县上已制定了《静宁县中小学布局结构调整规划》，根据“统一规划，因地制宜，分类指导，分步实施”的原则，今年决定撤销合并完全小学1所。初小1所、教学点33个，联村建校1所，压缩学校44所，停止使用危房2800平方米。如仁大乡决定撤销高沟完小、阳山、小湾教学点后，停用危房300平方米。

（二）积极拓展筹资渠道，为排危工程提供资金。据调查了解，乡、村两级主要从以下4个方面筹资：一是由乡、村、校分级负担。二是由乡教委在小学杂费中适当统筹。三是发动群众义务投工投料。四是积极争取帮扶单位捐助。通过以上途径，为排危工程争取了一定的资金，办学条件有所改善。

三、存在问题

近年来，在县、乡、村各级组织的高度重视和广大干部群众的大力支持下，全县中小学基础设施建设有了一定发展，排危工作取得了成效，但由于各种主、客观原因，目前仍存在不少亟待解决的问题。

一是危房面积大。据调查，我县在上世纪80年代实现“一无两有”时修建的校舍，由于椽、檩等建筑材料低劣，标准不高，目前绝大部分已成为危房。就全县而言，小学危房面积高达7.22万平方米，且D级（严重）危房占了一半，这确实是一个不小的数字，令人十分不安。如四河乡涧沟小学有3座教室墙体倾斜，其中四年级教室有1根檩子严重虫蚀，用木椽支顶。仁大陈坪小学有4座教室均为危房，其中有两座木椽严重虫蚀，屋面局部下陷，有随时倒塌的危险。类似这样的学校，在我县边远山区小学中不是个别现象。危房的大量存在，不仅对教学工作造成了直接的影响，而且将严重威胁着广大师生的生命安全。

二是排危资金没有保障。随着农村税费改革的推进，农村将不再进行教育集资，教育费附加也不再征收，中小学危房改造资金由各级政府适当安排。由于我县财政异常困难，拿不出更多的资金用于校舍排危，加之新的教育投资机制尚未形成，在此情况下，排危工作举步维艰，难以为继。这一问题已成为影响我县教育事业发展的突出问题。

三是排危工作进展缓慢。从我们这次6乡调查的情况看，已列入今年排危的学校，至今未见行动。这个问题从客观上讲，固然有税费改革和减负造成的影响，但也有各级领导重视不够的问题。

四是资金的使用不尽合理。我县作为全国教育先进县，有计划地修建一些标准化小学是必要的，但必须正确处理标准化校舍建设与排危的关系，决不能顾此失彼，尤其是在我县边远山区小学存在大量危房的情况下，资金的投放应首先考虑排危。如动用100多万元修建祁川马坡小学，是否有这个必要，值得我们深思。

四、今后建议

（一）统一思想，提高认识，把校舍排危列入各级政府的重要议事日程，常抓不懈，抓出成效。我们必须清醒地认识到，静宁虽然实现了“两基”达标，但巩固、提高“两基”成果仍任重而道远，各级领导决不能满足于已取得的成绩，要以更大的决心和信心，一如既往地抓好改善教学条件工作，做到决心不变，力度不减，领导、责任、措施、资金四到位，确保排危工作健康有序地进行。

（二）建议将排危工作列入乡镇责任目标考核范围，严格兑现奖罚，以充分调动乡、村两级办学的积极性。

（三）要千方百计保证排危所必要的资金。税费改革后，县财政每年应将排危资金列入预算，专款专用。同时，要充分发挥“一事一议”的功能，调动广大群众办学的积极性，弥补资金不足。

（四）认真反思我县“九五”期间校舍的排危工作，在总结经验的同时，更应吸取教训，在今后工作中正确处理三个关系。

一是正确处理标准化学校建设与排危的关系。在学校早已存在大面积危房的情况下，应首先考虑排危的问题，工作的部署上排危是第一位的，而标准化学校建设理应位居第二，反之，就是一个脱离实际的决策，甚至是错误的决策。

二是正确处理眼前排危和长远校舍建设的关系。全县的学校排危工作是关系到人民生命财产安全的一件大事，作为政府主管部门应对排危工作，制定出一个切实可行的规划，要明确完成的时限、质量和标准，以避免前面“排”后面“危”的问题。

三是正确处理县、乡、村三级办学的关系，应把办学工作的重点放在乡、村两级，县上应主要做好宏观指导，协调解决资金等方面的工作。“九五”期间，县上把教育费附加集中使用在标准化“形象”工程上的多，而投放于排危上的却很少，在一定程度上挫伤了乡、村两级办学的积极性和主动性，影响了全县的排危工作，使学校危房面积越来越大，问题越来越严重。

第二十三次会议　于2001年7月18日在常委会四楼会议室召开，由吕忠厚主持。

会议议程有三项：一、听取和审议审计局局长慕锡武受政府委托所作的《关于2000年度县级财政预算执行情况的审计报告》；二、听取检察院检察长李居洲、副检察长孙延震、徐宝玉分别所作的《述职报告》、常委会副主任靳士孔所作的《关于对县人民检察院正副检察长进行述职评议的调查报告》，对检察院正、副检察长的工作进行了评议，检察长李居洲、副检察长孙延震、徐宝玉的评议结果均为称职，检察院检察长李居洲就整改落实评议意见作表态发言；三、人事任免。

第十三届常委会组成人员吕忠厚、靳士孔、岳具辉、祁治国、张金业、朱春林、王智仁、郭应童、王维歧、柴玉明、骆世清、杨耀忠、王毅、刘文乾、邓颖、柴桂兰出席会议；检察院检察长李居洲，副检察长孙延震、徐宝玉，常委会各委室负责人列席会议。

附：

人事任免

胡志科任县人大常委会代表联络工作委员会副主任

关于对县人民检察院正副检察长进行述职评议的调查报告

根据县人大常委会关于对县人民检察院正、副检察长进行述职评议工作的安排意见，从6月中旬开始至6月下旬、由常委会副主任靳士孔和司法民政工委主任张金业牵头，先后深入检察院机关、法院、公安、司法、政法委等有关部门，采取调查走访、集中座谈、个别谈话、查阅案卷（共查阅10案15卷）等方式，对县人民检察院的工作及正、副检察长履行职责的情况，进行了调查了解，并征求了县上有关分管领导的意见。

一、对县人民检察院及正、副检察长工作成绩的基本评价

调查认为，县人民检察院在正、副检察长的团结带领下，认真贯彻执行党的依法治国方略和江总书记“三个代表”重要思想，紧紧围绕新时期人民检察工作的职能和任务，不断加强队伍建设，积极稳妥地推进检察改革，较好地履行了法律监督职责，确保了严格执法和公正司法，为我县经济建设和改革开放事业的健康运行，做出了积极的努力。

（一）重视政治理论和业务学习，队伍建设得到不断加强。建设一支高素质的检察队伍，是搞好检察工作的基础。近年来，县人民检察院始终把加强学习、提高干警的政治业务素质，摆在重要位置，坚持常抓不懈，队伍的整体素质有了明显的提高。一是狠抓政治理论学习，着力提高干警的政治理论素养，特别是近两年来，先后在全院开展“三讲”教育、警示教育、争创、巩固“两满意”和“五好检察院”活动、三项教育以及当前正在进行的集中教育整顿等一系列活动，系统地学习了马列主义，毛泽东思想、邓小平理论和江总书记“三个代表”重要思想，每次活动每个干警都写了至少1万字的学习笔记，2篇以上的心得体会，有效地解决了“为谁执法、为谁服务”的问题。二是重视业务知识学习，着力提高干警的执法水平。面对司法改革和新形势对检察官业务素质的客观要求，检察院从领导班子到一般干警，争先创优、学习进取的风气较前更为浓厚。院内业务骨干和领导干部先后多次参加过高检院、省、地检院组织的业务培训和轮训，观摩旁听了平凉分院组织的控辩式庭审和县法院的庭审；在全院先后组织开展了模拟庭审、公诉论辩赛、检察业务知识考试及撰写评比优秀法律文书等活动；鼓励干警学习深造，先后有17名干警参加了法律本科段的学历教育，有5人已取得毕业文凭。同时，建立了《中心组学习制度》《政治业务学习制度》等保障性措施，做到了制度、时间、内容、人员、效果五落实，促进了干警学习的自觉性，有效地提高了全体干警的业务能力和执法水平。几年来，先后有11名干警受到了省高检、地区检察分院和县委、县政府的表彰奖励，分别荣获“人民满意的检察官”“先进工作者”“优秀党员”“巾帼标兵”等称号。

（二）认真履行法律监督职责，积极开展了各项检察工作。几年来，县人民检察院及一班人紧紧围绕“公正执法、加强监督、依法办案、从严治检、服务大局”的方针，始终把“人民拥护不拥护、人民赞成不赞成、人民满意不满意”作为全部工作的出发点和归宿，认真履行职责，较好地开展了各项检察工作。一是在刑事检察工作中，始终坚持“严打”方针不动摇，依法履行批捕、起诉职能，做到了“严打”和社会治安综合治理两手抓、两手都要硬，有效地遏制了犯罪，维护了全县政治、经济和社会的稳定。1998年以来，县人民检察院共受理公安机关提请批捕案件145件213人，经审查，批捕124件181人，批捕率为85%；受理公安机关移送起诉案件111件165人，经审查向县法院起诉95件134人，移送平凉地区检察分院审查起诉14件24人，起诉率

为95.8%。受理本院自侦部门移送起诉3件3人，经审查起诉2件2人，不起诉1件1人。整个刑事检察工作未发现错捕和枉加追诉等问题。二是在贪污贿赂和侵权渎职案件的查处方面，面对案源少，查处难度大的实际，一方面抽组人员开展举报宣传，多方开辟案件来源，另一方面主动深入有关部门和厂矿企业，从中获取案件线索，每次活动，院领导都能亲自参与，较好地发挥了表率作用。1998年以来，共受理初查经济犯罪线索18件21人，决定立案侦查5件5人，受理侵权渎职案件线索4件7人，决定立案侦查1件2人。通过办理上述案件为国家挽回经济损失26万余元。同时，反贪部门还根据办案中发现的个别单位财务管理比较混乱、制度不够健全等实际，主动帮助他们建立健全了财务管理制度。并向5家发案单位发出了检察建议，及时堵塞了漏洞，遏制了腐败问题的发生，收到了良好的社会效果。三是民事、行政和监所检察等各项工作正在逐步走上制度化、规范化的轨道。民事、行政检察业务自去年3月从控告申诉检察科分设出来以后，在组建机构、配备人员的基础上，主要抓了业务学习培训和举报宣传，并逐步开展了工作。共书面审查县法院已经发生法律效力的民事、行政判决、裁定28件。监所检察工作一直位居各项检察工作的前列，这次组建新的监所检察科，使这项工作得到了更进一步的加强。四是从我们审查的10案15件案卷来看，多数都能够做到取证充分，认定事实清楚，定性和适用法律基本准确，法律文书的制作和案卷装订比较规范。

（三）建立健全了各项规章制度，确保了严格执法和公正司法。按照发展变化的新形势和对检察队伍的新要求，县人民检察院及一班人把创建科学、规范的制度体系作为规范队伍管理的切入点。3年多来，共建立、健全和完善了《党组议事制度》《请销假考勤制度》《岗位责任管理办法》《错案追究制实施办法》等涉及学习、工作等8个方面的68项制度，并打印装订成《静宁县人民检察院规章制度汇编》，下发各科、局、室遵照执行。同时，建立了民主监督、内部监督、自我监督和组织监督等各项监督措施，使这些制度得到了较好的落实。一是结合检务公开，在大门口建立起了固定的检务公开栏，公开了办事程序、工作范围、立案标准、工作纪律等内容，使人一目了然，有效地规范了干警的行为，树立了人民检察机关的良好形象。二是结合检察改革，健全了“告知”制度，维护了诉讼参与人的合法权益。建立和推行了主诉检察官与主办检察官制度，调动了检察官办案的主观能动性，增强了责任心，提高了工作效率。落实了执法责任制和高检院“九条”卡死的硬性规定，明确了案件承办人、主管科长、主管检察长和检委会的工作职责，保证了案件质量。三是注意从立案、侦查、预审、审判、执行等各个环节查漏补缺，整章建制，强化监督。制定了《检委会议事规则》和《关于加强诉讼监督的意见》等7个方面的执法监督制度，狠抓办案责任制的落实，使法律监督有章可循。3年多来，在刑事检察和监所检察中，共发书面检察建议书12份，纠正违法通知书4份，有效地维护了法律的尊严，确保了严格执法和公正司法。

（四）努力创造条件，不断改进和加强了自身建设。一是想方设法争取资金，扩建整修了机关办公楼，新增加办公及其他用房面积830平方米，硬化了院内地面，绿化了环境，新修、整修了车棚和其他设施；购置办案用车2辆，添置现代化打字机、复印机和传真机各1台，建起了党团员活动室、图书阅览室，使办公条件和执法环境有了明显改善。二是从强化自身素质入手，使班子建设得到了不断加强。检察院一班人能够从全县工作的大局出发，积极参与中心工作，不断增强自身的政治业务素质，团结协作，互相支持，互相配合，较好地履行了各自的工作职责，完成了各自分管的工作任务。李居洲同志具有较高的政治素质，工作积极热情，坚持原则，为人正派，敢于负责，较好地发挥了“班长”的带头作用；两位副检察长业务能力比较强，工作认真负责，扎实细致，能够严格要求自己，较好地发挥了参谋助手作用。

二、存在的主要问题

尽管检察院及正、副检察长的工作总体上是好的，但从依法治国和为实施西部大开发战略创造良好的法治环境的高度来讲，从贯彻实践“三个代表”重要思想的高度来讲，还存在着一些问题。主要有：

（一）少数干警的政治、业务、文化素质还不适应新形势的要求。个别干警受社会不良风气和消极腐败现象的影响，宗旨意识淡薄，作风不扎实，进取心不强，影响了队伍的整体形象。在对干警的教育管理上，存在着重思想教育、轻组织处理；重制度建设、轻监督管理；重形式、轻实效的现象。

（二）执法水平还有待进一步提高。虽然多年来未发生明显的错捕错诉案件，但批捕、起诉的准确率还不是很高；个别案件定性不够准确、适用法律不完全正确，公诉人当庭的应变能力和公诉水平亟待提高，审查起诉科的人员需要充实加强；自侦部门主动出击、寻找案源不够积极，存在着坐待线索、“等米下锅”的现象；查处贪污贿赂和侵权渎职犯罪的信心不足，力度不大，手段比较单一，虽然案件线索多，但立案查处的少，社会上对此有议论、有看法。

（三）尽管建立健全了比较完善的规章制度，但在贯彻落实上还有不尽如人意的地方。机关内部的管理还不够规范有序，对个别违反制度的干警缺乏应有的处理措施。

（四）与法院、公安等部门在互相协作配合上不够积极主动，特别是对一些案件在捕与不捕、罪与非罪等定性方面吃不准的时候，互相之间缺少沟通；在争取资金协调解决一些问题方面，办法不多，效果不够理想。

（五）在我们抽查的具体案件中，还存在着如下问题：一是程序不够规范。检委会讨论案件的记录不够全面，过于简单。二是从审查案卷到汇报讨论案件，有些不够细致。三是法律文书的制作不够规范，有的案卷材料装订不全。

（六）检察院领导班子对在新形势下如何创造性地开展工作研究探讨较少，班子成员在一些问题上交流沟通不够。检察长李居洲同志系统地学习钻研业务还不够，在有些工作上方法欠妥当。副检察长孙延震、徐宝玉同志工作上还不够大胆，有依赖思想，积极主动地出主意、想办法不多。

三、对今后工作的几点意见和建议

针对以上存在的问题，提出如下改进意见和建议：

（一）要以强烈的政治责任感和使命感，努力建设一支高素质的检察队伍。一要结合当前正在进行的队伍集中教育整顿，认真学习、深刻领会江泽民总书记七一讲话和“三个代表”重要思想的精神实质，努力解决宗旨意识有所淡化的问题，不断提高干警的政治素质；二要结合争创、巩固“两满意”和“五好”检察院活动，进一步弘扬“团结拼搏、负重奋进，爱检敬业，争创一流”的精神，不断适应新形势，研究新情况，解决新问题，努力提高业务素质，全面加强队伍建设。

（二）要服从服务于经济建设大局，不断提高执法水平。一要继续深化检察改革，积极稳妥地推进以竞争上岗、双向选择和岗位轮换为主要内容的干部人事制度改革。进一步规范、开展主诉检察官和主办检察官制度改革；二要结合当前正在进行的“严打”整治和整顿规范市场经济秩序专项斗争，进一步充实加强批捕、起诉力量，充分发挥批捕、起诉和法律监督职能，依法从重从快严厉打击各类刑事和经济犯罪活动；三要以“案件质量年”活动为契机，从规范程序，认定事实，适用法律，公诉辩论水平及法律文书的制作等方面，找准抓住薄弱环节，认真加以改进，确保案件质量，不断提高执法水平。

（三）要进一步加大查办和预防贪污贿赂、渎职等职务犯罪工作的力度。在查办职务犯罪方面，要贯彻主动走出去，积极深入进去的原则，坚持依靠群众，深挖案源、摸排线索。要把工作的预见性、主动性和斗争的策略性、艺术性有机地结合起来，不断增强工作的实效性。同时，要结合查处工作，主动深入企业、学校及有关单位，以案释法，广泛开展法制宣传教育，帮助有关单位整章建制，堵塞漏洞，预防和减少违法犯罪的发生。

（四）要加强与法院、公安等政法部门的交流沟通和业务衔接，对重大疑难案件和典型案件，要按照法律程序，加强请示汇报，积极主动地协调配合有关部门搞好工作。要进一步想方设法，争取资金，不断改善办公条件和基础设施建设，努力为干警们创造一个良好的工作和生活环境。

（五）检察院领导班子要进一步加强学习，不断研究新情况，适应新形势，努力提高整体素质。要进一步规范办事程序，加强财务管理，严格责任分工，充分调动领导班子成员工作的积极性和主动性。要注意改进工作方法，提高领导艺术和领导水平，增进相互之间的了解沟通和信任支持，不断增强领导班子的凝聚力和战斗力。要多体贴关心广大干警的政治和生活状况，团结带领广大干警努力做好新时期的人民检察工作。

第二十四次会议　于2001年9月27日在常委会四楼会议室召开，由吕忠厚主持。

会议议程有三项：一、组织全体委员和有关列席人员现场视察化工有限公司、水泥集团有限公司、砖瓦厂、苹果白酒生产线、火柴厂真空冻干蔬菜生产线项目建设情况；二、听取和审议计委主任杜文彪受政府委托所作的《关于全县企业项目建设情况的报告》；三、听取和审议法院院长杨志军所作的《静宁县人民法院关于审判和执行工作的报告》、常委会司法民政工委主任张金业所作的《关于对法院审判和执行工作的调查报告》。会上，政府副县长张维国就整改落实审议意见作表态发言。

第十三届常委会组成人员吕忠厚、靳士孔、祁治国、张金业、朱春林、王智仁、郭应童、王维歧、柴玉明、骆世清、王毅、刘文乾、邓颖出席会议；政府副县长张维国，法院院长杨志军、副院长蔡尚志，检察院检察长李居洲、政府办公室主任王克选、经委主任高恒、计委主任杜文彪、商业局局长杨立新，常委会有关委室负责人列席会议。

附：

关于对法院审判和执行工作的调查报告

由常委会副主任靳士孔和司法民政工委主任张金业牵头，从8月29至31日，先后深入法院机关、雷大、威戎、甘沟、八里4个中心法庭，分别与院党组成员、各庭、室、科负责人、中心法庭办案人员，就近两年来法院的审判和执行工作，进行了座谈、交流讨论。

调查认为，近两年来，县人民法院坚持以邓小平理论和江泽民总书记“三个代表”重要思想为指导，认真开展了多种形式的干警教育整顿，干警的政治素质和业务素质整体上有了进一步的提高；忠实履行宪法和法律赋予的职责，认真开展“严打”整治斗争，使审判和执行工作在原来的基础上，有了新的提高，为维护全县社会政治秩序，确保司法公正，作出了应有的贡献。

一、主要做法和特点

（一）以审判方式改革为突破口，以公正和效率为目标，积极开展了各项审判业务。近几年来，县人民法院结合教育整顿，组织广大干警认真研究探讨新形势下的新类型案件，不断适应审判方式改革对法官素质的新要求，紧紧围绕全县工作大局，充分发挥审判职能作用，全面加强了审判工作。元至8月共受理刑事、民事、经济、行政等各类案件448件，比去年同期上升12.7%；审结367件，结案率81.9%。一是结合当前正在进行的“严打”整治斗争，做到了快审快判快执。为了确保“严打”整治斗争的健康有序运行，县人民法院成立了专门的领导小组，抽调了精兵强将，制定了《静宁县人民法院关于依法严厉打击严重危害社会治安的犯罪活动的实施意见》和《静宁县人民法院关于依法保障市场经济秩序的实施意见》，规定对适用简易程序的案件，审期不超过1个月，对适用普通程序的案件，审期不超过3个月，而实际上，大多数案件都能在10天内办结。几年来，没有出现1件超审限的案件，从而使案件在法定程序内缩短了审期，提高了效率。二是认真研究新情况，解决新问题，不断适应审判方式改革的需要。庭审方式的改革，使法官扮演着居中裁判的角色，这就对审判人员和双方当事人的法律素质提出了更高的要求。县人民法院能够适应改革的需要，如审理民事案件，积极探索当庭举证、当庭辩论、当庭论证等控辩审判方式，有90%以上的案件适用了简易程序，同时均以调解处理；在法律文书的制作上，除对重大疑难复杂案件采用说理式外，对一些案情简单明了、双方当事人争议不大的案件，尝试采用填充式文书，提高了办案效率，方便了群众，得到了省、地法院有关领导的肯定。同时，及时组织有关人员对新《中华人民共和国婚姻法》的贯彻实施进行研究探讨，学习交流。对新形势下出现的一些新类型案件，诸如盗窃罪、寻衅滋事罪的起刑标准问题，人身伤害赔偿方面的电力伤害案件、农机事故、医疗事故的责任划分、事实认定等问题，进行了有益的交流探讨，确保了这类案件的公正准确裁判。三是设立投诉点，合并组建中心法庭，布局比较合理，管理比较有序，基本上达到了“三化”要求。座谈中，我们了解到，基层法庭合并有效地集中了人力、物力，充实加强了办案力量，解决了群众告状找不到人以及案件执行、合议庭组成难的问题，既方便了群众，又解决了人员不足的问题。一些独任审判的案件，在把握不准的情况下，互相之间可以交流探讨，对一些疑难案件需要组成合议庭的可以直接组成合议庭审理，提高了办案效率，保证了案件质量，减轻了当事人的诉累。2年来，基层法庭案件审结率都在95%以上，自执率达到90%左右。四是改革内部机制，加强互相之间的监督制约。成立了立案庭，实行统一立案、统一收费、立审分离，有效解决了立案随意性问题；在内部监督上，建立了以审监庭为主的案件评查制度，每月评查1次，通报1次，发现问题，及时补救，确保了案件质量。

（二）以贯彻中共中央《关于转发〈中共最高人民法院党组关于人民法院执行难问题的报告〉的通知》文件精神为契机，进一步加大案件执行力度，执行工作取得了新的成绩。1至8月份，县人民法院共受理有执行内容的案件232件，执行标的262.85万元，已全部执行197件，执行标的206.31万元，执行率分别占件数和标的额的84.9%和78.5%，位居全区第一，全省前列，得到了省、地法院的充分肯定。在具体工作中，一是认真开展执行宣传活动，为执行工作营造了良好的外部环境。1999年至2000年，县人民法院配合中院组织的“执行宣传周”活动，4次在全县城区和8个重点乡镇开展执行宣传和咨询，散发传单2万多份，咨询人数1000余人。同时，通过新闻媒体举办专题栏目和讲座32期，报道典型案件5件，并对拒不履行义务的被执行人在电视台上公开曝光，发布限期公告，及时向有关领导、部门汇报，和有关单位联系，多方寻求支持，为执行工作的开展创造了良好的社会舆论环境。二是加强领导，充实加强了执行力量。县法院成立了由院长任组长的执行工作领导小组，充实加强了执行庭力量，使执行庭人员由1999年以前的4人增加到现在的10人，占全院干警总数的14.93%。并专门为执行庭配备了1辆警车、1辆三轮摩托车，为每个干警配备了手机，从人员、设备上重点给予保障。三是着力提高执行人员素质，实行执行工作目标责任制。为了提高执行人员的素质，除了组织干警学习省、地法院有关规定外，县法院还专题研究制订了《关于执行工作的实施意见》和《静宁县人民法院执行工作操作规程》，并以执行难的成因及对策、执行程序中证据的收集和运用、谈执行谋略、执行困难案件的思考等为题，组织干警学习讨论，总结交流，有效提高了执行水平。同时，对执行工作定任务、定指标，由院长与分管院长、分管院长与执行庭长、庭长与执行干警层层签订目标责任书，从机制上保证了执行工作的规范运行。四是不断改进和提高执行艺术，加大执行工作力度。在坚持依法执行、文明执行、以理服人、以情感人的基础上，对拒不履行执行义务的，采取执行会战、查封、扣押、搜查、拘留、罚款等多种灵活多样的法律手段，确保了执行工作的顺利开展。1999年以来，共开展执行会战5次，拘留31人，罚款8人，以拒不执行法院判决罪追究刑事责任2人。对于困难企业之间因“三角债”和“债务链”形成的案件，采取统筹协调、抵销债务的方法，理顺流通渠道，起到了执行一案、抵消余案的作用，实现了法律效果和社会效果的统一；对民事案件的执行，主要采取“教育疏导”的原则，对个别案件“以物抵债”的方式执行，以达到化解矛盾，平息纠纷，确保稳定的目的。由于县人民法院在执行工作中能够针对不同的被执行对象，采取灵活多样的方法，注意提高执行艺术，使几年来的旧案执行基本平茬，新案的执行率也连续多年稳居全区第一，取得了比较突出的成绩。

（三）以“三个代表”重要思想的学习教育为总揽，队伍建设得到了更进一步的加强。一是在江泽民总书记七一重要讲话发表以后，县人民法院及时组织广大干警收听收看，并将讲话和“三个代表”重要思想的学习教育，纳入机关党组中心学习组、党支部、党小组和全体干警学习计划之中，统一安排部署，多次集体座谈讨论，撰写学习体会文章，进行互相交流学习。同时，全体干警还分批轮流参加了在县委党校举办的“三个代表”重要思想学习培训班，进一步加深了理解，深化了认识，统一了思想，提高了广大干警的政治理论水平，增强了实践“三个代表”重要思想的自觉性和坚定性。二是在去年开展的“三讲”教育、警示教育和“三项”教育的基础上，按照上级法院的统一部署，今年4月至6月底，又集中3个月时间，在全院范围内广泛开展了以法官职业道德教育、整顿领导班子、整顿审判纪律和整顿工作作风为内容的“一教育三整顿”活动，结合教育整顿，进一步加快了审判方式改革的力度，建立和健全了内部监督制约机制，推行案件督办、催办制度，对每个案件的收费情况，由双方当事人填写并签名后交政工科，实行一卡跟踪制度，有效防止了乱收费现象的发生。同时，还结合教育整顿，及时研究制定了《关于进一步加强和改进审判纪律和作风的若干规定》，认真落实了领导干部党风廉政建设责任制，使广大干警正确地树立了权力观、地位观、利益观和全心全意为人民服务的宗旨意识，队伍建设得到了更进一步的加强。

二、存在的主要问题

（一）对审判方式改革过程中出现的一些新情况、新问题以及一些新类型的案件，研究探讨不够，个别干警的政治和业务素质，还不适应新形势的要求，办案作风不扎实，宗旨意识不够强，所办案件质量不高，人民群众有意见。

（二）开展“严打”整治斗争的广度和深度不够，个别刑事案件在量刑上，由于对起刑点和所适用罪名以及对经济犯罪案件和盗窃案件数额的界定，在认识上不一致，导致社会上有议论。

（三）在行政审判工作中，由于个别部门和乡镇依法行政意识不强，对参加行政诉讼的认识不够明确，对行政审判工作不能正确理解，配合不积极，对所执行的法律不熟悉，一些处罚决定程序不健全不规范。加之个别审判人员对处理这类案件认识水平有所欠缺，致使案件处理难度大，各方面不同程度都有些意见。

（四）执行工作中还存在着一些问题。执行机制还在进一步探讨改革之中；涉及特困企业、金融机构等方面的案件执行难度比较大；有关部门对拒不执行法院判决罪和转移、隐匿财产等问题，理解认识上不一致；“执行难”的问题还没有从根本上得到解决。

（五）基层法庭办公设施和交通工具普遍比较落后，办案经费紧缺，合并后，管辖范围大，战线过长，在一定程度上影响了办案效率；管理体制还没有完全理顺，有的法庭在人员配备、年龄结构上不尽合理；县院对干警的工作、生活、政治待遇等问题关心重视不够，影响了办案的积极性。

三、几点建议

（一）要以江泽民总书记“三个代表”重要思想为指导，认真抓好干警队伍的思想政治教育和作风整顿，不断提高干警队伍的政治素质和业务素质，努力建设一支政治坚定、业务精通、作风过硬、清正廉洁、道德高尚的法官队伍。

（二）要以审判方式改革为突破口，认真研究探讨新情况新问题，以及出现的新类型案件，积极稳妥地推进法院干部人事制度改革，推行审判长、独任审判员选任制和庭长竞争上岗制度，进一步理顺机制，全面加强基层法庭队伍和基础设施建设，不断提高案件办理质量和效率。

（三）要进一步加大对行政执行人员的法制宣传教育和工作指导，增强依法行政意识，为行政审判工作创造良好的内外部环境。行政审判人员要认真学习掌握有关法律法规，熟悉有关政策规定，不断增强驾驭行政案件的能力，把行政审判的法律效果和社会效果有机地结合起来。

（四）政法各部门、各行政执法部门、单位、企业和金融部门，要依法大力支持、主动配合法院对有关案件的调查取证和执行工作，确保案件的公正和效率。要进一步加大执行工作力度，不断改进执行工作机制，彻底解决“执行难”的问题。

（五）要高度重视和关心广大干警的政治生活状况，进一步充实加强基层办案力量，调整优化人员结构，努力把审判和执行工作提高到一个新的水平。

第二十五次会议 于2001年11月20日至21日在常委会四楼会议室召开，由靳士孔主持。

会议议程有四项：一、听取和审议城建局局长邹秉义受政府委托所作的《关于〈静宁县县城总体规划〉（修编）情况的说明》，作出《关于静宁县县城总体规划（2001-2020）的决议》；二、听取和审议政府办公室主任王克选受政府委托所作的《关于县十三届人大四次会议代表意见建议办理情况的报告》；三、听取和审议政府法制局局长张淋冰受政府委托所作的《关于2001年全县行政执法检查工作情况的报告》、法院院长杨志军所作的《静宁县人民法院2001年执法检查工作报告》、检察院检察长李居洲所作的《关于2001年度执法检查工作情况的报告》；四、听取和审议农委主任李存时受政府委托所作的《关于农业产业结构调整情况的报告》、常委会农业财经工委主任王智仁所作的《关于2001年全县农业产业开发的调查报告》。会上，政府常务副县长许富忠就落实审议意见作表态发言。

第十三届常委会组成人员吕忠厚、靳士孔、岳具辉、张金业、朱春林、王智仁、王维歧、柴玉明、骆世清、杨耀忠、王毅、刘文乾、邓颖、柴桂兰、李佩红出席会议；县委常委、政府常务副县长许富忠，法院院长杨志军、检察院检察长李居洲、城建局局长邹秉义、政府办公室主任王克选、农委主任李存时、政府法制局局长张淋冰，常委会各委室负责人列席会议。

附：

关于2001年全县农业产业开发的调查报告

由常委会副主任祁治国牵头，县人大常委会办公室、农业财经工作委员会和县农委的负责同志组成调查组，于6月1日至8日，深入李店、古城、三合、田堡等16个乡镇及县直有关部门，采取听取汇报、实地察看、个别走访的方法，就2001年全县果、薯、菜、药、畜五大产业开发情况进行了调查。

一、任务落实情况

5月中、下旬，县林业局、农牧局抽组人员，对县上下达各乡镇的产业开发任务落实情况进行了验收。具体情况是：新植果树经济林29528.8亩，占任务31700亩的93.15%，其中苹果14940.8亩，梨2870亩，大接杏1586亩，桃265亩，李子443亩，核桃527.8亩，枣106.7亩，山杏5933.7亩，花椒2855.5亩，集中连片栽植比较好的是城川、灵芝、威戎、李店、治平等乡镇。洋芋种植165980亩，占任务182600亩的90.9%，其中规范化坑、垄种植10900亩，占任务27600亩的39.5%，坑、垄种示范搞得好的是八里、甘沟、原安、田堡、红寺等乡镇。药材种植17700亩，占任务23700亩的74.7%，其中育苗10230亩、移栽7470亩，种植比较好的是八里、城关、三合、古城、司桥等乡镇。瓜菜种植24000亩，占任务22900亩的104.8%，其中蔬菜14260亩（订单蔬菜完成1300亩，占任务2700亩的48.2%），瓜类9740亩，集中连片栽植比较好的是七里、司桥、仁大、治平等乡镇。新发展养殖大户388户，占任务820户的47.3%，其中笼养鸡118户74520只，养猪186户4213头，养牛84户333头，任务完成比较好的是城关、司桥、原安、石咀、威戎等乡镇。从总体上看，果树经济林、洋芋、瓜菜任务完成得比较好，其次是药材，最差的是养殖业。

二、主要特点

通过调查，我们认为，今年全县农村产业开发有以下几个特点：

（一）乡镇领导普遍重视。县农村产业开发分片座谈会议后，各乡镇态度积极，行动迅速，把结构调整、产业开发作为全年工作的中心任务来抓，在认真传达县产业开发座谈会议精神的同时，从本乡实际出发，合理规划，明确重点，制定措施，狠抓落实，整个产业开发保持了良好的发展态势。甘沟乡在县农村产业开发座谈会后，及时召开党委会，研究提出了适合本乡特点的产业开发目标、重点及措施，之后又召开脱产干部会、村社干部会、党员会、群众会，层层发动，广泛动员，为产业开发营造了良好的氛围。古城乡采取乡领导包项目，包村干部抓农户的办法，将产业开发纳入全乡责任目标考核，并制定了严格的奖罚办法。石咀乡将产业开发的重点项目、重点村社具体量化到包片领导和驻村干部身上。原安乡将产业开发任务与乡干部工资挂钩，对6名未完成坑、垄种洋芋任务的乡干部进行了罚款处理。治平乡采取集中时间、集中劳力、统一规划、统一供苗（膜）的办法，促进了产业开发任务的完成。威戎镇在武家塬综合治理工程建设中，实行全镇调劳，集中力量打歼灭战的办法，仅用8天时间就完成了集道路、退耕还林及果园建设为一体的综合治理示范工程。其他乡镇也都根据各自的特点，做到了领导、时间、任务、措施四落实，取得了比较明显的效果。

（二）规模化程度较高。从我们调查的情况看，无论是种植业，还是养殖业，都体现了规模化开发的要求，这在产业结构调整的初期阶段，的确是件不容易的事。李店乡通过全乡集中调劳，用20天时间完成了薛家山的千亩花椒基地，且成活率比较好。威戎镇一次性建成武家塬综合治理示范工程，山顶栽刺槐，山腰植山杏，山下建果园，面积达到1300亩。司桥乡酸刺村今年种植药材1360亩，户均达5亩，该村徐庄社33户人家，户户种药材，面积达到410亩，占该社耕地面积730亩的56.1%，户均12亩，最多的达32亩，最少的在3亩以上。原安乡今春在南营至程义集中连片垄种洋芋1063亩。司桥乡庙咀村阴湾社共有37户人家，其中养鸡户达11户，占29.7%，今年购小鸡11000只，最多的户达3000只。石咀乡贯庄村三社贯万军修建猪舍10间，今春已出售育肥猪40多头，纯收入近万元，现存栏良种小猪39头、母猪4头。威戎镇上磨村上磨社吴建鼎今春修建牛棚8间，养牛16头。以上可以看出，我县农村产业开发起步良好，规模较大，为今后产业结构调整打下了坚实的基础。

（三）示范点效果明显。县上根据各乡镇的自然特点及经济状况，将果、薯、菜、药、畜五大产业集中示范点及面积一次分解到村，各乡镇根据县上的统一要求，认真抓了组织落实工作。从目前情况看，这些示范点大多比较成功，效果较为明显，在一定程度上发挥了典型引路和辐射带动作用。如李店薛家山千亩花椒基地、威戎武家塬以栽植苹果、优质杏为主的综合治理工程，无论是从规模还是从质量上讲，都是令人信服的。原安乡南营至程义的千亩垄种洋芋带、田堡乡芦湾村的坑种洋芋等，都达到了规范化的要求。司桥乡酸刺村、古城乡二堡村的药材种植已成为全县的样板，其规模和效益是显而易见的，城关镇新城村一、二、三、四社农业园区种植的80亩西兰花，栽植规范，长势良好。司桥乡庙咀村的笼养鸡在万只以上，且管理比较科学，发展态势好。这些好的典型，不仅使群众亲身感受到了产业结构调整的优越性，而且为面上的产业开发积累了丰富的经验。

（四）职能部门服务积极主动。围绕农村产业结构调整，有关部门及时调整工作思路，并根据自身的业务特点，做了大量卓有成效的工作。一是将产业开发纳入责任目标管理，县林业局、农牧局均实行了领导干部包产业、技术人员包乡镇的目标管理责任制，将产业开发任务完成情况作为干部年终考核的重要内容之一。二是保证了苗木、种子的及时供应。为确保产业开发的顺利进行，县林业局从外地购进苹果苗20万株、大接杏苗6万株、山杏苗33.5万株、花椒苗20万株，自育苹果苗26万株、花椒苗16万株。县种子公司围绕全县产业结构调整，去冬今春组织人员从内蒙古、省农科院等调运各类种子102454.5公斤，供出100262.4公斤，其中药材种子23175公斤、洋芋种子77000公斤（其中脱毒原原种1000粒）、订单蔬菜种子87.4公斤，基本满足了全县产业开发的需要。三是县农行和农村信用社及时调整投资方向和重点，安排贷款指标1010万元，其中信用社810万元，农行200万元，有力地支持了产业结构调整。四是部分乡镇在力所能及的条件下采取了一些优惠措施。李店乡在薛家山花椒基地建设中，无偿为群众供应地膜200多公斤。治平乡为促进安宁至陈峡千亩果带的完成，挤出资金4000元，为农户无偿供膜。原安乡拿出26000元从庄浪调进优良种薯5万斤，无偿供应给南营至程义千亩垄种洋芋带上的农户。三合乡为10个养牛重点户无偿提供水泥各20袋。这些都为我县农村产业开发起到了抛砖引玉的作用。

三、存在问题

受长期以来计划经济模式的束缚和生产条件的限制，我县农村产业开发存在以下几方面的问题：

一是产业开发任务欠账较大。订单蔬菜下达任务2700亩，实际完成1300亩，仅占任务的48.2%。养殖业问题更为突出，计划发展养殖重点村50个，新发展养殖户820户，实际建成重点村35个，发展养殖户18户，分别占任务的70%和47%，有少数乡镇基本没有行动。计划种植药材23700亩，实际完成17700亩，占任务的74.7%，其中七里、细巷、四河等乡镇完成任务在50%以下。

二是甘草出苗普遍差。从我们了解到的情况看，由于受种子、土壤墒情、种植方法等诸多因素的影响，全县甘草育苗除灵芝乡杨岔村支书杨进才的0.8亩和司桥乡酸刺村的甘草出苗较好外，其他乡镇的甘草出苗率均在10%以下，城关镇韩家山、八里乡小山村一社、郭罗村三社的出苗寥寥无几，如果近期再无好转，育苗失败将成定局，仅种子损失在140万元左右。目前，农户十分焦急，有的直接到县有关部门反映。这一问题的出现，不仅将使群众蒙受较大的经济损失，而且对今后药材产业的发展产生一定的负面效应。

三是农贷资金规模小。今年，县上将产业开发作为全县总揽全局的一件大事来抓，广大干部群众的积极性比较高，但银行贷款指标太少，且迟迟不能到位，影响了产业开发任务的完成。据了解，今春县农村信用社围绕产业开发安排贷款指标610万元，6月初农村信用社和农行又安排果实套袋专项贷款各200万元。由于贷款指标与需求相差甚远，许多项目无法启动，尤其是对发展养牛大户造成了直接影响。相当一部分养殖户已建起了规范化养殖场，但因贷款指标受限，至今圈内空空。

四是技术服务严重滞后，粗放经营的问题较为普遍。县林业局、农牧局现有技术干部98名，其中林业29名、农牧69名。随着全县农村产业开发的逐步推进，技术力量不足的问题越来越明显。同时，下派到乡镇的农技人员，大部分时间忙于中心工作，没有发挥应有的作用。由于技术力量薄弱，服务滞后，致使产业开发的技术含量低下，效益不高。如李店乡白草岻村二社刘康茂1991年栽植的苹果树，部分树体已老化，但至今未挂果。田堡乡芦湾村上湾社、三合林草站的甘草育苗，绝大部分地块打糖差，播种很不规范。养殖业不仅品种不优，而且饲养方法普遍落后，真正达到科学管理的大户为数很少。类似上述情况，在我县已不是个别现象，而是一个带有普遍性的问题。

五是规模效益不够理想。据统计，全县果园在册面积18.8万亩，真正挂果的也只有5万亩左右，且大部分管理粗放，效益不高。蔬菜、药材产业才刚刚起步，未形成气候。像司桥酸刺、古城二堡、灵芝杨岔等已形成规模的药材种植村为数太少。洋芋种植虽有规模，但商品率比较低，特别是缺少加工增值的龙头企业，效益发挥得不够好。养殖业虽然抓了多年，但收效不大。这次调查的一些养殖大户，生产积极性普遍高，圈棚建设搞得比较规范，但饲养量上不去，未形成规模效益。

六是乡镇干部的工作方式落后。从调查情况看，绝大部分乡镇干部的思想观念、工作方法及自身素质明显滞后于形势的变化，重任务、轻管理，重生产、轻经营的问题普遍存在。如在今年的果园建设上，部分乡镇重栽轻管，苗木不平茬，致使成活率差。药材种植也是如此，有少数乡镇只知道给群众供种子，至于种上了没有，种到什么地方，种得好不好就不知道了。有许多乡镇干部不认真学习市场经济和农业科技知识，满足于行政命令，这种落后的工作方式是很难适应农村产业结构调整的。

四、今后建议

合理调整农村产业结构，全面提高农业经济效益，增加农民收入，是我县农村经济发展所面临的一个新课题，也是今后一个时期农村工作的中心任务。因此，建议抓好以下几方面的工作：

（一）要进一步提高对农村产业开发重要性的认识。这次全国性的农村产业结构调整，是我国实行土地联产承包责任制后的又一重大举措，县委、县政府坚持从实际出发，将果、薯、菜、药、畜作为今后我县农村产业开发的重点，是完全正确的，也是深得民心的，必须抓住不放，一抓到底，抓出成效。应当看到，改革开放以来，我县农业虽然有了长足的发展，但远远未能摆脱传统模式的束缚，农业内部结构不合理，广种薄收，管理粗放，科技含量低，生产成本大，经济效益差。由于缺少稳定的增收产业，致使相当部分村社未摆脱贫穷落后的困境，而治平雷沟、司桥酸刺、七里李堡等村却依靠产业结构调整增加了农民收入，成为全县脱贫致富的典型。实践证明，不进行产业结构调整，我县农村经济发展就没有出路，农民增收就无法实现。各级干部，特别是乡镇领导对此必须有一个清醒的认识，以高度的责任感和紧迫感，紧紧抓住产业结构调整这个牛鼻子，以促进全县经济持续、快速增长。

（二）要继续坚持规模化开发，规范化管理的方针。这次产业结构调整中，绝大多数干部群众认为，县上提出的果、薯、菜、药、畜五大产业是符合我县实际的，尽管在起步阶段出现了一些不容忽视的问题，但这条发展路子是正确的，必须坚定不移地走下去。要按照区域化布局、规模化发展的产业开发要求，以已建成的示范村、示范点为依托，连片开发，整体推进，形成规模效应。同时，要采取切实可行的措施，下决心解决产业开发中的粗放经营问题，千方百计提高产品的科技含量。甘草育苗今后应适当增加播种量，如春季墒情不足，可放在秋后进行。

（三）要充分发挥典型引路的作用。农村产业结构调整是一项新工作，没有现成的模式可套，只有因地制宜，通过典型示范和辐射带动，辅之以必要的行政手段，才能收到好的效果。我县红旗、李堡村的蔬菜种植，酸刺、二堡村的药材种植，雷沟、吴庙村的果园建设，原安南营至程义、沙和尚湾、花沟岔村的坑、垄种洋芋等，都是很好的典型，我们应进一步总结完善，并在全县逐步推广。

（四）要进一步加强农业科技服务体系建设。随着农村产业开发的逐步推进，农业科技服务滞后的问题愈来愈明显，这个问题已到了非解决不可的地步。一是要尽快建立健全县、乡、村三级服务网络，优化提高县一级、健全乡一级、普及村一级。二是要解决学非所用的问题，下派到乡镇的农技人员应把主要精力放在农业科技服务上，使其发挥应有的作用。今后农业院校毕业的大中专毕业生，都应充实到生产第一线，以解决技术力量不足的问题。三是建议在县林业局设立果业中心，专抓果品产业。四是要教育乡镇干部认真学习市场经济和农业科技知识，使之适应农村产业开发的需要。

（五）要进一步加强组织领导。由于受长期以来计划经济的影响，广大农户对市场经济的适应能力比较差，如果让农民自发地去适应市场，就会贻误战机，坐失良机。因此，要在坚持面向市场、尊重农民经营自主权的前提下，进一步加大行政推动力度，确保年度产业开发任务的完成。同时，要加大考核、奖惩力度，充分调动各级组织和广大干部的工作积极性，为农村产业开发献计献策，贡献力量。

第二十六次会议　于2002年1月14日在常委会四楼会议室召开，由吕忠厚主持。

会议议程有两项：一、审议通过常委会工作报告；二、审议通过召开十三届人大五次会议的有关事项。

第十三届常委会组成人员吕忠厚、靳士孔、岳具辉、祁治国、张金业、王智仁、郭应童、王维岐、柴玉明、骆世清、王毅、刘文乾、邓颖、柴桂兰、李佩红出席会议；常委会各委室负责人列席会议。

第二十七次会议　于2002年1月24日在常委会四楼会议室召开，由吕忠厚主持。

会议议程有一项：人事任免。

第十三届常委会组成人员吕忠厚、靳士孔、岳具辉、祁治国、朱春林、张金业、王智仁、郭应童、骆世清、柴玉明、柴桂兰、王毅、刘文乾、邓颖、李佩红出席会议；县委常委、政府常务副县长许富忠，县委组织部副部长郭三省，常委会各委室负责人列席会议。

附：

人事任免

王守荣任县人大常委会代表联络工作委员会主任

张晓军任县农机局局长

王志高任县城建局局长

杨升旺任县卫生局局长

免去：

王维歧县人大常委会代表联络工作委员会主任职务

何升堂县农机局局长职务

邹秉义县城建局局长职务

王守荣县卫生局局长职务

安　华县文化局局长职务

第二十八次会议　于2002年4月8日在常委会四楼会议室召开，由靳士孔主持。

会议议程有两项：一、审议通过常委会2002年工作要点；二、听取和审议财政局局长王维军受政府委托所作的《关于2002年全县财政收支预算调整情况的报告》，作出了《关于2002年全县财政收支预算调整的决议》。会上，政府常务副县长许富忠就落实审议意见作表态发言。

第十三届常委会组成人员吕忠厚、靳士孔、岳具辉、祁治国、张金业、郭应童、王智仁、骆世清、杨耀忠、柴桂兰、刘文乾、邓颖、李佩红、柴玉明、王毅出席会议；县委常委、政府常务副县长许富忠，法院副院长蔡尚志、检察院检察长李居洲、政府办公室主任王克选、财政局局长王维军，常委会各委室负责人张继祖、王守荣、周世让、李金、张汉基、胡志科列席会议。

第二十九次会议　于2002年6月13日在常委会四楼会议室召开，由吕忠厚主持。

会议议程有四项：一、听取和审议审计局局长慕锡武受政府委托所作的《关于2001年度县级财政预算执行情况的审计报告》；二、听取和审议公安局政委刘学受政府委托所作的《关于公安队伍建设情况的报告》；三、审议通过关于吕忠厚辞去常委会主任职务请求的决定，关于靳士孔、祁治国辞去常委会副主任职务请求的决定；会议同时决定，吕忠厚、靳士孔、祁治国辞去职务后，常委会会议暂由副主任岳具辉主持；四、人事任免。

第十三届常委会组成人员吕忠厚、靳士孔、岳具辉、祁治国、朱春林及委员共16名出席了会议，政府县长毛文平、常务副县长许富忠，法院副院长蔡尚志、检察院检察长李居洲、县委组织部副部长郭三省、政府办公室主任王克选、公安局政委刘学、财政局局长王维军、审计局局长慕锡武，常委会各委室负责人列席会议。

附：

人事任免

接受吕忠厚辞去县人大常委会主任职务的请求

接受靳士孔辞去县人大常委会副主任职务的请求

接受祁治国辞去县人大常委会副主任职务的请求

陈玉梅（女，满族）任县人民政府副县长

县人民政府副县长陈玉梅个人情况表

表4-24

姓名	性别	民族	出生年月	籍贯	文化程度	工作时间	主要经历
陈玉梅	女	满	1968.9	辽宁兴城	本科	1992.8	曾在宁夏隆德县司法局、平凉地区司法处工作；历任平凉地区司法处基层科副科长、科长

第三十次会议　于2002年6月26日在常委会四楼会议室召开，由岳具辉主持。会议议程有一项：人事任免。

第十三届常委会组成人员岳具辉、朱春林、张金业、王智仁、郭应童、王维岐、骆世清、柴玉明、杨耀忠、柴桂兰、刘文乾、李佩红、邓颖出席会议；常委会党组书记吕忠厚，县委常委、政府常务副县长许富忠，政府办公室主任王克选、县委组织部副部长冯克勤，常委会各委室负责人张继祖、王守荣、李金列席会议。

附：

人事任免

王平仁任县人事局局长

杜文彪任县发展计划局局长

高　恒任县经济贸易局局长

姚国奇任县科学技术局局长

张新民任县计划生育局局长

高孟德任县水务局局长

周忠义任县国土资源局局长

王志高任县建设局局长

王玉杰任县劳动和社会保障局局长

免去周浩元县司法局局长职务

第三十一次会议　于2002年8月30日在常委会四楼会议室召开，由岳具辉主持。会议议程有一项：人事任免。

第十三届常委会组成人员岳具辉、朱春林、张金业、王智仁、郭应童、杨耀忠、王维岐、骆世清、柴桂兰、柴玉明、王毅、邓颖出席会议；常委会党组书记吕忠厚、政府副县长张维国、政府办公室主任王克选、县委组织部正科级组织员高赫，常委会代表联络工委主任王守荣列席会议。

附：

人事任免

席　荣任县人大常委会农业财经工作委员会主任

郭三省任县教育局局长

王运军任县财政局局长

陈焕康任县司法局局长

免去：

王智仁县人大常委会农业财经工作委员会主任职务

张继祖县人大常委会教科文卫工作委员会主任职务

王维军县财政局局长职务

牛启寿县教育局局长职务

王效国县物价委员会主任职务

李存时县农业委员会主任职务

杨立新县商业局局长职务

姚鹏远县经济体制改革委员会主任职务

魏柏树县广播电视局局长职务

第三十二次会议　于2002年9月13日在常委会四楼会议室召开，由岳具辉主持。

会议议程有一项：审议通过召开十三届人大六次会议的有关事项。

第十三届常委会组成人员岳具辉、朱春林、张金业、王智仁、郭应童、杨耀忠、王维岐、骆世清、柴桂兰、刘文乾、王毅、邓颖出席会议；常委会党组书记吕忠厚列席会议。

第三十三次会议　于2002年9月29日在常委会四楼会议室召开，由岳具辉主持。

会议议程有三项：一、审议通过《关于县人民代表大会换届选举及召开县十四届人大一次会议的决定》；二、审议通过县选举委员会组成人员名单；三、审议通过换届选举安排意见。

第十三届人大常委会组成人员岳具辉、张金业、王智仁、郭应童、杨耀忠、王维岐、骆世清、柴桂兰、柴玉明、王毅、邓颖、刘文乾、李佩红出席会议；常委会各委室负责人列席会议。

附：

县选举委员会

主　任：李雪峰

副主任：王学书　许富忠　岳具辉

委　员：李旺军　牛力军　张金业　郭应童　王守荣　吴水利（女）　马志刚
王运军　魏柏树
（选举委员会下设办公室，郭应童兼任主任，柴玉明兼任副主任）

第三十四次会议　于2002年10月11日在常委会四楼会议室召开，由许富忠主持。

上午，组织委员视察界石铺、威戎两镇小城镇建设、县城东拓工程建设现场，参观了八里镇农业示范园区麦林蔬菜公司、种苗繁育技术中心、民丰仔猪繁育场、民发养猪场、鸡产业有限公司。下午，集中进行审议。

会议议程有三项：一、听取和审议政府法制局局长张淋冰受政府委托所作的《关于2002年全县行政执法检查工作情况的报告》、法院院长杨志军所作的《静宁县人民法院2002年执法检查工作报告》、检察院检察长李居洲所作的《静宁县人民检察院2002年执法检查工作的报告》；二、听取和审议农办主任李存时受政府委托所作的《关于农业科技示范园区建设工作的报告》；三、听取和审议建设局局长王志高受政府委托所作的《关于静宁县城镇建设工作情况的报告》、常委会副主任岳具辉所作的《关于界石铺威戎小城镇建设以及县城东拓工程建设情况的调查报告》。会上，政府常务副县长李旺军、副县长靳建荣就落实审议意见分别作表态发言。

第十三届常委会组成人员岳具辉、许富忠、张金业、王智仁、郭应童、杨耀忠、王维歧、骆世清、柴桂兰、柴玉明、王毅、刘文乾、李佩红、邓颖出席会议；县委常委、政府常务副县长李旺军，副县长靳建荣、法院院长杨志军、检察院副检察长孙延震、政府办公室主任王克选、建设局局长王志高、政府法制局局长张淋冰、农办主任李存时、司法局局长陈焕康、农牧局副局长白世明，常委会有关委室负责人王守荣、席荣列席会议。

附：

关于界石铺威戎小城镇建设以及县城东拓工程建设情况的调查报告

由常委会副主任岳具辉带队，与建设局及人大机关有关委、办的同志，于9月25日先后深入界石铺、威戎两镇以及县城东拓工程现场，采取座谈汇报、现场察看等方式，对两镇小城镇规划建设以及县城东拓工程建设情况，进行了调查。

一、主要工作成效及特点

（一）界石铺镇小城镇建设立足实际，规划合理，稳步推进。小城镇建设规划东西长1.3公里，南北宽0.5公里，规划面积0.6平方公里，三纵八横11条道路。按照总体规划和年度实施计划，采取群众集资、单位集资和招商引资等多种方式，今年已开工建设项目11项，建设资金达882万元。目前，已竣工4项，完成投资402万元的镇机砖厂进行了一次性改制，引进客商投资210万元，目前已正式投产使用，年产砖1000万块，年销售收入达160多万元，年上缴利税6万元，并解决了附近西川、高堡等村120多人的就业困难，收到了良好的经济和社会效益。其他建成交付使用的有建筑面积900多平方米的两层小康屋、界石铺中学教学楼、烟草公司营业楼的续建工程及项目。中学学生公寓楼、继红商站服务楼、兽医站营业楼、派出所宿办楼、供销社营业楼、农电站办公楼以及镇中心街道的电力线路改造工程等7个项目，预计在年内可以完成。另外，道路和其他公用设施建设正在逐步规划实施。

（二）突出重点，加快基础设施建设步伐，威戎镇小城镇建设已初具规模。镇区规划面积2.3平方公里，目前已建成1.9平方公里。共征租土地63亩，实施的重点项目有15项5大类，累计投资2376万元，已完成2025万元。一是由镇政府投资300万元建成了西环路、北一环、北二环、中路和南一环全长3.3公里的道路工程，7.2公里的排污工程，15公里的上水工程，3公里的路灯照明工程，并购置国槐、红叶柳2700棵，一次性绿化了西环路、南二环、北二环等主干道，补植了主街道，新镇区道路四通八达，小城镇硬件建设已初具规模。二是威戎中学、电信、信用社等6单位投资800万元，建设的学生公寓楼和办公大楼，已经建成或正在建设之中。三是按照统一规划，一张图纸、分户修建的原则，已建成上宅下房的小康居民住宅楼52幢，总投资418万元。同时，二建公司投资407万元进行房地产开发修建的50套仿欧式小康居民住宅区，已完成工程总量的80%，其他工程都在按总体规划和年度计划，有条不紊地进行。

（三）县城东拓工程坚持高起点规划、高标准建设，工程进展顺利，成效显著。东拓工程是县政府多年要办成的“十件实事”之一，工程总规划面积1500亩，县城规模扩大1平方公里，达到6.8平方公里，计划投资4.2亿元。主要规划“三纵两横”5条主干道，“三纵”为宽度62米的成纪北路和36米的东环北路、富康北路；“两横”为宽度36米的北环东路、北二环东路，总长度4.1公里，占地257.8亩，形成一个“田”字形开发区，区内包括4个住宅小区。

工程从今年2月份开始，在全面完成拆迁评估的基础上，道路工程自4月底开工以来，已完成“三纵两横”5条主干道路的主路基碾压成型4.1公里14.6万平方米，总移动土方量18万立方米，完成了5条道路的沙砾垫层铺设和石灰沙砾稳定土基层及路缘石埋置。道路油铺已完成成纪北路和北环东路，东环北路正在油铺之中。同时，配套完成地下供排水管道敷设约7.84公里，设置供排水检查井200余座，雨水井194座。东苑小区建设经过公开竞标，1号小区的25幢住宅楼全部中标，部分工程已办结基本建设手续，并开工建设。

从我们调查来看，小城镇和东拓工程建设体现了如下特点：一是领导普遍重视。界石铺、威戎两镇及县城东拓工程均成立了由县乡两级主要领导任组长的领导小组，对工程建设实行统一领导、统一管理，加强协调配合，为各项工作的健康进行提供了有力的组织保证。二是立足实际，着眼长远，科学论证，合理规划，整个工程建设体现了高度的科学性和前瞻性。三是以道路、给排水工程等基础设施建设为主，启动房地产开发市场，兼顾规划区内饮食、文化、教育等公用服务设施的建设，注重整体风格，突出局部效果，体现各自特色，符合未来城镇化发展的方向。四是采取多种方式，多方筹措资金，保证了工程建设进度，界石铺威戎两镇除政府自筹和向上争取建设资金外，主要采取鼓励机关单位投资建设办公楼，鼓励沿街农户、个体和营业主投资建设上宅下店的居民住宅楼以及由重点企业投资进行房地产开发、建设小康居民住宅区等多种筹资方法，多渠道筹措资金，保证了工程建设进度。东拓工程规划区内土地全部由县土地储备中心出资租赁储备，除道路等公用设施外，其余住宅小区开发所需土地均采取市场化运作方式，面向社会，竞价开发。预计今年完成投资3200万元，其中基础设施完成投资1300万元，住宅建设完成投资1900万元。

二、存在的主要问题

尽管小城镇及东拓工程建设取得了有目共睹的成效，但仍存在一些不容忽视的问题，主要表现在：

（一）个别领导对小城镇建设思想上仍然重视不够，规划和经营城镇的思路不够清晰，道路等基础设施建设相对滞后。

（二）建设资金严重短缺，制约了建设速度和规模，也制约了各项配套设施建设。

（三）界石铺、威戎两镇特别是界石铺镇，几乎没有工矿企业，城镇人口消费水平比较低，群众思想观念比较落后，投资小城镇建设的热情不高，小城镇发展缺乏后劲。

（四）拆迁群众的安置方面还存在一定的问题。各类小康居住楼的销售情况也不容乐观。

三、对今后工作的几点建议

（一）县、乡人民政府及建设主管部门，要高度重视小城镇建设，进一步统筹规划，理清思路，优化方案，不断加强协调指导，确保小城镇建设取得长足发展。

（二）要多方筹措资金，吸收社会各类资金，采取多种经营方式，用足用活机制，创新经营城镇的理念。对现有资金，要优先安排于道路、给排水、照明、通讯等基础设施建设。在建设中，既要考虑当前，又要兼顾长远，坚决防止工程的盲目上马和重复建设。

（三）要进一步解放思想，转变观念，制定各类优惠政策，广泛发动群众，积极参与小城镇建设。进一步发展主导产业，开展多种经营，不断增强小城镇发展的后劲。

（四）要积极稳妥地做好拆迁群众的安置重建工作。对于拆迁户的实际困难，要想方设法予以解决，防止激化矛盾，影响工作大局。

第三十五次会议 于2002年11月5日在常委会四楼会议室召开，由许富忠主持。

会议议程有四项：一、听取和审议发展计划局局长杜文彪受政府委托所作的《关于龙头企业2001年以来新上工业项目带动产业开发情况的报告》；二、听取和审议教育局局长郭三省受政府委托所作的《关于全县教师队伍建设情况的报告》；三、听取和审议了政府办公室主任王克选受政府委托所作的《关于县十三届人大五次会议代表意见、建议办理情况的报告》；四、审议通过召开十四届人大一次会议的有关事项。

第十三届常委会组成人员岳具辉、许富忠、朱春林、张金业、王智仁、郭应童、王维歧、骆世清、柴桂兰、柴玉明、王毅、刘文乾、李佩红、邓颖出席会议；县委常委、政府常务副县长李旺军，副县长李雪云、法院副院长蔡尚志、检察院检察长李居洲、政府办公室主任王克选、发展计划局局长杜文彪、教育局局长郭三省，常委会有关委室负责人席荣、王守荣列席会议。

第七节　县第十四届人大常委会会议

县第十四届人大常委会任期为2002年11月至2006年12月。其间，共召开常委会会议28次。会议由常委会主任或副主任主持，第十四届常委会组成人员出席会议，政府县长或副县长、法院院长或副院长、检察院检察长或副检察长、县直及省市驻静宁有关部门、常委会各委室负责人列席会议，必要时，县委有关部门负责人，部分市、县人大代表同时列席，公民代表应邀旁听会议。历次常委会会议听取和审议政府关于财政预算调整、预算执行审计、计划调整、非典型性肺炎防治、邮政工作、医疗市场管理、药品监督管理、普法规划及实施、民营经济发展、退耕还林、道路建设养护、县城市容管理、农业产业开发、项目建设、未成年人思想道德建设、保护农民工权益和发展劳务经济、退耕还林工程管理、社会公共安全保障、法律监督检查、代表意见建议办理及述职等方面的工作报告以及政府、法院、检察院关于执法检查等方面的工作报告51项（次），其中听取劳动和社会保障局、文体局、贸易经济合作局、教育局、乡镇企业局、农机局、环保局、公安局负责人的述职报告8次，并进行评议和民主测评；听取和审议常委会联合调查组调查、视察、检查报告38项（次）；作出决定、决议10项；任命常委会及“一府两院”工作人员96人（次），接受辞职和免职51人（次）；审议通过常委会有关工作规则和议事规则及其他事项19项。

附：

第十四届人大常委会会议召开情况表

表4-25

次别	召开时间	听取审议工作报告（项）				任免工作人员（名）		作出决议决定（项）	审议通过事项（项）
		人大常委会	政府	法院	检院	任命	辞职免职		
一	2002.12.13					3	3		4
二	2003.1.8					17	15		
三	2003.3.21					18			
四	2003.4.15		1			1		1	
五	2003.6.11	3	3			1	1		
六	2003.7.25	2	4						

续表4-25

次别	召开时间	听取审议工作报告(项)				任免工作人员(名)		作出决议决定(项)	审议通过事项(项)
		人大常委会	政府	法院	检院	任命	辞职免职		
七	2003.9.18	2	2			2	2		
八	2003.11.28		2	1	1				
九	2003.12.10	4	2						2
十	2004.2.20	3							1
十一	2004.4.9		3					3	
十二	2004.6.8	2	2			6	1	1	
十三	2004.7.28	1	3			1			
十四	2004.9.16	2	1	1	1	1			
十五	2004.11.9	1	3			2	1		
十六	2004.12.16	3	1						2
十七	2005.3.28	1	1			11	2	1	1
十八	2005.5.26	2	2						
十九	2005.7.26	1	2						
二十	2005.9.28	1	2	1	1	6	4	2	
二十一	2005.11.16	2	3			2			1
二十二	2005.12.12	3							2
二十三	2006.2.24	1				2	2		
二十四	2006.3.20	1	1	1		1	1	1	
二十五	2006.6.28	1	2			18	14		
二十六	2006.8.24	1	2		1	1	1	1	
二十七	2006.10.23								4
二十八	2006.12.17	1	1			3	4		2

第一次会议 于2002年12月13日在常委会四楼会议室召开，由聂正国主持。

会议议程有六项：一、学习中共中央《关于认真学习党的十六大精神的通知》，传达市一届人大一次会议精神；二、审议通过常委会《关于学习党的十六大精神的安排意见》；三、审议通过常委会有关工作规则；四、审议通过第十四届人大常委会代表资格审查委员会组成人员名单；五、审议通过常委会主任、副主任及兼职委员工作分工；六、人事任免。会议结束时，聂正国就新一届常委会更好地履行职责、开展工作讲话。

第十四届常委会组成人员聂正国、戴双军、岳具辉、许富忠、王星耀、朱春林、张金业、韩太平、郭应童、席荣、张新民、王守荣、柴玉明、柴桂兰、邓颖、张三相、阎伟刚、张来有出席会议；县委常委、政府常务副县长李旺军，检察院检察长李居洲、法院副院长蔡尚志、县委组织部副部长高赫、政府办公室副主任李克明列席会议。

附：

人事任免

张新民任县人大常委会教科文卫工作委员会主任

陈尚孔任县监察局局长

张进宝任县民政局局长，免去县监察局局长职务

免去：

马志刚县民政局局长职务

张新民县计划生育局局长职务

第十四届人大常委会代表资格审查委员会

主 任 委 员：岳具辉

副主任委员：王守荣

委　　　员：郭应童　柴桂兰（女）　阎伟刚

第二次会议　于2003年1月8日在常委会四楼会议室召开，由戴双军主持。

会议议程有一项：人事任免。

第十四届常委会组成人员戴双军、岳具辉、王星耀、朱春林、张金业、韩太平、张新民、王守荣、柴玉明、邓颖、张三相、阎伟刚、张来有出席会议；县委常委、政府常务副县长李旺军，法院院长杨志军、检察院检察长李居洲、政府办公室主任王克选、常委会各委室负责人列席会议。

附：

人事任免

李　读任县计划生育局局长

张坚强任县人民检察院副检察长

王代代任县人民法院审判委员会委员

温学斌任县人民法院民事审判第一庭庭长，免去八里人民法庭庭长职务

鲍克荣任县人民法院民事审判第二庭庭长，免去县人民法院经济审判庭庭长职务

魏永红任县人民法院刑事审判庭庭长

戴红喜任县人民法院行政审判庭庭长，免去县人民法院告诉申诉庭庭长职务

秦玉生任县人民法院审判监督庭庭长，免去县人民法院刑事审判庭庭长职务

王国勤任县人民法院立案庭庭长，免去城关人民法庭庭长职务

王淑芳任县人民法院民事审判第一庭副庭长，免去县人民法院民事审判庭副庭长职务

任建民任县人民法院民事审判第二庭副庭长，免去古城人民法庭庭长职务

李双相任八里人民法庭庭长，免去高界人民法庭庭长职务

李尚明任雷大人民法庭庭长，免去李店人民法庭庭长职务

吕文军任雷大人民法庭副庭长，免去仁大人民法庭庭长职务

刘进满任威戎人民法庭副庭长，免去雷大人民法庭庭长职务

卢胜胜任甘沟人民法庭副庭长，免去细巷人民法庭庭长职务

赵满良任县人民法院审判员

免去：

冀国强县人民法院民事审判庭庭长职务

吕志明县人民法院审判委员会委员、审判员职务

王锡功县人民法院行政审判庭副庭长职务

第三次会议　于2003年3月21日在常委会四楼会议室召开，由聂正国主持。

会议议程有一项：人事任免。会上，政府县长张正作表态发言，聂正国作总结讲话。

第十四届常委会组成人员聂正国、戴双军、岳具辉、许富忠、朱春林、张金业、韩太平、郭应童、席荣、张新民、王守荣、柴玉明、柴桂兰、邓颖、张三相、阎伟刚出席会议；县委副书记、政府县长张正，县委组织部副部长高赫、法院副院长蔡尚志、检察院副检察长徐宝玉、政府办公室主任王克选、常委会各委室负责人列席会议。

附：

人事任免

王克选任县人民政府办公室主任

杜文彪任县发展计划局局长

高　恒任县经济贸易局局长

郭三省任县教育局局长

姚国奇任县科学技术局局长

李艳晓任县公安局局长

陈焕康任县司法局局长

王运军任县财政局局长

王平仁任县人事局局长

王玉杰任县劳动和社会保障局局长

周忠义任县国土资源局局长

王志高任县建设局局长

高孟德任县水务局局长

陈进财任县农牧局局长
戴三姓任县林业局局长
杨升旺任县卫生局局长
慕锡武任县审计局局长
杨晓光任县统计局局长

第四次会议　于2003年4月15日在常委会四楼会议室召开，由岳具辉主持。

会议议程有两项：一、人事任免；二、听取和审议财政局局长王运军受政府委托所作的《关于2003年全县财政收支预算调整情况的报告》，作出《关于静宁县2003年财政预算调整的决议》。

第十四届常委会组成人员聂正国、岳具辉、朱春林、张金业、韩太平、郭应童、张新民、王守荣、柴玉明、邓颖、张三相、阎伟刚、张来有出席会议；政府副县长李玉彪、法院院长杨志军、检察院检察长李居洲、县委组织部组织员薛仁杰、政府办公室督查信息科科长吕锦鸿、财政局局长王运军、常委会各委室负责人列席会议。

附：

人事任免

魏晓平任县人民政府副县长

县人民政府副县长魏晓平个人情况表

表4-26

姓名	性别	民族	出生年月	籍贯	文化程度	入党时间	工作时间	主要简历
魏晓平	男	汉	1963.4	甘肃武山	大专	1984.11	1982.9	曾在武山县龙台山羊坪中心学校、武山县委办公室工作；历任武山县委调研室副主任，省委党史研究室主任科员、政研处副调研员，甘谷县县长助理（挂职）、秦安县委副书记（挂职），省委党史研究室政研处副调研员、调研员

第五次会议　于2003年6月11日在常委会五楼会议室召开，由戴双军主持。

会议议程有四项：一、人事任免；二、听取和审议副县长李雪云受政府委托所作的《关于全县非典型性肺炎防治工作情况的报告》、常委会副主任王星耀所作的《关于我县非典防治工作的调查报告》；三、听取和审议邮政局局长马金鑫所作的《关于全县邮政工作情况的报告》、常委会副主任许富忠所作的《关于邮政工作情况的调查报告》；四、听取劳动和社会保障局局长王玉杰所作的《述职报告》、常委会副主任、评议领导小组组长岳具辉所作的《关于对县劳动和社会保障局及局长进行述职评议的调查报告》，对劳动和社会保障局及局长王玉杰进行了评议和信任投票，结果为称职。会上，政府常务副县长李旺军、副县长李雪云、劳动和社会保障局局长王玉杰就落实审议意见分别作表态发言；会议结束时，聂正国讲话。

第十四届常委会组成人员聂正国、戴双军、岳具辉、许富忠、王星耀、朱春林、张金业、韩太平、郭应童、张新民、王守荣、柴玉明、柴桂兰、邓颖、张三相、阎伟刚、张来有出席会议；县委常委、政府常务副县长李旺军，县委常委、组织部部长牛力军，政府副县长李雪云、县委组织部副部长高赫、纪检委副书记朱寿亭、法院副院长张正伟、检察院检察长李居洲、政府办公室副主任张淋冰、卫生局局长杨升旺、邮政局局长马金鑫、劳保局局长王玉杰及全体科级干部，常委会各委室负责人，部分省、市、县人大代表列席会议。

附：

人事任免

李永成任县人民政府办公室主任

免去王克选县人民政府办公室主任职务

关于我县“非典”防治工作的调查报告

根据前一阶段我县“非典”防治工作中有关部门、单位材料中反映和从社会上听到的一些情况，5月下旬，常委会副主任王星耀和教科文卫工作委员会的2位主任，先后到县非典办、卫生局、防疫站、物价局、技术监督局、县医院等部门和单位，简要地做了一些调查。总的看情况是好的。

一、成绩方面

（一）切实加强了组织领导和宣传教育工作。在组织领导方面，县上先后4次调整充实了县非典防治工作领导小组，由县长任组长，11名副县级领导及35个部门负责人为成员，下设办公室和疫情处理、医疗救治、后勤保障等8个工作小组，分工负责落实各项防范措施。各乡镇和县直部门也成立了相应的领导和工作机构，开展各项具体工作。同时，实行县级干部包乡镇、乡镇科级干部包村、一般干部包社、村社干部包户的“四包”责任制，明确责任，严格督查，保证各项工作落到实处。上述领导和工作机构的组建以及工作措施的落实，为全县“非典”防治工作提供了有力的组织保障，从而在全县迅速形成了上下联动、齐抓共管的合力，有效地把握了“非典”防治工作的主动权。

在宣传教育方面，重视开展多层次、多形式、大规模的宣传活动，教育引导广大群众投身“非典”防治工作，增强全社会抗“非典”的信心和决心。先后开展了防“非典”知识进万家、亲情劝阻、慰问抗“非典”一线人员、爱心捐款等活动。县广播电台、电视台开设了“非典”防治专题节目，宣传防治知识和《中华人民共和国传染病防治法》等法律法规；县“非典”办还印制了《致全县广大农民群众的一封公开信》《农村“非典”型性肺炎防治常识》等宣传资料20万份，分发到每个农户；乡村两级也通过宣传车、黑板报等形式，对群众进行了“非典”防治宣传教育，所有这些，对于消除群众的恐慌心理，提高全社会的科学防疫意识起到了较好作用。

(二) 构建了较为完备的“非典”防护网络。针对我县农村外出务工人员多的特点，县、乡两级加强对远乡和外流人员的管理，严把3道关口：一是入境前详细调查摸底，组织乡村社干部逐村社逐户摸排外出务工人员情况，造册登记，掌握底子，并发动其家属和亲友劝阻其暂停流动返乡。二是入境时加强检测检疫，抽组防疫人员170名，在全县设立了9个公路检疫站，全天候对重要交通路口过往车辆进行登记、检疫、消毒，实行“封条”管理，22个与外县区接邻的乡镇，也发动群众在主要出入路口设立了检查站点，有效地堵塞了疫情输入渠道。三是入境后严格落实检测措施，对外出返乡人员全部先体检、后回家，定时定点观察；对疫区来的人员列为重点管理对象，限制其活动，进行定时观察；同时成立2600多个村社护卫队，在村庄路口检查监视进入村庄的外来人员，保证其按照规定要求接受检测和观察。通过上述细致扎实的工作，在全县建立起了点面结合、城乡一体、反应敏捷的防控防治网络，形成群防群治、严防死守的防治局面，较为有效地切断了疫情输入的途径。

(三) 建立了应急处理预警系统。根据省、市的具体要求，县上及时制定了“非典”应急处理预案和疫情处救理、防治等工作细则。在县医院、中医院和乡镇中心卫生院设立了7个“非典”疫情检测点，在29个乡镇卫生院建立了发热门诊。在县医院建立了疫情专设区，抽组20名医护人员，组成2个救护小组轮流值班，随时实施诊断治疗，在县防疫站成立了流行病学调查、疫情处理等6个工作小组，深入乡村、学校开展流行病学调查，观察疫情动向。同时，举办“非典”防治知识培训班，培训乡镇卫生院业务人员，乡镇卫生院又对乡村防疫员进行培训，提高防疫一线人员的业务能力。此外，县上还建立了日报告和零报告、24小时值班、公共场所定期消毒督查反馈、责任追究等具体工作制度，规范了“非典”防治工作，保证了各项工作措施落到实处。

(四) 改善增强了“非典”防治后勤保障条件。在财政十分困难的情况下，县、乡政府及有关医疗机构千方百计筹措资金，购置防治“非典”的药品、设备。据统计，至我们调查时，全县累计投入抗“非典”资金达253万元，购置了“非典”防治急需的呼吸机、监护仪、移动X光机、吸引器和红外线测温仪等设备，并给一线防疫人员配备了防护衣，在一定程度上改善了“非典”防治条件。

总的看，县政府及有关部门在“非典”防治方面做了大量扎实细致的工作，全县预防控制“非典”工作取得了积极成效。

二、问题方面

调查中我们也了解到了一些当前防控工作中存在的具体问题，主要是：

(一) 一些部门、单位对防治“非典”工作的长期性、复杂性、紧迫性认识不足，有松劲麻痹思想，在预防措施的落实上不细不严。据防疫部门反映，目前相当一些部门和单位对公共场所的预防消毒处于时停时消或停顿状态。同时，从“非典”防治初期医疗医药市场混乱的问题上，反映出一些部门应急能力差，行政管理职能不能及时到位的问题。

（二）乡镇卫生院建立的发热门诊和隔离病房，由于条件简陋、技术力量薄弱、隔离措施不严，与规定要求差距较大。有相当一部分发热门诊和隔离病房没有按照规定独立设置，消毒设施不齐全，极易造成交叉感染。

（三）一些必备的防护设备短缺且达不到规定质量标准。如一线防疫人员使用的防护服，由于市场没货，多数由有关部门和单位自己联系加工，在材料选用、加工制作方面与规定标准有较大差距，在使用中存在一定的感染危险性。

（四）“非典”医药用品市场隐患较多。一是哄抬物价的问题时有发生。据物价部门检查，在防非典初期，有关医药用品一度大幅度涨价，一剂原价1.5元的中药涨到15元左右；一支原价2元左右的体温表最高涨到10元。4月23日起物价部门进行行政干预，在进价基础上实行20%最高限价后，仍有相当一部分医疗单位和个体诊所、药店，以高出限价的价格销售防治“非典”医药用品，物价部门在近期的检查中，对8家医疗医药单位、门店进行了查处。二是不合格劣质“非典”医药用品的问题较为突出。据技术监督部门反映，由于当前各部门采购防“非典”医药用品的进货关口把得不严，导致一些不合格的劣质产品出现。如过氧乙酸配液按规定要达到千分之五，而防疫站销售的配液含量只有千分之一。此外，据反映，由省非典办介绍购置，在有关公路检疫点使用的几台红外线测温仪系“三无”产品，按其使用说明书看，并非用于人体测温，所测体温不准确，安全性能也不可靠。

（五）各检疫站在一些工作环节上衔接配合不够。如5月26日，有4辆隆德联财到县城的小客车入境时贴上了封条，到县城后无人启封，后来寻到防疫站才启了封条，这虽然是细小环节，但也会影响到对外来人员的有效监控。

三、几点建议

（一）进一步统一思想，提高认识，始终把人民群众的身体健康和生命安全放在各项工作的首位，坚持不懈地抓好非典防治工作。虽然我县目前没有出现疫情，但我县处于312国道沿线，车辆和人员往来频繁，随着暑假和夏收的来临，将有部分疫区务工人员和学生返乡，疫情输入的危险性仍然较大，防控形势依然十分严峻。因此，我们必须进一步认识做好非典防治工作的极端重要性，树立防大疫、打硬仗的意识，保持高度警觉，把防治非典工作作为当前一项重大的政治任务，抓紧抓实抓好，做到思想不松懈，工作力度不减弱，全力以赴，确保抗击“非典”工作取得胜利。

（二）继续加强有关法律法规和防“非典”知识的宣传教育，为防治“非典”工作创造一个良好的社会氛围。特别要加强对《中华人民共和国传染病防治法》和《突发公共卫生事件应急条例》的宣传学习，提高全社会依法防治“非典”的意识，依法开展“非典”防治工作，动员全社会力量抗击“非典”，同时，要加强“非典”防控知识的宣传，消除群众的盲目恐慌心理，树立科学的防治态度，提高自我保护能力。

（三）加大督促检查力度，强化对既定工作措施和已有预案的落实。把疫情监测作为防治“非典”工作的关键性措施，继续加大对农村、学校、宾馆、车站及其他公共场所等重点部位的监控，严格落实消毒、登记、留查等制度，消除疫情隐患。特别是对外出返乡人员和返乡学生，要严密落实检测、留验措施，防止出现问题。同时，要把对防治“非典”一线医护人员的保护工作摆在突出位置，严格落实各项保护措施，确保不出问题。

（四）卫生行政部门要加强对个体行医者的管理，健全、完善私人个体医疗门店发热门诊登记和疫情报告制度，保证基层防治环节不出漏洞。

（五）加强“非典”医药用品市场的管理和整顿。物价、工商、公安、卫生、技术监督等职能部门要有效发挥职能作用，坚决查处非法经营和制售伪劣防非典医药用品、哄抬物价、欺骗群众的行为。

（六）结合“非典”防治工作，在全县范围内组织开展一次声势浩大的全民爱国卫生运动，有效解决城区及乡村环境卫生脏、乱、差和一些卫生死角污水横流、垃圾乱堆、苍蝇蚊子滋生等问题，教育群众养成文明卫生习惯，努力创造一个干净美好的生活环境。当前，要特别重视搞好对公厕、垃圾场、污水坑等场所苍蝇、蚊子的消杀工作，防止传染病的传播。

（七）研究解决新建传染病医院的问题。这次“非典”防治中，在县医院临时建立了疫情专设区，当时是十分必要的。但由于县医院是一所综合性医院，地处县城中心，现有布局结构难以建立有效的隔离区，易造成交叉感染，如真正有疫情，将给防治工作造成很大困难。此外，由于设立疫情专设区后造成群众恐慌，5月份门诊量比原来减少了70%，住院量减少了30%，如果疫情时间持续，有些常规病患者得不到有效治疗，对城区的疫情防治也有影响，医院正常业务下滑，经费困难，300多名医护人员工资没有保障，将会出现新的问题。因此，建议另择址建1所传染病医院，以更好地适应防治疫病及其他传染病的需要。

关于邮政工作情况的调查报告

5月中旬，由常委会副主任许富忠带领有关委、办的同志，先后深入三合、界石铺、治平、雷大、深沟、四河、原安等乡镇和县邮政局机关，采取听汇报、实地察看、座谈等方式，对邮政工作特别是基层邮政服务的情况进行了调查。

从调查看，近年来，县邮政局认真贯彻省、市主管局和县委、县政府的工作部署，重视加强企业管理，努力提高服务质量，较好地完成了各项经济指标和邮政服务任务，全县邮政工作得到了新的发展。主要表现在以下四个方面：

一是积极开展了各项邮政业务工作。静宁是一个大县，邮政服务工作量大面广，加之由于我县邮政每年出口业务量比进口业务量少1倍多，经济效益低，给邮递类业务的开展造成一定困难。县邮政局从邮政工作的现实出发，以业务发展为主线，以增量增收为目标，采取一些切实有效的措施促进邮政业务的发展，收到了较好成效，保证了函件、报刊、包裹投送和邮政储蓄、汇兑等邮政核心业务的稳定开展，基本满足了全县特别是农村基层群众对邮政服务的需求。

二是完成了基层邮政所的改制工作。去年9月，县邮政局按照省局关于农村邮政所由自办改制为委代办和减员增效的要求，对全县5个邮政支局和12个邮政所进行了改制，除威戎邮政支局外，其余16个邮政支局和邮政所都实行委代办制，33名工作人员全部解除了劳动合同。同时，又以签订代办合同的形式，选聘16名代办人员，负责经办改制后的乡镇邮政所的业务。尽管这次改制工作力度较大，但由于整个工作组织周密，措施得当，因而进展较为顺利，没有对全县邮政工作造成大的冲击，保证了乡镇邮政工作的正常运转。

三是注重改进提高邮政服务质量和水平。从调查看，县邮政局能够坚持把提高邮政服务质量和水平摆在重要议事日程，通过强化基础管理，推行邮政规范化、标准化服务，不断增强职工的服务意识。并采取一系列行之有效的措施，加强对职工服务质量的监督检查，使全局的服务质量和水平得到了改进和提高，在全县11个行业行风评议中，邮政系统整体服务水平名列第二。

四是邮政基础设施有了较大改善。去年投资533.4万元，建成面积达3910平方米的邮政大楼，使邮政局基础设施建设有了根本性改善。同时，实现了邮政储蓄绿卡和电子汇兑全省联网，使邮政业务的科技化水平进一步提高。

在肯定工作成绩的同时，我们感到当前邮政工作中还存在一些需要在今后认真研究解决的问题。主要是：

1. 改进服务质量的问题。总的讲，邮政服务质量是好的，但在一些方面，尤其是在农村边远山区，诸如信件投递不及时、缺报少刊、汇兑款不能及时兑付等问题还比较突出，群众意见也较大。县邮政局规定村社投递为每周一至两班，但实际没有落实到位。我们调查中看到个别邮政所1月前的报纸还未投递到户。建议县邮政局要进一步加强管理，加大对各邮路、投递点以及投递人员服务情况的监督检查，切实解决群众反映的投递超时限、取款难等服务热点问题，不断提高邮政服务质量。

2. 完善乡镇邮政委代办制的问题。农村邮政所改制后，邮政局新聘用16名代办人员经办各邮政所的业务。这16人中除原安邮政所聘用1名当地农民代办外；其余15人都是返聘买断工龄解除劳动合同的原邮政局职工。从调查看，大多数代办人员都能按照与县邮政局签订的代办合同认真开展业务工作，但也有少数返聘的代办人员积极性不高，职责不到位。治平邮政所的代办人员经常不在岗，日常工作实际由本人聘用的临时乡邮员办理，营业室柜台内又脏又乱，严重影响邮政形象。与此相反，原安邮政所聘用的1名当地农民代办人员却工作认真负责，受到当地干部群众的称赞。建议邮政局要进一步完善乡镇邮政委代办制度，健全管理办法，加强监督检查，以确保改制后农村邮政所的工作不削弱，服务水平不降低。同时，在聘用代办人员上要打破旧的界限，选用责任心强、适宜在本地工作的人员经办邮政业务，以利于基层邮政业务的开展。

3. 加强资产管护和使用的问题。乡镇邮政所房屋等固定设施建设原来搞得比较好，改制后这些资产继续由代办人员使用，由于责任不清，导致在管护上出现了一些问题。如三合、原安邮政所营业室屋顶渗漏较严重，但得不到及时维修，天长日久，势必因小渗漏造成大损坏。县邮政局在今后工作中应重视研究解决这类固定资产管护方面的问题，防止因管护工作不到位使邮政资产遭受损失。此外，县邮政大楼已竣工交付使用1年多，至今没有得到充分使用，造成一定的浪费。建议县邮政局及早搬入使用，以提高资产使用效益，更好地发展邮政业务。

4.争取优惠扶持政策的问题。邮政工作的特殊性在于为社会提供普遍服务，注重的是社会效益。我县是贫困县，邮政业务经济效益低，加之改制后因工作人员减少，制约了邮政业务的发展和服务质量的提高。因此，邮政及有关部门要积极通过多种渠道和途径向上反映我们的实际困难，多方争取国家及省上的优惠政策和资金，使邮政事业得到更好的发展。

5.合理确定代办业务项目的问题。改制后，为了提高经济效益，农村邮政网点普遍增设了一些原邮政业务之外的代办业务，如代收电话费和有线电视费、搞多种经营等，这对扩大基层邮政所的经营规模，增加经济收入是有益的。但如果放任代办人员随意承揽代办经营的项目，势必对邮政主要业务产生冲击，因此，邮政局在管理上应确定一个符合邮政服务职能特点的经营范围，以防止因代办业务项目过多过杂影响邮政核心业务的正常开展。

关于对县劳动和社会保障局及局长进行述职评议的调查报告

根据县人大常委会关于这次述职评议工作的安排意见，在动员会后，组成两个调查组，分别由我和张金业委员带队，从4月17日开始至5月7日，先后深入劳保局机关、财政局、地税局、火柴厂等有关单位、企业以及威戎、城川、深沟三乡镇政府和教委，采取个别谈话、深入走访、民主测评（先后和局机关20名在职及5名退休干部进行了个别谈话，其中对3名因病或其他原因未能参加的，进行了走访。并在全体在职干部职工中对局长进行了民主测评）以及集中座谈、重点核实、抽查账册等方法，对劳保局及局长王玉杰的工作进行了比较全面细致的调查了解。

一、主要工作成效

调查认为，近几年来县劳动和社会保障部门在县委、县政府的正确领导下，坚持以党的十五大、十六大精神和“三个代表”重要思想为指针，以实现“两个确保”为重点，以建立和完善社会保障体系为目标，认真开展了各项业务工作，较好地发挥了职能作用，为我县的改革、发展和稳定做出了积极的努力。

（一）以“两个确保”为重点，积极开展了各项业务工作。一是初步建立起了独立于企业、事业单位之外的、管理服务社会化、保障层次多元化、筹资渠道多样化的社会保障体系。包括以养老、失业、医疗保险为主，下岗职工基本生活保障为辅的“三主一辅”的保障层次多元化体系；与财政、地税部门分工负责，社保核数字，地税管征收，财政管拨款的“征管用三分离，收支两条线”的监督管理体系；委托商业银行代发社会保险金和保障金的社会化发放体系；单位、个人、财政按照比例缴纳或预算的多元化筹资体系；各类参保人员基本情况的数字化、信息化管理服务体系以及与民政部门配合，“三条保障线”的衔接续保体系。这些体系的逐步建立，为我县的社会保障工作逐步走上科学化、规范化和制度化的轨道奠定了基础。二是按照“低水平、广覆盖、基本保障”的原则要求，结合我县经济社会发展现状，积极开展了社会保险的扩面覆盖工作，社会保障能力有了新的提高，“两个确保”基本上得到了实现。目前，全县参加养老、失业、医疗保险的单位分别达到206个、304个、233个，参保人数分别为4976人、10408人、10408人，养老、失业保险的综合覆盖面由1997年的80%增长至2002年底的100%。五年来，共计征缴“两金”2719.4万元，累计为1186名企业离退休人员发放养老金2542.6万元；筹措下岗职工基本生活保障费“三三制”资金175万元，为234名国有企业下岗职工发放生活费111万元，代缴“两金”64万元；为421名失业人员发放失业金73万元，医疗补助金3.9万元；为911名参保住院病人支付医疗费用143.6万元。同时配合县委、县政府积极参加了两节期间的解困送温暖活动。有效地维护了下岗失业和企业离退休人员的基本利益，较好地发挥了为党委、政府排忧解难，保一方平安稳定的职能作用。

（二）认真贯彻执行有关法律法规，依法行政水平逐步得到了提高。针对劳动和社会保障工作法律性、政策性强，干部群众对这项工作了解不够的实际，一是对相关法律法规进行了学习宣传活动。采取以会代训、职工集体学习、开展社会保障法律法规和政策宣传月活动、印发宣传品、举办法制讲座等形式，开展了法制学习宣传教育活动。先后印发宣传资料3万多份，在县广播电台开辟社会保障专栏，举办法制讲座5期，学习宣传了《中华人民共和国劳动法》《失业保险条例》《社会保险费征缴暂行条例》等法律法规和有关政策规定，增强了执法人员和广大群众依法办事的自觉性。二是逐步健全完善了各项配套制度，努力做到各项工作有章可循。在养老、失业保险各项配套制度健全完善的基础上，结合新开展的医疗保险改革业务，参照有关法律法规，学习借鉴了有关省、市的成功经验和做法，相继制定出台了《医疗保险定点医疗机构监督检查制度》《医疗保险个人账户专用卡管理办法》《参保职工住院管理办法（试行）》《医疗保险基金征缴和管理暂行规定》等一系列配套制度，有效地规范了医疗保险工作。并依据有关规定，审查确定了有资格的定点医院7家、定点零售药店（房）36家，为参保患者就近治病取药提供了方便，保证了各项社会保障工作的依法有序进行。三是开展了劳动执法检查。去年9月份，针对劳动用工情况，重点对美容、美发、保健按摩、烹调、汽车修理5个职业进行了检查整顿。并积极协同经贸、公安、工商、教育以及工、青、妇等群团组织，对餐饮、娱乐、地毯、个体私营企业使用童工的情况进行了检查排摸，对未经职业教育培训及签订劳动用工合同等违法现象，依法作出了纠正和处理，有效地宣传了劳动法制，规范了劳动用工。

（三）重视政治理论学习，进一步加强了自身建设。以创建优美环境、优良秩序、优质服务的“三优”文明窗口单位为目标，加强了政治理论学习，规范了工作制度。一是坚持每周一上午的集体学习制度，集中学习党的路线、方针、政策及有关社会保障工作的文件精神和法律法规，努力增强干部职工的政治理论素质和业务工作能力。在重视干部职工的政治理论学习的同时，相继建立、修订和完善了《劳保局机关岗位工作职责》《会计人员岗位职责》《信访工作制度》《计划生育管理制度》《股室工作岗位职责》等多项制度，落实了岗位责任，细化了工作任务。同时，选编了机关文明礼貌用语和禁忌语，印发干部职工，有效地提高了服务水平。二是加强了机关基础设施建设，改善了办公条件。积极向上争取，多方筹措资金，先后购置计算机等自动化办公设施6台，建成了覆盖城区的医疗保险个人账户刷卡消费服务网络，办公服务的自动化、信息化步伐不断加快，办事的质量和效率有了新的提高。三是局长王玉杰同志任职以来，重视理论学习，工作责任心和事业心比较强，较好地履行了职责，为我县的劳动和社会保障工作做出了一定的成绩。

二、存在的主要问题

在充分肯定成绩的同时，还存在着一些比较突出的问题。归纳起来主要有三个方面：

（一）工作上还存在一些困难和问题。一是对有关法律法规和政策的宣传不到位，执行力度不够。社会保险费征缴欠账多，“两个确保”资金缺口大，保发放形势严峻；二是不能正常开展劳动就业培训和劳务输出工作。培训设施落后，劳务信息渠道不畅，劳动力市场建设滞后，就业机制尚未形成，对下岗失业人员就业和再就业工作指导不力，措施不到位；三是劳动工作职能划转劳保局后，由于思想上重视不够，业务上比较生疏，依法行政的意识不强，除开展了1次劳动执法检查外，正常的劳动监察、劳动仲裁等工作基本上没有很好开展。

（二）机关制度建设和管理方面。一是领导班子民主生活会制度落实得不好，没有开展有效地批评与自我批评，导致班子内部不团结不协调，整体作用发挥得不好。干部职工缺乏凝聚力和向心力，工作的积极性、主动性不够。机关平时纪律不严，办事拖拉，服务态度不好，节假日值班不到位的现象也时有发生；二是财务制度不健全，没有按照规定公开财务，缺乏有效的监督制约。表现在行政、养老、失业会计没有印鉴，所有支票、发票和印鉴由出纳1人保管。会计科目设置不细，一些支出项目，手续不健全，存在违纪现象。行政乱收费问题比较突出。如去年换发职工退休证，省厅每本按5元收取工本费，县局每本按15元收取，每本多收10元，全县共换发了800本，多收了8000元，社会反响很大，影响很不好；三是在个别企业职工批退和住院医疗费的报批上，没有严格按照制度办事，致使个别人员未到龄提前批退、个别参保患者挂床治疗或套取医疗保险基金的问题出现，群众意见比较大；四是机关党费由非党人员收缴，不符合党的有关规定。对机关离退休人员在开展活动、福利待遇等方面关心照顾不够。

（三）个人方面。局长王玉杰同志在协调指导具体工作上，方法简单粗糙，民主意识不够强，缺乏细致的思想政治工作，对机关出现的一些矛盾和问题，不能及时有效地化解，影响了团结和工作的积极性。对职工的实际困难体贴、关心不够。

三、对今后工作的几点建议

（一）要以党的十六大精神和“三个代表”重要思想为指针，以“两个确保”为重点，以不断健全完善社会保障体系为目标，研究新情况，解决新问题，进一步加大对社会保险工作的宣传普及和各项基金的征缴力度。努力做好劳动执法监察工作，不断提高依法行政水平。积极稳妥地做好下岗失业人员就业培训和再就业工作，多渠道、多层次开展劳务输出，为我县的改革、发展和稳定作出积极的贡献。

（二）要采取积极措施，加强领导班子和干部队伍建设。班子成员都要从大局出发，互相增进理解支持，加强协作配合，努力把班子建设成为政治坚定、业务精通、清正廉洁、团结协调的战斗集体，不断增强班子的凝聚力和号召力，充分发挥班子的整体作用，以班子建设带动和促进队伍建设，增强工作的主动性、积极性和创造性。

（三）要进一步健全完善各项工作和管理制度。不断加强监督管理，规范企业职工批退和医疗保险审批手续，增强工作的透明度和公正度；要将失业、养老、医保等专项资金的利息分别记入基金专户，滚动结转，专款专用，不得挪作他用；要将“三优”活动真正落到实处，不断加强对机关的日常管理，严明组织纪律，努力营造一种团结进取、民主和谐的工作氛围。

（四）要坚持依法理财，加强财务管理。定期公开财务，强化财务监督；健全完善财务管理制度，规范行政支出行为，杜绝不合理开支；坚持依法行政，坚决禁止行政乱收费行为；对职工的福利待遇要做到公正、公开。

（五）局长王玉杰同志要本着对党和人民的事业高度负责的积极态度，对机关和自身存在的问题，严肃对待，认真整改。要不断加强自身的综合素质，提高领导艺术，改进工作方法，加强班子团结，增强民主法制观念，关心职工疾苦，倾听不同意见，团结带领局领导班子和干部职工，为我县的劳动和社会保障事业作出新的贡献。

第六次会议 于2003年7月25日在常委会五楼会议室召开，由许富忠主持。

会议议程有三项：一、听取和审议审计局局长慕锡武受政府委托所作的《关于2002年度县级财政预算执行情况的审计报告》；二、听取和审议卫生局局长杨升旺受政府委托所作的《关于全县医疗市场管理情况的报告》、药品监督管理分局副局长张省会受政府委托所作的《关于全县药品监督管理情况的报告》、常委会副主任王星耀所作的《关于医疗药品市场管理情况的调查报告》；三、听取和审议司法局局长陈焕康受政府委托所作的《关于“四五”普法规划实施情况的报告》、常委会司法民政工委主任张金业所作的《关于“四五”普法规划实施情况的调查报告》。会上，政府副县长魏晓平就落实审议意见作表态发言。

第十四届常委会组成人员聂正国、戴双军、岳具辉、许富忠、王星耀、朱春林、张金业、韩太平、郭应童、席荣、张新民、王守荣、柴玉明、柴桂兰、张三相、阎伟刚、张来有出席会议；政府副县长魏晓平、法院副院长张正伟、检察院检察长李居洲、县委政法委副书记王勤学，政府办公室主任李永成，副主任、政府法制局局长赵鹏飞，审计局局长慕锡武、卫生局局长杨升旺、公安局局长李艳晓、司法局局长陈焕康、财政局副局长靳卫国、药品监督管理分局副局长张省会，常委会有关委室负责人李金、周世让，市人大代表王毅、吴水利，县人大代表姚国奇、李钦、朱萍，公民代表郭承祖、杨玉霞、厚秀兰列席会议。

附：

关于医疗药品市场管理情况的调查报告

由教科文卫工作委员会与县卫生局、药监局、物价局的有关同志组成调查组，于6月下旬对全县医疗药品市场管理情况进行了调查。

一

这次调查采取实地抽查和座谈的方式进行，调查组在县城北环路以及威戎镇、雷大乡政府所在地街道共抽查医疗药品经营单位（门店）36户，其中有县中医院、乡镇卫生院、村卫生所、医药公司等政府和集体兴办的医疗药品经营单位8户，私人个体诊所和药店28户。同时，与卫生、药监、物价部门及乡镇卫生院主管人员进行了座谈。

近年来，随着社会主义市场经济的发展和医疗药品管理体制改革的进行，我县医疗药品市场发展较快，经营网点不断增多。据卫生、药监部门统计，除政府和集体兴办的33个医疗卫生单位、392个村卫生所等非营利性医疗卫生机构外，全县办理了药品经营许可证的药品经营企业（门店）有99户（其中私营门店82户）；办理了医疗机构执业许可证的个体诊所148户（其中同时持有药品经营许可证的55户）；此外，还有一定数量的无证医疗和药品经营门店。经营网点的增多和市场规模的扩大，一方面有利于通过建立公平竞争、统一开放的市场机制，起到促进提高医疗服务水平和药品质量、平抑医疗药品价格的作用，在较大程度上满足了城乡群众对医疗用药服务的需求；另一方面又对医疗药品市场原有的管理秩序造成冲击，在一定程度上增加了群众医疗用药安全上的隐患，使医疗药品市场的管理工作显得更加重要和突出。

从调查情况看，县政府及卫生、药监、物价等主管部门对医疗药品市场管理工作思想重视，认真执行有关医疗药品管理的法律法规，加强监督检查，整顿和规范市场秩序，为保证和促进医疗药品市场的健康发展做了扎实的工作。

（一）开展了医疗药品管理法规的宣传教育。药监、卫生部门把开展有关医疗药品管理法律法规的宣传作为搞好医疗药品市场管理的基础性工作，采取张贴标语、集市宣传、法律咨询、印发资料等灵活多样的方式方法开展普法宣传活动，努力营造依法治医、依法治药的社会氛围。如去年“3·15”消费者权益保障日活动和“12·4”法制宣传日期间，县药监局和有关执法部门在县城中心地段设立法律咨询点，发放传单4000多份、《药品监督管理法规选编》400多册，宣传《中华人民共和国药品管理法》《药品管理法实施条例》《医疗器械监督管理条例》等法律法规，收到了较好的宣传效果。通过多种形式的宣传，使广大群众尤其是医疗药品经营从业人员的法律意识和配合执法的自觉性明显增强。为搞好医疗药品市场管理奠定了群众基础。

（二）加强了日常监管工作。根据近年来医疗药品市场迅速发展的现状，有关主管部门按照医疗药品市场管理法规强化了日常监督检查。一是调查摸底，掌握情况。2002年，县卫生局组织人员对全县各类医疗机构进行全面清理，对各类医疗机构的人员结构、执业资格、房屋面积、医疗设备等情况进行了调查核实。县药监局结合换发药品经营许可证工作，初步建立了被监管对象的档案。上述工作，为全面掌握我县医疗药品市场的基本状况，有的放矢地开展管理工作奠定了基础。二是健全制度，常抓常管。县药监局从一些关键环节入手，建立了药品及医疗器械购进记录制度、监管对象经营行为备案制度、守法诚信提醒制度、违法行为警示制度等，促进了医疗诚信经营机制的建立。尤其是购进记录制度的建立和执行，对防止假冒伪劣药品的流入起到了一定的作用。针对药品经营秩序混乱、药品质量问题多的现状，该局加大了日常监管工作力度。今年上半年，累计检查涉药单位、门店904户（次），查获假劣违规药品14185瓶（盒、袋），涉案金额7.36万元，行政处罚51户（次），罚款金额1.34万元，打击了药品经营违法行为。

（三）进行了各种专项整治活动。为了集中解决医疗药品市场出现的一些突出问题，主管部门采取开展专项整治活动的方式加强管理，规范市场秩序，收到了好的效果。县卫生局去年对县城和乡镇政府所在地个体诊所进行了专项清理整顿，查处、取缔无证行医诊所8家，查处不规范行医案件38起。县药监局从加强特殊药品管理的实际出发，配合禁毒办开展特殊药品经营专项整治活动，对个体诊所和药店经营使用二类精神药品的不法行为进行了查处，堵塞了管理漏洞。县物价局结合非典防治工作，对医药用品价格进行专项整治，对不执行价格管理标准，哄抬药价的9家医疗和药品经营单位进行了查处，从而维护了医疗药品市场的稳定。

二

从调查和各方面反映的情况看，尽管各级组织和有关部门做了大量工作，但医疗药品市场管理中还存在不少矛盾和问题，需要认真研究解决。

（一）医疗药品市场经营秩序混乱的问题比较突出。一是无证行医和经营药品的现象较普遍。按照有关法规和政策规定，凡开办诊所和经营药店的单位或个人，首先要由卫生、药监行政管理部门进行资格、条件等准入审查，审核合格发给医疗机构执业许可证或药品经营许可证后，再向工商部门申请登记，领取营业执照后才准开业，否则要给予处罚和取缔。据卫生部门统计，全县城区和乡镇政府所在地开办诊所的有210户左右，目前办理了医疗机构执业许可证的只有148户，持证率为74%。此外，村、社一级还有相当数量的无证经营户。药监局在去年的清查摸底中，在城区及乡镇政府所在地查出未取得医疗机构执业许可证而非法经营药品的诊所47户，未取得药品经营许可证而非法经营药品的药店23户。我们这次实地抽查的28户个体诊所和药店中就有4户无任何合法证件。这些无证非法开办的诊所、药店，有的经营条件差，经营行为不规范；有的诊所和药店难以区分，存在问题多，给整个医疗和药品市场的管理造成较大困难，同时也给群众的生命健康安全造成隐患。二是药店非法行医、诊所违规卖药、兽医部门经营人药等违法违规问题较多。医、药分家后，由于办诊所开药店各有严格的准入审查条件，一部分不同时具备开办诊所、药店条件的经营者，先利用所具备的其中一方的条件取得开办诊所或药店的许可证，然后在实际经营中既行医，又卖药，以增加经济收入。在我们这次实地抽查中，上述问题均有不同程度的发现，抽查的两家兽药店中都发现经营人药的问题。

（二）药品质量和价格方面仍存在不少问题。由于近年来国家致力于打击制售假冒伪劣药品和医疗器械的行为，受大环境的影响，我县医疗药品市场的药品质量总体上有所好转。但由于药品经营使用单位特别是个体诊所、药店进药渠道混乱，加之药品管理差，经营销售假冒伪劣药品的问题时有发生，药品质量管理形势不容乐观。在我们抽查的诊所药店中，就发现一些经营过期变质低劣药品的行为，如威戎一个体诊所将超过保质期5年多的黄体酮注射液仍摆在药柜上销售使用。今年4月，县药监局发现县医药公司经营的花红片质量可疑，经抽样送检为假药，查处没收违法所得2675元，罚款5400元。在对县中医院检查中，发现存在使用过期和未标明有效期药品的行为，经清理共计没收销毁129种劣质药品，价值50973.29元。而且，据有关人员反映，由于各种原因，诸如此类的问题在边远的乡村更突出，对农民群众的生命健康安全造成威胁。同样，在药品价格方面，也存在药品价格虚高、变相提高药品销售价格和超过最高零售价销售药品的问题，损害了消费者的利益。造成这些问题发生的原因主要有二：一是由于药品大市场无序竞争造成药品虚高定价的“大环境”所致。如近年来国家计委和省物价局连续多次下调了部分药品的价格，但由于确定的部分药品零售价与实际进价差价较大，药品价格虚高的现象依然存在。如规格250毫克×2.5毫升（GMP）的阿奇霉素注射剂进价25元/瓶，销价68.5元/瓶，进销差价达43.5元/瓶。二是由于部分医疗机构、药品经营者不严格执行政府有关药品限价和降价政策规定的“小气候”所致。如一些药品使用和经营单位、门店对已明确规定降价的药品故意推迟降价时间，变相提高了药品的销售价格。尤其是今年防治非典初期，一些药店诊所借机哄抬药价，物价部门在对城区及乡镇16所医疗机构和药品经营企业的检查中，发现违反价格规定的单位9个，查处罚没总金额2.73万元。以上种种，不同程度地损害了消费者的利益，社会各界和群众对此反映强烈。

（三）监管工作尚待改进和加强。这方面问题比较突出的有：一是监管力量薄弱。调查中，卫生、药监部门均反映由于执法力量不足致使监管工作力不从心，一些应开展的工作难以有效开展。县药监局成立以来，受人员、装备、办公费等的制约，主要精力放在城区及乡镇政府所在地的监管上，对村、社一级边远地区的药品监管工作尚未开展。卫生局目前的医疗市场监管工作由医政股代管（只有2人），日常的监管难以正常开展，监管工作只能靠临时从基层医院抽调人员通过短时期的集中整治来进行。乡镇医疗市场的日常管理由县局委托乡镇卫生院进行，由于无行政执法资格，所谓管理也基本流于形式。二是有关执法监管部门缺乏齐抓共管的合力。按目前的管理体制，医疗市场由卫生部门主管，药品市场由药监部门主管，同时又涉及工商、物价、公安、税务等多个部门，如没有各个部门的通力协作和多管齐下，要真正搞好医疗药品市场管理困难比较大。当前医疗药品市场经营秩序混乱，无证、照经营现象突出而又得不到有效查处的一个重要原因就在于此。由于医药分开管理，被一些无证经营者找到借口，卫生部门检查时自称为药店，药监部门检查时又说是诊所，从而逃避管理。三是在医疗药品市场管理方面存在“手软”的问题。在查处一些违法违禁问题时思想顾虑比较多，失之宽软。这类问题在对无证经营者的取缔、违禁经营的查处上都有不同程度的表现。

三

针对存在的困难和问题，对今后工作提出以下几点建议：

（一）进一步加强医疗药品法律法规的学习宣传教育。首先，要加强医疗药品监督管理人员的学习教育，使其明确法律法规规定，掌握工作程序和规范要求，依法行政，更好地履行职责。其次，要加强监管相对人的宣传教育，使之了解医疗药品监管部门的职责范围、执法程序和有关法律法规的要求，强化依法经营意识，规范自身行为。再次，要加强对广大群众安全就医用药常识的宣传，增强其维护自身权益和参与监督的意识，为搞好监管工作创造一个良好的群众基础。

（二）依法加大监督管理工作力度。有关职能部门要强化依法管理的意识，认真贯彻执行《中华人民共和国药品管理法》《中华人民共和国执业医师法》《中华人民共和国价格法》《医疗机构管理条例》《医疗器械监督管理条例》等法律法规，依法规范医疗药品市场经营秩序，打击非法行医、制售使用假冒伪劣药品、哄抬药品价格等不法行为，维护人民群众的合法权益。在具体工作中，一是要加强日常管理。按照“谁审批、谁负责”的原则，建立和落实监管工作责任制，认真做好日常性的监管工作。要从我县实际出发，完善医疗、药品、价格监督管理制度，增强执法和监管工作的透明度，在坚持推行药品购进记录制度、医疗药品价格公示制度的同时，探索采取其他一些切实有效的监管措施和办法，不断改进监管工作，把整个医疗药品市场纳入有效管理之中。二是定期组织开展专项整治活动。面对医疗药品市场问题多的现状，建议县政府加强协调领导，组织公安、卫生、工商、药监、物价、质监部门，集中时间，集中力量，在每年上半年和下半年各组织开展1次医疗药品市场专项整治行动，有重点地查处取缔无证开设诊所、药店以及其他各种违法违禁从事医疗和药品经营的行为，对非法行医、制售使用假冒伪劣药品活动形成一个高压态势，以净化医疗药品市场。三是卫生、药监、物价等部门要把监管重点向边远山区和村、社延伸，扩大对农村医疗用药的监督检查，保证农民群众的医疗用药安全。

（三）严格抓好医疗机构的准入管理。医疗行业关系着人身健康和生命安全，具有特殊性，决不能无序盲目发展。针对我县医疗市场无证诊所及低水平诊所较多的现状，要从抓好准入管理入手，结合我县实际理顺管理机制，规范医疗市场。要严格按照执业医师法、医疗机构管理条例、医疗机构设置规划以及卫生部制定的医疗机构设置标准和执业医师资格，对全县医疗机构进行清理整顿。对原有的已办理了医疗机构执业许可证，但不符合国家现行规定和标准的低层次、低水平、低资格诊所痛下决心予以淘汰取消；对已开办而又符合现行开办规定和标准的无证诊所予以核发医疗机构执业许可证，纳入有效管理；对于既无证、又不符合开办标准和条件的诊所坚决予以查处取缔，切实把医疗药品市场管住、管严、管好。

（四）主管部门要增强与有关部门协调、沟通、配合的主动性，努力形成齐抓共管的合力。卫生、药监部门在认真履行各自职责的前提下，要积极加强与质监、公安、工商、物价部门和司法机关的联系，主动沟通情况，反馈信息，配合工作，争取支持，建立必要的联合执法机制，更加有效地查处各种违法违规行为，搞好医疗药品市场的管理。

（五）重视解决医疗药品市场监管力量不足的问题。针对当前医疗市场强开、抢开诊所，违规违禁行医等问题突出的现状，从长期搞好医疗市场管理的需要出发，妥善解决当前无专门执法机构和人员，医疗市场监管工作难以正常开展的问题，充实加强执法和监管力量，为监管工作创造一个与市场管理需求相适应的条件。

关于“四五”普法规划实施情况的调查报告

由常委会司法民政工委主任张金业带领司法民政工作委员会和县司法局的有关同志，从6月23日至27日，先后深入新店、治平、古城、威戎、界石铺、原安、四中、新城小学、化工公司、国税局、水务局、林业局、民政局等乡镇、学校、企业和县直部门，采取座谈汇报、翻阅有关资料等方式，对法制宣传教育第四个五年规划的具体实施情况，进行了调查了解。

一、主要成效

从我们调查看，总体上，被调查的几个乡镇、学校、企业和县直部门，绝大多数能紧紧围绕全县改革、发展和稳定的大局，以党的十六大精神和“三个代表”重要思想为指导，按照各自的工作性质和职责范围，认真贯彻实施“四五”普法规划，开展形式多样的法制宣传教育活动，落实依法治理的各项措施，有效地增强了广大干部群众的法律意识和法制观念，提高了各级各部门和广大群众依法行政、依法办事的能力与水平，较好地完成了“四五”普法的阶段目标任务，为我县经济建设和社会各项事业的持续、快速、健康发展营造了良好的社会秩序和法治环境。

（一）领导重视，机构健全，法制宣传教育进一步制度化和经常化。一是领导重视、法制宣传教育领导机构健全，措施到位。我们所到的单位都成立了由主要领导任组长、有关人员为成员的法制宣传教育领导小组，设立了普法依法治理办公室，本着与维护稳定相结合、与经济发展相结合、与精神文明建设和社会治安综合治理相结合、与县上中心工作和部门工作实际相结合的原则，制定了各自的普法规划和年度实施计划，使法制宣传教育做到了有部署、有检查、有考核，形成了主要领导亲自抓、分管领导专门抓、主管机关经常抓的工作格局。二是健全完善了法制宣传教育和依法治理工作责任制度、领导干部法制讲座制度、理论中心组学法制度、法律培训制度和重大事项决策前的法律咨询审核制度等多项规章制度，将法制宣传教育纳入各级干部日常的政治理论学习之中。县委中心学习组和各乡镇、各单位中心学习组都能坚持每季度开展一次学法活动，举办一期干部法制讲座。县人大常委会今年上半年就举办了两期领导干部法制讲座，反响很好。调查的几个单位基本上都能做到集中学习与个人自学相结合，单位有学法记录，个人有学法笔记。各学校都聘请了法制副校长，采取以案说法等方式，结合素质教育，每学期对青少年学生至少进行两次法律知识讲课，使广大青少年学生的法制观念和法律意识有了明显的增强。县司法局还组建了“普法宣传小组”，深入乡镇、单位、学校进行现场宣讲，每年宣讲法律15~20部，直接受教育干部职工和农民群众达10万多人次。每年举办各种形式的法律培训班5期以上，每年至少举办一次全县干部职工法律知识考试，以考促学，参考率达100%，优秀率达90%以上。法制宣传教育基本上做到了制度化和经常化。

（二）法制宣传教育的方法更加多样化，形式更加规范化。在总结了“三五”普法工作经验的基础上，各乡镇、各单位的“四五”普法工作开展得更加丰富多彩。一是法制宣传教育的方法更加灵活、多样。县国税局结合机关精神文明创建活动，将税收征管方面的法律法规，制作成VCD光碟，在职工会议上反复播放；新店、古城、威戎、界石铺等乡镇在具体工作中，注意做到了“四个结合”，即把农民学法同创建“十星级文明户”“遵纪守法光荣户”“安全文明村（镇）”等精神文明建设和社会治安综合治理结合起来，同乡镇党委、政府阶段性的中心工作结合起来，同农民群众普遍关心的“热点”“难点”问题结合起来，同中小学生带法回家活动结合起来。所有这些活动的开展，都在一定程度上简化了程序，方便了群众，保证了广大干部群众学法来得了、学得懂、记得住、用得上，增强了广大干部群众学法的自觉性、趣味性、针对性和实效性。二是法制宣传教育的形式更加规范化、阵地化。调查中，我们看到各部门、各乡镇都有普法依法治理办公室，大多数都有一套规范化的管理运作机制。县民政局除了对所执行的60多部法律法规和政务信息实行网上公布外，还将办事的法律依据、业务范围、服务承诺、工作纪律、岗位职责、质量要求、详细数据、工作人员的姓名、照片、职务等分别装框上墙、设卡公开、佩证上岗，建立起了一套“公开、规范、便民、利民、高效、监督”的依法办事工作机制。古城、威戎、界石铺、新店等乡都有专门的普法依法治理办公室等法制宣传教育阵地，将各种普法资料和治理措施装框上墙或装订成册，构建起了“打、防、控”一体化和集普法、治保、调解、联防、帮教于一体的乡村法制教育与治安防范管理措施。使软任务变成了硬指标，为法制宣传教育的规范化开展奠定了基础。

（三）法制宣传教育的效果更加明显，广大干部群众依法行政、依法办事的意识明显增强。一是通过普法教育，各行政执法单位依法行政的意识有所增强，水平有所提高。县林业局针对羊只啃青严重，而乡镇政府无执法主体资格、个别案件处罚程序不合法等问题，将《中华人民共和国森林法》依法委托乡镇政府执行，规范了执法行为，避免了执法过错和行政诉讼案件的发生。今年县林业局查处的2起毁林案件、新店乡查处的1起羊只毁林啃青案件，均符合法律规定，程序规范。县水务局结合第十一届“世界水日”和第十六届“中国水周”纪念活动，制定下发了《静宁县水务局2003年水法学习培训安排表》，对所执行的28部法律法规具体细化分解到内部各室、股、队，由执行人员在充分了解掌握的基础上，再对全体干部职工进行辅导。同时，加强了对水法、防洪法和有关水行政法规的宣传力度，受教育干部群众达5万多人（次）。结合法制宣传教育活动，进一步规范了水资源的管理和使用。办理取水许可证15本，换发取水许可证243本，配合所（站）征收水资源费、水费8000多元，查处水事案件2起，调解水事纠纷3起。同时，县上将自来水公司划归水务局管理，进一步规范了水资源的管理体制，整合了水资源，为依法治水、依法用水、提高水资源的利用率奠定了基础。二是青少年学生和广大群众的法律意识和依法办事的能力有了新的提高。县四中在全校推行依法治校、以德立校、科学管理的教书育人机制，在学生中广泛开展“我与法律”“远离毒品”“拒绝邪教”“西部大开发与环保”等丰富多彩的活动，寓教于乐，收效明显。广大师生文明守法，实现了校内无打架、无偷盗、无故意损坏公物的“三无”目标，办学十年，无一例违法犯罪案件发生，被县普法办定为“四五”普法、依法治校试点单位之一。古城、界石铺等中学对校外住宿生，与住户、学生签订安全协议书一式四份，分别由学校、派出所、住户和学生各执一份，有效地加强了对校外住宿生的安全管理。在今年抗击非典工作期间，各级各部门和广大群众都能认真贯彻执行《中华人民共和国传染病防治法》《中华人民共和国食品卫生法》《中华人民共和国环境保护法》《中华人民共和国野生动物保护法》，以及国务院《突发公共卫生事件应急条例》等法律法规，按照县上的统一安排部署，严格落实各项预案，在县、乡、村、社的各个出入路口，严防死守，严格依法办事，确保了我县抗击“非典”工作取得阶段性胜利。可以说，经过多年来的法制宣传教育和这次“非典”的洗礼，我县各级广大干部群众的法律意识和依法办事的水平有了明显的提高。

二、存在问题

尽管法制宣传教育工作取得了明显的成效，但从依法治国、建设社会主义政治文明，从实践“三个代表”重要思想、为西部大开发创造良好法治环境的高度来看，还存在一些困难和问题。

（一）对普法工作重要性、艰巨性和长期性的认识还不够。个别部门的领导和执法人员法制观念淡薄，习惯于用老观念、老思想、老办法办事，认为法律的程序太多，依法办事反倒束缚了自己的手脚，甚至于认为老百姓知法懂法就更不好管了；对普法工作的长期性、艰巨性估计不足，重视不够，个别单位只停留在成立了领导小组、制定了普法规划和年度实施计划等表面性工作上，很少开展扎实细致的实际工作。

（二）普法工作进展不平衡，司法队伍建设亟待加强。个别乡镇和部门借口中心工作忙，经济指标任务大，对法制宣传教育工作不重视，不支持、不关心，加之普法依法治县办公室由于受到人员配备、经费短缺、乡镇司法所建设滞后等因素的制约，工作的积极性主动性不够，点上的工作抓得多，面上的工作抓得少，政法部门没有形成齐抓共管的合力，导致法制宣传教育工作进展很不平衡。

（三）普法工作仍然存在重形式、轻实效的问题。尽管县上有关部门每年都要举办好几场各种各样的法制宣传教育活动，但总体上是应付上级检查的多，实实在在进行法制宣传教育、解决问题的少；法律知识考试在有的单位基本上是流于形式，个别单位职工的普法考核证上只记考试成绩，没有学法记录；对重点执法人员和司法人员的法制教育抓得比较紧，但对企业员工、农民群众、青少年学生及个体私营业主的法制宣传教育工作仍然没有真正抓在手上。

三、几点建议

针对存在问题，提出如下建议：

（一）要以党的十六大精神和“三个代表”重要思想为指导，进一步转变观念，深化认识，不断增强搞好法制宣传教育工作的自觉性、主动性和积极性。各级干部特别是领导干部首先要带头学法、用法、守法，不断增强法律意识，自觉克服“人治”思想，坚持依法行政，实现领导方式由“人治”向“法治”的彻底转变；要充分认识法制宣传教育的重要性、长期性、艰巨性，各乡镇、各部门要在已有普法规划和办事机构的基础上，进一步完善充实细化普法规划，配备、培训专职办事人员，使法制宣传教育工作能够真正落到实处，取得实效，为我县物质文明、政治文明和精神文明的协调发展提供法治保障。

（二）县普法依法治理办公室和司法行政主管部门，要改变过去抓点上工作多、抓面上工作少的现状，进一步加大工作力度，注重做到以点带面，以点促面，点面结合，整体推进。政法各部门要经常深入乡镇、村、社和单位，按照各自的职责，帮助指导工作，既要重视培养和总结典型，又要重视推进面上的工作，形成强大的法制宣传教育合力，促进普法工作协调均衡发展。县上要在普法经费的投入、人员配备和基层司法所建设等方面给予更多的支持。

（三）要认真总结“三五”普法工作的经验和不足，不断改进法制宣传教育的方法，加大工作力度，增强工作实效，努力完成“四五”普法的各项目标任务。对农民的法制宣传教育，要结合农村各项中心工作，利用群众相对集中的时机，采取以会代训、以案说法、就事讲法等大家喜闻乐见、寓教于乐的方式，增强普法的针对性、艺术性和实用性，防止邪教在农村的死灰复燃；对企业员工和个体私营业主的法制教育，要注意结合其工作性质和特点，以安全生产、诚信经营教育为主，教育和引导他们遵纪守法、诚实守信；对中小学生的法制教育，要在现有经验的基础上，有条件的要充分利用现代多媒体信息技术，增强学法的趣味性和实效性，要重视解决青少年特别是中小学生违法犯罪的问题，坚决预防和杜绝这类现象的发生。努力完成法制宣传教育第四个五个规划的各项目标任务。

第七次会议 于2003年9月18日在常委会五楼会议室召开，由王星耀主持。

会议议程有三项：一、人事任免；二、听取和审议民营经济发展局局长时文杰受政府委托所作的《关于全县民营经济发展情况的报告》、常委会农业财经工委主任席荣所作的《关于我县非公有制经济发展情况的调查报告》；三、听取文体局局长杨毅民所作的《关于县文体局工作情况的报告》、常委会副主任、评议调查组组长王星耀所作的《关于对县文体局工作评议的调查报告》，对文体局及其局长杨毅民的工作进行评议和民主测评，结果为基本满意，并提出《关于县文化体育局工作的评议意见》。会上，政府副县长张维国就落实审议意见作表态发言。

第十四届常委会组成人员聂正国、戴双军、岳具辉、许富忠、王星耀、朱春林、张金业、郭应童、席荣、张新民、王守荣、柴玉明、邓颖、张三相、阎伟刚、张来有出席会议；政府副县长张维国、法院院长杨志军、检察院检察长李居洲，政府办公室副主任、法制局局长赵鹏飞，民营局局长时文杰、文体局副科级以上干部，八里镇、城川乡人大主席王志强、郭爱国，省人大代表厚学，市人大代表王科社、王惠琴，县人大代表樊镇云，县委宣传部、组织部、常委会各委室负责人列席会议，公民代表王建华、王炳尉、陈小平应邀旁听会议。

附：

人事任免

李　金任县人大常委会办公室副主任，免去县人大常委会教科文卫工作委员会副主任职务

柴玉明任县人大常委会农业财经工作委员会副主任（正科级），免去县人大常委会办公室副主任职务

关于我县非公有制经济发展情况的调查报告

由常委会副主任许富忠牵头，农业财经工委主任席荣和专职委员柴玉明以及县民营经济发展局的负责同志组成调查组，于8月上、中旬，深入县永兴地毯厂、印刷厂、凤林、同生和开源酒业有限公司、民丰种猪繁育中心、民丰养牛有限公司、方圆塑钢门窗有限公司、昱新马铃薯产业开发有限公司、绿源林果有限公司等15家非公企业，采取实地察看、个别走访和召开座谈会的方法，就我县非公有制经济的发展和运行情况进行了调查。

一、基本情况

至6月底，全县已办理注册登记的个体户和私营企业共2946户，从业人员7260人，注册资金11789万元。其中：个体工商户2869户，从业人员4370人，注册资金2720万元；私营企业77户，从业人员2890人，注册资金9069万元。年上缴税金最多达802万元，今年1至6月份为328.5万元，占年计划720万元的45.64%。招商引资2400万元，占市列计划5100万元的47.1%。

列入全县计划考核的14户民营工业企业1至6月份完成限额以上工业增加值1254.6万元，占计划2442万元的51.4%，同比增长20.1%；实现产品销售收入3472.3万元，占年计划6800万元的51.1%，同比增长14.4%；实现利税46.7万元，占年计划150万元的31.3%，同比增长13.6%；实现利润10.4万，占年计划20万元的52%，同比增盈12.2万

元；上缴税金35.1万元，占年计划130万元的27%，同比增长3.8%。总的看，“九五”以来，由于我县较好地贯彻执行了全省发展非公有制经济的若干政策规定，紧紧围绕“三增一稳”“五个加快”的总体要求，放宽政策，改善环境，扩张总量，规范提高，全县非公有制经济总量逐步增加，结构趋于合理，效益有所提高，保持了良好的发展态势。

二、主要特点

从这次调查的情况看，我县非公有制经济的发展主要呈现以下几个特点：

（一）发展势头好。在县委、县政府的高度重视和社会各界的大力支持下，我县非公有制经济发展迅速，前景喜人。一是注册户数增长较快。据统计，全县私营企业由“九五”初的20户发展到去年底的63户，年平均增长21.9%，今年上半年新增私营企业15户，增速达到23.8%。二是企业实力明显增强。户均从业人员由“九五”初的34人增加到去年的43人，注册资本由74万元增加到105.6万元。私营企业中，注册资本在100万~500万元的有7户，500万~1000万元的有1户，1000万元以上的有2户。三是发展领域逐步拓宽。在巩固和发展建材、地毯、肉品加工等优势产业基础上，经营范围已发展和伸延到养殖、种植、采矿、酿酒、汽车修理、包装材料等领域。

（二）“龙头”企业效应初步显现。一是通过政策引导、技术援助、资金扶持，建成了规模较大、标准较高、发展前景较好的肉牛育肥厂、民丰仔猪繁育中心、静宁鸡专业化养殖加工厂等企业，为今后全县养殖业的大发展创造了条件。二是以陇原红林果科技开发有限公司和绿源林果有限公司为依托，采取“公司+基地+农户”的经营模式，专门从事优质果树苗木的栽培繁育、果品收购贮存和销售，为全县果树的更新换代和果品流通提供了强有力的支撑。三是依托甘渭子川地下优质水资源，先后建成了珍珠林、凤林、同生和开源4家白酒酿造企业，年生产能力达到1000吨以上，部分产品已远销北京、长沙、青海、宁夏等地，成为当地财政收入的重要来源。四是以永兴地毯有限公司为核心的地毯产业初步形成，其产品直接进入阿联酋等国家，加工点遍布全县13个乡镇，年销售收入达650万元。五是围绕食品和畜肉制品加工增值，形成了年产600万箱方便面和6500吨畜肉制品的大红碗食品有限公司和农畜股份有限公司，在一定程度上带动我县食品工业的发展。

（三）招商引资取得了突破性进展。在“静宁县招商引资优惠政策”的吸引下，通过开展“三个环境”的大学习、大宣传、大讨论及“经济发展环境治理年”活动，借助外力加快发展已成为全县上下的共识。仅2001年和2002年，全县共实现招商引资项目33项，引进资金8660万元。一是依托受家峡铅锌矿资源，先后引进张家港、白银金恒商贸有限责任公司和定西凯达工贸有限责任公司3家外地客商，组建了静宁铅锌矿、铅锌选矿厂、定成铅锌采选厂3家具有独立法人资格的民营企业，计划投资1770万元，完成投资1480万元。二是依托果品资源优势，吸引甘肃果品套袋有限公司投资1820万元建成亿只果实套袋生产线，广东东莞市客商投资520万元建成了果品气调库，秦安客商投资360万元建成了绿源林果示范基地。二是依靠良好的经营环境吸引投资。

由兰州天丰商贸有限责任公司投资650万元建成了天丰超市，兰州客商投资300万元建成了静宁公交公司，浙江临海市客商投资540万元建成了家具会展中心。三是以产权出让吸引投资。以集资入股、出让部分产权的方式吸引县内外资金528万元建成了新世纪商厦。天津大红碗食品有限公司投资2308万元建成了年产600万箱大红碗方便面生产线，这一项目的建成投产，不仅带动了我县面粉加工、蔬菜种植、包装材料等相关产业的发展，而且为我县富余劳动力开辟了新的就业门路。

（四）企业适应市场的能力有所增强。永兴地毯有限责任公司面对激烈的市场竞争，采取灵活的管理机制，内抓管理，外拓市场。3月初，公司经理专程赴上海参加全国地毯交易会，后又到贵阳等地考察市场，先后与国内外客商签订了7万英尺（注：1英尺≈30.48厘米）的加工订单。恒达有限责任公司在牢固占领县内市场的基础上，全力拓展县外市场，上半年公司经理带领营销人员赴内蒙古、新疆、陕西等地寻找新用户，同时与大红碗食品有限责任公司建立协作关系，首批加工的1万个方便面包装箱已交货使用。凤林酒业有限公司今年新开辟了兰州、银川等市场，白酒销售地域逐步扩大，产品知名度有了新的提高。今年新开工建设的年产4000吨凤林山泉优质矿泉水项目已建成投产。印刷厂在改制后，进一步强化了企业内部管理，生产经营出现了新的转机。

三、存在的主要困难与问题

非公有制经济在我县诞生以来，经过各级组织和广大干部群众的不懈努力，虽然取得了长足的发展，但由于各种主、客观因素，目前仍面临不少困难和问题。

一是企业管理水平不高。与国有企业相比，绝大部分非公企业的经营者和从业人员文化素质偏低，生产技能不高，管理水平低下，尤其是企业内部管理不完善，制度不健全，机制不灵活，有的甚至停留在原始的作坊式生产、家族式管理阶段，与建立现代企业制度和适应市场经济要求还有很大差距。

二是产业结构不合理。据不完全统计，目前全县机砖生产厂家达27家、纸箱7家、白酒6家、地毯8家，由于上述生产厂家较多，低水平、重复建设的问题是显而易见的。在注册登记的个体户中，按行业分，畜牧养殖业5户，各类加工制造业518户，交通运输和仓储业6户，贸易、餐饮和社会服务业2326户，内部三次产业所占百分比分别为0.17、18.1和81.73。在全部私营企业中，种植、养殖和农副产品购销企业7户，建筑、采掘和各类加工制造业35户，交通运输、商流批发和社会服务业21户，内部三次产业所占百分比分别为11.1%、55.6%和33.3%。以上可以看出，在个体工商户中，一、二次产业所占的比例明显偏低。

三是资金供需矛盾十分突出。由于非公企业发展起步迟，资产少，底子薄，加之受传统观念的影响，企业的融资渠道非常狭窄，担保难、抵押难、贷款难的问题十分突出。同时，由于民间资本乏力，银行扶持差，致使一些产品有销路、发展前景好的项目因资金严重短缺而搁浅，一些企业因流动资金不足而处于停产、半停产状态，生产经营举步维艰，经济效益严重下滑。如同生酒业有限责任公司只需20万元左右的流动资金生产就可以正常运行，但经多方奔走始终未能如愿。民丰种猪繁育中心、民丰养牛有限公司均建起了一流的养殖场，但由于缺乏流动资金，圈内空空如也。

四是产品的市场竞争力不强。绝大部分企业在项目建设中，缺乏长远的规划和打算，技术装备普遍落后，高科技、高附加值的产品少，市场占有率低，低水平重复建设多，产业关联度少，防御市场风险的能力较差。

五是发展环境不够宽松。各级领导对发展非公有制经济思想解放不够，嘴上喊得多，真正抓落实少。同时，由于受传统观念和体制性障碍的影响，县上制定的发展非公有制经济和招商引资的部分优惠政策落实不到位，企业企盼的政策、技术、资金、信息等服务相对滞后，在一定程度上影响了非公经济的发展。

四、今后工作建议

党的十六大明确提出："必须毫不动摇地鼓励、支持和引导非公有制经济发展。个体、私营等各种形式的非公有制经济是社会主义市场经济的重要组成部分。"西部大开发战略的实施，也从政策、资金、技术、人才等方面对发展非公有制经济给予重点扶持，这些都为非公有制经济的发展创造了政策依据和外部环境。因此，在今后工作中，要继续采取"行政推动，利益驱动，项目带动，政策拉动，全社会互动"的综合措施，促使非公有制经济实现超常规、跨越式、快发展。

（一）进一步解放思想，创新观念，不断深化对发展非公有制经济重要性的认识。个体、私营等非公有制经济在促进经济增长、扩大就业和活跃市场等方面有着十分重要的、不可替代的作用。各级干部尤其是领导干部必须进一步解放思想，创新观念，不断深化对发展非公有制经济重要性、紧迫性的认识，并将此作为富县强县、培育新的经济增长点的重大战略举措，做到思想上高度重视，政策上重点倾斜，工作上全力支持，形成全社会关心、支持和发展非公经济的良好氛围，促使非公经济健康有序的发展。

（二）加大政策扶持力度，积极协调和解决发展中出现的困难与问题。这次调查中，我们感到在非公经济发展中最突出、最普遍的问题是资金严重短缺，资金问题已成为制约我县非公经济发展的瓶颈。因此今后应进一步加强对非公企业的资金扶持力度，对符合国家产业政策、市场前景好、具有发展前途的项目，要积极协调金融部门从信贷政策和贷款额度上给予重点照顾，帮助企业走出创业资本和经营资本匮乏的困境，并在市场准入、投融资、税收、土地使用等方面搞好协调服务。对不符合国家产业政策，重复建设，盲目投资，破坏生态资源的项目，要认真对待，从严审批，以免给企业和国家造成不应有的损失。

（三）进一步整合资源，积极实施名牌战略。在国家关于发展非公有制经济政策的引导下，我县的红砖、白酒、包装材料和地毯生产企业迅速发展，但由于这些企业生产规模小，经营档次低，加之企业之间各自为政，相互残杀，不利于行业的发展。为此，建议主管部门在深入调研的基础上，分别组建静宁县红砖、包装材料、地毯3家行业协会和静宁县酒业集团，具体协调和指导行业生产、经营等事宜，全力打造静宁品牌，努力提高产品的知名度，使本县产品打向全国、走向世界。

（四）有关部门要进一步加强对非公有制企业项目建设和生产经营的指导。要充分发挥职能部门的作用，今后凡新开项目，属于低水平、重复建设且项目资金未落实的要从严审批，以免盲目上马，给国家和私营业主造成不应有的损失。同时，要帮助企业挖潜改造，降耗节能，扩产促销，提高经济效益。

（五）要进一步规范对非公有制企业的各种收费，保护非公企业的合法权益。县上对非公企业的各种收费已作出了明确规定，今后应进一步强化管理，抓好落实，防止出现新的反弹。

关于对县文体局工作评议的调查报告

根据县人大常委会评议县文体局工作的安排意见，我们评议调查组于7月下旬至8月上旬，对县文体局组建以来的工作情况进行了调查。

一

这次调查采取座谈、走访、现场察看等方式进行。调查组在与文体局机关全体干部职工及下属各单位负责人进行个别谈话的基础上，又先后到界石铺、七里两乡镇和县委宣传部、教育局、工商局、公安局等部门座谈征求了意见，并现场察看了成纪文化城、县体育场等文化体育场所。

从调查情况看，县文体局组建一年多来，局领导班子坚持以党的十六大精神和“三个代表”重要思想为指导，在县委、县政府领导下，带领文体系统干部职工认真开展各项业务工作，较好地发挥了职能作用，为全县文化、体育、旅游事业的发展做出了积极的努力。

（一）开展了各项文化工作。一是重视文艺创作，推出了一批文艺作品。去年以来，组织全县文艺工作者在市级以上刊物发表文艺工作作品105篇，其中文化系统专业人员在国家级刊物发表文艺作品15篇。在今年全市举办的第一届崆峒文艺奖评奖中，我县选送的眉户剧《山魂》等4件文艺作品有两件获得一等奖，两件获得三等奖。二是组织开展文化活动，丰富群众的文化生活。围绕节日及一些庆典活动，组织文体系统或协助指导其他企事业单位，开展了社火表演、文艺会演、书画展览等群众文化活动。如今年组织指导的元宵节社火表演活动，全县有14个系统、5个乡镇的60多家社火队上街表演，规模庞大。与此同时还组织文化工作者开展了送文化下乡活动。县秦剧团2002年共送戏下乡演出250场，观众达60万人（次）。三是加强文物保护工作，发挥图书事业的社会效益。文博工作方面，去年以来，在搞好馆藏文物清理建档和安全管护的同时，组织人员深入有关乡镇，对成纪古城遗址和野外古文化遗址进行了全面检查，协助乡镇建立野外文物保护小组10多个，并向当地农民群众进行了文物保护宣传，散发有关宣传资料600多份。图书工作方面，县图书馆在通过自购、争取社会捐赠等途径增加馆藏图书量的同时，坚持经常开放让群众阅读，发挥图书资源的社会效益。去年开馆达340天以上，接待读者28000多人（次）。

（二）体育工作取得了新的成绩。一是在省、市举办的一些体育比赛中取得了好的成绩。在今年4月至10月举办的平凉市第一届体育运动会上，我县根据优势项目，重点组队参加了青少年组别的篮球、乒乓球、田径、自行车和成人羽毛球项目的比赛。在已进行的比赛项目中，取得了成人羽毛球混合双打第一名，男、女团体第二名；青少年篮球女子第一名、男子第二名；乒乓球男女团体总分第一及男、女单打各一、二名的好成绩。在7月份举办的甘肃省“万丰杯”少年自行车比赛中，我县共获得四金一银五铜，总分名列第一。二是抓了《全民健身计划纲要》的实施。去年底，组织人员对城区8个单位的500多名职工进行了体质测定。今年1月份，联合组织了城区学校参加的象征性万人长跑活动和足球联谊赛；并举办了“供销超市杯”乒乓球联赛及老年太极剑、太极拳、健身操等表演赛。所有这些，对促进全民健身运动和群众体育活动的深入开展起到了一定的作用。

（三）重视抓了文化市场管理和文体活动场所的建设、管护工作。一是开展了文化市场集中整治活动。去年以来，按照市、县整顿和规范市场经济秩序和“扫黄打非”工作要求，联合公安、工商等部门对全县文化市场进行了数次集中检查，重点整顿了书摊（点）、网吧、音像经营门店。对6家群众反映强烈的网吧进行了停业整顿，清查收缴盗版光盘146张，对规范文化市场管理起到了一定成效。二是重视做好成纪文化城、中心体育场的管护工作。去年底，向省上争取了价值4万元的健身器材10套，安装在中心体育场供群众活动。今年，投入资金6万元，对文化城作了进一步绿化，维修了路面、下水管道等。从而较好地保护了这些重点文化体育活动场所，使其能够更好地为广大群众提供服务。

（四）加强了文体系统的自身建设。一是完成了机构组建工作。2002年6月，县政府批准县文体局“三定方案”后，局领导班子按照县上要求，抓好新机构的组建，完成了原文化局、体委两个部门的合并和文体管理机构改革工作，做到了机构不乱，工作不断。二是建立和完善了有关制度。根据组建后局机关工作运行的需要，逐步建立和完善了股（室）工作岗位职责、党风廉政建设责任制等内部管理制度。同时，建立了文化系统工作责任制，将全年的重点文化体育工作细化量化为具体目标、任务及措施，分解到下属各单位，层层签订工作责任书，年终考核兑现，从而增强干部职工的工作责任性。三是开展了政务公开活动。按照县上推行政务公开的要求，成立了文体系统政务公开领导小组，制定了具体的实施方案，建立了政务公开栏，将机构设置、业务范围、政策依据、办事流程、监督方式等予以公开。

二

对照文体局履行职责的实际，综合调查反映的情况，文化体育工作中还存在一些矛盾和问题，需要在今后认真研究解决。

（一）农村文化体育工作相对滞后。一是由于经费投入不足，农村文化体育基础设施建设较差，难以满足广大农村群众对文化体育生活的需要。按照国家及省上有关标准衡量，全县农村文化室和体育设施建设除城附近及经济条件比较好的个别乡镇外，其余普遍没有达标。已建起的一些乡村文化室由于投入不足，缺乏必要的设施设备，条件极其简陋，无法正常开展活动，有相当数量的连最基本的活动设备（如图书、报刊）也没有，难以发挥应有的精神文明建设阵地作用。二是职能部门及乡镇一级对农村文化体育工作抓得不够，对新形势下发展农村文化体育事业的路子和方法缺乏必要的研究和探索。三是职能部门及其下属业务单位对农村文化体育工作业务性、技术性检查指导不够，尚未形成健全有效的农村文化体育活动管理指导网络，在反馈信息、收集资料和总结推广农村文体活动典型经验等方面存在不足。

（二）群众性文体活动的组织开展和文化体育产业的开发工作需进一步改进。这方面存在的突出问题，一是对城乡群众性文化体育活动的组织开展缺乏计划性、经常性，目前组织开展的一些活动多局限于节日庆典活动，且存在形式不够丰富、质量不够高的问题，与我县深厚的群众文化基础及“全国先进文化县”地位不太相称。二是对在社会主义市场经济体制下如何培育开发文化体育产业缺乏思路和探索，在如何充分开发利用已有的文化体育资源，进一步加快文化体育事业发展上思路不新，办法不多，工作没突破、少亮点。如成纪文化城已建成两年，伏羲大殿至今大门紧锁，空空如也，无从发挥其文化、经济价值。

（三）文化市场管理工作尚待加强。随着经济、社会的发展，我县文化市场近年来也得到长足发展，为满足城乡群众各类文化生活需要发挥了重要作用。与此同时，加强和规范管理，保证文化市场健康发展的问题也显得愈加突出和重要。近年来，主管部门在文化市场管理上做了不少工作，也取得了一定成效。从当前看，主要存在两方面的问题：一是文化市场隐性问题依然不少。如一些书摊（店）、音像店（厅）违法违规经营盗版及内容不健康（宣扬淫秽、凶杀、暴力、封建迷信）书刊、音像的问题屡禁不绝，毒化了社会风气；不少网吧违反规定接待少年儿童，损害了少年儿童的身心健康等等。二是文化市场管理力量薄弱。文体局负责文化市场稽查的文管股只有一个工作人员，管理工作只能依靠每年按上级部署与公安、工商配合搞几次集中检查整顿进行，日常的稽查管理工作无法正常开展，从而给管理工作留下漏洞。

（四）内部管理上还存在一些应重视解决的问题。一是机构改革后的管理机制尚未完全理顺，使一些方面的工作受到影响。如体委与文化局合并后，原体委成立了县体育活动中心（为副科级建制），由于管理机制没理顺，加之至今尚未确定正式负责人（原体委几位负责人机构改革后都到文体局办公），因而造成这一块管理不严，组织纪律松懈，工作不能正常有效地开展。调查现场看到，办公楼有些房间向外出租，秩序乱、卫生差；体育场高低不平，时有车辆停放或训练；厕所无人清扫，池子里的粪便快要溢出地面；体育场栏杆除质量原因外，管护不够，不少已经损坏。二是局机关及领导班子调查研究和协调沟通不够，工作比较散，没有形成合力；机关学习政治、钻研业务的气氛不浓；一些工作制度（如局务会议制度、政务公开制度等）执行不到位，在一定程度上影响了决策的科学性和工作的主动性。三是干部职工队伍的政治业务和文化素质有待进一步提高。如文化素质方面，全系统69名干部职工，大专以上文化程度的只有17人，占24.6%，专业队伍的政治文化素质与发展社会主义先进文化的要求有一定差距。

三

针对存在的困难和问题，结合我县文化体育事业发展的实际，对文体局今后工作提出以下几点建议：

（一）立足发展，创新思路，更好地发挥职能作用。要深入学习贯彻党的十六大精神和“三个代表”重要思想，牢牢把握先进文化的前进方向，解放思想，开拓创新，加快文化体育事业发展步伐。面对新形势，文体局领导班子要进一步强化为全县发展大局服务的责任意识，深入研究探索社会主义市场经济体制下建设、发展文化体育事业的有效途径和方法，坚定信心，克服困难，扎实有效地抓好各项业务工作，在文化体育工作中创造出新的亮点，巩固扩大“全国先进文化县”“全省先进体育县”创建成果，努力为全县人民提供健康文明、生动活泼、丰富多彩的文化体育生活。

（二）进一步加强领导班子和干部队伍建设。领导班子建设方面，班子成员要重视加强政治业务学习，不断提高自身理论水平和工作能力，以更好地适应新形势的需要。要进一步健全完善局务会议制度等工作制度，规范工作程序。班子成员之间要加强交流沟通，对重大工作部署要多研究、多协调，集思广益，充分发挥班子的整体作用，增强工作的主动性、积极性和创造性。同时，在班子成员的分工上要严格按有关要求进行，纠正主要负责人又分管财务的不规范做法。干部队伍建设方面，在进一步加强日常教育管理，增强干部职工组织纪律性的同时，要突出培养文化艺术人才这一重点，通过在职进修、岗位培训、学历教育等途径加强干部职工的再教育工作，努力建设一支文化素质高、专业水平过硬的文化体育队伍。

（三）重视抓好农村基层文化体育工作。一要结合乡村文化示范站（室）创建活动，着力抓好乡镇文化体育基础设施建设、为文体活动的开展创造基本的条件。二是建立健全农村群众文化体育管理督导网络，有计划、有组织地安排文化体育专业人员经常深入乡镇进行辅导工作，推动群众性文体活动的开展。三要坚持开展送文化下乡活动。文体系统要强化为群众、为基层服务的意识，发挥各自的优势，积极开展送戏剧、送图书、送字画下乡活动，丰富农民群众的文化生活。

（四）搞好成纪文化城、中心体育场的开发利用和管护。首先。要充利用文化城、体育场现有的设施条件搞好城区群众文化体育活动，要在增加活动频次和提高质量上下功夫，把城区文体活动搞“活”搞“火”。其次，要围绕成纪文化这一特色资源搞好文化城的深层次开发，进而以此为依托发展具有静宁特色的成纪文化和旅游产业，变文化历史资源为经济发展资源。再次，要搞好文化城、体育场现有设施的管护工作，减少人为或自然损害，使其始终成为城区文化体育活动的亮点。特别要重视解决好县体育活动中心的管理问题，防止因工作不到位给体育场的管护造成影响。

（五）加强对文化市场的经常管理。要一手抓繁荣，一手抓管理，以繁荣文化市场为目的改进管理工作，妥善解决文化市场稽查力量薄弱的问题，抓好经常性的稽查管理工作。在文化市场管理中要始终把社会效益放在首位，对违法违禁的经营活动要及时严格查处，以净化社会风气，促进文化市场的健康发展。

第八次会议　于2003年10月28日在常委会五楼会议室召开，由朱春林主持。

会议议程有两项：一、听取和审议政府法制局局长赵鹏飞受政府委托所作的《关于2003年全县行政执法检查工作情况的报告》、法院院长杨志军所作的《静宁县人民法院2003年执法检查工作报告》、检察院检察长李居洲所作的《静宁县人民检察院2003年执法检查工作报告》；二、听取和审议政府办公室主任李永成受政府委托所作的《关于县第十四届人民代表大会第一次会议代表意见建议办理情况的报告》。会上，政府常务副县长李旺军就落实审议意见作表态发言。

第十四届常委会组成人员聂正国、岳具辉、许富忠、王星耀、朱春林、张金业、郭应童、席荣、张新民、王守荣、柴玉明、柴桂兰、邓颖、张三相、张来有出席会议；县委常委、政府常务副县长李旺军，法院院长杨志军、检察院检察长李居洲、政府办公室主任李永成，副主任、法制局局长赵鹏飞，市人大代表高孟德、刘东光，县人大代表孙青茂、张占彬，常委会各委室负责人列席会议；公民代表王基正、李会宾、裴桂香应邀旁听会议。

第九次会议　于2003年12月10日在常委会四楼会议室召开，由岳具辉主持。

会议议程有六项：一、听取和审议林业局局长戴三姓受政府委托所作的《关于退耕还林工作情况的报告》、常委会退耕还林工作调查组所作的《关于全县退耕还林工作情况的调查》；二、听取贸易经济合作局局长杨立新所作的《关于县贸易经济合作局工作情况的报告》、常委会评议调查组所作的《关于评议县贸易经济合作局工作的调查报告》，对贸易经济合作局的工作进行评议和民主测评，结果为基本满意；三、审议通过《静宁县人民代表大会常务委员会议事规则》；四、审议通过常委会工作报告；五、审议通过常委会《关于县十四届人大一次会议代表意见、建议办理情况的报告》；六、审议通过召开十四届人大二次会议的有关事项。会上，副县长靳建荣、魏晓平就落实审议意见分别作表态发言。

第十四届常委会组成人员聂正国、戴双军、岳具辉、许富忠、朱春林、张金业、韩太平、郭应童、席荣、张新民、王守荣、柴玉明、柴桂兰、邓颖、张三相、阎伟刚、张来有出席会议；政府副县长靳建荣、魏晓平，检察院检察长李居洲、法院副院长蔡尚志、政府办公室主任李永成、林业局局长戴三姓，贸合局局长杨立新及班子成员杨启明、李云香，常委会各委、室负责人周世让、李金、张汉基、胡志科，市人大代表李读、梁景华，县人大代表付具河列席会议；公民代表高志科、王化敏、李双雄应邀旁听会议。

附：

关于全县退耕还林工作情况的调查

常委会有关工委和县林业局的负责同志组成调查组，由岳具辉副主任带队，于11月上旬，分别深入仁大、治平、原安、红寺、祁川、城川等乡镇及县林业局，采取听汇报、座谈、现场察看、入户核对等方法，就我县1999年以来的退耕还林工作，进行了调查。

一、基本情况

自1999年我县被列为全国生态环境示范县和全省退耕还林试点县以来，县上紧紧抓住西部大开发的发展机遇，按照“退耕还林、封山绿化、以粮代赈、个体承包”的方针，把以退耕还林、荒山绿化为主的生态建设作为实施西部大开发战略和促进可持续发展的根本措施来抓，通过上下一致的不懈努力，已取得了阶段性成效。至目前，全县累计完成退耕还林32.1万亩，“三荒”造林39万亩，森林覆盖率由1999年的6.9%提高到8.9%，草地覆盖率达到23%。同时，退耕还林还有效地带动了农村其他各项工作的进一步发展。

（一）退耕还林工作成效显著。在这次调查中我们了解到，县、乡两级组织都能把退耕还林工作作为我县农村经济建设的大事来抓，县上积极争取退耕还林建设项目，1999年以来，每年有一定规模的退耕还林项目在我县实施，2003年国家投资达到4000多万元。各乡镇在组织人员、工程造林、林木管护、补助政策兑现等方面做了大量的工作，取得了好的成效。一是退耕还林任务完成得好。全县任务完成好的有红寺、七里、原安、甘沟等乡镇。在所调查的6乡镇中，大多都能按照县上的统一要求，保质保量完成工程和造林任务。红寺乡围绕南山治理一条线的思路，今年春秋两季在南山梁、甘湾至二河长30公里的梁峁沟坡实施造林绿化，完成退耕还林7103亩、“三荒”治理7040亩，配套开通道路6条20公里，使全乡的林地面积达到2.95万亩。治平乡按照建设退耕还林示范乡的要求，在川区及山台宜果区大力发展林果产业的同时，对山区进行了大规模地退耕还林和“三荒”造林，组织实施了后沟、柳沟、中湾等流域治理工程，完成绿化造林7100亩，全乡林果总面积占到耕地总面积的77.1%。目前在全县范围内正在开展工程补修和大规模的苗木补栽工作。二是带动了基础设施建设。我县的退耕还林工作在规划上始终注重了退耕还林与“三荒”造林并重、与基础建设和流域治理结合的思路，按梁系、流域统筹规划，山、水、田、林、路综合治理，带动了梯田、道路、水利等基础设施建设的发展，达到了综合治理的目的。全县每年在成规模退耕还林的同时，完成流域治理100平方公里，近年来新修较高标准的乡村公路900多公里。城川乡吴庙综合治理示范区新修梯田3000亩，开通“三横七纵”机耕道29公里，配套节灌设施4类19种，新增山地节灌面积3000亩，完成“三荒”造林2300亩，退耕还林1200亩，定植果园1500亩，栽植行道树18公里1.5万株，使区域生态环境得到了改善。三是林木管护工作趋于规范。按照县上制定的统一管护和分户管理相结合的原则，各乡镇都制定了行之有效的管护办法，使退耕还林成果得到有效保护。如红寺乡在每个造林区域都用水泥制作了管护标志，全乡聘用48名责任心强的护林员，每人每月由乡上付给30元报酬，进行全天候管护，历年退耕还林苗木保存率达到70%，“三荒”造林苗木保存率达到60%。四是补助粮款兑现掌握政策严格、操作规范。各乡镇都能严格执行《兑现退耕还林补助粮款暂行办法》，通过查看各乡镇的兑现花名册，并到部分农户进行了核实，发现表、卡、册齐全，兑现足额、规范，群众表示满意。

（二）农民收入普遍增加。全县至2003年底按完成面积将兑现给群众退耕还林补助粮4000多万公斤、款855万元，农民人均直接收入近200元；同时，由于几十万亩耕地还林，将有成千上万的农村劳动力从土地上解放出来，从事其他产业和劳务输出，创造新的价值，增加新的收入。今年以来，原安乡根据耕地面积大、农民广种薄收的实际，积极向上争取退耕还林面积。在县有关部门的大力支持下，年内集中投放劳动力8.4万个工日，完成退耕还林1.8万亩，使退耕还林累计面积达到2.65万亩，户均7.9亩，面积最大的哈那村户均达到11亩，退耕面积达到20亩的户占有一定的比例。在未来的8年内，每年可以获取200万公斤左右的国家退耕还林粮食和40万元左右的现金补助，户均近800公斤粮食。齐埂村农民孙全有，全家4口人，至今年底已退耕还林27亩，每年可得到补助粮2000多公斤，补助款500多元，再加上其他农业收入，基本上达到了小康生活。据原安乡介绍，由于全乡已有四分之一的土地退耕还林，一部分农民已基本脱离了单纯的土地耕作，从事短途贩运、农产品加工、外出务工等其他产业的活动。

（三）产业结构调整得到深化。我县退耕还林工作在大面积栽植生态林的同时，充分发挥了区位优势，在国家政策允许的范围内适当栽植苹果、梨等经济林和大力发展以杏、花椒、核桃为主的生态经济兼用林，使产业结构调整步伐得到加快。仁大乡结合建设林果基地开展退耕还林，科学规划，合理布局，形成了川区、山台地以苹果为主的水果基地，半山以花椒为主的干果基地、山区又发展以栽植水果为主的林果区的林果产业发展格局。在高沟、刘川、南门、解放等村，产业结构得到根本性调整。治平乡马合、柳沟、陈河等村农民，自发地在退耕还林区的育林台套种柴胡1800亩，每亩药材收入在1000元左右。原安乡在姚河、百富、苏赵、吉林、齐埂等村一次性连片栽植大接杏4100亩，使果园建设形成了规模。

（四）退耕还林政策深得民心。由于宣传教育工作扎实，加之退耕还林政策给农民带来切身利益，使广大干部群众造林护林、建设秀美山川的积极性进一步提高，形成了抓生态建设促经济发展的有效合力。仁大乡的干部群众普遍反映，仁大所处的地理位置决定了其主要出路就在于发展林果业，退耕还林政策的实施，进一步推动了林果业的发展，退耕还林“退得下，保得住”。在原安乡，由于退耕还林工作的实施和补偿政策的兑现，群众情绪好了，民心顺了，党群、干群关系得到了改善。

二、存在问题

从调查看，我县退耕还林工作虽然取得了好的成效，但在一些方面还存在不容忽视的问题。主要是：

（一）宣传力度不大，思想认识不明确。由于宣传不到位，一些干部群众对退耕还林工作的认识还比较模糊，尤其是一些乡镇对如何搞好后续开发工作、进一步发挥经济效益、增加农民收入等问题思考不深刻，理解不全面，加之林权归属、林木处置等方面的政策规定也不够明确，一部分群众还没有从退耕还林中看到直接和实际的经济效益，导致部分农户产生了还林后土地就交给了国家，与自己无关的想法，对退耕还林缺乏责任感，栽种时完任务、走过场，甚至出现了掩埋苗木和自家的林地林木被毁也不关心的现象。

（二）工作进展不平衡。个别乡镇由于领导重视不够，工作不力，与全县比，有一定的差距。如祁川乡2003年退耕还林完成7065亩，经县林业局检查验收，合格的仅为5800亩，工程质量普遍差，苗木成活率低，复耕、复种现象严重，大量的人力和土地资源被浪费。

（三）林木管护工作机制尚不健全，管护工作不力，苗木的成活率和保存率还比较低。个别乡镇没有很好地贯彻执行《中华人民共和国森林法》《退耕还林条例》等法律法规，没有建立起行之有效的管护工作机制，管护工作基本处于放任自流状态。1999年以来的退耕还林大部分面积的株数保存率在40%~85%之间，这既有栽植方面的原因，也有管理不善的问题。随着退耕还林面积的增加，林木管护问题将会越来越突出，稍有不慎将会前功尽弃。原安乡退耕还林地，特别是栽植杏树等经济林地，鼠害十分严重，长到1米高的杏树因根被咬断而死亡；在城川乡和祁川乡，羊只放牧毁林的问题很突出。祁川乡有放牧羊只4000只左右，城川乡有600多只。祁川乡有许多退耕还林地，由于羊只践踏，与退耕还林前没有两样，与其他管护好的乡镇相比，差距很大；在全县普遍存在的病虫害也没有得到有效防治。

（四）补助粮、款的兑现还需进一步规范。虽然在调查中没有发现大的问题，但群众对退耕还林补助粮、款兑现中虚报冒领等问题时有反映，目前，这一敏感问题还没有引起有关部门和乡镇的高度重视。

三、几点建议

针对我县退耕还林的实际和工作中存在的问题，提出以下几点建议：

第一，广泛开展好宣传教育活动，进一步加大退耕还林工作力度。在今后工作中，一方面要进一步大力宣传国家退耕还林政策，不断提高各级干部群众对搞好退耕还林工作重要性的认识，增强搞好退耕还林工程建设的积极性，另一方面要教育干部群众采取有效措施种植好、管护好林木，最终使退耕还林见到经济效益和生态效益。

第二，积极探索，切实搞好退耕还林的后续开发工作。要进一步解放思想，以新思路、新观点研究解决退耕还林后续开发中出现的新问题，在实践中不断总结经验，树立典型，推广好的做法。适当加大山杏、沙棘等经济树种的种植面积，使耕地在还林后能很好地发挥其经济效益，增加农民收入。

第三，要完善制度，明确责任，以强有力的措施加强林木管护工作。林木管护事关退耕还林工作的成败，各级组织一定要把种和管放在同等重要的位置抓紧抓好。要广泛宣传、贯彻实施《中华人民共和国森林法》《退耕还林条例》等法律法规，使县上制定的退耕还林管理办法真正落到实处，确保退耕还林保存率达到90%以上的目标得以实现。要尽快组建森林保护执法机构，对于羊只放牧毁林案件，县上要制定管护和处罚措施，有效地解决封山禁牧工作中有令不行、有禁不止的问题；同时，县上还应有组织地开展灭鼠、锄草等管护工作，研究解决好护林人员的报酬问题，通过这些措施，确保退耕还林工作的有效实施。

第四，要认真研究解决在退耕还林地种植洋芋、药材、粮食等作物的问题。有关部门要搞好调查研究，按有关规定并结合实际，拿出解决问题的具体办法，在政策允许范围内的问题要解决，政策不允许的，但实践证明是可行的，也要创造条件加以解决。退耕还林对我们来说是一项新工作，一切都要从实际出发，所制定的政策和措施都要有利于退耕还林，真正实现退耕还林。以达到改善生态环境，发展经济的目的。

关于评议县贸易经济合作局工作的调查报告

由常委会副主任许富忠牵头，我和专职委员王守荣、柴玉明组成调查组，于11月中旬，深入县贸合局机关以及百货、成纪酒业、鸿菲、供暖、静宁鸡产业化开发公司等下属企业，采取个别走访和现场察看的方法，对县贸合局2001年以来的主要工作进行了调查。

一

县贸合局下属百货、成纪酒业、鸿菲、供暖、静宁鸡产业化开发（运销）5个公司和1个食品厂。近年来，局领导班子坚持以党的十六大精神和“三个代表”重要思想为指导，在县委、县政府的正确领导下，立足县情，抢抓机遇，以项目建设为重点，以结构调整为主线，团结带领全系统干部职工，初步走出了一条“退三进二，调整结构，搞活增效”的发展路子，收到了比较明显的效果。商品销售总额2001年完成1450万元，占年计划的100%；2002年完成1250万元，占年计划的100%；2003年1至11月份完成1290万元，点年计划的94.2%。工业产品销售收入2001年完成331万元，占年计划的100.3%；2002年完成752万元，占年计划的100.3%；2003年1至11月份完成850万元，占年计划的94.4%。2001年完成工业总产值500万元，占年计划的100%；2002年完成限额以上工业增加值100万元，占年计划的150%；2003年1至11月份完成限额以上工业增加值150万元，占年计划的89.3%。实现利润2001年为11.3万元；占年计划的103%；2002年为59.1万元，占年计划的131.3%；2003年1至11月份为70.5万元，占年计划的96.6%。上缴利税2001年为39.6万元，占年计划的113%；2002年为66.7万元，占年计划的81.3%；2003年1至11月份为67.6万元，占年计划的79.5%。近3年，向省、市争取资金810万元，向银行争取贷款300万元。较好地完成了县上下达的各项经济指标，为全县经济的发展作出了一定贡献。

（一）围绕经济结构调整，突出抓了项目建设

面对商贸流通领域日益激烈的市场竞争，贸合局坚持把跑项目、争资金作为培育新的经济增长点的关键措施来抓。

一是立足本县果品资源优势，建成了千吨苹果白酒生产项目。该项目引进国内先进果酒生产技术和设备，设计年产苹果原酒1000吨。项目达产达标后，年产值可达1156万元，销售收入2956万元，上缴利税908万元，年收购加工苹果1.5万吨。该项目被省财政厅列为扶持项目，已完成投资995万元，其中省财政扶持资金530万元。目前已开发上市的产品有富仕干红、干白苹果酒、富仕利口酒、苹果红酒等四大系列10个品种，累计加工苹果5000余吨，生产原酒350吨，实现销售收入200余万元，上缴利税50万元。

二是围绕果品深加工，建成了千吨苹果醋饮料生产线。该项目于去年9月份由鸿菲公司在八里工业园区租地33亩开工建设，聘请西北农林科技大学食品工程学院的两名教授为常年技术顾问。该项目总投资380万元，完成投资330万元，目前已建成发酵池、醋酸饮料生产车间、香醋车间、制曲车间、库房、化验室、办公楼、厂区道路硬化、绿化及围墙等附属工程，且正式投产运行。已开发生产出香醋、保健醋、养颜醋、果醋等系列产品，实现销售收入58万元，上缴利税22万元。

三是以静宁土种鸡开发为重点，实施了静宁鸡产业化开发项目。依托本县地方鸡种和“静宁烧鸡”这一品牌优势，由商业运销公司在八里养殖园区征地24亩，建成了高标准的静宁鸡产业化养殖场。该项目已完成投资388万元。孵化销售雏鸡290万只，养殖种鸡4.58万只。

（二）围绕转换经营机制，加强了企业改制工作

按照“退三进二”的工作思路，加大了企业改制步伐，增强了企业活力。一是在1991年前企业改革的基础上，百货公司将原东关401平方米的商场改建成14间门店，一次性出售给14名职工。另有12名职工经申请办理了身份置换手续，与公司解除了劳动关系。二是通过盘活闲置资产、置换场地、兼并等形式，组建新的运行机制。糖酒公司将原场地与八里建筑公司进行了置换，盘活资产160万元，在上级有关部门的支持下，建成了千吨苹果白酒项目，并以此为依托，组建了甘肃成纪酒业有限责任公司。鸿菲公司和食品公司合并后，盘活闲置资产300万元，建成了千吨苹果醋饮料项目，并以此为依托，组建了静宁鸿菲醋业有限公司。运销公司依托静宁鸡养殖加工项目，组建了静宁鸡产业化开发公司。三是推进了人事、劳动、分配三项制度改革。成纪酒业公司、鸿菲公司等企业按照现代企业制度，逐步推行了经营人员公开选拔制、中层管理人员竞争上岗制和技术人员、营销人员公开招聘制，建立了企业管理人员能上能下的新机制。同时，把劳动分配、股权分配和其他生产要素分配有机地结合起来，建立了收入能高能低的分配机制。

（三）围绕职能转变，强化了商贸市场管理

一是对本县酒类市场进行了规范。根据上级有关部门的要求，组建了静宁县酒类

市场管理机构，并组织执法人员在认真学习《甘肃省酒类商品管理条例》《甘肃省查处假冒伪劣商品条例》《中华人民共和国行政处罚法》等法律法规的基础上，主动配合技术监督、工商等部门开展了全县性的打击假冒伪劣酒等专项治理工作。至目前，共规范批发经营户14家，在一定程度上净化了全县酒类商品市场。二是根据上级业务主管部门的安排，抽组人员对本县餐饮业、旅馆业、美容美发业等进行了调查摸底，为今后饮食服务业职业技能鉴定、提升服务档次、提高服务水平奠定了基础。三是按照上级要求，于今年提请县政府设立了静宁县畜禽定点屠宰管理领导小组和办公室，为今后开展此项业务创造了条件。

（四）围绕转变作风，加强了机关自身建设

随着社会主义市场经济体制的逐步建立和完善，局领导班子进一步更新观念，转变职能，改进作风，团结和带领全体职工克服困难，积极寻求发展之路。班子成员相互团结，工作比较协调，较好地发挥了各自的作用。特别是在企业面临诸多困难的情况下，把工作的重心放在为基层服务上，与企业负责人一道跑项目，争资金，研究解决发展中存在的问题。2001年以来，先后帮助下属企业向上争取资金810万元，协调银行贷款300万元。局长杨立新同志能够认真学习贯彻党的路线、方针、政策和县上的重大决策，有较强的事业性，尤其在项目建设上动了脑，吃了苦，做了大量行之有效的工作。机关的党建、计生、信访等工作规范有序，运行良好。

二

从调查情况看，贸合局的工作尽管取得了一定成绩，但仍存在一些困难和不足，需要在今年工作中加以克服。

一是企业流动资金严重不足，在一定程度上制约了企业的发展。成纪酒业有限公司由于流动资金严重不足，市场难以启动，产品不能大批量上市，对企业的生产经营造成了一定影响。静宁鸡产业化开发项目也因资金严重短缺，生产经营举步维艰。该项目虽已完成投资388万元，但到位资金只有80万元，大部分建设资金悬空，流动资金也异常困难。

二是企业管理机制不活，应对市场变化的能力差。不论是新建企业还是改制后的股份制企业，虽然建立了各项规章制度，但落实不到位的问题较为普遍，企业管理不严，机制不活，股东会、董事会和监事会的职能发挥不到位，企业法人治理机制不健全，个别企业在财务管理上存在漏洞，与建立现代企业制度相差甚远。

三是生猪定点屠宰、酒类商品管理等工作因面广量大，加之部门之间缺乏应有的配合，工作进展迟缓，效果不大。

四是局长杨立新同志遇事不够沉着，工作中有急躁情绪，与一些企业的关系处理得不够融洽。

三

针对贸合局工作中存在的困难和不足，对今后工作提出如下建议：

（一）进一步抓好项目建设。成纪酒业、鸿菲和静宁鸡产业化开发等项目建设已基本就绪，并投入运行，但在生产、经营等环节仍然存在不少困难与问题。作为企业主管部门，要经常深入基层，进行调查研究，帮助企业解决项目建设和生产经营中存在的困难与问题，使企业尽快走出困境，最大限度地发挥经济效益，达到预期的效果。

（二）进一步深化企业改革。要紧紧抓住我县被市上列为民营化试点县的机遇，进一步加快民营化进程。继续按照“动产权、变身份、增效益”和“有进有退、有所为有所不为”的原则，以民营化和市场化为取向，以产权制度改革为重点，通过买断产权、参股经营、兼并、转让经营权、拍卖、出售等方式，吸引外来资本，盘活企业资产，壮大经济实力，拓宽服务领域，提高经营水平。要进一步强化企业营销工作，使产品尽快打入市场，实现以销促产。

（三）进一步规范和强化社会商务管理工作。按照建立“大贸易、大流通、大市场”的要求，突出抓好生猪定点屠宰和酒类商品管理工作。要加大对《甘肃省酒类商品管理条例》和国务院《生猪定点屠宰管理条例》等法律法规的宣传力度，切实加强执法队伍建设，规范执法行为，严防病害肉、注水肉和假冒伪劣酒类商品上市，确保人民群众吃上“放心肉”，喝上“放心酒”。

（四）进一步加强领导班子和职工队伍建设。局领导班子要适应社会主义市场经济发展的新形势，不断加强政治理论和业务知识的学习，提高自身的理论水平和工作能力。要进一步完善机关的学习、议事、工作和管理制度，确保各项工作的规范运行。要进一步简化办事程序，提高工作效率，努力为基层排忧解难。班子成员之间要进一步加强交流沟通，对重大工作部署要多碰头、多研究，集思广益，充分发挥班子成员的积极性、主动性和创造性，增强凝聚力和向心力，使班子的整体作用得到有效发挥。同时，要进一步加强对干部职工和执法人员的日常管理，强化岗位培训，增强服务意识，提高服务水平，努力建设一支素质优、作风硬、业务精的干部队伍。

（五）局长杨立新同志要进一步加强与下属企业的联系、沟通和交流，使之心往一处想，劲往一处使，形成上下一致、团结和谐的工作机制，促进我县贸经工作再上新台阶。

第十次会议　于2004年2月20日在常委会四楼会议室召开，由戴双军主持。

会议议程有四项：一、审议通过《关于古城等6乡镇人民代表大会补选代表的安排意见》；二、通报常委会2004年重点工作征求代表意见、建议情况的汇总报告；三、审议通过常委会2004年工作要点；四、审议通过常委会近期工作重点。

第十四届常委会组成人员聂正国、戴双军、岳具辉、许富忠、王星耀、朱春林、张金业、韩太平、郭应童、王守荣、柴玉明、柴桂兰、张三相、阎伟刚、张来有出席会议；政府副县长李玉彪、法院院长杨志军、检察院副检察长孙延震、政府办公室副主任赵鹏飞，常委会各委室负责人列席会议。

第十一次会议　于2004年4月9日在常委会五楼会议室召开，由岳具辉主持。

会议议程有三项：一、听取和审议计划局局长杜文彪受政府委托所作的《关于2004年国民经济和社会发展计划调整情况的报告》，作出《关于静宁县2004年国民经济和社会发展计划调整的决议》；二、听取和审议财政局局长王运军受政府委托所作的《关于2004年全县财政收支预算调整情况的报告》，作出《关于静宁县2004年财政收支预算调整的决议》；三、听取和审议交通局局长高旭受政府委托所作的《关于全县道路建设养护工作情况的汇报》，作出《关于加强道路建设与养护工作的决议》。会上，政府常务副县长李旺军、副县长靳建荣就落实审议意见分别作表态发言。

第十四届常委会组成人员聂正国、戴双军、岳具辉、许富忠、朱春林、张金业、韩太平、郭应童、王守荣、席荣、张新民、邓颖出席会议；县委常委、政府常务副县长李旺军，副县长靳建荣、法院院长杨志军、检察院检察长李居洲、政府办公室主任李永成、计划局局长杜文彪、财政局局长王运军、交通局局长高旭，常委会各委室负责人周世让、李金、张汉基、胡志科，市人大代表吴水利，县人大代表吕峰、侯立文列席会议。

第十二次会议　于2004年6月8日在常委会五楼会议室召开，由许富忠主持。

会议议程有三项：一、听取和审议建设局局长王志高受政府委托所作的《关于县城市容管理工作情况的报告》、常委会农业财经工委主任席荣所作的《关于县城市容管理情况的调查报告》；二、听取和审议卫生局副局长张维智受政府委托所作的《关于全县〈中华人民共和国食品卫生法〉执行情况的报告》、常委会教科文卫工委主任张新民所作的《关于对〈中华人民共和国食品卫生法〉贯彻执行情况的检查报告》，作出《关于认真贯彻执行〈中华人民共和国食品卫生法〉切实做好食品卫生安全工作的决议》；三、人事任免。会上，副县长李雪云就落实审议意见作表态发言。

第十四届常委会组成人员戴双军、岳具辉、许富忠、朱春林、张金业、韩太平、郭应童、席荣、张新民、王守荣、柴玉明、柴桂兰、邓颖、张三相、阎伟刚、张来有出席会议；政府副县长李雪云、检察院检察长李居洲、法院副院长蔡尚志、县委组织部副部长高赫，政府办、建设局、卫生局、工商局、技术监督局、公安局、防疫站以及常委会各委室负责人，市人大代表王志强、邓霭霞，县人大代表张琪洲、魏新娥列席会议；公民代表张晓凤、吴继云应邀旁听会议。

附：

人事任免

位志贤任县人民政府副县长

县人民政府副县长位志贤个人情况表

表4-27

姓名	性别	民族	出生年月	籍贯	文化程度	入党时间	工作时间	主要简历
位志贤	男	汉	1963.6	甘肃崇信	本科	1988.12	1985.8	曾在崇信县经委、平凉地区行署办公室工作；历任行署办公室副科级秘书、正科级秘书、行署交通处副处长

王根仓任县人民检察院检察员

胡东相任县人民检察院检察员

高晓红任县人民检察院检察员

戴永娥任县人民检察院检察员

杜雅琴任县人民检察院检察员

免去李旺军县人民政府副县长职务

关于县城市容管理情况的调查报告

根据县人大常委会2004年工作要点及主任会议安排，由副主任牵头，农财委主任席荣和专职委员郭应童、柴玉明及有关部门负责人组成调查组，于5月27日对我县市容管理情况进行了实地调查，并就有关问题进行了深入座谈。现将情况报告如下：

一

从调查的情况看，我县市容管理工作在县委、县政府的高度重视下，在业务主管部门的不懈努力下，以创建省级文明县城和卫生县城为目标，以改善基础设施服务功能和增强经济辐射力为重点，坚持量力而行、突出重点的原则，一手抓建设，一手抓管理，使城市综合服务功能逐步提升，市容市貌发生了较大变化。

县城基础设施服务功能逐步得到改善。一是在资金十分紧缺的情况下，采取多种措施，新建和改建公厕6处，方便了群众，减少了污染。二是为方便东城区群众购物，于去年5月份动工修建了彩钢屋架货棚2886平方米、水泥货台518延米的东综市场，使市场布局趋于合理。三是对城区路面进行了改造。先后对中街阿阳路、人民巷、北环路、西环路、北二环路等街道路面进行了修补罩面，对德顺路东段、永福巷后街进行了拓宽硬化。四是在中街、北环路等地段动工修建了8处停车场和便民市场。已完成了场地硬化等，目前正在进行扫尾工程，近期将投入使用。五是绿化工作得到了重视。经过多年的努力，县城绿化面积达到36万平方米，人均7.8平方米。

市容市貌的管理逐步得到加强。2002年5月，经县人民政府批准，设立了“静宁县城市管理综合执法大队”，配备了人员和车辆，制定了《静宁县城市管理综合执法大队职能》和《静宁县城市执法管理办法》等规章制度。在理顺关系、整章建制的同时，先后与城区82个单位签订了三包责任书，并取缔违法广告牌31幅、不规范宣传标语30条，查处乱挖乱建、破坏市政设施的违法案件53起，使市容市貌有了比较明显的变化。

环卫工作有了新的起色。一是充实了环卫队伍。环卫工作人员由原来的21名增加到目前的66名，职工工资由过去175~292元提高到350~430元。二是在资金十分困难的情况下，筹资10余万元，购置翻斗型垃圾清运车3台，淘汰了原来的农用拖拉机和三轮车。三是解决了环卫队的办公地址。去年在县城西岭租地3.71亩，修建了环卫队办公用房及车库。四是结合公厕改造，新建和改建垃圾台7座，并确定专人看管。

二

我县市容管理工作经过多年的不懈努力，取得了比较明显的效果。但由于各种主、客观原因，目前仍然存在着不少困难与问题：

（一）机动车辆乱停乱放的问题较为普遍。主管部门虽然为机动车辆的停放划定了区域和界线，但大部分业主不按要求执行，乱停乱放，对城区交通造成了一定影响。特别是运输公司大门口交通经常受阻，安全隐患十分突出。

（二）个体摊点占道经营的问题屡禁不止。从整体上看，这个问题虽然较过去有了明显的好转，但在西环路、北环路的部分路段，问题仍很突出，有的将摊位摆在路中间，有的将商品摆满人行道。这些问题虽然发生在少数人身上，但影响很不好。

（三）乱堆垃圾、乱倒污水的问题仍然存在。南环路有几处建筑垃圾长期堆放，疾病控制中心、县二中大门东侧、永福巷南口等垃圾没有倒在规定的地点。新建的永福巷水冲式厕所，将污水直接排放在街面上，造成了新的污染，群众意见很大。

（四）垃圾清运不够及时。城区主街道均配备了垃圾桶，但清运不够及时。

（五）城区绿化工作严重滞后。多年以来，我县在城市发展过程中，没有将绿化放到应有的位置。建设中对绿化用地考虑得太少，投资甚微，致使绿化工作严重滞后，欠账较大。至目前，规划区内绿化面积人均不足8平方米，公共绿地面积不足1平方米。

（六）对城区内的树木、花草、铁栏杆管护不够，人为毁坏现象比较突出，特别是东城区的铁栏杆有相当一部分遭到人为破坏，未成活的树木也没有及时补栽。

（七）垃圾台等公用设施配套跟不上。城区部分路段无垃圾台，有的虽有垃圾台，但由于建得不科学，使用价值不大。如永福巷东口的垃圾台，因建得太高，垃圾无法倒上去，成为摆设品。

（八）卫生费的收缴欠账较大。随着县城规模的逐步扩大，城区街道的清扫面积已达18.6万平方米，垃圾日产量达40余吨，保洁工作量大面广，而卫生费的收缴欠账较大，致使环卫工作举步维艰。据统计，自2000年以来，有30个单位欠缴卫生费达11.4万元，征稽站、线路段等单位4年中分文未交，这个问题如不解决，将严重影响环卫工作的正常运行。

（九）县城市容管理综合执法大队人员编制偏少，经费短缺。该队现有工作人员15名，其中正式工10名，与所承担的任务不相适应。同时，经费运转十分困难，除正式职工工资由财政拨付外，办公费无着落，在一定程度上影响着业务工作的正常开展。

三

针对我县市容管理工作中存在的困难与问题，在今后工作中，要进一步统一思想，提高认识，把市容市貌的管理纳入政府工作的重要议事日程，紧紧围绕创建省级文明县城这一目标，进一步强化管理，完善基础设施，不断提高城市综合服务功能，为全县经济的发展和社会的进步创造良好的外部环境。

（一）进一步搞好宣传教育，不断增强人们的法律意识、城市意识和卫生意识。市容管理是一项涉及千家万户的系统工程，如果人们的思想认识跟不上，管理的难度就会增大。因此，无论是业务主管部门还是宣传部门，都应采取切实可行的措施，广泛深入地宣传《中华人民共和国城市规划法》《城市道路管理条例》《城市绿化条例》《城市市容和环境卫生管理条例》等法律、法规，不断提高人们综合素质，增强法律意识、文明意识和依法办事的自觉性，为搞好市容管理工作奠定思想基础。

（二）严格执行《县城总体规划》，维护规划的权威性。新一轮《县城总体规划》已经省政府批准实施，具有一定的法律效力，任何单位和个人无权改变规划，执行中确需变更时，必须依照法定的程序逐级上报审批。在规划实施过程中，要坚决杜绝行政干预，凡发现违规建设行为的，必须依法予以查处，确保规划的正确实施。

（三）要加快基础设施建设步伐，不断增强服务功能。依照国家有关标准及我县实际，在深入调研论证的基础上，适当增加城区公厕数量和垃圾台，加快旱厕改造步伐。

（四）要切实搞好城市绿化工作。建议尽快编制城区绿化专项规划，并付诸实施。在进一步完善东城区绿化工作的同时，加快旧城区绿化改造步伐，强化绿化管护措施，努力建造园林化城市。

（五）要充分发挥职能部门的作用，进一步强化市容管理工作。对目前存在的车辆乱停乱放、乱倒污水、占道经营、垃圾清运不及时、毁坏公用设施等问题，要进行认真研究，并采取强有力的措施予以解决。

（六）要在深入调查摸底的基础上，依法拆除违规建筑物。五金巷等路段在人行道上修建了大量的临时性建筑物，严重影响着交通安全，广大居民反映强烈，建议政府依法予以拆除。

（七）为便于开展工作，建议政府适当为执法大队增加编制和经费，落实公安带编上岗人员，帮助环卫队购置1辆垃圾装载车。

（八）要进一步加大卫生费的收缴力度。从近年来的收缴情况看，仅靠环卫队的力量是很难完成这一任务的。因此，对那些拒交卫生费或缴费欠账较大的单位，建议政府予以通报，并督促落实，确保卫生费的收缴足额到位。

（九）要切实加强对执法人员的业务培训，不断提高工作水平，做到依法办事，文明执法，促进市容市貌的管理逐步走向规范化、科学化。

关于对《中华人民共和国食品卫生法》贯彻执行情况的检查报告

5月27日至28日，由县人大常委会副主任岳具辉带领部分市、县人大代表和群众代表、卫生、防疫、工商、技术监督以及人大常委会有关委、办负责人组成的执法检查组，先后深入静宁宾馆、恒通饭店、新世纪饭店、2家糕点面包店、职教中心幼儿园食堂、一中学生食堂、东关部分烧鸡加工经营点、路大路食品有限公司、开元酒厂、成纪酒业、鸿菲醋厂、西综市场等食品生产加工、经营销售场所和单位，采取现场察看、调查询问等方式，对全县贯彻执行《中华人民共和国食品卫生法》的情况，进行了检查，并于28日上午召开了汇报座谈会。

一、主要成效

《中华人民共和国食品卫生法》自1995年正式颁布实施以来，县人民政府及相关职能部门切实加强组织领导，广泛开展学习宣传，严格准入管理，强化卫生监督，不断提高执法水平，《中华人民共和国食品卫生法》得到了较好的贯彻执行，有效地防止了食源性疾患的发生，保障了人民群众的生命健康安全和社会政治稳定。一是强化学习宣传教育，提高全社会的食品卫生安全自觉意识。每年，有关部门通过对食品管理和从业人员进行轮训，公布举报监督电话，运用电视、广播等新闻媒体进行曝光，发放宣传资料，举办专栏，以及开展“食品卫生信得过”单位和摊点的创建等多种多样的形式和活动，广泛宣传食品卫生法律法规，努力营造全社会共同关注、支持和参与食品卫生安全工作的良好氛围，有效地增强了食品经营者和消费者的卫生安全意识。二是加强组织领导，健全工作制度，提高食品卫生监督人员的自身素质。为了有效推动《中华人民共和国食品卫生法》的贯彻执行，县上成立了由分管卫生工作的副县长任组长、卫生、工商、公安等部门负责人为成员的执法领导小组，下设办公室和仲裁委员会，具体负责协调开展有关工作。按照全市卫生监督体制改革工作的要求，静宁县卫生监督所也正在积极组建阶段；同时，建立健全了《静宁县卫生行政执法工作规范》《静宁县食物中毒事故应急调查处理预案》、食品卫生监督制度和执法责任追究制等相关规章制度。充实加强了卫生监督人员，在2002年仅有10名卫生监督员的基础上，通过学习培训，目前已有24人通过了全省卫生监督员考试，并取得了资格证。从组织领导、制度建设和人员配备上为《中华人民共和国食品卫生法》的贯彻执行提供了保障。三是严格食品卫生许可准入管理，强化日常监督检测，严肃查处违法违规案件，有效地净化了食品市场，维护了人民群众的生命健康安全。通过严把卫生许可准入关、对从业人员进行健康检查和颁发健康证、坚持经常性的监督检测和开展阶段性的集中检查与专项整顿活动，基本上确保了我县食品市场的卫生与安全。同时，结合当前全国范围内开展的假奶粉、假酒等食品市场专项整顿活动，县卫生防疫部门采取有效措施，加大查处力度，捣毁糕点无证加工黑窝点2个，食醋无证加工黑窝点1个，抽检各类奶粉53份，抽检各类白酒102份，都没有发现大的问题。至去年底，全县抽检食品卫生合格率达到92.86%，与1995年的51.27%相比，增长了41个百分点。

二、存在问题

虽然我县在《中华人民共和国食品卫生法》的贯彻执行方面取得了一定成效，多年来，也未发生重大食品卫生安全事故，但从目前全国食品市场形势和我县的现状及我们检查的情况来看，食品卫生安全形势不容乐观，一些带有苗头性、倾向性的问题更是不容忽视。主要是：

（一）对《中华人民共和国食品卫生法》的学习宣传还不够深入系统，对食品卫生安全工作的重要性、艰巨性和紧迫性认识不够。在检查过程中，我们随机抽查、询问了一些从业人员，他们中一部分人对基本卫生常识都一无所知。特别是在全国、全省上下开展"食品安全宣传周"活动的形势下，检查组所到之处竟然没有见到一处配合开展宣传活动的标志。由于宣传不到位，致使一些消费者的自我防范和保护意识比较差。

（二）在市场经济条件下，一些经营者千方百计降低生产成本，一些宾馆、饭店和食品摊点，经营设施比较落后，卫生条件比较差。一些食品从业人员的诚信经营意识和行业自律能力也比较差，个别商人为了牟取暴利，甚至于在食品生产和流通领域降低标准、偷工减料、以次充好、以劣充优，直接威胁着人民群众的生命健康安全。

（三）随着近年来食品从业人员的不断增多，流动性的加大，仅有的7名食品监督人员根本无法实行有效监管，致使食品从业摊点和人员无卫生许可证、无健康合格证而上岗经营的现象增多。对农村食品市场的监管更是鞭长莫及，给全县食品卫生安全留下了巨大的隐患。加之受人员、技术和经费等因素的制约，食品监督管理部门在一定程度上也还存在着市场准入管理不严，重办证、重收费，轻管理、轻服务的问题。

（四）由于体制等方面的原因，多头执法、重复执法导致市场监管出现漏洞，有关职能部门在互相协作配合上不够积极，未形成齐抓共管的合力。检查中，我们发现西综市场不但卫生脏、乱、差，而且像鸡精等过期失效的调味品充斥市场，竟然无人去管去问。

三、几点建议

针对存在问题，提出如下改进措施和建议：

（一）要从实践"三个代表"重要思想，坚持执政为民、以人为本的高度，充分认识搞好食品卫生安全工作的重要性和紧迫性。要借助全国上下狠抓食品安全专项整治工作的东风，大张旗鼓地宣传《中华人民共和国食品卫生法》等有关法律法规，不断改进宣传方式，增强宣传效果，在全社会形成管理者依法、经营者守法、消费者懂法的良好氛围，努力为广大人民群众营造一个安全放心的消费环境。

（二）要通过探索成立食品行业协会等民间组织的形式，提高食品从业人员的诚信经营意识和行业自律能力，建立从种植、养殖、生产、加工、流通到销售整个产业链条的食品卫生安全控制体系，确保食品从生产、流通到消费的各个环节都符合卫生安全标准。

（三）要将集中整治和日常监督相结合，积极建立完善食品卫生安全的长效监管机制。突出食品污染源头治理，严格食品准入制度，把办证收费和日常的监督、教育、管理有机地统一起来，把突击检查、专项整治和经常性的安全防范有机地结合起来，实现标本兼治，重在治本。

（四）卫生防疫、工商、技术监督、农牧、公安等有关职能部门要充分发挥各自职能作用，不断提高自身素质，密切协作，互相配合，不断加大查处打击扰乱食品市场秩序违法犯罪行为的力度。要按照即将实施的《中华人民共和国行政许可法》的有关规定，进一步规范执法行为，提高执法水平，努力解决好重罚轻管的问题。

（五）县人民政府要认真研究解决好食品卫生监管人员力量不足的问题，加快卫生监督体制改革步伐，尽快建成卫生监督所，确保农村食品安全不出问题。要妥善协调解决好对西综市场等城区一些食品市场监管不到位的问题，进一步理顺执法体制，确保城区食品卫生监管不留死角，让人民群众真正吃上放心安全的食品。

第十三次会议　于2004年7月28日在常委会五楼会议室召开，由王星耀主持。

会议议程有三项：一、人事任免，常委会主任聂正国为新任命人员张平颁发任命书，张平作表态发言；二、听取和审议审计局局长慕锡武受政府委托所作的《关于审计工作情况的报告》《关于2003年度县级财政预算执行情况的审计报告》；三、听取教育局局长郭三省所作的《述职报告》、常委会教科文卫工委主任张新民代表评议调查组所作的《关于对县教育局及其局长进行评议的调查报告》，对教育局及其局长郭三省的工作进行评议和信任测评，结果为优秀；会议产生《关于县教育局及其局长工作的评议意见》。会上，政府副县长李雪云就落实审议意见作表态发言。

第十四届常委会组成人员聂正国、戴双军、岳具辉、许富忠、王星耀、张金业、郭应童、席荣、张新民、王守荣、柴玉明、柴桂兰、邓颖、张三相、阎伟刚、张来有出席会议；县委常委、政府常务副县长位志贤，副县长李雪云，法院院长杨志军、副院长张平，检察院副检察长孙延震、县委组织部副部长高赫、县委宣传部副部长王宏峰、政府办公室主任李永成、审计局局长慕锡武、教育局局长郭三省及班子成员，市人大代表王科社、邓霭霞，县人大代表樊莹琴、李振宇，常委会各委室负责人列席会议；公民代表高宏光、郭晓辉、李文环、张健将应邀旁听会议。

附：

人事任免

张　平任县人民法院副院长

关于对县教育局及其局长进行评议的调查报告

评议调查组于5月底至6月中旬，先后深入县教育局机关、职教中心、城关小学、阿阳小学、一中等7所完全中学、三中等11所初级中学以及威戎等16个乡镇教委和中心小学，采取召开座谈会、个别谈话、发放民主测评表等方式，就县教育局局长郭三省任职以来的工作情况进行调查，听取了上述有关乡镇、教委、学校负责人和部分教职工的意见。

一

从调查了解和对有关方面情况的综合分析看，郭三省同志2002年9月担任县教育局局长以来，在县委、县政府的正确领导下，坚持以党的十六大精神和“三个代表”重要思想为指针，与教育局一班人团结带领教育系统广大干部职工，认真贯彻执行党的路线、方针、政策和国家有关法律、法规，积极落实县委、县政府关于教育工作的一系列决策、决定，较好地发挥了教育行政主管部门的管理、指导和服务职能，为推动全县教育事业的改革和发展做出了积极的努力。

（一）多方筹集资金，努力改善办学条件。在县委、县政府的高度重视和有关部门、乡镇的积极配合下，教育局新一届班子发挥教育主管部门统筹协调、规划指导的职能作用，想方设法筹集建设资金，积极改善办学条件。一是加大了排危建校力度。采取农村义务教育事业转移支付资金分配与排危面积直接挂钩、将基建管理权限下到乡校等措施，调动乡镇和学校的积极性，加快全县排危建校步伐。2002年以来，连续两年超额完成了市上下达的校舍排危任务，累计排除中小学危房6万平方米，建成标准化小学26所。二是扩大了完全中学改扩建规模。按照县委、县政府《关于加快高中教育发展的意见》，改进和完善了高中建设投资机制，采取项目投资与县校配套结合、先自筹资金建设再争取项目支持、走后勤服务社会化路子等方式方法，多渠道筹措建设资金。近两年来，先后争取项目投资360万元，县、校筹资1306万元，吸收社会资金1380万元，分别为7所完全中学修建教学楼、学生公寓楼等42762平方米。三是加快了教育信息化建设步伐。积极开展中小学计算机教室、远程教育设施和“校校通”工程建设。2003年以来，通过实施教育部、“李嘉诚基金”西部中小学现代远程教育项目二期工程、UNDP/403项目以及县、校自筹资金等途径，为40所小学配备了现代远程教育接收设备，在县直中学全部建起了计算机教室，建成5个校园局域网和22个乡级资源中心，使教育系统的信息化程度有了明显提升。

（二）规范强化管理，提高办学水平和教育质量。一是坚持依法治教，重视整章建制，规范乡校的办学行为。在认真研究全县教育教学管理工作现状的基础上，先后制定出台了静宁县《义务教育事业转移支付资金使用细则》《学校财务管理细则》《学籍管理暂行办法》《教委主任工作职责》《中心小学校长职责》《关于进一步加强小学教育的意见》等规范性文件，加上原有的各项规章制度，形成了一整套比较科学、严格、操作性强的管理制度，使教育教学管理工作逐步走向规范化、制度化，对保障学校管理和教育教学工作的稳步发展起到了较好作用。二是建立目标责任考核机制，通过与乡校签订《教育质量目标责任书》《排危建校目标责任书》《乡校安全管理责任书》《学校收费管理责任书》，明确职责，靠实责任，有效地促进了年度重点工作的落实。三是加强督导查学工作，推动乡校不断提高教育质量。今年3至4月，教育局组织人员，由局长、副局长带队，集中1月时间对全县教委和独立初中进行了较大范围的督导检查，先后深入全县所有初中和24个乡镇的160多所小学，采取现场察看、入堂听课、师生座谈、研讨评议等方式方法，对各校的教学与管理工作进行了全方位的督查。各教委、学校一致反映这次督查活动准备充分，讲求实效，既找出找准了存在的问题，又有针对性地提出了改进的意见和建议，通过限期整改，有效地促进了学校管理及教学水平的提高。

（三）搞好教育培训，重视抓了教师队伍建设。一是围绕锤炼“爱岗、敬业、奉献”六字师德，组织开展了向师德先进个人、师德建设先进单位学习活动，在全县教师队伍中广泛进行以培养敬业精神、提高育人水平、塑造师德风范为主要内容的职业道德教育，使教师队伍教书育人的责任性整体进一步增强。二是加强教师继续教育和培训工作，通过对教师继续教育情况进行统一抽考、组织较大规模的新课改培训、在全县范围内开展送教下乡和城区骨干教师与质量后进乡校教师对调任课双向交流等活动，对进一步提高教师的业务素质和教学水平产生了较好效果。三是按照“面向农村，加强薄弱，突出重点，合理配置”的思路，探索建立教师合理流动机制，在加强完全中学师资力量的同时，重视逐步解决边远乡校教师短缺和结构不合理的问题。同时，在广泛听取基层意见的基础上，改进教育教学评价考核办法，增强质量检测的科学性和可信度，健全完善学校竞争激励机制，调动了教师的工作积极性。

（四）改进工作作风，加强了局机关和领导班子建设。一是强化了机关的服务职能。新一届班子立足服务教育和基层，进一步规范明确了机关各股、室职责，简化办事程序，提高办事效率，开展机关作风整顿，消除对基层同志“生、冷、横、硬”以及公事私办等不良现象。调查中，多数基层乡校认为局机关工作作风转变较大，各股、室及工作人员职责清楚，工作效率较高。二是局领导班子成员都注重政治和业务学习，熟悉教育行政管理工作，能够深入实际开展工作，整体作用发挥得较好。大家普遍反映，局长郭三省善于学习和钻研教育理论，热爱教育事业，对工作认真负责，任职以来注意深入基层和实际，对全县教育发展进行多方面的探讨，按照“尊重规律，强化职能，提高质量，服务经济”的工作思路和“加强小学，巩固初中，扩大高中，规范职中”的工作主线积极开展教育行政管理工作，思路清晰，重点突出，工作责任性和事业心强，敢于从严管理，工作务实，较好地履行了岗位职责。

二

从调查的情况看，由于多种原因，教育局工作和我县教育事业发展中还存在一些困难和问题，需要在今后认真研究解决。归纳起来，主要有三个方面：

（一）改善办学条件的任务还相当艰巨。一是学校（特别是农村小学）危房面积仍然较大。据教育局统计，目前尚有危房3万平方米，其中D级危房1万平方米。这次调查的16个乡镇教委中，除双岘、威戎、甘沟外，其余13个乡镇都程度不同地存在危房问题，危房面积超过1500平方米的有7个乡镇，其中李店、灵芝、治平3乡镇危房分别占到校舍总面积的17%、36.2%、40.5%。这些危房的存在，既对学校师生的生命安全造成威胁，又给全县教育的发展形成隐患。去年夏季以来，有21个乡镇的37所学校因雨出现校舍、围墙倒塌的险情。二是初中、高中校舍紧缺的问题相对突出。从我们调查所到的20所中学看，普遍都存在校舍紧缺的问题，相当一部分初中配套室、实验室、图书室设置不全。仁大中学、成纪中学因校舍短缺，住校生全部散住在附近群众家里，给学校管理带来极大不便；同时，学校操场狭小，学生体育活动无法开展。三是信息化建设滞后和桌凳、图书、教学实验仪器等配套建设差的问题在一些乡校比较突出，对学校教学工作造成一定影响。四是一些学校基建欠账较大。我们调查的7所完全中学基本都有基建欠账，数额从数十万到数百万不等，长期下去，势必影响学校的正常发展。

（二）教师队伍建设中一些深层次问题亟待解决。从调查中教育局、有关乡镇领导、教委和学校负责人以及干部群众的反映看，主要有三个方面：一是数量短缺，学科结构不合理。据教育局统计，按实际需要，全县目前缺编教师800人，主要是高中和小学教师。特别是近年高中扩招后，教师短缺严重，按今年的招生计划，高中教师缺额达125人。同时，部分学校教师配备上学科结构不合理，一些急需的主要学科教师不能及时补充，给学校教学工作造成困难。二是小学教师队伍年龄偏大，知识老化，难以承担新课改任务，制约了教育质量的提高。调查中，我们发现这一问题在一些乡校特别突出。如双岘乡教委有教师81人，其中46岁以上的就有48人，30岁以下的仅17人；雷大乡合岘小学共有5名教师，年龄都在50岁以上。三是部分教师素质不高，缺乏师德，敬业精神差。有的厌乡厌教，不安心教书育人；有的责任性差，上班时脱岗忙于私事家事，工作支差应付；有的热衷于搞家教、办课外收费辅导班，精力分散，影响了正常教学工作质量；有的教育方法简单粗暴，甚至体罚、侮辱学生，当地群众意见较大，严重影响了教师的形象。

（三）内部管理上还存在一些应重视解决的问题。一是部分乡校管理不善，教育质量差。近年来，我县各级学校的整体管理水平和教育质量有较大提高，但乡与乡、校与校之间差距较大，一些学校管理松散，教育质量长期上不去，不仅贻误了孩子，也影响了群众的办学积极性。二是一些乡校学生辍学率高的问题应引起重视。由于各种因素的影响，一些乡校的“普九”工作还处于一个不稳定状态，工作稍一松劲，就可能出现“反弹”和“回落”。我们这次调查发现一些乡校在“普九”的关键性指标上出现令人担忧的问题，突出表现在初中学生的辍学率高，调查的11所初中多数学校学生辍学率高于全县控制线（3%），红寺、治平、司桥3所学校学生辍学率高达6%、7%、10%。三是办学行为不够规范，乱收费、高收费以及乱搭配的问题在一些学校和一定范围内仍然存在，社会对此反响较大。

三

针对存在的困难和问题，对今后工作提出以下几点建议：

（一）积极发挥职能作用，努力促进教育事业发展。面对新的形势，教育局一班人要进一步深入研究、探索社会主义市场经济条件下改革、发展教育事业的有效途径和方法，创新工作思路，认真落实“科教兴县”战略，按照县委、县政府确立的全县教育工作思路和主线，充分发挥主管部门的职能作用，扎实有效地搞好各项业务工作，在巩固提高“普九”成果、全面加强基础教育的同时，积极发展职业教育，推动我县教育事业不断上新台阶。

（二）加大争资金跑项目工作力度，努力改善办学条件。要抓住国家实施中小学危房改造二期工程等机遇，通过各种渠道，千方百计争取教育资金和建设项目；建立健全中小学危房改造工作管理和奖惩机制，进一步调动乡村两级办学的积极性；继续探索完善教育建设多元化投资机制，拓宽筹资渠道，积极利用社会力量办学；加大对学校基建项目的监管力度，改进完善学校财务管理工作，加强预算外资金的管理和审计，确保把有限的资金用在改善办学条件上。

（三）坚持不懈地抓好教师队伍建设。要立足优化结构、提高素质，努力建设一支素质优良、结构合理、相对稳定的师资队伍。要突出抓好师德教育，通过深入细致的思想政治工作和严格规范的日常管理，不断强化教师教书育人的责任感和事业心。要及时总结教育人事制度改革和教师调配使用工作方面好的经验，积极稳妥地推行教师合理流动机制，在充分利用好现有师资的前提下，重视研究改进现行教师聘用机制和办法，加大新生力量的引进力度，切实解决教师人数短缺、学科和年龄结构不合理的问题，为全县教育质量的进一步提高奠定良好的师资基础。

（四）深化教育改革，进一步提高教育质量和管理水平。一是要紧密结合我县实际，建立完善适应素质教育的督导评价机制，切实有效地推行素质教育。重视教研教改工作，以新课程改革为契机，搞好先进教学方法的实验和推广工作，推动教学改革，提高教学质量，促进中小学教学走向科学化、现代化；认真贯彻落实中央《关于进一步加强和改进未成年人思想道德建设的若干意见》，切实改进加强中小学德育工作。二是要进一步理顺县、乡教育管理体制，强化对基层乡校的管理。改进乡镇教委的工作，进一步明确职能，强化责任，不断提高管理水平；把学校领导班子建设摆在突出位置，加强对乡校领导班子特别是校长的考察、培养、配备和管理；加大督导检查工作力度，着力解决好部分学校管理松散、教学质量差的问题。

（五）局长郭三省要深入研究和认真解决当前教育工作面临的困难和问题，进一步改进工作方式方法，完善规范局机关有关议事规则，加强与各方面的思想交流和工作沟通，对一些重要事项的决策要广泛听取上下各方的意见，集思广益，发挥大家的智慧，充分调动班子全体成员的积极性；领导班子其他成员要不断强化整体意识、责任意识、服务意识，相互理解、相互支持、相互配合，进一步增强班子合力，更好地履行职责，为静宁教育事业发展作出新的贡献。

第十四次会议　于2004年9月16日在常委会五楼会议室召开，由戴双军主持。

会议议程有三项：一、人事任免；二、听取和审议农业办公室副主任王兴国受政府委托所作的《关于静宁县农业产业开发情况的报告》、常委会农业财经工委主任席荣所作的《关于我县农业产业开发情况的调查报告》；三、听取审议法院院长杨志军所作的《静宁县人民法院审判和执行工作检查报告》、检察院检察长李居洲所作的《关于查处和预防职务犯罪及执行〈中华人民共和国刑事诉讼法〉工作情况的报告》、常委会司法民政工委主任张金业所作的《关于法院审判和执行工作、检察院预防和查处职务犯罪及刑事诉讼法执行情况的检查报告》，并对“一府两院”三个报告首次进行满意度票决，结果均为满意。会上，政府常务副县长位志贤、新任副县长车龙海分别作表态发言。

第十四届常委会组成人员聂正国、戴双军、岳具辉、王星耀、张金业、韩太平、郭应童、席荣、张新民、王守荣、柴玉明、柴桂兰、邓颖、张三相、阎伟刚、张来有出席会议；县委常委、政府常务副县长位志贤，副县长车龙海、法院院长杨志军、检察院检察长李居洲、县委组织部副部长马鸣、政府办公室主任李永成，农牧局、果业局、林业局、农办、常委会各委室负责人，市人大代表王毅、刘淑琴，县人大代表姚国奇、李钦列席会议；公民代表卢胜胜、张迎春、陈长虹应邀旁听会议。

附：

人事任免

车龙海任县人民政府副县长

县人民政府副县长车龙海个人情况表

表4–28

姓名	性别	民族	出生年月	籍贯	文化程度	入党时间	工作时间	主要简历
车龙海	男	汉	1959.11	甘肃镇原	本科	1978.12	1976.2	曾在陆军某团服役;历任陆军某团司令部炮兵股副连职参谋、步兵某团炮兵股股长、炮兵营营长、某团司令部副参谋长、省林业厅副团职干部、省林业厅护林防火指挥部办公室助理调研员

关于我县农业产业开发情况的调查报告

根据县人大常委会2004年工作要点及主任会议安排，由副主任戴双军牵头，专职委员席荣、柴玉明组成调查组，于8月下旬，深入仁大、贾河、李店、界石铺、三合、原安、灵芝、新店、甘沟、四河、古城、曹务、威戎、城川等乡镇及县农办、农牧局、果业局等单位，采取召开座谈会、个别走访和现场察看等方法，对我县农业产业开发情况进行了调查。现将情况报告如下：

一、发展现状

我县农业产业开发，自“八五”时期突出果品、生猪、草编、豆芋油四大产业以来，经过多年探索与实践，在不断深化对县情认识的基础上，于“九五”期间将具有显著优势的果品、生猪确立为全县的主导产业。随着产业结构的进一步调整，又确立果、薯、畜、药、菜为主导产业。今年以来，县上根据五大产业的发展变化，将果品、畜牧、洋芋、蔬菜作为今后发展的主导产业。10多年来，在历届县委、县政府的高度重视和不懈努力下，我县农业产业开发取得了显著成效，初步形成了“南部苹果北部梨”的产业格局。至2003年底，全县粮食作物播种面积为111.52万亩，粮食总产量达14.75万吨，农民人均产粮337公斤。果品产业得到较快发展，目前全县果园面积达到24.7万亩，占总耕地面积的16%，户均2.4亩，人均0.6亩。其中苹果16.5万亩，占66.8%；梨3.4万亩，占13.8%；杏3.7万亩，占15%；花椒0.8万亩，占3.2%；其他0.3万亩，占1.2%。果园挂果面积12万亩，其中进入盛果期的6.9万亩。2003年全县果品总产量达到7.3万吨，实现经济总收入1.15亿元。蔬菜产业初步实现了由自食型向产业化的过渡。2003年全县瓜菜种植面积为5.94万亩，其中订单蔬菜3200亩。畜牧产业已由农本型逐步向规模化、商品化迈进。2003年，全县牛饲养量达3.9万头，猪26.3万头，鸡157.5万只，肉类总产量达10082吨，牧业总产值达到10626.78万元。洋芋产业坑、垄种等技术全面推广，产量稳步上升。2003年洋芋播种面积21.89万亩，其中规范化坑、垄种9.6万亩，落实订单洋芋3000亩。通过产业开发和结构调整，全县粮、经、草比已调整为80.6:13.5:5.9，农业产业呈现出主业突出，多元推进，快速发展的态势。

二、主要特点

（一）产业基地初具规模。在产业开发过程中，无论是种植业还是养殖业，都始终坚持了“区域化布局、规模化发展、规范化管理”的原则，使产业开发由小变大，由弱变强。果品产业基地迅速发展，已建成仁大、李店、治平、城川、威戎、贾河、甘沟、界石铺、八里等9个万亩乡镇和薛胡、刘河等91个千亩村，产业规模初步形成。畜牧产业渐成气候。已建成祁川靳马、贾河豆坪2个养羊示范村，八里小山、细巷谭店2个养猪示范村，司桥庙咀、原安苏照、威戎威戎3个养鸡示范村，三合任岔、古城上程、灵芝前湾、古城贾庄4个养牛示范村。三合乡任岔村共有248户、1399人，全村养牛1001头，户均4头，其中饲养量在10头以上的有2户，5头以上的16户。洋芋产业面积已突破20万亩，并建成曹务马岔湾、灵芝东庄、原安庙川等200亩以上坑、垄种示范点3个，示范面积1.2万亩。瓜菜产业主要发展以仁大、李店、治平等南部乡镇的早熟西瓜、压砂辣椒和以“312”国道沿线晚熟高垄覆膜栽培西瓜为主，面积在逐步扩大。

（二）经济效益明显提高。随着农业产业结构的不断调整和农业产业化经营水平的逐步提高，果、畜、芋、菜四大主导产业的经济效益愈来愈明显，收入比重逐年上升。2003年，全县人均果品收入345.2元，占农民人均纯收入的25.2%。治平乡雷沟村过去是一个贫困村，自1986年发展果品产业以来，全村果园面积已发展到2968亩，人均果品收入达到2294元，成为我县依靠发展果业致富的典型。畜牧业在我县虽未形成气候，但经济效益可观，发展前景良好。城川乡红旗村的张克勤，投入180万元办起了敬东养殖场，现养牛200头，其中肉牛160头，母牛40头，年纯收入在5万元以上。黎明草业公司1993年出栏牛1700头，每头牛纯收入在100元以上。司桥乡庙咀村先后发展养鸡大户60户，饲养量达到9.2万只，成为全县依靠养鸡增收的典型。瓜菜产业虽然规模不大，但效益较好。如今年李店、治平等乡镇种植的小拱棚西瓜，每斤售价在

0.3元以上，亩收入达1800元左右。洋芋产业已由自足型逐步走向商品型，今年我县与定西爱兰马铃薯种业有限公司等签订的1万亩订单洋芋，每斤售价0.25元，亩收入可达1300多元。

（三）科技含量逐步上升。在农业产业开发过程中，县、乡、村各级都十分重视农业新技术的引进、示范与推广，逐步走出了一条依靠科技进步推动产业开发的路子。一是新品种引进有了较大突破。如城川大地滩无公害标准化农业科技示范园，投资24万元，从陕西、山东等地引进桃、李、杏、梨、苹果等五大系列特优新品种40多个、8万余株苗木，规范栽植1000亩。该园区推广的温室油桃栽培技术比露地提前3个月上市。靳寺果林高科技示范基地将引进新品种贯穿于基地建设的全过程，先后从辽宁、山东、北京、陕西引进新品种6个系列、110个新品种、19万株，引进并推广了温室果品早熟、晚熟和大田桃两年挂果丰产栽培等高新技术。三合乡为促进养牛业的发展，七下陕西，引进秦川母牛120头，今年引进P2蒙特牛70头。二是农业新技术得到全面推广。在畜牧产业开发中，各乡镇普遍重视抓了暖棚饲养、品种改良、配置氨化饲料、卫生防疫、推广育肥技术等，缩短了出栏周期，降低了饲养成本，提高了经济效益。洋芋产业开发中坑、垄种植技术得到全面推广，蔬菜产业开发中先后引进并推广了生物液肥、叶面肥及高效低毒农药使用等技术，提高了无公害蔬菜的质量和效益。三是技术培训扎实有效。近年来，我县通过聘请山东泰安、西北农林科技大学的专家参与果园建设，并进行现场培训示范。2001年以来，先后培训农业技术骨干1.28万人，新增农业科技示范户6000户，有630人获得了县科技局颁发的农业技术员资格证书，全县农技骨干达到2.5万人，成为我县农业产业开发的一支生力军。

（四）龙头企业发展较快。为了进一步推进农业产业化进程，提高经营水平，县上按照“大规模、高水平、外向型、强带动”的要求，加快了龙头企业建设步伐。实行国家、集体、个体等多种形式，建成了大红碗食品有限公司、麦林蔬菜有限公司、精威饲料厂、恒达纸箱厂、成纪酒业有限公司、果品经销公司、绿园林果公司、静宁鸡产业公司以及黎明养殖场、敬东养殖场、方圆养牛场等龙头企业。这些龙头企业，都紧紧围绕产业开发做文章，促进了农业产业化经营，增加了农民收入。

三、存在问题

受长期以来计划经济模式的束缚和地理环境、生产条件等诸多因素的影响，我县农业产业开发仍面临不少困难和问题，需要在今后工作中加以解决。

（一）主导产业的地位不够明显。突出表现在具有市场优势的主导产业少，除果品产业外，其他产业均未形成气候，尤其是高新技术产业空白，产品附加值偏低，主导产业没有很好地发挥支撑农村经济发展的作用。

（二）产业结构调整步伐缓慢。2004年，全县农作物播种面积137.45万亩，其中粮食作物110.77万亩，占80.6%，经济作物播种面积12.97万亩，占9.44%。经济作物面积明显偏少，粮、经比例不够合理，特别是贫困片带的大多数村、社，虽经数年调整，但至今没有一个像样的主导产业，实现农民增收的难度较大。

（三）产业基地规模偏小。就果品产业而言，虽然普查面积已有24.7万亩，但实际不到20万亩。洋芋产业虽有一定规模，但绝大多数农户仍然处在自给自足阶段，商品率较低，尤其是全县至今没有一个像样的淀粉加工企业，无法实现转化增值。养殖业近年来虽有发展，但大多数农户仍然处于农本型经营状态，养殖大户发展不快，规模上不去。蔬菜产业仍然处在起步阶段，大棚蔬菜整体效益较差，订单蔬菜的经营机制不够完善，数量不多，商品率较低。

（四）粗放经营的问题比较普遍。果品产业虽然抓了多年，但粗放经营仍然是当前的一个突出问题，优质果率偏低，效益低下。畜牧养殖业虽然在一些村、社示范推广了新法养殖技术，但大多数农户不重视品种改良，土法饲养仍占主导地位。洋芋产业品种严重退化，产量低而不稳，坑、垄种植等先进技术推广面积不大，产品质次价低。

（五）服务体系不健全。我县是一个农业大县，现有的农技人员数量偏少，加之下派到乡镇的技术人员大多数时间忙于中心工作，致使一线的农技人员严重不足，难以适应产业开发的需要。在产品流通环节，中介服务组织不完善，农产品“卖难”问题比较突出。已建成的龙头企业技术含量低，竞争力不强，效益不佳，辐射带动能力弱。

（六）发展环境不够宽松。加快农业产业结构调整，提高农业产业化经营水平，已成为农村乃至全县工作的重中之重，但从整体上讲，发展的环境仍不够宽松。一是“贷款难”的问题十分突出。在产业结构调整中，无论是发展养殖业还是种植业，资金问题始终是一个瓶颈因素。群众普遍反映，县上制定的产业结构调整政策深得民心，农户瞅准了项目，但因启动资金无法落实，项目只好搁浅。二是在农产品销售旺季，一些单位设关立卡的问题至今未得到解决。县上曾三令五申强调，有关单位要为农产品运销开辟绿色通道，但一些部门仍然我行我素，对运销车辆设关立卡，围追堵截。三是道路不畅的问题较为突出。农产品上市后，大量的商品亟待外运，但县内路况普遍较差，尤其是静秦公路雷大至李店段问题严重，群众反映强烈。

（七）宣传教育滞后。由于我县大部分乡镇地处边远山区，交通不便，信息闭塞，加之宣传教育工作跟不上，相当一部分群众观念滞后，商品意识淡薄，基本满足于自给自足的小农经济，对农业产业开发的重要性认识不足，工作上不积极、不主动、不配合。部分乡镇干部精神状态欠佳，工作缺乏紧迫感和责任感，对产业开发认识不到位，工作处于被动应付状态。

四、今后建议

农业产业开发是发展现代农业的必由之路，也是当前和今后一个时期农业和农村工作的重点。根据我县实际，建议今后抓好以下几方面的工作：

（一）统一思想认识，强化组织领导。实现农业产业化是“十五”期间农村工作的重中之重。要教育广大干部群众，进一步深化对农业产业化经营重要性的认识，不断增强农业产业开发的紧迫感和责任感，把思想统一到农业产业开发上来。县、乡两级政府都应成立农业产业开发领导小组，各级领导要把主要精力放在抓产业开发上，认真研究解决发展中遇到的困难和问题。同时，要进一步加大行政推动力度，强化督促检查，严格进行考核，确保产业开发任务落到实处。通过宣传教育和强化组织领导，在全县上下形成抓产业开发的强大合力，推动产业开发再上新台阶。

（二）要进一步加快产业结构调整步伐。县上提出的“十五”期间建成50万亩优质果品基地、500万只静宁鸡散养殖加工基地、10万头黄牛养殖基地、30万亩优质马铃薯基地和10万亩无公害蔬菜基地的奋斗目标，符合我县实际。县人民政府应根据各乡镇的自然特点，本着因地制宜的原则，制定年度实施计划，并抓好落实，使产业开发渐成气候，形成规模。

（三）强化服务，形成齐抓共管的合力。要提高农业产业化经营水平，必须进一步抓好服务。一要强化信息服务。有关部门应进一步强化对市场信息的了解、搜集和预测，全面掌握市场动态，及时准确地向农户提供有效的信息服务。二是强化技术服务。涉农部门要紧紧围绕产业开发调整工作思路，把工作重点放在新品种、新技术的引进、示范和推广上。要继续推行技术干部包产业的工作责任制，确保技术服务落到实处。三要强化金融服务。要千方百计开辟融资渠道，加大对产业开发的资金投入。县农行和农村信用社要积极调整投资方向，适当放宽贷款条件，积极支持产业结构调整。四是运管、交警等有关部门要树立大局意识，在农产品销售季节，为运输车辆开辟绿色通道，确保运输畅通。

（四）抓好龙头企业建设，充分发挥其辐射带动作用。要根据果品、畜牧、洋芋、蔬菜四大产业的发展实际，围绕农产品的收购、加工、贮藏和销售等环节，大力发展二、三产业，培育和发展龙头企业。一是加大对现有龙头企业的扶持力度，使其真正成为辐射带动的龙头。二是要认真抓好县果品经销公司、麦林蔬菜公司的服务体系建设，使之下联农户，外接市场，为产业开发提供产前、产中和产后服务。三是围绕产业开发创建新的龙头企业，如果脯、果汁、洋芋淀粉等加工企业。

（五）进一步强化道路养护工作。近年来，我县道路建设发展较快，但养护工作严重滞后，道路已成为制约农业产业开发的一个重要问题。因此，要再下决心，再鼓干劲，调动一切积极因素，努力把道路养护工作搞上去，为农业产业的进一步发展创造良好的条件。

关于法院审判和执行工作、检察院预防和查处职务犯罪及刑事诉讼法执行情况的检查报告

由司法民政工委主任张金业带领工委的有关人员，从8月19日开始，利用1周时间，先后深入法院机关、雷大、威戎、八里、甘沟4个基层法庭、检察院机关以及经济犯罪有关涉案单位，采取汇报座谈、调查询问、翻阅案卷等方式，结合执法检查，对法院审判（重点是民商事审判）和执行工作，检察院预防和查处职务犯罪及刑事诉讼法的执行情况等2项工作进行了调查了解。

关于法院审判和执行工作

一、主要做法和成效

今年以来，县人民法院坚持以人为本、司法为民，认真开展“司法公正树形象”活动，重视加强民商事审判工作，进一步加大执行工作力度，审判质量和执行工作都有了新的提高，为维护我县改革、发展和稳定大局发挥了积极的作用。

（一）积极开展各项审判业务，重视和加强了民商事审判工作。1至8月份县人民法院共受理各类案件757件，审结628件，其中受理民商事案件438件，审结376件，结案率达85.9%。在具体工作中，一是针对新形势下新类型案件和疑难复杂案件多的实际，进一步充实民商事审判力量，加大审判力度，注重交流探讨，及时稳妥地审理了这类案件。法院今年共审结拖欠农民工工资和涉及“三农”问题的案件7件；八里法庭今年所审结的64件案件就涉及婚姻家庭、损害赔偿、劳动争议、抚育费纠纷、动物致人伤害、存单纠纷等10多个类型。对这类案件的成功审结，有效地化解了社会矛盾，维护了当事人的合法权益，彰显了法律的公平与正义。二是坚持以人为本、司法为民的执法理念，积极推行和大量适用简易程序，有效提高了办案速度，方便了群众，减轻了讼累。从我们在几个基层法庭了解的情况看，所审结的案件除法律规定必须适用普通程序之外，其余全部适用简易程序。八里法庭所审结的64件案件有57件适用简易程序，甘沟法庭所审结的52件案件有50件适用简易程序。三是积极推进审判制度改革，进一步健全完善审判工作制度。通过推行审判流程管理、试行庭前证据交换、在基层法庭开展巡回流动办案、落实公开审判等几项制度，有效提高了审判工作的质量和效率，增强了审判工作的透明度。四是以“司法公正树形象”活动为契机，认真开展了审判作风检查和案件质量评查。针对审判作风问题，今年以来先后2次以发放征询意见表和召开座谈会的方式，进行了调查了解，有效地纠正和预防了个别干警在审判作风方面存在的和可能出现的问题。同时，对今年所审结的案件，在各业务庭自查的基础上，由审监庭集中进行了统一评查，良好和优秀率占到89.9%，基本上没有发现大的问题，案件质量和往年比，有新的提高。

（二）围绕“执行难”的问题，不断改进和加强了执行工作。1至8月以来，执行局共受理有执行内容的案件211件，执行标的252.92万元，现已执结156件，标的174万元，执行率为73.9%；基层法庭共审结有执行内容的案件149件，自执了87件，自执率占58.4%。一是进一步充实加强执行力量，完善落实执行工作责任制，为执行工作奠定了坚实的基础。在年初将执行局分设为执行一庭和执行二庭，并选调了一批业务骨干充实加强执行队伍的同时，制定落实了执行人员工作职责、执行工作操作规范、奖惩规定等工作制度。通过人员的优化组合，各项配套制度的监督落实，有效地规范了执行工作，提高了执行效率。二是不断加大执法力度，确保执行工作取得实效。面对日益复杂的执行形势，县人民法院采取多种灵活多样的工作方式，用足用活法律规定的各种措施，通过对拒不执行法院判决、裁定，情节恶劣的，依法采取拘留、罚款等手段，推动了执行工作的顺利进行，执行案件的质量和效率有了新的提高。三是认真开展了执行案件“三清理”活动，即对历年未结执行案件、执行款物及执行案卷进行了检查清理。从我们的了解和县法院的集中清理来看，整个执行工作比较规范有序，历年位居省、市前列，今年经省、市院考察后，又被推荐参加“全国法院执行工作先进集体”的评选。

二、存在问题和困难

从检查看，法院审判和执行工作中还存在着一些困难和问题。主要是：

（一）随着改革的不断深入，人们法制观念的不断增强，一些新类型案件也在逐年增多，个别干警的思想和认识还不能很好地适应形势发展的需要，加之受社会不良习气的影响，导致个别案件的处理不够公正准确，程序不够严格规范，直接侵害了当事人的合法权益。

（二）“执行难”的问题还没有从根本上得到解决。特别是涉及乡镇政府、集体和民营企业的执行案件，难度就更大，个别乡镇政府领导和企业负责人，不能积极主动地配合案件的执行，导致这类案件的执行从一开始就陷入被动，影响了案件的法律效果和社会效果的有机统一。

（三）基层法庭交通工具和办公设施相对落后，人员力量不足，这些也都在一定程度上影响了办案的质量与效率。

三、改进意见和建议

针对以上困难和问题，提出如下改进意见、建议：

（一）要结合正在开展的“司法公正树形象”活动，加强干警的思想道德建设，强化业务技能的学习培训，改进审判作风，认真落实司法为民、司法便民的各项措施，努力造就一支政治坚定、业务精通、为民执法的干警队伍。

（二）要认真研究解决新形势下审判工作面临的新情况、新问题，重视对一些新类型案件的审理。要进一步完善审判监督机制，在各办案庭自主办理案件的基础上，分管副院长要经常过问、审阅、研究具体案件，严格把关，强化监督，确保案件质量。

（三）要进一步加大执行工作力度，努力破解“执行难”的问题。对于涉及个别乡镇政府、企事业单位的执行案件，建议县人民政府责成有关负责人员积极配合，妥善处理。对于个别有能力执行又无正当理由而拒不执行的，要坚决依法追究有关人员的责任，努力维护法律的公平与正义。

（四）要不断探索完善审执分离制度，对于移送执行案件的时限、内容及有关规定，要结合我县实际，进一步充实完善，使各基层法庭的自执与县院执行局的统一执行有机地结合起来，最大限度地方便群众，减轻群众负担，同时，减轻执行局的压力。

（五）要重视解决好基层法庭办公、交通设施及人员配备、待遇等方面的困难和问题，为他们依法开展工作创造更好的条件。

关于检察院预防和查处职务犯罪及刑事诉讼法的执行情况

今年以来，县人民检察院紧紧围绕县十四届人大二次会议精神，认真履行宪法和法律赋予的职责，不断加大查处和预防职务犯罪工作的力度，严格执行刑事诉讼法，强化法律监督职能，维护了社会的公平与正义，为全县经济社会的健康发展发挥了应有的作用。

一、主要做法和工作成效

（一）强化措施，加大力度，查处职务犯罪工作有新的突破。一是深挖细查，广辟案源，查处职务犯罪案件的数量有所增加。在去年立案查处职务犯罪案件5件5人的基础上，今年1至8月份已受理经济案件线索5件7人，经初查已立案4件6人，为国家和集体挽回经济损失近10万元。二是健全制度，规范办案程序，查办职务犯罪案件的质量有所提高。在制定落实《自侦案件质量考评办法》的同时，进一步完善了办案流程和案件管理制度，强化了证据意识，充分发挥了司法警察的作用，规范了各办案环节的安全防范措施，确保了办案安全，提高了办案的质量和效率。三是所办结的自侦案件社会效果比较好。检查中，我们还深入到有关发案单位进行了座谈了解。从了解看，去年以来，所办结的几起职务犯罪案件，程序都比较规范，采取的各项措施都符合法律的规定，办案人员能够做到依法办案，公正执法，社会反响比较好，起到了法律应有的震慑作用。

（二）以预防为先，教育挽救为主，预防职务犯罪的工作得到了进一步深化。一是建立健全了预防工作机制。今年，县检察院专门上报县委下发了职务犯罪预防工作制度，成立了领导小组，制作了预防职务犯罪网络图并装框上墙。同时，在去年工作的基础上，今年又与交通、水务、财政等14个重点系统和行业建立了预防职务犯罪双向工作机制，初步形成了系统的预防网络。二是每年都有针对性地开展了专项预防。今年重点对城乡电网改造项目、退耕还林（草）项目开展了专项预防，从目前看，效果比较好。同时，根据个案办理情况，通过及时发出检察建议书，送法进机关、进企业，以案释法，帮助发案单位整章建制等多种措施，提高了社会化预防的水平，做到了专项预防与系统预防相结合、专门预防与社会化预防相结合，进一步深化了预防工作。

（三）认真贯彻执行刑事诉讼法，依法严厉打击犯罪，较好地发挥了法律监督的职能作用。结合正在开展的“强化法律监督，维护公平正义”专题教育活动，始终把打击犯罪与依法办案、文明办案、保障人权有机地结合起来，严格审查、准确把握批捕、起诉条件，灵活运用“先补后批，先批后补，不批不补”的方法，不断夯实证据，强化证据意识，按照“三快”制度，严守法定时限，依法快捕快诉，进一步加大刑事检察改革力度，规范完善办案工作机制，强化诉讼监督，依法保障了刑事诉讼当事人的合法权益，维护了法律的公平与正义。从我们检查看，所办案件证据扎实充分，程序规范合法，没有错捕错诉及起诉案件不及时不准确的现象。

二、存在的主要困难和问题

在充分肯定成绩的同时，还有一些困难和问题，需要在今后工作中加以改进。

（一）由于新形势下一些职务犯罪案件案情比较复杂，犯罪分子作案手段比较隐蔽狡猾，自侦部门干警的自身素质和突破案件的能力还与现实要求不相适应，加之受专业人员紧缺，经费困难，技术装备落后，侦查手段单一等因素的制约，给案件的调查取证和查处定性都带来了一定的困难。

（二）预防职务犯罪方面虽然有一整套的机制和网络，但作用不是很大，效果不是很明显。从近2年职务犯罪案件数量明显上升的趋势来看，一方面说明查处工作有了新的突破，另一方面也说明预防工作还没有收到应有的成效，工作还相对被动滞后。

（三）在刑事诉讼法的执行方面，立案监督和审判监督工作仍然比较薄弱，法律监督的职能作用还没有得到充分发挥。个别案件的办理质量和程序还有待改进，法律效果和社会效果还没有达到有机统一。

三、改进的几点意见和建议

针对以上困难和问题，提出如下改进意见和建议：

（一）要认真研究新形势下职务犯罪的新特点新问题，强化对查处预防职务犯罪工作的组织领导，在不断加大查处力度的同时，进一步健全完善预防机制和网络体系，认真落实各项工作制度，积极主动地开展预防工作，增强工作的针对性和实效性。

（二）要严格贯彻执行刑事诉讼法，进一步加大刑事诉讼监督的力度，健全完善诉讼监督机制，强化立案监督和审判监督工作，不断规范办案程序，提高办案水平，确保案件质量，使所办案件的社会效果和法律效果达到有机统一，充分发挥法律监督的职能作用。

（三）要以正在开展的“强化法律监督，维护公平正义”专题教育活动为契机，深入查纠整改业务工作和队伍建设中存在的问题，强化干警的思想政治素质和业务技能培训，努力增强新形势下驾驭复杂案件的能力和办案水平。

（四）检察院要在多方筹措、积极向上争取办案经费和技术装备的同时，建议县人民政府在经费上适当给予照顾和倾斜，以改变现有装备落后、技侦手段单一的问题，增强运用现代高科技手段侦查和突破案件的能力与水平。

第十五次会议　于2004年11月9日在常委会五楼会议室召开，由岳具辉主持。

会议议程有四项：一、听取和审议发展计划局局长杜文彪受政府委托所作的《关于全县项目建设情况的报告》、常委会农业财经工委主任席荣所作的《关于2004年度项目建设情况的调查报告》；二、听取和审议政府办公室主任李永成受政府委托所作的《关于县第十四届人民代表大会第二次会议代表意见建议办理情况的报告》；三、听取和审议政府法制局局长赵鹏飞受政府委托所作的《关于贯彻实施〈中华人民共和国行政许可法〉工作情况的报告》；四、人事任免。会上，政府常务副县长位志贤就落实审议意见作表态发言。

第十四届常委会组成人员聂正国、戴双军、岳具辉、许富忠、张金业、韩太平、郭应童、席荣、张新民、王守荣、柴玉明、柴桂兰、邓颖、张三相、阎伟刚、张来有出席会议；县委常委、政府常务副县长位志贤，法院院长杨志军、检察院副检察长孙延震，政府办公室主任李永成、副主任、法制局局长赵鹏飞，发展计划局局长杜文彪，常委会各委室负责人李金、周世让、张汉基、胡志科，市人大代表高孟德、王科社，县人大代表张琪洲、王智甲列席会议；杨丰等6名公民代表应邀旁听会议。

附：

人事任免

张汉基任县人大常委会司法民政工作委员会主任

周世让任县人大常委会教科文卫工作委员会副主任

免去张金业兼任的县人大常委会司法民政工作委员会主任职务

关于2004年度项目建设情况的调查报告

由常委会副主任许富忠牵头，农业财经工作委员会、政府项目办的负责人组成调查组，于10月下旬，深入八里工业园区、县水泥厂、一中、二中及东拓工程集中供热点，采取实地察看、个别走访和召开座谈会的方法，就我县2004年度项目建设情况进行了调查。

一、项目建设进展情况

今年以来，在县委、县政府的高度重视下，全县上下把抓项目、引资金作为拉动经济发展的关键性措施来抓，收到了预期的效果。列入考核的43个项目中，前期项目7项，计划投资17433万元。至10月底，已完成投资270万元。其中，投资500万元的5000吨洋芋精淀粉生产线已完成批复立项等前期工作；投资2000万元的3万吨环保纸生产线和投资1817万元的威、曹公路油铺项目已开工建设；投资9696万元的黄河水土保持工程葫芦河庄、静大示范区和投资1400万元的八原公路改扩建项目已上报可研初设；投资520万元的静宁鸡深加工项目和投资1500万元的鞍子山灌区二期工程项目正在编制可研初设。新开工项目20项，计划投资24497万元，其中当年计划完成20320万元。至10月底，已有18个项目开工建设，完成投资10491万元，占计划的51.6%。其中，投资522万元的3000万米工业导火索生产线、投资290万元的2000吨水性乳胶漆项目、投资326万元的1.2万台太阳能热水器项目已建成厂房主体，准备进行设备安装；投资380万元的500吨塑料制品、投资1000万元的2000吨五层瓦楞纸板生产线已建成；投资536万元的1500吨果蔬气调库、投资1000万元的1000万只食用菌生产线已建成投产；投资745万元的葫芦河马岔沟至太山庙沟堤防工程，已修河堤4.3公里；投资1333万元的第二批人饮解困工程，已建成威戎党塬、仁大南门、治平大庄3个水厂主体，敷设各类管道103公里；投资450万元的土地治理项目，已新修道路18公里，梯田1200亩，造林1000亩，改良土壤5500亩，修小提灌2处，建成优质粮食生产基地1.2万亩；投资683万元的黄河水土保持生态工程阎庙河重点水流域项目，已完成新增治理面积550公顷；投资399万元的“生态家园富民计划”农村沼气建设项目，已建成城川、古城、威戎3乡镇10村“一池三改”模式户464户；投资3256万元的万亩无公害水果生产示范基地，已新建苹果基地21518亩、早酥梨基地3520亩；投资400万元的县一中教学楼已建成二层主体，投资600万元的二中综合楼正在进行外粉刷；投资4300万元的华源中学已建成教学楼、学生公寓、实验楼并投入使用；投资1000万元的东拓集中供热工程已初步建成，并于近期投入使用；投资130万元的县医院传染病区已建成住院楼一层主体。续建项目16项，计划投资31171万元，其中当年计划完成21239万元。至10月底，已完成投资14943万元，其中，投资760万元的新水泥达标节能技改项目已建成并投入使用；投资300万元的采煤方法变更及第三水平延伸工程、投资380万元的1000万平方米纸箱、投资2488万元的1000万只白灵菇、杏鲍菇菌袋生产线已建成投产；投资247万元的1000吨洋芋精淀粉生产线已完成土建工程；投资519万元的静宁鸡散养基地已建成鸡舍并开始运行；投资1000万元的中英黄土高原水土保持项目已完成综合治理面积800公顷；计划投资3000万元的县城东拓工程建设已完成投资4300万元；投资2000万元的退耕还林工程已完成投资750万元；计划投资2000万元的中小学危房改造项目已完成投资2900万元，投资4090万元的5万吨苜蓿草品、投资380万元的千吨苹果醋饮料二期工程、投资260万元的向阳养殖场食品综合开发项目正在筹措建设资金；投资2000万元的县城电网改造、投资1700万元的北岔集、张峡病险水库加固项目待国家投资下达后开工建设。

二、主要特点

从调查情况看，在今年的项目建设中，由于各级领导重视，措施有力，有关部门较好地发挥了职能作用，全县项目建设进展顺利，态势良好，效果明显。主要有以下几个特点：

一是各级领导普遍重视。年初，县委、县政府就明确提出了“抓发展就要抓项目，抓项目就是抓发展”的工作思路，号召全县上下把抓项目、引资金作为发展县域经济的突破口，抓紧抓好，抓出成效。县政府围绕项目建设，多次召开调度会，及时研究解决工作中存在的困难和问题；主管部门坚持从本县实际出发，深入调查研究，扩大项目储量；有关部门克服困难，真抓实干，千方百计加快建设进度，全县上下形成了一个抓项目、引资金的良好氛围。

二是投资规模逐年加大。列入今年重点考核的43个项目，计划投资4.16亿元，较上年的2.4亿元增长73%，净增1.76亿元。项目总量和投资规模的增加，对全县经济的增长起到了一定的拉动作用。

三是建设进度较快。20项新开工项目和16项续建项目，目前已完成投资2.57亿元，较上年同期1.7亿元增长51.2%，净增投资8700万元，除供销大厦、5万吨苜蓿草品生产线、向阳养殖场食品综合开发、县城电网改造、北岔集和张峡病险水库探险加固等项目因国家投资尚未下达没有开工外，其他项目均进展顺利。

四是项目领域逐步拓展。年内经筛选确定化工、煤炭、建材等工业项目19项，新上食用菌、纸箱加工、淀粉、苹果醋等龙头项目11项，实施县乡公路油铺、土地综合治理、人畜饮水，河堤治理、退耕还林等农业基础设施和生态环境建设项目18项，新上教育、卫生等社会事业项目8项，东拓工程住宅及给排水、电信、供暖等配套设施建设全面推进，项目建设几乎覆盖了全县的方方面面。

五是八里工业园区项目建设富有成效。今年园区共落户建设项目21项，落实投资6045万元，占年度计划6000万元的100.8%。由山东客商投资1000万元的林源板材加工项目已完成了办公楼、车间等主体工程，由临夏客商投资1000万元的纸箱后道工序项目、宁夏客商投资500万元的果蔬气调库二期工程、由广东客商投资1000万元的果品保鲜库等招商引资项目均初步完成了土建工程，投资100万元的金欧建材项目已建成投产。同时，园区内新建道路1条2公里，并对原有道路进行了维修和铺沙，使园区面貌有了新的改观。

三、存在问题

总体上看，我县项目建设工作在县委、县政府的直接领导下，在各级组织和广大干部群众的不懈努力下，取得了显著成效，达到了预期的目的。但由于受各种主、客观因素的制约，项目建设仍然存在一些困难和问题，需要在今后工作中加以解决。

一是项目前期工作相对滞后。列入考核的7个前期项目中，完成前期工作的只有3项。从上报审批的情况看，各部门提出的前期项目投资额普遍偏小，全县前期项目不足，质量不高，结构单一，后劲不足，严重制约着项目建设的进一步发展。

二是结构性矛盾比较突出。前期项目大多数分布在基础设施建设方面，工业项目偏少。20个新开工项目中，工业项目只有6项，投资额在500万元以上的项目仅有3个。

三是资金匮乏较为普遍。从我们了解的情况看，近几年，国家投资计划下达相对滞后，对一些项目的建设造成了直接影响。同时，由于国家银根紧缩，金融部门借贷，企业资信等级不高，致使企业的融资渠道不畅，建设资金普遍短缺，影响了项目建设进度。

四是招商引资工作存在问题。如东拓集中供热工程，从工程投资额和县上与兰州客商签订的合同及条件看，此项目算不上引资项目，据我们调查，仅供暖接口收费一项已超过工程总造价，等于白送了一个供暖站，还有多余。对此，群众意见大。

五是八里工业园区项目建设管理体制不顺，存在着多头管理、多口统计、重复统计的现象。

四、今后建议

一是深入调查研究，增加项目储量。县人民政府要根据全县农业产业结构调整，进一步强化项目的可行性论证等前期工作，努力扩大项目储备量，并加强与省、市有关部门的联系，积极主动地做好项目衔接工作，为我县更多更好地争取项目奠定良好的基础。

二是进一步健全项目工作责任制。对列入考核的重点项目，要进一步加强调度，强化管理，确保进度，按期完成年度目标任务。

三是有关部门要进一步放宽思路，捕捉信息，加强对国家有关投资政策、投资方向尤其是西部大开发政策的研究，并从本县实际出发，积极论证申报一些有发展前途的农业产业化龙头项目、工业项目、农业综合开发项目、市政基础设施项目等，千方百计争取国家投资。

四是在项目初选、申报过程中，要进一步强化可行性论证，把效益、环保作为论证的主要内容，使项目建立在坚实可靠的基础上。

五是对东拓工程集中供热点接口收费问题，建议县政府及有关部门认真对待研究，并妥善解决。

六是针对八里工业园区项目建设中存在的管理体制不顺等问题，建议县政府在调查研究的基础上，将八里工业园区作为单独的经济主管部门，由县统计局分乡企、民营两块直接统计，以避免重复统计。

第十六次会议 于2004年12月16日在常委会五楼会议室召开，由许富忠主持。

会议议程有五项：一、听取乡镇企业管理局局长何应旺所作的《述职报告》、常委会农业财经工委主任席荣所作的《关于对县乡镇企业局的工作进行评议的调查报告》，对乡镇企业管理局的工作进行评议和民主测评，结果为基本满意；二、审议通过补选第十四届人大代表有关事项；三、审议通过召开十四届人大三次会议有关事项；四、审议通过常委会工作报告；五、审议通过常委会关于十四届人大二次会议意见建议办理情况的报告。会上，乡企局局长何应旺就落实评议意见作表态发言。

第十四届常委会组成人员聂正国、戴双军、岳具辉、许富忠、王星耀、张金业、郭应童、席荣、张新民、王守荣、柴玉明、柴桂兰、邓颖、张三相、阎伟刚、张来有出席会议；县委常委、政府常务副县长位志贤，法院副院长蔡尚志、检察院副检察长徐宝玉、政府办公室主任李永成、人事局局长王平仁、县委组织部副部长马鸣、乡企局局长何应旺及班子成员、常委会各委室负责人，市人大代表王志强、沙芳琴，县人大代表樊镇云、吴力协列席会议；公民代表崔方财、杨志宏应邀旁听会议。

第十七次会议 于2005年3月28日在常委会四楼会议室召开，由王星耀主持。

会议内容有四项：一、人事任免；二、审议通过关于王虎兴等11人为人民法院陪审员的决定；三、听取和审议财政局局长王运军受政府委托所作的《关于2005年全县财政收支预算调整情况的报告》，作出《关于静宁县2005年财政收支预算调整的决议》；四、审议通过常委会2005年工作要点及行事历。会上，政府常务副县长位志贤就落实审议意见作表态发言。

第十四届常委会组成人员聂正国、戴双军、岳具辉、王星耀、朱春林、张金业、韩太平、郭应童、张新民、王守荣、柴桂兰、邓颖、张三相、阎伟刚、张来有出席会议；县委常委、政府常务副县长位志贤，检察院检察长李居洲、法院副院长蔡尚志、政府办公室主任李永成、财政局局长王运军、常委会各委室负责人，市人大代表李读、王毅，县人大代表付具河、侯立文列席会议；公民代表张健将、李江洲应邀旁听会议。

附：

人事任免

任命：

王虎兴、刘桂香、李国香、吴力协、陈　伟、王　凯、殷永明、戴喜平、李东主、孙志勤、魏　娜为县人民法院陪审员

免去：

魏晓平县人民政府副县长职务

王平仁县人事局局长职务

县人大常委会2005年工作安排情况表

表4-29

<table>
<tr><th>时间</th><th>主要工作</th><th>分管领导</th><th>牵头部门</th><th>参与部门</th></tr>
<tr><td>1至6月</td><td>人大机关保持共产党员先进性教育活动</td><td>岳具辉</td><td>先教办</td><td>各委、办</td></tr>
<tr><td rowspan="2">2至3月</td><td>乡镇人大主席会议</td><td rowspan="2">岳具辉</td><td rowspan="2">办公室</td><td rowspan="2">有关委、办</td></tr>
<tr><td>人大机关作风整顿</td></tr>
<tr><td rowspan="7">2至3月</td><td>人大任命“一府两院”干部述职报告评议通报会</td><td>岳具辉</td><td>办公室</td><td>有关委、办</td></tr>
<tr><td>人大与法院、检察院工作联系会</td><td>张金业</td><td>司法民政委</td><td>办公室</td></tr>
<tr><td>人大与政府工作联系会</td><td rowspan="2">岳具辉</td><td rowspan="2">办公室
代表联络委</td><td rowspan="2">有关委、办</td></tr>
<tr><td>交办县十四届人大三次会议代表意见、建议</td></tr>
<tr><td>视察农资市场管理工作</td><td>戴双军</td><td>农财委</td><td>办公室</td></tr>
<tr><td>视察食品卫生法、水污染防治法执行情况</td><td>王星耀
张金业</td><td>司法民政委
教科文卫委</td><td>办公室</td></tr>
<tr><td>县第十四届人大常委会第十七次会议：(1)听取、审议县政府关于2005年财政预算调整的报告；(2)讨论通过2005年工作要点</td><td rowspan="2">岳具辉</td><td rowspan="2">办公室
代表联络委</td><td rowspan="2">有关委、办</td></tr>
<tr><td rowspan="5">4至5月</td><td>走访联系代表，指导开展“四带头，做优秀代表”活动</td></tr>
<tr><td>安排部署2005年执法检查工作</td><td>张金业</td><td>司法民政委</td><td>办公室</td></tr>
<tr><td>农机局工作评议调查</td><td>戴双军</td><td>农财委</td><td>办公室</td></tr>
<tr><td>调查未成年人思想道德建设工作</td><td>王星耀
朱春林</td><td>教科文卫委</td><td>办公室</td></tr>
<tr><td>县第十四届人大常委会第十八次会议：(1)听取、审议县政府关于2005年国民经济和社会发展计划调整的报告；(2)农机局工作评议；(3)听取、审议县政府关于未成年人思想道德建设工作情况的报告</td><td>岳具辉</td><td>办公室</td><td>农财委
司法民政委
教科文卫委</td></tr>
</table>

续表4-29

时间	主要工作	分管领导	牵头部门	参与部门
6至7月	视察人畜饮水工程建设和无公害绿色农业生产基地建设工作	戴双军	农财委	办公室
	调查发展劳务经济和保护农民工权益工作	张金业	司法民政委	办公室
	县第十四届人大常委会第十九次会议:(1)听取、审议县政府关于财政同级审情况的报告;(2)听取、审议县政府关于发展劳务经济和保护农民工权益工作情况的汇报	岳具辉	办公室 代表联络委	农财委 司法民政委
	督查代表意见、建议办理工作			
	视察评议交通安全管理工作	戴双军	农财委	办公室
8至9月	检查行政许可法实施情况	张金业	司法民政委	办公室
	乡镇人大工作督查	岳具辉	办公室	代表联络委
	视察评议移动通讯工作	许富忠	农财委	办公室
	调查退耕还林工程管理工作	戴双军	农财委	办公室
	县第十四届人大常委会第二十次会议:(1)听取、审议县政府关于退耕还林工程管理工作情况的报告;(2)听取、审议县法院关于法官法执行情况的报告;(3)听取、审议县检察院关于检察官法执行情况的报告	岳具辉	办公室 代表联络委	农财委 司法民政委
	重点代表意见、建议协调督办会议			
	环保局工作评议调查	许富忠	农财委	办公室
10至11月	督查“四五”普法工作	张金业	司法民政委	办公室
	视察八里工业园区新项目建设情况	许富忠	农财委	办公室
	县第十四届人大常委会第二十一次会议:(1)听取、审议县政府关于县十四届人大三次会议代表意见、建议办理情况的报告;(2) 听取、审议县政府关于“四五”普法工作情况的报告;(3)对环保局进行工作评议	岳具辉	办公室 代表联络委	有关委、办
	集中走访联系代表			
	总结“四带头、做优秀代表”活动开展情况			
12月	集中检查县人大及其常委会有关决议决定、审议意见、视察和评议意见的办理落实情况	岳具辉	办公室	各委、办
	县第十四届人大常委会第二十二次会议:(1)听取、审议县政府关于“十五”计划完成情况的报告;(2)讨论召开县十四届人大四次会议有关情况			
	(1) 筹备召开县十四届人大四次会议;(2) 总结2005年工作,制定2006年工作要点			

第十八次会议　于2005年5月26日在常委会四楼会议室召开，由朱春林主持。

会议议程有两项：一、听取和审议副县长李雪云受政府委托所作的《关于全县加强和改进未成年人思想道德建设工作情况的报告》、常委会教科文卫工委主任张新民所作的《关于我县未成年人思想道德建设工作情况的调查报告》，政府副县长李雪云、教育局局长郭三省就落实审议意见分别作表态发言；二、听取农机局局长张晓军所作的《关于县农机局领导班子工作情况的报告》、常委会农业财经工委主任席荣所作的《关于评议县农机局工作的调查报告》，对农机局的工作进行评议和民主测评，结果为满意，政府副县长靳建荣、农机局局长张晓军就落实评议意见分别作表态发言。

第十四届常委会组成人员聂正国、戴双军、岳具辉、许富忠、王星耀、张金业、朱春林、韩太平、郭应童、席荣、张新民、王守荣、柴玉明、柴桂兰、邓颖、阎伟刚、张三相、张来有出席会议；政府副县长靳建荣、李雪云，法院院长杨志军、副院长蔡尚志，检察院检察长李居洲、县委组织部副部长高赫、县委宣传部副部长王宏峰、政府办公室主任李永成、教育局局长郭三省、公安局政委刘学、司法局局长陈焕康、文化局副局长樊科，农机局局长张晓军及班子成员，常委会各委室负责人李金、周世让、张汉基、胡志科，市人大代表吴水利、王科社、李读、王毅，县人大代表姚国奇、任占锋、樊莹琴、李振宇列席会议；郭承祖、刘东光、张迎春等8位公民代表应邀旁听会议。

附：

关于我县未成年人思想道德建设工作情况的调查报告

由教科文卫工作委员会和教育局有关同志组成调查组，在王星耀、朱春林副主任的带领下，于4月上、中旬先后深入县教育局、一中等20多个部门、学校，采取听汇报、座谈等方式，就我县未成年人思想道德建设工作情况进行了调查，并组织部分市、县人大代表对城区网吧经营情况进行了视察。

一

据有关部门统计，我县有未成年人约180000人，其中在校学生114500人，未成年人约占全县总人口的38%。近年来，我县认真贯彻落实《中共中央国务院关于进一步加强和改进未成年人思想道德建设的若干意见》，从新形势新任务的要求出发，努力加强和改进未成年人思想道德建设工作，取得了较好成效。

（一）积极建立健全工作机制。从调查看，在县委、县政府的高度重视和社会各界的一致努力下，我县已初步形成了党委统一领导、党政群齐抓共管、文明委组织协调、有关部门各负其责、全社会积极参与的未成年人思想道德建设领导体制和工作机制，为未成年人思想道德建设的健康顺利进行提供了组织和制度保障。县上成立了专门的领导小组，县委、县政府制定了《关于组织开展“静宁县未成年人健康成长全民行动”的实施意见》，明确提出了围绕实施家庭教育、学校教育、社会教育三大工程，构建家庭、学校和社会“三位一体”工作格局，促进未成年人健康成长的工作任务和要求。县文明委制定了《静宁县未成年人健康成长全民行动工作职责》，结合部门职能特点，将各项具体工作职责细化分解靠实到20多个部门，并将未成年人思想道德建设工作纳入年度精神文明建设目标管理责任书考核范围。各乡镇和职能部门也结合自身实际，按照各自的职责和分工，认真开展了未成年人思想道德建设工作。县妇联牵头协调制定了《静宁县“家庭教育工程”实施方案》，与教育、广电等部门密切配合，通过开办家长学校、宣传家教典型和家庭美德等形式，推动提高家长对未成年人进行教育培养的能力。公安局、检察院、法院、司法局等单位以维护未成年人权益，预防未成年人犯罪为重点，通过建立青少年维权岗、选配干警兼任学校法制副校长、设立学校治安室等方式方法，积极发挥各自在未成年人思想道德建设中的作用，呈现出社会、家庭、学校通力共抓未成年人思想道德建设工作的良好势头。

（二）学校教育的主渠道作用得到较好发挥。从调查看，教育部门能够把德育工作摆在重要议事日程，广大教育工作者在加强和改进未成年人思想道德建设方面进行了积极的探索，做了大量扎实细致的工作。一是在中小学建立和形成了一套行之有效的德育工作机制。各学校普遍建立了校长负总责，党支部、政教处具体抓，学生会（团委、少先队）配合抓，班主任、科任教师直接抓的德育工作管理体制，构建了以政治课、主题班（团）会、国（乡）情教育、法制课、社会实践活动等为基本形式的思想道德教育网络，较好地保证了未成年人思想道德建设各项工作落到实处。二是各学校重视采取启发、引导、体验的方法，以道德行为规范的养成教育为主要内容，围绕文明礼仪教育、“五爱”教育、法制教育、心理健康教育等重点，狠抓学生日常文明行为习惯养成，通过组织开展丰富多彩的课外活动、校园文化体育活动和社会实践活动等形式，让学生在活动中潜移默化地提高思想道德素质，收到良好的效果。如县一中按照建设“大校园文化”的思路，努力构建自然、人文和人际环境为一体的校园文化环境，通过营造高品位的文化氛围育人。阿阳实验学校坚持以丰富的课外兴趣活动渗透思想道德教育，成立各类课外兴趣活动小组12个，经常性参与活动的学生达到600多人。有的学校还针对各个时期社会中影响未成年人思想道德的重点问题，有的放矢地开展主题教育活动。如界石铺中学今年以来采用灵活多样的方式，先后开展了以“崇尚科学、反对邪教、关爱家庭、珍惜生命”“抵制毒品、远离毒品”“远离不良文化、告别不良读物”等专题教育活动，对增强学生明辨是非和抵御不良文化及腐朽生活方式侵蚀的能力起到了较好作用。三是重视争取家庭、社会的支持。大多数学校都能够重视主动加强与家庭、社会的联系沟通，推动形成未成年人思想道德建设工作的合力。如城关镇小学坚持通过开办家长学校、定期召开家长会、开展家长开放日活动等方式，为家长举办家教讲座，加强家、校沟通，形成家、校教育合力，取得了较好的实效。此外，学校还加强与社区和职能部门的配合，拓宽校外教育阵地，依托社区和职能部门的教育资源丰富学校的教育教学内容。如新城小学与县武警中队建立了经常性的联系，充分利用校外阵地开展未成年人思想道德教育。

（三）重视抓了未成年人成长环境净化工作。针对网络、图书、音像文化市场中一些不健康内容，如非法网络游戏以及宣扬凶杀、暴力、色情、封建迷信的音像、图片、书刊和黄、赌、毒等社会丑恶现象严重侵害未成年人心灵的问题，文化、公安、工商、广电等部门从加强管理入手，深入开展“扫黄打非”活动，重点开展了网吧、音像制品、书摊（店）、经营性娱乐场所专项整治行动，加强对文化市场的监管，净化未成年人成长环境。2004年以来，查处非法和淫秽图书400册、音像制品1000件(其中电子出版物5盘)；建立了网吧监控中心，给网吧全部安装了安全过滤和净网先锋拦截软件，依法对7家违规经营，滞留未成年人上网的网吧进行了查处，分别给予了警告、经济处罚和停业整顿处理。公安部门成立“整治校园周边治安秩序工作组”，抽组力量，每年对学校周边200米范围的地域进行集中整顿，清理流动摊贩、营业性娱乐场所，打击扰乱学校教学秩序的人和事，改善学生学习和成长的治安环境。

二

从调查中有关部门、学校以及教师和干部群众的反映看，当前未成年人思想道德建设还存在一些薄弱环节和亟待解决的问题，主要表现在三个方面：

（一）学校教育方面。一是由于长期以来受应试教育的影响，学校普遍存在着“重智轻德”的问题。一些学校从校长到教师都对思想道德教育重视不够，认为“智育”是硬指标，“德育”是软任务，对德育“说起来重要，忙起来不要”。据教育部门的调查，有95%以上的家长和80%以上的教师都把“学习好”作为评价好孩子、好学生的第一标准。从调查中的一些座谈发言中，可以明显感受到，即使在大力推行素质教育的今天，“重智轻德”观念的在部分教师、家长仍然没有大的实质性改变。在应试教育和高考指挥棒以及现行教育评价机制的影响下，学校、教师、家长都自觉不自觉地把分数和升学率的高低看作对学生教育是否成功的决定性指标，在具体工作中只抓“教书”、不重“育人”，甚至为了出成绩而违反教学大纲，“砍掉”一些对德育十分重要的“副课”、压缩本来就不多的课外兴趣活动来突出“主课”，用“题海战术”和加重学生课业负担的方式来提高成绩。从而导致了对学生品行培养的轻视和放松，影响学生的全面发展，造成学生思想道德“免疫力”不强。二是一些学校德育工作观念和方式方法陈旧。面对改革开放新形势下社会生活和价值观念多元化的变化，有相当学校、教师对学生品行的评判标准和教育方式没有与时俱进，在德育工作中仍沿袭传统的说教方式，重课堂轻社会实践，多采用简单易行的理论灌输，与学生实际贴得不紧，容易引起学生反感和抵触。有的即使在学生思想道德建设上下了一番功夫，搞了许多活动，但由于创新不够，活动缺乏吸引力，收不到理想的教育效果。一些学校、教师在德育工作中忽视未成年人的生理和心理特点，对学生急需的法制、青春期生理和心理健康等教育跟不上。此外，部分教师师德低下，缺乏对学生的“爱心”和教书育人的责任感，对学生的不良行为不愿投入精力做耐心细致的疏导、转化工作，在一定程度上造成教师“育人”这一重要职能的缺失，影响了学校德育工作成效。三是由于校舍短缺，相当一部分未成年中学生分散租住在周边群众家中（我们调查的几所中学都程度不同地存在这类情况，城区学校尤为突出。），既给学校管理带来不便，又使这部分学生在校外失去学校和家长的监护，容易出现各类行为失范和违法乱纪问题，如近年城区相继发生过校外散住学生结伙偷盗等案件。

（二）家庭教育方面。从调查中各方面的反映看，突出又带有普遍性的问题是：部分家长素质不高，教育方法不当，直接影响孩子的思想道德教育。有的家长对子女溺爱娇宠，造成子女性格自私任性；有的家长教育方法简单粗暴，动辄指责打骂，造成了子女的逆反心理和孤僻性格；有的家长对子女未来的智力发展期望值过高，对眼前的思想道德行为要求过低，造成孩子公德心和道德责任感下降；有的家长自身素质不高，行为不端，对孩子产生潜移默化的影响。据公安部门调查统计，在近年破获的未成年人犯罪案件中，有81%的人主要原因属于家庭教育不当而导致思想道德出现问题，最终走上犯罪道路。此外，城区单亲家庭、农村外出务工人员子女的教育与监护问题也比较突出。调查中，学校和教师普遍反映，由于城区单亲家庭、农村外出务工人员子女的增多，给学校未成年人思想道德建设工作造成新的困扰。

（三）社会教育方面。一是未成年人违法犯罪问题应引起社会的高度关注。据公安部门统计，2002至2004年总计抓获各类刑事犯罪人员480人，25岁以下青少年260人，其中未满14岁的21人，14~15岁的63人，16~17岁的72人，未成年人占总数的32.5%，并呈逐年上升态势。二是社会中一些不良文化和消极因素严重影响着未成年人的健康成长。受大环境的影响，网络、光盘、书刊、影视上经常充斥着一些血腥暴力、淫秽色情、封建迷信、道德诚信缺失的东西，未成年人由于辨别是非丑恶的能力差，观看阅读后对他们的身心健康造成了极大的侵害，而且诱发一些严重犯罪。如2003年震惊全县的“2·13”强奸杀人案中，年仅17岁的犯罪人樊某就是因偷读偷看黄色书刊和淫秽光盘，沉迷于其中而走上犯罪道路的。据一些学校反映，受枪战打斗和凶杀暴力书刊影视的影响，目前学生中倾向于使用暴力方式解决矛盾纠纷的现象比较突出，有的学生之间一有矛盾纠纷，就用花钱或请客的方式纠集高年级或校外人员打群架。此外，城区一些未成年社会人员和高年级学生在校内或校外拦截勒索中小学生的事也时有发生。三是经营不规范的网吧对在校学生的危害较大。按照有关规定，严禁未成年人进入营业性网吧。但城区网吧主要是针对青少年开的，如果没有中小学生去网吧，大多数网吧无法生存，受利润驱动，业主对来网吧的未成年人从不拒绝。加之职能部门因为人员力量和其他原因，管理难以到位，因而造成网吧超时营业、接纳未成年人的问题屡禁不止。调查中我们了解到，城区现有的7家网吧都曾因违规接纳未成年人上网受过处罚，但到目前为止，许多网吧仍经常有中小学生出没，有的甚至容纳中小学生通宵上网。一些未成年人迷恋上网络后，不能自拔，如有1学生甚至不顾危险，深夜从三楼排水管溜下跑去上网。无节制的上网，导致学生学习兴趣减弱，成绩下降，甚至出现当无钱上网便去学生中敲诈或偷窃的问题，危害性极大。对此，家长、教师和社会反响强烈，纷纷呼吁要求严加管理。四是供未成年人健康娱乐的文化体育场所和设施短缺。县、乡都缺乏少年儿童活动的大型场所，未成年人课余时间没有好去处。城区图书馆、文化馆、体育场因图书和活动设备器材太少，不能充分发挥其作用，满足不了未成年人学校之外的文体娱乐需要。

三

针对存在的问题，就进一步加强和改进未成年人思想道德建设工作提出以下建议：

（一）进一步提高认识，统一思想，从落实科学发展观的高度，认真贯彻《关于未成年人思想道德建设的若干意见》和县委、县政府《关于组织开展“静宁县未成年人健康成长全民行动”的实施意见》，把加强和改进未成年人思想道德建设作为精神文明建设的基础性工程抓紧抓好。不断建立健全未成年人思想道德建设工作机制，广泛调动社会各方面力量共同参与的积极性、主动性和创造性，发挥各自优势，各负其责，密切配合，形成全社会齐抓共管的合力，进一步构建三位一体的工作格局，推动未成年人思想道德建设取得更大成效。

（二）创新完善学校德育工作机制，充分发挥学校的主渠道作用。一要加强宣传教育，大力营造有利于德育教育实施的良好氛围，促进学校和教师克服重智育轻德育、重课堂教育轻社会实践的倾向，更加自觉地把德育摆在教育的首要位置。二要继续完善现有的学校德育工作体系，确保德育工作贯穿于教学的各个环节。积极探索建立健全适合我县实际的德育工作评价激励机制和学生思想品行评估体系，激发学校、教师的德育工作热情。三要加强教师职业道德建设，不断提高教师的思想道德素质。抓好德育队伍建设，通过定期组织参加培训活动，邀请思想道德建设专家、学者进行理论、实践指导，提高教师的德育工作能力。四要大力推动学校德育工作创新，认真研究未成年人思想道德建设环境、对象、任务、渠道发生的新变化，在观念、内容、方法和体制机制等方面努力改进创新，使德育工作充分体现时代性，适应未成年人身心成长的特点和接受能力，积极开展丰富多彩的课外兴趣活动和社会道德实践活动，增强德育工作吸引力、感染力和实效性。四要突出抓好法制教育、心理健康教育和青春期性教育。建立未成年人法制教育长效机制，在学生中广泛开展普法教育，增强其法律意识和法制观念。加强师资队伍建设，健全有关心理健康教育和青春期性教育组织体系，科学地开展中小学心理健康教育和中学青春期性教育，提高中小学生的心理素质和身体素质，更好地促进未成年人身心健康发展。

（三）结合贯彻落实《中华人民共和国未成年人保护法》和《中华人民共和国预防未成年人犯罪法》，重视解决好一些特殊和弱势未成年人群体（如失学、经济困难、父母外出务工或单亲家庭、身体或心理不健康、品德有问题、家长犯罪、本人违法犯罪等）的思想道德建设问题。要大力发展职业中学和职业技术培训教育，解决初中毕业未能考上高中这部分未成年人继续求学和就业前培训的问题。要特别关心单亲家庭子女、特殊困难家庭子女、外出务工家庭子女的教育问题，学校要与这些家庭保持密切联系，经常家访交流情况，社会与政府相关部门要积极采取有效措施，为其提供指导和帮助。要关注“问题未成年人”的成长，建立联防共治网络，学校与社区联手，公安干警、教师与家长合作，各有关部门和专门机构共同配合，齐抓共管，全力预防未成年人违法犯罪，切实维护未成年人的合法权益。要坚持不懈地抓好校园及周边治安秩序整治工作，及时打击扰乱学校教学秩序的人和事，为未成年人创造良好的学习和成长治安环境。

（四）积极实施“家庭教育工程”，搞好家庭美德建设，促进广大家长不断提高自身的思想道德素质，掌握科学的家庭教育方法，提高科学教育子女的能力。有关部门和学校要进一步探索总结办好家长学校的途径和方法，充分依托现有成人教育设施和教育资源，办好家长学校，对家长进行科学教子理念、方法的培训，实现家校的有效沟通，形成教育合力。

（五）进一步加强文化市场监管。要坚持不懈地开展扫黄打非斗争，坚决查处传播淫秽、色情、凶杀、暴力、封建迷信和伪科学的出版物，加强对学校周边环境的治理和文化娱乐场所的管理，努力净化未成年人的成长环境。要采取果断有力的措施，深入开展对网吧的专项治理活动，切实解决群众反映强烈的未成年人上网问题，严格落实不准在学校200米内设网吧、不准未成年人进入营业性网吧的规定。有关部门要明确管理职能，建立责任追究制，加强经常性全天候管理，对违规网吧坚决给予处罚，对查处后仍然不改的，要果断吊销营业执照，决不能因为个别人的经济利益而影响未成年人的健康成长。学校要对学生进行网络生活指导，建立校园绿色网站，星期六、星期天开放学校电脑室，充分利用现有资源为学生创造健康文明的网络生活环境。

（六）加强未成年人活动场所的建设、管理和使用。要把青少年活动场所作为公益性文化事业的重要组成部门，充分利用成纪文化城、图书馆、文化馆、体育场等现有场所，充实活动设备和器材，增加活动频次和质量，满足未成年人学校之外的文体娱乐需要。

关于评议县农机局工作的调查报告

由常委会副主任戴双军牵头，农业财经工作委员会及相关工作人员组成调查组，于4月底至5月中旬，深入农机局机关、农口各单位和城川、威戎、八里、司桥等乡镇，采取召开座谈会、个别走访、现场查看、填写调查表、民主测评等形式，对县农机局2002年以来的工作进行了调查。

一、主要工作成绩

2002年以来，县农机局领导班子坚持以“三个代表”重要思想和党的十六大、十六届三中、四中全会精神为指导，在县委、县政府的正确领导下，贯彻执行党的路线方针政策、有关法律法规、县委县政府的决策和县人大及其常委会的决议、决定，积极履行部门职责，围绕农业产业结构调整，在推进管理体制改革，管理、指导、协调服务和推动全县农机事业建设和发展方面做出了努力，取得了较好成效，为全县经济特别是农村经济的发展做出了应有的贡献。经测评，农机局全体职工对领导班子的满意和基本满意率达到93%。

（一）农机推广工作得到重视和加强，全县农业机械普及率得到进一步提高。县农机局领导班子始终把新型农机具的推广和应用作为为农业和农民服务的重要措施，常抓不懈。县农机局作为主管部门，近几年主要把推广工作的重点放在了新型农机具的推广和为农业新技术服务上。2002年到2004年底，农机经营总收入完成1.866亿元，完成机耕面积98万亩；组织推广重点新型农机具共10多种2300台（件）。积极配合地膜小麦和垄种洋芋等农业增产新技术，先后完成机覆膜播种面积26万亩，机械深施化肥320万亩。在原安、司桥等乡镇组织实施的垄种洋芋示范项目，全程采用机械作业，彻底解放了农民的重体力劳动，充分显现了机械耕作的强大力量和增产效果，其示范作用得到群众的普遍认可。期间，县农机局出动拖拉机旋耕机和洋芋播种机，派出技术人员实行全程服务，每亩地仅收取15元的燃油费用，完成垄种洋芋1500亩。为推动全县果品产业的进一步发展，提高果品生产的技术含量和效益，引进了“TG4多用途田园管理机”及“高效高枝采果器”等先进产品，采用租借的形式投放到城川乡大地滩农业高新技术示范区和八里镇果品产业带无偿使用，起到了良好的示范带动作用。3年来，共引进试验筛选出符合本县耕作特点的待推广先进农机具7种126台（套）。农机局现有洋芋播种机、旋耕机、拖拉机等农业机械28台（件），采取“技术人员随机械走，综合服务到田头”的办法，积极为农业生产服务和示范推广，产生了良好的效应。同时还贯彻执行了国家的农机补助政策，抽组专人对近期有购买拖拉机等农机具意向，符合国家补助政策规定的农户进行了摸底调查，对已购买了农机具的，按国家优惠政策全部进行了兑付。

（二）认真开展了农机监理和培训工作，使农机管理工作趋于规范有序。一是针对近年来农机具数量猛增，管理工作滞后的现状，农机局于2004年与各乡镇紧密配合，在全县范围内开展了拉网式的农机具全面普查活动，在县农机局和各乡镇建立了农机档案，在城川等乡镇还制作了光盘资料，基本摸清了底子，使全部农机具都纳入了有效管理之中。二是对“黑车非驾”及农用车违章载人等违规现象开展了专项治理，3年来出动人员5100人（次），累计行程5万多公里，检查农用车2万多台（辆），查出有问题车辆2240台（辆），对720个违规人员进行了批评教育和限期纠错改错处理，有效地发挥了农机监理职能，遏制了农机事故高发的势头。三是组织农机监理人员下乡入村为农机户办理检、审手续，共计检验拖拉机及各种机动型农机6603台，既方便了群众，又提高了工作效率，有效实施了对农机的监管。四是对全县的农机市场进行了质量监督，核查了县内3家农机制造企业、20多家农机经销和13家维修摊点的产品质量及资质认证，有效防止了假冒伪劣农机产品的流入，净化了农机市场。五是加强了农机培训工作。在组织开展“农机安全生产月”活动对群众进行农机安全知识宣传教育的基础上，3年来采用定点培训和下乡办学等形式，共培训农机技术人员和驾驶人员1.5万名，提高了农机作业水平。

（三）主动服务大局，积极配合县上各项中心工作。县农机局班子有较强的大局意识，在农业产业开发、部门对口扶贫、计划生育等工作中，都能积极参与，认真完成工作任务。我们在农口部门和乡镇征求意见时，大家普遍反映农机局在部门之间相互配合上积极主动，如膜侧小麦的种植，农机局能够以此为己任，领导和技术人员自始至终坚守在第一线，保证了这一工作的顺利完成。据农办和原安乡的同志反映，近两年来，农机局在帮扶工作中尽了最大努力。在机关经费异常紧张的情况下，先后为原安乡学校和贫困农户捐助课桌凳、木板床及修建村部建筑材料折价3万余元。同时还派技术人员长期指导垄种洋芋等农机新技术应用，得到了干部群众的一致好评。

（四）局领导班子和机关建设得到加强。一是注重抓了政治理论、法律法规和业务知识的学习，机关整体素质有所提高。特别是今年开展保持共产党员先进性教育活动以来，营造了良好的学习氛围，机关学风浓厚，正气上升。二是制定完善了《工作人员岗位责任制度》《财务管理制度》等，这些规章制度的有效实施，保证了班子和机关的勤政廉洁和工作效率，农机执法工作趋于规范，机关呈现出团结和谐、紧张有序的局面。三是机关干部职工服务“三农”，干事创业的意识增强。调查中，大家一致认为，领导班子在改革开放以来，工作格局发生重大变化，农机职能呈现弱化态势的大环境下，克服困难，开拓进取，工作成效显著。局长张晓军同志具有较高的理论水平和政策水平，有较强的法律意识，能够结合农机工作实际，认真贯彻执行党的方针政策、有关法律法规，县委、县政府的决策和县人大及其常委会的决议、决定，在农机工作遇到困难的情况下，迎难而上，不等不靠，和班子成员一道树立想干事、敢干事、干成事的决心和信心，解放思想，创新思路，为全县农机事业的发展尽心尽力，工作水平得到较大提升，得到了广大干部群众的充分肯定。

二、存在的困难和问题

（一）对《中华人民共和国农业机械化促进法》和《甘肃省农机管理条例》的宣传还不够广泛。宣传贯彻国家和省上有关农机管理的法律法规是农机部门的重要职责，也是推动农机管理工作依法规范的重要手段，在目前农业机械迅速发展的新形势下，让广大农机用户懂法用法、依法管理，显得尤为重要。但据我们调查了解，对法律法规的宣传还不够广泛深入，没有做到家喻户晓，人人皆知，农机用户对法律规定很少了解，导致了农机监理工作难度增大。

（二）由于受体制变革和市场经济的冲击，农机管理工作难度加大。原有的管理体制打破，而新的管理体制尚未完善，致使农机工作的开展遇到了较大困难。如上级主管部门在项目上缺乏支撑；乡镇农机专干撤编，使农机管理链条中断，管理网络难以形成，失管现象十分突出。

（三）投入不足、经费短缺，严重制约着全县农机工作的有效开展。由于缺乏政策引导和经济支持，县财政用于农机管理工作的经费极其有限，使得一些业务难以开展。如下乡开展宣传活动、上门为农机户进行服务等活动，都因为没有必要的经费而无法开展。同时监理工作由于没有技术监测设备，显得手段落后，工作被动。

（四）农机安全监理和驾驶员上岗培训工作问题突出。对农用运输车等部分农机进行年检验，对驾驶人员实行年检审核和培训，是农机部门的一项重要职责，其目的是保证农机安全生产，提高生产效率。但调查中了解到，目前的农机检审和驾驶员培训考试工作，注重于收费、办证，而对农机质量和性能的检验不够严格。还有相当数量的农机车辆处于失管状态，“三无”车辆违法违规运营的情况普遍存在。在所调查的乡镇中，证、照齐全的农用车辆不及总数的30%。对农机驾驶人员也没有进行严格的培训和考试，农机监理和培训工作基本流于形式，给农机安全生产留下了隐患。

（五）农机部门人员结构不尽合理，影响着我县农机事业的进一步发展。目前县农机局共有干部职工28人，专业技术人员仅11名，占39%，与工作要求不相适应，很难肩负起全县农机推广和管理的重任。

三、对今后工作的建议

第一，统一思想，提高认识，进一步增强发展农机事业的责任感和使命感。要努力实践“三个代表”重要思想，以农业增产、增效、农民增收和实现农机管理工作规范化为目标，大力实施科技创新战略，树立“立足大农业、发展大农机”的发展理念，为全县农机事业的发展作出更大的贡献。各级领导和农机主管部门要从战略高度进一步深化对农机工作重要性的认识，坚定信心，知难而进，把发展农机事业作为推进全县小康社会进程的一个重要环节，常抓不懈，抓出成效。县农机局要认真研究农机工作中出现的新情况、新问题，并及时汇报县委、县政府和上级主管部门，共同研究，协调解决，确保农机事业的健康发展。

第二，加大农机引进推广力度，逐步建立起规范的新技术引进推广工作程序。各级领导和县农机部门要认真研究解决目前农机新技术推广工作中存在的档次低、规模小的问题，建立规范的新技术引进、试验、筛选、示范及推广的工作程序，确保引进“高、精、优”农机产品和技术，以提高我县农业的科技含量和技术装备。

第三，依法行政，抓好农机管理。要深入宣传和贯彻实施《中华人民共和国道路交通安全法》《中华人民共和国农业机械化促进法》和《甘肃省农机管理条例》。坚持依法行政，依法管理。一是要加强农机安全生产监督管理。要认真落实农机执法责任制和安全生产责任追究制，一级抓一级，层层抓落实。着重抓好农机安全常识教育。要通过开展年检、年审、田检路查、安全教育、集中整治等工作，加大安全监督力度，提高管理水平，消除事故隐患。二是加强农机供应、维修、作业市场的管理。加大执法监督力度，和工商、质监等部门联合执法，开展农机市场整治活动，严厉打击制售假冒伪劣农机产品行为，规范农机市场秩序，确保农机作业质量，维护农民权益。三是要着力抓好农机安全监理和农机手培训工作，确保农机安全生产。农机局要千方百计筹措经费，制定出明确的工作计划和目标责任，充分发挥农机化学校的作用，彻底扭转目前农机监理和培训工作的被动局面，发挥好为农机安全生产、提高生产效率服务的职能作用。

第四，加强干部队伍建设，努力提高农机干部队伍素质和业务水平。加强农机干部队伍建设是搞好各项农机工作的基础，建设一支作风过硬的农机干部队伍，是发展农机事业、促进农业增产、农民增收的有力保证。首先要加强领导班子建设，努力保持良好的精神状态，增强事业心和责任感；树立科学的发展观，不断研究新情况，形成新思路，解决新问题，开创新局面；要培养学习精神、敬业精神、创新精神和务实精神，强化宗旨观念，脚踏实地地开拓进取，干事创业。要加强业务建设，努力提高执法能力和服务水平。加强对农机工作人员的业务技能培训。培养先进执法观念，提高干部的业务能力。要进一步落实政务公开，不断改进工作作风，简化办事程序，提高工作效率，为农民办好事、办实事，树立“心系农民、关心农民、服务农民”的良好形象。

第十九次会议 于2005年7月26日在常委会四楼会议室召开，由戴双军主持。

会议议程有两项：一、听取和审议审计局局长慕锡武受政府委托所作的《关于2004年度县级财政预算执行情况的审计报告》；二、听取和审议劳动和社会保障局局长王玉杰受政府委托所作的《关于保护农民工权益和发展劳务经济工作情况的报告》、常委会司法民政工委主任张汉基所作的《关于保护农民工权益发展劳务经济工作情况的调查报告》。

第十四届常委会组成人员聂正国、戴双军、岳具辉、许富忠、王星耀、张金业、朱春林、郭应童、席荣、张新民、王守荣、柴玉明、柴桂兰、邓颖、阎伟刚、张三相出席会议；政府副县长陈玉梅、法院院长杨志军、检察院检察长李居洲、政府办公室副主任张淋冰、审计局局长慕锡武、财政局副局长郭景德、劳保局局长王玉杰，市人大代表樊旺、杨旭，县人大代表樊镇云、侯立文，常委会各委室负责人列席会议；另有2名公民代表应邀旁听会议。

附：

关于保护农民工权益发展劳务经济工作情况的调查报告

6月14日至23日，县人大常委会副主任张金业带领教科文卫工委和司法民政工委的负责人，先后深入界石铺、原安、四河、雷大4乡镇以及八里森源砖瓦厂、县地毯厂、县建筑集团公司、二建公司、成纪饭店、新世纪酒店、银汉职业介绍所、安全局、民营局、妇联、法院、劳保局等厂矿企业和单位，采取实地察看、汇报座谈等方法，对全县保护农民工权益、发展劳务经济工作情况进行了专题调查。

一、基本工作情况

近年来，县政府面对我县农村剩余劳动力多、农民增收困难的实际，把保护农民工权益、发展劳务经济工作作为破解“三农”难题、发展农村经济、增加农民收入、构建和谐社会、加快小康社会进程的一项重要措施，在努力加快农村经济结构调整，培育壮大农业支柱产业的同时，把劳务输出工作作为增加农民收入的一项战略性措施来抓。至目前，全县共输转劳务人员7.2万人（次），其中有组织输转1万人（次），创劳务收入1.44亿元。

在具体工作中，一是加强对农民工法律知识和基本劳动技能的培训，重视保护农民工的合法权益。结合学习贯彻《中华人民共和国劳动法》《中华人民共和国民法通则》《中华人民共和国安全生产法》《中华人民共和国治安管理条例》和《甘肃省2004年至2007年农民工培训规划》等法律法规和政策，劳保部门采取上街宣传、设立固定咨询点、印发宣传资料、在县广播电视台开播劳务政策讲座、发布劳务信息、开展劳动技能培训等多种方式，较好地宣传了有关法律法规和政策，提高了外出务工人员的自我法律保护意识和基本劳动技能。同时，经常深入厂矿企业和劳动用工单位，对劳动合同的签订、安全防范、工资发放、使用童工和劳动争议等有关劳动权益保护工作，进行督促检查，使农民工的一些合法权益基本上得到了保障。据调查，2004年劳保局共受理涉及工伤事故、拖欠工资、合同纠纷等方面的劳动争议案件6起，都作了调解处理，当事人也比较满意；县法院2004年共受理劳动争议案件9起，其中拖欠工资案件7起，标的5万多元，全部作了调解和判决，执行率达60%多。对其余2起工伤事故案件也作了相应处理，赔偿数额分别都在10万元以上，较好地维护了农民工的合法权益。二是强化组织和管理工作，努力构建劳务输转服务平台。县上专门召开了全县劳务经济工作会议，成立了以县长任组长的全县劳务输出领导小组，下设办公室，各乡镇都建立了以乡镇长为站长的劳务服务站，各村配备了专（兼）职劳务联络员，初步形成了自上而下三级劳务服务体系。同时，县政府与各乡镇分别签订了劳务输转目标责任书，将劳务工作纳入了政府年度工作目标责任考核体系，有效加强了对劳务输转工作的组织领导和协调服务。三是逐步建立并巩固了一批劳务输出基地，发挥了辐射带动作用。在大力发展乡镇企业和非公有制经济，加快小城镇建设步伐，促进劳动力在县内就地向非农领域转移（据不完全统计，至目前，通过各种途径，吸纳就地转移的劳动力达到2.1万人次，占输转劳动力总数的30%）的同时，结合外出农民工的务工实际，向各大中城市、铁路沿线和周边地区的建筑建材、商流服务、家政保安、冶炼加工、物业管理等行业重点突破，初步建立并巩固了以长庆油田、兰州浩泰电器安装有限公司、北京西客站，天津美克家具有限公司、上海消防总公司、新疆生产建设兵团等20多处劳务输出基地，与他们签订长期劳动用工协议，有组织有计划地向这些基地输出农民工，通过这些人的诚实劳动和成功经验，较好地发挥了正面宣传、示范引导和典型带动的作用。四是重视发挥民间中介服务机构和社会团体组织的作用，不断拓宽劳务输出渠道。银汉职业介绍所是我县唯一一家私人劳务中介服务机构，从2003年1月份成立至今，在县劳保部门的监督、管理和指导下，已向天津美克家具有限公司、北京西客站和长庆油田等劳务基地输出农民工400多人。该机构在输出人员前的考察、培训、体检、填写登记卡、签订劳务输出协议，输出后的跟踪服务、情况反馈等方面，都比较规范有序，外出人员的基本权益得到了有效维护。在调查中，我们了解到在北京西客站曾经有1名我县的农民工，左手中指因公被火车刮伤，甲方除支付了其住院期间的一切费用外，住院期间的工资也全部如数发放。今年，他们又和生产冰激凌的北京和路雪公司签订了劳务合同，目前已组织输出了25人。县妇联充分利用省上“北京家政服务员”扶贫项目工程，去年以来，共组织输出家政服务员50人，除吃、住外，月工资可以拿到500~800元，1周有1天的休息时间，如不休息，可以拿到20~50元的加班费。

二、存在的主要问题

尽管近年来，我县在保护农民工权益、发展劳务经济方面做了许多工作，也取得了一定成效，但仍然存在着不少困难和问题。

（一）思想认识不到位，工作缺乏积极性和主动性。主要表现在：一是宣传力度不大，一些干部群众对当前保护农民工权益、发展劳务经济工作的重要性认识不明确，思想上重视不够；二是在调查中我们感觉到一些乡镇、部门和用工单位的负责人，对应该保护农民工哪些方面的权益，如何保护，认识上比较模糊；三是多数乡镇领导同志认为劳务输转是农民自己的事，政府插手过多会引起一些不必要的麻烦，怕出问题，怕担风险，抱着任其自然的态度，不愿意也不重视有组织的劳务输转。

（二）农民工基本权益保障方面还存在一些突出的问题。一是由于县内农民工的流动性、季节性特点明显，用工单位不愿承担养老、医疗和工伤保险的费用，加之督办人员力量不足，大多数用工单位未与劳动者签订用工合同，签订合同的比例仅占12%左右。一些三产服务行业基本上没有用工合同。比较规范的县建筑集团公司，在今年700多人的农民工中，签订了合同的也只有300人，只占到43%左右，而且绝大多数是中层以上管理人员。同时，有的劳动合同不规范，对双方权利义务的规定不对等。有的滥用试用期制度，先以低廉的工资试用农民工，并找个理由很快辞退，再招聘新的，侵害了农民工的合法权益；二是拖欠农民工工资的现象仍然存在。个别政府部门长期拖欠工程款，工程队又拖欠农民工工资，形成了三角债务。一些饮食服务行业和个体私营企业使用童工、超时限工作、给付工资低以及随意克扣工资的问题，也不同程度地存在着；三是工伤及劳动争议事件时有发生。由于一些用工单位的安全生产意识以及多数农民工的自我法律保护意识不强，小的工伤及劳动争议事件尽管时有发生，但大多数都是通过民间渠道私下协商解决，真正通过劳动争议仲裁机构和法院等法律渠道解决的只占到其中很小的一部分。

（三）当前劳务输转工作中还存在一些亟须解决的矛盾和问题。一是有组织劳务输出的规模和力度不大，工作中还存在着时紧时松的现象。目前，我县农村尚有2万多剩余劳动力需要转移，劳务输转任务相当繁重，但由于有关部门和乡镇思想重视不够，工作力度不大，导致农民工盲目无序、自谋分散输出的多，有组织、大规模集中输出的少；二是职业技能培训严重滞后，输出人员普遍素质比较低，难以从“苦力型”向“技术型”转变，难以学到适用先进的科学技术和现代管理知识；三是工作机制不健全。还没有真正将发展劳务经济当作增加农民收入的大产业、大项目来抓，还没有真正形成各级各部门和全社会齐抓共管的合力。同时，职能部门人员力量不足，工作经费短缺，制约了工作的进一步开展；四是对输出人员的后续管理和服务工作不到位，加之一些农民思想观念比较落后，怕上当受骗，怕讨不到工钱，也在一定程度上影响着劳务经济的发展。

三、对今后工作的几点建议

针对以上存在的问题，提出如下改进的意见和建议：

（一）进一步转变观念，深化认识，不断增强做好发展劳务经济工作的积极性和主动性。要从我县农村剩余劳动力多、农业生产力水平低、农民收入增长困难的县情出发，从破解“三农”难题，加快农村全面建设小康进程和构建和谐社会的高度，充分认识做好新形势下劳务经济工作的重大意义。当前，劳务输转正面临着千载难逢的机遇。国家已将农民进城务工纳入全国统一就业的范畴，取消了各种就业准入限制，拆除了地方保护的壁垒，统一开放、竞争有序、城乡一体的劳动力市场正在逐步形成，这为我们加快劳务输出，在全国范围内寻找就业机会，大力发展劳务经济创造了极其有利的条件。各级各部门一定要认真贯彻落实县委有关文件精神，进一步转变观念，深化认识，切实加强组织领导，靠实目标责任，完善工作制度，严格考核奖惩，不断增强做好发展劳务经济工作的积极性和主动性，像抓项目一样抓好劳务工作，逐步做大做强劳务产业，促进我县经济社会和谐发展。

（二）要高度重视做好农民工的权益保障工作，切实维护农民工的合法权益，为发展劳务经济创造良好的法制环境。一要大力宣传有关法律法规和国家劳务政策，教育、引导和支持外出务工人员运用法律武器维护自身合法权益，不断增强自我保护意识和法律意识。二要进一步规范劳动用工制度，切实维护好农民工的合法权益。要借鉴外地经验，在县外、省外我县农民工相对集中的地方，固定专人、设立专门的机构，负责农民工的权益保障工作，有驻外办事机构的可以授权办事机构全权负责。同时，要重视做好县内农民工的权益保障工作。要不断加大力度，督促用工单位签订劳动用工合同，完善合同内容，规范用工程序，积极为农民工缴纳医疗、工伤、养老等各种保障金，确保农民工病有所医、伤有人管，并要重视解决好农民工子女的上学等实际困难。三要积极稳妥地处理各种劳动争议和劳动纠纷，加大对侵害农民工权益案件的查处力度。政府有关部门要积极带头清理偿还拖欠的工程款，并督促建筑企业想方设法及时足额兑现农民工工资，严厉查处打击拖欠工资、随意克扣工资、合同欺诈，以及一些饮食服务行业和个体私营业主违法使用童工、严重超时限工作等侵犯农民工权益的行为，为保护农民工权益、发展劳务经济创造良好的法制环境。

（三）广泛宣传，积极引导，典型带动，不断扩大有组织劳务输出规模，壮大发展劳务经济。一要坚持“实地考察—组织输出—跟踪服务—协调管理”一体化服务原则，在继续巩固延伸原有劳务基地的基础上，通过各种途径不断创建新的县外劳务基地，加强与用工单位联系，建立协作关系，实地考察务工人员的生产、生活条件，积极稳妥地做好劳务输转工作。要充分利用广播电台、电视台、宣传专栏等宣传工具，筛选一批通过务工脱贫致富的典型，到各乡镇进行巡回演讲宣传，用他们的亲身经历引导其他群众大胆出去打工挣钱。强化输出人员的后续管理，对外出务工人员由县劳务办、乡镇派人护送到用人单位，并由县劳务办、乡镇全程跟踪服务。二要加强对农村劳动力适应市场经济形势能力和专业技能的培训。针对大多数农村劳动力文化水平低、职业技能差的实际，制定农村劳动力培训方案，由县人事局和社会保障局牵头，财政、农办、扶贫、团委、妇联、职教中心、农广校等共同参与，开展“订单培训”、后备劳务技能培训、常识性培训等多种培训活动，实现由“谋生手段”向“创业战略”转变、由行政推动向服务拉动转变、由体力型劳务向技能型劳务转变的“三个转变”，进一步提高劳动力就业竞争能力。同时，要按不同文化程度和类别对全县青壮年劳动力进行全面统计，登记造册，建立台账，纳入劳动力信息资源库，充分利用现代信息技术整合劳动力资源。三要积极培育劳务中介机构和劳务经纪人队伍，逐步形成以政府组织输出为主导、以劳务中介机构和劳务经纪人组织带领输出为辅助的劳务输出格局。要鼓励、支持和引导像银汉职业介绍所这样的私人中介组织参与到劳务输转工作中去，促进劳动力的规范化、有序化流动。四要加大经费投入和人员力量配备。要在现有财力的基础上，逐步加大劳动者技能培训和组织输转工作的资金投入，进一步充实加强县、乡劳务输出机构的工作力量，真正做到有人管事、有人干事，促使我县劳务输转工作逐步走上规模化、规范化和法制化的轨道，为全县经济社会的全面、持续、协调发展发挥积极的作用。

第二十次会议　于2005年9月28日在常委会五楼会议室召开，由岳具辉主持。

会议议程有四项：一、人事任免；二、听取和审议发展和改革局局长杜文彪受政府委托所作的《关于静宁县2005年国民经济和社会发展计划（草案）调整情况的报告》，作出《关于静宁县2005年国民经济和社会发展计划调整的决议》；三、听取和审议林业局副局长李三正受政府委托所作的《关于全县退耕还林工程管理工作情况的报告》、常委会农业财经工委主任席荣所作的《关于全县退耕还林管理工作情况的调查报告》，作出《关于进一步加强退耕还林管理工作的决议》；四、听取和审议法院副院长张正伟所作的《关于〈中华人民共和国法官法〉执行情况的报告》、检察院检察长李居洲所作的《关于贯彻执行〈中华人民共和国检察官法〉情况的报告》。会上，政府常务副县长位志贤就落实审议意见作表态发言。

第十四届常委会组成人员聂正国、戴双军、岳具辉、许富忠、王星耀、张金业、朱春林、韩太平、郭应童、席荣、张新民、王守荣、柴玉明、柴桂兰、邓颖、阎伟刚、张三相、张来有出席会议；县委常委、政府常务副县长位志贤，县委常委、县委组织部部长徐爱国，检察院检察长李居洲、法院副院长张正伟，政府办、发改局、林业局、农办、公安局、司法局负责人，市人大代表王科社、吴水利，县人大代表张琪洲、李钦、吕锋、孙青茂，常委会各委室负责人列席会议；郭承祖等5位公民代表应邀旁听会议。

附：

人事任免

接受张正辞去县人民政府县长职务的请求

陈　铎任县人民政府副县长、代理县长

樊建军任县人民政府副县长

县人民政府代理县长陈铎、副县长樊建军个人情况表

表4-30

姓名	性别	民族	出生年月	籍贯	文化程度	入党时间	工作时间	工作简历
陈　铎	男	汉	1963.6	甘肃崇信	本科	1989.12	1985.7	曾在平凉地区农科所工作；历任平凉地区农科所业务科副科长、科长，平凉地区农科所副所长、所长、党组书记兼所长，平凉市水务局党组书记、局长，静宁县委委员、常委、副书记
樊建军	男	汉	1966.8	静宁深沟	本科	1989.11	1987.7	曾在静宁县深沟中学、团县委工作；历任县纪律检查委员会纪检员、监察室主任，界石铺镇政府镇长，三合乡党委书记，县政府办公室副主任、招待所所长、接待处主任，县委委员、县委办公室主任

薛小勇任县公安局局长

高　恒任县经济局局长

杜文彪任县发展和改革局局长

李　读任县人口和计划生育局局长

免去：

李玉彪县人民政府副县长职务

李艳晓县公安局局长职务

赵仰奇县人民检察院检察员职务

关于全县退耕还林管理工作情况的调查报告

农业财经工作委员会的负责同志及相关工作人员组成调查组，由常委会副主任戴双军带队，于9月上旬至中旬分别深入原安、三合、界石铺、司桥、甘沟、四河、雷大、余湾等8乡镇的16个村，采取现场察看、入户座谈、核对等方法，察看20多处退耕还林现场，走访300余农户，就我县1999年以来的退耕还林管理工作进行了调查。

一、退耕还林管理工作取得的成效

自1999年我县被列为全国生态示范县和全省退耕还林试点县以来，县上紧紧抓住这一机遇，按照“退耕还林、封山绿化、以粮代赈、个体承包”的方针，把退耕还林、荒山绿化为主的生态建设作为可持续发展的根本措施来抓，累计完成退耕还林36.35万亩。目前工程建设基本完成，已进入全面管理阶段。林木管护方面主要从以下

几个方面着手，取得了比较好的成效。

（一）建立退耕还林管理长效机制，封禁、管护常抓不懈。从1999年底开始，全县退耕还林管护工作依据《退耕还林条例》和县上统一制定的有关管理办法，建立健全了以村组为基础、以乡镇为主体、以县林业主管部门为纽带的县、乡、村、组、户管护体系，制定出台了林草管护的各项制度，把管护责任落实到户、到人。一是各乡镇都通过与村、社和农户签订林木管护合同，明确各自的责任以及违反合同约定所负的责任，从制度上规范了对林木的管护。由于管护合同具有较强的约束力，从而达到了规范管理的目的。二是各乡镇都采取了统一管理和分户管理相结合的办法，分户管理责任到农户，集中管理主要是对属于集体所有的退耕还林地雇请护林员进行专门管护，有些乡镇如原安乡和界石铺的部分村、社，对农户所有的林地也采取了集中管护的办法。界石铺镇在组织一个由8名镇干部组成的护林工作队、配备车辆常年对林木进行管护的同时，还在魏湾等村把荒山造林也承包给个人管护。余湾乡成立了护林站，由责任性较强的1名乡干部和2名村社干部组成，他们常年对全乡的林地进行巡回管护，成效明显。三是通过开展“谁造林、谁受益”等宣传教育活动和国家补助粮款的及时足额兑现，充分调动了群众的管理积极性。在与退耕户的座谈中了解到，大部分人都认为自己栽种的林木自己受益，大都能够配合护林人员管护好自己的林地。

（二）各级领导思想重视，退耕还林管理工作成效显著。从调查的情况看，我县的退耕还林管理，由于各级思想认识上的高度重视和禁止放牧、砍伐、复垦以及防火、防鼠害、防病虫害等措施的有效实施，保证了苗木的存活率，基本做到了“退得下，保得住”。从察看过的一些点上的情况看，苗木的存活率都在80%以上，在三合乡任岔、新堡村、界石铺朱山村等村，林地的山杏苗木株数比规定的还要密，据村上干部介绍，主要是为了预防因鼠害等原因造成缺苗而进行密植的。在县林业部门的统一协调下，每年春季都要对缺苗的地块进行补栽，达到了造一片、成一片、保一片的要求。从调查中对退耕还林规划林带地块的现场察看和向群众了解的情况看，所调查乡镇目前还没有发生复耕和毁坏林地的现象。在原安、三合等西北部耕地面积较大的乡镇，农民不会复耕或人为毁坏林地，就是在耕地面积较小的余湾、雷大等乡镇，由于管理措施得力，加之苗木成活率与补助粮款挂钩，复耕复种和故意毁坏林地的现象很少发生。林木管护方面，各乡镇都采取了一些措施，如禁止牲畜放牧，动员群众预防鼠害等。目前在余湾苗岘、四河郭岔、原安辽坡等退耕还林工程实施较早的地方，树木已有1米多高，一些地方的山毛桃等树种已开花结果，农民有了一定收益。

（三）退耕还林管理质量有所提高。各乡镇在思想上都能明确认识到管理工作不仅仅是保成活，而是要想方设法使苗木长得快长得好，以尽快发挥效益，使广大群众得到实惠。在这方面做得较好的有原安、三合、界石铺等乡镇。三合乡在春季苗木补缺过程中，尽可能选用容易成活且生长较快的山毛桃替代容易遭受鼠害的山杏，同时还用酸刺等小灌木对林地锁边，群众很乐意接受。原安乡指导群众对杏树进行果园化管理、界石铺镇以多树种拼盘匹配以提高苗木保存率等做法，有效地提高了林地管理质量。

（四）退耕还林补助粮款的兑现操作规范。退耕还林补助粮款的兑现，直接影响着农民管理退耕还林工程的积极性，为此，各乡镇大多都能严格掌握政策，规范操作。这次调查，我们把粮款补助情况作为重点内容，走访了大量的农户，查阅了历年兑现的各种表、卡、册和原始记录，详细询问了每户的林地面积和兑现数额。总的看，大多数乡镇都兑现足额、规范。为了更加严格掌握政策，把工作做实，余湾等乡镇还采取由乡镇干部到村社直接向群众兑现粮款的办法，减少了出现问题的环节。调查中没有发现虚报冒领、克扣粮款的现象，群众表示满意。

二、当前工作中存在的困难和问题

退耕还林管理工作在全县上下的努力下，取得了好的成效，但还存在着一些困难和问题，需要在今后工作中认真加以解决。

（一）在一些地方退耕还林管理措施跟不上，留下许多管理漏洞。普遍存在的一个问题是，各乡镇统一管理与分户管理的关系处理不当，造成“人人能管，人人不管”，相互依赖的现象。护林人员只拿补贴不负责任的问题比较突出，退耕农户由于地块相对零星分散，管护上需要较大的人力、物力和财力，而农户管护意识淡薄，加之还林工程还没有明显的效益，难以调动和保护农民退耕还林的积极性，一些地方的一些农户只注重对经济林的管理，而对生态林，在退耕之后从未到过林地，重栽轻管的问题突出。在调查中我们看到，只要不是林药或林草间作的地块，遍地都是荒草，有些近两年新栽的小树苗完全被荒草淹没，既影响了苗木的存活和生长，同时给林地留下了严重的火灾隐患，部分山杏树受蚜虫等虫害侵害，树叶已枯萎却没有人去防治。在中南部乡镇由于人地矛盾突出，有少数退耕农户在林地种植粮食特别是高秆作物，这与国家的退耕还林政策相违背。

（二）羊只放牧践踏林地仍是目前退耕还林管理中的主要问题。县政府《封山禁牧的通告》颁布之后，县林业执法部门与乡镇配合开展了大规模的禁牧行动，从总体上看取得了实效，但由于少数农户受利益驱动，在林地放牧的现象时有发生。调查中我们了解到，各乡镇都程度不同地存在羊只放牧的现象。在四河乡，我们亲眼看到了放牧的羊群，在界石铺，还出现了放牧户因不服处罚到镇政府闹事的情况。目前羊只放牧屡禁不绝，主要有两个方面的原因，一是林木管护人员责任心不强，管护措施没有得到落实；二是禁牧手段存在缺陷，导致放牧户昼伏夜出，与管理人员进行周旋，甚至辱骂动粗。

（三）复耕复种和缺苗现象在一定范围内存在。虽然在我们调查过的乡镇没有发现这些问题，但据林业局的同志反映，在部分乡镇特别是南部一些乡镇，林地套种粮食甚至毁林种粮食的问题时有发生。对于缺苗的问题，虽然县上每年春秋季都组织力量对缺苗林地进行补栽，但在一些乡镇由于领导重视不够，工作不实，问题仍然存在。

（四）后续产业开发工作滞后，影响了群众的退耕还林管理积极性。从国家的现行补助政策来看，经济林补助5年，生态林补助8年，经济林通过5年的生长期后，只要加强管理都能产生效益，其收益应好于种粮，但经济林的比例较低。生态林在国家停止补贴后，能否使群众得到一定收益，是能不能使退耕还林“保得住”的关键。从我县退耕还林栽植的苗木树种看，主要有沙棘、刺槐、酸刺、山杏、山毛桃等。据一些乡镇领导和干部群众讲，沙棘耐寒、耐旱、适应性强、造林成活率高，具有很好的改良土壤、保持水土作用，除了在水土保持和解决燃料方面有所利用之外，其经济价值十分有限。山杏虽然有一定的经济价值，但极易受鼠类和蚜虫等病虫害损害，如果在管理上下不到一定功夫，是很难成材的。大家认为理想的树种如山毛桃、花椒、核桃，因其栽植难度小，生长快，经济效益明显而备受欢迎，但在我县退耕还林面积中，这些树种仅占三分之一左右。因此，如何发挥较好的经济效益，是退耕还林管理工作所面临的一个重大课题，亟待研究解决。

（五）个别乡镇在退耕还林补助款的使用上有不合政策规定的做法。主要是个别村社采用与群众协商的办法，在补助款中扣留一定数额的款项，用于本村或本社的诸如道路建设等需要在群众中摊派的公共开支。这种做法虽然是用于公用开支，且得到大多数群众的同意，但这本身与《退耕还林条例》的规定相悖，况且还有部分群众不赞成，从而导致了一些矛盾的出现，造成了不良影响。

三、对今后工作的几点建议

第一，加强领导，强化宣传教育，进一步提高退耕还林管理工作水平。要通过广泛地宣传教育，使大家都充分认识到国家以资金换生态的重要性。从而形成抓好退耕还林管理工作的合力。在解决思想认识问题的基础上，要建立健全科技培训机制，加大科技推广力度，不仅要使广大农民转变传统观念，像种粮一样精心发展林业，而且要使他们能掌握一定的种植管理技术。要不折不扣地贯彻落实国家有关退耕还林政策，组织群众做好退耕还林管理工作；要加强监督检查，注重实效，及时发现和解决存在的问题。

第二，完善制度，明确责任，以强有力的措施加强林木管护工作。林木管护事关退耕还林工作的成败，各级组织一定要抓紧抓好。要广泛宣传、贯彻实施《中华人民共和国森林法》《退耕还林条例》等法律法规，使县上制定的退耕还林管理办法真正落到实处，确保退耕还林管理目标得以实现。要在全县范围内有组织地开展灭鼠、防火、锄草、喷洒农药等日常管理工作。要进一步规范退耕还林补助款的兑现，确保这项工作不出问题。主管部门要认真研究退耕还林管理工作中出现的新情况、新问题。对于复耕复种的问题，要加大处罚力度，以儆效尤，遏制其发展的势头；对于牧羊毁林的问题，要根据有关法律法规，建立健全执法机构，与乡镇紧密配合，加大打击力度，彻底解决封山禁牧工作中有令不行、有禁不止的问题。各乡镇要认真解决管理人员不到位的问题，通过这些措施的实施，确保退耕还林的有效管理。

第三，注重开展好退耕还林后续开发工作。要充分发挥地域优势，走好生态效益和经济效益相结合的路子。在退耕还林管理中，不仅要做到保得住，而且要不断提高林地的质量效益。县、乡政府要注重发挥优势，扬长避短，大力发展有地方特色的经济树种，在退耕还林工程已经完成的情况下，要因地制宜，科学制定规划，适时适地选择树种，合理搭配，采用林果间作、林药间作等多种合理模式，对林地进行管理，立体经营，实现生态效益与经济效益有机结合，以达到改善生态条件，发展经济的目的。

第四，要认真研究解决退耕还林地套种粮食作物的问题。根据《退耕还林条例》的规定，林地套种粮食作物是应当禁止的。但从多年来我县退耕还林管理的实践，在林地套种低秆农作物要比荒地更利于树木生长。调查中我们走过的地方，几乎所有的干部群众都认为，适当种植低秆作物一方面可以增加土壤肥力，另一方面在农田管理过程中的松土、锄草等工序对树木生长非常有利。经证实，凡是套种药材或低秆作物进行过田间管理的地块，树木生长比没有进行过管理的地块要快近1倍。建议县上在大力推广林草间作、林药间作的同时，从实际出发，在保证林地、植被不受破坏的前提下，研究出台解决林粮间作问题的办法，既提高退耕还林管理质量，又解决人地矛盾突出的问题。

第二十一次会议　于2005年11月16日在常委会五楼会议室召开，由许富忠主持。

会议议程有五项：一、人事任免；二、审议通过召开十四届人大四次会议的有关事项（草案）；三、听取和审议政府办公室主任李永成受政府委托所作的《关于县第十四届人民代表大会第三次会议代表意见建议办理情况的报告》、常委会代表联络工委主任王守荣所作的《关于代表意见建议办理情况的督查报告》；四、听取和审议司法局局长陈焕康受政府委托所作的《关于“四五”普法实施情况的报告》；五、听取环保局局长厚连世所作的《关于环保局工作情况的报告》、常委会农业财经工委主任席荣所作的《关于评议县环保局工作的调查报告》，对环保局的工作进行评议和满意度测评，结果为满意，并提出《关于对县环保局工作的评议意见》。会上，政府副县长陈玉梅就落实审议和评议意见作表态发言。

第十四届常委会组成人员聂正国、戴双军、岳具辉、许富忠、王星耀、韩太平、郭应童、席荣、张新民、王守荣、柴玉明、邓颖、阎伟刚、张三相、张来有出席会议；政府副县长陈玉梅、检察院检察长李居洲、法院副院长蔡尚志、政府办公室主任李永成、司法局局长陈焕康、环保局局长厚连世及班子成员，常委会各委室负责人，市人大代表高孟德、王志强，县人大代表马志刚、任跟路列席会议；王丙等3位公民代表应邀旁听会议。

附：

人事任免

李成蹊任县人大常委会农业财经工作委员会副主任

史晓平任县人事局局长

关于评议县环保局工作的调查报告

由常委会副主任许富忠牵头，农业财经和司法民政工作委员会的有关人员组成调查组，从10月8日至10月底，先后深入环保局机关、经济局、民营局、建设局、供暖公司、建筑集团公司和城关镇政府，采取召开座谈会、个别谈话等形式，并通过现场察看古城庙堡水源地保护（主要是几家淀粉厂的关停情况）、受家峡铅锌矿尾矿处理、威戎造纸厂污水处理、西河沿岸污水垃圾倾倒排放及葫芦河南河段污水治理情况，对县环保局2002年成立以来的工作进行了调查了解。现将情况报告如下：

一、主要工作成绩

县环保局自2002年成立以来，在县委、县政府的正确领导和局领导班子的共同努力下，认真贯彻执行国家有关环保法律法规和政策规定，坚持以人为本，按照科学发展观的要求，不断加强宣传教育，强化日常监督管理，重视污染源头治理，加大综合整治力度，全社会的环保国策意识明显增强，环境质量明显改善，局领导班子和队伍素质有了新的提高，管理、监督和服务的职能作用得到了有效发挥，为保障人民群众身心健康，推进全县经济社会的全面可持续发展做出了积极的努力，取得了明显成效。

一是强化宣传教育，环保国策意识不断增强。坚持从中小学生抓起，重视基层基础教育。与宣传、教育等部门联合下发了《关于在全县开展环境宣传教育的通知》，在全县中小学开展了“保护环境，爱我静宁”有奖征文竞赛活动，《获奖作品选》分送各有关单位、企业和学校参阅，并在阿阳实验学校开展了环境警示教育活动；充分利用报纸、电视等新闻媒体，结合“4·22”地球日、“6·5”世界环境日、“12·4”全国法制宣传日，大力宣传环保知识、政策和个案查处情况，举办了全县首届环保法律知识竞赛活动；结合绿色单位创建、生态农业示范园区建设，积极开展了环保知识进社区、进企业、进学校和进乡入村活动，创建了阿阳实验学校、大红碗（静宁）食品有限公司、大地滩等一批绿色环保单位和示范园区。通过多形式的广泛宣传教育，扩大了环保法律普及的覆盖面，有效增强了全县广大干部群众的环保国策意识。

二是重视加强环保基础设施建设，环境质量有了明显改善。坚持按照“生态建设产业化、产业发展生态化、人与自然和谐化、经济发展持续化”的要求，编制了《静宁县生态示范区建设规划》，制定了《静宁县创建生态示范区实施方案》，在农业产业结构调整、农业生态示范园区和生态能源项目建设中，实行综合治理，注重环境经济和社会效益的有机统一，农村生态环境开始逐步走上循环利用、良性发展的轨道；立足可持续发展和资源再利用，积极支持建办了恒达环保再生纸生产线等一批低能耗、低污染、高产出工业项目，秦源食用菌业公司农业、农村废弃资源再生产加工项目；实行政府推动、企业主体市场化运作方式，加强了环境污染治理项目建设。先后协调、督促建成了水泥集团公司烟气粉尘综合治理项目、县医院医疗垃圾焚烧、医疗废水处理项目，有效遏制了结构性污染；加强了对城区环境的日常监测、监管。制定了东峡库区、甘渭河流域庙堡饮用水源保护区污染防治管理办法，强化了对各供水站

（点）水质的不定期监测，有效消除了东峡库区摇蚊幼虫灾情，关停了隆德县王恒造纸厂，使城区饮用水水质稳定达标，保证了城区居民饮水安全。同时，烟尘、噪声、放射源、工业和生活垃圾污水的控制处理也都逐步走上规范化、经常化的轨道，城区人居环境质量稳步提高。

三是不断加大综合整治力度，环保法律法规得到了较好贯彻执行。依法开展专项治理活动，切实加强环境监管。先后开展了清理整顿不法排污企业，烟尘治理、环境噪声整治、医疗废物专项检查、放射源清查等5次较大规模的环保专项治理活动，加大了排污申报和排污费征收的力度。通过多形式、多领域、全方位的执法检查和专项整治，查处了一批违法排污者，有效地维护了广大人民群众的环境权益；严格执行建设项目环保预审制度、环评制度和“三同时”制度，积极推进环境管理重点由末端治理向源头转移，加大了对建设项目在决策规划、论证、建设和环保设施运行等全过程的监管力度，强化了建设项目和重点污染源的环境监督管理工作，污染控制和项目准入制度得到较好的执行，正确处理了经济建设和环境保护协调发展的关系，有效地推进了环境保护各项法律法规的贯彻落实。

四是监督、管理、服务并重，环保职能作用发挥得比较好。围绕全县经济和社会发展大局，加强管理，靠实环保工作职责，与各乡镇、八里工业小区、重点排污单位签订了环保工作目标责任书，配备了环保监察员，扩大了环保工作的覆盖面，有效发挥了统一监管的职能；不断健全完善环保相关制度和执法制度，规范环境管理。立足县情，先后制定出台了建设项目环境保护管理、城区环境噪声功能规划、环境噪声污染防治和烟尘控制区污染防治管理办法等一批规范性文件，修改补充完善了13项行政执法配套制度，为依法开展环境监管，规范环保执法行为，提供了制度保障；坚持“群众利益无小事”的原则，认真办理了人大代表意见和建议，热情接待处理了群众来信来访案件，积极主动地配合省、市、县人大开展了有关环保执法检查和视察活动；多方筹措资金建成了办公楼，改善了办公条件。及时组织人员，参加省、市各类培训，优化人员结构，提高业务素质，重视加强领导班子自身建设，注重与相关部门的配合协作，监督、管理、服务的职能作用得到了有效发挥，2003年和2004年连续2年在全市环保目标责任考核中位居第一。

二、存在的主要困难和问题

环境保护工作虽然在全县上下和职能部门的共同努力下，取得了明显的成绩，但从可持续发展和构建和谐社会的高度来看，仍存在不少困难和问题。

（一）环保国策意识和可持续发展战略意识不强。各级各部门对环境保护与经济发展密切关联的政策性、战略性问题，缺乏整体考虑和筹划，不能把环境保护与经济社会协调发展放到同等重要的位置，经济建设中“先开发、后保护，先污染、后治理”的问题比较突出，影响了人与自然、人与社会的和谐发展。

（二）影响环境质量的矛盾和困难仍然比较多。一是环保经费投入不足，远不能满足环境治理和生态建设的需要，环保基础设施建设滞后。受经费制约，县上和企业自身对环保基础设施投入严重不足，城区公厕和垃圾台数量少，且规划不尽合理，烧鸡加工、餐饮业、出租门店及居民生活垃圾和污水，没有集中处理设施，乱倾乱倒现象严重，医疗废水、废物的处置还不够规范有序，影响了城区环境质量。已经建成废水、废气处理设施的企业，为了节约成本，也只是在上级或有关部门检查时才开启使用，结构性污染没有从根本上得到解决。二是受行政执法权的限制，隆德、西吉两县生产生活污水不经任何处理，直接排入河道，污染我县东峡库区、葫芦河和西河的问题，仍然没有得到有效解决，使城区地表水水质受到潜在威胁。加之库区上游和沿河两岸淀粉、地毯加工和生活垃圾、污水的乱排乱放，使西河、南河污染加剧，群众反映强烈。三是受执法力量和监管手段的制约，农村面源污染日益突出。生态保护、农村饮用水源地管理、畜禽养殖、农村医疗废水、废物处置等监督管理职能不能有效发挥，尤其是近年来农村砖瓦厂和淀粉、地毯加工业的无序发展，使农村环境污染问题日益严重。四是受利益驱动，相关部门之间相互协作配合不够紧密，建设项目环评和“三同时”制度的执行不到位。一些单位、企业不能照章办事，对环保部门的依法监管不重视不配合，执法的外部环境不宽松。

（三）环境管理与执法水平有待提高。一是环保基层基础工作薄弱。各乡镇虽配备了环保监察员，但作用发挥不够理想，环保目标责任书和第一责任人的职责落实不到位。环境监察、监测、信息化建设滞后，执法手段落后，执法靠感觉、凭印象的问题较为突出。二是执法力量严重不足，队伍建设亟待加强。环境监察大队只有牌子没有编制，难以应对面广量大、日益复杂的环境监察工作。局领导班子在自身思想、工作、作风和抓管理、带队伍、强素质等方面还需要不断改进提高。

三、对今后工作的意见和建议

（一）要深入学习贯彻党的十六届四中、五中全会精神，认真落实科学发展观。立足县情，不断探索环保工作的新思路、新途径，按照以人为本和发展循环经济的要求，及早做好“十一五”环保规划的编制准备工作，把环境保护与经济建设统筹安排，协调推进，促进人与自然的和谐相处，促进经济社会的可持续发展；要继续深入开展环保法律、法规宣传教育和环境警示教育活动。积极主动地配合各级人大开展“环保世纪行”和环保执法检查活动，继续加大创建环境优美乡、村、绿色社区、企业和学校工作的力度，教育、司法、法制等部门要积极支持，密切配合，强化宣传，不断增强全社会的环保自律意识，特别是领导干部的环保国策意识，形成全社会关心、支持、参与和监督环保工作的良好风尚。

（二）认真履行职责，依法加强环境日常监管和污染治理力度。进一步强化对重点污染企业、污染源的监测、监督和治理工作，深入开展清理整顿不法排污企业、保障群众健康环保行动，加大对重点污染企业达标情况、污染防治设施运行情况、饮用水源地保护、城区重点地段垃圾、污水、噪声和油烟等影响人民群众生存环境行为的日常监管力度，严格控制污染物排放总量；认真执行《中华人民共和国环境影响评价法》，严把规划和建设项目“环评”关，加强对资源开发建设项目的“环评”审批把关，强化建设项目“环评”和“三同时”制度的执行力度和监督力度，从源头控制环境污染和生态破坏；要立足县情，在积极争取县、乡政府和上级专项资金支持的同时，重视发挥市场的作用，探索“市场化运作，专业化服务，社会化经营”的污染治理新模式，吸引更多的社会资金投向环保，大力加强环保基础设施建设，不断改善环保基础条件；要不断加大对环境违法行为的查处力度，对故意违法、屡查屡犯的案件要公开曝光，对西吉、隆德两县的排污问题，要加强日常监测，积极向上反映、多方协调解决。

（三）要不断推进环保制度创新。进一步健全完善并认真落实环保目标责任制，逐步推行环保一票否决制度，建立环境责任追究和重大环境事项社会公示、听证和专家咨询制度。对环境保护法律法规、环境质量状况、污染治理项目进展情况、项目申报审批情况、重点污染企业、排污收费等群众和社会关注的热点事项，要结合政务公开，定期予以公示，增强环保工作的透明度。并对重大环保事项要接受专家咨询和举行听证，积极鼓励公众参与，充分发挥舆论和社会监督作用。

（四）有关部门要相互协作，齐抓共管，形成合力。环保工作面广量大，是一项社会系统工程，县人民政府要充分发挥统一协调的职能，督促各乡镇和相关职能部门，与环保部门密切协作，互相配合，加大综合执法力度，共同搞好工作。要充分发挥乡镇环保监察员的作用，结合农业产业结构调整，大力推进湿地保护和生物治理工程，认真做好农村面源污染控制和生态环境治理工作；结合城镇化建设，水务等部门要积极主动地配合环保部门尽快制定出台城区建筑垃圾、生活垃圾和锅炉管理办法，搞好新建垃圾填埋场的选址规划工作，合理规划城区公厕，增加公厕数量，进一步规范城区垃圾、烟尘废气和废水的日常监管，切实解决好群众关注的西河、南河污染加剧的问题，不断改善城区环境质量。

（五）不断加强自身建设，进一步提高工作质量和水平。要想方设法，努力解决环境监测、监察基础设施落后等问题，加强环境执法装备能力建设，提高对环境污染突发事件的应急处理能力；树立管理就是服务的观念，不断加强领导班子建设，进一步优化人员结构，建章立制，强化管理，不断增强队伍的思想政治和业务素质，努力造就一支“思想好、作风正、懂业务、会管理”的高素质环保干部队伍，为促进我县经济社会协调、可持续发展、构建和谐静宁，作出应有的贡献。

第二十二次会议　于2005年12月12日在常委会四楼会议室召开，由王星耀主持。

会议议程有六项：一、补选市第一届人大代表1名；二、听取关于县第十四届人大代表补选情况的报告；三、审议通过召开十四届人大四次会议的有关事项（草案）；四、审议通过常委会2005年工作报告；五、审议通过常委会《关于县第十四届人民代表大会第三次会议代表意见建议办理情况的报告》；六、审议通过关于杨彦学代表资格审查情况的报告。

第十四届常委会组成人员聂正国、戴双军、岳具辉、许富忠、王星耀、张金业、朱春林、韩太平、郭应童、席荣、张新民、王守荣、柴玉明、柴桂兰、邓颖、阎伟刚、张三相、张来有出席会议；常委会各委室负责人李成蹊、李金、周世让、张汉基、胡志科列席会议。

附：

人事任免

补选陈铎为市第一届人民代表大会代表

第二十三次会议 于2006年2月24日在常委会四楼会议室召开，由张金业主持。

会议议程有两项：一、人事任免；二、审议通过了常委会2006年工作要点。

第十四届常委会组成人员聂正国、戴双军、岳具辉、许富忠、王星耀、朱春林、张金业、郭应童、席荣、张新民、厚学、王守荣、柴玉明、柴桂兰、邓颖、张三相、张来有出席会议；县委常委、政府常务副县长位志贤，法院副院长蔡尚志、检察院检察长李居洲、政府办公室主任李永成、县委组织部组织员薛仁杰，常委会各委室负责人李金、周世让、张汉基、胡志科列席会议。

附：

人事任免

胡志科任县人大常委会信访室主任，免去县人大常委会代表联络工作委员会副主任职务

樊　旺任县水务局局长

免去：

高孟德县水务局局长职务

县人大常委会2006年重点工作安排情况表

表4-31

<table>
<tr><th>时间</th><th>主要工作</th><th>分管领导</th><th>牵头部门</th><th>参与部门</th></tr>
<tr><td rowspan="6">1至2月</td><td>县人大代表小组组长培训</td><td rowspan="4">岳具辉</td><td rowspan="4">代表联络委
办公室</td><td rowspan="4">有关委、办</td></tr>
<tr><td>乡镇人大主席会议</td></tr>
<tr><td>人大任命“一府两院”干部述职报告评议通报会</td></tr>
<tr><td>人大与政府工作联系会</td></tr>
<tr><td>人大与法院、检察院工作联系会</td><td>张金业</td><td>司法民政委</td><td>办公室</td></tr>
<tr><td>县第十四届人大常委会第二十三次会议：1.讨论通过2006年工作要点；2.其他事项</td><td rowspan="2">岳具辉</td><td rowspan="2">办公室
代表联络委</td><td rowspan="2">有关委、办</td></tr>
<tr><td rowspan="2">3至4月</td><td>交办县十四届人大四次会议代表议案和意见、建议</td></tr>
<tr><td>调研优化教师结构和学校布局工作</td><td>王星耀
朱春林</td><td>教科文卫委</td><td>办公室</td></tr>
</table>

续表4-31

时间	主要工作	分管领导	牵头部门	参与部门
3至4月	检查药品管理法执行情况	张金业	司法民政委	办公室
	调查县法院内部审判监督工作情况			
	检查动植物检疫法执行情况	戴双军	农财委	办公室
	调查解决农村人畜饮水困难工作情况			
	县第十四届人大常委会第二十四次会议：1. 听取、审议县政府关于2006年财政预算调整的报告；2.听取、审议县政府关于2006年国民经济和社会发展计划调整的报告；3.听取、审议县法院关于审判机关内部监督工作的报告	岳具辉	办公室 代表联络委	农财委 司法民政委
	督查通乡油路、新型农村合作医疗试点议案办理工作			
5至6月	视察农业综合开发工作	戴双军	农财委	办公室
	县公安局工作评议调查	张金业	司法民政委	办公室
	县第十四届人大常委会第二十五次会议：1. 听取、审议县政府关于财政同级审情况的报告；2.审议县政府关于“五五”普法规划的报告；3.对县公安局工作进行评议	岳具辉	办公室 代表联络委	农财委 司法民政委
7至8月	视察八里工业园区基础设施建设工作情况	许富忠	农财委	办公室
	视察社会主义新农村建设实施工作	戴双军	农财委	办公室
	调查县检察院法律监督工作情况	张金业	司法民政委	办公室
	县科技局述职评议调查	王星耀 朱春林	教科文卫委	办公室
	县第十四届人大常委会第二十六次会议：1. 听取、审议县政府关于公共安全保障工作情况的报告；2.听取、审议县检察院关于法律监督工作情况的报告；3.对科技局进行述职评议	岳具辉	办公室 代表联络委	有关委、办
	重点代表意见、建议协调督办会议			
9至10月	视察县城“四化一通”工程实施情况	许富忠	农财委	办公室
	视察通乡油路工程建设工作	戴双军	农财委	办公室
	调查加强农村医疗机构服务能力建设工作情况	王星耀 朱春林	教科文卫委	办公室
	县第十四届人大常委会第二十七次会议：1. 听取、审议县政府关于县十四届人大四次会议代表议案和意见、建议办理情况的报告；2.听取、审议县政府关于县城“四化一通”工程实施工作情况的报告；3.听取、审议县政府关于加强农村医疗机构服务能力建设工作情况的报告	岳具辉	办公室 代表联络委	有关委、办

续表4-31

时间	主要工作	分管领导	牵头部门	参与部门
11至12月	1.检查县人大及其常委会有关决议、决定、审议意见的办理落实情况;2.走访代表、检查“四带头、做模范”活动落实情况	岳具辉	办公室 代表联络委	有关委、办
	县第十四届人大常委会第二十八次会议:1. 听取、审议县政府关于县人大常委会有关决议、决定、审议意见办理落实情况的报告;2.讨论召开县十四届人大五次会议有关情况	岳具辉	代表联络委 办公室	各委、办
	1. 筹备召开县十四届人大五次会议;2. 总结2006年工作,制定2007年工作要点			

第二十四次会议　于2006年3月30日在常委会五楼会议室召开，由戴双军主持。

会议议程有三项：一、人事任免；二、听取和审议财政局局长王运军受政府委托所作的《关于2006年全县财政收支预算调整情况的报告》，作出《关于静宁县2006年财政收支预算调整的决议》；三、听取和审议法院副院长蔡尚志所作的《静宁县人民法院内部监督工作报告》、常委会司法民政工委主任张汉基所作的《关于县人民法院内部审判监督工作情况的调查报告》。会上，政府常务副县长位志贤、新任副县长李文平分别作表态发言。

第十四届常委会组成人员聂正国、戴双军、岳具辉、许富忠、王星耀、朱春林、张金业、郭应童、席荣、张新民、厚学、王守荣、柴玉明、阎伟刚、张三相、张来有出席会议；县委常委、政府常务副县长位志贤，县委常委、组织部部长徐爱国，政府副县长李文平、检察院检察长李居洲、法院副院长蔡尚志、政府办公室副主任张淋冰、财政局局长王运军，常委会各委室负责人李金、张汉基、李成蹊、周世让、胡志科，市人大代表李读、沙芳琴，县人大代表马志刚、朱宗乾列席会议；张绍强、李鹏勇、潘军武、陈小兵等5位公民代表应邀旁听会议。

附：

人事任免

李文平任县人民政府副县长

免去李雪云县人民政府副县长职务

县人民政府副县长李文平个人情况表

表4-32

姓名	性别	民族	出生年月	籍贯	文化程度	入党时间	工作时间	工作简历
李文平	男	汉	1963.12	甘肃通渭	本科	1991.7	1985.7	曾在静宁县化工厂工作；历任静宁县陇兴化工公司副经理、经理,陇兴化工公司经理、党委副书记（享受副县级待遇）,静宁县政协副主席兼陇兴化工公司经理、党委副书记

关于县人民法院内部审判监督工作情况的调查报告

由常委会副主任张金业带领人大常委会有关工委负责人组成的调查组，3月21日至23日，先后深入法院有关庭、室、雷大和威成2个基层法庭，采取召开小型座谈会、抽查案卷、实地察看等方式，对县人民法院内部审判监督工作情况，进行了调查了解。

一、主要做法和成效

从调查看，近年来，县人民法院坚持以公正与效率为主题，按照司法为民的要求，不断健全内部审判监督制约机制，完善审判监督体系，强化审判监督程序，严格责任追究，有效提高了办案质量和效率，规范了执法行为，促进了执法公正，较好地维护了法律的公平与正义。

一是建立、健全和完善内部审判监督制约机制，初步形成了一套比较规范有序的监督制度。适应新形势的需要，按照立、审、执、监分离的原则，县人民法院逐步建立、健全和完善了以党组、审判委员会、院长、院务会议事规则、岗位目标管理、审判流程管理、办案差错责任追究办法、法官行为规范等为主的47项制度，从立案、审判、执行、申诉、上访、案件评查、队伍管理等各个方面，基本上都能做到有章可循，规范运作，达到了用制度管人、管事的目的，为确保案件质量奠定了基础。

二是强化以大立案为主体的审判流程管理，实行排期开庭制度。除甘沟、雷大和威戎3个基层法庭自行立案定期上报外，八里法庭和县院其他业务庭的所有案件都由立案庭统一审查、统一受理、统一排期、统一催办、统一填写结案卡片、统一跟踪问效，对诉讼费用的预收、结算和清退，法律文书的送达，都指定专人负责，有效方便了群众诉讼，缩短了审期，节约了诉讼成本，规范了对案件各个环节的监督管理。

三是重视发挥审监庭的作用，强化了对案件质量的监督。按照审、监分离的原则，县人民法院及时成立了审监庭，选派了2名政治素质、业务能力比较强、办案经验比较丰富的老同志，专门负责这项工作。对当月报结的所有案件实行当月评查、当月通报，对存在问题的案件要求限期整改；对二审、再审、申诉案件和领导机关批办、转办、督办的重大信访案件，及时进行重点评查，提出处理意见。如去年在对张某某与张某某、李某某补偿费用分配纠纷一案的审查中，发现该案案由不准、处理不当，经审监庭依法进行再审后，当事人很快息诉服判；同时，结合年度执法大检查，对全年所结案件应当评查的全部进行专项评查，按照优秀、良好、合格、不合格四个等次进行分类，作为年终考核的重要依据。做到了定期评查、专项评查和重点评查的有机结合，较好地发挥了审监庭对案件质量的监督把关作用。

四是细化完善审判委员会、院长、庭长的监督权限。按照审判独立和监督制约并重的原则，进一步修订、完善了审判委员会议事规则，充实加强了审判委员会人员，强化了分管副院长、庭长对案件审限、程序、实体、法律文书签发、决定回避等重要环节的监督力度，落实了审判员、庭长、院长和审判委员会“四级”审核把关责任制。同时，在充分尊重主审人员意见的基础上，重视发挥合议庭对案件的监督作用，调动合议庭的工作主动性和责任性。

五是加大对违法违纪和执法过错责任追究的力度，加强了队伍建设。坚持教育、制度和监督并重的原则，重视发挥纪检、政工人员、庭长、院长的行政监督职能作用，把开展集中教育整顿和日常管理、八小时以外和八小时以内、内部和外部监督有机结合起来，通过案件评查、回访有关案件当事人、开通举报电话、设立意见箱等方式，有效加强了对队伍的日常监管。对审判、执行过程中发现违法违纪、造成重大社会影响的人和事，进行了严肃追究。如去年对一执行工作中因采用械具不当而引发当事人上访缠诉的案件，法院根据有关规定，分别对有关人员作了严肃处理。

二、存在的主要问题

尽管法院在加强内部审判监督方面做了许多工作，也取得了明显成效。但从新形势对审判工作的新要求和人民群众的期望来看，还存在一些值得重视的问题，需要在今后工作中进一步改进和加强。

（一）从思想认识上看，还不同程度地存在着内部自我监督意识不强、自觉性不高的问题。一些人认为，当前外部对审判权有党组织、人大、检察院和新闻媒体等多种监督途径，法院实施内部监督由于受现行司法体制、行政干预、人员自身素质等因素的影响，作用不大，效果不明显。因而，从思想上对内部监督认识不明确，重视程度不够。

（二）从内部监督职能和对审判权制约监督的运行上看，还存在着监督权力不实、作用发挥不力、制度措施落实不到位等问题。以请示、汇报等行政方式取代审判监督的现象依然存在；审监、纪检和政工等部门在积极主动地开展监督方面心存顾虑，有畏难情绪，对个别违法违纪人员，不能严格依法处理，而是大事化小、小事化了。同时，在一些方面还存在着制度不够健全完善，行政管理和审判监督职责不够明确，重行政领导轻审判监督、重实体监督轻程序监督的问题。

（三）从抽查有关案卷的情况看，还存在着审委会对一些案件的讨论不够认真细致，庭长、主管副院长对案件的审核把关不严，医院的诊断证明和有些复印件证据的索取不规范，调查取证工作不够扎实细致，个别案件的办理比较简单粗糙、质量还不够高等问题。

三、改进的意见建议

针对以上问题，提出如下改进的意见和建议：

（一）要充分认识改进和加强内部审判监督工作的重要性和必要性。审判权和其他权力一样，失去制约监督就会出现滥用职权和产生腐败。探索完善法院内部对司法权制约监督的有效措施，是新时期发挥好法院内部制约监督作用，杜绝枉法裁判、执法犯法问题，实现司法权运行公正与效率的重要措施，是促进司法廉洁、实现司法为民的重要保障。要把内部监督和外部监督放在同等重要的位置，思想上高度重视，工作上严格要求，制度上狠抓落实。

（二）要积极探索审判监督改革的新路子，努力构建完善审判监督工作的长效机制。要继续把审判监督改革作为法院改革的重点来抓，在规范立案标准、审理时限、完善举证、认证、质证规则等方面进行积极的探索，进一步规范审判运行、审判流程管理、案件质量评价和法官考评等方面的制度。同时，要充分发挥审监、纪检、政工等部门的职能作用，加大“两错”责任追究力度，把对人和对事的监督、审判组织与行政的监督、各庭室之间的相互监督有机结合起来，使之形成相互协作配合、相互监督制约的有机整体，确保审判的独立性、监督的有效性和司法的公正性。

（三）要正确处理好审判独立与监督制约、权力下放与审核把关的关系，切实发挥好内部监督作用，进一步提高案件质量。在扩大合议庭和独任审判员权力的同时，要充分发挥审判委员会的监督职能，定期不定期研究讨论案件和审判工作中的重大问题。审委会成员要在吃透案情、听取主审人员意见的基础上，充分发表个人意见，集思广益，坚决杜绝错案及关系案、人情案的发生。要进一步强化院长、庭长对所有中止、调解、撤诉和判决案件的审核把关作用。同时，要正确处理好行政监督与审判监督、实体监督与程序监督的关系，使院长、庭长的监督重点，从案件的实体问题转到对审判人员违法审判活动的监督上，通过对审判活动程序的监督，保证其对实体问题处理的公正。

（四）要适当充实加强审监、纪检、政工等部门的工作力量，进一步提高政治业务素质，充分发挥其职能作用。在案件评查、执法检查和违法违纪查处等工作中，要从严要求，依法依章办事。对一些证据不规范、法律文书的制作太简单潦草的案件要采取有效措施，予以查纠整改，绝不能走过场，搞形式主义。要加强对申诉、再审案件的审核把关，保障当事人的合法权益。对涉诉信访人员要热情接待、做好耐心细致的说法释理工作，不能简单地一推了之。对确因司法不公或办案人员作风问题而引起的上访，要严肃追究有关人员的责任，使司法为民的各项措施真正落到实处，在促进和谐平安静宁建设进程中发挥积极的作用。

第二十五次会议　于2006年6月28日在常委会五楼会议室召开，由岳具辉主持。

会议议程有三项：一、人事任免；二、听取和审议审计局局长慕锡武受政府委托所作的《关于2005年度县级财政预算执行情况的审计工作报告》；三、听取公安局局长薛小勇所作的《关于公安工作情况的报告》、常委会司法民政工委主任张汉基所作的《关于评议县公安局工作的调查报告》，对公安局的工作进行评议和民主测评，结果为满意，并提出《关于对县公安局工作的评议意见》。会上，政府常务副县长位志贤就落实审议意见、公安局局长薛小勇就落实评议意见，新任命的林业局、劳保局、科技局、统计局负责人分别作表态发言。

第十四届常委会组成人员聂正国、戴双军、岳具辉、许富忠、王星耀、朱春林、张金业、郭应童、席荣、张新民、厚学、王守荣、柴玉明、柴桂兰、邓颖、张三相、张来有、阎伟刚出席会议；县委常委、政府常务副县长位志贤，公安局局长薛小勇、政委刘学，法院副院长张正伟、检察院副检察长徐宝玉、县委组织部副部长高赫、县委政法委副书记张永科、政府办公室副主任张淋冰、财政局局长王运军、监察局局长陈尚孔，常委会各委室负责人张汉基、李金、胡志科、李成蹊、周世让，市人大代表杨旭、王志强、刘东光，县人大代表张琪洲、李振宇、王智甲列席会议；张共和、张团军、司向红等7名公民代表应邀旁听会议。

附：

人事任免

李　金任县人大常委会办公室主任

高长茂任县人大常委会农业财经工作委员会主任

马志刚任县人大常委会司法民政工作委员会副主任

杨毅民任县人大常委会教科文卫工作委员会副主任

杨向前任县林业局局长

赵贤君任县劳动和社会保障局局长

孙青茂任县科学技术局局长

胡耀国任县统计局局长

戴红喜任县人民法院审判委员会委员

张学焦任县人民法院审判委员会委员

阎学忠任县人民法院审判员

李多友任县人民法院审判员

王银铜任县人民法院审判员

郗丽萍任县人民法院审判员

李升学任县人民检察院检察员

潘　钰任县人民检察院检察员

王船堆任县人民检察院检察员

梁立文任县人民检察院检察员

免去：

郭应童县人大常委会办公室主任职务

席　荣县人大常委会农业财经工作委员会主任职务

戴三姓县林业局局长职务

王玉杰县劳动和社会保障局局长职务

姚国奇县科学技术局局长职务

杨晓光县统计局局长职务

李海良县人民法院审判员、审判委员会委员职务

李祖辉县人民法院审判员职务

李继民县人民法院审判员职务

靳惠兰县人民法院审判员职务

张治斌县人民法院审判员职务
张长树县人民法院审判员职务
郭耀童县人民法院审判员职务
孙延震县人民检察院副检察长职务

关于评议县公安局工作的调查报告

一、调查的方式方法和基本情况

根据县人大常委会评议公安局工作的安排意见，由常委会副主任张金业牵头，有关委、办负责人组成调查组，本着民主公开、客观公正的原则，从4月21日至29日，先后深入公安局机关、县委政法委、法院、检察院、司法局、交警大队和古城、威戎、甘沟、原安、城关5个乡镇及所属基层派出所，采取个别谈话、召开座谈会、发放问卷表和实地察看等方式方法，对2002年以来的公安工作进行了比较全面细致的调查了解。具体讲，一是和公安局领导班子成员、各科、所、队和有关单位、乡镇负责人，进行个别谈话30多人（次），召开座谈会11场，参加人数130多人，现场察看基层派出所4个。二是在乡镇召开座谈会的同时，进行了问卷调查。共发放问卷调查表94份，收回94份。参与问卷调查的人员包括干部职工、居民、农民、个体私营业主和人大代表等各方面的代表共103人。内容涉及当前全县社会治安状况、打击处理违法犯罪、执法执纪办案质量、服务态度、班子和队伍建设、存在的主要问题和改进意见等13个方面。从统计的结果看，认为以上几个方面工作好、较好，满意、基本满意，高、较高，规范、比较规范的占55.8%；认为一般的占27.4%；认为差、不满意、不规范的占16.8%。

二、对近年来公安局工作成绩的基本评价

2002年以来，全县公安工作在县委、县政府的正确领导下，在局领导班子和广大干警的共同努力下，坚持以“三个代表”重要思想、党的十六大和十六届四中、五中全会精神为指针，按照抓班子、带队伍、促工作、保平安的工作思路，不断加大严打整治力度，重视加强班子和队伍建设，进一步夯实基层基础工作，在维护全县政治稳定、社会安定、推进平安和谐静宁建设进程中发挥了积极作用，整体工作近年来一直位居省、市前列，先后4次被命名为省优、省模范公安局。

（一）坚持打防控结合，较好地维护了全县政治稳定和社会安定。一是积极稳妥地处理和化解了各类社会矛盾，为经济社会协调发展创造了安定的政治环境。立足全县改革、发展和稳定的大局，不断健全完善预警、矛盾纠纷排查、应急处置和情报信息反馈工作机制，加大预防控制力度，积极主动地配合县、乡党委、政府排查化解了一些群体矛盾纠纷。坚持预防控制和打击处理相结合，正确处置了邪教组织的违法活动，以及个别敌对势力和敌对分子的破坏活动，维护了全县社会政治稳定。二是坚持“严打”方针不动摇，重大刑事案件的侦破查处工作成效明显。以“命案必破”“大案必破”为龙头，有针对性地组织开展了各类集中行动和破案战役，成功破获了多起杀人、抢劫、强奸、伤害等重特大案件，打击了犯罪分子的嚣张气焰，受到了广大群众的好评。2002年以来，县公安局刑事案件破案绝对数、人均破案数、破案率和追逃工作一直位居全市前列，刑侦工作“六条经验”等一些好的做法在全省公安机关推广。三是坚持安全防范和综合整治相结合，社会治安秩序逐步好转，为人民群众安居乐业创造了比较良好的法治环境。认真落实社会治安综合治理目标责任，在农村构建“十户五联”的治安联防模式，在城区推行“社区警务”战略，实行打防控结合。在坚持抓管理、搞防范、促创建的同时，通过定期开展缉枪治暴、扫黄打非、禁毒、流动人口管理、安全防火、交通安全、特种行业和经济秩序整顿等集中整治活动，加大了治安案件的查处力度，加强了对重点单位、行业和社会面的防控工作，有效净化了社会治安环境，维护了社会安定。从问卷看，群众对当前社会治安状况认为满意和基本满意的占到80%以上。

（二）坚持抓基层抓基础，为全面提升公安工作水平创造了有利条件，按照抓基层、打基础、苦练基本功的要求，加强了公安规范化建设。一是积极开展了争创人民满意单位活动。坚持领导包干、抓点带面、整体推进，在各科、室、所、队开展争先创优和争创示范单位活动，13个基层派出所全部晋等升级，“两所”建设得到了不断加强，看守所实现了41年安全无事故，一些基层单位多次荣获上级的命名表彰和记功嘉奖。二是大力加强基础设施建设，不断夯实公安工作发展的平台。针对公安机关办公、交通、通讯等基础设施建设严重滞后，制约工作水平和执法能力进一步提高的实际，紧紧抓住国家有关政策性投资机遇，牢固树立跑项目、争资金意识，千方百计，多方筹措争取，近年来，共计争取投资1000多万元，先后建成标准化派出所11个，购置办案车辆28辆，对看守所和武警中队进行了迁建。同时，围绕实施“金盾工程”，坚持科技强警，完成了县局三级公安区域网的提速改造工作，进一步加快了办公信息化建设的步伐，有效提高了办案的效率。

（三）坚持以队伍正规化建设为龙头，重视加强自身建设，总体执法质量和水平在逐步提高。一是以各类集中教育和大练兵活动为契机，不断强化队伍政治素质和业务技能的学习培训。始终围绕“为谁执法，为谁服务”这一主题，认真组织开展了保持共产党员先进性教育、“规范执法行为，促进执法公正”和“整风纪、树形象”等集中学习教育活动，强化了队伍的政治意识和宗旨意识。同时，针对公安工作实际，广泛开展了全员大练兵活动，有效提高了队伍的业务技能和实战经验，达到了练业务、练技能、强素质、树形象的目的。二是不断健全完善各项规章制度，重视加强了队伍的监督管理。从教育、监督、预防入手，着眼于队伍管理长效机制建设，先后建立、健全和完善了内部监督管理制度28种，汇编成书，人手1册，对照执行。在充分发挥内部纪检、督察和法制部门职能作用，严格“两错”责任追究，认真开展执法案件评查的基础上，在全社会聘请了90名执法执纪监督员，把内外监督有机结合起来。近年来，没有发生大的违法违纪的人和事。同时，实行政务公开、警务公开，改革管理体制，简化办事程序，推行服务承诺制，方便了群众，增强了透明度。从我们对干警公正执法和文明办案的问卷情况看，认为满意和基本满意的占70%左右。

三、存在的主要问题和困难

尽管全县公安工作近年来取得了比较明显的成效，但从构建平安和谐社会的高度和广大人民群众的期望来看，仍然存在不少的问题和困难，需要在今后工作中不断改进和加强。

（一）警力严重不足和经费短缺，客观上制约了公安工作的进一步发展。全县共有在编民警和工勤人员154名，其中政法公安编制124名，仅占全县人口总数的0.027%左右，2万~3万人的乡镇派出所也只有4名左右的民警，与全国的0.08%相比，差距很大。加之经费短缺，正常的办案经费、车辆燃油费用、医疗费和差旅补助，无法及时兑现，直接影响了民警办案的积极性和工作效率。

（二）预防、控制和打击犯罪的机制还不够完善，社会治安防控体系建设滞后。对入室、自行车、摩托车盗窃等多发性侵财案件，缺乏有效的防控手段，存在立案不实、破案率低的问题；对黄、赌、毒等社会丑恶现象和一些特殊行业的防范措施不到位；在日常治安管理方面，重打击、轻预防，重罚款、轻刑罚，重集中行动、轻日常监管的现象不同程度地存在。

（三）基层户证特别是一些撤并乡镇的户证管理比较混乱，乱收费现象严重，群众反映比较集中，意见很大。在办理户口本、进行人口入户核对等工作中，存在人口漏上、姓名、性别、出生日期错误等问题，在纠正时，都有不同程度的收费。据反映，一些派出所纠正1个错字最低收费50元，开1份当兵政审表最低收费100元，户口漏上的重新入户每人最低收费200元。个别派出所甚至于漫天要价，与群众讨价还价，影响很坏。

（四）一些干警在服务态度、工作作风、办案质量和自身素质等方面，群众还有不满意的地方。在一些派出所还存在着有案不立、立案不及时、办案不够主动、效率和质量不高等问题；个别干警执行“五条禁令”不够严格，特权思想严重，工作期间酗酒的现象有禁不止，服务群众的意识淡薄，自身素质不高，影响了公安队伍的形象。在对民警遵纪守法和执行“五条禁令”情况的问卷调查中，认为做得好和较好的占58%，认为一般和差的占42%。

（五）局机关在内部管理和制度建设上，还需进一步改进和加强。尽管制度比较健全，但在落实上还有不到位的地方。特别是在队伍管理、服务承诺、公开透明、罚没款的收缴、管理和使用等方面，制度落实不力，群众还有意见。在对公安局今后应在哪些方面进一步改进和加强的五项问卷中，其中认为应加强制度建设的就占到了33%。

四、对今后工作的意见和建议

（一）要从构建平安和谐静宁的高度出发，正确处理改革发展和稳定的关系，着力从源头上减少和化解社会不稳定因素。要不断健全和完善处置群体性事件和重大案件的预警机制、应急机制，加强情报信息建设，深入排查影响社会稳定的重大隐患和突出问题，努力把各种不稳定因素化解在基层和萌芽状态，为全县经济发展创造稳定的政治环境；坚持“严打”方针不动摇，以打击严重暴力犯罪、流氓团伙犯罪、多发性侵财犯罪为重点，坚持把集中打击、专项斗争和经常性打击有机结合起来，努力增强打击的及时性、针对性和实效性，全力维护社会安定，进一步推进平安建设。

（二）要继续推进打防控一体化建设，坚持打防结合、管控结合、专群结合，进一步提高社会治安管理的能力。要逐步探索研究新形势下加强社会治安综合治理的有效途径，牢固树立“警力有限，民力无穷”的思想，加强对治安联防队员、农村和社区治保人员以及居民小区物业管理人员的教育培训力度，深入开展平安社区、平安乡村创建活动，紧紧依靠和动员社会力量参与社会治安防范管理，不断加强社会治安防控体系建设；要切实加强对“五类人员”的管理、教育和服务，特别要加强对流动人口中有违法犯罪倾向的人、未改造好的刑释解教人员、有不良行为的闲散青少年的管理、教育和转化工作，预防这类人员走上违法犯罪的道路。公安局要和有关部门加强协作配合，加大对网吧、棋牌室、洗脚房等重点行业的综合整治力度，预防黄、赌、毒等社会丑恶现象的滋生蔓延，净化社会环境；坚持有案必立，加大对入室、自行车、摩托车等盗窃侵财案件的查处破案力度，认真解决好盗窃案件立案不实、破案率低的问题，以实际行动赢得群众的信赖和支持。

（三）要在不断建立、健全和完善各项管理制度的同时，进一步加大对现有制度的督查落实力度。坚持便民、利民和惠民的原则，规范户证管理工作，严格收费标准，坚决防止乱收费；认真落实八项服务承诺制度，严格执行收支两条线的规定，规范罚没款的收缴、管理和使用，坚决杜绝“白条”现象。要大力推行警务公开，对所有收费和服务项目，都要上墙公示，做到公开透明。同时，纪检、督察和法制等内部监督部门要充分发挥职能作用，加大对制度的督查落实力度，要重视发挥执法执纪监督员、新闻媒体和社会舆论的监督作用，把内外监督有机结合起来，不断推进公安工作的制度化、规范化和法制化建设。

（四）要牢固树立执法为民的思想，进一步加强队伍建设，不断提高执法质量和水平。要继续巩固和扩大各类集中教育活动成果，当前尤其要以学习贯彻党章和社会主义荣辱观教育为重点，继续深入开展大练兵活动，坚持内强素质、外树形象，牢固树立执法为民思想，不断提高队伍的政治素质和业务技能。坚持科技强警，逐步引进、配备一批先进刑侦设备和高、精、专技术人才，特别要重视培养一批经济执法类的专业人才，进一步提高经侦破案能力；要不断规范执法行为，促进执法公正。认真落实执法质量考核评议制度，定期进行案件质量评查，大力改进工作作风，切实抓好整纪纠风工作，不断加强领导班子建设，努力增强为民服务的意识，确保严格、公正、文明执法；要坚持从严治警、从优待警。严格执行“五条禁令”，对个别吃、拿、卡、要，严重影响队伍形象的干警，要依法依纪予以严肃查处，决不能姑息迁就。重视解决好民警特别是一线民警的政治、经济待遇，有条件的情况下，要实行轮休轮岗和定期体检制度，关心干警的生活疾苦，有效调动全体干警工作的积极性和主动性，为维护全县社会稳定作出新的更大的贡献。

第二十六次会议　于2006年8月24日在常委会五楼会议室召开，由许富忠主持。

会议议程有四项：一、人事任免；二、听取和审议政府办公室主任李永成受政府委托所作的《关于社会公共安全保障工作情况的报告》；三、听取和审议司法局局长陈焕康受政府委托所作的《关于在全县公民中开展法制宣传教育的第五个五年规划的报告》，作出《关于加强法制宣传教育的决议》；四、听取和审议检察院检察长李居洲所作的《关于开展法律监督工作情况的报告》、常委会司法民政工委主任张汉基所作的《关于县人民检察院法律监督工作情况的调查报告》。会上，政府副县长樊建军就落实审议意见作表态发言。

第十四届常委会组成人员聂正国、戴双军、岳具辉、许富忠、王星耀、朱春林、张金业、郭应童、席荣、张新民、厚学、王守荣、柴玉明、邓颖、张三相、张来有出席会议；政府副县长樊建军、检察院检察长李居洲、法院副院长蔡尚志、政府办公室主任李永成、司法局局长陈焕康，常委会各委室负责人高长茂、张汉基、杨晓光、李成蹊、周世让、马志刚、杨毅民，市人大代表李读、杨旭，县人大代表胡耀国、张秉鑑、魏新娥列席会议；王锡功、任建明、梁立文、阎亚平4名公民代表应邀旁听会议。

附：

人事任免

周永宏任县人民政府副县长

免去车龙海县人民政府副县长职务

县人民政府副县长周永宏个人情况表

表4–33

姓名	性别	民族	出生年月	籍贯	文化程度	入党时间	工作时间	主要工作经历
周永宏	男	汉	1962.12	甘肃泾川	本科	1989.1	1978.10	曾在灵台县东关小学、灵台县科委、体委，平凉市农牧局、旅游局，省社科联工作；历任灵台县体委副主任、科委副主任兼科技开发中心主任，平凉市农牧局人秘科副科长兼农业综合部主任、市旅游局市场规划科科长，省社科联联合部副部长

关于县人民检察院法律监督工作情况的调查报告

由张金业副主任带领人大常委会司法民政工委负责人组成的调查组，从7月11日至21日，先后深入检察院机关有关科、室，法院、公安局和检察院驻看守所检察室，采取召开座谈会、实地察看等方式，对县人民检察院实施法律监督工作情况，进行了调查了解。

一、主要做法和成效

从调查看，近年来，县人民检察院坚持以“强化法律监督，维护公平正义”为主题，按照司法为民的要求，紧紧围绕全县改革、发展和稳定的大局，不断健全完善法律监督机制，强化法律监督职能，有效规范了执法行为，促进了执法公正，为推进平安和谐静宁建设发挥了积极作用。一是认真开展各类主题教育活动，增强了监督能力。按照上级检察院和县委的要求，结合新时期检察工作实际，先后集中开展了保持共产党员先进性教育、“规范执法行为，促进执法公正”“整风纪，树形象”、社会主义荣辱观和社会主义法治理念等专题教育活动，通过认真学、深入查、积极改，有效提高了干警的政治业务素质，为更好地开展法律监督工作奠定了坚实的基础。二是积极开展法律监督，较好地维护了司法公正。坚持打击犯罪与保障人权相统一的原则，通过发出检察或口头建议、纠正违法通知书、退回侦查、追加起诉、及时受理监管人员控告申诉等手段，加强了对刑事立案、侦查、刑罚执行和监管活动的监督，有效预防和监督纠正了该捕未捕、该诉未诉、不该立案而立案、以罚代刑、超期羁押以及侵犯当事人合法权益问题的发生。2005年以来，共监督公安机关撤销案件2件，决定追加逮捕起诉各1人，决定不批准逮捕8案14人，不起诉2案2人，要求公安机关补充证据40件（次）；通过调卷审查、受理当事人申诉、发出再审检察建议和依法提起抗诉等方式，强化了对法院审判环节的监督，较好地防止和纠正了违反法定程序、侵犯诉讼权利和超审限等问题，维护了法律的公平正义。2005年以来，共提请抗诉案件2件，发出检察建议1件；坚持预防与查处相结合，把查办国家工作人员职务犯罪和侵权渎职案件，作为强化法律监督的重要手段，2005年以来，共立案侦查4件8人，为国家挽回直接经济损失50余万元。同时，通过集中开展对破坏社会主义市场经济秩序、制售假冒伪劣商品、侵犯知识产权、治理商业贿赂、监所检察等专项监督活动，解决了执法中一些群众反映强烈的问题，取得了较好的法律效果和社会效果。三是不断健全完善内外监督制约机制，提高了监督水平。坚持把外部监督和内部监督有机结合起来，建立了人民监督员制度，经县人大批准聘任了5名人民监督员，自觉接受人民监督员和社会各界的监督。按照互相监督、互相配合、互相制约的原则，加强了与侦查和审判机关的经常性联系沟通，确保了监督工作的针对性和实效性。同时，制定了自侦、批捕、起诉、控申、监所等内部相互监督制约的各项规章制度，结合规范执法专项整改活动，制定了《廉洁从检十项纪律》和《办案工作警示》，提出了“五不准”和“六个严禁”的行为规范要求，有效规范了执法活动，提高了办案、监督的质量和水平。

二、存在的主要困难和问题

尽管检察院在开展法律监督方面做了许多工作，也取得了比较好的成效，但从新形势对检察工作的新要求和人民群众的期望来看，还存在一些值得重视的问题，需要在今后工作中进一步改进和加强。

（一）依法开展法律监督的思想还树立得不牢固。一些检察人员对法律监督职责缺乏全面正确的认识，在执法活动中有畏难情绪，重与其他部门的协调配合轻监督制约，不愿、不敢和不善于监督的问题不同程度地存在。

（二）检察队伍的整体素质还有待提高。一些检察人员的自身素质不高，法律监督能力不强，不善于及时发现执法和司法活动中的违法问题，致使一些违法现象不能得到及时有效的纠正，影响了法律监督的效果和检察机关的形象。

（三）法律监督的一些程序和手段规定得过于原则。民事行政审判监督权和通知纠正权缺乏法律强制力，在实际工作中缺乏可操作性。由于法律规定的不具体和办案人员各自理解认识上的不一致，导致检察机关的个别抗诉案件和一些纠正违法活动的意见，得不到审判、侦查机关的认可而不了了之，监督效果不佳。

（四）法律监督的渠道还不顺畅。法律监督工作在一定程度上还得不到社会各界、有关部门的理解、支持和配合，同时，检察机关自身与法院、公安在相互协调沟通上，还不够积极主动，办法不多，渠道不畅，加之内设机构职级配备不统一等，在一定程度上影响了法律监督工作的有效开展。

三、改进的意见和建议

针对以上问题，提出如下改进的意见和建议：

（一）深入开展社会主义法治理念教育，进一步加强队伍建设。要认真学习贯彻《中共中央关于进一步加强人民法院、人民检察院工作的决定》，按照立检为公、司法为民的要求，加大对检察干警的教育培训力度，严格队伍管理，不断提高干警的政治素质、职业道德水平和业务能力，努力建设一支政治坚定、业务精通、作风优良、执法公正、敢于监督和善于监督的高素质检察队伍。要牢固树立正确的执法观，坚持以人为本，强化法治意识、程序意识和人权保障意识，进一步增强做好法律监督工作的责任感和使命感。

（二）加强监督能力建设，不断增强法律监督工作的针对性和实效性。要进一步实践和深化检察工作主题，以科学发展观为指导，正确处理履行法律监督职责中的六个关系，即法律效果与社会效果、打击犯罪与保障人权、办案数量与质量、事后监督与主动监督、执行实体法与执行程序法、检察工作全局与局部的关系。要不断深化检察体制改革，逐步探索建立权责明确、程序完善、保障有力的法律监督工作机制。进一步充实加强民事行政审判监督工作力量，对一些涉法涉诉案件要力求做到敢抗、会抗、抗得准、经得起历史考验。要努力提高公诉应变能力和侦查监督能力，加大对职务犯罪和侵权渎职行为的查处打击力度，切实增强法律监督的实效，维护法律的公平与正义。

（三）不断加强与政法各部门之间的沟通协调，进一步理顺法律监督工作的渠道。检察院要积极加强同公安、法院等部门的联系和沟通，研讨解决因法律、法规不够完善或因认识不一致而产生的分歧意见，在沟通中不断加强法律监督工作。要进一步健全完善政法各部门之间工作联系的经常性机制和联席会议制度，对一些重大疑难或意见严重分歧的案件，要通过召开联席会、案件通报会等方式，有针对性地研究解决，努力提高办案的质量和效率。法院、公安、司法和社会各界要正确理解、自觉支持、积极主动地配合检察院开展工作，促使法律监督工作再上新台阶。

第二十七次会议 于2006年10月23日在常委会四楼会议室召开，由王星耀主持。

会议议程有四项：一、审议通过《静宁县人大常委会关于县、乡人民代表大会换届选举时间的决定》；二、审议通过《静宁县人大常委会关于成立县选举委员会的决定》；三、审议通过《静宁县人大常委会关于各乡镇选举委员会组成人员的决定》；四、审议通过《静宁县人大常委会关于城关镇等24乡镇第十六届人民代表大会代表名额的决定》。

第十四届常委会组成人员聂正国、戴双军、岳具辉、许富忠、王星耀、朱春林、张金业、郭应童、席荣、张新民、厚学、王守荣、阎伟刚、柴桂兰、邓颖、张三相、张来有出席会议；常委会各委室负责人李金、李成蹊、杨毅民、胡志科、周世让、杨晓光列席会议。

第二十八次会议 于2006年12月17日在常委会五楼会议室召开，由岳具辉主持。

会议议程有五项：一、人事任免；二、听取和审议政府办公室主任李永成受政府委托所作的《关于县十四届人大四次会议代表议案和意见建议办理情况的报告》；三、审议通过召开十五届人大一次会议的有关事项；四、审议通过常委会2006年工作报告；五、审议通过代表议案和意见建议征求意见稿。

第十四届常委会组成人员聂正国、戴双军、岳具辉、许富忠、王星耀、朱春林、张金业、郭应童、席荣、张新民、阎伟刚、王守荣、柴玉明、柴桂兰、邓颖、张三相、张来有出席会议；县委常委、政府常务副县长位志贤，法院副院长蔡尚志、检察院副检察长徐宝玉、政府办公室主任李永成、建设局局长杨东，常委会各委室负责人李金、胡志科、周世让、杨晓光、高长茂、李成蹊、马志刚列席会议。

附：

人事任免

接受杨志军辞去县人民法院院长职务的请求

接受李居洲辞去县人民检察院检察长职务的请求

李根进任县人民法院副院长、代理院长

陈　龙任县人民检察院副检察长、代理检察长

杨　东任县建设局局长

县人民法院代理院长李根进、人民检察院代理检察长陈龙个人情况表

表4-34

姓名	性别	民族	出生年月	籍贯	文化程度	入党时间	工作时间	主要工作经历
李根进	男	汉	1964.8	甘肃庄浪	本科	1994.6	1988.7	曾在庄浪县人民法院工作；历任庄浪县人民法院书记员、助理审判员、审判员，庄浪县人民法院党组成员、副院长
陈龙	男	汉	1971.7	甘肃泾川	本科	1992.7	1987.2	曾在泾川县公安局、平凉检察分院工作；历任平凉检察分院办公室副主任、助理检察员、副科级检察员，平凉市检察院办公室副主任、法警支队支队长、办公室主任、正科级检察员

免去：

王志高县建设局局长职务

张正伟县人民法院副院长、审判委员会委员、审判员职务

第八节　县第十五届人大常委会会议

县第十五届人大常委会任期为2006年12月至2011年10月。其间，共召开常委会会议29次。会议由常委会主任或副主任主持，第十五届常委会组成人员出席会议，政府副县长、法院院长或副院长、检察院检察长或副检察长、县直及省市驻静宁有关部门、常委会各委室负责人列席会议，必要时，县委有关部门负责人，部分市、县人大代表，乡镇人大主席团主席同时列席，公民代表应邀旁听会议。历次会议听取和审议“一府两院”关于全县财政收支预算调整、财政决算、财政预算执行情况审计、计划调整、计划执行、“十二五”规划、土地管理法实施、环境保护法实施、食品安全法实施、发展果品产业、改善办学条件、县城建设与管理、县城总体规划局部修改调整、县城规划管理和供热监管、县乡医疗机构服务能力建设、全县退耕还林及“三荒”造林工程管护、民营经济发展、文化市场管理、居民区物业管理、果品市场管理、农村饮水安全工程建设、实事办理、人民陪审员名额、农业技术推广、民商事案件审判执行、公安队伍建设、城区居民饮水安全、“五五”普法规划实施、“六五”普法规划、法律监督、执法检查、代表意见建议办理等方面的工作报告67项（次）；听取和审议县人大常委会联合调研、检查、视察组关于全县财政收支预算调整审查、

财政决算审查、土地管理法、环境保护法实施、果品产业发展、县城建设与管理、县城规划管理和供热监管、县乡医疗机构服务能力建设、全县退耕还林及“三荒”造林工程管护、民营经济发展、果品市场管理、农业技术推广、民商事案件审判执行、公安队伍建设、城区居民饮水安全、法律监督、执法检查、代表意见建议办理等方面的调研、检查、视察报告54项（次）；作出决议、决定21项；任命“一府两院”组成人员和工作人员120人（次），免职66人（次）；审议通过《静宁县人民代表大会代表建议、批评和意见处理办法》《静宁县人民代表大会常务委员会议事规则》《静宁县人民代表大会常务委员会规范性文件备案审查暂行办法》等事项15项。

附：

第十五届人大常委会会议召开情况表

表4-35

次别	召开时间	听取审议工作报告(项)				任免工作人员(名)		作出决议决定（项）	审议通过事项（项）
		人大常委会	政府	法院	检院	任命	辞职免职		
一	2007.2.2	1				21	6		1
二	2007.4.26	2	2			12	7	1	
三	2007.6.28	3	4					1	
四	2007.8.29	1	3			2	1	1	
五	2007.10.25	2	1	1	1				
六	2007.12.13	1	1			1			1
七	2008.3.5	2	2				2	2	1
八	2008.4.30	2	3					1	
九	2008.6.30	2	3			3	4	1	
十	2008.8.28	1	2						
十一	2008.10.31	2	2	1	1	2	2		
十二	2008.12.10	3	1			4			1
十三	2009.2.27	3	1			2		1	
十四	2009.6.25	3	5			2	4	2	
十五	2009.8.21	1	3			7	6	1	
十六	2009.10.28	2	2	1	1	4			1
十七	2009.12.22		1						1
十八	2010.3.16	2	1	1		4	4	2	
十九	2010.5.24	2	2			39	18		
二十	2010.6.28	2	4			13	3	2	

续表4-35

次别	召开时间	听取审议工作报告(项)				任免工作人员(名)		作出决议决定（项）	审议通过事项（项）
		人大常委会	政府	法院	检院	任命	辞职免职		
二十一	2010.8.26	2	3		1			1	
二十二	2010.10.28	3	2			1			1
二十三	2010.12.10	1	1				2		1
二十四	2010.12.21	3							1
二十五	2011.3.28	2	1					1	
二十六	2011.6.27	2	4			3	7	2	
二十七	2011.7.4								4
二十八	2011.8.30	2	4					2	
二十九	2011.10.11	2	1						2

第一次会议　于2007年2月2日在常委会五楼会议室召开，由戴双军主持。

会议议程有四项：一、人事任免，常委会主任张自杰为新任命的20个政府组成部门负责人颁发任命书，发改局局长史晓平代表新任命人员作了表态发言；二、审议通过第十五届人大常委会代表资格审查委员会组成人员名单；三、学习《中华人民共和国地方各级人民代表大会和地方各级人民政府组织法》《中华人民共和国各级人民代表大会常务委员会监督法》；四、审议通过常委会2007年工作要点。

第十五届常委会组成人员张自杰、戴双军、许富忠、王星耀、张金业、高恒、沙芳琴、姜兴卫、张新民、王守荣、高长茂、李金、胡志科、杨晓光、李成蹊、厚学、吴水利、张三相、张来有、李会宾、裴晓江出席会议；县委常委、政府常务副县长位志贤，法院院长李根进、检察院副检察长徐宝玉、县委组织部副部长马鸣，常委会各委室负责人柴玉明、周世让、杨毅民、马志刚列席会议。

附：

人事任免

接受张汉基辞去县第十五届人大常委会委员职务的请求

杜文彪任县人大常委会司法民政工作委员会主任

李永成任县人民政府办公室主任

史晓平任县发展和改革局局长，免去县人事局局长职务

陈尚孔任县监察局局长

高　赫任县人事局局长

慕锡武任县审计局局长

高　旭任县经济局局长

柴福喜任县农牧局局长
李　读任县人口和计划生育局局长
张进宝任县民政局局长
王运军任县财政局局长
郭三省任县教育局局长
孙青茂任县科学技术局局长
杨　东任县建设局局长
胡耀国任县统计局局长
李鹏玺任县林业局局长
樊　旺任县水务局局长
杨升旺任县卫生局局长
赵贤君任县劳动和社会保障局局长
薛小勇任县公安局局长
陈焕康任县司法局局长
免去：
张汉基县人大常委会司法民政工作委员会主任职务
高　恒县经济局局长职务
陈进财县农牧局局长职务
杜文彪县发展和改革局局长职务
杨向前县林业局局长职务

第十五届人大常委会代表资格审查委员会

主 任 委 员：高　恒
副主任委员：李　金　王守荣
委　　　员：李成蹊　吴水利（女）　李会宾

县人大常委会2007年重点工作安排情况表

表4-36

时间	主要工作	分管领导	牵头部门	参与部门
1至2月	集中开展学习教育和纪律作风整顿活动	高　恒	办公室	各委、室
	任命县政府组成部门负责人			
	县第十五届人大常委会第一次会议：1.人事任免；2.讨论通过 2007 年工作要点；3.决定代表资格审查委员会组成人员			

续表4-36

<table>
<tr><th>时间</th><th>主要工作</th><th>分管领导</th><th>牵头部门</th><th>参与部门</th></tr>
<tr><td rowspan="4">3至4月</td><td>交办县第十五届人大一次会议代表意见、建议</td><td rowspan="2">高　恒</td><td rowspan="2">代工委</td><td rowspan="3">办公室</td></tr>
<tr><td>组建县人大代表活动小组</td></tr>
<tr><td>检查土地管理法执行情况</td><td>张金业</td><td>司法民政委</td></tr>
<tr><td>县第十五届人大常委会第二次会议:1.听取、审议县政府关于2007年财政预算调整情况的报告;2.听取、审议县政府关于土地管理法执行情况的报告</td><td>高　恒</td><td>办公室</td><td>各委、室</td></tr>
<tr><td rowspan="4">5至6月</td><td>调研发展优势特色产业工作</td><td>戴双军</td><td>农财委</td><td rowspan="3">办公室</td></tr>
<tr><td>调查改善办学条件工作</td><td>王星耀</td><td>教科文卫委</td></tr>
<tr><td>视察通乡油路工程建设工作</td><td>戴双军</td><td>农财委</td></tr>
<tr><td>县第十五届人大常委会第三次会议:1.听取、审议县政府关于发展优势产业情况的报告;2. 听取、审议县政府关于改善办学条件工作情况的报告;3.听取、审议县政府关于上半年国民经济和社会发展计划执行情况的报告</td><td>高　恒</td><td>办公室</td><td>各委、室</td></tr>
<tr><td rowspan="3">7至8月</td><td>视察县城建设与管理工作</td><td>许富忠</td><td>农财委</td><td>办公室</td></tr>
<tr><td>县第十五届人大常委会第四次会议:1.听取、审议和批准县政府关于2006年财政决算的报告;2.听取、审议县政府关于2006年财政预算执行情况的审计报告;3.听取、审议县政府关于县城建设与管理情况的报告</td><td rowspan="2">高　恒</td><td>办公室</td><td rowspan="2">各委、室</td></tr>
<tr><td>督办代表意见和建议;集中走访联系代表</td><td>代工委</td></tr>
<tr><td rowspan="3">9至10月</td><td>检查县法院、检察院执行情况</td><td>张金业</td><td>司法民政委</td><td>办公室</td></tr>
<tr><td>视察城区电网改造工作</td><td>许富忠</td><td>农财委</td><td></td></tr>
<tr><td>县第十五届人大常委会第五次会议:1.听取、审议县政府关于县十五届人大一次会议代表意见、建议办理情况的报告;2.听取、审议县法院执法检查工作情况报告;3.听取、审议县检察院执法检查工作情况报告</td><td>高　恒</td><td>办公室</td><td>各委、室</td></tr>
<tr><td rowspan="3">11至12月</td><td>检查县人大常委会有关决议和审议意见的办理落实情况</td><td rowspan="3">高　恒</td><td rowspan="3">办公室</td><td rowspan="3">各委、室</td></tr>
<tr><td>县第十五届人大常委会第六次会议:1.听取、审议县政府关于农村新型合作医疗工作情况的报告;2.讨论召开县十五届人大二次会议有关事项</td></tr>
<tr><td>1.筹备召开县十五届人大二次会议;2.总结2007年工作,制定2008年工作要点;3.收集向省、市人代会提交的代表意见、建议</td></tr>
</table>

第二次会议 于2007年4月26日在常委会五楼会议室召开，由许富忠主持。

会议议程有三项：一、人事任免，常委会主任张自杰为新任命人员颁发任命书，法院副院长张维平代表新任命人员作表态发言；二、听取和审议财政局局长王运军受政府委托所作的《关于2007年全县财政收支预算调整情况的报告》、常委会农业财经工委主任高长茂所作的《关于静宁县2007年全县财政收支预算调整（草案）的审查报告》，作出《关于静宁县2007年财政收支预算调整的决议》；三、听取和审议国土局局长王喜东受政府委托所作的《关于贯彻实施〈中华人民共和国土地管理法〉情况的报告》、常委会信访室主任胡志科所作的《关于全县〈中华人民共和国土地管理法〉贯彻执行情况的检查报告》。会上，政府副县长马千里就落实审议意见作表态发言。

第十五届常委会组成人员张自杰、戴双军、许富忠、王星耀、张金业、高恒、张新民、王守荣、高长茂、李金、胡志科、杨晓光、李成蹊、厚学、吴水利、张三相、张来有、李会宾、裴晓江出席会议；县委常委、政府副县长马千里，法院院长李根进、检察院检察长陈龙、县委组织部副部长马鸣、财政局局长王运军、国土局局长王喜东、政府办公室副主任何浩强，常委会各委室负责人杜文彪、柴玉明、杨毅民、马志刚、周世让，市、县人大代表曹宁子、王根旺、吕润霞列席会议；张共和、张团军、张军民、王基正4名公民代表应邀旁听会议。

附：

人事任免

张维平任县人民法院副院长

戴红喜任县人民法院民事审判第一庭庭长，免去县人民法院行政审判庭庭长职务

王代代任县人民法院民事审判第二庭庭长

温学斌任县人民法院行政审判庭庭长，免去县人民法院民事审判第一庭庭长职务

鲍克荣任县人民法院审判监督庭庭长，免去县人民法院民事审判第二庭庭长职务

卢张娃任县人民法院威戎人民法庭庭长

张智强任县人民法院八里人民法庭庭长

祁喜龙任县人民法院审判员

张新平任县人民法院审判员

戴文辉任县人民法院审判员

张国君任县人民法院审判员

郭国柱任县人民检察院副检察长

免去：

赵忠厚县人民法院副院长、审判委员会委员职务

秦玉生县人民法院审判监督庭庭长职务

李　勇县人民法院威戎人民法庭庭长职务

李双相县人民法院八里人民法庭庭长职务

第三次会议　于2007年6月28日在常委会五楼会议室召开，由王星耀主持。

会议议程有四项：一、二项合并进行，听取和审议财政局局长王运军受政府委托所作的《关于2006年全县财政决算（草案）的报告》、审计局局长慕锡武受政府委托所作的《关于2006年度县级财政预算执行情况的审计工作报告》、常委会农业财经工委主任高长茂所作的《关于2006年全县财政决算的审查报告》，作出《关于批准静宁县2006年县级财政决算的决议》；三、听取和审议果业局局长王专娃受政府委托所作的《关于发展果品产业工作情况的报告》、常委会农业财经工委主任高长茂所作的《关于全县果品产业发展情况的调查报告》；四、听取和审议教育局局长郭三省受政府委托所作的《关于改善办学条件工作情况的报告》、常委会教科文卫工委主任张新民所作的《关于全县改善办学条件情况的调查报告》。会上，政府副县长陈玉梅就落实审议意见作表态发言。

第十五届常委会组成人员张自杰、戴双军、许富忠、王星耀、张金业、高恒、沙芳琴、张新民、王守荣、高长茂、李金、胡志科、杨晓光、李成蹊、厚学、吴水利、张三相、张来有、李会宾、裴晓江出席会议；县委常委、政府常务副县长位志贤，副县长陈玉梅、法院院长李根进、检察院检察长陈龙、政府办公室副主任何浩强、财政局局长王运军、教育局局长郭三省、审计局局长慕锡武、科技局局长孙青茂、统计局局长胡耀国、农办主任李存时、果业局局长王专娃、建设局副局长孙富强，常委会各委室负责人，市、县人大代表柴春军、姚国奇、阎学恭列席会议；杨淳、张军民、王小红等4名公民代表应邀旁听会议。

附：

关于全县果品产业发展情况的调查报告

由常委会副主任戴双军牵头，常委会农业财经工作委员会及农办、果业局、统计局、科技局的负责同志组成调查组，于6月中、下旬深入治平、威戎、新店等10乡镇的部分村、社，采取个别交谈、现场察看、召开座谈会、定点分析等方法，就我县果品产业的发展情况进行了调查。

一、基本现状

自上个世纪80年代中期以来，历届县委、县政府立足县情，充分发挥区域气候和资源优势，坚持不懈发展以苹果为主的果品产业，经过多年的艰苦努力和扎实工作，果品产业已成为农村经济发展的主导产业和宣传静宁的一大品牌。

一是产业基地已具规模。至2006年底，全县果园统计上报面积约40.4万亩，其中苹果35万亩，占耕地总面积的四分之一，人均近0.8亩。全县果园万亩乡镇达19个，千亩村达133个，建成了果园专业化乡7个和果园专业化村60个，初步形成了以葫芦河流域和李店河流域为主的“八带四点”果品产业开发示范带。

二是产业链条不断延伸。围绕果品产业，建成大型气调冷藏保鲜库21处、简易通风贮藏窖1841座，贮藏总量达13万吨；创建了恒达公司、甘肃高原果袋公司等一批包装材料生产企业和县果品公司、麦林公司、常津公司等一批贮藏营销企业，有4家企业取得了果品自营出口权和包装出口权，2005年率先在全市实现了果品直接出口创汇。初步形成从基地生产到包装运输、贮藏营销一条龙的产业链条，年实现贮藏和转化增值3亿元。

三是服务体系建设逐步加强。县上先后成立了果业局、果业服务中心、绿色果业协会和果品质量监督检测工作站；在8个主产区乡镇和23个重点村成立了绿色果业协会分会，会员达2300余人；培养果品经纪人700多人，其中持证人员达322名。一个从县、乡到村社、农户，集果品生产、贮藏营销到科技指导、信息服务、品牌推介为一体的服务体系正在逐步形成。

四是经济效益比较明显。在发展果品产业中，县、乡重视推广标准化生产技术，果品质量及商品率逐年提高，全县果品优果率达到60%，商品率达到95%。近年又完成了“静宁苹果”地理标志产品保护认证，注册认证出口基地3.8万亩，实施“静宁苹果”良好农业规范示范基地3000亩，为提升果品产业效益创造了良好条件。据有关部门统计，2006年全县果品产量达16万吨，产值2亿元，人均果品收入450元，占农民人均纯收入的26.6%；人均果品收入上千元的乡镇7个，户均收入上万元的达1.3万户。

二、存在问题

（一）发展差距大。由于受自然、区位、观念等多种因素的影响，我县果品产业发展中地域、乡镇、村社以及农户之间差距大的问题比较突出。从调查情况看，中南部12乡镇果园总面积、挂果面积、总产量和总产值分别占全县的63.1%、73.8%、95.6%和97.5%，人均果品收入在1500元左右。而西北部的果品产业发展重点不突出，没有形成稳定的主栽品种，目前仍处于调整、示范状态，已保存的5万亩果园面积，仅占栽植面积的一半。加之缺乏系统的发展规划和配套服务，群众的思想认识不到位，管理粗放，始终走不出巩固提升难、规模发展难、增产增效难的“三难”困境，户均收入大多不上百元。即使在同样处于优生区和适生区的乡镇、村社以及农户之间，也存在发展差距大的问题。如这次调查的治平乡雷沟村六社和新店乡新店村大岔社，两社的自然条件差不多，但发展差距却很大，前者果园面积已占到总承包地的68.5%，近3年人均年收入达6141元，而后者仅占承包地的41.3%，加之管理不善，近3年人均年收入才1300余元。

（二）栽植品种单一。由于受建园经验不足和市场价格等因素的影响，造成我县中南部主栽品种以晚熟系富士苹果为主，树种单一，早、中、晚熟比例搭配不协调，授粉树种严重不足，加之人工授粉措施没有跟上，导致苹果落花落果严重，直接影响到果品产量和质量的提高。调查中，我们了解到，威戎镇北关村、下沟村的果园受此影响，连续3年坐果率偏低，经济收入锐减，部分农户收入甚至为负增长。

（三）果园管理粗放。我县果品产业虽已具规模，由于部分乡村干部和群众观念落后，对发展果品产业重视不够，已建果园管理粗放、效益低下的问题仍然相当普遍。特别是中北部果园和幼树管理上，这一点尤为突出。部分群众粮本思想根深蒂固，对发展果品产业积极性不高，被动应付。据主管部门统计，为了解决当年增产增收问题，全县每年约有2万亩以上的幼龄果园套种小麦、玉米、胡麻等粮经作物，严重影响了幼树的存活和生长。即使在发展条件较好的乡镇，部分果园由于管理粗放，导致优果率偏低，比较效益低下，高投入、低产出的问题比较突出。如威戎镇下沟村张堡社的张卫东，有果园1.7亩，已进入盛产期，但由于管理跟不上，2006年收入仅800元，亩均470元，除去灌水、施肥、打药每亩投入的641元，每亩净亏171元。类似这样的情况，在威戎、城川2乡镇为数不少。

（四）科技服务跟不上。我县是一个果品生产大县，但现有的果业技术人员数量偏少。县果业局仅有15名技术干部，乡镇干部中果业技术人员严重不足，仅有的技术干部也没有专门从事果业服务。随着果品基地的逐步扩张和深度开发，现有的专业技术队伍无论是从人数还是技术水平，都存在着与广大果农对技术的需求很不相适应的问题，在很大程度上影响了果园经济效益的提高。特别是中北部果园发展起步较晚的乡村，技术服务更是严重缺位，导致果园实用技术推广普及无法有效开展。我们在调查中了解到，在一些缺乏技术人员指导的村、社，果农随意修剪、盲目用药的问题较为普遍，致使相当一部分果园自生自长，迟迟不见经济效益，极大地挫伤了果农发展果品产业的积极性。

（五）服务体系建设滞后。我县果品产业虽经多年发展，已具备相当规模，但服务体系建设相对滞后，影响了果品产业的持续快速健康发展。一是全县至今没有形成专门的果品批发市场，特别是主产区没有形成有影响力的果品集散地。二是中南部的大部分乡村道路质量不高，通行能力较差，对果品的运销造成了直接影响。三是农资市场管理监管乏力，一些已禁止或限制使用的农药依然在流通，假、劣农资坑害果农的问题时有发生，不仅影响了果品的质量安全，而且加大了果农的生产成本。四是一些组织和单位服务果业的意识不强，果品购销中缺乏诚信的现象时有发生，营销环境有待改善。

三、几点建议

（一）进一步优化果品产业发展思路和布局。要立足我县果品产业发展现状，围绕建设全国优质果品大县和全省出口创汇基地县的目标，坚持因地制宜，科学规划，分类指导，按照全面推进优生区，控制适生区，杜绝不宜区的原则，在产业布局上整体推进南部、规模发展中部、适度培育北部，确保果品产业又好又快发展。一是在李店河流域的仁大、李店、治平、深沟、双岘、余湾、贾河、雷大、新店9乡镇重点发展富士系列，搭配秦冠等晚熟品种，走整乡推进、提质增效的路子；二是在葫芦河流域的城关、城川、威戎3乡镇和甘沟、八里、界石铺、细巷、古城（主要是原石咀地区）、红寺等6乡镇川区，在重点发展富士品种的基础上，适当发展中早熟秦冠等品种，走规模发展、强化管理的路子；三是在西北部的灵芝、原安、三合、四河和东部的古城、司桥、曹务7乡镇充分利用区域小气候特点，在尊重群众意愿的基础上，通过建立试验示范园，有计划、有步骤、有重点地加以推进，走典型示范，适度发展的路子。

（二）加强科技服务队伍和网络建设。按照加强县一级，充实乡一级，普及村一级的原则，加强技术服务队伍和网络建设。结合转变乡镇政府职能，整合现有的农技服务资源，下决心解决当前果业技术人员急缺的问题，在全县果品产业发展规模较大的乡镇设立果业服务站，充实生产一线的技术服务力量，搞好产前、产中和产后科技服务。建立和完善霜冻、冰雹等灾害性天气及突发性大范围病虫害预警、预报和防御体系，最大限度降低灾害损失。

（三）全面提高果园管理水平。注重高新实用技术的引进和应用，采取与科研院所联姻、举办专题培训班、定期巡回辅导、制作果园全程管理电教片等多种形式和途径，加强对广大果农的科技培训；大力推广和普及配方施肥、综合防治、三覆一种、果实套袋及铺反光膜等提质增效新技术，积极推进标准化生产和绿色果品基地建设，不断提高果品的科技含量和果园管理水平。

（四）加大农资市场监管力度。加强对农资市场的日常监管，适时开展集中清理整顿活动，严厉查处假劣农资坑害果农的问题，坚决杜绝不合格和高毒、高残留农药的流通，降低果农生产成本，确保果品质量安全。

（五）不断改善果品营销环境。利用多种途径和渠道，加大对静宁果品的宣传推介力度，进一步提高静宁果品的知名度，扩大市场占有率；开通果品销售“绿色通道”，在果品销售季节，严禁任何单位和组织随意设关立卡，收费罚款；防范和打击把持市场、盲目抬价、恶意压价、坑农抑商等不良行为；规范基层果业协会运作方式和中介组织的营销行为，防止个别人员利用协会和中介组织的名义，在农资供应、果品购销中违规操作，扰乱市场秩序；重视保护静宁苹果品牌，严厉查处部分企业和人员收购外地苹果充当本地苹果，以及本地果品以次充好、以劣充优的问题，为果农和果商创造良好的市场环境。

关于改善办学条件的调查报告

4月3日至5月9日，常委会副主任王星耀带领教科文卫工委负责人和办公室有关人员，在教育局负责同志的陪同下，先后到界石铺、甘沟等中学和部分乡村小学，通过听取汇报、召开座谈会、实地察看和边调研边解决问题等形式，对全县改善办学条件工作进行了调研。6月21日、22日常委会又组织省、市、县、乡四级人大代表对成纪中学、城关镇小学和一幼等14所中、小学校和幼儿园进行了视察。现将调查情况报告如下：

一、做法及成果

2002年以来，全县各级各类学校的办学条件从排危到建校，从建校到配套，从配套到达标，校容校貌发生了显著变化，教师队伍不断壮大，教育质量稳步提高。一是采取农村义务教育事业转移支付资金分配与排危面积直接挂钩、将基建管理权限下放等措施，调动乡镇和学校的积极性，加快了全县排危建校步伐。至2006年底，全县累计投入排危建校资金1.3亿元，新建改建校舍建筑面积26万平方米，新建标准化小学

103所，使全县标准化小学总数达到170所，占全县完全小学总数的50%以上。二是采取项目投资与县校配套结合，先自筹资金建设再争取项目支持，向银行贷款、个人融资等方式方法，多渠道筹措建设资金。先后建成静宁一中、二中等9所中学教学楼、综合楼、宿办楼21幢，建筑面积12万平方米，比2002年前翻了一番。三是积极开展中小学计算机教室、远程教育设施和“校校通”工程建设，加快学校信息化建设，充实师资力量。各级各类学校藏书74.1万册，电子图书1.3万片。全县所有高中和县直学校建成了校园网，48所学校建成计算机教室71个，中小学校有计算机4081台。2002年以来，共引进、考录教师1436名，其中引进紧缺专业本科生148名，为全县教育事业可持续发展提供了师资保障。

全县高中建设实现了校园占地、校舍建设、在校学生人数和高考本科上线人数的“四个翻番”。静宁一中晋升为省级示范性普通高中，成纪中学、威戎中学、甘沟中学晋升为市级示范性普通高中。2002年以来，共向大中专院校输送合格新生1.9万人，高考成绩连续29年居平凉市之首。

二、困难和问题

在肯定成绩的同时，当前我县教育工作还存在很多困难和问题。

（一）部分学校校园面积狭小、活动场地奇缺。如成纪中学，学校校园占地35亩，校舍建筑面积1.8万平方米。现有教学班47个，在校学生3300名，教职工160名。生均占有面积6.67平方米，校园空地仅占5345平方米，生均仅有1.52平方米。按国家标准每生占有校园面积25平方米计算，校园面积应为125亩，实有校园仅占28%，目前尚缺90余亩。校园面积狭小，给学校教育教学和管理工作带来了诸多不便。一是学校没有操场，师生课余活动受阻，早操、课间操、体育课无法开展，学生体质下降。学校连续5年没有举办运动会。每逢学生集会或正常上课，时有学生晕倒的现象。二是师生课间上厕所困难。现有学生和教师厕所临山而建，距离教学楼、公寓楼200多米。113名男教师只有2个小厕所8个便池，经常出现师生排队上厕所的尴尬场面。特别是遇阴雨天，道路泥泞，上厕所更为艰难。三是学校排污困难，校内污水露天集中排放，严重污染校内外环境。该学校初中教学楼项目款170万元已于2005年底到位，因无场地修建至今尚未实施。

（二）一些学校校舍严重短缺，导致年级班额过大。按照省定义务教育办学基本标准，中小学的校舍分别为：小学生均2.5~3.5平方米，初中生均3.5~4平方米。据调查，创建于1905年的城关镇小学，是静宁创办最早的一所百年老校，现有在校学生1800名，教学班26个，教职工87名。20多年来该校未曾投资建设，原有教学楼由于地基下陷，楼顶渗漏严重，而且单个教室使用面积只有51.6平方米，各年级人数都超过了70人，其中一年级每班达到了84人，生均占有教室面积仅0.6平方米，课桌与课桌之间的距离只有30公分（注：1公分=1厘米），除过桌凳所占面积之外，实际不足0.3平方米。教室小、班额大、楼梯窄、年代久，安全隐患十分突出。

阿阳实验学校，校园占地68亩，校舍建筑面积12000平方米。现有在校学生4025

名，其中小学2120名，中学1905名；教职工128名，其中小学专任教师61名，中学专任教师65名，工勤人员2名。教学班53个，其中小学27个，中学26个，平均班额人数达到76名，生均占有校舍面积2.98平方米。由于学校操场太小，只能供小学生体育活动，高年级学生的上操、课间活动、体育课等无法开展。

静宁三中，校园占地28亩，校舍建筑面积3800平方米。现有在校学生1147名，教职工76名，教学班21个。该校教学楼设计不科学，教室不隔音，正常上课，相互影响。教学楼楼梯悬挑外露，既窄又陡，存在严重的安全隐患。学校毗邻水泥厂，污染严重，学生体质受到很大摧残。

甘沟中学实验室、微机室、会议室被占用作为教室，还有10个班近700名学生在校外原甘沟鞋厂和甘沟村上、下街社河滩地两处上课。

（三）多数学校学生宿舍严重不足。如甘沟中学，共有住宿生2499人，校内仅住宿435人，剩余2064人住在校外农户家中或临街出租屋内，占住宿生的82.6%；职教中心40多名学生吃住在1个集体宿舍，40个煤油炉子同时点火做饭，既污染又不安全；成纪中学学生公寓楼被教师挤占，1000多名学生住在校外；威戎中学和界石铺中学都有一半以上住宿生住在校外。大量学生住在校外，学生行为得不到有效约束，造成学风、校风日渐下滑，且安全隐患突出，学校、家长都心急如焚，焦躁不安。

（四）教师队伍问题依然是改善办学条件、提升教育质量的主要制约因素。一是高中教师数量不足。按照国家政策规定，县镇高中、农村高中教职工与学生比为1:13和1:13.5。据调查，我县普通高中现有专任教师765人，其中县城399人，农村366人；学生13372人，其中县城6732人，农村6640人。县镇高中、农村高中教职工与学生比实际为1:16.87和1:18.14，超出规定比例3.87和4.56，缺编230余人，生源增加与师资短缺的矛盾仍然比较突出。二是学科结构不尽合理。如甘沟中学、界石铺中学地理无专任教师，英语、生物学科专业师资薄弱。三是农村小学教师年龄偏大、知识老化。据教育部门统计，全县小学教师年龄在40岁至49岁的1078人，占总数的35.1%； 50岁以上的950人，占总数的31%；超过工作黄金时间的教师占到小学教师总数的60%左右。四是相当一部分农村小学校长教育理念落后，教育管理僵化，授课水平差，有些甚至没有办学治校思路，只是一个学校作息运转的维持者、看守者。

三、建议

（一）拓展成纪中学校园面积。一是要解决各级政府的认识问题，教育是一项关系千家万户的公益事业，研究解决当地校舍的实际困难和问题，是当地政府义不容辞的职责和责无旁贷的义务。二是要全面调研，逐级发动，利用各种途径清收当地公有土地资源，为扩建校园提供土地。三是校园扩建迫在眉睫，刻不容缓，宜早不宜迟。

（二）加快城关镇小学基础设施建设。通过开发二天门巷临街门面，或利用学校坐落较低的地理优势，修建地下商场，商场上面修建学校等途径，从根本上解决学校基础建设差、校舍存在严重安全隐患和夏季防汛难的问题。

（三）解决阿阳实验学校办学模式。一是按照有关政策规定，将学校初中部、小学部分离，小学部迁入东城区小学，把阿阳实验学校办成独立初中。二是抓住现有土地上附着物成本较低的有利时机，向北扩展校区，增加校园面积，以保证学校正常活动的开展。

（四）统筹考虑一中校内规划修路的问题。一是校内不宜通路，规划斜穿校区的道路距离人民巷只有100多米，不符合城市规划。二是道路取直，两侧统一规划，自主开发修建，以补偿学校建设资金缺口。三是把县商业车队院内闲置的19亩土地划拨一中，以补偿道路占地问题。

（五）改善职教中心办学条件。要充分利用学校的地理区位优势，临街开发修建商用楼，筹措建设资金，在校区北侧临体育场修建教学大楼，解决校舍短缺问题。

（六）加强教师队伍建设。一是在继续坚持在岗培训提高的基础上，选送学科带头人、中小学校长候选人、短缺专业教师到名师院校学习深造，以转变教育理念，提高教学水平，增强管理能力。二是继续坚持和加大新生力量的引进力度，以缓解高中教育师资力量薄弱问题。

第四次会议　于2007年8月29日在常委会五楼会议室召开，由张金业主持。

会议议程有三项：一、人事任免；二、听取和审议发展和改革局局长史晓平受政府委托所作的《关于静宁县2007年国民经济和社会发展计划调整情况的报告》，作出《关于静宁县2007年国民经济和社会发展计划调整的决议》；二、听取和审议发改局局长史晓平受政府委托所作的《关于静宁县2007年上半年国民经济和社会发展计划执行情况的报告》；三、听取和审议建设局副局长刘尔红受政府委托所作的《关于静宁县县城建设与管理工作情况的报告》、常委会农业财经工委主任高长茂所作的《关于县城建设与管理情况的调查报告》。会上，政府常务副县长位志贤就落实审议意见作表态发言。

第十五届常委会组成人员张自杰、戴双军、许富忠、王星耀、张金业、高恒、沙芳琴、姜兴卫、张新民、王守荣、高长茂、李金、胡志科、杨晓光、李成蹊、厚学、吴水利、张三相、张来有、李会宾、裴晓江出席会议；县委常委、政府常务副县长位志贤，法院院长李根进、检察院检察长陈龙、公安局局长薛小勇、交警大队大队长刘永勇、政府办公室主任李永成、发改局局长史晓平、建设局副局长刘尔红、水务局副局长李笃勤、工商局副局长王治军、环保局副局长陈鹏远、爱卫办副主任李丽、街道办党工委书记王根旺、城关镇政府镇长王顺义、城管执法大队崔锦锋、环卫队队长高鼎，常委会各委室负责人张汉基、杜文彪、马志刚、杨毅民、柴玉明，市、县人大代表杨升旺、刘淑琴、李振宇、陈强、厚凤兰、陈晓兵、魏新娥列席会议；王锦等6名公民代表应邀旁听会议。

附：

人事任免

李文环任县人大常委会办公室副主任

李稳收任县人大常委会代表联络工作委员会副主任

免去周世让县人大常委会教科文卫工作委员会副主任职务

第五次会议 于2007年10月25日在常委会五楼会议室召开，由张自杰主持。

会议议程有两项：一、听取和审议政府办公室主任李永成受政府委托所作的《关于县第十五届人民代表大会第一次会议代表意见建议办理情况的报告》、常委会代表联络工委主任王守荣所作的《关于县十五届人大一次会议代表意见、建议办理检查情况的汇报》；二、听取和审议法院院长李根进所作的《静宁县人民法院2007年执法检查工作报告》、检察院副检察长徐宝玉所作的《静宁县人民检察院2007年执法检查工作报告》、常委会司法民政工委主任杜文彪所作的《关于对县法院、县检察院执法情况的检查汇报》。会上，政府副县长马千里、法院院长李根进、检察院副检察长徐宝玉就落实审议意见分别作表态发言。

第十五届常委会组成人员张自杰、戴双军、许富忠、王星耀、张金业、张新民、王守荣、高长茂、李金、胡志科、杨晓光、李成蹊、厚学、张三相、张来有、李会宾、裴晓江出席会议；县委常委、政府副县长马千里，法院院长李根进、检察院副检察长徐宝玉、政府办公室主任李永成，常委会各委室负责人杜文彪、马志刚、杨毅民、柴玉明、李文环，市人大代表杜进、宋秀兰，县人大代表李录才列席会议；张团军、杜勇、王永强、戴红喜、王小龙、任兴琪6位公民代表应邀旁听会议。

附：

关于对县法院县检察院执法情况的检查汇报

由常委会副主任张金业带领司法民政工委及办公室有关人员组成的检查组，于9月下旬先后深入县人民法院、县人民检察院及界石铺、甘沟、雷大、威戎等法庭，采取召开座谈会、抽查案卷、实地察看等方式，对县人民法院、县人民检察院执法工作情况进行了检查。

一、县人民法院执法检查工作情况

今年1至9月份县人民法院共检查审执结各类案件744件，评查744件，其中刑事案件61件，民商事案件419件，行政案件19件，执行案件245件。从检查情况看，较往年审判工作有了新的起色，特点比较明显。

（一）主要特点

一是高度重视执法队伍建设，执法能力进一步增强。院党组组织干部集中开展了社会主义法治理念教育和纪律作风专项整顿活动，进一步增强了全体干警的大局意识、法律意识、责任意识和为民意识，完善和落实了理论学习、学历教育、岗位培训、理论研讨交流、岗位技能练兵五个平台建设，执法人员的素质和执法能力有了进一步提高。二是在刑事案件审判中坚持“严打”方针不动摇，贯彻宽严相济的原则。特别对故意伤害、杀人、抢劫、强奸、重大盗窃等重点案件，严格执行刑事法律原则，绝大多数案件做到了案件事实清楚、证据确凿、定罪准确、程序合法、量刑适当。在案件审理中坚持“教育、感化、挽救”方针，对犯罪情节轻微或具有法定从轻、减轻或免除处罚情节的犯罪分子，依法从宽处理，对未成年犯罪嫌疑人指定辩护人，不公开开庭审理、通知法定代理人参加诉讼等特殊诉讼权利给予了特别关注。三是在民事案件审判中注重法官取证和认证，重视当事人举证、质证，贯彻“能调则调、能判则判、调判结合、案结事了”的民事审判原则，提倡巡回就地办案，方便群众，减少了环节，提高了效率。今年1至9月份共受理各类民商事案件583件，审结478件，其中调解结案203件，调解率占42.5%。四是加大了执行工作力度，维护了法律尊严。重视执行队伍建设和制度建设，制定了《执行案件操作规程》《关于加强执行作风、规范执行行为的若干规定》等制度，实行目标责任管理和分管院长执行案件分析调度会制度，靠实工作责任，加大执行工作力度，今年共受理各类执行案件332件，执结276件，执结率达到83.1%，基层法庭执行案件自执率达到了60%以上。五是注重规范执法行为，审判质量较高。在抓好《办案差错责任追究办法》《违法审判责任追究实施细则》等制度的同时，对立案、审判、执行、申诉、上访、案件评查等各个方面都实行制度化管理，做到有章可循，规范运作，案件质量有了明显提高。今年向中院移送上诉案件22件，无1件发回重审。

（二）存在的问题

一是个别案件质量不高。在对法律的适用上不够严谨，造成判处不当，影响了司法的公正；从调阅的案卷看，一些案卷存在着法律文书说理性不强、证据索取不充分等问题；还有个别案卷庭审笔录没有日期、地点、审判人员没有签字，装订混乱，书写潦草，错别字较多，在一定程度上影响了案件质量。二是案件审理程序不规范。个别案件审结后，没有制作法律文书，或法律文书没有送达到当事人手中，当事人反悔，拒不执行，造成重审，执行无据；个别案件的审期过长，给当事人造成了不必要的损失。三是指导基层人民调委会工作比较薄弱。基层法庭对调委会的工作指导不经常，工作基本没有开展。四是执法人员素质有待进一步提高。具备审判资格的审判人员少，少数干部的业务素质不高，执法不严谨，作风不扎实，对法官队伍和法院的整体形象有一定影响。五是基层法庭建设比较薄弱。目前四个基层法庭的基础建设都达到了规范化、标准化的要求，但没有1台电脑、打印机等基本办公设备，没有取暖设施，基层法庭按照管辖，审判力量明显不足，严重影响着正常工作的开展。

（三）几点建议

一要提高执法队伍的整体素质。要把执法队伍建设提上重要议事日程，扎实认真地抓好执法人员的学习教育，加强法官队伍的学历教育和业务技能培训，加大对司法考试的支持力度，解决目前审判人员青黄不接的现状。要继续抓好执法人员的纪律作风和职业道德教育，强化政治意识和大局意识、为民意识。二要进一步提高办案质量。规范案件审理程序，强化制度管理，切实抓好审判内部监督工作，案件质量评查和法官考评制度，要切实加强审委会工作，充分发挥主管院长、庭长、合议庭及主审法官的职责，严把案件事实关、证据关、程序关和适用法律关，坚决杜绝错案及关系案、人情案的发生，真正维护法律的公平正义。对一些案卷装订不规范、法律文书简单潦草等现象，要采取有效措施加以整改，维护法律的严肃性。三要进一步加强基层法庭建设。要积极争取资金，配备办公必备的电脑等相关设备，想办法解决基层法庭的冬季取暖问题；要加强基层法庭办案力量。四要加强基层人民调解委员会的工作。各基层法庭要积极参与社会治安综合治理，高度重视基层调委会工作，建立固定的联系点，开展经常性的业务指导，强化调委会成员的法律培训，提高调委会成员运用法律解决民间一般纠纷的能力，建立行之有效的民间纠纷排查调处机制。

二、县人民检察院执法检查工作情况

县人民检察院执法检查共评查2006年9月至2007年8月各类案件91件。从检查情况看，我们认为有以下几个方面：

（一）主要特点

一是领导重视，执法检查工作扎实有效。为了确保执法检查质量，县检察院制定了具体方案，成立了领导小组，划分了三个阶段，在检查中突出了“特权思想和霸道作风，执法犯法、违法办案，执法水平和办案质量”三个重点，以解决问题为目的，通过边检查，边整改，边提高，达到了促进公正执法、提高执法水平和工作效率的目的。二是注重改进工作作风，执法水平进一步提高。坚持以提高法律监督为核心，在执法中进一步强化以人为本的理念，对各类刑事案件坚持宽严相济的原则，对轻微犯罪、未成年人犯罪案件积极建议法院适用简易程序审理，对个别未成年人犯罪、情节轻微的，依据有关法律规定做出不起诉决定，收到了较好的社会效果。三是加大执法监督力度，维护了司法公平。加强刑事立案、侦查、审判和刑罚执行监督，对公安机关2002年以来对犯罪嫌疑人刑事拘留后又作治安处理的所有案件进行排查筛选，对30个重点案件进行了调卷审查，向公安机关发出纠正违法通知书10份，公安机关均予以答复纠正；在批捕环节，追加罪名1个，对犯罪情节轻微的1案5人依法作出不批捕的决定；在公诉环节，向公安机关发出检察建议书7份，纠正违法通知书1份，对公安机关移送的3案5人依法作出不起诉决定；受理民事申诉案件4件，提请抗诉1件，发检察建议3件，有效维护了司法公正和当事人的合法权益。四是查办和预防职务犯罪工作取得了新突破。年内受理初查经济案件线索4件7人，决定立案侦查3件5人，为国家和集体挽回经济损失55万余元；查处公安干警滥用职权犯罪案件1件并予以立案侦查，取得了较好的法律效果和社会效果。

（二）存在的问题

一是检察队伍的整体素质有待提高。全院32名工作人员，具备办案资格的仅19人，在一定程度上影响着办案质量的提高；一些检察人员的自身素质不高，法律监督能力不强，致使一些违法现象不能得到及时有效的纠正。二是检务保障不足的问题比较突出。一些必需的录音、录像设备1件没有；公用保障经费虽然标准有所提高，但需从上解赃款中扣除，落实难度比较大。三是办案质量有待进一步提高。办案工作人员在查办案件的过程中存在畏难情绪，对一些案件在适用法律上模糊，有些应该抗诉的案件碍于情面不能及时提请抗诉。分管领导对案件过问得少、抓得不力，检委会的作用有待进一步改进和加强。四是执法环境不够宽松。由于宣传不到位等因素的影响，法律监督工作在一定程度上还得不到社会各界、有关部门的理解、支持和配合，特别是在开辟案源和查办职务犯罪方面还没有形成有效机制和畅通的信息渠道，排除干扰的方法不多。五是公检法沟通配合不够。公安、法院、检察院相互协调配合不够积极主动，沟通渠道不畅。由于法律界定模糊，民事行政审判监督权和通知纠正权缺乏法律强制力，致使一些案件在监督的过程中公、检、法三家不能很好地配合支持，在一定程度上影响了法律监督工作的有效开展。

（三）几点建议

一要加强队伍建设，提高监督能力。要坚持不懈地抓好干警的理论学习和业务学习，加大对检察干警的教育培训力度，严格队伍管理，广泛开展岗位练兵，督促干警积极参加国家司法考试，不断提高干警的政治素质和业务素质，解决办案人员不足的问题，提高检察干部的整体业务素质和法律监督能力。二要加大执法监督力度，增强监督实效。要强化对刑事、民事和行政诉讼案件的监督，对一些违法行为要坚决纠正，对一些涉法涉诉案件要力求做到敢抗、会抗、抗得准。要排除干扰，严厉打击和查处职务犯罪和侵权渎职行为。认真对待和受理民事申诉及群众来信来访，妥善处理各类矛盾，切实增强法律监督的实效性，为全县经济社会发展创造良好的法律环境。三要加强案件管理，提高办案质量。在检察机关内部形成权责明确、制度完善的工作机制。要充分发挥检委会的职责，分管检察长、科长、主审检察官要权、责明确，层层把关，对案件负责，切实提高办案的质量和水平。四要强化宣传沟通，形成监督合力。针对干部群众对检察工作比较陌生、诉求检察机关保障合法权益较少的实际，通过出庭支持公诉，积极办理民事、行政案件的申诉等，提高全社会的法律意识，为检察工作营造良好的环境。同时要积极加强同公安、法院、司法等部门的联系和沟通，在沟通中不断加强法律监督工作，从而达到互相监督，互相制约，互相支持的执法氛围，努力形成公正公平的执法环境。

第六次会议　于2007年12月13日在常委会五楼会议室召开，由高恒主持。

会议议程有四项：一、人事任免；二、听取和审议新合局副局长鲍振华受政府委托所作的《关于全县新型农村合作医疗工作情况的报告》，政府副县长李文平就落实审议意见作表态发言；三、听取常委会代表资格审查委员会副主任委员王守荣所作的《关于代表出缺变动情况的报告》；四、审议通过召开十五届人大二次会议的有关事项。

第十五届常委会组成人员19名出席会议，政府副县长李文平、法院院长李根进、检察院检察长陈龙，组织部、政府办、卫生局、新合局负责人及常委会各委室负责人列席会议。

附：

人事任免

杨封科任县人民政府副县长

第七次会议　于2008年3月5日在常委会五楼会议室召开，由戴双军主持。

会议议程有五项：一、人事任免；二、听取和审议财政局局长王运军受政府委托所作的《关于2008年全县财政收支预算调整情况的报告》、常委会农业财经工委副主任李成蹊所作的《关于2008年全县财政收支预算调整情况的审查报告》，作出《关于2008年全县财政预算调整的决议》；三、听取和审议建设局局长杨东受政府委托所作的《关于县城总体规划局部修改调整情况的报告》，作出《关于〈静宁县城总体规划（2006—2020）〉局部修改调整编制的决议》；四、审议通过常委会2008年工作要点和工作行事历；五、审议通过《静宁县人民代表大会代表建议、批评和意见处理办法》。会上，政府副县长马千里就落实审议意见作表态发言，张自杰讲话。

第十五届常委会组成人员张自杰、戴双军、王星耀、张金业、高恒、沙芳琴、李金、高长茂、杜文彪、胡志科、李成蹊、厚学、吴水利、张三相、张来有、李会宾、裴晓江出席会议；县委常委、政府副县长马千里，法院院长李根进、检察院检察长陈龙、政府办公室主任李永成、财政局局长王运军、建设局局长杨东，常委会各委室负责人马志刚、杨毅民、柴玉明、李文环、李稳收列席会议。

附：

人事任免

接受张新民辞去县第十五届人大常委会委员职务的请求

免去张新民县人大常委会教科文卫工作委员会主任职务

县人大常委会2008年重点工作安排情况表

表4–37

时间	主要工作	分管领导	牵头部门	参与部门
1至2月	县第十五届人大常委会第七次会议：1.听取、审议县政府关于2008年财政预算调整的报告；2.听取、审议县政府关于县城总体规划局部修编情况的报告；3.讨论通过2008年工作要点；4.讨论通过静宁县人民代表大会代表建议、批评和意见处理办法	高　恒	办公室	各委、室
3至4月	交办县十五届人大二次会议代表意见、建议	高　恒	代工委	办公室
	调查县乡医疗机构服务能力建设工作	王星耀 沙芳琴	教科文卫委	办公室
	县第十五届人大常委会第八次会议：1.听取、审议和批准县政府关于2007年财政决算的报告；2.听取、审议县政府关于2007年财政预算执行情况的审计报告；3.听取、审议县政府关于县乡医疗机构服务能力建设情况的报告	高　恒	办公室	各委、室

续表4-37

时间	主要工作	分管领导	牵头部门	参与部门
5至6月	检查《中华人民共和国环境保护法》执行情况	张金业	司法民政委	办公室
	调查城区规划管理及供热监管工作	许富忠	农财委	办公室
	县第十五届人大常委会第九次会议：1. 听取、审议县政府关于《中华人民共和国环境保护法》执行情况的报告；2.听取、审议县政府关于城区规划管理及供热监管工作情况的报告；3.听取、审议县政府关于2008年国民经济和社会发展计划调整情况的报告	高　恒	办公室	各委、室
7至8月	集中走访联系代表；督办代表意见、建议	高　恒	代工委	办公室
	召开城区代表政情通报会	高　恒	代工委	办公室
	调研全县退耕还林及三荒造林工程管护工作	戴双军	农财委	办公室
	县第十五届人大常委会第十次会议：1. 听取、审议县政府关于2008年上半年国民经济和社会发展计划执行情况的报告。2.听取、审议县政府关于退耕还林及三荒造林工程管护工作情况的汇报	高　恒	办公室	各委、室
9至10月	检查法、检两院执法工作	张金业	司法民政委	办公室
	调研全县民营经济发展	许富忠	农财委	办公室
	集中走访联系代表；督办代表意见、建议	高　恒	代工委	办公室
	县第十五届人大常委会第十一次会议：1.听取、审议法检两院执法工作报告；2.听取、审议县政府关于全县民营经济发展情况的报告；3. 听取、审议县政府关于县十五届人大二次会议代表意见、建议办理情况的报告	高　恒	办公室	各委、室
11至12月	调研全县基础教育质量和管理工作	王星耀 沙芳琴	教科文卫委	各委、室
	视察县政府承诺的12件实事落实情况	戴双军	办公室	各委、室
	检查县人大常委会有关决议、决定和审议意见落实情况	高　恒	办公室	各委、室
	县第十五届人大常委会第十二次会议：1. 听取、审议县政府关于全县基础教育质量和管理工作情况的报告；2. 听取县政府关于年初承诺的12件实事落实情况的报告；3.讨论召开县十五届人大三次会议有关事项	高　恒	办公室	各委、室
	筹备召开县十五届人大三次会议；总结2008年工作，制定2009年工作要点；收集向省、市人代会提交的代表意见、建议	高　恒	办公室	各委、室

第八次会议 于2008年4月30日在常委会五楼会议室召开，由许富忠主持。

会议议程有三项：一、二两项合并进行，听取和审议财政局局长王运军受政府委托所作的《关于2007年全县财政决算（草案）的报告》、审计局局长慕锡武受政府委托所作的《关于2007年度县级财政预算执行情况的审计工作报告》、常委会农业财经工委主任高长茂所作的《关于2007年全县财政决算（草案）的审查报告》，作出《关于批准静宁县2007年县级财政决算的决议》；三、听取和审议卫生局局长杨升旺受政府委托所作的《关于县乡医疗机构服务能力建设情况的报告》、常委会办公室副主任李文环所作的《关于县乡医疗机构服务能力建设情况的调查报告》，提出《关于县乡医疗机构服务能力建设情况的审议意见》。会上，政府常务副县长薛晓宏就落实审议意见作表态发言。

第十五届常委会组成人员张自杰、戴双军、许富忠、王星耀、张金业、高恒、沙芳琴、李金、高长茂、杜文彪、胡志科、李成蹊、厚学、张新民、杨晓光、吴水利、张来有、李会宾、裴晓江出席会议；县委常委、政府常务副县长薛晓宏，政协副主席、中医院院长张宏斌，法院院长李根进、检察院检察长陈龙、政府办公室主任李永成、财政局局长王运军、审计局局长慕锡武、民政局局长张进宝、物价局局长戴三姓，卫生局局长杨升旺、副局长包成德、陈芳萍、王百石，食药监局局长孔昌军、新合局副局长鲍振华、县医院院长赵守健，甘沟、李店、原安、新店乡党委书记杨飞、王宁宁、高万福、薛仁杰，城区街道办事处党工委书记王根旺，常委会各委室负责人马志刚、杨毅民、柴玉明、李文环、李稳收，市、县人大代表魏新娥、阎品贤、柴春军、曹宁子列席会议；另有7名公民代表应邀旁听会议。

附：

关于县乡医疗机构服务能力建设情况的调查报告

由常委会副主任王星耀、沙芳琴带队，抽组市县人大代表、县人大常委会有关委室和卫生局负责人及业务人员共10人，组成3个调查组，于3月上旬至4月上旬，深入仁大、治平、四河、甘沟、界石铺、原安、李店、古城、城关等9乡镇和城区街道办事处、县卫生局机关及10个县直单位、9所乡镇卫生院、部分私人诊所、县医院、中医院、疾控中心、妇幼保健站等医疗单位，采取现场察看、开座谈会、个别谈话、查阅资料、发放问卷和满意度测评表等方法，就全县医疗机构服务能力建设情况进行了调查。在调查过程中，共查阅各种文书资料110项836份，发放问卷515份，走访和参与座谈、问卷测评的干部群众、医务人员、患者家属共1811人（次），有52名市、县、乡人大代表参加了调查活动，共收到群众意见建议13类536条。

一、主要成绩

近年来，在县委、县政府的领导下，全县医疗卫生系统认真落实科学发展观，积极贯彻党的卫生工作方针，狠抓基础设施建设，完善公共卫生服务体系，实施新型农村合作医疗制度，落实“四个全覆盖”目标任务，不断提高医疗服务质量和管理水平，医疗机构服务能力建设取得了明显的成效。

一是基础条件得到较大改善。2003年以来，抢抓机遇，积极争取实施了一批基础建设项目，全县医疗卫生机构新增固定资产4000多万元，新增房屋建筑物面积3万平方米。建成了县医院住院二部、传染病病区、门诊急诊楼、县中医院住院楼、疾控中心实验楼以及原安等5所卫生院业务和宿办用房，实施了19所乡镇卫生院国债项目建设，县妇幼保健站综合楼和中医院医技综合楼正在建设中。建成了全县疫情网络直报系统、新型农村合作医疗信息管理系统、县医院、中医院、城川卫生院信息管理系统和静宁卫生信息网、新型农村合作医疗网站。全县现有医疗卫生机构566个，其中县级6个，乡镇卫生院23个，门诊部9个，村卫生室371个，个体诊所131个，厂校医务室5个，病床达到738张。

二是专业队伍不断壮大。加强人才梯队建设，2003年以来，通过人才市场招聘、考试录用等方式，引进大中专毕业生138人。制定了《关于加强基层卫生技术人才培训教育的安排意见》，选派168人到高一级医疗机构进修学习。目前，全县医疗卫生从业人员1439人，其中专业技术人员1212人（高级职称39人、中级职称194人，本科以上学历154人、专科271人）。

三是管理体制改革取得一定进展。在县财政十分困难的情况下，实现了乡镇卫生院人员工资财政统发，对县级医院实行床位补贴。分设疾病预防控制中心和卫生监督所，完成了疾病预防控制与卫生监督体制改革。在卫生局设立中医股，加强对中医药工作的规划、管理和指导。2006年起实施了新型农村合作医疗，2008年全县农民参合率达到93.58%，累计报销7.7万人次、2668万元，缓解了群众看病贵的问题。

四是县级医院诊疗水平进一步提高。筹资1500万元，添置了CT、数字化彩超、全自动生化分析仪等大型先进医疗设备，一些先进诊疗技术和设备在临床中得到了应用，县级医院临床诊疗技术水平和服务能力得到提高。县医院先后开展了颅脑外科、微血管吻合、腹腔镜下微创等高新手术，中医院骨伤、肛肠两科被命名为市级重点中医专科。组织实施了疾病预防控制、世行贷款综合性妇幼卫生保健和结核病控制等一大批医疗卫生项目，有效改善了项目实施医疗机构的工作条件，提高了业务人员技术水平。

二、存在的问题

在肯定成绩的同时，应该看到，我县医疗卫生机构在服务能力建设方面还存在一些不容忽视的问题。主要是：

（一）乡镇卫生院服务功能弱化，农民看病难

一是医疗设备落后。目前全县乡镇卫生院基础建设虽然基本达标，但由于投入不足，相当一部分卫生院医疗设备落后短缺。一些卫生院的设备购置年代较早，陈旧落后，已不适应检查需要；一些卫生院缺少常用的检查器械，常规的检查无法进行。本次调查的9所乡镇卫生院中，有6所卫生院现有的B超机均是落后的单探头黑白小B超机，3所（四河、治平、古城）没有B超机；界石铺卫生院的X光机因老化故障频出，原安卫生院的X光机系从甘沟卫生院调拨的旧机子，现已无法正常使用，治平卫生院

的X光机、心电图机、古城卫生院的心电图机因已坏停止使用。从调查看，卫生院自身设备投入不足的问题比较突出，如甘沟卫生院2006年、2007年总收入达到220多万元，但用于设备投入的资金仅2.3万元；古城卫生院由县上投资兴建了宿办楼、业务楼，2005年至2007年总收入达到230多万元，职工年终每人发奖金达4000~6000元，但连续三年医院没有设备投入，目前连B超机都没有；仁大、李店、治平、四河、原安等卫生院近两年自身设备投入均在3000元以下。

二是技术力量薄弱。人才资源配置不合理，乡镇卫生院普遍业务骨干少，技术力量薄弱，专业结构搭配不科学。全县医院728名专业技术人员中，有436名在县城医院(其中城川医院53人)，22个在乡镇的卫生院仅有292人。医务人员只能进城不能下乡，部分高水平的医生被选调到县一级医疗单位，现有专业人员一部分年龄大、职称高，但学历低、技术水平低，还有相当一部分为近几年新分配人员，缺乏临床经验。一些医务人员虽然通过函授、自学考试等方式取得了高学历，评上了职称，但技术能力差，难以承担相应的工作任务。原安卫生院现有的10名医护人员中，有7人是大专以上学历，4人有相应的专业技术职称，6人为新分配、无职称的非临床专业人员，当地群众反映只有1人业务能力比较强、工作热情，患者信得过。有的医院同一专业的人员过剩，有的医院没有，一些卫生院反映有临床医生，无辅助检查人员，连基本的诊疗都开展不了；一些中心卫生院，由于没有业务骨干或某个专业的医生，很难担负起一个片区的医疗卫生任务。古城、治平、四河卫生院无化验检验人员，李店卫生院无麻醉师，甘沟卫生院缺少外科医生，原安卫生院没有检验、影像专业医生，界石铺卫生院没有影像专业医生，一些正常业务无法开展，个别卫生院连计生结扎等简单手术都不能进行。

三是服务质量下滑。实施工资统发后，乡镇卫生院服务质量下滑严重，部分医务人员服务态度差，遇患者推诿扯皮现象严重，一些医院正常无人坐诊，更不能出诊，患者就诊十分不便。调查中乡镇干部反映，一些卫生院连乡镇政府计划生育等工作都不配合，给其工作造成很大被动，普通群众更是怨声载道。对甘沟、李店、原安等乡镇群众的问卷表明，有33%的群众反映一般的病宁愿自己扛着，也不愿去乡级卫生院就诊。一般常见病和多发病患者要么去个体诊所作简单治疗，要么直接流向县城，“冷了乡镇卫生院，火了个体诊所，挤了县级医院”。如古城乡政府所在地现有私人诊所、药店22家，仅随机调查的杨娜个体诊所年接诊达8000多人次，与古城卫生院的接诊人数（2007年为8166人次）相当；李店镇政府所在地诊所、药店达到12家，其中李满仓诊所年接诊达6000多人次。统计数据表明，所调查的乡镇卫生院中，甘沟、仁大、李店、古城、界石铺5所卫生院2007年总接诊人数与2005年相比，呈直线下降趋势，降幅最大的界石铺、古城、李店卫生院分别达到55%、42%、32%，全县乡镇卫生院2007年总接诊人数与2005年相比，下降3.2万人次，下降15%，县级医院接诊人数增加2.1万人次，增加7.4%。由于乡镇卫生院服务功能弱化，致使三级转诊制度得不到落实，一方面农民群众基本医疗服务没有得到保障，负担加重，出现新的“看病难、看病贵”，另一方面乡级卫生资源没有充分发挥应有效益，形成医疗卫生资源短缺与浪费并存的现状。

（二）基层医疗卫生防保网络不健全，三级防保落实不到位

一是乡镇卫生院防保功能未得到充分发挥。基层卫生院对防保工作不重视，很难把村级防保网络管理起来，在三级医疗防保的中枢纽带作用未得到发挥，三级冷链不能正常运转，造成基础免疫不到位。如个别乡镇卫生院医药冷藏柜变成食品柜，食品与疫苗混放，疫苗管理不善。妇幼保健工作薄弱，大多数乡镇卫生院产科（室）条件差，只是1间房子加1张床，没有必要的设备、设施，不适宜接生，妇产科医生技术水平低下，群众信任程度低，不愿意到卫生院分娩。据统计，2007年全县住院分娩率为70.86%，低于全省79.11%、全市80.27%的平均水平。

二是村级防保力量薄弱。全县392个行政村中，无村卫生室、无村医的“双无”村有21个，目前全县现有村卫生室全部达不到省颁标准，大部分村医技术差、知识陈旧，诊疗水平低，村级防保力量薄弱。371名村医中取得执业助理医师资格的仅有15人，占4%；部分村医为上世纪七八十年代的“赤脚医生”，年龄老化（有69名在50岁以上，43名在60岁以上）；由于报酬低，相当一部分村医只是把卫生室作为赢利的个体医药门店，三级医疗防保制度难以落实，致使儿童计划免疫出现局部空白点，调查中群众反映在仁大乡扯弓塬和峡口两村近两年还有儿童麻疹发病；国家规定免费的疫苗，一些乡村医生变相收费，免费的脊灰糖丸在一些地方1粒卖到了5元。

（三）部分医疗卫生机构管理混乱，服务质量差

调查中基层干部群众反映最强烈的是医疗机构管理混乱。主要表现在：

一是人员管理松散。从调查情况看，基层卫生院普遍对职工管理不严，放任自流，部分职工自由散漫，目无组织纪律，在职不在院、在院不在岗的现象比较普遍。李店、古城、原安等一些卫生院连起码的上班制度都不能执行，正常无人值班，患者找不到大夫，基本处于瘫痪状态。李店镇1群众反映，2004年6月，蒲岔村1农妇喝农药后被送往李店卫生院，医院无人值班，两小时后才找到医务人员，最后因抢救不及时而死亡。个别医务人员常年不上班，或在外捞学历、考文凭，或经商捞钱，在社会上造成不良影响，如甘沟卫生院1职工脱岗经商10多年，但仍在全额领取财政工资。

二是设施管理混乱。调查中群众普遍反映医疗卫生机构不讲卫生。城区医院被褥内芯长期不清洗，乡镇卫生院脏、乱、差现象更加严重，相当一部分干部群众反映，在乡镇机关单位中，最不讲卫生的是卫生院，李店、古城、原安等卫生院病房中垃圾长期堆积无人清扫，甚至个别卫生院前两年有职工在院内养猪养羊，卫生院脏乱不堪；大部分卫生院连被褥、开水、取暖等一些基本的住院条件都无法提供给患者，李店卫生院病房照明用的灯泡、四河卫生院病房取暖用的煤炭都需要患者去买，群众意见很大；一些医院医疗器械管理混乱，器械保养不善，部分手术器械生锈，一些器械因长期闲置没有保养而导致报废；医用器皿长期不清洗，污物残留严重，消毒不达标，器械操作不规范，检验准确率不高。李店镇1干部反映去卫生院化验时，看到化

验室由于长期不清扫，仪器被尘土覆盖，化验人员竟用脏抹布擦拭玻片上的尘土后直接使用。

三是医务管理不严。县级医院热衷于晋等升级，提高收费标准，却不能提供与等级和收费水平相配套的服务条件、服务质量和管理水平。有的医院科室为谋取小团体和个人利益，私设小金库、小药库，向患者、个体诊所私售药品，严重损害了医院形象。医院内部协调不够，医务人员相互缺少配合，对疑难杂症不会诊，会诊制度名存实亡，医院对出现的问题不能及时研究解决，有时因敷衍、回避造成重大医疗纠纷事件。近两年仅县医院就相继发生了4起重大医疗纠纷，引发群众聚众闹事，公安介入才得以平息，造成了十分不良的社会影响。个别医院金钱至上，因患者暂时无钱而拒诊的现象时有发生。如调查走访中仁大乡群众反映，2005年4月，南门村2名农民因驾驶农用三轮车发生车祸致伤，送县医院后因当时无钱医院不接诊，4小时后患者家属找来钱才被收诊；庙川1裴姓居民反映，2006年12月，其兄因患肺气肿被送往中医院抢救，但医院因患者暂时无钱而不予收诊，最后患者被迫送往城川医院。在个体诊所、药店管理方面，准入资格审查不严，从业人员素质不高，卫生状况令人担忧，违规接诊现象普遍存在，药品价格各行其是，群众意见较大。

（四）医院收费不透明，药价虚高，群众看病贵

问卷调查显示，有96%的群众认为各级医院收费不透明、药价虚高。突出表现在：

一是收费不透明。2007年5月1日起实施的卫生部《处方管理办法》明确规定："医师利用计算机开具、传递普通处方时，应当同时打印出纸质处方，其格式与手写处方一致。"群众普遍反映，县医院、中医院收费和处方不透明，门诊统一用计算机网络传输处方，按编号交费、取药，不为患者提供纸质处方和药名，住院部也不能为患者提供当天用药和收费清单，剥夺了患者知情权。多数医院对已公示的收费项目、收费标准、常用药品价格长期不更新，公示流于形式。部分医院有章不依，违反物价规定，巧立名目乱收费，擅自提高标准多收费，加重了患者负担。

二是收费标准不统一。同一等级的不同医院收费、药价不尽相同，公立医院药价大大高于超市、连锁店，有的甚至高出几倍，令患者无所适从。通过对50种常用药品价格和45种检查及手术费用调查显示，同一批号、同一产地、同一剂量的药在不同医院的单价相差5%~30%，有的高出进价300%以上，同一项检查在不同的医院单价相差10%~40%，同一项手术，在不同的医院单价相差10%~60%。特别是县级医院药价虚高，群众反映不敢到医院看病取药，甚至连本医院的医务人员也不愿意到所在的医院取药。

三是医疗费用增长过快。一部分参合的患者反映，新型农村合作医疗定点医院目录外用药不征求患者意见，存在开大处方、不合理检查、抗生素联用、大量用新药特药等现象，目录外用药远远大于县级医院不超过15%、乡级医院不超过10%的规定比例，导致部分医疗费用同比增长过快，加重了患者负担，参合者从中受益不多。群众认为，新农合的实施只是给医疗卫生机构注入了一笔资金，国家对新农合资金投入的

增长幅度赶不上医疗费用的上涨速度，报销费用的一部分被虚高的费用抵消，老百姓只是多履行了些手续，真正得到的利益少，群众看病贵的问题没有从根本上得到解决，甚至有加重的趋势。如正常分娩，2005年、2007年（实施新农合前后）县医院平均费用分别为1070元、1317元，增长23%，中医院分别为855元、1124元，增长31.5%；单纯阑尾切除手术，2005年、2007年县医院平均费用为1939元、2376元，增长22.5%，中医院平均为1738元、2155元，增长24%。

（五）医德医风严重下滑，部分医务人员服务差

从调查看，目前部分医务人员医风医德差的问题群众反映强烈、社会关注程度比较高。

一是服务态度差。问卷调查中92%的群众认为县乡医院医务人员服务态度差，门难进、脸难看、医生难寻、话难说。受经济社会发展水平限制，我县群众普遍对疾病医治的知识、接受治病的方式、方法、价格和效果知之甚少，在诊疗中容易形成一些误解，但一些医务工作人员没有耐心，不能站在患者的角度设身处地想问题，而是一味责怪患者素质差，特别看不起农民患者，以貌取人、照钱开药，用群众的话说就是“领导与群众不一样、城里人与乡下人不一样、有熟人与没熟人不一样、送（礼）与不送（礼）不一样”。特别是调查中群众普遍反映，县医院服务窗口的一些工作人员、个别医护人员、后勤人员，对待患者及家属态度生、冷、横、硬，群众对其服务态度十分不满，造成医患关系紧张，一些群众甚至激愤地说：“县医院医务人员服务态度再不改变，挨打只是个时间问题。”更有甚者，原安卫生院因医务人员服务态度差等问题，被群众称为当地两大“公害”之一。

二是敬业精神不强。医院内部抢先进、捞职称的多，看工作、比奉献的少，一些医护人员爱岗敬业精神差，工作责任性不强。县级医院的个别医务人员上班无故脱岗溜号，窗口岗位工作人员有时扎堆聊天，对患者咨询置若罔闻；有的医护人员对病人敷衍了事，做器械检查时相互聊天，检查诊断草率，对患者极不负责，看错病、抓错药、打错针、输错液、开错刀的事屡见不鲜，医疗事故时有发生。四河乡一村主任在调查中反映，其妻因头痛耳鸣，于2006年3月份开始到县医院检查，先后检查了5次，每次都是大型设备检查，共花了4000多元，医生认为只是简单的头痛，休息几天就好了。因其疼痛实在无法忍受，于9月份到兰大附属医院检查，医生从县医院拍的第一张CT片上就看出是脑瘤，前后拖了半年时间，其妻于11月病逝。雷大乡一韩姓患者家属反映，其父在县医院住院时，曾两次取错药，1次把氯化钠注射液错取为葡萄糖注射液，1次把500毫升氯化钠注射液错取为250毫升的，在交涉时还受到工作人员的讽刺挖苦。

三是从业道德失准。群众反映，在县级医院，个别医务人员存在开大处方、小病大治、滥检查、克扣药、调换药、为自己搭车开药、指使患者到医院外的指定药店购药等现象。一些医院不尊重患者的选择，把不需要住院的诱导去住院，把本不需手术的患者诱导去手术；医生普遍依赖仪器检查，把本不必做的检查项目让患者去做；一

些医生热衷于开新药、特药，把本不该用的药也开进了患者的处方；一些医院把不必要的项目也搭载在应有的服务项目中。县医院和中医院不征求患者意见，为患者硬性高价推销84消毒液、体温计、一次性床单被套、脸盆、便盆等。一些医护人员面对患者生命危险熟视无睹，推诿扯皮，关门拒诊，影响十分恶劣。李店卫生院1医生反映，2007年11月，李店镇五方河1孕妇到李店卫生院分娩需进行手术，临产时因放射科医生拒绝检查而导致手术无法进行，患者被迫转院，引起家属强烈不满。2007年10月，原安乡齐埂村两人因摩托车相撞致伤，中午被送原安卫生院，群众及乡上领导用了1个多小时才将睡觉的医生叫起。个别医生存在索要和接受患者及其亲友钱财、物品和宴请等不正之风，有时根据送的东西多少、和患者的关系来确定对患者的关心程度，严重扰乱了医疗行业的职业道德。四河乡1王姓患者反映，他将其他医院做的CT片子拿到四河卫生院，医生看后无理扣留，两年先后索要13次仍不予归还，并扬言请吃后才归还。李店镇1王姓患者反映去李店卫生院就诊时，医生公然向其索要清油、葵花籽。治平乡1教师反映，2007年9月其因左臂肱骨头损伤住县医院治疗期间，医护人员对其服务态度差，同病室1威戎镇的患者因送了20斤清油和100元钱，医务人员相对就比较关照。

三、原因分析

造成上述问题的主客观原因是多方面的，但从调查掌握的情况看，卫生局对医疗卫生机构管理不到位是主要原因。作为卫生主管部门，对全县医疗卫生机构的现状没有进行深入的调查研究，底子不清，对普遍存在的问题没有引起高度重视，没有探索行之有效的管理措施，对暴露突出的问题、造成不良后果的人和事处理不力，姑息迁就，长期的日常监管缺位，形成目前县乡医院管理下滑、工作下滑、服务下滑、医务人员敬业精神下滑等问题。

一是行政管理不到位。职工反映，卫生局内部管理不民主，议事决策程序不规范，在一些工作上有推诿扯皮、揽功推过的现象，在管理中存在对上不对下、照顾个别人利益多、考虑整体工作少的问题。班子成员之间沟通不够，缺乏向心力和凝聚力，没有形成协调一致、齐心协力推动工作的有效合力，干部职工情绪不顺，工作积极性不高，政令不畅通。平时深入基层少，深入医院少，调查研究少，指导工作少，接触普通职工少，听取下属意见少，对医疗卫生机构日常监管不够，仅靠临时动议换院长、调动职工管人，行政管理乏力。在乡镇卫生院国债项目建设中随意变更项目计划，管理不到位，自筹资金缺口大，造成建设进度缓慢。主管部门及医疗机构的负责人把主要精力用于抓经济效益，弱化了社会效益，不重视医德医风教育，在工作导向上形成误区，在医德医风教育方面没有新措施，对违规违纪的人和事缺少严厉的制裁，对造成医疗事故的责任人没有采取责任追究措施，医风医德十分差的一些人员不但未受到处罚，反而被调进了城区医院，形成了不良效应。主管部门对新农合实施中的一些突出问题没有及时研究解决，对目录外用药监管不够，造成医药费用虚高不下，患者报销部分所占比例低，家庭基金账户基金沉淀量大，使用率不高，办理手续多、时间长。

二是管理机制不完善。实行乡镇卫生院医务人员工资统发，是党和国家深化医疗卫生体制改革，解决广大人民群众看病难、看病贵问题，关注民生、改善民生的重要举措。但卫生主管部门对职工工资财政统发后新的管理、运作方式缺乏研究，没有建立行之有效的激励机制、考核机制和奖罚机制，形成“干多干少一个样，干与不干一个样”的大锅饭局面，职工积极性没有得到调动。当前，乡镇卫生院实行卫生主管部门单线管理，卫生主管部门与乡镇沟通衔接不够，卫生院与乡镇政府脱节，乡镇政府无权管理、无权过问，助长了卫生院管理松散、自由放任的不良风气。新型农村合作医疗管理机制不完善，目前由各级医院自己办理业务、自己管理的机制存在一定的漏洞。

三是管理队伍薄弱。卫生局领导班子6名成员中，只有1名兼职副局长为医学专业人员，其他成员都对医疗卫生业务不专业；局机关人员结构不合理，15名干部中10名科级干部全为非专业人员，5名一般干部仅有2名专业技术人员，对医疗机构的业务指导力量薄弱。院长队伍素质不高，相当一部分医院院长作风漂浮，经常处于半脱产状态，不搞专业，不抓技术，不会管理，不深入病房，不接触患者，不研究医务，社会活动多，对医院管理少；个别院长在同一单位工作时间太长，自我约束不严，纪律松散，“走读”成风，形不成感召力，医院管理一盘散沙；有的院长私欲严重，处事不公，和职工因一些利益问题形成严重的对立情绪，管理者与被管理者关系紧张，甚至针锋相对，形成既不敢管，又管不了的局面。职工反映：“他做的事情就不是管人的事情，我们不闹他、不打他就已经够克制了，他还敢管谁，他能管了谁。”

四是管理制度不落实。近几年，卫生主管部门制定了一系列针对县乡医疗机构的管理制度和办法，但缺乏切实有效的落实措施，一些医院我行我素，各自为政，对主管部门的规定不落实、不贯彻，使其成为一纸空文。调查中发现，县乡医院都有相应的管理制度，但有相当一部分制度、工作流程还是上世纪八九十年代的，远远不能适应形势的发展；一部分制度、流程生搬硬套一些大医院的，没有可操作性；医院普遍存在着内部制度落实不力的问题，许多规章制度只是为应付上级主管部门检查，并没有得到严格的执行和落实，一些医院连最基本的医疗制度也形同虚设。

五是内部管理不民主。相当一部分医护人员反映，部分医院内部管理不民主，专业技术人员年度考核不透明，一些重大的医疗器械采购、药品购销等环节都不能向职工公布，个别医院财务、采购、药房等关键岗位是院长的亲属、亲戚把持，财务、院务不公开，住房、福利分配不公，医院内部职工意见比较大，工作积极性不高，个别医务人员甚至将怨气转嫁到患者身上。如李店卫生院由于职工对2006年奖罚兑现不满，有两名医生无故外出至今未上班，1名医生罢工，致使两个辅助科室工作停顿，造成全院工作基本瘫痪。县医院由于家属楼分配及补贴不公，引起职工不满，有的公开闹、公开骂，有的以损坏公物等手段发泄情绪。

四、几点建议

（一）完善机制，加强医疗卫生机构管理。县政府要高度重视和加强全县医疗卫生机构管理。要适应新形势的发展，积极研究探索，建立责权分明、条块清晰的医疗卫生管理机制，对乡镇卫生院实行部门、乡镇双线管理、双线考核，强化乡镇政府对卫生院的管理，解决县上管不了、乡镇管不上的问题。卫生主管部门要针对自身存在的突出问题，在广泛深入调研的基础上，制定科学有效的激励机制和绩效考评制度，把职称晋升、工资和福利分配与工作好坏、患者的评价挂钩，对职工工资实行按比例统筹、按考核发放，充分调动广大医务人员的工作积极性，切实加强对乡镇卫生院的管理。进一步完善新农合管理机制，改进工作程序和管理模式，实行管、办剥离；加强运行管理，强化对目录外用药监管，简化报销程序，完善信息系统，扩大群众受益面，提高资金使用效率，更多更好地服务广大农民群众。

（二）加强班子自身建设，打造高素质医疗卫生队伍。要加强卫生主管部门领导班子建设。全面落实政务公开，增强机关管理的民主化、透明化程度，调动成员工作积极性，充分发挥一班人的作用，既分工负责，又团结协作，心往一处想，劲往一处使，积极促进全县医疗卫生事业健康发展。班子成员要加强业务学习，提高自身素质，转变工作作风，经常深入基层医疗卫生机构，开展业务指导和工作检查，强化对基层卫生院的日常监督。加强对乡镇卫生院院长的考察任用，选用卫生院院长时要充分听取乡镇党委、政府的意见、建议，广泛参考广大群众的反映、评价，把一些不合格的院长换下来，真正把一批懂业务、会管理的骨干选上来，建设一支素质较高的院长队伍。建立能上能下、科学合理的人员调配制度，避免人为因素干扰，根据专业、年龄、岗位需要，合理配置基层卫生院人员结构，加大人才引进和培养力度，建设一支业务精湛、素质过硬的医疗卫生队伍。加强县乡医院医务人员的交流，有计划地选派业务骨干到基层卫生院工作，发挥骨干的传、帮、带作用，提高基层卫生院的诊疗水平，使人民群众公平地享受医疗资源。

（三）加强乡村医疗机构建设，规范医疗行为。我县医疗卫生工作的重点在农村，加强乡、村两级医疗机构建设尤为重要。政府和相关部门要将医疗卫生工作的重点放在农村，在基础建设、设备配套、人员配备、技术指导等方面给予适当倾斜，提高乡村医疗机构综合服务能力，合理分流患者，真正做到“小病在乡村，大病进医院”，有效降低医疗成本，使广大群众确实能够“病有所医”。要扶持鼓励发展民营医院，通过医院之间医疗服务和价格的竞争，实现医疗费用的明显下降。进一步规范医疗行为。积极探索并逐步建立起城乡统一的药品配送、价格管理、质量监测评价体系，完善临床诊疗技术规范，严格执行《处方管理办法》和《抗生素临床应用指南》，建立健全医院药品用量动态监测、超常预警制度和抗菌药物分级管理制度，避免过度治疗，切实降低医疗费用。推行同级医疗机构间检查、临床检验结果互认制度，特别是县级医院要加强院际之间的交流与合作，落实院内、院际之间医生会诊制度，减少重复检查，提高诊断准确率。

（四）加强医疗收费管理，严肃内部财务纪律。要突出医疗卫生事业的公益性，正确处理社会效益与经济效益的关系，把社会效益放在首位，决不能实行医疗市场化、医疗技术服务商业化、医患关系商品化。进一步规范医务人员收入分配制度，坚决取缔医务人员收入同服务收费挂钩、开单提成等行为。建立健全医疗价格监督管理体系，卫生、物价部门要定期或不定期对各医疗机构收费进行检查，对违规收费行为要发现1例，严肃查处1例，对乱收费问题严重的医院，要严肃追究院长的责任。进一步完善财务管理办法，严肃财经纪律，加强医院财务管理，规范收支行为，对设备购置、设施维修等纳入乡镇卫生院工作目标考核范围，督促基层卫生院改善诊疗条件。

（五）深化医务院务公开，提高管理透明度。卫生主管部门要指导各级各类医院编制院务公开目录，向社会公布医疗服务项目、收费标准、药品及医用耗材价格等信息并及时更新。医院必须严格按照《处方管理办法》的规定，向患者开具纸质处方，标明药品名称，坚决纠正处方不透明、患者不知情的现状。在各级医院全面落实门诊、住院费用一日清单制度和费用查询制度，让患者查询方便、看得明白。要向社会公开投诉电话和设立举报信箱，广泛听取患者意见和建议，认真对待群众投诉，及时整改、反馈有关问题，对违规违纪行为及时发现、查处纠正。严格落实院务公开，提高医院管理的民主化、透明化程度，严查医药代表到临床科室向医务人员推销药品，通过严格实行招标采购、集中管理、统一配送等方式，进一步规范医院采购行为。对财务管理、医院采购、福利分配、年度考核、职称晋升等事项要及时向全体职工公布，严禁暗箱操作，保证职工知情权，充分调动职工工作积极性。

（六）开展医德医风整治，提高医疗服务质量。要下大决心改进医疗服务模式，坚持以人为本，从制订方便群众就医的业务流程、符合患者需求的工作制度入手，简化服务程序，减少环节，方便患者就医。县级医院特别要抓好挂号、收费、药房、门诊等窗口建设，建立健全医疗咨询制度和便民措施（如设立饮水处、导诊台、专家一览表、公示牌、就诊示意图等），实施导诊服务，最大限度为患者提供方便。要加强对医疗从业人员的文明用语和服务礼仪培训，对患者实行人性化关怀和亲情化服务，切实增强服务意识，改善医疗服务态度，提高医疗服务质量和服务水平。各级医疗机构要畅通投诉渠道，加强医患沟通，及时处理化解矛盾和纠纷，构建和谐医患关系，提高患者的满意度。要建立医德医风教育、管理长效机制、社会监督评价机制和激励、惩处机制，从源头上根治医疗服务中的不正之风。同时建议在全县医疗卫生系统深入开展医德医风专项整治，狠下决心，猛击一掌，开“大处方”，解决医德医风下滑和医疗费用虚高的问题，由相关部门组成工作组，进驻县乡医疗卫生机构，对一些典型的人和事进行严肃查处并予以通报，对整改情况要向县委、人大、政府作专题报告。县人大常委会要把解决群众看病难、看病贵的问题作为今后的一项重点工作常抓不懈，跟踪监督，力求在较短的时间内收到较明显的效果。

第九次会议　于2008年6月30日在常委会五楼会议室召开，由王星耀主持。

会议议程有四项：一、人事任免，常委会主任张自杰为新任命人员颁发任命书，靳宝生、王彦明分别代表新任命人员作表态发言；二、听取和审议发展和改革局局长史晓平受政府委托所作的《关于静宁县2008年国民经济和社会发展计划调整情况的报告》，作出《关于静宁县2008年国民经济和社会发展计划调整的决议》；三、听取和审议环保局局长厚连世受政府委托所作的《关于〈中华人民共和国环境保护法〉贯彻执行情况的报告》、常委会司法民政工委主任杜文彪所作的《关于〈中华人民共和国环境保护法〉执法检查情况的报告》；四、听取和审议建设局局长杨东受政府委托所作的《关于县城规划管理和供热监管情况的报告》、常委会办公室副主任李文环所作的《关于城区规划管理与供热监管工作情况的调查报告》。会上，政府副县长马千里就落实审议意见，进一步做好2008年国民经济和社会发展计划落实、《中华人民共和国环境保护法》贯彻执行和城区规划管理与供热监管等工作作表态发言。

第十五届常委会组成人员张自杰、戴双军、许富忠、王星耀、张金业、高恒、沙芳琴、李金、高长茂、杜文彪、张新民、胡志科、李成蹊、厚学、吴水利、张三相、张来有、李会宾、裴晓江出席会议；县委常委、政府副县长马千里，法院院长李根进、检察院检察长陈龙、政府办公室主任李永成、发改局局长史晓平、建设局局长杨东、环保局局长厚连世、国土局局长王喜东、规划局局长孙富强、公用事业管理局局长雷浪喜、水务局副局长王静林，常委会各委室负责人马志刚、杨晓光、柴玉明、李文环，市、县人大代表王凤、王根旺、姚国奇、李录才列席会议；陈小兵等6名公民代表应邀旁听会议。

附：

人事任免

李成蹊任县人大常委会代表联络工作委员会主任，免去县人大常委会农业财经工作委员会副主任职务

靳宝生任县卫生局局长

王彦明任县司法局局长

免去：

王守荣县人大常委会代表联络工作委员会主任职务

杨升旺县卫生局局长职务

陈焕康县司法局局长职务

关于《中华人民共和国环境保护法》执法检查情况的报告

司法民政工委及相关人员组成检查组，由副主任张金业带队，于5月上旬深入环保、建设、水务、文体、工商等部门及陇兴化工公司、恒达公司、宏光淀粉厂、峰台山生活垃圾填埋厂、西河、南河沿岸，部分村、社、街道等企业和区域，采用座谈、现场察看、查阅数据等形式，对2006年以来《中华人民共和国环境保护法》和《甘肃省环境保护条例》在我县的执行情况进行了检查。

一、环保执法工作所取得的主要成效

2006年以来，我县县、乡两级政府及有关部门认真落实科学发展观，贯彻环境保护基本国策，积极实施环保法律法规，在防治环境污染、改善生态环境、保护自然资源等方面做了大量工作，全县污染物排放问题得到有效控制，重点污染源治理取得突破，城市环境综合整治也取得一定成效，具体表现在以下几个方面：

（一）环保宣传教育不断深入。县、乡政府及有关部门认真学习宣传环保法律法规，通过举办培训班、印发资料、开辟专栏等形式，充分利用广播、电视等媒体及学校课堂大力开展环保宣传教育，进一步提高了干部群众特别是各级领导干部的环境保护意识和法制观念。如县环保局在认真组织实施宣传环保法律法规各项活动的同时，与县电视台联合，在收视黄金时段播放环境保护宣传标语；县水务部门结合《中华人民共和国水法》《中华人民共和国水污染防治法》的宣传，大力开展了《中华人民共和国环境保护法》的宣传教育；工商部门利用注册窗口发放宣传资料，向各类企业经营者宣传环保法律法规，都取得了好的成效。阿阳实验学校"环境保护警示教育"基地的建立，使环保宣传教育走进了课堂。

（二）领导重视，环保执法责任制得到较好落实。近年来，县人民政府出台了《静宁县人民政府关于落实科学发展观加强环境保护的意见》，坚持与各乡镇、县直相关部门签订年度环保目标责任书，明确了部门的职能作用，靠实了污染减排、生态示范区创建、农村环保等工作责任，做到了责任明确，措施到位。同时制定了《静宁县创建国家级生态示范区实施方案》，启动并完成了城关、城川等12个乡镇生态示范区创建工作，对农村环境污染进行综合治理，促进了新农村建设和农村生态条件的改善。

（三）监督管理职能逐步得到发挥。在环境保护越来越得到全社会关注的大环境下，我县的环保工作也从制度上得到进一步加强。一是加强项目建设环境管理，从源头上控制环境污染。我县认真贯彻《中华人民共和国环境影响评价法》和《建设项目环境保护管理办法》，执行建设项目预审制度、环评制度和"三同时"（建设项目中环境保护设施必须与主体工程同步设计、同时施工、同时投产使用）制度，在一定程度上控制了新污染源的产生。二是依法征收排污费。在对全县80户排污企业申报普查的基础上，环保部门克服困难，依法依规征收排污费，对年征收的36万元全部上缴财政，使环境监督管理的经济手段得到强化。三是依法查处环境违法案件。环保部门在建设、工商、公安等部门的配合下，加大了执法检查力度，纠正了一些未环评项目，查处了一批违法案件。几年来共查处环境违法案件和违法行为96件，制定整改措施120件。

（四）污染防治工作逐渐加强。2006年以来，县政府及环保部门采取取缔关停、限期整治、挂牌督办、整改落实等措施，认真开展排污企业整顿，进一步强化了工业污染防治工作。重点是通过"环境安全大检查""生态环境保护工作专项执法检查"等活动，先后依法取缔了葫芦河沿岸威戎、祁川两家造纸厂，今年5月，对八里镇靳坪村等4户污染严重的石灰土立窑企业进行了关停。督促完成了恒达公司原料分公司、红光淀粉公司、县医院、中医院废水处理等一批重点治污工程。恒达公司原料分公司投资近千万元建成废水处理项目，使该项目排放的废水化学需氧量达到了国家标准，从而解决了该造纸企业长期污染下游河道的问题。

二、存在的主要问题

我县近年来在实施环境保护法方面虽然做了大量工作，取得了一定成效，但存在的问题仍然较为突出。从这次执法检查的情况看，主要有以下几个方面：

（一）环保国策意识不强，法制观念淡薄。一些地方和部门的环保国策观念不强，把环保工作当作可有可无的“软任务”“软指标”，甚至把环境保护与发展经济对立起来，在经济建设与环境保护关系的处理上“说起来重要，做起来次要，与经济建设发生冲突时不要”，重经济建设，轻环境保护。突出表现在近年开工的建设项目绝大部分未经环境影响评价，项目管理部门擅自批复直接开工。仅2008年新开工的19个应该环评的建设项目中，就有恒达公司扩建项目、城川宏发砖厂等11个项目未经环评，在相关部门的一路绿灯下开工建设。一些违规建设项目已经造成了较为严重的损失和影响。如5月份关停的4家石灰窑就是在没有任何环境准入手续的情况下被有关部门批准建设，既造成了对环境的严重污染，又造成资源的严重浪费，目前这4户企业的损失在10多万元到30多万元之间。由于环境准入制度被人为淡化，一些地方随意开办小型采砂厂、淀粉厂、小砖厂的现象较为突出，造成了农村生态条件的恶化。还有一些单位负责人根本没有环保意识，不知道还有环境保护法律。如李店卫生院将医疗废水直接向河道排放，当执法人员查究时，院长竟说自己根本不知道这样做是违法的。

（二）污染控制力度不够。由于污染治理进展缓慢，投入严重不足，我县有些地区局部环境污染较为严重。一是全县水污染问题突出，城市生活污水没有经过任何处理排入河道，造成西河、南河及下游葫芦河污染。葫芦河、甘渭子河、东峡库区上游承受着宁夏隆德、西吉两县数十家淀粉厂及一些小型造纸企业的排污压力，虽然在县政府及环保部门积极争取下，就甘泉饮水工程水源地隆德人建造的草浆厂污染问题召开了甘肃、宁夏两省（区）省、市、县三级相关领导参加的协调会，但至目前还没有取得实质性进展，给我县县城及部分农村居民生活用水安全造成威胁。二是大气污染的治理也很不尽人意。全县现有33户砖瓦厂没有任何除烟除尘措施，131台（套）供热（水）锅炉只有24台有烟尘处理设施，地处居民集中区的薪暖供热公司既没有除尘设备也没有除噪设备。县水泥集团公司虽然安装了玻纤除尘设施，但由于能耗太大、运行成本太高等原因很少使用，这些企业排放的废气中的二氧化硫及粉尘对县城居民的身体健康造成了威胁。三是垃圾“围城”“围河”的现状还没有大的改观。由于投入不足，环保基础设施建设滞后，县城产生的垃圾特别是建筑垃圾没有填埋场地，造成到处乱倒的现象。检查中我们看到，在从峰台山左侧上山的路边上倾倒了大量建筑垃圾，被临时推平后部分垃圾埋压了农田，止目前这种情况还未改变。沿西河从北往南走，两边河岸全部都是垃圾，最为严重的是靠近姚柳村的地段堆放的建筑垃圾约在万吨以上，垃圾大量堆放侵占河道，造成河水对该村耕地的冲刷，目前河岸耕地坍塌严重。南河沿岸部分地段倾倒垃圾的现象虽然有所收敛，但现在陈家坡一带却成了新的垃圾堆放地。四是城市功能配套不完善，部分地区排污排洪管道共用，臭气熏天，给居民生活环境造成伤害，同时影响静宁形象。五是县城噪声扰民问题较为严重。汽车喇叭声、礼炮鞭炮声、建筑工地机器声、高分贝的音响声此起彼伏、不分昼夜，而这些行为得不到任何限制，群众没有一个安静的生活工作环境，对此意见很大。

（三）监督管理力度不大。一是一些建设项目环境管理流于形式。由于各级领导对环境保护重视不够，职能部门监管乏力，环评和“三同时”制度执行不严，存在着“先上车后补票”甚至“不补票”的现象，延续着先污染后治理甚至不治理的老路。二是监管手段落后。据环保部门反映，目前县环保局环境执法大队仅有3人，担负全县的环境执法工作，显得力不从心。而更重要的是由于没有专门机构和人员应对行政复议，使一些本应重罚的环境违法事件得不到应有的处理。同时环境监测职能的缺失严重制约着我县环境执法工作的正常开展。由于缺乏专业技术人员，我县至今没有设立环境监测站，缺乏起码的环境监测手段。譬如今年“5·12”汶川大地震发生后，按规定要对饮水水源的水质每天进行1次监测，但由于我县连1台便携式检测仪器都没有而使这项工作无法开展。三是部门之间配合不力，各自为政，使法律的执行出现“盲区”。如城区的噪声污染治理涉及环保、文化、城市综合执法大队等部门和单位，但实际上除每年高考和中考期间由环保部门牵头对噪声污染进行短期整顿外，平时根本没人去管，工作中存在着推诿扯皮的现象。

（四）居民自觉保护环境的意识尚未形成。县城居民在街面乱泼污水甚至粪便、乱扔杂物、随意毁坏花草树木及公用设施的现象比比皆是，农村乱堆乱放，垃圾肆意抛洒的现象随处可见，环境卫生状况的恶化，影响了我县环境保护工作的总体水平。

三、对今后工作的几点建议

（一）加强宣传教育，进一步增强全民的环保意识和法制观念。各乡镇、各部门要进一步加强环境保护重要性的认识，切实加强环境保护宣传教育，广泛普及环境法律法规和环境科学知识。新闻单位要加强舆论监督，既大力宣传环境保护的正面典型，又大胆揭露破坏环境的反面典型，通过多层次、多形式、全方位的环保宣传，不断增强广大干部群众特别是领导干部的环保国策意识。

（二）加强领导，进一步落实环境质量目标责任制。全县各级领导干部都要坚持以人为本，按照科学发展观的要求来谋划经济社会发展，抓好环境保护。要进一步加强对环境保护工作的领导，克服经济建设与环境保护一手硬、一手软的现象。各乡镇、各部门都要建立环境保护目标责任制，县人民政府应对每年的环保目标进行认真考核，逐步建立健全环保一票否决制度，真正形成各负其责，齐抓共管的环保机制。

（三）严格控制新污染，加快治理老污染，进一步强化污染控制。各乡镇及有关部门要加强建设项目环保管理，应坚决执行项目建设“第一审批权”和“环评”“三同时”等制度，严格控制新污染源的产生。今后，所有建设项目都必须做到环评先行，未经环评的坚决不予立项，违规审批的要追究相关部门的责任。要加大对环保投入和对重点污染源的治理力度，要在加快县城生活垃圾填埋厂建设进度的同时，尽早谋划建筑垃圾处理场地。要加强重点流域、区域污染防治工作，目前应着力抓好葫芦河流域水污染治理和城区大气污染治理。同时政府应每年安排一定数额的专款用于重点污染企业的治理。

（四）加强对环境保护工作的监督和管理，确保环保法律法规在我县的贯彻实施。县政府及有关部门要根据环境保护法的要求，认真负责地承担起职责范围内的环境监管工作。环保部门要积极主动地对环境保护工作实施统一监督管理，进一步加大执法力度，切实发挥好职能作用。环保、工商、公安、发改、建设、国土、林业、农业、水务、水保以及文化、城管等部门要按照各自职责，紧密配合，形成合力，达到齐抓共管的目的。坚持环保专项行动与日常监管相结合，切实解决重点环境污染企业污染物排放及噪声污染等问题。对各类无证排污、超标排污和有意不运行环保设施的企业要依法予以严肃处理。政府应尽快出台噪声污染管理办法，对城区噪声管理工作明确责任单位，主管单位要切实担负起城区噪声污染治理的责任。要切实加强环境主管部门，特别是环境执法队伍的建设，在人员编制、执法装备和经费方面提供必要的保障，进一步提高环境执法队伍的执法水平。

（五）认真搞好乡镇生态示范区建设工作。要结合新农村建设，对农村环境污染进行综合治理，以促进我县农村生态条件的进一步改善。

关于城区规划管理与供热监管工作情况的调查报告

由常委会副主任许富忠带队，县人大有关委室、建设局、规划局、公用事业管理局负责人、工作人员及部分市、县人大代表组成调查组，于5月中旬至6月中旬，深入建设局、国土局、物价局、县一中、县医院、热力公司、兴盛房地产开发公司等23个单位、企业和施工现场，采取听取汇报、实地察看、查阅资料、走访座谈、问卷调查等方式，对县城规划管理及供热监管工作进行了调研。调查中召开座谈会8次，发放问卷1630份，收回1500份，共收到群众意见建议352条，被调查的干部群众达到1780人。

一、关于城区规划管理

（一）取得的成效

近年来，在县委、县政府的领导和大力支持下，城市规划管理部门认真贯彻落实科学发展观，紧紧围绕全县经济社会发展大局和县城建设总体目标，完善管理体制，强化规划执法，规划管理工作逐步加强，取得了较好成效，有力促进了全县经济社会发展。

一是管理机制不断完善。成立了城乡规划管理局，明确了管理职能，组建了领导班子，配备了工作人员，规划管理机制进一步理顺，管理队伍和技术队伍不断加强，为城乡规划事业长远发展提供了保障。

二是小城镇规划起步良好。适应新农村建设的需要，从2006年起，督促各乡镇抓好小城镇规划编制工作，目前已完成了22个集镇总体规划和110个村庄规划的编制，今年安排的70个村庄规划编制正在进行，为扎实有序开展新农村建设提供了有力支持。

三是县城总体规划不断优化。委托甘肃省城乡规划设计研究院对2001年版县城总体规划修订完善，于今年完成了县城总体规划局部修编并通过审批，城区总体规划进一步优化；高起点完成了东城区、西岭公园等一些重点项目修建性详细规划，城市功能逐步完善，城镇化水平不断提高，人居环境得到明显改善。

（二）存在的主要问题

在肯定成绩的同时，应该看到，由于各种主、客观因素的影响，我县城区规划管理工作目前仍存在一些不容忽视的问题。主要有：

1. 专项建设规划不到位，基础设施建设滞后

受经济社会发展水平限制，县城专项建设规划编制相对落后，特别是旧城区基础设施及配套方面的规划建设欠账较大，随着城区人口的不断增加，承载能力明显不足。如道路规划不到位，近些年临街修建了不少多层建筑，对城市拓展及城区道路延伸拓宽形成严重制约，致使目前阿阳路、中街等一些路段交通压力过大；没有建立起系统的水、电、讯等设施管网，一些街道各种线路交织架设、杂乱无章，影响市容市貌；管网建设不能一步到位，统筹不力，相关单位各自为政，反复开挖，“拉链路面”现象比较普遍；供水管网深挖实埋，出现故障后检测维修困难，安全隐患突出；部分路段排水管网规划不尽合理，口径设计较小，遇暴雨排水不畅，特别是阿阳路、西环路、二天门巷等一些路段雨水集聚路面，影响城市交通安全；垃圾台和公厕等公用设施不足，中街、北环路等人群集中的路段公厕极少，修建的部分公厕在城市改建中拆除，给居民特别是农村进城群众造成极大不便，群众意见很大。

2. 旧城区详规编制滞后，规划控制区控制不严。

我县县城总体规划（2006—2020）修编已经完成，但旧城区改造一直没有修建性详细规划，在实施过程中，因无详规指导，建设无章可依，带来的具体问题较多。

一是开发无序，修建盲目性大。由于无修建性详细规划，旧城区开发修建盲目性较大，一些地段边建设边规划，甚至出现由开发商规划的现象，忽视县城总体布局要求，导致规划不科学，连续性不强，前瞻性不足，建设不合理，配套功能不全，对小区的拓展及城市长远发展造成不利影响。一些小区高强度开发，见缝插针式修建，如近两年开发的新城小学北侧、中医院西侧、原副食厂院内等地段，建筑密度过大，造成绿地面积少，公共空间十分窄小，采光严重不足，群众意见大。按照原建设部发布的《城市居住区规划设计规范》的规定和我县执行的工程建设标准，以层高2.9米计算，相邻2幢南北朝向6层住宅楼采光间距最小应在19米以上。根据现场测量，永福巷新建的4幢6层住宅楼，间距最宽为18米，最窄不足16米；新城小学以北已建成的成纪嘉园4幢住宅楼（其中1幢6层，3幢局部6层），最宽间距16.5米，最窄不足13米，达不到规定的间距标准。

二是规划控制区控制不严。按照县城总体规划，“三关一城”为规划控制区。2007年县政府发布了《关于加强县城规划区范围内个人建房管理的公告》，对限制修

建的区域及相关责任做出了明确规定，但由于落实不力，规划控制区管理不严，乱修乱建现象没有得到有效遏制，对今后的开发改造形成严重制约。如北巷子在县城总体规划中明确为成纪大道的一部分，但由于没有详细的修建及安置计划，未采取有效控制措施，居民自行修建成风，近两年新建了不少砖混结构房屋，增加了拆除成本和阻力，给今后打通成纪大道埋下极大后患。由于无详规控制，近几年在旧城改造拆迁中，一些居民对规划控制区内随意修建的建筑物、构筑物拒不拆迁，或漫天要价，哄抬补偿费用，给旧城区的改造带来很大阻力。

3. 新城区规划落实随意性大，规划执行缺乏严肃性。

《中华人民共和国城乡规划法》规定，经依法审定的修建性详细规划、建设工程设计方案的总平面图不得随意修改。东城区二、三号小区在2007年土地使用权拍卖时编制了修建性详细规划，作为国有土地使用权出让合同的组成部分。但从调查的情况看，实际修建过程中变更了原修建性详细规划，使小区建筑容量大大增加，公共空间缩小，存在规划和合同执行不严格的问题，损害了规划和合同的严肃性、权威性，社会反响大。

一是变相占用公用面积。三号小区在修建过程中未留足公用部分土地面积，三个标区在修建时北面楼体整体外移，三标区东面楼体外移，一标区南面第一排楼体外移，没有留足阴影部分，变相占用了公用部分面积，对标区相邻建筑和土地使用造成影响。

二是增加楼位和建筑面积。二、三号小区规划建筑面积共26.87万平方米，实际建设31.93万平方米，比原规划多建5.06万平方米，增加18.8%。其中二号小区由26幢楼增加为28幢，多建2.3万平方米，增加22%；三号小区由24幢楼增加到30幢，多建2.76万平方米，增加16.8%。楼位和建筑面积的增加使公共空间缩小。如二号小区二、四标区8幢楼，间距由原来规划的最宽27米、最窄22米，缩小为最宽20米，最窄19.2米；三号小区一标区楼间距由原规划的23米减少到最小不足20.8米。

三是未经放线开工建设。三号小区的修建，在没有相关部门和技术单位监督的情况下，开发公司自行放线开工，且实际放线与原规划不符，违反了有关规定和合同约定。在主管部门下发停工整顿通知书后，经再三敦促，才进行了局部整改。

4. 职能部门职责不到位，规划管理执法不严。

一是对《中华人民共和国城乡规划法》等法律法规和已批准的县城规划宣传不够，群众对县城规划管理的有关规定和要求了解不多，在规划的制定、实施过程中群众参与监督的范围不广，没有形成有效的社会监督机制。二是执行规划的原则性不强，对县上出台的有关政策规定落实不力，对控制区的修建审批把关不严，乱修乱建问题时有发生。三是对规划的实施过程疏于管理，缺少经常性的监管。对旧城区一些小区的开发监督管理不力，对发现的问题不能及时予以纠正，对一些违规建设行为没有采取及时有效的措施予以坚决查处，在一定程度上助长了违规建设行为的发生。对东城区二、三号小区基础建设配套费没有按规定及时予以收缴，对三号小区修建中开发公司自行放线开工的违规行为执法不严。

（三）几点建议

1. 抓紧编制详规和分规，为指导城市建设提供科学依据。坚持规划先行，抓紧详细规划和分区规划编制工作。无论新城区建设，还是旧城区改造，都必须坚持先由政府规划、然后由开发商建设的原则，严格按既定规划办事。要总结吸取以往的经验教训，注重突出全局性、长远性和前瞻性，适度超前规划，为城市长远发展留足空间。对以后需开发的新城区，其修建性详细规划要坚持一步到位，按能力分步实施，决不能因为个别区域规划的变更和对个别开发商违规建设行为的姑息迁就，影响整个小区乃至城市的长远发展。重视抓好旧城区改造的规划工作，编制好“三关一城”“城中村”改造详细规划，提前介入做好宣传、安置落实等工作。特别是对于近几年将要开发的一些重点地段及城乡接合部，要严格管理，坚决制止乱修乱建，为今后发展和建设打好基础。统筹抓好专项规划的编制，建立适度超前、适应城市总体发展的水、电、路、讯网络，重视抓好垃圾台、厕所等公用基础设施的规划和建设，为居民生活提供方便。

2. 强化规划宣传，营造良好的规划管理环境。

加强对规划法及县城总体规划、详细规划的学习宣传，不断增强各级组织和广大干部群众贯彻规划的责任感和自觉性，大力营造尊重规划、支持规划、执行规划、监督规划的良好社会氛围，改善执法环境，杜绝违法违规修建行为。增强规划管理工作的公开性和透明度，全面实行规划公示制度和听证制度，对县城总体规划、修建性详细规划，特别是规划的强制性内容及标准要采取多种形式向社会长期公布，广泛接受监督；对每一项详细规划、专项规划的编制变更，都必须广泛征求社会各界的意见建议，主动接受群众监督，确保规划管理工作的健康规范运行。

3. 加大执法力度，切实提高规划管理水平。

认真贯彻落实《中华人民共和国城乡规划法》，加大对规划管理的投入力度，为规划编制和执法提供有力的资金、人员保障。加强规划管理队伍建设，严格落实执法责任制和责任追究制，不断强化执法人员依法行政意识，坚决杜绝违规审批及放任违法违规建设的现象。加强对规划实施的监管，严格按规划建设城市、管理城市、经营城市，对确需修改的局部规划，必须按程序进行审批，坚决克服规划编制、管理、执法中的随意性，杜绝个人和部门不按法定和规范程序擅自变更既定规划。对违反城乡规划、损害公共利益和群众利益的违法违规建设行为，不管是单位还是个人，都要按照有关法律法规和政策的规定坚决予以制止和查处，并追究主管部门和责任人的责任，切实维护规划的严肃性和权威性。健全完善城乡规划管理办法，进一步理顺规划管理部门与建设、国土、发改、房产等相关职能部门的关系，建立联合执法机制，适时开展规划管理执法检查活动，对违规建设行为进行查纠整改，特别对社会和群众反映强烈的一些突出问题要限期整改解决。

二、关于城区供热监管

（一）取得的成效

近年来，县政府把城区供热作为改善民生、为民办实事的一件大事来抓，按照

“谁投资、谁经营、谁管理、谁受益、独立核算、自负盈亏”的原则，通过招商引资等多种途径，大力发展民营供热企业，有效推进城区供热事业的快速发展，较好地保障了城区单位及居民的供热需求。至目前，城区已有供热站（点）27个，供热用户7544户、单位97个，供热面积102万平方米，占城区居民住宅和单位办公楼面积的84.2%。2007年，针对供热成本上涨及供热质量差的问题，根据供热企业的申请，依照《政府价格决策听证办法》的规定程序，组织相关部门在深入调查研究的基础上，对部分经营性供热企业2006—2007年度供热成本进行了认证，并适时调整了供热价格。为了加强城区供热监管，于今年成立了县公用事业管理局，并设立了供热监督管理室，健全工作制度，抽组工作人员，落实工作职责，确保了机构、制度、人员、职责四到位，并适时对各供热企业的设备及管网等情况进行排查摸底，造册登记，建立台账，使城区供热监管工作开始步入统一规范的管理轨道。

（二）存在的主要问题

1. 供热质量差，用户意见大。

调查中，干部职工和居民普遍对城区供热现状表示不满意，认为绝大部分供热企业供热达不到县上规定的室内温度不低于16℃的标准，整体供热质量较差。在对27个供热站（点）供热质量情况的1500份问卷调查中，有1134人（占总数的75.62%）反映室内温度低于规定标准；333人（占总数的22.22%）反映供热不按时，迟供早结束；1193人（占总数的79.55%）反映有时停时供现象；567人（占总数的37.85%）对供热服务不满意。从单个供热站（点）来看，在对供热面积超过4万平方米的7户供热站（点）的供热质量调查中，群众满意率达到80%以上的2户、70%的1户、52%~53%的2户、29%~38%的2户。从调查中群众和企业的反映看，造成供热质量差的原因主要有以下四个方面：

一是基础设施投入不足，设备老化。城区相当一部分供热站（点）存在设备老化，管网失修，耗能大、污染严重，实际供热能力小于原设计能力的问题，导致所供温度达不到规定标准。如薪暖供热公司的3个供热点有5台热水锅炉，供热面积 11.7万平方米，按锅炉吨位计算虽然没有超出负荷，但设备和管网老化严重，其中1台6吨锅炉是1992年安装的，已超出服务年限，无法正常运转。由于企业对设备和管网维护投入不足，不能及时进行检修和更新，致使供热无法正常进行，经常出现停供和暖气片被冻破的现象。如去年老干局院内1处管道破裂，致使部分单位和居民供热中断，一些单位的暖气片被冻破，造成了不应有的损失。

二是供热企业单纯追求经济效益，人为缩短供热时间。调查中用户普遍反映，部分供热企业只重视自身经济利益，忽视应承担的社会责任，重收费、轻质量，导致供热质量长期上不去。一些企业不按时供热，开炉迟几天，停供早几天，在正常供暖期也有意减少供热次数，缩短供热时间。还有个别企业片面追求利润最大化，在额定的核算成本内又实行所谓的“节能奖”，变相鼓励烧锅炉人员少烧煤，使供热质量每况愈下。如在对薪暖供热公司的171个用户问卷调查中，74.8%的用户反映供热时间短，经常出现停供现象。由于部分企业供热质量太差，广大居民对“花钱买冻”的问题怨声载道，反映强烈。我们在与社区居民座谈时，一位住在阿阳新村粮食局家属楼的杨姓居民说：“我们那儿的供热每天最多8个小时，冬天室内温度从未达到14℃，家里人看电视时都裹着被子。到最后1个月，几乎就没供热。”阿阳路公安局家属楼一位姓张的居民说：“供热的关键问题是供的时间不够，温度上不去，家里的花儿几乎全都冻坏了，严重时冻着坐不住，只好买电热器取暖。”

三是供热企业服务意识不强，对用户反映的问题不能及时处理解决。作为与人民群众生活息息相关的特种服务行业，我县的供热企业大部分存在重收费、轻服务的现象，一些企业只强调自身的利益，对用户反映的问题推诿扯皮，不能及时迅速予以解决；在暖气费收取过程中，极少数企业不重视与用户的沟通，对欠费问题缺乏切实可行的办法和措施，利用自己掌握供热权的优势，对少数用户不交费的居民楼动辄采取整幢停止供热的非正常手段，把所有用户捆绑在一起“集体惩罚”，进一步激化了双方矛盾。

四是居民楼内管网缺乏管理，违规用热现象突出。调查中居民和企业反映，由于物业管理跟不上，一些居民楼违规用热的问题严重。少数居民为了自己采热，对原有的管道进行不科学改造，随意超量增加暖气片，私自安装热水包和取水设施，导致供热系统失水严重、压力不够，运行不畅，影响供热质量。

2. 相关制度和规定落实不力，行政监管不到位。

2003年，县政府下发了《静宁县供热管理暂行办法》，就城区供热设施审批建设、经营管理和质量收费等做出了具体规定。但由于诸多原因，该办法没有得到有效的贯彻落实。如办法中规定，供热期间，建设局要同物价、工商、环保、质量技术监督局等单位对所有供热站（点）进行抽检，走访用户，查找问题，责成供热单位及时纠正，限期解决。但调查中群众反映，主管部门没有充分发挥作用，相关职能部门监管职责不到位，督促检查和协调服务不够，遇到群众反映的问题供热企业和开发商相互推诿扯皮，始终得不到解决，使供热企业和居民用户之间矛盾激化，严重影响了供热市场的健康发展。住在东苑小区23号楼的一位居民说：“供热时室内温度一直在14℃以下，客厅有一组暖气片两年来一直没有热过。问题无处反映，更谈不上解决。”西苑小区一居民反映，其所在的地毯厂家属楼供热温度低、管道问题多，但从未有人过问，反映问题找不到人。二天门巷1号楼、阿阳路县委家属楼、公安局家属楼、西苑小区职教家属楼等都因管道配置不合理，整幢楼供热质量差，用户虽不断向开发商、供热企业及有关部门反映，但问题至今没有解决，群众意见大。办法规定：“供热前，供热站（点）必须与用户签订供、用热协议，明确双方权利义务。”但在调查中有1113户没有与供热企业签订合同，占调查户数的74.16%。即使签订了的一些合同，由于没有政府监管部门的介入和指导，大多由供热企业单方面提供，侧重于保护企业自身利益，对供热质量和服务保障缺乏约束，供、用双方权利与义务不对等，特别在出现维修、欠费等纠纷争议时，处理没有依据，难以有效执行，群众反过来埋怨政府。

3. 用户欠费数额较大，影响企业正常运行。据供热企业统计，薪暖供热公司2007—2008年度应收暖气费163.8万元，目前欠费38.4万元，占应收款的23.4%；热力公司2007—2008年度应收暖气费342.7万元，目前欠费103万元，占应收款的30%。根据座谈了解，造成欠费的主要原因是供热质量不高，用户对收费标准有异议，不愿交费；一些下岗职工、低保户和弱势群体由于经济困难，无力交费；此外，也有少数户有意欠费，欠费最多的户达7094元。2007年，县热力公司因用户大量拖欠供暖费，向县法院起诉了76户。大量欠费造成企业流动资金不足，为了弥补资金短缺，企业便采取减少设备投入、不合理压缩供热成本、变相提高热价等做法来维持运转，并形成恶性循环，既影响了供热企业的进一步发展，又影响了供热质量的提高。

4. 供热成本上升，企业反响较大。从调查中企业反映的情况看，供热成本中煤的费用占总成本的60%左右，煤炭价格的高低直接影响着供热成本的大小。针对供热价格偏低的问题，去年县上调整提高了供热价格，但今年以来煤价又出现较大上涨，由去年11月份的220元/吨，上涨到今年6月份的300元/吨（均不含运费）。煤炭价格的不断上涨，给供热企业造成新的压力。每年5、6月份是贮备煤的黄金时期，由于目前煤价过高，各企业都在等待观望，均没有贮备行动。这一问题应当引起政府及有关部门的高度重视，尽快研究解决，督促和支持供热企业及早贮备燃煤，保证供热的正常进行。

（三）几点建议

1. 加强监管，确保供热市场的健康运行。城区供热是一件涉及千家万户的大事，事关社会和谐稳定。政府及主管部门要把城区供热作为关注民生的大事纳入重要议事日程，在深入调查研究的基础上，制定好近期和长远发展规划，尽快修订和完善《静宁县供热管理暂行办法》，使供热工作做到有规可依、有章可循。针对现阶段居民对供热问题反映强烈的实际，由县公用事业管理局牵头，质监、工商、环保等部门参与，定期或不定期地开展专项督查活动，对城区供热状况、生产安全及供热质量等进行专项检查，督促指导供热企业做好相关工作，尽早解决供热质量差和暖气费拖欠严重等问题。探索建立供热企业服务标准考评及室温监测、供热质量责任追究等制度，加大对供热企业的监管力度，对置群众利益于不顾，违规擅自迟供、停供、弃管的，要严格按有关规定查处，给予通报批评或经济处罚，限期整改，情节严重的要追究有关负责人的责任。指导制定并督促签订维护供、用双方权益的格式合同，明确双方权利和义务，促进城区供热工作规范运行。将供热质量的高低与收费挂钩，对采暖期内居民用户室内供热温度低于规定温度的，要给用户减费或退费，促使供热企业以合格质量和优质服务实现自身的良性发展。

2. 标本兼治，努力改善供热基础设施。根据城区供热的实际，有计划地关停一些规模小、耗能大、污染严重的供热站（点），逐步实现集中供暖，大力推行供热分户计量，减少用户与供热企业之间的矛盾。督促企业加大改造力度，及时检修、更新老化设备和管网，确保供热期间不出故障。在新建住宅工程质量验收中，要把好水、电、暖等配套工程的验收关，从源头上解决供热系统质量问题。加强居民楼供热设施的管理，对用户在室内私自安装取水装置、随意改变原有管道设计等影响整体供热效果的，要及时依法依规拆除，维护全体用户的共同利益。

3. 优化服务，切实提高供热质量。供热企业要严格执行国家有关供热法规政策和标准规范，切实改善服务态度，提高服务质量，坚决杜绝擅自压低消耗指标、低温运行、减量供热等问题，做到“让群众满意、让企业盈利、让政府放心”。加强供热安全管理，培训工作人员，严格执行操作规程，经常性开展供热设备检测。强化对本区域供热系统的巡查，设立24小时服务热线电话，认真对待群众投诉，建立快捷的应急抢修制度，出现问题就在第一时间解决，保证供热系统的正常运行。进一步加强内部管理，加强与用户的沟通，做好解释说服工作，依法依规及时清缴历年欠费。按照有关规定设立用户室内温度检测点，加强供热温度监测，供热期内免费为用户测温，做好测温记录，确保用户室内温度达到规定标准，满足群众生产、生活需要。

4. 加大宣传，营造良好的供热环境。重视对供热政策法规和制度的宣传，扩大供热工作的群众参与度和公开性，取得社会各界对供热工作的理解、关心、支持和配合。对供热企业好的经验和做法，要及时总结推广，宣传报道，支持企业走科学、良性发展的路子，努力提高供热质量和服务水平。加大新闻舆论监督力度，教育引导用户和企业规范用热、供热行为，维护供用双方的合法权益，对社会责任感差，随意停暖，串通合谋停供暖，供热质量差、用户意见大的供热企业以及恶意拖欠或拒缴暖气费的单位和个人，要适时进行新闻曝光，引导企业和用户依法正确维权。通过宣传教育和舆论监督，为城区供热工作的健康发展创造良好的社会环境。

第十次会议　于2008年8月28日在法院五楼会议室召开，由张金业主持。

会议议程有两项：一、听取和审议发展和改革局局长史晓平受政府委托所作的《关于静宁县2008年上半年国民经济和社会发展计划执行情况的报告》；二、听取和审议林业局局长李鹏玺受政府委托所作的《关于全县退耕还林及“三荒”造林工程管护工作情况的报告》、常委会农业财经工委主任高长茂所作的《关于全县退耕还林及“三荒”造林工作管护工作的调查报告》。会上，政府副县长刘小进就落实审议意见作表态发言。

第十五届常委会组成人员张自杰、许富忠、王星耀、张金业、高恒、李金、高长茂、杜文彪、胡志科、杨晓光、李成蹊、厚学、吴水利、张来有、李会宾、裴晓江出席会议；政府副县长刘小进、法院院长李根进、检察院副检察长徐宝玉、政府办公室主任李永成、发改局局长史晓平、林业局局长李鹏玺，常委会各委室负责人杨毅民、柴玉明、李文环、李稳收列席会议。

附：

关于全县退耕还林及“三荒”造林工程管护工作的调查报告

由常委会副主任戴双军带队，常委会有关委、室和林业局负责人、工作人员组成调查组，于7月下旬至8月中旬，深入余湾、司桥、曹务、细巷、甘沟、城川、威戎、原安、灵芝、八里等乡镇，采取听汇报、座谈交流、现场察看、入户核对等方法，就我县退耕还林及“三荒”造林工程管护工作情况进行了调查。

一

我县自1999年被列为全国生态环境建设示范县和全省退耕还林试点县以来，县、乡政府及有关部门高度重视，把生态建设作为推进经济社会可持续发展的根本措施来抓，按照“退耕还林、封山绿化、以粮代赈、个体承包”的方针，在大力开展退耕还林和“三荒”造林工程建设的同时，严格落实政策规定，认真抓好林木管护，经过全县上下近10年的不懈努力，退耕还林和“三荒”造林工程建设取得了显著成效。

（一）生态效益日趋凸现。经过近10年的发展，退耕还林及“三荒”造林工程建设改善生态环境的作用逐渐显现，促进了全县生态环境的明显好转。一是森林覆盖率大幅提高。1999年至2007年底，全县累计完成工程造林84万亩，其中退耕还林36.8万亩，“三荒”造林42.1万亩，森林覆盖率由6.9%提高到15.6%，增长了8.7个百分点。二是植被得到较好恢复。实施退耕还林和“三荒”造林工程以来，重点治理区域植被得到较好恢复，一些荒沟、荒山、荒坡得到有效治理，全县13条大的林带已初具规模。如八里郭罗至烽台山梁系，红寺北山梁系，双岘梁系，深沟北山梁系，甘沟南、北山梁系，城川东山梁系，灵芝东山梁系、中山梁系，界石铺南北山梁系，原安程义、百富、苏赵梁系，水股、荞岔山毛桃基地，三合任岔、新堡、中山梁系，古城南山梁系等地带林草茂密，形成了较好的小区域生态环境。调查中看到，在一些绿化和梯田建设搞得好的地方，生态面貌已经发生了可喜变化，山上林带连绵，山腰梯田环绕，沟道绿荫遮蔽，呈现出一派再造秀美山川的大好景象，令人为之感奋。三是水土流失逐渐减少。通过对一些耕种困难、收成差的梁峁、陡坡地实施全面退耕，减少了水土流失。同时结合退耕还林，实行山、水、田、林、路综合治理，小流域治理初见成效。调查中看到，甘沟、细巷、司桥等乡镇的一些沟道内满目绿色、树木成荫，干部群众普遍反映，由于植被的有效恢复，近年来水土流失程度大大减轻，以往“遇雨就是洪”“泥沙满沟流”“水毁到处有”的现象明显减少。

（二）增加了农民收入。一是农民直接得到实惠。全县实施退耕9年来共兑现退耕还林补助粮5488万公斤，补助资金2.7亿元，农民人均收益702元，退耕农户直接从中受益。二是土地单产效益增加。实施退耕后，耕作面积减少，促使农户改进原来的粗放耕作方式，精耕细作，科学种田，提高了单产。如灵芝乡长塬村的王国强，一家7口人，原有耕地41.8亩，由于广种薄收，平均亩产值不足200元，退耕后减少到15亩，通过精耕细作，特别是近两年种植双垄沟播玉米，亩产值明显提高，平均达到400元以上。三是促进了非农收入增加。通过退耕还林，相当一部分劳动力从单一的粮食生产中解放出来，从事多种经营和外出务工，既开阔了视野、转变了观念，又拓宽了增收渠道，改变了退耕农户经济收入来源单一的局面。特别是西北部乡镇，通过转移剩余劳动力，农民收入有了较大增长。如原安乡百富村有251户1211口人，共承包土地

5458亩，实施退耕还林后，退耕面积达3051.5亩（户均12.2亩），户均年补助收入达1900多元，同时每年有25%的劳力外出打工，户均打工收入达到7900元，最多的达到15000元。

（三）促进了林果产业发展。我县在实施退耕还林的过程中，充分发挥区位优势，与发展主导产业相结合，在国家政策允许的范围内适当栽植苹果、梨等经济林，大力发展以大接杏、山毛桃为主的生态经济兼用林，在改善生态的同时，促进了农业产业结构调整，推动了林果产业的快速发展，既解决了“保得住”的问题，又实现了“能致富”的目标。实施退耕还林以来，全县共栽植经济林6.5万亩，其中苹果1.3万亩、梨0.4万亩、山毛桃1.2万亩、大接杏3.3万亩、花椒等0.3万亩。特别在南部的仁大、李店、治平、深沟等乡镇，前些年紧紧抓住退耕还林的大好机遇，与发展果品产业相结合，实施“引果上山”工程，在山台地大力发展林果产业，栽植的苹果目前多数已挂果，经济效益明显。

（四）林木管护工作逐步加强。从实施退耕还林工程开始，就把林木管护工作提上重要议事日程，认真贯彻执行《中华人民共和国森林法》《退耕还林条例》，坚持一手抓工程建设，一手抓林木管护。从2000年起在全省率先开始实行封山禁牧，并制定了《静宁县林木、林地管护及处罚办法（试行）》《重点公益林管护制度》《森林防火制度》等一系列规章制度，不断加强林木管护工作。为有效打击毁坏林木、侵占林地等违法行为，2006年又成立了森林公安派出所。以村组为基础、乡镇为主体、县林业管理部门为纽带，建立县、乡、村三级管理体系，每个行政村至少有1名专职护林人员。在全县范围内落实林木管护目标责任制，县政府与乡镇政府每年签订重点公益林管护责任书，各乡镇又与村、组和农户、护林员签订管护合同，明确了权利与义务，靠实了管护责任，基本上达到村村底子清、户户有档案的要求。管护工作的加强，巩固了生态建设成果，从本次调查到的几个小流域看，退耕面积基本全部得到了保存。

二

我县退耕还林和“三荒”造林工程建设虽然取得了较好的成效，但在具体管护中还存在着一些困难和问题，主要有：

（一）分户管理职责不到位。对退耕还林和林木管护的法律法规及政策宣传教育不够深入，相当一部分群众对退耕还林政策了解不全面，对搞好退耕还林和“三荒”造林工程的重要性认识不足，对自己应担负的管护责任不明确，缺乏搞好退耕还林工程建设的主动性和责任感。根据《退耕还林条例》的规定，退耕还林应当遵循“谁退耕、谁造林、谁经营、谁受益”的原则，乡镇与农户签订的退耕还林合同也明确规定：农户负责退耕林地的管护，负有禁止人畜对退耕还林地及林木侵害的义务。但在调查中乡镇普遍反映，退耕还林工程实施以来，管护工作基本全由乡镇政府和村委会承担，一部分农户只享受权利不履行义务，只领取补助资金不进行管护和补植，有的农户甚至连自己家的退耕林地是哪一块都不十分清楚，更谈不上有效管护。按照规定，退耕还林补植本应由农户自己负责，苗木款也应由农户承担，但由于农户不能自觉履行义务，只能由乡镇政府统一组织，补植苗木经费和人工费用也主要由乡镇政府承担，在一定程度上加重了乡镇的负担，使本来拮据的乡镇财政更加吃紧。

（二）管护机制不完善。这方面最突出的问题是一些政策规定与当地实际工作脱节，影响了管护工作的正常开展。如在管护机构和人员方面，县上虽然成立了森林派出所，但只有1名工作人员，且没有执法资格，一些林业违法案件得不到及时处理。每个乡镇虽有1名林业员，但非专业人员，难以担负起为全乡林业生产提供协调、管理和技术服务的重任。在对农户违反管护合同的处理方面，由于目前退耕还林补助资金通过财政直接拨付到乡镇信用社，退耕户自己凭存折领取，补助款兑现乡镇政府难以控制，因而对农户复耕、不管护等问题缺乏有效的管理措施，对退耕还林管护造成一定的负面影响。甘沟乡雷黄村村民黄某2006年将其退耕还林地复耕，乡上不予兑现补助款，他就到省、市上访，有关部门督促乡上无条件予以兑现。受此影响，至去年，该村先后有6户人对退耕地进行复耕，乡上决定不予兑现补助款，他们上访后，省、市有关部门又要求乡上无条件兑现。此类问题如得不到有效遏制和解决，必将极大地影响退耕还林成果的巩固。

（三）补植成活率不高。调查中发现，在退耕还林及“三荒”造林工程补植中，苗木成活率不高的问题比较突出。林业部门、乡镇和农户反映，造成补植苗木成活率不高的原因除气候干燥、一些苗木质量不高外，工程质量差、栽植中把关不严是导致苗木成活率低的重要因素。近几年，各乡镇按照县政府的要求，每年都开展大规模的退耕还林补植和“三荒”造林，但由于栽植质量不高，加之管护不到位，苗木成活率普遍较低，形成了个别地方“年年栽树不见树”的现象，造成人力财力的浪费。在曹务乡张忍铺梁、余湾韩马、三合段渠等一些地带，“只见工程不见苗”的现象比较突出，城川乡今年在东山梁一带补植油松10万株，但成活不到一半。此外，林带普遍存在病虫害防治无人管的问题，一些地带林木受鼠害和病虫危害较重。如余湾乡韩店梁一带，部分苗木因鼠害而死亡，八里镇马圈山梁一带的山毛桃受蚜虫危害较重，在树体上形成大量瘤蚜体，影响苗木生长。

（四）羊只放牧现象有所抬头。近几年，部分乡镇在封山禁牧政策的执行上出现了松懈现象，禁牧力度不够，对林地放牧现象或放任不管，或一罚了之，致使偷牧、散牧现象有抬头之势。一些养羊户昼伏夜出，与护林人员打“游击战”，有的甚至白天公然在公路附近的林带放牧。在与宁夏隆德接壤的曹务乡，部分隆德养羊户将羊只寄养在张珍湾、曹大等村的亲戚家，或干脆在曹务乡境内公开放牧。在一些山区乡镇，农户在林带内放牧大家畜、踩踏和毁坏林木的现象仍比较多见。一些乡镇反映，每年暑假，一部分学生在林带放牛放羊，成为林带放牧现象的高发期。

（五）林木防火形势严峻。随着林带的扩大和草木的快速生长，防火问题日渐突出。由于大多数林带的杂草清理不及时，极易在冬季引起火灾，加之防火宣传不到位，相当一部分群众防火意识不强，一些护林员巡山管护不够，近几年林带火灾发生比较频繁。如去年在甘沟屯堡和杨咀、治平刘河、司桥唐岔等村就发生了多起林带火灾，其中一部分为农户焚烧林地杂草或扫墓时引起，一部分为学生上学和放学途中玩火引起，殃及整片林带，对林木管护构成很大威胁。

三

针对目前林木管护中存在的问题，建议在今后重视抓好以下几方面的工作：

（一）统一思想，提高认识，不断增强广大干部群众抓好林木管护工作的紧迫感和责任感。退耕还林是党和国家从推进经济社会可持续发展、促进人与自然和谐相处的战略高度出发实施的一项利国利民工程。为实施这一工程，国家投入了大量资金，全县上下投入了巨大的人力、财力、物力，广大干部群众团结一心、艰苦奋斗，集10年之功，取得了目前的阶段性成果，实属来之不易。保护好、巩固好这一功在当代、利在千秋的生态工程，是各级组织和干部群众义不容辞的责任，各级各部门一定要统一思想，进一步提高对抓好生态建设成果巩固重要性的认识。要强化抓退耕还林及“三荒”造林工程建设和管护就是落实科学发展观和抓经济建设、增加农民收入、为民办实事办好事的意识，将搞好退耕还林及“三荒”造林工程管护作为促进县域经济、社会、生态可持续发展的战略措施，坚持不懈、持之以恒地抓紧抓好；要强化广大群众的责任意识，加大对退耕还林政策及有关法律法规的宣传力度，使广大群众明确自己享有的权利、应尽的义务，以及对复耕、毁林、放牧等行为应承担的法律责任，教育、引导群众栽植好、管护好林木。

（二）坚持生态效益与经济效益相结合，抓好林业后续开发，提高广大群众林木管护积极性。要按照国家政策要求，紧紧围绕巩固和发展退耕还林成果这个核心，把工作的重点从工程的大规模推进转变到已有成果的巩固和发展上来；把工程建设从以退耕地造林为主转变到“三荒”造林和封山育林上来；把工作目标从大面积的外延扩张转变到加强经营管护、提高森林质量和成效上来。要结合新农村建设，重视抓好“四旁”植树，坚持每年在农村集中开展“植树月”活动，加大村庄绿化力度，力争在短期内使全县村庄绿化水平有一个较大提高。从巩固退耕还林成果、发展农村经济、改变静宁生态面貌的长远着眼，树立发展生态产业的理念，加强退耕还林后续产业的开发，在落实好退耕还林政策的前提下，充分发挥我县地域优势，用活用足国家政策，在保证生态效益的同时，大力发展经济产业。对一些成活率不高、没有经济效益的生态林，在政策允许的范围内，合理改造成为经济林或生态经济兼用林，提高产出效益，调动农民管护积极性，实现生态效益与经济效益的有机结合，真正达到“退得下、还得上、保得住、能致富”的要求。

（三）不断完善管理机制，严肃查处毁林行为，切实提高林木管护工作质量。要认真学习领会中央关于林权制度改革的有关文件精神，积极探索适合我县实际的林权制度改革办法，创新管护模式，建立长效机制，提高管护质量，推动我县林业建设持续、健康、快速发展。从我县林木面积不断扩大、管护任务不断加重的实际出发，认真研究目前林木管护管理中存在的问题，进一步理顺管理体制，强化基层管护职能。

落实县森林派出所人员编制，加强乡镇林业管护机构和队伍建设，健全管理制度，靠实管理责任，依法依规对林地进行有效管理。全面落实分户管理职责，充分发挥退耕户在林木管护中的作用。积极探索完善退耕补助资金管理办法，严格实行检查到小班、到退耕户的检查验收办法，严格落实目标管理责任制，严格兑现奖罚措施，确保造林成效不反弹。县上要加大对基层林木管护工作的支持力度，对毁坏林木的人和事，上下要统一口径，全方位配合，坚决依法依规予以查处。加大对放牧毁林案件的处罚力度，切实解决封山禁牧有令不行、有禁不止的问题。严格林地用途管理，对一些乡镇和区域出现的零星复耕现象要及时查处和纠正，防止升级扩大。重视加强对农户特别是中小学生的森林防火知识宣传教育，落实护林员巡视制度，建立森林火情快速反应处置机制，实现森林防火关口前移。进一步建立健全森林防火投入保障机制，通过向上争取资金和设备，加强森林防火基础设施建设，提高森林火灾综合防控水平。

（四）坚持因地制宜、适地适树，有计划地做好林木更新抚育工作。在充分论证的基础上，按照适地、适树、适品种的原则，采取更换树种、高接换优等措施，加快生态林改造步伐，在发挥生态效益的基础上增加农民收入。根据多年实践和我县气候特点，退耕地和“三荒”生态林补植树种应以刺槐、山毛桃、椿树等乡土树种为主，对生长缓慢、病虫害较多、经济效益不明显的山杏等“小老树”要加快淘汰，更新补植为苹果、梨、刺槐、山毛桃等适宜树种。同时要加强乡土树种培育基地建设，改变目前苗木大量靠外调导致栽植成活率不高的现状。要切实加强对补植的退耕林地和“三荒”工程的管理，本着“栽植一片、成活一片、见效一片”的原则，加大对农户的实用技术培训和指导力度，组织群众切实抓好退耕还林后期管护及病虫害防治，适时开展灭鼠、杀虫、锄草、修剪等日常管理工作，依靠群众，群防群管，巩固好退耕还林和“三荒”造林工程建设成果。

第十一次会议 于2008年10月31日在法院五楼会议室召开，由高恒主持。

会议议程有四项：一、人事任免；二、听取和审议民营局局长杨志敏受政府委托所作的《关于全县民营经济发展情况的报告》、常委会农业财经工委主任高长茂所作的《关于全县民营经济发展情况的调查报告》；三、听取和审议政府办公室副主任何浩强受政府委托所作的《关于县第十五届人民代表大会第二次会议代表意见建议办理情况的报告》；四、听取和审议法院院长李根进所作的《静宁县人民法院2008年执法检查工作报告》、检察院检察长陈龙所作的《静宁县人民检察院2008年执法检查工作报告》、常委会司法民政工委主任杜文彪所作的《关于县法院县检察院执法情况的检查报告》。会上，政府副县长徐永宏、法院院长李根进、检察院检察长陈龙就落实审议意见、做好今后工作分别作表态发言。

第十五届常委会组成人员张自杰、戴双军、许富忠、王星耀、张金业、高恒、沙芳琴、李金、高长茂、杜文彪、胡志科、杨晓光、李成蹊、厚学、吴水利、张三相、张来有、李会宾、裴晓江出席会议；政府副县长徐永宏、法院院长李根进、检察院检察长陈龙、政府办公室副主任何浩强、民营局局长杨志敏、八里工业园区管委会副主任王灵信，常委会各委室负责人，市、县人大代表李录才、陈强、王相中列席会议。

附：

人事任免

魏永红任县人民法院审判委员会委员

温学斌任县人民法院审判委员会委员

免去：

冀国强县人民法院审判委员会委员职务

秦玉生县人民法院审判委员会委员职务

关于全县民营经济发展情况的调查报告

9月下旬，由常委会副主任许富忠带队，农业财经工委及县民营企业局负责人组成调查组，先后深入到建筑建材、纸箱包装、果品储藏、酒类制造等行业的20家民营企业，就我县民营经济发展情况进行了调研。

一、基本情况

近年来，在县委、县政府的领导下，全县各级把发展民营经济作为壮大县域经济总量、提升县域经济综合实力的重要举措，紧紧围绕全县主导产业，确立发展目标，突出工作重点，强化引导扶持，民营经济规模不断扩大，特别是作为民营经济主导力量的民营企业发展迅速，综合实力不断提高，促进民营经济得到了较快发展，已成为全县新的经济增长点。

一是重视改善发展环境，加大招商引资。近年来县上从放宽市场准入门槛、加大财税金融支持力度、提供用地保障、建立健全服务体系、加强协调指导入手，在加快结构调整、引导企业规范发展、培育骨干企业、税收减免等方面采取了一系列促进民营经济发展的政策措施，并于2007年出台了《关于鼓励支持和引导非公有制经济发展的意见》，使民营经济发展的导向更加明确，优惠政策更加具体，扶持力度进一步加大，为民营经济发展创造了较为宽松的环境。同时把招商引资作为民营经济发展的突破口，县、乡两级抽调精干力量，创新招商方式，多渠道、全方位推介，加大招商引资力度，培育民营企业群体，近五年来，共引进民营经济项目18项，引进资金1.78亿元。这些项目的引进，在优化民营经济结构，提升民营企业产品的档次，促进民营经济快速发展方面起到了较好作用。

二是加强园区建设，搭建发展平台。针对民营企业长期存在的布局分散、重复投资问题，县上加大了对静宁工业园区的建设力度。近年来，先后投资910万元，对园区道路、电力管网、给排水等设施进行了改造，完善了工业园区的基础设施条件，同时采取了一系列优惠措施，增强园区投资吸引力，近几年入驻企业不断增多，园区规模不断扩大。至目前，园区完成投资4.54亿元，民营企业达到76户，个体经营户达130户，工业总产值达3.72亿元；2007年实现利税2560万元，上缴税金380万元，已初步形成了产业布局相对合理、优势比较集中、服务功能不断增强的中小企业区域辐射带动中心，成为我县民营企业发展的主阵地，为全县民营经济发展作出了积极贡献。

三是培育龙头企业，发挥带动作用。围绕果品、洋芋、草畜等主导产业的发展，加大对龙头企业的扶持力度，在果品贮藏、运销、加工、包装及洋芋、畜产品加工等行业，培育了一批民营骨干企业，其中一些企业，如恒达公司、工业品包装公司、麦林果蔬公司、常津公司等在经营理念、发展模式、规模水平等方面都取得了较大的突破，为延伸产业链条、提高产业效益、促进全县主导产业和民营企业发展发挥了较好的示范带动作用。恒达公司经过10多年的滚动发展，从1996年成立时仅有50万元注册资本的小企业，发展成为拥有三个分公司、618名员工、总资产达8000万元的纸箱包装龙头企业，其产品被评为“甘肃省优秀包装产品”和“甘肃省名牌产品”，销往整个西北及福建、山西等省（区），在全省纸箱包装行业都有相当大的知名度和影响力。目前公司正在牵头与其他包装企业合作，筹办总投资达2亿元的静宁包装大厦、果品信息交易中心和包装材料交易中心，打造全省最大的包装工业基地，公司已经走上了规模发展的道路；工业品包装公司经过近10年的滚动发展和联合兼并，目前总资产已达到2600多万元，拥有两个厂区和两条国内较先进的生产线，2006年通过了ISO9001-2000质量管理体系认证，并取得了产品出口许可证，先后被评为“全省诚信守法企业”、省级“三强社属企业”。这些企业的经营理念、发展思路对我县其他民营企业的发展壮大具有较强的借鉴意义。

四是规模不断扩大，综合实力逐步提高。据主管部门统计，目前我县民营经济单位达3548户，其中个体工商户3390户，民营企业158户，民营经济规模不断扩大；经营范围也从最初的地毯加工、建筑建材等行业扩大到建筑建材、养殖种植、地毯加工、肉品加工、果品收购、储藏运输、白酒加工等多个领域，一些企业还把投资目标转向合资办学、城镇基础建设、果品产业服务、农村金融等社会服务领域，尝试并取得了一定成效，民营经济发展领域得到进一步拓展；现有民营企业中，年销售收入在100万~1000万之间的达到11户，2007年，全县民营经济收入达6.5亿元，上缴税金1061万元，产值逐年增加，经济实力不断增强，对增加城乡居民收入、缓解就业难问题发挥了重要作用，民营经济对全县经济社会发展的贡献力进一步增强。

二、存在问题

（一）发展民营经济措施不力，民营经济比重偏小。各级对现阶段大力发展民营经济在加快全县发展中的重要性、紧迫性认识不足，对民营经济发展还没有从思想上给予高度重视，一些乡镇和部门只注重国家投资项目，不重视民营经济，认为发展只要抓住大企业、大项目就行了，民营经济是“自发经济”“数字经济”，采取让其“自生自灭”的态度；有些虽然认识到发展民营经济的必要性和重要性，但缺少具体行动和措施，对民营经济的支持扶持力度不够，不能给民营企业给予有力的协调和帮助。调查中一些业主反映，有关部门对民营企业优惠政策落实不到位，与招商引资企业和国投项目相比，民间投资项目在投资资格许可、用地指标安排、项目扶持、税收减免等方面享受到的优惠政策较少，待遇不平等，挫伤了民间资本投资积极性，制约了民营经济发展。目前我县民营经济发展与全市其他地区相比，规模仍然偏小，民营经济增加值占全县GDP的比重低于全市平均水平4个百分点。

（二）部门服务职能发挥不够，民企发展环境仍不宽松。近年来，我县在优化民营经济发展环境方面做了大量的工作，取得了明显的成效，但相关部门对民营企业管理服务职能发挥不够，民营企业发展环境不宽松的问题仍然存在。在调查中不少企业反映，目前民营企业所需的信息、人才以及融资、发展规划、产业结构、行业布局、市场前景等等，没有一个强有力的综合服务机构提供引导和服务；对民营企业有管理职能的部门达七八家，各个职能部门都是各唱各的调，工作上配合不够，收费有人管、服务无人管；作为主管部门的民营经济管理局尚未树立起监管权威，不能有效发挥其监管和服务职能，许多民营企业遇事也不找民营局；一些职能部门存在以罚款、收费代管理的现象，乱罚款、乱收费现象屡见不鲜，一些部门执法行为不规范，收费标准随意性大，加重了企业负担。调查中一些建筑企业反映，目前针对建筑行业的收费项目多、数量大，企业负担重，且有些收费属地方性和部门收费，并不符合国家政策规定；企业对一些公共事业单位服务不到位的问题意见较大，如工业园区部分业主反映，在生产旺季，园区供电部门往往因电表安装、局部小检修就大面积停电，影响了企业正常生产。

（三）产业结构不尽合理，企业市场竞争能力较弱。总体来看，我县民营企业投资朝向仍趋重于传统产业、初级加工和劳动密集型产业，效益型、科技型民营企业较少，地方特色不鲜明，规模优势不明显，技术创新能力差，产业层次低、产出效益不高、市场竞争能力弱的问题比较突出。如我县的烧鸡、地毯加工业，已经经过了几十年的发展，但目前仍停留在家庭式、作坊式的生产和管理上，同行业企业多，但上规模、上档次的少，在高端市场的开拓、新技术的研究应用推广方面多年来一直停滞不前，产品结构单一，发展后劲不足，经不起市场变化的冲击。相关部门对国家产业政策和投资导向研究少，对民营企业发展缺乏统筹协调和指导，对一些技术落后、环保措施跟不上、国家明令淘汰的“夕阳产业”审批把关不严，致使一些企业建成后不久就关停。如我县淀粉加工企业有12家，但符合国家政策所规定规模要求的只有红光淀粉1家，其余因规模小、环保不达标都需要关停，给投资者造成重大经济损失；目前全县生产红砖的厂家有30家，但红砖已被国家明确为淘汰产品，随着产业政策的调整和市场的变化，这些砖厂的关停只是时间问题。一些投资者对市场研究少，一哄而上，投资盲目性较大，导致同行业的企业过于集中，造成市场饱和、产品滞销，有些甚至相互压价、拆台、恶性竞争，企业处境困难。如我县民营酒类生产企业目前已达8户，其中设计能力在1000吨以上的2家，200~500吨的6家，由于产品同化，知名度不高，又很难打开外地市场，致使所有企业都存在“吃不饱”的现象，实际产量都在设计能力的一半左右，造成资源和资金的浪费。

（四）筹融资渠道不畅，民营企业发展受限。我县大多数民营企业原始积累还不多，整体实力还不强，融资难成为目前企业发展的最大障碍之一。调查中发现，多数企业对如何建立筹融资机制缺乏研究与探索，筹融资渠道不畅；企业内部生产和经营管理不透明，企业信用体系未建立，金融部门顾虑重重，贷款十分困难，大部分民营企业只能靠自有的少量积累及临时性民间融资进行循环运作，维持经营现状，无力扩大规模、改进技术，进一步发展壮大受到限制。如八里建筑公司填充门厂，在填充门产品遭淘汰改做木工板后，产品销路较好，但目前木材原料价格持续走高，企业设备老化急需更新，生产规模需进一步扩大，因企业资金周转困难，只能沿用旧的设备小规模生产，年产值由最好时期的300多万元降为目前的不到20万元，产能不足，效益低下；丰泰酒业自2003年建厂以来，因周转资金短缺，至今未投入生产。

（五）企业经营理念落后，自身管理问题较多。我县的民营企业大多属“家族型”企业，企业主既是资产所有者，又是资产经营者，企业管理人才、科技人才、营销人才缺乏，企业管理未步入规范化、制度化轨道，管理随意、粗放，一些企业在生产安全方面存在许多问题和隐患；一些企业主学习现代企业管理知识少，接受新事物和现代管理营销理念能力不足，对市场和政策反映不够敏捷，满足于“小富即安”，对企业长远发展和如何做大做强思考较少，企业发展盲目性、随意性大，生产经营中决策失误现象比较普遍；从社会反响看，一些企业在生产经营中投机心理比较强，部分企业产品质量差，配套服务差，诚信度低，影响市场拓展；企业生产工业化水平低，产出效益低，产品科技含量低，自主创新能力不足，市场开拓能力差，产品仅限于县内产销，县外市场占有率不高。诸如此类，在很大程度上影响了民营企业自身的快速健康发展。

三、几点建议

（一）抓宣传，提高各级思想认识，为民营经济发展创造良好的舆论环境。民营企业作为非公有制经济的重要组成部分，是现阶段县域经济加快发展的新支撑点，在全县经济建设中发挥着越来越重要的作用。各级各部门要以科学发展观为指导，进一步解放思想，提高认识，树立“抓民营经济就是抓发展”的理念，把大力发展民营经济作为当前和今后经济工作的重点和实施“工业强县”战略的重要措施，提上重要议事日程，像抓项目建设一样重视和抓好发展民营经济工作，促进民营经济数量的增加和总量的扩张；相关职能部门要加大对有关民营经济法律、法规和政策的宣传力度，在全社会广泛宣传发展民营经济的重大意义，破除“坐而论道、空喊发展”的现象，树立“创业光荣、发展有功”的观念，鼓励、支持干部群众积极创办民营经济实体；采取多种形式，加大对民营经济发展先进典型和先进个人的宣传力度，每年召开1次全县民营经济发展工作会议，表彰奖励优秀民营企业及为民营经济发展做出突出贡献的先进单位和个人，在全县范围内树立典型，在全社会营造重视民营经济、关心民营经济、支持民营经济、发展民营经济的良好氛围，努力开创民营经济发展的新局面。

（二）抓服务，优化企业发展环境，为民营经济发展搭建平台。进一步理顺民营企业管理机制，解决目前多头管理的局面，加强民营企业监管，为民营企业提供更好的服务；认真贯彻县委、县政府《关于鼓励支持和引导非公有制经济发展的意见》精神，全面抓好民营企业优惠政策的落实，在登记申报、税费负担、融资信贷、市场准入、项目扶持和部门服务等方面，让民营企业享受和其他性质企业平等的待遇；按照市上有关规定，建立和落实中小企业发展基金，支持民营企业发展；加大招商引资力度，对引进和兴办的民营企业，要实施更加优惠的政策，采取更加灵活的措施，在土地、资金、人才方面提供各种便利条件，吸引民营企业落户；坚持内商外商、内资外资平等对待，创造公平竞争的投资环境，对现有的民营企业，要加大扶持力度，着力在做大做强上下功夫，进一步扩大企业规模，提高科技含量，提升产业效益；对目前面临困境的民营企业，要组织开展调查摸底，帮助分析存在问题，提供政策扶持，设法解决具体困难，促使其健康发展；各级各部门要树立全县“一盘棋”的思想，本着“政府为企业创环境、企业为社会创效益”的原则，坚持把优化发展环境作为保障民营经济发展最关键的举措，坚决杜绝部门利益至上思想，在转变职能、强化服务上狠下功夫，利用各种渠道和平台，及时为民营企业和客商提供各种产品信息、产业信息和供求信息，多开绿灯，少设障碍，主动、热情地为民营企业排忧解难；开展民营企业评议执法和管理部门活动，促进其不断提高办事效率和服务质量，加大对民营企业的支持和服务力度；严肃查处乱收费、乱罚款、乱检查等损害民营企业利益的行为，减少收费项目，减轻企业负担，优化民营企业发展环境；民营局要进一步加强对全县民营企业的管理，强化对全县民营企业的服务职能，积极主动地协调解决民营企业发展中遇到的困难，帮助解决存在的问题；继续抓好静宁工业园区建设，进一步改善基础设施条件，充分发挥其集聚带动功能和主阵地作用，为民营企业发展搭建平台，着力培育一批知名企业群体，提高园区知名度和影响力。

（三）抓引导，规范企业经营行为，促进民营企业健康发展。加强对民营企业的政策引导和分类指导，通过“走出去”“请进来”、举办培训班等形式，及时把中央和省、市关于发展非公有制经济的政策规定传达给各类民营经济组织，使他们及时了解和掌握国内外经济发展形势、市场变化情况和国家的产业政策，引导他们正确把握企业的发展方向和投资方向，避免盲目投资；引导民营企业建立职业培训制度，有计划地对从业员工进行职业技能培训，不断提高经营者、管理层和员工的职业技能、整体素质；引导和帮助民营企业主解放思想，转变观念，破除“小富即安、急功近利”的思想，树立“谋长远、创大业”的观念，进行机制创新和管理创新，改革“家族式”管理和小规模发展的模式，建立和完善企业管理制度，强化长远发展意识和合法经营观念，健全账务，照章纳税，加强安全生产管理，规范企业生产、经营行为，真正把企业做大做强，把事业做响做亮；研究加强和完善信用担保体系，加大融资支持力度，协调地方金融机构充分发挥情况熟、机制活的优势，支持民营企业发展，积极引导民营企业强化诚信意识，提高信用等级，密切银企关系，优化信用环境，拓宽筹融资渠道，为民营企业提供资金保障，促进民营企业长足发展。

（四）抓调整，优化产业结构布局，增强民营经济发展活力。要从我县实际出发，紧紧依托资源优势、产业优势和区位优势，不断优化民营企业产业体系，拓宽民营企业经营领域，加快民营企业产业结构优化和升级，促进传统产品产业链的延伸和新产品的开发。充分发挥产业优势，重点围绕果品、草畜、洋芋等主导产业开发和链条延伸，培育和新上一批发展前景广、辐射带动强、产业链条长、产出效益好的民营企业大户；充分发挥人力资源丰富、熟练工人较多的优势，进一步发掘建筑及地毯加工等传统产业的潜力，发展壮大劳务型和劳动密集型民营企业；充分发挥县城的区位优势，加强各类专业市场建设，加快发展一批规模较大的餐饮、百货、服装、家具、运输等商贸流通和服务民营企业，把我县建成辐射周边的区域性商贸中心。探索建立民营企业协会和下属行业分会，提高同行企业的市场合作意识，推动同行企业纵向结合，跨行企业横向联合，引导企业向多元化、集团化发展，提高市场竞争能力；通过联合兼并、挂靠引资，对纸箱包装、果品仓储运销、洋芋加工、酒类生产、烧鸡、地毯加工等企业进行资源整合，对符合国家产业政策、发展前景好的龙头骨干企业重点给予扶持，支持企业做大做强；对不符合国家政策导向要求、市场前景黯淡的项目和“夕阳产业”，相关部门要及时予以制止，防止重复建设造成新的人力财力浪费；严把环保准入关口，对不符合环保要求的项目，坚决不予立项，对已建成的，要严格按要求进行环评，促使其达到环保要求；针对我县民营企业目前传统产业多、设备技术落后的现状，制定具体的措施和办法，在资金、人才等方面给予扶持，帮助民营企业引进人才，加大科技投入，积极鼓励有条件的企业进行技术改造和产品升级，不断推出具有市场竞争力的新产品，提高核心竞争力。

关于县法院县检察院执法情况的检查报告

由常委会副主任张金业带领司法民政工委负责人和有关人员，于9月下旬先后到雷大、威戎、界石铺、甘沟法庭和县人民法院、县人民检察院，通过听取汇报、抽查案卷、召开座谈会等方式，对县人民法院、县人民检察院2007年9月至2008年8月执法工作情况进行了检查。

一、法院执法检查情况

去年9月至今年8月，县人民法院共受理各类刑事、民商事、行政和执行案件1380件，审（执）结1196件，结案率86.7%。其中刑事案件70件，审结67件；民商事案件859件，审结713件；行政案件29件，审结28件；执行案件422件，执结388件。从检查情况看，一年来，县人民法院能够严格按照诉讼法和实体法的有关规定，积极开展审判和执行工作，执法的总体情况是好的。

（一）主要特点

1. 执法行为进一步规范，审判质量明显提高。在抓好《办案差错责任追究办法》《违法审判责任追究实施细则》等制度的同时，严格落实主审法官、合议庭、庭长、主管院长和审委会“五级”把关监督机制，对立案、审判、执行等各个环节都实行制度化管理，规范化运作，执法行为进一步规范，案件质量明显提高。在刑事审判中，坚持“严打”方针，做到快立、快审、快结，坚持罪刑法定和罪刑相适应原则，贯彻“宽严相济”的刑事政策，注重自诉案件的调解和执行。在审结作有罪判处的85人中，对20名严重刑事犯罪分子判处5年以上有期徒刑7人，重刑面占重点案件的35%；判处拘役2人，管制5人，单处罚金7人；判处缓刑20人，从轻、减轻判处未成年人11人。调解、撤诉、审结自诉案件21件，当庭执行标的总金额60.75万元。去年9月至今年8月，在已审结案件中无一抗诉案件。上诉案件21件，其中维持原判16件，改判3件，发回重审2件。

2. 加大诉讼调解力度，有效化解矛盾纠纷。在民商事案件审判中积极贯彻“能调则调，调判结合、案结事了”的原则，实行庭前、庭中、庭后的调解方法，在已审结的713件案件中，以调解、撤诉结案557件，调撤率达到78.1%，最大限度地化解了各类矛盾纠纷。今年1月至8月，威戎法庭共审结案件32件，其中调解22件，撤诉10件，调撤率达到100%。

3. 提倡巡回就地办案，解决群众诉讼难问题。在坚持规范立案的前提下，实行巡回立案、预约立案、就地办案等方式，减少了中间环节，提高了办案效率。如雷大法庭在贾河、仁大、双岘等乡镇设立办案分点3处，巡回办案10件，降低了诉讼成本，方便了群众。

4. 加大执行工作力度，切实维护司法权威。重视执行队伍建设，严格落实“四定”（定时间、定任务、定人员、定责任）责任制，重点、难点案件挂牌督办和执行进度周排名制度，采取集中执行、换员执行等措施，进一步加大了对不履行调解协议、生效判决和妨碍执行行为的司法制裁力度，执行效果较好。一年来，共受理各类执行案件422件，执结388件，执结率达到91.9%。四个基层法庭执行案件平均自执率达到78.6%。

5. 开展“法律六进”和集中宣传活动，积极参与社会治安综合治理。今年以来，法院结合“五五”普法、和谐社会建设、“平安”创建活动，组织审判人员在村镇、集市和学校进行法制宣传10余次，给中、小学生上法制课10次，受教育群众和学生达5000多人（次）。基层法庭培训村级调解人员53人（次），调处各类纠纷43件。通过选择一些在全县有重大影响的民商事案件和刑事案件公开进行审理、公开宣判等方式，组织群众旁听，以案说法，增强了群众的法制意识，维护了社会和谐稳定。

（二）存在问题

一是个别案件存在不审不立、先审后立的问题。从法院上半年案卷自查情况看，有些基层法庭对立案审批程序把关不严，个别案件立案卡和结案卡日期颠倒，明显存在先审后立的问题

二是一些案件存在重实体、轻程序的现象。个别案件没有严格执行《关于民事诉讼证据的若干规定》，对当事人有争议的问题未及时归纳、取证；有的案件由于适用程序错误，造成判处不当，当事人上诉后被发回重审。

三是案卷及裁判文书制作不严谨，审核评审工作把关不严。从调阅的案卷看，一

些案卷诉讼材料不全，判决、公告等文书填写不规范，庭审笔录书写潦草，案卷装订混乱，影响了案件质量。案卷虽进行了质量评审，但卷内问题仍然存在，而且质量评分为优秀。如一判决文书上，将承担事故全部责任写成了主要责任，导致当事人对案件事实认定产生了歧义。又如静威民初字第23号公告为“本院定于200年4月28日……”，竟将2008年错写成200年。

四是个别干警工作作风不扎实，执法水平有待进一步提高。一些干警组织纪律松懈，上班期间有酗酒、赌博现象，少数干警业务素质不高，执法不严谨，在一定程度上影响了法官队伍和法院的整体形象。

五是一些特殊案件执行力度不大，措施不硬。个别案件由于被执行人逃、躲和托人说情等原因，始终没有得到执行，给当事人的生产、生活和工作造成极大困难，致使当事人到处上访、求助，在社会上造成了不良影响。

（三）几点建议

一要加强法官队伍建设，不断提高执法水平。进一步完善违法审判责任追究工作机制，严格落实《办案差错责任追究办法》和《差错责任追究制》，加大违法审判责任追究力度。要把执法人员的教育培训计划纳入经常性教育中，扎实认真地抓好学习教育，重点学习《中华人民共和国法官法》及有关实体法和程序法，加强法官队伍的业务技能培训。继续抓好执法人员的纪律作风和职业道德教育，强化大局意识、为民意识，增强建设和谐社会的责任感和紧迫感。

二要加强审判内部监督工作，切实提高办案质量。把维护社会和谐稳定作为审判工作的首要任务，充分发挥审判职能，严格落实主审法官、合议庭、庭长、主管院长、审委会“五级”把关制度，做到规范立案、规范审判、规范执行。切实抓好“三评查一通报”制度落实，对存在的一些案卷装订不规范、法律文书简单潦草等问题，要采取有效措施加以整改，切实维护法律的严肃性。

三要严格执行相关程序及规定，认真抓好各项审判和执行工作。严格执行程序法和实体法，注重调查取证，把好案件事实关、证据关、程序关和适用法律关，做到案件事实清楚，证据充分，确保审判和执行工作不违法、不违规。坚持严打方针，贯彻“宽严相济”的刑事政策，坚持依法严厉惩处各种严重危害社会治安、经济秩序和群众生命财产安全的犯罪，对一般刑事犯罪和青少年犯罪、未成年人犯罪做到依法依规判处。在民商事案件中坚持调判结合，加大调解力度，化解矛盾纠纷，为群众排忧解难，减少社会不安定因素。

四要加大执行工作力度，有效解决执行难问题。认真落实《执行案件操作规程》和《关于加强执行作风、规范执行行为的若干规定》等制度，对一些特殊案件和在社会上有重大影响的案件，要加大执行力度，想方设法，排除干扰，采取切实可行措施，抓好案件执行工作，给当事人和社会一个满意的答复。

二、检察院执法检查情况

去年9月至今年8月，县人民检察院共评查各类案件98件，其中批捕案件50件，公诉案件45件，自侦案件3件。从检查情况看，一年来，县人民检察院能够严格执行实体法和程序法，强化队伍建设，狠抓各项制度落实，全体干警的执法水平和办案质量明显提高，较好地履行了法律监督职责。

（一）主要特点

1.加强制度建设，提高办案质量。坚持把制度建设与落实制度“两手抓”，建立和完善了办案工作流程、执行质量保障、执行责任制和检察业务考评办法等制度，规范执法行为。坚持把案件质量作为检察工作的重中之重，探索建立了依法快速办理案件的工作机制，实行案件承办人、部门负责人、主管检察长、检委会四级负责制，严格落实批捕、起诉案件质量考评办法和错案追究责任制，所办案件质量较原来有明显提高。批捕案件平均办案时间为4天，公诉案件平均办案时间为15天，均在法定时限内提前结案，批捕案件准确率和公诉案件有罪判决率均达到了100%。

2.加大法律监督，维护司法公平。加强对诉讼活动的法律监督，强化监督措施，在执法中进一步强化以人为本的理念，对各类刑事案件坚持“宽严相济”的原则，对轻微犯罪、未成年人犯罪案件积极建议法院适用简易程序审理，对4案8人犯罪轻微和未成年人犯罪依据有关法律规定作出不起诉决定，收到了较好的社会效果。坚持预防与查处相结合，深入查办职务犯罪和侵权渎职案件，立案侦查贪污案件2件2人、渎职侵权案件1件3人，挽回直接经济损失12万元。

3.注重改进工作作风，不断提高执法水平。加强对刑事立案、侦查、刑罚执行和监管活动的监督，通过调卷审查、受理当事人申诉、发出再审检察建议和依法提起抗诉等方式，较好地防止和纠正了违反法定程序、侵犯诉讼权利和超审限、超羁押等问题。注重纠正侦查诉讼中执法不严、司法不公的问题，维护了当事人的合法权益。一年来，向公安机关发出《要求提供法庭审判所需证据材料意见书》8份，有15件案件因部分证据不足，退回公安机关补充侦查；受理公安机关提请批捕各类刑事案件49案84人，经审查，对犯罪情节轻微的不需采取逮捕措施的3案11人依法作出不逮捕决定；在公诉环节，向公安机关发出检察建议书3份，对不符合起诉条件的4案8人依法作出不起诉决定。依法处理涉法涉诉信访案件，受理和接待群众来信来访26人（次）。

4.重视加强队伍建设，提高干警整体素质。通过深入开展大学习、大讨论活动，结合检察工作实际查找和解决工作中存在的问题，注重调查研究，增强了全体干警的事业心和责任感。积极开展岗位练兵和业务技能培训，不断提高干警队伍的政治素养和职业道德水平，促进了检察工作的健康发展。

（二）存在问题

一是自侦案件少，查处力度不大。2007年9月至2008年8月，共初查职务犯罪案件4件，立案侦查3件，立案数少，预防和打击职务犯罪力度不大。

二是个别检察人员责任心不强，办案质量不高。在评查的98件案件中，有5件因案卷装订不规范、法律文书不齐全、讯问笔录过于简单等原因被定为二类案件，反映出还有一些干警办案不严谨，工作不认真。

三是执法中还存在着重实体、轻程序、重办案、轻监督的问题，执法工作有待进一步加强。主要表现在诉讼监督工作中力度还不大，特别是对侦查机关的刑事立案及处理情况了解掌握不及时、不全面，跟踪监督不到位，对于退回补充侦查的案件未及时进行督促，监督的主动性不够。

（三）几点建议

一要严格制度管理，抓好机制建设。在立案监督上，建立完善刑事执法有效监督机制，强化对侦查机关的执法监督。在公诉环节，建立引导侦查取证、退回补充侦查和跟踪问效等制度。在自侦案件的查处上，要加大侦查力度，完善侦查措施，突出办案重点，加强案件的鉴别、证据收集和运用等工作，预防和减少职务犯罪的发生。通过制度建设与管理，建立提高办案质量和执法水平的良好运行机制。

二要狠抓队伍建设，强化执法意识。进一步端正执法思想，树立“立检为公、执法为民”的执法理念，加强对执法人员的素质教育和警示教育，通过业务培训、案例研讨等形式，加强政治理论和业务知识学习，不断提高办案能力，努力建设一支业务素质高、理论水平强、实践经验丰富的执法队伍。

三要加强案件管理，提高办案质量。严格按照《甘肃省检察机关侦查部门办案质量考评办法》的有关规定，在检察机关内部形成权、责分明的工作机制，充分发挥检委会的职责，分管检察长、科长、主审检察官要切实负起责任，层层把关，加强对案件的监督力度，切实提高办案质量和水平。

四要加强联系沟通，理顺监督渠道。积极加强同公安、法院等部门的联系和沟通，研讨解决因法律、法规不够完善或因认识不一致而产生的分歧意见，在沟通中不断加强法律监督工作。法院、公安、司法和社会各界要正确理解、积极主动地配合检察院开展工作，形成互相监督、互相制约、互相支持的执法氛围，促使法律监督工作再上新台阶。

第十二次会议　于2008年12月10日在常委会五楼会议室召开，由沙芳琴主持。

会议议程有五项：一、人事任免；二、听取和审议卫生局局长靳宝生受政府委托所作的《关于县乡医疗卫生机构服务能力建设审议意见落实情况的报告》、常委会教科文卫工委副主任杨毅民所作的《关于县乡医疗卫生机构服务能力建设工作审议意见落实督查情况的汇报》；三、审议通过关于召开十五届人大三次会议的决定、十五届人大三次会议有关日程、议程及各类名单（草案）；四、审议通过常委会2008年工作报告；五、审议通过常委会关于十五届人大二次会议代表意见建议办理情况的报告。

第十五届常委会组成人员张自杰、戴双军、许富忠、王星耀、张金业、高恒、沙芳琴、李金、高长茂、杜文彪、王守荣、杨晓光、胡志科、李成蹊、吴水利、张三相、张来有、李会宾、裴晓江出席会议；县委常委、政府常务副县长薛晓宏，政协副主席、中医院院长张宏斌，法院院长李根进、检察院检察长陈龙、政府办公室主任李永成，卫生局局长靳宝生、副局长王百石，新合局副局长鲍振华，常委会各委室负责人马志刚、柴玉明、杨毅民、李文环、李稳收，市、县人大代表曹宁子、王根旺、魏新娥、张进宝、阎品贤、柴春军列席会议；另有街道办4名居民、城关镇2名村民、卫生局2名干部代表旁听会议。

附：

人事任免

胡东相任县人民检察院检察委员会委员

王根仓任县人民检察院检察委员会委员

厚　明任县人民检察院检察委员会委员

戴永娥任县人民检察院检察委员会委员

关于县乡医疗卫生机构服务能力建设工作审议意见落实督查情况的汇报

4月下旬，县第十五届人大常委会第八次会议审议了县政府关于县乡医疗卫生机构服务能力建设情况的报告，针对存在的问题，就今后工作提出了六个方面的审议意见，并以正式文件转交县政府及主管部门办理。按照县人大常委会主任会议安排，9月下旬至10月底，由副主任王星耀、沙芳琴带队，抽组县人大常委会有关委室、监察局、物价局和卫生局负责人及业务人员共7人，深入仁大、原安等12个乡镇及卫生院、部分县直单位和县医院、中医院等6个城区医疗卫生单位，对县乡医疗卫生机构服务能力建设工作审议意见落实情况进行了督查。

一、取得的成效

县第十五届人大常委会第八次会议后，在县上的统一安排部署下，医疗卫生系统于5月下旬至8月底开展了医德医风和服务能力建设“百日整顿”活动。县上专门设立了整顿办公室，对整顿工作进行全程督导。卫生局及各医疗卫生单位都成立整顿领导小组，加强对活动的组织领导。大部分医疗卫生单位结合落实审议意见，把整顿活动作为改进医德医风、提高服务能力的契机，按照县人大常委会的审议意见和整顿方案，通过挖根源、找症结、摆问题、抓整改，着力改善服务态度，优化服务环境，规范服务行为，提高服务质量，努力为群众提供满意的医疗卫生服务，取得了较好成效，大多数医疗卫生机构医德医风得到较大转变，特别是乡镇卫生院管理工作得到加强，服务质量明显提高，群众反响较好。

（一）乡镇卫生院管理体制逐步理顺，综合服务能力有所提高

一是理顺管理体制。县上从卫生事业发展的新形势和我县实际出发，进一步理顺了乡镇卫生院管理体制，对乡镇卫生院实行主管部门和乡镇双线管理、双线考核，强化乡镇政府对卫生院的管理职能，初步建立了责权分明、条块清晰的乡镇医疗卫生管理机制。从督查情况看，各乡镇政府都确定了分管领导，定期不定期对乡镇卫生院开展督促检查；乡镇卫生院自觉接受乡镇政府的领导，认真履行职能，积极做好乡村医疗卫生工作。如原安、仁大乡政府积极协调卫生院建设用地，确保了顺利开工。

二是提高服务能力。大部分乡镇卫生院在新业务楼搬入使用后，都不同程度增加

设备投入，提高了综合服务能力。雷大、界石铺等卫生院购置热水锅炉，为患者免费提供开水；古城、灵芝卫生院新置血红蛋白仪、医用氧气机等；威戎卫生院新置牙科治疗台；李店卫生院投入12万余元，购置胎心监护仪、电子微量镇痛泵，在南部乡镇率先开展了无痛分娩术，并购置电脑19台，建立了局域网，实行微机化管理。卫生主管部门重视加强了专业队伍建设，今年县乡医疗机构共培训人员200多人次，引进优秀大学生18名，考录大中专生27名，在一定程度上缓解了医务人员紧缺的现状。

三是改善服务质量。多数医疗卫生机构开展了医疗服务质量控制和监督工作，杜绝违法执业、医疗操作规程落实不到位等问题；加强“三基三严”训练，严格执行医院感染控制和新的规范制度，强化责任意识；乡镇卫生院普遍加强了接生、常见手术、常规检查等工作，逐步探索建立医疗质量管理长效机制。威戎卫生院推行“三联系”和“三提高”制度（即通过加强与患者的联系，提高患者的满意程度；加强与当地党委政府的联系，提高医院管理水平；加强与帮扶单位的联系，提高服务能力），在提升服务质量方面取得了较好效果。

随着医疗设备的改善、专业技术人员的增加和服务质量的提升，目前，乡镇卫生院的综合服务能力得到提高，门诊和住院人数与去年同期相比增长幅度较大。如古城乡卫生院今年6至8月份门诊与住院人数分别为3650和112人次，比去年同期分别增长80%和203%。

（二）管理制度逐步完善，管理工作得到加强

一是加强人员管理。为进一步严格内部管理，解决人员管理松散的问题，县卫生局制定推行了《乡镇卫生院人员管理办法》《乡镇卫生院绩效考核管理办法》和《规范乡镇卫生院人员进修要求》等制度，加大管理力度，规范诊疗行为，严肃工作纪律，严格考勤制度。大部分医疗卫生单位加大《中华人民共和国执业医师法》《护士条例》等法律法规的落实力度，修订完善各类规章制度20余项300余条。

二是规范设备器械管理。针对审议意见中指出的卫生机构不讲卫生，乡镇卫生院脏、乱、差现象严重，医疗器械管理混乱、保养不善，医用器皿长期不清洗、消毒不达标、操作不规范，检验准确率不高等问题，各卫生院都制定了相应的卫生制度，将卫生制度纳入考核内容，坚持每天对室内外卫生进行打扫，及时检查监督，卫生状况得到了较大改变。从督查情况看，大部分卫生院健全了器械管理制度，对医疗器械实行专门管理、定期护养、及时维修、定期检查，器械管理得到加强。

三是完善新农合管理。修订出台《静宁县新型农村合作医疗制度实施办法（试行）》，提高了住院报销比例和封顶线，对高血压、癫痫等7种慢性病实行定额补助。加大对新农合的宣传工作，统一印刷《新型农村合作医疗知识问答手册》10万份，在各乡镇发放，并在县电视台播放新农合有关知识，参合农民的政策知晓率进一步提高。加强对顶替、违规报销等问题的督查，全县共查处206例，扣除违规资金4.75万元。截至10月31日，全县累计门诊报销12060人（次）56.66万元，住院报销29908人（次）2013.75万元。

（三）院务公开逐渐透明，药品价格逐步规范

针对院务不公开、管理不民主等问题，各医疗卫生单位都新增或更换院务公开栏，更新公示内容，接受患者监督，并在医药采购、重大事项处理上发扬民主，召开院务会共同协商决定。县医院、社区卫生服务中心在门诊大厅设立了电子显示屏，滚动播放《患者就诊指南》及药品、医疗服务收费价格等；其他各医疗卫生单位也都通过院务公开栏，及时公示药品、医疗服务收费价格等内容，充分尊重患者的“知医、知药、知病、知费”权利。县妇幼保健站、甘沟卫生院、中医院成立了药事管理领导小组，对药品采购和药品价格在院内公开，增强透明度。

根据审议意见和县上整顿方案中关于降低虚高医药费用的要求，各医疗卫生单位认真对照《平凉市县级医疗机构医疗服务价格手册》和县卫生局与物价局联合下发的《静宁县乡镇级医疗机构医疗服务价格手册》，下调医药价格，降低医疗费用，让利患者。各医疗卫生单位平均药品价格下浮16%，同步执行了新的价格标准，并取消了一次性医用和卫生材料的加价规定。威戎卫生院降低101种药品的价格，降幅达30%，并取消了病历资料费；中医院下调了100余种药品价格，降幅达20%；社区服务中心对47种药品价格总降幅达12%，对B超检查、心电图检查费用都作了下调；八里卫生院降低35种药品的价格，降幅达12%；县医院下调了27种药品价格，降幅达25%。通过降低医药费用和提高新农合报销比例，群众“看病贵”的问题在一定程度上得到缓解。

（四）医德医风逐渐好转，医务人员服务意识明显增强

在集中整顿过程中，大多数医疗卫生单位在加强学习教育、强化服务意识、着力改善服务态度上下功夫，取得了一定成效。经过整顿教育，克服了一些医务人员群众观念和服务意识不强、服务态度差、服务行为不规范等现象，广大医务人员的敬业精神进一步增强。患者反映一些医护及窗口服务人员能够使用文明用语，引导患者及时就诊、缴费，及时办理新农合手续，群众的满意度逐步上升。界石铺卫生院开展了“远学华益慰，近学黎秀芳，办人民群众满意的医院”等活动，选派医务人员携带B超设备进村入户，免费进行妇女病普查，查出了癌前病变患者10例，均得到及时治疗；威戎卫生院对部分住院患者实行“住院用车接、出院用车送”“先住院、后交费”等一系列便民措施，拉近了医护人员和患者的距离。

（五）基层卫生防保网络趋于规范，防保工作逐步加强

县防保部门和基层卫生院针对防保工作存在的问题，确定了专职医生，进村入户，排查核实，健全档案，开展村医培训，指导和协助村医搞好计划免疫和妇幼保健工作。县疾控中心组织人员经常深入村社，监督免疫工作的正常进行和冷链的正常运转；乡镇卫生院定期检查村医疫苗冷藏包，杜绝无效接种，从督查情况看，冷链运转工作得到初步规范。八里、甘沟等卫生院针对冰箱容积小且老化、疫苗存放不安全等问题，新购置了冰箱，加强了疫苗管理。部分乡镇卫生院结合爱德项目，抽组医务人员深入农户家中，免费检查妇女病；县妇幼保健站在双岘、界石铺等8乡镇免费开展已婚妇女妇科疾病普查普治5000多人次，深受群众欢迎。

二、存在问题

经过集中整顿活动，县乡医疗卫生机构医德医风和服务能力建设虽然取得了一定成效，但还存在一些不容忽视的问题：

（一）基层卫生院专业人员结构不合理的问题仍然比较突出

基层卫生院是农民健康保障的基础，承担着基本的农村医疗保障和服务职能，具有十分重要的作用。但从我县实际来看，基层卫生院人才结构和卫生队伍整体素质与其承担的防病治病任务还不相适应，急需的卫生专业技术人才断层，药学、护理学、临床医学等一些专业人员普遍缺乏，特别是骨干人员严重缺少；相当一部分基层卫生院由于缺少技术人员，科室设置不全，一些业务无法正常开展；一些医院个别专业人员相对过剩，院与院之间、城与乡之间人员交流不够，基层卫生院医疗技术队伍比较薄弱，整体服务能力与群众日益增长的实际医疗保健需求还有较大差距，乡村群众看病难的问题仍然存在。

（二）个别医疗单位集中整顿成效不明显

少数医疗单位领导班子整体素质不高，管理能力不强，对管理层面存在问题研究不够，缺乏克服困难的信心、解决问题的决心和敢抓敢管的魄力，导致所在单位内部管理跟不上，医德医风下滑，服务质量不高。个别医院负责人对县上开展的集中整顿活动思想认识不到位，不能正视问题，对整顿工作存在抵触情绪，或一味强调客观因素，遮掩推诿，对存在的问题不研究、不解决，导致整顿成效不明显。县级医院对审议意见中提出的处方不透明等问题整改不到位，继续以计算机网络传输处方，按编号交费、取药，不为患者提供纸质处方和药名，违反《中华人民共和国处方管理办法》的规定，剥夺患者的知情权。

（三）部分医务人员服务态度差的问题在一些医院没有明显改变

从督查中群众反映的情况看，乡镇卫生院医务人员服务态度普遍好于城区，城区各医疗单位医务人员服务态度又好于县级医院。在整顿过程中，少数医务人员学习不认真，剖析不深刻，医德医风没有明显变化和起色；工作不扎实，首诊责任不强，对诊疗活动中出现的一些问题不能及时解决，对个别危重患者怕承担责任而拒诊，救治不及时，给患者造成了困难，增加了负担，社会反响较大，影响了医疗卫生行业的整体形象和群众对卫生系统的满意度。

（四）医院内部协调配合不够，会诊制度不落实

有的医院医务管理制度落实不力，对科室、人员及医务管理缺乏统筹协调，科室、医务人员工作上各行其是，不能有效地衔接配合，有推诿扯皮和推脱责任的现象；遇到疑难病症不会诊，医院内部、科室内部没有形成学术争鸣和业务交流的氛围，对一些患者的救治拿不出最佳方案；个别医务人员妄自尊大，自以为是，轻率处理疑难病症，致使医疗纠纷频发，社会反响较大。

三、今后建议

（一）加强医疗卫生机构领导班子建设，强化内部管理

提高医疗服务水平，加强医德医风建设，关键在领导班子建设。今后，要进一步

加强各医疗卫生机构领导班子建设，一方面要加强对各医疗卫生机构负责人的教育培训，提高整体素质；另一方面要合理配置医疗卫生机构领导班子成员，优化结构，选拔推荐讲政治、顾大局、懂管理、有社会责任感的人员担任负责人，不断加强领导班子建设。各医疗卫生机构的负责人必须牢固树立全局意识、责任意识、群众意识、服务意识，要正视现实，直面不足，对存在的问题不回避、不敷衍，对应承担的责任不找理由、不推脱，充分认识问题，认真分析问题，扎实解决问题。要坚持抓好医德医风和队伍建设，加强内部管理，严格岗位责任，抓好各项规章制度的落实，全面落实会诊制度和首诊责任制度，不断提高服务质量；要进一步加强院务医务公开，规范收支管理，纠正片面创收倾向，强化公共服务职能，提高医疗服务水平，使医疗卫生机构始终保持正确的办医方向和宗旨，服务广大群众。

（二）继续加强医德医风教育，建立行风建设长效机制

医疗卫生是特殊行业，技术含量高，要求标准高，面对的群体庞大而复杂，广大医务工作者肩负的任务重、压力大。但医疗卫生工作关系到广大人民群众的生命安全和身体健康，来不得丝毫疏忽和松懈。今后，卫生主管部门要在坚持不懈抓好医德医风教育的同时，组织广大医务人员认真学习科学发展观，用辩证的、科学的、实事求是和一分为二的观点，正确看待医疗过程中出现的矛盾和问题，换位思考，从患者角度设身处地想问题，不断增强服务意识，改善服务态度，增进医患沟通，妥善解决纠纷和矛盾，努力构建和谐的医患关系。要把行风建设作为卫生行政管理和医院管理的重要内容，纳入卫生行政部门和医疗卫生单位领导班子、领导干部的目标管理范围，与本部门、本单位精神文明建设和医疗卫生各项业务工作紧密结合，同部署、同落实、同检查、同考核，逐步建立教育、制度、监督“三位一体”的职业道德建设长效机制。完善医德医风社会评价机制，制定具体的医德医风社会评价办法，拓宽渠道，广开言路，认真听取社会各界对医疗服务和医务人员的评价。要把社会和群众的评价结果与医院的晋等升级和医务人员的职称晋升、评优选先等挂钩，对医术精湛、医德良好的医务人员要在全社会广泛宣传，树立先进典型；对医德医风低下、社会评价差、患者意见大的个别医务人员要采取必要的组织和纪律处理，绝不能因为个别人员的问题影响医疗卫生系统整体形象。

（三）加强人才培养和设备配置，全面提高服务能力

要加大实施“人才强卫战略”，加强临床、护理、检验等技术人员业务知识和技能培训，既要考虑面上的普遍轮训、不断更新知识，解决知识老化问题，又要重点选拔技术苗子和业务骨干到上级医疗单位进行有针对性的实用技术培训，不断提高诊疗水平。在对当前人员队伍调查研究的基础上，加大力度调整和充实乡镇卫生院专业人员，有效解决乡镇卫生院人员结构不合理的问题。同时，要培养后继人才，引进紧缺人才，用好存量人才，挖掘潜在人才，储备未来人才，努力建设一支结构合理、德才兼备的卫生人才队伍。加大对各种紧缺医疗设备的投入力度，有效解决乡镇卫生院设备落后，服务能力不够强的问题，全面提升医疗卫生服务水平。

（四）进一步加强卫生执法监督工作，确保医疗安全和食品卫生

坚持经常监督和专项整治相结合，加强药品、食品管理。卫生主管部门要加强药品采购集中管理，有效降低成本，确保用药安全；严厉打击非法行医，开展食品、药品专项整治，加大对药品市场的日常监管力度，依法查处无证行医、药店坐堂行医、超范围服务等违法活动；严格把好医疗机构、医务人员和临床新技术的准入关，切实加强医疗质量监督管理，落实岗位责任制度，确保群众就医安全。重视和做好重大节日和会议的食品安全卫生保障工作。加强学校和幼托机构食品、饮用水卫生监督检查，增加对医疗卫生机构消毒和医疗废物处置的监督频次，加大违法案件的查处力度，保障人民群众身体健康。

（五）加大督查力度，狠抓落实，确保整顿取得实效

卫生主管部门要督促各医疗卫生单位继续对照县人大常委会关于县乡医疗机构服务能力建设调研报告和县第十五届人大常委会第八次会议提出的审议意见，逐条加以整改。对不开具纸质处方等与有关条例和规定明显不符的问题，要坚决予以纠正，绝不能因为局部利益，损害广大人民群众的根本利益。对近期发生的几起医疗纠纷，要引起政府及有关部门的高度重视，要注意倾向性苗头，研究深层次原因，对确因职责不到位引起纠纷的，要严肃追究有关责任人的责任；建立责任追究制度，妥善处理医患矛盾，及时发现和解决问题，减少医疗纠纷，防止发生群体性事件，维护社会稳定。卫生主管部门对整顿情况要定期向县人大常委会报告。对整改效果不明显、工作起色不大的单位，县人大常委会要继续跟踪督查，对存在的一些突出问题，县人大常委会要依法进行质询，确保整改工作取得实实在在的效果。

第十三次会议 于2009年2月27日在常委会五楼会议室召开，由张自杰主持。

会议议程有三项：一、人事任免；二、听取和审议财政局局长王运军受政府委托所作的《关于2009年全县财政收支预算调整情况的报告》、常委会农业财经工委主任高长茂所作的《关于2009年全县财政收支预算调整情况的审查报告》，作出《关于2009年全县财政收支预算调整情况的决议》；三、审议通过《静宁县人大常委会2009年工作要点》《静宁县人大常委会2009年重点工作行事历》。会上，政府常务副县长薛晓宏就落实审议意见、做好财政预算执行工作作表态发言。

第十五届常委会组成人员张自杰、戴双军、许富忠、王星耀、张金业、高恒、沙芳琴、李金、高长茂、胡志科、杨晓光、李成蹊、杜文彪、姚国奇、吴水利、张三相、厚学、张来有、李会宾出席会议；县委常委、政府常务副县长薛晓宏，法院副院长蔡尚志、检察院副检察长徐宝玉、政府办公室主任李永成、财政局局长王运军，常委会各委室负责人杨毅民、柴玉明、李文环、李稳收列席会议。

附：

人事任免

姚国奇任县人大常委会教科文卫工作委员会主任

厚　学任县人大常委会司法民政工作委员会副主任

县人大常委会2009年重点工作安排情况表

表4-38

时间	主要工作	分管领导	牵头部门	参与部门
1至2月	交办县十五届人大三次会议代表意见、建议	高　恒	代工委	办公室
	县第十五届人大常委会第十三次会议：1.讨论通过县人大常委会2009年工作要点；2.听取、审议县政府关于2009年财政预算调整的报告；3.人事任免		办公室	各委室
3至4月	调研城区文化市场管理工作	王星耀 沙芳琴	教科文卫委	办公室
	县第十五届人大常委会第十四次会议：听取、审议县政府关于城区文化市场管理工作情况的报告	高　恒	办公室	各委室
5至6月	检查安全生产法贯彻执行情况	张金业	司法民政委	办公室
	调研居民小区物业管理工作	许富忠	农财委	办公室
	县第十五届人大常委会第十五次会议：1.听取、审议和批准县政府关于2008年财政决算的报告；2.听取、审议县政府关于2008年财政预算执行情况的审计工作报告；3.听取、审议县政府关于2009年国民经济和社会发展计划调整的报告；4.听取、审议县政府关于居民小区物业管理工作情况的报告	高　恒	办公室	各委室
7至8月	集中走访联系代表；督办代表意见、建议	高　恒	代工委	办公室
	召开城区代表政情通报会			
	调研全县果品市场管理工作	戴双军	农财委	办公室
	县第十五届人大常委会第十六次会议：1.听取、审议县政府关于2009年上半年国民经济和社会发展计划执行情况的报告。2.听取、审议县政府关于全县果品市场管理工作情况的报告	高　恒	办公室	各委室
9至10月	检查法、检两院执法工作	张金业	司法民政委	办公室
	视察安全饮水工程建设	戴双军	农财委	办公室
	县第十五届人大常委会第十七次会议：1.听取、审议法、检两院执法工作报告；2.听取、审议县政府关于县十五届人大三次会议代表意见、建议办理情况的报告；3.听取、审议县政府关于安全饮水工程建设情况的报告	高　恒	办公室	各委室

续表4-38

时间	主要工作	分管领导	牵头部门	参与部门
11至12月	视察县政府承诺的10件实事落实情况	戴双军	办公室	各委室
	检查县人大常委会有关决议、决定和审议意见落实情况	高　恒	办公室	各委、室
	县第十五届人大常委会第十八次会议：1.听取县政府关于年初承诺的10件实事落实情况的报告；2.讨论召开县十五届人大四次会议有关事项			
	筹备召开县十五届人大四次会议；总结2009年工作，制定2010年工作要点；收集向省、市人代会提交的代表意见、建议			

第十四次会议　于2009年6月25日在常委会五楼会议室召开，由戴双军主持。

会议议程有六项：一、人事任免；二、听取和审议发展和改革局局长史晓平受政府委托所作的《关于静宁县2009年国民经济和社会发展计划调整情况的报告》，作出《关于静宁县2009年国民经济和社会发展计划调整的决议》；三、四两项合并进行：听取和审议财政局局长王运军受政府委托所作的《关于2008年全县财政决算（草案）的报告》、审计局局长慕锡武受政府委托所作的《关于2008年度县级财政预算执行情况的审计工作报告》、常委会农业财经工委主任高长茂所作的《关于2008年全县财政决算的审查报告》，作出《关于批准静宁县2008年县级财政决算的决议》；五、听取和审议文体局局长牛永琪受政府委托所作的《关于全县文化市场管理工作的报告》、常委会教科文卫工委主任姚国奇所作的《关于城乡文化市场管理工作情况的调查报告》；六、听取和审议建设局局长杨东受政府委托所作的《关于居民区物业管理工作的报告》、常委会农业财经工委主任高长茂所作的《关于居民区物业管理工作情况的调查报告》。会上，政府副县长马千里、周永宏就落实审议意见分别作表态发言。

第十五届常委会组成人员张自杰、戴双军、许富忠、王星耀、高恒、沙芳琴、李金、高长茂、胡志科、杨晓光、李成蹊、杜文彪、姚国奇、吴水利、张三相、厚学、张来有、裴晓江出席会议；县委常委、政府副县长马千里，副县长周永宏、法院副院长蔡尚志、政府办公室主任李永成、发改局局长史晓平、财政局局长王运军、审计局局长慕锡武、文体局局长牛永琪、公安局副局长马光明、建设局局长杨东，常委会各委、室负责人柴玉明、杨毅民、李文环，工商局、规划局、公用事业管理局、房产局、电信局负责人，城关镇、八里镇人大主席团主席高森堂、王志强，部分市、县人大代表，城区各中小学负责人列席会议；魏世琳、魏新娥等10名公民代表应邀旁听会议。

附：

人事任免

接受张金业辞去县第十五届人大常委会副主任职务的请求

田志宏任县人民法院雷大法庭庭长

戴文辉任县人民法院甘沟法庭庭长

免去：

马志刚县人大常委会司法民政工作委员会副主任职务

李尚明县人民法院雷大法庭庭长职务

戴立龙县人民法院甘沟法庭庭长职务

关于城乡文化市场管理工作情况的调查报告

由常委会副主任王星耀、沙芳琴带队，抽组常委会有关委室、文化、公安、工商、教育和电信等相关部门负责人及业务人员组成调查组，于3月中旬至6月上旬，深入城区和乡镇部分学校、机关单位、社区，以及网吧、书店、音像制品店和棋牌室，采取现场察看、召开座谈会、个别谈话、查阅资料、暗访等方式，重点就网吧、书店、棋牌室等城乡文化市场管理情况进行了调查。

一、基本情况

近年来，县政府和文化主管部门认真贯彻落实党的文化工作方针政策，在加大城乡文化设施建设力度的同时，逐步健全管理体系，完善管理机制，加强规范管理，促进了全县文化市场的快速发展。

（一）文化市场规模不断扩大

近年来，在县政府的高度重视和相关部门的共同努力下，我县文化市场得到较快发展，文化娱乐场所遍布全县城乡，群众文化活动日益丰富，初步形成了包括娱乐市场、演出市场、图书和音像市场、互联网上网服务市场等多成分、多元化的市场体系，基本满足了城乡群众的文化生活需要。至目前，我县城区共有13家网吧（其中3家暂未开业），乡镇共有9家电子阅览室（其中界石铺、威戎、甘沟各2家，雷大、李店、仁大各1家），共有终端机876台（其中城区679台）；出版物零售店19家，音像制品店12家；其他娱乐场所36家；文化市场从业人员达780多人，文化市场规模不断壮大。

（二）管理机制逐步健全

县上于1997年成立了县“扫黄”“打非”领导小组，并在文体局设立了办公室，加强对文化市场的管理，根据工作需要适时调整充实人员，建立联席会议制度，推行领导责任制和责任追究制，开展联合执法，对净化社会文化环境发挥了一定作用。2004年成立了县文化稽查大队，单独列编（编制4人），并配备了相关设备，落实相关经费，具体负责文化市场管理工作，文化市场管理工作逐步理顺。

（三）监管工作得到加强

近年来，按照省、市整顿和规范文化市场秩序工作的要求，有关部门加大文化市场管理力度，在注重经常性监管的同时，通过集中整顿活动，使一些突出的问题得到较好解决。近几年先后开展了多次文化市场专项治理活动，对城区的网吧、图书和音像店以及其他娱乐活动场所进行定期和不定期检查，净化了文化市场环境。去年以来，对文化市场违规经营者提出警告16次，处罚6家，吊销营业执照1家，查缴不正规出版物800册，非法音像制品510多张；结合开展校园周边环境整治，取缔不良书籍出租门店2家、台球娱乐室1处。尤其是今年以来，按照中央《关于进一步净化社会环境，促进未成年人健康成长的若干意见》要求，有关部门积极采取措施，不断加大文化市场整治力度，并开展了专项治理行动，使文化市场经营秩序总体上呈现好转，部分网吧和书店存在的违法违规经营行为得到有效遏制，取得了明显的阶段性成效。

二、存在问题

（一）网吧违规经营现象严重，管理亟待规范

一是未成年人上网禁而未止。《互联网上网服务营业场所管理条例》第二十一条规定，互联网上网服务营业场所经营单位不得接纳未成年人进入营业场所，经营单位应当在营业场所入口处的显著位置悬挂未成年人禁入标志。但从调查情况看，城乡所有网吧都存在接纳未成年人上网问题，各个网吧虽然在门口等显眼的地方都设有禁止18周岁以下未成年人入内的警示牌，但只是应付管理部门检查的摆设，业主对来网吧的未成年人从不拒绝。从多次暗访情况看，网吧现在已成为中学生节假日和课余时间主要的娱乐场所之一，并且青少年上网呈现低龄化的趋势，未成年人上网问题尤为普遍，在节假日，未成年人平均占到上网人数的55%以上，其中年龄小的只有十一二岁。5月1日至3日，调查组对城区网吧的暗访表明，各网吧上座率均达95%以上，上网者95%以上为学生，其中未成年人占一半以上。5月2日晚调查发现，成纪网吧共有45人上网，未成年人就有28人；宏达网吧上网46人，未成年人有25人；千禧网吧上网22人，未成年人有16人，其中西关村两名13岁学生以8元/人的价格与网吧业主达成通宵上网协议；金钥匙网吧上网33人，未成年人就有21人；E网情深网吧一楼40余台机子全部坐满，80%以上为未成年人，且有部分学生在一旁等待；调查人员连续3天都碰到年仅14岁的阿阳实验学校九年级王某在网吧上网。

二是上网登记管理不严格。《互联网上网服务营业场所管理条例》第二十三条规定，经营单位应当对上网消费者的身份证等有效证件进行核对、登记，并记录有关上网信息。从调查情况看，各个网吧都存在对上网登记制度不落实的问题，“实名制”名存实亡。各个网吧虽然在出入口处有上网登记册，但没有起到核对上网人员真实身份、有效杜绝未成年人进入网吧的作用。个别网吧对上网人员进行登记时只是口头询问出生年月，而不验证身份证。多数网吧为应付检查而编造上网人员记录，一些编造的记录错误百出而业主浑然不知，有的甚至无上网人员记录。如个别网吧业主一次编写几页没有具体上网日期和时间的“万能”登记本，供应付检查，金钥匙网吧竟然在上网登记册上出现了1921年出生的上网者，李店镇新世纪电子阅览室竟登记有1978年84月72日出生的上网者。甘沟乡便民电子阅览室经营业主竟然不知道上网要进行登记，也不知道有《互联网上网服务营业场所管理条例》，更不知道有禁止通宵上网的规定。调查中还发现，城区网吧为刺激消费者上网，都采取办理优惠卡的办法，城区10家营业的网吧共为上网人员办理上网优惠卡1900多张，凭借上网卡上网费用为1.3~

1.6元/小时，比正常收费每小时少0.7~0.4元，在对价格优惠的同时，所有网吧对持卡上网人员从不进行登记，更没有将身份证与网卡同时进行核对。一些未成年学生持别人身份证办理上网卡，有些网吧业主甚至自己用借来的身份证办理上网卡，然后卖给未成年人使用。

三是超时营业问题比较普遍。在我们调查过程中发现，各个网吧都存在超时营业的问题。按照规定，互联网上网服务营业场所上网服务时间为8:00至24:00。但许多经营者根本没有执行禁止网吧24小时营业的规定，为了牟取私利随意延长营业时间，有的甚至全天开放，通宵营业。大多数网吧在门口都装有摄像头，在防止上网人员停放在门口车辆安全的同时也监视文化管理人员。在几次零点后调查时，一些网吧关闭大门，业主看到调查人员时将照明灯熄灭，造成假象；城区网吧为吸引上网者通宵上网，在其内部都为通宵上网者销售香烟、饮料、食品等。调查人员在几次清晨暗访时，看到不少网吧卷闸门才拉开，一些学生打着哈欠、揉着眼睛出来，急匆匆往学校赶。调查中还发现，一部分学生利用早晨出家门到上学的时间上网，网吧照纳不拒，部分学生甚至将买早餐的钱用来上网，严重影响身心健康。

四是消防和安全问题令人担忧。从调查情况看，多数网吧室内拥挤，空间狭小，加上一些人吸烟，室内烟雾缭绕，空气污浊，环境很差，进入网吧内，使人有一种窒息的感觉。一些网吧根本没有防火设施，有的网吧的防火设施只是为了摆样子。不少网吧室内电路混乱，业主私拉电线，室内装修多用易燃品，放置杂物较多，有的在室内使用煤火做饭，有的通道狭窄，在一、二楼之间加设简易楼梯，如有意外，人员无法及时疏散。这些隐患，极大地威胁着上网人员的安全。城区宏达、千禧、金钥匙网吧还设有11个包间，这些包间在多收取上网费用的同时，因上网者在内的行为无法监控，无形中为个别不法人员提供了场所，存在潜在不安全因素。

（二）图书市场管理不严，违规出版物屡禁不绝

在学校调查中教师普遍反映，时下，一种“恐怖文化”“坏蛋文化”“流氓文化”正悄然在一些校园流行，《恶魔法则》《坏蛋是怎样练成的》《流氓老师》等一系列名字极其古怪的书籍在校园内狂热传阅，很多还堂而皇之地打着“阳光校园丛书”“经典名作”的招牌，非法出版物屡禁不绝。有一部分书店业主由于利益驱动，违法销售和出租粗制滥造、格调低下的卡通动画、“口袋本”和网络玄幻小说，这些书籍内容大多以色情、暴力、凶杀、恐怖为主，对青少年身心健康成长极为不利。调查中教师反响最为强烈的是位于县城中街的“一角书屋”。3月18日调查时发现，该书屋将门店从中间隔为两间，在前面摆放着学生用书，书柜后面隐藏着暗门，进入暗门是另外一个房间，里面藏有各类网络玄幻、色情和盗版小说700余册，一同调查的执法部门对非法书籍进行登记造册，责令其进行封存处理。在城区各中学调查时，教师提供收缴学生所看的不良书籍中，贴有“一角书屋”标识的就占50%以上，其余出租的书来自位于五金巷的“华中希望读书社”、中街“诸葛亮希望读书社”和东城区“北京动力书社”等。3月下旬，由于县上加大对文化市场管理力度，随后的两次调查

发现，一些不良书籍全部下架，但在县上集中整顿过后，调查人员于5月下旬暗访时发现，一些不良书籍又重新上架出租和销售，租看的学生络绎不绝。

（三）棋牌室管理松散，社会反响较大

我县于2004年开始批准设立棋牌室，目前全县共有30家棋牌室（其中城区19家）。由于受条件所限，城区棋牌室大多设置在靠近街道的居民楼中，仅德顺路不到80米道路两边就设有9家。从调查看，管理部门对棋牌室只批不管，导致管理比较松散，棋牌室扰民现象比较突出，调查中群众意见大。《娱乐场所管理条例》第二十八条规定，每日凌晨2时至上午8时，娱乐场所不得营业。城区群众普遍反映棋牌室不能按规定经营，相当一部分棋牌室彻夜对外开放，整天到处是麻将声声，污言秽语不断，尤其是晚上大声喧哗，有时为了赌钱打架斗殴，严重影响了周边群众的正常生活，部分家中有学生的家长更是苦不堪言。《娱乐场所管理条例》第十四条第五款规定，娱乐场所及其从业人员不得为进入娱乐场所的人员实施赌博行为提供条件。部分群众在座谈时反映，有相当一部分棋牌室采用以钱买卡、以卡换钱等形式从事赌博活动，改变了休闲娱乐的性质。

（四）不良文化负面影响广泛，群众意见较大

在调查过程中，家长、老师、社会各界群众对目前文化市场存在的问题十分担忧，尤其对网吧、不良图书更是深恶痛绝，其负面影响日益凸现。

一是对青少年健康成长造成不良影响。调查中我们发现，网吧主要成了玩游戏和聊天的场所，利用网络学习及查阅资料者寥寥无几，在上网的人群中，玩游戏的占85%，聊天的占10%左右，利用网络进行学习的还不足5%；一些教师反映，很多青少年沉迷于网络，热衷于在暴力游戏的杀戮和血腥中寻求刺激，在不断的积分和升级中获得成就感；不少学生在看不良书籍中迷失自我，把师长的教诲当作耳旁风，导致精神不振、道德观念弱化，人际关系淡漠，认知能力出现偏差，性格怪僻，没有社会责任感和上进心。三中一副校长反映，有一祁姓学生本来聪明好学，上初中后迷上了网络游戏从不进家门，其父病危时亲戚在网吧找到该学生，该生竟然要求给他上网的钱后才肯回家；阿阳实验学校一名李姓学生租看网络小说成瘾，多次在课堂上偷看被老师发现，后发展到放学不回家在街道路灯下看小说，达到走火入魔的地步。

二是给学校正常管理造成严重影响。在调查中，多所学校负责人向调查组反映，目前学校最难管的就是防范学生去网吧和看不良书籍。由于我县城区中学及乡镇几所完全中学受条件限制，校外寄宿学生较多，给学校管理带来一定难度，一部分校外寄宿生千方百计挤时间上网和看不良书籍，学校管理鞭长莫及，在一定程度上影响学生健康成长；部分在校内住宿的学生为了能够去网吧，手法无所不及，县一中和二中教师反映，个别学生为了上网，有半夜用床单结成绳索从宿舍楼四楼下来的，有从二楼下水管道滑下的，有翻墙越壁的，有逃学旷课的，有装病雇人充家长请假的等等，学校不得不在宿舍楼窗户上都安装防盗栏，在上网学生经常出入的地方安装摄像头，并加大教师巡查力度，即使这样，还是不能阻止学生去网吧。3月19日，由于主管部门

开展集中整治活动，包夜上网受到阻止，城区3名初中学生租车去庄浪县城上网，学校和家长千方百计寻找，才在庄浪县城网吧中找到。

（五）给社会治安管理带来严重隐患。由于网吧和部分书店经营不规范，受众多暴力性网络游戏和网络小说影响，使一些青少年沉迷其中，完全淡化了现实与虚拟世界的界限，一旦在现实中遭遇矛盾冲突，往往会不由自主地想起游戏中的解决方式并付诸实施；在学校调查中普遍反映，一些经常上网和看不良书籍的学生与社会上一些无业青少年拉帮结派，打架斗殴，在学校周围敲诈勒索，影响正常教学环境；有的因无钱上网而小偷小摸，给社会治安带来一定隐患。

三、原因分析

（一）执法力量薄弱。我县文化稽查大队虽然成立较早，但人员只由文体局内部调剂，文体局内部因人员紧张安排4人管理，实际却只有2人具体负责，加之经费较少，在具体执法过程中没有发挥应有的作用。县公安局于2008年初在内部设置公共安全网络监察中队，负责网络管理，但一直没有安排具体管理人员，由治安大队代管，今年虽然编制了2人，但实际只有1名工作人员，由于网吧管理面广量大，存在管理力不从心的现状。

（二）部门协调不够。从现行规定看，文化市场管理工作主要由文化部门牵头，涉及多个部门。仅网吧而言，文化、工商、公安、电信等部门都有分工，但在执法中经常存在职责交叉和职责轮空现象，一方面多头管理网吧经营者不堪重负，另一方面却又往往形成监管的死角。比如，文化部门发现网吧传播色情内容、接纳未成年人上网和存在不安全因素，最严重的处罚只能吊销其文化经营许可证和进行罚款，却无权吊销营业执照和进行相关治安处罚，缺少工商、公安等部门的配合，难以真正对网吧实行有效管理；各部门只有在县上牵头专项整治时才参与管理，其余时间大多只由文化部门单独管理。面对图书经营者存在严重问题时，文化部门只能吊销其文化经营许可证，对不良书籍没有工商部门配合无权处理。在管理过程中，由于各部门对本单位工作顾及多，在文化市场管理工作中投入精力较少，形成管理漏洞。

（三）管理执法不严。目前，文化市场管理的主要形式还是集中整治的办法，日常监管不多，给违法违规经营的业主带来可乘之机；部门执法中存在执法不严的问题，或以罚代管，一罚了之，或视而不见，姑息迁就，形成监而不管，管而不严；检查人员在一处网吧检查，其他网吧或闻风关门，或临时清理未成年人，形成防范网络，不排除有人暗中通风报信。《互联网上网服务营业场所管理条例》第三十条规定，互联网上网服务营业场所经营单位接纳未成年人进入营业场所的，由文化行政部门给予警告，可以并处15000元以下的罚款；情节严重的，责令停业整顿，直至吊销网络文化经营许可证。但从调查情况看，部门执法中对接纳未成年人上网的行为处罚力度不大，多数情况下不予处罚，在多次检查中发现接纳未成年人情况严重时，才给予发现1例罚款50元的轻微处罚，还在执法检查过程中讲求平衡，处罚后在一定时间段内对同一网吧不再处罚，对业主难以起到震慑作用，使未成年人上网问题愈演愈烈；在图书市场管理方面，对于违法经营者，检查时只收缴几本非法书籍，未采取严厉措施，对业主利益不会造成大的影响，导致不良书籍泛滥。

（四）管理手段滞后。目前，管理部门由于人员和硬件配备、管理技术诸多方面的限制，对文化市场的监管主要靠工作人员到现场检查，技术手段有限。如在网吧管理方面，文化部门虽然安装了网吧安全监管平台，但管理设备落后，只能截获某一网吧中一台终端机上静态的一个画面，且操作复杂，在上网人员多时作用不大，加之网吧登记流于形式，未成年人上网编造成年人身份证号码，上网人员情况不实，对未成年人上网监督没有意义；由于监管人员少，且按正常上下班时间进行管理，形成正是上网高峰期时管理人员下班的局面，监管设备形同虚设。网吧安装的监控软件还存在与系统软件不兼容的问题，文化、公安部门分别要求网吧安装自己的监管程序，但两套程序装入同一台电脑有时会出现不兼容问题，导致系统运行速度变慢甚至死机，为了提高运行速度、躲避监管，一部分网吧业主私自卸载监控软件，先进技术未发挥应有作用。

四、今后建议

文化市场管理工作，事关我县精神文明建设和青少年健康成长。县政府及主管部门要高度重视，严格落实省委办公厅《关于进一步净化社会文化环境，促进未成年人健康成长的实施意见》精神，认真研究解决目前全县文化市场管理中存在的突出问题。相关部门要按照县委办印发的《全县净化社会文化环境集中整治行动实施方案》的要求，加大执法力度，加强城乡文化市场管理工作，为青少年健康成长营造良好的文化环境。

（一）高度重视，加强执法队伍建设。文化市场管理的关键，在于管理队伍建设。县政府及主管部门要从净化社会环境、保护青少年身心健康出发，狠抓文化市场管理队伍建设。要制定相应的具体措施，增加文化稽查大队和公安公共安全网络监察中队编制，合理调配人员，并提供必要的经费保障，提高文化市场管理执法能力。文化市场管理人员要认真执行文化市场管理法律法规和政策，严格执法，廉洁行政，排除一切干扰，加大执法力度，有力查处违法经营活动，坚决杜绝惜情仰面、执法不严等现象。主管部门要建章整制，进一步加强对执法人员执法行为的监督，严厉查处执法人员违法违纪行为，树立良好的执法形象。

（二）强化检查，加强图书市场管理。要坚持标本兼治，建立健全管理长效机制，采取定期检查、突击检查、专项检查、联合检查和经常性检查等多种形式，对非法经营行为始终保持高压、严打态势，解决目前图书市场管理中一些社会影响大、群众普遍关注的热点、难点问题。各职能部门要明确工作职责，确实履行各自监管职能，一方面，要强化排查，从源头治理，不让非法出版物和文化垃圾流入我县；另一方面，要经常对图书市场进行“拉网式”的排查和清查，杜绝违规经营。凡是不利于青少年健康成长的书籍、音像制品，都要进行严厉打击，坚决防止一些经销商打“擦边球”的行为。要加强学校周边文化经营场所的管理，对学校周边经营不良书籍的马路摊点和店铺，学校要早发现、早报告，主管部门要即发现、即查处。对违规经营行为，发现1例，要严肃查处1例，采取严厉措施，加大处罚力度，杜绝不痛不痒、搔皮抹面，形成犯了罚、罚了犯的恶性循环。

（三）多管齐下，加强城乡网吧管理。各相关部门要充分履行各自在网吧管理中的职责，加大对“黑网吧”的查处力度，对知情不报、查处不力的要严肃追究有关领导的责任；要主动接受社会监督，尽快设立和公开举报电话，通过向社会，尤其是在各学校教师和学生家长中聘请义务监督员，广泛发挥社会监督作用，及时发现和纠正网吧管理中存在的问题；县政府及主管部门要加大资金投入，更新和启用文化部门远程监控设备，确定专人专管，合理调配上下班时间和人员，加强网上实时监控，防止出现真空监控时段；积极协调，落实24:00—8:00对所有网吧切断互联网接入服务的规定，从源头上制止超时营业、通宵上网的问题；管理部门认真执行网吧现场检查记录制度、网吧日常检查频率最低标准制度等，对接纳未成年人上网、不进行上网人员登记、超时营业等突出问题，要开展集中整治，严格落实停业整顿、罚款、吊销经营许可证和营业执照、切断互联网接入服务等措施，加大处罚力度，有效遏制违规经营现象。

（四）严格执法，抓好公共娱乐场所安全管理。针对公共娱乐场所安全管理存在的问题，相关部门要建立健全分类管理制度，在治安、消防、安全等方面要严格标准、从严监管。要从严对现有网吧营业面积、微机总数、消防和安全通道等进行复核，对部分网吧经营面积小、微机数量多、空间狭小、设置包厢、加设简易楼梯、无安全通道和安装封闭门窗栅栏的网吧要限期整改，对仍不符合规定的，要依法予以取缔；对网吧、棋牌室、图书经营场所要严格按规定配备相应的消防设备。对网吧吸烟等对公共安全构成威胁的行为，要严格对照《互联网上网服务营业场所管理条例》的要求予以整治，严防发生各类事故。

关于居民区物业管理工作情况的调查报告

5月中旬至6月上旬，由常委会副主任许富忠带队，农业财经工委与县建设局、房产局负责人组成调查组，先后深入东苑小区、西苑小区、阿阳新村、成纪嘉园、二天门巷、人民巷、红学巷、永福巷等居民住宅区和建筑工地，以及房产局、街道办及东城区、北环路、人民巷居委会，通过听取汇报、召开座谈会、实地察看等方式，对县城居民区物业管理工作情况进行了调研，并组织相关部门负责人和部分人大代表考察了平凉市新世纪物业、雅居物业、宏安伟业物业的先进经验和做法。

一、基本现状

近年来，在县委、县政府的高度重视和大力推动下，我县的城镇化建设步伐不断加快，特别是县城商品住宅楼建设得到长足发展，居民住宅区规模快速扩大，广大居民居住条件得到明显改善。据主管部门统计，至2008年底，城区有居民住宅13722套142.5万平方米（含在建3603套38.5万平方米），并形成了东苑小区、西苑小区等连片集中程度较高、具有相当规模的居民聚居区。

随着县城居民住宅区建设步伐的加快和规模的不断扩大，广大居民对物业管理的需求越来越强，一批物业服务企业也应运而生。在政府及其主管部门的引导推动下，物业管理这一市场经济条件下的新兴服务产业和城市管理新形式，在我县从无到有，由探索起步到日渐铺开，逐步形成行业发展趋势。目前，全县共有从事物业管理的企业9家，均为三级资质（其中2家暂定），从业人员达120余人；物业公司进驻管理的居民小区12个，托管面积44.7万平方米，占住宅面积的42%。可以预见，随着物业管理工作的全面铺开和管理水平的提高，物业管理在推动解决县城居民区脏、乱、差问题，维护房屋使用安全，为居民创造整洁、有序、方便、舒适生活居住环境方面的重要作用必将进一步显现。

二、存在问题

（一）行政引导推动不力，物业管理工作进展缓慢

由于物业管理在我县起步相对较晚，整体发展速度与县城居民区规模的急剧扩张不相适应，而且行业管理服务水平与广大居民的要求差距甚远。从调查中各方面的反映和意见看，除了受经济社会发展水平这一客观条件制约外，行政引导推动不力是导致物业管理工作滞后的一个重要因素。这一问题突出表现在两个方面：一是领导重视不够，对居民区物业管理工作没有纳入重要工作计划和议事日程，物业管理制度不健全，缺乏必要的发展规划和规范性文件指导。二是工作机制不健全，相关责任主体没有充分发挥作用。随着居民小区数量的不断增加，物业管理工作量也越来越大。从具体职能看，目前我县物业管理活动的监督管理工作主要依靠房产局进行，但由于缺少必要的中间衔接和沟通环节，房产局在协调召集业主大会、指导业主委员会（或楼管会）开展自治活动等方面“缺手短腿”，加之工作力量薄弱（只有9人），无力应付量大面广的物业管理监管任务。与此相反，真正与居民日常接触广泛、联系紧密、对居民号召力较强的街道办事处、社区居委会，却由于没有明确具体的职责，在推行物业管理方面未能充分有效的发挥组织、指导、协调作用。同时，由于无人牵头组织、缺乏经费等原因，已建成的小区中几乎都没有召开业主大会和建立业主委员会（或楼管会），居民区的物业管理基本上处于自建自管、自生自长的状态。除一部分新建的小区物业管理由开发商代管外，老旧小区和分散的居民住宅楼都没有进行实质意义上的物业管理，大部分是以楼院为单元，“一座门房、一个老头、一只锁子、一把扫帚”，进行简单、粗放的自我管理，甚至还有一定数量的弃管楼院存在。物业管理跟不上，有关部门又疏于管理，造成相当一部分居民区管理混乱，乱搭乱建、乱停乱放、乱泼乱倒等问题得不到有效治理，脏、乱、差现象突出，物业纠纷比较普遍，形成不安定、安全隐患。如北环路居委会现有居民楼57栋、居民1913户，其中无专人管理的就有27栋、800余户，这些楼院多半没有封闭，偷盗等治安案件时有发生。阿阳新村一靳姓居民反映：入住以来，他家里自行车就丢了11辆，丢三四辆的户更是屡见不鲜。对此，居民反映强烈，意见很大。

（二）规划、建设与管理脱节，开发遗留问题较多

在住宅小区开发建设过程中，由于前期规划不完善，加之建设监管不力，验收工

作流于形式，造成前期开发与售后管理脱节，致使已建成的居民住宅区历史遗留问题多，形成无人管、无钱管、无法管的现象，严重制约正常物业管理的开展，也对社会和谐稳定造成一定影响。

一是已建成的居民住宅楼普遍没有按规定收取维修基金，给物业管理留下隐患，容易引发邻里纠纷和社会矛盾。由于使用中出现维修问题无人负责，住户在投诉无门、协调不通的情况下，有的竟采取破坏性手段发泄不满。如楼顶漏水，下面住户不愿出钱维修，顶层的就破坏下水管道。相反，下水管道坏了，上面住户不愿出钱，一楼就直接封死管道，谁都不能用。在调查中社区工作人员反映，去年，阿阳路一居民楼楼顶漏水需要维修，一些住户不愿出钱，相互之间发生矛盾并激化，居委会和有关部门多次调解未果，最终上诉到法院才得以平息。

二是基础配套设施差，给物业管理造成诸多困难。这方面问题主要有两类：一类是上世纪九十年代前后，为尽快解决居民的住房困难，采取多途径、多形式建造的一部分居民住宅区，至今已有10~20年左右，大多标准低、规模小、质量差，配套设施缺项甩项，水、电、暖、下水和卫生设施老化，环境脏、乱、差，群众反映强烈；一类是本世纪初期以来开发的商品住宅区，其中一部分规划、建设等环节把关不严，甚至有的由开发商主导规划、建设。由于开发建设单位行为不规范，规划设计存在先天性缺失，加之监管部门工作又没跟上，导致这部分房屋没有按规范要求配套相应的基础公用设施，开发商把房屋卖给个人以后不再过问，给居民生活造成困扰和不便。从调查看，除一些新建的小区外，大多数居民区都存在活动场地狭小、停车位短缺、户外休息和健身设备偏少、物业管理公共用房不足等问题，没有修建公厕和配备垃圾箱、垃圾台等必需的公用设施。如东苑小区入住居民1000余户3400多人，因没有公厕，居民特别是老年人户外活动极为不便，设在小区内的居委会、警务室等机构工作人员也因无处如厕，难以正常开展工作。庙川（原火柴厂附近）100多户400多名居民共用1处旱厕，因无人清理，脏、臭的现象无法描述，周围住户怨声载道。因停车位缺少，停车问题已成为影响县城及居民住宅区环境、困扰物业管理的一大难题。东苑小区每天进入车辆160多辆，但只有80多个停车位，人行道和活动场地被车辆挤占，这一问题在人民巷、北环路等一些老旧居民区表现得尤为突出。

三是居民住宅区绿化率普遍偏低。由于在商品楼开发中没有采取强制性控制措施，开发商蓄意减少或取消绿化面积，现有的居民住宅区普遍存在“两高两低”（即地面硬化率高、绿化率低，建筑密度高、建设档次低）问题，绿化率与优化人居环境的要求和创建省级园林县城的目标差距很大。如西苑小区住宅楼院子全部被硬化，绿化处于空白；建筑集团公司家属院内本来不太大，这两年里面既建楼房又修库房，院子被挤占一空；阿阳新村虽然留出了绿化面积，但院内没有一块草坪、一棵树木，到处是垃圾和沙土，被群众谑称为“窝囊新村”。

（三）物业服务质量不高，管理费收取困难

总的来看，我县的物业管理目前还处于起步阶段，尚不成熟、不规范。由于物业管理行业准入门槛较低，相当一部分物业公司设立起点低，没有先进的管理手段和高素质员工，管理水平低，服务能力弱。从调查看，大部分物业管理人员服务理念有偏差，收费至上，只追求利润，忽视为业主的服务，所谓的物业管理，基本上就是倒一些生活垃圾、打扫一下环境卫生而已，收费与服务不相符。如东苑小区移交物业公司管理后，因资金短缺，管理跟不上，草坪大面积死亡，一些基础设施也损坏严重，业主对此意见较大。一些物业管理人员对居民住户提出的意见不主动沟通，积极化解矛盾，而是以管理者自居，态度强横，恶化了与业主的关系，进而影响了部分业主对实施物业管理的积极性。

据调查了解，由于部分业主缺乏物业服务消费意识，加之物业管理服务跟不上，住户欠缴物业管理费的问题比较突出。如东苑小区的泰和物业公司2008年仅收回物业管理费12万，占应收款的42%。据调查，大部分居民如对物业服务公司服务不满意，最普遍采用的办法就是不交管理费，物业公司收不到管理费，就采取减少服务项目和降低服务质量的手段来应对，形成了收不到费便降低服务质量，服务不到位引起住户不满意，住户不满意更加收不到费的恶性循环，在一定程度上影响了物业管理的进一步推行。

三、今后建议

（一）提高思想认识，合力推动物业管理工作快速发展

物业管理是城市管理的补充和延伸，是一项关系民生的窗口工程，随着广大居民城市意识和物业管理服务需求的不断增强，居民区物业管理已成为群众关心、社会关注的热点问题。而且，随着县城规模的进一步扩大和居民人数的不断增多，物业管理对城区社会管理和稳定工作方面的影响将会越来越大。因此，大力推动物业管理工作，不仅是加快我县城镇化步伐的需要，也是实现县域经济社会科学发展的需要。搞好这一工作，对于强化政府社会管理职能，有效解决县城脏乱差问题，改善人居环境，提升县城品味，扩大社会就业以及促进和谐平安社区建设都具有重大的意义。县政府及其职能部门、各级基层组织要充分认识推行物业管理工作的重要性、必要性，进一步增强责任感和紧迫感，切实把这项涉及千家万户的工作摆上重要日程，加强组织领导，完善规章制度，在充分调研的基础上，尽快制定出台静宁县《物业管理实施办法》等规范性文件，使物业管理有法可依、有章可循。广泛开展《中华人民共和国物权法》《物业管理条例》和《甘肃省物业管理暂行条例》等法律法规的宣传教育，增强物业管理企业的服务意识和广大居民的物业服务消费理念，促进社会各方面形成支持和发展物业管理的合力，推动全县物业管理快速发展。

（二）强化监管责任，健全完善物业管理工作机制

物业管理是一项系统工程，涉及规划、建设、供电、供水、环保、卫生、工商、物价、公安、消防等多个部门以及街道社区基层组织，综合性和区域特点较强，有时各种矛盾和问题会交织在一起，因此，光靠行业主管部门难以协调各方，必须强化政府层面在物业管理工作中决策部署、协调调度、督查指导和考核问责的行政监管功

能，才能真正把这项工作抓实抓好。建议县政府结合实际，进一步建立和完善科学、合理、实用、高效的物业管理协调、监督、考核、管理机制，按照“重心下移、属地管理、条块结合、以街道社区为主”的原则，明确主管部门和街道办、社区居委会的职责分工，建立“主管部门监督管理、街道办具体组织、社区居委会协助落实、相关职能部门密切配合”的责任体系，做到领导工作有人抓、具体工作有人做，形成“各司其职、相互配合、上下联动、齐抓共管”的工作机制，为推进物业管理工作提供制度和组织保障。针对县城规模扩大和居民剧增的现状，要研究探索如何强化街道、社区的社会管理和服务功能问题，重视发挥街道办和社区居委会在物业管理工作中的基础性作用，按照分级管理、分工负责的原则，对涉及居民物业管理方面的管理权，通过委托管理的方式下放到街道一级，坚持权责统一，权随事转、费随事走、人随事定，落实工作经费，加强工作力量，健全管理网络，有效解决物业管理工作中上下脱节的问题。要充分发挥居委会在业主委员会与物业企业之间的指导、监督和协调作用，既保护各方权利，又督促各方积极履行职责义务，共同促进物业管理工作健康发展。

（三）注重规范开发市场，力求新建小区功能配置齐全

为了从源头上减少物业管理中的问题和矛盾，今后对列入规划的新开发区和旧城改造区，要坚持先规划后开发和建管并重的原则，在居民小区规划建设中严格把好三道关口，切实解决开发建设与售后管理衔接不上的问题，确保规划一片、建设一片、管理一片、美化一片、繁荣一片。一是把好布局关，尽可能将居民住宅建到最适宜区域，突出规模，集中开发，节约公共建设投资，降低管理成本。二是把好详规关，开发居民小区要从楼群摆布、人口密度、绿化面积、公用设施配套、物业管理等方面综合考虑，系统规划，对物业管理用房、活动场地、停车场、公厕、垃圾箱、健身器材等公用配套设施以及绿化、硬化、美化等要作为强制性规划控制指标，提出明确具体的建设要求。凡是没有进行科学规划和设计的，任何单位和个人都不准施工建设。三是把好验收关，要建立完善相关监管部门联合验收和“一票否决”制度，对在建和已建成的小区，在验收楼体质量的同时，必须同步对配套设施进行强制性验收。对其中任何一项完不成规划和建设要求的，坚决不予通过验收，不准投入使用，不办理房产证，从源头上杜绝开发商不按规划建设要求办事和“甩包袱”拿钱走人现象的发生，确保开发1处成功1处，为后续的物业管理创造有利条件。

（四）加强维修基金的收集管理，为物业管理提供资金保障

加强对开发建设单位的监管，采取强制性措施，确保其按规定标准将住宅专项维修资金交存到位，并按国家规定的保修期限和范围承担相应的物业保修责任，同时负责处理在开发和销售过程中造成的遗留问题，为物业管理解决后顾之忧。及早制定静宁县《住宅专项维修资金管理暂行办法》，明确资金交存、账户设置、使用管理等程序规范，完善管理措施，为后续物业管理提供资金保障，维护广大住户的合法权益。

（五）加大老旧居民区整治力度，改善物业管理条件

老旧居民区存在的历史遗留问题，情况复杂、涉及面广、解决难度大，目前单靠

行业主管部门或居民自身无法也无力解决。因此，针对一些老旧居民区（如阿阳新村、西苑小区、五金巷居民区等）物业规模小、楼院分散、房屋陈旧、基础设施差，物业管理难于起步的情况，建议由政府牵头，组织相关部门和单位逐个进行调研、分析，根据不同情况，按照“谁开发、谁负责”的原则和“缺什么、补什么”的要求，提出具体方案，加大整治改造力度，完善功能配置，解决居民实际困难，维护社会安定。对于有明确开发主体和具体规划要求的楼院，要采取强有力的经济、行政和法律措施，督促开发商或建设单位进行整治改造，完善公用设施和配套设备，使老旧住宅区环境有一个较大改观。这项工作措施要硬、力度要大，对拒不履行维护改造义务或达不到改造标准的开发商，要取消今后居民区开发的招投标资格，不办理与建筑相关的证件和手续；对于开发主体和规划要求不明确，或提留了维修基金的集资房和“房改房”，应由政府负责逐步整治改造。政府要把老旧居民区的改造列入县城建设年度计划，在财力许可的条件下，每年安排一定数量的专项资金，重点对居民区的基础设施进行系统改造，建立适度超前、适应城市总体发展水平的水、电、暖、路等管网，抓好与群众生活息息相关的垃圾台、公厕等配套设施建设，为居民生活提供方便，为下一步实施物业管理创造条件。

（六）尽快搭建管理框架体系，促进物业管理不断规范提高

针对目前居民区物业管理条件差异大的现实，走先发展再规范、先铺开再提高的路子，着手对无物业管理的居民区进行新型管理方式试点，因地制宜，分类指导，实行等级性和基础性并举，根据不同类型物业的特点，采用不同的管理方式。一是对已形成规模的新建小区，要无条件地全面推行市场化等级物业管理，引进有实力的物业公司参与管理，按照“公正合理、质价相符”的原则，确定物业服务等级和收费指导标准，促进物业企业提高服务质量，努力为居民创造良好的生活居住环境；二是对相对分散的老旧居民区，可以探索采取相邻街区划片集中的方式，由街道和社区牵头组织协调，选择与其条件相适应的物业管理公司进行管理；三是对分散单一，暂不具备实行统一物业管理条件的居民楼院，由街道和社区指导建立楼管会等业主自治机构，开展保洁、保安等基础性物业管理，维护居民区公共秩序和环境卫生。同时，要高度重视和加强对物业服务企业的监督管理工作，建立和完善物业服务招投标管理办法，严格物业管理服务市场准入和退出制度，规范服务和收费标准，促进其增强员工素质，提高服务水平，形成与业主相互信任、相互支持、和谐共赢的关系，为物业管理顺利开展营造良好的社会氛围。总之，要下大决心、花大气力，通过扎实有效的工作，尽快在城区搭起物业管理框架，形成初步的物业管理体系，并不断改进提高，逐步走上规范化、社会化、市场化的道路。

第十五次会议　于2009年8月21日在常委会五楼会议室召开，由王星耀主持。

会议议程有四项：一、人事任免，常委会主任张自杰为新任命人员颁发任命书，沈学英代表新任命的2名副县长作表态发言，李永成代表新任命的5名政府部门负责人

作表态发言；二、听取和审议财政局副局长靳卫国受政府委托所作的《关于2009年地方政府债券转贷资金相应调整全县财政预算（草案）的报告》，作出《关于批准2009年地方政府债券转贷资金相应调整县级财政预算的决议》；三、听取和审议发展和改革局局长史晓平受政府委托所作的《关于静宁县2009年上半年国民经济和社会发展计划执行情况的报告》；四、听取和审议了林业局局长李鹏玺受政府委托所作的《关于县果品市场管理情况的报告》、常委会办公室副主任李文环所作的《关于全县果业市场管理工作情况的调查报告》。会上，政府常务副县长薛晓宏就落实审议意见作表态发言。

第十五届常委会组成人员张自杰、戴双军、王星耀、张金业、高恒、沙芳琴、李金、高长茂、胡志科、杨晓光、李成蹊、杜文彪、姚国奇、吴水利、张三相、厚学、张来有、李会宾、裴晓江出席会议；县委副书记魏晓平，县委常委、政府常务副县长薛晓宏，县委常委、组织部部长杨晓勇，法院院长李根进、检察院检察长陈龙、政府办公室副主任周浩仁、发改局局长史晓平、财政局副局长靳卫国、林业局局长李鹏玺、农牧局局长柴福喜、科技局局长孙青茂、交通局局长王兴国、乡企局局长杨志敏、安监局副局长晋维文，常委会各委室负责人杨毅民、柴玉明、李文环、李稳收，公安、民政、商务、人行、工商、交警大队等单位负责人，市、县人大代表王国随、郭煜、阎国军、王社余、王宁宁、刘银锋，部分乡镇人大主席团主席和常津公司等5家果品公司负责人列席会议。

附：

人事任免

周永宏任县人民政府副县长

沈学英（女）任县人民政府副县长

县人民政府副县长周永宏、沈学英个人情况表

表4-39

姓名	性别	民族	出生年月	籍贯	文化程度	入党时间	工作时间	主要工作经历
周永宏	男	汉	1962.12	甘肃泾川	本科	1989.1	1978.10	曾在灵台县东关小学、科委、体委工作；1987年至1992年任灵台县体委副主任、灵台县科委副主任兼科技开发中心主任；1993年至2003年9月任平凉地区（市）农牧处（局）人秘科副科长兼农业综合部主任、平凉市旅游局市场规划科科长；2004年8月任省社科联联合部副部长。2006年7月任静宁县人民政府副县长

续表4-39

姓名	性别	民族	出生年月	籍贯	文化程度	入党时间	工作时间	主要工作经历
沈学英	女	汉	1968.5	甘肃崇信	本科		1992.9	1992年9月至1994年9月在平凉地区饲草饲料工作站工作；1994年9月至2002年10月任平凉地区农牧处畜牧渔业科科员；2002年10月至2004年10月任平凉市农牧局计划信息科副科长；2004年10月至2008年1月任市农牧局计划信息科副科长、妇委会主任；2008年1月至2008年5月任平凉市农牧局计划信息科科长、妇委会主任

吕锦鸿任县人民政府办公室主任

慕锡武任县人事局局长，免去县审计局局长职务

郭三省任县审计局局长，免去县教育局局长职务

李永成任县教育局局长，免去县人民政府办公室主任职务

景来万任县建设局局长

免去：

刘小进县人民政府副县长职务

高　赫县人事局局长职务

杨　东县建设局局长职务

关于全县果业市场管理工作情况的调查报告

由常委会副主任戴双军带队，抽组常委会农财委、办公室和果业局负责人以及相关工作人员组成调查组，于7月下旬至8月上旬，先后深入仁大、贾河、治平、深沟、威戎、城川等乡镇，工业园区部分果品包装、营销企业和部分农资销售门店，就全县果业市场管理工作情况进行了调研，并组织相关人员考察了陕西省洛川县果业市场管理和定西市安定区马铃薯市场管理方面的经验和做法。

一、基本情况和主要成效

我县果品产业从上世纪80年代中期起步发展以来，经过历届县委、县政府和全县人民近30年的不懈努力，基地规模不断壮大，果园管理逐步加强，果业品牌初步打响，果品产业效益逐年提升，产业发展势头良好，以苹果为主的果产业已经成为全县农民增收的主要渠道和农村经济的支柱产业，为加快农民脱贫致富步伐和促进县域经济快速发展发挥了重要作用。

一是产业规模不断壮大。至2008年底，全县果树经济林面积突破60万亩，占全县耕地面积的40.8%，户均6.5亩，人均1.3亩以上，建成了李店河流域和葫芦河流域绿色果品生产基地、312线和静秦公路绿色经济增长带等果品产业示范带。特别是近三年来，全县新植果园每年以10万亩的速度推进，果园面积万亩以上的乡达22个，果园面积占耕地面积80%以上的果品专业村60个，南部李店、仁大、治平等7个乡镇基本实现了果园化。

二是果业管理工作得到加强。近年来，县上先后制定和出台了《关于进一步加强果品产业发展的意见》《静宁县2008—2012年果品产业发展规划》《绿色食品苹果出口基地果园管理手册》《静宁县标准化生产基地技术规程》《静宁县果业市场管理办法（试行)》等指导性文件和生产、销售等方面的规程、制度，为果业发展和果品生产及经营提供了保障。针对果品销售过程中存在的问题，2008年制定了《果品经销秩序整顿活动实施方案》，组织相关部门开展了为期3个月的集中整顿，进一步规范了果业交易市场，维护了客商和果农的利益。

三是营销体系初步建立。全县共发展各类果业协会组织33个，果品经纪人达到325人；围绕做大做强果品产业，拓展果品包装、运输、加工、销售市场体系，初步形成了比较完备的产业链条，目前全县共有果品运销、贮藏、加工龙头企业28家，年贮藏能力15万吨，加工转化能力达到7万吨；积极开拓国内市场，静宁果品在全国市场的占有率不断提高；加快出口创汇步伐，县果品公司、常津公司、麦林公司和庆源公司等7家企业先后取得了果品自营出口权，恒达公司获得了包装出口权，5年先后向俄罗斯、东南亚等国家和地区出口果品1.78万吨，创汇1188万美元，有效带动了农民增收、企业增效。

四是果业品牌逐步打响。大力实施品牌战略，加大“静宁苹果”的宣传推介力度。2000年以来，先后成功举办了两届果品展销会，参加国内各种大中型展销会10余次，极大地提高了“静宁苹果”知名度。静宁果品先后取得了国家绿A产品和基地、出口创汇基地、地理标志产品保护和良好农业规范（GAP）基地认证4张国家级名片，先后荣获“中华名果”等13个大奖，我县在果品产业方面先后荣膺“中国苹果之乡”等6个国家级荣誉称号。

五是经济效益日益凸现。据统计，到2008年底，全县果园挂果面积达到22.5万亩，果品总产量达到24万吨，产值达到4亿元，农民人均从果品中收入890元，占到农民人均纯收入的42%；全县果品年收入100万元以上的村达到71个，上万元的农户达到1.1万户。2008年，治平乡雷沟村全村果品收入940万元以上，户均收入2.5万元，人均果品收入4714元，果品收入占农民人均纯收入的86%，当年全村果品收入5万元以上的有42户，有13户达到10万元以上。

二、果业市场管理存在的主要问题

（一）技术服务市场发展缓慢

一是技术服务体系不健全。目前全县果业技术服务主要靠果业管理部门，社会化技术服务体系发育滞后，果业技术服务体系不健全。乡镇一级无果业服务站（所），农民遇到技术问题无处咨询，一些果农果树发生病虫害后因无技术指导，在用药上存在很大盲目性，造成不应有的损失。全县目前有33个果业协会组织，其中相当一部分是由果业局和乡镇政府组织建立的，不是由果农自愿组织发起而形成。调查发现，大多协会组织松散，业务不全面，运作不规范，大部分果业协会负责人名为协会负责人，实为果品经纪人，主要是在果品流通环节提供服务，为果农开展生产技术服务比较少。近年来，一些果品公司在果品产区建立了“公司+基地+农户”的模式，但主要还是在果品流通环节上为农户提供一些方便，没有在果品生产方面为果农提供统一的技术标准和技术服务，社会化的技术服务体系还没有形成。

二是专业技术服务力量薄弱。目前全县有果品生产专业村60个，果品主产区从事果品生产农户达4万多户，全县果园面积已达60万亩，但各乡镇都没有专门的果业科技服务队伍，承担全县果业技术服务的果业局，在册专业技术人员仅21人，真正技术过硬、能胜任工作的仅10人左右，按在册人数平均每人服务面积接近3万亩，平均服务乡镇1.1个。陕西洛川县现有果园面积50万亩，专业果业技术人员达到380多人，基本上每个村都有1名专业技术人员，平均每名技术人员服务面积仅1500亩。随着我县果品产业不断发展壮大、果农日益增长的果业技术需求与专业技术人员严重短缺的矛盾越来越突出。

三是技术服务不到位。多年来，我县在果品生产方面积累了大量的经验，特别在幼树早果丰产栽培和挂果园提质增效技术方面探索出了比较成熟的模式和技术，具有较高的推广价值。但由于受专业技术人员少和资金短缺等因素的影响，开展果业技术服务和培训不够经常，一些科技成果并未得到转化和普及。在服务对象上，对果品大乡开展培训多，对其他乡镇开展培训和技术服务相对少；对挂果园开展技术服务指导多，对幼园开展技术服务少；在服务内容上，一般多重于果树修剪服务，忽视用药和施肥以及果品营销等方面的技术培训、指导和服务。调查中了解到，目前广大果农对果业科技服务的需求十分强烈，但包括果品大乡镇在内，相当一部分果农的果业科技知识主要来源于经验积累和互相之间的交流，一些知识、技术比较陈旧老化，一部分果农对果园管理心切却无能力、无技术管理，导致果园管理工作长时期在低水平上徘徊，果园管理比较粗放的问题普遍存在，果品商品率低，精品果少，影响着果品产业的科学发展。

四是果业信息服务短腿。至目前，全县还没有建立起果业信息系统，县、乡、村三级没有形成信息网络，没有专业、权威的果业信息发布平台，病虫害防治、技术咨询、价格指导等方面的信息发布不及时，果农、客商、经纪人获取信息的渠道较少，信息面狭窄。由于信息闭塞，广大果农在具体生产和销售中存在极大的盲目性，甚至被农资经销商、客商和经纪人误导。县上虽于2008年建立了果品信息网站，但在运作上受资金、技术力量和信息来源的限制，发布的信息量较少、时效性不强，加之许多农果受条件限制无法阅览，作用没有得到有效发挥。

（二）农资市场管理比较混乱

一是市场监管不力。如农药经营方面，按照规定，由安监局负责对经营户核发危险化学品经营许可证，工商局负责核发营业执照，农牧部门负责质量检测。但在具体操作中，众多执法管理部门各行其是，形不成合力，对农药市场的检查不经常，监督频次偏少，对一些违规经营者处罚力度不大，致使一些违禁农药屡禁不绝。同时，由于检测手段落后，受技术设备限制，农牧部门对农药的质量检测无法进行；工商部门也只能从农资的包装、证书等方面进行辨认，具体质量无从检测，给违规经营者造成可乘之机。在其他农资经营方面，同样存在执法不严、监管不力的问题，调查中果农的意见较大。

二是无证经营问题突出。据统计，目前全县共有47家农药销售点和43家化肥销售点办理了经营许可证。而从调查情况看，在农村，特别是偏远山区，无证农资代销点非法经营现象比较突出，一些经营者在没有办理任何许可手续的情况下，私自经营化肥和农药，且有相当一部分经营点销售“三高”农药和质量较差的化肥、果袋等，扰乱了农资市场正常秩序。更有甚者将农药与副食百货放在一起经营，存在很大的安全隐患。调查中部分果农反映，流窜商贩推销农资的现象比较突出，一些不法商贩打着“支农惠农”或“某果品研究所”的旗号送货上门，一旦发生农资纠纷，农民取证难、投诉难、索赔难。

三是质量问题较多。部分农资经销商利用散发传单、“专家讲座”、聘请相关专家现身说法等形式，片面夸大所售农资商品功效，虚假宣传误导果农，造成多种肥料同时使用，同一类型农药联用，并增加喷药次数，既增加了果农投资成本，又容易使果品受到药害。农资进货渠道不规范，质量不容乐观，一些高残留、违禁农药的使用，对静宁绿色果品生产、出口创汇基地建设乃至静宁果业的品牌创建构成威胁。一些假冒农资使果农几年的辛苦努力毁于一旦，造成无法挽回的损失，由此引发的纠纷也较多。由于果农防范意识较差，购买农资时不索要发票，一旦发生质量纠纷，权益很难得到保障。治平乡一果农反映，他所施用的果树专用肥到第二年还在土中挖出了没有分解的化肥；仁大乡故坪村石沟社一高姓果农，去年在仁大街道一门市部购买农药喷施后，导致其用药的果树全部死亡；威戎镇下沟村6户果农、雷大乡雷大村1户果农在县良种繁育场农药经营部购买“腐必治”使用后果树全部腐烂，损失惨重，几名果农多次到县上上访，后经协商按大树每棵120元、小树每棵50元的标准，共获赔偿50000多元。

（三）营销市场建设滞后

一是营销体系不健全。我县果品产业经过多年的发展，在规模、产量、质量等方面都达到了一个较高的水平，但在营销市场建设上明显滞后，与做大做强果品产业的目标和果品产业快速发展的格局很不适应，严重影响果品产业的进一步发展。目前全县还没有1处大型的交易市场，乡镇市场建设滞后，全县果品主要由客商在田间地头收购，利于本地果品经销商，不利于外地客商。一些果品经销商反映，由于比较分散，外地客商到静宁后感到无处立身、无从下手；果农在园内搭建简易塑料棚贮藏果品，等待客商收购，由于所搭建简易塑料棚温度较高，贮存时间稍长就使果品失水，色泽和口感随之下降，影响果品质量和价格。

二是营销市场管理不严。一些果农只顾眼前利益，随意违反合同，或以次充好、以劣充优、以次搭好，存在“开门请客，关门宰商”的现象；对中介组织的管理比较松散，其作用未得到有效发挥，各种协会、合作社、经纪人队伍良莠不齐，一些本地经销商、经纪人或欺行霸市、强买强卖、欺负外地客商，或恶意压价、损伤果农利益，或哄抬价格、扰乱果品销售秩序，有个别经纪人甚至打骂客商和果农，成为果品营销的“地头蛇”，整个果品营销市场缺乏有效监管，处于无序状态。

三是营销环境不宽松。在创优果品营销环境、提供优质服务方面做得不够，开辟“绿色通道”等一些优惠措施仅停留在口头上，还没有落实到位。在交通要道设卡设障的问题一直存在，影响果品运销。相关职能部门管理服务不到位，个别服务人员素质不高，服务态度极差，在工作中部门利益至上，对客商提出的合理化要求推诿扯皮，对客商反映的问题不及时解决。一些乡镇政府对果品营销重视不够，服务意识不强，对果品销售中存在的矛盾纠纷不闻不问，不抓不管。一些金融部门服务意识差，服务不到位，在果品收购季节存在资金提现难等问题，影响了果品正常销售，客商意见较大。

四是市场开拓力度不大。部分干部和果农中存在的“酒香不怕巷子深”“皇帝女儿不愁嫁”的盲目乐观思想，对果品的宣传重视不够。在全县境内及公路沿线有关果品的宣传牌和广告很少，在兰州、平凉等周边城市的宣传更少，还没有形成宣传静宁苹果的浓厚氛围。由于经费限制，参加各类推介会、展览会较少，静宁苹果在国内展台上露脸不多，全县的果品交易会没有国家相关部委、技术部门、国际客商的参与，节会层次比较低，静宁苹果的知名度和影响力还有待进一步提升。在开拓终端市场上主要依赖外地客商，在中心城市直销市场培育、与国际合作方面还没有迈出实质性步伐，没有在国内大中城市设立静宁苹果直销窗口、专卖店、连锁店，外地客商经销过程中存在以次充好、以外地苹果充静宁苹果的现象，对静宁苹果的声誉造成一定的影响，不利于终端市场的开拓。

五是品牌保护不力。对静宁苹果通过国家地理标志产品保护认证后的使用缺乏研究，品牌使用和保护不力。静宁苹果的标识使用管理不严格，果品包装标识的使用没有规范统一的要求，全县至今还没有设计和使用统一的静宁苹果地理标志产品专用标志，也没有强制使用统一包装；个别贮藏大户和果品经销企业以低价从陕西、庆阳、天水等地收购苹果，冒充静宁苹果以高价出售，冲击静宁苹果品牌，执法部门对假冒静宁苹果的行为缺乏有效制约和打击，对静宁苹果品牌的发展极为不利。

三、今后工作的建议

（一）加强组织领导，构建果品产业发展长效保障机制

一要进一步加强对果品产业发展的组织领导。果品产业作为我县的主导产业，在

经济社会发展中的地位和作用日益凸现，全县果品产业已经步入了快速发展的轨道，以创建全国优质果品大县为目标，进一步加强和完善全县果业组织体系建设，对于提升果品产业发展水平、加速推进果品产业持续快速健康发展，具有十分重要的意义。要学习借鉴洛川苹果产业管理、定西马铃薯产业管理的基本经验，通过成立专门的果品产业发展领导机构，建立果品产业联席会议制度等方式，加强对果品产业发展的组织领导，提高全县对果品产业的重视程度，引导各级切实把果品产业作为“一把手”工程来抓，进一步强化部门力量的整合，开展联合执法，为果品产业健康发展构建长效保障机制，促进果品产业健康发展，真正把静宁果业品牌做大做强、做响做亮。

二要进一步加强果品产业管理机构建设。作为果品大县，我们要认真研究机构改革后进一步强化果业管理部门职能的问题。要进一步加大林果业部门力量的整合，理顺管理体制，加强果业管理队伍建设，强化主管部门对果品产业的管理职能。借鉴学习洛川县设立技术服务办公室、市场营销办公室、农资管理办公室以及安定区在马铃薯市场管理中实行的“政府主导、协会运作”的管理方式，研究建立既符合省市有关机构编制要求，又符合果品大县实际的果品产业管理机构，通过专门办公室、专业协会的组建，加强管理机构力量，为果品产业发展提供管理保障。

三要进一步加强对静宁果品产业发展的研究。围绕创建全国优质果品大县目标，坚持高标准定位，在新的高度、新的起点上，与外地发展产业的经验横向比较，认真分析目前果品产业发展中存在的突出问题，研究全县果品产业发展的去向、定位，努力克服一些部门、一些企业负责人普遍存在的小农经济意识，牢固树立大果业、大市场的理念。坚持走“果业富民”的路子，坚定不移地推进全省、全国优质果品生产基地县建设。进一步调整优化果品产业发展思路，在坚持抓好果园管理、提升果品质量的同时，逐步把果业发展的重点由规模扩张向提质增效和市场营销转移，更加注重社会化服务体系建设和市场营销管理工作。加大对县上有关促进果业提质增效政策规定和工作措施落实的督查力度，对已经实现果园化或果园面积较大的乡镇，对其发展果品产业工作实行单独考核，不断增大果园管理、技术服务、品牌宣传保护、市场开拓管理以及营销环境优化等指标在年度经济工作考核评比中的权重，调动其抓管理、建市场、搞服务、促营销、创品牌的积极性，形成“干部围绕果业转、工作围绕果业干”的浓厚氛围，推动全县果品产业发展跃上新台阶。

（二）加强队伍建设，建立健全果业技术服务市场体系

一要加强果业科技队伍建设。要按照加强县一级，充实乡一级，普及村一级的原则，加强技术服务队伍和网络建设。对果业技术部门要进一步增加人员编制，通过在乡镇干部队伍中选拔农林院校毕业的专业技术人员，有计划地吸纳农林院校优秀毕业生，不断发展壮大果业科技队伍；在全县果品产业发展规模较大的乡镇率先设立果业服务站，独立核定编制，通过整合现有人才资源，配备专业人员，充实生产一线的技术服务力量，解决当前乡镇果业技术人员急缺的问题；对果品产业规模比较大的村，派驻常年技术员，逐步做到每村有1名果业技术员、每社有1名果业科技带头人、每户

至少有1人懂果业技术，为果品产业发展提供科技保障。

二要加快社会化科技服务体系建设。进一步加强引导，促进果业协会和果业合作社发展，加快推进民间科技服务体系建设。加强对各种果业协会和果业合作社的组织领导，通过建立协会、合作社联合会，进一步规范其经营管理，解决目前一些协会和合作社只管销售、不管科技服务，功能弱化、服务不到位的问题，为会员果农提供全程产前、产中、产后技术指导和服务，促进全县果业科技服务体系不断完善。要继续探索完善“公司+基地+农户”的模式，大力推行订单生产，依托公司建立基地，依靠基地组织农户，为果农提供有效果业科技服务，指导果农开展标准化生产。依托县、乡果业技术部门、各类协会、合作社，采取“请进来、走出去”以及与科研院所联姻、举办专题培训班、定期巡回辅导等多种形式和途径，开展经常性的先进实用技术推广活动，满足广大果农日益增长的果业科技需求。

三要加快推进果业信息平台建设。依托县乡果业技术部门和果业协会，建立县、乡、村三级果业信息网络，打造果业信息平台，通过基层果业科技服务体系，及时掌握最新果树病虫害发生动态，及时向果农发布病虫害信息和防治措施，解决果园管理难题。充实人员和力量，建好静宁苹果网站，及时准确地发布国内外市场果品产销趋势、新品种、新技术及标准化生产等最新动态综合信息，为果农和客商提供全方位的信息服务。特别要借鉴学习定西马铃薯市场管理的经验，建立全方位价格信息收集、发布系统，为果品营销提供准确的价格信息服务。

（三）加强农资监管，保障果品产业持续健康快速发展

一要完善农资市场管理体系。探索建立全县集中统一的农资销售和批发市场，由农牧、工商、质监、安监、果业等部门联合组建管理机构，派驻人员、配备设备，实行农资销售集中、统一管理；严格市场准入管理，农资商品上市前，要及时开展农资商品抽检，确保不合格农资不上市、不流通；在果品大乡建立农残监测点并逐步在全县普及，加强对农药残留的监测，为发展绿色果业保驾护航；建立农资销售档案管理制度，一旦发生消费纠纷，经核实后对相关经营户进行责任追究；畅通举报投诉渠道，建立违禁、假冒农资销售有奖举报制度，及时受理农民投诉举报、调解农资纠纷，切实保障广大果农的利益。

二要强化农资安全宣传。充分利用报纸专栏、电视节目、发放宣传资料、办黑板报等多种形式，广泛开展宣传，引导果农到合法正规的门店购买正规渠道销售的农资；开展巡回宣传和指导，举办假冒伪劣农资商品展览，帮助农民提高鉴别识别假冒农资商品的能力；加强对农资经营户的教育管理，促使其合法经营、诚信经营、规范经营。

三要加大监管执法力度。强化对各相关部门执法力量的整合，开展部门联合执法，加大农资市场监管力度，特别对农村市场要加大巡查力度，杜绝无证经营、违规经营问题，规范农资市场秩序；基层工商部门要实行发布消费警示制度，及时公布不合格农资信息，避免农民上当受骗；倡导农资经营户诚信经营，建立信用分类监管制

度，加大对农资经营违法违章行为的查处力度，对经销假冒农资和违禁农药的从严从重处罚，并在一定范围内进行曝光，达到查处一个、震慑一片的效果。

（四）加快市场建设，健全完善果品营销管理体系

一要加快果品市场建设步伐。积极论证，争取项目扶持，建设县果品交易中心，形成集果品批发、包装材料销售、农资供应、餐饮住宿、物流信息服务于一体的县级综合性批发市场，解决目前果品销售有果无市、包装材料销售有厂无市、基础服务条件落后的局面；采用政府投资、招商引资和果农集资等办法，在果园大乡镇建设乡镇果品和果业农资批发市场，逐渐向条件成熟的乡镇、村社发展，改变果品销售分散、中转环节多的现状，逐步建立起较为完备的市场网络，方便果农和客商。

二要加快营销体系建设。依托果品专业市场、果品经销商、果业协会、果业合作社、果品经纪人，成立果品流通协会，建立果品营销网络，实行统一质量和价格管理，解决果品销售单打独斗、网点分散、难以管理的问题。建立经纪人协会组织，加强经纪人队伍建设和管理，强化果品经纪人培训，实行持证上岗制度，规范经纪行为。加大对果品贮藏加工、果业农资生产等龙头企业的扶持力度，培育具有市场开拓能力的大型龙头企业，促进果品就地加工升值，延伸产业链条，拓展产业增值空间。在完善县内经销体系的同时，积极开拓国内大中城市直销市场，在国内各主要城市设立静宁苹果直销网点和窗口，进一步提高静宁苹果的市场占有率。加快出口创汇基地建设，加大出口创汇力度，稳定东南亚、俄罗斯等周边市场，开拓欧盟等国际高端市场，不断提高果品经济效益。

三要加大宣传推介力度。进一步加大对静宁绿色果业的宣传力度，在312国道、平定高速公路、相邻县区交界处以及县乡公路沿线和城乡街道设立有关果品产业的大型宣传广告牌，对全县有关果品的宣传、标志、标识实行统一强制管理，围绕果品这一特色产业宣传静宁，在全县范围内营造发展果业、宣传果业的良好氛围。加大对果品宣传的投入力度，尽快筹资建设静宁苹果展览中心，坚持举办果品交易会，积极参加果品展览展销、洽谈贸易等国内外大型果品展销、宣传、推介节会，邀请外地客商前来洽谈、投资，充分利用新闻媒体、网络平台，广泛发布果品信息，加大宣传声势，全方位扩大静宁苹果的知名度，使静宁果品成为全省、全国乃至世界果品市场上的“明星”。

四要创优果品营销环境。认真贯彻《静宁县果业市场管理办法》等有关果品市场管理的文件规定，切实落实各类优惠政策，简化各类办事程序，为客商提供优质服务，创优果品营销环境。在果品销售季节，成立专门的领导小组和队伍，开展昼夜巡查和服务，专门协调处理各类问题，为果商和果农提供方便。对县内县外运输果品的客户、车辆，免收一切费用，一律绿灯放行，筑就果品营销的“绿色通道”。要认真研究解决有关管理部门在交通要道设立路障的问题，在果品销售季节，提前组织力量对道路进行整修和维护，确保道路畅通，绝不能因道路通行问题影响果品购销。

五要规范果品营销秩序。牢固树立品牌意识，严格实施静宁苹果地理标志产品保

护，积极向国家有关部门申请注册“静宁苹果”证明商标，切实加强“静宁苹果”地理标志产品专用标志、标签、包装物印制、使用的监督管理，在全县范围内强制统一果品标准，统一包装规格，统一商标标识，统一宣传口径，着力打造静宁苹果品牌。加强县内果品购销企业的管理，对以次充好、以外地苹果冒充静宁苹果等不利于静宁苹果品牌保护的购销行为，要进行专项检查和整治。依照《中华人民共和国合同法》等有关法律法规，制定统一、规范的《静宁县果品购销合同》，为果农、客商提供有效的法律保护。严厉打击果品营销中存在的违规违法行为，特别对强买强卖、欺行霸市、坑农害商、压价抬价等行为要坚决予以打击，创造公平有序的营销环境，切实保护果农和客商的合法权益，努力营造静宁果品销售市场的良好声誉。

第十六次会议 于2009年10月28日在常委会五楼会议室召开，由高恒主持。

会议议程有五项：一、人事任免；二、听取和审议政府办公室主任吕锦鸿受政府委托所作的《关于县第十五届人民代表大会第三次会议代表意见建议办理情况的报告》、常委会代表联络工委主任李成蹊所作的《关于县十五届人大三次会议代表意见建议办理工作督查情况的汇报》；三、听取和审议水务局局长樊旺受政府委托所作的《关于全县农村饮水安全工程建设情况的报告》；四、听取和审议法院院长李根进所作的《静宁县人民法院2009年执法检查工作报告》、检察院检察长陈龙所作的《静宁县人民检察院2009年执法检查工作报告》、常委会司法民政工委主任杜文彪所作的《关于县法院县检察院执法情况的检查报告》；五、审议通过《静宁县人民代表大会常务委员会议事规则》。会上，政府副县长徐永宏就落实审议意见作表态发言。

第十五届常委会组成人员张自杰、戴双军、王星耀、张金业、高恒、沙芳琴、李金、高长茂、胡志科、杨晓光、李成蹊、杜文彪、姚国奇、吴水利、张三相、厚学、裴晓江、李会宾出席会议；政府副县长徐永宏、法院院长李根进，检察院检察长陈龙、副检察长徐宝玉，政府办公室主任吕锦鸿、水务局局长樊旺，常委会各委室负责人杨毅民、柴玉明、李文环、李稳收，市、县人大代表王国随、李宏杰、王来兄，司桥乡、雷大乡人大主席团主席李生金、程中平，居委会主任和居民代表共10人列席会议；公民代表任海林、张团军、张学焦、万元虎、王永强应邀旁听会议。

附：

人事任免

柳　琴任县人民法院审判员

苟国旺任县人民法院审判员

张晓燕任县人民法院审判员

李　岩任县人民法院审判员

关于县法院县检察院执法情况的检查报告

由常委会副主任王星耀带领司法民政工委和办公室有关人员，于9月中旬先后深入到雷大、甘沟、威戎、八里法庭和县法院、县检察院，通过查看案卷、召开座谈会、个别谈话等方式，对县法院、县检察院年度执法工作情况进行了检查。

一、法院执法检查情况

去年9月至今年8月，县法院共受理各类刑事、民商事、行政和执行案件1382件，审（执）结1248件，结案率90.3%。其中刑事案件112件，审结101件；民商事案件897件，审结807件；行政案件5件，审结3件；执行案件360件，执结332件。从检查情况看，一年来，县法院能够按照有关法律、法规的规定，积极开展审判和执行工作，执法总体情况较好。

（一）主要特点

一是审判质量不断提高。不断规范立案、审判工作，完善审判流程管理机制，纠正审理过程中出现的程序性、实体性、规范性问题，先后对32件重大、疑难案件由审委会讨论，对案件评查情况及再审、发回重审、改判案件逐案在全院进行通报，增强了相关人员责任意识，提高了审判工作质量。评查的1132件案件中，优秀和良好案件达到了93.6%。

二是调解工作成效显著。从去年9月至今年8月，共受理各类民商事案件897件，审结807件，结案率90%。在民商事案件审理中，坚持“能调则调、当判则判、调判结合、案结事了”的原则，着重在化解矛盾上下功夫，以调解、撤诉方式结案655件，调撤率达到91.2%，并提倡简易程序的适用范围，对事实清楚、法律关系明确的案件做到了快立、快审、快结，减少了环节，提高了效率，方便了群众。

三是执行工作有效改进。修订完善了《执行流程规则》《执行案件信息管理系统运行操作管理办法》《执行款物管理办法》等制度，加大执行力度，1年来共受理各类执行案件360件，执结332件，执结率达到92.2%，案件执行工作较往年有较大改进。建立了执行工作联席会议制度，加强与工商、银行、广电等部门的联系，开展“集中清理执行积案”活动，执结了排摸出的59件有执行能力的积案，标的金额335.3万元。

四是队伍建设得到重视。把执法队伍建设提上重要议事日程，通过理论学习、岗位培训、技能练兵、理论研讨等方式，提高干警的业务素质和司法能力。在全体干警中开展“五个严禁”专项教育活动，集中进行作风纪律整顿，加强执法行为监督，对8件有瑕疵案件的主审法官在全院进行了通报，并对相关责任人给予批评，增强了全体干警的大局意识、法律意识、责任意识和为民意识。

（二）存在的问题

一是基层法庭力量薄弱。目前4个基层法庭的基础建设都达到了规范化、标准化的要求，但工作人员都比较少，大都只有2至3名工作人员，执法力量薄弱，严重影响着正常工作的开展，基层法庭普遍有所反映。如甘沟法庭服务附近5个乡、95个自然村、10.2万人口，现只有2名法官，执法人员不足的问题比较突出。

二是部分人员执法不严。从社会和群众的反响看，个别执法人员素质不高，执法能力不强，作风漂浮，责任感、正义感不强，执法不严，造成一些案件适用法律不准确，审判随意性大，前后矛盾，影响了司法公正，与“公正、廉洁、为民”的要求还有相当大的差距。根据统计，近两年来，到人大常委会反映公检法的信访件中，74%属于反映法院执法不严、执法不公问题的。如城川乡贾某代理其妻诉邻居土地侵权一案，在贾某起诉后，县法院于2008年11月开庭审理并进行了调解，后法院又以土地使用权争议由当地人民政府处理为由驳回上诉，当事人不服裁定，多次上访。县人大常委会将该案转县法院复查，2009年5月县法院研究后认定原裁定书确有错误，2009年7月再开庭审理，判决被告退还侵占的土地。该案前后三次反复，结果截然不同，反映出办案人员责任性不强，对案情和相关法律法规没有认真研究，案件“五级”把关不严，造成对法律适用不恰当，双方当事人意见很大并到处上访，对法官队伍和法院的整体形象造成不良影响。

三是一些案件质量不高。一些案件中存在重实体、轻程序的问题，县法院在案件审理、评查中把关不严，没有形成有效制约和激励机制，一些案件质量较差。一些案卷庭审笔录书写潦草，错别字多，装订混乱；一些案卷内容不全，庭审、经办人员不签字，甚至调解时无调解笔录；一些案件存在着法律文书说理性不强、语言文字不严谨、证据索取不充分等问题，如2007年审理的李某某交通肇事一案，县法院对公诉书中受害人“横穿马路”的情节未加调查就予以引用，与交警部门的鉴定不一致，受害人家属认为篡改了事故认定书并到处上访，影响了司法的公正性和严肃性。

四是执行工作力度不大。虽然执行工作较往年有较大改进，但还存在力度不大、措施不力的问题，一些能够执结的案件没有得到执行，致使当事人到处上访、求助。如细巷乡厚某某申请执行一案，县法院于2007年7月做出判决，判决生效后未能及时执行，被执行人转移财产后逃匿，厚某某因患重病无钱救治，近两年多次到县人大常委会、法院及有关部门上访，县人大常委会转交法院并多次要求办理，均没有结果。直到今年9月份，在县人大常委会主要领导、分管领导的现场调研、多次督促下该案才得以执结。在该案执行中，县法院主管领导对此不重视，对案情没有认真研究，工作措施不力，工作力度不大；执行人员法律意识淡薄，责任性不强，没有进行必要的调查取证，工作不扎实、不深入，致使本来能够执行的案件久拖不决。此案案情并不复杂，执行难度并不大，但当事人在两年多时间内频繁上访未引起有关人员的重视，并找理由一再推脱，在县人大常委会领导督办过程中又敷衍塞责，经多次督办才彻底执结，暴露出法院在执行案件管理中存在的问题，值得法院领导深思。

（三）工作建议

一要高度重视队伍建设。做好审判及执行工作，法官队伍建设是根本。今后，要把执法队伍建设作为一项重要内容提上重要议事日程，一方面要不断壮大法官人员队伍，强化业务培训，提高整体素质，重视和加强基层法庭建设，调整充实人员，不断提高服务能力；另一方面，要坚持不懈抓好执法人员的思想道德、纪律作风教育，强化法律意识、服务意识、为民意识、责任意识，切实把“公正、廉洁、为民”的要求落实到执法行为中。要加强执法行为的监督，对发现的违纪违规违法行为，要严肃处理，切实解决一些执法人员法律意识、责任意识不强、执法不严、执法行为不规范等问题，通过严格管理，建设一支高素质的法官队伍，树立良好的社会形象。

二要不断加强案件质量管理。要严格落实主审法官、合议庭、庭长、主管院长和审委会“五级”把关监督机制，进一步加强案件质量管理，严把案件事实关、证据关、程序关和适用法律关，规范审判流程，坚决杜绝错案及关系案、人情案及司法腐败现象的发生，维护法律的公平正义。进一步完善案件质量管理制度，切实发挥案卷评查的作用，开展经常性的检查，及时发现和纠正案件审理中存在的问题，规范案卷文书，不断提高审判工作质量。

三要继续加强调解工作。对民商事案件的审理，在依法扩大简易程序适用范围、提高简易程序适用率、缩短审判期限的同时，要坚持重视调解工作的良好传统，做到“能调则调、能判则判、调判结合、案结事了”，实现法律效果和社会效果的有机统一。同时要加强基层调解委员会的工作，强化调委会成员的法律培训，提高调委会成员运用法律解决民间一般纠纷的能力，及时排查和调处民间纠纷，维护社会和谐稳定。

四要进一步加大执行工作力度。要在执行工作中切实贯彻以人为本思想，严格落实执行工作制度，加大执行工作力度，对一些特殊案件和在社会上有重大影响的案件，以及当事人多次上访、群众意见较大的案件，要引起领导班子的高度重视，班子成员要亲自部署，想方设法，排除干扰，深入细致做好调查取证，严肃认真抓好案件执行，对故意阻挠执行的有关人员，以及徇私枉法、工作不力的工作人员，要严查深究，依法依规处理，切实保障当事人合法权益，维护法律的权威。

二、检察院执法检查情况

去年9月至今年8月，县人民检察院共评查各类案件118件，其中批捕案件43件，公诉案件66件，自侦案件4件，民行案件5件。从检查情况看，一年来，县人民检察院能够严格执行实体法和程序法，加强执法队伍建设，提高执法水平和办案质量，较好地履行了法律监督职责。

（一）主要特点

一是重视加强批捕、公诉工作。对严重刑事犯罪依法快捕快诉，对轻微犯罪、未成年人犯罪等案件建议法院适用简易程序和适用普通程序简化审理，提高了诉讼效率。去年9月至今年8月，共受理公安机关提请批捕的各类刑事案件43案57人，批准逮捕41案54人；受理移送起诉刑事案件61案92人，职务犯罪案件5件7人，提起公诉62案91人，批捕案件平均办案时间为4天，公诉案件平均办案时间为15天，均在法定时限内结案。

二是重视加强法律监督工作。通过调卷审查、受理当事人申诉、发出再审检察建议和依法提起抗诉等方式，加强对刑事立案、侦查、审判和刑罚执行的监督，较好地履行了监督职权，维护了司法公正和当事人合法权益。向公安机关发出要求提供法庭审判所需证据材料意见书16份，发出纠正违法通知书1份，发出检察建议1份，改变定性1案，追加逮捕1人，办理立案监督案件3件；在公诉环节，向公安机关发出检察建议2份，追加起诉1人，变更强制措施1人，对不符合起诉条件的2案3人依法做出不起诉决定；受理立案民事申诉案件5件，提请抗诉4件，发再审检察建议1件。

三是重视提高办案质量。不断完善审查逮捕、审查起诉工作机制，实行案件承办人、部门负责人、主管检察长、检察长（检委会）四级把关负责制，落实批捕、起诉案件质量考评办法和错案责任追究制，规范执法行为，案件办理质量进一步提高。批捕案件准确率和公诉案件有罪判决率均达到了100%。

四是重视加强队伍建设。开展“提高素质年”活动，以执法办案一线干警为重点，有计划、有针对性地开展教育培训、岗位练兵活动，鼓励、支持干警参加司法考试，不断提高业务素质。以深入学习实践科学发展观和开展作风整顿活动为契机，加强思想作风教育，提高干警队伍的政治素养和职业道德水平，进一步增强了全体干警的事业心和责任感。

（二）存在的问题

一是法律监督主动性不强。部分办案人员在办案过程中有畏难情绪，存在不愿监督、不敢监督和不善于监督的问题，开展法律监督的主动性不强，监督中多以当事人申诉为线索，开展诉讼监督的力度不大，跟踪监督不到位，对于退回补充侦查等案件的督促措施不多。

二是案卷质量管理不严。从调阅案卷情况看，案卷管理方面仍存在要求不严格、评查机制不完善、案卷质量不高的问题，在评查的118件案件中，有3件二类案件，存在起诉认定数额与法院判决认定数额不一致、起诉书格式不规范、项目内容不全等问题。

三是执法能力建设亟待加强。目前全院共有32名工作人员，具备办案资格的检察官仅19人。由于准入门槛高，近几年新进人员较少，随着检察工作业务量逐年增加，现有检察人员明显不足，检察官“断档”的问题十分突出，影响了工作的正常开展。一些检察人员自身素质不高，法律监督能力不强，不善于发现、纠正执法和司法行为中的违法问题，致使一些违法现象不能得到及时有效的纠正。

四是部分人员执法行为不规范。个别检察人员业务素质不高，工作责任性不强，工作作风不严谨，执法行为不规范，加之主管人员审查把关不严，造成工作上的失误和错误，有的甚至造成不良反响，影响了法律的严肃性和司法机关的形象。如一些工作人员在查办职务犯罪案件过程中，存在重结果、轻程序、没有严格按照法律程序和规定办案的问题，侵犯了当事人合法权益。再如2007年发生的李某某交通肇事一案，县检察院在没有事实依据的情况下，在公诉书中增加了受害人“横穿马路”的情节，县法院在审理中未做详细调查就予以引用，致使受害人家属不服，以篡改事故认定书等为理由，两年多来频繁到省、市、县党政及人大常委会机关、有关部门、新闻媒体上访，在社会上造成了不良影响。

（三）工作建议

一要进一步加强检察队伍建设。要始终把检察队伍建设放在突出地位，大力实施人才强检战略，进一步加大教育培训力度，加强各类专业技能培训，广泛开展岗位练兵，建立有效机制，激励检察人员钻研业务，积极参加司法考试，不断提高业务素质和执法能力，逐步解决办案力量薄弱的问题。要严格队伍管理，全面加强检察人员的思想道德和作风纪律建设，强化以人为本意识，牢固树立“立检为公、执法为民”理念，特别要重视和纠正一些检察人员工作责任性不强、工作作风不严谨等问题，树立检察队伍的良好形象。

二要进一步加强法律监督工作。检察院要积极加强与法院、公安等部门的联系和沟通，研讨解决因法律、法规不够完善或因认识不一致产生的分歧意见，在沟通中不断加强法律监督工作。要建立完善法律监督机制，强化诉讼监督措施，增强监督的主动性和实效性，积极主动对刑事、民事和行政诉讼案件开展监督，依法纠正诉讼活动中执法不严、司法不公等问题，不断提高法律监督的质量和水平。要认真对待和受理民事申诉以及群众来信来访工作，对一些重点涉法涉诉信访案件，要认真研究，积极协调解决，为全县经济社会发展营造良好的法治环境。

三要进一步加强办案管理。要进一步完善检察业务工作流程、执法质量保障、执法责任制等制度和规范，不断健全案件管理机制，以制度建设促进案件管理规范化。要认真落实四级负责制度，充分发挥检委会的职能，层层把关，加强办案过程管理，规范办案行为，教育检察人员牢固树立实体法和程序法并重、打击犯罪和保障人权并重的司法理念，坚决杜绝违规违纪行为的发生，不断提高办案质量。进一步完善和落实案件质量评查、管理制度，建立和落实目标责任制和过错追究制度，切实解决部分法律文书不规范、案卷质量不高的问题。

四要严格依法做好预防和查处职务犯罪工作。一方面要加大侦查力度，完善侦查措施，突出办案重点，抓好职务犯罪案件的查办，达到震慑效果，预防和减少职务犯罪的发生；另一方面，要强化依法办案意识，讲法律、重程序，加强案件的鉴别、证据收集和运用等工作，讲究侦查策略，注重办案方式，不断提高办案的准确性和针对性，坚决杜绝不依法办案、不文明办案问题的发生，保护办案干警，维护检察机关形象，在服务地方经济建设中抓办案、促发展。

第十七次会议　于2009年12月22日在常委会五楼会议室召开，由沙芳琴主持。

会议议程有两项：一、听取和审议政府办公室主任吕锦鸿受政府委托所作的《关于2009年全县10件实事办理情况的报告》；二、审议通过关于召开十五届人大四次会议的有关事项。会上，政府常务副县长薛晓宏就落实审议意见作表态发言。

第十五届常委会组成人员张自杰、戴双军、王星耀、张金业、高恒、沙芳琴、李金、高长茂、胡志科、杨晓光、李成蹊、杜文彪、姚国奇、吴水利、张三相、厚学、张来有、李会宾、裴晓江出席会议；县委常委、政府常务副县长薛晓宏，法院院长李根进、检察院检察长陈龙、政府办公室主任吕锦鸿，常委会有关委室负责人柴玉明、杨毅民列席会议。

第十八次会议 于2010年3月16日在常委会五楼会议室召开，由张自杰主持。

会议议程有四项：一、人事任免，常委会主任张自杰为新任命的政府组成部门负责人颁发任命书，张秉鑑代表新任命人员作表态发言；二、听取和审议法院院长李根进所作的《关于提请确定县人民法院人民陪审员名额的报告》，作出《关于确定县人民法院人民陪审员名额的决定》，决定法院人民陪审员名额为24名；三、听取和审议财政局局长王运军受政府委托所作的《关于2010年全县财政收支预算调整情况的报告》、常委会农业财经工委主任高长茂所作的《关于2010年全县财政收支预算调整情况的审查报告》，作出《关于静宁县2010年财政收支预算调整的决议》；四、审议通过《县人大常委会2010年工作要点》及《重点工作行事历》。会上，政府常务副县长薛晓宏就落实审议意见、做好财政预算执行工作作表态发言。

第十五届常委会组成人员张自杰、王星耀、沙芳琴、陈进财、慕锡武、高长茂、杨晓光、杜文彪、李金、胡志科、李成蹊、姚国奇、厚学、张来有、张三相、李会宾、裴晓江出席会议；县委常委、政府常务副县长薛晓宏，法院院长李根进、检察院检察长陈龙、政府办公室主任吕锦鸿、财政局局长王运军，常委会各委室负责人李文环、李稳收、柴玉明、杨毅民列席会议。

附：

人事任免

李三正任县林业局局长

张秉鑑任县监察局局长

魏齐富任县人民检察院检察员

张永乐任县人民检察院检察员

免去：

慕锡武县人事局局长职务

陈尚孔县监察局局长职务

李鹏玺县林业局局长职务

徐宝玉县人民检察院副检察长职务

县人大常委会2010年重点工作安排情况表

表4-40

时间	主要工作	分管领导	牵头部门	参与部门
1至3月	县第十五届人大常委会第十八次会议：1.讨论通过县人大常委会2010年工作要点；2.听取、审议县政府关于2010年财政预算调整的报告	慕锡武	办公室	各委、室
	交办县十五届人大四次会议代表意见、建议		代工委	办公室
	检查《中华人民共和国食品安全法》贯彻执行情况	王星耀 沙芳琴	教科文卫委	办公室
	检查《县城总体规划（修编）》实施情况	高 恒	农财委	办公室

续表4-40

时间	主要工作	分管领导	牵头部门	参与部门
4月	县第十五届人大常委会第十九次会议：1.听取、审议县政府关于《中华人民共和国食品安全法》贯彻执行情况的报告；2.听取、审议县政府关于《县城总体规划（修编）》实施情况的报告	慕锡武	办公室	各委室
5至6月	调研全县农业技术推广工作	陈进财	农财委	办公室
	县第十五届人大常委会第二十次会议：1.听取、审议和批准县政府关于2009年财政决算的报告；2.听取、审议县政府关于2009年财政预算执行情况的审计工作报告；3.听取、审议县政府关于2010年国民经济和社会发展计划调整的报告；4.听取、审议县政府关于全县农业技术推广工作情况的报告	慕锡武	办公室	各委室
7至8月	集中走访联系代表；督办代表意见、建议	慕锡武	代工委	办公室
	召开人大代表政情通报会			
	检查城乡文化市场管理有关审议意见落实情况	王星耀 沙芳琴	教科文卫委	办公室
	检查县检察院法律监督工作情况	陈尚孔	司法民政委	办公室 信访室
	县第十五届人大常委会第二十一次会议：1.听取、审议县政府关于2010年上半年国民经济和社会发展计划执行情况的报告；2.听取、审议县政府关于文化市场管理有关审议意见落实情况的报告；3.听取、审议县检察院关于法律监督工作情况的报告	慕锡武	办公室	各委室
9至10月	检查县法院民商事案件审判执行工作情况	陈尚孔	司法民政委	办公室 信访室
	视察全县重点项目建设工作	高　恒	农财委	办公室
	检查城区供热监管有关审议意见落实情况			
	县第十五届人大常委会第二十二次会议：1.听取、审议县政府关于县十五届人大四次会议代表意见、建议办理情况的报告；2.听取、审议县政府关于项目建设工作情况的报告；3.听取、审议县政府关于供热监管有关审议意见落实情况的报告；4.听取、审议县法院关于民商事案件审判、执行工作情况的报告	慕锡武	办公室	各委室

续表4-40

<table>
<tr><th>时间</th><th>主要工作</th><th>分管领导</th><th>牵头部门</th><th>参与部门</th></tr>
<tr><td rowspan="3">11 至 12 月</td><td>调研全县公安队伍建设情况</td><td>陈尚孔</td><td>司法民政委</td><td>办公室
信访室</td></tr>
<tr><td>县第十五届人大常委会第二十三次会议：1.听取、审议县政府关于全县公安队伍建设情况的报告；2.讨论召开县十五届人大五次会议有关事项</td><td rowspan="2">慕锡武</td><td rowspan="2">办公室</td><td rowspan="2">各委室</td></tr>
<tr><td>筹备召开县十五届人大五次会议；总结 2010 年工作，制定 2011 年工作要点；收集向省、市人代会提交的代表意见、建议</td></tr>
</table>

第十九次会议 于2010年5月24日在常委会五楼会议室召开，由王星耀主持。

会议议程有三项：一、人事任免，常委会主任张自杰为新任命的政府组成部门和法、检两院负责人颁发任命书，杨晓勇代表新任命的政府副县长作表态发言，王敏代表新任命的政府组成部门和法、检两院负责人作表态发言；二、听取和审议规划局局长杨向前受政府委托所作的《关于县城总体规划（2006—2020）实施情况的报告》、常委会办公室副主任李文环所作的《关于〈静宁县城总体规划（2006—2020）〉（修编）实施情况的检查报告》；三、听取和审议卫生局局长靳宝生受政府委托所作的《关于〈中华人民共和国食品安全法〉贯彻执行情况的报告》、常委会办公室主任李金所作的《关于〈中华人民共和国食品安全法〉贯彻执行情况的检查报告》。会上，政府常务副县长杨晓勇、副县长沈学英就落实审议意见分别作表态发言。

第十五届常委会组成人员张自杰、王星耀、高恒、沙芳琴、陈进财、慕锡武、陈尚孔、李金、高长茂、杨晓光、杜文彪、胡志科、李成蹊、姚国奇、厚学、吴水利、张来有、张三相、李会宾、裴晓江出席会议；县委常委、政府常务副县长杨晓勇，县委常委、组织部部长何鹏峰，政府副县长沈学英、法院院长李根进、检察院副检察长张坚强、政府办公室主任吕锦鸿，规划局局长杨向前、副局长柴永生，国土局副局长李向阳、卫生局局长靳宝生、教育局局长李永成、农牧局局长柴福喜等列席会议。

附：

人事任免

杨晓勇任县人民政府副县长

孙步功任县人民政府副县长

孙智清任县人民政府副县长

县人民政府副县长杨晓勇、孙步功、孙智清个人情况表

表4-41

姓名	性别	民族	出生年月	籍贯	文化程度	入党时间	工作时间	主要工作经历
杨晓勇	男	汉	1963.7	甘肃灵台	本科	1989.7	1982.7	1982年7月在灵台县什字镇姚家沟学校参加工作，1983年12月在灵台县教育局工作，1985年8月至1987年8月在北京教育学院数学专业学习，1987年8月在灵台二中任教，1990年7月任灵台县综治办副主任、政法委副书记，1995年10月任灵台县吊街乡政府乡长、党委书记，1997年12月任灵台县中台镇党委书记，2003年3月任灵台县委办公室主任，2003年8月任华亭县委常委、宣传部部长，2009年7月任静宁县委常委、组织部部长
孙步功	男	汉	1971.6	甘肃通渭	博士		1995.6	1995年6月至2000年11月任甘肃农业大学机电工程系助教，1996年9月至1998年9月，在甘肃农业大学机电工程系担任政治辅导员，2000年12月至2004年1月在甘肃农业大学机电工程系任讲师，2004年2月至2006年12月在甘肃农业大学工学院任讲师，2006年12月至2010年5月在甘肃农业大学工学院任副教授

续表4-41

姓名	性别	民族	出生年月	籍贯	文化程度	入党时间	工作时间	主要工作经历
孙智清	男	汉	1965.4	甘肃泾川	本科	1990.7	1986.7	1986年7月至1992年10月在泾川一中任教，1992年11月至1998年12月在泾川县计生委工作，曾任城区计生站站长，1998年1月至2002年5月任党原乡副书记、乡政府乡长，2002年6月至2009年12月任泾川县城关镇政府镇长、党委书记，2010年1月至2010年5月任泾川县林业局局长

马世明任县人大常委会司法民政工作委员会主任

武文学任县人大常委会农业财经工作委员会主任

冯克勤任县人大常委会教科文卫工作委员会主任

杨立新任县人大常委会代表联络工作委员会主任

李忠荣任县人大常委会农业财经工作委员会副主任

贾平峰任县人大常委会教科文卫工作委员会副主任

胡生忠任县人大常委会信访室副主任

梁文义任县公安局局长

王　敏任县财政局局长

阎国军任县劳动和社会保障局局长

魏永红任县人民法院副院长，免去县人民法院刑事审判庭庭长职务

刘志刚任县人民检察院副检察长

王虎兴、王根旺、刘树录、刘大平、李宝恒、张剑锋、孙娟娟、王喜平、陈又发、武书香、樊　伟、吴钱斌、张望玺、吕建国、赵昌昌、王文杰、吴剑霖、张建将、刘桂香、李国香、陈　伟、王　凯、殷永明、戴喜平为县人民法院人民陪审员

免去：

薛晓宏县人民政府副县长职务

马千里县人民政府副县长职务

薛小勇县公安局局长职务

王运军县财政局局长职务

赵贤君县劳动和社会保障局局长职务

杜文彪县人大常委会司法民政工作委员会主任职务

高长茂县人大常委会农业财经工作委员会主任职务

李成蹊县人大常委会代表联络工作委员会主任职务
姚国奇县人大常委会教科文卫工作委员会主任职务
厚　学县人大常委会司法民政工作委员会副主任职务
柴玉明县人大常委会农业财经工作委员会副主任职务
杨毅民县人大常委会教科文卫工作委员会副主任职务
蔡尚志县人民法院副院长职务
王代代县人民法院民事审判第二庭庭长职务
鲍克荣县人民法院审判监督庭庭长职务
王淑芳县人民法院民事审判第一庭副庭长职务

关于《静宁县城总体规划（2006—2020）（修编）》实施情况的检查报告

由常委会副主任高恒带队，常委会办公室、农业财经工委、规划局、建设局、国土局负责人及工作人员组成检查组，从4月初开始，先后深入规划局、建设局、兴美家园、百盛嘉园、恒达公司等单位、企业、居民小区和58个项目施工现场，采取听取汇报、查阅资料、实地察看、个别走访等方式，对2008年3月县城总体规划修编以来的实施情况进行了检查，并分别召开了县直及省市驻静相关单位、街道办、城关镇负责人以及部分人大代表、居民代表、村干部代表参加的座谈会，听取了社会各界对县城总体规划实施工作的意见建议。

一、主要工作及取得的成效

近年来，县政府坚持把规划作为加快城镇化建设的龙头来抓，加强组织领导，健全完善机制，改进加强管理，城乡规划工作保持了较快发展。规划管理部门紧紧围绕全县经济社会发展大局，认真贯彻落实《中华人民共和国城乡规划法》，加强制度建设，强化管理执法，在规划的实施、监管等方面做了大量工作，县城总体规划实施工作取得了较好成效。

（一）重视加强规划宣传工作。采取多种形式，加强对静宁县城总体规划的宣传，先后在静宁县电视台滚动播放《中华人民共和国城乡规划法》《静宁县城总体规划》的主要内容，在县城范围内张贴《静宁县人民政府关于加强县城规划区范围内个人建房管理的公告》，在县城主要路段设立了4处永久宣传牌，对县城总体规划进行宣传公示，扩大了干部群众对县城总体规划的知晓面。各级领导对规划的重视程度不断提高，干部群众及开发商、建筑商的规划意识、法律意识进一步增强。

（二）完成部分详规编制工作。县城总体规划修编实施后，县政府及规划部门及时把详细规划、专项规划的编制工作提上议事日程，委托甘肃省建筑勘察设计院、兰州大学城市规划研究院开展部分规划的编制工作。目前已完成县城主城区控制性详细规划初稿；完成静宁工业园区总体规划，正在送审；完成东城区和西城区10条道路的控制性详细规划和街景规划、滨河花园2个住宅小区以及西岭生态公园综合服务区修建性详细规划；完成消防、商业网点、旅游、气象等4个专项规划和县城1:1000地形图测绘工作。

（三）逐步规范规划管理工作。为进一步加强对城市规划工作的管理和领导，县政府成立县城乡规划管理局，组建领导班子，配备工作人员，理顺了管理机制。规划管理部门按照有关规定和程序要求，加强规划审批管理，做好选址意见书、建设用地规划许可证、建设工程规划许可证发放工作，规划管理工作逐步走向规范。

（四）规划执行工作得到改进。采取分片包干、责任到人、动态巡查的方式，加强监督检查，对违法违规行为进行查处打击，两年来，累计发现和查处违法违规建筑125处、建筑面积2.6万平方米，对一些违规建设行为采取罚款等行政措施，在一定程度上遏制了违规建设行为。通过对2008年以来审批和新建项目进行全面检查的情况看，大多数建筑在采光间距、容积率、建筑密度和绿化率、道路规划红线等主要指标上符合县城总体规划的要求和有关强制性标准，建设过程中能够较好地执行规划，建设行为不断规范，规划执行工作得到改进和加强。

二、存在的主要问题

在肯定成绩的同时，应当看到，目前在县城总体规划的实施中还存在一些不容忽视的问题，主要有：

（一）详规和专规编制滞后，严重制约县城建设与发展

首先，控制性详细规划编制迟缓，规划监管工作无章可循。《中华人民共和国城乡规划法》规定："制定和实施城乡规划，应当遵循先规划后建设的原则。"总体规划实施以来，由于主城区控制性详细规划的编制进展缓慢，对各分区及具体地段的建筑位置、高度、密度、风格等限制性标准和详细规定至今尚未出台，具体建设和监管工作无章可循，给有意躲避规划约束留下空子，导致边建设、边规划，甚至规划跟着建设跑的现象十分突出。近两年旧城区一些地段的改造中，由于没有控制性详细规划的限制，在编制修建性详细规划时存在随意性大、系统性不强，偏重搬迁安置、成本回收、开发价值等眼前利益，忽视长远发展和总体布局要求等问题。这方面，调查中群众反映最强烈的有两个典型事例：一是有的高层建筑摆布不够科学合理，修建在主要交通路口，不利于县城长远和可持续发展；二是县体育场系县上确定的地震应急避难补充场所，按照国家有关标准和要求，避难场所应在高层建筑物的垮塌范围距离之外（对框架高层建筑的垮塌范围距离，行业内按其高度的0.5至1倍计算），而体育场西北角正在修建的温馨园商住楼设计18层、高63.6米，距离体育场西墙仅1.2米，与规定要求严重不符，存在很大安全隐患。

其次，专项规划编制进展不快，制约县城基础设施建设。目前城区道路交通、给排水工程、电信网络工程、供热工程、环卫工程、管线综合工程等专项规划还未完成编制，在旧城改造中，水、电、暖、路、讯等工程实施缺乏整体性和系统性，管网建设不能一步到位，相关单位各自为政，随便开挖，造成人力财力浪费。由于事先无规划，在公厕等一些基础设施的建设过程中遭到居民阻挡，实施难度大，旧城区基础设施建设滞后、承载能力不足的问题长期得不到有效解决。随着城镇化建设步伐的加

快，近两年城区人口、车辆猛增，旧城区道路、停车场、垃圾台、公厕等基础设施规划和建设滞后的问题日益凸显，致使脏、乱、差现象得不到根治。

（二）规划意识淡薄，规划控制区内违章建设现象普遍

一是规划宣传不够深入。宣传方法单一，实效性不强，缺少沙盘、模型等生动直观的形式，不利于普通群众了解掌握，一些干部群众对规划控制区、规划红线的具体内容不甚了解，部分单位、企业负责人、开发商、建筑商对规划的重要性、权威性、严肃性、法规性认识不足，对违法违规建设存在侥幸心理，打“擦边球”，逃避监管，增加了管理难度和成本。

二是个人乱修乱建现象突出。据主管部门统计，近两年，个人违章建筑达2万平方米以上。如东城区别墅区内一些住户占用小区通道私自修建车库等用房，引发其他住户纷纷效仿，准备挤占通道、绿地修建违章建筑，给小区的管理造成较大困扰；成纪大道是县城总体规划中确定的唯一贯通县城南北的大通道，南、北巷子作为成纪大道的一部分，属严格控制修建区域，道路规划红线十分清楚。但由于该区域的搬迁一直没有出台安置计划，加之监管控制不严，近几年红线内130座院落约260户中有190余户进行了新修或翻修。此类问题如得不到及时有效制止，必将引发更多居民的效仿，导致乱修乱建行为频发，给今后县城建设和规划管理造成严重影响。

三是未批先建和少批多建问题时有发生。县城总体规划明确规定：静宁县城内的一切建设活动，都应遵守总体规划。但从检查看，一些部门和单位的负责人不按规划办事，只顾本单位和自身利益，乱指挥乱决策，不经审批、私自开工、违规建设，严重违犯了城乡规划法、土地管理法和县城总体规划的有关规定。2009年9月，县联通公司未经审批，在规划内的北二环东路（三中以东）人行道内擅自修建移动通讯基站，并于当年年底建成。早在2003年，市、县政府就发出通知，严禁在机关单位院内修建住宅楼，2009年3月，县公路段在未办理规划许可、工程招投标、施工许可证等前期审批手续的情况下，与八里建筑公司签订施工合同，擅自在单位院内集资修建职工住宅楼（设计面积3540.7平方米）。一些开发商在建设过程中私自变更规划，扩大建筑面积，增加建筑密度，提高容积率。东城区2号小区、新盛花园在建设中变更了原修建性详细规划，2号小区由24幢楼增加到26幢楼，增加建筑面积2.3万平方米，新盛花园由24幢楼增加到30幢楼，增加建筑面积2.76万平方米；华晨房地产开发公司在建设兴苑小区（二中东面）二号住宅楼时，擅自变更施工图，将原设计的5层变为6层，增加建筑面积630平方米；平凉红泉房地产开发公司在东泉家园（原面粉厂内）建设中，未经审批修建车库和物业管理用房，增加建筑面积386平方米。

四是存在擅自改变土地用途等问题。土地管理法规定：“使用土地的单位和个人必须严格按照土地利用总体规划确定的用途使用土地。”“未经批准，不得改变土地利用总体规划确定的土地用途。”根据县城总体规划和工业园区土地利用规划，工业园区用地性质为工业用地，禁止在园区内修建住宅楼或进行房地产开发，企业非生产性建筑面积不得超过总建筑面积的7%。从检查情况看，相关职能部门对园区内的建设

项目审批把关不严，没有严格执行规定，一些企业非生产性建筑面积严重超标；企业在建设中，借其他名义修建住宅楼，改变了土地用途，不符合规划要求。2009年，恒达公司以包装交易大厦为名，修建6层住宅楼1幢，面积11000平方米，占总建筑面积的34%；工业品公司以办公楼为名，修建6层住宅楼1幢，面积3701平方米，占总建筑面积的14%；广良实业公司以宿办楼为名，修建6层住宅楼2幢，设计总建筑面积5770平方米，建成3846平方米，占公司总建筑面积的77%。

（三）监管执法不力，规划执行缺乏严肃性和权威性

一是监管力量薄弱。县规划局现有工作人员10名，其中科员6名，执法人员仅1名，随着城镇化建设步伐的加快，规划编制和管理任务越来越重，专业技术人员及执法人员短缺、规划资金投入不足的问题比较突出。

二是监管职能缺位。规划、建设、土地等部门之间沟通协调不够，开展联合执法活动较少，没有形成齐抓共管的强大合力，致使一些违规修建行为得不到有效查处。规划管理部门侧重于建设项目开工前的规划许可审批及放线，对规划的实施过程疏于管理，缺少日常性的检查，对一些单位、企业明目张胆、大张旗鼓地违规修建行为没有及时发现，缺乏有效打击，使一些违章建筑既成事实，加大了执法难度。如恒达公司住宅楼从2009年3月开始修建，广良实业公司住宅楼从2009年7月开始修建，这些建筑工期长、规模大，位于公路旁，处在眼皮子底下，但在修建期内无人管理、无人过问，直至工程接近完工才进行了查处；公路段从2009年3月起在单位院内公然擅自违规修建住宅楼，相关职能部门采取睁一只眼、闭一只眼的态度，在建设初期没有及时查处，直至2009年11月才进行了处理；对一些住宅小区内的乱修乱建行为，管理部门不问不管、放任自流，管理职能严重缺位。

三是规划执法不力。对有关法律法规落实不力，执行规划的原则性不强，执法不严。城乡规划法明确规定："未取得建设工程规划许可证或者未按照建设工程规划许可证的规定进行建设的，由县级以上地方人民政府城乡规划主管部门责令停止建设；尚可采取改正措施消除对规划实施的影响的，限期改正，处建设工程造价百分之五以上百分之十以下的罚款；无法采取改正措施消除影响的，限期拆除，不能拆除的，没收实物或者违法收入，可以并处建设工程造价百分之十以下的罚款。"初步统计，2008年至2009年两年间，城区范围内发现的违法违规建筑面积近10万平方米。对这些违法违规建设行为大多只是履行了行政手续，没有严格按照法律法规办事，对违章建设没有采取有效的强制措施，甚至违法违规处理，惜情仰面，以罚代管，处罚不力，与开发商的既得利益相比不痛不痒，起不到震慑作用，在一定程度上纵容、助长了违规行为。如在兴苑小区违规增加楼层问题的查处中，没有按照城乡规划法有关条款进行处罚，仅做出了通报批评、补办手续、罚款5000元的处罚决定；恒达公司、工业品公司、广良实业公司违章建设面积共达2万余平方米，仅做出了封顶、停止工程建设、禁止出售等处理。城乡规划法规定："城乡规划主管部门做出责令停止建设或者限期拆除的决定后，当事人不停止建设或者逾期不拆除的，建设工程所在地县级以上地方人民政

府可以责成有关部门采取查封施工现场、强制拆除等措施。”对联通公司违规修建移动基站问题，2009年9月份动工之初就不断有群众反映，直至2010年1月21日主管部门才下发通知要求拆除，县人大常委会就此事多次督促要求依法予以处理，但没有引起相关领导和部门的高度重视，在处罚决定的落实上敷衍塞责，没有下决心处理，致使该违章建筑至今没有拆除，对规划执行的严肃性和政府形象造成不良影响。

三、对今后工作的建议

（一）进一步加强规划宣传工作，为规划执法管理营造良好的环境

要把宣传作为规划实施的基础工作坚持常抓不懈。一要在规划宣传教育的广度和实效性上下功夫，通过电视、广播、公示牌、图片、模型、展览等群众喜闻乐见的宣传方式，多层次、多形式、有重点地做好宣传教育，不断提高全社会对城乡规划法和县城总体规划的知晓程度，增强各级各部门的规划意识和法律意识，大力营造尊重规划、支持规划、执行规划、监督规划的良好社会氛围。二要围绕“三关一城”城中村改造，广泛宣传规划区范围内个人建房管理的有关规定，为旧城区改造工作奠定良好的舆论基础。三要认真落实规划公示制度，对县城总体规划、控制性详细规划、修建性详细规划中的强制性、控制性指标和规划红线，要采取多种方式向社会公布，广泛接受社会监督，确保规划执行的严肃性。

（二）加快详规和专规编制，为县城建设与发展提供依据

一要坚持规划先行原则，加快编制进度，尽快出台主城区控制性详细规划，加快制作县城规划沙盘，增强对建设行为的约束性，切实解决规划滞后的问题，为县城建设和发展提供科学依据。要强化“没有规划的建设就是违法行为”的意识，今后凡是没有制定控制性详细规划的地段和不符合控制性详细规划的项目都不得建设，坚决杜绝无规划就建设以及边规划、边建设等行为，确保在县城建设中不留败笔、少留遗憾。二要加快专项规划编制进度，对道路、垃圾台、停车场、公厕、给排水、电力、电信、供暖等专项工程要统筹规划、综合考虑，加强综合管线的规划设计，加快建设进度，从根源上解决目前主城区管理方面存在的一些突出问题。三要加快“三关一城”及棚户区改造规划编制，学习借鉴外地成功经验，提前介入做好有关工作，逐步进行改造。

（三）以科学发展观为指导，切实做好县城规划的实施工作

认真贯彻落实科学发展观，按照全面协调可持续发展的要求，坚持统一规划、依法管理、分步实施、配套建设的原则，做好规划的编制、实施工作，确保规划的严肃性、连续性和权威性。一要放宽视野、放长眼光，走出去积极学习借鉴外地先进经验，寻找工作中存在的差距和问题，不断提高规划编制和实施的科学性。二要突出全局性、长远性和前瞻性，无论是旧城区改造，还是新城区开发，都要立足当前、着眼长远、顾全大局，适度超前规划，特别对水、电、路、讯等基础设施和教育、文化、社区、医疗等公益设施，都要优先规划、优先建设、一步到位，切实做到规划区布局合理、功能完善，确保开发一片、成功一片、不留尾巴。对旧城区相对完整或独立的

重要地段，规划部门要依据控制性详规统一编制修建性详细规划，明确规定层高、间距、容积率、建筑密度、风格、色调等基本要求，按照量力而行的原则，由政府主导，有计划、分批次、分阶段逐步建设，绝不能由开发商挑地段局部随意修建，忽视整个小区建筑的统一性、协调性和公用设施的配套，影响后续开发。三要牢固树立“留足发展空间也是政绩”的理念，对当前无法彻底解决的问题和有争议的建设，要从长计议，本着宁缺毋滥的原则，先予以搁置，等条件成熟后再逐步解决、开发建设，为今后发展留足空间。

（四）加强管理机制和队伍建设，不断提高规划管理水平

一要进一步加强规划管理机构和队伍建设，针对规划管理部门专业技术力量和执法力量薄弱的现状，结合机构改革，增加规划部门编制，充实壮大专业技术队伍和执法队伍，加大规划经费投入，为规划管理和执法提供有力保障。二要加强执法部门之间协作配合，针对目前规划管理执法任务重的现状，规划、建设和国土等部门之间要建立信息通报制度，互相沟通协调，增强工作合力，定期不定期开展联合执法和集中整治活动，扩大城乡规划管理的覆盖面，加大规划执行监管力度，有效遏制违法违规建设行为。三要进一步健全完善城乡规划管理办法，建立排查、举报等制度，开拓多元信息渠道，抓好源头治理，加强过程监管，及时发现并查处一些苗头性、倾向性的问题，将违法违规建设问题解决在萌芽状态。

（五）加大执法处罚力度，切实维护规划的严肃性和权威性

一要进一步加强规划执行监管。严格依法办事、依规划办事，按照规划建设城市、管理城市、经营城市，任何建设都不得违反县城总体规划和控制性详细规划的指标、要求，对确需变更的规划，严格按照有关程序进行审批，坚决克服规划编制、管理、执法中的随意性，杜绝个人和部门不按法定程序擅自变更规划；在西展工程建设中，要吸取以往经验教训，加强动态巡查和建设过程管理，坚决杜绝少批多建、变更规划等行为出现。二要进一步加大执法处罚力度，对未批先建、少批多建、改变土地用途等违法违规行为，无论是单位还是个人，都要严格按照有关法律规定严肃查处，该拆除的建筑要坚决予以拆除，该处罚的要加大处罚力度，提高违规成本，以儆效尤。对联通公司违规修建基站、地震应急场所周边修建高层建筑等问题，要研究采取切实可行的措施，依法依规处理，消除影响，以免留下后患。三要认真落实执法责任追究制，坚决杜绝违规审批及放任违法违规建设现象，因执法不严、执法不力导致违章建设的，对其责任领导、责任人员要一并追究责任、严肃处理，切实维护规划的严肃性和权威性，确保县城总体规划实施工作规范、科学进行。

关于《中华人民共和国食品安全法》贯彻执行情况的检查报告

3月中旬至4月下旬，由县人大常委会办公室、教科文卫工作委员会及县食品安全委员会成员单位组成检查组，在王星耀、沙芳琴副主任带领下，先后深入城区及界石铺、八里、甘沟、新店、古城、曹务、城川、威戎等乡镇的86户食品生产加工和经营

流通企业、商铺、个体摊点，以及工商局、质监局、药监局、卫生监督所等职能部门，采取听汇报、实地察看、召开座谈会、走访等方式，对全县贯彻执行《中华人民共和国食品安全法》的情况进行了检查。

一

从检查情况看，《中华人民共和国食品安全法》颁布实施以来，县政府及相关职能部门高度重视，认真贯彻落实，建立健全制度，依法强化监管，有效保障了广大居民群众的食品安全。

一是注重宣传教育，营造良好的食品安全法治环境。县政府将每年8月定为食品安全宣传月，通过印发宣传资料、张贴宣传画，举办讲座、培训班等方式，加大对食品安全法的学习宣传力度。结合“3·15消费者权益保护日”“12·4法制宣传日”和食品安全法律法规“六进”活动，对食品安全法进行集中宣传。通过学习宣传，食品生产经营者的安全意识、责任意识以及广大消费者的自我保护、依法维权意识明显增强，为进一步做好食品安全工作营造了较好的社会环境。

二是完善管理机制，逐步规范食品安全监管工作。认真落实食品安全法的有关规定，加强领导体系和制度建设。成立了以政府县长为主任，分管副县长为副主任的全县食品安全委员会，对县卫生局、药监局部分职能作了调整，进一步明确了管理职能；全县所有乡镇和街道办都成立了食品安全工作领导小组及办公室。坚持与各乡镇政府和职能部门签订年度工作目标管理责任书，强化对食品生产、流通、消费各个环节的监管，形成了县上统一领导、两级政府负责、主管部门组织、职能部门配合的工作机制。制定了《食品安全整治工作实施方案》《食品生产加工小作坊监督管理办法》《食品药品安全委员会工作职责暨相关工作制度》《食品药品放心工程综合评价实施方案》和《关于进一步加强全县食品药品两网建设工作的意见》，完善了原料生产、食品加工、经营销售、餐饮消费等环节的审批、监管等制度，有力推进了全县食品安全工作规范化、制度化进程。

三是加强执法管理，食品安全监管取得了较好成效。大力推进绿色果品、良好农业规范（GAP）、出口创汇等无公害农产品生产基地建设，从源头上保证食品安全。坚持开展食品安全市场整顿，对食品生产加工小作坊、小商店、小餐饮店进行巡回检查；落实进货索证索票制度、追溯制度、食品质量安全承诺书和责任书管理、生产许可及食品生产企业市场准入QS标志制度，推行食品卫生监督量化分级管理和食品流通环节“一票通”台账管理，实行肉制品“两证一章”检验检疫和无害化处理，严防假冒伪劣食品流入市场；建立了以商务部门“万村千乡”市场工程为载体的全县食品供应网络，开展“无假劣食品药品乡镇”和“食品药品安全示范点”创建活动，对李店、细巷等8乡镇实施了食品药品放心工程综合评价，聘任食品药品专（兼）职协管员、村级食品药品信息员428名，有效加强了食品市场管理。

二

总体看，尽管全县各级认真贯彻落实食品安全法，在改进和加强食品安全管理方面做出了积极努力，但由于食品安全工作面广量大，层次复杂，动态性和偶发性较强，目前还存在不少薄弱环节和突出问题，形势不容乐观，应引起高度重视。

（一）食品生产经营者安全意识淡薄。从检查情况看，全县大部分食品生产经营企业、从业人员对食品安全法律法规和政策知之甚少，食品安全第一责任人的观念还未确立，相关管理制度落实不到位，生产经营环节存在问题较多，食品安全形势比较严峻。一是对食品安全法律法规和制度落实不力。一些食品生产经营者片面追求经济利益，置法律法规于不顾，没有严格执行食品安全生产规范和从业人员健康管理等制度，食品安全无从保证。如大部分豆腐作坊加工场所脏、乱、差，制作流程原始粗放，设备简陋，个别豆腐坊将未经筛选的豆子与各种杂质同时泡在水中，臭气熏天，污水横流；部分奶牛养殖场卫生条件差，没有设置挤奶区，无保鲜设备，养殖人员未按要求进行定期体检，饲料进购、乳品质量检验和销售台账不健全等。二是生产加工不合格食品现象突出。食品安全法明确规定，食品生产企业应当保证食品安全，禁止生产不符合食品安全标准或者要求的食品，禁止用回收食品作为原料生产食品。检查中发现一些食品生产加工户存在以次充好或生产不合格食品的问题，如五金巷天津大麻花店，产品预包装标签内容不全，库房中存有大量腐败变质产品；德美超市糕点加工店内将霉变蛋糕烘干后加入原料中使用；恒信食品糕点厂假冒其他食品QS标志等。三是食品经营环节隐患较多。大部分食品流动摊点及农村边远地区食品加工作坊未按规定进行审批，无证无照经营现象突出；一些食品经销商店超范围经营，食品与工业品、农资农药混放，缺少必要的防范措施，极易引发安全事故；一些经营者对积压食品的清理回收重视不够，甚至销售过期食品。如个别乡镇供销社副食生产店既经营化肥、农药、农具、种子，又经营副食商品；县城人民巷段新奎商店内既开理发馆又设麻将桌，还经营副食商品；威戎金三角批发部销售超过保质期6年之久的调味料、红利商行销售过期面包。

（二）一些重点领域监管不到位。一是食品加工小作坊管理不到位。《食品安全法》规定，生产经营食品，应当具有与生产经营的食品品种、数量相适应的食品原料处理和加工、包装、贮存等场所，保持该场所环境整洁。目前，全县纳入管理的小作坊有72家，以烧鸡、糕点、熟肉制品和豆腐加工为主，这些食品小作坊分布零散，多数以家庭作坊为模式，生产条件简陋，卫生状况差，产品质量不稳定，相当一部分不符合发放生产许可证、卫生许可证、营业执照的条件，长期无证无照经营。另外还有大量新增、转让变更及未登记的作坊没有纳入监管范围。二是流动摊点监管不到位。学校、车站、医院、超市周边的饮食流动摊点，大多数没有任何经营证照和从业人员健康证，监管部门没有制定切实可行的管理办法和措施，管理缺位。如阿阳实验学校门口前、南关什字、西综市场门前、阿阳宾馆对面以及县运输公司门前的流动摊贩没有任何证照却长期经营，城市执法大队将县运输公司门前的流动摊点交由该公司管理，不符合管理规定，在食品安全方面存在隐患。三是农贸市场的管理不到位。县城市场内瓜果蔬菜等食品的进购批发销售无台账、管理混乱，副食调味料经营门店超范围经营，鸡、羊屠宰销售以及水产品的销售无人监管，安全没有保障。大部分农村集贸市场食品经营摊点场地狭小，进货渠道混乱，销售假冒伪劣食品现象比较普遍。四是餐饮业监管不到位。一些餐饮个体户长期持过期证照经营，甚至无证照经营；相当一部分餐饮个体户经营场所卫生状况极差，生熟案板、器具混合使用，原料及加工工具随地置放，食品保鲜、餐具消毒、给排水以及通风等设施不齐；大部分农村餐饮单位从业人员不注重个人卫生，不按要求穿工作服，未及时进行健康体检；一些集体用餐单位特别是学校食堂安全问题突出。县医院西侧5家餐馆食品卫生许可证过期10个月仍未年审，快活林餐馆内垃圾随地堆放，墙壁、桌椅、餐具等沾满灰尘和油渍，生熟器具不分，交叉污染，没有保鲜柜和消毒柜，污水排放不畅；华源中学食堂没有建立原料进购台账，餐具消毒制度未落实，学生饮食安全状况令人担忧。

（三）食品技术检测环节薄弱。一是管理部门检测设备落后。县工商局配备有快速检测箱，县质监局建有食品微生物检验室，但设备都比较落后，检测指标少，特别是农产品农药残留量、肉类检验检疫、食品添加剂的检测要送到省、市以上检测机构，检验成本高、周期长，影响食品安全监管工作的开展。目前执法人员大多时候靠检查注册商标、生产日期、质量安全认证标志等判断食品质量的安全性，检验的准确性、时效性无从保障。二是生产企业出厂检验缺失。全县23家食品加工企业中，仅威戎恒伟面业一家建立了检验室，其他企业大多没有检验室和设备，不能进行正常的出厂检验，质量检测已成为食品安全管理中的一项重要缺失。

（四）部门监管乏力。一是管理体制尚未完全理顺。食品安全法对相关部门职能做了重大调整，原由卫生监督所负责监管的餐饮业移交县药监局监管后，因药监局缺乏人员和设备，无法实施日常监管，只能暂由卫生监督所代管，由于体制不顺，2009年6月以来食品卫生许可证年审工作未开展，工作出现断档。同时，农药销售许可证由县安监局办理，日常监管由农牧局负责，不符合“谁发证、谁监管”的原则，管理存在一定困难。二是基层监管力量薄弱，除工商局在基层设工商所外，其他部门均只有局机关的几名执法人员，虽然在基层各乡镇确定了协管员，但有名无实，基本没有开展工作。三是执法部门综合协调不够，各职能部门组织单项执法检查多，开展联合执法、集中整顿较少，信息沟通交流不及时，监管效果不明显。如在食品流动配送环节管理方面，食品监管部门单方面无权查验运输车辆，无法实施有效监管。四是监管职责履行不到位。一些部门在监管中有利益争着管，没利益推着管，甚至放任不管，如对前店后厂、现做现卖小作坊的监管上，部门之间相互推诿，导致出现监管空白。一些监管部门在查处违法违规生产经营行为时顾虑重重、“心慈手软”，不能予以及时有力的打击，尤其对农村食品市场的监管不经常，加工、销售假冒伪劣食品现象普遍存在，对群众健康和生命安全构成严重威胁。

三

针对存在的问题，建议今后着力从以下方面进一步加强和改进食品安全执法工作：

（一）抓教育，提高全社会食品安全意识。食品安全关系到广大人民群众的生命安全和整个社会的和谐稳定，在任何时候都不能出现问题。要树立食品监管安全第一，预防为主的观念，继续加大对食品安全法的宣传力度，坚持开展食品安全知识“六进”活动，充分发挥电视广播等媒体的宣传引导作用，开设宣传专栏，坚持向公众宣传食品安全常识和法律法规，并定期发布食品安全信息，曝光不合格食品及其生产经营厂家，增强消费者的自我防范意识。要坚持开展食品生产经营者和从业人员从业前安全专项培训，强化食品安全第一责任人的意识，督促其依法经营。切实抓好监管部门执法人员的法律法规和专业技术培训，提高执法人员的监管能力和执法水平。

（二）抓规范，推进食品生产经营市场健康发展。一要从严准入。严把食品市场准入关，在审批食品生产加工、经营销售企业时坚持现场察看，从严审查生产条件、环境和资质，对餐饮业尤其是学校等集体餐饮单位的开办，要严把卫生条件、从业人员健康状况等关口，对不符合条件的坚决不予审批。全面推行流动摊点审批审查制度，对全县食品加工小作坊进行全面清查摸底，实行严格准入，要按照统一标准、循序渐进的原则限期整改、限期达标、逐步规范，对不符合条件的要下决心予以关闭和取缔。二要示范带动。研究制定全县食品产业发展规划，引导扶持和培育发展一批食品龙头企业，整合小作坊资源，实现连锁经营，带动全县食品生产向规模化、标准化和现代化发展，有效解决目前食品加工业分布零散、规模小、作坊式管理的问题。三要源头治理。继续扩大绿色无公害农产品生产基地建设，加快畜禽定点屠宰进程和奶牛养殖专业化发展，加大县城市场以及乡镇农贸市场改造力度，加强对集贸市场、蔬菜大棚的监管，督促创办者、管理者和经营者规范生产经营行为，有效解决无证照经营和销售假冒伪劣食品等违法违规问题，逐步规范食品生产经营市场秩序。四要加强检测。加强食品安全部门监测技术设备资源的整合利用，提高技术检测设备的利用率，增强食品安全检测的时效性和科学性。加快食品生产企业检验室的建设，加强食品检验技术人员培养培训，切实提高食品生产企业出厂检验能力，强化食品安全保障。

（三）抓监管，加大食品安全执法力度。一要进一步理顺管理体制。按照食品安全法、食品安全法实施条例及《甘肃省人民政府关于贯彻实施〈食品安全法实施条例〉的意见》的有关规定，结合机构改革，从有利于强化监管的角度，进一步理顺管理体制，明确部门职责，加快县食品药品监督管理局和县卫生监督所的职能调整和配置，充实监管力量，提供经费保障，确保食品安全执法检查工作正常开展。当前，对于职责已经明确的，部门要忠于职守、尽职尽责；实施代管职能的部门要切实负起责任，加强沟通协调，保证正常开展工作，做到职能不缺位、工作不断线。二要进一步靠实工作责任。食品安全监管是一项社会系统工程，涉及卫生、质监、工商、药监、农牧、商务等多个部门以及乡镇村社和街道社区基层组织，综合性和交叉性较强，仅靠一个或数个职能部门难以协调各方，形成合力，必须强化和发挥政府层面在食品安全管理中决策部署、协调调度、督查指导、考核问责的职能，才能真正切实有效地把这项工作抓实抓好。要结合实际，进一步健全食品安全监管制度，完善考核评价体系，严格落实食品安全工作问责制和一票否决制，切实加强食品安全监管工作。卫生行政部门要切实担负起综合协调职能，会同相关部门研究制定流动摊点、农产品购销、食品安全检验检测、定点屠宰等管理办法，堵塞管理漏洞。各职能部门要积极履行职责，认真分析和研究食品安全形势，全面落实管理责任，抓好安全监管。要切实提高执法人员的责任意识，建立监督机制，加强对执法人员执法行为的监督，防止执法人员不作为或乱作为，造成负面影响。三要加大执法力度。抓好部门单项执法检查和日常巡查检查，全面落实食品加工、流通、销售等各项管理制度，特别要督促落实食品进购索证索票、进销货台账、卫生管理等制度，保障食品安全。要坚持开展食品安全行政综合执法和部门联合执法，将综合执法、联合执法制度化、经常化，定期或不定期组织开展食品安全专项整治。加大对无证照经营行为的打击力度，进行集中整顿规范，对在规定期限内达到规定要求的食品生产经营单位要纳入有效监管范围，对达不到要求的要依法坚决予以取缔。针对当前食品市场安全隐患多的现状，建议县政府加强协调领导，组织卫生、质监、工商、药监、农牧、商务等部门，集中时间，集中力量，定措施，定任务，坚持每季度开展1~2次食品市场集中整治行动，有重点地查处影响食品安全的问题，加大对违法违规行为的处罚力度，形成强大声势，始终保持对食品安全监管工作的高压态势，以净化食品市场，维护消费者的合法权益和社会和谐稳定。

第二十次会议　于2010年6月28日在常委会五楼会议室召开，由高恒主持。

会议议程有五项：一、人事任免，常委会主任张自杰为新任命人员颁发任命书，厚连世代表新任命人员作表态发言；二、三两项合并进行：听取和审议财政局局长王敏受政府委托所作的《关于2009年全县财政决算（草案）的报告》、审计局局长郭三省受政府委托所作的《关于2009年度县级财政预算执行和其他财政收支情况的审计工作报告》、常委会农业财经工委主任武文学所作的《关于2009年全县财政决算（草案）的审查报告》，作出《关于批准静宁县2009年县级财政决算的决议》；四、听取和审议发展和改革局局长史晓平受政府委托所作的《关于静宁县2010年国民经济和社会发展计划调整情况的报告》，作出《关于静宁县2010年国民经济和社会发展计划调整的决议》；五、听取和审议农牧局局长柴福喜受政府委托所作的《关于农业技术推广工作情况的报告》、常委会办公室副主任李文环所作的《关于全县农业技术推广工作情况的调查报告》。会上，政府常务副县长杨晓勇、副县长徐永宏就落实审议意见分别作表态发言。

第十五届常委会组成人员张自杰、王星耀、高恒、沙芳琴、陈进财、慕锡武、陈尚孔、李金、胡志科、杨晓光、李成蹊、杜文彪、姚国奇、厚学、吴水利、张三相、裴晓江、张来有出席会议；县委常委、政府常务副县长杨晓勇，县委常委、组织部部长何鹏峰，政府副县长徐永宏、法院院长李根进、检察院检察长陈龙、政府办公室副主任何浩强、发改局局长史晓平、财政局局长王敏、审计局局长郭三省、农牧局局长柴福喜、畜牧局局长王明星、农技中心主任刘文乾、种子管理站站长李国军，常委会各委室负责人马世明、武文学、冯克勤、杨立新、李忠荣、贾平峰、李文环、胡生忠、李稳收、宋正祥，市人大代表刘桂香、王伟东，县人大代表付鹏举、樊义和，李店镇、深沟乡人大主席李建义、李振东列席会议；孙耀祖等14名公民代表应邀旁听会议。

附：

人事任免

宋正祥任县人大常委会司法民政工作委员会副主任

高　旭任县工业和信息化局局长，免去县经济局局长职务

景来万任县住房和城乡建设局局长，免去县建设局局长职务

阎国军任县人力资源和社会保障局局长，免去县劳动和社会保障局局长职务

赵宏军任县扶贫开发办公室主任

王兴国任县交通运输局局长

牛永琪任县文体广电局局长

厚连世任县环境保护局局长

张永宏任县安全生产监督管理局局长

张琪洲任县商务局局长

孔昌军任县食品药品监督管理局局长

陈焕康任县人民法院副院长、审判委员会委员

张汉基任县人民检察院副检察长、检察委员会委员

关于全县农业技术推广工作情况的调查报告

由常委会副主任陈进财带队，常委会办公室、农业财经工委、农牧局、畜牧兽医局、农技中心、种子管理站负责人及工作人员组成调查组，从5月中旬开始，先后深入仁大、雷大、古城、界石铺、细巷、甘沟等乡镇以及县畜牧兽医局、农技中心、种子管理站等单位，采取实地察看、走访群众、听取汇报、召开座谈会等方式，对全县农业技术推广工作情况进行了调查，并考察学习了庄浪县基层农业技术推广服务体系建设方面的做法和经验。

主要工作成效

近年来，县政府及主管部门认真贯彻落实国务院、省政府《关于深化改革加强基层农业技术推广体系建设的意见》等文件精神，立足县域经济实际，重视并不断改进农业技术推广工作，大力推进农业产业结构调整，积极引进和推广农业新技术、新品种、新材料，在农业技术推广方面做了大量工作，有力促进了农业增效、农民增收和农村经济发展。

一、逐步完善农技推广机构，加强服务能力建设。近几年先后建成了24个乡镇畜牧兽医站，成立了县动物疫病预防控制中心、畜牧技术推广站和兽药饲料监察所，建成了县动物卫生监督检验室和动物防疫化验室，为抓好动物免疫、防疫工作奠定了较

为坚实的基础。组建了果品、马铃薯以及养殖业等专业协会和专业合作社组织50个，建成界石铺农技推广区域站，设立农作物病虫害监控点，加强病虫害监控与防治，提高了农业防灾减灾能力。建立了土壤墒情旱情监测站和土壤化验室，在全县范围内采集4200个土壤样本，并已逐步开展化验，指导实施配方施肥。目前，全县县乡两级农业技术推广机构共有52个，在册职工579人（其中专业技术人员222人）。县直推广机构3个（畜牧兽医局、农技中心、种子管理站），在册职工100人（其中专业技术人员65人）；乡镇推广机构49个（包括24个乡镇农业综合服务中心、24个乡镇畜牧兽医站和1个农技推广区域站），在册职工479人（其中专业技术人员157人）。

二、加大农业技术的引进与推广力度，提高农业综合生产效益。引进推广了冬小麦膜侧和全膜穴播栽培、全膜双垄沟播技术、设施栽培等农业技术，以及暖棚养殖、快速育肥、秸秆综合利用等养殖业先进实用技术，建立了冬小麦试验基地、配方施肥示范基地、种子繁育基地和马铃薯脱毒组培中心。选育15个农作物优良品种，加快新品种引进步伐，全县畜禽良种化、作物良种覆盖率不断提高。认真实施农机具购置补贴，加大新型农机具的推广应用。引进推广了黑色地膜、渗水膜等新型实用材料。新技术、新品种和新材料的引进与推广，降低了农业生产成本，增加了农业科技含量，保障全县农业得到迅速发展，有力促进了农业增产、农民增收。特别是近几年来，膜侧种植、全膜双垄沟播技术得到大范围普及，有效增加了粮食单产，提高了农业综合生产效益。

三、加大特色支柱产业开发力度，不断提高农牧业生产综合能力。制订西瓜、马铃薯、辣椒生产技术规程等农业地方标准，积极培育壮大马铃薯、畜牧、瓜菜等特色优势产业。加快农业科技示范区和“一乡一业、一村一品”建设步伐，建成了城川乡(大地滩)现代农业示范园区，界石铺李堡、城川红旗设施蔬菜基地，南部乡镇小弓棚西瓜套种基地和古城早熟洋芋生产基地等一批科技含量较高、示范带动作用较强的农产品生产基地。加快畜牧业发展，初步形成了西北部肉牛，中部肉猪、蛋鸡，城郊奶牛三大养殖生产区，建成鸡产业开发公司等5个养殖龙头企业和三合任岔、新堡等12个养殖小区。2009年，全县农作物播种总面积149.79万亩，粮食总产量达到15.67万吨，畜禽饲养量144.46万头（只），果品总产量30万吨。全县农业综合生产能力大幅提升，地方特色和市场优势日趋凸显。

存在的突出问题

一、基层农技推广机构设置不合理，职能作用发挥不到位。1999年，县上将乡镇农技推广站所的人、财、物划归乡镇管理，大多数基层站所人员分流，场地变卖，资产流失，8个农技推广区域站全部撤销，27个乡镇畜牧兽医站只保留了李店、古城、司桥等3个。2002年机构改革时，在乡镇设立了农业综合服务中心，由各乡镇管理。但从调查看，大部分乡镇对农技推广工作不重视，认为农技推广工作可有可无，农业综合服务中心工作人员被安排常年从事乡镇中心工作，与专业业务脱节，农业综合服务中心没有发挥作用，现有机构形同虚设。2007年以来，相继建成了24个乡镇畜牧兽医站，但一些站点选址偏僻，工作人员无法驻扎，群众反映给牲畜诊疗极不方便。基层农技推广机构职能被弱化、农技推广工作被边缘化的趋势越来越明显。由于基层推广机构职能没有发挥，开展农技推广比较困难，发生自然灾害、动物疫情后基层的信息得不到及时准确上报，补救措施不能立即到位。与我县毗邻的庄浪县，各乡镇一直保留着独立的畜牧兽医站，除设有乡镇农业综合服务中心外，每两个乡镇设有1个农技推广区域站，每个区域站都有专门的试验基地，配备3至4名专业技术人员，人、财、物由县农牧局管理，农技推广网络比较健全。而我县作为农业大县，农业技术推广任务量大面广，却没有独立的农技推广区域站和基本的试验基地，与庄浪县形成鲜明对比。

二、专业技术力量不足，不能适应新时期农技推广工作需要。一是专业技术人员短缺。《甘肃省人民政府关于深化改革加强基层农业技术推广体系建设的意见》规定，基层农业技术推广机构专业技术人员占总编制的比例不低于80%，并保持各专业人员之间的合理比例。从我县实际看，虽然农技推广机构工作人员不少，但专业技术人员所占比例很低，专业人员从事非专业工作、非专业人员占用编制、部分岗位空编等问题比较突出。据统计，县乡两级农技推广机构中，专业技术人员仅占38%，特别乡镇农技推广机构中专业技术人员占比更低。乡镇畜牧兽医站编制60人，目前仅配备30人，大部分站只配备1名工作人员，无法正常开展工作。二是县直推广机构专业技术人员更新缓慢、年龄知识老化、人才断档的问题十分突出，与发展现代农业和新时期农技推广工作的需求形成较大差距。如县农技中心现有的29名专业技术人员中，一部分因身体、年龄等原因不能工作，实际能够开展工作的仅有16人，平均每人服务粮田面积7万亩左右。县畜牧兽医局23名专业技术人员中，50岁以上的有11人，占比接近一半，其中有5名将在明年退休。近10年来县直农技推广机构仅引进大中专毕业生17人，后备力量严重不足。调查中基层农技工作人员反映，由于基层农技人员由乡镇管理，农技推广部门对现有工作人员的培训和再教育重视不够，很少开展业务培训，基层人员了解不到新知识新技术，加之长期没有从事农技工作，原先学的一些专业知识和技能也逐渐荒废。

三、农技推广经费不足，在一定程度上制约着农技推广工作的开展。一是技术推广经费严重短缺。1993年颁布的《中华人民共和国农业技术推广法》规定："各级人民政府在财政预算内应当保障用于农业技术推广的资金，并应当使该资金逐年增长。"从统计情况看，县财政对农技推广工作投入的资金很少。2000年以来，除项目配套资金外，县级财政拨付专门用于种子试验推广等农技科研工作的经费仅3万元，农技试验、示范、推广工作滞后。由于无资金储备救灾备荒种子，今年5月份西北部乡镇发生较为严重的霜冻后，只能从外地临时调运，种子迟迟不能到位，致使补种不能及时进行，直接影响群众救灾生产。二是乡镇站所建设资金和工作经费不足。目前，24个乡镇兽医站基础建设全部完成，但仍拖欠工程款120多万元，站内连基本的桌、椅、床等设备都没有，建成的办公用房空置，工作无法启动。现有的界石铺农技推广区域站由于资金问题还没有投入使用。三是村级动物防疫员报酬较低。我县共有村级防疫员395名，共承担95万个标准单位的畜禽防疫工作，报酬仅为省财政补贴的每人每年480元。据乡镇兽医站工作人员反映，由于收入低，村级防疫员普遍工作积极性不高，对分配的疫苗注射等常规性工作任务存在支差应付现象，防疫密度达不到标准，动物疫病防控工作难度较大。

四、农技推广工作不够扎实深入，农业技术的推广普及不够广泛。调查了解到，县直农技推广机构与乡镇农业综合服务中心业务合作不紧密，开展农民技术培训较少，推广方式较为落后，注重点上试验，忽视面上推广，基层相当一部分农业技术的面上推广工作主要依靠乡镇政府行政推动。少数工作人员责任心不强、工作能力较差，开展农业技术宣传推广工作不够扎实深入，农民群众对农业技术的认知程度较低。如在双垄沟播玉米种植中，由于技术示范、指导和宣传不到位，今年西北部乡镇一些村社群众对适宜播种期、点播要领等技术要求没有掌握，加之低温等因素，造成缺苗等问题比较普遍。同时，调查中群众普遍反映目前基层农资市场管理比较混乱，销售假冒农药、籽种等问题比较突出。仁大乡一村干部谈到，由于农资市场混乱，加之农技业务部门对施肥、用药、病虫害防治等知识的宣传普及较少，乡镇没有咨询机构，农民遇到问题无处咨询，容易受一些农资经销商误导重复施肥、用药，增加了生产成本，一些农户因使用假冒伪劣农资造成损失。今年4月份，仁大乡解放、刘川等村村民因使用假冒“伤愈宁”愈合剂，造成100余亩果园共4000余株果树不同程度干枯，损失惨重。原种子公司改制为种子管理站后，其种子经销职能逐步剥离，目前县内种子经销点大多数为委托私人经营，不具备完全经营资格，相当一部分无证无照，市场上种子品种多、乱、杂，一些不适合我县气候地理特点的品种被经销商盲目引进。雷大乡一村支书反映，乡供种站撤销后，农民主要从个体商贩手中买种子，外地来的种子真假难分，品种良莠不齐，质量无法保证，经销商各说各好，群众无所适从。

对今后工作的建议

一、提高思想认识，不断改进加强新时期农技推广工作。科学技术是第一生产力。近年来，中央出台了一系列加强基层农技推广工作的政策规定，国家对农技推广工作的投入逐年加大，各级对农技推广工作的重视程度不断提高。我县是农业大县，以果、薯、畜为主的农牧业已成为富民强县的支柱产业，目前全县粮食作物种植面积达116.67万亩，上报果园面积达到76万亩，畜禽存栏量达138.28万头（只）。随着规模的不断扩大和结构的逐步优化，主导产业面临着挖潜升级、提质增效的艰巨任务，加之我县自然条件差，十年九旱，水资源十分匮乏，农业基础设施比较薄弱，要落实县委、县政府提出的“统筹城乡、均衡南北、改善民生”的总体要求，促进农业增产、农民增收，就必须依靠农业科技的大面积普及、运用和推广。改进和加强农业技术推广工作，是发展现代农业、加快农村经济发展的迫切需要。各级各部门要充分认识农业科技推广工作的重要性和紧迫性，把农业技术推广工作提上重要议事日程，抢抓国家加大基层农技推广体系建设投入的机遇，转变乡镇政府职能，加快基层农技推广机构建设，改革农技推广管理体制，逐步完善农业科技推广网络，不断增加对农技推广工作的投入，保障基层农技推广机构正常运转和职能的有效发挥，切实改进和加强新时期农技推广工作。

二、加强机构建设，构建科学的农技推广服务体系。党的十七届三中全会提出，要加强农业公共服务能力建设，力争三年内在全国普遍健全乡镇或区域性农业技术推广、动植物疫病防控、农产品质量监管等公共服务机构，逐步建立村级服务站点。《甘肃省人民政府关于深化改革加强基层农业技术推广体系建设的意见》也对加强基层农技推广机构建设提出了明确要求。今年，我县被列为全省21个基层农技推广体系改革与建设示范县之一。建议政府按照统筹规划、因地制宜、政府主导、分级负责的原则和多功能、一体化的建设思路，充分考虑自然条件、农业产业布局和交通状况等因素，科学合理选址，在每2~3个乡镇中设置1个跨乡镇或区域性综合农技推广站，配置必要的仪器设备、办公设施、交通工具，实现区域性农业技术推广机构工作有场所、服务有手段、下乡有工具、运转有经费。进一步改革管理体制，对农技推广区域站的人、财、物实行部门垂直管理，确保农技推广机构职能作用得到充分发挥。同时要探索多元化、社会化的农技推广模式，加强对社会力量的引导，支持专业协会、龙头企业和专业合作社提供科技服务，建立以农业技术推广区域站为主体，以龙头企业、科技示范园和专业协会等多种推广模式为补充，覆盖全县的农业技术推广服务体系。

三、提升队伍素质，为农业科技推广提供人才保障。从加快全县农业产业结构调整，促进农村发展、农民增收的现实需要出发，不断加强农技推广队伍建设，提升队伍整体素质，努力建设一支扎根农村、素质较高、数量稳定的基层农技推广人才队伍。一是针对目前乡镇政府工作人员相对富余的现状，将各乡镇农业综合服务中心的专业技术人员逐步从中心工作中脱离出来，让其“专”下来从事农业技术推广工作。对乡镇政府具有专业技术职称、具备工作能力的专业技术人员，选调到农技推广机构工作。通过选聘大中专毕业生等途径，充实农技推广队伍，优化知识和年龄结构。要严格控制非专业人员进入农技推广机构，有效解决农技推广机构人才断档、有牌子无人员、有人员不能开展工作的问题，切实增强农技推广队伍的活力。二是加强农业技术推广人员的培训和再教育。制定农技推广人员再教育工作规划，通过“走出去、请进来”、带薪培训等多种方式，有计划、有步骤地对农技推广人员进行新技术新知识轮流培训，不断提高农技推广人员的整体素质。三是加强农业技术人员的绩效考核。建立绩效考评机制，对农技推广人员要定目标、定任务、定要求，实行包乡、包村、包户和竞争上岗制度，推行由县上业务主管部门、乡镇政府、服务对象三方共同考核的考核评价体系。建立奖惩激励机制，对优秀农业科研成果和做出突出贡献的农业技术推广人员适时进行表彰奖励，并重视农技推广人员的提拔交流，调动基层农技推广人员的工作积极性。

四、加大工作力度，不断提高全县农业技术推广水平。一是农技推广部门要根据目前农村从事农业生产的人员普遍年龄较大、文化素质较低的现状，结合产业发展实际和农时季节特点，组织人员深入村社农户、田间地头，有针对性、有重点地开展实用技术宣传推广，加大工作力度，进行产前、产中、产后全方位的农技服务，满足不同地域农民群众对不同时段的农业科技需求。二是坚持把提高农民的科技素质作为一项长期的任务来抓，有计划地开展农民培训，扩大农民群众对农业科技的知晓程度，提高农民对先进适用技术的接受能力和应用水平。三是认真研究探索市场经济条件下农技推广机构的有效运行模式，进一步创新基层农业技术推广方式，充分发挥农技推广机构的自身优势，积极走产、学、研相结合的路子，加强与科研单位、大专院校、龙头企业的科研协作，多方位、多渠道抓好农技引进、试验、示范、推广，不断提高农技推广实效，增强农技推广工作活力。四是加强对农资消费市场的引导和监管。要强化主管部门的职责，切实加强对种子、化肥、农药、兽药、饲料等生产资料的质量管理和监督，扎实开展农资市场清理整治活动，加大打击力度，严肃查处各类坑农害农的不法行为。加强对农资消费的宣传和引导，培育发展一批农资、种子销售企业，逐步建立健全基层农资、种子销售网络和农业技术咨询机构，指导农民科学施肥，科学用药，降低生产成本，保障农业生产安全。

第二十一次会议　于2010年8月26日在常委会五楼会议室召开，由沙芳琴主持。

会议议程有四项：一、听取和审议财政局局长王敏受政府委托所作的《关于2010年地方政府债券转贷资金相应调整全县财政预算（草案）的报告》，作出《关于批准2010年地方政府债券转贷资金相应调整全县财政预算的决议》；二、听取和审议发展和改革局局长史晓平受政府委托所作的《关于静宁县2010年上半年国民经济和社会发展计划执行情况的报告》；三、听取和审议文体广电局局长牛永琪受政府委托所作的《关于城乡文化市场管理工作审议意见落实情况的报告》、常委会教科文卫工委主任冯克勤所作的《关于文化市场管理工作审议意见落实情况的检查报告》，产生《关于城乡文化市场管理工作的审议意见》；四、听取和审议检察院检察长陈龙所作的《关于开展法律监督工作情况的报告》、常委会司法民政工委主任马世明所作的《关于县人民检察院法律监督工作情况的检查报告》。会上，政府常务副县长杨晓勇、副县长孙步功、检察院检察长陈龙就落实审议意见分别作表态发言。

第十五届常委会组成人员张自杰、王星耀、高恒、沙芳琴、陈进财、慕锡武、陈尚孔、李金、胡志科、杨晓光、李成蹊、杜文彪、高长茂、姚国奇、厚学、吴水利、裴晓江、张来有、李会宾出席会议；县委常委、政府常务副县长杨晓勇，副县长孙步功、法院院长李根进、检察院检察长陈龙、政府办公室副主任何浩强、发改局局长史晓平、财政局局长王敏、文体广电局局长牛永琪、教育局局长李永成、公安局副局长贾向晖、工商局副局长刘考学、电信局局长张倡盛、消防大队大队长顾建宏，常委会各委室负责人马世明、武文学、冯克勤、杨立新、李忠荣、贾平峰、李文环、胡生忠、李稳收、宋正祥，市、县人大代表王国随、曹宁子、李如泰、马艳芬，甘沟乡、细巷乡人大主席凌森、张红专列席会议；另有16名公民代表应邀旁听会议。

第二十二次会议 于2010年10月28日在常委会五楼会议室召开，由陈进财主持。

会议议程有五项：一、人事任免；二、听取和审议政府办公室副主任何浩强受政府委托所作的《关于县第十五届人民代表大会第四次会议代表意见建议办理情况的报告》、常委会代表联络工委主任杨立新所作的《关于县十五届人大四次会议代表意见建议办理督查情况的汇报》；三、听取和审议住房和城乡建设局局长景来万受政府委托所作的《关于城区供热监管审议意见落实情况的报告》、常委会农业财经工委主任武文学所作的《关于城区供热监管工作审议意见落实情况的检查报告》；四、听取和审议法院院长李根进所作的《关于民商事案件审判执行工作情况的报告》、常委会司法民政工委主任马世明所作的《关于县法院民商事案件审判执行工作情况的调查报告》；五、审议通过《静宁县人民代表大会常务委员会规范性文件备案审查暂行办法》。会上，副县长沈学英、法院院长李根进就落实审议意见分别作表态发言。

第十五届常委会组成人员张自杰、王星耀、高恒、沙芳琴、陈进财、慕锡武、陈尚孔、李金、胡志科、杨晓光、李成蹊、杜文彪、高长茂、厚学、吴水利、裴晓江、张来有、张三相、李会宾出席会议；政府副县长沈学英、法院院长李根进、检察院检察长陈龙、政府办公室副主任何浩强、环保局局长厚连世、住建局局长景来万、公用事业管理局局长陈红福、安监局副局长谭廷献、工商局局长马川娃、物价局局长杨升旺、工信局副局长雷春和、消防大队大队长顾建宏、房产局副局长王福生，常委会各委室负责人马世明、武文学、冯克勤、杨立新、李忠荣、贾平峰、李文环、胡生忠、李稳收、宋正祥，市、县人大代表杜耀文、吕润霞、马艳芬、王凤，红寺乡、四河乡人大主席宋振林、梁景泰，城区各居委会主任、部分供热企业负责人列席会议；8名公民代表应邀旁听会议。

附：

人事任免

凌晓文任县人民政府副县长

第二十三次会议 于2010年12月10日在常委会五楼会议室召开，由慕锡武主持。

会议议程有三项：一、人事任免；二、听取和审议公安局局长梁文义受政府委托所作的《关于全县公安队伍建设情况的报告》、常委会司法民政工委主任马世明所作的《关于全县公安队伍建设情况的调查报告》，提出《关于全县公安队伍建设情况审议意见》；三、审议通过召开十五届人大五次会议的有关事项。会上，政府副县长周永宏就落实审议意见作表态发言。

第十五届常委组成人员张自杰、王星耀、沙芳琴、陈进财、慕锡武、陈尚孔、李金、胡志科、杨晓光、李成蹊、杜文彪、姚国奇、吴水利、裴晓江、张来有、李会宾、张三相出席会议；政府副县长周永宏、法院院长李根进、检察院检察长陈龙，公安局局长梁文义、政委马正芳、班子成员贾向晖、陈万学、窦志德、樊建武、赵聚海、王康明、张针安，政府办公室副主任何浩强，常委会各委室负责人马世明、武文学、冯克勤、杨立新、李忠荣、贾平峰、李文环、胡生忠、李稳收、宋正祥，市、县人大代表李如泰、李宏杰、付鹏举、赵宏军，城关、界石铺镇人大主席杨联斌、王胜利，基层派出所、交警大队负责人王国定、张金明、杨永祥、任新树、黎渊斌、赵志荣、张坤阳、刘永勇列席会议。

附：

人事任免

接受王守荣、厚学辞去县第十五届人大常委会委员职务的请求

第二十四次会议　于2010年12月21日在常委会五楼会议室召开，由陈尚孔主持。

会议议程有四项：一、审议通过十五届人大五次会议建议日程、主席团会议建议日程、代表团编组和各类名单（草案）；二、听取和审议常委会代表联络工委主任杨立新所作的《关于代表补选情况的汇报》；三、审议通过常委会工作报告；四、审议通过常委会关于十五届人大四次会议代表意见建议办理情况的报告。

第十五届常委会组成人员张自杰、王星耀、沙芳琴、陈进财、慕锡武、陈尚孔、李金、胡志科、杨晓光、李成蹊、杜文彪、高长茂、姚国奇、厚学、吴水利、裴晓江、张三相、张来有、李会宾出席会议；常委会各委室负责人马世明、武文学、冯克勤、杨立新、李忠荣、贾平峰、李文环、胡生忠、李稳收、宋正祥列席会议。

第二十五次会议　于2011年3月28日在常委会五楼会议室召开，由张自杰主持。

会议议程有两项：一、听取和审议财政局局长王敏受政府委托所作的《关于2011年全县财政收支预算调整情况的报告》、常委会农业财经工委主任武文学所作的《关于2011年全县财政收支预算调整情况的审查报告》，作出《关于静宁县2011年财政收支预算调整的决议》；二、审议通过常委会2011年工作要点及重点工作行事历。会上，政府常务副县长杨晓勇就落实审议意见作表态发言。

第十五届常委会组成人员张自杰、王星耀、高恒、沙芳琴、陈进财、慕锡武及委员共21人出席会议；县委常委、政府常务副县长杨晓勇，法院院长李根进、检察院检察长陈龙，政府办、财政局、常委会各委室负责人列席会议。

附：

县人大常委会2011年工作要点

2011年，县人大常委会要在中共静宁县委的正确领导下，以邓小平理论、“三个代表”重要思想和科学发展观为指导，认真贯彻落实县委十五届十八次全委（扩大）会议和县十五届人大五次会议精神，按照围绕中心、贴近民生、服务发展、促进和谐的基本要求，切实履行宪法和法律赋予的各项职责，努力在推动全县经济社会科学发展方面作出新贡献、取得新成效。

一、依法审议决定重大事项，不断深化工作监督

（一）把推动县上重大决策部署的落实作为人大工作的着力点，紧紧围绕全县工作大局，抓住事关经济社会发展的重大问题，适时作出决议、决定，努力通过人大法定程序把县委的决策部署转化为全县人民的自觉行动，使党的主张、人民意志和法律规定在人大工作中得到更好的统一和体现。

（二）加强对计划、财政预算执行和重大项目建设工作的监督，审查批准县政府关于2010年财政决算、2011年财政预算调整、2011年国民经济和社会发展计划调整报告，听取、审议县政府关于2010年财政预算执行情况的审计工作报告和2011年上半年经济社会发展计划执行情况的报告，结合实际提出意见建议，促进提高计划和预算执行的科学性和严肃性。

（三）坚持以人为本、高度关注民生，综合运用调研、视察、执法检查、听取审议工作报告等监督方式，加强对农村基础设施建设、城区居民饮水安全、商品房价格监管等方面工作的监督，推动解决人民群众最关心、最直接、最现实的一些突出问题，促进保障和改善民生。

（四）认真贯彻落实监督法和甘肃省实施监督法办法，进一步改进监督方式方法，有针对性地选择一些议题进行专题询问，丰富人大监督方式；采取灵活多样的方式，进一步扩大代表和群众参与人大监督工作的范围，增强监督工作透明度；继续强化跟踪监督，督促“一府两院”及相关部门抓好常委会决议、决定和审议意见的落实，对近几年审议过的县城规划建设及管理等人民群众普遍关注的热点难点工作进行跟踪问效，听取审议意见落实情况专题报告，督促抓好重点问题的整改落实，不断增强监督实效。

二、积极开展法律监督，着力推进依法治县

（五）扎实推动法制宣传教育工作，听取、审议县政府关于法制宣传教育工作情况的报告，审查批准“六五”普法规划，促进抓好法制宣传教育工作，增强干部群众的法律意识和法制观念。

（六）加强和改进执法检查工作，坚持对重点部门执法工作进行监督，推动解决在公共安全、城乡规划、价格监管等有关法律法规实施中存在的有法不依、执法不严、违法不究等一些突出问题，确保法律法规的正确贯彻实施，促进依法行政、创优发展环境。

（七）加强对审判、检察、公安工作的监督，对法、检两院年度执法情况进行检查、审议，对2010年县人大常委会审议的全县公安队伍建设工作进行持续监督，促进法院、检察院和公安部门进一步规范执法行为，提高执法水平，维护司法公正。

（八）根据监督法和《静宁县人大常委会规范性文件备案审查暂行办法》的有关规定，健全制度，完善程序，做好规范性文件备案审查工作。

（九）认真做好信访工作，把办理群众涉法涉诉信访案件作为法律监督的重要方面，协调、督促有关部门对群众反映的涉法涉诉信访案件进行及时处理和答复，维护

群众合法权益和社会和谐稳定。

（十）配合省、市人大对有关法律法规的实施情况进行检查，积极开展立法调研、法规草案征求意见等工作。

三、切实加强代表工作，充分发挥代表作用

（十一）重视代表的学习培训，为基层代表免费订阅人大报刊、寄送文件资料，有计划地对人大代表开展专题培训，提高代表履职能力。

（十二）坚持开展常委会联系代表、代表联系选民的“双联系”活动，扩大代表列席常委会会议、参与常委会执法检查、集中视察和专题调研活动的范围。坚持召开政情通报会，向代表通报全县重大事项和经济社会发展情况，为代表依法履职创造必要条件。

（十三）按照《静宁县人民代表大会代表建议、批评和意见处理办法》的规定程序和要求，做好代表意见建议办理工作。加大意见建议督办力度，对重点意见建议由常委会领导亲自督办，组织代表分片、分行业对意见建议的办理情况进行现场视察，对近几年的B类和C类代表意见建议办理落实情况进行“回头看”，督促承办单位不断提高重视程度和办理质量。

四、改进人事任免工作，认真搞好换届选举

（十四）坚持党的领导、充分发扬民主、严格依法办事，做好人事任免工作。改进和完善人事任免程序，实行任前法律知识考核、任后表态发言、颁发任命书等制度，增强被任命人员的民主意识、法律意识和责任意识，促进其廉洁自律、依法行政、更好地履行职责。

（十五）按照中央和省、市、县委及上级人大的统一部署，精心组织实施好县、乡人大换届选举有关工作。认真贯彻执行新修订的选举法，研究实行城乡按相同比例选举代表出现的新情况、新问题，严格依法做好各个环节工作，确保圆满完成新一届县、乡人大代表的选举任务。

五、重视加强自身建设，努力提高工作水平

（十六）贯彻落实市委人大工作会议和市、县委关于加强人大工作的有关意见精神，健全人大工作机构，充实工作力量，完善工作制度，不断加强人大工作。正确处理监督、支持与服务的关系，坚持在党委领导下依法履职，加强与“一府两院”的沟通联系，合力推动经济社会科学发展。

（十七）围绕创建学习型、服务型、务实型、创新型、规范型机关，全面加强机关思想、组织、作风、业务和廉政建设。抓好常委会各项制度和工作职责的落实，充分发挥各工作机构的职能作用。加强常委会组成人员和工作人员的学习培训，不断提高议事能力和工作水平，努力把常委会建设成为依法办事的权力机关、规范高效的工作机关、亲民务实的代表机关。

（十八）坚持说实话、办实事、求实效，不断改进工作作风，加强调查研究，通过深入基层和群众，及时掌握全县经济建设和社会发展的实际情况，形成一批有水平、有分量的调研报告，客观准确地反映存在的问题，提出切实可行的意见建议，为常委会审议工作和决定事项提供可靠依据，增强人大工作为全县发展大局服务的科学性、实效性。

（十九）加强与乡镇人大的联系，对乡镇贯彻落实县委《关于进一步加强县乡人大工作的意见》精神的情况进行检查，督促指导乡镇人大加强机构、制度和队伍建设，依法做好各项工作。

（二十）加强人大宣传工作，充分利用各种新闻媒体和宣传阵地，多渠道、多形式积极向外界宣传展示全县民主法制建设和经济社会发展成就。

县人大常委会2011年重点工作安排情况表

表4-42

<table>
<tr><th>时间</th><th>主要工作</th><th>分管领导</th><th>牵头部门</th><th>参与部门</th></tr>
<tr><td rowspan="3">1至4月</td><td>交办县十五届人大五次会议代表意见建议</td><td rowspan="3">慕锡武</td><td>代表工委</td><td>办公室</td></tr>
<tr><td>督查乡镇人大贯彻落实县委《关于进一步加强县乡人大工作的意见》精神的情况</td><td rowspan="2">办公室</td><td rowspan="2">各委室</td></tr>
<tr><td>县第十五届人大常委会第二十五次会议：1.讨论通过县人大常委会 2011 年工作要点。2.听取、审议县政府关于 2011 年财政预算调整的报告</td></tr>
<tr><td rowspan="2">5至6月</td><td>调研城区居民饮水安全工作</td><td>陈进财</td><td>农财工委</td><td>办公室</td></tr>
<tr><td>县第十五届人大常委会第二十六次会议：1.听取、审议和批准县政府关于 2010 年财政决算的报告；2.听取、审议县政府关于 2010 年财政预算执行情况的审计工作报告；3.听取、审议县政府关于 2011 年国民经济和社会发展计划调整的报告；4.听取、审议县政府关于城区居民饮水安全工作情况的报告</td><td>慕锡武</td><td>办公室</td><td>各委室</td></tr>
<tr><td rowspan="4">7至8月</td><td>检查全县公安队伍建设有关审议意见落实情况</td><td>陈尚孔</td><td>司民工委
信访室</td><td>办公室</td></tr>
<tr><td>督办代表意见、建议</td><td rowspan="3">慕锡武</td><td rowspan="2">代表工委</td><td rowspan="2"></td></tr>
<tr><td>召开人大代表政情通报会</td></tr>
<tr><td>县第十五届人大常委会第二十七次会议：1.听取、审议县政府关于 2011 年上半年国民经济和社会发展计划执行情况的报告；2.听取、审议县政府关于落实全县公安队伍建设有关审议意见情况的报告</td><td>办公室</td><td>各委室</td></tr>
</table>

续表4-42

时间	主要工作	分管领导	牵头部门	参与部门
9至10月	检查县城规划管理有关审议意见落实情况	高　恒	农财工委	办公室
	县第十五届人大常委会第二十八次会议：1.听取、审议县政府关于县十五届人大五次会议代表意见、建议办理情况的报告；2.听取、审议县政府关于落实县城规划管理有关审议意见情况的报告	慕锡武	办公室	各委室
11至12月	视察县政府承诺的10件实事落实情况	王星耀 沙芳琴	办公室	各委室
	检查县法院、县检察院2011年度执法工作	陈尚孔	司民工委 信访室	办公室
	县第十五届人大常委会第二十九次会议：1.听取、审议县政府关于10件实事办理落实情况的报告；2.听取、审议县法院、县检察院关于2011年度执法工作情况的报告	慕锡武	办公室	各委室
	筹备召开县十六届人大一次会议；总结2011年工作，制定2012年工作要点；收集向省、市人代会提交的代表意见、建议			

第二十六次会议　于2011年6月27日在常委会五楼会议召开，由王星耀主持。

会议议程有五项：一、人事任免；二、听取和审议发改局局长史晓平受政府委托所作的《关于静宁县“十二五”规划及2011年国民经济和社会发展计划调整情况的报告》，作出《关于静宁县“十二五”规划及2011年国民经济和社会发展计划调整的决议》；三、四两项合并进行：听取和审议财政局局长王敏受政府委托所作的《关于2010年全县财政决算（草案）的报告》、审计局局长郭三省受政府委托所作的《关于2010年县级财政预算执行情况的审计工作报告》、常委会财政预（决）算审查组组长杨立新所作的《关于2010年全县财政决算的审查报告》，作出《关于批准静宁县2010年县级财政决算的决议》；五、听取和审议水务局局长樊旺受政府委托所作的《关于城区居民饮水安全情况的报告》、常委会农业财经工委主任武文学所作的《关于城区居民饮水安全工作情况的调查报告》，提出《关于转交办理县第十五届人大常委会第二十六次会议关于城区居民饮水安全工作情况审议意见的函》。会上，政府常务副县长杨晓勇就落实审议意见作表态发言。

第十五届常委会组成人员张自杰、王星耀、高恒、沙芳琴、陈进财、慕锡武、李金、胡志科、高长茂、李成蹊、杜文彪、马世明、武文学、冯克勤、杨立新、吴水利、张三相、李会宾、裴晓江、张来有出席会议；县委常委、政府常务副县长杨晓勇，检察院检察长陈龙、法院副院长张维平，政府办公室副主任徐小胜、发改局局长史晓平、财政局局长王敏、审计局局长郭三省，水务局局长樊旺、副局长王小宁，卫生局副局长王永强、住建局副局长张峰、环保局局长厚连世、规划局副局长柴永生、卫生监督所所长王宁香、给排水公司经理王大学，以及疾控中心、街道办、常委会各委室负责人，原安乡人大主席文慧轶、灵芝乡人大主席李党勤，市、县人大代表曹宁子、张占彬、阎学恭列席会议；另有13名公民代表应邀旁听会议。

附：

人事任免

田　霆任县人民法院审判员

张翻平任县人民法院审判员

赵永灵任县人民法院审判员

免去：

蔡尚志县人民法院审委会委员、审判员职务

王锡功县人民法院审判员职务

鲍克荣县人民法院审判员职务

王淑芳县人民法院审判员职务

李尚明县人民法院审判员职务

吕文军县人民法院审判员职务

阎学忠县人民法院审判员职务

关于城区居民饮水安全工作情况的调查报告

由常委会副主任陈进财带队，常委会办公室、农业财经工作委员会、县水务局、住建局、环保局、卫生局、规划局、街道办、卫生监督所、疾控中心、给排水公司等单位负责人和工作人员组成调查组，于5月中旬至6月中旬，先后深入东峡库区、五台山水厂、甘泉调水工程、北水南调工程、党塬水厂以及给排水公司，采取现场察看、查阅资料、走访座谈等方式，对城区居民饮水安全工作情况进行了调研。

一、城区供水工作基本情况

目前城区供水主要由县给排水公司承担（工业园区自建水厂1处，配备水处理设施，供园区生产生活用水），水源主要来自东峡库区、古城庙堡、城川红旗。给排水公司现拥有水厂3处（东峡、甘泉、五台山）、净化站1处（店子山），平均日供水量4206立方米，供水范围涉及城区及“三关”一城及八里高城寨、城川乡部分村社，用水人口约8.8万人。其中，东峡水库水厂始建于1984年，后又建成大口井4眼、辅助冲击井1眼，300立方米蓄水池1座，设计供水量2400立方米，加上库区蓄水供应，目前最大日供水量2900立方米；甘泉调水工程建有大口井3眼，2000立方米高位水池1座，二级泵站1座，原设计日供水量4800立方米，2010年又新开3眼辅助冲击井以补充水源，目前向城区最大日供水量1000立方米；五台山水厂原为农村饮水安全项目，2005年1月划归为城区补充水源，现有大口井3眼，900立方米高位水池1座，原设计日供水量为1700立方米，目前最大日供水量760立方米；店子山水净化站建成于1994年，有1000吨原水池2座，160吨澄清池2座，320吨过滤池1座，1000吨清水池1座，加药室1间，原设计日处理水能力为6000立方米。

从调查看，经过多年的努力，我县城区供水事业得到了较大发展，供水安全工作取得了一定成绩。

一是拓展水源地范围。从1984年实行集中供水以来，县城供水主要依靠东峡库区，由于水量不足和上游污染严重，在2001年前后一度造成“水荒”。2006年，为解决城区居民饮用水供应不足、水质差的问题，经多方论证，县上决定以水量丰富、水质较好的古城庙堡作为县城主供水源，筹资1702万元建成了甘泉调水工程，将东峡库区水源地和五台山水厂作为城区供水备用水源纳入管理，使城区居民饮水安全状况在一个时期内得到了明显改善。

二是扩大供水管网覆盖面。2005年以来，结合县城道路改造工程，县上先后投资230余万元，对县城大部分供水主管网进行了改造。目前城区供水管网达45公里，其中城区主道路铺设管网15公里，次道路及区间道路铺设管网30公里，基本覆盖了新、老城区。

三是开展水源地保护。县上先后制定了《东峡水库饮用水水源保护区防治管理暂行办法》《甘渭河庙堡饮用水水源保护区防治管理暂行办法》，并成立了饮用水源地污染防控领导小组，负责水源地防治管理工作，主管部门划定保护范围，设立界桩和保护标志牌，坚持定期对水源地开展巡回检查。针对水源地上游及周边工业污水污染问题，2005年，通过省、市、县协调，关停了东峡水库上游宁夏隆德县境内的王恒造纸厂，2008年关停了庙堡水源地上游的古城乡金鑫淀粉厂等污染企业，较好地保障了水源地安全。

四是提高供水应急保障能力。为了缓解近年来城区用水量急剧增加、供需水矛盾日益突出的问题，县上先后通过新建辅助井、探测新水源、开采深层地下水等途径保障城区用水。2010年9月，在甘泉调水工程水源地新打应急辅助冲击井3眼，11月下旬在东峡水库新打辅助冲击井1眼，作为补充水源；今年3月，委托省地矿局勘测院对地下深层水资源进行了现场踏勘和物探，决定在司桥白土岔靳家湾打探深井，提取深层地下水，以补充城区生产生活用水，目前已钻探180多米；今年5月份，针对城区供水持续紧张的现状，县水务局在东峡牟沟动工新建大口井2眼，工程正在加紧施工。

二、存在的主要困难和问题

城区供水工作虽然取得了一定成效，但要实现居民安全饮水，还面临着许多困难和问题，需要认真研究解决。

（一）水源地水位下降严重，现有工程供水能力大幅降低

调查了解到，近几年古城庙堡、东峡库区和城川红旗三处水源地水位直线下降，

导致供水能力严重不足，目前三处水源地日供水量不足3800立方米（仅为设计能力的40%），无法保证城区用水，已严重威胁到供水安全。据水务部门测量，东峡水源地水井水位由2003年的9米下降为目前的2米，城川红旗水源地水位由2003年的9米下降为目前的2米，城川红旗水源地水位由2002年的8米下降为2米，庙堡水源地水位由2006年的9米下降为2.8米。由于水位下降，一些取水井已无法正常工作，东峡库区1、2号大口井每抽4小时必须得停4小时左右，待水位恢复后才能继续工作，供水能力仅为设计的一半左右。

从调查看，造成水位急速下降的原因除水资源本身匮乏以及持续干旱影响外，还存在开采缺乏科学性的问题。如甘泉调水工程庙堡水源地，原设计日供水能力为4800立方米，起初确定为县城供水主水源地，设计供给城区及司桥、古城部分农村共6.04万人的用水。但2008年又在该地启动实施了北水南调工程（设计日供水能力为2978立方米），目前在庙堡水源地共建有党塬水厂、甘泉调水、北水南调、古城陈河杨沟南山人饮等多处调水工程，两公里范围内打有取水井11眼（其中大口井8眼，冲击井3眼），设计日供水能力总计为8451立方米，供水范围涉及城区及城川、司桥、古城等8乡镇近20万人。受气候干旱和流域上游大量开采地下水等因素影响，近年该水源地的水量明显减少，加之开采强度过大，几个供水工程争水的问题比较突出，已不能满足供水需要。如北水南调工程取水井位于甘泉调水工程取水井下游，离甘泉调水工程3号井仅300米，且比甘泉工程水井深2米左右，对甘泉工程取水造成较大影响。目前3号井已因无水而停用，1号、2号井也不能连续供水，日出水量仅为1800立方米左右，在满足沿线司桥乡部分农村用水的同时，少量补充城区供水（每天不足1000立方米），远达不到设计规模。如果水位继续下降，几处工程供水量还将减少，势必使城区供水陷入困境。

（二）城区用水量急剧增大，供需矛盾日益突出

随着城镇化步伐的加快，近年县城规模不断扩大，居民人数迅速增加，用水量也大幅度增长。据统计，2010年底城区有常住人口6.8万人、流动人口2万人，平均日用水量为4206立方米，与2001年日用水量1725立方米、2009年日用水量2500立方米比较，分别增长了144%和68%，今年4、5月份进入用水高峰期后，城区日用水量最高时达5000立方米。由于供水工程建设跟不上城市发展步伐，目前城区供水保障能力较低，断水、水压不足等现象经常出现，供需水矛盾比较突出。2010年冬季，几处水厂取水点同时发生水荒，由于没有备用取水井，水务部门不得不临时在东峡库区新打辅助冲击井以补充供水需要；今年5月18日，因水量不足又临时抽取东峡库区蓄水补充城区供水。特别是今年4月份以来，城区多处楼房五楼以上经常停水，严重时东城区等一些地势较高的楼房二楼也无法保障供水，给广大居民生产生活带来严重影响，群众怨声很大。按照“十二五”规划，未来5年县城人口将增加到18万，2015年城区日用水量将达到1.08万立方米，按照目前最大供水能力，每天缺口达6140立方米。可以说，供水不足在一定程度上已经成为制约县城进一步发展的“瓶颈”。按照规划，引

洮二期工程最早将于2016年在我县建成，但我县处在工程末梢，水源有无保障还不确定。因此，未来县城供水面临的形势非常严峻，如不未雨绸缪、及早规划、加大水资源开发、加强供水工程建设，县城供水随时可能出现问题，不仅会影响群众的正常生产生活，也将会影响县城的发展和社会的稳定。

（三）基础设施建设滞后，供水保障水平亟待提高

一是部分供水管网老化。旧城区供水管网大部分建于上世纪80年代，2005年以来先后对中街、阿阳路、人民路、北二环路、北环路和西环路等部分供水主支管网进行了改造，但仍有东关盘旋路至加油站约600米供水主管网和师范巷、红学巷、新街、文化街、永福巷等路段以及部分居民小区内的约15公里供水支管网未改造。这些主支管网由于年久失修，锈蚀特别严重，经常发生跑、冒、滴、漏现象，供水损失较多。同时，在市政工程建设中对各种管网改造没有通盘考虑、统筹建设，如2010年在改造东关盘旋路至加油站段道路时，没有对供水管网进行改造，从而给今后的改造增加成本和造成不便。

二是检验监测设备短缺。根据建设部《城市供水水质标准》规定：城市公共集中式供水企业应建立水质检验室，配备与供水规模和水质检验项目相适应的检验人员和仪器设备，对水源水的浑浊度、细菌总数、氨氮等9项指标每日至少检测1次，对出厂水的余氯、总大肠菌群、耐热大肠菌群等9项指标每日至少检测1次。但据了解，县给排水公司现有设备无法检测氨氮、总大肠菌群、耐热大肠菌群等指标，达不到规定的日常检验要求。

三是净化处理设施落后。目前，五台山水厂没有水处理设施，所取水直接进入城区供水管网。东峡水库水厂和甘泉工程水质处理由店子山水净化站承担。现有的净化车间始建于1994年，由于建设年代较早，加之设备简陋，仅能对原水进行加药消毒以及沉淀、澄清，去除原水中的部分泥沙、杂质及悬浮物，对于水质的一般化学指标（如农药化肥污染、重金属离子超标等）无有效的净化处理作用，已基本不能使用。调查中同时了解到，就如此简单的处理，由于净化站高程不够也无法进行。按照净化站水质处理流程，原水在进入高位水池加氯后，再由净化车间进行处理，最后进入清水池，由清水池向主管网供水，但由于清水池高程达不到要求，造成整体供水水压不足。据实地测量，店子山水净化站高位蓄水池海拔高程为1723米，净化车间高程为1712米，清水池池底高程为1707米，东拓阳光嘉园地面高程为1702.5米，东环路口为1692米，阿阳实验学校为1679米。给排水公司称，为保证水压，只能从蓄水池直接供水，导致原水未净化处理直供居民。

（四）管理工作不到位，居民用水水质差

一是供水单位管理不严。从调查看，给排水公司存在安全观念淡薄、内部管理不到位、服务意识不强的问题，对居民用水安全重视不够，对有关规定落实不力，对出现的新情况、新问题防范意识不强，对可能发生的突发水污染事件缺乏必要的预防和应急处置方案。在执行安全供水制度方面，对有关保证供水质量和安全规定落实不

力。如在2009年10月的检查中发现，从2007年起，给排水公司在甘泉工程水量充足的情况下，未经县上批准，私自启用水质较差的东峡库区备用水源向城区供水。对此，给排水公司辩解是甘泉工程水泵出了故障，实质是只考虑单位效益而忽视了居民饮水安全。在供水设施安全管理方面，一部分水源地取水井没有设置围护栏，井口露天，一些井盖用铁丝代替门锁，不利于防范人为事故，加之日常巡查管护较少，存在安全隐患。调查中看到，店子山水净化站高位蓄水池作为向城区供水管道的总出口，紧邻312国道，外围围墙低矮且多处残缺不全，原水池面部通气管口径较大，周围没有围墙护栏等必要的防护设施。在日常服务方面，存在重收费、轻服务的倾向，调查中部分居民反映给排水公司对用户投诉的一些影响居民正常用水问题重视不够，如在处理因供水管道漏水、道路施工而引起的停水断水事故时行动不及时，缺乏抢险救急意识；特别在处理水费收缴上的矛盾纠纷时，与用户很少衔接沟通，因个别人欠费而整栋楼停水，用户意见较大。

二是净化处理措施未落实。总体上看，目前城区水源水质比较差。按照国家环境保护总局、国家质量技术监督总局发布的《地表水环境质量标准》《地下水质量标准》规定，集中式生活饮用水地表水源地水质应达到Ⅱ类，地下水水质应达到Ⅲ类。据主管部门提供的数据和卫生部门的检测结果，东峡水库库区地表水氯化物、硫酸盐、细菌总数等8项指标不符合《地表水环境质量标准》的规定，水质评价指标为Ⅲ类，库区蓄水属中富营养化等级，不适合于城市饮用供水；五台山水厂水源水的氟、硫酸盐、细菌总数、大肠杆菌等7项指标严重超标，水质评价指标为Ⅳ类（适用于农业和工业用水，要作为生活饮用水必须进行处理）。卫生部《生活饮用水集中式供水单位卫生规范》规定：当供水水源水质不符合规定时，应采用相应的净化工艺进行处理，处理后的水质应符合规定。按照这一要求，我县城区供水原水都需净化处理。但县给排水公司的水处理设备基本未用，从2007年起就以水压不够等为由停用净化车间，对原水没有按规定进行净化处理，仅加氯消毒后直接进入供水管网，居民用水安全无从保证。今年5月18日，由于城区供水水源紧张，给排水公司临时从东峡库区坝面取水补充，发现杂质后重新启用净化车间进行水质澄清，但5月24日调查组再次调查时，净化设备已停用。从调查情况看，目前城区居民对水质意见较大。一些居民反映，从去年冬季以来，城区自来水水质一直比较差，时常有悬浮物出现，烧开后有很厚一层沉淀物，口感差且有异味；5月初卫生监督部门检测数据显示，城区部分末梢水总硬度达到每升541.9毫克（限值为每升450毫克），超标91.9毫克。

三是部门职责缺失。在用水安全监督管理方面，相关职能部门责任意识不强、职责履行不到位。如有关职能部门对水质监测把关不严，化验、检测项目不全，取样、送检、反馈、监督、整改等制度落实不到位，甚至流于形式，起不到应有的监测和防范作用。卫生监督所采取由给排水公司自己取样送检的方式进行水质监测，对已发现的影响供水安全问题长期放任不管等，使有关法规规定的监督措施失去了作用。早在2007年，县卫生监督所就发现给排水公司停用净化车间，对原水未按规定进行净化处理就直接供入管网，在与给排水公司交涉后因对方推诿拖延也就不了了之。

四是水源地保护不够。《生活饮用水集中式供水单位卫生规范》规定：在生活饮用水水源地单井或井群影响半径范围内（按照甘肃省水文水资源局的计算，我县甘泉工程水源地一级保护区半径为0.4公里，二级保护区半径为4公里，东峡水库水源地一级保护区半径为0.08公里，二级保护区半径为0.8公里）不得使用工业废水或生活污水灌溉和施用难降解或剧毒的农药，不得堆放废渣等。调查了解到，目前用于城区供水的东峡水库、五台山水厂、庙堡水源地周围大部分是耕地、农田和村民居住区，部分取水井就建在农田中间，周边群众没有形成水源保护意识，化肥农药、居民生活垃圾和污水对水源地的污染比较突出。同时，东峡水库上游隆德县沙塘、神林、联财等乡镇的洋芋淀粉加工厂、洗毯和屠宰等企业的工业污水以及隆德县城的生产、生活污水对水源造成很大污染。甘泉调水工程水源地上游的隆德县温堡乡草浆厂、淀粉加工企业无任何污水处理设施，废水直排水源地，污染隐患时时存在。

三、今后工作的建议

城区供水不仅直接关系到广大居民的生产生活，而且关系到县城的发展、社会的稳定，也直接影响党和政府在群众中的形象。随着经济社会的快速发展和城市化进程的不断加快，城区需水量将进一步增加，居民安全用水情况更不容乐观。面对严峻形势，我们要清醒地看到城区安全饮水工作面临的困难和问题，充分认识到加强城区安全饮水工作的重要性和紧迫性，把保障城区居民安全饮水作为近期要致力解决的头等民生工程提上重要议事日程，采取有力措施，加快供水工程建设，增强供水能力，加强用水管理，提高供水质量，切实保障城区供水用水安全。

（一）科学规划，积极加强备用水源建设。要立足当前、着眼长远，科学制定水源建设中、长期规划，合理利用和开发水资源，保障城区居民安全饮水。一要按照“先急后缓、先重后轻、突出重点、分步实施”的原则，认真做好饮用水资源的调查，聘请具有先进探测设备和较高技术资质的勘探队，对全县水资源的分布、水源构成、水质状况等进行科学勘测，积极寻找新的水源，科学论证，统一规划，统筹开发。二要加快县城供水安全保障及应急系统建设，尽早规划建设战略储备水源和应急备用水源，制订特枯年或连续干旱年等特殊情况下的水资源配置和供水联合调度方案，完善城区供水安全保障体系，进一步提高抗击风险的能力。三要对甘泉工程、北水南调工程等饮水工程“争采一地水、个个吃不饱”问题进行认真研究，科学合理分配水源，确保工程发挥最大效益，防止过度开采造成资源损失和资金浪费。四要加大引水项目争取力度，积极衔接，争取尽快实施引洮二期工程。同时，着力做好深层地下水的勘测开采，缓解目前供水压力，保障长远供水。

（二）加大投入，努力改善基础设施条件。要进一步加大对城区供水事业的投入力度，多方争取项目，加强对供水单位的资金扶持，有计划地对取水、净化、供水、加压、输水等设施进行改造，提高供水保障能力。一要尽快建设水净化处理厂。针对目前城区所有水厂均无符合要求的水处理和净化设备的现状，要千方百计想办法，在城区新建1处高程、水压、处理能力符合供水需要的水净化处理厂，配备先进的水质净化处理设备，严格按有关规范进行水质处理，使居民饮用水水质能够在短期内有较大改善，保障和维护居民身体健康。二要重视供水管网改造。加大供排水管网改造力度，在城市维护改造建设中统筹考虑供排水管网改造，及时更新改造城区陈旧、老化的供排水管网。特别要重视加大对供水支管网、末梢管网的改造力度，加快推进供水计量系统改造，严格落实抄表到户规定，最大程度地减少水资源浪费和水质二次污染。三要更新水质检测设备。政府要投入资金，引进先进的水质化验检测设备，督促卫生部门和给排水公司严格按照国家有关规定开展水质化验，提高水质监测水平。

（三）强化监管，全力保障居民用水安全。一要加强队伍建设，强化供水单位日常管理。主管部门要督促给排水公司进一步完善运行机制，健全各项管理制度，切实加强内部管理，提高运行的规范化、科学化水平。给排水公司要树立“以安全供水为目标、以用户需求为导向、以服务用户为中心、以用户满意为标准”的经营理念，认真抓好各项制度的完善和落实，加强对供水各项设施设备的日常运行保养和维护，对取水井口、蓄水池等关键部位，要严格执行有关规定采取有效防护措施，确保运行安全；进一步加强水质净化管理，充分利用现有设备，严格按照饮用水处理流程进行水质处理，严禁未经净化处理直供。同时，要进一步加强队伍管理，强化为民意识、服务意识，在日常供水管理上做到想群众所想、急群众所急、解群众所难，以良好的服务赢得广大居民对供水工作的理解、关心和支持。二要充分发挥部门职能作用。卫生部门要严格执行水质安全监测有关规定，落实专业人员和工作经费，定期不定期地对水源水、出厂水和管网末梢水的水质进行检验和监测，督促给排水公司落实水处理措施，对检查不合格的，严格按照有关规定进行查处，并督促限期整改，坚决杜绝搞形式、走过场。要及时做好水质状况通报工作，提高广大居民对用水安全的信任度。主管部门要督促供水单位建立严格的取样、检测和化验制度，按国家有关标准和操作规程检测供水水质，并完善检测数据的统计分析和报表制度。严格落实供水安全责任追究制度，对在水质净化、监测等方面违反国家及县上有关供水安全制度规定的人和事，要严肃查处。三要加强水源地生态保护。积极协调对水源地保护区内的污染企业进行整治、关闭，采取得力措施，严格限制农药、化肥使用量，加大面源污染治理，严禁在保护区内设置排污口、堆放垃圾和有害物品以及任何污染水源现象发生。

第二十七次会议　于2011年7月4日在常委会五楼会议召开，由张自杰主持。

会议议程有四项：一、审议通过关于乡镇人大换届选举试点工作方案；二、审议通过关于县乡换届选举时间的决定；三、审议通过县选举委员会和界石铺镇选举委员会名单；四、审议通过关于乡镇人大代表名额的分配方案。

县第十五届常委会组成人员出席会议。

第二十八次会议　于2011年8月30日在常委会五楼会议室召开，由高恒主持。

会议议程有四项：一、听取和审议财政局局长王敏受政府委托所作的《关于2011年全县基金收支预算调整情况的报告》、常委会财政预（决）算审查组组长杨立新所作的《关于2011年全县基金收支预算调整情况的审查报告》，作出《关于2011年全县基金收支预算调整的决议》；二、听取和审议司法局局长王彦明受政府委托所作的《关于全县“五五”普法规划实施情况和“六五”普法规划的报告》，作出《关于进一步加强法制宣传教育的决议》；三、听取和审议发改局局长史晓平受政府委托所作的《关于静宁县2011年上半年国民经济和社会发展计划执行情况的报告》；四、听取和审议公安局局长梁文义受政府委托所作的《关于全县公安队伍建设工作审议意见落实情况的报告》、常委会司法民政工委主任马世明所作的《关于全县公安队伍建设工作审议意见落实情况的检查报告》。会上，政府常务副县长杨晓勇、副县长周永宏就落实审议意见分别作表态发言。

第十五届常委会组成人员张自杰、王星耀、高恒、沙芳琴、陈进财、慕锡武、李金、高长茂、杨晓光、李成蹊、杜文彪、马世明、武文学、冯克勤、杨立新、吴水利、张三相、李会宾、裴晓江、张来有出席会议；县委常委、政府常务副县长杨晓勇，副县长周永宏、法院院长李根进、检察院检察长陈龙，公安局局长梁文义、政委马正芳、公安局班子成员及下属各队所负责人，政府办公室副主任徐小胜、发改局局长史晓平、司法局局长王彦明及常委会各委室负责人，市、县人大代表王国随、杜进、付鹏举、樊义和、杜耀文列席会议；另有王代代等13名公民代表应邀旁听会议。

附：

关于全县公安队伍建设工作审议意见落实情况的检查报告

由常委会副主任王星耀带队，司法民政工委、公安局相关人员组成检查组，于7月下旬至8月中旬，先后深入公安局机关及其所属交警队、刑警队、消防队、派出所等单位，以及威戎、界石铺、李店、细巷、曹务、灵芝等乡镇，通过召开座谈会、听取汇报、走访群众、查阅案卷等方式，对县第十五届人大常委会第二十三次会议关于全县公安队伍建设工作审议意见的落实情况进行了检查。

一、审议意见及落实情况

2010年12月10日召开的县第十五届人大常委会第二十三次会议在充分肯定全县公安队伍建设工作成绩的同时，针对部分民警业务素质不高、办案能力不强，一些民警特权思想严重、为民意识淡化，部分民警履行职责不到位、执法行为不规范，少数民警工作作风粗暴、执法不严不公，警力短缺和消防保障不到位等问题提出了6个方面的具体审议意见：一要抓好民警的思想政治、职业道德、纪律作风和廉洁自律教育，引导民警增强服务意识、改进工作作风。二要加强民警在职教育培训，组织民警学习法律法规，开展岗位技能练兵活动，切实提高执法办案水平。三要加强对民警执法行为的监督管理，认真开展执法检查和案件评查，严格落实案件四级审核把关、“五条禁令”和执法过错责任追究等办案制度和警纪警规，加大问责查处力度，规范民警执法行为。四要完善选人用人机制，抓好基层班子建设，重视加强基层派出所力量，逐步解决基层警力短缺的问题。五要规范交警执法行为，加强交通协管人员管理，加大对城区交通秩序的整治力度，有效解决城区交通拥挤、秩序混乱的现状。六要加大消防保障力度，提高应急处置能力，为消防工作提供有力保证。

对上述审议意见，县政府和公安部门高度重视，及时安排部署开展整改落实。公安局领导班子认真研究制定了整改方案，针对审议意见逐条提出了整改措施，细化分解了责任，并下发各队、所贯彻落实。总体上看，县第十五届人大常委会第二十三次会议以来，县公安局在改进加强队伍建设方面做了大量工作，也收到了一定成效。

（一）加强纪律作风教育，提升队伍形象。制定了《2011年公安政治工作要点》和《民警素质能力提升年活动实施方案》，通过开展“创先争优”“发扬传统，坚定信念执法为民”“两个过硬”和民警队伍纪律作风专题教育整顿等活动，强化民警政治理论学习和思想品德教育，增强纪律意识，加强内部管理，不断改进作风，提升自身形象。从检查情况看，相当一部分队、所整改效果相对较好，管理制度基本健全，内部管理比较规范，民警警容风纪较以前有明显改观，干部群众对此比较肯定。

（二）落实各项便民措施，改善警民关系。制定了《户证管理便民利民十条规定》，向群众公开户证办理工作流程、收费标准和办理时限。在服务窗口建立“党员服务示范岗”“巾帼文明岗”，积极推行“四个一”（问一声好、让一个座、递一杯茶、给一个满意的答复）、错时工作制、上门服务制、微笑服务制等制度和便民利民服务措施。从检查看，这些便民措施和服务要求在一些基层派出所得到了较好落实，方便了基层群众。

（三）强化业务技能培训，提高办案能力。制定了《2011年全局教育训练计划》和《“轮训轮值、战训合一”教育训练实施方案》，选派民警参加了上级公安机关举办的“轮训轮值、战训合一”训练班、警衔晋升培训班，对刑侦民警进行了公安业务知识和单警装备使用、查缉战术等基本警务技能培训，不断提高民警打击犯罪、化解矛盾、促进和谐的能力。至今年7月，先后妥善应对、成功处置群体性上访事件9件；破获刑事现案313起，抓获各类刑事作案成员198名，提请逮捕34案46人，批准逮捕32案43人，批捕率达93.48%；破获各类经济犯罪案件71起，挽回经济损失432.5万元；受理查处公安行政案件1597起，打击处理违法行为人1872名，查处赌博等“六害”违法案件206起；加大对醉驾的查处力度，查纠各类交通违法案件369起。

（四）加强执法执纪监督，规范执法行为。公安局与各队、所签订了《执法工作责任书》，确定了25名民警担任专（兼）职法制员，面向社会聘请了90名执法监督员，加强案卷审核把关和执法工作监督。贯彻落实《公安机关执法细则》和案件“四级审核把关”制度，健全完善了《民警执法过错责任问题追究办法》《静宁县公安局接处警工作规范》，积极推行执法告知、治安案件公开调解、疑难信访案件领导接访等制度。加强对制度落实情况的检查督促，对部分违反规章制度的人和事进行查处，规范了民警执法行为，对防止执法不公、执法不严和人情案、关系案现象的发生起到了较好的作用。

（五）调整充实工作力量，加强基础建设。先后推荐、提拔、交流了一部分民警，督促辞退了一些政治业务素质差、不依法依规办事、群众意见大的交通协管员，面向社会重新招聘了一批素质较高、能够承担交通协管任务的人员充实了协管员队伍。加强基层队、所基础设施建设，提高警务保障能力，建成了350兆集群通信无线塔和政法网一期工程，为基层队、所配备上网笔记本电脑、手持终端设备，全面启用全省警务信息综合管理服务平台，推进公安机关信息化建设。完成县拘留所和四河派出所的建设项目，建成标准化审讯室1个，购置灭火抢险单警防护装备10套、现场勘查车和囚车各1辆，为基层队、所正常开展工作提供了有力保障。

二、存在的主要问题

虽然整改取得了一定成效，但从总体上看，力度还不够大，有些方面的整改只是表面性的，没有触及深层次的问题，一些具体整改措施也没有落到实处。主要表现在：

（一）选人用人机制仍需改进完善。检查中民警反映，县公安局在民警选拔使用上没有完全体现出“德才兼备、以德为先”的导向，一些政治可靠、作风过硬、具有丰富工作经验和较强领导能力的优秀干部没有得到重视，选人用人机制有待进一步改进和完善。基层干部群众反映，一些队、所领导班子成员的政治素养、领导水平、执法办案能力与职务要求不相适应；个别民警品德修养差、宗旨意识淡化，在履行职责方面缺乏应有的社会正义感、责任感，甚至与辖区内一些违法违规人员及势力明暗相连，在群众中影响极差。

（二）公安职能作用发挥仍不充分。一些公安队、所对职责范围内的工作做得不到位，没有充分履行职责，影响了政府形象和公安机关的公信力。对此，群众的意见主要集中在两方面：一是城区交通疏于管理。城区交通秩序混乱，疏导不力，一些汽车、三轮车、摩托车等机动车辆无视交通规章，任意倒车停车、随意掉头转向，无人过问；一些载货小摩的和大排量摩托车超速行驶、横冲直撞，无人干涉；上下班（学）等人流高峰期间，县城二天门巷、北环路、阿阳路、盘旋路等主要路段机动车、自行车、行人混杂，无视规则，互不相让，拥挤占道，无人疏通。仅今年以来，在县城滨河路、东关盘旋路、东拓十字等路段发生重大交通事故3起，死亡3人。小事故则接连不断、时有发生。以上种种，充分暴露了职能管理部门的职责缺位。二是城区治安管理不力。城区居民普遍对社会治安状况不太满意，尤其对公安机关不能有效遏制盗窃、诈骗等侵财案件发生反响强烈。座谈中部分群众反映，东城区、东泉小区、西苑小区、农牧局家属楼、阿阳路等小区和院落内，频发电脑、车辆等财产被盗案件，一些犯罪分子公然在白天作案，行为极其猖狂，群众缺乏安全感，意见很大。检查组在城关派出所了解到，仅2010年12月以来的8个月时间内，辖区便发生侵财案件194起，其中盗窃案件131起，诈骗案件54起，抢夺案件3起，抢劫案件6起。此外，一些农村村民私自制作土猎枪现象仍然存在，基层派出所对此没有认真进行排摸清查和收缴。

（三）办案质量仍需进一步提高。一些队、所的业务学习和技能培训停留在浅层，办案人员对新形势下案件的复杂性和隐蔽性认识不够，研究不深，破案方法单一，办案思路不活。一些办案人员责任性和事业心不强，办案质量不高。这一问题突出表现在盗窃案件和刑事案件的办理上。从检查看，自2010年12月10日以来，全县发立347件盗窃案件，侦破119件，侦破率仅34.29%。一些重大刑事案件久立不破，社会反响大。如发生在2008年1月5日的李某某被害一案，因专案组侦破计划不周密、追逃工作不严密，致使犯罪嫌疑人王某某作案后逃匿至今未归案，案件不能顺利进入公诉阶段。又如发生在2009年11月22日的杨某被害一案，案发已近两年时间，但案件未取得实质性进展。以上两案社会危害程度大、影响恶劣、群众关注度高，但至今未破案，对公安机关的公信力造成一定影响。

（四）民警作风仍需进一步改进。一些队、所对民警重使用、轻教育，对思想政治、职业道德、纪律作风、廉洁自律等教育重视不够、抓得不紧，把业务工作当成硬指标，把思想政治教育当成软任务，没有真正体现出“两手抓、两手都要硬”的指导思想；一些负责人“老好人”思想严重，怕得罪人，对民警的违规行为不闻、不问、不管；一些民警对“五条禁令”执行不严格，对自身要求不严，纪律涣散，个人形象差；个别民警为民意识淡薄，群众观念不强，执法不公不严，严重影响公安队伍的整体形象。如发生在2010年9月24日晚7时的胡某某兄弟2人殴打王某某一案中，接到群众报警半小时后民警才到达现场，且对口鼻出血倒地昏迷不醒的王某某没有组织施救，在处理案件时存在偏袒一方的行为，最后迫于围观群众的压力将胡某某弟弟传唤，事态才得以暂时平息。但由于随后调解处理不当，造成当事人王某某至今仍频繁上访。在此案中，事发地距110指挥中心不到1000米，出警却用了半小时，由于出警不及时，造成事态扩大；处警民警置群众的生命安危于不顾，在某种程度上存在失职行为；办案民警对案件处理不及时、不公平，险些酿成群体性事件，并造成当事人缠访，在群众中造成了恶劣的影响。

（五）工作落实力度仍需进一步加大。公安局班子对相关制度落实的督查不力，一些制度和规范写在了纸上，挂在了墙上，没有落实在行动上。检查中了解到，尽管县公安局及各队、所制定了许多管理制度，但普遍存在轻落实的问题，突出表现在部分派出所制定的户证办理工作制度、便民利民措施和服务承诺流于形式，户证办理仍然窗口较少、期限较长、手续繁杂、程序较多。少数民警在服务群众方面仍然存在“生、冷、横、硬”和“门难进、脸难看、事难办、话难听”现象。一些民警平时不学习，工作能力差，遇到群众办事要么手忙脚乱，要么动作迟缓，对群众的疑问解释答复不清，易引起群众反感，发生矛盾。

（六）基层警力不足的问题比较突出。警力配置上存在偏向机关和县城的现象，13个基层派出所担负全县24个乡镇的户政、治安等大量工作，仅有民警80人，占总警力的37.7%。检查中了解到，除城关派出所现有民警20人外，其余各所仅有民警4至5人，大部分基层所反映警力不足、工作繁重、疲于应付，难以形成打、防、控一体化。如威戎派出所服务17个行政村、93 个村民小组、常住人口31128人，辖区总面积

97平方公里，目前所内仅有民警5人，除过所长、教导员和户籍内勤外，责任区民警仅有2人。据统计，今年上半年该所查处的治安案件达130起，警力严重不足，民警工作负担较重。

三、对今后工作的建议

（一）坚持加强思想政治教育，不断改进工作作风。要把民警的思想道德教育作为首要任务来抓，加强亲民爱民教育和爱岗敬业教育，培养民警良好的个人品德和职业道德，增强维护社会公平正义的责任感和事业心，认真负责地做好本职工作，设身处地替老百姓想问题、办事情，切实改变因一些服务窗口民警工作态度差导致警民关系不和谐的现象，努力构建良好的警民关系。坚持教育与惩罚并举，对一些品德不良、徇情枉法、以权谋私的人和事，以及一些工作上不作为、不负责，导致办错案、办“扯皮案”，引起群众意见大或接连上访的民警，要“动真格”“下硬手”严肃予以查处，并作为反面教材进行警示教育，不断增强广大民警公正执法的自觉性。

（二）完善选人用人机制，充分调动民警的工作积极性。进一步完善民警绩效考核评价体系，改进考核评价方式方法，把干部群众的意见作为考核评价的一个重要方面，在考察队、所班子时，要多听基层群众和民警的反映，真正把一些政治坚定、品行端正、埋头苦干、不事张扬、勤奋敬业、群众信任的优秀民警推荐给组织部门，努力倡导和形成鼓励钻研业务、勤奋工作的机制，形成比奉献、比工作的良好氛围，充分调动全体民警的工作积极性。要科学合理配置各队、所（室）民警力量，克服机关化倾向，尤其要加强业务量大、但人员较少的队、室和乡镇派出所民警力量，解决其警力短缺的问题。

（三）加大整治纠查力度，尽快扭转城区交通混乱现状。切实加大整治纠查力度，开展集中整治活动，迅速扭转城区交通秩序混乱的状况。要加强对交通法规的宣传，进一步提高广大群众遵守交通规则的自觉性。对重点时段、重点路段和重点区域实施不间断管控，在早中晚高峰期要加强警力，指挥行人、车辆遵守信号提示，改变目前重点路口交通值勤时有时无、时抓时放、时紧时松的“失管”状况。坚持严罚重管，对“飙车”、闯红灯、随意变道、超速和逆向行驶、乱停乱放等各种交通违法行为，不管是单位车辆还是个人车辆，不管是一般车辆还是执法车辆，都要一律按规定进行严肃查处。同时，对违反交通规则的非机动车辆和行人，也要进行适当处理，督促其自觉遵守交通规则。

（四）大力整治社会治安秩序，切实提升公安机关社会公信力。对目前城区社会治安管理中存在的问题要进行认真梳理，研究制定切实可行的整治方案，班子成员要亲力亲为、率先带头，包片包任务，深入调查研究，一线督促检查，寻找症结、制定对策，掀起浩大的工作声势，加大整治打击力度，形成对不法分子的高压态势，力争在近期内使城区治安状况有一个较大的改观，为广大居民创造安全的工作和生产生活环境。同时要进一步加强对案件的管理，防止“四级审核把关”制度走过场，对案件办理工作，局领导要亲自抓、亲自过问，严查违规违纪案件，不断提高案件办理质量和效率，提升社会各界对公安机关办案的信任度。对一些久立不破、社会反响大的重大刑事案件，要真正提上重要议事日程，认真研究部署，落实工作责任，组织精干力量，全力以赴侦破，给群众和社会一个满意交代。

（五）强化工作督促检查，全力促进各项规定落到实处。要加强对制度落实情况的督促检查，特别对有关民警队伍管理制度和“一站式”、错时服务制以及“四个一”等便民利民措施，要一项一项抓落实，一件一件见成效，力戒空喊口号、搞形式主义。班子成员要经常深入基层检查督促工作，坚持明察与暗访相结合，深入辖区听取群众对民警的意见和建议，发现问题及时解决，切实纠正一些民警服务态度差、工作方法简单粗暴等问题，督促民警依法履职、规范履职、文明履职。要严格按照“五条禁令”的要求管理民警，对违规违纪的问题要敢于坚持原则、敢于碰硬，做到发现一起严肃查处一起，决不姑息迁就、包庇护短，努力预防和减少民警违法违纪行为的发生。

第二十九次会议 于2011年10月11日在常委会五楼会议室召开，由沙芳琴主持。

会议议程有四项：一、听取和审议政府办公室副主任何浩强受政府委托所作的《关于县第十五届人民代表大会第五次会议代表意见建议办理情况的报告》、常委会代表联络工委主任杨立新所作的《关于县十五届人大五次会议代表意见建议办理督查情况的汇报》；二、听取和审议常委会副主任、代表资格审查委员会主任委员高恒所作的《关于县第十六届人大代表资格的审查报告》；三、审议通过关于召开十六届人大一次会议的有关事项；四、审议通过常委会工作报告。会上，政府副县长沈学英就落实审议意见作表态发言。

第十五届常委会组成人员张自杰、王星耀、高恒、沙芳琴、陈进财、慕锡武、李金、胡志科、高长茂、杨晓光、李成蹊、姚国奇、杜文彪、武文学、马世明、杨立新、冯克勤、吴水利、张三相、李会宾、裴晓江、张来有出席会议；政府副县长沈学英、常委会各委室负责人李文环、胡生忠、贾平峰、李忠荣、宋正祥、李稳收列席会议。

静宁县人民代表大会志

静宁县人民代表大会常务委员会　编

下

方志出版社

第九节　县第十六届人大常委会会议

县第十六届人大常委会任期为2011年10月至2016年10月，其间，共召开常委会会议31次。会议由常委会主任或副主任主持，第十六届常委会组成人员出席会议，政府副县长、法院院长或副院长、检察院检察长或副检察长、县直及省市驻静宁有关部门、常委会各委室负责人列席会议，必要时，县委有关部门负责人，部分市、县人大代表，乡镇人大主席同时列席，公民代表应邀旁听会议。历次会议听取和审议县政府关于全县年度财政收支预算调整，财政决算、预算执行审计，国民经济和社会发展计划调整、执行，新型农村合作医疗，公安队伍建设，果品产业发展，城区居民物业管理，农村基础教育发展，城区学校教育教学，乡镇中心小学校外寄宿生管理，城区居民饮水安全，残疾人保障法、未成年人保护法、预防未成年人犯罪法、食品安全法、“六五”普法、甘肃省河道管理条例等法律法规的贯彻实施，农村公路建设管护，文化市场管理，县城规划管理，城乡统筹总体规划（2015—2030）编制，整村推进扶贫开发，撤乡改镇，城区商品房产权管理，生态县建设规划，生态林建设管护，牛产业发展，代表建议意见办理，县法院、县检察院的执法工作等方面的报告70项（次）；听取县人大常委会各工作委员会、联合调查组有关审查、调查、视察、检查报告53项（次）；对县政府《关于城区商品房产权管理有关审议意见落实情况的报告》进行满意度测评；作出决议、决定27项；任命人大常委会各工作部门、“一府两院”组成人员和工作人员146人（次），免（辞）职79人（次）；审议通过《静宁县人大常委会专题询问和质询暂行办法》《静宁县人大常委会组成人员守则》《静宁县人大常委会会议请假制度》《静宁县人大常委会联系代表办法》《静宁县人大常委会关于听取和审议“一府两院”专项工作报告实行满意度测评暂行办法》等制度及有关事项31项。

附：

第十六届人大常委会会议召开情况表

表4-43

次数	召开时间	听取审议工作报告（项）					任免工作人员（名）		作出决议决定（项）	审议通过事项（项）
		人大常委会	政府	监委	法院	检院	任命	辞职免职		
一	2012.2.29	1	1				30	10	1	2
二	2012.4.20	1	2				2	3	1	
三	2012.6.29	3	4				10	5	1	
四	2012.8.29	1	2				1			
五	2012.10.31	3	4				6	5	1	

续表4-43

次数	召开时间	听取审议工作报告（项）					任免工作人员（名）		作出决议决定（项）	审议通过事项（项）
		人大常委会	政府	监委	法院	检院	任命	辞职免职		
六	2012.12.28	3	1		1	1				1
七	2013.2.27									1
八	2013.4.26	2	3				1		2	
九	2013.6.28	3	4				2	1	1	
十	2013.8.22	1	2				6	7		
十一	2013.10.18	3	3				9	8		
十二	2013.12.20	3			1	1	25	4	1	4
十三	2014.2.26									1
十四	2014.4.28	2	4		1	1			3	
十五	2014.6.25	3	4				2			
十六	2014.9.18	1	2				3	4	1	4
十七	2014.10.28	3	3				5	3		1
十八	2014.11.28							1		5
十九	2014.12.22	1					5	5		1
二十	2015.4.28	3	4		1	1	3	4	2	
二十一	2015.6.30	3	3		1				1	
二十二	2015.8.28	2	3				5	1	1	
二十三	2015.10.28	3	4					1	1	
二十四	2015.12.15	3	2					2	3	3
二十五	2016.1.7						11	8		1
二十六	2016.4.28	2	2				14	2	2	1
二十七	2016.6.1						4	3	3	1
二十八	2016.6.28	2	3						1	
二十九	2016.9.23						2	2		
三十	2016.9.30									1
三十一	2016.10.16	1	1						1	4

第一次会议　于2012年2月29日在常委会五楼会议室召开，由王维军主持。

会议议程有四项：一、人事任免，常委会主任张自杰为新任命的政府组成部门负责人颁发任命书，何浩强、柴福喜、王勤学代表新任命人员作表态发言；二、听取和审议财政局局长王敏受政府委托所作的《关于2012年全县财政收支预算调整情况的报告》、常委会财经工委主任杨立新所作的《关于2012年全县财政收支预算调整情况的审查报告》，作出《关于静宁县2012年财政收支预算调整的决议》；三、审议通过第十六届常委会代表资格审查委员会组成人员名单；四、审议通过《静宁县人大常委会2012年工作要点及重点工作行事历》。

第十六届常委会组成人员张自杰、王维军、王平仁、高恒、沙芳琴、陈进财、慕锡武、胡志科、马世明、武文学、冯克勤、杨立新、米发明、曹宁子、裴晓江、李会宾、周浩仁、王全生、厚凤兰、朱国军出席会议；县委常委、政府副县长王运军，法院院长李根进、检察院检察长陈龙，常委会各委室负责人李文环、胡生忠、贾平峰、李忠荣、宋正祥、李稳收列席会议。

附：

人事任免

接受李金辞去县第十六届人大常委会委员职务的请求

何冠群任县人大常委会办公室主任

武文学任县人大常委会农业工作委员会主任，免去县人大常委会农业财经工作委员会主任职务

杨立新任县人大常委会财经工作委员会主任，免去县人大常委会代表联络工作委员会主任职务

李文环任县人大常委会代表联络工作委员会主任

李忠荣任县人大常委会农业工作委员会副主任，免去县人大常委会农业财经工作委员会副主任职务

何浩强任县人民政府办公室主任

史晓平任县发展和改革局局长

孙青茂任县工业和信息化局局长

李永成任县教育局局长

梁文义任县公安局局长

张秉鑑任县监察局局长

张进宝任县民政局局长

胡耀国任县司法局局长，免去县统计局局长职务

王　敏任县财政局局长

阎国军任县人力资源和社会保障局局长

景来万任县住房和城乡建设局局长

王兴国任县交通运输局局长

樊　旺任县水务局局长

柴福喜任县农牧局局长

李三正任县林业局局长
张琪洲任县商务局局长
牛永琪任县文体广电局局长
靳宝生任县卫生局局长
李　读任县人口和计划生育局局长
郭三省任县审计局局长
王勤学任县环境保护局局长
张永宏任县安全生产监督管理局局长
李　金任县统计局局长，免去县人大常委会办公室主任职务
赵宏军任县扶贫开发办公室主任
孔昌军任县食品药品监督管理局局长
免去：
吕锦鸿县人民政府办公室主任职务
厚连世县环境保护局局长职务
高　旭县工业和信息化局局长职务
王彦明县司法局局长职务

第十六届人大常委会代表资格审查委员会

主 任 委 员：慕锡武
副主任委员：杨立新
委　　　员：胡志科　马世明　武文学　冯克勤　周浩仁

县人大常委会2012年工作要点

2012年，是全面实施“十二五”规划的关键一年，也是新一届人大常委会工作的开局之年。县人大常委会要按照县委的工作要求，以科学发展观为指导，紧紧围绕县十六次党代会、县委十六届三次全委（扩大）会暨全县经济工作会议、县十六届人大一次会议确定的目标任务，坚持围绕中心、贴近民生、服务发展、促进和谐的工作思路和抓重点、议大事、求实效的工作要求，全面履行宪法和法律赋予的各项职责，为推动全县经济社会跨越发展更好地发挥职能作用。

一、依法审议决定重大事项

（一）紧扣中心、服务大局，依法行使重大事项决定权。把促进落实县委提出的“夯实基础增后劲、突出特色兴产业、统筹城乡快发展、保障民生促和谐”的总体要求作为工作的着力点，抓住事关全县经济社会发展的重大问题，在广泛深入调研的基础上，适时作出决议、决定，积极通过人大法定程序把党委主张转变为全县人民的意志，推动县上重大决策部署的贯彻落实。

（二）按照代表大会授权，审查批准县政府关于2011年财政决算、2012年财政预算调整、2012年国民经济和社会发展计划调整等报告。听取、审议县政府关于2012年

上半年国民经济和社会发展计划执行情况、2011年财政预算执行情况的审计工作报告，切实加强对国民经济运行和财政工作的监督，维护计划和财政预算执行的严肃性、权威性。

（三）坚持党管干部和人大常委会依法任免干部的有机统一，依法做好人事任免工作。完善干部任前法律知识考试和任命干部表态发言、颁发任命书等制度，探索加强对干部的任后监督，促进勤政廉政，增强被任命干部的法治观念和责任意识。

二、不断改进加强工作监督

（四）围绕县第十六次党代会提出的“突出六项重点，做大做强三大产业，加快建设两大基地，实现富民强县、统筹城乡”奋斗目标，综合运用视察、调研、执法检查、审议专项报告等形式，认真开展工作监督。对全县重大项目建设、城市规划建设管理、果业发展、现代农业等重点工作进行监督，支持“一府两院”做好工作，促进全年各项重点任务的顺利完成，努力为全县经济社会跨越发展服务。

（五）把促进保障和改善民生摆在更加突出的位置，加强对吃水、行路、就医、上学、社保、治安等事关群众切身利益的热点难点问题的监督，重点对基础教育发展、新型农村合作医疗、城区交通秩序整治等工作进行视察、调研、检查和审议，有针对性地提出意见建议，促进解决人民群众最关心、最直接、最现实的一些突出问题。

（六）抓好常委会决议、决定和审议意见的办理落实，对城区供热监管、居民区物业管理、公安队伍建设、城区居民饮水安全等一些群众关注程度较高的工作进行持续跟踪监督，增强监督工作实效。

（七）深入贯彻实施监督法和甘肃省实施监督法办法，完善监督机制，改进监督方式。坚持邀请人大代表、群众列席和旁听常委会会议，扩大代表和群众参与人大调研、视察、检查等监督活动的范围，不断增强监督工作透明度。

（八）配合省、市人大开展视察、检查和调研活动，积极通过人大工作渠道展示静宁经济社会发展取得的成就，争取省、市对静宁工作的支持。

三、认真抓好法律监督

（九）加强对“六五”普法规划实施情况的监督，促进法治宣传教育深入开展，为全县经济社会发展营造良好的法治环境。

（十）抓好执法检查工作，对食品药品安全等一些与群众生产生活密切相关的法律法规贯彻落实情况进行检查，推动解决一些带有普遍性、倾向性的问题。

（十一）加强行政执法工作监督。有重点地对一些行政执法部门进行执法检查，促进提高依法行政能力，严格按照法定权限和程序办事，更好地为经济社会发展服务。

（十二）加强司法监督工作，对法、检两院年度执法工作情况进行调研、检查、审议，促进法、检两院不断加强执法能力建设，规范执法行为，提高执法水平，维护社会公平正义。

（十三）把办理群众涉法涉诉信访件与法律监督有机结合起来，督促有关部门认真解决人民群众反映强烈的一些问题，努力化解社会矛盾，维护群众合法权益，促进社会和谐稳定。

（十四）认真落实监督法和《静宁县人大常委会规范性文件备案审查暂行办法》，积极开展规范性文件备案审查工作。

四、充分发挥代表作用

（十五）加强代表培训，提高代表履职能力。把代表培训作为本年度一项重点工作来抓，针对新一届县人大代表的实际，采取以会代训、举办培训班、召开座谈会等多种形式和渠道，对基层人大代表进行以选举法、代表法等法律法规和人大知识为主的专题培训，不断增强代表的履职责任感和使命感，提高履职能力。

（十六）按照代表的地域分布和便于组织开展活动的原则，组建代表小组，完善工作制度，及时指导开展学习、视察、调研和联系选民活动，充分发挥代表小组的作用。

（十七）组织开展好常委会组成人员联系代表、代表联系选民的“双联系”活动和集中走访代表活动，广泛征求对县人大常委会和“一府两院”工作的意见建议，密切与代表的联系。

（十八）积极创造条件，拓宽代表知情知政渠道。为代表免费订阅有关报刊，定期发送有关资料。召开政情通报会，及时向代表通报全县经济社会发展情况。依法有序组织开展好闭会期间代表活动，邀请代表参与常委会视察、调查、执法检查、评议等工作，充分发挥人大代表在全县经济社会发展中的作用。

（十九）切实抓好代表意见建议办理工作。进一步落实代表意见建议包号督办、跟踪督办等制度，督促承办部门改进办理工作，采取面商办理、现场办理等方式，不断提高意见建议办理质量。建立代表意见建议办理工作考评机制，对办理质量和代表满意度较高的承办单位予以表彰奖励，对办理工作重视不够、代表满意度低的要给予通报批评并限期重办，督促承办单位不断提高重视程度和办理工作水平。

五、切实加强常委会自身建设

（二十）全面加强常委会机关思想、组织、作风、业务和廉政建设，努力创建学习型、务实型、创新型、服务型、规范型机关，不断提高常委会组成人员及机关工作人员的理论水平、政策水平和依法办事水平，增强人大工作为全县发展大局服务的能力。坚持在党委领导下依法履职，加强与“一府两院”的沟通联系，在参与中监督，在参与中支持和服务，合力推动经济社会跨越发展。

（二十一）扎实深入开展帮扶行动，并与常委会各项工作紧密结合，做到两手抓、两不误。结合活动开展，进一步改进工作作风，加强调查研究工作，紧紧围绕推动经济社会跨越发展和促进改善民生两大重点，深入基层、深入实际，广泛开展调查研究，充分听取人大代表和人民群众的意见，掌握民情，集中民智，反映民意，为常委会审议工作、决定重大事项提供依据。

（二十二）加强与乡镇人大的联系，指导乡镇人大健全完善工作制度，规范工作程序，促进乡镇人大加强自身建设。组织开展乡镇人大交流学习活动，提高乡镇人大工作水平。加强对乡镇人大主席的培训，通过举办培训班、召开座谈会等途径，提高乡镇人大主席的整体素质，不断拓宽视野，增强履职责任感。

（二十三）加强和改进人大宣传工作，进一步拓宽宣传渠道，丰富宣传内容，增强宣传实效，积极通过人大新闻媒体宣传我县民主法制建设和经济社会发展成就。

县人大常委会2012年重点工作安排情况表

表4-44

时间	主要工作	负责领导	主办部门	配合部门
1至2月	县第十六届人大常委会第一次会议：1.讨论通过县人大常委会2012年工作要点；2.听取、审议县政府关于2012年财政预算调整的报告；3.人事任免	慕锡武	办公室	各委室
	交办县十六届人大一次会议代表意见建议		代表工委	办公室
3至4月	视察新型农村合作医疗工作	王维军 沙芳琴	教文工委	办公室 代工委
	举办县人大代表培训班	慕锡武	代表工委	办公室
	县第十六届人大常委会第二次会议：1.听取、审议和批准县政府关于2012年国民经济和社会发展计划调整的报告；2.听取、审议县政府关于全县新型农村合作医疗工作情况的报告		办公室	各委室
5至6月	检查公安队伍建设有关审议意见落实情况	王平仁	司民工委	办公室 信访室
	调研全县果业发展情况	陈进财	农业工委	办公室
	县第十六届人大常委会第三次会议：1.听取、审议和批准县政府关于2011年财政决算的报告；2.听取、审议县政府关于2011年财政预算执行情况的审计工作报告；3.听取、审议县政府关于公安队伍建设有关审议意见落实情况的报告；4.听取、审议县政府关于全县果业发展情况的报告	慕锡武	办公室	各委室
7至8月	检查城区居民区物业管理有关审议意见落实情况	高　恒	财经工委	办公室
	集中走访联系代表	慕锡武	代表工委	
	召开人大代表政情通报会			
	开展重点意见建议督办活动			
	县第十六届人大常委会第四次会议：1.听取、审议县政府关于2012年上半年国民经济和社会发展计划执行情况的报告；2.听取、审议县政府关于城区居民区物业管理审议意见落实情况的报告	慕锡武	办公室	各委室

续表4-44

时间	主要工作	负责领导	主办部门	配合部门
9至10月	调研全县农村基础教育发展情况	王维军 沙芳琴	教文工委	办公室
	检查城区居民饮水安全有关审议意见落实情况	陈进财	农业工委	办公室
	督办代表意见、建议	慕锡武	代表工委	办公室
	县第十六届人大常委会第五次会议：1.听取、审议县政府关于县十六届人大一次会议代表意见、建议办理情况的报告；2.听取、审议县政府关于全县农村基础教育发展情况的报告；3.听取、审议县政府关于城区居民饮水安全审议意见落实情况的报告	慕锡武	办公室	各委室
11至12月	检查法、检两院执法工作	王平仁	司民工委	办公室 信访室
	检查城区供热监管有关审议意见落实情况	高　恒	财经工委	办公室
	县第十六届人大常委会第六次会议：1.讨论召开县十六届人大二次会议有关事项；2.听取、审议县政府关于城区供热监管审议意见落实情况的报告；3.听取、审议县法院、检察院执法工作情况的报告	慕锡武	办公室	各委室
	筹备召开县十六届人大二次会议；总结2012年工作，制定2013年工作要点；收集向省、市人代会提交的代表意见建议			

第二次会议　于2012年4月20日在常委会五楼会议室召开，由王平仁主持。

会议议程有三项：一、人事任免；二、听取和审议发改局副局长杨飞受政府委托所作的《关于静宁县2012年国民经济和社会发展计划调整情况的报告》，作出《关于静宁县2012年国民经济和社会发展计划调整的决议》；三、听取和审议卫生局局长靳宝生受政府委托所作的《关于全县新型农村合作医疗工作情况的报告》、常委会教科文卫工委主任冯克勤所作的《关于全县新型农村合作医疗工作开展情况的视察报告》。

（出席、列席人员不详）

附：

人事任免

张秉鑑任县人口和计划生育局局长，免去县监察局局长职务

刘银锋任县住房和城乡建设局局长

免去：

李　读县人口和计划生育局局长职务

景来万县住房和城乡建设局局长职务

关于全县新型农村合作医疗工作开展情况的视察报告

由常委会副主任王维军、沙芳琴带队，组织部分市、县人大代表组成视察组，于3月21日至22日，先后深入界石铺、原安、甘沟、古城、威戎等乡镇政府、卫生院、部分村卫生室，以及县医院、中医院、妇幼保健站、新合办等医疗机构和单位，对全县新型农村合作医疗工作开展情况进行了视察。县人大办、教科文卫工委、政府办、卫生局负责人及工作人员参与了视察。

一、主要工作及取得的成效

从视察情况看，2006年启动实施新型农村合作医疗工作以来，县政府及相关部门高度重视，把该项工作作为贯彻落实科学发展观、构建和谐社会的一项重要举措，加强领导，精心组织，积极探索，扎实推进，各项工作运行平稳，进展顺利，取得了较为明显的成效。

（一）建立工作机构，健全网络体系。县上成立了新农合工作领导小组、管理委员会、监督委员会和新型农村合作医疗管理办公室，各乡镇成立了新农合管理委员会，各行政村成立了新农合管理小组，在全县范围内建立起县、乡、村三级管理体系，为新农合工作的开展提供了有力保障。建立了由395个定点医疗机构组成的县乡村新农合信息管理网络，2011年与省卫生厅新农合信息管理系统省级平台直接对接。目前，全县有28个县、乡定点医疗机构设立了新合科和医药费用直报窗口，有6个乡镇卫生院分部、361个村卫生室接通了电信宽带，实行门诊医药费用网络直报，基本实现了业务管理网络化。

（二）开展宣传动员，营造参合氛围。坚持把宣传引导作为全面推行新型农村合作医疗制度的重要举措常抓不懈。县新合办采取印制发放宣传资料、播放专题片、开办专题节目、报道典型事例等方式，加强对新农合制度的宣传；各乡镇组织干部进村入户，为群众解疑释惑，广泛宣传动员；各定点医疗机构通过举办宣传栏、张贴患者须知等方式，引导参合患者报销医药费用，加深了群众对新农合制度的认识，提高了群众的政策知晓率和参合积极性。全县新农合工作实施以来，参合率逐年提升，已由2006年的88.03%提高到2011年的98.14%，参合人数由38.46万人增加到41.81万人，人均筹资标准由45元提高到230元，累计筹集资金27178.87万元。

（三）落实管理制度，完善监督机制。加强定点医疗机构管理，坚持“科学管理、方便群众、运行高效”的原则，制定了《静宁县新农合定点医疗机构工作考核细则》和转诊转院审批、医药费用控制、公开公示等10项制度，签订了服务合同书；在基金管理方面，坚持“以收定支、收支平衡、略有结余”和“账钱分离、管办分开”的原则，由财政管账、卫生管事、银行管钱，实行“两审一复核”“双印鉴”和独立核算、专账专管、专款专用、凭据承付等管理制度。成立了稽查组，通过电话查询、抽取病历对照核查、与县外医疗机构建立协查机制等方式，经常性地对新农合工作开展情况进行监督检查。同时，各定点医疗机构通过设立公示栏，对药品目录、补偿比例、住院费用报销等情况向社会公开公示，主动接受社会监督。

（四）认真执行政策，提高保障水平。认真贯彻落实省、市新农合政策精神，不断优化补偿方案，省、市、县、乡四级医疗机构住院补偿起付线、补偿比例、补偿封顶线、累计补偿封顶线、保底补偿和县、乡、村三级门诊补偿比例、封顶线、累计补偿封顶线等均有较大幅度提升；将原10种常见慢性病和5种特殊慢性病补偿规定调整为28个病种，将重大疾病保障试点病种扩大到43种；将120急救车运送费用、未参合新生儿住院医药费用等纳入新农合报销范围；降低县级以上中医医院住院补偿起付线，100%报销使用中医治疗常见病、多发病发生的医药费用。次均门诊补偿由2006年的8元提高到2011年的15.35元，住院补偿由662.55元提高到205531元，住院实际补偿由35.92%增长到72.33%，广大农民患者医疗保障水平不断提高，2006年1月以来，全县累计补偿368.75万人次，补偿金额25745.37万元。

总体上看，全县新型农村合作医疗工作实施以来，工作程序不断完善，工作机制不断健全，报销比例不断提高，农民从中得到的实惠越来越多，广大农民“小病不愿看、大病看不起”的状况得到较大转变，就诊率和住院率明显上升，根据主管部门统计，2011年全县参合农民门诊和住院人数分别达到了118.52万人（次）和3.93万人（次），与2006年相比分别增长了208.16%和197.73%，视察中广大群众和代表对此项工作给予了充分肯定。

二、存在的主要问题

在肯定成绩的同时，视察组也指出了目前新农合工作运行中仍存在的一些突出问题，主要有：

（一）乡村医疗机构服务能力仍有待提高。一是乡村医疗机构建设滞后。据统计，全县共有392所村卫生室，目前仍有268所没有达到建设标准，一部分村卫生室只有一间破旧的土坯房，设备陈旧短缺，不具备开办条件；31所村卫生室没有安装电脑和接通网络，达不到新农合直报要求；乡镇卫生院普遍缺少真正能拿得起业务、群众信赖的骨干医务人员，群众患病后不愿到乡镇卫生院就诊；一些乡镇卫生院基础条件仍比较差，如视察的红寺乡卫生院，设备、住院条件简陋，无法满足群众就医需求。二是村医数量偏少、素质不高。按照市卫生局《关于加快推进全市乡村卫生服务一体化管理工作的实施意见》的规定，村卫生室从业人员数原则上按服务人口的1‰~1.2‰进行配置，全县需配备村医435名至522名。目前全县共有村医400名，仅有19名执业（助理）医师，占村医总数的4.75%，且相当一部分村医专业水平低，部分年龄较大，出诊困难，难以胜任工作；个别人员医德低下，唯利是图，所售药品质量低下，群众用药安全和身体健康无法保证，对此问题群众反映比较多。三是乡村医疗机构一些医务人员敬业精神不强，服务态度差，存在推诿扯皮现象，患者不得不舍近求远，转到上一级医疗机构就诊，增加了经济负担。一些患者反映个别医务人员存在开大处方、不合理检查、大量用新药特药等倾向，导致部分医疗费用增长过快，一定程度上抵销了新农合报销的费用。

（二）费用报销及基金管理工作仍需改进。一是费用报销周期长，一些参合农民在县级医疗机构住院后不能及时报销费用，特别是转外治疗和外地治疗住院费用报销周期长，办理时间有的超过1月甚至更长，需上上下下往返多次才能办妥，参合农民需支付大量交通、食宿费用，加重了经济负担。二是费用报销存在漏洞，座谈中了解到，由于未实行住院实名制，加之定点医疗机构在患者身份认定、报销手续审核等环节上把关不严，出现城镇职工假冒参合农民、未参合农民顶替参合农民、参合农民冒用贫困残疾人、五保户、低保户等特殊人群名义报销住院费用现象。如视察中了解到，八里镇一农民在平凉市人民医院治疗后，冒用其弟媳名义在当地卫生院报销了住院医药费用。同时有群众反映一些村医利用管理漏洞套取新农合资金，甚至用其他物品顶替药品，影响新农合工作正常运行。三是定点医疗机构资金周转压力大。根据《静宁县新型农村合作医疗制度实施办法》的规定，参合农民住院期间发生的医药费用，除个人应承担部分外，余额由医疗机构垫付，待新合办、财政局审核确认后划拨，各医疗机构为此垫付了大量资金，特别是县医院、中医院、妇幼保健站等县级定点医疗机构垫资数量较大，影响正常运转。如县中医院2011年每月正常运转约需资金400万元，当年6月份为新农合垫付资金达276万元，占到正常运转资金的69%；县医院2011年12月垫付资金达682万元。

（三）管理机构人员短缺、经费紧张。目前全县有新农合定点医疗机构395个，监管工作量大面广、任务艰巨。《平凉市人民政府办公室批转市卫生局关于2012年平凉市新型农村合作医疗市级统筹实施意见的通知》（平政办发〔2012〕7号）要求：“按照每‘2万参合农民不少于1个编制’的标准，落实县级新农合经办机构人员编制，工作经费‘按参合人数每人不少于1元’的标准纳入财政预算。”按这一规定，我县新合办应配备工作人员21名、年拨付办公经费42万元，而目前仅有工作人员11名、年办公经费15万元，人员短缺、经费紧张、车辆不足的问题比较突出。如新合办审核稽查股负责监督检查所有定点医疗机构新农合政策执行情况，仅有2名工作人员，且没有车辆，对边远山区定点医疗机构的监管工作很难开展。

（四）基金收缴存在一定困难和问题。视察发现，部分乡、村干部对新农合住院医药费用补偿比例、封顶线、慢性病门诊补偿病种、范围、程序等政策规定不够熟悉；一些农民对新型农村合作医疗制度了解不深不透，健康风险和自我保健意识不强，参合积极性不高，给参合资金收缴带来一定难度。同时，从视察的界石铺、威戎等5乡镇农民参合率情况看，目前乡镇普遍反映流动人口参合资金收缴困难，部分农户长期有户无人，为达到省、市规定的参合率，一部分资金由乡镇垫缴。如原安乡2012年为1829人垫缴参合资金54870元（其中有户无人的有1040人），占到总参合人数和参合资金的11.32%，界石铺镇、古城乡、甘沟乡、威戎镇垫资也分别达到了17640元、30930元、25260元、22920元。

三、对今后工作的建议

针对以上问题，建议县政府进一步加强对新农合工作的组织领导，加大宣传力度，加强机构建设，提高服务能力，强化监督检查，确保这项惠民政策不断巩固和深化，真正造福广大群众。

（一）抓落实，促规范，提升全县新农合工作运行水平。一要落实省、市有关县级新农合管理经办机构人员编制和工作经费的规定，加大对管理机构的资金投入，按照市上规定的标准足额拨付经费，配齐工作人员，进一步充实干部职工队伍，壮大工作力量，购置必要的办公设备、交通工具，提高服务能力和水平，为新农合工作开展提供有力保障。二要落实管理制度，强化新农合经办机构内部管理，加强对各级经办人员的思想教育和业务培训，不断强化服务意识，提高工作效率和经办质量，努力为参合农民提供优质高效的服务。三要不断探索和完善全县新农合报销管理制度，优化就诊流程，简化报销程序，提高工作效率，确保县内住院病人医疗费用即时补偿，转外住院患者在最短时间内报销费用，最大程度地方便广大农民群众。对乡镇垫缴参合资金、村医套取新农合补偿费用、医疗机构垫资量大等问题要研究有效措施予以解决，不断提高新农合运行质量和水平。

（二）抓队伍，强基础，增强乡村医疗机构综合服务能力。一是重点加强村级卫生室从业人员队伍建设。要在加大项目争取力度，加强村卫生室标准化、规范化、信息化建设的同时，把村卫生室从业人员队伍建设作为今后一项重点工作来抓。视察中了解到，近年来全县仍有730多名医学及卫生院校的毕业生待业。建议县上制定优惠政策，吸引这部分毕业生到村卫生室工作，或者对这一部分毕业生优先安置到村级卫生室工作；有计划地对村医队伍进行调整，建立可进可出的机制，真正把有能力、有资质、有医德的人员选到村医岗位上来；加大对村医的业务培训力度，开展经常性的培训、交流、学习活动，加强思想道德教育，不断提高整体素质，下决心解决目前村医短缺、素质较低的现状，方便群众就医。二是进一步加强乡镇卫生院基础建设。我县医疗卫生工作的重点在农村。乡镇卫生院与县级医疗机构相比有方便群众的地理优势，在人员配备、设备设施等方面有村级卫生机构无法比拟的优势，所以加强乡镇卫生院建设十分必要。建议加大对乡镇卫生院基础建设的资金投入，建设业务用房，更新、添置必要的医疗设备，不断改善就医环境，完善服务功能，提高综合服务能力。三是进一步优化医疗资源配置。针对乡镇卫生院骨干医生少的现状，为每一个乡镇卫生院都配备若干名技术精湛、医德优秀的骨干医生，让更多农村患者到乡镇卫生院就诊，减轻患者经济负担和县级医疗机构工作压力。

（三）抓监督，重考核，保障新农合工作健康发展。认真落实县、乡、村住院报销月公示制度，对新农合住院患者的补偿情况及新农合基金的具体收支、使用情况及时进行公示，接受广大群众监督，确保新农合基金使用规范。完善行政监督体系，卫生、财政、审计、监察等职能部门要明确职责，齐抓共管，强化对全县定点医疗机构日常监督管理，对基金情况、服务质量、医疗收费、药品价格等定期不定期进行经常性检查，落实和完善定点医疗机构准入、退出、考评制度，特别要加强对边远山区村级定点医疗机构的监管，加强进药渠道管理，坚决查处套取资金、销售伪劣药品等行为，对违反合作医疗政策和管理不善的，坚决取消定点资格和经营资格，保障广大群众生命安全，确保新农合基金安全运行，真正把这件惠民实事办好。

第三次会议　于2012年6月29日在常委会五楼会议室召开，由高恒主持。

会议议程有五项：一、人事任免；二、三项合并进行：听取和审议财政局局长王敏受政府委托所作的《关于2011年全县财政决算（草案）的报告》、审计局局长郭三省受政府委托所作的《关于2011年度县级财政预算执行情况的审计工作报告》、常委会财经工委主任杨立新所作的《关于2011年全县财政决算的审查报告》，作出《关于批准静宁县2011年县级财政决算的决议》；四、听取和审议公安局局长梁文义受政府委托所作的《关于全县公安队伍建设有关审议意见落实情况的报告》、常委会司法民政工委主任马世明所作的《关于全县公安队伍建设审议意见落实情况的检查报告》；五、听取和审议林业局局长李三正受政府委托所作的《关于全县果品产业发展情况的报告》、常委会农业工委主任武文学所作的《关于全县果品产业发展情况的调查报告》。会上，政府常务副县长徐德才、副县长孙智清就落实审议意见分别作表态发言。

第十六届常委会组成人员张自杰、王维军、王平仁、高恒、沙芳琴、陈进财、慕锡武、胡志科、马世明、武文学、杨立新、冯克勤、周浩仁、李会宾、朱国军、厚凤兰、王全生、裴晓江、米发明、曹宁子出席会议；县委常委、政府常务副县长徐德才，副县长孙智清、法院院长李根进、检察院副检察长郭国柱，政府办公室主任何浩强、副主任韩伟周，公安局局长梁文义、政委马正芳，局班子成员贾向晖、樊建武、窦志德、王康明、王国定、马世蕃、高斌武，审计局局长郭三省、财政局局长王敏，林业局局长李三正、班子成员王国庆、王柯青、马秋年，县委农办主任杨康乐、交通局局长王兴国、非税局局长王新虎、水务局局长樊旺、农牧局副局长宋礼壁、工商局局长鲍彦鹏、气象局局长刘晓梅，常委会各委室负责人何冠群、李文环、胡生忠、贾平峰、李忠荣、宋正祥、李稳收，市人大代表樊瑞琴、王顺义，县人大代表王宝琴，仁大乡、威戎镇、八里镇、甘沟乡党委书记雷旺盛、王奕、王彦飞、魏小良，古城乡、双岘乡人大主席吕继杰、雷刚，治平乡雷沟村村主任雷托胜，城川乡红旗村支书马红子，双岘乡甘硖村支书李随吉，林业局干部续社教、李随京、王建国、李东平、程鹏、谢小强、贾军平列席会议；谢小强、张共和、张学焦、厚明、戴永娥、靳刚、王亮亮、安靳刚、任芳霞、杨双龙、杨亚萍、王芳雄等公民代表应邀旁听会议。

附：

人事任免

张智强任县人民法院刑事审判庭庭长，免去县人民法院八里法庭庭长职务

任建民任县人民法院民事审判庭庭长，免去县人民法院民事审判第二庭庭长职务

戴红喜任县人民法院审判监督庭庭长，免去县人民法院民事审判第一庭庭长职务

卢张娃任县人民法院甘沟法庭庭长，免去县人民法院威戎法庭庭长职务

王　健任县人民法院八里法庭庭长

赵满良任县人民法院威戎法庭庭长

马彦勋任县人民法院民事审判第一庭副庭长

苟国旺任县人民法院民事审判第二庭副庭长

李亚宁任县人民法院审判员

张亚丽任县人民法院审判员

免去戴文辉县人民法院甘沟法庭庭长职务

关于全县公安队伍建设审议意见落实情况的检查报告

由常委会副主任王平仁带队，常委会司法民政工委、办公室、公安局相关人员组成检查组，于5月下旬，先后深入公安局机关及其所属的交警队、刑警队、部分派出所，以及威戎、八里、李店、雷大、曹务、灵芝、城区街道办及各居委会，通过召开座谈会、听取汇报、走访群众、查阅案卷等方式，对县第十五届人大常委会第二十八次会议关于全县公安队伍建设审议意见的落实情况进行了检查。

一、审议意见及落实情况

2011年8月30日召开的县第十五届人大常委会第二十八次会议，针对全县公安队伍建设中存在的选人用人机制不够完善、公安职能作用发挥不够充分、办案质量不高、基层警力不足、工作落实力度不大、民警作风仍需改进等问题，提出了5个方面的具体审议意见：一要加强亲民爱民和爱岗敬业教育，培养民警良好的个人品德和职业道德，增强责任意识。二要完善民警绩效考核评价体系，改进考核评价方式方法，充分调动民警的工作积极性。三要加大整治纠查力度，开展集中整治活动，迅速扭转城区交通秩序混乱的状况。四要研究制定可行方案，大力整治社会治安秩序，切实提升公安机关社会公信力。五要强化工作督促检查，全力促进各项制度和便民利民措施落到实处。对上述审议意见，县政府和公安局班子高度重视，认真研究部署整改工作，各队所对照审议意见，积极整改自身工作中存在的问题。总体上看，县第十五届人大常委会第二十八次会议以来，县政府及公安局在队伍建设上做了大量工作，取得了较为明显的成效。

（一）完善考核评价机制，加强队伍建设。以群众满意度为依据，对基层队所和民警个人工作实绩进行考核评价，并将考核结果作为晋职晋衔、奖惩增资的关键指标；提拔24名政治可靠、作风过硬、具有丰富工作经验和较强领导能力的民警担任队所室负责人；结合干部交流轮岗，将52名专业型民警交流任用到重点岗位；从省警察职业学院招录公安民警4名，从“三支一扶”考录人员中招用30名高校毕业生从事文职岗位工作，并全部分配基层一线，在一定程度上缓解了基层警力短缺的压力。检查了解到，基层队所对县公安局在选人用人上的这些做法比较赞同和认可，广大民警对此评价也较好。

（二）强化职业道德教育，增强为民意识。开展“发扬传统，坚定信念，执法为民”、人民警察核心价值观、大走访开门评警、纠风治庸维权等活动，强化民警的政治理论学习和思想品德教育。检查发现，通过一系列的教育整顿活动，广大民警的执法为民意识和群众观念较以前有所增强。如刑侦部门在打击多发性侵财犯罪的同时，加大了销赃、收赃犯罪的打击力度，尽可能减少居民、群众的财产损失；交警部门在县城南关什字、政府门口、北环路什字、阿阳什字等7个主要路口设立高峰执勤岗，指挥、疏导城区道路交通秩序。以上行动受到广大群众的一致好评，社会反响较好。

（三）开展业务技能培训，提高办案水平。举办“轮训轮值、战训合一”训练班，对民警进行执法培训和警务体能技能训练，组织全警参加并全部通过网上考试和人民警察执法资格考试，选派民警参加各级公安机关举办的培训班，民警打击犯罪、化解矛盾、促进和谐的能力得到较大提升。从2011年9月至今年5月底，破获各类刑事案件375起，追回经济损失646.7万元，白某某故意杀人、李某某故意伤害致死等2起现发命案均已告破，省督命案逃犯王某某投案自首；查处公安行政案件2144起，处理违法行为人2438人（次）、违法单位6家；破获张某结伙盗抢、“3·2”组织领导传销等特大系列和涉众型经济案件；处置、化解了李店扰乱企业单位生产经营秩序案等突发性事件和舆情危机15件；查处交通违法违章案件4000余起，清除占道经营摊点80余家。

（四）落实便民利民措施，改进工作作风。县公安局制定了《户证管理便民利民十条规定》，向群众公开户证办理工作流程、收费标准和办理时限。实行服务窗口错时工作制、延时工作制等便民利民服务措施。城关等队所增加服务窗口12个，取消不合理收费2项、证明手续7种，减少办事环节5项，开通护照、往来港澳通行证跨县（区）受理、电子护照和免费信息查询等业务。座谈中，居民、群众普遍反映，服务窗口民警工作态度较以前有明显好转，工作效率也有很大提高，工作作风逐步改进，大部分便民利民措施能够得到较好落实。

（五）加强执法执纪监管，规范执法行为。贯彻落实《平凉市公安机关110处警工作及奖惩规定》《公安机关执法细则》等工作制度，制定修订《行政案件办理基本流程》《涉案财物管理规定》等工作规范；层层签订执法工作责任书，强化呈报、审核、审批、执行等岗位责任；推行网上办案，实行网上立案、审核审批、出具法律文书、考核和统计，对办理案件实行实时、动态审核把关；坚持公检法联席会议和“周点评”“月考评”“季排名”制度，实行执法告知、治安案件公开调解制度；对疑难信访积案和重信重访案件，实行公开听证、剖析会诊和领导包案制度，有效化解了一批社会矛盾。如在县公安局的重新调查调解下，2010年9月24日发生的胡某兄弟殴打王某某案件得到和解，当事人对案件处理结果表示满意。

二、存在的主要问题

从检查情况看，县公安局在队伍建设审议意见的整改落实上做了大量工作，也取得了一定成绩，但仍有一些整改措施未落实到位，主要表现为：

（一）工作作风仍需进一步改进。一些队所对民警教育管理工作重视不够、抓得不紧，少数民警思想政治素养和职业道德素质与新形势下公安队伍建设的要求相比仍有差距。座谈中了解到，个别民警特权思想严重、为民意识淡薄、群众观念不强；少数民警不注意警容风纪，自身要求不严，个人形象不佳；一些民警责任感和事业心不强，工作中脱岗溜号，部分派出所警务室时常无人，给群众办事造成不便；极少数民警说话办事仍存在“生、冷、狠、硬”和“门难进、脸难看、话难听、事难办”现象，影响公安队伍整体形象。

（二）业务素质仍需进一步提升。少数民警对业务知识学习和体能技能训练抓得不紧，办案知识欠缺，实战能力较差，不能及时有效处理和控制案发现场；一些民警缺乏研判精神，对案由复杂、隐蔽的案件不能进行深层次的剖析探讨，办案效率较低、质量不高。根据检查组掌握的情况，自2010年12月10日至2011年8月30日，全县发立的347件盗窃案件中，至目前侦破179件，仍有168件未侦破，占到案件总数的48.4%，座谈中城区居民、群众对此意见较大。

（三）城区交通管理仍需进一步加强。城区街道交通标志欠缺、设施落后，主干道斑马线、黄白线等交通标线模糊不清、难以区分，一些标志设置不合理，中街、阿阳路等路段缺少禁止路边停车等交通标志。汽车、三轮车等机动车辆占道行驶、任意倒车、随意掉头、乱闯红灯、逆向行车现象随处可见，上下班（学）等人流高峰期间，县城二天门巷、阿阳路、中街、北环路等主要路段机动车、非机动车和行人混合通行，交通拥挤、堵塞；一些大排量摩托车高速行驶，横冲直撞，安全隐患突出，有关职能部门对此管理不力；个别警车无视交通规则，随意倒车、停车、闯红灯，群众意见较大。

（四）城乡治安环境治理仍需进一步强化。检查发现，群众对城乡社会治安环境意见仍较大。座谈中群众反映，一些城乡恶势力互相勾结，仗势欺人，横行乡里，欺行霸市，故意挑起事端，致人伤残，甚至干扰乡镇政府工作，普通百姓躲之不及，群众没有安全感；东城区、北环路等小区和路段内现金、车辆等财产被盗案件多发，检查组在刑警队和城关派出所了解到，2011年8月以来的9个月时间内，城关辖区发生千元以上盗窃案件162起，其中入室盗窃达110起；阿阳路什字、西岭公园等休闲娱乐场所打架斗殴、寻衅滋事案件多发；北环路、中街等主要路段烟花爆竹噪声污染严重。《静宁县城区环境噪声污染防治管理办法》第十五条规定：“在城区规划范围内，确需使用礼炮、燃放烟花爆竹等排放偶发性强烈噪声（振动）的，必须提前3天以上向县公安局提出申请，经批准后方可实施”“禁止单位和个人在22:00至次日6:00、中午12:00至14:00及高考等重要活动期间使用和燃放各类礼炮、烟花爆竹”，但近两年来县城随时、随地甚至深夜燃放烟花爆竹现象十分普遍，严重干扰正常生产生活，管理部门工作不力，居民意见大。如今年4月某天凌晨，在县城北环路一居民为庆贺新车燃放烟花近1小时，严重影响周围居民的正常休息。

三、几点建议

（一）切实在提升公安队伍整体形象上下功夫、求实效。要把加强公安队伍建设、提高民警综合素质、提升公安队伍整体形象作为一项长效工程来抓，公安局领导班子对目前队伍建设中仍然存在的一些突出问题要高度重视，逐条梳理，认真研究，制定对策，彻底整改，坚决杜绝敷衍了事、支差应付。要坚持抓好民警的思想道德教育，增强维护社会公平正义的责任感和事业心，尽职尽责做好本职工作；深入开展业务培训和岗位练兵活动，努力提高民警实战本领；要从严管理队伍，开展经常性的督查，认真纠正违法违规行为，对一些品行不正、工作不作为、不负责、群众意见大的民警，要敢于坚持原则、敢于碰硬，决不姑息迁就、包庇护短，做到发现一起严肃查处一起，并作为反面教材进行警示教育、以儆效尤，切实维护和树立公安队伍的良好形象。

（二）切实在强化为民服务上下功夫、求实效。要从公安局领导班子自身做起，从公安局机关抓起，牢固树立为民、便民、利民的服务理念，正确处理管理、执法、服务三者的关系，真正从服务群众、方便群众的角度出发，对户证办理等窗口业务，能精简手续的尽量精简，能缩短时限的尽量缩短，改进办事流程、减少不必要的审批程序和办事环节，尽可能地方便基层群众，对错时工作制、“四个一”等服务规定和承诺，要督促逐项落到实处，绝不能空喊口号、流于形式。公安局班子成员要亲力亲为，深入基层明察暗访，听取群众意见，对服务态度差、办事效率低、推诿扯皮、群众意见大的工作人员，要按照有关规定予以调整或处理，切实纠正一些民警服务态度恶劣、工作方法简单粗暴等问题，促进民警依法履职、规范履职、文明履职。

（三）切实在城区交通秩序整治上下功夫、求实效。城区交通秩序混乱是多年来形成的一个“顽疾”，群众意见相当大，对此，要引起政府及相关部门的高度重视，“出重拳”“下硬手”予以严厉整治，下决心解决城区交通秩序混乱的现状。要进一步完善城区交通基础设施，增建一批停车场，增设交通标志，对主要路段及重点区域设置禁止停车标牌，解决无处停车、无章可依的问题，改善交通条件；政府要综合协调城建、公安等部门，进一步明确职责，加大交通整治力度，对重点时段、重点路段和重点区域实施不间断管控，在早中晚高峰期要加强警力，指挥行人、车辆遵守交通规则，改变目前重点路口交通值勤时有时无、时抓时放的状况；要坚持严罚重管，解决机动车辆、自行车乱停乱放问题，对二天门巷、阿阳路、北环路、中街等重点路段要禁止路边停车，对违章乱停乱放行为采取硬性措施，加大处罚力度，促其自觉遵守交通规则。对城区交通严管严控要坚持常态化，避免时松时紧、一阵风，重走乱了治、治了又乱的老路。

（四）切实在城区治安环境治理上下功夫、求实效。针对城区一些区域治安管理混乱、案件多发的问题，公安局要深入调查研究，寻找症结，制定切实可行的实施方案，加大整治力度，力争短期内使城区治安状况有较大改观，减少盗窃等侵财案件发生。一要坚持预防为主，加强与社区协作，对辖区范围内的治安情况进行摸底与排查，主动掌握信息，强化对重点对象、重点小区、重点路段的监控，做到未雨绸缪、积极预防。二要加强治安管控，对治安状况复杂、盗窃、滋事多发区域实行不间断巡逻，加大整治打击力度，形成对不法分子的高压态势，遏制治安案件多发的势头，为广大居民创造安全的工作和生产生活环境。三要加大治安案件侦破力度，对新发生案件要及时组织警力侦破；对一些久立未破的盗窃案件，要实行公安局班子成员包抓责任制，逐案进行排摸，限时侦破，给居民、群众一个满意答复。

（五）切实在打击城乡恶势力上下功夫、求实效。要站在为民除恶的高度，加大对城乡涉恶势力的打击力度，切实保护好人民群众生命财产安全，维护一方平安。县公安局要加强与乡镇的沟通联系，对涉恶人员和村霸、路霸、市霸进行排摸，收集有关信息和线索，及时发现苗头，坚持打早、打小，防止坐大成势；对已查明的涉恶案件和人员，要重拳出击、绝不手软，坚决予以铲除；对公安队伍中内外勾结、充当恶势力“保护伞”的，要依法予以严惩，绝不姑息，努力为城乡居民创造安定祥和的治安环境。

关于全县果品产业发展情况的调查报告

由常委会副主任陈进财带队，常委会办公室、农业工作委员会和林业局负责人以及相关工作人员组成调查组，于5月初开始，历时一个多月，先后深入仁大、双岘、城川、四河等12个乡镇80多个村，通过实地察看、召开座谈会等方式，对全县果品产业发展情况进行了调研。调研组同时考察了陕西省凤翔县、杨凌区、白水县，河南省陕县果品产业发展方面的成功经验和做法，并邀请国内知名苹果专家对我县果品产业进行实地调研，提出了意见建议。调研中，共召开各类座谈会14次，收集到各类意见建议200多条。

一、全县果品产业发展现状

我县果品产业从上世纪80年代中期起步发展以来，历届县委、县政府坚持把发展果品产业作为调整产业结构、促进农民增收、推动农村经济发展的一项重要举措，持之以恒，大力推进，经过30多年的发展，果品产业规模持续扩张，产业体系逐步形成，品牌初步打响，效益不断提升，果品产业已成为富民强县的支柱产业，为加快农民脱贫致富步伐和促进县域经济快速发展发挥了重要作用。

一是坚持行政推动，产业规模持续扩张。坚持发展果品产业不松劲、不变调、不停步，使果品产业规模得到持续扩张。目前，全县果园上报总面积80万亩，占全县耕地总面积的54.3%，其中挂果园面积38万亩，户均果园面积达到8.42亩，人均1.83亩。建成了李店河流域10万亩苹果出口创汇基地、葫芦河流域10万亩高效农业示范区、312国道沿线绿色早酥梨产业带等果品生产基地和10个果园化乡镇、60个果品专业村。

二是突出科技推广，产业效益不断提升。坚持走科技兴果之路，总结推广了一套适合静宁实际的优质丰产新技术，果园管理水平不断提高。建成了绿色食品生产认证基地30万亩，良好农业规范（GAP）基地4000亩，出口创汇基地4.5万亩，全县各类认证基地面积累计达到了34.9万亩，占到上报果园总面积的45%。根据上报数据，2011年，全县果品总产量40万吨，产值16亿元，农民人均果品收入2560元，占农民人均纯收入3105元的82.4%。果品收入上万元的户达2.47万户，亩收入最高的达3.6万元，户收入最高的达30万元，相当一部分农民依靠果品产业增收脱贫。

三是强化链条延伸，产业体系逐步形成。坚持走以农业产业化支撑工业化、以工业化带动农业产业化的路子，围绕果品产业，兴办了一批果品贮藏、包装、加工、营销龙头企业，果品产业链条不断延伸。组建县、乡、村三级果业协会48个，先后成立了静宁县果业市场管理领导小组、静宁县苹果产销协会和乡镇果业技术服务中心，建成了3处果品专业批发市场和电子交易平台，今年又开工建设“平凉金果静宁博览城”，初步形成了集产前、产中、产后为一体的果品产业体系。

四是重视宣传推介，产业品牌初步打响。先后成功举办3次果品交易会，组织参加了上海林业产业博览会、中国（深圳）果蔬展览会等大型果品展销推介会，建成了静宁苹果网、静宁苹果采购网。静宁苹果获得了国家地理标志产品保护、绿色产品、良好农业规范和出口创汇4张国家级名片，并获“中华名果”“2008年北京奥运会推荐果品一等奖”等13个大奖，“静宁苹果”商标成功获批，初步打响了静宁苹果品牌。

二、存在的主要问题

虽然全县果品产业发展取得了一定成效，但与建设百万亩苹果大县、全国优质苹果生产基地的目标还有很大差距，与全国其他果品大县相比，目前仍存在一些不容忽视的突出问题，主要有：

（一）管理体制不顺，行政支持推动力度不大

一是果品产业管理体制不顺。自上世纪八十年代起步发展以来，果品产业的归口管理渠道先后经历了与林业部门由合到分再到合的过程，目前，全县果品产业由县林业局管理，而国家、省上果品产业均归口农业部门管理，给争取果品产业项目资金和政策扶持带来一定困难。2010年省政府出台了《甘肃省苹果产业发展扶持办法》，近两年累计投入1亿多元资金专门用于扶持苹果良种苗木繁育和建园苗木补贴、科技支撑和标准化生产等，我县由于部门对接问题从中受益极少。原果业局合并到林业局后在一定程度上削弱了其职能，仅有的几名果业技术干部还时常忙于其他工作，未能全身心投入到果业技术服务中。

二是对果业发展的组织领导仍然不够。考察中了解到，陕西省洛川县成立了由县委书记任总指挥，县人大常委会主任、县政府县长、县政协主席任副总指挥，县委、县政府所有领导任指挥，30多个部门一把手任成员的苹果四大基地建设指挥部，定期召开指挥部会议，专题研究果业发展有关问题，形成了全县围绕果业干的机制和氛围，为苹果产业发展提供了有力的组织保障。白水县围绕苹果产业的发展，成立了县苹果管理局、苹果研究所、园艺站、土肥站、植保站、绿色食品办公室、品牌保护办公室、苹果信息服务中心及农业行政执法大队等相关机构，在乡镇建立了由县苹果局直接管理的苹果服务站，形成了一套完整的果品产业管理体系。

与上述两县相比，我县还没有形成完备的、强有力的果品产业组织领导体系。座谈中一些干部群众指出，在果品产业发展方面我们喊得多、做得少，重视程度还远远不够。作为全县第一大产业，果业没有独立的管理部门，果品产业联席会议制度未真正落到实处，乡镇果业技术服务中心有名无实，果品产业发展的宏观指导、技术服务和业务管理不到位，行政推动力度还不够大，果品产业发展的合力还没有形成。

三是果品产业考核机制不完善。在乡镇工作考核中，一方面果品产业所占分量不够，另一方面考核缺乏连续性，对幼园管理没有一套成熟的考核办法，导致乡镇栽植果园过于强调集中连片，普遍重视新植面积，轻视幼园管理，果园保存率普遍较低，一些村社同一地块连续多年栽植果树，但栽了毁、毁了栽，至今仍不见果树，形成了年年建园、年年无园的恶性循环，既造成人力、财力的严重浪费，又挫伤了群众栽植果园的积极性，给今后的产业发展造成了新的阻力。同时，林业部门统计的全县果园面积与实际面积有很大出入，目前全县上报果园面积80万亩，根据《静宁县统计年鉴》统计，2011年全县实有果园51.59万亩，2012年6月林业部门普查统计面积为72.3万亩，根据调查掌握的情况看，林业部门的数据严重失实，普查走了过场，对指导果园发展没有任何实际作用。

四是果品产业投入严重不足。考察了解到，陕西省白水县仅2011年县财政用于果品宣传的资金就达1200万元。与陕西省洛川、白水等县相比，我县在果品产业规划、基地建设、科技推广、品牌创建等方面投入还明显不足，奖励扶持果品产业发展的措施较少，项目资金整合力度不大。据不完全统计，自2009年以来，县财政用于果品产业发展的专项资金共300多万元，资金投入严重不足。座谈中南部乡镇果农普遍反映，目前果业投入不足、基础建设滞后的问题比较突出，育苗基地严重短缺，大部分山地果园无路可走，农用车辆不能直接到果园，喷药、施肥、果品运输等极不方便；果园灌溉设施极少，发展后劲不足。

五是西北部乡镇果业发展推动力度不大。上世纪九十年代后期，县上提出了“南部苹果北部梨”的发展思路，在西北部乡镇栽植了5万亩早酥梨，但由于管理问题，大部分没有保存下来，目前有收益的仅5000余亩。近几年，西北部乡镇加大了果品产业的行政推动力度，但由于受自然、区位、观念等因素的影响，果品产业的发展仍处于零星栽植、粗放管理的水平。根据《静宁县统计年鉴》统计，西北部8乡镇共有果园面积6.6万亩，占全县果园面积的12.7%；据主管部门统计，西北部乡镇人均果品纯收入38.3元，仅为全县人均果品纯收入的1.4%，与中南部乡镇差距十分明显。

（二）科技服务短腿，果业发展后劲不足

一是技术力量严重不足，果业科技服务不到位。我县林业局有果业技术干部26人，真正技术过硬、能胜任工作的仅10人左右，按在册人数平均每人服务面积近2万亩，平均服务乡镇0.9个。考察的陕西省白水县有果园52万亩，果业技术干部294人，其中县苹果局园艺站技术人员就达到60多人，平均每人服务果园面积仅1800亩左右；洛川县有果业技术人员386名，平均每人服务面积1300多亩，我县与之相比差距较大。

调查了解到，治平乡创新果友合作社花10余万元购进了测土配方施肥检测仪器，因无人会操作而闲置。随着全县果品产业的进一步发展壮大，果农日益增长的技术需求与专业技术人员短缺的矛盾越来越突出，类似问题将会越来越多，技术人员短缺已成为制约全县果品产业发展的最大“瓶颈”。座谈中了解到，目前广大果农对果园管理技术的需求十分强烈，但由于专业技术人员短缺，开展果业技术服务和培训不够经常，特别是还有果品发展大乡的一些村社，从来没有接受过专业技术人员培训指导，形成技术“盲区”，一方面果农遇到难题无处咨询，很容易受到一些不法商贩的误导；另一方面一些成熟的管理技术得不到推广和普及，果农主要依靠平时积累的经验和“土专家”的指导，随意修剪、盲目用药用肥的问题较为普遍，致使一部分果园自生自长、管理不善、效益不明显。

二是果业科技推广力度不大，果园标准化管理水平低。目前，全县还没有专门的果品产业试验示范基地和专门从事果品生产技术试验示范的队伍，新品种、新技术的引进试验示范推广严重滞后，缺少真正具有带动作用的标准化示范园、精品园。受技术力量、工作经费、群众观念等因素影响，果业科技的普及推广远远不够，果园标准化、精细化管理水平仍然比较低，管理粗放的问题普遍存在，果品商品率低，精品园、精品果少。如上世纪八十年代栽植的5万多亩老果园更新改造步伐缓慢，群众舍不得、也不愿意进行疏枝间伐改造，目前普遍存在空间密闭、通风透光不良、病害严重等问题，在仁大、治平、李店川区，老果园果树腐烂病发病率在90%以上；由于片面追求品种比较效益，将授粉树全部改接为单一的富士品种，导致大部分果园品种单一，授粉树严重不足，坐果率低，产量低而不稳；大多数果园有机肥严重缺乏，有机质含量低，长期大量使用化学肥料，造成果园土壤板结，果实品质有下降趋势；在新植园和幼园内套种玉米、小麦、胡麻等高秆深根作物的现象仍然比较普遍，直接影响树体生长；一些新植果园有规模、无档次，管理极不到位，影响全县果品产业整体形象。

三是苗木繁育基本空白，制约果品产业发展。长期以来，我县果品苗木繁育基本处于空白状态，全县共有苗圃3处，苹果良种苗木繁育基地1处，但由于种种原因，至今未生产供应合格苗木。全县每年建园所需的300万~500万苗木，全部从山东、陕西等地调入，在调运过程中缺少必要的监管措施，苗木品种杂、质量差，果农反响较大。如2002年威戎等乡镇栽植的15万株粉红女士，2004年司桥、八里等乡镇栽植的20多万株澳洲青苹等品种，适应性差、成熟期晚、品质差，最后不得不全部重新嫁接改换。一些乡镇反映，今年县上后期调运的15万苹果苗木质量较差，成活率平均不足30%。苗木繁育短腿已成为制约全县果品产业持续健康发展的重要因素。

（三）服务市场管理问题较多，果品安全形势严峻

一是技术服务市场不健全。目前全县果业技术服务主要靠果业管理部门，社会化技术服务体系发育滞后，果业技术服务体系不健全。全县登记注册的果业协会、合作社共有38个，但大多数有名无实，组织松散，业务不全面，运作不规范，名为服务机构，实则打着协会的旗号销售农资、充当果品代办从中谋利，真正为果农开展生产技术服务的比较少。

二是信息服务市场发展滞后。全县还没有建立起果业信息系统，县、乡、村三级没有形成信息网络，没有专业、权威的果业信息发布平台，病虫害防治、技术咨询、价格指导等方面的信息发布不及时，果农、客商、经纪人获取信息的渠道较少，信息面狭窄，广大果农在具体生产和销售中存在极大的盲目性，极易被农资经销商、客商

和经纪人误导。

三是农资市场管理混乱。2011年县上成立了农业执法大队，专门负责全县农资市场的监管工作，但由于人员还未配备到位，各项措施没有落实，农资市场管理比较混乱。调查中群众反映，无证经营现象在农村仍然比较多，扰乱了农资市场正常秩序；一些不法商贩打着“支农惠农”或“某果品研究所”的牌子，利用散发传单、“专家”讲座、聘请相关“专家”现身说法等形式，片面夸大所售农资商品功效，虚假宣传误导果农，既增加果农投资成本，又容易使果品受到药害，发生农资纠纷后农民取证难、投诉难、索赔难；一部分经营点进货渠道不明，市场上农资品种混杂，质量无法保证，一些假冒农资使果农几年的辛苦努力毁于一旦，造成无法挽回的损失。今年以来县林业局接到农资类投诉3起，如双岘乡一果农购买树康灵愈合剂3瓶，用药后120余棵苹果树锯口出现烧伤、发黑现象，造成了很大损失；一些经销商违规销售高残留、违禁农药，对绿色果品生产构成威胁，一旦发生类似山东栖霞毒果袋事件，将对静宁果业品牌造成致命打击。

（四）果品市场建设滞后，果业品牌保护不力

一是县内营销市场管理混乱。县、乡果品市场建设滞后，全县果品主要由客商在田间地头收购，由于比较分散，一些外地客商反映到静宁后感到无处立身、无从下手；在创优果品营销环境、提供优质服务方面做得不够，开辟“绿色通道”等一些优惠措施仅停留在口头上；职能部门对果品销售价格指导不到位，果农要么私贮惜售错过时机，要么不知行情低价销售造成损失；对果品营销市场缺乏有效监管，座谈中一些客商、果农反映，近几年全县果品营销环境越来越差，商农互不信任，矛盾突出，一些果农只顾眼前利益，随意违反合同，或以次充好、以次搭好，坑商问题比较严重，损害整体声誉；各种协会、合作社、经纪人队伍良莠不齐，一些本地经销商、经纪人存在恶意压价、哄抬价格、欺行霸市、强买强卖等行为，甚至打骂客商和果农，成为果品营销的“地头蛇”，扰乱果品销售秩序，损害客商和果农的利益。

二是对外宣传和市场开拓力度不大。对静宁果品的宣传推介不力，全县境内及公路沿线有关果品的宣传牌和广告很少，参加各类推介会、展览会不多，还没有形成宣传静宁果品的浓厚氛围。在国内大中城市还没有建立静宁苹果直销窗口、专卖店、连锁店等，对外市场的开拓力度不大。座谈中一些果品经销商表示，有在大城市建立静宁苹果专卖店的意向，并做了一些基础工作，但由于没有资金，难以开办有档次、上规模的销售网点。

三是果业品牌保护不力。没有设计和使用统一的静宁苹果证明商标和地理标志、标识，不利于静宁苹果品牌的保护。调查中一些干部群众反映，个别贮藏大户和果品经销企业以低价从陕西、庆阳、天水等地收购苹果，冒充静宁苹果高价出售；考察中了解到，周边一些苹果产区使用标有静宁苹果标志的纸箱，装入本地苹果对外销售，冲击静宁苹果品牌，对静宁苹果品牌的发展极为不利。

三、对今后果品产业发展重点工作的建议

果品产业是我县富民强县的支柱产业，能发展到目前程度实属不易，传承好、保护好、发展好静宁果品品牌是摆在我们面前的一项重要课题。各级各部门应该把果品产业作为全县经济发展第一要务来抓，紧紧围绕建设百万亩果品大县和全国优质苹果生产基地的目标，继续在扩量、提质、增效、创牌等重点工作上下功夫，举全县之力大力发展果品产业，努力推动果品产业全面协调可持续发展。建议今后重点抓好以下几个方面的工作：

（一）抓机制完善，健全组织领导体系，为果品产业发展提供有力保障

一是建议进一步完善全县果业组织体系，成立高规格的果品产业发展领导小组，建立定期召开果品产业发展专题会议制度。借鉴陕西省洛川、白水等县苹果产业管理的基本经验，加强果业管理和服务机构建设，理顺管理体制，建议单列县果业局，单独核定乡镇果业技术服务中心机构编制，专门从事果业服务和技术推广。二是建议实行乡镇果品产业“一把手”负责制，加大对果品产业发展工作的督查考核力度，将果品产业发展情况单列进行考核，增加幼园管理的考核权重，对抓果品产业力度大、成绩突出的干部要优先提拔重用，提高各级对果品产业的重视程度，切实抓好果品产业发展工作，营造全县围绕果业转、工作围绕果业干的良好氛围。三是建议加大对果品产业发展的资金扶持力度。积极争取国家、省、市项目支持，大力整合涉农涉果项目，集全县之财力支持果品产业发展。县财政要加大对果品产业的投入，坚持每年预算一定的果业发展资金。要重视抓好果园道路、水利等基础设施建设，为果品产业发展打好基础。健全灾害性天气预防和病虫害预测预报体系，增加果园防护设施投入，加大果园保险的宣传和推广，提高抵御自然灾害的能力。四是建议加大对果品产业的政策扶持。制定出台一系列果品产业发展优惠政策，扶持发展果品加工、贮藏、销售等龙头企业，延伸果品产业发展链条，有效规避市场风险，提高果品产业综合效益。针对目前农村青壮年大量外出、劳力不足的现状，借鉴河南省陕县二仙坡绿色果业基地建设的经验，加快土地流转经营，在有条件的地方，鼓励企业、务果能手和生产大户通过承包租赁单家独户无人务作的分散果园，带动果园管理向规模化、集约化方向发展。

（二）抓果业规划，科学定位发展目标，推动果品产业全面协调可持续发展

要实现建设百万亩果品大县和全国优质苹果生产基地的发展目标，无论是规模还是质量，都还有一定差距，今后发展的任务十分艰巨。全县各级要充分认识果品产业发展面临的挑战和机遇，坚决克服当前一些干部群众的自骄自满情绪，增强忧患意识，正确对待果品产业发展中存在的问题，不回避、不遮掩，认真研究对策，切实增强发展的信心和决心。要跳出静宁圈子，按照国际、国内大环境、大市场的发展要求，重新审视全县果品产业现状，积极借鉴学习国际、国内果品产业发展方面的成功经验、做法和果业生产高端、前沿科技，高起点、高标准定位全县果品产业，以先进的理念和思路引领果品产业，推动全县果品产业向更高层次发展。要抓好果品产业规划工作，科学制定果品产业发展的整体规划和具体规划，按照因地制宜、适地适树的

原则，逐村、逐社、逐地块规划，坚持先规划、后建设，一次规划、分步实施，杜绝无规划就建设或边规划边建设的行为，避免盲目扩张、走弯路。在规划中，一要正确处理发展质量与规模扩张的关系，把规模扩张与提质增效放在同等重要的位置，坚持以发展质量为先；二要实行规划编制责任制，规划编制要以职能部门为主，乡镇配合，谁规划谁负责，增强规划编制的严肃性、科学性、指导性和可操作性。

根据专家实地考察论证和一些村社发展果园的实践，西北部乡镇具有发展果品产业的气候、土壤等资源条件，因地制宜地在西北部发展苹果产业，是促进农民增收致富、实现南北均衡发展的现实需要，也是全县建设百万亩苹果大县的客观要求。因此，要把西北部乡镇果品产业发展作为今后全县果品产业发展的重点，从资金、项目、技术上给予大力倾斜扶持，促其快速发展。要充分发动，下决心解决好西北部群众的思想认识问题，通过参观学习、算账对比等方式，消除群众疑虑，提高对果品产业的认知程度，调动建园、管园的积极性。坚持因地制宜、典型示范、技术先导的原则，鼓励村村建果园、户户栽果树，示范带动、逐步推进，避免过分追求集中连片，单纯追求规模和只栽不管、年年栽、年年毁的现象。

（三）抓队伍建设，构建科技保障机制，全面提升果品质量和效益

要坚持把科技队伍建设作为建设百万亩果品大县和全国优质苹果生产基地的一项基础工作，花大力气来抓，努力解决技术制约瓶颈，为果品产业发展提供有力科技支撑。一要加强技术队伍建设。要按照加强县一级、充实乡一级、普及村一级的原则，加强果业技术服务队伍建设，通过集中培训乡镇专业技术干部、考试招录或签约引进农林院校毕业生等途径，充实县、乡果业技术服务机构力量，力争在“十二五”末实现每个行政村都有1名乡果业技术人员，每个乡有若干名县果业技术人员。重视现有果业技术人员的培训再教育工作，每年有计划地组织果业技术干部外出考察学习，听取讲座，开阔视野，更新技术。采取中长期集中培训与短期强化培训相结合的办法，对乡镇果业技术服务中心干部进行技术培训，使他们基本掌握果园管理的一整套技术，服务于生产需求。二要构建果业科技推广网络。健全完善以县、乡果业技术部门为主导，果业协会、果业合作社等社会化技术服务机构为补充的果业技术推广体系。充分发挥县、乡技术干部在果业科技推广中的领头作用，建立县、乡技术干部包乡、包村、包户、包果园制度，为果农提供产前、产中、产后技术指导和服务，力争做到培训指导覆盖全部村社、无死角。三要大力推进标准化生产。完善果品生产、加工、包装等地方性标准，规范果品生产。全面推广标准化、精细化管理技术，大幅度提高果品质量，形成一批能代表全县果品水平、引领果品发展潮流的品牌，推动静宁果品向国内国际高端市场迈进。要从苗木质量抓起，加快良种苗木基地建设，逐步满足全县建园苗木需求。在西北部群众观念落后的乡镇，建设一批大苗栽植示范园，缩短建园周期，调动群众新植果园积极性。将老旧果园改造作为今后果园管理的一项硬性任务，采取行政、技术双轨承包责任制，下大决心实施间伐、疏枝等改造措施，全面改造提升现有的5万亩老果园，实现老旧果园可持续发展。四要发挥果业科技示范引领

作用。建议县上与西北农林科技大学取得联系，争取尽快在我县建立苹果试验站，开展苹果新品种、新技术的试验、示范、推广和果农培训等工作，填补我县试验示范基地空白，发挥示范带动作用。同时，采取县、乡党政领导分级包抓的办法，创建一批规模化种植、标准化生产的高标准、高水平、具有引领作用的标准化示范园、精品园，通过培育典型，带动果园效益整体提升。

（四）抓市场管理，保护静宁果业品牌，不断提升静宁果品的知名度和影响力

一要高度重视静宁果品品牌的宣传、推介和保护工作，积极组织参加国际、国内的各类博览会、展销会和推介会，借助各种广告平台和媒体，大力宣传推介静宁苹果品牌。采取农超对接、设立直销网点和窗口等方式，积极开拓国内大中城市市场，扩大市场影响力。二要加强果业销售市场建设，在全力以赴建好苹果博览城的同时，在各乡镇建设一批以果品交易为中心，集信息发布、物流服务、农资供应、产品展览于一体的大型果品批发交易市场，实现果品集中交易。三要加强果品市场管理。加强部门协调联动，切实整顿和规范果品交易市场，严厉打击强买强卖、欺行霸市、坑农害商、压价抬价等违规违法行为，创造公平有序的营销环境。四要强化农资市场监管，建立统一的果业农资配送体系，引导果农科学施肥用药，坚决杜绝使用“三高”农药化肥，加强对农药残留的监测，开展部门联合执法，严厉打击无证经营、违规经营等行为，确保果品生产安全，保护静宁果业品牌。建设果品质量安全检测检验中心，完善果品质量安全可追溯制度，提高果品质量安全监管水平。

第四次会议　于2012年8月29日在常委会五楼会议室召开，由沙芳琴主持。

会议议程有三项：一、人事任免；二、听取和审议发改局局长史晓平受政府委托所作的《关于静宁县2012年上半年国民经济和社会发展计划执行情况的报告》；三、听取和审议住建局局长刘银锋受政府委托所作的《关于城区居民物业管理审议意见落实情况的报告》、常委会财经工委主任杨立新所作的《关于城区居民物业管理有关审议意见落实情况的检查报告》。

第十六届常委会组成人员张自杰、王维军、王平仁、高恒、沙芳琴、陈进财、慕锡武、马世明、武文学、冯克勤、杨立新、周浩仁、米发明、李会宾、曹宁子、朱国军、裴晓江、厚凤兰、王全生出席会议；县委常委、政府副县长王运军，法院院长李根进、检察院副检察长郭国柱、政府办公室主任何浩强、发改局局长史晓平、环保局局长王勤学、住建局局长刘银锋、房产局局长李克明、规划局副局长贾红斌、公用事业管理局局长陈红福、街道办党工委书记王壬寅、公安局副局长樊建武、水务局副局长张新江、国土局副局长邹振革、物价局副局长马宁学，常委会各委室负责人何冠群、李文环、胡生忠、李忠荣、贾平峰、宋正祥、李稳收，市人大代表王永强、杨春娟，县人大代表马葳、李叔强，城关镇、余湾乡人大主席杨联斌、任浩列席会议。

附：

人事任免

张录牛任县人大常委会办公室副主任

关于城区居民物业管理有关审议意见落实情况的检查报告

由常委会副主任高恒带队，常委会办公室、财经工作委员会及县住建局、规划局、房产局、公用事业管理局、街道办等单位负责人组成检查组，于7月中旬至8月中旬，深入城区部分居民小区及物业服务企业，通过实地察看、走访座谈、问卷调查等方式，对县第十五届人大常委会第十四次会议关于城区居民物业管理有关审议意见落实情况进行了检查，并考察学习了周边部分市、县（区）在物业管理方面的成功经验和做法。

一、所做的主要工作

县第十五届人大常委会第十四次会议针对城区居民物业管理工作中存在的行政引导推动不力，规划、建设与管理脱节，开发遗留问题较多，物业服务质量不高等问题提出了6条具体审议意见：一是充分认识推行物业管理工作的重要性、必要性，加强组织领导，完善规章制度，广泛宣传物业政策法规，促进社会各方面形成支持和发展物业管理的合力。二是健全完善物业管理工作机制，强化政府行政监管职能，明确部门职责分工，建立健全责任体系，共同促进物业管理工作健康发展。三是注重规范开发市场，坚持先规划后开发和建管并重的原则，严格把好布局关、详规关和验收关，力求新建小区功能配置齐全。四是加强维修资金的收集管理，为物业管理提供资金保障。五是加大老旧居民区整治力度，督促开发商或建设单位对老旧居民区进行整治改造，完善公用和配套设施，为居民生活提供方便。六是因地制宜，分类指导，根据不同类型物业的特点，采用不同的管理方式，尽快搭建管理框架体系，促进物业管理不断规范提高。

从检查情况看，县第十五届人大常委会第十四次会议以来，县政府及相关职能部门认真贯彻落实审议意见，在改进加强物业管理方面做了一定工作，取得了一些成效。

一是建立健全物业管理机制。2009年以来先后印发了《关于加强居民小区物业管理工作的通知》《关于加强房屋产权产籍管理和规范房地产市场工作的通知》等，为住宅小区规划开发、日常管理、物业服务等提供了必要依据。探索社区参与物业管理的有效途径，社区居委会定期不定期协调组织开展社区卫生保洁等工作。加强业主自治，协调为60多个楼（院）确定单元代表和楼（院）长，初步解决了这些楼院无物业管理组织、无物业服务人员的问题。通过签订物业服务合同、张贴宣传标语等方式，加强物业政策法规宣传，不断增强全社会参与物业管理的意识。

二是壮大物业管理服务队伍。先后引进平凉新盛和平凉红泉2家物业公司，其新的经营理念和管理办法，带动发展了德美、建兴等物业企业。目前，全县物业企业达到14家，三级以上资质达11家，从业人员达到247人，先后有58名物业管理人员参加了全省物业管理师、管理人员的培训和再教育，物业管理水平不断提高。

三是初步开展维修资金收交。转发了《平凉市住宅专项维修资金管理办法》，制定出台了《静宁县住宅专项维修资金使用意见》，将维修资金收缴纳入小区综合验收内容，督促开发企业按标准代收代缴维修资金。至目前，已对2009年以来竣工验收的87幢住宅楼计收住宅专项维修资金1520万元，为新建小区后期维修及物业管理提供了资金保障。

四是规范新建小区物业管理。近几年新建的小区，普遍重视前期物业管理工作，提前介入，对物业管理用房、活动场地、停车场、公厕、垃圾箱、健身器材等共用配套设施以及绿化、硬化美化等物业管理基础设施纳入规划，一次建设，为小区后期物业管理创造了条件。同时有符合资质要求的物业公司入驻管理，建立了一套比较完善的管理制度，物业管理与服务体系初步形成。如新盛花园、德美花园、滨河花园等小区绿化美化、基础设施、安防设备都比较到位，物业管理比较规范，服务质量比较高，业主反映比较好。

二、目前存在的主要问题

从检查情况看，目前居民区物业管理方面仍存在一些不容忽视的问题，直接影响到居民生活水平的提高和平安社区建设，需要下大功夫认真研究解决。

（一）物业管理工作机制仍不健全。一是管理制度不健全。规范有序的物业管理需要健全的制度作保障。随着城区居民住宅区建设步伐的加快，广大居民对物业管理的需求越来越强，居民区物业管理从无到有到逐步规范，发展比较迅速。但从检查掌握的情况看，物业管理方面由企业主导、探索的多，政府在引导、推动方面做得仍然不够，物业管理制度建设滞后，考核评价体系不健全，对物业服务缺乏有效监督和管理。座谈中一些居民认为，物业管理工作没有引起县政府的高度重视，对长期存在的一些突出问题研究不多，没有采取切实有效的解决措施。二是部门职责落实不到位。物业管理涉及住建、规划、房产、公用事业管理、工商、物价、公安、消防、街道社区、供电、供水等多个部门和单位，监管工作量大面广，需要各个部门之间密切协作配合。但从实际情况看，承担监管职责的相关部门对自身职能认识不清，监管职责落实不到位，要么各自为政、多头执法、重复执法，要么无人管理、形成“盲区”，物业管理齐抓共管的工作机制还没有形成。座谈中居民反映，一些小区供热、供电、供水等出现问题后，部门和物业企业相互推诿扯皮，问题得不到及时有效解决。三是政策法规落实不力。如国务院《住宅专项维修资金管理办法》规定，商品住宅、非住宅的业主应按照当地住宅建筑安装工程每平方米造价的5%~8%交存首期住宅专项维修资金；我县规定，对2010年以后新建的住宅由房地产开发企业按照5%代收代缴，但相当一部分开发企业未按规定标准缴存，一些开发商故意拖延，既不缴纳又不为业主办理房产证，致使部分住宅专项维修资金滞留在开发商手中，部分住户入住多年仍拿不到房产证，业主反响比较强烈，主管部门未按规定尽快追收，监管缺位。四是业主自治机制还未建立。实行业主委员会管理是居民区物业管理的有效途径之一。国务院《物业管理条例》规定，实施物业管理的小区应成立业主委员会。而我县城区所有居民小区均未成立业主委员会，在出现服务质量等问题时，居民投诉难、维权难。

（二）规划、建设与管理脱节的问题仍然存在。一方面，存在小区物业基础设施规划不到位的问题，规划设计存在先天性缺失；另一方面，存在小区规划执行不严的问题，主管部门管理不严，一些开发商不按规划建设，随意变更规划，增加住宅面积，减少绿地面积和公用设施，导致小区功能不全，给后续物业管理带来定困难。《甘肃省物业管理条例》规定，规划、设计新建住宅小区时，应按不低于开发建设住宅总建筑面积2‰~3‰的比例确定物业管理用房，但最低不能低于40平方米。从检查情况看，大多数开发建设单位未按标准建设，2009年以来建成入住的11个小区中仅顺昌家园、兴美花园等4个住宅小区的物业管理用房达到了标准，鸿福家园、建兴嘉园、百盛家园等小区物业管理用房仅20平方米左右。一些新建的单体住宅楼物业基础设施规划建设不到位的问题更加突出，只是修建了简单的门房，活动场地、停车场、垃圾箱、健身器材等基本没有。由于物业基础设施建设滞后，造成部分居民区管理混乱，一些住户在小区内乱停乱放车辆占用公用通道，造成交通阻塞；一些住户在楼顶及院内搭建临时简易房屋等问题相当突出，主管部门监管不力，放任自流。

（三）老旧居民区物业管理问题仍然比较多。从检查看，由于历史原因，大部分老旧居民区住宅楼物业管理公用配套及基础设施规划建设不到位，物业管理难以实施，相当一部分仍以楼院为单位，进行简单、粗放的自我管理，“一间门房、一个门卫、一把锁子、一把扫帚”的状况没有改变，甚至还有一定数量的弃管楼院，脏、乱、差的问题仍然比较突出。据统计，目前全县403幢居民楼中有182幢居民楼没有专门的物业服务企业，均由业主联合自行管理，占到全县居民住宅楼的45.2%，其中大多数基础设施老化，卫生状况差，治安管理混乱。如五金巷10多栋家属楼、北环路20多栋家属楼大多数修建年代较早，建设标准低，有的楼体破损，水电暖等设施老化，楼顶、管网破损后无人组织维修；有些楼院连简单的门卫也没有，有些甚至没有大门，无人看管，处于完全开放状态，入室盗窃案件频发；有些楼院无垃圾清运设施，无人清洁卫生，居民将生活垃圾倒在街上，直接导致县城脏、乱、差，严重影响县城整体形象，居民对这一问题意见比较大。

（四）物业服务质量不高的问题仍比较突出。一是企业运行不规范。我县物业服务起步较晚，目前仍处于探索完善的初级阶段，由于物业服务企业准入机制不健全，大部分物业企业是小区开发企业的附属公司，这些物业企业均依赖于开发商，大多数由开发商管理经营，侧重于对开发商负责，忽视业主利益，对开发建设中遗留问题和居民的投诉睁一只眼、闭一只眼，不能真正维护业主利益，有的甚至成为开发商的“挡箭牌”。二是企业服务意识淡薄。调查问卷表明，有50%的居民认为小区物业服务质量不高对小区物业服务表示不满意。一些物业服务企业没有摆正自己的位置，重管理轻服务；大部分物业服务企业没有与业主签订物业服务协议，服务项目、收费标准、经费使用等没有公开公示，对业主提出的合理要求敷衍搪塞，侵害业主利益现象时有发生。一些物业企业制定霸王条款，损害业主的合法权益，业主与物业服务企业的权利不对等。如新盛花园物业管理方强制小区住户安装指定品牌太阳能，否则便要求交纳360元的屋顶维修保护费，居民投诉较多。三是物业服务不到位。一些物业企业管理制度不健全，内部管理混乱，卫生保洁、绿化养护、安全保卫等服务管理工作不到位，一些工作人员服务态度差，不能耐心听取意见建议，业主意见大。如座谈中居民反映，东苑1号小区、东泉家园等小区物业日常服务跟不上，对业主反映的问题处理不及时，治安巡逻不经常，偷盗现象时有发生。成纪嘉园居民反映，该小区4幢楼仅有2名物业管理人员，物业服务仅限于清运垃圾、看守门房。

（五）一些物业企业与业主矛盾仍比较集中。检查发现，一部分物业企业收费至上，单纯追求经济效益，无法提供与收费相符的物业管理服务，导致业主意见大；部分业主对物业管理的认识不够，只强调权利，不承担义务，对发生的物业费不及时缴纳，导致一些小区物业企业与业主的矛盾比较突出，业主认为物业企业服务不到位，物业企业认为业主故意刁难，部分业主以服务质量不高为由拒交物业费，物业企业以不交物业费为由缩水服务，形成恶性循环。如东苑1号小区移交物业公司管理后，因多种原因管理跟不上，绿化、道路等设施破损严重，治安秩序差，业主不满意；部分业主故意拖欠物业费，有的甚至几年不交，企业运行困难，负责该小区物业服务的泰和物业公司2011年应收物业费34.2万元，实收17.4万元，欠费高达49.1%，2007年入驻以来累计欠费达61.5万元。检查中发现物业公司、业主都有相当大的怨气。

三、对今后工作的建议

物业管理是城市管理的基础，是城市管理的延伸，更是城市管理的缩影，也是社会普遍关注的热点难点问题，是一项关系居民切身利益的民生工程。近年来，随着我县城市化进程不断加快，县城规模进一步扩大，居民人数不断增加，物业管理在城区社会管理和稳定中的作用日益突出。加强居民区物业管理，对于改善人居环境、提升县城品味、维护社会稳定、促进和谐社会建设、推动全县经济社会发展具有重大意义。县政府及主管部门要充分认识加强物业管理工作的重要性和必要性，切实增强责任感和紧迫感，将居民区物业管理工作与城市规划建设管理、城区环境综合治理、创建全国文明县城等重点工作结合起来，作为一项重要的民生工程来抓。要认真贯彻落实《中华人民共和国物权法》、国务院《物业管理条例》、甘肃省《物业管理办法》，积极借鉴学习外地物业管理的先进经验，认真研究目前存在的问题，采取切实有效的措施，把我县物业管理工作提高到一个新的水平，努力为广大居民创造良好的居住环境，让广大居民居住得顺心、生活得舒心、工作得安心。建议今后继续抓好以下几方面工作：

（一）以完善制度为重点，着力构建物业管理长效机制。一要加强组织领导。充分发挥政府在物业管理工作中牵总协调作用，成立城区居民物业管理工作领导机构，强化对城区物业管理工作的指导督促考核，坚持定期研究居民区物业管理工作，督促相关部门和单位认真履行职责，及时协调解决工作中存在的困难和问题，推动居民区物业管理工作规范有序开展。二要完善工作制度。要按照国务院《物业管理条例》和省政府《物业管理办法》的有关规定，在充分调研的基础上，尽快研究制定符合我县实际的物业管理办法，使物业管理有法可依、有章可循，促进物业管理工作规范化、制度化、科学化、经常化。建立和完善科学、合理、实用、高效的物业管理协调、监督和考核工作制度，明确部门、街道社区和物业企业在物业管理中的职责分工，形成各司其职、相互配合、上下联动、齐抓共管的物业管理工作长效机制。三要深入宣传物业管理政策法规。充分利用电视、网络、宣传栏、宣传车等多种媒介和途径，以群众喜闻乐见的方式，广泛宣传贯彻《中华人民共和国物权法》《物业管理条例》和《甘肃省物业管理办法》等法律法规，不断增强物业企业的服务意识，帮助广大居民树立正确的物业服务消费理念，促进社会各方面形成支持和发展物业管理的合力。

（二）以落实责任为重点，着力提升物业管理行政监管水平。各相关部门要按照职责分工，认真落实行政监管责任，共同促进物业管理工作，一要加强规划建设管理。今后无论是新住宅小区开发还是老旧居民区改造，都要把物业基础设施配套作为硬性指标纳入规划，切实解决开发建设与物业管理脱节的问题。政府及有关部门要加大对规划执行情况的监管，对于规划不合理，物业基础设施配套不合规的不予立项建设；对建设中随意变更规划、削减物业基础设施的，坚决不予验收、不办理房产证；对把关不严的，要严肃追究主管部门和责任人的责任。严格落实住宅小区工程质量追溯制度和房屋建筑工程质量保修制度，对不符合规定的要强制整改，坚决杜绝开发商“甩包袱”拿钱走人现象的发生。要强化房屋产权登记管理，针对一些居民反映的入住多年拿不到房产证的问题，政府及有关部门要立即着手对此进行全面清理，认真研究制定切实可行的工作措施，督促开发商及时申请办理，力争短期内使这一问题得到解决，维护和保障住户的合法权益。要充分发挥社区管理职能。要借鉴外地经验，按照“重心下移、属地管理、条块结合、以社区为主”的原则，强化街道、社区的社会管理和服务功能，充分发挥社区居委会在召开业主大会、选举业主委员会、业主依法维权、社区卫生、社会治安管理等方面的组织、协调、指导和帮助作用，调动业主参与自治的积极性，促进小区物业管理上水平。三要充分发挥业主大会职能，对目前已实行物业管理的居民小区，要按照法律规定，依法组织召开业主大会，组建业主委员会；新建居民小区交付使用的建筑面积达到一定标准时，要及时组织、指导召开业主大会，充分发挥业主委员会代表和维护业主合法权益的重要作用，进一步规范小区物业管理工作。四要加强住宅专项维修资金监管。严格落实《静宁县住宅专项维修资金使用意见》，采取硬性措施，督促开发商按照规定标准、规定时限及时缴存住宅专项维修资金，确保收缴到位。要加强专项维修资金的使用监管，确保其发挥作用。

（三）以改善基础为重点，着力破解老旧居民区管理难题。老旧居民区目前存在许多历史遗留问题，居民意见多，解决难度大，社会关注程度高。有关部门要着手对老旧居民区状况进行排摸分析，提出切实可行的整治改造规划，有效破解老旧居民区基础建设差、物业管理差，导致县城脏、乱、差得不到根治的难题，促进县城快速、健康发展。要把老旧居民区整治改造列入县城建设年度计划，坚持每年预算一定资金，有计划地对基础设施进行系统改造，为实施物业管理创造条件。积极探索老旧居民区物业管理办法，对相对分散的老旧居民区，可以探索采取相邻街区划片集中的方式，由街道和社区牵头组织协调，选择与其条件相适应的物业管理服务企业进行接管；对分散单一，暂不具备实行统一物业管理条件的居民楼院，由街道和社区指导建立楼管会等业主自治机构，开展保洁、保安等基础性物业管理，维护居民区公共秩序和环境卫生。

（四）以规范管理为重点，着力提高物业企业服务质量。首先要建立物业服务企业准入、退出机制。建立物业服务招投标管理制度，通过政府引导、业主自主招聘等途径，吸引资质等级高、管理规范、服务优质的大型物业企业入驻居民小区，促进规模化经营，逐步解决开发建设与物业管理“建管不分”的问题。对资质低、信誉度差的要限期整改或整合，服务达不到资质标准的要依法降低资质标准直至退出物业服务市场。其次要加强企业内部管理。引导物业企业不断健全完善企业管理制度，严格执行行业规范，认真履行合同约定，为小区业主提供优质服务，自觉接受政府和业主的监督。督促物业企业加强与业主的沟通和交流，及时协调处理业主提出的合理要求和反映的问题。加强从业人员培训教育，提高其专业素质和服务水平，不断改善服务态度。推行物业服务、收费公开公示制度，增强物业服务的透明度，让广大业主“明白消费”，用高质量的服务赢得业主的信赖，有效解决物业服务费用收缴难的问题，促进物业管理工作健康有序发展。

第五次会议　于2012年10月31日在常委会五楼会议室召开，由陈进财主持。

会议议程有五项：一、人事任免；二、听取和审议教育局局长李永成受政府委托所作的《全县农村基础教育发展情况报告》、常委会教科文卫工委主任冯克勤所作的《关于全县农村基础教育发展情况的调查报告》，提出《关于全县农村基础教育发展情况的审议意见的函》；三、听取和审议水务局局长樊旺受政府委托所作的《关于城区居民饮水安全审议意见落实情况的报告》、常委会农业工委主任武文学所作的《关于城区居民饮水安全有关审议意见落实情况的检查报告》；四、听取和审议财政局局长王敏受政府委托所作的《关于2012年地方政府债券转贷资金及市级财力补助相应调整全县财政预算（草案）的报告》，作出《关于批准2012年地方政府债券转贷资金及市级财力补助相应调整全县财政预算的决议》；五、听取和审议政府办公室主任何浩强受政府委托所作的《关于县第十六届人民代表大会第一次会议代表意见建议办理情况的报告》、常委会代表联络工委主任、办公室副主任李文环所作的《关于县十六届人大一次会议代表意见建议办理督查情况的汇报》。

（出席、列席人员不详）

附：

人事任免

赵宏军任县发展和改革局局长，免去县扶贫开发办公室主任职务

杨昌宁任县公安局局长

张建宁任县监察局局长

魏小良任县住房和城乡建设局局长

杨　飞任县交通运输局局长

王兴国任县扶贫开发办公室主任，免去县交通运输局局长职务

免去：

史晓平县发展和改革局局长职务

梁文义县公安局局长职务

刘银锋县住房和城乡建设局局长职务

关于全县农村基础教育发展情况的调查报告

为贯彻落实《中华人民共和国义务教育法》，全面掌握全县农村基础教育发展现状、存在的困难和问题，有针对性地提出意见建议，推动农村基础教育全面协调可持续发展，由分管领导带队，县人大常委会办公室、教科文卫工作委员会，县政府办公室、教育局负责人及工作人员组成调查组，于9月上旬开始，历时1月，先后深入李店、甘沟、古城、灵芝等12个乡镇及城区部分学校，采取问卷调查、走访座谈、查阅资料、实地察看等方式，对全县农村基础教育发展情况进行了调查，并考察学习了会宁县在农村基础教育发展方面的经验和做法。调查中先后深入42个村社、63所学校，走访干部群众180人（次），发放调查问卷850份，召开座谈会33场（次），广泛听取了各方面意见建议。

一、发展现状及工作成效

（一）全县基础教育现状

目前，全县有各级各类学校366所，其中中等职业学校1所，普通高级中学3所（其中民办1所），完全中学5所，初级中学28所（其中农村26所），小学249所（其中农村245所），教学点40个，幼儿园36所（其中农村19所，城区17所；公办20所，民办16所），特殊教育学校1所，在建学校3所。各级各类学校在校学生91698人，其中农村基础教育阶段学生51210人（初中18332人，小学27905人，幼儿园4973人），占学生总数的55.8%。在职教职工5522人（专任教师5466人），其中农村基础教育阶段共有专任教师3464人，占专任教师总数的63.4%。全县校园占地面积291万平方米，校舍建筑面积70.4万平方米。农村初中生均占地面积20.6平方米，生均建筑面积6.7平方米，小学生均占地面积54平方米，生均建筑面积6.8平方米。全县中小学拥有实验室设备179套，总价值达到1800万元，其中农村义务教育学校有实验室设备158套，价值1550万元，分别占全县总数的88%和86%；计算机7355台，其中农村义务教育学校4234台，占总数的57.6%；音、体、美器材15万件，其中农村义务教育学校11万件，占总数的73%；图书146万册，其中农村义务教育学校86万册，占总数的58%。

（二）主要工作及成效

多年来，全县各级坚持以科学发展观为指导，大力实施“科教兴县”战略，认真贯彻落实《中华人民共和国义务教育法》，积极深化教育改革，着力改善办学条件，

不断加强教育内部管理，努力提高教育教学质量，促进全县农村基础教育不断发展。

一是不断改善办学条件。校舍建设方面，“十一五”期间，县政府紧紧抓住国家对农村教育加大投入的机遇，积极争取各类项目，多方筹措配套资金，累计投入2.4亿元，新建、改建农村寄宿制学校28所（其中初中24所），标准化小学77所，总建筑面积18.6万平方米，消除农村中小学C级危房3万平方米，D级危房9万平方米，全县农村中小学校舍达标率达到69.2%。设施设备方面，抢抓“两基”迎国检机遇，投入2000多万元，建成中学理、化、生实验室及小学数学科学实验室159个，配备中小学教学仪器149套，音体美器材8.8万多件，图书59万余册，电子白板423个。信息化建设方面，在乡镇中心小学和初级中学全面实施以数字校园网、教育城域网和无线办公通讯网为主要内容的“三网”建设，配备计算机2776台，建成计算机教室78个，教育信息化水平进一步提高。

二是加强教师队伍建设。落实教师资格准入制度，2007年以来，通过签约、考录等形式，共引进大中专院校毕业生1438人，其中分配农村中小学任教1290人，进一步壮大了农村中小学教师队伍；积极构建县、乡、校三级培训体系，通过组织参加“国培计划”、远程教育技术能力培训、骨干教师培训、继续教育等途径，加强教师职业道德和业务技能培训，教师队伍整体素质提高，目前全县小学、初中教师学历达标率均达到100%；推进人事制度改革，完善教师考核评价和职称评聘体系，落实岗位设置管理和全员聘任制度，教师队伍管理进一步加强。

三是加强教育内部管理。2012年，将乡镇教育办更名为乡镇教委，进一步强化了乡镇基础教育管理职能，理顺了管理体制。加强教育督导检查，建立了政府督学、教育督导员、教研员包乡督导查学制度，坚持深入各乡校进行教育教学督导评估，督促落实教育法规政策。完善各级各类学校教育评估方案，加强对学校教育教学工作的考核评价。重视校园安全管理，建立健全安全责任体系，完善学校安全管理制度，层层签订安全责任书，及时排查各种隐患，保障师生安全。建立健全校长岗位责任制，完善各级各类学校管理制度，进一步规范了办学行为。

四是教育质量得到提升。坚持以质量为中心，加大教育管理和改革力度，积极推进素质教育，教育教学质量不断提高。稳步推进新课程改革的实施，严格按照国家和省上规定的课程计划和教学大纲，开齐开好各门课程。充分发挥县教育学会和学校教研中心、电教中心的作用，加强教育科研，规范各级各类学校教育教学行为。大力推进“高效课堂建设年”活动，通过“优质课”评选、赴名校学习考察等方式，促进义务教育阶段学校课堂教学不断改革发展。落实《未成年人思想道德建设若干意见》，加强学生行为习惯养成教育，促进学生素质全面提升。重视学校体艺教育，坚持每年举办中小学生运动会和艺术节，提高学生体艺素质，并多次在省、市体育竞赛和艺术展演中获奖。2012年，全县小学、初中阶段适龄人口入学率均达到100%，九年义务教育完成率达到95.5%。

五是形成了浓厚的重教兴学氛围。县上将教育工作纳入全县经济社会发展总体规划，先后制定出台了《关于加强基础教育改革与发展的决定》《静宁县中长期教育改革和发展规划（2011-2020）》等指导性文件，把教育作为公共财政支出的重点领域予以优先保障，依法落实教育投入“三个增长”的要求，不断加大投入，保障必要的办公经费，促进农村基础教育发展。相关职能部门密切配合，加大校园周边环境综合治理力度，营造了较好的教育发展环境。广大群众对优质教育资源的渴求日益强烈，争上学、上好学、兴学重教蔚然成风，为教育事业发展提供了强大动力，在全县形成了党以重教为先、政以兴教为本、民以支教为荣、全社会关心支持教育的浓厚氛围。

二、存在的主要困难和问题

总体上看，我县农村基础教育在县、乡政府及教育行政主管部门和社会各界的共同努力下，取得了一定成绩，但与经济社会发展和人民群众享受优质教育资源的强烈愿望相比，仍存在一些不容忽视的问题，特别是新一轮学校布局结构调整的实施，客观上造成新的教育资源分布不均，部分农村学生上学远、成本高的问题更加突出，影响到全县农村基础教育的健康持续发展。

（一）基础建设投入不均衡，部分农村中小学办学条件较差

一是乡校发展差距大。从调查的12个乡镇所属初中、中心小学基础建设情况看，乡际、校际差距比较大，甘沟、李店、威戎、三合、细巷等乡镇的中学、中心小学建设标准高、条件好，新店、贾河等一些边远乡镇初中、中心小学校舍比较破旧、建筑面积不足，一些校舍仍是土木结构，办学条件差，与其他乡镇差距明显，当地群众有很大意见。同时，由于校舍建设、师资力量等教育资源分布严重不均，加剧了教育发展的不平衡，村级小学普遍存在办学难的问题，各乡镇村级小学大多生源不足，部分小学出现年级断档，日常教学难以实施，办公经费严重不足，教学质量逐年下降，学校规模大幅减小，一些不得不改为教学点，个别学校只有三四名学生，成为“微型小学”“袖珍小学”。

二是部分学校校舍短缺。一部分乡镇中心小学教室短缺，无法容纳现有教学班，不能满足日常教学需求，部分学校不得不搭建简易活动板房或租用商铺，临时解决教室不足的问题；一些学校几名教师合住一间办公室，生活、办公极不方便；大部分学校没有专门的实验、器材等功能室，配备的一些仪器、设备、教具闲置堆放，没有发挥作用。如贾河中心小学现有7个教学班，仅有6间教室，学前班19名学生在科学实验室上课，学校有11名教师，仅有9间宿舍，有2名教师在校外租住；新店中心小学现有教学班9个，只有8间教室，一个班级在科学实验室上课，有19名教师，仅有16间宿舍；祁川中心小学有14名教师，仅有9间宿舍；古城中心小学、高城寨小学部分学生在活动板房内上课。各初中普遍存在学生宿舍严重短缺的问题，全县农村中小学共有寄宿生25251人，其中校外寄宿生达12073人，占寄宿生总人数的47.8%，学生在校外租房食宿，管理难度大，安全隐患多。如雷大初中有寄宿生564人，其中404人在校外住宿，占寄宿生总数的71.6%；三合初中有寄宿生510人，其中258人在校外住宿，占寄宿生总数的50.6%；界石铺中学初中部有寄宿生530人，其中370人在校外住宿，占

寄宿生总数的69.8%；成纪中学初中部有寄宿生423人，全部在校外住宿；灵芝初中100多名住宿生集体在校外私人餐馆就餐，食品安全难以保障。

三是学生住宿条件差。从调查情况看，目前初中学生住宿条件普遍差，多年来没有根本的改变，与经济社会发展现状和群众生活现状形成很大反差。调查中看到，大多数学生宿舍窄小，宿舍内既要住宿，还要做饭，部分学校学生两人挤在一张单人床上，空间十分拥挤；学生多数使用煤油炉做饭，室内空气混浊，卫生状况差；大多数没有取暖设施，出于安全考虑，学校不允许使用火炉和电热毯，冬天在校内食宿的学生手脚冻肿冻烂，晚上冻得难以入睡，学生不愿在校内住宿；校外住宿生租住的房屋，多为农户建造的简易房，还有一些学生租住在农户家的门房内。如贾河初中十一二平方米的宿舍内住有学生十二三名，最多时住过19名学生；新店初中目前仍有50多名学生住在7间土木结构宿舍内，每间10平方米左右，住宿、做饭条件十分简陋。

（二）农村教育布局调整过程中，出现新的上学远、成本高问题

随着我县城镇化步伐的加快，农村劳动力大量外出带动学生流动，加之计划生育政策的实施，农村适龄儿童逐年减少，一些农村中小学生源不足，办学困难，2009年以来，县、乡政府及教育主管部门先后对74所农村学校进行了撤并。学校布局结构调整的实施，在一定程度上改善了办学条件，优化了教师队伍配置，提高了办学效益和办学质量，但应该清醒地看到，在布局调整过程中存在不切实际、盲目撤并、搞一刀切、步子过大的问题。概括起来，主要是在一些学校的撤并中，不尊重群众意愿，置群众呼声于不顾，强行撤并，群众意见大；按学生人数划线，对达不到一定人数的学校统一要求撤并，使一些生源相对集中、确有办学必要的学校撤并，给学生上学造成很大不便；有的教师通过私下动员家长的曲线方式，迫使学生转学；有的村小学师资力量薄弱，教师敬业精神差，教学质量长期低下，学生不愿就读，学校被迫关门、撤并；个别乡镇在中心小学没有容纳能力的情况下，为提高考试成绩，将全乡六年级学生全部并入中心小学，给家长、学生带来极大不便等等。具体表现在：

一是部分农村小学生上学难。由于一些乡镇在撤并学校时，没有充分考虑人口密度和地理环境等因素，事先未充分征求群众意见建议，快速撤减了一批农村小学和教学点，打破了调整前基本每村1所小学的格局，使许多农村学生上学路途变远。调查中了解到，一些农村小学生上学距离远，为了能按时到校，学生不得不起早摸黑，交通安全隐患增加，家长只得陪伴接送；学生中午回不了家，学校没有条件提供午餐及开水，只能吃自带的干粮，形成新的农村学生上学难问题。如李店镇小庄、孔沟小学撤并到中心小学后，因上学路太远，部分学生在校外租住，部分学生走读最远的达四五公里，该校有40多名学生因路太远中午不能回家；雷大乡中庄小学撤并后，部分学生在中心小学走读最远的6公里左右；石咀中心小学目前就读的学生中有高刘、柳沟等小学撤并后转下来的，上学最远的达5公里左右。

二是群众经济负担加重。调查中了解到，各乡镇中心小学学生中有相当一部分从其他学校转入，由家长租房陪读或寄居在亲戚家。如甘沟中心小学1087名学生中有

835名学生由家长在校外租房陪读（2009年有学生717名，其中300名学生在外租住），李店中心小学787名学生中有315名学生、古城中心小学四年级某班41名学生中有21名学生由家长在校外租房陪读。一些家长既要照顾孩子的生活起居，还要抽时间干家务、搞生产，两头奔忙，增加了教育成本，加重了农民经济负担。调查中，一些学生家长谈到，本村学校撤并后，自己不得不随孩子一块搬到街道，白天在地里干活，到学生放学时骑摩托车赶到租住的地方为孩子做饭，家里的老人无人照顾，困难很大。一些家长反映，学生转到本村外的学校读书，少了孩子的读书声、歌声和笑声，村子里没有了生机和活力，村里的文化氛围越来越淡薄；孩子由爷爷奶奶陪读或在亲戚家寄宿，家庭教育、父母教育严重缺失，不利于学生的健康成长；一些教师反映，随着留守儿童的增加，学校德育工作和班级管理难度越来越大，学生的教育管理问题越来越多，学校教育在一定程度上受到影响。

三是中心校和城区学校入学压力大。学校布局结构调整在一定程度上加剧了城乡、校际之间教育发展不均衡。学校撤并后，有相当一部分学生流入乡镇中心小学和城区小学，加之县上提出“三万学生进城”计划后，在基础设施建设、师资配备等方面给予城区学校大力扶持，城区学校办学水平和教育质量显著提高，办学条件差异进一步拉大，城、乡教育一头重、一头轻，一头强、一头弱的问题更加突出。一些有经济能力的家长，想方设法将学生转入乡镇中心校或城区学校读书，“择校热”愈演愈烈，一方面一些农村学校人去校空、资源闲置浪费，另一方面乡镇中心小学和城区学校入学压力大。大部分乡镇中心小学学生人数剧增、超负荷运转，教室少、学生多，大班额或超大班额的现象比较普遍，学校功能室配备困难，活动空间严重不足，影响正常教育教学工作的开展。如甘沟中心小学2009年有学生717名，目前有1087名，3年净增370名；界石铺中心小学2009年有学生385名，目前有681名，3年净增296名；城关镇东关小学2009年有学生721名，目前有1080名，3年净增359人。据不完全统计，2012年秋季城关、德顺小学一年级净增非片区内学生126名，城关小学2012年秋季招生一年级某班学生一度达到87人，后做了适当调整，目前，城关小学平均每班66人，德顺小学平均每班63人。

（三）教师队伍建设滞后，与教育发展需求仍有较大差距

一是教师队伍结构性短缺。《国家中长期教育改革和发展规划纲要（2010—2020）》规定，要严格执行义务教育国家课程标准，配齐音乐、体育、美术等学科教师，开齐开好规定课程。据教育主管部门测算，我县农村义务教育阶段音、体、美教师的需求量分别为104人、101人、66人，而目前全县农村义务教育阶段现有音乐教师20人，体育教师87人，美术教师41人，专业教师缺口很大，达123人。国务院《关于深入推进义务教育均衡发展的意见》要求，要逐步实行城乡统一的中小学教师编制标准，并对村小学和教学点予以倾斜。从整体上看，我县农村中小学“生师比”虽然符合国家规定标准，但我县农村学校普遍比较分散，学校数量多但每个学校的学生数量相对少，要按规定配齐配好村小学和教学点教师，缺口仍比较大。

二是教师队伍整体素质需要进一步提高。首先，部分教师业务能力不强。近年来，新进的年轻教师大多数为大学专科和本科毕业生，同时还有一定比例的非师范类毕业生，这些教师学历层次高，但知识结构专业性强，学非所用、教非所学的问题突出，从事农村中小学教育适应性差，教学水平和业务能力普遍不高。其次，教师培训力度不大。近年来教育主管部门虽然组织教师参加了国家、省、市、县级和校本培训，但一些培训只是走了过场，效果不明显，一部分教师教育观念陈旧，教学方法单一，不会使用现代化教学设备，一定程度上制约教学质量的提高。如界石铺镇160名小学教师中，近3年参加过省级培训的只有11人（次），参加过市级培训的只有13人（次），参加过县级培训的43人（次）。再次，个别教师素养不高。一些教师敬业精神差，热衷于校外办班挣钱，淡化了本职工作；一些教师只教书、不育人，不注重学生德育教育和行为习惯养成教育；有的片面追求教学成绩，忽视学生健康成长，如相当一部分学生家长认为城区中小学生课业负担过重，一些小学、初中的教师要求学生在指定书店购买品种繁多的教辅资料，大搞题海战术，学生疲于应付，甚至个别教师通过大量布置重复性家庭作业的方式变相体罚学生，学生作业要做到晚上十一二点才能完成。

三是教师队伍流动机制还未形成。现行农村教师培养、奖励、评价和流动机制还不尽完善，一部分村小学、教学点教师不能安心从教，教师配备困难。座谈中一些家长认为，农村学生想方设法到乡镇中心小学和城区学校读书，主要原因是师资分布不均，家长对当地教育没有信心。同时，近3年来，先后有333名农村教师调入城区学校任教，其中县级优秀教师112名，教学标兵57名，市级骨干教师50名，教学能手9名。这在一定程度上削弱了农村基础教育师资力量，影响农村基础教育质量的整体提升。

（四）农村学前教育发展滞后，基础教育发展后劲不足

一是学前教育基础设施落后。全县共有农村幼儿园19所，其中公办15所，民办4所，部分幼儿园（班）附设于小学，有7个乡镇没有独立的幼儿园。目前全县农村有适龄入园幼儿14822名，2012年秋季在园就读的仅6716名，适龄幼儿入园率为45.3%，现有幼儿园远不能满足适龄幼儿入园需求。调查中看到，大多数民办幼儿园租房办园，场地拥挤、设施简陋、条件差，甚至还有为数不少的民办幼儿园没有取得办园资格，农村学前教育发展水平较低。如威戎镇下沟民办幼儿园，27名幼儿混编在1间不足20平方米的农户土房里，仅有1名教师负责教学。

二是学前教育师资力量薄弱。大多数农村民办幼儿园仅有1–2名教师，且多为临时聘用的非幼教和学前教育专业的教师，专业素养不高，工资待遇低，队伍不稳定；公办幼儿园尽管按需配备了教师，但大多数是从小学教师队伍中分流出来的，专业能力和保教水平较低。据统计，目前农村幼儿园共有教师73名，其中幼教和学前教育专业的仅有8人，转岗的达65人。

三是学前教育小学化倾向严重。农村幼儿园在管理和教学上都不同程度地存在“小学化”的问题。绝大部分幼儿园没有分设教养员和保育员，而是参照小学的做法，只配备1名教师，幼儿教育的保育功能被严重弱化；桌面玩具、图书和体育器械严重

匮乏，一日活动与小学生如出一辙，有相当一部分教师只是教幼儿写字、算数，过早介入文化课教学，使幼儿产生厌学情绪，不利于身心健康发展。

三、对今后工作的建议

教育是静宁的一大品牌，静宁教育能有目前的成就和知名度、影响力，是悠久历史文化积淀的结果，也是几代人锲而不舍为之努力的结果，更是历届县委、县政府重视的结果，保护好、发展好这一品牌，推动全县教育健康发展，是我们义不容辞的责任。我县是一个农业大县，大多数的人口在农村，大多数的学生在农村，农村基础教育是全县教育的根基。各级各部门要充分认识加快农村基础教育发展的重要性、长期性和艰巨性，增强责任感、使命感和紧迫感，以贯彻义务教育法为统揽，进一步落实政府职责，强化政府对教育工作的督导、管理和服务，特别是在教育决策上，要本着积极、稳妥、慎重的原则，立足县情实际，着眼长远发展和整体发展，树立正确的导向。当前，要着力在推进教育稳步、均衡、可持续发展上下功夫，在办好城区学校的同时，坚持重心下移，更加关注农村基础教育发展，更加关注农村基础教育学校，更加关注农村基础教育学生，下决心解决影响和制约农村基础教育的突出问题，均衡城乡教育资源，缩小城乡教育差距，努力办人民满意的教育。

（一）合理调整学校布局，切实解决边远农村适龄儿童上学远、成本高的问题

在农村，学校是文化承载的中心，是新思想、新知识输入与传播的窗口，也是改善和提升农村文化品质的重要阵地，更是农村生机与活力的源泉。加强农村学校建设，保障适龄儿童少年就近入学是义务教育法的规定，是政府的法定责任，也是社会主义新农村建设的重要内容，更是广大群众的迫切愿望。各级政府和教育主管部门要深刻领会学校布局调整的实质和要求，正确认识和处理好提高教育质量和方便学生就近上学的关系，正确认识和处理好群众追求优质教育资源与政府保障学生就近上学的关系，着力解决学校布局调整中存在的问题，提明叫响办好农村学校，尽最大努力消除盲目撤点并校带来的负面影响，推动农村基础教育健康发展。一要科学制定农村义务教育学校布局专项规划。要认真贯彻落实义务教育法和国务院《关于深入推进义务教育均衡发展的意见》（国发〔2012〕48号）、国务院办公厅《关于规范农村义务教育学校布局调整的意见》（国办发〔2012〕48号）精神，充分考虑县情、乡情实际和学生家庭经济能力，科学合理确定教学点、村小学、中心小学、初中学校布局，充分保障学生就近方便上学的需要，使学校布局与村镇建设和学龄人口居住分布相适应。每个乡镇都应设置初中，人口相对集中的村要设置村完全小学，人口稀少、地处偏远、交通不便的地方应保留或设置教学点，尽量缩短学生上下学路途时间，努力满足农村适龄儿童少年就近接受良好义务教育的需求。二要严格规范学校撤并程序和行为。对学校布局调整，要慎之又慎，确因生源减少需要撤并学校的，必须严格履行撤并方案的制定、论证、公示、报批等程序，通过举行听证会等多种有效途径，广泛听取学生家长、学校师生、村党支部、村委会及乡镇政府的意见，保障群众充分参与并监督决策过程。学校调整和撤并必须坚持循序

渐进、先建后撤的原则，该保留的必须保留，确需调整和撤并的也应采取办教学班或教学点的形式逐渐过渡，切忌一刀切、跟风冒进等激进做法，避免出现农村小学覆盖半径太大、学生上学不便、班额过大和增加学生家庭经济负担等问题。坚决制止盲目撤并农村义务教育学校或年级，学生家长或听证会多数代表反对，学校撤并后学生上学交通安全得不到保障，并入学校住宿和就餐条件不能满足需要，以及撤并后将造成学校超大规模或“大班额”问题突出的，均不得强行撤并现有学校或教学点。也不得为了单纯追求考试成绩，在教室等硬件设施不具备的情况下，强行撤并全乡高年级，集中到中心小学教学。已经撤并的学校或教学点，确有必要的由县、乡政府进行规划，按程序予以恢复。当前，在学校布局专项规划备案没有完成之前，要暂停农村义务教育学校撤并，对已撤并学校的校舍要严加看护和管理，绝不得转移产权、出租或用于生产经营性活动。三要加快农村寄宿制学校建设和管理。要将农村初中学生宿舍建设列入重要议事日程，积极争取项目，加大资金投入，加快农村初中学生宿舍、食堂建设步伐，下大决心尽快解决农村初中学生宿舍严重短缺、寄宿生大量外住、食宿条件差、不安全的问题。农村小学建设方面，必须严格贯彻落实义务教育法的规定，从导向上提倡办好村级小学、教学点，实行就近入学，保障义务教育阶段学生就近入学的权利；农村小学寄宿制学校建设，要按照积极稳妥、群众认可、量力而行的原则，对没有条件、群众不同意的不得建设，对已建设的寄宿制学校必须配足配齐教室、宿舍、食堂、饮水以及取暖、厕所等设施，并配备必要的管理、服务、保安人员。

（二）优化教育资源配置，切实解决“择校热”和“大班额”的问题

“择校热”和“大班额”是目前社会和群众关注的热点难点问题。县政府及教育主管部门要高度重视，认真研究制定切实可行的办法，妥善解决这一问题，让每个孩子都平等地享受优质教育资源。一要加大投入，大力改善办学条件。建立健全义务教育经费保障机制，坚决落实好教育投入“三个增长”的规定，加大对农村基础教育的投入力度，推进农村中小学标准化建设，按照学校建设标准抓好学校硬件配置，为农村中小学配齐图书、教学实验仪器设备、音体美等器材，着力建设一批上规模、上档次、上水平，功能齐全、配备到位的现代化学校。要牢固树立教育均衡发展的理念，在教育投入上要向农村和基层倾斜，大力改善边远乡镇农村学校办学条件，加强农村薄弱学校建设，解决乡际、校际差距过大的问题，促进城乡教育均衡发展。发改、水务、交运、文体等部门在项目规划和建设时，要统筹安排，优先考虑学校需求，切实为学校提供便捷的用水、交通等服务。要在加快各乡镇中心小学基础建设、解决校舍短缺问题的同时，采取有效措施，减轻中心小学入学压力。二要优化教育资源配置。充分发挥优质教育资源的辐射带动作用，采取资源共享、以强带弱、结对帮扶等形式，提高农村学校的整体办学水平和教学质量；大力推进教育信息化，逐步为农村学校配备必要的多媒体教学设备；在职称评定、工资待遇、选拔任用等方面，要制定切实优惠政策，大力向农村学校教师倾斜，充分调动广大农村教师工作积极性。建立教

师队伍合理流动机制，实行县域教师、校长交流制度，组织城镇、优质学校对口支援农村边远、薄弱学校，努力办好每一所学校。三要规范教育招生和学籍管理。严格执行划片招生政策，适龄少年儿童严格按照户籍划片就近入学，要从起始年级抓起，严格将班额控制在规定范围之内。要健全完善农村中小学学籍管理办法，严把转学关，减少农村中小学学生非正常流动，逐步缓解大班额问题。

（三）加强教师队伍建设，切实解决教师队伍结构性短缺的问题

要着力提高教师队伍整体素质，完善教师培训制度，积极拓宽教师培训教育渠道，通过研修培训、教学交流、参观学习等方式，培养一批教育教学骨干和学科带头人。加大校本培训力度，扩大国家、省、市级培训覆盖面，避免搞形式、走过场，不断提高专业水平和教学能力。进一步加强教师职业道德教育，增强广大教师教书育人的责任感和使命感，努力提升中小学教师队伍的整体素质。针对农村小学英语、音乐、体育、美术等专业教师短缺问题，及时研究出台相关政策，建立教师补充长效机制，加大专业教师的招聘录用力度，坚持每年优先招聘、考录一批师范类院校优秀毕业生，补充到农村一线学校，优化农村教师队伍结构。重视教师转岗培训，有计划地对现有岗位超编教师进行急需紧缺专业的集中培训，提高岗位胜任能力，解决教师队伍结构性短缺的问题。

（四）强化教育内部管理，规范农村基础教育办学行为

一要大力发展农村学前教育。各级政府及教育主管部门要把发展学前教育纳入城镇和社会主义新农村建设规划，建立政府主导、社会参与、公办民办并举的幼儿园办园体制。加大投入，在办好公办幼儿园的基础上，对民办幼儿园给予政策上的扶持，督促民办幼儿园改善办园条件，提高教师待遇，稳定教师队伍。加快村级及乡镇中心幼儿园建设步伐，大力改善农村幼儿园办园条件。教育主管部门应加强对幼儿教育的管理、督导与考核，对一些办园条件差、不符合标准要求的幼儿园要限期整改，整改不达标的要坚决予以取缔关闭，督促幼儿园按照《幼儿园工作规程》和《幼儿园教育指导纲要》的要求，不断提高办园水平和保教质量。加强幼儿教师培养培训，提高专业水平，努力构建一支稳定合格的幼教队伍。二要切实加强学校安全管理。目前，一方面要加强学校内部安全管理，另一方面学校及相关部门要协调一致，共同配合，对学生校外租住情况进行经常性整顿检查，及时发现问题，及时处理，确保校外住宿生安全。进一步规范农村学生营养早餐的管理，加强配送、贮藏、加工、分发等各个环节的监督，严格落实营养早餐招投标、从业人员健康管理等制度，确保安全卫生。三要健全完善教育教学评价机制。改变目前教育教学评价中只注重学习成绩、忽视学生全面发展的导向，大力推进素质教育，着力在提高课堂教学效率和促进学生全面健康发展上下功夫。教育主管部门要加强对学生课业负担的监测监管，解决目前城区中小学和部分中心小学学生在校时间过长、课业负担过重的问题。四要强化教育督导检查。认真贯彻落实国务院《教育督导条例》，健全完善教育督导机构和工作制度，充实工作力量，提供经费保障，全面开展教育督导检查。制定出台教育督导评估办法，将督政与督学有机结合起来，完善学校督查评估机制，督促各类学校严格执行国家课

程计划和教学大纲，开齐课程，规范课时。各级各类学校要进一步健全内部管理制度，形成科学合理的运行机制，努力提升办学水平。

关于城区居民饮水安全有关审议意见落实情况的检查报告

由常委会副主任陈进财带队，常委会办公室、农业工作委员会，县水务局、环保局、卫生局、街道办、规划局、卫生监督所、疾控中心、给排水公司等单位负责人和工作人员组成检查组，于10月下旬，先后深入东峡库区和城区供水改扩建工程建设现场，采取现场察看、查阅资料、走访座谈等方式，对县第十五届人大常委会第二十六次会议关于城区居民饮水安全工作有关审议意见落实情况进行了检查。

一、审议意见及落实情况

（一）审议意见

县第十五届人大常委会第二十六次会议针对城区居民饮水安全工作中存在的水源地水位严重下降，城区供需水矛盾日益突出，供水基础设施建设滞后，部分供水管网老化，检验监测设备落后，居民用水水质不达标，安全监管措施不力等问题，提出了3条具体审议意见：一要科学规划，积极加强水源建设。对全县水资源进行科学勘测，制定开发利用中、长期规划，做好深层地下水的勘测开采和引洮二期工程的争取实施，合理调配现有水资源，保障城区供水。二要加大投入，努力改善基础设施条件。科学规划论证，尽快建设满足城区用水需求的水净化处理厂，确保饮水安全；加大供水管网改造力度，加快推进供水计量系统改造；更新水质检测设备，提高水质监测水平。三要强化监管，全力保障居民用水安全。加强供水单位内部管理，强化水质净化处理、化验检测监管，加大水源地保护和污染治理力度，保障供水安全。

（二）落实情况

从检查情况看，县政府及主管部门对县人大常委会的审议意见高度重视，认真研究城区居民饮水安全工作中存在的突出问题，采取一系列行之有效的措施，取得了显著成效。

1.加强组织领导，科学合理规划

县政府把城区居民饮水安全工作作为一项重大民生工程来抓，召开专题会议认真研究部署，提出了实施城区供水改扩建工程的计划，并列入2012年政府为民措办的十件实事。城区供水改扩建工程计划总投资8840.61万元，主要包括取水系统、高位水池、取水管道、输水管道、净水厂及城区管网改造五大部分，工程建成后，城区供水水质、水压、输水等将得到全面保障。一方面，高位蓄水池和净化厂清水池分别比原高位水池和清水池提高了98米、15米，水压增加，可有效解决城区部分居民楼无法供水的问题；另一方面，通过净化车间、活性炭车间、反渗透处理车间等净化处理，可降低水源中的有机物、悬浮物、溶解性总固体和总硬度，居民饮用水质将完全达到国家规定标准。

2.积极争取项目，加快工程建设

县政府积极加强与上级发改、水利等部门的衔接沟通，做好城区供水改扩建工程建设项目的论证规划和报批等工作，先后编制完成了《水资源论证报告》《环境评估报告》《节能评估报告》和《水文地质勘测报告》等，并通过上级主管部门的审批。《静宁县城区供水改扩建工程可行性研究报告》经过多次修改完善和评审，已报省发改委审批，有望列入国家投资建设计划。按照“一次设计、分期建设”的原则，坚持边建边争、先建后争，从今年6月开始，在工程还未立项投资的情况下，启动实施了一期工程。一期工程总投资2425.89万元，目前已完成投资1558万元（其中县财政投资1300万元），已建成净水车间、高位蓄水池，完成了竖井改造，上水管道和输水管道敷设，水处理厂地基处理及砌石护坡等基础工程已基本完成，预计11月中旬可建成投入使用。届时，城区居民饮用水质将大大改善，主要指标基本达到国家规定标准。

3.加强水源建设，更新管网设施

为解决城区供水水源不足的问题，2011年5月，在东峡库区新打大口井2眼，日供水3200立方米，补充了城区居民用水需求；计划在威戎李沟富水区新打2眼大口井向南部农村供水，从而提高甘泉工程对城区的供水能力；提高东峡库区蓄水能力，保证东峡库区的蓄水量，初步建立了以东峡库区水源为主，甘泉调水工程为补充水源，五台山水厂为应急水源的城区供水水源保障体系。对西街、红学巷780米供水管网进行改造，更换中街、东拓十字、二天门巷等关键枢纽阀门11处，推进城区供水计量改革，对500多户旧住宅楼进行用水计量分表到户改造，对4000余户居民进行水表出户集装。

4.强化水质监测，开展水源保护

落实水质监测检验制度，新购置二氧化氯发生器一台，定时抽检出厂水余氯含量，保证出厂水余氯含量符合标准。2012年，我县被纳入国家饮用水卫生监测网络，卫生监督部门着重加强了对集中式供水、二次供水、学校供水水质的监测，城区末梢水监测点由原来的4个增加到10个，新增监测项目3项，扩大了水质监测网点覆盖区域，增加了监测频率。加强水源地保护，先后为甘泉水源地大口井、东峡库区大口井设置了围栏、围墙，划定了东峡饮用水源地一、二级保护区范围，将所有供水水源井全部加盖上锁，并在水源地周边路口设立了界标、警示牌、标志牌等。加大水源地周围放牧、取土、挖砂和排污等查处力度，严防养殖业污染水源。

二、存在的问题

总体上看，县政府及主管部门在改进和加强城区居民饮水安全方面做了大量卓有成效的工作，特别是城区供水改扩建工程实施后，城区居民饮水安全将得到有力保障。但在肯定成绩的同时，也应该看到目前城区供水中仍存在一些不容忽视的问题，需要认真研究解决。

一是水源不足的问题仍然存在。自2011年秋季以来，由于受气候因素影响，加之上游隆德县水库开闸排水，我县东峡库区蓄水量充足（据测算，目前仅库区坝面蓄水约有800多万立方米），是近年来少有的，城区供水水源短期内得到了保障。但我们应该清醒地看到，目前城区用水对东峡库区的依赖性明显增强，东峡库区地下水、蓄水充沛是建立在降雨量充足的基础上，受制于气候因素比较多，总体上看，城区供水水源仍存在可持续性和保障能力不强的问题，如遇特枯年或连续干旱年，仅依靠东峡库区蓄水和现有大口井水源，很难保证城区用水需求，城区供水不足的问题必然会再现。

二是水源地保护仍不到位。如司桥乡司桥、南坡、年沟等村社农民在库区内耕种，今年东峡水库水位上升后，淹没了部分耕种的库区，农药、化肥、生活垃圾等淹入库区蓄水；司桥乡农家乐周边没有防护栏，污水、垃圾对库区水造成污染；东峡库区上游隆德县和甘泉工程水源地上游温堡境内一些工业企业排污对水源造成污染，需要进一步协调解决。

三是用水计量分户改造滞后。目前，城区用水总户数为15801户，仍有6376户没有实行用水分户计量，一些居民楼院水费由楼管或小区物业统一收取，个别楼院分摊到户后每方高达5~6元，群众意见较大。

四是部分末梢管网亟待改造。城区水质改善工程建成后，总体上水质将完全达到国家规定标准，但由于部分居民楼院和机关单位用水管网修建年代较早，使用的是铸铁水管，锈蚀严重，将对用水造成二次污染，影响水质改善，需要逐步改造。

同时，还存在水质检验监测不够主动、频次较少，缴纳水费不方便等问题。

三、今后工作建议

（一）继续加强水源建设。要立足当前、着眼长远，科学制定水源建设中、长期规划，合理利用和开发水资源，对全县水资源的分布、水源构成、水质状况等进行科学勘测，积极寻找新的水源。继续加快县城供水安全保障及应急系统建设，规划建设战略储备水源和应急备用水源，制定特枯年或连续干旱年等特殊情况下的水资源配置和供水整体调度方案，完善城区供水安全保障体系，进一步提高抗击风险能力。

（二）切实加强工程建设管理。加强与省、市有关部门的衔接沟通，加大项目争取力度，确保城区供水改扩建工程顺利立项实施。各相关部门要加强协调配合，及时协调解决工程建设中的重大问题，特别是要加强工程建设管理，把好工程质量关。当前要在保证工程建设质量的前提下，加快一期工程建设进度，保证11月中旬建成通水。水务主管部门要及时制定完善各项管理制度，健全运行机制，加强设备操作人员配备及培训，规范操作规程，保证工程建成后正常运转。

（三）继续强化水质检验监测。卫生部门要严格执行水质安全监测有关规定，落实专业人员和工作经费，配备先进的水质检验检测设备，坚持定期不定期地对水源水、出厂水和管网末梢水的水质进行检验和监测，加大监测频次，发现问题及时处理，确保饮水安全。要及时做好水质状况通报工作，提高广大居民对用水安全的信任度。主管部门要督促供水单位建立严格的取样、检测和化验制度，按国家有关标准和操作规程检测供水水质，并完善检测数据的统计分析和报表制度。严格落实供水安全责任追究制度，对在水质净化、监测等方面违反国家及县上有关供水安全制度规定的人和事，要严肃查处。

（四）继续加强水源地生态保护。积极协调对水源地保护区内的污染企业进行整治、关闭，采取得力措施，加大面源污染治理，严禁在保护区内设置排污口、堆放垃圾和有害物品以及任何污染水源现象发生。整合各类项目资金，积极实施水源地涵养林建设，结合面山绿化和补植补造，在水源地栽植林带，涵养水源，净化空气、环境和水源。

（五）继续加强供水日常管理。主管部门要督促给排水公司进一步完善运行机制，健全各项管理制度，切实加强内部管理，提高运行的规范化、科学化水平。给排水公司要树立“以安全供水为目标、以用户需求为导向、以服务用户为中心、以用户满意为标准”的经营理念，认真抓好各项制度的完善和落实，严格按规程进行水质处理，决不能在水质净化上偷工减料。加强对供水各项设施设备的日常运行保养和维护，对取水井口、蓄水池等关键部位，要严格执行有关规定采取有效防护措施，确保运行安全。要大力推进供水计量改革，有计划地对老旧居民楼进行用水计量分户改造。同时，要大力推进节水型社会建设，加大水法等法律法规的宣传普及力度，增强广大居民群众珍惜水资源、节约用水的意识，提高水资源利用率。

第六次会议 于2012年12月28日在常委会五楼会议室召开，由慕锡武主持。

会议议程有四项：一、审议通过召开十六届人大二次会议的有关事项；二、听取和审议常委会代表联络工委副主任李稳收所作的《关于代表出缺变动和补选代表资格审查情况的报告》；三、听取和审议住建局局长魏小良受政府委托所作的《关于城区供热监管工作审议意见落实情况的报告》、常委会财经工委主任杨立新所作的《关于城区供热监管有关审议意见落实情况的检查报告》；四、听取和审议法院院长李根进所作的《静宁县人民法院2012年执法工作报告》、检察院副检察长张坚强所作的《静宁县人民检察院2012年执法工作报告》、常委会司法民政工委主任马世明所作的《关于县法院县检察院执法情况的检查报告》。

第十六届常委会组成人员张自杰、王平仁、高恒、沙芳琴、陈进财、慕锡武、胡志科、马世明、武文学、杨立新、冯克勤、周浩仁、李会宾、米发明、朱国军、曹宁子、厚凤兰、王全生出席会议；县委常委、政府副县长王运军，法院院长李根进、副院长张平，检察院副检察长张坚强、刘志刚，政府办公室主任何浩强，住建局局长魏小良、副局长樊义和，公用事业管理局局长陈红福、副局长李丽，规划局副局长贾红斌、公安局副局长樊建武、司法局副局长邹秉贤，常委会各委室负责人何冠群、李文环、胡生忠、李忠荣、贾平峰、宋正祥、李稳收、张录牛，市人大代表杨春娟、李小林，县人大代表李叔强、刘玉兰，城关镇、八里镇人大主席杨联斌、张来忠列席会议；李冬香、吕晓荣、陈晓彬、张新珠、王彦军、贾永峰、李建民，朱永明、姚鹏高、苟国旺、李鹏勇、时永捷、徐博、马进提、裴桂香等18名公民代表应邀旁听会议。

关于城区供热监管有关审议意见落实情况的检查报告

由常委会分管领导带队，常委会办公室、财经工委，县住建局、公用事业管理局、规划局、城区街道办负责人以及工作人员组成检查组，先后于3月、11月两次深入城区居民小区和供热企业，采取实地察看、走访座谈、发放调查问卷等方式，对县第十五届人大常委会第二十二次会议关于城区供热监管工作审议意见落实情况进行了检查。

一、审议意见及落实情况

（一）审议意见

2010年10月28日，县第十五届人大常委会第二十二次会议在听取审议县政府《关于城区供热监管审议意见落实情况的报告》的同时，针对存在的供热监管工作不到位，供热质量比较差，部分供热设施陈旧老化，一些供热企业锅炉超负荷运转等突出问题，提出了3条具体审议意见：一要加强扶持指导，促进城区供热工作健康快速发展。充分发挥政府的牵总协调作用，督促相关部门齐抓共管，及时解决供热工作中存在的问题；制定城区供热专项规划，有计划地关停一些规模小、耗能大、污染严重的供热站，逐步实现集中供热；在城市建设中统筹考虑水、暖、电等管网建设，重视增加对公共供热设施改造的投入，支持供热工作健康快速发展。二要强化制度保障，不断加大供热监管工作力度。进一步修订完善供热管理办法，严格落实供热质量责任追究等强制措施，加强对供热企业日常监管，督促其加强内部管理，不断提高供热质量和服务水平；加大供用热合同推行力度，积极协调解决供用热双方矛盾，维护供用热双方的合法权益。三要加快改造步伐，着力改善供热基础设施条件。督促供热企业每年拿出一定资金有计划地对区域内的管网进行维护和检修；严格执行有关禁止安装10蒸吨以下燃煤锅炉的规定，严禁企业使用淘汰设备；将新建建筑安装供热计量和温控装置列入强制性验收范围，对没有计热和温控装置、管网不符合要求的，坚决不得施工、不得验收、不得使用；对已建成或正在建设而未按要求安装热计量和温控装置的新建楼房，要采取有效补救措施；对老居民楼要制定计划，稳步推进分户计热装置改造，从源头上解决供用热双方的矛盾。

（二）落实情况

从检查情况看，县政府及职能部门高度重视县人大常委会的审议意见，把城区供热工作作为一项关注民生、改善民生的大事、实事来抓，积极协调，采取一系列行之有效的措施，不断改进和加强城区供热监管工作，较好地保障了城区单位及居民的供热需求，特别是今年以来，政府及主管部门抢抓省、市既有建筑供热计量及节能改造的机遇，积极争取项目，加大改造力度，城区供热基础设施进一步改善，供热工作进一步加强，取得了较好成效。通过调查问卷、走访座谈，广大用户普遍反映，与往年相比，城区供热质量有所提高，用户对城区供热工作的满意度有所提升，取得的成效值得肯定。

一是扶持力度不断加大。为切实加强对城区供热工作的指导监管，县上坚持每年召开城区供热工作会议，专题研究部署城区供热工作，定期对供热工作进行检查调研，及时排查矛盾，协调解决困难和问题，为城区供热工作健康有序进行提供了有力保障。同时，在供热成本持续增长的情况下，为稳定供热价格，缓解供热企业压力，2011年以来，县政府坚持每年对承担社会居民供热的企业按照0.4元/月·平方米的标准给予补助，较好地保证了城区供热正常运行。相关部门在政策允许范围内落实优惠政策，以实际行动支持城区供热事业，税务部门免征供热企业居民采暖增值税，安监部门免收安全生产保证金，城市管理部门在供热设施检修、供热管网改造中免收城市道路挖掘修复费用30多万元。由政府协调，对机关、企事业单位及干部职工拖欠的热费进行督促清缴，积极帮助解决热费收缴难题。

二是日常监管进一步加强。监管部门积极履行职责，加强对供热企业安全生产、设施维修、居民投诉、故障处理等工作的监督管理，形成了部门密切配合、通力协作的工作合力。加大对城区供热工作的监督考核管理力度，讨论制定了《2011年—2012年采暖期城区供热工作综合考核办法》，对城区21个供热企业的内部管理、供热服务、供热质量等进行了考核和表彰奖励，在一定程度上调动了供热企业的积极性。重视对居民投诉及供热故障的协调处理，向社会公开投诉热线，及时受理居民投诉，较快协调处理城区供热故障，有效化解了一些供热矛盾和问题。2011年—2012年供热年度，共协调解决居民供热投诉44件（次）。加大城区供热质量日常监测力度，抽组专门工作人员，先后多次深入居民住户开展室温检测，2011年—2012年供热年度，共抽检居民962户，对居民反映的问题和要求及时协调有关部门予以处理，加强了住户与企业、监管部门的沟通，促进了供热质量不断提升。

三是基础设施进一步改善。在县政府和主管部门的督促下，2010年以来，累计投入1600万元，淘汰老旧锅炉13台，合并取缔供热站点5处，敷设供热管网720米，维修更换管网4150米，城区供热设施设备明显改善。抢抓国家既有建筑节能改造政策机遇，积极争取改造项目，大力推进既有建筑供热计量及节能改造工作，从2011年开始，先后对66栋2649户30多万平方米居民住宅楼实施了以室内供热系统计量及温度调控、热源和供热管网热平衡、建筑围护结构节能等为主的改造，分别占应改户数和总面积的20%、26.5%，累计完成投资3000多万元，其中国家及省上补助资金1627.5万元，企业垫资810万元，居民住户集资561.6万元。通过改造，实现了室外温度补偿、分户控制运行，供热效率和供热质量普遍提高，社会反响总体较好。

二、存在的主要问题

（一）制度落实不力，供热监管仍不到位。《静宁县县城供热用热管理暂行办法》，就城区供热设施审批建设、经营管理和质量收费等做出了具体规定，但该办法未得到有效的贯彻落实。如办法规定，“供热单位应当与热用户签订供热用热格式合同。”但调查问卷显示，95%以上的用户未与供热企业签订供热合同，而签订的合同大多数由供热企业单方制定，侧重于保护企业自身利益，对供热质量和服务保障缺乏约束，供用热双方权利与义务不对等，特别在出现维修、欠费等纠纷争议时，处理依据不充分。

同时，政府及职能部门监管不力。城区供热涉及住建、规划、质监、工商、环保、物价等多个部门，由于统筹协调不够，部门监管职能没有有效发挥，致使一些困扰供热事业发展的问题得不到及时有效解决。如西城区宏达供热站由于没有按期建成，导致推迟供热半个月；建成后，又因违规收取接头费造成部分居民区迟迟不能供暖，政府及主管部门协调不及时、不到位，居民意见大。群众反映，部分居民楼管网设计不符合标准，加之建设中缩小了管径，或因施工不合理造成管道堵塞，整栋楼供热质量不高，开发商和供热企业相互推诿扯皮，供热主管部门由于职权所限难以解决，而负有职权的相关部门也没有积极协调解决。如东苑1号、成纪嘉园等小区，因小区内管网及部分楼内管网设计不规范，导致居民室内温度长期上不去，居民意见较大。

（二）供热企业重收费、轻服务，供热质量仍然不高。部分供热企业只重视自身经济利益，忽视应承担的社会责任，重收费、轻质量，责任意识不强。一些企业为了收取拖欠暖气费采取整栋楼停止供暖的办法，迫使居民缴费。如2011年供暖初期，薪暖、热力、鑫源、电信、地毯厂等供热站以未缴清暖气费为由，对21栋居民楼不予供暖，有的长达五六天，居民反响较大。一些供热企业对设施设备的维修管护重视不够，致使供热过程中因锅炉、管网等设施出现故障而停供。如热力公司2010年11月因炉膛破裂导致东苑1号、新盛花园、德美、建兴、信合、兴美等小区150余栋居民楼5900余户居民长达半个月之久无法供暖，给居民生活带来极大不便。

问卷调查显示，仍有50%左右的居民对小区供热工作表示不满意，其中主要原因是供热质量不高。从检查和座谈的情况看，导致供热质量不高的主要原因是供热企业为节省成本，有意压缩供热时间，降低供热温度。据了解，目前城区供热企业大多采取分时段的方式供热，一些留守家中的老人反映，早上8点到12点，下午1点至5点，家里冻得坐不住，半夜三四点会被冻醒。在发放的600多份调查问卷表中，有462户居民反映供热时间短，室内温度低，占到问卷人数的77%。

（三）管理指导不到位，既有建筑供热计量及节能改造问题较多。今年县上及主管部门大力争取国家既有建筑供热计量及节能改造项目，在一定程度上解决了部分居民楼长期供热质量差、矛盾突出等问题，但同时由于对既有建筑供热计量及节能改造工作缺乏统一管理指导，也出现了一些较为突出的问题。一是政策宣传不到位。检查了解到，相当一部分居民对既有建筑供热计量及节能改造项目的内容、实施方式等不完全了解，由于在实施改造前没有充分征求和听取群众及社会各界的意见建议，部分群众对改造工作的知晓率低，配合积极性不高。二是重视维护企业利益，忽视用户利益。改造设计标准不高，没有一次到位，大多只是实现了分户控制，对企业管理收费十分有利，但由于没有安装温控、计量装置，不便于住户通过热计量监督企业供暖行为。一些住户反映，供热企业借实施改造之机，一次性清缴住户历年取暖欠费，使一些存在争议的欠费也无条件由居民全部交清。一些居民反映，实施改造后，一些供热企业要求用户在供热前必须一次性缴清当年所有取暖费，才予以开闸供热；一些企业按楼房建筑总面积收取供热费用，与县物价局《关于调整我县城区供热价格的通知》（静价发〔2008〕30号）中“热费按建筑面积减去楼梯面积计算收取”的规定不符。三是质量监管不到位。由于在改造中未严格执行工程建设招投标制度，而是以企业或住户为主进行改造，规划设计、技术指导、施工监管不到位，改造项目和收费标准不一，管理混乱。如一些企业和住户不按设计要求改造，居民室内热循环及管网设计不合理，改造后供热质量未升反降；一些企业在改造中偷工减料，使用材质较差，保温设施不达标，甚至存在安全隐患；一些企业在改造中不考虑住户利益，室内外管道排布混乱，甚至造成居民室内装修损坏等。如东苑一号小区部分居民反映，热力公司在供热改造中，工作人员态度差，与住户沟通不够，施工粗糙、改造质量不高；因热循环系统设计不合理，部分暖气片不热，居民室内温度较低，向有关部门反映至今未得到解决。

三、今后工作建议

（一）加强制度建设，促进城区供热工作规范运行。政府及主管部门要根据城区供热发展实际，针对供热工作中出现的新情况、新问题，及时修订完善《静宁县县城供热用热管理暂行办法》，对供热设施建设管理、供用热双方的权利和义务、热费用的计量和收取等进一步明确和细化。监管部门要从有效推动解决城区供热矛盾，维护供用热双方合法权益的角度出发，根据国家有关规定，结合城区供用热实际，制定规范的供用热格式合同，对供用热期限质量、收费标准及结算方式作出具体规定，明确双方权利、义务和责任，并加大推行力度，力争在短期内实现城区供用热合同管理全面普及，促进城区供用热工作规范运行。要积极探索建立规范的供用热收费管理办法，实行供热质量高低与企业收费挂钩，健全供热质量考核评价体系，规范企业收费行为。特别是对已实施分户计量的住户，要尽快研究制定切实可行的热费用计量收取办法，并严格执行，进一步规范供用热行为。

（二）加强日常监管，不断提高城区供热质量。要切实加强对供热企业的日常监管，进一步健全和严格执行《静宁县年度城区供热工作考核办法》，定期不定期对城区供热企业供热质量及安全生产等进行专项检查调度，督促供热企业健全管理制度，强化内部管理，严格操作规程，规范操作运行，降低运行成本，确保安全生产，提高经济效益。加强对供热质量的全程监管，增加日常入户测温频次，对随意缩短供热时间、降低供热温度、锅炉出水压力不足、系统分配不均或违规擅自迟供、停供、弃管以及对整栋楼停供等行为要严肃查处，规范企业供热行为。要积极协调解决供用热双方矛盾，督促供热企业提高服务质量，改善服务态度，加强与用户的沟通，争取用户支持和配合；对拒缴或长期躲避不缴热费的要采取得力措施，进行专项清缴；对一些供热矛盾集中的居民小区，主管部门要及时介入，协调解决遗留问题，教育引导企业和用户规范供用热行为，维护双方的合法权益。要建立城区供热企业准入和退出机制，对城区新增供热企业的资质、供热能力、设计规模等进行严格把关，对不符合规定的锅炉和供热企业要坚决予以淘汰。

（三）加强监督管理，稳步推进既有建筑供热计量及节能改造工作。既有建筑供热计量及节能改造工作事关广大居民切身利益，是解决目前供用热矛盾突出的有效途径。目前，县城还有1万余户113万平方米居民楼需要进行供热计量及节能改造，任务仍然很大。要切实加强对此项工作的组织领导，建立健全协调机制，积极争取并实施好改造项目，认真研究解决工作中出现的困难和问题，稳步推进既有建筑供热计量及节能改造工作。要提高改造设计标准，使分户可控、室内温度调节、用热计量、节能保温等措施一步到位，为今后计量收费打好基础，坚决杜绝“半拉子”工程。要进一步加强对改造规划、工程设计、施工、竣工验收等环节的全过程监管，坚持先规划设计、后实施改造，对规划设计不到位、技术不达标的，坚决不予改造。全面落实改造工程管理责任，坚持统一规划、统一指导、统一施工，公开招投标，选聘较高资质的企业施工，不断规范改造行为。要在充分尊重群众意愿的基础上推进改造工作，积极争取居民住户的支持配合，相关部门要加强对改造工程质量的监督管理，督促施工单位按设计标准施工，确保工程质量。加强改造后节能效果的考核评价，对改造工作量、节能效果、居民热舒适度改善等情况进行评价，对改造质量不达标，存在问题较多的，要责令改造企业重新改造。

（四）加强扶持指导，切实保障供热工作健康发展。要把城区供热作为改善民生的重点工作，提上重要议事日程，坚持每年召开专题会议，研究解决供热工作中存在的困难和问题，每年供暖结束后要进行“回头看”，对存在的问题及早介入，督促相关部门齐抓共管，促进供热工作健康发展。围绕推进城区集中供热，继续抓好城区供热近期和长远发展规划的制定和实施工作，根据县城发展规划，做好城区供热资源的整合利用，有计划地发展建设一批管理规范、设备先进、规模大、耗能低、供热能力强的企业，逐步实现集中供热。政府及主管部门要加大对供热企业建设收费的监督管理，严格按照国家有关政策规定执行，对国家已明令取消的各项收费，如供暖接头费等要坚决取消。同时，要认真研究解决好零星、分散住宅楼的供热问题。针对供热监管工作量大面广的实际，继续重视并加大对公用事业的支持和投入，进一步充实壮大供热监管工作力量，配备专业技术人员，为供热监管工作提供有力保障。重视对供热政策法规和制度的宣传，争取社会各界对供热工作的理解、关心、支持和配合。对供热企业好的经验和做法，要及时总结推广，支持企业走科学、良性发展的路子，努力提高供热质量和服务水平。加大新闻舆论监督力度，教育引导用户和企业规范用热、供热行为，维护供用双方的合法权益，引导企业和用户依法正确维权。通过宣传教育和舆论监督，为城区供热工作的健康发展创造良好的社会环境。

关于县法院县检察院执法情况的检查报告

由常委会副主任王平仁带队，司法民政工委、办公室负责人及工作人员组成检查组，于12月上旬，先后深入县法院、县检察院、信访局以及界石铺、威戎、甘沟、雷大法庭，采取查阅案卷、听取汇报、召开座谈会等方式，对县法院、县检察院今年执法工作情况进行了检查。

一、县法院执法检查情况

今年县法院共受理各类刑事、民商事、非诉行政和执行案件1435件，审（执）结1415件，结案率98.6%。其中刑事案件115件，审结115件；民商事案件975件，审结964件；非诉行政案件4件，审结4件；执行案件341件，执结332件。从检查情况看，一年来，县法院能够认真贯彻执行有关法律法规，积极开展审判执行工作，执法总体情况较好。

（一）主要特点

一是审判工作水平不断提高。认真贯彻落实“严打”和“宽严相济”刑事政策，严厉打击故意重伤害、抢劫、强奸、重大盗窃等严重刑事犯罪，重刑面占重点案件比例20%；在民商事审判工作中积极贯彻“调解优先、调判结合”原则，将调解工作贯穿于诉讼全过程，在审结的案件中，有737件案件以调解、撤诉方式结案，调撤率达76.5%。对事实清楚、法律关系明确的案件做到快立、快审、快结，简易程序适用率达到78.9%。在基层法庭推行上门立案、预约立案、巡回审理，把矛盾纠纷化解在当地，今年基层法庭巡回审理案件占到案件总数的63.4%以上。

二是执法办案行为逐步规范。不断完善审判流程管理机制，认真执行《办案差错责任追究办法》《违法审判责任追究实施细则》《案件质量评查管理办法》，落实审限警示、案件催办、督办等制度，防止和纠正审理过程中出现不符合实体法、程序法的问题。根据县法院对1260篇裁判文书的评查，优秀、一类裁判文书1257篇，占97.7%。对改判、发回重审、再审的4件案件，组织专人进行分析评议，并责令案件承办人、合议庭成员写出书面自查报告，增强相关人员责任意识，促进规范办案行为。

三是执行工作有效改进。制定了《执行案件流程管理办法》《执行工作公开标准》等制度，强化对执行工作的内部监督制约；采取说服教育与强行执行、整体推进与重点突破等方式，化解执行难题；对一批被执行人故意逃避、转移、隐匿财产等消极执行的案件，依法进行查封房产、冻结存款、扣押车辆。今年以来，先后查封房产2处、冻结存款45万元、扣押车辆7辆，有效维护了当事人合法权益。

四是干警队伍建设得到加强。在全体干警中开展了政法干警核心价值观教育实践等活动，增强干警的大局意识、法律意识、责任意识和为民意识；开展资深法官“传帮带”、法官论坛、审判实务交流培训等活动，选送55名干警参加省市组织的专项培训，提高干警的业务素质和执法办案能力；加强岗位交流，先后提拔、交流8名干警到基层法庭、重点岗位任职，丰富经验阅历，提升做群众工作能力。

（二）存在问题

一是基层法庭力量比较薄弱。目前4个基层法庭的基础建设都达到了规范化、标准化的要求，但都只有2至4名工作人员，执法力量薄弱，严重影响着正常工作的开展，基层法庭普遍有所反映。如甘沟法庭服务附近5乡、95个自然村、10.2万人口，辖区面积581平方公里，现有工作人员2名（庭长1名，书记员兼内勤1名），执法人员数量严重不足，2012年度甘沟法庭受理各类民事案件达90件，“案多人少”的问题比较突出。

二是部分执法人员素质有待提高。从社会、群众的反响以及检查情况看，个别执法人员作风漂浮，责任感、正义感不强，在法定“自由裁量权”使用上随意性大，审理、执行案件有失公平、公正，造成一些案件当事人不满审执结果而上诉、上访；个别执法人员不注意言行举止，面对寻求司法帮助当事人态度粗暴，不能耐心讲解有关法律规定，影响法官队伍和法院整体形象；一些执法人员业务素质不高，对法律法规和典型案件钻研不够，对新形势下案件的发展变化缺少研究，审理案件适用法律不够正确、认定事实不太清楚，造成案件被发回重审或再审，影响法院整体案件审理工作。如2012年4月重审的自诉人孙某某诉被告人孙某某故意伤害一案中，原审审判人员在未充分征询自诉人是否有新的证据提供，以及释明不提供证据将会承担不利法律后果的情况下，对案件进行了审判，自诉人不服原判决上诉至市中院，市中院以事实认定不清为由，裁定撤销原判发回重审。又如2012年11月审理的彭某某等4人非法经营一案，被告人非法销售伪劣香烟和真品卷烟犯罪行为属在不同地点和不同时间实施的不同犯罪行为，应依各自的犯罪构成要件，分别定罪量刑，审判人员对案情未作详细研究，仅以检察院公诉的较轻罪名对案件进行了审理，该案被提起抗诉。

三是一些案件审理质量不高。从检查情况看，一些案件存在事实认定错误、不清，判处不当的问题，一些案件存在重实体、轻程序或者法律适用不当的问题，造成案件被发回重审或再审。反映出县法院在案件的审理、评查中把关不严，没有形成有效制约和激励机制。如在2012年7月重审的王某某等7人与吕某某财产损害赔偿一案中，原审以证据不足为由，驳回原告的诉讼请求，王某某等7人不服判决，上诉至市中院，市中院审理认为原审认定事实错误，裁定撤销原判发回重审。又如民事诉讼法第五十六条规定：“对当事人双方的诉讼标的，第三人虽然没有独立请求权，但案件处理结果同他有法律上的利害关系的，可以申请参加诉讼，或者由人民法院通知他参加诉讼。”在2012年5月重审的原告杨某某与被告何某某婚约财产纠纷一案中，原审在未追加何某某女儿为被告、事实不明的情况下对案件进行了审理，原告不服判决提出上诉，二审以原审违反法定程序为由，裁定撤销原判发回重审。

四是执行工作力度还不够大。虽然执行工作较往年有较大改进，一些标的较大、执行困难的案件得到较好执行，但仍有一些案件由于被执行人逃避、躲藏、转移财产以及无执行财产等原因始终没有得到执行，给当事人的生产、生活和工作造成一定困难，在这些案件的执行上，县法院存在执行力度不大、措施不硬，思路不活、方法不多的问题。县法院执行局今年收到的341件执行案件中，实际执结的案件为282件，仍有59件案件未结案或退出执行程序。

（三）工作建议

一要高度重视干警队伍建设。要坚持不懈抓好干警的思想道德、纪律作风教育，强化为民意识、法律意识、责任意识，真正做到公正司法、廉洁执法。进一步健全选人用人评优选先激励机制，让“政治上信得过、作风上过得硬、工作上有本事、专业上很精通”的法官担重任、挑大梁，激发干警恪尽职守、乐于奉献的工作激情。要经常组织干警学习法律法规、研究典型案件，及时发现和抓住审判执行工作中存在的问题，深刻查找根源症结，积极研究对策措施，切实解决一些执法人员业务能力不强、执法行为不规范等问题，不断提高业务素质，努力适应新形势下审判执行工作的需要；要重视和加强基层法庭建设，合理调配办案人员，充实审判力量，切实解决多年来一直存在的基层法庭审判人员短缺问题。

二要努力提高审判工作质量。要严格贯彻“以事实为依据、以法律为准绳”的基本原则，坚持重事实、重证据、重调查研究，以查证属实的证据作为定案依据，切实提高办案质量和水平；在法律适用上做到实体法与程序法并重，努力克服重实体、轻程序弊端，做到案件事实清楚、证据确凿、裁判合法，杜绝畸轻畸重、裁判不公。严格落实《办案差错责任追究办法》《执行错案倒查制度》等审判执行工作管理制度，加强执法行为监管，对作风漂浮、责任性不强的执法人员和发现的违法违纪行为，要严肃处理，坚决杜绝错案、关系案、人情案及腐败现象的发生，切实维护法律的公平正义。

三要切实做好案件执行工作。认真落实有关管理制度，切实加强执行案件和执行人员管理，缩短案件执行期限，提高案件执结率。充分认识案件执行工作的重要性，克服畏难情绪，加大执行力度，规范执法行为，积极寻求破解“执行难”的新方式、新途径。要深入实际，认真调查取证，强化执行措施，对被执行人拒不履行法律义务、恶意逃避、转移隐匿执行财产等对抗执行的案件，班子成员要高度重视，亲自部署，想方设法，排除干扰，切实摸清底子、掌握实况，对于有执行能力的，要强制执行；对于确无执行能力的，要引导当事人选择实现权利的其他方式，避免诉讼后案件一判决就成执行“死案”，防止因执行工作不力造成当事人缠访缠诉，切实维护当事人的合法权益和社会和谐稳定。

二、县检察院执法检查情况

今年县检察院共评查各类案件42件。其中批捕案件12件，公诉案件16件，自侦案件3件，民行案件11件。从检查情况看，一年来，县检察院能够围绕全县发展大局，加强法律监督工作，积极为全县经济发展和社会和谐稳定服务，较好地发挥了职能作用。

（一）主要特点

一是依法打击各类刑事犯罪。积极履行审查逮捕和公诉职责，做到快捕快诉，及时有力地打击各类刑事犯罪。共批准逮捕各类刑事犯罪嫌疑人45案62人，提起公诉87案142人。其中批捕故意杀人、重伤害、强奸等严重暴力犯罪嫌疑人4案4人，公诉33案49人；批捕抢劫、诈骗、盗窃等侵财犯罪嫌疑人12案21人，公诉21案35人；批捕制售伪劣食品、药品、农资等破坏市场经济秩序犯罪嫌疑人3案5人，公诉3案17人。

二是不断加强诉讼监督。通过调卷审查、受理当事人申诉、发出再审检察建议和依法提起抗诉等方式，加强对刑事立案、侦查、审判和刑罚执行的监督，较好地履行了监督职权，维护了司法公正和当事人合法权益。在审查批捕、起诉案件中，向侦查机关发要求提供法庭审判所需证据材料意见书23份、纠正违法通知书3份、检察建议3份，对应当立案而不立案的，监督立案3件，对不应当立案而立案的，监督撤案2件，纠正漏捕10人，追加漏犯10人；受理民事申诉10件，提请抗诉1件，发再审检察建议2件。

三是健全完善工作机制。实行羁押期限告知、期限届满提示、超期投诉和责任追究等制度，探索实行权利告知制度和被监管人员约见检察官制度；对职务犯罪案件拟作撤案、不起诉处理和犯罪嫌疑人不服逮捕决定的三类案件，建立起由人民监督员进行独立评议并提出监督意见的规程和制度；认真贯彻落实最高检《关于人民检察院办理直接受理立案侦查案件实行内部制约的若干规定》，建立职务犯罪案件受理、立案侦查、审查逮捕、审查起诉由不同内设机构承办，前后环节互相制约的机制；对自侦案件、不批捕、不起诉案件实行填报办案告知卡、廉政监督卡、回访监督卡“一案三卡”制；对刑事案件办理实行季度复查、评估制，落实错案责任追究制。

四是重视检察队伍建设。以深入开展创先争优、政法干警“核心价值观”主题教育实践、“检察先锋”党建品牌创建等各项活动为契机，加强对干警的日常教育、监督和管理，不断提高干警的政治业务素质。先后选派6人（次）参加了省市院组织的培训学习，选派1名部门负责人到市检察院挂职，4次组织干警到彭阳、华亭等先进基层院交流学习。通过组织全员军训、业务知识考试、信息化知识培训、案例分析会、公诉论辩赛等岗位练兵活动，提高干警综合素质，有1名业务骨干被录入全省侦查监督、公诉、职务犯罪侦查、理论研究和公文写作人才库，有1名干警通过了国家司法考试。今年5月份，县检察院被市委组织部命名为“全市党建综合示范机关”。

（二）存在问题

一是自侦案件监督主动性不强，查处力度不大。部分检察人员在立案侦查职务犯罪方面有畏难情绪，存在不愿监督、不敢监督和不善于监督的问题，开展法律监督的线索多以群众控告、检举等材料为主，监督的主动性不强，预防和打击职务犯罪的力度不大。

二是部分检察人员素质有待进一步提高。个别检察人员责任性和事业性不强，工作作风不严谨；部分检察人员业务素质不高，对法律法规学习抓得不紧、研究不深、认识不够，对宽严相济刑事司法政策缺乏全面准确领会，不能娴熟驾驭法律法规在具体案件上的适用，造成一些案件定性错误、量刑不准，影响了法律的严肃性和司法机关的形象。如县检察院2012年11月2日以静检刑诉〔2012〕70号起诉书提起公诉的被告人彭某某等4人非法经营一案，检察人员在未对案件基本情况和适用法律法规进行认真分析和研究的情况下，对被告人以处罚较轻的非法经营罪向县法院提起公诉，市检察院在对该案备案材料审查后认为，该案定性错误、量刑畸轻，应以处罚较重的销售伪劣产品罪定罪处罚，为维护司法公正，准确惩治犯罪，指令县检察院依法向市中院提起抗诉。

三是办案人员偏少，经费不足。目前县检察院有工作人员37名，其中具备办案资格的检察官仅21名。全院现有科室11个，其中部分科室只有科长，没有科员（民行检察科、职务犯罪预防科等科室只有1名工作人员），由于检察人员准入门槛高，近几年新进人员较少，随着检察工作业务量逐年增加，现有检察人员力量明显不足，不能适应当前法律监督工作的需要；根据省财政厅有关文件规定，检察人员的办案经费为8000元/人·年，但目前我县财政给县检察院的办案经费仅为5000元/人·年，与周边县区差距较大（华亭县为20000元/人·年），加之刑事被害人救助资金需从检察院自身经费中支出，办案经费不足的问题比较突出。

四是案件质量管理不严。从调阅的案卷情况看，案卷管理方面仍存在要求不严格、评查机制不完善、案卷质量不高等问题，部分案卷装订混乱、不规范，部分案卷内容书写潦草、错别字多。如某案件审查逮捕案件意见书中将当事人“席某”写为“袭某”，将“城关镇”写为“称关镇”等。

（三）工作建议

一要进一步加强检察队伍建设。要始终把检察队伍建设放在突出地位，大力实施人才强检战略，进一步加大教育培训力度，尤其要加强对修改后刑事诉讼法的学习，强化各类专业技能培训，广泛开展岗位练兵，建立有效机制，激励检察人员钻研业务，积极参加司法考试，不断提高业务素质和执法能力，逐步解决办案力量薄弱的问题。要严格队伍管理，全面加强检察人员的思想道德和作风纪律建设，强化以人为本意识，牢固树立“立检为公、执法为民”理念，特别要重视和纠正一些检察人员工作责任性不强、工作作风不严谨等问题，树立检察队伍的良好形象。

二要进一步加强法律监督工作。检察院要积极加强与法院、公安等部门的联系和沟通，研讨解决因法律、法规不够完善或因认识不一致产生的分歧意见，在沟通中不断加强法律监督工作。要建立完善法律监督机制，强化诉讼监督措施，增强监督的主动性和实效性，积极主动对刑事、民事和行政诉讼案件开展监督，依法纠正诉讼活动中执法不严、司法不公等问题，不断提高法律监督的质量和水平。要认真对待和受理民事申诉以及群众来信来访工作，对一些重点涉法涉诉信访案件，要认真研究，积极协调解决，为全县经济社会发展营造良好的法治环境。

三要进一步加强办案管理。要进一步完善检察业务工作流程、执法质量保障、执法责任制等制度和规范，不断健全案件管理机制，以制度建设促进案件管理规范化。要认真落实四级负责制度，充分发挥检委会的职能，层层把关，加强办案过程管理，规范办案行为，教育检察人员牢固树立实体法和程序法并重、打击犯罪和保障人权并重的司法理念，坚决杜绝违规违纪行为的发生，不断提高办案质量。进一步完善和落实案件质量评查、管理制度，建立和落实目标责任制和过错追究制度，解决部分法律文书不规范、案卷质量不高的问题。

四要严格依法做好预防和查处职务犯罪工作。一方面要加大侦查力度，完善侦查措施，突出办案重点，抓好职务犯罪案件的查办，达到震慑效果，预防和减少职务犯罪的发生；另一方面，要强化依法办案意识，讲法律、重程序，加强案件的鉴别、证据收集和运用等工作，讲究侦查策略，注重办案方式，不断提高办案的准确性和针对性，坚决杜绝不依法办案、不文明办案问题的发生，维护检察机关形象，在服务地方经济建设中抓办案、促发展。

第七次会议　于2013年2月27日在常委会五楼会议室召开，由张自杰主持。

会议议程有一项：审议通过常委会2013年工作要点和重点工作行事历。会上，常委会主任张自杰就发挥组成人员整体作用、提高常委会工作质量讲话。

第十六届常委会组成人员张自杰、王维军、王平仁、高恒、沙芳琴、陈进财、慕锡武、杨华等22人出席会议；常委会各委室负责人列席会议。

附：

县人大常委会2013年工作要点

2013年，是全面深入贯彻落实党的十八大精神的开局之年，也是为全面建成小康社会奠定坚实基础的重要一年。县人大常委会工作的指导思想是：以邓小平理论、“三个代表”重要思想和科学发展观为指导，深入学习贯彻党的十八大精神，紧紧围绕县委十六届八次全委（扩大）会暨全县经济工作会议和县十六届人大二次会议确定的目标任务，按照“服务大局、围绕中心、紧贴民生、促进发展”的工作思路，坚持抓重点、议大事、求实效，认真履行宪法和法律赋予的各项职权，努力为全县经济社会发展服务。

一、依法决定重大事项，积极服务全县发展大局

（一）落实县委全委扩大会暨全县经济工作会议确定的“突出一条主线，紧盯三个目标，强化四项支撑，实施八大攻坚”全县工作总体部署，依法对经济社会发展中带有全局性、根本性和长远性的重大事项进行调研、视察、检查和审议，并适时作出决议、决定，努力推动县委决策部署的贯彻落实。

（二）加强计划和预算的审查监督。审查、批准县政府关于2012年财政决算、2013年财政预算调整、2013年国民经济和社会发展计划调整等报告。听取、审议县政府关于2013年上半年国民经济和社会发展计划执行情况、2012年财政预算执行情况的审计工作报告，维护计划和财政预算的严肃性、权威性。

（三）按照党委领导、充分发扬民主和严格依法任免的原则，认真做好人事任免工作。坚持和完善任命干部表态发言、颁发任命书等制度，把干部任后监督贯穿于常委会调研、视察、检查和审议工作之中，不断增强被任命干部的法律意识和责任意识，提高依法行政水平。

二、认真开展工作监督，着力保障和改善民生

（四）正确处理监督、支持、参与、服务的关系，加强与“一府两院”的沟通联系，合力推动全县经济社会科学发展。紧紧围绕关系全县改革发展稳定大局和事关群

众切身利益、社会普遍关注的热点、难点问题，综合运用调研、视察、检查和听取审议工作报告等方式，依法加强对“一府两院”的工作监督，使工作中存在的一些突出问题得到有效解决。

（五）坚持把促进解决民生问题放在更加突出的位置，有重点地对农村基础设施建设、县城规划管理、农村扶贫开发以及与群众生产生活息息相关的行路、上学、就医、社会保障等工作进行监督，就加强和改进相关工作提出切实可行的意见建议，全力促进保障和改善民生。

（六）认真贯彻落实监督法和甘肃省实施监督法办法，进一步改进监督方式方法，加大监督工作力度，增强监督工作实效。坚持抓好常委会审议意见的督促落实，对农村基础教育、果品产业发展、城区供热监管、网吧图书等城乡文化市场管理、居民区物业管理等一些群众关注程度高的工作进行回访督查、跟踪监督；对一些事关全局、矛盾突出、久拖未决、社会反响强烈的工作，适时开展专题询问；扩大代表和群众参与人大监督工作的范围，增强监督工作透明度。

（七）积极配合省、市人大开展有关调研、视察、检查活动，通过人大工作渠道宣传推介静宁。

三、积极抓好法律监督，努力营造良好法治环境

（八）围绕贯彻落实依法治国基本方略，加强法律法规实施情况的监督，有针对性地对《中华人民共和国残疾人保障法》《中华人民共和国物价法》等法律法规的实施情况进行检查，确保法律法规的正确贯彻实施，支持和促进“一府两院”依法行政、公正司法。

（九）继续加强对法、检两院及公安机关执法工作的监督，开展执法检查，促进规范执法行为，提高执法水平，维护司法公正。

（十）根据监督法和《静宁县人大常委会规范性文件备案审查暂行办法》的有关规定，认真做好规范性文件备案审查工作。

（十一）重视加强人大信访工作，把涉法涉诉信访件的督办与法律监督工作有机结合起来，及时督办群众反映的问题，促进解决一些影响发展、影响和谐、影响国家机关形象的突出问题，为全县经济社会发展创造良好的环境。

四、切实加强代表工作，充分发挥代表作用

（十二）继续加强代表培训工作，采取为代表订阅报刊资料、组织开展专题培训等方式，加强代表的学习培训，进一步增强代表履行职务的能力和水平。

（十三）进一步完善工作机制，拓宽代表知情知政渠道。坚持召开政情通报会，邀请代表列席常委会会议和参与常委会组织的调研、视察和检查活动，扩大代表参与面，积极为代表履职创造条件。坚持“双联系”制度，密切常委会组成人员与代表、代表与选民的联系。

（十四）组织好闭会期间的代表活动，围绕全县重点工作和人民群众普遍关注的工作开展视察活动。加强对代表活动的指导，充分发挥代表小组的作用，增强活动实效，积极为全县经济社会发展建言献策、凝聚力量。

（十五）加强代表意见建议办理工作。通过面商办理、现场办理等形式，加大代表意见建议的督办落实力度。对历年代表意见建议办理情况进行“回头看”，对已答复、未落实，已有方案、尚未办理的意见建议，督促承办单位再梳理、再研究、再办理，使代表所提问题得到较好解决。

（十六）加强对乡镇人大工作的指导。重视发挥乡镇人大的作用，深入研究新形势下加强人大工作的新思路和新举措，加强联系指导，提高工作水平，不断开创全县人大工作新局面。

五、重视加强自身建设，不断提高依法履职水平

（十七）深入学习贯彻党的十八大精神，强化理论武装，不断加强常委会组成人员的思想、作风建设，全面提高常委会组成人员政治、业务素质，增强履职责任感和工作主动性。

（十八）大力推进学习型、服务型、创新型机关建设，进一步健全和完善人大机关各项管理制度，切实加强机关干部的政治和业务学习，全面提高干部队伍素质。不断丰富机关文化生活，努力构建和谐机关，激发机关工作活力，提高人大机关为全县发展大局服务的能力。

（十九）认真贯彻落实中央、省、市有关作风建设的各项规定，坚持改进作风，加强调查研究，深入开展帮扶、“人大代表在行动”活动，广泛听取民声、反映民意、集中民智、维护民利，不断提高工作的民主化和科学化水平，确保常委会作出的各项决议、决定符合科学发展观的要求、符合人民的意愿、符合全县的实际，为县委决策和“一府两院”改进工作提供科学依据。

（二十）加强人大宣传工作，不断深化宣传内容，创新宣传方式，为推进民主法制建设营造良好的舆论氛围。

县人大常委会2013年重点工作安排情况表

表4-45

时间	主要工作	负责领导	主办部门	配合部门
1至2月	县第十六届人大常委会第七次会议：讨论通过县人大常委会2013年工作要点及行事历	杨　华	办公室	各委室
3至4月	交办县十六届人大二次会议代表意见建议	慕锡武	代表工委	办公室
	检查《中华人民共和国残疾人保障法》实施情况	王平仁	司民工委	办公室 信访室
	县第十六届人大常委会第八次会议：1.听取、审议和批准县政府关于2013年国民经济和社会发展计划调整的报告；2.听取、审议和批准县政府关于2013年财政预算调整的报告；3.听取、审议县政府关于《中华人民共和国残疾人保障法》实施情况的报告	杨　华	办公室	各委室

续表4-45

<table>
<tr><th>时间</th><th>主要工作</th><th>负责领导</th><th>主办部门</th><th>配合部门</th></tr>
<tr><td rowspan="3">5至6月</td><td>检查城乡文化市场管理审议意见落实情况</td><td>王维军
沙芳琴</td><td>教文工委</td><td rowspan="2">办公室</td></tr>
<tr><td>调研全县农村公路建设管护工作情况</td><td>陈进财</td><td>农业工委</td></tr>
<tr><td>县第十六届人大常委会第九次会议：1.听取、审议和批准县政府关于2012年财政决算的报告；2.听取、审议县政府关于2012年财政预算执行情况的审计工作报告；3.听取、审议县政府关于城乡文化市场管理审议意见落实情况的报告；4.听取、审议县政府关于全县农村公路建设管护工作情况的报告</td><td>杨　华</td><td>办公室</td><td>各委室</td></tr>
<tr><td rowspan="5">7至8月</td><td>检查县城规划管理工作情况</td><td>高　恒</td><td>财经工委</td><td rowspan="4">办公室</td></tr>
<tr><td>集中走访联系代表</td><td rowspan="3">慕锡武</td><td rowspan="3">代表工委</td></tr>
<tr><td>召开人大代表政情通报会</td></tr>
<tr><td>开展重点意见建议督办活动</td></tr>
<tr><td>县第十六届人大常委会第十次会议：1.听取、审议县政府关于2013年上半年国民经济和社会发展计划执行情况的报告；2.听取、审议县政府关于县城规划管理工作情况的报告</td><td>杨　华</td><td>办公室</td><td>各委室</td></tr>
<tr><td rowspan="4">9至10月</td><td>督办代表意见、建议</td><td>慕锡武</td><td>代表工委</td><td>办公室</td></tr>
<tr><td>视察全县整村推进扶贫开发工作情况</td><td>陈进财</td><td>农业工委</td><td>办公室
代表工委</td></tr>
<tr><td>检查全县农村基础教育发展有关审议意见落实情况</td><td>王维军
沙芳琴</td><td>教文工委</td><td>办公室</td></tr>
<tr><td>县第十六届人大常委会第十一次会议：1.听取、审议县政府关于县十六届人大二次会议代表意见、建议办理情况的报告；2.听取、审议县政府关于全县整村推进扶贫开发工作情况的报告；3、听取、审议县政府关于全县农村基础教育发展有关审议意见落实情况的报告</td><td>杨　华</td><td>办公室</td><td>各委室</td></tr>
<tr><td rowspan="3">11至12月</td><td>检查法、检两院年度执法工作</td><td>王平仁</td><td>司民工委</td><td>办公室
信访室</td></tr>
<tr><td>县第十六届人大常委会第十二次会议：1. 听取、审议县法院、检察院年度执法工作情况的报告；2.讨论召开县十六届人大三次会议有关事项</td><td>杨　华</td><td rowspan="2">办公室</td><td rowspan="2">各委室</td></tr>
<tr><td>筹备召开县十六届人大三次会议；总结2013年工作，制定2014年工作要点；收集向省、市人代会提交的代表意见、建议</td><td>慕锡武
杨　华</td></tr>
</table>

第八次会议　2013年4月26日在常委会五楼会议室召开，由王平仁主持。

会议议程有四项：一、人事任免；二、听取和审议发改局局长赵宏军受政府委托所作的《关于2013年全县国民经济和社会发展计划调整的报告》，作出《关于2013年全县国民经济和社会发展计划调整的决议》；三、听取和审议财政局局长王敏受政府委托所作的《关于2013年全县财政收支预算调整情况的报告》、常委会财经工委主任杨立新所作的《关于2013年财政收支预算调整情况的审查报告》，作出《关于2013年全县财政收支预算调整的决议》；四、听取和审议残疾人联合会理事长樊莹琴受政府委托所作的《关于〈中华人民共和国残疾人保障法〉实施情况的报告》、常委会教科文卫工委主任冯克勤所作的《关于〈中华人民共和国残疾人保障法〉实施情况的检查报告》。会上，政府常务副县长徐德才就落实审议意见作表态发言。

第十六届常委会组成人员张自杰、王平仁、沙芳琴、陈进财、慕锡武、杨华、何冠群、胡志科、马世明、武文学、冯克勤、杨立新、周浩仁、米发明、李会宾、裴晓江、厚凤兰、王全生出席会议；县委常委、政府常务副县长徐德才，法院院长李根进、检察院副检察长郭国柱、政府办公室副主任王海军、发改局局长赵宏军、财政局局长王敏，残联理事长樊莹琴及班子成员，民政、教育、卫生、住建、人社、扶贫、街道办及常委会各委、室负责人，市、县人大代表樊瑞琴、杨仲祥、石生勇，仁大乡、灵芝乡党委书记雷旺盛、平宏，城川乡、甘沟乡人大主席王高林、薛小田，曹务乡、红寺乡政府乡长崔江鸿、李好信列席会议；张来有等11名公民代表应邀旁听会议。

附：

人事任免

崔晓晖任县人民检察院副检察长、代理检察长

县人民检察院代理检察长崔晓晖个人情况表

表4-46

姓名	性别	民族	出生年月	籍贯	文化程度	工作时间	入党时间	主要经历
崔晓晖	男	汉	1965.3	甘肃庄浪	本科	1987.8	1994.3	曾在平凉检察分院工作;历任平凉检察分院检察员（副科级）,民事、行政检查科科长，平凉市检察院检察员（副县级）、检委会委员、侦查监督处处长

关于《中华人民共和国残疾人保障法》实施情况的检查报告

由分管副主任带队，县人大常委会司法民政工委、办公室、县残联负责人及工作人员组成检查组，于3月下旬至4月上旬，先后深入残联、民政、人社、教育、卫生、

住建等部门，以及界石铺、仁大、李店、三合等乡镇和街道办，通过听取汇报、查看资料、走访座谈等方式对全县贯彻实施《中华人民共和国残疾人保障法》情况进行了检查。

一、贯彻实施《中华人民共和国残疾人保障法》的主要做法和成效

目前我县有各类残疾人3.3万人（持证残疾人1.25万人），占全县总人口的6.75%，其中肢体残疾9811人，占29.67%；听力残疾3660人，占11.07%；言语残疾2735人，占8.27%；视力残疾4876人，占14.74%；精神残疾1216人，占3.68%；智力残疾6510人，占19.68%；多重残疾4263人，占12.89%。近年来，县政府及主管部门坚持“平等、参与、共享”理念，认真贯彻执行《中华人民共和国残疾人保障法》及相关法律法规，积极发展残疾人事业，在残疾人基本生活保障、劳动就业、教育等方面做了一定工作，取得了较好成效。我县于2012年被中残联授予“全国白内障无障碍县”，县残联被省残联评为“十一五”残疾人康复工作先进集体。

（一）组织机构建设得到加强。县政府把残疾人工作纳入全县社会事业发展的重要内容，加强对残疾人工作的组织领导。成立了由分管副县长任主任，残联、民政、发改、人社、财政等部门负责人为成员的县残疾人工作委员会，并根据人事变动及时进行调整和充实，确保相关工作职责有效落实；设立了盲人、聋人、肢体残疾、智力残疾、精神残疾等5个残疾人专门协会；24个乡镇和街道办成立了残疾人联合会，333个行政村和5个社区成立了残疾人协会，配备了专职委员，落实了误工补助；同时，制定了《静宁县扶助残疾人规定》《静宁县“十二五”残疾人事业发展实施方案》《关于加快推进残疾人社会保障体系和服务体系建设的实施意见》等文件，为推进残疾人事业发展提供了组织保障和政策支撑。

（二）残疾人社会保障和服务体系初步形成。在基本生活保障方面，逐步将贫困残疾人纳入低保范围，至2012年底，全县有2597名残疾人纳入城乡低保，有255名无劳动能力、无生活来源、无法定赡养抚养义务人的残疾人纳入五保供养；在养老保险方面，由县财政为持有残疾人证的1636名一、二级重度残疾人每人每年代缴基本养老保险100元。至目前，共代缴养老保险费16.36万元；在医疗保险方面，积极落实各项优惠政策，为重度残疾人和贫困残疾人代缴个人参合费用，降低起付线，提高报销比例。医保实施以来，共为贫困残疾人代缴参合资金38.32万元，优惠补偿128.2万元。在托养服务方面，乡镇敬老院对符合条件的残疾人实行全托养，2009年和2012年依托“阳光家园”项目，为320名实行居家托养的残疾人发放补助16万元。在维权服务方面，成立了残疾人法律救助工作领导协调小组，先后实施法律援助11起，减免诉讼费1.5万元，挽回经济损失3.3万元，维护了残疾人合法权益。

（三）残疾人康复就业教育工作稳步推进。一是残疾人康复服务覆盖面逐步扩大。2008年7月以来，有3658名残疾人得到不同程度的康复，其中白内障复明手术1051例，脑瘫患儿义诊检查132例，为低视力患者和聋儿验配助视器、助听器142部，为肢残患者安装假肢50具，为残疾人捐赠轮椅315辆，供应辅助器具1968件。将偏瘫、脑瘫、

截瘫肢体综合训练等9类康复项目纳入基本医疗保障范围，减轻了残疾人医疗康复费用负担。二是残疾人就业状况得到改善。残疾人保障法修订实施以来，共举办各类实用技术培训班32期3980人（次），选派27名残疾人参加省市举办的职业技能培训，帮助12名残疾登记失业人员实现就业，将42名残疾人纳入公益性岗位，扶持305名城镇残疾人实现个体就业。三是残疾儿童教育稳步发展。坚持在发展普通教育的同时，开展随班就读工作，积极创造条件，于2000年开办特殊教育学校，形成以特殊教育学校为骨干，随班就读为主体的特殊教育发展格局，并通过落实“两免一补”、开展扶残助学等，推进残疾儿童义务教育发展。至目前，全县有随班就读学生444名、特教学校学生54名。

二、贯彻实施《中华人民共和国残疾人保障法》存在的主要问题

从检查情况看，我县贯彻实施残疾人保障法的情况总体上是好的，但还存在一些薄弱环节和突出问题，需引起重视。

（一）全社会扶残助残意识不强。检查发现，当前社会各界对发展残疾人事业认识比较模糊、思想不够重视，对残疾人只是传统道德意义上的同情和怜悯，关心、支持和帮扶救助残疾人的氛围不浓。《中华人民共和国残疾人保障法》在残疾人康复、就业等方面对各职能部门的职责作了明确规定，但在实际工作中，有些部门未能全面、准确地理解和贯彻。一些乡镇对残疾人工作的重视程度不够高，对本行政区域内的残疾人基本情况统计不清、了解不深，掌握情况与实际有一定差距；在落实有关优惠政策上，未能将一部分真正需要帮助的残疾人纳入保障对象，一些残疾人权益得不到有效维护。部分乡镇、社区对《中华人民共和国残疾人保障法》以及省、市、县有关法规政策宣传不够，一部分边远山村残疾人对应有权益缺乏了解，不能积极主动争取各类政策补助。

（二）残疾人社会保障水平较低。《中华人民共和国残疾人保障法》要求，政府及社会要采取措施，完善对残疾人社会保险、救助、供养等社会保障，以保障和改善残疾人生活。但从实际情况看，一些部门、乡镇、社区仍未很好地贯彻落实，残疾人整体生活水平普遍偏低。如在残疾人最低生活保障方面，根据民政部门提供的数字，2012年底我县纳入低保和五保的各类残疾人为2852人，占全县残疾人总数3.3万人的8.6%，比全县总低保占比（享受低保和五保总人数占全县总人数）15.0%低6.4个百分点。根据《静宁县扶助残疾人规定》第二十一条的规定，民政部门要将贫困残疾学生和残疾人子女纳入低保，我县特教学校47名静宁籍残疾少年儿童中，享受低保政策的有14名，仅占29.8%。据统计，2006年至2012年底，仅到民政部门上访要求解决低保，经审核符合标准并予以解决的残疾人达13人。在残疾人社会救助方面，按照规定，对生活确有困难的残疾人，各级人民政府应通过多种渠道给予生活、教育、住房方面的救助，检查了解到，街道办辖区共有残疾人2284人，其中一、二类重度残疾人101人，2008年至2012年底，住建部门共配售廉租房857套，其中仅有20套配售给住房困难残疾人，占残疾人数的0.88%、重度残疾人数的19.8%、总配售住房数的2.33%，残疾人

廉租住房覆盖面较小。

同时，由于对残疾人社会保障方面有关政策规定运用不够灵活，一些生活确有困难、需要救助的残疾人无法享受到社会保障优惠政策；相关部门之间协调沟通不够，一些扶残助残的优惠政策缺乏整合，影响残疾人保障工作的有效推进。检查中了解到，一部分重度残疾人如智障、精神病患者等，由于长期进行康复治疗，需要支付高额医疗费用，而按照我省农村居民最低生活保障管理办法，因其家庭人均纯收入高于最低生活保障标准，不能享受低保，这部分残疾人及其家庭生活方面的困难状况得不到有效解决。省、市、县《扶助残疾人规定》要求，参合残疾人医保住院、大病住院报销比例在原有基础上分别上浮15%、20%，但实际报销时，却按照上级医保部门的要求，执行“报销比例提高10%”的规定，报销比例较低。

（三）残疾儿童教育发展相对缓慢。一是残疾儿童接受义务教育的比例较低。据2011年平凉市残疾人基本情况调查统计，我县共有各类在校残疾少年儿童498名，占适龄残疾少年儿童697名的71.4%，低于全县义务教育入学率99%以上的水平，在我县133名持证适龄盲、聋、智力残疾少年儿童中仅有85名在特教学校就读和普通学校随班就读，占63.9%。二是特殊教育经费严重不足。《甘肃省义务教育条例》第五十条规定：“特殊教育学校(班)、随班就读残疾学生人均公用经费标准应当高于普通学校学生人均公用经费标准的五倍。”但我县仍按普通初中700元/生·年的标准执行，每年划拨特教学校办公经费3.78万元，按规定少拨15万元，特教学校每年正常的水、电两项支出为4.2万元，2012年仅暖气费一项支出高达5万元，每年划拨的办公经费根本无法保证学校正常运转；《国务院办公厅转发教育部等部门关于进一步加强特殊教育事业发展意见的通知》（国办发〔2009〕41号）和《平凉市扶助残疾人规定》要求，应对义务教育阶段残疾学生在“两免一补”基础上，进一步提高补助水平，每年从福利彩票、体育彩票公益金留成中各提取10%，用于开展残疾人教育等工作。而我县目前仍按义务教育“两免一补”原标准执行，给每名残疾儿童每天5元生活补助费（不包括双休日），以我县目前的物价水平，此标准无法保证残疾儿童每天中晚两餐的费用支出。

（四）残疾人就业有关法律规定落实不力。据部分残疾人反映，一些企业和个人在招用工时存在歧视残疾人、轻视残疾人工作者现象；一些残疾人就业规定未能有效落实，一些部门、单位甚至不执行国家有关法律规定，在有适宜残疾人工作岗位的情况下，却以扣缴就业保障金代替安排残疾人就业。如市、县《扶助残疾人规定》明确要求“乡镇（街道）、社区残疾人专职委员纳入政府公益性岗位，享受岗位补贴”，但这一规定在我县至今未落实。又如《甘肃省分散按比例安排残疾人就业办法》规定：“本省行政区域内的机关、团体、企业事业单位和其他经济组织，须按本单位在职职工总人数1.5%的比例安排残疾人就业。”按照这一规定，我县应有418名残疾人在机关、企事业单位、其他经济组织中就业，但目前分散按比例安排就业的残疾人仅有53名。此外，检查发现，我县部分就业保障金用于残疾人就业之外的事项，违反了《甘肃省残疾人就业保障金管理办法》的规定。

（五）残疾人医疗康复工作严重滞后。目前，我县残疾人医疗康复工作基本处于空白状态，康复训练活动不能有效开展。一方面，康复机构建设滞后。据了解，目前我县仅在残联设有一所康复训练中心，但只有场所无机构设置、无专业人员，康复设备落后，无法为残疾人提供便捷有效的服务。另一方面，康复经费无保障。《平凉市关于加快推进残疾人社会保障体系和服务体系建设的实施意见》要求："县区政府分别按辖区人口每人每年至少不低于0.5元的标准落实残疾人康复经费。"但这一要求未落实。

（六）残疾人无障碍建设仍需加强。一是残疾人无障碍设施规划建设不到位。一些商业楼宇、交通枢纽、居住小区、公共场所等规划建设中没有考虑残疾人无障碍设施建设；一些原有的无障碍设施在城市改建后被拆除，如在2011年县城主干道改造中，中街、北环路等道路两边原有的盲道被拆除，给残疾人出行带来很大不便。二是无障碍设施建设标准低。我县在部分城市道路、公共服务设施建设中只增加了基本的盲道、坡道等少数无障碍设施，一些主要的无障碍通道、无障碍厕所、扶手等没有考虑，建设标准不高，覆盖面不广，不能满足残疾人生活需要。三是无障碍设施管理不到位。社会公众对无障碍设施的建设和管理认识不到位，关注度、参与度不高，道路特别是商业集中路段上的盲道被设摊或停车占用、破坏的现象比较突出。

三、贯彻实施《中华人民共和国残疾人保障法》的建议

（一）强化组织领导，切实提高全社会对残疾人事业重要性的认识。关心和帮助残疾人是社会文明进步的重要标志，是贯彻落实科学发展观、全面建成小康社会的必然要求，是社会主义制度优越性的主要体现。县乡各级政府要认真贯彻执行新修订的残疾人保障法，提高对残疾人事业重要性的认识，把保障残疾人合法权益作为政府改善民生的一项重要内容，纳入国民经济和社会发展计划，加大对残疾人事业的资金投入和保障力度，统筹安排，促进残疾人事业与经济社会协调发展。要进一步完善政府主导、部门配合、社会支持、整体联动的残疾人工作机制，明确职责分工，强化部门协调配合，整合有关扶残助残的政策措施，形成推进残疾人工作的合力。要加大宣传工作力度，把残疾人保障法等法律法规作为"六五"普法的重要内容，全方位、多层次开展宣传教育活动；积极宣传残疾人创业拼搏的先进事迹，弘扬残疾人自强不息精神；充分利用"爱耳日""爱眼日""助残日"等各种节日，大力普及残疾预防知识，组织开展各类扶残助残活动，努力营造尊重、关心、帮助残疾人的良好社会氛围。

（二）加强社会保障和服务体系建设，努力提高残疾人整体生活水平。一要将残疾人普遍纳入社会保障范围。严格执行国家有关政策规定，按照重点保障和特别扶助、一般性制度安排与专项制度安排相结合的原则，将残疾人作为重点对象纳入城乡最低生活、廉租住房等社会保障范围，提高标准，扩大覆盖面，对生活困难的残疾人做到"应保尽保"。各乡镇、街道办和有关部门要深入基层、深入实际，摸清底子，掌握实情，将部分生活贫困、确实需要帮助但还未给予保障的残疾人纳入国家优惠政

策扶持范围；对于部分因政策因素而未纳入保障范围的残疾人，要灵活运用有关政策，研究制定切实可行的办法措施保障其基本生活。二要将残疾人优先纳入农村各类项目建设规划。发改、扶贫、住建等部门要把农村贫困残疾人纳入新农村建设、小城镇建设、农村危旧房改造等项目，统筹安排，同步实施，优先解决贫困残疾人家庭人畜饮水、用电、住房等方面的困难和问题。三要加快无障碍设施建设和改造。认真落实残疾人保障法关于无障碍环境建设的有关要求，对新建和改扩建的公共建筑、居民小区、城市道路、公共设施等，要严格实行无障碍设施同步规划、设计和施工；对各类公共建设项目要充分听取残联的意见，吸收其参与项目审查、审批和验收。督促有关方面对现有的缺乏无障碍设施的公共建筑和场所等进行改造，加大对挤占、损坏盲道等行为的清理整治力度，并逐步推行公共信息无障碍交流服务，为残疾人更广泛地参与社会生活提供便利。四要重视残疾人的精神文化需求，逐步增加盲文、手语、语音视频等各类残疾人文化产品和信息服务供给；积极培养残疾人文艺骨干，就近就便组织残疾人开展各类文娱活动；广泛选拔和组织残疾人运动员参加各级残疾人体育运动竞赛，促进残疾人全面健康发展。

（三）重视残疾人教育工作，为残疾人平等参与社会活动创造条件。教育是残疾人改变自身命运的重要途径，政府及相关部门要采取有效措施保障残疾人受教育权利。一要进一步普及残疾儿童义务教育。针对目前残疾儿童少年入学率低的现状，各乡镇、街道办要配合教育部门在全县范围内对适龄儿童进行一次彻底的排查摸底，建立适龄儿童档案，掌握第一手资料。对至今还未入学的适龄残疾儿童，要了解真实原因，尽最大努力方便其就学，保障残疾儿童接受教育权利。特教学校要全力为各类残疾儿童提供更为优质的教育资源，普通义务教育学校要从食宿、师资力量配置等方面为随班就读残疾儿童提供必要条件，提高适龄残疾儿童入学率。二要加大对特殊教育的资金投入。认真落实《甘肃省义务教育条例》有关特殊教育公用经费的规定，提高特教学校学生人均公用经费标准，解决目前特教学校经费严重短缺问题，努力改善办学条件；严格贯彻执行国务院办公厅有关文件精神和《平凉市扶助残疾人规定》，在全面实施“两免一补”制度的基础上，针对残疾学生的特殊需要，从福利彩票、体育彩票公益金留成中提取部分资金用于残疾儿童的生活补助，保障残疾儿童的基本生活需求。

（四）加大政策落实力度，切实保障残疾人就业权利。政府及相关部门要把残疾人就业作为保障和维护残疾人基本权益的头等大事来抓，采取有针对性的措施，促进残疾人稳定就业。一要积极开展残疾人就业技能培训，提供适合残疾人自身特点和满足市场需求的各种职业技能培训，提高残疾人就业能力。二要努力扩大残疾人就业。认真落实残疾人就业有关政策规定，倡导举办残疾人福利企业、盲人按摩机构和其他福利性单位等，让有劳动能力的残疾人实现平等就业。国家机关、企事业单位应带头执行法律，凡有适宜残疾人工作的岗位应招收残疾人就业，不能以缴纳就业保障金代替安排残疾人就业。完善残疾人就业奖励制度，对于超比例安排残疾人就业的单位给予奖励和扶持。三要规范残疾人就业保障金使用管理，认真落实《甘肃省残疾人就业保障金管理办法》，将保障金重点用于残疾人就业培训、职业教育、补贴社会保险、扶持残疾人创业和灵活就业等方面，规范资金管理，切实提高保障金使用效益。

（五）提升医疗服务能力，全力做好残疾康复和预防工作。一要进一步将残疾人康复纳入基本医疗卫生制度和基层医疗卫生服务体系，适当增加纳入基本医疗保障范围的康复项目。二要加强残疾人康复机构建设。针对我县康复训练中心无机构设置、无专业人员的现状，县政府要积极衔接、沟通，申请成立康复机构，确定工作人员编制，配备康复训练活动设施器材，从卫生部门选调一批具有相关知识和经验的专业技术人员，开展康复服务工作。三要认真落实《平凉市关于加快推进残疾人社会保障体系和服务体系建设的实施意见》关于康复经费的有关规定，为有效开展残疾康复工作提供资金保障。四要积极开展残疾预防工作。卫生、计生、残联、妇联等单位要协同配合，完善残疾预防和干预机制，加强早期筛查、早期预防、早期干预工作，降低残疾发生率。针对危害面广、可预防的致残因素，重点普及残疾预防知识，提高公众残疾预防意识。

第九次会议　于2013年6月28日在常委会五楼会议室召开，由高恒主持。

会议议程有五项：一、人事任免；二、三项合并进行：听取和审议财政局局长王敏受政府委托所作的《关于2013年全县财政决算（草案）的报告》、审计局局长郭三省受政府委托所作的《关于2012年度县级财政预算执行和其他财政收支的审计工作报告》、常委会财经工委主任杨立新所作的《关于2012年全县财政决算的审查报告》，作出《关于批准静宁县2012年县级财政决算的决议》；四、听取和审议交通运输局局长杨飞受政府委托所作的《关于全县农村公路建设管护工作情况的报告》、常委会农业工委主任武文学所作的《关于全县农村公路建设管护工作情况的调查报告》；五、听取和审议文体广电局局长牛永琪受政府委托所作的《关于文化市场管理工作审议意见落实情况的报告》、常委会教科文卫工委主任冯克勤所作的《关于文化市场管理工作审议意见落实情况的检查报告》。会上，政府常务副县长徐德才、副县长沈学英就落实审议意见分别作表态发言。

第十六届常委会组成人员张自杰、王平仁、高恒、沙芳琴、陈进财、慕锡武、杨华、何冠群、胡志科、马世明、武文学、冯克勤、杨立新、周浩仁、米发明、李会宾、裴晓江、厚凤兰、王全生出席会议；县委常委、政府常务副县长徐德才，副县长沈学英、法院院长李根进、检察院代理检察长崔晓晖，政府办、财政、审计、交运、发改、水务、住建、卫生、地税、非税、文广、教育、公安、工商、电信、消防、街道办及常委会各委室负责人，市、县人大代表张友明、马崴、杨仲祥，界石铺镇、仁大乡、甘沟乡党委书记江小兵、雷旺盛、靳建喜，四河乡、司桥乡人大主席樊茂、马宕新，威戎镇政府镇长王永宁列席会议；另有23名公民代表应邀旁听会议。

附：

人事任免

李宏杰任县人民检察院检察员

张　旭任县人民检察院检察员

免去王国勤县人民法院立案庭庭长职务

关于全县农村公路建设管护工作情况的调查报告

由分管领导带队，县人大常委会办公室、农业工作委员会，县交通运输局、县乡公路养护站负责人及工作人员组成调查组，于5月上旬至6月上旬，先后深入仁大、甘沟、界石、司桥等12个乡镇及县交通运输局、县乡公路养护站等部门和单位，通过实地察看、查阅资料、座谈汇报等方式，对全县农村公路建设管护情况进行了调研。

一、基本情况及主要工作成效

近年来，县政府及主管部门认真贯彻落实《中华人民共和国公路法》《甘肃省农村公路条例》等法律法规，坚持把农村公路建设作为改善农村基础条件、加快新农村建设步伐的重要举措来抓，切实加强规划论证，积极争取项目资金，加快建设步伐，理顺管养机制，全县农村公路建设管护工作取得了较好成效，为全县经济社会发展作出了较大贡献。

（一）加强行政监管，保障农村公路建设管护工作稳步发展

近年来，县政府把农村公路建设与管护工作作为一项重大民生工程纳入全县经济社会发展总体目标，列入政府工作重要议事日程，加强组织领导，完善管理制度，逐级落实责任，促进农村公路建设管护工作稳步发展。论证出台了《静宁县“十二五”综合交通运输规划》，为全县公路事业发展提供了科学依据。制定出台了《静宁县农村公路建设管理办法》等制度，下发了《农村公路超限超载集中治理实施方案》等文件，加强对农村公路建设管护工作的管理，不断提高各级重视程度，落实建设管护责任，提高建设管护质量。成立了由县政府主要领导为组长，发改、财政、交通、扶贫等部门负责人为成员的全县通乡油路建设工作领导小组，全面负责通乡油路建设工作的组织实施，协调解决工作中存在的困难和问题。建立健全目标考核机制，督促相关部门和各乡镇抓好工作落实，基本形成了“统一领导、分级负责、上下联动、齐抓共管”的工作格局。

（二）加快建设步伐，提高农村公路通达通畅能力

树立了“要致富、先修路”的发展理念，抢抓国家加大农村基础设施建设投入的历史机遇，争取各类交通建设项目，积极筹措建设资金，大力推进农村公路建设。先后争取实施了通乡油路、通畅工程、乡际联网等一批农村公路建设项目，有效改善了路网结构，提升了农村公路通行能力。截至2012年底，共建成通乡油路12条320公里，乡镇通畅率达到100%，建成水泥硬化路435公里，全县农村公路总里程达到3062公里，基本拉开了“两纵、六横、一环”的公路网络框架，全县道路通达通畅程度大幅提升。

（三）理顺管理机制，提升农村公路养护管理水平

逐步加大对农村公路养护的投入，加强农村公路日常管养，县财政每年拨付一定的专项资金用于县乡公路养护，对养护站工作人员工资纳入财政全额供给。依照国家和省、市关于农村公路管养体制改革的有关政策要求，进行了“管养分离”“政事分离”和“事企分离”改革，将原农村公路管理站更名为县乡公路养护站，设立中心养护组和基层道班，负责县乡公路的养护；在乡镇成立了乡村公路管理所，负责乡村道路的管理养护；在各村成立了村级公路养护管理组，负责村社道路的管理养护；成立了县公路路政管理大队，加强路政执法管理，建立了“县道县养、乡道乡养、村道村养”的农村公路分级管养机制。

二、存在的主要困难和问题

（一）建设质量不高，道路通行能力较差

调查显示，全县农村公路普遍存在建设质量不高的问题。受资金等因素影响，全县大部分农村公路存在设计超前性不足、标准不高、使用年限短等问题，一些油路和硬化路建设质量差，建成不久或未达到使用年限就已严重损坏，路面起皮翻浆，路基沉陷，整体通行能力差；一些通畅工程硬化路设计路面较窄，坡度、弯度超标，线形设计不合理，不能满足当地道路运输需要；大部分村社道路路肩、边沟、涵管等配套工程建设不到位，抗灾能力差，遇雨即毁，通行困难；一些在建工程偷工减料，降低沙砾层、水稳层厚度，路基夯实不足，工程质量没有保障。对公路建设质量差的问题，基层干部群众普遍意见较大，座谈中一些群众甚至认为，部分道路硬化后路面变窄，质量不高，坑坑洼洼，通行不畅，还不如原先的沙化路。如甘沟至四河通乡油路2010年8月建成通车，使用不到三年，目前路基已多处沉陷，路面开裂严重，遇雨天沿途多处积水，过往行人意见很大；2009年建成的余湾乡街道至静秦公路硬化路、细巷乡谭店至界石铺镇李堡硬化路，现已有90%的路面破损起皮沙化，路基沉陷严重，路况相当差；按照通畅工程建设标准，通畅工程水泥路面厚度为18~20厘米，水稳层厚度为16~20厘米，沙砾垫层厚度为10~15厘米。调查中发现，今年在建的工程有相当一部分达不到标准，如界石铺镇祁岔村在建的硬化路水稳层仅5~10厘米；八里镇郭罗村硬化路水稳层厚度仅为5厘米；甘沟乡阎岔村通畅工程部分路段沙砾层和水稳层总厚度为15厘米，有些不足10厘米，远达不到建设标准。

造成农村公路建设质量差的原因，主要有以下几个方面：

一是配套资金落实不到位。按照项目计划，农村公路建设中央投资75%，需地方配套25%。2012年通乡油路国家项目投资为60万元/公里，需地方财政配套20万元/公里，2013年通村硬化路国家项目投资为50万元/公里，需要地方财政配套16.7万元/公里。由于我县地方财政十分困难，近几年公路建设项目配套资金基本没有落实，资金短缺与公路技术标准、质量标准之间的矛盾突出，存在为保证建设数量而降低质量的现象，导致我县近年来建成的一些农村公路油面厚度、路基宽度等不达标，建设质量不高，道路承载能力不足。

二是部门职责落实不到位。县政府出台的《静宁县农村公路建设管理办法》规定，县交通运输局负责全县农村公路规划与计划编制、勘察设计、组织实施、资金使用、施工监管、质量安全监督、交工验收、养护管理等工作。调查发现，由于技术人员短缺、工作力量薄弱等原因，县交通运输局对在建工程监管不经常，深入现场检查频次不够，监管职责落实不到位，工程质量难以保证。监理单位没有落实相应责任，对关键技术指标检查把关不严，对违规行为不能及时指出和予以纠正，监理职责缺位。

三是乡镇管理职责难落实。《静宁县农村公路建设管理办法》规定，乡镇政府建立其所属的公路管理机构，负责村道项目计划上报、组织施工、质量监督、安全监管等，配合县交通运输局做好公路建设行业监管工作。从通畅工程建设实际情况看，由于工程招标、验收、资金拨付等权限均在交通运输主管部门，乡镇普遍反映，在建设质量监管方面没有很好的措施和抓手，加之无专业技术人员，面对施工过程中存在的质量问题无能为力。

（二）路政管理执法不严，违法违规行为普遍

一是治理超限超载措施不力。从调查看，超限超载运输是造成农村公路损坏的一个重要原因。如新店—治平—李店—仁大—秦安一线和新店—甘沟—县城一线超载运输砂石的车辆较多，仅陇新砂场每天运砂达1000余方，大部分车辆装载砂石30方左右，吨位在40至50吨之间，大大超过了四级公路15至20吨的承载标准，超强度运输致使路面开裂、地基沉陷等病害遍及公路沿线，对公路破坏非常严重，部分路段仅靠修复无法解决问题，只能重新铺筑。交通运输主管部门在超限运输管理中措施较少，力度不大，仅以设置路障的方式阻止超载车辆通行，效果并不理想。

二是公路侵权现象突出。《公路安全保护条例》第十一条规定，县道公路建筑控制区范围为从公路用地（公路边沟外缘起不少于1米）外缘起向外不少于10米。交通运输主管部门及乡镇对这一规定宣传、落实不力，控制不严，放任自流，没有进行统一规划放线，相当一部分建筑超越了道路控制红线。如仁大乡南门村西坡社2户2层民宅（1户在建），都距公路边沟仅1.9米；李店镇薛胡村顺风物流宾馆（4层），外墙距路面为4.2米；治平杨店村1新建果库距路面为2.1米，且位置处于公路转弯处，严重影响视线。《公路安全保护条例》第二十条规定，禁止在大型公路桥梁跨越的河道上游500米、下游2000米范围内采砂。仁大乡刘川砂场仅距刘川大桥20米左右，且直接在大桥下面采砂，严重威胁大桥安全。同时，一些村社群众在公路上占道经营、乱堆乱放、倾倒垃圾、填埋边沟的现象十分突出，影响公路安全通畅。

三是路政管理力量不足。县路政管理大队编制为8人，目前仅有4名工作人员，执法用车1辆，执法力量薄弱；交通运输主管部门每年仅从公路养护经费中划拨5万元用于路政管理，工作经费不足，运转比较困难。

（三）农村公路养护不到位，养护经费无保障

一是重建轻管问题突出。近年来全县上下对争取项目资金、修建公路比较重视，但对公路养护工作有放松趋势，重建轻管的问题比较突出；一些乡镇不重视公路管

护，乡、村、社三级养护意识淡薄，责任不强，措施不力，仅在春秋两季集中对一些重点路段进行养护，部分路段长期无人管护，形成“一年修、两年丢、三年四年大水沟”的现象；没有充分调动群众力量参与村、社公路养护，群众爱路、护路、养路意识越来越差，一些群众对村庄周围、田间地头的简单道路维修也不主动去做，没有尽到应尽义务。调研发现，农村公路失管失养问题比较普遍，道路通行能力差，晴通雨阻，群众意见大。如原田堡至四河通乡公路，原新店至甘沟通乡公路，由于长期无人养护，遇雨天几乎无法通行；威戎经麻硖至原后梁的道路，沿线村社较多，但养护不勤，路况较差，车辆通行困难。

二是养护机构职责落实不到位。2012年公路养护体制改革后，农村公路管理养护实行“县道县养、乡道乡养、村道村养”的分级养护机制，县、乡、村三级都成立了相应的管养机构，但都存在职责落实不到位的问题。县级养护机构对县道日常巡查不够，不能及早发现并维修路面开裂、路基沉陷和水毁等病害，在一些路段维修养护中施工不彻底，不能根除病害，养护质量不高，导致部分路段病害加剧、大面积受损，小病养成大患，增加了维修难度和成本，甘沟至新店、甘沟至四河通乡油路、静秦路此类现象较多；乡镇公路管理所和村级公路管理组形同虚设，调研的12个乡镇乡、村两级公路管理机构都没有配备人员，日常养护基本没有开展。

三是养护经费无保障。《甘肃省农村公路管理养护体制改革实施意见》规定，县市区政府每年应按地方财政收入2%~3%的比例预算农村公路日常养护经费。按这一标准，每年应划拨171万至256万元农村公路养护经费，县财政从1995年起每年划拨75万元用于农村公路养护，2013年提高到90万元，但与规定标准还有较大差距。加之近几年材料及人工工资等费用逐年上涨，公路养护成本逐年增加，目前养护站每年用于农村公路养护的实际费用达500多万元，资金缺口较大，严重影响公路养护工作正常开展。

四是养护力量薄弱。按照油路每人3公里，砂石路每人4公里的养护定员标准，县公路养护机构应配备公路养护人员137人。目前县乡公路养护站有40名养护人员，平均每人养护里程达11公里，养护任务繁重。养护站设立了1个中心养护组和4个道班，但均没有专门的场所，养护机械、材料存放和人员食宿等比较困难。同时，新材料、新技术推广应用不够，病害预防和治理的方法有限，养护水平有待进一步提高。

（四）乡镇进展不平衡，道路建设任务重

规划执行不严格、进展不平衡。由于受项目统筹安排不均、上级帮扶部门投资意向等因素影响，全县农村公路建设没有严格按照“十二五”规划确定的年度建设任务进行，公路建设项目分配不尽合理，区域之间、乡镇之间建设进展不平衡，差距较大。如界石铺镇172公里农村公路中，硬化路65.9公里（其中在建29.4公里），占38.3%；原安乡142公里农村公路中，硬化路48.6公里（其中在建22.2公里），占34.2%。仁大乡140公里农村公路中仅有硬化路2条13公里（今年在建1条10公路），占9%；李店镇132公里农村公路中仅有15公里硬化路，不足12%。一些乡镇负责人谈到，通畅工程项目的确定与乡镇实际情况有差距，一些车流量大、急需改造的村、社道路未及时改造硬化，一些已经硬化的村、社路人流、车流量小，使用率不高。

农村公路建设欠账大、任务重。全县3062公里农村公路中，有沥青、水泥铺装路面的仅755公里，占24.6%，有1400多公里属等外公路，急需进行改造；目前全县尚有264个行政村（按未合并数）未通沥青水泥路，只有极少数的自然村通了沥青水泥路，仅占32.7%，与全省、全市和周边县区差距明显（2012年底，全省、全市建制村通畅率均为50%，庄浪县为54%，泾川县为75.3%）；田间路、产业路建设严重滞后，近几年南部乡镇山地果园发展迅速，但大多数果园田间道路不畅，农业机械和运输工具不能直接到田间地头，严重影响果品生产和销售，制约果品产业发展。

三、今后工作建议

（一）争取项目，加大投入，加快农村公路建设步伐

农村公路建设是一项加快农民脱贫致富进程和促进农村经济社会发展的基础工程。加快农村公路建设，福泽农村、惠及百姓，功在当代、利在千秋。各级各部门要从全县经济社会发展大局出发，深刻认识加快农村公路建设的重大意义，高度重视农村公路建设工作，把公路建设作为改善民生、为民谋利的实事、大事来抓。要抢抓国家加大基础设施领域公共投资力度和国务院支持甘肃发展、六盘山片区扶贫攻坚、陕甘宁革命老区振兴等政策机遇，积极争取建设项目和资金，加快农村公路建设步伐，努力扩大农村公路建设规模，力争在较短时期内解决全县农村公路等级不高、建制村通畅率低等问题，缩小与全省、全市及相邻县区的差距，为经济社会发展提供有力保障。逐步加大地方财政投入力度，积极整合财政、发改、建设、水务、扶贫等项目资金，集中扶持农村公路建设，逐步解决因配套资金不到位导致的偷工减料、质量不高等问题。制定出台优惠政策，鼓励社会筹资、企业赞助和个人捐资，形成以政府投入为主，社会各界共同参与的多渠道筹资机制。要加强公路建设项目资金监管，坚决杜绝挤占、挪用现象，用足用好项目资金，确保资金发挥最大效益。

（二）齐抓共管，严格执法，提高农村公路路政管理水平

一要加大公路政策法规宣传力度。高度重视公路建设管护法律法规的宣传教育，重点加强与群众密切相关的公路两侧修建、采砂取土、超限超载治理、路产路权保护、公路养护管理等有关法规政策的宣传教育，增强广大群众爱路、护路意识，减少路产路权的人为破坏，提高群众参与农村公路建设和养护的自觉性、责任心。二要严厉打击各种超限超载运输行为。针对部分路段超限超载运输车辆集中，对公路破坏严重，群众意见大的现状，要广泛听取群众意见呼声，研究制定切实可行的措施，在保证正常公路运输秩序的前提下，加大超限超载治理力度。坚持路面专项治理和源头长效治理相结合，行政手段、经济手段和法律手段相结合，通过设立专项检查站等方式，加强对超限超载的日常检测、监控，对超限超载车辆做到不放行、不上路，从源头上减少超限超载对公路的破坏。对超限超载运输、恶意破坏公路的行为，要严格按照《公路安全保护条例》等法律规定，进行严管重罚。三要加大侵占路产路权行为的查处力度。严格执行公路沿线建设用地报批和建设项目立项审批程序，落实道路两侧

红线控制规定，对不符合道路红线控制要求的建设项目，相关单位要加大查处力度，坚决不予审批立项，不得开工建设。对农村公路及周边的违规建筑、违规采砂、占道经营、乱堆乱放等侵占路产路权的行为，主管部门要联合相关部门依法予以拆除、取缔。各乡镇要将过街公路和通村公路的建设纳入统一管理，提前规划放线，防止出现侵占路产路权现象，为农村公路可持续发展留足空间。

（三）科学规划，加强监管，提高农村公路建设标准和质量

一要抓好规划完善和执行。主管部门及各乡镇要认真做好农村公路建设的规划完善工作，要从长远出发，充分考虑经济发展水平、交通运输状况和道路承载能力等因素，适度超前规划，提高设计标准，避免出现因设计等级过低造成使用年限短、通行能力差等问题。在通达通畅工程建设规划中要吸取以往经验教训，争取一步到位，打通各类“断头路”，有效解决连接不畅的问题。要抓好规划的执行工作，严格按照全县“十二五”公路建设规划，有序推进公路建设，减少人为干扰，维护规划的严肃性，坚决杜绝无规划建设、不按规划建设或随意变更规划建设的行为，减少公路建设的随意性和盲目性。要统筹各类建设项目，尽量平衡项目资金，逐步缩小区域、乡镇之间的差距。二要加强质量监管。要牢固树立质量第一的理念，在抓工程建设进度的同时，切实抓好建设质量管理。严格按照《静宁县农村公路建设管理办法》的规定，进一步健全建设项目法人、工程监理、质量追溯以及工程招投标、竣工验收等制度，严把各个关口，特别要强化建设单位主体责任、主管部门全面监管责任、监理单位项目监理责任和乡镇质量监管责任，加强关键环节的质量监督和指导，强化对施工过程的日常性监管，对施工不规范、质量不达标的现象要及时发现，坚决予以纠正，杜绝出现人情工程、面子工程，努力做到建设一条、达标一条，确保工程建设质量。针对乡镇管理和技术人员缺乏的实际，主管部门要有计划地对乡镇管理技术人员进行全面培训，提高乡镇公路建设管理水平。严格执行工程质量追溯及责任追究制度，严厉查处降低建设标准、偷工减料等行为，对不符合质量标准的，必须返工或重建，对已投入使用、质量问题多的工程，要严肃追究有关责任人的责任，并采取适当的补救措施。三要重视工程配套建设。把公路附属工程纳入公路规划、设计、建设和竣工验收范围，根据路况实际，合理确定边沟、涵管、路标等附属工程，督促承建单位严格按设计标准进行建设，切实提高农村公路抗灾能力，减轻养护任务。

（四）建养并重，落实责任，推动农村公路养护工作常态化、规范化

一要高度重视公路养护。公路建设是前提，养护管理是保障。做好公路养护管理，是延长公路使用寿命、巩固建设成果、提高道路通行能力的重要途径，也是当前我县公路事业发展的客观需要。各级各部门要牢固树立建设是发展、养护管理也是发展的理念，把公路养护放在与公路建设同等重要的地位，给予高度重视。要深入查找目前公路养护管理工作中存在的主要问题，研究解决面临的困难，采取切实措施，有效解决重建轻管的问题，保障公路事业可持续发展。二要落实各级养护责任。按照“县道县养、乡道乡养、村道村养”的公路养护体制，进一步落实县、乡、村三级公

路养护机构的责任，督促做好农村公路养护工作。县级公路养护机构要切实落实责任，不遗余力做好县道日常养护，着力提高道路通行能力。各乡镇政府及乡、村公路养护机构要落实在乡、村道路管护中的主体责任，一方面要积极筹措养护资金，另一方面要广泛发动村社及群众做好公路养护工作，提高群众参与程度，群策群力做好乡、村公路养护。三要提供养护资金和人力保障。逐步加大对公路养护的资金投入，严格按省上规定标准，将公路养护资金纳入财政预算予以保障；进一步充实县级养护队伍，壮大工作力量，为公路养护提供人力保障；乡镇要按照规定标准落实乡、村两级养护机构人员，真正发挥养护机构作用。四要提高养护质量和水平。把农村公路养护工作纳入政府年度目标责任考核范围，加大督查、考核力度，督促乡镇、村社履行养护责任，解决部分路段失管失养问题，确保不留死角，做到有路必养。县、乡、村养护机构要把经常性养护与集中养护结合起来，加大日常巡查频次，对发现的微小病害及时处理，防止小病养成大病。要加大对公路养护装备投入，大力推广公路养护新技术，提高养护质量和水平。

关于文化市场管理工作审议意见落实情况的检查报告

由分管领导带队，县人大常委会办公室、教科文卫工作委员会，县文体广电局、公安局、工商局、消防大队等单位负责人及工作人员组成检查组，于5月下旬至6月上旬，深入城区网吧、乡镇电子阅览室、部分书店和相关单位，通过实地察看、随机抽查、走访座谈、查阅资料等方式，对县第十五届人大常委会第二十一次会议有关文化市场管理工作审议意见的落实情况进行了检查。

一、审议意见及落实情况

（一）审议意见。2010年8月召开的县第十五届人大常委会第二十一次会议针对全县文化市场管理中存在的网吧违规接纳未成年人、超时营业，乡镇电子阅览室管理混乱以及部分书店违规经营等问题，提出了具体审议意见：一要坚决落实网吧零点断网的规定。督促电信部门落实每日0:00至8:00切断所有网吧互联网接入服务的规定，从源头上制止网吧超时营业和接纳未成年人通宵上网的问题。二要限期清理搬迁学校周围的网吧。杜绝在学校周围200米范围内设立文化娱乐场所，对不符合控制距离要求的网吧坚决予以关停。三要从重打击网吧违规接纳未成年人的行为。对违规接纳未成年人的网吧，要严管重罚，依法给予行政处罚、责令停业整顿等相应措施，情节严重的要依法吊销网络文化经营许可证。四要严把网吧审批关口。严格控制网吧的变更、新增或变相新增，对不符合条件、存在问题长期不整改的网吧或电子阅览室要坚决清理出文化市场。五要严查问题图书。坚持开展图书市场经常性检查，对出租借阅网络玄幻、迷信、恐怖、暴力、色情书籍的违规经营书店要严查严办，对问题图书要责令下架销毁。六要严格实行责任追究。建立健全和完善文化市场管理责任追究制度，对有法不依、执法不严的部门要严肃追究相关负责人的责任；对乱开口子、违规发放证照、参与或变相参与文化市场经营活动，不作为、滥作为的执法人员，要严肃处理，坚决杜绝文化市场管理中存在的有令不行、有禁不止现象。

（二）落实情况。县第十五届人大常委会第二十一次会议以来，县政府及各职能部门采取积极有效措施，加大整治力度，认真整改存在的问题，取得了一定成效。一是加强组织领导。成立了由县上分管领导任组长，文化、公安、工商、消防、电信等部门负责人为成员的文化市场管理工作领导小组。建立了以文化部门为主，相关部门配合的文化市场联合检查机制，定期开展集中整治，查处违规经营行为。在教师、退休老干部中聘请了一批文化市场义务监督员，协助对文化市场进行监管，充分发挥社会监督作用。二是加强日常监管。组织开展从业人员教育培训，加大日常检查频次，在节假日、寒暑假等重要时段，联合开展文化市场集中整治，及时发现并督促整改存在的问题，着力整顿和规范文化市场。自2010年8月以来，先后组织开展大规模文化市场集中整治活动14次，查缴各类盗版图书、问题图书3651册，盗版光碟406张，处理违规经营网吧和乡镇电子阅览室8家，给予警告的文化经营单位15家。三是加强网吧管理。加大对网吧的监管和整治力度，为全县12家网吧和11家电子阅览室安装了电子视频监控设备和同联实名管理、“净网先锋”软件，对网吧、电子阅览室日常经营活动进行监控。督促电信部门落实城区网吧零点断网的规定，从2010年9月开始，对全县城区12家网吧全部实行0:00至8:00切断互联网接入，在一定程度上遏制了超时营业、通宵上网的现象。加大对接纳未成年人上网等违规行为的查处力度，实行身份证扫描登记，有效控制接纳未成年人上网现象的发生。落实文化娱乐场所消防安全管理制度，组织开展消防安全专题培训，网吧管理进一步规范。四是加强法制宣传。充分利用“3·15”消费者权益日、“12·4”法制宣传日和图书宣传周等活动，通过发放《出版物市场管理条例》《互联网上网服务营业场所管理条例》《音像制品管理条例》等宣传资料，大力宣传文化市场经营管理的相关政策法规，提高文化市场经营者的法制意识，营造了良好的社会氛围。

二、存在的主要问题

总体上看，自县人大常委会检查审议以来，县政府及主管部门在加强文化市场管理中做了大量工作，取得了一定成效，但仍存在一些不容忽视的问题，需进一步加强和改进。

（一）部门职责落实仍不到位

一是监管合力还没有形成。在文化市场监管方面，主管部门没有充分发挥牵总协调作用，相关部门各自为政，单方面考虑部门利益多，配合不够紧密；一些部门对自身监管职责认识不清，履行不到位，日常监管中互相推诿扯皮、疏于管理，没有形成监管合力。二是部门执法不严。按照《互联网上网服务营业场所管理条例》第九条规定，学校周围200米范围内不得设立互联网服务营业场所，但至目前千禧、青苹果等不符合控制距离要求的网吧仍没有搬迁或关停。文化部《关于进一步加强网吧及网络游戏管理工作的通知》规定：“对一次接纳8名以上（含8名）未成年人或在规定营业时间以外接纳未成年人的网吧，吊销网络文化经营许可证。”从检查情况看，主管部门对网吧违规经营行为的处罚避重就轻、执法不力，没有起到应有的震慑作用。如2012年6月19日，E网情深网吧有9名未成年人上网，而文化主管部门没有按照规定及时吊销网络文化经营许可证，仅处以2000元的罚款。三是审批把关不严。在网吧年审管理中，县文化主管部门没有认真履行现场勘查、信息核对等职责，对一些经营不规范、存在问题较多、整改不到位的网吧睁一只眼、闭一只眼，前期审查流于形式。如一些网吧经营者为逃避管理费用，在年审时故意少报计算机台数，文化主管部门在没有核实的情况下加注了同意审批意见。四是执法力量薄弱。县文体广电局综合执法大队核定人员编制为6人，目前仅有3名兼职工作人员，力量严重不足，开展执法检查次数少，日常监管不到位。

（二）乡镇电子阅览室违规经营的问题突出

检查发现，目前乡镇电子阅览室管理混乱，违规经营问题十分突出，以前只在城区网吧管理中出现的问题，现在大有向农村电子阅览室蔓延的趋势。一是大量接纳未成年人上网。检查组在6月1日检查中发现，威戎镇鑫波电子阅览室上网人数6人，其中有5名是未成年人；威戎镇新视听电子阅览室有3名未成年人；八里镇网民部落电子阅览室有2名未成年人；仁大乡视野电子阅览室有1名未成年人。据了解，在乡镇电子阅览室上网的主要是当地高中和初中学生，有些学生利用午休、课间、晚自习等时间突击上网打游戏，一些学生为了完成游戏任务放弃上课，学校、教师及家长反响较大。二是通宵上网的问题比较严重。检查中了解到，电信部门没有严格落实乡镇电子阅览室零点断网的规定，全县乡镇电子阅览室普遍存在通宵营业的现象。查阅上网记录发现，5月25日甘沟乡新潮电子阅览室、威戎镇鑫波电子阅览室通宵上网人数分别为17人、11人；仁大乡飞天电子阅览室5月11日、26日通宵上网人数分别为19人、16人；李店镇古成纪电子阅览室5月3日、4日通宵上网人数分别为11人、13人。6月1日检查发现，八里镇网民部落电子阅览室27名上网者中有17人已缴纳通宵上网费用，其中大多数为二中、机电工程学校、华源中学学生。三是超范围经营现象普遍。乡镇电子阅览室名为电子阅览，实则具有网吧的一切功能，上网聊天、打游戏等一应俱全，远远超出经营许可范围。同时，所有乡镇电子阅览室在没有取得食品流通经营许可证的情况下，向上网者提供饮料、食品。四是实名登记制度落实不严。《互联网上网服务营业场所管理条例》规定："互联网上网服务营业场所经营单位应当对上网消费者的身份证等有效证件进行核对、登记，并记录有关上网信息。"检查发现，大多数乡镇电子阅览室存在不严格核对上网人员的有效证件、登记不规范、登记信息不真实等问题。一些上网者使用亲朋好友的身份证登记上网，甚至个别网吧经营者用别人的身份证为未成年人开机上网，实名登记制度没有得到有效落实。如6月1日，仁大乡视野电子阅览室7名上网者中5人没有身份证，经营者用自己的身份证为1名上网者登记开机。五是消防安全隐患突出。文化部《关于加强网络文化市场管理的通知》规定："直辖市、省会城市和计划单列市以下的地区，每一场所的计算机每台占地面积不得少于2平方米。"检查发现，甘沟乡新潮和威戎镇东平两个电子阅览室计算机占地面积不符合规定，室内空间拥挤、狭小，安全通道不畅。一些电子阅览室经营者消防安全意识淡薄，没有按规定配备必要的消防安全设施；有些虽然配备了消防设施，但不会操作；一些消防设备已过期，没有及时更换，形同虚设。特别是一些乡镇电子阅览室在临时搭建的简易活动板房内营业，室内电线布置凌乱，存在较大安全隐患。

（三）网吧违规经营现象仍然存在

实行网吧零点断网、身份证扫描登记后，城区网吧接纳未成年人上网和超时营业的现象有所改变，但部分网吧仍存在违规经营的现象。一是违规增加计算机数量。个别网吧违规增加计算机数量，内部空间拥挤，通风透气不良，空气污浊，环境较差。如E网情深网吧核定计算机50台，现有计算机80台，而营业面积仅110平方米，每台占地面积不到1.4平方米。二是内部管理混乱。一些网吧对安装的过滤软件及远程监控设备时用时停，网吧安全技术设备没有发挥作用。大多数网吧管理者只负责收取上网费用、控制上下机时间，对上网者证件不核实、不登记，对网吧内吸烟现象不闻不问，对电线线路、安全通道、消防设备等不检查、不维护，责任心不强，管理混乱。三是超时营业的问题仍然存在。一些网吧经营者想方设法规避监管部门的检查，通过安装单机或脱网游戏等方式为通宵上网者提供方便。检查中发现，城区所有网吧的计算机上都下载并安装了大量单机游戏、脱网游戏和局域网游戏，即使在没有互联网接入的情况下，上网者仍然可以进行游戏对战，超时营业、通宵上网、“断网而不断人”的现象仍然存在。如阳光网吧5月24日的上网记录显示，在凌晨3点至5点仍有4人上机；个别网吧早晨六七点仍有上网者出入。

（四）图书市场管理仍比较混乱

检查中发现，近年来销售盗版教辅资料的现象比较突出，大部分书店销售的教辅资料印刷质量差，内容错误多；一些书店仍存在经营违禁书籍的现象，如县城华社百年、界石铺镇阳光书店有一定数量的恐怖、暴力等内容不健康书籍，且大部分向青少年学生出租或借阅，危害较大。同时，无证照经营的现象依然存在，仁大乡文渊书社、教育书店在没有依法取得出版物经营许可证的情况下擅自经营图书，阿阳宾馆、一中南门口经常有一些无证照流动摊贩兜售盗版和其他违禁图书，相关部门没有按照《无照经营查处取缔办法》规定予以查处。

三、今后工作建议

文化市场管理工作事关我县精神文明建设和青少年健康成长。县政府及文化主管部门要严格执行有关法律法规，加强组织领导，健全工作机制，明确工作职责，强化协调配合，加大执法力度，努力推动我县文化市场规范有序发展。

（一）加强组织领导，建立健全长效监管机制

一要健全工作机制。把文化市场管理工作列入重要议事日程，纳入社会治安综合治理考核评价体系，强化监督考核，提高各级重视程度。进一步健全完善上下协调联动、部门紧密配合的文化市场长效监管机制，建立由政府统一领导，文化主管部门负责，公安、工商、消防、电信等部门全力配合的文化市场监管体系，明确各部门的监

管职责，靠实监管责任，充分调动各职能部门参与文化市场监管的积极性，强化协调联动，坚持组织开展经常性联合执法。要进一步强化乡镇职责，把文化市场监管纳入乡镇政府工作议事日程，给予高度重视，抽调专门力量，开展经常性检查，切实加强对农村文化市场的监管。二要完善管理制度。进一步完善文化市场日常检查、联合检查、市场巡查和文化市场联席会议、信息通报等制度，规范执法行为，促进依法行政。要建立文化市场管理责任追究和考核奖励制度，不断提高执法效能。三要加强执法队伍建设。增加文化市场综合执法大队和公安公共安全网络监察中队编制，合理调配人员，并提供必要的经费保障，提高文化市场管理执法能力。文化市场管理人员要认真执行文化市场管理法律法规和政策，严格执法，廉洁行政，排除一切干扰，加大执法力度，有力查处违法经营活动，坚决杜绝惜情仰面、执法不严等现象。主管部门要建章整制，进一步加强对执法人员执法行为的监督，严厉查处执法人员违法违纪行为，树立良好的执法形象。

（二）加大执法力度，规范文化市场经营行为

一要加大执法检查频率。采取定期检查、专项检查、联合检查和经常性检查等多种形式，加大对网吧、书店日常经营行为和相关管理制度落实情况的检查频次，对存在违规行为和管理制度落实不到位的，要责令整改落实，并跟踪监督整改落实情况。二要严格查处违规行为。要从严对文化经营场所的消防安全隐患进行全面排查，对部分网吧和乡镇电子阅览室加设简易楼梯、安全通道不畅、安装封闭门窗栅栏、消防设备过期和上网者吸烟等安全隐患突出的，要严格依法进行整治，严防发生各类安全事故。严厉打击经营盗版和迷信、恐怖、色情、暴力等书籍的行为，及时清除无证照经营门店和流动摊点。加强对网吧及电子阅览室的监管，加大对接纳未成年人上网、通宵营业、超范围经营等违规行为的查处力度，该处罚的必须从严从重处罚，该停业整顿的必须停业整顿，该吊销相关证照的必须依法予以吊销，坚决杜绝以罚代管、一罚了之。特别是对学校周围不符合控制距离要求的网吧，要坚决予以搬迁或关停，主管部门对这一问题必须态度坚决，绝不能推诿扯皮。要下移工作重心，重点加强对农村网吧、电子阅览室的监管。针对乡镇电子阅览室违规经营、社会反响大的问题，主管部门要督促电信部门采取必要的技术手段，必须严格落实0:00至8:00切断互联网接入的规定，有效解决电子阅览室通宵上网、超时营业的问题，促其规范经营，坚决遏制违规现象向农村蔓延，让社会满意，让家长放心。三要严把审批关口。严格落实文化部《关于进一步加强网吧及网络游戏管理工作的通知》规定，坚决不得新增或变相新增网吧及电子阅览室。加强审批管理，认真落实前期审查职责，详细核实网吧、电子阅览室以及书店的名称、法人、营业地址、经营范围等信息，对填报不实、不符合相关规定以及违规经营的坚决不得审查通过，从源头上杜绝经营不规范的问题。

（三）强化宣传教育，努力营造良好的社会氛围。

加大对文化市场法律法规的宣传，在执法检查中，要发挥媒体监督作用，对违法违规经营行为进行曝光，推动《互联网上网服务营业场所管理条例》《娱乐场所管理

条例》及《出版物市场管理条例》等有关政策和法规的贯彻实施，增强文化市场各行业经营者的法律意识，促使其遵纪守法，文明经营。进一步强化学校和家庭的责任意识，加强未成年人思想教育和监护工作，引导未成年人自觉远离网吧、电子阅览室及影响身心健康的书籍，提高社会公众依法监督意识，营造全社会关心和支持文化市场发展的良好氛围。

第十次会议　于2013年8月22日在常委会五楼会议室召开，由沙芳琴主持。

会议议程有三项：一、人事任免，常委会主任张自杰为新任命的政府工作部门负责人颁发任命书，吴国锦代表新任命人员作表态发言；二、听取和审议发改局局长赵宏军受政府委托所作的《关于静宁县2013年上半年国民经济和社会发展计划执行情况的报告》；三、听取和审议住建局局长魏小良受政府委托所作的《关于县城规划管理工作情况的报告》、常委会财经工委主任杨立新所作的《关于县城规划管理工作情况的检查报告》。会上，政府常务副县长徐德才就落实审议意见作表态发言。

第十六届常委会组成人员张自杰、王平仁、高恒、沙芳琴、慕锡武、杨华、胡志科、马世明、武文学、冯克勤、杨立新、周浩仁、李会宾、曹宁子、朱国军、裴晓江、厍凤兰、王全生出席会议；县委常委、政府常务副县长徐德才，法院院长李根进、发改局局长赵宏军，政府办公室、工业园区管委会、教育、交运、水务等16个单位和常委会各委室负责人，住建局、规划局班子成员，市、县人大代表王永强、张来有、马葳，城关镇、八里镇党委书记王顺义、王彦飞，界石铺镇、威戎镇人大主席常志良、赵小刚列席会议，另有10名公民代表应邀旁听会议。

附：

人事任免

樊　旺任县民政局局长，免去县水务局局长职务

郭三省任县文体广电局局长，免去县审计局局长职务

牛永琪任县水务局局长，免去县文体广大电局局长职务

张琪洲任县审计局局长，免去县商务局局长职务

吴国锦任县扶贫开发办公室主任

李文光任县商务局局长

免去：

李文环县人大常委会办公室副主任、代表联络工作委员会主任职务

张进宝县民政局局长职务

王兴国县扶贫开发办公室主任职务

关于县城规划管理工作情况的检查报告

由分管领导带队，县人大常委会办公室、财经工委、政府办、住建局、规划局、国土资源局、公用事业管理局负责人及部分县人大代表和工作人员组成检查组，于7

月下旬至8月上旬，先后深入县住建局、规划局、工业园区、建兴房地产开发公司、文屏教育园、滨河花园等单位、企业、居民小区和62个项目施工现场，通过听取汇报、实地察看、查阅资料、走访调查等方式，对2010年以来县城规划管理工作情况进行了检查，分别召开了县直相关单位、街道办、城关镇、八里镇负责人以及部分县人大代表、村干部、房地产开发公司负责人参加的座谈会，听取了社会各界对县城规划管理工作的意见建议。

一、主要工作成效

近年来，县政府及主管部门认真贯彻落实科学发展观，围绕全县经济社会发展大局，以《中华人民共和国城乡规划法》《甘肃省城乡规划条例》等法律法规为依据，坚持把县城规划管理作为加快城镇化建设、改善人居环境的重要举措来抓，不断完善管理制度，强化工作措施，县城规划管理工作取得了一定成效。

（一）建立健全管理制度。县政府及主管部门结合我县城乡规划管理工作实际，根据《城乡规划法》及省、市相关规定，先后制定下发了《关于加强城市规划管理工作的意见》《静宁县建设项目规划许可管理办法》《建设项目规划申报与许可流程》等管理制度，使县城规划管理工作有章可循、有据可依，为规划管理工作的制度化、规范化提供了基础保障。

（二）编制完善各类规划。2010年以来，县财政先后投入1142.45万元，用于县城规划的编制工作。坚持先规划、后建设和规划指导建设的原则，委托上海同济城市规划设计研究院对2008年版县城总体规划进行修编，目前总体规划纲要的编制已完成，正在送审；委托甘肃省城乡规划设计研究院编制完成了县城主城区6.06平方公里的控制性详细规划；委托北京龙安华诚建筑设计有限公司、上海同济城市规划设计研究院、甘肃长源建筑设计咨询有限责任公司等规划设计单位，对近年来建设的重点区域、重要地段、重大项目进行规划设计，先后编制完成了滨河花园C、D住宅小区和文屏教育园修建性详细规划，静观茗苑、静安家园、影剧院综合开发、后街居住小区等旧城区改造修建性详细规划，以及文屏山、烽台山公园和滨河绿化带景观规划。

（三）加强规划实施管理。按照有关规定加强县城规划许可管理，不断完善规划审批实施管理制度，对规划区内开工建设的工程，依据县城总体规划和相关规范按程序进行审批。2011年以来，共审批规划建设项目101项，建筑面积112万平方米。落实建设工程“一书两证”、开工放线、过程验线和规划竣工验收等制度。

（四）开展规划宣传普及。利用媒体、标语牌、宣传栏、宣传车等形式，对《中华人民共和国城乡规划法》《甘肃省城乡规划条例》《甘肃省建设项目规划许可办法》等法律法规及《县城总体规划（2008年版）》《主城区控制性详细规划》等县城规划进行宣传。在县城主要路段设立《县城总体规划》固定宣传牌5面，街景规划公示牌5面，制作移动宣传牌20余面；在电视台播放《主城区控制性详细规划》专题片15天；出动宣传车120台（次）；印发宣传单3000余份。

二、存在的主要问题

从检查情况看，县政府及主管部门虽然在加强县城规划管理方面做了许多工作，取得了一定成效，但仍存在一些不容忽视的问题，影响和制约县城建设与长远发展。主要有：

（一）规划编制滞后，严重影响县城整体建设和发展

一是规划修编进展较慢。我县县城总体规划在2008年修编的基础上，于2011年启动了新一轮修编工作，但至目前仅完成了规划纲要的编制，进度较慢。城区控制性详细规划只完成了主城区6.06平方公里的编制，还未实现全覆盖，编制任务相当艰巨；修建性详细规划编制滞后，县城建设与发展无章可依，给违规建设留下可乘之机，边规划、边建设、规划跟着建设跑，甚至先建设后规划和无规划乱建设的现象比较突出，制约县城发展。目前，城区道路、给排水、供热、防洪、电力、电信、燃气、环卫等专项规划还未完成编制，基础设施建设缺乏科学性和系统性。部分街道电力、电信等线路交织架设、杂乱无章，影响市容市貌。给排水、供热、燃气等相关单位敷设管网时各行其是，反复开挖，给群众出行及县城管理带来不便，不仅浪费人力财力，增加维修难度和成本，更重要的是让群众感到县城规划建设的随意和无序。

二是旧城区改造规划滞后。随着居民生活水平的提高，“三关一城”居民对改善居住条件的愿望日益增强，但由于旧城区修建性详细规划编制未全面完成，远远落后于居民的现实需要，一方面致使旧城区和“三关一城”棚户区改造进展缓慢，居民生活环境差；另一方面造成“三关一城”部分群众违反县城总体规划，盲目建设、随意建设问题突出。

三是城市服务功能不完善。规划中以人为本思想体现不够充分，注重开发效益，忽视基础设施配套和功能完善，广场、绿地、公厕、停车场（位）、学校、医院、市场、社区服务设施、文化体育设施等未能与城市发展需求同步或超前规划，基础设施规划建设滞后，服务功能不完善，城区如厕难、停车难的问题特别突出，县城脏、乱、差现象得不到有效根治，群众意见较大。

（二）政府监管不力，县城违规建设现象较多

一是乱修乱建问题较为突出。《中华人民共和国城乡规划法》第四十条规定：“在城市、镇规划区内进行建筑物、构筑物、道路、管线和其他工程建设的，建设单位或个人应当向城市、县人民政府城乡规划主管部门或省、自治区、直辖市人民政府确定的镇人民政府申请办理建设工程规划许可证。”《静宁县城总体规划》明确规定，静宁县城内的一切建设活动，都应遵守总体规划。从检查看，由于政府及主管部门监管不力，部分群众未经主管部门审查批准，私自开工，违规建设，给周边群众树立了反面榜样，加剧了乱修乱建之风的蔓延。座谈中一些干部群众反映，目前“三关一城”乱修乱建已处于失控状态。如东关村农民夏某、朱某未经规划许可，在其宅基地（分别位于东风大院、原城关派出所西侧）私自建设四层、三层建筑物；西关村农民马某、华某未经规划许可，在其宅基地（分别位于县气象局北侧、新街路北侧）私自

建设三层建筑物；庙川居民吕某，未经规划许可，在其宅基地私自建设七层建筑物，建筑面积达1107.8平方米；南关十字原兽医站院内邹某未经规划许可，于今年年初在其宅基地私自建设三层建筑物，与东侧居民楼相距不足1米。这些违规建筑，给今后旧城区改造造成巨大阻力。同时，城区一些居民和单位在小区住宅楼、办公楼上私自乱搭乱建简易活动板房的现象比较普遍，既影响市容市貌，又存在安全隐患，座谈中群众反响较大。如陇源货运公司西侧、阿阳路城区供电所对面等地段搭建活动板房多达13处；东苑小区38号、39号楼顶搭建活动板房8处；客运站楼顶搭建整层活动板房；商业街一些商铺搭建活动板房3处；盐业公司办公楼二层正在搭建2处活动板房。这些违规建筑均未得到相应的处理。

二是少批多建问题依然存在。《中华人民共和国城乡规划法》第四十三条规定："建设单位应当按照规划条件进行建设；确需变更的，必须向城市、县人民政府城乡规划主管部门提出申请。"检查中发现，部分开发商在经济利益的驱动下，私自变更规划许可，增加建筑高度，扩大建筑面积；部分群众在沿街路段修建房屋时，违反规划许可条件，私自增加建筑层数和建筑面积。如县建筑集团房地产开发公司在滨河路建设的鼎邦名都2号商住楼，在规划许可的六层上私自加建局部七层，比规划面积多出120平方米；西关村张某、魏某、尚某（县气象局北侧）在规划许可的二层建筑物上私自加建成三层；新城村农民马某在规划许可的三层建筑物（位于县疾控中心北面）上私自加建成五层，造成西环路128号住宅楼部分居民窗户无法正常打开，严重影响采光和通风，该楼住户多次上访无果，怨气很大。

（三）规划执行不到位，违规审批问题比较突出

《甘肃省建设项目规划许可办法》第三条规定："市州、县市城乡规划行政主管部门按管理权限和职责，负责本行政区域内建设项目规划许可的管理和监督工作。"《甘肃省城乡规划制定管理办法》规定，依法制定的各类城乡规划是对各类城乡建设活动进行规划许可的法定依据。但从检查情况看，县规划部门在县城规划区内建设项目的规划许可中，责任意识不强，法制观念淡薄，审批管理把关不严，甚至在一些禁建区域内，违规批准居民建设申请，造成了极为不良的影响和严重后果。如2013年4月27日，县规划部门置主城区控制性详细规划于不顾，在已规划为成纪大道的路段内，批准东关村居民王某建设两层临时建筑，严重违反《中华人民共和国城乡规划法》第四十四条中关于"城市、镇规划区内的临时建设影响近期建设规划或者控制性详细规划的实施以及交通、市容、安全等的，不得批准"的规定。王某在修建中又加盖为三层，在相关部门组织的执法过程中，王某以有规划部门的许可为由拒绝拆除，后经相关部门多次执法，仅拆除了加建的第三层。在此起违章建设中，县规划部门执法违法，违规审批，给违章建设者以口实，给规划执法造成极大阻力，在社会上形成恶劣影响，一些居民认为，该建筑已成为成纪大道上的一道另类"风景"。在严格控制修建的重要地段违规审批、违规建设，必然引起其他群众效仿，将直接影响今后县城的建设与发展。《甘肃省建设项目规划许可办法》第十四条规定，城市、县城乡规

划行政主管部门在建设用地规划许可过程中，因原核准或者备案的建设内容发生变化，确需变更原规划条件的，建设单位应当重新进行项目核准或备案后申请变更规划条件。但检查了解到，县百盛房地产开发公司建设的百盛嘉园商住楼，市发改委有关文件备案登记的建设内容为：新建高层住宅楼1幢、框架剪立墙结构15层，总建筑面积29846平方米，但规划主管部门核发的规划条件通知书核定的建筑面积为34282平方米，净增加4436平方米；建设工程设计方案核定通知书核定建筑层数为主体15层，局部17层，实际全部建成17层，与项目备案内容不符。

《甘肃省城乡规划条例》第二十四条规定，建设用地的性质、容积率、建筑密度等规划条件应依据控制性详细规划确定。但从检查情况看，主管部门在确定建设用地规划条件时，侧重于控制整个地块的各项技术指标，对同一地块内不同区域建设项目的建筑密度、容积率确定标准不一，加之部分建设单位和个人违规增加建筑高度和建筑面积，导致部分区域容积率超标，绿地面积减少，采光不足，公共设施配套不到位，影响居民居住条件的改善和城市品位的提升，座谈中居民意见比较大。

三、原因分析

县城规划管理中存在的上述问题长期存在且屡禁不止，严重影响和制约县城长远可持续发展，究其原因主要有：

一是重视不够。政府及主管部门对县城规划管理工作的重要性认识不足，重视不够，各级领导法制意识、规划意识、责任意识、发展意识不强，在县城规划建设与管理中不按法规办事、不按规划办事，对县城总体规划、控制性详细规划的指标要求执行不力，注重短期成效，忽视长远发展，规划建设许可主观性、随意性较大，导致一些影响县城整体发展的建设项目违规实施，一方面给县城发展造成不良影响，另一方面无形中助长了违规建设行为。

二是监管缺位。县规划部门作为县城规划管理的主体，在规划审批管理中职责履行不到位，审批把关不严，执法违法、违规审批。对规划的实施过程疏于管理，对规划区内建设情况日常巡查不经常，底子掌握不清，监管不到位，甚至对一些容易界定、十分明显且社会各界反响强烈的违规建筑见而不管、管而不力，导致规划区内随意建设、违规建设等乱修乱建现象随处可见。同时，规划、住建、国土等部门之间配合不紧密，沟通协调不及时，开展联合执法少，没有形成齐抓共管的强大合力，致使一些违规建设行为长期存在，得不到有效查处。

三是执法不严。对于县城规划实施中违规建设行为的处理，《城乡规划法》第六十四条、六十八条有明确规定，但在实际工作中，相关部门对一些违法违规建设行为没有严格按照法律法规依法处理，大多数只履行行政手续，没有采取有效的强制措施，对违章建设行为的处罚要么惜情仰面，放任不管，要么避重就轻，处罚不力，不了了之，存在执法不严、违法不究的问题。如在今年上半年对“三关一城”违规建设行为的查处中，绝大部分只在开工建设时下发了责令停止违法建设行为的通知，但跟进检查、督促落实不到位，任其建设，最终形成违规建筑；庙川居民吕某未经审批于

2012年6月违规开工修建七层建筑物近一年时间，主管部门无人过问、无人管理，直至2013年3月22日才下发了违章建筑拆除通知书，要求于3月28日前自行拆除该建筑，但截至目前该违规建筑仍未拆除，政府及主管部门也没有采取强制拆除措施，在社会上造成了极为不良的影响。

四、今后工作建议

县城规划是县城建设的重要依据，是城市管理的龙头，是城市发展的蓝图。县城规划建设与管理工作事关县城长远可持续发展，是改善人居环境、提升县城品位的重要举措。各级各部门要高度重视，充分认识加强县城规划编制实施、建设管理工作的重要性和必要性，把县城规划建设与管理工作摆上政府重要议事日程，科学规划、统筹实施、稳步推进。政府及主管部门要牢固树立“县城建设、规划先行”的理念，增强规划法制意识和责任意识，强化规划约束，坚持依法办事、科学决策、规范管理，切实维护县城规划的严肃性和权威性，为促进县城长远可持续发展提供有力保障。

（一）加快规划编制进度，为县城建设提供科学依据

一要始终坚持规划先行。要按照先规划、后建设的原则，加快县城总体规划的修编和控制性详细规划、修建性详细规划以及各类专项规划的编制完善工作，增强对建设行为的约束性，切实解决规划编制滞后的问题，为县城建设和发展提供科学依据。要突出前瞻性和科学性，高标准、高起点修编总体规划，为城市长远发展打好基础；尽快编制完成覆盖全面的城区控制性详细规划，最大限度地减少规划建设的盲目性和随意性；积极开展专项规划编制工作，无论是新城区开发还是旧城区改造，都要统筹做好水、电、路、讯以及广场、垃圾台、停车场、公厕等基础设施的规划和建设，争取一步到位，从根本上解决城区管理存在的脏、乱、差等突出问题。二要提高规划层次和水平。积极学习借鉴外地先进经验，立足当前，着眼未来，树立全新的规划设计理念，提高分区规划、小区修建性规划的档次和水平，在分区、小区规划中要充分考虑整体风格，突出个体特点，把科学性、实用性与美观性有机结合，把近期建设与长远发展有机结合，适度超前规划，杜绝低层次、低水平、低标准的规划，避免出现规划落后于县城发展需求的问题。三要重视做好旧城区改造工作。坚持旧城区改造与新城区开发并重，积极做好旧城区和“三关一城”修建性详细规划编制工作。按照统一规划、分步实施和先急后缓、先易后难的原则，统筹推进旧城区改造工作，加快改造进程，加强公用基础设施建设。特别是针对当前群众反响较大的庙川居民区脏乱差、居民生活环境恶劣的问题，县政府要认真研究，将其纳入明年棚户区改造计划，尽快改善群众生产生活条件。

（二）加强规划实施管理，切实维护规划的权威性和严肃性

一要强化规划约束。牢固树立“规划即法”的观念，在县城规划建设许可审批、实施管理中必须坚持以县城总体规划和控制性详细规划为依据，严格依法办事、依规划办事，任何单位和个人都不得违反其规定，违规审批或随意变更，坚决杜绝无规划就建设和边规划边建设的违规现象。对不符合规划要求的所有建设项目，一律不得审

批，不得建设，切实维护规划的权威性和严肃性。今后，县城规划建设必须做到无规划的不审批，不审批的不建设，已审批的不变更。二要强化政府的监管责任。政府及规划主管部门要高度重视规划编制、实施和建设管理工作，要按照一次规划、分步实施的原则，有计划、分批次、分阶段做好县城规划的实施，增强规划执行的延续性。要加大对规划执行工作的监督检查，对违反法律规定和县城规划建设的人和事，要按照有关法律规定予以查处，坚决杜绝规划区内违规建设行为。坚持“谁主管、谁负责”的原则，严格落实规划许可责任追究制，对违法违规审批的单位和个人，要从严从重进行处理，坚决杜绝违规审批、执法违法现象再次发生。三要坚持稳步实施。牢固树立“留足发展空间也是政绩”的理念，在作决策、定规划时要突出全局性、长远性，统筹考虑，科学规划，对当前无法彻底解决的问题和条件不成熟的建设规划，要本着宁缺毋滥的原则，先予以搁置，等条件成熟后再逐步解决、开发建设，为今后发展留足空间，绝不能因眼前利益，给今后县城总体发展造成不利影响。

（三）加大执法检查力度，坚决制止违法违规建设行为

一要加强协调配合。规划、住建、国土等单位以及街道办、城关镇、八里镇之间要加强协作，紧密配合，建立信息通报制度，互相沟通协调，增强工作合力。要强化规划主管部门的主体责任意识，严格按照《中华人民共和国城乡规划法》和《甘肃省城乡规划条例》的规定，认真落实规划部门对县城规划区内所有建设行为的执法管理职责，切实加强对县城规划区内建设项目的行政许可审批、建设过程、竣工验收等环节的监管，加大规划执法检查力度，定期不定期开展联合执法和集中整治活动，扩大规划管理覆盖面，严肃查处规划区内违规建设、乱修乱建、少批多建等问题，坚决遏制违法违规建设行为。要重视加强规划队伍建设，强化专业技能培训，提高队伍素质，努力建设一支精通规划、懂建设、善管理的规划队伍，不断提高规划管理工作水平。二要加强建设项目管理。全面落实规划区内建设工程动态监管制度，加强对批准建设工程的日常巡查检查频次，对一些重点区域、重点位置的建设行为要安排专人跟踪监督，对出现的一些变更规划许可的苗头性问题要及早发现、坚决制止，绝不能放任违法违规建设行为滋生蔓延，给执法工作增加难度和成本。三要加大执法处罚力度。始终保持对县城规划区内违规建设行为的高压态势，对违规审批、未批先建、少批多建、乱修乱建等违法违规行为，无论是单位或个人，要严格按照有关法律法规严肃查处；对已审批但不符合规划要求且社会影响极大的违规建设行为，政府及主管部门要采取切实有效的措施，下决心、无条件予以纠正，该拆除的要坚决拆除，该处罚的要依法从重处罚；要严格责任追究，对不作为或乱作为的工作人员，要依法依纪追究其相关责任，坚决杜绝县城规划管理中存在的有法不依、执法不严、违法不究、影响政府形象和执行力等问题。四要畅通社会监督渠道。建立健全群众监督制度，设立监督电话或网络信箱，让广大群众参与县城规划管理工作，充分发挥广大群众的监督作用。要制定完善群众举报受理制度，确定专人及时受理、核实举报信息或监督建议，并抓好检查落实，最大限度调动全社会参与县城规划实施监督的积极性，形成规

划监督的强大合力。

（四）加强规划宣传工作，努力营造良好的规划管理环境

一要加强宣传普及。将规划宣传工作列入重要议事日程，坚持常抓不懈。重视做好规划宣传固定场馆建设，早计划、早着手、早落实。通过沙盘、模型等直观地展示和宣传县城规划，让群众一目了然，心中有数。二要落实规划公示制度。对县城总体规划、控制性详细规划、修建性详细规划中的强制性、控制性指标和规划红线，要采取多种方式向社会公布，广泛接受社会监督，维护规划执行的严肃性。三要增强宣传实效。通过电视、广播、公示牌、图片、展览等群众喜闻乐见的宣传方式，多层次、多形式、有重点地做好宣传教育，不断提高全社会对《中华人民共和国城乡规划法》和县城总体规划的知晓程度，增强各级各部门的规划意识和法律意识，大力营造尊重规划、支持规划、执行规划、监督规划的良好社会氛围。特别要围绕“三关一城”城中村改造，广泛宣传规划区范围内个人建房管理的有关规定，为旧城区改造工作奠定良好的舆论基础。

第十一次会议　于2013年10月18日在常委会五楼会议室召开，由陈进财主持。

会议议程有四项：一、人事任免，常委会主任张自杰为新任命的政府工作部门负责人颁发任命书，赵宏军、李强代表新任命人员作表态发言；二、听取和审议政府办公室主任何浩强受政府委托所作的《关于县第十六届人民代表大会第二次会议代表意见建议办理情况的报告》、常委会代表联络工委副主任李稳收所作的《关于县十六届人大二次会议代表意见建议办理督查情况的汇报》；三、听取和审议教育局副局长李平安受政府委托所作的《关于全县农村基础教育发展有关审议意见落实情况的报告》、常委会教科文卫工委主任冯克勤所作的《关于全县农村基础教育发展有关审议意见落实情况的检查报告》；四、听取和审议扶贫办公室主任吴国锦受政府委托所作的《关于全县整村推进扶贫开发工作情况的报告》、常委会农业工委主任武文学所作的《关于全县整村推进扶贫开发工作情况的视察报告》。会上，政府副县长沈学英就落实审议意见作表态发言。

第十六届常委会组成人员张自杰、王维军、王平仁、高恒、陈进财、慕锡武、杨华、何冠群、胡志科、马世明、武文学、冯克勤、杨立新、周浩仁、米发明、李会宾、朱国军、裴晓江、厚凤兰、王全生出席会议；政府副县长沈学英、法院院长李根进、检察院副检察长张坚强、政府办公室主任何浩强，教育、扶贫办班子成员，发改、财政、人社、住建、公安、交运、水务、农牧、林业、卫生、文广、规划、畜牧及常委会各委室负责人，部分市县人大代表、乡镇党委书记、乡镇长列席会议；另有4名公民代表应邀旁听会议。

附：

人事任免

陈云波任县人民政府副县长

王　敏任县人民政府副县长

县人民政府副县长陈云波、王敏个人情况表

表4-47

姓名	性别	民族	出生年月	籍贯	文化程度	入党时间	工作时间	主要经历
陈云波	男	汉	1970.6	北京	研究生	2000.5	1992.7	1988 年 9 月至 1992 年 7 月在北京师范大学数学系基础数学专业学习，获学士学位；1992 年 7 月至 2001 年 1 月在北京市第 12 中学教师教学处任干事（其间从 1997 年 9 月至 2000 年 7 月在北京师范大学学科教学论专业学习，获教育硕士学位）；2001 年 1 月至 9 月任北京市第十八中学副校长；2001 年 9 月至 2003 年 3 月在美国希望国际大学工商管理专业学习，获工商管理硕士学位；2003 年 9 月至 2004 年 6 月任丰台区政府督查室主任；2004 年 6 月至 2009 年 9 月任丰台区政府办公室副主任、信息化办公室主任；2008 年 2 月至 10 月任奥组委技术部综合处副处长；2009 年 10 月至 2011 年 3 月任北京科技协作中心政策研究室主任（其间兼任办公室主任）；2011 年 3 月以来任北京科技协作中心公共服务处党委委员、处长
王　敏	男	汉	1969.11	静宁城关	本科	1996.6	1992.7	1992 年 7 月至 1993 年 11 月在静宁县司桥乡财政所工作；1993 年 11 月至 1997 年 6 月在县财政局工作；1997 年 6 月至 1999 年 9 月在县纪委办公室工作；1999 年 9 月至 2004 年 6 月任县纪委办公室主任（副科级）；2004 年 6 月至 2005 年 11 月任县纪委办公室主任（正科级）；2005 年 11 月至 2007 年 1 月任县财政局副局长；2007 年 1 月至 2010 年 5 月任县界石铺镇党委书记；2010 年 5 月至 2013 年 10 月任县财政局局长

王友忠任县人大常委会办公室主任

李稳收任县人大常委会代表联络工作委员会主任

靳宝生任县发展和改革局局长，免去县卫生局局长职务

刘昌麟任县工业和信息化局局长

赵宏军任县教育局局长，免去县发展和改革局局长职务

李　强任县财政局局长

孙青茂任县卫生局局长，免去县工业和信息化局局长职务

免去：

徐德才县人民政府副县长职务

何冠群县人大常委会办公室主任职务

李稳收县人大常委会代表联络工作委员会副主任职务

李永成县教育局局长职务

王　敏县财政局局长职务

关于全县农村基础教育发展有关审议意见落实情况的检查报告

由分管领导带队，县人大常委会办公室、教科文卫工作委员会，县政府办公室、县教育局负责人及工作人员组成检查组，于9月中旬，先后深入司桥、曹务、威戎、雷大等14个乡镇初中及教委所属部分小学，通过查阅资料、实地察看、走访座谈等方式，对县第十六届人大常委会第五次会议关于全县农村基础教育发展有关审议意见的落实情况进行了检查。

一、审议意见及落实情况

（一）审议意见。2012年10月召开的县第十六届人大常委会第五次会议针对全县农村基础教育发展中存在的部分农村中小学办学条件较差，农村学生上学远、成本高，教师队伍建设滞后，农村学前教育发展缓慢等困难和问题，提出了具体审议意见：一要合理调整学校布局，切实解决边远农村适龄儿童上学远、成本高的问题。认真贯彻落实《中华人民共和国义务教育法》和国家、省、市有关政策精神，科学制定农村义务教育学校专项规划，充分保障学生就近方便上学的需要。严格规范学校撤并程序和行为，在学校布局专项规划备案没有完成之前，暂停农村义务教育学校撤并。积极争取项目，加大资金投入，加快农村初中学生宿舍、食堂建设步伐；提倡办好村小学、教学点，实行就近入学，对已建设的寄宿制学校必须配足配齐教室、宿舍、食堂、饮水以及取暖、厕所等设施，并配备必要的管理、服务、保安人员。二要优化教育资源配置，切实解决“择校热”和“大班额”的问题。加大对农村基础教育的投入力度，推进农村中小学标准化建设，大力改善办学条件，加强农村薄弱学校建设，促进教育均衡发展。优化教育资源配置，大力推进教育信息化，规范教育招生和学籍管理，进一步缓解“大班额”问题。三要加强教师队伍建设，切实解决教师队伍结构性短缺的问题。积极开展校本培训，扩大国家、省、市级培训覆盖面，提高教师整体素

质。建立教师补充长效机制，加大英语、音乐、体育、美术等专业教师的招聘录用力度；加强教师转岗培训，提升岗位胜任能力，解决教师队伍结构性短缺的问题。四要强化教育内部管理，规范农村基础教育办学行为。大力发展农村学前教育，加快村级及乡镇中心幼儿园建设步伐，改善农村幼儿园办园条件，加强幼儿教师培养培训，着力规范民办幼儿园办园行为。加强寄宿生安全管理，规范农村学生营养早餐供应，确保教育安全。健全完善教育教学评价机制，大力推进素质教育，强化教育督导检查，督促规范办学行为。

（二）落实情况。从检查情况看，县第十六届人大常委会第五次会议以来，县政府及教育主管部门对县人大常委会的审议意见高度重视，针对存在的问题，及时制定切实可行的工作措施，认真抓好整改落实，做了大量工作，取得了一定成效。

一是落实政策规范学校布局调整。认真贯彻落实《中华人民共和国义务教育法》和国务院《关于深入推进义务教育均衡发展的意见》、国务院办公厅《关于规范农村义务教育学校布局调整的意见》精神及省、市有关政策，反复调研论证，制定并下发了《关于进一步规范农村学校布局调整的通知》，停止了行政性、盲目性撤点并校。重申了学校撤并程序，明确要求对确因生源减少需要撤并的学校，必须严格履行方案制定、论证、公示、报批等程序，广泛听取学生家长、学校师生、当地群众和乡镇政府的意见，杜绝了盲目撤并农村义务教育学校或年级的行为。2013年秋季开学，全县凡有学生的教学点，不论人数多少，全部正常开学。深沟乡联民教学点仅有3名小学生（其中一年级1名，二年级2名），由2名公办教师坚持教学；古城乡柳沟教学点仅有2名一年级学生，由1名教师教学。同时，根据群众意见和生源实际，按程序恢复了灵芝乡东庄小学、张堡小学、魏岔教学点和贾河乡剪岔教学点；新店乡把原已合并到乡中心小学的秦王、任刘等4所小学六年级予以恢复，进一步规范了办学行为。县第十六届人大常委会第五次会议以来，全县共有22所农村学校因无学生报名而暂停开课，其中村级小学5所，教学点17所。尽管如此，教育部门仍坚持学校开门，教师留守，并未立即关停，一旦有学生入学，即予开课。

二是尽最大努力改善农村中小学办学条件。积极开展薄弱学校建设工程，在资金投入、教学仪器配备、项目安排等方面给予倾斜。县第十六届人大常委会第五次会议以来，争取校安工程、农村学校教师周转宿舍建设工程和学前教育推进工程等项目资金4550万元，修建农村初中教学楼1栋2400平方米，教师周转宿舍179套6265平方米，学生食堂9个1700平方米；修建农村小学教学楼3栋4500平方米，教师周转宿舍43套1505平方米，学生食堂12个2020平方米；为农村中小学配备理化生实验室28个、实验仪器6套，多媒体教学设备106套，图书8.8万册。

三是多措并举加强教师队伍建设。一年来，通过签约、考录等形式，共引进高校毕业生171人，其中分配农村中小学任教154人。加大教师培训力度，采取校本培训与项目培训相结合的方式，着力提高教师队伍整体素质和岗位胜任能力。县第十六届人大常委会第五次会议以来，共组织教师参加国家、省、市、县级培训10022人（次），其中国家级2672人（次），省级224人（次），市级62人（次），县级7064人（次）；先后组织359名教师赴江苏、山东等教育发达地区培训学习。不断优化教师考核、评价、交流等机制，进一步调动了基层教师工作积极性。

四是统筹兼顾初步解决农村小学公用经费不足。针对近年来农村学生人数锐减，农村小学办公经费严重不足，日常运转困难的问题，在国务院办公厅〔2012〕48号文件有关“百人以下学校按100人拨付经费”的精神尚未落实的情况下，县教育主管部门认真研究，采取乡镇教委统筹辖区内小学公用经费的办法，合理调剂，确保生源较少的学校正常运转。

五是积极实施学前教育推进工程。加大经费投入，大力改善办园条件，较大程度缓解了幼儿入园难的问题。一年来，共争取项目资金2100万元，修建城区西岭幼儿园，新建、改扩建乡镇中心幼儿园7所，村小学附属幼儿班209个，通过考录、转岗培训，为幼儿园（班）配备了151名专任教师。

二、存在的主要困难和问题

（一）基础设施建设仍比较滞后，难以满足日常教育教学需求

由于全县学校布局面广点多，投资渠道单一，农村基础教育学校基本建设方面的投资数量不足，一些偏远学校教室短缺、校舍不足的困难长期存在。深沟乡杨咀小学8间教师宿舍和学前班教室屋顶塌陷严重，下雨天学生无法上课，教师不能住宿，安全问题突出；司桥乡庙咀小学有土木结构的6间教师宿舍和1间教室，均为D级危房，至今还在使用；深沟初中18间教师宿舍漏水严重，已成危房。部分农村初中和乡镇中心小学校舍短缺，学生校外租住现象突出，有些学校几名教师合住一间宿舍，生活、办公极不方便。四河乡田堡初中有寄宿生352人，校内仅能容纳112人，占寄宿生总数的31.8%；雷大初中现有寄宿生343人，校内仅能容纳160人，占寄宿生总数的46.7%；深沟初中学生宿舍短缺，147名寄宿生全部在校外租住；灵芝初中没有学生食堂，150多名寄宿生集体在校外的两家私人餐馆就餐，食品安全难以保障。仁大中心小学教室短缺，部分年级班额过大（其中六年级70名、三年级66名），影响课堂教学效果，25名教师只有14间宿舍；曹务中心小学有19名教师，仅有14间宿舍；四河中心小学有教职工34人，仅有24间宿舍；雷大、原安等乡中心小学占地面积小，活动场地不足，发展受到严重限制。

（二）部分专业教师缺口仍比较大，制约素质教育的全面实施

《国家中长期教育改革和发展规划纲要（2010—2020）》规定，要严格执行义务教育国家课程标准，配齐音乐、体育、美术等学科教师，开齐开好规定课程。而我县的现状是，农村义务教育阶段学校部分专业教师严重短缺，小学音乐、美术专业教师缺口达360人，其中音乐193人，美术167人；初中地理专业教师缺口达50人。按照教育部制定的《幼儿园教职工配备标准（暂行）》关于“全日制幼儿园每班配备2名专任教师和1名保育员，或配备3名专任教师；村学前教育教学点、幼儿班一般应配备2名专任教师”的规定，目前全县学前教育专业教师缺口达321

人，其中农村278人。

（三）“择校热”现象仍比较突出，群众经济负担较重

学校布局结构调整的实施，在一定程度上导致城乡之间、乡镇中心校与村小学之间教育资源严重不均，这是“择校热”现象大量存在的主要原因，加之受大环境影响，家长普遍的不安全感和从众心态迫使其不断追求优质教育资源，一些家长想方设法将学生转入城区学校或乡镇中心校读书，进一步加剧了城区学校和乡镇中心校“大班额”的问题。2013年秋季，城区4所小学转入的农村学生达120多人，大部分乡镇中心小学有一定比例的学生由村小学转入，如城关小学最大班额为70人，四河中心小学79人，雷大中心小学73人。走访中，一些学生家长谈到，学生到城区学校或乡镇中心校上学每年的房租、水、电、暖等各种费用在5000元左右，经济负担较重；有的白天在地里干活，到学生放学时骑摩托车赶到租住的地方为孩子做饭，家里老人无人照顾。据了解，至目前，全县农村中小学共有寄宿生18258人，其中校外住宿生达9457人，占寄宿生总数的51.8%，与去年相比，寄宿生总数和校外住宿生虽有所减少，但校外住宿生占比却增加了4个百分点；甘沟中心小学（包括幼儿园）现有学生1183人，其中校外住宿生954人，占80.6%，和去年相比，学生总数和校外住宿生均有所增加。

（四）部分学校负债较大，影响学校正常运转

近年来，随着学生人数的锐减，学校公用经费拨付总额大幅减少，加之学生不合理流动，造成城乡学校生源两极分化，公用经费严重失衡，特别是农村学校现有经费难以保证正常运转。同时，在项目建设过程中因缺少配套资金，部分学校只能举债建设，形成新的债务，不得不挤占公用经费逐步偿还，导致学校可用于日常运转资金严重不足。雷大初中、曹务初中负债分别为200万元、180万元，2012年用于偿还债务的公用经费均达30万元，分别占全年公用经费的53.4%和39.5%；灵芝希望小学负债39万元。

三、工作建议

（一）高度重视，充分认识加强农村基础教育的重要性和必要性

在农村，学校是文化承载的中心，是新思想、新知识输入与传播的窗口，也是改善和提升农村文化品质的重要阵地，更是农村生机与活力的源泉。县、乡政府及教育主管部门要充分认识加强农村基础教育的重要性和紧迫性，把农村教育摆在优先发展的战略地位，进一步明确责任，强化措施，切实加强教育管理、督导和服务。要树立均衡发展的理念，在办好城区学校的同时，坚持重心下移，更加关注农村基础教育发展，更加关注农村基础教育学校，更加关注农村基础教育学生，更加关注农村边远学校和困难学生，下决心解决影响和制约农村基础教育发展的突出问题，努力办好每一所学校；要采取有效措施，逐步均衡城乡教育资源，缩小城乡之间、乡镇中心校与村小学之间教育差距，切实保障每一位学生公平、平等享受优质教育资源，让学生满意、家长满意、社会满意。

（二）科学规划，优化学校布局结构

在文屏教育园即将建成之际，要立足已经变化了的教育布局实际，本着稳妥、慎重的原则，及早着手，超前谋划，制定切实可行的方案，做好教师、学生的入园及吃、住、行等前期工作。要均衡配置师资力量，均等分配生源，建立校际之间良性竞争机制，形成齐头并进、竞相发展的格局，提升办学层次和水平，提高教育质量。同时，要以此为契机，研究制定全县教育发展中长期规划，确保全县教育持续稳定发展。要坚持因地制宜、因时制宜原则，采取“一校一策”“一乡一策”或“相邻乡镇教育资源统筹优化”的办法，逐步过渡、慎重稳妥地推进农村学校布局调整，做到既不浪费资源，又能充分发挥效应，不搞“一刀切”。在学校布局方面，要继续坚持每个乡镇都应设置初中，每个村都应设置村小学，人口稀少、地处偏远、交通不便的村应保留或设置教学点的规划要求，不得随意变更。严格规范学校撤并程序，对不具备撤并条件或者撤并条件暂不成熟的，要坚决予以保留，不能强行撤并。对已撤并学校的校舍要严加看护和管理，不得转移产权、出租或用于生产经营性活动。

（三）积极实施，大力改善办学条件

要对全县农村学校危旧校舍进行全面摸底排查，对生源稳定、修建年代较早、校舍破损严重的农村学校，要有计划、有重点地进行改造，消除安全隐患，确保师生安全。要加快农村薄弱学校基础设施建设步伐，特别要将贾河、雷大等乡镇中心小学教室以及雷大、深沟、三合、田堡等乡镇初中教师和学生宿舍建设列入近期计划，积极争取项目，加大资金投入，下大决心解决学生宿舍严重短缺、寄宿生大量外住、食宿条件差、不安全的问题。要立足当前，着眼长远，科学规划，按照积极稳妥、群众认可、量力而行的原则，加强农村初中寄宿制学校建设，解决学生上学成本高、群众经济负担重的问题。对已建设的寄宿制学校，必须配足配齐基础生活设施，配备必要的生活管理人员，加强内部管理。对不具备寄宿条件的乡镇中心小学，今后不得招收校外租住的学生，农村小学低年级学生原则上不得寄宿。

（四）健全机制，持续加强教师队伍建设

教师队伍素质的高低直接影响着教育教学质量的提升，影响教育的持续长远发展。县政府及教育主管部门要立足教师队伍实际，采取切实可行的措施，加强教师队伍建设，提高教师队伍整体素质。一要采取多种有效方式，大力加强教师职业道德教育。教育主管部门和各级各类学校要将教师职业道德建设情况作为绩效考核的一项重要内容来抓，做到制度落实、组织落实、内容落实，切实增强广大教师教书育人的责任感和使命感，努力提升中小学教师队伍的整体素质。二要针对农村初中地理、小学音体美及学前教育等专业教师短缺的问题，及时研究出台相关政策，建立教师补充长效机制，加大专业教师的招聘录用力度，坚持每年优先招聘、考录一批师范类院校优秀毕业生，补充到农村一线学校；全方位统筹，把全县小学教师中具有普通本科以上学历的历史、地理、生物专业教师，调整补充到初中教师队伍中，做到学以致用；有计划地对现有岗位超编教师进行急需紧缺专业的转岗培训。

三要及时调整考录政策，加大音乐、美术等短缺教师的引进力度，放宽入口，在音乐学院、美术学院等高等院校予以招聘，以解决音乐、美术教师短缺的问题。四要针对农村小学教师配备难、师资力量薄弱的问题，进一步完善城乡教师交流机制，实行城区与农村、乡镇中心校与村小学教师双向流动，调动广大教师的工作积极性。同时，要完善教师激励机制，在绩效考核、职称晋升和评优选先方面向农村学校教师倾斜。创新培训方式，扩大培训覆盖面，加大教师业务培训力度，不断提高专业水平和教学能力。

（五）加强管理，全面提高教育教学质量

学校的中心工作是教学工作，教学质量是学校的生命线，只有加强日常教育教学管理，才能提高教育教学质量。教育主管部门要从基础做起，按照《幼儿园工作规程》和《幼儿园教育指导纲要》的要求，加强对学前教育的管理、督导与考核，不断提高办园水平和保教质量。大力推进素质教育，改变目前教育教学评价中只注重学习成绩、忽视学生全面发展的导向，加强对学生课业负担的监测监管，着力提高课堂教学效率，促进学生全面健康发展。认真贯彻落实国务院《教育督导条例》，健全工作制度，充实工作力量，全面开展教育督导检查。完善学校督查评估机制，督促各类学校严格执行国家课程计划和教学大纲，开齐课程，规范课时。各级各类学校要进一步健全内部管理制度，形成科学合理的运行机制，努力提升办学水平和教育质量。

（六）强化措施，加大经费保障力度

针对个别学校学生少、经费严重不足的问题，县政府及教育主管部门要积极与省、市政府及上级业务部门衔接，大力呼吁，尽快落实国务院办公厅《关于规范农村义务教育学校布局调整的意见》精神，对学生规模不足100人的村小学和教学点按100人核定公用经费，提高村小学和教学点生均公用经费标准。积极争取建设项目配套资金，切实减轻学校负担，确保公用经费专款专用，保证学校正常运转。财政、教育主管部门要指导学校建立健全预算编制制度，按照量入为出、统筹兼顾、保证重点的原则编制预算，并加强对预算执行的监督检查。相关部门要齐抓共管，形成合力，定期或不定期检查教育经费使用情况，确保公用经费拨付使用及时、规范、安全和有效。要督促全县中小学校严格执行“一费制”收费办法，不得向学生收取政策规定外的任何费用，规范学校收费行为。同时，要加大对建设项目资金的监管，对竣工工程及时进行财务决算，防止形成“敞口”工程。

关于全县整村推进扶贫开发工作情况的视察报告

由分管领导带队，组织部分市、县人大代表组成视察组，于9月下旬，先后深入治平、甘沟、司桥、八里等9乡镇10个整村推进示范点和8个贫困村，通过现场察看、走访座谈等方式，对全县整村推进扶贫开发工作情况进行了视察。县人大办、农业工委、政府办、扶贫办、林业局负责人及工作人员参与了视察。

一、主要工作及取得的成效

近年来，政府及主管部门坚持以扶贫开发统揽农村工作全局，把整村推进作为农村扶贫开发工作的重中之重，紧紧围绕全县稳定解决温饱的奋斗目标，坚持基础先行、产业突破、整村推进、区域开发“四位一体”发展思路，抢抓国家政策机遇，积极争取项目扶持，大力发展特色优势产业，努力改善基础设施条件，农村经济社会快速发展，农民生活水平明显提高，贫困状况得到有效缓解，整村推进扶贫开发取得显著成效。截至目前，全县共实施整村推进项目147个，涉及贫困村141个、非贫困村6个，占全县215个贫困村的65.3%；涉及贫困人口15.7万人，占全县总人口的32.7%；累计投入各类扶贫资金5.03亿元，其中财政扶贫专项资金1.2亿元，信贷资金2.94亿元，社会帮扶资金2859万元，群众自筹6011万元；按旧贫困标准计算，全县贫困人口由1998年的20.92万人减少到2012年的5.22万人，减少15.7万人；贫困面从48%下降到11.6 %，全县由大面积绝对贫困过渡为区域性相对贫困。

（一）基础设施条件进一步改善。坚持把整村推进扶贫开发与新农村建设、易地扶贫搬迁、以工代赈等有机结合起来，加快基础设施建设，着力改善贫困村水、电、路、气、房等基础设施条件，全面提高贫困村群众生活质量。以造林绿化为重点，突出整村整流域治理，共完成生态造林13万亩；坚持“三水”齐抓、兴水抗旱的路子，在项目村建成提灌、塘坝等水利工程52处，集雨水窖1.8万眼；新修梯田16.8万亩，项目村基本实现了耕地梯田化；加大投入，着力提高项目村通达、通畅能力，新修产业路、田间路2675公里，硬化村内巷道38公里，有效缓解了贫困村出行难的问题；不断改善贫困村群众住房条件，加快农村新能源建设，大力发展社会事业，实施贫困村危旧房改造2776户，配套沼气示范户2600户，建成村级文化卫生培训设施128处，改造农村电网270公里，增强了贫困村经济发展后劲。

（二）产业规模不断壮大。把发展特色优势产业作为增加农民收入的重要途径，充分发挥资源优势，因地制宜，突出区域特色，大力发展果品、畜牧养殖等特色优势产业，不断扩大覆盖范围，通过逐年连片开发，滚动持续发展，基本形成了一带一业、数村一品、整区域推进的产业扶贫新格局。1998年以来，在135个贫困村规划发展果园27.65万亩，辐射带动周边98个村发展果园18.6万亩，促进了全县果品产业规模进一步扩张，效益大幅提升。2012年全县果品总产量达45万吨，产值18亿元，仅果品一项农民人均收益达2800元，有14.7万人依靠果品实现了稳定脱贫。其中李店镇常坪、细湾，仁大乡堡湾等整村推进项目村人均纯收入均超过了5000元，整村实现了稳定脱贫。在西北部乡镇，大力推广旱作农业、商品薯、良种牛等区域特色经济，使所有项目实施和辐射带动村基本实现了稳定解决温饱。

（三）项目管理进一步加强。不断完善整村推进项目规划论证、实施验收以及资金管理等制度，着力提高项目实施效果。在规划实施上，主管部门坚持在充分尊重群众意愿的基础上，对项目村的产业、梯田、道路、水利设施等超前规划，一次到位，分步实施。在项目争取上，坚持先干后争、边干边争、干好多争，加快建设进度，实现了项目当年建设、群众当年受益。在资金管理上，坚持将有限的资金向贫困村、整村推进示范村和贫困农户倾斜，发挥资金的最大效益。严格执行项目招投标、合同管理、资金公示、拨款报账和稽查审计等制度，资金管理进一步规范。在后续管理上，按照“一年打基础，二年抓提高，三年抓巩固，四至五年见实效”的工作思路，继续从项目、资金、技术上予以倾斜扶持，强化已建成项目村的后续管理，持续搞好道路维修、水利配套、结构调整、产业营销等后续开发，巩固提升建设成果，不断放大扶贫效应。累计为项目村投入后续管理资金3772万元，扶持补植补造果园1.4万亩，新修道路1280公里。围绕产业开发，积极开展舍饲养殖、疏花疏果、果品贮藏、配方施肥、旱作农业等农村实用技术培训、推广与运用，在一定程度上提升了贫困乡村劳动力素质。

（四）扶贫开发效应逐步凸显。加强对扶贫工作的组织领导，成立了全县扶贫开发工作领导小组，建立了由政府统一领导，职能部门各司其职，县乡两级齐抓共建的扶贫工作机制。坚持从实际出发，不断优化工作思路，强化工作措施，创新工作机制，探索形成了符合县域实际、具有县域特色的以点串线、轴线开发、整区域推进产业扶贫的新路子，创出了在全省乃至全国有影响的参与式整村推进、整乡整区域连片开发等一批先进典型经验。通过147个项目村辐射带动周边200多个村同步发展，初步形成了贯通南北、辐射东西的雷大梁等8个块带结合、双向推进的扶贫产业示范带，促进了贫困片带的快速发展和农民经济收入的快速增长，大部分项目村实现了整村稳定解决温饱，部分项目村逐步向小康迈进，整村推进扶贫开发的规模效应、带动效应、加速效应、群众效应进一步凸显，全县脱贫致富进程加快。2012年全县农民人均纯收入达到3642元，比1998年1161元增长2.14倍。

二、存在的主要问题

虽然县政府及主管部门在加强整村推进扶贫开发工作中做了大量工作，取得了明显成效，但与经济社会发展的要求和群众脱贫致富的强烈愿望相比，仍存在一些不容忽视的问题，主要有：

（一）贫困程度深，整村推进工作任务艰巨。一是贫困人口多，贫困面广。据主管部门统计，按照新的贫困标准，我县目前共有贫困人口19.57万人，贫困面高达43.5%。未实施整村推进的贫困村74个，占贫困村总数的34%，这些贫困村大部分集中分布于西北部和中南部贫困山区，基础建设欠账大，产业基础不稳固，贫困程度较深，是今后扶贫攻坚的重点和难点。如四河乡22个贫困村中未实施整村推进的达13个，占贫困村总数的59%；仁大乡18个贫困村中未实施整村推进的10个，占贫困村总数的55%；灵芝乡13个贫困村中还有7个未实施整村推进，占贫困村总数的54%；原安乡15个贫困村中未实施整村推进的7个，占贫困村总数的47%。二是非贫困村贫困问题突出。我县贫困村是以上世纪九十年代“双三百”标准确定，随着近年来农村经济社会的发展，原来未列入贫困村范围的177个（按合并前）行政村中，约有40%的村由于多年来缺乏项目扶持，基础建设滞后，产业发展缓慢，贫困问题比较突出，成为新阶段扶贫开发的又一难题。如曹务乡13个行政村中仅有5个贫困村，且已全部实施整村推进，但全乡目前贫困人口达1.23万人，占全乡总人口的59.1%，整体面貌仍相对贫困，群众生产生活困难。三是致贫因素较多，抑制返贫压力大。由于我县大部分乡村立地条件差，自然灾害频发，生态环境脆弱，产业发展困难，加之解决温饱的标准低，不稳定，大灾大返贫，小灾小返贫呈规律性发生。据主管部门统计，全县每年因灾、因病、因学返贫人口过万人。

（二）产业发展不平衡，南北差距进一步拉大。西北部乡镇受群众观念、技术服务等因素制约，重点以发展畜牧养殖和旱作农业为主，产业收益不高，群众增收渠道单一，南北发展差距进一步拉大。在果品产业发展方面，各级领导对西北部果品产业发展讲得多，研究得少，行政推动力度大，抓落实、抓服务的力度小，后续管理严重不到位，成效不明显。加之大多急于求成，过分强调集中连片，盲目扩大规模，只栽不管，没有明显收益。如三合、灵芝、司桥等乡镇在整村推进项目实施的村均实现了果园全覆盖，但由于县、乡、村重视不够，管理和技术服务缺位，大部分没有保存下来。西北部乡镇栽植的5万亩早酥梨，目前有收益的仅5000余亩。据调查，截至2012年底，西北部8乡镇共有果园面积6.6万亩，占全县果园面积的12.7%；人均果品纯收入38.3元，仅为全县人均果品纯收入的1.4%，与中南部乡镇差距十分明显。视察中一些村社干部反映，在果园发展上，政府只要求栽，不指导管，年年栽，年年毁，至今没有发展起来，群众怨言较大。在养殖业发展方面，由于对养殖业经营成本、可比效益、发展优势等研究论证不充分，一些乡镇在整村推进中盲目发展养殖小区，加之新品种引进和新技术运用不到位，大多数养殖小区已废弃或闲置，没有形成规模效应。据统计，截至2012年底，全县依托整村推进项目共建成养殖小区12个，其中正常使用的仅5个，空棚闲置的达7个。如原安乡百富、曹务乡张珍湾等养殖小区自建成后，要么因地理位置偏僻无人经营，要么因经营管理不善而长期闲置，造成扶贫资金严重浪费，也挫伤了群众发展产业的积极性。

（三）项目整合力度不大，建设标准不高。近年来国家逐年加大对整村推进扶贫开发的投资力度，2012年以来增加到150万元。但由于省上下达的强制性建设任务较多，有限的扶贫资金被切块分散使用，县、乡政府能支配的资金较少，一些项目村急需的基础设施建设等不能一次规划到位，普遍存在建设标准低、质量不高的问题。据了解，国家投资的150万元项目资金中，省、市列项切块使用的就达60多万元（其中旱作农业20万元，互助资金20万元，双联贷款贴息15万元，太阳灶等约10万元），用于项目村基础设施建设和产业开发的仅80万元左右，要保质保量完成基础设施建设和重点产业开发任务，还远远不够，为了提高项目实施质量和效果，大部分乡镇只能负债实施。走访中一些干部群众反映，近几年实施的危房改造大多数只进行了简单的墙面粉刷、屋顶换新等，改建加固不到位，一些民房仍然存在安全隐患；在村社道路建设中尽管推平、加宽、沙化了村社主干道，但田间道路没有及时打通，村社巷道狭窄，硬化道路标准低，日常养护不到位，群众出行及生产运输仍不方便；还有一部分贫困村没有卫生室、文化室等公益设施，社会事业发展缓慢。同时，政府及主管部门对其他涉农项目的整合重视不够，相关职能部门在整村推进项目实施中各自为政，协调配合不紧密，资源及资金整合不到位，集中投入少，综合开发水平低，扶贫开发的辐射带动作用不明显。据统计，“十一五”期间，全县整村推进共落实整合资金4300万元，仅占总投资2.59亿元的17%。

（四）后续管理不到位，成果巩固率低。一是后续管理不到位。由于主管部门及部分乡镇重项目争取、轻推进实施，重完成任务、轻效益发挥，重当年建设、轻后续管理，没有及时将项目的后续管理纳入计划，加之宣传教育不到位，群众参与后续管理的积极性不高，“等、靠、要”思想突出，致使项目建成后基础设施和增收产业得不到巩固和发展，贫困现状没有明显改变，一些项目村已看不到项目实施痕迹，仅保留下了标志牌和通村路，又成为新的贫困村。据主管部门统计，全县实施的147个整村推进项目中，有62个由于标准低、增收基础不稳固，仍处于贫困状态。二是科技扶贫严重滞后。视察中了解到，县、乡两级普遍存在重产业规模扩张、轻技术服务管理的现象，一些整村推进项目村在实施初期通过行政强力推动，群众栽植了大量果园，形成了一定规模，但由于技术服务与后期管理不到位，保留较少。如三合中岔流域近几年栽植的果园，由于2012年秋季大青叶蝉虫害未能及时防治，导致今年果树大面积死亡。据主管部门统计，整村推进规划发展的27.65万亩果园中，目前保留下来的仅有16万亩左右，不足60%，产业发展严重受阻，群众意见较大。

（五）政策措施不到位，典型示范效果不显著。一是对新时期扶贫工作研究不够。近年来，随着全县农业产业结构的不断调整优化和农村经济社会的发展，农村扶贫攻坚由稳定解决贫困群众温饱向逐步实现小康迈进，扶贫工作重点和任务也随之发生了巨大变化，整村推进扶贫开发工作中出现了一系列新情况和新问题，任务越来越重，难度越来越大。但整体上看，近年来政府及主管部门对新形势下全县农村扶贫开发面临的新情况、新问题研究不多，对做好新时期全县农村扶贫开发工作思考较少，思路还不够清晰，工作重点不明确，工作措施落实还不到位。特别是对非贫困村重新返贫和项目村脱贫效果不明显导致贫困人口不断增加，贫困面持续扩大以及产业发展缓慢，群众特别是西北部群众生产生活条件差，脱贫致富难等影响制约整村推进扶贫开发工作的突出问题，还没有引起政府及主管部门的足够重视，在改善基础设施条件、发展特色优势产业、开展技术培训服务、加强项目后续管理以及完善考核评价机制等方面做得还不够到位；一些部门在工作中存在盲目乐观思想，习惯于按部就班，安于现状，工作的主动性、科学性、前瞻性、实效性不强；一些乡镇工作责任感和紧迫感不强，整村推进规划设计、组织实施、考核管理不到位，导致一些整村推进扶贫开发项目推进缓慢，建设标准不高。二是典型示范效果不明显。典型示范是推动扶贫工作的有效方式，但近几年在示范点建设上，重视新点规划建设，忽视旧点巩固提高，加之部分项目村建设标准较低，建成后成果巩固不力，发展缓慢，一年建、两年丢，三年后面貌依旧，典型示范效果不明显。如2005年实施的三合乡南岔村，2008年实施的灵芝乡红星村，2011年实施的原安乡陈岔村等因成果巩固不到位，目前均未实现真正脱贫。

三、对今后工作的建议

扶贫开发工作是统筹城乡发展、保障和改善民生、缩小发展差距的重大举措，是一项复杂的社会系统工程，对于全面建成小康社会奋斗目标，构建社会主义和谐社会具有重大意义。各级各部门要充分认识扶贫开发工作的长期性和艰巨性，紧紧围绕全县整体脱贫目标，进一步强化扶贫意识，增强工作的责任感和紧迫性，把扶贫开发作为改善弱势群体生活现状、推进全县经济社会发展的重大民生工程，贯穿于经济社会协调发展的全过程。以扶贫开发统揽农村工作全局，坚持科学规划，通盘考虑，统筹推进，常抓不懈，努力改善贫困村群众生产生活条件，加快全县脱贫致富进程。

（一）坚持科学规划，改善农村基础设施条件

一要科学制定重点村扶贫规划。坚持从贫困村的实际情况出发，从群众要求最迫切的问题入手，以全县整体脱贫为目标，围绕改善基础设施条件、产业开发、提高自我发展能力等重点内容，认真编制整村推进村级规划，抓好组织实施。要充分尊重群众的意愿，把政策的知情权、资金的使用权、项目的选择权和监督管理权交给群众，提高群众参与整村推进扶贫开发的积极性、主动性。要建立整村推进项目库，统筹安排好扶贫资金，做到项目跟着规划走，资金跟着项目走。二要大力改善基础设施条件。把改善贫困村基础设施条件作为整村推进工作的首要任务，积极争取项目，集中人力、物力、财力，综合开发，大力推进，努力改变现状。特别是针对贫困村群众行路难、住房难、吃水难、上学远、看病贵的问题，相关部门要加大力度，认真研究解决。

（二）坚持统筹推进，提高扶贫开发工作水平

一要落实责任。目前，我县整村推进扶贫开发工作已进入“啃硬骨头”的攻坚期，各级各部门要抓住机遇、迎难而上，坚持因地、因人、因时、因事制宜，细化措施、狠抓落实，以更加饱满的精神状态打好新时期扶贫开发攻坚战。要切实加强对整村推进扶贫开发工作的组织领导，定期召开专题会议，研究和解决工作中存在的困难和问题，特别是针对非贫困村依然贫困、西北部产业发展缓慢、项目实施标准不高、后续管理不到位等问题，要进一步优化工作思路，深入分析研究新时期整村推进扶贫开发工作的目标任务、发展模式、重点难点，制定切实可行的对策措施，下功夫予以解决。要将整村推进扶贫开发工作纳入全县农村工作目标责任考核之中，加大考核和监督检查力度，督促落实工作责任，形成全县上下齐抓共管的工作格局，从制度上、机制上保证项目建得成、留得住、有成果。加强与省、市主管部门的沟通联系，在争取项目、政策支持的同时，积极协调解决整村推进实施中存在的项目设计内容不合理，资金分散、多头管理以及重复建设、资金浪费等突出问题。二要密切配合。全县上下要树立整村推进扶贫开发“一盘棋”的思想，既分工负责、重点突破，又统筹协作、合力推进。充分发挥县扶贫开发领导小组作用，抓

好工作协调和任务整合。各相关部门要结合本部门、本单位实际，在规划编制、项目实施、组织管理等方面步调一致、相互配合，形成强大的扶贫攻坚合力。三要加强资源整合。以整村推进项目建设为平台，以扶贫资金为“黏合剂”，本着连片开发、集中解决突出问题和“渠道不乱、用途不变、各负其责、各记其功”的原则，加大扶贫、财政、农牧、林业、水利、交通等涉农资金倾斜扶持力度，聚集整合，捆绑实施，使项目村具备良好的基础条件、适宜的主导产业和持续稳定的经济收入，真正实现脱贫致富。

（三）坚持突出重点，不断发展壮大农民增收致富产业

一要大力发展主导产业。实践证明，我县无论是南部乡镇还是西北部乡镇，都具有发展果品产业的条件和优势，果品产业也是加快农村发展，促进农民增收致富的有效途径。因此，全县上下要进一步解放思想，提高认识，把果品产业作为全县经济社会发展第一要务来抓，坚持“扩量、提质、增效、创牌”并举，持之以恒做大做强果品产业，持续增加农民收入，加快贫困村脱贫致富步伐。特别是针对西北部乡镇果品产业发展缓慢的现状，县、乡政府及主管部门要坚持把果品产业发展作为西北部整村推进扶贫开发的重中之重，传承推广好南部果园发展的成功经验，从资金、项目、技术上给予大力倾斜，推动西北部果品产业不断发展壮大。在发展模式上，要坚持因地制宜、科学规划，切忌搞“一刀切”、盲目推进，要重视新技术、新品种的推广运用，加强育苗基地建设，大力推行大苗移植，实现一次建园、一次成园；在规模上不宜过分追求集中连片，要鼓励村村建果园、户户栽果树，示范带动、逐步推进，避免出现单户面积过大无法管理、年年栽树不见树的现象；在树种上，要选择耐寒、耐旱、抗逆性强、早熟的苹果和早酥梨等适生对路树种，避免建园的盲目性和随意性，通过发展壮大主导产业，拓宽农民增收致富途径，实现可持续发展。同时，要在充分尊重群众意愿的基础上，将旱作农业、畜牧养殖业有机结合起来，适度发展养殖小区，走小规模、大群体的发展路子。二要突出扶贫攻坚的重点。我县目前仍有贫困人口19.57万人，贫困面高达43.5%，实现脱贫致富的任务十分艰巨。政府及主管部门要立足县情实际，认真研究制定重点贫困村项目实施方案，通过基础设施建设、产业开发、科技培训等，尽快帮助贫困乡村脱贫致富。特别是针对非贫困村依然贫困的问题，要充分发挥整村推进项目的辐射带动作用，通过片区开发，在项目和资金上予以倾斜，扶持改善基础设施条件，引导发展特色优势产业，不断增加农民经济收入，尽快改善贫困现状。三要加大抑制返贫工作力度。针对近年来农村因灾、因病、因学返贫人口较多的实际，要分析查找根源症结，采取切实有效措施，认真加以解决。进一步加强基层医疗机构服务能力建设，加大社会保障和医疗救助力度，不断优化学校布局结构，均衡教育资源配置，重视农业保险及科学防灾、减灾技术的推广运用，从根本上抑制各种返贫因素，巩固扶贫开发成果。

（四）加强后续管理，巩固扶贫开发工作成果

一要继续强化后续管理工作。完善整村推进扶贫开发项目后续管理制度，加大工

作力度，坚持“扶上马、送一程”，为项目村继续发展主导产业、改善基础设施条件、巩固扶贫开发成果提供保障。二要充分发挥村民自治作用。加强村级班子建设，充分发挥村级干部主观能动性，积极调动干部群众参与项目后续管理，特别要加强对群众的宣传教育，提高其对基础设施维护和产业后续开发的积极性、主动性，管好、用好、发展好、巩固好项目成果，保证实施一个项目村，致富一个贫困村，为加快发展打好基础。三要加强科技扶贫。把科技培训放在与发展产业同等重要的位置，抓实抓好。要进一步完善县、乡、村三级技术服务体系，加强乡镇果业技术服务中心机构、队伍和服务能力建设，积极开展科技服务和技能培训，优化内容及方式，增强培训的实效性、实用性，提高群众自觉运用科技促进农业增产增效的能力。

第十二次会议 于2013年12月20日在常委会五楼会议室召开，由慕锡武主持。

会议议程有四项：一、人事任免，新任命的政府副县长何鹏峰作表态发言；二、听取和审议法院院长李根进所作的《静宁县人民法院2013年执法工作报告》、检察院代理检察长崔晓晖所作的《静宁县人民检察院2013年执法工作报告》、常委会司法民政工委主任马世明所作的《关于县法院、检察院执法情况的检查报告》；三、听取和审议常委会代表资格审查委员会副主任委员杨立新所作的《关于代表资格出缺变动和补选代表资格审查情况的报告》；四、听取和审议常委会办公室主任王友忠所作的《关于县十六届人大三次会议召开时间、大会议程等事项的说明》，审议通过了关于召开十六届人大三次会议的有关事项，作出《关于召开静宁县第十六届人民代表大会第三次会议的决定》，审议通过县十六届人大三次会议代表议案和建议意见提出及办理办法、县人大常委会工作报告、县十六届人大二次会议代表意见建议办理情况的报告。会上，法院院长李根进、检察院代理检察长崔晓晖就落实审议意见分别作表态发言。

第十六届常委会组成人员张自杰、王维军、王平仁、高恒、沙芳琴、陈进财、慕锡武、杨华、胡志科、马世明、武文学、冯克勤、杨立新、周浩仁、李会宾、朱国军、裴晓江、厚凤兰、王全生出席会议；政府副县长沈学英、法院院长李根进、检察院代理检察长崔晓晖，政府办公室、公安局、司法局负责人，法院、检察院领导班子成员、基层法庭庭长，常委会各委室负责人，县人大代表王永强、李叔强、张来有、马葳，城关镇、八里镇人大主席张友明、张来忠列席会议；另有4名公民代表应邀旁听会议。

附：

人事任免

接受何冠群辞去县第十六届人大常委会委员职务的请求

接受米发明辞去县第十六届人大常委会委员职务的请求

接受曹宁子辞去县第十六届人大常委会委员职务的请求

何鹏峰任县人民政府副县长

县人民政府副县长何鹏峰个人情况表

表4-48

姓名	性别	民族	出生年月	籍贯	文化程度	入党时间	工作时间	主要经历
何鹏峰	男	汉	1972.11	甘肃泾川	研究生	1995.3	1994.7	1992年9月至1994年7月在甘肃农业大学林学系上学；1994年7月至1995年3月在泾川县罗汉洞乡政府工作；1995年3月至1996年11月在泾川县城建局工作；1996年11月至1998年3月在泾川县开发建设指挥部工作；1998年3月至2000年11月在泾川县委组织部工作（其间，1996年8月至1998年12月在中央党校函授学院经济管理专业学习，大学毕业）；2000年11月至2002年8月任泾川县委组织部组织员（副科级）；2002年8月至2003年4月任泾川县委委员、共青团泾川县委书记；2003年4月至2007年8月任共青团平凉市委办公室主任（其间，2004年9月至2007年6月在甘肃省委党校公共管理专业研究生班学习，研究生毕业）；2007年8月至2010年5月任共青团平凉市委副书记；2010年5月至2013年12月任静宁县委常委、组织部长

万元香、田芮、陈晓兵、张新珠、李建明、刘晓、胡峰、马占海、刘乾虎、王银喜、赵文学、雷中学、孙小红、翟成、张百信、张前胜、张群、李进强、张友明、李麦旺、邓国辉、刘振军、胡忠喜、罗华任县人民法院陪审员

关于县法院、检察院执法情况的检查报告

由分管领导带队，司法民政工委负责人及工作人员组成检查组，于11月中旬至下旬，先后深入县法院、检察院、信访局以及威戎、甘沟等法庭，采取查阅案卷、听取汇报、走访座谈等方式，对县法院、检察院今年执法工作情况进行了检查。

一、县法院执法检查情况

今年县法院共受理各类刑事、民商事、非诉行政和执行案件1363件，审（执）结1212件，结案率88.9%。其中刑事案件151件，审结149件；民商事案件950件，审结838件；非诉行政案件1件，审结1件；执行案件261件，执结224件。从检查情况看，一年来，县法院能够认真贯彻执行有关法律法规，积极开展审判执行工作，执法总体情况较好。

（一）主要特点

一是审判工作水平不断提高。认真贯彻落实“严打”和“宽严相济”刑事政策，严厉打击故意重伤害、抢劫、强奸、重大盗窃等严重刑事犯罪，重刑面占重点案件的比例为44.2%；在民商事审判工作中积极贯彻“调解优先、调判结合”原则，将调解工作贯穿于诉讼全过程，在审结的案件中，有664件案件以调解、撤诉方式结案，调撤率达79.2%。对事实清楚、法律关系明确的案件做到快立、快审、快结，简易程序适用率达到72.4%。在基层法庭推行上门立案、预约立案、巡回审理，把矛盾纠纷化解在当地，今年基层法庭巡回审理案件占到案件总数的63.1%。

二是执法办案行为逐步规范。制定了审判质效、庭审、案件质量、法律文书“四项”评析考核办法，加强“五级”把关监督职能，建立“3+3”评查机制（每起案件承办人自查、庭室互查、院级评查，全院案件常规评查、专项评查、重点抽查），成立以院长、庭长为主体的案件质量评查小组，对审、执结案件进行全面评查。根据县法院对834篇裁判文书的评查，优秀、一类裁判文书826篇，占99%。对二审改判、发回重审、再审的3件案件，由审监庭进行评查，逐一梳理反映问题，并责令案件承办人、合议庭成员写出书面自查报告，增强相关人员责任意识，促进规范办案行为。

三是执行工作有效改进。落实执行工作统一管理、统一协调、统一指挥、统一调度“四统一”新机制，健全完善执行联动、威慑、救助等长效机制。坚持依法执行和文明执行并重，分散执行和集中执行、说服教育和强制措施相结合，督促被执行人自觉履行义务。对一批被执行人故意逃避、转移、隐匿财产等消极执行的案件，依法进行查封房产、冻结、划拨存款、扣押车辆。今年以来，先后查封房产1处、冻结、划拨存款63万元、扣押车辆6辆，有效维护了当事人合法权益。

四是干警队伍建设得到加强。积极开展“司法廉洁集中警示教育”等活动，认真执行中央“八项规定”、中央政法委“四个一律”和最高院“五个严禁”规定，增强干警的大局意识、法律意识、责任意识和为民意识；组织开展春季集中培训、书记员业务竞赛、司法警察大练兵、裁判文书评比等活动；选送21名干警参加上级组织的专项培训，提高干警的业务素质和执法办案能力；加强岗位交流，先后选派13名年轻干警到基层法庭、立案信访窗口等部门锻炼，丰富经验阅历，提升做群众工作能力。

（二）存在问题

一是部分执法人员素质有待提高。从社会、群众的反响以及检查情况看，少数执法人员作风不够严谨，责任感、正义感不够强，在法定自由裁量权使用上随意性较大，审理、执行案件有失公平、公正，造成一些案件当事人不满审执结果而上诉、上访；一些执法人员业务素质不高，对基本的法律适用原则、修订颁布后的法律规定等掌握理解不够、学习了解较少，对新形势下案件的发展变化缺少研究，审理案件适用法律不够准确，认定事实不太清楚，造成案件被发回重审、再审或改判，影响法院整体案件审理工作；个别执法人员服务意识淡薄，置群众诉求于不顾，对地域管辖和法定职责范围内的司法案件借故推脱，致当事人四处上访，影响法官队伍和法院整体形象。如（2013）静民一初字第189号张某某诉李某某财产损害赔偿纠纷一案中，原告张某某于2013年3月向当地法庭起诉要求被告恢复被毁坏的房屋并赔偿经济损失，当地法庭推脱不予立案，致张某某四处上访，当事人于今年5月上访至县人大常委会，在县人大常委会的多次督促下，案件于今年6月在县法院民一庭立案受理。在该案中张某某此前合理的诉讼请求得不到执法人员的重视，以致在长达3个月的时间内原告诉求无法得以实现，案件在广大群众中造成不良影响。

二是一些案件审理质量不高。从检查情况看，一些案件存在事实认定错误、不清的问题，一些案件存在重实体、轻程序或者法律适用不够准确的问题。反映出县法院在案件的审理、评查中把关不严，没有形成有效制约机制。如在2013年4月重审的贾某某诉静宁县某房地产开发公司商品房预售合同纠纷一案中，原审在原告提供证据不能完全证明其诉讼请求，而未向原告释明是否变更诉讼请求的情况下，驳回了原告的诉求，贾某某不服判决，向市中院提起上诉，案件以事实认定不清，发回重审。又如2013年4月审理的马某某诉静宁县某公司原料分公司确认劳动关系纠纷一案中，原审在没有充分证据证明原告起诉已过诉讼时效的情况下，驳回原告的起诉，马某某不服判决，依法提起上诉，二审以原审适用法律不够准确为由，指令县法院再审。

三是执行工作力度还不够大。虽然执行工作较往年有较大改进，一些标的较大、执行困难的案件得到较好执行，但仍有一些案件由于被执行人逃避、躲藏、转移财产以及无执行财产等原因始终没有得到执行，给当事人的生产、生活和工作造成一定困难，在这些案件的执行上，县法院存在执行力度不大、措施不硬、思路不活、方法不多的问题。县法院执行局今年受理案件261件，执结224件，除退出执行程序、委托执行、驳回申请的18件案件，实际执结的案件为206件。

（三）工作建议

一要高度重视干警队伍建设。要坚持不懈抓好干警的思想道德、纪律作风教育，强化为民意识、法律意识、责任意识，真正做到公正司法、廉洁执法。进一步健全选人用人、评优选先激励机制，让政治上信得过、作风上过得硬、工作上有本事、专业上很精通的法官担重任、挑大梁，激发干警恪尽职守、乐于奉献的工作热情。要经常组织干警学习法律法规、研究典型案件，及时发现和抓住审判执行工作中存在的问题，深刻查找根源症结，积极研究对策措施，切实解决一些执法人员业务能力不强、执法行为不规范等问题，不断提高业务素质和办案效率，努力适应新形势下审判执行工作的需要。

二要努力提高审判工作质量。要严格贯彻“以事实为根据、以法律为准绳”的基本原则，坚持重事实、重证据、重调查研究，以查证属实的证据作为定案依据，切实提高办案质量和水平；在法律适用上做到实体法与程序法并重，努力克服重实体、轻程序问题，做到案件事实清楚、证据确凿、裁判合法，杜绝量刑畸轻畸重、裁判不公。严格落实《办案差错责任追究办法》《执行错案倒查制度》等审判执行工作管理制度，加强执法行为监管，对作风漂浮、责任性不强的执法人员和发现的违法违纪行为，要严肃处理，坚决杜绝错案、关系案、人情案及腐败现象的发生，切实维护法律的公平正义。

三要切实做好案件执行工作。执行工作关系当事人切身利益，执行到位与否，直接关系到法律尊严。对这一薄弱环节，必须引起法院高度重视，要克服畏难情绪，认真落实有关管理制度，积极寻求破解“执行难”的新方式、新途径，切实加强执行案件和执行人员管理，加大执行力度，规范执法行为，缩短执行期限，提高案件执结率。要深入实际，认真调查取证，强化执行措施，对被执行人拒不履行法律义务、恶意逃避、转移隐匿执行财产等对抗执行的案件，班子成员要高度重视，亲自部署，想方设法，排除干扰，切实摸清底子、掌握实况，对于有执行能力的，要强制执行；对于确无执行能力的，要引导当事人选择实现权利的其他方式，避免诉讼后案件一判决就成执行“死案”，防止因执行工作不力造成当事人缠访缠诉，切实维护当事人的合法权益和社会和谐稳定。

二、县检察院执法检查情况

今年县检察院共评查各类案件150件。其中审查逮捕案件57件，公诉案件87件，自侦案件4件，民行案件2件。从检查情况看，一年来，县检察院能够围绕全县发展大局，加强法律监督工作，积极为全县经济发展和社会和谐稳定服务，较好地发挥了职能作用。

（一）主要特点

一是依法打击各类刑事犯罪。积极履行审查逮捕和公诉职责，做到快捕快诉，及时有力地打击各类刑事犯罪。共批准逮捕各类刑事犯罪52案90人，提起公诉114案185人。其中批捕故意杀人、重伤害、强奸等严重暴力犯罪16案25人，公诉57案97人；批捕抢劫、诈骗、盗窃等侵财犯罪16案38人，公诉31案85人；公诉制售伪劣食品、药品、农资等破坏市场经济秩序犯罪2案20人。

二是不断加强诉讼监督。通过调卷审查、受理当事人申诉、发出再审检察建议和依法提起抗诉等方式，加强对刑事立案、侦查、审判和民行诉讼以及刑罚执行的监督，较好地履行了监督职权，维护了司法公正和当事人合法权益。向侦查机关发逮捕案件继续侦查取证提纲23份、纠正违法通知书10份、检察意见书5份；对应当立案而不立案的，监督立案5案6人，对不应当立案而立案的，监督撤案9案23人；办理抗诉案件2件，追加漏犯1人；受理民事申诉案件34件，提请抗诉2件，发再审检察建议1件；办理在押人员信访案件53件、刑罚变更执行监督案件1件。

三是健全完善工作机制。实行羁押期限告知、期限届满提示、超期投诉和责任追究等制度，探索实行权利告知制度和被监管人员约见检察官制度；对职务犯罪案件拟作撤案、不起诉处理和犯罪嫌疑人不服逮捕决定的3类案件，建立起由人民监督员进行独立评议并提出监督意见的规程和制度；认真贯彻落实最高检《关于人民检察院办理直接受理立案侦查案件实行内部制约的若干规定》，建立职务犯罪案件受理、立案侦查、审查逮捕、审查起诉由不同内设机构承办，前后环节互相制约的机制；对自侦案件、不批捕、不起诉案件实行填报办案告知卡、廉政监督卡、回访监督卡“一案三卡”制；对刑事案件办理实行季度复查、评估制，落实错案责任追究制。

四是重视检察队伍建设。深入开展以反对自由主义为主要内容的纪律作风整顿活动，提高检察队伍整体素质；加强各类培训学习，先后选派35人（次）参加了省、市组织的培训学习，选派3名干警到省、市检察院挂职锻炼；深入开展岗位练兵活动，举办业务骨干新刑诉法专题轮讲、“成纪检察先锋”业务讲坛等活动，促进全体干警相互探讨业务理论、分享办案经验、交流学习体会，在全院范围内形成学业务、比业务的热潮。

（二）存在问题

一是个别检察人员素质有待进一步提高。部分检察人员业务素质不高，对法律法规学习抓得不够紧、理解不到位，对社会转型期出现的一些新型案件，了解较少，研究不深，对宽严相济的刑事司法政策缺乏全面准确领会，造成一些案件在罪名认定和罪行轻重把握上不够准确；一些检察人员事业心和责任性不够强，工作作风不严谨，对一些影响量刑的法定情节在公诉环节没能给予认定，加之主管人员审查把关不严，造成工作上的失误，影响了法律的严肃性和检察机关的形象。如2013年5月3日以静检刑诉〔2013〕48号起诉书提起公诉的被告人马某某盗窃案中马某某是累犯，2013年6月14日以静检刑诉〔2013〕61号起诉书提起公诉的被告人雷某某等4人强奸、抢劫、寻衅滋事案中雷某某具有立功表现，2013年8月28日以静检刑诉〔2013〕90号起诉书提起公诉的被告人王某某受贿、贪污案中王某某具有自首情节，2013年1月29日以静检刑诉〔2013〕15号起诉书提起公诉的被告人靳某某交通肇事案中靳某某未满18周岁，根据《中华人民共和国刑法》有关条款规定，累犯应当从重处罚，犯罪分子具有立功表现、自首情节、犯罪时未满18周岁的一般应依法从轻、减轻处罚，而办案人员对以上4案中影响量刑的法定从重、从轻情节在起诉书中未予认定，相关情节在法院审理环节给予确认。

二是案卷质量管理不严。从调阅的案卷情况看，案卷管理方面仍存在要求不严格、评查机制不完善、案卷质量不高等问题，部分案卷法律文书不规范，相关笔录、内部文书缺少办案人签名或领导审批签名；部分案卷装订重复、混乱、没有页码编号；部分案卷内容书写潦草、错别字多。如2013年8月1日以静检刑诉〔2013〕85号起诉书提起公诉的被告人林某某贩卖毒品一案案卷中，审查报告和要求说明不立案理由审批表上缺少检察长签字；询问笔录第二三页顺序颠倒，办案期限告知书夹在两次询问笔录中间；提供证据意见书及通知立案书只有改动的底稿，无正式打印文稿。

三是执法能力建设亟待加强。目前县检察院有工作人员37名，其中具备办案资格的检察官仅26名。全院现有科室11个，其中部分科室只有科长，没有科员（民行检察科只有1名工作人员），由于检察人员准入门槛高，近几年新进人员较少，随着检察工作业务量逐年增加，现有检察人员力量明显不足，不能适应当前法律监督工作的需要。

（三）工作建议

一要进一步加强检察队伍建设。要始终把检察队伍建设放在突出地位，大力实施人才强检战略，进一步加大教育培训力度，尤其要加强对修改后法律法规的学习，强化各类专业技能培训，广泛开展岗位练兵，建立有效机制，激励检察人员钻研业务，积极参加司法考试，不断提高业务素质和执法能力，逐步解决办案力量薄弱的问题。要严格队伍管理，全面加强检察人员的思想道德和作风纪律建设，特别要加强廉洁自律教育，牢固树立"立检为公、执法为民"理念，重视和纠正一些检察人员工作责任性不强、工作作风不严谨等问题，确保公正执法，树立检察队伍的良好形象。

二要进一步加强法律监督工作。检察院要积极加强与法院、公安等部门的联系和沟通，研讨解决因法律、法规不够完善或因认识不一致产生的分歧意见，在沟通中不断加强法律监督工作。要建立完善法律监督机制，强化诉讼监督措施，增强监督的主动性和实效性，积极主动对刑事、民事和行政诉讼案件开展监督，依法纠正诉讼活动中执法不严、司法不公等问题，不断提高法律监督的质量和水平。要认真对待和受理民事申诉以及群众来信来访工作，对一些重点涉法涉诉信访案件，要认真研究，积极协调解决，为全县经济社会发展营造良好的法治环境。

三要进一步加强办案管理。要进一步完善检察业务工作流程、执法质量保障、执法责任制等制度和规范，不断健全案件管理机制，以制度建设促进案件管理规范化。要认真落实四级负责制度，充分发挥检委会的职能，层层把关，加强办案过程管理，规范办案行为，教育检察人员牢固树立实体法和程序法并重、打击犯罪和保障人权并重的司法理念，坚决杜绝违规违纪行为的发生，不断提高办案质量。进一步完善和落实案件质量评查、管理制度，建立和落实目标责任制和过错追究制度，解决部分法律文书不规范、案卷质量不高的问题。

第十三次会议　于2014年2月26日在常委会五楼会议室召开，由张自杰主持。

会议内容有一项：审议通过常委会2014年工作要点和重点工作行事历。会上，常委会主任张自杰就抓好2014年各项重点工作以及加强常委会自身建设讲话。

第十六届常委会组成人员张自杰、王维军、王平仁、高恒、沙芳琴、陈进财、慕锡武、杨华等22人出席会议；常委会各委室负责人列席会议。

附：

县人大常委会2014年工作要点

2014年，是贯彻落实十八届三中全会精神、全面深化改革的开局之年，也是完成“十二五”规划的关键一年。县人大常委会工作的指导思想是：以党的十八大和十八届三中全会精神为指导，紧紧围绕县委十六届十二次全委（扩大）会暨全县经济和城镇化工作会议以及县十六届人大三次会议确定的各项目标任务，突出重点，创新机制，求真务实，依法履职，努力为推进全县经济社会又好又快发展服务。主要做好以下五个方面的工作：

一、围绕全县大局，依法审议决定重大事项

（一）依法审议、决定重大事项。落实县委全委（扩大）会暨全县经济和城镇化工作会议确定的“提升标杆争一流，聚焦重点求突破，加力提速快发展，务实创新促跨越”的总体要求，紧扣“一条主线、两个目标、三大行动、八个方面聚力突破”工作部署，围绕全县发展大局，依法对事关经济社会发展和全面深化改革的重大问题进行审议，并适时作出决议、决定，努力推动县委决策部署的贯彻落实。

（二）加强计划和预算监督。依法审查、批准县政府关于2014年国民经济和社会发展计划调整、2013年全县财政决算、2014年财政预算调整的报告；听取、审议县政府关于2014年上半年国民经济和社会发展计划执行情况的报告、2013年财政预算执行情况的审计报告，及时就加强和改进经济计划及财政预算工作提出意见建议，促进全年各项目标任务顺利完成。

（三）完善人事任免工作。坚持党管干部与人大依法任免相统一的原则，进一步完善“一府两院”国家机关工作人员人事任免工作。一方面，注重任前审查。突出工作实绩，注重社会公论，力求做到审查公正、任命准确。另一方面，规范任命程序。坚持任职表态发言、投票表决等制度，不断规范任命程序，确保人事任免工作组织严谨、程序合法。同时，加强任后监督。坚持把依法任命与任后监督有机结合起来，综合运用调研视察、执法检查、听取报告、工作评议、专题询问等手段强化任后监督、日常监督，不断增强“一府两院”国家机关工作人员依法行政、公正司法。

二、加强工作监督，不断提高监督实效

（四）围绕全县重点工作开展视察。组织代表对今年全县重点工作、城镇管理及城乡环境综合治理情况进行视察，通过视察，为县委决策和县政府推动工作落实提出切实可行的意见建议。

（五）围绕群众关切的现实问题开展调研、检查。有针对性地对全县牛产业发展情况进行调研，对城区居民商品房产权管理情况进行检查，在深入调研、检查的基础上提出意见建议，督促政府及相关部门解决涉及群众切身利益的问题，切实维护人民群众的根本利益。

（六）围绕审议意见落实进行跟踪检查。重点对全县新型农村合作医疗、农村公路建设管护和农村基础教育发展有关审议意见落实情况进行回访督查、跟踪监督，确保常委会作出的审议意见得到有效落实。

（七）围绕增强监督实效创新监督方式。认真贯彻落实《中华人民共和国监督法》和《甘肃省实施〈监督法〉办法》，积极探索、建立常委会重点工作专题询问、重大事项专题质询制度，对一些事关全局、矛盾突出、久拖未决、社会反响强烈的工作和问题适时进行专题询问或质询，在监督中支持，在支持中监督，以便更好地推动工作，解决问题。

（八）积极配合省、市人大常委会开展有关调研、视察、检查活动，通过人大工作渠道宣传推介静宁。

三、加强法律监督，营造良好发展环境

（九）认真开展执法检查。组织人员对全县《中华人民共和国未成年人保护法》《中华人民共和国预防未成年人犯罪法》贯彻实施情况进行执法检查，听取、审议关于《中华人民共和国未成年人保护法》《中华人民共和国预防未成年人犯罪法》实施情况的报告，并作出审议意见，督促相关部门整改落实。

（十）加大“两院”执法工作监督。围绕促进公正司法，听取、审议法检两院年度执法工作安排意见，督促“两院”突出为民司法，坚持公正司法，严格依法办案，加大办案力度，提升办案水平，切实提高司法公信力。

（十一）做好规范性文件备案审查及报告工作。根据监督法和《静宁县人大常委会规范性文件备案审查暂行办法》的规定，加强与“一府两院”及有关部门的协调联系，认真做好“一府两院”规范性文件的备案审查及报告工作。

（十二）加强人大信访工作。重点对涉法涉诉信访案件实行常委会领导牵头负责、相关委室具体督办的工作制度，督促涉法涉诉信访案件及时办结，切实维护人民群众的合法诉求，维护社会和谐稳定。

四、健全服务机制，不断活跃代表工作

（十三）加强代表培训，提高代表履职能力。采取多种行之有效的培训形式，对各级人大代表进行法律法规和履职能力培训，提高代表的履职水平。

（十四）完善服务机制，调动代表履职积极性。坚持召开政情通报会，向代表通报全县经济社会发展和人大工作情况；广泛开展常委会组成人员联系代表、代表联系选民的“双联系”活动和“人大代表在行动”活动；完善代表列席常委会会议、参与常委会重要活动的长效机制；积极组织代表参加各种听证会、评议会等活动，不断拓宽代表履职渠道，引导激励代表履职尽责，充分发挥议事决策作用、桥梁纽带作用、监督促进作用、模范带头作用，为促进经济社会健康发展发挥才能、贡献力量。

（十五）强化督促检查，办好代表意见建议。健全交办、督办、反馈机制，做到办前会商、办中沟通、办后反馈。以代表满意为标准，加强意见建议办理的全程跟踪监督，对代表反映集中、涉及面广、事关长远、办理时间跨度大的重点难点意见建议，实行常委会领导包号督办制度，努力提高意见建议办理的时效和质量。

（十六）加强联系指导，提高乡镇人大工作水平。按照“密切联系，加强指导，大力支持，推动工作”的思路，切实加强乡镇人大工作。实行常委会领导联系基层人大制度，指导乡镇人大拟定工作要点，督促开展工作；举办乡镇人大主席培训班，组织考察学习，交流经验，提高履职能力；按照有办公场所、有工作人员、有工作制度、有档案资料、有代表活动的“五有”基本要求，指导乡镇人大做好“代表之家”的创建，努力为基层代表闭会期间开展活动创造必要条件。

五、加强自身建设，全面提高人大工作水平

（十七）深入开展党的群众路线教育实践活动。按照中央、省、市、县委的统一安排部署，深入扎实开展群众路线教育实践活动，积极贯彻落实有关改进作风的规定，集中解决形式主义、官僚主义、享乐主义、奢靡之风，大兴联系群众、求真务实、艰苦奋斗、清正廉洁之风，坚持深入基层，加强调查研究，使常委会工作贴近实际、贴近群众，顺应民心、反映民意。

（十八）健全完善各项规章制度。对常委会各项工作制度和机关各项管理制度进行梳理、评估；对不适应新形势、新要求的进行修改、完善；对需要建立的抓紧研究制定，不断健全和完善工作制度与管理制度，努力实现常委会工作和机关管理的规范化、制度化。

（十九）着力提高宣传工作水平。重视宣传工作，丰富宣传形式，完善宣传奖励制度，加强对人大及其常委会重要履职活动、代表履职风采等的宣传报道，努力营造全社会关心和支持人大工作的良好氛围。

县人大常委会2014年重点工作安排情况表

表4-49

<table>
<tr><th>时间</th><th>主要工作</th><th>负责领导</th><th>主办部门</th><th>配合部门</th></tr>
<tr><td>1至9月</td><td>开展党的群众路线教育实践活动</td><td>张自杰</td><td colspan="2">常委会党组及成员
机关各委室及全体党员</td></tr>
<tr><td>1至2月</td><td>县第十六届人大常委会第十三次会议：讨论通过县人大常委会2014年工作要点及行事历</td><td>杨　华</td><td>办公室</td><td>各委室</td></tr>
<tr><td rowspan="3">3至4月</td><td>交办县十六届人大三次会议代表意见建议</td><td>慕锡武</td><td>代表工委</td><td rowspan="2">办公室</td></tr>
<tr><td>检查新型农村合作医疗有关审议意见落实情况</td><td>王维军
沙芳琴</td><td>教文工委</td></tr>
<tr><td>县第十六届人大常委会第十四次会议：1.听取、审议县政府关于2014年国民经济和社会发展计划调整的报告；2.听取、审议县政府关于2014年财政预算调整的报告；3.听取、审议县政府关于新型农村合作医疗有关审议意见落实情况的报告；4.听取、审议法检两院2014年度执法工作安排意见</td><td>杨　华</td><td>办公室</td><td>各委室</td></tr>
</table>

续表4-49

时间	主要工作	负责领导	主办部门	配合部门
5至6月	检查城区居民商品房产权管理情况	高　恒	财经工委	办公室
	检查全县农村公路建设管护工作有关审议意见落实情况	陈进财	农业工委	
	县第十六届人大常委会第十五次会议：1.听取、审议和批准县政府关于2013年财政决算的报告；2.听取、审议县政府关于2013年财政预算执行情况的审计报告；3.听取、审议县政府关于城区居民商品房产权管理情况的报告；4.听取、审议县政府关于全县农村公路建设管护工作有关审议意见落实情况的报告	杨　华	办公室	各委室
7至8月	检查《中华人民共和国未成年人保护法》《中华人民共和国预防未成年人犯罪法》贯彻实施情况	王平仁	司民工委	办公室
	修订、完善常委会各项制度；制定《静宁县人大常委会专题询问、质询暂行办法》	杨　华	办公室	
	召开人大代表政情通报会	慕锡武	代工委	
	开展重点意见建议督办活动；集中走访联系代表			
	县第十六届人大常委会第十六次会议：1.听取、审议县政府关于2014年上半年国民经济和社会发展计划执行情况的报告；2.听取、审议县政府关于《中华人民共和国未成年人保护法》《中华人民共和国预防未成年人犯罪法》贯彻实施情况的报告；3.讨论通过常委会有关制度修订和《静宁县人大常委会专题询问、质询暂行办法》	杨　华	办公室	各委室
9至10月	调研全县牛产业发展情况	陈进财	农业工委	办公室
	检查全县农村基础教育发展有关审议意见落实情况	王维军 沙芳琴	教科文卫工委	
	督办代表意见、建议	慕锡武	代表工委	
	组织代表视察全县重点工作完成情况			
	县第十六届人大常委会第十七次会议：1.听取、审议县政府关于全县牛产业发展情况的报告；2.听取、审议县政府关于全县农村基础教育发展有关审议意见落实情况的报告；3.听取、审议县政府关于县十六届人大三次会议代表意见、建议办理情况的报告	杨　华	办公室	各委室

续表4–49

时间	主要工作	负责领导	主办部门	配合部门
11至12月	视察全县城镇管理情况	高　恒	财经工委	办公室
	县第十六届人大常委会第十八次会议：1.听取、审议县政府关于全县城镇管理工作的报告；2.讨论召开县十六届人大四次会议有关事项	杨　华	办公室	各委、室
	筹备召开县十六届人大四次会议；总结2014年工作，制定2015年工作要点；收集向省、市人代会提交的代表意见、建议	慕锡武 杨　华		

第十四次会议　于2014年4月28日在常委会五楼会议室召开，由王维军主持。

会议议程有五项：一、听取和审议发改局局长靳宝生受政府委托所作的《关于2014年国民经济和社会发展计划调整的报告》，作出《关于2014年国民经济和社会发展计划调整的决议》；二、听取和审议财政局局长李强受政府委托所作的《关于2014年全县财政收支预算调整情况的报告》、常委会财经工委主任杨立新所作的《关于2014年全县财政收支预算调整情况的审查报告》，作出《关于2014年全县财政收支预算调整的决议》；三、听取和审议法院院长李根进所作的《静宁县人民法院2014年度执法工作安排的报告》、检察院检察长崔晓晖所作的《静宁县人民检察院2014年度执法工作安排的报告》；四、听取和审议卫生局局长孙青茂受政府委托所作的《关于新农合有关审议意见落实情况的报告》、常委会教科文卫工委主任冯克勤所作的《关于全县新型农村合作医疗有关审议意见落实情况的检查报告》；五、听取和审议民政局局长樊旺受政府委托所作的《关于甘沟等乡撤乡改镇的报告》，作出《关于甘沟等乡撤乡改镇的决定》。会上，政府副县长王敏就落实审议意见作表态发言。

第十六届常委会组成人员张自杰、王维军、王平仁、高恒、沙芳琴、慕锡武、杨华、王友忠、胡志科、马世明、武文学、冯克勤、杨立新、李稳收、周浩仁、薛小田、李会宾、朱国军、裴晓江、厚凤兰、王全生出席会议；政府副县长王敏、法院院长李根进、检察院检察长崔晓晖、政府办公室主任何浩强、发改局局长靳宝生、财政局局长李强、卫生局局长孙青茂，新农合办公室班子成员，人社局、县医院、中医院、妇幼保健院、社区卫生服务中心及常委会各委室负责人，7名市、县人大代表，6名乡镇党委书记、人大主席、乡镇长列席会议；另有6名公民代表应邀旁听会议。

附：

关于全县新型农村合作医疗有关审议意见落实情况的检查报告

由常委会分管领导带队，常委会办公室、教科文卫工委和县卫生局、新合办负责人，部分常委会组成人员及工作人员组成检查组，于3月下旬至4月上旬，先后深入威戎、界石铺、古城、红寺等乡镇政府、卫生院、部分村卫生室，以及县医院、中医院、妇幼保健院、社区卫生服务中心、新合办等医疗机构和单位，采取查阅资料、实地察看、走访群众、汇报座谈等方式，对县第十六届人大常委会第二次会议关于全县新型农村合作医疗有关审议意见落实情况进行了检查。

一、审议意见及落实情况

（一）审议意见。2012年4月召开的县第十六届人大常委会第二次会议针对全县新型农村合作医疗工作中存在的乡村医疗机构建设滞后，村医数量偏少、素质不高，费用报销周期长、漏洞大，定点医疗机构资金周转压力大，管理机构人员短缺、经费紧张，基金收缴困难等问题，提出了具体审议意见：一是提升全县新农合工作运行水平。落实省、市有关县级新农合管理经办机构人员编制和工作经费的规定，配齐工作人员，足额拨付经费，购置必要的办公设备和交通工具；落实管理制度，强化内部管理，加强经办人员思想教育和业务培训，不断强化服务意识，提高工作效率和经办质量；探索和完善全县新农合报销管理制度，优化就诊流程，简化报销程序，确保县内住院病人医疗费用即时补偿，转外住院患者在最短时间内报销费用；对乡镇垫缴参合资金、村医套取新农合补偿费用、医疗机构垫资量大等问题，研究有效措施予以解决。二是增强乡村医疗机构综合服务能力。加强村卫生室从业人员队伍建设，有计划地对村医队伍进行调整，将医学及卫生院校的未就业毕业生选到村医岗位上来；加大对村医的业务培训力度，加强思想道德教育，下决心解决村医短缺、素质较低的现状；加大项目争取力度，加快村卫生室标准化、规范化、信息化建设；加大对乡镇卫生院基础建设的资金投入，建设业务用房，更新、添置必要的医疗设备；为每个乡镇卫生院配备若干名技术精湛、医德优秀的骨干医生，进一步优化医疗资源配置。三是保障新农合工作健康发展。认真落实县、乡、村住院报销月公示制度，完善行政监督体系，对基金情况、服务质量、医疗收费、药品价格等定期不定期进行经常性检查，特别要加强对边远山区村级定点医疗机构的监管，加强进药渠道管理，坚决查处套取资金、销售伪劣药品等行为，对违反新农合政策和管理不善的，坚决取消定点资格和经营资格。

（二）落实情况。从检查情况看，县第十六届人大常委会第二次会议以来，政府及主管部门对县人大常委会的审议意见高度重视，针对存在的问题，及时采取切实可行的工作措施，认真整改落实，取得了一定成效。

一是健全监管机制。各乡镇均设立新合办，落实1至2名工作人员，负责办理新农合具体业务。县、乡医疗机构均设立新合科，专门负责办理新农合门诊和住院费用报销业务。至目前，全县共有专职新农合经办人员529人，其中县级经办机构22人，乡级140人，村级367人，较2011年底增加80人。建立了新农合住院确认核对、医药费用直报、转诊转院、公开公示、定点医疗机构管理等10项配套管理制度，制定下发《静宁县新农合定点医疗机构工作考核细则》，并与各定点医疗机构签订服务合同书，强化动态管理。加强村级医疗机构新农合报销监管，由乡镇卫生院负责辖区内村卫生室门诊补偿资金的下达、审核及报账管理，扩大了监管覆盖面。县新合办专门成立稽查组，经常对县内各级定点医疗机构工作开展情况和相关配套管理制度落实情况进行监督检查，2012年以来先后查处违反新农合规定的医疗机构3个。与县外部分医疗机构建立协查机制，坚决防止部分群众伪造虚假手续，套取新农合基金现象的发生。加强新农合医疗费用监管，采取有效措施，控制医药费用的不合理增长。按照《甘肃省新型农村合作医疗基金额度预付管理意见》规定，从2012年开始，加大对各定点医疗机构新农合基金预拨力度，2014年全县预拨新农合基金909.4万元，占月支付新农合基金的90%，比2011年增加741.2万元，在一定程度上缓解了医疗机构资金周转压力。

二是加强医疗队伍建设。两年来，通过签约、考录等途径，共引进高校毕业生180名，其中分配县级医疗卫生机构35名，乡镇卫生院145名；为村卫生室补充村医3名。注重医护人员在职技能培训，采取函授、进修、短训、视频教育等方式，先后组织乡镇卫生院业务骨干、中医人员参加各级培训184人次，其中省级培训52人次，市级培训15人次，县级培训 117人次；组织村医参加辖区乡镇卫生院培训2268人次；组织开展短期培训100余次，举办视频教育培训班40余次，着力提高医疗队伍整体素质和岗位胜任能力。同时，对村医进行专题培训，促其掌握政策、熟练报销流程，提高门诊报销效率和水平。

三是改善基础设施条件。2012年以来，累计投资1169万元，建成威戎、界石铺、红寺、新店等4个乡镇卫生院业务用房和周转宿舍；投资308万元，建成44所标准化村卫生室；投资301万元，建成了全县医疗卫生机构信息平台，为23个乡镇卫生院和社区卫生服务中心配备了应用终端和软件；今年计划投资518万元，开工建设双岘、古城、深沟3个乡镇卫生院业务用房和周转宿舍。按照省、市有关要求，发放金穗惠农新农合"一卡通"卡片96985张，在县、乡、村各级医疗机构布放转账电话231部、企业网银设备28户、读卡器428台，实现了金穗惠农新农合"一卡通"卡片、自助机具全覆盖。

四是加强政策宣传。充分借助宣传资料、新闻媒体、宣传栏等各种形式，多角度、多层次对新农合政策进行广泛宣传。统一印制新农合宣传资料，组织乡村医生逐村逐户进行发放，累计发放各种宣传资料80余万份；每年10月至11月，通过开办电视专题节目、张贴标语、与外出务工人员电话联系等形式，对新农合参合对象、范围、标准等进行深入宣传，广泛动员农民群众积极参加新型农村合作医疗；在各级医疗机构及报销窗口设置政策宣传栏、信息公开栏，张贴"温馨提示"和参合患者须知，公开公布政策调整信息、报销流程、注意事项等，引导参合患者进行医药费用报销。

二、存在的主要困难和问题

(一) 管理机构人员短缺、经费不足的问题仍未得到解决

从检查情况看，政府及主管部门对落实县级新农合管理经办机构人员编制和工作经费的审议意见重视不够，没有认真研究，也没有采取切实可行的措施。市卫生局《关于2014年平凉市新型农村合作医疗市级统筹实施意见的通知》规定，县级新农合经办机构人员按照每2万参合农民不少于1人的标准核定编制，工作经费按参合人数每

人不少于1元的标准纳入财政预算。根据这一规定，我县新农合经办机构应配备工作人员20名，应拨付办公经费40万元。而目前县新合办人员编制仅为11人，财政预算办公经费仅15万元，人员短缺、经费紧张的问题比较突出，一定程度上制约着新农合监管工作的开展。

（二）村医整体素质不高的问题仍比较突出

政府及主管部门对村医队伍建设重视不够，没有制定出台加强村医队伍建设的相关政策，村医入口把关不严，退出、补充机制不完善，队伍整体活力不强、素质不高、能力较低的问题比较突出，直接影响村级医疗卫生服务工作的有效开展。据统计，全县403名村医中医学及卫生院校毕业的176人，占43.8%，取得执业（助理）医师资格的仅39人，占9.7%。同时，部分村医不懂电脑、打印机、刷卡器等操作技术，无法进行正常门诊报销，难以胜任工作；个别村医把村医岗位当作谋取利益的途径，只享受待遇，没有尽到责任，还不愿退出，甚至个别村医存在“子承父业”的现象，群众反响比较强烈。

（三）村卫生室基础设施仍相对滞后

目前，全县共有村卫生室392所，其中标准化村卫生室150所，占总数的38.3%。大多数村卫生室是利用村医自家房屋改造而成，房屋陈旧老化，结构不合理，功能标准较低，硬件设施不达标，与新形势下的卫生工作要求不相适应，不能很好地落实基本医疗服务和预防、保健、康复、健康教育、农民健康档案管理等公共卫生服务工作。一些村卫生室虽然配备了门诊报销机具，但由于网络不通，门诊直报无法开展。如灵芝乡13个村卫生室没有网络信号，要报销门诊费用只有到其他村卫生室或乡镇卫生院，极不方便。

（四）费用报销环节仍存在漏洞

一是定点医疗机构在患者身份认定、报销手续审核等环节上受客观因素限制，不能准确掌握患者真实情况，存在冒名顶替报销住院费用的现象，甚至个别参合农民用虚假手续套取新农合补偿资金，影响新农合工作正常运行。二是一些参合农民在县级医疗机构住院后不能即时报销费用，特别是转外治疗和外地住院治疗费用报销周期长，需往返多次才能办妥，加重了经济负担，群众意见较大。三是“一卡通”在方便医疗费用报销结算的同时，给群众带来了新的不便。检查了解到，实行“一卡通”费用报销，患者在定点医疗机构办理报销手续后，又要到农行营业网点支取现金，但绝大多数乡镇没有农行代办点，办理业务极为不便。特别是“一卡通”卡片丢失后补办手续比较复杂、周期较长，影响新农合费用报销结算。四是新农合政策调整后，宣传不及时，参合农民对报销范围、比例和程序等一知半解，部分农民对就诊不同级别医院报销比例不同等问题不够了解，报销的期望值与实际报销金额之间有差距，群众对新农合的信任度产生怀疑。加之一些新农合经办机构工作人员为临时雇用人员，责任意识不强，服务态度差，对群众的一些疑问解释说明不到位，导致群众多跑“冤枉路”，加剧了患者与医疗机构之间的矛盾。

（五）基金收缴仍存在一定困难

检查发现，部分乡村干部对新农合住院医药费用补偿比例、封顶线、慢性病门诊补偿病种、范围、程序等政策规定不够熟悉；一些农民自我保健意识和互助共济意识不强，参合积极性不高，给参合资金收缴带来一定难度。特别是近年来随着农村人口大量流动外出，部分农户长期有户无人，参合资金收缴困难，为达到省、市规定的参合率，一部分参合资金由乡镇、村社垫缴，导致乡村两级产生新的债务。如古城乡2013年、2014年分别垫缴参合资金7.1万元、5.6万元，灵芝乡、甘沟乡、贾河乡、李店镇2014年垫资分别达到了4.8万元、3万元、2.7万元、1.6万元，界石铺镇七里村2014年垫资1400元，甚至有些村民连续四年由村上垫缴参合资金。

三、今后工作建议

新型农村合作医疗是一项政策性强、涉及面广、长期而复杂的社会性工作，关系广大农民群众的切身利益，各级政府及主管部门要高度重视，把新农合工作摆上重要议事日程，提高思想认识，强化工作措施，真正把这件惠民实事办实办好。

（一）严格落实政策规定，进一步提升监管水平

认真落实省政府《关于进一步加强新型农村合作医疗管理工作的意见》和市卫生局《关于2014年平凉市新型农村合作医疗市级统筹实施意见》有关县级新农合管理经办机构人员编制和工作经费的规定，采取有效措施，切实保障新农合工作经费，配齐配强经办机构工作人员，保证新农合日常监管、指导、培训、报销等各项工作顺利开展。加强与上级政府及主管部门的协调沟通，及时向上反映真实情况，认真研究制定符合基层实际的相关政策，完善考核管理办法，特别是要按照基层实际情况合理确定参合比例，坚决杜绝因过分追求参合率而导致乡村两级增加债务负担的问题。进一步落实新农合各项管理制度，强化经办机构内部管理，加强各级经办人员特别是直报窗口经办人员思想教育和业务培训，不断强化服务意识，提高工作效率和经办质量，努力为参合农民提供优质高效的服务。

（二）加强乡村医疗机构建设，进一步提升服务能力

我县是一个农业大县，大多数人口在农村，医疗卫生工作的重点也在农村，加强乡村医疗卫生机构服务能力建设至关重要。一要加大标准化村卫生室建设力度，按照功能齐全、方便群众的原则，科学编制村卫生室建设规划，加大资金投入，分期、分批建设，切实解决目前村卫生室基础条件简陋、卫生设施不达标的问题。二要研究制定加强村医队伍建设管理的相关政策，建立能进能出的村医队伍管理机制，有计划地对村医队伍进行调整，真正把有能力、有资质、有医德的人员充实到村医岗位上来，激发村医队伍活力；要制定出台优惠政策，吸引医学及卫生院校的未就业毕业生到村卫生室工作，从根本上解决目前村医队伍素质不高、结构不合理的问题。三要加强乡镇卫生院服务能力建设，全面落实乡镇卫生院在农村基本医疗卫生服务和保障中的主要职责，制定科学有效的激励机制和绩效考评制度，切实加强乡镇卫生院领导班子和医疗队伍业绩考核管理，下功夫解决乡镇卫生院作用发挥不充分，医务人员敬业精神

差，不会看病、不看病等群众反响强烈的突出问题。四要加大乡镇卫生院医护人员和村医业务技能培训力度，开展经常性地培训交流和学习活动，不断提高医疗服务质量和水平，真正建立一支技术过硬、责任心强、群众满意的乡村医疗队伍，为边远山区群众服好务。

（三）强化监督检查，进一步提升新农合运行水平

一要充分发挥新农合补偿政策的监督和指导作用，严格分级诊疗，实现“小病不出村、常见病不出乡、大病不出县、疑难危重再转诊”和“能在乡镇卫生院治疗的，不到县级医院治疗；能在县级医院治疗的，不到省市级医院治疗”的目标。二要根据新农合工作中容易出现的问题，采取现场稽查、入户稽查、网络稽查相结合的方法，定期不定期对定点医疗机构新农合政策执行情况、医疗服务质量、识别就诊群众参合身份和报销比例、范围、手续等进行专项检查，对新农合工作中出现的违规违纪行为，按照有关规定，严肃处理，促进新农合监管工作规范化、科学化、专业化和执法主体合法化。要严格控制定点医疗机构医药费用的不合理增长，监督医疗机构合理治疗、合理用药、合理收费，切实降低次均费用，坚决杜绝过度治疗、大处方、乱收费现象的发生，减轻群众就医负担。三要研究制定切合实际、方便可行的新农合报销机制，进一步优化报销流程，简化工作程序，加强过程监管，大力推进新农合全面即时结算，缩短报销周期，真正让群众看病就医更方便。四要提高新农合直报窗口经办人员素质和能力，建立健全新农合经办人员聘用、业务培训及监督管理等制度，不断强化经办机构工作人员的责任意识和服务意识，提高经办机构服务水平。

（四）加大宣传力度，进一步提高农民参合积极性

要把宣传工作贯穿于新农合工作的全过程，采取印发宣传资料、上门宣讲、开通电视专栏等多种方式，加大宣传力度，扩大宣传范围，提高宣传质量，做到家喻户晓、人人皆知。组织定点医疗机构工作人员、村医和乡镇、村社干部，经常性地开展新农合政策宣传活动，对筹资标准、门诊及住院补偿报销比例、住院报销程序、补偿范围和转诊转院程序进行广泛深入宣传，让广大农民对新农合政策有一个全面的了解。加大对正面典型事例的宣传力度，扩大新农合政策的影响力，引导农民树立正确的医疗消费观念和互助共济意识，自觉自愿地参加新农合，从而巩固和提高参合率。

第十五次会议 于2014年6月25日在常委会五楼会议室召开，由王平仁主持。

会议议程有五项：一、人事任免；二、三两项议程合并进行：听取和审议财政局局长李强受政府委托所作的《关于2013年全县财政决算（草案）的报告》、审计局局长张琪洲受政府委托所作的《关于2013年度县级财政预算执行和其他财政收支的审计工作报告》、常委会财经工委主任杨立新所作的《关于2013年全县财政决算的审查报告》，作出《关于2013年县级财政决算的决议》；四、听取和审议住建局局长魏小良受政府委托所作的《关于城区商品房产权管理情况的报告》、常委会财经工委主任杨立新所作的《关于城区商品房产权管理情况的检查报告》，政府副县长王运军就落实审

议意见作表态发言；五、听取和审议交通运输局局长杨飞受政府委托所作的《关于全县农村公路建设管护工作有关审议意见落实情况的报告》、常委会农业工委主任武文学所作的《关于全县农村公路建设管护工作有关审议意见落实情况的检查报告》。

第十六届常委会组成人员张自杰、王平仁、高恒、沙芳琴、陈进财、慕锡武、杨华、王友忠、胡志科、马世明、武文学、冯克勤、杨立新、李稳收、周浩仁、薛小田、裴晓江、厚凤兰、王全生出席会议；县委常委、政府副县长王运军，县政协副主席、县医院院长张宏斌，法院院长李根进、检察院副检察长刘志刚、政府办公室主任何浩强、发改局局长靳宝生、财政局局长李强、审计局局长张琪洲、住建局局长魏小良、教育局局长赵宏军、人社局局长阎国军、国土局局长魏宏凌、交运局局长杨飞、工商局局长鲍彦鹏、运管局局长何冠群、水保局局长刘银锋、规划局局长王亚鹏、县乡公路养护站站长张文江、街道办党工委书记王壬寅，县路政管理大队、水政监察大队、环保局、地税局、房产局、农机局、信用联社、公路段及常委会各委室负责人，甘沟乡、仁大乡党委书记靳建喜、屈稳强，司桥乡、雷大乡人大主席马宕新、王伟军，细巷乡、曹务乡政府乡长何引合、崔江鸿，甘沟、仁大、曹务、细巷4乡各1名村支书，市人大代表王顺义、张雪红、刘玉海、梁健，县人大代表阎惠群、马葳、文铭、贠应来列席会议；张启宏、雷生秀等12名公民代表应邀旁听会议。

附：

人事任免

李志学任县人民法院审判员

孔晓斌任县人民法院审判员

关于城区商品房产权管理情况的检查报告

由常委会分管领导带队，常委会办公室、财经工委、政府办、发改局、住建局、国土局、地税局、房产局、规划局等单位负责人，部分县人大代表及工作人员组成检查组，于5月中旬至6月上旬，先后深入住建局、人社局、国土局、地税局、房产局、规划局、建兴房地产开发公司、德美房地产开发公司等14个单位、企业和居民小区，通过查阅资料、听取汇报、走访座谈、问卷调查等方式，对近年来城区商品房产权管理情况进行了检查。

一、主要工作成效

近年来，县政府及主管部门坚持把城区商品房产权管理作为保护权利人合法权益、促进房地产市场健康有序发展的一项重要工作，以《中华人民共和国物权法》《中华人民共和国城市房地产管理法》《中华人民共和国房屋登记办法》等法律法规为依据，健全管理制度，完善工作机制，强化工作措施，依法加强监管，城区商品房产权管理工作取得了一定成效。

（一）加强制度建设，强化监督管理。县政府及主管部门结合城区商品房产权管理工作实际，根据《中华人民共和国城市房地产管理法》《城市商品房预售管理办法》《中华人民共和国房屋登记办法》等法律法规及省、市相关规定，制定下发了《关于进一步规范房地产市场和加强房屋产权产籍管理工作的通知》，对房地产开发监管、房屋产权产籍管理以及项目立项审批、土地使用、规划许可、竣工验收、税费缴纳、产权登记等作出了具体规定，为规范房地产开发经营行为、保护房地产权利人合法权益提供了制度保障。同时，认真落实商品房预售许可和预售合同备案制度，督促房地产开发企业与买受人签订预售合同并及时办理登记备案手续，防止一房多售、偷逃国家税费等行为发生。2003年以来，共计对符合预售法定条件的253幢14042套164.19万平方米商品房依法作出了准予预售的行政许可决定，发放商品房预售许可证253份；完成商品房预售合同备案登记7616件81.54万平方米。

（二）规范工作程序，开展权属登记。发改、住建、国土、地税、房产、规划等部门紧密配合，各司其职，宣传法规政策，完善工作制度，积极引导房地产开发企业及广大居民依法依规按程序申请办理房屋权属登记，较好地维护了商品房买卖双方的合法权益。房屋权属登记部门按照“公开、便民、规范、高效”的原则，加强登记窗口服务能力建设，提高登记效率，落实信息公示制度，在服务窗口醒目位置张贴权属登记流程图和申请登记材料目录表，为群众提供了优质便捷服务。2009年以来，共计完成房屋初始登记335件93.91万平方米，转移登记8356件90.86万平方米。同时，重视加强房屋登记工作队伍建设，按照《房屋登记办法》规定，先后组织3名房屋登记审核工作人员参加国家和省、市专业技能培训，并取得住建部颁发的培训合格证书，做到了持证上岗。认真贯彻落实《房屋登记簿管理试行办法》，于2009年改造升级了房产综合管理系统，为做好房屋权属登记工作提供了基础保障。

（三）积极协调配合，认真解决遗留问题。针对多年来城区商品房权属登记中存在的一些突出问题，政府及相关部门认真研究，密切配合，采取有效措施，督促、协调相关房地产开发企业和建设单位依法办理房屋权属登记手续，解决了一些历史遗留问题和群众反映强烈的突出问题，维护了住户的合法权益。2007年以来，对橡塑公司211套住宅、百货大楼73个摊位免征契税，对永福巷12套住宅免征契税和营业税，协调办理了房屋权属登记。

（四）加强档案管理，提高服务水平。按照《城市房地产权属档案管理办法》规定，加强商品房权属文件材料收集、整理、归档、管理，做到了权属资料内容规范、图形清晰、数据准确、分类清楚、组卷合理、管理严格。积极推进房屋产权管理档案信息化建设，实行纸质档案与电子档案“双轨”管理，确保房地产权属档案管理规范有序。目前，共有房屋权属档案34856份，其中产权档案21646份，抵押档案12400份，测绘档案810份。充分发挥产权产籍档案作用，设置查询窗口，及时为相关单位和个人提供房产交易与登记信息查询服务。

二、存在的主要问题及原因

从检查情况看，县政府及主管部门在加强城区商品房产权管理方面做了大量工作，取得了一定成效，但仍存在一些不容忽视的困难和问题。主要是：

（一）房屋未确权登记问题突出。据统计，目前我县城区共有建成投入使用房屋458幢19067套（间）189.66万平方米，其中因手续不全未确权登记房屋69幢3156套（间）33.69万平方米，占房屋总数的16.6%，涉及住户3000多户，其中一些房屋已使用20余年，至今仍未进行权属登记，严重损害了权利人合法权益。一是未确权登记的商品房数量较多。目前城区未确权登记的商品房有46幢2457套（间）26.2万平方米，占未确权登记房屋总数的77.9%。这些房屋大部分是近几年房地产企业开发建设的，由于土地、规划、税费、竣工验收等相关手续不齐全，导致未能及时确权登记。其中未取得建设用地许可或未缴清土地出让金的16幢476套（间）4.85万平方米，未取得规划许可的4幢47套（间）2543平方米，未办理纳税申报或未缴清营业税的44幢2327套（间）24.64万平方米，未进行竣工验收的18幢505套（间）5.02万平方米。二是部分集资合作建房未确权登记。目前城区未确权登记的集资合作建房有23幢699套（间）7.5万平方米，占未确权登记房屋总数的22.1%。这些房屋是上世纪八九十年代党政机关、企事业单位按照国家政策为解决职工住房困难集资合作建设的，部分未办理立项、土地、规划、建设等手续，建成使用后，建设单位对权属登记重视不够，未及时申请办理房屋产权手续，致使这些房屋至今仍未确权登记，矛盾问题比较集中。

（二）违法违规交易、开发问题突出。《中华人民共和国城市房地产管理法》规定，未依法登记领取权属证书的房屋不得转让买卖。但检查发现，在房屋产权交易中，有许多未确权登记的房屋以明显低于市场的价格非法买卖，既扰乱了房地产市场秩序，造成国家税费流失，又损害了买受人的合法权益。同时，部分房地产开发企业为追求经济利益，在房地产开发中不依法依规建设，导致部分商品房迟迟不能进行权属登记，住户意见较大。据统计，在未确权登记房屋中因企业违规建设的高达77.9%。一是未批先建、少批多建或随意变更规划违规建设。如师范巷工商局住宅楼，南环路供电公司1号、2号家属楼，公路段1号、3号住宅楼，均未取得发改部门立项批复；宏安房地产公司2003年在西苑小区建设的12套二层临街商铺，县计生局2001年在西苑小区建设的5套临街商铺，王世祥2000年在南关村建设的16套二层住宅院落，都未取得建设工程规划许可证；城关建筑公司2006年建设的城关公司住宅楼6至8单元，在规划许可的车库上私自加建成6层住宅楼，增加建筑面积3002平方米；县建筑安装公司2007年在南环路建设的橡塑公司1号楼，建设工程规划许可证上明确规定为单位宿办楼，但建成后对外出售，形成事实上的商品房，改变了项目建设规划。二是部分建成房屋未经竣工验收投入使用。据统计，目前城区未经竣工验收已投入使用的商品房达505套，如东苑一号小区4号住宅楼，天合嘉苑1~5号住宅楼，印刷厂2号住宅楼。三是少数房地产开发企业拖欠土地出让金。如县建筑集团公司2003年建设的东苑一号小区4号、14号住宅楼，平凉兴盛房地产公司2013年建设的新盛花园33号住宅楼，至今均未缴清土地出让金。四是部分房地产开发企业拖欠营业税。截至今年4月底，城区共有1508套商品房未按规定及时办理纳税申报；有819套商品房未缴清营业税，欠税达1253万元，其中建兴房地产公司欠税260万元、宏达房地产公司欠税287万元、平凉嘉天厦房地产公司欠税185万元、百盛房地产公司欠税184万元、翔宇房地产公司欠税145万元、华晨房地产公司欠税104万元、平凉红泉房地产公司欠税88万元。五是部分房地产开发企业不按规定解缴住宅专项维修资金。目前有4户企业未将代收的537.6万元住宅专项维修资金解缴县房产局，其中建兴房地产公司350万元、翔宇房地产公司95.53万元、利民房地产公司75.8万元、宏达房地产公司16.27万元。

产生上述问题的主要原因是：

（一）政府重视不够。从检查情况看，政府对城区商品房产权管理工作的重要性认识不足，对维护居民合法权益重视不够，没有把此项工作摆上重要议事日程，专题研究较少，配套政策滞后，协调解决问题力度不大，致使城区商品房产权管理工作长期处于惯性运行、低位徘徊状态。同时，对监管部门和工作人员不作为、乱作为，甚至有法不依、执法不严的问题疏于管理，监管措施不力，工作要求不严，问责力度不大，导致城区商品房产权登记工作滞后，管理比较混乱。特别是在研究解决居民反映强烈的历史遗留问题上，政府及主管部门群众意识、责任意识不强，回避矛盾、推诿扯皮，措施不力，没有制定出切实可行的解决办法，一些集资合作建房单位忽视住户合法权益，对住户索取房产证的合理要求推脱责任，配合不力，致使一些历史遗留问题长期得不到有效解决，居民意见较大。

（二）部门职责落实不力。从检查情况看，造成城区商品房产权管理中违法违规问题突出的根本原因是相关部门履职不力、监管不严，对违法建设和违规交易行为放任自流，给部分企业违法经营以可乘之机，助长了违法违规经营行为的滋生蔓延，导致大量建成房屋不能依法进行权属登记。一是对未批先建、少批多建行为查处不力。一些单位未经立项批复违规建设，发改部门把关不严，没有及时查处。《中华人民共和国城乡规划法》规定，未取得建设工程规划许可证或者未按照建设工程规划许可证规定进行建设的，由城乡规划主管部门责令停止建设，限期改正或拆除，并处以罚款，但规划主管部门对城区单位、企业和个人未批先建、少批多建或随意变更规划规定违规建设行为，没有及时责令停止建设，也没有采取有力措施改正或拆除，人为形成既成事实。二是对违反商品房预售许可规定查处不力。一些房地产开发企业不执行商品房预售许可制度，不具备预售法定条件自行开展房屋预售，房产部门对此查处不力，使一些买受人上当受骗。同时，一些单位对本属国有资产的房屋界定不清，未经相关部门批准，将国有房屋以商品房形式对外出售，一方面造成国有资产流失，另一方面导致买受人合法权益得不到保障。如城关小学、人社局修建的临街商铺，按照有关规定，建成后只能对外租赁使用，而目前已全部对外出售，形成事实上的买卖关系，买受人无法办理房产证，房产部门不予查处。三是对违反竣工验收规定行为查处不力。《城市房地产开发经营管理条例》规定，将未经验收的房屋交付使用的，由县级以上人民政府房地产开发主管部门责令限期补办验收手续，逾期不补办验收手续的，由县级以上人民政府房地产开发主管部门组织有关部门和单位进行验收，并处10万元以上30万元以下的罚款。但房产开发主管部门未对任何一家违规企业、单位或个人依法作出处罚。四是对拖欠土地出让金行为查处不力。《城镇国有土地使用权出让和转让暂行条例》规定，土地使用者应当在签订土地使用权出让合同后60日内，支付全部土地使用权出让金，逾期未全部支付的，出让方有权解除合同，并可请求违约赔偿。但国土部门对至今未缴清土地出让金的县建筑集团公司、平凉兴盛房地产公司等房地产开发企业既未采取措施依法收回土地，也未收缴土地出让金。五是对拖欠国家税款行为查处不力。《中华人民共和国税收征收管理法》对不依法缴纳应缴税款行为的查处有明确规定，但税务机关执法不严，未对违法违纪企业采取强制措施追缴税款，也未依法作出处罚。六是对非法买卖转让房屋行为查处不力。房产主管部门对房屋转让买卖规定执行不到位，对房地产交易市场监管不力，致使一些未进行产权登记的房屋进入市场交易，扰乱了房屋买卖秩序。七是对不上缴专项维修资金行为查处不力。房产主管部门对一些房地产开发企业不按规定上缴代收的住宅专项维修资金的行为未采取有效措施，致使大量住宅专项维修资金滞留在开发商手中，侵占了住户的合法权益。

（三）工作机制不健全。房屋权属登记工作涉及发改、住建、国土、地税、规划、房产等多个部门，政策性、程序性强，需要各个部门紧密配合，沟通协调，齐抓共管。但从实际情况看，目前在城区商品房产权管理方面，还没有建立起有效的工作协调机制，在解决具体问题时，对各职能部门的职责界定不清，仅以住建、房产部门为主，导致一些工作推动不力。同时，相关职能部门各行其是、各自为政，不能及时互通信息，联系沟通不紧密，支持配合不积极，对一些职责范围内能够解决的问题不研究、不解决，将矛盾和问题累积并上交，导致一些商品房建成后规划、用地、建设、税收等手续不全，不能进行房屋权属登记。

（四）法律宣传不到位。走访座谈和调查问卷结果表明，由于对房屋产权管理相关法律法规宣传普及不到位，大部分居民运用法律武器维护自身合法权益的意识不强，在购买商品房时对建设质量、房屋权属、配套设施及物业服务等考虑较少，一些居民轻信开发商口头承诺，盲目选购；一些居民在购房过程中抱有侥幸心理，贪图价格便宜，购买手续不齐全、程序不合法、权属不明晰的房屋，入住后当权益得不到保障时又到处上访。部分房地产开发企业依法经营意识淡薄，只注重经济效益，不按规定办理相关手续，甚至想方设法逃避监管，拖欠土地出让金、营业税费等，不及时办理房屋权属证件，损害买受人的合法权益。

三、今后工作建议

商品房产权管理是一项关乎社会大局稳定、关系广大居民切身利益的重大民生工程、民心工程。做好商品房产权管理工作对于维护好、实现好、发展好广大居民的根本利益，加快新型城镇化建设步伐，提升政府公信力具有十分重要的意义。政府及各主管部门要充分认识加强城区商品房产权管理工作的重要性和紧迫性，坚持以人为本，进一步增强责任感、使命感，把此项工作纳入重要议事日程，切实加强领导，明确部门职责，健全工作机制，强化工作措施，着力提高城区商品房产权管理工作水平。

（一）高度重视，积极稳妥解决历史遗留问题。针对当前我县城区商品房产权管理中房屋权属登记滞后、历史遗留问题较多的现状，县政府及主管部门要高度重视，由政府分管领导牵头，相关部门参加，成立专门工作领导小组，对城区居民商品房产权登记情况进行调查摸底，掌握实情，按照“分类指导、统筹推进”的原则，制定切实可行的政策措施，明确办理时限要求，下决心解决城区商品房产权管理中存在的突出问题。对近年来因房地产开发企业违规建设未能权属登记的商品房，要通过挂牌督办、销号督办等方式，督促尽快完善手续，纠正违规行为，力争在今年9月底完成确权登记。对历史遗留的单位集资合作建房权属登记问题，要本着“尊重历史、尊重事实、依法依规”的原则，政府应研究制定具体办法，建立协调联动机制，力争在年底全部解决完毕。各职能部门要高度负责，密切配合，相互支持，有序推进；原建设单位及其主管部门要主动衔接，及时提供相关资料，齐心协力解决有关遗留问题。要严明工作纪律，对职能部门思想麻痹、玩忽职守、推诿扯皮，以及原建设单位及其主管部门不支持、不配合，导致居民无法办理房产证的，要严肃追究单位领导和相关责任人的责任，确保该项工作顺利进行。要进一步建立健全协同监管责任制，切实加强行业监管，严格审查把关，严厉查处违法行为，坚决杜绝此类问题再次发生。

（二）明确职责，不断提高依法监管水平。今后，政府各职能部门要严格执行《中华人民共和国建筑法》《中华人民共和国土地管理法》《中华人民共和国城乡规划法》《中华人民共和国城市房地产管理法》《中华人民共和国税收征收管理法》《中华人民共和国建设部房屋登记办法》等法律法规，按照“谁主管、谁负责”的原则，认真履行各自职责，强化监督监管，依法做好城区商品房产权管理工作。发改部门要加强房产开发项目的立项审批管理，对不符合法律规定的项目坚决不予立项、不予审批。住建部门要严格执行建设工程施工许可和竣工验收，对不符合施工条件的坚决不予许可、不予开工，对已建成的商品房，要按规定时限及时组织竣工验收，对未经验收交付使用的要严肃追究相关责任人的责任。国土部门要严把建设用地审批关，对符合土地利用总体规划的房地产开发项目，依法办理土地使用权出让手续，及时签订国有土地有偿使用合同，并在缴清土地出让金后，颁发建设用地批准书；对不符合土地利用总体规划或未经政府批准的开发项目不予供地；对违反《中华人民共和国土地管理法》、不依法办理用地许可、拖欠土地出让金等行为要坚决予以严查。规划部门要按照《中华人民共和国城乡规划法》的规定，对未取得建设工程规划许可证或未按规划许可规定建设的，责令停止建设，限期改正或拆除，并处以重罚。税务部门要加强对房地产开发税费的征管，对不依法纳税和偷逃国家税费的房地产开发企业，要采取强制措施，督促依法纳税。房产部门要严格执行商品房预售许可制度，对不符合预售法定条件的坚决不予许可，对未经许可违规进行预售的要依法从严从重处罚；对手续齐全的房屋要及时进行确权登记，对非法买卖转让房屋的行为要及时查处；对不按规定上缴或拒缴代收住宅专项维修资金的，要依据有关规定，严肃查处，督促违规企业在短期内全部上缴，坚决杜绝维修资金长期滞留在开发商手中，为房屋权属登记打好基础。

（三）健全制度，着力规范房屋产权管理工作。要根据有关法律法规，结合我县实际，制定出台商品房立项审批、土地使用、规划许可、开工放线、税费缴纳、权属登记、市场交易、监督管理等方面具体的实施办法，促进城区商品房产权管理工作规范化、制度化。严格落实责任追究制度，对职能部门及其工作人员监管不力、不依法办事、违规审批的问题，要依法依纪严肃追究其责任，坚决杜绝有法不依、执法不严、违法不究的现象。要进一步规范房屋权属登记工作程序，细化工作流程，明确岗位职责，提高服务窗口办事效率，为房屋权属登记提供优质高效服务。要建立房地产市场巡查检查和企业诚信档案制度，定期不定期组织开展联合执法检查，及时记录和公开房地产开发企业守法诚信经营状况，督促房地产开发企业依法规范经营，维护房地产市场良好秩序。要拓宽群众监督渠道，通过设立监督电话和监督信箱等方式，认真核查处理举报问题，及时公开处理结果，充分调动全社会参与商品房产权管理监督的积极性。

（四）加强宣传，增强遵法守法用法意识。要将房屋产权管理法律法规宣传作为房地产管理工作的一项重要工作，认真研究部署，通过电视、网站、公示牌等各种宣传载体，多层次、多形式做好法律法规宣传工作。特别是对《中华人民共和国物权法》《中华人民共和国城市房地产管理法》《商品房预售管理办法》《中华人民共和国建设部房屋登记办法》等法律法规进行重点宣传，普及法律法规常识，提高法律法规的知晓率，增强房地产开发企业、建设单位和广大居民遵法、守法、用法意识。

关于全县农村公路建设管护工作有关审议意见落实情况的检查报告

由常委会分管领导带队，常委会办公室、农业工委，交运局、县乡公路养护站负责人及工作人员组成检查组，于5月中旬至6月中旬，先后深入全县大部分乡镇及交运局、水务局、国土局、县乡公路养护站等部门和单位，采取实地察看、查阅资料、座谈汇报等方式，对县第十六届人大常委会第九次会议关于全县农村公路建设管护工作有关审议意见落实情况进行了检查。检查中，共实地察看农村公路60多条，其中通乡油路12条，在建通村硬化路32条，村社路、产业路20多条，现场抽检抽验建设工程40多处。

一、审议意见及落实情况

（一）审议意见

2013年6月召开的县第十六届人大常委会第九次会议，针对全县农村公路建设管护工作中存在的建设质量不高，道路通行能力较差；路政管理执法不严，违法违规行为普遍；农村公路养护不到位，养护经费无保障；道路建设任务重、进展不平衡等问题，提出了具体审议意见：一要加快农村公路建设步伐。抢抓政策机遇，积极争取建设项目和资金，逐步加大地方财政投入力度，整合各类项目资金，集中扶持农村公路建设。制定出台优惠政策，形成多渠道筹资机制，不断加强项目资金监管，确保资金发挥最大效益。二要提高农村公路路政管理水平。加强日常检测、监控，严厉打击各种超限超载运输行为。加大公路法规政策宣传力度，严格落实道路两侧红线控制规定，将过街公路和通村公路的建设纳入统一管理，依法查处侵占路产路权行为。三要提高农村公路建设标准和质量。严格执行工程质量追溯及责任追究制度，严厉查处降低建设标准、偷工减料等行为，提高农村公路建设质量。重视配套工程建设，把公路附属工程纳入公路规划、设计、建设和竣工验收范围，提高农村公路抗灾能力。四要提高农村公路养护水平。认真落实县、乡、村三级公路养护机构的责任，做好农村公路养护工作。逐步加大对农村公路养护资金投入，按标准将公路养护资金纳入财政预算，壮大公路养护工作力量。把农村公路养护工作纳入政府年度目标责任考核范围，督促乡镇、村社履行养护责任，提高养护质量和水平。

（二）落实情况

从检查情况看，县第十六届人大常委会第九次会议以来，县政府及主管部门针对农村公路建设管护工作中存在的问题，认真整改落实，取得了一定成效。

一是加大项目争取力度。抢抓国家加大基础设施领域公共投资力度、国务院支持甘肃发展和六盘山片区扶贫攻坚等政策机遇，积极争取建设项目和资金，加快农村公路建设步伐。2013年，争取实施静秦公路改造、通畅工程硬化路等农村公路建设项目45项341公里，总投资达到2.1亿元。今年，通过积极衔接争取，我县被列为国家六盘山片区5个交通扶贫示范试点县之一，项目规划实施通畅工程800公里。

二是强化农村公路建设管理。按照《静宁县农村公路建设管理办法》，进一步加强对农村公路建设质量监管，认真落实项目法人、工程招投标、工程监理、质量追溯、责任追究等制度，规范建设程序，健全质量监管体系，加强巡回督查，督促乡镇及村社积极参与农村公路建设监管，提高农村公路建设质量。整体上看，今年在建通村硬化路质量比去年有所提高。县政府将交通运输工作作为乡镇目标管理责任单列考核，与各乡镇签订目标管理责任书，加强农村公路建设质量监督考核。交通主管部门下发了《农村公路建制村通畅工程技术标准》，对通畅工程建设各项技术标准和指标要求作了明确规定，为建设单位规范施工及乡镇、村社实施建设质量监管提供了依据。

三是加大农村公路管养力度。针对农村公路养护经费不足的问题，县政府认真落实《甘肃省农村公路管理养护体制改革实施意见》，将全县农村公路养护经费由2013年的90万元增加到今年的205万元，为农村公路养护提供了必要的资金保障。2013年，县乡公路养护站在经费十分短缺的情况下，先后投入1043万元，用于农村公路维修养护，其中维修养护县乡公路65公里，抢修水毁道路270公里，罩面油铺严重破损公路6公里，实施大中修工程36公里，确保了交通主干道的安全畅通。各乡镇成立了乡级公路管养所，组建了333个村级公路管养组，配备专兼职工作人员1062名；大部分乡镇制定了农村公路管养制度，建立管养台账，逐级分解管养任务，落实管养责任。

四是加强监管队伍建设。针对交通主管部门工作力量薄弱的问题，为县交运局、路政大队充实工作人员7名。针对乡镇专业人员短缺，农村公路建设质量监管不到位的问题，重视农村公路建设监管人员技术培训，按照“懂建设标准、懂质量要求、懂技术要点、懂操作规程”的要求，通过专题培训、以会代训、现场指导等方式，先后组织乡镇公路建设监督员、村干部和群众代表参加农村公路建设相关技术培训1062人次，提高了农村公路建设监管人员的业务水平。

二、存在的突出问题

从检查情况看，县政府及主管部门在加强农村公路建设管护方面做了大量工作，取得了一定成绩。但整体上看，在落实县人大常委会审议意见方面，县政府及主管部门重视程度不够，解决问题的力度不大，一些影响和制约农村公路建设管护工作的突出问题还没有得到有效解决。

（一）建设质量监管仍不到位。《静宁县农村公路建设管理办法》对政府及交运局、监理单位和乡镇政府在农村公路建设中的职责作了具体规定。作为全县农村公路建设主管单位，县交运局对在建工程监管不经常，深入施工现场检查少，对施工过程中出现的问题未能及时发现、及时整改；监理单位及工作人员责任意识不强，普遍存在只收钱、不管事的现象，没有认真履行监理职权，甚至与施工企业串通一气，对违规行为睁一只眼闭一只眼，放任自流，工程监理制度形同虚设；一些乡镇对通村道路建设重视不够，存在畏难思想，在质量监管上与交通主管部门相互推诿，建设监管两张皮，质量监管严重不到位；一些施工企业施工资质不够，部分路段存在转包现象，一些施工企业技术力量薄弱，不懂技术规程，不按设计图纸施工或在没有设计图纸的情况下自行施工。同时，乡镇缺乏监督施工企业的手段，在施工过程中，施工企业对乡镇指出的问题不予理睬，既不配合，又不整改，甚至强行违规施工，导致有些道路建设质量问题较多。按照通村硬化路建设标准，水稳层、沙砾垫层厚度均要达到18厘米。检查发现，由于日常监管不到位，大部分在建工程普遍存在偷工减料、人为降低建设标准的问题，建设质量不达标，甚至部分工程沙砾层仅为规定标准的三分之一左右，质量极其低劣。如治平乡安宁至柳沟硬化路沙砾层厚度大部分为3至5厘米；雷大乡张峡梁至裴麻路硬化路沙砾层厚度仅为4至7厘米；甘沟乡新集至张湾硬化路沙砾层大部分不足5厘米，最厚处仅为10厘米；细巷乡细巷至米河硬化路部分路段沙砾层和水稳层总厚度仅为7厘米。同时，检查了解到，近几年建成的大部分通村硬化路路肩、边沟、涵管等附属工程设计不合理、配套不到位、建设标准低，道路抗灾能力差，遇雨即毁，通行困难。座谈中一些干部群众反映，配套工程建设不到位已经成为道路水毁严重、通行能力差的主要原因。如2013年建成的界石铺镇大河至王庄、细巷乡堡湾至朱张、红寺乡丈子至庙河、甘沟乡张新路至阳坡等硬化路，路肩普遍较窄，部分路段甚至没有路肩，边沟、涵管等设计不科学、不合理、不完善，建设质量差，边沟破裂、涵管堵塞现象较多，一些路段因水毁路基沉陷、路面破损严重，通行困难。

（二）农村公路养护仍不到位。一是部分公路失管失养。一些县乡道路因公路改道或乡镇合并等原因，管养主体变化后，移交程序不清楚，养护责任不明确，目前处于失管失养状态。如界石铺镇原312国道祁家大山段，原静秦公路武高—雷大、余阳路口—仁大段，304省道—阳坡段，红寺—四河等公路因失管失养，翻浆、塌陷、水毁等问题非常严重，道路通行困难。二是日常养护不到位。县乡公路养护站对公路日常巡查不及时，维修施工不彻底，养护质量不高，部分县乡公路长期处于带病运行状态。乡级公路管养所和村级公路管养组没有履行应有职责，大部分乡镇日常养护基本没有开展，近几年建成的一些通畅工程硬化路因日常管养不到位，水毁塌方、填埋边沟、堆放垃圾等问题随处可见。三是县乡公路养护机构力量薄弱。目前，县乡公路养护站共列养公路468公里。按照油路每人3公里的养护定员标准，应配备公路养护人员156人，而我县养护站仅有工作人员34名，平均每人养护里程达14公里，养护任务非常繁重。同时，养护站虽设立了1个中心养护组和4个道班，但均没有专门的场所，机械、材料存放和人员食宿等比较困难。四是乡村道路养护资金不足。乡镇普遍反映，由于近年来通村硬化路、村社路、产业路及田间路里程快速增加，乡村道路养护任务逐年加大，加之硬化路水毁维修、沙化路铺砂养护成本较高，开展日常养护所需资金数额较大，但村社道路养护没有任何资金来源，为保证道路畅通，大部分乡镇垫资进行维修养护，增加了乡镇债务负担。

（三）运输违规行为查处不力。从检查情况看，对超限超载运输导致农村公路破坏十分严重的问题，政府及主管部门重视不够，没有专题研究部署，也没有组织开展专项治理，打击查处不力，相关部门在治理超限超载运输上配合不力，一定程度上纵容助长了运输违规行为。近年来建成的一些通乡油路，由于超强度运输，目前已经面目全非，虽经多次维修，但通行能力仍然不高，群众意见较大。如新店—治平—李店—仁大和新店—甘沟—县城超载运输车辆较多，运输强度远远超过了四级公路的承载能力，大部分路面开裂、地基沉陷，仅靠修复无法解决问题，重新铺筑需要大量资金，困难较大。同时，县人大常委会审议意见提出，对农村公路及周边的违规建筑、违规采砂、占道经营、乱堆乱放等侵占路产路权的行为，政府要督促相关部门依法予以拆除、取缔。但从检查情况看，主管部门及乡镇既没有采取措施拆除取缔已形成的，也没有及时制止新的公路侵权行为，导致违规建设和侵权现象比较突出。如去年审议中指出的李店镇薛胡村的顺风物流宾馆、治平乡杨店村果库、仁大乡刘川砂场等至今没有拆除、关停。一些乡镇和部门知法违法，在道路红线控制区域内批准建设，违反相关法律规定。如今年甘沟乡在建的屯堡移民新村一排18户二层民宅距公路仅3米，祁川村何店社一在建果库6间铺面紧贴公路边沟，严重超出了《公路管理条例》关于县道红线控制不少于10米的规定，既侵占了路产路权，又影响道路交通安全。另外，威戎镇葫芦河大桥下游20米新增一家砂场，在桥下直接采砂，严重威胁大桥安全；滨河路城川至威戎段多处砂场砂堆直接堆放在公路边缘，存在安全隐患。

（四）重视支持农村公路建设管护工作氛围不浓。一是配套资金难以落实。按照项目计划，农村公路建设中央投资75%，地方配套25%。但由于我县财政十分困难，近几年公路建设项目配套资金基本没有落实，资金短缺制约了农村公路建设质量。二是优惠政策未落实。根据《甘肃省加快农村公路建设有关支持政策规定》，农村公路建设用砂要无偿提供，但目前我县砂源管理失控，砂石资源大多被非法占有、开采，通村硬化路所需砂石资源价格昂贵。据了解，原安、三合、双岘、贾河、红寺等乡镇公路建设用砂非常困难，每方土砂运到施工现场平均高达70~80元，导致道路建设成本增加，直接影响农村公路建设标准和质量。三是群众爱路护路意识不强。公路管护法规政策宣传不到位，群众对公路建设养护的重要性认识不足，爱路护路自觉性不强，只享受道路建设成果，不履行养护责任，爱路、护路、养路意识较差，一些村社、群众甚至对村庄周围、田间地头的水毁道路也不维修，等、靠、要思想严重，没有尽到应尽义务。

三、今后工作建议

农村公路建设管护是加快农民脱贫致富进程、促进农村经济社会可持续发展的基础性工程。政府及主管部门要充分认识加强农村公路建设管护工作的重要性和紧迫性，把农村公路建设管护工作作为一项重大民生工程纳入政府重要议事日程，进一步加强领导，靠实责任，强化监管，采取切实可行措施，认真研究解决农村公路建设管护中存在的突出问题，努力提高农村公路建设管护工作水平。各乡镇和相关部门要牢固树立农村公路建设与养护并重的理念，加强协调配合，整合项目资源，强化质量监管，加大管养力度，切实提高农村公路建设管护质量和水平。

（一）切实加强农村公路建设质量监管。要根据我县农村公路建设中出现的新情况、新问题，进一步修订完善《农村公路建设管理办法》，健全监管体系，明确责任主体，强化质量监管。针对通村硬化路建设任务重、质量监管难的问题，政府及主管部门要在思想上高度重视，行动上积极作为，立即召开专题会议，对在建通村硬化路进行一次“回头看”，靠实交运部门、乡镇和监理单位质量监管责任，督促检查，强化调度，积极协调解决困难和问题，切实将农村公路质量抓在手上，抓出成效。要严格落实责任追究制度，增强建设单位、监理人员、施工企业的责任意识和质量意识，加大日常巡查检查力度，严厉查处无设计就建设、不按设计建设以及降低建设标准、偷工减料等行为，对不符合质量标准的，该返工的要坚决要求返工，对已投入使用但质量有问题的工程，要严肃追究有关人员的责任，并采取适当的补救措施，坚决杜绝出现人情工程、面子工程、豆腐渣工程，努力做到建设一条、达标一条。要高度重视工程配套建设，把公路附属工程纳入公路规划、设计、建设和竣工验收范围，根据路况实际，合理确定路肩、边沟、涵管、路标等附属工程，督促承建单位严格按设计标准进行建设，对配套工程建设不到位，质量不达标的，坚决不予竣工验收，不予拨付建设费用，通过强有力的措施，不断提高农村公路抗灾能力，减轻养护任务。

（二）切实强化农村公路养护管理。针对公路养护里程大幅增加，养护任务越来越重的现状，政府及主管部门要超前谋划，认真研究制定符合我县实际的农村公路养护办法，建立健全长效机制，努力提高农村公路养护质量和水平。针对养护责任落实不到位的问题，要把农村公路养护工作纳入政府年度目标责任考核范围，强化监督考核，督促县、乡、村三级养护机构提高思想认识，落实养护责任，扎实开展农村公路日常养护，提高道路通行能力。针对部分路段失管失养的问题，要积极协调，尽快明晰养护主体，靠实工作责任，确保有路必养，不留死角。针对养护资金短缺的问题，要全方位、多渠道筹措农村公路养护资金，政府要逐年加大对县乡公路养护资金的投入力度；主管部门要积极争取各类养护资金，为县乡公路养护提供资金保障；乡村两级要按照“村民自愿、量力而行”的原则，广泛发动、教育引导群众积极参与村社道路养护。针对县乡公路养护力量薄弱的问题，要进一步充实工作力量，配备相关专业技术人员，加大养护装备投入，确保县乡公路养护工作高效运行。

（三）切实加大路政执法管理力度。严厉打击超限超载运输行为，针对部分路段超限超载运输车辆集中，对公路破坏严重的现状，要成立由政府分管领导牵头、相关部门和单位共同参与的治理农村公路超限超载运输工作领导小组，研究制定切实可行的政策措施，开展联合执法检查，大力整治超限超载运输。要坚持路面专项治理和源头长效治理相结合，法律手段、行政手段和经济手段相结合，通过设立超限超载警示牌、专项检查站等方式，加强对超限超载的日常检测、监控，对超限超载车辆做到不放行、不上路，从源头上减少超限超载对公路的破坏。对超限超载运输、恶意破坏公路的行为，要严格按照《公路安全保护条例》等有关法律规定，采取果断措施，依法严管重罚。对目前农村公路两侧红线以内的违章建筑、违规采砂、占道经营、乱堆乱放等侵占路产路权的行为，县、乡两级政府要加大查处力度，依法取缔、限期拆除。今后，要严格执行公路沿线建设用地报批和建设项目立项审批程序，落实道路两侧红线控制规定，对不符合道路红线控制要求的所有建设项目，坚决不予审批立项，不许开工建设。各乡镇要切实负起责任，将过街公路和通村公路纳入统一管理，加强日常巡查检查，坚决杜绝侵占路产路权现象的发生，为农村公路可持续发展留足空间。

（四）切实加强砂石资源管理，全力保障农村公路建设。针对目前我县河道采砂管理混乱，非法滥采乱挖现象突出，以及砂场坐地涨价、欺行霸市，导致农村公路建设用砂短缺、价格昂贵等问题，政府要高度重视，将落实农村公路建设用砂优惠政策作为政府支持农村公路建设的一项重大举措，认真制定出台相关制度办法，积极督促协调相关部门为农村公路建设划定采砂区域，无偿提供砂石原料，提高农村公路建设质量。加强对全县砂石资源开发利用工作的领导，尽快成立由政府分管领导任组长，公安、水务、国土、安监、环保、水保、工商、电力等部门和相关乡镇负责人为成员的全县砂石资源专项整治领导小组，对砂石资源进行一次集中排查整治，依据有关法律规定，对非法开采、滥采乱挖、破坏河道耕地的企业或个人，依法查处，该关停的必须坚决关停，该整改的必须明确时限，限期整改。要从实际出发，尽快编制全县砂石资源开发利用规划，设立禁采区，科学开发利用，保护好砂石资源，坚决杜绝企业、个人滥采乱挖行为。进一步明确砂石资源开采利用管理责任，督促相关部门认真履行监管职责，强化日常监督检查，规范审查审批程序，严控砂场数量，今后不得新增砂场。对采砂管理中不依法办事、不按规定审批的单位和个人要严肃追究责任，确保砂石资源依法管理、规范开采、永续利用。

第十六次会议　于2014年9月18日在常委会五楼会议室召开，由高恒主持。

会议议程有五项：一、学习中共中央总书记习近平在全国人民代表大会成立60周年庆祝大会上的讲话；二、人事任免；三、听取和审议政府办公室主任何浩强受政府委托所作的《关于〈中华人民共和国未成年人保护法〉〈中华人民共和国预防未成年人犯罪法〉贯彻实施情况的报告》、常委会司法民政工委副主任宋正祥所作的《关于〈中华人民共和国未成年人保护法〉〈中华人民共和国预防未成年人犯罪法〉贯彻实施情况的检查报告》；四、听取和审议环境保护局局长王勤学受政府委托所作的《关于〈甘肃省静宁县国家级生态县建设规划〉（2012—2020年）编制情况的报告》，作出《关于甘肃省静宁县国家级生态县建设规划（2012—2020年）的决议》；五、审议通过《静宁县人大常委会专题询问和质询暂行办法》《静宁县人大常委会组成人员守则》《静宁县人大常委会会议请假制度》《静宁县人大常委会联系代表办法》。会上，政府副县长沈学英就落实审议意见作表态发言。

第十六届常委会组成人员张自杰、王维军、王平仁、高恒、沙芳琴、陈进财、慕锡武、杨华、王友忠、周浩仁、胡志科、武文学、冯克勤、杨立新、李稳收、裴晓江、朱国军、薛小田、李会宾、王全生出席会议；政府副县长沈学英、法院院长李根进、检察院检察长崔晓晖、政府办公室主任何浩强，环保局、团委、妇联、教育、公安、民政、司法、文体、卫生、残联、综治办、街道办及社区居委会负责人，一中、平凉机电工程学校、阿阳实验学校及常委会各委室负责人列席会议。

附：

人事任免

李鸿坚任县人民政府副县长

县人民政府副县长李鸿坚个人情况表

表4-50

姓名	性别	民族	出生年月	籍贯	文化程度	入党时间	工作时间	主要工作经历
李鸿坚	男	汉	1964.5	甘肃民勤	本科	1998.8	1989.7	1989年7月至1992年4月在建行金昌市支行工作;1992年5月任建行金昌市支行东区分理处副主任;1994年6月任建行金昌市支行东区分理处主任;1995年11月任建行金昌市支行金川路分理处主任；1996年3月任建行永昌县支行副行长；1999年4月任建行金昌市分行监察室监察员；1999年7月任建行金昌市分行人事教育科副科长；2002年1月

续表4-50

姓名	性别	民族	出生年月	籍贯	文化程度	入党时间	工作时间	主要工作经历
李鸿坚	男	汉	1964.5	甘肃民勤	本科	1998.8	1989.7	任建行金昌市分行信贷风险管理科科长；2003 年 1 月任建行金昌市分行风险管理部经理；2006 年 3 月任建行金昌分行高级客户经理（公司及机构业务）；2006 年 7 月任建行嘉峪关分行风险主管；2011 年 12 月任建行金昌分行风险主管；2014 年 5 月任建行金昌分行高级客户经理（公司及机构业务专业技术四级，副处级）

李平安任县人大常委会教科文卫工作委员会主任

李进祥任县人大常委会农业工作委员会副主任

免去：

冯克勤县人大常委会教科文卫工作委员会主任职务

李忠荣县人大常委会农业工作委员会副主任职务

郭三省县文体广电局局长职务

张永宏县安全生产监督管理局局长职务

关于《中华人民共和国未成年人保护法》《中华人民共和国预防未成年人犯罪法》贯彻实施情况的检查报告

由分管领导带队，常委会办公室、司法民政工委、教育局、公安局、综治办等单位和部门负责人及部分常委会组成人员组成检查组，于7月中旬至8月下旬，先后深入县教育局、街道办、博物馆、看守所等单位以及城区部分网吧、书店和娱乐场所，通过现场检查、查阅资料、座谈汇报等方式，对《中华人民共和国未成年人保护法》和《中华人民共和国预防未成年人犯罪法》（以下简称“两法”）贯彻实施情况进行了检查。

一、基本情况及工作成效

据统计，目前我县共有未成年人11.2万人，占全县总人口的23%。近年来，全县各级各部门认真贯彻执行“两法”，在保障未成年人合法权益，预防和控制未成年人犯罪方面做了许多工作，取得了一定成效，法律实施总体情况较好。

（一）积极建立健全工作机制。从检查情况看，“两法”颁布实施以来，全县各级比较重视，县上成立了县综治委预防青少年违法犯罪专项组、预防青少年违法犯罪专项组办公室（以下简称“预青办”），县妇女儿童工作委员会、关心下一代工作委员会。制定了《静宁县妇女儿童发展规划》《静宁县重点青少年群体服务管理和预防犯罪工作实施方案》《办理未成年人刑事案件工作细则》《青少年维权岗工作规定》等，为保护未成年人合法权益提供了组织和制度保障。同时，县综治委将预防未成年人违法犯罪工作纳入年度综治责任目标考核范围，有力推动了未成年人保护工作的深入开展。法院、检察院、团委、妇联、教育、文体广电、公安、司法等部门和单位从各自职能出发，以维护未成年人权益和预防未成年人犯罪为重点，探索建立了青少年维权岗、学校法制教育和校园周边环境综合治理等制度，为各学校选派法制副校长，成立家长学校，加强社会、家庭和学校的联系，合力做好未成年人权益保护和预防未成年人犯罪工作。

（二）着力净化未成年人成长环境。针对文化市场中一些非法网络游戏，宣扬凶杀、暴力、色情、封建迷信的音像、图片、书刊，以及黄、赌、毒等社会丑恶现象严重侵害未成年人身心健康的问题，县文体广电、公安、教育、工商、消防等部门从加强管理入手，积极组织开展网吧、图书等文化市场及营业性娱乐场所集中整治工作，着力净化未成年人成长环境。2010年以来，共查处非法出版的图书5400册、音像制品120件，依法处理违规接纳未成年人上网的网吧18家（次），关闭取缔3家，查处违规经营娱乐场所21家（次）。加大对校园周边"两抢"等街面违法犯罪活动的打击力度，及时处置涉校治安问题，近年来开展校园周边整治15次，查处涉校行政案件26起，刑事案件13起，抓获嫌疑人44人，有力维护了校园及周边治安环境。同时，强化普法宣传教育，把"两法"学习宣传工作列入"五五""六五"普法规划，作为年度普法工作的重要内容，法院、检察院、妇联、教育等单位经常组织人员深入乡镇（村社）、街道（社区）和学校，开展"送法进学校、进社区、进家庭"和"青少年学法、用法、守法"宣讲、法律服务咨询等活动，为未成年人成长营造良好的社会环境。

（三）切实加强未成年人司法保护工作。县法院设立了少年法庭，配备审判人员3名，认真做好涉及未成年人犯罪案件的审理工作。县检察院按照新修正的《中华人民共和国刑事诉讼法》规定，积极探索完善未成年人犯罪办案机制，设立了未成年人犯罪案件办案组，确定责任心强、业务素质高的女检察官专门办理未成年人案件。2010年以来，县检察院审查后提起公诉的侵害未成年人权益案件22件，未成年人犯罪案件43件64人；县法院共审结侵害未成年人权益的刑事犯罪案件22件，未成年人犯罪案件54件81人；公安机关加大对侵害未成年人权益犯罪案件的打击力度，先后破获抢劫、敲诈、勒索未成年人人身和财产安全的案件802起。严格执行未成年人与成年人分押分管规定，对所有看押的未成年罪犯实行单独关押，并安排专门干警负责文化课及其行为教育。重视加强学校法制教育和思想道德建设，制定下发了《关于加强学校法制宣传教育的通知》《关于进一步加强青少年法制教育的若干意见》等文件，为全县中小学选派法制副校长39人。在各级各类学校广泛开展校园文化建设、传统文化经典诵读、行为习惯养成、社会主义核心价值观教育等，不断提升中小学生思想道德水平。积极开展未成年人法律援助工作，2010年以来，共办理未成年人法律援助案件28件，为未成年人义务提供法律咨询128人次。

（四）深入开展未成年人帮扶教育工作。积极动员和组织社会各界力量，先后组织开展了“关爱留守儿童”“关爱农民工子女”“法制进校园”“政法干部结对帮教问题青少年”等活动，着力推动解决未成年人中弱势群体实际困难，维护未成年人合法权益。团县委组织有关企业、城区学校、志愿者等结对帮扶在校农民工子女1905人，争取“希望工程”助学金34.9万元，奖励资助优秀贫困学生241名。县妇联多渠道募集资金4.8万元，为600名贫困留守儿童捐助了运动鞋；累计争取资金10.4万元，分别资助30名困难小学生重返校园，40名贫困春蕾女童完成高中学业。县残联、民政等部门积极为残疾儿童、孤儿等提供必要的医疗卫生服务和重大疾病救助，帮助解决实际困难。加强闲散青少年和犯罪青少年群体的服务管理工作，针对因犯罪被判管制、缓刑、暂予监外执行的未成年被告人，及时通过社区矫正与回访帮教，做好教育、感化和挽救工作。各乡镇、街道（社区）、学校通过建立“留守儿童之家”等形式，加强对农村留守儿童和城区流动儿童的监管，弥补留守儿童亲情缺失，引导他们健康成长。

二、存在的主要困难和问题

从检查情况看，政府及相关部门在贯彻实施“两法”中，虽然做了一定工作，但仍存在一些不容忽视的突出问题。主要是：

（一）贯彻实施“两法”的氛围还不浓厚。一是政府重视程度不高。从检查情况看，政府及相关职能部门对贯彻实施“两法”，保护未成年人合法权益和预防未成年人犯罪工作的重要性、紧迫性认识不足，思想上重视不够，还没有把未成年人保护工作列入政府重要议事日程，在加强组织协调、提供政策支持、加大资金投入、强化监督管理等方面，政府职责落实还不到位。二是工作协调机制还未形成。县上虽然成立了预青办、妇儿工委、关工委等未成年人保护工作机构或组织，但责任主体不明确，各成员单位之间协调配合不紧密，存在各自为政、各行其是的现象。一些职能部门对承担的法律职责认识不清，责任意识不强，措施办法不多，研究解决具体困难和问题较少，没有真正形成齐抓共管的合力。三是宣传教育不到位。各级各部门对“两法”的宣传普及力度不大，社会各界知晓率低，甚至一些从事教育、治安工作的人员，对“两法”及其相关条文知之甚少，不能很好地贯彻执行法律规定。

（二）不良文化对未成年人的危害比较严重。座谈中，部分学生家长、学校负责人反映，社会不良文化特别是网吧、游戏厅、KTV等营业性娱乐场所及内容不健康的图书，对未成年人的身心健康影响十分严重。特别是一些营业性网吧在经济利益驱动下，接纳未成年人上网，并向他们提供暴力、色情、淫秽网站、游戏服务；个别书店仍违规经营玄幻暴力、淫秽色情等内容不健康的书籍，对涉世不深的未成年人起到极坏的教唆作用。同时，随着手机等通讯工具的大量普及，中小学生使用手机上网的问题比较突出。检查中，一些学校及教师反映，目前有相当比例的在校学生持有手机，大部分学生使用手机上网聊天、打游戏，个别学生甚至通过手机传播一些不健康短信、视频、图片等，一方面严重影响正常学习，另一方面受网络不良信息影响，个别未成年人走上了违法犯罪道路。

（三）学校、家庭和社会对未成年人保护存在许多薄弱环节。一是学校思想道德教育仍需加强。受应试教育的影响，学校对学生的思想道德教育重视不够，普遍存在“重智育轻德育”的问题。部分学校忽视未成年人的生理和心理特点，对学生急需的法制、青春期生理和心理健康等教育跟不上，法制教育流于形式；一些学校德育工作的针对性、实效性不强；个别教师不注重学生个体差异，不能因材施教，忽视学生个性成长，对学生的不良行为教育管理不到位，学生校外打架斗殴、酗酒闹事等现象比较突出，社会反响强烈；部分学校学生宿舍短缺，一些学生在校外租住，形成管理上的漏洞，容易出现各类行为失范和违法乱纪问题。二是家庭教育没有及时跟进。一些未成年人的监护人法律意识淡薄，不尊重未成年人的权利，教育方式方法不当。多数家庭只关心孩子的学习成绩，而对其思想品德、个性发展关心较少。部分家庭过分溺爱、姑息、纵容孩子，造成孩子性格自私任性；有些家长个人素质不高，没有很好地发挥言传身教作用。一些特殊家庭的子女在失去家庭幸福后，到社会上寻找“关心”“同情”，往往被坏人拉拢、引诱，走向犯罪。同时，随着大量农村劳动力外出，农村留守儿童数量猛增，由于父母管教不到位或不及时，家庭教育严重缺失，导致他们心理、性格发展不健全，极易受到不法侵害。三是未成年人文化活动场所相对缺乏。目前，我县有青少年校外活动中心一处，但从未向社会开放，仅作为德顺小学学生活动阵地，没有发挥应有作用。县图书馆、文化馆、博物馆、体育场等虽然制定了相应办法，向未成年人及在校学生免费或优惠开放，但管理模式陈旧、设施落后、功能单一，满足不了未成年人学校之外的文体娱乐需要。

（四）预防未成年人犯罪的措施落实不到位。一方面，未成年人违法犯罪问题不容忽视。据统计，2010年至2013年，公安部门共抓获未成年刑事作案成员40人，占所有抓获作案成员的15.8%；县法院共审判未成年罪犯71人，占所有审判罪犯的1.4%。另一方面，预防和帮教工作仍需加强。目前我县有将近1.3%的未成年人在没有完成学业的情况下已步入社会，成为社会闲散人员。由于脱离学校和家庭的教育管理，加之受社会消极文化和不良风气影响，成为不法分子侵害的重点对象。部分刑满释放的未成年人，尤其是外来人口中的未成年人，由于得不到家庭的温暖和社会的关怀，或得不到学习、培训、就业的机会而重新走向犯罪。

三、工作建议

未成年人是祖国的未来、民族的希望，做好未成年人保护工作，既是维护广大人民群众根本利益的客观要求，也是加强和创新社会管理、促进社会和谐稳定、推动经济社会协调发展的重要内容。教育好、培养好未成年人，维护好他们的合法权益，促进他们健康成长，既关系到每个家庭的幸福，更关系到社会的长远发展。政府及各职能部门要高度重视，真正从思想上认识到做好未成年人保护和预防犯罪工作的现实意义和战略意义，进一步认清肩负的重大责任，增强使命感和紧迫感，强化工作措施，健全工作机制，真正将法律的各项要求落到实处。

（一）加强组织领导，进一步完善工作机制。未成年人保护和预防犯罪工作涉及多个部门和单位，工作面广，综合性强，是一项社会系统工程，需要各级各部门和社会各界的共同参与和配合。因此，县政府要充分发挥主导作用，进一步落实主体责任，将未成年人保护和预防犯罪工作摆上重要位置，纳入重要议事日程，切实加强组织领导，成立专门工作机构，制定具体可行的工作方案，定期研究解决工作中的困难和问题，确保未成年人保护和预防犯罪工作组织领导到位，职责履行到位，任务落实到位。建立健全齐抓共管的未成年人保护和预防犯罪工作机制，加强工作指导，协调各职能部门和单位各司其职、通力合作，真正形成工作合力，切实把未成年人保护工作做深、做实、做细。各职能部门和单位要增强大局意识，遵循责任明晰、责任到位的原则，结合各自工作职责，建立和落实领导责任制，切实做到任务和责任到岗、到人。充分发挥学校、家庭和社会在未成年人保护方面的重要作用，进一步加强未成年人思想道德教育，努力办好家长学校，指导并推进家庭教育。各乡镇、社区及社会团体要经常组织开展有利于未成年人健康成长的社会实践活动，不断构建和完善学校、家庭、社会“三位一体”的未成年人保护工作机制，切实维护未成年人合法权益。

（二）加大监管力度，进一步净化社会文化环境。各相关部门要充分发挥职能作用，切实加强对学校及周边文化环境和治安、交通秩序的整治，加大对从事非法经营活动的网吧、电子阅览室、游戏厅、KTV等文化娱乐场所的打击力度，彻底清理各种传播淫秽、色情、凶杀、封建迷信的非法出版物，对危害未成年人身心健康的文化娱乐场所，发现一起，严惩一起，绝不姑息迁就，对学校周边不符合规定的网吧、电子阅览室、游戏厅、KTV等要坚决予以取缔。加强对各类文化经营场所业主的法制教育，真正让他们学法、懂法、守法，规范经营。严厉打击教唆、胁迫、引诱未成年人违法犯罪的行为，对扰乱、破坏学校教学环境及侵害学生人身和财产安全的违法犯罪人员，要加大惩处力度，依法追究刑事责任。通讯管理部门要加强移动通讯、网络接入服务的管理，采取有效措施，防止通过手机、互联网等发布违法有害信息，进一步净化未成年人学习生活环境。

（三）坚持统筹兼顾，切实做好未成年人活动场所建设。各级各部门要按照中共中央办公厅、国务院办公厅《关于进一步加强和改进未成年人校外活动场所建设和管理工作的意见》的通知精神，把未成年人校外活动场所建设纳入国民经济和社会发展总体规划，在旧城区改建或新城区开发建设中，配套建设布局合理、规模适当、经济实用、功能配套的未成年人校外活动场所。充分发挥乡镇、街道、社区综合文化站和中小学校的作用，加强农村未成年人校外活动场所建设。充分发挥县青少年校外活动中心、图书馆等现有公益性文化活动场所的作用，研究制定具体可行的办法，配备必要的设施设备，扩大对外开放程度，提高其使用率。积极开展绿色网吧、绿色书店评选挂牌活动，建立一套科学可行的评选机制和办法，对经营规范、设施完备的网吧、书店进行命名挂牌，以解决学生节假日期间没地方去、没健康场所去的问题。

（四）强化工作措施，做好未成年人违法犯罪的预防控制工作。各有关部门要把

"两法"的学习宣传作为"六五"普法的重点，采取切实可行的工作措施，加大宣传力度，不断提高宣传效果，力求做到家喻户晓，深入人心。要充分发挥学校主阵地作用，广泛开展学法、用法、护法等法制教育活动，并通过学校及学生辐射带动家庭及社会各界提高对"两法"的认识，不断增强全社会的法律意识。法院、检察院、公安机关以及司法行政部门要根据未成年人保护法、预防未成年人犯罪法、刑事诉讼法的规定，认真履行职责，相互配合，依法保护未成年人合法权利。进一步建立健全适合未成年人违法犯罪案件特点的办案工作制度，在办案中要依法落实对未成年人的特殊保护，尽量减少使用强制措施。严厉打击侵害未成年人合法权益和教唆未成年人犯罪的行为，为青少年成长营造良好环境。把"教育、感化、挽救"的方针贯穿于办案的全过程，切实体现对未成年人违法犯罪从宽处理的立法精神，积极探索适合未成年人的立案、起诉、判决及执行方式。充分发挥社区在未成年人保护工作中的重要作用，不断完善社区教育、管理和服务未成年人的工作机制。加强对特殊未成年人群体的保护，积极探索新形势下做好闲散未成年人、流浪儿童、孤残儿童的救助教育管理以及刑释解教等失足未成年人的帮教、安置工作。

第十七次会议　于2014年10月28日在常委会五楼会议室召开，由沙芳琴主持。

会议议程有五项：一、人事任免，常委会主任张自杰为新任命的政府工作部门负责人颁发任命书，樊爱平代表新任命人员作表态发言；二、听取和审议农牧局局长柴福喜受政府委托所作的《关于全县牛产业发展情况的报告》、常委会农业工委主任武文学所作的《关于全县牛产业发展情况的调查报告》；三、听取和审议教育局局长赵宏军受政府委托所作的《关于全县农村基础教育发展审议意见落实情况的报告》、常委会教科文卫工委主任李平安所作的《关于全县农村基础教育发展审议意见落实情况的检查报告》；四、听取和审议政府办公室主任何浩强受政府委托所作的《关于县第十六届人民代表大会第三次会议代表意见建议办理情况的报告》、常委会代表联络工委主任李稳收所作的《关于县十六届人大三次会议代表意见建议办理督查情况的报告》；五、审议通过《静宁县人大常委会关于听取和审议"一府两院"专项工作报告实行满意度测评暂行办法》。会上，政府常务副县长何鹏峰就落实审议意见作表态发言。

第十六届常委会组成人员张自杰、王维军、王平仁、高恒、沙芳琴、陈进财、慕锡武、杨华、王友忠、胡志科、马世明、武文学、冯克勤、杨立新、李稳收、薛小田、朱国军、李会宾、厚凤兰、王全生出席会议；县委常委、政府常务副县长何鹏峰，法院副院长张平、检察院检察长崔晓晖、政府办公室主任何浩强、教育局局长赵宏军、农牧局局长柴福喜、畜牧局局长张亚鹏，发改、财政、公安、人社、住建、文广、扶贫、农机、农行、信用社、二中、文萃、城关教委及常委会各委室负责人，市人大代表梁健、刘玉海，县人大代表赵文学、李明军、尹万东、石学礼，界石铺镇、曹务乡党委书记马斌、刘国军，细巷乡、灵芝乡人大主席赵轶智、张进有，古城乡、原安乡政府乡长席鹏举、樊尚平列席会议。

附：

人事任免

牛满川任县文体广电局局长

樊爱平任县安全生产监督管理局局长

卢张娃任县人民法院立案庭庭长，免去县人民法院甘沟法庭庭长职务

赵满良任县人民法院界石铺法庭庭长，免去县人民法院威戎法庭庭长职务

张翻平任县人民法院刑事审判庭副庭长

免去王健县人民法院界石铺法庭庭长职务

关于全县牛产业发展情况的调查报告

由分管领导带队，县人大常委会办公室、农业工作委员会，县政府办、农牧局、扶贫办、畜牧兽医局负责人及工作人员组成调查组，于9月上旬至10月上旬，先后深入原安、界石、甘沟、红寺、司桥、曹务等9个乡镇及县农牧局、畜牧兽医局等单位，通过入户察看、查阅资料、座谈汇报等方式，对全县牛产业发展情况进行了调研。调研中实地察看养牛企业7个，养牛小区21个，养牛户100多户。

一、基本情况及工作成效

多年来，政府及主管部门立足我县地域和资源优势，坚持把发展养殖业作为促进农民增收、助推农村经济发展的重要支柱产业，因地制宜，常抓不懈，养殖业特别是肉牛养殖规模逐步壮大，服务体系逐步完善，产业效益逐步提升。截至目前，全县牛饲养量达15.81万头、存栏量达10.84万头、出栏量达4.97万头，实现收入达1.7亿元。

（一）加强扶持引导，区域主导产业地位初步确立。政府及主管部门从均衡南北、改善民生的高度出发，以建设全省养牛大县为目标，充分利用西北部乡镇耕地面积大、饲草资源丰富、群众养殖基础好的优势，将牛产业作为西北部乡镇发展特色产业的主攻方向，大力扶持，积极推进。先后制定了《陕甘宁革命老区六盘山周边地区静宁县特色畜牧产业振兴中长远规划（2011—2020）》《静宁县“十二五”畜牧产业发展规划》《静宁县西北部牛产业发展规划（草案）（2011—2015）》《静宁县肉牛产业发展规划（2013—2015）》，进一步明确了牛产业的发展定位、发展思路、发展目标和保障措施。发改、财政、农牧、扶贫等部门充分发挥职能作用，密切协作配合，在项目编报、资金投入、技术指导、农机具补贴等方面大力支持；相关乡镇特别是西北部乡镇积极整合帮扶行动、片区开发、整村推进等项目，通过协调养殖业贷款、建设标准化养殖小区和标准化暖棚以及引进牛犊等方式，鼓励和引导区域内村社及群众发展养牛。据统计，截至目前，西北部乡镇肉牛存栏量达8.25万头，占全县肉牛存栏量的77%。2012年以来，依托帮扶行动和扶贫开发、现代农业发展等项目，全县累计投入资金1.1亿元用于扶持发展牛产业，其中帮扶惠农贷款（畜牧专项）3064万元；妇女小额担保贷款（养殖专项）6136万元；养殖龙头企业（小区）贴息贷款560万元；现

代农业生产发展资金肉牛产业项目省级专项资金313.5万元；扶贫开发牛产业发展资金969.5万元。通过大力扶持引导，初步形成了生产相对集中、特色比较明显的牛产业发展格局，区域主导产业地位初步确立。

（二）强化产业基础，养殖规模进一步扩张。紧紧围绕全县农业产业化发展总体部署，坚持走“小群体、大规模”的路子，依托旱作农业技术推广，提高饲草利用效率，强化基础设施建设，不断扩大养殖规模。以西北部乡镇为重点，大力推广以全膜玉米为主的旱作农业，鼓励养殖户采用全株带穗青贮、鲜玉米秸秆青贮、半干玉米秸秆青贮和干玉米秸秆黄贮等模式，加快玉米秸秆转化利用，玉米秸秆转化利用率达到56%。全县玉米种植面积一直维持在30万亩以上，玉米秸秆产量维持在37万吨左右，为发展养牛产业提供了丰富的饲草资源。加大饲草加工机械购置投放力度，通过农机具补贴等方式，累计投入资金144万元购置投放秸秆加工机械5600多台，建成各类青贮池（窖、壕）9200个46万立方米，为秸秆青贮提供了必要保障。同时，按照“统一规划、分户饲养、人畜分离、适度集中”的建设和管理机制，积极扶持兴建标准化养殖小区，推进养牛示范村和示范社建设，大力鼓励和引导千家万户发展养牛。目前，全县建成标准化棚舍4490栋26.3万平方米，建成各类养牛小区（企业）30个，养牛场（合作社）30个，发展养牛示范村78个，百头养牛社20个，发展养牛户3.9万户，肉牛饲养量、存栏量分别较2010年增长98%、55%。

（三）转变发展观念，科技养殖逐步推广。从转变群众养殖观念入手，坚持宣传引导、政策扶持、效益对比以及技术推广多管齐下，引导群众转变“养牛为耕田”的传统观念，使养牛向产业化、商品化发展。特别是西北部部分群众已经认识到发展牛产业的经济效益，逐渐摒弃“只有外出打工才是出路”的观念，利用土地面积大、饲草充足的优势，发展肉牛养殖。在引导群众转变养殖观念的同时，大力推广良种、良法和冻配改良、快速育肥、暖棚养殖、秸秆综合利用等养牛新技术，不断扩大良种覆盖率，促进养殖标准化，提升产业效益。2009年以来，累计投放基础母牛3400头，建成肉牛冻配改良点36个，年均引进推广西门达尔、南德温、皮尔蒙特等优良肉牛冻精3.6万支，肉牛冻配改良2.6万头，全县肉牛良种化程度达到45%。

（四）健全服务体系，产业效益进一步提高。按照“强化县级、充实乡镇、健全村级”的原则，积极筹措资金，建成基层兽医站24个，招录专业技术人员66名，聘用村级防疫员333名，全县畜牧兽医专业人员达到117人，其中县级服务机构21人，乡镇兽医站96人，县乡村三级服务体系进一步完善。严格落实肉牛防疫目标管理责任制，加大动物疫病防控力度，全面开展动物防疫免疫工作，全县动物应免率和标识率基本达到100%。按照“因地制宜、分类指导、积极发展、逐步规范”的原则，立足资源、交通和产业优势，加快龙头企业培育，不断延伸产业链条，先后发展八里精威饲料有限公司养牛场、城关盛瑞、灵芝鸿源等养牛龙头企业12户，甘沟益农、八里惠农等养牛专业合作社18家，带动农户400户，有力推进肉牛产业化进程，养殖效益进一步提高。据统计，目前全县肉牛总产值达到1.85亿元，较2010年的1.24亿元增加0.61亿元，增长近50%，占畜牧业总产值的比重达到71%，较2010年提高9个百分点。

二、存在的主要困难和问题

从调查情况看，政府及相关部门在发展养牛产业上做了大量工作，取得了一定成效，但与发展支柱产业、促进农民增收致富的要求相比，仍存在一些突出困难和问题。主要是：

（一）各级重视程度还不够高，产业发展比较缓慢

我县是一个农业大县，也是果品大县，发展养殖业具有一定的资源和区位优势。但从调查情况看，乡村两级对发展养殖业特别是牛产业的重视程度还不够高，没有把牛产业发展列入重要议事日程，摆在重要位置，进行专题研究部署，协调解决产业发展中的困难和问题较少，支持和推动力度不大。一些乡镇、村社及干部群众思想保守落后，对发展现代畜牧业特别是养牛产业认识不足，主观上认为发展养牛产业比较效益低下，短期内实现增收致富比较困难，在引导、推动牛产业发展上积极性不高，投入精力不多。部分乡镇在养殖小区建设中，不注重调查研究，未充分调动群众参与的积极性，盲目进行前期建设，忽视后续管理，一些养殖小区选址不合理，建设标准不高，基础设施配套不到位，经营管理不科学，导致建成后利用效率不高，甚至荒废闲置，既造成资源浪费，又挫伤了群众发展牛产业的积极性。如曹务乡2011年建成的张珍湾养殖小区，细巷乡分别于2009年、2011年建成的米岔和上庄养殖小区至今闲置；原安乡百富、古城乡二堡、甘沟乡牡丹等养殖小区设计养殖规模分别为18户90头、16户64头、20户80头，但实际进入小区养殖的分别为3户22头、6户18头、4户38头，其他群众普遍反映小区地理位置偏僻，饲养不便，不愿进入小区饲养，小区作用没有得到有效发挥。

（二）资金扶持力度不大，产业发展后劲不足

调查走访中，乡镇、村社及干部群众普遍反映，牛产业发展融资难、投入不足已成为制约产业快速发展的重要瓶颈。一是融资渠道不畅。2012年以来，县上加大了帮扶惠农贷款、妇女小额担保贷款等惠农资金投放力度，这些资金对群众发展养牛起到了十分重要的作用，走访中干部群众反响较好。但从调查情况看，出于对资金安全的考虑，金融机构在投放过程中，提高了贷款门槛，一般养殖户很难申请到惠农贷款，加之这些惠农贷款普遍金额小、周期短，扶持发展的效果不明显。据统计，2012年至目前，全县共审核推荐养牛贷款3169户1.54亿元，但有相当一部分养殖企业特别是养殖户因征信不良、贷款门槛过高等原因无法落实贷款，落实到位的仅9760万元，且没有全部用于牛产业发展。调查了解到，一些真正急需资金扶持的养殖户很难享受贴息款项，资金效益没有得到有效发挥。二是资金投入力度不大。据了解，我市7县（区）中，崆峒区、华亭县、泾川县等东5县（区）均已争创为全省养牛大县，每年国家、省级财政扶持资金在300万~2000万元之间，而我县至今仍未进入全省养牛大县行列，国家及省上项目投资十分有限。加之，我县财政比较困难，在牛产业发展上投入较少，在一定程度上影响到牛产业的发展壮大。据统计，2012年以来，县财政用于牛产

业发展的资金仅100万元，与果品产业、旱作农业相比，投入严重不足。《静宁县肉牛产业发展规划（2013—2015）》规定，县财政应每年专列100万元用于扶持牛产业发展，但仅2012年列支100万元用于畜牧养殖业贷款贴息，近两年均未落实专项资金；规划还规定采取以奖代补等办法，落实能繁母牛300~500元补贴，但实际未落实。三是产业持续发展困难。调查中看到，大部分群众特别是西北部乡镇群众对发展养牛积极性很高，但因牛产业前期投资大、发展周期长、短期效益低，群众普遍自身积累较少，自我发展能力不强，没有稳定的资金投入作保障，要扩大规模持续发展比较困难。一些养殖户往往有钱建场（圈舍），无钱引进牛犊，只能小打小闹，小规模经营。如古城乡西岔村张某投入15万元建设了标准化圈舍及青贮池，购置了农机具，并承包土地种植全膜玉米40亩，养殖基础比较好，但由于没有资金扶持，目前仅饲养牛犊4头，大量棚舍闲置，当年基本没有收益，发展前景令人担忧，这种现象在其他乡镇也比较普遍。同时，一些规模养殖场对自身发展定位不准，盲目投入大量资金扩大建设规模，导致后续发展资金短缺，持续发展困难。如城关镇盛瑞牛业有限责任公司投资480万元建成标准化圈舍22栋5300平方米，设计养殖规模1000头，但实际仅饲养200头；曹务乡幸域百泰养殖农民专业合作社投资50多万元建成标准化圈舍8间440平方米，设计养殖规模80头，实际仅饲养12头。建设规模大、投入成本高与养殖规模小、产出收益低的矛盾比较突出，直接影响效益提升。

（三）科技推广运用不到位，标准化养殖水平较低

一是科技服务短腿。我县牛产业发展目前还处于起步上路阶段，科技推广和服务体系还不健全，一些新技术的宣传和推广不到位，科技服务不能满足农户产前、产中、产后需求，生产与服务严重脱节，群众对短期育肥、秸秆青贮、冻配改良等科学养殖技术知晓率低、运用少，没有形成科技养牛的氛围。一些群众反映，由于自己不懂科学饲养和高效育肥技术，很难获得肉牛养殖的最大经济效益。如曹务乡罗林村一养殖户反映，自己购入架子牛后，经过1年的饲养，只能育肥到1000斤左右（售价约1.2万元），而出售给牛贩后，经过3~4个月继续育肥则能达到1500斤左右（售价约1.8万元），纯利润达3000元左右。二是品种改良滞后。目前，我县存栏肉牛大多是地方黄牛，生长周期长、出栏率低。由于我县至今没有建立起肉牛良种繁育基地，肉牛良种自繁自育基本空白，品种改良主要通过引进外地优良品种和肉牛冻配等方式实施，但从外地引进新品种投入高、疫病多、风险大，改良周期长、成功率低，改良效果不明显。如司桥乡牟沟一养殖户反映，其2013年筹集10万元从山东、新疆等地引进肉牛30头，当年因长途运输应激死亡6头，直接经济损失达2万元。另外，基础母牛保护不到位，部分养殖户贪图价格，将改良牛犊及基础母牛出售，造成部分改良成果流失。据统计，2013年全县牛存栏量为10.05万头，良种牛为4.52万头，良种率仅为45%，品种改良工作亟待加强。三是标准化养殖水平不高。据统计，目前全县仅有2350户肉牛养殖户基本达到了标准化养殖，仅占全县养牛户的6%。调查组所到的西北部7乡镇，大部分肉牛养殖仍以单家独户、庭前院后的传统养殖为主，养殖条件差，环境污染等

问题比较突出。如界石铺镇崔岔村、原安乡张营村和曹务乡唐山村等肉牛养殖数量相当可观，但大部分圈舍简陋，摆布凌乱，甚至畜禽同养、人畜同院，人居环境极差。同时，部分群众对玉米秸秆青贮转化利用认识不足，加之大型饲料加工机械严重短缺，导致饲草利用效率低，饲养方式原始，养殖效益不高。如界石铺镇王庄村养殖肉牛388头，种植全膜玉米1300亩，而全村仅有1台揉丝机，且陈旧老化，不能满足全村玉米秸秆加工需求。

（四）产业体系不健全，经济效益不高

一是循环农业链条未形成。我县规模化养殖较少，主要以农户分散养殖为主，“全膜玉米—秸秆利用—肉牛养殖—牛粪制有机肥—肥料还田”“肉牛养殖—牛粪制沼—沼渣沼液还田”的循环农业体系尚未建立，种养业结合还不够紧密，循环农业的经济效益无法得到有效发挥。二是龙头带动效应不明显。肉牛产业链条包括繁育、养殖、运销、屠宰、深加工等环节，屠宰、深加工利润最高。而我县牛产业大都处于繁育和养殖阶段，屠宰、冷藏、运销等相关企业短缺，皮革、骨制品、熟肉制品等精深加工基本处于空白状态，产业链条不全，高附加值产品少，难以形成对全县肉牛产业的整体拉动。三是交易市场不健全。调查了解到，全县目前没有建立1处集中固定的肉牛交易市场，生产与市场联系不紧密，肉牛交易主要以商贩走乡串户收购为主，许多养牛户市场信息闭塞，交易盲目性大，极易受商贩蒙蔽，低价出售的现象比较突出。四是基层兽医站建设滞后。因项目资金有限、建设选址困难、保障经费短缺等原因，大部分乡镇畜牧兽医站存在基础设施建设滞后、技术人员欠缺、服务能力不足等问题。仁大、细巷、界石等乡镇畜牧兽医站选址偏僻，水、电等基础设施配套不到位，办公及服务受到一定限制。一些乡镇兽医站条件简陋，缺少必要的办公设备，正常工作开展困难。全县24个乡镇兽医站均没有接通网络，信息化建设空白，产地检疫电子出证工作无法进行。

三、今后工作建议

发展牛产业对于加快农民脱贫致富进程、缩小南北差距、促进农村经济社会可持续发展具有重大意义。事实证明，发展牛产业在增加农民收入特别是西北部农民收入，提高农民生活水平中发挥了重要作用，走养牛致富的路子，在西北部是可行的、有效的。因此，各级各部门要充分认识发展牛产业的重要性和必要性，从改善民生，促进发展的高度出发，把牛产业作为优化农业产业结构，加快发展现代循环农业，促进农业经济转型升级的重要抓手，进一步解放思想，转变观念，坚定信心，抢抓机遇，坚定不移地发展壮大牛产业，着力促进农民增收致富。

（一）加强组织领导，靠实各级责任，强化行政支持力度

政府及主管部门要以争创全省养牛大县为目标，立足县情实际，进一步优化发展思路，把牛产业作为西北部农民增收致富的主导产业，纳入政府重要议事日程，与果品产业、旱作农业同规划、同研究、同部署、同推进。要进一步强化政府职责，成立全县牛产业发展工作领导小组，制定出台相关优惠政策，切实加强对牛产

业发展的指导支持，及时协调解决发展中存在的困难和问题，着力推动牛产业快速发展。要抢抓国家扩大内需、六盘山片区开发、甘肃省发展草食畜牧业和国家生态县建设等政策机遇，积极争取各类项目，整合资源，加大扶持力度，力争尽快进入全省养牛大县行列，为牛产业发展壮大创造条件。要进一步加大对牛产业发展的督查考核力度，把牛产业后续管理列入政府经济工作责任目标单项考核内容，健全完善督查考核机制，督促各级各部门抓好产业管理，提升产业发展水平。要加强与金融机构的沟通联系，探索完善金融支持牛产业发展的有效途径，不断拓宽融资渠道。进一步加大资金扶持和投入力度，在财力许可的情况下，每年预算一定专项资金用于扶持牛产业发展，以解决资金投入跟不上，影响后续发展的问题。要加强对各类牛产业发展资金的监管，进一步健全完善资金推荐审核和投放程序，确保将有限的资金真正用在扶持发展养牛产业上，坚决杜绝违规审批，改变资金用途等行为，发挥资金的最大效益。农牧、财政、发改、扶贫等部门要密切配合，做好产业规划、技术培训、资金扶持、项目编报等工作；各有关乡镇要立足本乡镇、本区域实际，研究制定牛产业发展计划，在充分调动群众积极性的基础上，继续加大对养殖小区、养殖户的扶持引导，努力形成政府牵头抓总，部门协调配合，乡镇全力推进的牛产业发展格局。

（二）创新发展模式，扩大养殖规模，提高产业化水平

要继续坚持走“小群体、大规模”的牛产业发展路子，以标准化养牛小区建设为主，按照“科学规划、统一标准、创新机制、管理规范、效益突出”的原则和“合理布局、相对集中、人畜分离、综合利用”的要求，将标准化养殖小区建设与美丽乡村建设、新农村建设和国家级生态县建设工作有机结合起来，深入调查研究，充分听取民意，因地制宜，合理选址，科学配套，扶持建办一批规模大、标准高、管理科学、效益较好的养殖小区，积极动员和引导群众进入小区进行集中养殖，加强管理指导，让群众愿意养、方便养、能养好、见效益，从而辐射带动千家万户发展养牛。同时，要引导养殖小区和养殖户按照“合理规划、量力而行、分步实施、适度规模、滚动发展”的原则，在资金允许的情况下逐步扩大规模，切忌大量投资基础建设导致出现后续发展资金不足、基础设施闲置、效益不高的问题。要大力推进养牛示范村和示范社建设，选择群众积极性高、养殖基础好、效益明显的村社，全面推广标准化养殖，充分发挥典型示范引领作用，不断发展壮大养牛规模。针对当前一些村社养殖条件差、环境污染严重的问题，主管部门及相关乡镇要充分借鉴周边县区及乡镇的成功经验和做法，研究制定切实可行的工作措施，加大项目整合力度，积极协调各类信贷资金，加快推进标准化暖棚建设，推广科学养殖技术和“果—畜—沼”循环经营模式，大力发展标准化、绿色化养殖，尽快改变部分村社人畜同院、畜禽同养、人居环境差的现状。要认真做好基础母牛保护工作，采取得力措施，加大对生产性能好、适合本地饲养的优良基础母牛的引进投放力度，扩大基础母牛群体，通过能繁母牛补贴、经常性抽样检查等方式，确保基础母牛数量保持稳定增长。

（三）强化科技推广，推进品种改良，提升产业效益

一要加强技术推广培训。要高度重视新技术、新品种的培训及推广，主管部门要采取多种有效形式，大力推广标准化圈舍建设、短期育肥、品种改良、饲草青贮、疫病防治等先进养殖技术，提高肉牛产业科技含量。要进一步加大肉牛冻配改良技术推广力度，建立健全服务站点，提高服务能力，提高全县肉牛良种覆盖率。针对我县肉牛良种繁育基地空白，肉牛品种良莠不齐的问题，政府及主管部门要认真研究，通过招商引资、企业投资等模式，尽快扶持建设肉牛良种繁育基地，开展肉牛新品种繁育和新技术的试验、示范、推广、培训等工作，填补我县良种繁育基地空白。二要强化技术队伍建设。要积极争取项目资金，从强化基础建设、配齐配强队伍、保障工作经费、完善管理制度、提升服务能力等方面入手，把乡镇兽医站建设作为保障服务牛产业发展的重要环节抓实抓好。通过签约、选拔等方式引进养牛专业技术人才和畜牧兽医专业技术人员，壮大工作力量，为全县牛产业发展提供人才保障。三要扎实做好疫病防控。加强县、乡、村防疫体系建设，针对目前畜禽产品流通量大、范围广造成疫病控制困难的复杂局面，要进一步改善基层防疫基础条件，积极开展防疫队伍业务技能培训，不断提高疫病防控能力。要全力抓好动物重大疫病防疫监测，建立健全完善的重大动物疫情预警预报和应急处理机制，强化疫情监测和报告、产地检疫及流通环节中的监督检查，切实做好动物免疫标识、兽药饲料的监察工作，规范兽药饲料市场，确保活畜健康和畜产品的安全流通。

（四）健全市场体系，扶持龙头企业，发挥辐射带动作用

要加大引导力度，努力创新经营机制，鼓励龙头企业、农合组织和农户建立利益联结、合作共赢关系，以龙头企业经营为主体，以农合组织为纽带，以养殖户为基础，逐步建立“公司+基地+农户”的经营机制。按照“因地制宜、分类指导、积极发展、逐步规范”的原则，鼓励支持规模养殖户和能人参与专业合作经济组织建设，发展完善“合作社+基地+农户”的产业化经营模式，形成风险共担、利益共享、和谐发展的体制。要按照“完善乡级市场、壮大县域市场、拓展国内市场、瞄准国际市场”的发展定位，扶持建立比较完善的市场网络体系。建设全县肉牛交易市场，搭建交易平台，提供市场信息，规范市场秩序，建立稳定、广阔的销售渠道，提高运营效率和交易能力，拉动肉牛产业健康快速发展。要鼓励引导养殖基础较好，有发展潜力的养殖户扩大养殖规模，向集约化、产业化方向发展，对积极性高、信誉好，但发展资金短缺的规模养殖户，积极协调信贷资金予以扶持。充分发挥龙头企业的桥梁纽带作用，引导发展肉牛养殖、运销、加工企业，延伸产业链条，不断壮大产业集群，辐射带动全县牛产业向更大规模发展。

关于全县农村基础教育发展审议意见落实情况的检查报告

由常委会分管领导带队，常委会办公室、教科文卫工委和县教育局负责人及人大常委会部分组成人员组成检查组，于9月中旬至下旬，先后深入仁大、深沟、曹务、

司桥、灵芝、原安、四河、雷大、甘沟、八里等乡镇高中、初中、教委所属部分小学、幼儿园以及城区中小学、幼儿园，通过查阅资料、实地察看、听取汇报、召开座谈会等方式，对县第十六届人大常委会第十一次会议关于全县农村基础教育发展审议意见的落实情况进行了检查。

一、审议意见及落实情况

（一）审议意见。2013年10月召开的县第十六届人大常委会第十一次会议针对全县农村基础教育发展中存在的基础设施建设比较滞后、部分专业教师缺口较大、“择校热”现象比较突出、部分学校负债较大等困难和问题，提出了具体审议意见：一是充分认识加强农村基础教育的重要性和必要性。县、乡政府及教育主管部门要把农村教育摆在优先发展的战略地位，进一步明确责任，强化措施，切实加强教育管理、督导和服务。树立均衡发展的理念，在办好城区学校的同时，坚持重心下移，下决心解决影响和制约农村基础教育发展的突出问题，努力办好每一所学校。采取有效措施，逐步均衡城乡教育资源，缩小城乡之间、乡镇中心校与村小学之间的教育差距。二是优化学校布局结构。研究制定全县教育发展中长期规划和学校布局规划方案。认真研究高中、初中、小学、教学点的分布，优化教育资源配置，均衡师资力量，均等分配生源；做好教育园教师、学生的吃、住、行等工作；根据各乡镇和学校实际，采取切实可行的办法，逐步过渡、慎重稳妥地推进农村学校布局调整，坚持每个乡镇都应设立初中，每个村都应设立村小学或教学点的规划要求；严格规范学校撤并程序，严加看护和管理已撤并学校的校舍。三是大力改善学校办学条件。全面摸底排查农村学校危旧校舍，对生源稳定、修建年代较早、校舍破损严重的农村学校，有计划、有重点地进行改造。加快农村薄弱学校基础设施建设步伐，特别要将贯河、雷大等乡镇中心小学教室以及雷大、深沟、三合、田堡等初中学校教师和学生宿舍建设列入近期建设计划，下决心解决因教师和学生宿舍严重短缺而造成的学生大量校外租住、食宿条件差、住宿不安全的问题。加强农村初中寄宿制学校建设，对已建设的寄宿制学校，必须配齐基本生活设施，配备必要的管理人员。对不具备寄宿条件的乡镇中心小学，不得招收校外租住的学生，农村小学低年级学生原则上不得寄宿。四是持续加强教师队伍建设。大力加强教师职业道德教育，提升教师队伍整体素质；针对农村初中地理和小学音体美及学前教育专业教师短缺的现状，加大招聘录用、调整补充和转岗培训力度，切实解决农村学校专业教师短缺的问题；进一步完善城乡教师交流机制，实行教师双向流动；完善教师激励机制，在绩效考核、职称晋升和评优选先方面向农村学校教师倾斜。五是全面提高教育教学质量。加强对学前教育的管理、督导与考核，不断提高办园水平；大力推进素质教育，改变教育教学评价中只注重学习成绩，忽视学生全面发展的问题；加强对学生课业负担的监测监管，着力提高课堂教学效率；重视中小学生心理和生理健康教育，培养学生良好的行为习惯和生活方式；认真贯彻落实国务院《教育督导条例》，全面开展教育督导检查；完善学校督查评估机制，严格执行国家课程计划和教学大纲，开齐课程，规范课时；健全学校内部管理制度，形成科学的运行机制，努力提升教育质量。六是加大经费保障力度。县政府及教育主管部门要积极与省、市有关部门衔接，争取落实农村中小学和教学点公用经费保障政策。积极争取项目配套资金，切实减轻学校债务负担；加大对建设项目资金的监管，对竣工项目及时进行财务决算；财政、教育主管部门要指导学校建立健全预算编制制度，加强对预算执行的监督检查；严格执行“一费制”收费办法，规范学校收费行为。

（二）落实情况。从检查情况看，县第十六届人大常委会第十一次会议审议以来，县政府及教育主管部门在学校布局调整、基础设施建设、教师队伍建设、教育教学管理和经费投入保障等方面做了一定工作，取得了一定成效。

1. 慎重稳妥调整学校布局。根据我县农村中小学实际，按照《中华人民共和国义务教育法》和《甘肃省义务教育条例》《甘肃省中长期教育改革和发展规划纲要(2010—2020年)》规定，研究制定了《关于加快农村小规模学校发展的意见》，慎重稳妥地调整农村学校布局。坚持每个乡镇有1所初中、每个村有1所小学或教学点的要求，努力巩固现有农村初中、小学及教学点的生源，加强小规模学校的建设和管理，强化乡镇教委的管理职能，着力改善办学条件，积极开展联校支教，缩小城乡、校际之间的差距。检查了解到，目前因无生源而暂停开课的19所村小学和教学点，仍留有教师看管学校，未立即撤并；45所学生人数不足10人的村小学和教学点，全部正常开学。同时，针对城区学生入学难、大班额、“择校热”等突出矛盾，制定出台了《关于调整城区学校布局结构促进教育均衡发展的意见》，按照科学规划、就近入学的原则，调整学校布局，科学调配教师，合理分流学生。今年秋季学期，教育园区新建的文萃中学、二中新校区2所高中投入使用，新设城关初中，对阿阳实验学校、三中学生进行分流，新成立的阿阳小学一年级开始招生，从而使城区3所初中学生人数调整到标准班额之内，城关小学、德顺小学一年级班额控制在标准之内，初步缓解了城区学校入学难、大班额、“择校热”的矛盾。

2. 加快基础设施建设步伐。一年来，累计争取项目资金9755万元，县上配套966万元，共实施校安工程、教师周转房、薄弱学校食堂改造和学前教育推进工程项目49个，新建、续建校舍建筑总面积16.1万平方米。先后修建威戎中学、四河初中教师周转房90套3126平方米，曹务初中、灵芝初中学生食堂2个680平方米；修建八里镇高城寨小学、城川乡高湾小学、李店镇薛胡小学教学楼3栋4632平方米，原安中心小学教师周转房26套809平方米，八里中心小学、石咀中心小学、细巷乡谭店小学等学生食堂7个930平方米；为仁大、曹务、贾河、雷大、深沟、原安、灵芝、威戎等8个乡镇修建了中心幼儿园，总面积8685平方米，既解决了这些乡镇驻地幼儿入园问题，又解决了部分中小学教室短缺、场地狭小的问题。三合初中将6间教室改造成学生宿舍，解决了学生校外住宿的问题；四河中心小学将部分闲置教室改造为教师宿舍，解决了教师的住宿问题；深沟乡杨咀小学教室和教师宿舍于今年5月份进行了维修，屋顶漏水问题已得到解决。今年全省农村义务教育薄弱学校改造计划实施以来，县政府及教育主管部门及时研究编制“薄改”规划，初步确定了薄改学校、改造内容和实施年度，为改善农村薄弱学校办学条件提供了保障。

3. 加强教师队伍建设。按照《中华人民共和国教师法》和《国家中长期教育改革和发展规划纲要（2010—2020年）》有关精神，制定出台了《关于加强教师队伍建设的实施意见》，积极推进教师职业道德建设，强化教师业务培训，着力提升教师队伍整体素质。2013年10月以来，通过签约、民生项目考录和特岗、县选“四支”等方式，共引进高校毕业生242人（地理专业3人，音乐专业3人，体育专业11人，美术专业16人，学前教育专业28人，其他专业181人），其中分配到农村中小学和幼儿园任教的218人。同时，一年来组织教师参加各级各类培训13565人次，其中国家级3614人次、省级316人次、市级326人次、县级2618人次、校本级6691人次。

4. 强化教育教学管理。按照“遵循规律，促进公平，加强督导，提升质量”的思路，深入开展教育教学研究，大力推行素质教育，优化教育教学资源配置。坚持全县义务教育阶段从优化课堂结构、转变教师角色、构建新型师生关系、发挥学生主体作用、关注学生个体差异入手，以提高学生学习能力、表达能力、交往能力、创新能力为重点，开展探究式、参与式、互动式、合作式等教学方式的改革，着力提高课堂教学效率。深入开展“千名教师进万家”家访活动和以抓升旗仪式、抓集体宣誓、抓经典传唱、抓礼貌待人、抓文明出行、抓卫生习惯等“六抓”为主要内容的学生养成教育，培养健康的行为习惯和生活方式，促进学生全面健康发展。健全完善学校内部管理制度，切实规范办学行为，提升办学层次，提高教育质量。狠抓学校安全工作，召开全县学校安全工作会议，排查学校校舍安全隐患、严防道路交通安全隐患、严查校外寄宿生安全隐患，加强学校安全管理。

5. 积极化解教育债务。一年来，教育主管部门积极筹措资金，努力化解教育债务。共偿还教育债务1264万元，其中偿还义务教育阶段学校债务418万元。为雷大初中、曹务初中、灵芝希望小学分别偿还债务76万元、23.5万元、12万元。

二、存在的主要困难和问题

（一）部分学校基础设施建设滞后的问题仍未得到解决。检查发现，司桥乡庙咀小学6间教师宿舍和1间教室、曹务中心小学14间教师宿舍均为D级危房，目前还未进行维修或改造；深沟初中教师宿舍拆除后，教师占用学生宿舍，造成131名学生在校外租住；田堡初中教师占用学生宿舍14间，造成274名学生在校外租住；雷大初中有寄宿生348人，校内仅能容纳160人。同时，座谈中学生及家长反映，一些乡镇初中学校宿舍冬季不供暖，造成学生在校外租住，生火取暖。大多数民办幼儿园教室不足、场地狭小，保教设施简陋，消毒设备短缺，安全通道不畅，用电安全隐患突出。目前，城区10所民办幼儿园中有5所未取得办园许可证，仍在非法办园。

（二）教师学科性短缺、整体素质不高的问题仍比较突出。一年来，县政府及教育主管部门虽然签约、考录了242名教师，但大部分是省上特岗、民生项目和县选“四支”考录的，且大部分是其他学科的教师，没有专门签约、考录初中地理、历史、生物和小学音乐、美术及学前教育专业教师。据统计，目前全县26所乡镇初级中学中有21所没有地理专业教师，8所没有历史专业教师，7所没有生物专业教师；24个乡镇教委中有20个没有音乐专业教师，10个没有美术专业教师。幼儿园专业教师极少，教师合格率仅为20%。如甘沟中心幼儿园12名教师中仅有1名学前教育专业教师，田堡中心幼儿园有幼儿95名，但只有2名教师，且都是小学转岗教师。专业教师缺口较大，难以按照义务教育国家课程标准开设相关课程，严重制约着素质教育的实施，影响着学生的全面发展。同时，检查了解到，一些教师素质不高，敬业精神不强，热衷于课外补习或校外办班挣钱，淡化了本职工作；农村部分教师走教、雇人代课、请长假现象比较严重；城区学生家长反映中小学生家庭作业过多，甚至个别教师通过布置大量重复性家庭作业的方式变相体罚学生。部分民办幼儿园给幼儿盲目开展识写、珠心算等内容的教学，幼儿教育小学化现象十分严重。

（三）部分学校大班额的现象仍然存在。从检查情况看，曹务乡中心小学一、二、五、六年级各班学生人数分别为74人、67人、70人、66人；城关镇东关小学一至六年级均存在大班额问题，其中一年级班均学生人数为74人，最大班额达78人；城关小学三至六年级各班学生均在64人以上，最大班额达73人；德顺小学除一年级外，其他年级每班学生均在65人左右。另外，乡镇中心小学和城区一些小学大量招收校外租住的学生，违背了就近入学的原则。据了解，全县乡镇中心小学共有学生8710人，其中校外租住的达5061人，占学生总数的58.1%；城关镇东关、南关小学和八里镇高城寨小学共有学生2332人，其中校外租住的多达1728人，占学生总数的74.1%。

（四）学校周边环境比较差。检查发现，大部分学校门前没有警示牌、减速带，上下学时间没有交警执勤、疏导交通，仅由师生拉红布带进行隔离，交通安全隐患突出；学校周边摆摊设点现象比较普遍，一些流动饮食摊点卫生极差，食品安全无保障；一些学校门前成为倾倒垃圾的场所，空气污浊，环境恶劣，乡镇政府及相关职能部门视而不见，无人过问。一些网吧、电子阅览室、KTV等营业性娱乐场所违规接纳未成年人，并向他们提供暴力、色情视频和淫秽网站及游戏服务，个别书店、音像制品店向青少年学生售租玄幻暴力、淫秽色情书籍和音像制品，对青少年学生的身心健康危害极大，有关职能部门管理不到位，整治、打击不经常。

（五）部分学校债务负担仍十分巨大。近年来，在教育项目建设过程中因配套资金不到位，部分学校举债建设，形成的债务较大。至目前，全县有教育债务2.2亿元（不含教育园建设资金缺口），其中义务教育阶段学校负债3513万元。如雷大初中、曹务初中、祁川初中负债分别为170万元、160万元、135万元；仁大乡教委、灵芝希望小学、四河乡中心小学负债分别为40万元、32万元、31万元。同时，公办幼儿园债务也十分沉重，一幼（含西城区幼儿园）、二幼（含东关幼儿园）、西岭幼儿园负债分别为190万元、136万元、130万元。这些学校每年将大部分公共经费用于偿还债务，直接影响了学校教育教学工作的正常开展。

三、工作建议

（一）加大项目争取力度，加快改善薄弱学校办学条件。县政府及教育主管部门要抢抓国家关于农村义务教育薄弱学校改造这一良好机遇，积极争取项目，加快农村薄弱学校改造步伐，进一步改善办学条件。对安全隐患突出的危旧校舍，要优先安排，及早进行维修或改造，特别对司桥乡庙咀小学、曹务乡中心小学等有D级危房的学校，要列入明年“薄改”计划进行改造。同时，要按照“薄改”规划，加快农村薄弱学校教室、宿舍、食堂和学生活动场地等基础设施建设步伐，尽快解决城关镇东关小学、部分乡镇中心小学由于教室短缺造成的“大班额”“超大班额”问题和一些乡镇初中因宿舍短缺导致寄宿生大量校外租住的问题。

（二）加大监督管理力度，大力规范学校办学行为。认真贯彻落实《中华人民共和国义务教育法》和国务院办公厅《关于规范农村义务教育学校布局调整的意见》，坚持小学学生以走读为主的原则，保障适龄儿童、少年在户籍所在地学校就近入学。对不具备寄宿条件的乡镇中心小学，不得招收校外租住的学生，对已招收的要动员家长及学生于2015年春季学期返回本村学校就近上学。加强对高中、初中学校校外寄宿生的管理，严格按照有关规定要求，对校内有住宿条件特别是教育园区的学校，要动员校外租住的学生入住学校学生公寓。加强对民办幼儿园的监督管理，对一些不符合办园标准的民办幼儿园要限期整改，整改不达标的坚决予以取缔关闭。督促民办幼儿园按照《幼儿园工作规程》和《幼儿园教育指导纲要》的要求，不断提高办园水平和保教质量。加强教师职业道德和法制教育，切实增强广大教师教书育人、为人师表的自觉性，强化对教师教学和出勤的考核，坚决杜绝教师雇人代课、走教等违规行为。同时，要减轻学生过重作业负担，严禁教师强制学生购买教辅资料、搞有偿家教、办校外辅导班，进一步规范教育教学行为。

（三）加大招聘考录力度，着力解决专业教师短缺的问题。首先，把全县小学教师中具有大专以上学历的地理、历史、生物专业教师，调整到初中教师队伍中来。其次，根据实际需要，调整签约、考录政策，在大专及本科院校专门签约、考录一批地理、历史、生物及音乐、美术专业毕业生，解决一些初中、小学教师学科性短缺的问题。严格按照《关于加强教师队伍建设的实施意见》要求，科学配置教师资源，实行城区与农村、乡镇中心校与村小学教师双向流动，并制定切实可行的优惠政策，吸引优秀教师到农村薄弱学校和教学点任教或支教，提升农村教育教学质量和水平。加强对部分专业教师短缺现象的宣传，引导高中毕业生报考急需紧缺专业的学校，有效解决专业教师短缺和招聘难度大的问题。

（四）加大综合治理力度，切实净化学校周边环境。县、乡两级政府及相关部门要切实加强对学校周边环境和交通秩序的整治。要严格管理网吧、电子阅览室、KTV等娱乐场所，对违规经营的，坚决依法关停；要经常开展图书市场检查，对向青少年学生售租玄幻、迷信、恐怖、暴力、色情书籍的书店，必须严查严办，彻底清理各种非法出版物；要大力整治校园周边的不洁饮食摊点和非法经营的书刊、音像摊点，净化校园周边环境；要高度重视学校周边交通秩序管治，在公路沿线学校门前设置学校标志、限速牌、减速带、视频监控等各类安全设施，加强学生上下学时间及重点路段的交通执勤，坚决查处超速行驶、不按规定让行等交通违法行为；要严厉打击各类涉校涉生违法犯罪活动，对扰乱、破坏学校教学环境及侵害学生人身和财产安全的违法犯罪行为，必须加大惩处力度，确保学校正常的教学秩序和师生安全。同时，教育主管部门和学校要加强社会主义核心价值观教育，以培育和践行社会主义核心价值观为着力点，结合落实《中小学生守则》《中（小）学生日常行为规范》，大力开展中小学生文明行为习惯养成教育，特别要加强对遵守交通规则、遵守网络道德、爱护公共设施等方面的教育，切实增强学生的守法、守规、守纪意识。

（五）加大资金筹措力度，加快化解教育债务步伐。县政府及教育主管部门要高度重视，把化解教育债务工作摆上重要议事日程，强化组织领导，认真研究制定化解教育债务的政策措施，拓宽资金筹措渠道，加快化解教育债务步伐。同时，要处理好教育发展与财力可能的关系，今后不得超越财力举债办教育；要向上反映真实情况，积极争取项目配套资金，防止产生新的教育债务。教育主管部门要充分发挥职能作用，建立健全教育项目管理制度和资金管理制度，切实加强教育项目管理和资金管理，坚决制止新的教育债务的发生，杜绝学校将公用经费用于偿还债务，确保学校正常运转。

第十八次会议　于2014年11月28日在常委会五楼会议室召开，由慕锡武主持。

会议议程有五项：一、审议通过有关接受辞职请求的决定；二、审议通过关于召开十六届人大四次会议的有关事项；三、审议通过常委会工作报告；四、审议通过常委会2015年工作要点及重点工作行事历；五、审议通过十六届人大二次会议代表意见、建议办理情况的报告。

第十六届常委会组成人员张自杰、王维军、王平仁、高恒、沙芳琴、陈进财、慕锡武、杨华、王友忠、胡志科、马世明、武文学、冯克勤、杨立新、李稳收、周浩仁、薛小田、朱国军、裴晓江、厚凤兰、王全生出席会议；常委会各委室负责人李平安、胡生忠、李忠荣、宋正祥、李进祥及科级干部王兴国列席会议。

附：

人事任免

接受马政海辞去县第十六届人民代表大会代表职务的请求

县人大常委会2015年工作要点

2015年，是贯彻落实党的十八大和十八届三中、四中全会精神，全面深化改革、推进依法治县的重要一年，也是全面完成“十二五”规划的最后一年。县人大常委会工作的总体思路是：以党的十八届三中、四中全会精神为指针，全面贯彻县委的各项决策部署，紧紧围绕县十六届人大四次会议确定的目标任务，认真履行宪法和法律赋予的职权，积极为全面深化改革，推进依法治县进程，促进全县经济社会又好又快发展提供有力的法治保障。

一、坚持依法治县方略，加快推进法治静宁建设进程

（一）加强法制宣传教育。对全县“六五”普法规划实施情况进行监督检查，促

进法制宣传教育深入开展，着力提高全民法律素质，为全县经济社会发展营造良好法制环境。

（二）加大行政执法检查力度。对《甘肃省河道管理条例》开展执法检查，听取、审议县政府贯彻实施情况的报告，并作出审议意见，督促政府及相关部门进一步抓好贯彻落实。

（三）加强司法工作监督。围绕促进公正司法，听取、审议法检两院年度执法工作计划，对县法院审判执行工作进行检查，督促“两院”突出为民司法，坚持公正司法，加大办案力度，严格依法办案，提升执行水平，切实提高司法公信力。

（四）加强人大信访工作。完善常委会领导牵头负责、相关委室具体督办的人大信访工作制度，加大对涉法涉诉信访案件的督办力度，督促相关部门解决群众反映强烈的突出问题，切实保障人民群众的合法诉求，维护社会和谐稳定。

二、围绕全县工作大局，依法审议决定重大事项

（五）依法审议、决定重大事项。认真落实县委各项决策部署，依法对事关全县深化改革和依法治县的重大问题进行审议，并适时作出决议、决定，积极通过人大法定程序把县委的重大决策部署转化为全县人民的共同意志和自觉行动。

（六）加强计划和预算监督。根据人民代表大会授权，依法审查、批准国民经济和社会发展计划调整、财政预算调整及财政决算报告；听取、审议计划、预算执行情况报告以及审计情况报告，进一步强化对经济计划和财政预算执行的监督，切实维护计划和财政预算的严肃性。

（七）做好人事任免工作。坚持党管干部与人大常委会依法任免相统一的原则，进一步完善人事任免办法，规范任命程序，推行新任国家工作人员向宪法宣誓制度，切实增强“一府两院”工作人员宪法意识和法律意识。

三、改进监督方式，依法履行人大监督职能

（八）围绕突出问题开展调研。有针对性地对全县生态林建设管护、县城管理、城区学校教育教学等工作进行调研，在深入调研的基础上提出意见建议，督促政府及相关部门解决涉及群众切身利益的问题，着力保障和改善民生。

（九）围绕全县重点工作开展视察。组织代表对2015年全县重点工作进行视察，通过视察，为县委科学决策和政府工作落实提出切实可行的意见建议。

（十）围绕群众关切开展跟踪检查。重点对城区居民商品房产权管理、全县乡镇中心小学学生校外寄宿等常委会会议审议意见落实情况进行跟踪检查，督促相关部门认真解决问题，落实好常委会审议意见。

（十一）围绕群众关注的热点难点问题开展专题询问、质询。根据《静宁县人民代表大会常务委员会询问和质询暂行办法》，对一些事关全局、矛盾突出、久拖未决、群众反映强烈的问题，适时进行询问或质询，推动“一府两院”解决突出问题。

（十二）围绕“一府两院”工作开展满意度测评。根据《静宁县人大常委会关于听取和审议“一府两院”专项工作报告实行满意度测评的暂行办法》，对列入常委会

会议议题审议的“一府两院”专项工作报告进行满意度测评，进一步提高监督工作实效，促进“一府两院”依法行政，公正司法。

（十三）开展审议意见的跟踪督办。对2012年以来人大常委会会议的审议意见落实情况进行一次检查，督促“一府两院”对人大常委会审议意见落实情况进行一次“回头看”，未落实的千方百计落实，落实不到位的想方设法落实到位，给人大代表和人民群众一个满意的交代。

四、强化服务保障，充分发挥代表主体作用

（十四）加强代表培训，提高代表履职能力。完善代表培训制度，采取多种行之有效的方式，分层次、有重点地对各级人大代表进行以法律法规为主的学习培训，不断扩大培训覆盖面，提高代表的履职能力。

（十五）完善服务机制，调动代表履职积极性。认真落实常委会组成人员联系代表、代表联系选民的“双联系”制度，坚持召开政情通报会，扩大代表列席常委会会议、参与常委会重要活动的范围，不断拓宽代表履职渠道；制定完善人大代表联系选民的相关制度办法，进一步密切代表同人民群众的联系，充分发挥其议事决策、桥梁纽带、监督促进和模范带头作用；扎实推进“人大代表在行动”和“人大代表之家”创建活动，为代表履职创造条件、搭建平台。

（十六）强化督促检查，办好代表意见建议。健全代表意见建议交办、督办、反馈和跟踪办理机制，加强意见建议办理的全程跟踪监督，做到办前会商、办中沟通、办后反馈，对重点难点意见建议，实行常委会领导包号督办制度。以代表满意为标准，对历年代表所提问题未得到有效解决的B类、C类意见建议进行回头督办，督促相关部门认真办理代表意见建议，努力提高办理时效和质量。

（十七）加强联系指导，提升乡镇人大工作水平。按照“密切联系，加强指导，大力支持，推动工作”的思路，切实加强乡镇人大工作。落实常委会领导联系基层人大制度，指导乡镇人大进一步完善议事程序，建立健全工作制度，依法有序开展工作，促进乡镇人大工作制度化、规范化。不断加强乡镇人大履职能力建设，有计划地举办乡镇人大主席培训班，交流履职经验，提高履职能力。

五、加强自身建设，切实提高履职能力

（十八）加强理论学习。认真学习党的十八届三中、四中全会以及习近平总书记在庆祝全国人大成立60周年大会上的讲话精神，准确把握全面推进依法治国的指导思想、总体目标、基本原则和习近平总书记对新时期人大工作的各项要求，提高常委会全体组成人员及机关干部职工的政治思想素质，坚定全面推进依法治县的决心和信心，切实加强和改进各项工作，推动人大工作与时俱进。

（十九）加强法律法规宣传培训。采取多种形式加强对《中华人民共和国宪法》《中华人民共和国监督法》等法律法规以及常委会制定出台的《询问和质询暂行办法》《关于听取和审议“一府两院”专项工作报告实行满意度测评的暂行办法》等制度的宣传、培训，提高常委会及“一府两院”工作人员依法履职的自觉性。

（二十）加快人大志编纂步伐。加强组织领导，树立精品意识，强化编纂责任，加快编纂进度，确保编纂计划的完成。

（二十一）加强制度建设。继续修订、完善常委会及机关各项工作制度，并抓好贯彻落实。坚持领导带头，加强考核检查，做到有令必行、有禁必止，确保各项制度落到实处，进一步提高人大工作的规范化水平。

（二十二）加强作风建设。认真贯彻落实中央及省、市、县委关于作风建设的各项规定，自觉践行党的群众路线，加强与人民群众的联系，积极通过人大工作途径反映民意、集中民智、维护民利。认真贯彻落实党风廉政建设主体责任，加强常委会及机关党风廉政建设，做到廉洁自律、勤政廉政。

（二十三）加强人大机关建设。切实加强理论学习和业务知识的培训，努力提高人大机关工作人员的政治素养、业务水平和工作能力，加快学习型、服务型、创新型、务实型机关建设，切实提高服务保障水平。

（二十四）加强人大工作宣传。进一步拓宽宣传渠道，完善宣传制度，丰富宣传形式，加强宣传队伍建设，增强宣传实效，努力营造全社会关心和支持人大工作的良好氛围。

县人大常委会2015年重点工作安排情况表

表4–51

<table>
<tr><th>时间</th><th>主要工作</th><th>负责领导</th><th>主办委室</th><th>配合委室</th><th>责任单位</th></tr>
<tr><td>1至12月</td><td>《静宁县人民代表大会志》编纂</td><td>杨　华</td><td colspan="3">各委室</td></tr>
<tr><td rowspan="5">3至4月</td><td>交办县十六届人大四次会议代表意见、建议，安排意见建议办理“回头看”</td><td rowspan="2">慕锡武</td><td rowspan="2">代表工委</td><td rowspan="2">办公室</td><td rowspan="2">政府办
相关部门</td></tr>
<tr><td>举办《中华人民共和国宪法》《中华人民共和国监督法》等法律、制度培训</td></tr>
<tr><td>检查《甘肃省河道管理条例》贯彻实施情况</td><td>靳宝生</td><td>农业工委</td><td rowspan="2"></td><td>水务局</td></tr>
<tr><td>检查城区商品房产权管理有关审议意见落实情况</td><td>高　旭</td><td>财经工委</td><td>住建局</td></tr>
<tr><td>县第十六届人大常委会第二十次会议：1.听取、审议县政府关于2015年国民经济和社会发展计划调整的报告；2.听取、审议县政府关于2015年财政预算调整的报告；3.听取、审议县政府关于《甘肃省河道管理条例》贯彻实施情况的报告；4.听取、审议县政府关于城区商品房产权管理有关审议意见落实情况的报告，并进行满意度测评；5.听取、审议法院、检察院年度执法工作计划</td><td>杨　华</td><td>办公室</td><td>各委室</td><td>政府办
发改局
财政局
水务局
住建局</td></tr>
</table>

续表4-51

时间	主要工作	负责领导	主办委室	配合委室	责任单位
5至6月	调研城区学校教育教学情况	王维军 沙芳琴	教文工委	办公室	教育局
	检查法院审判执行工作	厚连世	司民工委		法　院
	举办乡镇人大工作人员业务培训	杨　华	办公室		
	县第十六届人大常委会第二十一次会议：1.听取、审议和批准县政府关于2014年财政决算的报告；2.听取、审议县政府关于2014年财政预算执行情况的审计报告；3.听取、审议县政府关于城区学校教育教学情况的报告；4.听取、审议法院审判执行工作报告	杨　华	办公室	各委、室	法　院 政府办 财政局 教育局
7至8月	调研全县生态林建设管护工作情况	靳宝生	农业工委	办公室	林业局
	召开人大代表政情通报会	慕锡武	代表工委		政府办
	开展重点意见建议督办活动；集中走访联系代表				
	县第十六届人大常委会第二十二次会议：1.听取、审议县政府关于2015年上半年国民经济和社会发展计划执行情况的报告；2.听取、审议县政府关于全县生态林建设管护工作情况的报告	杨　华	办公室	各委、室	政府办 发改局 林业局
9至10月	检查全县乡镇中心小学校外寄宿生管理情况	王维军 沙芳琴	教文工委	办公室	教育局
	调研县城管理情况	高　旭	财经工委		住建局
	督办代表意见、建议	慕锡武	代表工委	办公室	政府办
	视察全县重点工作完成情况				
	县十六届人大常委会第二十三次会议：1.听取、审议县政府关于全县乡镇中心小学校外寄宿生管理情况的报告；2.听取、审议县政府关于县城管理情况的报告；3.听取、审议县政府关于县十六届人大四次会议代表意见、建议办理情况的报告	杨　华	办公室	各委、室	政府办 教育局 住建局

续表4-51

<table>
<tr><th>时间</th><th>主要工作</th><th>负责领导</th><th>主办委室</th><th>配合委室</th><th>责任单位</th></tr>
<tr><td rowspan="4">11至12月</td><td>检查全县“六五”普法情况</td><td>厚连世</td><td>司民工委</td><td>办公室</td><td>司法局</td></tr>
<tr><td>起草人大常委会工作报告，提出人大常委会2016年工作要点</td><td>杨　华</td><td>办公室</td><td></td><td></td></tr>
<tr><td>县第十六届人大常委会第二十四次会议：1.听取、审议县政府关于全县“六五”普法情况的报告；2.讨论召开县十六届人大五次会议有关事项；3.审议通过人大常委会工作报告；4.审议通过2016年工作要点；5.听取、审议人大常委会关于县十六届人大四次会议代表意见、建议办理情况的报告</td><td rowspan="2">慕锡武
杨　华</td><td rowspan="2">办公室</td><td rowspan="2">各委、室</td><td rowspan="2">政府办
司法局</td></tr>
<tr><td>筹备召开县十六届人大五次会议；收集向省、市人代会提交的代表意见、建议</td></tr>
</table>

第十九次会议　于2014年12月22日在常委会五楼会议室召开，由张自杰主持。

会议议程有三项：一、人事任免，常委会主任张自杰为新任命的政府工作部门负责人颁发任命书，张秉鑑代表新任命人员作表态发言；二、审议通过关于召开十六届人大四次会议的有关事项；三、审议通过常委会代表联络工委主任李稳收所作的《县人大常委会代表资格审查委员会关于代表资格出缺变动和补选代表资格审查情况的报告》。

第十六届常委会组成人员张自杰、王维军、王平仁、高恒、沙芳琴、陈进财、慕锡武、杨华、王友忠、胡志科、马世明、武文学、冯克勤、杨立新、李稳收、周浩仁、薛小田、李会宾、朱国军、裴晓江、厚凤兰、王全生出席会议；县委常委、政府常务副县长何鹏峰，常委会各委室负责人李平安、胡生忠、李忠荣、宋正祥、李进祥、张录牛及科级干部王兴国列席会议。

附：

人事任免

张晓军任县人大常委会农业工作委员会主任

王彦飞任县住房和城乡规划建设局局长

张秉鑑任县农牧局局长，免去县人口和计划生育局局长职务

孙青茂任县卫生和计划生育局局长，免去县卫生局局长职务

鲍彦鹏任县工商行政管理局局长

免去：

武文学县人大常委会农业工作委员会主任职务

魏小良县住房和城乡建设局局长职务
柴福喜县农牧局局长职务

第二十次会议 于2015年4月28日在常委会五楼会议室召开，由王维军主持。

会议议程有六项：一、人事任免，常委会主任张自杰为新任命的政府工作部门负责人颁发任命书，张淋冰代表新任命人员作表态发言；二、听取和审议发改局副局长陈小兵受政府委托所作的《关于2015年国民经济和社会发展计划调整的报告》，作出《关于2015年国民经济和社会发展计划调整的决议》；三、听取和审议财政局局长李强受政府委托所作的《关于2015年全县财政收支预算调整情况的报告》、常委会财经工委主任杨立新所作的《关于2015年全县财政收支预算调整情况的审查报告》，作出《关于2015年全县财政收支预算调整的决议》；四、听取和审议法院院长李根进所作的《静宁县人民法院2015年度执法工作安排的报告》、检察院副检察长张坚强所作的《静宁县人民检察院2015年度执法工作安排的报告》；五、听取和审议水务局局长牛永琪受政府委托所作的《关于〈甘肃省河道管理条例〉贯彻落实情况的报告》、常委会农业工委主任张晓军所作的《关于〈甘肃省河道管理条例〉贯彻实施情况的检查报告》，政府副县长孙智清就落实审议意见作表态发言；六、听取和审议住建局局长王彦飞受政府委托所作的《关于城区商品房产权管理有关审议意见落实情况的报告》、常委会财经工委主任杨立新所作的《关于城区商品房产权管理有关审议意见落实情况的检查报告》，并采取无记名投票的方式，对政府《关于城区商品房产权管理有关审议意见落实情况的报告》进行满意度测评，其结果为满意，政府副县长王运军就落实审议意见作表态发言。

第十六届常委会组成人员张自杰、王维军、沙芳琴、慕锡武、高旭、厚连世、靳宝生、杨华、王友忠、胡志科、马世明、杨立新、李稳收、李平安、张晓军、周浩仁、薛小田、李会宾、朱国军、裴晓江、牛国喜、厚凤兰、王全生出席会议；县委常委、政府副县长王运军，副县长孙智清，法院院长李根进、副院长张平，检察院副检察长张坚强、政府办公室主任何浩强、住建局局长王彦飞、财政局局长李强，发改局副局长陈小兵、徐贵洲，水务局局长牛永琪、国土局局长魏宏凌、公安局副局长赵聚海、安监局副局长晋维文、环保局副局长刘国旺、工商局局长鲍彦鹏、地税局局长郭永军、房产局局长吕忠科、卫计局副局长王永强、规划办主任贾宏斌，街道办党工委副书记王胜利，供电公司、河道管理站、水政监察大队、国土执法监察大队，常委会各委、室负责人，界石铺镇、八里镇党委书记马斌、胡生平，新店乡人大主席王立东，甘沟乡、李店镇政府镇长吴剑霖、王国平，市、县人大代表王顺义、刘玉海、王根旺、吴树海、王银喜、阎惠群、李叔强、马葳，利民房产公司王双宣、百盛房产公司宋红林列席会议；西城区、庙川、北环路、阿阳路、东城区居委会负责人吕晓荣、裴桂香、张新珠、陈晓兵、田小军，公民代表张学明、吴小鹏、郭琼、王亮亮、张华、马江珠、李小平、王小爱、田小军、邹小玲应邀旁听会议。

附：

人事任免

樊　旺任县发展和改革局局长，免去县民政局局长职务

张淋冰任县人力资源和社会保障局局长

王亚鹏任县审计局局长

免去：

靳宝生县发展和改革局局长职务

阎国军县人力资源和社会保障局局长职务

张琪洲县审计局局长职务

关于《甘肃省河道管理条例》贯彻实施情况的检查报告

由常委会分管领导带队，常委会办公室、农业工委，县政府办、水务局、国土局负责人以及部分市县人大代表和工作人员组成检查组，于3月中旬至4月上旬，先后深入葫芦河、甘渭河、高界河、李店河等9大河系，相关乡镇、村社及水务、国土、安监等部门和单位，对《甘肃省河道管理条例》贯彻实施情况进行了检查。检查中，重点深入八里、界石、威戎等15个乡镇30多家砂场，有针对性地对群众反映强烈的河道采砂管理混乱等问题进行了全面深入的调查了解。

一、基本情况及所做的主要工作

全县境内共有葫芦河、甘渭河、高界河、李店河等九大河系，贯穿19个乡镇，河道总长402公里，其中已治理河道110公里。截至2014年底，全县河道及河道周围分布各类砂场56家，其中水务部门办理采砂许可证的18家，无证采砂的38家。

一是开展法律法规宣传。《甘肃省河道管理条例》颁布实施以来，县政府认真贯彻实施，结合普法宣传教育，及时组织相关部门和乡镇开展《中华人民共和国水法》《中华人民共和国防洪法》《中华人民共和国河道管理条例》等涉水法律法规的宣传活动，印发宣传资料10000多份，张贴宣传画200多份，制作标语横幅24条，广大干部群众水资源保护及河道保护意识逐渐加强。

二是实施中小河流治理工程。坚持把中小河流治理作为加强河道保护、利用和管理工作的一项重要内容，纳入全县重点建设项目之中，加大资金投入力度，强化工程建设管理，加强日常巡查管护，有效保障了河道行洪安全。截至2014年底，累计投入资金1.39亿元，完成南河、甘渭河、李店河、葫芦河干流等部分河段堤防治理工程110公里，为保护沿岸7乡镇9.14万群众的人身财产安全和2万亩耕地起到了重要作用。针对葫芦河、李店河、甘渭河等已治理河道内砂堆、砂坑较多的现象，投入40多万元，对150公里河道进行了平整疏导，确保了河道行洪通畅。结合全县环境综合整治活动，每年投入一定资金，对河道内倾倒的生活垃圾，堆放的建筑废料等进行清理填埋，有效保护了河道生态，净化了城乡环境。

三是加强河道安全管理。水务、国土、安监等部门根据各自职能，积极开展河道

管理及采砂安全生产宣传教育，在巡查和执法过程中，结合采砂行业发生的一些实际案例，对砂场负责人进行相关政策和法律法规宣讲，积极说服教育，从思想上引起高度重视，不断强化其依法开采和安全生产意识。针对河道采砂形成大量砂坑、超深积水坑以及超高砂堆，存在严重安全隐患的问题，政府及主管部门通过签订安全生产目标管理责任书，开展安全生产大检查和抽查等办法，督促采砂业主严格落实安全工作措施，确保河道采砂安全。

二、存在的主要问题

（一）各级重视程度不高，河道管理责任落实不到位

从检查情况看，《甘肃省河道管理条例》颁布实施以来，县政府及相关职能部门对贯彻实施《甘肃省河道管理条例》、加强河道管理工作的重要性、紧迫性认识不足，思想上重视不够，落实措施较少，贯彻实施效果不明显。县政府牵总协调作用发挥不到位，还没有把河道管理工作列入政府重要议事日程，认真研究解决工作中存在的困难和问题，规划编制、管理制度严重滞后，河道管理工作长期处于低层次运行状态，违法违规现象比较普遍。主要表现在，一是规划编制不到位。截至目前，全县未编制与河道管理相关的任何规划，河道保护、治理、利用以及采砂等盲目无序，管理混乱。特别是由于没有制定河道采砂详细规划，导致目前大量砂场随意在河道及周边乱采滥挖，甚至在法定禁采区内非法开采，严重破坏河道和基本农田。二是制度建设滞后。县政府2005年制定的《静宁县河道采砂管理暂行办法》第三条规定：“河道管理范围内的砂石、土料属国家所有，由县水行政主管部门统一管理，其他任何单位、组织或个人不得随意侵占、阻拦和收费。”而《甘肃省河道管理条例》第二十三条规定，河道采砂涉及其他部门的，由其他部门办理相关手续后，报水行政主管部门申请领取河道采砂许可证。《甘肃省矿产资源管理条例》第二十二条规定：“开采只能用作普通建筑材料的砂、石、黏土，由县（市、区）地质矿产主管部门审批，并颁发采矿许可证。”县政府制定的办法明显与法律法规不符，从而导致了河道管理部门职责不清，主体不明，职能交叉，更重要的是造成相关部门执法不严甚至执法违法。如在采砂管理中，县水务部门在砂场未取得采矿许可证、安全生产许可证、营业执照等相关证照的情况下，依据县政府办法为18家砂场办理了采砂许可证，形成了事实上的违法违规。三是工作合力未形成。由于职责界定不明确，河道管理中职能部门之间协调配合不紧密，要么各自为政，单打独斗，监管不力，要么相互推诿，避重就轻，执法不严。一些职能部门和乡镇对自身担负的职责认识不清，对河道违法违规行为监管不到位，还没有形成上下联动、齐抓共管的工作机制，导致河道违法违规现象屡禁不止。四是执法队伍力量不足。水务局执法监察大队有编制5人，但因内部工作调整，实际工作人员3人，执法车1辆，日常巡查与执法管理力不从心，执法工作人员在查处违法砂场过程中经常遭受辱骂、威胁，执法成效不明显。国土局内部没有设置矿产资源管理机构，砂石资源普查、规划、管理等工作很难开展；国土局执法监察大队有工作人员9人，其中借调6人，对非法开采破坏耕地行为的监管也比较困难。

（二）执法力度不大，河道非法采砂问题十分突出

从检查情况看，目前全县砂场管理基本上处于失控状态，砂石资源大多被非法占有、开采。一是非法采砂现象突出。据统计，全县共有大小砂场56家，其中河道内采砂的29家，河滩地、耕地内采砂的27家。这些砂场中，一些以水务部门颁发的采砂许可证为挡箭牌，将许可采砂地点作为砂台不予开采，而在周边河滩地或耕地内采砂，以此逃避相关部门的监管；一些通过与村社或农户私下达成协议，在耕地内非法采砂；还有相当一部分砂场业主不顾当地群众反对，强行在已治理的河堤内或基本农田保护区内非法采砂，对当地政府、村社及相关部门的制止置若罔闻，不理不睬，甚至与一些不法闲散人员勾结在一起，肆意妄为，严重破坏河道及周边耕地，群众反映强烈，社会影响十分恶劣。如界石铺镇西川砂场采砂许可证规定采砂范围为河道内长100米，宽50米，深2~3米，但因河道内砂石资源枯竭，业主私下与村社和农户签订协议，在河滩地内采砂，实际采砂范围长约1000米，宽约100米，深约5~7米，严重超范围开采；细巷乡曹川砂场采砂许可证规定采砂范围为河道内长200米，宽50米，深2米，但其私下与农户兑换农田31亩，在耕地内大面积采砂；威戎镇扁湾砂厂、新华砂场、治平乡吉隆砂厂等5家砂场在已治理的河道内采砂，直接影响河堤防洪安全；古城乡齐岔村岳河砂场直接在水源地保护区采砂，严重威胁水源安全；界石铺镇程功砂场、城关镇南关村段家庄砂场、八里镇高崖砂场、阎庙砂场、城川乡鲍家咀头砂场等砂场在耕地内非法采砂，尤其是城关镇南关村与八里镇姚柳村交界处的4家砂场，在耕地内超深度开采，涉及农田近百亩，耕地面貌千疮百孔，破坏程度触目惊心。二是砂石资源外流严重。近年来，我县周边天水、秦安、庄浪、隆德等市县相继关停了区域内的大量砂场，对砂石资源开采利用进行严格控制，砂石价格随之上涨。在经济利益驱动下，全县大部分砂场砂石大量向周边市县外运外销，一方面造成采砂业主为牟取暴利违法采砂，破坏河道及耕地，另一方面无序乱采滥挖导致全县砂石资源枯竭，无法保证基础设施建设用砂需求，直接影响县域经济社会发展。三是查处力度不大。《甘肃省河道管理条例》第二十一条规定："禁止任何单位和个人在禁采期、禁采区进行河道采砂活动。"但在已治理河堤、耕地、水源地保护区等禁采区内违法采砂的33家砂场（已治理河堤内5家，耕地、河滩地内27家，水源地保护区1家）至今仍未关停；《甘肃省河道管理条例》第三十条规定，擅自在河道采砂的，由县级以上人民政府水行政主管部门依据职权，责令停止违法行为，没收违法所得，并处5万元以上10万元以下的罚款。但县水务主管部门对未办理采砂许可证而在河道内采砂的11家砂场，仅下发了责令停止水事违法行为通知书，再未作任何处理。《中华人民共和国土地管理法》第七十四条规定，占用耕地或者擅自在耕地上挖砂、采石、采矿、取土等，破坏种植条件的，由县级以上人民政府土地行政主管部门责令限期整改或者治理，可以并处罚款；构成犯罪的，依法追究刑事责任。目前，全县在耕地内非法采砂的砂场多达27家，且大多数侵占耕地面积较大，严重违法，但相关部门对此以政策规定不明确为由，相互推诿，管理不严，任其乱采滥挖，均未依法处理，形成监管漏

洞，给非法牟利者以可乘之机。据统计，2012年以来，水务局下发违规采砂整改通知书110份，整改落实28件，仅占25%，下发责令停止水事违法行为通知书96份，落实6件，仅占6%；国土局下发停止违法行为通知书37份，涉及破坏耕地面积203亩，恢复的耕地面积仅37亩，占18%，依据《甘肃省基本农田保护条例》第二十八条规定，应处罚款108万~203万元，实际仅处罚5.35万元，实缴罚款1.08万元；国土局2014年8月份、11月份分别向公安机关移交违法采砂案件2起，但至今未得到有效查处。四是安全隐患突出。大部分采砂业主只注重经济利益，忽视安全生产，采砂过程中不按安全生产规程操作；一些砂场在河道内堆积大量砂石，导致河道行洪不畅，如甘沟乡阳坡川砂场、治平乡朱堡村四方河砂场、八里镇高城寨高崖砂场等；部分砂场采砂后形成大量积水坑，未及时回填，也未设置警示牌和防护网，安全隐患突出，如八里镇阎庙砂场采砂后形成宽约20米，长约300米，深约5米的积水坑，周围无任何警示标志和防护措施；个别砂场在大型桥梁附近采砂，严重威胁公路桥梁安全，如方圆公司硬化路采砂时直接在威戎大桥桥墩下采砂，仁大乡刘川砂场仅距刘川大桥20米左右，滨河路城川、威戎段连续有3家砂场将砂台设在公路护坡旁边，砂石直接堆放在公路边上，严重影响公路管护及行车安全。

（三）保护治理不力，河道污染问题比较严重

目前，全县402公里河道仅治理了110公里，占27%，河道治理工作任务还相当艰巨。一些已治理的河道，工程质量不高，部分河段防护墙体塌陷，一些砂场在河道内搭建采砂设备，随意乱挖乱采，甚至在河道内设立砂台，人为围堵、截断河流进行洗砂，形成大量砂堆、水坑，未及时回填平整，影响河道排洪；一些河道成为倾倒生活垃圾、建筑垃圾以及排污的“重灾区”，河道被垃圾填堵，环境污染突出，如葫芦河八里、城关、城川、威戎段、仁大街道段、李店河李店街道周围，大量生活垃圾、建筑垃圾在河道内随处倾倒，河道内污水横流，臭气熏天，严重影响人居环境；一些河道周边村庄在河道中开设便道，阻断河流，部分村社群众将河道滩涂地开垦为耕地种植农作物等，破坏河道生态环境。同时，社会各界依法保护河道的意识不强，从检查情况看，由于对水法、矿产资源法、土地管理法、甘肃省河道管理条例等法律、法规宣传不到位，普及不广泛，社会各界及广大群众对河道保护、治理、利用和管理相关法律知之甚少，依法保护河道、利用河道的观念非常淡薄。

三、今后工作建议

（一）提高认识，强化宣传，增强全社会贯彻实施《甘肃省河道管理条例》的自觉性

河道保护、治理、利用和管理工作，是保障防洪安全，保护河道生态环境，发挥河道综合功能的基础性工作，也是一项功在当代、利在千秋，事关社会和谐稳定和人民生命财产安全的重要工作。县政府及其有关部门要切实提高对加强河道管理工作重要性、必要性的认识，认真贯彻实施《甘肃省河道管理条例》，把河道保护、治理、利用和管理工作摆上政府重要议事日程，与新农村建设、城乡环境综合治理结合起来，纳入政府年度目标责任考核范围，切实加强组织领导，逐步形成上下齐抓共管、

有关部门共同参与的工作机制。同时，要高度重视河道管理、采砂管理、矿产资源管理、耕地保护和安全生产等相关法律法规的宣传教育，引导和教育群众依法保护国家耕地、河道环境和自身合法权益，提高采砂业主的法律意识、安全生产意识和环境保护意识，努力营造依法治理河道的浓厚氛围，增强全社会保护河道的自觉性。

（二）加强领导，科学规划，进一步提高河道管理工作水平

河道管理涉及水务、国土、工商、安监、电力等多个部门，量大面广，情况复杂，矛盾和问题较多。县政府要充分发挥牵总协调作用，加强对全县河道保护、治理、利用和管理工作的领导，定期不定期研究解决河道管理工作中存在的困难和问题，加大督查考核力度，督促各级各部门抓好河道管理工作，提升河道管理水平。一要科学编制河道利用规划。县政府要高度重视，立即着手，组织水务、国土、环保等相关部门，在深入调研，科学论证的前提下，从实际出发，尽快编制完成全县河道管理和砂石资源开发利用规划，明确河道的管理范围、堤防安全保护区和禁采区，为河道管理工作提供规划依据。二要健全完善管理制度。严格按照法律规定，全面调查摸底，认真分析研究，在符合各项法律规定的前提下，尽快制定出台切合我县实际的河道及采砂管理办法，厘清部门职责，明确执法主体，严格管理流程，强化责任追究，确保河道管理工作依法有序开展。三要加大河道污染治理力度。针对目前河道内生活垃圾、建筑垃圾、污水排放等环境污染严重的问题，县、乡政府及主管部门要高度重视，制定切实可行的管理办法，加强河道日常管护，特别是要把河道污染治理工作纳入城乡环境综合整治重要内容，靠实责任，细化措施，严肃问责，强化源头治理，加大对污染河道环境行为的打击力度，对河道及周边垃圾进行集中清理，坚决杜绝在河道内倾倒垃圾、排放污水的现象发生，保护河道生态环境。要重视被破坏河道及耕地的平整恢复，对河道内形成的砂土堆、积水坑、淤泥等要及时进行回填平整，确保行洪安全。对因采砂造成耕地破坏的，要采取有力措施，督促相关责任人及时恢复原状，保护国家基本农田。进一步加大中小河流治理力度，积极争取项目，加大资金投入力度，加快治理进度，保障河道行洪畅通。四要加强河道安全管理。针对安全隐患突出的问题，要研究制定河道安全管理办法，督促相关部门及乡镇落实安全管理责任，积极开展河道安全宣传教育，加大安全检查力度，督促采砂业主落实安全生产责任制，及时消除安全隐患。

（三）强化措施，依法监管，切实规范河道采砂行为

针对河道采砂管理混乱的问题，县政府要进一步强化责任意识，从长远发展的高度认真对待，专题研究，精心部署，全面抓好河道采砂管理工作。一要规范审批程序。按照“全面规划、严格保护、综合治理、合理利用”的原则，将砂石资源纳入矿产资源管理范围，立即对全县砂石资源分布情况进行一次全面排查摸底，科学划定采砂区域，规范采砂许可程序，明确砂场开办流程，严格准入门槛，加强行业监管，力争建立一批标准化砂场，确保全县砂石资源依法依规开发利用。二要加大查处力度。针对目前河道内及周边砂场非法从事采砂活动，严重破坏河道及耕地的问题，县政府

要迅速成立专项整治工作领导小组，在全县范围内组织开展一次专项集中排查整治行动。对非法从事采砂活动的砂场要依法处罚，没收违法所得，并责令停止违法行为；对拒不停止非法开采行为的，要采取强制手段，坚决依法依规予以关停。同时，要严肃查处采砂业主与村社干部及部分群众串通一气、私自协议租售土地从事非法采砂的行为。三要加强联合执法。水务、国土、公安、安监、环保、水保、工商、电力等部门，要加强协调配合，建立联动机制，经常开展联合执法检查，形成工作合力。凡构成犯罪移交司法机关的案件，司法机关要及时立案，认真查办；凡该吊销证件的，要坚决予以吊销，该断电停业的，要无条件断电，多管齐下，齐抓共管，切实抓好采砂管理。要进一步明确乡镇及村社属地管理责任，加强对河道及周边耕地内采砂行为的日常监督，积极与主管部门沟通联系，对苗头性问题做到早发现、早制止、早消除。四要加强执法队伍建设。针对执法力量薄弱的问题，县政府及相关部门要认真研究，积极协调，进一步完善工作机制，充实执法队伍，为河道及采砂管理提供组织和人力保障。五要全力抓好整改落实。对河道管理中存在的突出问题，县政府要高度重视，认真研究制定整改落实方案，督促相关部门抓好有关问题的整改落实，力争在10月底前有效解决突出问题，不断规范河道采砂管理工作。必要时，县人大常委会将组织常委会组成人员和人大代表再次检查，并进行满意度测评。

关于城区商品房产权管理有关审议意见落实情况的检查报告

由常委会分管领导带队，常委会办公室、财经工委、政府办、发改局、住建局、国土局、地税局、房产局、规划办、街道办等单位负责人及部分县人大代表组成检查组，于3月下旬至4月上旬，先后深入发改局、住建局、国土局、地税局、房产局、规划办、人社局、城关小学、县医院等单位和利民、翔宇、百盛、三建等房地产开发企业以及新盛花园、翔宇滨河花园、民顺家苑、百盛嘉园等居民小区，采取听取汇报、查阅资料、走访座谈、入户调查等方式，对县第十六届人大常委会第十五次会议关于城区商品房产权管理有关审议意见落实情况进行了检查。

一、审议意见及落实情况

（一）审议意见。2014年6月召开的县第十六届人大常委会第十五次会议针对城区未确权登记房屋数量较多，房地产开发企业违法违规开发、交易等突出问题，提出了具体审议意见：一是高度重视，积极稳妥解决历史遗留问题。县政府及各相关部门要高度重视，对城区房屋产权登记情况进行调查摸底，掌握实情，按照“分类指导、统筹推进”的原则，制定切实可行的政策措施，明确时限要求，下决心解决存在的突出问题。对近年来因房地产开发企业违规建设未确权登记的商品房，要纠正违规行为、补办相关手续、补缴有关税费，力争在2014年9月底完成确权登记；对单位集资合作建房权属登记问题，要本着“尊重历史、尊重事实、依法依规”的原则，研究制定具体办法，建立协调联动机制，力争在2014年底全部解决。二是明确职责，不断提高依法监管水平。政府各职能部门要严格执行有关法律法规，按照“谁主管、谁负责”的原则，认真履行职责，强化监督管理，依法做好城区商品房产权管理工作。发改部门要加强房地产开发项目立项审批管理，对不符合法律规定的项目坚决不予立项。住建部门要严格执行建设工程施工许可制度和竣工验收制度，对不符合施工条件的坚决不核发许可证、不准开工建设；对已建成的商品房，要按规定时限及时组织竣工验收，对未经验收交付使用的要严肃查处相关企业。国土部门要严把建设用地审批关，对符合土地利用总体规划的房地产开发项目，依法办理土地使用权出让手续，签订土地出让合同，收缴土地出让金，颁发建设用地使用证；对不符合土地利用总体规划或未经县政府批准的开发项目不予供地；对土地使用手续不齐全违法开发的房地产项目，要依法坚决予以查处。税务部门要加强房地产税收征管，对拖欠税款的房地产开发企业，要采取强制措施，督促企业依法纳税。房管部门要严格执行商品房预售许可制度，对不符合预售法定条件的绝不办理预售许可证，对未经许可违规进行预售的要依法从严从重处罚；对手续齐全的房屋要及时进行确权登记，对非法买卖、转让房屋的行为要及时查处；要依据有关规定督促企业及时上交代收的住宅专项维修资金，坚决杜绝维修资金长期滞留在开发企业手中。规划部门要按照城乡规划法、县城总体规划和县政府的批复，依法办理房地产开发项目规划许可证，对未取得建设工程规划许可证或未按规划许可违规建设的，责令停止建设，限期改正或拆除，并处以重罚。三是健全制度，着力规范房屋产权管理。县政府要根据有关法律法规，制定出台商品房立项审批、土地使用、规划许可、施工许可、税费缴纳、产权登记、市场交易、监督管理等方面具体的实施办法，并督促严格贯彻落实，对职能部门及其工作人员不依法办事或监管不力的问题，要依法依纪严肃追究其责任。要进一步规范房屋权属登记工作程序，提高服务窗口办事效率。建立房地产市场执法检查和企业诚信档案制度，定期不定期开展房地产市场执法检查，督促房地产开发企业依法规范经营。四是加强宣传，增强遵法守法用法意识。通过电视、网站、公示牌等各种宣传载体，多层次、多形式做好物权法、城市房地产管理法、商品房预售管理办法、房屋登记办法等法律法规宣传工作，普及法律法规常识，增强房地产开发企业、建设单位和广大居民遵法、守法、用法意识。

（二）落实情况

1. 城区房屋权属登记历史遗留问题得到有效解决。从检查情况看，县第十六届人大常委会第十五次会议后，县政府将解决城区房屋权属登记历史遗留问题列入重要工作，加强组织领导，明确部门责任，制定政策措施，着力推动解决未确权登记房屋权属问题。发改、住建、国土、地税、房产、规划等职能部门积极履行职责，认真摸底调查，掌握真实情况，互相协调配合，依法依规解决城区房屋权属登记历史遗留问题。县第十六届人大常委会第十五次会议审议时，城区共有未确权登记房屋3128套，其中集资合作建房699套，商品房2429套。经这次检查核实，不符合国家政策规定和县城总体规划不能确权登记的房屋34套（包括征稽站住宅院落4套、南关新村住宅院落16套、北环路供销社商铺14间），经县政府及相关部门认定不能确权登记的房屋215

套（包括县医院房屋180套、存在严重安全隐患的德顺路供销车队房屋35套），实际应确权登记的房屋为2879套，其中集资合作建房515套，商品房2364套。截至目前，已确权登记房屋2538套，占应确权登记房屋总套数的88.2%。其中集资合作建房已确权登记491套，占集资合作建房应确权登记房屋的95.3%；商品房已确权登记2047套，占应确权登记商品房的86.6%。

2. 房地产市场监管有所加强。政府各职能部门积极履行职责，切实加强和改进房地产市场监管，全县房地产开发、交易秩序有所好转。发改部门加强房地产开发项目立项审批管理，对不符合规定的项目未予批复立项；住建部门严格执行规划许可、施工许可和竣工验收制度，对不符合规划和施工条件的项目未办理施工许可证，对建成的商品房，按规定时限及时组织竣工验收，对未经验收的房屋未确权登记；国土部门严把建设用地审批关，对符合土地利用总体规划的房地产开发项目，依法办理土地使用权出让手续，及时签订国有土地出让合同，并在缴清土地出让金后，颁发建设用地使用证，对不符合土地利用总体规划或未经政府批准的开发项目未供给建设用地。根据检查，去年7月份以来开工建设的23个房地产开发项目，其立项、用地、规划、施工等各项前期手续齐全，未发现违法违规开发建设问题。税务部门加强对房地产开发税收的征管，督促房地产开发企业申报税款3200万元，清理收缴历年欠税780万元。房产部门认真执行商品房预售许可制度，对达到预售条件的16个楼盘办理预售许可证，对不符合预售条件的楼盘未办理预售许可证，对违规预售的4个楼盘发放预售整改通知，并跟踪检查房屋预售情况，登记备案商品房预售合同1111份，有效保障了购房者的合法权益。同时，加强住宅专项维修资金征管，共清理缴纳历史遗留问题房屋专项维修资金1047万元。

3. 法律法规宣传得到加强。在县电视台、政府门户网站发布《关于购买商品房时必须认真查验商品房预售许可证的通告》、公示取得商品房预售许可证的楼盘信息；督促房地产开发企业在楼盘显著位置公示土地使用权证、建设工程规划许可证、施工许可证、商品房预售许可证等行政许可证照，真实反映项目基本情况。房产管理部门在服务窗口醒目位置张贴权属登记流程图和申请登记材料目录表，为群众办理房屋所有权证提供方便快捷的服务。

二、存在的主要问题

从检查情况看，虽然县政府及相关部门做了大量工作，研究解决了大部分城区房屋权属登记历史遗留问题，但仍有部分房屋未确权登记：

（一）部分房屋因土地权属问题未确权登记。这种情况涉及63间商铺。其中城关小学商铺42间，原建设用地办理了国有土地使用权出让手续，但在建设过程中为退让道路红线，商铺建设占用了教学用地，加之该商铺立项时批复为建成后竞价出租，但实际对外出售；人社局商铺9间、宏安公司西环路商铺12间，建设用地均为划拨办公用地。

（二）部分房屋因建设、开发单位变更建设规划未确权登记。这种情况涉及65套房屋。其中平凉兴盛房产公司建设的新盛花园33号商住楼21套房屋，原规划设计为4层1342平方米，但建设过程中变更建设规划建成6层2740.43平方米，超层、超面积部分未缴纳土地出让金及其他相关费用；城关镇经委西环路临街房屋28套，仅有城关镇政府批复建设城关镇综合厂宿办楼的文件，再无其他相关手续，同时建成后违规向外出售，改变了房屋使用性质；第三建筑公司南环路住宅楼16套房屋，东单元8套房屋建设规划为三建公司宿办楼，企业变更建设规划建成住宅楼，并违规向外出售，西单元8套房屋为企业违规自建房屋，无任何建设手续和确权登记资料。

（三）部分房屋因开发企业违法违规经营未确权登记。这种情况涉及94套房屋。其中利民房产公司建设的滨河路民顺家苑18、24、25、30、31号商住楼有14套房屋因房款未清未确权登记；百盛房产公司建设的阿阳路百盛嘉园商住楼有80套房屋未确权登记，其中21套房屋（商铺13间、住宅8套）开发企业自用，33套房屋未经住户同意，开发企业违法以在建工程抵押贷款，剩余26套房屋中，部分房屋由于住户未接到开发企业办证通知而未确权登记，部分住户因经济困难暂未确权登记，部分住户以开发企业收费项目多、公摊面积大为由暂未确权登记。

（四）部分房屋因部门职责不到位未确权登记。这种情况涉及140套房屋。其中农机公司2号住宅楼24套房屋，其立项、土地、规划、施工等手续齐全，但因企业倒闭，建成后未申请竣工验收，发改、住建、国土等部门未摸清实情，造成该幢住宅楼未确权登记；翔宇滨河花园B区9、10号住宅楼116套房屋，建设用地为原县火柴厂工业用地，已拍卖给翔宇房产公司，但至今未将土地使用证从原火柴厂变更到翔宇房产公司名下。

三、工作建议

（一）尊重事实，依法依规，彻底解决城区房屋产权历史遗留问题。城区房屋权属登记历史遗留问题情况复杂，时间久远。县政府要坚持以人为本、执政为民的理念，从维护广大住户切身利益、增强政府公信力的大局出发，坚持“尊重事实、依法依规”的原则，继续加强领导，加大力度，加快进度，彻底妥善解决历史遗留问题。对因土地权属问题未确权登记的房屋，县政府要依法依规、科学决策，提出处理意见后，补办相关手续，补交相关费用，尽快办理产权登记；对房屋建设、开发单位虽然违反建设工程规划和改变房屋使用性质，但符合县城总体规划或不严重影响县城规划未确权登记的房屋，县政府应按照有关规定，对违规企业和建设单位依法进行处罚，责令补办有关手续、补交相关费用后办理产权登记；对因职能部门工作不到位而未确权登记的房屋，由住建部门牵头，尽快补办有关手续，补交相关费用后，办理产权登记；对因企业违法违规经营造成未确权登记的房屋，县政府应责成主管部门监督开发企业纠正违法违规行为，尽快为住户确权登记办证。对拒不纠正违法违规行为、不为住户申报办证的房地产开发企业，其在县内投资的其他项目一律停办审批手续。对存在严重安全隐患的县医院永福巷32套院落和德顺路供销车队35套房屋，县政府要责成卫计局、供销社立即采取有效措施，尽快根除安全隐患，确保人民群众生命和财产安全。

（二）认真排查，分类指导，努力解决划拨土地上房屋所有权转移登记难的问题。这次检查过程中部分居民反映，一些机关和企事业单位以前为解决职工住房问题，在划拨土地上建设住房，并办理了房产证，但房产证上注明房屋建设用地为划拨土地，按照现行政策规定，这些房屋进入市场交易后，因土地权属问题房产证无法过户。这种情况涉及的房屋数量多、土地面积大，也是城区房屋产权管理方面的历史遗留问题，既关系到许多住户的切身利益，也制约着房地产市场的健康发展，同时也造成国有资产和土地税费的大量流失。因此，县政府应对划拨土地上建设住宅的情况全面进行摸底调查，掌握真实情况，并按照“尊重历史、面对现实、依法依规、解决问题”的原则，提出符合政策规定、切实可行的解决方案，下决心解决划拨土地上房屋所有权难以转移登记的问题。

（三）加大力度，依法监管，进一步规范房地产市场秩序。县政府及相关部门要深刻吸取城区房屋权属登记历史遗留问题的经验教训，牢固树立依法行政、执法必严、违法必究的理念，严明部门职责，加大执法力度，强化监督检查，全面规范房地产市场秩序。要切实加强房地产开发的规划管理，严格按照城乡规划法和县城总体规划，加大房地产开发项目规划监管力度，对符合规划规定的项目给予建设用地规划许可证、建设工程规划许可证，准予开工放线，对不符合规划规定的项目坚决不予办理规划许可证，并坚决查处未批先建、少批多建、随意变更建设用地规划和建设工程规划的违法违规行为；要切实加强房地产开发的土地管理，对符合土地利用总体规划的房地产开发项目，依法办理土地使用权出让手续，及时签订国有土地有偿使用合同，并在缴清土地出让金后，颁发建设用地使用证；对不符合土地利用总体规划或未经政府批准的开发项目不予供地；对违反土地管理法，不依法办理用地许可证、拖欠土地出让金等违法违规行为要坚决予以查处；要切实加强房地产项目立项管理，严格按照《静宁县项目管理办法》规定的条件审批项目；要严格执行建设工程施工许可制度和竣工验收备案制度，对不符合施工条件的项目坚决不许开工，对已建成的商品房，严格按照有关规定进行工程竣工验收，坚决杜绝未经验收备案或验收不合格投入使用的违法违规行为；要切实加强房地产税费收缴，加大收缴力度，督促开发企业及时上缴各类税费，有效防止开发企业拖欠税费现象的发生；要切实加强商品房预售管理，严格按照《商品房预售管理办法》，对完全符合预售条件的楼盘，办理《商品房预售许可证》，坚决杜绝未批先售等违法违规销售行为，严格实行一房一合同、一房一编号，防止房屋销售中权利与义务不对等、违规转让、损害购房者合法利益的行为；要切实加强住宅专项维修资金收交和管理，房产管理部门要按照国家《住宅专项维修资金管理办法》规定，帮助每个小区或住宅楼制定住宅专项维修资金收交使用办法，并监督物业服务企业严格按照办法收交和使用；要切实加强房屋面积核定的监督，根据国家《商品房销售面积计算及公用建筑面积分摊规则》，房屋面积的测量、核定必须由房产管理部门牵头，组织中介测绘单位、业主委员会或住户代表、房地产开发企业四方共同测量、核定，并进行公示，接受住户监督，坚决纠正仅由中介机构和房地产开发企业测量、核定的违规行为。同时，县政府要严格落实责任追究制度，对职能部门及其工作人员监管不力、违法违规的问题要依法依纪严肃追究其责任，坚决杜绝有法不依、执法不严、违法不究的现象。

第二十一次会议　于2015年6月30日在常委会五楼会议室召开，由沙芳琴主持。

会议议程有四项。一、二两项合并进行：听取和审议财政局局长李强受政府委托所作的《关于2014年全县财政决算（草案）的报告》、审计局局长王亚鹏受政府委托所作的《关于2014年度县级财政预算执行和其他财政收支情况的审计报告》、常委会财经工委主任杨立新所作的《关于2014年全县财政决算的审查报告》，作出《关于2014年县级财政决算的决议》；三、听取和审议教育局局长赵宏军受政府委托所作的《关于城区学校教育教学情况的报告》、常委会教科文卫工委主任李平安所作的《关于城区学校教育教学工作的调研报告》；四、听取和审议法院院长李根进所作的《静宁县人民法院审判执行工作的报告》、常委会司法民政工委副主任宋正祥所作的《关于县法院审判执行工作的检查报告》。会上，政府副县长沈学英、法院院长李根进就落实审议意见分别作表态发言。

第十六届常委会组成人员王维军、沙芳琴、慕锡武、高旭、厚连世、靳宝生、杨华、王友忠、胡志科、杨立新、李稳收、李平安、薛小田、周浩仁、李会宾、朱国军、厚凤兰、王全生出席会议；政府副县长沈学英，法院院长李根进、副院长张平、审判员戴文辉，甘沟、界石铺、威戎、雷大法庭庭长，检察院检察长崔晓晖、政府办公室主任何浩强、财政局局长李强，教育局局长赵宏军、班子成员阎国锁、孙辉、张军民、张拴华、杨叶，审计局局长王亚鹏、人社局副局长王致中、公安局副局长赵聚海、行政执法局局长陈红福、交警大队大队长杜甲虎，城关镇、八里镇党委书记王顺义、胡生平，静宁二中、城关初中、城关小学、城关教委、八里教委、特教学校、二幼、东城区幼儿园负责人胡稳勤、杨仲祥、张倡盛、刘旭东、马建红、周春香、温娟、吴佩佩，市、县人大代表胡耀国、张雪红、郭国定、王壬寅、王军会、刘小勇列席会议；家长代表王富余、曹团娃、姚娟娟应邀旁听会议。

附：

关于城区学校教育教学工作的调研报告

由常委会分管领导带队，常委会办公室、教科文卫工委、政府办、教育局负责人和部分县人大常委会组成人员、人大代表组成调研组，于5月4日至15日，先后深入城区各高中、初中、小学、幼儿园以及职教中心、特殊教育学校，采取实地考察、查阅资料、问卷调查、走访群众、座谈交流等方式，对城区学校教育教学情况进行了调研。

一、城区学校现状及教育教学工作

（一）城区学校现状

目前，城区有各级各类学校34所，其中中等专业学校1所，普通高中4所（公办3所、民办1所），初中3所，小学8所，幼儿园17所（公办7所、民办10所），特殊教育学校1所。有在校学生35838人，其中职教中心4867人，普高7574人（公办高中6989人、民办高中585人），初中5421人，小学11524人，幼儿园6395人（公办幼儿园4274人、民办幼儿园2121人），特殊教育学校57人。公办学校有专任教师2107人，教辅人员37人。职教中心生均占地面积9.3平方米，公办高中生均占地面积47.7平方米，初中生均占地面积29.9平方米，小学生均占地面积7.5平方米，公办幼儿园生均占地面积5.7平方米，民办幼儿园生均占地面积2.9平方米，特殊教育学校生均占地面积101.2平方米。有各类实验设备60套，占全县总数的28%；有计算机1960台，占总数的28.4%；有音、体、美器材11.5万件，占总数的27%；有图书34万册，占总数的22.6%。

（二）教育教学工作

近年来，城区学校按照“遵循规律、促进公平、加强督导、提升质量”的总体要求和“推进学前教育、均衡义务教育、提升高中教育、发展职业教育”的工作思路，着力改善办学条件，积极深化教学改革，扎实推进素质教育，不断加强内部管理，努力提高教育教学质量。主要做了以下工作：

1. 优化学校布局结构。针对城区学生入学难、大班额、择校热等突出矛盾，制定出台了《关于调整城区中小学校布局结构促进教育均衡发展的意见》，按照就近入学、均衡合理的原则，科学规划学校布局，积极调整学校结构，先后新建实验小学、特殊教育学校和西城区幼儿园（一幼分园）、东关幼儿园（二幼分园）、西岭幼儿园，改扩建三中、东关小学，改办西关幼儿园，尤其是文屏教育园2014年秋季建成投入使用，文萃中学建成招生，二中完成整体搬迁，城关初中改建完成，阿阳小学开始招生，今年秋季职教中心将整体搬迁、阿阳小学将扩大招生，城区学校布局、结构得到优化。

2. 改善学校办学条件。近年来，先后为城区公办高中配备课桌凳7200套、高低床5480副、计算机440台、图书6.1万册、音体美器材700多件，建成电子白板多媒体教室193个、理科实验室25个，完成二中、文萃中学校园局域网、校园视频监控及校园广播一期建设工程；为初中配备课桌凳2250套、高低床400副、计算机350台、图书5.9万册、音体美器材800多件，建成电子白板多媒体教室39个、理科实验室6个；为小学配备课桌凳4050套、计算机430台、图书1.6万册、音体美器材600多件，建成电子白板多媒体教室83个、科学实验室5个、科学探究室1个；为县直幼儿园配备钢琴18架、电钢琴75架、电视机70台、教具玩具3800件（套）。扎实开展花园式校园绿化建设，今年春季为城区学校栽植大型树木5000多棵、花卉5万多株，新增绿化面积1.6万平方米。

3. 加强教师队伍建设。根据《中华人民共和国教师法》和《国家中长期教育改革和发展规划纲要（2010—2020年）》精神，制定出台了《关于加强教师队伍建设的实施意见（试行）》，坚持以提高师德修养和教学能力为核心，以促进学生健康成长为目标，加强教师队伍建设，创新管理体制，优化教师队伍结构，推进教师职业道德建设；加强教师培训，组织城区学校教师参加各级各类培训11288人次，其中国家级2117人次、省级234人次、市级417人次、县级2834人次、校本级5686人次，提升了教师队伍的整体素质；2010年以来，采取签约、选调等形式，为城区各级各类学校补充教师728人，充实了教师队伍，改善了教师学科结构。

4. 深化课堂教学改革。采取“行政推动，教研带动，学校行动，片区联动，督导驱动”等措施，组织开展课题研究、课堂赛讲、论文评选、优秀导学案评选、课改先进集体评选等活动，深入推进课堂教学改革。出台了《深化“学案导学六步教学模式”课堂教学改革实施方案》，在义务教育阶段学校推行“学案导学六步教学模式”。制定了《静宁县学生综合素质评价实施方案（试行）》，对学生进行综合素质评价。积极推进普通高中新课程实验，出台了《静宁县普通高中新课程实验工作实施方案（试行）》。职教中心以服务为宗旨，以就业为导向，修订完善了《教学质量综合考核办法》等管理制度，组织学生积极参加省市级技能竞赛，取得了较好成绩。

5. 提升师生人文素养。各学校每年坚持举办校园艺术节，积极参加全县中小学文艺会演，组织学生参加学校社团、兴趣小组、社会实践活动；启动师生读书工程，组织师生开展经典诵读、课前3分钟演讲、体育艺术“2+1”、观看“感动中国2014年”颁奖晚会、全国道德模范颁奖晚会等活动，丰富学生课外生活，拓宽学生视野，感化学生思想，陶冶学生情操，提升师生人文素养和综合能力。

6. 强化教育督导检查。近年来，县政府及教育主管部门坚持把教育督导检查作为教育宏观管理的重要手段，通过教育督导检查，及时准确地掌握学校教育教学情况，促进了教育教学水平的提高。充实督导力量，去年以来抽调11名教育管理人员和教师补充到督导团，并聘任36名兼职教育督导员，督导团力量得到加强。县教育局与各学校签订了《静宁县中小学补课乱收费治理工作责任书》，下发了《静宁县中小学招生工作实施方案》，在义务教育阶段实施阳光分班，规范了学校办学行为。

二、主要困难和问题

（一）部分学校办学条件有待改善。一是部分学校基础设施设备不完善。三中、城关初中、实验小学操场晴天尘土飞扬，雨天泥泞不堪，影响体育课的开展；城关初中由于没有学生食堂，导致大量学生在校外租住；职教中心新校区3号教学楼、学生食堂未开工建设，影响学校今年秋季整体搬迁；一些初中、小学实验、体育器材仍然短缺，不能满足教学需要。二是小学及幼儿园生均占地面积严重不足。《甘肃省义务教育学校办学基本标准（试行）》规定，城区小学生均占地面积不低于11.4平方米，但我县城区小学生均占地面积仅7.5平方米。尤其是城关小学、德顺小学生均占地面积分别为4.3平方米和5.9平方米，活动场地狭小，体育课和大课间活动受到严重限制。住建部《幼儿园建设标准》规定，城区幼儿园生均占地面积不低于18.05平方米，我县城区公办幼儿园生均占地面积仅5.7平方米，民办幼儿园仅2.9平方米，活动场地十分狭小，幼儿无法开展室外活动。三是民办学校办学条件差。华源中学基础设施不完善，教学、实验、体育设施设备短缺；大多数民办幼儿园租房办园，教室面积不达标，保教设备不齐全，幼儿活动器材和教玩具奇缺，不能满足幼儿游戏和学习需求；部分民办幼儿园办园条件极差，办园水平很低，未取得办园许可证。民办幼儿园软、硬件落后，已成为制约城区教育事业发展的突出问题。

（二）教育教学行为不够规范。一是课程开设不全面。城区小学、初中存在音、体、美、品德、科学及理、化、生实验课程课时安排不足、考核不严格等问题，甚至存在经常被所谓主课占用的现象。二是学生课业负担过重、睡眠严重不足。调研中了解到，一些初中、小学教师要求学生购买多种质量低劣、甚至与教材内容不相符的教辅资料，让学生反复练写；一些教师给学生布置家庭作业时，科任教师之间沟通衔接不够，多学科同时布置大量家庭作业，学生要用3小时以上时间才能完成；一些高中学生晚自习之后的作业要在晚上十二点左右才能完成；一些高中、初中班主任老师要求学生早上五点半起床，六点十分前到校，下午一点半到校。过重的课业负担、过少的睡眠时间、极少的体育活动，造成学生极度疲乏，心理压力过大，既不利于学习，又损害学生的身心健康。三是学生德育教育抓得不紧。一些学校对学生德育教育和养成教育重视不够，造成学生思想品德和人格形成不全面，加之一些家庭教育方法有偏差，与学校沟通配合不协调，没有形成德育教育合力，致使学生行为习惯、文明素养较差，打架斗殴、酗酒吸烟、破坏公物、随地大小便等不文明行为时有发生，未达到立德树人的培养目标。同时，一些教师对学生学习习惯的培养重视不够，学生写字姿势不正确，近视率较高。四是教育教学评价、考核机制不完善。在中小学生的考核评价中，对思想品德、体育与健康等方面的考核不重视，甚至缺失，忽视学生综合素质的提高。学校作为实施素质教育的主阵地，其内部管理、教学组织受追求升学率、应试能力的影响，内动力、创新力和生机活力未得到有效激发。五是幼儿教育小学化现象严重。幼儿园普遍存在“重教轻保”现象，没有专职保健医师，保教工作粗放，难以保障幼儿的身心健康，特别是一些民办幼儿园给幼儿违规配发教材，盲目开展写字、珠心算等内容的教学，幼儿教育小学化现象非常严重。六是大班额问题仍比较突出。东关小学大部分班额在70人以上，城关小学、德顺小学除一年级外，其他年级班均人数在65人左右，幼儿园班均人数在50人左右。

（三）教师队伍建设需进一步加强。一是教师学科性短缺。3所初中地理、历史、生物专业教师共短缺12人，8所小学音乐、美术、体育专业教师共短缺20人，职教中心护理、会计、旅游、建筑等专业实训实习指导教师短缺56人，难以按照国家课程标准开设相关课程，严重制约着素质教育的实施。城区公办幼儿园260名教师中，学前教育专业教师仅有42名，专业合格率仅为16.2%，大多数为小学转岗教师；民办幼儿园大部分教师无学历证书和教师资格证书，即使有也是低学历、低水平，难以胜任保教工作，直接制约着学前教育的健康发展。二是部分教师职业道德欠佳。调研中有学生家长反映，个别教师敬业精神不强，热衷于课外补习或校外办班挣钱，没有把主要精力放在教学工作上；少数教师工作不扎实，备课、上课、批阅作业不认真，甚至让学生或学生家长批阅作业，代替教师必要的检查批阅；个别教师素质低下，思想消极，拈轻怕重，甚至行为失范。三是教师培训不够扎实有效。近年来，虽然大部分教师参加了各级各类培训，但一些教师学习不认真、不扎实，培训效果不明显。一些教师不愿学习，教育观念陈旧，教学方法落后，不会运用现代教学设备，对新课改的适应能力较低。民办学校教师外出培训学习机会极少，教学经验欠缺，工作积极性不高，师资队伍不稳定。

（四）学生校外租住现象突出。目前3所公办高中校外租住的学生为781人，占总数的11.2%；3所初中校外租住的学生为1494人，占总数的27.6%；8所小学校外租住的学生为4785人，占总数的41.6%；民办幼儿园绝大多数幼儿是进城务工人员子女。这些校外租住的学生每年的房租约为3000元，加上水电费、取暖费、生活费等，每年的费用约1万元，校外租住上学，既加重了群众经济负担，也给学校管理带来了许多困难，同时，一些学生租住在大杂院、简易活动板房内，住宿条件差，周围环境乱，安全隐患突出，成长环境不佳。

（五）学校周边环境较差。调研发现，一些学校门前没有警示牌、减速带，上下学时间也没有交警执勤，车辆超速行驶，交通安全隐患突出；学校周边摆摊设点现象普遍，流动食品摊点卫生差，食品安全无保障；一些学校周围成为倾倒垃圾的场所，垃圾遍地，蚊蝇滋生，空气污浊，环境恶劣；一些网吧、电子阅览室、KTV等营业性娱乐场所违规接纳未成年人；个别书店、音像制品店向青少年学生售租玄幻暴力、淫秽色情书籍和音像制品，对青少年学生的身心健康危害极大，有关职能部门及乡镇政府监管、整治不力。

（六）学校债务负担沉重。近年来，在教育项目建设过程中因配套资金不到位，部分学校举债建设，形成的债务较大。至目前，城区各级各类学校负债10547万元（不含教育园建设资金缺口），其中职教中心负债1928万元，普通高中负债7456万元，初中负债476万元，小学负债473万元，县直幼儿园负债214万元。这些学校每年将部分公用经费用于偿还债务和贷款利息，导致学校用于日常运转的资金不足，影响学校教育教学工作的正常开展。同时，根据有关规定，义务教育阶段特殊教育学校生均公用经费为每年6000元，但我县仍按普通中学每生每年800元的标准预算，加之特殊教育学校学生少，公用经费严重不足。

三、工作建议

（一）加大教育投入力度，优化教育资源配置

一要加强基础设施建设。加快东关小学扩建进度，保证今年秋季学期投入使用；尽快列项建设职教中心新校区3号教学楼和学生食堂，确保今年秋季学校按期顺利完成整体搬迁；开办城关初中食堂，解决大量学生校外租住的突出问题；积极筹措资金，硬化三中、城关初中、实验小学操场，解决一些学校实验、体育器材短缺的问题；采取切实可行的措施，努力解决城关小学、德顺小学以及一些幼儿园活动场地严重不足的问题，进一步改善办学条件。二要均衡配置教育资源。充分发挥优质教育资源的辐射带动作用，采取以强带弱、结对帮扶、城乡交流、对口支援等形式，提高城区学校及全县学校的整体办学水平和教学质量；大力推进教育信息化，进一步为薄弱学校配备必要的多媒体教学设备。同时，针对西城区居民逐渐增加，现有学校已基本满负荷的现状，县政府及教育主管部门要认真研究，统筹规划，进一步完善西城区学

校布局结构。三要努力化解教育债务。县政府要把化解教育债务工作摆上重要议事日程，认真研究制定化解教育债务的政策措施，拓宽资金筹措渠道，加快化解教育债务步伐。今后新上教育项目时，要积极争取项目配套资金，防止产生新的债务。财政、审计、教育等部门要充分发挥职能作用，建立健全教育项目管理制度和资金管理制度，切实加强项目管理和资金管理，坚决制止新的债务发生，确保学校正常运转。

（二）加强教育教学管理，全面提升教学质量

一要高度重视学前教育发展。目前，城区公办幼儿园数量少、场地狭小，民办幼儿园保教条件差、教师水平低，急需加强和改善。政府及教育主管部门要按照《甘肃省学前教育“十二五”发展规划》，完善我县学前教育发展规划，指导城区学前教育科学、协调发展；要明确规定，今后新开发的住宅小区，必须配套建设幼儿园；要加大学前教育投入，在办好公办幼儿园的同时，帮助民办幼儿园完善基础设施、配套保教设备、改善办学条件，努力解决当前学前教育的困难和问题；加强学前教育管理，规范办园行为，做好学前教育与小学教育的沟通衔接，正确引导、全面规范小学招生，避免幼儿教育小学化，提高学前教育保教质量。二要全面提高义务教育水平。义务教育学校要严格执行国家课程标准，开足开好音、体、美及品德等相关课程；要结合扩建东关小学、整体搬迁职教中心、设立阿阳小学等，努力解决大班额问题；要切实改进学生德育教育，学校要在上好每一节德育课的同时，采取各种措施改进德育教育，要引导家庭高度重视德育教育，采取正确的方法教育孩子，全社会要关心、关注学生德育教育，形成学校、家庭、社会相互配合的思想道德教育体系；大力开展“阳光体育”运动，保证学生每天锻炼时间不少于1小时，不断提高学生体质健康水平；改进教学考评、考核方法，要求每个教师集中精力上好每一节课，增强课堂教学效果；清理、整顿教辅资料，坚决制止一些教师要求学生购买多种教辅资料的行为，减轻学生过重的课业负担；改进学生评价制度，减少考试次数，改变目前教育教学评价中重学生学习成绩、轻学生综合素质的导向；建立学生课业负担和作息时间监测监督制度，教育主管部门及学校要经常对学生课业负担和作息时间进行抽查，确保学生课业负担、作息时间适量、科学，让学生生动活泼学习、健康快乐成长。三要大力扶持特殊教育。特殊教育是促进残疾人全面发展、帮助残疾人更好地融入社会的基本途径。政府要加大对特殊教育的投入力度，按照国家标准，提高特殊教育学校生均公用经费，保障特殊教育学校正常的教育教学需求；妇联、团委、民政、残联等部门和各乡镇政府要加大对家庭经济困难残疾学生的资助力度，帮助、动员适龄残疾儿童学习科学文化知识，努力使每一个残疾儿童都能接受义务教育乃至更高层次的教育；全社会都要关心支持特殊教育，积极为特殊教育学校办实事、办好事。四要进一步提升高中教育教学水平。深入推进课程改革，全面落实课改方案，保证学生全面完成国家规定的文理各门课程的学习。创造条件开设丰富多彩的选修课，为学生提供更多选择，促进学生全面而有个性的发展。建立科学的教育质量评价体系，全面实施高中学业水平考试和综合素质评价。建立学生发展指导制度，加强对学生的理想、心理、学业等

多方面指导。均衡分配城区高中学校生源，促进学校公平竞争、良性发展。五要大力发展职业教育。发展职业教育是推动我县经济发展、促进就业、改善民生的重要途径，必须摆在更加突出的位置。加强职业教育资源的统筹协调和综合利用，坚持学校教育与职业培训并举，增强服务“三农”能力。加强“双师型”教师队伍和实训基地建设，提升职业教育基础能力。加快发展面向农村的职业教育，加强涉农专业建设，加大培养适应农业和农村发展需要的专业人才力度，不断提高学生就业质量。鼓励支持职业教育学校积极参与培养有文化、懂技术、会经营的新型农民，开展进城务工人员、农村劳动力转移培训。职教中心要高度重视学生品德教育，全面落实《中等职业学校学生日常行为规范》，切实加强学生管理。六要依法管理民办教育。政府及教育主管部门要切实加强民办教育的统筹规划和宏观管理，对教育教学工作、教师培训工作等进行监督指导，促进民办教育健康发展。对一些办园条件差、不符合标准要求的民办幼儿园要限期整改，整改不达标的要坚决予以关闭。督促各类民办学校认真落实《中华人民共和国民办教育促进法》，强化学校内部管理，规范办学行为，提高办学质量。

（三）加强教师队伍建设，提高教师队伍整体素质

加大教师招聘力度，在高等院校为城区学校招聘一批急需紧缺专业的优秀毕业生，尽快解决城区学校教师学科性短缺的问题。严格按照《中小学教师职业道德规范》，加强教师职业理想和职业道德教育，将师德表现作为教师考核、聘任和评价的重要内容，增强广大教师教书育人的责任感和使命感，努力提升教师队伍整体素质。完善教师培训制度，加大培训力度，拓宽培训渠道，扩大国家、省、市级培训覆盖面，培养一批教育教学骨干和学科带头人。大力开展幼儿园教师培训，优化培训内容，创新培训方式，增强培训的针对性和实效性，切实提高幼儿园教师专业能力。鼓励教师和校长在实践中大胆探索，创新教育思想、教育模式和教育方法，形成教学特色和办学风格。

（四）增强安全防范意识，构建平安和谐校园

一要高度重视校园及周边安全工作。政府及相关部门要认真落实《中小学幼儿园安全管理办法》和甘肃省《关于深化平安校园创建活动的实施意见》，进一步完善政府统一领导、部门分工监管、学校及社会积极参与、齐抓共管的维护校园及周边治安秩序工作机制，加强校园及周边治安综合治理，督促落实安全保卫各项措施，确保校园及周边治安持续稳定。二要加强师生安全教育。不断加强教师和学生的思想道德建设，引导师生树立正确的世界观、人生观和价值观。结合践行社会主义核心价值观，抓好品德行为教育、法制教育、纪律教育以及心理和生理健康教育，普及交通安全、食品卫生安全、网络安全等知识，积极开展应对各种突发事件的模拟演练，不断增强广大师生的守法意识、安全防范意识和自我保护意识，提高安全防护能力。三要完善校园安全设施。加大学校安防设施建设投入，加强学校门卫值班，配齐配强安全保卫人员，落实工作职责，定期对安全隐患进行排查，不断提升人防、物防、技防水平。四要加强校园网络安全管理。严格落实校园内部互联网、校园网等网络媒体的管理措

施，有效防范和查处打击利用网络实施危害社会安全稳定的违法犯罪活动，严防不良信息在校内传播。五要加强寄宿生管理。教育主管部门及学校要高度重视校内外寄宿生管理工作，进一步健全完善管理办法，全面落实管理措施。按照有关规定，职教中心、高中、初中校外租住的学生，要全部入住学校学生公寓；小学、幼儿园校外租住的学生，要靠实家长、房东、派出所和学校的责任，并经常进行检查，及时发现问题，及时整顿处理，确保校外租住学生安全。六要大力整治学校周边环境。有关部门要依法严厉查处违规经营的网吧、电子阅览室、KTV等文化娱乐场所，坚决取缔经营不良书籍的马路摊点、书店以及学校周边流动食品摊点。进一步完善学校周边道路交通标志及安全设施，在重要路段、重点时段，指定民警维护校园门口道路的交通秩序。严厉打击扰乱、破坏学校教学环境及侵害师生人身和财产安全的违法犯罪行为，保障学校及其师生的人身、财产安全，维护学校正常的教育教学秩序。

关于县法院审判执行工作的检查报告

由常委会分管领导带队，常委会办公室、信访室、司法民政工委负责人及部分市县人大代表组成检查组，于5月11日至22日，先后深入县法院和界石铺、威戎、甘沟、雷大等法庭，以及贾河、深沟、李店、八里、城川等乡镇，采取查阅案卷、听取汇报、走访当事人、召开座谈会等方式，对2011年以来县法院审判执行工作进行了检查。

一、主要做法及工作成效

2011年1月至2014年12月，县法院共受理各类刑事、民商事案件4348件，审结4313件；受理、审结各类行政案件23件（含非诉行政执行案件16件）；受理各类执行案件1094件，涉案标的总金额5475.27万元，全部执行或部分执行1071件，执行标的到位率87%。从检查情况看，近年来，县法院始终坚持“司法为民，公正司法”的工作理念，积极服务全县改革发展稳定大局，认真执行法律法规，扎实开展审判执行工作，司法公信力不断提高。

一是审判工作水平不断提高。县法院坚持以事实为根据，以法律为准绳，进一步规范刑罚裁量权，贯彻“宽严相济”的刑事政策和“调解优先，调判结合”的民事原则，严格按照法律程序审理各类刑事、民商事案件。2011年以来，依法审结故意伤害、抢劫、强奸、绑架、重大盗窃等刑事案件113件，对83名被告人判处5年以上有期徒刑，重刑面占重点案件的38.6%，对237名被告人判处缓刑，对58名未成年被告人从轻、减轻判处；共受理各类民商事案件3828件，通过调解，撤诉2840件，调撤率为74.2%。2011年1月至2014年12月法院审结案件4336件，其中，不服判决上诉上级法院119件，上级法院经过审理，维持原判95件，发回重审10件，改判14件。不断加大适用简易程序审理民商事案件的力度，在保证案件质量的前提下，充分发挥简易程序功能，扩大简易程序适用范围，提高了审判效率。2011年以来，县法院审理的1485件民商事案件中，有1301件适用简易程序审理，其中1个月内结案的占60%，3个月内结案的占25%。

二是执行工作逐步改进。县法院不断完善执行工作机制，先后建立完善了《执行案件流程管理办法》《执行工作公开标准》《执行监督信封制度》等20项制度，保证了案件执行工作的规范化；不断深化执行联动机制，积极与银行、公安、税务、工商、房产等单位加强协作，通过开展联动执行、建立失信被执行人黑名单等制度，对拒不执行生效法律文书确定义务的被执行人采取公开曝光、限制其高消费等措施，坚决制裁被执行人抗拒执行、规避执行、妨碍执行等行为。2011年1月至2014年12月，县法院共受理执行案件1094件，执结1071件，实际执结率为84.8%，其中依法查封被执行人财产25处，冻结、划拨存款445万元，扣押车辆25辆，司法拘留29人，有效执结了一批疑难、复杂案件，保障了申请执行人的合法权益。4年来，共受理非诉行政执行案件16件，案件类型涉及公安、安监、质检、食药监等方面，县法院充分运用协调、和解等方法，采取多种措施促进行政争议化解，支持、监督行政机关依法履行管理职能，保护行政相对人的合法权益。

三是审判管理机制逐步完善。县法院紧紧围绕发挥审判监督职能，不断完善审判管理机制，大力推进审判管理工作制度化、规范化建设，先后修改完善基层法庭管理办法等工作制度9项，新建司法公开等制度5项。建立完善了以岗位目标、层级管理、责任追究为主的审判考评管理体系，采取承办人自查、庭室互查、审监庭专门评查的方式，对审结案件从程序、实体、庭审、法律文书制作等方面进行了严格评查，2011年以来，共评查各类案件5245件，其中一类案件5182件，占98.6%。认真落实院、庭长直接办案制度，4年来，院、庭长亲自参与审理案件2376件，审委会对271件重大、疑难、复杂和群体性案件进行了集体讨论，较好地落实了“五定一包”（定承办人员、定督办领导、定执行措施、定执行期限、定目标责任和重点案件领导包案）清案工作责任制，促进了案件质量的进一步提升。

四是审判改革不断深化。县法院认真贯彻落实最高人民法院《关于全面深化人民法院改革的意见》精神，坚持以“司法为民，公正司法”为理念，积极推进司法改革。一是推行人民陪审员制度。按照最高人民法院关于人民陪审员倍增工作的要求，认真做好人民陪审员的增补工作，2013年新增补人民陪审员24名，陪审员总数达到48名，人民陪审员队伍进一步充实。同时，加强人民陪审员的培训和管理，健全、规范参与审理案件的程序和方式，充分发挥人民陪审员的参审和监督作用，近年来，人民陪审员参与审理案件541件，占普通程序的41.3%。二是加大巡回办案力度。基层法庭发挥灵活、便捷的办案特点，坚持深入乡村，开展上门立案、预约开庭、巡回审判，最大限度地方便群众就近诉讼，实现了矛盾不出村，纠纷不扩大的良好效果，近年来，巡回审理案件占法庭受理案件总数的64.9%。三是全面落实司法公开制度。严格落实“司法公开”六项制度，推进审判流程公开、裁判文书公开和执行信息公开“三大平台”建设，加快推进裁判文书上网工作，建立了执行案件信息网上查询制度，先后在互联网公布生效裁判文书1071份，随案发放执行联系卡、执行监督信封1045份。四是严格实施审执分离制度。实施审判执行工作分离制度，一方面促进审判人员专心于法律条文的适用、权利义务的判断，提高了审判质量，另一方面使执行工作不再依附于审判工作进行，确保了生效法律文书及时有效地执行。五是认真落实检察长列席审委会制度。县法院严格落实《中华人民共和国人民法院组织法》的有关规定，坚持邀请检察院检察长列席审判委员会会议，听取检察长对一些复杂、疑难公诉案件的讨论意见，进一步提高了审委会讨论案件的质量，保证了案件处理结果的公正性。

二、存在的主要问题

（一）部分案件审理质量不高。从检查情况看，在案件审理工作中，县法院还存在一些案件事实认定不清、适用法律不够准确、审理程序不合法、法律文书不规范等问题，暴露出案件审理还不够精细、严密，既影响法律的严肃性、权威性，也影响到人民法院在广大群众中的公正形象。主要表现在：一是个别案件事实认定不清。2011年以来，县法院审理的案件中，经中级人民法院审理后发回重审、改判的多达24件，占上诉案件的8%。这些案件大多数是由于在审理过程中对证据采集审查不准、事实认定不清、审理不够严格细致，导致裁判结果失当，当事人不服，提出上诉。如2013年县法院审理陈某某、赵某某农村建房合同纠纷一案，作出一审判决后，经市中院审理后发回重审；再如县法院2013年在审理姚某某与某公司提供劳务者受害责任纠纷一案时，原告伤残后，对护理人员人数确定标准不严谨，护理费认定不当，市中院审理后，改变原判决。二是个别案件引用法律条文不准确。检查中发现，个别案件引用法律不准、不全。如2012年县法院在审理邓某某和郭某某离婚纠纷案件时，法院认定："原、被告虽结婚多年且生有子女，但被告离家出走后下落不明，双方分居达9年之久，夫妻感情已破裂。"法院依据2001年4月施行的《中华人民共和国婚姻法》第三十二条第一款"男女一方要求离婚的，可由有关部门进行调解或直接向人民法院提出离婚诉讼"和最高人民法院《关于审理离婚案件如何认定夫妻感情确已破裂若干具体意见》第十二条"一方下落不明满二年，对方起诉离婚，经公告查找确无下落的，对方坚决要求离婚，经调解无效，可依法判决准予离婚"的规定，判决准予原、被告离婚，子女由原告抚养，受理费由原告承担。根据最高人民法院《关于裁判文书引用法律、法规等规范性法律文件的规定》第二条："同时引用两部以上法律的，应当先引用基本法律，后引用其他法律。"而《中华人民共和国婚姻法》第三十二条第三款第四项规定："因感情不和分居满二年的，调解无效，应准予离婚。"这是该案判决的基本法律依据，法院判决应先引用该法条；而对子女的抚养权判决，应依据该法第三十二条第三款："哺乳期后的子女，如双方因抚养问题发生争执不能达成协议时，由人民法院根据子女的权益和双方的具体情况判决。" 法院在审理中却没有引用该法条。三是个别案件审理程序不合法。检查中发现，个别案件在审理中对一些常识性、普遍适用的法律程序运用不当，造成案件审理程序违法。如2014年9月，县法院在审理王某某和陈某某返还原物纠纷案件时，违反《中华人民共和国民事诉讼法》第三十九条"人民法院审理第一审民事案件，由审判员、陪审员共同组成合议庭或者由审判员组成合议庭。合议庭的成员人数，必须是单数"的规定，在仅有2名审判员的情况下，组成合议庭审理，并作出了民事判决。当事人不服予以上诉，经平凉市中级人民法院审理裁定认为：原审法院在审理该案时违反开庭程序，发回重审。四是个别案件法律文书不规范。从调阅的案卷看，个别案卷判决文书表述不规范。如（2012）静雷民初字第16号判决书中，“原告生大女儿杨某”“原告生小女儿杨某某”，应规范表述为“原告生长女杨某”“原告生次女杨某某”。（2012）静民一初字第265号判决书中，将“2008年3月2日收养一女孩”，表述为“2008年3月2日扶养一女孩”，将“女孩王某某由原告王某某抚养”表述为“女孩王某某由原告王某某扶养”。

（二）执行工作力度不大。一是部分案件执行不到位。近年来，虽然法院执行工作有较大改进，但整体看，县法院在执行过程中还存在力度不大、措施不硬、思路不活、办法不多，“执行难”的问题依然存在。2011年至2014年共受理各类执行案件1094件，案件涉案标的总金额5475.27万元，执结1071件，实际执结率84.8%，执行到位涉案标的金额4763.5万元，还有13%没有执行到位。同时，在执结的1071件中，有143件，由于被执行人逃避、躲藏、转移财产以及无执行财产等原因，县法院中止或终结了执行程序，实际就是没有执行。而被中止或者终结执行程序的案件，要重新启动执行程序比较复杂，导致产生了新的执行难问题，申请执行人的合法权益得不到及时有效的保障，有关当事人向县信访局、县人大信访室投诉反映法院执行方面的案件就达13件。二是审执衔接不紧密，执行时机把握不准确。4年来，法院受理涉农合同、土地流转纠纷以及索要劳动报酬案件172件。这些涉及民生案件执行中，部分执行人员缺乏与立案、审判人员的联系交流，对案件实情研判不够，执行时机把握不准确，采取措施不及时，保护农民合法权益不到位。如2013年9月王某某、屈某某合伙收购果农张某某等6人的苹果后，拖欠苹果款10万元，2014年2月，张某某等6人再次催款时，第三方樊某某以自己2辆铲车为王某某、屈某某担保，果农张某某等6人曾多次找王某某、屈某某、樊某某要求支付苹果款，但3人假意承诺，推诿扯皮。县法院于2015年2月5日作出判决，由王某某、屈某某以及担保人樊某某在法院判决生效5日内连带清偿原告6人苹果款10万元。判决生效时，樊某某的铲车等工程机械设备正停放在八里乡某处，同时，樊某某为某乡通畅公路建设的施工费也未结清，而县法院未及时采取执行措施，错失时机。目前，王某某、樊某某无法联系，工程机械设备已经移到他处施工，案件执行处于停滞状态。三是执行工作计划不周密，措施不到位。在座谈、检查走访中了解到，案件在执行阶段，缺乏应有的方案和措施，个别干警不认真研究执行艺术，法律宣传与执法没有很好地结合起来，执行过程中争取群众的理解、支持做得不够，群众对执行工作的信任度比较低，致使有的案件未能达到最佳的执行效果；部分执行人员遇到复杂、棘手的案件时，产生畏难情绪，不对案件细心分析、寻找执行突破点，导致案件久拖不执；案件进入执行程序，县法院没有充分利用指挥中心制度和执行联动机制查找被执行人及其财产，过多的依靠申请人提供线索，寻找被执行人，使部分案件难以执行；部分执行人员为片面追求结案率，过分迁就被执行人意见，要求债权人放弃部分权利，促成和解执行，对法院整体工作产生了一定的负面影响。

（三）基层法庭服务保障不到位。一是基层法庭配置少、服务半径过大。目前，全县基层法庭只有4个，每个法庭服务人口均在8万人以上。其中，雷大法庭服务面积613平方公里，服务1镇7乡12.6万人；威戎法庭服务面积312平方公里，服务1镇2乡8.5

万人；甘沟法庭服务面积581平方公里，服务5乡10.2万人；界石铺法庭服务面积528平方公里，服务1镇3乡8.6万人。基层法庭服务地域面积大，人口多，受理的案件数量多。据统计，每个法庭每年受理的案件均在100件以上，而且每年还在不断增加。截至2015年5月5日，雷大法庭已立案73件，较去年同期增长37%，“案多人少”矛盾突出。同时，基层法庭位置设置不合理，致使服务半径过大，如雷大法庭设置远离其服务的1镇7乡的中心乡镇，致使仁大、贾河等乡镇距离法庭过远，影响了法律文书的传送、证人出庭等，拉大了群众与法院司法服务的距离，增加了法庭工作成本和难度，加重了群众诉讼负担。二是基层法庭执法力量薄弱。目前，4个基层法庭的基础建设都达到了规范化、标准化的要求，但人员配备过少，工作力量严重不足。根据《最高人民法院〈关于人民法庭若干问题的规定〉的通知》（法发〔1999〕20号）要求：基层人民法庭“至少有3名以上法官、1名以上书记员，有条件的地方，可配备司法警察。”《静宁县机构编制委员会关于调整县人民法院内设机构规格的批复》（静机编〔2008〕37号）决定，八里法庭（现更名为界石铺法庭）政法编制3名，甘沟、威戎、雷大法庭政法编制各4名，各设庭长1名。但目前，雷大法庭设有庭长1名，办案人员2名，书记员2名；甘沟法庭设有庭长1名，书记员3名；界石铺法庭设庭长1名，书记员1名，审判人员太少，甚至无法单独组成合议庭。4个基层法庭都没有配备法警，缺少基本的安全保障措施。执法人员数量严重不足，基层干警到村社送达文书、取证时，基层法庭常常空无1人，严重影响了基层法庭巡回办案、上门立案等工作。三是干警待遇保障不够。根据最高人民法院有关通知要求：“人民法庭庭长、副庭长与本院审判庭庭长、副庭长职级相同。”目前，雷大、界石铺法庭为副科级配置，威戎、甘沟法庭庭长于2013年调整后，再没有配备，法庭日常工作由两名一般干部负责，基层法庭的配置远没有达到通知要求。同时，基层法庭缺乏激励机制，严重挫伤了干警到基层法庭工作的积极性，影响了基层法庭工作的稳定性和连续性。

三、工作建议

（一）严格依法办案，不断提高审判工作质量。一要切实落实主审法官、合议庭、庭长、主管院长和审委会“五级”把关监督机制，严把案件事实关、证据关、程序关和适用法律关，严格按照法律规定程序办案，防止因事实不清、证据不足或程序违法等造成案件审理不公甚至出现错案，努力做到案件事实清楚、证据确凿、运用法律准确、程序合法，不断提高案件审判质量和效率。二要严格落实《办案差错责任追究办法》《执行错案倒查制度》等审判执行工作管理制度，加强执法行为监督管理，加大对违法审判和执行不力的责任追究力度，对执法人员责任性不强或违法违纪行为，要严肃处理，对把关不严的负责人要追究相关责任，坚决杜绝错案、关系案、人情案的发生，切实维护法律的公平正义。三要扎实做好案卷评查，坚持不走过场、不留情面，及时发现和纠正案件管理中存在的问题，切实发挥案卷评查作用，不断提高案件质量。四要进一步健全便民措施，完善诉讼服务中心、立案信访窗口制度，在基层法庭设立法律服务窗口，在乡镇人流集中的位置设置公告牌，公示基层法庭案件受理范围、相关法律法规等。

（二）强化执行措施，确保裁判法律效果与社会效果的统一。一要不断完善和落实执行工作联动机制。形成法院为主导，公安、工商、银行等协助执行单位全力配合的执行工作格局，加强与村委会、居委会等基层组织的沟通和联系，选择性地借助网络等新媒体督促执行，凝聚执行工作合力。二要做到审判和执行相结合。执行作为审判的后续环节，受审理的影响比较大，在案件审理阶段，法院应积极主动作为，及时实施财产保全、信息收集等措施，防止当事人逃避法院执行，为执行工作打下基础。三要注重运用人民调解、行政调解和司法调解的多元化调解机制。对进入诉讼程序的案件，要加大执行和解的力度，提高调解当场履行率，减少进入强制执行程序的案件数量。四要加大对抗拒执行的惩罚力度。对采取不法手段恶意逃避者，有能力而拒不执行者，甚至暴力抗执者，要依法采取强制手段，维护法律权威。五要逐步完善司法救助基金制度。对于被执行人确无执行能力，而申请执行人生活特别困难的执行案件，法院要依法减、缓、免交诉讼费用，并积极争取司法救助资金，保障申请执行人的合法权益，避免成为执行“死案”。六要积极落实退出执行程序、中止执行案件重启制度。对于被执行人当时没有执行能力，法院终结或中止本次执行程序的案件，要做好当事人的解释工作，防止申请执行人缠访缠诉。同时，要主动掌握被执行人的执行能力状况，适时重启执行程序，切实维护当事人的合法权益。

（三）完善基层法庭配置，提高干警办案能力和水平。一要合理规划基层法庭布局。要根据全县地域分布特点和人口状况，科学合理设置基层法庭，适当增加基层法庭数量，缩小服务半径和服务人口，切实解决当前基层法庭服务半径过大，服务效率不高的问题。二要进一步强化干警法律意识、服务意识、为民意识、责任意识，切实解决部分人员工作不细、不实，执法行为不规范以及执法不公等问题；要不断加强干警的业务培训，制定执法人员法律学习规划，大力保障法庭人员培训经费，不断提高司法工作能力和水平，在全社会树立法院干警队伍的良好形象。三要建立和完善县法院与基层法庭人员交流机制，建立基层法庭激励机制，选派工作能力强、业务素质高的干警到基层法庭工作，优先选拔重用基层优秀干警，并形成制度化、常态化，调动基层法庭干警工作积极性。四要通过考录、招聘等方式，不断充实法院干警队伍，尽快解决基层法庭人员短缺问题。

（四）积极主动作为，严格落实立案登记制度。2015年2月最高人民法院发布了《关于全面深化人民法院改革的意见》，意见明确了建立以审判为中心的诉讼制度七大改革任务，要求变立案审查制为立案登记制，对人民法院依法应该受理的案件，做到“有案必立、有诉必理”，保障当事人诉讼权。要采取多元化宣传平台，通过在法院循环播放立案登记制相关规定、设立立案登记制度宣传栏，印制立案登记指南等，全面宣传立案登记制。要进一步完善诉讼服务中心软硬件设施，加强人员力量，认真组织学习关于立案登记制改革的相关法律法规及司法解释。进一步完善相关工作制度，强化监督问责，通过制度建设，畅通诉讼渠道，依法保障当事人诉讼权，对不收材料、不予立案、不下裁定的行为，要追究其法律责任，保证立案登记制度的落实。

（五）健全完善工作制度，不断扩大人民群众参与司法活动范围。一要完善人民陪审员制度。法院要为人民陪审员依法履职创造条件，提供服务，充分调动人民陪审员参与案件审理的积极性和主动性；健全完善人民陪审员选任、培训、参审、考核等工作环节，不断拓宽工作领域，创新工作机制；重视人民陪审员的学习培训工作，制定培训计划，特别是法律法规的培训，彻底解决人民陪审员“只陪不审”的现象；探索人民陪审员参与执行工作制度，人民陪审员大多来自基层，对群众熟悉，有利于执行的协调和解，同时对执行行为进行监督，促进司法公开。二要探索人民群众参与审判工作。法院要进一步完善立案、庭审、执行、文书、审务公开制度，为群众参与创造条件，不断完善听证公开机制，对重信重访、缠诉缠访案件，加大公开听证、公开质证、公开答复的力度，邀请相关领导、人大代表、政协委员、社会公众、新闻媒体参加。探索聘用协助执行人员，聘用对基层情况熟悉，对群众了解，掌握一定的法律知识的人员协助法院推动执行工作。

（六）加大法律宣传，努力营造良好法律环境。以普法宣传为契机，采取多种有效的宣传形式，广泛深入开展法律宣传和道德诚信宣传，提高全体公民的法治观念、诚信意识、风险防范意识；加强对有关审判、执行工作法律法规和重大典型案件的宣传，营造依法执行的舆论声势，对被执行人起到警示作用；加大对生产经营风险及诉讼风险的宣传力度，增强全民的依法执行意识；积极、正面宣传法院执行工作，使社会公众给予执行工作更多的关心、理解和支持，形成良好的社会氛围和宽松的执法环境。

第二十二次会议 于2015年8月28日在常委会五楼会议室召开，由慕锡武主持。

会议议程有六项，分上、下午进行。上午会议的议程有四项：一、人事任免，常委会主任张自杰为新任命的政府工作部门负责人颁发任命书；二、听取和审议发改局局长樊旺受政府委托所作的《关于2015年上半年国民经济和社会发展计划执行情况的报告》；三、听取和审议林业局副局长王柯青受政府委托所作的《关于全县生态林建设管护工作情况的报告》、常委会农业工委副主任李进祥所作的《关于全县生态林建设管护工作的调研报告》，政府副县长孙智清就落实审议意见作表态发言；四、听取和审议住建局局长王彦飞受政府委托所作的《关于县城棚户区改造项目申请贷款的报告》、常委会财经工委主任杨立新所作的《关于县城棚户区改造项目申请贷款的审查报告》，作出《关于批准县城棚户区改造项目申请贷款的决定》。

下午会议的议程有两项：一、审议通过有关接受辞职请求的决定；二、人事任免。

第十六届常委会组成人员张自杰、王维军、慕锡武、高旭、厚连世、靳宝生、杨华、王友忠、胡志科、马世明、杨立新、李稳收、李平安、王全生、李会宾、厚凤兰、薛小田、朱国军、裴晓江、周浩仁、牛国喜出席会议；政府副县长孙智清、法院院长李根进、检察院检察长崔晓晖、政府办公室副主任温警予、财政局局长李强、发改局局长樊旺、公安局副局长赵聚海，林业局副局长王柯青、总工程师王静娃，环保局局长王勤学、国土局局长程军伟、扶贫办主任吴国锦、水保局局长刘银锋、森林公安分局局长张坤阳，常委会各委、室负责人，市、县人大代表刘彩香、柴福喜、张亚鹏、张来有、伏国泰，司桥乡、双岘乡、原安乡党委书记蒋建怀、吕社军、赵小灵，城关镇、四河乡、三合乡人大主席张友明、李小强、王燕刚，城川乡、曹务乡、雷大乡、红寺乡政府乡长王海军、吕周周、任浩、李好信列席会议；吕伟亮、郭琼、王波、胡生辉4名公民代表应邀旁听会议。

附：

人事任免

接受徐毅辞去县人民政府县长职务的请求

张兴荣任县人民政府副县长、代理县长

马　明任县人民政府副县长

县人民政府代理县长张兴荣、副县长马明个人情况表

表4-52

姓名	性别	民族	出生年月	籍贯	文化程度	入党时间	工作时间	主要工作经历
张兴荣	男	汉	1965.11	甘肃民勤	本科	1986.11	1988.7	1988年7月参加工作，先后在平凉地区农科所、共青团平凉地委工作；2003年1月至7月任平凉市信访局副局长；2003年7月至2004年5月任庄浪县委常委、组织部部长；2004年5月至2012年4月先后任崆峒区委常委、组织部部长、崆峒区委副书记；2012年4月至2015年8月先后任平凉工业园区党工委副书记、管委会主任；2015年8月任静宁县委副书记
马　明	男	汉	1965.11	甘肃秦安	本科		1986.7	1983年9月至1986年6月在甘肃省兰州农业学校学习；1986年7月至2006年11月在甘肃省农业科学院林果花卉研究所工作，历任果树栽培研究室副主任、主任，技术员、助理农艺师、农艺师、副研究员（其间：1998年9月至2001年7月在甘肃农业大学学习）；2006年12月至2015年7月任甘肃省农业科学院林果花卉研究所副所长（副处级），其间，2009年12月技术职称晋升为研究员

李三正任县民政局局长

王升斌任县水务局局长

靳建喜任县林业局局长

关于全县生态林建设管护工作的调研报告

由常委会分管领导带队，常委会办公室、农业工委，县政府办、林业局、环保局负责人以及部分市县人大代表和工作人员组成调研组，于7月上旬至下旬，先后深入双岘梁系、马圈山梁系、朱家山梁系等13条林带，原安、三合、甘沟、四河、仁大、李店、曹务、司桥等18个乡镇及林业、环保等部门和单位，对全县生态林建设管护工作进行了调研。

一、主要工作成效

（一）生态林建设步伐不断加快。县政府及林业主管部门认真贯彻落实《中华人民共和国森林法》《甘肃省林业生态环境保护条例》《甘肃省林地保护条例》等法律法规，紧紧围绕“生态立县”战略目标，坚持把生态林建设作为实施可持续发展、改善基础条件、提高人民生活水平的民生工程来抓，制定出台了一系列促进生态林发展的政策措施；坚持把生态林建设纳入政府经济社会发展责任目标考核之中，逐级签订造林绿化责任书，严格考核，真奖实罚，形成了“党政齐抓、干群联动、社会参与、全民共建”的良好发展态势。依托黄土高原综合治理林业示范项目、新一轮退耕还林工程、天保工程等林业生态工程，按照突出重点、规模营造、城乡结合、整体推进的建设思路，加快生态林建设步伐，县域生态环境得到有效改善。近年来，先后建成界石铺北山梁、细巷堡湾梁、司桥军湾梁、城川东山梁等一批生态林建设及流域综合治理示范点，恢复双岘梁系、马圈山梁系、祁家大山梁系等13条防护林带。建成西岭生态公园、文屏山生态公园等县城生态景观，尤其在交通干线、乡村道路行道树的栽植上成效显著，先后栽植行道树160余万株，形成了覆盖城乡的绿色长廊。2010年以来，完成生态林建设47万亩，其中重点区域面山绿化25万亩，三北工程造林4.17万亩，巩固退耕还林成果补植补造12.25万亩，薪炭林建设4.8万亩，退耕还林及荒山造林1万亩。截至目前，全县共有人工造林101.97万亩，其中荒山造林45.4万亩，退耕还林36.85万亩，三北及天保工程造林16.82万亩，封山育林1.7万亩，造林补贴项目1.2万亩，全县森林覆盖率达到25.9%，植被得到较好保护，生态环境明显好转。

（二）管护工作机制初步建立。严格落实确权到户、经营到户、管护到户的政策要求，建立了县、乡、村、户四级管护责任体系，实行“树随地走、谁种谁管、管护补助”的管护机制，每年及时足额向农户兑现公益林管护补助资金989.7万元。发挥乡、村、社三级干部在生态林管护工作中的作用，层层落实管护责任，加大日常巡查和重点时段、节点集中巡查力度，及时监测报送林情信息，积极做好生态林管护工作。成立了全县护林防火指挥部和县、乡、村三级森林防火应急队伍，制定了森林火灾应急预案，与各乡镇、村社及学校签订了责任书，加强野外火源管控，提高群众防火意识。充分发挥森防站职能作用，加强对林木病虫害的预测预报和外来生物的检疫检测，在县境出入口设立临时检疫检测点5个，随机抽检来往木材及苗木病虫害携带情况，确保我县生态林安全。

（三）林权制度改革进一步深化。认真贯彻落实中央及省市政策精神，大力推进集体林权制度改革。林改实施以来，全县共完成勘界确权面积114.8万亩，签订承包合同9.2万份，发放林权证9.2万本，确权率和颁证率均达到100%。紧紧围绕“生态受保护、农民得实惠”这一目标，不断推进集体林权制度综合配套改革，鼓励引导农户科学合理利用林地资源，大力发展林下经济，全县共组建专业合作经济组织41个，完成树种改优5.2万亩，发展林下种草18.6万亩，发展林下养殖大户11家，发放林权抵押贷款6000多万元。加强林业档案建设，整理林权制度改革、退耕还林、三北工程、天保工程等重点林业建设项目档案10190卷，完善管理制度，提高林业档案利用率。

（四）林业执法工作得到加强。2009年，成立了平凉市森林公安局静宁县分局，选调优秀民警5人，承担森林防火、查处非法毁坏林木案件等工作，林业行政执法得到加强。近年来，县森林公安分局组织警力，通过林区巡逻、阵地设防等方式，重点防范和打击盗伐、滥伐林木，非法收购、运输木材，以及野外违规用火、非法占用林地、牲畜放牧等违法行为。2010年以来，共立案查处林业行政案件53起，其中野外非法用火案6起，非法开垦林地案11起，擅自改变林地用途案4起，故意毁坏林木案15起，滥伐林木案10起，盗伐林木案7起，查处涉案人员55人，罚款7.46万元。通过对违法案件的查处，有力打击了破坏林木的违法犯罪活动，较好地保护了我县生态林建设成果。

二、存在的主要问题

（一）建设任务艰巨，生态环境依然脆弱。目前全县林业用地中，仍未栽植树木的宜林地有12.9万亩，需要补植补栽的疏林地有2.3万亩，有16.7万亩未成林造林地绿化效果不佳。同时，全县还有2.48万亩25度以上坡耕地和18万亩荒山荒坡需要治理，这些区域大多分布在原安、灵芝、界石铺、三合、红寺、四河等西北部乡镇，造林难度大、成本高，全县生态林建设和流域治理任务仍然艰巨。另外，县城及大部分乡镇政府所在地街道绿化工作相对滞后，绿地面积小，生态环境差。据统计，截至2014年底全县森林覆盖率仅为25.9%，与创建生态示范县要求还有很大差距，生态环境依然脆弱。

（二）建设力度不大，考核奖罚不严。县政府及林业主管部门对生态林建设的重要性、紧迫性认识不足，重视不够，推进生态林建设的措施较少，成效不明显。一是建设力度不大。近年来，县上通过无偿提供苗木，下达建设任务等措施，要求各乡镇每年至少建成1处不少于2000亩的生态林建设示范点，但从实际情况看，大多数乡镇在建设中存在完任务、走形式的现象，远远未达到建设任务要求。建成的生态林要么分布零散，未成片成林，达不到改善生态的目的；要么只重视公路沿线或政府所在地面山造林绿化，忽视山峁沟道、荒山荒坡的治理，搞形象工程、面子工程，生态林示范点建设流于形式。同时，大部分乡镇仅被动实施造林项目，很少动员、组织社会力量参与义务植树造林，生态林建设进度缓慢。二是考核管理不严。县政府未将生态林建设成果巩固纳入政府责任目标考核，林业主管部门检查指导不到位，重建设，轻管理，往往是当年建设轰轰烈烈，规模宏大，建后冷冷清清，无人过问，成果巩固效果差。三是配套资金短缺。目前，我县剩余宜林地大多数立地条件差，建设成本高，国家项目投资为每亩300元，远远不能满足生态林建设需求，而县财政配套资金基本空白，配套资金短缺成为制约生态林建设的又一瓶颈。

（三）树种结构单一，生态林建设质量不高。部分乡镇在生态林建设中重数量，轻质量，重眼前利益，轻长远发展，栽植树木时要求不严，林地工程质量差，树木栽植不规范，成活率低，既造成林业建设进度缓慢，又造成资源浪费，一些区域年年植树，始终不见树。主管部门对全县各地域树种比例、树龄结构、资源蓄积等因素考虑不够充分，大多林带树种以杨树、刺槐、山毛桃、山杏等阔叶林为主，云杉、油松、侧柏等针叶常青树种少，未做到针阔混交，乔、灌、草结合，夏秋季青翠茂密，冬春季干枯稀疏，森林群落不稳定。据统计，全县共栽植常青树1.32万亩，仅占全县生态林的1.3%。从树龄结构上看，成龄林仅占造林面积的20%，中、幼龄林占造林面积的80%，绿化效果不明显。从蓄积资源来看，我县生态林全部为防护林和薪炭林，单位面积蓄积量低，林业生态建设良性循环的机制尚不健全。

（四）责任落实不到位，日常管护严重滞后。一是管护机制不健全。林权制度改革时，将管护责任划分到户，解聘了护林员，确定了家家都是护林队、人人都是护林员的管护方式，管护责任由专（兼）职护林员为主向农户单家独户管护为主过渡。从运行情况看，由于生态林整体经济效益低下，群众参与生态林管护的积极性和主动性不足，日常管护主要靠乡村社干部，管护工作基本处于无序状态。县、乡政府及主管部门对此没有高度重视，也没有研究制定出台科学可行的管护办法，生态林管护原有责任制被废弃，新的管护机制未建立，致使日常管护工作落空。乡、村干部普遍反映，原护林员解聘后，由于没有专（兼）职护林队伍，生态林日常巡查看管无人过问，森林火灾、羊只放牧、非法毁坏林木等现象比较普遍。二是群众管护意识淡薄。林权制度改革后，公益林补助资金直接拨付到广大农户，但大部分群众对自己应担负的管护责任认识不清，只领取补助资金，很少主动尽责，对放牧毁林、乱砍滥伐、森林火灾等现象视而不见，有的农户甚至不知道自家的林地，更谈不上管林护林。加之由于没有切实可行的监督管理措施，主管部门及乡镇对不履行管护责任的农户缺少必要的抓手，以农户为主体的管护模式完全流于形式。三是林业执法工作薄弱。县森林公安分局主要负责全县森林防火和查处非法毁坏林木案件，但目前仅有编制6名，实有工作人员5名，有森林防火指挥部，但无专业防火人员，工作力量严重不足。按照《关于调整县级公安机关公用经费最低保障标准的通知》（甘财行〔2008〕77号）规定，森林公安分局公用经费每人每年23000元，但我县实际仅拨付7000元，公用经费紧张，一些森林火灾、违法案件得不到及时处理。四是放牧毁林现象日益突出。近年来，牲畜野外放牧特别是羊只放牧现象大量增加，对林木特别是新植幼林的损坏比较严重。县政府在落实封山禁牧政策上措施不力，执行不到位，相关部门和乡镇或以没有抓手为由放任不管，或变相从轻处理，没有真抓实管，导致羊只放牧现象日益突出。据调研了解，每年约有1万亩林木幼苗因放牧遭到不同程度的破坏。一些乡镇反映，部分群众为实现牲畜养殖的短期效益，经常采取昼伏夜出，与管护人员打“游击战”的方式，在林地内放牧牲畜，有的甚至白天明目张胆地在公路附近的林带放牧；一些养羊户以自己为残疾人、特困户等弱势群体为由，肆意放牧，对林业执法人员及乡村社干部的管理置之不理，甚至滋事生非，影响十分恶劣。

（五）森林防火形势严峻，林木病虫害防控不力。我县林木大多为落叶树种，冬春两季落叶干枯，加之林带内杂草较多，气候干燥，极易引发森林火灾。相关部门对此重视不够，森林防火工作责任不明、主体不清、预警信息不畅，形势十分严峻。调研时各乡镇都反映，近几年林带火灾发生非常频繁，火灾预防和扑救相当困难。据统计，仅 2014年全县发生大小森林火灾26起，破坏森林面积达752亩。如城关镇发生火灾8起，烧毁林地210亩，司桥乡发生火灾2起，烧毁林地310亩，城川乡发生火灾3起，烧毁林地31亩。另外，林木病虫害防治工作滞后，日常监测预防不到位，除治不力，林木病虫害时有发生。如灵芝至原安公路沿线林带、甘沟乡水坪至梁岔林带杨树被天牛、锈病侵害，未得到及时有效防治；一些群众反映，近几年林带内鼢鼠（瞎瞎）大量繁殖，咬食林木幼苗根系，导致林木成片干枯。

（六）宣传教育不到位，干部群众爱林护林意识不强。各乡镇及相关部门对《中华人民共和国森林法》等林业法律法规宣传普及不力，广大群众对生态林建设管护的重要性认识不足，自觉参与义务植树造林、依法履行管护责任的观念非常淡薄。大部分乡镇反映，在每年生态林建设过程中，群众消极怠工，组织义务投工投劳植树造林十分困难，只能通过发放补助或组织专业队来完成建设任务，一方面给经费本来紧张的乡镇增加了新的经济负担，另一方面导致生态林建设成本增加；一些群众认为生态林没有经济效益，与自己的利益无关，即使自家的林木受到破坏，也是漠不关心；个别群众在生态林中偷砍树木，用于建设牛棚、猪圈等；一些群众因担心影响果树或农作物生长，偷砍行道树，甚至违法复垦复耕林地，造成林带破坏。同时，主管部门和乡镇没有在生态林带、退耕还林比较集中的地方设置防火、防盗、禁牧警示牌、标语等，林木管护的宣传警示氛围不浓。

三、今后工作建议

生态林建设管护是改善生态环境、推进经济社会可持续发展、促进人与自然和谐相处的一项民生工程、生态工程。建设好、保护好、巩固好这一功在当代、利在千秋的民生工程、生态工程，是各级组织和干部群众义不容辞的责任。县乡政府及有关部门一定要统一思想，切实增强抓好生态林建设管护的紧迫感和责任感，将生态林建设管护工作作为促进县域经济、社会、生态可持续发展的战略措施和提高人民生活水平的重大民生工程，列入重要议事日程，制定科学可行的生态林建设规划，并坚持不懈、持之以恒地抓好落实。

（一）加快生态林建设步伐，努力改善县域林业生态环境。政府及主管部门要始终坚持“生态立县”的战略不动摇，充分认识生态环境对全县经济社会发展的制约，加大生态林建设力度，大力推动全县生态林建设，努力改善生态环境。一要科学编制规划。县政府及林业主管部门要充分论证，准确定位我县生态林的发展方向和近期与长远目标，在综合考虑县域气候和人文因素的情况下，因地制宜，按照适地、适树、适品种的原则，分区域从树种布局、苗木选育、工程栽植、林木管护、科技支撑等方面进行规划，引领生态林建设与经济社会协调发展。特别是要对全县坡耕地、荒山荒坡、县城以及乡镇驻地街道未绿化区域进行排查摸底，制定方案，加大力度，有计划、有步骤地进行造林绿化和综合治理。二要加快建设进度。认真研判国家及省市生态林建设政策导向，抢抓国家生态文明先行示范区建设、甘肃推进林业生态文明建设、第二轮退耕还林、三荒造林、天保工程、三北工程以及各级争创林业生态市、县建设等政策机遇，积极争取林业项目支持，把工程造林、项目造林、义务植树相结合，努力加快生态林建设步伐，不断改善林业生态环境。三要提高建设质量。加大对生态林建设工作的管理，落实责任，严格考核，把生态林建设与新农村建设、美丽乡村建设、产业结构调整结合起来，统筹谋划，分步实施，努力做到造林绿化全覆盖。加强技术指导培训，大力推行科学种植，规范栽植技术，提高建设质量。采取更换树种、林间补植，扩大抗旱常青树种栽植面等措施，实行乔灌结合、高低搭配、针阔混交的模式，加快生态林建设改造步伐。四要加大资金投入。逐步加大地方财政投入力度，按一定比例将生态林建设管护资金纳入年度财政预算；将发改、水务、环保、扶贫、水保等涉及生态林建设的项目资金进行有机整合，统筹安排，发挥集聚效应，有侧重点地支持生态林建设；制定出台优惠政策，鼓励社会筹资、企业赞助和个人捐资，形成以政府投入为主，社会各界共同参与的多渠道筹资机制；加强项目监管，坚决杜绝挤占、挪用现象，用足用好项目资金，确保资金发挥最大效益；坚持义务植树造林，动员机关单位干部职工带头植树，为改变家乡林业生态环境作出贡献。

（二）完善管理机制，切实提高管护工作水平。县政府及林业主管部门要认真贯彻落实中央、省、市关于林权制度改革的有关文件精神，积极探索建立符合我县实际的生态林建设管护办法，创新管护模式，建立长效机制，提高管护质量，有效防止只建不管和整体建设、局部破坏的现象发生。一要完善管护机制。严格按照“落实主体、维护权益、强化保护”的要求，建立健全县、乡、村、户四级管护责任体系，全面落实分户管护职责，教育和引导农民采取家庭承包管护、联户管护、委托管护、专业管护等形式，切实做好对承包林地林木的管护工作，确保生态林有人管、管得住、能管好。二要健全管护机构。针对林权制度改革之后，分户管理职责落实不到位，管护工作滞后的问题，建议政府及主管部门立足实际，认真研究，按照《关于加快集体及个人公益林补偿资金兑现的通知》（甘林生函〔2014〕593号）规定，将公益林补偿资金的30%统筹用于专（兼）职护林人员报酬，在乡、村设立专门的林业管护机构，聘用专（兼）职护林人员，强化日常管护，真正做到林有人护，火有人防，责有人担。针对烽台山、五台山等城区周边生态公园管护不到位的问题，建议成立专门管护机构，强化管理，保护林木。要定期不定期对县、乡、村、户四级管理主体和专（兼）职护林人员进行生态林管护知识培训，提高管护工作水平。三要严格管理考核。全面推行生态林建设管护工作目标管理责任制，成立县、乡两级生态林建设管护工作监督检查机构，制定切实可行的管理考核办法，明确工作责任，严格考核奖惩，实现生态林建设管护工作责任化，确保各项工作落到实处，巩固林业生态建设成果。

（三）加强执法工作，全力巩固林业建设成果。一要强化队伍建设。加大对林业执法工作的支持力度，强化森林公安队伍建设，增加编制，扩充警员，确保能及时对林业违法行为进行查处。要按照《关于调整县级公安机关公用经费最低保障标准的通知》（甘财行〔2008〕77号）文件规定，按照每人每年23000元的标准，将森林公安公用经费纳入财政预算足额保障，保证森林公安各项工作正常运转。继续加大林业执法工作力度，严厉打击林区放牧、纵火、复垦林地、滥伐盗伐林木等违法行为，发现一起，查处一起，震慑一片，坚决杜绝涉林违法案件的发生。二要严格落实封山禁牧政策。全县各级要进一步严格落实封山禁牧政策，对林地放牧毁林行为始终保持严管重罚的高压态势，切实解决封山禁牧有令不行、有禁不止的问题。要大力推行舍饲圈养，教育引导群众科学养殖，坚决杜绝牲畜放牧。要在一些重点山脚、路口、林带架设防护网，设置警示牌，防止群众及羊只等进入林带，毁坏林木。三要严防森林火灾。高度重视森林防火工作，尽快建立科学可行的森林防火管理机制，明确森林防火的主体及其职责，充实工作力量，配备必要的防火及扑救设备，提高森林防火能力。建立森林火情快速反应处置机制，落实护林员巡查制度，畅通信息报送渠道，实现森林防火关口前移，确保森林火灾发生时能及时发现、及时上报、及时扑救。重视加强对农户特别是中小学生的森林防火知识宣传教育，通过讲解宣传与签订责任书等措施，真正使森林防火工作警钟长鸣、深入人心。四要重视病虫害防治。加大林木病虫害防治工作力度，对已存在的病虫害，要通过有力措施尽快除治，对潜在的病虫害，要做好监测预报和防治检疫工作，有效防止林木病虫害大面积发生。

（四）强化宣传教育，不断增强群众管护意识。林业主管部门要通过开设专题电视节目、设置宣传栏、印发宣传资料、刷写标语、设置警示牌等有效形式，加大对生态林相关法律、法规和政策的宣传力度，提高群众爱林护林意识，真正做到家喻户晓、众所周知。要进一步强化群众责任意识，使广大群众深刻认识并明确在生态林建设管护中的权利、应尽的义务，以及对复垦复耕、乱砍滥伐、放火、放牧等违法行为应承担的法律责任，教育、引导干部群众积极参与植树造林和管护林木。

第二十三次会议　于2015年10月28日在常委会五楼会议室召开，由高旭主持。

会议议程有五项：一、听取和审议民政局局长李三正受政府委托所作的《关于城川等5乡撤乡改镇工作的报告》，作出《关于城川等5乡撤乡改镇的决定》；二、听取和审议政府办公室主任何浩强受政府委托所作的《关于县第十六届人民代表大会第四次会议代表意见建议办理情况的报告》、常委会代表联络工委主任李稳收所作的《关于县十六届人大四次会议代表意见建议办理督查情况的报告》；三、听取和审议教育局局长赵宏军受政府委托所作的《关于全县乡镇中心小学校外寄宿生管理情况的汇报》、常委会教科文卫工委主任李平安所作的《关于全县乡镇中心小学校外寄宿生管理情况的检查报告》；四、审议通过有关接受辞职请求的决定；五、听取和审议住建局局长王彦飞受政府委托所作的《关于县城建设与管理工作情况的报告》、常委会财经工委主任杨立新所作的《关于县城建设与管理情况的调研报告》。会上，政府副县长王运军、沈学英就落实审议意见分别作表态发言。

第十六届常委会组成人员张自杰、王维军、沙芳琴、慕锡武、高旭、厚连世、靳宝生、王友忠、胡志科、马世明、杨立新、李稳收、李平安、周浩仁、薛小田、李会宾、朱国军、裴晓江、牛国喜、厚凤兰、王全生出席会议；县委常委、政府副县长王运军，副县长沈学英、法院院长李根进、检察院检察长崔晓晖、政府办公室主任何浩强、财政局局长李强、公安局局长杨昌宁、发改局局长樊旺、民政局局长李三正、住建局局长王彦飞、安监局局长樊爱平、工商局局长鲍彦鹏、食药监局局长孔昌军、城市行政执法局局长陈红福、交通局局长杨飞、文体广电局局长牛满川，教育局局长赵宏军及班子成员阎国锁、孙辉、张拴华、景政宏，规划办主任贾宏斌、公用事业管理局局长王社余、环卫局局长张卫强，街道办党工委书记王壬寅，常委会各委、室负责人李进祥、宋正祥、胡生忠，市人大代表王顺义、雷旺盛、刘晓梅、杨春娟，县人大代表石生勇、张晓婷、李叔强、马葳，八里、威戎、李店、仁大、甘沟、界石铺、四河7乡镇党委书记胡生平、王奕、王国平、张文彬、吴剑霖、马斌、平宏，李店、古城、雷大、双岘4乡镇政府乡镇长陈小兵、席鹏举、任浩、阎晓亮，仁大、双岘、新店、灵芝、三合教委主任，威戎小学校长，田堡、原安、石咀、阳坡中心小学校长，退休干部高长茂、陈冠璋、张国佐、靳海珠，退休教师吴胜峰、苏林忠、贾宏、张森林、杨凤鸣列席会议；环卫工人张晓霞、陈晓霞，东关、南关、西关、新城村支书，东城区、阿阳路、庙川居委会主任应邀旁听会议。

附：

接受王吉庆辞去县人民政府副县长职务的请求

关于全县乡镇中心小学校外寄宿生管理情况的检查报告

由常委会分管领导带队，常委会办公室、教科文卫工委，县政府办、教育局负责人以及部分县人大代表组成检查组，于9月中旬至下旬，先后深入全县各乡镇中心小学，对校外寄宿生管理情况进行了检查。

一、基本情况及所做的主要工作

目前，全县共有乡镇中心小学30所，其中，界石铺、甘沟、古城、仁大、雷大、四河6乡镇各有2所，其他乡镇均有1所；有在校学生10806人，其中校外寄宿生5680

人，占学生总数的52.5%；29所中心小学有校外寄宿生，仅司桥乡中心小学1所无校外寄宿生；有13所中心小学校外寄宿生占学生总数的50%以上，其中，甘沟、界石铺、四河、李店、雷大5所中心小学校外寄宿生超过300人，分别达到796人、492人、423人、395人、304人，分别占学生总数950人、650人、658人、774人、466人的83.8%、75.7%、64.3%、51 %和65.2%。近年来，县、乡两级政府及教育主管部门和中心小学在校外寄宿生管理方面主要做了以下工作：

（一）建立管理机制，靠实各级责任。县、乡两级政府及教育主管部门把中心小学校外寄宿生管理工作作为教育教学管理和安全管理的重要内容，经常督导、检查校外寄宿生管理工作。县教育局、各乡镇教委、中心小学分别成立了由主要负责人任组长，分管安全的负责人任副组长，相关人员为成员的校外寄宿生安全工作领导小组，并层层签订学校安全工作责任书、消防安全责任书，落实责任、明确任务、传导压力、考核评比，形成了主要负责人亲自抓、分管负责人具体抓、相关人员共同抓的校外寄宿生安全管理工作机制。乡镇教委协调、督促中心小学及时与当地派出所、学生家长及房屋出租者签订了四方安全责任书、校外寄宿生租赁房屋治安管理责任书。各中心小学建立了校外寄宿生信息档案，详细记录家长、学生、房屋出租者的家庭住址、寄宿地址、所在班级以及联系方式，准确掌握了校外寄宿生的基本情况，建立了寄宿生家校联系平台。

（二）制定管理制度，加强日常监管。县教育局制定下发了《静宁县学校安全管理办法》，每学期向学生家长散发《致广大学生家长的一封信》，明确了学校、教师、家长在学生安全管理方面的责任，乡镇教委和中心小学根据校外寄宿生管理实际，制定了校外寄宿生安全管理责任制度、安全教育工作制度、作息时间制度、包片联合检查制度，建立了以检查时间、检查人员、发现问题、解决措施、整改时限为主要内容的校外寄宿生安全管理台账，坚持定期不定期对校外寄宿生房屋安全、用电用火安全、饮食卫生安全、交通安全、学习生活环境等进行检查，详细记录检查情况，及时发现问题，下发整改通知书，督促限期整改，消除安全隐患。

（三）强化宣传教育，净化周边环境。乡镇教委和中心小学充分利用开学典礼、家长会、法制课、主题班会、升旗仪式等时间，经常进行安全教育、法制教育、道德教育、纪律教育，普及用电用火用气、食品卫生、交通规则、行为习惯养成等知识。定期开展应对各种突发事件的模拟演练，不断增强学生及家长安全防范意识和自我保护能力。县、乡两级政府积极协调公安、交通、工商、安监、食药监等部门，加大学校周边环境的综合治理，排查校外寄宿生周围居住人群、娱乐场所、商店网吧等，加强校园周边复杂地段的巡查管控，净化周边环境，保障学生安全。

（四）落实补助政策，减轻经济负担。乡镇教委及中心小学严格落实困难寄宿生生活补助、“万名品学兼优农村家庭经济困难学生资助计划”、教育精准扶贫等惠民政策，制定实施方案，明确工作流程，严密操作程序，认真摸底造册，及时张榜公示，按照公开、公正、公平的原则，对校外寄宿生当中品学兼优的特困学生、残疾学生、残疾人家庭子女、单亲家庭子女进行经济帮扶，确保补助资金用于最困难的学生。2011年以来，累计发放小学困难寄宿生生活补助2960.8万元，在一定程度上缓解了困难寄宿生家庭的经济负担。

二、存在的主要问题

（一）校外寄宿生给学校管理增添了额外压力

目前，全县各乡镇中心小学共有校外寄宿生5680人，占中心小学在校学生总人数的52.5%，而且一些中心小学在校学生和校外寄宿生人数呈逐年上升趋势。如甘沟中心小学2012年至2015年在校学生分别为786人、851人、890人、950人，校外寄宿生分别为599人、682人、 732人、796人，占在校学生的76.2%、80.1%、82.2%和83.8%；界石铺镇中心小学2012年至2015年在校学生分别为622人、644人、655人、650人，校外寄宿生人数分别为465人、451人、485人、492人，占在校学生的74.8%、70%、74%和75.7%。中心小学负责人反映，随着中心小学人数不断增加，一方面，导致教室短缺，陆续出现大班额，目前乡镇中心小学50人以上的班级有53个（其中甘沟中心小学15个、界石铺中心小学10个、四河中心小学8个、李店中心小学5个、治平中心小学3个），个别中心小学还有60人以上的班级（其中四河中心小学4个、甘沟中心小学3个、界石铺中心小学2个、田堡中心小学1个）。另一方面导致教师宿舍紧张，大部分中心小学教师只能2人住1间宿舍，工作、生活都很不方便。同时，导致中心小学师资力量不足，尤其是音、体、美等专业教师短缺。

（二）校外寄宿生人身财产安全令人担忧

一是一些租住房屋安全隐患突出。检查组检查时发现，阳坡、石咀等中心小学许多校外寄宿生租住在学校周围农户、原供销社等单位的土木结构房屋内，由于年久失修，地基下沉，墙体裂缝，屋顶漏雨，已经成为危房；雷大、七里、曹务、灵芝、三合中心小学许多校外寄宿生租住在一些个人专门建设的简易出租屋内，有的墙砖用土泥衬砌，有的墙体用加气块衬砌，墙体不牢固，抗震性能极差，甚至一些屋顶为彩钢瓦或石棉瓦，保温效果差；石咀、祁川等中心小学校外寄宿生租住在公路两侧，院落未安装大门，房屋门窗简陋，封闭不严，无法上锁，防盗功能差。二是用电用火用气安全隐患突出。大部分房屋出租者只追求经济利益，忽视安全管理。一些出租屋内电线排布不安全，乱接乱搭，甚至将电源插座放在床头或将电线缠绕在铁制高低床上，用电安全隐患十分突出；一些家长使用液化气灶做饭，灶头与气罐距离过近，气管与气罐未加装任何防护，用气安全隐患突出。尤其是一些陪读的祖父母、外祖父母，缺乏安全用电用气常识，大量使用电磁炉、电热毯、液化气灶，极易发生触电、漏气等安全事故。同时，校外寄宿生冬季普遍采用铁炉烧煤取暖，一些出租屋门窗较小，通风不畅，发生煤气中毒的可能性极大。三是饮食卫生安全令人担忧。学生租住的房屋都在15平方米以下，面积较小，食、宿无法分离，食物容易受到污染；一些出租屋房前屋后垃圾遍地，院内泥泞不堪，污水横流。如灵芝、雷大等中心小学附近的出租屋、田堡中心小学附近原粮站院内、原安中心小学附近原供销社院内，租住了大量学生，但环境卫生差，污染源多，学生饮食卫生安全令人担忧。另外，一些由祖父母、外祖父母陪读的校外寄宿生，饮食无规律，乱买乱吃垃圾食品，极易损害身体健康或造成食物中毒。四是交通安全令人担忧。一些校外寄宿生家长在周末、节假日使用三轮车、摩托车等“三无”“五小”车辆接送学生，安全隐患较大。同时，校外寄宿生租住地大多在中心小学或集市周围，过往车辆密集，上下学需穿越马路，也存在交通安全隐患。

（三）校外寄宿生管理不到位

目前，乡镇中心小学校外寄宿生数量多，安全隐患突出，已成为学校安全管理工作的首要问题，但县、乡两级政府及教育主管部门对校外寄宿生管理思想上重视不够，工作上抓得不紧。县政府至今未出台校外寄宿生管理办法；教育主管部门也未制定具体的管理细则；乡镇教委、中心小学虽有校外寄宿生管理制度，但有的操作性不强，有的落实不到位；乡镇中心小学虽然与学生家长、房屋出租者、派出所签订了四方责任书，但责任书流于形式，没有真正起到靠实责任、加强管理、保护校外寄宿生安全的作用；一些学校日常管理、排查不扎实，既没有学校负责人检查的记录，也没有班主任排查的记载，更没有整改存在的问题；一些家长仅将责任书张贴在墙上，没有详细阅读责任书，对自己的责任不清楚，特别是一些陪读的祖父母、外祖父母，过分娇惯溺爱孩子，教育方法不恰当，日常监管不严格，孩子的行为习惯不良，学习成绩较差；一些房屋出租者只收房租，不管安全，对责任书内容一无所知；一些安全管理责任书上既有派出所责任，又有派出所签章的位置，但未签字、盖章，更谈不上参与管理，履行职责；一些学校虽然对校外寄宿生进行了摸底排查，但走访次数少，巡查管理不经常，没有建立校外寄宿生安全隐患排查、整改记录和管理台账。

（四）校外寄宿环境较差

检查过程中发现，大部分租住房面积小，只能放置1张床、1套灶具，无法摆设桌椅板凳，学生只能蹲在地上看书，趴在床上写作业，条件十分简陋，不利于学生学习和身心健康。一些校外寄宿生租住在个体户、社会闲散人员较多的大杂院内，这些人员经常喝酒、打牌、玩麻将，既对学生的学习、生活有很大干扰，又使学生容易受到社会不良风气的影响。同时，有30%的校外寄宿生由祖父母或外祖父母陪读，缺乏父母的管理教育和亲情关爱，造成学习成绩下滑、性格孤僻内向、行为习惯不佳等。

（五）校外寄宿生上学成本过高

乡镇中心小学校外寄宿生房租每年平均约为2000元，冬季取暖费约为1000元，水电费及其他费用约为2000元，合计每年约为5000元。由父、母陪读的学生，一个家庭主要劳动力无法务农或外出打工，每年减少收入15000元以上，这些校外寄宿的小学生每年上学总成本约为20000元，比一个大学生上学费用还高，给普通农民家庭带来了较重的经济负担。由于陪子女上学，大部分家长放弃回家务农或出外打工，造成部分家庭良田荒芜，使这些家庭致贫、返贫或无法脱贫致富。同时，一些校外寄宿生家长既要打工挣钱，务农干活，又要陪孩子上学，还要照顾老人，往往顾此失彼，经济负担重，生活压力大，身心俱疲，给整个社会带来了一定的负面效应，形成新的社会矛盾。

三、今后工作建议

（一）转变思想观念，真正把全县教育工作的重心放到农村去

我县是个农业县，绝大多数人口在农村，绝大多数学生也在农村。目前，全县有农村户籍小学生25623人，占全县小学生31763人的80.7%，其中有11540人在城区小学或乡镇中心小学寄宿上学（城区小学5860人，乡镇中心小学5680人），占小学生总人数的36.3%。大量的小学生校外寄宿上学，不仅成为制约我县教育事业发展的突出问题，而且成为制约农民脱贫致富的主要原因之一，同时也成为造成社会矛盾突出的一个重要因素。究其原因，一方面，主要是县、乡两级政府及教育主管部门前几年盲目撤并边远山区农村小学及教学点，而且这种错误做法仍然存在，造成边远山区适龄儿童无法就近入学，只能转入城区小学或乡镇中心小学寄宿上学；另一方面，主要是县政府及教育主管部门近几年为城区小学或单位大量选调教师，并将大部分教育项目和资金倾斜到城区小学和乡镇中心小学，严重削弱了农村小学师资力量，严重加剧了县、乡、村小学办学条件的不均衡，县城明显好于中心小学，中心小学明显好于村小学，导致村小学教育教学质量严重下滑，农民群众不得不千方百计将子女转入城区小学或乡镇中心小学寄宿上学。这种做法不仅不符合《中华人民共和国义务教育法》等法律法规和国家有关政策规定，而且与建设教育强县目标背道而驰，同时严重制约着全县扶贫工作目标的实现。因此，各级领导必须清醒认识我县教育工作的重心在农村教育，重点在农村义务教育，难点在贫困村、边远山区和弱势群体教育；必须清醒认识我县义务教育的突出问题是县、乡、村小学教育资源的极不均衡；必须清醒认识农村小学教育的严重问题是大量小学生校外寄宿上学；必须清醒认识忽视农村教育，特别是贫困村、边远山区和弱势群体教育，就是严重的工作失职。各级领导必须转变思想，更新观念，确立抓教育必须首先抓农村义务教育，抓农村义务教育必须突出抓农村小学教育的正确导向；确立建设教育强县必须首先抓义务教育，抓义务教育必须突出抓县、乡、村小学教育资源均衡的正确导向；确立不抓农村小学教育就不是好的乡镇领导，不抓贫困村、边远山区和弱势群体教育的领导就是严重失职的正确导向。县、乡两级政府及教育主管部门必须高度重视农村小学教育，充分认识其重要性、长期性、艰巨性，切实增强责任感、使命感、紧迫感，真正把全县教育工作的重心放到农村，重点放到贫困村和边远山区，真正把教育项目和资金主要用于改善农村小学办学条件，真正把优秀教师充实到农村小学和教学点，尽快提高农村小学教育教学质量，从根本上解决小学生校外寄宿的问题。

（二）严把生源关口，坚决杜绝形成新的校外寄宿生

一要坚持就近入学。县政府及教育主管部门要根据《中华人民共和国义务教育法》《义务教育法实施细则》等法律法规和《国务院关于深入推进义务教育均衡发展的意见》（国发〔2012〕48号）、《国务院办公厅关于规范农村义务教育学校布局调

整的意见》（国办发〔2012〕48号）的规定，制定农村小学生就近上学管理办法，严格规定适龄儿童在户籍所在村就近入学。各城区小学、乡镇中心小学不得随意跨村、跨区域招收学生，从源头上解决小学生上学校外寄宿、学校管理困难、家庭经济负担较重、社会矛盾突出的问题。二要加强学籍管理。教育主管部门及乡镇教委要加强学籍管理，制定学籍管理办法，按照行政村划定适龄儿童就近入学；严格转学审批程序，明确规定村小学学生一般不得向中心小学和城区小学转学，坚决杜绝形成新的校外寄宿生。三要加强考核检查。政府及教育主管部门要把就近入学和学籍管理作为考核教委和学校年度工作的重要内容，每学年签订就近入学和学籍管理责任书，加强考核检查，落实管理职责，促使村小学学生在本村就近入学，实现小学教育不出村。四要做好宣传引导。县、乡两级政府、教育主管部门、乡镇教委及学校要加大《中华人民共和国义务教育法》等法律法规的宣传教育力度，教育、引导家长按照就近入学的原则，理性选择学校，避免出现“择校热”现象。

（三）加强分流疏导，尽快消除现有校外寄宿生

一要制定分流计划。县政府及教育主管部门要根据我县实际，制定出台科学可行的小学校外寄宿生分流计划，明确分流目标、年度任务、方法步骤、保障措施等，加强组织领导，加大工作力度，确保在2至3年内分流消化现有的小学校外寄宿生。二要落实分流责任。各乡镇政府、教委及中心小学要按照县上的校外寄宿生分流计划，制定本乡镇校外寄宿生分流工作实施方案，明确任务，落实责任，细化措施，确定时限；各乡镇教委、城区小学和乡镇中心小学要详细摸底，分类建档，按照就近入学的原则，按时限、有计划、分步骤地将校外寄宿生科学合理分流到家庭所在村小学上学，减轻城区小学、中心小学压力和学生家庭经济负担。三要严格考核奖罚。政府、教育主管部门、各乡镇政府、教委、学校要层层签订小学校外寄宿生分流工作责任书，加强考核管理，建立奖罚机制，加大奖罚力度，确保按期完成小学校外寄宿生分流任务。

（四）均衡教育资源，切实提高村级小学教育教学质量

一要按需恢复撤并学校。针对撤并学校造成部分学生无法就近入学，只能以校外寄宿形式上学的问题，县、乡两级政府及教育主管部门要按照《国务院关于深入推进义务教育均衡发展的意见》（国发〔2012〕48号）和《国务院办公厅关于规范农村义务教育学校布局调整的意见》（国办发〔2012〕48号）规定，对已撤并的小学或教学点，按程序尽快予以恢复，保障适龄儿童就近入学。二要配齐配强教师队伍。要通过考录、招聘等方式，尽快配齐配强村小学及教学点师资力量。要按照《国务院办公厅关于规范农村义务教育学校布局调整的意见》精神，职称晋升和绩效工资分配向村小学和教学点专任教师倾斜，吸引优秀教师到村小学和教学点任教，切实提高村小学及教学点教育教学质量。同时，县政府及教育主管部门今后不得在农村学校向城区小学大批量选调优秀教师，乡镇政府和教委不得在村小学向中心小学选调优秀教师。三要努力改善办学条件。加大村小学及教学点基础设施建设，配齐现代化教学设备和图书资料，加快农村教育信息化建设，为村小学和教学点配置数字化优质课程教学资源。

改善村小学及教学点教师工作、生活环境，丰富校园文化生活，用良好的条件留住村小学及教学点教师。四要积极开展支教活动。要根据教育部《关于大力推进城镇教师支援农村教育工作的意见》及省、市相关文件精神，制定我县县城、乡镇中心小学教师支援村小学教育计划，每年确定一批城区及中心小学优秀教师到村小学支教，期限不少于两年，并且必须下到村小学或教学点，不得留在乡镇教委，浪费优质教育资源。要采取在绩效工资中设立支教岗位津贴等有效政策措施，统筹城区及中心小学教师部分绩效工资，用于支持、补助优秀教师到村小学和教学点支教。同时，今后城区及中心小学教师在评定中、高级职称时，必须有2年以上农村支教经历。

（五）强化各级职责，加强校外寄宿生安全管理

一要靠实各级各部门职责。县政府要根据《中华人民共和国义务教育法》《中华人民共和国安全生产法》以及国家有关校园安全管理的法律法规，制定我县校外寄宿生安全管理办法，界定教育、公安、安监、住建、卫生、食药监、工商等部门的监管职责，强化乡镇政府的组织、领导和属地管理职责，靠实乡镇教委和学校的直接管理责任，明确学生家长和房屋出租者的责任与义务，把校外寄宿生安全管理责任落到实处。二要严格排查住房安全隐患。各乡镇政府要组织相关单位每学期对校外寄宿生住房进行一次摸底排查、登记造册，对年久失修、屋顶漏雨、墙体不坚固、抗震性能差的房屋，督促房屋出租者改造加固，对拒不改造加固的房屋，坚决劝诫学生搬离；对门窗简陋，没有安装大门或公路两侧的出租屋，要责令房东加固门窗，安装防护设施，确保学生人身财产安全。同时，住建、公安、安监、工商等部门每学期要对学生租住房屋进行安全鉴定，对无安全隐患的房屋颁发房屋租赁许可证，允许学生租住，对存在安全隐患的房屋，责令其维修加固，消除安全隐患，对拒不维修加固的房屋，不得颁发租赁许可证，并明令学生不得租住。三要高度重视用电用火用气安全。针对中心小学校外寄宿生住房内用电、用火、用气安全隐患突出的问题，乡镇教委和中心小学要经常深入校外寄宿生租住房屋，认真检查用电用火用气情况，及时发现安全隐患，督促家长及房屋出租者严格按照安全用电用火用气规程，认真排查处理，加装安全保护装置，坚决杜绝触电、漏气和火灾的发生。并要定期对家长和学生进行安全教育培训，宣传冬季安全取暖常识，防止发生煤气中毒。四要抓好饮食卫生安全。相关部门及学校要对住户经常进行饮食卫生检查，责成房屋出租者和住户积极打扫环境卫生，科学排放污水、处理垃圾，净化周围环境。督促陪读家长保持房内干净整洁，合理摆放灶具、生活用品和食物，防止食物污染。依法取缔学校附近流动摊点和烧烤摊点，教育学生远离各种垃圾食品，养成良好饮食习惯，预防食物中毒，确保食品卫生安全。五要消除交通安全隐患。公安部门及各乡镇政府要依法严厉查处接送学生违法车辆，坚决制止采用低速货车、三轮汽车、拖拉机以及拼装车辆、报废车等车辆接送学生。同时，要加强学生交通安全知识的普及，教育学生遵守交通规则。六要整治周边环境。县、乡两级政府及相关部门要加大对学校周边环境的综合整治力度，排查出租屋、小旅馆等场所，加强对社会闲散人员和不法分子的监管，防止校外寄宿生人身

受到伤害。依法取缔校园200米以内的网吧、游戏厅、歌厅，加强对商铺、书店的管理，严厉打击向未成年人开放网吧、歌厅和出售三无食品、低俗书籍等违法行为，为学生健康成长营造良好的社会环境。加强对学生的思想品德教育，增强学生遵纪守法意识，养成良好的行为习惯。

关于县城建设与管理情况的调研报告

由常委会分管领导带队，常委会办公室、财经工委、政府办、住建局、城市管理行政执法局等单位负责人及部分县人大代表组成调研组，于9月中旬至下旬，先后深入相关单位以及城区主要街道、市场、公共活动场所，通过实地察看、查阅资料、汇报座谈、调查问卷等方式，对县城建设与管理情况进行了调研。并考察学习了庄浪县、宁夏中卫市城市管理方面的先进经验和做法。

一、基本情况及所做的工作

目前，我县城区规划面积28.3平方公里，建成面积9.6平方公里；县城市政道路总面积89.3万平方米，供水管网50公里，排水管网91.2公里；便民市场3个2.7万平方米，公共活动场地4处26万平方米；公共停车场6处停车位369个，临时停车位3039个，公共厕所27个；城区绿地面积266万平方米，绿地率27.5%；建成污水处理厂1座日处理污水1.5万吨、生活垃圾填埋场1处日处理垃圾98吨。

近年来，县政府及主管部门以创建全国县级文明城市为目标，不断加强县城建设与管理。一是编制完善各类规划。编制完成主城区6.06平方公里的控制性详细规划和12.7平方公里的城市设计、空间发展研究。启动了“多规合一”以及中心城区综合交通、供水、排水、环卫设施、供热、燃气、供电等7个专项规划编制工作，编制完成城区修建性详细规划39项。二是加强基础设施建设。按照“东拓、西展、南扩、北伸，中心改造、整体提升”的思路，开发建设了西城区、南城区和工业园区，县城建成区面积增加3平方公里，达到9.6平方公里。建成教育园、文屏山公园、滨河路广场等一批基础工程和公共服务设施。新建县城道路25条19.3公里，改造维修老城区道路16条15公里，油铺修补破损路面1.1万平方米。在城区主要街道安装电子警察抓拍系统，施划临时停车位和道路交通标线，安装人行道护栏和禁停标志牌。今年，安装移动公厕4座，增设果皮箱250个，补植补栽各类苗木18万余株。三是建立健全管理制度。根据《城市市容和环境卫生管理条例》《甘肃省城市市容和环境卫生管理办法》等，结合我县实际，先后制定下发了《静宁县城市综合执法管理办法》《静宁县市容环境“门前三包”责任管理办法》《静宁县城区道路和公共场所清扫保洁管理标准》等制度，为县城管理工作提供了制度保障。

二、存在的主要问题及原因分析

整体上看，近年来县政府及主管部门对县城管理工作思想重视不够，管理严重缺位，问题十分突出，城区居民、来往客商以及社会各界对我县的县城环境状况普遍不满意，意见非常大，反响十分强烈。

（一）县城基础设施建设严重滞后。一是城区道路建设滞后。目前，城区纵横相连、路路相通的交通路网尚未建成，阿阳南路、南环西路、北环西路、新街西路、教育园区二号桥等“断头路”问题十分突出。部分城市道路规划建设标准低，道路通行能力不高，如阿阳路、西环支路路面宽度仅10米，每到上下班、学生放学时，人车混行，交通拥挤，安全隐患较大。县城出入口交通不畅，312国道高城寨段、东街段，静庄路南河桥段等道路，由于路面破损严重，过往车辆通行困难；西河桥（西岭西侧）作为连通城区和工业园区的重要通道，由于桥面设计较窄，经常出现交通堵塞现象。同时，城区主要街道机动车道和非机动车道未分离，造成交通拥堵，秩序混乱。二是便民市场严重短缺。根据《静宁县城主城区控制性详细规划》，城区市场面积应为20.23万平方米，而目前我县城区仅3个便民市场，占地面积2.7万平方米，仅占规划面积的13%，且分布不合理，服务能力不强。西综市场、东综市场承担着县城10万余人及周边乡镇市场蔬菜瓜果、禽蛋肉类等农产品及食品的批发零售任务，但仅有固定铺面和摊位382个、临时摊位500平方米，根本无法满足县城及周边市场的批发零售需求，不能完全容纳菜农、果农和商贩进入市场经营，造成大量商贩挤占街道、人行道摆摊经营，贩运车辆占用机动车道设点经营。三是公共停车场严重不足。按照《城市道路交通规划设计规范》有关规定，城区停车场用地总面积至少应为8万平方米，其中机动车停车场应为7.2万平方米。但目前城区还没有1处外来机动车停车场，市内机动车停车场仅有6处，占地总面积不足1万平方米，远远未达到规定面积，加之现有停车场管理不到位，经常被临时占用，难以满足城区停车需求。四是公共厕所数量少。《城市环境卫生设施规划规范》规定，小城市公共厕所平均密度应按每平方公里规划建设用地5座设置。我县按建成区9.6平方公里计算，城区应至少建设公厕48座，现仅有27座，且大多设置在背街小巷，无明显标志，个别未向公众开放，居民及外来人员如厕难问题十分突出。五是公共活动场所布局不合理。目前，城区仅有4处公共活动场所，分别为成纪文化城、体育场、西岭公园、滨河路广场，远远不能满足居民健身及文化活动需要；部分活动场所距离居民区较远，一些活动场所未安装路灯、健身器材等，居民日常健身娱乐极不方便。六是城区供排水设施严重老化。我县城区大部分供水分支管道陈旧老化，供水二次污染十分严重。旧城区排水管网与西城区还未连通，生活污水无法进入污水处理厂，造成旧城区大部分生活污水直接排入南河，污水收集率不达标，污染问题突出。据了解，南河区域内有4个排污口，高城寨木材市场处有1个排污口。七是生活垃圾填埋场容量不足。城区生活垃圾填埋场建成于2009年，一期工程敷设的防渗膜、垃圾坝已全部填完。今年实施了二期防渗膜敷设工程，加筑了垃圾坝，但由于县城人口不断增多，垃圾量不断增加，预计到2017年该垃圾填埋场将全部填完，城区生活垃圾处理形势严峻。八是城区供热问题较多。城区供热站点分布零散，一些锅炉功率小、工艺落后、环境污染严重；部分供热企业供热能力不足，小马拉大车问题突出，供热效果不理想，居民意见大。如东城区热力公司核定供热面积50万平方米，目前入网面积81万平方米，实供面积达70万平方米。同时，供热站点分布不均，致使一些已建成的楼房目前没有热源可以接入，冬季取暖无保障，如东城区老年福利服务中心、公安局业务技术用房、城关镇公租房等。

（二）城区乱修乱建问题非常突出。目前，城区乱修乱建处于失控状态，违规建筑随处可见，严重影响市容市貌。调研发现，城区一些单位和个人未经审批，在县城主要路段、居民小区、单位院内私自违规建设，给今后县城发展造成巨大阻力。尤其是近年来一些居民群众在规划控制区内违法乱修乱建，严重违反城市规划，影响十分恶劣，人为造成不可挽回的损失，无法用数据估量。据了解，仅今年以来经主管部门查处的违规建设行为达60多起，其中北环东路、中街东段、西兰路高城寨段、东街、西环支路等处尤为严重。如西环支路气象局对面的城关镇庙川居民孔某、赵某、李某、胡某，南关村高某，未经审批在自家院内违规修建3层住宅；城关镇供销家属楼刘某、王某违规私自扩建阳台；站院巷马某在自家院内违规修建3层彩钢房屋；西岭公园果园内农户私自修建大量活动板房；东苑小区南门对面、北巷子北口、静观茗苑对面等处沿街违规建设的4层房屋就多达16处。

（三）县城脏乱差现象特别严重。问卷调查中，所有调查对象对县城卫生表示不满意。县城脏乱差主要表现在：一是以路为市、占道经营。大部分临街商铺将货物直接摆放在门店外，占用人行道进行经营活动；许多流动摊贩在城区各个主要街道、路口、人行道上临时摆摊设点，有的甚至超越护栏，直接将货物摆在机动车道上，严重阻塞车辆通行，影响市容市貌，存在安全隐患。如北环路东拓十字、西环路西综市场门口、中街黉学巷路口、南环路十字路口等此类现象非常突出。经初步统计，仅北环路阿阳宾馆至德美超市门口人行道上临时摆设的各类摊位就多达七八十个。二是环境卫生差。城区各大街小巷、道路、公共场所垃圾清扫不彻底，保洁不及时，果皮、纸屑、塑料袋等随处可见；部分临街商铺，特别是餐饮门店随意在下水道倾倒垃圾、泔水，甚至将残汤剩饭直接倒入下水道，恶臭难闻；一些垃圾台、下水道口、垃圾桶周围以及绿化带内堆放大量垃圾，清运不及时，存在卫生死角；部分居民小区以及城乡接合部道路无人清扫，垃圾无人清运，生活垃圾、建筑垃圾长期堆积，环境卫生差。三是乱贴乱画现象普遍。城区路灯杆、公交站牌、路标牌等公共设施以及建筑物墙壁上、楼道内到处可见各类小广告、宣传单，甚至有的直接在墙上刷写广告，城市“牛皮癣”屡见不鲜。四是噪音污染问题比较突出。近年来商业宣传中使用高音喇叭、宣传车，以及庆典活动燃放烟花爆竹噪音扰民现象比较突出，特别是在学校、居民区等区域以及中午、晚间、节假日等时段，肆意高音播放宣传广告、燃放烟花爆竹，严重影响居民正常工作、学习和生活，社会反响强烈。

（四）城区交通秩序十分混乱。随着城区人口的逐年增多，机动车辆大幅增加，城区交通压力不断加大。由于主城区“断头路”较多，主干道路狭窄，停车场严重短缺，加之交警上路执勤、疏导交通较少，街道上人车混行，拥挤不堪，交通秩序十分混乱。主要表现在，一些机动车在城区各主次干道上违规随意停放，侵占人行道、应急通道，甚至直接停放在机动车道上，将机动车道变成了“临时停车场”，严重影响交通秩序。如中街、阿阳路、二天门巷、北环路德美超市门口、东拓十字路口、西综市场门口、汽车站门口、人民巷、西环路、南关什字、南环路十字路口、西环支路等处每天都有大量机动车辆停放。同时，机动车驾驶员及行人交通法制意识不强，车辆不按道行驶、随意掉头转向，行人不遵守信号灯，出租车、“黑出租”随意乱停乱靠揽客等现象突出，特别是上下班和上学放学高峰期，行人和机动车、非机动车争抢时间，互不相让，人流、车流混杂，十分拥堵，安全隐患突出。划定的一些严管街、单行道管理不到位，形同虚设。电子警察设备没有发挥应有作用，安装的17处电子警察能正常使用的仅2处，未启用的9处，不能使用的6处。

存在上述问题的主要原因是：

（一）政府重视不够。从调研和目前现状来看，县城管理中的问题一年比一年多，环境一年比一年差，群众意见一年比一年大，社会反响一年比一年强烈，城市管理整体上一年不如一年，与周边县区差距很大。归根到底，是县政府对县城管理工作认识不到位，思想不重视，既没有将县城管理工作纳入政府重要议事日程进行研究部署，也没有开展检查整治，县城管理无人过问、惯性运作。县政府对新形势下县城管理中出现的新情况、新问题研究较少，主导作用未有效发挥，没有及时制定出台符合县城发展实际的具体管理办法，督促检查、考核监督不到位，问责力度不大，城市管理责任落空，致使一些严重影响城市发展的突出问题长期得不到及时有效解决，极大地损害了政府公信力和执行力。县政府对县城规划、建设工作不重视，规划编制进展缓慢、标准低，执行不到位，建设盲目性、随意性较大，规划跟着建设跑，甚至先建设后规划和无规划乱建设的现象比较普遍；城区市场、停车场、公厕等公共基础设施有规划未建设，造成城区停车难、行路难、如厕难等问题十分突出。同时，政府对县城管理投入力度不大。考察中了解到，庄浪县每年用于城市管理的资金达2700多万元，宁夏中卫市每年用于城市环卫工作的经费达2000多万元。而我县每年用于县城管理的经费仅700多万元（包括市政管理、环卫、绿化等），与周边县市相比，经费严重不足。经测算，我县环卫经费每年大约需要700万元，而今年财政预算仅安排300万元；县污水处理厂每年运行费用需90余万元，而财政预算安排仅20万元。城市管理行政执法局、交警大队、环卫队人员力量严重短缺。县城市管理行政执法局共有干部职工30人，每天上路执法人员仅19人，与周边县区相比（庄浪县43人，泾川县56人，崆峒区300人），执法力量严重不足；按照国内大多数城市交警配备的平均水平计算，我县应至少配备城市交警40人左右，而实际仅有23人，其中在编交警3人，其余20人均为县选三支一扶和聘用人员，交警警力严重不足。按照《城镇市容环境卫生劳动定额》规定，我县县城127万平方米清扫保洁面积至少需要环卫工人380多名，而目前仅有175名，平均每人每天清扫保洁面积多达7258平方米，超出国家规定劳动定额1倍多，而且环卫工人待遇报酬低（平均每人每月1200元，全省最低工资标准1370元），造成人员招聘困难，环卫工人数量不足，超定额、超负荷工作现象突出。

（二）部门职能严重缺位。从调研情况看，县城管理相关部门责任意识淡薄，职责履行不到位，工作积极性、主动性不强，检查督促一阵风，时紧时松，上级检查或重要活动时临时应付，过后放任不管。对县城管理中出现的问题要么怕惹麻烦，不愿去管，要么避重就轻，支差应付，甚至睁一只眼闭一只眼，执法不严、违法不究，导致城市违规现象滋生蔓延。如对占道经营行为的查处方面，《甘肃省城市市容和环境卫生管理办法》第十条、第三十三条规定，任何单位和个人擅自在城市道路及其两侧、公共场所和设施用地范围内摆摊设点的，责令改正；拒不改正的，可处以1000元以上5000元以下罚款。但城管执法部门对违反此项规定的，大多数以说服教育为主，少数仅处以200元左右罚款，执法不严，没有起到震慑作用。在对城区乱修乱建行为的查处方面，《中华人民共和国城乡规划法》第六十四条规定，未取得建设工程规划许可证进行建设的，应责令停止建设；尚可采取改正措施消除对规划实施影响的，限期改正，处建设工程造价百分之五以上百分之十以下的罚款；无法采取改正措施消除影响的，限期拆除，不能拆除的，没收实物或者违法收入，可以并处建设工程造价百分之十以下的罚款。但城管执法部门对大多数违规建设视而不见，没有依法进行查处，少数处理的仅发放了行政处罚决定书，既没有依法责令停止建设，也没有按照规定收缴罚款，更没有限期拆除，助长了违规修建之风，导致城区乱修乱建处于无政府状态。在对城市交通违规行为的查处方面，公安交警对乱停乱放车辆仅以罚款了事，对道路中间掉头转向、抢占车道、随意停靠等行为视而不见，见而不管，管而不严，甚至存在选择性执法、为罚而罚等问题。同时，各相关部门之间联系沟通不经常，协调配合不紧密，没有形成工作合力，县城管理极不到位。

（三）“门前三包”责任流于形式。政府及相关部门没有将宣传教育作为加强城市建设与管理的一项重要工作来抓，组织领导不力，宣传力度不大，临街商铺、单位“门前三包”责任落实不到位，对各自区域内卫生、市容、秩序不闻不问，甚至乱堆乱放、占道经营、倾倒垃圾，严重影响市容市貌。同时，居民群众爱护县城环境、关心县城发展的意识淡薄，对破坏市容环境的不文明行为不监督、不制止，没有形成共识，对城市建设与管理相关法律法规、政策规定知晓率低，遵法守法、保护环境、爱护公共设施、文明出行的意识不强，乱穿乱行、乱倾乱倒、乱贴乱画、损毁公共设施、破坏花草树木、占道经营等不文明甚至违法违规行为时有发生，全民参与城市管理工作的氛围不浓。

三、今后工作建议

县城是我县政治、经济、文化中心。县城建设与管理工作事关县城长远可持续发展，是提升县城形象、改善人居环境、改进公共服务的重要举措。各级各部门要高度重视，充分认识加强县城建设与管理工作的重要性和必要性，把县城建设与管理工作摆上重要议事日程，加大基础设施建设力度，强化县城管理措施，努力为广大居民打造一个环境卫生整洁、基础设施齐全、服务功能完善的生活工作环境。

（一）深化认识，高度重视，切实增强做好城市管理工作的责任感和紧迫感

县政府要正确认识当前县城建设与管理工作面临的严峻形势，牢固树立抓县城管

理就是抓发展的理念，将县城建设与管理工作作为一项考验政府执政能力和执政水平的“一把手”工程来抓，成立由政府主要领导任组长、分管领导及相关部门为成员的城市管理工作领导小组，开展调查研究，制定整治措施，认真解决城市管理中存在的困难和问题，力争县城环境在短期内有大的改观。要正视差距，学习借鉴周边县市在城市管理中的好经验、好做法，研究制定出台切实可行的城市管理办法，严明部门职责，靠实工作责任，加强协调配合，建立务实管用的执法联动机制，齐心协力抓好县城管理工作。要强化问责，建立健全考核监督机制，督促各部门积极主动履行城市管理职责，不断提高工作水平。要高度重视，坚持高标准规划，高水平建设，加快县城规划编制工作，积极推进“多规合一”规划编制，发挥规划的约束引领作用，为县城建设和发展提供规划依据。要坚持棚户区改造与新城区开发并重，按照统一规划、分步实施和先急后缓、先易后难的原则，统筹推进棚户区改造工作。针对县城管理经费严重不足、队伍力量薄弱的问题，县政府要认真研究，加大财政支持保障力度，合理增加县城管理经费预算，按照国家有关规定，通过内部调剂、考录、招聘等途径，充实公安交警、城市管理行政执法和环卫队伍，全力保障县城管理工作需要。

（二）加大投入，完善功能，下大力气建设一批重要公共基础设施

要高度重视城市公共基础设施建设，通过倾斜财政支出安排、积极争取项目资金、合理引进民间资本等方式，拓宽县城建设管理投融资渠道，为县城发展提供保障。要从完善城市功能入手，坚持“疏堵结合、以疏为主”的原则，对城区公共服务设施进行合理规划，制定计划，分步实施，切实解决城区市场少、行路难、停车难、如厕难等问题。一要加快市场建设。合理选址，尽快建设1处标准高、设施完善、功能齐全的大型批发市场，最大限度地满足城区商品批发需求；按照“合理布局、方便群众、满足需求”的原则，规划建设一批规范化便民市场，积极引导果农、菜农及小摊小贩入市经营，从源头上解决店外经营、占道经营问题。二要打通城区“断头路”。充分调研论证，制定建设计划，尽快打通阿阳南路、南环西路、北环西路、新街西路、教育园区二号桥等“断头路”，改造建设312国道高城寨段、东街段，静庄路南河桥段、西河桥（西岭西侧）等县城主要出入口道路，构建县城纵横畅通的交通路网。同时，要根据实际，对城区主要街道人行道、机动车道、非机动车道进行合理改造分流，缓解城区交通压力。三要大力推进公共服务设施建设。对城区公共停车场、公厕、文化体育活动场地、供热站点分布进行调查摸底，加快城区公共服务设施建设进度，方便城区居民生产生活。连通旧城区与西城区排水管网，更换供水分支管道，提高城区供排水能力。推进地下综合管廊建设，将供排水、供热、燃气、电力、电信等管网进行统一规划建设，减少建设和维修成本。超前规划，建设一处大容量、高标准的城区生活垃圾填埋场，解决今后城区生活垃圾填埋处理问题。

（三）落实责任，严格管理，下功夫解决城市环境脏乱差的问题

一要强化督查，靠实责任。县政府要切实增强责任意识，坚持分工负责、各司其职，靠实县城管理责任，抓好工作落实。主要领导和分管领导要担负起组织领导责

任，积极主动作为，将县城管理工作抓在手上，亲临一线督促检查，加强调度，迅速组织开展县城综合管理集中整治行动，重拳出击，集中治理县城管理中存在的各类违法违规问题。二要加大各类违规行为整治力度。严格依法查处店外经营、占道经营、乱贴乱画、乱堆乱倒、乱修乱建、乱停乱放、噪音扰民等城市违法违规行为，该改正的立即改正，该制止的坚决制止，该处罚的从重处罚，绝不姑息迁就，彻底解决城市管理中的各种“顽疾”。对临街商铺、流动摊贩店外经营、占道经营问题，要坚持“疏堵结合”的原则，积极引导入店经营、入市经营，加强监督管理，规范经营行为。始终保持对违规建设行为的高压态势，以“零容忍”的态度和决心，依法处理各类违规建筑，严厉打击城区乱修乱建行为，坚决杜绝此类现象再次发生，为县城长远发展留足空间。三要加大交通秩序整治力度。设置交通固定岗和流动岗，加强重要路段和时段交通执勤疏导，合理设置人行道和机动车道，实现人车分离。加大对城区车辆乱停乱放、违反交通信号指示以及行人不走人行道等交通违法行为的教育引导和查处力度，彻底扭转我县城区交通秩序混乱现状，切实做到车不乱停、人不乱行、文明有序。同时，要借鉴庄浪县城区交通管理经验，建设智能化交通指挥中心，在城区各主次干道、交通路口、县城各出入口安装高清智能抓拍系统，提高交通智能化管理水平。四要加大环境卫生整治力度。要严格落实“门前三包”责任制，强化监督考核，督促临街商铺、单位经常开展环境卫生大扫除，保证各自门前三包区域卫生干净整洁。要根据县情实际，提高环卫工人工资福利待遇，增强环卫岗位吸引力，按照有关规定标准，招聘一批环卫工人，充实环卫清扫保洁队伍。扩大机械清扫覆盖面，配备必要的道路清扫保洁设备，提高城市环境卫生清扫保洁效率。学习借鉴宁夏中卫市经验，健全完善管理制度，细化清扫保洁责任区域，建立层层检查考核机制，提高县城环卫工作水平，提升环境卫生质量。

（四）强化宣传，营造氛围，不断增强广大市民爱护城市的意识

政府及相关职能部门要将宣传教育作为加强城市管理、提高市民素质的一项重要举措列入议事日程，加强组织领导，强化宣传措施，拓宽宣传渠道，丰富宣传形式，扎实做好城市管理宣传教育工作，不断增强广大市民支持、参与城市管理的自觉意识。积极开展城市管理宣传“进机关、进企业、进校园、进社区、进家庭”活动，大力宣传城市管理相关法律法规和政策规定，提高法律法规知晓率，增强市民遵法守法意识。要通过发放倡议书、曝光不文明行为等方式，培养广大市民“城市是我家，管理靠大家”的主人翁意识，形成全社会理解、支持、参与城市管理的浓厚氛围。

第二十四次会议　于2015年12月15日在常委会五楼会议室召开，由厚连世主持。

会议议程有七项：一、审议通过有关接受辞职请求的决定；二、听取和审议财政局局长李强受政府委托所作的《关于2015年新增地方政府债券支出安排情况的报告》、常委会财经工委主任杨立新所作的《关于2015年新增地方政府债券支出安排情况的审查报告》，作出《关于2015年新增地方政府债券支出安排的决议》；三、听取和审议司

法局局长胡耀国受政府委托所作的《关于全县“六五”普法情况的报告》、常委会司法民政工委副主任宋正祥所作的《关于全县“六五”普法情况的检查报告》；四、审议通过关于召开十六届人大五次会议的有关事项，作出《关于召开静宁县第十六届人民代表大会第五次会议的决定》；五、审议通过常委会工作报告；六、审议通过常委会2016年工作要点及重点工作行事历；七、审议通过常委会《关于县十六届人大四次会议代表建议意见办理情况的报告》。会上，政府常务副县长何鹏峰就落实审议意见作表态发言。

第十六届常委会组成人员张自杰、王维军、沙芳琴、慕锡武、高旭、厚连世、靳宝生、杨华、王友忠、胡志科、马世明、杨立新、李稳收、李平安、周浩仁、朱国军、牛国喜、厚凤兰、王全生出席会议；县委常委、政府常务副县长何鹏峰，法院院长李根进、检察院检察长崔晓晖，县委宣传部常务副部长马堆荣、政法委副书记朱军世、政府办公室主任何浩强、财政局局长李强、司法局局长胡耀国、教育局局长赵宏军、工信局局长刘昌麟、国土局局长程军伟、环保局局长王勤学、住建局局长王彦飞、水务局局长王升斌、农牧局局长张秉鑑、工商局局长鲍彦鹏、安监局局长樊爱平、食药监局局长孔昌军、行政执法局局长陈红福、政府法制办主任田正军，街道办事处主要负责人，常委会各委、室负责人李进祥、宋正祥、胡生忠，市人大代表王顺义、薛仁杰，县人大代表杜进、姚莉，古城镇党委书记吕斌，李店镇人大主席姚志清，原安乡政府乡长樊尚平，静宁二中校长胡稳勤，三中校长何轲列席会议。

附：

接受沈学英辞去县人民政府副县长职务的请求

接受薛小田辞去县第十六届人民代表大会常务委员会委员职务的请求

关于全县“六五”普法情况的检查报告

由县人大常委会分管领导带队，常委会办公室、司法民政工委、信访室，县政府办、司法局等单位负责人及部分市县人大代表组成检查组，于11月9日至27日，先后深入县法院、检察院、司法局等11个县直单位，界石铺、威戎、古城等6镇，平凉机电工程学校、雷大初级中学、威戎小学等9所学校，东城区居委会、界石铺镇高堡村等7个村（社区）以及静宁县欣叶集团、德美建材城等企业和市场，采取查阅资料、听取汇报、召开座谈会等方式，对全县“六五”普法工作进行了检查。

一、全县“六五”普法工作开展情况

2011年8月，县人大常委会作出《关于进一步加强法制宣传教育的决议》后（以下简称《决议》），县政府及相关部门认真贯彻落实《决议》精神，积极组织开展“六五”普法工作，较好地完成了“六五”普法各项目标任务，干部群众法治观念和法律意识明显增强，依法行政水平不断提升。

（一）加强领导，健全机构，普法工作力度不断加大

一是加强组织领导。“六五”普法规划实施以来，及时成立了县依法治县工作领

导小组，并设立办公室，配备了工作人员。各乡镇、各部门都成立了相应的普法领导机构，明确了专职或兼职负责人，保证了“六五”普法规划的全面实施。二是制定普法规划。县政府研究制定了《关于在全县公民中开展法制宣传教育的第六个五年规划》（以下简称《规划》），提交县人大常委会会议进行了审议。县第十五届人大常委会第二十八次会议作出了《关于进一步加强法制宣传教育的决议》，为全县开展“六五”普法宣传教育工作提供了依据。三是创新普法机制。县依法治县工作领导小组向各单位转发了《规划》，明确了普法工作的方法、步骤、载体、形式和重点对象。根据普法重点对象的实际，积极组织开展“法律八进”（法律进机关、乡村、社区、学校、农贸市场、企业、单位、宗教场所）活动。制定下发了加强农民、居民、领导干部学法用法实施意见以及青少年、农村法制宣传工作意见，进一步细化了各单位普法工作的目标任务和重点工作，为普法工作的深入开展提供了保障。

（二）突出重点，扎实推进，普法工作的针对性进一步增强

一是开展领导干部和公务员法制教育。建立完善了领导班子集体学法、领导干部法制讲座、法律知识考试和任职培训等制度。每年组织全县领导干部进行法律知识考试，分批次组织全县副科级以上领导干部参加法律培训，有重点地学习相关法律法规。二是开展青少年法制宣传教育。组建了县青少年法制教育宣讲团，聘请公、检、法及司法行政单位负责人担任学校法制副校长。将法制教育与正常教育教学相结合，发挥相关学科在普法教育中的作用，通过主题班会、法律知识竞赛、主题演讲等形式开展普法宣传教育，激发了青少年的学法兴趣。三是开展城乡居民法制宣传教育。根据农民、居民生产生活实际，创新宣传教育形式，通过“法律赶集”“送法下乡”“法律进乡村（社区）”等方式开展普法宣传工作。培养农村和社区“法律明白人”、普法联络员，村（社区）人民调解员在负责村（社区）矛盾化解的同时，开展普法宣传等工作，增强了公民的法治意识。四是开展企业经营管理人员及职工学法教育。依托工会、妇联等群团组织，建立了企业经营管理人员岗前学法制度，采取以会代训、专题培训、送法上门、发放宣传资料等形式，向群众及个体商户宣传《中华人民共和国宪法》《中华人民共和国消费者权益保护法》等法律法规。部分企业聘请法律顾问，为职工购买法律读本，进一步提高了企业经营管理人员的法律意识，提升了职工的维权意识。

（三）普治结合，注重实效，干部群众法治意识进一步提高

把普法宣传教育与法治实践相结合，以普法推动依法治理，提升法治水平。一是根据社会各行业的不同特点，发挥各自优势，通过开展各类专项依法治理活动，促进了相关部门依法管理、依法行政水平的提升。二是通过加强领导干部和公务员学法用法的制度化、规范化建设，使广大干部的法律素质和法治理论水平有所提高，依法决策、依法行政、依法管理、依法办事的自觉性和能力得到增强。三是通过创建法治乡镇、民主法治村及诚信企业活动，加快了全县各级组织的民主化进程，进一步夯实了基层法治建设基础。四是把普法与解决群众关注的热点难点问题相结合，积极发挥矛盾纠纷调解和法律服务的宣传教育作用，引导群众运用法律武器维护自身合法权益。

二、存在的主要问题

从检查情况看，“六五”普法工作虽然取得了一定成效，但还存在一些突出问题，主要是：

(一) 部分单位对普法工作重视不够

一是思想认识不到位。从全县普法情况看，一些单位和乡镇对开展普法工作的重要性、必要性认识不到位，把普法教育看作是一项软任务、软指标，没有将普法工作摆上本单位、本乡镇重要议事日程，大多数仅满足完成“规定动作”，存在“有用则学、不用不学”的现象，思想重视不够，工作措施不得力，被动应付。尽管成立了机构、抽调了工作人员，但日常工作无人过问，普法工作无计划、无记录、无检查，影响了普法工作的深入开展。二是领导干部学法用法流于形式。一些单位和乡镇的领导干部很少研究部署普法宣传教育工作，不能静下心来组织干部职工学法用法，普法工作仅停留在口头上和文件上，特别是少数领导干部法治意识淡薄，有法不依、行政违法行为时有发生。行政执法部门执法不严、违法不究、相互推诿等现象依然存在。社会上的不文明、不守法行为没有及时纠正，挫伤了群众学法用法和依法办事的信心，给普法工作带来了消极影响。三是普法经费投入不足。规划要求，法制宣传教育经费人均每年不低于0.5元的标准，2014年底全县常住人口约42.5万人，需经费约21.25万元，但检查中了解到，自2011年以来，县级财政没有单设普法宣传经费，日常法制宣传教育经费均由相关部门在各自办公经费中筹措，资金非常有限，远远不能满足普法宣传教育工作的实际需要，影响普法宣传工作的深入推进。

(二) 普法工作进展不平衡

一是工作进展不平衡。从全县总体情况看，在普法宣传教育中，省市驻静单位好于县直单位、学校好于企业、城区好于乡镇。由于重视程度不同，一些好的单位和学校普法工作已经实现了常态化，并不断创新载体开展活动，而大部分单位普法工作不扎实，特别是部分乡镇和企业仅仅是“口号式”“应付式”宣传，难以使法律法规入脑入心，甚至部分单位为了应付检查，临时填补普法资料，且前后矛盾、错误百出。部分单位干部职工法律知识考试参与率低，检查中发现，相当一部分领导干部没有学法笔记，没有参与法律知识考试。在普法对象上，公务员和学生接受法制教育的机会较多，而农民、企业管理者的法制宣传教育机会相对较少，法制宣传教育的覆盖面还较低。二是普法队伍力量薄弱。据统计，目前全县共有普法工作人员702名、其中县直部门147人、乡镇42人、村社333人，企业180人。这些普法人员都是兼职从事普法宣传，甚至各乡镇司法所长、司法助理员都是兼职人员，很少有时间开展普法宣传工作。特别是村级普法队伍更加薄弱，组织开展法制宣传教育成为一句空话。同时，在检查中，群众反映部分基层站所服务意识差，甚至长期关门，找不到工作人员，更谈不上法律宣传。三是农村普法工作任务艰巨。法制宣传教育“进村入户”不够全面，特别是农村大部分青壮年外出务工，老弱病残等留守人员难以组织起有效的普法教育活动。一些偏远的农村小学，受条件所限，缺乏师资力量和普法教材，普法效果不明显。行政执法部门很少有针对性地集中开展“送法下乡”“送法上门”活动，农民法治意识淡薄，乱修乱建、乱停乱放、乱扔乱倒、河道非法采砂等问题较为突出。尤其是在果品销售期间，法律宣传、法律服务不到位，产生的矛盾纠纷较多，一方面，部分果农法律意识淡薄，不愿签订书面合同，达成口头协议、收取定金，当果品价格上涨时，果农不重诚信，违反口头协议，高价出售果品而产生纠纷；另一方面，客商不签订书面合同，或签订合同后自己保存，果农只签字、收定金，却不留存合同，当果品价格下跌时，客商随意砍价，果农利益受损，维权无有效证据；加之中介机构管理混乱，部分中介既不保护果农利益，又损害客商利益，扰乱市场秩序，自己乘机收购果品，牟取利益，最终受损失的还是果农。同时，政府及相关部门对农民工权益保护重视不够，法律宣传不到位，部门主体责任落实不力，没有按照《甘肃省建设领域农民工工资保证金管理办法》（甘政办发〔2007〕86号）的要求，落实农民工工资保证金制度。近年来，因农民工工资发放不到位引发的上访事件时有发生，社会反响较大。四是企业普法工作相对滞后。一些企业只追求经济效益，不愿意投入人力、物力、财力开展普法工作，特别是一些微小私营企业，不重视经营管理人员的学法用法，对职工没有进行法律培训，不依法经营、诚信经营，甚至侵害职工的合法权益。

（三）工作措施不得力

一是普法形式单一。大部分单位的普法工作仅以发放宣传单、办黑板报、举办法律讲座等一般性、常规性宣传方式为主，形式单一，载体不多，没有根据自身行业特点总结提炼更多的宣传形式，特别是适合广大群众参与、互动的普法活动较少，宣传效果不理想；法律宣传资料单一，互联网、QQ、微信等新媒体应用不广泛，缺乏喜闻乐见的普法宣传形式，普法教育的渗透性尚需增强；电视、广播等媒体开设的法制宣传专栏节目数量有限、时间过短，法制宣传的影响力和渗透力不足，没有发挥好主流媒体的宣传优势，法律宣传知晓率低，普法效果不佳。二是普法宣传氛围不浓。目前，我县法律宣传以司法行政单位为主，其他执法单位积极性不高，工作开展次数少，配合不紧密，存在司法行政单位唱“独角戏”的现象，没有形成协作配合、齐抓共管的良好工作机制。虽然组织法律宣传活动的场次数量多，但是法律宣传的社会影响不够，法治氛围不浓，宣传效果不显著。三是普法与执法结合不紧密。从检查情况看，虽然大部分单位都聘请了法律顾问，但没有真正发挥法律服务的作用，一些单位在政务决策方面依然没有依法依规决策；行政执法单位及执法人员素质不高，有的不懂法，执法违法，有的不守法，对违法行为放任不管，违法不究、执法不严，甚至部分行政执法人员没有参加法律培训，更没有办理执法证件，弄不清楚执行的主体法律是什么，做出的部分行政行为、制定的有关文件缺乏法律依据，甚至与法律法规相悖；在产生行政行为时，重视实体法，轻视程序法，存在案件该听证的不听证、不告知当事人权利义务、事实调查不清，适用法律错误、工作不严不细等问题；乡镇、村社干部学法用法重视不够，法律意识不强，学法不经常，用法不规范，乡镇、村社干部违法案件时有发生。

三、今后工作建议

（一）提高思想认识，深入扎实开展普法宣传教育。各级各部门要深刻认识开展法制宣传教育工作的重要性和长期性，切实增强做好法制宣传教育工作的责任感和使命感。要从建设社会主义法治国家的高度，切实提高认识，把普法工作纳入重要议事日程，督促各级领导干部依法履行职责；各级领导干部在抓好自身法律学习的同时，还要带动全民积极主动参与普法工作，努力形成各负其责、齐抓共管的普法工作新格局。县普法依法治理工作领导小组要发挥好牵头协调作用，各职能单位要按照“谁执法、谁普法”的要求，明确各自职责，履行好普法义务。同时，要建立健全对普法工作的考核机制，加强对普法工作的督查考核，将普法工作纳入年度目标责任进行考核，督促各级各部门抓好工作任务落实。

（二）坚持突出重点，切实增强普法教育工作的针对性。一要继续深入开展法律进机关活动。建设法治国家必须首先建设法治政府，法律进机关是建设法治政府的基础，机关单位全体干部要从思想上提高认识，特别是领导干部要率先垂范，积极带头学法用法，树立依法决策、依法行政意识。完善学习制度，让机关单位学法制度化、经常化，通过创新学习方式，把握学习重点，进一步强化“法律进机关”的工作措施，总结普法经验，提炼普法载体，创新普法方式，切实提高依法行政水平。二要大力开展法律进课堂。法律进学校首先要让法律进课堂，创建法律社团，在大力开展师生人文素养提升工程的同时，将法制教育与人文素养提升相结合，引导学生创办法律社团，通过开展模拟法庭等活动参与法治实践；扩大学校法律教育的社会效应，努力做到一个学生带动一个家庭，一个家庭带动一个村庄，通过对学生学法教育，树立法治意识，鼓励学生用实际行动影响家庭成员遵纪守法，以家庭为单位，推动“民主法治示范村”的创建，使学校的法律宣教成效社会化。三要积极开展法律进村社。进一步提高对法律进村（社区）工作重要性的认识，采取行之有效的方式和方法深入推进法律进村（社区），努力提高居民法律素质；将法制宣传、人民调解、法律服务有机结合起来，充分发挥村人民调解委员会和“法律明白人”的作用，针对群众的法律需求，通过开展法律咨询、法制文艺、漫画、演讲等活动，有针对性地开展法制宣传、法律服务；注重公民责任意识的培养，在提高公民法律素质的同时，帮助公民树立自我意识、权利意识和责任意识。四要加强传统道德教育。要树立法治建设和传统道德相结合的理念。依托文明县城创建，在普及法律知识，引导群众树立法律信仰的同时，要加大宣传《公民道德建设实施纲要》和二十四字社会主义核心价值观，大力倡导“爱国守法、明礼诚信、团结友善、勤俭自强、敬业奉献”的基本道德规范，努力提高公民道德素质。要更加注重培养和提高机关干部职工的道德修养，宣教方式由单纯宣讲法律条文向培养群众法治习惯转变，使广大群众养成心中有法、遵法守法、有事用法、办事信法的习惯，提高广大群众的法律素养，使遵循法律制度成为广大群众的行为方式和生活习惯。

（三）坚持普法与依法行政相结合，不断提高普法工作的实效性。一要紧密联系实际。各级各部门要在深入宣传宪法和法律法规的基础上，把法制宣传的内容与群众普遍关注的法律问题紧密结合起来，更多地把产业政策、交通安全、食品安全、劳务维权、教育卫生等涉及民生的法律、政策作为法制宣传的重点，充分调动公民学法用法的积极性，把法制宣传教育的过程变为服务群众、教育群众、引导群众的过程。二要创新宣传形式。从不同群体的实际需求出发，运用寓教于乐、易于接受的形式开展普法工作。发挥司法行政部门的优势，开展多层面、多方位的法律宣传、法律培训、法律服务；充分发挥广播、电视等主流媒体的宣传作用，广泛运用网络传媒、广告传媒、手机短信等新型媒体开展法制宣传教育，提高法制宣传教育的覆盖面和渗透力；发挥各村级组织远程教育平台的作用，组织村民、法律明白人、普法联络员等开展法律宣传，扩大法律宣传覆盖面；发挥文化设施作用，营造普法宣传的浓厚氛围，利用城乡图书馆（室）、文化馆（站）、文化广场等公共文化场所，开展群众性法治文化活动。三要发挥行业优势，整合社会资源。将法律宣传教育融入村民自治、社会综治、社会保障、文化建设中，充分调动这些单位的积极性，把法律宣传教育的各项工作任务落到各单位具体工作中；各单位要按照“谁执法，谁普法”的原则，针对单位特点，及时编写、征订系统的、通俗易懂的法律宣传读本，广泛开展法律宣传，既负责本单位法制宣传教育工作，又积极面向全社会开展本单位相关法律法规的宣传教育；各牵头单位要发挥职能作用，组织各行政执法部门每年开展2至3次的集中法律宣传活动，围绕全县产业发展特点，有针对性地开展法律宣传，增强群众法律意识，提高维权意识；依托乡镇司法所，探索建立乡镇法律援助咨询点，在县法律援助中心指导下建立法律援助咨询、登记制度，方便群众就近咨询，请求法律援助，维护自身的合法权益；积极探索法律宣传新途径，建立普法志愿者队伍，整合法律人才资源，将热心公益事业的在职和退休的法律专业人才吸收到法律服务志愿者队伍中来，充实法律服务队伍，定期开展法律宣传活动；四要积极探索事后执法向事前普法教育转变。执法的目的是维护法律的秩序，各执法单位应积极探索，建立事前介入调研、调处、防范机制，转变执法理念，加大相关法律法规的宣传教育，提高执法相对人的法治意识、防止矛盾激化，减少不和谐、不稳定的问题，从而做到预防违法行为的发生；建立执法部门典型案件处理倒逼普法宣传制度，通过典型案件的发现和处理，及时分析、延伸和拓展到对整个行业的规范，实现事后监管向事前规范的转变，降低监管成本，提高执法效能，为普法宣传营造良好的社会氛围。五要在经费上给予保障。普法工作是涉及全方位的社会系统工程，按照规划要求，以每人每年不少于0.5元的标准，列入县级财政预算，为普法工作深入推进提供保障。

县人大常委会2016年工作要点

2016年，是实施“十三五”规划的开局之年，也是本届人大常委会任期的最后一年。县人大常委会工作的总体思路是：深入学习贯彻落实中央、省、市、县委人大工作会议和文件精神，坚持党的领导、人民当家做主、依法治国有机统一，紧扣县委决策部署，服务全县发展大局，求真务实，依法履职，全力推进全县经济社会发展和民主法治建设。

一、围绕全县发展大局，依法审议决定重大事项

（一）依法审议、决定重大事项。认真落实县委各项决策部署，依法对事关全县深化改革、经济建设、社会事业和依法治县的重大问题进行审议，并适时作出决议、决定，积极通过人大法定程序把县委的重大决策部署转化为全县人民的共同意志和自觉行动。

（二）认真做好人事任免工作。坚持党管干部和人大依法任免相统一原则，规范和完善人事任免程序。根据《全国人大常委会关于实行宪法宣誓制度的决定》和《甘肃省组织实施宪法宣誓制度办法》，全面推行新任国家机关工作人员向宪法宣誓制度，不断增强国家机关工作人员的宪法和法律意识，促其依法行政，公正司法。

二、依法开展工作监督，提高人大监督实效

（三）加大计划和预算监督力度。听取、审议和审查、批准县政府关于2016年国民经济和社会发展计划调整及上半年执行情况的报告、2016年财政预算调整情况的报告、2015年财政决算报告及财政预算执行情况的审计报告，加强全口径预算决算审查监督，把社会保障基金、政府债务、土地收益纳入预算监督范围，支持和督促审计部门依法开展审计，加大审计问题整改的督查力度。

（四）围绕热点难点开展调研检查。对全县贯彻实施道路交通安全法情况进行调研，对城区供热监管情况进行检查，提出符合政策、符合实际、有操作性的意见建议，督促政府及相关部门加强和改进工作，使人大监督工作与解决热点难点问题、维护群众切身利益结合得更加紧密。

（五）扎实开展执法检查。全面推进依法治县方略，坚持把法律监督作为人大监督工作的重要方面，对《中华人民共和国食品安全法》贯彻实施情况进行执法检查，督促政府及相关部门改进执法工作中的薄弱环节，切实加强食品安全监管，保障食品卫生安全。

（六）跟踪检查审议意见落实。对全县贯彻实施甘肃省河道管理条例审议意见落实情况进行跟踪检查，督促县政府及相关部门认真整改河道管理工作中存在的突出问题，确保常委会审议意见落到实处。

（七）加强人大信访工作。将接待群众来信来访与加强法律监督有机结合，进一步完善信访事项转办、督办制度，切实解决一些单位有法不依、执法不严、违法不究的问题，维护人民群众的合法诉求，保障社会和谐稳定。

（八）着力改进监督方式。认真贯彻《中华人民共和国监督法》和《甘肃省实施监督法办法》，根据《静宁县人民代表大会常务委员会询问和质询暂行办法》，对一些事关大局、影响深远、群众关切、久拖未决的矛盾问题适时进行专题询问或质询，对“一府两院”部分专项工作报告进行满意度测评，充分行使地方人大的法定监督权，

加大刚性监督力度，提高监督工作实效。

（九）做好规范性文件审查备案。根据《中华人民共和国监督法》和《静宁县人大常委会规范性文件备案审查暂行办法》的规定，加强与“一府两院”的协调联系，认真做好规范性文件审查备案工作，促进“一府两院”依法行政、公正司法。

三、强化服务保障，大力支持代表行使职权

（十）不断提高代表履职能力。坚持向代表免费订阅寄送人大报刊资料，举办人大代表培训班，对未培训的县人大代表进行法律法规和代表履职知识专题培训，提高代表依法履职的能力和水平。

（十一）充分发挥代表作用。坚持和完善人大常委会组成人员联系代表，代表联系选区群众“双联系”制度，建立健全走访代表、联系选民以及代表向选民或选举单位述职、接受选民评议等制度。坚持召开政情通报会，扩大代表列席常委会会议、参与常委会重要活动的范围，不断拓宽代表知情知政渠道；深入推进“人大代表在行动”活动，健全代表活动制度，激发代表工作活力，提高活动实效。

（十二）认真办理代表建议意见。高度重视代表建议意见办理工作，以提高质量为重点，完善分解交办、协调调度、集中督查等工作方式，加大开门办理、面商办理、现场办理力度。重点对县十六届人大一次会议以来已答复、未落实，已有方案、尚未办理的B、C类建议进行“回头看”，督促政府全面办理落实，给代表一个满意的答复。

四、精心组织指导，依法做好换届选举工作

（十三）强化组织指导。按照地方组织法的规定，坚持党的领导、充分发扬民主、严格依法办事，保障选民和代表依法行使民主权利，切实加强对县乡人大换届选举工作的领导、组织和指导，把体现党委意图和充分尊重代表、选民意愿有机统一起来。

（十四）开展换届业务培训。根据省、市安排，适时举办换届业务培训班，对乡镇人大主席、副主席及工作人员进行业务培训，全面准确掌握换届选举工作的法律政策规定和方法、程序、步骤，为换届选举工作奠定基础。

（十五）抓好换届指导。把好代表入口关，提升代表素质，优化代表结构。依法做好宣传动员、选民登记、投票选举等各个环节的工作，确保依法、按程序圆满完成县乡人大换届选举各项工作任务。

五、贯彻落实上级会议文件精神，提升乡镇人大工作水平

（十六）认真贯彻落实上级会议文件精神。深入学习贯彻中共十八届四中全会《关于全面推进依法治国若干重大问题的决定》、全国人大召开的县乡人大工作和建设座谈会及省、市委人大工作会议精神，不断深化对人民代表大会制度的认识，准确把握新形势下人大工作正确的政治方向，进一步增强做好新时期人大工作的紧迫感和使命感，推动人大工作与时俱进，完善发展。认真贯彻落实中央18号文件和省市县委关于进一步加强和改进人大工作的意见精神，不断加强县乡人大工作和建设，积极履行宪法和法律赋予的职权，全面提高县乡人大工作水平。

（十七）保障乡镇（街道）人大工作经费。积极衔接县财政按照乡镇人大代表活动经费每人每年500元、乡镇人代会经费每次1万元、乡镇人大工作经费每年5000元的标准，将以上经费列入县级财政预算，确保乡镇（街道）人大工作正常有序开展。

（十八）加强乡镇人大规范化建设。按照“密切联系，加强指导，大力支持，推动工作”的思路，切实加强对乡镇人大工作的指导。落实常委会领导包抓乡镇（街道）人大工作制度，认真研究解决乡镇（街道）人大工作中的困难和问题；强化检查指导，督促乡镇（街道）人大完善工作制度，依法规范履行职责，进一步提高乡镇人大工作水平。

（十九）全面发挥乡镇人大职能作用。重视加强乡镇人大履职能力建设，举办乡镇人大主席及工作人员履职培训班，重点围绕乡镇人大依法履职、乡镇人代会召开、代表活动进行专题培训，掌握业务知识，提高履职能力。督促乡镇人大增强责任意识，认真组织开好乡镇人代会，确保法定时间、内容、程序“三不简化”。充分发挥“人大代表之家”作用，坚持经常组织代表进“家”开展活动，加强代表的学习培训，积极组织代表开展调研检查视察，向选民述职和走访联系选民等，不断提升乡镇人大工作水平。

六、加强常委会自身建设，切实提高依法履职能力

（二十）加强法律法规学习。坚持把法律法规学习放在常委会自身建设的首要位置，认真学习党的十八大、十八届三中、四中、五中全会以及习近平总书记系列重要讲话精神，学习《中华人民共和国宪法》《中华人民共和国地方各级人民代表大会和地方各级人民政府组织法》《中华人民共和国各级人民代表大会常务委员会监督法》《中华人民共和国全国人民代表大会和地方各级人民代表大会选举法》《中华人民共和国全国人民代表大会和地方各级人民代表大会代表法》等法律法规以及县人大常委会各项工作制度，切实增强常委会组成人员的法治观念，提高依法履职能力。

（二十一）健全完善工作制度。进一步加强制度建设，研究制定《组织实施宪法宣誓制度办法》《乡镇人大议事规则》《乡镇人大主席团设置指导意见》；建立全口径财政预决算监督机制，探索利用审计结果开展预算监督模式，严格执行规范性文件审查备案制度。

（二十二）加强人大机关建设。充分发挥各委、室的职能作用，坚持分工负责、协调配合，提升工作效能。切实加强政策理论、法律法规和业务知识的学习，努力提高人大机关工作人员的政治素养、业务水平和工作能力。认真落实党风廉政建设主体责任，切实抓好人大机关党风廉政建设。

（二十三）加强人大工作宣传。进一步拓宽宣传渠道，完善宣传制度，丰富宣传形式，积极开展人大宣传和理论研究工作，努力营造全社会关心和支持人大工作的良好氛围。

（二十四）完成人大志编纂工作。按照进度要求，各负其责，通力协作，认真做好志书编纂各项工作，确保按期完成编纂任务。

县人大常委会2016年重点工作安排情况表

表4–53

<table>
<tr><th>时间</th><th>主要工作</th><th>负责领导</th><th>主办委室</th><th>配合委室</th><th>责任单位</th></tr>
<tr><td>1至12月</td><td>《静宁县人民代表大会志》编纂</td><td>杨　华</td><td colspan="3">各委室</td></tr>
<tr><td>1至2月</td><td>对县十六届人大一次会议以来的B类、C类代表建议意见“回头看”进行安排</td><td rowspan="2">慕锡武</td><td rowspan="2">人事代表工委</td><td rowspan="3">办公室</td><td rowspan="2">政府办
相关部门</td></tr>
<tr><td rowspan="3">3至4月</td><td>交办县十六届人大五次会议代表建议、意见</td></tr>
<tr><td>检查《中华人民共和国食品安全法》贯彻实施情况</td><td>沙芳琴</td><td>科教民侨工委</td><td>食药监局</td></tr>
<tr><td>县第十六届人大常委会第二十六次会议：1.听取、审议县政府关于2016年国民经济和社会发展计划调整的报告；2.听取、审议县政府关于2016年财政预算调整的报告；3.听取、审议县政府关于《中华人民共和国食品安全法》贯彻实施情况的报告</td><td>杨　华</td><td>办公室</td><td>各委室</td><td>政府办
发改局
财政局
食药监局</td></tr>
<tr><td rowspan="4">5至6月</td><td>检查贯彻《甘肃省河道管理条例》有关审议意见落实情况</td><td>靳宝生</td><td>农环工委</td><td rowspan="3">办公室</td><td>水务局</td></tr>
<tr><td>举办县乡人大换届选举工作专题培训</td><td rowspan="2">慕锡武</td><td rowspan="2">人事代表工委</td><td rowspan="2">政府办</td></tr>
<tr><td>对县第十六届人大一次会议以来的B类、C类代表建议意见办理情况进行督查</td></tr>
<tr><td>县第十六届人大常委会第二十七次会议：1.听取、审议和审查批准县政府关于2015年财政决算的报告；2.听取、审议县政府关于2015年财政预算执行情况的审计报告；3.听取、审议县政府关于《甘肃省河道管理条例》有关审议意见落实情况的报告</td><td>杨　华</td><td>办公室</td><td>各委室</td><td>政府办
财政局
审计局
水务局</td></tr>
<tr><td rowspan="4">7至8月</td><td>调研《中华人民共和国道路交通安全法》贯彻实施情况</td><td>厚连世</td><td>法制工委</td><td>办公室</td><td>公安局
交运局
农牧局</td></tr>
<tr><td>召开人大代表政情通报会</td><td rowspan="2">慕锡武</td><td rowspan="2">人事代表工委</td><td>办公室</td><td>政府办</td></tr>
<tr><td>筹备县乡人大换届选举工作</td><td>各委室</td><td>相关单位</td></tr>
<tr><td>县第十六届人大常委会第二十八次会议：1.听取、审议县政府关于2016年上半年国民经济和社会发展计划执行情况的报告；2.听取、审议县政府关于道路交通安全法贯彻实施情况的报告</td><td>杨　华</td><td>办公室</td><td>各委室</td><td>政府办
公安局
交运局
农牧局</td></tr>
</table>

续表4-53

时间	主要工作	负责领导	主办委室	配合委室	责任单位
9至10月	检查城区供热监管情况	高　旭	财经城建工委	办公室	住建局
	督办代表建议、意见	慕锡武	人事代表工委	办公室	政府办
	县第十六届人大常委会第二十九次会议：1.听取、审议县政府关于城区供热监管情况的报告；2.听取、审议县政府关于县十六届人大五次会议代表建议、意见办理情况的报告和县十六届人大一次会议以来B类、C类代表建议意见办理情况的报告	杨　华	办公室	各委室	政府办 公安局 住建局
11至12月	起草县人大常委会工作报告；提出县人大常委会2017年工作要点	杨　华	办公室	各委室	政府办
	县第十六届人大常委会第三十次会议：1.审议县人大常委会工作报告（讨论稿）；2.审议县人大常委会2017年工作要点（讨论稿）；3.讨论决定召开县十七届人大一次会议有关事项				
	筹备召开县十七届人大一次会议；收集向省、市人代会提交的代表建议、意见	慕锡武 杨　华			

第二十五次会议　于2016年1月7日在常委会五楼会议室召开，由靳宝生主持。

会议议程有三项：一、审议通过关于常委会内设机构规范后名称变更有关事项；二、审议通过有关接受辞职请求的决定；三、人事任免。

第十六届常委会组成人员张自杰、王维军、沙芳琴、慕锡武、高旭、厚连世、靳宝生、杨华、王友忠、胡志科、杨立新、李稳收、李平安、张录牛、周浩仁、李会宾、朱国军、裴晓江、牛国喜、厚凤兰、王全生出席会议；县委常委、政府常务副县长何鹏峰，政府办公室主任何浩强，常委会各委室负责人列席会议。

附：

人事任免

接受孙智清辞去县人民政府副县长职务的请求

王宁香任县人民政府副县长

李彦荣任县人民政府副县长

县人民政府副县长王宁香、李彦荣个人情况表

表4-54

姓名	性别	民族	出生年月	籍贯	文化程度	入党时间	工作时间	主要工作经历
王宁香	女	汉	1968.2	静宁四河	本科	1998.10	1988.8	曾在静宁县审计局工作；历任团县委副书记、监察局副局长、城关镇政府副镇长、祁川乡政府乡长、县妇联副主席、双岘乡党委书记，县卫生局副局长、卫生监督所所长，县妇联主席、界石铺红军长征毛泽东旧居纪念馆馆长（副县级）
李彦荣	男	汉	1973.12	庄浪良邑	本科	1996.2	1999.12	曾在庄浪县水保局、政府办公室工作；历任庄浪县政府督查信息科副科长、政府办公室副主任，朱店镇政府镇长、党委书记

张录牛任县人大常委会办公室主任
胡志科任县人大常委会信访室主任
王瑞生任县人大常委会法制工作委员会主任
王友忠任县人大常委会财经与城建工作委员会主任
王壬寅任县人大常委会农业与环境资源工作委员会主任
李平安任县人大常委会科教文卫与民侨工作委员会主任
李稳收任县人大常委会人事与代表工作委员会主任
李进祥任县人大常委会农业与环境资源工作委员会副主任
马川娃任县人大常委会信访室副主任
免去：
王友忠县人大常委会办公室主任职务
马世明县人大常委会司法民政工作委员会主任职务
杨立新县人大常委会财经工作委员会主任职务
李平安县人大常委会教科文卫工作委员会主任职务
李稳收县人大常委会代表联络工作委员会主任职务
胡生忠县人大常委会信访室副主任职务
李进祥县人大常委会农业工作委员会副主任职务

第二十六次会议　于2016年4月28日在常委会五楼会议室召开，由张自杰主任。会议议程有六项：一、人事任免；二、审议通过常委会关于表彰优秀人大代表和

十六届常委会优秀组成人员的决定；三、听取和审议财政局局长李强受政府委托所作的《关于2016年全县财政收支预算调整情况的报告》、常委会财经与城建工委主任王友忠所作的《关于2016年全县财政收支预算调整情况的审查报告》，作出《关于静宁县2016年财政收支预算调整的决议》；四、听取和审议食品药品监督管理局局长孔昌军受政府委托所作的《关于〈中华人民共和国食品安全法〉贯彻实施情况的报告》、常委会科教文卫与民侨工委主任李平安所作的《关于〈中华人民共和国食品安全法〉贯彻实施情况的检查报告》；五、表彰优秀市、县人大代表和县第十六届常委会优秀组成人员；六、审议通过《关于对〈中华人民共和国食品安全法〉贯彻实施情况的审议意见》。会上，政府副县长王宁香就落实审议意见作表态发言。

第十六届常委会组成人员张自杰、王维军、沙芳琴、慕锡武、高旭、靳宝生、杨华、王友忠、胡志科、杨立新、李稳收、李平安、张录牛、王壬寅、王瑞生、李会宾、朱国军、裴晓江、厚凤兰、王全生出席会议；政府副县长王宁香、法院院长李根进、检察院检察长崔晓辉、政府办公室主任何浩强、财政局局长李强、公安局副局长樊建武、农牧局局长张秉鑑、卫计局局长孙青茂、工商局局长鲍彦鹏、商务局局长李文光、执法局局长陈红福、畜牧局局长张亚鹏，食药监局局长孔昌军及班子成员朱小宁、刘河清、陈银多，教育局副局长张拴华、静宁一中副校长王好学、二中校长胡稳勤、文萃中学副校长尤树伟、成纪中学校长戴中林、三中总务主任刘志锋、细巷教委主任石纪，常委会各委、室负责人，市、县人大代表刘玉海、马葳、刘小勇、阎品贤、刘广益、戴中锋、李国忠、梁跟和，街道办党工委书记王国随、甘沟、李店两镇党委书记吴剑霖、王国平，古城、四河、原安3乡镇人大主席陈清睿、李小强、李荣学，界石铺、雷大、曹务3乡镇政府乡镇长张乾龙、吕朋军、吕周周，城关、红寺、威戎、三合4乡镇食药监所所长张淑琴、杨金有、张佳龙、孙波列席会议。

附：

人事任免

王　宏任县人大常委会科教文卫与民侨工作委员会副主任

王致中任县人大常委会人事与代表工作委员会副主任

任建民任县人民法院审判委员会委员

卢张娃任县人民法院审判委员会委员，免去县人民法院立案庭庭长职务

张智强任县人民法院审判委员会委员

戴文辉任县人民法院审判委员会委员

苟国旺任县人民法院审判委员会委员

樊喜牛任县人民法院审判员

蔡爱莲任县人民法院审判员

赵斌男任县人民法院审判员

姚天庆任县人民法院审判员

程鹤鹤任县人民法院审判员

柳　琴任县人民法院立案庭庭长

赵永灵任县人民法院威戎人民法庭庭长

免去贾平峰县人大常委会教科文卫工作委员会副主任职务

关于《中华人民共和国食品安全法》贯彻实施情况的检查报告

由常委会分管领导带队，常委会办公室、科教文卫与民侨工委，县政府办、食品药品监督管理局、教育局、卫计局、农牧局、工商局负责人以及部分县人大代表组成检查组，于3月中旬至4月上旬，采取随机抽查、座谈交流、走访群众、查阅资料等方式，先后深入城区及各乡镇部分食品生产加工企业、小作坊、流通经营店铺、餐饮企业、学校食堂、流动摊贩、农贸市场、屠宰企业以及相关职能部门，对全县实施《中华人民共和国食品安全法》（以下简称《食品安全法》）情况进行了检查。

一、基本情况及主要工作

目前，全县共有食品生产经营单位4102家，其中食品生产企业34家、食品生产加工小作坊727家、食品经营户2738家、餐饮服务单位449家、食品摊贩154家。有蔬菜生产基地12家，畜禽屠宰企业3家，各类养殖场96家，通过GSP（药品经营管理规范）认证的兽药经营门店40家，办理农药许可经营证374家，登记备案的种子经营者75家、化肥经营者105家。近年来，县政府及相关职能部门认真贯彻落实《食品安全法》，做了一定工作。一是开展宣传教育。结合普法宣传教育，利用“3·15国际消费者权益日”“食品安全宣传周”“12331投诉举报宣传月”等，及时组织相关部门深入村镇、学校和企业，采取发放资料、悬挂横幅、开辟电视专栏、举办培训班等形式，广泛宣传食品安全法律法规和基本常识，营造良好舆论氛围和社会环境。加强法律法规教育培训，建立健全学法用法制度，组织开展执法人员法律知识考试，提高执法人员依法办事水平；采取多种形式，加强监管对象法律培训，增强生产经营者责任意识和法律意识。二是完善监管机制。积极推进食品安全监管体制改革，整合监管职能，明确部门责任，理顺工作关系，初步构建了行政监管和行业自律相结合的食品安全监管工作格局。将食品安全监管纳入政府年度目标管理考核体系，与经济社会发展各项工作同部署、同检查、同考核。成立了由县政府分管领导为主任，食药监局局长为副主任的全县食品安全委员会，加强对食品安全监管工作的组织领导。制定印发了《静宁县食品安全委员会工作规则》《静宁县食品安全委员会成员单位工作职责》《静宁县食品安全事故应急预案》《静宁县食品安全监管责任问责办法（试行）》，进一步健全管理制度。县政府与各乡镇及食安委各成员单位签订年度食品安全工作目标责任书，修订完善考核管理办法，层层细化分解工作任务，强化责任落实。在各乡镇（街道）设立食品药品监督管理所，充实配备工作人员，聘任村级（社区）食品安全协管员，组织开展食品安全日常监管，强化了基层监管基础。三是落实监管措施。认真组织开展食品安全日常巡查检查和专项整治，加强对餐饮经营单位的监管，督促落实食品安全操作规程，强化从业人员健康管理，提升餐饮服务水平。对全县实施营养改善计划学校和开办学生食堂的学校进行定期督查，排查安全隐患，保障学生用餐安全。开展违法使用食品添加剂专项整治行动，对常用的60个品种食品添加剂实行索证备案、溯源管理，打击食品生产加工企业、小作坊及餐饮业违法添加非食用物质和滥用食品添加剂行为。开展肉类市场专项检查，督促定点畜禽屠宰企业严格执行入厂验收登记、肉品检验、销售台账、无害化处理、“两证一章”（检疫合格证、检验合格证、检验合格印章）等管理制度，规范肉类市场。严格执行食品生产许可证年审制度，逐步规范食品生产经营单位进货、生产、检验及销售台账，推行“透明车间、阳光仓储”，推广食品安全电子追溯平台，在城区部分商场超市设置食品安全溯源机。成立了县食品药品检验检测中心，在县城农贸市场和大型超市建成2个食用农产品快速检测室，加强食品安全检验检测。

二、存在的主要问题

从检查情况看，县政府在贯彻实施《食品安全法》方面做了一定工作，但与广大人民群众的愿望和法律的要求相比，食品安全监管领域仍存在一些十分突出的问题，全县食品安全形势非常严峻。主要表现在：

（一）政府重视不够，食品安全监管流于形式。一是思想认识不到位。从检查情况看，全县各级各部门对食品安全的重要性普遍认识不足，思想上重视不够。政府组织领导和牵头抓总作用发挥不充分，还没有把食品安全工作摆上重要议事日程，进行专题研究部署，致使一些影响和制约食品安全监管工作的困难和问题长期得不到及时有效解决。相关职能部门及各乡镇在食品安全监管中存在侥幸心理，得过且过，对法律规定执行不严格，工作标准不高，措施不力，食品安全监管流于形式。一些监管人员不能正确认识和履行自身岗位职责，怕惹麻烦，怕得罪人，对违法行为要么睁一只眼闭一只眼，放任不管；要么执法违法，变相降低处罚标准，致使部分食品生产经营者有机可乘并铤而走险，肆意制售不安全食品；个别执法人员甚至与商企勾结，包庇纵容不法分子，在一定程度上助长了违法行为。二是执法查处力度不大。新修订的《食品安全法》建立了最严格的法律责任制度和最严厉的违法处罚，目的在于从根本上杜绝一切食品违法行为，让食品生产经营者不敢违法、违不起法。但在实际执法过程中，职能部门之间协调配合不紧密，各自为政，单打独斗，联合执法较少，执法力度不大，没有对违法行为形成有效震慑和打击，特别是在查处食品违法行为时，监管部门和执法人员思想上顾虑重重，避重就轻，“心慈手软”，不能严管重罚，导致法律规定得不到正确有效贯彻。据统计，2015年10月以来，县食药监局共查处食品违法行为96例，按照法律规定，最少应处罚金额480万元，实际仅处罚162.58万元，且部分未执行到位。如2016年3月，县食品药品稽查局在查处“如家饭馆”未依法取得许可从事冷食类食品制售案时，按照《食品安全法》第122条之规定，至少应该罚款5万元，实际仅处以没收违法所得1000元，罚款4000元的处罚；2015年12月雷大食药监所在查处骨里香熟食店非法使用不明来源美国鸡爪案件和界石铺食药监所在查处仲学百货商店“雪后”小苏打过期案件时，按照《食品安全法》第124条之规定，至少应该罚款5万元，实际仅处罚2565元和800元，处罚标准明显与法律规定相悖，形成执法违法事实。从调阅案卷情况看，这种现象十分普遍。三是基层食药监所职能未发挥。目前各乡镇及街道办均设立了正科级建制的食药监所，但由于乡镇对食品安全监管工作重视支持不够，大部分食药监所所长和工作人员均以乡镇中心工作为主，没有专职专责，一些乡镇食药监所成立以来从未开展执法办案工作，基层食品安全监管工作不规范、不经常，基本没有运行。同时，基层食药监所工作力量不足与监管对象庞杂分散的矛盾比较突出，日常监管严重不到位。据统计，全县基层食药监所编制共98名，实有工作人员70名，其中专业人员仅13名（包括法学类专业）。如威戎、甘沟、李店、仁大、古城镇食药监所编制均为5名，实有工作人员均为3名，管理对象分别为317户、258户、216户、202户、190户；城区食药监所编制4名工作人员，管理对象多达1056户。

（二）法律意识淡薄，违法违规问题十分突出。检查走访中发现，大部分干部群众对食品安全相关规定和基本常识知之甚少，运用法律武器保护自身权益的意识不强；执法人员学法用法流于形式，法律素质不高，不能严格依法办案，损害了法律的严肃性和权威性；食品生产经营者对法律规定一知半解，对违犯法律应该承担的严重后果不清楚不明白，不能严格按照法律规定从事生产经营活动，违法违规现象屡见不鲜。一是无证照经营问题突出。大部分加工作坊及农村边远山区百货、粮油、蔬菜商店等仍未纳入管理范围，长期无证照经营，形成监管漏洞。据不完全统计，全县无证照经营的小作坊达277家，百货、粮油、蔬菜商店达203家。二是生产加工不合格食品问题突出。《食品安全法》明确规定，食品生产经营应当符合食品安全标准，保证所生产经营的食品卫生、无毒、无害。但一些食品生产加工者唯利是图，置法律、道德和人民群众的生命健康于不顾，不严格执行食品安全标准和从业人员健康管理等制度，肆无忌惮地生产加工劣质有害食品。如东关开心食品有限公司一直使用检验结果为不合格的“北塬香”大豆油，原料架上存有过期奶露，甚至将生产废料加工后重新使用；城区骨里香熟食店部分肉类来源不明，进购票据不全，无检验检疫合格证；四河四季红馒头店、曹务东升烤饼店等食品加工店铺违规使用人工色素；城关镇新城村田家豆腐坊将未经筛选的豆子与各种杂质同时泡在水中；南关仇家豆芽坊等豆芽生产者添加“腐停”“高效消毒净”“无根剂”“促长亮白复合素”等；兴源奶牛有限公司使用并存有5吨左右过期饲料，养殖人员未按要求定期体检，无饲料进购、乳品检验和销售台账等。三是经营销售劣质食品问题突出。全县大部分食品经营销售门店存在销售、存放过期食品、劣质食品、“三无”（无生产日期、无合格证、无生产厂家）食品的现象，食品进购渠道混乱，经营台账不全，安全问题突出。如城区建兴超市、甘沟水坪百货部、田堡初中门口蔬菜调料店、四河秦娃综合超市、原安程义百姓商行等部分经营者对积压过期食品未销毁，销售过期面包、豆瓣酱、甜面酱、大盘鸡调料、老皮冻、火腿肠等；细巷、田堡、司桥、李店等学校周边大部分店铺大量销售劣质麻辣片、饮料等违禁食品；甘沟彩刚超市、曹务四香酱醋、古城168超市等大部分店铺违规经营散装食品和小作坊生产的“三无”食品；甘沟祥云副食百货商店、大岔百货门市部、司桥马发放超市、灵芝红星百货店等食品经销商店货物摆放杂乱，食品与农药汽油、烟花爆竹、五金百货等物品混放，缺少必要的防范措施，极易引发安全事故。

（三）部门监管严重缺位，食品安全隐患十分突出。一是源头管理不到位。县政府及相关部门在食品安全监管中没有从源头入手，农产品市场准入把关不严，“三无”、假冒伪劣等“问题食品”进购渠道、批发配送等关键环节监管严重缺位。如惠林食品有限公司、顺顺食品公司、食大好糕点坊等小作坊长期加工销售“三无”食品，城川卫生院附近老靳商行、王旭批发部、中南百货广来批发部等长期向广大农村商店批发配送劣质麻辣片、饮料和果冻等食品，但始终未得到查处和禁止，导致农村成为“问题食品”的聚集地。检查中群众反映，重要节日尤其是春节期间，城乡市场上假冒伪劣食品泛滥，因食用假冒伪劣食品发生的中毒事件频发，社会反响较大。同时，监管部门对畜禽的屠宰、销售和奶牛养殖户底子不清，疏于管理，全县仅兴源奶牛有限公司1家鲜奶供应企业和四海、恒昌、亚东3家屠宰企业纳入管理，其他奶牛养殖户和畜禽屠宰销售门店均脱离监管，致使大量未检疫畜禽产品在市场上流通经营。二是学校食堂监管不到位。《甘肃省农村义务教育学校食堂管理办法》（甘教厅〔2012〕90号）、《甘肃省学校食品安全管理办法（试行）》（甘食安办发〔2015〕14号）明确规定，学校食堂原则上应由学校自主经营，统一管理，不得对外承包。但全县大部分学校违规向外（湖南、陕西等餐饮服务公司）承包学生食堂，且监管责任落实不到位，学生饮食安全没有保障。检查发现，大多数学生食堂管理人员缺乏专业知识，没有严格执行《甘肃省食品经营许可审查细则》，忽视硬件设备、原料采购、索票索证、检查验收、操作规程、食品留样、餐具消毒、台账建立等过程管理，容易引发集体安全事故。如静宁一中、曹务初中等食堂操作间布局流程不合理，硬件设施不达标，粗加工间和烹调间混杂，排水槽未加装盖板；三合初中、静宁四中等食堂操作间无紫外线消毒和防蝇防尘设备，餐具消毒操作不规范；成纪中学、仁大中学等食堂大量使用劣质食用油；静宁二中、成纪中学等食堂使用转基因大豆油，未向师生公示；曹务中心小学采购劣质“松软蛋糕”等。三是流动摊贩监管不到位。目前全县大部分食品流动摊贩还没有统一划行规市，无固定经营场所，未纳入管理范围。这些流动摊贩长期生产经营“三无”食品、劣质麻辣食品或积压过期食品。特别是流动烧烤摊贩，大多聚集在学校周围，卫生状况差，食品原料质量低劣，且重点向中小学生售卖，对学生的身体健康危害极大。四是餐饮行业监管不到位。一些餐饮个体户经营场所卫生极差，加工场所狭小，设备布局零乱，生熟器具不分，洗消过程简单，垃圾随地堆放。如城川香辣麻辣烫店紧邻废品收购站，门口垃圾遍地，店内无消毒设备，使用套袋餐具盛装热食；城区人民巷川味骨汤麻辣烫店无任何原料采购票据、记录，餐具未消毒；古城茂鑫火锅店、雷大同乐居酒店、仁大伊清香牛肉面馆等操作间拥挤不堪，排水通风不畅，消毒设施闲置，饭菜安全无保证。

（四）检测环节薄弱，食品安全监管效率不高。一是检验检测工作进展缓慢。县食药监局虽然设有检验检测中心，但因业务用房短缺，设备至今未安装调试，检验检测工作无从开展。乡镇食药监所缺少专业人员，检测试剂等更新不及时，很难有效进行食品检验检测。目前执法人员仅靠查看注册商标、生产日期、质量安全认证标志等判断食品安全，缺乏准确性、时效性，更谈不上科学性。二是检验经费没有保障。《食品安全法》第八条规定，县级以上人民政府应当将食品安全工作经费（包括检验经费）列入本级政府财政预算；第八十七条规定，抽样检验应当购买抽取的样品，委托符合本法规定的食品检验机构进行检验，并支付相关费用。据统计，2015年县食药监局共完成上级下达的食品监督抽检任务195批次，费用58.4万元。2016年省市下达我县食品监督抽检任务350批次，预计检测费用达70多万元。目前县政府每年仅预算食品药品监管工作经费10万元，食品安全监管尤其是食品检验检测经费严重不足。三是企业检验室建设严重滞后。按照《食品安全法》规定，从事食品生产加工的企业必须建立检验室。但我县34家食品生产企业中，仅10家建立了检验室（大多未正常运行），其他均没有配备检验室和检验设备，不能进行正常的出厂检验，企业检验检测工作严重滞后，监管部门对此重视不够，督促落实不力。

三、今后工作建议

从检查情况看，全县食品安全监管工作整体上运行还极不规范，一些问题显而易见，隐患特别突出，违法违规行为长期存在而且非常普遍，但没有得到及时有效制止，食品安全形势十分严峻。究其原因，主要是政府重视不够，主体责任落实不到位；职能部门监管严重缺位，对违法行为疏于管理，失管漏管甚至放任不管；执法人员不作为、乱作为，执法不严甚至执法违法。对此，各级各部门必须高度重视。

（一）提高思想认识，严格落实监管责任，切实维护法律的严肃性和权威性。一要充分认识加强食品安全监管工作的重要性。民以食为天，食以安为先。生命高于一切，安全重于泰山。食品安全关系每一个人的身体健康和生命安全，是最大的民生、最基本的公共安全。县乡两级政府及相关部门必须从战略和全局的高度，充分认识做好食品安全监管工作的极端重要性，坚决杜绝思想上麻痹大意、得过且过的错误认识，切实增强责任感、使命感和紧迫感，以高度负责的态度，全面贯彻实施《食品安全法》，认真落实中央关于加强食品安全工作“四个最严”（最严谨的标准、最严格的监管、最严厉的处罚、最严肃的问责）新要求，依法从严做好食品安全监管工作，切实保障人民群众“舌尖上的安全”。二要进一步理顺管理体制。按照《食品安全法》《静宁县食品药品监督管理局（县食品安全委员会办公室）主要职责、内设机构和人员编制规定》等法律政策规定，进一步理顺管理体制，划清责任范围，细化工作措施，落实监管职责，着力解决好分段监管中的衔接问题，减少监管交叉，防止监管空白，做到职能不缺位，工作不断线。县乡两级政府要切实落实主体责任，经常召开专题会议，认真研究解决食品安全监管工作中的困难和问题。县政府要充分发挥牵头抓总、决策部署、协调调度、督查指导、考核问责的职能，督促相关部门加强协作、积极配合、主动承担、齐抓共管、形成合力。加强对执法行为的监督管理，对执法违法，人为降低处罚标准或包庇纵容违法行为的，要严厉问责，严肃处理，绝不姑息。三要落实监管责任。县乡两级政府要结合实际，进一步健全食品安全监管制度，完善考核评价体系，严格落实食品安全工作问责制和一票否决制，切实加强食品安全监管工作。主管部门要切实担负起主要责任，会同相关部门，按照国家、省市政策规定，研究制定流动摊贩、农产品购销、食品安全检测、定点屠宰等管理办法，堵塞管理漏洞。各职能部门要立足各自职责，积极作为，认真分析和研究食品安全形势，加大巡查检查力度，全面加强日常监管。要落实村级（社区）食品安全协管员职责，统筹解决工作经费，加强农村集体聚餐备案管理，严防食品安全事故发生。四要加强执法能力建设。大力改善食品安全监管工作条件，配备必要的办公、执法、检测等硬件设施设备；重视加强基层食品安全监管工作，认真研究解决目前乡镇食药监所有机构、有人员，但运行不规范、职能未发挥以及没有专职专责的问题，充分发挥乡镇食药监所的监管职能。针对食药监队伍特别是专业技术人员短缺的现状，通过签约、招考、转岗等方式，充实力量，提高监管能力。

（二）强化宣传教育，增强法律意识，营造浓厚的食品安全氛围。把宣传教育作为贯彻实施《食品安全法》的重要抓手之一，结合“七五”普法宣传教育，按照“谁执法、谁普法，谁主管、谁负责”的普法责任，定期组织开展食品安全知识“六进”活动。充分发挥电视广播等媒体的宣传引导作用，开设宣传专栏，全方位、多层次普及食品安全知识，并定期发布食品安全信息，曝光不合格食品及其生产经营企业，努力让食品安全知识和法律法规家喻户晓，深入人心，充分调动群众参与食品安全监管工作的积极性，做到全民广泛参与，全社会齐抓共管。积极组织开展食品生产经营者和从业人员食品安全专项培训，讲清规定、交清责任、明确后果，强化其作为食品安全第一责任人的意识，督促其坚守道德底线，依法生产经营，坚决杜绝无证经营、生产加工不合格食品、经营销售劣质食品等突出问题。要切实抓好执法人员法律法规培训，提高执法人员依法监管能力和执法水平。

（三）突出重点领域，坚持严管重罚，严厉打击违法违规行为。一要强化源头管理。抓住农残超标、滥用添加剂、假冒伪劣、“三无”产品、劣质麻辣食品生产销售，特别是食品批发、配送、日常经营等关键环节的全过程监管，大力推行食品购销凭证（一票通）监管系统，严厉查处“黑作坊”“黑窝点”，没收违禁食品，打击违法行为，规范生产经营过程，从源头上杜绝不安全食品流入市场，确保人民群众身体健康和生命安全。同时，要认真贯彻落实《中华人民共和国农产品质量安全法》，加强教育管理，提高科学种植、养殖的意识和水平，对滥用食品添加剂，滥用农药的行为予以整顿；扩大绿色无公害农产品生产基地建设，加快畜禽定点屠宰进程和奶牛养殖专业化发展，抓好检验检测和市场准入环节，保证农产品质量安全。二要坚决杜绝无证经营。加大对无证照经营行为的打击力度，在短期内集中整顿规范。对无证经营的生产经营店铺和未纳入管理的食品小作坊，要尽快摸底排查，登记造册，改造规范，对在规定期限内达到标准要求的纳入监管范围，对达不到要求的依法坚决予以取缔。对流动小摊贩，要统筹规划，合理布局，及时划行规市，尽快纳入管理，坚决取缔学校周边流动烧烤摊贩，规范其生产经营行为。三要加强学校食堂管理。县乡两级政府及主管部门要严格按照《甘肃省农村义务教育学校食堂管理办法》《甘肃省学校食品安全管理办法（试行）》规定，坚决制止和杜绝向外承包学生食堂，对已承包的，要尽快收回，由学校经营管理；严格落实校长第一监管人责任和陪餐制度，执行“五专”（专人采购、专人保管、专人领用、专人登记、专柜保管）管理，加快硬件设施改造，规范操作流程，下功夫解决学校食堂经营管理不规范，师生饮食安全无保障的问题。四要开展集中整治。针对当前食品市场安全隐患突出的现状，县政府要认真研究，集中时间，集中力量，在全县范围内迅速组织开展一次食品安全专项整治，对生产加工劣质食品、违法使用食品添加剂、销售经营过期食品、餐饮服务行业卫生脏乱等进行整顿规范，该整改的立即整改，该取缔的坚决取缔，净化食品市场，保障食品安全。要加强协作配合，将综合执法、联合执法制度化、经常化，做好食品监管责任范围之间的衔接配合，确保食品生产经营全过程、无间隙管理。要坚持严管重罚，严格按照修订后的《食品安全法》规定，依法从严从重查处违法违规行为，查一儆百，形成震慑，始终保持对食品安全监管工作的高压态势，使食品生产经营者“不敢违法、违不起法”。

（四）加大支持力度，强化检验检测，切实保障食品安全。县政府要重视支持食品检验检测工作，把检验检测经费纳入县级财政预算予以保障，大力引进检验检测专业人才，不断提高食品检验检测水平。要认真研究解决目前食品检验检测中心业务用房短缺，设备安装调试滞后，检测能力不足等问题，确保早日投入使用，提高食品安全检测的时效性和科学性。重视加强乡镇快检能力建设，培训提高工作人员检测技术，督促基层快检工作正常开展。加快食品生产企业检验室建设，切实提高食品生产企业出厂检验能力，全力保障食品安全。

第二十七次会议　于2016年6月1日在常委会五楼会议室召开，由王维军主持。

会议议程有五项：一、人事任免，常委会主任张自杰为新任命的政府工作部门负责人颁发任命书，王顺义代表新任命人员作表态发言；二、审议通过县乡两级人大换届选举有关事宜；三、审议通过关于县乡人大换届选举时间的决定；四、审议通过关于成立县选举委员会的决定；五、审议通过关于乡镇人大代表名额的决定。

第十六届常委会组成人员张自杰、王维军、沙芳琴、慕锡武、高旭、厚连世、王友忠、胡志科、杨立新、李稳收、张录牛、王瑞生、周浩仁、李会宾、朱国军、裴晓江、牛国喜、厚凤兰、王全生出席会议；县委常委、政府常务副县长何鹏峰，法院院长李根进、检察院检察长崔晓晖、政府办公室主任何浩强，常委会各委室负责人冯克勤、马川娃、王宏、胡生忠、王致中、李忠荣、宋正祥及科级干部王兴国、张天顺列席会议。

附：

人事任免

牛满川任县人大常委会财经与城建工作委员会副主任，免去县文体广电局局长职务

王晓峰任县人大常委会法制工作委员会副主任

王顺义任县交通运输局局长

雷旺盛任县文体广电局局长

免去：

杨　飞县交通运输局局长职务

宋正祥县人大常委会司法民政工作委员会副主任职务

第二十八次会议　于2016年6月28日在常委会五楼会议室召开，由沙芳琴主持。

会议议程有三项：一、二两项合并进行：听取和审议财政局局长李强受政府委托所作的《关于2015年全县财政决算（草案）的报告》、审计局局长王亚鹏受政府委托所作的《关于2015年度县级财政预算执行和其他财政收支情况的审计报告》、常委会财经与城建工委主任王友忠所作的《关于2015年全县财政决算的审查报告》，作出《关于2015年县级财政决算的决议》；三、听取和审议水务局局长王升斌受政府委托所作的《关于〈甘肃省河道管理条例〉贯彻实施审议意见落实情况的报告》、常委会农业与环境资源工委主任王壬寅所作的《关于对落实〈甘肃省河道管理条例〉贯彻实施情况审议意见的检查报告》。会上，政府副县长李彦荣就落实审议意见作表态发言。

第十六届常委会组成人员张自杰、王维军、沙芳琴、慕锡武、高旭、厚连世、靳宝生、杨华、张录牛、王友忠、胡志科、杨立新、王瑞生、王壬寅、李稳收、李平安、周浩仁、李会宾、朱国军、牛国喜、裴晓江、厚凤兰、王全生出席会议；政府副县长李彦荣、法院副院长张维平、检察院检察长崔晓晖、政府办公室主任何浩强、财政局局长李强、审计局局长王亚鹏、公安局常务副局长樊建武、环保局副局长杨军红、工商局局长鲍彦鹏、安监局局长樊爱平、供电公司李军平，水务局局长王升斌、副局长王宁学、党委副书记李云香、纪委书记宋振林、自来水公司经理张永科、河道管理站站长刘尔平、水政监察大队副大队长马炳义，国土局局长程军伟、副局长李向阳、李小军，执法监察大队大队长安智慧，常委会各委室负责人，市人大代表刘玉海、李荣，县人大代表李叔强、文治卿，城关、八里、威戎、李店、甘沟、细巷6乡镇党委书记戴彦荣、胡生平、崔江鸿、王国平、吴剑霖、吕社军，仁大、曹务、新店3乡镇政府乡镇长王康乐、吕周周、景政宏列席会议。

附：

关于对落实《甘肃省河道管理条例》贯彻实施情况审议意见的检查报告

由常委会分管领导带队，县政府分管领导参加，常委会办公室、农业与环境资源工委，县政府办、水务局、国土局、公安局、环保局、工商局、安监局负责人及部分市县人大代表、工作人员组成检查组，于5月上旬至6月上旬，采取实地察看、座谈交

流、查阅资料、赴外地考察学习等方式，先后深入葫芦河、甘渭河、李店河、高界河等九大河系，相关乡镇、村社及水务、国土等部门和单位，对贯彻实施《甘肃省河道管理条例》审议意见落实情况进行了检查。

一、审议意见及落实情况

（一）审议意见

2015年4月28日召开的县第十六届人大常委会第二十次会议，针对各级重视程度不高，河道管理责任落实不到位；执法力度不大，河道非法采砂问题十分突出；河道保护治理不力，污染比较严重等问题，提出了具体审议意见：一要提高认识，强化宣传，增强全社会贯彻实施《甘肃省河道管理条例》的自觉性。县政府及其有关部门要切实提高对加强河道管理工作重要性、必要性的认识，把此项工作摆上政府重要议事日程，纳入年度目标考核范围，建立上下联动、齐抓共管的工作机制，加强法律法规宣传教育，营造依法治理河道的浓厚氛围。二要加强领导，科学规划，进一步提高河道管理工作水平。县政府要充分发挥牵总协调作用，科学编制全县河道管理和砂石资源开发利用规划，尽快制定出台符合我县实际的河道及采砂管理办法，确保河道管理工作依法有序开展；要加大河道污染治理力度，严厉打击污染河道环境的行为，积极争取项目，加快中小河流治理进度，保障河道行洪畅通。三要强化措施，依法监管，切实规范河道采砂行为。将砂石资源纳入矿产资源管理范围，科学划定采砂区域，规范审批程序，明确砂场开办流程，严格准入门槛，建立标准化砂场；要加强行业监管，加大查处力度，严厉打击非法采砂行为，确保全县砂石资源依法依规、科学合理开发利用；要迅速成立专项整治工作领导小组，组织开展集中排查整治行动，加强联合执法，形成工作合力，着力解决河道管理工作中存在的突出问题。

（二）落实情况

从检查情况看，县第十六届人大常委会第二十次会议以来，县政府及相关职能部门针对河道管理工作中存在的突出问题，认真整改落实，取得了一定成效。一是强化组织领导。把贯彻落实《甘肃省河道管理条例》，加强采砂管理作为社会管理的重要工作之一，成立了以县政府分管副县长为组长，水务、国土、公安、安监、工商、供电及乡镇政府等单位负责人为成员的河道管理工作领导小组，加强对河道管理的组织领导，建立河道采砂管理联合执法机制。按照“属地管理、分级负责”的原则，与相关部门、各乡镇签订工作目标责任书，督促其认真履行工作职责，不断加强河道管理。县水务局根据省水利厅《关于进一步加强河道管理工作的意见》和《静宁县水利发展“十三五”规划》，编制了《静宁县河道采砂管理规划2015—2020》，制定了《办理采砂许可证申请审查审批程序规定》《河道安全管理制度》《采砂场应急方案》《采砂场巡查检查制度》《河道管理站站长及工作人员岗位职责》等内部管理制度。二是开展宣传教育。结合普法宣传教育，利用“世界水日”“中国水周”和“12·4法制宣传日”，通过悬挂横幅、张贴标语、车载广播等形式，在城区及部分乡镇街道，广泛宣传《中华人民共和国水法》《中华人民共和国矿产资源法》《中华人民共和国土地管理法》《甘肃省河道管理条例》等法律法规，营造良好的社会氛围。2015年5月以来，累计出动宣传车辆21次，发放传单20000余份，刷写、张贴标语、公告牌、警示标识等80余幅。三是规范采砂管理。县第十六届人大常委会第二十次会议以来，政府及相关职能部门加大对河道采砂行为的监管力度，先后组织执法人员对水源地保护区的古城镇方庄、陈河、岳河以及威戎镇新华、扁湾、城川乡鲍宗迅、治平乡樊虎年等违法砂场进行强制关停，现场责令断电停产，回填砂坑，拆除设备，共关停违法砂场16家，移交司法机关处理1家。县水务局下发停止水事违法行为通知书89份，整改通知书91份，汛期河道采砂施工安全通知书46份。对违法采砂的曹务乡永丰砂场下发水事违法行为告知书，并依法吊销了采砂许可证。针对砂坑和积水坑多，安全隐患突出的问题，开展集中整治，督促砂场业主进行了集中回填，八里镇阎庙、界石铺镇高堡、仁大镇宏涛、甘沟镇甘沟等砂场积极配合，采取措施，回填效果较好。全县共计回填砂坑和积水坑20余处约100亩。四是加强河道保护。积极争取项目资金，加大河道治理力度，规划实施葫芦河、李店河部分河段防洪治理工程，全县河道防洪能力进一步提高。结合全县城乡环境秩序集中整治，投资40余万元，对葫芦河八里、城关、城川、威戎段，李店河李店桥段进行清理疏浚，累计平整河道25公里，清理砂石废料、各种垃圾2万余方。投资80万元，流转土地953亩，进行涵养林建设，不断加强水源地保护。严格河道涉水项目建设审批管理，对重点河流排污口进行摸底登记，加强日常监管。依法拆除私自在葫芦河河道内修建的便道3处，及时恢复河道原貌，确保行洪安全。

二、存在的突出问题

（一）思想认识仍未得到进一步提高。从检查情况看，各级各部门还未充分认识到河道管理特别是采砂管理的重要性、紧迫性，思想上不重视，行动上不积极，责任上未落实。县政府组织领导和牵头抓总作用发挥不充分，还没有把河道管理工作摆上重要议事日程，进行专题研究部署，至今未批准实施河道管理和砂石资源开发利用规划，未出台河道及采砂管理办法，也很少组织相关职能部门进行联合执法，在整治和查处河道及采砂行为上决心不大，力度不够，致使一些影响河道管理工作的困难和问题始终未得到及时有效解决。相关职能部门对违法违规行为睁一只眼闭一只眼，管理措施不力，责任落实不到位，仅下发违法通知，不检查整改落实，一些环节监管缺失，无法有效打击破坏河道和乱采滥挖等违法行为，导致相关法律法规得不到有效贯彻执行。一些执法人员工作积极性、主动性不高，责任意识不强，日常工作被动应付，巡查检查不及时，对乱采滥挖现象情况不明，底子不清，更谈不上规范管理，严格查处。2015年4月以来，县水务局共下发停止水事违法行为通知书89份，仅整改落实26件，占29.2%；县国土局下发责令停止违法行为通知书26份，仅立案查处2起，占7.7%。部分乡镇属地管理职责缺位，对乱采滥挖和村社及群众私下租售土地等行为放任不管，没有及时制止纠正，甚至隐瞒包庇违法砂场，在一定程度上纵容了违法行为，导致河道沿线大量耕地被砂场破坏。同时，我县砂石资源运往外地的问题仍然十分突出，仁大、李店、治平、新店等乡镇大量砂石销往天水、秦安、庄浪、隆德等地，采砂业主为牟取暴利乱采滥挖、偷采强采，导致砂石资源迅速枯竭，县域内基础设施建设用砂将无法保障。与此同时，大量超载运砂车辆对农村公路造成致命破坏。

（二）安全隐患仍未得到进一步整治。县人大常委会审议意见明确指出，要制定河道安全管理办法，落实各级责任，消除安全隐患。但政府及相关职能部门至今未研究制定河道安全管理办法，各级管理责任落实不到位，日常排查整治不力，安全隐患仍然十分突出。一是积水坑未及时回填。大部分砂场采砂后未及时回填平整砂坑，形成大量积水坑，且大都未设置有效防护措施，给周围人民群众生命财产安全造成极大威胁。如城关镇南关段小利砂场，采砂后形成边长约40米、深约4米的积水坑；细巷乡张国周砂场，采砂后形成长约90米、宽约20米、深约4米的积水坑；甘沟镇雷黄砂场，采砂后形成直径约120米、深约5米的积水坑。其中甘沟镇祁川1砂场，采砂后未回填积水坑，造成重大安全事故，教训深刻。二是行洪安全没有保障。甘沟镇阳坡川砂场、仁大镇刘川砂场、李店镇峡口砂场、八里镇高崖砂场等一些砂场在河道内堆放大量砂石、废料，挤占河道，阻断河流，影响行洪安全。尤其是威戎镇杨明明砂场，将砂石直接堆放在桥梁下面，致使下游河道宽度不足5米，严重阻塞河道，平凉公路管理局静宁公路管理段2016年5月11日下发了《关于新华桥下游河道采砂安全隐患治理的函》，但5月13日检查组检查时，该砂场仍未着手整改。三是影响基础设施安全。《中华人民共和国石油天然气管道保护法》规定，在穿越河流的管道线路中心线两侧各500米地域范围内，禁止挖砂，但仁大镇刘川砂场在输油管道200米以内作业。《国防光缆保护须知》规定，严禁在光缆通信线路两侧各3米范围内挖砂取土，但界石铺镇成功砂场直接在光缆线路区域内作业。滨河路城川至威戎段多家砂场、甘沟镇雷黄砂场将砂台设在公路护坡旁边，砂石堆放在公路边上，严重影响公路管护及行车安全，安全隐患突出。这些乱采滥挖、乱堆乱放的行为，已经直接威胁到重要基础设施安全。

（三）违法砂场仍未得到进一步查处。一是对违法砂场执法查处力度不大。政府及相关职能部门没有下决心依法查处违法砂场，执法过程中要么敷衍了事，放任不管，要么以界限不清为由推诿扯皮，得过且过，对违法砂场查处不力，乱采滥挖现象愈演愈烈，采砂管理仍然处于失控状态。据统计，目前我县有砂场59家（总数较去年增加3家），其中营业的43家，关停的16家。关停的16家砂场中，除古城镇方庄砂场、城川乡鲍宗迅砂场、治平乡樊虎年砂场、红寺乡高万来砂场等砂场拆除设备、彻底停产外，其他砂场表面关停，实际以“打游击”的方式继续偷采砂石，“名亡实存”。如四河乡王世荣砂场2015年4月强制关停，断电停产，2015年7月其私下与供电所协商，重新供电生产；威戎镇王海奇、杨明明、李旭东3家砂场2015年6月强制关停，但始终断断续续采砂洗砂。二是耕地内违法采砂行为更加猖獗。近年来，随着河道内砂石资源逐渐枯竭，在利益驱动下，采砂业主与村社或农户私自签订协议，违法租售土地进行采砂，仅2015年4月以来，全县耕地内违法采砂行为就多达26起，但未得到有效查处和制止，对耕地造成十分严重的破坏，河道周围耕地已成为违法采砂的“重灾区”。如界石铺镇高堡砂场、城川乡鲍让让砂场、八里镇高崖砂场、城关镇段家庄砂场、界石铺镇成功砂场、细巷乡曹川砂场分别租用耕地100余亩、60余亩、40余亩、37亩、31亩、30亩进行违法采砂。特别是城关镇南关村一二社与八里镇姚柳村交界的刘少刚、李建刚等4家砂场，肆无忌惮地在耕地内乱采滥挖，甚至使用采砂船超深度开采，涉及农田150余亩，耕地面貌千疮百孔，破坏程度触目惊心，当地群众反响十分强烈。三是河道内违法采砂问题仍然突出。据统计，河道内32家砂场中，符合法律规定及采砂规划的砂场仅10家，且都生产经营不规范，证照不齐全。其他砂场均为非法砂场，但没有得到查处和取缔。威戎镇王海奇、杨明明、八里镇高崖、新店乡隆新、治平乡杨店5家砂场在已治理河道内违法采砂，严重破坏河道，威胁河道安全；新店乡新店砂场、治平乡吉隆砂场、李店镇成纪砂场、四河乡王河砂场等大部分砂场未按照采砂许可证规定区域采砂，超范围、超深度乱采滥挖；甘沟镇雷黄砂场使用采砂船在响河水库库区内大面积采砂，对库区生态造成严重破坏。

（四）河道污染仍未得到进一步治理。县乡政府及相关职能部门对河道保护和污染治理工作重视不够，宣传不力，疏于管理，全县大小河流都存在乱倒垃圾、排放污水现象。如城区南河，葫芦河八里、城关、城川、威戎以及仁大街道段，李店河治平段、李店街道段，高界河界石铺街道段，大量生活垃圾、建筑垃圾、废旧农膜等随处倾倒，污水肆意排入河流，河道内垃圾遍地，污水横流，臭气熏天，污染非常严重。特别是水源地保护区的甘渭河流域，一些砂场还未彻底关停，各种垃圾堆积在河道内，破坏河道生态，污染水源，已威胁到城区居民饮水安全。同时，由于对《中华人民共和国水法》《甘肃省河道管理条例》等法律法规宣传不到位，普及不广泛，群众对河道保护和污染治理的相关规定知之甚少，依法保护河道，防治污染的观念非常淡薄。

三、今后工作建议

（一）全面提高思想认识。县乡政府及相关职能部门要从推动县域经济社会发展，加强生态环境保护，维护社会和谐稳定和保护人民生命财产安全的高度，充分认识河道管理特别是采砂管理的极端重要性和艰巨性，充分认识打击河道非法采砂的紧迫性和复杂性，把这项工作作为依法治县、建设生态文明和维护公共安全的重要政治任务，彻底解决思想上麻痹大意，责任上推诿扯皮，行动上拖沓迟缓的现状，从快从细从严抓好工作落实，确保在短期内取得实效。县政府要切实发挥牵总协调作用，加强对全县河道保护、治理、利用和管理工作的领导，经常研究解决河道及采砂管理工作中存在的困难和问题，加大督查考核力度，督促各级各部门抓好河道及采砂管理工作，提升河道及采砂管理水平。要加强协调配合，建立联动机制，将综合执法、联合执法制度化、经常化，定期不定期组织水务、国土、公安、安监、环保、工商、电力等部门开展联合执法，形成工作合力，有力打击违法行为。要进一步细化分解任务，明确部门职责，督促相关部门和工作人员全力抓好各项工作落实。要加大监督问责力度，对思想上不重视，工作上不作为，甚至失职渎职的单位和个人要从严处理。要进一步明确乡镇及村社属地管理责任，加强对河道及周边耕地内采砂行为的日常监督监控，积极与主管部门沟通联系，严肃查处采砂业主与村社及部分群众串通一气，私自租售土地从事非法采砂的行为，对苗头性问题做到早发现、早制止、早消除。要加大砂石资源保护力度，一方面采取有效措施，严格控制砂石资源外运，确保我县基础设施建设用砂需求；另一方面加强交通运输管理，减轻超载运砂车辆对农村公路的破坏。

（二）立即排除安全隐患。安全责任重于泰山。针对安全隐患突出的问题，政府及相关职能部门要认真研究制定河道安全管理办法，真正靠实安全管理责任，加大安全检查力度，与砂场业主签订终身制安全责任书，督促其切实提高安全意识，落实安全措施，消除安全隐患。县政府要吸取教训，精心安排，集中时间，集中力量，在全县范围内迅速组织开展采砂安全隐患专项排查整治，全面精准摸底，详列隐患清单，狠抓整改落实，彻底将安全隐患消除在萌芽状态。在目前我县采砂及其砂场管理混乱的情况下，对于河道、耕地、库区内采砂形成的大量砂坑、积水坑，要本着先排除安全隐患，再进行规范管理的态度，按照“谁开挖、谁负责、谁回填”的原则，立即排除安全隐患，并迅速无条件回填平整，恢复原貌，在保障人民群众生命财产安全的基础上，尽快规范河道管理，切实加强耕地、库区保护；对于在河道内堆积砂石废料，影响行洪安全的，要按照“谁设障、谁清除”的原则，无条件立即转运砂石废料，疏通河道，确保行洪安全；对于影响基础设施安全的砂场，要按照相关法律规定，严厉查处，强力制止破坏行为；对于态度蛮横，拒不执行安全管理的采砂业主，公安和司法机关要依法积极介入，形成震慑力量，坚决予以取缔。同时，要广泛开展安全教育，增强群众特别是学生的自我防范意识，严防溺水事故发生。

（三）严厉查处违法砂场。针对乱采滥挖突出、违法砂场泛滥的问题，要学习秦安县、古浪县等多地采砂管理经验，充分发挥政府牵头抓总作用，加大联合执法力度，由县政府牵头，组织公检法及水务、国土、安监、环保、工商、电力等部门，立即关停全县所有无证经营的违法砂场，并通过媒体曝光，加大宣传震慑力度，否则加强河道及砂场规范管理将成为一句空话；对拒不停止非法采砂行为的，要采取强硬手段，强制执行；对暴力阻碍执法工作，构成犯罪行为，应移交司法机关处理的案件，司法机关要及时立案，依法查办，多管齐下，全面彻底取缔违法砂场。同时，要建立采砂管理长效机制，经常进行“回头看”，加大巡查检查力度，抓好问题整改落实，一方面确保砂场管理持续规范，安全生产，另一方面防止关停砂场死灰复燃，重新乱采滥挖。

（四）尽快编制实施规划。学习武威市凉州区经验，按照“合理布局、公开拍卖、有序开采、规范管理”的原则，立即组织水务、国土、环保等相关职能部门，进一步深入调研，科学论证，紧贴实际，制定符合我县经济社会发展和城市建设需求的河道及采砂管理方案，在依法依规，力求保证全县基础设施建设用砂的情况下，完善河道管理和砂石资源开发利用规划，明确禁采区、可采区和保留区，并尽快批准实施，为河道及采砂管理工作提供科学可行的规划依据。对规划保留的砂场，要统筹砂石资源，明确准入门槛，挂牌出让采砂权，从源头上规范采砂管理。同时，严格按照法律规定，全面调查摸底，认真分析研究，在符合各项法律规定的前提下，尽快制定出台切合我县实际的河道及采砂管理办法，并严格规范管理，确保所有砂场短期内依法规范经营。

（五）切实加强河道保护。针对目前河道内生活垃圾、建筑垃圾、污水排放等污染严重的问题，县乡政府及主管部门要高度重视，制定切实可行的管理办法，加强河道日常管护，特别是要把河道污染治理工作纳入城乡环境综合整治重要内容，靠实责任，细化措施，强化源头治理，提高检查频次，加大对污染河道行为的打击力度，对河道及周边垃圾进行集中清理，坚决杜绝在河道内倾倒垃圾、排放污水的现象发生。要进一步加大中小河流治理力度，积极争取项目，加大资金投入，加快治理进度，加强河道保护，狠抓污染治理。同时，要学习武威市天马湖（杨家坝河）河道治理工程经验，综合考虑防洪防灾、出行安全、生态治理、休闲娱乐等多种因素，把城区葫芦河和南河治理纳入全县经济社会发展的大盘子，将其建设成为防洪安全工程、生态景观工程和城市建设拓展工程。

第二十九次会议　于2016年9月23日在常委会五楼会议室召开，由高旭主持。

会议议程有两项：一、审议通过有关接受辞职请求的决定；二、人事任免。

第十六届常委会组成人员张自杰、沙芳琴、慕锡武、高旭、厚连世、靳宝生、张录牛、王友忠、胡志科、杨立新、李稳收、李平安、王壬寅、周浩仁、李会宾、朱国军、裴晓江、牛国喜、厚凤兰、王全生出席会议；法院副院长张平、检察院副检察长张坚强，常委会各委室负责人王致中、王宏、牛满川、张天顺、马川娃、李进祥、王晓峰、李忠荣列席会议。

附：

人事任免

接受李根进辞去县人民法院院长职务的请求

接受崔晓晖辞去县人民检察院检察长职务的请求

张立军任县人民法院副院长、代理院长

杨　青任县人民检察院副检察长、代理检察长

第三十次会议　于2016年9月30日在常委会五楼会议室召开，由厚连世主持。

会议议程有一项：审议通过召开十七届人大一次会议的有关事项。

第十六届常委会组成人员张自杰、王维军、沙芳琴、慕锡武、高旭、厚连世、靳宝生、杨华、张录牛、王友忠、胡志科、牛国喜、杨立新、李稳收、李平安、王壬寅、王瑞生、周浩仁、朱国军、厚凤兰、裴晓江、李会宾出席会议；常委会各委室负责人王致中、王宏、王晓峰、牛满川、马川娃、李进祥及科级干部王兴国、张天顺列席会议。

第三十一次会议　于2016年10月16日在常委会五楼会议室召开，由靳宝生主持。

会议议程有五项：一、审议通过常委会副主任、代表资格审查委员会主任委员慕锡武所作的《关于静宁县第十七届人民代表大会代表资格审查情况的报告》；二、审议通过常委会人事与代表工委主任李稳收所作的《静宁县第十七届人民代表大会第一次会议选举办法（草案）》；三、审议通过常委会工作报告；四、审议通过常委会人事与代表工委主任李稳收所作的《静宁县第十七届人民代表大会第一次会议代表议案和建议意见提出及处理办法》；五、听取和审议住建局局长王彦飞受政府委托所作的《关于〈静宁县城乡统筹总体规划（2015—2030）〉编制情况的报告》、常委会财经与城建工委主任王友忠所作的《关于〈静宁县城乡统筹总体规划（2015—2030）〉的审查报告》，作出《关于〈静宁县城乡统筹总体规划（2015—2030）〉的决议》。会上，政府副县长王敏就落实审议意见作表态发言。

第十六届常委会组成人员张自杰、王维军、沙芳琴、慕锡武、高旭、厚连世、靳宝生、杨华、张录牛、王友忠、胡志科、杨立新、李稳收、李平安、王壬寅、王瑞生、周浩仁、李会宾、朱国军、裴晓江、牛国喜、王全生、厚凤兰出席会议；政府副县长王敏、住建局局长王彦飞，常委会各委室负责人列席会议。

第十节　县第十七届人大常委会会议

县第十七届人大常委会任期为2016年10月至2021年。其间，截至2021年1月，共召开常委会会议33次。历次会议传达学习中共中央总书记习近平视察甘肃重要讲话和指示精神、习近平总书记重要文章《推进全面依法治国发挥法治在国家治理体系和治理能力现代化中的积极作用》，省委人大工作会议精神，《中华人民共和国民法典》部分重要内容、十三届全国人大三次会议和市委人大工作会议精神；省人大常委会党组书记、副主任王玺玉调研静宁县代表工作座谈会上的讲话精神；听取和审议县政府关于全县年度财政收支预算调整，财政决算、预算执行审计及审计决定整改，新增地方政府债券支出及新增财力安排，增加预算和预算调整，将全县村级互助资金协会市县配套资金列入财政预算，将工业和生活污水处理服务费纳入财政中期规划，预算稳定调节基金和政府性基金调入一般公共预算，机关事业单位发放年度科学发展业绩考核奖、平安建设考评奖等县级资金重大支出，发放农村危旧房屋改造补贴重大支出，国民经济和社会发展计划调整、执行，全县高中阶段学校债务化解计划，县级财政投资重大项目建设年度计划，“六五”“七五”普法规划实施，《中华人民共和国种子法》《中华人民共和国道路交通安全法》《中华人民共和国残疾人保障法》《中华人民共和国环境保护法》《中华人民共和国老年人权益保障法》《甘肃省农村生活垃圾管理条例》《中华人民共和国治安管理处罚法》《中华人民共和国产品质量法》《中华人民共和国传染病防治法》贯彻实施，《甘肃省静宁县国家生态文明建设示范县规划（2016—2018）》编制，县中心城区“两规”一致性处理及城乡统筹总体规划

(2015—2030）中心城区局部用地调整方案，县省级农业科技园区总体规划及实施方案编制，撤乡改镇，精准扶贫精准脱贫，中低产苹果园技术改造提升，取消五台山城区备用水源地、新店甘坡等5处乡镇集中式饮用水源地，引洮供水二期配套工程合作建设及水务一体化合作经营，建立静宁县悬镜湖省级湿地公园，县城建设、规划执法管理，城区“断头路”打通，县城棚户区改造，工业企业发展及审议意见落实，义务教育均衡发展，文化旅游产业发展，基层医疗卫生工作，就业扶贫，城乡安全饮水及工程建设、措办惠民实事，全县城区国有土地出让，县农村公路建设管理养护，全县企业国有资产管理，全县科技工作情况，规范性文件备案审查，不动产统一登记历史遗留问题处置意见，县政府半年工作、历次人代会代表建议意见办理情况等方面的报告，县监委、县法院、县检察院半年工作、执法工作等方面的报告，检察院开展公益诉讼工作报告，林业局、发展和改革局、工商局、人力资源和社会保障局、财政局、水务局、农业农村局、民政局、住建局、扶贫办等单位的工作报告，共计107项（次）；听取和审议县人大常委会半年及年度工作报告、工作要点及行事历，代表建议意见办理年度报告，各专门委员会、工作委员会、联合调查组有关审查、调查、视察、检查报告90项（次）；对县政府城区“断头路”打通，“七五”普法规划实施情况、代表意见建议办理等3项工作进行满意度测评；作出决议、决定46项；任命人大常委会各工作委员会、“一府一委两院”组成人员和工作人员、法院人民陪审员以及市人大代表补选等169人（次），免职56人（次），接受辞职请求21人（次）；审议通过召开县十七届人大历次会议的有关事项、关于代表出缺变动和补选代表资格审查情况、十七届人大历次会议选举办法、十七届人大历次会议代表议案和建议意见提出及处理办法、社会建设委员会组成人员和法制委员会部分组成人员表决办法、十七届人大常委会代表资格审查委员会组成人员名单，《静宁县人民代表大会财政经济委员会工作规则》《静宁县人民代表大会财政经济委员会与政府有关财政经济部门工作联系办法》《静宁县人民代表大会财政经济委员会计划财政审查工作规程》《静宁县人民代表大会法制委员会工作规则》《静宁县人民代表大会法制委员会会议制度》《静宁县人民代表大会社会建设委员会工作规则》《静宁县人民代表大会代表履职登记办法（草案)》《静宁县人大预算审查联系代表工作办法（草案)》等制度25项。

附：

第十七届人大常委会会议召开情况表

表4-55

次数	召开时间	听取审议工作报告（项）					任免工作人员(名)		作出决议决定（项）	审议通过事项（项）
		人大常委会	政府	监委	法院	检院	任命	辞职免职		
一	2017.1.10	2	4				2	1	4	1
二	2017.3.15						1			
三	2017.4.28	2	2							

续表4-55

次数	召开时间	听取审议工作报告（项）					任免工作人员(名)		作出决议决定（项）	审议通过事项（项）
		人大常委会	政府	监委	法院	检院	任命	辞职免职		
四	2017.5.27	2	2				25	1	2	3
五	2017.6.30	4	5				2	5	2	
六	2017.8.31	3	3				5	2		
七	2017.10.31	4	3		1				1	2
八	2017.12.12	3					2	3		1
九	2018.12.18	3	3					1	1	
十	2017.12.23						7	8		
十一	2018.3.1	1						2		
十二	2018.4.25	3	4				1		2	
十三	2018.6.29	5	7				2	3	3	
十四	2018.8.31	4	7	1	1	1			2	
十五	2018.10.30	4	5					2	1	
十六	2018.12.11	2							1	1
十七	2018.12.24	4	5				1	1	3	2
十八	2019.1.25						13	9		1
十九	2019.2.1				1		2	2		
二十	2019.2.12						3			
二十一	2019.3.20	3	1				70		1	
二十二	2019.5.8	4	5						3	
二十三	2019.6.18	1	2				9	7		
二十四	2019.8.29	5	7		1	1	1	1	2	
二十五	2019.10.28	5	4							
二十六	2020.1.13	5	3				3	8	4	5
二十七	2020.4.3	1					7	7		
二十八	2020.5.19		2						1	2
二十九	2020.6.29	4	5				2	2	2	1
三十	2020.9.14	6	9		1	1	6	3	3	2
三十一	2020.11.17	5	5			1		2	2	
三十二	2020.12.25	3	4				1	4	5	
三十三	2021.1.14	2					4	3	1	4

第一次会议 于2017年1月10日在常委会五楼会议室召开，由王智国主持。

会议议程有七项：一、审议通过县第十七届常委会代表资格审查委员会组成人员名单；二、人事任免，常委会主任王智国为新任命人员颁发了任命书，由高旭领誓，举行了新任命人员宪法宣誓仪式；三、审议通过常委会2017年工作要点和重点工作行事历；四、听取和审议司法局局长胡耀国受政府委托所作的《关于全县“六五”普法规划实施和“七五”普法工作意见的报告》，作出《关于开展第七个五年法治宣传教育的决议》；五、听取和审议环保局局长王勤学受政府委托所作的《关于〈甘肃省静宁县国家生态文明建设示范县规划（2016—2018）〉编制情况的报告》、常委会农业与环境资源工委主任王壬寅所作的《关于〈甘肃省静宁县国家生态文明建设示范县规划（2016—2018）〉的审查报告》，作出《关于〈甘肃省静宁县国家生态文明建设示范县规划（2016—2018）〉的决议》；六、听取和审议扶贫开发办公室主任吴国锦受政府委托所作的《关于将全县村级互助资金协会市县配套资金列入财政预算的报告》、县十七届人大财经委副主任委员王友忠所作的《关于将全县村级互助资金协会市县配套资金列入财政预算的审查报告》，作出《关于将全县村级互助资金协会市县配套资金列入财政预算的决议》；七、听取和审议民政局局长李三正受政府委托所作的《关于治平等四乡撤乡改镇工作的报告》，作出《关于治平等四乡撤乡改镇的决定》，同意撤销治平乡、原安乡、红寺乡、双岘乡，分别设置治平镇、原安镇、红寺镇、双岘镇，原行政区划及政府驻地不变。会上，政府副县长马发荣就落实审议意见作表态发言；会议结束时，王智国讲话，对新一届常委会更好地履职提出要求。

第十七届常委会组成人员王智国、沙芳琴、高旭、厍连世、张进宝、靳宝生、张录牛、王友忠、胡志科、李稳收、李平安、王瑞生、王壬寅、李进祥、马川娃、王宏、牛满川、王晓峰、周浩仁、魏永牛、李会宾、朱国军、李建明、裴晓江、牛国喜、厍凤兰、王全生、陈雄出席会议；政府副县长马发荣，政协副主席、民政局局长李三正，法院院长张立军、检察院检察长杨青、政府办公室主任何浩强、财政局副局长王东、司法局局长胡耀国、环保局局长王勤学、扶贫办公室主任吴国锦，常委会办公室科级干部，市人大代表王国随、张雪红，县人大代表贾芦存、刘小勇，治平、原安、红寺3乡人大主席杨世雄、戴兵兵、雷军列席会议。

附：

人事任免

接受李鸿坚辞去县人民政府副县长职务的请求

杜晓光任县人民政府副县长

张彦昌任县人民政府副县长

县人民政府副县长杜晓光、张彦昌个人情况表

表4-56

姓名	性别	民族	出生年月	籍贯	文化程度	工作时间	政治面貌	主要工作经历
杜晓光	男	汉	1976.2	湖北黄陂	本科	1995.2	无党派	1995年2月参加工作，先后在兰州信托西固合水路证券营业部、中保信托兰州证券营业部、中国银河证券有限责任公司兰州证券营业部工作；2007年1月至2016年2月任中国银河证券股份有限公司兰州庆阳路证券营业部交易部总监；2016年2月至2017年1月任中国银河证券股份有限公司甘肃省分公司（兼兰州庆阳路证券营业部）运营保障部总监
张彦昌	男	汉	1972.9	山西夏县	本科	1996.9	无党派	1996年9月至1997年10月在山西省原平农业学校工作；1997年11月至2003年9月任山西省原平农业学校助理讲师；2003年9月至2010年2月任山西省原平农业学校讲师；2010年2月至2011年12月任中国农业科学院果树研究所应用技术中心助理研究员；2012年1月至2014年12月任中国农业科学院果树研究所成果转化处助理研究员；2015年1月至2017年1月任中国农业科学院果树研究所成果转化处高级农艺师

第十七届人大常委会代表资格审查委员会

主 任 委 员：高　旭

副主任委员：李稳收

委　　　员：王壬寅　王　宏　王致中　牛国喜　周浩仁　厚凤兰（女）　裴晓江

县第十七届人大常委会2017年工作要点

2017年，是深入实施“十三五”规划的重要一年，也是新一届人大常委会工作的开局之年。县人大常委会工作的总体思路是：在中共静宁县委的正确领导下，认真贯彻落实党的十八大和十八届三中、四中、五中、六中全会及习近平总书记系列重要讲话精神，坚持党的领导、人民当家做主和依法治国有机统一，以“四个全面”战略布局为指引，紧紧围绕县第十七次党代会和县十七届人大一次会议提出的总体思路、奋斗目标和重点任务，坚持抓重点、议大事、求实效，全面履行宪法和法律赋予的各项职权，为建设富裕、美丽、文明、活力、平安静宁作出积极贡献。

一、始终坚持党的领导，依法审议决定重大事项

（一）深刻认识党在中国特色社会主义伟大事业中的领导地位，切实增强政治意识、大局意识、核心意识和看齐意识，始终在思想上、政治上、行动上同以习近平同志为核心的党中央保持高度一致，坚决维护党的领导。

（二）全面落实县第十七次党代会精神，围绕“深入推进扶贫攻坚一号工程，加快建设富裕、美丽、文明、活力、平安静宁”的奋斗目标，依法履行各项职权，积极通过人大工作途径推动县委各项决策部署的贯彻落实。

（三）进一步探索研究人大常委会讨论决定重大事项的范围、内容和程序，紧盯全县“十三五”发展规划实施和“五个静宁”重点任务落实，依法审议决定扶贫攻坚、生态环境、城市建设、依法治县等事关全县改革发展稳定大局的重大事项，更好地服务全县经济建设和社会发展大局。

（四）坚持党的领导、充分发扬民主、严格依法办事有机统一，按照法定程序行使人事任免权。进一步健全完善任前依法审查、法律考试，任后表态发言、颁发任命书等制度，强化并落实任后监督措施，推进人事任免制度化、规范化、程序化。全面实行新任命人员向宪法宣誓制度，进一步增强国家机关工作人员的宪法和法律意识。

（五）听取、审议和审查、批准县政府关于2017年国民经济和社会发展计划调整及上半年执行情况的报告、2017年财政预算调整情况的报告、2016年财政决算报告及财政预算执行情况的审计报告。制定完善财政预算审查监督办法，依法加强对全口径预决算审批监督和审计发现问题整改情况的监督检查，规范计划和预算监督工作。

二、围绕全县发展大局，认真履行各项监督职权

（六）认真贯彻落实县委各项重大决策部署，有重点地对全县农村安全饮水工程建设、中低产苹果园技术改造提升和工业企业发展情况进行调研，对县城规划执法管理、城市建设管理情况进行检查，对全县义务教育均衡发展情况进行视察，督促政府及相关部门认真解决实际问题，为促进全县经济社会发展积极建言献策。

（七）全面落实依法治国方略，加强法律监督，审查批准全县“七五”普法规划，并对实施情况进行检查，督促各级各部门做好法治宣传教育工作。对《中华人民共和

国道路交通安全法》和《中华人民共和国种子法》贯彻落实情况进行执法检查，保证法律法规正确贯彻执行，切实维护法律权威。

（八）围绕抓好县人大常委会审议意见落实，有重点地听取审议县政府关于残疾人保障法有关审议意见落实情况的报告以及县法院关于法院执行工作有关审议意见落实情况的报告，着力推动相关工作。

（九）认真贯彻《中华人民共和国监督法》和《甘肃省实施监督法办法》，按照县人大常委会询问和质询暂行办法、满意度测评暂行办法的规定，对一些事关大局、影响深远、群众关切、矛盾突出的问题适时进行专题询问或质询，对“一府两院”部分专项工作报告进行满意度测评，着力提高监督工作实效。

（十）进一步完善信访事项转办、督办工作机制，将接待群众来信来访与加强法律监督有机结合，加大对涉法涉诉信访案件的督办力度，督促相关部门切实解决有法不依、执法不严、违法不究的问题，维护人民群众的合法权益，保障社会和谐稳定。

（十一）进一步完善规范性文件审查备案工作程序，健全审查工作机构，充实工作力量，探索对部分规范性文件开展主动审查，清理已备案规范性文件，维护国家法制统一。

三、强化履职保障服务，充分发挥代表主体作用

（十二）加大代表培训工作力度，年内有计划地对全体县第十七届人大代表进行全面培训，免费为县人大代表订阅寄送省人大《人民之声报》和《人大研究》，切实提高代表履职能力。坚持定期向各级人大代表通报全县经济社会发展情况，听取代表对人大常委会和“一府两院”以及全县工作的建议意见。

（十三）坚持和完善人大常委会组成人员联系代表，代表联系选区群众“双联系”制度，建立健全走访代表、联系选民以及代表述职、接受评议等制度。扩大代表列席县人大常委会会议、参与县人大常委会重要活动的范围，不断拓宽代表知情知政渠道。深入推进“人大代表在行动”活动，指导开展代表小组活动，激发代表工作活力，发挥好代表作用。

（十四）建立代表建议意见转办督办和考核评价制度。坚持以解决问题、促进工作为目的，优化完善重点办理、开门办理、面商办理的具体形式，加大集中督办和现场办理力度，督促承办部门认真办理代表所提建议，切实提高代表建议的办结率和满意率。

四、着力夯实基层基础，提升乡镇（社区）人大工作水平

（十五）认真贯彻落实中央及省市县委关于加强人大工作的有关精神，将乡镇（社区）人大工作摆上更加重要的位置，按照“总结、继承、完善、提高”的原则和“密切联系、加强指导、大力支持、推动工作”的思路，落实包抓责任，强化业务指导，定期督查调度，提高乡镇（社区）人大工作规范化水平，全力推进基层民主法治建设。

（十六）严格依照宪法和法律规定，规范乡镇人大履职活动，充分发挥乡镇人民代表大会、人大主席团和人大代表的作用。指导各乡镇人大按照新修订的《甘肃省乡镇人民代表大会工作条例》规定，健全完善乡镇人大主席团工作职责和相关程序，依法履行闭会期间各项职责。

（十七）积极借鉴其他省、市、县在社区人大工委工作中的好经验、好做法，结合实际制定出台符合我县实际的加强社区人大工作的意见，成立工作机构，明确工作程序，完善工作机制，规范工作流程，切实发挥好社区人大工委的作用。

五、持续加强自身建设，全面提高履职能力和水平

（十八）充分发挥县人大常委会党组的领导核心作用，团结引导党外代表和组成人员依法有效履行职权，准确实现党对地方国家权力机关的领导。

（十九）认真学习党的十八大、十八届三中、四中、五中、六中全会以及习近平总书记系列重要讲话精神，加强对宪法、组织法、监督法、选举法、代表法等法律法规以及县人大常委会各项工作制度的学习，提高常委会组成人员法律素质和依法履职能力。

（二十）按照认识新常态、领会新理念、锤炼新作风、彰显新作为的要求，巩固拓展党的群众路线、“三严三实”“两学一做”学习教育成果，加强常委会及机关思想政治建设。严格执行中央八项规定、省委“双十条”和市委“十二条”规定。认真落实党风廉政建设主体责任、衡量检验标尺、督查落实细则，严守党的政治纪律和政治规矩，把常委会建成政治坚定、作风务实的坚强领导集体。

（二十一）围绕服务常委会优质高效履职，开展常委会机关“素质提升年”活动，通过加强干部学习教育培训，开展岗位练兵，强化实践锻炼，着力培养干部的“一专多能”，增强干部职工的大局意识、责任意识、创新意识，提高组织协调能力、调查研究能力、办文办会能力和服务保障能力，全面提升机关整体工作质量和水平。

（二十二）进一步健全完善人大宣传和理论研究工作考核激励制度，加大对全县经济社会发展成就和县人大常委会依法履职等工作的宣传力度，努力营造全社会关心和支持人大工作的良好氛围。

（二十三）全力支持和配合省、市人大常委会在我县开展工作。正确处理监督、支持和促进的关系，加强与“一府一委两院”及其职能部门的联系沟通，合力推动工作。建立健全县乡人大工作联动机制，促使全县人大整体工作迈上新台阶。

县第十七届人大常委会2017年重点工作安排情况表

表4-57

<table>
<tr><th>时间</th><th>主要工作</th><th>负责领导</th><th>主办委室</th><th>配合委室</th><th>责任单位</th></tr>
<tr><td>1至2月</td><td>县第十七届人大常委会第一次会议：1.讨论审定县人大常委会2017年工作要点和重点工作行事历；2.审议表决县第十七届人大常委会代表资格审查委员会组成人员名单；3.听取、审议县政府关于全县“六五”普法规划实施和“七五”普法工作意见的报告；4.听取、审议县政府关于国家生态文明建设示范县规划的报告；5.听取、审议县政府关于将全县村级互助资金协会市县配套资金列入财政预算的报告；6.听取、审议县政府关于撤乡改镇的报告</td><td>杨　华</td><td>办公室</td><td>各委室</td><td>政府办</td></tr>
<tr><td rowspan="4">3至4月</td><td>交办县十七届人大一次会议代表建议、意见</td><td>高　旭</td><td>人事代表工委</td><td rowspan="3">办公室</td><td>政府办
相关部门</td></tr>
<tr><td>视察全县义务教育均衡发展情况</td><td>沙芳琴</td><td>科教民侨工委</td><td>教育局</td></tr>
<tr><td>检查《中华人民共和国种子法》贯彻实施情况</td><td>靳宝生</td><td>农业与环资工委</td><td>农牧局</td></tr>
<tr><td>县第十七届人大常委会第二次会议：1.听取、审议县政府关于2017年国民经济和社会发展计划调整情况的报告；2.听取、审议县政府关于2017年财政预算调整情况的报告；3.听取、审议县政府关于全县义务教育均衡发展情况的报告；4.听取、审议县政府关于《中华人民共和国种子法》贯彻实施情况的报告</td><td>杨　华</td><td>办公室</td><td>各委室</td><td>政府办
发改局
财政局
教育局
农牧局</td></tr>
<tr><td rowspan="4">5至6月</td><td>检查县城规划执法管理工作</td><td>李　读</td><td>财经城建工委</td><td rowspan="4">办公室</td><td>住建局
执法局
国土局
公安局</td></tr>
<tr><td>检查《中华人民共和国道路交通安全法》贯彻实施情况</td><td>厚连世</td><td>法制工委</td><td>公安局
交运局
农机局
安监局</td></tr>
<tr><td>集中督办信访案件</td><td>张进宝</td><td>信访室</td><td>相关部门</td></tr>
<tr><td>举办县人大代表和乡镇人大主席培训班</td><td>高　旭</td><td>人事代表工委</td><td>乡镇人大</td></tr>
</table>

续表4-57

时间	主要工作	负责领导	主办委室	配合委室	责任单位
5至6月	县第十七届人大常委会第三次会议：1.听取、审议和审查批准县政府关于2016年财政决算的报告；2.听取、审议县政府关于2016年财政预算执行情况的审计报告；3.听取、审议县政府关于县城规划执法管理工作情况的报告；4.听取、审议县政府关于《中华人民共和国道路交通安全法》贯彻实施情况的报告	杨　华	办公室	各委室	政府办 财政局 住建局 公安局 交运局
7至8月	调研全县工业企业发展情况	高　旭	财经城建工委	办公室	工信局 工业园区
7至8月	调研全县中低产苹果园技术改造提升工作	靳宝生	农业环资工委	办公室	林业局
7至8月	召开人大代表政情通报会；督办代表建议意见	高　旭	人事代表工委	各委室	相关单位
7至8月	县第十七届人大常委会第四次会议：1.听取、审议县政府关于2017年上半年国民经济和社会发展计划执行情况的报告；2.听取、审议县政府关于全县工业企业发展情况的报告；3.听取、审议县政府关于全县中低产苹果园技术改造提升工作情况的报告	杨　华	办公室	各委室	政府办 工信局 林业局
9至10月	检查《中华人民共和国残疾人保障法》有关审议意见落实情况	沙芳琴	科教与民侨工委	办公室	残联
9至10月	调研全县农村安全饮水工程建设情况	靳宝生	农业与环资工委	办公室	水务局
9至10月	检查县人民法院执行工作有关审议意见落实情况	厚连世	法制工委	办公室	法院、政府相关部门
9至10月	督办重点代表建议意见；集中走访联系代表	高　旭	人事与代表工委	办公室	政府办
9至10月	县第十七届人大常委会第五次会议：1.听取、审议县政府关于《中华人民共和国残疾人保障法》有关审议意见落实情况的报告；2.听取、审议县政府关于全县农村安全饮水工程建设情况的报告；3.听取、审议县法院关于法院执行工作有关审议意见落实情况的报告；4.听取、审议县政府关于县十七届人大一次会议代表建议、意见办理情况的报告	杨　华	办公室	各委室	法　院 政府办 残　联 水务局

续表4-57

时间	主要工作	负责领导	主办委室	配合委室	责任单位
11至12月	检查城市建设管理情况	李　读	财经城建工委	办公室	住建局 执法局 国土局 社　区 八里镇 城关镇
	调研"七五"普法规划实施情况	厚连世	法制工委		司法局
	起草县人大常委会工作报告；提出县人大常委会2018年工作要点	高　旭 杨　华	办公室 人事与代表工委	各委室	政府办 住建局 司法局
	县第十七届人大常委会第六次会议：1.听取、审议县政府关于城市建设管理情况的报告；2.听取、审议县政府关于"七五"普法规划实施情况的报告；3.审议县人大常委会工作报告；4.审议县人大常委会2018年工作要点				
	筹备召开县十七届人大二次会议；收集向省、市人代会提交的代表建议、意见				

第二次会议　于2017年3月15日在常委会五楼会议室召开，由高旭主持。

会议议程有一项：人事任免。常委会主任王智国为新任命的副县长刘桂香颁发任命书，举行宪法宣誓仪式，刘桂香作表态发言。

第十七届常委会组成人员王智国、沙芳琴、高旭、厚连世、张进宝、靳宝生、杨华、张录牛、王友忠、胡志科、李稳收、李平安、王瑞生、王壬寅、李进祥、马川娃、王宏、牛满川、周浩仁、魏永牛、李会宾、朱国军、裴晓江、牛国喜、王全生出席会议；县委常委、政府常务副县长陈景春，法院院长张立军、检察院检察长杨青、政府办公室主任何浩强，常委会办公室科级干部列席会议。

附：

人事任命

刘桂香任县人民政府副县长

县人民政府副县长刘桂香个人情况表

表4-58

姓名	性别	民族	出生年月	籍贯	文化程度	工作时间	入党时间	主要工作经历
刘桂香	女	汉	1974.4	静宁新店	研究生	1992.7	1997.6	1992 年 7 月至 2002 年 12 月在静宁县商业局工作；2003 年 1 月至 2006 年 8 月任团县委副书记（其间：2005 年 6 月至 2006 年 6 月在团省委挂职锻炼，任团省委统战部部长助理，兼任省青联秘书处秘书长助理）；2006 年 6 月至 8 月主持团县委工作）；2006 年 8 月至 2010 年 5 月任司桥乡党委副书记、乡政府乡长、教育办主任；2010 年 5 月至 2014 年 12 月任余湾乡党委书记（其间：2013 年 5 月至 8 月在陕西省宝鸡市金台区金河镇挂职锻炼，任金河镇党委副书记）；2014 年 12 月至 2017 年 3 月任县妇联主席

第三次会议 于2017年4月28日在常委会五楼会议室召开，由沙芳琴主持。

会议议程有两项：一、听取和审议教育局局长赵宏军受政府委托所作的《关于全县义务教育均衡发展情况的报告》、常委会科教文卫与民侨工委副主任王宏所作的《关于全县义务教育均衡发展情况的视察报告》；二、听取和审议农牧局局长张秉鑑受政府委托所作的《关于〈中华人民共和国种子法〉贯彻实施情况的报告》、常委会农业与环境资源工委主任王壬寅所作的《关于〈中华人民共和国种子法〉贯彻实施情况的检查报告》。会上，政府副县长刘桂香就审议意见的贯彻落实作表态发言。

第十七届常委会组成人员王智国、沙芳琴、高旭、厚连世、张进宝、李读、靳宝生、张录牛、王友忠、胡志科、李稳收、李平安、王瑞生、王壬寅、李进祥、马川娃、王宏、牛满川、王晓峰、周浩仁、魏永牛、李会宾、朱国军、李建明、牛国喜、王全生、陈雄出席会议；政府副县长刘桂香、法院院长张立军、检察院检察长杨青、政府办公室副主任温警予、财政局副局长王东、发改局局长樊旺、教育局局长赵宏军、公安局常务副局长樊建武、民政局副局长李克明、人社局局长张淋冰、环保局监测站站长靳志骋、交运局副局长晋维文、农牧局局长张秉鑑、林业局局长靳建喜、工商局局长鲍彦鹏、种子管理站站长张新江、农业综合执法大队大队长张斌，常委会办公室科级干部，市、县人大代表张雪红、贾军平、马葳、刘小勇、张前江、平宏、李旺喜、常志良列席会议。

附：

关于全县义务教育均衡发展情况的视察报告

由常委会分管副主任带队，县政府分管领导参加，常委会办公室、科教文卫与民侨工委，县政府办、教育局负责人，部分市、县人大代表组成视察组，于3月下旬至4月上旬，采取摸底调查、查阅资料、实地察看、走访群众、座谈交流等方式，先后深入城区及曹务、原安、仁大、威戎等15个乡镇83所中小学，对全县义务教育均衡发展情况进行了视察。

一、基本情况及主要工作

目前，全县有义务教育学校287所，其中小学252所（含68个教学点）、初中34所（含5所完全中学初中部），特殊教育学校1所。全县义务教育学校在校学生48345人，其中小学31489人（城区12632人、农村18857人），初中16856人（城区5902人、农村10954人）。全县义务教育学校共有教职工4424人，其中小学2707人（城区754人、农村1953人），初中1717人（城区443人、农村1274人）。

近年来，县政府及教育主管部门认真贯彻落实《中华人民共和国义务教育法》和《国务院关于深入推进义务教育均衡发展的意见》精神，围绕促进义务教育均衡发展这一目标，努力改善农村薄弱学校办学条件，逐步缩小城乡、校际差距，取得了一定成效。一是大力改善办学条件。2014年以来，县政府及教育主管部门紧紧抓住政策机遇，积极争取各类项目，多方筹措配套资金，依托“全面改薄”等项目，累计向农村义务教育学校投入资金1.3亿元，实施各类建设项目174个，新建、改造校舍面积14.1万平方米，彻底消除了农村学校D级危房，基础设施得到全面改善，学校面貌焕然一新。通过改建、扩建，城区新增义务教育学校2所，初步解决了义务教育学校大班额问题。投入资金5100万元，向农村义务教育学校配备课桌椅3万套、图书8万册、音体美器材360套、教学实验仪器123套、多媒体设备1550套、计算机1170台、寄宿生床位4800个、电采暖设备445套，农村义务教育学校设施设备进一步完善，办学条件明显改善。二是努力提升教育质量。坚持以质量为中心，加大教育管理和改革力度，督促义务教育学校严格按照国家和省上规定开设课程。不断规范义务教育学校教育教学行为，强化管理措施，提高教学质量。积极推进素质教育，紧盯立德树人目标，加强社会主义核心价值观教育。认真落实体艺“2+1”项目，为学生身心健康和综合素质提升创设空间。制定了《关于开展“强校带弱校”教学帮扶活动方案》，出台了《关于加快农村小规模学校发展的意见》和《着眼教育均衡、力促农村小规模学校内涵发展的实施意见》，建立城乡结对帮扶机制，充分发挥城区教育资源优势，辐射带动村小学和教学点提高教学质量，促进城乡义务教育一体均衡发展。三是不断充实师资力量。2014年以来，通过签约、考录等形式，引进义务教育学校教师579人，其中向农村义务教育学校补充教师450人，为一些边远山区村小学配备了年轻教师，全县义务教育学校教师分布得到优化，学历合格率达到100%。认真落实乡村教师支持计划，全力改善乡村教师工作生活条件，坚持在评优选先、职称评聘、待遇落实、培训指标分配上向农村教师倾斜。进一步加强教师队伍管理，设立"教育突出贡献奖"，激发了教师扎根乡村、奉献教育的热情。积极构建教师培训体系，成立静宁县教师发展中心，组织开展教师培训，不断增强教师业务能力和综合素质。四是切实规范办学行为。制定了《静宁县各级各类学校教育评估方案》和《静宁县督学责任区工作实施方案》，建立了政府督学、教育督导员、包乡教研员督导查学制度，坚持下移督导工作重心，加强督导检查，督促义务教育学校落实教育法规政策和国家课程标准。完善教育评估方案，健全学校管理制度，落实校长岗位职责，加强教育管理、教学质量和队伍建设等工作的考核评价。加强学校日常管理，推进教育教学改革，重视学校安全管理，进一步规范办学行为。

二、存在的主要问题

(一) 城乡教育发展不均衡的问题比较突出。从视察情况看，全县义务教育学校城乡之间、校际之间在资源配置、师资力量、基础条件、教学管理、教学质量等方面发展差距较大，总体上城区学校好于农村学校，乡镇中心校好于村小学。一是教学质量不均衡。从近年来教学质量评价情况看，全县义务教育学校教学质量城区学校明显优于农村学校。一些农村中小学和村小学教育观念陈旧，课堂教学管理粗放，教学质量长期处于靠后位次。如古城初中、灵芝教委等在近两年全县考核评比中一直徘徊不前，一些村小学和教学点与中心小学教学质量存在很大差距。二是师资力量不均衡。近年来，教育主管部门通过公开招考等方式，将大量农村学校优秀教师选调充实到城区学校，在一定程度上削弱了农村教师队伍力量，导致农村教师队伍整体活力不足。同时，全县教师队伍结构性短缺的问题比较突出，特别是农村义务教育学校尤为突出。据统计，全县农村小学分别有222所、209所、152所、198所无音乐、美术、英语、信息技术专业教师；全县农村初中分别有12所、9所、18所无音乐、美术、地理专业教师；全县义务教育学校有257所无心理专业教师。三是城乡生源不均衡。全县义务教育阶段近40%的学生在城区学校就读，大部分家长追求优质教育资源，千方百计将学生转入城区学校或乡镇中心校读书，城区学校和农村学校生源严重不均衡，农村小规模学校增加，城区学校、乡镇中心校呈现出大班额趋势。同时，大量学生转入城区或乡镇中心校后，校外寄宿生人数增加，导致一方面学校管理压力较大，安全隐患突出，另一方面一些家庭教育成本增加，因学返贫或难以脱贫，在一定程度上造成了新的社会矛盾。据统计，目前义务教学学校校外寄宿生多达10828名，占学生总数的22%。

(二) 推动义务教育均衡发展的氛围不浓。一是重视程度不高。近年来，县乡政府、教育主管部门、社会各界及广大群众对推进义务教育均衡发展的重要性认识不足，没有把教育事业摆在优先发展的地位，协调解决义务教育均衡发展中的困难和问题较少，支持和推动力度不大。二是经费落实不到位。《中华人民共和国教育法》等相关法律规定，要确保实现教育经费“三个增长”“两个比例”，我县在落实上还有一定差距，义务教育经费保障还不够有力。三是周边环境整治不力。县乡政府、教育主管部门及学校对校园周边环境治理重视不够，措施不力，成效不明显。大部分学校校外寄宿生住宿条件差，存在较大安全隐患；部分学校门口临街商铺陈旧破烂，周围废品垃圾多，环境卫生脏乱，影响校容校貌；仍有20多所农村小学未通硬化路，学生上下学通行条件较差。

（三）义务教育学校管理不够规范。一是管理机制不完善。县政府及教育主管部门对全县义务教育学校管理还不够精细科学，管理机制不健全，缺乏有效的激励奖励措施，没有充分调动教育工作者的积极性。一些校长办学理念落后，责任心不强，对学校和教师管理不到位，不愿管、管不住的问题比较明显；一些教师敬业精神不强，积极性不足，不遵守管理制度，不履行岗位职责。二是课程开设不到位。《甘肃省义务教育学校办学基本标准》规定：“学校要严格按照国家和我省的课程方案、课程计划，开齐开足规定课程。”但教育主管部门对学校课程开设情况督促检查不到位，部分学校和教师主观认为音体美、生地、科学、品德为“副课”，没有很好地落实课程教学要求，不利于学生全面发展。三是设备使用不经常。一些学校特别是农村中小学在物理、化学、生物、科学等课程教学中，只重视理论知识传授，不重视学生实践能力培养，大量实验设备器材闲置浪费，没有发挥应有作用，实验教学流于形式。

（四）义务教育学校办学条件仍需改善。一是教学设备短缺。一些义务教育学校信息化建设、音体美器材、图书及心理健康教育与卫生保健设备仍不达标，无法满足教育教学需求。按照义务教育学校办学标准测算，全县共短缺计算机2330台，图书12万册，音乐、美术器材各130套，心理健康与卫生保健设备各221套。二是硬件建设滞后。全县287所义务教育学校中，有212所学校土地性质不符合国家规定，影响学校长远发展；德顺小学、城关镇东关小学等23所学校占地面积还达不到国家标准；大部分村小学校舍短缺，多室合用的问题比较突出。三是档案资料不规范。全县义务教育均衡发展档案资料建设粗糙，质量不高，一些学校档案资料编排混乱，数据之间逻辑关系不够严谨，功能室使用记录没有更新，大部分学校缺乏图片资料，不能很好地展示学校发展历程和发展成就。

三、今后工作建议

（一）提高思想认识，加大支持力度，全面推进义务教育均衡发展。百年大计，教育为本。深入推进义务教育均衡发展，合理配置教育资源，全面提高义务教育质量，着力提升农村学校和薄弱学校办学水平，办好每一所学校，教好每一个学生，是实现教育公平的重要体现，具有重大的现实意义和深远的历史意义。一要重视支持教育事业。各级各部门要充分认识推进义务教育均衡发展的重要性、长期性和艰巨性，增强责任感、使命感和紧迫感，进一步落实政府和主管部门的督导、管理和服务职能，建立健全义务教育均衡发展责任制，下决心解决存在的困难和问题。要转变教育观念，坚持重心下移，更加关注农村义务教育发展，切实缩小城乡、校际差距，深入推进义务教育均衡发展。各级各部门要牢固树立教育优先发展理念，在项目规划和建设时，统筹安排，优先考虑农村学校需求，为学校长远发展提供有力保障，营造良好的重教兴学氛围。二要加大经费投入力度。按照《国家中长期发展规划纲要》规定，进一步优化财政支出结构，统筹各项收入，把教育经费作为财政支出重点领域予以优先保障，坚决落实教育投入“三个增长”“两个比例”规定，并建立长效保障机制。学习借鉴周边县区先进经验，将教育教学奖励、校长岗位津贴等纳入县级财政，不断加大经费保障力度，全力支持推进教育综合改革。三要抓好周边环境治理。县乡政府及相关部门要进一步加大对学校周边环境的整治力度，排查安全隐患、清理流动摊点、净化周边环境，营造良好的育人氛围。特别要重视校外寄宿生的安全管理，保障住房、用电、用火、饮食、交通安全，加强对社会闲散人员和不法分子的监管，防止校外寄宿生人身受到伤害。积极开展学生思想品德教育，增强学生遵纪守法意识，养成良好的行为习惯。

（二）均衡教育资源，缩小城乡差距，切实促进城乡教育同步发展。一要科学规划学校布局。综合考虑县情、乡情实际和教育发展需求，坚持科学合理规划义务教育学校特别是村小学和教学点布局，充分保障学生就近方便入学，使学校布局与村镇建设和学龄人口居住分布相适应。重视办好必要的农村小规模学校，坚决杜绝随意撤并学校现象，对已经撤并的学校或教学点，确有必要恢复的，要统筹规划，逐步按需求予以恢复。二要均衡师资力量。实行义务教育学校教师编制城乡统筹和动态管理机制，按照生源、班额情况，充分考虑“小规模”学校、寄宿制学校实际需要，科学核定教师编制。建立城乡教师合理流动机制，保持城乡教师队伍稳定性，实行县域教师、校长交流制度，强化对农村边远、薄弱学校的对口支援。坚持职称晋升和绩效工资分配向村小学和教学点专任教师倾斜，吸引优秀教师到村小学和教学点任教，均衡城乡师资力量。研究出台相关政策，建立教师补充长效机制，加大教师招聘录用力度，适当放宽专业教师准入门槛，并采取巡回支教、送教下乡、联校走教等形式，以点促面，辐射带动，有计划地对现有普通岗位超编教师进行急需紧缺专业的集中转岗培训，尽快解决教师队伍结构性短缺的问题。三要优化生源配置。根据《中华人民共和国义务教育法》等法律规定，按照就近入学原则，制定完善适龄儿童少年就近入学管理办法，严格规定适龄儿童少年在居住地就近入学，为每一名适龄儿童少年提供均等的入学机会。教育主管部门要完善学籍管理办法，进一步强化学籍管理，严格转学审批程序，从源头上解决因择校造成的学生校外寄宿、学校管理困难、家庭经济负担较重、社会矛盾突出等问题。要加大《中华人民共和国义务教育法》等法律法规和义务教育均衡发展成果的宣传教育力度，教育、引导家长按照就近入学的原则，理性选择学校，避免出现“择校热”现象。

（三）强化教育管理，规范办学行为，努力提高义务教育教学质量。一要完善考评机制。健全完善学校评估考核体系和激励机制，充分调动广大教师的工作积极性。树立科学的教育质量观，优化教育教学质量和学生学业质量评价体系，改变目前只注重学习成绩、忽视学生全面发展的导向，科学评价学校教育教学质量和办学水平。切实减轻学生过重课业负担，为学生留足了解社会、动手实践、健身娱乐时间，促进学生德、智、体、美全面发展。探索运用结对帮扶、以强带弱、资源共享等办法，实现校际之间教学管理、教研教改、师资配置、教学资源等共享共建，努力促进义务教育均衡发展。加强对义务教育均衡发展的督导评估，督促义务教育学校进一步细化内部管理，规范办学行为，提高办学水平。二要建强校长队伍。把校长队伍建设作为加强学校管理的重要抓手，科学制定校长选拔任用办法，坚持德才兼备、以德为先用人标准，把敬业精神好、工作能力强，敢于担当、乐于奉献的优秀骨干教师选拔到学校管理岗位上。制定校长任职资格标准，实行校长竞聘上岗和聘期制，促进校长专业化，提高校长管理水平。创造有利条件，鼓励校长在实践中大胆探索，创新管理模式和方法，造就一批教育家，倡导教育家办学。三要强化教师队伍管理。制定教师队伍管理办法，对教师的准入退出、教学行为、职称评聘等做出明确规定。完善教师培训制度，积极拓宽培训渠道，通过研修培训、教学交流、参观学习等方式，不断提高专业水平和教学能力，培养一批一专多能型的骨干教师。进一步加强教师职业道德教育，增强广大教师教书育人的责任感和使命感，努力提升中小学教师队伍的师德水平。四要培养学生实践能力。督促义务教育学校用足用好现有各类教学设备和实验器材，提供动手操作平台，培养学生实践能力，杜绝一些学校和教师忽视实验教学，忽略实践过程，对设备器材不开封、不使用的现象。

（四）改善基础条件，提高办学水平，不断增强义务教育发展后劲。一要重视学校硬件建设。针对城区学校占地面积不足的问题，县政府及教育主管部门要认真研究，在城乡规划建设及棚户区改造中，依法保障义务教育学校用地，为学校长远发展留足空间。要采取有效措施，统筹做好义务教育学校特别是农村偏远学校水、电、路等基础设施建设，全面消除农村学校危房，保障教育教学安全。二要配齐教学设备。按照《甘肃省义务教育学校办学基本标准》，为义务教育学校配齐图书、电脑、电子白板、实验仪器、音体美器材等设备，着力把义务教育各学校建设成为上规模、上档次、上水平，设施完备、功能齐全的现代化学校。三要规范档案资料。认真做好档案资料的检查指导工作，督促全县义务教育学校查缺补漏，进一步健全和完善档案资料，对档案的板块划分、资料收集等逐项逐条仔细校对审查，做到翔实准确、规范科学，经得起推敲检验。档案管理人员要熟练掌握档案资料，力求做到一问即知、一找就准、一查就清。

关于《中华人民共和国种子法》贯彻实施情况的检查报告

由常委会分管副主任带队，县政府分管领导参加，常委会办公室、农业与环境资源工委，县政府办、农牧局、林业局、工商局、种子管理站负责人及部分市县人大代表组成检查组，于3月下旬至4月上旬，深入城区和城关、界石铺、古城等15个重点乡镇以及县农牧局等部门，采取听取汇报、实地察看、座谈交流等方式，对新修订的

《中华人民共和国种子法》（以下简称《种子法》）贯彻实施情况进行了检查。

一、基本情况及主要工作

目前，全县共登记注册种子经营户207户，登记备案杂交玉米种子经营者158家(代销企业11家，个体经销户147家)；备案杂交玉米种子47种，年销售约380吨；脱毒马铃薯一、二级种薯储藏、销售企业4家，年提供种薯约1500吨；各类苗木培育企业75家，育苗面积1.2万亩，年出苗量2100万株。自2016年1月新修订的《种子法》颁布实施以来，县政府及相关职能部门认真贯彻落实，做了一定工作，取得了一定成效。

（一）加强普法宣传，营造依法治种氛围。政府及主管部门成立了贯彻实施《种子法》领导小组，各乡镇成立了《种子法》宣传领导小组，制定具体实施方案，明确工作职责，切实加强对《种子法》及相关配套法律法规宣传贯彻实施工作的组织领导。结合“科技三下乡”“3·15”消费者权益日、“12·4”法制宣传日等活动，利用广播、电视、报刊、网络等媒体，大力开展普法宣传教育，增强各级各部门依法治种、依法用种意识。2016年以来，共开展科技下乡38人（次），出动宣传车辆243次，印发宣传资料1万余份。通过举办专题讲座、以会代训等方式，加强对县域内种子经销企业、个体经销户的法律知识培训，进一步增强经营者法律意识，为依法治种创造了良好的法治环境。

（二）加强监督管理，依法保障用种质量。开展试验推广，全县建立农业科技示范点30多个，成功引进各类农作物优良新品种48个，其中冬小麦6个、玉米10个、洋芋10个、胡麻2个、瓜菜20个，重点农作物良种覆盖率达到了90%以上。加强杂交玉米种子登记备案工作，按照备案规定的条件、程序和时限，督促种子经营者向县种子管理站提交相关备案纸质材料，完成网上信息填报录入，对全县158个杂交玉米种子经营网点进行了备案登记，对审查合格的种子代销商和个体户颁发备案证明，载明所经营的玉米种子品种名称、来源等，对手续不全、未审定的品种一律不予备案。

（三）加强种业执法，不断规范市场秩序。县种子管理站和农业综合执法大队抓住每年春耕、秋播两季种子销售旺季，在进行普法宣传的同时，采取集中整治和日常监管相结合的方式，大力开展执法检查，切实规范种子市场经营秩序。2016年以来，先后出动车辆196车（次）、执法人员980人（次），对全县27处集贸市场、700多家农资经营户进行了全面检查，共查处违法种子案件14起，落实处罚金额2.8万元；调处种子纠纷案件6起，挽回经济损失0.8万元。重视执法队伍能力建设，通过派员参加省、市业务培训，开展岗位技能练兵等途径，不断增强执法队伍法治观念、业务素质和执法能力，为依法开展种业执法奠定基础。

（四）加强苗木管理，确保林业健康发展。严格落实林木种子、种苗生产经营许可和监督管理，积极防范并严厉打击制售假冒伪劣林木种苗行为，整顿规范林木种苗市场，依法为符合条件的林木种苗培育企业和个体户颁发生产经营许可证。围绕县域主导产业发展，建成苹果良种苗木繁育基地300亩，引进苹果新品种20多个，初步形成了以国有林场为主体，社会育苗为补充的苗木生产体系。

二、存在的主要问题

从检查情况看，县乡政府及有关部门在贯彻实施种子法方面做了一定工作，取得了一定成效，但与种子法的相关规定相比仍有较大差距，贯彻实施中还存在一些不容忽视的问题。

（一）法律宣传普及不到位。一是宣传教育不深入。各级各部门对贯彻实施种子法的重要性和紧迫性认识不足，宣传教育流于形式，广度深度不够，干部群众和种子经营者法律知晓率低，依法经营意识不强，抵制、检举、揭发制假售假等违法行为不积极、不主动。二是重视程度不高。县乡政府及主管部门没有从保障全县农业、林业生产安全的高度认识贯彻落实种子法的重要性，很少专题研究部署，一些影响种子市场监管的困难和问题没有得到及时有效解决，全县种子市场监管不到位。三是支持力度不大。种子执法队伍力量薄弱与经营户数多、分散性大的种子经营现状不相匹配，监管中还存在盲区。种子管理经费投入不足，检测设施设备和专业人员短缺，种子质量检测鉴定滞后。

（二）违规经营现象突出。一是销售过期种子现象突出。全县大部分种子经销门店存在销售过期、无生产日期蔬菜种子的现象，蔬菜种子购进渠道混乱，没有进销货台账，质量安全没有保障。二是销售散装、无标签种子现象突出。按照种子法规定，种子经营门店不得销售散装和无标签的种子，但在实际经营过程中，有相当一部分经营者不按法律规定执行，私自销售无标签、无生产日期的散装种子。三是超范围经营现象突出。红寺农资经销店、曹务金种子公司等门店不严格遵守主管部门审查备案范围规定，超范围经营杂交玉米种子，且无随货同行单等票据。

（三）种子市场监管不力。一是日常监管不严。从检查情况看，县乡政府及主管部门对玉米种子的备案审查比较重视，但对其他农作物种子备案审查疏于监管，一些蔬菜、瓜果种子销售流动性、分散性较大，主管部门监管缺位。工商部门在监管过程中存在重事前审批，轻后续管理的现象。部门之间协调配合不紧密，执法力度不大，处罚决定执行不到位，监管效果不明显。部分执法人员工作积极性、主动性不强，对法律规定一知半解，开展日常检查不经常，责任落实不到位，致使一些销售问题种子的现象时有发生。二是备案审查不严。种子法及相关法规要求，专门经营不再分装的包装种子的，应当向当地农业主管部门备案，种子质量保质期自检测日期起最长时间不得超过12个月。但在实际备案过程中，主管部门和业务人员对备案事项审查不严格、不规范，部分备案不符合法律规定。三是索证管理不严。《农业生产资料市场监督管理办法》规定，农资经营者应当建立健全进货索证索票制度。但部分种子委托代销企业和种子批发户，在购进相关农作物种子时，没有索要供应商的种子生产经营许可证、种子样品检验报告等。四是台账管理不严。主管部门对种子购销台账日常督促指导不及时、不到位，相当一部分经营者为应付检查，只记载部分进销货台账，一些经营者甚至没有销售台账，一旦发生种子质量问题，将无法进行追溯。

（四）试验示范推广工作滞后。一是主栽品种不明确。目前，全县销售的杂交玉米、小麦、马铃薯、瓜果蔬菜等种子品种繁杂，其中90%以上的均为外地引进。主管部门没有及时根据地域特点、气候条件进行试验示范，也未对适合我县分区域种植的品种提出指导性意见，主栽品种不明确，群众购种盲目性、随意性大，不利于提高农作物种植效益。二是苗木培育分散。我县苗木培育主要分布在曹务、新店、威戎、城川等地，重点繁育直柳、云杉、油松、苹果、梨等本地适宜苗木，总体数量大，但集约化程度低，苗木生产停留在以劳动密集型为主的低层次生产上，先进技术设备运用少。农户分散经营，缺少必要的生产组织与销售服务指导，未形成良性的产销体系。三是苗木销售困难。我县部分从事苗木生产者没有办理生产经营许可证，无法进行网上招标，成品苗木生产过剩，苗木经济效益不佳。加之，全县生态造林苗木供应实行招投标制，所需苗木大量从外地调入，造成本地苗木销售困难，在一定程度上挫伤了群众育苗的积极性。

三、今后工作建议

(一) 加强宣传，提高认识，营造良好的法治环境。我县是苹果和旱作农业的推广种植大县。种子质量的高低直接关系到农业生产安全、全县经济社会发展和人民群众脱贫致富进程。各级各部门必须高度重视，深刻认识贯彻落实种子法的重要性，把加强种子管理工作作为依法治县和加快脱贫致富步伐的重要任务，进一步增强责任感、使命感和紧迫感，切实加强组织领导，认真研究解决种子监管工作中的困难和问题，保障全县农业生产用种安全。要大力开展法律宣传教育，按照“谁执法、谁普法、谁主管、谁负责”的普法责任，结合“七五”普法宣传教育，以“3·15”消费者权益保护日、“12·4”法制宣传日等活动为契机，抓住每年春耕、秋播等农业生产的关键节点和种子销售旺季，通过电视新闻、村镇广播、媒体网络等多种形式，大力开展普法宣传活动，扩大宣传覆盖面，提高各级领导干部、相关部门、执法人员、种子经营者以及广大群众知法、懂法、用法意识，在全社会营造良好的法治环境。要加大法律知识的培训力度，坚持定期不定期对执法人员、种子经营者进行种子法知识培训，不断提高执法人员依法办事能力，增强种子经营者依法经营意识，促其自觉做到诚信守法经营，不购进、不销售假冒伪劣、过期、无生产日期、无标签等不合格种子。

(二) 严格执法，强化监管，规范种子经营行为。一要健全工作机制。县政府要充分发挥牵头抓总、督查指导职能，进一步明确细化农牧、林业、工商等部门的监管职责，整合资源，建立部门之间、城乡之间联合执法长效机制，加强协作配合，加大执法力度，强化日常监管，严厉查处违法违规行为，切实规范种子经营市场。将落实种子法情况作为农村工作督查考核的重点内容，对相关部门和各乡镇加强种子市场监管工作进行全面考评，督促落实各级监管责任。要健全完善种子经营管理办法，堵塞市场管理漏洞，加强对种子经营行为的全程监管，切实改变重审批轻监管的现状。二要提高执法水平。针对目前种子经营户数多与执法力量薄弱之间矛盾突出的问题，县政府要研究制定具体办法，适当增加种业执法人员编制，通过招考、签约等形式，充实执法队伍，保障执法工作需要。要重视执法人员的法律和业务培训，切实提高执法人员依法监管能力和执法水平。进一步加大经费投入，将种子管理、执法经费纳入财政预算，配备必要的种子检验检测设备，多渠道引进检验检测专业人才，提高种子检验检测水平。及时依法协调解决群众反映的种子质量问题，对涉及范围广、群众利益损失大，涉嫌犯罪的案件，要及时移交司法机关，对一些重大典型案件要公开予以曝光，形成震慑，切实维护农民合法权益。三要强化源头管理。全面清理种子生产经营备案表和营业执照，严格执行备案经营，把好市场准入关，对无备案经营、超范围经营或持有无效经营证件的种子经营者，要坚决予以取缔；要加大对全县种子委托代销和批发大户的种子购进、批发、配送等关键环节的监管，规范购进过程，从源头上杜绝不合格种子流入农村市场，确保广大群众农业用种安全。督促指导种子经营者规范健全并保存种子购销台账，确保信息记载连续完整、真实有效，做到有据可查。

（三）试验示范，推广良种，确定适宜主栽品种。把新品种试验示范推广工作作为农业提质增效的关键环节，抓实抓好，抓出成效。积极开展新品种试验示范工作，对引进的新品种按照不同区域积温、无霜期、降雨等气候地理类型，在县域内合理确定试验示范点，通过试验示范，筛选出一批适宜我县各片区种植的优质农作物主栽品种，并向社会公告。同时，要以现有试验基地为依托，以点带面，推动新品种新技术的规模化推广。要加大宣传推广力度，总结新品种示范推广工作成功经验，有针对性地开展技术培训，引导群众合理购买种子，提高农作物产量和经济效益。要加强试验示范推广专业人才队伍建设，加大经费投入力度，确保新品种试验示范推广顺利开展。

（四）加大扶持，严格管理，拓宽苗木销售渠道。针对当前我县苗木生产经营分散、集约化程度不高的现状以及缺乏龙头企业带动、销售困难等问题，建议县政府及林业主管部门对全县苗木生产经营情况全面摸底普查，整合现有苗木资源，统一验收造册，制定详细规划，根据县域内生态造林苗木需求，在品种、标准、价格等符合招标条件的前提下，优先考虑使用县内苗木。要加强政策引导，积极培育龙头企业，发挥国有苗圃的核心带动作用，大力推行“企业+基地（合作社）+农户+市场”等经营模式，增强辐射带动力，不断扩大销售渠道，增加育苗群众经济收入。

第四次会议　于2017年5月27日在静宁宾馆二楼会议室召开，由高旭主持。

会议议程有四项：一、人事任免，常委会主任王智国为新任命人员颁发任命书，并主持举行了宪法宣誓仪式，政府办公室主任韩伟周、发改局局长胡生平、财政局局长马斌、水务局局长王升斌分别作表态发言。二、听取和审议发改局局长胡生平受政府委托所作的《关于2017年国民经济和社会发展计划调整情况的报告》、人大财经委副主任委员王友忠所作的《关于2017年国民经济和社会发展计划调整情况的审查报告》，作出《关于2017年国民经济和社会发展计划调整的决议》。三、听取和审议财政局局长马斌受政府委托所作的《关于2017年财政收支预算调整情况的报告》、人大财经委副主任委员王友忠所作的《关于2017年全县财政收支预算调整情况的审查报告》，作出《关于2017年全县财政收支预算调整的决议》。四、审议通过《静宁县人民代表大会财政经济委员会工作规则》《静宁县人民代表大会财政经济委员会与政府有关财政经济部门工作联系办法》《静宁县人民代表大会财政经济委员会计划财政审查工作规程》。会上，政府常务副县长陈景春就落实审议意见作表态发言；常委会主任王智国讲话。

第十七届常委会组成人员王智国、沙芳琴、高旭、厚连世、张进宝、李读、靳宝生、杨华、张录牛、王友忠、胡志科、李稳收、李平安、王瑞生、王壬寅、李进祥、马川娃、王宏、牛满川、王晓峰、周浩仁、魏永牛、李会宾、朱国军、李建明、裴晓江、牛国喜、王全生、陈雄出席会议；县委常委、政府常务副县长陈景春，法院院长张立军、检察院检察长杨青，政府组成部门主要负责人，常委会办公室科级干部，县人大财经委员会委员崔江鸿、李小强，县人大代表王国随、蒋建怀、席鹏举、李文环、戴彦荣、李旺喜、王万平、屈稳强、马葳、刘小勇、袁晓华、王小兵、邹新席列席会议。

附：

人事任免

韩伟周任县人民政府办公室主任

胡生平任县发展和改革局局长

赵宏军任县教育局局长

刘昌麟任县工业和信息化局局长

杨昌宁任县公安局局长

张建宁任县监察局局长

孔昌军任县民政局局长

胡耀国任县司法局局长

马　斌任县财政局局长

张淋冰任县人力资源和社会保障局局长

程军伟任县国土资源局局长

何冠群任县环境保护局局长

王彦飞任县住房和城乡建设局局长

王顺义任县交通运输局局长

王升斌任县水务局局长

张秉鑑任县农牧局局长

靳建喜任县林业局局长

雷旺盛任县文体广电局局长

孙青茂任县卫生和计划生育局局长
王亚鹏任县审计局局长
鲍彦鹏任县工商行政管理局局长
樊爱平任县安全生产监督管理局局长
张亚鹏任县食品药品监督管理局局长
李　金任县统计局局长
吴国锦任县扶贫开发办公室主任
免去张录牛县人大常委会办公室主任职务

第五次会议　于2017年6月30日在常委会五楼会议室召开，由厚连世主持。

会议议程有六项：一、人事任免，并举行新任命人员宪法宣誓仪式。二、三项合并进行：听取和审议财政局局长马斌受政府委托所作的《关于2016年全县财政决算（草案）的报告》、审计局局长王亚鹏受政府委托所作的《关于2016年度县级预算执行和其他财政收支的审计工作报告》、人大财经委副主任委员王友忠所作的《关于2016年全县财政决算（草案）的审查报告》，作出《关于批准2016年全县财政决算（草案）的决议》。四、听取和审议环保局局长何冠群受政府委托所作的《关于取消五台山城区备用水源地情况的报告》、常委会农业与环境资源工委主任王壬寅所作的《关于取消五台山城区备用水源地情况的审查报告》，作出《关于取消五台山城区备用水源地情况的决议》。五、听取和审议住建局局长王彦飞受政府委托所作的《关于县城规划执法管理工作的报告》、常委会财经与城建工委主任王友忠所作的《关于县城规划执法管理情况的检查报告》。六、听取和审议公安局局长杨昌宁受政府委托所作的《关于〈中华人民共和国道路交通安全法〉贯彻实施情况的报告》、常委会法制工委主任王瑞生所作的《关于〈中华人民共和国道路交通安全法〉贯彻实施情况的检查报告》。会上，政府副县长马发荣就贯彻落实审议意见作表态发言。

第十七届常委会组成人员王智国、沙芳琴、高旭、厚连世、张进宝、李读、靳宝生、杨华、张录牛、王友忠、胡志科、李稳收、李平安、王瑞生、王壬寅、李进祥、马川娃、王宏、牛满川、周浩仁、魏永牛、李会宾、朱国军、裴晓江、牛国喜、王全生、陈雄出席会议；政府副县长马发荣、法院院长张立军、检察院副检察长郭国柱、政府办公室主任韩伟周、公安局局长杨昌宁、八里工业园区管委会副主任张拴理、财政局局长马斌、审计局局长王亚鹏、国土局局长程军伟、水务局局长王升斌、住建局局长王彦飞、交运局局长王顺义、农牧局局长张秉鑑、环保局局长何冠群、安监局局长樊爱平、工商局副局长阎文晋、执法局局长陈红福、规划办公室主任贾宏斌、房产局局长吕忠科、农机局局长樊义和、公用事业管理局局长王社余、运管局副局长王建飞、交警大队大队长韩胜利、路政大队大队长武中兴、高速公路德顺大队大队长何炜、公路段段长李建斌、养护站站长杨天俊，常委会办公室科级干部王兴国、张天顺、马晓荣，城关镇党委书记戴彦荣、灵芝乡人大主席张进有、雷大镇政府镇长吕朋军，市人大代表柴永生、杨玉芳，县人大代表王国随、刘小勇列席会议。

附：

人事任免

王　飞任县人大常委会办公室副主任

王代代任县人民法院审判监督庭庭长

免去：

陈焕康县人民法院副院长职务

戴红喜县人民法院审判监督庭庭长职务

张翻平县人民法院审判监督庭副庭长职务

田志宏雷大法庭庭长职务

张汉基县人民检察院副检察长职务

关于县城规划执法管理情况的检查报告

由常委会分管副主任带队，常委会财经与城建工委、政府办、住建局、国土资源局、城市管理行政执法局、规划办、房产局、城关镇、八里镇、工业园区主要负责人及部分县人大代表组成检查组，于5月上旬至6月上旬，先后深入民顺嘉苑、戎都嘉苑、清华园等住宅小区，中医院住院部综合楼等在建项目现场，工业园区、城关镇、八里镇部分违法建筑现场，住建局、国土局、执法局、规划办等单位，通过实地察看、听取汇报、查阅资料、座谈交流等方式，对2014年以来县城规划执法管理情况进行了检查，并赴永靖、宕昌、康县等地进行了考察学习。

一、主要工作成效

（一）加强规划执法宣传。近年来，县政府及规划主管部门积极宣传《中华人民共和国城乡规划法》《甘肃省城乡规划条例》等法律法规及《静宁县城乡统筹总体规划（2015-2030)》，并在主要街道设立《中华人民共和国城乡规划法》宣传台，宣传法律法规，接受群众咨询。在政府门户网站和县城人口密集场所公示《静宁县城乡统筹总体规划（2015—2030)》，宣传总体规划，为规划的实施奠定了基础。

（二）建立审定评审制度。2016年初，县政府成立县规划土地建设审查委员会，制定出台了《静宁县规划土地建设审查委员会议事规则》《静宁县城区建设项目规划管理制度》《静宁县城乡规划及建设项目专家评审制度》等规章制度。对各专项规划、重点区域修建性详细规划，组织专家进行评审，充分征求专家意见，科学论证规划方案，提高了规划的科学性、民主性。对县城规划区内的重点项目选址、规划许可、土地供应，都由规委会审定后开工建设。规委会成立以来，已召开会议8次，审定建设项目72个。

（三）组织编制各类规划。一是编制《静宁县城乡统筹总体规划》。2014年，县政府根据甘肃省新型城镇化“多规合一”试点工作要求，启动编制《静宁县城乡统筹总体规划（2015—2030)》，编制工作统筹衔接国民经济和社会发展规划、城乡规划、土地利用规划、环境保护规划等相关规划，于2016年10月完成，经县人大常委会审议通过后报市政府批准实施。二是编制主城区城市设计。2014年，委托西安建筑科技大学城市规划研究院编制了《静宁县主城区城市设计》和《静宁县主城区空间发展研究》，规划面积12.7平方公里。三是编制专项规划。完成了城区道路交通、污水、雨水、绿地、人防、消防、供热、天然气、通信、环卫等10个专项规划的编制。四是编制修建性详细规划。编制完成了全民健身广场、东城区农副产品交易中心、东城区绿地广场、教育园“四馆一中心”等4处重点市政公用项目修建性详细规划；完成了阿阳南路、南环西路、东街等11条道路和高城寨、南关等6处棚户区改造修建性详细规划。

（四）加强规划实施管理。一是实行建设工程规划方案审批制度。凡在规划区内的建设项目实行“一书两证”和规划方案审批，严格审定建设工程的容积率、建筑密度、绿化率、采光间距、建筑风格等规划许可条件，努力规范建设项目规划管理。2014年以来共审批建设项目146项，建筑面积126.58万平方米。二是加强建设项目动态监管。为每个在建项目制作独立的电子档案，对项目建设全程实行动态管理。三是开展规划竣工验收。建设项目施工完成后，对照规划方案，组织专业人员认真进行规划验收和现场核实，对建筑密度、容积率、绿化率、采光间距、建筑面积等强制性指标超过规划许可的，不通过规划竣工验收，不核发建设工程竣工规划验收合格书。

（五）开展规划执法检查。县政府制定出台了《静宁县违法建筑治理工作实施方案》和《关于加强城镇市政管线及户外广告规划建设管理的通知》，每年组织住建、国土、执法、规划、城关镇、八里镇、工业园区等相关部门开展违法建筑专项整治行动，对城区未批先建、少批多建、违章搭建等违法建设行为进行治理。同时，加强日常执法巡查，各相关部门按照职责分工，落实主体责任，开展执法巡查，发现、制止规划区内违法建设行为。2014年以来，规划、执法部门共查处违法建设行为133起，制止、整改32起，其中拆除违法建筑4处1170平方米，拆除临时建筑7处120平方米。城关镇今年共制止违法建设行为47起，排查违法建设行为35起，强制拆除违法建筑2处。

二、存在的主要问题

（一）重视支持力度不够。一是县政府对规划工作重视程度不高，没有充分认识规划工作在县城建设、管理中的刚性约束和引领作用，没有把规划管理工作摆上重要位置，不能及时研究解决县城规划管理和执法工作中的突出问题，县城规划区内乱修乱建问题始终没有得到有效遏制，甚至城郊一些地段的规划管理、土地管理接近失控状态。二是对规划执法工作牵头抓总、组织领导不力，没有建立政府牵头、部门联动的执法管理机制，职能部门之间沟通衔接不及时，支持配合不紧密，没有形成部门联合执法的日常巡查制度。三是没有制定出台县城规划区内居民个人建房管理办法，群众建房没有强制性规划依据，职能部门管理缺乏可操作的政策依据，群众乱修乱建问题没有得到有效制止。四是对规划管理和执法工作支持力度不大，住建、国土、执法部门人力、财力、物力和法律保障不到位，直接影响着规划执法工作的力度和效果；规划部门专业技术人员紧缺，规划经费、工作经费预算列入太少，严重影响着规划编制和规划管理工作正常开展。

（二）规划编制缓慢滞后。一是控制性详规修编缓慢。2016年底县城总体规划编制完成后，旧版控制性详细规划已不再适用于指导县城建设，亟须重新修订。但修编工作目前仍处于前期调研阶段，还未着手编制具体内容，将严重影响今年甚至明年省市对我县县城建设项目的立项批复。二是专项规划体系不完善。目前，县城仅编制完成10个专项规划，供水、供电、教育卫生、社区服务等重要基础设施和公共服务设施专项规划还未组织编制，尤其是便民市场、停车场、公厕、公共绿地、健身场所规划滞后，造成个体户占道经营、车辆乱停乱放现象比较普遍，现有设施不能满足人民群众生产生活需要。同时，县医院及德顺、东关、南关、高城寨小学建设用地不足，制约了医院、学校的发展。三是修建性详规编制标准较低。近年来开发建设的住宅小区，均没有按照《城市居住区规划设计规范》规定配套建设幼儿园、医疗卫生、文化服务、活动场所、停车位、超市、菜市场等公共服务设施，给居民日常生活造成不便。一些住宅小区楼体设计不新颖，外墙色彩不统一，建筑风格无特色，物业服务不配套，绿化亮化水平低，活动场地面积小，商业门店档次低，制约着县城设计、建设水平的提高。同时，一些重要地段地下空间建设地下超市多、地下停车场少，地下空间修建性规划不合理。

（三）违法违规建设问题突出。一是乱修乱建十分突出。城关镇5村、城川镇红旗村、八里镇高城寨村部分群众未经规划、国土部门批准，违法占用耕地修建住宅、商铺、厂房、仓库，甚至小产权房、营业性场所，严重违反《中华人民共和国城乡规划法》《中华人民共和国土地管理法》等法律法规和县城相关规划，造成严重消防安全隐患，给今后棚户区改造和县城建设形成巨大障碍。二是少批多建比较突出。一些房地产开发企业为追求经济利益最大化，在房地产开发过程中未经规划部门同意，私自变更规划条件，增加建筑层数和建筑面积，既违反了县城规划和建设工程规划方案，又违反了建设工程安全设计标准，同时形成建设工程安全隐患。三是违规搭建问题仍然较多。城区一些居民、单位和企业在住宅楼、办公楼上私自搭建活动板房和钢结构房屋，违反了县城规划，影响县城市容。

（四）执法查处力度不大。一是对违法建筑查处不及时。规划、执法部门不能及时发现、制止、处理违法建设行为，致使一些违法建筑形成事实，增加了处理拆除难度。二是对违法建筑处罚标准明显偏低。相关部门在查处违法建设工程时，没有严格执行法律规定，没有采取停止建设、限期改正、没收实物、查封现场、强制拆除并处罚款或没收违法收入等有效措施进行处理，规划执法没有形成强大震慑作用，经济处罚没有达到应有的惩戒目的，导致近几年县城规划区内部分群众争相效仿，想方设法抢修抢建，违法建设行为越来越突出。三是项目建设过程监管不到位。检查发现，相关部门对批准的建设项目日常监管不到位，对一些开发企业随意变更规划条件的违法行为发现、处理不及时，导致违反规划许可条件的建设行为时有发生。个别房地产开发企业将规划的公共服务设施改建为商业用房，一些住宅小区在形体、色彩、高度等方面不符合县城规划整体要求。

三、今后工作建议

（一）高度重视规划工作，加大支持保障力度。县城是全县政治、经济、文化中心，县城发展在全县经济社会发展中的作用越来越重要，随着城镇化建设步伐的加快，县城规划、建设、管理的任务越来越重。因此，政府要充分认识县城规划工作的重要性，高度重视县城规划工作，把县城规划工作摆上更加重要的位置。要深刻认识当前我县县城建设、管理的最大问题仍然是规划滞后问题，深刻吸取过去在县城规划工作中的教训，把县城规划工作放在县城建设、管理的首要位置，坚决做到先规划后建设、规划控制建设、建设服从规划。要把规划工作纳入政府工作年度责任书，落实规划工作任务，靠实规划工作责任。要加强规划部门力量，强化规划部门职责，通过选调、考录、签约等形式，充实规划部门专业技术人员，提升规划部门规划、执法能力。要将城乡规划的编制和管理经费纳入县财政预算，并逐年增加，保障规划工作顺利开展。

（二）加快规划编制进度，尽快健全县城规划体系。一要加快控制性详细规划编制。加强组织领导，增加经费投入，突出规划的前瞻性、科学性、严肃性和连续性，加快编制进度，注重编制质量，确保年内完成县城控制性详细规划编制，并报县人大常委会审查备案，为县城建设和管理提供科学依据。二要加快修订专项规划。严密对接总体规划和控制性详细规划，尽快启动编制供水、供电、教育卫生、文化体育、绿地广场等重要基础设施和停车场、便民市场等公共服务设施专项规划，为完善城市服务功能绘制科学蓝图。三要科学编制修建性详细规划。严格按照《城市居住区规划设计规范》的规定，加强新建小区规划配套幼儿园、卫生服务、活动场所、超市、菜市场以及社区养老、文化服务、地下停车位等社区公共服务设施，切实提高社区公共服务水平。四要高度重视主街道、十字路口和地下空间修建性详细规划的修编。重要地段地上空间应高起点、高标准规划建设商贸购物、餐饮服务、文化娱乐等县城标志性建筑，地下空间应规划建设地下停车场，提高县城建设水平，解决停车难问题。五要重视大型单体建筑设计，设计理念要先进，楼体外观要新颖，建筑风格要独特，建筑材料要节能，形体、色彩、体量、高度要符合城市设计要求。

（三）严格依法执行规划，强化规划实施管理。一要严格依法依规审批建设项目。牢固树立城市规划的法律意识，进一步强化规划的强制性、权威性，严格遵守“规划一张图、审批一支笔、建设一盘棋”的政策规定，严格按照县城总体规划和控制性详细规划审批建设项目，坚决杜绝违反规划审批建设项目。二要加强工业园区规划管理。规划、执法部门要把工业园区纳入规划管理和规划执法工作之中，与工业园区紧密配合，全力做好工业园区各项规划的编制、实施和执法，确保工业园区依规建设、依规管理、依规发展。三要加大项目建设过程监管。监督建设单位、开发企业严格按照建设工程规划许可规定进行建设，对私自变更规划条件的违法行为要及时发现，坚决制止，及早杜绝违法建设行为。四要严格实行规划验收。对许可批准的建设项目施工完成后，规划部门要严格依据建设工程规划方案进行规划验收和现场核实，对不符合规划条件要求的坚决不核发规划验收合格书，相关部门不得进行建设工程质量验收备案和房屋产权登记，从而使建设单位、开发企业不敢违法、不能违法、不想违法。

（四）加大执法查处力度，坚决制止违法建设行为。规划管理的关键是规划执法，规划执法是维护规划权威、强化规划约束、保障规划实施的根本保证。因此，政府要高度重视规划执法，充分认识加强规划执法工作的重要性，切实加强组织领导，强化执法责任，加大执法力度，全力做好规划执法工作，保证各项规划落到实处。一要建立联合执法机制。政府要成立以分管领导为组长的规划联合执法工作组，整合部门力量，形成工作合力，依法开展规划联合执法，从严从重查处打击违法建设行为，坚决遏制乱修乱建滋生蔓延。二要严格责任追究。对不作为的部门或乱作为的工作人员，要依法依纪严肃追究其相关责任，督促职能部门和工作人员认真履行工作职责，切实提高规划执法管理工作水平。三要坚决查处违法违规建筑存量。全面摸底排查，逐一登记造册，建立违法违规建筑台账，按照“先难后易、重点突破”的原则，依法依规从严从快进行查处。对擅自变更规划条件少批多建的违法建筑，要依据《城乡规划法》有关规定从重处罚，使违法违规单位、企业和个人无利可图；对未经规划部门批准的乱修乱建、乱搭乱架建筑，要坚决依法处理，从而逐步消除违法违规建筑存量，为县城规划实施腾出空间，为县城建设管理创造良好条件。四要坚决遏制违法违规建筑增量。加大日常巡查力度，把重点放在对开发企业和城郊群众建设行为的监管上，及早发现、及时制止少批多建、乱修乱建的苗头性问题，使县城规划建设、管理走上健康发展轨道。

（五）加强基础设施建设，提升城市服务保障能力。充分利用棚户区改造政策机遇，加大城区道路交通、绿地广场、停车场、公厕、市场等基础设施规划建设力度，切实解决城区行路难、停车难、如厕难、市场少等问题，为广大居民提供便利、整洁、舒适、宜居的生活环境。年内打通阿阳南路、新街西路、南环西路等“断头路”，力争建成教育园二号桥，有效解决城区交通瓶颈问题，构建畅通完善的交通路网。高度重视城区教育、卫生等公共事业发展，加大支持力度，为县医院和德顺、南关、东关、高城寨小学发展以及西城区规划建设新的幼儿园、小学、初中留足建设用地。按照方便群众的要求，在东城区、西城区、南城区各规划建设1处便民市场，完善市场布局，方便群众生活。按照标准化市场建设要求，改造西综市场，加快建设东城区农副产品交易中心，努力提升城市公共服务能力。

关于《中华人民共和国道路交通安全法》贯彻实施情况的检查报告

由常委会分管领导带队，县人大办、法制工委，公安局、交运局、住建局、安监局、农机局负责人和工作人员组成检查组，于5月上旬先后深入界石铺、李店等乡镇及部分单位、学校和企业，通过随机抽查、实地察看、听取汇报、查阅资料、走访座谈、发放调查问卷等方式对全县贯彻实施《中华人民共和国道路交通安全法》（以下简称《道路交通安全法》）情况进行了检查。

一、基本情况及主要工作

县域内国省道2条55.6公里，县乡道路3249.1公里，城区街道51公里。注册登记各类机动车约9.4万辆，其中小型汽车约3.3万辆，摩托车、农用车约6.1万辆，其他车辆17辆。客运企业5户，有客车246辆5916座，其中县内客车193辆，城市公交20辆，出租公司2户，经营出租车234辆。货运企业49户，货运车辆1322辆，城乡客运线路92条，村级停靠亭392个。各类驾驶人约8.3万人，车辆检测站1所，驾驶员培训学校4所，年培训驾驶员7000多人。

（一）政府重视，道路交通管理趋于规范。政府将道路交通安全管理工作纳入重要议事日程，成立了县道路交通安全委员会和农村道路交通安全管理工作领导小组，各乡镇成立了交管站、劝导站和村级交管室，不断健全完善“主体在县、管理在乡、延伸到村”的道路交通安全管理体制和工作机制；各级政府、职能部门、企事业单位、村社与群众逐级签订了年度道路交通安全责任书，进一步靠实了道路交通安全责任；县公安局先后成立城关和威戎交警中队，并招录68名协警，充实到执法队伍中，各乡镇都配备了专兼职交通管理员、交通安全协管员，将道路交通安全工作资金纳入财政预算；认真落实省政府办公厅有关精神，截至2015年底，职能部门免费办理农用三轮车、摩托车驾驶证24066本。

（二）加强宣传，全民交通安全意识逐步增强。新修订的《道路交通安全法》实施以来，县政府及各职能部门充分利用广播、电视、电子显示屏，结合日常实际工作，对《道路交通安全法》进行宣传；按照“谁执法谁普法”的原则，在办牌办证、路面执勤、纠违处罚、事故处理等重点环节开展宣传，以普法宣传“法律八进”“安全生产年”“平安运输”“平安农机”等主题活动为载体，深入单位、学校、企业、农村、社区开展《道路交通安全法》宣传；组织执法人员利用春节、庙会等节庆活动的有利时机，向群众发放宣传资料、提示卡，有针对性地开展交通安全宣传。

（三）加大投入，城乡道路通行条件逐步改善。近年来，县政府不断加大城市路网建设，先后对城区16条15公里主次道路进行了改造提升，并对11处存有事故隐患的路口进行了整治，改造灯控路口16处、爆闪警示灯13套，标志牌50面，改造信号灯系统2套，设立减速带1200多米，进一步提高了交通监管的现代化水平；全县农村公路总里程达到3249.1公里，实施通村硬化路安全生命防护工程1560公里，2015年以来，共实施县乡公路安全防护设施6项，安装道路安全柱5203根，完善道路标志标牌216个，设置防撞墩3300米，有效地改善了农村道路通行条件；全县共建成22个乡镇客运站，392个村级停靠亭，农村客车通行里程达1800公里，通村班线81条，已有304个行政村通客车，行政村客车通达率达91.3%，为群众出行提供便利。

（四）加强执法，城乡交通秩序逐步好转。县政府及主管部门加强执法，不断提高交通管理水平，把无牌无证、超员超速、酒后（醉酒）驾驶、闯红灯等严重交通违法行为作为整治重点，严查严管。自2011年以来，依法查处交通违法行为14.7万起，行政拘留各类违法嫌疑人412名，特别是“醉驾入刑”实施以来，共依法查处醉驾56起，追究刑事责任56人；通过开展客运企业专项检查，自2015年5月共查处超员、超载、超速、非法营运等违规车辆1088辆，其中非法营运249辆；对全县239辆客车和29辆危险化学品运输车安装了GPS动态监控系统，对其进行跟踪管理，从源头上杜绝隐患车辆上路，事故四项指标逐年下降；今年，农机部门深入村社重点路段，集中整治拖拉机、微耕机上路行驶，处罚违法拖拉机134台，查处违法载人35起。

二、存在的问题

（一）对道路交通安全工作责任落实仍不到位。检查发现，部分单位对道路交通安全工作的重要性认识不足，思想重视不够，以召开会议代替落实道路交通安全责任，把签订安全责任书作为道路交通安全工作的主要手段。日常交通管理中往往涉及多个职能管理主体，但部门之间相互协调配合不紧密，缺乏信息沟通和联动执法工作机制。另一方面，各职能部门安全责任落实不到位，酒驾、人货混载、客车超载、三轮车载人等违法违章行为依然存在，“五小车辆”接送学生的现象比较突出。

（二）城区道路交通基础设施不完善，执法管理存在薄弱环节。一是道路交通规划不尽合理。一些城市道路的规划设计缺乏前瞻性、科学性，西城区主次道路设计标准低，路面窄，部分“断头路”没有解决，城市交通主框架还没有建成，中心街道车流量大，部分路段堵车现象十分严重。二是道路交通安全设施建设滞后。道路交通标线的施划、交通信号灯等交通监控设施安装与管理分属不同的部门，个别路段的交通标线指示与交通信号灯指示相矛盾，给车辆通行和群众出行带来诸多不便。城区道路上盲道设置不规范，不符合国家相关标准。城区道路出现坑槽、坍塌，交通信号、标志、标线等交通设施损毁，养护部门和管理部门维修养护不及时，影响通行。三是车与“位”矛盾突出。全县登记的机动车约9.4万辆，其中小型汽车约3.3万辆，且每年新登记车辆数量多。目前，县城有公共停车场4个，临时停车位4928个，但分布不均衡，中心城区分布相对较少，车与“位”矛盾突出。我县在交通主干道以外的机动车道两侧、人行道上施划临时停车位时，没有充分考虑车流、人流数量、道路通行情况等，见缝插针式地施划停车位，反而影响了车辆通行和群众出行。四是工程车辆、电摩车辆以及物流快递车辆成管理盲区。对工程车辆的管理，职能部门之间管理主体不明确，监管不到位，大量工程车辆无牌无证，在县乡道路上行驶速度快，事故多，隐患大。近年来，全县电动车数量增长快，但管理主体不明确，监管办法尚不具体，监管难度大，交通安全隐患突出。城区有物流企业52家，快递公司23家，小型快递货运车辆全是电摩车辆改装而成，安全性能差、车速快、乱停放，且随意掉头，严重影响交通秩序。

（三）农村道路交通安全隐患较为突出。一是管理职能发挥不到位。检查发现，大部分乡镇的“两站一室”只成立了机构，特别是村级交管室、劝导站没有真正运行。二是对“五小车辆”监管不力。农用三轮车、摩托车大部分是无牌无证行驶，如在某乡镇约两公里的街道上，随机检查三轮车55辆，仅有5辆挂牌，其中还有3辆非法载人。部分乡镇对农机安全生产管理工作重视不够，农业机械底数不详，驾驶人信息不全。三是乡村道路重建轻养，管路护路经费投入少。检查发现，部分硬化路边沟堵塞，个别路段严重损毁；部分通村硬化路与人饮工程管道重合，管道破裂造成道路路基悬空、路面下陷、断裂，石子裸露；一些工程运输车辆严重超载，造成道路路基、路面及排水设施严重损毁；县乡道路养护资金没有保障，乡道养护资金缺口大，村道养护基本是零投入，道路维护相当困难。四是道路交通安全设施建设滞后。农村道路设计不规范，急弯陡坡的路段居多，交通安全设施还不完善，部分路段安装的安全柱间距过大，有的损毁严重；部分县乡道路、通村硬化路在交通标志、标线施划上处于空白，没有统一规范的减速带；建成农村客运站22个，但目前使用的只有2个，大部分闲置。

（四）执法力量不足，道路交通安全责任难以靠实。各乡镇“两站一室”，从源头上开展的劝导工作效果不明显；行政执法部门执法力量不足，专业执法人员结构性短缺，交警队警力不足，运管、农机没有按照编制配全人员，对交通安全监管不到位，全县非法营运的小汽车达500多辆，约是出租车数量的2倍，无牌无证、故意遮挡号牌、超员超速、酒后（醉酒）驾驶、闯红灯等交通违法行为还较严重。

（五）宣传力度不够，全民交通安全意识有待提高。检查发现，政府及职能部门对《道路交通安全法》等相关法律宣传不到位，宣传面较窄，形式单一，宣传的深度和广度不够，全社会共同参与的交通安全宣传教育工作格局尚未形成；宣传工作还停留在面上，没有深入群众，在检查时临时设立宣传牌，在交管室、村委会设置部分宣传牌，但在群众经常出入的劝导站、路口却不见宣传牌；全民安全意识有待提高，经调查问卷统计，超过50%的调查者认为，自己道路交通安全意识差主要是缺乏道路交通安全知识 。

三、工作建议

（一）加大《道路交通安全法》的宣传力度，增强公民道路交通安全意识。加强执法人员、管理人员对《道路交通安全法》的学习教育，开展道路交通安全法律、法规的宣传，自觉学法、守法、用法，规范执法行为，提升监管能力、业务素质和职业道德水平，做到严格执法、文明执法；相关部门要加强《道路交通安全法》的宣传，按照“谁执法谁普法”的要求，紧密结合各自工作，有重点、有针对性地宣传教育，在重大节庆、庙会活动、恶劣天气、学生上下学等重要时间节点，利用排查隐患、纠违处罚环节，通过违法劝导、发放宣传资料和提示卡对驾驶员、学生家长等开展宣传教育；宣传方式要层次化、多样化，充分利用户外电子屏、微博、短信、微信、乡村大喇叭等媒介，通过案例剖析，公益广告、文化剧目等群众喜闻乐见的形式，普及道路交通安全知识；教育部门针对各学校开展《道路交通安全法》宣传教育，制订出具体的宣传教育实施方案，明确学校开展宣传教育的次数和形式，切实把道路交通安全法律法规及相关知识普及作为学生法治教育课的重要内容，教育和引导学生养成良好的交通行为习惯；建立健全督查考核机制，县政府及相关职能部门要督促各级各部门开展普法宣传，加强对本部门贯彻落实《道路交通安全法》情况进行检查，提高宣传教育的主动性和自觉性，真正建立政府主导、部门负责、社会参与的交通安全宣传格局。

（二）加快交通基础设施建设，提高道路安全通行能力。加快道路路网建设，打造内通外达交通体系，积极争取建设项目和公路改造资金，认真做好前期协调准备工作，争取西吉—天水公路阎家庙至静宁段、西吉—燕子砭公路平峰至八里段、雷大—什川公路王家沟圈至鸡川段等国省级公路，静宁至庄浪高速公路落地建设，全面改造升级原安到界石铺、静宁到威戎、甘沟至四河、李店至新店，甘沟、双岘至治平等县乡道路；严格落实“主体在县、管理在乡、延伸到村”的道路交通安全管理体制和工作机制，争取村社道路硬化项目，科学规划农村道路，建立农贸市场，加强农村客用站、村级停靠亭的管理，严厉打击改装的超限超重车辆，在交通要道附近建立超限超载卸货场，对超限超载车辆严格实施卸载；认真编制道路交通规划，严格执行规划，为城市道路发展留足改扩建空间，加快县域路网建设，打通“断头路”，完成城区道路主框架，规范施划道路交通标志、标线，落实大型公共建筑、住宅小区、商业街区停车场的配建工作。

（三）建立道路管护机制，提升道路安全保障能力。加强道路日常管养，道路养护部门要对道路的维护常抓不懈，责任到人，特别要加强偏僻路段的维护，做到道路养护经费专款专用，发现损毁，及时维修；进一步深化“分级管理养护”机制，明确日常管养机构，落实日常管养职责，特别是村级道路的日常管养，要通过建立村民公路养护小组，尝试设立道路养护人员公益性岗位等方式，科学合理确定机构设置和人员配备标准，将道路养护责任到人，确保路面整洁，路肩平整、坚实，边沟排水畅通；加强通村硬化路的统筹维护，对乡村硬化路出现较大损毁，需要工程性措施进行统一维护的，县政府要将维护经费纳入财政预算，由职能部门统一进行维护；积极争取扩大实施安全生命防护工程，落实新建、改扩建道路交通安全设施与道路主体工程同设计、同施工、同使用制度。

（四）加强执法队伍建设，强化综合行政执法能力。一要加强领导。县道路交通安全委员会和农村道路交通安全管理工作领导小组要发挥牵头抓总作用，既要进一步加强协调联动，整合各部门、各单位及社会各界的力量，又要加强对职能部门履行职责的监督与考核。二要继续加大执法力度。行政执法部门要加强路面执法，严格车辆和驾驶人管理。加强对机动车入户检验、年度检验、驾驶人员考试的监管，对客运车辆、特种车辆等重点监管车辆的跟踪管理，规范出租车、公交车的经营行为，加大对农用车非法载人的整治，严格执行报废车辆强制报废制度，从严查处非法运营、无牌无证、故意遮挡号牌、酒后驾车、超速行驶、超员超载、乱闯红灯等严重影响交通安全的违法行为，加大对车辆检测中心，驾驶员培训学校、考试中心的监管，从源头上减少交通安全隐患。三要优化行政执法队伍建设。全面落实省政府关于加强全省道路交通安全工作的意见，在乡镇交管站加挂交警中队的牌子，实行公安与乡镇双重领导，赋予乡镇交管站农村道路交通管理执法权；适当增加、调整、优化交警、运政等执法人员结构，特别是专业技术人员，完善和落实执法质量考评机制；加大交通安全管理的科技投入，通过提升监控网络建设水平，加强智能化建设，增强监管能力，进一步缓解工作范围大、执法人员不足的问题。

第六次会议　于2017年8月31日在常委会五楼会议室召开，由张进宝主持。

会议议程有四项：一、人事任免，审议通过有关辞职请求的决定，以无记名投票的方式，任命政府副县长1名，常委会主任王智国为新任命人员颁发任命书；以举手表决的方式，对法院有关人事任免案进行表决；由王智国主持，举行新任命人员的宪法宣誓仪式。二、听取和审议发改局局长胡生平受政府委托所作的《关于静宁县2017年上半年国民经济和社会发展计划执行情况的报告》、人大财经委副主任委员王友忠所作的《关于2017年上半年国民经济和社会发展计划执行情况的审查报告》。三、听取和审议工信局局长刘昌麟受政府委托所作的《关于全县工业企业发展情况的报告》、常委会财经与城建工委主任王友忠所作的《关于全县工业企业发展情况的调研报告》。四、听取和审议林业局局长靳建喜受政府委托所作的《关于全县中低产苹果园技术改造提升工作情况的报告》、常委会农业和环境资源工委主任王壬寅所作的《关于全县中低产苹果园技术改造提升工作的调研报告》。会上，政府常务副县长陈景春就落实审议意见作表态发言。

第十七届常委会组成人员王智国、沙芳琴、高旭、厚连世、张进宝、靳宝生、杨华、王友忠、胡志科、李稳收、李平安、王瑞生、王壬寅、马川娃、王宏、牛满川、王晓峰、周浩仁、张录牛、魏永牛、李会宾、朱国军、李建明、裴晓江、厚凤兰、王全生、陈雄出席会议；县委常委、政府常务副县长陈景春，法院院长张立军、检察院检察长杨青、政府办公室主任韩伟周、发改局局长胡生平、工信局局长刘昌麟、八里工业园区管委会副主任张拴理、财政局局长马斌、国土局局长程军伟、水务局局长王升斌、林业局局长靳建喜、工商局副局长阎文晋、国税局副局长薛皓、地税局副局长尤云霞、人行副行长靳维斌、工商联理事长屈稳强、科技局局长梁永红、果树果品研究所副所长李强、园艺站副站长贾军平，常委会办公室副主任王飞、科级干部王兴国、张天顺、马晓荣，甘沟镇、余湾乡党委书记吴剑霖、凌森，李店镇、新店乡人大主席王惠勤、周稳，古城镇、城川镇政府镇长常志良、王海军，中正纸箱包装公司经理吴忠学，绿洲新型墙体有限公司经理邹军，市人大代表胡永亮，县人大代表柳志军列席会议。

附：

人事任免

接受马明辞去县人民政府副县长职务的请求

郭满山任县人民政府副县长

县人民政府副县长郭满山个人情况表

表4-59

姓名	性别	民族	出生年月	籍贯	文化程度	工作时间	入党时间	主要工作经历
郭满山	男	汉族	1975.8	天津武清	本科	1996.9	1999.6	1994年9月至1996年9月在南京农业大学国际贸易专业学习，1996年9月在天津市武清县（区）南蔡村镇工作；1997年9月至2003年9月任武清县（区）南蔡村镇团委书记；2003年9月至2005年10月任武清区南蔡村镇党委委员、宣传委员；2005年10月至2008年11月任武清区南蔡村镇党委委员、组织委员；2008年11月至2012年7月任武清区南蔡村镇副镇长；2012年7月至2013年9月任武清区南蔡村镇党委委员、副镇长；2013年9月以来任武清区南蔡村镇党委副书记

苟国旺任县人民法院民事审判第二庭庭长

李亚宁任县人民法院民事审判第二庭副庭长

张晓燕任县人民法院刑事审判庭副庭长

张新平任县人民法院雷大人民法庭庭长

免去张智强县人民法院刑事审判庭庭长职务

关于全县工业企业发展情况的调研报告

由常委会主要领导、分管领导带队，县政府分管领导参加，常委会办公室、财经与城建工委、工信局、工业园区、财政局、国税局、地税局、人行静宁支行等部门主要负责人及部分市、县人大代表组成调研组，于7月下旬至8月上旬，先后深入欣叶集团、恒达公司、静美地毯、凤林酒业、兴安民爆静宁分公司等18家工业企业，通过实地察看、听取汇报、座谈交流等方式，对全县工业企业发展情况进行了调研。

一、基本情况及主要工作

目前，全县共有工业企业134户，从业人员7600多人，其中规模以上工业企业11户，从业人员3500多人。工业类别主要有纸制品包装、建筑建材、农副产品加工、民爆化工、地毯纺织、中药生产、果汁加工、白酒酿造等，工业产品主要有包装纸箱、箱板纸、乳化炸药、电雷管、建筑材料、地毯、中药饮片及制剂、饲料、果汁、白酒等。2016年实现工业增加值3.4亿元，上缴税金0.2亿元，规模以上工业企业销售收入9.1亿元。

近年来，县政府贯彻落实国家及省市扶持企业发展的各项政策，在促进工业企业发展方面做了一定工作，取得了一定成效。

（一）落实扶持政策。政府及相关部门贯彻落实国务院、省政府关于扶持小微企业发展的意见和“放管服”改革等有关政策精神，清理行政事业性收费，取消、停征、减免27项行政事业性收费和1项政府性基金，减轻企业负担100余万元。落实税收优惠政策，2016年为符合条件的工业企业减免增值税、房产税、城镇土地使用税等税款125.4万元。

（二）加强资金支持。一是争取项目资金。财政、工信部门近5年共争取中央和省上工业项目23项2884万元，其中中央项目7项1887万元，省上项目16项997万元。二是增加信贷投入。各金融机构落实各项信贷政策，为工业企业增加信贷资金。截至今年6月底，工业企业贷款余额为5.3亿元，较年初增加0.2亿元，增长3.8%。各商业银行成立小微企业信贷服务中心，专门办理小微企业贷款。三是降低利率水平。各金融机构积极执行利率下浮优惠政策，2016年底企业贷款平均利率较2014年底下降0.5个百分点，降低了企业融资成本。四是完善金融服务体系。引导企业、个人组建贷款、担保机构，目前县辖银行业金融机构9家，小额贷款公司和担保公司10家，保险公司8家，证券公司1家。

（三）推进商事制度改革。工商部门通过改革企业注册登记、注册资本登记制度、推进“先照后证”“五证合一”等一系列改革，企业注册登记手续更加简化，注册资本登记条件更加优惠，照证办理更加容易，为企业营造了宽松的市场准入环境和公平的市场竞争环境。

（四）加强工业园区建设。一是编制相关规划。编制完成了园区区位示意图，核定园区建设用地388.6公顷；编制完成园区规划范围内的区域环境影响评价和近期土地集约利用评价。二是加强基础设施建设。近年来，建成次二路、西滨河路等道路13.4公里，完成电网改造5.5公里，敷设污水管网1000米，累计投资1.9亿元。三是培育特色产业集群。2014年以来，园区共建成地毯集中加工等重点项目16项，完成投资8.1亿元，初步培育形成了纸箱包装、农副产品加工、地毯纺织、建筑建材、果品经销等企业集群。

二、存在的主要问题

（一）政府重视程度不够。一是政府工业强县意识不够强。没有充分认识工业经济在县域经济中的重要地位，没有把工业经济列入重要议事日程，不重视工业项目的调研、论证、储备、立项、建设，不重视研究解决工业企业生产经营和项目建设的困难和问题。二是政策落实不够到位。国务院于2012年、2014年先后下发了国发

〔2012〕14号、〔2014〕52号2个关于支持、扶持小微企业发展的政策文件，省政府也下发了2个贯彻意见，但县政府没有制定出台扶持我县小微企业发展的实施意见。三是缺乏科学可行的发展规划。政府既没有制定“十三五”全县工业发展规划，也没有制定“十三五”工业园区发展规划，“十三五”全县工业经济的发展思路不明确、发展重点不具体。四是部门职能发挥、配合不够。面对工业经济发展新常态，主管部门没有有效发挥组织指导、政策宣传、协调服务、考核督查的职能作用，相关部门工作配合不紧密，服务意识不够强，服务态度比较差。特别是在投资立项、项目用地、规划审批等方面程序烦琐、手续复杂、办事效率低，影响企业项目建设进度。五是不重视学习、借鉴外地经验，眼界不开阔，思路不超前，措施不得力，致使我县工业发展与先进地区的差距不断拉大。

（二）支持扶持力度不大。一是财政支持微乎其微。2014年以来，县财政每年仅安排中小企业发展专项资金5万元、科技三项经费10万元，而且今年财政预算未安排科技三项经费。同时，没有按照政策规定设立中小企业发展基金、创业投资引导基金和科技创新基金。二是项目争取力度不大。相关部门对争取中央、省上扶持小微企业、“双创”计划和科技创新项目的积极性不高、力度不大，争取到的项目和资金十分有限。三是金融支持力度不大。据统计，截至6月底，全县工业企业贷款余额仅占全部贷款总额的6.6%，大部分贷款投放到房地产开发和个人购房中去，工业企业贷款难、融资难的问题仍然十分突出。四是工业用地矛盾突出。全县工业企业新建、扩建项目用地指标少、限制条件多，且办理手续复杂，办理时限长，严重制约着企业项目建设。

（三）工业园区软硬件薄弱。一是没有企业布局控制性规划，企业布局无序，制约了企业发展，加大了管理难度。二是服务平台建设滞后。园区既没有中小企业公共服务平台，也没有科技中介服务机构，更没有科技企业、小微企业孵化器和创新创业基地。三是用水安全问题突出。园区自来水水质差，不仅严重威胁着企业职工和园区居民的身体健康，而且造成企业设施设备老化加快，维修费用增加，部分企业从城区拉运生活用水，增加了企业成本。四是环保压力巨大。目前，工业园区仅有1处小型洗毯污水处理设施，没有工业污水处理厂。同时，工业园区有28台燃煤锅炉不符合环保要求，亟须淘汰或改造升级。五是公共服务设施短缺。工业园区没有公厕、停车场、便民市场及幼儿园等服务机构，给企业职工、居民生活和子女上学带来不便。六是工业园区管委会职能不健全。工业园区的项目审批、规划、建设仍由相关职能部门办理，工业园区管委会没有管辖权和执法权，影响项目建设，同时对违反用地、规划、建设法律法规的行为不能采取强制措施，造成工业园区违法违章建筑屡禁不止。

（四）企业自主发展能力不强。一是科技兴企意识不强。调研发现，我县工业企业普遍不重视新产品、新技术的开发和新工艺、新材料、新设备的应用，不重视技术人才的培养、引进，不重视发明、创造和申报知识产权，普遍没有技术研发机构和研发队伍，没有与高等院校、科研机构建立技术合作关系，绝大部分工业企业属于劳动密集型企业，产品层次低、技术含量低、自动化水平低。二是企业管理水平较低。我县大部分企业是私营企业，实行家族式管理，没有推行现代企业管理制度，企业内部管理不科学、不民主。三是企业自律意识较差。一些企业环保意识淡薄，不重视保护环境；一些企业只追求经济效益，忽视产品质量，甚至生产销售劣质产品。

三、今后工作建议

（一）强化工业强县战略，高度重视工业经济。政府要牢固确立工业强县战略，充分认识工业经济在县域经济发展中的核心地位，切实增强发展工业经济的责任感和紧迫感，真正把发展工业经济作为促进县域经济发展的战略举措和精准扶贫、精准脱贫的长效举措，列入更加重要的议事日程，像抓苹果产业一样抓工业经济。要制定出台工业强县战略规划和“十三五”工业经济发展规划，明确工业强县思路，提出工业强县重点，细化工业强县举措，强化工业强县责任，加快工业经济发展。政府要发挥牵头抓总作用，加强宏观指导，建立健全政府发展工业经济的体制机制，改进完善工业经济年度目标考核办法。工信部门要着力抓好工业企业的统筹规划、政策宣传、信息引导、组织协调、提供服务和监督检查；相关部门要增强服务意识，改善服务态度，提高办事效率，切实营造全社会亲商、敬商、爱商和重视、关心、支持工业经济发展的良好氛围。要重视学习先进经验，采取走出去、请进来等多种形式，积极学习借鉴先进地区发展工业经济的好经验、好做法，开阔眼界，拓宽思路，创新发展我县工业经济。

（二）加大扶持力度，加快工业发展步伐。一要落实国家扶持政策。政府要根据国家及省上扶持小微企业发展的文件精神，制定出台我县扶持小微企业发展的实施意见。二要加强招商引资。认真落实招商引资有关政策，采取切实可行的措施，引进一批大项目、好项目。三要加大财政支持力度。政府要逐年增加中小企业发展专项资金和科技三项经费，设立中小企业发展基金、企业投资引导基金和科技创新基金。发挥县中小企业担保公司的职能作用，对符合政策的中小企业进行融资担保或贴息。四要加大项目资金争取力度。相关部门要紧盯国家扶持政策，加大争取力度，努力帮助企业争取到更多的项目资金。五要完善融资机制。各商业银行要增加工业企业贷款，创新贷款方式，降低贷款抵押、担保条件，简化贷款手续，提高办理效率。支持现有贷款、担保企业依法开展多种形式的互助性融资、担保。要千方百计激活民间资本，引导民间资本兴办工业企业。政府要加强对金融机构的指导、管理，制定、完善对金融机构的考核奖罚办法，确保各金融机构将更多的资金用于支持工业经济发展上来。六要认真解决工业用地。政府每年年末要提出下年度工业用地计划，加强工业项目土地储备，增加工业项目用地指标。国土部门要积极向上争取工业用地指标，努力盘活现有工业用地，对符合政策的工业项目要加快办理土地使用权出让，解决工业企业项目建设用地。

（三）增强园区管理职能，提升园区承载能力。一要加强工业园区规划管理。高标准、高起点制定出台工业园区“十三五”发展规划和企业布局控制性规划，按照公共服务设施配建标准，合理规划园区公厕、停车场、便民市场及幼儿园、卫生、文化等服务设施。二要增强工业园区管理职能。赋予工业园区投资立项、项目用地、规划审批的管辖权和行政执法权；建立工业园区土地储备制度或将园区工业用地在县城年度用地计划中单列；设立工业园区投融资平台，服务园区项目建设。三要加强基础设施建设。加大工业园区道路、电力、通信、供水、污水处理等基础设施建设力度，尤其要将园区供水和污水处理作为重中之重，尽快将城区自来水接入园区，方便企业职工生活，降低企业成本。加快污水处理厂建设进度，确保按期建成投入使用。按照环保政策规定，淘汰、改造升级现有燃煤锅炉，降低能源消耗，减少环境污染。

（四）树立科技兴企理念，增强自主发展能力。全社会要牢固树立科技兴企理念。政府要把科技创新作为加快企业发展的重要举措和有效抓手，扶持培育一批科技型、创新型和高新技术企业，引导企业实施知识产权战略和技术标准战略。工业园区要以纸制品包装、塑料包装、建筑建材等企业为核心，积极建立创新创业基地；要依托欣叶集团、恒达公司原有生产场地，建设科技企业孵化器和小微企业孵化器，为入孵企业提供研发、中试生产场地和政策咨询、技术培训等孵化创业服务，孵化、培育一批小微企业和科技企业。工信部门要全力帮助企业积极申报、争取国家和省上的“双创”项目和科技项目。工业企业要高度重视科技兴企，把科技创新作为企业发展壮大的不竭动力；要切实重视新产品、新技术的开发和新工艺、新设备的应用，重视技术人才的培养、引进，重视企业自身科技研发，设立技术研发机构，建立研发队伍，与高等院校、科研院所建立技术合作关系；重视创建自有品牌、名牌，提高产品质量；要加强自身建设，推行现代企业管理制度，提高企业管理水平；要增强环保意识，遵守环保法律法规，依法生产经营。

（五）深化“放管服”改革，优化外部发展环境。一要进一步简政放权。严格执行国家、省、市有关项目报建审批制度，大幅度缩短审批环节和审批时间；持续推进商事制度改革，大力削减工商登记前置审批事项，全面实行“五证合一、一照一证”，降低创业准入的制度成本；扎实开展行政事业性收费清理，严肃查处乱收费、乱罚款、乱摊派，切实减轻企业负担。二要强化问责。严格落实职能部门首问责任制、限时办结制、一次性告知制及服务承诺制，对职能部门改革政策落实不到位，工作人员不作为、不担当的行为要严肃问责追责。三要加强行业协会建设。积极引导企业组建行业协会组织，充分发挥行业协会的桥梁纽带作用和行业服务、维权、自律职能，促进工业企业健康发展。

关于全县中低产苹果园技术改造提升工作的调研报告

由常委会分管副主任带队，县政府分管领导参加，常委会办公室、农业与环境资源工委，县政府办公室、林业局、果树果品研究所、园艺站负责人及部分市县人大代表组成调研组，于7月下旬至8月上旬，先后深入仁大、李店、治平、余湾等14个重点乡镇30余处果园，采取听取汇报、实地察看、座谈交流等方式，对全县中低产苹果园技术改造提升工作进行了调研。

一、基本情况及主要工作

目前，全县苹果种植面积达到100万亩，占耕地总面积的68%，其中挂果园近60万亩，中低产园约10万亩，占挂果园面积的16.7%。2015年至今，全县累计完成中低产园改造4万亩。近年来，县政府及相关职能部门围绕中低产苹果园改造做了一定工作，已初见成效。

（一）政府主导，规划引领。县政府坚持把中低产苹果园技术改造提升工作作为推进苹果产业提质增效的重中之重，纳入苹果产业年度建设内容，重点安排部署。先后制定下发了《静宁县苹果产业提质增效年活动实施方案》《关于加快推进苹果产业转型升级创新发展的意见》《静宁县果品质量提升年实施方案》等一系列促进中低产苹果园改造的指导性文件，明确了各级职责，增强了政策的连续性。林业主管部门组织人员摸清了全县中低产苹果园重点改造范围，主要分布在城川、治平、李店、仁大、甘沟等乡镇，均为上世纪80年代中期至90年代初建设的果园，栽植模式多为乔化密植型，面积约10万亩，其中，需要更新改造的约2万亩，需要采取“间伐、落头、开角、提干、疏枝”技术措施改造的约8万亩。

（二）培训先行，技术支撑。县乡政府及相关部门采取县乡联动、全程覆盖的技术培训模式，加强对果农的技术培训。2015年以来，共举办果农集中培训班48场，田间培训360多场，年培训果农5万人（次）。集成推广果园改形修剪、病虫害综合防控以及保肥节水等技术，为全县中低产苹果园改造奠定了一定基础。

（三）分类指导，示范带动。坚持推行两种模式，分类改造，稳步推进。一是对产出比低下，经济效益不高，树体腐烂严重的老果园，通过挖除老树、深耕换土、杀菌消毒、增施有机肥等改良措施，在余湾王坪、李店王沟、城川吴庙、治平雷沟等村社建成矮化密植示范园2000亩，辐射带动周边群众更新建成矮化密植园3500亩；二是对郁闭度高、通风透光条件差的果园采取技术措施进行改造，完成改造面积3.5万亩。通过对两种不同模式改造园的技术指导和跟踪观察，目前树体长势良好，为全县全面实施中低产园技术改造树立了典型。

（四）苗木繁育，保障质量。2014年，县政府建成良种苹果苗木繁育基地300亩；2016年，在城川镇红旗村建成占地面积300亩的静宁县现代苹果高新技术示范园，年出圃适应性强、成活率高的2年生成纪1号、静宁1号等本地优良品种120万株，填补了我县优质苹果苗木繁育的历史空白，逐步解决苗木外调、品种混杂的问题，局部保障了中低产园更新改造过程中对苗木的需求。

二、存在的主要问题

（一）组织领导不健全，重视程度有待提高。政府及林业主管部门对全县中低产苹果园改造工作的组织领导体系不健全，资金投入不多，基础设施规划建设依然滞后。部分乡镇对中低产果园改造工作的重要性认识不足，任务落实上办法少，措施不得力，工作进展缓慢。乡镇果业技术服务人员日常管理及技术指导不到位，存在重栽轻管现象。

（二）宣传不够深入广泛，群众思想认识有偏差。大部分群众没有树立长远发展眼光，认为技术改造会影响果园当前的产量和经济效益，顾虑多，决心不大，在新技术推广上不积极、不主动、不配合，在关键技术应用、病虫害防治、有机肥施用等方面差距较大。农业专业合作社、种植大户等在流转土地建园过程中，一些群众盲目要价，甚至有些群众宁可将土地撂荒，也不愿流转，一定程度上制约了我县苹果产业规模化、集约化发展。

（三）科技服务短腿，技术力量亟待加强。一是专业人才短缺。我县共有专业技术人员49人，其中县级26人，乡级23人，技术力量薄弱，严重制约着全县苹果产业发展。随着全县中低产苹果园改造工作的大力推进，果农日益增长的技术需求与专业技术人员短缺的矛盾越来越突出。二是培训力度不大。林业、人社、扶贫等相关部门在果农技术培训方面缺少沟通与衔接，培训内容主要集中在基本技术层面上，对果农急需的新技术培训不深入，对夏季果园管理技能的培训频次不高。三是肥料施用不科学。果农普遍重视果园“地上”管理，而忽视“地下”管理，大多数果园在氮肥、磷肥等化学肥料投入使用上严重超标，对有机肥尤其是农家肥的投入严重不足，果园土壤有机质含量低，酸化板结现象比较严重，导致果树根系生长受阻，盛果年限缩短，果品质量逐年下降。

（四）苗木繁育规模小，品种不尽合理。我县良种苗木繁育规模小，尤其是在适应性强、成活率高、群众认可度高的本地繁育苗木供应上，远不能满足群众新建园、更新改造园的需求。外调苗木品种混杂，质量无法保证，果农在栽植成活后重新嫁接，增加了生产成本，推迟了挂果时间。全县大部分果园没有配置授粉树，导致授粉不良，坐果率低，果农普遍采取人工授粉，费时费工，成本高。县委《关于加快推进苹果产业转型升级创新发展的意见》中指出，要积极发展早中熟品种，使早中晚熟品种结构趋于5%、20%、75%。从调研情况看，目前新植园及更新改造园主要栽植晚熟红富士，品种仍比较单一，结构不尽合理。

（五）防灾减灾投入不足，风险防控能力弱。果园防雹网、防霜机、智能烟雾发生器等防护设施建设严重滞后，抵御自然灾害的能力弱，“靠天收”的格局没有得到改变。据统计，2015年、2016年我县因冰雹、霜冻等自然灾害减产的果园面积分别达63000亩、37000亩，直接经济损失分别达1.7亿元、1亿元。树体毁坏严重而绝收的面积分别为1500亩、3400亩，冰雹、霜冻严重威胁着我县果品产业的发展。

三、今后工作建议

苹果产业是我县助农增收、富民强县的主导产业，也是加快脱贫攻坚步伐、全面建成小康社会的强大支撑。政府及主管部门要深刻认识并正确把握新形势、新挑战，因势利导，全力抓好中低产苹果园技术改造提升工作。

（一）加强组织领导，强化责任落实。政府及主管部门要充分认识中低产苹果园改造对推动我县苹果产业长远发展的重要性，切实加强组织领导，健全完善服务体系，加快中低产苹果园改造升级，提质增效。一要制定改造计划。研究制定中低产园整体改造规划和具体实施方案，分类施策，有序推进，确保各项任务落实到乡镇村组，规划到田间地块。二要注重典型带动。将示范引领作为中低产园改造的重要方法之一，通过领导包抓、挂牌督办、行政推动等形式，建设一批高标准示范园，增强辐射带动能力，促进中低产苹果园改造由点上向面上延伸。三要加大宣传力度。通过算账对比、参观学习等多种方式，重点对改造的成功经验进行深入广泛地宣传，引导果农进一步转变观念，树立长远发展意识，增强参与改造的自觉性。四要强化督查考核。县政府在年度工作安排时，对于改造面积大的乡镇，每年要抓建1处中低产园改造示范点，并纳入乡镇年度重点工作进行考核，加大考核比重，强化运用考核结果，督促乡镇加快改造进程。

（二）加大支持力度，强化资金保障。一要加大资金投入力度。县级财政每年列入专项经费，保障中低产园改造所需资金。积极争取国家、省市项目，整合资金，向果品产业发展倾斜。二要加强基础设施建设。坚持果园建设与基础设施建设并重，重点抓好产业路的配套建设，不断提高机械使用率；加强果园灌溉工程建设，着力解决果园干旱问题。三要扩大基地育苗规模。扩大良种苗木繁育规模，努力实现县域苗木自给，保障果园建设所需优质苗木。按照政府引导、群众自愿的原则，合理搭配早中晚熟品种以及授粉树种，努力实现品种多样、布局合理。对果园建设中必要的外调苗木，林业部门要严格把关，坚决杜绝劣质苗木，从源头上确保建园质量。四要发展新型经营主体。积极探索引导农民以转包、出租等形式流转土地，尤其要加强对“撂荒地”的流转指导，鼓励种植大户、生产能手通过租赁等形式流转土地建园，推动分散的家庭小生产向相对集中、适度规模的大生产转变，提升果园规模化、机械化生产经营水平。

（三）加强队伍建设，强化技术支撑。要把加强技术队伍建设和果农培训作为全县中低产园改造升级、提质增效的一项关键工程来抓。一要充实专业力量。县政府要研究制定具体办法，通过招考、签约农林院校果树专业毕业生等渠道，引进专业技术人才，充实技术队伍力量，着力解决技术力量薄弱的问题。二要加大培训力度。林业主管部门要围绕中低产园技术改造工作，科学设计培训内容，根据不同层面需求，通过举办培训班、现场演示等形式，全方位、多层次开展果农培训，增强培训的系统性。健全县、乡、村三级科技服务体系，组织技术人员经常进村入社，深入果园，指导果农全面落实技术改造各项措施，从根本上改变果农不会改、盲目改的现象。三要坚持分类指导。进一步细化中低产园技术改造实施标准，因地制宜，分类改造。对产量质量不高的郁闭果园，指导果农采取“间伐、落头、开角、提干、疏枝”的技术措施进行改造；对产量过低、树体腐烂严重的老果园的更新改造，要加快探索重茬建园、土地轮休、大苗移植等新技术，提高果树成活率，确保改造一块，成活一块。四要改良土壤结构。通过测土配方施肥等科学手段，合理引导果农开挖水肥沟，增施有机肥、使用土壤调节剂、铺放秸秆等方式改良土壤。积极广泛推行“果、沼、畜”三位一体生态果园模式，鼓励果农施用农家肥，切实减少化肥使用量，着力提高土壤有机质。调研发现，古城镇陈河村有1处上世纪80年代中期建设的果园，施用的肥料主要为农家肥（羊粪），30多年的果树，至今没有出现腐烂，长势非常旺盛。2008年以来，陆续对果园进行间伐、疏枝等技术措施改造，目前产量稳定（亩产约6000斤），优果率高，并且在2011年、2013年全县赛园赛果活动中分别获得农户参赛园二等奖、一等奖，值得全县借鉴。

（四）健全保障体系，强化风险防控。苹果产业收入已成为我县中南部乡镇群众的主要经济收入。因此，县政府要高度重视，把防灾减灾体系建设列入县域经济社会发展和果品产业发展规划，切实加大财政投入和补贴力度，鼓励、引导广大果农扩大防雹网等果园防护设施建设规模，尤其要率先在雹灾多发区域的盛果园搭建防雹网，加强防霜机、智能烟雾发生器等新式设备的推广应用，大力提高抵御自然灾害的能力。同时，要加强果园病虫害防控，积极推广物理、生物和化学相结合的病虫害综合防治技术，指导果农减少农药使用量。要增强果农的农业保险意识，积极参加苹果保险，有效规避自然风险，降低经济损失。

第七次会议 于2017年10月31日在常委会五楼会议室召开，由李读主持。

会议议程有五项：一、听取和审议残联理事长牛永琪受政府委托所作的《关于〈中华人民共和国残疾人保障法〉实施情况的报告》、常委会科教文卫与民侨工委副主任王宏所作的《关于〈中华人民共和国残疾人保障法〉实施情况的检查报告》。二、听取和审议政府办公室主任韩伟周受政府委托所作的《关于县第十七届人民代表大会第一次会议代表建议意见办理情况的报告》、常委会人事与代表联络工委主任李稳收所作的《关于县第十七届人大一次会议代表建议意见办理督查情况的报告》。三、听取和审议财政局局长马斌受政府委托所作的《关于2017年新增地方政府债券支出安排情况的报告》、人大财经委副主任委员王友忠所作的《关于2017年新增地方政府债券支出安排情况的审查报告》，作出《关于2017年新增地方政府债券支出安排的决议》。四、听取和审议法院院长张立军所作的《关于“两年内基本解决执行难问题”工作情况的报告》、常委会法制工委主任王瑞生所作的《关于县人民法院“两年内基本解决执行难问题”工作情况的检查报告》。五、审议并通过《静宁县人民代表大会法制委员会工作规则》《静宁县人民代表大会法制委员会会议制度》。会上，政府常务副县长陈景春、法院院长张立军就落实审议意见分别作表态发言。

第十七届常委会组成人员王智国、沙芳琴、高旭、厚连世、张进宝、李读、靳宝生、王友忠、胡志科、李稳收、李平安、王瑞生、王壬寅、马川娃、王宏、牛满川、王晓峰、张录牛、魏永牛、朱国军、李建明、裴晓江、厚凤兰、王全生出席会议；县委常委、政府常务副县长陈景春、法院院长张立军、检察院副检察长刘志刚、政府办公室主任韩伟周、督查考核局局长梁斌、发改局局长胡生平、财政局局长马斌、人社局局长张淋冰、国土局局长程军伟、工商局局长鲍彦鹏、残联理事长牛永琪、司法局局长胡耀国、教育局副局长张拴华、公安局副局长王康明、住建局副局长张锋、卫计局副局长李百志、文广局副局长周小宁、地税局副局长张小忠、民政局纪检组长胡玲香，常委会办公室科级干部王兴国、张天顺、马晓荣，李店镇、四河镇党委书记王国平、平宏，原安乡、曹务镇人大主席戴兵兵、王宁学，界石铺镇、仁大镇政府镇长李高强、王康乐，市人大代表王晓爱、王宝琴，县人大代表李小宁列席会议。

附：

关于《中华人民共和国残疾人保障法》实施情况的检查报告

由常委会分管副主任带队，县政府分管领导参加，常委会办公室、科教文卫与民侨工委，县政府办、残联、民政局、人社局、卫计局、住建局、教育局等单位负责人及部分市县人大代表组成检查组，于9月中旬至10月上旬，重点深入界石铺、四河等8乡镇及城市社区30余户残疾人家庭，残联、民政局、人社局、特教学校等部门和单位，采取听取汇报、走访座谈、查阅资料等方式，对《中华人民共和国残疾人保障法》（以下简称《残疾人保障法》）实施情况进行了检查。

一、贯彻实施情况

从检查情况看，县政府及相关职能部门围绕残疾人康复、教育、劳动就业、社会保障等方面做了一定工作，取得了一定成效。一是建立保障机制。结合我县实际和残疾人生活现状，先后制定出台了《静宁县扶残助残规定》《静宁县关于加快推进残疾人社会保障体系和服务体系建设的实施意见》等文件，完善了残疾人低保、医疗救助等制度；成立了静宁县残疾人法律救助工作领导协调小组，完善了法律救助工作机制；坚持每年开展残疾人信息数据动态更新工作，及时掌握残疾人生活现状和需求，为精准开展助残工作打下了基础。二是开展扶贫解困。积极落实各项优惠政策，逐步将残疾人纳入低保范围，2016年，全县有3448名残疾人享受了农村最低生活保障，315名纳入了农村五保供养，为1588名持证重度残疾人代缴了养老保险，189名城镇重度残疾人代缴了医疗保险；核定重度残疾人护理补贴和困难残疾人生活补贴发放对象3326人，发放金额35.4万元；争取项目资金2300多万元，实施残疾人家庭危房改造1960户，投入资金25.3万元，对部分残疾人家庭实施了无障碍改造，为2000多名贫困残疾人给予实物救助，改善了残疾人住房和生活条件。三是发展特殊教育。将特殊教育纳入全县教育发展规划，建立了特殊教育管理体系，落实农村义务教育阶段学生“两免一补”政策；动员社会各界积极参与残疾儿童帮扶工作，加强人文关怀，有效促进了残疾儿童健康成长。目前，我县义务教育阶段在校残疾儿童151人（其中特教学校67人，其他学校84人），入学率为86.3%，残疾儿童入学率逐年提高。四是加强就业培训。组织残疾人参加省市实用技术培训班28期2670人次，并选送48名残疾人参加了省市职业技能培训；累计安置到公益性岗位就业33人，扶助305名城镇残疾人实现了个体就业，动员爱心企业吸纳特困残疾毕业生11人，为残疾人实现自我价值起到了积极推动作用。五是开展康复医疗。联系专科医院对67名脑瘫患儿进行义诊检查，选送32名参加康复训练；免费实施白内障复明手术1251例，为118名低视力患者验配助视器，发放助听器374副，捐赠轮椅302辆；积极抓好疫苗接种、新生儿听力和遗传病筛查工作，接种率、筛查率达98%以上。

二、存在的主要问题

（一）政府重视程度有待进一步提高。对残疾人保障工作的重要性认识不足，具体工作研究部署少，社会保障和服务体系建设依然滞后。对省市相关政策执行不到位，残疾人补贴资金、医疗报销等没有应享尽享，按辖区人口每人每年至少不低于0.5元的康复经费仍未列入财政预算；一些乡镇在落实相关优惠政策上不能灵活运用，一部分真正需要扶助的残疾人未纳入保障范围或享受的保障等级较低。部分残疾人工作委员会成员单位对发展残疾人事业重视程度不够高，职能发挥不充分，具体工作中沟通联系少，协调配合不紧密，没有真正形成合力；乡村一级残联组织薄弱，专职委员法律宣传、信息传导等开展不经常、不及时，在老百姓心目中的概念模糊，工作得不到认可。

（二）鉴定办证工作有待进一步加强。我县共有各类残疾人33000人，其中持证残疾人12138人，持证率仅为36.8%。究其原因：一是鉴定医师少，全县仅有残疾人专业鉴定医师4人，全部为县医院科室主任，平时忙于日常工作，对鉴定工作无暇顾及，存在推诿现象；二是办证难度大，大部分残疾人出行不便，即使到医院也得不到及时鉴定，尤其是对于身体多重残疾的残疾人，往往得不到一次性的全面鉴定，加之医院要收取鉴定费，因而放弃了对自身残疾等级的鉴定；三是思想顾虑多，一些残疾人及家属担心持残疾证或残疾医学鉴定会影响家庭声誉及子女生活就业，一些轻度残疾人认为，即使办理残疾证也享受不到优惠政策，不愿鉴定办证。

（三）法律宣传力度有待进一步加大。《残疾人保障法》及相关法律法规、政策宣传的广度、深度不够，大部分残疾人及家庭对法律、政策的规定知之甚少，不清楚自己应享的权利和待遇，不能很好地运用法律武器来维护自己的合法权益。公众对残疾人仍止于道德意义上的同情和怜悯，自觉主动关心残疾人的意识欠缺，社会化扶残助残体系有待进一步健全，帮扶长效机制有待进一步完善。检查座谈了解到，部分残疾人家庭地位低，家庭成员对其关爱不够，甚至存在歧视、虐待残疾人的现象。

（四）服务保障水平有待进一步提高。一是无障碍设施不完善。截至目前，我县在残疾人无障碍设施建设方面还没有总体规划，部分交通枢纽、公共场所对残疾人的无障碍设施建设考虑不充分，设计不合理，盲道断头问题严重，甚至部分人行道没有铺设盲道；残疾人公用设施管理仍然不到位，占压、挤占盲道的现象依然突出，服务残疾人的能力和水平较低。二是技术培训力度不大。一些部门和单位对适合残疾人就业的公益性岗位开发少，残疾人实用技术培训处于空白状态；部分残疾人就业、创业意识淡薄，存在等靠要思想，生活上得过且过。三是危房改造难度大。残疾人家庭危房改造补助与一般户的标准等同，部分残疾人家庭贫困程度深，经济基础薄弱，危房改造资金缺口大。据住建部门统计，截至目前仍有143户残疾人家庭住房为C级危房。

四是康复医疗工作滞后。我县没有设立专门的残疾人康复机构，现有的康复医学科室与残疾人的康复需求相比还有很大差距。部分群众对预防残疾的意识还不强，参与孕前健康检查及出生预防缺陷筛查的主动性还不够高。五是精神文化生活缺失。我县专门用于残疾人的文体基础设施少，目前还没有组织和扶持残疾人开展过群众性文化、体育、娱乐活动，不能有效保障残疾人对精神文化生活的需求。

（五）教育投入机制有待进一步完善。部分残疾儿童家长思想观念落后，对特殊教育的认识不足，坚持送孩子就近入学接受普通义务教育，影响了残疾儿童接受特殊教育的最佳时机及今后人生发展；大部分普通学校就学的视力、智力、听力残疾学生没有办理残疾证，随班就读学籍无法建立。对义务教育阶段残疾学生每生每年500元标准的特殊学习用品、交通费等补助仍未落实，特殊教育教职工收入分配激励机制不完善，特教津贴落实还不到位；特教学校没有专门的生活教师和专业心理咨询教师，音乐、美术教师短缺，师资力量不足，结构不合理。

三、今后工作建议

关爱残疾人、保障残疾人权益，是实施精准扶贫、全面建成小康社会的必然要求。政府及相关部门要进一步提高对残疾人工作重要性的认识，将残疾人保障工作纳入全县工作大局，尤其是精准扶贫精准脱贫工作范畴，统筹安排，促进残疾人事业与经济社会协调发展。

（一）高度重视，健全完善工作机制。县政府要加强对残疾人工作的组织领导，把做好残疾人工作摆上重要议事日程，定期研究残疾人工作，进一步完善政府主导、部门配合、社会支持、整体联动的残疾人工作机制，明确责任分工，强化协调配合，努力形成促进残疾人事业发展的强大合力。要根据省市相关政策，进一步制定出台和完善适合我县残疾人现状的政策措施，为精准助残提供政策指导。要加强财政预算，加大资金投入力度，确保残疾人各项补贴应享尽享，康复经费落到实处。要加强基层残联组织建设，加大工作指导力度，使残疾人工作做到层层有人抓，事事有人管。

（二）统筹协调，切实加强鉴定办证工作。县政府要组织召开专题会议，安排部署残疾人鉴定办证工作，切实提高全县残疾人持证率。要对全县范围内的残疾人进行一次全面普查，统一登记造册，进一步健全完善残疾人各类信息管理台账。要积极与上级卫计部门衔接，增加符合条件、有鉴定资质的医院，调整充实鉴定医师队伍。残联、卫计部门及相关医院要共同研究制定鉴定办证工作计划，集中人力、集中时间开展残疾等级鉴定和办证工作，各乡镇要积极动员并组织未办理残疾证或持证等级与现实状况不符的残疾人进行医学鉴定、办理残疾证，切实提高持证率。财政部门要为承担残疾等级鉴定工作的医院拨付相关经费，取消残疾人个人缴费，减轻经济负担。

（三）广泛宣传，努力营造扶残助残氛围。要高度重视《残疾人保障法》的宣传教育，创新宣传形式，加大宣传频率，有计划、有组织、有步骤地开展宣传工作，努力扩大社会覆盖面，不断加深广大干部群众对法律知识的了解掌握，提高全社会扶残助残意识。要将《残疾人保障法》及相关法规政策的宣传纳入“七五”普法规划，结合助残日、法制宣传日等活动，深入开展法律“八进”，增强全社会发展残疾人事业、维护残疾人权益的良好氛围。要加强对扶残助残、关爱残疾人典型家庭和残疾人自立、自强先进典型的宣传，引导更多的残疾人站起来、走出去，广泛参与社会活动。要积极创造条件，组织开展各类扶残助残活动和残疾人文化、体育、娱乐活动，丰富精神文化生活，努力营造全社会理解、尊重、关心、帮助残疾人的浓厚氛围。

（四）落实政策，加快推进服务保障体系建设。一要加强社会保障体系建设。切实将一户多残、老残一体等特殊困难家庭和低收入残疾人家庭纳入城乡社会救助和社会福利体系，予以重点保障和特殊扶助；乡镇政府要灵活运用有关优惠政策，优先将残疾人特别是重度残疾人，无劳动能力、无抚养人的残疾人纳入低保、临时救助范围，确保真正需要保障的残疾人得到应有的政策享受。积极向上争取资金，实施农村残疾人家庭危房改造差异化补助政策，提高补助标准。二要加强服务体系建设。要严格执行无障碍设施建设的法律法规、设计规范和行业标准，将无障碍设施建设纳入城市建设总体规划，对报批的新建、改建城市道路和建筑物等，要严格审查把关，规范无障碍设施建设。要加大残疾人技能培训和就业服务，丰富培训内容，着力为残疾人提供适合自身特点及市场需求的技能培训；拓宽残疾人就业渠道，将公益性岗位作为残疾人就业的重要渠道，积极挖掘开发，为有劳动能力和就业愿望的残疾人提供就业岗位，促进其广泛就业。要广泛宣传普及母婴保健和预防残疾知识，提高公众预防残疾意识，完善残疾预防早期干预和治疗机制，有效控制遗传、疾病及其他因素导致的残疾发生。

（五）重视教育，进一步做好特殊工作。一要提高残疾儿童入学率。政府及相关部门要采取有效措施，切实保障残疾少年儿童接受教育的权利。对就近入学、接受普通义务教育的残疾学生，各学校要尽最大努力，从食宿等方面优先安排，并重点加强个性帮扶和关爱。对智力等方面有障碍的残疾儿童，要及时安排医学鉴定，根据实际建立随班就读学籍或送入特教学校，提高适龄残疾儿童入学率。二要加大特教经费投入。认真落实相关特殊教育经费规定以及扶残助残有关条例，多方筹措，提高特教学生公用经费保障水平，落实义务教育阶段学生特殊学习用品、交通费等补助。健全完善特教教师收入分配激励机制，落实特教津贴补贴政策，在晋级评优、国培计划等方面向特教学校倾斜，激发特教教师工作积极性。三要充实特教师资队伍力量。通过招考、培训、转岗等办法，着力解决特教学校师资短缺，尤其是心理咨询、康复训练等专业教师空缺的问题，优化教师队伍结构，提高教育教学水平。

关于县人民法院“两年内基本解决执行难问题”工作情况的检查报告

由常委会分管副主任带队，常委会办公室、法制工委、法院负责人及部分市县人大代表组成检查组，于10月上旬至中旬，先后深入县法院及有关基层法庭，通过翻阅案卷资料、听取汇报、座谈交流等方式，对县人民法院“两年内基本解决执行难问题”工作情况进行了检查。

2016年6月，县人民法院正式启动“两年内基本解决执行难”工作，力争在两年内实现以下目标：被执行人规避执行、抗拒执行和外界干预执行现象基本得到遏制；人民法院消极执行、选择性执行、乱执行的情形基本消除；无财产可供执行案件终结本次执行的程序标准和实质标准把握不严、恢复执行等相关配套机制应用不畅的问题基本解决；有财产可供执行案件在法定期限内基本执行完毕，人民群众对执行工作的满意度显著提升，人民法院执行权威有效树立，司法公信力进一步增强。

一、主要工作成效

（一）执行工作取得阶段性成效。县法院认真贯彻最高人民法院《关于落实“用两到三年时间基本解决执行难问题”的工作纲要》和省高院、市中院执行工作会议精神，强化执行工作措施，加大执行工作力度，执行工作阶段性成效明显，位列全市第二。2016年6月至2017年9月，县法院共受理执行案件1714件，案件标的额8532.6万元，其中，民商事类1692件，刑事附带民事赔偿纠纷类11件，行政非诉执行类1件，仲裁纠纷指定执行类8件，涉党政机关案件2件，已执结1394件，执结率为81.3%，高出全市法院平均值35%，实际执结率80.9%，高出全市法院平均值6.4%，执行标的到位6425.1万元，执行标的到位率75.3%，执行标的到位率为全市法院第一，清理历年执行积案194件，执结标的638.5万元。

（二）执行工作机制初步建立。县法院成立了解决执行难工作领导小组，制定了《“两年内基本解决执行难问题”实施方案》和工作时间表、任务单，召开了全县46家联席成员单位和驻静金融机构负责人参加的执行工作推进会，并就“依法协助法院执行工作”达成共识，初步建立了执行工作联动协助机制，并明确了各协助执行单位的具体职责。县法院制定了“两年内基本解决执行难问题”工作宣传方案，通过邀请媒体报道，召开新闻发布会，编发执行工作动态简报，向当事人印发宣传资料、告知诉讼、执行风险，电视台跟踪报道执行案件、曝光失信被执行人等方式，深入广泛宣传执行工作，营造积极的舆论氛围。

（三）执行工作力度不断加大。县法院以“清仓行动”“飓风行动”“问责行动”三大行动为突破口，集中清理和执行未结案件，共清理出历年终结本次执行程序（以下简称“终本程序”）结案和未结案件194件，其中涉民生案件16件，截至今年9月，这些案件已全部执结，执行到位金额638.5万元。运用多种执行措施，严厉打击各种不履行生效法律文书的行为，依法查封房产4处，扣押车辆17辆，冻结、划拨账户存款834万元，拘留拘传78人（次），对故意躲避执行的9名被执行人，移送公安机关协助查控，对有能力执行而拒不执行法院判决、裁定，涉嫌犯罪的26案18人，移送公安机关进行侦查，其中对9案13人以拒执罪判处了刑罚，有效维护了司法权威。县法院通过媒体曝光86名失信被执行人，并将169名纳入国家失信被执行人名单，召开打击拒执犯罪新闻发布会，向社会公布4起典型拒执案件。

（四）执行工作运行趋于规范。县法院在力量、装备、经费等方面优先向执行工作倾斜，成立了司法警察大队执行中队，推进执行团队化工作模式改革，实施人员分组，案件繁简分流，提升执行工作效率。县法院建成了执行指挥中心，通过网络远程指挥现场执行，形成了上下一体、内外联动、规范高效、反应快捷的执行指挥体系。加强与最高法院、省高院的“总对总”“点对点”网上财产查控系统有效对接，实现了案件从立案到执行多轮查询，累计查询个人账户1827人（次），对456案511名被执行人的财产进行现场查封、冻结、扣押，有效控制了被执行人的财产，提高了执行标的到位率。县法院优化执行工作队伍结构，加强执行款物管理、案件流程管理，推行阳光执行，先后公开执行文书1128份，进一步规范执行工作。

二、存在的困难和问题

（一）执行效果有待提升。从数量上看，未执结案件存量较大，2016年6月以来，县法院由于受理案件总数大，目前未执结案件还有289件，没有执行到位的案件标的额达2107.6万元。从质量上看，以终本程序的方式结案适用率偏高，在已执结的1394件案件中，适用终本程序结案的有280件；在清理的194件历年执行积案中，适用终本程序结案的达126件，案件实际执结率为35.1%，标的到位率为30.3%。从落实上看，在执行过程中，部分办案人员存在畏难、消极情绪，在查控被执行人财产上措施落实不到位、办法不多，对“无财产可供执行”案件的认定还不够严谨，对申请人提供的线索核实不及时，造成可执行财产转移。同时，对拒不申报或申报财产不实的被执行人，落实强制措施还不到位，增加了可执行财产的查控难度。

（二）执行措施有待完善。法院在立案、审判、执行环节上，相关职能部门相互支持配合还不够紧密，财产保全、财产控制不及时，一些被执行人趁机将财产转移、隐匿或变卖，案件进入执行程序后，执行难度增大。执行指挥中心使用效率不高，网络查控功能不全、范围不够广，目前，只实现了查询和远程指挥，财产的扣押、冻结等无法在网上办理。执行工作司法救助制度没有落实到位，县法院虽然积极向省市申请司法救助，但申请周期长，救助资金少，县上也没有安排相关的资金，一些高额赔偿案件因被执行人财产有限，多数无法执行，申请人权利得不到保障。

（三）执行协调运转有待加强。法院、协助单位在信息共享方面不够积极主动，特别是法院执行失信人诚信惩戒系统尚未与其他行业的信用系统实现信息共享，各协助单位按照职权办理相关行政许可时，对失信执行人的相关惩戒无法落实，全社会惩戒失信执行人的网络体系没有形成。执行工作惩戒平台建设以及打击拒执罪长效机制还需要巩固和完善，个别部门对执行工作认识不到位、部门之间工作职责有差异，在查控当事人财产时，不能按照联动协调职责，简化业务程序，依法高效的办案机制和共同打击拒执犯罪的合力尚未形成。

（四）执行工作外部环境有待优化。执行案件数量逐年增多，仅今年已经受理执行案件999件，与去年全年受理案件相比已高出17.2%，县法院虽然充实了执行工作力量，但案多人少的矛盾依然突出。需要强制执行的案件也明显增多，执行任务越来越繁重，其中无财产可供执行的案件数量较多，执行难度非常大。一方面，受理的执行案件中，无财产可供执行和有部分财产可供执行的案件占三分之一左右，另一方面，被执行人逃债问题严重，不自觉履行、拒不履行债务的现象比较普遍，转移、隐匿财产情况突出，造成被执行人难寻，被执行人财产难查，执行效果不理想。

三、工作建议

一要加强执行工作宣传。充分利用各种新闻媒体，加大执行工作宣传力度，凝聚全社会理解执行、尊重执行、协助执行的广泛共识，推动形成良好的法治环境。要突出法治宣传，依托“七五”普法，按照“谁执法谁普法”的要求，各单位要切实加强执行工作相关法律法规的宣传，提高群众的法治意识，在全社会形成生效法律文书必须履行，抗拒、阻碍人民法院执行为耻，服从、配合、支持人民法院执行为荣的社会氛围。要突出案例宣传，筛选出最具代表性、典型性和社会影响较大的正反两方面的执行案件进行分析研判，在电视台制作专题节目，分期循环播放，教育群众养成良好的诚信意识、法治意识，警示涉案当事人依法履行义务，积极营造理解、支持执行工作的法治环境。要突出风险意识宣传，在全社会加强诚信意识建设的同时，注重风险意识的培养，让公民、法人在经济活动中既要增强规避风险意识，会用法律保护自己的合法权益，又要增强举证意识和赔偿责任意识，正确理性认识执行工作，提升人民群众对法院执行工作的认知度，争取社会各界对法院执行工作的理解、协助和支持。要突出宣传针对性，充分发挥和利用报刊、电视等各类传统媒体及微博、微信等新兴媒体平台作用，加强对婚姻家庭、邻里纠纷、债务纠纷等法律法规的宣传，特别对果品交易纠纷、非法集资等方面的法律法规，要集中时间、集中力量广泛开展宣传，提高群众自我保护意识，使更多群众理解、支持、配合法院执行工作。

二要加大执行工作力度。积极推进执行工作制度化、规范化建设，完善执行工作程序，严格执行流程管理，规范执行行为，促进执行依法公正。县法院要坚持审执分立不分离，分工不分家，案件受理后，要及时进行分析预判，评估出审理结果，第一时间对当事人的财产进行诉讼保全，防止被执行人转移财产，提高案件执结率和标的到位率。建立高效严格的惩戒机制，运用拘留等强制措施，加大对拒不执行法院判决行为的打击力度，提升案件执行的刚性，依法维护法律的权威。运用好舆论和社会道德力量，对拒不履行义务的被执行人，采取媒体公开曝光，限制外出、置产、高消费等措施，监控资金流向，使其人身无处可逃，资产无处可藏，促使其履行义务。尽快落实司法救助，完善执行工作社会保障机制，按照《关于建立完善国家司法救助制度的意见（试行）》要求，将司法救助资金列入县级财政预算，统筹安排，并建立动态调整机制。被执行人无财产可供执行，对申请人生活困难的给予司法救助，同时，对申请人家庭极度困难，案件无法或暂时无法执行的，纳入社会保障体系，减少社会不安定因素，促进社会和谐稳定。

三要完善协助执行联动机制。健全协助执行单位与法院的配合协作机制，对在执行工作中需要查询、冻结、划拨当事人存款和办理土地、房产、车辆、设备等使用权或产权查证等业务时，各相关单位应予以积极协助。建立信息共享机制，加强信息化手段与传统执行措施相结合，注重多部门、多行业同时发力，进一步挤压被执行人隐匿财产、抗拒执行的空间，共同构建严密的人、财、物查控网络体系，提升执行质量和执行率。切实利用好基层司法所、人民调解员、村两委的优势，加强工作衔接，主动化解基层矛盾纠纷，减少强制执行。继续深化网络执行查控覆盖面，充分发挥执行指挥中心作用，进一步拓展查控范围，提高网络查控的广度、深度和精准度。建立科学性和操作性强的考核体系，形成社会化、体系化、科学化的监管机制，对不履行职责、违法干扰、设置障碍，严重影响执行工作的协调联动部门或个人，交由组织、纪检监察部门追究其责任，依法依纪从严查处。

四要狠抓执行队伍建设。加强执行人员思想政治、廉政纪律和职业道德教育，着力提升执行队伍的职业能力和综合素质，建设一支政治过硬、业务精通、忠诚干净、敢于担当的执行工作队伍。执行人员要主动履行执行主体责任，牢固树立公平公正意识，坚决依法办事，杜绝选择性执行、消极执行、乱执行。要创新执行方式，进一步拓展查处被执行人财产线索的渠道，鼓励、帮助申请执行人搜索提供被执行财产线索，严查被执行人财产，认真核查申请人提供的有关可执行财产的线索。强化执行工作考核机制和监督制约机制，将考核结果与个人职务晋升、评先选优挂钩，对业绩突出的给予奖励，对不及时办理、不作为的要严肃问责。

第八次会议 于2017年12月12日在常委会五楼会议室召开，由王智国主持。

会议议程有三项：一、人事任免，为新任命人员举行宪法宣誓仪式。二、审议通过召开十七届人大二次会议的有关事项。三、审议通过常委会工作报告、关于代表资格出缺变动和补选代表资格审查情况的报告、关于十七届人大一次会议代表建议意见办理情况的报告。

第十七届常委会组成人员王智国、沙芳琴、高旭、厚连世、张进宝、李读、王友忠、胡志科、李稳收、王瑞生、王壬寅、马川娃、王宏、王致中、牛满川、王晓峰、周浩仁、张录牛、李会宾、李建明、裴晓江、厚凤兰、王全生出席会议；常委会办公室副主任王飞、科级干部王兴国、张天顺、马晓荣列席会议。

附：

人事任免

接受魏永牛辞去县第十七届人大常委会委员职务的请求

接受陈雄辞去县第十七届人大常委会委员职务的请求

接受白路民辞去县第十七届人民代表大会财政经济委员会委员职务的请求

平　宏任县人大常委会办公室主任

李　寰任县第十七届人大财政经济委员会委员

第九次会议 于2017年12月18日在常委会五楼会议室召开，由沙芳琴主持。

会议议程有五项：一、审议通过有关辞职请求的决定；二、听取和审议财政局副局长李乐伟受政府委托所作的《关于静宁县2017年新增财力支出安排情况的报告》、人大财经委员会副主任委员王友忠所作的《关于2017年新增财力支出安排情况的审查报告》，作出《关于2017年新增财力支出安排的决议》；三、听取和审议司法局局长胡耀国受政府委托所作的《关于全县"七五"普法规划实施情况的报告》、常委会法制工委主任王瑞生所作的《关于全县"七五"普法规划实施情况的调研报告》；四、听取和审议住建局局长王彦飞受政府委托所作的《关于城区"断头路"打通情况的报告》、常委会财经与城建工委主任王友忠所作的《关于城区"断头路"打通情况的检查报告》；五、对政府《关于全县"七五"普法规划实施情况的报告》《关于城区"断头路"打通情况的报告》以无记名投票的方式进行满意度测评，结果均为满意。会上，政府副县长马发荣就落实审议意见作表态发言。

第十七届常委会组成人员王智国、沙芳琴、高旭、厚连世、张进宝、李读、杨华、王友忠、胡志科、李稳收、李平安、王瑞生、王壬寅、马川娃、王宏、王致中、牛满川、王晓峰、周浩仁、张录牛、李会宾、朱国军、牛国喜、李建明、裴晓江、厚凤兰、王全生出席会议；政府副县长马发荣、法院院长张立军、检察院检察长杨青、政府办公室主任韩伟周、工信局局长刘昌麟、公安局常务副局长樊建武、司法局局长胡耀国、财政局副局长李乐伟、国土局副局长李世明、交运局局长王顺义、水务局局长王升斌、农牧局局长张秉鑑、工商局局长鲍彦鹏、安监局局长樊爱平、食药监局工会主席文慧轶，城关镇党委书记戴彦荣，城市社区管委会主任阎晓亮，李店镇、细巷镇人大主席王惠勤、梁永胜，市人大代表柴永生、阎毓强，县人大代表刘小勇、邹新席列席会议。

附：

接受陈泾瑞辞去平凉市第四届人民代表大会代表职务的请求

关于全县"七五"普法规划实施情况的调研报告

由常委会分管领导带队，常委会办公室、法制工委，司法局负责人及部分市县人大代表组成调研组，于11月上旬，先后深入部分县直单位、乡镇、学校、村（社区）以及企业，采取查阅资料、听取汇报、召开座谈会等方式，对全县实施《关于在全县公民中开展法治宣传教育的第七个五年规划》（以下简称"七五"普法规划）情况进行调研。

一、主要工作成效

（一）领导重视，健全机制。一是制定普法规划。县政府研究制定了"七五"普法规划，提交县第十七届人大常委会第一次会议进行审议，会议作出了《关于开展第七个五年法治宣传教育的决议》（以下简称决议），各乡镇、各部门依据"七五"普法规划和决议，结合工作实际，制定了本部门普法教育规划和年度普法计划。二是加强组织领导。成立了县全面推进依法治县工作领导小组，下设法治宣传教育专项工作组，负责全县普法宣传教育工作，制定了工作职责，印发了《关于落实“谁执法谁普法”责任制工作实施方案》，详细列出了36个成员单位的普法清单。各乡镇、各部门都相应成立了普法领导机构，明确了专职或兼职负责人，保证了“七五”普法规划全面实施。三是普法机制顺畅。将法治宣传教育纳入了全县经济社会发展规划，乡镇党委和政府年度目标责任考核，各级党政领导班子和领导干部经济社会发展政绩考核之中，向各部门、各单位印发了《关于深化“法律八进”开展“法治八建”创建活动的意见》，进一步明确了普法载体、重点对象和目标任务，为普法工作的深入开展提供了保障。

（二）全面开展，突出重点。一是全面开展普法宣传。各单位、各部门认真落实“七五”普法规划，共开展法治宣传教育活动56场（次），散发宣传资料约50000余份，张贴标语80余条，悬挂横幅28幅，展出宣传展板56块，解答法律咨询450余人，直接受教育群众达38000余人。二是开展领导干部和公务员法治教育。制定了领导干部任前培训制度，完善了领导干部法治讲座、领导班子集体学法制度。分批次组织领导干部、公务员进行法律培训，先后培训各级领导干部1200人（次），把党章和党内法规作为学习教育重点内容，引导党员领导严格遵守党内法规、政治纪律和政治规矩。三是开展青少年的法治宣传教育。深入开展“送法进校园”“送法进课堂”“我与家长同学法”等活动，全县中小学校都聘请法治副校长，每学期开展1–2次法治讲座。将法治教育与教学相结合，发挥相关学科在普法教育中的作用，激发了青少年的学法兴趣。四是开展城乡居民法治宣传教育。针对社会保障、医疗卫生、劳动争议、食品安全等方面的问题，在村社培养法律联络员，组织开展“法律赶集”“送法下乡”“法律进乡村（社区）”等活动开展普法宣传，解疑释惑。五是开展企业经营管理人员及职工学法教育。企业采取以会代训、岗前专题培训、发放宣传资料等形式开展法律法规宣传，部分企业聘请法律顾问，发放法律读本，提高了企业经营管理人员的法律素质，提升了职工的维权意识。

（三）形式多样、活动丰富。一是深入开展“八进八创”。在机关单位，组织学习党章党规，举办知识竞赛、演讲比赛，在村社开展“文明家庭”“五星家庭”评选活动，在企业建立“职工维权热线”，在学校开展“小手拉大手”和学生禁毒志愿者等活动，推动机关单位、乡村、社区、学校、企业法治宣传教育。二是创新法治宣传形式。部分单位利用QQ、微信、微博等新媒介，依托户外电子显示屏进行法治宣传，学校通过模拟法庭、主题班会等形式开展普法宣传教育，乡镇建设法治文化长廊，开办“普法之声”“法治之声”等广播栏目，利用乡村大喇叭开展普法宣传，社区通过编排、演出小品、快板等法治文艺节目开展普法宣传，宣传效果较好。三是创造性地开展了“法律进公园”和“法律进超市”活动。在西岭公园制作永久性法治宣传牌186块，介绍了我国法治历程、宪法、部门法以及法律原则和法治精神。在超市大力宣传《中华人民共和国产品质量法》《中华人民共和国食品法》《中华人民共和国食品安全法》等法律法规，引导广大群众尊法、学法、守法、用法。

二、存在的问题

（一）思想认识有待进一步提高。一些部门和单位对开展普法工作的重要性、必要性认识不到位，思想还不够重视，日常工作开展不及时。全社会尊法、学法、守法、用法氛围不浓，单位、部门之间普法工作开展不平衡，个别单位的“七五”普法工作启动迟，进展缓慢。全民学法、用法意识不强，重点普法对象的普法任务仍很艰巨，个别党员领导干部学法不经常，带头宣传教育不主动；学校缺少法律顾问、专兼职法律教师、适合青少年的法律教材；法治宣传教育“进村入户”不够深入，全民法治意识不强，特别是农村大部分青壮年外出务工，留守人员难以组织起有效的普法教育活动；一些中小私营企业，经营管理人员不重视学法用法，对职工法律培训、宣传也不到位。

（二）普法实效有待进一步增强。普法形式仍然较为单一，虽然一些单位在普法宣传形式上进行了一些有益的探索，但目前普法方式大多仍采取开展法律咨询、知识竞赛、以会代训、摘抄法律条文等一般性、常规性宣传方式为主，宣传载体不多，运用新媒体、新形式进行普法的实践较少，普法活动缺乏趣味性和新颖性，难以调动学法积极性。普法针对性仍需加强，各部门根据自身行政执法和司法实践，举办法律宣传活动，对普法对象需求的研究还不多，而侧重于对法律条文的单向传授与灌输，片面追求普及了多少人、搞了几次宣传活动、发放了多少资料，却忽视了对法治理念和法治思维的植入与渗透。法治宣传资料亟待规范，一些单位对普法工作研究少，制定的宣传方案缺少具体普法内容，没有操作性，相关制度缺乏逻辑性，印制的个别资料有明显错误，甚至与法律法规相悖。

（三）工作机制有待进一步完善。普法联动机制有待加强，部分单位普法积极性不高，工作开展次数少，配合不紧密，存在司法行政单位唱“独角戏”的现象，没有形成协作配合、齐抓共管的普法宣传机制。普法考评缺乏量性的规定和标准，普法考评工作大多采取听汇报、查阅材料等方式进行，考核难度较大。依法行政工作仍需进一步加强，个别行政人员依法行政的理念还不够深入，学法用法重视不够，程序违法情况仍有发生。

三、工作建议

（一）提高认识，深入推进普法宣传。各单位、各部门要进一步认识普法工作的重要性、长期性和艰巨性，要把普法工作提高到贯彻落实“四个全面”战略布局的高度来认识、谋划和落实，切实增强使命感和责任感。各级领导干部要率先垂范，带头尊法、学法、守法、用法，层层落实责任，形成全社会共同参与的良好格局。普法宣传教育要从侧重普及法律知识，转到着力培养领导干部的法治思维和群众的法律意识、法治精神上来，实现从宣传法律条文到培育法治信仰的转变，在工作方法上从灌输式向渗透式转变，在工作评价上从重过程向重结果转变，增强普法教育的针对性和实效性。

（二）创新形式，增强普法宣传实效。一要进一步完善宣传内容。各单位要按照

“七五”普法规划要求，完善普法资料，将党章党规、中央关于全面依法治国的决策部署特别是习近平总书记关于全面依法治国的一系列重要论述作为普法宣传的重点内容，引导党员领导干部增强党章党规党纪意识，严格遵守党的政治纪律和政治规矩。要重视普法宣传与道德教育相结合，加强社会公德、职业道德、家庭美德、个人品德教育，把宣传社会主义核心价值观与普法宣传相结合，弘扬自由、平等、公正、法治的社会价值，树立爱国、敬业、诚信、友善的道德规范和价值准则，促进法律的规范作用和道德的教化作用相辅相成。要注重法治文化的培育和打造，发掘本土丰富的法治文化和优秀传统文化遗产并加以宣传，组织各类群众性法治文艺演出活动，着力培育一批优秀法治文艺作品，借助艺术感染把枯燥的法律条文演绎成群众喜闻乐见的语言和思维形式，引起群众思想上和精神上的共鸣，推动法治文化与本土文化、校园文化、网络文化、旅游文化、企业文化融合发展。要注重法治文化与公共设施建设相结合，加强法治文化公共设施建设，把法治元素纳入城乡建设规划设计，建设一批法治广场、法治长廊、法治街道，使普法宣传贴近生产生活。

二要进一步创新宣传载体。注重智慧普法，在充分发挥广播、电视等主流媒体的普法宣传同时，加强新媒体新技术在普法中的运用，推进“互联网+法治宣传”的形式，利用微信、微博、微电影等新媒介开展法治宣传教育，提高法治宣传教育的渗透力。整合部门力量，根据不同对象的学法需求，积极探索搭建一个集法律知识推送、法律服务、法律需求智能匹配为一体的智慧普法平台，增强普法的针对性。发挥村级远程教育平台、农村大喇叭、农村广播的普法宣传作用，组织法律明白人开展法律宣传，扩大法律宣传覆盖面。发挥文化设施作用，营造普法宣传的浓厚氛围，利用城乡图书馆（室）、文化馆、影剧院、公共活动场所电子显示屏、公交移动电视屏等公共文化设施，开展群众性法治宣传。

三要提高普法工作的实效性。要把法治宣传的内容与群众普遍关注的问题紧密结合起来，更多地把产业政策、交通安全、食品安全、劳务维权、教育卫生等涉及民生的法律法规作为法治宣传的重点，增强全民学法、用法意识，营造浓厚法治环境。各单位要按照“谁执法谁普法”的原则，把法律宣传教育的各项工作任务落到各单位具体工作中，发挥部门资源优势，开展多层面、多方位的法律宣传、培训、服务工作，充分调动公民学法用法的积极性。同时，要坚持学用结合，依法履职，提高依法决策、依法行政、依法管理能力，加强法治政府建设。司法部门要公正司法、廉洁司法，在司法实践中广泛开展以案释法和典型案例的警示教育，提高司法公信力。

（三）抓关键普法对象，突出普法重点。一要深化法律进机关，开展依法行政示范机关、依法管理示范单位创建活动，机关单位要进一步加强社会主义法治教育，牢固树立依法治国、执法为民的理念，带头学法、自觉遵守法律、忠实执行法律、坚决维护法律权威。建立领导干部任前考试制度，把学法用法守法情况作为考核领导班子和领导干部的重要内容，积极推进依法行政，加强法治政府建设。落实领导干部法治讲座制度，明确司法部门、行政执法部门主要负责人每年通过县电视台开展法治讲座不少于两次。二要深化法律进乡村，继续开展民主法治示范村创建活动，深入推进法律进村工作，努力提高群众法律素质，加强法律明白人、农村“两委”干部的法律培训，开展法律咨询、法治文艺、漫画、演讲等活动，有针对性地开展法治宣传、法律服务，使广大农民群众在潜移默化中掌握法律知识，推进农村法治宣传教育与推进脱贫攻坚相结合。三要深化法律进学校，继续开展依法治校示范学校创建活动，完善青少年法治教育体系，聘请专兼职法治课教师、法治辅导员，法治副校长开展法治讲座长期化、制度化，保证每学期不少于两次。强化学校、家庭、社会“三位一体”的青少年法治宣传教育格局，注重对留守儿童、辍学青少年的法治教育，提高青少年法治观念和自我保护能力。

（四）完善机制，落实普法责任制。一要加强法治宣传教育队伍建设，不断提高业务素质，建立全社会总动员的“大普法”工作格局，吸纳律师、法律工作者等社会力量加入普法志愿者队伍，不断扩大社会力量对普法工作的参与度。二要按照“谁执法谁普法”的原则，完善普法责任清单制度，严格落实机关单位、人民团体及社会组织的普法责任。法官、检察官、律师等在司法实践中要以案释法向群众讲解法律知识、弘扬法治精神；行政执法人员要带头学法守法，坚持依法行政，以实际行动保护公民的合法权益、宣传法律、维护法律的尊严；充分发挥人民团体、社会组织在普法工作中的积极作用，有针对性地开展普法活动；加强基层普法队伍建设，发挥人民调解组织、法律援助机构等平台作用。三要进一步完善考评机制，建立健全法治宣传教育工作考评指导标准和指标体系，健全激励机制，细化有关责任单位的目标任务，量化综合考核指标。政府要加强对普法工作的阶段性检查和年度考核，做好“七五”普法规划中期督导检查，普法工作主管部门要加强沟通协调和工作指导，督促普法责任清单的落实，确保“七五”普法规划得到有效的贯彻落实，为推进法治静宁、平安静宁创造良好的法治环境。

关于城区“断头路”打通情况的检查报告

由常委会分管领导带队，常委会全体组成人员和县政府分管领导参加，对2017年城区“断头路”打通情况进行了检查。

一、“断头路”打通情况

县十七届人大一次会议上，县政府提出今年计划打通新街西路、南环西路、教育园二号桥与南环路连接工程、东环路中段、阿阳南路等5条断头路。12月15日，县人大常委会检查组对“断头路”打通情况进行了检查。从检查情况看，县政府今年高度重视“断头路”打通工作，将此项工作列为政府重点工作之一，加强组织领导，靠实工作责任，强化工作调度，推动任务落实。住建、城关镇、城市社区等部门和单位，明确工作任务，细化任务时限，强化工作措施，扎实开展房屋折迁、土地征收、道路建设等工作，城区“断头路”打通工作取得了突破性进展。截至目前，东环路中段、新街西路已全面建成通车，教育园二号桥与南环路连接工程全面贯通，阿阳南路基本打通，南环西路取得较大进展。

二、存在的主要问题

县政府及住建等部门今年在打通城区“断头路”方面做了大量工作，取得了显著成效，但与年初计划和广大群众的期望相比，还存在一定差距。一是阿阳南路路基范围内还有1户未拆迁，南环西路还有10户未签约、30户未拆迁。二是相关部门配合支持还不够到位，沟通衔接还不够紧密。个别工作人员执行政策标准不一致，影响了安置补偿和签约拆迁工作。三是对个别拆迁“钉子户”启动依法拆除程序后，没有依法进行强制拆迁，影响“断头路”打通工作。

三、今后工作建议

（一）强化组织领导。县政府要将打通城区“断头路”作为改善县城交通状况、完善县城服务功能、加快县城建设发展、提升县城建设水平的重要举措，进一步加强组织领导，强化督查调度，统筹安排部署，明确时限要求，深入调查研究，准确掌握实情，积极研究解决突出问题，努力加快“断头路”打通进度。

（二）加大拆迁力度。房屋拆迁是打通“断头路”的关键环节。住建、城关镇、城市社区等相关部门要切实加强协作配合，增强工作合力，认真研究阿阳南路、南环西路剩余拆迁户的具体情况，按照“一户一策”的原则，制定拆迁计划，明确拆迁时限，强化拆迁措施，倒排拆迁工期，加大拆迁力度。对违章建筑要及时启动司法程序，依法进行拆迁，为打通“断头路”赢得主动。

（三）严格执行规划。在“断头路”建设过程中，要严格执行城区道路建设专项规划，坚持高起点规划、高标准建设，城区主要道路的规划设计方案要广泛征求各方面意见，不断优化规划设计方案，努力提升道路建设水平和通行能力。

第十次会议 于2017年12月23日在常委会五楼会议室召开，由高旭主持。

会议议程有一项：人事任免，在高旭主持下，举行新任命人员宪法宣誓仪式，会议结束时，常委会主任王智国就监察委员会依法履职作讲话。

第十七届常委会组成人员王智国、沙芳琴、高旭、厚连世、张进宝、李读、靳宝生、杨华、平宏、王友忠、胡志科、李稳收、李平安、王瑞生、王壬寅、马川娃、王宏、王致中、牛满川、王晓峰、周浩仁、李会宾、朱国军、牛国喜、李建明、裴晓江、厚凤兰、王全生出席会议；县委常委、纪委书记、监委主任朱卫华，法院院长张立军、检察院检察长杨青、常委会办公室副主任王飞、科级干部王兴国、张天顺、马晓荣列席会议。

附：

人事任免

张建宁任县监察委员会副主任

张永生任县监察委员会副主任

李党团任县监察委员会委员

王根仓任县监察委员会委员
李升学任县监察委员会委员
梁立文任县监察委员会委员
孔晓斌任县人民法院甘沟法庭庭长
免去：
王根仓县人民检察院检察委员会委员、检察员职务
王和平县人民检察院检察员职务
潘　钰县人民检察院检察员职务
张　旭县人民检察院检察员职务
李升学县人民检察院检察员职务
梁立文县人民检察院检察员职务
王船堆县人民检察院检察员职务
王亚琴县人民检察院检察员职务

第十一次会议　于2018年3月1日在常委会五楼会议室召开，由王智国主持。

会议议程有三项：一、人事任免，审议通过有关辞职请求的决定。二、传达学习省十三届人大一次会议精神。三、审议通过常委会2018年工作要点及重点工作行事历。

第十七届常委会组成人员王智国、沙芳琴、高旭、厚连世、张进宝、李读、靳宝生、杨华、平宏、王友忠、胡志科、李稳收、李平安、王瑞生、王壬寅、马川娃、王宏、王致中、牛满川、王晓峰、周浩仁、李会宾、朱国军、牛国喜、李建明、厚凤兰、王全生出席会议；县委常委、政府常务副县长陈景春，检察院检察长杨青、法院副院长张平，常委会办公室副主任王飞、科级干部张天顺、马晓荣列席会议。

附：

人事任免

接受张彦昌辞去县人民政府副县长职务的请求
免去张建宁县监察局局长职务

县人大常委会2018年工作要点

2018年，是贯彻党的十九大精神的开局之年，是改革开放40周年，是决胜全面建成小康社会、实施“十三五”规划承上启下的关键一年。县人大常委会工作的总体思路是：以习近平新时代中国特色社会主义思想为指导，贯彻落实党的十九大战略部署，不忘初心，牢记使命，增强“四个意识”，坚定“四个自信”，坚持以人民为中心，贯彻党的群众路线，密切同人大代表、人民群众的联系，忠实履行宪法和法律赋予的职责，坚持稳中求进工作总基调，准确把握高质量发展的根本要求，紧扣县委决策部署，大兴调查研究之风，服务全县发展大局，依法履职，扎实工作，着力推进全

县经济社会发展和民主法治建设。

一、以政治建设为统领，增强人大工作时代性

（一）以习近平新时代中国特色社会主义思想为指导，全面深入学习贯彻十九大精神，切实增强“四个意识”，提高政治站位，强化政治担当，增强政治能力，始终在政治立场、政治方向、政治原则、政治道路上同以习近平同志为核心的党中央保持高度一致，以党的政治建设为统领，全面推进人大常委会党组及机关党支部的政治建设、思想建设、组织建设、作风建设、纪律建设，把制度建设贯穿其中，扎实推进“两学一做”学习教育常态化制度化，深入开展“不忘初心、牢记使命”主题教育，牢固树立正确政绩观，聚焦高质量发展，自觉用党的十九大精神统领人大各项工作。

（二）坚持重大事项请示报告制度，始终把人大各项工作置于县委的领导之下，确保县委各项决策部署贯穿于人大工作各方面和全过程，始终做到政治信仰不变、政治立场不移、政治方向不偏。

二、围绕全县中心工作，依法审议决定重大事项

（三）紧紧围绕决战脱贫、决胜小康这一目标，加快富裕美丽文明活力平安静宁建设，依法履行各项职权，积极通过人大工作途径推动县委各项决策部署的贯彻落实。

（四）始终坚持以人民为中心的发展思想，牢记为民宗旨，主动回应民生关切，不断满足人民群众日益增长的美好生活需要，探索研究人大常委会讨论决定重大事项的范围、内容和程序，推行政府提请人大常委会审议决定重大事项年度清单制度，紧盯全县“十三五”发展规划实施和“五个静宁”建设重点任务落实，依法对民主法治、深化改革、脱贫攻坚、乡村振兴、城市建设、生态文明建设等事关全县改革发展稳定大局的重大事项作出决议决定，更好地服务全县经济社会发展。

（五）坚持依法行使人事任免权，把党管干部与人大法定程序有机结合，准确贯彻县委人事安排意见。健全完善任前依法审查、法律考试，任后表态发言、颁发任命书等制度，听取发改、工信、林业、人社、工商等部门主要负责人的述职报告，强化任后监督，依法推进人事任免制度化、规范化、程序化。全面实行新任命人员向宪法宣誓制度，进一步增强国家机关工作人员的宪法意识。

（六）听取、审议“一府一委两院”2018年上半年工作情况的报告、2017年县级财政预算执行审计决定整改落实情况的报告。听取、审议和审查批准县政府关于2018年国民经济和社会发展计划调整情况的报告、2018年财政预算调整情况的报告、2017年财政决算的报告、2017年财政预算执行情况的审计报告。制定完善财政预算审查监督办法，不断规范计划和预算监督工作。

三、围绕大局促发展，认真履行各项监督职权

（七）紧扣县委决策部署和县十七届人大二次会议精神，坚持稳中求进工作总基调，牢固树立和贯彻落实新发展理念，围绕防范化解重大风险、精准脱贫、污染防治三大攻坚战等工作，有重点地对全县精准扶贫精准脱贫工作、旅游产业发展情况进行

调研，对县城建设与管理、棚户区改造、乡镇医疗卫生工作情况进行检查，为促进全县经济社会发展建言献策。

（八）全面落实依法治国方略，加强法律监督，对法律贯彻实施情况进行执法检查，强化新修正宪法的宣传教育，大力弘扬宪法精神，督促各级各部门认真做好法治宣传教育工作。对《中华人民共和国环境保护法》《中华人民共和国老年人权益保障法》贯彻实施情况进行执法检查，保证法律法规正确贯彻执行，切实维护法律权威。

（九）围绕抓好县人大常委会审议意见落实，对县政府关于全县工业企业发展情况进行“回头看”，加强审议意见跟踪监督，着力推动相关工作。

（十）认真贯彻落实《中华人民共和国各级人民代表大会常务委员会监督法》《甘肃省实施监督法办法》，按照县人大常委会询问和质询暂行办法、满意度测评暂行办法的规定，对一些事关大局、影响深远、群众关切的热点难点问题适时进行专题询问或质询，着力提高监督工作实效。

（十一）进一步完善信访案件转办、督办工作机制，将接待群众来信来访与加强法律监督有机结合，加大对涉法涉诉信访案件的督办力度，督促相关部门解决有法不依、执法不严、违法不究的问题，切实维护人民群众合法权益，保障社会和谐稳定。

（十二）进一步完善规范性文件备案审查工作程序，健全审查工作机构，充实工作力量，对部分规范性文件进行主动审查，清理已备案规范性文件，维护国家法制统一。

四、优化服务强保障，着力改进完善代表工作

（十三）加大代表培训工作力度，通过请进来、走出去相结合的方式，有计划地对县人大代表、乡镇人大主席及工作人员进行全面系统培训，免费为县人大代表订阅寄送《人民之声报》和《人大研究》，切实提高代表履职能力。坚持定期向在我县的省、市人大代表和全体县人大代表通报全县经济社会发展情况，听取代表对县人大常委会和“一府一委两院”以及全县工作的意见建议。

（十四）坚持完善人大常委会组成人员联系代表、代表联系选民的“双联系”制度，人大常委会主任、副主任、党组成员及县级领导干部中的代表要带头向选区选民开展述职活动，加强与选民的联系，自觉接受群众监督。扩大代表列席县人大常委会会议、参与县人大常委会视察、调研和检查等活动范围，确保每一位代表在届内至少列席1次常委会会议。依托乡镇“人大代表之家”，创新活动载体，深化活动内容，使代表倍加珍视代表职务和荣誉，模范遵守宪法和法律，在为民服务中担当尽责，在奉献岗位上建功立业，有效激发代表工作活力，保障代表的知情权、参与权和监督权。

（十五）建立代表建议意见转办督办和考核评价机制。坚持以解决问题、促进工作为目的，优化完善重点办理、开门办理、面商办理的具体措施，加大集中督办、现场督办、跟踪督办工作力度，督促县政府及各承办部门认真办理代表建议意见，听取审议县政府关于代表建议意见办理情况的报告，并进行满意度测评，切实提高代表建

议意见的办结率和满意率。

五、聚焦基层求突破，持续强化乡镇人大工作

（十六）认真贯彻落实中央及省市县委关于加强和改进人大工作的有关文件精神，将强化提升乡镇（城市社区）人大工作摆在更加重要的位置，及时深入所联系包抓乡镇（城市社区）检查指导人大工作，按照“总结、继承、完善、提高”的原则和“密切联系、加强指导、大力支持、推动工作”的思路，进一步落实包抓责任，强化督查指导，着力提高乡镇（城市社区）人大工作制度化、规范化水平，全力推进基层民主法治建设。

（十七）严格按照宪法和有关法律规定，规范乡镇人大履职活动，充分发挥乡镇人民代表大会、乡镇人大主席团、乡镇人大主席和乡镇人大代表的作用。指导乡镇人大按照有关规定，健全完善人大主席团各项工作制度，依法履行闭会期间各项职责。制定出台加强城市社区人大工委工作意见，明确工作程序，规范工作流程，切实发挥城市社区人大工委的作用。

六、顺应时代抓创新，不断加强人大自身建设

（十八）深入学习党的十九大及全国和省、市“两会”精神，认真学习宪法、地方组织法、监督法、选举法、代表法等法律法规，准确把握新时代人大工作新特点，不断增进同人民群众的密切联系，不断提高常委会组成人员法律素质和依法履职能力，努力推动全县人大工作迈上新台阶。

（十九）准确把握新时代党的建设总要求，扎实推进“两学一做”学习教育常态化制度化，深入开展“不忘初心、牢记使命”主题教育，认真开展党建统领“一强三创”行动，努力打造一支信念过硬、政治过硬、责任过硬、能力过硬、作风过硬的人大工作队伍。

（二十）贯彻落实中央和省市县精准扶贫精准脱贫各项决策部署，积极开展驻村结对帮扶，帮助贫困村、贫困户培育富民产业，解决发展难题，促进群众脱贫致富。

（二十一）按照习近平总书记关于纠正“四风”不止步、作风建设永远在路上的重要指示精神，组织开展常委会机关“作风建设年”活动，全面加强机关作风建设。严格执行中央八项规定及实施细则，认真落实党风廉政建设有关规定，继承发扬党的优良传统和作风，以严的要求、实的作风做好机关各项工作。

（二十二）加强人大宣传和理论研究工作，加大对全县经济社会发展成就和县人大常委会依法履职等工作的宣传力度，努力营造全社会关心和支持人大工作的良好氛围。

（二十三）正确处理监督、支持和促进的关系，全力支持和配合省、市人大常委会在我县开展的各项工作。加强与“一府一委两院”及其职能部门的联系沟通，合力推动工作。建立健全县乡人大工作联动机制，力促县乡人大工作再上新台阶、新水平。

县人大常委会2018年重点工作安排情况表

表4-60

时间	主要工作	负责领导	主办委室	配合委室	责任单位
1至2月	县第十七届人大常委会第十一次会议：讨论审定县人大常委会2018年工作要点及重点工作行事历	杨　华	办公室	各委室	
3至4月	交办县十七届人大二次会议代表建议意见	高　旭	人事代表工委	办公室	政府办 相关部门
	检查县城建设与管理情况	李　读	财经城建工委		住建、执法等部门
	调研全县精准扶贫精准脱贫工作情况	靳宝生	农业环资工委		精准扶贫工作相关行业单位
	县第十七届人大常委会第十二次会议：1.听取、审议县政府关于2018年国民经济和社会发展计划调整情况的报告；2.听取、审议县政府关于2018年财政预算调整情况的报告；3.听取、审议县政府关于县城建设与管理情况的报告；4.听取、审议县政府关于全县精准扶贫精准脱贫工作情况的报告；5.听取林业局主要负责人述职报告	杨　华	办公室	各委室	政府办 发改局 财政局 住建局 林业局 扶贫办
5至6月	调研全县旅游产业发展情况	厚连世	科教民侨工委	办公室	文广、旅游等部门
	举办部分县人大代表、乡镇人大主席、城市社区人大工委主任及工作人员业务培训	高　旭	人事代表工委		各乡镇人大 城市社区 人大工委
	县第十七届人大常委会第十三次会议：1.听取、审议县政府关于全县旅游产业发展情况的报告；2.听取发改局主要负责人述职报告	杨　华	办公室	各委室	政府办 发改局 文广局
7至8月	检查全县工业企业发展有关审议意见落实情况	高　旭	财经城建工委	办公室	工信局
	检查全县乡镇医疗卫生工作情况	沙芳琴	科教民侨工委		卫计局
	召开人大代表政情通报会；集中督办代表建议意见	高　旭	人事代表工委		相关单位

续表4-60

时间	主要工作	负责领导	主办委室	配合委室	责任单位
7至8月	县第十七届人大常委会第十四次会议：1.听取、审议和审查批准县政府关于2017年财政决算的报告；2.听取、审议县政府关于2017年财政预算执行情况的审计报告；3.听取、审议县政府关于全县工业企业发展有关审议意见落实情况的报告；4.听取、审议县政府关于全县乡镇医疗卫生工作情况的报告；5.听取、审议“一府一委两院”2018年上半年工作情况的报告；6.听取工信局主要负责人述职报告	杨　华	办公室	各委室	政府办 财政局 审计局 工信局 卫计局
9至10月	检查《中华人民共和国环境保护法》贯彻实施情况	靳宝生	农业环资工委	办公室	环保局 林业局 水务局 农牧局 国土局
	检查《中华人民共和国老年人权益保障法》贯彻实施情况	厚连世	法制工委		民政局
	组织部分县人大代表向选区选民述职；集中走访联系代表	高　旭	人事代表工委		政府办 相关单位
	县第十七届人大常委会第十五次会议：1.听取、审议县政府关于2017年县级财政预算执行审计决定整改落实情况的报告；2.听取、审议县政府关于《中华人民共和国环境保护法》贯彻实施情况的报告；3.听取、审议县政府关于《中华人民共和国老年人权益保障法》贯彻实施情况的报告；4.听取、审议县政府关于县十七届人大二次会议代表建议意见办理情况的报告，并进行满意度测评；5.听取工商局主要负责人述职报告	杨　华	办公室	各委室	政府办 环保局 民政局 审计局 工商局
11至12月	检查县城棚户区改造情况	李　读	财经城建工委	办公室	住建局
	起草县人大常委会工作报告；提出县人大常委会2019年工作要点	杨　华	办公室	各委室	
	县第十七届人大常委会第十六次会议：1.听取、审议县政府关于县城棚户区改造情况的报告；2.听取人社局主要负责人述职报告；3.讨论审定县人大常委会工作报告				政府办 住建局 人社局
	筹备召开县十七届人大三次会议；收集向省市人代会提交的代表建议意见	高　旭 杨　华	办公室 人事代表工委	各委室	相关部门

第十二次会议　于2018年4月25日在常委会五楼会议室召开，由靳宝生主持。

会议议程有七项：一、学习十三届全国人大一次会议通过的中华人民共和国宪法修正案；二、人事任免；三、举行新任命人员宪法宣誓仪式；四、听取和审议发改局局长胡生平受政府委托所作的《关于2018年国民经济和社会发展计划调整情况的报告》、人大财经委委员牛满川所作的《关于2018年国民经济和社会发展计划调整情况的审查报告》，作出《关于2018年国民经济和社会发展计划调整的决议》；五、听取和审议财政局副局长李乐伟受政府委托所作的《关于2018年全县财政收支预算调整情况的报告》、人大财经委委员牛满川所作的《关于2018年全县财政收支预算调整情况的审查报告》，作出《关于2018年全县财政收支预算调整的决议》；六、听取和审议扶贫办公室主任吴国锦受政府委托所作的《关于全县精准扶贫精准脱贫工作的报告》、常委会农业与环境资源工委主任王壬寅所作的《关于全县精准扶贫精准脱贫工作的调研报告》；七、听取和审议林业局局长靳建喜所作的《关于林业局工作情况的报告》。会上，政府常务副县长陈景春就落实审议意见作表态发言。

第十七届常委会组成人员王智国、沙芳琴、高旭、厚连世、张进宝、李读、靳宝生、杨华、平宏、胡志科、李稳收、李平安、王瑞生、王壬寅、马川娃、王宏、王致中、牛满川、周浩仁、李会宾、朱国军、牛国喜、张刚栋、裴晓江、厚凤兰、王全生出席会议；县委常委、政府常务副县长陈景春，法院院长张立军、检察院检察长杨青、监察委员会副主任张永生、县委农工办主任王勤学、妇联主席樊莹琴、政府办公室主任韩伟周、卫计局局长孙青茂、发改局局长胡生平、民政局局长孔昌军、水务局局长王升斌、农牧局局长张秉鑑、林业局局长靳建喜、文广局局长雷旺盛、扶贫办公室主任吴国锦、畜牧局局长李宏强、供电公司党组书记丁强、财政局副局长李乐伟、工信局副局长宋世杰、教育局副局长张拴华、人社局副局长孙军和、国土局副局长李向阳、住建局副局长张峰、交运局副局长晋维文，常委会办公室副主任王飞、科级干部张天顺、马晓荣，四河镇党委书记席鹏举，雷大镇、三合乡人大主席王万平、王燕刚，原安乡政府乡长张小萍，市人大代表张瑜、胡永亮，县人大代表马政协、李银芳，绿牧养鸡、五洲供销果品、万里果品3个农民专业合作社主要负责人李陇兵、马永峰、辛赟峰列席会议。

附：

人事任免

阎　钧任县人大常委会农业与资源环境工作委员会副主任

关于全县精准扶贫精准脱贫工作的调研报告

由常委会主任、分管副主任带队，县政府分管副县长参加，常委会办公室、农业与环境资源工委，县政府办、县委农工办、扶贫办、农牧局、住建局等单位负责人及部分市县人大代表组成调研组，于3月下旬至4月上旬，重点深入原安、四河、贾河等13个乡镇及480余户贫困户家中，采取听取汇报、走访入户、查阅资料、实地察看、座谈交流等方式，对全县精准扶贫精准脱贫工作进行了调研。

一、基本情况及主要工作

目前，全县行政村共333个，有贫困村226个，其中深度贫困村159个。现有贫困人口15315户6.03万人，贫困发生率为13.98%，其中因缺资金致贫3239户，占21.15%；因缺技术致贫3623户，占23.66%；因病致贫2439户，占15.39%；因学致贫2167户，占14.15%；因缺劳动力致贫2176户，占14.21%；因残致贫1200户，占7.84%；因自身发展动力不足致贫376户，占2.46%；因灾致贫30户，占0.20%；因其他致贫65户，占0.42%。

据统计，2017年全县共输转劳务10.1万人，人均劳务收入1.7万元，其中贫困户劳务输转2.76万人，人均劳务收入2.3万元，有劳务收入的贫困户3220户，占贫困户的22%。现有果园面积106.1万亩，其中苹果101.2万亩，挂果园62万亩，贫困户分别占28.3万亩、12.9万亩；早酥梨3.24万亩，挂果园0.8万亩，贫困户分别占1.1万亩、0.3万亩。截至2018年3月底，全县有养牛户2.04万户，牛存栏量4.95万头，其中基础母牛2.9万头；全县养牛贫困户1.03万户，占贫困户的67.3%，牛存栏量3.04万头，其中基础母牛1.9万头。

（一）扶贫机制不断健全。县上成立了以县委书记、县长为组长，县人大常委会、县政协主要领导、县委常委、四大机关分管领导为副组长，相关单位主要负责人为成员的脱贫攻坚领导小组；各乡镇成立了由党政主要领导任双组长的脱贫攻坚领导小组，设立精准扶贫工作站，配备专职扶贫干部，加强对扶贫工作的组织领导和业务指导。围绕省“1+17”、市“2+19”方案，制定出台了静宁县“2+20”方案，相继出台了《静宁县“十三五”脱贫攻坚规划》《关于全县打赢脱贫攻坚战的实施意见》《静宁县脱贫攻坚责任制实施办法》《静宁县脱贫攻坚实施方案（2018—2020年）》等一系列重要文件，配套制定了产业扶贫、教育扶贫、健康扶贫等行业扶贫方案，规范指导全县精准扶贫精准脱贫工作。推行县级领导包抓乡镇责任制度，调整更名县脱贫攻坚领导小组，组建脱贫攻坚专责小组，与各乡镇、相关行业部门签订脱贫攻坚责任书，形成了一级抓一级、层层抓落实的工作推进机制。

（二）增收渠道不断拓宽。2017年，统筹安排财政专项扶贫资金1.91亿元，整合财政涉农资金4.95亿元。协调发放精准扶贫专项贷款12.77亿元，妇女小额担保贷款2824万元，建成扶贫互助资金社297个，有效解决了群众发展产业资金短缺问题。按照“一元主导、多元增收”的产业发展格局，扶持壮大苹果主导产业，发展旱作农业、畜牧养殖、劳务经济等多元增收产业。在适宜区贫困村新植果园8.5万亩，落实果园标准化管理措施13.8万亩；贫困村每年推广旱作农业20万亩以上；2017年全县牛出栏量3.28万头，产值2.62亿元，其中贫困户牛出栏量1.18万头，产值1.89亿元；年培训贫困群众1.5万余人（次），输转贫困劳动力2.7万人（次），劳务创收6亿元。

（三）基础条件不断改善。坚持项目资金重点向深度贫困乡村倾斜，重点用于基础设施建设、主导产业培育等方面，全县基础设施项目建设力度不断加大，行政村通硬化路基本全覆盖，自然村通硬化路比率达66%，实施贫困户危房改造17071户，易地扶贫搬迁安置贫困群众530户2252人，解决贫困群众饮水安全问题4877户21331人，贫困村通动力电和3G网络实现全覆盖。建设贫困村幼儿园75所，全县所有小学、初中办学条件达到省义务教育学校办学基本标准。建成标准化村卫生室97个，村级综合文化服务中心96个，完成生态造林42.5万亩，新修梯田16.2万亩，整理土地16.68万亩，贫困村公共服务能力及生产生活条件得到改善。

（四）帮扶力量不断增强。调整选派第一书记244名，动态调整驻村工作队队长48名，确定7个省直、46个市直、103个县直单位分别帮扶31个、67个、146个村，并组建驻村帮扶工作队。选派驻村帮扶干部1182人，省、市、县、乡5978名干部结对帮扶贫困户15315户，实现了深度贫困村和贫困户帮扶全覆盖。加强与天津市武清区、中投公司、省市帮扶单位沟通对接，组织200余户企业与1000户贫困户建立结对帮扶关系。组建成立农投公司、林投公司，承接全省特色产业专项贷款和全市农业信贷风险担保基金、3000万元牛果菜专项资金。紧盯贫困村、贫困人口脱贫退出主要指标，严格退出程序，深入开展"五查五保""三纠三促"等专项行动，完善落实考评激励约束机制，有效提高了全县上下开展精准扶贫精准脱贫工作的积极性。

二、存在的主要问题

我县脱贫攻坚工作虽然取得了阶段性成效，但按照整县脱贫的要求，对照各项脱贫退出指标，存在的困难和问题比较突出，脱贫攻坚的任务十分艰巨，形势非常严峻。

（一）脱贫攻坚任务繁重。从贫困人口分布看，全县深度贫困村贫困人口39645人，占贫困总人口的65.8%，主要集中在干旱山区，立地条件差，增收难度大，基础设施落后，脱贫退出缺项多，是脱贫攻坚工作中的坚中之坚，最难啃的"硬骨头"。从致贫原因看，因残致贫、因缺劳力致贫的贫困户占贫困户总数的22.1%，需要兜底保障的为17758人，占贫困总人口的29.4%，随着脱贫攻坚工作的纵深推进以及农村老龄化进程的加快，这部分人的占比会越来越高，兜底脱贫带来的财政压力将越来越大。从经济收入看，一方面，一些家庭因照顾病人、陪读等导致劳动力无形减少，土地撂荒严重，难以实现依靠劳务输转、增收产业脱贫；另一方面，一些家庭因重大疾病、高价彩礼、自然灾害等造成经济支出大、负担重，极易出现返贫。

（二）基础设施建设欠账大。一是危房改造任务艰巨。全县符合危房改造条件的农村C级危房存量3231户，其中贫困户为1209户，有742户3181名贫困群众需易地搬迁。从进村入户情况看，全县D级危房仍没有完全消除，部分通过维修加固方式实施的危房改造，只是粉刷了墙面，更换了屋瓦，但仍达不到安全住房标准，隐患突出。由于危房改造补助资金少，尤其是残疾人、一二类低保贫困户自身经济基础薄弱，自筹资金困难，实施危房改造的积极性、主动性不高，改造难度大。"四有"人员家庭危房存量11983户，大部分因资金短缺、长期不居住等原因不愿翻修房屋，影响整村脱贫退出验收。二是乡村道路建设压力大。全县有565个自然村的1149公里道路尚未硬化，现有通乡公路等级较低，通行能力差，一定程度上制约着县域经济发展。另外，今年确定的省道和县、乡公路改造项目县级自筹资金落实困难，自然村组道路和主巷道硬化项目融资难，砂石价格大幅上涨，项目建设压力大。三是吃水难问题没有得到根本解决。有3.4万户14.9万农村人口饮水不稳定，其中贫困人口9614户4万人，仍有826户贫困户自来水未入户，八里阎庙、甘沟祁川两村至今未通自来水，全县安全饮水季节性、末端户缺水现象比较突出。四是公共服务保障能力弱。有35个村卫生室不达标，70个村级综合文化服务中心需改造提升，8个有需求的村未建设幼儿园（班），公共服务能力还不能满足广大群众的需求。

（三）贫困群众增收难度大。从走访入户情况看，一些贫困村、户留守的大多是老人、妇女和小孩，劳动能力有限，生产投入不足，严重影响了贫困户的产业增收。牛产业方面，一是受市场影响，基础母牛价格较往年增长2000~3000元，由于农户贷款难，自筹资金有限，加之建档立卡基础母牛补贴发放工作迟缓，带动扶持群众发展牛产业的力度不大。二是基础母牛引进工作启动迟，引进数量少，出现部分贫困户有棚无牛、有意愿养殖而养不起的现象。今年前3个月，全县共购进良种基础母牛980头，其中合作社、贫困户仅占238头，按照这样的进展，到2020年无法实现草畜产业发展助推脱贫攻坚方案上提出的"养牛适宜区每个贫困户达到两年3头、3年5头牛"这一目标。三是养殖小区使用率低，截至3月底，全县已建成养殖小区80个，正常运行的36个，仅占45%，小区集中养牛1499头，占全县牛饲养总量的1.3%，没有形成规模效应，造成新的资源浪费。四是饲养新技术推广普及率不高，一些养殖户对科学养殖的重视程度不高，对青贮饲草、标准化暖棚建设认识还不到位，养牛方式比较粗放，效益低下。苹果产业方面，大多数贫困户苹果产业发展迟缓，丰产园面积小，部分贫困群众对苹果这一长效增收产业的重要性认识仍然不足，心存栽植后无人管理、不会管理等顾虑，不愿扩大果园规模。一些贫困群众不重视现有果园管理，肥水滞后，优果率低，作为脱贫致富的主导产业在短期内，尤其是对今明两年要脱贫退出的贫困户难以发挥效应。全县果园防雹网、防霜机等防灾设施建设严重滞后，抵御自然灾害的能力弱。今年因低温、霜冻造成全县苹果受灾34.4万亩，成灾25.4万亩，绝收14.6万亩，直接经济损失约46510万元。旱作农业方面，群众依赖于传统种植模式，机械化程度低，人工成本高。劳务培训输转方面，人社、农牧、林业、扶贫等部门开展劳务培训缺乏针对性、系统性，部分培训项目地点设在县城，不方便贫困群众参加，一些培训流于形式，效果不明显。大部分贫困群众劳务收入以间接性的低端务工为主，中长期型技术输转较少。村级集体经济方面，目前仍处于探索发展阶段，进展比较缓慢，经济效益不明显。据统计，截至2017年底，全县有村级集体经济收入的贫困村仅29个，且年收入都在万元以下。

（四）帮扶工作合力不强。一是"一户一策"帮扶计划质量不高。个别干部在制定帮扶计划时存在闭门造车现象，对户内基础数据掌握不准，家庭劳动力、年龄、性别等基础信息出现错误，对一些贫困户贫困原因分析不透彻，制定帮扶计划时没有充分与户内沟通衔接，没有很好地尊重农户发展意愿，增收产业选得不准，产业面积、结构等与户内实际不符，年度预期经济收入过高，形成了计划与农户意愿上的冲突。二是动态管理更新不及时。个别贫困户常住家庭人口未纳入管理系统，因婚迁、新生、死亡等形成的事实人口增加（减少）信息没有及时更新，个别因灾、因病等新致贫和返贫人口没有及时识别。三是帮扶机制不健全。部分行业部门对所承担的脱贫攻坚职责落实重视程度不高，对本行业的脱贫人口底数掌握不清楚，助推脱贫攻坚的思路不清晰，行业部门之间信息沟通、工作协调、数据共享比对机制不够完善；企业、社会组织和个人参与扶贫攻坚的主动性不高，参与度较低，部分帮扶单位、帮扶责任人和驻村工作队长、第一书记对帮扶工作研究不够，没有真正发挥单位帮扶和个人优势。

（五）宣传缺乏广度和深度。一是扶贫政策宣传不到位。相当一部分基层干部、驻村干部、帮扶责任人对精准扶贫的各项政策，尤其是对涉及户内的相关具体优惠政策精神学得不深，吃得不透，对群众疑惑解释不清，没有把扶贫政策的宣传注重到日常工作上来，导致大部分贫困群众不清楚自己应该享有的优惠政策，一部分贫困群众享受了国家特惠政策而以为是普惠政策；部分群众因对政策理解偏差等原因，对贫困户易地扶贫搬迁，扶贫专项资金、项目倾向性安排意见较大，形成了新的社会矛盾；个别乡镇负责人连起码的乡情没有吃透，把贫困的最大诱因归于立地条件差、群众思想观念落后等，没有认识到所有这些是由于对党的扶贫政策宣传不够、带领群众脱贫致富能力不足的直接结果。二是贫困群众内生动力激发不够。部分贫困群众缺乏自力更生、艰苦奋斗的精神，自我脱贫意识淡薄，“等、靠、要”思想依然存在。一些兜底脱贫人口自身“造血”功能差，安于现状，群众反响较大；一些群众对基本公共服务卫生特别是健康体检、签约服务的认识不够，配合不积极；个别贫困户不缴纳新型农村合作医疗保险，没有做到应保尽保；一些贫困户对自我如何脱贫规划少，对增收项目的经营缺乏主动性。

三、今后工作建议

一要提高政治站位，坚定脱贫的信心和决心。打好脱贫攻坚战，是一场极为严肃而艰巨的政治任务。今年是脱贫攻坚工作进入决胜阶段的关键一年，既要巩固提升脱贫成果，又要完成新的减贫任务，时间紧，任务重，各乡镇、各部门必须牢固树立“一号工程”意识，不断深化对脱贫攻坚重要性和艰巨性的认识，以习近平新时代中国特色社会主义思想为指导，认真学习贯彻习近平总书记关于脱贫攻坚重要指示精神，切实增强“四个意识”，提高政治站位，坚定信心决心，不折不扣落实好中央、省、市关于扶贫开发的具体部署要求。要深刻把握脱贫攻坚形势的新变化，清醒认识和掌握各自在工作实践中存在的突出问题，认真对照脱贫退出各项具体指标，进一步明确重点工作和主攻方向，全力谋划推动落实，彻底消除行动上拖沓迟缓的现状，决不能出现等一等、缓一缓的懈怠思想。要牢固树立“大扶贫”“一盘棋”格局思想，加强数据对接和共享，摸清能够享受行业优惠政策的贫困人口，积极争取各级各类政策、项目支持，增强攻坚合力和工作的实效性。

二要聚焦基础短板，狠抓脱贫硬件设施建设。聚焦全县基础设施短板，打破行业、部门限制，加强扶贫项目和相关涉农项目资金的整合力度，加快推进贫困村整体提升工程，科学规划、统筹归并，集中财力办大事，不断增强人民群众的获得感。住建部门及各乡镇要在抓好C级危房改造的同时，对D级危房改造欠账再摸底，对一些特困户的危房改造，通过政府兜底、帮扶单位资助、实施易地扶贫搬迁项目等办法，全面彻底消除；对“四有”人员危房，要在思想上再动员，行动上再催促，通过维修改造等措施，每户建成符合标准的安全住房，确保整村脱贫验收不拖后腿。发改部门及各乡镇要做好易地搬迁对象的精准核实和项目实施，确保应搬尽搬。交通部门要积极与上级主管部门衔接，最大限度地争取县乡道路改造升级、自然村组道路及主巷道硬化等项目资金，进一步加强道路建设；县政府及水务等部门要科学规划、合理布局全县采砂区域，对有砂石资源的河道采砂权进行公开挂牌出让，核发采砂许可证，明确范围及开采量，控制价格，确保道路及其他基础设施建设用砂。水务部门要加快年度安全饮水工程建设步伐及个别行政村自来水入户工程的建设完善，加强管网维护，全力配合做好引洮二期工程建设；要充分论证，通过打大口机井、建设小塘坝、合理配置生活用水等方式，切实解决水源供水不足，时断时续问题；要联合环保部门做好水源地保护和水质监测工作，增强水质保障能力。教育、文广、卫计等部门要加快有需求的村级幼儿园、村级文化服务中心、标准化卫生室开工建设步伐，提升公共服务能力，保障贫困人口享有就近入学、基本医疗卫生、文化娱乐等服务。财政、审计部门要加强扶贫资金使用的监管，提高扶贫资金使用效率，确保扶贫资金都能精准实施、用在刀刃上。同时，县政府及相关部门要积极向上反映，呼吁国家、省、市进一步加大对我县贫困村基础设施建设的资金投入力度，提高补助标准。

三要围绕富民增收，持续加大产业扶持力度。坚持“一元主导、多元增收”的思路和质量兴农、绿色兴农战略，因村因户精准施策，防止一刀切。既要注重发挥本地资源优势，实施“短平快”增收项目，又要综合考虑贫困群众的意愿能力，注重“以短养长”，培育长效稳定的增收产业，巩固提升脱贫成果，推动经济高质量发展。牛产业方面，要加大养牛政策金融扶持力度，尽快落实建档立卡基础母牛补贴，多渠道、多方面引进基础母牛；对闲置、使用率低的养殖小区，要结合农村“三变”改革、向养殖大户（企业）租赁等方式，盘活资源，提高利用率；今后新修建养殖小区，要充分调研论证，合理规划，尊重群众意愿，不得盲目修建；要科学布局产业结构，完善饲草供给体系，大力推广青贮饲养方式；要严格落实畜禽免疫制度，全力抓好疫情防控，坚决防止群体性重大疫情发生。果产业方面，针对部分贫困户挂果园面积少、见效慢，缺少管理技术等问题，要通过政策扶持建园、技术培训等方式，增强依靠产业脱贫的能力；要把防灾减灾体系建设列入果品产业发展规划，加大财政投入力度，加强防雹网、防霜机等设备的推广应用，不断提高抵御自然灾害的能力。旱作农业方面，要按照注重特色、突出效益的思路，优化种植结构，全面推行机械化作业，降低人工劳动强度，让西北部乡镇的贫困群众腾出更多的外出务工时间。劳务输出方面，要统筹各方面培训资源，坚持以市场需求为导向，充分尊重贫困群众的意愿，精准开展菜单式、定点式培训；对有劳动能力和意愿，而务工信息闭塞的群众，人社等部门要有计划有组织地加大输转力度，增加工资性收入；要持续加大南北结对帮扶，建立县域内乡镇、村社之间的信息联络机制，促进西北部贫困乡镇劳动力就近劳务输转，实现有输出意愿的建档立卡贫困劳动力应输尽输。村级集体经济方面，要积极探索有效途径，挖掘资源潜能，发挥区域优势，通过“公司+基地（合作社）+贫困户”等模式，以企带村，以村带社，以大户带贫困户，提高贫困群众发展产业的参与度、受益度；要积极探索多元化合作模式，大力培育壮大农民专业合作社、家庭农场等新型农业经营主体，辐射带动贫困户以扶贫资金、土地流转、劳动力入股等形式加入合作，促进贫困户持续稳定增收；要督促健全合作社制度章程，完善运作机制，尤其是合作社与社员之间的利益联结机制、分配机制、风险共担机制，确保贫困群众资金投入安全、利益分红有保障。

四要加强统筹协作，形成脱贫攻坚强大合力。一是要精准信息动态管理。及时掌握贫困对象发展情况，对贫困人口、贫困家庭信息及时动态化管理，对不符合条件的贫困户及时更换，切实把应该纳入而没有纳入、遗漏的家庭人口及时纳入系统管理，提升信息管理水平。二是要高质量制定“一户一策”。严格按照“聚焦再聚焦、精准再精准”的要求，对“一户一策”帮扶计划进行“回头看”，下足“绣花”功夫，通过入户调查，切实把每一户的情况摸清楚、搞明白，确保贫困原因分析精准，措施制定精准且符合群众意愿。三是要做细做实保障性扶贫。教育、卫计、民政等部门要切实将各项惠农政策精准落实到人头上，最大限度减少因学、因病致贫和返贫人口。四是要完善扶贫信贷体制。加强与金融机构的沟通衔接，丰富信贷品种，降低信贷门槛，加大信贷支持，解决贫困户发展资金短缺、贷款难问题。五是要广泛动员。引导更多的企业、社会组织和个人等社会力量以多种形式参与扶贫开发，对口帮扶的县直单位和帮扶干部要严格对接扶贫要求，充分发挥单位扶持作用和个人力量。六是要严格考核问责。深入开展“脱贫攻坚作风整治年”活动，严格落实考核问责机制和奖惩激励机制，加大对乡镇、部门和个人的考核问责力度，对在精准扶贫中玩忽职守、不作为的，要依法依规追责，对完不成扶贫目标任务的要严肃追责。

五要注重政策宣传，有效激发群众内生动力。要坚持扶志扶智相结合，充分利用各类宣传媒体，教育引导贫困群众树立幸福都是奋斗出来的这个意识，转变“等、靠、要”思想，激发自我脱贫的积极性和主动性，增强贫困群众脱贫的持续内在动力；要利用干部入户等行之有效的办法，加大政策宣传力度，把扶贫政策讲清楚，把户内享受过的特惠政策，如新农合报销比例的提高、参合的民政资助等讲明白，让老百姓知道已经实实在在享受了特惠政策的好处，提高群众政策知晓率；加强基层干部（包括部门业务骨干、驻村干部、帮扶责任人、第一书记等）的政策解读和业务培训，使他们真正成为掌握政策、熟悉业务的“精准”干部和解答群众疑虑、疏导群众情绪的“知心”干部；同时，注重发挥致富带头人、能人的示范带动作用，以及自立自强、勤劳致富脱贫典型的宣传，突出正面激励，营造勤劳致富、光荣脱贫氛围。

第十三次会议 于2018年6月29日在常委会五楼会议室召开，由厚连世主持。

会议议程有七项：一、人事任免，为新任命人员举行宪法宣誓仪式；二、听取和审议水务局副局长刘树仁受政府委托所作的《关于取消新店甘坡等五处乡镇集中式饮用水源地的报告》、常委会农业与环境资源工委主任王壬寅所作的《关于取消新店甘坡等5处乡镇集中式饮用水源地的审查报告》，作出《关于取消新店甘坡等5乡镇集中式饮用水源地的决议》；三、听取和审议财政局局长马斌受政府委托所作的《关于2018年转移支付增量资金支出安排情况的报告》、人大财经委委员牛满川所作的《关于2018年转移支付增量资金支出安排情况的审查报告》，作出《关于2018年转移支付增量资金支出安排的决议》；四、听取和审议财政局局长马斌受政府委托所作的《关于2018年地方政府债券支出安排情况的报告》、人大财经委委员牛满川所作的《关于2018年地方政府债券支出安排情况的审查报告》，作出《关于2018年地方政府债券支出安排的决议》；五、听取和审议住建局局长王彦飞受政府委托所作的《关于县城建设工作情况的报告》、执法局局长秦平代受政府委托所作的《关于城市管理工作开展情况的报告》、常委会财经与城建工委副主任牛满川所作的《关于县城建设与管理情况的检查报告》；六、听取和审议文体广电局局长雷旺盛受政府委托所作的《关于全县文化旅游产业发展情况的报告》、常委会教科文卫与民侨工委副主任王宏所作的《关于全县旅游产业发展情况的调研报告》；七、听取发改局局长胡生平所作的工作报告；政府常务副县长陈景春就落实审议意见作表态发言。

第十七届常委会组成人员王智国、沙芳琴、高旭、厚连世、张进宝、李读、杨华、平宏、胡志科、李稳收、李平安、王瑞生、王壬寅、马川娃、王宏、王致中、牛满川、王晓峰、张录牛、李会宾、朱国军、张刚栋、裴晓江、厚凤兰、王全生出席会议；县委常委、政府常务副县长陈景春，法院院长张立军、监察委员会副主任张永生、界石铺红军长征毛泽东旧居纪念馆党委书记赵鹏飞、县委农工办副主任王智琪、县委宣传部外宣办主任王敏、政府办公室副主任李拴虎、交运局副局长晋维文、国土局局长程军伟、公安局副局长赵聚海、文体广电局局长雷旺盛、住建局局长王彦飞、水务局副局长刘树仁、财政局局长马斌、发改局局长胡生平、旅游局局长朱奋喜、执法局局长秦平代、公用事业管理局局长王社余、规划办公室主任贾宏斌、房产局局长吕忠科、园林绿化局局长吕继杰、环卫局局长张卫强、交警大队指导员苟雪峰、城市社区党工委书记王国随，常委会农业与环境资源工委副主任阎钧、办公室科级干部王兴国、张天顺、马晓荣，城关镇党委书记戴彦荣，雷大镇人大主席王万平，界石铺镇政府镇长李高强，余湾乡政府乡长靳龙，市人大代表柴永生，县人大代表马政协列席会议。

附：

人事任免

赵满良任县人民法院审判委员会委员

李亚宁任县人民法院审判委员会委员

免去：

张晓燕县人民法院刑事审判庭副庭长、审判员职务

王国勤县人民法院审判员职务

姚天庆县人民法院审判员职务

关于县城建设与管理情况的检查报告

由常委会主任、分管副主任带队，县政府分管副县长参加，常委会办公室、财经与城建工委，县政府办、住建局、执法局等单位主要负责人及部分县人大代表组成检查组，于5月中旬先后深入新街西路棚改片区、阿阳中路、西综市场、文屏供暖站等30余处，以及住建局、执法局等单位，通过实地察看、听取汇报、查阅资料、座谈交流等方式，对县城建设与管理情况进行了检查。

一、基本情况及主要工作

目前，我县县城规划面积25.3平方公里，建成面积9.6平方公里，绿化面积318万平方米，绿化率32.8%。现有商住楼618幢33233套336万平方米，市政道路51.6公里，便民市场5个2900平方米，公共厕所31个，停车场4处停车位135个，临时停车位1219个，运动场及广场4个78400平方米。

（一）编制修订各类规划。2016年底，编制完成《静宁县城乡统筹总体规划（2015—2030）》。2017年，启动修编《静宁县城控制性详细规划》，目前完成初步成果，正在征求相关部门意见。编制完成城区道路交通、污水、雨水、绿地、人防、消防、供热、通信、环卫等14个专项规划，委托相关设计单位编制县城电力、供水专项规划，修编城市风貌规划设计。编制完成西城区气象局片区、党校南片区、普陀巷片区、城关中学片区、阿阳新村片区等5个棚户区改造修建性详细规划，以及滨河路绿化带、西岭公园、成纪大道景观提升改造规划。

（二）组织实施棚户区改造。2014年以来，共实施棚户区改造17个片区5318户，其中涉及房屋拆迁12个片区2287户，旧住宅区改造5个片区3031户。截至6月底，涉及房屋拆迁的12个片区累计完成签约1689户、拆迁799户，分别占应拆迁总户数的73.9%、34.9%。安置房建设完成高城寨一期、后街、静庄路南片区、东关一期、南关一期等5个片区土地出让4宗52.1亩，其中高城寨一期安置房正在进行主体施工，东关一期安置房正在进行基础施工，其余2个安置房建设项目正在办理前期手续。

（三）加强重点项目建设。一是计划建设道路6条3.1公里，其中，南环西路新建工程已开工建设，圣德路正在编制建设方案；阿阳南路、教育园2号桥与南环路连接道路续建工程正在施工；阿阳中路改造全面完成，中街西路改造正在招投标。二是计划

实施重点市政项目3项，其中，城区第二生活垃圾填埋场正在进行施工图审查和土地、林地征收工作，东城区农副产品交易中心正在进行土地征收补偿和资金兑付，人防指挥中心及地下人防工程与文屏书院联建，正在申请立项审批。三是计划建设商品房40万平方米，其中，续建颐馨园、中杭嘉园等商住楼20万平方米，正在进行主体及附属工程施工；新建静安家园B区等商住楼5.9万平方米已开工建设，南河安置区、东关路东侧等商住楼14.1万平方米正在办理前期手续。

（四）大力开展综合整治。县政府及相关部门以落实“门前三包”责任制为突破口，以露天烧烤、流动摊点、占道经营、扬尘污染、城市“牛皮癣”等为治理重点，扎实开展“治脏、治乱、治差、治污”综合整治工作，今年以来城区环境卫生和市容秩序得到较大改观。截至目前，共发放各类告知书3000余份，收缴罚款16万余元；没收烧烤炉具117台，取缔明火明灶68处；清理非法长期占道停放车辆41辆、违规广告牌匾54面，暂扣石膏板材305面；查处整改占道销售水产禽类门店16家、店外占道加工修理点32处、违规开挖道路企业6家、占道销售水泥车辆12辆、未落实封包措施渣土车辆50余辆；强制拆除违法建筑9处1800余平方米；设立南关十字、南环路、农技中心西侧、水务局西侧、师范巷等5处便民市场和疏导点，督促引导流动摊点进市经营。改造富康路、永福巷人行道4800平方米，更换道牙1900米；维修破损道路8400平方米，疏通雨污管网1200米，更换检查井盖130个，维修路灯、交通指示灯76处；补栽绿化苗木23.1万株，置换土方2.4万方，新增绿地面积8658平方米。

二、存在的主要问题

（一）重视支持力度不够。一是县政府对县城建设管理工作的牵头抓总、组织领导作用发挥不充分，督导检查力度不大，部分工作落实不到位，县城建设管理中存在的一些问题没有得到及时有效解决。二是相关部门责任意识不强，监管职责落实不力，对县城建设管理中出现的问题查处力度不大，县城建设管理工作相对滞后。同时，没有建立联合执法机制，相关部门之间联系沟通不经常，支持配合不紧密，没有形成齐抓共管的工作合力。三是对相关部门工作支持力度不大，执法、环卫、交警等部门工作经费紧张，人员力量不足，设施设备短缺，影响县城管理工作正常开展。执法局没有独立办公场所和专业库房，暂扣、没收物品存放困难。环卫工人工资待遇低，人员招聘困难，工人数量不足、队伍不稳定。

（二）规划引领作用不够。一是控制性详细规划修编缓慢，修编工作历时1年多，仍处于征求意见、修改完善阶段，还未按程序报请审批备案。同时，规划中对学校、医院、停车场、便民市场、绿地、广场等基础设施用地预留不充足，不能满足县城发展需要。二是专项规划不够完善，部分专项规划与城乡统筹总体规划、县城控制性详细规划对接不充分、联系不紧密，系统性和可操作性不强，不能有效指导相关基础设施建设工作。三是修建性详细规划编制标准较低，西城区德美润园、建兴明珠、罗马风情等小区建有住宅楼7000余套，但该区域仅有幼儿园、小学各1所，并且没有按照规定配套建设卫生室、便民市场、停车位等公共服务设施，给居民生活造成不便。同时，一些重要地段开发强度较大，建筑容积率较高，修建性规划不够合理。

（三）县城建设水平不够高。一是棚户区改造严重滞后。县政府及相关部门主动作为意识不强，工作力度不大，对棚改“钉子户”启动司法程序后，没有依法采取强制措施及时进行拆除。同时，征收补偿政策与棚改实际情况结合不够紧密，与棚改户内具体情况差距较大，致使大部分棚改户等待观望思想严重，拆迁工作进展缓慢。今年以来，个别历年棚改片区以及2018年新开棚改片区零签约、零拆迁、零进展。二是基础设施相对薄弱。交通路网不够完善，环城路及部分重要道路尚未建成，部分道路机动车道、非机动车道未隔离，城区交通拥堵。停车场不足，公厕数量少，城区停车难、如厕难问题突出。取缔关停不符合环保政策规定的供热站点力度不够大、进展缓慢，将影响今年供暖工作。三是公共服务设施不够完善。县医院及德顺小学、东关小学、高城寨小学等占地面积小，发展空间不足；城区幼儿园数量少，幼儿入园难。西综市场、金果博览城批发市场基础设施落后，管理不到位，占道经营、乱搭乱建现象普遍，环境卫生脏乱差，消防安全隐患突出。便民市场短缺，流动摊贩占道经营现象较多。公共活动场所布局不够合理，居民休闲、健身不方便。四是商品房建设用地储备、供应不足，开工新建商品房较少，房源紧张，房价较高，购房者负担较重。

（四）县城管理不够精细。一是执法管理力度不大，巡逻覆盖面较小，部分偏僻街区及巷道的“门前三包”责任落实不到位，随意张贴广告、乱倒垃圾泔水、占用人行道堆放货物、恶意损毁市政设施等现象较多。二是脏乱差问题仍然存在。县城出入口部分道路及一些背街小巷、公共场所、居民小区清扫不彻底，保洁不及时，环境卫生较差。部分渣土车辆不按规定进行封包覆盖，渣土、砂石污染路面现象严重。园林绿化管理粗放，绿化苗木干枯严重，公园、绿化带内杂草、垃圾较多，部分行道树遮挡交通信号灯及标志牌。市政设施管护不到位，破损路面、交通标线、路灯、人行道防护栏、检查井井盖等维修更换不及时。城市“牛皮癣”较多，电线杆、公交站牌、临街建筑物墙体上随处可见各类小广告、宣传单。随意燃放烟花爆竹问题突出，噪音污染严重，群众反响强烈。原农副公司门店、原水泥厂宿办楼、原机械厂家属楼等拆除不到位，影响县城容貌。三是乱修乱建问题突出。县城规划区内部分群众未经批准违法占用耕地修建住宅、商铺、仓库等，部分居民利用周末、节假日在宅基地抢修抢建两层以上建筑，一些居民、企业在住宅楼、办公楼上私自搭建活动板房，违反《中华人民共和国城乡规划法》等法律法规和县城规划，严重影响今后县城建设。

（五）交通管理力度不大。乱停乱放现象突出，城区部分机动车道、人行道上各类车辆违规停放，影响交通秩序。交通违法行为较多，机动车辆不按导向车道行驶、随意掉头转向，出租车、“黑出租”随意上下乘客，摩托车、电动车无牌照上路行驶、私自加装车棚，行人闯红灯、不走人行道等现象普遍。交通疏导不到位，上下班、上下学、节假日等时段，部分道路人流车流混杂，交通拥堵混乱，存在安全隐患。同时，电子警察抓拍系统建设滞后，交通管理智能化水平较低，严管街、单行道、禁停、限行等管理措施落实不到位。

三、今后工作建议

（一）高度重视建管工作，加大支持保障力度。县政府要充分认识加强县城建设管理工作的重要性和必要性，切实增强责任意识、担当意识，将县城建设管理工作列入重要议事日程，强化督导检查，狠抓工作落实，下大力气解决目前工作中存在的问题和困难，切实提高县城建设管理水平。要组织相关部门开展联合执法管理，多管齐下，齐抓共管，集中整治县城管理中存在的突出问题。要强化督查问责，加大对不作为、慢作为单位及工作人员的问责力度，督促落实监管职责，提高工作水平。要加大财政投入力度，逐年增加执法、公用事业、园林绿化、环卫、交警等部门经费预算，配齐配足执法管理设施设备，尽快研究解决执法局办公场所紧缺问题，全力保障县城管理各项工作高效开展。严格落实甘肃省最低工资标准，建立薪酬奖励激励机制，提高环卫工人工资待遇，增加环卫岗位吸引力，尽快招聘一批环卫工人，充实清扫保洁队伍。要加强管理队伍建设，通过考录、招聘等方式，进一步充实公安交警、城管执法人员力量；加大学习培训力度，不断提高管理队伍综合素质和专业化水平。

（二）科学编制各类规划，完善县城规划体系。一要按期编制完成控制性详细规划。坚持立足当前、着眼长远，突出连续性、科学性和权威性，进一步修改完善规划内容，适度超前、合理预留县城道路、学校、医院、便民市场、停车场、公厕、供热站点、绿地、广场等公共设施用地，为今后县城建设留足空间。加强组织领导，加快编制进度，按期完成审批备案，并启用实施。二要修订完善专项规划。对规划内容与城乡统筹总体规划、县城控制性详细规划不一致的，要尽快进行修编；对还未编制的教育卫生、文化体育等基础设施专项规划，要尽快启动编制。三要科学编制修建性详细规划。今后新建居民小区，要严格按照相关规定，配套建设幼儿园、卫生室、公共活动场所、便民小市场、地下停车场等公共服务设施，为居民创造便利生活环境。高度重视重要地段修建性详细规划编制，科学合理确定开发强度，严格控制建筑容积率，提高县城建设水平。

（三）加强基础设施建设，提高县城承载能力。要紧紧抓住棚户区改造重大政策机遇，坚持以人为本的发展理念，科学规划，合理布局，分步实施，建设一批高标准公共基础设施，增强县城服务承载能力，切实解决行车难、停车难、如厕难、买菜难等民生问题，提高居民生活品质。一要全力加快棚户区改造。县政府及相关部门要充分认识棚户区改造工作严重滞后和目前面临的严峻形势，切实增强责任感和紧迫感，主动作为，动真碰硬，扎实开展棚户区改造深化攻坚行动。要按照“先难后易、重点突破”的思路，严格按照司法程序，依法采取强制措施，下决心拆迁一批重点难点棚改户，形成强大震慑效应，尽快打开工作局面。要紧密结合我县实际，进一步优化完善征收补偿相关方案，依法合理解决棚改中存在的问题，加快历年欠账清零进度，力争年底棚改拆迁工作取得重大进展。今后，棚户区改造工作要坚决做到开工一片、清零一片，杜绝处处开工、遍地开“花”。要加快安置房建设，统筹做好规划编制、土地出让等前期各项工作，力争安置房尽早开工、如期建成，为棚户区改造工作争取主动。二要加强道路建设。年内要全面建成阿阳南路、南环西路、教育园2号桥与南环路连接道路，并开工建设圣德路，进一步完善城区交通路网。分批改造建设中街东路、北环路、西环路等道路，切实提高城区道路通行能力。加快环城路建设，将南环东路列入近期城区道路建设计划，提前编制建设方案，做好前期准备工作。三要加快市场建设。尽快开工建设东城区农副产品交易中心，力争早日建成投入使用。改造建设西综市场，完善基础设施，提升服务能力，满足居民群众买菜需求。按照“合理布局、方便群众”的原则，尽快规划建设一批便民市场，最大限度解决流动摊贩占道经营和居民买菜难问题。四要大力推进公共设施建设。利用棚户区改造项目，征收拆迁医院、学校附近民房，腾出发展空间。加快停车场建设，结合机构改革，整合一些机关事业单位场地，规划建设几处停车场，同时在县城南北入口处规划建设大型立体停车场，缓解城区停车难问题。加快供热站点取缔关停、技术改造、扩容建设进度，不断提高供热质量。合理规划建设公厕、公共活动场所等，提升县城公共服务水平。五要加大商品房建设用地储备力度，合理供给土地，科学控制规模，抑制房价过快增长，保障购房者利益。

（四）强化综合执法管理，提高县城管理水平。县政府及相关部门要进一步靠实工作责任，强化工作措施，狠抓工作落实，扎实开展综合整治行动，严管重罚，重拳出击，集中治理县城管理中存在的各类违法违规问题。一要严格落实“门前三包”责任。持之以恒开展全天候、零死角、高频次巡逻执法管理，严格依法处理处罚“门前三包”责任落实不到位的单位、企业、商铺、餐饮门店等，彻底解决县城管理中的各种“顽疾”。二要加大脏乱差治理力度。进一步加强环卫工作，扩大机械清扫覆盖面，配足必要的道路清扫保洁设备，提高清扫保洁效率。坚持“疏堵结合”的原则，加强流动摊点管理，督促引导菜农、果农和商贩进店、入市经营，切实规范经营行为。建立市政设施管护长效机制，及时维修维护破损市政设施。严格落实园林绿化管理措施，选栽耐寒耐旱适宜苗木，提升县城绿化水平。加强渣土车辆治理，从严查处抛撒滴漏行为，减少路面污染。加强物业管理，督促物业企业完善服务设施，提高服务水平，改善居民生活环境。解决原农副公司商铺、原水泥厂宿办楼、原机械厂家属楼等建筑遗留问题，列入2019年棚户区改造项目，尽快予以拆除。三要加大违法建设行为查处力度。坚持“零增长、减存量”的原则，始终保持对违法建设行为的高压态势，以“零容忍”的态度和决心，依法严肃查处乱修乱建行为，坚决遏制违法建筑增量。全面清理登记规划区内各类违法建筑，分类依法进行查处，逐步消除违法建筑存量。

（五）加大交通执法力度，改善城区交通秩序。要设置交通固定岗与流动岗，加强重要路段和重点时段交通指挥疏导，确保高峰期交通安全、畅通。加大对机动车辆乱停乱放、随意掉头以及行人闯红灯、不走人行道等交通违法行为的教育引导和查处力度，彻底扭转我县城区交通秩序混乱现状。开展摩托车、电动车专项整治行动，从严查处无牌上路、私自改装、超速行驶等行为，消除交通安全隐患。科学合理设置单行道、施划道路停车位，提高道路通行能力。加快智慧城市建设步伐，尽快建设智能化交通指挥中心，在城区各主次干道、交通路口、县城各出入口安装高清智能抓拍系统，提高交通管理智能化水平。

（六）加大宣传教育力度，营造良好社会氛围。要将宣传教育作为加强县城管理的一项重要举措，加强组织领导，创新宣传形式，扎实做好宣传教育工作。要深入开展城市管理宣传“进机关、进企业、进校园、进社区、进家庭”活动，大力宣传普及城市管理法律法规和政策规定，切实提高广大干部群众的法律意识和规则意识。坚持正面宣传引导与反面典型曝光相结合，在县电视台设立曝光台，定期曝光“门前三包”责任落实不到位的单位、企业、门店，以及县城管理中各类不文明行为，教育引导广大干部群众知荣耻、守法规、讲文明，形成全社会支持参与县城管理的良好氛围。

关于全县旅游产业发展情况的调研报告

由常委会分管副主任带队，县政府分管副县长参加，常委会办公室、科教文卫与民侨工委，县政府办、文广局、旅游局等单位负责人及部分市县人大代表组成调研组，于5月上旬深入成纪故城、界石铺红军长征毛泽东旧居纪念馆、曹务文疝民俗旅游专业村、余湾王坪村现代农业旅游观光园等23处旅游景点，采取实地察看、查阅资料、听取汇报、座谈交流等方式，对全县旅游产业发展情况进行了专题调研。

一、基本情况及主要工作

静宁县位于甘肃东部，是古丝绸之路东段中线上的重镇，素有“陇口要冲”之称，区位优势明显，县内旅游资源比较丰富。人文景观方面，现存成纪故城遗迹为西汉所置成纪县治，是中华民族人文始祖伏羲诞生地、历史文化名城、世界李氏家族故里，李广、李世民等杰出历史人物的事迹广为流传；战国秦长城在静宁境内存在的遗址共有17处，分布于四河、红寺、界石铺、三合、原安等5个乡镇，2006年5月被国务院确定为第六批全国重点文物保护单位；文庙始建于明嘉靖二十一年（1542年），建筑面积1256.8平方米，是全省保护比较完善的古建筑，1993年被甘肃省人民政府确定为省级文物保护单位；站院清真寺始建于明洪武六年（1373年），清康熙五十一年（1712年）修复并扩建，现建筑面积377.8平方米，2003年7月被列为第六批省级重点文物保护单位；县博物馆馆藏文物2325件（其中国家一级文物24件、二级文物191件、三级文物792件），是全市馆藏文物最多的县级博物馆。红色文化方面，有界石铺红军长征毛泽东旧居纪念馆、四河周岔戏楼、灵芝显神庙战斗遗址等重要机构和历史事件旧址，红军长征5次途经静宁，是红军三大主力胜利会师的中心基点。自然景观方面，有百万亩苹果生产基地、万亩梨园、仙人峡、悬镜湖等。民俗文化方面，有曹务文疝民俗旅游专业村、细巷一锨土民俗文化旅游示范村、古城伏羲部落生态文化园、贾河宋堡村史馆等。目前，全县有初具规模的旅游景点5个，其中红色旅游景点1个、国家AAA级人文景点1个、乡村生态旅游景点3个。建成旅游专业村5个，农家乐12家，旅游从业人员1200人。现有各类宾馆、酒店21家（其中挂牌三星级宾馆1家），床位接待能力1600人次/日。

近年来，全县紧紧围绕做好“华夏之根·红色圣地·金果家园”三张名片，积极挖掘开发红色旅游、乡村旅游、民俗旅游、休闲旅游等资源，旅游产业在实践中探索起步。旅游基础设施有所改善。投资685万元，实施文庙、清真寺和周岔戏楼等维修工程，文化旅游资源基础设施得到改善。红色旅游进一步提升。围绕“弘扬长征精神、传承革命传统”这一主题，按照《静宁县界石铺红色旅游小镇建设方案（2017—2019)》总体规划要求，积极实施“一馆一街一区一带”工程，通过基础设施建设、配套服务完善、产业布局优化、镇域环境整治等措施，着力将界石铺打造成集红色旅游、党性教育、休闲观光、文体娱乐于一体的红色小镇。界石铺红军长征毛泽东旧居纪念馆二期建设项目正在实施，在抓好基础设施建设管理的同时，开拓创新，完善机制，管理服务水平不断提高。利用现代多媒体技术，完整真实地再现红军长征在甘肃及静宁的革命足迹，使红色旅游由静态变为动态，旅游链条更加完整，增强了对游客的吸引力，充分发挥了爱国主义教育基地的作用。乡村旅游取得新进展。依托百万亩苹果生产基地、万亩梨园，大力发展以“观光赏花、休闲采摘”为主题的乡村旅游，部分乡镇根据各自实际情况，编制了旅游产业发展规划，开发打造集有机苹果生产、农村风貌游览、民俗文化体验为一体的乡村旅游新形态。成功举办了三届静宁苹果节，开展了赛园赛果赛技活动、旅游采摘活动、果品成果展览、果品销售项目签约及文化活动等，扩大了“静宁苹果”品牌效应、知名度和影响力，助推了“苹果产业+旅游”模式的发展。民俗非物质文化得到传承发展。在政府和相关部门的倡导和推动下，全县民俗非物质文化得到有效传承发展，如细巷一掀土民俗文化旅游示范村挖掘李氏寻根文化，曹务文岴民俗旅游专业村发展地域风俗特色，贾河王沟传统文化家风家训教育体验园弘扬中华民族传统文化魅力等。剪纸、掐丝画、刺绣、烧鸡、大饼、果品等生产销售初具规模，尤其是静宁烧鸡制作工艺于2011年3月申报通过省级非物质文化遗产保护项目。

二、存在的主要问题

（一）思想认识不到位，发展理念落后。一是重视程度不够。政府及职能部门对发展旅游产业的重要性和必要性认识不足，定位不准，没有与脱贫攻坚结合起来，工作中开放意识、创新意识不强，发展旅游产业的办法措施不多，没有真正形成大旅游、大产业的格局。二是作用发挥不到位。政府对旅游产业发展的主导推动作用发挥不到位，发展旅游的统筹协调机制不健全，职能部门之间配合不紧密，没有形成发展旅游产业的工作合力。三是政策落实不到位。今年年初，国家、省、市相继召开了全域旅游产业发展大会，制定出台了相关政策文件和意见，但我县至今没有召开旅游产业发展会议，也没有下发相关指导性文件，政府及职能部门贯彻落实上级政策精神不及时、不到位，全县旅游产业发展迟缓。

（二）规划严重滞后，指导引领作用不强。政府及规划主管部门没有将旅游规划纳入“多规合一”的整体规划中来，至今没有编制全县旅游总体规划，也没有编制人文旅游、红色旅游、乡村旅游等专项旅游规划。2007年虽然编制了《静宁县主要景区开发建设规划（2007—2019）》，但10年来没有进行修订和完善，规划指导引领作用不强。部分乡镇虽然编制了旅游发展规划，但受资金限制，标准不一，县城与乡镇之间、小城镇与村庄之间联系不紧密，没有形成可供游览的旅游线路。农业、林业、水利、交通、文化等产业规划与旅游产业发展衔接不紧密，造成重复建设、低水平建设，制约着全县旅游产业的发展。

（三）对外宣传推介不够，产业知名度不高。缺乏利用微信、微博、网站等新型媒体进行专业化、全方位、深层次的宣传，宣传方式方法单一，外界对静宁旅游景点的认知度不高。由于规划、认识等方面的原因，全县没有引领旅游产业发展的龙头企业，作为以发展“苹果文化”为重要旅游名片的苹果大县，在广告牌、路灯、标牌、公交等户外广告载体中基本没有与“静宁苹果”有关的宣传元素。外县招揽旅游的广告牌设在我县县城主要路段，有关部门视而不见、不闻不管。另外，已经投入运营的旅游景点存在宣传标牌不明确、品牌彰显不到位、宣传方式不灵活，缺少相应的宣传推介资料，资源优势尚未转化成品牌特色，旅游景点品位不突出，知名度、美誉度不高。全县在旅游文化品牌挖掘的广度、深度和关联度上，缺乏融合包装的形式和手段，尚未形成富有静宁文化内涵的人文旅游品牌。

（四）资金投入不足，资源开发保护利用不充分。我县2017年旅游产业专项经费财政预算50.25万元，实际拨付20.25万元，财政投入严重不足。一是旅游融投资渠道狭窄，投资体量薄弱，旅游产业市场化运作水平不高，政策运用不灵活，没有将红色旅游资源开发、文物保护、乡村振兴战略、美丽乡村建设、精准扶贫、“三变”改革等相关政策与旅游发展现状相结合。二是现有旅游资源挖掘开发不够，自2009年申报成纪文化城为国家AAA级旅游景点以来，再没有申报通过评定等级的旅游景点；我县博物馆馆藏文物丰富，但布展面积只有630平方米，是全市馆藏文物最多而布展面积最小的县级博物馆；文庙、站院清真寺维修改造工程正在实施，但是没有制定具体的旅游开发方案，对外开放布局没有形成；成纪文化城自建成以来，内部建筑基本空置，没有被开发利用，基础设施年久失修，存在安全隐患；阿阳古城文化创意产业园规划编制已完成，由于缺少具体的开发建设方案，项目无法落地实施。三是资源保护意识不强，成纪故城、战国秦长城为国家重点文物，但保护措施不力，人为破坏严重，成纪故城保护范围内300多亩（尤其是西北墙约7亩）土地全部被农民耕种，战国秦长城只是设立了界碑、界桩和告示牌等简单保护设备。

（五）基础设施落后，服务能力不强。旅游业涉及的吃、厕、住、行、游、购、娱等旅游要素不齐全，农家乐数量少、规模小，缺乏地方特色和风格；旅游景点厕所配置不合理，便利、卫生和美观等方面均不能满足游客的基本需求，城区西岭公园、滨河广场等旅游休闲娱乐场所的厕所长期关停，基础设施利用率不高；旅游产品开发不够，没有形成产供销一体化的产业链，缺乏有地方特色的旅游商贸街区；现有的文娱项目内容单调、场所分散，而且规模不大，档次不高，对游客的逗留吸引力不强。

（六）管理体制不健全，专业人才短缺。目前，我县还没有成立旅游投资公司、旅游开发公司、不可移动文物保护研究所等机构，从事旅游产业研究、管理、导游方面的专业性人才短缺，旅游业人才的培养和储备严重不足，随着旅游人数持续增加，现有机构、编制和人员已不能适应旅游产业的发展。界石铺红军长征毛泽东旧居纪念馆没有设立文物保护科、党史研究室、安全保卫科和后勤中心等科室，缺少专业技术人员。旅游开发运营机制不完善、主体不明确，制约着我县旅游产业的进一步发展。

三、今后工作建议

（一）解放思想，旅游产业加快发展。发展旅游产业是推动高质量发展、建设现代产业体系的重要内容，是把资源优势转化为发展优势的必然要求，是解决突出问题、促进旅游业转型升级的现实需要。县政府及相关职能部门要充分认识发展旅游产业对加快精准脱贫步伐、促进经济发展、提升静宁美誉度的重要作用，找准旅游产业发展在全县经济发展中的正确定位，持续打好“华夏之根·红色圣地·金果家园”三张牌，推广“苹果产业+旅游”模式，快速发展乡村旅游。要充分发挥政府主导作用和综合协调作用，紧扣中央、省、市文件精神，尽快研究制定推进全县旅游产业和旅游产业助推精准扶贫的指导意见和政策措施，真正把旅游产业作为助推全县经济发展的重要产业来抓。要创新发展理念和模式，优化旅游发展环境，营造全社会共同关心支持旅游产业发展的良好氛围。要循序渐进、量力而行、重点突破，遵循“成熟一个、建设一个、成功一个”的原则，确定“一年打基础、两年上台阶、三年做示范”的建设目标，加大旅游资源融合重组和深度开发力度，扩大景点规模，提高景点档次，把每一个项目做成精品，避免遍地开花，盲目投资，半途而废。

（二）编制规划，指导引领产业发展。将我县旅游作为全国、全省大旅游的重要节点，围绕三大旅游名片，高起点规划，高标准编制全县旅游发展总体规划和人文旅游、红色旅游、乡村旅游等专项旅游规划，指导引领旅游产业发展。加强对旅游产业发展的整体包装和策划，坚持“以红带绿、以绿促文、三化并举、整体推进”的原则，特别要把苹果文化、成纪文化作为全县旅游发展的重中之重，着力提升旅游业发展层次和水平。规划研究成纪文化城和百万亩苹果大县的后续建设和有效利用，积极打造一业（苹果产业）、三区（西北部梨园区、中部葫芦河流域优质苹果区、南部有机苹果区）、三线（红色旅游线、民俗风情线、寻根问祖线）的全域旅游新格局。严格实行保护与开发并举，牢固树立绿水青山就是金山银山的理念，保护先行，合理有序开发，实现经济效益、社会效益、生态效益相互促进、共同提升。

（三）挖掘资源，打造旅游品牌。一要充分挖掘地域人文历史遗产。深度挖掘和开发研究成纪故城、阿阳古城、战国秦长城等人文历史遗址，精心打造成纪文化系列旅游，以较高的文化品位建成具有地域特色的历史文化旅游精品。加强对李广、李世民等杰出历史人物的研究推广，与旅游产业发展深度融合，筹划建设李氏家族纪念馆，与陇西、通渭广泛交流、加强合作，共同做大做强李氏文化，建立名人效应与品牌效应，吸引更多的海内外李氏名人来我县寻根问祖。制定具体的文庙、清真寺开放方案，运用市场化模式营销推介，产生经济效益。二要积极拓展红色旅游。界石铺作为红军三大主力胜利会师的中心基点，界石铺红军长征毛泽东旧居纪念馆要精心打造红色文化品牌，加强与会宁、宁夏将台堡、六盘山红军长征纪念馆的联合推广，真正融入全国红色旅游精品路线。积极打造界石铺红色小镇，深入挖掘周岔戏楼、显神庙战斗遗址等红色文化资源，及早成立红色教育培训机构，使界石铺红军长征毛泽东旧居纪念馆真正成为弘扬革命精神、加强青少年思想政治教育、建设社会主义先进文化的思想教育基地，将革命历史、革命传统和革命精神通过旅游形式传输给广大人民群众。三要大力发展乡村旅游。要利用乡村自然和人文景观、农耕文化、农家生活、民俗民风等旅游资源，促进现代农业、乡村旅游、精准扶贫深度融合。要全力推动乡村旅游向特色化、规模化、效益化、品牌化方向发展，形成“吃在农家、住在农家、乐在农家、购在农家”的乡村旅游模式。突出乡村旅游的“土气、老气、生气、朝气”，以乡村休闲和生活体验为切入点，充分挖掘本地自然禀赋，持续推进界石铺万亩梨园、城川东山梁、李店常坪、余湾王坪等苹果采摘体验园建设，拓展苹果文化旅游，将苹果赏花、采摘与民俗文化相结合，完善旅游要素，精心设计旅游线路，大力发展乡村休闲度假、民俗体验与果品采摘体验等多种具有浓郁地方特色的乡村旅游形式，不断提升质量，逐步形成规模效应，助推全域旅游快速发展。

（四）加强宣传，提升旅游品牌知名度。加速发展旅游业，必须加大宣传推介力度。一方面，要加大旅游宣传投资，每年预算一定比例的旅游宣传专项经费，在城区、乡镇街道安装富有“苹果文化”设计元素的特色路灯；编制宣传册页，制作微电影，利用微信、微博、网站等媒体进行广泛深入宣传；在重要路段、建筑物、广场、公园、宾馆、旅游景点建设具有静宁旅游特色的雕塑、宣传牌等，加强旅游宣传推介。另一方面，要统筹规划旅游线路，统一宣传口径，科学设计我县“一日游”“两日游”等旅游线路，打造以“成纪文化、红色文化、苹果文化”品牌为核心，地域特色品牌百花齐放的大旅游、大宣传格局。积极与上级旅游单位衔接，把静宁旅游线路与长征红色旅游线路、周边红色旅游线路、丝绸之路相融合，不断提高静宁旅游品牌的知名度。

（五）加大投入，加强基础设施建设。一要加大旅游资金投入。今后在年度财政预算中要安排旅游产业规划和旅游发展专项支出，并逐年增加。建立健全民办旅游的多元投资机制，吸引社会资金、外来资金的投入，鼓励机关、团体、企业、个人实物出资，规范引导农户以土地、资产、服务、劳务等多种形式向开发主体投资入股，形成以政府为主体，企业、合作社、集体经济、个体经济等共同参与的旅游投资模式。二要加强生态文明建设。农村基础设施建设、生态建设、新农村建设、美丽乡村建设、生态农业发展等项目要尽量向乡村旅游项目倾斜，保证旅游产业发展所需的土地整治资金、农业综合开发资金。注重植树造林、退耕还林等工作，扩大森林覆盖面积，营造良好的生态环境。结合美丽乡村建设、精准扶贫等工作，深入开展乡村“三改一整”（改厨、改厕、改院落、整治周边环境）工程，推进全域无垃圾治理行动，着力改善乡村旅游环境。三要加强现有旅游资源的保护。坚持在保护中开发、在开发中保护的原则，修缮并开发文庙、站院清真寺等历史建筑，制定对外开放方案；依据《中华人民共和国文物保护法》相关规定，争取国家对贫困地区在土地征用项目上的政策倾斜，对成纪故城、战国秦长城等不可移动文物进行保护；制定具体的土地流转办法，加快阿阳古城文化创意产业园项目实施，进一步扩大界石铺红军长征毛泽东旧居纪念馆、县博物馆布展面积，丰富馆藏内容。四要加强旅游要素设施建设。要围绕“吃、住、行、游、购、娱”旅游“六要素”统筹规划，在“游、娱”方面，要抓好主体景区、景点建设，开发有特色的文化旅游观光娱乐项目，以新、奇、特吸引游客；在“吃、住”方面，要申报增加挂牌星级宾馆、饭店、农家乐的数量，增强接待能力，提升服务水平，发展地方特色小吃，加强烧鸡、大饼、罐罐茶、搅团、荞面油团等传统小吃的卫生管理，扩大生产规模，建立富有地方特色的小吃街区，尽量满足游客需求；在“购”方面，要注重桃核制品、剪纸、掐丝画等特色旅游产品开发，让游客“游”有所“购”；在“行”方面，要加强交通干道、旅游景点道路建设，提高道路等级标准，提升交通承载能力。

（六）健全机制，提升管理服务水平。旅游业涉及发改、财政、公安、国土、住建、交运、文广、卫计、工商、安监、消防等多个部门，必须成立旅游产业统筹协调机构，统领规范乡镇规划审批、证件办理、资源整合等工作。建立健全政府引导运行机制，加快不可移动文物保护研究所、界石铺红色文化研究室、旅游投资公司、旅游开发公司等机构的建设及运营，坚持市场化发展旅游，不断提高景区经营管理的专业化水平，促进旅游产业规范化、制度化、合法化发展。将编制资源向文化旅游方面倾斜，充实各部门旅游专业人才队伍，改善旅游产业体系人才培养和储备不足的现状。加强现有旅游从业人员的管理培训，提升其服务意识、综合素质和管理水平。配备一定数量的人文历史研究人员，注重文物搜集、资料开发、布展解说，充分利用现代信息技术手段，提高旅游景点的品位和质量。增强旅游产品的可消费性和游客的可滞留性，发展参与性、体验性强的旅游项目，开发精致、有内涵、便于携带的旅游商品。推进“互联网+乡村旅游”的发展战略，建立集旅游引导、服务、管理、营销、体验为一体的智能化乡村旅游平台，不断提高游客的满意度。

第十四次会议　于2018年8月31日在常委会五楼会议室召开，由高旭主持。

会议议程有七项：一、二项合并进行，听取和审议财政局局长马斌受政府委托所作的《关于2017年财政决算（草案）的报告》、审计局局长王亚鹏受政府委托所作的《关于2017年财政预算执行和其他财政收支情况的审计工作报告》、人大财经委委员牛满川所作的《关于2017年全县财政决算（草案）的审查报告》，作出《关于批准2017年全县财政决算的决议》；三、听取和审议财政局局长马斌受政府委托所作的《关于静宁县2018年增加预算支出安排情况的报告》、人大财经委委员牛满川所作的《关于2018年增加预算支出安排的审查报告》，作出《关于2018年增加预算支出安排的决议》；四、听取和审议工信局局长刘昌麟受政府委托所作的《关于全县工业企业发展有关审议意见落实情况的报告》、常委会财经与城建工委副主任牛满川所作的《关于全县工业企业发展有关审议意见落实情况的检查报告》；五、听取和审议卫生和计划生育局副局长朱青受政府委托所作的《全县基层医疗卫生工作报告》、常委会教科文卫与民侨工委副主任王宏所作的《关于全县基层医疗卫生工作情况的检查报告》；六、听取政府常务副县长陈景春受政府委托所作的《2018年上半年工作情况的报告》，监委、法院、检察院提交了半年工作书面报告；七、听取工信局局长刘昌麟所作的《关于工信局工作情况的报告》。

第十七届常委会组成人员王智国、沙芳琴、高旭、厚连世、张进宝、李读、靳宝生、杨华、平宏、胡志科、李平安、王瑞生、马川娃、王宏、王致中、牛满川、王晓峰、张录牛、朱国军、牛国喜、李建明、张刚栋、裴晓江、厚凤兰、王全生出席；县委常委、政府常务副县长陈景春，法院院长张立军、检察院检察长杨青、监委副主任张建宁、政府办公室主任韩伟周、发改局局长胡生平、工信局局长刘昌麟、财政局局长马斌、国土局局长程军伟、环保局局长何冠群、水务局局长王升斌、审计局局长王亚鹏、食药监局局长张亚鹏、科技局局长梁永红、卫计局副局长朱青、规划办公室主任贾宏斌、工商局纪检组长樊冰、卫计局综合监督执法所所长王明星、招商服务中心副主任张仲林、八里工业园区管委会副主任张拴理，常委会有关委室负责人王飞、阎钧，科级干部王兴国、张天顺，深沟乡、新店乡党委书记米发明、樊尚平，治平镇、司桥乡人大主席杨世雄、郭东栓，李店镇、红寺镇政府镇长陈小兵、阎伟刚，市人大代表王伟东、李玉兰，县人大代表高晓丽、戴中锋，红寺镇、界石铺镇卫生院院长胡生伟、吕世红，中元塑料公司、国草药业公司负责人高佩玎、王英子列席。

附：

关于全县工业企业发展有关审议意见落实情况的检查报告

由常委会分管副主任带队，县政府分管副县长参加，常委会办公室、财经与城建工作委员会，县政府办、工信局、工业园区等单位主要负责人及部分县人大代表组成检查组，于7月下旬先后深入兴安民爆静宁分公司、中元塑料、中正包装、国草药业等工业企业以及静宁县工业和生活污水处理厂，通过实地察看、听取汇报、座谈交流等方式，对县第十七届人大常委会第六次会议提出的全县工业企业发展有关审议意见落实情况进行了检查。

一、审议意见

2017年8月31日县第十七届人大常委会第六次会议听取、审议了县政府《关于全县工业企业发展情况的报告》，针对政府重视程度不够、支持扶持力度不大、工业园区软硬件薄弱、企业自主发展能力不强等问题，提出了如下审议意见：一是强化工业强县战略，高度重视工业经济。政府要牢固确立工业强县战略，充分认识工业经济在县域经济发展中的核心地位。制定出台工业强县战略规划和“十三五”工业经济发展规划，明确工业强县思路，提出工业强县重点，细化工业强县举措，强化工业强县责任，加快工业经济发展。相关部门要增强服务意识，改善服务态度，提高办事效率，切实营造全社会亲商、敬商、爱商和重视、关心、支持工业经济发展的良好氛围。二是加大扶持力度，加快工业发展步伐。一要根据国家及省上扶持小微企业发展的文件精神，制定出台我县扶持小微企业发展的实施意见。二要认真落实招商引资有关政策，引进一批大项目、好项目。三要逐年增加中小企业发展专项资金和科技三项经费，设立中小企业发展基金、企业投资引导基金和科技创新基金。四要加大项目资金争取力度，努力帮助企业争取到更多的项目资金。五要各商业银行增加工业企业贷款，简化贷款手续，提高办理效率。千方百计激活民间资本，引导民间资本兴办工业企业。六要认真解决工业用地，政府每年年末要提出下年度工业用地计划，加强工业项目土地储备，增加工业项目用地指标；国土部门要积极向上争取工业用地指标，努力盘活现有工业用地，对符合政策的工业项目加快办理土地使用权出让，解决工业企业项目建设用地。三是增强园区职能，提升园区承载能力。制定出台工业园区“十三五”发展规划和企业布局控制性规划。建立工业园区土地储备制度或将园区工业用地在县城年度用地计划中单列。设立工业园区投融资平台，服务园区项目建设。加大工业园区道路、电力、通信、供水、污水处理等基础设施建设力度，尽快将城区自来水接入园区，加快污水处理厂建设进度，淘汰、改造升级现有燃煤锅炉。四是树立科技兴企理念，增强自主发展能力。政府要扶持培育一批科技型、创新型和高新技术企业，引导企业实施知识产权战略和技术标准战略。工业园区要依托欣叶集团、恒达公司原有生产场地，建设科技企业孵化器和小微企业孵化器，为入孵企业提供研发、中试生产场地和政策咨询、技术培训等孵化创业服务。工信部门要全力帮助企业积极申报、争取国家和省上的“双创”项目和科技项目。工业企业要重视新产品、新技术的开发和新工艺、新设备的应用，重视技术人才的培养、引进，重视企业自身科技研发，设立技术研发机构，建立研发队伍，与高等院校、科研院所建立技术合作关系；重视创建自有品牌、名牌，提高产品质量；推行现代企业管理制度，提高企业管理水平；遵守环保法律法规，依法生产经营。五是深化“放管服”改革，优化外部发展环境。一要进一步简政放权，严格执行国家及省市有关项目审批制度，大幅度缩短审批环节和审批时间；持续推进商事制度改革，大力削减工商登记前置审批事项；扎实开展行政事业性收费清理，严肃查处乱收费、乱罚款、乱摊派行为。二要强化问责，对职能部门改革政策落实不到位，工作人员不作为、不担当的行为要严肃问责追责。三要加强行业协会建设，积极引导企业组建行业协会组织，促进工业企业健康发展。

二、审议意见落实情况及所做的工作

目前，全县共有工业企业142户，从业人员8300多人，较去年增加8户企业；规模以上工业企业9户，从业人员3900多人，较去年减少2户企业，主要是鸿达肥料、精威饲料2017年度主营业务收入低于2000万元，于今年初退出规模以上企业库。2017年，全县工业增加值完成2.64亿元，同比下降2.9%，规模以上工业增加值完成1.3亿元，同比下降6.2%。今年上半年，全县工业增加值同比下降27.8%，规模以上工业增加值同比下降65.3%。

（一）制定出台相关意见。制定了《静宁县关于加快推进新型工业化的实施意见》，提出了2025年前推进新型工业化的工作任务和发展目标。出台了《静宁县大力推进大众创业万众创新实施意见》和《关于进一步做好就业创业工作的实施意见》，对大众创业万众创新工作做了安排部署。印发了《静宁县招商引资责任目标考核办法》，进一步明确细化了招商引资责任及任务。

（二）加大支持扶持力度。一是开展招商引资，采取“主动对接、上门洽谈”方式，接洽项目6个，其中工业项目2个；参加第二十四届“兰洽会”，签约项目5个总投资3.02亿元，其中工业项目1个总投资4800万元。二是加强财政支持，安排扶持中小微企业发展资金100万元，比去年增加95万元；安排科技三项费及事业费20万元，专利专项资金13.9万元。三是争取到工业企业水和大气污染防治项目7个730万元。四是挂牌出让工业园区工业用地7宗70亩，为7户工业企业解决了土地权属历史遗留问题。

（三）加强工业园区建设。2017年修编《静宁县城控制性详细规划》时，将工业园区控制性详细规划作为专篇，同步进行修编，目前完成初稿，正在征求意见。采用PPP模式，投资1.52亿元新建静宁县工业和生活污水处理厂，目前已全面建成并投入运行。完成G22青兰高速静宁下线口改扩建工程，园区次七路、西街西路、寺山东二路道路及给排水工程前期工作。按照环保政策规定，淘汰、升级改造燃煤锅炉24台。

（四）提升企业发展能力。一是加强创业孵化基地建设，依托欣叶集团、恒达公司原厂房，建成欣叶青年创新创业基地和静宁县中小企业孵化基地。二是积极申报科技项目，目前申报省级项目8项、市级项目2项，其中成功立项1个，争取到资金20万元。三是加强“双创”示范基地建设，创建了欣叶集团省级科技企业孵化器。四是加大技术改造投入，华美集团、恒达公司、欣叶集团投资1005万元，对现有生产工艺进行了改造提升。

（五）落实“放管服”措施。按照国家及省市“放管服”改革政策要求，发改部门将投资项目备案中的“两证一书”等前置条件调整为后置条件，在政务中心设立投资项目并联审批窗口，统一受理投资项目审批备案业务；环保部门将属于县级审批的环境影响报告表审批时限由30日缩短为15日，环境影响登记表实行备案制；工商部门实行市场主体登记一窗受理、一表填报、一站办结，落实“先照后证、多证合一”登记制度改革，推行全程电子化登记管理。

三、存在的主要问题

（一）审议意见落实不到位。对县人大常委会会议提出的审议意见重视不够，没有将落实审议意见列入议事日程，组织领导不到位，工作措施不得力，部分审议意见没有落实到位。主要是：没有编制“十三五”全县工业经济发展规划，工业经济的发展思路和目标任务不明确；没有制定出台扶持小微企业发展的实施意见，扶持小微企业发展缺乏切实可行的政策措施；没有储备工业项目用地，工业企业用地难问题仍然存在；没有为工业园区接通城区自来水，工业园区用水条件仍未得到改善。

（二）抓工业经济力度不够。一是对工业经济发展中存在的问题研究分析较少，协调解决不力，相关部门不担当，不作为，推诿扯皮，服务意识差，办事效率低，影响企业项目落地建设。二是工业经济发展目标考核及问责机制不完善，日常督导检查不到位，考核问责力度不大，扶持工业企业发展的相关政策落实不到位。三是招商引资力度不大，项目前期准备不充分，项目建议书缺乏可操作性，招商优惠政策吸引力不强，签约项目落地率低。四是在工业企业改制中关停鼎元包装印务有限公司，造成厂房、设备、原材料等闲置浪费，资产流失损失严重。

（三）扶持发展成效不明显。一是中小企业发展专项资金预算安排较少，不能满足工业企业发展需要。同时，专项资金使用管理制度不健全，专项资金使用效益不高。二是争取到的国家和省市的项目及资金较少，促进工业企业发展的作用不突出。三是县中小企业担保公司没有发挥职能作用，各商业银行用于工业企业的贷款资金较少，工业企业融资难度较大。四是部分工业企业土地权属不明确，影响投资项目建设和企业持续发展。截至目前，工业园区仍有36户工业企业520.08亩土地权属存在问题。

（四）工业园区建管仍需加强。一是控制性详细规划仍处于征求意见、修改完善阶段，还未报请审批备案。二是基础设施建设滞后。集中供热、危废处置场所等未建设，不符合环保政策规定。静西路破损严重，影响道路两侧企业发展及当地群众出行。三是管理不够精细。“门前三包”责任落实不到位，道路清扫及垃圾清运不及时，环境卫生较差。规划执法管理不严格，对违法建设管控力度不大，乱修乱建现象时有发生。

（五）企业发展能力不强。一是静宁县中小企业孵化基地和欣叶青年创新创业基地作用发挥不到位，孵化、培育的小微企业、科技企业较少。二是工业企业普遍不重视技术人才的培养和引进，技术人才匮乏，基本无力开展技术创新。三是大部分工业企业技术改造投入不足，设备陈旧，工艺落后，产品技术含量低。创牌意识不强，不重视品牌注册保护和产品质量提升，市场竞争优势不明显。四是大部分工业企业没有建立现代企业管理制度，管理水平相对较低，自主发展能力不强。

四、今后工作建议

（一）高度重视，强化领导，认真研究落实审议意见。县政府要高度重视县人大常委会本次会议提出的审议意见，进一步增强责任意识和大局意识，紧密结合全县工业经济发展中存在的突出问题，认真研究制定切实可行的整改落实方案，细化工作任务，靠实工作责任，加大工作力度，切实将审议意见落到实处，取得实效，推动全县工业经济持续健康发展。整改落实情况要于12月份向县人大常委会专题报告。县人大常委会将采取调研检查、满意度测评等方式，跟踪监督审议意见落实情况。

（二）明确目标，突出重点，全力推进工业强县战略。县政府要树牢工业强县思想，坚定不移实施工业强县战略。尽快制定出台全县工业经济中长期发展规划，明确发展思路，细化目标任务，强化工作措施，加快工业经济发展。建立完善工业经济发展目标考核评价和奖惩问责机制，严格督查考核，加大奖罚力度，督促部门依法开展工作。相关部门要深刻吸取省上通报的不担当、不作为典型问题的教训，切实增强服务意识，提高办事效率，为企业提供优质高效服务。要加强招商引资工作，修订完善《静宁县招商引资优惠政策规定》（静政发〔2013〕49号），进一步加大优惠力度，吸引外来及我县投资者兴办工业企业，提高招商引资项目落地率；积极对接国家产业政策，引进一批高新技术产业项目，优化工业产业结构，推动工业经济转型升级。认真研究解决鼎元包装印务有限公司改制问题，尽快依法处置现有资产，减少闲置浪费。

（三）完善措施，狠抓落实，加大工业企业扶持力度。一要尽快制定出台我县扶持小微企业发展的实施意见，明确扶持措施，落实扶持责任，切实扶持小微企业健康发展。二要逐年增加中小企业发展专项资金，同时制定专项资金使用管理办法，规范资金使用管理，提高资金使用效益。三要加大项目和资金争取力度，积极为工业企业争取科技创新、技术改造、污染治理等方面的项目和资金，助推工业企业发展。四要进一步完善融资机制，县中小企业担保公司要充分发挥职能作用，积极开展中小企业融资担保工作；各商业银行要创新贷款产品，降低贷款门槛，简化贷款手续，解决工业企业贷款难问题。

（四）规划引领，建管并重，提升工业园区服务能力。一要高起点、高标准修编园区控制性详细规划，科学合理规划企业布局、基础设施用地等，切实提高园区规划水平，为园区建设提供规划依据。二要通过招商引资，吸引我县社会资本投资建设中小企业孵化园、建材城、汽配城等项目，增强园区承载能力。三要加强基础设施建设，采用PPP模式，吸引社会资本建设集中供热、危废处置场所；大力争取上级项目支持，改造建设静西路。四要高度重视园区供水问题，尽快接通达标水源，改善用水条件。五要依据县城控制性详细规划，在园区尽快储备一批工业用地，方便工业项目落地建设。尽快依法完成园区36户企业土地所有权出让，妥善解决园区用地历史遗留问题。六要进一步加强园区卫生、市容、秩序、绿化、市政设施等管理工作，着力改善园区环境。严格规划执法，加大巡查执法力度，坚决遏制违法建设行为，为园区发展留足空间。

（五）优化服务，创新管理，增强工业企业竞争实力。一要严格落实国家及省市“放管服”改革政策措施，进一步缩减审批事项，优化审批程序，压缩审批时限，提高行政审批效率。二要认真落实《静宁县大力推进大众创业万众创新实施意见》，充分利用静宁县中小企业孵化基地和欣叶青年创新创业基地，扎实开展大众创业万众创新工作，大力孵化、培育一批科技型、创新型企业。三要推行现代企业管理制度，加强企业内部管理，提高企业管理水平。加大技术改造力度，提升产品质量，创建自有品牌，增强产品竞争优势。四要立足我县农业资源，大力发展苹果、马铃薯等农副产品精深加工企业，延伸产业链条，增加农产品附加值，带动群众增收致富。五要建立规模以上工业企业后备库，通过财政投入、项目支持等多种方式，培育、扶持更多企业进入规模以上企业库，增加全县工业经济总量。

关于全县基层医疗卫生工作情况的检查报告

由常委会分管副主任带队，县政府分管副县长参加，常委会办公室、科教文卫与民侨工委，县政府办、卫计局、食药监局、综合监督执法所等单位负责人及部分县人大代表组成检查组，于7月下旬，深入界石铺、李店、威戎、甘沟、雷大等11个乡镇卫生院和社区卫生服务中心、部分村卫生室和个体诊所，采取实地察看、听取汇报、座谈交流、随机抽查、查阅资料等方式，对全县基层医疗卫生工作情况进行了检查。

一、基本情况及主要工作

全县共有乡镇卫生院及分院25个、社区卫生服务中心1个，村卫生室393个（其中标准化村卫生室358个）、个体诊所152家。乡镇（社区）医疗卫生机构共有工作人员828人，其中执业（助理）医师385人、注册护士192人；专业技术人员中高级职称18人、中级职称56人、初级职称 697人。从事农村医疗和预防保健工作的乡村医生393人，其中本科学历1人、大中专学历319人、高中及以下学历73人，拥有执业医师（助理）资格证的75人，乡村医生证的318人。乡镇（社区）医疗卫生机构现有床位672张，平均每千常住人口拥有床位1.4张，有全自动生化分析仪、尿液分析仪、B超、X线机、彩色多普勒等医疗设备120余台（件）。2017年，全县乡镇（社区）医疗卫生机构门诊量491165人（次），住院人数20371人（次），与医改前相比，门诊量、住院量均有增加，医疗改革取得一定成效。

（一）基础设施不断改善。近年来，共实施乡镇卫生院建设项目5个，贾河、三合、余湾、曹务卫生院已建成投入使用，李店卫生院正在建设之中。“十三五”以来，实施标准化村卫生室建设项目25个，2016年实施的14个已建成投入使用，今年实施的11个正在建设。建成全县远程心电中心，接入甘肃省基层医疗卫生机构云医院信息系统，完成了县乡村三级医联体远程分级诊疗等信息资源配置，实现了远程会诊、远程病理、远程教育及医学影像诊断等信息共享。为乡镇卫生院、村卫生室全部配置了存放特殊药品的阴凉柜、冰箱、冷链箱等设备，药品储存条件进一步改善。

（二）培训力度不断加大。落实住院医师规范化培训、全科医师转岗培训、乡村医生进修等项目，采取招聘培训、继续教育、外出进修和“传、帮、带”等多种形式，加大乡镇医疗人才培养力度。坚持每年举办“西医学中医”和“中医适宜技术”培训班，累计培训中西医专业技术人员907人。老（名）中医带徒授业，已完成两批共48人，通过全省统一考核，获得“中医一技之长”证书的民间中医药人员16人。

（三）医疗机构制度不断健全。严格执行国家基本药物制度，实现药品省级平台统一采购、基层医疗机构配备使用、零差价销售，部分药品价格明显降低，药品监管不断规范。制定出台了《静宁县基层医疗卫生机构财务管理办法》《静宁县基层医疗机构绩效管理办法》等制度，进一步健全了基层医疗卫生机构运行机制。健全量化考核体系，始终把考核结果与业务量、群众满意度相挂钩，进一步落实分级诊疗、临床路径管理等制度，避免过度医疗，诊疗行为不断规范，医疗质量逐步提升。

（四）医疗政策落实逐步到位。一是扎实推进健康扶贫。制定了《静宁县健康扶贫工作实施方案》，积极开展进村入户调查、信息比对分析、健康体检确诊等工作，对全县贫困人口患病信息进行核查纠错。实施“三个一批”（大病集中救治一批、慢病签约服务管理一批、重病兜底保障一批）计划和大病专项救治等健康扶贫政策，大病集中救治446人，慢病签约服务管理22063人，重病兜底保障330人，大病专项救治861人。二是深化医保支付方式改革。乡镇卫生院积极落实“先诊疗、后付费”制度，今年4月份开始实行医疗保险、大病保险、大病保险再报销、医疗救助“一站式”结报，共结报3208人，结报率为99 %。三是分级诊疗制度初步运行。县医院、中医院和妇幼保健院选派123名医师到乡镇卫生院开展多点执业，通过医保引导约束、激励补偿等机制，乡镇医疗卫生机构越级诊疗的状况得到改善，分级诊疗初显成效。四是开展家庭医生签约服务。制定健康管理方案，为慢性病患者提供公共卫生、健康咨询和中医干预等服务，建档立卡贫困户、计划生育特殊家庭实现了签约服务全覆盖。

二、存在的主要问题

（一）医疗机构管理不到位。一是部门监管职能发挥不充分。主管部门对卫生院监督检查不经常，基层医疗服务水平的评价考核、监督检查等工作责任落实不到位，考核监管还未落到实处。二是卫生院内部管理不严。一些卫生院没有很好的执行上下班制度，部分职工组织纪律性不强，存在在职不在院、在院不在岗的现象，遇到紧急情况电话无人接听，患者找不到大夫的现象时有发生。三是村卫生室、个体诊所运营不规范。检查中发现，实行基本药物制度后，村卫生室由卫生院代购药品，只有卫生院出具的药品清单，缺少发票和随货同行单，其他渠道采购的药品发票、随货同行单等手续不全，药品质量无法追溯，用药安全无法保障。一些个体诊所违背有关要求，仍然存在打吊针的现象，医疗行为不够规范。四是乡镇卫生院运转经费压力大。医疗改革后，乡镇卫生院自行运转经费紧张，安排到乡镇卫生院工作的50多名复转军人，工资没有进入财政全额拨款，这部分职工工资由乡镇卫生院承担，增加了卫生院经济负担。五是环境卫生管理较差。部分卫生院管理责任落实不到位，医疗废物随便丢弃、生活垃圾随意堆放、医疗器械不消毒；一些卫生院病房卫生清扫不彻底，墙壁脏、墙皮脱落；大多数个体诊所生活区域与医疗区域没有分离，药品存放缺乏严格温湿度控制，环境卫生脏乱差现象比较严重。六是医疗废物处理不规范。由于我县没有集中统一处理医疗废物的专业机构，乡镇卫生院、村卫生室和个体诊所自行处理医疗废物时，只是简单焚烧或随意扔进垃圾回收站，极易导致传染病传播和环境污染，存在较大安全隐患。

（二）医疗队伍建设滞后。一是人才引进机制滞后。多年来没有给予乡镇卫生院引进紧缺人才的计划指标，造成乡镇医疗卫生工作人员断档。二是专业人才短缺。乡镇卫生院普遍缺少临床执业医师等业务骨干，高级职称、本科学历人才比例偏低，专业结构不合理，儿科、影像、检验等专业人员紧缺，相关科室设置不齐全，部分医疗设备闲置。一部分护士只经过短期培训就转任医师岗位，因技术能力弱，难以承担相应的工作任务。三是医德医风亟待加强。从检查情况看，部分乡镇卫生院窗口服务人员在解答群众咨询问题时，语言生硬，态度较差，缺乏耐心。部分村级医疗人员不能坚持在卫生室坐诊，群众就医、取药找不见人的现象比较普遍。一些新招考的支医人员缺乏临床经验，在诊疗过程中耐心不足，不能站在患者的角度考虑问题，容易与群众发生矛盾，导致医患关系紧张。

（三）医疗设备陈旧短缺。乡镇卫生院现有医疗设备中，一部分是2008年国债项目投资和卫生院自筹配置，一部分是上级医疗机构捐赠的淘汰设备，由于购置年代较早，设备陈旧落后，一些卫生院的医疗设备因无人会操作而闲置，不能适应当前乡镇医疗卫生工作需要。同时，由于乡镇卫生院运转经费紧张，无法购置彩超、DR机、透视机等常用医疗设备，现有设备维护困难，有12台X线机、9台监护仪、5台B超机已停用，一些常规检查无法进行，严重影响着乡镇医疗卫生工作的开展。

（四）医疗服务体系不健全。一是激励机制不健全。相关部门对实行乡镇卫生院职工工资财政统发后的管理、运作方式缺乏研究，没有及时建立激励机制和考核机制，一些医务人员职责不到位，形成“干多干少一个样，干与不干一个样”的局面，无法调动职工工作积极性。二是基本药物制度不完善。由于受到省上基本药物目录的限制，基层医疗卫生机构药物采购不能满足群众用药需求，迫使住院患者不得不到药店购买，产生的医疗费用无法报销，加重了群众经济负担。三是基本公共服务不到位。近年来，乡镇卫生院虽然把主要力量投入到公共卫生服务工作中，耗费了大量的工作精力，但基本停留在入户体检、建档立卡等档案整理层面，大病预防、宣传教育、卫生监督、健康管理等服务性工作开展不深入、不细致。

三、今后工作建议

（一）提高思想认识，加强医疗机构管理。乡镇卫生院承担辖区内公共卫生服务、基本医疗服务、新型农村合作医疗和对村级卫生机构的管理、业务指导和培训工作，为广大农村居民提供预防保健、基本医疗、健康教育、计划生育、康复等综合性卫生服务，是农村三级医疗预防保健网的枢纽。县政府及相关部门要高度重视和加强基层医疗卫生机构管理，积极研究探索适合基层医疗卫生机构管理模式，建立责权分明、条理清晰的医疗卫生管理机制，对乡镇卫生院实行主管部门和乡镇政府双线管理，提高管理水平。要适应新形势的发展，研究调整专项资金结构，把乡镇卫生院业务总收入一定比例的资金用于基础设施建设和人才培养奖励，统筹安排，合理使用，加强资金监督管理，提高资金使用效益。严格落实《乡镇卫生院管理办法（试行）》，抓好环境卫生清洁、消毒、垃圾处理等常规性工作，改善医疗卫生条件和群众就医环境。要引进药品检验方面的专业人才，保障药品抽检送检经费，严格按照省市食品药品监管处罚办法，加大药品监管查处力度，规范药品市场秩序。

（二）加强队伍建设，提升医务人员整体素质。在人才引进上，政府及人社、卫计部门要研究制定我县农村卫生队伍建设发展规划，争取农村订单定向医学生免费培养名额，培养一支数量适宜、质量较高、结构合理的基层医疗卫生队伍，逐步提高基层医疗卫生服务能力。要认真研究解决乡镇卫生院专业人才短缺的问题，给予乡镇卫生院适当的指标和政策支持，在每年为县级医院签约人才的同时，为乡镇卫生院签约一些儿科、影像、检验等专业技术人才。鼓励引导本科及大中专医学院校毕业生到村卫生室工作，着力构建一支结构合理、梯队发展、技术精湛的村级医疗队伍。在人员交流培训上，要建立稳定的对口支援双向流动机制，鼓励县级医疗机构医技人员到乡镇卫生院工作，带动提升乡镇卫生院医疗水平；乡镇卫生院要科学制定医务人员进修培训计划，县级医疗机构要统筹安排，搭建平台，为乡镇卫生院培训急需紧缺专业人员。同时，要完善基层医务人员流动机制，充分考虑职工家庭实际困难，实行卫生系统内合理流动调整。鼓励乡镇卫生院返聘业务精湛的优秀退休人员定期开展坐诊，充分发挥名医优势，扩大乡镇卫生院影响力。在医德医风建设上，要大力开展医德医风教育活动，建立医德医风教育管理、社会监督评价和激励奖惩长效机制，增强医务人员服务意识和责任意识，提升职业道德素养和专业技术水平，防止因陋就简不严格诊疗，条件落后不规范诊疗等漏洞，形成良好的医学道德信念和养成良好的医学道德行为、习惯和风尚，更好地为群众服务。

（三）强化职能转变，提升公共卫生服务能力。健全完善居民健康档案，及时跟进录入，逐步向居民个人开放，发挥健康档案在居民健康管理中的作用，提高使用率。要结合家庭医生签约服务，强化管理，定期开展上门入户服务，切实抓好健康教育、预防接种、健康管理及突发公共卫生事件报告和处理服务、中医药健康管理等公益性服务工作，促进基本公共卫生服务逐步均等化。积极争取甘肃省中医药特色卫生院建设项目，70%以上的乡镇卫生院要设立中医馆、国医堂等中医综合服务区，所有卫生院要设立中医科，探索推进中医药服务一体化、中医医疗联合体等建设，提高基层中医药服务和中医药健康管理服务能力，较好地满足群众对中医药服务的需求，努力实现人人基本享有中医药服务。

（四）加大投入力度，夯实医疗卫生基础。要建立长期、稳定、合理的投入机制，通过财政补助、银行贷款、金融基金等多种渠道，及时购置更换陈旧短缺的全自动生化分析仪、尿液分析仪、B超、X线机、彩色多普勒等基本医疗设备。同时，对乡镇卫生院现有医疗设备进行摸底排查，对需要维护的设备聘请专业人员进行检修维护，着力解决卫生院医疗设备陈旧短缺的问题，努力使科室建设达到标准化要求。要优化人力资源配置，加大设备保养维护力度，提高设备使用率。

（五）完善服务体系，提高医疗服务水平。一是完善绩效考核分配制度。建立重实绩、重贡献，向优秀人才和关键岗位倾斜的激励机制，稳妥实施绩效考核，做到贡献与薪酬相一致，个人收入与单位效益相协调。二是完善基本药物制度。要加强对基本药物制度的宣传，提高群众对基本药物的认知度和信赖度，形成有利于基本药物制度实施的良好氛围。要加强对乡镇医务工作者基本药物和合理用药的教育培训，规范合理用药。要合理运用中央和省市有关药物方面的政策规定，适当增补部分抢救、临床、专科必需的药品，为更多的患者提供及时有效、安全价廉的医疗服务。三是建立健全医疗废物处理机制。要建设医疗废物集中处置设施，医疗卫生机构要及时收集本单位产生的医疗废物，交由医疗废物集中处置单位处置，防止因医疗废物导致传染病传播和环境污染事故。四是建立风险防控机制。通过强制推行医疗责任保险制度，设立医疗损害赔偿基金、医疗纠纷调解处理机构等办法，发挥社会中介组织作用，维护医患双方的合法权益。建立医疗责任豁免、损害赔偿限额等医疗责任分担制度，降低医生职业风险，让医生敢担责、敢看病，为群众提供优质的医疗服务。

第十五次会议　于2018年10月30日在常委会五楼会议室召开，由厚连世主持。

会议议程有六项：一、人事任免；二、听取和审议财政局副局长李乐伟受政府委托所作的《关于将静宁县工业和生活污水处理服务费纳入财政中期规划的报告》、人大财经委副主任委员王友忠所作的《关于将静宁县工业和生活污水处理费纳入财政中期规划的审查报告》，作出《关于将静宁县工业和生活污水处理服务费纳入财政中期规划的决议》；三、听取和审议环保局局长何冠群受政府委托所作的《关于〈中华人民共和国环境保护法〉贯彻实施情况的报告》、常委会农业与环境资源工委主任王壬寅所作的《关于〈中华人民共和国环境保护法〉贯彻实施情况的检查报告》；四、听取和审议民政局局长孔昌军受政府委托所作的《关于〈中华人民共和国老年人权益保障法〉贯彻实施情况的报告》、常委会法制工委主任王瑞生所作的《关于〈中华人民共和国老年人权益保障法〉贯彻实施情况的检查报告》；五、听取和审议政府办公室主任韩伟周受政府委托所作的《关于县第十七届人民代表大会第二次会议代表建议意见办理情况的报告》、常委会人事与代表工委主任李稳收所作的《关于县十七届人大二次会议代表建议意见办理督查情况的报告》，并进行满意度测评，其中，对政府的测评结果为满意，对林业、水务、农牧、住建、交运、文广、公安、民政、国土、工信、环保、执法、残联等部门的测评结果为满意，对城关镇的测评结果为基本满意；六、听取工商局局长鲍彦鹏的工作报告。会上，政府常务副县长陈景春就落实审议意见作表态发言。

第十七届常委会组成人员王智国、沙芳琴、高旭、厚连世、李读、靳宝生、杨华、王友忠、胡志科、李稳收、李平安、王壬寅、王瑞生、马川娃、王宏、王致中、牛满川、王晓峰、张录牛、周浩仁、朱国军、李会宾、牛国喜、张刚栋、裴晓江、厚凤兰、王全生出席会议；县委常委、政府常务副县长陈景春，监委副主任张永生、法院副院长张平、检察院副检察长张坚强、妇联主席樊莹琴、残联理事长牛永琪、政府办公室主任韩伟周、卫计局局长孙青茂、工业园区党委副书记柴锦波、发改局局长胡生平、教育局副局长张拴华、水务局局长王升斌、农牧局副局长王根旺、林业局局长靳建喜、文广局局长雷旺盛、工商局局长鲍彦鹏、食药监局局长张亚鹏、行政执法局局长秦平代、环卫局局长张卫强、规划办公室主任贾宏斌、工信局工会主席张毅、公安局副局长赵聚海、民政局局长孔昌军、司法局局长胡耀国、财政局副局长李乐伟、国土局副局长王东风、环保局局长何冠群、住建局局长王彦飞、交运局局长王顺义、畜牧局局长李宏强、公用事业管理局局长王社余，古城镇、治平镇党委书记吕斌、张建良，界石铺镇、仁大镇人大主席李润余、王彪炜，城关镇、李店镇政府镇长王俊棠、陈小兵，市人大代表王晓爱，县人大代表马葳列席会议。

附：

人事任免

接受杨彩玲关于辞去县第十七届人大代表职务的请求

免去刘昌麟县工业和信息化局局长职务

关于《中华人民共和国环境保护法》贯彻实施情况的检查报告

由常委会分管副主任带队，县政府分管副县长参加，常委会办公室、农业与环境资源工委，县政府办、环保局、水务局等单位负责人及部分县人大代表组成检查组，于9月中旬先后深入界石铺、古城、雷大等10乡镇以及工业和生活污水处理厂、四海食品厂等相关企业，采取听取汇报、查阅资料、现场察看、座谈交流等方式，对《中华人民共和国环境保护法》（以下简称《环境保护法》）贯彻实施情况进行了全面检查。

一、基本情况及主要工作

目前，全县有各类污染源179处（其中入河排污口7个，生活源锅炉29台，规模化畜禽养殖企业35户，工业企业和产业活动单位105户，集中式污染治理场所3处），其中重点污染源23处。有城区工业和生活污水处理厂、生活垃圾填埋场各1座，乡镇污水处理站、垃圾中转站、生活垃圾填埋场各2座。全县森林面积105.3万亩，森林覆盖率为32.1%。

（一）加强环保组织领导。成立了由县政府主要领导任组长，四大机关分管领导任副组长，相关部门和单位主要负责人为成员的大气、水、土壤污染防治工作领导小组，印发了污染防治重点工作督查办法；同时成立了静宁县中央环境督察反馈意见整改领导小组和督导工作领导小组，明确了工作职责，制定了相关政策措施和工作方案。将环保工作目标任务纳入政府年度考核体系，签订目标责任书，强化环境保护责任，推进环保工作有序开展。

（二）推进基础设施建设。在城区，累计敷设污水处理管网32.5公里，建成静宁县工业和生活污水处理厂并投入运营，投资177万元建成静宁县污染源监控平台。购置机械湿法清扫车、高压清洗车各3辆，抑尘雾炮车1辆，加大街道清扫力度，提高了城市清洁度。城区第二生活垃圾填埋场已完成招投标等前期工作，正在办理建设用地和施工许可等手续。在乡镇，建成威戎、古城二镇污水处理站，古城、司桥二乡镇垃圾中转站，界石铺、威戎二镇生活垃圾填埋场，新店、曹务等五乡镇简易污水处理池。李店、仁大等五乡镇污水处理站均已开工建设，甘沟、治平等四乡镇生活垃圾填埋场正在进行场地平整等前期准备工作。

（三）落实污染防治措施。制定了大气、水、土壤防治工作实施方案及相关配套方案，明确了目标管理责任。水污染防治方面，全面落实河长制，结合“畅河行动”和全域无垃圾治理，平整河道25公里，治理河堤67.5公里，回填砂坑40余处，整治排污口37个。投资8364万元，建成生态溢流堰5处，栽植芦苇1430亩。今年4月至9月，葫芦河地表水静宁段出境断面水质达到省市要求的地表水Ⅲ类标准。大气污染防治方面，全面排查燃煤锅炉，采取关停、清洁化改造等措施，完成整治95台。加强道路、建筑工地扬尘治理和餐饮业油烟废气治理等工作，取缔露天烧烤摊189处，督促203家餐饮企业（店）安装了油烟净化器。加强城区烟花爆竹燃放管理，建立健全审批程序，依法查处违规行为33例。累计淘汰老旧黄标车4809辆，督促27家砖厂、石料厂安装了烟气湿法脱硫、布袋式除尘器等环保设施。今年1月至9月我县城区空气质量均达标市控制值，位居全市第二。土壤污染防治方面，开展土地休耕1万亩、测土配方施肥140万亩、病虫害专业化统防统治35万亩，建立旱作农业化肥农药减量增效示范点12处10万亩，农药减量60吨。

（四）开展环境监管执法。落实重点污染源企业监察制度，近三年来，共下发各类责令改正违法行为通知书160份，监察建议书84份，立案查处违法案件48起，罚款140万元。实施查封扣押案件6起，依法移送公安机关行政拘留4起。查处违规运营渣土车100余辆，建筑工地扬尘治理6家，噪音扰民案件15起，暂扣音响设备85台。取缔煤炭无证经营户18户，明火明灶113处。建立信访案件登记查办制度，及时受理查办群众投诉。中央环保督查反馈我县整改问题17件，目前已整改到位16件，已制定年度整改计划的1件；转办信访问题16批24件，已全部办结。

二、存在的主要问题

（一）法律宣传氛围不够浓厚，公众环保意识有待提高。政府及相关部门环保法律宣传方式单一、内容空洞，缺乏新颖性和吸引力，在宣传动员公众参与生态文明建设以及全域无垃圾治理等方面缺乏广度和深度。学校、社区和乡镇在环保法律宣传方面范围不广、经常性不够、普及率不高。群众对环保工作缺乏理性认识，参与环保的积极性、自觉性不强，投诉、抵制、举报环境违法行为的主动性不够，自觉防治意识淡薄。农村一些群众将生活垃圾、农药瓶（袋）、废旧农膜等倒入闲置、废弃的水井内，棚改范围内一些居民将生活污水、大小便直接排入自备水井，部分河道沿线群众将生产生活垃圾、建筑垃圾直接倒入河道，严重污染了地下水及河道。城区部分店铺“门前三包”责任落实不力，生活垃圾随意丢弃；门店开业、婚庆等随意燃放烟花爆竹，造成噪声、空气等多重污染；行人、学生随手丢弃纸屑、食品包装袋等，污染了城市生活环境，增加了环卫负担，影响了城市形象。

（二）基础设施建设亟待完善，全县污染防治任务艰巨。城区方面，县城污水管网建设欠账较大，污水收集系统不完善，雨污分流不彻底，部分区域污水管网未接通，直排现象依然存在。西综市场没有屠宰处理设施，零散屠宰经营户将动物血液、废水等直接排入污水管网，严重污染了葫芦河水体。餐饮服务企业餐厨废弃物处理不规范，油烟净化设备使用不经常，污染治理难度大。部分建筑工地土方裸露，渣土运输车辆不封包，降尘抑尘措施落实不到位。城市中水回用、污泥无害化处理设施等至今未开工建设。20蒸吨及以下老旧锅炉多，环保标准低，改造难度大；改造、并网后的供暖锅炉分布不合理，主管网建设长，部分管网老化，热量流失严重，全县天然气供给不足，燃煤锅炉清洁化改造面临“气荒”。农村方面，一是基础设施建设滞后。目前，葫芦河沿线6个重点乡镇仅建成污水处理站1座，生活垃圾填埋场2座。大多数乡镇没有垃圾填埋场，全域无垃圾治理过程中清扫收集的垃圾处理难；绝大部分村社没有垃圾箱等设施，垃圾乱堆乱倒，一些沟壑及河道成了村民默认的垃圾倾倒点，脏乱差现象依然突出。二是规划选址不科学。已建成的部分乡镇垃圾污水处理项目前期可研论证不充分，规划不合理、选址不科学。如古城镇污水处理站排污口距离抗旱应急工程水源较近，饮用水存在安全隐患。三是畜禽养殖污染严重。全县标准化规模养殖率低，一些场区选址不合理，大都没有粪便无害化处理等设施；动物粪便露天堆放或排入河道，对水体、空气污染严重，影响群众正常生产生活，周围群众反映强烈，在中央及省级环保督查反馈问题中占比较高。四是白色污染不容忽视。我县每年产生的废旧农膜、反光膜、果袋数量多，但回收量不大、面不宽、回收率低。乡镇对政策的贯彻落实不到位，大部分群众仍习惯于传统的焚烧、犁碎、丢弃，农业面源污染、土壤板结严重，政府主导、公众参与、综合利用的格局还未真正形成。五是医疗废物处理不规范。乡镇卫生院、村卫生室、个体诊所一次性器械等医疗废品均采取露天简单焚烧或填埋方式处理，医疗废水和生活污水混排，极易造成环境污染、二次病源传染，存在较大安全隐患。

（三）企业主体责任落实不力，遵守法律法规意识淡薄。部分企业、个体户主体责任意识、守法意识不强，污染防治不主动、不自觉，在建厂和生产过程中没有充分考虑环境影响，环保治理上投入较少，污染防治设施间歇性使用或停用，超标排放、违法排污的行为时有发生。个别企业采取租地等形式转移排放废水废渣，逃避环境监管；废旧物品回收企业（站、点）基础设施建设不到位，收集到的废旧物品露天堆放，清洗废水直接排入污水管网，造成了“二次污染”，员工在分拣、加工等操作环节，个人防护措施不到位，存在安全生产隐患。一些屠宰厂将动物内脏、皮毛等就近掩埋在河滩，废水直接排入河道，严重影响水质安全。一些家政服务公司将化粪池杂物、生活垃圾等偷排到污水管网，造成管网堵塞，增加了处理难度及运行成本。

（四）环保经费缺乏项目支撑，基础设施运行压力较大。我县用于环保基础设施建设以及专项治理的资金不足，城乡环卫经费、设施配套难以有效保障。一是基础建设财政压力大。目前，乡镇已经建成或正在建设的污水处理站、生活垃圾填埋场至今没有社会资本参与投资、建设及运营，建设费用均为乡镇自筹，财政压力大。二是运行管护支出压力大。已经建成的2座乡镇污水处理站管网敷设没有全覆盖，雨污管网未分离，遇到暴雨天气，大量雨水涌入处理站，厂区设备及处理菌群存在安全隐患，并且增加了运行处理成本。已建成的乡镇垃圾填埋场、污水处理站处于试运行阶段，日常管理运行机制还未建立，管理人员经费、保洁设施、车辆配备及燃油、电费等费用支出没有列入财政预算，后续运行面临资金障碍。三是土地征收压力大。甘泉水源地一级保护区内有近700亩农田仍在从事农业生产，不符合水源地保护区相关规定，饮水安全存在农业面源污染隐患。城区第二生活垃圾填埋场、乡镇污水垃圾处理项目建设范围内农户土地征收、异地安置等手续办理缓慢，影响项目建设进度。

（五）部门协同联动合力不足，执法监管水平有待提高。一是重视程度不够高。政府及相关部门对污染防治工作的严峻形势认识不足，重视程度不够，牵头抓总作用发挥不充分；部分单位负责人对部门所承担的环保职责不清楚，责任意识不强。法律规定的县级以上人民政府应当每年向本级人民代表大会或常务委员会报告环境状况和环境目标完成情况的机制尚未形成。二是工作合力不强。部门边缘化责任划定不够清晰，职能交叉，具体工作中不主动、不配合，推诿扯皮，政策协同不足，信息共享不及时、衔接不紧密，各行其是，相关问题得不到及时有效解决。三是监管能力不足。我县环境执法监察现有编制少，且编制内人员配备不到位，目前仅有3人，专业人员占比低，环保执法经费、专业化设备投入不足，科技和信息化手段应用不够，与我县环保工作任务相比，存在明显差距。乡镇虽然设立了环保所，但实际上与安监站一套人马，有名无实，工作人员忙于其他事务，对属地环保工作无暇顾及。四是城市环卫人员少、待遇低。根据《城镇市容环境卫生劳动定额》规定，县城130万平方米的清扫面积至少需要环卫工人325人。环卫局现有环卫工243人，工资未达到《甘肃省最低工资暂行规定》的最低标准。清扫任务重、工资待遇低；队伍不稳定、招工难等问题，严重制约着城市环卫工作的稳步提升。

三、今后工作建议

（一）高度重视环保工作，牢固树立生态文明理念。县政府及相关部门要切实认清我县环保工作面临的严峻形势，进一步提高政治站位，坚持以习近平生态文明思想为方向指引，紧紧围绕“五位一体”总体布局和“四个全面”战略布局，增强做好生态环境保护工作的责任感、紧迫感和使命感。要严格落实生态环境保护“党政同责、一岗双责”制度要求，严肃考核问责，引导广大干部群众自觉把经济社会发展同生态文明建设统筹起来，坚决扛起生态文明建设的政治责任。要以解决生态环境领域突出问题为重点，深入开展城乡环境综合治理，对全县环保工作中存在的问题隐患进行全面梳理排查，分类细化工作措施，切实把生态文明建设摆在突出位置抓紧抓实抓好。要加大法律宣传力度，创新宣传形式，扎实广泛地开展全方位、多层次、多形式的宣传教育，营造全社会关注、参与、支持环保工作的浓厚氛围。要把各级领导干部、环保执法人员、企业经营管理人员作为宣传重点，不断提高公务人员的环保责任意识和依法行政水平，以及企业经营者的法治观念和绿色发展理念。要发挥媒体舆论作用，加大影响环境典型违法案例的曝光力度，强化新闻媒体和社会舆论监督，真正起到警示震慑作用，不断增强公众环境保护意识。

（二）加大环保资金投入，持续改善基础设施建设。一要积极向国家有关部委以及省市争取资金、项目建设对我县的支持，确保建设有项目支撑、有资金保障。按照雨污分流等市政建设要求，制定相关改造计划，结合棚户区改造项目，分年度、分片区对原有城区污水管网进行升级改造，实现城镇工业和生活污水全部纳入管网集中处理。二要完善政府环保投资预算编制，进一步加大资金投入，切实解决环保基础设施建设规划滞后、资金短缺、供给不足等问题。县政府及相关部门要按照甘肃省人民政府《关于调整全省最低工资标准的通知》要求，执行最低工资标准，提高环卫工人工资待遇，建立薪酬奖励激励机制，增加岗位吸引力，充实清扫保洁队伍。研究制定符合我县实际的乡镇垃圾污水处理项目运行机制，明确运行管理主体，编制财政预算，落实保洁人员工作经费、车辆燃油费、电费等运行资金，确保正常运转。三要积极探索建立政府、企业、社会多元化投入机制，吸引、鼓励和支持社会资本参与环保基础设施投资、建设和运营，弥补县级财政投入不足。

（三）突出监管防治重点，深入推进污染源头治理。今后建设项目要严格执行环境影响评价制度和“三同时”制度，把好项目建设审批关、准入关和监督关。坚决杜绝高污染项目以及未批先建、边批边建，建设项目选址不科学、不合理现象的发生。待建乡镇污水处理管网敷设要一次规划到位、建设到位，彻底实现雨污分流。一要加强重点防控。进一步加大生活源燃煤小锅炉淘汰、脱硫及清洁能源改造力度，合理布局城区集中供热点，不断提高供热质量。紧盯旱作农业项目建设大调整机遇，健全废旧农膜回收网点，落实相关政策，提高回收利用率；积极推广高效低毒新农药以及病虫害综合防治技术，强化面源污染防治。大力整治西综市场畜禽私屠滥宰现象，教育引导有关商户到定点屠宰机构进行屠宰，依法取缔零散屠宰摊点。建设县级医疗废物集中处置设施，及时收集、规范处理医疗废物，防止传染病传播和环境污染事故。加强建筑工地防尘、河道排污、餐厨油烟等方面的监管，加大城市环境综合整治力度，下大力气解决县城管理中的各种“顽疾”。二要加强养殖污染监管。将畜禽养殖环保措施前移，对规划选址、粪便处理、废物处置等各个环节加以规范。要采取出栏收缩等办法，逐步依法关闭或搬迁不符合养殖区划定以及环保要求的养殖场所；要加强现有养殖场所的综合治理，采取政策补助示范等方式，督促养殖业主建立粪污处理设施，做好雨污分流、干湿分离各项设施的改造升级。三要加强生态建设。结合美丽静宁建设，大力开展生态造林，全面加快新一轮退耕还林工程建设，统筹做好林业病虫害防治、森林防火等工作。严格落实园林绿化管理措施，不断提升县城绿化水平。四要加强饮用水源地保护。严格地下水管理及综合整治，认真开展公共供水范围内自备水源关闭行动。按照集中式饮用水源地整治措施，制定出台甘泉水源地一级保护区农田退出具体方案，加大二级保护区种植污染防治力度，全面推进涵养区环境治理，强化供水过程监管，确保饮水安全。

（四）健全联动共管机制，强化合力治污工作保障。一要明确责任分工。政府及相关职能部门要认真贯彻落实《甘肃省生态环境保护工作责任规定（试行）》和《静宁县环境监管网格化实施方案》，进一步明确工作职责，杜绝监管盲区及工作中推诿扯皮等现象。要以中央、省市环保督察反馈意见整改为契机，切实发挥牵头抓总作用，加强组织领导，健全统一协调、上下联动、齐抓共管的联合执法机制，提高工作效率。二要加强环保能力建设。通过招考、岗位培训等办法，配齐环保专业人才，加强环保队伍建设，保障执法工作需要；重视环保执法人员的法律和业务培训，切实提高业务能力和执法水平；加大经费投入，配备必要的检验检测设备，提高科学化、信息化监管能力。加强乡镇环保所建设，配备专职干部，延伸环保监管触角，发挥其在基层环保工作中的监管作用。结合美丽乡村建设及全域无垃圾治理，充分发挥乡村公益性岗位、护林员作用，组建乡镇清扫保洁队伍，搞好垃圾清扫及收集处理，形成长效治理机制，切实解决乡村脏乱差问题。三要加强环境信息监管。充分发挥污染源监控平台作用，加快重点企业污染源和污染治理设施在线监测系统建设，并联监控平台，扩大监控面，提高信息化监管水平。四要依法打击违法行为。严格落实企业主体责任，加大对重点区域、重点行业、重点企业的常态化巡查监管力度，提高突击性检查频次，确保企业治污设施设备正常运转。坚决关停取缔无治污设施、无排污管道的屠宰、洗毯等小微企业。对一些唯利是图、违法违规、偷排直排的企业，要在经济上予以重罚并通过媒体进行曝光，对性质恶劣、影响较大、危害较重的环境案件，要依法追究其刑事责任，保持严厉打击环境违法行为的高压态势。

关于《中华人民共和国老年人权益保障法》贯彻实施情况的检查报告

由常委会分管副主任带队，县政府分管副县长参加，常委会办公室、法制工委，政府办、民政局、卫计局负责人和部分县人大代表组成检查组，于9月中旬先后深入威戎、古城敬老院、卫生院和县福利服务中心以及人社局、公安局等县直单位，通过查阅资料、实地察看、入户走访、听取汇报、召开座谈会等方式，对全县贯彻实施《中华人民共和国老年人权益保障法》《甘肃省老年人权益保障条例》（以下简称“一法一条例”）情况进行了检查。

一、全县贯彻实施的总体情况

截至2017年底，全县共有60岁以上老年人81167人，占全县总人口的16.8%。城乡空巢老年人955人，占老年人总数的1.4%。农村特困供养老年人1949人，其中，集中供养80人。全县有福利服务中心1处，乡镇中心敬老院4个，农村互助老人幸福院132个，共设置床位1737张。城市社区日间照料中心5个，设置床位130张。通过检查，总体认为，全县上下能够贯彻落实 “一法一条例”，紧紧围绕“老有所养、老有所医、老有所为、老有所学、老有所乐”的目标，履行工作职责，老年人权益保障水平得到提高，全县老龄事业持续健康发展。

（一）加强组织领导，开展“一法一条例”宣传。一是健全工作机制。县上成立了老龄工作委员会，协调成员单位抓好相关法律法规和优待政策的落实，研究解决老龄工作和老年人权益保障工作中存在的突出问题。制定了《老龄委成员单位职责》《关于加强老年人优待工作的意见》，推进“一法一条例”贯彻实施。在各乡镇成立老龄委，在行政村和社区成立老年协会，聘请专兼职老龄工作人员，进一步夯实老龄工作基础。二是加强法律宣传。通过举办集中宣传月、宣传周等活动，印发各类宣传资料，制作宣传版面，举办老年文艺、文体比赛等活动，广泛宣传“一法一条例”等涉老法律法规。三是开展传统美德宣传。每年老年节、春节等重大节假日期间，组织开展走访慰问高龄、特困供养老年人活动。各级各类学校把尊老敬老纳入教学内容，开展丰富多彩的尊老敬老演讲比赛、绘画等活动。乡镇、城市社区采取评选表彰敬老养老好儿女、好儿媳等方式，广泛宣传尊老敬老典型事迹，教育引导子女尊重、关心、善待老年人，营造养老、孝老、敬老的良好氛围。

（二）建立保障体系，提高基本生活保障水平。一是落实养老保险政策。从今年1月份起，按照上级调整基础养老金补贴标准的政策要求，将基础养老金由每人每月70元提高至88元，城乡居民基础养老金按月足额拨付发放。二是加大医疗保障力度。2018年，全县60岁以上的老年人（除机关、企事业单位退休的老年人外），参加城乡居民基本医疗保险人数达98.3%。社区卫生服务中心和乡镇卫生院为辖区65岁以上常住老年人免费建立健康档案，每年进行一次免费体检。农村特困供养人员和城乡低保老年人参加城乡居民基本医疗保险全部由政府兜底。通过报销、补助、救助等途径，农村特困供养老年人住院费用100%报销，城乡低保老年人民政医疗救助比例较其他城乡居民提高20%。三是落实社会救助制度。将符合条件的1949名老年人纳入特困供养范围，实行集中供养和分散供养相结合，并及时发放生活补贴。将符合条件的13324名农村低收入老年人和260名城镇低收入老年人纳入城乡低保，按月发放最低生活补助。全面落实经济困难和残疾老年人生活补贴制度，按标准为经济困难和残疾老年人发放生活补助和残疾人两项补贴。

（三）夯实基础设施，推进社会养老服务。一是加强养老设施建设。近年来，县上积极争取项目支持，先后建成多处农村互助老人幸福院、社区日间照料中心，幸福院设有日间照料室、老年活动室、图书阅览室等，日间照料中心配备床铺、活动器材、夕阳餐桌等服务设施。投资3000多万元建成的县福利服务中心，已投入试运行，为老年人提供生活照料、医疗保健、文化娱乐等多项服务。县城有老年活动中心两处，配备了健身、娱乐器材，乡村综合文化站、农家书屋、乡村舞台等活动场所向老年人开放。新建的公园、住宅小区规划建设了老年人活动场所。二是探索居家社会化养老。针对农村空巢老年人逐年增多的现象，对居家养老和社会养老结合的模式进行了一些有益探索，如古城镇一些村社通过社会集资、流转空置房屋，以适度集中供养的方式，解决空巢老年人、特困供养老年人吃饭问题。三是开展老年人文体活动。我县有老年大学1所，开设了多种课程和兴趣班，为老年人开展书法、舞蹈、体育等多种活动提供平台，能满足老年人多层次自我提升需求。乡镇（社区）不定期举办老年人文艺演出、运动会、书画展览、歌咏比赛等，开展多种内容丰富、健康向上的老年人文体活动。部分单位、社会团体、老年协会组织离退休老年人积极参与社会活动，丰富了老年人精神文化生活。

（四）明确部门责任，落实老年人优待政策。认真落实高龄老年人生活补贴政策，为80岁以上高龄老年人按标准发放生活补助。为部分老年人和残疾老年人办理了老年人优待证、残疾证，为老年人享受优待政策提供了便利。设立老年人法律援助工作站，2017年以来，共办理老年人法律援助案件45件。县人民法院积极探索审判方式，为维护老年人合法权益，设立“车载法庭”，巡回审理涉及老年人各类案件，方便老年人参与诉讼。

二、贯彻实施中存在的困难和问题

（一）“一法一条例”宣传不够深入。对“一法一条例”的学习宣传缺乏高度和深度，宣传形式单一，政府及相关部门对自身应承担的法定职责不够清楚，涉老法律法规和政策执行还不到位，群众对涉老法律法规的知晓程度较低，法律意识和维权意识淡薄。歧视、侮辱、虐待、遗弃老年人、侵害老年人财产权益的问题比较突出。2017年以来，县公安局受理侵犯老人权益刑事案件44件，治安案件126件，法院审结赡养、扶养、故意伤害等涉及老年人权益案件21件。

（二）“一法一条例”贯彻落实不到位。我县老年人人口基数大，老龄化比例高。政府及相关部门对全县人口老龄化现状认识不足，对老龄事业重视程度不高，对所面临的形势任务研究分析不够。近年来，虽然建成了一定数量的养老设施，但运行管理不畅，有的服务供给相对滞后，有的没有管理机构和人员，无法满足老年人在生活保障、医疗保障等方面的需求。部分成员单位对落实“一法一条例”工作责任不明确，工作安排部署少，职能作用发挥不充分，部门之间相互配合不紧密，在资源共享、政策衔接上不及时，整体合力不强。县福利服务中心去年年底建成，由于管理主体不明确，管理人员没有配备到位，不能正常运行，造成资产闲置浪费。乡镇老龄委和村、社区老年组织为辖区内特困供养老年人服务不到位，乡、村级养老服务机构形同虚设。

（三）机构养老服务保障不到位。全县建成乡镇敬老院23个，目前运营的只有4个乡镇中心敬老院，其他敬老院处于闲置或改作他用。乡镇敬老院经费保障和管理运行机制不够完善，服务管理人员多数是乡镇政府工作人员兼职，且人员配备少，设施和配套功能不齐全，床位空置率超过50%，养老服务作用发挥不充分。社区日间照料中心缺少日常运行资金，没有专业管理和护理人员，多数没有正常运营。全县1867张养老床位中，78%为社区日间照料中心和农村互助老人幸福院的床位，养老机构床位设置不够科学。农村互助老人幸福院只是将特困供养老年人集中在一起生活，没有人员管理、照料，基本服务得不到保障。

（四）养老服务保障体系不完善。一是养老机构投资主体单一。政府及相关部门在引进社会资本投资老龄事业上措施不多，鼓励政策少，扶持力度不大，社会力量参与养老服务比例低，提供的社会服务种类少，服务能力弱，服务主体发展还不规范，居家失能、半失能老人服务缺口大。二是老年人优待政策落实不到位。全县累计办理老年人优待证1732个，办理数量少，影响老年人在出行、就医、旅游等方面享受优惠政策。医疗机构未落实老年人普通门诊挂号免费，专家门诊号半价，优先就诊、化验、检查、缴费、取药等优待规定。60岁以上老年人半价乘坐市内公交车的规定没有落实。三是医养结合服务不到位。乡镇卫生院对农村老年人健康管理和常见病预防重信息档案建立、轻上门服务。老年人医疗保健签约服务工作没有落实到位，还有17%的老年人没有签约保健服务，居家老年人得不到应有的医疗服务。城乡居民医疗保障没有达到全覆盖，仍有1400多名老年人未纳入医保范围。机关、企事业单位退休老年人医疗保险个人账户没有足额拨付，2017年前，每年向个人账户拨付1个季度的医疗保险资金。今年，向个人账户拨付了两个季度的医疗保险资金，全县机关、企事业单位退休老年人医疗保险个人账户资金未拨付到位315.1万元。四是公共设施配套不完善。城区活动广场和部分住宅小区设置的老年人活动场地、娱乐设施少，无障碍设施不完善。农村老年人活动场所分布不均衡，配套设施薄弱。2012年以来，新建的住宅小区虽然按照标准规划、建设了老年人室内活动场所，但大多数处于闲置或被挪作他用。

三、工作建议

（一）提高思想认识，认真贯彻落实“一法一条例”。全县各级各部门要认清全县人口老龄化的严峻态势，充分认识做好老龄工作和维护老年人合法权益保障工作的重要性和紧迫性，不断增强责任感和使命感。一要进一步完善工作机制。尽快研究制定我县老龄事业中长期发展规划和阶段性工作计划，进一步完善县老龄委对全县老龄工作的统领协调机制，定期研究、解决老年人权益保障工作中的重大问题。老龄委成员单位要认真履行各自的法定职责，密切配合，资源共享，努力形成政府主导、部门配合、全社会参与老龄工作的良好机制。二要进一步加强宣传教育。政府及相关部门要切实采取有效措施，充分发挥广播、影视、报刊、网络等媒体的主阵地作用，结合“法律八进”，广泛深入宣传“一法一条例”等涉老法律法规，教育家庭子女自觉承担养老责任。加强对老年人法律服务、法律援助、司法救助等政策宣传，通过巡回法庭进村社、以案释法等形式宣传“一法一条例”，提高老年人依法维权意识。三要积极弘扬传统孝老文化。要把开展尊老敬老与弘扬社会主义核心价值观、传播传统孝老文化相结合，将养老敬老孝老纳入社会公德、职业道德、家庭美德、个人品德建设内容，纳入文明县城、文明村镇、文明校园、文明家庭创建要求。在幼儿园及中小学广泛开展尊老敬老感恩教育，培养学生尊老敬老意识。组织开展各种富有教育意义的敬老好儿女、孝老示范户等各类评选表彰活动，大力宣传孝老敬老典型事迹、开展道德文化讲堂，倡导全社会关爱老年人，增强老年人自尊自强意识。

（二）健全保障机制，努力推进机构养老健康运行。一要加大投入力度。政府要加大对现有养老机构的支持力度，协调解决养老机构人员编制，加强管理服务队伍建设，保证养老机构正常运行。建立稳定的经费保障及增长机制，将养老保障经费纳入县财政预算，逐步加大对老龄事业的投入，并向基层养老机构倾斜，使城乡养老保障水平趋于平衡。二要完善机构养老服务功能。加强乡镇中心敬老院建设，进一步完善设施，改善基础条件，配备专业医护人员，提升医疗卫生服务能力。县老龄办要加强对各级机构养老的管理和业务指导，为镇、村（社区）老龄工作机构配备专职人员，进行专业技能培训，提升管理服务水平。各乡镇要对全县农村高龄、失能、留守等特殊困难老年人进行一次全面摸底排查，宣传动员特殊困难老年人入住县福利服务中心。改善闲置或改作他用的乡镇敬老院基础设施，提升服务质量，方便农村特困供养老年人就近入院养老。三要完善医疗服务保障体系。持续加大对农村特困供养老年人、城乡低保老年人参加城乡居民基本医疗保险的财政支持，推进城乡居民基本医疗保险全覆盖，向机关、企事业单位退休老年人医疗保险个人账户足额拨付资金。进一步优化老年人住院看病报销方式，缩短报销时间，简化报销流程，实行“一站式”报销服务。切实加强乡镇卫生院、社区卫生服务中心、村卫生室硬件设施和服务能力建设，配齐配强基本医疗设备和医疗卫生服务人员，同时，将基层医疗卫生机构规划建设在村部（社区）所在地，方便老年人享受医保服务。

（三）完善服务体系，不断提升社会养老服务水平。一要引导支持社会力量参与养老服务。加快居家养老服务智慧信息平台建设，推进居家养老服务信息化、智能化，为老年人提供高质量、人性化、方便快捷的居家养老服务。积极探索养老服务市场化、社会化路子，创造政策环境，吸引民间资本和社会力量投资养老服务业。采取公办民营、民办公助等形式，鼓励支持社会力量兴办养老服务机构，推动老龄事业多元化发展。二要推进医养结合养老。引导支持医疗资源入驻养老机构、村（社区），签订就诊协议，对有需求的失能、失智、高龄老年人提供上门诊视、健康检查、保健咨询、护理指导等基本健康养老医护服务。全面落实居家养老对象医疗保健签约服务工作，着力保障困难老年人的健康养老服务需求。三要加强养老服务人才培养、使用和储备工作。根据老龄工作的需求，通过签约引进、定向培养等方式，适度超前地培养、储备老年医疗、护理、营养、保健和心理咨询等方面的专业人才。加强对现有养老服务从业人员的在职培训，有效提升能力素质，稳定养老服务人才队伍，推动老龄事业持续稳步发展。

（四）发挥各方职能，全力维护老年人合法权益。一要加强老年人维权服务。完善老年人法律援助制度，加强对老年人维权工作的指导和监督，通过定期入户走访、设立老年人维权举报电话等方式，就地就近为老年人提供法律维权服务。相关部门要加强老年活动场所的监管，规范老年人活动内容，及时向老年人宣传社会新思想、新文化，弘扬社会正能量。严厉打击向老年人传播邪教思想、推销“保健品”、非法集资等违法行为。公、检、法、司等部门要加大对歧视、侮辱、虐待、遗弃老年人行为的打击力度，提高法律震慑力，并适时对侵害老年人权益的行为进行媒体曝光，加强舆论监督。二要落实老年人优待政策。相关部门、行业要认真落实老年人优待政策，及时督促建有养老服务设施的住宅小区进行整改，尽快恢复被挪作他用的养老服务设施，提高利用率。严格规划审批、建设验收新建、改建、扩建公共设施，按照比例规划建设养老服务设施、设置无障碍设施，逐步对城区老住宅楼、部分道路进行改造，建设养老服务和无障碍设施，为老年人创造无障碍居住环境。要加大老年人优待证办理力度，切实落实老年人出行、就医等方面的优待规定。三要丰富老年人文化生活。各单位、社会团体要利用各自职能支持老年人组织、参与社会事业，开展文化娱乐活动。老年协会要充分挖掘老年人的优势，为老年人提供展现自我的平台和机会，鼓励其参与社会文化活动，实现自我管理、自我服务。加强志愿者队伍建设，引导志愿者深入独居、空巢、高龄老年人和养老机构中开展心理疏导、精神慰藉等爱心服务活动，为老年人提供精神健康服务。

第十六次会议　于2018年12月11日在常委会五楼会议室召开，由张进宝主持。

会议议程有两项：一、审议通过召开十七届人大三次会议的有关事项，作出《关于召开静宁县第十七届人民代表大会第三次会议的决定》；二、讨论审定常委会工作报告、关于十七届人大三次会议代表建议意见办理情况的报告。

第十七届常委会组成人员王智国、沙芳琴、高旭、厚连世、李读、靳宝生、杨华、平宏、王友忠、胡志科、李稳收、王壬寅、马川娃、王宏、王致中、牛满川、王晓峰、张录牛、周浩仁、朱国军、李会宾、牛国喜、李建明、张刚栋、裴晓江、厚凤兰、王全生出席会议；常委会办公室副主任王飞、科级干部张天顺列席会议。

第十七次会议　于2018年12月24日在常委会五楼会议室召开，由李读主持。

会议议程有八项：一、人事任免；二、由常委会主任王智国主持，举行新任命人员宪法宣誓仪式；三、审议通过召开十七届人大三次会议的有关事项；四、听取和审议常委会人事与代表工委主任李稳收所作的《关于代表出缺变动和补选代表资格审查情况的报告》；五、审议通过《静宁县第十七届人民代表大会第三次会议代表议案和建议意见提出及处理办法》；六、听取和审议财政局局长马斌受政府委托所作的《关于预算稳定调节基金和政府性基金调入一般公共预算情况的报告》《关于机关事业单位发放2017年度科学发展业绩考核奖重大支出的报告》《关于静宁县2018年增加预算支出安排情况的报告》、人大财经委委员牛满川所作的《关于预算稳定调节基金和政府性基金调入一般公共预算情况的审查报告》《关于机关事业单位发放2017年度科学发展业绩考核奖重大支出情况的审查报告》《关于2018年增加预算支出安排情况的审查报告》，作出《关于预算稳定调节基金和政府性基金调入一般公共预算的决议》《关于机关事业单位发放2017年度科学发展业绩考核奖重大支出的决议》《关于2018年增加预算支出安排情况的决议》；七、听取和审议住建局局长王彦飞受政府委托所作的《关于县城棚户区改造工作情况的报告》、常委会财经与城建工委副主任牛满川所作的《关于县城棚户区改造情况的检查报告》；八、听取人力资源和社会保障局局长张淋冰所作的工作报告。

第十七届常委会组成人员王智国、沙芳琴、高旭、厚连世、张进宝、李读、靳宝生、杨华、平宏、胡志科、李稳收、王壬寅、马川娃、王宏、王致中、牛满川、王晓峰、张录牛、周浩仁、朱国军、李会宾、牛国喜、李建明、张刚栋、裴晓江、厚凤兰、王全生出席会议；县委常委、政府常务副县长陈景春，法院院长张立军、检察院副检察长张坚强、监察委员会副主任张永生、政府办公室主任韩伟周、财政局局长马斌、人社局局长张淋冰、住建局局长王彦飞、国土局局长程军伟、执法局局长秦平代、房产局局长吕忠科、规划办公室主任贾宏斌、征收办公室主任王来守，常委会办公室副主任王飞及科级干部王兴国、张天顺、马晓荣，城关镇党委书记戴彦荣、城市社区管委会主任阎晓亮，县人大代表袁晓华、高翻宁列席会议。

附：

人事任免

接受李彦荣辞去县人民政府副县长职务的请求

王利东任县人民政府副县长、县公安局局长

县人民政府副县长王利东个人情况表

表4-61

姓名	性别	民族	出生年月	籍贯	文化程度	工作时间	入党时间	主要工作经历
王利东	男	汉族	1973.3	甘肃平凉	本科	1992.8	2000.6	1992年8月至1993年4月在原平凉市公安局治安队工作；1993年4月至1994年3月在原平凉市公安局崆峒派出所工作；1994年3月至1996年4月在原平凉市公安局刑警大队工作；1996年4月至2002年8月在原平凉市公安局刑警大队二中队工作（其间：1996年4月至2001年12月参加中国人民公安大学公安管理专业学习，大专毕业）；2002年8月至2004年1月在平凉市公安局崆峒分局刑警大队二中队工作；2004年1月至2006年3月任平凉市公安局崆峒分局侦查员（副科级）（其间：2003年9月至2005年12月参加中共甘肃省委党校函授学院法律专业学习，大学毕业）；2006年3月至2007年9月任平凉市公安局崆峒分局刑警大队副教导员；

续表4-61

姓名	性别	民族	出生年月	籍贯	文化程度	工作时间	入党时间	主要工作经历
王利东	男	汉族	1973.3	甘肃平凉	本科	1992.8	2000.6	2007年9月至2010年12月任平凉市公安局崆峒分局刑警大队大队长（正科级）；2010年12月至2015年7月任平凉市公安局崆峒分局党委委员、副局长；2015年7月至2018年11月任平凉市公安局副调研员、崆峒分局党委副书记、政委（副县级）

关于县城棚户区改造情况的检查报告

由县人大常委会主要领导、分管领导带队，县政府分管副县长参加，县人大常委会办公室、财经与城建工委，县政府办、住建局、国土局、城关镇、八里镇、城市社区等单位主要负责人及部分县人大代表组成检查组，于12月上旬先后深入东关一期、南关一期、南关二期、普陀巷片区、城关初中片区等13个棚户区改造片区，通过实地察看、听取汇报、座谈交流等方式，对2014年以来县城棚户区改造情况进行了检查。

一、基本情况及主要工作

我县棚户区改造从2014年开始以来，共实施改造16个片区5275户，其中旧住宅区改造3个片区2905户，分别为东苑1号小区、北环路西片区、阿阳新村；征收拆迁改造13个片区2370户（土地征收145户、房屋拆迁2225户），分别为高城寨一期、东关一期、南关一期、东关静庄路南片区、后街片区、南环西路南片区、西兰路东片区、顺达巷东片区、气象局片区、党校南片区、普陀巷片区、城关初中片区、南关二期片区。主要做了以下工作：

（一）建立健全工作机制。成立了由县政府主要领导任组长，四大机关分管领导任副组长，相关部门、乡镇主要负责人为成员的县城棚户区改造工作领导小组。设立了县城棚户区改造管理中心，抽调棚改工作人员120人，并按照属地管理原则，将棚户区改造的征收、拆迁、安置等工作细化分解到城关镇、八里镇及城市社区，明确了棚改任务，靠实了工作责任。

（二）制定完善政策规定。根据中央、省、市有关政策规定，结合我县棚户区改造工作实际，县政府制定下发了《静宁县县城棚户区改造工作实施意见》《静宁县县城棚户区改造房屋征收补偿安置工作补充规定》《静宁县棚户区改造购买商品房安置方案》等，并分片区制定了征收补偿安置方案，对各片区的征收范围、补偿标准、安置措施等作出了具体规定。

（三）开展征收拆迁工作。县城棚户区改造工作领导小组定期不定期召开会议，讨论研究工作中的突出问题和困难。住建局、国土局、城关镇、八里镇、城市社区等单位按照棚改领导小组的决策部署，开展宣传动员、调查摸底、核查认定、签订协议、征收拆迁等各项工作，棚户区改造工作取得了一定进展。截至11月底，旧住宅区改造完成2个片区2495户，1个片区410户预计明年6月完成。征收拆迁改造的13个片区中，完成土地、房屋征收签约1869户，签约率79%；完成拆迁958户，拆迁率43%；完成补偿1702户，其中完成安置755户（纯货币安置252户，选择商品房及货币结算安置503户），等待回迁安置947户。共计筹措棚改资金17.94亿元，其中贷款12.26亿元，中央专项补助资金2.2亿元，省级专项补助资金3572万元，县级配套资金1.13亿元，政府棚改专项债券2亿元。累计支付13.2亿元，其中征收补偿安置11.24亿元，贷款利息7825.16万元，前期费用1584.18万元，配套道路建设2051.13万元，偿债准备金780万元，还本500万元，旧住宅区改造6863.63万元。

（四）筹集建设棚改安置房。棚改安置房采取购买存量商品房和新建安置房两种方式解决。共购买存量商品房803套9.2万平方米。新建棚改安置房4处7.3万平方米，可安置6个棚改片区回迁户，其中高城寨一期安置房建成主体并分配到户，东关一期安置房封顶，南河小区安置房完成地下基础施工，南关一期安置房完成土地出让。

（五）编制棚改修建性规划。依据城乡统筹总体规划和县城控制性详细规划，编制完成了高城寨一期、东关一期、南关一期、东关静庄路南片区、南环西路南片区、后街片区、顺达巷东片区、西兰路东片区、气象局片区、普陀巷片区、党校南片区等11个棚改片区的修建性详细规划。

（六）配套建设基础设施。结合棚户区改造，配套建成东环中路、新街西路、阿阳南路、教育园2号桥与南环路连接工程等道路4条1.6公里。改扩建南关小学，开工建设南环西路。

二、存在的主要问题

（一）拆迁工作进展缓慢。截至11月底，棚改征收拆迁户中，仍有1267户未拆迁，占应拆迁户数的57%，拆迁任务还未过半，其中已签约未拆迁775户，占签约总户数的42%。2014年至2017年实施的8个片区中，仅高城寨一期片区全面完成拆迁任务，其他7个片区都有一定比例的房屋未拆迁，其中后街片区、西兰路东片区未拆迁户数占应拆迁户数比例为83%、86%。今年新开工的5个片区404户，仅完成拆迁6户，气象局片区、普陀巷片区、城关初中3个片区未拆迁1户。

（二）安置房建设严重滞后。截止11月底，13个棚改片区中，仅有6个片区开工建设了回迁安置房，还有7个片区1345户至今未开工建设回迁安置房。已开工建设的4个安置房项目中，预计高城寨一期安置房明年3月份才能入住，东关一期安置房明年6月份才能入住，南河小区安置房明年底才能建成主体，南关一期安置房明年3月份才能开工建设。安置房建设滞后，严重制约了棚改征收拆迁进度，增加了棚改工作成本。同时，目前县城存量商品房不足，供需矛盾突出，房价持续上涨，无法回购商品房安置棚改居民，加大了棚改安置难度。

（三）行政推动力度不大。县政府对棚改工作重视不够，没有作为县上的重要民生工程，没有及时解决棚改工作中的突出矛盾和问题，没有及时修订完善棚改征收补偿政策，棚改领导小组作用发挥不充分，牵头抓总不力，统筹协调不及时，导致棚改征收拆迁进展缓慢，安置房建设严重滞后。同时，棚改以来尚未采取依法强制拆迁措施，对个别棚改户启动司法程序到期后，也未能依法进行强制拆除，造成一些棚改户等待观望，甚至漫天要价，阻碍了征收拆迁进度。

（四）部门工作力度不大。少数政府职能部门对棚改工作配合不积极、不主动，甚至推诿扯皮，消极应付，致使棚改工作中的一些问题久拖不决。少数棚改工作人员存在畏难情绪和等靠思想，工作办法不多、力度不大。个别公房列入棚改的单位大局意识不强，不仅不支持配合棚改工作，甚至提出一些不符合政策规定的条件和要求，导致这些单位的公房不能按时完成征收拆迁，严重影响了棚改工作进度。

三、今后工作建议

（一）加强组织领导，加大行政推动力度。县政府要充分认识棚户区改造工作的重要性和艰巨性，清醒认识我县棚户区改造工作面临的严峻形势，切实增强责任感和紧迫感，加强领导，靠实责任，强化调度，加快推进棚改各项工作。棚改领导小组要充分发挥统筹协调、牵头抓总作用，一线指挥，现场办公，及时研究解决棚改征收、拆迁、安置等方面的突出问题，加大行政推动力度，加强依法征收拆迁，加快棚改工作进度。要加强督查考核，对不作为、慢作为的单位及工作人员要加大问责力度，督促全面、高效落实棚改政策规定。要建立激励机制和容错纠错机制，为棚改工作创造宽松的工作环境，充分调动棚改部门、乡镇和工作人员的积极性、主动性。

（二）强化工作措施，加快征收拆迁进度。棚改领导小组各成员单位要进一步统一思想，凝聚共识，加强配合，形成合力，担当作为，动真碰硬，扎实开展棚改各项工作，力争短期内取得明显成效。要坚持尊重事实、依法依规、因户制宜、分类施策的原则，认真梳理问题，分类制定方案，下大力气集中解决棚改中存在的突出问题。按照省市有关政策，修订完善我县棚改征收补偿相关政策，把强制拆迁户数降到最少，避免发生新的社会矛盾。对没有任何手续的违章建筑和法院已判决强制拆除的棚改房屋，县政府要组织相关部门进行依法强制拆除，切实形成强大震慑力，彻底打消一些棚改户漫天要价、等待观望等念头，尽快扭转被动局面，加快征收拆迁进度。对改变房屋用途、形成事实性经营用房的棚改房屋，住建、工商、消防等部门要严格依法进行查处，限期关停、拆除。对有证无档的棚改房屋，国土及相关乡镇要依法按程序尽快进行核查认定。在棚改片区内的企事业单位，必须顾全大局，无条件提前完成征收拆迁任务。

（三）坚持多措并举，加大安置保障力度。要切实加快安置房建设，还未开工的要加快办理前期手续，争取提前开工建设；已经开工的要加快建设进度，力争提前建成投入使用；即将建成的要提前做好房屋分配等后续工作，及早组织棚改居民回迁入住；至今未做前期工作、未确定建设地址的7个片区安置房项目，必须及早研究确定建设用地，加大土地腾退力度，加快办理前期手续，尽快开工建设。同时，要尽快增加商品房开发供地，依法公开挂牌出让棚改拆迁腾出的土地及符合县城控规的居住用地，加快商品房开发建设，有效遏制房价过快上涨势头。

（四）加强规划管理，提高县城建设水平。要强化棚改规划管理，严格按照城乡统筹规划和县城控制性详细规划审批棚户区改造建设项目，坚决杜绝违规审批，切实维护规划的严肃性和权威性。要按照先规划基础设施、后规划公共服务配套项目和开发项目的原则，科学编制棚改项目修建性详细规划，每个棚改片区都要规划配建幼儿园、卫生室、公共活动场所、便民小市场、地下停车场等公共服务设施，并要全面进行绿化、亮化、美化；每幢建筑物的设计都要注重美观、大方，努力提升设计、建设水平。

（五）加快棚改进度，切实减轻财政负担。棚户区改造所需资金庞大，中央和省上专项补助有限，主要靠贷款和债券筹资。今后还贷任务十分艰巨，经初步统计和测算，2015年至2018年，我县棚改年均支付贷款利息近2000万元，根据我县棚改贷款协议，从今年11月份开始逐年归还棚改贷款本金，预计2019年还本4650万元、付息6000万元，2020年还本6920万元、付息7000万元。随着棚改贷款的增加，今后归还的本息还会增多。同时，每年还要负担上千万元的过渡安置费，财政压力十分巨大。因此，必须想方设法加快棚改征收拆迁进度，千方百计加大开发建设力度，提前建成安置房，及早回迁棚改居民，逐年减少过渡安置费，及时归还贷款本息，尽快减轻财政压力。对不能按期回迁的棚改户，要按照规定标准足额发放过渡安置费。同时，要加强棚改资金监管，防范棚改债务风险，确保资金使用高效、债务风险可控。

第十八次会议　于2019年1月25日在常委会五楼会议室召开，由高旭主持。

会议议程有四项：一、人事任免；二、由高旭主持，举行新任命人员宪法宣誓仪式；三、新任命的科学技术局局长吕斌、应急管理局局长凌森分别作表态发言；四、常委会主任王智国讲话。

第十七届常委会组成人员王智国、沙芳琴、高旭、厚连世、李读、靳宝生、平宏、王友忠、胡志科、李稳收、王壬寅、马川娃、王宏、王致中、王晓峰、张录牛、周浩仁、朱国军、李会宾、牛国喜、李建明、裴晓江、厚凤兰、王全生出席会议；县委常委、政府常务副县长陈景春，法院副院长张平、政府办公室主任韩伟周，常委会各委室负责人、科级干部列席会议。

附：

人事任免

陈红福任县工业和信息化局局长

吕　斌任县科学技术局局长

王彦飞任县住房和城乡建设局局长，免去县住房和城乡规划建设局局长职务

张秉鑑任县农业农村局局长，免去县农牧局局长职务
张亚鹏任县商务局局长，免去县食品药品监督管理局局长职务
雷旺盛任县文体广电和旅游局局长，免去县文体广电局局长职务
孙青茂任县卫生和健康局局长，免去县卫生和计划生育局局长职务
凌　森任县应急管理局局长
靳建喜任县林业和草原局局长，免去县林业局局长职务
鲍彦鹏任县市场监督管理局局长，免去县工商行政管理局局长职务
梁永红任县统计局局长
郭国定任县医疗保障局局长
王勤学任县政府金融工作办公室主任
免去：
李　金县统计局局长职务
樊爱平县安全生产监督管理局局长职务

第十九次会议　于2019年2月1日在常委会五楼会议室召开，由王智国主持。

会议议程有六项：一、听取和审议法院院长张立军所作的《关于县人民法院人民陪审员名额的报告》，作出《关于确定县人民法院人民陪审员名额的决定》；二、审议通过关于辞去职务的请求的决定；三、人事任免；四、由王智国主持，举行新任命人员宪法宣誓仪式；五、新任命的政府副县长席鹏举代表新任命人员作履职表态发言；六、常委会主任王智国讲话。

第十七届常委会组成人员王智国、高旭、厚连世、张进宝、李读、靳宝生、杨华、平宏、胡志科、李稳收、王壬寅、马川娃、王宏、王致中、牛满川、王晓峰、张录牛、周浩仁、朱国军、李会宾、牛国喜、裴晓江、李建明、厚凤兰、王全生出席会议；县委常委、政府常务副县长陈景春、法院院长张立军、检察院检察长杨青、监委副主任张建宁、政府办公室主任韩伟周、教育局局长赵宏军、科技局局长吕斌、医保局局长郭国定、文旅局局长雷旺盛、交运局局长王顺义，常委会办公室副主任王飞、科级干部王兴国、张天顺、马晓荣、刘斌、杨升旺列席会议。

附：

人事任免

接受马发荣辞去县人民政府副县长职务的请求
接受张刚栋辞去县第十七届人大常委会委员职务的请求
席鹏举任县人民政府副县长
刘银锋任县退役军人事务局局长

县人民政府副县长席鹏举个人情况表

表4-62

姓名	性别	民族	出生年月	籍贯	文化程度	工作时间	入党时间	主要工作经历
席鹏举	男	汉	1978.12	静宁甘沟	研究生	1997.9	1999.5	1997年9月至2003年9月在静宁县教育局工作（其间：2000年9月至2003年7月在甘肃广播电视大学汉语言文学专业学习，大专毕业）；2003年9月至2006年5月任静宁一中教师（其间：2003年9月至2006年7月在甘肃省委党校马克思主义哲学专业研究生班学习，研究生毕业）；2006年5月至2009年11月在县纪委办公室工作；2009年11月至2012年2月任县政协办公室副主任；2012年2月至8月任古城乡党委副书记、乡政府乡长、教育办主任；2012年8月至2015年7月任古城乡党委副书记、乡政府乡长；2015年7月至12月任古城镇党委副书记、镇政府镇长；2015年12月至2016年9月任曹务乡党委书记；2016年9月至2017年11月任曹务镇党委书记；2017年11月至2019年2月任四河镇党委书记

第二十次会议　于2019年2月12日在常委会五楼会议室召开，由高旭主持。

会议议程有一项：补选市第四届人大代表。

第十七届常委会组成人员王智国、沙芳琴、高旭、厚连世、张进宝、李读、靳宝生、杨华、平宏、胡志科、李稳收、王瑞生、王壬寅、马川娃、王宏、王致中、牛满川、王晓峰、周浩仁、朱国军、李会宾、牛国喜、李建明、厚凤兰出席会议；常委会办公室副主任王飞列席会议。

附：

选举结果

马　琦为平凉市第四届人民代表大会代表

李郁军为平凉市第四届人民代表大会代表
李续荣为平凉市第四届人民代表大会代表

第二十一次 于2019年3月20日在常委会五楼会议室召开，由厚连世主持。

会议议程有六项：一、传达学习中共中央总书记习近平参加十三届全国人大二次会议甘肃代表团审议时的重要讲话、李克强总理所作的《政府工作报告》、栗战书委员长在闭幕会上的讲话精神；二、人事任免；三、由厚连世主持，举行新任命人员宪法宣誓仪式；四、听取和审议水务局局长王升斌受政府委托所作的《关于引洮供水二期配套工程合作建设及水务一体化合作经营有关事项的报告》、常委会农业与环境资源工委主任王壬寅所作的《关于引洮供水二期配套工程合作经营有关事项的审查报告》，作出《关于引洮供水二期配套工程合作建设及水务一体化合作经营有关事项的决议》；五、讨论审定常委会2019年工作要点及重点工作行事历；六、常委会主任王智国讲话。

第十七届常委会组成人员王智国、高旭、厚连世、张进宝、李读、靳宝生、杨华、平宏、王友忠、胡志科、李稳收、王壬寅、王瑞生、马川娃、王宏、王致中、牛满川、王晓峰、周浩仁、张录牛、李会宾、朱国军、牛国喜、李建明、裴晓江、厚凤兰、王全生出席会议；政府副县长席鹏举、法院院长张立军、检察院检察长杨青、监委副主任张永生、政府办公室主任韩伟周、发改局局长胡生平、教育局副局长张拴华、公安局副局长王康明、司法局局长胡耀国、财政局副局长王东、人社局局长张淋冰、住建局副局长倪涛、水务局局长王升斌、农业农村局局长张秉鑑、卫健局局长孙青茂、审计局副局长李寰、市场监管局局长鲍彦鹏、城市执法局局长秦平代、生态环境局局长何冠群，常委会办公室副主任王飞、科级干部王兴国、张天顺、马晓荣、刘斌、杨升旺，市、县人大代表马雪琴、裴治国，25个乡镇、城市社区人大（工委）主席（主任）列席会议。

附：

人事任免

张　清任县监察委员会委员

杜小龙、李金鹏、马葳、杨党艳（女）、何陇玉（女）、石春光（女）、任志强、马罗军、张引兄（女）、吕佳妹（女）、赵宗有、马金虎、任蓬理、邹旭强、高耀红、胡宁军、王振东、靳取宁、强浉平、马忠鱼、程交子、景亚龙、杨晓宁、赵文学、雷中学、齐卫红、李金盆、张艳霞（女）、刘旭峰、贾刚刚、马国强、韩娟（女）、樊阿宁、胡强虎、王焕龙、李民廷、岳龙斌、武晚军、胡中喜、黄杰、张党鹏、崔明、张强龙、杨举龙、吕晓蓉（女）、裴桂香（女）、李小兵、何娟娟（女）、马懂兵、张永梅（女）、温国娥（女）、杨晶晶（女）、张瑞（女）、贾红娟（女）、马小宁（女）、张新珠（女）、田芮（女）、万元香（女）、陈晓兵（女）、杜桂花（女）、贾永杰、殷继龙、张江林、李勇刚、李国朋、郝立果、吴小奇（女）、杨审问、王进存69人任县人民法院人民陪审员

县人大常委会2019年工作要点

2019年，是新中国成立70周年，是决胜全面建成小康社会第一个百年奋斗目标的关键之年，是我县脱贫攻坚的决胜之年，也是地方人大设立常委会40周年。县人大常委会工作的总体思路是：以习近平新时代中国特色社会主义思想为指导，全面贯彻党的十九大和十九届二中、三中全会精神，深入落实习近平总书记视察甘肃重要讲话和“八个着力”重要指示以及参加十三届全国人大二次会议甘肃代表团审议时的重要讲话精神，统筹推进“五位一体”总体布局，协调推进“四个全面”战略布局，坚持稳中求进工作总基调，坚持新发展理念，坚持推进高质量发展，坚持以人民为中心，坚持党的群众路线，密切同人大代表、人民群众的联系，认真贯彻落实县委各项决策部署，围绕全县发展大局，积极履行法定职责，在决战脱贫、决胜小康、推进全县经济社会发展和民主法治建设中发挥更大作用，以优异成绩庆祝中华人民共和国成立70周年。

一、坚持党的领导，坚定人大工作政治方向

（一）深入学习贯彻习近平新时代中国特色社会主义思想。坚持把学习贯彻习近平新时代中国特色社会主义思想贯穿于人大工作始终，树牢“四个意识”，增强“四个自信”，坚决做到“两个维护”，始终在政治立场、政治方向、政治原则、政治道路上同以习近平同志为核心的党中央保持高度一致。深入学习研究宣传贯彻习近平总书记关于坚持和完善人民代表大会制度的重要思想，推动人大工作与时俱进。

（二）全面贯彻落实县委的决策部署。坚持县委对人大工作的领导，严格落实重大事项、重要会议请示报告制度，紧贴县委决策部署创新推进全县人大工作，真正把党的领导体现在履行职责的全过程和各方面。

（三）深入推动宪法的学习宣传和贯彻实施。采取多种方式，深入开展宪法学习宣传教育，进一步增强尊崇宪法、学习宪法、遵守宪法、维护宪法、运用宪法的思想自觉和行动自觉。依法组织县人大及其常委会选举任命的国家工作人员进行宪法宣誓。加强规范性文件备案审查工作，对部分规范性文件进行主动审查，清理已备案规范性文件，维护国家法治统一。

（四）加强机关党的建设。认真落实新时代党的建设总要求，切实履行全面从严治党主体责任，严格执行民主集中制原则，严格落实意识形态工作责任制。深入开展党建统领“一强三创”行动，定期开展“主题党日”活动，严肃党内政治生活和组织生活，认真学习党章、党规，自觉践行党章，着力落实意识形态工作主体责任，按照中央和省市县委的安排部署，认真开展“不忘初心、牢记使命”主题教育。认真贯彻《中国共产党支部工作条例（试行）》，着力加强常委会机关党支部标准化建设。

二、围绕中心大局，依法决定重大事项

（五）贯彻落实中共中央办公厅《关于健全人大讨论决定重大事项制度、各级政府重大决策出台前向本级人大报告的实施意见》，推行政府提请人大常委会审议决定重大事项年度清单制度，适时对全县民主法治、深化改革、生态文明建设等领域的重大事项作出决议决定，更好地服务全县经济社会发展。

（六）坚持党管干部原则与人大依法行使任免权的有机统一，做好国家机关工作人员的任免工作。健全完善任前依法审查、法律考试，任后表态发言、颁发任命书等制度，听取教育局、财政局、住建局、水务局等部门工作报告，强化任后监督，依法推进人事任免制度化、规范化、程序化。实行宪法宣誓制度，举行新任命人员宪法宣誓仪式，进一步增强国家机关工作人员的宪法意识。

（七）听取、审议县政府关于2017年县级财政预算执行审计决定整改情况的报告、2018年财政预算执行情况的审计报告，听取、审议和审查批准县政府关于2019年国民经济和社会发展计划调整情况的报告、2019年财政预算调整情况的报告、2018年财政决算的报告。

三、依法履行职责，不断增强监督实效

（八）紧扣县委决策部署和中心工作，加强对"一府一委两院"的法律监督和工作监督，切实增强监督实效，确保中央和省市县委决策部署贯彻落实，保证宪法和法律正确有效实施。围绕脱贫攻坚、富民产业培育、县城建设管理、城乡环境治理、重大项目建设和群众关心关注的道路交通、安全饮水、教育卫生、社会保障、环境保护、城区供暖等工作进行调研检查，为促进全县经济社会发展建言献策。

（九）加强对法律法规实施情况的监督。围绕全面依法治国基本方略，加强法律监督，对重点行业、重点领域法律法规贯彻实施情况进行执法检查。加强监察、审判、检察工作监督，促进监委、法院、检察院严格执法、公正司法。对《中华人民共和国治安管理处罚法》《中华人民共和国产品质量法》《甘肃省农村生活垃圾管理条例》贯彻实施情况进行执法检查，保证法律法规正确贯彻执行，切实维护法律权威。

（十）加强跟踪监督，加大对常委会审议意见和决议、决定落实情况的跟踪检查力度。对县人大常委会关于全县乡镇医疗卫生工作审议意见落实情况进行"回头看"，督促县政府及时整改工作中存在的问题。通报县人大常委会和"一府两院"2019年上半年工作情况，有计划地听取和审议"一府一委两院"专项工作报告，并对部分专项工作报告进行满意度测评，促进其不断加强和改进工作。

（十一）完善监督工作方式方法。探索开展询问质询，对一些事关全局、久拖不决、社会反响强烈的重大民生问题适时进行专题询问或质询，着力提高监督工作实效，切实维护广大群众根本利益。

（十二）全面落实常委会与"一府一委两院"协同处理信访事项办法，加大代表和群众来信来访转办、督办力度，切实维护人民群众合法权益。

四、强化服务保障，着力改进完善代表工作

（十三）加强代表学习培训。持续加大代表培训工作力度，采取多种行之有效的方式，分层次、有重点地对各级人大代表进行以法律法规为主的学习培训，不断扩大培训覆盖面，免费为县人大代表订阅寄送《人民之声报》和《人大研究》，增加代表参与常委会重要会议、重点工作的人数，听取代表对县人大常委会和"一府一委两院"工作的建议意见。

（十四）坚持完善"双联系"制度。引导人大代表加强与人民群众的日常联系，有计划地组织代表深入开展走访活动，听取各方面建议意见，畅通群众表达合理利益诉求的法定渠道。组织代表现场视察县政府措办"十件惠民实事"情况，并对曹务等

4乡镇生活污水垃圾处理设施建设情况进行满意度测评。加强县人大代表履职管理，认真开展履职登记工作和代表向选民述职活动，引导代表争做有责任心、有奉献精神、主动为群众利益鼓与呼的模范代表。

（十五）认真办理代表建议意见。建立代表建议意见转办督办和考核评价机制。坚持常委会领导“包号”督办重点建议意见制度，增强办理实效。优化完善重点办理、开门办理、面商办理的具体措施，通过集中督办、现场督办、跟踪督办，督促县政府及各承办单位认真办理代表建议意见，听取审议县政府关于代表建议意见办理情况的报告，切实提高代表建议意见的办结率和满意率。

（十六）加强对乡镇人大工作的指导。认真贯彻落实中央及省市县委关于加强和改进人大工作会议精神，围绕发挥乡镇人代会、乡镇人大主席团、乡镇人大主席、基层人大代表四个层面的作用，不断提升乡镇人大工作水平。指导乡镇人大按照有关规定，健全完善人大主席团各项工作制度，依法履行闭会期间各项职责。加大督查指导力度，紧盯乡镇人大工作和建设中存在的问题，适时开展督查指导，促进乡镇人大工作均衡开展。

五、加强自身建设，全面提升履职水平

（十七）强化理论学习。深入学习习近平新时代中国特色社会主义思想和党的十九大精神，学习宣传贯彻习近平总书记参加十三届全国人大二次会议甘肃代表团审议时的重要讲话精神以及全国和省、市“两会”精神，认真学习宪法和地方组织法、监督法、选举法、代表法等法律法规，准确把握新时代人大工作新特点，不断提高常委会组成人员法律素质和履职能力。

（十八）强化政治建设。认真落实《中共中央关于加强党的政治建设的意见》，坚定政治信仰，强化政治领导，提高政治能力，净化政治生态，进一步增强“四个意识”，坚定“四个自信”，坚决做到“两个维护”。

（十九）强化纪律建设。坚决落实党风廉政建设主体责任，推动全面从严治党要求落到实处。坚持把纪律和规矩挺在前面，严格遵守《中国共产党廉洁自律准则》和《中国共产党纪律处分条例》等党纪党规，切实做到廉洁自律、勤政廉政。全力抓好巡视反馈问题整改，加强组织领导，研究制定整改方案，细化责任，强化措施，坚持问题导向，扎实开展整改工作，努力做好巡视“后半篇文章”。

（二十）强化作风建设。认真贯彻落实中央八项规定及实施细则和中央及省市县委关于改进作风的一系列规定，习近平总书记关于纠正“四风”不止步、作风建设永远在路上的重要指示精神，中共中央办公厅《关于解决形式主义突出问题为基层减负的通知》精神，扎实开展“转变作风改善发展环境建设年”活动和集中整治形式主义、官僚主义专项行动，坚决反对“四风”，杜绝形式主义、官僚主义。大兴调查研究之风，坚持深入基层、深入实际，广泛听取人大代表、人民群众的建议意见。加强会议组织，严肃会风会纪，改进审议方式，进一步提高会议质量。

（二十一）压实帮扶责任。贯彻落实中央和省市县精准扶贫精准脱贫各项决策部署，积极开展驻村结对帮扶，帮助贫困村、贫困户培育富民产业，解决发展难题，促进群众脱贫致富。

（二十二）重视宣传工作。加强人大宣传和理论研究工作，全方位、多角度宣传报道人大及其常委会依法履职过程中的好经验、好做法，努力营造全社会关心、支持人大工作的良好氛围。

（二十三）加强工作联系。全力支持和配合省、市人大常委会在我县开展的各项工作。正确处理监督、支持和促进的关系，加强与“一府一委两院”及其职能部门的联系沟通，合力推动工作。建立健全县乡人大工作联动机制，力促全县人大工作再上新台阶、新水平。

县人大常委会2019年重点工作安排情况表

表4-63

时间	主要工作	负责领导	主办委室	配合委室	责任单位
1至2月	县第十七届人大常委会第十八次会议：进行县政府部分工作部门主要负责人职务任免。县第十七届人大常委会第十九次会议：1.进行县政府个别副县长、部分工作部门主要负责人职务任命；2.审议确定人民陪审员名额。县第十七届人大常委会第二十次会议：审议补选平凉市第四届人民代表大会代表	杨 华	办公室	各委室	
3月	县第十七届人大常委会第二十一次会议：讨论审定县人大常委会2019年工作要点及重点工作行事历	杨 华	办公室	各委室	
	交办县十七届人大三次会议代表建议意见	高 旭	人事代表工委	办公室	政府办 相关单位
	检查《甘肃省农村生活垃圾管理条例》贯彻实施情况	靳宝生	农业环资工委		农业局
3至4月	县第十七届人大常委会第二十二次会议：1.听取、审议和审查批准县政府关于2019年国民经济和社会发展计划调整情况的报告；2.听取、审议和审查批准县政府关于2019年财政预算调整情况的报告；3.听取、审议县政府关于《甘肃省农村生活垃圾管理条例》贯彻实施情况的报告；4.听取、审议县政府关于2017年县级财政预算执行审计决定整改情况的报告	杨 华	办公室	各委室	政府办 发改局 财政局 审计局 农业局
5至6月	调研全县就业扶贫情况	高 旭	财经城建工委	办公室	人社局
	检查《中华人民共和国治安管理处罚法》贯彻实施情况	厚连世	法制工委		公安局
	举办县人大代表、乡镇（社区）人大主席（工委主任）及工作人员培训班	高 旭	人事代表工委		各乡镇 社区人大

续表4-63

时间	主要工作	负责领导	主办委室	配合委室	责任单位
5至6月	县十七届人大常委会第二十三次会议：1.听取、审议县政府关于全县就业扶贫情况的报告；2.听取、审议县政府关于《中华人民共和国治安管理处罚法》贯彻实施情况的报告；3.听取财政局工作报告	杨　华	办公室	各委室	政府办 公安局 人社局 财政局
7至8月	检查全县乡镇医疗卫生工作有关审议意见落实情况	沙芳琴	科教民侨工委	办公室	卫健局
	调研全县城乡安全饮水工程建设情况	靳宝生	农业环资工委		水务局
	召开人大代表政情通报会；集中督办代表建议意见	高　旭	人事代表工委		政府办 相关单位
	县十七届人大常委会第二十四次会议：1.听取、审议和审查批准县政府关于2018年财政决算的报告；2.听取、审议县政府关于2018年财政预算执行情况的审计报告；3.听取、审议县政府关于全县乡镇医疗卫生工作有关审议意见落实情况的报告；4.听取、审议县政府关于全县城乡安全饮水工程建设情况的报告；5.通报县人大常委会和“一府两院”2019年上半年工作情况；6.听取教育局工作报告	杨　华	办公室	各委室	法　院 检察院 政府办 财政局 审计局 教育局 水务局 卫健局
9至10月	检查《中华人民共和国产品质量法》贯彻实施情况	张进宝	财经城建工委	办公室	市管局
	视察县政府措办“十件惠民实事”情况；组织部分县人大代表向选区选民述职；集中走访联系代表	高　旭	人事代表工委		政府办 相关单位
	县第十七届人大常委会第二十五次会议：1.听取、审议县政府关于《中华人民共和国产品质量法》贯彻实施情况的报告；2.听取、审议县政府关于措办“十件惠民实事”情况的报告，并对曹务等4乡镇生活污水垃圾处理设施建设情况进行满意度测评；3.听取、审议县政府关于县十七届人大三次会议代表建议意见办理情况的报告；4.听取水务局工作报告	杨　华	办公室	各委室	政府办 水务局 住建局 市管局

续表4-63

时间	主要工作	负责领导	主办委室	配合委室	责任单位
11至12月	调研城区居民供暖情况	李　读	财经城建工委	办公室	城管局
	起草县人大常委会工作报告；提出县人大常委会2020年工作要点	杨　华	办公室	各委室	
	县第十七届人大常委会第二十六次会议：1.听取、审议县政府关于城区居民供暖情况的报告，并进行满意度测评；2.听取住建局工作报告；3.讨论审定县人大常委会工作报告				政府办 住建局 城管局
	筹备召开县十七届人大四次会议；收集向省市人代会提交的代表建议意见	高　旭 杨　华	办公室 人事代表工委	各委室	相关单位

第二十二次会议　于2019年5月8日在常委会五楼会议室召开，由靳宝生主持。

会议议程有五项：一、听取和审议发改局局长胡生平受政府委托所作的《关于2019年国民经济和社会发展计划调整情况的报告》、人大财经委委员牛满川所作的《关于2019年国民经济和社会发展计划调整情况的审查报告》，作出《关于2019年国民经济和社会发展计划调整的决议》；二、听取和审议财政局局长马斌受政府委托所作的《关于2019年全县财政预算调整情况的报告》、人大财经委委员牛满川所作的《关于2019年全县财政预算调整情况的审查报告》，作出《关于2019年全县财政预算调整的决议》；三、听取和审议审计局局长王亚鹏受政府委托所作的《关于2017年县级财政预算执行审计决定整改情况的报告》；四、听取和审议林业和草原局局长靳建喜受政府委托所作的《关于建立静宁县悬镜湖省级湿地公园的报告》、常委会农业与环境资源工委主任王壬寅所作的《关于建立静宁县悬镜湖省级湿地公园的审查报告》，作出《关于建立静宁县悬镜湖省级湿地公园的决议》；五、听取和审议农业农村局局长张秉鑑受政府委托所作的《关于〈甘肃省农村生活垃圾管理条例〉贯彻实施情况的报告》、常委会农业与环境资源工委主任王壬寅所作的《关于〈甘肃省农村生活垃圾管理条例〉贯彻实施情况的检查报告》。会上，政府常务副县长陈景春就落实审议意见作表态发言。

第十七届常委会组成人员王智国、高旭、厚连世、张进宝、靳宝生、杨华、平宏、胡志科、王瑞生、王壬寅、马川娃、王宏、王致中、牛满川、王晓峰、周浩仁、李会宾、朱国军、牛国喜、李建明、裴晓江、厚凤兰、王全生出席会议；县委常委、政府常务副县长陈景春，法院院长张立军、检察院检察长杨青、监委副主任张建宁、政府办公室副主任李拴虎、发改局局长胡生平、财政局局长马斌、住建局副局长柴永生、水务局局长王升斌、农业农村局局长张秉鑑、商务局局长张亚鹏、卫健局副局长樊瑞琴、审计局局长王亚鹏、林业和草原局局长靳建喜、市生态环境局静宁分局局长何冠群，常委会办公室副主任王飞、科级干部王兴国、张天顺、马晓荣、杨升旺，雷大镇、司桥乡党委书记李留学、吕朋军，四河镇、贾河乡人大主席柴满意、程福利，城川镇、仁大镇政府镇长贾军平、徐贵洲，市人大代表刘玉海、马雪琴，县人大代表李鹏刚、吴宗润、陈昌霞列席会议。

附：

关于《甘肃省农村生活垃圾管理条例》贯彻实施情况的检查报告

由常委会分管副主任带队，县政府分管副县长参加，县人大常委会办公室、农业与环境资源工委，县政府办、农业农村局、生态环境局等单位负责人及部分乡镇人大主席、县人大代表组成检查组，于3月下旬先后深入李店、甘沟等12乡镇街道、村庄、河道、交通干道、生活垃圾填埋点、废旧农膜回收站等，采取听取汇报、现场察看、座谈交流等方式，对《甘肃省农村生活垃圾管理条例》（以下简称《条例》）贯彻实施情况进行了全面检查。

一、基本情况及主要工作

目前，全县有农村生活垃圾填埋场2座，中转站2座。购置压缩式垃圾车10辆，钩臂式垃圾车15辆，小型垃圾车4辆，配备手推车242辆，垃圾箱（斗）2172个，修建垃圾收集屋121座。现有公益性设施共管共享人员2859人。

（一）强化组织领导。成立全域无垃圾三年专项治理行动领导小组，抽调工作人员，设置专门工作组。制定《静宁县全域无垃圾三年专项治理实施方案》《静宁县农村环境综合整治项目运行管理办法》等指导性文件。将农村生活垃圾管理工作作为经济社会协调发展的重要内容，纳入全县发展规划，对接行业规划计划，提出具体指标，规范引导农村生活垃圾管理工作。全面推行“河长制”“路长制”，与各乡镇、各责任部门层层签订责任书，明确主体责任，推动农村生活垃圾管理任务落实。

（二）开展环境整治。以省市督查反馈问题为切入口，大力开展农村人居环境综合整治，累计清理垃圾积存点2300余处，清运垃圾1.3万吨，农村人居环境整治“村庄清洁”取得阶段性成效。面源污染防治方面，采取以旧换新方式，回收废旧农膜4000余吨，回收率为83.5%；河道治理方面，结合“携手清四乱，保护母亲河”专项行动，治理河堤100多公里，疏通河道、排水渠290公里，清运各类垃圾80余吨；水源地保护方面，设置防护栏7477.5米，设立保护警示牌30个，标识牌27个。

（三）加强基础建设。积极争取、筹措项目资金，优先安排垃圾污水项目规划选址，持续加大农村人居环境项目建设，先后建成威戎、界石铺生活垃圾填埋场，古城、司桥生活垃圾中转站，甘沟、李店等6乡镇污水处理站，新店、细巷等5乡镇简易污水收集池，甘沟等4乡镇生活垃圾处理站建设正在有序进行，填补了我县农村污水和垃圾处理的历史空白，增强了支撑功能。

（四）探索治理办法。直面农村环境卫生缺支撑、无抓手等问题，各乡镇结合实际，积极探索对环卫工及环卫设施实行企业化、市场化管理，向企业、机关单位收取卫生费，开展“干净卫生家庭”评选活动，制定门前“三包”奖惩制度等适合本地的生活垃圾管理模式，有效宣传了法律法规，提升了综合管理水平，改善了农村人居环境。

二、存在的主要问题

（一）思想认识有差距，重视程度有待提高。从检查情况看，县乡政府对贯彻落实《条例》的重要性和紧迫性认识不足，重视程度不高，考核机制不健全，强化督促不到位，致使一些陈年垃圾清理不及时、不彻底，新增垃圾处置不规范的问题长期得不到有效解决。大部分乡镇没有把《条例》的贯彻落实作为一项长期性、基础性工作全力推进，重表面、轻死角，重突击、轻长效，缺少由点及面的系统落实。个别乡镇对属地管理重视不够、办法不多、抓手不硬，工作被动应付，仅停留在清扫街道、捡拾公路两侧垃圾等表层，没有在源头治理上想办法、下功夫。一些职能部门对自己所承担的职责不清楚，具体工作中研究部署、检查指导少，职能作用发挥不够，没有形成相互协作、齐抓共管的局面。部分河道“河长制”落实不力，沿线一些居民将生活垃圾、建筑垃圾倒在河道，严重影响河道生态及水体质量。

（二）宣传氛围不浓厚，公众参与意识淡薄。一是宣传效果不理想。《条例》宣传没有真正做到与实际工作的联系，力度不大、氛围不浓、效果不佳，在宣传动员群众、学生参与生态文明建设、全域无垃圾治理、垃圾资源化等方面缺乏广度和深度。二是群众参与不积极。一方面对垃圾污染现状、乱倾乱倒现象不满，愿望诉求强烈；另一方面环境保护意识不强，一些生活陋习难以杜绝，垃圾乱倒、随意丢弃，给清扫收集工作带来了难度。三是垃圾分类意识淡薄。相关政策、措施、制度不完善，再生资源回收体系未建立，群众对垃圾分类概念模糊，生活垃圾与建筑垃圾、固体垃圾与液体垃圾基本上处于“混合倾倒、混合清运、混合处理”的状态，增加了中转难度和处理成本，缩短了垃圾填埋场使用年限。

（三）财政资金投入少，基础设施建设滞后。一是资金投入不足。今年县财政虽然为每个乡镇预算了10万元的全域无垃圾工作经费和乡镇环境整治经费，但资金投入仍然不足，不能全力保障垃圾治理工作。实施的乡镇生活垃圾处理设施仅依靠省级专项债券，没有其他项目支撑和社会资本参与投资、建设及运营，资金缺口大，严重影响项目建设进度和设备安装。已建成的垃圾填埋场运转费用高，管理人员工资、车辆配备及燃油、电费、道路维修等费用支出基本靠所在乡镇负担，债务压力大；垃圾中转站受启用资金制约，处于闲置状态，未发挥应有作用。二是处理设施滞后。全县共建成农村生活垃圾填埋场2座，葫芦河沿线重点乡镇垃圾处理站虽已立项，但建设进展缓慢，其中甘沟垃圾处理站完成主体建设，仁大、治平垃圾处理站完成“三通一平”工作，李店垃圾处理站仍处于项目选址阶段。垃圾处理设施建设滞后，制约着我县农村生活垃圾管理和全域无垃圾治理工作的全面深入开展。三是环卫设备短缺。受资金制约，乡镇环卫设施只能依靠项目配套，垃圾箱、保洁车、壁挂垃圾斗（车）严重短缺，现有的设施大都集中在街道和重点村社，一些设施设备严重老化，影响收集清运效果。四是填埋点建设不规范。随着农村经济的快速发展和生活水平的显著提高，生活垃圾产生数量日益增长，一些没有任何防护措施的自然沟道成了乡镇目前主要的垃圾倾倒点。乡镇自主就近建设的简易集中填埋点无防渗透、防护栏、排洪等措施，无警示牌等标识，覆盖不及时，不符合环保要求、环境卫生专业规划以及生活垃圾填埋场污染控制标准。个别乡镇垃圾集中填埋点路窄坡陡，垃圾运送困难，从沟边高处倾倒，存在较大安全隐患。

（四）管理机制不健全，收集运转矛盾较多。一是责任制度未落实。《条例》规定，农村生活垃圾清理实行责任人制度，村民住宅房前屋后的垃圾，村民或者使用者为责任人；村庄内的道路、河道、水渠、文化广场等公共区域和公共建筑的垃圾，村民委员会为责任人；田间地头的垃圾，土地经营者为责任人。但检查了解到，这些责任人没有尽到应尽的责任，清扫任务主要由乡镇政府承担，保洁费完全由政府"买单"。二是日常管理不严格。部分乡镇对公益性岗位组成的保洁人员队伍管理不严，保洁员对公共区域卫生清扫、垃圾收集清运不及时，运输过程中丢弃、扬撒、遗漏的现象时有发生。大部分乡镇对集市的管理能力差，店铺门前"三包"责任制一纸空文、形同虚设，个别摊点业主缺乏保洁意识，逢集日垃圾遍地。三是特殊垃圾回收难。我县无医疗废物集中处置设施，乡镇卫生院、村卫生室、个体诊所产生的医疗废品均采取露天简单焚烧或填埋方式处理，极易造成病源传染和环境污染事故。废旧农膜、反光膜回收站场地未硬化、无密闭棚，不符合环保要求；回收工作量大面广，群众拾膜捡膜积极性不高，白色污染形势严峻。

三、今后工作建议

（一）提高政治站位，凝聚工作合力。县乡政府及相关部门要认真落实习近平总书记视察甘肃时的"八个着力"重要指示精神，认清贯彻落实《条例》的严肃性和重要性，进一步提高政治站位，强化使命担当。一要加强组织领导。坚持政府主导、公众参与、因地制宜、注重长效、综合利用、统筹推进的原则，加强对农村生活垃圾管理工作的组织领导，将农村生活垃圾管理工作纳入国民经济和社会发展计划，确定管理目标，统筹设施规划布局，加强调查研究，制定促进我县农村生活垃圾减量化、资源化、无害化的具体政策措施。二要转变思维观念。将贯彻落实《条例》作为"一把手"工程，列入重要议事日程，坚持把农村生活垃圾管理工作同做好当前各项工作结合起来，做到两手抓、两不误、两促进。认真贯彻落实全省全域无垃圾现场推进会精神，充分借鉴先进经验，立足工作实际，认真谋划、靠前指挥，以政府驻地街道、交通主干道沿线为重点，全面开展垃圾清扫活动。采取领导包抓，划片、划段包干的方式，在基础较好的村抓建典型、打造样本，辐射带动这项工作全面开展。三要强化部门联动。各级各部门要牢固树立"一盘棋"思想，按照职责分工，全力抓好面源污染治理、河道治理、医疗垃圾收集清理、餐饮行业垃圾污水监管、学校周边环境卫生净化、垃圾处理设施项目建设、再生资源回收利用等工作，增强协作配合意识，形成齐抓共管的良好局面。

（二）强化宣传引导，营造社会氛围。县乡政府要加大《条例》的宣传力度，加强农村生活垃圾管理的宣传教育，倡导绿色、文明、健康生活方式，培育示范典型，对文明农户、卫生家庭、美丽庭院和美丽乡村示范村等予以表彰奖励。村民委员会要利用“一大一微”、文化广场、村务宣传栏等载体，采取村民喜闻乐见的形式，宣传垃圾分类知识、环境保护义务、先进典型事迹等。农村中小学、幼儿园要经常性地开展卫生常识、垃圾减量分类知识的教育和实践活动。充分发挥保洁员宣传作用，使其成为农村清洁工作的“流动宣传栏”。强化新闻媒体和社会舆论监督，坚持正面宣传引导和反面曝光监督相结合，注重总结宣传先进典型，公开曝光破坏环境卫生行为，发挥负面“典型”警示作用，大力营造浓厚的宣传氛围。

（三）聚焦设施短板，增强支撑功能。一要完善财政预算。积极向上申报乡村垃圾处理设施建设项目，争取国家、省市资金扶持和环境治理项目、基础设施支持。严格落实《条例》规定，完善县级财政预算编制，按照区域大小、人口多少确定标准，将乡镇垃圾填埋场运转费用、车辆及燃油、管理人员经费，以及生活垃圾中转站运行经费纳入财政预算，并逐年增加，保障已建成垃圾处理设施正常运行。二要多方筹措资金。探索建立政府、企业、社会多元化投入机制，鼓励和吸引社会资本通过PPP模式参与农村生活垃圾收集、清运和处理设施建设运维。争取以工代赈资金，统筹一事一议财政奖补、美丽乡村建设等各类专项资金，集中用于农村环境治理。逐步探索建立“政府主导、社会参与、群众自筹”的资金筹措机制，增强农村生活垃圾管理的资金保障，加快处理设施建设步伐，解决县级财政投入不足、处理设施短缺、清运设备陈旧的问题。三要加快项目建设进度。县政府要加强对垃圾处理项目建设情况调度，分管领导要经常深入项目建设现场，及时协调解决建设过程中出现的矛盾和问题，制定项目建设时间表，明确投入运行时限，建立倒逼机制，确保项目尽快建成投运。对已完成主体建设的项目，要加快附属设施建设及电气设备安装调试工作；对尚未开工建设的项目，要按照进展计划，抓住有利时机，尽快开工建设；对正在选址的项目，住建部门要加快前期可研论证、报批和招投标工作，自然资源部门要按照项目审批相关要求和土地利用规划，优先安排用地报批、勘察、定界等工作，加强土地征收指导，确保早日开工建设。四要规范临时填埋点建设。各乡镇要全面排查临时就近建设的简易垃圾集中填埋点，切实做好防渗、排水排洪、截流渠道、防护栏建设和警示牌、警示标志设置等，及时覆盖回填，做好污染防范工作。要按照车辆进入方便的原则，拓宽、维修填埋点道路，确保垃圾运送过程车辆安全。

（四）强化分类减量，注重源头治理。要根据农村实际，遵循“源头分类、源头减量、源头资源化”的原则，研究制定农村生活垃圾分类收集办法，全面实施生活垃圾分类收集制度。要合理摆布垃圾箱（斗），按照分类要求，标明易识标记，引导群众养成垃圾分类的好习惯。要通过项目支持、规划倾斜等方式，培育引进一批具有影响力的再生资源回收企业，完善回收利用系统，加快分类收集、运输配套设施建设，推进生活垃圾分类处理产业化，提高资源利用率，真正解决农村生活垃圾乱丢、乱堆、乱烧问题。

（五）健全工作机制，确保规范运行。一要规范垃圾处理设施运营。明确垃圾填埋场、焚烧站运行管理主体，以及临近乡镇使用权限，建立健全各项规章制度，完善运作机制，选派懂管理、善经营的干部参与运营管理。要积极探索建立农村生活垃圾处理收费制度，按照“谁产生、谁付费”的原则，试行乡镇街道餐饮、生产企业垃圾处理收费制度，引导群众减少生活垃圾产生量。二要加强重点污染防控。紧盯旱作农业项目建设大调整机遇，规范建设废旧农膜回收网点，健全回收体系，提高回收利用率；全面落实“河长制”，彻底整治河道内乱倾乱倒、乱采乱挖等行为，确保河道行洪畅通、生态安全；通过购买服务的方式，及时收集、规范处理医疗废物，防止病源传染和环境污染事故。三要建立日常监管机制。建立健全农村生活垃圾管理保洁运行机制和保洁员绩效考核机制，加强乡镇清扫保洁队伍管理，落实工作责任，做到垃圾专人负责、日清日换。加强乡镇环保所建设，延伸环保监管触角，形成治管并举的长效机制；探索引入市场运行机制，试行街道垃圾承包经营和政府监理制，提升管理效果。四要建立考核督查机制。将农村生活垃圾管理工作纳入政府及其相关部门年度目标考核，采取通报批评、评比排名、后进督查等形式，加大监督力度，传导责任压力，倒逼责任落实。加强农村生活垃圾管理联合执法，依法查处损坏、拆除农村生活垃圾收集、运转、处理设施设备，影响公路畅通，在沟渠、水库等水体倾倒垃圾行为，确保垃圾管理工作有人抓、长期抓、出成效。

第二十三次会议　于2019年6月18日在常委会五楼会议室召开，由高旭主持。

会议议程有四项：一、人事任免；二、由高旭主持，为新任命人员举行宪法宣誓仪式，杨飞代表新任命人员作履职表态发言；三、听取和审议人社局局长张淋冰受政府委托所作的《关于全县就业扶贫工作情况的报告》、常委会财经与城建工委主任王友忠所作的《关于全县就业扶贫工作的调研报告》；四、听取财政局局长马斌所作的《工作报告》。会上，政府副县长范军就落实审议意见作表态发言。

第十七届常委会组成人员王智国、沙芳琴、高旭、厚连世、靳宝生、平宏、王友忠、胡志科、王瑞生、李稳收、王壬寅、马川娃、王宏、王致中、牛满川、王晓峰、周浩仁、李会宾、朱国军、李建明、裴晓江、厚凤兰出席会议；政府副县长范军、法院院长张立军、检察院检察长杨青、监委委员王根仓、政府办公室主任韩伟周、发改局局长杨飞、人社局局长张淋冰、住建局局长王彦飞、交运局局长王顺义、水务局局长王升斌、农业农村局局长胡生平、林业和草原局局长靳建喜、扶贫办公室副主任王智琪、劳务办公室主任翟文海，常委会办公室副主任王飞、科级干部王兴国、刘斌、杨升旺，原安镇、四河镇党委书记万德强、王国平，三合乡、新店乡人大主席王燕刚、周稳，深沟乡、红寺镇政府乡镇长雷映忠、阎伟刚，市人大代表杨玉芳、胡永亮，县人大代表余刚平、赵军海、任杰、李刚列席会议。

附：

人事任免

杨　飞任县发展和改革局局长

胡生平任县农业农村局局长，免去县发展和改革局局长职务

任建民任县人民法院立案庭庭长，免去县人民法院民事审判第一庭庭长职务

王代代任县人民法院民事审判庭庭长，免去县人民法院审判监督庭庭长职务

李亚宁任县人民法院刑事审判庭副庭长，免去县人民法院民事审判第二庭副庭长职务

樊喜牛任县人民法院执行庭副庭长

田　霆任县人民法院民事审判庭副庭长

张亚丽任县人民法院行政审判庭副庭长

祁喜龙任县人民法院威戎人民法庭副庭长

免去：

张秉鑑县农业农村局局长职务

柳　琴县人民法院立案庭庭长职务

马彦勋县人民法院民事审判第一庭副庭长职务

关于全县就业扶贫工作的调研报告

由常委会分管副主任带队，县政府分管副县长参加，常委会办公室、财经与城建工委，政府办、人社局、发改局、财政局、扶贫办等单位负责人及部分县人大代表、乡镇人大主席组成调研组，于5月中旬先后深入八里、界石铺、原安等乡镇及平凉机电工程学校、欣叶集团、德美地缘等培训基地和劳务基地，通过实地察看、听取汇报、入户走访、座谈交流等方式，对全县就业扶贫工作进行了调研。

一、所做的主要工作

（一）加强组织领导。成立了县发展劳务产业助推脱贫攻坚工作领导小组，建立了联席会议制度，对就业扶贫工作实行一月一调度、一季一检查，督促落实政策措施，总结推广经验做法，研究解决突出问题。制定印发了《静宁县加快发展劳务产业助推脱贫攻坚实施方案》，明确提出了全县就业扶贫工作的主要目标、重点任务、保障措施。同时，重视服务体系建设，配齐配强县劳务办领导力量，充实工作人员；各乡镇建立劳务工作站，配备劳务专干；各行政村设立劳务工作室，确定劳务信息员333名。建成“静宁智慧劳务”信息平台，发布县内外劳务输转、企业用工等信息。

（二）开展技能培训。2018年，县人社、农牧、林业等部门，组织举办果树修剪、畜牧养殖、建筑装饰、餐饮烹饪等培训班245期，培训贫困劳动力7866人次。今年前5个月，共举办各类培训班270期，培训贫困劳动力5424人。同时，通过公开招标方式，确定12家培训机构承担就业扶贫培训任务，其中县内培训机构9家。

（三）组织输转就业。一是开展劳务输转。2018年，全县共输转劳务10.07万人次，

其中输转贫困劳动力2.2万人次，有1089户7214人通过劳务输转实现脱贫，占当年脱贫人数的29.9%。今年前5个月，输转贫困劳动力2.4万人次，通过摸底，预计有9162人通过劳务输转可以实现脱贫。二是加强劳务基地建设。建成省外劳务基地和劳务协作点54个，每年可稳定输转劳务3万人；建成县内县级劳务基地10个、乡级劳务基地121个，每年可直接吸纳劳动力2.8万人。三是实施东西部劳务协作。在天津市武清区设立东西部劳务协作工作站，先后举办东西部劳务协作招聘会4次，组织输转劳务124人，其中输转贫困劳动力66人。四是建设扶贫车间。截至目前，各乡镇共建成扶贫车间43个，其中认定挂牌24个，安置剩余劳动力1683人，其中贫困劳动力937人。五是开发公益性岗位。2018年，省、市安排乡村公益性岗位1626个，县上筹资512.8万元，开发卫生保洁、道路管护等乡村公益性岗位1233个、生态护林员652个，今年省、县两级开发乡村公益性岗位825个，使全县乡村公益性岗位和生态护林员达到4336人。六是支持农民工返乡创业。落实返乡人员创业税费减免、资金补助、担保贷款政策，为53个返乡创业示范企业发放创业带动就业补助资金200万元，为240名返乡创业人员发放创业担保贷款2400万元，带动2314名贫困劳动力就业。

（四）加大财政支持。2018年，县财政为5户市级劳务基地企业、10户富民产业劳务基地企业、11户参与技能培训企业、21户吸纳贫困劳动力就业企业拨付奖补资金66.2万元。今年县财政列支200万元，用于发展劳务基地、服务体系建设和市场主体培育；安排扶贫专项资金510万元，用于甘沟、曹务、八里、四河4乡镇扶贫车间新建和全县其他乡镇扶贫车间扩建的奖励补助。

二、存在的主要问题

（一）各级对就业扶贫重视不够。一是县发展劳务产业助推脱贫攻坚工作领导小组对就业扶贫工作调度、检查不够及时，考核不够严格。二是西北部乡镇和深度贫困村的就业扶贫工作措施不具体，成效不明显。三是部分乡镇劳务工作站运转不正常，分管领导不固定，劳务专干不专职，村劳务工作室有名无实，大部分未开展工作。四是公益性岗位人员没有严格按照省市县有关规定选聘，部分公益性岗位人员是非贫困劳动力；大部分乡镇未建立公益性岗位人员管理制度，出勤不考核，工作不检查，农村道路养护、卫生保洁、生态林管护工作成效不够显著。

（二）技能培训实效性不强。一是技能培训针对性不强。部分培训班对贫困户实用技术需求情况掌握不准，培训内容与贫困户意愿脱节。二是技能培训不扎实。部分培训班只在室内讲解理论知识，不在现场操作示范，存在完任务、走过场现象。三是转移就业率不高。培训与就业一体化工作机制尚未建立，技能培训与劳务基地、企业用工对接不够紧密，订单培训、定向培训少，使部分贫困劳动力培训后未能实现就业。

（三）劳务输转组织化程度不高。一是劳务基地建设滞后。一方面，我县劳务基地总体数量偏少，覆盖范围较小，就业岗位不足，输转能力不强。另一方面，劳务基地分布不合理，东南沿海经济发达地区工业型就业少，西北经济不发达地区农业型劳务输转较多，就业不稳定，劳务报酬较低。二是组织输转力度不大。县、乡劳务机构与县内外劳务基地主动沟通衔接不够，有组织的劳务输转较少，尤其是没有主动开拓东南沿海地区的劳务市场，没有与经济发达地区企业建立长期稳定的劳务关系。三是东西部劳务协作成效不够突出。与天津市武清区的劳务协作机制不够完善，工作力度不够大，组织输转贫困劳动力较少。

（四）县内输转就业成效不突出。一是南北劳务对接不紧密，北劳南移成效不明显，中南部乡镇季节性用工短缺与西北部乡镇劳动力剩余的矛盾比较突出。二是部分扶贫车间生产经营不正常，用工需求不稳定，带动脱贫能力不强。三是就业扶贫优惠政策含金量偏低，县内重点企业参与就业扶贫工作的积极性不高，吸纳贫困劳动力就业人数较少。

三、今后工作建议

（一）提高思想认识，靠实工作责任。就业扶贫是增加贫困户收入、实现稳定脱贫最有效、最直接的途径。县政府及相关部门要充分认识做好就业扶贫工作的重要意义，真正把就业扶贫工作作为脱贫攻坚的“短平快”项目，切实增强责任感和紧迫感，进一步加强组织领导，明确目标任务，强化工作措施，全力做好我县就业扶贫工作。要进一步细化相关职能部门和乡镇的就业扶贫工作责任，把任务分解到部门、乡镇，把责任落实到一把手，并建立严格的调度、考核、奖罚制度。县人社部门要充分发挥协调指导、督查考核作用，督促就业扶贫各项任务落到实处。相关部门要严格按照《静宁县加快发展劳务产业助推脱贫攻坚实施方案》要求，相互支持，紧密配合，扎实做好技能培训、公益性岗位开发管理等各项工作。各乡镇要积极履行主体责任，主动作为，真抓实干，认真做好贫困劳动力输转就业的组织、动员和扶贫车间建设以及公益性岗位人员管理、使用，确保就业扶贫工作取得实效。

（二）强化技能培训，提升培训实效。一要加大培训力度。采取平台培训、基地培训等多种方式，大力开展实用技术和就业技能培训，使贫困劳动力技能培训达到全覆盖。二要增强培训实效。县人社部门要根据各乡镇提供的贫困劳动力技能培训意愿，制定切实可行的年度培训计划，统筹安排相关部门开展技能培训，努力提高培训的针对性。要注重实际操作培训，采取现场培训、现场示范的办法，努力提高培训的实效性。三要建立培训输转一体化工作机制。加强与劳务基地、用工企业的劳务对接，组织开展订单式、定向型就业技能培训，确保培训一批、就业一批，切实提高技能培训转移就业成功率。四要加强培训资金统筹。按照“部门联动、提高效率，渠道不乱、统筹使用”的原则，整合扶贫、人社、农业农村、林业和草原等部门培训资金，统一管理，专款专用，切实提高培训资金使用效益。五要加强培训平台建设。结合全县产业发展实际和贫困劳动力培训需求，在提升现有职业培训机构技能培训规模、水平的同时，依托县内重点企业、合作社、养殖场等，新建一批种植、养殖、烹饪、家政服务等技术培训平台，满足全县就业扶贫技能培训需要。

（三）加强组织输转，扩大就业规模。一要加强劳务基地建设。在巩固现有劳务基地的基础上，有针对性地加强与省内外地方政府和企业的联系对接，尤其要加强与东南沿海地区的对接联系，积极开发经济发达地区劳务基地，拓宽劳务输转渠道，扩大劳务输转规模，提高劳务输转质量。二要精准组织劳务输转。政府及人社部门要加强与劳务基地、重点企业的衔接，签订有约束力的劳务输转协议，建立稳定的就业渠道，确保贫困劳动力输得出、稳得住、收入好。三要发挥劳务中介组织的作用。扶持、壮大劳务中介组织，充分发挥劳务中介组织的桥梁作用，扩大劳务输转规模。落实奖补政策，充分发挥劳务经纪人和劳务带头人的作用，带动更多的劳动力转移就业。四要深化东西部劳务协作。准确把握东西部扶贫劳务协作各项政策，进一步完善协作机制，深化协作内涵，加强对接联系，积极培育发展一批输出基础好、用工需求大、工作报酬高的劳务基地，组织输转更多贫困劳动力在天津市武清区实现稳定就业。

（四）落实优惠政策，引导就地就业。一要加大“北劳南移”力度。西北部乡镇要主动与南部乡镇结成对子，建立稳定的劳务输转关系，在苹果疏花疏果、套袋解袋、采摘装箱、运输存贮等时段积极组织贫困劳动力向南部乡镇有序流动，增加季节性务工收入。二要加强扶贫车间建设。对已建成的扶贫车间，要加强扶持指导，帮助解决生产经营中的困难和问题，扩大生产规模，增加用工人数，增强带动脱贫的能力。同时，相关部门及各乡镇要进一步优化工作思路，拓宽工作视野，积极引进大型企业来我县建设扶贫车间，力争吸纳更多贫困劳动力在家门口就业。三要加强公益性岗位开发管理。相关部门要积极争取上级乡村公益性岗位补贴资金，加大岗位开发力度，扩大岗位覆盖面，提高安置就业能力。各乡镇要加强公益性岗位人员管理，对已聘用人员不是贫困劳动力的，必须严格按照省、市、县有关规定，重新做好人员选聘，并向社会公示，确保聘用人员符合政策规定。要建立健全公益性岗位人员考核管理制度，建立聘用人员出勤、工作考核制度和退出机制，督促落实岗位职责，充分发挥公益性岗位作用。四要加大重点企业就业引导力度。认真落实各项就业扶贫优惠政策，整合各项就业扶贫补助资金，提高就业扶贫项目的含金量，积极鼓励引导县内企业参与就业扶贫工作。五要大力扶持民营经济发展。民营经济是目前增加社会就业的主要途径。政府及相关部门要全面清理我县扶持发展民营经济的优惠政策，结合国家“放管服”改革政策和就业扶贫优惠政策，制定出台新的扶持发展民营经济的优惠政策，促进民营经济发展，进一步扩大县内就业规模，切实发挥民营经济在脱贫攻坚方面的巨大带动作用。

第二十四次会议　于2019年8月29日在常委会五楼会议室召开，由厚连世主持。

会议议程有十一项：一、传达学习中共中央总书记习近平视察甘肃重要讲话和指示精神；二、听取教育局局长赵宏军所作的工作报告；三、人事任免；四、由厚连世主持，为新任命人员举行宪法宣誓仪式；五、新任命人员崔江鸿作履职表态发言；六、七项合并进行：听取和审议财政局副局长李乐伟受政府委托所作的《关于2018年全县财政决算（草案）的报告》、审计局局长王亚鹏受政府委托所作的《关于2018年度县级预算执行和其他财政收支的审计工作报告》、人大财经委副主任委员王友忠所作的《关于2018年全县财政决算（草案）的审查报告》，作出《关于批准2018年全县财政决算的决议》；八、听取和审议财政局副局长李乐伟受政府委托所作的《关于静宁县2019年地方政府债券支出安排情况的报告》、人大财经委副主任委员王友忠所作的《关于2019年地方政府债券支出安排情况的审查报告》，作出《关于2019年地方政府债券支出安排的决议》；九、听取和审议公安局政委王春锋受政府委托所作的《关于〈中华人民共和国治安管理处罚法〉贯彻实施情况的报告》、常委会法制工委主任王瑞生所作的《关于〈中华人民共和国治安管理处罚法〉贯彻实施情况的检查报告》；十、听取和审议水务局局长王升斌受政府委托所作的《关于全县城乡安全饮水及工程建设情况的报告》、常委会农业与环境资源工委主任王壬寅所作的《关于全县城乡安全饮水及工程建设情况的调研报告》；十一、通报人大常委会、“一府两院”2019年上半年工作情况（书面）。会上，政府常务副县长陈景春就落实审议意见作表态发言。

第十七届常委会组成人员沙芳琴、高旭、厚连世、张进宝、李读、靳宝生、杨华、平宏、王友忠、胡志科、王瑞生、李稳收、王壬寅、牛满川、马川娃、周浩仁、张录牛、朱国军、李建明、裴晓江、厚凤兰、王全生出席会议；县委常委、政府常务副县长陈景春，法院院长张立军、检察院检察长杨青、监委副主任张永生、政府办公室主任韩伟周、卫健局局长孙青茂、教育局局长赵宏军、人社局局长张淋冰、水务局局长王升斌、审计局局长王亚鹏、市生态环境局静宁分局局长何冠群、财政局副局长李乐伟、住建局主任科员柴永生、农业农村局科员李伟、公安局政委王春锋、治安大队大队长黎源斌、价格认证中心副主任王成斌、水利管理总站站长董丁对，常委会办公室副主任王飞、科级干部王兴国、刘斌、杨升旺，李店镇、古城镇党委书记刘来滨、李文环，治平镇、威戎镇人大主席杨世雄、赵继强，细巷镇政府镇长赵小刚，市人大代表阎毓强、王宝琴，县人大代表张娟娟、李贤乐、雷代贤、刘礼列席会议。

附：

人事任免

崔江鸿任县扶贫开发办公室主任

免去吴国锦县扶贫开发办公室主任职务

关于《中华人民共和国治安管理处罚法》贯彻实施情况的检查报告

由常委会分管副主任带队，县政府分管副县长参加，常委会办公室、法制工委，县法院、检察院、政府办、公安局、司法局、城市管理综合执法局负责人，并邀请县委政法委负责人、部分市县人大代表组成执法检查组。通过查阅资料、实地察看、随机走访、听取汇报、座谈交流等方式，对2016年以来，全县贯彻实施《中华人民共和国治安管理处罚法》（以下简称《治安管理处罚法》）情况进行了检查。

一、全县贯彻实施的总体情况

县公安机关设3室2所1中心、12个大队、19个派出所以及38个社区警务室，政法专项编制231个。现有警力551人，其中政法专项编制219人，事业编制68人，警务辅助人员264人。2016年以来共受理违反治安管理案7913件，处罚涉案人员8515人。全县有特种行业220家，其中旅馆109家，网吧15家，典当业1家，印章刻制4家，机动车修理业47家，二手车交易市场6家，废旧金属收购业35家，开锁业3家。有公共复杂场所270家，其中KTV30家，洗浴场所12家，刀具销售点114家，射钉枪销售点14家，加油站13家，香蕉水销售点21家，寄递物流66家。

（一）开展宣传教育。县政府及工作部门结合“七五”普法工作，在重要节庆活动发放宣传资料、出动宣传车，采取案件通报、以案释法、警情通报等形式向群众广泛宣传《治安管理处罚法》。深入校园为教师和学生开展专题法治讲座、法治报告会。结合“扫黑除恶”专项行动，及时开辟宣传新阵地，利用网站、两微一端发布有关法律知识，进一步提高了群众的知晓率，增强了宣传效果。

（二）加强综合治理。一是保持高压态势，对故意伤害、赌博、吸毒等性质比较恶劣的违法行为，坚持露头就打，社会治安得到有效治理。共受理侵犯人身权利案3660件，其中青少年违反治安管理案232件258人。二是依据《治安管理处罚法》的规定，对因邻里纠纷引起的打架斗殴、损坏财物案件进行依法调解，有效化解了社会矛盾，维护了社会稳定。三是加大对特种行业场所的管控，严格落实枪支弹药、管制器具、散装汽油等物品的监管责任，定期检查涉枪涉爆物品，依法打击特种行业场所违法行为，先后取缔棋牌室83家，督促旅馆、网吧、典当等特种行业认真落实实名登记制度，物流寄递业落实收寄实名、收寄验视、过机安检“三个100%”制度。四是加强防控设施建设，不断提升科技含量，以信息化促进执法规范化，在全县建成公共视频监控386路，道路交通电子监控146路，智能卡口32处，有效提升治安防控能力。

（三）规范执法程序。一是定期对民警进行培训。重点围绕法律知识、执法技能、文书制作等开展培训，先后举办培训班260余期，292名民警通过执法资格考试。二是健全执法制度。推广运用“警综平台”，实现了“网上办案”，进一步规范证据收集、固定、审查工作，执法办案更趋于规范。三是自查办案程序。举办案例评析会，对典型案例采取“以案评案、以案析案、以案论案”的方式进行互评交流；旁听法院庭审，反思案件侦办中的证据收集、固定、完善等工作。四是强化执法监督。县公安局在案件监督上实行内部三级审核把关、网上执法全程巡查、局务会集体讨论研究等制度，先后审核治安案7913件，督促整改执法问题2643条。

（四）完善治安管控机制。一是构建多元化调解机制。县政府及工作部门不断完善行政调解、人民调解、司法调解相结合的多元化调解机制，及时分析矛盾纠纷特点，各部门合力解决矛盾纠纷。二是改革巡逻机制。以多警种相互配合，联合驻静武警，对街道、重点路段、场所开展网格化巡逻，扒窃、寻衅滋事、打架斗殴类警情有所下降。严格落实执法责任，在县上举办重大节庆活动期间，严密警卫部署，严抓治安整治，确保了重大节会安全平稳举办。三是优化社区服务。实施社区民警专职化，推行治安户长制，建成社区警务室38个，派驻专职社区民警112人，聘请治安户长340

人，增加了基层治安防控力量。认真落实公安部关于《治安管理“放管服”改革便民利民6项措施》，实施集中政务服务，简化办事流程，提高服务效率和质量，为群众提供便利服务。

（五）持续有力开展“扫黑除恶”行动。开展矛盾纠纷排查、线索摸排，严厉打击黑恶势力，先后排查各类矛盾纠纷337件，成功调处331件，破获黑社会性质组织、恶势力犯罪团伙违反治安管理案16件；围绕整治突出霸乱、规范行业行为、强化治安管理集中开展专项整治活动，关停经营不规范行业场所114家，督促餐饮、娱乐场所等公共复杂场所落实零点前停止营业制度，集中查处打架斗殴、寻衅滋事以及“黄赌毒”违法犯罪案1277件。

二、贯彻实施中存在的困难和问题

（一）宣传教育的广度和深度不够。对《治安管理处罚法》的宣传普及上还存在盲点，对农村群众、特种行业经营者、进城陪读人员、青少年等群体宣传不广泛、频次低，群众对法律了解得不多不深；宣传方式不够创新，特别是以案说法运用不多，利用网络平台宣传不够，宣传的实效性、针对性有待进一步加强；全县各级各部门对《治安管理处罚法》学习宣传不到位，干部职工对法律内容了解较少，理解不深，干部职工违法参与赌博，甚至因赌博借贷、非法集资触犯刑法的案件较多；社会共同宣传法律的机制还不完善，各执法部门联合宣传没有形成常态，氛围不够浓厚，宣传的面比较窄，群众对法律知晓率不高，遵法守法意识不强。

（二）执法队伍素质有待提高。一是个别民警政治站位不高，缺乏政治担当，“四个意识”不强，维护政治纪律和政治规矩不坚决，违纪违法，严重影响法律的执行和公安队伍整体形象。二是责任感和事业心不强，对自身要求不严，工作中脱岗溜号，个别民警接到报警不出警。三是个别民警特权思想严重，大局意识、服务意识不强，说话办事态度生冷硬横。案件受理不及时，有案不受、受案不查、查案不结的现象依然存在。四是警力结构不合理，我县人口基数大，执法任务繁重，但政法专项编制少，2018年底，全市政法专项编制民警人数占全市总人口的9.70%，我县为6.03%，为全市最低。同时，警务辅助人员多，占总警力的47.9%，队伍不稳定，流动性大，业务能力参差不齐。

（三）执法条件有待改善。部分派出所房屋建筑面积小，房间少，无法保障基本的功能用房；个别派出所办公用房处于危房状态，不能保证正常办公需要，甚至个别派出所还在租房办公。每个派出所只配置1辆警务用车，无法满足日常办案需要；个别派出所电子设备老化，监控设施故障多，乡村电子监控设施盲区较多，给治安管理增加了难度。

（四）治安管理基础性工作有待加强。一是全县治安形势严峻。近年来，治安案件数量居高不下，每年受理的治安案件在2000件以上，特别是涉毒、涉赌、涉邪、非法携带枪支管制刀具等违法犯罪时有发生。二是对特种行业和公共复杂场所监管还不到位。个别宾馆、旅社没有取得行业经营许可证违法经营，部分旅社、网吧、废旧金属收购场履行经营实名登记制度不到位。街头巷尾、隐蔽棋牌室聚众赌博的现象仍然存在。对棋牌室、KTV、休闲洗浴等公共复杂场所的监管上，公安、市场监督、消防等部门没有形成合力，监管不到位，公共复杂场所发生的违法案件数量较多。三是流动人口和房屋出租管理相对薄弱，大量的出租房屋没有落实实名登记制度，承租人信息登记不全面、不规范，且出租房屋结构简单，电线随意搭接，安全隐患突出；以发放生活用品、免费体验、健康讲座等为名推销保健产品，老年人上当受骗的案件时有发生。

（五）执法行为有待规范。一是程序不规范。对当事人权利保障不到位，部分案件办理超时限，告知不全面、不及时、不规范，甚至不履行告知程序。对当事人造成轻伤且没有提起公诉的案件，当事人可以向法院自诉，但由于没有及时告知，形成新的矛盾纠纷。对治安案件的调解范围把握不精准，将个别非因民间纠纷引发的打架斗殴或者损毁他人财物行为的案件进行调解处理，甚至对个别重伤害案件按轻伤害案件进行调解。对案件的自由裁量掌握不准，将个别刑事案件降格处理，按照《治安管理处罚法》进行处罚，严重违背了法律的公平公正。二是法律文书制作不规范。部分案卷不全、时间前后矛盾、检测报告填写不规范、行政拘留执行回执内容不全，甚至还有错别字。三是案件的证据不严谨。个别案件的调查取证不详细、证据不足，人身伤害案没有伤情诊断报告，财物侵害案没有现场勘验笔录和损毁的实物照片，非法携带枪支案没有枪支检验报告等。四是执行不到位。个别案卷中没有行政拘留执行回执和罚款缴纳收据，无法反映案件是否执行到位。个别罚款处罚决定没有执行到位，处而未罚，使法律权威受到损害。五是内部监督不到位。案件执法质量考评制度落实不严格，对办案的过程监督、办结后的监督审查没有做到位，致使案卷中存在不少瑕疵，行政复议和行政诉讼案件不断增加。

三、工作建议

（一）提高政治站位，增强为民服务意识。一要认真贯彻落实习近平总书记在全国公安工作会议上的讲话精神，坚持以习近平新时代中国特色社会主义思想为指导，引导民警增强“四个意识”、坚定“四个自信”、做到“两个维护”，始终在思想上政治上行动上同党中央保持高度一致。二要切实转变执法理念，牢固树立为民服务意识，坚持以人为本、执法为民，进一步增强公仆意识、道德意识和勤政意识，从思想上彻底解决好“为谁执法，为谁服务”的问题。三要增强法治意识，切实加强公安队伍法治建设，增强民警的程序意识、证据意识和公民权利意识，努力提高依法行政、依法办案、公正执法的自觉性。四要坚持从严治警，不断创新民警队伍管理载体，以严的要求、实的作风持之以恒加强公安队伍作风建设，抓好民警党性教育、理想信念教育、党风廉政教育和职业素质培养，使民警心存敬畏、心存戒惧，守得住底线，有效预防和减少民警违法违纪问题的发生。

（二）加大宣传教育力度，提高公民法律素质。县政府及相关部门要采取有效措施，在全社会再掀学习宣传《治安管理处罚法》的热潮。一要结合“七五”普法工作，加强对《治安管理处罚法》的宣传教育，根据不同行业、不同群体的特点，有侧重地开展普法教育，提高宣传教育的针对性和实效性。二要把宣传教育的重点放在基层，尤其要抓好干部职工、青少年、企业经营者以及社区矫正人员等重点对象的普法宣传。司法机关和教育主管部门要创新形式，把中小学生的法治宣传教育作为硬指标列入学校考核，各级各部门要把《治安管理处罚法》作为干部职工学习的重要内容，增强干部群众的遵法知法守法用法意识。三要不断改进和创新法治宣传的方式方法，借助现代新媒介宣传手段，做好“以案释法”工作，对典型案例进行广泛宣传，在宣传教育的经常性和实效性上下足功夫。

（三）加强综合治理，全力推动“扫黑除恶”斗争深入开展。一要进一步强化治安管理职能。全力推动“扫黑除恶”斗争深入开展，保持对盗抢、滋事、赌博、涉黄涉毒等违法行为打击的高压态势，及时对治安状况和治安形势进行分析研判，明确下一步整改措施和努力方向。强化履职担当，依法受理治安案件，做到有案必查、有查必处，全力维护社会治安，保障公共安全。二要进一步加大重点行业监管。加强出租房屋、娱乐场所和流动人口的管理，督促娱乐服务场所按期向公安机关登记备案，完善娱乐场所经营信息登记制度，加大违法行为打击力度。规范房屋出租和管理行为，做到租户、承租人与经营管理者基本信息底子清，更新及时，责任明确。积极开展网吧、学校周边环境等突出治安问题整治工作，各乡镇（社区）及公安、住建、教育等部门要在开学季联合开展校外寄宿生租赁房屋问题的专项整治活动，消除安全隐患，规范房屋租赁业。加强对枪支弹药、管制器具等危险物品的监管预警，进一步细化责任，形成定期检查预警的长效机制。三要进一步规范行业许可。严格落实KTV等娱乐场所的审批准入制度，依法审批旅馆业、印铸刻字业、废旧金属收购业等特种行业的经营许可，做好日常监督管理，规范经营行为，完善行业经营退出机制，违法经营情节严重的，要按照法律规定吊销其特种行业经营许可证。四要齐心抓好综合治理。全县各级各部门要加强对综治工作的协调配合，并建立完善长效机制，把治安管理、社会综合治理和“平安静宁”建设有机结合起来。进一步完善多元化调解机制，学习“枫桥经验”，创新基层社会治理模式，通过创建“无涉诉、无涉访乡镇、村（社区）”活动，调动全县各级各部门共同构建社会矛盾风险防控体系，努力做到“小事不出村、大事不出镇、矛盾不上交”。

（四）规范执法行为，提高执法水平。一要抓好教育培训，切实提升民警办案能力和水平。加强公安队伍的业务培训，加大《治安管理处罚法》的学习教育，通过岗位练兵、技能竞赛等形式，进一步强化办理治安案件的程序管理，提升执法队伍业务素质，增强新形势下治安管控能力，提高民警执法办案能力和法律文书制作水平。二要严格执行处罚决定，维护法律权威。认真贯彻执行《治安管理处罚法》，确保每个执法环节都有法可依、有章可循。强化程序管理，努力做到处罚更规范、程序更严格、宽严更适度，减少复议和诉讼案件。加强与法院的密切配合，对拒不执行行政处罚的要采取强制措施，申请法院强制执行，切实维护法律权威。三要强化内部监督，提高办案质量。进一步完善公安机关内部执法监督机制和考评机制，充分发挥案件审核监督的职能作用，坚决杜绝以罚代刑、以罚代拘、降格处理，严禁办“人情案”“关系案”，促进执法行为规范化。严格内部程序审批制度，对照《治安管理处罚法》的规定，严格审查对适用和执行行政拘留、罚款、没收非法财物、吊销许可证、查封、扣押、冻结财物等行政处罚和行政强制措施是否合法和适当。进一步完善执法考评标准，改进考评办法，推动执法办案数量、质量、效率、效果的有机统一，不断提升执法水平。

（五）加大人员和经费投入，提高执法保障水平。县政府要立足全县治安现状和公安工作实际，争取政法专项编制，招录正式民警，调整和优化警力结构，科学配置，充实基层警力。进一步强化辅警队伍的专业化建设，健全考核激励机制，充分发挥辅警作用。加大基层派出所基础设施建设，改善基层民警的办公条件；配齐配足执法装备，进一步增强科学信息技术防控手段的运用，加快推动雪亮工程全覆盖，努力改善基层执法条件。

关于全县城乡安全饮水及工程建设情况的调研报告

由常委会分管副主任带队，县政府分管副县长参加，常委会办公室、农业与环境资源工委，县政府办、水务局、生态环境局、农业农村局等单位负责人及部分乡镇人大主席、县人大代表组成调研组，于7月下旬先后深入古城、李店、细巷、原安等10乡镇水源地、水厂、标准化管理所、进户工程等点，重点围绕城乡安全饮水工程建设、运行及管理、水质监督检测、水源地保护及污染防治等方面，采取听取汇报、现场察看、座谈交流等方式，对全县城乡安全饮水及工程建设情况进行了全面调研。

一、基本情况及主要工作

目前，全县共有县级集中式饮用水源地2处，乡镇集中式饮用水源地10处；建成地下水水源集中式供水工程32处，地表水水源集中式供水工程13处；配套水处理设备工程28处，消毒设备工程40处。设有水利管理总站，核定全额事业编制9名；成立21个乡镇水利管理站，实有管理人员222名；成立县自来水公司，现有职工97人；组建了静宁县农村饮水安全工程水质检测中心，配备检测设备22套，水质检测专用车1辆，专职检测人员6名；县疾控中心现有水质检测设备8台，专业检测人员4名，设有82个生活饮用水和10个市政水龙头水质卫生监测点，承担全县生活饮用水和市政水龙头水质监测任务。

（一）实施巩固提升工程。县政府及职能部门把安全饮水工程列为民生工程和措办民生实事，积极争取项目资金，立足县情实际，建成了一批集中式安全饮水工程。近两年，争取上级资金4961万元，安排县级财政资金399万元，积极实施安全饮水相关项目建设。2019年，投资3708万元，规划建设原安苏赵、细巷谭店等6处脱贫攻坚安全饮水巩固提升工程，改造完成新店、界石铺北山等6处水厂，新建机井2眼、大口井1眼、蓄水池2座，铺设输水管道14.56千米，配水管网324千米；投资2185.31万元，实施供水管网维修改造工程，目前已改造220千米，完成投资1945万元。

（二）加快冲刺清零步伐。按照脱贫攻坚饮水安全考核指标，对饮水不安全问题排摸核实，结合“四级筛查”清理问题，建立工作台账，销号管理。组织“四组八队”56人对全县自来水未入户的6072户（贫困户1951户）群众实施入户工程建设，截至7月30日，完成入户3776户（贫困户1664户）。引洮供水骨干工程、配套城乡工程完成投资2.25亿元、1.64亿元，分别占计划的90%、10.59%。

（三）加大水源地保护力度。制定《静宁县乡镇及以上集中式饮用水水源地环境保护专项行动实施方案》《静宁县城区集中式饮用水水源地“一源一策”专项治理工作实施方案》。实施城区集中式饮用水水源地基础保护工程，建成隔离围栏35.98千米、防渗渠1560米、事故应急池5处，流转周边土地种植人工湿地500余亩；依法关闭水源地周边砂厂、砖厂5家，搬迁养殖场1家，建成古城、司桥垃圾中转站，配置了垃圾车、垃圾斗。通过自筹和争取环保专项资金，建成乡镇水源地隔离围栏18.04千米，采取铁丝围栏隔离、砌砖围墙围护、加盖上锁等措施，对塘坝、大口井、高位蓄水池检修口进行保护。

（四）改善基础设施条件。建立静宁县农村饮水安全工程信息化管理系统平台1套，建成双岘、古城等4乡镇标准化水利管理站，设立了常规维修和应急抢修材料库，基层水管单位基础设施、办公条件得到改善。

二、存在的主要问题

（一）重视程度不够高。一是职能发挥不充分。相关职能部门在水源地保护、监管等具体工作中职能交叉、职责不清，信息沟通不及时，协调配合不紧密，共同执法难度大，没有形成统一协调的工作机制。水务主管部门对人饮工程质量监督不到位，一些工程管网安装不规范、连接不密实、埋深不到位，一些供水工程缺乏管护机制，受损严重。大部分乡镇管水委员会人员配备不到位，且都忽略了用水户的责任，在管理范围及责任划定上存在盲区，在水毁赔偿方面没有发挥应有作用。二是应急体系不完善。城乡饮用水源结构单一，应急物资储备分散，没有组建专业应急队伍、在醒目位置公示应急电话，应对水源地突发性水污染事件和特殊干旱情况下取水困难的能力不足。三是规划设计不超前。我县没有编制农村饮用水供水工程规划，道路硬化与供水管网维修之间矛盾突显，绝大部分供水管网覆盖在硬化路面下，维修难度大。一些供水工程在能力有限的情况下，通过管网延伸增加供水人口，造成水厂供水力不从心，时断时续。四是站所管理不规范。基层水管站内部管理缺乏系统性、全面性的制度约束，一些工作人员责任心不强，存在安全检查不经常、水费计收不抄表等现象；工作人员整体年龄偏大、技能水平偏低，难以适应当前水管工作发展需要。五是设备启用不经常。因水资源紧缺，电费、材料更换费用高，基层供水单位现有净水设备，尤其是反渗透处理设备基本没有启用。个别水站为降低运行成本，简化水处理工艺。在调研入户过程中，西北部群众反映水质较咸、有异味，自来水使用率低。

（二）饮水清零任务艰巨。截至7月30日，全县剩余未通自来水户2296户（贫困户

287户），大多分布在施工难度大、工程建设成本高的地方，虽然水务部门组织人员全面开展，但受天气、地埋电网等因素干扰，清零进度较慢。受贷款政策调整，引洮二期配套城乡供水工程资金短缺，缺口达14.01亿元，成为制约工程进展的最大因素，加之受降雨影响，工程建设缓慢。一些贫困户在自来水入户过程中不主动、不配合，单纯依赖政府，尽管政府已将供水管道铺设至巷道，一些群众也不愿意连接至家中，增加了工程量和工作难度。

（三）供水保障水平偏低。一是资源性缺水问题突出。我县水资源南北分布不均，降水在时间空间上不平衡，水源短缺，资源性缺水问题十分突出；现有水源水质较差，不能满足群众安全饮水需求。随着城市化进程的加快、群众生活水平的提高和工业企业的发展，生活污水、生活垃圾和工业废水相应增加，严重影响了我县地表水和地下水水质。二是水资源损耗较大。供水工程管网铺设长、分支多、范围广，部分管线使用时间长，老化破损严重，相当一部分工程带病高负荷运转，普遍存在渗水漏水现象，个别水厂损耗高达40%，既浪费了水资源，又导致水毁事件频发，增加了赔偿负担。三是水源地保护不力。甘泉水源地一、二级保护区有695亩、1360亩农田从事农业生产，一级保护区内养牛场仍未搬迁，水源地存在面源污染隐患。大部分乡镇地表水水源工程周围种植玉米等农作物，不符合水源地保护区相关规定。

（四）检测维修能力亟待提高。一是检测人员短缺。县水质检测中心隶属水利管理总站，既无编制也无资质，现有6名检测人员全部从基层水管单位抽调，专业理论水平低，技术操作不够娴熟，检测技能、仪器日常保养能力弱。县疾控中心仅有的4名专业检验人员承担全县水质卫生检测工作，队伍力量薄弱，检测任务繁重。乡镇水管站因缺乏专业检测人员，一些检测设备闲置，造成了资源浪费。二是检验仪器短缺。县疾控中心现有的8台水质检测设备，主要是2004年国债项目配备，均已超过设计使用年限，部分设备老化，灵敏度和准确度严重下降，无法完成生活饮用水水质卫生检测和市政水龙头水水质卫生检测指标。三是机电维修人员短缺。基层水管站人员专业技术水平低，供水机电、设备维修需请外地专业人员，成本高，停水时间长，直接影响水厂的正常运行和效益发挥。

（五）工程运行管护资金短缺。我县集中式供水工程运行和维护资金没有纳入财政预算，缺乏财政投入长效保障机制。一是供水成本高。受地形因素制约，供水工程大多需要加压提水，电费成本高；部分自然村供水工程用水户少，设备维修、药剂费支出大；老旧水厂建设时间早、器材质量参差不齐，水泵、管网、闸阀等老化破损严重。设备维修、材料更换成本高，工程的不可预见费用较大，维护资金严重不足，水管站运行困难。据了解，2018年全县水管单位总收入935万元，总支出1115万元，亏损180万元；17个运营的管理站中16个处于亏损状态。二是工资待遇低。基层水管单位正式人员核定为差额事业编制，正式职工中78%的领取核定工资的56%，22%的领取核定工资的80%，且都没有缴纳住房公积金；临时工工资在400至1000元不等，管护任务重，工资待遇低且发放不及时，严重影响了工作积极性。三是赔偿金额大。管网老化、管理不严造成水毁事件频发，截至7月底，水毁赔偿金额达到150万元，赔偿资金靠管理单位收缴水费解决，导致基层水管站严重亏损。

（六）宣传教育不够深入广泛。县乡政府及主管部门对涉水法律法规及安全饮水相关政策的宣传缺乏广度深度，广大群众知晓率较低，参与保护意识不强，生活垃圾、农药瓶（袋）乱置乱弃，严重威胁水质安全。一些群众吃商品水的观念没有形成，还停留在“大锅水”“福利水”阶段。水费收缴标准不统一，群众对每月最低2方的保底收费意见大，对水管员代收供水保险不认可，致使水费收缴困难、征收不足，保险缴纳率低。

三、今后工作建议

（一）提高思想认识，加强组织领导。县乡政府及相关部门要正视我县资源性缺水和水质型缺水并存的主要矛盾，从打赢打好脱贫攻坚战、实施乡村振兴战略的政治高度，充分认识解决好城乡安全饮水工作的重要性、紧迫性、艰巨性，把加强城乡安全饮水工程建设列入重要议事日程，进一步加强组织领导，健全工作机制，强化主体责任，保持高位推进。一要做好清产核资，加快静宁供水有限责任公司组建步伐，盘活现有水务存量资产，发挥甘肃水投资金和技术优势，提升水务经营管理水平，保障群众饮水需求。二要厘清各级各部门责任，明确在水源地保护、工程建设及运行管护等方面的职责任务和目标要求，完善监督考核，理顺管理体制，强化责任约束，推动这项工作扎实有效开展。三要充分发挥政府主导作用，建立联席会议制度，加强统筹协调，及时解决安全饮水方面出现的困难问题，共同保护城乡饮用水源地水质安全。相关部门要充分发挥职能作用，从工程建设、水源保护、人才引进、监督管理、违法查处等方面全力配合，形成齐抓共管的工作合力。

（二）健全完善机制，规范运营管理。一要建立应急机制。建立健全饮用水源突发事件应急预案和信息监测报送制度，建立应急救援组织，配备器材设备，细化处置措施，定期组织演练，提高应急保障能力；公布应急电话，提高公众应急处置反应能力，降低损失；多方寻找应急水源，加大雨水收集，发挥抗旱应急作用。二要统一水费标准。充分调研论证，合理制定水价，积极推进供水一价制改革，解决全县水费收缴标准不统一问题，努力推动城乡安全饮水一体化和服务均等化；加快智能水表更换普及力度，提高水费实收率。三要强化保险意识。加强与保险公司的合作，引导群众强化保险意识，积极参加供水保险，提高整体参保率，降低水毁损失；与用水户签订供水管理协议，划分设施产权，明确管理范围及责任，减少水事纠纷；配齐乡镇管水委员会人员，发挥职能作用，积极参与水利工程管理维护。四要加强工程监管。严格执行工程建设相关技术规范，加强工程建设全过程监督，切实提高工程建设质量；对全县范围内安全饮水工程进行一次全面摸底排查，建立工作台账，争取项目资金逐年改造，逐步消除病态工程；积极汇报衔接，加快引洮二期配套静宁城乡供水工程建设步伐，力争早日建成，从根本上解决我县水源不足、水质差的问题。五要严格内部管理。根据县情实际，修订完善《静宁县村镇供水工程管理办法》，明晰工程产权、管理主体、管护责任，健全供水管理体制和运行管护长效机制，杜绝建管脱节、重建轻管的现象，提高农村供水保证率和安全性；加强供水单位业务指导和人员管理，规范供水单位机构建设、运行机制，杜绝水管人员玩忽职守、滥用职权、徇私舞弊行为。

（三）加强施工力量，加快清零步伐。农村饮水安全是脱贫攻坚验收的重要指标，直接影响到贫困人口脱贫退出。县政府要加强统筹调度，水务部门要加强对农村饮水安全工程进展情况的督查，优化施工力量，积极解决工程建设中遇到的困难和问题，督促各施工队采取超常规措施，争时间、抢速度；严格执行相关技术规范，严把材料关口，确保工程建设质量。各乡镇要严格按照饮水安全清零行动要求，加强与水务部门的协作配合，因地制宜、分类施策，确保高质量、高标准完成脱贫攻坚饮水安全工程建设任务。

（四）强化保护检测，确保水质质量。一要强化水源地保护。明确界定饮用水源保护范围，设立保护标识，制定保护区内农田、养殖场退出具体方案，尤其要尽快搬迁甘泉水源地一级保护区内的古城镇庙堡村养牛场，加强环境治理、面源污染防治、执法检查力度，强化源头保护治理，切实保护好水源地生态环境。二要加强机构建设。针对水质检测中心无编制无资质、人员不专一的问题，县政府及相关部门要按照相关审批规定，明确隶属关系，核定人员编制，核拨运行经费，健全监测体系，常态化开展饮用水供水工程的原水、出厂水、管网末梢水水质检测，定期向社会公布检测结果，消除群众疑虑。三要充实队伍力量。县政府要研究制定具体办法，加大经费投入，配备必要的检验检测设备，提高检测精准度，缩短检测周期；通过招考、签约、调剂等形式，充实水质检测、机电设备、自动化控制等方面的专业技术人员，优化队伍结构；采取请进来、走出去的方式，多层次、多渠道、多形式开展现有工作人员的技术培训，增强业务能力，提升综合素质，主动适应新时期安全饮水工程建设与运行管理新要求。

（五）多方筹措资金，加大财政投入。一要向上争取资金。水务、发改、财政等部门要积极论证，主动研究相关政策，抢抓国家政策机遇，积极向中央和省市争取更多的项目和资金支持。二要加大财政投入。县政府要深入调研，根据实际情况，将安全饮水工程建设及运行管护资金适当列入年度财政预算，通过财政补助和水费提留等措施，建立安全饮水工程建设、保护监测、水质检测等专项资金，为农村安全饮水工程长久和良性运行提供资金保障。借鉴周边县区做法，采取财政定补等办法，切实提高基层水管单位工作人员工资待遇，调动工作积极性。三要拓宽融资渠道。通过出台优惠政策，鼓励和吸引社会资本参与安全饮水工程建设和运行管理，探索建立以政府投入为主，社会资本积极参与的多元化投入机制，多渠道筹措资金，弥补城乡居民安全饮水及工程建设中县级财政投入不足的问题。

（六）强化宣传教育，营造良好氛围。要充分利用各种宣传平台，多层次、多形式开展涉水法律法规、饮水安全和节约用水科普宣传，提高公众水资源保护和环境保护意识、节约用水和缴纳水费意识，让群众了解自身权利和义务，积极参与到安全饮水工程建设和管护的全过程中来。要加大水源地保护和供水工程执法，依法查处阻挠供水设施抢修、损坏供水管道、擅自拆卸结算表的行为，构成犯罪的，依法追究刑事责任，真正起到警示教育作用。要加强脱贫攻坚饮水安全相关政策宣讲，提高群众政策知晓率和满意度，为高质量完成脱贫攻坚饮水清零工作奠定良好的群众基础。

第二十五次会议 于2019年10月28日在常委会五楼会议室召开，由厚连世主持。

会议议程有六项：一、传达学习省委人大工作会议精神；二、听取和审议财政局局长马斌受政府委托所作的《关于机关事业单位发放2018年度业绩考核奖重大支出的报告》、人大财经委委员牛满川所作的《关于机关事业单位发放2018年度业绩考核奖重大支出的审查报告》，作出《关于机关事业单位发放2018年度业绩考核奖重大支出的决议》；三、听取和审议市场监管局局长鲍彦鹏受政府委托所作的《关于〈中华人民共和国产品质量法〉贯彻执行情况的报告》、常委会财经与城建工委副主任牛满川所作的《关于〈中华人民共和国产品质量法〉贯彻实施情况的检查报告》；四、听取和审议政府办公室主任韩伟周受政府委托所作的《关于县政府措办惠民实事情况的报告》、常委会人事与代表工委主任李稳收所作的《关于县政府承诺的10件实事办理落实情况的视察报告》；五、听取和审议政府办公室主任韩伟周受政府委托所作的《关于县十七届人大三次会议代表建议意见办理情况的报告》、常委会人事与代表工委主任李稳收所作的《关于县十七届人大三次会议代表建议意见办理督查情况的报告》；六、听取水务局局长王升斌所作的工作报告。会上，政府常务副县长陈景春就落实审议意见作表态发言。

第十七届常委会组成人员王智国、沙芳琴、高旭、厚连世、张进宝、李读、靳宝生、杨华、平宏、胡志科、李稳收、王瑞生、王壬寅、马川娃、王致中、牛满川、周浩仁、张录牛、李会宾、朱国军、李建明、裴晓江、厚凤兰、王全生出席会议；县委常委、政府常务副县长陈景春，法院副院长张平、检察院检察长杨青、监委副主任张永生、政府办公室主任韩伟周、教育局局长赵宏军、卫健局局长孙青茂、财政局局长马斌、人社局局长张淋冰、住建局局长王彦飞、水务局局长王升斌、商务局局长张亚鹏、文旅局局长雷旺盛、市场监管局局长鲍彦鹏、执法局局长秦平代、市生态环境局静宁分局局长何冠群、工信局副局长雷春和、交运局副局长晋维文、农业农村局副局长李红太、公安局副政委张针安、林草局副局长蔡景平，常委会办公室副主任王飞、科级干部王兴国、刘斌、杨升旺，曹务镇党委书记徐小胜、红寺镇党委书记王海军，城川镇人大主席任伟、三合乡人大主席王燕刚，双岘镇政府镇长高喜平、深沟乡政府乡长雷映忠，市人大代表王伟东、高小琴，县人大代表邹新席、戴中锋、高翻宁、吴宗润，华美实业集团有限公司负责人刘立龙、巨能燃气有限公司负责人唐虎列席会议。

附：

关于《中华人民共和国产品质量法》贯彻实施情况的检查报告

由常委会分管副主任带队，县政府分管副县长参加，常委会办公室、财经与城建工委，县政府办、市场监管局、工信局、商务局等部门负责人组成检查组，于9月中旬先后深入县内地毯、纸箱、白酒、炸药雷管等部分工业企业和成品油、天然气、煤炭等部分流通企业，以及部分棚户区改造建设工地，通过实地察看、听取汇报、查阅资料、座谈交流等方式，对全县贯彻实施《中华人民共和国产品质量法》（以下简称《产品质量法》）情况进行了检查。

一、所做的主要工作

（一）加强质量管理工作。县政府成立全县质量发展工作领导小组，将质量发展工作纳入政府年度目标责任考核，每年年初与相关部门及各乡镇签订目标责任书，年终进行督查考核，推动部门及乡镇落实质量管理责任。引导企业创建驰名商标品牌，设立商标品牌指导站，积极为企业创建品牌工作提供服务。目前，全县有中国驰名商标2件，国家地理标志保护产品1个，甘肃名牌产品6个。制定印发《关于进一步加快推进标准化引领战略的实施意见》，加强企业计量管理，落实支持发展措施，建立社会公用计量标准8项，现有11户企业获得省级计量合格确认证书，14个产品获得定量包装C标志认证。加强宣传教育，每年在“消费者权益日”“计量月”“质量月”，采取发放宣传资料、开展质量咨询、受理投诉举报等方式，宣传《产品质量法》等法律法规和产品质量基本知识。

（二）落实质量监管责任。县市场监管局、工信局、商务局等部门，按照职责分工，依法开展纸箱、煤炭、成品油、建筑材料等工业产品生产、流通领域质量监督检查。2018年以来，共抽检生产、流通领域相关产品323批次，其中抽检纸箱20批次，合格20批次；抽检煤炭215批次，合格200批次；抽检成品油9批次，合格9批次；抽检钢筋、混凝土砌块、排水管等建筑材料18批次，合格18批次；抽检其他产品61批次，合格54批次。加强投诉举报案件处理，维护消费者合法权益，2018年以来，共受理产品质量投诉举报358起，处理办结358起，为消费者挽回经济损失60余万元。

（三）加大执法查处力度。严格落实《产品质量法》等法律法规，依法查处以次充好、无证照经营等违法行为。2018年以来，对抽检不合格的煤炭销售企业进行行政处罚，并责令限期整改；对经营不规范的成品油经营企业下发限期整改通知书，督促整改突出问题。今年上半年，对四河、曹务、原安等6乡镇7处无证非法经营加油点予以强制关停。

（四）发挥企业主体作用。组织32户企业签订质量诚信承诺书，推动企业落实质量首负责任制和产品“三包”、缺陷产品强制召回等质量安全责任，提高企业质量管理水平。目前，静宁县工业品纸箱厂等6户企业通过了省市场监管部门组织的企业质量信用等级A级评价，酒钢集团兴安民爆静宁分公司等4户企业发布了质量信用报告。加强企业管理人员培训，组织部分企业负责人参加甘肃省中小企业领导人质量基础能力提升培训班。推进产品质量标准建设，《静宁苹果包装运输用瓦楞纸箱生产标准》列入全省地方标准，截至目前，全县有11户企业制定了56种产品35项质量标准。

二、存在的主要问题

（一）政府重视程度不高。一是贯彻实施《产品质量法》积极性、主动性不够，牵头抓总、统筹协调作用发挥不充分，没有制定全县质量发展工作规划，目标任务不明确，督导检查不经常，推进工作力度不大。二是质量发展奖励激励机制尚未建立，对县内生产、销售领域产品质量管理先进及创建驰名商标品牌的企业和个人没有及时给予奖励，企业及个人加强质量管理、提高产品质量的积极性不高。三是《产品质量法》宣传广度、深度不够，广大消费者对产品质量相关法律法规和基本知识知晓率不高，鉴别真伪能力不足，依法维权意识不强，重视、支持、参与质量管理工作的社会氛围还未形成。

（二）质量监管力度不大。一是主管部门职能作用发挥不够充分，没有制定年度质量管理工作计划，日常工作中配合省市抽查较多，自主开展监督抽查较少，抽查覆盖面不大、代表性不强，监管成效不明显。二是相关部门监管责任落实不到位，对各自分管领域和行业的质量监管工作重视不够，督查频率不高，执法力度不大，生产、销售不合格产品现象不同程度存在。乡镇质量监管力量薄弱，工作不力，销售、使用假冒伪劣产品问题比较突出。三是“静宁苹果”品牌保护力度不大。苹果销售环节缺乏有效监管，县内及外地销售市场仍存在以外地苹果冒充静宁苹果、擅自使用“静宁苹果”注册商标和“中国地理标志产品”标识等现象，严重损害我县苹果品牌形象。四是质量管理联动机制尚未建立，职能部门之间信息沟通不及时，协作配合不紧密，存在重复检查、监管缺位等现象。

（三）质量监管保障不充分。一是监管力量薄弱。机构改革中，将部分熟悉质量监管业务的人员分流到其他单位，目前质量监管专业人员少，直接制约着业务工作开展。二是工作经费不足。质量检测经费预算安排少，不能满足监管工作需要，影响取样、送检等工作。三是检测设备短缺。目前，我县没有相关工业产品质量检测设备，部门监管执法过程中，仍以查资料、看标识等手段为主，对一些与群众生产、生活密切相关的重点产品无法进行检验检测，影响监管执法权威。四是检测机构较少。目前，我县仅有两家企业可开展建筑材料的相关检测，其他工业产品都需取样送至外地进行检测，送检不方便，检测周期长，影响监管工作效率。

（四）企业质量管理水平不高。一是质量意识不够强。部分企业质量兴企意识不强，对质量管理在企业发展中的重要性认识不足，重视产品生产、轻视质量管理，重视眼前利益、轻视长远发展。二是质量管理基础工作有待加强。一些企业内部质量管理制度不完善，一些企业质量管理机构不健全，一些企业质量管理制度执行不严格，生产过程、出厂检验把关不严，产品质量缺乏有效保证。三是销售企业质量管理不到位。部分销售者法律意识不强，不严格执行进货检查验收制度，不索要、不存留产品合格证明和相关标识。个别企业销售假冒伪劣商品，损害消费者利益。

三、今后工作建议

（一）提高思想认识，加强质量管理工作。县政府及相关部门要从质量强县、质量兴企、质量惠民的高度充分认识贯彻实施《产品质量法》的重要意义，将质量管理工作列入政府重要议事日程，研究制定全县质量发展工作规划，进一步明确目标任务，加强组织领导，加大工作力度，不断提高全县质量管理水平。要加快制定质量发展奖励激励政策，建立健全质量管理考核评价机制，扎实做好政府质量奖励工作，引导企业开展质量改进、质量攻关等活动，推动相关部门及企业落实质量管理责任。要加大宣传力度，多方位、多角度、多层次开展《产品质量法》等相关法律法规宣传，提高群众知晓率。加大曝光力度，对制售假冒伪劣产品的相关企业和个人及时在电视台、网站等媒体进行公示，引导消费者理性、科学消费。完善投诉举报机制，畅通社会监督渠道，方便消费者参与质量监督、依法维护权益。

（二）加大监管力度，提升质量监管水平。一要健全监管机制。县政府及相关部门要进一步完善管理执法体制，建立健全部门之间情况通报、信息共享、案件移送等协作机制，形成齐抓共管、高效畅通的工作格局。加快质量诚信体系建设，建立产品质量信息公示制度，健全违法失信联合惩戒机制，提高质量违法成本。二要落实监管责任。县市场监管部门每年年初要根据省市产品质量抽查计划，结合我县工作实际，制定切实可行的全县产品质量监督计划，有重点、有针对性地开展质量监管工作。县工信、商务、住建等部门，要根据各自工作职责，定期开展监督检查，督促相关领域和相关行业的企业落实主体责任，强化质量管理，提高产品质量。各乡镇要加强质量监管人员力量，常态化组织开展产品质量监督工作，维护群众切身利益。三要加大执法力度。县市场监管等部门要紧盯与群众生产生活息息相关的重点产品和质量问题多发的重点区域，扩大监督检查范围，增加抽检送检批次，加大对生产、销售领域掺杂、掺假、以假充真、以次充好等违法行为的处理处罚力度，切实维护市场秩序，净化质量发展环境。四要加大“静宁苹果”品牌保护力度。建立“静宁苹果”品牌标识使用制度，提高标识防伪水平，规范标识印制管理，严格标识使用许可，夯实“静宁苹果”品牌保护基础。加强销售市场监管，配备专职工作人员，对县内及我县苹果主要外销地市场开展经常性监督检查，从严查处掺杂使假、以次充好及违规使用“静宁苹果”商标标识等违法行为，切实保护果农、果商和消费者合法权益。

（三）加强基础建设，提高质量监管能力。一要加大保障力度。县政府及财政部门要增加产品质量检测专项经费预算，充分保障质量监管部门工作经费。市场监管部门要根据工作需要，尽快配齐重点产品质量检测设备，方便执法人员就地开展检验检测工作，提高监管执法效率。二要建强管理队伍。结合机构改革，合理整合原工商局、质量技术监督局等部门人员力量，将业务熟练、经验丰富的工作人员安排到质量监管岗位。同时，通过签约、考录、选调等方式，尽快充实质量管理专业技术人员，优化质量管理队伍结构。三要加强培训学习。采取灵活多样的方式，组织现有质量管理人员，全面系统学习《产品质量法》等相关法律法规和业务知识，切实提高工作能力，努力做到依法执法、公正执法、文明执法。四要加强检验机构建设。大力发展市场化经营的质量检验检测服务机构，提高产品质量检测能力。

（四）落实主体责任，强化企业质量管理。生产、销售企业要牢固树立“以质量求生存、以质量求发展”的理念，切实增强“质量兴企”意识，严格贯彻落实《产品质量法》等法律法规，加强企业内部管理，切实提高产品质量。一要加强质量管理基础工作。要建立健全产品质量管理制度，全面推行岗位质量规范、质量责任；设立企业内部质量管理机构，抓好原材料把关、包装标识、出厂检验等工作，努力做到全过程、全方位质量管理；建立企业产品实验室，开展新产品、新技术研发，不断提升产品科技含量。二要严格落实进货检查验收制度。销售企业要增强诚信守法经营意识，严把进货检查验收关口，自觉做到不采购、不销售、不使用没有合格证明及相关标识的商品，营造良好的市场经营环境。三要加强品牌建设。要严格执行国家、行业、地方标准，积极参与企业质量体系认证和产品质量认证，努力争创全国、全省驰名商标名牌，培育建设一批具有地方特色的品牌产品，带动县域优势产业快速健康发展。

第二十六次会议　于2020年1月13日在常委会五楼会议室召开，由王智国主持。

会议议程有十一项：一、审议通过召开十七届人大四次会议的有关事项（草案），作出了《关于召开静宁县第十七届人民代表大会第四次会议的决定》；二、审议通过《关于代表出缺变动和补选代表资格审查情况的报告》；三、审议通过《静宁县第十七届人民代表大会第四次会议选举办法（草案）》；四、审议通过《静宁县第十七届人民代表大会第四次会议社会建设委员会组成人员和法制委员会部分组成人员表决办法（草案）》；五、审议通过《静宁县第十七届人民代表大会第四次会议代表议案和建议意见提出及处理办法（草案）》；六、审议通过《静宁县人民代表大会常务委员会工作报告》；七、审议通过《关于县十七届人大三次会议代表建议意见办理情况的报告》；八、听取和审议财政局局长马斌受政府委托所作的《关于政府性基金调入一般公共预算情况的报告》《关于县级重大资金支出的报告》《关于静宁县2019年增加预算支出安排情况的报告》、人大财经委副主任委员王友忠所作的《关于政府性基金调入一般公共预算情况的审查报告》《关于县级重大资金支出情况的审查报告》《关于2019年增加预算支出安排情况的审查报告》，作出《关于政府性基金调入一般公共预算的决议》《关于县级重大资金支出的决议》《关于2019年增加预算支出安排的决议》；九、人事任免；十、由王智国主持，举行新任命人员宪法宣誓仪式；十一、新任命的政府副县长信锦玲作表态发言。会议结束时，王智国就常委会组成人员积极履职、严守纪律、转变作风讲话。

第十七届常委会组成人员王智国、沙芳琴、高旭、厚连世、李读、杨华、平宏、王友忠、胡志科、李稳收、王瑞生、王壬寅、牛满川、王致中、周浩仁、张录牛、朱国军、李会宾、李建明、牛国喜、裴晓江、厚凤兰、王全生出席会议；县委常委、政府常务副县长陈景春，法院院长张立军、检察院副检察长郭国柱、监委副主任张永生、政府办公室主任韩伟周、审计局局长王亚鹏，市人大代表张雪红、刘广益，县人大代表马政协、贾浩军、何亮子、黄立功，乡镇（社区）人大（工委）主席：城关镇程春林、八里镇雷海军、司桥乡郭东拴、曹务镇王宁学、古城镇陈江平、威戎镇赵继强、双岘镇张省宏、雷大镇王万平、余湾乡逯文君、仁大镇王彪炜、贾河乡程福利、李店镇王惠勤、深沟乡王万积、治平镇杨世雄、新店乡周稳、甘沟镇李旺喜、红寺镇雷军、细巷镇吴旺喜、四河镇柴满意、界石铺镇李润余、三合乡王燕刚、原安镇姚亨、灵芝乡张进有、城市社区鲍振华列席会议。

附：

人事任免

接受高旭辞去县人大常委会副主任职务的请求

接受厚连世辞去县人大常委会副主任、县人大法制委员会主任委员职务的请求

接受刘桂香辞去县人民政府副县长职务的请求

接受马川娃辞去县人大常委会委员职务的请求

接受牛满川辞去县人大常委会委员、县人大财经委员会委员职务的请求

信锦玲任县人民政府副县长

张进宝任县人大常委会代表资格审查委员会主任委员

景坐社任县人大常委会财经与城建工作委员会副主任、县人大财经委员会委员

县人民政府副县长信锦玲个人情况表

表4-64

姓名	性别	民族	出生年月	籍贯	文化程度	工作时间	入党时间	主要工作经历
信锦玲	女	汉	1974.10	崇信柏树	研究生	1997.12	1999.12	1997年12月至2004年4月在崇信县农牧局工作；2004年4月至2004年12月任崇信县九功乡政府乡长助理；2005年1月至12月任崇信县九功乡政府副乡长；2006年1月至2008年4月任崇信县锦屏镇政府副镇长；2008年5月至2009年4月任崇信县锦屏镇人大主席；2009年5月至2011年5月任崇信县黄花乡政府乡长；2011年5月至2016年5月任崇信县铜城工业园区党委书记；2016年6月至10月任崇信县“两学一做”学习教育协调推进领导小组办公室副主任；2016年10月任崇信县政府副县长

免去：

何冠群县环境保护局局长职务

马川娃县人大常委会信访室副主任职务

牛满川县人大常委会财经与城建工作委员会副主任职务

第二十七次会议 于2020年4月3日在常委会五楼会议室召开，由王智国主持。

会议议程有五项：一、传达学习县委十七届十九次全体会议暨县委经济工作会议精神、县委农村工作会议暨全县脱贫攻坚工作会议精神及县十七届纪律检查委员会第五次全体会议精神；二、人事任免，王智国为新任命人员颁发任命书；三、由王智国主持，举行新任命人员宪法宣誓仪式，由新任命的县政府代理县长陈景春领誓；四、新任命人员作履职表态发言；五、听取和审议常委会2020年工作要点及重点工作行事历。会议最后，常委会主任王智国就认真履职、抓好2020年工作讲话。

第十七届常委会组成人员王智国、沙芳琴、张进宝、靳宝生、杨华、平宏、王友忠、胡志科、李稳收、王瑞生、王壬寅、王宏、王致中、王晓峰、周浩仁、张录牛、朱国军、李会宾、李建明、裴晓江、厚凤兰、王全生出席会议；县委副书记、政府代理县长陈景春，常委会党组成员、副主任候选人牛永琪、杨飞，法院院长张立军、检察院检察长杨青、纪委常委戴荣荣、政府办公室主任韩伟周、科技局局长吕斌、民政局局长孔昌军、财政局局长马斌、人社局副局长李进义、自然资源局局长李小宁、交运局局长王顺义、农业农村局局长胡生平、卫健局局长孙青茂、扶贫办公室主任崔江鸿、审计局总审计师王晓生、规划服务中心主任谢发强，乡镇人大主席：城关镇程春林、八里镇雷海军、古城镇陈江平、威戎镇赵继强、雷大镇王万平、李店镇王惠勤、红寺镇雷军、灵芝乡张进有列席会议。

附：

人事任免

接受张兴荣辞去县人民政府县长职务的请求

陈景春任县人民政府代理县长

王　宏任县人大常委会科教文卫与民侨工作委员会主任

王彦飞任县发展和改革局局长，免去县住房和城乡建设局局长职务

雷旺盛任县住房和城乡建设局局长，免去县文体广电和旅游局局长职务

王　松任县司法局局长

戴彦荣任县水务局局长

蒋建怀任县文体广电和旅游局局长

免去：

胡志科县人大常委会信访室主任职务

杨　飞县发展和改革局局长职务

王升斌县水务局局长职务

胡耀国县司法局局长职务

县人民政府代理县长陈景春个人情况表

表4-65

姓名	性别	民族	出生年月	籍贯	文化程度	工作时间	入党时间	工作经历
陈景春	男	汉	1973.11	泾川党原	本科	1992.7	1995.11	1992年7月至1994年6月在泾川县太平乡财政所工作；1994年6月至1995年9月在泾川县丰台乡财政所工作；1995年9月至1997年11月在泾川县财政局工作；1997年11月至2000年12月在泾川县委组织部工作；2000年12月至2001年12月任泾川县财政局纪检组长；2001年12月至2003年8月任泾川县温泉开发区管委会副主任、温泉宾馆经理；2003年8月至2004年9月任泾川县温泉开发区管委会副主任、温泉宾馆总经理（正科级）；2004年9月至2006年2月任泾川县城关镇党委副书记、镇政府镇长；2006年2月至2009年7月任泾川县玉都镇党委书记；2009年7月至2011年9月任崆峒区政府副区长；2011年9月至2011年10月任崆峒区委常委、区政府副区长；2011年10月至2016年9月任崆峒区委常委、政法委书记；2016年9月至2019年11月任静宁县委常委、县政府常务副县长；2019年11月至2020年3月任静宁县委常委、县政府常务副县长、三级调研员；2020年3月至2020年4月任静宁县委副书记、县政府县长候选人

县人大常委会2020年工作要点

2020年，是全面建成小康社会和“十三五”规划收官之年。县人大常委会工作的总体思路是：高举中国特色社会主义伟大旗帜，以习近平新时代中国特色社会主义思想为指导，全面贯彻落实党的十九大和十九届二中、三中、四中全会精神，紧扣全面建成小康社会目标任务，坚持稳中求进工作总基调，坚持新发展理念，统筹推进“五位一体”总体布局，协调推进“四个全面”战略布局，坚持以人民为中心，紧扣县委决策部署，围绕全县发展大局，依法履行监督职权，积极回应群众关切，为坚决打赢新冠肺炎疫情防控阻击战，确保全面建成小康社会和“十三五”规划圆满收官，推进富裕美丽文明活力平安静宁建设作出新贡献。

一、坚持党的领导，坚定人大工作政治方向

（一）深入学习贯彻习近平新时代中国特色社会主义思想，认真贯彻落实党的十九届四中全会和省委人大工作会议精神，用新思想武装头脑、指导实践、推动工作。巩固和拓展“不忘初心、牢记使命”主题教育成果，推动学习贯彻往深里走、往实里走、往心里走，以主题教育的实际成果推动和检验人大各项工作。

（二）深入贯彻落实习近平总书记关于坚持和完善人民代表大会制度的重要思想以及对地方人大及其常委会工作的重要指示精神，树牢“四个意识”，坚定“四个自信”，做到“两个维护”，始终在政治立场、政治方向、政治原则、政治道路上同以习近平同志为核心的党中央保持高度一致。严守政治纪律和政治规矩，坚持重大问题、重要事项、重点工作及时向县委请示报告，紧紧围绕县委重大决策部署和全县工作大局履职尽责。

（三）深入学习贯彻习近平总书记关于宪法的重要论述，牢固树立“坚持依法治国首先要坚持依宪治国”的理念，把推进宪法在我县有效实施作为加强法治建设的重要内容。严格落实宪法宣誓制度，激励国家机关工作人员忠于宪法、维护宪法、履行法定职责。深入学习宪法，组织好国家宪法日活动，推动落实普法责任制，深入开展宪法宣传教育活动，弘扬宪法精神、树立宪法权威。

二、主动履职行权，依法审议决定重大事项

（四）认真落实习近平总书记关于疫情防控工作重要指示精神，对新冠肺炎疫情防控等涉及全县的根本性、长远性、全局性事项作出决议决定。充分发挥人大代表密切联系群众的政治优势、常委会党组及机关党支部战斗堡垒作用、党员干部的先锋模范作用，坚决打赢新冠肺炎疫情防控人民战争、总体战、阻击战。

（五）始终坚持以人民为中心的发展思想，牢记为民宗旨，主动回应民生关切，不断满足人民群众日益增长的美好生活需要。探索研究人大常委会讨论决定重大事项的范围、内容和程序，推行政府提请人大常委会审议决定重大事项年度清单制度，紧盯脱贫攻坚收官和乡村振兴开局等重点任务落实，依法对民主法治、深化改革、城乡建设等事关全县改革发展稳定大局的重大事项作出决议决定，更好地服务全县经济社会发展。

（六）依法行使人事任免权，把党管干部与人大法定程序有机结合，准确贯彻县委人事安排意见。健全完善任前依法审查、法律考试，任后表态发言、颁发任命书等制度，听取县政府相关部门工作报告，强化任后监督，依法推进人事任免制度化、规范化、程序化。全面实行新任命人员向宪法宣誓制度，进一步增强国家机关工作人员的宪法意识。

三、强化监督职能，切实增强监督工作实效

（七）坚持监督与支持相统一，坚持正确监督、有效监督，坚持问题导向，紧盯实现高质量发展的关键问题、人民群众普遍关注的热点难点问题，突出重点，科学选题，依法开展监督，提高监督实效。

（八）坚持把人民群众生命安全和身体健康放在第一位，将疫情防控作为重点监督议题，开展《中华人民共和国传染病防治法》贯彻实施情况的检查。

（九）建立健全对“一府一委两院”有关规范性文件的备案审查制度，加强对人才引进培养、城乡规划管理等事关全县经济社会发展的规范性文件的备案审查工作，提高审查精准度，完善备审能力建设，做到“有件必备、有备必查、有错必纠”，保障宪法法律正确有效实施，切实维护国家法制统一。

（十）加强对财政预算决算的审查监督，听取和审议政府性基金调入一般公共预算情况报告、县级重大资金支出情况报告、增加预算支出安排情况报告。听取、审议2018年县级财政预算执行审计决定整改落实情况的报告。听取、审议和审查批准2019年财政决算的报告、2019年财政预算执行情况的审计报告。

（十一）加强对法律贯彻实施情况的监督，维护和监督行政机关依法行使行政职权，保护公民、法人和其他组织的合法权益。开展《中华人民共和国行政诉讼法》贯彻实施情况的执法检查，促进人民法院正确、及时审理行政案件，保证法律法规正确贯彻执行，切实维护法律权威。

（十二）聚焦经济社会高质量发展和民生改善，坚持稳中求进工作总基调，牢固树立和贯彻落实新发展理念，依法开展专项工作监督。围绕“美丽静宁”建设，聚力城乡提质，打造生态宜居家园，着力完善市政基础和公共服务设施，努力构建布局科学、功能完善、生态文明、城乡一体的城镇化发展新格局，推动“美丽静宁”建设取得新成效。围绕全县城区国有土地出让工作开展检查，督促政府及职能部门加强土地市场调控，推动国有土地使用权出让的规范化建设。强化国有资产监督管理水平，积极与县委衔接沟通，研究制定《静宁县企业国有资产监督管理办法》；建立政府向人大常委会报告国有资产管理情况制度，组织开展全县企业国有资产（不含金融企业）管理情况的调研，提升我县国有资产管理水平，规范处置行为，提高国有资产的使用效益。围绕全县农村公路建设与管护工作开展调研，督促政府及职能部门进一步加强农村公路建设，严格日常管护，提升通行能力，保障安全畅通，助推乡村振兴。开展全县科技工作情况的调研，全面提升我县科技创新能力，加快农林科技成果转化应用，助推全县经济社会平稳健康发展。

（十三）进一步完善信访案件转办、督办工作机制，将接待群众来信来访与加强法律监督有机结合，加大对涉法涉诉信访案件的督办力度，不断完善涉法涉诉信访案件办理反馈和工作协调机制，加强对交办信访件处理情况的跟踪监督，切实维护人民群众合法权益，保障社会和谐稳定。

（十四）完善监督工作方式方法。高度重视事前监督，避免决策失误，提高政府决策的合法性；主动进行事中监督，及时发现问题，推动政府依法行政；严格落实事后监督，着力跟踪督办，切实增强监督实效。加大对常委会审议意见和决议决定办理落实情况的监督力度，结合审议开展满意度测评和专题询问，逐步形成“听、审、问、评”相结合的议事模式，丰富监督手段，强化刚性监督，切实提高人大监督权威。

四、加强代表工作，有效发挥代表主体作用

（十五）增强代表培训实效。根据人大代表和人大主席的履职需要，通过集中培训、理论培训、以会代训、履职经验交流等方式，举办人大代表、乡镇人大主席培训班，多层次、全方位开展培训，增强学习培训的针对性和实效性，提高做好新时期人大工作的能力和水平。

（十六）加大代表建议意见督办力度。组织开展“回头看”活动，通过跟踪督办，提高县十七届人大三次会议转交的B、C类建议意见的办结率和满意度。组织代表对县十七届人大四次会议代表建议意见办理情况进行视察和现场督办，督促各承办单位加大办理力度，主动加强与代表的联系，积极开展面商办理，提高代表建议意见办理质量。

（十七）积极搭建代表履职平台。为县人大代表免费订阅寄送《人民之声报》和《人大研究》，增加代表参与人大常委会重要会议、重点工作的人数，及时向代表书面通报人大常委会和“一府两院”上半年工作，听取代表意见和建议，拓宽代表履职渠道，为代表依法履职提供有效服务。

（十八）继续开展“双联系”活动。坚持常委会组成人员联系代表和代表联系选民制度，认真组织代表开展视察、调研和执法检查等活动。集中走访人大代表，充分调动代表的履职积极性，积极组织基层代表交流经验。动员各级人大代表与选民保持经常性地联系，及时了解群众的所需所盼，增进人大代表与群众的感情。

五、聚焦基层基础，强化指导乡镇（社区）人大工作

（十九）加强对乡镇（社区）人大工作的督查指导，规范乡镇（社区）人大自身建设，明确乡镇（社区）人大职责权利。规范乡镇（社区）人代会、人大主席团会议的程序和内容，提升乡镇（社区）人大履职能力。支持乡镇（社区）人大依法开展视察、调研、检查以及述职评议等日常工作，有效发挥最基层地方国家权力机关的法定职能和作用。

（二十）规范运行已建成的“人大代表之家”，督促各乡镇（社区）人大（人大工委）组织开展代表学习、依法履职、向选民述职等各项活动。充分发挥乡镇（社区）人大（人大工委）扎根基层、服务基层的天然优势，积极开展乡镇（社区）人大代表助力脱贫攻坚、乡村振兴、疫情防控等工作。

（二十一）重视乡镇（社区）人大代表建议意见收集、办理工作，引导人大代表聚焦

脱贫攻坚、乡村振兴、民生实事、生态环境、项目建设等重点领域，提出符合乡村实际，富有针对性、特色性、操作性的建议意见，推动解决一些群众身边的困难和问题。

（二十二）加强乡镇（社区）人大（人大工委）宣传工作，建立一支能写、善写的乡镇（社区）人大（人大工委）通讯员队伍，及时报送基层工作信息，积极向省市县人大网站和《人民之声报》《人大研究》等报刊投稿，大力宣传报道基层人大行使职权、代表发挥作用的生动实践，为乡镇（社区）人大（人大工委）工作营造良好的社会氛围。

六、强化自身建设，不断夯实依法履职基础

（二十三）认真履行常委会党组及机关党支部全面从严治党主体责任，严格执行民主集中制原则，全面加强常委会及机关政治、思想、组织、作风、纪律和制度建设。

（二十四）坚持以习近平新时代中国特色社会主义思想指导和统领人大工作，系统化常态化长效化学习贯彻习近平总书记关于坚持和完善人民代表大会制度的重要思想，把全面学习贯彻党的十九届四中全会精神作为当前重大政治任务，建立和落实“不忘初心、牢记使命”主题教育长效机制，巩固拓展深化主题教育成果。不断推进“两学一做”学习教育常态化制度化，纵深实施党建统领“一强三创”行动，全面推进机关党支部建设标准化，认真开展机关党支部“三会一课”“主题党日”等组织生活，充分发挥支部的战斗堡垒作用。

（二十五）严格执行中央八项规定及其实施细则，巩固和拓展形式主义、官僚主义集中整治成果，切实改进文风、会风和调研之风。在视察、调研、检查时，坚持深入基层、深入实际，广泛听取人大代表、人民群众的意见建议，力戒“留痕主义”，减轻乡镇和部门负担。加强会议组织，严肃会风会纪，提高会议质量。

（二十六）巩固提升帮扶成效，切实增强决战决胜的使命感、责任感和紧迫感。坚持目标导向、问题导向和结果导向，以提升“两不愁、三保障”水平为目标，严格落实“四个不摘”要求，加大政策宣传力度，认真做好脱贫攻坚和乡村振兴的有效衔接。扎实开展机关帮扶工作，高质量完成脱贫攻坚任务，全面巩固拓展脱贫成果，如期实现全面建成小康社会。

（二十七）围绕人大制度、人大工作，加强对人大及其常委会、人大代表依法履职的宣传策划和专题报道，讲好人大故事，树立人大形象。积极向《人民之声报》《人大研究》等新闻媒体撰稿、投稿，全方位、多角度宣传报道人大及其常委会依法履职过程中的好经验、好做法。加大对常委会监督工作、代表工作和“人大代表之家”活动开展情况的宣传力度，努力营造全社会关心、支持人大工作的良好氛围。

（二十八）全力支持和配合省、市人大常委会在我县开展的各项工作。加强与其他县（区、市）人大的工作交流，学习借鉴好经验、好做法。正确处理监督、支持和促进的关系，加强与“一府一委两院”及其职能部门的联系沟通，合力推动工作。指导各乡镇人大扎实开展“人大代表之家”活动，充分发挥代表作用。建立健全县乡人大工作联动机制，力促全县人大工作再上新台阶、新水平。

附：

县人大常委会2020年重点工作安排情况表

表4-66

时间	主要工作	负责领导	主办委室	配合委室	责任单位
1至2月	县第十七届人大常委会第二十六次会议：1.人事任免；2.审议决定召开县十七届人大四次会议的有关事项；3.讨论县人大常委会工作报告；4.讨论关于县十七届人大三次会议代表建议、意见办理情况的报告；5.听取和审议县政府关于政府性基金调入一般公共预算情况的报告、县级重大资金支出情况的报告和2019年增加预算支出安排情况的报告	杨　华	办公室	各委室	政府办 财政局
3至4月	县第十七届人大常委会第二十七次会议：1.传达学习中央及省市县有关会议精神；2.讨论审定县人大常委会2020年工作要点及重点工作行事历	杨　华	办公室	各委室	
	检查《中华人民共和国传染病防治法》贯彻实施情况	牛永琪	科教民侨工委	办公室	卫健局
	筹备召开县十七届人大四次会议	张进宝 杨　华	办公室 人事代表工委	各委室	相关单位
	县第十七届人大常委会第二十八次会议：1.听取关于县十七届人大四次会议补充事项的汇报；2.听取、审议县政府关于《中华人民共和国传染病防治法》贯彻实施情况的报告	杨　华	办公室	各委室	政府办 卫健局
5至6月	交办县十七届人大四次会议代表建议意见	张进宝	人事代表工委	办公室	政府办 相关单位
	检查全县城区国有土地出让情况	李　读	财经城建工委		自然资源局
	开展规范性文件备案审查初审工作	杨　飞	法制工委		政府办 监委 法院 检察院
	举办县人大代表、乡镇（社区）人大主席（工委主任）培训班	张进宝	人事代表工委		乡镇人大 社区人大工委

续表4-66

时间	主要工作	负责领导	主办委室	配合委室	责任单位
5至6月	县第十七届人大常委会第二十九次会议：1.听取、审议县政府关于2018年县级财政预算执行审计决定整改情况的报告；2.听取、审议县政府关于全县城区国有土地出让情况的报告；3.听取农业农村局工作报告	杨　华	办公室	各委室	政府办 法院 自然资源局 农业农村局 审计局
7至8月	调研全县企业国有资产管理情况	张进宝 杨　华	财经城建工委	办公室	财政局
	调研全县农村公路建设与管护情况	靳宝生	农业环资工委		交运局
	集中走访联系代表	张进宝	人事代表工委		政府办 相关单位
	县第十七届人大常委会第三十次会议：1.听取、审议和审查批准县政府关于2019年财政决算的报告；2.听取、审议县政府关于2019年财政预算执行情况的审计报告；3.听取、审议县政府关于全县企业国有资产管理情况的报告；4.听取、审议县政府关于全县农村公路建设与管护情况的报告；5.听取民政局工作报告；6.通报县人大常委会和“一府两院”2020年上半年工作情况	杨　华	办公室	各委室	人大办 政府办 法院 检察院 民政局 财政局 交运局 审计局
9至10月	检查《中华人民共和国行政诉讼法》贯彻实施情况	杨　飞	法制工委	办公室	法院
	调研全县科技工作情况	沙芳琴 牛永琪	科教民侨工委	办公室	科技局
	集中督办代表建议意见	张进宝	人事代表工委		政府办 相关单位
	县第十七届人大常委会第三十一次会议：1.听取、审议县政府关于《中华人民共和国行政诉讼法》贯彻实施情况的报告；2.听取、审议县政府关于全县科技工作情况的报告；3.听取、审议县政府关于县十七届人大四次会议代表建议意见办理情况的报告；4.听取住建局工作报告	杨　华	办公室	各委室	政府办 法院 科技局 住建局

续表4-66

时间	主要工作	负责领导	主办委室	配合委室	责任单位
11至12月	起草县人大常委会工作报告；提出县人大常委会2021年工作要点	杨 华	办公室	各委室	
	县第十七届人大常委会第三十二次会议：1.讨论审定县人大常委会工作报告；2.听取扶贫办工作报告	张进宝 杨 华	办公室 人事代表工委	各委室	人大办 扶贫办
	筹备召开县十七届人大五次会议；收集向省市人代会提交的代表建议意见				相关单位

第二十八次会议 于2020年5月19日在常委会五楼会议室召开，由张进宝主持。

会议议程有四项：一、听取和审议关于召开十七届人大四次会议有关事项的补充汇报，审议通过关于召开十七届人大四次会议的决定；二、听取和审议常委会人事与代表工委主任李稳收所作的《关于代表出缺变动和补选代表资格审查情况的报告》；三、听取和审议教育局局长赵宏军受县政府委托所作的《关于全县高中阶段学校债务化解计划的报告》；四、听取和审议发改局局长王彦飞受政府委托所作的《关于2020年县级财政投资重大项目建设计划的报告》。

第十七届常委会组成人员王智国、沙芳琴、张进宝、李读、靳宝生、平宏、王友忠、胡志科、李稳收、王瑞生、王壬寅、王宏、王致中、张录牛、李会宾、朱国军、李建明、裴晓江、王全生出席会议，政府副县长范军、监委委员李升学，法院院长张立军、检察院副检察长张坚强，政府办公室主任韩伟周、发改局局长王彦飞、教育局局长赵宏军、财政局局长马斌列席会议。

第二十九次会议 于2020年6月29日在常委会五楼会议室召开，由李读主持。

会议议程有十项：一、传达学习《中华人民共和国民法典》部分重要内容、十三届全国人大三次会议和市委人大工作会议精神；二、人事任免；三、由李读主持，为新任命人员举行宪法宣誓仪式；四、审议通过《静宁县人民代表大会社会建设委员会工作规则》；五、听取和审议财政局局长马斌受政府委托所作的《关于静宁县2020年新增地方政府债券支出安排情况的报告》、人大财经委副主任委员王友忠所作的《关于2020年地方政府债券支出安排情况的审查报告》，作出《关于2020年地方政府债券支出安排的决议》；六、听取和审议财政局局长马斌受政府委托所作的《关于静宁县发放业绩考核奖和农村危旧房屋改造补贴重大支出的报告》、人大财经委副主任委员王友忠所作的《关于发放业绩考核奖和农村危旧房屋改造补贴重大支出的审查报告》，作出《关于发放业绩考核奖和农村危旧房屋改造补贴重大支出的决议》；七、听取和审议审计局局长王亚鹏受政府委托所作的《关于2018年度县级预算执行和其他财政收支审计查出问题整改情况的报告》；八、听取和审议卫健局副局长樊瑞琴受政府委托所作的《关于〈中华人民共和国传染病防治法〉贯彻实施情况的报告》、常委会民侨与科教文卫工委主任王宏所作的《关于〈中华人民共和国传染病防治法〉贯彻实施情况的检查报告》；九、听取和审议自然资源局局长李小宁受政府委托所作的《全县城区国有土地出让情况的报告》、常委会财经与城建工委主任王友忠所作的《关于城区国有土地出让情况的检查报告》；十、听取农业农村局局长胡生平所作的工作报告。会上，政府副县长信锦玲就落实审议意见作表态发言。

第十七届常委会组成人员王智国、张进宝、李读、靳宝生、牛永琪、杨飞、杨华、崔静荣、樊旺、平宏、王友忠、胡志科、李稳收、王瑞生、王宏、王致中、王飞、周浩仁、张录牛、李会宾、朱国军、朱礼、柳志祥、裴晓江、王相中、厚凤兰、王全生出席会议；政府副县长信锦玲、监委委员梁立文，法院党组成员、审委会专职委员陈焕康，检察院副检察长张坚强、政府办公室主任韩伟周、教育局副局长张拴华、财政局局长马斌、自然资源局局长李小宁、住建局局长雷旺盛、水务局局长戴彦荣、农业农村局局长胡生平、卫健局副局长樊瑞琴、审计局局长王亚鹏、工业园区管委会副主任张拴理、城市管理执法局局长韩满仓、市生态环境局静宁分局局长何冠群、疾控中心主任吴继荣、卫生监督所所长王明星、棚改中心主任石生辉、土地储备开发中心副主任马伟、规划事务中心主任谢发强、动迁安置中心主任王来守、不动产登记中心主任任迎科、成投公司总经理万德胜、林投公司总经理张来忠，城关镇党委书记王俊棠，甘沟镇人大主席李旺喜、深沟乡人大主席王万积，威戎镇政府镇长王永强、四河镇政府镇长薛小田，市人大代表柴永生、李玉兰，县人大代表苏保卷、王强子，县人大常委会财经工委副主任景坐社列席会议。

附：

人事任免

王升斌任县监察委员会副主任

王根仓任县监察委员会副主任

免去：

张建宁县监察委员会副主任职务

张永生县监察委员会副主任职务

关于《中华人民共和国传染病防治法》贯彻实施情况的检查报告

由常委会分管副主任带队，县政府分管副县长参加，常委会办公室、科教文卫与民侨工委，县政府办、卫健局、教育局、水务局、生态环境局、疾控中心、卫生综合监督执法所、畜牧兽医中心等单位负责人及部分县人大代表组成检查组，于5月下旬先后深入威戎、古城卫生院、部分养殖场及静宁一中、县人民医院、疾控中心等城区单位，采取听取汇报、查阅资料、现场察看、座谈交流等方式，对《中华人民共和国传染病防治法》（以下简称《传染病防治法》）贯彻实施情况进行了全面检查。

一、基本情况及主要工作

目前，全县有传染病防治机构511个，其中县级公立医院3家、乡镇卫生院25家、疾病预防控制机构1家、社区卫生服务中心1家、社区卫生服务站6家、民营医院6家、个体诊所136家、村卫生室333个；传染病防治监督执法机构1个。

（一）加强领导，健全组织机构体系。县政府将传染病防治工作纳入全县国民经济和社会发展总体规划，印发了《“十三五”静宁县结核病防治规划》《静宁县遏制与预防艾滋病“十三五”行动计划》《静宁县中长期动物疫病防治规划（2012-2020）》等专项防治规划，成立传染病防治及人畜共患病防治工作领导小组、突发公共卫生事件应急指挥部和办公室、卫生应急预防监督专家组和医疗救治专家组，建立突发公共卫生事件预测、预报、预警制度，完善卫生应急处置机构通讯网络，规范突发公共卫生事件报告程序，为传染病防控工作提供了政策和机制保障。

（二）强化职责，有效开展疾病防控。每年组织各级医疗单位负责人及业务人员开展应急知识培训，3年累计培训1600余人（次）。认真落实国家免疫规划政策，单苗接种率保持在95%以上，积极落实艾滋病防治“四免一关怀”政策，肺结核患者管理率100%，规则服药率90%以上；制定布病检测计划，对全县存栏奶牛、羊进行全覆盖血清抽样检测，开展流行病学调查监测，均未检出阳性动物；积极开展灭蚊消杀工作，有效消除了蚊虫媒介传播乙脑风险。传染病发病率、甲乙类传染病发病率分别较2018年同期下降14.04%、19.95%，全县无突发公共卫生事件。开展医疗机构、公共卫生等场所卫生监督执法，2018年以来，共查处违法案件63件，罚款金额88600元。

（三）迅速行动，全力应对新冠疫情。全国新冠肺炎疫情发生后，按照中央和省市会议精神，第一时间成立县新冠肺炎疫情联防联控工作领导小组，修订完善防控方案，及时下发通知公告，科学指导防控工作。卫健、交通、公安等部门密切协作，设置省、县际交通要道检疫点11个，落实信息登记、流管消毒等处置措施。规范设立县乡发热门诊和预检分诊点，成立医疗救治专家组，组建医护人员工作梯队。建立乡村组三级网格，推行网格化管理，严格落实联防联控措施，排摸登记来静返静人员43114人，解除集中留观与确诊患者同乘及密切接触人员187人。积极筹措资金，建立防控物品采购“绿色通道”和资金下达核拨联合支付机制，及时为一线人员配发防护品。采取乡村大喇叭和城市音柱、制作微视频、开通电话彩铃、推送防控信息等方式，宣传疫情防控政策和防护知识，有效提高了广大群众自我防范意识和能力。

二、存在的主要问题

（一）防控任务依然艰巨。从检查情况看，全县传染病防治工作面临来自传统传染病和新发传染病的双重压力。一是全县畜禽养殖规模大，但粪便无害化处理设施滞后，没有达到要求，部分养殖场选址不科学，对灭蚊等防范措施落实不到位，存在人畜共患传染病隐患。二是养生、美容等行业监管缺失，从业人员卫生健康知识缺乏，相关器械消毒不规范，增加了传染病潜在传播风险。三是传统传染病威胁仍然存在，

2019年全县共报告结核病、手足口病、乙肝、隐形梅毒等各类传染病20种1187例。四是家养宠物数量较多且绝大部分未注射动物疫苗，威胁群众生命安全；新冠肺炎、人感染禽流感H7N9等新型传染病给防治工作带来了新的挑战。

（二）基础设施建设滞后。一是基础卫生资源匮缺。一方面，我县无传染病专科医院，传染病医治工作由县级医院传染病科室承担，现有床位较少，并且在科室、病区设计方面对传染病的控制缺乏足够的考虑，改造中的传染病科室没有投入使用，一旦传染病流行或暴发，收治诸如新冠肺炎患者，极易造成院内感染和交叉感染。另一方面，我县没有建立县级医疗废物处理设施及机构，现有医疗垃圾靠外送处理，处理成本高，回收周期长，绝大部分医疗机构医疗废物暂存设施、设备不达标，缺乏规范化管理，不符合医疗废物管理相关规定。目前，仅县级医院、乡镇卫生院和5家民营医院与会宁医疗废弃物处理中心签订集中处置协议，其他医疗机构医疗垃圾混同生活垃圾处理，造成了新的环境污染，增加了病毒传播风险。二是检验检测设备短缺。县疾控中心、畜牧兽医中心一些检验检测设备陈旧落后，与专业要求存在较大差距。现有水质检测设备均已超过使用年限，灵敏度和准确度严重下降，检测准确率低，因缺乏离子色谱分析仪、气象色谱分析仪等设备，水质检测部分项目需送市上或其他县检测。三是实验业务用房紧缺。疾控中心检验检测中心业务楼尚未建成，受办公用房制约，实验室工程建设仅对部分环节做了专门设计，没有按照相关要求对人流、物流、通风等方面从整体布局、建筑结构上予以专门设计，达不到国家标准，存在实验室生物安全隐患。

（三）保障机制有待加强。一是应急预案不健全。虽然编制了突发公共卫生事件应急预案、突发公共卫生事件与重点传染病疫情应急预案，但对应急设施、应急场所划定、救治药品和医疗器械及其他物资和技术的储备与调用等均没有明确规定。二是物资储备不充分。没有建立卫生应急物资采购储备机制，城乡医疗卫生机构应急物资、药品储备明显不足，不具备应对紧急突发性传染病的能力。据了解，目前全县储备的用于治疗新冠肺炎患者的医疗物资仅够两人两天使用。三是经费投入不充足。传染病防控经费没有完全纳入县级财政预算，动物防疫、水质检测、卫生应急等专项经费严重不足，远不能满足传染病调查、疾病监测、样品检测、防控应急物资和药品储备更新等各项业务的日常运转，重大传染病防控等工作受到制约。国家取消疾控机构卫生监测、委托性检验检测等收费项目后，地方财政没有相应补偿保障，疾控中心正常运转困难。受经费制约，卫生综合监督执法所已8年没有更换制服，一些执法人员无制服，不符合执法要求。四是群防体系不完善。传染病防治涉及疾控、卫生、公安、畜牧、教育、市场监管、交通等多个部门，一些单位对《传染病防治法》缺乏了解，对防治工作的重要性、严峻性认识不够，对防治任务的经常性、长期性估计不足，自身工作职责模糊，责任落实不到位，部门之间没有形成信息共享、疫情会商等机制。五是车辆保障不到位。县疾控中心、卫生综合监督执法所无疫情处置专用车、执法车辆，租赁车辆费用高，且产生费用无法报销。

（四）人才队伍力量薄弱。一是专业技术人员紧缺。县疾控中心现有人员与中央编办文件1.75:10000的比例配备疾控人员的规定差距较大，现有人员中预防医学专业人员仅6人，具备流行病学调查、媒介生物控制、临床诊疗、样本检测的复合型人才几乎没有。受机构编制等诸多因素制约，疾控中心专业人员匮乏，年龄结构老化，高学历人才引进困难，新老交替衔接不上，人才断层危机日益明显。检测项目和规模的逐年增加与缺少具备检测能力人员之间的矛盾突出，疾控机构的业务实力与新的职能职责、更多更高要求不相匹配，与不断新发的防控、救治要求不相适应。同时，PCR实验室建成后，靠仅有的4名检测人员无法完成全县新冠肺炎核酸检测项目8类人群应检尽检工作。二是执法监督人员紧缺。卫生综合监督执法所作为实施卫生监督执法机构，在岗14人，管理全县511个传染病防治机构，承担卫生监督12项职能，职能职责大、办公场所小、监督对象多、工作经费少、执法力量弱、车辆难保障，卫生监督执法工作很难开展到位。三是动物防疫人员紧缺。全县养殖业发展迅速，当前非洲猪瘟等重大动物疫病病种多，防控难度大，从事动物传染病防治工作人员力量不足，对开展畜禽屠宰驻场检疫、公路运输巡查等缺乏有效的监管措施，影响动物疫情监测和境外疫情输入防控防治工作的全面开展。

（五）宣传氛围不够浓厚。一是主管部门缺乏更为积极、有效的宣传手段，法律宣传的深度、广度不够，计划性、经常性不强；新闻媒体在黄金时段播放传染病防治知识较少，学校对学生健康知识和传染病预防知识宣传教育不到位。二是医务人员接受传染病防治、预防院内感染知识和技能培训有限，对现场处置救治培训不足，主动有效防范意识不够。三是群众对传染病防治知识缺乏了解，配合意识不强，一些生活陋习不同程度地存在。

三、今后工作建议

（一）提高政治站位，压实防控责任。县政府要切实认清我县传染病防治工作中面临的形势和短板，正视工作中存在的问题，强化底线思维，增强忧患意识，提高政治站位，坚持以习近平新时代中国特色社会主义思想为指导，牢固树立以人民为中心的发展思想，深入贯彻落实习近平总书记关于卫生与健康工作的重要指示精神和在专家学者座谈会上的重要讲话精神。一要强化政府责任，依法落实在传染病防治工作中的领导责任、保障责任、协调责任和监督责任，加强组织领导，完善防治措施，督促部门落实工作职责，推动各项任务落实。二要夯实部门责任，进一步明确编办、卫健、人社、疾控、畜牧等部门在人员编制、监督管理、人才引进、疫情监测、人畜共患传染病防治等方面责任，努力做到各司其职、各负其责，配合有力、齐抓共管。三要制定新冠肺炎疫情常态化防治工作计划，全面做好新冠肺炎疫情秋冬季反弹的应对准备；积极编制突发公共卫生事件应急预案体系建设“十四五”规划，与城乡规划等专项规划有效衔接，健全突发事件应急处理治理能力和体系；优化应急处理预案，对调集人员、调用储备物资，临时征用相关设施设备等关键环节再完善、再细化，提高预案规范化、针对性和可操作性；健全传染病疫情和突发公共卫生事件监测预警系统和响应机制，完善信息网络建设，积极开展综合性应急演练，提高突发公共卫生事件应急处置能力。

（二）加强基础建设，夯实硬件设施。要主动研究国家投资导向，积极向国家有关部委以及省市汇报、衔接，下大功夫争取相关层面政策、资金、重大项目建设对我县医疗基础设施建设的支持力度，2020年底完成传染病专科医院项目前期工作，力争明后两年建成并投入使用。要探索建立政府、企业、社会多元化投入机制，出台优惠政策，吸引、鼓励和支持社会资本参与医疗废物处理基础设施投资、建设和运营；加大招商引资力度，把真正有技术、懂管理的专业化医疗废物处理企业引进来，2021年底建成医疗废物处理中心，填补我县医疗垃圾处理设施空白，实现医疗废弃物处置规范化。要以新冠肺炎疫情防治为契机，加快县级医院传染病科室、隔离病区及医疗配套建设进度，完善设施功能，确保年内建成并投入使用。

（三）重视人才引进，强化专业支撑。县政府及相关部门要切实将研究解决传染病防治机构人员编制和专业技术人才引进提上议事日程。一要通过疾控机构人员内部调整和增加编制的办法，有效解决编制不足问题。二要有计划地每年签约、引进高校大学毕业生，防止人才断档，有效解决人才短缺、力量薄弱问题，依法为传染病防治工作提供专业人才保障。三要注重现有传染病防治队伍人员的专业再教育，通过进修、组织外出学习培训和技术交流等形式，增长领域见识，提高业务素质和实战能力；加强临床医务人员传染病防治知识和技能培训，提升传染病诊断、检测、防治能力。四要及早考虑解决PCR实验室建成后面临的检测人员严重短缺问题，确保新冠肺炎病毒核酸检测工作顺利开展。

（四）加大经费投入，提高保障水平。结合县情实际，积极调整财政支出结构，加大公共卫生投入，将传染病防治工作经费足额纳入县级财政预算，依法落实专项经费，推动建立稳定长效的财政投入机制，确保传染病预防、控制、监督、日常管理等保障防治工作正常开展。按照相关规定落实县级医院床位费，保障传染病科室正常运转。努力筹措资金，保障卫生监督执法、水质检测、动物防疫等业务经费，统一更新、配齐执法监督人员工作制服。将实验室升级改造、检验检测设备更新升级列入卫生工作年度计划，建立工作台账，逐年淘汰更新设施设备，提高整体装备水平；严格执行实验室国家技术标准，完善功能布局，严防传染病病原体实验室感染和病原微生物扩散。建立应急物资储备和更新补偿机制，并纳入公共应急范畴，明确采购、储备责任单位，做好药物、医疗器械等物资的储备供应并确保安全。

（五）充实执法力量，严格卫生执法。按照省上关于卫生执法体系建设相关意见，结合我县实际，充实卫生监督执法人员，按需配备执法车辆，加大传染病防治领域卫生监管力度和执法检查力度。严格执行、全面落实全国人大常委会《关于全面禁止非法野生动物交易、革除滥食野生动物陋习、切实保障人民群众生命健康安全的决定》，严厉打击野生动物非法捕杀交易和食用等违法犯罪行为，加强活禽饲养、宰杀、运输和销售的全链条监管，加大疫情监测，提高人畜共患传染病防治水平。将医疗废物安全处置纳入医疗监管重点工作，组织开展专项检查，督促未签订集中处置协议的医疗机构规范医疗废物暂存、产生台账和出入库记录，采取协议处理和“小箱进大箱”制度，提高规范处理能力。加强对医疗机构、饮用水供水、学校、餐饮、市场、车站等人员密集场所环境卫生和卫生防护的执法监督，严格畜禽养殖选址、粪便处理等环节，把好项目建设审批关、准入关和监督关，常态化开展环保执法。

（六）加大宣传力度，营造社会氛围。要充分利用公共场所和乡村“一大一微”平台，采取群众喜闻乐见的形式，全方位、多渠道开展传染病防治知识宣传，加大新冠肺炎、流感、乙肝、人畜共患传染病、艾滋病等传染病的健康教育，切实提高公众传染病防治的法律意识和防控意识，营造群防群控的社会氛围。要重视学校卫生健康教育工作，采取课时制等行之有效的办法，加强对学生的健康教育和传染病知识普及。要丰富爱国卫生运动的实践内容，倡导文明健康、绿色环保的生活方式，教育引导群众养成良好的生活习惯；结合正在开展的农村人居环境“百日攻坚”行动，统筹推进“厕所革命”，加大治污基础设施设备配套，加强畜禽养殖污染防治，提升人居环境质量，阻断病源传播途径。要加强社会、网络舆情监测，依法依规发布辟谣信息，澄清事实真相，主动回应群众关切，消除群众疑虑和恐慌。

关于城区国有土地出让情况的检查报告

由常委会主要领导、分管领导带队，县政府分管领导参加，常委会办公室、财经与城建工委，自然资源局、住建局等单位主要负责人及部分县人大代表组成检查组，于5月下旬先后深入邮政大楼南侧、成纪名居棚改安置房等14处国有建设用地现场，通过实地察看、听取汇报、查阅资料、座谈交流等方式，对2016年以来城区国有土地出让情况进行了检查。

一、基本情况及主要工作

2016年至2020年5月，我县城区累计出让国有建设用地84宗1595.7亩，成交价款19.9亿元。其中2016年出让27宗441.6亩，成交价款1.9亿元；2017年出让20宗296.1亩，成交价款2.3亿元；2018年出让15宗197.5亩，成交价款1.1亿元；2019年出让17宗506.9亩，成交价款11.9亿元；2020年前5个月出让5宗136.8亩，成交价款2.7亿元。目前，城区共储备国有土地909亩，其中城关镇储备国有土地656.6亩，占储备总量的72.2%；八里镇储备国有土地252.4亩，占储备总量的27.8%。

（一）积极编制各类规划。结合县情实际，加快规划编制，完成《静宁县城乡统筹总体规划（2015—2030）》《静宁县城区控制性详细规划》《静宁工业园区控制性详细规划》等30多个规划的编制工作。结合县城重点项目建设，编制完成东城区农副产品交易中心、教育园“四馆一中心”等4处重点市政公用项目，阿阳南路、南环西路等11条道路，高城寨、南关村等6处棚户区改造修建性详细规划。2019年11月，启动编制《静宁县国土空间总体规划（2020—2035）》。同时，认真执行各项规划，积极落实建设项目“一书两证”和规划方案审批制度，严格控制规划“红线”“绿线”“黄线”“蓝线”等。

（二）开展土地执法检查。一是开展土地卫片核查。2019年度上级下发我县卫片图斑472个，监测面积6602.8亩。经逐宗核查，确定违法用地图斑4宗10.1亩，依法进行了处理。二是加强土地执法巡查。落实土地动态巡查制度，及时发现、制止和查处违法行为。至目前，开展城区国有土地动态巡查140余次，发现违法行为41起，成功制止31起，恢复治理24起，立案调查10件，收缴罚款10万余元，申请法院强制执行4件，依法移送公安机关2件。三是加强城区土地规划管理。推行国有土地规划网格化管理，对未批先建、少批多建、违规修建、改变容积率等违法违规行为进行依法查处。2018年以来，累计强制拆除违规建筑33处，初步遏制了城区乱修乱建、强修抢修等违规建设行为。同时，按照法定程序，对棚改“钉子户”依法实施强拆，共强制拆除房屋2600平方米，较好推动了棚改攻坚行动。

（三）加强土地征收储备。一是加快建设用地报批。按照保重点、保急需、保民生的用地原则，建立重点项目用地台账，形成用地清单，开通绿色通道，优先报批棚户区改造、公共基础设施和公共服务设施等重点项目用地。2016年至2020年5月，累计报批土地2939.3亩，其中棚户区改造报批土地860亩，占报批土地的30%。二是加强土地征收储备。按照用地报批前期告知、调查确认、组织听证及用地批准后“两公告一登记”程序开展征地工作，公开征地信息，提高征地信息的透明度。三是调整土地储备空间布局。聘请专业规划单位编制完成《静宁县2019—2021年土地储备规划》和《静宁县城区年度土地收储计划》，确定了全县城区土地储备规模，明确了城区土地储备空间布局。

（四）坚持规范出让土地。一是认真执行土地出让程序。根据《中华人民共和国国有土地使用权出让暂行条例》（以下简称《国有土地出让条例》）和《招标拍卖挂牌出让国有建设用地使用权规定》《招标拍卖挂牌出让国有土地使用权规范（试行）》等法律法规和政策规定，每宗土地出让坚持按照制定出让方案、编制出让文件、发布出让公告、评估确定出让底价、开展出让申报、进行资格审查、组织开展出让、签订出让合同、公布出让结果的程序进行出让。2016年至2020年5月，累计出让国有土地84宗1595.7亩，其中拍卖出让土地21宗644.8亩，挂牌出让土地63宗950.9亩。二是积极解决工业园区用地遗留问题。县政府在2014年至2016年一次性解决工业园区土地“以租代征”历史遗留问题的基础上，对有实力的企业以挂牌方式出让国有土地62宗1477亩，对小微企业租赁14宗224.6亩。

二、存在的主要问题

（一）历史遗留问题比较突出。一是部分国有土地长期闲置。阿阳宾馆南侧开发改造于2008年启动实施，2013年完成土地征收补偿，但因规划、拆迁等原因，该地块至今未出让建设。邮政大楼南侧开发改造，因开发商违法自行协商征收，政府未依法及时处理，造成该地块长时间闲置。同时，城区一些国有土地因面积较小、分布零散，开发商不愿开发，造成长期闲置浪费。二是工业园区部分企业擅自改变用地性质。一些企业将工业用地变为商业用地，进行商业经营活动；一些企业以修建职工宿舍为名修建住宅楼，并私自进行销售；一些企业非法倒卖或转租国有土地。三是部分城区学校租赁集体土地。一中、城关初中、阿阳实验学校、德顺小学租赁集体土地用于学校扩建，每年给村集体和农民个人支付租金，延续土地使用权，不符合有关土地法律法规规定。

（二）棚改土地处置率偏低。我县棚户区改造应配建安置房30.1万平方米。截至2020年5月，初步建成7.1万平方米，正在建设的14万平方米，目前仍有9万多平方米安置房未开工建设。由于安置房建设缓慢，棚改户不能及时搬迁，棚改土地不能及时拆迁出让。同时，棚改拆迁中个别“钉子户”阻碍拆迁，造成部分棚改土地不能及时形成净地，不能及时出让开发，棚改土地处置率低，制约城区棚改土地报批和重点项目用地指标的争取。

（三）土地出让程序有待规范。一是土地报批时间较长。国有土地报批需要提供的资料多、收集难度大，而且省、市审批要求严格，导致土地报批时间较长。二是土地征收工作配合不够。土地征收涉及多个部门和乡镇，工作配合不紧密，不能及时办理相关手续，致使土地征收进度缓慢。三是土地出让程序复杂。存在“三多”，即流程多、环节多、手续多，甚至个别地块出让存在陪标、围标、串标等人为操纵的违规行为。四是土地出让金管理有待加强。土地出让金收缴制度不完善，收缴措施不得力，部分地块出让金不能按照出让合同及时足额收缴。

（四）国有土地规划亟待完善。一是土地利用总体规划与城乡统筹总体规划、县城控制性详细规划衔接不够紧密，部分地块三个规划不一致，影响土地征收出让。二是城区道路、停车场、公厕、健身广场、幼儿园等公共基础设施和公共服务设施规划滞后。三是部分重点建设项目修建性详细规划编制内容不全、质量不高，存在“三高三低”现象，即容积率、建设密度、建设高度偏高，规划标准、设计标准、建设标准偏低。

（五）土地违法查处力度不大。一是自然资源、城市执法部门在城区国土管理方面职责分工不明确，存在相互推诿扯皮现象，造成城区国土违法违规行为不能及时发现、制止、查处。二是工作联动机制不够完善。相关部门、乡镇在城区土地监管执法中，协调配合不够，执法检查未形成合力，执法成效不够明显。三是法律宣传力度不大。对国有土地管理的法律法规宣传不扎实、不全面、不经常，群众的法律意识淡薄。

三、今后工作建议

（一）科学编制规划，健全完善城区土地规划体系。一要尽快编制完成国土空间总体规划。按照“着眼长远，适度超前”的原则，突出科学性和连续性，紧密衔接城乡统筹总体规划和县城控制性详细规划，加快全县国土空间总体规划的编制进度。城区国土空间规划一定要预留足够的道路、学校、医疗卫生、商业街、便民市场、停车场、公厕、绿地广场、供热充电站点等建设用地，为今后完善县城基础设施和服务功能留足空间。二要修订完善专项规划。要切实加快基础设施和公共服务设施规划等各专项规划编制，努力做到专项规划与城乡统筹总体规划、县城控制性详细规划、城区国土空间规划相互衔接、内容一致。三要科学编制修建性详细规划。要高度重视修建性详细规划的编制、审查，坚持高标准规划、高标准设计、高标准建设。要严把重要地段和重点项目修建性详细规划编制质量关，突出文化元素、科技特色和现代都市的设计理念，科学合理确定开发强度，严控容积率、建设密度和建设高度，提高县城规划、建设水平。同时，今后新建居民小区，要严格按照相关规定，配套建设幼儿园、卫生室、健身场所、便民超市、地下停车场等公共服务设施，为居民创造便利的生活环境。

（二）严格出让程序，提升土地出让规范化水平。一要严格执行招拍挂政策。要按照《国有土地出让条例》等法律法规，对商业、旅游、娱乐和商品住宅等各类经营性用地以及有竞争要求的工业用地，必须实行招标拍卖挂牌出让国有土地使用权。要严格按照《招标拍卖挂牌出让国有建设用地使用权规定》和《招标拍卖挂牌出让国有土地使用权规范（试行）》规定的程序、环节、流程出让国有土地。二要加大土地出让信息公开力度，及时公开土地出让计划、供地方式、出让方案、出让底价、出让过程、出让结果等，接受社会监督，防止暗箱操作。坚决杜绝陪标、围标、串标等违法行为。三要持续推进审批制度改革，探索推进用地预审、选址意见书、土地划拨决定书、建设用地规划许可证等“多审合一、多证合一”改革，优化审批程序，减少审批环节，压减审批时限，提高审批时效，确保建设用地快审批、快征收、快出让、快开工。四要全面摸底排查城区土地使用证办理情况，全面准确掌握不动产登记中土地使用证未办理的原因，制定出台办理土地使用证的政策措施，力争年内解决这一群众关注的历史遗留问题。五要加强土地出让金管理。健全完善土地出让金收缴管理制度，细化工作流程，明确工作职责，依法收缴土地出让金。

（三）加快棚改进度，提高棚改土地处置率。一要加快搬迁安置工作。对已建成的安置房，要督促、组织棚改户尽快搬迁入住，及时腾退棚改房屋，及早完成房屋拆迁和土地出让。二要加快安置房建设。对已开工建设的安置房，要切实加快建设进度，力争早建成、早投用。对未开工的安置房，要加快前期各项工作，力争早开工、早建成。三要加快拆迁进度。对已搬迁的房屋，要加快拆迁进度，尽快完成土地出让；对个别棚改“钉子户”，严格按照司法程序，依法采取强制措施进行拆迁。

（四）坚持依法依规，积极稳妥解决历史遗留问题。县政府要充分认识解决城区国有土地历史遗留问题的重要性和必要性，列入重要议事日程，加强领导，强化责任，依法依规，专题研究解决历史遗留问题。一要以盘活存量国有土地为目的，“一地一策”研究解决历史遗留问题。对阿阳宾馆南侧、邮政大楼南侧等闲置土地，制定切实可行的方案，依法依规研究解决土地规划、征收、拆迁中存在的问题，尽快完成土地出让，盘活国有土地。同时，对城区闲置零星国有土地，全部用于规划、建设停车场、绿地广场、便民市场、公厕等公共服务设施，改善城区公共服务功能。二要以支持企业发展为目的，一企一策研究解决工业园区企业用地问题。对用于工业生产的土地，按照工业用地标准收缴土地出让金；对用于商业经营的土地，按照商业经营性用地标准收缴土地出让金；对用于商品住宅开发的土地，按照商品住宅开发市场价收缴土地出让金；对工业园区的小微企业，要按照国家扶持小微企业创新发展的有关优惠政策，以租赁方式解决企业用地问题；对私自倒卖或转租土地的企业或个人，要依法依规进行查处；对产权不清、界止不明的地块，要核准产权和界止，依法解决土地权属问题。三要研究解决城区学校租赁集体土地问题。建议政府从国有土地出让金中预算安排资金，先行给付村集体和农民个人的土地款项，然后积极向上争取用地指标，并按程序报批、征收土地，及早解决学校租赁土地问题。

（五）健全执法机制，加大违法查处力度。一要明确部门职责分工。进一步明确相关部门职能，细化城区国有土地监管职责，形成职责明确、各司其职、紧密配合、齐抓共管的土地执法机制。二要建立部门联动执法机制，各职能部门要协调联动，协作支持，加大土地违法查处力度，切实做好城区违规违建监管工作。要加强日常巡查，从源头上坚决遏制违规建设行为发生。三要加强法规宣传，通过设置广告牌、悬挂宣传标语、开办宣传专题、出动执法宣传车等多种形式，广泛宣传《中华人民共和国土地管理法》《中华人民共和国城乡规划法》等法律法规和政策规定，提高群众知晓率，在全社会营造学法知法、尊法守法的良好氛围。

第三十次会议 于2020年9月14日在常委会五楼会议室召开，由杨飞主持。

会议议程有十五项：一、传达学习省人大常委会党组书记、副主任王玺玉调研静宁县代表工作座谈会上的讲话精神；二、听取和审议自然资源局局长李小宁受政府委托所作的《静宁县中心城区“两规”一致性处理及城乡统筹总体规划（2015—2030）中心城区局部用地调整方案的报告》、常委会财经与城建工委副主任景坐社所作的《关于中心城区“两规”一致性处理及城乡统筹总体规划（2015—2030）中心城区局部用地调整方案的审查报告》，作出《关于中心城区“两规”一致性处理及城乡统筹总体规划中心城区局部用地调整方案的决议》；三、听取和审议科技局局长吕斌受政府委托所作的《关于静宁县省级农业科技园区总体规划及实施方案编制情况的报告》、常委会科教文卫与民侨工委主任王宏所作的《关于〈静宁县省级农业科技园区总体规划〉和〈静宁县省级农业科技园区建设实施方案〉的审查报告》，作出了《关于〈静宁县省级农业科技园区总体规划〉和〈静宁县省级农业科技园区建设实施方案〉的决议》；四、五两项合并：听取和审议财政局副局长赵有红受政府委托所作的《关于2019年全县财政决算（草案）的报告》、审计局局长王亚鹏受政府委托所作的《关于2019年度县级预算执行和其他财政收支的审计工作报告》、人大财经委副主任委员王友忠所作的《关于2019年全县财政决算（草案）的审查报告》，作出《关于批准2019年全县财政决算的决议》；六、听取和审议交通运输局局长王顺义受政府委托所作的《静宁县农村公路建设管理养护工作报告》、常委会农业与环境资源工委主任王壬寅所作的《关于全县农村公路建设与管护情况的调研报告》；七、人事任免；八、举行新任命人员宪法宣誓仪式；九、新任政府副县长刘孝平代表新任命人员作履职表态发言；十、听取和审议财政局副局长赵有红受政府委托所作的《全县企业国有资产管理情况的报告》、人大财经委副主任委员王友忠所作的《关于全县企业国有资产管理情况的调研报告》；十一、听取和审议司法局局长王松受政府委托所作的《关于规范性文件备案审查工作的报告》、常委会法制工委主任王瑞生所作的《关于规范性文件备案审查工作的检查报告》；十二、听取民政局局长孔昌军所作的工作报告；十三、审议通过《静宁县人民代表大会代表履职登记办法（草案）》十四、审议通过《静宁县人大预算审查联系代表工作办法（草案）》；十五、通报常委会和"一府两院"2020年上半年工作情况。会议结束时，副县长郭满山就落实审议意见作表态发言。

第十七届常委会组成人员张进宝、李读、牛永琪、杨飞、杨华、崔静荣、樊旺、平宏、王友忠、胡志科、李稳收、王瑞生、王壬寅、王宏、王致中、王飞、周浩仁、张录牛、李会宾、朱国军、朱礼、柳志祥、厚凤兰、王全生出席会议，县委常委、县政府副县长郭满山，监委副主任王根仓、法院副院长张维平、检察院党组成员张汉基，政府办公室副主任马步超、科技局局长吕斌、民政局局长孔昌军、司法局局长王松、审计局局长王亚鹏、财政局副局长赵有红、自然资源局局长李小宁、住建局党组成员张文江、交运局局长王顺义、公路养护站副站长吕公民、农村公路建设质量监督站站长任静保、农投公司监事黎彦召、水利工程公司经理任迎春、自来水公司工会主席王宏斌、招待所工会主任米罗稳，雷大镇党委书记王康乐、三合乡党委书记吕鹏，双岘镇人大主席张省宏、细巷镇人大主席吴旺海，新店乡政府乡长杨众举、司桥乡政府乡长祁康乐，市人大代表王宝琴、时淑琴，县人大代表张银虽、王铁牛、何彦霞，常委会财经与城建工委副主任景坐社列席会议。

附：

人事任免

刘孝平任县人民政府副县长

梁永红任县人大常委会信访室主任，免去县统计局局长职务；

李方正任县人大常委会农业与环境资源工作委员会主任

贾世玺任县人大常委会人事与代表工作委员会副主任

张前江任县统计局局长

郭晓东任县监察委员会委员

免去：

王壬寅县人大常委会农业与环境资源工作委员会主任职务

王致中县人大常委会人事与代表工作委员会副主任职务

县人民政府副县长刘孝平个人情况表

表4-67

姓名	性别	民族	出生年月	籍贯	文化程度	工作时间	入党时间	工作经历
刘孝平	男	汉	1971.6	甘肃平凉	本科	1995.10	1998.6	1991年9月至1995年6月在甘肃农业大学上学；1995年6月至10月在家待业；1995年10月至2000年8月在原平凉市水土保持局工作；2000年8月至2002年8月任原平凉市水保局副局长；2002年8月至2006年8月任崆峒区水保局副局长；2006年8月至2011年3月任崆峒区白水镇党委副书记、镇长；2011年3月至2015年10月任崆峒区花所乡党委书记；2015年10月至2016年10月任崆峒区发展和改革局党委书记、局长；2016年10月至2016年11月任崆峒区人民政府副区长，区发展和改革局党委书记、局长；2016年11月至2018年11月任崆峒区人民政府副区长；2018年11月至2019年1月任市发展和改革委员会副主任；2019年1月至2020年9月任市发展和改革委员会党组成员、副主任；2020年9月任静宁县委常委、县政府党组成员、副书记

关于全县农村公路建设与管护情况的调研报告

由常委会分管副主任带队，县政府分管副县长参加，常委会办公室、农业与环境资源工委，县政府办、交通运输局、发改局、财政局、水务局、扶贫办、公路养护站、农村公路建设质量监督站等单位负责人及部分县人大代表组成调研组，于8月上旬重点深入李店、甘沟、三合等12个乡镇部分主要路段及农村公路管理所、养护维修点，采取听取汇报、实地察看、座谈交流、考察学习等方式，对全县农村公路建设与管护情况进行了调研。

一、基本情况及主要工作

目前，全县共有农村公路523条2942.6公里，其中县道16条457.8公里，乡道44条674公里，村道463条1810.8公里。建制村和自然村通硬化路率分别达到100%和90.8%，全县农村交通基础设施明显改善，“四横五纵”的交通主干网络初步形成，服务县域经济社会发展的能力明显提升。

（一）积极争取国家投资，加快建设步伐。近年来，县政府把农村公路建设作为统筹城乡发展、促进农民增收致富的重要抓手，把争取国家投资作为改善农村交通基础条件的主要途径，积极争取国省投资，实施了一批新建、改建项目，农村公路建设强力推进。2016年以来，共计实施农村公路建设项目416项，完成固定资产投资8.9亿元；实施撤并建制村通硬化路、村组道路硬化777公里，有2105个自然村实现了通硬化路。争取省级补助资金、中央车购税补助资金，实施重点公路大中修项目8条，“畅返不畅”路段整治、窄路加宽项目130公里、50公里，一大批群众反映突出的热点难点问题得到解决。积极推进农村公路生命安全防护工程，累计完成2381公里，农村公路安保设施覆盖率达到100%，有效保障了群众出行安全。自然村通硬化路率较“十二五”末提高了50个百分点，高于全市平均水平47%。全县农村道路通达通畅程度大幅提升，带动了农村产业发展，加快了脱贫致富步伐。

（二）加强主干线路建设，优化路网结构。着眼外联内通，积极与省市交通部门汇报衔接，全力配合国省干线等重大交通项目建设。实施了静庄高速城川出口、平天高速仁大连接线等计划外项目6项。新建重建姚柳大桥、威戎葫芦河大桥等12座桥梁，G8513平凉至绵阳高速、S25静宁至天水高速；改建G312平凉西至界石铺段，S222西吉至燕子砭公路；改造提升X093八里至细巷、X089双岘至治平等三级公路，打通了静宁与周边县区的道路出口，优化了路网结构，增强了县域经济辐射能力，促进了城乡统筹发展。

（三）积极探索管护思路，保障公路畅通。坚持建管养并重，设立公路养护站和乡镇农村公路管理所，落实了部分养护经费和人员。县级财政每年配套300万元专项用于县乡公路日常养护维修，2019年率先在全省开展农村公路灾毁保险试点工作，年度完成定损理赔320万元，有效拓宽了灾毁维修资金投入渠道。乡镇普遍成立了公路管理工作领导小组，建立了以公益性岗位为主的管护队伍，用足用活村级共管共享资金，及时修补道路损毁；部分乡镇还探索了乡产业公司、村集体收益分红资金、包段落实的养护模式，收到了一定成效。

（四）强化路政综合执法，提升管理水平。2019年4月组建静宁县交通运输综合执法队，加强超限超载等公路违法行为打击力度。建立路警执法联动机制，强化信息共享，坚持日常巡查与集中整治、定点检查与流动检查相结合的方式，严肃查处违法行为。至目前，检查车辆1862辆（次），查处超限车辆56辆，落实罚金5.2万元。设立农村公路建设质量监督站，认真落实招投标、项目法人等制度，联合综合执法队开展在建道路工程质量专项督查12次，下发整改通知书及现场反馈单53份，有效保障道路建设质量。

二、存在的主要问题

（一）自筹能力不足，公路建设资金缺口较大。一是工程建设难度大。目前，农村公路建设实行补助性政策，资金主要来源于中省补助的专项资金和地方安排的财政性资金。但由于我县财政收入总量小，农村公路项目建设中县级配套资金难以筹措到位，设计建设只能依靠中省补助资金，与技术标准、质量标准之间存在矛盾。此外，我县砂石价格涨幅较大，劳务工资增高，农村公路建设成本逐年增加，修建成本远高于补助资金，增加了工程建设难度。据交通部门测算，通村硬化路每公里缺口在20万元以上。二是建设改造任务重。我县农村公路大规模建设始于“十一五”“十二五”期间，由于建设资金不足，农村公路建设标准和技术等级较低，大多没有配备排水渠、涵洞等，且大部分已超过设计使用年限，路面不同程度地存在破损、龟裂，亟待改造升级。自然村通达程度与广大群众出行的愿望还有很大差距，剩下的路段自然条件差，施工难度大，建设成本高。据统计，全县有229个自然村组487.2公里道路需硬化，约有100公里县乡公路、160公里村道达到设计使用年限。三是安全行驶隐患多。大部分农村公路是在乡村土路、砂化路基础上改扩建的，不同程度存在路面窄、坡度陡、弯道急，行驶视线不良等现象。

（二）技术力量薄弱，现场质量监管难以到位。农村公路建设涉及全县各个乡镇，呈项目多、规模小、里程长、分布散的特点，仅依靠交通部门技术力量难以做到现场质量监督工作全覆盖。以2020年为例，交通运输局农村公路建设质量监督站5名专业技术人员监督全县农村公路建设108项659.3公里。扶贫资金整合后的乡村道路建设由乡镇负责实施，虽然邀请村干部和群众代表参与建设质量监督工作，但因欠缺专业实践经验和技术培训，监管难以到位，一些硬化路项目建设项目法人责任制落实不到位，管理粗放，路面砂石比例、厚度、强度达不到标准，存在质量问题。受经费制约，竣交工验收第三方检验评定未引入，验收工作缺乏科学数据支撑。

（三）管养机制不畅，失养失管问题较为突出。一是养护经费不足。《甘肃省农村公路条例》规定，县交通主管部门、乡镇人民政府及其公路管理机构分别负责县道和主要乡道、乡道和村道的养护工作，并规定按照财力增长情况，调整提高养护资金筹集比例。由于我县财政自给率不足，乡村养护资金未纳入一般公共财政预算，县道养护资金缺口大，省列大中修项目和财政列支主要用于保畅通工作。以三原公路为例，“6·26”暴雨后出现近50处塌陷，通过及时抢修，路基等工程全面完成，但受资金制约，至今未油铺。一些乡镇为了保障农村公路畅通，不惜举债修补水毁路段，增添了政府债务压力。二是机械设备短缺。县公路养护站无沥青拌和等设备，现有养护设备短缺，也无资金购置。没有划定采砂区，养护材料均需采购，加剧了养护资金压力。乡镇公益性岗位人员为主的养护队伍以人工保洁模式为主，只能开展一些零星的、小规模的管护工作，对一些需要动用机械的损坏无法进行及时修复，以至造成更大的破损，需要更多资金修复，养护工作很难保质保量完成。三是机制不够健全。农村公路管理养护体制改革实施方案明确了农村公路层级养护管理主体单位，赋予了乡镇人民政府及公路管理机构对农村公路的管理职责，但我县实际情况是乡镇层面只是明确了管理机构及负责人，无专职管护人员、专门养护资金及设备，没有实质性运转，在养护上没有真正发挥作用，全县农村公路管养机制没有真正建立起来。村级管护责任不明确，重建轻养思想仍未根本扭转，盲区大量存在，部分路段边沟堵塞，路基路肩被水浸泡，一些村道损坏后长时间得不到修复。部分路权权属不清，形成管理漏洞。农村公路养护主要依靠县乡公路养护站，没有建立责任目标考核和补助资金激励机制，以及专业养护企业的市场化运行模式，多元化养护投入机制尚未形成。农村人饮工程、通畅工程实施过程中部门衔接不紧密，相互干扰因素多，增加了供水管网维修、公路养护成本和难度。部分乡镇在公路绿化美化时，占用路肩、边沟栽树种花，影响排水行洪、行车安全和使用年限。

（四）执法保障滞后，路政管理水平有待提升。交通运输综合执法队没有配备专职副队长，称重仪、执法记录仪短缺，执法人员服装不统一，缺乏执法必要的权威和有力的手段；执法人员从路政、运政、质量监督等方面划转整合，执法管理制度尚不完善，队伍综合素质有待提高，依靠现代科技手段和网络平台服务路政管理还比较滞后。静秦路、任刘至薛胡等路段超限超载运输砂石现象严重，对农村公路造成毁灭性破坏，县内没有建立卸载场，无法从根本上杜绝车辆违法状态，超限超载运输屡禁不止。相关乡镇虽然采取设置水泥墩来限载、治超措施，但效果不明显。随着全县重大项目建设的不断推进，借用农村公路通行的大型车辆随之增加，加快了农村公路结构性损坏。公路沿线部分群众爱路护路意识差，任意侵占公路及两侧建筑控制区等影响公路畅通的现象较为严重。

三、今后工作建议

（一）明确各级管理职责，强化主体责任。县政府要切实认清我县农村公路建设管护工作中存在的问题短板，深入学习贯彻习近平总书记关于“四好农村公路”重要指示精神，把农村公路建设管护放在高质量打赢脱贫攻坚战、实施乡村振兴战略的高度，提高思想认识，纳入重要议事日程，因地制宜研究农村公路建管养工作具体措施，明确主体责任，强化资金筹措，严肃考核问责，用心用情用力推进任务落实。一要明确主体责任。修改完善《静宁县农村公路建设管理办法》，进一步明确“县道县管、乡道乡管、村道村管”的分级管护主体责任，以及交通、财政等部门在质量监督管理、技术指导、资金筹措方面责任，厘清工作职责，理顺管理体制机制，努力做到各司其职、各负其责，配合有力、齐抓共管。二要加强质量监管。交通部门要加强在建道路项目施工现场的检查和指导，严格施工过程监管，把牢新建公路建设质量关和交工验收关。全面落实项目法人、设计、监理、施工单位的质量责任，以及质量缺陷责任制和质量保证金制度；严格按照规定进行交（竣）工验收，未经过验收或者验收不合格的，不得交付使用。加强对村干部及群众代表的技术指导和业务培训，形成交通部门、乡镇政府、村社群众齐抓共管工程质量的良好局面。三要明确建设重点。把自然村通硬化路作为今后农村公路建设的主攻方向，结合乡村振兴战略实施，加快建设步伐，有效解决农村出行难问题，提高群众获得感、幸福感。四要加快路网改造。将早期建成的、破损严重影响通行质量的县乡村道列入改造计划，争取改造维修项目，分年度、有计划地拓宽升级，路窄、弯急、坡陡处加设交通标志和安防措施，消除交通安全隐患。五要加强信用管理。加强农村公路建设市场监管，对工程质量监管登记备案，着力构建以质量为核心的“一处失信、处处受限”的失信联合惩戒机制，对在道路设计使用年限内发生工程质量问题的，严格落实责任倒查。

（二）拓宽资金筹措渠道，保障资金投入。一要加大向上“争”的力度。一方面，要继续重视农村公路项目建设，抓住国家加大农村公路建设的机遇，全力争取通组道路项目，进一步优化路网结构布局，以农村公路项目建设促进农村经济快速发展。另一方面，要主动研究国家投资导向，积极向国家有关部委以及省市汇报、反映因地方财政困难无法落实农村公路建设项目配套资金的实际情况，力争将农村公路管护、水毁维修资金纳入上级政策扶持和资金补助范围，减轻县级配套资金压力和债务负担。同时，要转变“争”的思路，在积极争取资金的同时，争取相关养护设备、机械。二要建立财政“投”的机制。把养护资金，尤其是乡、村养护专项资金，乡镇农村公路管理所运行经费、人员支出纳入县级一般公共财政预算，按照省政府关于深化农村公路管理养护体制改革实施方案中县、乡、村道每公里10000元、5000元、3000元，省、市、县1:1:8比例承担之规定，加大财政资金支持力度，并建立长效稳定增长机制，实现财政资金投入制度化、常态化，保障养护资金主体来源。设立农村公路应急抢修专项资金，探索设立养护基金，扩大农村公路灾害保险范围，强化养护、水毁修复资金使用监督管理，确保资金安全有效运行。三要拓宽资金“融”的模式。深化农村公路建管融资问题研究，创新工作思路，走多渠道、多形式的资金筹措路子。通过政策优惠、贴息贷款等方式，积极探索引导社会资本和专业养护企业参与农村公路管护的市场化模式，通过政府购买服务的方式，引入第三方养护机构，提高养护专业化、机械化、市场化水平。鼓励社会资本投资交通基础设施建设，成立交通投资公司，拓宽融资平台，扩大资金投入渠道，弥补财政投入不足的缺口，形成在公共财政框架下，政府投入为主、社会力量广泛参与的多元化投资体制。

（三）建立长效管护机制，提升管养水平。一要成立农村公路“路长制”领导小组，健全工作职责，督促开展相应等级的农村公路管理养护工作。规范设置乡镇农村公路管理所，落实具体从事农村公路管理养护的工作人员，加大养护能力建设，保障养护工作正常开展。指导村委会成立村道、村组道路养护组织，积极推行个人或家庭分段承包养护模式，扩大群众参与度。二要将农村公路养护纳入政府年度绩效考核范畴，健全完善考核办法，签订目标责任书，实行农村公路养护管理工作年度工作目标考核制，考核结果与补助资金挂钩，发挥考核的指挥棒和补助资金的激励作用，真正把权、责落实到乡、落实到村、落实到人。三要有计划地引进和招录具有公路养护专业知识的人才，购置紧缺机械设备，提高养护机械化水平。结合人居环境综合整治和全域无垃圾治理，全面提升路域环境。四要加强与自然资源、水务部门的会商，在规范砂石资源管理的基础上，科学划定采砂区，统筹解决公路建设养护用砂需求，加大砂石等原材料的供应和保障力度。五要超前谋划，突出重点，积极编制交通“十四五”全县农村公路建设规划，及早做好项目的论证储备。

（四）加强交通综合执法，巩固建设成果。一要加强执法队伍建设。尽快配齐交通运输综合执法队专职副队长，足额列支执法经费，统一更新、配齐执法监督人员工作标志服装，合理配备执法仪等紧缺短缺设备，提高执法装备水平。通过专题培训、外出交流等形式，提高执法队伍整体素质和业务能力。二要加强路政执法力度。建立健全路面执法协作和联合治理超限机制，坚持不定期地组织交通、公安、乡镇进行集中整治，构建治超长效管理机制。加大县乡道路的巡查和路面执法力度，及时查处乱堆、乱放、侵占及破坏路面违法行为，对发现的超载超限车辆，严格按照甘肃省公路管理条例、路政管理条例等法律法规，依法对其严管重罚，切实做到有路必管，违法必究。三要提升信息化管理水平。在县域超限超载主要路段合理建设治超站（点），责令超限运输车辆卸载至符合轴载质量及其他限值，彻底消除违法状态。积极借鉴外地先进经验，通过安装摄像头、连接雪亮工程等方式，打造交通运输信息化管理平台，提高信息化监管水平。

（五）强化法律政策宣传，营造社会氛围。利用多种宣传手段，深入宣传农村公路建设管理养护工作的相关法规和政策，注重加强沿路群众、经营户的普法教育，提高广大干部群众依法治路和自觉爱护公路的法律认识水平，以及维护路产路权、保障道路畅通的自觉性。注重解决好群众反映的突出问题，努力提高群众参与农村公路管理养护的热情，引导群众自觉管路护路，投工投劳，发挥主体作用。充分发挥新闻媒体的舆论监督作用，对损毁公路、破坏路产等违法行为公开曝光，共同推动农村公路建设与管护工作健康有序发展。

关于全县企业国有资产管理情况的调研报告

由常委会分管领导带队，常委会办公室、财经与城建工作委员会，县财政局、审计局等单位负责人及部分县人大代表组成调研组，于7月中旬、8月中旬，先后深入全县14户国有企业以及县成投公司、林投公司、农投公司、佳源果业公司、客运公司等5户国有企业投资建设的重点项目现场，通过实地察看、听取汇报、座谈交流、查阅资料等方式，对全县企业国有资产管理情况进行了调研。

一、主要工作

（一）建立监管机构与管理制度。成立了县国有资产综合事务中心，负责全县行政事业单位国有资产、企业国有资产、自然与社会资源类国有资产管理工作。出台了《关于规范县属国有企业投融资行为防范化解债务风险促进高质量发展的意见》《静宁县县属国有企业负责人薪酬标准（试行）》《关于实行国有资本经营预算的意见》

《静宁县县属企业国有资本收益收取管理暂行办法》。

（二）健全财务信息统计制度。一是开展企业国有资产产权界定、产权登记等基础性管理工作，加强企业产权变动、注销动态监控，完成全县14户国有企业国有资产的产权登记工作，摸清了国有企业资产家底。二是以企业财务月报和年报为抓手，健全全口径国有企业财务信息统计制度，督促企业财务人员认真做好财务月报、季报、年报及年度财务决算工作。

（三）加强国有企业监督管理。依据法律法规和政策规定，加强国有企业董事、监事监管，先后向县成投公司选派了监事，向县成欣公司选派了董事和监事。依法依规审批国有企业投融资计划，控制企业债务规模，防范债务风险。督促国有企业认真整改审计查出的问题，完善内部管理制度。按照《企业国有产权转让管理暂行办法》《国有资产评估管理办法》等规定，规范企业资产核销、评估、处置流程，防止国有资产流失。

（四）优化国有资本布局结构。为推动国有资本向重要行业、关键领域发展，由政府出资先后成立了县成纪投资发展有限责任公司、县农业产业扶贫投资有限责任公司、县成欣工业发展有限责任公司，组建了县林果业投资发展有限责任公司，主要承担投融资服务业务。目前，我县在城市建设、林果业发展、农业产业化、工业园区建设、中小企业担保等重要领域都组建成立了以投融资为主要职能的国有企业。

至目前，我县有县管国有企业（不含金融企业）14户，涉及投融资、金融担保、水利工程施工、林果业项目建设、房地产开发、民爆产品生产、电影剧院、粮油购销、电子物流、城乡供水、餐饮住宿、客运服务等行业，在册职工888人。按经营管理性质可分为四类：一是市场竞争型企业，有兴安民爆静宁分公司、佳源果业公司、鼎元物流公司、成纪艺术剧院；二是投融资、担保类企业，有中小企业担保公司、成欣公司、成投公司、林投公司、农投公司；三是社会公益服务类企业，有沣泰粮油公司、客运公司；四是企业化运行的事业单位，有自来水公司、水利工程公司、政府招待所。

截至2019年底，全县企业国有资产总额16.3亿元，负债总额8.9亿元，负债率54.5%，所有者权益7.4亿元，国有企业营业总收入2.4亿元，利润总额1240万元，其中林投公司、兴安民爆静宁分公司、中小企业担保公司、自来水公司、水利工程公司6户企业分别实现利润1687万元、407万元、116万元、6万元、2万元；县客运公司、政府招待所、成投公司、鼎元物流公司、佳源果业公司、成纪艺术剧院、农投公司、成欣公司7户企业分别亏损344万元、320万元、115万元、76万元、56万元、42万元、16万元、9万元；沣泰粮油公司持平。

二、主要问题

（一）监管机构职能较弱。2019年政府机构改革中，将原来监管国有资产的县国资局调整为县国有资产综合事务中心，管理全县行政事业单位国有资产、企业国有资产、国有自然与社会资源等国有资产。从一年来的实际运行情况看，由于国有资产监管机构性质、职能的转换，削弱了国资监管机构的职能和力量，弱化了全县国有资产监管工作。

（二）监管体制不够完善。尚未形成完善的政府指导、监管机构主管、行业部门和相关单位配合的国有企业宏观监管体制。国资监管机构与行业管理部门的监管职责划分不明晰，出资人和行业管理部门关系还未完全理顺，监管与服务作用发挥不充分。同时，监管机构班子配备不齐，监管人员较少，监管力量薄弱。

（三）监管制度不够健全。未出台全县企业国有资产监督管理，国有企业“三重一大”监督，国有企业董事会、经理层、监事会产生监管，国有企业经营业绩考核奖罚，国有投融资企业融资监管等监督管理制度。监管机构未明确企业国有资产监管权力清单和责任清单，未与国有企业签订年度目标责任书，未建立外派董事、监事、财务总监等制度。同时，出台的国有企业负责人薪酬待遇标准与经营业绩、企业规模未挂钩，激励作用不够明显。

（四）法人治理结构不够完整。一些国有企业未制定公司章程，一些企业未建立董事会、经理层、监事会，一些企业董事会、经理层、监事会运行不规范。建立董事会、经理层、监事会的企业班子配备不齐，尤其是没有专职的监事长或监事，对董事长、总经理的工作缺乏有效监督。国有投融资企业未设立财务总监。同时，部分国有企业内部生产、经营、管理制度不适应市场经济要求，全面建立现代企业制度的任务十分繁重。

（五）企业改革步伐缓慢。一是企业改革重组进展缓慢。划归成投公司的鼎元物流公司、成纪艺术剧院，划归林投公司的佳源果业公司，至今没有构建形成规范的一级公司与子公司运营机制。将国有性质的农投公司与集体性质的县农业发展公司合并，两公司运营存在“两张皮”现象。水利工程公司、自来水公司、政府招待所事改企推进缓慢。二是企业内部改革停滞不前。部分企业内部用工、分配以及考核奖罚制度不完善、不健全，分配“大锅饭”，职工劳动积极性不高。三是企业管理水平亟待提高。部分国有企业负责人由原行政干部转任，缺乏企业管理经验，经营管理不够规范，少数企业生产经营困难，个别企业亏损严重。

（六）投融资企业融资能力不强。我县5户国有投融资企业都是近年来新设立的，企业注册资本少，固定资产不足，生产经营规模小，营利水平低，部分企业没有主营业务，融资主要来源于银行贷款，融资渠道窄，融资能力弱，融资成本高。

三、工作建议

（一）加强机构建设，增强国有资产监管能力。按照实际工作需要，进一步加强国资监管机构建设，授权县国有资产综合事务中心全面负责国有企业运营监测、考核奖惩、投融资管控、收益收缴、改革重组等各项工作，对县属国有企业依法履行出资人的监督管理职责，切实增强国资监管机构的监管能力。同时，配强国资监管机构领导班子，配足工作人员力量，尽快建立一支懂经济、会监管的国有资产监管队伍。

（二）完善监管体制，建立国有资产监管体系。按照《中华人民共和国企业国有资产法》和《企业国有资产监督管理暂行条例》等法律法规规定，明确政府监管国有企业的重点是规划管控、资本管控、投资管控、融资管控、风险防控、企业负责人管理、业绩考核奖罚等，建立政府指导、国资监管机构主管、行业管理部门和相关单位配合的企业国有资产监管体制，理顺政府、国资监管机构、行业管理部门与国有企业之间的关系，进一步明确各自的职能和责任，切实加强企业国有资产监管，不断提高宏观监管水平。落实政府向人大报告国有资产监管工作的制度，将所有国有资产纳入报告范围，每年向县人大常委会报告国有资产管理综合报告及专项报告，不断提高监督实效。

（三）健全监管制度，提升国有资产监管水平。根据相关法律法规和中央、省、市有关政策规定，尽快制定出台全县企业国有资产监管，国有企业“三重一大”监督，国有企业董事会、经理层、监事会产生，国有企业经营业绩考核奖罚，国有投融资企业融资监管等办法，健全完善国有企业宏观管理制度。国资监管机构要严格执行企业国有资产监管权力清单和责任清单，制定国有企业外派董事、监事、财务总监制度以及国有资产保值增值审计制度，建立国有企业年度目标责任考核制度，每年与监管企业签订年度目标责任书，出台国有企业领导班子及领导成员考核评价办法；修订完善国有企业负责人薪酬待遇管理办法，企业负责人基本薪酬应当高于公务员薪酬，与经营业绩、企业规模紧密挂钩。健全完善监管方式和手段，坚持依法监管，注重采取法治化、市场化方式监管，推进简政放权，实施清单管理，实行章程管理；健全企业监事会向县政府报告年度监督情况制度。

（四）完善治理结构，加快建立现代企业制度。按照《中华人民共和国公司法》规定，指导企业制定公司章程，完善董事会、经理层和监事会设置，规范董事会、经理层、监事会运行，充分发挥董事会的决策作用、经理层的执行作用和监事会对企业“三重一大”的监督作用。高度重视企业领导班子建设，选派懂经营、会管理、有改革意识的人担任国有企业董事会、经理层、监事会等班子成员以及国有投融资企业财务总监。帮助企业健全完善内部生产、经营、管理机构和制度。

（五）深化企业改革，提升企业市场竞争力。组建国有资本投资运营公司。借鉴外地经验，组建国有资产投资管理公司，负责经营县财政直接出资设立的6户国有企业国有资产和行业部门出资设立的8户国有企业国有资产以及自然社会资源型国有资产。加快企业重组进度，尽快完成成投公司与鼎元物流公司、成纪艺术剧院，林投公司与佳源果业公司重组的后续工作，建立规范的一级公司与子公司运营机制。加快经营性事业单位改制，对水利工程公司、自来水公司、政府招待所等经营性事业单位，按照规范要求，建立企业董事会、经理层、监事会，配齐配强企业董事长、总经理、监事长，使改制企业尽快按照公司化标准规范运营。切实帮助企业纾难解困，对亏损严重的企业，通过解决企业历史包袱、转换经营机制、深化内部改革等措施，切实减轻企业负担，盘活企业资产，帮助企业摆脱困境；对债务较重的企业，采取盘活土地、建筑物等资源，解决历史遗留问题，减少企业负债等办法，帮助企业走出困境；

对承担社会公益服务的企业，财政每年给予适当补贴，帮助企业更好履行社会公益服务；对其他经营亏损的企业，采取“一企一策”的办法，帮助企业扭亏为盈。

（六）加大扶持力度，增强投融资企业融资能力。用足用活国家有关政策，认真研究、加快落实中共中央、国务院《关于构建更加完善的要素市场化配置体制机制的意见》，积极推进土地、劳动力、资本、技术等要素市场化配置，盘活国有投融资企业存量资本，扩大增量资本，进行资产重组和资源整合，增加企业资产总量。帮助企业增加银行融资，扩大企业融资规模；探索债券融资和融资租赁，提高企业融资能力。吸收社会资本入股，扩大投融资企业资本总量，增强企业融资能力。加快培育企业主营业务，围绕城市水气暖供应、公共服务设施和基础设施建设、房地产开发、环境保护、电子物流、自然社会资源开发等重点领域和优势行业，扶持企业培育主营业务，努力形成一企一业，尽快解决一些投融资企业“空壳”问题。支持投融资企业积极参与重大项目建设，拓展主营业务，增加经济效益。

关于规范性文件备案审查工作的检查报告

由常委会主要领导、分管领导带队，县政府分管领导参加，常委会办公室、法制工委，司法局相关负责人及部分市、县人大代表组成检查组，于7月上旬先后深入政府办、司法局、卫健局、文旅局、城市管理执法局、教育局、住建局等单位，通过听取汇报、查阅资料、座谈交流等方式，对2016年以来开展规范性文件备案审查、报审工作情况进行了检查。

一、基本情况及工作要点

“加强备案审查制度和能力建设，把所有规范性文件纳入备案审查范围，依法撤销和纠正违宪违法的规范性文件。”这是党的十八届四中全会对完善人大监督制度作出的重大部署。党的十九大报告明确指出：“加强宪法实施和监督，推进合宪性审查工作，维护宪法权威。”十九届四中全会又完善和重申了相关规定，规范性文件备案审查的要求越来越高，也越来越具体。近年来，县政府及相关职能部门认真贯彻落实省市关于加强规范性文件备案审查工作有关要求，坚持有件必备、有备必审、有错必纠的原则，认真开展规范性文件备案审查工作，确保了政府规范性文件的依法实施。2016年以来，以县政府和县政府办公室名义制发、公布规范性文件11件，其中2016—2018年制发、公布6件，合格率100%，具体为：2016年3件，《静宁县综合电子监察管理办法（试行）》《静宁县政府信息公开工作责任追究办法》《静宁县政务公开实施办法》；2017年2件，《静宁县人民防空工程建设管理办法》《静宁县河道建设与采砂管理办法》；2018年1件，《静宁县河道管理范围内建设项目管理办法》。2019年机构改革后，制发、公布规范性文件5件。具体为2019年新制发、公布2件，修订1件，《静宁县农村饮水工程运行管理办法》《静宁县烟花爆竹燃放管理办法》；修订了2017年静宁县河道建设与河道采砂管理办法和静宁县河道管理范围内建设项目管理办法；2020年2件，《静宁县临时救助管理办法》《静宁县城市居民最低生活保障实施办法》。县人大常委会函复11件。这些规范性文件符合宪法及相关法律法规规定，管理范围涵盖环境治理、生态保护、社会民生等多个领域，明确了行为准则，提高了工作效率，促进了各项工作规范化、制度化运行。

（一）完善制度建设，明确报审流程。注重从制度机制建设入手，努力提高规范性文件合法性审查工作的水平和质量。依据《甘肃省各级人民代表大会常务委员会规范性文件备案审查规定》（以下简称《审查规定》）、《平凉市人民代表大会常务委员会规范性文件备案审查办法》（以下简称《审查办法》）、《平凉市规范性文件管理办法》等文件要求，对规范性文件的规划、调研、起草、社会参与、论证、审查、备案等每个环节严格把关，使审查工作逐步制度化、规范化、有效化。同时，所有出台的规范性文件，由牵头起草部门征求相关单位意见后，送至司法局进行合法性审查，经审查修改后出具规范性文件审查书面意见，提请政府常务会议审议决定。

（二）理清审查思路，突出工作重点。坚持把合法性、合理性、必要性作为规范性文件审查重点。严格规范性文件制定程序，审查过程中，重点审查规范性文件的内容是否符合法律法规、规章规定，是否有超越法定权限和违反法定程序的情况。对审查中发现的问题，按照法定程序和依据提出修改意见或建议，及时予以纠正，使规范性文件法律法规依据正确，程序合法有效。

（三）清理失效文件，确保依法依规。规范性文件清理是备案审查的重要内容之一。根据国务院的规定和“放管服”的要求，我县认真清理和废除妨碍统一市场形成和公平竞争的各种规定，检查中发现，清理出的包括与党的十九大精神不相符、与现行法律法规不一致、已被新规定涵盖或替代、不适应经济发展需要、调整对象已消失、管理方式已改变、工作任务已完成或者适用期已过的文件进行全面清理核实。共清理政府规范性文件927件，其中失效文件264件，继续有效文件639件，需要修订修改的文件24件。同时，在清理的基础上编制完善清理目录，分期分批公布清理结果，反馈清理意见，维护法制统一。

二、存在的主要问题

（一）重视程度不高，审查力量薄弱。一是学习不够深入，业务不熟。对规范性文件备案审查相关规定和文件精神没有认真学习，对有关报审要求不明确，理解不透彻，在实际工作中缺乏指导，致使文件报审不准确。二是报审文件不主动。对本部门制定的规范性文件未按报审规定要求及时报审，检查中发现，有些已经实施的文件超过报审时限仍未报审备案，文件合法性不能及时确定。三是审查队伍力量薄弱。司法局开展规范性文件审查的业务人员变动频繁，现有专门负责的工作人员3人，但其中2人抽调开展驻村帮扶，脱离本单位工作，实际只有1名专业人员负责这项工作。有法律专业和法治实践经验的专业人员严重缺乏，难以有效行使对规范性文件的实质性审查，在一定程度上影响了规范性文件的审查质量。

（二）起草部门对规范性文件界定标准不明确。按照法律法规规定，凡涉及公民、法人和其他组织权利义务，且具有普遍约束力、可以反复适用的文件均属于规范性文件范畴，需报备审查。有些部门对文件规范性尺度标准把握不准，有些应该纳入报备审查的规范性文件未被纳入，有的制定机关仅以文件名称和文种形式进行判断，将一些不属于规范性文件的内部规定、工作方案、表彰奖励等文件进行报备。

（三）报审程序不规范，报审材料不完整。一是执行标准不严格。对有件必备原则要求落实不到位，报备不规范、不及时甚至出现漏报情况。制定规范性文件的相关规定掌握不全面、不深入，部门提交政府常务会议审定的规范性文件，在会前征求意见，提交司法部门审查方面把关不严，个别规范性文件印发后公布不及时。二是报审材料不齐全。检查中发现，大部分规范性文件报审材料格式不规范，资料不完整。对审查办法要求的报备资料中，只有政府常务会通过的草案文本，其他材料，如提请司法部门审核的公函、法律法规的依据文件、起草说明、征求意见材料、调研报告及参考资料等均不同程度的缺少。

三、下一步的工作建议

（一）提高思想认识，重视规范性文件备案审查工作。对规范性文件进行备案审查，是人大常委会的一项重要的监督职权，是维护国家法制统一的重要法律制度和重要手段。一是提高思想认识。各起草部门要坚持遵守宪法和法律、法规规定，认真履行职责义务，把规范性文件备案审查工作当作法律监督的一件大事来抓，定期听取和研究规范性文件备案审查工作，定期开展检查和讲评活动，为开展规范性文件审查务实思想基础。二是明确界定规范性文件报审范围。准确把握规范性文件的界定标准，是顺利开展备案审查工作的前提和基础。判断文件是否需要报备，不拘泥于文件的标题名称，而应重点放在其内容的审查上，要把握其普遍约束性、反复适用性等特征，凡文件内容涉及公民权利义务或行政管理相对人法定权益的，都应当作为规范性文件进行报备审查，做到应备尽报。进一步细化和完善规范性文件的范围、标准，使文件备案审查的范围更加明确、清晰，标准更为具体并具可操作性、可执行性。

（二）加强能力建设，完善审查工作机制。面对长期以来备案审查工作存在的审查能力不足的问题，一是加强学习，通过个人自学、集体讨论、调研考察、举办培训班、请专家辅导等形式，认真熟悉和领会《中华人民共和国各级人民代表大会常务委员会监督法》《审查规定》《审查办法》等内容，准确把握规范性文件的内涵和外延，准确界定应报备的规范性文件的范围、程序、报备期限、标准和方式，准确掌握工作方法，避免工作的随意性和盲目性。二是以备案审查能力建设为核心，进一步加强规范性文件备案审查工作组织领导，优化机构设置，强化岗位职责、人员力量等保障措施。三是加强备案审查队伍建设，选配业务素养高、工作经验丰富、作风过硬、敢于担当的人员充实备案审查工作机构。

（三）明确责任分工，认真落实审查制度。制度和责任是做好备案审查工作的重要保障。依据《审查规定》《审查办法》要求，进一步明确我县规范性文件制定的规划、起草、论证、审查、备案等环节的程序和要求，督促制定机关依法、及时、规范地做好规范性文件合法性审查及报审工作。加强对各单位业务人员培训和学习，提升业务人员素质，建立健全规范性文件的初审、送审等工作程序。增强职能部门依法行政、接受监督的自觉性，为顺利开展规范性文件备案审查工作创造良好氛围。落实机构人员，明确工作职责，保障规范性文件备案审查工作正常开展。

（四）实现四个转变，提高审查质量。重点对规范性文件内容是否符合法律法规规定，是否实现与维护了广大人民群众的权利与义务进行审查，审查方式实现四个转变：一是重备案轻审查变为备案和审查并重。不仅对制定机关报送的规范性文件进行分类、登记、存档，还对其实质内容进行审查。二是被动审查变为主动审查和被动审查相结合。无论人大及其常委会、“一府两院”或人大代表是否提出审查要求，公民、法人或其他组织是否提出审查建议，审查机构都可以开展审查工作。三是形式审查变为形式审查和实质审查相结合。不但要审查报备资料是否齐全，是否超过报备时间，而且要审查制定主体、程序、权限是否符合法律规定，文件内容是否与法律法规相抵触或存在其他不适当的情形。四是单独审查变为单独审查与共同审查。对涉及权利义务关系比较复杂、专业性比较强的规范性文件，由具体审查机构与人大常委会相关工委、专家沟通研判、共同审查。

（五）细化审查要求，增强纠错刚性要求和力度。拓宽法定机关、公民和其他组织审查要求、审查建议的提出渠道，积极回应社会关切。对于审查要求和审查建议，要认真研究处理并及时进行反馈。一是在审查对象上，要重点加强对政府及各执法部门报审的规范性文件的审查。同时，为防止漏报，定期检查各单位规范性文件报审情况；二是在审查内容上，对是否突破、规避国家法律法规，增加部门权力或者减轻部门责任等问题进行审查。对规范性文件是否符合社会主义核心价值观、是否适应“放管服”改革或者优化营商环境建设等要求进行审查。三是在审查方式上，要提高沟通协调和督办工作力度，发现存在违法或者不适当情形的，按法定时间提交主任会议，主任会议提交常委会决定，依法退回修正。

（六）拓展宣传渠道，营造依法开展备案审查的工作氛围。要通过各种形式，加强对备案审查工作的宣传，规范性文件备案审查工作是一项新的日常性工作，人大、政府和社会公众都存在一个逐步认识、适应、熟悉的过程，要进一步加大备案审查工作宣传力度，定期公布备案文件和备案审查工作情况，扩大社会影响力，调动公众和社会组织参与积极性。通过工作会议、座谈交流、广播、电视、宣传栏等多种形式，大力宣传《中华人民共和国各级人民代表大会常务委员会监督法》和《审查规定》《审查办法》，不断提高人大常委会、政府和全社会对这一工作的认识，强化权力机关的监督意识，行政机关的责任意识和全社会的参与意识，努力营造开展规范性文件备案审查的良好工作氛围。

第三十一次会议 于2020年11月17日在常委会五楼会议室召开，由张进宝主持。

会议议程有八项：一、传达学习中国共产党十九届五中全会公报和中共中央总书记习近平重要文章《国家中长期经济社会发展战略若干重大问题》；二、人事任免；

三、听取和审议科技局局长吕斌受政府委托所作的《关于全县科技工作情况的报告》、常委会科教文卫与民侨工委主任王宏所作的《关于全县科技工作情况的调研报告》；四、听取和审议财政局局长马斌受政府委托所作的《关于静宁县2020年抗疫特别国债和部分新增债券安排情况的报告》、人大财经委副主任委员王友忠所作的《关于2020年抗疫特别国债和部分新增债券安排情况的审查报告》，作出《关于2020年抗疫特别国债和部分新增债券安排的决议》；五、听取和审议财政局局长马斌受政府委托所作的《关于发放全县机关事业单位工作人员2019年平安建设考评奖和2020年取暖补贴重大支出的报告》、人大财经委副主任委员王友忠所作的《关于发放全县机关事业单位工作人员2019年平安建设考评奖和2020年取暖补贴重大支出的审查报告》，作出《关于发放全县机关事业单位工作人员2019年平安建设考评奖和2020年取暖补贴重大支出的决议》；六、听取和审议检察院检委会专职委员张汉基所作的《关于开展公益诉讼工作情况的报告》、常委会法制工委主任王瑞生所作的《关于县人民检察院开展公益诉讼情况的调研报告》；七、听取和审议政府办公室主任韩伟周受政府委托所作的《关于县十七届人大四次会议代表建议意见办理情况的报告》、常委会人事与代表工委主任李稳收所作的《关于县十七届人大四次会议代表建议意见办理督查情况的报告》；八、听取住建局局长雷旺盛所作的工作报告。会上，政府常务副县长刘孝平就落实审议意见作表态发言。

第十七届常委会组成人员王智国、张进宝、靳宝生、杨飞、杨华、崔静荣、樊旺、平宏、王友忠、胡志科、李稳收、王瑞生、王宏、王致中、王飞、李会宾、朱国军、朱礼、柳志祥、王相中、厚凤兰、王全生出席会议；县委常委、政府常务副县长刘孝平，法院院长张立军、检察院检委会专职委员张汉基、政府办公室主任韩伟周、科技局局长吕斌、工信局局长陈红福、财政局局长马斌、人社局局长张淋冰、住建局局长雷旺盛、水务局局长戴彦荣、商务局局长张亚鹏、文旅局局长蒋建怀、市场监管局局长鲍彦鹏、市生态环境局静宁分局局长何冠群、公安局常务副局长李伟森、自然资源局副局长王宁学、交运局副局长晋维文、农业农村局副局长李红太、林草局副局长李荣学、执法局局长韩满仓、教育局副局长张军民、卫健局副局长王继国、科协主席李文光、县志办三级主任科员吕喜荣、畜牧兽医中心主任李宏强，深沟乡、灵芝乡党委书记米发明、李好信，贾河乡人大主席程福利，李店镇、曹务镇政府镇长李满斗、杨志明，市人大代表张雪红、刘玉海，县人大代表李效义、胡双红、张稳稳、王军社，常委会有关委室负责人梁永红、李方正、景坐社、贾世玺列席会议。

附：

人事任免

免去：

薛忠荣县人民法院审判员职务

郗丽萍县人民法院审判员职务

关于全县科技工作情况的调研报告

由常委会分管副主任带队，县政府分管副县长参加，常委会办公室、科教文卫与民侨工委，县政府办、科技局、财政局、科协、畜牧兽医中心等单位负责人及部分县人大常委会委员组成调研组，于10月上旬重点深入果树果品研究所和国草药业、恒达公司、陇上草牧业有限公司等单位和企业，采取听取汇报、实地察看、座谈交流等方式，对全县科技工作情况进行了调研。

一、基本情况及主要工作

目前，全县有各类科研机构3家，高新技术企业2家，科技型中小企业6家，产业技术创新联盟1家。有正高级职称和享受政府津贴的专家型人才13人，入选平凉市“222”创新人才工程13人、“平凉市领军人才”11人。

（一）加强组织领导。顺利完成机构改革，明确科技部门职能，配齐领导班子和工作人员。成立以县政府主要领导为组长，分管领导为副组长，21个部门单位主要负责人为成员的科技工作领导小组，加强全县科技工作的指导和协调。制定出台了《静宁县支持科技创新若干实施意见》《静宁县科技计划项目管理办法》《静宁县科学技术进步奖励办法》，积极实施科技创新平台建设，全力支持企业、科研单位创建各类平台基地。提出打赢疫情防控阻击战推进中小企业发展具体措施，加强疫情期间中小企业研发经费补贴申报，全县科技工作环境得到优化，创新活力有效激发。

（二）多元集聚资源。加强与省内外科研单位、高校合作，引进先进技术，充分利用技术资源，相继建立静宁苹果综合试验示范基地、产学研联盟、静宁苹果院士专家工作站。恒达公司先后被评定为“省级企业技术中心”“纸制品包装工程技术研究中心”；平凉红牛供港养殖及出口创汇基地被商务部及海关认证为供港活牛标准化养殖基地；峰果纯素科技有限公司与甘肃农业大学、省农科院等单位联合，创建了甘肃省苹果全产业链创新工程研究中心。申报获批国家级创业就业孵化示范基地1家、省级2家、市级3家，有效开拓了科技资源引进渠道。

（三）提升创新能力。坚持把项目建设作为科技工作的重中之重，近两年申报获批省级科技项目2项、市级7项，一大批扶持资金的注入，激发了企业创新活力。各生产、科研单位结合自身特点，整合创新要素，依靠自主创新，在一些领域取得了技术优势。先后选育出“成纪1号”“静宁1号”两个具有自主知识产权的苹果新品种，“静宁12号”小麦优良品种、“青贮料腐败和二次发酵控制技术研究与应用项目”获得2019年度、2020年度甘肃省农牧渔业丰收一等奖，总结推广旱作高效栽培技术4类12项。“德美1号、2号”获得国家发明专利，“植物益生菌发酵果蔬浆项目”获得农业农村部“新希望杯”第二届全国农村创业创新项目创意大赛甘肃赛区一等奖，“利用废纸造纸污泥采用湿法调质改性技术生产高密度硬质模塑包装制品”技术成为国内首创，补肝益肾配合心理护理疗法对绝经后心绞痛患者雌激素水平的影响及疗效，获2019年度甘肃省皇甫谧中医药科技三等奖。各中小学加强实验教学和科技创新教育，近三年全县中小学师生在市级及以上青少年科技创新大赛中获奖600多人次。

（四）促进成果转化。利用“全国科普日”“科技活动周”，积极宣传全县科技创新成果和在科技领域取得的成就。加强农村畜牧养殖、果园管理等科技政策宣讲和实用技能培训，营造科技创新社会氛围。积极探索成立县级、乡级、村级农业社会化服务工作指导站2个、9个、50个，选派170名科技特派员深入到贫困村开展科技服务，主动对接服务对象技术需求。今年以来，共开展各类农业实用技术培训3000余人（次），畜牧养殖、果园管理等实用技能培训12期，开展科普知识宣传、科技政策宣讲10场（次），受益群众1万余人。

二、存在的主要问题

（一）科技创新氛围不浓。县政府及相关部门对全县科技工作重视程度还不够高，引导企业进行科技创新的氛围不浓，扶持力度不大，措施不精准。支持特色产业方面，果树果品研究所、畜牧兽医中心等单位科研经费紧张，正常工作经费没有保障，没有配备车辆，技术人员下乡宣讲种养新技术较为不便。壮大工业企业方面，抓工业经济的力度不够，出台的优惠政策不多；金融机构在小微企业融资服务方面政策约束较多，一些企业科技创新项目由于没有抵押资产，很难取得银行贷款授信，融资难、融资贵的现象普遍存在，多层次、多渠道、多形式的科技投融资体系尚未建立。制定激励机制方面，促进科技创新发展的激励办法还不够完备科学，没有发挥出应有的作用和效益。科技奖励相关政策没有真正落到实处，一些取得科技创新成果的单位和个人得不到正向激励，影响了自主创新的积极性和主动性。人才引进政策吸引力不强，高端果业、草畜专业人才招聘不进来。服务平台建设方面，现有孵化创新平台数量少，功能不完善，孵化基地的辐射带动作用发挥不充分；现代科技公共服务资源匮乏，行业发展滞后。企业、学校、科研机构在技术创新、成果转化中缺乏有效衔接，产学研合作层次低，不能很好地适应全县经济融合、特色产业发展。

（二）科技支撑体系薄弱。一是经费投入不足。近年来，县财政对科技的投入尽管有较大幅度增长，但真正用于科技项目的经费仍然有限，全县科技研发投入经费支出占全县GDP比重和财政科技支出占一般公共预算支出比重偏低，要达到省上要求的2025年县级投入分别达到1.5%和1%差距较大。老果园改造抗重茬脱毒苗木研究繁育、肉牛繁殖技术、先进农业机械推广等缺乏资金支持，苗木外调没有从根本上得到扭转，新型农业机械、先进农业技术得不到有效推广。二是人才严重匮乏。近年来，未引进农业、林果业方面高校毕业生，专业人员力量少，存在人才断档危机。果、牛两大产业人才短缺与果品产业转型升级创新发展、牛产业发展壮大不相匹配。高层次人才稀缺，基础型人才供应不足，科技人才层次比例和结构不够合理，全县支撑高新技术产业发展的人才，尤其是科技创新创业的领军人才和团队还十分缺乏。

（三）主体作用发挥不足。我县工业企业大多为“中小微”企业，属于劳动密集型企业，科技创新型企业无论从数量还是规模上较为落后。企业整体上缺乏长远发展目光、高端管理和技术人员，重眼前、轻长远的功利主义现象还在相当范围内存在，依靠自主创新增加产品科技含量和市场竞争力的意识不强；科技基础设施建设投入不足，没有建立自己的研发机构，发展所需要的核心技术、关键零部件、工艺装备普遍以引用外来科技成果实现本地生产为主，对外依存度较高。我县作为农业大县，以农业产业为依托的科技型企业较少，研发能力不足，农产品主要以原产料外销为主，科技含量、附加值较低。

（四）宣传力度有待加强。果、牛、旱作农业方面的先进种养新技术普及不及时，在生产实践中的应用较为滞后。一些种养户在思想观念上还没真正认识到科技的作用，仍然凭借原有的传统经验和技术从事苹果、畜禽规模生产。在开展的各类科普主体宣传中，相关部门、团体主要以创建宣传栏、设立科普长廊为主，形式单一，内容单调，互动性不强，地方特色不够彰显。科普工作与学校的教学联系、科研机构的科技资源联系不紧密，对潜在的资源挖掘利用还不够。

三、今后工作建议

（一）深化科技认识，构建创新体系。县政府及相关部门要深入学习习近平总书记关于科技创新工作的重要论述和在科学家座谈会上的讲话精神，充分认识、准确把握科技创新的重要地位，增强抓科技工作的紧迫感和责任感，进一步强化组织领导，协调解决难点，加大投入力度，推动成果转化，使科技创新真正成为推动全县经济社会高质量发展的强力引擎。一要创优创新环境。谋划编制好静宁科技创新发展“十四五”规划，明确科技创新发展战略定位、主要任务和实现路径，建立完善科技项目库，组织策划申报一批国家级和省级重大科技项目；通过完善科技项目招商引资政策，吸引、扶持、培育一批科技型、创新型和高新技术企业，引领全县创新发展。引进培育一批集评估、咨询、法律、培训等一体的中介机构，多方位搭建科技服务平台，积极为科技型企业奖项申报、成果登记等提供对接服务。二要优化创新平台。结合地方特色产业发展趋势，扶持壮大果树果品研究所、恒达纸制品包装工程技术研究中心、欣叶科技孵化园等科技创新平台。加大全县良种苹果苗木繁育的人财物支持，持续扩大基地繁育规模，培育适合静宁生态条件的新优品种，彻底扭转苗木外调、品种混杂问题，为全县苹果产业高质量发展提供苗木保障。三要增强服务功能。提高工业园区规划水平，加强基础设施建设，提升承载能力；积极落实国家及省市扶持科技型企业发展的各项优惠政策，深化“放管服”改革，在企业科技创新项目立项、用地、规划等方面简化审批流程，提升服务能力。全力帮助企业申报、争取科技项目，做好创新成果认证申报；不断完善在促进科技创新成果就地转化、推广、形成产业等方面的服务，努力将科技成果转化为现实生产力。

（二）重视人才引进，强化创新支撑。大力推进“人才强县”战略，把发挥人才作用作为推进科技创新、特色产业长效发展的关键措施，对各类紧缺型人才进行摸底，建立需求清单，有计划、多渠道、分年度签约、引进一批果树栽培、畜牧养殖、检验检测、纸箱包装等方面的紧缺人才，为推动科技创新提供人才支撑。一要完善科技人才培养和引进机制，出台具有吸引力的高端人才引进政策，明确福利待遇和住房保障，帮助解决配偶就业、子女教育等实际问题。整合相关部门资源，拓展引进渠道，营造高层次科技人才进得来、留得住、干得好的良好氛围，吸引各类紧缺人才、高层次人才和青年人才到静宁发展创业。二要建立健全人才评价激励机制，构建多角度、全方位的人才评价体系；加大对科技创新人才、重点项目领军人物和优秀团队的奖励力度，优先给予项目和资金支持，充分调动科技创新人才积极性，激发创新活力。三要整合人力资源，将研究生按专业安置到对口单位，对乡镇“三支一扶”“四支一扶”及有关专业技术人员进行合理岗位调整，充实到有关技术服务站（所），或调整到急需专业技术人才的岗位，避免人才浪费。四要注重现有科技人才的素质提升，通过组织外出学习培训和技术交流等形式，增长领域见识，提高业务素质和创新能力。五要更加重视和支持平凉机电工程学校对果树栽培、畜牧养殖等实用产业人才的培养；鼓励现有技术骨干通过“传帮带”，培养紧缺型技能人才，补齐专业人员紧缺的短板。

（三）加大资金投入，破解制约瓶颈。一要认真研究国家科技投入导向，积极争取国家、省市科技项目和资金，用足用好用活科技政策。二要加大县级财政投入力度，增加应用技术研发资金和科技三项经费，设立企业科技创新基金，形成稳定的合理增长机制，进一步发挥政府投入资金的引导和杠杆作用。三要合理安排资金投向，明确财政资金扶持的方向和重点领域，全力保障果树果品研究所等有关全县产业发展大局的科研机构运营经费和科研经费；支持壮大一批技术创新绩效明显、产权明晰、成长性好的中小微科技企业；加强财政科研项目和资金管理，提高资金配置率和使用准确性。四要拓宽科技资金投融资渠道，积极搭建银企交流、洽谈平台，促进银企合作；支持贷款、担保企业依法开展互动性融资、担保，激活民间资本投入，构建多渠道科技投入体系，有效破解企业在科技创新方面资金不足难题。

（四）突出主体地位，激发创新活力。强化企业科技创新主体责任和地位，加大对企业增强自主创新研发经费投入的鼓励和支持力度，激发企业内生动力，使企业真正成为研发主体、投入主体、成果应用主体，通过增加产品科技含量增强企业核心竞争力。引导企业加大特色优势产业科研投入力度，建立适合自身发展需求的技术研发中心，抓好新工艺、新装备、新技术、新产品的研发与应用，培育新的经济增长点。鼓励企业与职业教育机构、科研机构、知名企业建立科技创新战略合作平台，以及多层次、常态化的技术创新对话机制和咨询制度，提升产学研合作开发能力。健全完善科技进步奖励办法，对自主研发、获得省市奖项的企业，给予一定比例奖励，加强企业专利申报培训指导，激发企业自主创新活力。

（五）集聚驱动资源，加强科普宣传。一要健全完善科普人才培养、管理、使用等机制，建立更多符合创新发展要求的科普人才队伍，调动广大科普工作者的积极性和主动性，激发他们在科普工作中争当创新的推动者和实践者，扎实做好科普工作。二要加强与中国科学院、中国农科院的联系，支持院士专家工作站建设；积极争取省内外高校来静建立实习基地，引进博士、硕士研究生来静社会实践，深化合作内容，推动更加开放的聚才机制建立。三要加强产学研合作联盟，按照全县产业规划发展布局和重点产业发展要求，引进高端科研机构来我县设立分支机构或技术研发中心，完善合作机制，形成一批具有自主知识产权、推动县域经济发展的科技创新成果。四要深入实施《全民科学素质行动计划纲要》，全力推进素质教育，增强中小学生科技知识，提高全民科学文化素质。

关于县人民检察院开展公益诉讼情况的调研报告

由常委会分管副主任带队，县人大法制委员会，常委会办公室、法制工委，县法院、检察院等单位负责人，部分常委会委员及人大代表组成调研组，于10月下旬先后深入自然资源局、水务局、市场监督管理局、市生态环境局静宁分局等部门和雷大、威戎、八里等乡镇，采取查阅案卷、听取汇报、座谈交流等方式，对县检察院开展公益诉讼情况进行了调研。

一、基本情况及主要工作

建立检察机关提起公益诉讼制度是从2017年7月1日开始在全国全面推开的。按照中央和省、市的安排部署，县检察院积极行动，主动争取支持，强化宣传造势，探索建立公益诉讼案件办案工作机制，公益诉讼工作开局良好。截至目前，县检察院累计办理公益诉讼案件96件，其中立办生态环境和资源保护领域公益诉讼诉前程序案件78件，食品药品安全领域公益诉讼诉前程序案件1件，国有资产保护领域公益诉讼诉前程序案件1件，国有文物保护公益诉讼诉前程序案件2件，维护国旗尊严领域公益诉讼诉前程序案件14件，起诉刑事附带民事公益诉讼案件1件；共发出诉前检察建议96件，检察建议全部采纳并按期进行整改回复。

（一）认真落实工作制度，广泛探索宣传方式。县委、县政府联合下发《关于支持检察机关提起公益诉讼工作的通知》指导性文件，为公益诉讼工作提供了制度支撑；县检察院和自然资源局联合印发了《关于办理环境保护领域公益诉讼案件协作机制暂行办法》，强化了横向沟通协作；认真执行省检察院和省市场监督管理局联合下发的《关于在行政非诉执行工作中加强协作配合的暂行办法》，办案质量得到进一步提升。同时，多方位、多途径探索宣传方式，县检察院采取法制宣传月摆摊设点宣传、召开公益诉讼推进会、举办专题讲座、充分利用网络媒体、召开新闻发布会以及办案过程中以案释法等方式，扩大宣传覆盖面，公众的认知度、知晓度和参与度得以提高。深入乡镇社区和律师事务所、乡镇司法所征求意见建议，走访了解案情信息，获案渠道逐步拓宽。公开选聘公益诉讼志愿者，协助开展公益诉讼工作，扩大公益诉讼社会知晓度。

（二）突出重点公益领域，案件范围逐步拓展。目前，县检察院重点围绕环境治理、生态保护、食品药品等领域开展公益诉讼工作。近年来，先后组织开展“携手清四乱、保护母亲河”专项行动、“保障人民群众舌尖上的安全”“学校食堂及校园周边食品安全”专项检查、国有文物保护检察公益诉讼专项监督等活动，使县域河流生态面貌得到有效改善，学生食品安全防线更加牢固。围绕保护静宁文庙、战国秦长城遗址、站院巷清真寺等国保、省保重点文物和开展“宣传国旗法、维护国旗尊严”活动，进行检察公益诉讼专项监督活动，针对发现的问题，向有关单位发出检察建议，有效保护了国家利益，维护了国家形象。

（三）联动机制初步形成，部门合力逐步增强。为督促有关部门以及审判机关对公益诉讼工作相互支持，县检察院与县监委、自然资源局、林草局、生态环境局等部门会签了加强案件协作机制的意见，公益诉讼案件按程序发出检察建议后，相关部门反馈积极，能够及时整改并予以回复。近年来跨区域破坏生态环境资源案件多发，县检察院主动与隆德县检察院联系沟通，共同会签了《关于建立六盘山脉跨区域生态环境和资源保护检察协作机制的意见》，会同生态环境局、林草局等单位和曹务、古城等乡镇，召开“六盘山跨区域生态环境保护协调推进会”，凝聚生态保护共识，构建起纵横交织的立体环境保护网络。

（四）公益意识逐渐增强，责任机制逐步建立。各乡镇以各级环保督查反馈问题整改、“无讼乡村”创建、保护河道安全、人居环境综合整治为重点，严格依法行政，不断推进公益工作提质增效。扎实整改中央、省市环保督查反馈的问题，建立了以乡镇党委主要负责人主抓、政府主要负责人总抓、科级领导包抓、村支书专抓的纵向整改责任机制，聚焦重点工作，集中攻坚。结合农村人居环境综合整治行动，在村社进行“三堆”“三乱”清理行动，对违章建筑进行全面拆除，严厉打击各类乱修乱建行为，群众环保意识逐步增强，有效推进了乡村环境的综合整治。

二、存在的主要问题

（一）公益诉讼宣传不够，社会氛围尚未形成。开展公益诉讼法律宣传的广度、深度不够，宣传效果不够理想，群众对公益诉讼的内涵和制度缺乏了解，全社会关心、支持、配合公益诉讼的社会环境和氛围还没有真正形成，群众提供线索或举报时，对举报部门不明确，如涉及公益诉讼的案件应当向检察院提供或举报的，群众往往向政府部门反映。

（二）部门责任意识不强，落实整改不够彻底。行政部门对检察机关提起公益诉讼的职能性质认识有待进一步提升，没有充分认识到行政机关是公益保护第一责任人，片面认为公益诉讼工作是检察机关的事情，在检察机关提起公益诉讼时，存在有些行政机关不理解、不配合的现象，甚至为维护自身形象，对公益诉讼工作存在抵触情绪，调查取证配合不力，对检察建议所反馈问题整改不到位。

（三）协作机制尚不完善，部门合力仍需加强。部门协作配合不够有力，虽然部分行政机关与检察机关建立了协作机制，但在案件线索移送、数据共享、调查取证等方面配合不够紧密，检察机关与审判机关尚未建立案件受理、管辖指定、案件评估、判决结果落实等机制。责任追究机制不够完善，对检察建议整改落实不到位的现象缺乏强制约束，导致部门之间工作合力不强，调查取证难、整改落实难等问题不同程度存在。公益诉讼调查取证涉及鉴定、评估、勘验、检测等专业技术，尤其是生态环境、食品药品和资源保护类案件大多需要专业鉴定机构鉴定损害后果，而我县有资质的鉴定机构少，鉴定工作基本处于停滞状态，影响了公益诉讼工作的有效开展。

（四）案件涉及范围不广，触及民生领域不足。目前开展的公益诉讼案件中，涉及民生领域不多，尤其对群众关注的热点难点问题触及较少。近年来，群众反映的供暖质量差、城区停车场建设滞后、物业管理跟不上、城区建设遗留问题解决难等问题，与群众生活息息相关，长期未予解决，影响群众生活。同时，有关行政部门在贯彻落实相关法律法规过程中，检查整改不到位，问题解决不及时。

（五）队伍力量比较薄弱，案件办理质效较低。县检察院从事公益诉讼的专职人员较少，工作力量薄弱，案多人少的问题比较突出，办案力量配备与工作要求不相适应。没有设立专门的公益诉讼机构，公益诉讼业务工作与其他案件工作一起开展。另外，由于公益诉讼是一项全新的工作，包涵众多专业知识、涉及多项法律法规，专业性很强，部分检察人员在办案思维、知识储备、专业素质等方面还不能完全适应工作要求，案件线索发现、证据调查核实、法律文书制作、出庭提起诉讼等能力不足，案件办理质量有待提高。

三、今后工作建议

（一）深化全民普法，营造良好社会氛围。县检察院和司法行政机关要深入开展公益诉讼普法工作，在宣传的广度、深度、效果上狠下功夫。广泛开展法律“六进”活动，主动加强与新闻媒体的合作，积极通过“两微一端”等新兴媒体，采取开设专栏、播放宣传片、以案释法等方式，加大宣传力度，提高公益诉讼制度的社会知晓率。一要提高政治站位，顺应人民群众的司法需求，履职尽责，精准监督，推进办案数量、质量、效率、效果的有机统一。二要突出宣传重点，加强对公益诉讼工作的宣传报道，对事关群众利益、社会关注度高、办案效果好的公益诉讼典型案件，及时发布案件信息，公开案件办理情况，积极回应社会关切，增强公民、法人和其他社会组织的法治观念和公益保护意识，为公益诉讼工作的开展营造良好社会环境和舆论氛围。三要增强宣传的针对性，将行政部门领导干部作为诉讼制度宣传的重点，开展一定次数的培训。此外，深入乡镇机关、村社（社区）组织开展巡回讲座，大力宣传检察机关与政府职能部门携手推进公益诉讼的做法和成效，对阻碍、干扰检察机关开展公益诉讼工作的单位和个人予以曝光或追究责任。

（二）加大办案力度，提高案件办理质量。一要建立案件线索举报奖励制度，充分发挥“12309检察服务中心”平台作用，广泛动员党员群众采取“随手拍”、关注“静宁检察”公众号、设置案件举报电话牌等方式积极提供案件线索，不断拓宽案件线索来源渠道。二要准确把握案件办理和调查取证的方式，全面、细致地收集各类证据，确保事实清楚明确、证据确实充分，为案件办理打下坚实基础。三要充分发挥诉前程序作用，在办理行政公益诉讼案件时，及时、准确提出诉前检察建议，不断增强诉前检察建议的刚性约束力，努力把对公共利益的损害降到最低。四要抓好后续跟踪监督，加强对检察建议整改落实和法院判决执行情况的监督，对经过诉前程序受损公益仍未得到有效保护的，及时依法提起诉讼，不断增强公益诉讼的法治效果。

（三）完善工作机制，增强公益诉讼合力。县政府要加强对公益诉讼工作的保障力度，对鉴定评估、勘验检测、专家咨询、举报奖励等合理必要费用，纳入财政预算予以保障；依法管理和使用公益诉讼赔偿金，建立公益诉讼赔偿金专项账户，确保依法用于公益赔偿、修复和保护等事项。检察机关要进一步完善内部公益诉讼案件办理机制，形成以民事行政检察部门为主导、相关部门协作配合的工作格局，着力解决行政检察发展不平衡问题，推进行政争议实质性化解。公安、水务、生态环境、林草、市场监管、自然资源、文旅等相关部门要支持配合检察机关开展公益诉讼工作，认真落实诉前检察建议和法院生效裁判，及时堵塞制度漏洞，积极主动依法行政。

（四）拓展案件范围，注重解决民生问题。检察机关要切实提高思想认识，充分发挥公益诉讼检察职能，对群众反映强烈的热点难点问题，依法开展专项检察，该发检察建议书的及时发出检察建议；对久拖不办，故意推诿的单位，需提起公益诉讼的，要依法提起公益诉讼，运用法律程序切实解决群众关注的热点难点问题。同时，行政部门要强化第一责任人意识，依法依规制定切实可行的解决措施，及时解决存在的问题，提高群众满意度。

（五）加强培训投入，提升案件办案效率。通过专题研讨、案件实训、庭审观摩、外出学习交流等方式，有针对性地开展系统培训，提高公益诉讼案件办理能力和水平。开展业务竞赛、技能比武、模拟庭审、优秀评选等措施，激励办案人员加强业务学习，提升办案队伍整体素质。不断加强队伍思想政治、纪律作风建设，把讲政治、顾大局结合到检察履职工作中，坚决维护好国家利益和社会公共利益。要加大工作经费投入，购置检验检测必要设备，盘活闲置设备资源，保障设备正常运转，积极配合调查取证，为办理公益诉讼案件提供有力的保障，推动公益诉讼工作向纵深发展，为全县经济社会发展营造良好的法治环境。

第三十二次会议　于2020年12月25日在常委会五楼会议室召开，由张进宝主持。

会议议程有七项：一、传达学习中共中央总书记习近平重要文章《推进全面依法治国发挥法治在国家治理体系和治理能力现代化中的积极作用》；二、人事任免，作出《关于接受薛世尧辞去市第四届人民代表大会代表职务的请求的决定》《关于接受裴治国、王永辉、赵军海辞去县十七届人民代表大会代表职务的请求的决定》；三、举行新任命人员宪法宣誓仪式；四、听取和审议财政局局长马斌受政府委托所作的《关于政府性基金调入一般公共预算情况的报告》、人大财经委副主任委员王友忠所作的《关于政府性基金调入一般公共预算情况的审查报告》，作出《关于政府性基金调入一般公共预算的决议》；五、听取和审议财政局局长马斌受政府委托所作的《关于静宁县2020年增加预算支出和预算调整情况的报告》、人大财经委副主任委员王友忠所作的《关于2020年增加预算支出和预算调整情况的审查报告》，作出《关于2020年增加预算支出和预算调整的决议》；六、听取和审议自然资源局副局长王东风受政府委托所作的《静宁县不动产统一登记历史遗留问题处置意见的报告》、常委会财经与城建工委主任王友忠所作的《关于静宁县不动产登记历史遗留问题处置意见的审查报告》，作出《关于静宁县不动产登记历史遗留问题处置意见的决议》；七、听取扶贫办公室主任崔江鸿所作的《全县脱贫攻坚工作报告》。会上，政府常务副县长刘孝平就落实审议意见作表态发言。

第十七届常委会组成人员王智国、张进宝、李读、靳宝生、杨飞、杨华、崔静荣、樊旺、平宏、王友忠、胡志科、李稳收、王瑞生、王壬寅、王致中、王飞、周浩仁、朱国军、朱礼、柳志祥、裴晓江、厚凤兰、王全生出席会议；县委常委、政府常务副县长刘孝平，监委副主任王升斌、法院院长张立军、检察院检察长杨青、政府办副主任马步超、财政局局长马斌、扶贫办公室主任崔江鸿、自然资源局副局长王东风，威戎镇、贾河乡党委书记陈小兵、戴康，仁大镇、界石铺镇人大主席王彪炜、李润余，治平镇、原安镇政府镇长尹婉琴、杨银平，市人大代表阎毓强，县人大代表周计划、甘治雄、牛永学、魏健康，常委会有关委室负责人李方正、梁永红、景坐社、贾世玺列席会议。

附：

人事任免

接受薛世尧辞去市第四届人民代表大会代表职务的请求

接受裴治国、王永辉、赵军海辞去县第十七届人民代表大会代表职务的请求

贾成喜任县人大常委会信访室副主任

第三十三次会议　于2021年1月14日在常委会五楼会议室召开，由王智国主持。

会议议程有八项：一、听取和审议关于召开县十七届人大五次会议的有关事项，作出《关于召开县十七届人大五次会议的决定》；二、听取和审议县人大常委会人事与代表工委主任李稳收所作的《关于代表出缺变动和补选代表资格审查情况的报告》；三、审议通过《县十七届人大五次会议选举办法（草案）》；四、审议通过《县十七届人大五次会议代表议案和建议、意见提出及处理办法（草案）》；五、讨论通过《县人大常委会工作报告》；六、讨论通过关于《县十七届人大四次会议代表建议、意见办理情况的报告》；七、人事任免；八、举行新任命人员宪法宣誓仪式。会上，常委会主任王智国就做好十七届人大五次会议筹备、提出高质量建议意见作了讲话。

第十七届常委会组成人员王智国、张进宝、李读、靳宝生、牛永琪、杨飞、杨华、崔静荣、樊旺、平宏、王友忠、胡志科、李稳收、王瑞生、王致中、王飞、张录牛、李会宾、朱国军、李建明、朱礼、柳志祥、裴晓江、厚凤兰、王全生出席会议；县人大常委会党组书记王永平、党组成员孙青茂，有关委室负责人梁永红、李方正、景坐社、贾世玺、贾成喜列席会议。

附：

人事任免

李文光任县人大常委会法制监察民侨工作委员会主任

陈东勤任县人大常委会财经预算工作委员会主任
樊义和任县人大常委会社会建设工作委员会主任
陈江平任县人大常委会农业城建环保工作委员会副主任
免去：
王瑞生县人大常委会法制工作委员会主任职务
王友忠县人大常委会财经与城建工作委员会主任职务
阎　钧县人大常委会农业与环境资源工作委员会副主任职务

附录：

县人大常委会组成人员及常委会党组

县第八届人大常委会

（1981年1月至1983年12月）

常委会组成人员

主　任　高富德（1981年1月至1983年12月）

副主任　张光明（1981年1月至1983年12月）

马存余（回族，1981年1月至1983年12月）

刘文俊（1981年1月至1983年12月）

委　员　王乃学（1981年1月至1983年12月）

王占歧（1981年1月至1983年12月）

王秉章（1981年1月至1983年12月）

王敦厚（1981年1月至1983年12月）

史国忠（1981年1月至1983年12月）

孙孝治（1981年1月至1983年12月）

陈向华（女）（1981年至1983年12月）

赵顺天（1981年1月至1983年12月）

胡建华（1981年1月至1983年12月）

程天爵（1981年1月至1983年12月）

樊　杺（1981年1月至1983年12月）

常委会党组

书　记　高富德（1981年6月至1983年12月）

副书记　张光明（1981年6月至1983年12月）

成　员　马存余（1981年6月至1983年12月）

刘文俊（1981年6月至1983年12月）

史国忠（1981年6月至1983年12月）

县第九届人大常委会

（1983年12月至1987年1月）

常委会组成人员

主　任　高富德（1983年12月至1987年1月）

副主任　阎志洁（1983年12月至1987年1月）

委　员　樊　杺（1983年12月至1987年1月）

马克勤（1983年12月至1987年1月）

王占歧（1983年12月至1987年1月）

王敦厚（1983年12月至1987年1月）
白秀芳（女）（1983年12月至1987年1月）
史国忠（1983年12月至1987年1月）
孙孝治（1983年12月至1987年1月）
李文选（1983年12月至1987年1月）
张光明（1983年12月至1987年1月）
张志良（1983年12月至1987年1月）
陈向华（女）（1983年12月至1987年1月）
陈松友（1983年12月至1987年1月）
柳金川（1983年12月至1987年1月）
贾晨曦（1983年12月至1987年1月）
程天爵（1983年12月至1987年1月）

常委会党组
书　记　高富德（1983年12月至1987年1月）
成　员　阎志洁（1983年12月至1987年1月）
史国忠（1983年12月至1987年1月）
王敦厚（1984年3月至1987年1月）
郭应童（1984年3月至1987年1月）

县第十届人大常委会

（1987年1月至1990年1月）

常委会组成人员
主　任　高富德（1987年1月至1990年1月）
副主任　阎志洁（1987年1月至1990年1月）
郜文学（1987年1月至1990年1月）
张光明（1987年1至1990年1月）
委　员　马志俊（1987年1至1990年1月）
马克勤（1987年1至1990年1月）
王生荣（1987年1至1990年1月）
王学谋（1987年1至1990年1月）
王郁仁（1987年1至1990年1月）
白秀芳（女）（1987年1至1990年1月）
史国忠（1987年1至1990年1月）
朱春林（1987年1至1990年1月）
吴尚礼（1987年1至1990年1月）
张秀娥（女）（1987年1至1990年1月）

陈　俊（1987年1至1990年1月）
郭承祖（1987年1至1990年1月）
梁钧宪（1987年1至1990年1月）

常委会党组
书　记　高富德（1987年1月至1990年1月）
成　员　阎志洁（1987年1月至1990年1月）
郜文学（1987年2月至1990年1月）
张光明（1987年2月至1990年1月）
史国忠（1987年1月至1990年1月）

县第十一届人大常委会

（1990年1月至1992年11月）

常委会组成人员
主　任　郜文学（1990年1月至1992年11月）
副主任　阎志洁（1990年2月至1992年11月）
李克科（1990年1月至1992年11月）
赵智荣（1990年1月至1992年11月）
陈松友（兼，1990年1月至1992年11月）
马子坤（1992年1月至11月）
委　员　马子坤（1990年1月至1992年1月）
马克勤（1990年1月至1992年11月）
吴尚礼（1990年1月至1992年11月）
梁钧宪（1990年1月至1992年11月）
史国忠（1990年1月至1992年11月）
张光明（1990年1月至1992年11月）
郭承祖（1990年1月至1992年11月）
王学谋（1990年1月至1992年11月）
陈凤亭（1990年1月至1992年11月）
曹升明（1990年1月至1992年11月）
陈向华（女）（1990年1月至1992年11月）
翟沪兰（女）（1990年1月至1992年11月）

常委会党组
书　记　郜文学（1990年1月至1992年11月）
副书记　阎志洁（1990年1月至1992年11月）
成　员　李克科（1990年2月至1992年11月）
赵智荣（1990年2月至1992年11月）

张光明（1990年1月至1992年11月）
马子坤（1990年2月至1992年11月）

县第十二届人大常委会

（1992年11月至1997年11月）

常委会组成人员

主　任　吕忠厚（1992年11月至1997年11月）
副主任　阎志洁（1992年11月至1995年1月）
李克科（1992年11月至1997年11月）
赵智荣（1992年11月至1997年11月）
马子坤（1992年11月至1995年1月）
陈松友（兼，1992年11月至1996年1月）
漆忠义（1995年1月至1997年11月）
段积昌（1995年1月至1997年11月）
朱春林（兼，1996年1月至1997年11月）
委　员　郭应童（1992年11月至1997年11月）
蒙谦恭（1992年11月至1997年11月）
胡青汉（1992年11月至1997年11月）
王维歧（1992年11月至1997年11月）
王镇华（1992年11月至1997年11月）
杜耀文（1992年11月至1997年11月）
马志俊（1992年11月至1997年11月）
翟沪兰（女）（1992年11月至1997年11月）
吴俊福（1992年11月至1997年11月）
沙芳琴（女，回族）（1992年11月至1997年11月）
李佩红（女）（1992年11月至1997年11月）

常委会党组

书　记　吕忠厚（1992年11月至1997年11月）
副书记　阎志洁（1993年1月至1995年3月）
李克科（1995年3月至1997年11月）
成　员　闫志洁（1992年11月至1993年1月）
李克科（1992年11月至1995年3月）
赵智荣（1992年11月至1997年11月）
张光明（1992年11月至1993年1月）
马子坤（1992年11月至1995年3月）
郭应童（1993年1月至1997年11月）

漆忠义（1995年3月至1997年11月）
段积昌（1995年3月至1997年11月）

县第十三届人大常委会

（1997年11月至2002年11月）

常委会组成人员

主　任　吕忠厚（1997年11月至2002年6月）
李雪峰（2002年9月至11月）
副主任　靳士孔（1997年11月至2002年6月）
李克科（1997年11月至2000年3月）
赵智荣（1997年11月至1999年1月）
朱春林（兼，1997年11月至2002年11月）
岳具辉（1999年1月至2002年11月）
祁治国（2000年3月至2002年6月）
许富忠（2002年9月至2002年11月）
委　员　张金业（1997年11月至2002年11月）
郭应童（1997年11月至2002年11月）
王维歧（1997年11月至2002年11月）
王智仁（1997年11月至2002年11月）
骆世清（1997年11月至2002年11月）
杨耀忠（1997年11月至2002年11月）
柴玉明（1997年11月至2002年11月）
李佩红（女）（1997年11月至2002年11月）
刘文乾（1997年11月至2002年11月）
王　毅（1997年11月至2002年11月）
柴桂兰（女）（1997年11月至2002年11月）
米宝林（回族）（1997年11月至2002年11月）
阎继富（1997年11月至2000年11月）
邓　颖（女）（1997年11月至2002年11月）

常委会党组

书　记　吕忠厚（1997年11月至2002年11月）
成　员　靳士孔（1997年11月至2002年8月）
李克科（1997年11月至2000年3月）
赵智荣（1997年11月至2001年11月）
漆忠义（1997年11月至1998年2月）
段积昌（1997年11月至1998年2月）

张金业（1998年2月至2002年11月）
王智仁（1998年2月至2002年11月）
郭应童（1997年11月至2002年11月）
岳具辉（1999年2月至2002年11月）
祁治国（2000年4月至2002年8月）
许富忠（2002年9月至11月）

县第十四届人大常委会

（2002年11月至2006年12月）

常委会组成人员

主　任　聂正国（2002年11月至2006年12）
副主任　戴双军（2002年11月至2006年12）
岳具辉（2002年11月至2006年12）
许富忠（2002年11月至2006年12）
王星耀（2002年11月至2006年12）
朱春林（兼，2002年11月至2006年12）
张金业（2004年12月至2006年12月）
委　员　张金业（2002年11月至2004年12）
韩太平（2002年11月至2006年12）
郭应童（2002年11月至2006年12）
席　荣（2002年11月至2006年12）
张新民（2002年11月至2006年12）
王守荣（2002年11月至2006年12）
柴玉明（2002年11月至2006年12）
柴桂兰（女）（2002年11月至2006年12月）
邓　颖（女）（2002年11月至2006年12月）
张三相（2002年11月至2006年12月）
阎伟刚（2002年11月至2006年12月）
张来有（2002年11月至2006年12月）
厚　学（2006年1月至12月）

常委会党组

书　记　聂正国（2002年11月至2006年12月）
副书记　戴双军（2002年11月至2006年12）
成　员　岳具辉（2002年11月至2006年12月）
许富忠（2002年11月至2006年12）
王星耀（2002年11月至2006年12）

张金业（2002年11月至2006年12）
郭应童（2002年11月至2006年12）

县第十五届人大常委会

（2006年12月至2011年10月）

常委会组成人员

主　任　张自杰（2006年12月至2011年10月）
副主任　戴双军（2006年12月至2010年1月）
许富忠（2006年12月至2010年1月）
王星耀（2006年12月至2011年10月）
张金业（2006年12月至2009年6月）
高　恒（2006年12月至2011年10月）
沙芳琴（女，回族）（兼，2006年12月至2011年10月）
陈进财（2010年1月至2011年10月）
慕锡武（2010年1月至2011年10月）
陈尚孔（2010年1月至2011年10月）
委　员　姜兴卫（2006年12月至2008年1月）
张新民（2006年12月至2008年3月）
王守荣（2006年12月至2010年12月）
高长茂（2006年12月至2011年10月）
李　金（2006年12月至2011年10月）
胡志科（2006年12月至2011年10月）
杨晓光（2006年12月至2011年10月）
李成蹊（2006年12月至2011年10月）
厚　学（2006年12月至2010年12月）
吴水利（女）（2006年12月至2011年10月）
张三相（2006年12月至2011年10月）
张来有（2006年12月至2011年10月）
李会宾（2006年12月至2011年10月）
裴晓江（2006年12月至2011年10月）
张汉基（2006年12月至2007年2月）
杜文彪（2008年1月至2011年10月）
姚国奇（2008年12月至2011年10月）
马世明（2011年1月至10月）
冯克勤（2011年1月至10月）
杨立新（2011年1月至10月）

　　　　武文学（2011年1月至10月）

常委会党组

　　书　记　聂正国（2006年12月至2009年5月）

　　　　　　张自杰（2009年5月至2011年10月）

　　副书记　张自杰（2006年12月至2011年10月）

　　成　员　戴双军（2006年12月至2010年1月）

　　　　　　岳具辉（2006年12月至2008年1月）

　　　　　　许富忠（2006年12月至2010年1月）

　　　　　　王星耀（2006年12月至2011年10月）

　　　　　　高　恒（2006年12月至2011年10月）

　　　　　　张金业（2006年12月至2009年5月）

　　　　　　郭应童（2006年12月至2008年1月）

　　　　　　李　金（2008年1月至2011年10月）

　　　　　　陈进财（2010年1月至2011年10月）

　　　　　　慕锡武（2010年1月至2011年10月）

　　　　　　陈尚孔（2010年1月至2011年10月）

县第十六届人大常委会

（2011年10月至2016年10月）

常委会组成人员

　　主　任　张自杰（2011年10月至2016年10月）

　　副主任　王维军（2011年10月至2016年10月）

　　　　　　王平仁（2011年10月至2014年12月）

　　　　　　高　恒（2011年10月至2014年12月）

　　　　　　沙芳琴（女，回族）（兼，2011年10至2016年10月）

　　　　　　陈进财（2011年10月至2014年12月）

　　　　　　慕锡武（2011年10月至2016年10月）

　　　　　　高　旭（2014年12月至2016年10月）

　　　　　　厚连世（2014年12月至2016年10月）

　　　　　　靳宝生（2014年12月至2016年10月）

　　委　员　李　金（2011年10月至2012年2月）

　　　　　　胡志科（2011年10月至2016年10月）

　　　　　　马世明（2011年10月至2015年12月）

　　　　　　武文学（2011年10月至2014年12月）

　　　　　　冯克勤（2011年10月至2014年12月）

　　　　　　杨立新（2011年10月至2016年10月）

周浩仁（2011年10月至2016年10月）
米发明（2011年10月至2013年12月）
李会宾（2011年10月至2016年10月）
曹宁子（2011年10月至2013年12月）
朱国军（2011年10月至2016年10月）
裴晓江（2011年10月至2016年10月）
厚凤兰（女）（2011年10月至2016年10月）
王全生（2011年10月至2016年10月）
杨　华（2013年1月至2016年10月）
何冠群（2013年1月至12月）
王友忠（2013年12月至2016年10月）
李稳收（2013年12月至2016年10月）
薛小田（2013年12月至2015年12月）
李平安（2014年12月至2016年10月）
张晓军（2014年12月至2015年5月）
牛国喜（2014年12月至2016年10月）
王壬寅（2015年12月至2016年10月）
王瑞生（2015年12月至2016年10月）
张录牛（2015年12月至2016年10月）

常委会党组

书　记　张自杰（2011年10月至2016年9月）
王智国（2016年9月至10月）
副书记　王维军（2014年12月至2016年10月）
成　员　王维军（2011年10月至2014年12月）
王平仁（2011年10月至2014年12月）
高　恒（2011年10月至2014年12月）
陈进财（2011年10月2014年12月）
慕锡武（2011年10月至2016年10月）
杨　华（2012年8月至2016年10月）
何冠群（2012年2月至2013年10月）
王友忠（2013年10月至2016年1月）
高　旭（2014年12月至2016年10月）
厚连世（2014年12月至2016年10月）
靳宝生（2014年12月至2016年10月）
张录牛（2016年1月至10月）

县第十七届人大常委会

（2016年10月至2021年）

常委会组成人员

主　任　王智国（2016年10月至2021年1月）

王永平（2021年1月任职）

副主任　沙芳琴（女，回族）（2016年10月任职）

高　旭（2016年10月至2020年1）

厚连世（2016年10月至2020年1月）

张进宝（2016年10月任职）

李　读（2016年10月任职）

靳宝生（2016年10月至2021年1月）

牛永琪（2020年5月任职）

杨　飞（2020年5月任职）

孙青茂（2021年1月任职）

委　员　杨　华（2016年10月任职）

张录牛（2016年10月任职）

王友忠（2016年10月任职）

胡志科（2016年10月任职）

李稳收（2016年10月任职）

李平安（2016年10月至2019年2月）

王瑞生（2016年10月任职）

王壬寅（2016年10月任职）

李进祥（2016年10月至2017年11月）

马川娃（2016年10月至2020年1月）

王　宏（2016年10月任职）

王致中（2016年10月任职）

牛满川（2016年10月至2020年1月）

王晓峰（2016年10月任职）

陈　雄（2016年10月至2017年12月）

周浩仁（2016年10月任职）

牛国喜（2016年10月至2020年5月）

朱国军（2016年10月任职）

李会宾（2016年10月任职）

李建明（2016年10月任职）

魏永牛（2016年10月至2017年12月）

裴晓江（2016年10月任职）

厚凤兰（女）（2016年10月任职）
王全生（2016年10月任职）
平　宏（2017年12月任职）
张刚栋（2017年12月至2019年2月）
樊　旺（2020年5月任职）
崔静荣（2020年5月任职）
王　飞（2020年5月任职）
柳志祥（2020年5月任职）
朱　礼（2020年5月任职）
王相中（2020年5月任职）

常委会党组

书　记　王智国（2016年10月至2021年1月）
王永平（2021年1月任职）

副书记　高　旭（2016年10月至2020年1月）
张进宝（2020年1月任职）

成　员　厚连世（2016年10月至2020年1月）
张进宝（2016年10月至2020年1月）
李　读（2016年10月任职）
靳宝生（2016年10月任职）
杨　华（2016年10月任职）
张录牛（2016年10月至2017年5月）
平　宏（2017年11月任职）
牛永琪（2020年1月任职）
杨　飞（2020年1月任职）
孙青茂（2021年1月任职）

卷五　自身建设

县人民代表大会及其常委会自成立以来，不断加强工作机构、干部队伍、规章制度和办公设施等方面的建设，逐步健全各项职能，提升人大及其常委会的履职水平、服务能力、社会形象，使人大及其常委会行使职权日臻具体化、程序化、规范化，人大机关也逐步向机构完备、制度规范、设施先进、队伍精良的学习型、服务型、效能型、创新型机关迈进。

第一章　机构建设

在八届人大一次会议上，选举产生了第八届人大常委会。根据《中华人民共和国地方各级人民代表大会和地方各级人民政府组织法》的规定和工作需要，先后设置了常委会的工作机构。这些机构受常委会领导，为县人民代表大会会议、常委会会议、主任会议、党组会议承办会务，为代表及常委会履行职权提供服务，完成人代会闭会期间常委会的日常工作和职权范围内的具体工作。县第十七届人大开始设立专门委员会，受县人民代表大会领导，对县人代会负责并报告工作，闭会期间，受县人大常委会领导。

第一节　机构设置及职责

随着人民代表大会及其常委会职权、职能的不断完善与加强，人代会各专门委员会及常委会的工作机构设置，根据工作任务和需要，也在不断地健全、调整、完善和加强。

一、机构设置

（一）人代会各专门委员会的设置

在2016年10月18日至20日召开的县十七届人大一次会议上，表决产生了县人民代表大会财经委员会、县人民代表大会法制委员会；在2020年5月22日至23日召开的县十七届人大四次会议上，表决产生了县人民代表大会社会建设委员会。财经委员会、法制委员会、社会建设委员会是县人民代表大会依法设立的专门委员会，其工作人员编制在常委会编制内调剂使用。

附：

县人民代表大会专门委员会设置情况表

表5-1

机构设置	设置时间	批准机构
财经委员会	2016年10月20日	县十七届人大一次会议
法制委员会	2016年10月20日	县十七届人大一次会议
社会建设委员会	2020年5月23日	县十七届人大四次会议

（二）常委会工作机构的设置

1981年1月，第八届常委会成立后，即设立常委会办公室，作为常委会的日常服务与办事机构运行至今，其名称与职能未变。1986年1月13日，经第九届人大常委会第十二次会议决定，常委会增设政治法律组、财政经济组、科教文卫组。1988年8月30日，第十届人大常委会第十二次会议决定，新设司法民政科、财政经济科、农业科、科教文卫科，均为科级建制，同时撤销原政治法律组、财政经济组、科教文卫组。1990年2月19日，第十一届人大常委会第一次会议决定，新设司法民政工作委员会、农业财经工作委员会、教科文卫工作委员会，均为科级建制，同时撤销原司法民政科、财政经济科、农业科、科教文卫科。1991年3月6日，第十一届人大常委会第七次会议决定，增设代表联络工作委员会。2005年11月20日，经县机构编制委员会办公室批准，设立常委会信访室，为科级建制。2011年7月18日，经县机构编制委员会批准，撤销农业财经工作委员会，设立农业工作委员会、财经工作委员会，均为科级建制，将常委会信访室调整为办公室内设机构。2015年8月20日，经县机构编制委员会批准，常委会内设机构按“两室五委”设置，即办公室、信访室、法制工作委员会、财经与城建工作委员会、农业与环境资源工作委员会、科教文卫与民侨工作委员会、人事与代表工作委员会，均为科级建制，均设主任、副主任各1名。2020年9月30日，经县委机构编制委员会批准，成立县人大事务服务中心，股级建制，核定全额拨款事业编制4名。2020年11月12日，经县委机构编制委员会批准，常委会内设机构设置调整为“两室六委”，即办公室、信访室、法制监察民侨工作委员会、财经预算工作委员会、农业城建环保工作委员会、教育科学文化卫生工作委员会、社会建设工作委员会、代表人事工作委员会，内设机构均设一正一副2名科级领导职数；将县人大事务服务中心调整为常委会下属副科级事业单位，设主任1名，编制和职责不变。

附：

常委会内设机构设置及变更情况表

表5-2

机构设置	设置时间	批准机构	撤销时间
办公室	1981 年		
政治法律组	1986 年 1 月 13 日	第九届人大常委会第十二次会议	1988 年 7 月 28 日
财政经济组			
科教文卫组			
司法民政科	1988 年 8 月 30 日	第十届人大常委会第十二次会议	1990 年 2 月 19 日
财政经济科			
农业科			
科教文卫科			
司法民政工作委员会	1990 年 2 月 19 日	第十一届人大常委会第一次会议	2015 年 8 月 20 日
农业财经工作委员会			2011 年 7 月 18 日
教科文卫工作委员会			2015 年 8 月 20 日
代表联络工作委员会	1991 年 3 月 6 日	第十一届人大常委会第七次会议	
信访室	2005 年 11 月 20 日	县机构编制委员会办公室	2011 年 7 月 18 日变为办公室信访室
农业工作委员会	2011 年 7 月 18 日	县机构编制委员会	2015 年 8 月 20 日
财经工作委员会			
办公室	2015 年 8 月 20 日	县机构编制委员会	
信访室			
法制工作委员会			2020 年 11 月 12 日
财经与城建工作委员会			
农业与环境资源工作委员会			
科教文卫与民侨工作委员会			
人事与代表工作委员会			
县人大事务服务中心（股级）	2020 年 9 月 30 日	县委机构编制委员会	2020 年 11 月 12 日
常委会事务服务中心（副科级）	2020 年 11 月 12 日		
法制监察民侨工作委员会			

续表5-2

机构设置	设置时间	批准机构	撤销时间
财经预算工作委员会	2020 年 11 月 12 日	县委机构编制委员会	
农业城建环保工作委员会			
教育科学文化卫生工作委员会			
社会建设工作委员会			
代表人事工作委员会			

二、工作机构的职责

人代会各专门委员会及常委会各工作机构设立后，按照各机构的职能，制定了相应的工作任务和职责，并随着机构的调整、健全，结合工作实际不断进行修订和完善。

（一）1991年7月8日制定

1. 司法民政工作委员会

（1）负责与县人民法院、县人民检察院及县人民政府所属公安、司法、法制、民政等部门的工作联系，对上述部门贯彻实施国家法律、法令、地方性法规，贯彻执行县人民代表大会及其常委会有关司法民政工作方面的决议、决定以及开展工作的情况，进行调查研究，提出监督意见和建议；

（2）负责司法民政部门提请县人民代表大会及其常委会审议事项的准备工作，进行研究，提出意见、建议；

（3）组织县人民代表对司法民政部门的工作和执法情况进行调查、视察，写出专题报告；

（4）负责起草提请县人民代表大会及其常委会审议的有关司法民政工作方面的决议、决定草案；

（5）收集司法民政工作方面的资料，进行综合分析研究，为县人大常委会审议、决定有关事项提供依据；

（6）对县人民法院、县人民检察院和县人民政府及其所属公安、司法、法制、民政部门报送的有关司法民政工作方面的文件进行审阅研究，对不符合法律、法规的决定、命令、规章等，向县人大常委会或主任会议提出处理意见；

（7）对省人大常委会法制工作委员会下发征求意见的法律草案，组织讨论，提出修改意见；

（8）办理县人大常委会及主任会议交办的其他事项。

2. 农业财经工作委员会

（1）负责与县人民政府所属农业、工交、财贸、城建、乡镇企业等部门的联系，调查了解上述部门对国家法律、法规、地方性法规和县人民代表大会及其常委会作出的有关农业财经方面的决议、决定的贯彻执行情况，提出监督意见和建议；

(2) 对县人民政府提请县人民代表大会及其常委会审议决定的有关农业、财政经济工作的重大事项，进行研究，提出意见、建议；

(3) 组织县人民代表对农业财经方面的工作进行调查、视察，并写出专题报告；

(4) 对县人民政府提请县人民代表大会及其常委会审议决定的国民经济和社会发展计划草案、财政预算草案及执行情况、财政预算部分变更，进行调查研究，提出意见和建议；

(5) 审阅县人民政府及其所属农业、财政等部门报送的文件，对不符合法律、法规的决定、命令、规章等向县人大常委会或主任会议提出处理意见；

(6) 收集农业、财经工作方面的资料，并进行综合分析研究，为县人大常委会审议、决定问题提供依据；

(7) 负责起草提请县人民代表大会及其常委会审议的有关农业、财经工作方面的决议、决定草案；

(8) 对省人大常委会法制工作委员会下发征求意见的有关农业、财经方面的法律草案，配合司法民政工作委员会进行讨论，提出修改意见；

(9) 办理县人大常委会及主任会议交办的其他事项。

3. 教科文卫工作委员会

(1) 负责与县人民政府所属教育、科技、文化、广播、卫生、体育、计划生育等部门的联系，调查了解上述部门对国家法律、法规、地方性法规和县人民代表大会及其常委会的决议、决定的贯彻执行情况，提出意见和建议；

(2) 对县人民政府提请县人民代表大会及其常委会审议的有关教科文卫工作方面的问题，进行调查研究，提出意见、建议；

(3) 组织县人民代表对教育、科学、文化、广播、卫生、体育、计划生育等部门的工作进行调查、视察，并写出报告；

(4) 负责起草提请县人民代表大会及其常委会审议的有关教科文卫工作方面的决议、决定草案；

(5) 审阅县人民政府及所属教科文卫等部门报送的文件，对不符合法律、法规的决议、决定、规章等，向县人大常委会或主任会议提出处理意见；

(6) 收集教科文卫工作方面的资料，进行综合分析研究，为县人大常委会审议、决定问题提供依据；

(7) 对省人大常委会法制工作委员会下发征求意见的有关教科文卫、计划生育等方面的法律草案，配合司法民政工作委员会进行讨论，提出修改意见；

(8) 办理县人大常委会及主任会议交办的其他事项。

4. 代表联络工作委员会

(1) 负责与县人民代表的联络工作，和各乡镇代表小组保持经常联系，通过召开座谈会、书信往来等方式，收集整理人民代表对县人大常委会、人民政府、人民法院、人民检察院工作的意见和建议，向主任会议提出转交办理的意见；

（2）负责对县人民代表大会期间代表所提的意见、建议的整理、转办工作；

（3）检查了解代表议案和意见、建议的办理落实情况，汇总办理结果，起草向人民代表大会所作的代表议案和意见、建议办理情况的报告；

（4）负责接待人民代表来会反映问题，受理人民代表对县人大常委会、人民政府、人民法院、人民检察院工作人员的检举控告信件，根据人大常委会或主任会议的决定，进行调查研究，提出处理意见；

（5）办理县人大常委会和主任会议交办的其他事项。

（二）2002年6月19日制定

1. 办公室

负责机关政务、事务、行政管理等综合协调工作；负责文秘、档案、信息、督办、会务、接待、信访、机要、保密、内保、财务、后勤服务等工作；承办县人大常委会及主任会议交办的其他事项。

2. 司法民政工作委员会

负责与县人民法院、人民检察院及县人民政府所属公安、司法、法制、民政等部门的联系，对上述部门贯彻实施国家法律、法规、地方性法规及开展工作的情况进行调研，提出监督意见和建议；负责办理司法监督、行政执法检查方面的有关事宜；负责县人大常委会听取、审议司法民政工作的组织协调和准备工作；承办上级人大有关法律、法规草案的征求意见工作；承办县人大常委会及主任会议交办的其他事项。

3. 农业财经工作委员会

负责与县人民政府所属农业、工交、经贸、财政、计划、城建、审计、工商等部门的联系，对上述部门的工作情况进行调研，提出监督意见和建议；负责县人大常委会听取、审议县人民政府及其所属职能部门有关农业、财政及经济工作的协调和准备工作；承办县人大常委会及主任会议交办的其他事项。

4. 教科文卫工作委员会

负责与县人民政府所属教育、科技、文化、广播电视、卫生、体育、计划生育等部门的联系，对上述部门贯彻实施国家法律、法规、地方性法规以及开展工作的情况进行调研，提出监督意见和建议；负责县人大常委会听取、审议县人民政府及其所属职能部门有关教科文卫工作的协调和准备工作；承办县人大常委会及主任会议交办的其他事项。

5. 代表联络工作委员会

负责与县人民代表的联络工作，收集整理人民代表对县人大常委会及“一府两院”工作的意见和建议；负责对县人民代表大会期间代表所提意见、建议的整理、转办、督办等有关事宜；负责接待人民代表的来信来访；办理县、乡两级人民代表大会换届选举工作的有关事项；承办县人大常委会及主任会议交办的其他事项。

（三）2011年7月18日制定

1. 农业工作委员会

负责办理县人大常委会有关农业和农村经济方面的工作；负责与县人民政府所属农业和农村经济工作部门的联系；负责组织对农业方面的工作和执法情况进行调查、检查和视察，提出意见、建议。

2. 财经工作委员会

负责办理县人大常委会有关国民经济和社会发展计划、财政、工业、城建等方面的工作；负责与县人民政府所属计划、财政、工业、城建等工作部门的联系；负责组织对上述方面的工作和执法情况进行调查、检查和视察，提出意见、建议。

（四）2015年8月20日制定

1. 办公室

负责研究和提出常委会年度工作要点、阶段性工作安排和落实措施，督查反馈常委会主要工作部署和决议、决定的贯彻落实情况；负责各类会议的筹备、组织、服务工作；负责常委会、党组、办公室文件和工作报告、领导讲话等文字材料的起草、审核、规范、登记、打印、校对、装订、发送，以及常委会公报、工作简报、大事记的编辑印发工作；负责与县人民政府、县人民法院、县人民检察院办公室及各乡镇人大办公室和机关各工作委员会的协调工作；负责常委会领导同志公务活动的安排和服务工作；负责研究现阶段地方人大建设的实践和理论，搞好常委会重要活动的宣传，收集交流县内外人大工作信息，管理机关报刊资料；负责机关机构设置、人员编制、人事劳资工作，参照国家公务员管理、考核机关干部；负责机关文书处理、印章管理、档案管理、保密工作、办公自动化建设和政务专网、人大网站的管理应用和维护；负责机关财务、资产、车辆管理、办公设施及日常用品购置管理和离退休干部职工的服务工作；负责机关接待、外事工作及机关学习、安全保卫、卫生、计划生育等工作。

2. 信访室

受理来信，接待来访，办理属于本机关职责范围内的信访事项；办理上级机关交办或者有关单位转办的信访事项，并按要求报告或者反馈办理结果；向有关单位转办属于其职责范围的信访事项，并负责催办、督办；协调处理全县人大系统及有关单位之间的信访事项；对乡镇人大的信访工作进行业务联系、指导和检查；综合汇总研究信访情况，每季度向常委会各主任、办公室主任报送信访情况分析，向办公室和有关单位提供信访信息、意见、建议；为信访人提供有关信访事项的咨询；起草信访业务方面的文件、材料，负责信访材料的登记、送签、转办、督办、统计、整理、归档工作；负责法律、法规、规章、政策规定的其他信访事项。

3. 法制工作委员会

承办县人大常委会确定的监督议题的安排部署、组织协调、调查研究、情况收集、总结报告和提交审议等工作；负责检查县人民法院、县人民检察院和县人民政府对口部门贯彻落实法律法规和县人大及其常委会决议、决定的情况，并就有关问题向县人大常委会、主任会议提出报告。督办有关司法方面的代表建议和常委会的审议意见；办理县人民政府规范性文件的备案及审查工作；办理有关机关、单位和公民向县人大常委会书面提出的规范性文件审查要求或审查建议；承办县人大常委会确定的法制研讨、课题研究、法制培训等工作；根据主任会议决定，办理人大代表、人民群众对司法部门及其工作人员的申诉和控告；督促办理县人大常委会领导批示交办的群众来信、来访工作；承办省、市人大常委会下发的法律法规草案征求修改意见的工作；配合市人大常委会法制、内务司法工作委员会开展立法调研、执法检查和代表视察等在本县活动的协调服务工作；加强与对口部门的联系。

4. 财经与城建工作委员会

对县人民政府提出的国民经济和社会发展计划草案及财政预算草案进行初步审查，为县人代会起草计划、预算审查报告及关于计划、预算的决议草案；对县人民政府提出的国民经济和社会发展计划与财政预算的调整草案、财政决算草案进行初步审查、并起草有关审查报告及决议草案，提交县人大常委会审议；了解掌握计划、预算执行情况，为县人大常委会提供计划、预算执行情况的有关信息和资料；对县人民政府提出由县人大常委会审查批准的重大财经事项和城市建设事项进行初步审查，并为常委会审议提供有关依据；组织开展财经与城建方面法律、法规贯彻执行情况的检查；对全县财经与城建工作中的相关问题进行调查研究，为县人大常委会监督财经与城建工作搞好服务；对下一级人大和本级政府在财经与城建工作上作出的不适当的决议、决定，向县人大常委会提出报告和建议；承办县人大关于财经方面的工作；督促落实县人大代表提出的属于人大财经与城建工作方面的议案、建议和意见；加强与对口部门的联系。

5. 农业与环境资源工作委员会

负责县人民政府提请县人大常委会审议决定有关农业与环境资源保护方面重大事项的协调和准备工作，研究提请决定的理由和法律依据；负责起草县人大常委会需要审议并通过的有关农业、环境资源方面的决议、决定草案；对全县国民经济和社会发展计划草案、财政预算草案和执行情况以及计划和预算调整变更中有关农业与环境资源保护部分提出意见和建议，为县人大常委会或主任会议审议做好准备；检查农业和环境资源方面的法律、地方性法规的实施情况，并对重大问题提出处理意见，提请县人大常委会或主任会议审议决定；根据县人大常委会主任会议的决定，做好人大代表视察农业和环境资源的组织工作。对代表提出的有关意见建议和群众反映强烈的重大问题，向县人大常委会或主任会议提出报告；对农业与环境资源方面的重大事项组织调查研究，为县人大常委会进行审议提供情况；对下一级人民代表大会和本级人民政府在农业与环境资源工作问题上不适当的决议、决定和命令，向县人大常委会提出处理意见和建议，提交县人大常委会决定；督促有关部门办理县人大常委会交办的农业和环境资源方面的议案和意见建议；加强与对口部门的联系。

6. 科教文卫与民侨工作委员会

负责县人民政府提请县人大常委会审议的有关科教文卫与民族侨务方面重大事项的协调和准备工作，研究提请决定的理由和法律依据；负责起草县人大常委会需要审议并通过的有关科教文卫与民侨方面的决议、决定草案；根据县人大常委会主任会议决定，检查了解科技、教育、文广、卫生和计生、体育、地震、民族、宗教、侨务等部门对国家法律、法规和县人民代表大会及常委会通过的决定、决议的执行情况，并向主任会议报告；根据常委会和主任会议的决定，组织安排人大代表对科教文卫与民侨工作等部门的工作进行调查和执法检查；负责同市人大常委会科教文卫与民侨工委及各县（区）人大常委会有关科教文卫、民侨方面的工作联系和情况交流；加强同科教文卫、民侨方面代表的联系，受理人大代表、人民群众对科教文卫、民族侨务部门工作的意见和信件；协调督促县政府科教文卫与民侨部门做好给县人大常委会汇报工作的有关准备事项；对下一级人民代表大会和本级人民政府在科教文卫与民侨工作方面作出的不适当的决议、决定和命令，向县人大常委会提出处理的意见和建议；督促办理属于科教文卫、民族侨务方面的代表议案、意见、建议；加强与对口部门的联系。

7. 人事与代表工作委员会

在县人大常委会或县换届选举领导小组的部署指导下，办理全县各级人民代表大会换届选举工作的有关事项；负责落实县人大常委会和主任会议关于代表工作的安排部署，办理有关具体事项；负责县人大代表和本县选出的市人大代表活动小组的组建、联系人大代表、宣传代表事迹、组织代表交流工作经验等工作；为县人大代表和本县选出的市人大代表以及在本县的全国全省人大代表依法行使权力、履行代表职务提供服务。办理县人大常委会组织代表开展视察、调查等活动的具体工作，及时反映代表的意见、建议和要求。为县人大常委会及其组成人员同代表，代表同选举单位及人民群众之间加强联系提供服务；负责向县人民政府、县人民法院、县人民检察院交办县人大代表提出的议案、建议、批评和意见，并协调、督促有关部门认真办理；接待办理县人大代表和本县选出的市人大代表的来信来访，并处理有关换届选举及反映本级人大代表情况的群众来信；办理代表资格审查委员会交办的有关补选和罢免、撤换代表，确认代表资格以及代表变动情况的有关工作；办理县人大常委会有关人事任免的具体工作；对依法提请县人大常委会任免的人员，及时与有关部门联系，为主任会议研究和常委会审议做好准备。

（五）2017年5月27日制定

财经委员会

审议县人民代表大会主席团或县人大常委会交付的财经方面的议案，提出审议结果报告或审议意见；向县人民代表大会主席团或县人大常委会提出属于县人民代表大会或县人大常委会职权范围内与财经委员会有关的议案；审查县政府本年度全县国民经济和社会发展计划执行情况及下年度计划（草案）报告，审查县政府本年度全县财政预算执行情况和下年度全县财政预算（草案）报告，并向县人民代表大会主席团或县人大常委会提出审查报告；审查县政府本年度全县国民经济和社会发展计划调整情况报告和全县财政预算调整情况报告，审查上年度全县财政决算（草案）报告和上年度财政预算执行情况审计报告，并向县人大常委会提出审查报告；审查县政府有关政府性基金、债务、债券、重大投资计划等财经方面的提请报告，并向县人大常委会提出审查报告；审议县人民代表大会主席团或县人大常委会交付的财经方面的询问、质询案，听取受询问、质询机关对询问、质询案的答复，并向县人民代表大会主席团或县人大常委会提出审议报告；审查县人大常委会交付的县政府有关财经方面的决议、决定，向县人大常委会提出审查报告；参加由县人大常委会组织的对县政府及其组成部门执行有关法律法规和县人民代表大会及其常委会决议、决定情况的监督检查；对涉及财经委员会职责范围内的问题可以单独组织进行监督检查，检查结果向县人大常委会主任会议报告；参加县人民代表大会及其常委会组织的特定问题调查委员会的有关工作；对属于县人民代表大会及其常委会职权范围内与财经委员会有关的问题，进行调研、检查，提出建议。必要时，可以听取县人民政府有关部门的专题工作汇报；对省、市人民代表大会财经委员会或省、市人大常委会办事机构、工作机构交付征求意见的有关法律草案，提出修改意见；办理县人民代表大会主席团、县人大常委会及其主任会议交付的与财经委员会有关的其他事项。

（六）2017年10月31日制定

法制委员会

开展宪法、法律、行政法规、地方性法规及其修正案、解释案、废止案的宣传工作；在县人民代表大会及其常务委员会领导下，研究、审议和拟定有关议案；对属于县人民代表大会及其常务委员会职权范围内同本委员会有关的问题，进行调查研究，提出建议；协助市人民代表大会及其常务委员会做好立法调研，负责向代表征集立法意见；对属于县人民代表大会及其常务委员会职权范围内同本委员会有关的议案，进行审议，向大会主席团、常务委员会提出审议结果报告；对县人民代表大会主席团或县人民代表大会常务委员会交付的质询案，听取被质询机关对质询案的答复，向县人民代表大会或县人民代表大会常务委员会提出质询案答复情况的报告；对列入本委员会的规章、规范性文件撤销案草案、县人民代表大会常务委员会工作机构和各方面提出的撤销建议进行统一审议，提出审议结果的报告，提交常务委员会会议决定；指导县人民代表大会常务委员会法制工作委员会开展其职责范围内的相关工作；办理县人民代表大会及其常务委员会、主任会议交办的其他事项。

（七）2020年6月29日制定

社会建设委员会

负责研究、拟订、审议劳动就业、社会保障、民政事务等方面的有关议案，开展有关调查研究、执法检查等，主要职责是：审议县人民代表大会主席团或者县人大常委会主任会议交付的社会建设方面的有关议案、质询案，并提出审议意见或审查报告；研究、拟订并向县人民代表大会及其常务委员会提出属于县人民代表大会及其常务委员会职权范围内有关社会建设方面的议案；协助县人民代表大会法制委员会对社会建设方面的规范性文件进行审查，并提出审查意见；督促“一府一委两院”贯彻执行社会建设方面的法律法规和各级人民代表大会及其常务委员会的有关决议、决定，对社会建设方面的法律法规实施情况进行检查；协助市人民代表大会社会建设委员会开展社会事业方面工作的调查研究；开展社会事业方面工作的调查研究，形成调研报告，为县人民代表大会及其常务委员会审议有关议案或报告提供参考依据；组织开展社会建设方面工作的视察活动；听取有关机关、组织关于社会建设工作情况的报告；联系县人大代表和基层群众，听取意见和要求，督促有关组织、机关办理代表提出的社会事业方面的议案和建议；负责提出本委员会年度工作总结和下年度计划，并向县人民代表大会及其常务委员会报告；负责办理市人民代表大会社会建设委员会安排的其他工作；办理县人民代表大会主席团、县人大常委会和主任会议交付的与社会建设委员会有关的其他工作。

（八）2020年9月30日制定

县人大事务服务中心（2020年11月12日调整为常委会事务服务中心，其职责不变）

负责人大有关会议的筹备、组织和服务工作；负责常委会领导公务活动的安排和服务工作；承办人大代表视察活动的服务工作；负责机关接待、外事工作及机关安全、保卫、消防、治安防范、环境卫生清扫和绿化美化工作；负责车辆管理、调度、维修和驾驶员的安全教育技术培训工作；负责机关资产、办公用房管理、办公设施及日常用品购置管理和水电暖等设施维修和离退休干部职工的服务工作等。

（九）2020年11月12日制定

1. 办公室

负责研究和提出常委会年度工作要点、阶段性工作安排和落实措施，督查反馈常委会主要工作部署和决议、决定的贯彻落实情况；负责各类会议的筹备、组织、服务工作；负责常委会、党组、办公室文件和工作报告、领导讲话等文字材料的起草、审核、规范、登记、打印、校对、装订、发送，以及常委会公报、工作简报、大事记的编辑印发工作；负责与县人民政府、县监察委员会、县人民法院、县人民检察院办公室及各乡镇人大办公室和机关各工作委员会的协调工作；负责研究现阶段地方人大建设的实践和理论，搞好常委会重要活动的宣传，收集交流县内外人大工作信息，管理机关报刊资料；负责机关机构设置、人员编制、财务、人事劳资工作，参照国家公务员管理考核机关干部；负责机关文书处理、印章管理、档案管理、保密工作、办公自动化建设和政务专网、人大网站的管理应用和维护等工作。

2. 信访室

受理来信，接待来访，办理属于本机关职责范围内的信访事项；办理上级机关交办或者有关单位转办的信访事项，并按要求报告或者反馈办理结果；向有关单位转办属于其职责范围的信访事项，并负责催办、督办；协调处理全县人大系统及有关单位之间的信访事项；对乡镇人大的信访工作进行业务联系、指导和检查；综合汇总研究信访情况，每季度向常委会主任、副主任和办公室主任报送信访情况分析，向办公室和有关单位提供信访信息、意见、建议；为信访人提供有关信访事项的咨询；起草信访业务方面的文件、材料，负责信访材料的登记、送签、转办、督办、统计、整理、归档工作；负责法律、法规、规章、政策规定的其他信访事项。

3. 法制监察民侨工作委员会

承办县人大常委会确定的监督议题的安排部署、组织协调、调查研究、情况收集、总结报告和提交审议等工作；负责检查县监察委员会、县人民法院、县人民检察院和县人民政府对口部门贯彻落实法律法规和县人大及其常委会决议、决定的情况，并就有关问题向县人大常委会、主任会议提出报告。督办有关法制监察民侨方面的代表建议和常委会的审议意见；办理县人民政府规范性文件的备案及审查工作；办理有关机关、单位和公民向县人大常委会书面提出的规范性文件审查要求或审查建议；承办县人大常委会确定的法制研讨、课题研究、法制培训等工作；根据主任会议决定，办理人大代表、人民群众对司法部门及其工作人员的申诉和控告；督促办理县人大常委会领导批示交办的群众来信、来访工作；承办省、市人大常委会下发的法律法规草案征求修改意见的工作；对下一级人民代表大会和本级人民政府民侨工作方面作出的不适当的决议、决定和命令，向县人大常委会提出处理的意见和建议；督促办理属于民族侨务方面的代表议案、建议和意见；负责与市人大常委会法制监察民侨工作委员会的工作联系，并做好相关工作；加强与对口部门的联系。

4. 财经预算工作委员会

对县人民政府提出的国民经济和社会发展计划草案及财政预算草案进行初步审查，为县人代会起草计划、预算审查报告及关于计划、预算的决议草案；对县人民政府提出的国民经济和社会发展计划与财政预算的调整草案、财政决算草案进行初步审查、并起草有关审查报告及决议草案，提交县人大常委会审议；了解掌握计划、预算执行情况，为县人大常委会提供计划、预算执行情况的有关信息和资料；对县人民政府提出由县人大常委会审查批准的重大财经预算事项进行初步审查，并为常委会审议提供有关依据；组织开展财经预算方面法律、法规贯彻执行情况的检查；对全县财经预算工作中的相关问题进行调查研究，为县人大常委会监督财经预算工作搞好服务；

对下一级人民代表大会和本级政府在财经预算工作上作出的不适当的决议、决定，向县人大常委会提出报告和建议；承办县人大关于财经预算方面的工作；督促落实县人大代表提出的属于人大财经预算工作方面的议案、建议和意见；负责与市人大常委会财经预算工作委员会的工作联系，并做好相关工作；加强与对口部门的联系。

5.农业城建环保工作委员会

负责县人民政府提请县人大常委会审议决定有关农业城建环保方面重大事项的协调和准备工作，研究提请决定的理由和法律依据；负责起草县人大常委会需要审议并通过的有关农业城建环保方面的决议、决定草案；对全县国民经济和社会发展计划草案、财政预算草案和执行情况以及计划和预算调整变更中有关农业城建环保部分提出意见和建议，为县人大常委会或主任会议审议做好准备；检查农业城建环保方面的法律、地方性法规的实施情况，并对重大问题提出处理意见，提请县人大常委会或主任会议审议决定；根据县人大常委会主任会议的决定，做好人大代表视察农业城建环保工作的组织工作。对代表提出的有关建议意见和群众反映强烈的重大问题，向县人大常委会或主任会议提出报告；对农业城建环保方面的重大事项组织调查研究，为县人大常委会进行审议提供情况；对下一级人民代表大会和本级人民政府农业城建环保工作方面作出的不适当的决议、决定和命令，向县人大常委会提出处理意见和建议，提交县人大常委会决定；督促有关部门办理县人大常委会交办的农业城建环保方面的议案、建议和意见；负责与市人大常委会农业城建环保工作委员会的工作联系，并做好相关工作；加强与对口部门的联系。

6. 教育科学文化卫生工作委员会

负责县人民政府提请县人大常委会审议的有关教科文卫方面重大事项的协调和准备工作，研究提请决定的理由和法律依据；负责起草县人大常委会需要审议并通过的有关教育科学文化卫生方面的决议、决定草案；根据县人大常委会主任会议决定，检查了解教育科学文化卫生等部门对国家法律、法规和县人民代表大会及常委会通过的决议、决定的执行情况，并向主任会议报告；根据常委会和主任会议的决定，组织安排人大代表对教科文卫等部门的工作进行调查和执法检查；加强同教育科学文化卫生方面代表的联系，受理人大代表、人民群众对教科文卫部门工作的意见和信件；协调督促县政府教育科学文化卫生部门做好给县人大常委会汇报工作的有关准备事项；对下一级人民代表大会和本级人民政府在教科文卫方面作出的不适当的决议、决定和命令，向县人大常委会提出处理的意见和建议；督促办理属于教育科学文化卫生方面的代表议案、建议和意见；负责与市人大常委会教育科学文化卫生工作委员会的工作联系，并做好相关工作；加强与对口部门的联系。

7. 社会建设工作委员会

负责研究、拟定、审议、劳动就业、社会保障、民政事务等方面有关议案，开展有关联系、调查、检查工作；负责人大代表有关社会建设等方面的视察、检查、调查及座谈会等活动的组织服务工作；负责起草县人大及其常委会关于社会建设方面的决议、决定草案，和与本工作委员会职责相关的其他文稿；负责人大代表关于社会建设方面的质询案及议案和建议、批评、意见的办理和督办工作；开展规范性文件备案审查的初审工作，审查县政府社会建设等方面的规范性文件；负责接待人民群众有关社会建设方面的来信来访、控告和申诉工作，办理上级人大常委会交办的本委工作范畴内的控告和申诉信访；负责与市人大常委会社会建设工作委员会的工作联系，并做好相关工作；总结县人大及其常委会加强社会建设工作监督等方面的做法和经验；办理常委会会议、主任会议及常委会领导交办的其他事项；加强与对口部门的联系。

8. 代表人事工作委员会

在县人大常委会或县换届选举领导小组的部署指导下，办理全县各级人民代表大会换届选举工作的有关事项；负责落实县人大常委会和主任会议关于代表工作的安排部署，办理有关具体事项；负责县人大代表和本县选出的市人大代表活动小组的组建、联系人大代表、宣传代表事迹、组织代表交流工作经验等工作；为县人大代表和本县选出的市人大代表以及在本县的全国全省人大代表依法行使权力、履行代表职务提供服务。办理县人大常委会组织代表开展视察、调查等活动的具体工作，及时反映代表的意见、建议和要求。为县人大常委会及其组成人员同代表、代表同选举单位及人民群众之间加强联系提供服务；负责向县人民政府、县监察委员会、县人民法院、县人民检察院交办县人大代表提出的议案、建议、批评和意见，并协调、督促有关部门认真办理；接待办理县人大代表和本县选出的市人大代表的来信来访，并处理有关换届选举及反映本级人大代表情况的群众来信；办理代表资格审查委员会交办的有关补选和罢免、撤换代表，确认代表资格以及代表变动情况的有关工作；办理县人大常委会有关人事任免的具体工作；对依法提请县人大常委会任免的人员，及时与有关部门联系，为主任会议研究和常委会审议做好准备；负责与市人大常委会代表人事工作委员会的工作联系，并做好相关工作。

第二节　机构负责人及职责

一、机构负责人

县人大法制委员会（2016年10月至　）

主任委员　厚连世（2016年10月至2020年1月）
　　　　　崔静荣（2020年5月任职）
副主任委员　王瑞生（2016年10月任职）
委　　员　王国随（2016年10月任职）
　　　　　王晓峰（2016年10月任职）
　　　　　李小宁（2016年10月任职）
　　　　　周浩仁（2016年10月任职）

胡志科（2016年10月任职）

县人大财经委员会（2016年10月至　）
主 任 委 员　杨　华（2016年10月任职）
副主任委员　王友忠（2016年10月任职）
委　　员　牛满川（2016年10月至2020年1月）
白路民（2016年10月至2017年12月）
李小强（2016年10月任职）
崔江鸿（2016年10月任职）
柴福喜（2016年10月任职）
李　寰（2017年12月任职）
景坐社（2020年1月任职）

县人大社会建设委员会（2020年5月至　）
主 任 委 员　樊　旺（2020年5月任职）
副主任委员　李稳收（2020年5月任职）
委　　员　王万平（2020年5月任职）
王　飞（2020年5月任职）
王　宏（2020年5月任职）
朱国军（2020年5月任职）
陈　雄（2020年5月任职）

常委会办公室（1981年1月至　）
主　任　史国忠（1981年7月至1990年2月）
郭应童（1990年2月至2006年6月）
李　金（2006年6月至2012年2月）
何冠群（2012年2月至2013年10月）
王友忠（2013年10月至2015年12月）
张录牛（2015年12月至2017年5月）
平　宏（2017年11月任职）
副主任　郭应童（1983年12月至1990年2月）
柴玉明（1990年2月至2003年9月）
李　金（2003年9月至2006年6月）
李文环（2007年8月至2013年8月）
张录牛（2012年7月至2015年12月）
王　飞（2017年6月任职）

常委会政治法律组（1986年1月至1988年7月）

组　长　阎志洁（兼，1986年1月至1988年7月）

副组长　王学谋（1987年2月至1988年7月）

常委会财政经济组（1986年1月至1988年7月）

组　长　陈万和（1986年1月至1987年2月）

　　　　郜文学（兼，1987年2月至1988年7月）

副组长　陈万和（1987年2月至1988年7月）

常委会科教文卫组（1986年1月至1988年7月）

组　长　史国忠（兼，1986年1月至1987年2月）

　　　　张光明（兼，1987年2月至1988年7月）

副组长　郭承祖（1987年2月至1988年7月）

常委会司法民政科（1988年7月至1990年2月）

科　长　（无）

副科长　陈万才（1988年8月至1990年2月）

常委会财政经济科（1988年7月至1990年2月）

科　长　（无）

副科长　柴玉明（1988年12月至1990年2月）

常委会农业科（1988年7月至1990年2月）

科　长　王学谋（1988年9月至1990年2月）

副科长　（无）

常委会科教文卫科（1988年7月至1990年2月）

科　长　郭承祖（1988年9月至1990年2月）

副科长　（无）

常委会信访室（2005年11月至2011年7月为常委会内设机构；2011年7月至2015年8月调整为常委会办公室内设机构；2015年8月恢复为常委会内设机构）

主　任　胡志科（2006年2月至2020年7月）

　　　　梁永红（2020年7月任职）

副主任　胡生忠（2010年5月至2015年12月）

马川娃（2015年12月至2020年1月）
贾成喜（2020年12月任职）

常委会司法民政工作委员会（1990年2月至2015年8月）

主　任　马子坤（1990年2月至1991年12月）
张思忠（1991年12月至1993年2月）
蒙谦恭（1993年2月至1997年11月）
张金业（1998年3月至2004年11月）
张汉基（2004年11月至2007年2月）
杜文彪（2007年2月至2010年5月）
马世明（2010年5月至2015年12月）

副主任　史国忠（1990年2月至1991年2月）
张汉基（1999年1月至2004年11月）
马志刚（2006年6月至2009年6月）
厚　学（2009年2月至2010年5月）
宋正祥（2010年6月至2016年6月）

常委会农业财经工作委员会（1990年2月至2011年7月）

主　任　陈凤亭（1990年2月至1993年2月）
王维歧（1993年2月至1997年11月）
王智仁（1998年3月至2002年8月）
席　荣（2002年8月至2006年6月）
高长茂（2006年6月至2010年5月）
武文学（2010年5月至2012年2月）

副主任　王学谋（1990年2月至1993年2月）
曹升明（1990年2月至1993年2月）
祁望厚（1991年12月至2000年5月）
柴玉明（2003年9月至2010年5月）
李成蹊（2005年11月至2008年6月）
李忠荣（2010年5月至2012年2月）

常委会教科文卫工作委员会（1990年2月至2015年8月）

主　任　张光明（兼，1990年2月至1993年2月）
胡青汉（1993年2月至1996年1月）
柴玉明（兼，1996年1月至1998年2月）
张继祖（1998年3月至2002年8月）

张新民（2002年12月至2008年3月）
姚国奇（2009年2月至2010年5月）
冯克勤（2010年5月至2014年9月）
李平安（2014年9月至2015年12月）
副主任　郭承祖（1990年2月至1993年2月）
李　金（1997年9月至2003年9月）
周世让（2004年11月至2007年8月）
杨毅民（2006年6月至2010年5月）
贾平峰（2010年5月至2016年4月）

常委会农业工作委员会（2011年7月至2015年8月）
主　任　武文学（2012年2月至2014年12月）
张晓军（2014年12月至2015年5月）
副主任　李忠荣（2012年2月至2014年9月）
李进祥（2014年9月至2015年12月）

常委会财经工作委员会（2011年7月至2015年8月）
主　任　杨立新（2012年2月至2015年12月）
副主任　（无）

常委会代表联络工作委员会（1991年2月至2015年8月）
主　任　史国忠（1991年2月至1993年2月）
王镇华（1993年2月至1997年11月）
王维歧（1998年3月至2002年1月）
王守荣（2002年1月至2008年6月）
李成蹊（2008年6月至2010年5月）
杨立新（2010年5月至2012年2月）
李文环（兼，2012年2月至2013年8月）
李稳收（2013年10月至2015年12月）
副主任　周世让（1991年12月至2000年5月）
胡志科（2001年7月至2006年2月）
李稳收（2007年8月至2013年10月）

常委会法制工作委员会（2015年8月至2020年11月）
主　任　王瑞生（2015年12月至2021年1月）
副主任　王晓峰（2016年6月任职）

常委会财经与城建工作委员会（2015年8月至2020年11月）
主　任　王友忠（2015年12月至2021年1月）
副主任　牛满川（2016年6月至2020年1月）
　　　　景坐社（2020年1月任职）

常委会农业与环境资源工作委员会（2015年8月至2020年11月）
主　任　王壬寅（2015年12月至2020年7月）
　　　　李方正（2020年7月任职）
副主任　李进祥（2015年12月至2017年11月）
　　　　阎　钧（2018年3月至2021年1月）

常委会科教文卫与民侨工作委员会（2015年8月至2020年11月）
主　任　李平安（2015年12月至2019年2月）
　　　　王　宏（2020年4月任职）
副主任　王　宏（2016年4月至2020年4月）

常委会人事与代表工作委员会（2015年8月至2020年11月）
主　任　李稳收（2015年12月任职）
副主任　王致中（2016年4月至2020年7月）
　　　　贾世玺（2020年7月任职）

常委会法制监察民侨工作委员会（2020年11月至　）
主　任　李文光（2021年1月任职）

常委会财经预算工作委员会（2020年11月至　）
主　任　陈东勤（2021年1月任职）

常委会社会建设工作委员会（2020年11月至　）
主　任　樊义和（2021年1月任职）

常委会农业城建环保工作委员会（2020年11月至　）
副主任　陈江平（2021年1月任职）

二、机构负责人职责
常委会办公室

（一）主任

1. 在县人大常委会主任、分管副主任的领导下，负责办公室的全面工作。

2. 组织起草常委会工作安排、工作总结、领导讲话等综合性材料。

3. 审核以常委会、党组及办公室名义印发的文件，审签属于办公室职责范围的各类文件。

4. 协调组织做好人代会、常委会、主任会、党组会及重要会议的服务。

5. 协调常委会领导公务安排和机关内部事务、政务管理。

6. 负责机关财务、后勤、资产、车辆管理。

7. 负责安排外事活动、来宾接待工作。

（二）副主任

1. 协助办公室主任处理办公室日常政务事务工作。

2. 负责管理机关文件收发、拟批、打印、传递、立卷、归档、保密等工作。

3. 按照机关和办公室的整体安排，组织起草有关文件，编办《人大简讯》《大事记》等。

4. 协助办公室主任做好人代会、常委会、党组会、主任会、职工会等会议的筹备和服务工作。

5. 负责机关宣传、信息交流、理论研究等工作。

6. 协助办公室主任做好机关财务、后勤、资产、车辆管理。

7. 协助办公室主任做好外事活动安排、来宾接待等工作。

常委会信访室

主任

1. 在县人大常委会主任、分管副主任的领导下，负责信访室的全面工作。

2. 做好人民群众来信来访工作，接待上访群众，处理来信，宣传政策、法规，解答疑难问题。

3. 积极协助各委、室解答处理涉法疑难问题，并提出处理意见。

4. 遇突发群体性上访和老上访户缠诉、缠访，应及时做好解释说服、矛盾化解工作。

5. 负责收集、整理、分析信访工作方面的情况、信息，向主任会议提出报告。

6. 搞好上级人大转办的信访案件的办理和答复工作。

7. 参与上级人大对口部门工作检查的接待。

8. 办理常委会或主任会议确定的关于信访工作方面的其他事项。

常委会法制工作委员会

（一）主任

1. 在县人大常委会主任、分管副主任的领导下，负责法制工作委员会的全面工作。

2. 负责县政府、法院、检察院提请常委会审议、决定有关法制工作方面事项的准备工作。

3. 负责组织和承办常委会确定的法制研讨、法制培训、法律咨询等工作，向常委会或主任会议提交关于全县法制工作方面的监督意见、建议。

4. 负责常委会执法检查的安排部署、组织检查、情况收集和总结工作，向常委会或主任会议提出报告。

5. 参与上级人大对口部门工作检查的接待。

6. 办理常委会或主任会议确定的关于法制工作方面的其他事项。

（二）副主任

1. 协助法制工作委员会主任工作。

2. 提出本工作委员会需向常委会或主任会议提交的关于法制工作方面事项的准备工作。

3. 提出本工作委员会开展执法检查、调查研究等工作的安排意见。

4. 负责起草本工作委员会年度工作安排、年度总结、执法检查、工作调研及法制工作方面的文件和材料。

5. 及时收集对口部门的资料和信息，掌握部门工作动态；起草法制工作方面的《人大简讯》。

6. 负责法制方面的宣传信息工作。

7. 做好本工作委员会各种会议、活动和领导的服务工作；协助办公室做好“三会”服务工作。

8. 完成常委会领导交办的其他工作。

常委会农业与环境资源工作委员会

（一）主任

1. 在县人大常委会主任、分管副主任的领导下，负责农业与环境资源工作委员会的全面工作。

2. 负责县政府提请常委会审议、决定有关农业农村、环境资源方面事项的准备工作。

3. 负责向常委会或主任会议提交关于农业农村、环境资源工作方面的监督意见、建议。

4. 负责组织检查农业农村、环境资源方面法律、法规的贯彻执行情况。

5. 参与上级人大对口部门工作检查的接待。

6. 办理常委会或主任会议确定的关于农业农村、环境资源工作方面的其他事项。

（二）副主任

1. 协助农业与环境资源工作委员会主任工作。

2. 提出本工作委员会需向常委会或主任会议提出的关于农业农村、环境资源工作方面的审查意见或工作建议。

3. 提出本工作委员会开展执法检查、调查研究、组织代表视察等工作的安排意见。

4. 负责起草本工作委员会年度工作安排、年度总结、执法检查、工作调研及有关农业农村、环境资源工作方面的文件和材料。

5. 及时收集对口部门的资料和信息，掌握部门工作动态；起草涉及农业农村、环境资源工作方面的《人大简讯》。

6. 负责农业农村、环境资源方面的宣传信息工作。

7. 做好该工作委员会各种会议、活动和领导的服务工作；协助办公室做好“三会”服务工作。

8. 完成常委会领导交办的其他工作。

常委会财经与城建工作委员会

（一）主任

1. 在县人大常委会主任、分管副主任的领导下，负责财经与城建工作委员会的全面工作。

2. 负责县政府提请常委会审议、决定有关财经与城建方面事项的准备工作。

3. 负责向常委会或主任会议提交关于国民经济和社会发展计划草案、财政预算草案及执行情况、财政预算部分变更、财政审计以及城市规划建设、管理等方面的监督意见、建议。

4. 负责组织检查财经与城建方面法律、法规的贯彻执行情况。

5. 参与上级人大对口部门工作检查的接待。

6. 办理常委会或主任会议确定的关于财经与城建工作方面的其他事项。

（二）副主任

1. 协助财经与城建工作委员会主任工作。

2. 提出该工作委员会需向常委会或主任会议提出的关于财经与城建工作方面的审查意见或工作建议。

3. 提出该工作委员会开展执法检查、调查研究、组织代表视察等工作的安排意见。

4. 负责起草该工作委员会年度工作安排、年度总结、执法检查、工作调研及有关财经与城建工作方面的文件和材料。

5. 及时收集对口部门的资料和信息，掌握部门工作动态；起草涉及财经与城建工作方面的《人大简讯》。

6. 负责财经与城建方面的宣传信息工作。

7. 做好该工作委员会各种会议、活动和领导的服务工作；协助办公室做好“三会”服务工作。

8. 完成常委会领导交办的其他工作。

常委会科教文卫与民侨工作委员会

（一）主任

1. 在县人大常委会主任、分管副主任的领导下，负责科教文卫与民侨工作委员会的全面工作。

2. 负责县政府提请常委会审议、决定有关科教文卫与民侨方面事项的准备工作。

3. 负责向常委会或主任会议提交关于全县科教文卫与民侨工作方面的监督意见、建议。

4. 负责组织检查科教文卫与民侨方面法律、法规的贯彻执行情况。

5. 参与上级人大对口部门工作检查的接待。

6. 办理常委会或主任会议确定的关于科教文卫与民侨工作方面的其他事项。

（二）副主任

1. 协助科教文卫与民侨工作委员会主任工作。

2. 提出该工作委员会需向常委会或主任会议提出的关于科教文卫与民侨工作方面的审查意见或工作建议。

3. 提出该工作委员会开展执法检查、调查研究、组织代表视察等工作的安排意见。

4. 负责起草该工作委员会年度工作安排、年度总结、执法检查、工作调研及科教文卫与民侨工作方面的文件和材料。

5. 及时收集对口部门的资料和信息，掌握部门工作动态；起草涉及科教文卫与民侨工作方面的《人大简讯》。

6. 负责科教文卫与民侨方面的宣传信息工作。

7. 做好该工作委员会各种会议、活动和领导的服务工作；协助办公室做好“三会”服务工作。

8. 完成常委会领导交办的其他工作。

常委会人事与代表工作委员会

（一）主任

1. 在县人大常委会主任、分管副主任的领导下，负责人事与代表工作委员会的全面工作。

2. 负责在静宁的省、市人大代表和县人大代表小组的组建工作。

3. 负责代表工作，为代表履职提供服务，及时向常委会或主任会议反映代表的意见、建议。

4. 协助、督促办理代表议案、意见和建议。

5. 参与上级人大对口部门工作检查的接待。

6. 办理常委会或主任会议确定的关于人事与代表工作方面的其他事项。

（二）副主任

1. 协助人事与代表工作委员会主任工作。

2. 负责起草该工作委员会年度工作安排、年终总结、代表意见、建议办理、工作调研及有关人事与代表工作方面的文件和材料。

3. 及时收集有关资料和信息，掌握人事与代表工作方面的动态；起草涉及人事与代表工作方面的《人大简讯》。

4. 负责人事与代表工作方面的宣传信息工作。

5. 做好该工作委员会各种会议、活动和领导的服务工作；积极协助办公室做好“三会”服务工作。

6. 完成常委会领导交办的其他工作。

第二章　队伍建设

第一节　工作人员

一、人员编制

1998年，机关核定行政事业编制13名，设常委会主任1名，副主任3名，核定单列编制5名，机关后勤事业编制4名。

1999年至2001年，机关行政编制18名。

2002年6月，机关核定行政总编制16名，其中设常委会主任1名，专职副主任3名；内设机构（办公室、司法民政工作委员会、农业财经工作委员会、教科文卫工作委员会、代表联络工作委员会）设主任各1名；机关后勤编制4名；非领导职务职数另外核定。

2015年8月20日，经县编制委员会批准，常委会机关新增行政编制4名，至此，机关行政总编制20名，机关后勤编制仍为4名。

2020年9月30日，经县委机构编制委员会批准，成立县人大事务服务中心，股级建制，核准全额拨款事业编制4名；机关行政编制调整为21名，工勤编制5名（含1名周转工勤编制），事业编制16名（周转事业编制）。

2020年11月12日，经县委机构编制委员会批准，将县人大事务服务中心调整为常委会事务服务中心，副科级建制，编制不变。

二、人员变动

1981年，常委会成立伊始，只设办公室，有主任1名。包括常委会领导，机关实有干部9名，工人2名。到2021年1月，机关有57人。其间，通过任职、调入、分配等方式进入机关工作的，离退休、调出、离世的，前后涉及161人（次）。

附：

县人大常委会机关在职人员一览表

（截至2021年1月）

表5-3

姓名	性别	出生年月	文化程度	工作时间	入党时间	调入时间	籍贯	职务
王智国	男	1962.5	本科	1984.8	1987.5	2016.9	治平刘河	常委会党组书记、主任、二级巡视员

续表5-3

姓名	性别	出生年月	文化程度	工作时间	入党时间	调入时间	籍贯	职务
王永平	男	1968.11	本科	1990.7	1997.10	2020.12	崇信木林	常委会党组书记、主任
沙芳琴	女	1965.8	大专	1985.7		2006.12	曹务店子	常委会副主任、三级调研员
靳宝生	男	1962.12	本科	1986.7	1992.3	2014.12	甘沟马坡	常委会党组成员、副主任、三级调研员
张进宝	男	1963.5	本科	1982.7	1986.12	2016.10	红寺二河	常委会党组副书记、副主任、三级调研员
李　读	男	1963.9	大专	1981.10	1984.12	2016.10	雷大雷大	常委会党组成员、副主任、三级调研员
牛永琪	男	1964.9	本科	1986.7	1989.12	2020.1	新店小湾	常委会党组成员、副主任
杨　飞	男	1968.7	本科	1987.10	1990.5	2020.1	古城同心	常委会党组成员、副主任
孙青茂	男	1964.5	本科	1989.8	1993.4	2021.1	新店新店	常委会党组成员、副主任、三级调研员
杨　华	男	1967.11	研究生	1988.8	1990.6	2012.8	深沟深沟	常委会党组成员、常委会委员、人大财经委主任委员、二级调研员
崔静荣	男	1962.12	本科	1981.7	1985.6	2020.5	雷大关湾	常委会委员、人大法制委员会主任委员
樊　旺	男	1963.7	本科	1985.11	1987.6	2020.5	治平大庄	常委会委员、人大社会建设委员会主任委员
高　旭	男	1961.1	本科	1981.7	1984.4	2014.12	原安张营	原常委会党组副书记、副主任、二级调研员
胡志科	男	1962.5	大专	1985.4	1988.8	1990.8	李店薛胡	常委会委员、四级调研员、原信访室主任
李稳收	男	1975.5	本科	1996.10	1998.6	2006.3	红寺玉皇	常委会委员、人事与代表工委主任、一级主任科员
王兴国	男	1962.8	本科	1981.1	1985.9	2013.8	威戎武高	四级调研员
王友忠	男	1963.7	本科	1985.7	1987.8	2013.10	界石西川	常委会委员、三级调研员、人大财经委副主任委员，原常委会党组成员、办公室主任、财经与城建工委主任
张天顺	男	1964.9	大专	1986.8	1996.8	2015.10	界石二夫	一级主任科员
王壬寅	男	1962.11	大专	1984.9	1996.12	2015.12	八里小山	常委会委员、三级调研员、原农业与环境资源工委主任

续表5-3

姓名	性别	出生年月	文化程度	工作时间	入党时间	调入时间	籍贯	职务
王瑞生	男	1964.9	本科	1984.8	1991.5	2015.12	城关东关	常委会委员、法制工委主任、三级调研员
马川娃	男	1962.6	大专	1981.10	1984.9	2015.12	甘沟甘沟	常委会委员、三级调研员、原信访室副主任
贾成喜	男	1988.5	本科	2013.9	2012.5	2016.1	贾河贾河	信访室副主任
王　宏	男	1968.8	大专	1991.7	1993.5	2016.4	灵芝俊峰	常委会委员、科教文卫与民侨工委主任、四级调研员
王致中	男	1962.5	大专	1982.7	1986.3	2016.4	细巷刘堡	常委会委员、三级调研员、原人事与代表工委副主任
牛满川	男	1962.11	本科	1981.7	1989.5	2016.6	新店小湾	常委会委员、三级调研员、原财经与城建工委副主任
王晓峰	男	1964.7	大专	1985.3	1991.6	2016.6	八里小山	常委会委员、法制工委副主任、四级调研员
马晓荣	男	1963.11	大专	1981.7	1994.7	2017.5	原安百富	三级调研员
王　飞	男	1987.7	本科	2005.9	2010.7	2017.6	四河田堡	常委会委员、办公室副主任
平　宏	男	1974.2	本科	1995.8	1996.12	2017.11	司桥司桥	常委会党组成员、常委会委员、办公室主任、一级主任科员
阎　钧	男	1963.2	本科	1981.8	1985.10	2018.3	甘沟响河	农业与环境资源工委副主任、三级调研员
刘　斌	男	1965.2	本科	1986.7	1990.1	2019.1	原安吉林	三级调研员
杨升旺	男	1962.12	研究生	1981.7	1984.12	2019.1	城川小寨	三级调研员
景坐社	男	1966.12	本科	1993.7	1998.1	2019.12	城川红旗	财经与城建工委副主任、二级主任科员
梁永红	男	1973.10	本科	1995.9	1995.4	2020.7	界石联盟	信访室主任、四级调研员
李方正	男	1965.2	本科	1984.8	1992.3	2020.7	仁大李河	农业与环境资源工委主任、三级调研员
贾世玺	男	1965.9	大专	1985.7	1992.3	2020.7	古城贾庄	人事与代表工委副主任、四级调研员
樊莹琴	女	1965.2	本科	1989.7	1998.1	2020.7	甘沟杨咀	三级调研员
王虎兴	男	1962.8	本科	1981.7	1987.6	2020.11	深沟孙山	一级主任科员
李文光	男	1967.10	本科	1990.9	1995.12	2021.1	城关新城	法制监察民侨工委主任、四级调研员
陈东勤	男	1969.8	本科	1991.7	1996.12	2021.1	甘沟祁川	财经预算工委主任、一级主任科员

续表5-3

姓名	性别	出生年月	文化程度	工作时间	入党时间	调入时间	籍贯	职务
樊义和	男	1965.9	本科	1988.8	1991.5	2021.1	深沟樊沟	社会建设工委主任、四级调研员
陈江平	男	1972.11	本科	1999.12	2001.7	2021.1	司桥小曲	农业城建环保工委副主任(正科级)
杨芳斌	男	1985.3	本科	2003.8	2011.7	2021.1	三合碜滩	事务服务中心主任(副科级)
王明星	男	1964.9	本科	1990.2	1994.7	2021.1	治平刘河	三级调研员
尤康乐	男	1980.10	本科	1999.1	2003.6	1999.10	双岘尤家	事务服务中心职员
李雄雄	男	1989.12	本科	2013.2	2020.7	2013.3	李店五方河	办公室一级科员
董　文	男	1984.9	中专	2008.4		2013.8	城关新城	事务服务中心职员
薛佳亮	男	1989.8	本科	2013.1	2009.9	2016.1	李店薛胡	办公室一级科员
刘俊奎	男	1987.5	本科	2011.11	2012.6	2019.8	城关南关	办公室职员(调剂)
杨亚州	男	1986.12	本科	2012.5	2010.7	2019.8	威戎新华	办公室职员(调剂)
王春霞	女	1988.5	大专	2009.7	2012.12	2020.10	甘沟牡丹	事务服务中心职员
曹忠利	男	1968.9	中专	1986.8	1995.11	1986.8	城关南关	会计
尹新斌	男	1977.6	本科	1995.9	2003.6	1996.4	界石井沟	办公室职员
贺宜兴	男	1978.1	大专	1999.10		2004.9	界石七里	司机
李红学	男	1972.10	初中	1990.12	1994.7	2007.3	八里姚柳	司机
刘东红	男	1969.3	高中	1991.12		2009.11	新店任刘	司机
唐江牛	男	1966.7	初中	1983.10	1986.9	1986.11	司桥唐岔	炊事员(计内临合工)

县人大常委会机关离退休、离世人员一览表

(截至2021年1月)

表5-4

姓名	性别	出生年月	文化程度	工作时间	入党时间	籍贯	调入时间	曾任职务	备注
吕忠厚	男	1943.1	本科	1970.9	1965.11	山东泰安	1992.11	常委会党组书记、主任	2002.6 退休副地级
聂正国	男	1948.12	大专	1970.2	1972.9	城关东关	2002.10	常委会党组书记、主任	2009.4 退休
张自杰	男	1956.7	大专	1981.8	1984.11	新店秦王	2006.12	常委会党组书记、主任	2016.11 退休

续表5-4

姓名	性别	出生年月	文化程度	工作时间	入党时间	籍贯	调入时间	曾任职务	备注
刘文俊	男	1934.9	初中	1952.8	1955.12	仁大高沟	1981.1	常委会党组成员、副主任	1984.12 退休 2008.9 去世
张光明	男	1931.9	高中	1948.8	1949.9	陕西横山	1981.1	常委会党组成员、副主任	1993.5 离休 2011.4 去世
马子坤	男	1935.6	初中	1953.5	1956.2	雷大韩马	1990.1	常委会党组成员、副主任	1995.9 退休 2010.2 去世
阎志洁	男	1935.9	高中	1956.8	1954.12	双岘长岔	1983.10	常委会党组副书记、副主任、调研员	1996.2 退休 2018.12 去世
陈松友	男	1936.3	本科	1959.9		广东汕头	1990.1	常委会副主任	1996.3 退休
段积昌	男	1937.3	本科	1964.8	1971.6	城关南关	1995.1	常委会党组成员、副主任	1998.5 退休 2018.8 去世
赵智荣	男	1941.8	初中	1963.6	1972.4	雷大黎沟	1990.1	常委会党组成员、副主任、调研员	2001.11 退休 2003.9 去世
靳士孔	男	1944.1	本科	1969.9	1973.8	甘沟马坡	1997.11	常委会党组成员、副主任	2002.6 退休 正县级
祁治国	男	1945.10	初中	1963.7	1971.6	界石水鱼	2000.3	常委会党组成员、副主任	2002.6 退休
朱春林	男	1947.12	高中	1970.1		治平朱堡	1996.1	常委会副主任	2008.1 退休
岳具辉	男	1947.12	大专	1965.11	1968.10	三合老庄	1999.1	常委会党组成员、副主任	2008.1 退休
张金业	男	1949.2	大专	1968.2	1968.9	八里刘白	1997.9	常委会党组成员、副主任	2009.3 退休
许富忠	男	1950.1	初中	1987.5	1970.12	城川陈马	2002.9	常委会党组成员、副主任	2010.2 退休 调研员
戴双军	男	1950.9	高中	1971.3	1975.12	威戎北关	2002.11	常委会党组副书记、副主任	2010.5 退休 调研员
陈尚孔	男	1956.5	本科	1974.8	1977.7	城川陈马	2010.1	常委会党组成员、副主任	2011.11 去世
王星耀	男	1954.7	本科	1970.3	1974.5	界石上河	2002.8	常委会党组成员、副主任	2011.12 退休 调研员
王平仁	男	1955.10	本科	1980.7	1975.11	治平刘河	2011.10	常委会党组成员、副主任	2015.10 退休

续表5-4

姓名	性别	出生年月	文化程度	工作时间	入党时间	籍贯	调入时间	曾任职务	备注
陈进财	男	1956.3	大专	1981.8	1988.2	仁大南门	2010.1	常委会党组成员、副主任	2016.3 退休
高　恒	男	1956.5	本科	1980.7	1981.12	城川高湾	2006.12	常委会党组成员、副主任、县处级正职	2016.5 退休
王维军	男	1957.8	本科	1973.7	1977.7	界石井沟	2011.10	常委会党组副书记、副主任、县处级正职	2017.8 退休
慕锡武	男	1957.9	大专	1975.2	1985.11	环县木钵	2010.1	常委会党组成员、副主任	2017.9 退休
厚连世	男	1960.11	本科	1979.12	1985.11	细巷细巷	2014.12	常委会党组成员、副主任、二级调研员	2020.12 退休
孙孝治	男	1923.12	高小	1946.9	1946.9	庆阳镇原	1983.11	常委会委员（正科级）	1986.2 去世
王敦厚	男	1923.12	初中	1952.2	1952.7	三合南岔	1983.11	常委会党组成员、常委会委员（正科级）	1987.5 退休
陈万和	男	1931.7	高中	1949.8	1952.10	城关峡门	1981.4	财经组副组长	1987.6 离休 1999.5 去世
史国忠	男	1932.5	初中	1950.10	1952.10	城川靳寺	1981.7	常委会党组成员、常委会委员、办公室主任、代工委主任	1993.5 退休 2008.6 去世
郭承祖	男	1930.8	中师	1955.8	1961.7	庄浪通化	1987.2	常委会委员、教科工委副主任（正科级）	1993.5 退休
曹升明	男	1934.11	初中	1951.7	1960.8	古城二堡	1990.3	常委会委员、农财工委副主任（正科级）	1994.10 退休 1997.10 去世
郭一民	男	1934.11	初中	1952.5	1956.4	甘沟刘岔	1981.6	主任科员	1995.4 退休
王学谋	男	1934.12	初中	1956.8	1953.4	治平刘河	1987.2	常委会委员、农财工委副主任（正科级）	1995.8 退休 2010.11 去世
陈凤亭	男	1935.11	中专	1957.9	1974.11	榆中甘草	1990.1	常委会委员、农财工委主任	1995.11 退休
胡青汉	男	1935.9	中师	1954.8	1956.6	甘沟甘沟	1992.11	常委会委员、教科工委主任	1996.6 退休
骆世清	男	1942.9	初中	1967.1	1972.8	甘沟祁川	1998.9	常委会委员（正科级）	2000.6 退休

续表5-4

姓名	性别	出生年月	文化程度	工作时间	入党时间	籍贯	调入时间	曾任职务	备注
蒙谦恭	男	1940.5	中专	1964.1	1969.12	灵芝红星	1992.11	常委会委员、司法工委主任	2000.6 退休
王镇华	男	1942.4	初中	1968.11	1971.5	四河王河	1992.11	常委会委员、代表工委主任	2002.6 退休副县级
王维岐	男	1943.12	初中	1964.8	1972.12	三合光华	1992.11	常委会委员、代表工委主任	2002.6 退休副县级
王智仁	男	1944.4	初中	1961.10	1972.9	治平刘河	1997.11	常委会党组成员、常委会委员、农财工委主任	2002.6 退休副县级
祁望厚	男	1945.2	初中	1966.12	1973.7	甘沟祁川	1984.7	主任科员	2002.7 退休
张继祖	男	1943.3	中专	1966.7	1972.3	威戎张齐	1998.2	教科工委主任	2004.6 退休
席　荣	男	1946.7	大专	1963.12	1969.9	甘沟甘沟	2002.8	常委会委员、农财工委主任、副县级	2007.1 退休
周世让	男	1947.8	初中	1968.4	1969.5	城关东关	1985.3	教科工委副主任（正科级）	2007.12 退休
张新民	男	1947.10	初中	1972.10	1970.12	城关新城	2002.12	常委会委员、教科工委主任	2007.12 退休
王守荣	男	1948.2	本科	1971.4	1969.6	雷大新义	2002.1	常委会委员、代表工委主任	2008.2 退休 2019.6 去世
马志刚	男	1949.4	高中	1969.12	1985.12	甘沟甘沟	2006.6	司法工委副主任（正科级）	2009.5 退休
郭应童	男	1948.11	高中	1965.12	1976.5	城川靳寺	1981.10	常委会党组成员、常委会委员、办公室主任	2009.12 退休
高长茂	男	1953.9	初中	1971.1	1973.1	仁大阳凸	2006.6	常委会委员、农财工委主任	2010.5 退休副调研员
杨晓光	男	1952.3	高中	1972.2	1980.10	城关新城	2006.6	常委会委员、机关党支部书记	2010.5 退休副调研员
厚　学	男	1952.3	大专	1970.9	1976.4	细巷细巷	2008.12	常委会委员、司法工委副主任、副县级	2010.5 退休
杨毅民	男	1951.6	中专	1973.6	1974.6	甘沟牡丹	2006.6	教科工委副主任	2010.5 退休副调研员
柴玉明	男	1955.6	大专	1975.3	1984.11	古城陈河	1989.10	常委会委员、办公室副主任、教科工委主任、农财工委副主任	2010.5 退休副调研员

续表5-4

姓名	性别	出生年月	文化程度	工作时间	入党时间	籍贯	调入时间	曾任职务	备注
姚国奇	男	1954.4	本科	1976.9	1984.12	治平雷沟	2008.12	常委会委员、教科工委主任	2010.5 退休副调研员
杜文彪	男	1955.9	高中	1973.1	1977.4	双岘尤家	2007.2	常委会委员、司法工委主任	2010.5 退休调研员
李成蹊	男	1955.7	高中	1974.10	1976.11	界石李堡	2005.11	常委会委员、代表工委主任	2010.5 退休副调研员
张晓军	男	1962.1	本科	1982.8	1985.11	城关东关	2014.12	常委会委员、农业工委主任	2015.5 去世
武文学	男	1956.2	大专	1976.10	1983.8	威戎武高	2010.5	常委会委员、农业工委主任、副调研员	2016.2 退休
马世明	男	1956.8	高中	1976.3	1975.1	余湾程马	2010.5	常委会委员、司法工委主任、副调研员	2016.8 退休
冯克勤	男	1957.1	大专	1980.7	1976.7	新店新店	2010.5	常委会委员、教科工委主任、副调研员	2017.1 退休
李忠荣	男	1957.3	中专	1981.7	1990.3	甘沟阎岔	2010.5	农业工委副主任、主任科员	2017.3 退休
李进祥	男	1961.10	大专	1983.7	1986.3	城关新城	2014.8	农业工委副主任、主任科员	2017.11 去世
胡生忠	男	1962.8	中专	1983.3	1978.3	甘沟甘沟	2010.5	信访室副主任、副调研员	2018.6 退休
宋正祥	男	1958.7	中专	1981.7		贾河宋堡	2010.6	司法工委副主任、主任科员	2018.8 退休
杨立新	男	1958.7	本科	1981.12	1990.10	双岘页沟	2010.5	常委会委员、财经工委主任、副调研员	2018.8 退休
贾平峰	男	1958.12	大专	1981.7	1988.8	古城贾庄	2010.5	教科工委副主任、主任科员	2018.12 退休
李平安	男	1963.8	本科	1982.7	1993.12	城川冯渠	2014.8	常委会委员、科教民侨工委主任、副调研员	2019.2 去世
聂招生	男	1930.7		1971.4		威戎北关	1982.4	炊事员	1983.9 退休 2006.4 去世
阎克让	男	1953.10	初中	1968.12		城关新城	1981.1	司机（技师）	2014.1 退休
赵新学	男	1957.8	初中	1976.6		城关南关	1987.6	司机（技师）	2017.8 退休

曾在县人大常委会机关工作人员一览表

（截至2021年1月）

表5-5

姓名	性别	出生年月	文化程度	工作时间	入党时间	籍贯	在人大工作时间	人大常委会职务	调任职务
高富德	男	1932.10	高小	1951.7	1955.5	仁大阳山	1981.1—1989.12	常委会党组书记、主任	县委调研员
郜文学	男	1938.3	完小	1956.1	1955.11	庄浪赵墩	1987.1—1992.11	常委会党组书记、主任	县政协主席
马存余	男	1926.11	初中	1949.8	1955.6	城关新城	1981.1—1983.12	常委会党组成员、副主任	县政协副主席
李克科	男	1941.9	高中	1960.6	1964.4	司桥张彭	1990.1—2000.3	常委会党组副书记、副主任	县政府调研员
漆忠义	男	1940.5	大专	1956.3	1961.12	界石继红	1995.1—1997.11	常委会党组成员、副主任	县政府助理调研员
陈万才	男	1957.1	大专	1973.12	1984.2	城关	1988.8—1990.2	司法民政科副科长	县法院副院长
张汉基	男	1968.7	本科	1991.8	1993.6	新店新店	1991.8—2007.1	司法民政工委主任	县政府法制局局长
张思忠	男	1945.12	初中	1972.10	1971.5	界石继红	1991.12—1993.2	司法民政工委主任	县卫生局副局长
李　金	男	1964.9	本科	1986.7	1995.12	甘沟圪塄	1992.9—2012.2	常委会党组成员、办公室主任	县统计局局长
李文环	男	1977.2	本科	1995.9	2007.7	新店秦王	2007.8—2013.8	办公室副主任、代表工委主任	司桥乡政府乡长
张录牛	男	1981.8	本科	2001.9	2002.10	余湾阴山	2010.1—2017.5	常委会党组成员、办公室主任	八里镇党委书记
何冠群	男	1965.7	大专	1990.10	1991.12	甘沟张湾	2012.2—2013.10	常委会党组成员、办公室主任	县交通局副局长、运管局局长
李养玺	男	1932.7	中师	1953.6	1970.3	威戎南关	1981.4—1982.6	秘书	余湾乡经委副主任
谢兴启	男	1938.11	高小	1955.3	1958.12	雷大谢吕	1981.12—1984.6	会计	县委办公室会计
张济林	男	1957.5	大专	1979.9	1987.8	雷大张局	1984.6—1989.6	秘书	贾河乡党委副书记
常奋余	男	1958.1	初中	1974.11	1981.7	李店常坪	1986.1—1991.3	秘书	贾河乡党委副书记
张文波	男	1967.3	中专	1987.7	1986.12	界石高堡	1987.8—1994.12	秘书	县地税局干部

续表5-5

姓名	性别	出生年月	文化程度	工作时间	入党时间	籍贯	在人大工作时间	人大常委会职务	调任职务
张　奎	男	1966.9	本科	1988.7		雷大合岘	1988.10—1994.11	秘书	县五金公司副经理
张　永	男	1964.10	本科	1989.7	1993.6	八里阎庙	1989.8—1990.3	秘书	县委党校教师
杨智科	男	1965.12	本科	1985.7	1996.9	曹务唐山	1990.8—1994.12	秘书	县地税局干部
李国强	男	1962.1	大专	1984.8	1987.7	李店店子	1991.1—1992.9	秘书	治平乡经委副主任
胡凤玲	男	1972.6	本科	1992.7	1994.12	雷大合岘	1997.7—2003.3	秘书	石咀乡政府副乡长
郭　靖	男	1982.10	本科	2004.12	2005.7	仁大解放	2007.4—2009.10	秘书	城关镇政府副镇长
王　飞	男	1987.7	本科	2005.9	2010.7	四河上卢	2007.10—2015.8	秘书	细巷乡政府副乡长
张耀东	男	1981.10	本科	2007.10	2003.5	城关南关	2010.1—2014.12	秘书	县公管办副主任
李康乐	男	1988.2	本科	2008.4	2009.7	雷大雷大	2010.1—2016.6	秘书	红寺乡政府副乡长
陈　雄	男	1984.10	本科	2003.8	2004.6	原安齐埂	2013.3—2017.8	办公室职员	城市社区管委会副主任
杨芳斌	男	1985.3	本科	2003.8	2011.7	三合硷滩	2013.3—2018.3	办公室职员	城关镇农村公路管理所副所长
赵彦亭	男	1986.4	本科	2012.11	2019.3	古城庙堡	2013.3—2019.5	办公室职员	县退伍军人事务中心副主任
李周彦	男	1986.9	本科	2012.5	2012.7	威戎寨子	2013.3—2019.12	办公室科员	城关镇司法所所长
党继文	男	1963.8	大专	1980.10	1987.10	威戎北关	1981.3—1983.6	通讯员	石咀乡武装干事
朱永忠	男	1964.11	中专	1983.7	1984.7	治平朱堡	1983.7—1991.3	通讯员	治平粮管所职工
胡仲强	男	1971.2	大专	1988.8	2005.11	威戎新华	1988.8—1997.9	通讯员	县工商局职工
李育宏	男	1975.6	高中	1993.2	2017.8	曹务曹崖	1993.2—1997.9	通讯员	县法院职工

第二节　思想作风建设和业务素质提升

历届常委会重视自身思想作风建设和业务素质的提升，组织组成人员和机关工作人员，紧扣时代主题，有重点地学习党的路线、方针、政策，学习马克思列宁主义、毛泽东思想、邓小平理论、“三个代表”重要思想、科学发展观、习近平新时代中国特色社会主义思想，通过开展“三讲”（讲学习，讲政治，讲正气）教育、“三个代表”重要思想学习教育、保持共产党员先进性教育、警示教育、牢固树立正确的权力观教育、深入学习实践科学发展观、党的群众路线教育实践活动、“三学一改”（学理论、学政策、学典型，切实改进工作作风）教育、“三严三实”（既严以修身、严以用权、严以律己，又谋事要实、创业要实、做人要实）专题教育、“两学一做”（学党章党规、学系列讲话，做合格党员）学习教育、“不忘初心、牢记使命”主题教育等，适时安排学习《中华人民共和国宪法》及各项法律、法规，学习人大及其常委会有关业务知识，不断构建“学习型”“服务型”“效能型”“创新型”机关，以保障人大及其常委会各项工作的良好运转。

第八届常委会坚持政治思想领先的原则，利用每次的常委会会议和机关学习时间，组织全体委员、机关工作人员学习政治理论、经济政策和各级人大有关文件，不断提高做好本职工作的思想业务水平。中共十一届六中全会、十二大、十二届二中全会公报发表后，常委会即召开全体委员会议进行认真传达、学习和讨论。同时，学习彭真在全国各省、市、自治区人大常委会负责人座谈会上的讲话纪要和全国人大常委会办公厅《工作通讯》有关介绍各地县级人大工作方法的经验，进一步明确人大常委会的工作性质、任务和职权范围，正确行使决定权、监督权、任免权。1982年4月26日，第五届全国人大常委会第二十三次会议通过《中华人民共和国宪法修正案（草案）》。5月下旬，常委会专门召开全体委员会议，系统学习讨论宪法修正案（草案），作出《关于组织全县人民学习讨论宪法修改草案的决定》。1982年12月4日，五届全国人大五次会议正式通过并颁布中华人民共和国第四部宪法（即“八二宪法”），常委会继续组织全体代表和委员学习宣传“八二宪法”，并进行讨论，提高对新宪法历史地位的认识。

第九届常委会组织学习了中共十二大及历次全会精神以及中共中央有关文件，省委批转省人大党组《关于进一步发挥州、市和县人大常委会作用的报告》和李登瀛在省人大工作研究班上的讲话，《中华人民共和国森林法》和省人大通过、公布实施的《甘肃省种草种树实施条例》，讨论《省人大常委会关于维护妇女儿童合法权益若干问题的决议（征求意见稿）》。根据中央《关于向全体公民基本普及法律常识的五年规划》和全国人大常委会《关于在公民中普及法律常识的决议》及县委《关于在全县普及法律常识的安排意见》，作出《关于加强法制宣传普及法律常识的决议》。1985年，根据县委整党工作安排，组织9名党员，采取工作和学习相结合、集体学习和个人自学相结合的方法，对整党文件进行学习讨论，进一步加深对整党迫切性、重要性的认识，明确整党的基本任务、基本方针、基本政策和基本方法，按照《党内政治生活的若干准则》和党章的要求，开展批评和自我批评，加强组织纪律，改进工作作风。1985年，常委会机关被县委、县政府命名为县级“文明单位”。

第十届常委会组织学习中共十二届七中全会、十三大、十三届二中、三中、四中、五中全会精神，学习《中华人民共和国宪法》、全国人大常委会《关于加强法制教育维护安定团结的决定》，提高对贯彻执行决定重要意义的认识，作出《关于学习贯彻全国人大常委会决定的决议》。组织学习有关法律、法规和外地人大工作经验，提高全体干部的业务水平。

第十一届常委会加强政治和业务学习，不断提高全体组成人员和机关干部的政治素质和议政水平，先后组织学习中共十三届七中、八中、九中全会及十四大精神，学习邓小平、江泽民和彭真关于人民代表大会制度的论述和《中华人民共和国宪法》《中华人民共和国地方各级人民代表大会和地方各级人民政府组织法》《甘肃省各级人民代表大会实施监督办法》等法律、法规及《县人大常委会工作规则》，根据《关于在全县开展法制宣传教育的第二个五年规划》精神，组织机关全体干部职工开展“二五”普法工作，先后学习《中华人民共和国宪法》《中华人民共和国地方各级人民代表大会和地方各级人民政府组织法》《中华人民共和国全国人民代表大会和地方各级人民代表大会选举法》《中华人民共和国全国人民代表大会和地方各级人民代表大会代表法》《中华人民共和国义务教育法》《中华人民共和国教师法》《中华人民共和国妇女权益保障法》《中华人民共和国未成年人保护法》《中华人民共和国行政诉讼法》《中华人民共和国集会游行示威法》《中华人民共和国国旗法》《中华人民共和国国徽法》《中华人民共和国土地管理法》《中华人民共和国环境保护法》《中华人民共和国食品卫生法》《中华人民共和国森林法》《中华人民共和国婚姻法》《中华人民共和国企业法》等，根据人大工作需要，学习《甘肃省实施选举法细则》《甘肃省各级人民代表大会实施监督法办法》《甘肃省各级人民代表大会议事规则》《甘肃省乡镇人大主席团工作条例》《甘肃省社会治安综合管理条例》等，增强了干部职工的法治观念、法律意识和依法办事的自觉性。制定《静宁县人大常委会各工作委员会职责范围》，发挥办事机构的作用，促进各项工作的开展。

第十二届常委会在组织组成人员和工作人员学习中共十四大及历次全会精神，学习邓小平建设中国特色社会主义理论，学习法律、法规和党的一系列方针、政策的同时，紧密联系社会主义市场经济体制下人大工作出现的新情况、新问题，探讨研究新的工作方法，进一步解放思想，摆脱计划经济僵化观念的束缚，把“三个有利于”作为常委会工作的出发点和落脚点，从而在思想上实现“三个转变”：思想观念的转变，变过去单一抓人大工作的“单打一”思想，不断增强“中心”意识，把“中心”贯穿于人大工作的始终；工作重心的转变，变过去“一般化”的监督为围绕经济建设这个中心开展监督；工作方式的转变，变过去一般的程序性监督为“参与型”监督，做到在参与中监督，在参与中支持。坚持群众路线，深入调查研究，以事实为依据，反映事物的本来面目，保持和发扬党的“三大作风”。针对常委会组成人员及社会上对人大工作存在的“到人大工作就是退居二线”“搞监督就是挑毛病、找岔子”等不正确认识，认真学习党和国家领导人关于人民代表大会制度的论述及法律法规，进一步提高对人大工作性质、地位和作用的认识。在认真落实《静宁县人大常委会议事规则》《静宁县人大常委会任免国家机关工作人员暂行办法》《静宁县人大常委会联系人大代表办法》等工作制度的基础上，对各工作委员会、办公室的工作范围、职责以及机关学习、工作、生活等制度进行补充和完善，保证常委会工作的正常运转。

第十三届常委会在学习中共十五大及历次全会精神、继续抓好邓小平理论、“三个代表”重要思想和党的基本路线、方针、政策，以及人大理论和法律法规学习的同时，重视学习借鉴外地人大工作经验，通过参加省、地人大工作培训会、外出考察、信息交流等，认真学习、推广兄弟县、市人大依法治理、人事监督、推行执法责任制等方面的经验。针对机关工作中存在的问题，进行思想作风整顿。在深入学习、提高认识的基础上，逐人开展批评与自我批评，寻找差距，揭摆问题，进行整改。通过整顿，使机关作风和面貌有了大的改观，初步形成规范、有序、高效的工作机制。认真开展以讲学习、讲政治、讲正气为主要内容的“三讲”教育，学理论、学政策、学典型，切实改进工作作风的“三学一改”“三个十”（深入10个以上农户和城镇困难职工家庭、在群众家至少住10天、为基层和群众办至少10件实事）、警示教育、牢固树立正确的权力观教育等活动。学习过程中，根据各阶段的具体情况，适时增加新的内容。同时，还组织广大干部职工参加了有关部门举办的干部理论知识考试、领导干部党风廉政建设责任制考试、国防教育知识、党政领导干部选拔任用暂行条例知识竞赛等多项活动，有效促进常委会组成人员和机关工作人员政治业务素质的提高。

第十四届常委会把加强自身建设作为搞好新一届人大工作的基础，围绕新时期人大工作、贯彻落实中共十六大及历次全会精神和省委人大工作会议精神，举办“三个代表”重要思想、法治建设与依法行政、现代科技知识等专题讲座，邀请有关专业人员讲课，对深化学习起到较好效果。开展保持共产党员先进性教育活动和机关作风整顿，“三个代表”重要思想集中学习和“两个务必”作风教育活动，学习《中国共产党党内监督条例（试行）》和《中国共产党纪律处分条例》专题纪律教育活动。制定《静宁县人大常委会议事规则》，修订述职评议工作办法、信访工作制度及人大机关管理等制度，从制度和程序上规范完善人事任免、决定重大事项和监督工作。结合纪念人大成立50周年，开展举办人大制度知识竞赛、发表电视讲话、召开座谈会等丰富多彩的纪念活动，集中宣传人大制度。

第十五届常委会深入学习中共十七大及历次全会精神和有关法律法规，按照中央、省、市、县委的安排，开展深入学习实践科学发展观、创先争优、解放思想转变观念大讨论、纪律作风整顿、“重民生、解民忧”主题教育实践活动和“继续解放思想、推动科学发展”大讨论等专题教育活动，加强常委会领导班子及机关政治、思想、作风、业务建设，大力创建学习型、服务型、务实型、创新型、规范型机关，积极倡导扎实的作风、务实的会风、朴实的文风，不断提高服务能力和工作水平，树立人大机关为民、务实、清廉的良好形象。按照学习实践活动的要求，着眼于构建科学发展长效机制，建立健全规章制度，修订完善县人大常委会议事规则，制定人大机关《各委室工作职责》《各委室负责人工作职责》，进一步规范常委会议事活动，加强机关管理。围绕全县重点工作，深入开展调查研究活动，充分听取代表和群众的意见，了解民情，反映民意，集中民智，说实话、干实事、求实效，把工作的着力点放在促进解决影响发展、影响和谐的突出问题上，努力提高为全县发展大局服务的水平。根据新形势的要求，修订完善常委会有关工作制度，研究制定代表议案和意见、建议处理办法，探索实行规范性文件备案审查制度，建立审议意见落实情况督查和通报反馈制度，不断提高常委会工作的制度化、规范化、程序化水平，使常委会更好地发挥地方国家权力机关、工作机关和代表机关的作用。坚持将调查研究贯穿于人大各项工作的始终，着力在深化调研内容、改进调研方式上下功夫、求实效，围绕事关县域经济社会发展的重点工作和群众关注的热点难点问题开展调研活动，在“沉下去”深入基层，全面掌握实际情况，扩大代表和群众参与范围，广泛听取各方面意见建议的同时，“走出去”学习借鉴外地先进经验，努力使提出的意见建议更加科学、准确，更具针对性、前瞻性。

第十六届常委会深入学习中共十八大及历次全会精神，学习中共中央总书记习近平系列重要讲话精神，扎实开展中国共产党群众路线教育实践活动、“三严三实”专题教育活动、“两学一做”学习教育活动，严格落实党风廉政建设主体责任，切实转变工作作风，确保机关各项工作高效有序运转。积极整改“四风”突出问题，把建章立制作为解决“四风”问题的长效之策，研究制定出《静宁县人大常委会询问和质询暂行办法》等8项制度，修改完善《静宁县人大常委会联系代表办法》等3项制度，促进常委会及机关工作的规范化、制度化。认真学习习近平总书记在庆祝全国人大成立60周年大会上的讲话，把常委会组成人员的思想统一到讲话精神上来，凝聚力量，认真履职。努力提高常委会组成人员及机关工作人员的政治理论素养，着力推动人大工作创新发展。以学习法律法规和人大工作知识为主要内容，切实加强业务知识学习，努力提高人大机关干部的业务水平和工作能力；全面加强机关建设，建设一流队伍、争创一流业绩、塑造一流形象，努力建设学习型、服务型、创新型、和谐型机关。认真落实常委会议事规则，进一步健全调查研究、审议发言、机关管理等各项制度，加强对乡镇人大主席的培训和乡镇人大的业务指导，着力在增强依法履职水平上下功夫、求实效。特别是在乡镇人大主席的选派上成功走出一条年轻化、知识化、专职化的路子，改变以往乡镇人大主席普遍年龄偏大的现状，摒弃担任乡镇人大主席就是“退居二线”的思想，为乡镇人大主席转任乡镇党政正职提供平台。开展“人大代表在行动”活动，深入宣传和贯彻落实党的十八大精神，充分发挥常委会机关和人大代表在密切联系群众、推进富民强县进程中的作用。坚持改进作风，加强调查研究，广泛听取民声、反映民意、集中民智、维护民利，不断提高工作的民主化和科学化水平，确保常委会作出的各项决议、决定符合科学发展观的要求、符合人民的意愿、符合全县的实际，为县委决策和“一府两院”改进工作提供参考依据。

第十七届常委会认真落实党组中心组和机关集体学习制度，认真开展“不忘初心、牢记使命”主题教育，深入推进“两学一做”学习教育常态化、制度化，组织常委会党组成员及机关全体干部职工，认真学习习近平新时代中国特色社会主义思想以及中共十九大及历次全会精神，学习党章党规及中共中央总书记习近平系列重要讲话精神，牢记党的宗旨和“四个意识”，强化使命担当，争做合格党员。坚持党要管党、全面从严治党，认真落实党建主体责任，着力落实意识形态工作主体责任。扎实开展党建统领“一强三创”行动，严格“三会一课”制度，定期开展主题党日活动，切实增强人大常委会机关的向心力、凝聚力和执行力。认真落实中共中央总书记习近平关于纠正“四风”不能止步、作风建设永远在路上的重要指示精神，持之以恒强化作风建设，严格执行中央八项规定及实施细则，继承发扬党的优良传统和作风，以严的要求、实的作风做好人大各项工作。严守党的政治纪律和政治规矩，坚决维护中共中央总书记习近平党中央的核心、全党的核心地位，坚决维护中共中央权威和集中统一领导。坚持把纪律和规矩挺在前面，严格遵守《中国共产党廉洁自律准则》和《中国共产党纪律处分条例》等党纪党规，切实做到廉洁自律、勤政廉政。县人大财政经济委员会、法制委员会、社会建设委员会成立后，研究制定了工作规则、工作规程、会议制度及与政府有关部门工作联系办法，为3个专门委员会开展工作提供了制度保障。常委会高度重视乡镇人大工作，认真落实中央及省市县委关于加强和改进人大工作的文件精神，制定常委会领导联系包抓乡镇人大工作方案，常委会领导经常深入联系乡镇，对乡镇人大工作进行全面检查，指导乡镇人大依法规范开展工作。重视乡镇人大队伍建设，派强派齐乡镇（社区）人大主席（工委主任），在人口3万人以上的乡镇还选派人大副主席。将一批优秀年轻乡镇人大主席转任乡镇党政正职，一些年龄偏大的人大主席调进城区单位妥善安置，极大地调动乡镇人大主席的工作积极性。通过邀请乡镇人大主席列席常委会会议、召开乡镇（社区）人大工作会议、举办乡镇人大主席及工作人员培训班等方式，切实提高乡镇人大队伍整体素质。制定印发县乡人大宣传工作及县人大代表述职指导意见，有力提升乡镇人大工作水平。

第三章　制度建设

常委会自成立以来，始终把制度建设作为一项重要工作，不断加强对人大工作规律和工作特点的研究和探索，适时把成功有效的经验和做法制度化、规范化。完善常委会议事规则和主任会议制度，建立常委会与“一府一委两院”联席会、常委会工作机构与政府部门联系工作的制度，建立健全常委会讨论决定重大事项、财政预算审查监督、规范性文件备案审查、专题询问、审议意见办理满意度测评等制度。改进和修订常委会机关学习培训、公文管理、信息化建设、宣传工作等制度，规范机关办公、会务、财务、接待、差旅、请假、用车等工作管理，明确各专门委员会、工作机构工作规则及岗位职责，以制度规范来促进常委会及机关建设。并在实践中不断完善、创新与发展，使常委会各项工作走向制度化、规范化和法治化。

第一节　制度建立与完善

1989年8月21日至22日，第十届常委会第十八次会议讨论通过《静宁县人大常委会工作规则（试行)》。工作规则从召开人代会会议、常委会会议、主任会议，行使监督、人事任免、视察调查、联系代表、处理人民来信来访等方面作了详细规定，标志着县人大及其常委会的工作开始走向规范化、制度化。此后，历届常委会经过20次制定和修订完善，共建立有关常委会、机关工作规则、办法、制度、职责等36项，为建设高素质的干部队伍，有效推动常委会及机关有序、有效履行法律赋予的各项职权，提供完善的制度保障。

附：

县人大常委会制度建设、修订情况表

表5-6

制度	通过		修订	
	时间	会议	时间	会议
县人大常委会工作规则（试行）	1989.8.21	第十届常委会第十八次会议		
县人大常委会任免国家机关工作人员暂行办法	1990.2.19	第十一届常委会第一次会议	2000.8.18	第十三届常委会第十六次会议

续表5-6

制度	通过		修订	
	时间	会议	时间	会议
乡镇人民代表大会主席团及常务主席工作简则（试行）	1990.4.27	第十一届常委会第二次会议		
县人大常委会联系人大代表办法	1991.6.26	第十一届常委会第九次会议		
县人大常委会各工作委员会职责范围	1991.4.26	第十一届常委会主任会议		
县人大常委会联系代表办法	2000.8.18	第十三届常委会第十六次会议	2014.9.18	第十六届常委会第十六次会议
县人大常委会有关工作规则	2002.12.13	第十四届常委会第一次会议		
县人大常委会机关管理制度	2003.10.20	第十四届主任会议	2014.9.9	第十六届主任会议
县人大常委会机关考勤制度				
县人大常委会机关财务管理制度				
县人大常委会机关公文处理制度				
县人大常委会机关学习制度				
县人大常委会机关干部职工管理制度				
县人大常委会机关固定资产管理制度				
县人大常委会机关安全保卫和值班制度				
县人大网站管理制度				
县人大常委会机关使用计算机保密制度				
县人大常委会主任会议议事制度	2003.12.2	第十四届主任会议		
县人大常委会议事规则	2003.12.10	第十四届常委会第九次会议	2009.10.28	第十五届常委会第十六次会议
县人民代表大会代表建议、批评和意见处理办法	2008.3.5	第十五届常委会第七次会议		

续表5-6

制度	通过		修订	
	时间	会议	时间	会议
各委室工作职责	2009.2.18	第十五届主任会议		
各委室负责人工作职责				
县人大常委会规范性文件备案审查暂行办法	2010.10.28	第十五届常委会第二十二次会议		
县人大常委会宣传工作奖励办法	2014.2.24	第十六届主任会议		
县人大常委会专题询问和质询暂行办法	2014.9.18	第十六届常委会第十六次会议		
县人大常委会组成人员守则				
县人大常委会会议请假制度				
县人大常委会关于听取和审议“一府两院”专项工作报告实行满意度测评暂行办法	2014.10.28	第十六届常委会第十七次会议		
县人大常委会机关物品采购管理制度和差旅费管理实施细则	2015.8.18	第十六届主任会议		
县人民代表大会财政经济委员会工作规则	2017.5.27	第十七届常委会第四次会议		
县人民代表大会财政经济委员会与政府有关财政经济部门工作联系办法				
县人民代表大会财政经济委员会计划财政审查工作规程				
县人民代表大会法制委员会工作规则	2017.10.31	第十七届常委会第七次会议		
县人民代表大会法制委员会会议制度				
县人民代表大会代表履职登记办法	2020.9.14	第十七届常委会第三十次会议		
县人民代表大会预算审查联系代表工作办法				

第二节　各项制度

县人大常委会议事规则

第一章　总则

第一条　为了规范县人民代表大会常务委员会（以下简称常务委员会）议事活动，保障常务委员会依法行使职权，提高议事质量和效率，根据《中华人民共和国地方各级人民代表大会和地方各级人民政府组织法》《中华人民共和国各级人民代表大会常务委员会监督法》等有关法律的规定，参照甘肃省、平凉市人民代表大会常务委员会议事规则，结合我县实际，制定本规则。

第二条　常务委员会实行民主集中制原则，依照法定程序，集体行使宪法和法律赋予的监督、决定重大事项和人事任免等职权，维护最广大人民群众的根本利益。

第三条　常务委员会组成人员应当认真学习和模范遵守宪法、法律和法规，努力掌握行使职权所必备的政治、经济、社会、文化等方面的知识，密切联系群众，了解民情，反映民意，集中民智，自觉接受人大代表和全社会的监督，不断提高议事和决策水平，积极履行职责。

第四条　常务委员会组成人员应当积极参加常务委员会组织的调查、检查、视察等活动；对列入常务委员会会议审议的议题、议案，要充分发表意见，认真进行审议；在听取和审议工作报告时，发言要紧扣主题、突出重点、简明扼要，有针对性地提出建议、意见和批评；对需要表决的事项，应当参加表决。

常务委员会组成人员在常务委员会会议上的发言和表决，不受法律追究。

第二章　会议的准备

第五条　主任会议应当在每年第一季度安排常务委员会全年工作计划，并组织实施。计划在实施中需要调整时，由主任会议决定。

常务委员会各工作部门应当根据常务委员会年度工作计划，适时组织调查研究，提出调查研究报告，做好审议前的准备。

第六条　县人民政府、县人民法院、县人民检察院、常务委员会各工作部门，最迟应当在每次常务委员会会议举行十日前，根据常务委员会年度工作计划和实际需要，提出审议的议题，由主任会议决定是否提请常务委员会会议审议。

公民、法人和其他组织也可以向常务委员会提出属于常务委员会职权范围的议题，由主任会议决定审查后交常务委员会有关工作部门研究，提出意见，再决定是否列入常务委员会会议议题。

第七条　常务委员会会议举行十五日前，常务委员会办公室应当将会议建议议程、日程等事项，预告常务委员会组成人员和有关列席人员。

第八条　列入常务委员会会议的议案，提案人应当在会议举行一个月前向常务委员会提交议案草案和参阅资料。

参阅资料包括下列内容：

（一）有关法律、法规、规章和政策；

（二）有关调查研究报告或者背景资料；

（三）其他有关资料。

第九条　列入常务委员会会议审议的报告，报告机关或报告人应当在会议举行五日前向常务委员会提交报告文本。

第三章　会议的召开

第十条 常务委员会会议每两个月至少举行一次。根据实际需要，主任会议可以决定临时召集常务委员会会议。

常务委员会会议由主任召集并主持，主任可以委托副主任主持。

第十一条　常务委员会会议必须有常务委员会全体组成人员的过半数出席，才能举行。

第十二条　常务委员会组成人员要按时出席常务委员会会议，认真履行职责。因病或者其他特殊原因不能出席会议的，应当通过常务委员会办公室向主任会议请假。对未经批准连续两次以上无故不出席常务委员会会议的可以劝其辞职。

第十三条　常务委员会会议议程草案和会议日程由主任会议提出，提请全体会议通过。

第十四条　常务委员会举行会议时，下列人员列席会议：

（一）县人民政府、县人民法院、县人民检察院的负责人；

（二）常务委员会各工作部门的负责人；

（三）县人民政府有关部门的负责人；

（四）有关乡镇人大主席；

（五）其他应列席的人员。

上述列席人员因特殊原因不能列席会议的，应事先请假，经主任会议批准后，可由副职列席，未经批准不得缺席或顶替。

常务委员会举行会议时，可以邀请在我县的部分省、市人大代表和县人大代表列席会议。

第十五条　常务委员会会议设立公民旁听席。

公民可以通过个人申请、单位推荐或者常务委员会办公室邀请等形式旁听常务委员会会议。旁听会议的人数和有关事项由常务委员会办公室确定。会议期间，可以通过召开座谈会、发放征求意见卡等形式征询旁听人员的意见。

第四章　议案的提出和审议

第十六条　主任会议提出的议案，由常务委员会会议审议。主任会议根据工作需要，可以委托常务委员会有关工作部门拟定有关议案草案。

县人民政府、县人民法院、县人民检察院提出的议案，由主任会议审查并提请常务委员会会议审议，也可以先交常务委员会有关工作部门研究，提出报告，再提请常务委员会会议审议。

县人民政府、县人民法院、县人民检察院提交常务委员会会议审议的文件或材料，必须由主要负责人审签。

常务委员会组成人员三人以上联名提出的议案，由主任会议决定是否提请常务委员会会议审议，也可以先交常务委员会有关工作部门研究，提出报告，再决定是否提请常务委员会会议审议。

不提请审议的议案，由主任会议向提案人说明或者向常务委员会会议报告。

第十七条　县人民代表大会决定由常务委员会审议的议案，可以先交县人民政府及其有关部门、常务委员会有关工作部门就议案涉及的问题进行研究，提出意见，由主任会议决定提请常务委员会会议审议。

第十八条　常务委员会会议听取提案人关于议案的说明后，对议案进行审议，提案人或者有关机关负责人应当到会听取审议意见，回答询问。

第十九条　对提请审议的人事任免案，应当根据提请机关提交的书面报告、干部任免呈报表、拟任命人员现实表现材料或者拟免职人员的免职理由进行审议，具体按县人大常委会人事任免暂行办法办理。

提请机关一般应当在常务委员会会议召开五日前提交前款所列材料，由常务委员会有关工作部门进行审查。

拟决定任命的县人民政府组成人员，在提请常务委员会会议表决通过后，应到会与常务委员会组成人员见面，并作任职表态发言。

提请审议的撤销职务案，提请机关或者提案人应当书面说明其理由。审议时，拟被撤销职务的人员可以到会或者书面提出申辩意见。

第二十条　在常务委员会会议期间，常务委员会组成人员三人以上联名，可以书面提出对审议议案的修正案草案。修正案草案由主任会议决定是否提请常务委员会会议审议。不提请会议审议的，由主任会议向提案人说明。

第二十一条　议案在审议中有重大问题或者分歧意见较大的，由主任会议决定交常务委员会有关工作部门或者提案人进一步调查研究；必要时，可以采取举行座谈会、论证会、听证会等形式，广泛听取意见，在各方面意见比较一致后，再由主任会议决定是否提请下次常务委员会会议审议或者交付表决。

第二十二条　议案在交付表决前，提案人要求撤回的，经主任会议同意，并向常务委员会会议报告，对该议案的审议即行终止。

第五章　听取和审议工作报告

第二十三条　常务委员会会议听取和审议下列工作报告：

（一）县人民政府及其所属部门和省、市驻静单位综合的或者单项的工作报告；

（二）县人民法院、县人民检察院综合的或者单项的工作报告；

（三）常务委员会有关视察、调查、执法检查、司法案件监督、特定问题调查等报告；

（四）主任会议认为应当听取的其他报告。

上述所列的报告，一般应分别由报告机关、部门、单位的主要负责人进行报告，主要负责人如因特殊情况不能到会，经批准后，可以委托副职报告。

第二十四条　多数常务委员会组成人员在审议中，对第二十三条第（一）（二）项所列报告不满意时，主任会议可以责成有关机关、单位或者个人，在本次或者下次常务委员会会议上补充报告或者重新报告。必要时，可以对报告的满意程度由主任会议决定提请常务委员会会议表决。表决未获通过的，有关机关、单位或者个人，应当在本次或者下次常务委员会会议上补充报告或者重新报告。

第二十五条　常务委员会会议审议工作报告时提出的建议、意见和批评，由常务委员会办公室整理后以审议意见形式转交有关机关研究处理，有关机关应当在限定的时间内对办理情况向常务委员会作出书面答复。

对审议中提出的重要审议意见，常务委员会可以委托有关工作部门进行督查。常务委员会会议根据需要，可以听取和审议有关机关、单位办理落实情况的报告。多数常务委员会组成人员对办理落实情况不满意时，主任会议应当责成其进一步办理落实，并作补充报告或者重新报告；必要时，可以由主任会议决定提请常务委员会会议对办理落实情况的满意程度进行表决。表决未获通过的，可以建议由有关机关或单位依照干部管理权限和规定处理，也可以成立特定问题调查委员会或者依照法定程序提出质询案、撤职案。

第二十六条　常务委员会会议认为必要时，可以对所审议的报告作出相应的决议、决定。

第六章　询问和质询

第二十七条　在常务委员会会议期间，常务委员会组成人员和列席会议的各级人大代表可以对审议的议案或工作报告提出询问，有关机关或部门负责人应到会回答询问。

询问的内容应围绕会议审议的中心议题进行，可以是属于“一府两院”及其所属部门职责范围内的较大问题，也可以是其专项工作报告中不清楚的问题。

第二十八条　在常务委员会会议期间，常务委员会组成人员三人以上联名，可以向常务委员会书面提出对县人民政府及其所属部门、县人民法院、县人民检察院的质询案。质询案必须写明质询的对象、问题和内容。

第二十九条　质询案由主任会议决定交由受质询机关的负责人在常务委员会会议上口头答复，或者由受质询的机关书面答复。

多数常务委员会组成人员对质询案的答复不满意时，受质询机关应当进一步研究解决质询提出的问题，并重新作出答复。

第三十条　质询案在未作出答复前，提案人要求撤回的，对质询案的审议即行终止。

第七章　特定问题调查委员会

第三十一条　常务委员会对属于其职权范围内的事项需要作出决议、决定，但有关重大事实不清的，可以组织关于特定问题的调查委员会。

主任会议可以向常务委员会提议组织关于特定问题的调查委员会，提请常务委员会全体会议决定。

五分之一以上的常务委员会组成人员书面联名，可以向常务委员会提议组织关于特定问题的调查委员会，经主任会议决定，提请常务委员会会议通过。

第三十二条　调查委员会由主任委员、副主任委员和委员组成，由主任会议在常务委员会组成人员和县人大代表中提名，提请常务委员会会议通过。调查委员会可以聘请有关专家参加调查工作。

调查结束后，调查委员会应当提出调查报告，提请常务委员会会议审议。

第八章　表决和公布

第三十三条　常务委员会会议的各项表决，由常务委员会全体组成人员过半数赞成方为通过。

常务委员会组成人员表决时可以表示赞成、可以表示反对或者弃权。

表决结果当场宣布。

第三十四条　表决采用举手表决方式或者其他表决方式，人事任免案采用无记名投票表决和举手表决的方式。

人事任免案一般逐人表决，也可以实行合并表决。

第三十五条　常务委员会会议审议通过的事项，分别以公告、决议、决定、审议意见、简报等方式公布。

第九章　附则

第三十六条　规范性文件的备案审查，依照有关法律、法规的规定办理。

第三十七条　本规则自通过之日起施行。

县人大常委会主任会议议事制度

一、县人大常委会主任会议由主任、副主任组成。会议必须有全体组成人员的过半数出席才能举行。根据需要，常委会组成人员和各工作部门及“一府两院”有关负责人，可以列席会议。

二、主任会议由主任召集并主持，主任可以委托副主任召集和主持。

三、主任会议主要处理下列工作：

1. 决定召开常委会会议时间、日程，提出会议建议议程；

2. 根据县人大常委会的职权范围和全县各个时期的中心工作以及人民群众普遍关心的热点问题，确定向常委会提出需要审议、决定的重大事项；

3. 提出年度工作计划，安排阶段性工作，听取讨论“一府两院”及常委会各委、室有关重要工作汇报；

4. 确定视察、调查、执法检查等工作方案；

5. 讨论代表议案和意见、建议办理情况，处理重要来信来访；

6. 讨论决定常委会自身建设及日常工作中的重要事项。

四、主任会议实行民主集中制原则，集体讨论、决定有关事项。

五、主任会议讨论的议题，由办公室汇总，由主任或分管副主任审定后提交会议讨论决定。

六、主任会议决定的事项，由常委会各分管副主任牵头协调，各工作部门负责抓好办理落实。

县人大常委会任免国家机关工作人员暂行办法

为了规范人事任免工作，根据《中华人民共和国地方各级人民代表大会和地方各级人民政府组织法》《中华人民共和国人民法院组织法》《中华人民共和国人民检察院组织法》的有关规定，结合我县实际，制定本办法。

一、任免范围

1. 在县人民代表大会闭会期间，县人大常委会主任因故不能担任职务时，在副主任中决定代理主任。

2. 在县人民代表大会闭会期间，县人民政府县长因故不能担任职务时，在副县长中决定代理县长。

3. 在县人民代表大会闭会期间，决定县人民政府副县长的个别任免。

4. 在县人民代表大会闭会期间，县人大常委会主任、副主任、委员，县人民政府县长、副县长，县人民法院院长，县人民检察院检察长调离、退休的，由本人提出辞职请求，常委会决定是否接受辞职，决定接受辞职的，报县人民代表大会备案。

5. 决定县人民政府组成部门各局、委、办局长、主任的任免。

6. 在县人民代表大会闭会期间，县人民法院院长因故不能担任职务时，在副院长中决定代理院长。

7. 任免县人民法院副院长、庭长、副庭长、审判委员会委员、审判员。

8. 在县人民代表大会闭会期间，县人民检察院检察长因故不能担任职务时，在副检察长中决定代理检察长。

9. 任免县人民检察院副检察长、检察委员会委员、检察员。

10. 任免县人大常委会各委、室、办主任、副主任。

二、任免程序

1. 决定县人民政府代理县长、人民法院代理院长、人民检察院代理检察长，分别由县人民政府、县人民法院、县人民检察院推荐，主任会议提名；决定县人民检察院代理检察长，须报上一级人民检察院和人民代表大会常务委员会备案。

2. 县人民政府、人民法院、人民检察院提请任免的工作人员，分别由县人民政府县长、法院院长、检察院检察长提名，并到会介绍被任免人员的情况。县长、院长、检察长因故不能到会时，可委托副县长、副院长、副检察长到会介绍。

3. 县人大常委会各委、办主任、副主任的任免，由县人大常委会主任会议提名，并介绍情况。

4. 提请机关应在县人大常委会会议召开五日前提交任免提请报告，并附干部任免呈报表等材料。

5. 对提请任命的国家机关工作人员，县人大常委会根据干部队伍“革命化、年轻化、知识化、专业化”和德才兼备的要求，按照民主集中制的原则，认真讨论审议。

必要时，会前由县人大常委会会同组织、人事部门对拟任命人员的德、能、勤、绩进行了解，并向会议介绍情况。

6. 决定县人大常委会代理主任，决定县人民政府代理县长，决定任命个别副县长，决定任命县政府组成部门各局、委、办局长、主任，决定县人民法院代理院长、任命副院长，决定县人民检察院代理检察长、任命副检察长时，采用无记名投票方式表决。

7. 任命县人民法院庭长、副庭长、审判委员会委员、审判员，任命县人民检察院检察委员会委员、检察员，任命县人大常委会各委、办主任、副主任时，采用举手方式表决。

8. 对免去职务的国家机关工作人员，采用举手方式表决。

9. 凡属县人大常委会决定任免的国家机关工作人员，均由县人大常委会以正式文件通知各乡镇及县直各单位，在未行文前，不能对外公布，不得事先到职、离职。

10. 经县人大常委会任命的县人民政府组成人员，与县人民代表大会每届任期相同，县人民代表大会换届后，县人民政府组成部门各局、委、办的局长、主任须提请县人大常委会重新任命。

11. 县人民代表大会换届后，职务未变的县人民法院副院长、庭长、副庭长、审判委员会委员、审判员，县人民检察院副检察长、检察委员会委员、检察员，县人大常委会各委、办主任、副主任，不再重新任命。

12. 县人民政府组成部门各局、委、办的局长、主任任命后，由县人大常委会颁发任命书。

13. 本办法从县人大常委会会议通过之日起施行。

县人大常委会联系代表办法

一、为了加强与各级人大代表的联系，充分发挥代表作用，根据《中华人民共和国地方各级人民代表大会和地方各级人民政府组织法》和《中华人民共和国全国人民代表大会和地方各级人民代表大会代表法》的有关规定，制定本办法。

二、县人民代表大会每次换届后，以乡镇、村组（社区）为单位划分代表小组，建立“代表之家”，推选代表小组组长或“代表之家”负责人，有计划地组织各级人大代表开展学习、视察、调查、检查和述职等活动。

三、县人大常委会主任、副主任应每年分别到各自联系的乡镇至少召开一次县人大代表座谈会，也可委托乡镇人大主席或副主席召开。组织代表学习党的方针政策、国家法律法规和上级人大及其常委会的决议、决定；听取代表对县人大常委会、人民政府、人民法院、人民检察院工作的建议、批评和意见。

四、县人大常委会举行会议时，可根据会议内容和需要，邀请部分县人大代表和在我县的省、市人大代表列席会议。

五、县人大常委会开展视察或调查时，可组织有关方面的县人大代表和在我县的省、市人大代表参加。

六、县人大常委会主任、副主任和专职委员应按照分片联系的原则，坚持经常性地联系走访县人大代表，了解他们的工作、生活情况，征询意见和要求。

七、县人大常委会组成人员，应以人大代表身份参加代表小组、“代表之家”的各项活动，遇有特殊情况不能参加时，应向代表小组组长或“代表之家”负责人请假。

八、县人大常委会代表联络工作委员会和信访室应负责搞好同代表的书信联系，认真做好人大代表来信来访的接待处理工作。

九、县人民代表大会每召开会议之前，代表应就地进行视察、调查，听取本选区选民的意见和要求，为参加会议做好准备。

十、县人大代表应经常与自己选区的人民群众保持联系，并向选民述职，自觉接受选民的监督，听取人民群众的意见和要求，并及时向有关组织和部门反映。

十一、对代表提出的意见和建议，由县人大常委会代表联络工作委员会收集整理，并经主任会议研究，转交“一府两院”办理。必要时，可召开人大常委会主任和政府县长、法院院长、检察院检察长联席会议，通报代表的意见、建议，研究办理有关事宜。办理结果由承办单位书面报告县人大常委会并答复代表本人。

县人民代表大会代表建议、批评和意见处理办法

为保障县人民代表大会代表（以下简称代表）依法行使提出建议、批评和意见的权利，做好代表建议、批评和意见的办理工作，根据有关法律，参照省、市人大有关规定，结合我县实际，制定本办法。

第一章　总则

第一条　本办法所指的代表建议、批评和意见，是指代表在县人民代表大会会议期间和闭会期间分别向县人民代表大会及其常委会提出的对本县各方面工作的建议、批评和意见，以及县人民代表大会主席团决定作为建议、批评和意见处理的议案。

第二条　县人大代表提出建议、批评和意见，是法律赋予代表参与管理地方国家事务、管理经济和文化事业、管理社会事务的重要权利，是执行代表职务，监督国家机关工作的一种重要形式。

第三条　研究处理代表建议、批评和意见并负责答复，是有关机关、组织的法定职责。有关机关、组织应当尊重代表的权利，重视代表提出的建议、批评和意见，认真研究办理并负责答复。

第四条　县人大常委会负责代表建议、批评和意见办理工作的领导和监督。县人大常委会代表工作机构负责代表建议、批评和意见的交办、督办和检查等具体工作。县人大常委会各工作部门根据各自职责，负有检查督促办理的责任。

第二章　代表建议、批评和意见的提出与受理

第五条　代表应当从全县改革发展稳定的大局出发，围绕政治、经济、文化、社会生活中的重大问题和人民群众普遍关心的问题，通过视察、调研和代表小组活动

等，深入实际，深入基层，了解情况，广泛听取人民群众的意见和要求，在此基础上，客观地对县人大及其常委会、县人民政府及其职能部门、县人民法院、县人民检察院和其他机关、组织的工作提出建议、批评和意见。

县人大常委会工作部门、乡镇人大应当加强组织和协调工作，为代表提出建议、批评和意见提供服务。

第六条　代表建议、批评和意见应当实事求是，简明扼要，做到有情况、有分析、有具体建议或处理意见，做到一事一案。提出建议、批评和意见的代表要亲笔签名并提供联系电话和通信地址。

第七条　下列情况不应当作为代表建议、批评和意见提出：

（一）不属于静宁县所辖区域内的国家机关和组织职权范围的；

（二）涉及解决代表本人及其亲属个人问题的；

（三）代转人民群众来信的；

（四）属于学术探讨、产品推介的；

（五）没有实际内容的；

（六）其他不应当作为代表建议、批评和意见的。

属于前款所列情形之一的，不作为代表建议、批评和意见受理，交办机构应当及时与提出建议、批评和意见的代表联系并告知其撤回。

第八条　代表建议、批评和意见可以由代表一人提出，也可以由代表联名提出，还可以由代表团提出。

联名提出的，领衔代表应当采取适当方式，使参加联名的代表确认建议、批评和意见的内容能够真实表达自己的意愿。联名代表也须在联名提出的建议、批评和意见联名附页上亲笔签名并提供联系电话和通信地址。

代表团提出的，应当经过代表团全体会议充分讨论，由代表团全体代表的过半数通过，并由代表团团长签署。

第九条　县人民代表大会会议期间提出的代表建议、批评和意见由大会秘书处受理。代表提出的建议、批评和意见，由代表所在代表团负责收集登记，统一送交大会秘书处议案组处理。

第十条　县人民代表大会闭会期间提出的代表建议、批评和意见由县人大常委会代表工作机构受理。

第三章　代表建议、批评和意见的交办

第十一条　代表提出的建议、批评和意见，交办机构应当逐件审查，按照其内容和有关单位的职责，分别交县人民政府、县人民法院、县人民检察院及其他有关机关和组织研究处理。

县人民政府、县人民法院、县人民检察院及其他有关机关和组织应当对交办的代表建议、批评和意见逐件逐项认真研究，确定职能部门具体承办。

第十二条　县人民代表大会会议期间代表提出的建议、批评和意见，由大会秘书

处议案组逐件进行登记、整理和研究，提出承办的处理意见。在大会闭会后由县人大常委会及时以文件形式分别交县人民政府、县人民法院、县人民检察院和其他有关机关、组织具体办理。县人民政府、县人民法院、县人民检察院召开交办会，向各承办单位进行交办。

第十三条　代表在闭会期间提出的建议、批评和意见，由县人大常委会代表工作机构及时交县人民政府办公室、县人民法院、县人民检察院或其他有关机关、组织具体办理。

第十四条　代表建议、批评和意见属于县人大常委会办理的，由县人大常委会办公室确定承办单位；属于政府系统办理的，由县人民政府办公室确定承办单位；属于法院、检察院系统办理的，由县人民法院、县人民检察院承办；属于其他机关和组织办理的，该机关和组织应当确定相关的工作机构负责承办。

第十五条　代表建议、批评和意见需要两个以上单位共同研究办理的，交办时应当确定主办单位和协办单位，由主办单位会同协办单位共同研究办理。

第十六条　承办单位对代表建议、批评和意见应当及时研究办理。对不属于本单位职责范围内的代表建议、批评和意见，应当在收到之日起七日内，向交办机构说明情况，由交办机构重新确定承办单位并交办。

第四章　代表建议、批评和意见的承办和答复

第十七条　县人大常委会、县人民政府、县人民法院、县人民检察院应当加强对代表建议、批评和意见办理工作的领导和协调，建立健全代表建议、批评和意见办理工作制度，严格工作程序，实行领导负责制，及时把代表建议、批评和意见交给承办单位。承办单位应当逐件认真办理，并将办理结果答复代表。

第十八条　县人民代表大会会议期间的代表建议、批评和意见，各承办单位应当在交办会议后尽快完成在单位内部的交办工作；一般在交办会议后三个月内，最迟不得超过六个月办结并答复代表。

第十九条　县人民代表大会闭会期间代表提出的建议、批评和意见，承办单位应当在交办之日起三个月内办结并答复代表。

第二十条　代表建议、批评和意见由两个以上承办单位共同办理的，承办单位应当分别办理并统一答复代表。主办单位应当主动做好与协办单位的协调工作，协办单位应当在交办之日起一个月内提出书面意见交主办单位。

承办单位对于内容相同的代表建议、批评和意见，可以并案办理，但应当分别答复代表。

第二十一条　承办和答复代表建议、批评和意见应当遵循以下原则：

（一）有条件解决的，应当尽快解决并明确答复代表；

（二）应该解决但因受条件限制一时难以落实解决的，应当列入工作计划并向代表如实说明情况，明确办理时限，在妥善解决后再进行答复；

（三）不符合法律、政策规定或者受条件限制确实不能解决的，应当向代表说明

原因。

第二十二条　对涉及面广、办理难度大的代表建议、批评和意见，由县人大常委会、县人民政府、县人民法院、县人民检察院的负责人组织有关单位研究办理。

县人民政府有关部门因意见不一致，需要上级进行综合协调的，县人民政府应当进行协调。

第二十三条　办理代表建议、批评和意见，承办单位应当加强与代表的联系，充分听取代表的意见和要求。必要时，应当通过走访、座谈等方式，当面听取代表对办理工作的意见。

对代表要求当面反映情况的，承办单位应当及时安排接待。

对代表要求为本人和当事人保密的，应当为其保密。

第二十四条　承办单位应当拓展和完善现场办理、面商办理、并案办理、公开办理、跟踪办理、联合办理等方式，不断提高办理质量和效果。

第二十五条　承办单位的书面答复，应当经单位负责人签署、加盖公章后送达代表，并抄送县人大常委会代表工作机构。县人民政府系统的承办单位，还应当同时抄送县人民政府办公室。

第二十六条　承办单位对于代表联名提出的建议、批评和意见，应当逐人答复；对以代表团名义提出的建议、批评和意见，应当将答复抄送乡镇人大或街道办转达代表。

第二十七条　承办单位答复代表时，应当附寄办理意见征询表。

代表可以在办理意见征询表上对办理结果和答复提出意见，及时反馈县人大常委会代表工作机构、县人民政府办公室和具体承办单位。

第二十八条　代表对承办单位办理结果不满意并书面提出意见和理由的，由县人大常委会代表工作机构按本办法第十四条规定交有关机关和组织重新办理。有关机关和组织应当在一个月内重新办理完毕并答复代表，同时按本办法第二十五条规定抄送有关机关。

第二十九条　承办单位已经答复代表予以解决但因情况变化未能解决的，应当及时向代表说明情况，并将落实结果再次答复代表；因情况变化，对原列入计划办理而提前落实解决的，应积极办理并再次答复代表。

对出现前款情况和再次答复，承办单位应同时抄送县人大常委会代表工作机构。县人民政府系统的承办单位，应当同时抄送县人民政府办公室。

第三十条　各承办单位在代表建议、批评和意见全部办结后，应当及时向县人大常委会综合报告办理情况。

第五章　代表建议、批评和意见办理的检查督促

第三十一条　必要时，县人大常委会可组织常委会组成人员和代表对代表建议、批评和意见办理情况进行视察和检查。应健全落实常委会主任、副主任和常委会各工作部门督办制度、常委会代表工作机构与县人民政府办公室、县人民法院、县人民检

察院共同督办制度，加强对办理工作的指导和督促。

第三十二条　县人民政府、县人民法院、县人民检察院应当加强对代表建议、批评和意见办理工作的督促检查。承办单位应当建立内部激励和督查制度，落实好代表建议、批评和意见办理工作。

第三十三条　县人大常委会应当在下一次县人民代表大会会议召开前，听取和审议县人民政府、县人民法院和县人民检察院办理代表建议、批评和意见情况的报告。

县人大常委会应当将县人民代表大会会议期间和闭会期间代表建议、批评和意见办理情况的综合报告印发下一次县人民代表大会会议。

第三十四条　县人大常委会、县人民政府、县人民法院和县人民检察院对代表建议、批评和意见办理工作成绩显著的单位和个人应当给予表彰。

第三十五条　对违反本办法，办理代表建议、批评和意见拖拉、敷衍、推诿的承办单位和人员，县人大常委会可责成有关机关、组织批评教育；有关主管机关应当给予通报批评；情节严重的，依照有关规定追究相关领导和直接责任人的责任。

县人大常委会专题询问和质询暂行办法

第一章　总则

第一条　为进一步加强和改进县人民代表大会常务委员会（以下简称县人大常委会）监督工作，保障县人大常委会组成人员依法行使询问和质询职权，根据《中华人民共和国地方各级人民代表大会和地方各级人民政府组织法》《中华人民共和国各级人民代表大会常务委员会监督法》《甘肃省实施〈中华人民共和国各级人民代表大会常务委员会监督法〉办法》和《平凉市人民代表大会常务委员会专题询问暂行办法》等法律法规的有关规定，结合我县实际，制定本办法。

第二条　县人大常委会组成人员行使询问和质询职权的对象是县人民政府及其部门（包括县政府工作部门、办事机构、直属机构）、县人民法院、县人民检察院（以下统称有关国家机关或受询问机关、受质询机关）。

第三条　询问、质询应坚持实事求是、客观公正、民主公开、依法办事的原则。

第二章　询问

第四条　县人大常委会组成人员在审议议案和有关工作报告时，对议案和有关报告及相关工作中不了解或者不理解的问题，可以向有关国家机关提出询问。

列席县人大常委会会议的县人大代表、县人大常委会工作机构负责人及乡镇人大主席，也可以对有关问题提出询问。

第五条　县人大常委会组成人员在审议议案和有关工作报告时，有关国家机关负责人应当到会，听取意见，回答询问。

“有关国家机关负责人”是指县人民政府或者有关部门、县人民法院、县人民检察院的正副职负责人，也可以是其所属机构的正副职负责人，包括政府有关部门下属单位的正副职负责人、法院下属法庭的正副职负责人、检察院下属科室的正副职负责人。

第六条　询问可以由一个人提出，也可以由两人以上联合提出；可以口头提出，也可以书面提出。

第七条　提出询问的内容，一般应与正在审议的议案和工作报告有关。但为了深入审议，凡与议案和报告相关的问题，也可以提出询问。

第八条　受询问机关负责人应当场回答询问。不能当场答复的，应说明原因，并经询问人同意后，可在会后三日内作出书面答复。书面答复件应由受询问机关主要负责人签署。

询问人如果对答复有不清楚的地方，可以继续提出询问，由受询问机关再作答复。

第九条　县人大常委会主任会议认为必要时，可以决定在县人大常委会会议期间，结合审议议题，开展专题询问，由有关国家机关主要负责人到会听取意见，回答询问。

第十条　专题询问的议题，由县人大常委会办公室汇总常委会组成人员和各方面意见后，提请主任会议研究确定。

第十一条　专题询问议题经主任会议确定后，由县人大常委会办公室在常委会会议举行半个月前告知受询问机关。

根据主任会议确定的专题询问议题，县人大常委会组成人员拟提出询问的，应将拟询问的问题及时交由县人大常委会办公室汇总并转交受询问机关。

第十二条　专题询问列入常委会会议议题，在听取有关议案和工作报告之后、开始审议之前进行。

第十三条　专题询问，采取一问一答、随问随答的方式进行。

常委会组成人员在常委会会议上提出询问，受询问机关负责人回答询问，应当经主持人准许。

第十四条　专题询问提出的问题，由受询问机关主要负责人回答。主要负责人无法到会的，经主任会议同意后，可以书面委托其他负责人到会回答询问。受询问机关回答询问时，可以指定熟悉相关工作的人员补充回答。

如所提问题涉及多个部门，可由几个部门分别回答，也可以经主任会议同意后，由承担主要职责的部门进行综合回答。

第十五条　专题询问经有关机关答复后，提出询问的人员如果仍有不清楚的问题，可以当场跟进补充询问，由有关机关答复。问题已经作出明确回答的，不得再次询问。补充询问不需事先提出。

询问人提出询问，应紧扣议题，简明扼要，重点突出。受询问机关负责人回答询问，应全面翔实，避免答非所问。

第十六条　专题询问时间一般不超过两小时。询问人提出询问一般不超过5分钟，受询问机关回答询问一般不超过10分钟。

第三章　质询

第十七条　县人大常委会会议期间，常委会组成人员三人以上联名，可以向县人大常委会书面提出对有关国家机关的质询案。

“有关国家机关”指县人民政府及其部门（包括县政府工作部门、办事机构、直属机构）、县人民法院、县人民检察院。政府各部门、县人民法院、县人民检察院的下属机构不属于质询对象。

第十八条　县人大常委会组成人员认为县人民政府及其部门、县人民法院和县人民检察院有下列情形之一的，可以依法提出质询案：

（一）违反宪法和法律法规的；

（二）不认真执行或者拒不执行上级和本级人民代表大会及其常务委员会的决议、决定的；

（三）不认真办理或者拒不办理本级人民代表大会代表议案、建议、批评和意见的；

（四）工作中有严重失职、渎职及重大决策失误的；

（五）有关经济建设、社会发展方面的重大问题；

（六）人民群众反映强烈、迫切需要解决的问题；

（七）其他需要质询的事项。

第十九条　质询案应以书面形式提出，一事一案，并写明质询对象、质询的问题和内容。一件质询案只能质询一个对象，如果质询的事项涉及两个或者两个以上的机关，应当对不同对象分别提出质询案，或者对承担主要职责的机关提出质询案。

第二十条　质询案由主任会议决定交由受质询机关的负责人在县人大常委会会议上口头答复，或者由受质询机关书面答复。

受质询机关应在主任会议决定的时间内答复。

第二十一条　质询案以口头答复的，由受质询机关的主要负责人到会答复。主要负责人无法到会的，经主任会议同意后，可以书面委托其他负责人到会答复。

质询案以书面答复的，由受质询机关的主要负责人签署，并印发县人大常委会组成人员。

答复质询案应由县人民政府或其部门正副职负责人、县人民法院正副职负责人、县人民检察院正副职负责人负责，不包括其下属机构的负责人。

第二十二条　提质询案的县人大常委会组成人员过半数对质询案的答复不满意时，经主任会议决定，受质询机关应当进一步研究解决质询案提出的问题，并重新作出答复。

县人大常委会组成人员对再次答复仍不满意的，经主任会议决定，可以将质询案提请县人大常委会会议审议。县人大常委会可以作出相应的决议、决定。

第二十三条　质询案中涉及待处理的具体事项，主任会议可以交由县人大常委会有关工作机构跟踪督办，并由督办机构向下次县人大常委会会议报告。受质询机关应当将处理结果书面答复提出质询案的县人大常委会组成人员，并报送督办机构。

对落实不力的，县人大常委会可依法实施跟踪监督。

第二十四条　质询案在主任会议决定交受质询机关答复前，提质询案的常委会组成人员书面要求撤回质询案的，经主任会议同意，该质询案即予撤销。

提质询案的常委会组成人员要求撤回质询案的，应当本人签名。未签名的提案人人数仍符合提质询案法定人数的，该质询案仍然有效。

第四章　附则

第二十五条　下列事项不属于询问、质询范围：

（一）属于询问者、质询者个人利益的问题；

（二）涉及受询问机关、受质询机关负责人个人隐私的问题；

（三）涉及国家秘密的问题；

（四）不属于县人大常委会职权范围内的其他事项。

第二十六条　询问人、质询人要求提供相关材料的，受询问、质询机关应当按时如实提供，涉及国家秘密的除外，但受询问、质询机关应当作出说明。

第二十七条　专题询问及答复情况、质询案及质询案的答复情况，应当向社会公布。

第二十八条　本办法由县人大常委会主任会议负责解释。

第二十九条　本办法自通过之日起施行。

县人大常委会关于听取和审议“一府两院”专项工作报告实行满意度测评暂行办法

第一条　为进一步规范听取和审议县人民政府、县人民法院、县人民检察院（以下简称“一府两院”）专项工作报告，更加有效地发挥县人民代表大会常务委员会（以下简称“县人大常委会”）的监督职能，促进“一府两院”依法行政、公正司法，根据《中华人民共和国各级人民代表大会常务委员会监督法》《甘肃省实施〈中华人民共和国各级人民代表大会常务委员会监督法〉办法》和《静宁县人民代表大会常务委员会议事规则》的有关规定，参照平凉市人大常委会相关办法，结合县人大常委会工作实际，制定本办法。

第二条　本办法适用于县人大常委会组成人员在常委会会议上对县人民政府及其工作部门、县人民法院、县人民检察院的专项工作报告，以及对常委会会议审议意见或者决议、决定落实情况的报告进行满意度测评。

第三条　县人大常委会每年选择若干关系全县改革发展稳定大局、人民群众切身利益、社会普遍关注的重大问题，有计划地安排听取和审议“一府两院”专项工作报告，并对专项工作报告进行满意度测评。

年度满意度测评工作项目由县人大常委会主任会议决定列入年度监督工作计划。必要时，主任会议可以决定调整满意度测评工作项目。

第四条　县人大常委会组成人员在听取和审议专项工作报告及满意度测评时，应当坚持实事求是、客观公正、民主公开、依法办事的原则。

第五条　县人大常委会听取和审议县人民政府专项工作报告的主要内容：

（一）贯彻实施宪法、法律、法规，上级及本级人民代表大会及其常委会的决议、决定和落实审议意见的情况；

（二）贯彻执行国家的方针、政策情况；

（三）执行本级人民代表大会批准的政府工作报告、国民经济和社会发展计划（规划）、财政预算的情况；

（四）本行政区域内的政治、经济、教育、科学、文化、卫生、劳动和社会保障、环境和资源保护、民政、民族等重要工作情况；

（五）承办本级人民代表大会代表提出的建议、批评和意见的情况；

（六）处理人民群众反映强烈的热点难点问题的情况；

（七）其他有必要由常委会听取和审议的事项。

第六条　县人大常委会听取和审议县人民法院、县人民检察院专项工作报告的主要内容：

（一）贯彻实施宪法、法律、法规、上级及本级人民代表大会及其常委会的决议、决定和落实审议意见的情况；

（二）执行本级人民代表大会批准的人民法院、人民检察院工作报告的情况；

（三）依法履行审判、检察工作职责的情况；

（四）办理本级人民代表大会代表提出的建议、批评和意见的情况；

（五）其他有必要由常委会听取和审议的事项。

第七条　专项工作报告由“一府两院”的负责人向县人大常委会报告。县人民政府也可以委托有关部门主要负责人到会向常委会报告。

第八条　县人大常委会听取和审议专项工作报告前，主任会议可以组织常委会组成人员和县人大代表对有关工作进行视察、检查或专题调查研究，全面了解掌握情况。与视察、检查或专题调查研究有关的国家机关和单位应按照要求如实汇报情况，提供材料。

第九条　县人大常委会会议听取专项工作报告后，组织对报告进行审议。审议时，报告机关的负责人和“一府两院”相关负责人应列席会议，听取意见，回答询问。

第十条　县人大常委会会议听取和审议“一府两院”专项工作报告，由常委会组成人员以无记名投票方式进行满意度测评，以决定该报告是否通过。

满意度测评应安排在常委会会议听取、审议“一府两院”专项工作报告后实施。

第十一条　满意度测评的内容包括以下几个方面：

（一）报告是否如实反映工作情况；

（二）所报告工作的实效及社会效果如何；

（三）报告查找的问题是否准确；

（四）报告拟采取的措施和做法是否可行；

（五）其他需要测评的内容。

第十二条　县人大常委会组成人员对报告进行满意度测评时，必须在“满意、基本满意、不满意”三个档次中表明一种态度，弃权票和无效票不纳入统计。

满意票占到会组成人员有效票80%以上（含80%），为满意；满意票在80%以下（不含80%）、满意票和基本满意票之和占50%以上（不含50%），为基本满意；不满意票占50%以上（含50%），为不满意。

投票结果由会议主持人当场公布，并向有关方面通报、向社会公布。

第十三条　对专项工作报告测评结果为满意的，工作报告予以通过。对专项工作报告测评结果为基本满意的，报告可以通过，但报告机关应根据县人大常委会组成人员的审议意见进行整改，并及时向主任会议报告整改情况。对专项工作报告测评结果为不满意的，工作报告则不予通过，报告机关应限期进行整改，并将整改情况在下次或指定的常委会会议上再次报告。

如果第二次报告仍未通过，报告机关应向县人大常委会主任会议作出检查，由主任会议根据检查情况对报告人或直接责任人提出处理意见：属于本级人大常委会任命的人员，可以责成其限期整改并报告整改结果；可以对其依法提出质询案，由受质询机关负责人在常委会会议上书面予以答复；可以将审议及测评情况汇报县委，通过组织程序提出辞职、免职或撤销职务的建议，提请常委会会议审议决定；必要时依法启动罢免程序。不属于本级人大常委会任命的人员，由县人大常委会建议其上级主管部门或县人民政府作出相应的处理。

第十四条　县人大常委会审议专项工作报告后，提出审议意见；必要时，可以作出相应的决议、决定。常委会作出的决议、决定和提出的审议意见，在会议闭会后的7日内转交报告机关办理。办理过程中，常委会相关工作机构应跟踪监督、督促落实。

第十五条　本办法由县人大常委会主任会议负责解释。

第十六条　本办法自通过之日起施行。

县人大常委会组成人员守则

为了进一步加强县人大常委会组织建设，使常委会组成人员更好地履行法定职责，依据《中华人民共和国宪法》《中华人民共和国地方各级人民代表大会和地方各级人民政府组织法》《中华人民共和国全国人民代表大会和地方各级人民代表大会代表法》的有关规定，制定本守则。

一、加强政治理论学习。认真学习马克思列宁主义、毛泽东思想、邓小平理论、“三个代表”重要思想、科学发展观和习近平总书记系列重要讲话精神，认真学习宪法和法律法规，掌握行使职权所必需的法律知识；认真学习人大业务知识和其他知识，不断提高履职能力和工作水平。

二、牢固树立为人民服务的宗旨意识。以维护人民群众的根本利益为宗旨，模范遵守宪法、法律和法规，全心全意为人民服务，自觉接受人大代表和人民群众的监督。

三、坚持党的领导，坚持人民代表大会制度，坚持民主集中制原则，严格依法办事，集体行使职权，努力推进社会主义民主法制建设，大力促进依法治县进程。

四、认真履行法定职责。依法行使法律赋予的提出议案、询问、质询和提出建议、批评和意见等权利；积极参加常委会组织的各项活动；按时出席常委会会议。因病或因其他特殊原因不能参加活动或出席会议的，要提前向常委会主任请假，未经批准不得缺席。未履行请假手续无故经常缺席的，或者有特殊原因难以履行职责的，本人可以提出申请辞去常委会组成人员职务。

五、常委会会议举行之前，组成人员要围绕会议议题，搞好调查研究，做好审议准备。会议期间，要围绕议题积极发表意见，发言应力求观点明确，重点突出，简洁明了。

六、出席会议的常委会组成人员必须参加对议案、决议、决定和人事任免等各项表决，不同意见可以保留，但必须服从常委会会议的表决结果。

七、常委会组成人员在常委会会议上的发言和表决不受法律追究，但应当遵守常委会会议议事规则和其他有关程序性的规定。

八、常委会组成人员应密切联系代表、联系选民，经常进行调查研究，听取群众的意见和要求，积极向常委会会议反映真实情况。

九、常委会组成人员应清正廉洁，勤政为民，认真贯彻执行廉洁自律的各项规定，自觉抵制各种不正之风。

十、常委会组成人员应严守保密纪律，凡属规定不应公开的内容，不得以任何方式向外传播，自觉维护党和国家的利益。

县人大常委会会议请假制度

第一条　为了进一步提高县人大常委会会议质量，严肃人大常委会会议纪律，保障常委会组成人员依法行使职权，根据静宁县人大常委会议事规则规定，特制定本制度。

第二条　县人大常委会召开会议时，为便于常委会组成人员和列席人员安排工作，县人大常委会办公室一般应在会议召开的十五日前，将会议建议议程、日程等事项预告常委会组成人员。常委会组成人员必须按时出席会议，因病或因其他特殊原因确实不能出席会议的，一般应在会议召开的七日前履行书面请假手续，说明具体事由，通过常委会办公室向主任会议请假。确因紧急情况不能书面请假的，应先用电话向常委会主任请假，事后补办书面请假手续。县人大常委会组成人员在县人大常委会会议期间，不能出席会议的，应向会议主持人请假。

第三条　县人大常委会会议实行签到制度。在会议开始前，常委会组成人员和列席会议人员须本人签到，由常委会办公室工作人员负责统计汇总到会人员情况，报告会议主持人并进行通报。

第四条　常委会组成人员未履行请假手续或请假未予批准，一年内两次缺席常委会会议的，应依法辞去常委会组成人员职务。

第五条　常委会组成人员一年内出席会议时间不足常委会会议总天数二分之一的，或者有其他原因难以履行职责的，应依法辞去常委会组成人员职务。

第六条　县人大常委会举行会议时，列席会议的“一府两院”负责人、县人大常委会各委、室负责人、县人民政府工作部门负责人及其他列席人员应按时到会。因病或因其他特殊原因确实不能列席会议的，应在会前通过常委会办公室向主任会议请假，经批准后，可由其他负责人列席，未经批准不得缺席或顶替。

第七条　本制度自通过之日起施行。

县人大常委会信访工作制度

一、县人大常委会设立信访接待室，确定专人负责接待和处理人民群众来信来访。信件要详细登记，来访要做好笔录。一般信件由常委会分管副主任阅批，重要信件由常委会主任阅批。

二、处理人民群众来信来访须坚持实事求是的原则，对人民群众的正当要求应依照法律和政策规定督促有关部门处理。

三、对人民群众的来信来访，根据所反映问题的性质，分别按下列办法处理：

1. 对县人民政府所属各部门在执行国家法律、法规和政策方面提出的意见、批评、建议及对上述机关工作人员的控告和检举，一般问题转县人民政府或有关部门处理；重大问题由县人大常委会主任会议讨论作出处理意见。

2. 对县公安、检察、审判机关处理刑事、民事、治安等案件作出的判决、裁定或决定不服而提出的申诉和意见，一般案件转原办案机关处理；重大案件或对上述机关工作人员的控告和检举，由县人大常委会主任会议讨论作出处理意见。

3. 对县人民代表大会选举或由县人大常委会决定任命的国家机关工作人员和在我县的省、市人大代表提出的意见、控告和检举，属重大问题，由县人大常委会主任会议讨论作出处理意见。

4. 对人民群众来信来访中提出的不属于县人大常委会职权范围内处理的申诉、控告和检举的信件，按“分级负责、归口办理”的原则，分别转送有关部门处理。

四、在查处信访案件过程中，必要时可以调阅有关案卷，听取有关部门汇报，也可依法实施个案监督。

五、凡要求报送处理结果的来信来访承办部门应在收到函件之日起三个月内上报办理结果，复杂案件一般不得超过六个月。

六、对信访案件处理不符合国家法律、法规和有关政策的可以责成有关机关重新处理。

七、来信来访处理后，由信访室及时向提出申诉、控告和意见的人民群众，书面或口头答复处理情况。

县人民代表大会财政经济委员会工作规则

第一条　为了保障县人民代表大会财政经济委员会（以下简称财经委员会）依法履行职责，规范工作程序，根据有关法律法规，结合工作实际，制定本规则。

第二条　财经委员会是县人民代表大会依法设立的专门委员会，受县人民代表大会领导；在大会闭会期间，受县人民代表大会常务委员会（以下简称县人大常委会）领导。

第三条　财经委员会由主任委员、副主任委员、委员若干人组成。主任委员主持委员会的全面工作，副主任委员协助主任委员工作，委员根据本委员会职责开展工作。

第四条　财经委员会的主要职责：

（一）审议县人民代表大会主席团或县人大常委会交付的财经方面的议案，提出审议结果报告或审议意见。

（二）向县人民代表大会主席团或县人大常委会提出属于县人民代表大会或县人大常委会职权范围内与财经委员会有关的议案。

（三）审查县政府本年度全县国民经济和社会发展计划执行情况及下年度计划（草案）报告，审查县政府本年度全县财政预算执行情况和下年度全县财政预算（草案）报告，并向县人民代表大会主席团或县人大常委会提出审查报告。

（四）审查县政府本年度全县国民经济和社会发展计划调整情况报告和全县财政预算调整情况报告，审查上年度全县财政决算（草案）报告和上年度财政预算执行情况审计报告，并向县人大常委会提出审查报告。

(五）审查县政府有关政府性基金、债务、债券、重大投资计划等财经方面的提请报告，并向县人大常委会提出审查报告。

（六）审议县人民代表大会主席团或县人大常委会交付的财经方面的询问、质询案，听取受询问、质询机关对询问、质询案的答复，并向县人民代表大会主席团或县人大常委会提出审议报告。

（七）审查县人大常委会交付的县政府有关财经方面的决议、决定，向县人大常委会提出审查报告。

（八）参加由县人大常委会组织的对县政府及其组成部门执行有关法律法规和县人民代表大会及其常委会决议、决定情况的监督检查。

对涉及财经委员会职责范围内的问题可以单独组织进行监督检查，检查结果向县人大常委会主任会议报告。

（九）参加县人民代表大会及其常委会组织的特定问题调查委员会的有关工作。

（十）对属于县人民代表大会及其常委会职权范围内与财经委员会有关的问题，进行调研、检查，提出建议。必要时，可以听取县人民政府有关部门的专题工作汇报。

（十一）对省、市人民代表大会财经委员会或省、市人大常委会办事机构、工作机构交付征求意见的有关法律草案，提出修改意见。

（十二）办理县人民代表大会主席团、县人大常委会及其主任会议交付的与财经委员会有关的其他事项。

第五条　财经委员会议事采取委员会会议形式，实行集体行使职权、依法讨论并决定有关问题，组成人员在会议上的发言和表决，不受法律追究。

第六条　财经委员会会议由主任委员召集并主持；主任委员因故不能出席会议时，可以委托副主任委员召集并主持。

财经委员会会议必须由全体组成人员过半数出席方可举行。委员会组成人员因故不能出席的，必须事先请假。

第七条　财经委员会会议根据需要举行。会议日期、议题由主任委员办公会议提出，并在会议举行七日前由办事机构通知全体组成人员和有关列席人员，同时送交有关材料。

第八条　财经委员会举行会议时，根据会议议程的需要，可以邀请县人民代表大会有关专门委员会组成人员、县人大常委会有关工作部门负责人、县人大代表列席会议，发表意见。

第九条　财经委员会会议审议议案、讨论问题时，可以要求县人民政府有关部门负责人到会听取意见，回答询问。

第十条　财经委员会会议表决有关问题，须经参会组成人员过半数赞成方为通过。财经委员会组成人员表决时可以表示赞成、可以表示反对或者弃权。

第十一条　财经委员会会议表决采用举手表决方式。

第十二条　财经委员会建立主任委员办公会议制度。主任委员办公会议由主任委员、副主任委员组成，负责处理委员会的重要日常工作。主任委员办公会议由主任委员或副主任委员主持，一般根据需要随时召开。

第十三条　财经委员会的日常工作由县人大常委会财经与城建工作委员会承担。财经与城建工作委员会既是县人大常委会的工作机构，同时又是财经委员会的办事机构。

第十四条　本规则经县人大常委会会议通过后施行。

县人民代表大会财政经济委员会计划财政审查工作规程

第一条　为了规范县人民代表大会财政经济委员会（以下简称财经委员会）计划财政审查工作，根据有关法律法规，结合工作实际，制定本规程。

第二条　财经委员会在县人民代表大会及其常务委员会（以下简称县人大常委会）领导下审查全县国民经济和社会发展五年规划、年度计划（草案）及计划执行情况、全县财政预算（草案）和预算执行情况以及全县财政决算（草案），并向县人民代表大会主席团或县人大常委会提出审查报告；审查全县国民经济和社会发展年度计划、全县财政预算的调整方案，并向县人大常委会提出审查报告。

第三条　县发展改革和财政部门在县人民代表大会举行会议的二十日前，应当将上年度计划、预算执行情况和本年度计划、财政预算（草案）提交财经委员会进行审查。

在每年县人大常委会举行会议，审查批准上年度全县财政决算，听取和审议本年度上半年计划、预算执行情况等报告的十五日前，县发展改革、财政、审计部门应当将上年度全县财政决算（草案）、审计工作报告及本年度上半年计划、预算执行情况的报告提交财经委员会进行审查。

经县人民代表大会批准的计划、财政预算在执行过程中需要做出调整的，县发展改革和财政部门应当最迟于当年县人大常委会举行最后一次会议的一个月前，将调整情况的报告提交财经委员会进行审查。

县人大常委会举行会议审议五年规划实施情况中期评估报告的二十日前，县发展改革部门应当将报告提交财经委员会进行审查。

第四条　财经委员会在对五年规划、年度计划、财政预决算（草案）和计划、财政预算调整方案进行审查的一个月前，县人大常委会财经与城建工作委员会应当拟定审查工作方案，经财经委员会主任委员办公会议同意后实施。

工作方案应当明确审查的指导思想和原则、审查的内容和重点、审查的时间和日程、人员范围等具体事项。

第五条　财经委员会在对五年规划、年度计划、财政预决算（草案）和计划、预算调整方案进行审查时，可以邀请县人大有关专门委员会组成人员或常委会有关工作部门负责人、县人大代表列席会议，听取意见、建议。

县发展改革、财政、审计等部门主要负责人应当到会说明情况，回答询问。财经委员会认为必要时，可以对有关问题组织专题调查。

第六条　财经委员会在对五年规划、年度计划、财政预决算（草案）及计划、财政预算调整方案进行审查后一周内向县发展改革和财政部门提出审查意见，并向县人大常委会主任会议报告审查情况。

县发展改革和财政部门在接到审查意见一周内，向财经委员会报告五年规划、年度计划、财政预决算（草案）及计划、财政预算调整方案的修改情况。

第七条　县人民代表大会举行会议期间，财经委员会根据代表的审议意见，对五年规划、年度计划、财政预算（草案）进行审查，并提出审查报告，经大会主席团审议通过后，印发全体代表讨论。

在县人大常委会举行会议期间，财经委员会根据组成人员的审议意见，对财政决算（草案）及计划、财政预算调整方案进行审查，并向县人大常委会提出审查报告。

第八条　县人大常委会会议结束后五个工作日内，县人大常委会财经与城建工作委员会应当汇总整理县人大常委会组成人员对上半年计划、财政预算执行情况及决算

（草案）等报告的审议意见，并由县人大常委会办公室转交县人民政府办理。

县人民代表大会财政经济委员会
与政府有关财政经济部门工作联系办法

为加强县人民代表大会财政经济委员会（以下简称财经委员会）与县政府有关财政经济部门之间的工作联系，更好地履行法律赋予的职责，根据有关法律法规，结合工作实际，制定本办法。

一、根据财经委员会工作职责，财经委员会联系的部门主要有：县发改局、县工信局、县财政局、县人社局、县住建局、县审计局、县工商局、县统计局、县供销社、县公共资源交易管理委员会办公室、县政府金融办、县机关事务管理局、县地税局、县国税局等部门。

二、财经委员会和所联系部门根据工作需要，适时召开联席会议，通报情况，研究协调工作中的有关问题。县人大常委会财经与城建工作委员会应于会议召开 10日前，将会议日期和议题通知与会单位。

三、财经委员会召开的委员会会议，根据会议内容邀请有关联系部门负责人列席会议；有关联系部门召开的重要工作会议，可以邀请县人大财经委员会或县人大常委会财经与城建工作委员会负责人参加。会议召集方应于会议召开10日前，将会议日期和议题通知与会单位，必要时，须同时送交相关材料。

四、财经委员会建立经济形势分析制度，根据工作需要适时听取有关专项工作汇报。县人大常委会财经与城建工作委员会应于会议举行10日前通知汇报部门。有关部门也可根据工作需要向财经委员会汇报、衔接工作情况，研究协调工作中的有关问题。必要时由财经委员会向县人大常委会主任会议报告。

五、财经委员会和有关联系部门对涉及财经委员会职权范围内的有关重大事项可以共同组织人员进行调查研究。财经委员会进行视察、检查和调研时，可邀请有关联系部门的负责人参加；有关联系部门组织的与财经委员会工作有关的调查研究，可邀请财经委员会或县人大常委会财经与城建工作委员会派员参加。

六、财经委员会的文件，根据工作需要可抄送有关联系部门；有关联系部门的重要文件、经济形势分析报告、情况反映、统计资料以及政策规定等，应抄送财经委员会。

县人民代表大会法制委员会会议制度（试行）

第一条　静宁县人民代表大会法制委员会（以下简称法制委员会）会议分委员会会议和主任委员办公会议。

第二条　在县人民代表大会或者常务委员会会议期间，法制委员会会议根据工作需要不定期举行。

委员会会议由主任委员召集主持，或者由主任委员委托的副主任委员召集主持会议。全体会议应有三分之二以上成员出席方可举行。成员除特殊原因请假外，应当按时出席会议；请假的成员，可以发表书面意见。

县人民代表大会常务委员会法制工作委员会主任、副主任列席委员会会议；根据会议议题，可以邀请县人大代表、县人民代表大会常务委员会组成人员、有关专门委员会或者办事工作机构负责人、有关单位负责人以及专家列席会议。

第三条　会议就有关事项作出决定，由出席会议成员进行表决，以出席会议委员三分之二以上赞成有效。

法制委员会会议日期、议程、列席范围由主任委员办公会议提出，并在会议举行七日前通知全体组成人员和有关列席人员，同时送交有关材料。

第四条　法制委员会会议审议议案、询问、质询案、讨论有关事项时，可以要求相关部门负责人到会专题报告相关工作，回答询问，听取意见。

第五条　主任委员办公会议负责处理法制委员会的日常工作，可根据工作需要召开，由主任委员或副主任委员主持，参加人员为法制委员会主任委员、副主任委员、县人民代表大会常务委员会办事工作机构负责人。

第六条　主任委员办公会议内容：

（一）拟定法制委员会年度工作计划；

（二）提出委员会会议日期、议程及参会范围，筹备法制委员会会议；

（三）办理法制委员会会议决定的有关事项；

（四）办理县人民代表大会常务委员会和主任会议交办的有关事项；

（五）办理法制委员会其他日常工作。

县人民代表大会法制委员会工作规则（试行）

第一条　根据《中华人民共和国地方各级人民代表大会和地方各级人民政府组织法》《中华人民共和国立法法》以及省、市人大有关规定，结合我县实际，制定本规则。

第二条　法制委员会是县人民代表大会依法设立的专门委员会，受县人民代表大会领导；在代表大会闭会期间，受县人民代表大会常务委员会领导。

第三条　法制委员会由主任委员、副主任委员和委员组成。主任委员主持本委员会的工作，副主任委员协助主任委员工作，委员根据本委员会职责开展工作。

第四条　法制委员会主要工作职责：

（一）开展宪法、法律、行政法规、地方性法规及其修正案、解释案、废止案的宣传工作；

（二）在县人民代表大会及其常务委员会领导下，研究、审议和拟定有关议案；

（三）对属于县人民代表大会及其常务委员会职权范围内同本委员会有关的问题，进行调查研究，提出建议；

（四）协助市人民代表大会及其常务委员会做好立法调研，负责向代表征集立法意见；

（五）对属于县人民代表大会及其常务委员会职权范围内同本委员会有关的议案，进行审议，向大会主席团、常务委员会提出审议结果报告；

（六）对县人民代表大会主席团或县人民代表大会常务委员会交付的质询案，听取被质询机关对质询案的答复，向县人民代表大会或县人民代表大会常务委员会提出质询案答复情况的报告；

（七）对列入本委员会的规章、规范性文件撤销案草案、县人民代表大会常务委员会工作机构和各方面提出的撤销建议进行统一审议，提出审议结果的报告，提交常务委员会会议决定；

（八）指导县人民代表大会常务委员会法制工作委员会开展其职责范围内的相关工作；

（九）办理县人民代表大会及其常务委员会、主任会议交办的其他事项。

第五条　法制委员会审议有关议案时，根据需要,可以要求有关机关、组织负责人列席会议，可以对议案有关的问题进行询问，要求被询问机关回答问题，说明情况。

第六条　法制委员会议事采取会议形式，实行组成人员集体行使职权、依法讨论并决定有关事项，组成人员在会议上的发言和表决，不受法律追究。

第七条　法制委员会会议由主任委员召集并主持；法制委员会建立主任委员办公会议制度，主任委员办公会议由主任委员或副主任委员主持召开。

第八条　法制委员会会议和主任委员办公会议的出席、列席范围，会议议程，议事规则根据《静宁县人民代表大会法制委员会会议制度（试行）》实施。

第九条　法制委员会的日常具体事务，由常务委员会法制工作委员会办理，并做好材料、资料的收集、整理和归档工作。

第十条　本工作规则经法制委员会会议讨论后，报县人民代表大会常务委员会通过后实施。

县人民代表大会社会建设委员会工作规则

第一条　为了保障县人民代表大会社会建设委员会依法履行职责，根据《中华人民共和国地方各级人民代表大会和地方各级人民政府组织法》以及省、市人大有关规定，结合我县实际，制定本规则。

第二条　县人民代表大会社会建设委员会（以下简称社会建设委员会）由县人民代表大会产生，受县人民代表大会领导，对县人民代表大会负责并报告工作。闭会期间，受县人大常委会领导。

第三条　社会建设委员会由主任委员、副主任委员和委员组成。主任委员主持本委员会的工作，副主任委员协助主任委员工作，委员根据本委员会职责开展工作。

第四条　社会建设委员会负责研究、拟订、审议劳动就业、社会保障、民政事务等方面的有关议案，开展有关调查研究、执法检查等，主要职责：

（一）审议县人民代表大会主席团或者县人大常委会主任会议交付的社会建设方面的有关议案、质询案，并提出审议意见或审查报告。

（二）研究、拟订并向县人民代表大会及其常务委员会提出属于县人民代表大会及其常务委员会职权范围内有关社会建设方面的议案。

（三）协助县人民代表大会法制委员会对社会建设方面的规范性文件进行审查，并提出审查意见。

（四）督促“一府一委两院”贯彻执行社会建设方面的法律法规和各级人民代表大会及其常务委员会的有关决议、决定，对社会建设方面的法律法规实施情况进行检查。

（五）协助市人民代表大会社会建设委员会开展社会事业方面工作的调查研究；开展社会事业方面工作的调查研究，形成调研报告，为县人民代表大会及其常务委员会审议有关议案或报告提供参考依据。

（六）组织开展社会建设方面工作的视察活动。

（七）听取有关机关、组织关于社会建设工作情况的报告。

（八）联系县人大代表和基层群众，听取意见和要求，督促有关组织、机关办理代表提出的社会事业方面的议案和建议。

（九）负责提出本委员会年度工作总结和下年度计划，并向县人民代表大会及其常务委员会报告。

（十）负责办理市人民代表大会社会建设委员会安排的其他工作；办理县人民代表大会主席团、县人大常委会和主任会议交付的与社会建设委员会有关的其他工作。

第五条　社会建设委员会议事采取会议形式，组成人员集体行使职权、依法讨论并决定有关事项，组成人员在会议上的发言和表决，不受法律追究。

第六条　社会建设委员会全体会议根据工作需要不定期举行。全体会议由主任委员召集主持或者由主任委员委托副主任委员主持会议。

社会建设委员会全体会议有三分之二以上成员出席方可举行。因故需请假的，需经会议主持人同意，请假的成员可以发表书面意见。

提交社会建设委员会审议的重要文件及有关资料应当及时印发全体组成人员。

第七条　社会建设委员会举行会议时，县人大常委会有关工作委员会主任、副主任列席会议；根据会议议题，可以邀请县人大代表、县人民代表大会有关专门委员会的组成人员、县人大常委会有关委室的负责人、有关专家列席会议，发表意见。社会建设委员会决定有关问题，须经全体组成人员三分之二以上赞成通过。

第八条　社会建设委员会审议议案、讨论有关事项时，可以要求有关机关、组织负责人到会听取意见，回答询问。

第九条　社会建设委员会的日常事务，由县人大常委会人事与代表工作委员会承办，并做好资料的收集整理和归档工作。

第十条　本规则经社会建设委员会会议讨论后，报县人大常委会通过后实施。

县人民代表大会代表履职登记办法

第一条　为了落实中央关于加强代表履职监督管理要求，进一步提高县人大代表履职的积极性和主动性，增强代表履职的使命感和责任心，促进代表依法履职、为民履职，充分发挥人大代表作用，根据《中华人民共和国全国人民代表大会和地方各级人民代表大会代表法》《甘肃省实施〈中华人民共和国全国人民代表大会和地方各级人民代表大会代表法〉办法》和平凉市人大常委会的有关规定，结合我县实际，制定本办法。

第二条　履职登记的对象是静宁县人民代表大会代表。

第三条　代表履职登记主要包括以下内容：

（一）出席会议情况。主要包括参加县人民代表大会会议，对各项工作报告进行审议发言，围绕全县经济社会发展大局提出议案、建议、批评和意见等情况。

（二）学习培训情况。主要包括参加县人大常委会和原选举单位（因工作变动，代表团调整的，参加现代表团代表选举单位。下同）组织的学习培训，学习国家有关法律法规，提高自身履职能力等情况。

（三）参加活动情况。主要包括参加各级人大常委会组织的视察、调研、执法检查等活动，应邀列席原选举单位人代会、各级人大常委会会议和各类人大工作会议，以人大代表身份参加各类听证会、座谈会、担任各类监督员等情况。

（四）联系群众情况。主要包括深入基层联系群众，广泛收集社情民意，反映群众需求；接受原选举单位和群众监督，定期向原选举单位报告履职情况等。

（五）模范带头作用发挥情况。主要包括围绕党委、政府中心工作，积极参与各级人大组织开展的各类活动，发挥代表模范带头作用的情况。

第四条　代表在人代会期间的履职情况由各代表团负责登记汇总，填写静宁县人民代表大会代表会议期间履职情况登记表，会议结束时报县人大常委会人事与代表工委汇总存档。

第五条　代表在闭会期间的履职情况，由代表本人填写代表履职工作笔记，定期报送原选举单位。原选举单位根据代表本人报告和本单位记录的情况，汇总填写静宁县人民代表大会代表闭会期间履职情况登记表，分别在每年六月底、十二月底，报县人大常委会人事与代表工委汇总存档。

第六条　各登记单位要高度重视代表履职登记工作，确定专人负责，及时准确、全面真实地对代表履职情况进行登记，建立完善代表履职档案。

第七条　各登记单位要在县人大常委会人事与代表工委的具体指导下，对代表履职情况进行登记。

第八条　代表履职情况应当作为代表评优选先、推荐连任和届中退出的重要依据，并以适当方式进行通报。

第九条　本办法由县人大常委会人事与代表工委负责解释。

第十条　本办法自县人大常委会会议通过之日起施行。

县人民代表大会预算审查联系代表工作办法

第一条　为充分发挥县人大代表在预算审查监督中的主体作用，进一步提升人大预算审查监督工作质量，根据《中华人民共和国全国人民代表大会和地方各级人民代表大会代表法》《中华人民共和国预算法》《甘肃省预算审批监督条例》规定和《甘肃省人大预算审查联系代表工作办法》《平凉市人大预算审查联系代表工作办法》主要精神，结合我县实际，制定本办法。

第二条　本办法适用于县人大预算审查联系代表的产生、变动、职责确定、工作开展和组织保障。

第三条　县人大预算审查联系代表的产生、调整程序为：

（一）县人大预算审查联系代表的产生，由县人大常委会财经与城建工作委员会、人事与代表工作委员会与各乡镇（城市社区）在现任县人大代表中推荐产生，并征得个人同意。

（二）对于推荐的预算审查联系代表人选，由县人大常委会财经与城建工作委员会报县人大财政经济委员会讨论确定。

（三）预算审查联系代表人选在一届内应当保持稳定，如有变动，或不能积极参与履职活动的，由县人大常委会财经与城建工作委员会、人事与代表工作委员会提出新任人选并征得个人同意后，报县人大财政经济委员会作出调整决定。

（四）每个乡镇（城市社区）代表团设预算审查联系代表1名，设联络员1名。联络员由各乡镇（城市社区）人大主席（工委主任）担任，负责日常协调联络工作。

第四条　预算审查联系代表一般应当熟悉经济工作，具有财政、税务、审计、会计、统计、金融等领域政策理论知识或相关工作领域的经历；熟悉相关法律法规、政策和发展动态；能够积极参与县人大常委会组织的调研、座谈、视察等活动。

第五条　预算审查联系代表在县人民代表大会会议召开前和会议期间的主要职责：

（一）向本代表团传达、通报参加县人民代表大会会议召开前预算审查有关会议及审议的情况；

（二）在代表团审查预算草案和预算报告时，积极发表审议意见。必要时，可向本代表团代表作出相关解释说明，并引导其他代表积极参与审查；

（三）收集本代表团代表关于预算草案和预算报告的审议意见，及时向县人大财政经济委员会或县人大常委会财经与城建工作委员会反馈。

第六条　预算审查联系代表在县人民代表大会闭会期间的主要职责：

（一）在应邀参加县人大各专门委员会、常委会工作机构组织开展的执法检查、调研、视察等活动中，收集、整理有关预算方面的意见和建议；

（二）结合本乡镇（城市社区）工作实际，就县人大财政经济委员会、县人大常委会财经与城建工作委员会相关征求意见材料，提出具体意见和建议；

（三）应邀参加县人大财政经济委员会、县人大常委会财经与城建工作委员会组织开展的相关会议和调研，及时了解预算编制执行、财政政策落实等情况，并提出意见建议；

（四）应邀参加县人大财政经济委员会、县人大常委会财经与城建工作委员会组织的听取审计工作报告和审计查出问题整改情况报告的相关会议；

（五）完成县人大财政经济委员会、县人大常委会财经与城建工作委员会委托的其他相关事项。

第七条　县人大常委会财经与城建工作委员会负责牵头做好预算审查联系代表的联系沟通、协调服务和业务培训等工作，县人大常委会办公室和人事与代表工作委员会提供必要的保障和支持。财政、审计等有关部门应加强与预算审查联系代表的沟通联系，提供相关信息资料，为预算审查联系代表开展工作提供便利。

第八条　对预算审查联系代表参加预算审查的有关情况，县人大常委会财经与城建工作委员会定期向代表所在乡镇（城市社区）通报，作为代表履职考评的重要依据。

第九条　预算联系审查代表应当模范遵守法律法规，不得以县人大常委会预算审查联系代表的名义从事与预算审查工作无关的活动，不得擅自披露预决算审查工作中尚未明确或尚未公开的信息。

第十条　预算审查联系代表参加由县人大财政经济委员会、县人大常委会财经与城建工作委员会组织开展的相关活动，产生的费用由县人大常委会办公室按照有关规定予以保障。

第十一条　本办法自县人大常委会会议通过之日起施行。

县人大常委会机关管理制度

为了切实加强机关管理，增强干部职工的责任性、纪律性，不断提高办事效率和工作质量，保证机关的规范、有序、高效运行，特制定以下制度。

一、学习制度

1. 机关工作人员都必须认真学习政治理论，党的路线、方针和政策，宪法及有关法律法规，人大业务知识等，不断提高政治和业务素质。

2. 坚持集体学习与自学相结合，以自学为主的方法，切实保证学习效果。

3. 集体学习每周不少于一次，无特殊理由，干部职工都必须按时参加。

4. 机关干部职工都要有专门的学习笔记，全年作笔记不少于2万字。办公室定期不定期对学习笔记进行检查评比。

5. 县级领导干部的学习按中心组学习制度进行。

二、工作制度

1. 干部职工的日常管理由办公室负责。主要是对出勤、学习、工作情况进行登记，为年终考核提供准确的依据。

2. 全体干部职工必须按时上下班，上班期间要坚守岗位，严禁在上班时喝酒、下象棋、看电视或进行其他与工作无关的活动。

3. 全体干部职工对本职工作要认真负责，讲效率、讲质量，不拖拉、不贻误，按时保质保量完成工作任务和领导交办的事宜。

4. 干部职工因病因事需要请假的，本人写出假条，逐级审批签字后交办公室考勤。一般干部职工请假5天以下由办公室主任审批，5天以上由分管机关的副主任审批；科级干部请假5天以下由分管副主任审批，5天以上由主任审批；县级干部请假由主任审批；干部职工请假10天以上均由主任审批。请假者在完成请假手续后必须报办公室备案。

5. 干部职工没有办理请假手续而私自离岗，按旷工对待，并按照《中华人民共和国公务员法》和有关规定予以处理。

三、安全保卫和值班制度

1. 全体干部职工必须高度重视安全工作，外出必须关锁门窗，关闭电器电源，严防一切不安全事故的发生。

2. 机关严禁私自留宿客人，确需留宿者须经办公室同意并登记。

3. 机关日常实行干部职工轮流值班制度，昼夜负责机关安全保卫和公务处理工作。节、假日值班另行安排。值班人员要认真履行交接班手续，防止出现断档。

4. 值班人员要认真负责，坚守岗位，注意定时巡查楼内及院内的安全，防盗防火；对外来人员要主动查询并负责登记，严防闲杂人员在单位进出；做好报刊文件的接收、保管及有关公务的处理；对值班期间接收的电话、通知、传真等要及时上情下达，不得贻误。

5. 对因职责不到位而发生责任事故或贻误工作的，要根据有关规定严肃追究责任。

四、卫生管理制度

1. 机关卫生人人有责，全体干部职工都要积极主动做好公共区域和个人办公室卫生的清洁、保持以及水电管护工作。

2. 大院、办公楼环境卫生要做到每天清扫，一周进行一次大扫除。个人办公室要坚持及时清扫。

3. 机关卫生实行每周一小查，每月一大查，每季一评比，年终一总结的检查评比制度。对每次检查评比的先进者，给予表扬；检查评比中被评为后进者，给予口头批评；连续三次评为后进者，要在全体职工会议上作检查，并限期改进。

4. 全体干部职工要积极参与，主动配合，齐心协力创造一个干净卫生、整洁优美的工作环境。

县人大常委会机关干部职工管理制度

为了切实加强县人大机关干部职工队伍建设，不断提高办事效率和工作质量，保证机关各项工作规范、有序、高效运行，根据有关干部职工管理工作的规定，特制定本制度。

1. 干部职工的日常管理由办公室负责。主要是对出勤、学习、工作情况进行登记，为年终考核提供准确的依据。

2. 全体干部职工要牢固树立一盘棋思想，认真贯彻落实县人大常委会的各项决策部署，自觉服从组织安排，严格按制度和程序办事。对本职工作要认真负责，讲效率、讲质量，不拖拉、不贻误，按时保质保量完成工作任务和领导交办的事宜。

3. 全体干部职工必须按时上下班，上班期间要坚守岗位，严禁上班时间喝酒、下象棋、玩游戏或进行其他与工作无关的活动。

4. 干部职工因病因事需要请假的，本人出具书面请假条，逐级审批签字后交办公室考勤。一般干部职工请假3天以下由办公室主任审批，3天以上由分管机关的常委会副主任审批；各委室主任请假3天以下由分管该委室的常委会副主任审批，3天以上由常委会主任审批；各委室副主任请假3天以下的，经委室主任同意，并报分管领导知晓，3天以上由分管领导同意，常委会主任审批；县级干部请假由常委会主任审批；干部职工请假10天以上均由常委会主任审批。请假者在完成请假手续后必须报办公室备案，办公室主办秘书要做好请假信息的汇总考勤。

5. 干部职工没有办理请假手续而私自离岗，按旷工对待，并按照公务员法和有关规定予以处理。

6. 干部职工带薪年休假按甘肃省人事厅有关文件执行。

7. 机关干部职工的考核由日常考核和年度考核组成。日常考核以工作实绩和学习效果为主，年度考核从德、能、勤、绩、廉、学六个方面进行，重点考核工作实绩和学习实效。

8. 评选优秀等次公务员严格按照组织人事部门的要求进行，具体人选由机关全体干部职工民主推荐并票决产生。机关年度先进工作者先由机关各委室根据工作、学习表现民主推荐产生提名人员，提交主任会议研究决定。

9. 干部职工的考核结果由办公室报组织人事部门备案；评选出的先进工作者在干部职工会议上进行表彰奖励。

10. 科级后备干部的推荐，按照干部选拔任用的有关文件在一定范围内进行民主推荐，经常委会党组会议研究后上报。

11. 干部职工调入，按照凡进必考、择优录用的原则进行，由办公室组织考试、考察，经主任会议讨论同意后，按规定程序报批，调入后要进行谈话。

县人大常委会机关学习制度

为了切实加强学习型机关建设，不断提高机关干部职工政治思想素质、业务能力和法律水平，结合人大机关工作实际，特制定本制度。

第一条　学习内容。1.政治理论学习方面，包括党的路线、方针、政策，党的基本理论知识和最新理论成果以及上级党委的重要会议精神；2.业务知识学习方面，包括宪法、地方组织法、选举法、监督法、代表法等法律法规，人民代表大会制度的基本理论和人大工作的基本方法和原则，全国、省、市人大及其常委会的重要文件、重要会议精神及相关领导的重要讲话精神，机关公文写作与处理、市场经济、现代科技、信息技术等与日常工作紧密相关的知识。

第二条　学习组织。机关干部职工的学习由办公室和机关党支部共同负责组织，各委、室负责协助。

第三条　方式方法。学习采取集体学习与个人自学相结合，以自学为主的方法。集体学习原则上每月组织一次，每次一天，其中半天集体学习，半天专题辅导或讲座。

第四条　学习计划。每年第一季度，办公室应在征求常委会领导和机关各委、室意见的基础上，制定机关干部职工年度学习计划。

第五条　学习要求。每位干部职工都要有专门的学习笔记，办公室干部每年学习笔记不得少于两万字，撰写心得体会或理论文章不少于6篇，其他干部职工学习笔记不得少于1万字，撰写心得体会或理论文章不少于2篇。

第六条　督促检查。集体学习实行签到制，每次集体学习由办公室指定专人做好登记，作为年终考核评比的依据。每位干部职工必须按时参加集体学习，无特殊原因不得请假。

第七条　考核奖励。每年第四季度对机关干部职工的学习进行考核、评比，对学习认真和撰写理论文章、心得体会较多的人员给予表彰奖励。

第八条　县级领导干部的学习按照县委中心组学习制度（安排）进行。

县人大常委会机关财务管理制度

为进一步加强机关财务管理，严格遵守财经纪律，提高资金使用效益，保证机关正常的经费运行，根据有关规定，结合机关实际，特制定本制度。

1. 机关财务实行账务、资金分开管理制度，一切经费开支必须按照法律法规和各级财政部门的有关规定办理。

2. 机关经费开支实行严格的审批制度。3000元以下的正常经费开支（如工资、津贴、奖金、差旅费、水电费、邮电通讯费、车辆燃油费以及办公用品、日常公务开支等），由办公室分管副主任审批；3000元以上的大额开支（如固定资产购置、车辆、房屋维修、会议费、接待费、取暖费以及办公用品集中采购等），审批权限是：开支在3000元至5000元的，由办公室主任审批；5000元至10000元的，由办公室主任请示常委会分管副主任同意后审批；10000元至30000元的由常委会分管副主任请示常委会主任同意后，办公室主任审批；30000元以上的，提交主任会议讨论决定。

3. 办公用品、公务用品及电脑耗材购置实行集中统一购置，由办公室副主任提出计划，按审批权限审批后，原则上由两人采购，单宗数额较大的，按照政府采购规定实行招标采购或协议供货，报销发票需附采购清单和政府采购核准单。

4. 县人民代表大会、县人大常委会组织的大型会议、大型活动、公务接待、基建和房屋大修、固定资产购置等重大开支事项，由办公室编制预算，常委会分管副主任、主任或主任会议审定后实施

5. 机关工作人员差旅费支出标准严格按照县财政部门规定标准执行，报销时除正常的差旅费外发生的其他费用，报销人员需逐项说明情况，属于公务活动的予以报销。

6. 财务人员要认真执行财经纪律，严格审核各种票据，对内容不完整、数字不清楚、手续不齐全以及不符合规定的凭证票据不予报销，严禁白条入账，努力做到日清月结，保证账账、账证、账表相符。

7. 财务人员要严格执行现金管理制度，加强对现金和银行存款的管理，财务开支数额超出1000元的必须实行转账支付（国家规定可现金支付的项目除外）。严格控制库存现金数额，原则上库存现金以能够保证机关3天至5天的日常零星开支为宜，严禁财务人员私自库存大量现金。

8. 公款原则上不准外借，出差或公务活动确需临时借款的，5000元以下的由办公室副主任审批，5000元以上的由办公室主任请示常委会分管副主任或主任同意后借给。出差或公务活动结束后10日内必须报销清账。

9. 财务人员每月向办公室主任汇报一次财务收支情况；办公室主任每季度向常委会分管副主任汇报一次财务收支情况，每半年向主任汇报一次财务收支情况；年终向主任会议汇报一次全年机关财务收支情况，并适时向机关全体职工公开财务收支情况。

县人大常委会机关固定资产管理制度

为加强县人大机关固定资产管理，确保固定资产的安全与完整，提高资产使用效益，依据《行政事业单位国有资产管理办法》，结合机关工作实际，制定本制度。

1. 按照财政部颁布的《行政单位财务规则》规定，使用期限超过一年，单位价值在1000元以上（其中：专用设备单位价值在1500元以上），并且在使用过程中基本保持原有物质形态的资产，以及单位价值虽未达到规定标准，但是耐用时间在一年以上的大批同类物资，列入固定资产管理。

2. 机关应当按照科学规范、从严控制、保障工作需要的原则合理配置固定资产。

3. 机关固定资产由办公室具体负责管理。办公室应指定专人负责固定资产的购买、调配、保管、报废、入账、管理。

4. 机关固定资产的购置，应先由常委会分管领导或办公室主任提出，财务人员填写静宁县人大机关固定资产申购审批表，按照《静宁县人大机关财务管理制度》规定的审批程序逐级审批。属政府采购范围的固定资产，必须按照有关文件规定程序办理购置。

5. 固定资产管理应当按照入库登记、造卡建账、合理调拨、定期盘点、出库审

批、废损申报的要求，每半年对固定资产账目进行核对、清查，确保账物、账卡一致。财务会计每半年应向办公室主任汇报一次机关固定资产变动情况，办公室每年应向常委会主任会议报告一次固定资产管理情况。

6. 机关固定资产管理坚持“谁使用，谁负责”的原则，各委室、各办公室内的固定资产由使用者负责管理、保护，未经许可，不得随意调换。如发生工作变动，需腾退办公室的，财务人员应及时清理办公室财物财产，按程序移交。机关固定资产不得占为私有或自行处理，如属人为损坏应照价赔偿，行为严重者应追究责任。

县人大常委会网站管理制度

为进一步加强静宁县人大常委会网站（以下简称县人大网）的管理和维护，规范工作流程、增大信息量、加快信息更新、提高信息时效性，充分发挥网站宣传介绍县人大工作的作用，特制定本制度。

1. 县人大网站域名为http://rd.gsjn.gov.cn。

2. 县人大网站的主要任务是宣传人大有关法律法规和工作制度以及有关知识，介绍县人大常委会工作动态和情况，按照《中华人民共和国各级人民代表大会常务委员会监督法》有关规定向社会公布和通报有关事项，加强县人大常委会与代表的沟通联系，保障代表知情知政的权力，推动县人大工作的开展。

3. 县人大办公室负责网站的日常技术维护，设计和编排栏目版式，发布相关信息，监督运行状况，确保网站正常运行。

4. 县人大各工作委员会，“一府两院”及相关部门，各乡镇人大要确定专人向县人大办公室提供相关工作资料和信息。

5. 县人大网站信息发布内容包括：

(1) 有关社会主义民主法制建设和人民代表大会制度建设的内容；

(2) 县人民代表大会会议、县人大常委会会议、县人大常委会主任会议及会议通过的决议、决定、公告等；

(3) 县人大及其常委会开展的调研、检查、视察、人事任免、重大事项决定等重要活动信息；

(4) 县人大常委会代表工作、各级人大代表履职活动等；

(5) 县人大常委会机关工作信息；

(6) 全国人大及省市人大工作重要信息；

(7) 其他。

6. 县人大网站信息报送、收集和发布程序：

(1) 办公室负责对网站工作信息进行初审、送审和上传。

(2) 县人大各工作委员会，“一府两院”及相关部门，各乡镇人大向县人大办公室提供的新闻信息、工作动态等，由县人大办公室统一编辑整理，报办公室分管副主任审核后上传静宁县人大网。

（3）“领导简介”栏目以组织部门核定文本发布；县人大及其常委会召开的各类会议信息以会议通过的文件资料为准，会议精神报道以办公室审定的会议简讯内容为主，由办公室分管副主任审核后上传。

7. 县人大网站发布的信息文稿（图片）原始签发稿，均应存档备查。

8. 网站管理人员应及时更新网站信息，一般工作动态信息应在当天发布，最迟不能超过2个工作日。

9. 县人大网站发布、转载有关信息应该依据国家有关法律法规执行。内容涉及国家秘密和工作秘密的资料、文件、信息以及属于内部信息或暂不适宜向公众公开的事项禁止在县人大网上公布。

县人大常委会机关公文处理制度

为了进一步规范公文程序，提高公文质量和办事效率，更好地为县人大常委会行使职权服务，现根据有关规定制定本制度。

一、办公室是机关集中统一管理文电、保密工作的办事机构，具体承办文件收发、传送，电报管理，文件材料印制，文件材料分送、清理、销毁，各类载体档案保管，印章管理等项工作。

二、办公室和主办人员要及时、准确地处理来往文件，迅速、安全地组织公文运转，充分发挥公文的作用。

三、公文办理和传递要严格按照规定要求和程序进行。

1. 签收：收到有关公文并以签字或盖章的方式给发文方以凭证，签收公文应逐件清点，如发现问题，及时向发文机关查询，并采取相应的处理措施，急件应注明签收的具体时间。

2. 登记：公文办理过程中就公文的特征和办理情况进行记载，登记应将公文标题、密级、发文字号、发文机关、成文日期、主送机关、份数、收发文日期、办理情况逐项填写清楚。

3. 拟办：办公室对需要办理的公文提出办理意见，必要时提供背景材料，送有关领导批示，并将办理结果及时反馈。

4. 分送：办公室主办人员根据有关规定或领导人批示，将公文分送有关领导人或部门，对于急办的公文应单独分送。

5. 传阅：按照一定的程序将公文送有关领导和各委、室负责人阅知或者批示，办理公文传阅应随时掌握公文去向，避免漏传、误传和延误。一般情况下，公文在每个传阅者手中滞留不能超过一天时间。

6. 催办：办公室负责对公文的承办情况进行督促检查，对紧急或重要公文（包括电话、电传等）应及时催办，做到即送即办；对一般公文应定期催办，并随时向负责人反馈办理情况。

7. 核发：在公文正式印发前，办公室主办人员要对公文的审批手续、文种、格式等进行复核，确定发文字号、分送单位和印制份数。

8. 印制：应当做到准确、及时、规范、安全、保密。

9. 发送：对外公文实行专人发送，并做好签字登记，以备核查。

四、公文办理完毕后，主办人员应根据有关规定将公文的定稿、正本和有关材料收集齐全。对各种公文要做到季度小清理，半年大清理，年终整理立卷归档、上交或销毁。

五、公文处理必须遵守有关保密法规，遵守党和国家的保密纪律，符合机关有关保密规定。主办人员要加强公文的收发、保管，传阅文件必须按规定和领导人的批示呈送，避免将不同阅文范围的公文混合传阅，其他人员不准在办公室随便翻阅公文，传阅的公文不能私自带出单位，严防公文丢失、泄密等事件的发生。

县人大常委会机关安全保卫和值班制度

为了切实做好机关的安全保卫工作，确保机关安全，维护正常的办公秩序，特制定本制度。

1. 机关安全保卫由办公室具体负责，机关各委室及全体干部职工共同参与。

2. 全体干部职工必须高度重视机关安全工作，外出必须关锁门窗，关闭电器电源，严防一切不安全事故的发生。

3. 机关大门、机关办公大楼实行24小时值班制度。门卫人员要对进入机关的人员、车辆认真查验证件，严格实行来客登记制度，严防闲杂人员和不法分子进入机关。

4. 机关日常安全保卫实行干部职工轮流值班制度。白天（早上8点半至下午6点由办公室工作人员）负责机关安全保卫。晚上（下午6点至第二天早上8点半）安排机关干部职工值班。节、假日值班另行安排。值班人员严格按时值班，晚上必须住在宿舍，并认真履行交接班手续，防止出现断档，确保机关安全。

5. 严禁在机关院内进行聚众赌博、酗酒、搞封建迷信等违法犯罪活动，一经发现，依法严肃处理。

6. 机关严禁私自留宿客人，确需留宿的须经办公室同意并登记。

7. 值班人员要认真负责，坚守岗位，对机关办公楼等重点部位进行不间断巡查，全面落实安全防范措施；要做好报刊、文件、电话的接收、接听、保管、处理，并及时上情下达，不得贻误工作。

8. 严格实行值班责任追究制度。对因值班人员职责不到位或不到岗而发生安全责任事故或贻误工作的，要严肃追究值班人员的责任，造成经济损失的要全额赔偿。

9. 加强安全保卫和值班的监督检查。常委会分管领导和办公室主任要经常抽查值班情况，对值班不负责、不到岗的要通报批评。

县人大常委会机关文秘工作人员岗位职责

一、认真学习党的路线、方针、政策和上级有关文件，学习人大知识、经济知识、法律知识、科学知识和写作知识，不断提高理论水平和工作能力。

二、积极主动、耐心细致、认真负责地搞好办公室日常政务、事务和服务工作，坚持高起点、高标准、严要求，确保办公室工作高效运转。

三、负责做好办公室文件、材料的签收、传阅、归档、保管，文电的接收、记录、送批、转办，以及印信的管理使用等事项，确保准确、及时、规范、安全、保密。

四、根据各自的分工，认真负责地搞好有关文件、材料的起草、复核、校对、印制、分发工作；根据领导的指示，及时做好机关各项工作及领导批示、交办事项的督查、反馈工作，做到件件有着落、事事有交代；及时认真做好各类信息的收集整理和报送工作。

五、根据办公室主任、副主任的安排，做好各类会议的准备、服务、记录、材料整理、决定事项的催办等事宜。

六、做好办公室用品及公物的登记、领用、管理、发放和其他各项内务工作。

七、认真遵守机关各项规章制度和纪律，按时上下班，有事外出必须请假，不得无故脱岗。

八、及时办理常委会领导和办公室负责人交办的其他临时性工作。

县人大常委会机关文秘和后勤服务工作时效要求

为了增强人大机关工作人员的责任意识，进一步提高机关文秘工作、后勤服务工作质量和效率，确保机关工作优质高效运转，现就有关工作的时效要求规定如下：

一、文件材料的起草、撰写

1. 常委会、主任会及有关工作会议的简报、审议意见等，必须在2日内完成起草、送审；常委会、办公室一般性文件、讲话和工作总结及汇报材料，必须在3日内完成起草、送审；有关调查、视察报告、简报的撰写应在调查、视察结束3~6日内完成；特别紧急或领导有特殊要求的，要根据时限安排及时起草、送审。

2. 起草文件、材料要根据有关法律、政策、会议要求、领导意见，做到观点明确、思路明晰、文字凝练，具有较强的针对性、指导性、操作性，坚决防止粗制滥造、支差应付，对质量不高的文稿要责成重新起草。

二、文件、材料的收发、阅办

1. 对上下级文件、电报、刊物、资料等，要随到随收，及时分送办公室主任批阅，做到“当日事当日结”，不积压、不贻误。

2. 对领导批示到“一府两院”及有关部门的文件，一般应在当日送达；对紧急或重要公文（包括电话、电传等）应及时催办，做到即送即办；对一般公文应定期催办，并随时向负责人反馈办理情况。

3. 办理公文传阅应随时掌握公文去向，避免漏传和延误。一般情况下，公文在每个传阅者手中滞留不能超过一天时间。

三、文件、材料的打印、分发

1. 特别紧急或领导有特殊要求的文件、材料必须按要求即时完成打印；常委会、办公室一般性文件、材料根据工作量，在领导要求的时限内完成打印，原则上当日交付的当日打印装订，最长不得超过2天。

2. 文件、材料打印应做到准确无误。

3. 紧急或领导有特殊要求的文件、材料必须当日完成发送，一般性文件、材料原则上当日发送，最长不得超过3天。

四、文件和档案管理

1. 对各种公文要做到季度小清理，半年大清理。党内文件务必在翌年三月底前清退结束，各类文件的立卷、归档需在翌年五月底结束。

2. 档案管理实行借阅登记制度，凡统一保管的文件、档案，传阅、借阅都应进行登记、签字，做到责任明确，查有依据，随时清理，主动回收。

五、会计账务处理

1. 各种会计财务事项，要做到日清月结季核查，严格按规定时限编计划，填送报表，及时向办公室领导反映资金运行和财产管理情况。

2. 车辆修理费和燃油使用情况每月单车核一次。司机差旅费实行月报制，每月差旅费报销必须于下月十日前完成。

六、后勤卫生

1. 大院、办公楼环境卫生要做到每天打扫，一周进行一次大扫除。

2. 办公室和领导房子要坚持每天彻底打扫。

3. 会议室使用后要及时清扫，最迟不得超过两天。

县人大常委会机关保密工作制度

一、县人大机关保密工作领导小组对保密工作负领导责任。

二、机关全体工作人员必须严格遵守各项保密制度和工作纪律，做到“六不”：不该说的不说，不该问的不问，不该看的不看，不得将秘密文件和内部资料带到家中或公共场所，不得泄露国家机密和信访举报人姓名及住址，不得将领导同志的电话、办公及家庭住址告诉无关人员。

三、机关保密员统一负责本机关文件管理工作。

四、领导和干部外出开会带回来的文件，应及时交办公室人员登记、传阅、保管。

五、凡是秘密级以上的文件，必须按文件规定的阅读范围和主管领导同志的批示组织阅读、办理，不得擅自扩大阅读范围，不得向规定范围以外的人泄密。

六、凡下发的文件，要由领导签批并核定分发范围、印刷份数，严禁滥印滥发。凡秘密文件，一般不得自行翻印、复印和摘抄。确因工作需要复印的，要经主管领导批准。复印的文件应同原件一样严格管理，履行登记、清退、销毁等手续。

七、文件收发人员处理文件，应加盖签收章、标明收文日期、文号、份数，已阅的领导要签名并标注阅文日期。

八、文件收发人员对所管理的文件，必须做到每日清点，严格执行按期清退、定期归档、定期销毁制度。秘密级以上的文件年底统一销毁，需要留存的文件应装订成册，妥善保管。

九、丢失秘密文件，应立即报告领导，并组织力量查清处理。销毁文件必须由二人监销，个人不得擅自销毁文件。严禁将各种文件资料和内部刊物向废品收购站出售。

十、实行年终总结、检查保密和文件资料管理工作制度。对于违反保密有关规定，造成泄密致使工作受到损失的，视情节轻重，按《中华人民共和国保密法》及党纪政纪有关规定处理。

县人大常委会机关保密人员工作职责

一、熟悉本单位保密工作基本情况。

二、负责起草有关保密工作的规章制度、年度保密工作计划、保密工作总结。

三、负责保密工作领导小组有关会议的记录。

四、负责保密工作档案的整理与建档工作。

五、负责办理保密方面的日常工作。

六、对机关涉密文件、涉密计算机、涉密介质进行日常管理。

七、对机关人员使用涉密文件、涉密计算机、涉密介质情况进行监督，随时向负责人报告有关情况，提出意见、建议。

县人大常委会机关使用计算机保密制度

一、存有涉密文件的计算机不得接入互联网。

二、已经接入互联网的计算机不得存有涉密的信息。

三、所有计算机都要有“涉密”“非涉密”标识。

四、存有涉密文件的计算机要有专人管理， 专人负责。

五、在涉密计算机上存取文件时，必须使用专用介质， 不得使用其他任何介质。

六、存有涉密信息的介质不得随意带在身上或带到非工作地点。

七、利用介质备份涉密信息，应作明显密级标记，按密级严格管理。

八、 使用电子文件进行网上信息交流，要遵守国家有关保密规定，涉密文件不得在网上发布，不得利用电子文件传递、转发或抄送秘密信息。

九、每台计算机由办公室人员定期检查、定期查杀病毒。

第四章　基础建设

常委会自设立以来，办公场所经历“三处两迁”。1981年1月常委会设立之初，在政府机关前院西侧平房办公，此为常委会第一处办公场所。常委会主任高富德因兼任县委副书记，仍在县委办公外，其他常委会领导及工作人员均在此办公。

1982年初，经政府研究，将地处政府机关西北侧的原农机局四合院划拨政府机关，再划拨常委会，作为常委会第二处办公场所。1982年4月，完成第一次搬迁。将原从二天门巷出入改为从政府大门出入，并新开四合院东门，形成常委会地处政府机关院内、又与政府机关分开、相对独立的办公区域。机关院内西侧原有土木结构架子房3栋，均坐北向南，每栋有办公室5间，共15间。1984年，在机关院内东侧修建砖混结构平顶房3栋，同样坐北向南，新增办公室16间（其中南面一栋有办公室3间，1间为常委会办公室，2间为宿舍，中间一栋有办公室4间，北面一栋有办公房3间，1间为会议室，2间为宿舍）。

1988年5月3日，人大、政府、政协召开联席会议，研究人大、政协宿办楼设计、修建事宜，常委会第三处办公场所建设提上了议事日程。第三处办公场所地处阿阳路东侧，与县委机关相对偏南。宿办楼设计为4层戴帽，坐东向西，南北走向。1988年8月动工，1991年8月竣工，9月23日通过验收，国庆前后完成第二次搬迁。宿办楼从开工修建到投入使用，历时3年。原设计建筑面积2548平方米，实建面积2714.8平方米。宿办楼和附属工程基建费701376.25元，其中：1.回填地基96122.70元；2.宿办楼招标价375000元；3.修建过程中变更增减相抵后实增39146.68元；4.附属工程191106.87元，主要是灶房、车库、化粪池、院内暖气沟、围墙、硬化院子、花园栏杆、前围墙和大门、上下水道、安装电话、架设照明线路和设计、质检费等。基建款主要来源：一是省、地两级财政下拨基建补助款365000元，二是县财政拨付150000元，合计515000元，所缺186376.25元，经向上争取资金逐年予以解决。

常委会机关与政协机关处同一院落，总占地4083.84平方米，机关大门设在西侧，大门与宿办楼之间，建有椭圆形花园。宿办楼除五楼会议室为共用会议室外，一至四楼均从中线一分为二，常委会机关处南侧，政协机关处北侧，二至四楼从中线封闭，互不相通。机关东院建一排砖混结构平顶房，总面积310.76平方米，常委会占155.38平方米，为车库和灶房。办公楼与平顶房之间为人大、政协机关菜园，中间墙体隔开，同样一分为二。2007年平整后院菜园，油铺场地，改为常委会机关篮球场（半场）；2008年汶川地震后，加固维修办公楼，更换供水供暖管道、门窗桌椅，加铺地板，购置电脑，改造五楼会议室。2012年，人大、政协东院改为共用机关篮球场，添置篮球架1副，油铺场地420平方米。2014年，由县设计室重新设计，改造供暖设施，将原上供下回式单管异程式改为同程式。2015年9月，宿办楼再进行改造，外墙体加保温设施，涂色，将人大、政协二至四楼办公区之间的隔挡拆除，连通一体。2016年4月，拆除西侧院墙栏杆，改为植绿树墙，同时改西中门为西侧偏北门；改造西院椭圆形花园为长约30米、宽约12米、面积约360平方米的长方形花园。

常委会设立之初，公务用车为政府划拨的1辆罗马吉普车，另有公用自行车5辆，除1辆为通信工具外，其余4辆为领导公务使用。此后，经购买、调拨，公务用车前后涉及12辆。这些车辆，除报废、调拨外，均采取让旧购新的办法，基本保证了公务所需。2016年车辆改革时，常委会共有公务用车3辆，其中：凯美瑞轿车、现代越野车，改挂公车车号，作为常委会主任和机关公务用车，予以保留，另一辆现代越野车，被国资委收回。至此，常委会有公务车2辆。

常委会机关办公桌椅、会议桌椅、办公电脑、打印复印一体机、速印机、碎纸机、传真机、商务净水机、监控设备、书柜、沙发等资产，均纳入机关国有固定资产管理。

附：

县人大常委会机关公务用车一览表

表5–7

机型	时间		车价（万元）	处置
	购进	调拨（原单位）		
罗马吉普		1981.1		报废
自行车5辆				报废
罗马吉普	1986			转让
解放牌卡车		1990.5（林业局）		转让
北京212吉普	1987			1991.1调拨乡企局
伏尔加	1991		14	
北京212吉普	1996			2000.12调拨界石铺镇政府
伏尔加		1996.7（财政局）		转让平凉德顺宾馆

续表5-7

机型	时间		车价（万元）	处置
	购进	调拨（原单位）		
普通型桑塔纳	2000.8		12.9	2008.7 转让
大众帕萨特	2003.3		28.2	2012.7 转让
现代越野	2005.10		27.6	车改中国资委收回
尼桑越野	2008.1		10	2009.10 转让
凯美瑞	2008.5		19.78	车改保留，车号变更
现代越野	2009.9		39.5	车改保留，车号变更

第五章　工作研究

人大宣传和理论研究是人大工作的重要组成部分。1981年1月常委会设立以来，历届人大及其常委会在忠实履行职责、努力开展工作的同时，坚持把加强人大宣传和理论研究工作作为推动人大工作创新发展的重要抓手，深入调查研究，勤于实践总结，注重宣传报道，不断探索人大工作的新情况、新问题，探索新形势下人大工作的新规律、新特点，主动适应人大宣传工作和理论研究新需要，围绕维护民权、关注民生、倾听民声，着力维护民主政治建设，不断进行理念更新，制度创新，方法革新，在宣传工作、代表工作、人事任免工作、依法监督工作等方面都做了大胆探索和创新，先后制定《信息宣传和理论研究工作考核评比办法》，印发《全县人大宣传信息工作安排意见》《静宁县人大常委会信息和理论宣传月活动实施方案》等文件，全面激发人大干部宣传工作和理论研究的热情，撰写不少观点鲜明，切合实际的理论研讨文章和工作经验总结，在省、市人大工作会议和各级报刊上交流发表，全方位、多角度、深层次展现全县人大工作风貌，为推动全县人大工作创新发展营造良好舆论氛围。

附：

县人大常委会理论研究与宣传工作一览表

表5–8

<table>
<tr><th>文章</th><th>作者</th><th>发表平台</th><th>发表时间</th></tr>
<tr><td>强化法律监督，推进依法治国</td><td>李　金</td><td rowspan="3">人民之声报</td><td>1997.6</td></tr>
<tr><td>联系人民代表要做到“四心”</td><td rowspan="4">张汉基</td><td>1998.4</td></tr>
<tr><td>调查研究要处理好几个关系</td><td>1998.8</td></tr>
<tr><td>人大新闻宣传应强化“四种意识”</td><td>中国人大</td><td>1999</td></tr>
<tr><td>司法监督要突出“四结合”</td><td rowspan="6">人民之声报</td><td>1999.9</td></tr>
<tr><td>人大代表应强化“六种意识”</td><td>李　金</td><td>2000.7</td></tr>
<tr><td>充分发挥乡镇人大的职能作用</td><td>张汉基</td><td>2000.10</td></tr>
<tr><td>为西部大开发创造良好的法制环境</td><td>李　金</td><td>2001.1</td></tr>
<tr><td>执法检查要做到“六个结合”</td><td>张汉基</td><td>2001.2</td></tr>
<tr><td>静宁人大：优化工作思路，提高工作水平</td><td>李　金</td><td>2003.4</td></tr>
</table>

续表5-8

文章	作者	发表平台	发表时间
静宁人大：机关思想作风整顿见成效	张汉基	人民之声报	2003.4
静宁人大：建立依法行政督查联系点	李　金 尤康乐		2003.5
一堂生动的法律教育课	张汉基		2003.6 2003.7
静宁人大依法监督邮政工作	李　金 尤康乐		
满目青山正是春	胡志科		2003.8
一次不同寻常的评议	张　燕 张汉基 尹新斌		
静宁乡镇人大主席过法律测试关	李　金		2003.9
始终坚持与时俱进，积极发挥职能作用	聂正国	《新时期人大工作理论与实践》（人民日报出版社）	2003.10
人大工作如何做先问代表	胡志科	人民之声报	2004.2
静宁人大：拟任命干部需先公开亮相	李　金		2004.3
省计委现场办理人大代表建议	李满强 李　金		2004.4
静宁建立审议主发言制度	李　金 尹新斌		
道路坑洼百姓意见大静宁人大作出整治决议	胡志科		2004.5
静宁县：建成人大机关局域网			2004.6
静宁：人大要求审计关口前移	李　金		2004.8
静宁人大：联系代表不积极者被通报	胡志科 李　金		
静宁食品卫生问题突出群众意见大，人大检查后作决议，政府整改不遗余力	张汉基		
票决，让我们感到了空前的压力		人民网	2004.10
代表两提建议，静宁教育走出困境	胡志科	人民之声报	2004.11
山乡发展的带头人	李　金	平凉日报	2004.12

续表5-8

<table>
<tr><th>文章</th><th>作者</th><th>发表平台</th><th>发表时间</th></tr>
<tr><td>飘荡县城上空20多年的浓烟离去</td><td>胡志科</td><td>人民之声报</td><td rowspan="2">2004.12</td></tr>
<tr><td>心系妇女，情系儿童</td><td rowspan="3">张汉基</td><td>平凉日报</td></tr>
<tr><td>人大常委会主任买相机</td><td rowspan="8">人民之声报</td><td rowspan="3">2005.3</td></tr>
<tr><td>静宁人大：述职报告不能“一述了之”</td></tr>
<tr><td>静宁代表视察农资市场</td><td>胡志科</td></tr>
<tr><td>静宁：表彰优秀县人大代表</td><td>李　金</td><td rowspan="4">2005.4</td></tr>
<tr><td>静宁人大依法开展督查活动，促进政府进一步提高依法行政水平</td><td rowspan="3">张汉基</td></tr>
<tr><td>“一府两院”工作不再当会宣读</td></tr>
<tr><td>静宁人大：建立与“一府两院”工作联席会议制度</td></tr>
<tr><td>静宁人大两年两次视察水源污染及食品卫生</td><td>张汉基
李　金</td><td rowspan="2">2005.5</td></tr>
<tr><td>加强执政能力建设，提高监督工作水平</td><td>聂正国</td><td>《论加强党的执政能力建设文集》（中央文献出版社）</td></tr>
<tr><td>立足“五个结合”，做好立法联系点工作</td><td>张金业</td><td>省人大《法制参考》第3期</td><td>2005</td></tr>
<tr><td>充分发挥立法联系点在地方立法中的作用</td><td>张金业</td><td>《甘肃省立法研究会首次立法理论研究会论文集》</td><td></td></tr>
<tr><td>静宁：“阳光监督”激活人大工作(2006年8月22日，省人大常委会办公厅《关于甘肃省第十六届“宣传人民代表大会制度好新闻”评选结果的通知》，该文被评为二等奖)</td><td>王仲毅
李　金
张汉基</td><td rowspan="2">人民之声报</td><td rowspan="2">2005.6</td></tr>
<tr><td>静宁成立立法联系工作研究会</td><td>张汉基
尤康乐</td></tr>
<tr><td>代表工作如何做，请代表选民支招</td><td rowspan="4">胡志科</td><td>人民网</td><td>2005.7</td></tr>
<tr><td>办理建议岂能敷衍了事　静宁人大跟踪督办</td><td rowspan="3">人民之声报</td><td>2005.9</td></tr>
<tr><td>任岔村来了“不速之客”</td><td rowspan="3">2005.11</td></tr>
<tr><td>静宁：当面答复代表、接受代表询问</td></tr>
<tr><td>努力营造未成年人健康成长的“净土”</td><td>李　金
张汉基</td><td>平凉日报</td></tr>
</table>

续表5-8

文章	作者	发表平台	发表时间
柳志军：热衷于为群众办实事	胡志科	人民网	2005.12
我们农民也有了自来水			
静宁：一条代表建议催生两项农业应急预案		人民之声报	2006.3
聂正国代表：情系“三农”终不悔			
静宁人大不懈监督有下文 政府斥资788万元兴建“甘泉”工程（2007年7月4日，省人大常委会办公厅《关于甘肃省第十七届“宣传人民代表大会制度好新闻”评选结果的通知》，该文被评为三等奖）			
静宁县集中培训代表小组组长	李　金		
静宁：执法检查特邀“专家”把关	张汉基		2006.4
静宁：议案建议办理成效请代表评说	胡志科		2006.8
从尹校长“变脸”看静宁人大监督工作			2007.8
静宁：出台三项举措，提高审议质量	李稳收		2007.9
静宁：三次跟踪督办代表议案　确保利民工程真正落实	胡志科		2007.10
静宁：办理代表建议不再满足于“事事有交代”			2007.11
静宁：代表工作“新招”多	李稳收 郭　靖		2008.4
静宁县人大常委会创新代表建议办理方式	李稳收		2009.5
静宁县人大常委会为审议发言出台“三项新规定”			
静宁：重点意见建议搞“承包”	李稳收 李文环		
静宁：“一站式”监督使医疗机构服务能力明显增强	李稳收		2009.6
静宁：人大监督使财政审计关口前移			2009.7
静宁：“三个规定动作”提高常委会审议质量			
静宁县委一天批转两份人大调查报告	李文环		
静宁：组织提案代表现场了解建议办理情况	李稳收		2009.8
静宁：开门审议让群众“零距离”评议政府工作			
静宁：让部门负责人现场“领取”审议意见			2009.9
静宁：人大监督工作更具前瞻性	李文环		
静宁：将调查研究贯穿于人大各项工作中			2009.10
静宁　坚决杜绝信访案件“一转了之”	郭　靖		

续表5-8

文章	作者	发表平台	发表时间
静宁：人大监督之路越走越宽广	李稳收 尹新斌 王　飞	人民之声报	2009.11
静宁：供热监管审议意见逐条得到落实	李稳收 王　飞		2009.12
静宁：连续四年将民生建议列为“1 号建议”	李稳收		2010.1
静宁：人大代表学法“忙”	李稳收 尤康乐		
静宁县人大常委会学习新修订的机关规章制度	李稳收		2010.3
静宁：开门监督唱民生主调			
静宁：人大代表提出 14 件“水”建议 5.4 万人同时告别饮水难			2010.4
静宁：全方位关注“三农”	李文环		
静宁：“五改一加强”提高常委会会议审议质量	李稳收		2010.5
静宁：跟踪监督解决网吧管理难题			
静宁：“三个贯穿”增强监督实效	李文环		2010.6
静宁：执法检查发现“不易发现”的问题			2010.7
静宁：一次人大常委会会议出现两个亮点	李稳收 尤康乐		
静宁：把脉农技推广工作注重实效	李稳收		2010.8
静宁 人大宣传工作“量”“价”齐升			2010.9
静宁：两年办理交通建议 30 件　10 万群众告别“行路难”			2010.10
静宁：县委加强县乡人大工作有实招	李文环 尹新斌		2010.11
静宁：跟踪监督让民生问题得到改善	李文环		
静宁：乡镇人大工作不再 “一肩挑”	李稳收		2010.12
静宁：人大代表手中都有了《人民之声报》	张录牛 王　飞		
静宁：检察工作报告连续四年在人代会上获得全票通过	李稳收 张团军		2011.3
静宁：修订人大机关宣传和理论研究工作奖励办法	张录牛		
静宁：四项举措加强财政预算监督工作			2011.4
静宁：人大通讯员受嘉奖	李稳收		
静宁：督查县委《关于进一步加强县乡人大工作的意见》贯彻落实情况			2011.5

续表5–8

文章	作者	发表平台	发表时间
静宁：2011 年专题调研紧切中央一号文件精神	张耀东	人民之声报	2011.5
静宁：每年都有调研报告被县委批转前四年共批转报告 11 份	李稳收 张录牛		
静宁：调研城区居民饮水安全工作	张录牛		2011.8
静宁：借创先争优之力，创建“五型”机关	王　飞		
静宁县公安机关开展“开门评警”大走访活动	张耀东		2011.9
静宁：首次审查批准基金收支预算调整方案	张录牛		
静宁：依法履职促进跨越，关注民生服务发展	张耀东		2011.10
静宁：为县城发展保驾护航	张录牛		2011.11
静宁：监督工作走好“三步棋”			
静宁：改进调研方式推动监督工作科学发展	张耀东		2011.12
静宁：作出进一步加强法制宣传教育的决议	张录牛 张耀东		
计划投资 6.28 亿元建设千亩教育集中区	张耀东 李康乐		2012.2
静宁：持续监督助推公安队伍正规化建设	张耀东		
静宁：全方位为代表履职提供服务	李稳收		2012.5
静宁：办理代表建议不力，单位“一把手”将检讨			2012.8
静宁：邀请专家参与调研助推果品产业发展	张录牛		
静宁：加强调查研究 提高审议质量	李稳收		2012.9
静宁：审议专项工作报告立新规			
静宁：人大常委会主任亲自修改调研报告			
静宁：人大代表最喜欢看《人民之声报》	李稳收 张耀东		2012.10
静宁：持续监督助推物业管理工作上台阶	张录牛		2012.11
让农民的梦成为现实	李稳收 张录牛		2013.4
真帮实干解民忧，倾心为民助发展	李稳收		2013.5
帮村改善民生　帮户温暖民心			2013.6
静宁：奖励优秀通讯员			
静宁：五项举措着力加强人大机关建设	张录牛		
静宁：多措并举强化机关建设	陈　雄		

续表5-8

文章	作者	发表平台	发表时间
静宁：人大监督让群众出行越来越通畅	张录牛 陈　雄	人民之声报	2013.7
积极作为促发展，倾心尽力帮民富—“人大代表在行动”	赵彦亭 李康乐		
静宁：着力加强县乡人大干部队伍建设	李稳收		2013.8
静宁县引导人大代表广泛参与帮扶行动	李稳收 赵彦亭	平凉日报	
静宁县人大常委会的“必修课”	张录牛 王　飞	人民之声报	
静宁：24 名乡镇人大主席集体“充电”	陈　雄		
静宁：倾听群众呼声　加强调查研究			2013.9
静宁：打好六记“组合拳”着力做好人大信访工作	陈　雄 张耀东		
静宁：代表提出 3 件河堤治理建议 51 公里河堤当年得到治理	李稳收		2013.10
静宁：“五措并举”强化意见建议督办工作	陈　雄 张耀东		
用心捕捉新闻“亮点”	李稳收		2013.11
界石铺镇人大代表在行动活动	陈　雄		
静宁：“五力”齐发做好代表工作	陈　雄 李雄雄		
务求实效，不断开创人大宣传工作新局面	杨芳斌 王　飞		
做好三项工作，提高会议质量	杨芳斌 赵彦亭		
静宁：根植群众为民　真联实帮富民			
静宁：建议督办效果明显，今年首次无 C 类建议	李稳收		2013.12
静宁：调研持续发力　监督促进发展	陈　雄		
静宁：人大监督助推农民脱贫致富	陈　雄 张耀东		
静宁：“四抓”增强监督工作实效	陈　雄 李康乐		
静宁：依法履职重实效	李稳收	平凉日报	
加强人大宣传工作新招迭出	张录牛	人民之声报	
静宁县人大常委会调研农村基础教育发展情况			

续表5-8

<table>
<tr><th>文章</th><th>作者</th><th>发表平台</th><th>发表时间</th></tr>
<tr><td>践行双联双帮，躬身惠农强农</td><td rowspan="2">张耀东</td><td rowspan="2">人民之声报</td><td rowspan="2">2013.12</td></tr>
<tr><td>跟踪监督，破解居民饮水难题</td></tr>
<tr><td>静宁“五个注重”推进“人大代表在行动”活动向纵深开展</td><td>李稳收
赵彦亭</td><td>平凉日报</td><td rowspan="3">2014.1</td></tr>
<tr><td>提高常委会会议审议质量的四点思考</td><td>张录牛</td><td rowspan="23">人民之声报</td></tr>
<tr><td>静宁：创新机制确保审议意见见实效</td><td>陈　雄</td></tr>
<tr><td>静宁：监督实效交给群众评判</td><td rowspan="3">李稳收</td><td>2014.3</td></tr>
<tr><td>静宁：以“四百三访”活动广泛征求群众意见</td><td rowspan="6">2014.5</td></tr>
<tr><td>静宁：三项措施提高常委会会议审议质量</td></tr>
<tr><td>将代表职责深植于为民土壤</td><td>李稳收
陈　雄
杨芳斌</td></tr>
<tr><td>静宁：加强跟踪监督 促进新农合健康发展</td><td>王　飞</td></tr>
<tr><td>静宁：“四个注重”推进“人大代表在行动”活动深入开展</td><td>陈　雄</td></tr>
<tr><td>静宁：“四管齐下”加强人大常委会自身建设</td><td>陈　雄
杨芳斌</td></tr>
<tr><td>静宁县人大常委会审议意见“夹杂”代表声音</td><td>李稳收</td><td rowspan="3">2014.6</td></tr>
<tr><td>静宁：加强人大宣传工作有“实招”</td><td>王　飞
杨芳斌</td></tr>
<tr><td>静宁：“七个结合”力促信访工作上台阶</td><td>陈　雄
李周彦</td></tr>
<tr><td>静宁：“四招”力促代表建议办理质量得到提高</td><td>李稳收</td><td rowspan="2">2014.8</td></tr>
<tr><td>静宁：首次明确审议意见办理时限</td><td>杨芳斌</td></tr>
<tr><td>静宁：紧盯民生不放松</td><td>陈　雄
李康乐</td><td>2014.9</td></tr>
<tr><td>与时俱进开创人大工作新局面</td><td>李周彦</td><td>2014.10</td></tr>
<tr><td>静宁：半年内召开两次“代表之家”创建推进会</td><td>李稳收</td><td rowspan="4">2014.11</td></tr>
<tr><td>静宁：两年跟踪监督 坚持问效于“路”</td><td rowspan="3">陈　雄</td></tr>
<tr><td>静宁：“五个坚持”充分发挥代表作用</td></tr>
<tr><td>静宁：发挥职能助推全县牛产业发展</td></tr>
<tr><td>做好代表工作应从四个方面入手</td><td>张录牛</td><td rowspan="3">2014.12</td></tr>
<tr><td>静宁：开展“一报一刊”征订工作</td><td>王　飞</td></tr>
<tr><td>静宁：聚焦民计民生依法开展监督</td><td>杨芳斌</td></tr>
</table>

续表5-8

<table>
<tr><th>文章</th><th>作者</th><th>发表平台</th><th>发表时间</th></tr>
<tr><td>静宁:着力把人大监督工作抓深抓实</td><td>杨芳斌</td><td>平凉日报</td><td>2014.12</td></tr>
<tr><td>人大代表亲临会场“零距离”为民代言</td><td>王　飞</td><td>人民代表网</td><td rowspan="3">2015.1</td></tr>
<tr><td>静宁：多措并举推进乡镇人大规范化建设</td><td>赵彦亭</td><td>平凉日报</td></tr>
<tr><td>静宁：“八个围绕”做好2015年监督工作</td><td>陈　雄</td><td rowspan="9">人民之声报</td></tr>
<tr><td>一条“备注”的背后(该文获省第二十六届“宣传人民代表大会制度好新闻”三等奖)</td><td>张录牛</td><td>2015.3</td></tr>
<tr><td>静宁：创新机制，力促宣传工作上台阶</td><td rowspan="4">陈　雄</td><td rowspan="2">2015.4</td></tr>
<tr><td>静宁：“三大亮点”助监督见实效</td></tr>
<tr><td>静宁：首次推行常委会领导包抓乡镇人大工作制度</td><td rowspan="4">2015.5</td></tr>
<tr><td>静宁：“三个优化”确保信访工作见实效</td></tr>
<tr><td>静宁：对专项报告实行满意度测评——城区商品房产权管理有关审议意见落实情况通过测评</td><td rowspan="2">杨芳斌</td></tr>
<tr><td>静宁：力促乡镇（街道）人大工作再上新台阶</td></tr>
<tr><td>静宁：深入开展农资打假专项治理行动</td><td rowspan="6">陈　雄</td><td rowspan="4">2015.6</td></tr>
<tr><td>静宁：全力以赴救助灾区</td><td rowspan="5">人大三农工作与甘肃农产品质量安全陇上行网站</td></tr>
<tr><td>静宁：引导农村土地经营权有序流转</td></tr>
<tr><td>静宁：组织“农技宝”应用知识培训班</td></tr>
<tr><td>静宁：召开精准扶贫领导小组工作会议</td><td rowspan="3">2015.7</td></tr>
<tr><td>静宁：加强规范化建设，发挥“代表之家”作用</td></tr>
<tr><td>静宁：县委以督办件形式要求落实人大检查报告</td><td>张录牛</td><td>人民之声报</td></tr>
<tr><td>静宁：召开精准扶贫精准脱贫工作推进会议</td><td rowspan="7">陈　雄</td><td rowspan="7">人大三农工作与甘肃农产品质量安全陇上行网站</td><td rowspan="2">2015.8</td></tr>
<tr><td>静宁：开展2015年度农药经营许可证培训工作</td></tr>
<tr><td>静宁：检查全县生态林建设管护工作</td><td rowspan="2">2015.9</td></tr>
<tr><td>静宁：人大监督助力打造绿色生态屏障</td></tr>
<tr><td>静宁：“三记组合拳”推进乡镇人大工作</td><td>2015.10</td></tr>
<tr><td>静宁：四年五次聚焦教育工作</td><td rowspan="3">2015.11</td></tr>
<tr><td>以工作成果检验学习成效</td></tr>
<tr><td>静宁：人大监督工作有实招</td><td>张录牛</td><td rowspan="4">人民之声报</td></tr>
<tr><td>静宁：把代表作用发挥在民生事业上</td><td rowspan="2">陈　雄</td><td>2015.12</td></tr>
<tr><td>静宁：八个方面发力，助推2016年人大工作</td><td>2016.2</td></tr>
<tr><td>静宁：多措并举全力做好新时期人大宣传工作</td><td>赵彦亭</td><td>2016.3</td></tr>
</table>

续表5-8

文章	作者	发表平台	发表时间
让代表建议"不白提"，静宁召开代表议案建议交办会	李雄雄	人民之声报	2016.4
静宁：人大代表建言食品安全	贾成喜	人民之声报	2016.4
静宁："三四五"夯实新时期人大工作基础	陈　雄	人民之声报	2016.4
静宁：创新人大监督工作的"四个首次"（获甘肃省第二十七届"宣传人民代表大会制度好新闻"二等奖）（整版）	陈　雄	人民之声报	2016.4
静宁：乡镇（街道）人大工作亮点纷呈	陈　雄	人民之声报	2016.4
静宁：大力开展2016年春季农资打假专项治理行动	陈　雄	甘肃人大三农网站	2016.4
静宁：首次在常委会会议审议通过专项工作审议意见	李雄雄	人民之声报	2016.5
静宁：开展食品安全执法检查	贾成喜	人民之声报	2016.5
静宁：以创新举措做好人大信访工作	贾成喜	人民之声报	2016.5
静宁：检查《甘肃省河道管理条例》有关审议意见贯彻落实情况	贾成喜	人民之声报	2016.6
静宁："宣传月"活动助力人大宣传工作	陈　雄	人民之声报	2016.6
静宁：举行新任命公职人员宪法宣誓活动	赵彦亭	人民之声报	2016.6
静宁：确保换届选举工作严格依法有序进行	杨芳斌	人民之声报	2016.6
静宁：县城建设与管理调研审议意见落地有声	杨芳斌	人民之声报	2016.7
静宁：加强机关自身建设，提高干部职工素质	杨芳斌	人民之声报	2016.7
静宁："八项举措"让省委人大工作会议精神掷地有声	陈　雄	人民之声报	2016.7
静宁：四措并举确保代表工作有声有色	陈　雄	人民之声报	2016.7
充分发挥人大职能，积极推进依法治国	陈　雄	人民之声报	2016.7
静宁：产业培育成效明显	陈　雄	甘肃人大三农网站	2016.7
静宁：理顺制度机制提升工作效能	李周彦	人民之声报	2016.7
静宁：把代表满意度作为建议办理的唯一标准	李稳收	人民之声报	2016.8
静宁：着力提高人大监督工作质量	杨芳斌	人民之声报	2016.8
静宁人大常委会深入学习习近平"七一"重要讲话精神	李雄雄	人民之声报	2016.8
静宁：督查2016年上半年人大代表在行动开展情况	贾成喜	人民之声报	2016.9
静宁：牢固树立"三种意识"助力人大工作再上新台阶	贾成喜	人民之声报	2016.9
静宁：乡镇人大建设硬件要"硬"软件不"软"	李周彦	人民之声报	2016.9

续表5-8

文章	作者	发表平台	发表时间
静宁：积极推进农业改革	陈　雄	甘肃人大三农网站	2016.9
静宁：人大信访工作出实招见实效		人民之声报	2016.10
静宁：不断加强人大机关自身建设	杨芳斌		
静宁：对2015年县级财政决算作出决议	李雄雄		
静宁：首次在人代会上组织新当选国家工作人员宪法宣誓	贾成喜		2016.11
静宁：县人大常委会组织机关全体干部职工传达学习十八届六中全会精神			
静宁：人大常委会机关扎实开展“大走访、回头看”活动	陈　雄		
静宁：新一届人大常委会提出“五措并举”工作思路			2016.12
静宁：召开“两学一做”学习教育组织生活会	贾成喜		2017.2
静宁：检查种子法贯彻实施情况			2017.3
静宁：视察义务教育均衡发展情况	陈　雄		2017.4
静宁：视察全县美丽乡村建设工作	杨芳斌		2017.5
静宁：以执法检查为依法治县战略抓手	贾成喜		
静宁：抓好审议环节，提高会议质量			
静宁：人大监督让孩子“上好学”	陈　雄		
静宁界石铺镇：“二三四”工作法不断加强人大工作			2017.6
静宁：人大常委会机关认真学习贯彻省第十三次党代会精神	李雄雄		
静宁：着力为代表履职搭建平台	贾成喜		
三项举措促进代表依法履职	赵彦亭		2017.7
静宁：搭建履职平台，我们有实招	贾成喜 赵彦亭		2017.9
静宁：三项措施着力提高常委会会议审议质量	杨芳斌		
静宁县人大常委会督查指导乡镇人大工作	贾成喜	人大研究	2017年10期
静宁人大常委会调研中低产苹果园技术改造提升工作			2017年11期
静宁：人大常委会掀起学习宣传贯彻党的十九大精神热潮	李雄雄	人民之声报	2017.11
静宁：“四个围绕”，筑牢人大工作坚强基石	贾成喜	平凉人大工作	2018.1
静宁：调研全县精准扶贫精准脱贫工作			

续表5-8

文章	作者	发表平台	发表时间
加强法律监督，护航社会公平正义——静宁县人大常委会2017年法律监督工作概述	贾成喜	平凉人大工作	2018.1
静宁：建言打通“断头路”，代表建议不白提（获甘肃省第二十八届“宣传人民代表大会制度好新闻”三等奖）	李稳收	人民之声报	2018.4
在监督中服务发展，在服务中开展监督——甘肃省静宁县人大常委会2017年监督工作综述	贾成喜		
静宁：检查残疾人保障法贯彻实施情况		人大研究	2018.5
静宁：督查指导新时期乡镇人大工作	赵彦亭	人民之声报	
切实履行好宪法和法律赋予的各项职责	杨芳斌		
静宁：不断探索提高常委会会议审议质量	赵彦亭		2018.6
静宁县人大常委会视察城建工作	杨芳斌		
建良言，促脱贫，聚合力，奔小康——甘肃省静宁县人大常委会调研脱贫攻坚工作纪实	贾成喜 李雄雄		
静宁：满意度测评倒逼尽心履职	贾成喜		2018.7
静宁：人大代表应邀参加“检查开放日”活动			
静宁：全力做好新时期人大代表工作	赵彦亭		
静宁：三项举措扎实做好新时代人大信访工作	赵彦亭 李雄雄		
静宁：“三坚持”强化干部队伍综合素质	赵彦亭		2018.8
静宁：提高常委会审议发言质量有抓手	贾成喜		
静宁：督查生态环境暨美丽乡村建设			
静宁：首次考核乡镇（社区）人大工作	赵彦亭		
静宁：组织考察组赴该县贾河乡观摩学习乡镇人大工作			
静宁：视察全县重点项目建设情况			2018.9
静宁县人大常委会调研全县工业企业发展的有关审议意见落实情况	杨芳斌		
静宁：安排人大常委会领导带头向选民述职	赵彦亭	交流与研究	2018年第12期
静宁县人大常委会：发挥人大职能，推动宪法实施	李周彦		2018年第13期
静宁县人大常委会：全面履职推动发展	杨芳斌		2018年第15期
静宁：三项机制，力促驻村帮扶工作深入有效开展	赵彦亭		2018年第16期

续表5-8

文章	作者	发表平台	发表时间
静宁：深入弘扬宪法精神，持续加强工作监督，努力开创新时代县乡人大工作新局面	赵彦亭	平凉人大工作	第 2 辑
静宁县界石铺镇人大组织代表视察大河村异地扶贫搬迁项目			
静宁：视察全县重点工作完成情况	贾成喜	人民之声报	2019 年第 11 期
静宁："四项举措"推动人大宣传工作见实效			2019 年第 18 期
静宁：县人大常委会组织代表视察全县重点工作完成情况		人大研究	2019 年第 3 期总第 327 期
打好"组合拳"演好"连续剧"用好监督权——甘肃省静宁县人大常委会环境保护法执法检查工作纪实		人民之声报	2019 年第 26 期
静宁：检查全县贯彻实施《甘肃省农村生活垃圾管理条例》情况			2019 年第 28 期
静宁县人大常委会检查环境保护法贯彻实施情况		人大研究	2019 年第 4 期总第 328 期
静宁：充分保障人大代表发挥主体作用		人民之声报	2019 年第 30 期
静宁：助推脱贫攻坚　人大责无旁贷		平凉人大工作	2019 年第 1 辑总第 8 辑
静宁：依法任命 69 名人民陪审员		人民之声报	2019 年第 32 期
静宁：注重回应群众关切 增强监督工作实效			2019 年第 33 期

续表5-8

文章	作者	发表平台	发表时间
静宁：基层人大代表全力助推乡村振兴	贾成喜	人民之声报	2019 年第 36 期
静宁县贾河乡：着力加强和改进代表工作	贾成喜	人民之声报	2019 年第 45 期
静宁：高质量推进人大监督工作上台阶	贾成喜	人民之声报	2019 年第 47 期
静宁：从首次尝试到落地生根，监督实效不断提高	贾成喜	人民之声报	2019 年第 48 期
静宁县人大常委会依法任命 69 名人民陪审员	贾成喜	人大研究	2019 年第 7 期总第 331 期
静宁：视察引洮供水工程建设情况	贾成喜	人民之声报	2019 年第 58 期
静宁县人大常委会开展《甘肃省农村生活垃圾管理条例》执法检查	贾成喜	人大研究	2019 年第 8 期总第 332 期
静宁县界石铺镇人大组织代表视察扶贫车间建设运行情况	贾成喜	平凉人大工作	2019 年第 2 辑总第 9 辑
静宁：着力提高代表意见建议质量	贾成喜	人民之声报	2019 年第 63 期
静宁：传达学习习近平总书记视察甘肃重要讲话和指示精神	贾成喜	人民之声报	2019 年第 64 期
静宁:调研城乡安全饮水及工程建设情况	贾成喜	人民之声报	2019 年第 73 期
静宁:传达学习省委人大工作会议精神	贾成喜	人民之声报	2019 年第 76 期

续表5–8

文章	作者	发表平台	发表时间
静宁：依法推动打好污染防治攻坚战	贾成喜	人民之声报	2019 年第 78 期
静宁县人大常委会党组召开对照党章党规找差距专题会议			2019 年第 79 期
倾注人大情　铺就致富路——甘肃省静宁县人大常委会连续二十五年助推苹果产业发展纪事			2019 年第 78 期
静宁：5 名人大代表应邀参加整县脱贫退出意见建议征求座谈会			2019 年第 83 期
静宁县人大常委会组织开展“不忘初心、牢记使命”主题党性教育活动		人大研究	2019 年第 11 期总第 335 期
静宁：认真学习贯彻党的十九届四中全会精神		人民之声报	2019 年第 88 期
静宁：着力提高新时代人大执法检查工作水平			2019 年第 91 期
探索无止境，监督永远在路上		平凉人大工作	2019 年第 3~4 辑总第 10~11 辑
静宁：全面提升新时代人大工作整体水平			
静宁：2019 年人大工作突出“实”字		人民之声报	2020 年第 19 期
静宁：加强“两个机关”建设 展现人大新作为			2020 年第 26 期
静宁：强化新闻宣传，唱响人大好声音		平凉人大工作	2020 年第 1 辑总第 12 辑
监督，在承诺之后			

续表5-8

文章	作者	发表平台	发表时间
静宁：传达学习全国两会精神	贾成喜	人民之声报	2020 年 第 48 期
我提交的建议被列为重点建议了			
静宁：掀起学习民法典热潮			2020 年 第 49 期
静宁：审议意见明确医疗废物处理设施建成时间			2020 年 第 49 期
静宁：常规监督手段焕发新活力			2020 年 第 57 期
静宁：首次审议县级财政投资重大项目建设计划情况			2020 年 第 59 期
“我提交的建议被县十七届人大四次会议列为二号重点建议” ——静宁县人大代表履职侧记		平凉人大工作	2020 年 第 2 辑 总第 13 辑
静宁：2020 年，县人大常委会和代表们将更加忙碌			
静宁：打出监督组合拳，护航群众生命健康安全		人民之声报	2020 年 第 61 期
静宁：代表建议办理工作在“回头看”中抓出成效			2020 年 第 65 期
静宁：首次审议全县国有资产管理情况的报告			2020 年 第 73 期
静宁：坚持问效于路，筑好康庄大道			2020 年 第 76 期
静宁县城川镇：建成苹果产业功能型人大代表之家			2020 年 第 77 期
静宁：人大代表建议月内落地			2020 年 第 79 期

续表5-8

文章	作者	发表平台	发表时间
静宁县苹果喜获丰收	贾成喜	甘肃人大客户端	
静宁:传达学习党的十九届五中全会精神	贾成喜	人民之声报	2020 年第 81 期
静宁:调研全县科技工作情况	贾成喜	人民之声报	2020 年第 82 期
静宁：办实代表建议惠民生	贾成喜	人民之声报	2020 年第 88 期
人大代表现场监督道路油铺	贾成喜	甘肃人大客户端	
静宁：县委人大工作会议召开	贾成喜	人民之声报	2020 年第 89 期
静宁县人大常委会调研农村公路建设与管护工作情况	贾成喜	人大研究	2020 年第 12 期总第 348 期

卷六　乡镇人民代表大会

静宁县的行政区划、乡镇设置，解放后几经变化，现有的乡镇不论名称，还是区划范围，都与历史上出现的乡镇不尽相同。有的名称一致，但区划范围不同；有的区划范围大体相当，但名称截然不一。解放后，静宁县乡镇区划设置变化的基本情况，大致可划分为三个时期：

第一时期，1949年8月至1958年9月，为9年区、乡（街）时期。区设区公署，后改为区公所；乡（街）设人民政府，后改为乡（街）人民委员会。

1949年8月县人民政府成立后，将解放前原有的城关镇和威戎、人和、新民、仁当、治平、甘沟、红寺、高界、单砲、云翠、殷平12个乡镇改编为5个区，以数字称，即：一区（城关）、二区（威戎）、三区（治平）、四区（高界）、五区（甘沟），均设区公署。1949年11月至12月，增设六区（人和）、七区（仁当）。1950年6月，增设八区（先驻新民后驻雷大）、九区（先驻单砲后驻高城寨）、十区（红寺），全县区增至10个，下辖101个乡（街）人民政府。1952年10月，增设十一区（四河）。1953年5月，增设十二区（贾河）、十三区（单砲），同时增划5个乡；12月，将十三区（单砲）及所辖3个乡划归西吉县管辖。1954年3月，各区公署改称区公所（仍以数字称），6月，隆德县的原安区及所辖5个乡划归静宁县，为十三区（原安），至此，全县为13个区108乡（街）。1955年4月，各乡人民政府改称乡人民委员会，6月，各区名称由以数字称改为以所在地名称，即城关区、威戎区、治平区、高界区、甘沟区、人和区、仁当区、雷大区、高城寨区、红寺区、四河区、贾河区、车李区。1956年2月，为适应农业合作化运动的需要，按照中央“撤销部分区，适当合并乡”的指示，对区、乡行政区划进行了再次调整，撤销人和区、高城寨区、贾河区，将原13个区调整为10个区，新设城关镇（区级），原108乡（街）调整为71个乡（街）。6月，威戎区的景林、桃山、奠安3个乡划归隆德县，隆德县的秦王乡划归威戎区，撤销车李区的新堡、长河2个乡。至1956年底，全县辖1个镇（城关镇）、10个区（城关、威戎、治平、高界、甘沟、仁当、雷大、红寺、四河、车李），67个乡（街）。1958年3月，撤销10个区的建制，将67个乡（街）并为35个乡，城关镇改为乡级镇；9月，36个乡镇再次并为15个乡镇。

第二时期，1958年10月至1983年12月，为25年人民公社（镇）时期。由人民公社（镇）管理委员会（人民委员会）到人民公社（镇）革命委员会，再到人民公社（镇）管理委员会（人民政府）。

1958年10月，撤销15个乡镇建制，建立民和、古城、民联、四河、红寺、民主、永和、平和、共和、高界、灵芝、原安12个政社合一的人民公社；12月，庄浪县建制撤销后，其所辖的朱店、柳梁、通边、水洛、韩店、庄浪、卧龙、页崖8个人民公社划归静宁县管辖，至此，静宁县辖20个人民公社。1961年7月，各公社成立管理委员会；1961年12月，在贯彻国民经济“调整、巩固、充实、提高”的方针中，为便于管理，尽快恢复工农业生产，复置庄浪县行政区划，原属庄浪县的8个人民公社复归庄浪县管辖，静宁县的公社规模随之作了大的调整：民和公社改称城关公社，民联公社改称甘沟公社，民主公社改称雷大公社，永和公社改称李店公社，平和公社改称治平公社，共和公社改称仁大公社，新增八里、贾河、威戎、石咀、祁川、水坪、后梁、双岘、郑湾、深沟、峡口、剪岔、曹务、田堡、细巷、七里、三合17个公社，至此，静宁县公社达29个。1962年6月，贾河公社更名为司桥公社，剪岔公社更名为贾河公社。1964年2月，将八里公社并入城关公社，石咀公社并入威戎公社，古城公社并入曹务公社，水坪、祁川公社并入甘沟公社，田堡公社并入四河公社，细巷公社并入红寺公社，后梁、双岘公社并入雷大公社，郑湾公社并入李店公社，深沟公社并入治平公社。1964年10月，城关公社改称城川公社，并恢复城关镇。至此，静宁县辖城川、威戎、曹务、雷大、仁大、李店、治平、甘沟、四河、红寺、高界、三合、原安、灵芝、司桥15个人民公社和城关镇。

1966年5月，“文化大革命”开始。县人民委员会及公社管理委员会政权受到严重冲击。1968年3月，县革命委员会成立后，相继建立了16个公社（镇）革命委员会，实行党政不分的“一元化”领导；1973年1月，经甘肃省革命委员会批准，增设古城、细巷、双岘、新店、阳坡5个公社革命委员会，到1976年10月，静宁县辖城关、城川、威戎、甘沟、雷大、李店、治平、仁大、司桥、贾河、曹务、四河、红寺、高界、原安、灵芝、古城、细巷、双岘、新店、阳坡21个人民公社（镇）。1979年12月，恢复八里、石咀、田堡、祁川、后梁、贾河、七里、深沟8个公社，新增余湾公社，至此，静宁县辖城关镇、城川、威戎、曹务、雷大、仁大、李店、治平、甘沟、四河、红寺、高界、三合、原安、灵芝、司桥、古城、细巷、双岘、新店、阳坡、八里、石咀、田堡、祁川、后梁、贾河、七里、深沟、余湾30个公社（镇）革命委员会。

1981年1月，根据《中华人民共和国地方各级人民代表大会和地方各级人民政府组织法》的规定，将公社、镇革命委员会分别改为公社管理委员会和镇人民政府。

第三时期，从1983年12月开始，为乡（镇）时期，设乡（镇）人民政府。

1983年12月，撤销30个人民公社（镇）建制，设立乡（镇）建制，成立乡（镇）人民政府。1986年5月，撤销威戎乡、高界乡，设立威戎镇、高界镇。1997年3月，将高界镇更名为界石铺镇。2002年9月，撤销八里乡、李店乡，设立八里镇、李店镇。2003年12月，将阳坡乡撤并至仁大乡，将后梁乡撤并至雷大乡，将田堡乡撤并至四河乡，将石咀乡撤并至古城乡，将祁川乡撤并至甘沟乡，将七里乡撤并至界石铺镇，调整后，全县辖19个乡、5个镇。2015年7月，撤销古城乡、仁大乡、甘沟乡，设立古城镇、仁大镇、甘沟镇。2016年8月，撤销城川乡、曹务乡、雷大乡、四河乡、细巷乡，设立城川镇、曹务镇、雷大镇、四河镇、细巷镇。2018年7月，撤销治平乡、原安乡、红寺乡、双岘乡，设立治平镇、原安镇、红寺镇、双岘镇。至此，静宁县辖城关、威戎、界石铺、八里、李店、仁大、甘沟、古城、城川、曹务、雷大、四河、细巷、治平、原安、红寺、双岘17个镇和司桥、新店、深沟、贾河、余湾、三合、灵芝7个乡。

乡镇人民代表大会是乡镇级国家权力机关，这是宪法所规定的地位，是人民代表大会制度的重要组成部分，它集中体现了乡镇人民的利益和意志。

中华人民共和国成立后，在中国共产党的领导下，静宁县建立起基层人民民主政权。1954年2月至3月，本县进行了第一次基层选举，标志着乡镇人民代表大会制度的建立。乡镇人大的建立、发展和完善，经历了五个阶段。第一个阶段，1954年6月至1958年9月，为乡人民代表大会阶段，共召开了3届乡人代会，选举产生了各乡政府（乡人委会）领导成员及县第一至第三届人大代表；第二阶段，1958年10月至1966年5月，为公社人民代表大会阶段，共召开了3届公社人代会，选举产生了各公社管理委员会成员及县第四至第六届人大代表；第三阶段，1966年5月“文化大革命”开始至1978年9月，为公社人民代表大会停开阶段；第四阶段，1978年10月至1983年12月，为公社人民代表大会恢复阶段，各公社共召开了2届人代会（第七届、第八届），选举产生了各公社管理委员会成员及县第七届人大代表（县第八届人大代表为直选）；第五阶段，1983年12月开始，为乡镇人民代表大会阶段，共召开了10届（至第十八届）乡镇人代会，选举产生了各乡镇人大主席、副主席（从第十二届开始选举），政府乡镇长、副乡镇长。不论哪个阶段，乡镇（公社）人代会的届次，均依前顺延。

乡镇人大行使《中华人民共和国地方各级人民代表大会和地方各级人民政府组织法》第九条规定的十三项职权。这十三项职权是：（一）在各自行政区域内，保证宪法、法律、行政法规和上级人民代表大会及其常务委员会决议的遵守和执行；（二）在职权范围内通过和发布决议；（三）根据国家计划，决定各自行政区域内的经济、文化事业和公共事业的建设计划；（四）审查和批准各自行政区域内的财政预算和预算执行情况的报告；（五）决定各自行政区域内的民政工作的实施计划；（六）选举同级人民代表大会主席、副主席；（七）选举乡长、副乡长，镇长、副镇长；（八）听取和审查乡、民族乡、镇的人民政府的工作报告；（九）撤销乡、民族乡、镇的人民政府的不适当的决定和命令；（十）保护社会主义的全民所有的财产和劳动群众集体所有的财产，保护公民私人所有的合法财产，维护社会秩序，保障公民的人身权利、民主权利和其他权利；（十一）保护各种经济组织的合法权益；（十二）保障少数民族的权利；（十三）保障宪法和法律赋予妇女的男女平等、同工同酬和婚姻自由等各项权利。少数民族聚居的乡、民族乡、镇的人民代表大会在行使职权的时候，应当采取适合民族特点的具体措施。

乡镇人大实行任期制。每届任期，各历史阶段不尽相同。1954年宪法第五十七条规定，乡镇人大每届任期两年，1975年宪法第二十一条、1978年宪法第三十五条规定，农村人民公社、镇人大每届任期2年，相应的，静宁县乡镇（公社）第一届至第七届人大，每届任期为2年（第六届适逢“文化大革命”，任期不详）；1982年宪法第九十八条、1993年宪法修正案第十一条规定，乡镇人大每届任期3年，相应的，静宁县乡镇第八届至第十四届人大，每届任期为3年；2004年《中华人民共和国宪法修正案》第三十条规定，地方各级人大每届任期5年，相应的，静宁县乡镇人大自第十五届开始，任期与县人大任期一致，为5年（乡镇第十五届人大任期从2002年1月开始，届中时，十届全国人大二次会议于2004年3月5日至14日召开，此次会议修改宪法时，将地方各级人大每届任期改为5年）。

据此，至2020年年底，静宁县各乡镇（公社）共召开18届人代会。其召开情况及任期如下：1954年至1965年，共召开第一届至第六届乡镇（公社）人代会，每届任期2年；1966年“文化大革命”开始后，公社（镇）人代会停止召开；1978年召开第七届公社（镇）人代会，任期2年；1980年至1998年，共召开第八届至第十四届乡镇（公社）人代会，每届任期3年；2002年至2020年，召开第十五届至十八届乡镇人代会，每届任期5年。

乡镇（公社）人大第一届至第九届，均未设立乡镇（公社）人大机构，未选派专兼职人大负责人，第十届时，在部分乡镇选派了人大工作联络员；从1989年第十一届开始至第十二届，各乡镇陆续设立了人大主席团，选派了专（兼）职常务主席（大部分为乡镇党委副书记兼任），1995年2月乡镇人大专职常务主席级别定为正科级；从1995年11月第十三届开始至第十六届届中2009年11月，改设乡镇人大主席团主席；从2009年12月开始，改设乡镇人大主席。

由于机构设置、地名变更等因素的影响，第一届至第三届乡人代会资料无法与现在的乡镇进行准确对接；第四届至第六届公社人代会资料严重缺失。因此，本卷内容所涉人民代表大会资料，一般从公社第七届人代会开始记录。

第一章　区乡时期

（1949年8月至1958年9月）

第一节　城关区（一区）

（1949年8月至1958年3月）

1949年8月21日，建立一区公署，直属县政府。1954年3月，改称一区公所。1955年4月，直属县人委。6月，更名为城关区公所。1958年3月，撤销城关区建制。

一、城关区（一区）领导机构（1949年8月至1958年3月）

（一）一区公署（1949年8月至1954年3月）

区　长　乔人英（1949年8月至1951年5月）

　　　　李友仁（1951年5月至1952年8月）

　　　　魏丕武（1952年10月至1954年3月）

副区长　石　生（1949年8月至1950年3月）

　　　　李友仁（1950年9月至1951年5月）

　　　　彭殿升（1951年5月至1952年10月）

司秉华（1953年11月至1954年3月）

（二）一区公所（1954年3月至1955年6月）

区　长　魏丕武（1954年3月至6月）

王永玺（1954年6月至1955年1月）

王永录（1955年1月至6月）

副区长　司秉华（1954年3月至6月）

高世民（1954年10月至1955年6月）

（三）城关区公所（1955年6月至1958年3月）

区　长　王永录（1955年6月至1956年6月）

副区长　高世民（1955年6月至1957年4月）

陈国刚（1956年8月至1958年3月）

二、城关区（一区）辖乡领导机构（1950年6月至1958年9月）

一区公署成立后，于1950年6月建立民权、民和、民乐、太安、四村、四屏、东关、西关、南关、中街、北街、后街等12个乡（街）。1956年2月，民乐乡并入民和乡，撤销四屏乡，西关、南关、东关、中街、后街划归城关镇，由高城寨区并入同乐、司桥、陈和、静乐、九龙5个乡。同年6月，北街划归城关镇。至1958年2月，城关区辖民权、民和、太安、四村、同乐、司桥、陈和、静乐、九龙9个乡；3月，调整为民和、四村、同乐、司桥4个乡；9月，并入威戎乡。

（一）民权乡人民政府、人民委员会（1950年6月至1958年3月）

乡　长　张具福

杨德禄

副乡长　张玉兰（女）

（二）民和乡人民政府、人民委员会（1950年6月至1958年9月）

乡　长　裴育卿

陈　信

张具福

副乡长　吴子安　靳文礼　吴淑珍（女）　李怀义　张秀莲　郭维邦　靳文礼

（三）太安乡人民政府、人民委员会（1950年6月至1958年3月）

乡　长　厚玉璋

吕文祥

郭维邦

副乡长　张蕴珍　靳文发

第一届人民代表大会（1954年3月至1956年9月）

代表选举：

第一届人大代表选举工作于1954年2月至3月举行。全乡共有365户，2467人（男1306人，女1161人），有选民1150人（男602人，女548人）。共划分5个选区，3月21日至23日召开了选举大会，参加选民895人（男498人，女397人），占选民总数的79%，选举乡人大代表35名（女2名）。

代表会议：

第一次会议于1954年3月25日召开，应出席代表35名，实出席30名。选举吕文祥为乡政府乡长，靳文发为副乡长，陈世玉、陈祥、靳玉兰（女）、何其洁、靳三元、靳永禄、靳士其、靳文会、马其祥9人为委员。选举生产合作、民政、文教卫生、财粮、治安保卫、调解、人民武装7个工作委员会。

附：

太安乡一届人大一次会议召开情况表

表6-1

届次	任期	第一次会议			选举			
		应出席代表	实出席代表	召开时间	乡长	副乡长	委员	县代表
一	2年	35名	30名	1954.3.25	吕文祥	靳文发	9名	不详

（四）民乐乡人民政府、人民委员会（1950年6月至1956年2月）

乡　长　裴育卿

高振基

张蕴珍

（五）四村乡人民政府、人民委员会（1950年6月至1958年9月）

乡　长　许正明

许福存

陈国刚

副乡长　马凤英（女）　潘万益　杨德禄

（六）四屏乡人民政府、人民委员会（1950年6月至1956年2月）

乡　长　韩自新

李怀义

副乡长　王秀兰（女）　韩自新　柳凤兰（女）

（七）北街人民政府、人民委员会（1950年6月至1956年6月）

街　长　哈迎喜（回）

（八）东关街人民政府、人民委员会（1950年6月至1956年2月）

街　长　王学义

于光智

（九）西关街人民政府、人民委员会（1950年6月至1956年2月）

街　长　杨发林

马玉山

（十）南关街人民政府、人民委员会（1950年6月至1956年2月）

街　长　王具才

　　　　李万年

（十一）中街人民政府、人民委员会（1950年6月至1956年2月）

街　长　吕文明

副街长　刘宗礼

第一届人民代表大会（1954年3月至1956年2月）

代表选举：

第一届人大代表选举工作于1954年2月27日至3月29日举行。3月1日成立由6人组成的选委会，共划分3个选区，10个选民小组，3月23日至25日为选举日，共有选民1212名，实际参选的1166名，占选民的96.2%，选出马菊英、李瑞兴、文殿元、张宗武、吕文明，司国福等基层单位代表35名。

代表会议：

第一次会议于1954年3月29日召开，应出席代表35名，实出席34名。推举3人组成主席团，郑思义为主席，吕文明作了街政府工作报告，选举吕文明为街政府街长，刘宗礼为副街长，委员9名（其中连任6名）。

附：

中街一届人大一次会议召开情况表

表6-2

届次	任期	第一次会议			选举			
		应出席代表	实出席代表	召开时间	街长	副街长	委员	县代表
一	2年	35名	34名	1954.3.29	吕文明	刘宗礼	9名	不详

（十二）后街人民政府、人民委员会（1950年6月至1956年2月）

街　长　戴正邦

　　　　张维义

　　　　马秀上

　　　　韩志强

副街长　刘兰芳（女）　黄菊英（女）

第一届人民代表大会（1954年3月至1956年2月）

代表选举：

第一届人大代表选举工作于1954年2月至3月举行。全街有衙门巷上后街、下后街，新街、新城四趟街道。共有人口2658人，其中选民1325人（其中男705人，女620人），划分3个选区，2月22日召开选举大会，参加选民1179人，选出代表35名。

代表会议：

第一次会议于1954年3月29日召开，应出席代表35名，实出席35名。推举3人组成主席团，街长作了街政府工作报告，选出街长1名，副街长1名，委员9名。

附：

后街一届人大一次会议召开情况表

表6-3

届次	任期	第一次会议			选举			
		应出席代表	实出席代表	召开时间	街长	副街长	委员	县代表
一	2年	35名	35名	1954.3.29	不详	不详	9名	不详

（十三）同乐乡人民委员会（1956年2月至1958年9月）

乡　长　阎藏珍

　　　　靳登元

副乡长　王改民　彭菊英（女）

（十四）司桥乡人民委员会（1956年2月至1958年9月）

乡　长　杨占元

　　　　张进孝

副乡长　王儒运

（十五）陈和乡人民委员会（1956年2月至1958年3月）

乡　长　杨生贵

副乡长　郑富花（女）

（十六）静乐乡人民委员会（1956年6月至1958年3月）

乡　长　潘万益

副乡长　贾桂英（女）

（十七）九龙乡人民委员会（1956年2月至1958年3月）

乡　长　王国栋

　　　　张秉诚

第二节　威戎区（二区）

（1949年8月至1958年10月）

1949年8月21日，建立二区公署，直属县政府。1954年3月，改称二区公所。1955年4月，直属县人委。6月，更名为威戎区公所。1958年3月，撤销威戎区建制。

一、威戎区（二区）领导机构（1949年8月至1958年10月）

（一）二区公署（1949年8月至1954年3月）

区　长　姚进明（1949年8月至10月）

　　　　杨树森（1949年10月至1950年4月）

　　　　杨　文（1950年4月至1951年4月）

　　　　张学吉（1951年4月至1952年8月）

王永录（1952年8月至1954年3月）

副区长　李　春（1949年8月至11月）

朱彦林（1953年4月至1954年3月）

（二）二区公所（1954年3月至1955年6月）

区　长　王永录（1954年3月至1955年1月）

副区长　朱彦林（1954年3月至1955年6月）

史国忠（1954年10月至1955年6月）

（三）威戎区公所（1955年6月至1958年3月）

区　长　高树棠（1955年11月至1956年7月）

刘治业（1956年7月至1957年4月）

杨凌云（1957年6月至1958年3月）

副区长　朱彦林（1955年6月至1956年7月）

史国忠（1955年6月至1956年6月）

刘汉玺（1956年11月至1957年4月）

张桂兰（女，1956年11月至1957年4月）

二、威戎区（二区）辖乡领导机构（1950年6月至1958年10月）

二区公署成立后，于1950年6月建立威戎、杨桥、庙堡、张齐、仁义、新店、石咀、武高、梁马9个乡。1953年5月增设新化乡。1956年2月，杨桥乡并入梁马乡，新化乡并入石咀乡，新增古城、长安、吉龙、桃山、景林、奠安、曹务乡；6月，景林、桃山、奠安3乡划归隆德县；新增秦王乡。至1958年2月，威戎区辖威戎、新店、梁马、仁义、武高、张齐、石咀、庙堡、古城、秦王、长安、曹务、吉龙13个乡人委；3月，调整为威戎、仁义、古城、曹务、吉龙5个乡人委；9月，调整为威戎、古城2个乡人委。

（一）威戎乡人民政府、人民委员会（1950年6月至1958年10月）

乡　长　温存仁

戴尧天

温润才

周维汉

贾作祥

副乡长　马永忠　戴尧天　李畅达　武万林　梁雪梅（女）　马秀英（女）

温润才　孟忠孝

第三届人民代表大会（1958年4月至10月）

代表选举：

第三届人大代表选举工作于1958年4月举行。成立乡选委会，李万禄为主席，王克行、温润才、贾作祥、王会同、樊仁山、戴选玉为委员。选举乡第三届人大代表(名额不详)。

代表会议：

第一次会议于1958年4月召开。选举产生乡人委、县第三届人大代表9名。

附：

威戎乡三届人大一次会议召开情况表

表6-4

届次	任期	第一次会议			选举			
		应出席代表	实出席代表	召开时间	乡长	副乡长	委员	县代表
三	2年	不详	不详	1958.4	不详	不详	不详	9名

（二）庙堡乡人民政府、人民委员会（1950年6月至1958年3月）

乡　长　安进财

王满才

李富清

樊仁山

副乡长　王满才　李桂英（女）

（三）杨桥乡人民政府、人民委员会（1950年6月至1956年2月）

乡　长　张西中

杨玉珍

厚海成

副乡长　张香良　杨富忠

（四）武高乡人民政府、人民委员会（1950年6月至1958年3月）

乡　长　武文斌

武福钦

李逢江

张养丰

武万林

副乡长　王秀英（女）

（五）张齐乡人民政府、人民委员会（1950年6月至1958年3月）

乡　长　张克义

张绍祖

张西中

王鸿义

王天寿

刘汉玺

（六）仁义乡人民政府、人民委员会（1950年6月至1958年9月）

乡　长　任宏吉

任积全

副乡长　任俊臣　任桂英（女）　李国新

（七）新店乡人民政府、人民委员会（1950年6月至1958年3月）

乡　长　李柏林

王芝全

副乡长　武志魁　马秀英（女）

（八）石咀乡人民政府、人民委员会（1950年6月至1958年3月）

乡　长　王堆禄

雍　富

胡生鱼

贾作相

副乡长　胡登弟　王玉英（女）

（九）梁马乡人民政府、人民委员会（1950年6月至1958年3月）

乡　长　朱森林

马腾芳

李忠孝

樊世清

厚海成

樊世清

副乡长　戴有英（女）　王玉英（女）　樊世清

（十）新化乡人民政府、人民委员会（1953年5月至1956年2月）

乡　长　贾作相

（十一）古城乡人民委员会（1956年2月至1958年10月）

乡　长　崔玉斌

戴喜余

张俊才

李得祥

副乡长　陈　玉（女）　崔玉斌　赵勤吉

第三届人民代表大会（1958年4月至10月）

代表选举：

第三届人大代表选举工作于1958年2月至4月举行。成立乡选委会，杨凌元为主席，李桂英、邹世敏、张俊才、赵海珊、牛青武、陈芳兰为委员。选举乡第三届人大代表（名额不详）。

代表会议：

第一次会议于1958年4月召开。选举产生乡人委、县第三届人大代表8名。

附：

古城乡三届人大一次会议召开情况表

表6-5

届次	任期	第一次会议			选举			
		应出席代表	实出席代表	召开时间	乡长	副乡长	委员	县代表
三	2年	不详	不详	1958.4	不详	不详	不详	8名

（十二）长安乡人民委员会（1956年2月至1958年3月）

乡　长　李有全

　　　　张廷勤

副乡长　屈翠珍（女）　柳芝江　谢进财

第二届人民代表大会（1956年9月至1958年3月）

代表会议：

第二次会议于1957年7月8日召开，应出席代表60名，实出席51名。选举张廷勤为乡人委乡长，胡苍、柳芝江、杨青山、吴仲祥、魏廷杰、刘汉英、李银枫、屈翠珍、郑世俊、郑思堂、田占海、胡海鱼、柴有成、张廷勤、谢进财15人为乡人委委员。

附：

长安乡二届人大一次会议召开情况表

表6-6

届次	任期	第二次会议			选举			
		应出席代表	实出席代表	召开时间	乡长	副乡长	委员	县代表
二	2年	60名	51名	1957.7.8	张廷勤	不详	13名	不详

（十三）吉龙乡人民政府、人民委员会（1956年2月至1958年9月）

乡　长　李富仓

　　　　张国林

　　　　刘汉玺

副乡长　戴慧珍（女）　张国彦

（十四）曹务乡人民委员会（1956年2月至1958年9月）

乡　长　李万林

　　　　王有忠

　　　　郑思堂

副乡长　朱凡英（女）　李万林　张廷勤

第三届人民代表大会（1958年4月至9月）

代表选举：

第三届人大代表选举工作于1958年2月至4月举行。成立乡选委会，阎万清为主席，郑思堂、李万林、马福祥、张彦铭、李蒲英、刘忠兴为委员。选举乡第三届人大代表（名额不详）。

代表会议：

第一次会议于1958年4月召开。选举产生乡人委、县第三届人大代表6名。

附：

曹务乡三届人大一次会议召开情况表

表6–7

届次	任期	第一次会议			选举			
		应出席代表	实出席代表	召开时间	乡长	副乡长	委员	县代表
三	2年	不详	不详	1958.4	不详	不详	不详	6名

（十五）秦王乡人民委员会（1956年6月至1958年3月）

乡　长　高儒畔

第三节　治平区（三区）

（1949年8月至1958年10月）

1949年8月21日，建立三区公署，直属县政府。1954年3月，改称三区公所。1955年4月，直属县人委；6月，更名为治平区公所。1958年3月，撤销治平区建制。

一、治平区（三区）领导机构（1949年8月至1958年3月）

（一）三区公署（1949年8月至1954年3月）

区　长　孙秉钧（1949年8月至1950年6月）

张国政（1950年6月至1951年3月）

石　生（1951年3月至1952年8月）

高树棠（1952年8月至1954年3月）

副区长　胡致中（1950年8月至1951年6月）

高树棠（1951年6月至1952年8月）

马思明（1953年1月至1954年3月）

（二）三区公所（1954年3月至1955年6月）

区　长　（无正职）

副区长　马思明（1954年3月至10月）

张润堂（第一副区长，1954年10月至1955年6月）

（三）治平区公所（1955年6月至1958年3月）

区　长　（无正职）

副区长　张润堂（第一副区长，1955年6月至1958年3月）

李义英（女，1956年1月至6月）

刘生楷（1956年11月至1957年4月）

二、治平区（二区）辖乡领导机构（1950年至1958年10月）

三区公署成立后，于1950年6月建立民议、民顺、飞泉、平和、和平、新兴、太和、新平、共同、解放、永和11个乡。1956年2月，民议乡并入解放乡，民顺乡并入和平乡，飞泉乡并入平和乡，新兴乡并入共同乡，新平乡并入永和乡；至1958年2月，治平区辖平和、共同、解放、和平、永和、太和6个乡人委；3月，调整为平和、共同、和平、永和4个乡人委；9月，调整为平和、永和2个乡人委。

(一）民议乡人民政府、人民委员会（1950年6月至1956年2月）

乡　长　杜兴盛

副乡长　杜　举

(二）民顺乡人民政府、人民委员会（1950年6月至1956年2月）

乡　长　薛效勤

　　　　王巩银

(三）飞泉乡人民政府、人民委员会（1950年6月至1956年2月）

乡　长　柴效武

　　　　王国祯

　　　　杨维宗

　　　　杨作相

(四）平和乡人民政府、人民委员会（1950年6月至1958年10月）

乡　长　王廷义

　　　　樊　荆

　　　　王学仲

　　　　刘廷栋

　　　　樊廷俊

　　　　曹升荣

副乡长　王桂兰（女）　杨维宗　杜芝养　厚　谭

(五）和平乡人民政府、人民委员会（1950年6月至1958年9月）

乡　长　郭佐童

　　　　杨迎首

　　　　王思聪

　　　　王巩银

　　　　刘生楷

　　　　马腾芳

副乡长　杨进花（女）　王思聪　孔令堂

(六）新兴乡人民政府、人民委员会（1950年6月至1956年2月）

乡　长　王彩文

王新民

（七）太和乡人民政府、人民委员会（1950年6月至1958年3月）

乡　长　刘昭华

王域平

王效仁

刘俊福

杨万瑞

副乡长　刘俊福

（八）新平乡人民政府、人民委员会（1950年6月至1956年2月）

乡　长　郭敏忠

刘永祥

高玉良

（九）共同乡人民政府、人民委员会（1950年6月至1958年9月）

乡　长　王治则

杨万瑞

薛有俊

杨映畔

樊占山

副乡长　王东进　王秀梅（女）　王新民　樊占山

（十）解放乡人民政府、人民委员会（1950年6月至1958年3月）

乡　长　王永仓

李有仓

张仲伦

副乡长　王相林　杜兴盛　王梅香（女）

（十一）永和乡人民政府、人民委员会（1950年6月至1958年10月）

乡　长　马兴万

刘永祥

刘鹏举

马国佐

马文成

马禄汉

张友军

王　玉

黎文生

副乡长　胡秀英（女）　高玉良　张维新

第四节　高界区（四区）

（1949年8月至1958年10月）

1949年8月21日成立四区公署，直属县政府。1954年3月，改称四区公所，1955年4月，直属县人委，6月，更名为高界区公所。1958年3月，撤销高界区建制。

一、高界区（四区）领导机构（1949年8月至1958年3月）

（一）四区公署（1949年8月至1954年3月）

区　长　杨　文（1949年8月至1950年1月）

　　　　李　润（1950年6月至1952年4月）

　　　　李　毓（1952年8月至1953年6月）

　　　　蒋世忠（1953年6月至1954年3月）

副区长　李　春（1950年3月至8月）

　　　　黎正奎（1950年11月至1951年7月）

　　　　任　仁（1951年8月至1952年7月）

　　　　张书义（1952年11月至1954年3月）

（二）四区公所（1954年3月至1955年6月）

区　长　蒋世忠（1954年3月至7月）

　　　　王益民（1955年1月至6月）

副区长　张书义（1954年3月至1955年1月）

　　　　张　贞（1955年1月至6月）

（三）高界区公所（1955年6月至1958年3月）

区　长　王益民（1955年6月至1956年12月）

副区长　张　贞（1955年6月至1956年12月）

　　　　韩家相（1956年2月至7月）

二、高界区（四区）辖乡领导机构（1950年6月至1958年10月）

四区公署成立后，于1950年6月建立玄龙、关堡、界石、韩岔、灵芝、峻峰、三合、高旺、老庄、北集、同兴11个乡。1953年10月，增建兴合乡。1956年2月，韩岔乡并入同兴乡，高旺乡并入界石乡，兴合乡并入三合乡，灵芝乡、俊峰乡合并后，划归车李区。至1958年2月，高界区辖玄龙、关堡、界石、老庄、同兴、三合、北集7个乡人委；3月，调整为界石、同兴、三合3个乡人委；9月调整为高界、三合2个乡人委。

（一）玄龙乡人民政府、人民委员会（1950年6月至1958年3月）

乡　长　李万录

　　　　白生贵

　　　　吕惠民

祁鹏玉

副乡长　冯富奎　张瑞英（女）

（二）关堡乡人民政府、人民委员会（1950年6月至1958年3月）

乡　长　赵彦海

苏海云

祁海山

王克昌

副乡长　臧生花（女）

（三）界石（高界）乡人民政府、人民委员会（1950年6月至1958年10月）

乡　长　杨发源

杨栋元

宋秉乾

孙瀛洲

张生荣

副乡长　贺祯祥　李保祯　任秀英（女）　贺祯祥　张玉琢

（四）韩岔乡人民政府、人民委员会（1950年6月至1956年2月）

乡　长　吴廷佐

李满贵

张喜春

李俊发

副乡长　李玉林

（五）灵芝乡人民政府、人民委员会（1950年6月至1956年2月）

乡　长　吴世荣

邹彦义

副乡长　冯富奎

（六）俊峰乡人民政府、人民委员会（1950年6月至1956年2月）

乡　长　丁克铭

郑秉钧

贾玉仓

副乡长　梁国合

（七）三合乡人民政府、人民委员会（1950年6月至1958年10月）

乡　长　李映魁

赵生贵

张　贞

王守成

副乡长　刘仲奎　刘宗杰　吴汉民

（八）高旺乡人民政府、人民委员会（1950年6月至1956年2月）

乡　长　吕正廷

李树俊

宋秉乾

（九）老庄乡人民政府、人民委员会（1950年6月至1958年3月）

乡　长　梁　满

韩字桐

副乡长　梁　满　杨桂芳（女）

（十）北集乡人民政府、人民委员会（1950年6月至1958年3月）

乡　长　郑富仓

张有才

靳　荣

王福寿

郑琢珍

副乡长　李玉英（女）

（十一）同兴乡人民政府、人民委员会（1950年6月至1958年9月）

乡　长　张廷杰

孙芝秀

李俊发

刘继祖

副乡长　孙存福　夏玉英（女）　李俊发　孙芝秀　孙存福

（十二）兴合乡人民政府、人民委员会（1953年10月至1956年2月）

乡　长　李生贵

副乡长　杨润元

第五节　甘沟区（五区）

（1949年8月至1958年10月）

1949年8月21日，建立五区公署，直属县政府。1954年3月，改称五区公所。1955年4月，直属县人委；6月，更名为甘沟区公所。1958年3月，撤销甘沟区建制。

一、甘沟区（五区）区领导机构（1949年8月至1958年3月）

（一）五区公署（1949年8月至1954年3月）

区　长　邓溪晨（1949年8月至1950年1月）

杨　文（1950年1月至4月）

尹耀成（1950年4月至1951年3月）

张国政（1951年3月至1952年7月）

郑俊华（1952年11月至1953年4月）
副区长　靳利祯（1949年8月至1950年5月）
靳士童（代理，1951年8月至12月）
张凤鸣（1952年9月至1954年3月）
（二）五区公所（1954年3月至1955年6月）
区　长　（无正职）
副区长　张凤鸣（1954年3月至1955年6月）
范成祥（1954年6月至1955年6月）
马腾芳（1954年7月至10月）
（三）甘沟区公所（1955年6月至1958年3月）
区　长　孟信福（1956年6月至12月）
（无正职）（1957年1月至1958年3月）
副区长　张凤鸣（1955年6月至1956年7月）
范成祥（1955年6月至1958年3月）
朱彦林（第一副区长，1956年8月至1958年3月）
王汉学（1956年11月至1957年4月）

二、甘沟区（五区）辖乡领导机构（1950年6月至1958年10月）

五区公署成立后，于1950年6月建立马合、金汤、新龙、民寺、同义、平生、新著、民联、三顺、著和、农林11个乡。1952年10月，民寺、同义乡划归十一区。1956年2月，三顺乡并入民联乡，著和乡并入金汤乡。至1958年2月，甘沟区辖金汤、马合、民联、新著、平生、农林、新龙7个乡人委会；3月，调整为金汤、平生、民联、农林4个乡人委；9月，合并为民联乡人委。

（一）马合乡人民政府、人民委员会（1950年6月至1958年3月）
乡　长　杜成学
马占仓
副乡长　王有叶　韩昌元
第一届人大代表名单：
柴雪雪　李贵英　张翻翻　马进禄　魏国英　柴世彭　李海鱼　柴秉周　陈具德
陈满仓　陈堆仓　赵发荣　李义清　张　发　马建全　张　修　雷孝敬　韩昌元
张连英　张进连　牛树藩　马玉福　李　节　柴秉义　刘振吉　柴具仓　柴进军
陈自忠　李连栋　雷耀清　柴秀英　韩宏杰　马占仓　陈师舜　王有业　姚玉贤
李林栋　朱勤业　樊　勤　靳守忠
（二）金汤乡人民政府、人民委员会（1950年6月至1958年9月）
乡　长　张占魁
张德禄

张世才

马智杰

副乡长　戴福元　张宗善　周玉璧　王汉学

第一届人民代表大会（1954年4月至1956年9月）

代表选举：

第一届人大代表选举工作于1954年2月至4月举行。全乡共12村346户，2413人（男1232人，女1181人），有选民1069人（男539人，女530人），占总人口的44.3%。全乡共划分8个选区，参加选举948人，占选民88.7%。选举乡第一届人大代表（名额不详）。

代表会议：

第一次会议于1954年召开。选举张世才为乡政府乡长，张宗善为副乡长，张士吉、张顺财、代俊、马海禄、梁堆仓、王国玺、刘效义7人为乡政府委员；选举生产合作、民政、文教卫生、财粮、治安卫保、调解、人民武装7个工作委员会。

附：

金汤乡一届人大一次会议召开情况表

表6-8

届次	任期	第一次会议			选举			
		应出席代表	实出席代表	召开时间	乡长	副乡长	委员	县代表
一	2年	不详	不详	1954	张世才	张宗善	7名	不详

（三）新龙乡人民政府、人民委员会（1950年6月至1958年3月）

乡　长　张志福

谢志坚

张彦珍

张三虎

副乡长　张彩芹　刘玉兰（女）

（四）民寺乡人民政府（1950年6月至1952年10月）

乡　长　田养桐

王发荣

（五）同义乡人民政府（1950年6月至1952年10月）

乡　长　安盛德

（六）平生乡人民政府、人民委员会（1950年6月至1958年9月）

乡　长　刘满仓

刘治业

李世俊

马尚志

副乡长　孙满玉　王月花（女）　张永斋

（七）新著乡人民政府、人民委员会（1950年6月至1958年3月）

乡　长　李凤峨

张德禄

张海荣

副乡长　张学忠　张俊西

（八）民联乡人民政府、人民委员会（1950年6月至1958年10月）

乡　长　李具才

靳国士

马尚志

刘廷杰

郝维烈

张彦珍

张效骞

副乡长　刘向芳（女）　蔡生春　郝维烈　靳国士

（九）三顺乡人民政府、人民委员会（1950年6月至1956年2月）

乡　长　孙占元

刘廷杰

副乡长　阎玉山

（十）著和乡人民政府、人民委员会（1950年6月至1956年2月）

乡　长　马思明

曹效植

杨永善

王锡孔

副乡长　曹克勤　马思明

（十一）龙林乡人民政府、人民委员会（1950年6月至1958年9月）

乡　长　张思尧

樊俊山

张志诚

孟忠孝

靳士棋

副乡长　李荣花（女）　王思孔

第六节　人和区（六区）

（1949年11月至1956年2月）

1949年11月，从二区划出人和乡，成立六区公署，直属县政府。1954年3月，改称六区公所。1955年4月，直属县人委，6月，更名为人和区公所。1956年2月，并入威戎区。

一、人和区（六区）领导机构（1949年11月至1956年2月）

（一）六区公署（1949年11月至1954年3月）

区　长　柏　毅（1949年11月至1950年3月）
　　　　石　生（1950年3月至1951年3月）
　　　　李九利（1951年5月至1952年8月）
　　　　王永玺（1952年9月至1954年3月）

副区长　李　春（1949年11月至1950年3月）
　　　　靳士童（1950年11月至1951年8月）
　　　　杨吉佐（1952年11月至1954年3月）

（二）六区公所（1954年3月至1955年6月）

区　长　王永玺（1954年3月至6月）
　　　　高树棠（1955年1月至6月）

副区长　杨吉佐（1954年3月至6月）
　　　　范成祥（1954年3月至6月）
　　　　李义英（1954年7月至11月）

（三）人和区公所（1955年6月至1956年2月）

区　长　高树棠（1955年6月至10月）
　　　　魏丕武（1955年10月至1956年2月）

二、人和区（六区）辖乡领导机构（1950年6月至1956年2月）

六区公署建立后，于1950年6月建立古城、长安、兴民、兴隆、吉龙、桃山、景林、奠安、曹务、罗林、巨安11个乡。1956年2月，撤销人和区建制，其所辖各乡合并后，并入威戎区。

（一）古城乡人民政府、人民委员会（1950年6月至1956年2月）

乡　长　黎文生
　　　　张俊才
　　　　李树海
　　　　崔玉斌

副乡长　李培元　杨殿林

（二）长安乡人民政府、人民委员会（1950年6月至1956年2月）

乡　长　李有全

　　　　张廷勤

　　　　霍居山

　　　　邓思堂

　　　　马贵福

（三）兴民乡人民政府、人民委员会（1950年6月至1956年2月）

乡　长　岳振甲

　　　　李树海

副乡长　杨生秀　邹振铎

第一届人民代表大会（1954年3月至1956年2月）

代表会议：

第一次会议于1954年3月29日召开，出席代表31名（男26名，女5名）。推举杨生秀、樊海鱼、李树海、周志壁、杜友兰（女）5人组成主席团，杨生秀为主席。县派工作组长南雄作报告，选举李树海为乡政府乡长，邹振铎为副乡长，杨生秀、杨保卿、杜友兰（女）、邹仲田、尹志州、马应祥、邹世敏、樊海鱼、张国五、岳振甲、邹仲安11人为乡政府委员。

附：

兴民乡一届人大一次会议召开情况表

表6-9

届次	任期	第一次会议			选举			
		应出席代表	实出席代表	召开时间	乡长	副乡长	委员	县代表
一	2年	不详	31名	1954.3.29	李树海	邹振铎	11名	不详

（四）兴隆乡人民政府、人民委员会（1950年6月至1956年2月）

乡　长　张国彦

　　　　张国林

副乡长　张国权

（五）吉龙乡人民政府、人民委员会（1950年6月至1956年2月）

乡　长　张国彦

　　　　杨国满

　　　　万国林

　　　　杜占山

　　　　李富仓

（六）曹务乡人民政府、人民委员会（1950年6月至1956年2月）

乡　长　李万林

副乡长　王有忠

（七）罗林乡人民政府、人民委员会（1950年6月至1956年2月）

乡　长　王　士

　　　　张廷勤

副乡长　曹炯文

第七节　仁当区（七区）

（1949年12月至1958年10月）

1949年12月，从三区划出仁当乡和云翠乡的一部分区域，成立七区公署，直属县政府。1954年3月，改称七区公所。1955年4月，直属县人委；6月，更名为仁当区公所。1958年3月，撤销仁当区建制。

一、仁当区（七区）领导机构（1949年12月至1958年3月）

（一）七区公署（1949年12月至1954年3月）

区　长　黄宝珊（1950年6月至8月）

　　　　孙秉钧（1950年12月至1951年2月）

　　　　李天鹏（1951年2月至1952年7月）

　　　　王健堂（1952年8月至1954年3月）

副区长　张仲秀（1950年6月至11月）

　　　　王连瑫（1950年11月至1951年3月）

　　　　谷志杰（1951年3月至1952年7月）

　　　　王蔚斌（1952年11月至1953年6月）

　　　　裴育卿（1953年11月至1954年3月）

（二）七区公所（1954年3月至1955年6月）

区　长　王健堂（1954年3月至1955年6月）

副区长　裴育卿（1954年3月至1955年6月）

　　　　王学仲（1954年6月至1955年6月）

（三）仁当区公所（1955年6月至1958年3月）

区　长　王健堂（1955年6月至1958年3月）

副区长　裴育卿（1955年6月至1956年7月）

　　　　杨志棋（1956年5月至7月）

　　　　任汉鼎（1956年11月至1957年4月）

二、仁当区（七区）辖乡领导机构（1950年6月至1956年12月）

七区公署建立后，于1950年6月，建立人民、青土、文明、民化、人和、青平、五和、共和、兴文、安平、同和11个乡。1953年5月，人民、人和、五和、文明4个乡划归十二区。1956年2月，同和乡并入共和乡，贾河区的4个乡合并为五和、人和2个乡，重新并入该区。至1958年2月，仁当区辖共和、青土、安平、兴文、民化、青平、人和、五和8个乡人委；3月，调整为民化、人和、五和、共和、兴文5个乡人委；9月，调整为共和、兴文2个乡人委。

（一）人民乡人民政府（1950年6月至1953年5月）

乡　长　黄俊川

张堆荣

王宝仓

刘全珍

（二）青土乡人民政府、人民委员会（1950年6月至1958年3月）

乡　长　李润德

高　健

李振刚

李国宗

副乡长　李希杰

（三）文明乡人民政府（1950年6月至1953年5月）

乡　长　任克礼

宋生荣

（四）民化乡人民政府、人民委员会（1950年6月至1958年9月）

乡　长　周锁成

王仲义

李国选

张建瑞

汪生有

副乡长　刘凤歧　王月梅（女）　刘得玺

（五）人和乡人民政府、人民委员会（1950年6月至1953年5月；1956年2月至1958年9月）

乡　长　张具才

伏彦荣

薛念智

张延荣

副乡长　王鸿吉　侯俊英（女）　侯志仁　伏彦荣

（六）青平乡人民政府、人民委员会（1950年6月至1958年3月）

乡　长　陈明纲

李永忠

刘德玺

副乡长　郭庆荣　蒙春香（女）

（七）五和乡人民政府、人民委员会（1950年6月至1953年5月；1956年2月至1958

年月）

乡　长　任俊川

任德仓

朱效谋

贾明儒

贾玉英

副乡长　朱彩霞（女）　伏智信

（八）共和乡人民政府、人民委员会（1950年6月至1958年10月）

乡　长　张金山

陈俊元

高秉信

陈国祥

马志清

副乡长　李秀兰（女）　刘恒言

（九）兴文乡人民政府、人民委员会（1950年6月至1958年10月）

乡　长　郑建新

陈正有

王志全

樊　馨

副乡长　叶什茂　王芳兰（女）　王志全

（十）安平乡人民政府、人民委员会（1950年6月至1958年3月）

乡　长　周景贤

高荣德

周文蔚

高新民

副乡长　王永珍　李秀珍（女）

（十一）同和乡人民政府、人民委员会（1950年6月至1956年2月）

乡　长　陈国荣

陈　岳

李润福

刘振太

第八节　雷大区（八区）

（1950年6月至1958年10月）

1950年6月，建立八区公署，直属县政府。1954年3月，改称八区公所。1955年4

月，直属县人委；6月，更名为雷大区公所。1958年3月，撤销雷大区建制。

一、雷大区（八区）领导机构（1950年6月至1958年3月）

（一）八区公署（1950年6月至1954年3月）

区　长　李天鹏（1952年7月至1954年3月）

副区长　马贞祥（1950年6月至1951年10月）

　　　　张润堂（1953年6月至11月代理，1953年11月至1954年3月任职）

（二）八区公所（1954年3月至1955年6月）

区　长　李天鹏（1954年3月至10月）

　　　　马腾芳（1954年10月至1955年6月）

副区长　张润堂（1954年3月至10月）

　　　　高世明（代理，1954年7月至10月）

　　　　马思明（1954年10月至1955年6月）

（三）雷大区公所（1955年6月至1958年3月）

区　长　马腾芳（1955年6月至1956年11月）

　　　　杨迎首（1956年11月至1958年3月）

副区长　马思明（1955年6月至1956年7月）

　　　　裴育卿（1956年7月至11月）

　　　　崔树森（1956年11月至1958年3月）

二、雷大区（八区）辖乡领导机构（1950年6月至1958年10月）

1950年6月，八区公署建立后，辖议和、安乐、安民、雷大、新仪、余湾、力行、民主、曹和9个乡。1956年2月，安乐乡并入力行乡，安民乡并入议和乡，雷大乡并入余湾乡，曹和乡并入民主乡。至1958年2月，雷大区辖议和、新仪、力行、余湾、民主5个乡人委；3月，调整为新仪、余湾、民主3个乡人委；9月，合并为民主乡人委。

（一）议和乡人民政府、人民委员会（1950年6月至1958年3月）

乡　长　郭世仓

　　　　陈思义

　　　　胡应梅

副乡长　程朋英（女）　李玉堂

（二）安乐乡人民政府、人民委员会（1950年6月至1956年2月）

乡　长　王秉瑞

　　　　王汉秀

　　　　徐俊奎

（三）安民乡人民政府、人民委员会（1950年6月至1956年2月）

乡　长　刘进仓

　　　　王占黎

　　　　郭世仓

胡应梅

副乡长　张进孝

（四）雷大乡人民政府、人民委员会（1950年6月至1956年2月）

乡　长　张具才

郭世仓

雷金元

（五）新仪乡人民政府、人民委员会（1950年6月至1958年9月）

乡　长　黎文奎

张高元

张志爱

陈思义

黎文祥

郑尚德

副乡长　王玉珍（女）　李满顺　薛永山

（六）余湾乡人民政府、人民委员会（1950年6月至1958年9月）

乡　长　张生香

张秉诚

韩来禄

副乡长　曹秀兰（女）　雷金元　王有仓　张世杰

（七）力行乡人民政府、人民委员会（1950年6月至1958年3月）

乡　长　孙秉义

李国林

吕生秀

李凤洲

王汉秀

副乡长　程养琴（女）

（八）民主乡人民政府、人民委员会（1950年6月至1958年10月）

乡　长　李润畔

崔树堂

郝忠孝

张奠邦

杨迎首

副乡长　张桂兰（女）　徐治奎　吕应魁

（九）曹和乡人民政府、人民委员会（1950年6月至1956年2月）

乡　长　郝维忠

张海珠

程德荣

第九节　高城寨区（九区）

（1950年6月至1956年2月）

1950年6月，成立九区公署，直属县政府。1954年3月，改称九区公所。1955年4月，直属县人委；6月，更名为高城寨区公所。1956年2月，并入城关区。

一、高城寨区（九区）领导机构（1950年6月至1956年2月）

（一）九区公署（1950年6月至1954年3月）

区　长　黄宝珊（1950年8月至1952年7月）

　　　　单芝兰（回，1952年8月至1953年6月）

　　　　王益民（1953年6月至11月）

副区长　单芝兰（回，1951年1月至1952年8月）

　　　　杜文成（代理，1953年4月至6月）

（二）九区公所（1954年3月至1955年6月）

区　长　王蔚斌（1954年6月至1955年6月）

副区长　刘元昌（1954年6月至1955年6月）

（三）高城寨区公所（1955年6月至1956年2月）

区　长　王蔚斌（1955年6月至7月）

副区长　刘元昌（1955年6月至1956年2月）

二、高城寨区（九区）辖乡领导机构（1950年6月至1956年2月）

1950年6月，九区公署成立后，辖民城、同乐、四堡、单民、司桥、陈和、静乐7个乡。1953年5月，四堡、单民乡划归十三区。1954年3月新增九龙乡。1956年2月，该区调整为同乐、司桥、陈和、静乐、九龙5个乡后划归城关区。

（一）四堡乡人民政府（1950年6月至1953年5月）

(无资料)

（二）单民乡人民政府（1950年6月至1953年5月）

(无资料)

（三）民城乡人民政府、人民委员会（1950年6月至1956年2月）

乡　长　刘玉海

　　　　王志德

　　　　杜建业

　　　　王改民

副乡长　王改民

（四）同乐乡人民政府、人民委员会（1950年6月至1956年2月）

乡　长　张谦寿

阎藏珍

（五）司桥乡人民政府、人民委员会（1950年6月至1956年2月）

乡　长　李玺昌

杨占元

席耀善

王儒运

副乡长　司致定

（六）陈和乡人民政府、人民委员会（1950年6月至1956年2月）

乡　长　李希藩

刘元昌

杨生贵

副乡长　王世林　司万怀

（七）静乐乡人民政府、人民委员会（1950年6月至1956年2月）

乡　长　王海荣

赵良臣

（八）九龙乡人民政府、人民委员会（1954年3月至1956年2月）

乡　长　王国栋

第十节　红寺区（十区）

（1950年6月至1958年10月）

1950年6月，成立十区公署，直属县政府。1954年3月，改称十区公所。1955年4月，直属县人委；6月，更名为红寺区公所。1958年3月，撤销红寺区建制。

一、红寺区（十区）领导机构（1950年6月至1958年3月）

（一）十区公署（1950年6月至1954年3月）

区　长　李　春（1950年6月至1951年3月）

刘俊汉（代理，1953年6月至10月）

陈国良（1953年10月至1954年3月）

副区长　谷志杰（1950年6月至1951年3月）

黎正奎（1951年7月至1952年3月）

刘俊汉（1952年11月至1953年6月）

张　贞（1953年3月至1954年3月）

陈余庆（1952年12月至1953年6月）

（二）十区公所（1954年3月至1955年6月）

区　长　陈国良（1954年3月至7月）

副区长　张　贞（1954年3月至1955年1月）

　　　　张富银（1954年6月至1955年6月）
　　　　刘继祖（第一副区长，1954年6月至1955年6月）

（三）红寺区公所（1955年6月至1958年3月）

区　长　刘继祖（1956年11月至1958年3月）
副区长　张富银（1955年6月至1957年4月）
　　　　刘继祖（第一副区长，1955年6月至1956年11月）
　　　　赵勤吉（1956年4月至12月）
　　　　任汉鼎（1956年10月至1957年2月）
　　　　贾　盈（1956年11月至1957年4月）

二、红寺区（十区）辖乡领导机构（1950年6月至1958年10月）

1950年6月，十区公署成立后，辖红寺、黄龙、细巷、五旺、新民、隆合、九龙、雷旺、四河9个乡。1952年10月，五旺、四河乡划归十一区。1953年5月，增设新建乡。1954年3月，九龙乡划归九区。1956年2月，黄龙乡并入新建乡，新民乡并入红寺乡，隆合乡并入细巷乡。1958年2月，红寺区辖细巷、新建、红寺、雷旺4个乡人委；3月，调整为细巷、红寺2个乡人委；9月，合并为红寺乡人委。

（一）黄龙乡人民政府、人民委员会（1950年6月至1956年2月）

乡　长　靳文福
　　　　文纪才
　　　　王志清
　　　　吕顺元
副乡长　吕顺元

（二）细巷乡人民政府、人民委员会（1950年6月至1958年9月）

乡　长　张学谦
　　　　王志清
　　　　厚修身
副乡长　张富银　厚月英（女）　张学谦　贾　盈　魏海源

第二届人民代表大会（1956年9月至1958年4月）

代表选举：

第二届人大代表选举工作于1956年8月12日至9月2日举行。全乡有815户，5428人（男2802人，女2626人），有选民2542人（男1326人，女1216人）。8月27日至29日召开了选举大会，参加选举2111人（男1149人，女962人），占选民的82.7%，征求意见300人，选举乡第二届人大代表59名（男48名，女11名；中农34名，新下中农3名，老下中农16名，老上中农5名）。

代表会议：

第一次会议于1956年9月1日召开，应出席代表59名，实出席53名（男43名，女10名）。选举张学谦为乡人委乡长、厚月英为副乡长，乡人委委员15名（贫农7名，新下中农2名，老下中农6名）；选举文化科长薛念智、乡支部书记厚修身、副乡长厚月英、团总支副书记张天仓、细巷高级社副主任张世杰5人为县第二届人大代表。

第二次会议于1957年7月21日召开，出席代表50名（男44名，女6名）。乡长张学谦报告了1957年上半年的工作，党支部书记厚修身传达了县二届人大二次会议精神，讨论了1957年工作。

附：

细巷乡二届人大一次会议召开情况表

表6-10

届次	任期	第一次会议			选举			
		应出席代表	实出席代表	召开时间	乡长	副乡长	委员	县代表
二	2年	59名	53名	1956.9.1	张学谦	厚月英	15名	5名

（三）五旺乡人民政府（1950年6月至1952年10月）

乡　长　王顺元

　　　　王志清

（四）红寺乡人民政府、人民委员会（1950年6月至1958年10月）

乡　长　张　琦

　　　　张　信

　　　　冯玉清

　　　　李　翰

　　　　胡中和

副乡长　魏文瑞　王耀清　吴兰花（女）　台月英（女）　郜世德

　　　　马秀英（女）　任汉贵　冯玉清

第二届人民代表大会（1956年8月至1958年4月）

代表选举：

第二届人大代表选举工作于1956年8月举行，全乡共有19个社，842户，5748人（男2924人，女2824人），有选民2707人（男1396人，女1311人），占总人口的47%。8月28日至29日召开选举大会，参加选举2523人（男1329人，女1194人），占选民的93.2%。选举乡第二届人大代表（名额不详）。

代表会议：

第一次会议于1956年8月召开。选举冯玉清为乡人委乡长，郜世德、马秀英（女）为副乡长，乡人委委员15名（女3名）。

附：

红寺乡二届人大一次召开情况表

表6-11

届次	任期	第一次会议			选举			
		应出席代表	实出席代表	召开时间	乡长	副乡长	委员	县代表
二	2年	不详	不详	1956.8	冯玉清	郜世德 马秀英	15名	不详

（五）新民乡人民政府、人民委员会（1950年6月至1956年2月）

乡　长　张　恭

张德胜

何延吉

郜世德

副乡长　底俊杰　何尚海

（六）隆合乡人民政府、人民委员会（1950年6月至1956年2月）

乡　长　王正德

任作珍

李　翰

张志惠

副乡长　王志清　张志惠　张世杰

（七）九龙乡人民政府（1950年6月至1954年3月）

乡　长　李莲英

王国栋

副乡长　张彦虎

（八）雷旺乡人民政府、人民委员会（1950年6月至1956年12月）

乡　长　张宪英

张俊杰

副乡长　李　清　吴兰花（女）

第二届人民代表大会（1956年9月至1958年4月）

代表选举：

第二届人大代表选举工作于1956年8月13日至9月2日举行。全乡共有14个社，580户，4000人（男2033人，女1967人），有选民1803人（男920人，女883人）。8月28日至30日召开了选举大会，参加选举的1784人（男914人，女870人），占选民的98.6%，选举乡第二届人大代表53名。

代表会议：

第一次会议于1956年9月1日召开。李清作乡人委工作报告；选举乡人委委员13名

(女2名)，乡长1名，副乡长2名（女1名）；选举县第二届人大代表2名，人民陪审员2名。

代表名单：

吴兰花（女） 王桂英（女） 张改花（女） 李莲花（女） 郭秀英（女）
冯俊花（女） 胡彦芳（女） 王振刚 张俊杰 裴俊明 康仲林 张玉庭
台荣花 李 清 张宪英 赵喜权 王世民 王玉禄 杜介堂 张俊业 陈满贵
雷万海 王 桂 张处娃 厍庭寿 常建刚 何尚彩 厚兰英 吴进仓 张德祥
杨发堂 李汉山 李 果 李桂祥 李得仓 张金玉 骆效中 李得荣 王福堂
谢应全 郭俊清 何全得 张志俊 张敏行 岳登吉 冉具财 何尚志 阎自明
张维新 魏 俊 谢运珍 黄维藩 蒲成得

附：

雷旺乡二届人大一次会议召开情况表

表6-12

届次	任期	第一次会议			选举			
		应出席代表	实出席代表	召开时间	乡长	副乡长	委员	县代表
二	2年	53名	不详	1956.9.1	不详	不详	13名	2名

（九）四河乡人民政府（1950年6月至1952年10月）

乡 长 吕凤鸣
　　　颉志荣

（十）新建乡人民政府、人民委员会（1953年5月至1958年3月）

乡 长 吕顺元
　　　郭明祥
　　　任汉贵

副乡长 郭明祥 张兰英（女） 吕顺元

第二届人民代表大会（1956年8月至1958年4月）

代表选举：

第二届人大代表选举工作于1956年8月15日至30日举行。全乡共有649户，4378人(男2268人，女2110人)，有选民2101人（男1086人，女1015人)。8月26日至29日召开选举大会，参加选民1944人（男947人，女796人)，占总选民的92.5%。选举乡第二届人大代表59名（男47名，女12名；党员39名，团员3名；干部14名，群众3名；贫农31名，新下中农2名，中农25名)。

代表会议：

第一次会议于1956年8月30日召开，应出席代表59名，实出席54名，列席5名。推举7人组成主席团，听取和审议乡长所作的乡人委工作报告，选举乡人委乡长1名，副乡长3名，乡人委委员13名，人民陪审员3名；县第二届人大代表4名。

附：

新建乡二届人大一次会议召开情况表

表6-13

届次	任期	第一次会议			选举			
		应出席代表	实出席代表	召开时间	乡长	副乡长	委员	县代表
二	2年	59名	不详	1956.8.30	不详	不详	13名	4名

第十一节　四河区（十一区）

（1952年10月至1958年10月）

1952年10月，从五区划出民寺、同义乡，十区划出四河、五旺乡，成立十一公署，直属县政府。1954年3月，改称十一区公所。1955年4月，直属县人委；6月，更名为四河区公所。1958年3月，撤销四河区建制。

一、四河区（十一区）领导机构（1952年10月至1958年3月）

（一）十一区公署（1952年10月至1954年3月）

区　长　王俊生（1952年10月至11月）

　　　　杨存震（1953年6月至1954年2月）

副区长　刘继祖（1953年6月至1954年3月）

（二）十一区公所（1954年3月至1955年6月）

区　长　刘治业（1954年10月至1955年6月）

副区长　刘继祖（1954年3月至10月）

　　　　杨玉珍（1954年6月至1955年6月）

（三）四河区公所（1955年6月至1958年3月）

区　长　刘治业（1955年6月至1956年5月）

　　　　杨玉珍（1956年5月至7月）

　　　　杨凌云（1956年11月至1957年6月）

副区长　杨玉珍（1955年6月至1956年5月）

　　　　张　贞（1956年6月至7月）

　　　　屈志忠（1956年7月至11月代理，1956年11月至1957年4月任职）

二、四河区（十一区）辖乡领导机构（1952年10月至1958年10月）

1952年10月，十一区公署成立后，辖民寺、同义、五旺、四河4个乡。1953年10月，增设平义乡。1956年2月，平义乡并入同义乡。1958年2月，四河区辖民寺、同义、四河、五旺4个乡人委；3月，调整为同义、四河2个乡人委；9月，合并为四河乡人委。

（一）民寺乡人民政府、人民委员会（1952年10月至1958年3月）

乡　长　谢志坚

马禄昌

屈志忠

副乡长　田仲玉　田莲花（女）

（二）同义乡人民政府、人民委员会（1952年10月至1958年9月）

乡　长　安盛德

副乡长　杨生华　余海清　李海英（女）　史发祥　马禄昌　凌玉芳

1. 第一届人民代表大会（1954年3月至1956年8月）

代表会议：

第一次会议于1954年3月31日在薛家坪民校召开，应出席代表19名，实出席19名，区干部何丕承、柴进荣、马河太，乡干部贾玉、周汉琪列席会议。会议推举屈志忠、周汉琪、安盛德3人组成主席团。听取和审议乡长安盛德所作的上届乡政府工作报告，选举乡政府委员会组成人员，安盛德为乡政府乡长（副乡长、委员、县代表不详）。

第二次会议于1954年9月3日在薛家坪民校召开，应出席代表19名，实出席15名（雷俊斗、安凤莲、雷金秀、马正、余海清、安盛德、赵国珍、李梅英、包正江、包寰、郑具禄、包宗武、梁万存、甘树梅、甘映乾），周汉琪、贾玉、柴进荣列席。会议由安盛德、刘向荣主持，听取和审议了夏粮统购、公粮入库工作。

第三次会议于1954年11月16日在乡政府（薛家坪）召开，应出席代表19名，实出席11名（雷金秀、马正、周蕊香、余海清、安盛德、伏进禄、李梅英、包正江、包寰、甘树梅、雷秀英）。听取和审议了互助合作、秋征秋购工作。

第四次会议于1955年3月2日在乡政府召开，应出席代表19名，实出席16名（雷金秀、赵国珍、安盛德、包寰、包正江、余海清、郑具禄、伏进禄、包正德、包宗武、甘树梅、甘映乾、李梅英、周蕊香、安凤莲、雷秀英），周汉琪、苟振兴、贾玉、马耀贤列席。听取和审议了1955年农业生产计划。

第五次会议于1955年4月16日在乡人委召开，应出席代表19名，实出席11名（马正、雷金秀、雷俊斗、赵国珍、安盛德、包正江、郑具禄、伏进禄、包正德、甘树梅、雷秀英），包世荣、郑福祥、甘蕴珍、刘治岐、田育英、郑国伏列席。会议听取和审议了油籽筹备、粮食统销、公债完成、植树造林、贯彻兵役制度等工作。

代表名单：

李梅英（女）　周蕊香（女）　安凤莲（女）　雷秀英（女）　马　正　雷金秀　雷俊斗　赵国珍　安盛德　包　寰　包正江　余海清　郑具禄　伏进禄　包正德　包宗武　甘树梅　甘映乾　梁万存

2. 第二届人民代表大会（1956年8月至1958年4月）

代表会议：

第一次会议于1956年8月31日在乡人委（马家堡）召开，应出席代表13名，实出席10名。会议推举余海清、柴进荣、臧存孔3人组成主席团。会议听取和审议乡人委工作报告，选举安盛德为乡人委乡长。

3. 第三届人民代表大会（1958年4月至1960年12月）

代表会议：

第一次会议于1958年4月18日在乡人委召开，应出席50名，实出席46名。会议推举师圣、马正、柳树堂、杨生昌、臧存孔5人组成主席团，选举安盛德为乡人委乡长，马禄昌为副乡长，王荣、马思俊、李梅英、包宗武、杨生昌、田克仁、雷俊成、史发祥、田国基、甘蕴珍13人为乡人委委员；选举成立了治安、调处、文教、财政、生产建设、妇联6个委员会。

附：

同义乡一、二、三届人大一次会议召开情况表

表6-14

届次	任期	第一次会议			选举			
		应出席代表	实出席代表	召开时间	乡长	副乡长	委员	县代表
一	2年	19名	19名	1954.3.31	安盛德	不详	不详	不详
二	2年	13名	10名	1956.8.31	安盛德	不详	不详	不详
三	2年	50名	46名	1958.4.18	安盛德	马禄昌	13名	不详

（三）五旺乡人民政府、人民委员会（1952年10月至1958年3月）

乡　长　冉福海

　　　　王克恭

　　　　朱彦仓

副乡长　雷廷彦　何成甲

第二届人民代表大会（1956年8月至1958年4月）

代表会议：

第一次会议于1956年8月30日在乡人委召开，应出席代表40名，实出席37名（男31名，女6名），列席4名，推举凌玉芳为主席团主席。会议听取和审议乡人委工作报告，讨论今后工作任务；选举王克恭为乡人委乡长，雷廷彦、何成甲为副乡长，杨生祥、赵有余、赵炳辉、王满福、霍菊花（女）、李尚林、凌玉芳、周念中、王万艰、梁玉清（女）10人为委员；屈志忠、王克恭、何成甲为县第二届人大代表，郭西荣、王万艰、南启才为人民陪审员；成立民政、财粮、调解、文教、交通、治保、武装、生产建设、妇联9个委员会。

第二次会议于1957年5月25日在乡人委召开，应出席代表40名，实出席29名。会议传达县上有关会议精神，讨论当前工作。

附：

五旺乡二届人大一次会议召开情况表

表6-15

届次	任期	第一次会议			选举			
		应出席代表	实出席代表	召开时间	乡长	副乡长	委员	县代表
二	2年	40名	37名	1956.8.30	王克恭	雷廷彦 何成甲	10名	3名

（四）四河乡人民政府、人民委员会（1952年10月至1958年10月）

乡　长　颉志荣

王海珠

朱彦仓

靳利祯

副乡长　豆裕忠　文俊英（女）　王海珠　柴进荣　王克恭

（五）平义乡人民政府、人民委员会（1953年10月至1956年2月）

乡　长　杨生华

史发祥

第一届人大代表名单：

张凤莲（女）　芦凤莲（女）　张凤兰（女）　张秀英（女）　王满福　芦永珍　李相荣　李郁林　杨生华　姚思俊　杨生全　史发祥　周生元　张明天　臧生荣

第十二节　贾河区（十二区）

（1953年5月至1956年2月）

1953年5月，从七区划出五和、人和、人民、文明4个乡，成立十二区公署，直属县政府。1954年3月，改称十二区公所。1955年4月，直属县人委；6月，更名为贾河区公所。1956年2月，并入仁当区。

一、贾河区（十二区）领导机构（1953年5月至1956年2月）

（一）十二区公署（1953年5月至1954年3月）

区　长　王益民（1953年12月至1954年3月）

副区长　裴育卿（1953年5月至11月代理，同年11月至1954年3月任职）

（二）十二区公所（1954年3月至1955年1月）

区　长　王益民（1954年3月至1955年1月）

副区长　裴育卿（1954年3月至1955年6月）

（三）贾河区公所（1955年6月至1956年12月）

区　长　（无正职）

副区长　裴育卿（1955年6月至1956年2月）

　　　　王福堂（1955年6月至1956年2月）

二、贾河区（十二区）辖乡领导机构（1953年5月至1956年2月）

1953年5月，十二区公署成立后，辖五和、人和、人民、文明4个乡。1956年2月，人民乡并入人和乡，文明乡并入五和乡后，划归仁当区。

（一）人民乡人民政府、人民委员会（1953年5月至1956年2月）

乡　长　张万德

（二）文明乡人民政府、人民委员会（1953年5月至1956年2月）

乡　长　宋生荣

（三）人和乡人民政府、人民委员会（1953年5月至1956年2月）

乡　长　伏彦荣

（四）五和乡人民政府、人民委员会（1953年5月至1956年2月）

（无资料）

第十三节　车李区（十三区）

（1953年5月至1958年10月）

1953年5月，从九区划出单民乡，四堡乡分为河东、河西乡，成立十三区公署，直属县政府；年底，该区及所辖3乡划归西吉县。1954年6月，隆德县的原安区及所辖新堡、双树、原安、党河、长和5个乡划归静宁县，成立十三区公所，直属县政府。1955年4月，直属县人委；6月，更名为车李区公所。1958年3月，撤销车李区建制。

一、车李区（十三区）领导机构（1953年5月至1958年3月）

（一）十三区公署（1953年5月至12月）

（无资料）

（二）十三区公所（1954年6月至1955年6月）

区　长　（无正职）

副区长　伏子安（1955年4月至6月）

（三）车李区公所（1955年6月至1958年3月）

区　长　樊　荆（1956年4月至6月代理，同年6月至12月任职）

副区长　伏子安（1955年6月至1956年5月）

　　　　程映珍（1956年6月至12月）

　　　　史国忠（1956年6月至7月）

二、车李区（十三区）辖乡领导机构（1953年5月至1958年10月）

1953年5月，十三区公署成立后，辖单民、河东、河西3个乡，年底，划归西吉县。1954年6月，十三区公所成立后，辖新堡、双树、原安、党河、长和5个乡。1956年2月，撤销党河乡，新增灵芝乡；6月，撤销新堡、长和乡。至1958年2月，车李区辖双树、原安、灵芝3个乡人委。1958年9月，调整为原安、灵芝2个乡人委。

(一）单民乡人民政府（1953年5月至12月）

(无资料)

(二）河东乡人民政府（1953年5月至12月）

(无资料)

(三）河西乡人民政府（1953年5月至12月）

(无资料)

(四）新堡乡人民政府、人民委员会（1954年6月至1956年6月）

乡　长　周尚福

副乡长　韩忠贵

(五）双树乡人民政府、人民委员会（1954年6月至1958年9月）

乡　长　张寿山

李富堂

贾玉仓

副乡长　高森林　李秀花（女）　陈　雄　张蔚山

(六）原安乡人民政府、人民委员会（1954年6月至1958年10月）

乡　长　李发树

张思维

王统华

剡金仓

张文彩

副乡长　王正元　吴世荣　李发树　张思维

第三届人民代表大会（1958年4月至10月）

代表选举：

第三届人大代表选举工作于1958年2月至4月举行。全乡共有5063人（男2638名，女2425名)，其中有选民2356人（男1249名，女1187名)，参加选举2214人，选举乡第三届人大代表37名。

代表会议：

第一次会议选举剡金仓为乡人委乡长（副乡长、委员、县代表不详)。

代表名单：

王俊英（女）　安书文（女）　朱存娃（女）　冯贵英（女）　张志英（女）
徐秀兰（女）　李玉君（女）　文润花（女）　韩宗贵　张全尧　张克选　魏成忠
陈秉银　高继岳　张思维　郭世明　樊书财　张玉珍　郭正明　陈占鳌　谢文奎
剡金仓　程连仓　王国仓　程来业　杜占海　冯海山　李满仓　李发树　张云宝
孙儒元　余宗选　韩维军　韩文玺　王孝先　郭全成　郭有川

附：

原安乡三届人大一次会议召开情况表

表6–16

届次	任期	第一次会议			选举			
		应出席代表	实出席代表	召开时间	乡长	副乡长	委员	县代表
三	2年	37名	不详	不详	剡金仓	不详	不详	不详

（七）党河乡人民政府、人民委员会（1954年6月至1956年2月）

乡　长　韩志仁

（八）长和乡人民政府、人民委员会（1954年6月至1956年6月）

乡　长　刘仲奎

（九）灵芝乡人民委员会（1956年2月至1958年10月）

乡　长　刘仲奎

　　　　马　駮

副乡长　周尚福　刘仲奎

第十四节　城关镇

（1956年2月至1958年10月）

1956年2月，从城关区划出东关、西关、南关、中街、后街，成立城关镇人民委员会，直属县人民委员会。镇下辖的“三关”“两街”为街道居民委员会。1958年3月，撤销区建制时，城关镇变为乡级镇，10月，撤销乡镇建制。

一、城关镇领导机构（1956年2月至1958年10月）

镇　长　马存余（兼，回，1956年8月至1957年4月）

　　　　霍桂芳（兼，女，1957年4月至1958年3月）

　　　　苗先海（1958年3月至10月）

副镇长　苗先海（1957年6月至1958年3月）

第三届人民代表大会（1958年4月至10月）

代表选举：

第三届人大代表选举工作于1958年2月至4月举行。成立镇选委会，霍桂芳为主席，苗先海、谢国太、韩自强、胡志强、张子涛、朱克义、董志祥、张国英为委员。选举镇第三届人大代表（名额不详）。

代表会议：

第一次会议于1958年4月召开。选举苗先海为镇人委镇长、县第三届人大代表9名。

附：

城关镇三届人大一次会议召开情况表

表6-17

届次	任期	第一次会议			选举			
		应出席代表	实出席代表	召开时间	镇长	副镇长	委员	县代表
三	2年	不详	不详	1958.4	苗先海	无	无	9名

二、城关镇辖街领导机构（1956年6月至1958年3月）

1956年6月，城关区的北街划归城关镇，属镇人委下辖的乡级政权组织。1958年3月撤销。

北街人民委员会（1956年6月至1958年3月）

街　长　哈迎喜（回）

第二章　社镇时期

（1958年10月至1983年12月）

第一节　人民公社及公社管理委员会（镇人民委员会）时期

（1958年10月至1968年3月）

一、民和人民公社（1958年10月至1961年7月）

社　长　陈国刚（1958年10月至1959年11月）

　　　　樊仁山（1959年11月至1960年7月）

　　　　高富德（1960年7月至1961年7月）

副社长　高富德（1958年10月至1960年7月）

　　　　樊仁山（1960年7月至1961年7月）

第四届人民代表大会（1960年12月至1963年4月）

代表会议：

第一次会议于1960年12月5日召开。会议听取和审议第三届代表会议以来的公社工作，讨论1960年决算和1961年预算；选举高富德为公社社长，樊仁山为副社长；选举县人大代表（不详）。

代表名单：

张凤兰　毛国荣　吴修身　徐建章　李志财　张金贵　崔秉坤　张春林　吴尚礼
王　凯　屈翠珍　韩桂兰　马秀英　王惠英　王进财　李万禄　霍桂芳　任太珍
高富德　张万海　苗先海　刘金贵　王国善　胡彦海　吕金花　景秀珍　杨志尚
刘秀英　穆德志　梁万福　徐志升　韩桂影　董万祥　鲍东礼　靳彩兰　高环珍
杨有元　阎克恭　杨玉珍　杨菊花　刘海棠　刘存发　李荣久　李桂英　吕仲元
吕汉功　陈东海　弈德希　马永成　王翠兰　李桂梅　李　克　陈发义　许逢忠
翟宗义　高宪成　李世荣　翟万有　杨西腾　毛万秀　张彦清　牟维珍　寺平德
杨桂兰　贾木兰　徐国孝　单志花　司效良　张彩花　马海林　杨克俊　王建成
马桂莲　彭菊英　靳中花　柳春祥　杨生林　郑秀莲　靳登元　张明清　张　望
阎生福　何玉兰　杨振刚　张维仁　李乱世　张自芳　吴国旗　冯秀清　王文波
贾维成　高凤英　张进财

附：

民和人民公社四届人大一次会议召开情况表

表6-18

届次	任期	第一次会议			选举			
		应出席代表	实出席代表	召开时间	主任	副主任	委员	县代表
四	2年	93名	不详	1960.12.5	高富德	樊仁山	不详	不详

二、民和人民公社管理委员会（1961年7月至12月）

主　任　高富德（1961年7月至12月）

副主任　王芝全（1961年7月至12月）

三、城关人民公社管理委员会（1961年12月至1964年10月）

主　任　高富德（兼，1961年12月至1963年4月）

　　　　王芝全（1963年4月至1964年10月）

副主任　王芝全（1961年12月至1963年4月）

　　　　马存余（回族，1961年12月至1964年10月）

第五届人民代表大会（1963年4月至1965年9月）

代表选举：

第五届人大代表选举工作于1963年3月至4月举行。成立公社选委会，高富德为主席，王志全、马存余、韩志强、穆丕显、刘汉杰、阎克恭为委员。选举公社第五届人大代表105名。

代表会议：

第一次会议于1963年4月召开。选举王芝全为公社管委会主任、马存余（回族）为副主任，县第五届人大代表18名。

附：

城关人民公社五届人大一次会议召开情况表

表6-19

届次	任期	第一次会议			选举			
		应出席代表	实出席代表	召开时间	主任	副主任	委员	县代表
五	2年	105名	不详	1963.4	王芝全	马存余	不详	18名

四、城关镇人民委员会（1964年10月至1968年3月）

镇　长　王福堂（1964年10月至　）

第六届人民代表大会（1965年9月至　）

代表选举：

城关镇第六届人大代表选举工作于1965年8月至9月举行。成立镇选委会，王福堂为主席，李守清、杨进花、杨和堂、景怀玉、王家象、米彦廷、张俊茂、张进荣为委员。全镇5个居委会、20个居民小组及县级机关857户、3539人，有选民2492人，于9月23日至24日召开选举大会，参加选民1454人，选举镇第六届人大代表49名（男25名，女24名；回族2名）。

代表会议：

第一次会议于1965年9月26日至28日召开。会议推举王福堂、李守清、翟万宝、张文、景怀玉、朱彦廷、李子才7人组成大会主席团。会议听取和审议王福堂所作的镇人民委员会工作报告；选举王福堂为镇人民委员会镇长、李守清、景怀玉、张德亮、杨进花4人为委员；王福堂、朱彦廷、马金秀、陈耀先、谭积田5人组成监察委员会；朱彦廷、张文、杨和堂、刘国祯、景怀玉、马素珍、王玉兰7人为人民陪审员；王福堂、景怀玉、翟万宝、海芝莲、李子才5人为县第六届人大代表。

代表名单：

黄淑英（女）　张玉英（女）　吴惠珍（女）　厚素珍（女）　马惠珍（女）
刘桂金（女）　杨秀花（女）　党桂英（女）　陈怀忠（女）　马秀英（女）
尹益吾（女）　张彩兰（女）　王玉兰（女）　王秀珍（女）　王桂兰（女）
尹秀兰（女）　马素珍（女）　杨进花（女）　王兰英（女）　陈兰英（女）
胡兰英（女）　陈桂芳（女）　冷志仁（女）　海芝莲（女，回）　江可真
翟万宝　景怀玉　王福堂　李子才　杨和堂　王秀忠　吴正亭　姚生福　谭积田
刘进忠　刘国祯　高兴亚　吕　恭　赵国瑞　胡学义　李守清　阎玉山　毛宏光
张守才　米彦清　张德亮　吕国衡　张　文　方园规

附：

城关镇六届人大一次会议召开情况表

表6-20

届次	任期	第一次会议			选举			
		应出席代表	实出席代表	召开时间	主任	副主任	委员	县代表
六	2年	49名	不详	1965.9.26	王福堂		4名	5名

五、城川人民公社管理委员会（1964年10月至1968年3月）

主　任　王芝全（1964年10月至　）

副主任　马存余（回族，1964年10月至　）

　　　　张勤业（1965年9月至　）

第六届人民代表大会（1965年9月至　）

代表选举：

第六届人大代表选举工作于1965年9月举行。成立公社选委会，马存余为主任，穆丕显、景化琨、李桂英、周应元、阎克恭、郑富贵、王建成、魏忠孝8人为委员。选举公社第六届人大代表（不详）。

代表会议：

第一次会议于1965年9月召开。听取和审议公社管委会工作报告，讨论1966年农业生产指标，提出了增产措施，形成相应决议；选举王芝全为公社管委会主任、张勤业为副主任，县第六届人大代表22名。

附：

城川人民公社六届人大一次会议召开情况表

表6-21

届次	任期	第一次会议			选举			
		应出席代表	实出席代表	召开时间	主任	副主任	委员	县代表
六	2年	不详	不详	1965.9	王芝全	张勤业	不详	22名

六、古城人民公社（1958年10月至1961年7月）

负　责　李德祥（1958年10月至1960年7月）

社　长　武文魁（兼，1960年7月至1961年7月）

（一）第四届人民代表大会（1960年12月至1963年4月）

代表会议：

第一次会议于1960年12月召开。选举武文魁为公社社长、县第四届人大代表8名。

七、古城人民公社管理委员会（1961年7月至1964年2月）

主　任　武文魁（兼，1961年7月至1963年7月）

　　　　张生荣（1963年7月至1964年2月）

副主任　李桂英（1962年4月至1964年2月）

（二）第五届人民代表大会（1963年4月至1965年9月）

代表选举：

第五届人大代表选举工作于1963年3月至4月举行。成立公社选委会，李桂英为主席，杜廷甫、韩文辉、杜金元、戴俊忠为委员。选举公社第五届人大代表83名。

代表会议：

第一次会议于1963年4月召开。选举武文魁为公社管委会主任、李桂英为副主任，高中时、张国林、曹俊山、戴俊忠、马京有、邹仲文、杜占西为人民陪审员；县第五届人大代表10名。

附：

古城人民公社四、五届人大一次会议召开情况表

表6-22

届次	任期	第一次会议			选举			
		应出席代表	实出席代表	召开时间	主任	副主任	委员	县代表
四	2年	不详	不详	1960.12	武文魁			8名
五	2年	83名	不详	1963.4	武文魁	李桂英	不详	10名

八、民联人民公社（1958年10月至1961年7月）

社　长　陈国良（兼，1959年9月至1960年7月）

　　　　苏世杰（兼，1960年7月至1961年7月）

副社长　夏玉英（女，1960年7月至1961年7月）

第四届人民代表大会（1960年11月至1963年4月）

代表会议：

第一次会议于1960年11月召开。选举苏世杰为公社社长，夏玉英（女）为副社长。

代表名单：

张菊英（女）　谢自英（女）　阎玉花（女）　阎明珍（女）　谷兰英（女）
张桂芳（女）　白民真（女）　张桂兰（女）　朱会琴（女）　刘芝花（女）
吉玉荣（女）　朱荞花（女）　李文秀　王全禄　张效刚　李进华　张进宝
张学忠　刘世玺　朱万章　阎芝俊　张汉永　赵钧科　张维刚　孙世华　张得禄
翟进宝　李进梅　雷高旺　黄韫明　吕同斌　杨自明　席振刚　席玉堂　李焕荣
李庆华　阎进旗　阎玉才　马　银　王维吉　金海清　王锡堃　张玉虎　张俊宗
谷自财　张镇芳　柳金川　吕文发　王万银

附：

民联人民公社四届人大一次会议召开情况表

表6-23

届次	任期	第一次会议			选举			
		应出席代表	实出席代表	召开时间	主任	副主任	委员	县代表
四	2年	不详	不详	1960.11	苏世杰	夏玉英	不详	不详

九、民联人民公社管理委员会（1961年7月至12月）

主　任　赵钧科（兼，1961年7月至12月）

副主任　夏玉英（女，1961年7月至12月）

四届人大二次会议于1962年5月11日召开。选举赵钧科为管委会主任，夏玉英（女）为副主任，孙世华、尹万明、张玉党、杨东学、阎芝俊、雷高旺、马兴花（女）、张海忠、王保仁、王发堂为委员。

十、甘沟人民公社管理委员会（1961年12月至1968年3月）

主　任　赵钧科（1961年12月至1965年8月）

　　　　朱彦仓（1965年8月至　）

副主任　夏玉英（女，1961年12月至1965年8月）

　　　　张百忍（1965年4月至　）

　　　　王玉英（女，1965年9月至　）

（一）第五届人民代表大会（1963年4月至1965年9月）

代表选举：

第五届人大代表选举工作于1963年3月至4月举行。成立公社选委会，夏玉英为主席，雷高旺、王保仁、马兴华、王发堂、孙世华、柳金川为委员。选举公社第五届人大会代表69名。

代表会议：

第一次会议于1963年4月召开。选举赵钧科为公社管委会主任，夏玉英（女）为副主任；选举县第五届人大代表8名。

（二）第六届人民代表大会（1965年9月至 ）

代表选举：

第六届人大代表选举工作于1965年9月举行。成立公社选委会，朱彦仓为主席，高富德、张彦珍、王玉英、魏中万、吴西文、孙世华、郭承祖、祁连合8人为委员。全社有3787户，20512人，有选民9994人（男5187人，女4807人），共划分62个选区，参加选举8260人，占81%，选出公社第六届人大代表187名（男135名，女52名）。

代表会议：

第一次会议于1965年9月27日至28日召开。应出席代表187名，实出席135名。会议听取和审议并通过王玉英所作的管委会工作报告；选举朱彦仓为公社管委会主任，张百忍、王玉英为副主任，李进武、吴希文、孙世华、张恭、张万顺、张秀珍、夏玉英、王树曾、马彩兰、郭承祖10人为委员；选举高富德、杨有才、杨效振、李进华、桑秀兰5人组成监察委员会，高富德为主任；马耀成、祁连合、豆顺吉、马金花4人为人民陪审员；成立管委会下设的文教卫生、民政调解、财粮贸易、生产建设、治安保卫5个委员会；选举县第六届人大代表20名（男14名，女6名）。

附：

甘沟人民公社五、六届人大一次会议召开情况表

表6-24

届次	任期	第一次会议			选举			
		应出席代表	实出席代表	召开时间	主任	副主任	委员	县代表
五	2年	69名	不详	1963.4	赵钧科	夏玉英		8名
六	2年	187名	135名	1965.9.27	朱彦仓	张百忍 王玉英	10名	20名

十一、四河人民公社（1958年10月至1961年7月）

负　责　靳利祯（1958年10月至1959年9月）

社　长　王广均（兼，1959年9月至1960年7月）

　　　　张俊才（兼，1960年7月至1961年7月）

副社长　张俊才（1959年9月至1960年7月）

　　　　朱彦仓（1960年7月至1961年7月）

（一）第四届人民代表大会（1960年12月至1963年4月）

代表会议：

第一次会议于1960年12月召开。选举张俊才为公社社长，朱彦仓为副社长；选举县第四届人大代表8名。

十二、四河人民公社管理委员会（1961年7月至1968年3月　）

主　任　朱彦仓（兼，1961年7月至1965年8月）

　　　　刘继祖（1965年8月至　）

（二）第五届人民代表大会（1963年4月至1965年9月）

代表选举：

第五届人大代表选举工作于1963年3月至4月举行。成立公社选委会，魏礼芝为主席，王治民、王海珠、刘淑贞、赵政、张文秉、陈金花为委员。选举公社第五届人大代表71名。

代表会议：

第一次会议于1963年4月召开。选举朱彦仓为公社管委会主任、县第五届人大代表7名。

代表名单：

雷庆玲（女）　何志花（女）　吴俊花（女）　张巧花（女）　张梅英（女）

周桂莲（女）　张玉英（女）　裴玉花（女）　何玉珍（女）　陈金花（女）

张秀英（女）　王玉英（女）　芦梅英（女）　陈芝秀（女）包秀英（女，上赵）

包秀英（女，页岔）　雷廷彦　温养志　靳光华　王俊贤　陈江西　王克功

刘锡珍　冉福海　高登科　赵　政　康具财　王志臣　马耀德　罗万林　王宗文

周发祥　李海元　周志杰　周国军　魏礼芝　颉志荣　靳元昌　王富仓　厍耀华

贾凤永　张书申　王海珠　裴奉旗　陈效杰　靳发祥　臧文炳　张国彦　张具良

张守业　尤克芳　尤国英　王孝仁　臧存礼　朱彦仓　张应录　马应明　杨生录

张炳均　张校乾　窦勤忠　窦裕忠　张世俊　王满福　赵建义　何效明

（三）第六届人民代表大会（1965年9月至　）

代表选举：

第六届人大代表选举工作于1965年9月举行。成立公社选委会，刘继祖为主席，雷明道、韩维屏、颉志荣、王尚斌、谢仲奎、李玉珍为委员。选举公社第六届人大代表（不详）。

代表会议：

第一次会议于1965年9月25日至27日召开。出席代表117名。听取和审议公社管委会工作报告；选举刘继祖为公社管委会主任，韩维屏、谢恩奎、夏吉、柳秀英（女）、尤国英、张书绅、王尚斌、刘锡珍、温兰英（女）、郭正海为委员，王景华、颉志荣、王秀英（女）、王克功、连有智为监委会委员，颉志荣、杜生林、田明仓、靳光华为人民陪审员；选举县第六届人大代表14名。

附：

四河人民公社四、五、六届人大一次会议召开情况表

表6-25

届次	任期	第一次会议			选举			
		应出席代表	实出席代表	召开时间	主任	副主任	委员	县代表
四	2年	不详	不详	1960.12	张俊才	朱彦仓	不详	8名
五	2年	71名	不详	1963.4	朱彦仓		不详	7名
六	2年	不详	117名	1965.9	刘继祖		10名	14名

十三、红寺人民公社（1958年10月至1961年7月）

社　长　王占歧（兼，1959年9月至1960年7月）

　　　　万振绪（兼，1960年7月至1961年7月）

副社长　李爱荣（1959年4月至1961年7月）

十四、红寺人民公社管理委员会（1961年7月至1968年3月）

主　任　李爱荣（1961年7月至1963年4月）

　　　　张富银（1963年4月至1965年8月）

　　　　张富慧（1966年5月至　）

副主任　靳元昌（1965年4月至　）

（一）第五届人民代表大会（1963年4月至1965年9月）

代表选举：

第五届人大代表选举工作于1963年3月至4月举行。成立公社选委会，崔树森为主席，庞祥、杨栋材、谢永成、徐仲山、张志爱、赵生贵为委员。选举出公社第五届人大代表90名。

代表会议：

第一次会议于1963年4月召开。选举张富银为公社管委会主任；选举县第五届人大代表10名。

（二）第六届人民代表大会（1965年9月至　）

代表选举：

第六届人大代表选举工作于1965年9月举行。成立了公社选委会，杨彩吉为主席，徐仲山、孙延寿、庞祥、王发堂、张志惠、刘桂荣、赵兰英、李进禄为委员。全社有选民10043人（男5164人，女5879人），参加选举的8117人（男4247人，女3870人），选举公社第六届人大代表219名（男163名，女56名；贫下中农207名；党员115名；青年17名；其他8名）。

代表会议：

第一次会议于1965年9月27日召开。应出席代表219名，实出席163名。会议推举

靳元昌、杨彩吉、丁凤英（女）、张学恭、阎高花（女）、马俊清、樊生林7人组成大会主席团。会议听取和审议靳元昌所作的公社管委会工作报告；选举靳元昌为公社管委会副主任，孙延寿、徐仲山、杨栋材、苏彩芹（女）、王发堂、王生荣、阎高花（女）、厚月英（女）、张学恭、刘克歧10人为管委会委员；选举杨彩吉为公社监委会主任，吴志祥、马俊清、张锦堂、丁凤英（女）4人为监委会委员；选举赵兰英（女）、张和、韩忠信、杜成举、张具海5人为人民陪审员；选举靳元昌、韩芝兰（女）、张志惠、王发堂、阎高花（女）、赵有花（女）、李进禄、马俊清、厚月英（女）、庞祥、樊生林、李清、魏文元、张学恭、杨福成、岳安太、陈友谊、伏智信、张翠花（女）19人为县第六届人大代表。

附：

红寺人民公社五、六届人大一次会议召开情况表

表6-26

届次	任期	第一次会议			选举			
		应出席代表	实出席代表	召开时间	主任	副主任	委员	县代表
五	2年	90名	不详	1963.4	张富银		不详	10名
六	2年	219名	163名	1965.9.27		靳元昌	10名	19名

十五、民主人民公社（1958年10月至1961年7月）

社　长　崔树森（兼，1958年10月至1960年7月）

　　　　文纪才（兼，1960年7月至1961年7月）

副社长　朱维宗（1959年9月至1960年7月）

十六、民主人民公社管理委员会（1961年7月至12月）

主　任　文纪才（兼，1961年7月至12月）

十七、雷大人民公社管理委员会（1961年12月至1968年3月）

主　任　马子坤（兼，1961年12月至1965年8月）

　　　　杨茂林（1965年8月至　）

副主任　杨守仁（1965年4月至　）

　　　　贾　盈（1965年9月至　）

（一）第五届人民代表大会（1963年4月至1965年9月）

代表选举：

第五届人大代表选举工作于1963年3月至4月举行。成立公社选委会，马子坤为主席，吕应魁、张百忍、石达、吉文德、戴秉文、谢彩花为委员。选举公社第五届人大代表77名。

代表会议：

第一次会议于1963年4月召开。选举马子坤为公社管委会主任、县第五届人大代表9名。

（二）第六届人民代表大会（1965年9月至　）

代表选举：

第六届人大代表选举工作于1965年9月举行。成立公社选委会，杨茂林为主席，文纪才、尤根文、程仰琴、贾作祥、陈聚、石达、张文贤、王俊业8人为委员。选举公社第五届人大代表（不详）。

代表会议：

第一次会议于1965年9月召开。会议听取和审议公社管委会的工作报告，讨论1966年农业生产指标，提出增产措施，形成相应决议；选举县第六届人大代表（不详）和公社管委会、监委会，杨茂林为管委会主任，杨守仁、贾盈为副主任，杨克叔为监委会主任。

附：

雷大人民公社五、六届人大一次会议召开情况表

表6-27

届次	任期	第一次会议			选举			
		应出席代表	实出席代表	召开时间	主任	副主任	委员	县代表
五	2年	77名	不详	1963.4	马子坤		不详	9名
六	2年	不详	不详	1965.9	杨茂林	杨守仁 贾　盈	不详	不详

十八、永和人民公社（1958年10月至1961年7月）

社　长　何俊清（1959年4月至1960年7月）

　　　　朱维宗（兼，1960年7月至1961年7月）

副社长　王振纲（1959年9月至1961年7月）

　　　　王　玉（1960年7月至1961年7月）

十九、永和人民公社管理委员会（1961年7月至12月）

主　任　杨彩吉（兼，1961年7月至12月）

副主任　王振纲（1961年7月至12月）

二十、李店人民公社管理委员会（1961年12月至1968年3月）

主　任　杨彩吉（兼，1961年12月至1963年5月）

　　　　邓思义（1963年5月至　）

副主任　王振纲（1961年12月至1962年12月）

宋世明（1963年4月至1965年9月）

孙延福（1965年9月至　）

（一）第五届人民代表大会（1963年5月至1965年9月）

代表选举：

第五届人大代表选举工作于1963年3月至4月举行。成立公社选委会，杨彩吉为主席，王文华、张供华、刘永杰、胡正基、刘富英、王生禄为委员。选举公社第五届人大代表81名。

代表会议：

第一次会议于1963年5月召开。选举邓思义为公社管委会主任、宋世明为副主任，县第五届人大代表9名。

（二）第六届人民代表大会（1965年9月至　）

代表选举：

第六届人大代表选举工作于1965年9月举行。成立公社选委会，邓思义为主任，周世书、王月花、张尚志、常国政、韩学荣、李国富、刘廷汉、刘秉乾8人为委员。选举公社第六届人大代表129名（女38名）。

代表会议：

第一次会议于1965年9月召开。选举邓思义为公社管委会主任、孙延福为副主任，刘生楷、张尚志、王月花（女）、周世书、王维民、杜芝秀（女）、王正乾为委员；选举邓思义、孙延福、田具才、田逢春、杜芝秀（女）、张国政、王敦厚、王花翠（女）、王廷杰、杜明山、王维民、薛军海、王秀英（女）、张贡华14人为县第六届人大代表。

代表名单：

范积香（女）　胡玉珍（女）　杜芝秀（女）　王月花（女）　陈凤英（女）
张翠英（女）　郑秀英（女）　郑粉粉（女）　杨玉花（女）　李金花（女）
杨相相（女）　郭秀英（女）　李引秀（女）　王秀英（女）　王玉娥（女）
李秀英（女）　王花翠（女）　高银香（女）　高谋谋（女）　张蒲英（女）
常金英（女）　王秀英（女）　梁支英（女）　贾国秀（女）　常淑贞（女）
马玉兰（女）　张豆香（女）　刘芝英（女）　薛翠英（女）　任莲英（女）
王大女（女）　王兵兵（女）　王劳劳（女）　任俊花（女）　黎兰英（女）
马凤英（女）　李国福　王凤明　王世振　张汉敏　王宗礼　李季回　张尚志
孙延福　赫学荣　李枝丰　王忠勇　王守业　郭忠祥　王忠院　王庭仁　王兴国
郑荣忠　王天祥　吴文治　吴文德　刘俊祥　王正乾　王维民　王福存　王金昌
侯占奎　李炳杰　李文俊　王文义　孔垂新　王进财　王全业　王进元　王进吉
王秋位　王俊明　马克明　马东位　马俊奎　韩振华　刘树杰　马宝山　程发祥
周世书　张　勤　王岁旭　韩发成　王具平　李九宫　王正太　王存良　王志中
王建元　常徐子　李　中　常永文　常经理　李春茂　邓思义　常国政　马金禄
马永安　胡正吉　薛致民　薛克元　薛钧海　刘廷汉　张贡华　刘生楷　刘永杰

刘维吉　杜树明　刘怀章　刘仰贤　杜玉仓　马国记　刘有禄　田具才　刘景山
李丙福　王廷杰　郭志高　郭有清　郭守仓　李继元　晋永祥　王树珍　刘具章
柴正有　刘庆仁　田逢春　黎文祥　李海堂

附：

李店人民公社五、六届人大一次会议召开情况表

表6-28

届次	任期	第一次会议			选举			
		应出席代表	实出席代表	召开时间	主任	副主任	委员	县代表
五	2年	81名	不详	1963.5	邓思义	宋世明	不详	9名
六	2年	129名	不详	1965.9	邓思义	孙延福	7名	14名

二十一、平和人民公社（1958年10月至1961年7月）

负　责　曹升荣（1958年10月至1959年9月）

社　长　曹升荣（1959年9月至1960年12月）

　　　　李善堂（1960年12月至1961年7月）

副社长　梁兴智（1959年9月至1960年7月）

　　　　席举科（1960年7月至1961年7月）

二十二、平和人民公社管理委员会（1961年7月至12月）

主　任　李善堂（1961年7月至12月）

二十三、治平人民公社管理委员会（1961年12月至1968年3月）

主　任　曹升荣（兼，1961年12月至1963年4月）

　　　　史国忠（1963年4月至1965年8月）

　　　　崔兆善（1965年8月至　）

副主任　靳宗周（1965年4月至9月）

　　　　韩来禄（1965年9月至　）

（一）第五届人民代表大会（1963年4月至1965年9月）

代表选举：

第五届人大代表选举工作于1963年3月至4月举行。成立公社选委会，李汉强为主席，王金荣、屈有祥、孙应魁、王月花、王永珊、杨焕贞为委员。选举公社第五届人大代表67名。

代表会议：

第一次会议于1963年4月召开。选举史国忠为公社管委会主任，县第五届人大代表9名。

（二）第六届人民代表大会（1965年9月至　）

代表选举：

第六届人大代表选举工作于1965年9月举行。成立公社选委会，靳宗周为主席，

任汉贵、韩来禄、张仲伦、李向璧、樊志伟、张廷栋、李发荣、李芳荣为委员。共划分49个选区，选举公社第六届人大代表135名（女33名）。

代表会议：

第一次会议于1965年9月召开。选举崔兆善为公社管委会主任、韩来禄为副主任；选举县第六届人大代表（不详）。

附：

治平人民公社五、六届人大一次会议召开情况表

表6-29

届次	任期	第一次会议			选举			
		应出席代表	实出席代表	召开时间	主任	副主任	委员	县代表
五	2年	67名	不详	1963.4	史国忠		不详	9名
六	2年	135名	不详	1965.9	崔兆善	韩来禄	不详	不详

二十四、共和人民公社（1958年10月至1961年7月）

社　长　王维祥（兼，1959年9月至1960年7月）

　　　　李宝珍（兼，1960年7月至1961年7月）

副社长　阎忠孝（1959年9月至1961年7月）

第四届人民代表大会（1960年12月至1963年4月）

代表选举：

第四届人大代表选举工作于1960年11月18日开始至12月5日举行，用时17天。全公社总人口为19906人，有选民9368人，以生产队为单位共划分为38个选区，参加选举的7822人，参选率为83.5%；共选举公社第四届人大代表155名（男120名，女35名；党员108名，团员17名，群众30名），包括工人、农民、干部、教师、商业职员等。

代表会议：

第一次会议于1960年12月5日召开，应出席代表155名，实出席131名，列席5名。会议推举杨迎首、朱照才、李宝珍、贾玉英、汪生有、伏润兰等7人组成大会主席团，李宝珍为执行主席。会议听取和审议公社管委会的工作报告，总结3年来的工作成绩，检查存在的主要问题，并讨论如何贯彻中央12条政策及5条方针，大力开展代食品加工、办好食堂、全面安排好社员生活、冬季农业、畜牧业生产等问题，讨论决议今后坚决彻底纠正“五风”、实行“四同”，改变领导作风和工作方法，不折不扣地贯彻党的政策，密切联系群众，树立实事求是、艰苦奋斗、埋头苦干、克服困难的坚强信心；讨论决议1961年国民经济发展计划；选举李宝珍为公社管委会主任、阎忠孝为副主任，杨迎首、朱照才、侯俊英（女）、李玉仓、汪生有、贾玉英（女）、苏映池、刘秉乾、王汉栋、赵万山、王尚义、王秀花（女）等13人为委员，县第四届人大代表12名。

附：

共和人民公社四届人大一次会议召开情况表

表6-30

届次	任期	第一次会议			选举			
		应出席代表	实出席代表	召开时间	主任	副主任	委员	县代表
四	2年	155名	131名	1960.12.5	李宝珍	阎忠孝	13名	12名

二十五、共和人民公社管理委员会（1961年7月至12月）

主　任　杨世禄（1961年7月至12月）

二十六、仁大人民公社管理委员会（1961年12月至1968年3月）

主　任　杨世禄（1961年12月至1963年4月）

　　　　马来仓（1965年8月至　）

副主任　王玉阶（1966年3月至　）

（一）第五届人民代表大会（1963年4月至1965年9月）

代表选举：

第五届人大代表选举工作于1963年3月至4月举行。3月10日，成立公社选委会，程国良为主席，张守乾、刘秉乾、李敏学、刘鹏举为成员。选举公社第五届人大代表65名（男53名，女12名；党员35名，团员3名，群众27名），包括工人、农民、机关人员、文教、商业等方面代表。

代表会议：

第一次会议于1963年4月召开，应出席代表65名，实出席65名。会议听取和审议公社管委会的工作报告，并作出相应的决议；选举县第五届人大代表7名（公社管委会选举情况不详）。

（二）第六届人民代表大会（1965年9月至　）

代表选举：

第六届人大代表选举工作于1965年9月1日至26日举行。9月6日成立公社选委会，马来仓为主席，马廷秀、刘鹏举、刘振太、连俊蓉（女）、张佑祥、张润德为委员。全社有选民10729人，24个大队共划分为81个选区，参加选举9413人，参选率为84.9%，选举公社第六届人大代表207名（男156名，女51名；党员86名，团员25名；群众75名，干部21名），包括工人、农民、机关人员、文教、商业等方面代表。

代表会议：

第一次会议于1965年9月24日召开，应出席代表207名，实出席171名（男132名，女39名）。会议听取和审议刘鹏举所作的代表资格审查报告、马廷秀所作的公社管委会工作报告，并作出相应的决议；选举产生公社管委会、监委会、人民陪审员，成立管委会下设的5种委员会；选举马来仓为公社管委会主任，选举县第六届人大代表18名。

附：

仁大人民公社五、六届人大一次会议召开情况表

表6-31

届次	任期	第一次会议			选举			
		应出席代表	实出席代表	召开时间	主任	副主任	委员	县代表
五	2年	65名	65名	1963.4	不详	不详	不详	7名
六	2年	207名	171名	1965.9.24	马来仓		不详	18名

二十七、高界人民公社（1958年10月至1961年7月）

负　责　张生荣（1958年10月至1959年4月）

社　长　邓思义（兼，1959年9月至1961年7月）

副社长　马存余（回，1959年4月至1961年7月）

　　　　赵金仓（1960年7月至1961年7月）

二十八、高界人民公社管理委员会（1961年7月至1968年3月）

主　任　杨志诚（兼，1961年7月至1965年8月）

　　　　张富银（1965年8月至　）

副主任　张万海（1963年2月至　）

　　　　郜文学（1965年9月至　）

(一) 第五届人民代表大会（1963年4月至1965年9月）

代表选举：

第五届人大代表选举工作于1963年3月5日至4月10日举行。成立公社选委会，杨志诚为主席，孟建邦、祁海山、李明芳、韩瑞祥、张金贵、吴修身为委员。共有选民3799人（男1948人，女1851人），选举公社第五届人大代表83名（女15名）。

代表会议：

第一次会议于1963年4月10日召开，应出席代表83名，实出席70名，列席10名。会议推举孟建邦、杨志诚、祁海山、师圣、杨殿林、祁海忠、汪儒林、韩瑞祥、杨栋元、杜芳兰、吴修身11人组成大会主席团，杨志诚为执行主席。会议听取韩瑞祥所作的代表资格审查情况的报告，听取和审议并通过杨志诚所作的公社管委会工作报告；选举杨志诚为公社管委会主任，张万海为副主任；祁海山、韩瑞祥、吴修身、张金贵、师圣、祁海忠、伏宗武、王世成、王玉玺、杨殿林为委员；孟建邦、李明芳、杨栋元、马俊勤、赵加善、向荣花、张玉财7人组成监察委员会，孟建邦为主任；选举杨志诚、赵凤城、尹作堂、王海江、吴修身、杜芳兰、祁海忠7人为县第五届人大代表；师圣、祁海忠、韩瑞祥、王焕章、张玉财、黄金仓为人民陪审员。

（二）第六届人民代表大会（1965年9月至　）

代表选举：

第六届人大代表选举工作于1965年9月举行。成立公社选委会，张富银为主席，张金贵、杨贵昌、胡广兴、吕玉合、周笃庆、王玉玺为委员。全社有17个大队，143个生产队，2706户，14187人（男7153人，女7034人），有选民6944人（男3496人，女3448人），占48.9%。9月22日至23日召开了各选区选举大会，参加选民6211人，占选民的89.4%。选举公社第六届人大代表149名。

代表会议：

第一次会议于1965年9月27日至28日召开，应出席代表149名，实出席122名（女29名）。会议推举曹升荣、张富银、胡广兴、李玉兰（回）、王秀珍、张金贵、韩金录、李仲堂、伏宗武9人组成大会主席团。会议听取和审议并通过曹升荣所作的公社管委会工作报告；选举张富银为公社管委会主任，张万海、郜文学为副主任，张金贵、胡广兴、王焕章、孙长有、王菊珍、王玉玺、伏宗武、李俊发、周笃庆为委员；曹升荣、李明芳、任生财、吕金仓、王秀珍5人组成监察委员会，曹升荣为主任；选举赵奉成、加治宽、张富银、王菊珍（女）、张金贵、胡广兴、翟存仓、王焕章、李秀堂、李俊发、伏宗武、杨堪英（女）、李玉兰（女）13人为县第六届人大代表；成立民政调解、武装治安、文教卫生、生产建设、财政贸易5个委员会。

附：

高界人民公社五、六届人大一次会议召开情况表

表6-32

届次	任期	第一次会议			选举			
		应出席代表	实出席代表	召开时间	主任	副主任	委员	县代表
五	2年	83名	70名	1963.4.10	杨志诚	张万海	10名	7名
六	2年	149名	115名	1965.9.27	张富银	张万海 郜文学	9名	13名

二十九、灵芝人民公社（1958年10月至1961年7月）

负　责　樊　荆（1958年10月至1960年12月）

社　长　樊　荆（1960年12月至1961年7月）

三十、灵芝人民公社管理委员会（1961年7月至1968年3月）

主　任　贾玉仓（1961年7月至1965年8月）

　　　　李文秀（1965年8月至　）

副主任　韩维屏（1963年4月至1966年4月）

　　　　李文光（1965年4月至　）

（一）第四届人民代表大会（1960年12月至1963年4月）

代表会议：

第一次会议于1960年12月6日至8日在灵芝公社召开。会议听取和审议并通过樊荆所作的公社工作报告；选举樊荆为公社社长，县第四届人大代表5名。

（二）第五届人民代表大会（1963年4月至1965年9月）

代表选举：

第五届人大代表选举工作于1963年3月至4月举行。成立公社选委会，贾玉仓为主席，郑国文、常建勤、刘治岐、周玉川、李尚武、宋宏兴为委员。全社总人口9579人（男4808人，女4771人），登记选民4284人（男2366人，女1918人），共划分为5个选区，选举公社第五届人大代表75名（女10名）。

代表会议：

第一次会议于1963年4月8日至9日在灵芝公社召开，应出席代表72名，实出席72名。会议推举李尚武、贾玉仓、郑国文、常建勤、刘治岐、周玉川组成大会主席团。会议听取和审议并通过贾玉仓所作的公社管委会工作报告；选举贾玉仓为公社管委会主任，韩维屏为副主任；选举县第五届人大代表8名（女1名）。

代表名单：

李荞花（女）　吴桂兰（女）　兰翠珍（女）　范世花（女）　吴桂兰（女）
李春花（女）　张秀娥（女）　张桂兰（女）　李换花（女）　刘自清　邹　迁
邹仓珍　李勤仓　张前忠　王　春　王家象　王维钦　王国汉　王德堂　王彦奎
王晓仁　刘永祥　张成义　贾玉仓　樊友商　马　骏　马治国　尹振华　张进才
张富德　李满贵　高生财　韩佳平　杜效财　岳祯祥　靳志鹏　魏福堂　吴海云
宋克文　常建勤　张秉义　杨堆录　孙文秀　张换花　周玉川　张进明　张志刚
任　毅　李世仓　邹振汉　白映兰　尹国瑞　吕正德　庞应奎　庞卫子　陈福海
何海生　杜文敏　张文愿　郭世忠　阎振华　张维汉　李应忠　郑世选　郑心文
张成义　靳建生　韩应堂　刘治岐　吴世荣　李润仓

（三）第六届人民代表大会（1965年9月至　）

代表选举：

第六届人大代表选举工作于1965年9月举行。成立公社选委会，李文光为主席，李翰、雷兴存、吕振英、王德堂、吴桂兰、张文彩为委员。选举公社第六届人大代表95名。

代表会议：

第一次会议于1965年9月召开。选举李文秀为公社管委会主任，李文光为副主任；选举县第六届人大代表9名。

代表名单：

王彩花　马兰英　李秀芳　陈连英　吴桂兰　兰翠珍　杨秀兰　赵秀英　杨桂英
张玉娥　高凤英　潘怀珠　李彩花　李兰香　王　春　王　虎　王德堂　尹振华
王国汉　王世勤　王有忠　王根全　尹兰州　尹成业　尹国瑞　李　翰　李文光

李玉林　李文秀　高生才　刘俊才　李金秀　张金忠　陈福海　刘自清　樊友商
柳繁花　郑秀英　陈世英　姚千祥　靳志朋　胡占川　靳成贵　靳福贵　张玉玺
刘仲奎　郑重新　庞兴奎　张成义　冀占仓　张志仁　韩志成　邹　迁　任银仓
李瑞珍　高应仓　张彩花　李虎伟　许应珍　张德贵　朱占良　孙文秀　杜效才
王凤鸣　白应龙　张福财　张彦虎　吕振英　李宗义　张志信　吕俊英　雷兴存
谷根财　郑国文　庞金荣　杜文赋　韩玉英　逯金秀　李新兰　靳守廷　刘治岐
吴世荣　武全德　孙秀英　吴玉芳　陈秀英　杨世福　张文元　张克忠　李秀英
张世花　常建勤　李宗效　魏效义

附：

灵芝人民公社四、五、六届人大一次会议召开情况表

表6-33

届次	任期	第一次会议			选举			
		应出席代表	实出席代表	召开时间	主任	副主任	委员	县代表
四	2年	不详	不详	1960.12.6	樊　荆		不详	5名
五	2年	72名	72名	1963.4.8	贾玉仓	韩维屏	不详	8名
六	2年	95名	不详	1965.9	李文秀	李文光	不详	9名

三十一、原安人民公社（1958年10月至1961年7月）
负　责　张文彩（1958年10月至1959年9月）
社　长　杨志诚（1959年9月至1960年12月）
　　　　郑富仓（1960年12月至1961年7月）
副社长　张　心（1959年4月至1960年7月）
　　　　郑富仓（1960年7月至12月）

三十二、原安人民公社管理委员会（1961年7月至1968年3月）
主　任　郑富仓（1961年7月至1965年8月）
　　　　厚修身（1965年8月至　）
副主任　王振纲（1965年9月至　）
（一）第五届人民代表大会（1963年4月至1965年9月）
代表选举：

第五届人大代表选举工作于1963年3月至4月举行。3月6日成立公社选委会，张文彩为主席，剡金仓、张福莲、张润德、潘文珍、李发树、王吉财为委员。全社共划分为20个选区，成立20个选民审查小组，由3至5人组成。选举工作统一在3月24日至26日进行，全社共有选民4718人，实际参加4199人，占选民总数的89%，选举公社第五届人大代表79名（党员52名，团员8名。群众19名）。

代表会议：

第一次会议于1963年4月召开。选举郑富仓为公社管委会主任，张思维、张润法、陈法福、潘文珍、陈秉法、程占祥、王鼎新、靳升堂、王正元、靳俊珍、王尚斌、单润卿为委员；张文彩、李发树、剡金仓、李景功、李效民为公社监察委员会委员；选举县第五届人大代表9名。

（二）第六届人民代表大会（1965年9月至　）

代表选举：

第六届人大代表选举工作于1965年9月举行。成立公社选委会，张俊财为主席，蔡福海、张思维、刘永福、王积财、李自贤、单润卿、武汉民、靳俊珍为委员。选举公社第六届人大代表（不详）。

代表会议：

第一次会议于1965年9月25日至26日在公社召开。会议听取和审议公社管委会工作报告，并作出了相应的决议；选举厚修身为管委会主任，王振纲为副主任；张思维、蔡福海、王尚武、张福连、郭正明、靳俊珍、单润卿为委员，张俊财、王福元、剡金仓、郭应花、靳升堂为监察委员会委员；张思维、李锦宫、陈秉发、靳俊珍为人民陪审员；选举县第六届人大代表10名。

代表名单：

马应花（女）　靳俊珍（女）　杜兰英（女）　郭玉珍（女）　吴玉明（女）
齐文花（女）　李香秀（女）　陈玉香（女）　张福建（女）　王堆儿（女）
吕海兰（女）　张勤英（女）　韩玉兰（女）　孟玉花（女）　郭应花（女）
杨秀花（女）　李树香（女）　齐玉英（女）　刘世军（女）　孔德秀（女）
王叔兰（女）　张玉兰（女）　马凤英（女）　郭秀兰（女）　李玉军（女）
李发俊　王俊录　朱兴贵　程建祥　张彦明　张俊财　陈志信　李世荣　高正堂
郭万忠　刘国瑞　陈秉发　张生财　郭正明　韩玉德　牛玉全　张文科　张思维
张满川　雷丰声　王福元　王应仓　白宝艰　范海成　蔡福海　马相明　韩玉明
马忠礼　杨青山　单润卿　李锦宫　辛彦明　李自贤　李宝荣　李效明　张兆录
尹秀忠　张文财　宋世忠　韩世清　厚修身　刘润田　尹思俊　李昌荣　贾具仓
张玉珍　郭有川　靳升堂　王正元　吕尚武　王振纲　韩治业　郭治甲　吕贵邦
剡金仓　韩志西　马玉焯　李长俊　陈德福　聂禄堂　郭世明　王具贤　王甲祥
刘永福　姚生元　武汉明　张思忠

附：

原安人民公社五、六届人大一次会议召开情况表

表6-34

届次	任期	第一次会议			选举			
		应出席代表	实出席代表	召开时间	主任	副主任	委员	县代表
五	2年	79名	不详	1963.4	郑富仓		12名	9名
六	2年	不详	不详	1965.9.25	厚修身	王振纲	7名	10名

三十三、八里人民公社管理委员会（1961年12月至1964年2月）

主　任　潘万益（1961年12月至1964年2月）

第五届人民代表大会（1963年4月至1964年2月）

代表选举：

第五届人大代表选举工作于1963年3月至4月举行。成立公社选委会，潘万益为主席，王永禄、陈正元、靳登元、王建成、彭菊英、张耀先6人为委员。选举公社第五届人大代表63名。

代表会议：

第一次会议于1963年4月召开。选举潘万益为公社管委会主任、县第五届人大代表8名。

附：

八里人民公社五届人大一次会议召开情况表

表6-35

届次	任期	第一次会议			选举			
		应出席代表	实出席代表	召开时间	主任	副主任	委员	县代表
五	2年	63名	不详	1963.4	潘万益			8名

三十四、贾河人民公社管理委员会（1961年12月至1962年6月）

主　任　程映珍（1961年12月至1962年6月）

三十五、司桥人民公社管理委员会（1962年6月至1968年3月）

主　任　程映珍（1962年6月至1963年4月）

董志德（1963年4月至1965年8月）

阎国珠（1965年8月至　）

（一）第五届人民代表大会（1963年4月至1965年9月）

代表选举：

第五届人大代表选举工作于1963年3月至4月举行。成立公社选委会，李翰为主席，程映珍、单子花、牟得财、杨占元、董志德、辛世荣为委员。选举公社第五届人大代表65名。

代表会议：

第一次会议于1963年4月召开。选举董志德为公社管委会主任、县第五届人大代表8名。

（二）第六届人民代表大会（1965年9月至　）

代表选举：

第六届人大代表选举工作于1965年9月举行。成立公社选委会，阎国珠为主席，段克仁、王永山、李云九、司智宽、司秀兰、张国璧为委员。全社有选民4064人（男

2357人，女1707人），共划分12个选区、75个选民小组，于9月29日至30日召开了选举大会，参加选民3211人（男2216人，女995人），选举公社第六届人大代表81名。

代表会议：

第一次会议于1965年9月24日召开，应出席代表81名，实出席76名，列席23名。会议听取和审议并通过阎国珠所作的公社管委会工作报告；选举公社管委会委员9名，阎国珠为主任；选举县第六届人大代表名9名、人民陪审员4名。

附：

司桥人民公社五、六届人大一次会议召开情况表

表6-36

届次	任期	第一次会议			选举			
		应出席代表	实出席代表	召开时间	主任	副主任	委员	县代表
五	2年	65名	不详	1963.4	董志德		不详	8名
六	2年	81名	76名	1965.9.24	阎国珠		9名	9名

三十六、威戎人民公社管理委员会（1961年12月至1968年3月）

主　任　樊仁山（兼，1961年12月至1965年8月）

　　　　潘万益（1965年8月至　）

副主任　张进甲（1961年12月至1963年8月）

　　　　韩瑞祥（1965年4月至　）

　　　　樊仁山（1965年9月至　）

（一）第五届人民代表大会（1963年4月至1965年9月）

代表选举：

第五届人大代表选举工作于1963年3月7日至4月14日举行。成立公社选委会，樊仁山为主任委员，张继天、李文光、杨俊华、代喜余、陈秉州、高国柱为委员。全社有27个大队，99个生产队，2714户，15193人（男7463人，女7730人），有选民7342人（男3483人，女3859人）。共划分27个选区，于3月28日召开选举大会，参加选举5482人，占选民的75%，选举公社第五届人大代表97名（女13名）。

代表会议：

第一次会议于1963年4月14日召开。听取和审议公社管委会的工作报告，选举樊仁山为公社管委会主任，张进甲为副主任，公社管委会委员13名（其中女1名），监察委员会委员7名；选举县第五届人大代表16名、人民陪审员8名。

（二）第六届人民代表大会（1965年9月至　）

代表选举：

第六届人大代表选举工作于1965年9月举行。成立公社选委会，潘万益为主席，陈秉州、樊春林、韩瑞祥、贾盈、陈存邦、岳淑香、温高军、宋世卿为委员。选举公社第六届人大代表175名。

代表会议：

第一次会议于1965年9月27日至29日召开，应出席代表175名，实出席119名。会议推举邹世敏、韩瑞祥、樊春林、陈存邦、高国柱、胡世杰、胡桂兰、陈秉州、杨俊华9人组成大会主席团。会议听取和审议韩瑞祥所作的公社管委会工作报告；选举潘万益为公社管委会主任，韩瑞祥、樊仁山为副主任；选举县第六届人大代表16名。

附：

威戎人民公社五、六届人大一次会议召开情况表

表6-37

届次	任期	第一次会议			选举			
		应出席代表	实出席代表	召开时间	主任	副主任	委员	县代表
五	2年	97名	不详	1963.4.14	樊仁山	张进甲	13名	16名
六	2年	175名	119名	1965.9.27	潘万益	韩瑞祥 樊仁山	不详	16名

三十七、石咀人民公社管理委员会（1961年12月至1964年2月）

主　任　武文魁（1963年4月至1964年2月）

副主任　贾　盈（1963年4月至1964年2月）

第五届人民代表大会（1963年4月至1964年2月）

代表选举：

第五届人大代表选举工作于1963年3月至4月举行。成立公社选委会，武文魁为主席，苗先海、李汉民、李志贤、崔秉坤、陈玉花、岳迎州为委员。选举公社第五届人大代表65名。

代表会议：

第一次会议于1963年4月9日召开。选举武文魁为公社管委会主任，贾盈为副主任；选举县第五届人大代表9名。

附：

石咀人民公社五届人大一次会议召开情况表

表6-38

届次	任期	第一次会议			选举			
		应出席代表	实出席代表	召开时间	主任	副主任	委员	县代表
五	2名	65名	不详	1963.4.9	武文魁	贾　盈	不详	9名

三十八、曹务人民公社管理委员会（1961年12月至1968年3月）

主　任　厚修身（兼，1961年12月至1962年4月）

　　　　张生荣（1965年8月至　）

副主任　刘汉玺（1961年12月至1964年1月）
　　　　宋世明（1965年9月至　）
　　　　李桂英（女，1965年9月至　）

（一）第五届人民代表大会（1963年4月至1965年9月）

代表选举：

第五届人大代表选举工作于1963年3月至4月举行。成立公社选委会，曹炯文为主席，朱凡英、曹焕文、张彦明、郑思堂、杨培栋、柳芝海为委员。选举公社第五届人大代表75名。

代表会议：

第一次会议于1963年4月召开。选举刘汉玺为公社管委会副主任、县人大代表11名。

（二）第六届人民代表大会（1965年9月至　）

代表选举：

第六届人大代表选举工作于1965年9月举行。成立公社选委会，张生荣为主席，宋世明、李桂英、谢洪中、李金仓、霍有仓、张维义、韩文辉、方永斌8人为委员。选举公社第六届人大代表（名额不详）。

代表会议：

第一次会议于1965年9月召开。选举张生荣为公社管委会主任，宋世明、李桂英（女）为副主任，县第六届人大代表（名额不详）。

附：

曹务人民公社五、六届人大一次会议召开情况表

表6-39

届次	任期	第一次会议			选举			
		应出席代表	实出席代表	召开时间	主任	副主任	委员	县代表
五	2年	75名	不详	1963.4		刘汉玺	不详	11名
六	2年	不详	不详	1965.9	张生荣	宋世明 李桂英	不详	不详

三十九、祁川人民公社管理委员会（1961年12月至1964年2月）

主　任　王锦华（兼，1961年12月至1964年2月）

副主任　王玉英（女，1961年12月至1964年2月）

第五届人民代表大会（1961年12月至1964年2月）

代表选举：

第五届人大代表选举工作于1963年3月举行。成立公社选委会，贾作祥为主任，马腾芳、张学治、王玉英（女）、魏忠万、王占荣、张应斌为委员。选举公社第五届人大代表50名（女13名）。

代表会议：

第一次会议于1963年4月10日召开。会议听取王锦华所作的公社管委会工作报告，作出了决议；选举王锦华为公社管委会主任、王玉英（女）为副主任，县第五届人大代表6名。

代表名单：

田玉花（女） 祁兰英（女） 朱秀花（女） 樊凤英（女） 王萃英（女）
李桂兰（女） 王秀荣（女） 田陆花（女） 安王王（女） 王玉英（女）
祁金花（女） 王青莲（女） 安彩英（女） 王书善 樊应斌 樊有录 王述曾
祁笃仁 祁连合 吉胜长 王建吉 王世贤 刘复余 张生珍 马合太 张耀才
张运珍 强喜善 强振甲 何满堂 朱占华 杨凌云 杨作彦 靳招庄 杨世昌
王占国 靳怀安 马永寿 朱世珍 杨成仓 马启祥 马腾芳 景化琨 张彦荣
王锦华 魏中万 王仲文 陈　寿 刘文俊 杨学智

附：

祁川人民公社五届人大一次会议召开情况表

表6-40

届次	任期	第一次会议			选举			
		应出席代表	实出席代表	召开时间	主任	副主任	委员	县代表
五	2年	50名	不详	1963.4.10	王锦华	王玉英	不详	6名

四十、水坪人民公社管理委员会（1961年12月至1964年2月）

主　任　张彦珍（1961年12月至1964年2月）

副主任　阎志洁（1963年12月至1964年2月）

四十一、田堡人民公社管理委员会（1961年12月至1964年2月）

主　任　王克恭（1961年12月至1963年4月）

　　　　刘继祖（1963年6月至1964年2月）

副主任　崔兆善（1963年4月至1964年2月）

第五届人民代表大会（1963年4月至1964年2月）

代表选举：

第五届人大代表选举工作于1963年3月至4月举行。成立公社选委会，马来仓为主席，马禄昌、甘永珍、谢恩魁、凌玉芳、周淑兰、吕志海为委员。全社总人口7051人，有选民3448人，选举公社第五届人大代表76名。

代表会议：

第一次会议于1963年4月8日召开。应出席代表76名，实出席55名。马来仓、谢恩魁、凌玉芳、刘琪、马录昌、周耀忠、马政、贾玉花、包廷俊9人组成大会主席团。会议听取和审议马来仓所作的公社管委会工作报告，选举刘继祖为公社管委会主任，崔兆善为副主任，谢恩魁、张海云、包廷俊、吕志海、凌玉芳、马政、王玉海、周淑兰为委员；刘继祖、崔兆善、陈友谊、谢恩魁、凌玉芳、贾玉、周淑兰为县第五届人大代表。

附：

田堡人民公社五届人大一次会议召开情况表

表6-41

届次	任期	第一次会议			选举			
		应出席代表	实出席代表	召开时间	主任	副主任	委员	县代表
五	2年	76名	55名	1963.4	刘继祖	崔兆善	8名	7名

四十二、细巷人民公社管理委员会（1961年12月至1964年2月）

主　任　张文定（1961年12月至1963年4月）

马世贞（1963年4月至1964年2月）

第五届人民代表大会（1963年4月至1964年2月）

代表选举：

第五届人大代表选举工作于1963年3月至4月举行。成立公社选委会，张效骞为主席，马世贞、吴志祥、孙延寿、王德章为委员。全社总人口8998人（男4532人，女4466人），有选民4519人，参加选举3817人，选举公社第五届人大代表75名。

代表会议：

第一次会议于1963年4月召开。会议听取和审议公社管委会工作报告，选举马世贞为公社管委会主任，樊瑞、靳宗周、吴志祥、孙延寿、张学恭、李映、韩占忠、张映川、张志惠、厚月英为委员；靳宗周、张学恭、吕克俭、李进录、张志惠5人组成生产委员会，靳宗周为主任；樊瑞、王秉恒、靳廷举、厚润身、李彦军5人组成财政贸易委员会，樊瑞为主任；孙延寿、米克仁、韩占忠、马占云、张怀珍5人组成武装治安委员会，孙延寿为主任；米世德、刘克歧、刘汉杰、张志惠、孙永成5人组成民政调解委员会，米世德为主任；张志忠、厚月英、李庆丰、刘进成、李淑贞5人组成文教卫生委员会，张志忠为主任；选举张效骞、马世贞、岳安太、樊瑞、李进录、靳文发、米克仁、张志惠、靳廷举为县第五届人大代表；张志惠、王志清、孙永成、吕有福、李占禄、黄宗俊、刘汉杰、高志宏为人民陪审员。

代表名单：

靳廷举　吕文玉　孙永成　孙延寿　姚玉禄　靳宗周　景凤歧　芦全洲　黄宗俊
陈海德　米永恒　米克仁　米廷贵　韩芝兰　张兰玉　王志谦　王　一　张秀花
文安珍　柴振邦　厚玉兰　李　德　景尚贵　马世贞　王桂贞　陈建高　时文敏
吕有福　韩占忠　韩志祥　刘秉义　刘志惠　靳文发　郭德祥　李　映　李庆丰
樊　瑞　厚登汉　李荣清　张志忠　马耀学　吴志祥　郑　仪　厚堆山　吕秀英
张效骞　张学恭　刘子善　王德章　王志清　高玉莲　李进录　张文玉　张　岳
张　锐　刘克歧　张志惠　张凤荣　厚　信　黄维俊　吕克芳　刘汉杰　王金元
吉成瑞　刘金元　靳云汉　米世德　张映川　厚月英　张思廉　闫怀玉　王桂英

龚作善　岳安太　靳怀治

附：

细巷人民公社五届人大一次会议召开情况表

表6-42

届次	任期	第一次会议			选举			
		应出席代表	实出席代表	召开时间	主任	副主任	委员	县代表
五	2年	75名	不详	1963.4	马世贞		10名	9名

四十三、后梁人民公社管理委员会（1961年12月至1964年2月）

主　任　李文秀（1963年7月至1964年2月）

副主任　王克铭（1961年12月至1964年2月）

　　　　韩来禄（1963年4月至1964年2月）

第五届人民代表大会（1963年4月至1964年2月）

代表选举：

公社第五届人大代表选举工作于1963年3月至4月举行。成立公社选委会，王克铭为主席，杜俊芝、程仰勤、马玉良、张学荣为委员。选举公社第五届人大代表53名。

代表会议：

第一次会议于1963年4月召开。选举王克铭、韩来禄为公社管理委员会副主任；选举县第五届人大代表5名。

附：

后梁人民公社五届人大一次会议召开情况表

表6-43

届次	任期	第一次会议			选举			
		应出席代表	实出席代表	召开时间	主任	副主任	委员	县代表
五	2年	53名	不详	1963.4		王克铭 韩来源		5名

四十四、双岘人民公社管理委员会（1961年12月至1964年2月）

主　任　曹升荣（1963年4月至1964年2月）

副主任　孙延福（1961年12月至1964年2月）

第五届人民代表大会（1963年4月至1964年2月）

代表选举：

第五届人大代表选举工作于1963年3月至4月举行。成立公社选委会，孙严福为主席，雷明道、杨志书、尤根文、魏宗华为委员。选举公社第五届人大代表71名。

代表会议：

第一次会议于1963年4月召开。选举曹升荣为公社管委会主任、孙延福为副主任，县第五届人大代表8名。

附：

双岘人民公社五届人大一次会议召开情况表

表6-44

届次	任期	第一次会议			选举			
		应出席代表	实出席代表	召开时间	主任	副主任	委员	县代表
五	2年	71名	不详	1963.4	曹升荣	孙延福	不详	8名

四十五、郑湾人民公社管理委员会（1961年12月至1964年2月）

主　任　孙瀛洲（1961年12月至1963年4月）

　　　　冯国民（1963年4月至1964年2月）

副主任　刘绍武（1963年4月至1964年2月）

　　　　王玉阶（1963年4月至1964年2月）

第五届人民代表大会（1963年4月至1964年2月）

代表选举：

第五届人大代表选举工作于1953年3月至4月举行。成立公社选委会，孙瀛洲为主席，张仲伦、胡广兴、杨守仁、薛效勤、李兰花（女）、王维民、郑万忠、王映兰（女）为委员。全社共划分13个选区，选举公社第五届人大代表41名。

代表会议：

第一次会议于1963年4月6日召开。王文华、张尚志、王中庸、李文俊、王连福（后湾）、王志清、王维忠列席。会议听取和审议公社管委会工作报告，选举冯国民为公社管委会主任，刘绍武、王玉阶为副主任。

代表名单：

李兰花（女）　王映兰（女）　孙桂莲（女）　赵秀英（女）　李玉英（女）

孔德生　王俊彦　孔德安　李枝丰　李树德　薛效勤　王天祥　吴文治　吴潢珍

王子华　王新民（蒲岔）　王廷仁　王新民（油府）　王文俊　王兴国　孙瀛洲

郑万忠　郑荣忠　曹国礼　郭文明　郭得福　郭有清　张仲伦　郭维庭　郭友仁

王福乾　王自香　胡广兴　王维民　李明唐　杨守仁　李玉清　李升秀　王守业

王富银　田逢春

附：

郑湾人民公社五届人大一次会议召开情况表

表6-45

届次	任期	第一次会议			选举			
		应出席代表	实出席代表	召开时间	主任	副主任	委员	县代表
五	2年	41名	不详	1963.4.6	冯国民	刘绍武 王玉阶	不详	不详

四十六、深沟人民公社管理委员会（1961年12月至1964年2月）

主　任　阎国珠（1961年12月至1964年2月）

第五届人民代表大会（1963年4月至1964年2月）

代表选举：

第五届人大代表选举工作于1963年3月至4月举行。成立公社选委会，张俊才为主席，阎国珠、樊芝伟、樊占山、杨彩勤、马守仓、任歧为委员。选举公社第五届人大代表51名。

代表会议：

第一次会议于1963年4月召开。选举阎国珠为公社管委会主任、县第五届人大代表4名。

附：

深沟人民公社五届人大一次会议召开情况表

表6-46

届次	任期	第一次会议			选举			
		应出席代表	实出席代表	召开时间	主任	副主任	委员	县代表
五	2年	51名	不详	1963.4	阎国珠		不详	4名

四十七、峡口人民公社管理委员会（1961年12月至1964年2月）

主　任　李文秀（1961年12月至1963年4月）

王蔚斌（1963年4月至1964年2月）

四十八、剪岔人民公社管理委员会（1961年12月至1962年6月）

主　任　马廷秀（兼，1961年12月至1962年6月）

四十九、贾河人民公社管理委员会（1962年6月至1964年2月）

主　任　马廷秀（兼，1962年6月至1963年4月）

刘元昌（兼，1963年4月至7月）

马来仓（1963年7月至1964年2月）

第五届人民代表大会（1963年4月至1964年2月）

代表选举：

第五届人大代表选举工作于1963年3月至4月举行。成立公社选委会，刘元昌为主席，杜友梧、刘廷汉、李国宋、任天升为委员。选举公社第五届人大代表70名。

代表会议：

第一次会议于1963年4月召开。选举刘元昌为公社管委会主任、县第五届人大代表6名。

附：

贾河人民公社五届人大一次会议召开情况表

表6-47

届次	任期	第一次会议			选举			
		应出席代表	实出席代表	召开时间	主任	副主任	委员	县代表
五	2年	70名	不详	1963.4	刘元昌		不详	6名

五十、七里人民公社管理委员会（1961年12月至1964年2月）

主　任　陈国刚（兼，1961年12月至1964年2月）

副主任　厚修身（1963年4月至1964年2月）

第五届人民代表大会（1963年4月至1964年2月）

代表选举：

第五届人大代表选举工作于1963年3月至4月举行。成立了公社选委会，陈国刚为主席，刘生余、吕振英、尹惠天、赵维元为委员。全社辖14个大队，54个生产队，5657人，有选民2786人，参加选举2026人，选举公社第五届人大代表55名（女12名）。

代表会议：

第一次会议于1963年4月10日召开。应出席代表55名，实出席43名，列席5名。会议听取和审议了陈国刚所作的公社管委会工作报告；选举陈国刚为公社管委会主任，厚修身为副主任；选举县第五届人大代表6名；王有忠、张廷杰、孙衍庆、张恒庭为人民陪审员。

代表名单：

王桂花（女）　吕桂香（女）　刘桂英（女）　贾桂兰（女）　王桂英（女）
李桂珍（女）　张秀莲（女）　张春兰（女）　魏秀花（女）　刘彩兰（女）
赵菊花（女）　王秀珍（女）　吕应全　吕世宗　张仲科　吕国汉　徐效勤
宋秉千　魏文珍　夏润洲　李仲堂　韩振兴　孙川来　郑国权　王志勤　陈国刚
米国正　刘慧安　梁　满　梁发杰　韩志忠　吕振英　尹惠天　李进才　吴汉民
王　杰　李秀清　李俊发　孙思勤　孙存福　厚修身　王益定　冀生和　赵振国
赵维清　赵维汉　孙生林　赵维元　王宏义　李金仓　吕贵仓　王俊昌　刘生玉
黄满禄　吕勤仓

附：

七里人民公社五届人大一次会议召开情况表

表6-48

届次	任期	第一次会议			选举			
		应出席代表	实出席代表	召开时间	主任	副主任	委员	县代表
五	2年	55名	43名	1963.4	陈国刚	厚修身	不详	6名

五十一、三合人民公社管理委员会（1961年12月至1968年3月）

主　任　孙瀛洲（1963年4月至1965年8月）

　　　　（无正职）（1965年8月至　）

副主任　张玉琢（1961年12月至1966年5月）

　　　　厚　裕（1963年4月至1964年2月）

　　　　宋庆丰（1965年9月至　）

（一）第五届人民代表大会（1963年4月至1965年9月）

代表选举：

第五届人大代表选举工作于1963年3月至4月举行。成立公社选委会，薛志礼为主席，王守成、陈德金、朱世荣、杨儒林、王溥、张耀廷为委员。选举公社第五届人大代表67名。

代表会议：

第一次会议于1963年4月8日召开。应出席代表67名，实出席54名。选举孙瀛洲为公社管委会主任，张玉琢、厚裕为副主任，杨儒林、朱世荣、张耀清、王守德、陈富华、高进宝、高月英（女）为委员；选举孙瀛洲、厚裕、孟庆义、杨儒林、靳云魁、高月英（女）6人为县第五届人大代表。

代表名单：

靳桂花（女）　王秀花（女）　李秀英（女）　魏勤书（女）　高月英（女）
李兰香（女）　靳羊羊（女）　段采勤（女）　藩玉英（女）　宋玉英（女）
王梅香（女）　李具秀（女）　高秀芳（女）　李秀兰（女）　赵怀英（女）
王守德　孟庆义　高进宝　王士兵　颉生海　高世珍　吴仰章　吴士雄　周思涛
高玉山　陈文卓　杨儒林　高具朋　刘海录　王世华　刘玉德　何兆祥　王显清
李应奎　韩世卓　安俊文　樊作智　张耀清　吕升秀　李万仓　梁秀丰　梁思元
李辉春　牛晏齐　陈富华　李具仓　刘世元　阎俊峰　李　明　张世忠　郭具元
王正忠　师成仓　黄志珍　尹耀祖　王　溥　王彦昌　厚　裕　李绍伯　朱世荣
陈德金　刘文耀　王守成　张学文　孙文学　薛志礼

（二）第六届人民代表大会（1965年9月至　）

代表选举：

第六届人大代表选举工作于1965年9月举行。成立公社选委会，祁海山为主席，李绍伯、杨锦春、杨儒林、潘文珍、靳荣魁、王甫为委员。共划分14个选区，选举公社第六届人大代表73名（女19名）。

代表会议：

第一次会议于1965年9月27日召开。应出席代表73名，实出席57名，列席3名。会议选举张玉琢、宋庆丰为公社管委员会副主任，杨锦春、杨儒林、潘文珍、孙文学、马月娥（女）、王溥、梁思元、靳羊羊（女）为委员；王海山为公社监察委员会主任，王鸿仪、王晓仙、高月英（女）、靳桂花（女）、孔宗贤、尹耀祖为委员；成立了民政调解委员会、武装治安委员会、文教卫生委员会、生产建设委员会、财粮贸易委员会；选举徐培颖、薛志礼、宋庆丰、孙文学、梁思元、吕玉兰（女）、靳羊羊（女）7人为县第六届人大代表。

代表名单：

靳桂花（女）　宋玉英（女）　翟文秀（女）　吕玉兰（女）　李凡凡（女）
高月西（女）　王玉珍（女）　高月英（女）　靳羊羊（女）　李兰香（女）
胡秀芳（女）　马月娥（女）　王梅香（女）　宋玉英（女）　司玉英（女）
张秀莲（女）　高荣花（女）　李冬花（女）　赵怀英（女）　靳荣魁　高进宝
颉生海　祁海山　孙文学　吴士雄　李宝祥　吴士仁　陈文卓　孔宗贤　高芝玉
薛志礼　杨儒林　丁统祥　王瑞勤　高长生　周应祥　何兆祥　刘玉儒　朱世昌
安俊文　王敦敏　王尚文　罗文其　王万其　徐培颖　宋庆丰　张耀清　吕俊元
李应魁　王述敏　吕生桂　潘文珍　陈富华　梁思元　马廷荣　陈文奇　徐富江
王效忠　本发荣　商福荣　李江来　杨锦春　师成仓　张能明　王顺成　张世忠
阎俊峰　阎德胜　王　溥　尹治安　王效先　范克勤　尹怀玺

附：

三合人民公社五、六届人大一次会议召开情况表

表6-49

届次	任期	第一次会议			选举			
		应出席代表	实出席代表	召开时间	主任	副主任	委员	县代表
五	2年	67名	54名	1963.4.8	孙瀛洲	张玉琢 厚　裕	7名	6名
六	2年	73名	57名	1965.9.27		张玉琢 宋庆丰	8名	7名

第二节　人民公社（镇）革命委员会时期

（1968年3月至1981年1月）

一、城关镇革命委员会（1968年3月至1981年1月）

主　任　王福堂（1968年3月至1969年12月）
　　　　杨玉峰（1969年12月至1971年7月）
　　　　王克铭（1971年7月至1977年5月）
　　　　王玉英（女，1978年12月至1979年11月）
　　　　刘绍先（1980年11月至1981年1月）
副主任　杨玉峰（1968年3月至1969年12月）
　　　　陈映虎（1971年7月至1974年1月）
　　　　王玉英（女，1974年3月至1978年12月）

第七届人民代表大会（1978年10月至1981年1月）

代表选举：

第七届人大代表选举工作于1978年9月举行。选举镇第七届人大代表45名。

代表会议：

第一次会议于1978年10月18日至19日召开。会议推举王玉英（女）、贾明儒、程仰琴（女）、刘凤英（女）、姚秀兰（女）、李友仁、马秀英（女）7人组成大会主席团。会议听取和审议王玉英所作的镇革委会工作报告，选举王玉英（女）为镇革委会主任，程仰琴（女）、高立红、姚秀兰（女）、马素珍（女）4人为委员；高立红、梁振林、王秀珍（女）、刘改芬（女）、林玉英（女）、穆永林、魏兰英（女）7人组成镇治保委员会，高立红为主任；程仰琴（女）、刘凤英（女）、马素珍（女）、姚秀兰（女）、魏兰英（女）5人组成镇调解委员会，程仰琴（女）为主任；王玉英（女）、张云清、李友仁、马秀英（女）4人为县第七届人大代表。

代表名单：

王玉英（女） 姚秀兰（女） 马素珍（女） 程仰琴（女） 杜玉花（女）
马惠珍（女） 袁桂芳（女） 王花英（女） 刘凤英（女） 刘改芬（女）
黄习英（女） 魏兰英（女） 杨庆兰（女） 单子玉（女） 毛兰英（女）
王凌秀（女） 马秀兰（女） 黄文珍（女） 杨月英（女） 冷志仁（女）
景素珍（女） 吕秀蓉（女） 周凤兰（女） 王秀珍（女） 林玉英（女）
刘秀珍（女） 李多莲（女） 宋廷花（女） 厚素珍（女） 吕芳梅（女）
翟万宝 续宗周 张云清 高立红 苗先海 李友仁 王文华 穆生财 周存有
穆永林 朱富儿 高根福 李永强 梁振林 贾明儒

附：

城关镇七届人大一次会议召开情况表

表6-50

届次	任期	第一次会议			选举			
		应出席代表	实出席代表	召开时间	主任	副主任	委员	县代表
七	2年	45名	不详	1978.10.18	王玉英		4名	4名

二、城川人民公社革命委员会（1968年3月至1981年1月）

主　任　刘文俊（1968年3月至1969年9月）

马世贞（1969年9月至1972年12月）

王玉阶（1972年12月至1974年1月）

王智英（1974年1月至1975年3月）

田逢春（1975年3月至1976年3月）

高富德（兼，1976年3月至1978年7月）

王锦华（1978年12月至1979年12月）

张文礼（1979年12月至1980年11月）
蒙谦恭（1980年11月至1981年1月）
副主任　杨志诚（1968年3月至1976年10月，1979年10月至1981年1月）
阎克恭（1968年3月至1971年7月）
黎文生（1969年3月至11月）
景宗健（1969年3月至1976年10月）
张勤业（1969年9月至1975年2月）
王正煜（1969年10月至1973年7月）
韩亦武（1970年1月至1972年12月）
阎国珠（1972年12月至1979年12月）
赵明远（1973年6月至1975年6月）
杨存英（女，1974年9月至1976年1月）
韩忠孝（1975年6月至1981年1月）
高俊英（女，1975年2月至1976年11月）
祁世明（1975年2月至1978年9月）
李义安（1975年12月至1979年12月）
王春旺（1975年3月至1981年1月）
张文礼（1977年3月至1979年12月）
王　宏（1977年9月至1981年1月）

第七届人民代表大会（1978年11月至1981年1月）

代表选举：

第七届人大代表选举工作于1978年10月举行，共划分西关、南关、新城（包括机关）、东关、峡口、陈马（包括杨庄、冯局）、红旗（包括公社农场）、甘河、靳寺（包括中学）、吴庙（包括咀头）、高湾（包括大寨）11个选区，选举公社第七届人大代表185名。

代表会议：

第一次会议于1978年11月4日召开。应出席代表185名，实出席168名，会议推举王锦华、阎国珠、王宏、李义安、高富德、张文礼、韩忠孝、王文德、胡克生、吕维邦、吴金花（女）、靳天生、张志强、樊正芳、段瑞昌15人组成大会主席团。会议听取和审议王锦华所作的革委会工作报告，选举王锦华为公社革委会主任，阎国珠、王宏、李义安为副主任，张志强、吕维邦、何永清、贾桂花（女）、胡克生、许富忠、阎逢春、王国华、王文德、靳天生、樊正芳11人为委员；选举高富德、王锦华、赵顺天、阎逢春、樊正芳、胡克生、吕维邦、王有忠、吴金花、段瑞昌、马明生、田志花、杨桂珍、李具仓、雷连时、贾国芳、陈中海17人为县第七届人大代表；阎克温、王银录、王国善为人民陪审员。

附：

城川人民公社七届人大一次会议召开情况表

表6-51

届次	任期	第一次会议			选举			
		应出席代表	实出席代表	召开时间	主任	副主任	委员	县代表
七	2年	185名	168名	1978.11.4	王锦华	阎国珠 王　宏 李义安	11名	17名

三、司桥人民公社革命委员会（1968年3月至1981年1月）

主　任　朱兆才（1968年3月至1969年6月）

曹炯文（1969年6月至1975年6月）

陈贵录（1975年6月至1978年12月）

张具升（1978年12月至1980年12月）

陈满斌（1980年12月至1981年1月）

副主任　张万海（1969年1月至1974年10月）

韩三余（1975年12月至1979年12月）

平秀兰（女，1975年12月至1977年3月）

陈满斌（1976年10月至1980年12月）

张具升（1976年10月至1978年12月）

樊国玺（1976年10月至1978年10月）

陈玉兰（女，1977年3月至1981年1月）

张永华（1978年12月至1981年1月）

第七届人民代表大会（1978年10月至1981年1月）

代表选举：

第七届人大代表选举工作于1978年9月至10月举行。选举公社第七届人大代表75名。

代表会议：

第一次会议于1978年10月召开。选举张具升为公社革委会主任，韩三余、陈满斌、张永华、陈玉兰（女）为副主任，席尚德、贾木兰（女）、马弟武、李永久为委员；选举县第七届人大代表9名。

附：

司桥人民公社七届人大一次会议召开情况表

表6-52

届次	任期	第一次会议			选举			
		应出席代表	实出席代表	召开时间	主任	副主任	委员	县代表
七	2年	75名	不详	1978.10	张具升	韩三余 陈满斌 张永华 陈玉兰	4名	9名

四、威戎人民公社革命委员会（1968年3月至1981年1月）

主　任　韩亦武（1968年3月至10月）

李　翰（1968年10月至1972年12月）

邓思义（1972年12月至1975年2月）

胡世杰（1975年2月至1978年12月）

王嘉宾（1978年12月至1979年12月）

阎国珠（1979年12月至1980年11月）

李文捷（1980年11月至1981年1月）

副主任　樊仁山（1968年3月至1971年11月）

胡广兴（1968年3月至1973年6月）

李　翰（1968年7月至10月）

胡世杰（1969年8月至1975年2月）

张传敬（1969年3月至1970年12月）

吴志蔼（1969年8月至1975年11月）

杨茂林（1969年9月至1970年10月）

李万录（1970年9月至1972年12月）

杨志诚（1970年9月至1975年6月）

贾德基（1972年12月至1981年1月）

王嘉宾（1972年12月至1978年12月）

张文贵（1973年6月至1976年10月，1978年12月至1979年12月）

王智英（1973年7月至1974年11月）

周世书（1974年9月至1979年12月）

魏菊花（女，1974年9月至1976年10月）

靳守廷（1975年6月至1976年10月）

杨玉邦（1975年9月至1981年1月）

马志俊（1978年12月至1979年12月）

李汉强（1980年10月至11月）

杨存英（女，1980年10月至1981年1月）

第七届人民代表大会（1978年10月至1981年1月）

代表选举：

第七届人大代表选举工作于1978年9月至10月举行。选举公社第七届人大代表175名。

代表会议：

第一次会议于1978年10月14日至15日召开，应出席代表175名，实出席132名（群众代表84名；社队干部代表33名；妇女代表28名；先进模范代表3名；军烈属代表5名；上山下乡知青代表2名；工人代表4名；群众组织代表7名）。会议听取和审议革委会主任胡世杰所作的公社革委会工作报告；选举王嘉宾为公社革委会主任，张文贵、贾德吉、杨玉邦、马志俊为副主任，高国柱、杨培栋、吴金莲（女）、马文蔚、吉文敏、杨荣华、李宗义、吴保忠、温堆仓9人为委员；王嘉宾、李保顺、戴进天、吴梅珍、吉文敏、胡志礼、张自化、方兰菊、李宗义、赵守让、杨荣华、朱桂芳、贾军装、马玉琴、温堆仓、吴保忠16人为县第七届人大代表。

附：

威戎人民公社七届人大一次会议召开情况表

表6–53

届次	任期	第一次会议			选举			
		应出席代表	实出席代表	召开时间	主任	副主任	委员	县代表
七	2 年	175 名	132 名	1978.10.14	王嘉宾	张文贵 贾德吉 杨玉邦 马志俊	9 名	16 名

五、曹务人民公社革命委员会（1968年3月至1981年1月）

主　任　王蔚斌（1968年3月至1973年6月）

孙瀛洲（1973年6月至1975年6月）

吕希东（1975年6月至1978年12月）

王正仓（1978年12月至1980年9月）

赵如亭（1980年9月至1981年1月）

副主任　张生荣（1968年3月至1969年12月）

程映珍（1969年3月至1972年12月，1976年6月至1980年7月）

王智英（1969年10月至1973年7月）

常国政（1969年12月至1975年2月）

韩文辉（1969年12月至1972年12月）

赵建忠（1972年12月至1974年1月）

樊俊峰（1973年6月至1980年12月）

刘国祯（1973年7月至1978年9月）

李国衡（1974年9月至1975年9月）

祁治国（1975年2月至1980年11月）

赵步清（1975年3月至1979年12月）

白堆仓（1975年4月至1976年10月）

王月梅（女，1975年9月至1976年10月）

方天学（1980年3月至1981年1月）

第七届人民代表大会（1978年10月至1981年1月）

代表选举：

第七届人大代表选举工作于1978年9月举行，选举代表105名（工人2名，农民92名，机关干部15名；妇女13名，少数民族1名）。

代表会议：

第一次会议于1978年10月15日至17日召开。会议推举高凤荣、杨西选、王志义、张世祥、马相林、张世学、李堆福、田文敏、周济林、田跃武、马绍业、余振兴、张秀花、赵志恩、魏荣祖、李振刚、王琪、张守谦、赵步清、程映珍、祁治国、樊俊峰、吕希东、刘国祯、程志荣25人组成大会主席团；会议听取和审议吕希东所作的题为《团结起来，投入新的长征，为完成新时期的总任务而努力奋斗》的工作报告，通过了《曹务公社农业发展八年规划（草案）》，选举王正仓为公社革委会主任，程映珍、赵步清、樊俊峰、祁治国为副主任，张守谦、王琪、李振刚、王志义、魏荣祖、张淑萍（女）6人为委员；选举县第七届人大代表11名。

附：

曹务人民公社七届人大一次会议召开情况表

表6-54

届次	任期	第一次会议			选举			
		应出席代表	实出席代表	召开时间	主任	副主任	委员	县代表
七	2年	105名	不详	1978.10.15	王正仓	程映珍 赵步清 樊俊峰 祁治国	6名	11名

六、治平人民公社革命委员会（1968年3月至1981年1月）

主　任　景宗周（1968年3月至1969年8月）
　　　　史国忠（1969年8月至1972年9月）
　　　　张进甲（1972年9月至1974年9月）
　　　　韩具仓（1974年9月至1977年1月）
　　　　李映忠（1977年1月至1978年12月）
　　　　李文光（1978年12月至1981年1月）

副主任　任汉贵（1968年3月至1970年9月）
　　　　韩来禄（1968年3月至1971年11月）
　　　　史国忠（1969年3月至8月）
　　　　刘占海（1969年8月至1972年12月）
　　　　张进甲（1970年2月至1972年9月）
　　　　梁盘中（1971年7月至1975年6月）
　　　　梁守俊（1972年9月至1974年1月）
　　　　戴建生（1972年12月至1978年9月）

赵建忠（1974年1月至1975年2月）
靳守廷（1974年1月至1975年6月）
樊　杺（1974年9月至1981年1月）
赵如亭（1975年2月至1979年12月）
柴桂兰（女，1975年2月至1976年1月）
杨志诚（1975年6月至1976年10月）
杨存英（女，1976年1月至1980年10月）
杜廷甫（1976年6月至1981年1月）
贾登科（1977年1月至1979年7月）
李文光（1978年3月至12月）
樊国玺（1979年12月至1981年1月）

第七届人民代表大会（1978年10月至1981年1月）

代表选举：

第七届人大代表选举工作于1978年9月至10月举行。选举公社第七届人大代表125名。

代表会议：

第一次会议于1978年10月召开。选举李文光为公社革委会主任，赵如亭、贾登科、杨存英（女）、樊杺为副主任，杨发祥、杨汉斌、王自勗、樊俊斌、刘宏儒、孙兴文、庞国强、吕志仓8人为委员，县第七届人大代表13名。

附：

治平人民公社七届人大一次会议召开情况表

表6-55

届次	任期	第一次会议			选举			
		应出席代表	实出席代表	召开时间	主任	副主任	委员	县代表
七	2年	125名	不详	1978.10	李文光	赵如亭 贾登科 杨存英 樊　杺	8名	13名

七、李店人民公社革命委员会（1968年3月至1981年1月）

主　任　邓思义（1968年3月至1972年12月）
李文秀（1972年12月至1975年6月）
陈冠璋（1975年6月至1978年3月）
田逢春（1978年3月至12月）
陈冠璋（1978年12月至1979年12月）
王守财（1979年12月至1981年1月）

副主任　刘廷汉（1968年3月至1972年12月）

常国政（1968年3月至1969年12月）
郭兴才（1969年7月至1976年10月）
马来仓（1969年7月至1973年7月）
孙延福（1970年9月至1975年12月）
范劲宇（1972年12月至1974年3月）
曹应奇（1973年7月至1977年3月）
杜世忠（1973年12月至1976年10月）
李志宏（1974年9月至1975年3月）
阎克恭（1975年2月至1976年1月）
陈冠璋（1975年2月至6月，1978年3月至12月）
梁盘中（1975年6月至1979年12月）
杜宗师（1975年12月至1979年12月）
靳海珠（1975年12月至1979年12月）
王守财（1977年9月至1979年12月）
李国衡（1979年12月至1981年1月）
杨守仁（1980年1月至1981年1月）

第七届人民代表大会（1978年10月至1981年1月）

代表选举：

第七届人大代表选举工作于1978年9月举行。选举公社第七届人大代表125名（女18名）。

代表会议：

第一次会议于1978年10月19日至20日召开。选举陈冠璋为公社革委会主任，王守财、杜宗师、靳海珠为副主任，刘锦辉、任世忠、马子恒、王忠勇、赵淑慧（女）、胡治国、杨显业、马仲良、王兴国为委员，县第七届人大代表14名。

代表名单：

王兰花（女）　牛俊英（女）　李秀英（女）　张菊香（女）　王淑英（女）
李劳动（女）　王蕊子（女）　赵淑慧（女）　李亚萍（女）　杨笑笑（女）
杜芳兰（女）　李玉英（女）　任莲英（女）　刘仰贤　马国瑞　刘玺坤　刘具文
王皋如　刘具仓　黎兴来　王廷杰　曹信奎　陈存祥　郭建德　王兴国　李树俊
薛　太　杜食兴　郭学文　郭永才　郭兴才　杨显业　王维忠　马子恒　马国璋
马银录　郭文廷　程宝元　韩世清　王俊山　张　乐　王好学　王维民　王地基
王树元　李丁义　王中义　王其林　王义成　李福祥　李居良　李万来　牛子生
常三其　李康安　王黄牛　王振安　王姚业　王治中　王喜子　王军军　马淮河
李发财　常工作　常许子　马子锐　王恒锐　孔学子　李养曾　李汉山　李俊生
刘进社　刘智军　李永升　王中基　王学仁　王富扬　郭发长　郭圈来　刘敬业
刘福祥　王中永　王中银　王守业　王守有　李树芬　王堪金　吴文智　王思农

刘俊祥　马永章　李引录　刘怀章　刘景怀　景宗文　樊玉广　王兴国　薛志忠
高润年　薛仲刚　王耀华　胡治国　陈冠璋　王守财　杜宗思　马仲良　樊三余
刘子汉　韩文华　韩发林

附：

李店人民公社七届人大一次会议召开情况表

表6-56

届次	任期	第一次会议			选举			
		应出席代表	实出席代表	召开时间	主任	副主任	委员	县代表
七	2年	125名	不详	1978.10.19	陈冠璋	王守财 杜宗师 靳海珠	9名	14名

八、高界人民公社革命委员会（1968年3月至1981年1月）

主　任　刘鹏举（1968年3月至1978年12月）
　　　　韩具仓（1978年12月至1979年12月）
　　　　杨儒林（1979年12月至1981年1月）
副主任　张富银（1968年3月至1974年9月）
　　　　张虎堂（1968年3月至1981年1月）
　　　　杨守仁（1969年3月至1972年12月）
　　　　尤根文（1972年3月至1979年1月）
　　　　穆熙雄（1973年6月至1975年2月）
　　　　王　升（1974年9月至1979年12月）
　　　　任双梅（女，1974年9月至1976年10月）
　　　　孙延寿（1975年2月至1978年9月）
　　　　宋廷耀（1976年1月至1977年3月）
　　　　韩具仓（1977年3月至1978年12月）
　　　　吕振英（1978年9月至1981年1月）
　　　　李汉强（1979年1月至1980年1月）
　　　　高成华（1980年10月至1981年1月）

第七届人民代表大会（1978年10月至1981年1月）

代表选举：

第七届人大代表选举工作于1978年10月举行。选举公社第七届人大代表145名。

代表会议：

第一次会议于1978年10月21日召开，应出席代表145名，实出席121名。会议听取和审议并通过公社革委会的工作报告，选举产生公社革委会组成人员，整顿和建立调解、武装、治安等机构，韩具仓为公社革委会主任，尤根文、张虎堂、吕振英为副主任，任双梅（女）、常进邦、司致宽、陈雄、杨精忠、吴汉明、胡有邦、祁清荣、孙川来为委员，吕玉合、王志和为人民陪审员；选举韩具仓、任双梅（女）、靳怀理、李玉英（女）、吕有、吕玉合、景德录、祁清荣、尹广明、赵升元、李汉荣、石志勤、王海江、盛金福14人为县第七届人大代表。

附：

高界人民公社七届人大一次会议召开情况表

表6-57

届次	任期	第一次会议			选举			
		应出席代表	实出席代表	召开时间	主任	副主任	委员	县代表
七	2年	145名	121名	1978.10.21	韩具仓	尤根文 张虎堂 吕振英	9名	不详

九、三合公社革命委员会（1968年3月至1981年1月）

主　任　祁海山（1968年3月至1969年3月）
　　　　杨志叔（1969年3月至1970年1月）
　　　　黎文生（1970年1月至1973年7月）
　　　　马来仓（1973年7月至1974年11月）
　　　　秦复华（1974年11月至1978年12月）
　　　　赵　政（1978年12月至1979年12月）
　　　　杜宗师（1979年12月至1980年11月）
　　　　祁治国（1980年11月至1981年1月）

副主任　宋庆丰（1968年3月至1969年11月）
　　　　杨儒林（1969年3月至1972年12月）
　　　　邹世敏（1969年9月至1972年12月）
　　　　赵　政（1971年7月至1978年12月）
　　　　韩文辉（1972年12月至1979年12月）
　　　　高师明（1973年6月至1975年2月）
　　　　李祖峰（1975年2月至1979年12月）
　　　　柴志信（1975年2月至1978年9月）
　　　　王秀兰（女，1976年3月至1977年3月）
　　　　李自贤（1976年10月至1980年10月）
　　　　张文玉（1980年10月至1981年1月）

第七届人民代表大会（1978年10月至1981年1月）

代表选举：

第七届人大代表选举工作于1978年9月举行。选举公社第七届人大代表75名。

代表会议：

第一次会议于1978年10月20日召开。应出席代表75名，实出席60名。会议听取和审议并通过赵政所作的公社革委会工作报告；选举赵政为公社革委会主任，韩文辉、李祖峰、李自贤为副主任，靳荣奎、王秀兰（女）、刘士英、李岩俊、陈文卓为委员；选举县第七届人大代表9名。

代表名单：

陈秀英（女） 王翠英（女） 王秀兰（女） 张彩兰（女） 王春兰（女）
方月娥（女） 李凤兰（女） 王秀娥（女） 王来巧（女） 李秀花（女）
王秀珍（女） 尹贱子（女） 王景兰（女） 台世雄 陈英才 靳荣魁 张耀清
刘士英 高全山 成玉林 李永仓 王正江 陈文卓 韩文辉 任怀礼 高玉勤
朱玉吉 周志良 李效先 刘汉儒 张明红 安自兰 王成录 张效忠 李进财
吴世雄 吕满仓 靳 荣 任永明 郭效民 赵 政 刘海录 刘维忠 李万良
朱世昌 张顺元 安其信 樊发海 柴志信 阎俊峰 杨维华 张世忠 李应德
韩世卓 李岩俊 李自贤 贾生荣 梁俊芳 陈文西 马文奇 岳瑞林 崔树元
王守富 李来仓 尹玺藩 师成仓 张顺明 王世忠 张占川 秦复华 王玉玺
丁芝仪

附：

三合人民公社七届人大一次会议召开情况表

表6-58

届次	任期	第一次会议			选举			
		应出席代表	实出席代表	召开时间	主任	副主任	委员	县代表
七	2年	75名	60名	1978.10.20	赵 政	韩文辉 李祖峰 李自贤	5名	9名

十、甘沟人民公社革命委员会（1968年3月至1981年1月）

主 任 高富德（1968年3月至1974年1月）
王有华（1974年1月至1978年12月）
张百忍（1978年12月至1981年1月）

副主任 朱彦仓（1968年3月至1970年9月）
孙世华（1968年3月至1970年3月）
张百忍（1969年5月至1978年12月）
骆北辰（1969年5月至10月）
张文彩（1969年10月至1971年11月）
李自贤（1969年12月至1976年10月）
杨志叔（1970年9月至1972年12月）
刘国祯（1972年3月至12月）

刘廷汉（1972年12月至1978年12月）
贾树功（1973年6月至1975年6月）
王秀珍（女，1974年9月至1975年9月）
戴文斌（1974年9月至1976年10月）
姚占学（1975年9月至1979年12月）
张文华（1976年10月至1979年12月）
杨志诚（1977年3月至1978年12月）
安静修（1978年12月至1981年1月）

第七届人民代表大会（1978年10月至1981年1月）

代表选举：

第七届人大代表选举工作于1978年9月至10月举行。选举公社第七届人大代表175名。

代表会议：

第一次会议于1978年10月23日至24日召开，应出席代表175名，实出席148名，列席4名。会议推举王有华、杨志诚、张百忍、刘廷汉、姚占学、安静修、张文华、刘玉玺、王镇华、王占荣、赵忠厚、李向壁、薛爱琴、骆世清、陈烈、陈汉才、张耀祖、张耀成、齐丽华（女）19人组成大会主席团。会议听取和审议张百忍所作的公社革委会工作报告；选举张百忍为公社革委会主任，姚占学、安静修、张文华为副主任，刘玉玺、王镇华、王占荣、赵忠厚、李向壁、薛爱琴（女）、骆世清、陈烈、陈汉财、张耀祖10人为委员；张百忍、梁定邦、王占荣、齐丽华（女）、王忠行、陈汉财、陈烈、张耀祖、吕玉兰（女）、王兰花（女）、孙殿致、张德福、杨克明、马光、任海玺15人为县第七届人大代表。

附：

甘沟人民公社七届人大一次会议召开情况表

表6-59

届次	任期	第一次会议			选举			
		应出席代表	实出席代表	召开时间	主任	副主任	委员	县代表
七	2年	175名	148名	1978.10.23	张百忍	姚占学 安静修 张文华	10名	15名

十一、仁大人民公社革命委员会（1968年3月至1981年1月）

主　任　刘鹏举（1968年3月至1969年3月）
薛志礼（1969年12月至1971年2月）
曹升荣（1971年4月至1974年9月）
王学谋（1974年9月至1978年12月）

王维岐（1978年12月至1979年12月）
梁盘中（1979年12月至1981年1月）
副主任　马廷秀（1968年3月至1969年8月）
马来仓（1968年3月至1969年7月）
王永珊（1968年7月至1975年11月）
李志明（1968年8月至1972年12月）
李汉强（1969年12月至1972年12月）
王玉阶（1969年8月至1971年4月）
高立鸿（1969年8月至11月）
柴效武（1971年7月至1978年8月）
王维岐（1973年7月至1978年12月）
刘国弼（1974年9月至1978年12月）
张凤英（女，1975年12月至1976年10月）
高孟德（1975年2月至1979年12月）
周月生（1975年9月至1979年12月）
张永录（1979年12月至1981年1月）

第七届人民代表大会（1978年10月至1981年1月）

代表会议：

第一次会议于1978年10月18日至19日召开。选举王维岐为公社革委会主任，周月生、高孟德为副主任，朱彦仓、张志洲、张友忠、高连全、任德贤、高奉义、程世清、张焕弟（女）、王俊奎、贾怀清为委员，县第七届人大代表14名。

附：

仁大人民公社七届人大一次会议召开情况表

表6-60

届次	任期	第一次会议			选举			
		应出席代表	实出席代表	召开时间	主任	副主任	委员	县代表
七	2年	135名	不详	1978.10.18	王维岐	周月生 高孟德	10名	14名

十二、雷大人民公社革命委员会（1968年3月至1981年1月）

主　任　杨志叔（1968年3月至1969年3月）
柳金川（1969年3月至1975年6月）
张文礼（1975年6月至1977年1月）
王永珊（1977年1月至1978年12月）
胡广兴（1978年12月至1979年9月）
邹世敏（1979年9月至12月）

韩三余（1979年12月至1981年1月）
副主任　文纪才（1968年3月至1971年11月）
杨守仁（1968年3月至1969年3月）
田逢春（1969年3月至11月）
张秉科（1969年5月至11月）
王志清（1969年5月至1976年10月）
厚修身（1969年8月至1972年12月）
杨彩吉（1969年11月至1975年2月）
杜廷甫（1971年3月至1976年6月）
王锦华（1971年7月至1978年12月）
吕振英（1972年3月至12月）
吕忠厚（1972年12月至1980年9月）
杜思问（1974年3月至1975年11月）
张文礼（1975年2月至6月）
臧承祖（1975年2月至1978年9月）
王永珊（1975年11月至1977年1月）
戴彩花（女，1975年12月至1976年10月）
景发源（1977年1月至1981年1月）
贾国芳（1976年1月至1979年4月）
赵　政（1977年1月至4月）
胡广兴（1978年3月至12月）
孙敬忠（1979年4月至12月）
王应天（1980年10月至1981年1月）

第七届人民代表大会（1978年10月至1981年1月）

代表选举：

第七届人大代表选举工作于1978年9月举行。选举公社第七届人大代表145名。

代表会议：

第一次会议于1978年10月3日召开。会议听取、审议公社革委会的工作报告；选举胡广兴为革委会主任，景发源、贾国芳为副主任，姚玉玲（女）、张友祥、贾映星、戴彩花（女）、程世杰、张国忠、李军、张治科、陈文斌、程恒10人为委员，县第七届人大代表13名。

附：

雷大人民公社七届人大一次会议召开情况表

表6-61

届次	任期	第一次会议			选举			
		应出席代表	实出席代表	召开时间	主任	副主任	委员	县代表
七	2年	145名	不详	1978.10.3	胡广兴	景发源 贾国芳	10名	13名

十三、红寺人民公社革命委员会（1968年3月至1981年1月）

主　任　张富慧（1968年3月至10月）

韩亦武（1968年10月至1969年12月）

田逢春（1969年12月至1975年3月）

李志宏（1975年3月至1978年12月）

马宝成（1978年12月至1979年12月）

朱彦仓（1979年12月至1980年11月）

杨志叔（1980年11月至1981年1月）

副主任　靳元昌（1968年3月至1970年2月）

杨彩吉（1968年4月至1969年11月）

阎国珠（1969年3月至1972年12月）

张生荣（1969年12月至1972年12月）

靳宗周（1970年2月至1974年3月）

吕振英（1972年12月至1978年9月）

谢恩魁（1972年12月至1979年12月）

马宝成（1973年7月至1978年12月）

王学谋（1974年3月至9月）

刘学忠（1974年9月至1978年12月）

李世绰（1975年9月至1977年4月）

孙延寿（1978年9月至1981年1月）

贾　卓（1979年12月至1981年1月）

第七届人民代表大会（1978年10月至1981年1月）

代表选举：

第七届人大代表选举工作于1978年9月举行。选举公社第七届人大代表95名。

代表会议：

第一次会议于1978年10月召开。选举马保成为公社革委会主任，谢恩魁、孙延寿为副主任，魏忠爱、蔡福海、张恒、王生荣、王天勤、张振仓、何尚海为委员，县第七届人大代表8名。

附：

红寺人民公社七届人大一次会议召开情况表

表6–62

届次	任期	第一次会议			选举			
		应出席代表	实出席代表	召开时间	主任	副主任	委员	县代表
七	2年	95名	不详	1978.10	马保成	谢恩魁 孙延寿	7名	8名

十四、四河人民公社革命委员会（1968年3月至1981年1月）

主　任　刘元昌（1968年3月至1969年12月）

　　　　王敦厚（1969年12月至1974年2月）

　　　　王玉阶（1974年2月至1975年6月）

　　　　李俊科（1975年6月至1978年12月）

　　　　贾树功（1978年12月至1979年12月）

　　　　胡青汉（1979年12月至1980年11月）

　　　　张文贵（1980年11月至1981年1月）

副主任　王锦华（1968年3月至1969年12月）

　　　　刘建国（1968年3月至1975年2月）

　　　　贾登科（1969年8月至1970年5月）

　　　　王有华（1969年9月至1972年12月）

　　　　杨玉峰（1971年7月至1975年6月）

　　　　杨守仁（1972年12月至1974年9月）

　　　　王守财（1973年6月至1977年9月）

　　　　郑廷瑜（1974年9月至1981年1月）

　　　　陈国雄（1975年2月至1978年12月）

　　　　赵智荣（1975年2月至1976年10月）

　　　　贾树功（1975年6月至1978年12月）

第七届人民代表大会（1978年10月至1981年1月）

代表选举：

第七届人大代表选举工作于1978年9月举行。选举公社第七届人大代表135名。

代表会议：

第一次会议于1978年10月23日召开。听取和审议公社革委会工作报告；选举贾树功为公社革委会主任，郑廷瑜为副主任，李福元、胡世清、谭志刚、王有江、颉国琪、何应林、马应川、尹梅桂（女）、雷继邦为委员，县第七届人大代表14名。

附：

四河人民公社七届人大一次会议召开情况表

表6-63

届次	任期	第一次会议			选举			
		应出席代表	实出席代表	召开时间	主任	副主任	委员	县代表
七	2年	135名	不详	1978.10.23	贾树功	郑廷瑜	9名	14名

十五、原安人民公社革命委员会（1968年3月至1981年1月）

主　任　张俊才（1968年3月至1973年6月）

　　　　邹世敏（1973年6月至1975年2月）

穆熙雄（1975年2月至1978年12月）
张维存（1978年12月至1981年1月）
副主任　厚修身（1968年3月至1969年8月）
李自贤（1968年3月至1969年12月）
李效民（1969年3月至1976年10月）
马廷秀（1969年8月至1972年12月）
王学忠（1969年9月至1970年9月）
崔兆善（1970年9月至1974年11月）
张维存（1971年7月至1976年10月）
邹世敏（1972年12月至1973年6月）
贾诗书（1973年6月至1981年1月）
张勤业（1975年2月至1979年12月）
陈玉兰（女，1975年2月至1977年3月）
平秀兰（女，1977年3月至1981年1月）

第七届人民代表大会（1978年10月至1981年1月）

代表选举：

第七届人大代表选举工作于1978年9月至10月举行。选举公社第七届人大代表105名。

代表会议：

第一次会议于1978年10月25日在公社会议室召开，应出席代表105名，实出席86名。会议听取、审议并通过张维存所作的公社革委会工作报告；选举张维存为革委会主任，张勤业、贾诗书、平秀兰（女）为副主任，李效民、刘治岐、宋世忠、程连仓、李世荣、韩玉德、王守成为委员，王正元、李树发为人民陪审员，县第七届人大代表11名。

附：

原安人民公社七届人大一次会议召开情况表

表6-64

届次	任期	第一次会议			选举			
		应出席代表	实出席代表	召开时间	主任	副主任	委员	县代表
七	2年	105名	86名	1978.10.25	张维存	张勤业 贾诗书 平秀兰	7名	11名

十六、灵芝人民公社革命委员会（1968年3月至1981年1月）

主　任　李文秀（1968年3月至1972年12月）
陈世英（1972年12月至1975年2月）

赵建忠（1975年2月至1978年12月）
李映江（1978年12月至1979年12月）
王克刚（1979年12月至1981年1月）
副主任　陈世英（1968年3月至1972年12月）
李文光（1968年12月至1978年3月）
王义堂（1969年5月至1976年10月）
马合太（1969年10月至1975年2月）
吕希东（1972年12月至1975年6月）
胡继祖（1973年7月至1975年2月）
王克刚（1975年2月至1978年12月）
靳玲菊（女，1975年2月至1978年12月）
李映江（1978年3月至12月）
樊国玺（1978年10月至1979年12月）
景宗信（1979年6月至1981年1月）

第七届人民代表大会（1978年10月至1981年1月）

代表选举：

第七届人大代表选举工作于1978年9月举行。成立公社选委会，李映江为主任委员，樊国玺为副主任委员，张文彩、祁正文、吕建时、张成义、靳国仓、张金中、靳作山、胡旭光（女）为委员。选举公社第七届人大代表105名（女20名）。

代表会议：

第一次会议于1978年10月18日至20日召开。会议由公社党委书记赵建忠主持，听取、审议并通过李映江所作的公社革委会工作报告；选举李映江为革委会主任，樊国玺为副主任，张文彩、祁正文、吕建时、张成义、靳国仓、张金中、靳作山、胡旭光（女）为委员，县第七届人大代表11名。

附：

灵芝人民公社七届人大一次会议召开情况表

表6-65

届次	任期	第一次会议			选举			
		应出席代表	实出席代表	召开时间	主任	副主任	委员	县代表
七	2年	105名	不详	1978.10.18	李映江	樊国玺	8名	11名

十七、古城人民公社革命委员会（1973年1月至1981年1月）

主　任　马廷秀（1973年1月至1974年11月）
靳守廷（1976年10月至1978年12月）
马来仓（1978年12月至1979年12月）
刘国弼（1979年12月至1980年11月）

赵智荣（1980年11月至1981年1月）

副主任　李志明（1973年1月至1975年3月）

程映珍（1973年1月至1976年10月）

赵如亭（1973年1月至1975年2月）

张永录（1973年7月至1979年12月）

李升仓（1973年12月至1976年10月）

李汉强（1975年2月至1979年1月）

刘维勤（1975年2月至1979年10月）

李国衡（1975年9月至1979年12月）

景化琨（1975年11月至1977年3月）

贾登科（1975年12月至1977年1月）

尤根文（1979年1月至12月）

李祖峰（1979年12月至1981年1月）

李　诗（1980年3月至11月）

第七届人民代表大会（1978年10月至1981年1月）

代表会议：

第一次会议于1978年10月27日至28日召开。应出席代表116名，实出席90名。会议听取和审议刘维勤所作的公社革委会工作报告，选举马来仓为革委会主任，李汉强、刘维勤、李国衡、张永录为副主任，薛福学、崔蔚斌、陈志俊、王爱华（女）、李海林、李文和、王鸿举为委员，李定江、梁安国为人民陪审员；杨贵、张安琪、柳合成、薛富学、赵志勇、吕九菊、李文和、曹荣仓、李海林、马来仓、仇文祥11人为县第七届人大代表。

代表名单：

王爱华（女）　邹兰英（女）　李兰英（女）　张安琪（女）　杨彩莲（女）
梁来兄（女）　陈凤英（女）　孙莲香（女）　赵志勇（女）　方俊英（女）
曹凤叶（女）　吕九菊（女）　张秀兰（女）　杨金花（女）　罗彩花（女）
蒙菊兰（女）　贠月梅（女）　石国栋　朱荣章　杨文举　齐世杰　张世忠
崔蔚斌　李汉强　王鸿举　戴宾峰　刘维勤　李国衡　靳守廷　胡文江　杨宗琪
邹国池　陈金山　杨文玉　陈发玉　杨　贵　杨宝元　邹仲文　程甲禄　李满船
邹仲旺　李满林　邹振坤　岳立新　陈宗仁　刘孝新　李树林　仇文祥　李富吉
黎永瑞　梁金鱼　王正武　张国义　张宗祖　曹荣仓　梁安国　李登云　梁丕见
王文忠　张凤鱼　赵润峰　张占业　贾具才　马会子　张有仓　张园祖　罗正祥
曹志远　李定江　张志荣　曹国靳　杨正祥　张志忠　张永忠　刘万安　司有禄
曹仲志　李文和　石振明　石应录　高维斌　陈凤吉　王得富　李维玺　高成州
高志全　王国军　柳合成　牛映禄　薛富学　李凤岐　杨永望

附：

古城人民公社七届人大一次会议召开情况表

表6–66

届次	任期	第一次会议			选举			
		应出席代表	实出席代表	召开时间	主任	副主任	委员	县代表
七	2年	116名	90名	1978.10.27	马来仓	李汉强 刘维勤 李国衡 张永录	7名	11名

十八、新店人民公社革命委员会（1973年1月至1981年1月）

主　任　李万录（1973年1月至1975年3月）

　　　　张　璧（1975年3月至1978年12月）

　　　　杨志叔（1978年12月至1979年12月）

　　　　席　珍（1979年12月至1981年1月）

副主任　杨志叔（1973年1月至1978年12月）

　　　　张　璧（1973年1月至1975年3月）

　　　　李祖峰（1973年1月至1975年2月）

　　　　李忠民（1973年7月至1979年12月）

　　　　李俊科（1975年1月至6月）

　　　　赵明远（1975年6月至1981年1月）

　　　　席　珍（1979年10月至12月）

　　　　曹应奇（1980年10月至1981年1月）

第七届人民代表大会（1978年10月至1981年1月）

代表选举：

第七届人大代表选举工作于1978年9月举行。选举公社第七届人大代表75名。

代表会议：

第一次会议于1978年10月召开。选举杨志叔为公社革委会主任，李忠民、赵明远为副主任，马致远、张明远、刘志强、牛军花（女）、张守仓为委员；选举县第七届人大代表9名。

附：

新店人民公社七届人大一次会议召开情况表

表6–67

届次	任期	第一次会议			选举			
		应出席代表	实出席代表	召开时间	主任	副主任	委员	县代表
七	2年	75名	不详	1978.10	杨志叔	李忠民 赵明远	5名	9名

十九、阳坡人民公社革命委员会（1973年1月至1981年1月）

主　任　刘占海（1973年1月至1975年2月）

　　　　刘秉乾（1975年2月至1978年12月）

　　　　柴志信（1978年12月至1981年1月）

副主任　李汉强（1973年1月至1975年2月）

　　　　李效勤（1973年1月至1981年1月）

　　　　桑应斌（1973年1月至1979年12月）

　　　　程希贤（1973年7月至1981年1月）

　　　　周彪武（1974年9月至1976年10月）

　　　　王正仓（1975年2月至1978年9月）

第七届人民代表大会（1978年10月至1981年1月）

代表选举：

第七届人大表选举工作于1978年9月举行。选举公社第七届人大代表75名。

代表会议

第一次会议于1978年10月召开。选举柴志信为公社革委会主任，桑应斌、程希贤、李效勤为副主任，刘国英（女）、宋治华、周建林、王尚文为委员，县第七届人大代表9名。

附：

阳坡人民公社七届人大一次会议召开情况表

表6-68

届次	任期	第一次会议			选举			
		应出席代表	实出席代表	召开时间	主任	副主任	委员	县代表
七	2年	75名	不详	1978.10	柴志信	桑应斌 程希贤 李效勤	4名	9名

二十、双岘人民公社革命委员会（1973年1月至1981年1月）

主　任　李　翰（1973年1月至1975年6月）

　　　　李怀仁（1975年6月至1978年12月）

　　　　杜思问（1978年12月至1979年12月）

　　　　张思有（1979年12月至1981年1月）

副主任　王有华（1973年1月至1974年1月）

　　　　厚修身（1973年1月至1979年10月）

　　　　柴志信（1973年1月至1975年2月）

　　　　张希敏（1974年2月至1975年1月）

　　　　李怀仁（1974年9月至1975年6月）

杨守仁（1975年2月至9月）
高师明（1975年2月至1978年1月）
杜思问（1975年11月至1978年12月）
贾　卓（1975年12月至1979年12月）
尤维科（1976年6月至10月）
高俊英（女，1978年3月至1979年11月）
张思有（1978年12月至1979年12月）
陈国雄（1979年10月至1981年1月）
樊授天（1980年3月至10月）
雷回吉（1980年10月至1981年1月）

第七届人民代表大会（1978年10月至1981年1月）

代表选举：

第七届人大代表选举工作于1978年9月举行。选举公社第七届人大代表85名（女13名）。

代表会议：

第一次会议于1978年10月17日至19日召开。会议听取和审议公社革委会的工作报告，选举杜思问为公社革委会主任，高俊英（女）、厚修身、贾卓、张思有为副主任，黎明、王国荣、尤维科、李降清、王兰花（女）、王德位、谢信7人为委员，高俊英（女）、王天时、王德位、王兰花（女）、付成仓、胡国生、李存德、张新国、李发荣9人为县第七届人大代表；雷仰乾、杨世财为人民陪审员。

附：

双岘人民公社七届人大一次会议召开情况表

表6-69

届次	任期	第一次会议			选举			
		应出席代表	实出席代表	召开时间	主任	副主任	委员	县代表
七	2年	85名	不详	1978.10.17	杜思问	高俊英 厚修身 贾　卓 张思有	7名	9名

二十一、细巷人民公社革命委员会（1973年1月至1981年1月）

主　任　韩亦武（1973年1月至1975年8月）
　　　　杜东海（1975年8月至1978年8月）
　　　　杨儒林（1978年12月至1979年12月）
　　　　贾秉乾（1979年12月至1981年1月）
副主任　刘发祥（1973年1月至1978年9月）
　　　　张生荣（1973年1月至7月）
　　　　杨儒林（1973年1月至1978年12月）

张永华（1973年7月至1975年3月）
吕凤英（女，1975年2月至12月）
李西仓（1975年2月至1979年12月）
李　安（1975年2月至1976年10月）
吴桂贵（1975年3月至1979年12月）
贾秉乾（1976年8月至1979年12月）
张敏行（1980年10月至1981年1月）

第七届人民代表大会（1978年10月至1981年1月）

代表选举：

第七届人大代表选举工作于1978年9月举行。选举公社第七届人大代表105名。

代表会议：

第一次会议于1978年10月29日至30日召开，出席代表105名（女17名，工人1名，农民30名，革命干部68名，革命知识分子4名，上山下乡知识青年2名）。会议听取和审议并通过杨儒林所作的公社革委会工作报告；选举杨儒林为公社革委会主任，贾秉乾、李西仓、吴桂贵为副主任，赵兵、张玉才、李福全、孙延录、刘秉智、龚玉芳(女)、厚润身为委员，县第七届人大代表10名；

附：

细巷人民公社七届人大一次会议召开情况表

表6–70

届次	任期	第一次会议			选举			
		应出席代表	实出席代表	召开时间	主任	副主任	委员	县代表
七	2年	105名	105名	1978.10.29	杨儒林	贾秉乾 李西仓 吴桂贵	7名	10名

二十二、八里人民公社革命委员会（1979年12月至1981年1月）

主　任　王嘉宾（1979年12月至1980年11月）
　　　　马志俊（1980年11月至1981年1月）
副主任　李义安（1979年12月至1981年1月）

二十三、石咀人民公社革命委员会（1979年12月至1981年1月）

主　任　张文贵（1979年12月至1980年11月）
　　　　樊俊峰（1980年11月至1981年1月）
副主任　马志俊（1979年12月至1980年11月）
　　　　张永华（1979年12月至1981年1月）
　　　　李自贤（1980年10月至1981年1月）

二十四、田堡人民公社革命委员会（1979年12月至1981年1月）
主　任　谢恩魁（1979年12月至1981年1月）
副主任　靳海珠（1979年12月至1981年1月）
　　　　靳卫国（1980年10月至1981年1月）

二十五、祁川人民公社革命委员会（1979年12月至1981年1月）
主　任　杜宗师（1980年11月至1981年1月）
副主任　姚占学（1979年12月至1981年1月）

二十六、贾河人民公社革命委员会（1979年12月至1981年1月）
主　任　朱彦林（1979年12月至1981年1月）
副主任　樊授天（1980年10月至1981年1月）

二十七、后梁人民公社革命委员会（1979年12月至1981年1月）
主　任　李映忠（1979年12月至1981年1月）
副主任　韩文辉（1979年12月至1981年1月）

二十八、余湾人民公社革命委员会（1979年12月至1981年1月）
主　任　赵如亭（1979年12月至1980年9月）
　　　　王正仓（1980年9月至1981年1月）
副主任　程国基（1979年12月至1981年1月）
　　　　周　胜（1979年12月至1981年1月）

二十九、深沟人民公社革命委员会（1979年12月至1981年1月）
主　任　祁治国（1979年12月至1980年11月）
　　　　高孟德（1980年11月至1981年1月）
副主任　张文明（1979年12月至1981年1月）
三十、七里人民公社革命委员会（1979年12月至1981年1月）
主　任　赵步清（1979年12月至1981年1月）
副主任　孙延福（1979年12月至1981年1月）

第三节　人民公社管理委员会（镇人民政府）时期

（1981年1月至1983年12月）

一、城关镇人民政府（1981年1月至1983年12月）

镇　长　刘绍先（1981年1月至1983年12月）

第八届人民代表大会（1981年1月至1983年12月）

代表选举：

第八届人大代表选举工作于1980年11月于1981年1月举行。成立镇选委会，苗先海为主任，刘绍先为副主任，阎忠孝、张世俊、刘鹏举、马维才、郭承祖、程仰勤、魏兰英（女）为委员。全镇总人口7898人（男5168人，女2730人），有选民4293人（男2931人，女1362人），共划分7个选区，于1981年1月5日召开选举大会，选举县第八届人大代表17名、镇第八届人大代表20名（女8名）。

代表会议：

第一次会议于1981年1月16日至17日召开，应出席代表20名，实出席17名。会议推举苗先海、高立红、吕国衡、沙玉明、刘绍先5人组成大会主席团；高立红、程仰勤（女）、姚秀兰（女）3人组成代表资格审查委员会，高立红为主任；苗先海、王克铭、程仰勤（女）3人组成议案审查委员会，苗先海为主任。会议听取高立红所作的代表资格审查报告，听取和审议刘绍先所作的镇政府工作报告，选举刘绍先为镇政府镇长；冯安清、张轩、吴三才、陈仁、杨月英（女）、柳兰芳（女）、靳芳兰（女）、马秀英（女）8人为人民陪审员。

第二次会议于1981年9月24日召开，应出席代表20名，实出席15名。会议成立镇人民代表大会领导小组，刘绍先为组长，沙玉明、邓文耀、李向壁、柳兰芳（女）为委员；收到代表意见建议4条。

代表名单：

姚秀兰（女）　吕芳梅（女）　刘凤英（女）　柳兰芳（女）　马秀英（女）
马惠珍（女）　魏兰英（女）　程仰勤（女）　靳全德　吕国衡　邓文耀　陈凤亭
李向壁　刘绍先　张继祖　沙玉明　高立红　王克铭　苗先海　杨振甲

附：

城关镇八届人大一次会议召开情况表

表6-71

届次	任期	第一次会议			选举	
		应出席代表	实出席代表	召开时间	镇长	副镇长
八	3年	20名	17名	1981.1.16	刘绍先	

二、城川人民公社管理委员会（1981年1月至1983年12月）

主　任　蒙谦恭（1981年1月至1982年4月）

　　　　贾秉乾（1982年4月至1983年12月）

副主任　杨志诚（1981年1月至1983年12月）

　　　　王　宏（1981年1月至1983年12月）

第八届人民代表大会（1981年1月至1983年12月）

代表选举：

第八届人大代表选举工作于1980年11月至1981年1月举行。成立公社选委会，张文礼为主任委员，王宏为副主任委员，张志强、张维民、贾桂花、王春旺、王有锡为委员，蒙谦恭为主任，王宏、韩忠孝为副主任，贾桂花、张志强、王春旺、王有玺、张志成、靳天生为委员。全社有15个大队，92个生产队，3989户，23576人，共划分11个选区，选举县第八届人大代表13名、公社第八届人大代表100名（女16名）。

代表会议：

第一次会议于1981年1月15日召开，应出席代表100名，实出席93名。会议听取和审议公社革委会工作报告，选举产生公社管委会，蒙谦恭为主任，王宏、杨志诚为副主任，靳天生、陈玺斌、马振东、张志强、梁应海、司三多、周士刚7人为委员。

代表名单：

张玉花（女）　马凤英（女）　靳国兰（女）　司凤兰（女）　李惠君（女）

景秀珍（女）　赵　锐（女）　邹黑黑（女）　贾桂花（女）　陈金秀（女）

周桂莲（女）　李凤英（女）　吕桂英（女）　杜芳兰（女）　白玉芳（女）

赵　锐（女）　张志强　白安仁　吴丁元　周秉谦　张治国　蒙谦恭　胡　伟

王有锡　张明国　张文礼　胡建武　田世荣　杨志刚　王生智　穆忠荣　仇自新

时耀光　梁应海　穆从龙　王福寿　杨振刚　贾兆明　胡俊明　胡智慧　王焕清

郑力平　马振东　李玉才　张子成　翟国军　张　英　安怀寿　吕维富　李国玺

王有忠　靳志明　陈国平　杨国士　张士忠　吕国成　景原安　吕东风　陈发海

宋国玺　李丰年　杜银财　靳田生　杨忠厚　高金贵　王国省　王　伟　贾旺子

王克生　靳国礼　杜宏光　吴尚礼　鲍宗仁　苏文斌　高世明　司三多　王志良

吴宁军　裴善昌　王　宏　许富忠　高吉学　陈志善　李满堂　鲍国义　王春旺

王九春　高志福　刘国军　刘孝忠　鲍敦礼　张继民　李武宪　靳文信　郭　茂

韩忠孝　靳建华　陈玺斌　赵秉智　赵　慧

附：

城川人民公社八届人大一次会议召开情况表

表6-72

届次	任期	第一次会议			选举		
		应出席代表	实出席代表	召开时间	主任	副主任	委员
八	3年	100名	93名	1981.1.15	蒙谦恭	杨志诚 王　宏	7名

三、八里人民公社管理委员会（1981年1月至1983年12月）

主　任　马志俊（1981年1月至1983年12月）

副主任　李义安（1981年1月至1983年12月）

　　　　杨玉邦（1982年4月至1983年12月）

第八届人民代表大会（1981年1月至1983年12月）

代表选举：

第八届人大代表选举工作于1980年11月至1981年1月举行。成立公社选委会，马志俊为主任，李义安、刘廷汉为副主任，樊正芳、李勤、孙应魁、王琴芳（女）、刘德余、马进明为委员。选举县第八届人大代表8名、公社第八届人大代表70名。

代表会议：

第一次会议于1981年1月召开。会议听取和审议公社革委会工作报告，选举产生公社管委会，马志俊为主任，李义安为副主任，樊正芳、王琴芳（女）、王全义、尹金才、李勤、郑志智、郭宏智7人为委员。

附：

八里人民公社八届人大一次会议召开情况表

表6-73

届次	任期	第一次会议			选举		
		应出席代表	实出席代表	召开时间	主任	副主任	委员
八	3年	70名	不详	1981.1	马志俊	李义安	7名

四、司桥人民公社管理委员会（1981年1月至1983年12月）

主　任　陈满斌（1981年1月至1983年12月）

副主任　陈玉兰（女，1981年1月至1983年12月）

　　　　柳思桐（1982年4月至1983年12月）

第八届人民代表大会（1981年1月至1983年12月）

代表选举：

第八届人大代表选举工作于1980年11月至1981年1月举行。成立公社选委会，张具升为主任，陈满斌、陈玉兰（女）为副主任，韩志诚、刘相录、席尚德、李思杰为委员。选举县第八届人大代表6名、公社第八届人大代表70名。

代表会议：

第一次会议于1981年1月召开。会议听取和审议公社革委会工作报告，选举产生公社管委会，陈满斌为主任，陈玉兰（女）为副主任，王宏绪、马文远、李光宇、李荣久、张克举、张富学6人为委员。

附：

司桥人民公社八届人大一次会议召开情况表

表6-74

届次	任期	第一次会议			选举		
		应出席代表	实出席代表	召开时间	主任	副主任	委员
八	3年	70名	不详	1981.1	陈满斌	陈玉兰	6名

五、威戎人民公社管理委员会（1981年1月至1983年11月）

主　任　李文捷（1981年1月至1983年11月）

副主任　杨玉邦（1981年1月至1982年4月）

　　　　杨存英（女，1981年1月至9月）

　　　　王应天（1982年4月至1983年8月）

第八届人民代表大会（1981年1月至1983年11月）

代表选举：

第八届人大代表选举工作于1980年11月至1981年1月举行。成立公社选委会，李文捷为主任，杨玉邦、杨存英（女）为副主任，杨锦春、陈建国、张志洲、吴保忠、王家象、张自化为委员。选举县第八届人大代表13名、公社第八届人大代表100名(其中党员61名，无党派人士39名；工人1名，农民87名，干部12名；少数民族1名；妇女18名；知识分子15名)。

代表会议：

第一次会议于1981年1月召开。会议听取和审议公社革委会工作报告，讨论审查1981年至1983年各项生产指标；选举产生公社管委会，李文捷为主任，杨玉邦、杨存英（女）为副主任，杨植标、高国柱、吉文敏、吴保忠、曹良成、张吉成、李文强为委员。

第二次会议于1982年8月12日至14日召开。会议学习、讨论宪法修正案；听取和审议公社管委会上半年的工作报告，讨论审议下半年的工作任务；选举王应天为公社管委会委员、副主任。

代表名单：

苏梅花（女）　戴娥英（女）　樊桂芳（女）　王凤兰（女）　方秀英（女）
吴梅珍（女）　戴凤玲（女）　樊菊英（女）　贾玉海（女）　方兰菊（女）
戴桂贞（女）　杨存英（女）　吴文俊　李发勤　戴效贤　方勇斌　李友仁
高国柱　王皞如　杨植滨　王三虎　朱俊德　朱双虎　李万中　王甲录　朱彦邦
马志元　阎孝杰　杨汉成　王德福　张吉成　戴延社　张国栋　杨宝泉　吉文敏
吕国林　杨俊华　梁　惠　张志明　尹国强　樊林山　马振福　吕希东　杜古怀
武举堂　李　军　武东煌　胡占书　李文捷　杨力学　李风连　贾　力　杨恒仁
杨俊明　贾德基　王佩军　王　刚　李树江　李树清　胡国种　朱国远　戴文贤

戴同玉　戴继社　刘志中　戴万海　李宏兵　温堆仓　杨玉邦　曹良成　李　刚
李文强　李有西　张志发　李凤岐　苏仰成　张自化　厚克勤　厚瑾合　受学仁
马丑贤　方维仓　马志革　戴书珍　齐志仁　齐好仁　方正江　王家象　司　明
戴世永　吴庆良　吴保忠　吴保恒　周　正　周志忠　杜生田　党振才　温友新
裴玉英　李高强

附：

威戎人民公社八届人大一次会议召开情况表

表6–75

届次	任期	第一次会议			选举		
		应出席代表	实出席代表	召开时间	主任	副主任	委员
八	3 年	100 名	不详	1981.1	李文捷	杨玉邦 杨存英	7 名

六、石咀人民公社管理委员会（1981年1月至1983年12月）

主　任　樊俊峰（1981年1月至1983年12月）

副主任　张永华（1981年1月至1983年12月）

李自贤（1981年1月至1982年4月）

李祖芳（1982年4月至1983年12月）

第八届人民代表大会（1981年1月至1983年12月）

代表选举：

公社第八届人大代表选举于1980年11月至1981年1月举行。成立公社选委会，胡世杰为主任，李自贤、张永华为副主任，魏灵山、刘玉玺、杨荣华、樊应玲（女）为委员。全社总人口12805人（男6501人，女6304人），有选民6172人（男3141人，女3031人），参加选举5250人，选举县第八届人大代表7名（女1名），公社第八届人大代表70名（女12名）。

代表会议：

第一次会议于1981年1月10召开。会议听取和审议樊俊峰所作的公社革委会工作报告，作出决议；选举产生公社管委会，樊俊峰为主任，张永华、李自贤为副主任，李金仓、李东效、贾孝、杨荣华、樊应玲（女）5人为委员。

代表名单：

李小燕（女）　杨翠花（女）　朱桂芳（女）　王秋菊（女）　苏惠荣（女）
李春梅（女）　周菊香（女）　何月兰（女）　胡彩霞（女）　樊应玲（女）
周玉英（女）　靳兰菊（女）　马志科　张有明　尹维富　胡海洋　尹维泰
胡仰明　马发海　高福受　马正中　吕正彪　张国平　陈治邦　李东效　李富青
张生林　杨荣华　柴　长　赵应民　朱占元　雍中录　赵书平　陈　功　赵宗让
陈存邦　温贵有　赵国君　吴旺来　赵具仓　吴生林　岳志贤　吴　辉　李国祥

张贵其　方忠孝　戴季洪　方　恩　张永华　杨发才　胡俊杰　赵世中　赵国义
王宝玉　翟兴邦　王荣东　马入林　齐世忠　翟万有　贾志真　李自贤　贾　孝
樊俊峰　胡世杰　尹双院　李金仓　马彦秀　马金武　马发荣　胡仰生

附：

石咀人民公社八届人大一次会议召开情况表

表6-76

届次	任期	第一次会议			选举		
		应出席代表	实出席代表	召开时间	主任	副主任	委员
八	3年	70名	不详	1981.1.10	樊俊峰	张永华 李自贤	5名

七、古城人民公社管理委员会（1981年1月至1983年12月）

主　任　赵智荣（1981年1月至1982年4月）

　　　　李　诗（1982年4月至1983年12月）

副主任　李祖峰（1981年1月至9月）

　　　　柴志信（1981年12月至1983年12月）

　　　　李　智（1982年6月至1983年12月）

第八届人民代表大会（1981年1月至1983年12月）

代表选举：

第八届人大代表选举工作于1980年11月至1981年1月举行。成立公社选委会，赵智荣为主任，李祖峰、李诗为副主任，戴建生、谢定科、李应畔、吕九菊（女）为委员。全社共有人口14883人（男7675人，女7208人），选民7120人（男3660人，女3460人），划分6个选区，于1981年1月5日召开选举大会，参加选民6999人（男3603人，女3396人），选举县第八届人大代表8名、公社第八届人大代表70名。

代表会议：

第一次会议于1981年1月8日至9日召开，应出席代表70名，实出席68名。会议推举马来仓、李祖峰、李芳财、王鸿举、高成州、陈文学、吕九菊（女）、尹正荣、赵智荣9人组成大会主席团。会议听取和审议李祖峰所作的公社革委会工作报告；选举产生公社管委会，赵智荣为主任，李祖峰为副主任，陈文学、马俊华、王鸿举、岳效忠、谢定科、贾彩花（女）、陈发源7人为委员；陈发源、李芳财为人民陪审员。

代表名单：

赵凤兰（女）　蒙菊兰（女）　杨巧莲（女）　岳凤兰（女）　柴淑英（女）
马环环（女）　陈凤英（女）　贾彩花（女）　李兰英（女）　司牡丹（女）
曹托兄（女）　王秀英（女）　文俊英（女）　吕九菊（女）　柳玉春　张红兵
张永忠　高满仓　贾便宜　马来仓　李维岳　赵智荣　李树珍　李祖峰　柳月蓬
谢定科　梁仰太　柳云江　王鸿举　李芳财　陈文学　王正庭　杜　杰　李玉勤

尹正荣　田文科　张俊华　孙积仓　岳立新　张国义　张振吉　任进才　邹仲堆
毛喜民　杨正清　郑耀先　程宗仁　王佐兵　梁随阳　岳效忠　高成州　戴云恒
石永军　齐荣庭　曹永寿　杜世军　王国栋　杨景章　曹双行　李虎子　李世忠
杨宗琪　曹耀东　杨文珍　陈发源　常永安　马善文　张占业　文丕录　任全福

附：

古城人民公社八届人大一次召开情况表

表6-77

届次	任期	第一次会议			选举		
		应出席代表	实出席代表	召开时间	主任	副主任	委员
八	3年	70名	68名	1981.1.8	赵智荣	李祖峰	7名

八、曹务人民公社管理委员会（1981年1月至1983年12月）

主　任　赵如亭（1981年1月至1983年12月）

副主任　方天学（1981年1月至1983年12月）

第八届人民代表大会（1981年1月至1983年12月）

代表选举：

第八届人大代表选举工作于1980年11月至1981年1月举行。成立公社选委会，赵如亭为主任，樊俊峰、方天学为副主任，杨世龙、田耀武、沙兆祥（回族）、张淑萍（女）为委员。全乡共划分为7个选区，选举县第八届人大代表9名、公社第八届人大代表70名。

代表会议：

第一次会议于1981年1月5日召开，出席代表70名。会议听取、审议公社革委会副主任方天学所作的题为《集中精力，搞好经济建设，加快四化步伐》的工作报告；选举产生公社管委会，赵如亭为主任、方天学为副主任，张守谦、沙兆祥（回）、张淑萍（女）、李振刚、周忠义、田耀武、张世祥7人为委员。

代表名单：

辛爱莲（女）　陈桂花（女）　王月梅（女）　王淑琴（女）　李桂兰（女）
谢圈子（女）　张淑萍（女）　李利琼（女）　刘蕊莲（女）　余秀莲（女）
毛蕊花（女）　梁喜兰（女）　方秀英（女）　张秀花（女）　阎发祥　程茂林
田文和　张文科　沙兆祥　罗德明　霍有仓　柳丕祯　赵如亭　马志明　马登科
杨胜福　高文旭　高凤荣　王西银　李纪荣　李国柱　张克勤　张世祥　李世科
周忠义　白云升　马俊科　马效忠　方天学　白位西　马效元　戴进福　李国民
魏中和　魏治明　李文维　李守信　杨具满　柳儒汉　杜全宝　霍玉仓　张文利
张国玺　张国新　石显忠　李俊英　赵文强　杨殿林　张守谦　马绍业　李发海
张具德　柳守忠　魏荣祖　马志成　李振刚　李具生　张玉财　张耀骞　胡堪良
石和碧　田耀武　李敏贵　柳宗彦　田兴秀

附：

曹务人民公社八届人大一次会议召开情况表

表6-78

届次	任期	第一次会议			选举		
		应出席代表	实出席代表	召开时间	主任	副主任	委员
八	3年	70名	70名	1981.1.5	赵如亭	方天学	7名

九、治平人民公社管理委员会（1981年1月至1983年12月）

主　任　李文光（1981年1月至1982年4月）

　　　　王克刚（1982年4月至1983年12月）

副主任　樊国玺（1981年1月至1983年12月）

　　　　樊　枨（1981年1月至1983年12月）

第八届人民代表大会（1981年1月至1983年12月）

代表选举：

第八届人大代表选举工作于1980年11月7日至1981年1月17日举行。成立公社选委会，李文光为主任，杜廷有为副主任，樊国玺、杨发科、王振江、豆廷锐、樊枨为委员。全社有13个大队，84个生产队，2035户，12101人，有选民5615人（男2793人，女2822人）。共划分20个选区，其中县代表选区6个，社代表选区14个，1981年1月5日召开了选举大会，参加选举5460人，占78.2%，选举县第八届人大代表7名（其中党员干部3名，群众3名；妇女1名）、公社第八届人大代表70名（其中：党员代表35名，占50%；群众代表35名，占50%；妇女代表12名，占17.1%；干部9名，占12.8%；知识分子5名，占7.1%；18岁至25岁8名，占11.4%，26岁至55岁56名，占80%，55岁以上6名，占8.6%）。

代表会议：

第一次会议于1981年1月16日至17日在治平中学召开，应出席代表70名，实出席61名，樊志伟、刘景辉、张时、王专娃、王廷义、朱贵江、豆锐廷列席会议。会议推举王有华、杜廷甫、樊国玺、王振江、杨发祥、杨景华、樊枨、王凤兰、李文光、杜仲学、庞国强、王再英、雷沛堂13人组成大会主席团；杜廷甫、王振江、张道3人组成代表资格审查委员会，杜廷甫为主任委员，王振江为副主任委员；樊国玺、杨发祥、樊枨、王再英、王映春5人组成提案审查委员会，樊国玺为主任委员，杨发祥为副主任委员。会议听取和审议李文光所作的公社革委员工作报告；选举产生公社管委会，李文光为主任，樊国玺、樊枨（不脱产）为副主任，王振江、杜仲学、张道、杨发祥、王凤兰（女）、杨景华6人为委员；郭具德、王映春为人民陪审员；收到代表提案22条。

代表名单：

王映春　王仁才　王智荣　王凤兰　李勤卓　杨发祥　柴文华　魏云祥　樊　玉

杨希云　樊　宗　姚国雄　樊忠一　樊　枨　王芝清　王运达　王廷正　刘士烈

周书兰 雷成吉 樊国玺 樊国仕 樊 晓 樊憨憨 王振江 杜仲学 雷云具
胡汉山 王春学 樊士俊 雷沛堂 朱玉禄 朱克智 朱寿华 王桂英 朱界春
李文光 杨景华 雷应刚 刘万邦 常菊英 雷志勤 常思荣 郭沂新 秦杏杏
郭具德 杨文采 郭效堂 郭景玉 刘维忠 王彩莲 杜迁甫 杨德权 庞国强
白九兴 刘正义 王再英 李发英 王兰香 韩永勤 马汉江 王军文 甘晓玲
张思科 陈福祖 陈万奎 陈忠元 陈存来 王有华 张 道

附：

治平人民公社八届人大一次会议召开情况表

表6-79

届次	任期	第一次会议			选举		
		应出席代表	实出席代表	召开时间	主任	副主任	委员
八	3年	70名	61名	1981.1.16	李文光	樊国玺 樊 栿	6名

十、深沟人民公社管理委员会（1981年1月至1983年12月）

主 任 高孟德（1981年1月至1982年4月）

王振江（1982年4月至1983年12月）

副主任 张文明（1981年1月至1982年4月）

雷回吉（1982年4月至1983年12月）

杨丰源（1982年4月至1983年12月）

第八届人民代表大会（1981年1月至1983年12月）

代表选举：

第八届人大代表选举工作于1980年11月至12月举行。成立公社选委会，高孟德为主任，刘学忠、张文明为副主任，薛积录、王仲雄、吕志仓、王爱华（女）为委员。选举县第八届人大代表4名、公社第八届人大代表50名。

代表会议：

第一次会议于1981年1月召开。会议听取和审议公社革委会工作报告，选举产生公社管委会，高孟德为主任、张文明为副主任，王爱华（女）、薛积录、杨芝国、王振杰、牛志强5人为委员。

附：

深沟乡人民公社八届人大一次会议召开情况表

表6-80

届次	任期	第一次会议			选举		
		应出席代表	实出席代表	召开时间	主任	副主任	委员
八	3年	50名	不详	1981.1	高孟德	张文明	5名

十一、李店人民公社管理委员会（1981年1月至1983年12月）
主　任　王守财（1981年1月至1982年4月）
　　　　王正仓（1982年4月至1983年12月）
副主任　李国衡（1981年1月至7月）
　　　　杨守仁（1981年1月至1982年4月）
　　　　高思举（1982年4月至1983年12月）
第八届人民代表大会（1981年1月至1983年12月）
代表选举：

第八届人大代表选举工作于1980年11月至12月举行。成立公社选委会，王守财为主任，李国衡、杨守仁为副主任，王自勗、王兴国、李兴才、连俊蓉（女）为委员。全乡总人口16485人（男8310人，女8175人），有选民7464人（男3792人，女3672人）。共划分7个选区，参加选举7322人（男3735人，女3587人），选举县第八届人大代表9名、公社第八届人大代表70名。

代表会议：

第一次会议于1981年1月17日至18日召开。应出席代表70名，实出席67名，列席4名。会议推举王守财、李国衡、杨守仁、王学谋、高思举、王自勗、胡正基、李兴财、孔德生、王忠永、连俊蓉（女）11人组成大会主席团。会议听取和审议王守财所作的公社革委会工作报告，选举产生公社管委会，王守财为主任，李国衡、杨守仁为副主任，高师举、李康安、王自勗、连俊蓉（女）、景宗文、王维民6人为委员。孔德生、李康安为人民陪审员；收到代表意见建议16条。

第二次会议于1982年9月6日召开。应出席代表69名，实出席45名。选举王正仓为管委会主任，高思举为副主任。

代表名单：

杜芳兰（女）　杜金芳（女）　连俊蓉（女）　刘兰花（女）　程引兰（女）
杨玉梅（女）　牛俊英（女）　李亚平（女）　魏书芹（女）　郭参叶（女）
李爱子（女）　赵淑慧（女）　王喜柱（女）　刘喜梅（女）　赵蕊子（女）
任莲英（女）　王满弟（女）　王兰花（女）　王建邦　王兴国　王文堂　王学仁
王守财　吴文智　王维忠　王具忠　王奇林　樊吕阳　景宗文　王自勗　李自学
李康安　王致和　樊文彪　刘岁稍　刘向平　刘志汉　刘康乐　杜树清　杜福存
李家华　王学谋　高思举　李国衡　胡正基　郭统江　郭维清　王司君　孔德生
王维民　王正乾　杨守仁　马　正　薛均海　马维合　李汉仓　常徐子　樊焕璋
王玉文　王兴国　王效义　刘书勤　李树俊　程名儒　王守业　王忠永　杜　森
李兴财　刘有寿　刘俊西

附：

李店人民公社八届人大一次会议召开情况表

表6-81

届次	任期	第一次会议			选举		
		应出席代表	实出席代表	召开时间	主任	副主任	委员
八	3年	70名	67名	1981.1.17	王守财	李国衡 杨守仁	6名

十二、余湾人民公社管理委员会（1981年1月至1983年12月）

主　任　王正仓（1981年1月至1982年4月）

　　　　程国基（1982年4月至1983年12月）

副主任　周　胜（1981年1月至9月）

　　　　程国基（1981年1月至1982年4月）

　　　　李克和（1981年9月至1983年12月）

　　　　李养玺（1982年4月至1983年12月）

第八届人民代表大会（1981年1月至1983年12月）

代表选举：

第八届人大代表选举工作于1980年11月至1981年1月举行。成立公社选委会，王正仓为主任，陈国基、周胜为副主任，刘国书、张廷栋、戴彩花（女）、马子恒为委员。全社有人口8898人（男4526人，女4372人），有选民4051人（男2118人，女1933人），共分4个选区，参加选民4016人（男2107人，女1909人），选举县第八届人大代表5名、公社第八届人大代表50名（女10名）。

代表会议：

第一次会议于1981年1月9日至11日召开，应出席代表50名，实出席42名。会议听取和审议王正仓所作的公社革委会工作报告，作出相应的决议；选举产生公社管委会，王正仓为主任，周胜、程国基为副主任，刘国书、张玉娥（女）、赵仰元、马文俭4人为委员；赵仰元、王思平为人民陪审员。

第二次会议于1982年8月15日在召开，应出席代表50名，实出席32名。会议推举程国基、李克和、李养玺、张玉娥（女）、马文俭、赵仰元、马子恒7人组成大会主席团。会议听取和审议程国基所作的公社管委会工作报告，选举程国基为公社管委会主任，李仰玺、李克和为副主任，马子恒为委员。

附：

余湾人民公社八届人大一次会议召开情况表

表6-82

届次	任期	第一次会议			选举		
		应出席代表	实出席代表	召开时间	主任	副主任	委员
八	3年	50名	42名	1981.1.9	王正仓	周　胜 程国基	4名

十三、高界人民公社管理委员会（1981年1月至1983年12月）

主　任　杨儒林（1981年1月至1983年7月）

　　　　杨德元（1983年7月至12月）

副主任　张虎堂（1981年1月至1983年12月）

　　　　吕振英（1981年1月至7月）

高成华（1981年1月至1983年12月）

第八届人民代表大会（1981年1月至1983年12月）

代表选举：

第八届人大代表选举工作于1980年11月至1981年1月举行。成立公社选委会，杨儒林为主任，高成华、张虎堂为副主任，吕振英、李汉荣、郭怀花（女）、景德昌、王守元、尹惠天为委员。全社有15个大队，104个生产队，2085户，12001人，共划分4个选区，选举县第八届人大代表6名、公社第八届人大代表70名。

代表会议：

第一次会议于1981年1月8日召开，应出席代表70名，实出席49名，特邀代表2名。会议推举杨儒林、吕振英、张虎堂、高成华、郭怀花（女）、王守元、王焕章7人组成大会主席团，张虎堂为大会执行主席。会议听取、审议并通过杨儒林所作的公社革委会工作报告；选举杨儒林为公社管委会主任，张虎堂、吕振英、高成华为副主任，杨德元、郭怀花（女）、王焕章、吕建彦、薛克星5人为委员，王志和、王焕章为人民陪审员。

附：

高界人民公社八届人大一次会议召开情况表

表6-83

届次	任期	第一次会议			选举		
		应出席代表	实出席代表	召开时间	主任	副主任	委员
八	3年	70名	49名	1981.1.8	杨儒林	张虎堂 吕振英 高成华	5名

十四、七里人民公社管理委员会（1981年1月至1983年12月）

主　任　赵步清（1981年1月至1983年12月）

副主任　孙延福（1981年1月至1983年12月）

曹应奇（1982年4月至1983年12月）

第八届人民代表大会（1981年1月至1983年12月）

代表选举：

第八届人大代表选举工作于1980年11月至1981年1月举行。成立公社选委会，赵步清为主任，李忠民、孙延福为副主任，李玉英（女）、张文华、张继、张新民为委员。选举县第八届人大代表5名、公社第八届人大代表51名（女13名）。

代表会议：

第一次会议于1981年1月18日至19日召开，应出席代表51名，实出席46名，列席9名。会议听取孙延福所作的代表资格审查情况报告，听取和审议并通过赵步清所作的公社革委会工作报告；选举产生公社管委会，赵步清为主任，孙延福为副主任，祁海科、张文华、李玉英（女）、李成蹊、张志连5人为委员；张文华、吕发秀为人民陪审员。

第二次会议于1982年8月12日召开，应出席代表51名，实出席31名。会议听取和审议赵步清所作的公社管委会工作报告；选举曹应奇为公社管委会副主任。

代表名单：

李玉英（女） 赵秀莲（女） 袁秀珍（女） 刘淑琴（女） 李桂花（女）
任淑芳（女） 邹淑兰（女） 赵秀兰（女） 谯凤香（女） 赵凤香（女）
李玉兰（女） 韩豆兰（女） 景秀珍（女） 张满仓 李志全 孙延福 李忠民
柴占福 张进有 赵步清 尹国章 谷根才 张志连 吴世忠 贺高堂 吴志杰
冀福明 张文华 贾义明 李致远 何万寿 胡有邦 王文海 张维汉 李成蹊
吕勤仓 孙富贵 韩西寿 夏丁劳 李收良 孙久时 祁海科 杨志诚 韩玺贤
孙生林 吕志仓 刘忠贵 李克勤 吕发秀 米振全 曹维忠

附：

七里人民公社八届人大一次会议召开情况表

表6-84

届次	任期	第一次会议			选举		
		应出席代表	实出席代表	召开时间	主任	副主任	委员
八	3年	51名	46名	1981.1.18	赵步清	孙延福	5名

十五、三合人民公社管理委员会（1981年1月至1983年12月）

主　任　祁治国（1981年1月至1982年11月）
　　　　尤根文（1982年11月至1983年12月）

副主任　张文玉（1981年1月至1983年12月）
　　　　尤根文（1981年12月至1982年12月）
　　　　张文明（1982年4月至1983年12月）

第八届人民代表大会（1981年1月至1983年12月）

代表选举：

第八届人大代表选举工作于1980年11月至1981年1月举行。成立公社选委会，祁治国为主任，尤根文、张文玉为副主任，王秀兰、吕文秀、陈文卓、雷发明为委员。全乡有人口9363人（男4747人，女4616人），有选民4606人（男2307人，女2299人），划分北集、古岔、光华、新堡4个选区，选举县第八届人大代表5名、公社第八届人大代表50名（女13名）。

代表会议：

第一次会议于1981年1月8日召开，应出席代表50名，实出席50名。会议推举祁治国、尤根文、张文玉、吴世雄、王学先、韩炳录、朱德功7人组成大会主席团，张文玉、蔡尚志、吴世雄组成代表资格审查委员会，祁治国、朱德功、李效先组成议案审查委员会。会议听取、审议并通过祁治国所作的公社革委会工作报告；选举产生公社管委会，祁治国为主任，张文玉为副主任，吴世雄、朱德功、王学先、韩炳录、杨友林5人为委员，李付生、张明红为人民陪审员。

代表名单：

王锦兰（女）　高玉莲（女）　罗士仁（女）　陈淑英（女）　张彩兰（女）
王秀珍（女）　周合叶（女）　杨瑞芳（女）　张淑珍（女）　郭莲英（女）
郭珍珍（女）　李秀花（女）　吕秀芳（女）方治忠　祁治国　王学先　李新德
刘润升　安启信　王玉玺　李炳文　韩炳录　刘维忠　王世歧　杨友林　雷发明
王正江　韩佩林　吴世雄　任永明　李宝林　尤根文　张明红　蔡尚志　高进寿
李宝富　尹绍祖　朱国银　李效先　张文玉　罗春晖　尹彦琼　李来福　师成仓
张世忠　刘文秀　田永春　李富生　马连仓　朱德功

附：

三合人民公社八届人大一次会议召开情况表

表6-85

届次	任期	第一次会议			选举		
		应出席代表	实出席代表	召开时间	主任	副主任	委员
八	3年	50名	50名	1981.1.8	祁治国	张文玉	5名

十六、甘沟人民公社管理委员会（1981年1月至1983年12月）

主　任　张百忍（1981年1月至1983年12月）

副主任　安静修（1981年1月至1982年10月）

　　　　徐启章（1982年10月至1983年12月）

第八届人民代表大会（1981年1月至1983年12月）

代表选举：

第八届人大代表选举工作于1980年11月至1981年1月举行。成立公社选委会，张百忍为主任，安静修、周世书为副主任，王汉堂、豆修龄、胡具仓、徐启章、张三虎、薛爱琴为委员。选举县第八届人大代表9名、公社第八届人大代表70名。

代表会议：

第一次会议于1981年1月召开。会议听取和审议公社革委会工作报告；选举产生公社管委会，张百忍为主任，安静修为副主任，王汉堂、王克仁、胡具仓、赵忠厚、张富华、胡兵洲、张志芳7人为委员。

附：

甘沟人民公社八届人大一次会议召开情况表

表6-86

届次	任期	第一次会议			选举		
		应出席代表	实出席代表	召开时间	主任	副主任	委员
八	3年	70名	不详	1981.1	张百忍	安静修	7名

十七、祁川人民公社管理委员会（1981年1月至1983年12月）
主　任　杜宗师（1981年1月至1983年12月）
副主任　姚占学（1981年1月至1983年12月）
第八届人民代表大会（1981年1月至1983年12月）
代表选举：

第八届人大代表选举工作于1980年11月至1981年1月举行。成立公社选委会，邹世敏为主任，张文华为副主任，姚占学、高兴亚、王占荣、党国兴、樊孟雄、李富英（女）、朱玉香（女）为委员。全社有人口11038人（男5540人，女5498人），有选民5220人（男2611人，女2609人），共划分5个选区，参加选民5199名（男2574人，女2625人），选举县第八届人大代表5名，乡第八届人大代表50名。

代表会议：

第一次会议于1981年1月17日至18日召开。应出席代表50名，实出席45名，邀请3名，列席10名。会议听取和审议杜宗师所作的公社革委会工作报告，作出决议；选举产生公社管委会，杜宗师为主任，姚占学为副主任，马忠荣、王忠行、李富英（女）、杨友清、靳慧兰（女）5人为委员；马具清、张生秀为人民陪审员。

代表名单：

朱玉香（女）　靳慧兰（女）　李桂兰（女）　杨　霞（女）　刘书兰（女）
马彩玲（女）　张桂英（女）　李富英（女）　雷桂兰（女）　杨芳兰（女）
鲍玉秀（女）　祁换成　刘乾望　杜宗师　靳士宁　靳怀安　王忠行　王维春
马忠荣　张德福　吕志福　马具清　张常顺　樊映发　张振邦　蔡振甲　吕应堂
王映清　杨德亮　吕玉门　杨作任　王占荣　张生秀　祁连合　祁天尧　朱志学
张清仁　王羊娃　陈贵荣　桑永成　吕人学　张思财　杨友清　张致远　杨学军
姚占学　樊孟雄　梁定邦

附：

祁川人民公社八届人大一次会议召开情况表

表6–87

届次	任期	第一次会议			选举		
		应出席代表	实出席代表	召开时间	主任	副主任	委员
八	3年	50名	45名	1981.1.17	杜宗师	姚占学	5名

十八、新店人民公社管理委员会（1981年1月至1983年12月）
主　任　席　珍（1981年1月至1983年12月）
副主任　赵明远（1981年1月至1983年12月）
　　　　曹应奇（1981年1月至1983年12月）
　　　　郑廷瑜（1982年4月至1983年12月）
　　　　祁世明（1982年10月至1983年12月）

第八届人民代表大会（1981年1月至1983年12月）

代表选举：

第八届人大代表选举工作于1980年11至1981年1月举行。成立公社选委会，席珍为主任，赵明远、曹应奇为副主任，周耀忠、张汉基、张永泽、王玉英为委员。选举县第八届人大代表4名、乡第八届人大代表50名。

代表会议：

第一次会议于1981年1月17日至19日召开。应出席代表50名，实出席50名，列席代表9名（特邀代表1名）。会议听取和审议公社革委会工作报告，选举产生公社管委会，席珍为主任，赵明远、曹应奇为主任，陈志强、王玉英（女）、姚世华、张文光4人为委员；选举刘志强、甘致科为人民陪审员。

附：

新店人民公社八届人大一次会议召开情况表

表6–88

届次	任期	第一次会议			选举		
		应出席代表	实出席代表	召开时间	主任	副主任	委员
八	3年	50名	50名	1981.1.17	席　珍	赵明远 曹应奇	4名

十九、仁大人民公社管理委员会（1981年1月至1983年12月）

主　任　梁盘中（1981年1月至1983年12月）

副主任　张永录（1981年1月至1983年12月）

程世清（1982年4月至1983年12月）

第八届人民代表大会（1981年1月至1983年12月）

代表选举：

第八届人大代表选举工作于1980年11月至1981年1月举行。成立公社选委会，梁盘中为主任，王效国、张永录为副主任，高思明、陈世清、成玉兰、高连金为委员。全社共划分为5个选区，每个选区成立5人组成的领导小组，并以大队为单位设立15个选名登记小组，每组3人。全社有选民5635人，于1981年1月5日召开选举大会，参加选举5256人，参选率为93%，选举县第八届人大代表6名（女1名，党员5名）、公社第八届人大代表70名（女11名；党员44名，团员1名，群众25名；生产队干部46名；文教工作者7名；财贸工作者1名）。

代表会议：

第一次会议于1981年1月8日至9日召开，应出席代表70名，实出席60名（男52名，女8名），列席2名。会议推举梁盘中、王效国、张永录、程世清、高连金、张尚杰、成玉兰（女）、李宗先、高师明、赵元镇、李发启、李录才、陈国俊13人组成大会主席团。会议听取张永录所作的大会筹备工作报告；听取、审议并通过梁盘中所作的公社革委会工作报告；选举产生公社管委会，梁盘中为主任，张永录为副主任，程世清、张尚志、成玉兰（女）、赵元正、高连金、李宗先、李录才为委员，陈福祥、高加太为人民陪审员。

代表名单：

李惠梅（女） 任玉弟（女） 李玉珍（女） 陈花蕊（女） 万春花（女）
张莲花（女） 刘秀兰（女） 路香连（女） 王代女（女） 成玉兰（女）
桑引兄（女） 王保子 刘克雄 张尚志 李具有 李连生 李晓东 李录才
李润生 李向平 李友龙 李树荣 李明珠 李发启 李来生 高连金 高具福
高江江 陈福祥 程世清 赵元镇 高师明 陈国俊 李元甲 李克生 陈跟院
李友仁 陈世林 陈长录 李很正 陈国清 李珍彦 陈国兴 梁盘中 高进修
高润生 陈 湖 陈国安 高 明 李国选 王 琪 张永录 周自德 周珠娃
戴文俊 李宗先 高德学 高家太 周 鸿 高栋明 宋德祥 孙维权 杨天福
李明西 陈银太 李满仓 李文尧 王效国 刘登明 刘振雄

附：

仁大人民公社八届人大一次会议召开情况表

表6-89

届次	任期	第一次会议			选举		
		应出席代表	实出席代表	召开时间	主任	副主任	委员
八	3年	70名	60名	1981.1.8	梁盘中	张永录	7名

二十、贾河人民公社管理委员会（1981年1月至1983年12月）

主　任　朱彦林（1981年1月至1982年4月）
　　　　任永忠（1982年4月至1983年12月）
副主任　樊授天（1981年1月至1983年12月）
　　　　张汉学（1982年4月至1983年12月）

第八届人民代表大会（1981年1月至1983年12月）

代表选举：

第八届人大代表选举工作于1980年11月至12月举行。成立公社选委会，朱彦林为主任，樊授天为副主任，李守德、马国忠、张友忠、任德贤、程翻爱（女）为委员。选举县第八届人大代表5名、公社第八届人大代表50名。

代表会议：

第一次会议于1981年1月10日至12日召开，应出席代表50名，实出席29名。会议推举朱彦林、张汉学、李守德、任德贤、豆恒吉、宋玺珍、樊授天7人组成大会主席团。会议听取和审议公社革委会工作报告，选举产生公社管委会，朱彦林为主任，樊授天为副主任，马国忠、李祯祥、任德贤、豆恒吉、宋喜蕃（女）5人为委员。

第二次会议于1982年8月16日召开。第一次会议以来，有2名代表离调本区域，根据选举法的有关规定，在马岔、高窑两个代表出缺的选区补选代表2名，自此，公社第八届人大代表实有50名。此次会议实出席29名。会议推举朱彦林、张汉学、李守德、任德贤、豆恒吉、宋玺珍、樊授天7人组成大会主席团。会议听取和审议张汉学所作的公社管委会工作报告；选举任永忠为公社管委会主任，张汉学为副主任。

代表名单：

宋金娥（女） 王玉香（女） 宋谋谋（女） 程翻爱（女） 刘改香（女）
任秀梅（女） 宋喜蕃（女） 张焕弟（女） 任学清 李金明 王廷杰 高 烈
贾永忠 王兰亭 任德贤 任象谦 贾怀德 贾永强 宋富吉 豆恒吉 宋孝珍
张友忠 宋玺珍 张志彪 张有定 王岁虎 董 笔 郭俊邦 杨海林 伏福善
朱彦林 任永忠 张汉学 李守德 樊授天 伏稳稳 郭富忠 任国忠 任映仓
孙进文 任国余 王国栋 杨多棒 侯顺祥 宋正有 杨有林 赵万海 杨五代
李顺义 马国忠

附：

贯河人民公社八届人大一次会议召开情况表

表6-90

届次	任期	第一次会议			选举		
		应出席代表	实出席代表	召开时间	主任	副主任	委员
八	3年	50名	29名	1981.1.10	朱彦林	樊授天	5名

二十一、阳坡人民公社管理委员会（1981年1月至1983年12月）

主 任 柴志信（1981年1月至12月）

程希贤（1981年12月至1983年12月）

副主任 程希贤（1981年1月至12月）

李效勤（1981年1月至1983年12月）

第八届人民代表大会（1981年1月至1983年12月）

代表选举：

第八届人大代表选举工作于1980年11月至12月举行。成立公社选委会，柴志信为主任，程希贤、李效勤为副主任，刘国英、赵锡朋、孙岗、刘九珍为委员。全社有选民4509人，参加选举4455人，参选率为98.8%；选举县第八届人大代表5名、公社第八届人大代表50名（女10名）。

代表会议：

第一次会议于1981年1月8日至10日召开，应出席代表50名，实出席44名。会议推选刘秉乾、柴志信、程希贤、李效勤、高俊歧、汪生财、逯彩香（女）、刘九珍、张保顺9人组成主席团，李效勤、周俊生、任世忠组成代表资格审查委员会。会议听取和审议柴志信所作的公社革委会工作报告；选举产生公社管委会，柴志信为主任，程希贤、李效勤为副主任，刘九珍、逯彩香（女）为委员，周来和、陈连生为人民陪审员。县工作组胡兴和、张瑞喜，公社机关单位梁辅成、王宗、樊忠、刘斌、李德选、安忠孝、王尚义、周景先、陈玉仓、万尚达12人列席会议。

代表名单：

逯彩香（女） 李顺勤（女） 刘芳兰（女） 王梅平（女） 刘安年（女）
刘国巧（女） 高志珍（女） 郭玉珍（女） 王女孩（女） 程志平（女）
程希贤 任得祥 魏得玉 马永学 程国珍 陈喜珍 陈国玺 万进禄 陈罗生
周俊生 刘秉乾 周来胡 周有财 周长生 任世忠 周福元 王茂恩 王仰玺
何维恭 刘九珍 刘拾合 李茂文 刘永安 柴志信 汪生财 李仲录 高振甲
高俊歧 张汉学 安国志 王福海 师俊海 陈殿国 李效勤 张宝顺 张成儿
王金祥 王志清 陈连生 程建祥

附：

阳坡人民公社八届人大一次会议召开情况表

表6-91

届次	任期	第一次会议			选举		
		应出席代表	实出席代表	召开时间	主任	副主任	委员
八	3年	50名	44名	1981.1.8	柴志信	程希贤 李效勤	2名

二十二、雷大人民公社管理委员会（1981年1月至1983年12月）

主　任　韩三余（1981年1月至1983年12月）

副主任　景发源（1981年1月至7月）

王应天（1981年1月至1982年4月）

贾诗书（1982年4月至1983年12月）

第八届人民代表大会（1981年1月至1983年12月）

代表选举：

第八届人大代表选举工作于1980年11月至1981年1月举行。成立公社选委会，韩三余为主任，景发源、王应天为副主任，张佑祥、常进邦、张治科、姚玉玲（女）为委员。选举县第八届人大代表6名、公社第八届人大代表70名。

代表会议：

第一次会议于1981年1月召开。会议听取和审议公社革委会工作报告，选举产生公社管委会，韩三余为主任，景发源、王应天为副主任，张佑祥、姚玉玲（女）、张治科、王振忠、程有德、张继明6人为委员。

附：

雷大人民公社八届人大一次会议召开情况表

表6-92

届次	任期	第一次会议			选举		
		应出席代表	实出席代表	召开时间	主任	副主任	委员
八	3年	70名	不详	1981.1	韩三余	景发源 王应天	6名

二十三、后梁人民公社管理委员会（1981年1月至1983年12月）

主　任　马保成（1981年1月至1982年4月）

　　　　邹秉义（1982年4月至1983年12月）

副主任　韩文辉（1981年1月至1983年12月）

　　　　梁登科（1983年1月至12月）

第八届人民代表大会（1981年1月至1983年12月）

代表选举：

第八届人大代表选举工作于1980年11月至1981年1月举行。成立公社选委会，马保成为主任委员，韩文辉为副主任委员，徐进才、孙敬忠、马仲良、张炳均、崔志良为委员。全社总人口5946人（男2962人，女2984人），有选民2800人（男1376人，女1424人），共划分县代表选区3个，选举县第八届人大代表3名、公社第八届人大代表50名。

代表会议：

第一次会议于1981年1月16日至17日召开，应出席代表50名，实出席49名，列席4名。会议推举韩文辉、马保成、马仲良、尹国壁、魏士杰、满文勤（女）、张玉新、樊秉琦、程维科9人组成大会主席团，韩文辉、程世杰、张玉新、马仲良、李万仓5人组成议案审查委员会。会议听取和审议马保成所作的公社革委会工作报告；选举产生公社管委会，马保成为主任、韩文辉为副主任，马仲良、尹国壁、樊秉琦、魏士杰、张玉星为委员，范勋元、程培栋为人民陪审员；收到代表意见建议20条。

代表名单：

满文勤（女）　高秀琴（女）　裴亮亮（女）　崔淑娥（女）　张友兰（女）
杜秀花（女）　王月梅（女）　孙秀英（女）　张重香（女）　马仲良　尹国璧
张炳均　樊炳琦　魏思杰　李万仓　李效先　曹治军　程培栋　张志业　谢德善
张炳良　王应才　王东生　程晓军　王　其　王汉秀　崔志良　李积玉　崔　璞
程进一　马明峰　李东仓　郝振忠　程维科　曹银芳　程　太　王振杰　范永东
范富有　范勋员　张玉忠　张玉星　张明利　张进明　张思同　程世杰　程　恒
文彦荣　马保成　韩文辉

附：

后梁人民公社八届人大一次会议召开情况表

表6-93

届次	任期	第一次会议			选举		
		应出席代表	实出席代表	召开时间	主任	副主任	委员
八	3年	50名	49名	1981.1.16	马保成	韩文辉	5名

二十四、双岘人民公社管理委员会（1981年1月至1983年12月）

主　任　张思有（1981年1月至1982年4月）

　　　　赵智荣（1982年4月至1983年12月）

副主任　陈国雄（1981年1月至1983年12月）

　　　　雷回吉（1981年1月至1982年4月）

　　　　程志荣（1982年4月至1983年12月）

第八届人民代表大会（1981年1月至1983年12月）

代表选举：

第八届人大代表选举工作于1980年11月至1981年1月举行。成立公社选委会，张思有为主任，陈国雄、雷回吉为副主任，何继刚、徐仲山、王国荣、李芳花（女）、王德位、李笃勤为委员。全社有人口12023人，共划分6个选区，选举县第八届人大代表7名、公社第八届人大代表70名（女12名）。

代表会议：

第一次会议于1981年1月8日至9日召开，应出席代表70名，实出席68名，列席7名。会议推举张思有、陈国雄、雷回吉、王德位、王居、王双牛、任天诗7人组成大会主席团，雷回吉、何继刚、张世兰3人组成代表资格审查委员会，陈国雄、李笃勤、王德位3人组成议案审查委员会。会议听取和审议陈国雄所作的公社革委会工作报告；选举产生公社管委会，张思有为主任，陈国雄、雷回吉为副主任，何继刚、李笃勤、王双牛、王德位、王国荣、任天诗6人为委员，杨世才、雷仰乾为人民陪审员。

代表名单：

靳玉梅（女）　胡润菊（女）　胡秀秀（女）　张菊英（女）　李芳花（女）
付清花（女）　张丽珍（女）　雷月流（女）　程玉兰（女）　王玉香（女）
付玉兰（女）　张新玲（女）　王德位　朱　俊　谢军科　雷仰乾　王国荣
刘进忠　常建忠　李连栋　李廷栋　张世兰　王双牛　胡正兴　王俊业　梁登举
王勤录　雷回吉　常建林　雷彦毅　张畔珠　雷克俭　马陇西　马作西　张思有
李仰俊　李志忠　杨国勤　杨自珍　杨耀峰　王守勤　吴　广　胡国生　任天诗
任军山　任维仓　任有堂　任跟堂　李笃勤　雷孝仁　雷振峰　张文川　王　居
杨文廷　张　俭　王仲祥　阎宗祥　马志勤　陈国雄　王克文　王连书　王世清
王克学　王保学　何继刚　付成仓　刘效祖　尤世珍　杨生昌　王文选

附：

双岘人民公社八届人大一次会议召开情况表

表6-94

届次	任期	第一次会议			选举		
		应出席代表	实出席代表	召开时间	主任	副主任	委员
八	3年	70名	68名	1981.1.8	张思有	陈国雄 雷回吉	6名

二十五、红寺人民公社管理委员会（1981年1月至1983年12月）

主　任　杨志叔（1981年1月至1983年1月）

　　　　贾　卓（1983年1月至12月）

副主任　孙延寿（1981年1月至1983年12月）

　　　　贾　卓（1981年1月至1983年1月）

　　　　路登荣（1982年10月至1983年12月）

第八届人民代表大会（1981年1月至1983年12月）

代表选举：

第八届人大代表选举工作于1980年11月至1981年1月举行。成立公社选委会，杨志叔为主任，贾卓、孙延寿为副主任，王辅忠、周佑军、王彩凤、岳具辉、张振仓、贾登科为委员。全社共有13507人（男6995人，女6512人），有选民6549人（男3332人，女3217人），共划分6个选区，参加选举6486人（男3299人，女3187人），选举县第八届人大代表7名、公社第八届人大代表70名（女14名；群众28名；党员42名；知识分子4名；社队干部48名；劳动模范18名）。

代表会议：

第一次会议于1981年1月17日至18日召开，应出席代表70名，实出席70名。会议听取孙延寿所作的公社第八届人大代表资格审查报告，听取和审议杨志叔所作的公社革委会工作报告，研究处理代表提案，并作出相应决议；决定将公社革命委员会改为公社管理委员会；选举杨志叔为公社管委会主任，孙延寿、贾卓为副主任，路登荣、张恒、陈尚孔、王彩凤、郜堆山、何国炳6人为委员，王正江、王志贤为人民陪审员。

第二次会议于1982年10月3日召开。

代表名单：

王串怀（女）　吕十六（女）　李桂英（女）　郭俊花（女）　祁金花（女）

慕玉英（女）　王凤英（女）　尹志宏（女）　刘凤英（女）　李翠兰（女）

王秀花（女）　王彩凤（女）　何郎郎（女）　张从变（女）　张振仓　周佑军

常建勤　卢振西　张世俊　张登丰　曹圣堂　阎发荣　岳具辉　杨志叔　席搢铎

李志宏　阎克正　化西章　冯志义　刘　忠　王正江　陈尚孔　李　智　张国玺

张万海　李宗仁　贾登科　慕治忠　路登荣　王天勤　王志贤　郃珍秀　张耀忠

冯　原　何发祥　赵俊杰　王辅忠　孙延寿　吕仲原　李国录　李军州　李国栋
张炳军　张　服　张成彬　魏福元　贾　卓　厍宗平　刘玉堂　张　恒　石生贵
黄国俊　姬占录　文俊才　米志仁　李志义　李　堤　何尚义　何国炳

附：

红寺人民公社八届人大一次会议召开情况表

表6-95

届次	任期	第一次会议			选举		
		应出席代表	实出席代表	召开时间	主任	副主任	委员
八	3年	70名	70名	1981.1.17	杨志叔	孙延寿 贾　卓	不详

二十六、细巷人民公社管理委员会（1981年1月至1983年12月）

主　任　贾秉乾（1981年1月至1982年4月）

　　　　吴桂贵（1982年4月至1983年12月）

副主任　张敏行（1981年1月至1983年12月）

　　　　樊国璋（1982年4月至1983年12月）

第八届人民代表大会（1981年1月至1983年12月）

代表选举：

第八届人大代表选举工作于1980年11月至1981年1月举行。成立公社选委会，贾秉乾为主任，吴桂贵、张敏行为副主任，赵兵、任堪华、孙延录、龚玉芳（女）为成员。全社有选民7323人，共划分为6个选区，选举县第八届人大代表8名、公社第八届人大代表70名。

代表会议：

第一次会议于1981年1月17日至18日召开。应出席代表70名，实出席65名，列席9名，特邀1名。会议推举吕进怀、祁世明、吴桂贵、赵兵、张仲喜、张敏行、龚玉芳（女）、厚润身、贾秉乾9人组成大会主席团；吴桂贵、张维义、张仲喜、李安、靳克胜5人组成代表资格审查委员会，吴桂贵为主任；张敏行、孙延录、李福全、祁世明、尹淑琴（女）5人组成议案审查委员会，张敏行为主任；会议听取、审议并通过贾秉乾所作的公社革委会工作报告；选举产生公社管委会，贾秉乾为主任，张敏行为副主任，刘秉治、吕进怀、祁世明、张仲喜、龚玉芳（女）、厚润身、赵兵7人为委员，王秉恒、李国璧为人民陪审员；收到代表提案20条。

代表名单：

厚俊芳（女）　龚玉芳（女）　赵秀英（女）　赵秀英（女）　尹淑琴（女）
杨信芳（女）　冀月英（女）　雷生芳（女）　王秉恒　李福全　何澎涛　司福祥
周耀荣　文安珍　张锦堂　刘秉治　姚月桂　张志俊　王志清　米满仓　李国璧
吕守奎　吕进怀　曹风川　张金山　张志仁　张敏行　吴桂贵　李　成　张宗林
祁才刚　杜向生　厚玉岐　厚俊约　张连兵　厚润身　米彦科　岳福明　米福才

吴文华　米彦斌　米福荣　时占天　陈福荣　厚文知　靳廷海　靳克胜　席凤杰
魏世清　戚宗清　李　安　王生有　吕生林　吉进海　刘红光　孙延录　吕振清
刘　仅　尹效勤　郭治全　王志坚　张仲喜　贾秉乾　祁世明　赵　兵　李进仓
张志惠　张维义　米文炳　王治吉

附：

细巷人民公社八届人大一次会议召开情况表

表6-96

届次	任期	第一次会议			选举		
		应出席代表	实出席代表	召开时间	主任	副主任	委员
八	3年	70名	65名	1981.1.17	贾秉乾	张敏行	7名

二十七、四河人民公社管理委员会（1981年1月至1983年12月）

主　任　张文贵（1981年1月至1983年12月）

副主任　郑廷瑜（1981年1月至1982年4月）

　　　　张永录（1982年4月至1983年12月）

第八届人民代表大会（1981年1月至1983年12月）

代表选举：

第八届人大代表选举工作于1980年11月至1981年1月举行。成立公社选委会，张文贵为主任，郑廷瑜、慕昌德为副主任，田秀英、何应林、王有江、颉国其、胡世清、景世学为委员。选举县第八届人大代表5名、公社第八届人大代表50名。

代表会议：

第一次会议1981年1月8日召开，应出席代表50名，实出席48名。会议听取和审议公社革委会工作报告；选举产生公社管委会，张文贵为主任，郑廷瑜为副主任，王辅杰、胡世清、景世学、臧积、潘仲科5人为委员，贾满福、王东明为人民陪审员。

代表名单：

张吉汉　胡世清　豆堆才　张升祖　陈希贤　李尚林　王发堂　陈进玺　郑廷瑜
陈玉堂　臧　积　周静兰　谭　梅　库　诚　库　仲　库　英　邢玉仓　张秀英
赵国祥　贾海福　景世学　颉国琪　孙守仓　郭守俊　韩应仓　王有江　雷凤英
张文勤　周大伟　张海忠　田秀英　何对林　黄兰花　何建华　张文贵　潘仲科
李德业　杨文山　何孝堂　张桂兰　刘万堂　贾生武　谢永成　王世昌　王东明
王付杰　库兰英　王孝仁　慕昌德　周树林

附：

四河人民公社八届人大一次会议召开情况表

表6-97

届次	任期	第一次会议			选举		
		应出席代表	实出席代表	召开时间	主任	副主任	委员
八	3年	50名	48名	1981.1.8	张文贵	郑廷瑜	5名

二十八、田堡人民公社管理委员会（1981年1月至1983年12月）

主　任　谢恩魁（1981年1月至1983年12月）

副主任　靳海珠（1981年1月至1983年12月）

　　　　靳卫国（1981年1月至1983年12月）

第八届人民代表大会（1981年1月至1983年12月）

代表选举：

第八届人大代表选举工作于1980年11月至1981年1月举行。成立公社选委会，谢恩魁为主任，靳海珠、靳卫国为副主任， 王振国、王镇华为副主任，雷继邦、谭芳莲为委员。全社有选民3818人，于1981年1月5日召开选举大会，参加选举3763人，选举县第八届人大代表4名、公社第八届人大代表50名（女10名）。

代表会议：

第一次会议于1981年1月8日至9日召开。会议推举谢恩魁、靳海珠、靳卫国、雷继邦、吕志高、包有成、田永吉、戴国军、王利香、甄昌焕、谭芳莲、雷贵仓、陈英才13人组成大会主席团；靳海珠、吕志高、王利香、陈英才、包有成5人组成代表资格审查委员会，靳海珠为主任；谢恩魁、靳卫国、雷继邦、戴国军、谭芳莲5人组成议案审查委员会，谢恩魁为主任；会议听取和审议谢恩魁所作的公社革委会工作报告，选举产生公社管委会，谢恩魁为主任，靳海珠、靳卫国为副主任，雷继邦、包有成、田永吉、雷贵仓4人为委员；连有智、卢伟为人民陪审员；收到代表提案26条。

第二次会议于1982年8月13日召开。第一次会议以来，有2名代表调离本社，本次会议应出席代表48名，实出席36名。会议推举谢恩魁、靳海珠、靳卫国、陈英才、王利香、雷继邦、包有成、雷贵仓、田永吉9人组成大会主席团。听取和审议谢恩魁所作的公社管委会工作报告。

代表名单：

王永财　卢　伟　姚克明　李东宝　张金花　张效德　臧占川　杨万春　何廷久
李月花　牛生元　王明山　雷贵仓　包有成　包继祖　包效武　谭守业　雷继邦
甄昌焕　谭得胜　田　景　田永基　谭芳莲　谢恩魁　王志常　王自新　王利香
周淑兰　凌　刚　靳卫国　王玉兰　田宗录　田俊川　谭忠华　谭得川　蔡国瑞
蔡宗勤　雷社社　包富华　贾淑英　郑国怀　连有智　杨进洲　魏秀花　包奠刚
雷步斗　谭顺川　谭俊英　陈英才　靳海珠

附：

田堡人民公社八届人大一次会议召开情况表

表6-98

届次	任期	第一次会议			选举		
		应出席代表	实出席代表	召开时间	主任	副主任	委员
八	3年	50名	不详	1981.1.8	谢恩魁	靳海珠 靳卫国	4名

二十九、原安人民公社管理委员会（1981年1月至1983年12月）

主　任　张维存（1981年1月至7月）

　　　　蒙谦恭（1982年4月至1983年12月）

副主任　贾诗书（1981年1月至1982年4月）

　　　　平秀兰（女，1981年1月至1983年12月）

　　　　丁金昌（1981年7月至1983年12月）

　　　　宋智发（1981年8月至1982年4月）

第八届人民代表大会（1981年1月至1983年12月）

代表选举：

第八届人大代表选举工作于1980年11月至1981年1月举行。成立公社选委会，张维存为主任，贾诗书、平秀兰为副主任，杨工作、潘文珍、吴修身、程连仓为委员。选举县第八届人大代表8名，公社第八届人大代表70名。

代表会议：

第一次会议于1981年1月8日至9日在公社会议室召开。应出席代表70名，实出席54名。会议听取、审议并通过张维存所作的公社革委会工作报告；选举产生公社管委会，张维存为主任，贾诗书、平秀兰（女）为副主任，刘治琦、吴修身、张金业、徐存仓、李效民、马维琦6人为委员；刘国栋、郭登泮为人民陪审员。

代表名单：

齐俊英（女）　高芝芳（女）　韩玉兰（女）　李秀兰（女）　朱桃子（女）

郭秀珍（女）　刘梅英（女）　张福莲（女）　平秀兰（女）　潘锦茹（女）

刘治歧　程有智　陈　平　任利珍　王怀仁　魏成忠　刘国栋　郭恒德　李效民

李友仁　祁宗文　李论杰　韩世明　李效仓　韩志仁　辛彦明　王银科　武汉明

张金业　徐存仓　李维忠　程连仓　李锦宫　朱兴贵　尹维珍　程志孝　沙玉忠

张维存　尹汉忠　安效堂　王映杰　陈发瑜　韩儒林　韩治业　宋世忠　韩志玺

朱宝仓　吕贵邦　贾具仓　吕文利　尹思俊　李世荣　吴修身　张连财　高建新

马维琦　王正元　贾惠科　张国斌　张煜瑞　郭登泮　贾诗书　靳　海　韩玉明

郭正明　靳明礼　李进荣　赵生贵　马世德　李炳章

附：

原安人民公社人民代表大会召开情况表

表6-99

届次	任期	第一次会议			选举		
		应出席代表	实出席代表	召开时间	主任	副主任	委员
八	3年	70名	54名	1981.1.8	张维存	贾诗书 平秀兰	6名

三十、灵芝人民公社管理委员会（1981年1月至1983年12月）

主　任　王克刚（1981年1月至1982年4月）

　　　　韩国富（1982年4月至1983年12月）

副主任　景宗信（1981年1月至6月）

　　　　吕正乾（1981年9月至1983年12月）

　　　　徐根祥（1983年3月至12月）

第八届人民代表大会（1981年1月至1983年12月）

代表选举：

第八届人大代表选举工作于1980年11月至1981年1月举行。成立公社选委会，王克刚为主任，王升、景宗信为副主任，李树成、翟维刚、韩国富、靳作山、胡旭光、马文玉为委员。全社总人口11963人，其中18岁以上6035人，共登记选民5850人（男2994人，女2856人）。全社共划分为5个大选区，19个小选区，选举县第八届人大代表6名、公社第八届人大代表70名。

代表会议：

第一次会议于1981年1月11日至12日召开，应出席代表70名，实出席61名。会议推举赵建忠、王克刚、景宗信、王升、王军、吕建时、刘彦、胡旭光、李万福、杨世库、谢进财11人组成大会主席团，赵建忠为主席，王克刚、景宗信为副主席。会议听取和审议并通过景宗信所作的公社革委会工作报告；选举产生公社管委会，王克刚为主任、景宗信为副主任，王军、吕建时、李文忠、李维录、杨世库、胡旭光、谢进才7人为委员；收到代表意见、建议32条。

代表名单：

宋月萍（女）　陈兰英（女）　阎玉娥（女）　史存花（女）　陈娥子（女）

李玉花（女）　张秀英（女）　刘彩花（女）　邹桂花（女）　王变变（女）

郑琴英（女）　贾玉英（女）　徐秀兰（女）　李仲子（女）　逯俊英（女）

赵建忠　逯金秀　王耀祖　王　升　王安君　王有忠　王　军　王根全　李　义

尹俊录　景宗信　姚俊禄　李具英　刘　彦　庞思明　梁发成　李维录　王席军

武维州　杨堆录　朱占良　马德福　鲍万元　杨世库　魏国治　靳满仓　吕建时

靳江州　胡旭光　何永明　郭满仓　王克刚　张维忠　谢进财　魏孝义　魏世西

吕正乾　高凌斗　厚维仓　韩国富　雷兰英　张成祥　毛治国　王德堂　李世珍

李国昌　韩应堂　张国民　吕　惠　张国民

附：

灵芝人民公社八届人大一次会议召开情况表

表6-100

届次	任期	第一次会议			选举		
		应出席代表	实出席代表	召开时间	主任	副主任	委员
八	3年	70名	61名	1981.1.11	王克刚	景宗信	7名

第三章　乡镇时期

（1983年12月至　）

第一节　城关镇人民代表大会

城关镇是县城所在地。周边与八里镇、城川镇、司桥乡相接，总面积25平方公里。312国道和静庄公路穿境而过。至2019年年底，全镇辖5个行政村，33个村民小组，2714户，11954人。

解放初，城关镇属一区；1955年6月起属城关区；1956年2月，将原13个区调整为10个区的同时，新设城关镇，时为区级，其所辖东关、南关、西关、中街、后街，均为乡级；1958年3月，撤销城关镇区级建制，降为乡级；1958年10月，建立政社合一的人民公社，城关镇并入民和公社；1961年12月，公社规模由12个调整为29个，从民和公社分设城关公社；1964年2月，公社规模调至15个，将八里公社并入城关公社；1964年10月，城关公社分设城关镇和城川公社；1983年12月，社改乡时，仍称城关镇。

一、第九届人民代表大会（1983年12月至1986年11月）

代表选举：

镇第九届人大代表选举工作于1983年11月至12月举行。成立镇选委会，刘绍先为主任委员，王克太、周瑾为副主任委员，刘维勤、周兴启、段瑞昌、刘鹏举、雷本志、吴存艳（女）为委员。选举县第九届人大代表20名、镇第九届人大代表30名（女18名）。

代表会议：

第一次会议于1983年12月14日召开。应出席代表30名，实出席28名。会议推举段瑞昌、方天学、魏兰英（女）、沙玉明、王玉英（女）、王福堂、张记7人组成大会主席团。会议听取方天学所作的代表资格审查报告，听取和审议段瑞昌所作的镇政府工作报告，选举段瑞昌为镇政府镇长，方天学为副镇长。

代表名单：

吴存艳（女）　柳兰芳（女）　王玉英（女）　李秀英（女）　王华英（女）
刘莳英（女）　厚素珍（女）　任瑞英（女）　魏兰英（女）　马秀英（女）
张佩珍（女）　姚秀兰（女）　尹秀兰（女）　吕芳梅（女）　杨月英（女）

袁桂芳（女） 吴月香（女） 王慧英（女） 沙玉明 王福堂 马应泉 张志坚 段瑞昌 杨振甲 余潮江 翟万宝 张进禄 方天学 张 记

二、第十届人民代表大会（1986年12月至1989年12月）

代表选举：

镇第十届人大代表选举工作于1986年11月至12月举行。成立镇选委会，段瑞昌为主任，王玉英（女）、方天学为副主任，魏兰英（女）、王春旺、贾明儒、胡俊民为委员。选举县第十届人大代表26名、镇第十届人大代表50名。

代表会议：

第一次会议于1986年12月召开。会议听取和审议镇政府工作报告，选举陈志平为镇政府镇长，方天学为副镇长。

三、第十一届人民代表大会（1989年12月至1992年9月）

代表选举：

镇第十一届人大代表选举工作于1989年10月至12月举行。成立镇选委会，陈志平为主任，杨启明、方天学为副主任，张世俊、刘维勤、朱寿亭、李文秀、文武、张将友为委员。选举县第十一届人大代表30名、镇第十一届人大代表（不详）。

代表会议：

第一次会议于1989年12月召开。会议听取和审议镇政府工作报告，选举陈尚孔为镇政府镇长，穆思军、张莲英（女）为副镇长。

四、第十二届人民代表大会（1992年11月至1995年12月）

代表选举：

镇第十二届人大代表选举工作于1992年9月至11月举行。成立镇选委会，靳顺昌为主任，方天学为副主任，李克俭、王济华、杜文彪、陈冠璋、张继祖、张维存、黎喜华为委员。划分18个选区，选举县第十二届人大代表32名，镇第十二届人大代表46名。

代表会议：

第一次会议于1992年11月召开。会议听取和审议镇政府工作报告，选举方天学为镇人大主席团专职常务主席，李克俭为镇政府镇长，穆思军、张莲英（女）为副镇长。

五、第十三届人民代表大会（1995年12月至1998年12月）

代表选举：

镇第十三届人大代表选举工作于1995年11月至12月举行。成立镇选委会，赵启龙为主任，方天学、牛永琪、孙青茂为副主任，张莲英（女）、鲍进忠、邓化一、李吉富、韩三姓为委员。选举镇第十三届人大代表56名。

代表会议：

第一次会议于1995年12月召开。会议听取和审议镇政府工作报告，选举方天学为镇人大主席团主席，牛永琪为镇政府镇长，张莲英（女）、燕志诚为副镇长。

六、第十四届人民代表大会（1998年12月至2002年1月）

代表选举：

镇第十四届人大代表选举工作于1998年11月至12月举行。成立镇选委会，王智国为主任，王志强、张莲英（女）为副主任，邓化一、马堆荣、沙金兰（女）、张毅为委员。选举镇第十四届人大代表57名。

代表会议：

第一次会议于1998年12月召开。会议听取和审议镇政府工作报告；选举王志强为人大主席团主席，李新学为镇政府镇长，杨飞为副镇长。

七、第十五届人民代表大会（2002年1月至2006年12月）

代表选举：

第十五届人大代表选举工作于2001年11月至12月举行。成立镇选委会，李新学为主任，王志强、袁金全为副主任，邓化一、马堆荣、张毅、厚凤兰（女）为委员。选举镇第十五届人大代表56名。

代表会议：

第一次会议于2002年1月召开。会议听取和审议镇政府工作报告；选举王志强为人大主席团主席，杨飞为镇政府镇长，王宁香（女）为副镇长。

八、第十六届人民代表大会（2006年12月至2011年7月）

代表选举：

镇第十六届人大代表选举工作于2006年10月至12月举行。成立镇选委会，景来万为主任，高森堂、袁金全为副主任，王武、张旺玺、刘桂花（女）、郭少华为委员。选举县第十五届人大代表6名、镇第十六届人大代表57名（女15名）。

代表会议：

第一次会议于2006年12月召开。会议听取和审议镇政府、镇人大主席团工作报告；选举高森堂为镇人大主席团主席，王武为镇政府镇长，张旺玺、刘桂花（女）为副镇长。

代表名单：

张国娥（女）　毛亚荣（女）　刘红霞（女）　江荣彬（女）　陈双秀（女）
刘桂花（女）　皱　霞（女）　马晓琴（女）　武莲香（女）　王　宁（女）

张晓东（女） 王玉英（女） 李玉兰（女） 沙爱玲（女） 刘新艳（女）
王 武 张来有 杜应州 袁金全 金志义 仇少云 胡建正 冯永前 景坐社
郭少华 张 毅 杨克明 张治忠 朱静洲 王彦军 白 明 马景太 吕 鹏
马存义 王振斌 胡雄望 胡 玉 张敏昭 高顺锁 陈红福 刘 敏 杜 进
杨进喜 陈新庄 张旺玺 吕智强 郑学义 景来万 马昌胜 高森堂 吕景明
马永骞 柳国都 王海军 高 鼎 王向东 樊建武

九、第十七届人民代表大会（2011年8月至2016年7月）

代表选举：

镇第十七届人大代表选举工作于2011年7月至8月举行。选举县第十六届人大代表5名、镇第十七届人大代表57名。

代表会议

第一次会议于2011年8月10日至14日召开，应出席代表57名，实出席41名。会议听取和审议镇人大工作报告，选举杨联斌为镇人大主席，刘来滨为镇政府镇长，郭靖、马玲（女）为副镇长。

代表名单：

刘来滨 程春林 郭 靖 马 玲 刘望明 李忠孝 姚 斌 高军海 王晓凤
王翠娥 戴艳芳 何双学 陈彩会 张红宁 张爱明 张治忠 张 毅 穆 正
柴 波 张 程 马进太 朱静洲 王润强 胡芳霞 冯永前 王军亚 文 娟
胡 峰 胡 杰 胡志忠 穆永刚 杨进喜 陈新庄 陈振红 方润菊 武莲香
郑学义 王振斌 马小霞 窦红卫 鲍小明

十、第十八届人民代表大会（2016年7月至2021年）

代表选举：

镇第十八届人大代表选举工作于2016年6月至7月举行。成立镇选委会，镇党委副书记邹少波为主任，李忠孝、陈冠百为副主任，徐金萍（女）、郭军旗、王建虎、张宝宝、靳晓彬（女）、唐亮亮为委员。全镇共划分为3个选区，选举县第十七届人大代表4名；共划分为16个选区、街道办6个选区，选举镇第十八届人大代表57名。

代表会议：

第一次会议于2016年7月26日召开，应出席代表57名，实出席57名。会议推举戴彦荣、王俊棠、程春林、李忠孝、邹少波、姚斌、胡峰7人组成大会主席团。会议听取和审议程春林所作的镇人大工作报告、王俊棠所作的镇政府工作报告，并作出相应决议；选举程春林为镇人大主席，王俊棠为镇政府镇长，苏转章、沙爱玲（女）、裴权宗为副镇长；收到代表意见建议3条。

第二次会议于2016年12月28日召开，应出席代表46名，实出席41名。会议推举戴彦荣、王俊棠、程春林、李忠孝、邹少波、姚斌、胡峰7人组成大会主席团。会议听取和审议王俊棠所作的镇政府工作报告、程春林所作的镇人大工作报告，并作出相应决议。

第三次会议于2017年7月2日召开，应出席代表45名，实出席36名。会议推举戴彦荣、王俊棠、程春林、李忠孝、姚斌5人组成大会主席团。会议听取和审议王俊棠所作的镇政府关于《中华人民共和国种子法》贯彻实施情况的工作报告，并作出相应决议。

第四次会议于2017年12月29日召开，应出席代表46名，实出席37名。会议推举戴彦荣、王俊棠、程春林、姚斌、李忠孝、裴权宗6人组成大会主席团。会议听取和审议王俊棠所作的镇政府工作报告、程春林所作的镇人大工作报告，并作出相应决议。

第五次会议于2018年6月14日召开，应出席代表46名，实出席41名。会议推举戴彦荣、王俊棠、程春林、姚斌、李忠孝、裴权宗6人组成大会主席团。会议听取和审议王俊棠所作的镇政府半年工作报告、程春林所作的镇人大半年工作报告，并作出相应决议。

第六次会议于2018年12月22日召开，应出席代表45名，实出席38名。会议推举戴彦荣、王俊棠、程春林、姚斌、李忠孝、裴权宗6人组成大会主席团。会议听取和审议王俊棠所作的镇政府工作报告、程春林所作的镇人大工作报告，并作出相应决议；收到代表意见建议1条。

第七次会议于2019年6月11日召开，应出席代表44名，实出席40名。会议推举戴彦荣、王俊棠、程春林、姚斌、李忠孝5人组成大会主席团。选举陈冠百为镇政府副镇长。

第八次会议于2019年8月28日召开，应出席代表43名，实出席39名。会议推举戴彦荣、王俊棠、程春林、姚斌、李忠孝5人组成大会主席团。选举高明明为镇政府副镇长。

第九次会议于2020年4月12日召开，应出席代表43名，实出席39名。会议推举王俊棠、程春林、姚斌、李甲录、李忠孝5人组成大会主席团。会议听取和审议沙爱玲所作的镇政府工作报告、程春林所作的镇人大工作报告，并作出相应决议；选举张航为镇政府镇长；收到代表意见建议1条。

第十次会议于2020年12月24日召开，应出席代表43名，实出席35名。会议推举王俊棠、张航、姚斌、李甲录、李忠孝5人组成大会主席团。会议听取和审议张航所作的镇政府工作报告、马玲所作的镇人大工作报告，并作出相应决议；选举马玲为镇人大主席。

代表名单：

唐静红（女）　李璠过（女）　张爱民（女）　戴艳芳（女）　沙爱玲（女）
吕利梅（女）　马小琴（女）　刘变变（女）　马　玲（女）　张小丽（女）
陈冬梅（女）　郭兰香（女）　马晓妹（女）　王　莉（女）　郭　瑞　裴权宗
王俊棠　鲍小明　陈和平　张　用　穆九如　穆中林　何双学　杨克明　靳金平

梁小文　司成桥　张　程　苏转章　李忠孝　马进太　姚　斌　王润强　李维光
仇鹏辉　赵立斌　胡　军　胡　峰　胡曙杰　胡　玉　胡雄旺　程春林　李新明
杨进喜　马变红　吕兴隆　杜争刚　刘旭东　窦红卫　马　勇　王宏庄　夏剑锋
慕全鑫　张　堃　郭　琼　邹少波　张红宁

附：

城关镇人民代表大会召开情况表

表6-101

届次	任期(年)	第一次会议			选举		
		应出席代表(名)	实出席代表(名)	召开时间	人大主席(副主席)	镇长	副镇长
九	3	30	28	1983.12.14		段瑞昌	方天学
十	3	50	不详	1986.12		陈志平	方天学
十一	3	不详	不详	1989.12		陈尚孔	穆思军　张莲英
十二	3	46	不详	1992.11	方天学	李克俭	穆思军　张莲英
十三	3	56	不详	1995.12	方天学	牛永琪	张莲英　燕志诚
十四	3	57	不详	1998.12	王志强	李新学	杨　飞
十五	5	56	不详	2002.1	王志强	杨　飞	王宁香
十六	5	57	不详	2006.12	高森堂	王　武	张旺玺　刘桂花
十七	5	57	41	2011.8.10	杨联斌	刘来滨	郭　靖　马　玲
十八	5	57	57	2016.7.26	程春林	王俊棠	苏转章　沙爱玲　裴权宗

第二节　城川镇人民代表大会

城川镇位于县城南郊。东邻司桥乡、古城镇，南接威戎镇，西接甘沟镇，北靠城关镇。南北长10.3公里，东西宽7公里，总面积84平方公里。静秦公路、静庄高速穿境而过。至2019年年底，全镇辖10个行政村，59个村民小组，4339户，17621人。镇政府驻靳寺村，距县城7公里。

城川镇因地处城郊川区而得名。解放前分属殷平乡、城关镇管辖，解放后隶属一区（城关），1958年10月，属民和公社；1964年2月，将城关公社和八里公社合并为城关公社；1964年10月，城关公社分设城川公社；1979年12月，将原城川公社分设为城川公社和八里公社；1983年12月改为城川乡；2016年8月，撤乡建镇，为城川镇。

一、第九届人民代表大会（1983年12月至1986年12月）

代表选举：

公社（乡）第九届人大代表选举工作于1983年11月1日至12月中旬举行。成立公社选委会，贾秉乾为主任委员，王宏为副主任委员，高立红、王春旺、郭玉莲、高旭、张思忠为委员。全乡共有选民13031人（男6164人，女6867人），共划分11个选区，于12月11日召开选举大会，参加选民12642人，占选民的95.2%，选举县第九届人大代表14名、公社（乡）第九届人大代表100名。

代表会议：

第一次会议于1983年12月16日召开，应出席代表100名，实出席86名，列席6名，特邀1名。会议推举贾秉乾、靳天生、王宏、阎文彬、高旭、梁应海、王克喜、关宁军、张志洲9人组成大会主席团。听取和审议贾秉乾所作的公社管委会工作报告；建立乡人民政府，选举贾秉乾为乡政府乡长，张志洲为副乡长；梁应海、周士刚为人民陪审员。

第二次会议于1984年12月20日召开。乡第九届人大代表出席会议，县代表、靳寺中学、机站、营业所、供销社负责人列席会议。会议听取和审议贾秉乾所作的乡政府工作报告。

第三次会议于1986年4月4日召开。会议听取和审议张志洲所作的乡政府工作报告；选举张志洲为乡政府乡长，高旭为副乡长。

代表名单：

鲍敦礼　郭玉莲　邹会琴　张世昌　张军子　黄厚禄　马应西　李德仁　杨翠香
穆成林　王国喜　穆武浩　张玉花　张敏仓　梁应海　梁黄生　受景旗　张国柱
杜　俗　张玉英　连志科　杨振刚　李凤英　王　宏　景秀珍　周士刚　杨培禄
王民海　高建民　胡学圣　穆进财　胡智惠　化月娥　贾国芳　陈志杰　王国仪
党文才　万贵义　赵炳治　许富忠　陈志礼　李吉富　陈凤娥　刘翠花　朱志明
杨克仁　李明生　周桂英　靳天生　贾　军　宋国玺　吕翠林　阎文彬　何耀川
贾玉花　何志奎　张怀军　王国省　吕克仁　马志林　马志强　张凤英　吕国成
吕进善　张志洲　靳志明　靳满治　靳国兰　靳志宋　靳志良　刘汉忠　王　俭
杨淑芳　王克喜　王德禄　靳安明　吴宁军　吴希文　杜安民　张应仓　胡秀英
裴义卿　魏忠会　鲍玉军　鲍文仲　党仲奎　苏玺林　赵志中　高耀堂　马根才
魏亮亮　高菊明　张维君　贾秉乾　司三多　刘建祥　徐文泉　徐万禄　王仰文
李凤英

二、第十届人民代表大会（1986年12月至1989年12月）

代表选举：

乡第十届人大代表选举工作于1986年11月至12月举行，成立乡选委会，张志洲为主任，张新民、高旭为副主任，马志强、李培刚、李映畔、马孔义为委员。全乡有人口15327人（男7512人，女7815人），有选民8734人（男4514人，女4220人）。共划分6个选区，于12月25日召开选举大会，参加选民8733人（男4513人，女4220人），选举金福存、张志洲、朱志明、阎文彬、张秀娥（女）、陈菊娥（女）、吴尚礼、刘建安8人为县第十届人大代表，乡第十届人大代表70名（女14名）。

代表会议：

第一次会议于1986年12月28日召开，应出席代表70名，实出席64名，张轩、张伟军、杜生仓、张秉仁、马志强、李志学、王文选、阎文彬、王永明列席了会议。会议推举张志洲、高孟德、张新民、高旭、王永珊、李培刚、张秀娥（女）、许富忠、樊授天、李映畔、吕宏11人组成主席团。会议听取和审议张志洲所作的乡政府工作报告；选举张志洲为乡政府乡长，高旭为副乡长；靳玉国、李宝堂为人民陪审员；收到代表意见建议11条。

第二次会议于1987年12月30日召开。第一次会议以来，有4名代表调离本区域，其代表资格自行终止。此次会议应出席代表66名，实出席47名。会议推举高孟德、张志洲、张新民、李映畔、许富忠、吕宏、陈志礼、张秀娥（女）、靳玉国9人组成主席团。会议听取和审议张志洲所作的乡政府工作报告；选举何玉春、张新民为副乡长。

第三次会议于1988年10月25日召开，应出席会议65名，实出席42名，何玉春、温维章、杨新志、朱志明、刘学义、贾党生、陈兵友、裴义卿列席了会议。会议选举张新民为乡政府乡长。

代表名单：

杨军成　张志洲　马孔义　许富忠　陈志礼　张昌军　李银娥　李映畔　刘继汉
张兰花　刘谷劳　张新民　王　斌　宋志福　李国禄　吕翠玲　贾士举　宋国玺
马克义　张秀娥　吕向林　张　英　王国省　张同华　何志奎　吕克仁　穆　宵
张凤英　贾玉花　王国来　李宝堂　樊授天　王兴国　王有忠　史万宝　吕　宏
陈菊娥　陈桂芳　陈富堂　杨淑芳　贾登科　靳作恭　靳国礼　靳玉国　穆成财
高孟德　李培刚　吴秀珍　吴宁军　裴永昌　张士忠　邹秉承　鲍西明　鲍太祥
靳和中　王随会　马双云　苏金林　赵志中　魏亮这　贾国思　陈生辉　高　岳
王培林　司兴花　杨孝峰　徐万禄　高　旭　李兴明　杨桂珍

三、第十一届人民代表大会（1989年12月至1992年11月）

代表选举：

乡第十一届人大代表选举工作于1989年10月25日至1990年1月10日举行。成立乡选委会，张新民为主任，梁登科、温维章为副主任，姚志刚、李映畔、刘建安、朱志明为委员。全乡共有15866人（男7741人，女8125人），其中选民9794人（男4753人，女5041人）。共划分县代表6个选区，乡代表16个选区，于1989年12月5日召开选举大会，选举县第十一届人大代表8名，乡第十一届人大代表46名（女9名）。

代表会议：

第一次会议于1989年12月22日召开，应出席代表46名，实出席43名。樊授天、王守廷、裴义卿、张维军、高世明、杨具生、高森堂、马玉清、张秉仁、胡世基、李读列席了会议。会议推举高孟德、张新民、温维章、王玉杰、李映畔、何玉春、梁登科、张英、陈志礼、许富忠、戴尔梅、吴希玉12人组成主席团。会议听取和审议张新民所作的乡政府工作报告；选举张新民为乡政府乡长，何玉春为副乡长；张英、陈国正为人民陪审员。

第二次会议于1990年12月30日至31日召开。一次会议以来，郭玉莲代表调离城川乡，其代表资格自行终止。此次会议应出席代表45名，实出席31名，吴尚礼、陈友丽、王琴芳、张维军、高忠贤、王文选、杜生仓、裴义卿、赵会列席会议。推举高孟德、张新民、何玉春、许富忠、李映畔、陈志礼、张英、吴希玉、梁登科、戴尔梅、温维章11人组成大会主席团。会议听取和审议张新民所作的乡政府工作报告，梁登科所作的乡人大主席团工作报告、十一届人大一次会议代表意见建议办理情况的报告，表决通过关于乡政府工作报告和乡人大主席团工作报告的决议；收到代表关于农业生产、社会治安、文教卫生、政府工作四个方面的意见建议9条。

代表名单：

靳　兴　戴尔梅　陈国正　吴希玉　王兰君　王玉杰　高孟德　王喜军　梁登科
郭玉莲　高金贵　邵振军　郑秀花　王仁杰　何玉春　王绒绒　王玉全　刘建安
王随会　阎文彬　徐云集　李忠仁　马文生　李映畔　许富忠　张　英　姚志刚
陈兵友　杜安明　苏金林　杨秉榆　鲍金伍　高国柱　张新民　朱志明　陈志礼
刘学义　贾贵生　张志安　何志奎　陈芳兰　吕向林　温维章　张凤英　马志行
屈凤琴

四、第十二届人民代表大会（1992年11月至1995年12月）

代表选举：

乡第十二届人大代表选举工作于1992年9月至11月举行。成立乡选委会，何玉春为主任，梁登科为副主任，高森堂、王琴芳、李映畔、姚志刚、马玉清、张记、张海阔为委员。选举县第十二届人大代表8名，乡第十二届人大代表47名。

代表会议：

第一次会议于1992年11月14日召开，应出席代表47名，实出席47名，阎文彬、曹蕊香、王定生、石国清、胡建正列席了会议。会议听取任跟路所作的代表资格审查报告、听取和审议并通过梁登科所作的乡人大主席团工作报告、马成龙所作的乡政府工作报告；选举梁登科为乡人大主席团专职常务主席，马成龙为乡政府乡长，高森堂、李丽（女）为副乡长。

代表名单：

张　英　马志有　王国省　景　斌　张怀仁　张凤英　靳家孝　靳国兰　戴尔梅
柳志军　陈其友　毛润武　马孔义　孝宗信　陈生生　刘学义　刘兴治　吴希玉

吴云章　王绒绒　吴崇义　王随会　赵　会　高志福　屈凤琴　贾贵生　张惠玲
刘建安　徐钦东　朱志明　戴建基　徐文杰　张伟军　王效国　马成龙　梁登科
何玉春　张德龙　任跟路　高森堂　李　丽　张忠仁　王琴芳　许富忠　刘东钧
张　时

五、第十三届人民代表大会（1995年12月至1998年12月）

代表选举：

乡第十三届人大代表选举工作于1995年11月至12月举行。成立乡选委会，梁登科为主任，任跟路、杨旭为副主任，姚志刚、王琴芳、梁小会、程培芳、李读为委员。选举乡第十三届人大代表51名。

代表会议：

第一次会议于1995年12月召开，应出席代表51名，实出席50名，农技站王文选、水管站王定生、纸箱厂李三喜、涂料厂张军阳、砖瓦厂李中学、省代表景宗建、县代表吴希玉列席了会议。会议推举张自杰、任跟路、靳玉国、梁登科、张德龙、王琴芳、张岁成、张建生、李读、胡建正、张英11人组成大会主席团，任跟路、梁登科、李读、胡建正、张英组成代表资格审查委员会。会议听取、审议并通过梁登科所作的乡人大主席团工作报告、包成德所作的乡政府工作报告；选举梁登科为乡人大主席团主席，包成德为乡政府乡长，李丽（女）、杨旭为副乡长。

代表名单：

曹瑞香（女）　李琴琴（女）　戴尔梅（女）　王　雅（女）　杨　兰（女）
屈凤琴（女）　张桂兰（女）　高淑珍（女）　王琴芳（女）　李　丽（女）
王喜军　樊志文　张进峰　冯　杰　陈思贤　孝宗信　李晓梅　刘兴治　宋回林
张　英　景　斌　柳志军　吕　宏　靳玉国　吕向荣　吕向东　马志有　陈兵友
王克忠　吴云章　裴君成　王　军　陈发强　徐凯东　徐　锐　张　时　刘东钧
吴春义　张自杰　胡建正　程培芳　梁小会　任跟路　梁登科　包成德　杨　旭
李　读　张德龙　张岁成　张建生　姚志刚

六、第十四届人民代表大会（1998年12月至2001年12月）

代表选举

乡第十四届人大代表选举工作于1998年11月至12月举行。成立乡选委会，李读为主任，梁登科、李国军为副主任，张海阔、张岁成、王东风、齐银红为委员。全乡共划分为18个选区，选举乡第十四届人大代表51名。

代表会议

第一次会议于1998年12月召开。会议听取和审议乡人大主席团、乡政府工作报告，选举杨工作为乡人大席团主席，杨旭为乡政府乡长、刘向华（女）为副乡长。会议收到代表意见建议10条，涉及加强教育事业和学校危房建设，水利建设及田间渠道衬砌，乡村、田间道路建设，牛站沟封沟造林及禁止羊只啃青放牧，农电改造及变压器投资更换，加强法治教育、以法治乡、治村6类。

代表名单

杨　旭　杨耀成　胡建正　陈帅贤　李晓梅　张建生　高金贵　张岁成　刘志远
曹蕊香　程培芳　宋回林　李琴琴　吕忠科　景　辉　马晓荣　王喜梅　吕向荣
王国省　刘向华　李金龙　马志贤　杨应军　靳文珍　赵向君　梁小会　靳　财
梁润森　李国军　高立新　陈加斌　吴宁军　吴岳章　梁小琴　梁登科　鲍国佐
靳招弟　姚志刚　杨彩玲　马京州　杨工作　王　军　李国军　徐　锐　高淑珍
张进峰　金世雄　靳文学　李　读　张　时　吴淑庄

七、第十五届人民代表大会（2001年12月至2006年12月）

代表选举：

乡第十五届人大代表选举工作于2001年11月至12月举行。成立选委会，李读为主任，郭爱国、阎学恭为副主任，齐银红、张岁成、王喜梅（女）、杨有强为委员。选举乡第十五届人大代表51名。

代表会议：

第一次会议于2001年12月召开，应出席代表51名，实出席49名。会议推举李读、阎学恭、郭爱国、杨应军、吕忠科、韩明德、王喜梅（女）、高强盛、靳财9人组成大会主席团。会议听取和审议乡人大主席团、乡政府工作报告，选举郭爱国为乡人大主席团主席，张荣（女）为乡政府乡长，高立新为副乡长。

第二次会议于2003年5月13日召开，应出席代表51名，实出席39名。会议听取、审议并通过张荣所作的乡政府工作报告；选举戴彦荣为副乡长。

代表名单：

陈芳琴（女）　曹瑞香（女）　李琴琴（女）　阎　莉（女）　靳招弟（女）
李凤玲（女）　王喜梅（女）　张　荣（女）　王彦红（女）　王　军　鲍国佐
高新江　高淑贞　周建军　王景德　马克义　景志刚　何志刚　杨小会　赵向军
靳八军　高金贵　胡建华　阎学恭　樊福院　杨耀成　陈思铭　程培芳　吕忠科
高　昶　杨应军　王　浩　韩明德　郭爱荣　王东风　梁登科　李国军　朱国胜
张拴稳　高立新　梁有强　高强胜　贾进芳　张社选　赵　辉　杨小会　靳　财
戴彦荣　吴东牛

八、第十六届人民代表大会（2006年12月至2011年8月）

代表选举：

乡第十六届人大代表选举工作于2006年10月至12月举行。成立乡选委会，徐俊红为主任，阎学恭、戴彦荣为副主任，高立新、李玉忠、王喜梅（女）、张建忠、高昶、马和平为委员。全乡共划分为19个选区，选举县第十五届人大代表7名，乡第十六届人大代表51名（女11名）。

代表会议：

第一次会议于2006年12月22日召开，应出席代表51名，实出席51名。会议选举阎学恭为乡人大主席团主席，刘银锋为乡政府乡长，郭荣（女）、王高林为副乡长。

第二次会议于2007年8月召开，应出席代表51名，实出席45名。选举袁金全为乡政府乡长。

代表名单：

尹广平（女）　靳强红（女）　厚存喜（女）　李琴琴（女）　王喜梅（女）
马小荣（女）　靳春春（女）　陈冬花（女）　郭　荣（女）　张巧霞（女）
李伦伦（女）　李俊杰　王　斌　张海阔　冯宗祥　燕志诚　陈思明　雷康乐
高强盛　宋回林　高立新　马红子　吴剑霖　李志勇　赵　辉　刘银锋　张社选
杨　斌　杨学功　柳志军　陈嘉斌　韩明德　徐俊红　王新兴　王高林　吴吉明
阎学恭　吴岳章　马仲军　高崇信　张建忠　张进有　王　军　高　昶　李国军
戴彦荣　赵立斌　郭军峰　王红红　党　勇　张占彬

九、第十七届人民代表大会（2011年8月至2016年7月）

代表选举：

乡第十七届人大代表选举工作于2011年7月至8月举行。全乡共划分为25个选区，选举县第十六届人大代表8名，乡第十七届人大代表51名。

代表会议：

第一次会议于2011年8月14日至15日召开，应出席代表51名，实出席51名。会议听取和审议并通过乡政府工作报告、乡人大工作报告。选举王高林为乡人大主席，袁金全为乡政府乡长，马和平、刘红霞（女）为副乡长。

第二次会议于2012年3月11日召开，应出席代表51名，实出席44名。会议听取、代表资格审查委员会关于补选城川乡第十七届人大代表资格审查情况的报告，审议通过袁金全辞去乡政府乡长职务的报告；选举蒋建怀为乡政府乡长。

第三次会议于2014年12月26日召开，应出席代表51名，实出席51名。选举雷映忠为乡人大主席，王海军为乡政府乡长、冯建刚为副乡长。

代表名单：

尹广平（女）　杜莉莉（女）　刘　琴（女）　孙琴娃（女）　马小荣（女）
赵向君（女）　马世茜（女）　杨爱妮（女）　王霞霞（女）　王新建（女）
靳招弟（女）　曹瑞子（女）　郭盛岳　袁金全　李　季　贾旺子　贾士雄
宋世昌　景仰春　景　斌　王高林　赵　辉　张社选　吕进牛　冀元弟　靳　财
张鹏飞　穆彩君　戴响子　靳文珍　杨大江　刘银锋　聂　彬　王　银　李甲录
裴成林　梁有强　高新忠　高　春　高东山　高足林　赵立斌　刘双彦　王　兵

梁永胜　邹斗斗　鲍宗旨　高崇信　张玉斌　王银喜　李流芳

十、第十八届人民代表大会（2016年7月至2021年）

代表选举：

乡第十八届人大代表选举工作于2016年6月至7月举行。成立乡选委会，乡党委副书记郭靖为主任，樊喜存、崔汉雄为副主任，田晓娟（女）、张鹏飞、杨红利、魏宁为委员。全乡共划分为4个选区，选举县第十七届人大代表8名（其中1名为补选）；划分为17个选区，选举乡第十八届人大代表51名。

代表会议：

第一次会议于2016年7月28日召开，应出席代表51名，实出席46名。会议推举马红子、王海军、李甲录、张鹏飞、郭靖、蒋建怀、雷映忠7人组成大会主席团。会议听取和审议王海军所作的乡政府工作报告、雷映忠所作的乡人大工作报告，并作出相应决议；选举雷映忠为乡人大主席，王海军为乡政府乡长，梁有强、高长居、田晓娟（女）为副乡长；收到代表意见建议13条。

第二次会议于2017年11月28日召开，应出席代表51名，实出席47名。会议推举马红子、王海军、李甲录、张鹏飞、郭靖、蒋建怀、雷映忠7人组成大会主席团。会议听取和审议王海军所作的镇政府工作报告、雷映忠所作的镇人大工作报告，并作出相应决议；收到代表意见建议15条。

第三次会议于2018年11月28日召开，应出席代表51名，实出席45名。会议推举蒋建怀、王海军、郭靖、李甲录、陈小学、胡建平、马红子7人组成大会主席团。会议听取和审议王海军所作的镇政府工作报告、郭靖所作的镇人大工作报告，并作出相应决议；收到代表意见建议12条。

第四次会议于2019年3月14日召开，应出席代表51名，实出席49名。会议推举蒋建怀、任伟、贾军平、李甲录、陈小学、胡建平、马红子7人组成大会主席团。会议听取和审议梁有强所作的镇政府工作报告、任伟所作的镇人大工作报告，并作出相应决议；选举任伟为镇人大主席，贾军平为镇政府镇长；收到代表意见建议11条。

第五次会议于2020年12月28日召开，应出席代表51名，实出席48名。会议推举张小萍（女）、任伟、贾军平、高长居、马兑兵、杨立新、马红子7人组成大会主席团。会议听取和审议贾军平所作的镇政府工作报告、任伟所作的镇人大工作报告，并作出相应决议；选举王旺甲为副镇长；收到代表意见建议14条。

代表名单：

吴　琼（女）　吴翠香（女）　靳晓丹（女）　司爱红（女）　田晓娟（女）
胡永亮（女）　高晓琴（女）　祁　琴（女）　张　丽（女）　常小琴（女）
王彩琴（女）　景兰英（女）　厚红瑞（女）　杨海学（女）　张寇蒂（女）
王新建（女）　马艳茹（女）　冯永平（女）李　智　胡建平　靳文珍　徐东前
陈　伟　杨红利　冯宗祥　杨立新　刘扭旺　王　刚　贾士雄　马红子　雷映忠

景滐光　蒋建怀　李甲录　吕红波　高长居　王稳登　靳四喜　席登峰　靳永福
吴卫兵　郭　靖　裴林林　陈小学　王海军　高　春　高　昶　李　宁　续　东
鲍章半　张鹏飞

附：

城川镇（乡）人民代表大会召开情况表

表6-102

届次	任期(年)	第一次会议			选举		
		应出席代表(名)	实出席代表(名)	召开时间	人大主席(副主席)	乡镇长	副乡镇长
九	3	100	86	1983.12.16		贾秉乾	张志洲
十	3	70	64	1986.12.28		张志洲	高　旭
十一	3	46	43	1989.12.22		张新民	何玉春
十二	3	47	不详	1992.11.14	梁登科	马成龙	高森堂 李　丽
十三	3	51	50	1995.12	梁登科	包成德	李　丽 杨　旭
十四	3	51	51	1998.12	杨工作	杨　旭	刘向华
十五	5	51	49	2001.12	郭爱国	张　荣	高立新
十六	5	51	51	2006.12.22	阎学恭	刘银锋	郭　荣 王高林
十七	5	51	51	2011.8.14	王高林	袁金全	马和平 刘红霞
十八	5	51	46	2016.7.28	雷映忠	王海军	梁有强 高长居 田晓娟

第三节　八里镇人民代表大会

八里镇位于县城西北郊。东邻宁夏西吉县，南依城关镇、城川镇，西接细巷镇、界石铺镇，北靠灵芝乡。南北长10公里，东西宽13公里，总面积72平方公里。312国道、平定高速、静庄高速穿境而过。至2019年年底，全镇辖10个行政村，63个村民小组，4457户，18420人。镇政府驻小山村，距县城4公里。

1961年12月设立八里人民公社，1964年2月公社调整时，将八里公社并入城关公社；同年10月，城关公社分设城关镇和城川公社，属城川公社；1979年12月，城川公社分设八里公社；1983年12月改为八里乡。2002年9月撤乡建镇，改为八里镇。

一、第九届人民代表大会（1983年12月至1986年12月）

代表选举：

公社（乡）第九届人大代表选举工作于1983年11月至12月举行。成立公社选委会，马志俊为主任委员，李义安为副主任委员，杨玉邦、张新民、孙应魁为委员。选举县第九届人大代表9名、乡第九届人大代表70名。

代表会议：

第一次会议于1983年12月15日召开。应出席代表70名，实出席67名。会议推举马志俊、蒙谦恭、张文明、张金贵、王全义、靳喜财、马全寿、芦章娃、李秀英、张国歧、靳全仁组成大会主席团。会议听取和审议公社管委会的工作报告；建立乡人民政府，选举吴桂贵为乡政府乡长、张文明为副乡长，靳全仁、仇国必为人民陪审员。

第二次会议于1984年12月20日召开。应出席代表70名，实出席48名。会议听取和审议乡政府工作报告，选举李有江为乡政府副乡长。

二、第十届人民代表大会（1986年12月至1989年12月）

代表选举：

乡第十届人大代表选举工作于1986年11月至12月举行。成立乡选委会，吴桂贵为主任，周复兴、李有江、张文明为副主任，许定明、樊正芳、李勤为委员。选举县第十届人大代表9名、乡第十届人大代表70名。

代表会议：

第一次会议于1986年12月召开。会议听取和审议乡政府工作报告，选举吴桂贵为乡政府乡长，戴三姓为副乡长。

三、第十一届人民代表大会（1989年12月至1992年11月）

代表选举：

乡第十一届人大代表选举工作于1989年10月至12月举行。成立乡选委会，张守信为主任，尤思文、姚占学为副主任，祁海科、周建设、王旺礼、樊正芳为委员。选举县第十一届人大代表9名、乡第十一届人大代表70名。

代表会议：

第一次会议于1989年12月12日至16日在乡政府召开，由乡党委副书记张守信主持。会议听取、审议吴桂贵所作的乡政府工作报告、李书杰所作的乡财政工作报告；选举吴桂贵为乡政府乡长、杨丰为副乡长。

四、第十二届人民代表大会（1992年11月至1995年12月）

代表选举：

乡第十二届人大代表选举工作于1992年9月至11月举行。成立乡选委会，李如泰为主任，陈志强为副主任，杨丰、张守信、王炳卫、马立民、阎进清为委员。划分6个选区，选举县第十二届人大代表9名、乡第十二届人大代表47名。

代表会议：

第一次会议于1992年11月在乡政府召开，由乡党委副书记张守信主持。会议听取、审议杨丰所作的乡政府工作报告、陈志强所作的乡人大主席团工作报告、李书杰所作的乡财政工作报告；选举陈志强为乡人大主席团专职常务主席，杨丰为乡政府乡长，杨向前、聂菊芳（女）为副乡长。

五、第十三届人民代表大会（1995年12月至1998年12月）

代表选举：

乡第十三届人大代表选举工作于1995年11月至12月举行。成立乡选委会，陈志强为主任，李如泰为副主任，何玉春、杨向前、阎进清、王炳蔚、马利民为委员。选举乡第十三届人大代表52名。

代表会议：

第一次会议于1995年12月在乡政府召开，由乡党委副书记李如泰主持。会议听取、审议杨向前所作的乡政府工作报告、陈志强所作的乡人大主席团工作报告、李胜元所作的乡财政工作报告；选举陈志强为乡人大主席团主席，杨向前为乡政府乡长，高万福为副乡长。

第三次会议于1997年6月16日召开。应出席代表48名，实出席41名。会议选举徐永宏为乡政府乡长。

第四次会议于1998年1月12日召开（召开情况不详）。

代表名单：

李淑琴　张莲英　祁海科　马利民　高万福　阎进清　聂菊芳　靳积才　罗治坤
张具敏　贾富社　李菊香　李省子　阎文德　王全生　张正生　郭进学　李玉琴
张学义　苟爱珍　成千文　李丰科　靳平平　张多英　邹　伟　柳世明　马儒华
杨银仓　罗艳红　马自有　王祥祥　马天学　吴彩兰　王建刚　阎树旺　王玉库
刘仁军　姚克凡　郑少军　王翠芳　张　清　何玉春　张荣业　张维平　陈志强
杨志敏　徐永宏　李胜元　鲍思智　李生金

六、第十四届人民代表大会（1998年12月至2002年1月）

代表选举：

乡第十四届人大代表选举工作于1998年11月至12月举行。成立乡选委会，杨志敏为主任，王志强、李云香（女）为副主任，阎进清、李胜元、李江桥、唐亢亢为委员。选举乡第十四届人大代表52名。

代表会议：

第一次会议于1998年12月22日在乡政府召开，出席代表48名，由乡党委副书记李云香主持。会议听取、审议徐永宏所作的乡政府工作报告、王志强所作的乡人大主席团工作报告、李胜元所作的乡财政工作报告；选举王志强为乡人大主席团主席，徐永宏为乡政府乡长、陈志合为副乡长。

七、第十五届人民代表大会（2002年1月至2006年12月）

代表选举：

乡第十五届人大代表选举工作于2001年11月至12月举行。成立乡选委会，杨志敏为主任，王志强、张建宁为副主任，阎进清、李胜元、靳建喜、王松为委员。全乡共划分为18个选区，选举乡第十五届人大代表52名。

代表会议：

第一次会议于2002年1月4日在乡政府召开，出席代表50名，列席42名。由乡党委副书记靳建喜主持。会议听取、审议并通过张建宁所作的乡政府工作报告、王志强所作的乡人大主席团工作报告、张德胜所作的乡财政工作报告；选举王志强为乡人大主席团主席，张建宁为乡政府乡长，张富华（女）、王松为副乡长。

代表名单：

张富华	靳平平	杜宗庭	马文秀	赵克义	柳定定	马丫丫	马迁移	张省州
王利子	刘连兄	张建宁	靳建喜	柳盈盈	杨银仓	王金生	杜柱林	阎进清
张　林	郭进学	李玉琴	王利周	李胜元	李秀英	吴跃进	张建设	王少红
马静娃	杨　政	王志泰	王　松	任红兵	贾富兄	温小杰	张　清	阎小宁
杨志敏	王益军	张莲英	柳占良	司守成	曹平弟	孙有忠	张俊秀	李生金
张照娃	李川梅	阎文卓	王康乐	王志强	王国宗	尹省子		

八、第十六届人民代表大会（2006年12月至2011年8月）

代表选举：

镇第十六届人大代表选举工作于2006年10月至12月举行。成立镇选委会，靳宝生为主任，魏世琳为副主任，樊义和、陈东勤、温军合、景国宁、张德胜、米旭、郭东拴为委员。选举县第十五届人大代表8名、镇第十六届人大代表52名（党员32名，妇女9名，大专以上文化程度14名）。

代表会议：

第一次会议于2006年12月21日在镇政府召开，出席代表52名，由镇党委副书记陈东勤主持。会议听取、审议并通过樊义和所作的镇政府工作报告、魏世琳所作的镇人大主席团工作报告、张德胜所作的镇财政工作报告；选举魏世琳为镇大大主席团主席，樊义和为镇政府镇长，梁淑琴（女）、景国宁为副镇长。

代表名单：

王娟娟（女） 周俊霞（女） 李盼盼（女） 张苟子（女） 尹慧霞（女）
靳江红（女） 梁淑琴（女） 续兰英（女） 王喜弟（女） 魏世琳 孙有忠
郭东栓 陈东勤 王耀龙 张志彬 杜 奇 李占英 张 谦 阎进武 张 平
樊义和 王全生 杜柱林 阎进清 郭旭旺 罗高红 仇 恩 温军合 王利子
米 旭 张岁成 杜宗廷 张德胜 柳定定 马元复 靳宝生 王建飞 张省州
刘仁君 刘红著 尚永义 柳占林 王成斌 杨分队 张维军 王怀仁 张建设
王利周 景国宁 张凤刚 任红兵 张 清

九、第十七届人民代表大会（2011年8月至2016年7月）

代表选举：

镇第十七届人大代表选举工作于2011年7月至8月举行。选举县第十六届人大代表8名、镇第十七届人大代表52名。

代表会议：

第一次会议于2011年8月15日在镇政府召开。会议听取和审议并通过王彦飞所作的镇政府工作报告、张来忠所作的镇人大工作报告以及镇财政工作报告；选举张来忠为镇人大主席，王彦飞为镇政府镇长，张岁成、尹慧霞（女）为副镇长。

第二次会议于2012年3月11日在镇政府召开。会议选举李小宁为镇政府镇长。

代表名单：

尹慧霞（女） 王玉芳（女） 马向路（女） 曹桂芳（女） 吕 琴（女）
王宝琴（女） 马江玲（女） 杨解放 张正国 张来忠 王彦飞 张岁成
周京明 王录东 靳太平 靳永良 陈 宽 王随宁 朱彦峰 靳少东 邹志录
赵升伟 杨放放 张兴照 张 军 马致军 李运珍 李同强 朱义民 张维礼
朱英俊 王 柱 李团结 翟万录 张三祥 杜柱林 张国平 王卫子 郭俊明
王海军 柳中学 朱 磊 马国彦 王宝红 杜宗新 陈根军 柳新军 杨先生
李放军 陈林子 马岁成 王利周 王利同 吴效义 王忠伟 王向忠 罗团定
张团乐 王福寿 车兰州 王 龙 杨安平 杨贵平

十、第十八届人民代表大会（2016年7月至2021年）

代表选举：

镇第十八届人大代表选举工作于2016年6月至7月举行，成立镇选委会，镇党委副书记陈张宁为主任，王建强、高晓颖（女）为副主任，高继龙、朱婕（女）、柳毅、靳鹏强、刘希希（女）、豆娟兄（女）为委员。全镇共划分为4个县代表选区，选举县第十七届人大代表7名；共划分为24个镇代表选区，选举镇第十八届人大代表52名。

代表会议：

第一次会议于2016年7月28日召开，应出席代表52名，实出席50名。会议推举胡生平、雷海军、陈早强、王泽熙、王相中5人组成大会主席团。会议听取和审议并通过戴康所作的镇政府工作报告、雷海军所作的镇人大工作报告；选举雷海军为镇人大主席，戴康为镇政府镇长，张昕、张红安、李新兴为副镇长。

第二次会议于2017年2月12日召开，应出席代表52名，实出席48名。会议推举胡生平、雷海军、陈早强、王泽熙、王相中5人组成大会主席团。会议听取和审议戴康所作的镇政府工作报告、雷海军所作的镇人大工作报告，并作出相应决议。会议收到代表意见建议10条。

第三次会议于2017年10月30日召开，应出席代表52名，实出席49名。会议推举张录牛、雷海军、陈早强、王泽熙、王相中5人组成大会主席团。会议听取和审议戴康所作的镇政府工作报告、雷海军所作的镇人大工作报告，并作出相应决议。会议收到代表意见建议9条。

第四次会议于2018年8月1日召开，应出席代表57名，实出席53名。会议推举张录牛、雷海军、陈早强、王泽熙、王相中5人组成大会主席团。会议听取和审议戴康所作的镇政府工作报告、雷海军所作的镇人大工作报告，并作出相应决议；会议收到代表意见建议11条。

第五次会议于2019年2月2日召开，应出席代表57名，实出席52名。会议推举张录牛、雷海军、王泽熙、王相中4人组成大会主席团。会议听取和审议雷海军所作的镇人大工作报告，并作出相应决议；选举王康乐为镇政府镇长；会议收到代表意见建议8条。

第六次会议于2020年4月12日召开，应出席代表52名，实出席48名。会议推举张录牛、雷海军、王泽熙、王相中4人组成大会主席团。会议听取和审议赵轶智所作的镇政府工作报告、雷海军所作的镇人大工作报告，并作出相应决议；选举赵轶智为镇政府镇长，杨剑为副镇长。会议收到代表意见建议12条。

代表名单：

王金婉（女）　杨　植（女）　杨　草（女）　王宝琴（女）　吕进联（女）
阎　芳（女）　阎春草（女）　王瑞娥（女）　马江玲（女）　张莲英（女）
马　奇（女）　韩　变（女）　朱　婕（女）　王喜弟（女）　吴玉兰（女）
高继龙　李全全　张红安　王　伟　李维学　阎俊富　张　平　张润子　李　磊
李占英　王泽熙　郑军仁　陈早强　张国平　郭买买　王天珍　罗团兵　马福元
刘余州　王永林　王相中　雷海军　王孟孟　王志安　杨乃行　王宝红　张志让
席晓东　马尚玺　戴　康　靳伟安　杜宗庭　胡生平　邹宁学　马岁成　王建民
王　宽

附：

八里镇（乡）人民代表大会召开情况表

表6-103

届次	任期（年）	第一次会议			选举		
		应出席代表（名）	实出席代表（名）	召开时间	人大主席（副主席）	乡镇长	副乡镇长
九	3	70	67	1983.12.15		吴桂贵	张文明
十	3	70	不详	1986.12		吴桂贵	戴三姓
十一	3	70	不详	1989.12.12		吴桂贵	杨　丰
十二	3	47	不详	1992.11	陈志强	杨　丰	杨向前　聂菊芳
十三	3	52	不详	1995.12	陈志强	杨向前	高万福
十四	3	52	48	1998.12.22	王志强	徐永宏	陈志合
十五	5	52	50	2002.1.4	王志强	张建宁	张富华　王　松
十六	5	52	52	2006.12.21	魏世琳	樊义和	梁淑琴　景国宁
十七	5	52	不详	2011.8.15	张来忠	王彦飞	张岁成　尹慧霞
十八	5	52	50	2016.7.28	雷海军	戴　康	张　昕　张红安　李新兴

第四节　司桥乡人民代表大会

司桥乡位于县境东北部。东接宁夏隆德县，南连古城镇，西邻城川镇，北靠城关、八里镇。南北长12公里，东西宽7公里，面积68平方公里。312国道和平定高速穿境而过。至2019年年底，全乡辖11个行政村，75个村民小组，3260户，14055人。乡政府驻席湾村，距县城13公里。

司桥，因境内自然村司家桥而得名。解放前属单础、殷平两乡分治；解放后属一区（城关区）和九区（高城寨区）管辖；1958年10月，建立公社时，属民和公社；1961年12月，分设贾河公社，1962年1月迁社址于席家湾村，更名司桥公社；1983年12月，改为司桥乡。

一、第九届人民代表大会（1983年12月至1986年12月）

代表选举：

公社（乡）第九届人大代表选举工作于1983年11月至12月举行。成立公社选委会，陈满斌为主任委员，柳思桐为副主任委员，陈玉兰（女）、刘相录、李创为委员。

全社总人口11329人（男5776人，女5553人），有选民6329人（男3230人，女3099人），全社共划分5个选区，选举日参加选民6164人（男3163人，女3001人），选举县第九届人大代表6名、公社（乡）第九届人大代表68名（女13名）。

代表会议：

第一次会议于1983年12月召开。会议听取和审议公社管委会工作报告；建立乡人民政府，选举柳思桐为乡政府乡长、王维军为副乡长。

代表名单：

席余余（女）　贾木兰（女）　贾彩合（女）　孙金花（女）　李桂英（女）
李芳琴（女）　司凤琴（女）　孙玉珍（女）　贾桂英（女）　杨翠兰（女）
王惠玲（女）　陈东邑　马武烈　李占华　李光宇　王　荣　张中礼　李守林
杨定邦　樊克忠　王国俊　毛志林　司献俊　蔡维刚　司致宽　司秉学　牟维珍
杨友山　平志孝　贾昌义　刘志义　李志发　张进甲　柳思桐　赵明远　连兴启
陈永富　潘学忠　司丕荣　胡仰斌　王维军　司新银　司年年　司新学　王儒运
平静轩　刘国祯　唐发祥　杨银邦　唐志德　唐守仁　马仲英　李三刚　高志雄
张克举　王世忠　樊克选　石振富　张习武

二、第十届人民代表大会（1986年12月至1989年12月）

代表选举：

乡第十届人大代表选举工作于1986年11月至12月举行。成立乡选委会，张敏行为主任，陈志强为副主任，王文波、徐有仓、贾敬斌为委员。共划分5个选区，于12月25日召开选举大会，选举县第十届人大代表6名、乡第十届人大代表60名。

代表会议：

第一次会议于1986年12月召开。会议听取和审议乡政府工作报告；选举张敏行为乡政府乡长、李笃勤为副乡长，蔡维刚、司有权为人民陪审员。

第二次会议于1989年3月9日召开。第一次会议以来，有2名代表调离司桥乡，1名代表去世，因此，此次会议应出席代表57名，实出席34名。会议听取和审议周忠义所作的乡政府工作报告；选举周忠义为乡政府乡长、杨永吉为副乡长。

三、第十一届人民代表大会（1989年12月至1992年11月）

代表选举：

乡第十一届人大代表选举工作于1989年10月至12月举行。成立乡选委会，周忠义为主任，张永华、杨永吉为副主任，翟培德、樊克忠、杨康乐、邹振环为委员。全乡有选民7851人，共划分县人大代表选区5个、乡人大代表选区14个，于12月5日召开选举大会，选举县第十一届人大代表6名，乡第十一届人大代表42名（女9名）。

代表会议：

第一次会议于1989年12月15日至16日召开，应出席代表42名，实出席35名，列席

22名。会议推举张永华、周忠义、翟培德、杨永吉、樊志忠、平静礼、冯生林、陈龙、连兴启、徐向清、吕永清11人组成大会主席团，张永华、平静礼、冯生林3人组成代表资格审查委员会，张永华为主任。会议听取张永华所作的代表资格审查报告，听取和审议周忠义所作的乡政府工作报告，并作出决议；选举周忠义为乡政府乡长、杨永吉为副乡长，杨升学、杨荣荣为人民陪审员。

第二次会议于1991年2月2日召开，应出席代表42名，实出席37名，列席代表8名。会议听取、审议并通过周忠义所作的题为《启动基层活动，动员全乡人民为进一步发展农村工作新局面努力奋斗》的工作报告、张永华所作的乡人大主席团工作报告。

第三次会议于1992年1月4日召开，应出席代表42名，实出席38名。会议听取、审议并通过乡政府工作报告、乡人大主席团工作报告。

代表名单：

吕秀英（女） 高玲香（女） 孙玉珍（女） 贾木兰（女） 高玉梅（女）
黄爱萍（女） 裴秀花（女） 李桂英（女） 刘引梅（女） 马建明 张永华
陈 龙 陈 有 石振富 张存禄 邹振环 李文强 冯生林 潘守余 吕永清
张有安 赵良海 唐守仁 杨升学 翟培德 李志忠 杨荣荣 苟贵忠 樊克志
徐向清 司万海 邵永勤 毛志林 周忠义 连兴启 米文才 司丕卿 司新银
马占琦 平静礼 平国政 杨永吉

四、第十二届人民代表大会（1992年11月至1995年12月）

代表选举：

乡第十二届人大代表选举工作于1992年9月至11月举行。成立乡选委会，白世明为主任，张永华为副主任，周忠义、胡海林、杨志忠、杜斌、唐志德为委员。全乡划分6个大选区，11个小选区，选举县第十二届人大代表7名，乡第十二届人大代表47名。

代表会议：

第一次会议于1992年11月21日召开，应出席代表47名，实出席47名，列席代表7名。会议听取、审议并通过乡政府工作报告、乡人大主席团工作报告；选举张永华为乡人大主席团专职常务主席，周忠义为乡政府乡长，刘思斌为副乡长。

第二次会议于1994年1月11日召开，应出席代表47名，实出席42名，列席代表8名。会议听取、审议并通过周忠义所作的乡政府工作报告、张永华所作的乡人大主席团工作报告。

五、第十三届人民代表大会（1995年12月至1998年12月）

代表选举：

乡第十三届人大代表选举工作于1995年11月至12月举行。成立乡选委会，邹振革为主任，杨永吉、高森堂为副主任，薛小田、景坐社、邹振环、杨银邦为委员。全乡共划分为21个选区，于12月25日召开选举大会，选举乡第十三届人大代表48名（女10名）。

代表会议：

第一次会议于1995年12月27日召开，应出席代表48名，实出席48名。会议听取、审议并通过乡政府工作报告、乡人大主席团工作报告及1993年至1995年乡财政工作报告；选举邹振革为乡人大主席团主席，杨永吉为副主席；鲍初玺为乡政府乡长，张松树、王玉英（女）为副乡长；会议收到代表意见、建议5条。

第二次会议于1997年1月10日召开，应出席代表48名，实出席48名。会议听取、审议并通过鲍初玺所作的乡政府工作报告；表彰奖励优秀乡人大代表。

六、第十四届人民代表大会（1998年12月至2001年12月）

代表选举：

乡第十四届人大代表选举工作于1998年11月至12月举行。成立乡选委会，邹振革为主任，何玉春、高森堂为副主任，杨永吉、景坐社、吴韡、杨引弟为委员。全乡共划分21个选区，于12月16日召开了选举大会，选举乡第十四届人大代表49名（女11名）。

代表会议：

第一次会议于1998年12月29日召开。会议听取、审议并通过乡政府工作报告、乡人大主席团工作报告、乡财政工作报告；选举何玉春为乡人大主席团主席，鲍初玺为乡政府乡长，王玉英（女）为副乡长；收到代表、建议共11条。

七、第十五届人民代表大会（2001年12月至2006年12月）

代表选举：

乡第十五届人大代表选举工作于2001年11月至12月举行。成立乡选委会，任跟路为主任，何玉春、鲍初玺为副主任，高森堂、薛小田、杨引弟、戴兵兵为委员。全乡共划分8个大选区，11个小选区，选举乡第十五届人大代表48名。

代表会议：

第一次会议于2001年12月31日召开，应出席代表48名，实出席46名，列席代表7名。会议听取、审议并通过乡政府工作报告；选举马军勤为乡人大主席团主席，王晓锋为乡政府乡长，李国剑、刘桂花（女）为副乡长；收到代表意见建议10条，其中，调整种植结构、提高产业化程度方面3条，加强基础设施建设方面6条，改进干部作风方面1条。

第二次会议于2002年12月2日召开，应出席代表48名，实出席48名，列席代表8名。会议听取、审议并通过王晓峰所作的乡政府工作报告、马军勤所作的乡人大主席团工作报告、吴国振所作的乡2002年财政预算执行情况及2003年财政预算草案的报告。

第三次会议于2003年5月28日召开。会议审议通过李国剑辞去乡政府副乡长职务的报告，选举张汉宗为乡政府副乡长。

第四次会议于2005年4月28日召开，应出席代表48名，实出席46名。会议审议通过王晓峰辞去乡政府乡长职务的报告，选举刘银锋为乡政府乡长。

八、第十六届人民代表大会（2006年12月至2011年8月）

代表选举：

乡第十六届人大代表选举工作于2006年10月至12月举行。成立乡选委会，王瑞生为主任，李生金、方少明为副主任，戴兵兵、樊晓文、杨乐亨、王宏乾、吴振国、唐效锦为委员。全乡划分为9个大选区，选举县第十五届人大代表6名，乡第十六届人大代表49名（女12名）。

代表会议：

第一次会议于2006年12月21日召开，应出席代表49名，实出席47名，列席代表3名。会议推举11人组成大会主席团。会议听取、审议并通过乡政府工作报告、2006年乡财政预算执行情况及2007年财政预算草案的报告；选举李生金为乡人大主席团主席，刘桂香（女）为乡政府乡长，雷海军为副乡长；收到代表意见、建议3条。

代表名单：

何粉粉（女） 麻富幸（女） 牛红红（女） 马 琳（女） 高爱萍（女）
杨冬香（女） 杨春凤（女） 司社论（女） 刘桂香（女） 单玉梅（女）
魏园生（女） 马西宁 潘学斌 雷海军 李文辉 王瑞生 王可夫 杨军红
蔡拴拴 宫静平 吕福学 唐效锦 时晓仁 张汉义 杨正生 李生金 魏具禄
吴国振 徐多旺 吴振国 李 真 戴兵兵 杨永彬 王满良 徐世军 王燕刚
席伟祥 阎建国 方少明 司秉功 王宏乾 司丕强 刘晓要 司致炳 魏志龙
景小霞 杨耀东 张发年 陈海军

九、第十七届人民代表大会（2011年8月至2016年7月）

代表选举：

乡第十七届人大代表选举工作于2011年7月至8月举行。全乡共划分为8个大选区，选举县第十六届人大代表6名，乡第十七届人大代表49名。

代表会议：

第一次会议于2011年8月14日召开，应出席代表49名，实出席47名，列席代表7名。会议听取、审议并通过乡政府工作报告、乡人大主席团工作报告；选举刘敏为乡人大主席，刘桂花（女）为乡政府乡长，姚志清、王燕刚为副乡长。

第二次会议于2011年12月14日召开。会议听取、审议并通过刘桂花所作的乡政府工作报告、刘敏所作的乡人大工作报告。

第三次会议于2012年12月12日召开。会议听取、审议并通过刘桂花所作的乡政府工作报告、乡2011年财政预算执行情况及2012年财政预算草案的报告；审议通过关于唐岔沟流域新植万亩果园的议案；选举马宕新为乡人大主席。

第四次会议于2013年9月16日召开。会议审议通过刘桂花辞去乡政府乡长职务的报告，选举李文环为乡政府乡长，郭东拴为府副乡长。

第五次会议于2013年12月16日召开。会议听取、审议并通过李文环所作的乡政府工作报告、马宕新所作的乡人大工作报告。

第六次会议于2014年12月20日召开。会议听取、审议并通过李文环所作的乡政府工作报告、马宕新所作的乡人大工作报告。

代表名单：

刘晓菊（女）　邵莲君（女）　吕晶晶（女）　麻富幸（女）　杨春子（女）
杨冬香（女）　厚丽娟（女）　李巧玲（女）　王喜红　魏小兵　周　渊
司秉杰　高志科　司致炳　哈晓林　平国太　张　昀　张佳佳　田向红　席伟祥
马宕新　司秉功　司社论　司丕强　王翰生　司继洲　贾臻鑫　郑发财　吴国振
杨存存　蒋健怀　郭东拴　吴国时　陈小龙　徐世军　李文辉　高爱萍　李占祥
李文环　杨彦荣　李维汉　蔡旭成　王柱石　王燕刚　高　波　吕州合　吕称钱
唐效锦　马芳柱

十、第十八届人民代表大会（2016年7月至2021年）

代表选举：

乡第十八届人大代表选举工作于2016年6月至7月举行。成立乡选委会，乡党委副书记陈伟为主任，哈晓林、李尚学为副主任，刘文斌、杨彦荣、黎艳（女）、杨婷（女）为委员。全乡共划分为3个选区，选举县第十七届人大代表6名；共划分为21个选区，选举乡第十八届人大代表49名（女15名）。

代表会议：

第一次会议于2016年7月27日至28日召开，应出席代表49名，实出席46名。会议推举王宏乾、田向红、吕兰州、李文环、陈伟、郭东拴、哈晓林7人组成大会主席团。会议听取和审议王宏乾所作的乡政府工作报告、郭东拴所作的乡人大工作报告，并作出了相应决议；选举郭东拴为乡人大主席，王宏乾为乡政府乡长，吕兰州、厚丽娟（女）为副乡长；收到代表意见建议12条。

第二次会议于2016年12月27日召开，应出席代表49名，实出席46名。会议推举王宏乾、田向红、吕兰州、李文环、陈伟、郭东拴、哈晓林7人组成大会主席团。会议听取和审议王宏乾所作的乡政府工作报告、郭东拴所作的乡人大工作报告，并作出相应决议；收到代表意见建议8条。

第三次会议于2017年3月9日召开，应出席代表49名，实出席44名。会议推举王宏乾、田向红、吕兰州、李文环、陈伟、郭东拴、哈晓林7人组成大会主席团。会议听取和审议王宏乾所作的乡政府工作报告、郭东拴所作的乡人大工作报告，并作出相应决议；收到代表意见建议11条。

第四次会议于2017年11月9日召开，应出席代表49名，实出席45名。会议推举王宏乾、田向红、吕兰州、李文环、陈伟、郭东拴、哈晓林7人组成大会主席团。会议听取和审议王宏乾所作的乡政府工作报告、郭东拴所作的乡人大工作报告，并作出相应决议；收到代表意见建议8条。

第五次会议于2018年8月2日召开，应出席代表49名，实出席46名。会议推举王宏乾、田向红、徐苇、李文环、陈伟、郭东拴、哈晓林7人组成大会主席团。会议听取和审议王宏乾所作的乡政府工作报告、郭东拴所作的乡人大工作报告，并作出相应决议；收到代表意见建议12条。

第六次会议于2019年8月31日召开，应出席代表49名，实出席46名。会议推举吕朋军、祁康乐、陈伟、郭东拴、哈晓林、徐苇、厚丽娟、李尚学、白晓斌、王翰生、高志科、许婷婷、周渊13人组成大会主席团。会议听取和审议了祁康乐所作的乡政府工作报告、郭东拴所作的乡人大工作报告，并作出相应决议；选举祁康乐为乡政府乡长，李尚学为副乡长；收到代表意见建议9条。

第七次会议于2020年6月7日召开，应出席代表49名，实出席46名。会议推举吕朋军、祁康乐、郭东拴、陈伟、哈晓林、厚丽娟、徐苇、李尚学、许婷婷、高志科、唐效锦11人组成大会主席团。会议听取和审议祁康乐所作的乡政府工作报告、郭东拴所作的乡人大工作报告，并作出相应决议；收到代表意见建议14条。

代表名单：

周小娥（女）　陶国玲（女）　黎　艳（女）　杨冬香（女）　张润洋（女）
尚莉娜（女）　司菊香（女）　厚丽娟（女）　张引棣（女）　张惠霞（女）
江武军（女）　司社论（女）　马雪琴（女）　温军合（女）　许婷婷（女）
李尚学　马西宁　李文环　郭东栓　王宏乾　李东强　李兆红　周　渊　王学文
吕州合　陈　伟　张慧明　唐效锦　唐志东　王学军　吕兰州　张进生　哈晓林
马步明　陈献义　田向红　陈双虎　司献俊　席尚明　白晓斌　高志科　靳卫学
司全富　王翰生　司致炳　徐　苇　司耀峰　刘文斌　毛红红

附：

司桥乡人民代表大会召开情况表

表6-104

届次	任期（年）	第一次会议			选举		
		应出席代表（名）	实出席代表（名）	召开时间	人大主席（副主席）	乡长	副乡长
九	3	68	不详	1983.12		柳思桐	王维军
十	3	60	不详	1986.12		张敏行	李笃勤

续表6-104

届次	任期（年）	第一次会议			选举		
		应出席代表（名）	实出席代表（名）	召开时间	人大主席（副主席）	乡长	副乡长
十一	3	42	35	1989.12.15		周忠义	杨永吉
十二	3	47	47	1992.11.21	张永华	周忠义	刘思斌
十三	3	48	48	1995.12.27	邹振革（杨永吉）	鲍初玺	张松树 王玉英
十四	3	49	不详	1998.12.29	何玉春	鲍初玺	王玉英
十五	5	48	46	2001.12.31	马军勤	王晓峰	李国剑 刘桂花
十六	5	49	47	2006.12.21	李生金	刘桂香	雷海军
十七	5	49	47	2011.8.14	刘　敏	刘桂花	姚志清 王燕刚
十八	5	49	46	2016.7.27	郭东拴	王宏乾	吕兰州 厚丽娟

第五节　曹务镇人民代表大会

曹务镇地处县域最东端，甘、宁两省（区）静宁、隆德、庄浪三县交界处。东与隆德县温堡乡毗邻，南与庄浪县岳堡乡相连，西与古城镇相接，北与隆德县接壤。南北长7公里，东西宽15公里，总面积70平方公里。威曹公路穿境而过。至2019年年底，全镇辖13个行政村，87个村民小组，4156户，20176人，有回族365人，占全县回民总数的30.5%。镇政府驻店子村，距县城46公里。

解放初期，曹务镇属六区，1955年6月，属人和区，1956年2月，撤销人和区，将所属的古城、长安、吉龙、曹务、桃山、景林、奠安7个乡划入威戎区；1958年3月，将长安乡并入曹务乡；1958年10月，曹务公社并入古城公社；1961年12月，古城公社分设曹务公社；1964年2月，古城公社并入曹务公社；1973年1月，曹务公社分设古城公社；1983年12月，曹务公社改为曹务乡；2016年8月，曹务乡撤乡建镇，改为曹务镇。

一、第九届人民代表大会（1983年12月至1987年1月）

代表选举：

公社（乡）第九届人大代表选举工作于1983年11月至12月举行。成立公社选委会，赵如亭为主任委员，方天学为副主任委员，魏林山、周忠义、张守乾、邹振环、张银顺为委员。选举县第九届人大代表9名、公社（乡）第九届人大代表70名。

代表会议：

第一次会议于1983年12月16日至17日召开，应出席代表70名，实出席67名。会议听取和审议陈志强所作的公社管委会工作报告，研究处理代表提案；建立乡人民政府，选举陈志强为乡政府乡长、高宗信为副乡长，李成才、杜海雄为县人民陪审员。

代表名单：

翟秀兰（女） 陈桂花（女） 胡翠英（女） 傅连花（女） 王月梅（女）
梁喜兰（女） 张淑萍（女） 马桂兰（女） 毛瑞花（女） 辛爱莲（女）
柳玉珍（女） 李桂兰（女） 张桂兰（女） 靳彩琴（女） 柳世怀 柳宗效
高宗信 赵学科 王怀俊 肖国仓 马进全 柳富昌 李宗信 马绍业 柳万贵
田文敏 杜海雄 王振军 高永兵 刘世怀 柳映州 石显忠 李祖发 田维新
田养中 杨世怀 李俊英 柳效东 马祥林 李成才 李文勤 王怀勤 马仲选
柳宗颜 马志明 李守中 柳枝池 马有福 李发海 高奋荣 赵宗义 柳番芳
张国玺 高发云 张世祥 张克勤 张虎虎 柳维效 王社堂 田耀武 田收成
张国平 张国忠 马进元 沙兆祥 李石禄 白位西 杨西选 刘中星 陈志强

二、第十届人民代表大会（1987年1月至1989年12月）

代表选举：

乡第十届人大代表选举工作于1986年11月至1987年1月举行。成立乡选委会，白世明为主任，高宗信、杨丰为副主任，白位西、柳枝池为委员。全乡共划分为7个选区，于1986年12月25日召开选举大会，选举县第十届人大代表9名、乡第十届人大代表70名（女14名）。

代表会议：

第一次会议于1987年1月召开。会议听取和审议乡政府工作报告；选举白世明为乡政府乡长，杨丰为副乡长。

三、第十一届人民代表大会（1989年12月至1992年11月）

代表选举：

乡第十一届人大代表选举工作于1989年10月至12月进行。成立乡选委会，张自杰为主任，张晓军、王国兴为副主任，尹军政、李凤金、张全礼、马绍业为委员。全乡共划分7个选区，选举县第十一届人大代表9名；共划分为17个选区，选举乡第十一届人大代表48名（女10名）。

代表会议：

第一次会议于1989年12月20日召开，出席代表42名，列席代表1名。会议推举马绍业、尹军政、王国兴、李凤金、张晓军5人组成大会主席团。会议听取、审议王国兴所作的乡政府工作报告；选举王国兴为乡政府乡长、尹军政为副乡长，张世祥、马绍业为人民陪审员。

代表名单：

马喜梅（女）　柳玉梅（女）　张淑萍（女）　张世香（女）　毛蕊花（女）
李蕊君（女）　张桂兰（女）　方秀英（女）　梁喜兰（女）　李牡丹（女）
尹军政　张国玺　沙兆祥　高凤荣　马进元　李军川　王西银　张世祥　张文科
张克勤　卜树荣　王国生　马效源　柳兴福　李成材　马升武　孙振英　柳振中
李宗建　杨全平　李　旺　石工作　张国亚　田政策　田耀武　曹金东　赵尚社
柳金江　张耀骞　杜生林　王怀俊　朱俊祥　马绍业　柳玉林　李俊英　王国兴
张晓军　李凤金

四、第十二届人民代表大会（1992年11月至1995年12月）

代表选举：

乡第十二届人大代表选举工作于1992年9月至11月举行。成立乡选委会，杨工作为主任，王国兴为副主任，尹军政、王顺天、张婧婧、吴苏彪、柳振忠为委员。全乡共划分6个县代表选区，17个乡代表选区，于1992年11月10日召开选举大会，选举县第十二届人大代表9名（女2名，回族1名）；选举乡第十二人大代表49名（女10名，回族2名）。

代表会议：

第一次会议于1992年11月17日召开。会议听取和审议尹军政所作的乡政府工作报告；选举王国兴为人大主席团常务主席，尹军政为乡政府乡长、柳枝池为副乡长。

五、第十三届人民代表大会（1995年12月至1998年12月）

代表选举：

乡第十三届人大代表选举工作于1995年11月至12月举行。成立乡选委会，张咏华为主任，杨工作、王顺天为副主任，宋振林、吴苏彪、王志浩、张国林为委员。全乡共划分为18个选区，选举乡第十三届人大代表53名（非党18名，妇女11名，少数民族2名，教育事业2名）。

代表会议：

第一次会于1995年12月17日召开。会议听取、审议尹军政所作的乡政府工作报告；选举张咏华为乡人大主席团主席，杜杰为乡政府乡长、王喜东为副乡长。

六、第十四届人民代表大会（1998年12月至2002年1月）

代表选举：

乡第十四届人大代表选举工作于1998年11月至12月举行。成立乡选委会，武文学为主任，王顺天、王晓峰为副主任，吴苏彪、孙伟、杨永成、张婧婧为委员。全乡共划分20个选区，选举乡第十四届人大代表53名。

代表会议：

第一次会议于1998年12月召开。会议听取、审议乡政府、乡人大主席团工作报告；选举王顺天为乡人大主席团主席，杜杰为乡政府乡长、李如泰为副乡长。

七、第十五届人民代表大会（2002年1月至2006年12月）

代表选举：

乡第十五届人大代表选举工作于2001年11月至12月举行。成立乡选委会，杜杰为主任，王顺天、王喜东为副主任，唐效锋、孙伟、杨永成、张婧婧为委员。选举乡第十五届人大代表53名。

代表会议：

第一次会议于2002年1月召开。会议听取和审议乡政府、乡人大主席团工作报告；选举陈志合为乡人大主席团主席，杨举民为乡政府乡长，党宏问、吴国华（女）为副乡长。

第三次会议于2003年12月28日召开，应出席代表53名，实出席45名，列席代表3名。会议推举雷浪喜、杨显标、党宏问、吴国华（女）、杨永吉、景坐社、唐效锋、贾臻鑫、陈振学、柳振忠、马明久11人组成大会主席团，党宏问任执行主席，唐效锋任秘书长。会议听取、审议雷浪喜所作的乡政府工作报告、杨显标所作的乡人大主席团工作报告、马治国所作的乡2003年财政预算执行情况和2004年财政预算（草案）的报告，并作出相应的决议；选举杨显标为乡人大主席团主席。

第四次会议于2004年11月召开，出席代表43名，市、县人大代表7人，各村干部17人列席会议。会议听取、审议吴国华所作的乡政府工作报告、杨显标所作的乡人大主席团工作报告。

代表名单：

李红梅（女）　曹冬叶（女）　张　丽（女）　刘小慧（女）　赵绒弟（女）
曹岁兰（女）　吴国华（女）　陈振学　贾臻鑫　唐平安　马　忠　柳仲西
刘凤平　李军属　张　科　王国生　杨牧收　白新院　张文科　宣海平　刘廷尚
肖国仓　柳富昌　柳振忠　柳卫元　张国雄　张文忠　王麦斗　曹金东　田国佐
马思贤　李淑贤　马明久　王国杰　胡文勤　马孟子　李世珍　杜显宗　柳和春
张政祥　李　军　陈志合　张亚鹏　唐效锋　景坐社　党宏问　杨举民　王高江
杨永吉　李如泰　毛文郁　齐志勇

八、第十六届人民代表大会（2006年12月至2011年8月）

代表选举：

乡第十六届人大代表选举工作于2006年11月至12月举行。成立乡选委会，樊爱平为主任，邹力学、唐亢亢为副主任，米发明、刘树录、吴国华（女）、马金社、马治国、杨永成为委员。选举县第十五届人大代表9名、乡第十六届人大代表53名（女11名）。

代表会议：

第一次会议于2006年12月召开。选举邹力学为乡人大主席团主席，唐亢亢为乡政府乡长，党宏问、吴国华（女）为副乡长。

代表名单：

李小霞（女）　吴国华（女）　刘贞贞（女）　孙晓琴（女）　马秀珍（女）
李粉子（女）　杜润红（女）　阎桂梅（女）　张小琴（女）　张旺红（女）
杨凤琴（女）　柴登基　马金社　唐亢亢　马有奎　高凤荣　高维选　文　铭
文军明　王宁学　刘旺怀　邹力学　肖国仓　杨作义　陈振学　谢志忠　王　辉
方　士　马帅林　柳继忠　党宏问　杨过明　张选柱　石兆宏　樊爱平　曹太和
张思林　石生勇　田维新　马治国　魏三洲　米发明　李占先　张学江　郭国仕
胡三良　王志斌　刘建忠　霍六斤　刘树录　张政祥　马宕新　赵世祥

九、第十七届人民代表大会（2011年8月至2016年7月）

代表选举：

乡第十七届人大代表选举工作于2011年7月至8月举行。全乡总人口20898人，其中18周岁以上人口14960人，实有选民14944人，全乡共划分21个选区，选举县第十六届人大代表8名、乡第十七届人大代表53名（女12名，回族2名）。

代表会议：

第一次会议于2011年8月14日召开，出席代表53名。会议听取和审议乡政府、乡人大主席团工作报告；选举王来畅为乡人大主席，刘国军为乡政府乡长，王富稳、张瑾为副乡长。

第二次会议于2012年11月3日召开，出席代表52名。会议选举崔江鸿为乡政府乡长。

第四次会议于2015年1月8日召开，应出席代表51名，实出席48名。会议推举马永县、马治国、王来畅、王宁学、王富稳、王红红、文铭、刘国军、吕周周、刘鹏、李琳琳、杜显宗、张瑾、张国刚、屈凯歌15人组成大会主席团，王来畅任大会执行主席，王宁学任秘书长。会议选举吕周周为乡政府乡长、张国刚为副乡长。

代表名单：

王德荣　吕维科　岳军灵　唐平安　屈凯歌　高　杰　高维选　张小霞　文　铭
马治国　刘宗勤　王殿元　刘占湖　杜明放　王富稳　马红玲　肖国仓　李志荣
杨　强　王红红　杨继武　柳思信　张国刚　柳继忠　柳卫元　王进军　阎　萍
张天孩　王宁学　杨军红　张文忠　王来畅　马建武　田绿珠　曹金东　田永红
马永县　席金强　柳爱叶　柳贵元　张　瑾　郭宝学　张学江　胡存周　赵世祥
王志兵　李琳琳　杜显宗　杨凤琴　柳茂财　刘国军　江小兵　樊跟船

十、第十八届人民代表大会（2016年7月至2021年）

代表选举：

乡第十八届人大代表选举工作于2016年5月至7月举行。成立乡选委会，乡党委副书记王富稳为主任，马永县、李琳琳（女）为副主任，马震、裴昭兵（女）、张海斌、邹亚宁、雍引弟（女）、杜彦龙6人为委员。全乡共划分为5个选区，选举县第十七届人大代表9名；共划分为21个选区，选举乡第十八届人大代表53名。

代表会议：

第一次会议于2016年7月26日召开，应出席代表53名，实出席52名。会议推举席鹏举、吕周周、王宁学、王富稳、马永县、张国刚、李琳琳、刘鹏、杜显宗9人组在大会主席团。会议听取和审议吕周周所作的乡政府工作报告、王宁学所作的乡人大工作报告，并作出相应决议；选举王宁学为乡人大主席，吕周周为乡政府乡长，张国刚、屈凯歌、孙伟为副乡长；收到代表意见建议7条。

第二次会议于2018年1月18日召开。第一次会议以来，席鹏举、张国刚因工作调离曹务镇，其代表资格自行终止，在代表出缺的选区补选徐小胜、庞安宁为镇第十八届人大代表。此次会议应出席代表53名，实出席50名。会议推举吕周周、王宁学、王富稳、马永县、屈凯歌、孙伟、李琳琳、刘鹏、杜显宗9人组成大会主席团。会议听取和审议吕周周所作的镇政府工作报告、王宁学所作的镇人大工作报告，马震所作的镇2017年财政预算执行情况和2018年财政预算（草案）的报告，并作出相应决议；选举庞安宁为镇政府副镇长；收到代表意见建议8条。

第三次会议于2019年2月1日召开。第二次会议以来，吕周周因工作调离曹务镇，其代表资格自行终止，在代表出缺的选区补选杨志明为镇第十八届人大代表。此次会议应出席代表53名，实出席48名。会议推举徐小胜、王宁学、王富稳、屈凯歌、孙伟、庞安宁、李琳琳、刘鹏、杜显宗9人组成大会主席团。会议审议通过吕周周关于辞去曹务镇政府镇长职务的报告，听取和审议王宁学所作的乡人大工作报告，并作出相应决议；选举杨志明为镇政府镇长；收到代表意见建议5条。

第四次会议于2019年5月6日召开。第三次会议以来，马永县、庞安宁因工作调离曹务镇，其代表资格自行终止，在代表出缺的选区补选张都都、韩少华为镇第十八届人大代表。此次会议应出席代表53名，实出席48名。会议推举徐小胜、杨志明、王宁学、王富稳、孙伟、屈凯歌、李琳琳、刘鹏、杜显宗9人组成大会主席团。会议听取和审议杨志明所作的镇政府半年工作报告，并作出相应决议；选举韩少华为镇政府副镇长；收到代表意见建议6条。

第五次会议于2019年9月16日召开。第四次会议以来，刘鹏、屈凯歌因工作调离曹务镇，其代表资格自行终止，在代表出缺的选区补选赵尊科、李高时为镇第十八届人大代表。此次会议应出席代表53名，实出席47名。会议推举徐小胜、杨志明、王宁学、张都都、王富稳、孙伟、韩少华、李琳琳、杜显宗9人组成大会主席团。会议选举高斌为镇政府副镇长；收到代表意见建议4条。

第六次会议于2020年5月15日召开。第五次会议以来，孙伟、李琳琳因工作调离曹务镇，其代表资格自行终止，在代表出缺的选区补选邹亚宁为镇第十八届人大代表。此次会议应出席代表52名，实出席47名。会议推举徐小胜、杨志明、王宁学、赵尊科、张都都、王富稳、韩少华、高斌、杜显宗9人组成大会主席团。会议听取和审议杨志明所作的镇政府工作报告，并作出相应决议；选举梁涛为镇政府副镇长；收到代表意见建议8条。

代表名单：

岳军灵（女）　朱根梅（女）　张小霞（女）　杜明放（女）　马红玲（女）
曹彩娥（女）　阎淑琴（女）　李琳琳（女）　程彩红（女）　柳爱叶（女）
马小燕（女）　裴昭兵（女）　赵连弟（女）霍六斤　王宁学　王富稳　杜显宗
柳银平　李志鸿　陈海龙　胡永峰　马　腾　孙　伟　柴登基　梁　涛　李进禄
高维选　李卜学　张国刚　白　云　高　斌　景俊柱　马怀林　刘　鹏　柳思信
杨启明　杨军宁　柳宝成　李挺笔　曹太和　张思林　李国琦　屈凯歌　田兴华
马永县　吕周周　张　鹏　马　震　张军兵　胡存周　李世珍　王跟平　席鹏举

附：

曹务镇（乡）人民代表大会召开情况表

表6-105

届次	任期（年）	第一次会议			选举		
		应出席代表（名）	实出席代表（名）	召开时间	人大主席（副主席）	乡镇长	副乡镇长
九	3	70	67	1983.12.16		陈志强	高宗信
十	3	70	不详	1987.1		白世明	杨　丰
十一	3	48	42	1989.12.20		王国兴	尹军政
十二	3	49	不详	1992.11.17	王国兴	尹军政	柳枝池
十三	3	53	不详	1995.12.17	张永华	杜　杰	王喜东
十四	3	53	不详	1998.12	王顺天	杜　杰	李如泰
十五	5	53	不详	2002.1	陈志合	杨举民	党宏问　吴国华
十六	5	53	不详	2006.12	邹力学	唐亢亢	党宏问　吴国华
十七	5	53	53	2011.8.14	王来畅	刘国军	王富稳　张　瑾
十八	5	53	52	2016.7.26	王宁学	吕周周	张国刚　屈凯歌　孙　伟

第六节　古城镇人民代表大会

古城镇位于县域东部，地处甘、宁两省（区）静宁、庄浪、隆德三县交会处。东邻曹务镇、隆德县温堡乡，南依庄浪县赵墩乡，西靠威戎镇，北接司桥乡、隆德联财镇。南北长20公里，东西宽14.5公里，总面积145平方公里。威曹公路穿境而过。至2019年年底，全镇辖24个行政村，157个村民小组，7103户，33550人。镇政府驻邹河村，距县城34公里。

1950年6月，古城属六区；1956年2月，属威戎区；1958年9月，曹务乡并入古城乡；1958年10月，改名古城人民公社；1961年12月，古城公社分设曹务公社；1964年2月，古城公社并入曹务公社；1973年1月，曹务公社分设古城公社；1983年12月，改为古城乡；2003年12月，石咀乡并入古城乡；2015年7月，古城乡撤乡建镇，改为古城镇。

一、第九届人民代表大会（1983年12月至1986年12月）

代表选举：

公社（乡）第九届人大代表选举工作于1983年11月至12月举行。成立公社选委会，柴志信为主任委员，李智为副主任委员，贾敬斌、谢定科、王治信为委员。全社共划分为6个选区，于12月11日召开选举大会，参加选民8099人，选举县第九届人大代表8名、公社（乡）第九届人大代表70名（女9名）。

代表会议：

第一次会议于1983年12月14日召开，应出席代表70名，实出席64名。会议推举樊俊峰、温维章、景发元、李智、白世明、王智信、高成州、岳立新、李兰英、曹永寿10人组成大会主席团。会议听取和审议李智所作的公社管委会工作报告、樊俊峰所作的提案办理情况报告；建立乡人民政府，选举李智为乡政府乡长，白世明为副乡长，陈发源、王国祥为人民陪审员。

第二次会议于1986年5月4日召开，应出席代表70名，实出席41名。会议推举樊俊峰、温维章、胡万才、王国祥、王智信、李兰英6人组成大会主席团。选举梁引堆为乡政府副乡长。

代表名单：

蒙菊兰（女）　杨巧莲（女）　贾彩花（女）　陈凤英（女）　岳变叶（女）
杨秀莲（女）　曹玉梅（女）　李兰英（女）　曹凤叶（女）　曹永寿　曹升林
王国栋　曹思礼　李　智　柳芝江　陈发源　吴宗仁　杨根林　石国栋　戴荣恒
杨俊川　杨培元　柳月蓬　陈志俊　王正廷　李亚州　孙积仓　张国政　陈友铎
景发元　温俊杰　王智信　杜贞秀　李国良　赵　启　杨思义　高成州　程宏章
柳合成　王国祥　赵喜明　毛喜明　温维章　戴世忠　杜占玺　岳立新　薛仲田
岳志强　程培栋　程宗仁　李世清　陈国章　张　成　高儒畔　杨宗琪　靳冠吉
邹国东　王寿天　白世明　谢定科　张占业　张志祥　文丕禄　李文科　张永忠
樊俊峰　胡万才　曹耀东　王鸿举

二、第十届人民代表大会（1986年12月至1989年12月）

代表选举：

乡第十届人大代表选举工作于1986年11月至1987年1月举行。成立乡选委会，李智为主任，梁引堆为副主任，李笃勤、谢定科、边宗仁为委员。选举县第十届人大代表8名、乡第十届人大代表70名。

代表会议：

第一次会议于1986年12月27日召开，应出席代表70名，实出席63名。会议推举樊俊峰、温维章、李祖芳、胡继祖、梁引堆、王顺天、王智信、魏志珍、李兰英、程凤吉、程培栋11人组成大会主席团。会议听取、审议李祖芳所作的乡政府工作报告；选举李祖芳为乡政府乡长、梁引堆为副乡长。

第二次会议于1987年12月30日召开，应出席代表68名，实出席49名。会议推举胡继祖、梁引堆、李祖芳、王顺天、程培栋、程凤吉、魏志珍、李兰英、曹志俊9人组成大会主席团。会议听取温维章所作的关于代表资格变动情况的报告、听取和审议李祖芳所作的乡政府工作报告。

代表名单：

杨巧莲（女）　王秀兰（女）　李兰英（女）　吴维连（女）　李后圈（女）
杨雪云（女）　贾彩花（女）　马环环（女）　赵珍珍（女）　张秀兰（女）
吕九菊（女）　王　庆　文丕录　樊俊峰　温维章　李祖芳　梁引堆　胡志荣
程宗仁　崔玉祥　张银仓　王文浩　方思义　陈发元　杨培元　杨昌子　曹旭东
李文科　张海鱼　邹念雄　岳志强　赵飞闵　陈国章　刘厚忠　戴世忠　常永安
程志才　程厚志　杨思义　胡继祖　李国忠　李根珍　司廷栋　张　成　曹志俊
杨俊川　薛富荣　赵喜旺　程　栋　李满船　杜占山　柳合成　曹志远　曹永素
程凤英　柳玉勤　王文焕　赵正廷　石抵贵　王增佳　李志宇　吴雄雄　程凤吉
魏志珍

三、第十一届人民代表大会（1989年12月至1992年11月）

代表选举：

乡第十一届人大代表选举工作于1989年10月至12月举行。成立乡选委会，李祖芳为主任，李笃勤、程国义为副主任，谢定科、李文义、王顺天、张仓祖为委员。全乡共划分为19个选区，选举县第十一届人大代表8名、乡第十一届人大代表46名（女9名）。

代表会议：

第一次会议于1989年12月20日召开，应出席代表46名，实出席36名。会议推举柳思桐、韩文祥、李祖芳、胡继祖、李笃勤、程国义、王顺天、邹仲喜、程宗仁9人组成大会主席团。会议听取程国义所作的关于代表资格审查情况的报告，听取审议李祖芳所作的乡政府工作报告；选举李祖芳为乡政府乡长、程国义为副乡长，邹仲喜、程宗仁为人民陪审员。

四、第十二届人民代表大会（1992年11月至1995年12月）

代表选举：

乡第十二届人大代表选举工作于1992年9月至11月举行。成立乡选委会，杜杰为主任，程国义为副主任，李笃勤、韩文辉、王喜东、谢定科、胡义武为委员。全乡参加选举的10419人，占选民总人数的96.69%，选举县第十二届人大代表8名、乡第十二届人大代表47名（女10名）。

代表会议：

第一次会议于1992年11月16日召开，应出席代表47名，实出席38名，列席14名。会议推举戴三姓、杜杰、魏志珍、陈国章、胡继祖、程国义、程宗仁7人组成大会主席团。会议听取、审议韩文辉所作的乡人大主席团工作报告、李笃勤所作的乡政府工作报告；选举程国义为乡人大常务主席，李笃勤为乡政府乡长、李吉林为副乡长。

第二次会议于1994年12月12日召开，应出席代表47名，实出席36名，列席1名。会议听取、审议李笃勤所作的乡政府工作报告、程国义所作的关于代表意见、建议办理情况的报告。

代表名单：

戴强子（女）　韦秀花（女）　杨巧莲（女）　李后圈（女）　杨雪雪（女）
梁巧莲（女）　赵玲玲（女）　刘菊花（女）　徐春娥（女）　杨爱红（女）
李笃勤　樊晓文　魏志珍　戴三姓　陈国章　杜　杰　杨宗学　陈发源　陈振学
邹益民　邹焕文　高新民　程培栋　李保才　翟生有　程宗仁　杜占山　徐　明
李维祥　梁文录　韩文辉　牛维太　张银仓　文丕录　张志强　梁万才　金　钊
陈应芳　李吉林　曹学峰　李世忠　程国义　杨青春　胡继祖　王辅勤　齐仲科
司守成

五、第十三届人民代表大会（1995年12月至1998年12月）

代表选举：

乡第十三届人大代表选举工作于1995年11月至12月举行。成立乡选委会，戴三姓为主任，陈芳萍（女）、程国义为副主任，李国剑、李发荣、王寿天、谢定科为委员。全乡共划分为19个选区，选举乡第十三届人大代表51名（女12名）。

代表会议：

第一次会议于1995年12月28日召开，应出席代表51名，实出席47名。会议推举戴三姓、程国义、柳枝池、陈芳萍（女）、张国靖、邹念雄、石学礼、吕峰、王耀华9人组成大会主席团。会议听取、审议吕峰所作的乡政府工作报告、程国义所作的乡人大主席团工作报告，戴三姓所作的关于人大代表议案、建议办理情况的报告；选举戴三姓为乡人大主席团主席、程国义为副主席，吕峰为乡政府乡长、王耀华为副乡长。

第二次会议于1996年召开，应出席代表51名，实出席47名，列席代表30名。会议听取、审议吕峰所作的乡政府工作报告。

第三次会议于1997年11月9日召开，应出席代表51名，实出席47名。会议选举陈芳萍（女）为乡政府乡长。

代表名单：

戴强强（女）　杨门子（女）　李兵草（女）　韦秀花（女）　杨巧莲（女）
李后圈（女）　杨雪雪（女）　刘菊花（女）　李多花（女）　梁巧莲（女）
杜　琴（女）　陈芳萍（女）　戴三姓　齐要学　柳枝池　杨宗学　杨保元
吴满会　杨文珍　杨国西　任玉强　程宗仁　翟生有　仇四来　徐　明　李维祥
王登科　梁具宝　程国义　牛维太　吕　峰　杨专长　李金仓　张银仓　张金祥
张国靖　文丕录　梁录生　梁万才　李保利　王耀华　张自发　王维杰　陈应芳
石学礼　马玉斌　陈振学　邹念雄　邹焕发　穆思文　李保才

六、第十四届人民代表大会（1998年12月至2002年1月）

代表选举：

乡第十四届人大代表选举工作于1998年11月至12月举行。成立乡选委会，吕峰为主任，吴文魁、王耀华为副主任，吴满会、周浩仁、柳志祥、张平良为委员。全乡总人口18032人，其中18周岁以上11839人，选民11827人。全乡共划分为17个选区，选举乡第十四届人大代表51名。

代表会议：

第一次会议于1998年12月22日召开，应出席代表51名，实出席48名，列席代表31名。会议推举吕峰、王耀华、吴文魁、张国靖、李国剑、白世奇、石学礼7人组成大会主席团。会议听取和审议陈芳萍所作的乡政府工作报告、吴文魁所作的乡人大主席团工作报告、曹占彪所作的乡财政预算报告；选举吴文魁为乡人大主席团主席，陈芳萍（女）为乡政府乡长、党宏问为副乡长。

代表名单：

梁小红（女）　邹小燕（女）　杜召萍（女）　刘鹏英（女）　李后圈（女）
陈芳萍（女）　马春香（女）　罗彩兰（女）齐耀学　邹社子　杨宗厚　曹占彪
李海子　陈思芳　牛荣强　齐学江　王登科　王耀华　刘社平　程福彪　梁怀生
仇四来　胡义五　王振乾　杨嘉宝　曹黑英　吕　峰　梁勤子　牛维太　张建喜
白世奇　吴文魁　柳献章　石学礼　曹小称　罗堡生　张　宏　李国剑　李多花
梁录生　刘式明　张太丰　张国靖　王维杰　金　钊　党宏问　邹念雄　杜占业
张跟生　袁国玉

七、第十五届人民代表大会（2002年1月至2006年12月）

代表选举：

乡第十五届人大代表选举工作于2001年11月至12月举行，成立乡选委会，吕锋为主任，吴文魁、王耀华为副主任，王俊棠、戴康、柳志祥、刘岁平为委员。选举乡第十五届人大代表51名。

代表会议：

第一次会议于2002年1月召开。会议听取审议乡政府、乡人大主席工作报告；选举吴文魁为乡人大主席团主席，王耀华为乡政府乡长、李宏杰（女）为副乡长。

八、第十六届人民代表大会（2006年12月至2011年8月）

代表选举：

乡第十六届人大代表选举工作于2006年10月至12月举行。成立乡选委会，王喜东为主任，马军勤、樊继红为副主任，刘岁平、贾克斌、吴昌盛、李兰宁、高凳畔、张仓祖为委员。选举县第十五届人大代表13名、乡第十六届人大代表62名（女12名）。

代表会议：

第一次会议于2006年12月召开。应出席代表62名，实出席58名。会议听取和审议乡政府、乡人大主席团工作报告；选举马军勤为乡人大主席团主席，何冠群为乡政府乡长，李宏杰（女）、王伟军为副乡长。

代表名单

李宏杰（女）　邹引琴（女）　胡静霞（女）　刘彩莲（女）　李西域（女）
方变利（女）　张治霞（女）　曹爱兄（女）　杨彩赟（女）　崔新萍（女）
王　莉（女）　温小娟（女）　张全福　梁跟余　杨森林　王登科　马国斌
李发荣　罗　华　陈江平　陈克科　马军勤　陈小平　靳　鑫　翟国民　仇四来
张国霖　齐学汉　柴国忠　贾浩军　樊晓乾　王荣山　梁录生　曹志祥　温爱平
尹学明　朱徐旺　赵变政　逯文君　王伟军　李解放　王　伟　程福彪　梁万财
吴汉忠　张仓祖　李东旺　樊继红　曹恩义　李凤梧　张东升　何冠群　柳宪章
田向红　杨　灵　王振乾　张耀科　常鸿麟

九、第十七届人民代表大会（2011年8月至2016年7月）

代表选举：

乡第十七届人大代表选举工作于2011年7月至8月举行。全乡共划分为29个选区，选举县第十六届人大代表14名、乡第十七届人大代表62名。

代表会议：

第一次会议于2011年8月14日召开。会议推举王升斌、程军伟、吕继杰、陈江平、陈清睿、罗华、逯文君7人组成大会主席团。会议听取、审议程军伟所作的乡政府工作报告、吕继杰所作的乡人大主席团工作报告、张平良所作的乡财政预决算报告，并作了相应的决议；选举吕继杰为乡人大主席，孙伟为副主席，程军伟为乡政府乡长，逯文君、武书香（女）为副乡长。

第二次会议于2012年3月4日召开。会议推举王升斌、席鹏举、吕继杰、陈江平、陈清睿、罗华、逯文君7人组成大会主席团。会议听取、审议席鹏举所作的乡政府工作报告、张平良所作的乡财政预决算报告；选举席鹏举为乡政府乡长。

第三次会议于2013年3月10日召开。会议推举王升斌、席鹏举、吕继杰、陈江平、陈清睿、罗华、逯文君、张国保、孙伟、张东升、武书香（女）、张玉君12人组成大会主席团。会议听取、审议席鹏举所作的乡政府工作报告、陈江平所作的乡财政预决算报告、吕继杰所作的乡人大主席团工作报告。

第四次会议于2014年10月10日召开。会议推举王升斌、席鹏举、吕继杰、陈江平、陈清睿、罗华、逯文君、张国保、孙伟、张东升、武书香（女）、张玉君12人组成大会主席团。会议听取、审议席鹏举所作的乡政府工作报告、陈江平所作的乡财政预决算报告。

第五次会议于2015年4月15日召开。会议推举王升斌、席鹏举、吕继杰、陈江平、陈清睿、罗华、逯文君、孙伟、张东升、武书香（女）、张玉君11人组成大会主席团。会议听取、审议席鹏举所作的乡政府工作报告、陈江平所作的乡财政预决算报告。

代表名单：

郭娟娟（女）　崔岁琴（女）　赵浩皋（女）　雍篡子（女）　曹灯花（女）
李西域（女）　武书香（女）　王　丽（女）　杨引会（女）　戴东琳（女）
胡托兄（女）　牛翻弟（女）　许　红（女）　温小娟（女）　李素珍（女）
江高州　张金明　郭军旗　齐耀学　吕继杰　胡栓定　罗　华　程玉庆　刘算算
程福彪　樊晓乾　张彪林　仇四来　高勤学　李辉洲　柳玉财　雍春平　曹来军
逯文君　曹志武　张玉君　石学礼　白世奇　陈清睿　孙　伟　杨伦东　程军伟
马国斌　王荣山　张国保　张全福　王升斌　赵变证　唐凤祥　白宝利　樊文义
陈江平　翟国民　李凤悟　邵生全　陈小平　张东升　贾浩军　王海军

十、第十八届人民代表大会（2016年7月至2021年）

代表选举：

镇第十八届人大代表选举工作于2016年6月至7月举行，成立由镇党委副书记逯文君为主任，吴计划、刘岁平为副主任，王立彪、桑燕燕（女）为委员的选委会。全镇共划分为7个选区，选举县第十七届人大代表14名（其中补选1名）；共划分为28个选区，选举镇第十八届人大代表62名。

代表会议：

第一次会议于2016年7月28日召开，应出席代表62名，实出席62名。会议推举田琦、吕斌、何红强、吴计划、张玉君、李西域、陈江平、高调珍（女）、常志良、逯文君、雷虎鹏11人组成大会主席团。会议听取和审议常志良所作的镇政府工作报告、陈江平所作的镇人大主席团工作报告；选举陈江平为镇人大主席、李西域为副主席，常志良为镇政府镇长，田琦、高调珍（女）、雷虎鹏为副镇长；收到代表意见建议62条。

第二次会议于2017年7月28日召开，应出席代表60名，实出席49名。会议推举田琦、吕斌、何红强、吴计划、张玉君、陈江平、逯文君、常志良8人组成大会主席团。会议听取和审议常志良所作的镇政府工作报告、陈江平所作的镇人大工作报告，并作出了相应决议；收到代表意见建议59条。

第三次会议于2017年12月7日召开，应出席代表60名，实出席48名。会议推举田琦、吕斌、何红强 、吴计划、逯文君、陈江平、常志良7人组成大会主席团。会议听取和审议常志良所作的镇政府工作报告、陈江平所作的镇人大工作报告，并作出相应决议；收到代表意见建议48条。

第四次会议于2018年8月3日召开，应出席代表58名，实出席45名。会议推举田琦、吕斌、何红强、吴计划、张玉君、陈江平、常志良7人组成大会主席团。会议听取和审议常志良所作的镇政府工作报告、陈江平所作的镇人大工作报告，并作出相应决议；收到代表意见建议45条。

第五次会议于2019年1月18日召开，应出席代表57名，实出席52名。会议推举田琦、吕斌、何红强、吴计划、李西域、陈江平、常志良7人组成大会主席团。会议听取和审议常志良所作的镇政府工作报告、陈江平同志所作的镇人大工作报告，并作出相应决议；收到代表意见建议52条。

第六次会议于2019年5月24日召开，应出席代表62名，实出席50名。会议推举田琦、李文环、陈江平、吴计划、庞安宁、常志良、雷虎鹏7人组成大会主席团。会议听取和审议常志良所作的镇政府工作报告、陈江平所作的镇人大工作报告，并作出相应决议；选举李西域、陈早强为镇政府副镇长；收到代表意见建议50条。

第七次会议于2019年9月3日召开，应出席代表62名，实出席57名。会议推举田琦、李文环、陈江平、吴计划、张玉君、庞安宁、雷虎鹏7人组成大会主席团。会议听取和审议陈江平所作的镇人大工作报告，并作出相应决议；选举梁永胜为镇政府镇长，吴波桦为镇政府副镇长；收到代表意见建议57条。

第八次会议于2020年7月23日召开，应出席代表61名，实出席54名。会议推举田琦、李文环、陈江平、庞安宁、梁永胜、梁玺乐、雷虎鹏7人组成大会主席团。会议听取和审议梁永胜所作的镇政府工作报告、陈江平所作的镇人大工作报告，并作出相应决议；收到代表意见建议54条。

第九次会议于2020年12月28日召开，应出席代表60名，实出席52名。会议推举田琦、张玉君、陈江平、庞安宁、梁永胜、梁玺乐、雷虎鹏7人组成大会主席团。会议听取和审议梁永胜所作的镇政府工作报告、陈江平所作的镇人大工作报告，并作出相应决议；收到代表意见建议52条。

代表名单：

杨小燕（女）　张　静（女）　翟岁琴（女）　陈霞飞（女）　李红红（女）
张艳艳（女）　曹灯花（女）　张帆帆（女）　赵爱霞（女）　高调珍（女）
李西域（女）　刘芳芳（女）　岳芳平（女）　靳晓彬（女）　张娟娟（女）
李　婷（女）　陈昌霞（女）　逯文君　贾浩军　吕　斌　邵生全　柴国忠

邹会川　陈文清　杨有湖　陈振东　罗　华　司瑞寅　王治平　李志强　李川川
吴计划　赵文斌　岳尚俭　马春晖　常维忠　王　琪　梁万财　王亚强　曹志祥
曹志学　石学礼　曹宗元　柳献章　李亚洲　李　昊　王海军　雍春平　常志良
赵　琪　何红强　李小强　吴　升　岳银平　田　琦　尹昌盛　荀卫军　白尚娃
陈江平　朱徐旺　周计划　刘智辉

附：

古城镇（乡）人民代表大会召开情况表

表6–106

届次	任期（年）	第一次会议			选举		
		应出席代表（名）	实出席代表（名）	召开时间	人大主席（副主席）	乡镇长	副乡镇长
九	3	70	64	1983.12.14		李　智	白世明
十	3	70	63	1986.12.27		李祖芳	梁引堆
十一	3	46	36	1989.12.20		李祖芳	程国义
十二	3	47	38	1992.11.16	程国义	李笃勤	李吉林
十三	3	51	47	1995.12.28	戴三姓（程国义）	吕　峰	王耀华
十四	3	51	48	1998.12.22	吴文魁	陈芳萍	党宏问
十五	5	51	不详	2002.1	吴文魁	王耀华	李宏杰
十六	5	62	58	2006.12	马军勤	何冠群	李宏杰　王伟军
十七	5	62	不详	2011.8.14	吕继杰（孙　伟）	程军伟	逯文君　武书香
十八	5	62	62	2016.7.28	陈江平（李西域）	常志良	田　琦　高调珍　雷虎鹏

第七节　威戎镇人民代表大会

威戎镇地处县域中心地带。东邻古城镇、庄浪县，南依雷大镇，西接甘沟镇、双岘镇，北靠甘沟镇、城川镇。南北长12公里，东西宽12公里，总面积97平方公里。S218省道、威曹公路、静秦公路、静庄公路纵横交织。至2019年年底，全镇辖17个行政村，94个村民小组，6845户，31096人。镇政府驻南关村，北距县城20公里。

1949年8月21日，建立二区；1955年6月更名为威戎区；1958年10月，全县建立人民公社，威戎属民和公社；1961年12月，公社规模调整，成立威戎公社；1964年2月，石咀公社并入威戎公社；1979年12月，威戎公社分设石咀公社；1983年11月，撤社建乡，改为威戎乡；1986年5月，撤乡建镇，改为威戎镇。

一、第九届人民代表大会（1983年11月至1986年12月）

代表选举：

公社（乡）第九届人大代表选举工作于1983年11月举行。成立公社选委会，李文捷为主任委员，刘国书为副主任委员，杨锦春、武文学、梁发源、高国柱、马中良为委员。共分7个选区，选举县第九届人大代表14名、乡第九届人大代表100名（女20名）。

代表会议：

第一次会议于1983年11月13日至14日召开，应出席代表100名，实出席84名。会议听取和审议刘国书所作的公社管委会工作报告；建立乡人民政府，选举刘国书为乡政府乡长、胡照楷为副乡长；选举刘石头、温堆仓为人民陪审员。

第二次会议于1984年12月25日至26日召开。第一次会议以来，有6名乡人大代表调离威戎乡，因此，此次会议应出席代表94名，实出席67名。会议听取、审议乡政府工作报告；选举武文学为副乡长。

第三次会议于1986年4月28日至29日召开，应出席代表94名，实出席65名。会议听取、审议乡政府工作报告；选举李正廷为副乡长。

代表名单：

吴梅珍（女）　赵凤英（女）　张秀珍（女）　樊桂芳（女）　王桂花（女）
李引兄（女）　方玉娥（女）　刘国书　杨恒仁　杨发明　杨国忠　杨国军
党志友　张国世　张金辉　厚建基　厚锦和　马兴存　樊玉录　樊建忠　尹发启
吉文敏　杨俊华　胡照楷　梁随阳　梁亮亮　贾凤刚　尹进财　马军勤　王三虎
王彦彪　李敏军　朱俊德　朱双虎　齐好仁　齐志仁　孙纪书　杜占怀　李成贵
武具明　武金明　胡志礼　李有西　李　刚　李文强

二、第十届人民代表大会（1986年12月至1989年12月）

代表选举：

镇第十届人大代表选举工作于1986年11月至12月举行。成立镇选委会，刘国书为主任，李正廷、贾秉乾为副主任，吕新喜、李元弟、李振杰为委员。选举县第十届人大代表13名、镇第十届人大代表90名（女20名）。

代表会议：

第一次会议于1986年12月28日在镇政府三楼会议室召开，应出席代表90名，实出席70名，列席代表16名。会议听取和审议镇政府工作报告；选举刘国书为镇政府镇长，邹振革为副镇长，李延安、张平平为人民陪审员；会议收到代表意见、建议16条。

第二次会议于1987年9月7日召开，应出席代表90名，实出席52名，列席1名。会议听取和审议刘国书所作的威戎镇区建设规划报告，温爱平对威戎镇规划图作解说，大会表决通过威戎镇区建设规划；选举程国义、何继刚为镇政府副镇长。

第三次会议于1989年3月19日召开，应出席代表90名，实出席61名，列席2名。会议听取和审议刘国书所作的镇政府工作报告；审议通过了程国义、何继刚辞去镇政府副镇长职务的报告。

代表名单：

陈秀英（女）　苏梅花（女）　王桂花（女）　戴凤玲（女）　任桂花（女）
杜俊丽（女）　单秀兰（女）　胡清香（女）　傅金兰（女）　马兰香（女）
杨俊花（女）　武桂花（女）　方兰菊（女）　王莲英（女）　李素英（女）
曹香花（女）　陈冠璋　温堆仓　温建设　厚中旺　吴行忠　李永福　李蓬星
李振东　戴祥子　吴保忠　张文华　受学礼　杨凤岐　张定军　齐好仁　武具明
吴满余　吴智宏　吴怀仁　梁随阳　戴红贤　武文清　武治明　李　刚　杨青军
李延安　杜宗良　樊文学　李惠民　梁余安　王效国　朱俊德　阎和平　杨文宽
吴志兰　马玉录　朱双虎　李荣华　王金贵　张鹏程　李红兵　鲍威勤　王世礼
张建平　李发勤　贾秉乾　梁文学　胡国种　梁升福　温国军　刘旭明　王　付
杨国喜　李社会　杨发民　靳海珠　杨桥胜　贾志友　梁　邢　张平平　贾凤刚
贾生林　邹振革　樊效仁　陈国义　戴季洪　吴兴文　胡青云　梁辅承　刘　彦
程汉杰　周雄玺　温宝泽　戴尧天

三、第十一届人民代表大会（1989年12月至1992年11月）

代表选举：

镇第十一届人大代表选举工作于1989年11月至12月举行。成立镇选委会，邹振革为主任，刘国书、张文华为副主任，张维智、吴金光、杨高军、马军勤、戴世勇、李会明为委员。全镇共划分为18个选区，选举县第十一届人大代表14名、镇第十一届人大代表56名（女10名）。

代表会议：

第一次会议于1989年12月25日在镇政府会议室召开，应出席代表56名，实出席48名，特邀代表8名。会议推举贾秉乾、刘亚平、陈进财、邹振革、刘国祯、张维智、吴金光、方自教、杨发祥、樊旺、张太军、靳海珠、赵海玉、厚佳14人组成大会主席团。会议听取和审议邹振革所作的镇政府工作报告；选举陈进财为镇政府镇长，张太军、樊旺为副镇长，王国强、李振东为人民陪审员；会议收到代表意见、建议9件。

代表名单：

宫静平　杨社子　贾凤刚　梁随阳　李惠民　杨俊花　朱双虎　李振东　张部军
武具明　李中堂　王桂花　李　万　杜俊丽　杨登科　马玉泉　马东旺　李凤琴
戴玉英　温国军　武文清　张维智　杨正彪　苏梅花　李鹏星　戴世勇　聂成生
孙仰福　赵海玉　戴凤玲　齐志仁　王国强　李红兵　吴满余　杨凤岐　戴凤莲

王　涵　戴季洪　张　时　王鹏礼　王友直　刘秀兰　杨发祥　刘国祯　靳海珠
贾秉乾　厚　佳　刘亚平　吴金光　陈进财　邹振革　张太军　樊　旺　厚锦和
杨青军　王格英

四、第十二届人民代表大会（1992年11月至1995年12月）

代表选举：

镇第十二届人大代表选举工作于1992年9月至11月举行。成立镇选委会，陈进财为主任，杨国珍为副主任，樊旺、贾秉乾、刘国祯、陈生学、吴金光为委员。划分8个选区，选举县第十二届人大代表14名，镇第十二届人大代表58名。

代表会议：

第一次会议于1992年11月召开。会议听取、审议樊旺所作的镇政府工作报告；选举杨国珍为镇人大主席团常务主席，樊旺为镇政府镇长，郭爱国、厍晓宁（女）为副镇长。

第三次会议于1994年9月4日召开。会议审议通过杨国珍辞去镇人大主席团常务主席职务、郭爱国辞去镇政府副镇长职务的报告；选举张玉新为镇人大主席团常务主席，王明星为副镇长。

五、第十三届人民代表大会（1995年12月至1998年12月）

代表选举：

镇第十三届人大代表选举工作于1995年11月至12月举行。成立镇选委会，张守信为主任，郭爱国、吴金光为副主任，刘国珍、党宏问、贾长喜、邹向民为委员。选举镇第十三届人大代表60名。

代表会议：

第一次会议于1995年12月召开，应出席代表60名，实出席51名。会议听取和审议镇政府、镇人大主席团工作报告；选举张守信为镇人大主席团主席，王勤学为镇政府镇长，厍小宁（女）、王明星、齐志仁为副镇长。

六、第十四届人民代表大会（1998年12月至2002年1月）

代表选举：

镇第十四届人大代表选举工作于1998年12月举行。成立镇选委会，樊旺为主任，王勤学、张守信为副主任，党宏问、王顺义、韩俊宁、马玲为委员。选举镇第十四届人大代表60名。

代表会议：

第一次会议于1998年12月28日至29日召开。会议听取、审议镇政府工作报告、镇财政预算执行情况报告和镇人大主席团工作报告；选举张守信为镇人大主席团主席，王勤学为镇政府镇长，齐志仁为副镇长。

七、第十五届人民代表大会（2002年1月至2006年12月）

代表选举：

镇第十五届人大代表选举工作于2001年11月至12月举行。成立镇选委会，王勤学为主任，齐志仁为副主任，刘斌、马建国、魏喜祥、马玲、孙娟娟为委员。选举镇第十五届人大代表60名。

代表会议：

第一次会议于2002年1月召开。会议听取、审议镇政府工作报告；选举杜杰为镇人大主席团主席，王武为镇政府镇长，何冠群、杨晓兰（女）为副镇长。

八、第十六届人民代表大会（2006年12月至2011年8月）

代表选举：

镇第十六届人大代表选举工作于2006年10月至12月举行。成立镇选委会，杨康乐为主任，王贵雄、王升斌为副主任，魏嘉祥、李新龙、殷智慧、韩俊宁、宋正宗为委员。选举县第十五届人大代表12名、镇第十六届人大代表60名（女14名）。

代表会议：

第一次会议于2006年12月召开。会议听取、审议镇政府工作报告；选举王贵雄为镇人大主席团主席，刘志鹏为镇政府镇长，孙淑梅（女）、张栋首为副镇长。

代表名单：

吴红梅（女）　王小社（女）　谢红星（女）　戴平平（女）　苏小兰（女）
方小兰（女）　孙淑梅（女）　张店华（女）　任小周（女）　胡红娟（女）
吴敬利（女）　杨凤祥（女）　聂霞子（女）　聂凤仙（女）　牛全山　朱国军
杨正强　厚文忠　王升斌　杨东生　杨平子　杨春茂　张建军　樊继斌　尹　春
尹连军　李　军　王国运　马盛林　张部军　吕继杰　武元恒　武挽军　李懂娃
杜新平　杨甫科　马　斌　王喜仓　韩俊宁　李军兵　李方娃　陈清睿　杨少学
武峰云　张　辉　李永船　王旺兴　王海明　吴军来　吴树海　张国靖　张栋首
戴喜平　逯国全　魏嘉祥　胡志鹏　程培芳　王贵雄　刘志鹏　杨康乐

九、第十七届人民代表大会（2011年8月至2016年7月）

代表选举：

镇第十七届人大代表选举工作于2011年7月至8月举行。选举县第十六届人大代表14名、镇第十七届人大代表64名。

代表会议

第一次会议于2011年8月10日至11日召开，应出席代表64名，实出席60名，列席6名。会议推举王吉庆、王永宁、张友明、吴树海、张占彪、赵小刚、高秋霞（女）、韩俊宁、雷海军9人组成大会主席团。会议听取、审议镇政府工作报告；选举张友明为镇人大主席，王永宁为镇政府镇长，韩俊宁、高秋霞（女）为副镇长。

第三次会议于2012年12月10日至11日召开，应出席代表64名，实出席64名，列席8名。会议听取、审议镇政府工作报告；收到代表意见建议7条，主要涉及环境卫生、土地流转、道路建设等方面。

第四次会议于2013年5月23日至24日召开，应出席代表64名，实出席58名。会议选举赵小刚为镇人大主席、马金社为镇政府副镇长。

第五次会议于2013年12月16日至17日召开，应出席代表64名，实出席63名，列席8名。会议听取、审议镇政府工作报告；收到代表意见建议10条，主要涉及环境卫生、土地流转、道路建设、自来水建设、异地搬迁等方面。

第六次会议于2014年12月10日至11日召开，应出席代表64名，实出席63名，列席8名。会议听取、审议镇政府工作报告；收到代表意见建议8条，主要涉及环境卫生、土地流转、道路建设等方面。

第七次会议于2015年1月4日至5日召开，应出席代表63名，实出席63名，列席3名。会议听取、审议镇政府工作报告；选举崔江鸿为镇政府镇长，郭琨为副镇长；收到代表意见建议15条，主要涉及果园建设、环境卫生、土地流转、道路建设、自来水建设、异地搬迁、农资市场管理、食品药品监管等方面。

代表名单：

吴红梅（女）　杨余子（女）　吕明明（女）　方晓兰（女）　张店花（女）
受玲玲（女）　李建荣（女）　李凤琴（女）　高秋霞（女）　张小果（女）
聂凤仙（女）　裴彩霞（女）　聂霞子（女）　王军会（女）　戴中锋　杨东生
李　军　杨　蓉　韩俊宁　杨荣国　杨工合　张建军　马文奇　樊小荣　尹高级
赵小刚　樊　那　张团军　马胜强　李都庆　雷海军　李恩东　张建平　张毅武
郭　琨　武晚军　武东煌　武元恒　王齐平　李占海　杜新平　杨甫科　受和邦
苏国兴　刘振军　王包胜　梁跟和　杨少清　张友明　李永船　靳　暄　吴树海
吴　参　马金社　王吉庆　王志礼　吴敬利　王永宁　王国有　马　周　代更生
逯国全　李建军　党雪荣

十、第十八届人民代表大会（2016年7月至2021年）

代表选举：

镇第十八届人大代表选举工作于2016年6月至7月举行。成立镇选委会，镇党委副书记李满斗为主任，刘林林（女）、樊伟为副主任，刘振军、方士、王建伟、刘小龙为委员。全镇共划分为8个选区，选举县第十七届人大代表13名；共划分为28个选区，选举镇第十八届人大代表60名。

代表会议：

第一次会议于2016年7月28日至29日召开，应出席代表60名，实出席57名。会议推举王永强、马金社、方士、李满斗、崔江鸿、刘林林（女）、刘振军、赵小刚、韩俊宁9人组成大会主席团。会议听取和审议王永强所作的镇政府工作报告、赵小刚所作的镇人大工作报告，并作出相应决议；选举赵小刚为镇人大主席、李晓文为副主席，王永强为镇政府镇长，郭琨、王永斌、马周为副镇长。

第二次会议于2017年3月28日召开，应出席代表60名，实出席58名。会议推举王永强、马金社、方士、李满斗、崔江鸿、刘林林（女）、刘振军、赵小刚、韩俊宁9人组成大会主席团。会议听取和审议王永强所作的镇政府工作报告、赵小刚所作的镇人大工作报告，并作出相应决议；收到代表意见建议4条。

第三次会议于2017年9月23日召开，应出席代表60名，实出席58名。会议推举王永强、赵继强、方士、李满斗、崔江鸿、刘林林（女）、刘振军、郭琨、韩俊宁9人组成大会主席团。会议听取和审议王永强所作的镇政府工作报告，并作出决议；选举赵继强为镇人大主席；收到代表意见建议13条。

第四次会议于2018年1月18日召开，应出席代表60名，实出席58名。会议推举王永强、赵继强、方士、李满斗、崔江鸿、刘林林（女）、刘振军、郭琨、韩俊宁9人组成大会主席团。会议听取和审议王永强所作的镇政府工作报告、赵继强所作的镇人大工作报告，并作出相应决议；选举付旭为镇政府副镇长；收到代表意见建议10条。

第五次会议于2018年8月8日召开，应出席代表60名，实出席51名。会议推举方士、王永强、刘林林（女）、刘振军、李满斗、郭琨、赵继强、崔江鸿、韩俊宁9人组成大会主席团。会议听取和审议王永强所作的镇政府工作报告、赵继强所作的镇人大工作报告，并作出相应决议；收到代表意见建议19条。

第六次会议于2019年8月18日召开，应出席代表60名，实出席58名。会议推举王永强、方士、陈小兵、刘林林（女）、吴根顺、赵继强、韩俊宁7人组成大会主席团。会议听取和审议王永强所作的镇政府工作报告、赵继强所作的镇人大工作报告，并作出相应决议；选举刘鹏为镇政府副镇长；收到代表意见建议8条。

第七次会议于2020年6月27日召开，应出席代表60名，实出席53名。会议推举王永强、方士、陈小兵、刘林林（女）、吴根顺、赵继强、马金社、刘振军、王永斌9人组成大会主席团。会议听取和审议王永强所作的镇政府工作报告、赵继强所作的镇人大工作报告，并作出相应决议；收到代表意见建议7条。

代表名单：

吕明明（女）　于海燕（女）　程正月（女）　韩小燕（女）　张付秀（女）
胡兵瑞（女）　刘林林（女）　方晓兰（女）　谢莉红（女）　受林林（女）
罗凤霞（女）　李晓文（女）　李凤琴（女）　杨国花（女）　程晓娟（女）
裴彩霞（女）　齐玉淑（女）　逯国全　刘小龙　张　博　吴树海　厚小鹏
崔江鸿　杨国年　赵小刚　戴中锋　胡双红　樊　伟　杨永宁　韩俊宁　张建军
张智伟　樊盘堆　王永斌　樊　那　樊托社　马　周　李恩东　张建平　张新会
李满斗　江柏林　李　宁　张佳龙　杜新平　张大队　郭　琨　杨治兵　受进孝
苏国兴　刘振军　柴条明　梁跟合　贾永乐　李永船　马金社　王自立　王永强

高文华　方　士

附：

威戎镇（乡）人民代表大会召开情况表

表6-107

届次	任期(年)	第一次会议			选举		
		应出席代表(名)	实出席代表(名)	召开时间	人大主席(副主席)	乡镇长	副乡镇长
九	3	100	84	1983.11.13		刘国书	胡照楷
十	3	90	70	1986.12.28		刘国书	邹振革
十一	3	56	48	1989.12.25		陈进财	张太军　樊　旺
十二	3	58	不详	1992.11	杨国珍	樊　旺	郭爱国　厍晓宁
十三	3	60	51	1995.12	张守信	王勤学	厍晓宁　王明星　齐志仁
十四	3	60	不详	1998.12.28	张守信	王勤学	齐志仁
十五	5	60	不详	2002.1	杜　杰	王　武	何冠群　杨晓兰
十六	5	60	不详	2006.12	王贵雄	刘志鹏	孙淑梅　张栋首
十七	5	64	60	2011.8.10	张友明	王永宁	韩俊宁　高秋霞
十八	5	60	57	2016.7.28	赵小刚(李晓文)	王永强	郭　琨　王永斌　马　周

第八节　双岘镇人民代表大会

双岘镇位于县域中南部。东与雷大镇相依，南与治平镇毗连，西与甘沟镇接壤，北与威戎镇为邻。南北长11公里，东西宽11公里，总面积78平方公里。至2019年年底，全镇辖12个行政村，91个村民小组，3802户，13787人。镇政府驻双岘村，距县城35公里。

解放初，双岘属八区；1954年6月属雷大区；1958年10月，属民主公社；1961年12月，民主公社分设双岘公社；1964年2月，并入雷大公社；1973年从雷大公社分设；1983年12月，改为双岘乡；2018年7月撤乡建镇，改为双岘镇。

一、第九届人民代表大会（1983年12月至1986年11月）

代表选举：

公社（乡）第九届人大代表选举工作于1983年10月至11月举行。成立公社选委会，赵智荣为主任委员，陈国雄、陈志荣为副主任委员，魏士杰、王友直、胡照楷、白世明为委员。选举县第九届人大代表7名、公社（乡）第九届人大代表70名。

代表会议：

第一次会议于1983年12月23日召开。应出席代表70名，实出席68名。会议听取和审议公社管委会工作；建立乡人民政府，选举赵智荣为乡政府乡长、周忠义为副乡长；选举任天诗、张保成为人民陪审员。

二、第十届人民代表大会（1986年11月至1989年12月）

代表选举：

乡第十届人大代表选举工作于1986年10月至11月举行。成立乡选委会，赵智荣为主任，周忠义为副主任，王有锡、王永玺、吴松峰为委员。共划分6个选区，选举县第十届人大代表7名（女1名）、乡第十届人大代表60名（女15名）。

代表会议：

第一次会议于1986年11月召开，应出席代表60名，实出席57名。会议听取、审议吕希东所作的政治报告、张志学所作的乡政府工作报告；选举张志学为乡政府乡长、马志刚为副乡长。

三、第十一届人民代表大会（1989年12月至1992年11月）

代表选举：

乡第十一届人大代表选举工作于1989年10月至12月举行。成立乡选委会，马志刚为主任，王连周为副主任，杨忠存、梁引堆、王永玺、张耀宗、王志福为委员。共划分县代表选区5个，乡代表选区15个，选举县第十一届人大代表7名、乡第十一届人大代表43名（女8名）。

代表会议：

第一次会议于1989年12月17日至18日召开，应出席代表43名，实出席41名，邀请4名，列席23名。会议推举任堪华、王连周、马志刚、张世兰、李富慧、李固仓、魏士杰、张耀宗、梁辅臣9人组成大会主席团；王连周、李富慧、王永玺3人组成代表资格审查委员会，王连周为主任，李富慧为副主任；会议听取和审议任堪华所作的乡政府工作报告，张文全所作的关于农业生产果园建设工作报告，并作出相应决议；选举任堪华为乡政府乡长、李富慧为副乡长，王连书、张世兰为人民陪审员。

第二次会议于1991年1月31日至2月1日召开，应出席代表43名，实出席34名。会议推举马志刚、任堪华、王连周、李固仓、魏士杰、张耀宗、梁辅臣、张世兰8人组成大会主席团。会议听取和审议任堪华所作的乡政府工作报告、王连周所作乡人大主席团工作报告、李固仓所作的关于抓好地膜玉米种植工程的报告，并通过相关决议；选举牛永琪为副乡长。

第三次会议于1992年1月8日至9日召开，应出席代表42名，实出席38名。会议推举马志刚、任堪华、张文全、李固仓、魏士杰、张耀宗、梁辅臣、张世兰8人组成大会主席团。会议听取和审议任堪华所作的乡政府工作报告、马志刚所作的乡人大主席团工作报告、张耀宗所作的第二次会议以来代表意见建议办理情况的报告、李固仓所作的第三次会议代表意见建议收集情况的报告，并作出相应决议；审议通过王连周辞去乡人大主席团专职常务主席职务的报告；选举张文全为乡人大主席团常务主席。

代表名单：

王蕊娥（女）　李秀英（女）　王芳莲（女）　李转转（女）　吴菊香（女）
胡秀芳（女）　胡动香（女）　马秀兰（女）梁辅臣　任克斌　任博来　魏士杰
王连书　王仰宾　王永玺　王　玉　王吉昌　杨世才　张秉刚　李富慧　王相钦
马宗慧　李固仓　杨晓明　杨作喜　王　兴　任堪华　王志富　马志刚　王俊明
王维忠　张世兰　雷振峰　吕鹏举　王俊业　张耀宗　王连周　郭维旗　李耀清
胡忠义　张毓俊　杨生荣　张文学

四、第十二届人民代表大会（1992年11月至1995年12月）

代表选举：

乡第十二届人大代表选举工作于1992年9月至11月举行。成立乡选委会，牛永琪为主任，程志荣为副主任，任堪华、张松树、李固仓、尤维科、王芳莲（女）、王静平、王智琪为委员。划分5个选区，选举县第十二届人大代表7名、乡第十二届人大代表44名。

代表会议：

第一次会议于1992年11月20日召开，应出席代表44名，实出席38名，列席6名。会议听取和审议任堪华所作的乡政府工作报告、程志荣所作的乡人大主席团工作报告以及代表意见、建议办理情况的报告，并通过有关决议。选举程志荣为乡人大主席团常务主席，任堪华为乡政府乡长，吴国锦为副乡长。

第二次会议于1994年1月10日召开，应出席代表44名，实出席40名，列席14名。会议听取和审议吴国锦所作的乡政府工作报告，程志荣所作的乡人大主席团工作报告和代表意见建议办理情况报告，并作出相应的决议。

第三次会议于1994年5月30日召开，应出席代表40名，实出席28名，列席13名。会议选举樊科为乡政府乡长。

代表名单：

程芳菊（女）　胡小莲（女）　王秀梅（女）　程玉兰（女）　李秀英（女）
李淑芳（女）　王芳莲（女）　王晓翠（女）　胡冬香（女）　胡忠义　张克选
尤维科　张汉学　付养勤　任博来　王世清　王仰宾　牛永琪　王国贤　杨世财

张耀宗　程志荣　吴国锦　马秉义　王世明　杨晓明　李云珍　王俊明　马志刚
王文玺　李尚志　王德位　张松树　雷孝福　张平喜　吴忠和　李　斌　任堪华
王俊业　梁省怀　张正怀　郭维旗　魏士杰　梁辅臣

五、第十三届人民代表大会（1995年12月至1998年12月）

代表选举：

乡第十三届人大代表选举工作于1995年11月至12月举行。成立乡选委会，张秉鑑为主任，程志荣为副主任，王六存、陈生学、王智琪、张正辉、雷芳花（女）、李固仓、张畔珠为委员。全乡划分为18个选区，于12月25日召开选举大会，选举乡第十三届人大代表50名（女10名）。

代表会议：

第一次会议于1995年12月28日召开，应出席代表50名，实出席47名。会议推举王智国、王作义、陈生学、李固仓、程志荣、吴忠和、马秉毅、张秉鑑、张拴稳9人组成大会主席团；张秉鑑、屈坤敏、陈生学组成代表资格审查委员会，张秉鑑为主任。会议听取和审议吴国锦所作的乡政府工作报告、屈坤敏所作的乡财政预算执行情况的报告、程志荣所作的乡人大主席团工作报告，并作出相应的决议；选举王智国为乡人大主席团主席、程志荣为副主席，吴国锦为乡政府乡长，王六存、杨海燕（女）为副乡长。

第二次会议于1997年1月12日召开，应出席代表50名，实出席44名。会议听取和审议吴国锦所作的乡政府工作报告、屈坤敏所作的乡财政预算执行情况的报告、程志荣所作的乡人大主席团工作报告，并作出相应的决议。

第三次会议于1997年3月20日召开，应出席代表48名，实出席38名。会议审议通过吴国锦辞去乡政府乡长职务的报告，选举张秉鑑为乡政府乡长。

六、第十四届人民代表大会（1998年12月至2001年12月）

代表选举：

乡第十四届人大代表选举工作于1998年11月至12月举行。成立乡选委会，吴国锦为主任，张永宏、程志荣为副主任，张秉鑑、屈坤敏为委员。全乡总人口14515人，有选民8380人，共划分为18个选区，于12月16日召开了选举大会，选举乡第十四届人大代表50名（女10名）。

代表会议：

第一次会议于1998年12月20日召开，应出席代表50名，实出席47名，列席5名。会议听取和审议张秉鑑所作的乡政府工作报告、程志荣所作的乡人大主席团工作报告和代表意见建议办理情况报告、屈坤敏所作的乡财政预决算情况的报告，并作出相应的决议；选举吴国锦为乡人大主席团主席，张秉鑑为乡政府乡长、王六存为副乡长。

第二次会议于1999年5月16日召开，应出席代表50名，实出席39名。会议审议通过吴国锦辞去乡人大主席团主席职务、张秉鑑辞去乡政府乡长职务、王六存辞去副乡长职务的报告；选举陈治平为乡人大主席团主席，郭煜为乡政府乡长、陈生学为副乡长。

代表名单：

李淑梅（女）　李绸绸（女）　雷淑珍（女）　张菊叶（女）　冯　翔（女）
尤红喜（女）　王银秀（女）　胡小念（女）　杨海燕（女）　胡动香（女）
张新国　吴国锦　屈坤敏　李固仓　张拴稳　冯振社　马秉毅　王中华　付仲勤
张文学　张争辉　李生勤　王六存　任小同　王胜利　杨尚勇　吴松峰　吴忠和
李文举　陈生学　郭维旗　杨强兵　杨焕章　杨科琪　李随舟　张秉鑑　王国贤
王思科　黎　斌　王　君　王应斌　温爱平　姚鹏达　李章龙　马红祥　王高学
张永宏　常明珠　张堆金　雷自兴

七、第十五届人民代表大会（2001年12月至2006年12月）

代表选举：

乡第十五届人大代表选举工作于2001年11月至12月举行。成立乡选委会，张秉鑑为主任，陈治平、王国随为副主任，屈坤敏、雷芳花（女）、王凯旋、陈小乾为委员。选举乡第十五届人大代表50名。

代表会议

第一次会议于2001年12月1日召开，应出席代表50名，实出席48名。会议听取、审议郭煜所作的乡政府工作报告、屈坤敏所作的乡财政预决算执行情况的报告、王向奎所作的乡人大主席团工作报告；选举王向奎为乡人大主席团主席，郭煜为乡政府乡长，陈生学、李春菊（女）为副乡长。

八、第十六届人民代表大会（2006年12月至2011年8月）

代表选举：

乡第十六届人大代表选举工作于2006年10月至12月举行。成立乡选委会，王明星为主任，张双喜、朱奋喜为副主任。全乡共划分为8个选区，选举县第十五届人大代表6名、乡第十六届人大代表50名（党员30名，妇女13名，大专以上文化程度13名）。

代表会议：

第一次会议于2006年12月24日召开。会议推举王明星、张亚鹏、张双喜、朱奋喜、张仲林、樊茂、李春菊、王荣、岳鹏林、张省宏、李随吉11人组成大会主席团，朱奋喜兼任秘书长。会议听取、审议张亚鹏所作的乡政府工作报告、张双喜所作的乡人大主席团工作报告，并作出相应的决议；选举张双喜为乡人大主席团主席，张亚鹏为乡政府乡长，樊茂、李春菊（女）为副乡长。

代表名单：

程应菊（女）　张香香（女）　王春荣（女）　马小丽（女）　任彩凤（女）

杜引兄（女）　王玉芳（女）　李小兰（女）　张愉快（女）　李转转（女）
李春菊（女）　胡动香（女）　杨省会（女）张畔珠　张省宏　张新国　樊继仁
王明星　马照升　任立功　朱奋喜　尤登文　常明珠　王永辉　张君贤　马宏祥
张双喜　王守业　樊　茂　吕春平　杨尚勇　王　荣　马秉毅　张　博　王志福
樊文义　杨科琪　张仲林　李廷杰　雷军福　王应斌　张亚鹏　李随吉　岳鹏林
张玉喜　屈坤敏　魏松林　胡国生　吴省平　梁建刚

九、第十七届人民代表大会（2011年8月至2016年7月）

代表选举：

乡第十七届人大代表选举工作于2011年7月至8月举行。全乡共划分为18个选区，选举县第十六届人大代表6名、乡第十七届人大代表50名（女10名）。

代表会议：

第一次会议于2011年8月15日召开，应出席代表50名，实出席46名。会议听取、审议阎晓亮所作的乡政府工作报告、雷刚所作的乡人大工作报告、吴松峰所作的乡财政预决算报告，并作出相应决议；选举雷刚为乡人大主席，阎晓亮为乡政府乡长，张省宏、刘林林为副乡长；共收到代表意见、建议14条，涉及道路建设与养护、产业开发、惠农资金、新农村建设等方面。

第二次会议（召开时间不详），应出席代表48名，实出席46名。会议听取、审议并通过《关于双岘乡“六五”普法规划》。

第三次会议于2013年5月14日召开，应出席代表48名，实出席45名。会议审议通过张省宏辞去乡政府副乡长职务的报告；选举时晓仁为副乡长。

代表名单：

王万平　任玉勤　程应菊　吕春平　付艳艳　付智军　阎稳稳　辛明霞　王文忠
张仲林　张卓卓　王旦子　张　鹏　李爱爱　靳玉春　吴交平　王博兴　阎晓亮
张秉科　杜引兄　卢继雄　戴小玲　李廷杰　李信信　席向荣　杨科琪　雷　刚
张浪子　王文彩　张省宏　武东明　杜选毛　戴军虎　张玉喜　胡飞燕　张　涛
郭维旗　郭维军　刘玲玲　李随学　谢　锋　王卫国　张新国　时晓仁　雷自兴
胡动香　文永明　任有为

十、第十八届人民代表大会（2016年7月至2021年）

代表选举：

乡第十八届人大代表选举工作于2016年6月至7月举行。成立乡选委会，乡党委副书记祁康乐为主任，韩益彪、王昺清为副主任，王小锋、王小同、崔军强、黎霞霞（女）为委员。全乡共划分为5个选区，选举县第十七届人大代表6名；共划分为18个选区，选举乡第十八届人大代表50名。

代表会议：

第一次会议于2016年7月29日至30日召开，应出席代表50名，实出席48名。会议推举祁康乐、张省宏、李钟荣、杨科琪、高波、程晓霞（女）、韩益彪7人组成大会主席团。会议听取和审议张伟所作的乡政府工作报告、张省宏所作的乡人大工作报告，并通过相关决议；选举张省宏为乡人大主席，张伟为乡政府乡长，吕春平、席向荣、张鹏为副乡长；收到代表意见建议13条，其中：道路建设4条，道路养护5条，产业开发1条，惠农资金管理2条，新农村建设1条。

第二次会议于2017年11月28日召开，应出席代表50名，实出席45名。会议推举祁康乐、张伟、张省宏、张鹏、李钟荣、高波、席向荣、程晓霞（女）、韩益彪9人组成大会主席团。会议听取和审议张伟所作的乡政府工作报告、张省宏所作的乡人大工作报告，并作出相应决议；收到代表意见建议20条。

第三次会议于2019年2月1日召开，应出席代表48名，实出席43名。会议推举祁康乐、吕春平、张伟、张省宏、张鹏、李钟荣、高波、席向荣、韩益彪9人组成大会主席团。会议听取和审议席向荣所作的镇政府工作报告、张省宏所作的镇人大工作报告，并作出相应决议；选举高喜平为镇政府镇长；收到代表意见建议25条。

第四次会议于2020年1月7日召开，应出席代表49名，实出席45名。会议推举刘建英、张伟、张省宏、张鹏、李钟荣、高喜平、高波、席向荣、韩益彪9人组成大会主席团。会议听取和审议高喜平所作的镇政府工作报告、张省宏所作的镇人大工作报告，并作出相应决议；收到代表意见建议23条。

代表名单：

张巧珠（女）　张香香（女）　胡淑娟（女）　慕晓琴（女）　李旦旦（女）
吕召学（女）　程晓霞（女）　胡飞燕（女）　李慧慧（女）　李　霞（女）
张军兰（女）　何芳芳（女）　张　鹏　任　晖　席向荣　付智军　高　波
阎稳稳　韩益彪　王高学　王永辉　吕春平　马工作　王昺清　吴交平　杨宏来
张秉科　马建超　祁康乐　王军社　张省宏　李信信　李北京　杨科琪　王继续
王明辉　李钟荣　吴发树　杜选毛　雷国周　谢世明　杨　勇　杨满军　王小同
谢　峰　崔军强　胡立稳　张　伟　雷自兴　王广州

附：

双岘镇（乡）人民代表大会召开情况表

表6–108

届次	任期（年）	第一次会议			选举		
		应出席代表（名）	实出席代表（名）	召开时间	人大主席（副主席）	乡镇长	副乡镇长
九	3	70	68	1983.12.23		赵智荣	周忠义
十	3	60	57	1986.11		张志学	马志刚

续表6-108

届次	任期（年）	第一次会议			选举		
		应出席代表（名）	实出席代表（名）	召开时间	人大主席（副主席）	乡镇长	副乡镇长
十一	3	43	41	1989.12.17		任堪华	李富慧
十二	3	44	38	1992.11.20	程志荣	任堪华	吴国锦
十三	3	50	47	1995.12.28	王智国 （程志荣）	吴国锦	王六存 杨海燕
十四	3	50	47	1998.12.20	吴国锦	张秉鑑	王六存
十五	5	50	48	2001.12.1	王向奎	郭　煜	陈生学 李春菊
十六	5	50	不详	2006.12.24	张双喜	张亚鹏	樊　茂 李春菊
十七	5	50	46	2011.8.15	雷　刚	闫晓亮	张省宏 刘林林
十八	5	50	45	2016.7.29	张省宏	张　伟	吕春平 席向荣 张　鹏

第九节　雷大镇人民代表大会

雷大镇位于县域中南部。东与庄浪县赵墩乡相依，南与李店镇、余湾乡毗连，西与双岘、治平镇接壤，北与威戎镇为邻。南北长10.5公里，东西宽14.6公里，总面积98平方公里。静秦公路穿境而过。至2019年年底，全镇辖18个行政村，119个村民小组，4508户，19974人。镇政府驻程家合岘，距县城32公里。

雷大镇原属静宁、庄浪两县管辖。1942年将庄浪所辖一部分划归静宁，雷大辖区分属新民、威戎、治平3乡管辖。1950年6月，属八区（雷大区）；1958年10月，属民主公社；1961年12月，撤销民主公社，分设雷大、后梁、双岘公社；1964年2月，后梁、双岘并入雷大公社；1973年1月，雷大公社分设双岘公社；1979年12月，雷大公社分设后梁公社；1983年12月，雷大公社改为雷大乡；2003年12月，后梁乡并入雷大乡；2016年8月撤乡建镇，改为雷大镇。

一、第九届人民代表大会（1983年12月至1987年1月）

代表选举：

公社（乡）第九届人大代表选举工作于1983年11月至12月举行。成立公社选委会，韩三余为主任委员，贾诗书为副主任委员，张友祥、姚玉玲（女）、程有德为委员。选举县第九届人大代表6名、公社（乡）第九届人大代表70名。

代表会议：

第一次会议于1983年12月召开。会议听取和审议公社管委会工作报告；选举王正仓为乡政府乡长，赵锡鹏为副乡长。

第三次会议于1986年5月4日召开。应出席代表70名，实出席53名，列席5名。会议听取和审议司秉勤所作的乡政府工作报告；选举司秉勤为乡政府乡长，张自立为副乡长。

二、第十届人民代表大会（1987年1月至1989年12月）

代表选举：

乡第十届人大代表选举工作于1986年11月至12月举行。成立乡选委会，司秉勤为主任，戴双军、张自立为副主任，杨具生、胡具仓为委员。全乡共有11733人（男5982人，女5751人），有选民6664人（男3419人，女3245人），划分4个选区，于12月25日召开了选举大会，参加选举6645人（男3402人，女3243人），选举县第十届人大代表6名，乡第十届人大代表60名（女10名）。

代表会议：

第一次会议于1987年1月1日召开，应出席代表60名，实出席39名，列席6名。会议听取和审议司秉勤所作的乡政府工作报告和财政预决算报告；选举司秉勤为乡政府乡长，张自立为副乡长。

第二次会议于1987年12月31日召开，听取和审议司秉勤所作的乡政府工作报告。

代表名单：

黎春春（女）　程玉兰（女）　任金兰（女）　任记记（女）　王菊莲（女）
赵改香（女）　杨　花（女）　吴娟蕊（女）　程调调（女）　李守梅　张吉祥
韩建斌　何世忠　程　功　司秉勤　胡具仓　杜宗师　杨具生　刘国祯　张自立
戴双军　柴世荣　李　映　李宝山　李克仁　王孝发　赵积军　赵志强　程希贤
屈进润　屈志雄　陈小文　王富华　张堆业　张凡华　陈文华　黎安居　张佑祥
王耀芳　张正贤　王鹏理　程培仁　孙仰岳　方效正　徐科社　柴晓东　柴应太
王俊西　王来丁　杨富明　杨治理　柴安邦　朱凤船　王进元　王风吉　吕宏修
谢仓珍　吕建吉　吕根件

三、第十一届人民代表大会（1989年12月至1992年11月）

代表选举：

乡第十一届人大代表选举工作于1989年10月至12月举行。成立乡选委会，杜宗师为主任，程永年为副主任，杨国珍、张佑祥、胡具仓、程长蕊（女）、张珍贤、吕宏修为委员。全乡共有12798人（6884人，女5914人），有选民6882人（男3657人，女3225人）。划分5个选区，于1989年12月5日召开了选举大会，参加选举5817人，选举县第十一届人大代表6名、乡第十一届人大代表42名（女8名）。

代表会议：

第一次会议于1989年12月22日至23日召开，应出席代表42名，实出席33名，列席8名。会议听取程永年所作的代表资格审查报告，听取和审议薛恒杰所作的乡政府工作报告、杜宗师所作的代表意见建议办理情况报告，并作出决议；会议选举薛恒杰为乡政府乡长，陈世文为副乡长；吕林安、杨国珍为人民陪审员。

第二次会议于1991年1月30日召开，应出席代表39名，实出席30名，柴世荣、樊志伟、秦敏、王余旺列席。会议听取和审议陈世文所作的乡政府工作报告，张文华所作的关于改土和果园建设两个议案的报告；选举陈世文为乡政府乡长，樊科为副乡长。

第三次会议于1992年1月8日至9日召开，应出席代表38名，实出席36名，王连周、张士军、王世华、樊志伟、秦敏、赵贡瑞、柴世荣、李志民列席。会议听取和审议樊科所作的乡政府工作报告、张文华所作的代表意见建议办理工作报告，并作出相应决议；审议通过陈世文辞去乡政府乡长职务的报告；选举王连周为乡政府乡长。

代表名单：

张忠桂（女） 马小红（女） 任记记（女） 程玉兰（女） 张芳兰（女）
王桂花（女） 刘桂兰（女） 付琴花（女）张佑祥 王富仓 屈志雄 杨国珍
张玉科 张吉祥 程 功 赵岁学 程世荣 黎安邦 黎连绪 杜宗师 薛恒杰
张文华 王振江 程永年 陈世文 吕林安 谢应贤 王来丁 陈博文 李宝山
王国成 王世彦 樊 科 柴富银 王振忠 徐志和 徐景荣 杨富明 杨创业
雷引安 朱奋船 王旺财 徐春爱 王维刚 陈小文

四、第十二届人民代表大会（1992年11月至1995年12月）

代表选举：

乡第十二届人大代表选举工作于1992年9月至11月举行。成立乡选委会，程永年为主任，张文华为副主任，王连周、张双喜、程中平为委员。划分5个选区，选举县第十二届人大代表7名；划分15个选区，选举乡第十二届人大代表43名（女9名）。

代表会议：

第一次会议于1992年11月15日至16日召开，应出席代表43名，实出席40名，列席7名。会议推举薛恒杰、程永年、屈志雄、张双喜、张勤、张文华、张士军7人组成大会主席团。会议听取程永年所作的关于代表资格审查情况的报告，听取和审议王连周所作的乡政府工作报告、张文华所作的关于第十一届人大代表意见建议办理情况的报告，并作出相应的决议；选举张文华为乡人大主席团专职常务主席，王连周为乡政府乡长、王高江为副乡长。

第二次会议于1994年1月10日召开，应出席代表43名，实出席37名，列席6名。会议听取程永年所作的关于代表变动情况的报告，听取和审议王连周所作的乡政府工作报告、张文华所作的代表意见建议办理情况的报告，并作出相应的决议。

代表名单：

刘桂兰（女） 张芳兰（女） 王桂花（女） 杨 雷（女） 徐春爱（女）
任记记（女） 方犟子（女） 程玉兰（女） 张彩霞（女） 张应功 张士军
王来丁 王俊生 张 勤 李志明 王余旺 王正才 张凤元 程 功 黎安邦
赵东良 王振中 王志杰 柴志礼 黎连续 王 振 吕春回 吕林安 陈世荣
屈志雄 雷引安 王明娃 徐景荣 徐志和 杨富明 杨创业 薛恒杰 王高江
王连周 张双元 程永年 张文华 赵引胜

五、第十三届人民代表大会（1995年12月至1998年12月）

代表选举：

乡第十三届人大代表选举工作于1995年11月至12月举行。成立乡选委会，刘永勇为主任，程永年、张玉新为副主任，王高江、张双喜、张士军、陈建忠为委员。全乡共有13031人，有选民8477人，参加选举8039人，选举乡第十三届人大代表48名（女10名）。

代表会议：

第一次会议于1995年12月28日至29日召开，应出席代表48名，实出席41名，吕进仓、杜田德、史耀青、王红勤、贺向东、何克勤、程平地、张贵英、王军川列席。会议推举刘永勇、程永年、张士军、张玉新、张双喜、王荣、景国宁7人组成大会主席团，张双喜为大会秘书长。会议听取张士军所作的代表资格审查情况的报告，听取和审议王高江所作的乡政府工作报告、程永年所作的乡人大主席团工作报告，并作出相应的决议；选举程永年为乡人大主席团主席，王高江为乡政府乡长，尹世子、王向奎、张富华（女）为副乡长。

第二次会议于1996年8月13日召开，应出席代表48名，实出席38名。会议审议通过王向奎辞去乡政府副乡长职务的请求，选举王甲邦为乡政府副乡长。

第三次会议于1997年1月10日至11日召开，应出席代表47名，实出席36名。会议听取张士军所作的关于代表变动情况的报告，听取和审议王高江所作的乡政府工作报告、程永年所作的乡人大主席团工作报告和代表意见建议办理情况的报告，并作出相应的决议；授予屈志雄、王振、雷引安、黎国杰、杨富明、赵智学、刘桂兰7人“优秀人大代表”称号，并予以表彰奖励。

第四次会议于1997年5月22日召开，应出席代表43名，实出席31名。会议听取和审议王高江所作的乡政府工作报告，审议通过尹世子、王甲邦辞去乡政府副乡长职务的报告。

代表名单：

程玉兰（女）　方犟子（女）　任记记（女）　张富华（女）　张晓霞（女）
徐春爱（女）　刘桂兰（女）　陈巧子（女）　张芳兰（女）　雷绒子（女）
程永年　王国兴　张士军　吕林安　谢俊生　孙祥子　郭守庭　张继明　张双喜
张连甲　赵智学　屈志雄　景国宁　王　振　尹世子　王高江　雷引安　雷润录
刘永勇　黎国杰　黎连绪　王向奎　杨锦铭　杨富明　马建民　尤广子　李著铭
刘树仁　李福成　陈建忠　王　荣　李麦旺　王正才　程秋良　王正中　张玉新
武　翔　柴继科

六、第十四届人民代表大会（1998年12月至2002年1月）

代表选举：

乡第十四届人大代表选举工作于1998年11月至12月举行。成立乡选委会，刘永勇为主任，程永年、张玉新为副主任，刘树仁、王高江、雷军强、张富华（女）为委员。全乡共划分为16个选区，选举乡第十四届人大代表48名（党员24名，占50%；妇女11名，占23%；文教卫生及各类专业技术人员3名，占6%。）

代表会议：

第一次会议于1998年12月19日至20日召开，应出席代表48名，实出席37名，列席1名。会议推举刘永勇、张玉新、程永年、张士军、王甲邦、张双喜、王富仓、王荣、刘树仁9人组成大会主席团，张玉新为执行主席；刘永勇、张玉新、程永年、张士军、王甲邦5人组成代表资格审查委员会。会议听取王甲邦所作的代表资格审查情况报告，听取和审议王高江所作的乡政府工作报告和乡财政1998年预算执行情况及1999年预算的报告、程永年所作的乡人大主席团工作报告和代表意见建议办理情况报告，并作出相应的决议；选举程永年为乡人大主席团主席，王高江为乡政府乡长，张富华（女）为副乡长。

第二次会议于1999年5月8日召开。第一次会议以来，有3名代表因工作调离雷大乡，其代表资格自行终止。此次会议应出席代表45名，实出席31名。会议审议通过关于王高江辞去乡政府乡长职务请求的报告；选举张玉新为乡政府乡长。

第三次会议于2000年1月9日至10日召开。应出席代表45名，实出席33名，列席29名。会议听取和审议张玉新所作的乡政府工作报告和乡财政1999年预算执行情况和2000年预算的报告、程永年所作的乡人大主席团工作报告和第一次会议代表意见、建议办理情况的报告，并作出相应的决议。

第四次会议于2000年5月29日召开。第三次会议以来，刘永勇、潘军武两名代表因工作调离雷大乡，其代表资格自行终止。此次会议应出席代表43名，实出席37名。会议审议通过关于张玉新辞去乡政府乡长职务请求的报告；选举张永宏为乡政府乡长。

第五次会议于2001年1月8日至9日召开。应出席代表43名，实出席36名。会议听取程永年所作的代表资格审查情况的报告，听取和审议张永宏所作的乡政府工作报告和乡财政2000年预算执行情况及2001年财政预算的报告、程永年所作的乡人大主席团工作报告和代表意见建议办理情况的报告，并作出相应的决议。

代表名单：

王引余　方犟子　雷引安　陈万来　徐改珠　赵东良　赵来举　黎连绪　杨列文
王国兴　陈志仁　徐春爱　张小明　张绪子　陈巧子　陈世荣　任记记　吕够强
吕强信　陈军明　屈文玺　张晓霞　柴继科　张芳兰　吕进仓　李福成　胡宗智
张玉新　程永年　张士军　张双喜　王富仓　王　荣　刘树仁　郭国合　孙祥子
李文生　赵跟儿　王甲邦　雷绒子　李著铭　杨锦铭　赵东良　张富仓　刘永勇
王高江　潘军武　张富华

七、第十五届人民代表大会（2002年1月至2006年10月）

代表选举：

乡第十五届人大代表选举工作于2001年11月至2002年1月举行。成立乡选委会，张玉新为主任，程永年、王贵雄为副主任，张富华（女）、王荣、王富仓、刘树仁为委员。全乡共划分16个选区，于2001年12月28日召开了选举大会，选举乡第十五届人大代表48名（女11名）。

代表会议：

第一次会议于2002年1月5日召开，应出席代表48名，实出席45名。会议推举赵宏军、王国庭、张双喜、王富仓、张仲林、杨尚政、张正汉、刘树仁、杨世琦9人组成大会主席团，张双喜为执行主席；赵宏军、王国庭、张双喜、张正汉、刘树仁5人组成代表资格审查委员会。会议听取、审议代表资格审查情况报告、乡政府工作报告、乡人大主席团工作报告、乡财政预决算报告，并作出相应的决议；选举王国庭为乡人大主席团主席，吕民选为乡政府乡长，程军伟、王芳莲（女）为副乡长。

第二次会议于2003年2月20日至21日召开，应出席代表48名，实出席43名，列席10名。会议听取、审议吕民选所作的乡政府工作报告、王国庭所作的乡人大主席团工作报告，并作出相应的决议；共收到代表意见、建议10条。

八、第十六届人民代表大会（2006年10月至2011年8月）

代表选举：

乡第十六届人大代表选举工作于2006年9月举行。成立乡选委会，阎国军为主任，程中平、程军伟为副主任，江高周、梁应龙、雷军强、刘张住为委员。全乡共划分为8个选区，选举县第十五届人大代表9名，乡第十六人大代表54名（女12名）。

代表会议：

第一次会议于2006年10月15日召开，应出席代表54名，实出席53名。会议推举程中平、王永宁、江高周、王笃庆、王芳莲（女）、郑润兵、阎国军、任建平、付旭9人组成大会主席团，王永宁兼任秘书长。会议听取和审议王笃庆所作的乡政府工作报告、程中平所作的乡人大主席团工作报告、梁应龙所作的乡财政预决算报告，并作出相应的决议；选举程中平为乡人大主席团主席，王笃庆为乡政府乡长，任建平、王芳莲（女）为副乡长。

第二次会议于2007年10月11日召开，应出席代表54名，实出席51名。会议推举程中平、王永宁、江高周、王笃庆、王军芳（女）、郑润兵、阎国军、任建平、付旭9人组成大会主席团，王永宁兼任秘书长。会议听取和审议王笃庆所作的乡政府工作报告、程中平所作的乡人大主席团工作报告、梁应龙所作的乡财政预决算报告，并作出相应的决议；选举王军芳（女）为乡政府副乡长；共收到代表意见、建议10条，其中涉及产业道路建设2条，整村推进3条，惠农资金安全发放2条，街道整治2条，移民搬迁项目合理安排1条。

第三次会议于2008年10月25日召开，应出席代表54名，实出席50名，列席46名。会议推举程中平、王永宁、江高周、王笃庆、王军芳（女）、郑润兵、阎国军、任建平、付旭9人组成大会主席团，王永宁兼任秘书长。会议听取和审议王笃庆所作的乡政府工作报告、程中平所作的乡人大主席团工作报告、梁应龙所作的乡财政预决算报告，并作出相应的决议；共收到代表意见、建议15条，其中涉及机修梯田建设3条，移民搬迁打通道路1条，整村推进3条，惠农资金安全发放4条，解决饮水4条。

第四次会议于2009年11月2日召开，应出席代表54名，实出席50名。会议推举程中平、王永宁、江高周、王笃庆、王军芳（女）、郑润兵、吕社军、任建平、王伟军9人组成大会主席团，王永宁兼任秘书长；会议听取和审议吕社军所作的乡政府工作报告、程中平所作的乡人大主席团工作报告、李彦虎所作的乡财政预决算报告，并作出相应的决议；选举吕社军为乡政府乡长；共收到代表建议7条，其中涉及移民搬迁打通产业道路1条，整村推进2条，退耕还林资金安全发放2条，解决饮水2条。

第五次会议于2010年10月28日召开，应出席代表54名，实出席50名。会议推举程中平、王永宁、江高周、王笃庆、王军芳（女）、郑润兵、吕社军、王惠勤、王伟军9人组成大会主席团，王永宁兼任秘书长。会议听取和审议吕社军所作的乡政府工作报告、程中平所作的乡人大主席团工作报告、李彦虎所作的乡财政预决算报告，并作出相应的决议；选举王惠勤为乡政府副乡长；共收到代表意见、建议9条，其中涉及旱作农业3条，整村推进2条，新农村建设1条，果园标准化管理3条。

代表名单：

刘智花（女） 徐改珠（女） 张书勤（女） 崔冬节（女） 王芳莲（女）
张淑兰（女） 任记记（女） 王宠子（女） 杜小兰（女） 张石头（女）
李金女（女） 李娟娟（女） 郑润兵 杨 川 王荣录 王永年 徐德胜
孙志敏 雷引安 王永宁 李党雄 任建平 裴治国 范富银 李麦旺 吕荀强
程平化 程万鱼 胡双智 张继明 张建强 杜仁学 黎旭峰 李友谊 梁应龙
王富军 王军科 崔养雄 杨尚政 张文江 张汉杰 王笃庆 张友明 何德有

张世业　马彦龙　王国进　薛小田　王引余　闫国军　江高周　程军伟　吕丁来　程中平

九、第十七届人民代表大会（2011年8月至2016年7月）

代表选举：

乡第十七届人大代表选举工作于2011年7月至8月举行。全乡总人口为20555人，其中农业人口为19690人，城镇人口为865人；实有选民14594人（男7552人，女7042人）。全乡共划分为8个选区，参加选民13397人，参选率为92%，选举县第十六届人大代表8名、乡第十七届人大代表54名（女13名）。

代表会议：

第一次会议于2011年8月15日召开，应出席代表54名，实出席54名。会议推举文治卿、王惠勤、付小强、吕社军、张君羊（女）、郑润兵、唐亢亢、唐效锋、雷军强9人组成大会主席团，王惠勤兼任秘书长；会议听取和审议吕社军所作的乡政府工作报告，文治卿所作的乡人大主席团工作报告、杨行军所作的乡财政预决算报告，并作出相应的决议；选举文治卿为乡人大主席，吕社军为乡政府乡长，唐效锋、张君羊（女）为副乡长；共收到代表意见、建议14条，其中涉及道路建设、硬化6条，道路养护4条，产业开发1条，惠农资金发放2条，新农村建设1条。

第二次会议于2013年1月2日召开。第一次会议以来，乡第十七届人大代表唐效锋调离雷大乡，其代表资格自行终止，在代表出缺的选区补选祁康乐为乡第十七届人大代表。因此，此次会议应出席代表54名，实出席51名。会议推举文治卿、王惠勤、付小强、吕社军、张君羊（女）、郑润兵、唐亢亢、祁康乐、雷军强9人组成大会主席团，王惠勤兼任秘书长。会议听取和审议吕社军所作的乡政府工作报告、文治卿所作的乡人大工作报告、杨行军所作的乡财政预决算报告，并作出相应的决议；选举祁康乐为乡政府副乡长；共收到代表意见、建议8条，其中涉及道路建设3条，产业开发2条，惠农资金发放1条，新农村建设2条。

第三次会议于2013年4月25日召开。第二次会议以来，乡第十七届人大代表文治卿、郑润兵调离雷大乡，其代表资格自行终止，在代表出缺的选区补选王伟军、杨斌为乡第十七届人大代表。因此，此次会议应出席代表54名，实出席51名。会议推举王伟军、王惠勤、付小强、吕社军、张君羊（女）、杨彬、唐亢亢、祁康乐、何鸿强9人组成大会主席团，王惠勤兼任秘书长。会议选举王伟军为乡人大主席；共收到代表意见、建议11条，其中涉及乡村道路硬化3条，整村推进2条，调整低保2条，新农村建设2条，移民搬迁项目2条。

第四次会议于2013年10月25日召开。第三次会议以来，乡第十七届人大代表吕社军调离雷大乡，其代表资格自行终止，在代表出缺的选区补选任浩为乡第十七届人大代表。因此，此次会议应出席代表54名，实出席48名。会议推举王伟军、王惠勤、付小强、任浩、张君羊（女）、杨彬、唐亢亢、祁康乐、何鸿强9人组成大会主席团。会议听取和审议任浩所作的乡政府工作报告、王伟军所作的乡人大工作报告、张喜刚所作的乡财政预决算报告，并作出相应的决议；选举任浩为乡政府乡长；共收到代表意见、建议16条，其中涉及硬化乡村道路4条，整村推进1条，调整低保5条，新农村建设3条，危旧房改造3条。

第五次会议于2015年1月10日召开，应出席代表54名，实出席45名。会议推举王伟军、王惠勤、付小强、任浩、张君羊（女）、杨彬、唐亢亢、祁康乐、何鸿强9人组成大会主席团，王惠勤兼任秘书长。会议听取和审议任浩所作的乡政府工作报告、王伟军所作的乡人大工作报告、张喜刚所作的乡财政预决算报告，并作出相应的决议；共收到代表意见、建议15条，其中涉及乡村道路硬化5条，整村推进1条，调整低保5条，新农村建设3条，移民搬迁项目1条。

代表名单

唐亢亢	文治卿	张友明	张继明	裴治国	张石头	王爱利	王惠勤	付小强
吕社军	张君羊	郑润兵	唐效锋	雷军强	胡　杰	刘旭锋	辛顺路	谢耀东
吕香香	马顺义	张文江	徐仓满	王红霞	王书兴	刘治花	王引余	赵建中
徐改珠	程登奎	张建强	王荣禄	谢利香	王国进	王银乐	杨　川	任　军
程万余	胡　斌	吕苟强	吕国平	黎咋咋	张世业	李金女	王付军	徐新贤
李友谊	李小燕	崔养雄	文秋果	李党维	程平化	杨生海	徐治军	张志琦

十、第十八届人民代表大会（2016年7月至2021年）

代表选举：

乡第十八届人大代表选举工作于2016年6月至7月举行。成立乡选委会，乡党委副书记刘红霞（女）为主任，任专科、陈小乾为副主任，罗长军、柳燕娃（女）、李娴华（女）、刘旭峰、王弟（女）、剡小瑞（女）6人为委员。全乡共划分为5个选区，选举县第十七届人大代表9名，选举乡第十八届人大代表54名。

代表会议：

第一次会议于2016年7月28日至29日召开，应出席代表54名，实出席49名。会议推举王万平、李留学、刘红霞（女）、刘兵兵、任专科5人组成大会主席团。会议听取和审议吕朋军所作的乡政府工作报告、王万平作所的乡人大工作报告；选举王万平为乡人大主席，吕朋军为乡政府乡长，杨彬、梁志强、李魏思为副乡长；收到代表建议15条。

第二次会议于2017年3月28日召开，应出席代表54名，实出席49名。会议推举王万平、李留学、刘红霞、刘兵兵、任专科5人组成大会主席团。会议听取和审议吕朋军所作的镇政府工作报告、王万平所作的镇人大工作报告，并作出相应决议；收到代表意见建议6条。

第三次会议于2017年12月27日召开，应出席代表54名，实出席48名。会议推举王万平、李留学、刘红霞、刘兵兵、任专科5人组成大会主席团。会议听取和审议吕朋军所作的镇政府工作报告、王万平所作的镇人大工作报告，并作出相应决议；收到代表意见建议8条。

第四次会议于2018年7月21日召开，应出席代表54名，实出席48名。会议推举王万平、李留学、吕朋军、刘红霞、刘兵兵、李魏思、雷军强7人组成大会主席团。会议听取和审议吕朋军所作的镇政府工作报告、王万平所作的镇人大工作报告，并作出相应决议；收到代表意见建议18条。

第五次会议于2019年2月15日至16日召开，应出席代表54名，实出席44名。会议推举王万平、李留学、刘红霞、刘兵兵、李魏思、雷军强6人组成大会主席团。会议听取和审议梁志强所作的镇政府工作报告、王万平所作的乡人大工作报告，并作出相应决议；选举温警予为镇政府镇长；收到代表意见建议12条。

第六次会议于2019年5月30日至31日召开，应出席代表54名，实出席49名。会议推举王万平、李留学、刘兵兵、李魏思、雷军强5人组成大会主席团。会议听取和审议梁志强所作的镇政府工作报告、王万平所作的乡人大工作报告，并作出相应决议；选举刘红霞为镇政府镇长；收到代表意见建议8条。

第七次会议于2020年5月25日至26日召开，应出席代表54名，实出席47名。会议推举王万平、李留学、刘红霞、李魏思、雷军强5人组成大会主席团。会议听取和审议刘红霞所作的镇政府工作报告、王万平所作的乡人大工作报告，并作出相应决议；选举樊等回为镇政府副镇长；收到代表意见建议6条。

第八次会议于2021年1月16日召开，应出席代表54名，实出席36名。会议推举王万平、王康乐、刘红霞、吴计划、张建雄、郭琨、霍小龙7人组成大会主席团。会议听取和审议刘红霞所作的镇政府工作报告、王万平所作的镇人大工作报告，并作出相应决议；选举王健为副镇长；收到代表意见建议12条。

代表名单：

张亮芳（女） 程三月（女） 马瑞萍（女） 李凡扣（女） 任喜笑（女）
刘红霞（女） 李节兄（女） 李小艳（女） 魏彩霞（女） 王　弟（女）
徐改珠（女） 刘智花（女） 王银笑（女） 赵跟儿（女） 王喜荣（女）
赵小伟 赵贵生 王　坚 米　磊 胡旭伟 任　军 王万平 吕晓伟 李留学
柴平兴 吕鹏军 张友明 吕国平 李　彬 李晓龙 刘兵兵 崔养雄 王旺生
张志奇 张如意 柴志强 郝立果 程鸿学 范进来 田　龙 李魏思 徐向军
李润虎 王龙龙 李麦望 刘旭峰 雷小斌 张小兵 张继明 王安宁 王随平
任专科 王金川 雷军强

附：

雷大镇（乡）人民代表大会召开情况表

表6-109

届次	任期（年）	第一次会议			选举		
		应出席代表（名）	实出席代表（名）	召开时间	人大主席（副主席）	乡镇长	副乡镇长
九	3	70	不详	1983.12		王正仓	赵锡鹏
十	3	60	39	1987.1.1		司秉勤	张自立
十一	3	42	33	1989.12.22		薛恒杰	陈世文
十二	3	43	40	1992.11.15	张文华	王连周	王高江
十三	3	48	41	1995.12.28	程永年	王高江	尹世子　王向奎 张富华
十四	3	48	37	1998.12.19	程永年	王高江	张富华
十五	5	48	45	2002.1.5	王国庭	吕民选	程军伟　王芳莲
十六	5	54	53	2006.10.15	程中平	王笃庆	任建平　王芳莲
十七	5	54	54	2011.8.15	文治卿	吕社军	唐效锋　张君羊
十八	5	54	49	2016.7.28	王万平	吕朋军	杨　彬　梁志强 李魏思

第十节　余湾乡人民代表大会

余湾乡地处县域东南部。东与庄浪县接壤，南与仁大镇相依，西与李店镇毗邻，北与雷大镇为邻。南北长7.5公里，东西宽7公里，总面积50平方公里。至2019年年底，全乡辖9个行政村，46个村民小组，2307户，10405人。乡政府驻苗岘村，距县城47公里。

1950年6月，初设余湾乡，属八区（雷大区）；1956年2月，雷大乡并入余湾乡；1958年9月，余湾乡并入民主乡，10月改为民主公社；1979年12月建立余湾公社；1983年12月，改余湾公社为余湾乡。

一、第九届人民代表大会（1983年12月至1987年1月）

代表选举：

公社（乡）第九届人大代表选举工作于1983年11月至12月举行。成立公社选委会，程国基为主任委员，李克和、李养玺为副主任委员，刘国旺、屈坤敏、王万胜、周安贞为委员。选举县第九届人大代表5名、公社（乡）第九届人大代表50名。

代表会议：

第一次会议于1983年12月召开。会议听取、审议公社管委会工作报告；建立乡人民政府，选举李国衡为乡政府乡长，张自立为副乡长。

第二次会议于1984年8月召开。会议选举张自立为乡政府乡长，雷良宽为副乡长。

第四次会议于1986年2月召开。会议选举杨栓喜为乡政府乡长。

二、乡第十届人民代表大会（1987年1月至1989年12月）

代表选举

乡第十届人大代表选举工作于1986年11月至12月举行。成立乡选委会，杨拴喜为主任，赵锡鹏、雷良宽为副主任，李顺义、韩庆爵为委员。选举县第十届人大代表5名、乡第十届人大代表50名。

代表会议

第一次会议于1987年1月召开。会议听取和审议乡政府工作报告；选举杨拴喜为乡政府乡长，雷良宽为副乡长。

第三次会议于1989年2月召开。会议选举陈治平为乡政府副乡长。

三、第十一届人民代表大会（1989年12月至1992年11月）

代表选举：

乡第十一届人大代表选举工作于1989年10月至12月举行。成立乡选委会，樊随义为主任，雷良宽、王高江为副主任，陈治平、张双喜、李顺义、张栋为委员。选举县第十一届人大代表5名、乡第十一届人大代表（名额不详）。

第一次会议于1989年12月召开。会议听取和审议乡政府工作报告，选举杨拴喜为乡政府乡长，陈治平为副乡长。

第二次会议于1991年2月召开。会议听取和审议乡政府工作报告，选举赵福社为乡政府乡长。

第三次会议于1991年12月召开。会议听取和审议乡政府工作报告；选举陈世文为乡政府乡长。

四、第十二届人民代表大会（1992年11月至1995年12月）

代表选举：

乡第十二届人大代表选举工作于1992年9月至11月举行。成立乡选委会，王作义为主任，韩三余为副主任，樊科、张银平、宋礼璧为委员。划分4个选区，选举县第十二届人大代表6名、乡第十二届人大代表40名。

代表会议：

第一次会议于1992年11月召开。会议听取和审议乡政府、乡人大主席团工作报告；选举韩三余为乡人大主席团专职常务主席，樊科为乡政府乡长，王军杰为副乡长。

第三次会议于1994年4月召开。会议选举王灵信为乡政府乡长。

五、第十三届人民代表大会（1995年12月至1998年12月）

代表选举：

乡第十三届人大代表选举工作于1995年11月至12月举行。成立乡选委会，杨国珍为主任，王甲邦、吕继杰为副主任，杨彦军、崔仰学、韩玉和、马钰（女）、张银平为委员。选举乡第十三届人大代表47名。

代表会议：

第一次会议于1995年12月召开。会议听取和审议乡政府、乡人大主席团工作报告；选举李建根为乡人大主席团主席，万元虎为乡政府乡长，王军杰为副乡长。

第二次会议于1996年9月召开。选举王军杰为乡政府乡长、王向奎为副乡长。

第三次会议于1998年6月召开。选举赵宏军为乡政府乡长。

六、第十四届人民代表大会（1998年12月至2002年1月）

代表选举：

乡第十四届人大代表选举工作于1998年11月至12月举行。成立乡选委会，王专娃为主任，杨国珍为副主任，赵宏军、吕继杰、姚希贤为委员。选举乡第十四届人大代表47名。

代表会议：

第一次会议于1998年12月召开。会议听取和审议乡政府、乡人大主席团工作报告；选举杨国珍为乡人大主席团主席，赵宏军为乡政府乡长，张新江为副乡长。

七、第十五届人民代表大会（2002年1月至2006年12月）

代表选举：

乡第十五届人大代表选举工作于2001年11月至12月举行。成立乡选委会，杨康乐为主任，王六存为副主任，赵志勇、陈小岳、马钰（女）、温军合、刘树录为委员。选举乡第十五届人大代表47名。

代表会议：

第一次会议于2002年1月召开。会议听取和审议乡政府乡、人大主席团工作报告；选举王六存为乡人大主席团主席，王喜东为乡政府乡长，孙淑梅（女）为副乡长。

第三次会议于 2003年3月召开。选举刘树录为乡政府副乡长。

第五次会议于2005年4月召开。选举吕忠科为乡政府乡长。

八、第十六届人民代表大会（2006年12月至2011年10月）

代表选举：

乡第十六届人大代表选举工作于2006年10月至11月举行。成立乡选委会，吕治军为主任，杨应军、樊瑞琴（女）为副主任，张毅、胡文喜、李世明、高国平、周向龙、赵尊科为委员。选举县第十五届人大代表5名，乡第十六届人大代表47名（女11名）。

代表会议：

第一次会议于 2006年12月召开。听取和审议乡政府、乡人大主席团工作报告；选举杨应军为乡人大主席团主席，樊瑞琴（女）为乡政府乡长，胡文喜为副乡长。

代表名单：

樊瑞琴（女）　张外英（女）　王贵秀（女）　柴彩兄（女）　韩多维（女）
刘秀芳（女）　马转琴（女）　晋秋叶（女）　苏麦巧（女）　晋稳稳（女）
张连菊（女）　张红儒　岳　勇　张富强　赵斌学　张钦珠　梁林旺　韩安安
李相福　王三石　王安界　胡文喜　王维东　杨联斌　程挽生　李世明　丁钱斗
连玉杰　韩喜帅　韩效清　马世民　赵有明　吕治军　韩润福　杨应军　张改生
张积义　张庆玺　韩党义　赵堆银　张　毅　雷进伍　马新院　许长子　周向龙
张岁石　张永瑞

九、第十七届人民代表大会（2011年10月至2016年7月）

代表选举：

乡第十七届人大代表选举工作于2011年7月至10月举行。成立乡选委会，刘来滨为主任，樊茂、胡文喜为副主任，刘兵兵、赵尊科、屈喜强、薛红平、王维、张旭江为委员。全乡共划分5个选区，选举县第十六届人大代表5名、乡第十七届人大代表47名。

代表会议：

第一次会议于2011年10月15日召开，应出席代表47名，实出席47名。会议听取和审议乡政府、乡人大主席团工作报告；选举任浩为乡人大主席，凌森为乡政府乡长，周向龙为副乡长。

第二次会议于2013年5月召开。选举雷进伍为乡政府副乡长。

第四次会议于2014年12月召开。选举吕朋军为乡政府乡长。

代表名单：

刘桂香　王安界　赵军海　程丽丽　文彦选　凌　森　张　辉　周向龙　杨福军
雷进伍　牛益寿　赵俊俊　张军胜　杨成伟　成转勤　韩娟娟　穆　丽　杨堆兵
高国平　赵有明　程小平　吕真英　李相福　张双虎　王贯秀　王小芹　王多成
马月勤　王三拾　马岁钱　马守太　韩喜帅　张庆玺　徐俊梅　张积义　王红红
张多义　马喜列　张小燕　王金强　张永斌　韩党义　韩凡兰　张文贤　梁林旺
张文勤　杨淑珍

十、第十八届人民代表大会（2016年7月至2021年）

代表选举：

乡第十八届人大代表选举工作于2016年6月至7月举行。成立乡选委会，乡纪委书记赵尊科为主任，赵恩婵（女）、刘剑宁为副主任，杨成伟、李雪妹（女）、尤芳芳（女）、王雄雄为委员。全乡共划分3个选区，选举县第十七届人大代表5名，划分17个选区，选举乡第十八届人大代表47名。

代表会议：

第一次会议于2016年7月27日至28日召开。应出席代表47名，实出席45名。会议推举张东升、张满船、张兵兵、赵军海、周康豹、凌森、靳龙7人组成主席团。会议听取和审议靳龙所作的乡政府工作报告、张军胜所作的乡人大工作报告；选举张军胜为乡人大主席，靳龙为乡政府乡长，张满船、周康豹为副乡长；收到代表意见建议8条。

第二次会议于2017年6月20日召开，应出席代表47人，实出席代表43人。会议推举张东升、张满船、张兵兵、赵军海、周康豹、凌森、靳龙7人组成大会主席团。会议听取和审议靳龙所作的乡政府工作报告、张军胜所作的乡人大工作报告，并作出相应决议；收到代表意见建议5条。

第三次会议于2018年5月15日召开，应出席代表47人，实出席代表46人。会议推举刘剑宁、张东升、张满船、张兵兵、赵军海、凌森、靳龙7人组成大会主席团。会议听取和审议靳龙所作的乡政府工作报告、逯文君所作的乡人大工作报告，并作出了相应决议；选举逯文君为乡人大主席；收到代表意见建议9条。

第四次会议于2018年11月7日召开，应出席代表47人，实出席代表39人。会议推举刘剑宁、张东升、张满船、张兵兵、赵军海、凌森、靳龙7人组成大会主席团。会议听取和审议靳龙所作的乡政府工作报告、逯文君所作的乡人大工作报告，并作出了相应决议；收到代表意见建议2条。

第五次会议于2019年5月24日召开，应出席代表47人，实出席代表42人。会议推举吕周周、张东升、张满船、张兵兵、赵军海、靳龙6人组成大会主席团。会议听取和审议靳龙所作的乡政府工作报告、逯文君所作的乡人大工作报告，并作出了相应决议；收到代表意见建议7条。

第六次会议于2020年5月31日召开，应出席代表47人，实出席代表37人。会议推举田向红、李新来、张永生、张东升、张满船、赵军海、靳龙7人组成大会主席团。会议听取和审议靳龙所作的乡政府工作报告、张满船所作的乡人大工作报告，并作出了相应决议；选举张东升为乡人大主席；收到代表意见建议8条。

代表名单：

吉雪艳（女）　张小燕（女）　马喜列（女）　韩翻兰（女）　徐俊梅（女）
杨淑珍（女）　韩平平（女）　高向丽（女）　王小芹（女）　马月勤（女）
程利利（女）　张连绒（女）　吕真英（女）　赵换换（女）　赵军海　赵有明

程小平　凌　森　靳　龙　张军胜　张东升　张满船　赵俊俊　王　维　周康豹
王长宁　王尹亭　屈喜强　薛存然　王志伟　张岁石　张永斌　王红红　张多意
韩党义　张文贤　张多拴　张积义　辛赟峰　梁林旺　张文勤　张三旺　张军连
王森林　王世子　马世明　韩宁宁

附：

余湾乡人民代表大会召开情况统计表

表6-110

届次	任期（年）	第一次会议			选举		
		应出席代表（名）	实出席代表（名）	召开时间	人大主席（副主席）	乡长	副乡长
九	3	50	不详	1983.12		李国衡	张自立
十	3	50	不详	1987.1		杨拴喜	雷良宽
十一	3	不详	不详	1989.12		杨拴喜	陈治平
十二	3	40	不详	1992.11	韩三余	樊　科	王军杰
十三	3	47	不详	1995.12	李建根	万元虎	王军杰
十四	3	47	不详	1998.12	杨国珍	赵宏军	张新江
十五	5	47	不详	2002.1	王六存	王喜东	孙淑梅
十六	5	47	不详	2006.12	杨应军	樊瑞琴	胡文喜
十七	5	47	47	2011.10.15	任　浩	林　森	周应龙
十八	5	47	45	2016.7.27	张军胜	靳　龙	张满船　周康豹

第十一节　仁大镇人民代表大会

仁大镇位于县域南部。东邻庄浪县阳川、万泉，南接秦安县莲花镇，西连贾河乡，北依李店镇、余湾乡。葫芦河、李店河与清水河在境内交汇。南北长19公里，东西宽11公里，总面积114平方公里。静秦公路和304省道穿境而过。至2019年年底，全镇辖19个行政村，114个村民小组，5654户，26531人。镇政府驻高家深沟，距县城60公里。

1949年8月，设仁当乡，属三区；1949年11月，从三区划出仁当乡、云翠乡一部分，成立七区，1955年6月更名为仁当区；1958年10月，成立共和公社；1961年12月，撤销共和公社，分设仁大、剪岔、峡口公社；1964年2月，峡口、剪岔公社并入仁大公社；1973年1月，分设阳坡公社；1979年12月，分设贾河公社；1983年12月，仁大公社改为仁大乡；2003年12月，阳坡乡并入仁大乡；2015年7月，仁大乡撤乡建镇，改为仁大镇。

一、第九届人民代表大会（1983年12月至1986年12月）

代表选举

公社（乡）第九届人大代表选举工作于1983年11月至12月举行。1983年10月31日，成立公社选委会，梁盘中为主任委员，程世清为副主任委员，赵锡鹏、李录才、郭敏学、周国玺、周建太为委员。全社总人口12363人（男6124人，女6239人），有选民6512人（男3268人，女3244人），共划分为5个选区，参加选举6417人（男3242人，女3175人），参选率为98.4%；选举县第九届人大代表7名（女1名，党员4名）；公社（乡）第九届人大代表70名（女13名）。

代表会议：

第一次会议于1983年12月17日召开，应出席代表70名，实出席58名，梁福成、周金太、杨守仁、陈建文、王智民5人列席了会议。会议由王振江主持，听取和审议王效国所作的公社管委会工作报告；建立乡人民政府，选举王效国为乡政府乡长、宋国顺为副乡长，李晓东、万元虎为人民陪审员。

代表名单：

王七叶（女）　周引弟（女）　陈花蕊（女）　张变花（女）　陈明芳（女）
陈玉兰（女）　桑引兄（女）　张多兄（女）　路香莲（女）　王苑香（女）
田春蕊（女）　李乖列（女）　万春花（女）陈国安　陈安家　高崇德　高进参
宋国顺　高双吉　李玉岱　李克生　李很正　陈长录　陈积金　陈国俊　陈克录
王民玺　高银仓　高俊清　高顺来　高具福　高恒兴　郭敏学　高福忠　刘光祖
高　珍　刘振雄　万元虎　刘进仓　孙继权　杨田福　陈银太　李　仁　宋德祥
李满仓　李万福　李绍信　周建台　周国西　周文文　薛恒杰　黄满成　戴文俊
周言智　高元代　高加太　李录贵　王　尊　李向平　李录才　李具有　李晓东
李冠军　李润生　李俊邦　李树荣　李新明　高　信　王效国　陈　湖

二、第十届人民代表大会（1986年12月至1989年12月）

代表选举：

乡第十届人大代表选举工作于1986年11月至12月举行。1986年11月12日，成立乡选委会，王冠斌为主任，宋国顺、薛恒杰为副主任，李敏学、韩明德、李录才、李先贤为委员。全乡有选民7159人，共划分为5个选区，参加选举5766人，参选率为80.5%；选举县第十届人大代表7名（女1名）；选举乡第十届人大代表60名（女15名）。

代表会议：

第一次会议于1986年12月31日召开，应出席代表60名，实出席60名，王维华、李玉岱、贾忠文、刘文耀、樊志、张勤、王定国、周国玺、杨忠义、赵克忠、周五三、李俣、李双学、李百志、陈琪瑛（女）、王静林、陈长生17人列席了会议。会议听取和审议并通过薛恒杰所作的乡政府工作报告；选举薛恒杰为乡政府乡长、杜仲学为副乡长。

代表名单

张多儿（女）　李四弟（女）　李润丽（女）　刘　珠（女）　高秀英（女）
王玉儿（女）　张润儿（女）　路香莲（女）　张莲花（女）　李金凤（女）
李顺女（女）　李香花（女）　李改梅（女）　高桂芳（女）　任彩彩（女）
张变花（女）　李先贤　高固久　高顺来　薛恒杰　李元甲　陈国俊　陈世林
陈建业　李克和　李绍信　李具珠　刘有来　刘六本　孙继权　杨田福　李天祥
李文奎　高　信　李宗先　周建太　高俊歧　李全西　杜仲学　高爱生　高科西
高浪浪　李三信　高进修　李玉林　陈福生　陈凤歧　陈　达　高富中　高甲子
李录才　李树云　李润生　戴建基　李新民　李冠军　李长实　李国栋　孔德录
豆税廷

三、第十一届人民代表大会（1989年12月至1992年11月）

代表选举：

乡第十一届人大代表选举工作于1989年10月至12月举行。1989年10月19日，成立乡选委会，王效国为主任，杜仲学、王静林为副主任，韩明德、王柯青、李树荣、李克生为委员。选举县第十一届人大代表7名、乡第十一届人大代表43名（女9名）。

代表会议：

第一次会议于1989年12月22日召开。会议听取、审议并通过戴建生所作的乡政府工作报告；选举戴建生为乡政府乡长，杜仲学为副乡长。

四、第十二届人民代表大会（1992年11月至1995年12月）

代表选举：

乡第十二届人大代表选举工作于1992年9月至11月举行。1992年9月26日，成立乡选委会，张文全为主任，张济林为副主任，王智国、李建义、李振东为委员。全乡有13343人，共划分为5个选区，参加选举7992人，选举县第十二届人大代表7名（党员4名，女2名）；选举乡第十二届人大代表43名（女10名）。

代表会议：

第一次会议于1992年11月15日召开，应出席代表43名，实出席37名，王世忠、刘田福、李敏、李世祖、陈长生、梁世田、王立民、韩文通、高积金、薛建新、周国锡、薛中荣、戴永平、宋蕊芳（女）、陈华、王录、戴永盼、李敏学、王锋、陈民勤20人列席了会议。会议推举张文全、李录才、张济林、李建义、刘智勇、赵克中、魏智斌、王维华、王进忠、高同林、李树荣11人组成大会主席团，李建义为秘书长；张济林、刘智勇、李建义3人组成代表意见建议审查委员会，张济林为主任；会议听取李录才所作的代表资格审查情况的报告；听取和审议王智国所作的乡政府工作报告、张济林所作的乡人大主席团工作报告和代表意见建议办理情况的报告，并作出相应决议；选举张济林为乡人大主席团常务主席，王智国为乡政府乡长，刘永勇、李玉香（女）为副乡长，李永忠、周建太为人民陪审员。

代表名单：

李改梅（女）　陈莲爱（女）　张变花（女）　周列兄（女）　刘合兄（女）
李折花（女）　李玉香（女）　周淑彦（女）　陈若蕊（女）　马记爱（女）
王智国　张济林　魏智斌　李成启　李树荣　李润生　李国正　高越富　高同林
高文学　高甲志　陈顺吉　李建义　李永忠　陈进虎　陈　德　刘智勇　李胜太
张文全　侯永胜　李录才　孙继权　李天祥　周建太　周廷智　刘国度　张来忠
刘永勇　高科西　陈复兴　高俊珍　王维华　赵克忠

五、第十三届人民代表大会（1995年12月至1998年12月）

代表选举：

乡第十三届人大代表选举工作于1995年11月至12月举行。1995年11月10日，成立乡选委会，尤维科为主任，王世生为副主任，宋礼璧、李玉香（女）、刘智勇、张来忠、戴永明为委员。全乡共有人口13653人，其中有选民8055人，划分为18个选区，于12月25日召开了选举大会，参加选举7329人，选举乡第十三届人大代表50名（女11名）。

代表会议：

第一次会议于1995年12月28日召开，应出席代表50名，实出席46名。会议推举樊科、尤维科、王世生、付坚、刘智勇、李树荣、陈立贤7人组成大会主席团，宋礼璧为秘书长；宋礼璧、刘智勇、尤维科3人组成代表资格审查委员会，宋礼璧为主任。会议听取宋礼璧所作的代表资格审查报告，听取和审议王专娃所作的乡政府工作报告、尤维科所作的乡人大主席团工作报告和代表意见建议办理情况的报告，并作出相应决议；选举尤维科为乡人大主席团主席，王专娃为乡政府乡长，宋礼璧、李玉香（女）为副乡长，周建太、陈立贤为人民陪审员。

第二次会议于1997年1月11日召开，应出席代表50名，实出席48名。会议听取和审议王专娃所作的乡政府工作报告、尤维科所作的乡人大主席团工作报告和第一次会议代表意见、建议办理情况的报告，并作出相应的决议；收到代表意见、建议4条。

代表名单：

李改梅（女）　韩敏芳（女）　马秀英（女）　李玉香（女）　李若若（女）

杨玉花（女） 李淑兰（女） 周淑芳（女） 梁平珍（女） 李折花（女）
刘合兄（女） 魏智斌 杨国剑 王世生 李成启 高月富 李树荣 李国社
高成生 高徐徐 高顺来 高文学 尤维科 陈立贤 陈进虎 樊 科 陈金安
李克林 高连珍 高进修 刘智勇 高科西 高国拾 陈尚平 孙继权 杨永玺
周建太 周言智 宋礼璧 高保禄 周德卯 李四虎 李折贵 侯永胜 王新功
王专娃 李锦辉 陈顺吉 李加来 付 坚

六、第十四届人民代表大会（1998年12月至2002年1月）

代表选举：

乡第十四届人大代表选举工作于1998年11月至12月举行。1998年11月2日，成立乡选委会，牛永琪为主任，万元虎、张廷俊为副主任，王世生、刘智勇、朱奋喜、王英为委员。全乡有选民8284人，共划分为17个选区，参加选举7127人，参选率为86%；选举乡第十四届人大代表50名（女13名）。

代表会议：

第一次会议于1998年12月25日召开，应出席代表50名，实出席43名。会议听取宋礼璧所作的代表资格审查报告，听取和审议王世生所作的乡政府工作报告、万元虎所作的乡人大主席团工作报告，并作出相应决议；选举万元虎为乡人大主席团主席，王世生为乡政府乡长、李玉香（女）为副乡长。

代表名单：

李玉香（女） 韩芳香（女） 刘凡花（女） 王海霞（女） 王淑君（女）
高秀花（女） 高元元（女） 杨合珠（女） 程石莲（女） 梁平珍（女）
秦淑萍（女） 周霞霞（女） 付 坚 杨国剑 魏智斌 李成启 李复来
李树荣 李省勤 李国俊 刘智勇 高月富 万元虎 高进修 陈专居 高 明
高效西 周锁娃 李国营 李建录 张来忠 孙继权 刘平定 周 祥 徐平和
李景辉 李胜利 宋礼璧 陈顺吉 高成生 张廷俊 高旭明 高红红 牛永琪
陈立贤 王世生 李克林 高来生 戴永明 周江生

七、第十五届人民代表大会（2002年1月至2006年12月）

代表选举：

乡第十五届人大代表选举工作于2001年11月至12月举行。2001年11月6日，成立乡选委会，王专娃为主任，常奋余、宋礼璧为副主任，戴永明、徐贵洲、王英、陈宝全为委员。全乡共划分为17个选区，选举乡第十五届人大代表50名（女14名）。

代表会议：

第一次会议于2002年1月10日召开，应出席代表50名，实出席42名。会议推举王专娃、王四喜、王国庆、王社余、郭荣（女）、付坚、陈金安、周言智、朱奋喜9人组成大会主席团，朱奋喜兼任秘书长；王社余、刘国军、阎晓亮、陈金安、樊跟船5人组成资格审查委员会，王社余为主任。会议听取王社余所作的代表资格审查报告，听取和审议王国庆所作的乡政府工作报告、王四喜所作的乡人大主席团工作报告、伏文军所作的乡财政预算执行情况报告、郭荣所作的代表意见、建议办理情况报告，并作出了相应的决议；选举王四喜为乡人大主席团主席，王国庆为乡政府乡长、朱奋喜、郭荣（女）为副乡长。

第四次会议于2004年3月28日召开。2003年12月，阳坡乡并入仁大乡，需补选乡第十五届人大代表，2004年2月25日，成立仁大乡人大代表补选工作领导小组，杨康乐为组长，李建义、王四喜为副组长，王社余、伏国太、陈尚平、李红太为组员，领导小组下设办公室。全乡共划分为8个选区，补选乡第十五届人大代表8名（党员5名，女2名）。至此，乡第十五届人大代表共58名。此次会议实出席42名。会议听取王社余所作的代表资格审查报告；审议通过王国庆辞去乡政府乡长职务的报告；选举宋礼壁为乡政府乡长。

代表名单：

付　坚	杨国剑	杨省玲	刘节用	樊录寿	朱奋喜	李成启	李海军	李丁任
李博学	高娟蕊	王军林	郭　荣	高月富	樊跟船	高进修	李多才	王四喜
高　明	高复红	刘永正	李建录	李祥成	李建国	王社余	孙继红	刘国军
刘长义	刘应平	阎晓亮	李存壁	李胜利	陈具珠	戴菊蕊	高甲来	王国庆
高成生	高新强	高克太	王　英	李克林	陈金安	梁平珍	陈命子	高来生
周言智	周霞霞	程喜莲	杨小花	周彦霞	高娟蕊	周建台	周根成	高成录
李居香	徐平和	高存玺	李向恒					

八、第十六届人民代表大会（2006年12月至2011年8月）

代表选举：

乡第十六届人大代表选举工作于2006年10月至12月举行。成立乡选委会，赵宏军为主任，李国剑、王社余为副主任，李党勤、柴满意、伏文军、张智科、靳志骋、高林芳（女）为委员。选举县第十五届人大代表11名，乡第十六届人大代表58名（女12名）。

代表会议：

第一次会议于2006年12月22日召开。会议听取和审议王社余所作的乡政府工作报告、李国剑所作的乡人大主席团工作报告，并作出了相应的决议；选举李国剑为乡人大主席团主席，王社余为乡政府乡长，万德强、孙娟娟（女）为副乡长。

第二次会议于2008年7月18日召开，应出席代表58名，实出席52名。会议审议通过王社余辞去乡政府乡长职务的报告、万德强辞去副乡长职务的报告；选举胡生平为乡政府乡长，雷军为副乡长。

第五次会议于2010年4月12日召开，应出席代表58名，实出席52名。会议审议通过雷军辞去乡政府副乡长职务的报告；选举韩满仓为乡政府副乡长。

代表名单：

高亚萍（女） 高菊香（女） 梁平珍（女） 任青叶（女） 贾小霞（女）
孙娟娟（女） 陈 婕（女） 杨省玲（女） 李晓敏（女） 李丽霞（女）
高林芳（女） 王 凯（女） 韩满仓 李晓明 赵宏军 李合银 柴满意
李向理 樊跟船 高克太 高新江 陈继祖 王社余 陈立贤 李公社 刘小龙
刘军合 伏文军 李文奎 杨茂胜 王惠勤 刘万仓 樊丁宁 陈克义 靳志骋
高国拾 万德强 周金马 周接太 李党勤 周登红 周克太 刘满祥 陈富国
安元德 杜 静 程福利 孙麦换 伏建胜 陈莫国 王炎玺 程继忠 罗平平
周恒明 陈具林 李国剑 万元娃 万秋虎

九、第十七届人民代表大会（2011年8月至2016年7月）

代表选举：

乡第十七届人大代表选举工作于2011年7月至8月举行。2011年7月14日，成立乡选委会，王彪炜为主任，崔江柳（女）、樊劲松为副主任，王博、李亚军、靳惜春、常宏宝、王文、李亮为委员。全乡总人口为25875人，其中18周岁以上19665人，实有选民19452人，共划分为21个选区，参加选举16534人，参选率85%；选举县第十六届人大代表11名，乡第十七届人大代表58名（女13名）。

代表会议：

第一次会议于2011年8月10日召开，应出席代表58名，实出席57名。会议推举万德强、王彪炜、王博、周小强、胡生平、崔江柳（女）、韩满仓、程福利、雷旺盛9人组成大会主席团，韩满仓兼任大会秘书长。会议听取王彪炜所作的代表资格审查报告；听取和审议胡生平所作的乡政府工作报告、万德强所作的乡人大主席团工作报告，并作出相应的决议；选举万德强为乡人大主席，胡生平为乡政府乡长，程福利、崔江柳（女）为副乡长。

第二次会议于2012年10月25日召开，应出席代表58名，实出席57名。会议听取万德强所作的大会筹备工作报告、王彪炜所作的代表资格变动情况报告；听取和审议张前江所作的乡政府工作报告、万德强所作的乡人大工作报告，并作出相应的决议；选举张前江为乡政府乡长。

第三次会议于2013年11月24日召开，应出席代表58名，实出席56名。会议听取万德强所作的大会筹备工作报告、王彪炜所作的代表资格变动情况报告；听取和审议张前江所作的乡政府工作报告、万德强所作的乡人大工作报告，并作出相应决议。

代表名单：

王祥珠（女） 王 梅（女） 陈小雪（女） 张建花（女） 陈改兄（女）
贾娟娟（女） 张放亮（女） 周巧花（女） 杨晓兰（女） 崔江柳（女）

李桂兰（女）		李亚丽（女）		周　艳（女）		高新喜	杨仲祥	伏布换
刘小龙	樊劲松	雷旺盛	胡生平	万德强	李省勤	李国周	高克泰	高同林
程福利	戴顺平	刘新宗	刘改换	杨玉虎	贠应来	李　勇	李小刚	王　博
高彦踞	陈克义	雷玉林	李孟很	韩满仓	常东生	周登红	王彦玺	程具林
李进全	刘九珍	魏云波	史昌军	陈罗生	周　喜	周小强	罗平平	靳胜宗
郭振泽	靳伟积	王彪炜	李东帅	王喜平	靳升贵			

十、第十八届人民代表大会（2016年7月至2021年）

代表选举：

镇第十八届人大代表选举工作于2016年6月至7月举行。成立镇选委会，镇党委副书记程福利为主任，杜强新、雷玉林为副主任，武书香（女）、胡永斌、马国强、王文、高春燕（女）、周唐江为委员。全镇共划分6个选区，选举县第十七届人大代表11名（补选1名）；划分21个选区，选举镇第十八届人大代表58名。

代表会议：

第一次会议于2016年7月28日召开，应出席代表58名，实出席53名。会议推举张前江、王彪炜、王康乐、程福利、武书香、马国强、王博、赵东旭、王文、樊劲松、王健11人组成大会主席团。会议听取和审议王康乐所作的镇政府工作报告、王彪炜所作的镇人大工作报告，并作出相应决议；选举王彪炜为镇人大主席，王康乐为镇政府镇长，王博、张佳佳、樊劲松为副镇长；收到代表意见建议58条。

第二次会议于2017年7月24日召开，应出席代表58名，实出席52名。会议推举张前江、王彪炜、王康乐、程福利、武书香、马国强、王博、赵东旭、王文、樊劲松、王健11人组成大会主席团。会议听取和审议王康乐所作的镇政府工作报告、王彪炜所作的镇人大工作报告，并作出相应决议；收到代表意见建议52条。

第三次会议于2018年8月3日召开，应出席代表58名，实出席54名。会议推举张前江、王彪炜、王康乐、程福利、武书香、马国强、王博、赵东旭、王文、樊劲松、王健11组成大会主席团。会议听取和审议王康乐所作的镇政府工作报告、王彪炜所作的镇人大工作报告，并作出相应决议；收到代表意见建议54条。

第四次会议于2019年2月18日召开，应出席代表58人，实出席53人。会议推举张前江、王彪炜、雷进伍、武书香、马国强、王博、赵东旭、王文、樊劲松、王健、雷玉林11人组成大会主席团。会议听取和审议王彪炜所作的镇人大工作报告，并作出相应决议；选举徐贵洲为镇政府镇长；收到代表建议53条。

第五次会议于2019年12月18日召开，应出席代表58名，实出席50名。会议推举景政宏、王彪炜、徐贵洲、雷进伍、梁志强、杜强新、王博、赵东旭、王文、樊劲松、王健11人组成大会主席团。会议听取和审议徐贵洲所作的镇政府工作报告、王彪炜所作的镇人大工作报告，并作出相应决议；收到代表意见建议50条。

第六次会议于2020年2月24日召开，应出席代表58名，实出席53名。会议推举景政宏、王彪炜、徐贵洲、雷进伍、梁志强、杜强新、王博、赵东旭、王文、樊劲松、王健11人组成大会主席团。会议听取和审议徐贵洲所作的镇政府工作报告、王彪炜所作的镇人大工作报告，并作出相应决议；收到代表意见建议53条。

第七次会议于2020年12月18日召开，应出席代表58名，实出席50名。会议推举景政宏、王彪炜、徐贵洲、雷进伍、梁志强、高春燕、雷玉林、赵东旭、王文、樊劲松、曹兴11人组成大会主席团。会议听取和审议徐贵洲所作的镇政府工作报告、王彪炜所作的镇人大工作报告，并作出相应决议；选举刘彩娟（女）为镇政府副镇长；收到代表意见建议50条。

代表名单：

王香珠（女） 王　梅（女） 郭相萍（女） 陈小雪（女） 张建花（女）
贾小娟（女） 张放亮（女） 武书香（女） 李桂兰（女） 周　艳（女）
王　倩（女） 方文娟（女） 陈小琴（女） 常新平（女） 李孟很 高新满
周世强 李合银 樊劲松 赵旭东 高彦虎 高宗太 张前江 雷军生 高少军
雷玉林 吕长世 陈进勤 王　博 陈全来 陈新太 李喜龙 王　文 贠彦军
杜强新 李亚斌 王康乐 陈旺乾 李　勇 程福利 张堆成 刘挽银 王彪炜
靳升贵 张三有 程双代 靳炜基 张佳佳 李江平 高　华 王红红 周银锁
陈玉忠 陈燕燕 陈军伟 刘九珍 周克太 马国强

附：

仁大镇（乡）人民代表大会召开情况表

表6-111

届次	任期（年）	第一次会议			选举		
		应出席代表（名）	实出席代表（名）	召开时间	人大主席（副主席）	乡镇长	副乡镇长
九	3	70	58	1983.12.17		王效国	宋国顺
十	3	60	60	1986.12.31		薛恒杰	杜仲学
十一	3	43	不详	1989.12.22		戴建生	杜仲学
十二	3	43	37	1992.11.15	张济林	王智国	刘永勇　李玉香
十三	3	50	46	1995.12.28	尤维科	王专娃	宋礼壁　李玉香
十四	3	50	43	1998.12.25	万元虎	王世生	李玉香
十五	5	50	42	2002.1.10	王四喜	王国庆	朱奋喜　郭　荣
十六	5	58	不详	2006.12.22	李国剑	王社余	万德强　孙娟娟
十七	5	58	57	2011.8.10	万德强	胡生平	程福利　崔江柳
十八	5	58	53	2016.7.28	王彪炜	王康乐	王　博　张佳佳　樊劲松

第十二节　贾河乡人民代表大会

贾河乡位于县域西南部。东依仁大镇，南与秦安县毗邻，西与通渭县接壤，北靠李店镇。南北长9公里，东西宽8公里，总面积62平方公里。至2019年年底，全乡辖9个行政村，79个村民小组，2395户，11406人。乡政府驻剪岔村，距县城77公里。

解放前属仁大乡，解放后建立五和乡，1953年5月，成立十二区，1955年6月改为贾河区，1956年2月撤销贾河区，划归仁当区。1958年10月，成立共和人民公社，1961年12月，共和公社分设仁大、剪岔、峡口公社，1964年2月合并为仁大公社；1979年12月，分设贾河公社；1983年12月，改为贾河乡。

一、第九届人民代表大会（1983年12月至1986年12月）

代表选举：

公社（乡）第九届人大代表选举工作于1983年11月至12月举行。11月12日召开公社选举工作会议，决定成立选委会，任永忠为主任委员，樊授天为副主任委员，马国忠、任德贤、李顺义为委员。全社有人口9957人（男5040人，女4917人），有选民4936人（男2499人，女2437人）。全社共划分为4个选区，选举县第九届人大代表5名、乡第九届人大代表50名（女9名）。

代表会议：

第一次会议于1983年12月17日召开。应出席代表50名，实出席43名，列席10名。会议听取和审议刘亚平所作的公社管委会工作报告；建立乡人民政府，选举刘亚平为乡政府乡长，李建根为副乡长，宋汉璋、张有定为人民陪审员。

代表名单：

李勤艳（女）　高桂英（女）　马化梅（女）　豆转香（女）　王忙玲（女）
宋谋谋（女）　侯改琴（女）　蔡福琴（女）　伏润兰（女）　董效刚　戴　生
伏明龙　赵福兴　张明雄　王兰亭　贾永忠　贾永谦　贾仓珍　贾永泰　任具西
王廷杰　高谦刚　高　烈　高振明　李万仓　王振西　刘亚平　杜月余　路瑞祥
任应仓　任守忠　任建元　孙进奎　李玉杰　侯发祥　杨多棒　戴双军　王信昌
宋席珍　杨有林　侯顺祥　宋尔周　宋　宏　宋孝珍　宋世雄　宋让成　李建根
杨海林　伏志祥　杨国基

二、第十届人民代表大会（1986年12月至1989年12月）

代表选举：

乡第十届人大代表选举工作于1986年11月至12月举行。11月17日召开选举工作会议，成立乡选委会，王克仁为主任，李建根为副主任，王国廷、李国宗、杨海林为委员，选举委员会下设办公室，李建根兼任办公室主任，王国廷兼任副主任。全乡共划分为4个选区，贾河、阳山、王沟、刘岔、中学、剪岔、乡机关为第一选区，豆坪、高窑、山庄、石河为第二选区，宋堡、高坡、侯山为第三选区，山上湾、赵湾、南坡、董坪、中堡为第四选区，每个选区成立相应的领导小组，选举县第十届人大代表5名、乡第十届人大代表50名。

代表会议：

第一次会议于1986年12月31日召开，应出席代表50名，实出席44名（男35名、女9名），列席12名。会议听取、审议并通过李建根所作的乡政府工作报告；选举刘登明为乡政府乡长，李建根为副乡长。

代表名单：

李明兄（女） 李勤彦（女） 杨菊英（女） 豆转香（女） 贾俭俭（女）
王玉香（女） 陈芳萍（女） 伏国太 高栓刚 伏代生 吴广元 侯岁祥
杨海林 任象谦 王根玺 贾海东 伏明龙 贾友忠 任新喜 侯顺祥 刘登明
李建根 王国廷 任多喜 贾世全 宋统珍 宋康余 任守忠 路瑞祥 任平定
豆占山 杜月余 刘据国 刘蕊琴 任建元 高瑞兰 张有定 王信昌 宋维斌
宋西粉 宋　刚 高正明 侯元生 李国宗 侯生录 赵多生

三、第十一届人民代表大会（1989年12月至1992年11月）

代表选举：

乡第十一届人大代表选举工作于1989年10月至12月举行。10月16日，召开选举工作会议，成立了乡选委会，刘登明为主任，万元虎为副主任，李建义、李三正、侯玉章为委员。10月16日至11月4日，成立选举工作机构，培训工作人员，划分选区，分配代表名额；11月5日至12月5日，推荐代表候选人名单，确定正式候选人名单和投票选举。全乡共划分为4个选区：阳山、王沟、刘岔、千岔、贾河、中学、乡机关为第一选区，豆坪、高窑、山庄、石河为第二选区，宋堡、高坡、侯山为第三选区，山上湾、赵湾、南坡、董坪、中堡为第四选区，各选区均成立选区领导小组。选举县第十一届人大代表5名、乡第十一届人大代表50名。

代表会议：

第一次会议于1989年12月24日至25日召开，应出席代表50名，实出席40名（女8名）。会议推举张汉学、万元虎、张海林、侯玉玺、王根玺、蔡福勤6人组成大会主席团，刘登明、万元虎、侯玉玺、张海林、王根玺组成代表资格审查委员会。会议听取和审议并通过刘登明所作的乡政府工作报告、万元虎所作的关于十届人大三次会议代表意见、建议办理情况的报告；审议通过李建根辞去乡政府副乡长职务的报告；选举刘登明为乡政府乡长，万元虎为副乡长，任贵生、王信昌为人民陪审员。

代表名单：

李彩琴（女）　豆跃绵（女）　任守花（女）　高瑞兰（女）　李转茗（女）
侯改琴（女）　伏俊莲（女）　蔡福琴（女）任学清　王福生　陈偏旋　侯玉珍
贾世全　任象谦　任汉军　贾银太　贾西文　杜友勤　任守忠　任国祥　吴广元
杨多棒　宋祥义　宋统珍　宋根顺　侯印玺　宋维珍　张让成　刘兴荣　赵多生
伏代生　刘振国　侯元生　董孝刚　王根玺　张汉学　张海林　刘登明　万元虎
侯玉玺

四、第十二届人民代表大会（1992年11月至1995年12月）

代表选举：

乡第十二届人大代表选举工作于1992年9月至11月举行。成立乡选委会，高全卯为主任，侯玉玺为副主任，万元虎、任贵生、刘兴昌为委员。划分5个选区，选举县第十二届人大代表6名、乡第十二届人大代表41名。

代表会议：

第一次会议于1992年11月15日召开，应出席代表41名，实出席36名。会议听取和审议万元虎所作的乡政府工作报告，侯玉玺所作的乡人大主席团工作报告，并作出相应的决议；选举侯玉玺为乡人大主席团专职常务主席，万元虎为乡政府乡长，陈长安为副乡长，侯玉珍、任多喜为人民陪审员。

代表名单：

刘花蕊（女）　豆转香（女）　赵彩烈（女）　侯改琴（女）　蔡福琴（女）
伏俊莲（女）　高瑞兰（女）　董孝刚　万元虎　王信喜　高　义　黄金忠
任多喜　李长珠　李明兄　王启业　侯玉玺　任贵生　贾永强　宋招太　宋建军
张汉学　王虎强　任录平　王四喜　任智忠　刘吉昌　任国祥　吴广元　王太平
宋根顺　宋统珍　宋洋洋　高全卯　陈长安　侯国义　侯克勤　侯印玺　王岁虎
张志雄　刘振国

五、第十三届人民代表大会（1995年12月至1998年12月）

代表选举：

乡第十三届人大代表选举工作于1995年11月至12月举行。成立乡选委会，侯玉玺为主任，常奋余、王虎增为副主任，王继先、李三喜、王慧霞、刘兴昌为委员。选举乡第十三届人大代表47名。

代表会议：

第一次会议于1995年12月26日至27日召开，应出席代表47名，实出席42名，列席5名。会议推举陈世文、李玉岱、常奋余、张廷俊、宋瑞芳（女）、雷浪喜、刘兴昌7人组成大会主席团，张廷俊、郑继宗、刘兴昌3人组成代表资格审查委员会。会议听取张廷俊所作的代表资格审查报告；听取、审议并通过李玉岱所作的乡政府工作报告、侯玉玺所作的乡人大主席团工作报告和上届代表意见、建议办理情况的报告、陈世文所作的乡“九五”计划草案说明；选举侯玉玺为乡人大主席团主席，李玉岱为乡政府乡长，宋瑞芳（女）、雷浪喜为副乡长。

六、第十四届人民代表大会（1998年12月至2002年1月）

代表选举：

乡第十四届人大代表选举工作于1998年11月至12月举行。选举乡第十四届人大代表47名。

代表会议：

第一次会议于1998年12月27日召开，应出席代表47名，实出席43名，列席19名。会议听取王明星所作的代表资格审查报告；听取、审议并通过常奋余所作的乡政府工作报告、李玉岱所作的乡人大主席团工作报告和上届代表意见、建议办理情况的报告；选举李玉岱为乡人大主席团主席、张润民为副主席，常奋余为乡政府乡长，宋瑞芳（女）为副乡长。

七、第十五届人民代表大会（2002年1月至2006年12月）

代表选举：

乡第十五届人大代表选举工作于2001年11月至12月举行。成立乡选委会，王高江为主任，张廷俊、张润民为副主任，李国强、王万积、郭荣、丁钱斗为委员。选举乡第十五届人大代表47名。

代表会议：

第一次会议于2002年1月6日召开，应出席代表47名，实出席41名（女8名）。会议听取张来忠所作的代表资格审查报告；听取和审议雷浪喜所作的乡政府工作报告、李国强所作的乡人大主席团工作报告、郑继宗所作的乡财政工作报告，并作出相应决议；选举李国强为乡人大主席团主席、马喜生为副主席，雷浪喜为乡政府乡长，宋瑞芳（女）为副乡长。

八、第十六届人民代表大会（2006年12月至2011年8月）

代表选举：

乡第十六届人大代表选举工作于2006年10月至12月举行。成立乡选委会，杨举民为主任，李国强、张来忠为副主任。选举县第十五届人大代表5名，乡第十六届人大代表47名(女9名)。

代表会议：

第一次会议于2006年12月召开。会议听取和审议靳建喜所作的乡政府工作报告、李国强所作的乡人大主席团工作报告、乡财政所关于乡财政预算执行情况的报告，并作出了相应的决议；选举李国强为乡人大主席团主席，靳建喜为乡政府乡长，宋瑞芳（女）为副乡长。

代表名单：

宋瑞芳（女）　豆新锐（女）　高霞霞（女）　杜丁锐（女）　李彩菊（女）
陈建霞（女）　王偏维（女）　豆军红（女）　李粉宁（女）　李国强　马喜生
王满红　王绵绵　杨金华　贾永忠　高伟红　王小军　孙弘元　贾银太　豆具钱
宋汉璋　陈尚平　高小军　王万积　万军强　任正勤　张来忠　任多胜　任想想
刘杰辉　王新太　张友明　侯高祥　高军积　张亚军　宋明珠　宋建平　侯志杰
王军红　李银芳　杨举民　侯进太　靳建喜　杨多多　刘菊芳　赵国兵　赵拴海

九、第十七届人民代表大会（2011年8月至2016年7月）

代表选举：

乡第十七届人大代表选举工作于2011年7月至8月举行。选举县第十六届人大代表5名、乡第十七届人大代表47名。

代表会议：

第一次会议于2011年8月召开。会议听取和审议吕斌所作的乡政府工作报告、吕朋军所作的乡人大主席团工作报告；选举为吕朋军为乡人大主席，吕斌为乡政府乡长，高喜平、张小燕（女）为副乡长。

十、第十八届人民代表大会（2016年7月至2021年）

代表选举：

乡第十八届人大代表选举工作于2016年6月至7月举行。成立乡选委会，乡党委副书记张小燕（女）为主任，姚乾、张宝林为副主任，孙丁雄、王德红、李颖通、赵冠平为委员。全乡共划分为3个选区，选举县第十七届人大代表5名；共划分为16个选区，选举乡第十八届人大代表47名。

代表会议：

第一次会议于2016年7月27日至28日召开，应出席代表47名，实出席42名。会议听取和审议赵轶智所作的乡政府工作报告、高喜平所作的乡人大工作报告，并作出相应决议；选举高喜平为乡人大主席，赵轶智为乡政府乡长，王冠礼、薛虎洲为副乡长。

第二次会议于2017年4月27日至28日召开，应出席代表47名，实出席38名。会议听取和审议高喜平所作的乡人大工作报告、赵轶智所作的乡政府工作报告，并作出相应决议。

第三次会议于2018年3月15日至16日召开，应出席代表47名，实出席37名。会议听取和审议高喜平所作的乡人大工作报告、赵轶智所作的乡政府工作报告，并作出相应决议。

第四次会议于2018年10月20日至21日召开，应出席代表47名，实出席37名。会议听取和审议高喜平所作的乡人大工作报告、赵轶智所作的乡政府工作报告，并作出相应决议。

第五次会议于2019年3月14日至15日召开，应出席代表47名，实到代表38名。会议听取和审议程福利所作的乡人大工作报告、赵轶智所作的乡政府工作报告，并作出相应决议；选举程福利为乡人大主席。

第六次会议于2020年4月23日至24日召开，应出席代表47名，实出席代表37名。会议听取和审议程福利所作的乡人大工作报告、胡前东所作的乡政府工作报告，并作出相应决议；选举胡前东为乡政府乡长。

代表名单：

宋小霞（女） 马丽丽（女） 刘广蕊（女） 张小燕（女） 任云云（女）
李小娟（女） 刘勤荣（女） 豆平彦（女） 宋丽丽（女） 杨艳丽（女）
李耀东 陈彦军 王冠礼 王来红 任强新 李小宁 伏建忠 贾永杰 高喜平
李跟芳 高小军 高润财 豆聚钱 豆长强 贾贞祥 贾耀忠 马小兵 任军宁
任长怀 宋顺平 孙全合 侯明生 薛虎洲 王天军 宋宗涛 侯付付 赵轶智
张亚军 宋许宗 宋甲庆 杨永胜 侯岁娃 姚　乾 张连仓 陈小虎 刘丁平
王满红

附：

贾河乡人民代表大会召开情况表

表6–112

届次	任期（年）	第一次会议			选举		
		应出席代表（名）	实出席代表（名）	召开时间	人大主席（副主席）	乡长	副乡长
九	3	50	43	1983.12.17		刘亚平	李建根
十	3	50	44	1986.12.31		刘登明	李建根
十一	3	50	40	1989.12.24		刘登明	万元虎
十二	3	41	36	1992.11.15	侯玉玺	万元虎	陈长安
十三	3	47	42	1995.12.26	侯玉玺	李玉岱	宋瑞芳　雷浪喜
十四	3	47	43	1998.12.27	李玉岱（张润民）	常奋余	宋瑞芳
十五	5	47	41	2002.1.6	李国强（马喜生）	雷浪喜	宋瑞芳
十六	5	47	不详	2006.12	李国强	靳建喜	宋瑞芳
十七	5	47	不详	2011.8	吕朋军	吕斌	高喜平　张小燕
十八	5	47	42	2016.7.27	高喜平	赵轶智	王冠礼　薛虎洲

第十三节　李店镇人民代表大会

李店镇位于县域南部。东邻雷大镇、余湾乡，南连贾河乡、仁大镇，西接通渭县新景乡，北靠治平镇、深沟乡。南北长10公里，东西宽12公里，总面积86平方公里。静秦公路穿境而过。至2019年年底，全镇辖17个行政村，103个村民小组，4175户，18781人。镇政府驻五方河村，距县城46公里。

公社成立前，李店属三区（治平）；1958年10月，成立永和公社，1961年12月，撤销永和公社，设李店、郑湾公社；1964年2月，郑湾公社并入李店公社；1983年12月，改设李店乡；2002年9月，撤乡建镇，改为李店镇。

一、第九届人民代表大会（1983年12月至1986年12月）

代表选举：

公社（乡）第九届人大代表选举工作于1983年11月至12月举行。成立公社选委会，王正仓为主任委员，高思举为副主任委员，杨统科、连俊蓉（女）、胡志勤为委员。全乡总人口16401人（男8419人，女7982人），有选民8382人（男4179人，女4203人），参加选举8257人（男4083人，女4174人）。选举县第九届人大代表9名、公社（乡）第九届人大代表70名。

代表会议：

第一次会议于1983年12月15日召开。应出席代表70名，实出席63名。会议听取和审议公社管委会工作报告；建立乡人民政府，选举高立红为乡政府乡长，杨少华为副乡长；杜树清、刘红为人民陪审员。

二、第十届人民代表大会（1986年12月至1989年12月）

代表选举：

乡第十届人大代表选举工作于1986年11月至12月举行。成立乡选委会，高立红为主任，樊国玺、杨统科为副主任，常进邦、王效义、杜树清为委员。选举县第十届人大代表9名、乡第十届人大代表70名。

代表会议：

第一次会议于1986年12月召开。会议听取和审议乡政府工作报告；选举樊国玺为乡政府乡长，杨统科为副乡长。

三、第十一届人民代表大会（1989年12月至1992年11月）

代表选举：

乡第十一届人大代表选举工作于1989年10月至12月举行。1989年10月19日成立乡选委会，常进邦为主任，王安庄为副主任，高全卯、朱春林、王世华、王治和、胡治国为委员。全乡参加选举的8720人，占18岁以上人口的97.3%，共划分为21个选区，选举县第十一届人大代表9名、乡第十一届人大代表48名。

代表会议

第一次会议于1989年12月20日召开，应出席代表48名，实出席38名。会议听取和审议乡政府工作报告；选举李建根为乡政府乡长，王安庄为副乡长，张多智、胡治国为人民陪审员。

代表名单：

朱春秀（女） 张芳华（女） 刘喜梅（女） 李冬香（女） 赵淑慧（女）
牛俊英（女） 张出息（女） 王彩琴（女） 李春梅（女） 程翻爱（女）
常进邦 李建根 李明智 王成忠 孔垂彪 李仰曾 王继荣 王成华 李勤学
郑万德 郭有柱 郭志高 王兴政 王守业 李兴才 刘文奎 王满子 王来保
常福仓 李仁堂 马　俊 胡治国 刘录义 晋跟卫 李军义 王润生 刘连福
杜继珍 杜有余 李克俭 张多智 马全仓 王世华 李毓春 樊忠学 王安庄
马方平 樊焕章

四、第十二届人民代表大会（1992年11月至1995年12月）

代表选举：

乡第十二届人大代表选举工作于1992年9月至11月举行。1992年9月26日，成立乡选委会，高长茂为主任，常进邦为副主任，李建根、李明智、樊焕章、雷浪喜、李克俭为委员。全乡有选民9940人，共划分6个选区，参加选民8841人，占选民人数的83%，选举县第十二届人大代表9名、乡第十二届代表48名。

代表会议：

第一次会议于1992年11月16日至17日召开，应出席代表48名，实出席41名，列席7名。会议听取和审议乡政府、乡人大主席团工作报告；选举常进邦为乡人大主席团专职常务主席，李建根为乡政府乡长，王安庄、杨晓兰（女）为副乡长，李克俭、张多智为人民陪审员。

代表名单：

杨晓兰（女） 何九菊（女） 李顺英（女） 李东香（女） 张出息（女）
杜偏子（女） 程翻爱（女） 杨引兄（女） 鲍春华（女） 胡治国 薛福定
李仓宝 常仓勤 朱春秀 高长茂 李建根 常进邦 胡耀国 王安庄 樊焕章
王向奎 李镐智 李康余 王宗卿 王跃军 王锦宗 郭志高 郭怀文 王兴政
马　帅 王宝仓 李仰曾 王文义 刘文奎 李兴才 王满子 王长随 王来保
刘仁兴 柴尚金 刘录义 刘继军 杜建斌 张多智 王具生 李积玉 李克俭
王成忠

五、第十三届人民代表大会（1995年12月至1998年12月）

代表选举：

乡第十三届人大代表选举工作于1995年11月至12月举行。成立乡选委会，胡耀国为主任，雷回吉为副主任，李五四、马仿平、杨尚政、樊青山、程翻爱（女）为委员。选举乡第十三届人大代表53名。

代表会议：

第一次会议于1995年12月16日召开。会议听取和审议乡政府、乡人大主席团工作报告；选举杨统科为乡人大主席团主席、雷回吉为副主席，李录才为乡政府乡长，杨晓兰（女）、王柯青为副乡长。

六、第十四届人民代表大会（1998年12月至2002年1月）

代表选举：

乡第十四届人大代表选举工作于1998年11月至12月举行。1998年11月2日，成立乡选委会，刘镇定为主任，王安庄、王柯青为副主任，胡耀国、樊跟船、樊茂、程晋博为委员。全乡有选民10991人，共划分为23个选区，参加选举10657人，参选率为96%，选举乡第十四届人大代表53名。

代表会议：

第一次会议于1998年12月23日至24日召开，应出席代表53名，实出席49名。会议听取和审议胡耀国所作的乡政府工作报告、王安庄所作的乡人大主席团工作报告；选举王安庄为乡人大主席团主席，胡耀国为乡政府乡长，杨晓兰（女）为副乡长。

代表名单：

杨晓兰（女） 李桃花（女） 陈新蕊（女） 程翻爱（女） 王小霞（女）
王彩兰（女） 杨引见（女） 樊金兰（女） 刘镇定 胡耀国 朱春林 王进存
王安庄 王柯青 杨尚政 王升斌 樊跟船 杨世雄 程晋博 杜仲学 张占斌
姚安福 崔建刚 杜明祥 王　琪 杨伟宏 王　峰 吴明杰 孔垂国 王国勤
郑继贤 王继宗 郭先知 郭顺卯 王国军 杜利利 李东香 刘智平 赵金桥
李军义 刘德兴 马军芳 杜愿亮 李惹子 常仁强 李相相 马习学 王昌宏
刘岁稍 李克俭 刘知义 王春林

七、第十五届人民代表大会（2002年1月至2006年12月）

代表选举：

乡第十五届人大代表选举工作于2001年11月至12月举行。成立乡选委会，刘镇定为主任，王安庄、胡耀国为副主任，王柯青、程晋博、樊茂、杨喜平为委员。选举乡第十五届人大代表53名。

代表会议：

第一次会议于2002年1月召开。会议听取和审议乡政府、乡人大主席工作报告；

选举陈治平为乡人大主席团主席，杨旭为乡政府乡长，李玉香（女）、韩对吉为副乡长。

八、第十六届人民代表大会（2006年12月至2011年8月）

代表选举：

镇第十六届人大代表选举工作于2006年10月至11月举行。2006年10月23日，成立镇选委会，王宁宁为主任，刘建义、刘国军为副主任，程晋博、韩高斗、杨伟宏、王喜菊（女）为委员。全镇有选民11451人，共划分为20个选区，参加选举11005人，选举县第十五届人大代表8名，镇第十六届人大代表53名（党员32名，女11名，大专以上文化程度14名）。

代表会议：

第一次会议于2006年12月23日召开，应出席代表53名，实出席53名。会议听取、审议并通过张新江所作的镇政府工作报告、李建义所作的镇人大主席团工作报告；选举李建义为镇人大主席团主席，张新江为镇政府镇长，李玉香（女）、任浩为副镇长。

代表名单：

王军霞（女） 王建人（女） 陈淑花（女） 孙亚玲（女） 李桃花（女）
张改妍（女） 刘小瑞（女） 李　瑞（女） 李玉香（女） 王小玲（女）
王兰兰（女） 常金珠 王有福 王国勤 王中信 王万存 张新江 郭顺卯
刘国军 李建义 李重学 王庆守 王宁宁 王志军 刘兴昌 杜思斌 田怀玺
刘文奎 宋中吉 王多利 郭　忠 李菊瑞 李军义 孙杰锟 刘得兴 刘仁兴
李仓锁 杜香其 杜香保 李江桥 李堆仓 李保明 王进存 王春林 任　浩
胡新文 薛富荣 刘放省 晋吉祥 赵小刚 马　俊 李连长 杨伟宏

九、第十七届人民代表大会（2011年8月至2016年7月）

代表选举：

镇第十七届人大代表选举工作于2011年7月至8月举行。成立镇选委会，马宕新为主任，张高强、张秋利（女）为副主任，马仿平、樊伟、高春晓、王静霞（女）、陈晓伟、贾向龙为委员。全镇有选民12267人，选举县第十六届人大代表9名，镇第十七届人大代表53名。

代表会议：

第一次会议于2011年8月15日召开，应出席代表53名，实出席53名。会议听取和审议王壬寅所作的镇政府工作报告、李江桥所作的镇人大工作报告；选举李江桥为镇人大主席，王壬寅为镇政府镇长，邹少波、张秋利（女）为副镇长。

代表名单：

王万存 李连香 李江桥 马宕新 郭吉兴 王军霞 王宁宁 王军太 孔德丑
王建人 王有福 李菊瑞 王小玲 程淑花 王喜娃 邹少波 王旭强 田怀玺

刘爱琴　张秋利　王岁勤　安引弟　郭　忠　刘文义　杨　彬　胡小敏　柴建顺
刘仁兴　刘德兴　毛小琴　刘玉来　张高强　李　蕊　刘广益　何正平　刘致华
杜草草　胡新文　胡进周　韩高斗　黎俊香　李宗义　吕金信　李西康　刘托省
王壬寅　常平生　常调相　李亚萍　王进存　贾德花

十、第十八届人民代表大会（2016年7月至2021年）

代表选举：

镇第十八届人大代表选举工作于2016年6月至7月举行。成立镇选委会，镇党委副书记张秋利（女）为主任，吴宗仁、唐效锋为副主任，吕金信、王拴太、马贵强、周志鹏、张能能、王妍菊（女）为委员。共划分6个选区，选举县第十七届人大代表9名，划分18个选区，选举镇第十八届人大代表53名。

代表会议：

第一次会议于2016年7月28日召开，应出席代表53名，实出席51名，列席4名。会议推举马对兵、王国平、王惠勤、陈小兵、张秋利（女）、张国保、唐效锋7人组成大会主席团。会议听取和审议陈小兵所作的镇政府工作报告、王惠勤所作的镇人大工作报告，并作出相应决议；选举王惠勤为镇人大主席，陈小兵为镇政府镇长，朱省良、吕金信、吴海军为副镇长；收到代表意见建议5条。

第二次会议于2016年12月28日召开，应出席代表53名，实出席49名。会议推举马对兵、王国平、王惠勤、陈小兵、张秋利（女）、张国保、唐效锋7人组成大会主席团。会议听取和审议陈小兵所作的镇政府工作报告、王惠勤所作的镇人大工作报告，并作出相应决议；收到代表意见建议4条。

第三次会议于2017年6月20日召开，应出席代表53名，实出席50名。会议推举马对兵、王国平、王惠勤、陈小兵、张秋利（女）、张国保、唐效锋7人组成大会主席团。会议听取和审议陈小兵所作的镇政府工作报告、王惠勤所作的镇人大工作报告，并作出相应决议；收到代表意见建议7条。

第四次会议于2017年12月15日召开，应出席代表53名，实出席47名。会议推举马对兵、王国平、王惠勤、陈小兵、张秋利（女）、张国保、唐效锋7人组成大会主席团。会议听取和审议陈小兵所作的镇政府工作报告、王惠勤所作的镇人大工作报告，并作出相应决议；收到代表意见建议6条。

第五次会议于2018年7月27日召开，应出席代表51名，实出席43名。会议推举马对兵、王国平、王惠勤、陈小兵、张秋利（女）、张国保、唐效锋7人组成大会主席团。会议听取和审议陈小兵所作的镇政府工作报告、王惠勤所作的镇人大工作报告，并作出相应决议；收到代表意见建议7条。

第六次会议于2019年6月25日召开，应出席代表51名，实出席43名。会议推举刘来滨、王惠勤、吕金信、陈小兵、张秋利（女）、张国保、梁浩军7人组成大会主席团。会议听取和审议陈小兵所作的镇政府工作报告、王惠勤所作的镇人大工作报告，并作出相应决议；选举陈晓维为镇政府副镇长；收到代表意见建议6条。

第七次会议于2019年9月17日召开，应出席代表48名，实出席38名。会议推举刘来滨、王惠勤、吕金信、吴宗仁、张秋利（女）、张国保、梁浩军7人组成大会主席团。会议听取和审议吕金信所作的镇政府工作报告、王惠勤所作的镇人大工作报告，并作出相应决议；选举李满斗为镇政府镇长；收到代表意见建议8条。

代表名单：

郑小燕（女） 史淑菊（女） 常琴清（女） 樊圆圆（女） 李同霞（女）
张秋利（女） 杜草草（女） 李採弟（女） 邓迎春（女） 程国能（女）
王宁霞（女） 樊爱梅（女） 王晓村（女）马对兵 吴海军 李军林 陈小兵
朱省良 常变强 王国平 郑继贤 王万存 吕金信 郭先知 王守太 刘昱隆
张国保 孔德丑 吴宗仁 吴明杰 李军强 任兴隆 王惠勤 杜思斌 田怀玺
郭 忠 刘文义 周志鹏 柴仁义 刘德兴 陈晓维 杜向琪 马贵强 李院基
晋国翔 王强子 胡新文 唐效锋 王春林 刘宗平 宋 明 李宗义 李万能

附：

李店镇（乡）人民代表大会召开情况统计表

表6-113

届次	任期(年)	第一次会议			选举		
		应出席代表(名)	实出席代表(名)	召开时间	人大主席(副主席)	乡镇长	副乡镇长
九	3	70	63	1983.12.15		高立红	杨少华
十	3	70	不详	1986.12		樊国玺	杨统科
十一	3	48	38	1989.12.20		李建根	王安庄
十二	3	48	41	1992.11.16	常进邦	李建根	王安庄 杨晓兰
十三	3	53	不详	1995.12.16	杨统科(雷回吉)	李录才	杨晓兰 王柯青
十四	3	53	49	1998.12.23	王安庄	胡耀国	杨晓兰
十五	5	53	不详	2002.1	陈治平	杨 旭	李玉香 韩对吉
十六	5	53	53	2006.12.23	李建义	张新江	李玉香 任 浩
十七	5	53	53	2011.8.15	李江桥	王壬寅	邹少波 张秋利
十八	5	53	51	2016.7.28	王惠勤	陈小兵	朱省良 吕金信 吴海军

第十四节 深沟乡人民代表大会

深沟乡位于县域西南部。东北与治平镇相依，南靠李店镇，西南和通渭县新景乡接壤，北接新店乡。南北长9公里，东西宽10公里，总面积63平方公里。至2019年年底，全乡辖8个行政村，46个村民小组，1817户，7024人。乡政府驻深沟村，距县城67公里。

解放初，深沟乡属三区（治平）；1958年10月，建立公社时，属平和公社；1961年12月，撤销平和公社，分设治平公社和深沟公社；1964年2月，深沟公社并入治平公社；1979年12月，再次分设深沟公社；1983年12月，改为深沟乡。

一、第九届人民代表大会（1983年12月至1986年12月）

代表选举：

公社（乡）第九届人大代表选举工作于1983年11月至12月举行。成立公社选委会，王振江为主任委员，杨丰源为副主任委员，任作栋、王爱华（女）、柴建龙为委员。选举县第九届人大代表4名、乡第九届人大代表50名。

代表会议：

第一次会议于1983年12月召开。会议听取和审议公社管委会工作报告；建立乡人民政府；选举王有锡为乡政府乡长、雷回吉为副乡长。

第二次会议于1984年12月20日召开。会议听取和审议王有锡所作的乡政府工作报告，并作出决议。

第三次会议于1986年5月28日召开。应出席代表50名，实出席28名，列席2名。会议听取和审议任堪华所作的乡政府工作报告，并作出了决议；选举任堪华为乡政府乡长。

代表名单：

王响玲（女）　郭秀英（女）　李兰花（女）　王梅英（女）　王爱华（女）
杨秀花（女）　杨菊莲（女）　樊授天　胡礼义　王强民　张献忠　张运庄
任作栋　王建光　雷回吉　杨丰源　雷志宏　王志荣　王振杰　樊鹏东　王杰华
李义勤　李世敏　张志仁　柴建龙　任治亚　王振甲　任天永　吕正江　郭正华
郭拾多　张汉学　王有锡　朱相荣　吕宗孔　朱旭峰　任世清　刘　荣　刘效东
王世忠　杨建文　杨芝国　杨志学　刘多久　杨汉斌　王效新　杨金良　樊百胜
朱平和　樊占山

二、第十届人民代表大会（1986年12月至1989年12月）

代表选举：

乡第十届人大代表选举工作于1986年11月至12月举行。成立乡选委会，任堪华为主任，雷回吉为副主任，任作栋、杨汉斌、王东进为委员。选举县第十届人大代表4名、乡第十届人大代表50名（女7名）。

代表会议：

第一次会议于1986年12月召开。会议听取和审议乡政府工作报告；选举任堪华为乡政府乡长，雷回吉为副乡长，杨建华、王志荣为人民陪审员。

第二次会议于1987年12月26日召开。应出席代表50名，实出席35名，列席4名。会议推举王志治、王效新、王振江、任作栋、任堪华、杨汉斌、杨丰源、杨菊莲（女）、张汉学、雷回吉11人组成大会主席团。会议听取和审议任堪华所作的乡政府工作报告，并作出决议；收到代表意见建议13条。

代表名单：

孙淑梅（女）　杨菊莲（女）　郭秀英（女）　王　丽（女）　王积顺（女）
郭进华（女）　樊振社（女）　樊串学　樊占山　任堪华　张汉学　雷回吉
杨丰源　杨汉斌　杨建华　任作栋　李君生　刘多久　王志治　谢锡珍　王俊华
王守勤　樊明东　王东进　王强民　王志杰　任汉清　王志荣　孙德珍　王振杰
王耀先　任拴换　吕忠贤　朱润川　苟代忠　郑治华　郭正清　吕富仓　杨志义
王世忠　刘　锋　杨满余　杨永林　王志雄　王效新　樊百胜　朱仲良　张献忠
樊中和　樊登科

三、第十一届人民代表大会（1989年12月至1992年11月）

代表选举：

乡第十一届人大代表选举工作于1989年10月至12月举行。成立乡选委会，戴三姓为主任，张汉学为副主任，刘多久、赵福社、王效新为委员。全乡总人口7469人（男3740人，女3729人），有选民4272人（男2197人，女2075人），全乡共划分县人大代表选区3个，乡人大代表选区13个，选举县第十一届人大代表4名、乡第十一届人大代表37名（女8名）。

代表会议：

第一次会议于1989年12月10日召开。会议听取和审议乡政府工作报告；选举张自立为乡政府乡长，王柯青为副乡长，王效新、杨汉义为人民陪审员。

代表名单：

王响玲（女）　任　术（女）　王　丽（女）　王军蕊（女）　王和平（女）
刘　荣（女）　孙淑梅（女）　樊振社（女）　任平平　樊耀宗　朱晚仓
杨汉义　杨建华　孙克邦　王联合　王振杰　张自立　张运庄　郭志壁　王宗贤
吕顺军　杨　科　任士英　戴三姓　王世忠　王忠华　王柯青　杨泽民　王杰华
王灵信　王孝新　朱具良　任作栋　樊百树　王志治　张献忠　王立雄

四、第十二届人民代表大会（1992年11月至1995年12月）

代表选举：

乡第十二届人大代表选举工作于1992年9月至11月举行。成立乡选委会，王灵信为主任，任作栋为副主任，陈治平、王志治、杜仲学、刘多久、柴锦波为委员。划分4个选区，于1992年11月10日召开了选举大会，选举县第十二届人大代表5名、乡第十二届人大代表38名。

代表会议：

第一次会议于1992年11月19日至20日召开，应出席代表38名，实出席36名。会议听取和审议乡政府、乡人大主席团工作报告；选举任作栋为乡人大常务主席，王灵信为乡政府乡长，王柯青为副乡长。

五、第十三届人民代表大会（1995年12月至1998年12月）

代表选举：

乡第十三届人大代表选举工作于1995年11月至12月举行。成立乡选委会，任作栋为主任，王四喜为副主任，张栋首、王志治、王继国为委员。选举乡第十三届人大代表45名。

代表会议：

第一次会议于1995年12月10日召开，应出席代表45名，实出席38名。会议听取和审议乡政府、乡人大主席团工作报告；选举任作栋为乡人大主席团主席，王安庄为乡政府乡长，王国随为副乡长。

六、第十四届人民代表大会（1998年12月至2002年1月）

代表选举：

乡第十四届人大代表选举工作于1998年11月至12月举行。成立乡选委会，任跟路为主任，陈长安、王四喜为副主任，王军杰、张毅为委员。选举乡第十四届人大代表45名。

代表会议：

第一次会议于1998年12月3日召开，应出席代表45名，实出席37名。会议听取和审议乡政府、乡人大主席团工作报告；选举陈长安为乡人大主席团主席，王军杰为乡政府乡长，李振东为副乡长。

七、第十五届人民代表大会（2002年1月至2006年11月）

代表选举：

乡第十五届人大代表选举工作于2001年11月至12月举行。成立乡选委会，王军杰为主任，陈长安、李振东为副主任，王宗贤、王波、胡喜梅（女）、雷向红为委员。全乡划分为15个选区，于2001年12月28日召开选举大会，选举乡第十五届人大代表45名。

代表会议：

第一次会议于2002年1月9日召开，应出席代表45名，实出席45名。会议听取和审议乡政府、乡人大主席团工作报告；选举陈长安为乡人大主席团主席，王柯青为乡政府乡长，程翻爱（女）为副乡长。

八、第十六届人民代表大会（2006年11月至2011年8月）

代表选举：

乡第十六届人大代表选举工作于2006年10月至11月举行。成立乡选委会，王东为主任，李振东、张润民为副主任，王军芳（女）、杨云杰、吴会峰、李维玉、王具仓、胡喜梅（女）为委员。选举县第十五届人大代表5名，乡第十六届人大代表45名（女10名）。

代表会议：

第一次会议于2006年11月15日召开，应出席代表45名，实出席45名。会议听取和审议乡政府、乡人大主席团工作报告；选举李振东为乡人大主席团主席，王亚鹏为乡政府乡长，王军芳（女）为副乡长。

代表名单：

刘勺勺（女）　王军芳（女）　刘淑兰（女）　王若平（女）　赵全喜（女）
李银香（女）　吕梅香（女）　刘卓卓（女）　王晚叶（女）　任小莉（女）
李振东　孙辉杰　张　理　任冠华　杨世雄　吕文辉　李金社　樊旺祥　陈玉辉
张润民　苟代忠　郭强太　郭少华　梁永胜　张生堂　樊百喜　樊松寿　樊亚平
王俊棠　杨忠太　杨忙义　朱仲良　王高学　杨彦军　王　荣　王思贤　王晓阳
王来畅　王保宝　王喜平　王　东　刘绍兴　王亚鹏　张永贵　杨麦良

九、第十七届人民代表大会（2011年8月至2016年7月）

代表选举：

乡第十七届人大代表选举工作于2011年7月举行。全乡有选民5211人，共划分为13个选区，参加选举5002人，选举县第十六届人大代表4名，乡第十七届人大代表45名（女11名）。

代表会议：

第一次会议于2011年8月15日召开，应出席代表45名，实出席45名。会议推举王亚鹏、王宏乾、任润云、李延康、李振东、厍兴国、杨麦良、程晓霞（女）、蔡创雄9人组成大会主席团。会议听取和审议厍兴国所作的乡政府工作报告、李振东所作的乡人大主席团工作报告、王宏乾所作的乡财政预决算报告，并作出相应决议；选举李振东为乡人大主席团主席，厍兴国为乡政府乡长，王宏乾、任润云为副乡长。

第二次会议于2012年10月26日召开，应出席代表45名，实出席43名。会议推举王宏乾、米发明、任润云、李延康、李振东、厍兴国、杨麦良、程晓霞（女）、蔡创雄9人组成大会主席团。会议听取和审议米发明所作的乡政府工作报告、李振东所作的乡人大主席团工作报告、王宏乾所作的乡财政预决算报告，并作出相应决议；选举米发明为乡政府乡长。

第三次会议于2013年6月12日召开，应出席代表45名，实出席42名。会议推举王宏乾、米发明、任润云、李延康、厍兴国、杨麦良、程晓霞（女）、蔡创雄、樊跟船9

人组成大会主席团。会议听取和审议米发明所作的乡政府工作报告、樊跟船所作的乡人大工作报告、王宏乾所作的乡财政预决算报告，并作出相应决议；选举樊跟船为乡人大主席。

第四次会议于2014年9月21日召开，应出席代表45名，实出席41名。会议推选王宏乾、米发明、任润云、李延康、库兴国、杨麦良、程晓霞（女）、蔡创雄、樊跟船9人组成大会主席团。会议听取和审议米发明所作的乡政府工作报告、樊跟船所作的乡人大工作报告、王宏乾所作的乡财政预决算报告，并作出相应决议；共收到代表意见、建议11件，主要涉及道路、水利、梯田建设，果园管理，教育卫生等方面。

代表名单：

程晓霞（女）　刘卓卓（女）　王晚叶（女）　郭多花（女）　刘佳佳（女）
田　静（女）　樊振社（女）　周国社（女）　刘彩娟（女）　李淑珍 (女)
任旭红（女）　雷军福　樊义勤　张　理　任生荣　蔡创雄　王永珠　李振东
孙稳绪　王　建　李延康　王强民　孙维读　王保宝　王早珠　王宏乾　司连水
刘　勇　杨麦良　王　坚　库兴国　苟代忠　吕德喜　谢江生　郑智华　杨忠太
任润云　朱仲良　王国刚　吕文辉　朱润川　任昌甲　王亚鹏　张生堂　樊录娃

十、第十八届人民代表大会（2016年7月至2021年）

代表选举：

乡第十八届人大代表选举工作于2016年6月至7月举行。成立乡选委会，乡党委副书记蔡创雄为主任，胡斌、张勇为副主任，王江红、程宏斌、王乐高、朱国霞（女）为委员。全乡共划分3个选区，选举县第十七届人大代表5名；划分为18个选区，选举乡第十八届人大代表45名。

代表会议：

第一次会议于2016年7月28日召开，应出席代表45名，实出席40名。会议推举徐小胜、米发明、樊跟船、任润云、李延康、张勇、吕文辉7人组成大会主席团。会议听取和审议米发明所作的乡政府工作报告、樊跟船所作的乡人大工作报告；选举王万积为乡人大主席，米发明为乡政府乡长，刘彩娟（女）、杨自福为副乡长；收到代表意见建议10条。

第二次会议于2017年7月28日召开，应出席代表45名，实出席41名。会议推举徐小胜、米发明、王万积、任润云、刘彩娟（女）、杨自福、吕文辉7人组成大会主席团。会议听取和审议米发明所作的乡政府工作报告、王万积所作的乡人大工作报告，并作出相应决议；收到代表意见建议11条。

第三次会议于2017年12月7日召开，应出席代表45名，实出席42名。会议推举米发明、雷映忠、王万积、任润云、刘彩娟（女）、杨自福、吕文辉7人组成大会主席团。会议听取和审议米发明所作的乡政府工作报告、王万积所作的乡人大工作报告，并作出相应决议；选举雷映忠为乡政府乡长；收到代表意见建议15条。

第四次会议于2018年8月3日召开，应出席代表45名，实出席39名。会议推举米发明、雷映忠、王万积、任润云、刘彩娟（女）、杨自福、吕文辉7人组成大会主席团。会议听取和审议雷映忠所作的乡政府工作报告、王万积所作的乡人大工作报告，并作出相应决议；收到代表意见建议11条。

第五次会议于2019年1月18日召开，应出席代表45名，实出席41名。会议推举米发明、雷映忠、王万积、任润云、刘彩娟（女）、杨自福、吕文辉7人组成大会主席团。会议听取和审议雷映忠所作的乡政府工作报告、王万积所作的乡人大工作报告，并作出相应决议；收到代表意见建议13条。

第六次会议于2019年5月24日召开，应出席代表45名，实出席41名。会议推举米发明、雷映忠、王万积、任润云、刘彩娟（女）、杨自福、吕文辉7人组成大会主席团。会议听取和审议雷映忠所作的乡政府工作报告、王万积所作的乡人大工作报告，并作出相应决议；收到代表意见建议13条。

第七次会议于2019年9月3日召开，应出席代表45名，实出席39名。会议推举米发明、雷映忠、王万积、任润云、刘彩娟（女）、杨自福、吕文辉7人组成大会主席团。会议听取和审议雷映忠所作的乡政府工作报告、王万积所作的乡人大工作报告，并作出相应决议；收到代表意见建议15条。

第八次会议于2020年7月23日召开，应出席代表45名，实出席41名。会议推举米发明、雷映忠、王万积、朱省良、胡斌、刘彩娟（女）、杨自福、吕文辉8人组成大会主席团。会议听取和审议雷映忠所作的乡政府工作报告、王万积所作的乡人大工作报告，并作出相应决议，会议收到代表意见建议10条。

第九次会议于2020年12月28日召开，应出席代表45名，实出席43名。会议推举王朴、王康慨、吕文辉、米发明、朱省良、李延康、杨自福、张满红、胡斌、雷映忠10人组成大会主席团。会议听取和审议雷映忠所作的乡政府工作报告、朱省良所作的乡人大工作报告，并作出相应决议；选举杜强新为乡政府副乡长；收到代表意见建议12条。

代表名单：

王回叶（女）　刘卓卓（女）　王晓叶（女）　朱红梅（女）　王秀芳（女）
倪早萍（女）　田　静（女）　雷拾叶（女）　郭多花（女）　刘佳佳（女）
张忠霞（女）　王小兵（女）　樊振社（女）　周国社（女）　吕梅香（女）
李银香（女）　王军来　孙维读　王托喜　王国喜　王来阳　王思贤　王万积
吕劲松　王满祥　吕喜德　朱昌余　郭强太　王保宝　王乐高　刘奋钰　杨红长
杨映堤　杨　刚　吕文辉　张　勇　王剩男　任昌甲　杨金文　任润云　李延康
樊文学　樊百喜　樊义勤　樊长玉

附：

深沟乡人民代表大会召开情况表

表6-114

届次	任期(年)	第一次会议			选举		
		应出席代表(名)	实出席代表(名)	召开时间	人大主席(副主席)	乡长	副乡长
九	3	50	不详	1983.12		王有锡	雷回吉
十	3	50	不详	1986.12		任堪华	雷回吉
十一	3	37	不详	1989.12.10		张自立	王柯青
十二	3	38	36	1992.11.19	任作栋	王灵信	王柯青
十三	3	45	38	1995.12.10	任作栋	王安庄	王国随
十四	3	45	37	1998.12.3	陈长安	王军杰	李振东
十五	5	45	45	2002.1.9	陈长安	王柯青	程翻爱
十六	5	45	45	2006.11.15	李振东	王亚鹏	王军芳
十七	5	45	45	2011.8.15	李振东	厍兴国	王宏乾　任润云
十八	5	45	40	2016.7.28	王万积	米发明	刘彩娟　杨自福

第十五节　治平镇人民代表大会

治平镇位于县域西南部。东邻雷大镇、双岘镇，南依李店镇，西接深沟乡，北靠新店乡、甘沟镇。南北长9公里，东西宽10公里，总面积为72平方公里。至2019年年底，全镇辖12个行政村，80个村民小组，3203户，14308人。镇政府驻安宁村，距县城56公里。

解放前分属治平、云萃两乡，解放后为第三区，1958年10月，成立平和公社；1961年12月，平和公社分设治平、深沟公社；1964年2月，深沟公社并入治平公社；1979年12月，分设深沟公社；1983年12月，改为治平乡；2018年7月，撤乡建镇，改为治平镇。

一、第九届人民代表大会（1983年12月至1986年12月）

代表选举：

乡第九届人大代表选举工作于1983年11月至12月召开。成立公社选委会，王克刚为主任委员，樊国玺为副主任委员，任堪华、张道、杨发祥、任永强、郭具德为委员。全乡有选民6422人，共划分6个选区，选举县第九届人大代表7名、乡第九届人大代表70名（女10名）。

代表会议：

第一次会议于1983年12月13日召开，应出席代表70名，实出席56名。会议推举陈尚孔、程志荣、王荣、高思举、郭具德、张时、马银昌、王凤兰（女）8人组成大会主席团。会议听取和审议陈尚孔所作的公社管委员工作报告；建立乡人民政府，选举陈尚孔为乡政府乡长，王荣为副乡长；常思宗、柴卫国为人民陪审员。

二、第十届人民代表大会（1986年12月至1989年12月）

代表选举：

乡第十届人大代表选举工作于1986年11月至12月举行。成立乡选委会，王荣为主任，马国忠、何玉春为副主任，杜仲学、王成全为委员。全乡共划分为4个选区，选举县第十届人大代表7名、乡第十届人大代表60名。

代表会议：

第一次会议于1986年12月28日召开。会议听取和审议乡政府工作报告；通过关于教育经费征收和现役军人优抚等意见、建议。选举王荣为乡政府乡长，何玉春为副乡长。

三、第十一届人民代表大会（1989年12月至1992年11月）

代表选举：

乡第十一届人大代表选举工作于1989年10月至12月举行。成立乡选委会，马国忠为主任，张希敏为副主任，王成全、张廷俊、柴立春为委员。选举县第十一届人大代表7名、乡第十一届人大代表41名。

代表会议：

第一次会议于1989年12月召开。会议听取和审议乡政府工作报告；选举杨世忠为乡政府乡长，杨源峰为副乡长。

第二次会议于1991年2月12日召开。会议听取和审议乡人大主席团、乡政府工作报告，并作出了相应的决议。

第三次会议于1992年3月18日召开。会议听取和审议了乡人大主席团、乡政府工作报告。

四、第十二届人民代表大会（1992年11月至1995年12月）

代表选举：

乡第十二届人大代表选举工作于1992年9月至11月举行。成立乡选委会，杨源峰为主任，马国忠为副主任，杨丰源、王专娃、王玉祥、李国强、张廷俊为委员。划分5个选区，选举县第十二届人大代表7名、乡第十二届人大代表44名。

代表会议：

第一次会议于1992年11月召开。会议听取和审议乡政府、乡人大席团工作报告；选举马国忠为乡人大常务主席，李玉岱为乡政府乡长，王专娃为副乡长。

第二次会议于1994年2月14日召开。会议听取和审议乡政府工作报告、乡人大主席团工作报告。

五、第十三届人民代表大会（1995年12月至1998年12月）

代表选举：

乡第十三届人大代表选举工作于1995年11月至12月举行。成立乡选委会，李三正为主任，马国忠、杨源峰为副主任，王富仓、程忠平、柴立春、孙杰琨、任贵生、朱云业为委员。选举乡第十三届人大代表50名。

代表会议：

第一次会议于1995年12月18日召开。会议推举李三正、马国忠、孙杰琨、程中平、王笃庆5人组成大会主席团，李三正为执行主席。会议听取和审议乡政府、乡人大主席团工作报告；选举马国忠为乡人大主席团主席，王灵信为乡政府乡长，孙淑梅（女）、李国强为副乡长。

六、第十四届人民代表大会（1998年12月至2001年12月）

代表选举：

乡第十四届人大代表选举工作于1998年11月至12月举行。成立乡选委会，李三正为主任，王健、程中平为副主任，王灵信、李铭智、王来畅、张建良为委员。选举乡第十四届人大代表50名。

第一次会议于1998年12月18日召开。应出席代表50名，实出席34名（女5名）。会议听取和审议王健所作的乡人大主席团工作报告、王灵信所作的乡政府工作报告、胡雄恩所作的乡财政工作报告；选举王健为乡人大主席团主席，王灵信为乡政府乡长、孙淑梅（女）为副乡长。

七、第十五届人民代表大会（2001年12月至2006年12月）

代表选举：

乡第十五届人大代表选举工作于2001年11月至12月举行。成立乡选委会，李三正为主任，杨国珍、程中平为副主任，王来畅、王军芳（女）、孙杰琨、王正强为委员。选举乡第十五届人大代表50名。

代表会议：

第一次会议于2001年12月26日召开。应出席代表50名，实出席33名。会议推举张廷俊、刘斌、王世生、梁景泰、王笃庆、陈琪瑛（女）、孙杰锟、樊继仁、王来畅9人组成大会主席团。会议听取和审议刘斌所作的乡政府工作报告、王世生所作的乡人大主席团工作报告。选举王世生为乡人大主席团主席，刘斌为乡政府乡长，王笃庆、陈琪瑛（女）为副乡长。

代表名单：

张廷俊　刘　斌　王世生　梁景泰　王笃庆　陈琪英　樊继仁　王来畅　朱国杰
雷冬生　朱世态　孙杰锟　马银昌　柴国强　杨海元　刘正义　杨亚平　魏晓娟
樊　任　王亚忠　韩永勤　李强强　王根学　姚芳兰　王军固　王东祥　王自勤
雷根珠　朱　毓　朱蕊香　柴立春　谢国勇　李怀仁　陈国平　雷利智　王汝悦
杨永军　杨少华　陈初视　王亚中　王玉视　王十月

八、第十六届人民代表大会（2006年12月至2011年8月）

代表选举：

乡第十六届人大代表选举工作于2006年10月至12月举行。成立乡选委会，郭煜为主任，韩对吉、张建良为副主任，常拾宗、任贵生、李娟（女）、张红安为委员。全乡共划分为20个选区，选举县第十五届人大代表6名，乡第十六届人大代表50名（女11名）。

代表会议：

第一次会议于2006年12月8日召开。会议听取和审议郭国定所作的乡政府工作报告、王忠华所作的乡财政预算报告、韩对吉所作的乡人大主席团工作报告。选举韩对吉为乡人大主席团主席，郭国定为乡政府乡长，陈琪瑛（女）为副乡长。

第二次会议于2007年12月18日召开。会议听取和审议并通过郭国定所作的乡政府工作报告、韩对吉所作的乡人大主席团工作报告；选举胡喜梅（女）为乡政府副乡长。

第三次会议于2008年12月10日召开。会议听取和审议郭国定所作的乡政府工作报告，韩对吉所作乡人大主席团工作报告。

第五次会议于2010年12月19日召开。会议听取和审议王宏亮所作的乡政府工作报告、张建良所作的乡人大工作报告；选举张建良为乡人大主席。

代表名单：

陈琪瑛（女）　樊小红（女）　徐静林（女）　张小娟（女）　刘花花（女）
李　娟（女）　郭小娟（女）　刘婉多（女）　吴彩兄（女）　陈跟弟（女）
王宗弟（女）　陈金祥　王更先　张本船　王继卫　张建良　王继才　王东祥
常　洁　姚军守　樊兴船　常拾宗　李润余　樊　晓　韩对吉　雷全玺　张鹏飞
朱存兵　胡堪祥　刘志坚　朱天明　朱界春　马满廉　刘映军　柴立春　郭　煜
王满林　王军武　王忠华　常建荣　常长拾　郭继委　郭国定　杨亚平　杨七斤
柴江平　杨海元　杨跟娃　陈仲科　马锦鹏

九、第十七届人民代表大会（2011年8月至2016年7月）

代表选举：

乡第十七届人大代表选举工作于2011年7月至8月举行。全乡总人口14422人，实有选民10227人，共划分为10个选区，选举县第十六届人大代表7名（女2名）；共划分为20个选区，选举乡第十七届人大代表50名（女15名）。

代表会议：

第一次会议于2011年8月14日召开。会议听取和审议张建良所作的乡政府工作报告、杜东洲所作的乡人大工作报告；选举杜东洲为乡人大主席，张建良为乡政府乡长，杨世雄、吴慧（女）为副乡长。

第三次会议于2013年3月21日召开。会议推举郭国定、杜东洲、张建良、杨世雄、付旭、吴慧（女）、任建平7人组成大会主席团。会议听取和审议张建良所作的乡政府工作报告、杜东洲所作的乡人大工作报告。

第四次会议于2014年3月21日召开。会议推举梁永红、杜东洲、张建良、杨世雄、付旭、吴慧（女）、任建平7人组成大会主席团，任建平为秘书长。会议听取和审议张建良所作的乡政府工作报告、杜东洲所作的乡人大工作报告。

代表名单：

王红霞（女）　杨喜荣（女）　樊国笑（女）　胡小瑞（女）　樊多红（女）
吴　慧（女）　孙志娟（女）　郭玉霞（女）　王合香（女）　郭玉乐（女）
王银瑞（女）　张晓燕（女）　刘番子（女）马银昌　杨亚平　王宝荣　马树林
付　旭　刘志坚　杨世雄　王玉斌　张佳佳　翟小项　杨再起　柴国强　张国劳
李江红　樊德庄　张银生　樊发喜　常继锋　常拾宗　胡向红　张建平　张建良
雷新茂　任建平　薛晓杰　程随兴　杜东洲　朱界春　李意平　雷育红　柴立春
常国斗　郭国定　陈彦东　朱锦明　樊永斌　陈富军

十、第十八届人民代表大会（2016年7月至2021年）

代表选举：

乡第十八届人大代表选举工作于2016年6月至7月举行。成立乡选委会，乡党委副书记杨苍众为主任，杜兆军、姚琪实为副主任，王栓太、杨兆斌、薛晓英、安根信为委员。全乡共划分为4个选区，选举县第十七届人大代表7名（其中补选1名）；选举乡第十八届人大代表50名。

代表会议：

第一次会议于2016年7月28日至29日召开，应出席代表50名，实出席50名。会议推举杨世雄、尹婉琴（女）、杨再起、尹标、杨苍众、樊亮、张西洲7人组成大会主席团。会议听取和审议尹婉琴所作的乡政府工作报告、杨世雄所作的乡人大工作报告，并作出相应决议；选举杨世雄为乡人大主席，尹婉琴（女）为乡政府乡长，付旭、姚琪实为副乡长；会议收到代表意见建议21条。

第二次会议于2017年6月28日和29日召开，应出席代表50名，实出席50名。会议推举张建良、尹婉琴（女）、杨世雄、姚琪实、杨再起、朱锦明、杨苍众7人组成大会主席团。会议听取和审议尹婉琴所作的乡政府工作报告、杨世雄所作的乡人大工作报告，并作出相应决议；会议收到代表意见建议18条。

第三次会议于2018年7月16日至17日召开，应出席代表50名，实出席50名。会议推举张建良、杨世雄、尹婉琴（女）、杨苍众、朱锦明、姚琪实、杨再起7人组成大会主席团。会议听取和审议尹婉琴所作的乡政府工作报告、杨世雄所作的乡人大工作报告，并作出相应决议；选举杨再起为副乡长。会议收到代表意见建议20条。

第四次会议于2019年9月20日至21日召开，应出席代表50名，实出席49名。会议推举王宏乾、杨世雄、尹婉琴（女）、杨苍众、张西洲、樊亮、杨再起7人组成大会主席团。会议听取和审议尹婉琴所作的镇政府工作报告、杨世雄所作的镇人大工作报告，并作出相应决议；选举赵俊俊为副镇长。会议收到代表意见建议15条。

第五次会议于2020年4月28日至29日召开，应出席代表50名，实出席49名。会议推举王宏乾、张西州、尹标、杨再起、郭靖、樊亮、杨苍众7人组成大会主席团。会议听取和审议尹婉琴所作的镇政府工作报告，并作出相应决议；选举郭靖为镇人大主席；会议收到代表意见建议16条。

代表名单：

王青青（女） 樊多珠（女） 姚整平（女） 孙国霞（女） 李　婧（女）
胡爱珲（女） 戴芳娟（女） 尹婉琴（女） 马小其（女） 王宗弟（女）
吕向娟（女） 任可可（女） 胡小敏（女） 薛双利（女） 杨军兴 杨乱乱
张建良 陈利利 王玉斌 王强强 姚倡能 杨苍众 赵晓黎 李春军 李江红
付　旭 樊　红 樊继忠 胡存福 雷　志 程随兴 雷育红 胡永成 杨世雄
朱军利 樊春晓 朱界春 樊　亮 柴黎明 王永强 常国斗 晋相强 柴庄庄
柴小兵 张西洲 朱锦明 杨再起 李自军 李党红 杨建东

附：

治平镇（乡）人民代表大会召开情况表

表6-115

届次	任期(年)	第一次会议			选举		
		应出席代表(名)	实出席代表(名)	召开时间	人大主席(副主席)	乡镇长	副乡镇长
九	3	70	56	1983.12.13		陈尚孔	王　荣
十	3	60	不详	1986.12.28		王　荣	何玉春
十一	3	41	不详	1989.12		杨世忠	杨源峰
十二	3	44	不详	1992.11	马国忠	李玉岱	王专娃
十三	3	50	不详	1995.12.18	马国忠	王灵信	孙淑梅 李国强
十四	3	50	34	1998.12.18	王　健	王灵信	孙淑梅
十五	5	50	33	2001.12.26	王世生	刘　斌	王笃庆 陈琪瑛
十六	5	50	不详	2006.12.8	韩对吉	郭国定	陈琪瑛

续表6-115

届次	任期（年）	第一次会议			选举		
		应出席代表（名）	实出席代表（名）	召开时间	人大主席（副主席）	乡镇长	副乡镇长
十七	5	50	不详	2011.8.14	杜东洲	张建良	杨世雄 吴　慧
十八	5	50	50	2016.7.28	杨世雄	尹婉琴	付　旭 姚琪实

第十六节　新店乡人民代表大会

新店乡位于县域西南部。东与治平镇接壤，南与深沟乡毗邻，西与通渭县陇川镇相连，北与四河镇相依。南北长10公里，东西宽11公里，总面积64平方公里。甘新公路穿境而过。至2019年年底，全乡辖8个行政村，54个村民小组，2050户，8741人。乡政府驻新店村，距县城43公里。

1949年8月，新店属五区；1955年6月，属甘沟区；1958年10月，属民联公社；1964年2月，属甘沟公社；1973年1月，成立新店公社；1983年12月，改为新店乡至今。

一、第九届人民代表大会（1983年12月至1986年12月）

代表选举：

公社（乡）第九届人大代表选举工作于1983年11月至12月举行。成立公社选委会，席珍为主任委员，赵明远、祁世明为副主任委员，郑廷瑜、岳具辉、王玉英（女）、任玉清为委员。选举县第九届人大代表5名、公社（乡）第九届人大代表50名（女10名）。

代表会议：

第一次会议于1983年12月13日至14日召开，应出席代表50名，实出席50名，列席8名（其中特邀代表2名，退休干部代表1名）。会议听取和审议席珍所作的公社管委会工作报告；建立乡人民政府，选举席珍为乡政府乡长，郑廷瑜为副乡长；任玉清、张文光为人民陪审员。

第二次会议于1984年12月23日召开。第一次会议以来，有2名代表调离新店乡，1名代表去世，因此，此次会议应出席代表47名，实出席40名，列席8名，特邀1名。会议听取和审议王镇华所作的乡政府工作报告；选举王镇华为乡政府乡长。

第三次会议于1986年4月30日召开。会议听取和审议王镇华所作的乡政府工作报告。

代表名单：

王旦娃　王国栋　任志荣　水兆荣　张守智　安回回　丁雪梅　苟振东　王　悦
王汉民　孙志荣　王英娥　谢振安　谢　兵　张玉玺　王福堂　王整社　高世莲
张国余　刘万有　刘永祥　何有川　刘宗义　朱建才　刘建秀　刘秀花　孟士杰
李发荣　刘梅梅　刘汉文　秦镇华　姚世华　张文光　孙永科　刘自强　张淑琴
张永谦　张正义　何满江

二、第十届人民代表大会（1986年12月至1989年12月）

代表选举：

乡第十届人大代表选举工作于1986年11月至12月举行。成立乡选委会，王镇华为主任，郑廷瑜为副主任，任玉清、王玉英（女）、王福堂为委员。全乡有选民4555人，于12月25日召开选举大会，参加选民4360名，选举县第十届人大代表5名、乡第十届人大代表50名（女8名）。

代表会议：

第一次会议于1986年12月召开，应出席代表50名，实出席43名，列席14名。会议推举秦复华、王镇华、王志智、郑廷瑜、祁世明、秦镇华、李郁枝、姚登魁、刘自礼、任玉清10人组成大会主席团；会议听取和审议并通过王镇华所作的乡政府工作报告；选举王镇华为乡政府乡长、郑廷瑜为副乡长，任玉清、王福堂为人民陪审员。

第二次会议于1987年12月29日召开，应出席代表50名，实出席28名，列席5名。会议推举王镇华、王志智、郑廷瑜、祁世明、刘寿山、姚登魁、刘自礼、任玉清8人组成大会主席团。会议听取和审议并通过王镇华所作的乡政府工作报告。

第三次会议于1989年1月22日召开。第二次会议以来，有2名代表调离新店乡，有8名代表户籍迁出新店乡，此次会议应出席代表40名，实出席32名，列席11名，特邀9名。会议听取和审议并通过王镇华所作的乡政府工作报告；收到代表意见建议8条。

第四次会议于1989年5月27日召开，应出席代表48名，实出席28名，列席14名。会议选举王志强为乡政府副乡长。

代表名单：

王玉英（女）　吴桂香（女）　张菊萄（女）　秦月兰（女）　包秀华（女）
窦润润（女）　刘麦麦（女）　刘玉花（女）王镇华　郑廷瑜　王志智　任志荣
祁世明　杨培根　王汉邦　孙永科　张克学　甘世义　刘志信　李宏业　包维玺
孟士杰　姚世华　刘寿山　甘治科　王永胜　任守志　张正义　刘建秀　王守业
李天荣　任玉清　秦镇华　张西谦　岳生富　刘汉文　何有川　何满江　刘自礼
孙志发　刘建社　王治和　王国栋　胡宗智　水兆荣　孙维林　吴海清　王丽平
姚登魁　王福堂

三、第十一届人民代表大会（1989年12月至1992年11月）

代表选举：

乡第十一届人大代表选举工作于1989年10月至12月举行。成立乡选委会，张志学为主任，王志智、郑廷瑜为副主任，周仲勤、靳水利、刘自礼、何德元为委员。全乡总人口8283人（男4273人，女4010人），有选民4999人（男2624人，女2375人），全乡共划分县人大代表选区4个，乡人大代表选区15个，选举县第十一届人大代表5名、乡第十一届人大代表38名（女8名）。

代表会议：

第一次会议于1989年12月24日召开，应出席代表38名，实出席28名，列席13名。会议推举张志学、杨统科、王志强、韩荣省、王志智、杨培根、孔垂敏、张祎娥（女）、甘致科9人组成大会主席团；张志学、杨统科、王志强、韩荣省、王志智5人组成代表资格审查委员会。会议听取和审议杨统科所作的乡政府工作报告，选举杨统科为乡政府乡长、王志强为副乡长，靳水利、张效庭为人民陪审员。

第三次会议于1992年1月10日召开，应出席代表38名，实出席29名，列席11名。会议听取和审议并通过杨统科所作的乡政府工作报告、任作栋所作的乡人大主席团工作报告。

代表名单：

吴桂香（女）　何国弟（女）　杨秀兰（女）　张祎娥（女）　王丽平（女）
张拔拔（女）　李润科（女）　王社社（女）孙志杰　孙志发　何有川　牛　俊
李汉仁　孙耀祖　王升荣　韩荣省　王志强　甘世义　甘致科　张少荣　张学成
张效庭　樊　忠　孙永科　杨统科　杨培根　孔垂敏　何军江　秦维华　王守智
王志智　李天荣　李士奎　刘志信　王缠社　张志学　王克科　任志荣

四、第十二届人民代表大会（1992年11月至1995年12月）

代表选举：

乡第十二届人大代表选举工作于1992年9月至11月举行。成立乡选委会，包继德为主任，张自玺为副主任，韩荣省、王志智、张祎娥（女）为委员。划分5个选区，选举县第十二届人大代表5名，乡第十二届人大代表39名。

代表会议：

第一次会议于1992年11月召开。会议听取和审议乡政府、乡人大主席团工作报告；选举张自玺为乡人大常务主席；韩荣省为乡政府乡长，李忠荣为副乡长。

五、第十三届人民代表大会（1995年12月至1998年12月）

代表选举：

乡第十三届人大代表选举工作于1995年11月至12月举行。成立乡选委会，李国军为主任，李忠荣、张自玺为副主任，任宗杰、雷刚、张仲林、陈仲科为委员。选举乡第十三届人大代表46名。

代表会议：

第一次会议于1995年12月召开。会议听取和审议乡政府、乡人大主席团工作报告；选举李国军为乡人大主席团主席，包继德为乡政府乡长，胡生忠、李鹏玺为副乡长。

六、第十四届人民代表大会（1998年12月至2002年1月）

代表选举：

乡第十四届人大代表选举工作于1998年11月至12月举行。成立乡选委会，李国军为主任，张自玺为副主任，李忠荣、雷刚、张祎娥（女）为委员。选举乡第十四届人大代表46名。

代表会议：

第一次会议于1998年12月召开。会议听取和审议乡政府、乡人大主席团工作报告；选举李国军为乡人大主席团主席、张自玺为副主席，包继德为乡政府乡长、景国宁为副乡长。

七、第十五届人民代表大会（2002年1月至2006年12月）

代表选举：

乡第十五届人大代表选举工作于2001年11月至12月举行。成立乡选委会，吴国锦为主任，王健、胡生忠为副主任，李忠荣、文治卿、陈仲科、雷刚为委员。选举乡第十五届人大代表46名。

代表会议：

第一次会议于2002年1月召开。选举王健为乡人大主席团主席，付鹏举为乡政府乡长，景国宁、郭素芳（女）为副乡长。

八、第十六届人民代表大会（2006年12月至2011年8月）

代表选举：

乡第十六届人大代表选举工作于2006年11月至12月举行。成立乡选委会，魏小良为主任，张科、屈稳强为副主任，张永明、杨再起为委员。选举县第十五届人大代表5名，乡第十六届人大代表46名（女9名）。

代表会议：

第一次会议于2006年12月召开。会议听取和审议乡政府、乡人大主席团工作报告；选举张科为乡人大主席团主席；屈稳强为乡政府乡长，郭素芳（女）为副乡长。

第四次会议于2010年6月3日在乡政府会议室召开。第三次会议以来，乡第十六届人大代表吕朋军、郭素芳（女）、张科、王静平、李高强、屈稳强、李遇春、张永明因工作变动，根据选举法有关规定，其乡人大代表资格自行终止，在代表出缺的选区补选王晓玲（女）、王宁学、张满船、王松、马智山、李留学、石纪、马芳洲8人为乡第十六届人大代表。因此，此次会议应出席代表46名，实出席35名。会议审议通过屈稳强辞去乡政府乡长职务的请求；选举李留学为乡政府乡长。

代表名单：

甘淑萍（女）　郭素芳（女）　常招兄（女）　臧建芳（女）　王淑荣（女）
王等庄（女）　马淑琴（女）　王社社（女）　张娟玲（女）　王耀先　李新荣
李耀锋　周　稳　康作斌　甘义虎　甘治雄　李国民　吕朋军　王宏愿　张　科
谢永禄　谢　谦　文治卿　贾智杰　王静平　李汉斌　刘志笃　刘　毓　任　伟
张生元　张正宗　张军奎　张时时　岳生福　魏小良　马效义　李高强　常志良
牛　俊　王　智　李都良　屈稳强　王永吉　刘鸿江　李遇春　张永明

九、第十七届人民代表大会（2011年8月至2016年7月）

代表选举：

乡第十七届人大代表选举工作于2011年7月至8月举行。选举县第十六届人大代表4名、乡第十七届人大代表46名。

代表会议：

第一次会议于2011年8月14日至15日召开，应出席代表46名，实出席40名，刘雄彪、王耀先、王进儒、王赟、常志良、文治卿、马芳洲、张满船列席了会议。会议听取和审议乡政府、乡人大工作报告；选举王宁学为乡人大主席，李留学为乡政府乡长，王晓玲（女）、周稳为副乡长。

第四次会议于2015年1月8日召开。第一次会议以来，乡第十七届人大代表薛仁杰、石纪、王宁学因工作变动，吴世明代表去世，其代表资格自行终止，在代表出缺的选区补选王康乐、王立东、程晖、刘毓为乡第十七届乡人大代表。此次会议应出席代表46名，实出席39名，王永吉、王耀先、任杰、王赟、刘建英、马国强、庞安宁、张满船、马明军、田战奎列席会议。会议选举王立东为乡人大主席，王康乐为乡政府乡长。

代表名单：

薛仁杰　王宁学　李留学　王晓玲　周　稳　石　纪　马智山　张文峰　包兵玲
张喜栋　牛佐娃　何生元　张军奎　王正魁　任建英　张耀义　张淑萍　李国明
甘治雄　路锦科　王宏愿　秦国丽　杨连根　谢三丁　刘麦牛　吴世明　张　松
张占行　杨岁牛　牛来柱　李来玉　牛　俊　李都良　王益书　张忠效　刘贵兵
任蓬理　刘　武　刘引合　魏小霞　王　阔　张玉红　吴想兵　秦百勤

十、第十八届人民代表大会（2016年7月至2021年）

代表选举：

乡第十八届人大代表选举工作于2016年6月至7月举行。成立乡选委会，乡党委副书记张君羊（女）为主任，周斌、马智山为副主任，王静平、谭春勤、吴娟红（女）、陈专平为委员。全乡共划分3个选区，选举县第十七届人大代表5名；选举乡第十八届人大代表46名。

代表会议：

第一次会议于2016年7月26日召开，应出席代表46名，实出席42名。会议推举王赟、王喜平、张君羊（女）、周稳、程晖、景政宏、樊尚平7人组成大会主席团。会议听取和审议景政宏所作的乡政府工作报告、周稳所作的乡人大工作报告，并作出相应决议；选举周稳为乡人大主席，景政宏为乡政府乡长，王赟、王喜平为副乡长；收到代表意见建议2条。

第二次会议于2017年11月17日召开，应出席代表46名，实出席38名。会议推举王赟、王喜平、张君羊（女）、周稳、程晖、景政宏、樊尚平7人组成大会主席团。会议听取和审议景政宏所作的乡政府工作报告、周稳所作的乡人大工作报告，并作出相应决议；收到代表意见建议6条。

第三次会议于2018年7月27日召开，应出席代表46名，实出席39名。会议推举王赟、王喜平、张君羊（女）、周稳、程晖、景政宏、樊尚平7人组成大会主席团。会议听取和审议景政宏所作的乡政府工作报告、周稳所作的乡人大工作报告，并作出相应决议；收到代表意见建议4条。

第四次会议于2019年5月28日召开，应出席代表46名，实出席35名。会议推举王赟、甘义虎、任建英（女）、何生元、周稳、秦百问、樊尚平7人组成大会主席团。会议听取和审议王赟所作的乡政府工作报告、周稳所作的乡人大工作报告，并作出相应决议；选举杨众举为乡政府乡长；收到代表意见建议13条。

代表名单：

甘淑萍（女）　张荔荔（女）　甘小玲（女）　任建英（女）　张玉红（女）
王新红（女）　李早鹏（女）　刘晓红（女）　李来玉（女）　刘麦牛（女）
张　希（女）　张袅娜（女）　秦国利（女）孙耀宏　吴永刚　何堆川　张占行
王宏愿　谢　谦　樊尚平　周　稳　景政宏　甘义虎　张永强　岳　福　程　晖
孙旺盛　孔垂敏　甘雄雄　何生元　王耀先　张应成　刘光明　秦百问　吴想斌
刘小龙　任作荣　任蓬理　刘引合　李安平　杨尔凡　张世勇　王喜平　张天勤
王　赟　杨　军

附：

新店乡人民代表大会召开情况统计表

表6-116

届次	任期（年）	第一次会议			选举		
		应出席代表（名）	实出席代表（名）	召开时间	人大主席（副主席）	乡长	副乡长
九	3	50	50	1983.12.13		席　珍	郑廷瑜
十	3	50	43	1986.12		王镇华	郑廷瑜

续表6-116

届次	任期(年)	第一次会议			选举		
		应出席代表(名)	实出席代表(名)	召开时间	人大主席(副主席)	乡长	副乡长
十一	3	38	28	1989.12.24		杨统科	王志强
十二	3	39	不详	1992.11	张自玺	韩荣省	李忠荣
十三	3	46	不详	1995.12	李国军	包继德	李鹏玺
十四	3	46	不详	1998.12	李国军(张自玺)	包继德	景国宁
十五	5	46	不详	2002.1	王　健	付鹏举	景国宁　郭素芳
十六	5	46	不详	2006.12	张　科	屈稳强	郭素芳
十七	5	46	40	2011.8.14	王宁学	李留学	王晓玲　周　稳
十八	5	46	42	2016.7.26	周　稳	景政宏	王　赟　王喜平

第十七节　甘沟镇人民代表大会

甘沟镇位于县域中西部。东邻城川镇、威戎镇，南依双岘镇、治平镇，西接新店乡、四河镇，北靠细巷镇。南北长13.5公里，东西宽14.6公里，总面积 172 平方公里。甘新、甘四公路穿境而过。至2019年年底，全镇辖19个行政村，174个村民小组，8038户，32493人。镇政府驻甘沟村，距县城24公里。

1949年8月，设立五区；1955年6月，改称甘沟区；1958年10月建立民联人民公社；1961年12月，民联公社分设甘沟、祁川、水坪公社；1964年2月，祁川、水坪公社并入甘沟公社；1979年12月，甘沟公社分设祁川公社；1983年12月，改为甘沟乡；2015年7月，撤乡建镇，改为甘沟镇。

一、第九届人民代表大会（1983年12月至1986年12月）

代表选举：

公社（乡）第九届人大代表选举工作于1983年11月至12月举行。成立公社选委会，张百忍为主任委员，徐启章为副主任委员，胡继仓、马腾芳、王汉堂、张富华、任跟路为委员。选举县第九届人大代表9名、公社（乡）第九届人大代表70名（女14名）。

代表会议：

第一次会议于1983年12月12日召开，应出席代表70名，实出席66名。会议听取和审议李克和所作的公社管委会工作报告；建立乡人民政府，选举李克和为乡政府乡长，靳海珠为副乡长；豆修林、马效元为人民陪审员。

第二次会议于1984年12月24日召开。听取和审议乡政府工作报告。

代表名单：

张志芳（女）		王兰英（女）		任玉英（女）		李亮亮（女）	王淑勤（女）	
张彩英（女）		陈秀英（女）		尤兰芳（女）		李翠英（女）	高书琴（女）	
王春兰（女）		范月桂（女）		厚晓兰（女）		王菊英（女）	王树峰	马守义
张汉雄	郜永堂	郜笃勤	孙殿发	刘宗汉	王树华	马效元	雷俊杰	张效斌
黄博士	张步荣	张文业	杨茂太	任海玺	李永仓	张天云	李志明	张三虎
治　忠	张伍顺	张廷杰	张富华	杨杰权	梁应乾	张永良	魏　节	梁同军
李进华	王金荣	翟生录	张正元	胡维庭	王海荣	阎高峰	阎国山	蔡守甲
豆修林	马致清	席　义	杨世兴	刘德生	张俊录	王克剑	王克刚	靳文良
张登荣	张志忠	王自修	何继刚	徐启章	李克和	靳海珠	张百忍	张安义

二、第十届人民代表大会（1986年12月至1989年12月）

代表选举：

乡第十届人大代表选举工作于1986年11月至12月举行。成立乡选委会，靳天生为主任，田宗仁为副主任，屈坤敏、朱世平、豆修林为委员。选举县第十届人大代表9名、乡第十届人大代表70名。

代表会议：

第一次会议于1986年12月召开。会议听取和审议乡政府工作报告；选举靳天生为乡政府乡长，张自玺为副乡长。

三、第十一届人民代表大会（1989年12月至1992年11月）

代表选举：

乡第十一届人大代表选举工作于1989年10月至12月举行。成立乡选委会，靳天生为主任，靳顺昌、田宗仁为副主任，任跟路、李继学、杨显标、姚国奇为委员。全乡有选民10710人，划分县代表选区6个，乡代表选区19个选区，于12月5日召开选举大会，参加选民10257人，占95.8%，选举县第十一届人大代表9名（干部3名，农民5名；妇女2名；教师1名；非党群众3名）、乡第十一届人大代表48名（女12名）。

代表会议：

第一次会议于1989年12月22日至23日在乡政府召开，应出席代表48名，实出席45名，列席12名。会议推举曾远德、靳天生、张自玺、靳顺昌、潘瑞珍、李国军、田宗仁、杨世兴、祁世明、姚国奇、谭玉章11人组成大会主席团，李国军为秘书长；靳顺昌、李国军、张举义3人组成代表资格审查委员会，靳顺昌为主任。会议听取和审议靳天生所作的乡政府工作报告，并作出决议；选举靳天生为乡政府乡长，张自玺为副乡长；杨世兴、郜永堂为人民陪审员。

第二次会议于1990年12月8日在乡政府召开，应出席代表49名，实出席43名。会议推举靳天生、邹振革、张自玺、姚国奇、祁世明、潘瑞珍、王志强6人组成大会主席团。会议听取和审议邹振革所作的乡政府工作报告、祁世明所作的乡人大主席团工作报告，并作出相应决议。

第三次会议于1992年1月6日在乡政府召开，应出席代表49名，实出席36名。会议推举靳天生、邹振革、张自玺、姚国奇、祁世民、潘瑞珍、王志强7人组成大会主席团。会议听取和审议邹振革所作的乡政府工作报告，祁世明所作的乡人大主席团工作报告，并作出相应决议。

四、第十二届人民代表大会（1992年11月至1995年12月）

代表选举：

乡第十二届人大代表选举工作于1992年9月至11月举行。成立乡选委会，王志强为主任，祁世明为副主任，李国军、胡生忠、陈友学、王军年、李园春为委员。划分6个选区，于1992年11月10日召开选举大会，选举高富德、郜永堂、郭应童、任变芳（女）、王升堂、祁世明、李国军、李儒、张玉珍（女）9人为县第十二届人大代表，乡第十二届人大代表49名（女10名）。

代表会议：

第一次会议于1992年11月20日至21日在乡政府召开，应出席代表49名，实出席45名，列席9名。会议推举邹振革、李国军、祁世明、王志强、胡生忠、张锋、陈友学、高忠贤、王治堂9人组成大会主席团。会议听取和审议李国军所作的乡政府工作报告、祁世明所作的乡人大主席团工作报告，并作出相应决议；选举祁世明为乡人大主席团专职常务主席，李国军为乡政府乡长，高中贤为副乡长，马效礼、张富华为人民陪审员。

第二次会议于1994年1月6日在乡政府召开，应出席代表49名，实出席代表31名。会议推举祁世明、王志强、邹振革、张锋、陈友学、胡生忠、王治奎、梁应乾8人组成大会主席团。会议听取和审议李国军所作的乡政府工作报告、祁世明所作的乡人大主席团工作报告，并作出相应决议。

第三次会议于1994年5月15日在乡政府召开，应出席代表49名，实出席33名。会议推举任堪华、王志强、祁世明、张锋、胡生忠、王治奎、梁应乾7人组成大会主席团。会议选举王志强为乡政府乡长，陈芳萍（女）为副乡长。

第四次会议于1995年1月8日在乡政府召开，应出席代表49名，实出席31名。会议推举祁世明、王志强、张锋、陈友学、胡生忠、王治奎、梁应乾7人组成大会主席团；会议听取审议王志强所作的乡政府工作报告、祁世明所作的乡人大主席团工作报告，并作出相应决议。

代表名单：

孙苏梅（女）　刘月珍（女）　马效珍（女）　王凤兰（女）　任变芳（女）
樊社子（女）　樊翠兰（女）　豆凤英（女）　王艳春（女）　张素梅（女）

梁应乾 杨国汉 张登明 邹振革 王志强 李国军 高中贤 祁世明 张 锋
胡生忠 陈友学 李志学 王治堂 席登荣 李风金 任长旭 司志斌 李笃学
王勤康 李新颖 蔡东升 阎 林 王树华 马效礼 孙耀祖 黄常明 张忠贤
黄尚明 郜宗新 朱国章 杨宗礼 马尚斌 席治清 王虎珠 陈有斌 张文业
豆俊杰 张富华 李尚智

五、第十三届人民代表大会（1995年12月至1998年12月）

代表选举：

乡第十三届人大代表选举工作于1995年11月至12月举行。成立乡选委会，任堪华为主任，王健、祁世明为副主任，张锋、牛满川、陈友学、刘儒林、靳大平、靳秀娟（女）为委员。全乡共划分为18个选区，选举乡第十三届人大代表53名（女11名）。

代表会议：

第一次会议于1995年12月31日在乡政府召开，应出席代表53名，实出席49名。会议推举任堪华、何国玺、王健、祁世明、张光景、陈友学、靳宝生、梁应乾、梁玉乾9人组成大会主席团。会议听取和审议张锋所作的乡政府工作报告、祁世明所作的乡人大主席团工作报告、李国军所作的乡财政预算决算报告，并作出相应决议；选举任堪华为乡人大主席团主席、祁世明为副主席，王志强为乡政府乡长，张锋、樊莹琴（女）为副乡长。

第二次会议于1997年1月17日在乡政府召开，应出席代表53名，实出席44名。会议推举任堪华、何国玺、王志强、王健、祁世明、张锋、梁应乾7人组成大会主席团。会议听取和审议王志强所作的乡政府工作报告、祁世明所作的乡人大主席团工作报告、张光景所作的关于1996年乡财政收支预算执行情况和1997年财政预算（草案）的报告，并作出相应决议。会上表彰了阎斌、梁应乾、张耀继3名代表。

第三次会议于1997年3月20日在乡政府召开，应出席代表53名，实出席38名。会议推举尤维科、李鹏玺、祁世明、张锋、靳宝生、张光景、陈友学7人组成大会主席团。会议选举李鹏玺为乡政府乡长，靳宝生为副乡长。

第四次会议于1998年1月18日在乡政府召开，应出席代表53名，实出席27名。会议推举尤维科、李鹏玺、祁世明、张锋、靳宝生、樊莹琴（女）6人组成大会主席团。会议听取和审议李鹏玺所作的乡政府工作报告、祁世明所作的乡人大主席团工作报告、杨同军所作的乡财政预算决算报告，并作出相应决议；选举尤维科为乡人大主席团主席。

代表名单：

樊莹琴（女） 靳秀娟（女） 马卷霞（女） 席秀花（女） 靳月勤（女）
苟菊花（女） 王艳春（女） 樊社子（女） 樊翠兰（女） 任变芳（女）
豆凤英（女） 尤维科（增补） 任堪华 王志强 何国玺 王 健 张 锋
祁世明 靳宝生 王 东 张光景 李志学 刘宗汉 靳大平 陈友学 梁正清
王成锁 张 勇 阎 斌 任安俊 张 银 王虎珠 郜永堂 席忠民 张耀继

张俊国 马来刚 蔡治国 郭世才 吕引斌 张宗義 王勤康 骆永辰 黄尚明
张效斌 梁应乾 张志芳 雷治川 豆俊杰 张忠孝 李尚智 张忠贤 戴永红
杨国汉

六、第十四届人民代表大会（1998年12月至2002年1月）

代表选举：

乡第十四届人大代表选举工作于1998年11月至12月举行。成立乡选委会，尤维科为主任，张锋、祁世明为副主任，靳亚雄、靳大平、杨小红、陈友学为委员。全乡共划分为18个选区，选举乡第十四届人大代表53名（女12名）。

代表会议：

第一次会议于1998年12月26日在乡政府召开，应出席代表53名，实出席48名。会议推举尤维科、李鹏玺、张锋、靳宝生、樊莹琴（女）、祁世明、周忠勤、刘银锋、牛满川9人组成大会主席团。会议听取和审议李鹏玺所作的乡政府工作报告、祁世明所作的乡人大主席团工作报告、杨同军所作的乡财政预算决算报告，并作出相应决议；选举尤维科为乡人大主席团主席、祁世明为副主席，李鹏玺为乡政府乡长，樊莹琴（女）为副乡长。

第二次会议于1999年5月16日在乡政府召开，应出席代表53名，实出席43名。会议推举李鹏玺、靳宝生、樊科、张锋、樊莹琴（女）、祁世明、周忠勤、刘银锋、牛满川9人组成大会主席团。会议选举樊科为乡人大主席团主席，靳宝生为乡政府乡长。

第三次会议于1999年9月10日在乡政府召开，应出席代表53名，实出席40名。会议推举李鹏玺、靳宝生、樊科、张锋、张斌、祁世明、周仲勤、刘银锋、牛满川9人组成人大主席团。会议选举张文斌为乡政府副乡长。

第四次会议于2000年1月9日在乡政府召开，应出席代表53名，实出席44名。会议推举李鹏玺、靳宝生、樊科、张锋、张文斌、祁世明、周仲勤、刘银锋、牛满川9人组成大会主席团。会议听取和审议靳宝生所作的乡政府工作报告、樊科所作的乡人大主席团工作报告、杨同军所作的乡财政预算决算报告，并做出相应决议；收到关于交通、教育方面的意见、建议3条。

第五次会议于2001年2月21日在乡政府召开，应出席代表53名，实出席38名。会议推举李鹏玺、靳宝生、樊科、张锋、张文斌、祁世明、周仲勤、刘银锋、牛满川9人组成大会主席团。会议听取和审议靳宝生所作的乡政府工作报告、樊科所作的乡人大主席团工作报告、杨同军所作的乡财政预算决算报告，并做出相应决议；收到关于小学建设和林业管护方面的意见、建议2条。

第六次会议于2001年8月24日在乡政府召开，应出席代表53名，实出席40名，会议推举靳宝生、王新虎、张锋、张文斌、祁世明、周仲勤、刘银锋、牛满川8人组成大会主席团。会议选举王新虎为乡政府乡长。

代表名单：

樊莹琴（女） 杨玉婷（女） 张巧玲（女） 阎根利（女） 翟凤芳（女）
张锐话（女） 马娟霞（女） 樊社子（女） 李应利（女） 豆凤英（女）
任变芳（女） 樊 科（增补） 王新虎（增补） 尤维科 李鹏玺 靳宝生
张 锋 祁世明 周仲勤 刘银锋 杨同军 靳亚雄 孔垂孝 张红专 靳大平
蔡东升 张耀继 戴永登 王军祥 黄义乾 黄尚明 张继芳 黄昱明 张世谦
王兴旦 席忠民 席建民 王国忠 郭世财 马尚学 张应义 张志芳 雷治川
豆俊杰 任奋飞 张永良 杨国汉 王稳学 赵晓东 杨 政 张 银 牛满川
任安俊 阎 斌

七、第十五届人民代表大会（2002年1月至2006年12月）

代表选举：

乡第十五届人大代表选举工作于2001年11月至12月举行。成立乡选委会，靳宝生为主任，祁世明、刘银锋为副主任，陈友学、凌森、杨惠玲（女）、孙国君为委员。全乡总人口19896人，实有选民12989人（男 6632人，女6357人）；共划分为19个选区，参加选举11540人，参选率为89.6%，选举乡第十五届人大代表53名（女12名）。

第一次会议于2002年1月4日至5日在乡政府召开，应出席代表53名，实出席52名。会议推举靳宝生、王新虎、周仲勤、刘银锋、马建国、张松树、陈友学7人组成大人主席团。会议听取和审议王新虎所作的乡政府工作报告、周仲勤所作的乡人大主席团工作报告、杨同军所作的乡财政预算决算报告，并作出相应决议；选举周仲勤为乡人大主席团主席，王新虎为乡政府乡长，马建国、谭淑娟（女）为副乡长。会议收到涉及校舍、道路、水利建设和电网改造等方面的意见、建议5条。

第二次会议于2004年1月5日在乡政府召开，应出席代表53名，实出席45名。会议推举靳宝生、王新虎、周仲勤、刘银锋、马建国、张松树、陈友学7人组成大会主席团。会议听取和审议王新虎所作的乡政府工作报告、周仲勤所作的乡人大主席团工作报告、杨同军所作的乡财政预算决算报告，并作出相应决议；会议收到代表意见、建议11件。

第三次会议于2003年1月17日在乡政府召开，应出席代表53名，实出席45名。会议推举靳宝生、王新虎、周仲勤、刘银锋、马建国、张松树、陈友学7人组成大会主席团。会议听取和审议王新虎所作的乡政府工作报告、周仲勤所作的乡人大主席团工作报告、杨同军所作的乡财政预算决算报告，并作出相应决议；会议收到代表意见、建议8件。

第四次会议于2004年3月28日在乡政府召开，应出席代表57名（因乡镇撤并补选代表9名），实出席52名。会议推举靳宝生、王新虎、刘银锋、马建国、王宏、杨源峰、周仲勤、凌森8人组成大会主席团。会议听取和审议王新虎所作的区划调整后的乡政府工作报告，通过乡人大主席团工作要点，通报乡区划调整后代表补选情况。

第六次会议于2006年1月11日在乡政府召开，应出席代表57名，实出席49名。会议推举杨飞、王新虎、周仲勤、凌森、马建国、厍兴国、陈友学、刘来滨、戴永明9人组成大会主席团。会议听取和审议王新虎所作的乡政府工作报告、周仲勤所作的乡人大主席团工作报告、杨同军所作的乡财政预算决算报告，并作出相应决议；选举冯振社为乡政府副乡长。

第七次会议于2006年7月26日在乡政府召开，应出席代表57名，实出席45名。会议推举杨飞、雷旺盛、周仲勤、凌森、马建国、厍兴国、陈友学、戴永明、刘来滨9人组成大会主席团。会议审议通过关于实施乡油铺道路建设项目的报告；审议通过王新虎辞去乡政府乡长职务的请求，选举雷旺盛为乡政府乡长。

代表名单：

谭淑娟（女）　杨惠玲（女）　吕引弟（女）　龚百平（女）　吕红花（女）
张调兄（女）　王彩霞（女）　王岁勤（女）　刘润润（女）　王习平（女）
靳永创　杨源峰　张志学　靳宝生　王新虎　周仲勤　刘银锋　马建国　张红专
戴永明　张松树　凌　森　陈友学　杨同军　王国平　孙国军　蔡东升　张存锁
赵晓东　王稳学　王廷荣　李尚智　任奋飞　张爱花　张光辉　张金龙　王虎珠
李效太　杨丛忠　郭世财　李志雄　张世谦　任新村　杨金川　蔡忠雄　孙芳明
黄尚明　郜玉勤　王汉斌　戴永登　王军祥　殷永明　任安俊　黄映明　尤广子
方　岩　补选：　王界界　王志军　吕小兵　祁冠毅　王　宏　王志坚

八、第十六届人民代表大会（2006年12月至2011年8月）

代表选举：

乡第十六届人大代表选举工作于2006年10月至12月举行。成立乡选举委员会，杨飞为主任，周仲勤、雷旺盛为副主任，邓满斗、孙国军、何愿斌、张高强、王葆华、杨慧玲（女）为委员。全乡总人口 34002人，实有选民22349人（男 11550人，女10799人）；共划分为29个选区，参加选举20840人，参选率为93 %，选举县第十五届人大代表13名、乡第十六届人大代表63名（女14名）。

第一次会议于2006年12月22日至23日在乡政府召开，应出席代表63名，实出席60名。会议推举杨飞、雷旺盛、周仲勤、段建国、厍兴国、凌森、戴永明、冯振社、杜立萍（女）、李吉林、何红强11人组成大会主席团。会议听取和审议雷旺盛所作的乡政府工作报告、周仲勤所作的乡人大主席团工作报告、王葆华所作的乡财政预算决算报告，并作出相应决议；选举周仲勤为乡人大主席团主席，雷旺盛为乡政府乡长，冯振社、杜立萍（女）为副乡长。

第二次会议于2008年1月15日在乡政府召开，应出席代表63名，实出席59名。会议推举杨飞、雷旺盛、周仲勤、凌森、段建国、冯振社、杜立萍（女）、戴永明、何红强9人组成大会主席团。会议听取和审议雷旺盛所作的乡政府工作报告、周仲勤所作的乡人大主席团工作报告，并作出相应决议；会议收到关于果树栽培管理技术培训、张著村道路建设及梁岔村杏树林改造等代表意见、建议3件。

第三次会议于2009年1月10日在乡政府召开，应出席代表63名，实出席57名。会议推举杨飞、雷旺盛、周仲勤、段建国、凌森、薛小田、杜立萍（女）、方士、戴永明、李吉林、何红强11人组成大会主席团。会议听取和审议雷旺盛所作的乡政府工作报告、周仲勤所作的乡人大主席团工作报告，并作出相应决议；会议收到关于道路硬化、学校建设、羊只禁牧等方面的意见、建议4件。

第四次会议于2010年6月15日在乡政府召开，应出席代表63名，实出席55名。会议推举魏小良、雷旺盛、凌森、段建国、薛小田、杜立萍（女）、方士、李吉林、何红强9人组成大会主席团。会议听取和审议雷旺盛所作的乡政府工作报告、凌森所作的乡人大主席团工作报告，并作出相应决议；选举凌森为乡人大主席。

代表名单：

张军玲（女）　豆小能（女）　张芳玲（女）　王彩霞（女）　刘小玲（女）
张调兄（女）　张来弟（女）　杨惠玲（女）　马春娃（女）　刘红霞（女）
马淑英（女）　马苹果（女）　杜立萍（女）　张变弟（女）　王兴安　马勤民
陈光明　邓国雄　翟　成　张存锁　马文奇　阎红军　王勤康　王汉斌　马学仁
戴立龙　黄尚民　周仲勤　郜永堂　厍兴国　任志智　王葆华　李升举　孙芳明
朱国章　马　光　邓满斗　刘儒林　孙国军　张维吉　何红强　李忠诚　段建国
李　儒　李吉林　王树峰　雷旺盛　王稳学　靳永创　张剑峰　张参军　凌　森
冀森宏　杨　飞　王志军　戴永明　刘新军　冯振社　杨余元　杨振江　阎成学
吕世军　张志学

九、第十七届人民代表大会（2011年8月至2016年7月）

代表选举：

乡第十七届人大代表选举工作于2011年7月至8月举行。全乡总人口34863人，实有选民23613人（男 12231人，女11382人）；共划分为22个选区，参加选举22166人，参选率为93.9 %，选举县第十六届人大代表13名、乡第十七届人大代表63名（女13名）。

代表会议：

第一次会议于2011年8月14日至15日在甘沟中学多媒体会议室召开，应出席代表63名，实出席62名。会议推举马国霞（女）、牛国喜、孙小红、何红强、吴旺海、李旺喜、吴剑霖、薛小田、魏小良9人组成大会主席团。会议听取和审议吴剑霖所作的乡政府工作报告、薛小田所作的乡人大工作报告，并作出相应决议；选举薛小田为乡人大主席，吴剑霖为乡政府乡长，李旺喜、何红强为副乡长。

第二次会议于2012年10月12日在乡政府召开，应出席代表63名，实出席59名。会议推举马国霞（女）、牛国喜、孙小红、何红强、吴旺海、李旺喜、吴剑霖、薛小田、魏小良9人组成大会主席团。会议听取和审议吴剑霖所作的乡政府工作报告、薛小田所作的乡人大工作报告，并作出相应决议。

第三次会议于2013年6月4日在乡政府召开，应出席代表63名，实出席代表60名。会议推举马国霞（女）、牛国喜、孙小红、何红强、吴旺海、李旺喜、吴剑霖、薛小田、魏小良9人组成大会主席团。会议听取和审议吴剑霖所作的乡政府工作报告、薛小田所作的乡人大工作报告，并作出相应决议；选举郑润兵为乡政府副乡长。

代表名单：

龚百平（女）　马国利（女）　郑娇娇（女）　吕亚琴（女）　张来弟（女）
贾　惠（女）　马国霞（女）　张变弟（女）　王小梅（女）　郜小会（女）
杨春霞（女）　张润香（女）　库小燕（女）　马尚学　吕晓龙　张世谦　蔡东升
李平喜　郭仲科　何红强　刘全界　杨余元　任新树　席映堂　孙小红　张百姓
李宗辉　杨宏业　薛小田　冀森宏　吴旺海　张其为　张银银　靳永创　魏小良
赵小平　王彦明　杨晓东　梁堆治　马朝光　刘儒林　牛国喜　张昊杲　张堆良
戴广智　陈文艺　王田江　吴剑霖　张忠孝　李尚智　李忠诚　任奋飞　张剑锋
张　军　朱永科　杨国安　刘军学　朱国章　王世荣　阎红军　阎永强　李旺喜
郜宗新　补选：　靳建喜　郑润兵

十、第十八届人民代表大会（2016年7月至2021年）

代表选举：

镇第十八届人大代表选举工作于2016年6月至7月举行。成立镇选委会，镇党委副书记吴旺海为主任，庞安宁、剡信信为副主任，吕应忠、高莉（女）、文小霞（女）、席艳飞为委员。全镇共划分为10个选区，选举县第十七届人大代表14名（女5名）；划分为20个选区，选举镇第十八届人大代表63名（女19名）。

代表会议：

第一次会议于2016年7月28日在镇政府召开，应出席代表63名，实出席59名。会议推举马国霞（女）、王喜红、田战奎、包刚、吕应忠、李旺喜、吴旺海、吴剑霖、庞安宁、郑润兵、樊茂11人组成大会主席团。会议听取和审议樊茂所作的镇政府工作报告、李旺喜所作的镇人大工作报告，并作出相应决议；选举李旺喜为镇人大主席、田战奎为副主席，樊茂为镇政府镇长，马国霞（女）、孙小红、刘峰为副镇长；收到代表意见建议7条。

第二次会议于2017年6月27日至28日召开，应出席代表63名，实出席59名。会议推举吴剑霖、李旺喜、樊茂、吴旺海、郑润兵、刘峰、田战奎7人组成大会主席团。会议听取和审议樊茂所作的镇政府工作报告、李旺喜所作的镇人大工作报告，并作出了相应决议；会议收到代表意见建议18条。

第三次会议于2018年7月16日至17日召开，应出席代表63名，实出席55名。会议推举马国霞（女）、王喜红、田战奎、包刚、吕应忠、李旺喜、吴旺海、郑润兵、樊茂9人组成大会主席团。会议听取和审议库永飞所作的镇政府工作报告、李旺喜所作的镇人大工作报告，并作出相应决议；选举库永飞为镇政府镇长。会议收到代表意见建议10条。

第四次会议于2019年5月5日至7日召开，应出席代表60名，实出席56名。会议推举樊茂、李旺喜、库永飞、吴旺海、郑润兵、马国霞（女）、常河、王喜红、田战奎、慕旭伟、包刚11人组成大会主席团。会议听取和审议库永飞所作的镇政府工作报告、李旺喜所作的镇人大工作报告，并作出相应决议；选举库苏强为镇政府副镇长。会议收到代表意见建议16条。

第五次会议于2019年9月24日至25日召开，应出席代表63名，实出席56名。会议推举樊茂、李旺喜、库永飞、郑润兵、马国霞（女）、库苏强、常河、王喜红、田战奎、慕旭伟、包刚11人组成大会主席团。会议选举王喜红为镇政府副镇长；会议收到代表意见建议8条。

第六次会议于2020年4月15日至17日召开，应出席代表60名，实出席54名。会议推举樊茂、李旺喜、库永飞、马国霞（女）、库苏强、常河、王喜红、慕旭伟、包刚9人组成大会主席团。会议选举马国强为镇人大副主席；会议收到代表意见建议10条。

第七次会议于2020年12月22日至23日召开，应出席代表63名，实出席54名。会议推举樊茂、李旺喜、库永飞、马国霞（女）、库苏强、常河、王喜红、慕旭伟、包刚9人组成大会主席团。会议听取和审议库永飞所作的镇政府工作报告、李旺喜所作的镇人大工作报告，并作出相应决议；会议收到代表意见建议30条。

代表名单：

刘秋月（女）　豆黄秧（女）　席变过（女）　张晚奋（女）　文小霞（女）
陶丽丽（女）　阎根利（女）　马国霞（女）　刘小孩（女）　王　平（女）
杨建党（女）　王览览（女）　张乾兵（女）　赵忠珍（女）　高娅娣（女）
王小燕（女）　王爱香（女）　鲍联燕（女）　马　云（女）　郑润兵　靳怀琦
樊　茂　马司军　王　涛　庞安宁　李宗仁　郑堆堆　王取务　王效义　张维军
刘　锋　马忠鱼　刘汉智　张普龙　田战奎　张冠一　张堆良　王喜红　殷拴劳
张富华　吴旺海　李雁斌　张兴平　陈　永　孙小红　梁跟稳　王彦明　王文川
吴剑霖　张振忠　宋国正　张省江　朱小龙　慕阳伟　厚玉道　梁余鹏　张江林
包　刚　樊国学　李旺喜　吕世凡　吕应忠　靳取宁

附：

甘沟镇（乡）人民代表大会召开情况统计表

表6–117

届次	任期（年）	第一次会议			选举		
		应出席代表（名）	实出席代表（名）	召开时间	人大主席（副主席）	乡镇长	副乡镇长
九	3	70	不详	1983.12.12		李克和	靳海珠
十	3	70	不详	1986.12		靳天生	张自玺
十一	3	48	45	1989.12.22		靳天生	张自玺
十二	3	49	45	1992.11.20	祁世明	李国军	高中贤
十三	3	53	49	1995.12.31	任堪华（祁世明）	王志强	张　锋　樊莹琴
十四	3	53	48	1998.12.26	尤维科（祁世明）	李鹏玺	樊莹琴
十五	5	53	52	2002.1.4	周仲勤	王新虎	马建国　谭淑娟
十六	5	63	60	2006.12.22	周仲勤	雷旺盛	冯振社　杜立萍
十七	5	63	62	2011.8.14	薛小田	吴剑霖	李旺喜　何红强
十八	5	63	59	2016.7.28	李旺喜（田战奎）	樊　茂	马国霞　孙小红　刘　峰

第十八节　红寺镇人民代表大会

红寺镇地处县域西部。东邻细巷镇，南依四河镇，西接会宁县，北靠界石铺镇。南北长10公里，东西宽16公里，总面积109平方公里。至2019年年底，全乡辖16个行政村，116个村民小组，4023户，17545人。镇政府驻红寺村，距县城31公里。

1950年6月属十区；1955年6月，属红寺区；1958年3月撤销红寺区建制，区所辖4乡合并为细巷、红寺2乡；1958年9月，细巷乡并入红寺乡；1958年10月，成立红寺公社，1961年12月分设细巷公社；1964年2月，细巷公社并入红寺公社；1973年1月，细巷公社再次分设；1983年12月撤销人民公社，建立红寺乡；2018年7月，撤乡建镇，改为红寺镇。

一、第九届人民代表大会（1983年12月至1986年12月）

代表选举：

公社（乡）第九届人大代表选举工作于1983年11月至12月举行。成立公社选委会，贾卓为主任，孙延寿为副主任，路登荣、赵兵、靳宗文为委员。全社有13810人

（男7213人，女6597人），17个大队、14个单位有选民6990人（男3518人，女3472人），划分6个选区，参加选举6488人，选举县第九届人大代表7名（女1名）、公社（乡）第九届人大代表70名（女14名）。

代表会议：

第一次会议于1983年12月14日至15日召开。应出席代表70名，实出席66名。会议推举贾卓、张文贵、曹应奇、景世学、祁海科、马秀花、王惠玲、王志贤、石生贵、张成彬、李志义11人组成大会主席团，会议听取和审议贾卓所作的公社管委会工作报告；建立乡人民政府，选举贾卓为乡政府乡长，景世学为副乡长；冯彦平、慕治忠为人民陪审员。

第二次会议于1984年12月23日召开。

第四次会议于1986年5月6日召开。应出席代表70名，实出席59名，列席5名。听取和审议贾卓所作的乡政府工作报告。

代表名单：

李玉花（女） 席凤莲（女） 张秀莲（女） 李桂英（女） 孙勤英（女）
曹玉香（女） 牛巧叶（女） 底富花（女） 何玉秀（女） 张玉兰（女）
王蕊兰（女） 王慧玲（女） 万粉梅（女） 马秀花（女） 王德贤 王世堂
王正江 慕智忠 何发祥 马玉明 王贵生 王白石 王志贤 赵俊杰 靳 成
赵有山 张文贵 李宗仁 马连东 贾 卓 张德财 张秉均 魏文元 范志明
吕仲元 靳具江 景世学 张成彬 吕海峰 李国选 石生贵 杨继珍 黄国俊
马新明 祁海科 杨文彪 刘玉堂 米有财 郜堆山 李志义 刘俊才 何思平
何国杰 何思俊 米怀璧 张 恒 赵 兵 卢振西 谢富仓 马合利 骆志贤
魏生荣 曹成堂 李成元 曹应奇 郜珍秀 冯彦平 李旺春 李 智 赵具仓

二、第十届人民代表大会（1986年12月至1989年12月）

代表选举：

乡第十届人大代表选举工作于1986年11月至12月举行。成立乡选委会，贾卓为主任，景世学为副主任，张恒、戴三姓、王志贤为委员。全乡共划分6个选区，于1986年12月25日召开了选举大会，选举县第十届人大代表7名、乡第十届人大代表70名（女13名）。

代表会议：

第一次会议于1986年12月30日召开。会议听取和审议景世学所作的乡政府工作报告，并通过相应决议；选举景世学为乡政府乡长，阎钧为副乡长，曹胜堂、王世堂为人民陪审员。

第二次会议于1987年12月28日召开。第一次会议以来，有3名代表调离红寺乡，因此，此次会议应出席代表67名，实出席62名，列席8名。会议推举景世学、阎钧、马忠荣、贾敬斌、曹应奇、席凤莲（女）、曹玉香（女）、李白文、魏世清9人组成大会主席团；阎钧、马康宁、席凤莲（女）、魏世清、米有才5人组成代表资格审查委员会。会议听取和审议景世学所作的乡政府工作报告。

第三次会议于1989年3月6日召开，应出席代表70名，实出席57名，列席6名。会议推举贾敬斌、席凤莲（女）、李百文、曹玉香（女）、曹应奇、魏世清6人组成大会主席团；会议听取和审议马忠荣所作的乡政府工作报告；选举张德龙为乡政府副乡长。

代表名单：

李玉花（女）　席凤莲（女）　曹玉香（女）　何俊俊（女）　张琴英（女）
张翠兰（女）　马秀花（女）　牛巧叶（女）　吕淑芳（女）　王玉兰（女）
何玉秀（女）　化翠兰（女）　底富花（女）曹应奇　马康宁　苏林忠　顾国良
王世祥　李百文　慕智忠　何发祥　慕忠仁　马国安　王贵生　王志贤　郜珍秀
靳　成　赵俊杰　张志远　冯国俊　杨文科　李国学　吕海峰　范海禄　范志明
魏启珍　王维刚　靳具江　米国学　王世堂　谢志珍　李成元　魏世清　王智忠
李旺春　张文科　黄维俊　冯俊明　石生贵　岳登峰　蒲永胜　牛正堂　吕银贵
牛俊业　卢振西　王廷文　谢仁汉　魏生荣　曹胜堂　翟自林　李志义　何国忠
何生贵　何吉奋　米旺成　米有才　底志祥　张文魁　阎　钧　景世学

三、第十一届人民代表大会（1989年12月至1992年11月）

代表选举：

乡第十一届人大代表选举工作于1989年10月至12月举行。成立乡选委会，张德龙为主任，贾敬斌、苏林忠为副主任，王百石、续社教、王辅忠、陈志和、景登海、张富升为委员。全乡共有14796人（男7834人，女6962人），有选民8561人（男4790人，女3771人），于1989年12月5日召开了选举大会，选举县第十一届人大代表8名、乡第十一届人大代表45名（女9名）。

代表会议：

第一次会议于1989年12月23日至24日在乡政府召开，应出席代表45名，实出席33名，列席8名。会议推举景世学、张德龙、姚占学、段建国、李百文、谢天荣、席凤莲（女）、曹玉香（女）、化锡国、蒲俊德、苏林忠11人组成大会主席团，景世学、张德龙、姚占学、段建国、李百文、谢天荣、蒲俊德7人组成代表资格审查委员会。会议听取和审议景世学所作的乡政府工作报告，并作出决议；选举景世学为乡政府乡长，张德龙为副乡长，郜金明、杨文科为人民陪审员。共收到代表意见建议1条，建议改善乡村就医条件。

第二次会议于1991年2月2日在乡政府召开，应出席代表45名，实出席42名，列席7名。会议听取和审议乡政府、乡人大主席团工作报告，并作出相应决议；审议通过景世学辞去乡政府乡长职务的请求；选举贾敬斌为乡政府乡长。

第三次会议于1992年1月4日至5日在乡政府召开，应出席代表45名，实出席40名，列席7名。会议听取和审议乡政府、乡人大主席团工作报告，并作出相应决议。

代表名单：

万凤梅（女） 王翠珠（女） 牛巧叶（女） 杨桃桃（女） 张玉兰（女）
李玉花（女） 席凤莲（女） 何彩霞（女） 曹玉香（女） 杨文科 范海录
谢天荣 吕仲元 吕 钟 郜金明 化锡国 苏林忠 魏世清 谢志珍 李国炳
张德龙 杨世明 姚占学 蒲俊德 蒲发堂 赵 耀 段建国 吕跟党 龚进忠
魏生荣 曹胜堂 厍 克 文宏吉 何国杰 李克启 米有财 景世学 郜堆山
高昌世 慕稚忠 王志贤 靳 成 张志远 何 义 李百文

四、第十二届人民代表大会（1992年11月至1995年12月）

代表选举：

乡第十二届人大代表选举工作于1992年9月至11月举行。成立乡选委会，景世学为主任，姚占学为副主任，高致宗、苏林忠、王白石、李百文、陈志和为委员。划分6个选区，选举县第十二届人大代表8名，划分17个选区，选举乡第十二届人大代表46名（女8名）。

代表会议：

第一次会议于1992年11月19日在乡政府召开，应出席代表46名，实出席44名，列席8名。会议听取和审议乡政府、乡人大主席团工作报告，并作出相应决议；选举姚占学为乡人大主席团专职常务主席，高致宗为乡政府乡长，吕峰为副乡长，郜金明、杨文科为人民陪审员；共收到代表意见建议6条。

第二次会议于1994年1月14日在乡政府召开，应出席代表46名，实出席42名，列席8名。会议听取和审议乡政府、乡人大主席团工作报告，并作出相应决议。

第三次会议于1994年5月5日在乡政府召开，应出席代表46名，实出席31名，委托投票4名。会议审议通过高致宗辞去乡政府乡长职务的请求；选举李学东为乡政府乡长。

第四次会议于1995年1月6日在乡政府召开，应出席代表46名，实出席39名，列席12名。会议听取姚占学所作的乡第十二届人民代表大会第四次会议代表资格审查报告，听取和审议李学东所作的1994年度乡政府工作报告、陈俊忠所作的关于“三金两费”收交使用情况的报告、姚占学所作的乡人大主席团工作报告，并作出相应决议。

五、第十三届人民代表大会（1995年12月至1998年12月）

代表选举：

乡第十三届人大代表选举工作于1995年11月至12月举行。成立乡选委会，高致宗为主任，姚占学、阎学恭为副主任，苏林忠、李百文、丁世科、吕忠科为委员。划分17个选区，选举乡第十三届人大代表51名（女9名）。

代表会议：

第一次会议于1995年12月27日至28日在乡政府召开，应出席代表51名，实出席45名。会议听取和审议乡政府工作报告、关于1993年至1995年乡财政工作及收支情况报告、乡大主席团工作报告，并作出相应决议；选举姚占学为乡人大主席团主席，陈俊忠为乡政府乡长，周仲科、张建菊（女）为副乡长；共收到代表意见建议8条。

第二次会议于1997年1月10日在乡政府召开，应出席代表48名，实出席46名。会议听取和审议乡政府工作报告、乡人大主席团工作报告、乡财政预算执行情况的报告，并作出相应决议；共收到代表意见建议10条。

六、第十四届人民代表大会（1998年12月至2002年1月）

代表选举：

乡第十四届人大代表选举工作于1998年11月至12月举行。成立乡选委会，李录才为主任，姚占学、阎学恭为副主任，厍兴国、吴会峰、赵学勤、周万忠为委员。全乡有选民9227人，划分为17个选区，参加选举8709人，选举乡第十四届人大代表51名（女12名）。

代表会议：

第一次会议于1998年12月19日在乡政府召开，应出席代表51名，实出席45名，列席2名。会议听取乡第十四届人民代表大会代表资格审查情况报告，听取和审议乡政府、乡人大主席团工作报告，并作出相应决议；选举李录才为乡人大主席团主席、王学文为副主席，陈俊忠为乡政府乡长，张建菊（女）为副乡长；共收到代表意见建议15条。

第二次会议于1999年10月13日在乡政府召开，应出席代表51名，实出席46名。会议审议通过陈俊忠辞去乡政府乡长职务的请求；选举马宁学为乡人大主席团主席，周仲科为乡政府乡长。

第三次会议于2000年1月17日在乡政府召开，应出席代表51名，实出席50名。会议听取和审议周仲科所作的乡政府工作报告、何忠昌所作的关于红寺乡1999年财政预决算和2000年财政预算情况的报告、燕志成所作的关于红寺乡2000年农民负担“三提五统”预算情况的报告和关于红寺乡农民劳动力每年承担义务工劳动积累工标准的报告；并作出相应决议。

第四次会议于2001年2月21日在乡政府召开，应出席代表51名，实出席43名。会议听取和审议周仲科所作的乡政府工作报告、马宁学所作的乡人大主席团工作报告、何忠昌所作的关于2000年财政决算和2001年财政预算的报告、燕志成所作的关于2000年承包费的收支使用情况的报告，并作出相应决议。

代表名单：

李淑珍（女）　贾凤玲（女）　何彩霞（女）　曹玉香（女）　张建菊（女）
万粉梅（女）　王桂花（女）　邹　红（女）　殷麦旺（女）　刘生巧（女）

杨桃桃（女） 何德江 丁世科 冯 义 李录才 郜珍秀 赵学勤 尤海录
姚占学 曹平宗 王鹏举 靳彦玺 杨文科 阎学恭 冯勤定 王浩琦 张旺利
王永福 赵建忠 化锡国 王立东 谢维军 苏林忠 吕俊成 唐国珍 燕志成
蒲发堂 牛正堂 魏文信 王学文 文永红 骆志贤 陈俊忠 牛俊业 李 勤
周仲科 张维兵 米克仁 张静院 马映宏 库兴国

七、第十五届人民代表大会（2002年1月至2006年12月）

代表选举：

乡第十五届人大代表选举工作于2001年11月至2002年1月举行。成立乡选委会，陈俊中为主任，马宁学为副主任，王学文、库兴国、李椹、邹红（女）、王立东为委员。全乡有选民10000人（男5183人，女4817人），划分为17个选区，于2001年12月28日召开选举大会，选举乡第十五届人大代表51名（女14名）。

代表会议：

第一次会议于2002年1月5日至6日在乡政府召开，应出席代表51名，实出席46名，列席24名。会议推举杨东、任跟路、马宁学、马秋年、杨永芳（女）、王学文、丁世科7人组成大会主席团，马秋年、李椹、殷汉山3人组成代表资格审查委员会，马秋年为主任委员。会议听取和审议马宁学所作的乡政府工作报告、任跟路所作的乡人大主席团工作报告、何忠昌所作的乡财政预算执行情况的报告，并作出相应决议；审议通过马宁学辞去乡人大主席团主席职务、王学文辞去乡人大主席团副主席职务、周仲科辞去乡政府乡长职务、张建菊（女）辞去乡政府副乡长职务的请求；选举任跟路为乡人大主席团主席，马宁学为乡政府乡长，杨永芳（女）为副乡长；共收到代表意见、建议16条，其中：调整种植结构、提高产业化经营水平方面3条，加强基础设施建设方面7条，改进干部作风方面1条，教科文卫方面2条，精神文明建设方面1条，其他方面2条。

第二次会议于2002年12月2日在乡政府召开，应出席代表51名，实出席49名。会议听取和审议乡政府、乡人大主席团工作报告、乡2002年财政预算执行情况及2003年财政预算草案的报告，并作出相应决议。

第三次会议于2003年5月28日在乡政府召开，应出席代表51名，实出席48名。会议审议通过任跟路辞去乡人大主席团主席职务的请求，选举张太军为乡人大主席团主席，丁世科为乡政府副乡长。

第四次会议于2004年1月8日至9日在乡政府召开，应出席代表51名，实出席48名。会议听取和审议乡政府工作报告、乡人大主席团工作报告、乡2003年财政预算执行情况及2004年财政预算草案的报告，并作出相应决议。

第五次会议于2006年8月1日至2日在乡政府召开，应出席代表51名，实出席49名。会议听取和审议乡政府工作报告、乡人大主席团工作报告、乡2005年财政预算执行情况的报告，并作出相应决议；审议通过马宁学辞去乡政府乡长、张太军辞去乡人大主席团主席、丁世科辞去乡政府副乡长的请求；选举宋振林为乡人大主席团主席，马秋年为乡政府乡长，戴荣荣为副乡长。

代表名单：

李淑珍（女）　刘生巧（女）　靳慧娥（女）　张宁江（女）　何房房（女）
魏红红（女）　李对明（女）　张彩云（女）　杨永芳（女）　张瑞君（女）
万粉梅（女）　段麦旺（女）　陈利香（女）　邹　红（女）　魏　红　张　宝
雷永勤　冯　义　张静院　何克仁　马映宏　文永红　杨　东　马宁学　任跟路
马秋年　郃珍秀　曹萍宗　范海录　吕海峰　赵学勤　苏林忠　冯进学　唐国珍
靳海忠　王永福　魏军章　丁世科　化锡国　燕志成　张旺利　牛俊业　骆志贤
张建军　魏文信　王学文　席登峰　马俊存　何忠昌　柳军洲　李　椹

八、第十六届人民代表大会（2006年12月至2011年8月）

代表选举：

乡第十六届人大代表选举工作于2006年10月至12月举行。成立乡选委会，杨东为主任，宋振林、马秋年为副主任，殷汉山、赵学勤、颉环、靳权、邹红（女）、张保选为委员。选举县第十五届人大代表7名、乡第十六届人大代表51名（女11名）。

代表会议：

第一次会议于2006年12月22日在乡政府召开，应出席代表51名，实出席50名。会议听取、审议并通过乡政府工作报告、乡2006年财政预算执行情况及2007年财政预算草案的报告、乡人大主席团工作报告。选举宋振林为乡人大主席团主席，马秋年为乡政府乡长，杨永芳（女）、戴荣荣为副乡长。会议收到代表意见、建议56条，其中，调整产业结构、提高农业科技含量方面8条，加强基础设施建设方面27条，改进干部作风方面1条，教科文卫建设方面9条，精神文明建设方面5条，其他方面6条。

第二次会议于2007年1月27日在乡政府召开，应出席代表51名，实出席50名。会议审议通过杨永芳（女）辞去乡政府副乡长职务的请求，选举高莉香（女）为副乡长。

第四次会议于2009年8月28日在乡政府召开，应出席代表51名，实出席46名。会议审议通过马秋年辞去乡政府乡长职务的请求，选举张文彬为乡政府乡长。

第六次会议于2010年5月20日在乡政府召开，应出席代表51名，实出席46名。会议审议通过吕朋军辞去乡政府副乡长职务的请求，选举雷映忠为乡政府副乡长。

代表名单：

邹　红（女）　胡春强（女）　杨永芳（女）　曹玉香（女）　冯玲霞（女）
赵小玲（女）　孙军玲（女）　米撞撞（女）　刘生巧（女）　赵缠缠（女）
张小莉（女）　丁世科　何永青　杨凤鸣　张怀玉　雷映忠　胡前东　郃平喜
郃珍秀　靳发财　张志礼　范世强　宋振林　马政海　曹萍宗　郝建军　杨文科
张世军　冯国清　马秋年　王维邦　冯志祥　戴荣荣　赵　宏　吕占业　魏国仓

唐国珍　柳军洲　杨　学　杨文彪　殷汉山　刘连定　魏文雄　张连学　张　国
张　宝　张建军　马政武　马映宏　李长胜　何社会

九、第十七届人民代表大会（2011年8月至2016年7月）

代表选举：

乡第十七届人大代表选举工作于2011年7月至8月举行。全乡总人口为16906人，实有选民12631人（男6503人，女6128人）。全乡共划分17个选区，参加选举12125人，参选率为96%，选举县第十六届人大代表8名；乡第十七届人大代表51名（女10名）。

代表会议：

第一次会议于2011年8月15日在乡政府召开，应出席代表51名，实出席50名。会议听取、审议并通过乡政府工作报告、乡人大主席团工作报告；选举柳军洲为乡人大主席，张文彬为乡政府乡长，高莉香（女）、胡前东为副乡长。会议收到代表意见、建议12条。

第二次会议于2012年3月11日在乡政府召开，应出席代表51名，实出席44名。会议听取代表资格审查委员会关于补选乡第十七届人大代表情况的报告；通过张文彬辞去乡政府乡长职务的请求，选举李好信为乡政府乡长。

代表名单：

黄草寇（女）　朱旺旺（女）　杨淑梅（女）　冯玲霞（女）　高莉香（女）
王　丽（女）　张巧明（女）　杜等弟（女）　靳瑞霞（女）　米虽草（女）
张怀玉　王建峰　李虎堆　郃珍秀　何　毅　张志礼　何冠群　王　旗　柳军洲
张文彬　马政海　杨希瑞　张柏树　魏永牛　张世军　冯志祥　王维邦　赵　宏
雷映忠　张建仁　阎国璋　王军忙　吴海军　吕占业　蒋林林　何军林　杨文彪
刘连定　石根娃　胡前东　雷晓峰　徐东辉　张宏奎　石生勇　张建军　马治芳
马映宏　何拾喜　文永宏　何永青　唐国珍

十、第十八届人民代表大会（2016年7月至2021年）

代表选举：

乡第十八届人大代表选举工作于2016年6月至7月举行。成立乡选委会，乡党委副书记胡前东为主任，雷晓峰、张虎为副主任，杨虎彪、景亚龙、赵彦龙、李婷婷（女）为委员。全乡共划分4个选区，选举县第十七届人大代表8名；划分17个选区，选举乡第十八届人大代表51名。

代表会议：

第一次会议于2016年7月29日召开，应出席代表51名，实出席47名；在乡的部分县人大代表、不是乡人大代表的党政科级干部、乡直机关负责人、村党支部书记、村委会主任列席了会议。会议推举刘来滨、雷军、阎伟刚、胡前东、田金兵、张高强、雷晓峰、李孝义、杨寨子9人组成大会主席团。会议听取和审议阎伟刚所作的乡政府工作报告、雷军所作的乡人大工作报告，并作出相应决议；选举雷军为乡人大主席，阎伟刚为乡政府乡长，李康乐、张辉、王建峰为副乡长；收到代表意见建议5条。

第二次会议于2017年8月10日召开，应出席代表51名，实出席46名。会议推举刘来滨、雷军、阎伟刚、胡前东、张高强、雷晓峰、李孝义7人组成大会主席团。会议听取和审议阎伟刚所作的乡政府工作报告、雷军所作的乡人大工作报告，并作出相应决议；收到代表意见建议3条。

第三次会议于2018年7月21日召开，应出席代表51名，实出席48名。会议推举刘来滨、雷军、阎伟刚、胡前东、雷晓峰、段淑萍（女）、贾治国7人组成大会主席团。会议听取和审议阎伟刚所作的镇政府工作报告、雷军所作的镇人大工作报告，并作出相应决议；收到代表意见建议3条。

第四次会议于2019年5月10日召开，应出席代表51名，实出席47名。会议推举王海军、雷军、阎伟刚、胡前东、刘喜龙、段淑萍（女）、贾治国7人组成大会主席团。会议听取和审议阎伟刚所作的镇政府工作报告、雷军所作的镇人大工作报告，并作出相应决议；选举张高强为副镇长；收到代表意见建议4条。

第五次会议于2020年9月15日召开，应出席代表51名，实出席45名。会议推举王海军、雷军、阎伟刚、张高强、常鸿麟、段淑萍（女）、贾治国7人组成大会主席团。会议听取和审议阎伟刚所作的镇政府工作报告、雷军所作的镇人大工作报告，并作出相应决议；收到代表意见建议3条。

代表名单：

杨谋谋（女）　魏红红（女）　化年强（女）　田回强（女）　李　敏（女）
赵雄雄（女）　张巧明（女）　王园园（女）　樊元菊（女）　王小梅（女）
赵红艳（女）　田金兵（女）　续彩萍（女）　马小桃（女）　胡生伟　阎国璋
刘来滨　雷　军　阎伟刚　雷晓峰　冯进学　魏含珍　张国平　高晓军　李国社
杨文彪　马俊存　胡前东　张喜荣　李康乐　何永青　张　辉　李效义　李延汉
朱旺旺　尤万科　刘连定　张彦武　胥宗辉　张建军　王维钧　张　虎　蒋志军
张振兴　冯　义　张高强　杨寨子　李文汉　吕占业　王军忙

附：

红寺镇（乡）人民代表大会召开情况表

表6-118

届次	任期(年)	第一次会议			选举		
		应出席代表(名)	实出席代表(名)	召开时间	人大主席(副主席)	乡镇长	副乡镇长
九	3	70	66	1983.12.14		贾　卓	景世学
十	3	70	不详	1986.12.30		景世学	阎　钧
十一	3	45	33	1989.12.23		景世学	张德龙

续表6-118

届次	任期(年)	第一次会议			选举		
		应出席代表(名)	实出席代表(名)	召开时间	人大主席(副主席)	乡镇长	副乡镇长
十二	3	46	44	1992.11.19	姚占学	高致宗	吕　锋
十三	3	51	45	1995.12.27	姚占学	陈俊忠	周仲科　张建菊
十四	3	51	45	1998.12.19	李录才(王学文)	陈俊忠	张建菊
十五	5	51	46	2002.1.5	任跟路	马宁学	杨永芳
十六	5	51	50	2006.12.22	宋振林	马秋年	杨永芳　戴荣荣
十七	5	51	50	2011.8.15	柳军洲	张文彬	高莉香　胡前东
十八	5	51	47	2016.7.29	雷　军	阎伟刚	李康乐　张　辉　王建锋

第十九节　细巷镇人民代表大会

细巷镇位于县域西北部。东邻城川镇、八里镇，南接甘沟镇、四河镇，西连红寺镇，北靠界石铺镇。南北长11公里，东西宽14公里，总面积103平方公里。至2019年年底，全镇辖15个行政村，104个村民小组，4574户，18624人。乡政府驻细巷村，距县城22公里。

细巷镇辖区解放前属雷吉镇，后属红寺乡；解放后属十区（红寺），1958年10月，建立人民公社，属红寺人民公社；1961年12月，分设细巷公社；1964年2月并入红寺公社；1973年1月再次分设；1983年12月改为细巷乡，2016年8月撤乡建镇，改为细巷镇。

一、第九届人民代表大会（1983年12月至1986年12月）

代表选举：

公社（乡）第九届人大代表选举工作于1983年11月至12月举行。成立公社选委会，张敏行为主任委员，樊国璋为副主任委员，刘天鹏、厚润身、陈友学、尹淑琴（女）为委员。全社总人口15729人（男8136人，女7593人），有选民8511人（男4415人，女4096人）共划分6个选区，12月11日召开选举大会，参加选民8473人，选举张敏行、骆荣太、刘启荣、赵秀英（女）、李秀芳（女）、张玺军、张金山、马勤祥9人为县第九届人大代表，选举公社（乡）第九届人大代表70名。

代表会议：

第一次会议于1983年12月16日召开，应出席代表70名，实出席55名。会议听取和审议公社管委会工作报告；建立乡人民政府，选举张敏行为乡政府乡长，冯克勤为副乡长，李国璧、刘天鹏为人民陪审员。

第二次会议于1984年12月23日召开，应出席代表70名，实出席50名。会议听取和审议张敏行所作的乡政府工作报告，并作出决议。

第三次会议于1986年4月25日召开，应出席代表70名，实出席38名。会议选举王安国为乡政府副乡长；会议决定，按每亩承包地每年0.1元负担乡教育费附加；每年付给现役军人家属100元军属优抚金。

代表名单：

冀月英（女）　赵秀英（女）　龚玉芳（女）　雷生芳（女）　李怀英（女）
梁凤英（女）　靳玉花（女）　赵秀英（女）　刘兰芳（女）　李福全　何澎涛
何生贵　王世明　司福祥　李占禄　李发荣　李世荣　吕生林　李　成　李国璧
吕进怀　张志堆　韩丰吉　曹凤川　景建祖　韩银珍　祁琢文　米安国　米运忠
米生林　张敏行　陈学斌　陈富荣　戚宗清　厚　毅　靳玉珠　魏世清　厚润身
张　祥　刘天鹏　张富银　张　文　曹正仁　黄永清　张德龙　王文清　厚文智
厚玉祺　厚东岳　郑　仪　尹效勤　刘炳智　郭治全　马　瑛　王治理　李应桂
姚月桂　王志坚　吕振清　吉廷贵　刘万银　刘　忠　戴志义　张志学　张怀玺
马占彪　王炳恒　张玉良　冯克勤　祁才刚

二、第十届人民代表大会（1986年12月至1989年12月）

代表选举：

乡第十届人大代表选举工作于1986年11月至12月举行。成立乡选委会，李吉富为主任，王安国为副主任，孙延寿、何西珍、张金山、李富全为委员。全乡总人口16249人（男8432人，女7817人），有选民9244人（男4926人，女4318人），共划分为6个选区，参加选举的选民9208名（男4893人，女4315人），占选民总数的99.61%。选举县第十届人大代表8名、乡第十届人大代表70名（女13名）。

代表会议：

第一次会议于1986年12月28日召开，应出席代表70名，实出席55名。会议听取、审议并通过乡政府工作报告，通过关于教育经费征收和现役军人优抚的提案；选举李吉富为乡政府乡长，王安国为副乡长，李国璧、段建国为人民陪审员。

第二次会议于1987年12月28日召开，应出席代表70名，实出席51名，列席6名。会议推举李吉富、王安国、孙延寿、孙孝安、司福祥5人组成大会主席团，李吉富、王安国、孙延寿、孙孝安、司福祥、王进玉、王志坚7人组成资格审查委员会。会议听取和审议李吉富所作的乡政府工作报告，作出决议；决定现役军人优抚标准和教育附加费标准。

代表名单：

靳玉花（女） 赵秀英（女） 刘兰芳（女） 冀月英（女） 赵秀英（女）
吕劳劳（女） 阎高花（女） 龚玉芳（女） 魏存存（女） 雷生芳（女）
陈芝梅（女） 李秀芳（女） 张桂花（女）张志仁 黄永清 刘世俊 陈富荣
靳万荣 刘 旭 曹凤池 韩银珍 孙延寿 韩丰吉 张连兵 韩 琦 王志坚
靳克朴 李昌福 李 诚 吉志瑞 景建祖 刘百荣 吕效忠 吉廷贵 李国璧
刘 瑾 李世录 王炳恒 司福祥 米满仓 刘生勤 张志俊 戚宗清 何有荣
张志良 何澎涛 杜茂茹 席凤杰 张文义 祁卓文 龚作善 何生贵 马占彪
米安国 时文玉 芦 锋 张富银 厚登第 厚国宝 郑 义 张进财 李怀玉
张金堂 孙孝安 张 祥 任 同 王安国 王进玉 陈友学 时战玉

三、第十一届人民代表大会（1989年12月至1992年11月）

代表选举：

乡第十一届人大代表选举工作于1989年10月至12月举行。成立乡选委会，张思忠为主任，王安国、陈友学为副主任，胡林学、吕锋、段建国、徐小杰、王小明、张志堆为委员。选举县第十一届人大代表9名、乡第十一届人大代表47名。

代表会议：

第一次会议于1989年12月召开，应出席代表47名，实出席42名。会议听取和审议乡政府工作报告；选举李吉富为乡政府乡长，刘志海为副乡长。

第二次会议于1991年2月1日至2日召开。第一次会议以来，有1名代表调离细巷乡，因此，此次会议应出席代表46名，实出席25名，列席13名。 会议听取和审议孙延寿所作的乡人大主席团工作报告、樊文浩所作的乡政府工作报告，并作出相应的决议；审议通过李吉富辞去乡政府乡长职务的请求，选举樊文浩为乡政府乡长。

第三次会议于1992年1月7日至8日召开。第二次会议以来，有1名代表去世，因此，本次会议应出席代表45名，实出席39名，列席14名。会议听取和审议孙延寿所作的乡人大主席团工作报告、樊文浩所作的乡政府工作报告、高栋明所作的乡财政预算执行情况的报告，并作出相应决议；选举雷旺春为乡政府乡长，张太军为副乡长。

代表名单：

赵兰芳（女） 赵秀英（女） 李国平（女） 靳转转（女） 张桂花（女）
刘金兰（女） 王顺义（女） 魏存存（女） 马小娟（女） 李克云 李世军
李召来 张志堆 郑文学 米志锋 米具昌 厚旭平 李占银 陈富荣 祁文华
马占彪 骆永川 刘贵堂 吕养鱼 王思学 王卓卓 刘红光 王安泰 张志俊
马振荣 刘世俊 郭治全 厚耀东 厚焕文 郑 义 王义会 曹正仁 张治忠
张维义 卢 锋 戚宗清 司富祥

四、第十二届人民代表大会（1992年11月至1995年12月）

代表选举：

乡第十二届人大代表选举工作于1992年9月至11月举行。成立乡选委会，何国玺为主任，曹应奇为副主任，雷旺春、孙延寿、王瑞生、王新虎、王晓明（女）为委员。划分6个选区，选举县第十二届人大代表9名、乡第十二届人大代表48名。

代表会议：

第一次会议于1992年11月召开。会议听取和审议乡政府、乡人大主席团工作报告；选举曹应奇为乡人大主席团常务主席，雷旺春为乡政府乡长，王晓明（女）为副乡长。

第二次会议于1994年1月10日召开。会议听取、审议并通过何国玺所作的乡人大主席团工作报告、雷春旺所作的乡政府工作报告；审议通过曹应奇辞去乡人大主席团常务主席职务的请求，选举何国玺为乡人大主席团常务主席。

代表名单（部分）：

朱世世　靳向兵　王思学　王卓卓　刘世俊　靳太祥　叶志信　张汉儒
王义会　曹正仁　司福祥　马晓娟　卢　峰　卢全玺　刘洪光　吉芳琴
张志雄　郑文学　韩　琪　米玉芳　赵芳娥　李克荣　李国清　米志峰
米安国　龚玉芳　张万玲　张新江　张志忠　李怀英　厚耀东　刘世宗
张孝林　厚俊芳　骆永川　李占银　时志宽

五、第十三届人民代表大会（1995年12月至1998年12月）

代表选举：

乡第十三届人大代表选举工作于1995年11月至12月举行。成立乡选委会，李学东为主任，刘志海、何冠群为副主任，张太军、李振东、席学军、吕社军为委员。全乡共划分选区9个，选举乡第十三届人大代表52名。

代表会议：

第一次会议于1995年12月28日召开，应出席代表52名，实出席46名。大会推举李学东、李振东、刘志海、席学军、何冠群5人组成大会主席团，刘志海为大会执行主席，席学军为秘书长。会议听取和审议高中贤所作的乡政府工作报告、何冠群所作的乡人大主席团工作报告、张汉宗所作的1995年乡财政预算执行情况和1996年预算（草案）的报告，并作出相应决议；选举李学东为乡人大主席团主席、何冠群为副主席，王瑞生为乡政府乡长，王晓明（女）、高中贤为副乡长。

六、第十四届人民代表大会（1998年12月至2002年1月）

代表选举：

乡第十四届人大代表选举工作于1998年11月至12月举行。成立乡选委会，杨向前为主任，刘志海、张太军为副主任，王晓明（女）、梁永红、何引合、王壬寅为委员。

全乡共划分选区19个，选举乡第十四届人大代表52名。

代表会议：

第一次会议于1998年12月22日至23日召开。会议听取和审议乡政府、乡人大主席团工作报告；选举刘志海为乡人大主席团主席，李克东为乡政府乡长，王晓明（女）为副乡长。

第三次会议于2000年1月9日召开，应出席代表49名，实出席41名。会议听取、审议了张太军所作的乡人大主席团工作报告、李克东所作的乡政府工作报告、王壬寅所作的乡财政预算报告，并作出相应决议。

七、第十五届人民代表大会（2002年1月至2006年12月）

代表选举：

乡第十五届人大代表选举工作于2001年11月至12月举行。成立乡选委会，杨向前为主任，张太军、李克东为副主任，刘登科、梁永红、吴应应、张华为委员。选举乡第十五届人大代表52名。

代表会议：

第一次会议于2002年1月召开。应出席代表52名，实出席50名。会议听取和审议乡政府、乡人大主席团工作报告；选举张太军为乡人大主席团主席，李克东为乡政府乡长，雷月萍（女）、李党勤为副乡长。

第三次会议于2004年1月7日召开，出席代表36名。会议听取和审议李克东所作的乡政府工作报告；审议通过张太军辞去乡人大主席团主席职务、李党勤辞去乡政府副乡长职务的请求，选举李如泰为乡人大主席，梁永红为乡政府副乡长。

代表名单：

谭定贤　李　典　李志仁　李　兴　李淑英　李应杰　韩慧来　吕西阳　孙世荣
高中贤　景　虎　文明亮　张文彬　米万宝　米军翔　陈建东　张太军　雷月萍
靳仲芳　靳晓琳　林　彬　张　锋　王立东　张丛茂　张治会　李克东　张根会
冯娟娟　任　梁　厚耀东　郭文琦　刘世禄　靳万辉　朱世世　马小孩　周秉仁
王建伍　吕开明　金芳琴　王卓卓　刘登科　徐小杰　王　娟　卢　森　张儒林
龚旭东　司志斌　马吉祥　马小娟　李克勤

八、第十六届人民代表大会 (2006年12月至2011年8月)

代表选举：

乡第十六届人大代表选举工作于2006年10月至12月举行。成立乡选委会，张建宁为主任，李如泰、梁永红为副主任，张文彬、刘晓峰、张瑞霞（女）、王强、吕宏、吕兰州为委员。全乡共划分为20个选区，选举县第十五届人大代表8名、乡第十六届人大代表52名（女9名）。

代表会议：

第一次会议于2006年12月19日召开。会议听取、审议雷刚所作的乡政府工作报告、李如泰所作的乡人大工作报告、周秉仁所作的乡财政预决算报告，并作出相应决议；选举李如泰为乡人大主席，梁永红为乡政府乡长，雷刚、张建菊（女）为副乡长。

第二次会议于2007年12月6日召开。会议听取、审议并通过梁永红所作的乡政府工作报告；审议通过张建菊（女）辞去乡政府副乡长职务的请求。

第三次会议于2008年12月10日召开。会议审议通过雷刚辞去乡政府副乡长职务的请求；选举赵铁智、戴艳琴（女）为副乡长。

代表名单：

王彩玲（女）　魏唤唤（女）　尹吼吼（女）　祁秀珍（女）　厚红梅（女）
马国林（女）　张建菊（女）　靳慧珍（女）　何冬香（女）　张建宁　张前胜
梁永红　李　彬　张志忠　周秉仁　马吉祥　叶志信　祁克成　张文科　麻金堂
张发堂　张孝林　张汉宗　刘登科　张小让　吕永红　靳永杰　李如泰　王智礼
李志刚　刘复合　马建国　李　科　何宝祥　李应杰　吕西阳　马秉一　吕喜学
雷　刚　米万宝　曹宏伟　李彦清　王立东　芦　峰　厚　总　刘晓峰　陈建东
柳　新　厚耀东　厚昌裕　张文斌　张广泰

九、第十七届人民代表大会（2011年8月至2016年7月）

代表选举：

乡第十七届人大代表选举工作于2011年7月至8月举行。全乡总人口20416人，实有选民13542人。全乡104个社、5个乡直机关共划分为8个选区，选举县第十六届人大代表9名（女2名）；共划分为18个选区，选举乡第十七届人大代表52名（女15名）。

代表会议：

第一次会议于2011年7月31日召开。会议听取、审议并通过乡政府工作报告、乡人大主席团工作报告、乡财政预算报告；选举王红专为乡人大主席，朱奋喜为乡政府乡长，戴艳琴（女）、姚亨为乡副乡长。

第三次会议于2013年8月19日召开。会议推举王强、戴艳琴（女）、吕宏、朱奋喜、何引合、何键、姚亨、赵铁智、雷军9人组成大会主席团，雷军为秘书长。选举何引合为乡政府乡长、王强为副乡长。

代表名单：

张小弟（女）　时全喜（女）　王　玲（女）　文六六（女）　王招弟（女）
陈合合（女）　戴艳琴（女）　王小合（女）　吕淑霞（女）　张小让（女）
刘瑞兄（女）　厚红梅（女）　王　奕　李　科　何　键　马　辉　朱奋喜
吕西阳　吕　宏　雷　军　张文俊　赵铁智　王　强　何实扣　陈建东　张前胜
卢　峰　李毅成　张平顺　姚世珍　李　鑫　张新胜　段宗旨　刘　广　靳万辉
姚　亨　王治理　李根平　吕兰州　刘登科　刘志周　吕永红　靳永杰　刘世宗

张发堂　张红转　席登峰　高　峰　张振宏　叶志信　龚占强　王尹亭　司俊祥

十、第十八届人民代表大会（2016年7月至2021年）

代表选举：

乡第十八届人大代表选举工作于2016年6月至7月举行。成立由乡党委副书记李连学为主任，刘瑞兄（女）、王跟正为副主任，司晓仁、吕宏、张金明、王稼祥为委员的选举委员会。共划分为6个选区，选举县第十七届人大代表8名、乡第十八届人大代表52名。

代表会议：

第一次会议于2016年7月28日召开，应出席代表52名，实出席49名。会议推举马宕新、梁永胜、李宗孔3人组成大会主席团。会议听取和审议马宕新所作的乡政府工作报告、梁永胜所作的乡人大工作报告，并作出相应决议；选举梁永胜为乡人大主席，马宕新为乡政府乡长，王飞、李宗孔、何键为副乡长。

第二次会议于2017年5月27日召开，应出席代表52名，实出席47名。会议推举赵小刚、梁永胜、吕宏3人组成大会主席团。会议听取和审议马宕新所作的镇政府工作报告、梁永胜所作的镇人大工作报告，并作出相应决议；选举赵小刚为镇政府镇长；会议收到代表意见建议32条。

第三次会议于2018年7月24日召开，应出席代表52名，实出席46名。会议推举赵小刚、梁永胜、李宗孔3人组成大会主席团。会议听取和审议赵小刚所作的镇政府工作报告、梁永胜所作的镇人大工作报告，并作出相应决议；会议收到代表意见建议26条。

第四次会议于2018年12月19日召开，应出席代表52名，实出席49名。会议推举吕社军、吕宏、时晓仁、赵小刚、梁永胜5人组成大会主席团。会议听取和审议赵小刚所作的镇政府工作报告、梁永胜所作的镇人大工作报告，并作出相应决议；会议收到代表意见建议27条。

第五次会议于2019年7月5日召开，应出席代表52名，实出席46名。会议推举赵小刚、梁永胜、刘瑞兄（女）、何键4人组成大会主席团。会议听取和审议赵小刚所作的镇政府工作报告、梁永胜所作的镇人大工作报告，并作出相应决议；选举何红强为镇政府副镇长；会议收到代表意见建议31条。

第六次会议于2019年12月11日召开，应出席代表52名，实出席49名。会议推举常志良、赵小刚、张小燕、吴旺海组成大会主席团。会议听取、审议赵小刚所作的镇政府工作报告、吴旺海所作的镇人大工作报告，并作出相应决议；选举吴旺海为镇人大主席，会议收到代表意见建议35条。

第七次会议于2020年7月12日召开，应出席代表52名，实出席50名。会议推举常志良、赵小刚、张小燕、吴旺海、刘瑞兄（女）组成大会主席团。会议听取、审议赵小刚所作的镇政府工作报告、吴旺海所作的镇人大工作报告，并作出相应决议。会议收到代表意见建议30条。

第八次会议于2020年12月16日召开，应出席代表52名，实出席48名。会议推举赵小刚、张小燕、吴旺海、吕宏组成大会主席团。会议听取、审议赵小刚所作的镇政府工作报告、吴旺海所作的镇人大工作报告，并作出相应决议。会议收到代表意见建议22条。

代表名单：

张小弟（女）　王秋玲（女）　王彩娟（女）　吉托儿（女）　姚粉兰（女）
王小合（女）　柳江红（女）　何彦霞（女）　靳巧巧（女）　刘瑞兄（女）
王孟花（女）　张庆红　张振红　李陇兵　吕社军　李发振　李福用　李连学
吕西阳　吕强强　吕统军　时晓仁　靳万辉　刘　广　李宁宁　王静斌　何红强
厚稳勤　石　纪　张学乾　张孟孟　李　鑫　吕永前　吕　宏　王国旺　段宗旨
王富强　赵小刚　祁智文　何　键　马吉祥　吴旺海　陈永东　时宝林　张小燕
厚　士　张白银　张德刚　刘世宗　李宗孔　张文俊　刘国平

附：

细巷镇（乡）人民代表大会召开情况表

表6–119

届次	任期（年）	第一次会议			选举		
		应出席代表（名）	实出席代表（名）	召开时间	人大主席（副主席）	乡镇长	副乡镇长
九	3	70	55	1983.12.16		张敏行	冯克勤
十	3	70	55	1986.12.28		李吉富	王安国
十一	3	47	42	1989.12		李吉富	刘志海
十二	3	48	不详	1992.11	曹应奇	雷旺春	王晓明
十三	3	52	46	1995.12.28	李学东（何冠群）	王瑞生	王晓明　高中贤
十四	3	52	不详	1998.12.22	刘志海	李克东	王晓明
十五	5	52	50	2002.1	张太军	李克东	雷月萍　李党勤
十六	5	52	不详	2006.12.19	李如泰	梁永红	雷　刚　张建菊
十七	5	52	不详	2011.7.31	王红专	朱奋喜	戴艳琴　姚　亨
十八	5	52	49	2016.7.28	梁永胜	马宕新	王　飞　李宗孔　何　健

第二十节　四河镇人民代表大会

四河镇位于县域西部。东邻甘沟镇，南依新店乡，西接通渭县、会宁县，北连红寺镇。南北长16.4公里，东西宽19.2公里，总面积135平方公里。甘四公路穿境而过。至2019年年底，全镇辖22个行政村，175个村民小组，4932户，22169人。镇政府驻四河村，距县城35公里。

1952年10月，成立十一区，1955年改为四河区；1958年10月，设立四河人民公社；1961年12月，分设田堡人民公社；1964年2月，田堡公社并入四河公社；1979年12月，再次分设田堡公社；1983年12月，改为四河乡；2003年12月，田堡乡再次并入四河乡；2016年8月，撤乡建镇，改为四河镇。

一、第九届人民代表大会（1983年12月至1986年12月）

代表选举：

公社（乡）第九届人大代表选举工作于1983年11月至12月举行。成立公社选委会，张文贵为主任委员，张永录为副主任委员，景世学、胡世清、潘中科、王辅杰、张文勤为委员。共划分4个选区，选举县第九届人大代表5名；划分14个选区，选举公社（乡）第九届人大代表50名（女8名）。

代表会议：

第一次会议于1983年12月12日至13日召开，应出席代表50名，实出席48名，列席12名。会议推举慕昌德、臧积、王福杰、潘仲科、张永录、樊国璋、陈冠璋7人组成大会主席团。会议听取和审议慕昌德所作的公社管委会工作报告；建立乡人民政府，选举慕昌德为乡政府乡长，樊国璋为副乡长，贾满福、王东明、胥彩霞、何效信为人民陪审员。

代表名单：

王香草（女）　张玛瑙（女）　何俊英（女）　胥彩霞（女）　厍玉兰（女）
何桂兰（女）　黄兰花（女）　赵智慧（女）樊国璋　王　卓　王东明　韩应仓
王辅杰　尤锦华　张海忠　豆堆才　郑仲魁　王生元　王有江　周建才　周树林
孙守仓　臧　积　臧勤良　臧达远　何振华　周国仓　南都堂　潘仲科　慕昌德
厍　英　穆彦刚　王具录　连有才　何效信　胡世清　张升祖　陈冠璋　赵全禄
何应业　何炳璋　张永禄　张海峰　罗志俭　贾满福　厍　俭　颉　吉　高世雄
王志忠　陈廷俊

二、第十届人民代表大会（1986年12月至1989年12月）

代表选举：

乡第十届人大代表选举工作于1986年11月至12月举行。成立乡选委会，李招勤为主任，张永录、樊国璋为副主任，阎钧、王辅杰为委员。选举县第十届人大代表5名、乡第十届人大代表50名。

代表会议：

第一次会议于1986年12月召开。会议听取和审议乡政府工作报告；选举李招勤为乡政府乡长，樊国璋为副乡长。

三、第十一届人民代表大会（1989年12月至1992年11月）

代表选举：

乡第十一届人大代表选举工作于1989年10月至12月举行。成立乡选委会，张永录为主任，樊国璋为副主任，郜俊杰、邓满斗、王治军、包登科、臧万良为委员。选举县第十一届人大代表5名，乡第十一届人大代表（名额不详）。

代表会议：

第一次会议于1989年12月召开。会议听取和审议乡政府工作报告；选举李招勤为乡政府乡长，樊国璋为副乡长。

四、第十二届人民代表大会（1992年11月至1995年12月）

代表选举：

乡第十二届人大代表选举工作于1992年9月至11月举行。成立乡选委会，何升堂为主任，田宗仁为副主任，樊国璋、马宁学、郭牛俊、包登科、雷旺祖为委员。划分5个选区，选举县第十二届人大代表6名、乡第十二届人大代表41名。

代表会议：

第一次会议于1992年11月召开。会议听取和审议乡政府工作报告；选举慕昌德为乡人大主席团专职常务主席，樊国璋为乡政府乡长，张胜利、雷月萍（女）为副乡长。

五、第十三届人民代表大会（1995年12月至1998年12月）

代表选举：

乡第十三届人大代表选举工作于1995年11月至12月举行。成立乡选委会，张进宝为主任，田宗仁、谭廷献为副主任，王百石、张科、张国军、张国龙为委员。选举乡第十三届人大代表47名。

代表会议：

第一次会议于1995年12月召开。会议听取乡政府、乡人大主席团工作报告；选举田宗仁为乡人大主席团主席，陈友铎为乡政府乡长，雷月萍（女）、王百石为副乡长。

六、第十四届人民代表大会（1998年12月至2002年1月）

代表选举：

乡第十四届人大代表选举工作于1998年11月至12月举行。成立乡选委会，张进宝为主任，路登荣、张科为副主任，邓满斗、文治卿、张永明、何中昌为委员。选举乡第十四届人大代表47名。

代表会议：

第一次会议于1998年12月召开。会议听取乡政府、乡人大主席团工作报告；选举路登荣为乡人大主席团主席，谭廷献为乡政府乡长，雷月萍（女）为副乡长。

七、第十五届人民代表大会（2002年1月至2006年12月）

代表选举：

乡第十五届人大代表选举工作于2001年11月至12月举行。成立乡选委会，谭廷献为主任，路登荣、张科为副主任，李国衡、王莉（女）、马飞、李党团为委员。选举乡第十四届人大代表47名。

代表会议：

第一次会议于2002年1月召开。会议听取和审议乡政府、乡人大主席团工作报告；选举胡生忠为乡人大主席团主席，王百石为乡政府乡长，张建菊（女）为副乡长。

八、第十六届人民代表大会（2006年12月至2011年8月）

代表选举：

乡第十六届人大代表选举工作于2006年10月至12月举行。成立乡选委会，刘昌麟为主任，梁景泰、王宁学为副主任，雷月萍（女）、姚亨、卢伟、王晓凤（女）、田福来、穆瑞青为委员。选举县第十五届人大代表9名、乡第十六届人大代表54名（女14名）。

代表会议：

第一次会议于2006年12月召开。会议听取和审议乡政府、乡人大主席团工作报告；选举梁景泰为乡人大主席团主席，王壬寅为乡政府乡长，罗文科、雷月萍（女）为副乡长。

代表名单：

王兹兰（女）　田喜霞（女）　张小平（女）　厍小玲（女）　黄秀丽（女）
何来草（女）　雷月萍（女）　杨小红（女）　周玉梅（女）　何小平（女）
张变过（女）　张红红（女）　化金国（女）　王稳霞（女）　马宗凯　姚　亨
蔡志明　罗文科　王镇川　张瑞明　田永泰　姚旺林　卢振国　续社教　王壬寅
靳永良　赵轶智　厍全智　刘来滨　化国宏　赵收财　张升祖　何炳璋　何应军
罗焕雄　李万胜　颉　珍　苟效承　刘昌麟　雷　军　卢玉芳　杨顺州　魏治国
吴建林　马守川　雷治仓　雷治堂　王宁学　杨选明　包　刚　甄志明　梁景泰
田德林　王志新

九、第十七届人民代表大会（2011年8月至2016年7月）

代表选举：

乡第十七届人大代表选举工作于2011年7月至8月举行。成立乡选委会，乡党委副书记续社教为主任，乡纪检书记罗文科、乡司法所长张红安为副主任，席小平、穆瑞青、杨建、韩超、张洁、荀永胜为委员，下设办公室。各选区设立3至5人组成的选举领导小组，划分若干选民小组，由选民推选正副组长，主持选民小组会议。全乡共有选民12267人，选举县第十六届人大代表10名、乡第十七届人大代表54名。

代表会议：

第一次会议于2011年8月15日召开，应出席代表54名，实出席54名。会议听取、审议并通过伏国泰所作的乡政府工作报告、梁景泰所作的乡人大主席团工作报告；选举梁景泰为乡人大主席团主席，伏国泰为乡政府乡长，王万积、吴海霞（女）为副乡长。

代表名单：

胡生伟	王安臣	王教社	张　堆	郑振平	王生元	尤克祖	卢振国	柴满意
周永林	张　锦	梁景泰	张小平	王社余	库　强	张窜窜	陈志强	刘义义
王立东	赵虎林	王满平	吴海霞	张升祖	何永胜	何效明	伏国泰	罗焕雄
何对林	颉　珍	苟效成	郭晓辉	王桂兰	王永业	杨建新	魏治国	李万科
马书珍	李小学	雷治仓	雷国华	王万积	杨选民	何小平	包　刚	王志强
谭俊杰	张宝军	雷永春	刘灵巧	王志照	孙振社	马宗凯	常鸿麟	田俊山
蔡福强								

十、第十八届人民代表大会（2016年7月至2021年）

代表选举：

乡第十八届人大代表选举工作于2016年6月至7月举行。成立乡选委会，乡党委副书记柴满意为主任，黄高霞（女）、张博为副主任，杨健、姚勤勤、高翔、李亚娟（女）、李阿龙、徐多旺为委员。全乡共划分为10个选区，选举县第十七届人大代表10名；共划分为24个选区，选举乡第十八届人大代表54名（女15名）。

代表会议：

第一次会议于2016年7月29日召开，应出席代表54名，实出席代50名。会议推举平宏、薛小田、李小强、柴满意、王强、张宝军、常鸿麟、黄高霞（女）、王镇川9人组成大会主席团。会议听取和审议薛小田所作的乡政府工作报告、李小强所作的乡人大工作报告，并作出相应决议；选举李小强为乡人大主席，薛小田为乡政府乡长，谢文学、常鸿麟、席小平为副乡长；收到代表建议意见56条。

第二次会议于2017年4月28日召开，应出席代表54名，实出席51名。会议推举平宏、薛小田、李小强、柴满意、王强、张宝军、常鸿麟、黄高霞（女）、王镇川9人组成大会主席团。会议听取和审议薛小田所作的镇政府工作报告、李小强所作的镇人大工作报告，并作出相应决议；收到代表建议48条。

第三次会议于2017年9月15日召开，应出席代表54名，实出席50名。会议推举平宏、薛小田、李小强、柴满意、王强、张宝军、常鸿麟、黄高霞（女）、王镇川9人组成大会主席团。会议听取和审议薛小田所作的镇政府工作报告、李小强所作的镇人大工作报告，并作出相应决议；收到代表建议51条。

第四次会议于2018年8月2日召开，应出席代表53名，实出席50名。会议推举席鹏举、薛小田、李小强、王强、张宝军、常鸿麟、王镇川7人组成大会主席团。会议听取和审议薛小田所作的镇政府工作报告、李小强所作的镇人大工作报告，并作出相应决议；收到代表建议53条。

第五次会议于2019年2月15日召开，应出席代表54名，实出席50名。会议推举王国平、薛小田、柴满意、王强、张宝军、黄高霞（女）、王镇川7人组成大会主席团。会议听取和审议薛小田所作的镇政府工作报告、柴满意所作的镇人大工作报告，并作出相应决议；选举柴满意为镇人大主席，苟永胜为镇政府副镇长；收到代表建议55条。

第六次会议于2019年9月6日召开，应出席代表51名，实出席48名。会议推举王国平、薛小田、柴满意、王强、张宝军、黄高霞（女）、王镇川7人组成大会主席团。会议听取和审议薛小田所作的镇政府工作报告、柴满意所作的镇人大工作报告，并作出相应决议；收到代表建议50条。

第七次会议于2020年5月25日召开，应出席代表54名，实出席50名。会议推举王国平、薛小田、柴满意、王强、张宝军、黄高霞（女）、王镇川7人组成大会主席团。会议听取和审议薛小田所作的镇政府工作报告、柴满意所作的镇人大工作报告，并作出相应决议；收到代表建议50条。

代表名单：

张档档（女）　化万万（女）　黄高霞（女）　王小娥（女）　张窜窜（女）
李艳娥（女）　裴强强（女）　李宁花（女）　杨军草（女）　侯小霞（女）
段永孩（女）　卢艳华（女）　霍笼笼（女）　田利香（女）　张海霞（女）
姚勤勤　田团相　薛小田　王镇川　张　堆　王生元　张百拾　孙殿忠　王　强
张　锦　厚新军　库治国　柴满意　王耀武　徐多旺　王志强　贾统军　何永胜
杨　健　罗焕雄　裴明义　王铁牛　颉　珍　常鸿麟　王军明　王发旺　魏治国
杨建新　李万科　平　宏　马文军　雷文斌　李小强　刘永强　孙海旺　张宝军
雷永春　王　平　凌党红

附：

四河镇（乡）人民代表大会召开情况表

表6-120

届次	任期（年）	第一次会议			选举		
		应出席代表（名）	实出席代表（名）	召开时间	人大主席（副主席）	乡镇长	副乡镇长
九	3	50	48	1983.12.12		慕昌德	樊国璋

续表6-120

届次	任期（年）	第一次会议			选举		
		应出席代表（名）	实出席代表（名）	召开时间	人大主席（副主席）	乡镇长	副乡镇长
十	3	50	不详	1986.12		李招勤	樊国璋
十一	3	不详	不详	1989.12		李招勤	樊国璋
十二	3	41	不详	1992.11	慕昌德	樊国璋	张胜利　雷月萍
十三	3	47	不详	1995.12	田宗仁	陈友铎	雷月萍　王百石
十四	3	47	不详	1998.12	路登荣	谭廷献	雷月萍
十五	5	47	不详	2002.1	胡生忠	王百石	张建菊
十六	5	54	不详	2006.12	梁景泰	王壬寅	罗文科　雷月萍
十七	5	54	54	2011.8.15	梁景泰	伏国泰	王万积　吴海霞
十八	5	54	50	2016.7.29	李小强	薛小田	谢文学　常鸿麟　席小平

第二十一节　界石铺镇人民代表大会

界石铺镇位于县域西北部。东与白银市会宁县接壤，南靠红寺、细巷两镇，西邻八里镇，北依三合、原安、灵芝3乡镇。南北长12公里，东西宽19公里，总面积167平方公里。平定高速、312国道穿境而过。至2019年年底，全镇辖22个行政村，172个村民小组，5939户，26722人。镇政府驻继红村。距县城25公里。

1949年8月，成立四区，下辖11个乡；1955年6月更名为高界区；1958年10月，成立高界公社；1961年12月，分设七里公社；1964年2月，七里公社并入高界公社；1979年12月，再次分设七里公社；1983年12月，改为高界乡；1986年5月，撤乡建镇，改为高界镇；1997年3月，更名为界石铺镇；2004年2月，乡镇机构改革，七里乡并入界石铺镇。

一、第九届人民代表大会（1983年12月至1986年12月）

代表选举：

公社（乡）第九届人大代表选举工作于1983年11月至12月举行。成立公社选委会，杨德元为主任委员，高成华为副主任委员，张虎堂、尹惠天、张建生为委员。选举县第九届人大代表6名，公社（乡）第九届人大代表70名（女14名）。

代表会议：

第一次会议于1983年12月17日召开，应出席代表70名，实出席57名，会议推举杨德元、张虎堂、孙延寿、马永刚、李吉义、祁玉仓、王焕章7人组成大会主席团。会议听取和审议并通过杨德元所作的公社管委会工作报告；建立乡人民政府，选举杨德元为乡政府乡长，王克仁为副乡长，王志和、李吉义为人民陪审员。

二、第十届人民代表大会（1986年12月1989年12月）

代表选举:

高界镇第十届人大代表选举工作于1986年11月至12月举行。成立镇选委会，杨德元为主任，高成华、李进银为副主任，王维岐、张会平为委员。选举县第十届人大代表6名、镇第十届人大代表70名。

代表会议:

第一次会议于1986年12月召开，应出席代表70名，实出席70名。会议听取和审议并通过杨德元所作的镇政府工作报告；选举杨德元为镇政府镇长，黄杰、李进银为副镇长，选举王志和、李吉义为人民陪审员。

三、第十一届人民代表大会（1989年12月至1992年11月）

代表选举：

高界镇第十一届人大代表选举工作于1989年10月至12月举行。成立镇选委会，黄杰为主任，王乃学为副主任，祁存君、李福英、杨耀东、张生贵、杨玉忠为委员。选举县第十一届人大代表7名、镇第十一届人大代表43名。

代表会议：

第一次会议于1989年12月21日召开，应出席代表43名，实出席29名，特邀代表4名。会议听取和审议并通过王乃学所作的镇政府工作报告；审议通过杨德元辞去高界镇政府镇长职务的请求；选举王乃学为镇政府镇长，黄杰、王秀秀（女）为副镇长，杨玉忠、梁治国为人民陪审员。

四、第十二届人民代表大会（1992年11月至1995年12月）

代表选举：

高界镇第十二届人大代表选举工作于1992年9月至11月举行。成立镇选委会，黄杰为主任，杨德元为副主任，张进宝、丁金昌、韩兆甲、李占武、慕克恭为委员。划分4个选区，选举县第十二届人大代表7名、镇第十二届人大代表43名。

代表会议：

第一次会议于1992年11月召开，应出代表43名，实出席代表31名，特邀代表4名。会议听取和审议并通过张进宝所作的镇政府工作报告；选举杨德元为镇人大主席团专职常务主席，张进宝为镇政府镇长，张明珠、刘桂花（女）为副镇长。

五、第十三届人民代表大会（1995年12月至1998年12月）

代表选举：

高界镇第十三届人大代表选举工作于1995年11月至12月举行。成立镇选委会，樊文浩为主任，杨德元、杨康乐为副主任，丁金昌、景来万、高世忠、蒋建怀为委员。选举镇第十三届人大代表50名。

代表会议：

第一次会议于1995年12月27日召开，应出席代表50名，实出席49名。会议听取镇代表资格审查委员会关于第十三届人大代表资格审查结果的报告；听取、审议并通过樊建军所作的镇政府工作报告、杨德元所作的镇人大主席团工作报告、陈富荣所作的关于镇1993年至1995年财政预算收支执行情况和1996年财政工作的报告；选举杨德元为镇人大主席团主席，樊建军为镇政府镇长，张明珠、李国香（女）为副镇长。

六、第十四届人民代表大会（1998年12月至2002年1月）

代表选举：

界石铺镇第十四届人大代表选举工作于1998年11月至12月举行。成立镇选委会，王静林为主任，张明珠、刘小进为副主任，安自君、张武举、李稳收、郭素芳（女）为委员。选举镇第十四届人大代表50名。

代表会议：

第一次会议于1998年12月召开。会议听取和审议镇政府、镇人大主席团工作报告；选举张明珠为镇人大主席团主席，杨康乐为镇政府镇长，李国香（女）副镇长。

第三次会议于2001年1月8日召开，应出席代表50名，实出席45名。会议听取、审议并通过杨康乐所作的镇政府工作报告、张明珠所作的镇人大主席团工作报告、陈富荣所作的镇2000年财政预算执行情况及2001年预算草案的报告。

第五次会议于2001年8月21日召开，应出席代表50名，实出席31名。会议选举刘小进为界石铺镇政府镇长，张旺玺为副镇长。

七、第十五届人民代表大会（2002年1月至2006年12月）

代表选举：

界石铺镇第十五届人大代表选举工作于2001年11月至12月举行。成立镇选委会，徐永红为主任，张明珠、王宁宁为副主任，丁金昌、安自君、宫静平、樊义和为委员。选举镇第十五届人大代表50名。

代表会议：

第一次会议于2002年1月5日召开，应出席代表50名，实出席45名。会议听取和审议并通过镇政府、人大主席团工作报告及镇财政执行情况报告；选举鲍初玺为镇人大主席团主席，刘小进为镇政府镇长，张旺玺、王晓明（女）为副镇长。

第三次会议于2004年12月26日召开，应出席代表50名，实出席46名。会议听取和审议王宁宁所作的镇政府工作报告、2004年镇财政预算执行情况和2005年财政预算的报告、鲍初玺所作的镇人大主席团工作报告，并作出相应决议。

八、第十六届人民代表大会（2006年12月至2011年7月）

代表选举：

镇第十六届人大代表选举工作于2006年10月至12月举行。成立镇选委会，刘小进为主任，王守荣、王国随为副主任，陈富荣、马周、刘晓霞（女）、周斌、祁招红为委员。选举县第十五届人大代表11名，镇第十六届人大代表58名（党员34名，女14名，大专以上文化程度15名）。

代表会议：

第一次会议于2006年12月召开，应出席代表58名，实出席54名。会议听取和审议并通过镇政府、人大主席团、财政执行与预算工作报告；选举王守荣为镇人大主席团主席，王国随为镇政府镇长，王康乐、张小萍（女）为副镇长。

第二次会议于2007年12月25日召开，应出席代表58名，实出席55名。会议听取和审议并通过镇政府、人大主席团工作报告。

第三次会议于2008年4月15日召开，应出席代表58名，实出席53名。会议选举张亚鹏为镇政府镇长。

第四次会议于2009年3月20日召开，应出席代表58名，实出席54名。会议听取和审议并通过张亚鹏所作的镇政府工作报告、王守荣所作的镇人大主席团工作报告及镇财政执行和预算工作报告。

第五次会议于2009年11月14日召开，应出席代表58名，实出席55名。会议学习中共十七届四中全会精神，听取和审议镇政府工作报告；选举王胜利为镇人大主席，杨兴强为镇政府副镇长。

第六次会议于2010年4月15日召开，应出席代表58名，实出席53名。会议听取和审议并通过张亚鹏所作的镇政府工作报告、王胜利所作的镇人大主席团工作报告、镇财政执行情况和预算工作报告。

第七次会议于2010年6月4日召开，应出席代表58名，实出席56名。会议选举马斌为镇政府镇长。

代表名单：

张小萍（女）　高根佐（女）　李菊香（女）　李粉娥（女）　崔红芳（女）
王彩霞（女）　吕孔雀（女）　吕彩霞（女）　王改琴（女）　张出息（女）
李小小（女）　常小霞（女）　王军兰（女）　王芳平（女）　张旺利　王建军
刘小进　赵永忠　赵世彪　杨学义　李　璞　李小强　周建军　席学勤　祁招红
张富荣　赵俊洲　王守荣　王虎军　韩红军　伏国泰　芦中军　李维科　李弟生
刘户仁　陈富荣　黄军中　赵文学　祁存君　翟建军　王国随　吕守财　李智刚
关尚会　赵志荣　王治贤　王玉勤　王康乐　张永胜　冯国清　王胜利　王海军

姚志清　冯国成　杨强兴　张丁丁　朱　礼　王世科

九、第十七届人民代表大会（2011年7月至2016年7月）

代表选举：

镇第十七届人大代表选举工作于2011年7月至8月举行。成立镇选委会，王康乐为主任，陈亚雄、陈小兵为副主任，祁康乐、马颖（女）、郭志福、江文霞（女）、杨众举、石昌昱为委员。选举县第十六届人大代表12名、镇第十七届人大代表58名。

代表会议：

第一次会议于2011年7月20日召开，应出席代表58名，实出席56名。会议推举张亚鹏、马斌、米发明、张小萍（女）、杨凤鸣、张军胜、杨苍众、任伟、马颖（女）、陈小兵10人组成大会主席团，张小萍（女）为执行主席，杨苍众为副主席，王康乐为秘书长。会议听取和审议并通过镇政府、人大主席团工作报告、镇财政执行情况及财政预算工作报告；选举米发明为镇人大主席，马斌为镇政府镇长，张军胜、杨苍众为副镇长。

第二次会议于2012年3月20日召开，应出席代表58名，实出席55名。会议听取和审议并通过马斌所作的镇政府工作报告、米发明所作的镇人大工作报告。镇党委书记江小兵作总结讲话。

第三次会议于2012年11月18日召开。第二次会议以来，镇第十七届人大代表张亚鹏、张坤阳、米发明因工作变动，调离界石铺镇，其代表资格自行终止，在代表出缺的选区补选江小兵、靳鑫、常志良为镇第十七届人大代表。因此，此次会议应出席代表58名，实出席56名，列席3名。会议推举江小兵、马斌、常志良、张小萍（女）、张军胜、杨苍众、任伟、马颖（女）、杨凤鸣9人组成大会主席团，张小萍（女）为主席，杨苍众为副主席，刘晓康为秘书长。会议听取镇第十七届人民代表大会代表变动、补选情况报告；听取和审议并通过镇政府、镇人大主席团工作报告；选举常志良为镇人大主席。

第四次会议于2013年3月25日召开。第三次会议以来，镇第十七届人大代表朱礼、王健、张军胜、张旺利因工作变动，调离界石铺镇，其代表资格自行终止，在代表出缺的选区补选穆振华、赵满良、张高强、吕世红为镇第十七届人大代表。因此，此次会议应出席代表58名，实出席54名，列席3名。会议推举江小兵、马斌、常志良、张小萍（女）、杨苍众、任伟、杨凤鸣7人组成大会主席团，常志良为主席，张小萍（女）为副主席，刘晓康为秘书长。会议听取镇第十七届人民代表大会代表变动、补选情况报告；听取和审议并通过镇政府、人大主席团工作报告；选举张高强为镇政府副镇长。

第五次会议于2013年10月26日召开。第四次会议以来，镇第十七届人大代表江小兵因工作变动，调离界石铺镇，其代表资格自行终止，在代表出缺的选区补选张乾龙为镇第十七届人大代表。因此，此次会议应出席代表58名，实出席55名，列席3名。

会议听取镇第十七届人民代表大会代表变动、补选情况报告，审议通过关于马斌辞去界石铺镇政府镇长职务的请求；听取和审议并通过镇政府、人大主席团工作报告；选举张乾龙为镇政府镇长。

第六次会议于2014年12月26日召开，应出席代表58名，实出席56名。会议推举马斌、常志良、张小萍（女）、杨苍众、任伟、马颖（女）、杨凤鸣7人组成大会主席团，常志良为主席，张小萍（女）为副主席，刘晓康为秘书长。会议听取和审议并通过常志良所作的镇人大主席团工作报告、张乾龙所作的镇政府工作报告；听取主席团成员述职述廉报告，并对主席团及其成员进行民主测评；镇党委书记马斌作总结讲话。

代表名单：

高伟伟（女）　李凤琴（女）　王改琴（女）　尹永永（女）　马　颖（女）
王君兰（女）　孙菊香（女）　翟艳娥（女）　刘新爱（女）　吕小燕（女）
张启明（女）　李菊香（女）　张红霞（女）　张小萍（女）　翟红红（女）
杨凤鸣　赵银录　吕建国　周　斌　吕维杰　李建平　张亚鹏　王虎军　关尚会
马振荣　樊仲民　张军胜　李世学　刘振吉　祁军明　赵文旭　米发明　张顺绪
任　伟　李旺胜　杨苍众　刘晓康　翟必文　张旺利　张平军　高进学　李志岐
张发杰　翟鹏伟　裴旺喜　朱　礼　夏永明　李守军　王　健　赵堆科　吕怀忠
韩万录　张坤阳　吴森林　苏重新　王叙生　马　斌　韩正红

十、第十八届人民代表大会（2016年7月至2021年）

代表选举：

镇第十八届人大代表选举工作于2016年6月至7月举行。成立镇选委会，镇党委副书记任伟为主任，王能、刘凯琦为副主任，刘乾虎、李甲斌、刘兵兵、高明明、李文俊、张国定为委员。全镇划分6个选区，选举县第十七届人大代表12名；划分24个选区，选举镇第十八届人大代表58名（女17名）。

代表会议：

第一次会议于2016年7月26日至27日在镇政府四楼会议室召开，应出席代表58名，实出席55名，部分县人大代表、不是镇人大代表的党政科级干部、镇直机关单位负责人、村党支部书记、村委会主任列席会议。会议推举马斌、张乾龙、魏永牛、任伟、刘望明、刘晓康、穆振华7人组成大会主席团；听取和审议张乾龙所作的镇政府工作报告、魏永牛所作的镇人大工作报告，并通过相关决议。选举魏永牛为镇人大主席，张乾龙为镇政府镇长，陈亚雄、王小兵、刘晓康为副镇长；收到代表意见建议15条。

第二次会议于2017年6月9日至10日召开，应出席代表58名，实出席55名。会议推举张乾龙、魏永牛、李高强、任伟、张爱平、穆振华、刘晓康7人组成大会主席团。会议听取和审议张乾龙所作的镇政府上半年工作报告、魏永牛所作的镇人大上半年工作报告，并通过相关决议；选举李高强为镇政府镇长；收到代表意见建议11条。

第三次会议于2017年12月19日至20日召开，应出席代表58名，实出席53名。会议推举张乾龙、李润余、李高强、吕世宏、张爱平、穆振华、任伟7人组成大会主席团。会议听取和审议李高强所作的镇政府工作报告、李润余所作的镇人大工作报告，并通过相关决议；选举李润余为镇人大主席；收到代表意见建议21条。

第四次会议于2018年4月15日召开，应出席代表56名，实出席51名。会议推举张乾龙、李高强、李润余、任伟、王小兵5人组成大会主席团。会议听取和审议李高强所作的镇政府上半年工作报告、李润余所作的镇人大上半年工作报告、任伟所作的李堡村美丽乡村建设规划，并通过相关决议；选举刘凯琪为镇政府副镇长；收到代表意见建议9条。

第五次会议于2018年12月19日至20日召开，应出席代表56名，实出席50名。会议推举张乾龙、李高强、李润余、任伟、王小兵5人组成大会主席团。会议听取和审议李高强所作的镇政府工作报告、李润余所作的镇人大工作报告，并通过相关决议；收到代表意见建议12条。

第六次会议于2019年12月18日至19日召开，应出席代表56名，实出席52名。会议推举张乾龙、李高强、李润余、刘望明、王小兵5人组成大会主席团。会议听取和审议李高强所作的镇政府工作报告、李润余所作的镇人大工作报告，并通过相关决议；收到代表意见建议22条。

第七次会议于2020年6月26日至27日召开，应出席代表58名，实出席54名。会议推举张乾龙、李高强、李润余、刘望明、刘凯琪5人组成大会主席团。会议听取和审议李高强所作的镇政府工作报告、李润余所作的镇人大工作报告，并作出相应决议；收到代表意见建议8条。

代表名单：

李菊香（女）　杨粉菊（女）　王改琴（女）　杨九菊（女）　刘新爱（女）
王君兰（女）　张　瑜（女）　张娟梅（女）　曹明丽（女）　李　梅（女）
李淑花（女）　陈艳丽（女）　李向丽（女）　向彩霞（女）　祁月娥（女）
李小宁（女）　韩苹果（女）　马　斌　魏永牛　张乾龙　任　伟　翟鹏伟
吕维杰　田江平　陈亚雄　关尚会　杨宗良　韩田思　景德生　刘晓康　祁显宗
李维科　王小兵　张　斌　张爱平　郭银生　韩正红　张平军　翟必文　张　华
雷文科　张发杰　樊连喜　王建军　王海彦　赵文旭　李世学　吕世宏　祁军明
李建平　祁思忠　张清远　王虎军　刘兵兵　米胜学　穆振华　杨宗义　吴果果

附：

界石铺（高界）镇（乡）人民代表大会召开情况表

表6-121

届次	任期(年)	第一次会议			选举		
		应出席代表(名)	实出席代表(名)	召开时间	人大主席(副主席)	乡镇长	副乡镇长
九	3	70	57	1983.12.17		杨德元	王克仁
十	3	70	70	1986.12		杨德元	黄　杰　李进银
十一	3	43	29	1989.12.21		王乃学	黄　杰　王秀秀
十二	3	43	31	1992.11	杨德元	张进宝	张明珠　刘桂花
十三	3	50	49	1995.12.27	杨德元	樊建军	张明珠　李国香
十四	3	50	不详	1998.12	张明珠	杨康乐	李国香
十五	5	50	45	2002.1.5	鲍初玺	刘小进	张旺玺　王晓明
十六	5	58	54	2006.12	王守荣	王国随	王康乐　张小萍
十七	5	58	56	2011.7.20	米发明	马　斌	张军胜　杨苍众
十八	5	58	55	2016.7.26	魏永牛	张乾龙	刘晓康　陈亚雄　王小兵

第二十二节　三合乡人民代表大会

三合乡位于县域西北部，地处甘宁两省（区）三县（静宁、会宁、西吉）交会地带。东与原安镇相依，南与界石铺镇毗连，西北与会宁县为邻，北与宁夏西吉县接壤。南北长9公里，东西宽10公里，总面积93平方公里。平定高速穿境而过。至2019年年底，全乡辖12个行政村，84个村民小组，2562户，11108人。乡政府驻光华村，距离县城41公里。

解放初，三合乡属四区（高界）；1958年10月，建立人民公社，隶属高界公社；1961年12月，分设三合公社；1983年12月，改为三合乡。

一、第九届人民代表大会（1983年12月至1986年12月）

代表选举：

公社（乡）第九届人大代表选举工作于1983年11月至12月举行。成立公社选委会，尤根文为主任委员，张文玉为副主任委员，张文明、朱德功、张维国、吕文秀为委员。于1983年12月11日召开选举大会，选举县第九届人大代表5名、公社（乡）第九届人大代表50名（女12名）。

代表会议：

第一次会议于1983年12月13日召开，应出席代表50名，实出席45名。会议听取和审议并通过张文玉所作的公社管委会工作报告；建立乡人民政府，选举张文玉为乡政府乡长、朱德功为副乡长，李付生、张明宏为人民陪审员。

二、第十届人民代表大会（1986年12月1989年12月）

代表选举：

乡第十届人大代表选举工作于1986年11月至12月举行。成立乡选委会，祁海科为主任，韩国富、朱德功为副主任，尤根文、安维俊、李坤、李彦俊为委员。选举县第十届人大代表5名、乡第十届人大代表50名。

代表会议：

第一次会议于1986年12月召开。会议听取和审议乡政府工作报告；选举李进银为乡政府乡长，朱德功为副乡长。

三、第十一届人民代表大会（1989年12月1992年11月）

代表选举：

乡第十一届人大代表选举工作于1989年10月至12月举行。成立乡选委会，李进银为主任，朱德功、安维俊为副主任，张明珠、安自君为委员。选举县第十一届人大代表6名，乡第十一届人大代表41名。

代表会议：

第一次会议于1989年12月召开。会议听取和审议乡政府工作报告；选举高成华为乡政府乡长，朱德功为副乡长。

第三次会议于1992年1月10日召开。应出席代表38名，实出席30名。会议听取和审议高成华所作的乡政府工作报告、席学谦所作的乡人大主席团工作报告，并作出相应决议。

四、第十二届人民代表大会（1992年11月至1995年12月）

代表选举：

乡第十二届人大代表选举工作于1992年9月至11月举行。成立乡选委会，尹国璧为主任，席学谦为副主任，王学文、吕治军、朱克元、罗杰义、高富英（女）为委员。划分5个选区，选举县第十二届人大代表6名、乡第十二届人大代表41名（女8名）。

代表会议：

第一次会议于1992年11月15日至16日召开，应出席代表41名，实出席41名。会议推举席学谦、李进银、祁存君、杨慧、柳具元、王学文、逯育贤7人组成大会主席团。会议听取和审议并通过祁存君所作的乡政府工作报告、席学谦所作的乡人大主席团工作报告；选举席学谦为乡人大主席团常务主席，尹国璧为乡政府乡长，任占锋为副乡长，李岩俊、景致祥为人民陪审员。

代表名单：

罗春霞（女） 刘玉英（女） 李珍珠（女） 王润琴（女） 高富英（女）
高玉莲（女） 王彩子（女） 王太平（女）任占锋 李宝宣 朱克元 谯永清
吴士雄 段永兴 王富军 尹国璧 刘耀玺 田永春 李秉权 逯育贤 王国栋
高宝存 张耀祖 席学谦 景致祥 李岩俊 杨 慧 刘维忠 王学文 台耀俊
丁军喜 韩志贵 张世忠 张振华 李进银 张占川 李富杰 罗杰义 柳具元
祁存君 尹忠祖

五、第十三届人民代表大会（1995年12月至1998年12月）

代表选举：

乡第十三届人大代表选举工作于1995年11月至12月举行。成立乡选委会，席学谦为主任，祁存君、杨慧为副主任，郭煜、蒋志远、王金胜、吕治军、陈进忠、韩跃佐为委员。选举乡第十三届人大代表48名（女10名）。

代表会议：

第一次会议于1995年12月27日召开。应出席代表48名，实出席45名。席学谦、王静林、尹国璧、祁存君、李克东、杨慧、郭煜、朱克元、陈进忠9人组成大会主席团。会议听取和审议尹国璧所作的乡政府工作报告、席学谦所作的乡人大主席团工作报告、蒋志远所作的乡财政预算执行情况的报告，并作出相应决议；选举席学谦为乡人大主席团主席，尹国璧为乡政府乡长、李克东为副乡长。

第二次会议于1997年1月13日召开，应出席代表48名，实出席35名。会议听取和审议李克东所作的乡政府工作报告、席学谦所作的乡人大主席团工作报告、蒋志远所作的关于1996年乡财政预算执行情况和1997年预算的报告；选举郭爱国为乡政府乡长。

第三次会议于1997年11月30日召开。应出席代表48名，实出席44名。会议听取和审议郭爱国所作的乡政府工作报告、席学谦所作的乡人大主席团工作报告、王耀龙所作的关于1997年财政预算执行情况和1998年财政预算的报告，作出相应决议；选举郭煜为乡政府副乡长。

代表名单：

李桂英（女） 张燕子（女） 李跃霞（女） 王润勤（女） 高富英（女）
吴存花（女） 王巧叶（女） 高玉莲（女） 王早霞（女） 罗春霞（女）
李保旋 陈志敏 李岩俊 王振军 王静林 郭 煜 吕克强 逯玉贤 李秉权
陈大平 高 科 刘胜胜 祁江胜 张玉卓 陈国珍 李 同 祁存君 席学谦
赵志明 黄宝珍 尹国璧 朱克元 刘维忠 王益军 陈进忠 台耀俊 蒋志远
李明忠 王全红 杨 慧 张占川 安保碧 景致强 李维仁 吴士祥 李克东

董效义　李永红

六、第十四届人民代表大会（1998年12月至2002年1月）

代表选举：

乡第十四届人大代表选举工作于1998年11月至12月举行。成立乡选委会，樊建军为主任，吕治军、王守廷为副主任，朱克元、成玉林、王吉庆为委员。全乡共划分陈安、小湾、北集、段渠、王湾、前咀、古岔、东坡、南岔、光华、碱滩、黄湾、张安、新堡、古城、仁岔、阳局、机关18个选区，选举乡第十四届人大代表48名（女12名）。

代表会议：

第一次会议于1998年12月26日召开，应出席代表48名，实出席44名。会议推举樊建军、郭爱国、吕治军、王守廷、郭煜、杨耀东、朱克元、魏世琳、王耀龙9人组成大会主席团。会议听取和审议郭爱国所作的乡政府工作报告、王耀龙所作的关于1998年财政预算执行情况及1999年预算（草案）的报告、王守廷所作的乡人大主席团工作报告；选举樊建军为乡人大主席团主席，王守廷为副主席，郭爱国为乡政府乡长，郭煜为副乡长。

第二次会议于1999年5月29日召开，应出席代表48名，实出席45名。会议选举李国军为乡政府乡长、高富英（女）为副乡长。

第三次会议于1999年12月28日召开。应出席代表48名，实出席46名。会议听取审议李国军所作的乡政府工作报告、王守廷所作的乡人大主席团工作报告、王耀龙所作的关于1999年财政预算执行情况和2000年财政预算的报告。

第四次会议于2000年12月28日召开。应出席代表48名，实出席46名。会议听取和审议李国军所作的乡人民政府工作报告、樊建军所作的乡人大主席团工作报告、王耀龙所作的关于2000年财政预算执行情况和2001年财政预算的报告。

第五次会议于2001年2月19日召开。应出席代表48名，实出席42名。会议听取和审议了李国军所作的乡政府工作报告，选举李国军为乡人大主席团主席，徐俊红为乡政府乡长。

代表名单：

王等香（女）　王润勤（女）　李粉丹（女）　李耀霞（女）　李　芳（女）
张玉琴（女）　张菊卓（女）　张早霞（女）　张碧霞（女）　岳换儿（女）
高富英（女）　韩换和（女）　丁堆科　王万祥　王　荣　王红红　王守廷
王耀龙　王沛力　王本锐　尹忠祖　朱克元　吕治军　安江海　李生璇　李　同
李海荣　李秉权　李明忠　李永红　李维仁　张玉琢　张正荣　张治国　张玉江
杨耀东　杨正奎　杨　慧　杨满意　陈万林　陈进忠　段永兴　高　科　郭　煜
郭爱国　黄克宗　逯育贤　樊建军

七、第十五届人民代表大会（2002年1月至2006年12月）

代表选举：

乡第十五届人大代表选举工作于2001年11月至12月举行。成立乡选委会，李国军为主任，徐俊红、吕治军为副主任，魏世琳、孟玺、徐小胜、杨小山为委员。选举乡第十五届人大代表48名。

代表会议：

第一次会议于2002年1月召开。会议听取和审议乡政府、乡人大主席团工作报告；选举杨文为乡人大主席团主席，吕治军为乡政府乡长，屈稳强、梁淑琴（女）为副乡长。

八、第十六届人民代表大会（2006年12月至2011年8月）

代表选举：

乡第十六届人大代表选举工作于2006年10月至12月举行。成立乡选委会，付鹏举为主任，朱小宁、吕忠科为副主任，张军胜、夏稳泽、孟玺、马芳洲为委员。选举县第十五届人大代表6名、乡第十六届人大代表48名（女10名）。

代表会议：

第一次会议于2006年12月召开。会议听取和审议乡政府、乡人大主席团工作报告；选举朱小宁为乡人大主席团主席，吕忠科为乡政府乡长，张淑琴（女）为副乡长。

代表名单：

张彩萍（女）　剡巧霞（女）　张淑琴（女）　焦红良（女）　王福巧（女）
杨小红（女）　王丽萍（女）　何田军（女）　罗勤子（女）　岳换儿（女）
赵志明　尹坤瑞　王本乾　王铜柱　苟国旺　王彪炜　李荣学　李　刚　张克军
朱小宁　吕玉堂　付鹏举　高世成　李维峰　阎文江　王永吉　岳振华　安自君
吕长权　杜东洲　郑永明　张军胜　李勤子　安海强　孟　玺　文锦祥　王　荣
卢国恒　梁俊义　李玉忠　马芳洲　张新疆　王顺喜　夏稳泽　尹玺藩　杨正奎
吕忠科　张红专

九、第十七届人民代表大会（2011年8月至2016年7月）

代表选举：

乡第十七届人大代表选举工作于2011年7月至8月举行。选举县第十六届人大代表5名、乡第十七届人大代表48名。

代表会议：

第一次会议于2011年8月15日至16日召开，应出席代表48名，实出席44名。会议推举王小兵、戴彦荣、田金兵、张淑琴（女）、李荣学、张都都、靳建喜7人组成大会主席团。会议听取和审议并通过乡政府工作报告；选举张淑琴（女）为乡人大主席，戴彦荣为乡政府乡长，李满斗、田金兵为副乡长。

第四次会议于2013年3月27日至28日召开，应出席代表48名，实出席45名。会议选举吕鹏为乡政府乡长。

第五次会议于2014年12月28日召开，应出席代表48名，实出席45名。会议听取、审议并通过乡政府工作报告；通过张淑琴（女）辞去乡人大主席职务的报告。

第六次会议于2015年5月8日至9日召开，应出席代表48名，实出席46名。会议选举王燕刚为乡人大主席；收到代表意见、建议11条，主要涉及环境卫生、土地流转、道路建设等方面。

十、第十八届人民代表大会（2016年7月至2021年）

代表选举：

乡第十八届人大代表选举工作于2016年6月至7月举行。成立乡选委会，乡党委副书记周向龙为主任，高芳前、田禾为副主任，冀小红、刘福瀚、潘荣荣（女）、张兵兵为委员。全乡共划分5个选区，选举县第十七届人大代表5名；划分18个选区，选举乡第十八届人大代表48名（女10名）。

代表会议：

第一次会议于2016年7月28日召开，应出席代表48名，实出席40名。会议推举王顺成、王燕刚、吕鹏、张严冰、张都都、张鹏程、周小强7人组成大会主席团。会议听取和审议张严冰所作的乡政府工作报告、王燕刚所作的乡人大工作报告，并作出相应决议；选举王燕刚为乡人大主席，张严冰为乡政府乡长，牛东红、张都都为副乡长；收到代表意见建议8条。

第二次会议于2019年5月7日召开，应出席代表48名，实出席46名。会议推举吕鹏、张严冰、王燕刚、王顺成、高芳前、张鹏程、刘峰7人组成大会主席团。会议选举高芳前为乡政府副乡长。

第三次会议于2019年8月19日召开，应出席代表46名，实出席37名。会议推举吕鹏、张严冰、王燕刚、王顺成、高芳前、张鹏程、刘峰7人组成大会主席团。会议选举孙浩伟为副乡长。

代表名单：

李彩霞（女）　吕转弟（女）　祁记平（女）　王福巧（女）　王等来（女）
张友红（女）　刘新玲（女）　田东红（女）　齐柏树（女）　张凡凡（女）
刘喜院　李玉忠　陈新龙　吕　鹏　王燕刚　张严冰　王新力　张克军　杨稳定
安定乾　吕玉堂　韩宗智　王顺成　李伟峰　王铜柱　戴国品　周小强　岳振华
王效杰　孙　波　张国和　王鹏举　牛东红　景致强　张锦谦　韩旺胜　张都都
尹坤瑞　王本乾　尹向前　张鹏程　田继红　岳长楼　吕升荣　李学周　李世全
王志军　张顺强

附：

三合乡人民代表大会召开情况表

表6-122

届次	任期(年)	第一次会议			选举		
		应出席代表(名)	实出席代表(名)	召开时间	人大主席(副主席)	乡长	副乡长
九	3	50	45	1983.12.13		张文玉	朱德功
十	3	50	不详	1986.12		李进银	朱德功
十一	3	41	不详	1989.12		高成华	朱德功
十二	3	41	41	1992.11.15	席学谦	尹国璧	任占锋
十三	3	48	不详	1995.12.27	席学谦	尹国璧	李克东
十四	3	48	44	1998.12.26	樊建军（王守廷）	郭爱国	郭　煜
十五	5	48	不详	2002.1	杨　文	吕治军	屈稳强　梁淑琴
十六	5	48	不详	2006.12	朱小宁	吕忠科	张淑琴
十七	5	48	44	2011.8.115	张淑琴	戴彦荣	李满斗　田金兵
十八	5	48	不详	2016.7.28	王燕刚	张严冰	牛东红　张都都

第二十三节　原安镇人民代表大会

原安镇位于县域北部。东北部与宁夏西吉县平峰、王民、兴隆等乡镇接壤，南与灵芝乡、界石铺镇相连，西与三合乡毗邻。南北长11公里，东西宽12公里，总面积107平方公里。八原路穿境而过。至2019年年底，全乡辖14个行政村，100个村民小组，3965户，15514人。镇政府驻齐埂村，距离县城35公里。

1953年5月，成立十三区（单硙），原安属该区；12月，行政区划变动，十三区划归西吉县；1954年6月，原属隆德县的原安区及所辖新堡、双树、原安、党河、长河5乡划归静宁县，成立十三区（原安）；1955年6月，更名为车李区；1958年3月，撤销车李区建制，建立原安乡；10月，实现人民公社化后，撤乡建社，建立原安公社；1983年12月，改为原安乡，2018年7月撤乡建镇，改为原安镇。

一、第九届人民代表大会（1983年12月至1986年12月）

代表选举：

公社（乡）第九届人大代表选举工作于1983年11月至12月举行。成立公社选委会，蒙谦恭为主任委员，丁金昌为副主任委员，平秀兰（女）、徐存仓、李效明、许国付、李世荣为委员。选举县第九届人大代表8名、公社（乡）第九届人大代表70名。

代表会议：

第一次会议于1983年12月召开。会议听取和审议公社管委会工作报告；建立乡人民政府；选举高兴文为乡政府乡长，刘志海为副乡长。

二、第十届人民代表大会（1986年12月至1989年12月）

代表选举：

乡第十届人大代表选举工作于1986年11月至12月举行。成立乡选委会，高兴文为主任，杨继鸿、刘志海为副主任，樊秉琦、武宗和、张福利、姚志刚为委员。全乡共划分为7个选区，选举县第十届人大代表8名、乡第十届人大代表71名。

代表会议：

第一次会议于1986年12月27日在乡政府会议室召开，应出席代表71名，实出席56名。会议推举张文明、刘志海、李世荣、韩光君、张福利、李建英、樊秉琦7人组成大会主席团；会议听取和审议并通过张文明所作的乡政府工作报告，作出《关于在全乡大力开展集资办学，1987年实现一无两有的决议》；选举张文明为乡政府乡长，樊秉琦、刘志海为副乡长；李建英为人民陪审员。

三、第十一届人民代表大会（1989年12月至1992年11月）

代表选举：

乡第十一届人大代表选举工作于1989年10月至12月举行。成立乡选委会，张文明为主任，王志强为副主任，郭国定、王志文、张森林、武宗和、王宗刚为委员。选举县第十一届人大代表8名、乡第十一届人大代表46名。

代表会议：

第一次会议于1989年12月21日至22日在乡政府召开，应出席代表46名，实出席46名，列席8名。会议听取和审议张文明所作的乡政府工作报告，并作出相应决议；选举张文明为乡政府乡长，樊秉琦为副乡长，刘智军、高建军为人民陪审员。

第二次会议于1991年2月2日在乡政府会议室召开，应出席代表46名，实出席26名，列席8名。会议听取和审议张文明所作的乡政府工作报告、王志强所作的乡人大主席团工作报告，并作出相应决议；选举朱俊杰为副乡长。

第三次会议于1992年1月4日至5日在乡政府会议室召开，应出席代表46名，实出席36名，列席8名。会议听取和审议张文明所作的乡政府工作报告、王志强所作的乡人大主席团工作报告，并作出相应决议。

四、第十二届人民代表大会（1992年11月至1995年12月）

代表选举：

乡第十二届人大代表选举工作于1992年9月至11月举行。成立乡选委会，王志强为主任，王守廷为副主任，杨耀东、张森堂、李小平、靳海为委员。全乡总人口18144人，实有选民10499人，共划分5个选区，选举县第十二届人大代表8名（女2名）；划分20个选区，选举乡第十二届人大代表47名（女10名）。

代表会议：

第一次会议于1992年11月19日在乡政府会议室召开，应出席代表47名，实出席42名。会议听取和审议王志强所作的乡政府工作报告、王守廷所作的乡人大主席团工作报告，并作出相应决议；选举王守廷为乡人大主席团常务主席，王志强为乡政府乡长，尹世子为副乡长，刘志军、尹国军为人民陪审员。

第二次会议于1994年1月14日在乡政府会议室召开，应出席代表47名，实出席39名，列席3名。会议听取和审议王志强所作的乡政府工作报告、王守廷所作的乡人大主席团工作报告，并作出相应决议。

第三次会议于1994年5月26日召开。第二次会议以来，有3名代表调离原安乡，1名代表去世，因此，此次会议应出席代表43名，实出席32名。选举陈志合为乡政府副乡长。

代表名单：

李治琴（女）　张　华（女）　潘景茹（女）　刘梅英（女）　张国续（女）
文君安（女）　王跟怀（女）　程玉芳（女）　陈秀兰（女）　马淑萍（女）
王有科　李维芳　王根相　刘智军　尹君周　张煜瑞　梁炳忠　祁宗文　杜宗生
尹世子　周志玉　李治信　尹国军　朱建民　王守廷　王喜子　李小平　靳　海
张森林　张文启　王志强　杨占林　陈建忠　张建海　韩文轩　张学忠　姚志德
韩志忠　吕文利　韩彦斌　高宗文　杜锁劳　张志州　郭秀平　王应川　魏勤学
杨耀东

五、第十三届人民代表大会（1995年12月至1998年12月）

代表选举：

乡第十三届人大代表选举工作于1995年11月至12月举行。成立乡选委会，陈志合为主任，杨文为副主任，王守廷、李鹏章、刘国寿、郭国定、屈稳强、杜锁劳为委员。全乡总人口18493人（男9576人，女8917人），有选民11092人（男5849人，女5243人），共划分20个选区，参加选举9895人（男5184人，女4711人），选举乡第十三届人大代表52名（女10名）。

代表会议：

第一次会议于1995年12月27日至28日在乡政府会议室召开，应出席代表52名，实出席45名。会议推举张晓军、杨耀东、杨文、尹国军、姚志德5人组成大会主席团。会议听取和审议陈志合所作的乡政府工作报告、王守廷所作的乡人大主席团工作报告、曹继龙所作的乡财政预决算报告，并作出相应决议；选举张晓军为乡人大主席团主席、杨文为副主席，任占峰为乡政府乡长，杜桂花（女）、王守廷为副乡长。

第二次会议于1997年1月10日至11日在乡政府会议室召开，应出席代表52名，实出席40名，特邀代表1名。会议推举张晓军、杨文、杨耀东、尹国军、姚志德为大会主席团。会议听取和审议任占峰所作的乡政府工作报告、杨文所作的乡人大主席团工作报告、曹继龙所作的乡财政预决算报告，并作出相应决议；收到代表意见建议11条。

第三次会议于1997年6月7日在乡政府会议室召开，应出席代表52名，实出席40名。会议听取和审议任占峰所作的乡政府工作报告、杨文所作的乡人大主席团工作报告、曹继龙所作的乡财政预决算报告，并作出相应决议；通过张晓军辞去乡人大主席团主席职务、杨文辞去副主席职务、王守廷辞去乡政府副乡长职务的报告，选举尹国璧为乡人大主席团主席，杨文为乡政府副乡长。

代表名单：

李宝兰（女）　张　华（女）　张芳兰（女）　刘梅英（女）　王跟怀（女）
程玉芳（女）　李凤吉（女）　杜桂花（女）　张国续（女）　马丽珍（女）
李维芳　陈效忠　尹国军　张银瑞　贾国建　韩志忠　吕宏光　祁宗文　柴永杰
周志玉　杨西珍　李　凡　杨耀东　王映兄　李鹏章　李明军　王海仓　任占峰
张进安　杨　文　韩效堂　王守廷　马文杰　尹坤州　姚志德　程志余　吕文利
韩丁相　韩彦奎　王存珠　魏勤学　赵良忠　陈志合　高殿全　苏云江　王应川
张尚忠　张文宗　靳　海　张晓军　张文启　司守成

六、第十四届人民代表大会（1998年12月至2002年1月）

代表选举：

乡第十四届人大代表选举工作于1998年11月至12月举行。成立乡选委会，张晓军为主任，尹国璧为副主任，韩世军、屈稳强、王爱云、曹继龙、吕宗义为委员。选举乡第十四届人大代表52名（女11名）。

代表会议：

第一次会议于1998年12月21日在乡政府会议室召开，应出席代表52名，实出席52名，李小平、刘存喜、陈效忠、周志芳、张尚忠列席。会议推举张晓军、任占峰、尹国璧、杨文、高万福、杜桂花（女）、韩志忠、韩立新、王万宝、梁炳忠10人组成大会主席团。会议听取和审议任占峰所作的乡政府工作报告、尹国璧所作的乡人大主席团工作报告、曹继龙所作的乡财政预决算报告，并作出相应决议；选举尹国璧为乡人大主席团主席，任占峰为乡政府乡长，杜桂花（女）、杨文为副乡长；会议收到代表意见、建议6件，涉及文教、卫生、道路等方面。

第二次会议于1999年5月11日在乡政府会议室召开。第一次会议以来，有3名代表调离原安乡，因此，此次会议应出席代表49名，实出席39名。会议选举景来万为乡政府乡长。

第三次会议于2000年5月25日在乡政府会议室召开。第二次会议以来，有1名代表调离原安乡，因此，此次会议应出席代表48名，实出席40名。会议推举张晓军、任占锋、尹国璧、杨文、高万福、杜桂花（女）、韩志忠、韩立新、王万宝、梁炳忠10人组成大会主席团。会议审议通过尹国璧辞去乡人大主席团主席职务、杨文辞去乡政府副乡长职务的报告；选举杨文为乡人大主席团主席，屈稳强为乡政府副乡长。

代表名单：

张志英（女） 尹晓娟（女） 赵彦生（女） 肖珍春（女） 王跟怀（女）
张桂芳（女） 王会平（女） 程调儿（女） 杜桂花（女） 孙卓子（女）
文君安（女） 李维芳 马应科 王存珠 王万宝 李 凡 柴永杰 韩立新
李明军 王应川 尹国璧 徐国勤 王玉西 韩耀明 吴万强 张文启 杜造林
赵小平 赵良忠 李鹏章 张学忠 尹 科 许志斌 张晓军 吴 斌 张志旺
梁炳忠 程堆川 姚志德 刘平仁 高万福 杨 文 靳国斌 韩学智 孟 梅
毛志杰 高国柱 尹国军 尹院军 张进安 任占峰 韩志忠

七、第十五届人民代表大会（2002年1月至2006年12月）

代表选举：

乡第十五届人大代表选举工作于2001年11月至2002年1月举行。成立乡选委会，张晓军为主任，杨文、高万福为副主任，屈稳强、韩世军、李留学、田莉莉（女）为委员。全乡有人口18176人（男9411人，女8765人），选民11313人（男5869人，女5444人），2001年12月28日召开了选举大会，参加选举10465人（男5394人，女5071人），选举乡第十五届人大代表52名（女12名）。

代表会议：

第一次会议于2002年1月5日在乡政府会议室召开，应出席代表52名，实出席48名。会议推举景来万、高万福、杜锁劳、李文忠、杜桂花（女）、王军强、韩立新、王维民、高宗武9人组成大会主席团，陈清睿为秘书长。会议听取和审议高万福所作的乡政府工作报告、李文忠所作的乡人大主席团工作报告、吕新华所作的乡财政预算执行情况报告，并作出相应决议；审议通过景来万辞去乡政府乡长职务的报告；选举景来万为乡人大主席团主席、李文忠为副主席，高万福为乡政府乡长，杜桂花（女）、王军强为副乡长；会议收到代表意见、建议14件，涉及文教、卫生、道路等方面。

第二次会议于2002年12月2日在乡政府会议室召开，应出席代表52名，实出席52名。会议听取和审议高万福所作的乡政府工作报告、景来万所作的乡人大主席团工作报告，并作出相应决议。

第三次会议于2003年5月28日在乡政府会议室召开，应出席代表52名，实出席50名。会议听取和审议高万福所作的乡政府工作报告、景来万所作的乡人大主席团工作报告，并作出相应决议；审议通过杜桂花（女）、王军强辞去乡政府副乡长职务的报告；选举韩立新为乡政府副乡长。

第四次会议于2004年1月8日至9日在乡政府会议室召开，应出席代表52名，实出席50名。会议听取和审议高万福所作的乡政府工作报告、景来万所作的乡人大主席团工作报告，并作出相应决议。

第五次会议于2005年12月18日至19日在乡政府会议室召开，应出席代表52名，实出席50名。会议听取和审议王宏所作的乡政府工作报告，景来万所作的乡人大主席团工作报告，并作出相应决议；会议审议通过高万福辞去乡政府乡长职务、韩立新辞去副乡长职务的报告；选举王宏为乡政府乡长，马玲（女）、阎小亮为副乡长。

代表名单：

张变子（女）　陈调儿（女）　尹晓娟（女）　杜桂花（女）　张玉莲（女）
马玉萍（女）　齐俊英（女）　文军安（女）　聂玉叶（女）　张润香（女）
程玉香（女）　张平香（女）　张银瑞　杜锁劳　吕宏光　尹　毅　柴永杰
周胜利　李成忠　李　凡　文守明　李汉文　高万福　王维明　陈清睿　李明军
李友仁　景来万　李文忠　武仁军　王国岐　王军强　程马庄　吕　德　吴百强
王存珠　常永良　张文敏　曹建西　李鹏章　高宗武　陈　平　范占祥　张尚忠
王宇功　韩立新　刘万斌　张学斌　张文启　王　忠　李维芳　刘存喜

八、第十六届人民代表大会（2006年12月至2012年8月）

代表选举：

乡第十六届人大代表选举工作于2006年10月至12月举行。成立乡选委会，高万福为主任，文慧轶、王宏为副主任，吕宗义、宋敏、韩世军、程维军、尹婉琴（女）、朱省良为委员。选举县第十五届人大代表5名；乡第十六届人大代表52名（女12名）。

代表会议：

第一次会议于2006年12月22日在乡政府召开，应出席代表52名，实出席52名。会议听取和审议王宏所作的乡政府工作报告，文慧轶所作的乡人大主席团工作报告，并作出相应决议；选举文慧轶为乡人大主席团主席，王宏为乡政府乡长，马玲（女）、阎小亮为副乡长。

第二次会议于2007年6月18日在乡政府召开，应出席代表52名，实出席52名。会议听取和审议王宏所作的乡政府工作报告、文慧轶所作的乡人大主席团工作报告，并作出相应决议；审议通过马玲辞去乡政府副乡长职务的请求；选举尹婉琴（女）为乡政府副乡长。

第四次会议于2010年4月6日在乡政府会议室召开，应出席代表52名，实出席47名。会议听取和审议平宏所作的乡政府工作报告、文慧轶所作的乡人大主席团工作报告，并作出相应决议；选举平宏为乡政府乡长。

代表名单：

王会平（女）　马应红（女）　尹晓娟（女）　潘军红（女）　张芳玲（女）
马　玲（女）　张团娟（女）　程小琴（女）　刘社论（女）　尹扣能（女）
张晓凤（女）　张桂芳（女）　李留学　张银瑞　刘爱斌　辛自有　余满录
尹　石　周志芳　文慧轶　李　凡　尹国军　李汉文　李连学　高　智　李明军

韩立学　王　宏　李鹏军　韩效堂　王春林　高万福　阎小亮　程效义　程路来
吕　德　吕跟庄　王存珠　韩志东　赵良志　曹建西　王宇工　高宗武　石志军
陈　平　王志学　李建宗　杜文林　刘万斌　李政刚　刘存喜　郑国成

九、第十七届人民代表大会（2012年8月至2016年7月）

代表选举：

乡第十七届人大代表选举工作于2012年7月至8月举行。全乡总人口18271人，实有选民11929人（男6264人，女5665人），共划分为6个选区，参加选举11589人，参选率为97%，选举县第十六届人大代表7名，乡第十七届人大代表52名（女7名）。

代表会议：

第一次会议于2012年8月6日在乡政府召开，应出席代表52名，实出席50名。会议推举王宏、平宏、吴满会、李润余、尹婉琴（女）、王志学、马彦龙、李连学、朱省良、李举举、李焕良、程伟军12人组成大会主席团。会议听取和审议平宏所作的乡政府工作报告、乡财政预决算报告，吴满会所作的乡人大工作报告，并作出相应决议；选举吴满会为乡人大主席，平宏为乡政府乡长，王志学、马彦龙为副乡长。

第二次会议于2012年11月1日召开，应出席代表52名，实出席48名。会议推举王宏、樊尚平、吴满会、李润余、尹婉琴（女）、王志学、马彦龙、李连学、朱省良、李举举、李焕良、程伟军12人组成大会主席团。会议听取和审议樊尚平所作的乡政府工作报告、乡财政预决算报告，吴满会所作的乡人大工作报告，并作出相应决议；选举樊尚平为乡政府乡长；收到代表意见、建议11件，涉及道路交通、农村人饮、农业、教育、卫生等方面。

第三次会议于2013年8月22日召开，应出席代表52名，实出席50名。会议听取和审议樊尚平所作的乡政府工作报告、李荣学所作的乡人大工作报告，并作出相应决议；审议通过吴满会辞去乡人大主席职务的报告；选举李荣学为乡人大主席。

代表名单：

马娥娥（女）　韩小梅（女）　辛玲兰（女）　尹婉琴（女）　张润香（女）
程小琴（女）　吕转花（女）　李新民　李宁宁　张银瑞　李润余　吕宏光
韩学智　杜志仁　李　刚　柴　峰　周胜利　李成忠　李　凡　李荣学　尹智明
尹耀飞　韩彦龙　李连学　韩立学　李明军　聂俊义　王志学　李志坚　杨润明
马彦龙　程转义　李向阳　程伟军　韩耀明　吕金锁　常永良　韩栓学　赵良忠
曹建西　刘智国　朱省良　李社会　魏国忠　李建宗　樊尚平　齐德荣　李振兴
刘万兵　张学斌　王　宏　杨学义

十、第十八届人民代表大会（2016年7月至2021年）

代表选举：

乡第十八届人大代表选举工作于2016年6月至7月举行。成立乡选委会，乡党委副书记姚亨为主任，雷进伍、王军为副主任，李建峰、裴康弟（女）、苏秀云（女）杜国强为委员。全乡共划分4个选区，选举县第十七届人大代表7名（其中补选1名）；划分24个选区，选举乡第十八届人大代表52名（女11名）。

代表会议：

第一次会议于2016年7月28日召开，应出席代表52名，实出席45名，不是代表的乡领导干部及乡直机关负责人列席了会议。推举戴兵兵、姚亨、李举举、李焕良、程伟军、王志学、韩刚7人组成大会主席团。会议听取和审议张小萍（女）所作的乡政府工作报告、戴兵兵所作的乡人大工作报告，并作出相应决议；选举戴兵兵为乡人大主席，张小萍（女）为乡政府乡长，王静霞（女）、李举举、李焕良为副乡长。

第二次会议于2017年4月22日召开，应出席代表52名，实出席41名。会议推举戴兵兵、张小萍（女）、李举举、李焕良、程伟军、王志学、王军7人组成大会主席团。会议听取和审议张小萍（女）所作的乡政府工作报告、戴兵兵所作的乡人大工作报告，并作出相应决议。

第三次会议于2018年4月20日召开，应出席代表52名，实出席43名。会议推举姚亨、张小萍、李举举、李焕良、程伟军、王志学、韩刚7人组成大会主席团。会议听取和审议张小萍（女）所作的乡政府工作报告、姚亨所作的乡人大工作报告，并作出相应决议；选举姚亨为乡人大主席。

第四次会议于2019年5月20日召开，应出席代表52名，实出席42名。会议推举姚亨、张小萍（女）、李举举、李焕良、程伟军、王静霞（女）、王军7人组成大会主席团。会议听取和审议张小萍（女）所作的镇政府工作报告、姚亨所作的镇人大工作报告，并作出相应决议；选举韩光宇、胡稳科为副镇长。

第五次会议于2020年1月8日召开，应出席代表52名，实出席42名。会议推举姚亨、李举举、郑小宁、程伟军、王军、杨云杰、翟学仕组成大会主席团。会议听取、审议张小萍（女）所作的镇政府工作报告、姚亨所作的镇人大工作报告，并作出相应决议；会议听取讨论镇人大代表关于原安镇经济社会发展的意见建议。

第六次会议于2020年4月24日召开，应出席代表52名，实出席42名。会议推举姚亨、李举举、郑小宁、程伟军、王军、杨云杰、翟学仕7人组成大会主席团。会议听取和审议韩光宇所作的镇政府工作报告、姚亨所作的镇人大工作报告，并作出相应决议；选举杨银平为镇政府镇长。

代表名单：

张小萍（女）　郭小霞（女）　马娥娥（女）　李顺香（女）　时淑琴（女）
王静霞（女）　辛玲兰（女）　张连明（女）　牛水珠（女）　程小琴（女）
梁娟娟（女）　韩拴学　韩　生　赵小灵　戴兵兵　余刚平　杜海江　周胜利
尹　石　雷正军　高喜军　张　刚　程伟军　伏发旺　李忠堂　邹光亮　杨军旦
雷进伍　王旦子　王志章　李得顺　尹耀飞　张学斌　谢尚军　王　忠　杨　强
王　科　蒋永平　刘智国　张军礼　姚　亨　杨志成　韩　刚　张　旭　王学入

聂俊义　李焕良　李志坚　程路来　文治礼　吕前庄　吕锁成

附：

原安镇（乡）人民代表大会召开情况统计表

表6-123

届次	任期（年）	第一次会议			选举		
		应出席代表（名）	实出席代表（名）	召开时间	人大主席（副主席）	乡镇长	副乡镇长
九	3	70	不详	1983.12		高兴文	刘志海
十	3	71	56	1986.12.27		张文明	樊秉琦　刘志海
十一	3	46	46	1989.12.21		张文明	樊秉琦
十二	3	47	42	1992.11.19	王守廷	王志强	尹世子
十三	3	52	45	1995.12.27	张晓军（杨　文）	任占锋	杜桂花　王守廷
十四	3	52	52	1998.12.21	尹国璧	任占锋	杜桂花　杨　文
十五	5	52	48	2002.1.5	景来万（李文忠）	高万福	杜桂花　王军强
十六	5	52	52	2006.12.22	文慧轶	王　宏	马　玲　阎小亮
十七	5	52	50	2012.8.6	吴满会	平　宏	王志学　马彦龙
十八	5	52	45	2016.7.28	戴兵兵	张小萍	王静霞　李举举　李焕良

第二十四节　灵芝乡人民代表大会

灵芝乡位于县域北部。东邻宁夏西吉县，南依八里镇，西接界石铺镇，北靠原安镇。南北长12公里，东西宽13公里，总面积94平方公里。平定高速穿境而过。至2019年年底，全乡辖11个行政村，95个村民小组，3144户，14010人。乡政府驻尹岔村，距县城17公里。

1953年5月，成立十三区（单硙），灵芝属该区；12月，行政区划变动，十三区划归西吉县；1954年6月，原属隆德县的原安区及所辖新堡、双树、原安、党河、长河5乡划归静宁县，成立十三区（原安）；1955年6月，更名为车李区；1956年6月，撤销长河乡，新增灵芝乡；1958年10月，实现人民公社化后，撤乡建社，建立灵芝人民公社；1983年12月，改为灵芝乡。

一、第九届人民代表大会（1983年12月至1987年1月）

代表选举：

公社（乡）第九届人大代表选举工作于1983年11月至12月举行。成立公社选委会，韩国富为主任委员，吕正乾为副主任委员，韩志诚、杨世库、张康宁为委员。总人口12080人，其中18岁以上6813人，参加选举的选民6701人（男3552人，女3149人）。共划分为5个大选区，19个小选区，选举县第九届人大代表6名（女1名）；公社（乡）第九届人大代表70名（女15名）。

代表会议：

第一次会议于1983年12月15日召开，应出席代表70名，实出席60名。大会推举韩国富、王必成、贾树功、杨玉邦、任学习、王德堂、尹秉州7人组成大会主席团。会议由王必成主持，听取和审议并通过韩国富所作的公社管委会工作报告；建立乡人民政府，选举韩国富为乡政府乡长，王必成为副乡长，王德堂、王安君为人民陪审员。

代表名单：

徐秀兰（女）	郑琴英（女）	王変変（女）	贾玉英（女）	邹桂华（女）
赵燕菊（女）	刘彩花（女）	史存华（女）	阎玉娥（女）	陈娥子（女）
李玉花（女）	张秀英（女）	李具英（女）	李仲子（女）	雷兰英（女）

贾仲杰	厚维仓	王有忠	王安君	王必成	王善贵	王德堂	张维忠	马德福
韩国富	白德玉	潘文珍	张治岐	李世珍	高发财	张国明	魏孝义	邹　启
王炳蔚	樊学习	朱占良	杨堆录	魏凤麒	刘建忠	杜宗仁	张成义	武维州
韩志成	韩应堂	尹俊录	尹俊寿	尹耀明	杨建华	张康宁	杨玉邦	杨堆仓
杨世库	贾树功	尹秉州	何国锋	吕　惠	庞思明	李维录	杨文玉	庞金财
任福仓	李国录	郑芝勤	高凌斗	靳维明	姚俊禄			

二、第十届人民代表大会（1987年1月至1989年12月）

代表选举：

乡第十届人大代表选举工作于1986年11月至12月举行。成立乡选委会，杨玉邦为主任，尹国璧为副主任，马世明、潘文珍、韩志诚为委员。全乡总人口12476人（18岁以上7309人）；实有选民7141人（男3839人，女3302人）。全乡共划分为5个大选区，19个小选区，于1986年12月25日召开了选举大会，选举县第十届人大代表6名（女1名）；乡第十届人大代表60名（女12名）。

代表会议：

第一次会议于1987年1月3日召开，应出席代表60名，实出席52名，姚堆仓、靳万惠、吕惠、张武强、武启明、王拴虎、高耀坤、朱应庭、吕志成、姚稼宾、窦志德、韩国时12人列席会议。会议由高宗信主持，听取和审议并通过杨玉邦所作的乡政府工作报告；选举杨玉邦为乡政府乡长，高宗信为副乡长。

第三次会议于1989年3月9日召开，应出席会议60名，实出席45名，列席10名。会议听取和审议高宗信所作的乡政府工作报告、乡第十届人大二次会议代表意见建议办理情况的报告。

代表名单：

魏双海（女）　马银花（女）　牛莲英（女）　赵燕菊（女）　张月香（女）
伏瑞兰（女）　陈娥子（女）　史存花（女）　张秀英（女）　王桂花（女）
冯叶平（女）　李仲子（女）　高　荣　张维忠　张明忠　魏宗仁　魏紫娃
高发财　张效荣　李文珍　杨建华　张发旺　尹玉山　韩　栋　杨兴选　杜稳弟
刘建忠　王柏柱　尹根午　姚俊禄　张芳忠　陈国忠　王应海　陈富忠　王国华
魏怀富　靳守仓　靳锡祥　靳国学　李维录　杨文玉　梁发成　逯守信　杜学会
岳珍俊　王世杰　樊学习　张文义　杜希文　靳维明　毛永琦　杨玉邦　李忠民
潘文珍　高宗信　尹国璧　刘国寿　马付军　张生明　樊文浩

三、第十一届人民代表大会（1989年12月至1992年11月）

代表选举：

乡第十一届人代表选举工作于1989年10月至12月举行。成立乡选委会，尹国璧为主任，高宗信为副主任，杨宗合、杜希文、尹国秀、柴正元、李福元为委员。全乡共登记选民13056人（男6755人，女6301人，18岁以上8211人）。共划分为5个大选区，19个小选区，选举县第十一届人大代表7名（女2名）；乡第十一届人大代表43名（女9名）。

代表会议：

第一次会议于1989年12月23日至24日召开，应出席代表43名，实出席39名，列席26名。会议推举司秉勤、杨玉邦、尹国璧、高旭、潘文珍、樊学习、毛永琦、杨宗和、刘彩花（女）、逯金秀、高荣11人组成大会主席团，潘文珍为主席团常务主席；尹国璧、潘文珍、杨宗和3人组成代表资格审查委员会，尹国璧为主任委员；杨玉邦、杜希文、李福元3人组成议案审查委员会，杨玉邦为主任委员。会议听取和审议杨玉邦所作的乡政府工作报告，并作出决议；选举杨玉邦为乡政府乡长，高旭为副乡长，高发财、厚维仓为人民陪审员；收到代表意见建议11条。

第二次会议于1991年1月21日至22日召开。应出席代表43名，实出席29名，列席9名。第一次会议以来，因工作需要，补选高兴文为乡第十一届人大代表，因此，此次会议应出席代表44名，实出席代表不详。会议听取和审议杨玉邦所作的乡政府工作报告、潘文珍所作的乡人大主席团工作报告，并作出相应决议；收到代表意见建议7条。

第三次会议于1992年1月10日至11日召开，应出席代表44名，实出席33名，列席13名。会议听取尹国璧所作的代表资格审查报告，听取和审议杨玉邦所作的乡政府工作报告、潘文珍所作的乡人大主席团工作报告、高旭所作的代表意见建议办理情况报告，并作出相应决议；会议通过杨玉邦辞去乡政府乡长职务、潘文珍辞去乡人大主席团专职常务主席职务的报告；选举高兴文为乡人大主席团常务主席，高旭为乡政府乡长，阎学恭为副乡长。

代表名单：

魏双海（女）　牛莲英（女）　窦翠珍（女）　赵燕菊（女）　姚凤花（女）
张巧玲（女）　高凤霞（女）　刘彩花（女）　李仲子（女）　高　荣　杜希文
张明忠　魏紫娃　高发财　尹贵儒　张林海　张志国　杜兵权　逯金秀　刿丕学
姚俊禄　姚堆仓　郭耀仁　王全福　柴生科　阎克良　阎自发　王有忠　李　虎
魏怀成　靳锡祥　王乐仁　梁发成　吕　惠　韩志义　杨玉邦　司秉勤　高　旭
尹国璧　潘文珍　李福元　毛永琦　杨宗和　高兴文（补选）

四、第十二届人民代表大会（1992年11月至1995年12月）

代表选举：

乡第十二届人大代表选举工作于1992年9月至11月举行。成立乡选委会，安维俊为主任，高兴文为副主任，高旭、李鹏章、杨宗合、杜希文、王国斌、李福元、何国峰为委员。划分县人大代表选区5个，乡人大代表选区19个，选举县第十二届人大代表7名（女2名）；乡第十二届人大代表44名（女10名）。

代表会议：

第一次会议于1992年11月19日至20日召开，应出席代表44名，实出席41名（女10名），列席13名。会议推举高兴文、司秉勤、安维俊、李文忠、李鹏章、杜明祥、邹启7人组成大会主席团；李文忠、杨宗和、李虎3人组成代表资格审查委员会，李文忠为主任委员；会议由安维俊主持，听取和审议高旭所作的乡政府工作报告、高兴文所作的乡人大主席团工作报告；选举高兴文为乡人大主席团常务主席，高旭为乡政府乡长，段建国、韩蕊灵（女）为副乡长，李虎为人民陪审员。

第二次会议于1994年1月4日召开。应出席代表44名，实出席33名。会议听取和审议高旭所作的乡政府工作报告、高兴文所作的乡人大主席团工作报告、李文忠所作的乡经济管理及财政预算执行情况报告，并作出相应决议。

第三次会议于1995年1月6日召开。会议听取和审议并通过高旭所作的乡政府工作报告、高兴文所作乡人大主席团工作报告、郑守义所作的乡财政预算执行情况报告。

代表名单：

韩蕊灵（女）　史存花（女）　李具英（女）　牛连英（女）　张玉兰（女）
杨淑霞（女）　赵燕菊（女）　阎桂花（女）　梁景秀（女）　陈娥子（女）
司秉勤　安维俊　高　旭　高兴文　李文忠　李鹏章　段建国　魏怀成　吕国利
宋国录　李　虎　王乐仁　范堆子　阎继富　陈富忠　张志忠　刿学成　杨宝仓
吕志成　郑全明　逯金秀　靳锡祥　邹　启　高　荣　梁发成　阎丕学　杨宗和
王建国　尹贵儒　杜建军　杜希文　魏纸娃　王柏柱　李永贵

五、第十三届人民代表大会（1995年12月至1998年12月）

代表选举：

乡第十三届人大代表选举工作于1995年11月至12月举行。成立乡选委会，高兴文为主任，安维俊为副主任，张生林、韩蕊灵（女）、李文忠、段建国、阎小亮、姚志清、杨宗和为委员。全乡共有选民8945人（男4651人，女4294人）。选举乡第十三届人大代表50名（女12名）。

代表会议：

第一次会议于1995年12月28日召开。会议听取和审议并通过乡高旭所作的乡政府工作报告、高兴文所作的乡人大主席团工作报告；选举高兴文为乡人大主席团主席，李成蹊为乡政府乡长，段建国、韩蕊灵（女）为副乡长，刿学成为人民陪审员。

第二次会议于1997年1月9日召开，应出席代表50名，实出席44名，列席18名，特邀3名。会议听取和审议李成蹊所作的乡政府工作报告、高兴文所作的乡人大主席团工作报告、张森林所作的乡教委工作报告、王嘉伟所作的乡财政预算执行情况报告、文鹏飞所作的农村财务预算执行情况的报告，分别作出决议。

第三次会议于1998年1月8日召开。会议听取和审议并通过乡政府工作报告、乡人大主席团工作报告和乡财政预算执行情况报告。

六、第十四届人民代表大会（1998年12月至2002年1月）

代表选举：

乡第十四届人大代表选举工作于1998年11月至12月举行。成立乡选委会，高旭为主任，安维俊为副主任，张森林、姚志清、陈清睿、周国喜、江文霞（女）为委员。全乡共划分为4个大选区，20个小选区，选举乡第十四届人大代表50名（女11名）。

代表会议：

第一次会议于1998年12月19日至20日召开。应出席代表50名，实出席44名。会议听取和审议李成蹊所作的乡政府工作报告、高兴文所作的乡人大主席团工作报告；选举安维俊为乡人大主席团主席，李成蹊为乡政府乡长，王芳莲（女）为副乡长。

第二次会议于1999年1月8日召开。会议听取和审议并通过李成蹊所作的乡政府工作报告、安维俊所作的乡人大主席团工作报告、王文忠所作的乡财政预算执行情况报告。

第三次会议于1999年5月28日召开。会议听取和审议并通过李成蹊所作的乡政府工作报告、安维俊所作的乡人大主席团工作报告；选举王根旺为乡政府乡长。

第四次会议于2000年1月4日召开。会议听取和审议并通过王根旺所作的乡政府工作报告、安维俊所作的乡人大主席团工作报告、王文忠所作的乡财政预算执行情况报告。

七、第十五届人民代表大会（2002年1月至2006年12月）

代表选举：

乡第十五届人大代表选举工作于2001年11月至12月举行。成立乡选委会，李成蹊为主任，安维俊为副主任，张森林、李文忠、王守廷、高莉香（女）、裴林虎为委员。选举乡第十五届人大代表50名（女12名）。

代表会议：

第一次会议于2002年1月11日召开。会议听取和审议王根旺所作的乡政府工作报告、安维俊所作的乡人大主席团工作报告，并作出相应决议；选举安维俊为乡人大主席团主席，王根旺为乡政府乡长，王耀龙、田莉莉（女）为副乡长。

第二次会议于2003年1月2日召开。会议听取和审议并通过乡政府工作报告、乡人大主席团工作报告、乡财政预算执行情况报告。

第三次会议于2003年4月12日召开。会议审议并通过安维俊辞去乡人大主席团主席职务的报告，选举王守荣为乡人大主席团主席。

第四次会议于2004年1月13日召开。会议听取和审议王根旺所作的乡政府工作报告、王守荣所作的乡人大主席团工作报告、王文忠所作的乡财政预算执行情况的报告，并作出了相应决议。

第五次会议于2005年12月27日召开。会议听取和审议并通过王耀龙所作的乡政府工作报告、王守荣所作的乡人大主席团工作报告、王文忠所作的乡财政预算执行情况报告；审议通过王根旺辞去乡政府乡长职务、田莉莉（女）辞去副乡长职务的请求，选举王松为乡政府乡长、樊瑞琴（女）、唐效锋为副乡长。

八、第十六届人民代表大会（2006年12月至2011年8月）

代表选举：

乡第十六届人大代表选举工作于2006年10月至12月举行。成立乡选委会，张荣（女）为主任，王军强为副主任，李胜元、唐效锋、徐红军、尹标、薛丽（女）、高莉香（女）为委员。全乡总人口14787人，实有选民10014人（男5031人，女4983人），共划分为25个选区，参加选举8397人，参选率为84%，选举县第十五届人大代表6名、乡第十六届人大代表50名（女11名）。

代表会议：

第一次会议于2006年12月22日召开。会议听取和审议王松所作的乡政府工作报告、王军强所作的乡人大主席团工作报告、李新来所作的乡2006年财政预算执行情况及2007年财政预算草案的报告，并作出相应决议；选举王军强为乡人大主席团主席，王松为乡政府乡长，王嘉伟、唐效锋为副乡长；会议收到代表意见、建议7条。

第二次会议于2007年1月28日召开。会议审议通过王松辞去乡政府乡长职务的报告，选举李荣为乡政府乡长。

第三次会议于2008年1月20日召开，应出席代表50名，实出席47名（会议内容不详）。

第四次会议于2009年1月10日召开，应出席代表50名，实出席48名。会议听取、审议并通过李荣所作的乡政府工作报告、王军强所作的乡人大主席团工作报告。

第五次会议于2009年6月4日召开，应出席代表50名，实出席47名。会议由乡人大主席团主席王军强主持，审议通过唐效锋辞去乡政府副乡长职务的报告，选举陈淑萍（女）为乡政府副乡长。

第六次会议于2009年8月31日召开，应出席代表50名，实出席47名。会议由乡人大主席团主席王军强主持，审议通过李荣辞去乡政府乡长职务的报告，选举阎文晋为乡政府乡长。

第七次会议于2010年3月20日召开，应出席代表50名，实出席45名。会议听取、审议并通过阎文晋所作的乡政府工作报告、王军强所作的乡人大主席团工作报告；审议通过了王军强辞去乡人大主席团主席职务的请求，选举李党勤为乡人大主席。

第八次会议于2011年2月24日召开，应出席代表50名，实出席47名。会议听取、审议并通过阎文晋所作的乡政府工作报告、李党勤所作的乡人大工作报告。

代表名单：

王国兰（女） 高变论（女） 白兰兰（女） 张 荣（女） 吕春兰（女）
高连毛（女） 魏春梅（女） 李元香（女） 杜彩子（女） 马小红（女）
杨锁琴（女） 刘彦文 马志军 王 松 王武德 张国礼 韩党子 吴满会
魏解放 李宗学 李堆才 王军强 郑彦明 郑 君 唐效锋 庞 旭 赵合周
李维春 杨嘉宝 魏学文 李文清 王 林 韩志忠 杨敏学 阎忠明 沈剑飞
刘小平 杨 强 李明峰 尹战胜 姚俊录 尹维君 王嘉伟 樊学勤 杜顺林
张国强 李胜元 张堆江 李 毅 张世琦

九、第十七届人民代表大会（2011年8月至2016年7月）

代表选举：

乡第十七届人大代表选举工作于2011年7月至8月举行。全乡总人口14787人，实有选民10014人（男5031人，女4983人），共划分为25个选区，参加选举8397人，参选率为84%，选举县第十六届人大代表6名、乡第十七届人大代表50名（女11名）。

代表会议：

第一次会议于2011年8月14日在乡政府召开，应出席代表50名，实出席46名。会议听取和审议阎文晋所作的乡政府工作报告、李党勤所作的乡人大工作报告，审议乡财政预算执行情况及财政预算草案的报告，并作出相应决议；选举李党勤为乡人大主席，阎文晋为乡政府乡长，王嘉伟、陈淑萍（女）为副乡长。

第二次会议于2012年2月召开，应出席代表50名，实出席49名。会议听取和审议并通过阎文晋所作的乡政府工作报告、李党勤所作的乡人大工作报告。

第三次会议于2012年12月28日在乡政府召开，第二次会议以来，乡第十七届人大代表王长宁、李荣、张清远、王嘉伟调出灵芝乡，其代表资格自行终止，在代表空缺的选区补选平宏、李毅、李新来、张进有为乡第十七届人大代表。因此，此次会议应出席代表50名，实出席48名。会议由乡人大主席李党勤主持，审议通过王嘉伟辞去乡政府副乡长职务的请求，选举祁宝龙为副乡长。

第四次会议于2013年3月20日在乡政府召开，应出席代表50名，实出席48名。会议由乡人大主席李党勤主持，听取和审议阎文晋所作的乡政府工作报告、李党勤所作的乡人大工作报告，并作出相应决议，乡党委书记平宏作总结讲话。

第五次会议于2013年8月18日在乡政府召开。第四次会议以来，乡第十七届人大代表李党勤调出灵芝乡，其代表资格自行终止，在代表空缺的选区补选祁宝龙为乡第十七届人大代表。因此，此次会议应出席代表50名，实出席47名。会议由乡党委书记平宏主持，审议通过李党勤辞去乡人大主席职务的请求，选举张进有为乡人大主席。

第六次会议于2014年12月26日在乡政府召开。第五次会议以来，乡第十七届人大代表马复升、平宏调出灵芝乡，其代表资格自行终止，在代表空缺的选区补选万德强、刘建勋为乡第十七届人大代表，因此，此次会议应出席代表50名，实出席46名。会议推举万德强、尹万东、尹雄祥、阎文晋、李毅、李新来、张进有、陈淑萍（女）、黄军中9人组成大会主席团。会议由乡人大主席张进有主持，听取和审议阎文晋所作的乡政府工作报告、张进有所作的乡人大工作报告、周国喜所作的2014年乡财政及支农惠农资金落实情况的报告，并作出相应决议；审议通过阎文晋辞去乡政府乡长职务的请求，选举万德强为乡政府乡长。

代表名单：

马春春	马复升	王　琳	王长宁	王宗智	王志勋	王嘉伟	尹万东	尹雄祥
史国应	刘锁柱	李　荣	李仓余	李党勤	李维春	杜甫义	杜顺林	杜琴英
任国忠	阎文科	阎文晋	杨敏学	杨智民	杨锁琴	吴金学	张玉芳	张玉忠
张采采	张清远	陈淑萍	邹恩亮	岳志成	武军民	苗高泰	庞风云	郑　君
赵合周	贾会军	贾霞霞	高　荣	高万荣	高连毛	黄军中	靳国成	靳秒调
解俊俊	雷双隆	魏成学	魏学文	魏铁牛				

十、第十八届人民代表大会（2016年7月至2021年）

代表选举：

乡第十八届人大代表选举工作于2016年6月至7月举行。成立乡选委会，乡党委副书记陈淑萍（女）为主任，尹普岩、程红霞（女）为副主任，李娜（女）、马宝峰、徐红军、周国喜为委员。选举县第十七届人大代表6名；划分23个选区，选举乡第十八届人大代表50名。

代表会议：

第一次会议于2016年7月27日至28日召开，应出席代表50名，实出席49名。会议推举张进有、万德强、李好信、尹普岩、尹雄祥、祁宝龙、李毅、李新来、时智敏、陈淑萍（女）10人组成大会主席团。会议由乡党委副书记陈淑萍主持，听取和审议万德强所作的乡政府工作报告、张进有所作的乡人大工作报告，并作出相应决议；选举张进有为乡人大主席，万德强为乡政府乡长，李新来、刘建勋、姚鹏为副乡长；收到代表意见建议11条。

第二次会议于2017年1月10日召开，应出席代表50名，实出席48名。会议推举张进有、万德强、李好信、尹普岩、尹雄祥、祁宝龙、李毅、李新来、时智敏、陈淑萍（女）10人组成大会主席团。会议听取和审议万德强所作的乡政府工作报告、张进有所作的乡人大工作报告，并作出相应决议；收到代表意见建议5条。

第三次会议于2017年10月20日召开，应出席代表50名，实出席45名。会议推举张进有、万德强、李好信、尹普岩、尹雄祥、祁宝龙、李毅、李新来、时智敏、陈淑萍（女）10人组成大会主席团。会议听取和审议万德强所作的乡政府工作报告、张进有所作的乡人大工作报告，并作出相应决议；收到代表意见建议6条。

第四次会议于2018年1月10日召开，应出席代表49名，实出席49名。会议推举张进有、万德强、李好信、王宗智、尹普岩、尹雄祥、祁宝龙、李毅、李新来、时智敏、陈淑萍（女）11人组成大会主席团。会议听取和审议万德强所作的乡政府工作报告、张进有所作的乡人大工作报告，并作出相应决议；收到代表意见建议8条。

第五次会议于2018年9月22日召开，应出席代表49名，实出席47名。会议推举张进有、万德强、李好信、王宗智、尹普岩、尹雄祥、祁宝龙、李毅、李新来、时智敏、陈淑萍（女）11人组成大会主席团。会议听取和审议万德强所作的乡政府工作报告、张进有所作的乡人大工作报告，并作出相应决议；收到代表意见建议4条。

第六次会议于2019年4月18日召开，应出席代表48名，实出席38名。会议推举张进有、李好信、李党团、王宗智、尹普岩、尹雄祥、祁宝龙、李毅、李新来、陈淑萍（女）、赵府周11人组成大会主席团。会议听取和审议万德强所作的乡政府工作报告、张进有所作的乡人大工作报告，并作出相应决议；选举李党团为乡政府乡长；收到代表意见建议9条。

第七次会议于2019年11月25日召开，应出席代表49名，实出席39名。会议推举张进有、李好信、李党团、王宗智、尹普岩、尹雄祥、李恩婵（女）、李毅、崔宏江、韩刚、赵府周11人组成大会主席团。会议听取和审议李党团所作的乡政府工作报告、张进有所作的乡人大工作报告，并作出相应决议；选举崔宏江为副乡长；收到代表意见建议11条。

代表名单：

陈淑萍（女）　贾会军（女）　杨偷偷（女）　高彩霞（女）　张玉宁（女）
高彩霞（女）　李庆丰（女）　刘爱琴（女）　杨锁琴（女）　高兰娃（女）
田亮平（女）　宋红红（女）　史串回（女）姚　鹏　逯世伟　司辽宁　阎文科
杜甫义　杜兴文　李好信　张进有　万德强　马库前　李小平　王红红　靳成利
魏成学　祁宝龙　吴金学　李　毅　马腾军　魏学文　时智敏　尹雄祥　姚晓刚
尹普岩　李平安　李芳芳　赵合周　王国强　靳锡祥　王宗智　陈耀忠　王旺喜
李新来　尹万东　文永明　何永明　刘建勋　杨敏学

附：

灵芝乡人民代表大会召开情况统计表

表6-124

届次	任期（年）	第一次会议			选举		
		应出席代表（名）	实出席代表（名）	召开时间	人大主席（副主席）	乡长	副乡长
九	3	70	60	1983.12.15		韩国富	王必成
十	3	60	52	1987.1.3		杨玉邦	高宗信
十一	3	43	39	1989.12.23		杨玉邦	高　旭
十二	3	44	41	1992.11.19	高兴文	高　旭	段建国　韩蕊灵
十三	3	50	不详	1995.12.28	高兴文	李成蹊	段建国　韩蕊灵
十四	3	50	44	1998.12.19	安维俊	李成蹊	王芳莲
十五	5	50	不详	2002.1.11	安维俊	王根旺	王耀龙　田莉莉
十六	5	50	不详	2006.12.22	王军强	王　松	王嘉伟　唐效锋
十七	5	50	46	2011.8.14	李党勤	阎文晋	王嘉伟　陈淑萍
十八	5	50	49	2016.7.27	张进有	万德强	李新来　刘建勋　姚　鹏

第二十五节　后梁乡人民代表大会

后梁乡位于县域东南部。东以葫芦河为界，与庄浪县境隔水相望，西南毗邻雷大乡，北靠威戎镇。南北长9公里，东西宽7公里，总面积45平方公里。至2003年12月，辖8个行政村，35个村民小组，1502户，7045人。乡政府驻后梁村，距县城42公里。

后梁乡原属庄浪县广里，民国时改为广盈乡，1942年划归静宁县，改名新民乡；解放后隶属八区民主、曹河两乡；1958年10月，成立人民公社时，并入民主公社；1961年12月，民主公社撤销，分设后梁公社；1964年2月，并入雷大公社；1979年12月恢复后梁公社；1983年12月改为后梁乡；2004年2月撤销后梁乡，并入雷大乡（现雷大镇）。

一、第九届人民代表大会（1983年12月至1987年1月）

代表选举：

公社（乡）第九届人大代表选举工作于1983年11月至12月举行。成立公社选委会，邹秉义为主任委员，韩文辉为副主任委员，梁登科、满文勤（女）、程永年为委员。全社总人口6117人（男3064人，女3053人），有选民3048人（男1485人，女1563

人），于12月11日召开选举大会，参加选举2578人，选举县第九届人大代表4名（女1名）、公社（乡）人大代表50名（女10名）。

代表会议：

第一次会议于1983年12月15日召开，应出席代表50名，实出席44名，王旺生、王敏、张殿邦、马明锋、李玉珍、程永年列席。会议听取和审议程希贤所作的公社管委会工作报告，作出相应决议；建立乡人民政府，选举程希贤为乡政府乡长，梁登科为副乡长，范勋元、张玉新为人民陪审员。

代表名单：

王赛吉（女）　李淑英（女）　高秀琴（女）　满文勤（女）　马能香（女）
杜秀花（女）　裴桂花（女）　冯桂香（女）　崔淑娥（女）　曹淑萍（女）
程希贤　程敬勃　程新民　马保成　王应才　王东生　王国治　王志强　李万仓
李友谊　曹治军　张进业　韩三余　程治兴　程晓军　程世杰　马跟祥　王正刚
张玉新　李俊辉　李兆凡　范玉财　范勋元　郝文敏　曹　会　梁登科　程玉玺
程维科　裴永财　王俊生　文彦荣　李发华　张玉忠　张玉星　张　治　张彦明
赵世业　崔志良　崔树彬　崔振兴

二、第十届人民代表大会 (1987年1月至1989年12月)

代表选举：

乡第十届人大代表选举工作于1986年11月至12月举行。成立乡选委会，程希贤为主任，梁登科为副主任，张玉新、范勋元、文彦荣为委员。于12月25日召开选举大会，选举县第十届人大代表4名，乡第十届人大代表50名。

代表会议：

第一次会议于1987年1月5日在乡政府召开，应出席代表50名，实出席36名，列席代表6名。会议推举程希贤、王冠斌、柳宗仁、韩三余、程世杰、文彦荣、范勋元、张新年、王作义9人组成大会主席团。会议听取和审议并通过王冠斌所作的乡政府工作报告；选举王冠斌为乡政府乡长，柳宗仁为副乡长。

第二次会议于1987年12月30日召开。一次会议以来，有1名代表去世，1名代表调离后梁乡，因此，此次会议应出席代表48名，实出席35名。会议推举王冠斌、程希贤、柳宗仁、韩三余、张玉新、张新年、范勋元、文彦荣、程世杰9人组成大会主席团。会议听取和审议王冠斌所作的乡政府工作报告、柳宗仁所作的关于代表意见建议办理情况的报告。

代表名单：

裴永财　范勋元　程进颐　李俊辉　郝振中　程继宗　杜秀花　崔兴昌　崔志良
李积才　崔淑娥　王维祥　王志刚　王朋林　李淑英　王保中　王双来　张玉星
张新年　李汉玺　冯桂香　张力行　曹治军　吕正怀　李友谊　张学议　程希贤
王冠斌　韩三余　柳宗仁　张玉新　张殿邦　程世杰　马能香　张绍师　徐军学

李万仓　王富吉　杨世忠　高秀勤　张正良　曹银芳　裴桂花　范玉才　程维科　张友兰

三、第十一届人民代表大会（1989年12月至1992年11月）

代表选举：

乡第十一届人大代表选举工作于1989年10月至12月举行。成立乡选委会，王冠斌为主任，王作义、柳宗仁为副主任，张轩、张玉新为委员。全乡共划分县人大代表选区3个、乡人大代表选区18个，选举县第十一届人大代表4名、乡第十一届人大代表（名额不详）。

代表会议：

第一次会议于1989年12月召开。会议听取和审议乡政府工作报告；选举尤思文为乡政府乡长，李三正为副乡长。

四、第十二届人民代表大会（1992年11月至1995年12月）

代表选举：

乡第十二届人大代表选举工作于1992年9月至11月举行。成立乡选委会，常奋余为主任，雷回吉为副主任，李三正、张弦、范勋元为委员。划分4个选区，选举县第十二届人大代表4名、乡第十二届人大代表37名。

代表会议：

第一次会议于1992年11月召开。会议听取和审议乡政府、乡人大主席团工作报告；选举雷回吉为乡人大主席团常务主席，李三正为乡政府乡长，王根旺为副乡长。

五、第十三届人民代表大会（1995年12月至1998年12月）

代表选举：

乡第十三届人大代表选举工作于1995年11月至12月举行。成立乡选委会，陈治平为主任，樊爱平为副主任，王国庭、何正才、张民利、程军伟、韩对吉为委员。选举乡第十三届人大代表44名。

代表会议：

第一次会议于1995年12月召开。会议听取和审议乡政府、乡人大主席团工作报告；选举王连周为乡人大主席团主席，杨忠存为乡政府乡长，王国庭为副乡长。

六、第十四届人民代表大会（1998年12月至2002年1月）

代表选举：

乡第十四届人大代表选举工作于1998年11月至12月举行。成立乡选委会，王连周为主任，陈治平为副主任，樊爱平、韩对吉、万德强为委员。选举乡第十四届人大代表44名。

代表会议：

第一次会议于1998年12月26召开。会议听取和审议乡政府、乡人大主席团工作报告；选举王连周为乡人大主席团主席、张松树为副主席，陈治平为乡政府乡长，樊爱平为副乡长。

七、第十五届人民代表大会（2002年1月至2003年12月）

代表选举：

乡第十五届人大代表选举工作于2001年11月至12月举行。成立乡选委会，侯立文为主任，王世生、张松树为副主任，王国庭、樊爱平、任建平、万德强为委员。选举乡第十五届人大代表44名。

代表会议：

第一次会议于2002年1月召开。会议听取和审议乡政府、乡人大主席团工作报告；选举常奋余为乡人大主席团主席，樊爱平为乡政府乡长，王甲邦、马玲（女）为副乡长。

第三次会议于2003年5月8日召开，应出席代表44名，实出席39名。会议选举任建平为乡政府副乡长。

附：

后梁乡人民代表大会召开情况表

表6-125

届次	任期（年）	第一次会议			选举		
		应出席代表（名）	实出席代表（名）	召开时间	人大主席（副主席）	乡长	副乡长
九	3	50	44	1983.12.15		程希贤	梁登科
十	3	50	36	1987.1.5		王冠斌	柳宗仁
十一	3	不详	不详	1989.12		尤思文	李三正
十二	3	37	不详	1992.11	雷回吉	李三正	王根旺
十三	3	44	不详	1995.12	王连周	杨忠存	王国庭
十四	3	44	不详	1998.12.26	王连周（张松树）	陈治平	樊爱平
十五	5	44	不详	2002.1	常奋余	樊爱平	王甲邦　马玲

第二十六节　七里乡人民代表大会

七里乡位于县域西北部。东邻八里镇、南接细巷乡，西连红寺乡、界石铺镇，北靠原安乡、灵芝乡。南北长11公里，东西宽9公里，总面积67平方公里。至2003年12

月，全乡辖10个行政村，69个村民小组，2536户，11726人。乡政府驻七里村，距县城20公里。

七里乡原属四区（高界），1958年10月，成立人民公社后，属高界公社；1961年12月，分设七里公社；1964年2月，并入高界公社；1979年12月，再次分设七里公社；1983年12月，改为七里乡；2004年2月，撤销七里乡，并入界石铺镇。

一、第九届人民代表大会（1983年12 月至1986年12月）

代表选举：

公社（乡）第九届人大代表选举工作于1983年11月至12月举行。成立公社选委会，赵步清为主任委员，曹应奇为副主任委员，孙延福、李福英、杨源峰为委员。全乡总人口9724人（男4937人，女4787人），有选民5142人（男2590人，女2552人），选举县第九届人大代表5名、公社（乡）人大代表50名（女10名）。

代表会议：

第一次会议于1983年12月18日在七里中学教室召开，应出席代表50名，实出席48名，列席10名。会议推举吕正乾、李忠民、韩忠孝、何升堂、韩玺寿、吕发秀、谷根才7人组成大会主席团。会议听取和审议李忠民所作的公社管委会工作报告；建立乡人民政府，选举李忠民为乡政府乡长，何升堂为副乡长，吕发秀、张文华为人民陪审员。

第二次会议于1984年12月23日在七里小学召开，应出席代表50名，实出席42名，列席16名。会议听取和审议并通过李忠民所作的乡政府工作报告。

第三次会议于1986年10月23日召开，应出席代表50名，实出席37名。会议听取和审议并通过韩忠孝所作的乡政府工作报告；选举韩忠孝为乡政府乡长，李学东为副乡长。

代表名单：

李桂英（女）　李凤莲（女）　李惠芳（女）　张秀芳（女）　赵秀兰（女）
李玉英（女）　陈俊莲（女）　牛巧巧（女）　袁秀珍（女）　景秀珍（女）
何升堂　樊生禄　韩金元　张　昉　田有春　张克智　贾承业　吕富忠　杨志刚
赵存海　张文华　贺高堂　冀福明　张自成　刘文俊　韩西寿　卢生秀　孙七洲
夏丁劳　李收良　孙生林　李维业　刘忠贵　赵金山　韩玺贤　韩世祥　吕发秀
李克勤　吕具清　张满仓　尹国章　柴占福　李生福　谷根才　张志连　李志全
吕正乾　李忠民　杨源峰　韩忠孝

二、第十届人民代表大会（1986年12月至1989年12月）

代表选举：

乡第十届人大代表选举工作于1986年11月至12月举行。成立乡选委会，韩忠孝为主任，高致宗、李学东为副主任，丁金昌、李新学、杨会、吕发秀为委员。选举县第十届人大代表5名、乡第十届人大代表50名。

代表会议：

第一次会议于1986年12月28日召开，应出席代表50名，实出席40名，列席4名。会议听取和审议并通过李学东所作的乡政府工作报告；选举韩忠孝为乡政府乡长，李学东为副乡长，吕发秀、张文华为人民陪审员。

第二次会议于1987年12月27日召开预备会议，应出席代表50名，实出席38名，列席6名。会议推举何升堂、李学东、高致宗、丁金昌、张满仓、吕发秀、张文华7人组成大会主席团。会议听取韩忠孝辞去乡政府乡长职务的请求。正式会议因人事变动，延期于1988年1月27日在乡政府院内召开，应出席代表50名，实出席38名。会议审议通过韩忠孝辞去乡政府乡长职务的请求，选举高致宗为七里乡政府副乡长。

第三次会议于1988年9月8日在乡政府院内召开，应出席代表50名，实出席42名。会议推举何升堂、高致宗、李学东、丁金昌、吕发秀、张满仓6人组成大会主席团。选举高致宗为乡政府乡长。

第四次会议于1989年1月20日召开，应出席代表50名，实出席45名，列席10名。会议听取和审议并通过高致宗所作的乡政府工作报告。

代表名单：

张克智　李致远　李青春　贾承业　杨志刚　李桂英　杜银仓　张文华　冀福明
冀福仁　刘文俊　贺淑琴　孙定邦　孙邦丁　李收良　吕华亭　张秀芳　陈俊莲
赵文清　刘中贵　赵定吉　赵鸭鸭　吕中军　景秀珍　韩玺贤　韩志成　吕发秀
李克勤　吕文明　吕永林　张满仓　陈宝山　尹国章　梁发杰　樊生录　柴占福
尹学忠　剡俊清　郑社社　谷永红　李新俊　张志连　何升堂　高致宗　李学东
丁金昌　高颖明　张　昉　韩经元

三、第十一届人民代表大会（1989年12月至1992年11月）

代表选举：

乡第十一届人大代表选举工作于1989年10月至12月举行。成立乡选委会，高致宗为主任，赵兵、李学东为副主任，杨慧、王军强为委员。于12月5日召开选举大会，选举县第十一届人大代表5名、乡第十一届人大代表41名。

代表会议：

第一次会议于1989年12月21日至22日召开，应出席代表41名，实出席41名，列席5名。会议推举尤根文、赵兵、高致宗、李学东、胡兆楷、杨慧、吕发秀7人组成大会主席团。会议听取和审议高致宗所作的乡政府工作报告，并作出决议；选举高致宗为乡政府乡长，李学东为副乡长，吕发秀、柴占福为人民陪审员。

第二次会议于1991年1月29日召开，应出席代表41名，实出席代表38名。会议听取和审议尤根文所作的乡人大主席团工作报告、高致宗所作的乡政府工作报告，作出相应决议；审议通过李学东辞去乡政府副乡长职务的请求，选举朱德功为乡政府副乡长。

第三次会议于1992年1月8日至9日召开，应出席代表40名，实出席37名。会议听取和审议尤根文所作的乡人大主席团工作报告、高致宗所作的乡政府工作报告，作出相应决议。

代表名单：

翟根月（女）　孙绪花（女）　贾素珍（女）　韩蕊蕊（女）　张志芳（女）
裴玉花（女）　魏秀玲（女）　张　昉　张克智　穆智和　田　兴　李贵财
高致宗　吕旺和　韩正明　冀福仁　赵　兵　孙邦丁　孙志州　吕正华　杨　慧
胡兆楷　赵文清　吕忠君　刘永勤　吕志仓　李学东　韩德录　吕发秀　李克勤
张满仓　梁明德　高颖明　柴占福　吴世忠　李生福　谷永宏　尤根文　李振新
李树清　景秀珍

四、第十二届人民代表大会（1992年11月至1995年12月）

代表选举：

乡第十二届人大代表选举工作于1992年9月至11月举行。成立乡选委会，张晓军为主任，尤根文为副主任，李成蹊、朱德功、王军强为委员。全乡总人口10802人，有选民7368人，划分4个选区，选举县第十二届人大代表6名、乡第十二届人大代表41名（女8名）。

代表会议：

第一次会议于1992年11月14日至15日召开，应出席代表41名，实出席37名。会议听取和审议朱德功所作的乡政府工作报告、尤根文所作的乡人大主席团工作报告，作出相应决议；选举尤根文为乡人大主席团专职常务主席，李招勤为乡政府乡长，李成蹊、李国香（女）为副乡长，吕发秀、穆致和为人民陪审员。

第二次会议于1994年1月7日至8日召开，应出席代表41名，实出席37名。会议听取和审议李招勤所作的乡政府工作报告、尤根文所作的乡人大主席团工作报告，作出相应决议。

代表名单：

翟根月（女）　刘淑琴（女）　张秀芳（女）　李萍爱（女）　裴玉花（女）
吕艳荣（女）　景秀珍（女）　李国香（女）李桂才　穆致和　李　斌　朱德功
李世文　冀福仁　王九林　吕旺和　孙定虎　李占龙　孙志洲　夏云飞　赵文清
吕志仓　刘江海　吕睿智　韩德录　翟建业　吕发秀　梁明德　梁生明　梁永治
李生福　姚拴来　李新明　李宗文　李振新　李树清　赵　兵　尤根文　李招勤
李成蹊　张晓军

五、第十三届人民代表大会（1995年12 月至1998年12月）

代表选举：

乡第十三届人大代表选举工作于1995年11月至12月举行。成立乡选委会，王根旺为主任，安自君为副主任，王立民、朱德功、张建设、王世杰、张文贵为委员。全乡有选民7534人，划分16个选区，于12月5日召开选举大会，选举乡第十三届人大代表47名（女9名）。

代表会议：

第一次会议于1995年12月28日召开，应出席代表47名，实出席43名。会议听取和审议李招勤所作的乡政府工作报告、尤根文所做的乡人大主席团工作报告、王军强所作的1995年乡财政预算执行情况和1996年乡财政预算（草案）的报告，作出相应决议；选举李招勤为乡人大主席团主席、安自君为副主席，王志强为乡政府乡长，王立明、刘桂花（女）为副乡长。

第二次会议于1997年1月16日召开，应出席代表47名，实出席41名。会议推举李招勤、王根旺、安自君、朱德功、李占龙5人组成大会主席团，赵君武为大会秘书长。会议听取和审议王志强所作的乡政府工作报告、李招勤所作的乡人大主席团工作报告、王军强所作的1996年乡财政预算执行情况和1997年乡财政预算（草案）的报告，作出了相应决议。

第四次会议于1998年8月21日召开，应出席代表47名，实出席36名。会议审议并通过王志强辞去乡政府乡长职务、朱德功辞去乡人大主席团主席职务的请求，选举席学谦为乡人大主席团主席，孙青茂为乡政府乡长。

代表名单：

关玉娥（女）　曹淑玲（女）　尹陇陇（女）　张秀芳（女）　李萍爱（女）
裴玉花（女）　吕艳荣（女）　刘桂花（女）　李润君（女）　米振科　岳效忠
梁汉杰　范录丑　李喜军　王根旺　穆致和　李桂才　肖国良　吕克信　贾瑞卿
冀福仁　李招勤　韩志军　李占龙　安自君　夏云飞　孙志洲　李新果　刘秉璋
赵君武　赵　忠　王志强　赵堆科　吕树俊　米振邦　吕彬杰　吕文明　韩德录
张振勤　朱德功　韩颖明　梁全忠　张宏兵　王立明　雷忠学　姚拴来　李　璞

六、第十四届人民代表大会（1998年12月至2002年1月）

代表选举：

乡第十四届人大代表选举工作于1998年10月至12月举行。成立乡选委会，李招勤为主任，席学谦、王根旺为副主任，郭志福、柳来龙、赵继强为委员。全乡总人口11564人，有选民7627人，参加选举7606人，选举乡第十四届人大代表47名（女9名）。

代表会议：

第一次会议于1998年12月24日召开，应出席代表47名，实出席43名。会议推选李招勤、孙青茂、席学谦、王根旺、祁存君5人组成大会主席团。会议听取和审议孙青茂所作的乡政府工作报告、席学谦所作的乡人大主席团工作报告、李小强所作的1998

年乡财政预算执行情况和1999年预算（草案）的报告，并作出相应决议；选举席学谦为乡人大主席团主席，孙青茂为乡政府乡长、刘桂花（女）为副乡长。

第二次会议于1999年6月召开。选举郭爱国为乡人大主席团主席、梁炳忠为副主席。

第三次会议于2000年7月1日至2日召开，应出席代表47名，实出席38名。会议听取和审议王军强所作的乡政府工作报告、祁存君所作的乡人大主席团工作报告、李小强所作的财政预算执行情况的报告，作出相应决议；审议通过孙青茂辞去乡政府乡长职务的请求，选举樊莹琴（女）为乡政府乡长、王国庆为副乡长。

代表名单：

台粑粑（女）　关玉娥（女）　赵峡峡（女）　靳改娃（女）　李芳兰（女）
裴玉花（女）　李冬梅（女）　刘桂花（女）　李燕梅（女）　李学民　祁存君
冯吉成　吴正忠　李招勤　吕克信　韩　斐　吴长牛　景尚惠　孙应学　孙学兵
郭爱国　王根旺　李科学　李维科　赵　忠　谯世斌　赵会科　赵俊杰　席学谦
王世杰　韩德录　张振勤　吕新万　吕有万　吕军义　米连军　韩应明　梁全忠
张宏兵　曹灵师　刘虎仁　李　璞　李新学　孙青茂　范录丑　王军强　武学忠

七、第十五届人民代表大会（2002年1月至2003年12月）

代表选举：

乡第十五届人大代表选举工作于2001年11月至12月举行。成立乡选委会，李鹏玺为主任，杨工作、樊莹琴（女）为副主任，李向阳、马斌、杨永芳、周斌为委员。全乡共有选民7852人，划分为16个选区，选举乡第十五届人大代表47名（女9名）。

代表会议：

第一次会议于2002年1月2日召开，应出席代表47名，实出席44名。会议推举李鹏玺、樊莹琴（女）、杨工作、吴国锦、郭国定、王守荣、王胜利7人组成大会主席团；王胜利、杨工作、吴国锦、李鹏玺、樊莹琴（女）组成代表资格审查委员会，方少明、王守荣、马斌组成议案审查委员会。会议听取和审议樊莹琴所作的乡政府工作报告、杨工作所作的乡人大主席团工作报告、李小强所作的2001年乡财政预算执行情况和2002年财政预算（草案）的报告，并作出相应决议；选举杨工作为乡人大主席团主席，樊莹琴（女）为乡政府乡长，方少明为副乡长，吕新万、孙文军为人民陪审员。

第二次会议于2003年1月8日召开。应出席代表47名，实出席42名。会议听取和审议樊莹琴所作的乡政府工作报告、祁存君所作的乡人大主席团工作报告、李小强所作的2002年乡财政预算执行情况和2003年财政预算（草案）的报告，并作出相应决议。

第三次会议于2003年5月9日召开，应出席代表47名，实出席40名。选举安维俊为乡人大主席团主席，郭国定为乡政府副乡长。

第四次会议于2003年12月31日召开，应出席代表47名，实出席45名。会议听取和审议樊莹琴所作的乡政府工作报告、安维俊所作的乡人大主席团工作报告、张宏所作的2003年乡财政预算执行情况和2004年财政预算（草案）的报告，并作出相应决议。

代表名单：

郭国定　吕新茂　何娟娟　李鹏玺　关会会　杨富余　高盈宽　韩应明　朱小霞
吕克信　李小丽　杨工作　江文霞　吴森林　景尚会　李　璞　张芳兰　周　斌
王守荣　孙文军　曹亚玲　王世杰　孙进成　宋引才　韩永录　韩德录　樊莹琴
方少明　赵维科　赵永忠　谯世斌　张红霞　王胜利　吕国珍　吕新万　马　斌
吕兴义　吕　义　吴国锦　江　波　祁存君　刘户仁　杜进萍　范录丑　李小强
张　宏　张　银

附：

七里乡人民代表大会召开情况表

表6-126

届次	任期（年）	第一次会议			选举		
		应出席代表（名）	实出席代表（名）	召开时间	人大主席（副主席）	乡长	副乡长
九	3	50	48	1983.12.18		李忠民	何升堂
十	3	50	40	1986.12.28		韩忠孝	李学东
十一	3	41	41	1989.12.21		高致宗	李学东
十二	3	41	37	1992.11.14	尤根文	李招勤	李成蹊　李国香
十三	3	47	43	1995.12.28	李招勤（安自君）	王志强	王立明　刘桂花
十四	3	47	43	1998.12.24	席学谦	孙青茂	刘桂花
十五	5	47	44	2002.1.2	杨工作	樊莹琴	方少明

第二十七节　石咀乡人民代表大会

石咀乡位于县域东部，东与古城乡相依，东南与庄浪县赵墩乡接壤，西南与威戎镇毗连，北与司桥乡、城川乡相邻。南北长9公里，东西宽8公里，总面积65平方公里。至2003年12月，全乡辖13个行政村，62个村民小组，3274户，15297人。乡政府驻陈河村，距县城28公里。

石咀乡原属二区（威戎），1958年10月，成立人民公社后，属民和公社；1961年12月，分设石咀公社；1964年2月，并入威戎公社；1979年12月，再次分设石咀公社；1983年12月，改为石咀乡；2004年2月，撤销石咀乡，并入古城乡（现古城镇）。

一、第九届人民代表大会（1983年12月至1986年12月）

代表选举：

公社（乡）第九届人大代表选举工作于1983年11月至12月举行。成立公社选委会，樊俊峰为主任委员，张永华、李祖芳为副主任委员，司秉勤、李金仓、王治忠、戴建生为委员。全乡划分为6个选区，选举县第九届人大代表7名、公社（乡）人大代表70名（女14名）。

代表会议：

第一次会议于1983年12月17日至18日召开，应出席代表70名，实出席66名。会议推举张永华、李祖芳、戴建生、司秉勤、杨荣华、杨世龙、翟万有、朱桂芳（女）、马彦秀9人组成大会主席团。会议听取和审议并通过张永华所作的公社管委会工作报告；建立乡人民政府，选举张永华为乡政府乡长、陈国雄为副乡长，陈存邦、贾孝为人民陪审员。

第二次会议于1984年12月24日召开。会议听取和审议并通过张永华所作的乡政府工作报告。

第三次会议于1986年4月29日召开。第二次会议以来，有3名代表户籍迁出石咀乡，因此，此次会议应出席代表67名，实出席39名。会议选举李祖芳为乡政府乡长，胡兆楷为副乡长。

代表名单：

杨翠花（女）　贾凤联（女）　李凤萍（女）　毛书珍（女）　王应应（女）
尹小英（女）　朱会兰（女）　厚金菊（女）　赵桂芳（女）　受兰香（女）
杨桂花（女）　朱桂芳（女）　岳玉桂（女）　杨桂花（女）　陈　功　方永斌
周宗义　李东孝　刘志学　陈万福　方子孝　贾　孝　张桂歧　张开志　方　恩
马彦秀　张国安　王荣东　王金满　马正忠　孙维德　赵孔林　王维清　朱占元
赵克俭　阎福仁　翟万有　翟万祥　翟金祥　马进林　胡海洋　张有明　马西武
赵金明　徐福元　姚润生　李富清　杨荣华　王　恒　刘万寿　赵智科　赵宗让
张玉西　赵具仓　赵书平　吴　宽　吴明奎　李永堂　李国祥　李国军　李恒学
张富仓　陈存邦　张贵有　王维清　陈国雄　韩文辉　赵治科　柴　长　雍　银

二、第十届人民代表大会（1986年12月至1989年12月）

代表选举：

乡第十届人大代表选举工作于1986年11月至12月举行。成立乡选委会，李祖芳为主任，胡兆楷为副主任，杨永吉、马西武、杨荣华为委员。选举县第十届人大代表7名、乡第十届人大代表60名。

代表会议：

第一次会议于1986年12月召开。会议听取、审议并通过李智所作的乡政府工作报告；选举李智为乡政府乡长，胡兆楷为副乡长。

第三次会议于1989年4月11日召开。会议推举李智、胡兆楷、韩文辉、杨春荣、马正忠、杨荣华、雍银7人组成大会主席团。会议听取和审议并通过李智所作的乡政府工作报告。

代表名单：

周桂香（女） 毛翻儿（女） 杨继花（女） 尹小荣（女） 杨翠花（女）
朱会兰（女） 周菊香（女） 朱桂芳（女） 柳贵兰（女） 胡彩霞（女）
杨玉花（女） 戴建生 杨永吉 吴财礼 吴 宽 李国祥 张东爱 麻续子
王荣东 王定玉 马文元 张会军 赵宗让 岳志贤 马正忠 孙维德 杨世龙
吉怀德 李东效 李仰贤 高福寿 翟宗明 翟克礼 朱占元 周福仁 杨荣华
刘新社 胡仰生 赵金明 杨发财 王 恒 温贵有 雍 银 陈 强 陈克科
胡有仓 张有明 马志科 马货货 贾 孝 贾智贤 方忠孝 方国华 贾占海
贾 勗 李 智 胡照楷 韩文辉 杨春荣 武文学

三、第十一届人民代表大会（1989年12月至1992年11月）

代表选举：

乡第十一届人大代表选举工作于1989年10月至12月举行。成立乡选委会，武文学为主任，柴志信为副主任，张振科、胡玉武、朱凤钦、杜宏绪、吴娟蕊（女）为委员。全乡总人口13393人（男6982人，女6411人），有选民8597人（男4476人，女4121人），共划分为15个选区，参加选举8253人，选举县第十一届人大代表7名、乡第十一届人大代表43名（女11名）。

代表会议：

第一次会议于1989年12月19日至20日召开，应出席代表43名，实出席38名，列席3名。会议推举柴志信、武文学、李如泰、柳宗仁、杨新兰（女）5人组成大会主席团；李如泰、胡义武、朱凤钦3人组成代表资格审查委员会，李如泰为主任委员。会议听取和审议武文学所作的乡政府工作报告，并作出决议；选举武文学为乡政府乡长、柳宗仁为副乡长，柴长、杨发财为人民陪审员。

第二次会议于1991年1月4日召开，应出席代表43名，实出席39名，列席8名。会议听取和审议武文学所作的乡政府工作报告、柴志信所作的乡人大主席团工作报告，并作出相应决议。

第三次会议于1991年12月30日召开，应出席代表43名，实出席36名，列席11名。会议听取和审议武文学所作的乡政府工作报告、柴志信所作的乡人大主席团工作报告、柳宗仁所作的第二次会议代表意见、建议办理情况报告。

第四次会议于1992年1月8日召开，应出席代表43名，实出席34名。会议审议通过柳宗仁辞去乡政府副乡长职务的请求，选举吴文魁为副乡长。

代表名单：

王彩霞（女） 毛翻儿（女） 杨新兰（女） 戴肖亭（女） 朱会兰（女）

李玉珍（女）　吴娟蕊（女）　胡彩霞（女）　柳桂兰（女）　王小琴（女）
裴梅珍（女）　何万仓　王荣山　李如泰　赵宗让　张志吉　马文元　尹学义
赵焜盈　柴志信　朱友德　翟万有　武文学　朱凤钦　赵志忠　麻宗礼　吴财礼
高正国　柳宗仁　何应寿　陈景山　柴　长　温贵有　雍　银　陈浩义　胡义武
方志孝　马锦贤　马西武　杨希望　杨发财　杨荣秀　陈余仓

四、第十二届人民代表大会（1992年11月至1995年12月）

代表选举：

乡第十二届人大代表选举工作于1992年9月至11月举行。成立乡选委会，靳卫国为主任，柴志信为副主任，高泰、邹力学、石生勇、朱凤钦、张振科为委员。全乡有13个村、62个社、总人口14151人，有选民9257人，共划分为县人大代表选区5个，乡人大代表选区15个，于11月10日召开选举大会，选举县第十二届人大代表7名、乡第十二届人大代表44名（女9名）。

代表会议：

第一次会议于1992年11月15日召开，应出席代表44名，实出席34名，列席7名。会议推举柴志信、靳卫国、吴文魁、石生勇、邹力学、陈孝、朱凤钦7人组成大会主席团。会议听取吴文魁所作的乡第十二届人大代表资格审查情况的报告；听取和审议高泰所作的乡政府工作报告、柴志信所作的乡人大主席团工作报告，并作出相应决议；选举柴志信为乡人大主席团专职常务主席，高泰为乡政府乡长、王耀华为副乡长，陈克科、杨发财为人民陪审员。

代表名单：

朱桂芳（女）　翟堆粮（女）　刘俊珍（女）　柳贵兰（女）　李玉珍（女）
厚中巧（女）　尹小卷（女）　毛翻儿（女）　王彩霞（女）　石生勇　毛文郁
高　泰　马国斌　麻宗理　陈克科　陈浩义　陈　孝　陈裕仓　周玉兔　杨希望
杨发财　贾军社　贾有才　朱凤钦　王荣山　王定玉　王　东　马西武　靳卫国
何应寿　翟万有　邹力学　赵学勤　周福仁　朱祥来　吴文魁　赵焜盈　吴　斌
吴举云　柴志信　张国生　王耀华　苏生科　杨荣秀

五、第十三届人民代表大会（1995年12月至1998年12月）

代表选举：

乡第十三届人大代表选举工作于1995年11月至12月举行。成立乡选委会，王治军为主任，王国兴、马军勤为副主任，邹力学、朱凤钦、杜宏绪、张振科为委员。全乡有选民9613人，划分为17个选区，参加选举9208人，选举乡第十三届人大代表50名（女11名）。

代表会议：

第一次会议于1995年12月28日召开，应出席代表50名，实出席43名，列席7名。

会议推举王国兴、王治军、马军勤、邹力学、石生勇、陈勇、朱凤钦7人组成大会主席团；马军勤、石生勇、朱凤钦3人组成代表资格审查委员会，马军勤为主任委员；会议听取和审议高泰所作的乡政府工作报告、王国兴所作的乡人大主席团工作报告，并作出相应决议；选举王国兴为乡人大主席团主席，高泰为乡政府乡长，陈长瑞(女)、李吉林为副乡长。

第二次会议于1997年1月11日召开。会议听取和审议高泰所作的乡政府工作报告、马青鹏所作的乡财政工作报告、王国兴所作的代表意见、建议办理情况的说明、邹力学所作的关于表彰奖励乡优秀人大代表马西武、杨发财、石生勇的决定；并作出相应决议。

代表名单：

张宁霞（女） 高彩梅（女） 杨新兰（女） 张护喜（女） 厚中巧（女）
戴肖亭（女） 翟堆粮（女） 朱桂芳（女） 柳桂兰（女） 方改霞（女）
陈长瑞（女） 吴忠理 吕 宁 吴 斌 吴文华 赵志平 马国斌 王荣山
刘玉智 张国生 苏生科 尹学义 何应寿 翟克礼 朱祥来 李堡子 杨发财
陈 勇 陈怀西 陈 思 马西武 方 峰 贾军庄 贾浩军 王治军 高 泰
石生勇 马建国 王国兴 马军勤 陈裕仓 朱凤钦 毛江鹏 李吉林 杨希望
张振科 杜宏绪 邹力学 毛文郁 贾臻鑫

六、第十四届人民代表大会（1998年12月至2002年1月）

代表选举：

乡第十四届人大代表选举工作于1998年12月进行。成立乡选委会，樊科为主任，柳枝池、马军勤为副主任，朱凤钦、柳江鹏为委员。选举乡第十四届人大代表50名(女11名)。

代表会议：

第一次会议于1998年12月20日召开。会议推举樊科、马军勤、柳枝池、李吉林、李发荣、朱小宁、石生勇7人组成大会主席团。选举樊科为乡人大主席团主席，柳枝池为副主席，高泰为乡政府乡长，邹力学为副乡长。

七、第十五届人民代表大会（2002年1月至2003年12月）

代表选举：

乡第十五届人大代表选举工作于2001年11月至12月举行。成立乡选委会，张琪洲为主任，马军勤、柳枝池为副主任，王皓、田琦为委员。全乡共划分17个选区，于12月30日召开了选举大会，选举乡第十五届人大代表50名。

代表会议：

第一次会议于2002年1月7日召开，应出席代表50名，实出席47名。会议听取和审议刘向华（女）所作的乡政府工作报告、齐志仁所作的乡人大主席团工作报告、吴继雄所作的乡财政预算及执行情况报告，作出相应决议；选举齐志仁为乡人大主席团主席，刘向华（女）为乡政府乡长、温军合为副乡长。

附:

石咀乡人民代表大会召开情况表

表6-127

届次	任期（年）	第一次会议			选举		
		应出席代表（名）	实出席代表（名）	召开时间	人大主席（副主席）	乡长	副乡长
九	3	70	66	1983.12.17		张永华	陈国雄
十	3	60	不详	1986.12		李　智	胡兆楷
十一	3	43	38	1989.12.19		武文学	柳宗仁
十二	3	44	34	1992.11.15	柴志信	高　泰	王耀华
十三	3	50	43	1995.12.28	王国兴	高　泰	陈长瑞　李吉林
十四	3	50	不详	1998.12.20	樊　科（柳枝池）	高　泰	邹力学
十五	5	50	47	2002.1	齐志仁	刘向华	温军合

第二十八节　田堡乡人民代表大会

田堡乡位于县域西部。东依甘沟乡，南接新店乡、通渭县陇川乡，西连通渭县寺子乡、义岗乡，北靠四河乡。南北长8公里，东西宽12公里，总面积60平方公里。2003年12月，辖14个行政村，81个村民小组，2201户，10022人。乡政府驻谭河村，距县城54公里。

1952年10月，田堡乡隶属十一区（四河）；1958年10月，成立人民公社时，隶属四河公社；1961年12月，分设田堡公社；1964年2月，并入四河公社；1979年12月恢复田堡公社；1983年12月改为田堡乡；2004年2月撤销田堡乡，并入四河乡（现四河镇）。

一、第九届人民代表大会（1983年12月至1986年12月）

代表选举：

公社（乡）第九届人大代表选举工作于1983年11月至12月举行。成立公社选委会，谢恩魁为主任委员，靳海珠、靳卫国为副主任委员，王镇华、凌玉芳、豆克刚、王振国为委员。全社总人口7930人（男4080人，女3850人），有选民4258人（男2186人，女2072人），共划分3个选区，于12月11日召开选举大会，参加选举4239人（男2178人，女2061人），选举县第九届人大代表4名、公社（乡）第九届人大代表50名

（女10名）。

代表会议：

第一次会议于1983年12月15日召开。应出席代表50名，实出席47名，列席13名。会议推举秦复华、路登荣、赵政、张文辉、王镇华、陈英才、雷继邦、包宗武、卢伟9人组成大会主席团；会议听取和审议赵政所作的公社管委会工作报告，作出决议；建立乡人民政府，选举赵政为乡政府乡长，张文辉为副乡长；卢伟、包宗武为人民陪审员。

代表名单：

谭淑娟（女） 张金花（女） 谭芳莲（女） 周玉梅（女） 谭菊梅（女）
雷彩花（女） 王利香（女） 王玉兰（女） 李梅英（女） 郑玲玲（女）
谭克龙 李忠寿 张效德 王永财 张文辉 卢 伟 包宗武 陈英才 李东宝
甄昌焕 李正昌 谭顺川 雷步斗 柳生成 杨万春 田永吉 谭文旭 何廷文
赵 政 秦复华 雷中荣 凌 刚 王镇华 王明山 王 德 雷贵仓 路登荣
包有成 李志刚 李应珍 包 宏 连进雄 马鹏程 田宗录 雷继邦 田俊川
包庄娃 蔡宗勤 伏克勤 蔡永仓

二、第十届人民代表大会（1986年12月至1989年12月）

代表选举：

乡第十届人大代表选举工作于1986年12月举行。成立乡选委会，赵政为主任，曾远德为副主任，马学民、李宗荣、谭淑娟（女）为委员。全乡有人口 7864人，实有选民 4894 人（男 2552 人，女 2342人），全乡共划分 4个选区，参加选举 4612人，选举县第十届人大代表4名、乡第十届人大代表42名（女10名）。

代表会议：

第一次会议于1986年12月6日召开，应出席代表42名，实出席34名。会议推举曾远德、马学明、路登荣、雷贵仓、王甲、陈英才、张文辉7人组成大会主席团。会议听取和审议曾远德所作的乡政府工作报告，并作出决议；选举曾远德为乡政府乡长，马学明为副乡长。

代表名单：

张文辉 曾远德 路登荣 马学明 蔡有强 蔡国瑞 马克仁 牛桂莲 谭忠平
路景川 田宗强 田俊川 周玉梅 石有山 凌 刚 雷贵仓 包 文 张效德
姜凤莲 田一平 王永才 王 甲 张凤英 王志常 何建文 张志勤 杜明山
包克义 王志义 雷智天 王明山 王志新 尤存香 周鹏华 伏克勤 谭克农
田登吉 凌秀华 张金华 田鹏仓 王炳科 陈英才

三、第十一届人民代表大会（1989年12月至1992年11月）

代表选举：

乡第十一届人大代表选举工作于1989年10月至12月举行。成立乡选委会，路登荣为主任，雷旺春为副主任，李忠荣、王秉科、周建民为委员。全乡总人口 8171人，实有选民 5264人（男 2775 人，女 2489人）；共划分为4个选区，选举县第十一届人大代表5名、乡第十一届人大代表38名（女8名）。

代表会议：

第一次会议于1989年12月6日在乡政府召开，应出席代表38名，实出席36名。会议推举白世明、阎钧、路登科、雷旺春、郑廷瑜、李玉春、周建民7人组成大会主席团。会议听取和审议阎钧所作的乡政府工作报告，并作出相应决议；选举阎钧为乡政府乡长，马学明、李忠荣为副乡长。

代表名单：

石有山　王志珍　雷　焕　周旭贤　贾登荣　阎　钧　郑廷瑜　李忠荣　包梅花
周建民　王振邦　傅文通　王志强　王志智　雷智天　蔡有强　王宗义　雷芳兰
包思贤　水小社　刘贵成　路登荣　何宝祥　李万科　田　新　柳树堂　王治强
张多春　雷福仓　田宗录　白世明　雷旺春　田宗林　王志刚　魏响琪　杨文章

四、第十二届人民代表大会（1992年11月至1995年12月）

代表选举：

乡第十二届人大代表选举工作于1992年9月至11月举行。成立乡选委会，冯克勤为主任，郑廷瑜为副主任，谭廷献、路登荣、杨学文、雷焕、周秉仁为委员。全乡总人口6546人，实有选民 5784人（男3061人，女2723人）；共划分为4个选区，选举县第十二届人大代表5名、乡第十二届人大代表38名（女8名）。

代表会议：

第一次会议于1992年11月20日召开。应出席代表38名，实出席34名。会议听取和审议乡政府、乡人大主席团工作报告；选举郑廷瑜为乡人大主席团专职常务主席，王治军为乡政府乡长，谭廷献为副乡长。

代表名单：

冯克勤　杨志敏　张胜利　郑廷瑜　王静平　路登荣　李遇春　谭淑娟　赵　智
何宝祥　王志刚　卢玉芳　马国勤　杨万春　马勤瑞　蔡万川　李景明　姚福勤
杨道洲　吴建林　田顺军　马平平　包富强　贾淑英　雷　焕　夏调调　谢平安
雷莲花　包淑芳　梁启泰　刘冬梅　王晓丽　包　刚　张玲霞

五、第十三届人民代表大会（1995年12月至1998年12月）

代表选举：

乡第十三届人大代表选举工作于1995年11月至12月举行。成立乡选委会，冯克勤为主任，郑廷瑜、张胜利为副主任，李遇春、周秉仁、王静平、罗文科为委员。全乡总人口8171人，共划分4个选区，选举乡第十三届人大代表46名。

代表会议：

第一次会议于1995年12月召开。应出席代表46名，实出席29名。会议听取和审议乡政府、乡人大主席团工作报告；选举郑廷瑜为乡人大主席团主席，杨志敏为乡政府乡长，边宗仁为副乡长。

代表名单：

冯克勤　杨志敏　张胜利　郑廷瑜　王静平　路登荣　李遇春　谭淑娟　赵　智
何宝祥　王志刚　卢玉芳　马国勤　杨万春　马勤瑞　蔡百川　姚富勤　吴建林
田顺军　马平平　包富华　贾淑英　雷　焕　夏调调　谢平安　雷莲花　包淑芳
梁启泰　刘冬梅

六、第十四届人民代表大会（1998年12月至2002年1月）

代表选举：

乡第十四届人大代表选举工作于1998年10月至12月举行。成立乡选委会，冯克勤为主任，田宗仁、张胜利为副主任，杨学文、刘宝良为委员。选举乡第十四届人大代表46名。

代表会议：

第一次会议于1998年12月召开。应出席代表46名，实出席33名。会议听取和审议乡政府、乡人大主席团工作报告；选举田宗仁为乡人大主席团主席，王东为乡政府乡长、段建国为副乡长。

代表名单：

卢守琪　王　东　田宗仁　张胜利　段建国　续教社　周秉仁　王静平　李遇春
杨学文　谢安平　李正昌　李万科　王晓标　马书珍　雷　焕　周旭贤　张守仓
王有才　雷智天　王志新　安凤莲　蔡志明　田　新　柳春茂　贾淑英　包梅花
谭志刚　马　骥　凌玉芳　田　鼎　雷够生　冯克勤

七、第十五届人民代表大会（2002年1月至2003年12月）

代表选举：

乡第十五届人大代表选举工作于2001年11月至12月举行。成立乡选委会，任占锋为主任，张胜利为副主任，周秉仁、李遇春、王静平、罗文科、刘宝良为委员。选举乡第十五届人大代表46名。

代表会议：

第一次会议于2002年1月5日召开。会议听取和审议乡政府、乡人大主席团工作报告；选举周仲科为乡人大主席团主席，王东为乡政府乡长，段建国、张淑琴（女）为副乡长。

附：

田堡乡人民代表大会召开情况统计表

表6-128

届次	任期（年）	第一次会议			选举		
		应出席代表（名）	实出席代表（名）	召开时间	人大主席（副主席）	乡长	副乡长
九	3	50	47	1983.12.15		赵　政	张文辉
十	3	42	34	1986.12.6		曾远德	马学明
十一	3	38	36	1989.12.6		闫　钧	马学明　李忠荣
十二	3	38	34	1992.11.20	郑廷瑜	王治军	谭廷献
十三	3	46	29	1995.12	郑廷瑜	杨志敏	边宗仁
十四	3	46	33	1998.12	田宗仁	王　东	段建国
十五	5	46	不详	2002.1.5	周仲科	王　东	段建国　张淑琴

第二十九节　阳坡乡人民代表大会

阳坡乡位于县域最南端。东邻庄浪县万泉乡，西、南连秦安县莲花镇、好地乡，北靠仁大乡。南北长10公里，东西宽8公里，总面积51平方公里。至2003年底，全乡辖12个行政村，57个村民小组，2314户，11247人。乡政府驻新兴村，距县城76公里。

解放初，阳坡乡隶属七区（仁当）；1958年10月，建立人民公社时，隶属共和公社；1973年1月，仁大公社分设阳坡公社；1983年12月，改为阳坡乡；2004年2月，并入仁大乡（现仁大镇）。

一、第九届人民代表大会（1983年12月至1986年12月）

代表选举：

公社（乡）第九届人大代表选举工作于1983年11月至12月举行。1983年10月31日，成立乡选委会，程希贤为主任委员，周月生为副主任委员，刘九珍、周俊生、刘登明为委员。全乡共划分4个选区，选举县第九届人大代表5名、公社（乡）第九届人大代表48名（女9名）。

代表会议：

第一次会议于1983年12月18日召开，应出席代表48名，实出席48名。会议推举高孟德、刘世丰、周月生、黄杰、陈喜珍、周志壁、周罗仁7人组成大会主席团。会议听取和审议刘世丰所作的公社管委会工作报告；建立乡人民政府，选举刘世丰为乡长、黄杰为副乡长。

代表名单：

宋蕊芳（女）　王麦平（女）　宋路莲（女）　逯彩香（女）　李蠢蠢（女）
李等梅（女）　王秀花（女）　刘芳兰（女）周跃民　李茂文　周月生　黄六万
李德荣　刘永安　刘九珍　周国先　贠建业　汪生才　姚志中　安国杰　牛喜存
周王才　周罗仁　周志壁　高孟德　刘世丰　黄　杰　罗进德　伏永祥　陈喜珍
王守贵　王玉民　李文德　陈建云　马永学　陈连生　陈建祥　宋全德　师换换
王效义　任德祥　赵元正　周俊德　周来利　周进录　周连效

二、第十届人民代表大会（1986年12月至1989年12月）

代表选举：

乡第十届人大代表选举工作于1986年11月至12月举行。1986年11月12日，成立乡选委会，刘世丰为主任，黄杰、陈进财为副主任，刘登民、宋瑞芳（女）、刘九珍为委员。全乡共划分4个选区，选举县第十届人大代表5名、乡第十届人大代表50名（女10名）。

代表会议：

第一次会议于1986年12月27日召开，应出席代表50名，实出席40名。会议听取和审议刘世丰所作的乡政府工作报告；选举刘世丰为乡政府乡长、陈进财为副乡长。

第三次会议于1988年11月25日召开。应出席代表50名，实出席33名。会议通过刘世丰辞去乡政府乡长职务的请求，选举陈进财为乡政府乡长。

代表名单：

逯彩香（女）　宋瑞芳（女）　刘芳兰（女）　孙调珠（女）　李荞花（女）
李栓银　李茂仓　刘永安　安思存　李岁栓　姚志忠　王荣周　郭仁义　安国志
王志中　杨满成　程锦玺　王守贵　刘世丰　陈进财　张旭明　周旭明　万高娃
李正芳　李建吉　王效义　王向东　贠志珍　周贵生　刘九珍　杨中林　周志刚
程德新　魏玉船　张克功　周明善　杨来顺　陈德胜　罗进德　陈玉仓

三、第十一届人民代表大会（1989年12月至1992年11月）

代表选举：

乡第十一届人大代表选举工作于1989年10月至11月举行。1989年10月19日，成立乡选委会，宋国顺为主任，李振杰为副主任，陈世文、万高娃、马忠德为委员。全乡总人口9852人（男5123人，女4729人），实有选民6132人（男3212人，女2920人），全乡共划分4个选区，参加选举6037人，参选率为98%，选举县第十一届人大代表5名、乡第十一届人大代表40名（女8名）。

代表会议：

第一次会议于1989年12月24日至25日召开，应出席代表40名，实出席35名。会议听取和审议李振杰所作的乡政府工作报告；选举宋国顺为乡政府乡长、李振杰为副乡长。

代表名单：

李春春（女）　宋小芳（女）　宋蕊芳（女）　安春花（女）　程元西（女）
周巧红（女）　马仲德　付　坚　高克先　程纪忠　郭仁义　程进德　王举文
赵万忠　姚志忠　周维英　张应海　程新勤　刘九珍　王顺西　王二良　周新书
周志纲　刘镇定　王世生　宋国顺　高长茂　豆锐廷　李振杰　张耀明　宋万忠
师换换　周万怀　万高娃　李茂金

四、第十二届人民代表大会（1992年11月至1995年12月）

代表选举：

乡第十二届人大代表选举工作于1992年9月至11月举行。1992年9月26日，成立乡选委会，王世生为主任，程世清为副主任，刘镇定、侯立文、李正芳、刘永正、陈琪瑛（女）为委员。全乡总人口10674人，有选民6265人，共划分县人大代表选区4个、乡人大代表选区14个，于11月10日召开选举大会，参加选民6184人，选举县第十二届人大代表6名（女1名），乡第十二届人大代表40名（女7名）。

代表会议：

第一次会议于1992年11月16日召开，应出席代表40名，实出席40名。会议推举程世清、付坚、王世生、侯立文、李正芳、宋国顺、韩明德7人组成主席团。程世清、刘永正、付坚组成代表资格审查委员会。会议听取付坚所作的代表资格审查报告；听取和审议王静林所作的乡政府工作报告、王世生所作的乡人大主席团工作报告，并作出相应决议；选举程世清为乡人大主席团常务主席，王静林为乡政府乡长、刘镇定为副乡长。

第二次会议于1994年1月10日召开。应出席代表40名，实出席30名。会议推举程世清、付坚、韩明德、王世生、宋国顺、侯立文、李正芳7人组成大会主席团。听取和审议王静林所作的乡政府工作报告，程世清所作的乡人大主席团工作报告。

第三次会议（召开时间不详）。应出席代表40名，实出席34名。会议听取和审议刘镇定所作的乡政府工作报告，并作出决议。

第四次会议（召开时间不详）。应出席代表40名，实出席26名，列席3名。会议听取和审议刘镇定所作的乡政府工作报告、王世生所作的乡人大主席团工作报告，并作出相应决议；选举王世生为乡人大常务主席。

代表名单：

陈琪瑛（女）　李等梅（女）　杨润润（女）　程万菊（女）　宋根莲（女）
逯彩香（女）　程小桃（女）　刘调梅（女）宋国顺　侯双选　贠建业　王二良
王静林　李正芳　杨志强　刘永正　李和平　贾忠文　刘久珍　贠志珍　程廷杰
张耀明　王世生　刘世英　刘永太　程世清　程平平　周新书　韩明德　孙麦换
程万仓　侯立文　宋万忠　付　坚　宋元德　郭仁义　马学清　万高娃　周多福
刘镇定

五、第十三届人民代表大会（1995年12月至1998年12月）

代表选举：

乡第十三届人大代表选举工作于1995年11月至12月举行。成立乡选委会，李建义为主任，付鹏举为副主任，侯立文、王文华、丁钱斗、李百志、周进江、刘云、陈琪瑛（女）为委员。全乡总人口10747人，有选民6893人，共划分18个选区，选举乡第十三届人大代表47名（女9名）。

代表会议：

第一次会议于1995年12月28日召开，应出席代表47名，实出席44名。会议推举刘镇定、陈长安、李建义、侯立文、韩明德、丁钱斗、王文华、陈琪瑛（女）、付鹏举9人组成大会主席团；李建义、韩明德、王文华3人组成代表资格审查委员会，李建义为主任。会议听取王文华所作的代表资格审查报告；听取和审议侯立文所作的乡政府工作报告、付鹏举所作的乡人大主席团工作报告，并作出相应决议；选举刘镇定为乡人大主席团主席、付鹏举为副主席，陈长安为乡政府乡长，侯立文、陈琪瑛（女）为副乡长，伏国太、李百志为人民陪审员。

第二次会议于1997年1月9日召开，应出席代表47名，实出席43名。会议听取和审议陈长安所作的乡政府工作报告、刘镇定所作的乡人大主席团工作报告和第一次会议代表意见、建议办理结果的报告，并作出相应决议。

第三次会议于1997年5月20日召开。应出席代表47名，实出席39名。会议听取和审议乡政府工作报告，表决通过付鹏举辞去乡人大主席团副主席职务的请求、陈长安辞去乡政府乡长职务的请求；选举侯立文为乡政府乡长。

第四次会议于1997年11月5日召开，应出席代表43名，实出席36名。会议通过刘镇定辞去乡人大主席团主席职务的请求、侯立文辞去乡政府乡长职务的请求；选举侯立文为乡人大主席团主席、付鹏举为乡政府乡长。

第五次会议于1998年8月8日召开，应出席代表47名，实出席42名。会议选举陈尚平为乡人大主席团副主席。

代表名单：

陈琪瑛（女）　宋根莲（女）　杨润润（女）　陈元西（女）　魏菊花（女）
陈小麦（女）　陈引香（女）　周红彩（女）　王　英（女）　周顺录　周接太
魏富正　刘九珍　黄德玉　刘镇定　陈长安　李建义　侯立文　韩明德　丁钱斗
付鹏举　王文华　刘永正　伏国太　李百志　陈罗荣　张　瑜　武　凯　张振玺
张志军　靳维吉　孙麦换　李顺堂　程平平　刘有江　李大银　陈国玺　万明明
宋建虎　王自顺　杨春景　高克先　贠建业　王二良　周正刚　高国成

六、第十四届人民代表大会（1998年12月至2002年1月）

代表选举：

乡第十四届人大代表选举工作于1998年11月至12月举行。1998年11月2日，成立乡选委会，侯立文为主任，李建义、陈尚平为副主任，付鹏举、刘云、高翔为委员。全乡有选民6360人，共划分18个选区，参加选举5830人，参选率为91.7%，选举乡第十四届人大代表47名（女11名）。

代表会议：

第一次会议于1998年12月20日召开，应出席代表47名，实出席39名。会议推举侯立文、付鹏举、李建义、韩明德、丁钱斗、陈琪瑛（女）、伏国太、陈尚平、王文华9人组成大会主席团。会议听取李建义所作的代表资格审查报告；听取和审议付鹏举所作的乡政府工作报告、陈尚平所作的乡人大主席团工作报告，并作出相应决议；选举侯立文为乡人大主席团主席、陈尚平为副主席，付鹏举为乡政府乡长、陈琪瑛（女）为副乡长，刘云、李涛智为人民陪审员。

第三次会议于2000年1月6日召开。应出席代表47名，实出席42名。听取和审议付鹏举所作的乡政府工作报告、陈尚平所作的乡人大主席团工作报告，并作出相应决议。

代表名单：

陈琪瑛（女）　高玲芳（女）　陈引兄（女）　王引引（女）　靳月芹（女）
陈喜含（女）　董有花（女）　陈春花（女）　万调花（女）　周月芹（女）
杨明玺　周川卯　周金马　侯立文　付鹏举　李建义　陈尚平　丁钱斗　韩明德
王文华　刘　云　李涛智　伏国太　高　翔　高克先　杨春景　贠建业　万　元
杨全明　刘奉效　杨继忠　丁成甲　周丽珂　刘金平　刘明娃　李大银　高月生
程平平　黄富生　陈奠国　贠有祥　安元德　宋向仁　陈国玺　周进录　周永和
王二良

七、第十五届人民代表大会（2002年1月至2003年12月）

代表选举：

乡第十五届人大代表选举工作于2001年11月至12月举行。成立乡选委会，王向奎为主任，李建义、陈尚平为副主任，付鹏举、刘兴昌、王惠勤、高翔为委员。选举乡第十五届人大代表47名。

代表会议：

第一次会议于2002年1月8日召开。会议听取和审议宋礼壁所作的乡政府工作报告、李建义所作的乡人大主席团工作报告，并作出相应决议；选举李建义为乡人大主席团主席，宋礼壁为乡政府乡长，任浩、王军芳（女）为副乡长。

附：

阳坡乡人民代表大会召开情况表

表6-129

届次	任期(年)	第一次会议			选举		
		应出席代表(名)	实出席代表(名)	召开时间	人大主席(副主席)	乡长	副乡长
九	3	48	48	1983.12.18		刘世丰	黄　杰
十	3	50	40	1986.12.27		刘世丰	陈进财
十一	3	40	35	1989.12.24		宋国顺	李振杰
十二	3	40	40	1992.11.16	程世清	王静林	刘镇定
十三	3	47	44	1995.12.28	刘镇定(付鹏举)	陈长安	侯立文　陈琪瑛
十四	3	47	39	1998.12.20	侯立文(陈尚平)	付鹏举	陈琪瑛
十五	5	47	不详	2002.1.8	李建义	宋礼壁	任　浩　王军芳

第三十节　祁川乡人民代表大会

祁川乡位于县域中部。东邻城川乡、威戎镇，南接双岘乡，西接甘沟乡，北靠细巷乡。南北长13.5公里，东西宽9公里，总面积69平方公里。静新公路穿境而过。至2003年12月，全乡辖11个行政村，65个村民小组，2862户，13698人。乡政府驻祁川村，距县城14公里。

解放前分属岷屯乡、威戎乡，解放后分属五区的民联乡、龙林乡、著和乡、金汤乡，一区的泰安乡、民乐乡。1958年属民联公社，1961年分设祁川公社，1964年并入甘沟公社，1979年10月恢复祁川公社，1983年12月改为祁川乡，2004年2月撤销祁川乡，并入甘沟乡（现甘沟镇）。

一、第九届人民代表大会（1983年12月至1986年12月）

代表选举：

公社（乡）第九届人大代表选举工作于1983年11月至12月举行。成立公社选委会，杜宗师为主任，姚占学为副主任，马忠荣、祁连成、王忠行为委员。全社共划分5个选区，于12月11日召开选举大会，选举县第九届人大代表6名、公社（乡）第九届人大代表60名。

第一次会议于1983年12月13日召开。应出席代表60名，实出席53名。会议听取和审议王作义所作的公社管委会工作报告，作出决议；建立乡人民政府，选举王作义为乡政府乡长，李义安为副乡长；王忠行、张顺得为人民陪审员。

第二次会议于1984年12月24日召开。会议听取和审议王作义所作的乡政府工作报告。

第三次会议于1986年4月25日召开。应出席代表52名，实出席36名，列席9名。会议推举孙延福、岳具辉、李志学、靳怀安、杨志敏、马勤武、杨晨东7人组成大会主席团。会议听取和审议岳具辉所作的乡政府工作报告，并作出决议；选举岳具辉为乡政府乡长、李志学为副乡长。

代表名单：

孙延福　岳具辉　李志学　祁连成　李双相　李义安　樊映斌　王忠行　王树曾
靳怀安　马向宗　杜秀英　马启祥　杨晨东　张长顺　张　璧　吕凤英　张德福
祁连合　陈有余　冀胜堂　何兴荣　杨芳兰　王惠英　马勤武　靳称称　王志军
王书善　王旭成　张应谦　张桂英　马淑英　雍兆雄　宋杏花　何忠贤　樊映平
杨成仓　朱玉香　强时科　张菊英　吕应堂　吕文汉　吴正清　杨满满　王万雄
朱冬花　王枫林　王效震　王志玺　杨志敏　杨国炳　雷桂花

二、第十届人民代表大会（1986年12 月1989年12月）

代表选举：

乡第十届人大代表选举工作于1986年11月至12月举行。成立乡选委会，岳具辉为主任，何国玺、李志学为副主任，贾诗书、韩继学为委员。选举乡第十届人大代表60名（女11名）。

代表会议：

第一次会议于1986年12月召开。会议听取和审议岳具辉所作的乡政府工作报告，并作出决议；选举岳具辉为乡政府乡长，李志学为副乡长。

第二次会议于1987年12月25日召开。第一次会议以来，有3名代表调离祁川乡，因此，此次会议应出席代表57名，实出席45名，列席16名。会议推举岳具辉、李志学、席珍、何国玺、景发源、朱安民、王风林、靳士宁、陈吉吉（女）9人组成大会主席团。会议听取和审议岳具辉所作的乡政府工作报告，并作出决议。

代表名单：

吕凤英（女）　宋杏花（女）　朱玉香（女）　杨卓卓（女）　王换换（女）
陈吉吉（女）　马淑英（女）　陈国淑（女）　杜秀英（女）　雷桂花（女）
王俊英（女）　何继刚　王彦均　张长顺　张志学　张新民　刘兴田　李双相
景发源　李志学　王风林　杨福杰　刘继业　杨振江　强时科　孙延福　杨克俊
樊映平　杨成仓　强喜善　樊召团　靳士宁　吕建时　桑映斌　张清仁　王志军
王发院　王维礼　王向杰　席　珍　岳具辉　朱安民　江国礼　王治军　靳怀安
祁连成　杨作珍　吕志清　陈　忠　雍兆雄　王文科　李义安　靳文兴　何国玺
马勤斌　马克祥　吴俊福　王万堆　张喜协　王治安

三、第十一届人民代表大会（1989年12月至1992年11月）

代表选举：

乡第十一届人大代表选举于1989年10月至12月举行。成立乡选委会，戴双军为主任，何继刚为副主任，韩继学、祁连成、周光烈为委员。选举乡第十一届人大代表（名额不详）。

代表会议：

第一次会议于1989年12月召开。会议听取和审议乡政府工作报告；选举王安国为乡政府乡长，樊文浩为副乡长。

四、第十二届人民代表大会（1992年11月至1995年12月）

代表选举：

乡十二届人大代表选举工作于1992年9月至11月举行。成立乡选委会，戴双军为主任，杨显标为副主任，贾敬斌、马奋刚、鲍初玺、张锋、杨联斌为委员。全乡总人口12394人，有选民7695人，共划分县人大代表选区4个，乡人大代表选区14个，选举县第十二届人大代表7名、乡第十二届人大代表42名。

代表会议：

第一次会议于1992年11月20日召开。会议听取和审议马奋刚所作的乡政府工作报告；选举杨显标为乡人大常务主席，贾敬斌为乡政府乡长，杨旭、张荣（女）为副乡长。

第二次会议于1994年1月8日召开。会议听取和审议贾敬斌所作的乡政府工作报告、杨显标所作的乡人大主席团工作报告。

第三次会议于1995年1月8日召开。会议听取和审议贾敬斌所作的乡政府工作报告、杨显标所作的乡人大主席团工作报告。

五、第十三届人民代表大会（1995年12月至1998年12月）

代表选举：

乡第十三届人大代表选举工作于1995年11月至12月举行。成立乡选委会，阎钧为主任，杨显标、周仲勤为副主任，续社教、张峰、李志刚、杨联斌、吕周周为委员。全乡共有人口12814人，有选民8290人，共划分14个选区，于12月25日召开选举大会，选举乡第十三届人大代表48名（女9名）。

代表会议：

第一会议于1995年12月27日至28日召开。应出席代表48名，实出席45名，列席12名。会议推举阎钧、杨显标、吴文魁、周仲勤、胡银华、张锋、李志刚、朱安民8人组成大会主席团，杨显标、周仲勤、李志刚3人组成代表资格审查委员会；会议听取和审议吴文魁所作的乡政府工作报告、周仲勤所作的乡人大主席团工作报告、续社教所作的乡财政预算执行情况的报告，并作出相应决议；选举阎钧为乡人大主席团主席、周仲勤为副主席，吴文魁为乡政府乡长、续社教、张荣（女）为副乡长。

第二次会议于1997年1月13日召开。会议听取和审议吴文魁所作的乡政府工作报告、周仲勤所作的乡人大主席团工作报告、续社教所作的1996年乡财政预算执行情况和1997年财政预算的报告。

代表名单：

马春娃（女）　吕凤英（女）　刘晓琴（女）　马淑英（女）　王界界（女）
雷桂花（女）　张　荣（女）　杨春霞（女）　张秀兰（女）　席振仓　阎忠席
张　峰　王维春　王奋林　张致远　靳士栋　张　黎　祁生杰　马生玉　王志军
王贵雄　张清仁　朱永强　刘新田　刘新军　张　忠　何忠贤　何宗礼　杨国彦
杨志仁　樊生忠　樊智慧　樊伍拾　吴俊福　吕思军　王静林　刘国军　杨志安
张振学　张志学　阎　钧　吴文魁　杨显标　续社教　周仲勤　胡银华　李志刚
朱安民

六、第十四届人民代表大会（1998年12月至2002年1月）

代表选举：

乡第十四届人大代表选举工作于1998年11月至12月举行。成立乡选委会，阎钧为主任，杨源峰、杨显标为副主任，吕周周、何浩强、梁建军为委员。全乡共有人口13039人，有选民7929人，共划分为14个选区，于12月16日召开选举大会，选举乡第十四届人大代表48名（女10名）。

代表会议：

第一次会议于1998年12月24日至25日召开。应出席代表48名，实出席44名，列席19名。会议推举阎钧、杨源峰、杨显标、王贵雄、王志坚、潘瑞珍、边宗仁、李志刚、朱安民9人组成大会主席团，杨源峰、杨显标、李志刚3人组成代表资格审查委员会；会议听取和审议王瑞生所作的乡政府工作报告、杨源峰所作的乡人大主席团工作报告、阎中席所作的乡财政预算执行情况的报告，并作出相应决议；选举杨源峰为乡人大主席团主席，王瑞生为乡政府乡长、张荣（女）为副乡长；收到代表意见建议8条。

代表名单：

张　荣（女）　王界界（女）　刘晓琴（女）　马春娃（女）　马淑英（女）
陈彩霞（女）　杨冬果（女）　张亮亮（女）　杨　霞（女）　张召兵（女）
冀森宏　马仲祥　王连合　阎　钧　王瑞生　杨源峰　杨显标　王贵雄　李志刚
边宗仁　王志坚　潘瑞珍　朱安民　阎忠席　王秉文　王若旭　赵斌学　王静林
王世德　王田江　强时平　杨全胜　张丰胜　樊伍拾　何东银　马勤民　刘国军
吴俊福　张　忠　李彦龙　王笃义　杨余元　陈贵林　王志军　王效仁　杨吴金
张正协　靳朝辉

七、第十五届人民代表大会（2002年1月至2003年12月）

代表选举：

乡第十五届人大代表选举工作于2001年11月至12月举行。成立乡选委会，李录才为主任，杨源峰、王瑞生为副主任，杨显标、张荣（女）、王志坚、李志刚为委员。选举乡第十五届人大代表48名（女11名）。

代表会议：

第一次会议于2002年1月6日召开。应出席代表48名，实出席44名，列席38名。会议推举孙青茂、李云香（女）、杨源峰、李忠荣、王宏、李吉林、王志坚、李志刚、潘瑞珍、朱安民、阎忠席11人组成大会主席团，杨源峰、李忠荣、李志刚3人组成代表资格审查委员会。会议听取和审议李云香所作的乡政府工作报告、杨源峰所作的乡人大主席团工作报告、阎忠席所作的乡财政预算执行情况的报告，并作出相应决议；选举杨源峰为乡人大主席团主席，李云香（女）为乡政府乡长、王宏为副乡长；收到代表意见建议6条。

第二次会议于2003年1月13日召开。会议选举王宁香（女）为乡政府乡长。

代表名单：

张变弟（女）　杨　霞（女）　张亮亮（女）　姚玉珠（女）　吕小兵（女）
李志梅（女）　马春娃（女）　杨冬果（女）　李云香（女）　李　梅（女）
张化地　李忠荣　李志刚　杨全胜　杨凡勤　张芳州　靳朝辉　杨宏业　王效仁
朱小平　张清仁　陈文学　何东旺　王笃义　杨　飞　樊生辉　樊伍拾　吕存羊
马仲祥　张政协　张　忠　王海军　王春江　王秉文　潘瑞珍　祁冠毅　王志坚
孙青茂　王　宏　常志良　阎中席　朱安民　樊应斌　赵斌学　杨立新　李吉林
于红忠　杨源峰

附：

祁川乡人民代表大会召开情况表

表6-130

届次	任期（年）	第一次会议			选举		
		应出席代表（名）	实出席代表（名）	召开时间	人大主席（副主席）	乡长	副乡长
九	3	60	53	1983.12.13		王作义	李义安
十	3	60	不详	1986.12		岳具辉	李志学
十一	3	不详	不详	1989.12		王安国	樊文浩
十二	3	42	不详	1992.11.20	杨显标	贾敬斌	杨　旭　张　荣
十三	3	48	45	1995.12.27	闫　钧（周仲勤）	吴文魁	续社教　张　荣
十四	3	48	44	1998.12.24	杨源峰	王瑞生	张　荣
十五	5	48	44	2002.1.6	杨源峰	李云香	王　宏

卷七　人物

此卷分五章，共收录人物355名。其中：第一章为县各界人民代表会议常务委员会主席、副主席7名；第二章为历届县人大常委会主任、副主任、专门委员会主任委员45名；第三章为静宁县出席甘肃省各界人民代表会议代表9名。第四章为静宁县出席甘肃省历届人民代表大会代表61名；第五章为出席平凉市历届人民代表大会代表233名。本卷人物按照任职届次先后顺序排列；同届次人大常委会主任、副主任按任职时间先后排序；省市人大代表按当时会议提供的资料顺序排列，一人连续任数职，只在其中一章记述，其他章节不再重复录人。

第一章　县各界人民代表会议常务委员会主席、副主席

从1949年10月26日召开第一届各界人民代表会议开始，至1954年7月第一届人民代表大会召开，历届各界人民代表会议，共选出7届7名（涉及2人）主席，其中，宋钦为第一届、第二届主席，刘文正为第三届、第四届、第五届、第六届、第七届主席；共选出6届9名（涉及5人）副主席，其中，刘文正为第二届副主席，于光为第三届、第四届副主席，于光、受云亭为第五届、第六届副主席，武德惠、王尔全为第七届副主席。

附：

县各界人民代表会议常务委员会主席、副主席情况表

表7-1

任职时间	各代会常委会职务	姓名	性别	出生年月	职务	文化程度	籍贯
1949.10—1950.6	主　席	宋　钦	男	1913	县委书记	中专	河北鸡泽
1950.1—1950.6	副主席	刘文正	男	1921.11	县委副书记	初中	山西沁县
1950.6—1954.7	主　席	刘文正	男	1921.11	县委书记	初中	山西沁县
1950.6—1952.8	副主席	于　光	男	1917.2	县长	初中	宁夏中宁
1951.5—1952.8	副主席	受云亭	男	1882		不详	甘肃静宁
1952.8—1954.7	副主席	武德惠	男	1924.5	副县长、县长	初中	山西霍县
1952.8—1954.7	副主席	王尔全	男	1889	文教科科长	中专	甘肃静宁

宋　钦

宋　钦（1913—1980）　原名袁金亭，男，汉族，师范学历，1938年6月加入中国共产党，河北省鸡泽县人。在1949年10月26日至30日召开的静宁县第一届各界人民代表会议上，当选为静宁县第一届各界人民代表会议驻会委员会主席；在1950年1月29日至2月1日召开的静宁县第二届各界人民代表会议上，当选为静宁县第二届各界人民代表会议常务委员会主席。

10岁开始读书。在邢台师范读书期间，曾参加抵制日货的爱国示威游行，并和反动的学校当局进行斗争；1935年邢台师范学校毕业，回鸡泽县任教；抗日战争爆发后，历任中共鸡泽县委委员兼民运部部长、县抗日战委会组织部部长、战委会主任，中共永年县委委员兼县人民抗日政府县长；解放战争开始后，在邓小平领导的晋冀鲁豫中央局工作，先在党校学习，后参加太岳区翼城地委的三查、整党工作；1948年3月任中共山西省曲沃县委委员、曲沃县县长；1949年7月随军西进，任中共静宁县委书记；1949年10月至1950年6月任中共定西地委委员、静宁县委书记；1950年6月至1951年4月任定西分区行政督察专员公署副专员（1950年8月兼任定西地委纪律检查委员会委员）；1951年4月至1952年11月任甘肃省人民政府定西地区专员公署专员（1951年10月兼任定西地区土地改革委员会主任）；1952年11月至1953年1月任定西地区专员公署党组书记、专员；1953年1月起，先后任甘肃省建筑工程局局长、党委书记，甘肃省城市建设局局长、党组书记，甘肃省基本建设委员会副主任、党组副书记；1961年后，历任中共西北局计划委员会基本建设局局长，三线建设委员会设计施工组组长；1970年12月起，任陕西省建设委员会副主任，在1977年12月政协陕西省第四届委员会第一次会议上当选为政协陕西省委常委。1980年7月去世。

中国共产党甘肃省第一次代表大会代表；中国共产党甘肃省第三届委员会委员；政协陕西省第四届委员会委员；静宁县第一届、第二届各界人民代表会议代表。

刘文正

刘文正（1921.11—1992.7）　曾用名常金梁、常振纲，男，汉族，初中学历，1939年7月加入中国共产党，山西省沁县人。在1950年1月29日至2月1日召开的静宁县第二届各界人民代表会议上，当选为静宁县第二届各界人民代表会议常务委员会副主席；在1950年6月至1952年8月召开的静宁县第三届、第四届、第五届、第六届、第七届各界人民代表会议上，均当选为静宁县各界人民代表会议常务委员会主席。

1939年6月参加革命，同年7月加入中国共产党。曾在太岳军区情报训练班学习，后回沁县做情报工作；1940年10月起，先后任沁县三区、一区区委组织委员、宣传委员；1944年至1945年任区委副书记；1945年9月任太岳区党委秘书处秘书；1946年1月后，任山西省翼城曲沃一区、四区区委书记；1949年8月至1950

年4月任中共静宁县委组织部部长；1950年1月至12月任中共静宁县委副书记（1950年1月至1953年2月兼任静宁县农民协会主任）；1950年12月至1954年4月任中共静宁县委书记（1951年2月至1954年4月兼任中国人民解放军静宁县人民武装部政委）；1954年4月至1956年6月任平凉地委秘书长（1955年2月增补为地委常委）；1956年5月至1958年3月任平凉地委副书记；1958年3月至1961年11月任平凉地委书记处书记（其间，1958年6月至9月任平凉专员公署代理专员，1958年9月至1961年10月任平凉专员公署专员）；1961年12月任庆阳地委书记处第一书记；1962年8月任庆阳地委书记兼庆阳军分区政委；1969年6月至1970年5月任庆阳地区革命委员会副主任；1970年5月至1974年5月先后任张掖地区革命委员会副主任、地委副书记；1974年5月至1975年11月任甘肃省委党校党委书记；1976年11月任甘肃省计划委员会副主任、党组副书记；1980年12月任甘肃省物资管理局局长、党组书记；1983年9月至1992年7月任甘肃省人大常委会教育科学文化卫生委员会副主任、主任，1983年5月1日在甘肃省第六届人民代表大会第一次会议上当选为甘肃省第六届人大常委会委员；1988年2月3日在甘肃省第七届人民代表大会第一次会议上当选为甘肃省第七届人大常委会委员。

中国共产党甘肃省第三次代表大会代表；静宁县第一届、第二届、第三届、第四届、第五届、第六届、第七届各界人民代表会议代表。

于　光

于　光（1917.2—2019.2）　原名孔庆善，曾用名章仿，男，汉族，1917年2月生，宁夏回族自治区中宁县恩和镇沙滩村人，延安抗日军政大学毕业，1938年4月参加工作，1938年10月加入中国共产党。1949年10月、1950年2月分别当选静宁县第一届、第二届各界人民代表会议常务委员会委员；1950年6月、12月、1951年5月、11月分别当选静宁县第三届、第四届、第五届、第六届各界人民代表会议常务委员会副主席；1950年6月当选为甘肃省第一届各界人民代表会议代表。

1923年至1929年在中宁县孔家台子双庙小学上学，1930年至1933年在中宁县恩和高小上学；1933年冬至1934年6月在家；1934年7月至1935年7月在宁夏省行政人员训练所受训；1935年9月至1936年3月任中宁县第二区鸣沙洲壮丁队训练官；1936年4月至6月在宁夏马家军接受军训；1936年7月至9月，在宁夏民政厅待分配工作；1936年10月至1937年4月任中宁县第四区区公所助理员；1937年5月至1938年3月在家；1938年4月至6月在延安陕北公学学习；1938年7月至12月在延安抗日军政大学学习；1939年1月至6月任八路军总司令部卫生部文书；1939年7月至11月任山西壶关县抗日公安局巡官；1939年12月至1940年2月任壶关第四区抗日区公所区长；1940年3月至4月在中共太行区党委特训班学习；1940年5月至1942年12月任山西襄垣县抗日县政府民政科长、秘书主任；1943年1月至6月任太行二地委调研室调研员；1943年7月至1945年1月任山西太岳区浮山县农会工作员；1945年2月至8月任山西冀氏县第四区公所区长；

1945年9月至1947年4月任山西临汾县政府民政科长、工委副书记，临汾县汾西办事处主任；1947年5月至1947年10月任山西曲沃县农会工作员；1947年11月至1948年2月在山西翼城县参加太岳二地委整风学习；1948年3月至12月任山西曲沃县第四区区长；1949年1月至7月任山西曲沃县第二区区委书记；1949年7月至1952年3月任中共静宁县委委员、县人民政府县长（其间，1950年6月至12月任中共静宁县委代理书记）；1952年7月至1954年11月任兰州水泥厂筹建处主任、大同水泥厂筹建处副主任；1954年12月至1958年5月任大连水泥厂副厂长、党委书记；1958年6月至1968年7月任旅大市计委工业处处长、物资局办公室负责人；1968年8月至1969年11月在旅大市市级机关毛泽东思想学习班学习、劳动；1969年11月至1972年10月下乡插队落户（五七战士）；1972年11月至1977年5月在旅大市五七干校劳动，任采购员（五七战士）；1977年6月至1980年9月任大连玻璃厂、大连水泥厂副主任、党委书记、厂顾问；1983年11月离休，1984年6月享受市地级干部待遇。2019年2月5日去世。

静宁县第一届、第二届、第三届、第四届、第五届、第六届各界人民代表会议代表。

武德惠

武德惠（1924.5—1993.4）　男，汉族，1924年5月生，初中学历，山西省霍县人。1943年3月参加工作，1945年3月加入中国共产党。在1952年8月12日至14日召开的静宁县第七届各界人民代表会议第一次会议上，当选为静宁县第七届各界人民代表会议常务委员会副主席。

1943年3月在山西省霍县城工部参加革命。1945年5月至7月在山西阳城太岳干校学习；1945年8月在山西太岳纵队后勤部工作队工作；1946年4月至1949年7月先后任山西省曲沃县政府科员、第四区区长；1949年8月到甘肃省静宁县工作，1949年11月至1952年8月任静宁县人民政府财政科科长；1952年3月至1954年4月任静宁县人民政府代理县长（1953年5月至1954年4月任静宁县人民政府副县长，1952年11月至1955年4月兼任静宁县法院院长）；1954年4月至7月任中共静宁县委委员、常委、书记、静宁县人民政府县长；1954年8月至1958年8月任中共静宁县委委员、常委、书记（1954年8月至1957年6月兼任中国人民解放军静宁县兵役局政委，1957年6月至1960年11月兼任中国人民解放军静宁县人民武装部政委）；1958年8月至1960年11月任中共静宁县委委员、常委、第一书记；(1960年11月至1964年5月资料不详）1964年5月任玉门市委副书记、市长；1968年3月至1970年12月先后任玉门市生产指挥部主任、市委常委、革委会副主任；1971年2月至1972年10月任中共阿克塞县委副书记、革委会副主任；1972年10月至1975年9月任中共玉门市委副书记、革委会副主任；1975年9月至1983年12月任酒泉地区外贸局局长；1983年12月离职休养。1993年4月去世。

中国共产党甘肃省第一次、第二次代表大会代表；中国共产党静宁县第一次、第二次、第三次、第四次代表大会代表；静宁县第七届（第一届至第六届不详）各界人民代表会议代表；静宁县第一届、第二届、第三届人民代表大会代表。

王尔全

王尔全（1889—1976）　男，汉族，1889年生，中师学历，静宁县城新街人。在1950年6月6日至8日召开的静宁县第三届各界人民代表会议上，当选为甘肃省各界人民代表会议代表；在1952年8月12日至14日召开的静宁县第七届各界人民代表会议第一次会议上，当选为静宁县第七届各界人民代表会议常务委员会副主席。

幼年就读于李九师创办的静宁东关村孤魂庙私塾；1914年毕业于甘肃法政专门学校；1921年毕业于甘肃省优级师范，同年8月应聘于甘肃省立第七师范（平凉师范前身）任教员、教导主任，1930年2月任校长；1937年9月辞去平凉师范校长职务，先后任华亭中学教员、甘肃省第四区各县义务教育视导员；1939年应平凉师范校长韩慨侠之邀，回平凉师范任教导主任，在平凉期间，倡办平凉女子师范学校；1941年1月，回静宁创办静宁中学，任校长；1951年创办静宁城关女子小学，任校长；1952年3月至1968年2月先后任静宁县人民政府（人民委员会）文教科科长、教育科科长、教育局局长、文教卫生局局长等职（在1955年4月2日至6日召开的静宁县第一届人大二次会议、1956年12月8日召开的静宁县第二届人大一次会议、1958年6月14日至17日召开的静宁县第三届人大一次会议、1962年5月21日至26日召开的静宁县第四人大一次会议、1963年6月6日至10日召开的静宁县第五届人大一次会议、1965年10月9日至15日召开的静宁县第六届人大一次会议上，6次当选静宁县人委会委员）；在1950年12月7日至9日召开的静宁县第四届各界人民代表会议上当选为静宁县第四届各界人民代表会议常务委员会委员；(因资料缺失，第五届、第六届选举情况不详）在1952年8月12日至14日召开的静宁县第七届各界人民代表会议第一次会议上当选为静宁县第七届各界人民代表会议常务委员会副主席；1950年6月当选为甘肃省第一届各界人民代表会议代表；1952年10月当选为甘肃省第二届各界人民代表会议代表。1976年于兰州去世。

甘肃省第一届、第二届、第三届人民代表大会代表；静宁县第三届、第四届（第一届、第二届、第五届、第六届不详）、第七届各界人民代表会议代表；静宁县第一届、第四届、第五届、第六届人民代表大会代表。

第二章　县人大常委会主任、副主任
县人大专门委员会主任委员

从县第八届人民代表大会开始至县第十七届人民代表大会（截至2021年1月），共选出县人大常委会主任11届8名，其中，高富德为第八届、第九届、第十届主任，部文学为第十一届主任，吕忠厚为第十二届、第十三届主任，李雪峰为第十三届主任，聂正国为第十四届主任，张自杰为第十五届、第十六届主任，王智国、王永平为第十七届主任；共选出县人大常委会副主任11届34名（主任、副主任按任职先后排名）；从县第十七届人民代表大会开始，县人民代表大会设立法制委员会、财政经济委员会、社会建设委员会3个专门委员会，选出专门委员会主任委员3名。

第一节　县人大常委会主任

高富德

高富德（1932.10—2002.12）　男，汉族，1932年10月生，高小学历，甘肃省静宁县仁大镇阳疘村人，1951年7月参加工作，1955年5月加入中国共产党。1981年1月至1989年12月任静宁县第八届、第九届、第十届人大常委会主任。在1987年11月9日至10日召开的静宁县第十届人民代表大会第二次会议上，当选为甘肃省第七届人民代表大会代表。

1938年至1950年上学；1950年至1951年6月在家劳动；1951年7月至1952年6月先后在平凉干校学习，参加土改和三反工作；1952年7月起先后在静宁县威戎、甘沟、四河营业所工作，在兰州银行学习、县委肃反办公室工作；1956年5月至12月任县农业银行第一副行长、党支部书记（1956年3月至1957年3月在县委肃反办公室工作）；1958年3月至9月任民和乡党委书记；1958年10月至1959年4月任民和公社党委书记（1958年10月至1960年7月任民和公社副社长）；1960年7月至1961年7月任民和公社社长；1961年7月至12月任民和公社管委会主任；1961年12月至1965年8月任城关公社（1964年10月改为城川公社）党委副书记（1961年12月至1963年4月任城关公社管委会主任；1964年4月任中共静宁县第六届委员会候补委员）；1965年8月至1974年1月任甘沟公社党委书记（1968年3月至1974年1月兼任甘沟公社革委会主任；1970年11月任中共静宁县第七届委员会委员）；1974年2月至1979年1月任中共静宁县第七届委员会委员、常委（1975年3月至1976年5月任县农林办公室主任；1976年2月至10月任静宁县革委会副主任；1976年3月至1979年7月兼任城川公社党委书记，1976年3月至1978年7月兼任城川公社革委会主任）；1976年10月至1979年3月任静宁县革委会副主任；1979年1月至1981年1月任中共静宁县第八届委员会委员、常委、副书记（1979年3月至1981年2月任静宁县革委会党组书记、主任）；1981年1月至1989年12月任中共静宁县第八届、第九届、第十届委员会委员、常委，静宁县第八届、第九届、第十届人大常委会主任（1981年6月至1990年2月任静宁县人大常委会党组书记）；1990年1月至1992年10月任中共静宁县第十一届委员会委员、调研员；1992年10月退休；2002年12月去世。

中国共产党静宁县第五次、第六次、第七次、第八次、第九次、第十次、第十一次、第十二次、第十三次、第十四次代表大会代表；静宁县第三届、第四届、第六届、第七届、第八届、第九届、第十届、第十一届、第十二届人民代表大会代表。

郜文学

郜文学 男，汉族，1938年3月生，甘肃省庄浪县赵墩乡人，高小学历，1956年1月参加工作，1955年11月加入中国共产党。1990年1月至1992年11月任静宁县第十一届人大常委会主任。

1956年1月至4月在甘肃省庄浪县维新区委工作；1956年4月至1957年9月在庄浪县委肃反办公室工作；1957年9月至1958年9月先后在庄浪县水洛乡、通边乡、城关乡、宝泉乡工作；1958年10月至1959年1月在中共庄浪县委办公室工作；1959年1月至1960年6月在庄浪县水洛公社工作；1960年6月至1965年9月在中共静宁县委办公室工作；1965年9月至1969年6月任静宁县高界公社管委会副主任（其间，在张掖、平凉参加社教工作）；1969年6月至1970年12月任静宁县革委会秘书；1970年12月至1973年7月任静宁县革委会办公室副主任；1973年6月至1981年1月任静宁县革委会副主任（1973年7月至1978年9月任中共静宁县第七届委员会委员、常委；1979年1月至1981年1月任中共静宁县第八届委员会委员）；1981年1月至1986年12月任中共静宁县第八届、第九届委员会委员、县人民政府副县长（1983年11月至1986年12月任静宁县人民政府党组副书记）；1987年1月至1989年12月任静宁县人大常委会副主任（1987年10月至1988年7月兼任静宁县人大常委会财政经济组组长）；1990年1月至1992年11月任中共静宁县第十一届委员会委员、常委、县人大常委会主任（1990年2月至1992年11月任静宁县人大常委会党组书记）；1992年11月至1997年11月任中共静宁县第十二届委员会委员、政协静宁县第四届委员会党组书记、主席；1997年12月至1998年9月任政协静宁县委员会调研员；1998年10月退休。

中国共产党静宁县第八次、第九次、第十次、第十一次、第十二次、第十三次代表大会代表；静宁县第七届、第八届、第九届、第十届、第十一届、第十二届、第十三届人民代表大会代表；政协静宁县第四届委员会委员。

吕忠厚

吕忠厚 男，汉族，1943年1月生，山东省泰安市人，北京林学院林业专业毕业，本科学历，1970年9月参加工作，1965年11月加入中国共产党。1992年11月至2002年6月任静宁县第十二届、第十三届人大常委会主任。在1992年11月27日至29日召开的静宁县第十二届人民代表大会第一次会议上，当选为甘肃省第八届人民代表大会代表。

1970年9月至1971年9月在甘肃省农调队静宁分队工作；1971年9月至1972年5月在静宁县城川公社工作；1972年5月至12月在静宁县司桥公社工作；1972年12月至1976年10月任静宁县雷大公社党委副书记；1976年10月至1980年9月任雷大公社革委会副主任；1980年9月至1982年7月任静宁县林业局副局长；1982年7月至1983年10月任静宁县林业水保局副局长；1983年10月至1986年3月任中共静宁县第九届委员会委员、县人民政府副县长；1986年3月至1992年11月任中共静宁县第十届、第十一届委员会委员、常委、副书记；1992年11月至2002年4月任中共静宁县第十二届、第十三届委员会委员、常委、县人大常委会党组书记、主任；2002年4月退休（副地级）。

中国共产党静宁县第九次、第十次、第十一次、第十二次、第十三次、第十四次代表大会代表；静宁县第九届、第十届、第十一届、第十二届、第十三届、第十四届人民代表大会代表。

李雪峰

李雪峰 男，汉族，1960年1月生，甘肃省灵台县邵寨镇人，中央党校经济学研究生毕业，研究生学历，1977年1月参加工作，1985年1月加入中国共产党。2002年9月至11月兼任静宁县第十三届人大常委会主任。

1977年1月至1978年3月在灵台县邵寨镇白崖村小学任民办教师；1978年3月至1979年6月在平凉师范上学；1979年7月至1981年9月在平凉地区峡中水泥厂职工子弟学校任教；1981年9月至1984年12月在平凉地区人事处、行署办公室工作；1984年12月至1988年8月任平凉地区行署办公室副科级秘书；1988年8月至1989年1月任平凉地区行署办公室正科级秘书；1989年1月至1994年12月任平凉地区行署办公室副主任；1994年12月至1996年8月任平凉地区行署办公室副主任、研究室主任；1996年8月至1998年10月任平凉地区行署办公室主任、研究室主任兼地区保密局局长；1998年10月至2000年11月任平凉地区行署秘书长（1999年10月任行署办公室党组书记）；2000年11月至2005年5月任中共静宁县第十三届、第十四届委员会委员、常委、书记（2002年9月至11月兼任县人大常委会主任）；2005年5月至2007年1月任平凉市人民政府副市长；2007年1月至3月任中共平凉市委委员、常委；2007年3月至2016年6月任中共平凉市委委员、常委、秘书长；2016年6月至11月任中共平凉市委委员、常委、秘书长，市人大常委会党组书记、主任；2016年11月至2017年2月任平凉市人大常委会党组书记、主任，市委秘书长；2017年2月至2020年1月任平凉市人大常委会党组书记、主任；2020年1月退休。

中国共产党甘肃省第十次代表大会代表；甘肃省第十三届人民代表大会代表；中国共产党平凉市第一次、第二次、第三次、第四次代表大会代表；平凉市第一届、第二届、第三届、第四届人民代表大会代表；中国共产党静宁县第十四次代表大会代表；静宁县第十四届人民代表大会代表。

聂正国

聂正国　男，汉族，1948年12月生，甘肃省静宁县城关镇东关村人，大专学历，1970年2月参加工作，1972年9月加入中国共产党。2002年11月至2006年11月任静宁县第十四届人大常委会主任。在2002年11月26日至12月1日召开的平凉市第一届人民代表大会第一次会议上，当选为甘肃省第十届人大代表。

1970年2月至1970年12月在县农机厂工作；1970年12月至1979年8月在中国人民解放军步兵某团某连服役；1979年8月至1983年2月在陆军某军政治部工作；1983年2月至1984年1月任某团政治部组织股股长；1984年1月至1985年12月任陆军某师政治部组织科正营级干事；1985年12月至1986年6月转地方参加培训、待分配；1986年6月至11月任中共静宁县委组织部组织员；1986年11月至1990年6月任中共静宁县委农村工作部副部长；1990年9月至1994年11月任中共静宁县委调研室主任；1991年4月至1992年10月任中共静宁县委办公室主任；1992年8月至2002年11月任中共静宁县第十二届、第十三届委员会委员、常委、副书记；2002年11月至2006年12月任中共静宁县第十四届、第十五届委员会委员、县人大常委会主任；2006年12月至2009年5月任县人大常委会党组书记；2009年5月退休。

中国共产党平凉市第一次、第二次代表大会代表；平凉市第一届人民代表大会代表；中国共产党静宁县第十二次、第十三次、第十四次、第十五次、第十六次、第十七次代表大会代表；静宁县第十二届、第十三届、第十四届、第十五届人民代表大会代表。

张自杰

张自杰　男，汉族，1956年7月生，甘肃省静宁县新店乡秦王村人，中央农广校农技推广专业毕业，大专学历，1981年8月参加工作，1984年11月加入中国共产党。2006年12月至2016年10月任静宁县第十五届、第十六届人大常委会主任。

1981年8月至1982年8月在静宁县古城公社工作；1982年8月至1986年11月在静宁县威戎农技站工作；1986年11月至1989年1月任静宁县曹务乡党委副书记；1989年1月至11月任静宁县曹务

乡人民政府乡长；1989年11月至1994年4月任静宁县后梁乡党委书记；1994年4月至1995年11月任静宁县细巷乡党委书记；1995年11月至1997年1月任静宁县城川乡党委书记；1997年1月至2002年7月任中共静宁县第十三届委员会委员、县人民政府副县长；2002年7月至2006年12月任中共静宁县第十四届委员会委员、常委、副书记；2006年12月至2016年10月任中共静宁县第十五届、第十六届委员会委员，县人大常委会主任（其间，2006年12月至2009年4月任静宁县人大常委会党组副书记；2009年4月至2016年9月任静宁县人大常委会党组书记）；2016年11月退休。

中国共产党平凉市第一次、第二次、第三次代表大会代表；平凉市第一届、第二届、第三届人民代表大会代表；中国共产党静宁县第十一次、第十二次、第十三次、第十四次、第十五次、第十六次代表大会代表；静宁县第十三届、第十四届、第十五届、第十六届、第十七届人民代表大会代表。

王智国

王智国　男，汉族，1962年5月生，甘肃省静宁县治平镇刘河村人，本科学历，1984年8月参加工作，1987年5月加入中国共产党。2016年10月至2021年1月任静宁县第十七届人大常委会主任。

1984年8月至1991年1月在静宁县农技中心、良种繁育场工作；1991年1月至1992年9月任静宁县仁大乡人民政府副乡长；1992年9月至1994年4月任静宁县仁大乡人民政府乡长；1994年4月至1997年2月任静宁县双岘乡党委书记（其间，1995年11月至1997年5月兼任双岘乡人大主席团主席；1996年8月至1999年6月参加中央党校函授学院党政管理专业学习，大专毕业）；1997年2月至2001年1月任静宁县城关镇党委书记（1997年11月至2001年1月任中共静宁县第十三届委员会委员，1998年10月至2001年6月参加西北政法学院法律专业自学考试，本科毕业）；2001年1月至2002年7月任甘肃省华亭县安口镇党委副书记、镇人民政府镇长；2002年7月至2004年5月任华亭县安口镇党委书记；2004年5月至2006年12月任中共崇信县委委员、县人民政府副县长；2006年12月至2010年4月任中共崇信县委委员、常委、县人民政府副县长；2010年4月至2011年9月任中共庄浪县委委员、常委、县人民政府常务副县长；2011年9月至10月任政协静宁县第七届委员会党组书记、主席候选人；2011年10月至2016年9月任中共静宁县第十六届委员会委员、政协静宁县第八届委员会党组书记、主席；2016年9月至10月任静宁县人大常委会党组书记、主任候选人、县政协主席；2016年10月至2021年1月任中共静宁县第十七届委员会委员、县人大常委会党组书记、主任（2020年6月职级晋升为一级调研员）；2021年1月职级晋升为二级巡视员。

中国共产党平凉市第一次、第三次、第四次代表大会代表；平凉市第四届人民代表大会代表；政协平凉市第三届委员会委员；中国共产党华亭县第十三次代表大会代表；华亭县第十三届人民代表大会代表；中国共产党崇信县第十五次代表大会代表；

崇信县第十五届人民代表大会代表；庄浪县第十五届人民代表大会代表；中国共产党静宁县第十三次、第十六次、第十七次代表大会代表；静宁县第十二届、第十三届、第十六届、第十七届人民代表大会代表。

王永平

王永平　男，汉族，1968年11月生，甘肃省崇信县木林乡人，本科学历，1990年7月参加工作，1997年10月加入中国共产党。2021年1月任静宁县第十七届人大常委会主任。

1990年7月至1999年3月在崇信县农牧局工作；1999年3月至2001年6月任崇信县新窑镇党委委员、副镇长；2001年6月至2004年2月任中共崇信县委组织部组织员（副科级）；2004年2月至2006年8月任崇信县黄寨乡党委副书记、乡政府乡长；2006年8月至2009年8月任崇信县黄寨乡党委书记；2009年8月至2011年9月任崇信县政府办公室主任；2011年9月至2012年4月任崆峒区四十里铺镇政府镇长（副县级）；2012年4月至2014年11月任平凉工业园区党工委委员、管委会副主任、四十里铺镇政府镇长；2014年11月至2015年9月任平凉工业园区党工委委员、四十里铺镇党委书记；2015年9月至2019年8月任平凉工业园区党工委副书记；2019年8月至2021年1月任平凉市委直属机关工作委员会副书记；2021年1月任中共静宁县第十七届委员会委员、县人大常委会党组书记、主任。

静宁县第十七届人民代表大会代表。

第二节　县人大常委会副主任

张光明

张光明（1931.9—2011.4）男，汉族，1931年9月生，陕西省横山县人，高中学历，1948年8月参加工作，1949年9月加入中国共产党。1981年1月至1983年12月任静宁县第八届人大常委会副主任，1987年1月至1989年12月任静宁县第十届人大常委会副主任。

1948年8月至1950年6月在陕西省横山县加入中国人民解放军，任解放军某师某团通信连战士组长；1950年6月至1951年12月任解放军某师某团通信连排长；1951年12月至1954年11月在西北空军干部学校学习，任区队长；1954年11月至1955年6月任西北军区补训团五连排长；1955年6月至1958年6月任中国人民解放军宝鸡某步兵预备学校排长；1958年6月至1960年6月任中国人民解放军西藏军区步兵师通讯连副连长；1960年6月至1963年6月任西藏军区某师某团通信营连长；1963年6月至1968年8月任西藏军区某师通信营副营长；1968年8月至1971年6月任西藏军区某师通信营营长；1971年6月至1975年1月任西藏军区某师某团参谋长；1975年1月至1978年10月任西藏军区某师某团副团长；1978年10月至1981年1月任甘肃省静宁县革命委员会副主任；1981年1月至1983年10月任静宁县第八届人大常委会副主任（1981年6月至1983年10月任静宁县人大常委会党组副书记）；1983年10月至1986年12月任中共静宁县第九届委员会委员、常委，县纪委委员、常委、书记；1987年1月至1990年1月任静宁县第十届人大常委会党组成员、副主任（1987年10月至1988年7月兼任县人大常委会科教文卫组组长）；1990年1月至1992年11月任静宁县第十一届人大常委会委员（1990年2月至1993年2月任县人大常委会教科文卫工作委员会主任）；1993年5月离休；2011年4月去世。

中国共产党静宁县第九次、第十次、第十一次、第十二次、第十三次代表大会代表；静宁县第七届、第八届、第九届、第十届、第十一届、第十二届、第十三届、第十四届人民代表大会代表。

马存余

马存余（1926.11—2012.10） 男，回族，1926年11月生，甘肃省静宁县城关镇新城村人，初中学历，1949年8月参加工作，1955年6月加入中国共产党。1981年1月至1983年12月任静宁县第八届人大常委会副主任。

1949年8月至9月在静宁县支前委员会所属城关镇公所任代理文书；1949年9月至1950年6月在静宁县政府工作；1950年6月至12月任静宁县工商科代理副科长；1950年12月至1952年11月任静宁县工商科副科长（1950年7月至1951年2月在平凉地委干校学习）；1952年11月至1956年4月任静宁县工商科科长；1956年4月至8月任静宁县工业科科长；1956年8月至12月任静宁县人民政府副县长（兼任城关镇镇长）；1956年12月至1959年11月任静宁县人民委员会副县长（1957年1月至4月兼任城关镇人民委员会镇长）；1959年4月至1961年7月任静宁县高界公社副社长（1959年11月至1961年12月在静宁县水利工地劳动锻炼）；1961年12月至1964年10月任静宁县城关公社管委会副主任；1964年10月任静宁县城川公社管委会副主任；1966年11月至1973年4月在静宁县城川公社农机站工作；1973年4月至12月任静宁县水利电力革命领导小组副组长；1973年12月至1981年1月任静宁县水利电力局副局长；1981年1月至1983年10月任静宁县人大常委会党组成员、副主任；1983年12月至1987年1月任政协静宁县第一届委员会副主席（1983年11月至1986年12月任政协静宁县委员会党组副书记，兼任县政协文史资料研究委员会主任）；1987年6月离休；2012年10月去世。

中国共产党静宁县第十三次、第十四次、第十五次代表大会代表；静宁县第一届、第五届、第六届、第七届、第八届人民代表大会代表；政协静宁县第一届委员会委员。

刘文俊

刘文俊（1934.9—2008.9）　男，汉族，1934年9月生，甘肃省静宁县仁大镇高沟村人，初中学历，1952年8月参加工作，1955年12月加入中国共产党。1981年1月至1983年12月任静宁县第八届人大常委会副主任。

1941年至1951年先后上学，在家做零活；1952年8月至1956年8月在静宁县高界、威戎、治平区工作；1956年8月至11月在甘肃省干部学校学习；1958年11月至1961年12月在庆阳地区环县人民政府（人民委员会）工作，曾任环县人民委员会副主任；1961年12月至1963年7月任静宁县税务局副局长；1963年7月至1965年8月任静宁县甘沟公社党委书记；1965年8月至1966年5月任城川公社党委书记；1966年5月任中共静宁县第六届委员会委员、城川公社党委书记；1968年3月至1969年9月任城川公社革委会主任；1970年10月至1978年9月任静宁县革委会副主任（1970年11月至1978年9月任中共静宁县第七届委员会委员、常委；1974年1月至1978年9月任静宁县革委会党组副书记）；1979年至1981年1月病休；1981年1月至1983年10月任静宁县人大常委会党组成员、副主任；1984年12月退休；2008年9月去世。

中国共产党静宁县第六次、第七次代表大会代表；静宁县第四届、第五届、第六届、第七届、第八届人民代表大会代表。

阎志洁

阎志洁（1935.9—2018.12）　男，汉族，1935年9月生，甘肃省静宁县双岘镇长岔村人，高中学历，1956年8月参加工作，1954年12月加入中国共产党。1983年12月至1995年1月任静宁县第九届、第十届、第十一届、第十二届人大常委会副主任。

1942年7月至1956年7月上学；1956年8月至1960年6月在静宁县委宣传部、农村工作部工作；1960年7月至1961年2月任静宁县人民委员办公室副主任；1961年2月至12月任中共静宁县委办公室副主任；1961年12月至1963年4月任中共静宁县委秘书室秘书；1963年4月至1965年6月任静宁县水坪公社管委会副主任；1965年6月至1966年3月在中共平凉地委农村工作部工作；1966年4月至1968年4月任中共华亭县委秘书室秘书；1968年4月至1970年1月任华亭县革委会政治部主任；1970年1月至1980年6月任中共华亭县委委员、常委、县革委会副主任；1980年6月至1983年10月任中共华亭县委委员、常委、县人民政府副县长；1983年11月至1995年1月任静宁县人大常委会副主任（1983年12月至1995年3月任静宁县人大常委会党组副书记；1986年1月至1988年7月兼任静宁县人大常委会政治法律组组长）；1995年6月任静宁县人大常委会调研员；1996年2月退休；2018年12月去世。

中国共产党静宁县第五次、第六次、第九次、第十次、第十一次、第十二次、第十三次、第十五次代表大会代表；静宁县第九届、第十届、第十一届、第十二届人民代表大会代表；中国共产党华亭县第六次、第七次代表大会代表；华亭县第七届、第八届人民代表大会代表。

郜文学（详见本章第一节2763页）

李克科

李克科 男，汉族，1941年9月生，甘肃省静宁县司桥乡张彭村人，高中学历，1960年6月参加工作，1964年4月加入中国共产党。1990年1月至2000年3月任静宁县第十一届、第十二届、第十三届人大常委会副主任。

1960年6月至1962年9月在静宁县民警中队参加工作；1962年9月至1966年11月任平凉县中队副班长、班长；1966年11月至1969年12月任平凉独立营一连排长；1969年12月至1977年4月任甘南玛曲县中队指导员；1977年4月至1980年6月任甘南直属中队指导员；1980年6月至1989年12月任甘南武警中队政治处主任、政委；1989年12月至2000年3月任静宁县人大常委会党组成员、副主任（1990年2月至1995年3月任静宁县人大常委会党组成员；1995年3月至1997年11月任静宁县人大常委会党组副书记；1997年11月至2002年4月任静宁县人大常委会党组成员）；2000年4月至2002年1月任静宁县人民政府调研员；2002年1月退休。

中国共产党静宁县第十一次、第十二次、第十三次、第十四次、第十五次、第十六次代表大会代表；静宁县第十一届、第十二届、第十三届人民代表大会代表。

赵智荣

赵智荣（1941.8—2003.9） 男，汉族，1941年8月生，甘肃省静宁县雷大镇黎沟村人，初中学历，1963年6月参加工作，1972年4月加入中国共产党。1990年1月至1999年1月历任静宁县第十一届、第十二届、第十三届人大常委会副主任。

曾在静宁县雷大粮站、税务所，静宁县税务局、仁大税务所，四河公社工作；1963年6月至1975年2月在静宁县雷大公社、县财政局、仁大公社工作；1975年2月至1976年10月任静宁县四河公社党委副书记、革委会副主任；1976年10月至1980年11月任静宁县四河公社党委副书记；1980年11月至1981年1月任静宁县古城公社党委副书记、革委会主任；1981年1月至1982年4月任静宁县古城公社党委副书记、管委会主任；1982年4月至1983年11月任静宁县双岘公社党委副书记、管委会主任；1983年11月至1986年11月任双岘乡政府乡长；1986年11月至1989年11月任双岘乡党委书记；1989年12月至1999年2月任静宁县人大常委会党组成员、副主任；1999年2月至2001年11月任静宁县人大常委会调研员；2001年11月退休；2003年9月去世。

中国共产党静宁县第十次、第十二次、第十三次代表大会代表；静宁县第八届、第九届、第十一届、第十二届、第十三届人民代表大会代表。

陈松友

陈松友　男，汉族，1936年3月生，广东省汕头市人，本科学历，中学历史岗高级教师，1959年9月参加工作，无党派人士。1990年1月至1996年1月任静宁县第十一届、第十二届人大常委会副主任（兼）。

1959年9月至1965年3月在静宁一中任教；1965年3月至1969年9月在城关二小任教；1969年9月至1971年3月在城川中学任教；1971年3月至1986年9月在威戎中学任教，任教导主任（其间，1983年12月至1987年1月任静宁县第九届人大常委会委员）；1986年9月至1996年3月任静宁二中副校长；1987年1月至1990年1月任政协静宁县第二届委员会副主席（兼）；1990年1月至1996年1月任静宁县人大常委会副主任（兼）；1996年3月退休。

静宁县第九届、第十一届、第十二届人民代表大会代表；政协静宁县第二届委员会委员。

马子坤

马子坤（1935.6—2010.2）　男，汉族，1935年6月生，甘肃省静宁县余湾乡韩马村人，初中学历，1953年5月参加工作，1956年2月加入中国共产党。1992年1月至1995年1月任静宁县第十一届、第十二届人大常委会副主任。

1943年9月至1951年7月先后在静宁县雷大合岘、李店白草岇小学、静宁中学上学；1951年7月至1953年5月在家劳动；1953年5月至1958年8月在静宁县三区共同乡、治平区公所、县人民委员会办公室工作；1958年8月至1961年12月任静宁县人民委员会办公室副主任；1961年12月至1965年8月任雷大公社管委会主任（1961年12月至1963年4月任雷大公社党委副书记）；1965年8月至1969年3月任县林业总站副站长、革委会主任；1969年3月至9月任静宁县革委会办事组副组长；1969年9月至1973年12月任静宁县革委会办公室主任；1970年11月至1980年10月任中共静宁县第七届、第八届委员会委员、办公室主任（1979年1月至1983年12月任中共静宁县第八届纪律检查委员会委员）；1980年12月至1990年1月任中共静宁县第八届、第九届、第十届委员会委员、县人民法院院长（1980年12月至1990年4月任静宁县人民法院党组书记）；1990年1月至1992年1月任静宁县人大常委会党组成员、常委会委员（1990年2月至1992年2月任司法民政工作委员会主任）；1992年1月至1995年1月任静宁县人大常委会党组成员、副主任；1995年9月退休；2010年2月去世。

中国共产党静宁县第五次、第六次、第七次、第八次、第九次、第十次、第十一次、第十二次代表大会代表；静宁县第五届、第六届、第七届、第八届、第九届、第十届、第十一届、第十二届人民代表大会代表。

漆忠义

漆忠义 男，汉族，1940年5月生，甘肃省静宁县界石铺镇继红村人，大专学历，1956年3月参加工作，1961年12月加入中国共产党。1995年1月至1997年11月任静宁县第十二届人大常委会副主任。

1956年3月至10月在静宁县高界区（四区）公所任通讯员；1956年10月至1959年1月在静宁县人民委员会办公室工作；1959年1月至1965年10月在中共静宁县委办公室工作；1965年10月至1966年11月在平凉什字、索罗参加社教；1966年11月至1968年5月在中共静宁县委办公室工作；1968年5月至1969年12月在静宁县五·七干校劳动；1969年12月至1974年1月在中共静宁县委工作；1973年12月至1976年3月任共青团静宁县委书记；1976年3月至1990年1月任静宁县人民法院副院长（1976年3月至1990年4月任静宁县人民法院党组副书记）；1990年1月至1995年1月任静宁县人民法院院长（1990年4月至1995年3月任静宁县人民法院党组书记；1992年11月至1995年12月任中共静宁县第十二届委员会委员）；1995年1月至1997年12月任静宁县人大常委会党组成员、副主任；1997年12月至2000年7月任静宁县人民政府助理调研员；2000年7月退休。

中国共产党静宁县第十一次、第十二次、第十三次、第十四次、第十五次、第十六次代表大会代表；静宁县第十一届、第十二届、第十三届人民代表大会代表。

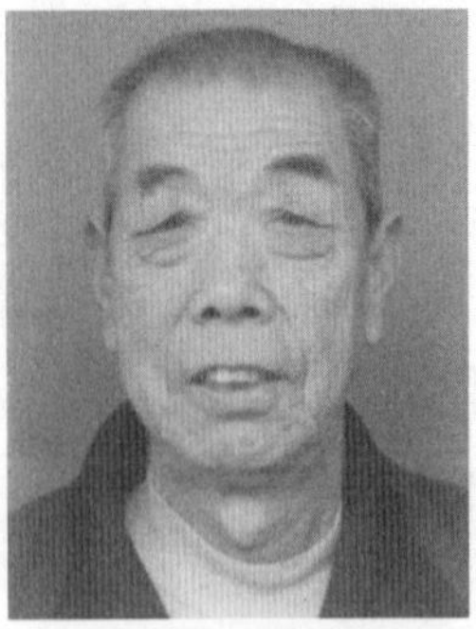
段积昌

段积昌（1937.3—2018.8） 男，汉族，1937年3月生，甘肃省静宁县城关镇南关村人，本科学历，1964年8月参加工作，1971年6月加入中国共产党。1995年1月至1997年11月任静宁县第十二届人大常委会副主任。

1960年8月至1964年7月在甘肃师范大学上学；1964年8月至1977年3月在平凉地区教育处教研室工作；1977年4月至1979年4月任平凉师范教育科科长；1979年7月至1983年11月任静宁县文化教育局副局长；1983年11月至1986年12月任静宁县教育局副局长；1986年12月至1995年3月任静宁县教育局局长；1995年1月至1997年11月任静宁县人大常委会党组成员、副主任；1997年12月至1998年4月任静宁县人大常委会助理调研员；1998年5月退休；2018年8月去世。

中国共产党静宁县第十次、第十一次、第十三次代表大会代表；静宁县第十二届人民代表大会代表。

朱春林

朱春林　男，汉族，1947年12月生，甘肃省静宁县治平镇朱堡村人，高中学历，1970年1月参加工作，无党派人士。1996年1月至2006年11月任静宁县第十二届、第十三届、第十四届人大常委会副主任（兼）。

1970年1月至1971年8月在甘肃省玉门石油管理局工作；1971年8月至1984年8月在静宁县治平中学、静宁中学、李店中学任教；1984年8月至1986年8月任静宁县李店中学副教导主任；1986年8月至1987年8月任静宁县李店中学教导主任；1987年8月至1993年8月任静宁县李店中学副校长（1987年1月至1990年1月任静宁县第十届人大常委会委员）；1993年8月至1996年1月任静宁县成纪中学校长；1996年1月至2002年7月任静宁县人大常委会副主任（兼）、成纪中学校长；2002年7月至2006年12月任静宁县人大常委会副主任（兼）、县职教中心副主任；2006年12月至2008年1月任县职教中心副主任；2008年1月退休。

静宁县第十届、第十一届、第十二届、第十三届、第十四届、第十五届人民代表大会代表。

靳士孔

靳士孔　男，汉族，1944年1月生，甘肃省静宁县甘沟镇马坡村人，甘肃师范大学政教专业毕业，本科学历，1969年9月参加工作，1973年8月加入中国共产党。1997年11月至2002年6月任静宁县第十三届人大常委会副主任。

1969年9月至1970年7月先后在甘肃师范大学靖远农场、静宁县灵芝公社劳动锻炼；1970年8月至1981年3月在中共平凉地委党校工作；1981年3月至1983年11月任中共静宁县委宣传部副部长；1983年11月至1986年1月任中共静宁县委党校副校长；1986年1月至11月任中共静宁县委党校校长；1985年11月至1987年1月任静宁县委宣传部部长；1987年1月至1990年1月任中共静宁县第十届委员会委员、宣传部部长；1990年1月至1991年8月任中共静宁县第十一届委员会委员、常委、宣传部部长；1991年8月至1994年11月任中共静宁县第十一届、第十二届委员会委员、常委、组织部部长；1994年11月至1997年11月任中共静宁县第十二届委员会委员、常委、县人民政府常务副县长；1997年11月至2002年6月任静宁县人大常委会党组成员、副主任；2002年6月退休（正县级）。

中国共产党静宁县第十次、第十一次、第十二次、第十三次代表大会代表；静宁县第十二届、第十三届人民代表大会代表。

岳具辉

岳具辉 男，汉族，1947年12月生，甘肃省静宁县三合乡老庄村人，中央党校函授学院党政管理专业毕业，大专学历，1965年11月参加工作，1968年10月加入中国共产党。1999年1月至2006年11月任静宁县第十三届、第十四届人大常委会副主任。

1965年11月至1980年1月在中国人民解放军骑某师某团特务连、陆军某师某团服役；1980年1月至1984年7月在静宁县红寺公社、新店公社（乡）、祁川乡工作；1984年8月至1986年1月任静宁县祁川乡党委副书记；1986年1月至1989年11月任静宁县祁川乡人民政府乡长；1989年11月至1990年1月任中共静宁县委组织部副部长（待地委组织部批准）；1990年1月至1993年2月任中共静宁县委组织部副部长（1990年8月至1993年6月参加中央党校函授学院党政管理专业函授学习，大专毕业）；1993年2月至1994年11月任中共静宁县委组织部副部长、县直机关党委书记；1994年11月至1995年12月任中共静宁县第十二届委员会委员、常委、组织部部长、县直机关党委书记；1995年12月至1999年3月任中共静宁县第十三届委员会委员、常委、组织部部长；1999年1月至2006年12月任静县人大常委会党组成员、副主任；2008年1月退休。

中国共产党静宁县第十三次、第十四次代表大会代表；静宁县第十届、第十二届、第十三届、第十四届、第十五届人民代表大会代表。

祁治国

祁治国 男，汉族，1945年10月生，甘肃省静宁县界石铺镇水鱼村人，初中学历，1963年7月参加工作，1971年6月加入中国共产党。2000年3月至2002年6月任静宁县第十三届人大常委会副主任。

1963年7月至1964年9月在静宁县高界卫生所工作；1964年9月至1970年1月在静宁县委办公室、革委会办公室工作；1970年1月至1971年1月任静宁县原安公社专职民兵连长；1971年1月至1975年2月在静宁县革委会政治部、灵芝公社、红寺公社工作；1975年2月至1979年12月任静宁县曹务公社革委会副主任；1979年12月至1980年11月任静宁县深沟乡党委副书记、革委会主任；1980年11月至1981年1月任静宁县三合公社党委副书记、革委会主任；1981年1月至12月任静宁县三合公社党委副书记、管委会主任；1981年12月至1982年11月任静宁县三合公社党委书记、管委会主任；1982年11月至1983年11月任静宁县三合公社党委书记；1983年11月至1985年7月任静宁县三合乡党委书记；1985年8月至1986年8月任中共静宁县委老干部科副科长；1986年8月至11月任静宁县农牧局副局长；1986年11月至1990年2月任县农业办公室副主任；1990年2月至1998年9月任静宁县农业办公室主任（1997年11月任中共静宁县第十三届委员会委员）；1998年9月至2000年3月任中共静宁县第十三届委员会委员、县农业委员会主任；2000年3月至2002年6月任静宁县人大常委会党组成员、副主任；2002年6

月退休。

中国共产党静宁县第九次、第十三次、第十四次、第十五次代表大会代表；静宁县第八届、第十五届人民代表大会代表。

许富忠

许富忠　男，汉族，1950年1月生，甘肃省静宁县城川镇陈马村人，高中学历，1987年5月参加工作，1970年12月加入中国共产党。2002年9月至2010年1月任静宁县第十三届、第十四届、第十五届人大常委会副主任。

1974年9月至1979年11月任静宁县城川乡陈马村党支部书记；1979年11月至1988年8月任静宁县城川工程队队长（后成立城川建筑公司，担任经理；1987年5月至1988年8月在静宁县城川乡人民政府工作，1987年1月至1990年1月任中共静宁县第十届委员会委员）；1988年8月至1991年12月任静宁县城川乡经委副主任（兼任城川建筑公司经理）；1991年12月至1995年1月任静宁县城川建筑公司经理兼任县建筑企业集团公司董事长兼总经理；1995年1月至1997年11月任中共静宁县第十二届委员会委员、县人民政府副县长、县建筑企业集团公司董事长（兼）；1997年11月至2002年9月任中共静宁县第十三届委员会委员、常委、县人民政府常务副县长；2002年9月至2010年1月任静宁县人大常委会党组成员、副主任；2010年2月退休（调研员）。

中国共产党甘肃省第八次代表大会代表；中国共产党平凉市第一次代表大会代表；中国共产党静宁县第十次、第十一次、第十二次、第十三次、第十四次、第十五次代表大会代表；静宁县第十三届、第十四届、第十五届人民代表大会代表。

戴双军

戴双军　男，汉族，1950年9月生，甘肃省静宁县威戎镇北关村人，高中学历，1971年3月参加工作，1975年12月加入中国共产党。2002年11月至2009年11月任静宁县第十四届、第十五届人大常委会副主任。

1971年3月至1972年11月在静宁县威戎中学任教；1972年11月至1977年11月在静宁县余湾中学任教；1977年11月至1981年7月在静宁县雷大中学任教；1981年7月至1983年11月任静宁县威戎公社新华中学教导主任；1983年11月至1984年7月任静宁县贾河乡党委副书记；1984年7月至1988年12月任静宁县雷大乡党委副书记；1988年12月至1992年10月任静宁县祁川乡党委书记；1992年11月至2001年11月任中共静宁县第十二届、第十三届委员会委员、常委，县纪委委员、常委、书记；2001年11月至2002年11月任中共静宁县第十三届委员会委员、常委、副书记，县纪委书记；2002年11月至2009年12月任静宁县人大常委会党组成员、副主任（其间，2002年11月至2006年12月任静宁县人大常委会党组副书记）；2010年5月退休（调研员）。

平凉市第一届、第二届人民代表大会代表；中国共产党静宁县第十一次、第十二次、第十三次、第十四次、第十五次、第十六次、第十七次代表大会代表；静宁县第十三届、第十四届、第十五届、第十六届人民代表大会代表。

王星耀

王星耀 男，汉族，1954年7月生，甘肃省静宁县界石铺镇上河村人，本科学历，1970年3月参加工作，1974年5月加入中国共产党。2002年11月至2011年10月任静宁县第十四届、第十五届人大常委会副主任。

1970年3月至12月在静宁县高界公社上河小学任民教；1970年12月至1975年2月在中国人民解放军步兵某团某炮连服役；1975年2月至1978年12月任步兵某团政治处秘书、干事；1978年12月至1984年6月任步兵某团某营某连政治指导员；1984年6月至1986年3月任甘肃省武都军分区政治部宣传科干事；1986年3月至1990年8月任静宁县人武部政工科科长；1990年8月至1992年10月任中共静宁县委办公室副主任（其间，1990年9月至1992年6月参加甘肃省委党校经济管理专业函授学习，大专毕业）；1992年10月至1996年1月任中共静宁县第十二届委员会委员、县委办公室主任（1995年9月至1998年5月参加中国人民大学行政管理专业函授学习，本科毕业）；1996年1月至1997年10月任中共静宁县第十二届委员会委员、县工商局党组书记、局长；1997年11月至2002年9月任中共静宁县第十三届委员会委员、县人民政府副县长；2002年9月至11月任政协静宁县第五届委员会党组成员、副主席；2002年11月至2011年10月任静宁县人大常委会党组成员、副主任；2011年12月退休（调研员）。

中国共产党静宁县第十次、第十一次、第十二次、第十三次、第十四次、第十五次代表大会代表；静宁县第十三届、第十四届、第十五届、第十六届人民代表大会代表；政协静宁县第五届委员会委员。

张金业

张金业 男，汉族，1949年2月生，甘肃省静宁县八里镇剡白村人，全国法院干部业余法律大学在职法律专业毕业，大专学历，1968年2月参加工作，1968年9月加入中国共产党。2004年12月至2009年3月任静宁县第十四届、第十五届人大常委会副主任。

1968年2月至1979年10月在中国人民解放军某部队通信连服役；1979年10月至1982年3月在静宁县原安公社工作；1982年3月至1983年7月在静宁县人事科、县政府办公室工作；1983年7月至1988年5月任静宁县人民法院审判员、经济审判庭庭长、办公室主任；1988年5月至1995年1月任静宁县人民法院副院长（1990年4月至1995年3月任静宁县人民法院党组副书记）；1995年1月至1996年1月任静宁县人民法院院长（1995年3月至1996年1月任静宁县人民法院党组书记）； 1996年1月至1997年9月任泾川县人民法院党组书记、院长；1997年9月至11月在静宁县人大常委会工作；1997年11月至1998年3月任静宁县人大常委会委员；1998年3月至2004年11月任静宁县人大常委会党组成员、常委会委员、司法民政工作委员会主任；2004年12月至2009年3月任静宁县人大常委会党组成员、副主任；2009年3月退休。

中国共产党静宁县第十四次、第十五次代表大会代表；静宁县第十三届、第十四届、第十五届人民代表大会代表；中国共产党泾川县第十三次代表大会代表，泾川县第十三届人民代表大会代表。

高　恒

高　恒　男，汉族，1956年5月生，甘肃省静宁县城川镇高湾村人，中央党校经济管理专业毕业，本科学历，1980年7月参加工作，1981年12月加入中国共产党。2006年12月至2014年11月任静宁县第十五届、第十六届人大常委会副主任。

1980年7月至1984年12月在甘肃省二轻拖拉机厂工作；1984年12月至1985年7月在静宁县经济协作办公室工作；1985年7月至1988年9月任静宁县经济委员会副主任；1988年9月至1989年5月任静宁县经济委员会副主任、果脯糖浆厂筹建处副主任；1989年5月至1993年2月任静宁县果脯糖浆厂筹建处副主任；1993年2月至1996年1月任静宁县淀粉厂党支部书记、厂长；1996年1月至1997年9月任静宁县经济委员会主任；1997年9月至2002年7月任静宁县经济委员会党委书记、主任、陇兴化工有限责任公司党委书记（兼，副县级）（其间，1997年11月至2002年7月任中共静宁县第十三届委员会委员）；2002年7月至2006年12月任中共静宁县第十四届委员会委员、县经贸局党委书记、局长、陇兴化工有限责任公司党委书记（兼）；2006年12月至2008年4月任静宁县人大常委会党组成员、副主任；2008年4月至2014年11月任静宁县人大常委会党组成员、副主任、县总工会主席；2014年11月离职；2015年12月职级为县处级正职；2016年5月退休。

平凉市第一届人民代表大会代表；中国共产党静宁县第十三次、第十四次、第十五次、第十六次代表大会代表；静宁县第十一届、第十二届、第十三届、第十六届人民代表大会代表。

沙芳琴

沙芳琴　女，回族，1965年8月生，甘肃省静宁县曹务镇店子村人，甘肃广播电视大学汉语言文学专业毕业，大专学历，1985年7月参加工作，无党派人士。2006年12月起任静宁县第十五届、第十六届、第十七届人大常委会副主任。

1985年7月至1989年3月在宁夏回族自治区西吉县幼儿园任教；1989年3月至2000年5月在静宁县第二幼儿园任教（1992年11月至1997年11月任静宁县第十二届人大常委会委员）；2000年5月

至2004年9月任静宁县第二幼儿园园长；2004年9月至2006年12月任静宁县第一幼儿园园长（副科级）；2006年12月至2015年10月任静宁县人大常委会副主任（兼）、第一幼儿园园长；2015年10月任静宁县人大常委会副主任；2019年12月职级为三级调研员。

平凉市第一届、第二届、第三届、第四届人民代表大会代表；静宁县第十二届、第十五届、第十六届、第十七届人民代表大会代表。

陈进财

陈进财 男，汉族，1956年3月生，甘肃省静宁县仁大镇南门村人，大专学历，1981年8月参加工作，1988年2月加入中国共产党。2010年1月至2014年11月任静宁县第十五届、第十六届人大常委会副主任。

1981年8月至1982年8月在静宁县七里公社管委会工作；1982年8月至1986年11月在静宁县统计局工作；1986年11月至1988年11月任静宁县阳坡乡人民政府副乡长；1988年11月至1989年11月任静宁县阳坡乡人民政府乡长；1989年11月至1992年9月任静宁县威戎镇人民政府镇长；1992年9月至1995年11月任静宁县威戎镇党委书记（1992年11月至1997年11月任中共静宁县第十二届委员会委员）；1995年11月至1996年1月参与全县社会治安综合治理工作；1996年1月至2006年12月任静宁县农牧局党组书记、局长；2006年12月至2010年1月任政协静宁县第七届委员会党组成员、副主席；2010年1月至2014年11月任静宁县人大常委会党组成员、副主任；2014年11月离职；2016年3月退休。

中国共产党静宁县第十二次、第十三次、第十四次、第十五次、第十六次代表大会代表；静宁县第十一届、第十五届、第十六届人民代表大会代表；政协静宁县第七届委员会委员。

慕锡武

慕锡武 男，汉族，1957年9月生，甘肃省环县木钵镇曹旗村人，中央党校党政管理专业毕业，大专学历，1975年2月参加工作，1985年11月加入中国共产党。2010年1月至2016年10月任静宁县第十五届、第十六届人大常委会副主任。

1973年3月至1974年12月在崇信县中学上学，高中毕业；1975年2月至10月在崇信县九功乡冉李村插队；1975年10月至1980年5月在崇信县农机厂工作；1980年5月至1984年10月在崇信县人民检察院工作；1984年10月至1987年5月在静宁县人民检察院工作；1987年5月至1991年4月在中共静宁县委组织部工作（其间，参加中央党校党政管理专业函授学习，大专毕业）；1991年4月至1993年4月任中共静宁县委组织部组织员（副科级）；1993年4月至1998年1月任中共静宁县委组织部副部长（其间，1995年9月至1998年1月兼任中共静宁县委党史资料征集办公室主任）；1998年1月至5月任中共静宁县委组织部副部长、县审计局局长；1998年5月至2009年8月任静宁县审计局局长（其间，2002年11月兼任中共静宁县第十四届纪律检查委员会委员、常委；2006年12月至2011年10月任中共静宁县第十五届委员会委员）；2009年8月至2010年1月任静宁县人事局局长；2010年1月至3月任静宁县人大常委会党组成员、副主任、县人事局局长（兼）；2010年3月至2016年10月任静宁县人大常委会党组成员、副主任；2016年10月离职；2017年9月退休。

中国共产党静宁县第十四次、第十五次、第十六次代表大会代表；静宁县第十五届、第十六届、第十七届人民代表大会代表。

陈尚孔

陈尚孔（1956.5—2011.11）　男，汉族，1956年5月生，甘肃省静宁县城川镇陈马村人，中央党校函授学院党政管理专业毕业，本科学历，1974年8月参加工作，1977年7月加入中国共产党。2010年1月至2011年11月任静宁县第十五届人大常委会副主任。

1974年8月至1976年1月在静宁县红寺乡魏沟村任教；1976年1月至1980年1月在静宁县红寺乡玉皇中学任教；1980年1月至1982年1月在静宁县红寺人民公社管委会工作；1982年1月至6月在中共静宁县委宣传部工作；1982年6月至1983年10月任共青团静宁县委副书记；1983年11月至1984年9月任静宁县治平乡人民政府乡长；1984年9月至1986年8月在中共甘肃省委党校培训部学习；1986年8月至1989年11月任中共静宁县委办公室副主任；1989年11月至1991年12月任静宁县城关镇人民政府镇长；1991年12月至1994年4月任静宁县城关镇党委书记（1992年11月至1997年11月任中共静宁县第十二届委员会委员）；1994年7月至1998年7月任中共静宁县委政法委员会副书记兼社会治安综合治理办公室主任；1998年7月至2002年12月任中共静宁县委政法委员会书记；2002年11月至2010年1月任中共静宁县第十四届、第十五届委员会委员，中共静宁县第十四届、第十五届纪律检查委员会委员、常委、副书记，监察局局长；2010年1月至2011年11月任静宁县人大常委会党组成员、副主任；2011年11月去世。

中国共产党平凉市第一次、第二次代表大会代表；中国共产党静宁县第十二次、第十四次、第十五次代表大会代表；静宁县第九届、第十一届、第十五届人民代表大会代表。

王维军

王维军　男，汉族，1957年8月生，甘肃省静宁界石铺镇井沟村人，本科学历，1973年7月参加工作，1977年7月加入中国共产党。2011年10月至2016年10月任静宁县第十六届人大常委会副主任。

1971年9月至1973年9月在高界公社井沟大队东湾小学任民教；1973年9月至1975年7月在平凉师范上学，中师毕业；1975年7月至1982年3月在静宁县红寺学区任教；1982年4月至1983年11

月在静宁县人事科工作；1983年11月至1986年10月任静宁县司桥乡人民政府副乡长；1986年10月至1987年7月在静宁县文化局工作；1987年8月至1989年8月在静宁县劳动人事局工作；1989年9月至1995年4月任静宁县劳动人事局副局长；1995年4月至8月任静宁县财政局党组书记、局长；1995年8月至2002年8月任静宁县财政局党组书记、局长、国有资产管理局局长（其间，1997年11月至2002年11月任中共静宁县第十三届委员会委员）；2002年8月至9月任中共静宁县委统战部部长；2002年9月至2010年1月任中共静宁县委统战部部长、政协静宁县第五届、第六届委员会党组成员、副主席、秘书长（兼）（其间，2006年12月至2011年10月任中共静宁县第十五届委员会委员）；2010年1月至2011年10月任政协静宁县第七届委员会党组副书记、副主席、秘书长（兼）；2011年10月至2016年10月任中共静宁县第十六届委员会委员、县人大常委会党组副书记、副主任；2016年10月离职；2017年7月职级为县处级正职；2017年8月退休。

平凉市第三届人民代表大会代表；中国共产党静宁县第十三次、第十四次、第十五次、第十六次代表大会代表；静宁县第十三届、第十六届、第十七届人民代表大会代表；政协静宁县第五届、第六届、第七届委员会委员。

王平仁

王平仁 男，汉族，1955年10月生，甘肃省静宁县治平镇刘河村人，本科学历，1980年7月参加工作，1975年11月加入中国共产党。2011年10月至2014年12月任静宁县第十六届人大常委会副主任。

1980年7月至1983年12月在静宁县城关小学任教；1983年12月至1985年10月在中共静宁县委组织部工作；1985年10月至1991年6月任中共静宁县委组织部组织员（副科级）；1991年6月至1997年10月任静宁县劳动人事局副局长；1997年10月至2004年12月任静宁县劳动人事局局长；2004年12月至2011年10月任政协静宁县第六届、第七届委员会党组成员、副主席；2011年10月至2014年12月任静宁县人大常委会党组成员、副主任；2014年12月离职；2015年10月退休。

中国共产党静宁县第十四次、第十五次、第十六次代表大会代表；静宁县第十六届人民代表大会代表；政协静宁县第六届、第七届委员会委员。

高　旭

高　旭 男，汉族，1961年1月生，甘肃省静宁县原安镇张营村人，本科学历，1981年7月参加工作，1984年4月加入中国共产党。2014年12月至2020年1月任静宁县第十六届、第十七届人大常委会副主任。

1981年7月至1984年12月在静宁县城川人民公社管委会（乡人民政府）工作；1984年12月至1986年1月任静宁县城川乡经委副主任；1986年1月至1989年11月任静宁城川乡人民政府副乡长

(其间，1987年8月至1989年7月在甘肃省委党校上学，大专毕业)；1989年11月至1991年12月任静宁县灵芝乡人民政府副乡长；1991年12月至1995年11月任静宁县灵芝乡人民政府乡长；1995年11月至1999年5月任静宁县灵芝乡党委书记；1999年5月至2007年1月任静宁县交通局党支部书记、局长（其间，2006年12月至2011年10月任中共静宁县第十五届委员会委员；参加中央党校法律专业函授学习，本科毕业)；2007年1月至2010年6月任静宁县经济局党委书记、局长；2010年6月至12月任静宁县工业和信息化局党委书记、局长；2010年12月至2012年2月任政协静宁县第七届委员会党组成员、副主席、工业和信息化局党委书记、局长；2012年2月至2014年12月任政协静宁县第八届委员会党组成员、副主席、秘书长（兼)；2014年12月至2016年10月任静宁县人大常委会党组成员、副主任；2016年10月至2019年12月任中共静宁县第十七届委员会委员、县人大常委会党组副书记、副主任；2019年12月至2020年1月任静宁人大常委会党组副书记、副主任、三级调研员；2020年1月职级为二级调研员；2020年1月离职。

平凉市第四届人民代表大会代表；中国共产党静宁县第十三次、第十四次、第十五次、第十六次、第十七次代表大会代表；静宁县第十二届、第十三届、第十六届、第十七届人民代表大会代表；政协静宁县第七届、第八届委员会委员。

厚连世

厚连世　男，汉族，1960年11月生，甘肃省静宁县细巷镇细巷村人，本科学历，1979年12月参加工作，1985年11月加入中国共产党。2014年12月至2020年1月任静宁县第十六届、第十七届人大常委会副主任。

1979年12月至1981年9月在静宁县人民检察院工作；1981年9月至1989年4月任静宁县人民检察院助理检察员；1989年4月至1990年6月任静宁县人民检察院检察员（副科级)；1990年6月至1992年7月任静宁县人民检察院法纪监察所监察科科长、检察员（副科级)；1992年7月至1994年4月任中共静宁县委宣传部副部长；1994年4月至1999年8月任静宁县城乡建设环境保护局副局长；1999年8月至2002年8月任静宁县城乡建设环境保护局党总支书记、副局长（正科级)；2002年8月至2011年9月任静宁县环境保护局局长；2011年9月至2014年12月任政协静宁县第八届委员会党组成员、副主席；2014年12月至2020年1月任静宁县人大常委会党组成员、副主任（2020年1月职级为三级调研员)；2020年1月职级为二级调研员；2020年1月离职；2020年12月退休。

中国共产党静宁县第十五次、第十六次、第十七次代表大会代表；静宁县第十六届、第十七届人民代表大会代表；政协静宁县第八届委员会委员。

靳宝生

靳宝生　男，汉族，1962年12月生，甘肃省静宁县甘沟镇马坡村人，本科学历，1986年7月参加工作，1992年3月加入中国共产党。2014年12月至2021年1月任静宁县第十六届、第十七届人大常委会副主任。

1986年7月至1993年5月在静宁县农技中心工作；1993年5月至1994年11月在静宁县百货公司工作；1994年11月至1997年3月任静宁县甘沟乡经委副主任；1997年3月任静宁县甘沟乡人民政府副乡长（后兼任静宁县甘沟乡计生站长）；1999年5月至9月任静宁县甘沟乡人民政府乡长、乡计划生育工作站站长；1999年9月至2001年7月任静宁县甘沟乡人民政府乡长；2001年7月至2005年11月任静宁县甘沟乡党委书记（其间，2001年9月至2003年7月参加中央党校函授学院行政管理专业本科班学习，本科毕业）；2005年11月至2008年7月任静宁县八里镇党委书记（其间，2006年12月至2011年10月任中共静宁县第十五届委员会委员）；2008年7月至2009年12月任静宁县卫生局党组书记、局长；2009年12月至2013年10月任静宁县卫生局党委书记、局长（其间，2011年10月至2016年10月任中共静宁县第十六届委员会委员）；2013年10月至2014年12月任静宁县发展和改革局局长；2014年12月任静宁县人大常委会党组成员、副主任；2020年12月职级为三级调研员；2021年1月离职。

中国共产党平凉市第二次、第三次代表大会代表；中国共产党静宁县第十四次、第十五次、第十六次、第十七次代表大会代表；静宁县第十四届、第十五届、第十六届、第十七届人民代表大会代表。

张进宝

张进宝　男，汉族，1963年5月生，甘肃省静宁红寺镇二河村人，本科学历，1982年7月参加工作，1986年12月加入中国共产党。2016年10月任静宁县第十七届人大常委会副主任。

1982年7月至1984年2月在静宁县红寺初中任教；1984年2月至1987年7月在静宁县司桥乡人民政府工作；1987年7月至1989年11月在中共静宁县委党校任教；1989年11月至1992年6月任静宁县高界镇党委副书记、纪检委书记；1992年6月至1995年11月任静宁县高界镇人民政府镇长；1995年11月至2000年1月任静宁县四河乡党委书记；2000年1月至2002年12月任静宁县纪委副书记、监察局局长；2002年12月至2013年8月任静宁县民政局局长（其间，2006年12月至2016年10月任中共静宁县第十五届、第十六届委员会委员）；2013年8月至12月任静宁县界石铺红军长征毛泽东旧居纪念馆党工委书记（副县级）；2013年12月至2014年12月任政协静宁县第八届委员会党组成员、副主席、界石铺红军长征毛泽东旧居纪念馆党工委书记；2014年12月至2016年10月任政协静宁县第八届委员会党组成员、副主席；2016年10月至2020年1月任静宁县人大常委会党组成员、副主任；2020年1月任静宁县人大常委会党组副书记、副主任；2020年12月职级为三级调研员。

中国共产党平凉市第一次代表大会代表；平凉市第二届、第三届人民代表大会代表；中国共产党静宁县第十三次、第十四次、第十五次、第十六次、第十七次代表大会代表；静宁县第十二届、第十三届、第十四届、第十五届、第十六届、第十七届人民代表大会代表；政协静宁县第八届委员会委员。

李　读

李　读　男，汉族，1963年9月生，甘肃省静宁县雷大镇雷大村人，大专学历，1981年10月参加工作，1984年12月加入中国共产党。2016年10月任静宁县第十七届人大常委会副主任。

1981年10月至1986年12月在宁夏中宁84804部队服役；1987年1月至1994年7月在静宁县城川乡人民政府工作；1994年7月至1997年3月任静宁县城川乡人民武装部部长；1997年3月至2002年12月任静宁县城川乡党委书记；2002年12月至2005年7月任静宁县计划生育局局长（其间，2002年11月至2006年12月任中共静宁县第十四届纪律检查委员会委员）；2005年7月至2010年12月任静宁县人口和计划生育局局长（其间，2006年12月至2011年10月任中共静宁县第十五届委员会委员）；2010年12月至2012年3月任平凉市计划生育协会副会长（兼，副县级）、静宁县人口和计划生育局局长（其间，2011年10月至2016年10月任中共静宁县第十六届委员会委员）；2012年3月至8月任平凉市计划生育协会副会长；2012年8月至2014年12月任政协静宁县第八届委员会党组成员、常委、副县级干部；2014年12月至2016年10月任政协静宁县第八届委员会党组成员、副主席；2016年10月任静宁县人大常委会党组成员、副主任；2020年12月职级为三级调研员。

平凉市第一届、第二届、第三届人民代表大会代表；中国共产党静宁县第十三次、第十四次、第十五次、第十六次、第十七次代表大会代表；静宁县第十三届、第十四届、第十五届、第十七届人民代表大会代表；政协静宁县第八届委员会委员。

牛永琪

牛永琪　男，汉，1964年9月生，甘肃省静宁县新店乡小湾村人，本科学历，1986年7月参加工作，1989年12月加入中国共产党。2020年5月任静宁县第十七届人大常委会副主任。

1986年7月至1991年1月在静宁县林业局工作；1991年1月至1992年9月任静宁县双岘乡人民政府副乡长；1992年9月至1995年11月任静宁县双岘乡党委副书记、纪委书记；1995年11月至1998年7月任静宁县城关镇人民政府镇长；1998年7月至2001年7月任静宁县仁大乡党委书记；2001年7月至2007年1月任静宁县科委副主任（正科级）；2007年1月至2008年12月任静宁县物价局副局长；2008年12月至2010年6月任静宁县文化体育局局长；2010年6月至2012年2月任静宁县文体广电局局长、广播电视台台长；2012年2月至2013年4月任静宁县文体广电局局长；2013年4月至2013年8月任中共静宁县委宣传部副部长、文体广电局局长；2013年8月至2015年7月任静宁县水务局党委书记、局长；2015年7月至2019年5月任静宁县残联党组书记、理事长；2019年5月至2020年1月任静宁县总工会党组书记、常务副主席（2019年6月至2020年5月职级为四级调研员）；2020年1月至3月任静宁县人大常委会党组成员、副主任候选人、县总工会常务副主席；2020年3月至5月任静宁县人大常委会党组成员、副主任候选人；2020年5月任静宁县人大常委会党组成员、副主任。

政协平凉市第三届委员会委员；中国共产党静宁县第十六次、第十七次代表大会代表；静宁县第十七届人民代表大会代表。

杨　飞

杨　飞　男，汉，1968年7月生，甘肃省静宁县古城镇同心村人，本科学历，1987年10月参加工作，1990年5月加入中国共产党。2020年5月任静宁县第十七届人大常委会副主任。

1987年10月至1990年12月在部队服役；1990年12月至1991年3月待安置；1991年3月至1996年3月在静宁县曹务乡人民政府工作；1996年3月至1997年3月在静宁县城关镇人民政府工作；1997年3月至1998年7月任静宁县城关镇人民武装部部长；1998年7月至1999年5月任静宁县城关镇人民政府副镇长、人民武装部部长；1999年5月至2000年5月任静宁县城关镇党委副书记、纪委书记、人民武装部部长；2000年5月至2001年2月任静宁县城关镇党委副书记、纪委书记；2001年2月至2005年11月任静宁县城关镇人民政府镇长（2005年10月过渡为公务员）；2005年11月至2009年8月任静宁县甘沟乡党委书记；2009年8月至2011年7月任静宁县城关镇党委书记；2011年7月至12月为城关镇正科级干部；2011年12月至2012年10月任静宁县发展和改革局副局长、以工代赈办公室主任；2012年10月至2016年5月任静宁县交通运输局党组书记、局长；2016年5月至2019年5月任静宁县总工会常务副主席（其间，2016年10月任中共静宁县第十七届委员会委员）；2019年5月至2020年1月任静宁县发展和改革局党组书记、局长（2019年6月至2020年5月职级为四级调研员）；2020年1月至3月任静宁县人大常委会党组成员、副主任候选人、县发展和改革局局长；2020年3月至5月任静宁县人大常委会党组成员、副主任候选人；2020年5月任静宁县人大常委会党组成员、副主任。

平凉市第二届人民代表大会代表；中国共产党静宁县第十四次、第十五次、第十七次代表大会代表；静宁县第十五届、第十七届人民代表大会代表。

孙青茂

孙青茂 男，汉族，生于1964年5月，甘肃省静宁县新店乡新店村人，1989年8月参加工作，1993年4月加入中国共产党，本科学历。2021年1月任静宁县第十七届人大常委会副主任。

1987年9月至1989年7月在西北师范大学历史系上学，大专毕业；1989年7月至1989年8月待分配；1989年8月至1993年3月在静宁县政府人民办公室工作；1993年3月至1994年4月任静宁县面粉厂副厂长（挂职）；1994年4月至1998年7月任静宁县城关镇党委副书记；1998年7月至2000年5月任静宁县七里乡人民政府乡长；2000年5月至2001年11月任静宁县深沟乡党委书记；2001年11月至2002年12月任静宁县祁川乡党委书记；2002年12月至2006年6月任静宁县信访办公室主任；2006年6月至2010年6月任静宁县科学技术局局长；2010年6月至2012年2月任静宁县工业和信息化局副局长、科学技术局局长；2012年2月至2013年10月任静宁县工业和信息化局党委书记、局长；2013年10月至2014年11月任静宁县卫生局党委书记、局长；2014年12月至2017年4月任静宁县卫生和计划生育局党委书记、局长（其间，2016年10月任中共静宁县第十七届委员会委员）；2017年4月至2019年1月任平凉市人口和计划生育协会副会长（兼）、静宁县卫生和计划生育局党委书记、局长；2019年1月至5月任平凉市人口和计划生育协会副会长（兼）、县卫生健康局党委书记、局长；2019年5月至2021年1月任静宁县卫生健康局党组书记、局长（其间，2019年6月职级为四级调研员，2020年12月职级为三级调研员）；2021年1月任静宁县人大常委会副主任、县卫生健康局党组书记、局长、三级调研员。

平凉市第四届人民代表大会代表；中国共产党静宁县第十四次、第十七次代表大会代表；静宁县第十四届、第十七届人民代表大会代表。

第三节 县人大专门委员会主任委员

杨 华

杨 华 男，汉族，1967年11月生，静宁县深沟乡深沟村人，研究生学历，1988年7月参加工作，1990年6月加入中国共产党。2012年8月任静宁县人大常委会党组成员、副县级干部；2016年10月兼任静宁县人民代表大会财政经济委员会主任委员。

1984年9月至1988年6月在平凉地区师范学校上学，中师毕业；1988年7月至1990年9月在静宁县深沟初中任教；1990年9月至1995年3月在静宁县人民政府办公室工作（1990年4月至1994年12月参加兰州大学汉语言文学专业自学考试，大专毕业）；1995年3月至1997年3月任静宁县人民政府办公室督查信息科科长；1997年3月至1999年2月任中共静宁县委办公室副主任（1998年2月至2000年2月兼任静宁县人民政府保密局局长)；1999年2月至2002年7月任中共静宁县委办公室主任（其间，1999年8月至2001年12月参加中央党校行政管理专业函授学习，本科毕业)；2002年7月至2003年7月任中共华亭县第十二届、第十三届委员会委员、常委、宣传部部长；2003年7月至2007年8月在静宁县委党校工作（副县级）（2001年9月至2004年6月参加甘肃省委党校哲学专业学习，研究生毕业)；2007年8月至2012年8月任政协静宁县第七届、第八届委员会党组成员、常委；2012年8月起任静宁县人大常委会党组成员、副县级干部，第十六届、第十七届人大常委会委员（其间，2014年12月起兼任县总工会主席；2016年10月兼任县人民代表大会财政经济委员会主任委员)；2017年7月至2019年9月职级为县处级正职；2019年9月职级为二级调研员。

中国共产党华亭县第十三次代表大会代表；华亭县第十四届人民代表大会代表；静宁县第十六届、第十七届人民代表大会代表；政协静宁县第七届、第八届委员会委员。

崔静荣

崔静荣　男，汉族，1962年12月生，甘肃省静宁县雷大镇关湾村人，本科学历，1981年7月参加工作，1985年6月加入中国共产党。2020年5月起任静宁县第十七届人大常委会委员、县人民代表大会法制委员会主任委员。

1981年7月至1983年9月在静宁县八里中学任教；1983年9月至1985年6月在甘肃省教育学院英语专业大专班进修，大专毕业；1985年6月至1990年9月在静宁一中任教；1990年9月至1992年7月在上海外国语学院英语系本科班进修，本科毕业；1992年7月至1998年8月在静宁一中任教；1998年8月至2001年2月任静宁一中政教主任；2001年2月至2007年4月任静宁一中副校长（副科级)；2007年4月至2010年8月任静宁一中校长（正科级)；2010年8月至2019年7月任静宁一中校长（副县级)；2019年7月至2020年5月任静宁一中六级职员；2020年5月起任静宁县人大常委会委员、县人民代表大会法制委员会主任委员、静宁一中六级职员。

静宁县第十七届人民代表大会代表；政协静宁县第七届委员会委员。

樊　旺

樊　旺　男，汉族，1963年7月生，甘肃省静宁县治平镇大庄村人，本科学历，1985年11月参加工作，1987年6月加入中国共产党。2020年5月起任静宁县第十七届人大常委会委员、县人民代表大会社会建设委员会主任委员。

1985年11月至1989年11月在静宁县城川乡人民政府工作；1989年11月至1992年8月任静宁县威戎镇人民政府副镇长；1992年8月至1995年11月任静宁县威戎镇人民政府镇长；1995年11月至1999年5月任静宁县威戎镇党委书记（其间，1997年11月至

2002年11月任中共静宁县第十三届委员会委员；1998年9月至2000年8月参加甘肃省委党校法律专业函授学习，大专毕业）；1999年5月至9月任静宁县威戎镇党委书记、镇人大主席团主席；1999年9月至2001年2月任静宁县建筑企业集团公司党委书记；2001年2月至2004年6月任静宁县建筑企业集团公司党委书记、总经理（其间，2001年9月至2003年12月参加甘肃省委党校法律专业函授学习，本科毕业）；2004年6月至2006年2月任静宁县乡镇企业管理局副局长、静宁县建筑企业集团公司党委书记、总经理；2006年2月至2013年8月任静宁县水务局党组书记、局长（其间，2006年12月至2011年10月任中共静宁县第十五届委员会候补委员；2011年10月至2016年10月任中共静宁县第十六届委员会委员）；2013年8月至2015年3月任静宁县社会组织党工委书记、县民政局局长；2015年3月至2017年3月任静宁县发展和改革局局长（其间，2016年10月任中共静宁县第十七届委员会委员）；2017年3月至2019年5月任平凉机电工程学校党委书记（副县级）；2019年5月至2020年5月任平凉机电工程学校六级职员；2020年5月起任静宁县人大常委会委员、县人民代表大会社会建设委员会主任委员、平凉机电工程学校六级职员。

中国共产党平凉市第二次、第三次、第四次代表大会代表；平凉市第一届人民代表大会代表；中国共产党静宁县第十三次、第十四次、第十五次、第十六次、第十七次代表大会代表；静宁县第十二届、第十三届、第十七届人民代表大会代表。

第三章　省各界人民代表会议代表

1950年至1952年，静宁县选举产生甘肃省第一届、第二届各界人民代表会议代表9名，其中：1950年6月6日至8日召开的静宁县第三届各界人民代表会议上，选举于光、陈思义、王尔全、苏万奎（回族，补选）为甘肃省第一届各界人民代表会议代表；1952年10月16日至18日召开的静宁县第七届各界人民代表会议第二次会议上，选举武德惠、王尔全、苏万奎（回族）、李万福、陈思义（补选）为甘肃省第二届各界人民代表会议代表。

第一节　省第一届各界人民代表会议代表

于　光（详见本卷第一章第2759页）

王尔全（详见本卷第一章第2761页）

陈思义（1910—?）　男，汉族，1910年生，甘肃省静宁县雷大镇张局村庙湾社（时为静宁县雷大区议和乡东湾村陈家庙湾庄）人，中国共产党党员，粗识字。在1950年6月6日至8日召开的静宁县第三届各界人民代表会议上，当选为甘肃省第一届各界人民代表会议代表（时任静宁县雷大区议和乡人民政府乡长）；在1952年10月16日至18日召开的静宁县第七届各界人民代表会议第二次会议上，当选为甘肃省第二届各界人民代表会议代表（时任静宁县雷大区新仪乡人民政府乡长）。

1948年以前以农为生，1949年解放后，4次当选静宁县各界人民代表会议代表，1950年6月至1958年9月间担任静宁县第四届各界人民代表会议常务委员会委员、雷大区议和乡、新仪乡人民政府（人民委员会）乡长；1958年3月至9月任静宁县雷大区新仪乡党委副书记；1962年定居新疆昌吉州奇台县。已去世。

静宁县第一届人民代表大会代表。

苏万奎（1913.8—1978.2）　男，回族，1913年8月生，宁夏西吉县兴隆镇单民村（时属静宁县管辖区）人。在1950年6月6日至8日召开的静宁县第三届各界人民代表会议上，当选为甘肃省第一届各界人民代表会议代表（时任静宁县九区单家集南寺学东兼单民完小阿语教员及供销合作社社长）。

曾任静宁县九区单家集南寺学东兼单民完小阿语教员、供销合作社社长（私营），公私合营后任单民供销社主任、兴隆公社供销社主任，西吉县商业局业务股股长、县手工业联合社主任。1962年精简回乡劳动。静宁县第三届各界人民代表会议代表。1978年2月去世。

第二节　省第二届各界人民代表会议代表

武德惠（详见本卷第一章第2760页）

王尔全（详见本卷第一章第2761页）

苏万奎（详见本章第一节第2788页）

陈思义（详见本章第一节第2788页）

李万福

李万福（1919.7—1987.11）　男，汉族，1919年7月生，甘肃省静宁县仁大镇解放村野湾社（时为静宁县七区同和乡）人，1952年11月25日加入中国共产党，粗识字。在1952年10月16日至18日召开的静宁县第七届各界人民代表会议第二次会议上，当选为甘肃省第二届各界人民代表会议代表（时任静宁县七区同和乡治安委员会委员、互助组组长）。

1951年任静宁县七区同和乡评议员，土改时任分会委员，土改后任同和乡治安委员会委员、互助组组长，林场场长；在1952年8月12日至14日召开的静宁县第七届各界人民代表会议第一次会议上当选为常务委员会委员；1987年11月去世。

中国共产党静宁县第二次、第九次、第十次代表大会代表；静宁县第一届人民代表大会代表；甘肃省种草种树、专业户先进典型表彰会议代表（1984年12月），静宁县种草种树、“两户一体”先进典型表彰会议代表（1984年），静宁县1986年劳动致富能手表彰会议代表。

第四章　省人民代表大会代表

1954年7月至1997年11月，静宁县共选举甘肃省第一届至第九届人大代表49名（省第四届人大代表选举情况不详）。从2002年11月开始，静宁县出席甘肃省人民代表大会的代表由平凉市人民代表大会选举产生。2002年11月至2020年年底，共选出静宁县出席甘肃省人民代表大会代表12名（省第十届至第十三届）。

附：

省地推荐静宁县当选的省人大代表情况表

表7–2

姓名	工作单位及职务	性别	民族	出生年月	籍贯	学历	政治面貌	届次
贾子祯	共青团平凉地区工委组织部部长	男	汉	1925	甘肃平凉	不详	党员	省一届
王治邦	甘肃省财委副主任	男	汉	1913.11	陕西靖边	初中	党员	省一届
刘有成	兰州大学系主任	男	汉	1920.11	安徽	大学	党员	省二届 省三届
李丕显	共青团平凉地委副书记	男	汉	1920	甘肃	初中	党员	省二届
尤振华	平凉地区医院副院长	男	汉	1920		不详	民主人士	省三届
赵崇德	平凉地区行署专员	男	汉	1921	陕西延长	高中	党员	省六届
李永彬	甘肃省计划委员会副主任、甘肃省物价委员会主任	男	汉	1935	河北涉县	大学	党员	省七届
丁　齐	平凉地委副书记、行署专员、甘肃省农委党组书记、主任	男	汉	1939	天津南阳	大学	党员	省七届 省八届
马　斌	省人大常委会法制工委副主任	男	汉	1945.3	陕西延川	大学	党员	省八届
李重庵	甘肃省教育委员会副主任	男	汉	1944.5	河南洛阳	大学	民盟盟员	省九届

第一节　省第一届人民代表大会代表

在1954年7月4日至8日召开的静宁县第一届人民代表大会第一次会议上，选举李友仁、王尔全、贾子祯、王治邦、杨生兰（女）5人为甘肃省第一届人民代表大会代表，其中贾子祯、王治邦为省地推荐静宁县当选代表，因资料所限，已在该章附表中作了介绍，不再重复。

李友仁（1924—1987），男，汉族，1924年生，甘肃省静宁县仁大镇南门村人，高中学历，中国共产党党员。在1954年7月4日至8日召开的静宁县第一届人民代表大会第一次会议上，当选为甘肃省第一届人民代表大会代表。

1948年在静宁中学上学，高中毕业；1949年8月至1951年5月任中共静宁县一区委员会副书记；1950年9月至1951年5月任静宁县一区公署副区长；1951年5月至1952年8月任静宁县一区公署区长；1952年11月至1954年3月任静宁县人民政府秘书室政务秘书；1954年3月至7月任中共静宁县委委员、常委、副书记、县人民政府副县长；1954年7月至1955年4月任中共静宁县委委员、县人民政府副县长（1954年7月至1955年9月兼任静宁县监察委员会主任）；1955年4月至1958年7月任中共静宁县委委员、县人民委员会县长（1955年6月至1958年4月兼任县计划委员会主任，1957年7月至1958年4月任县人民委员会党组书记）；1987年10月去世。

中国共产党甘肃省第二次代表大会代表；中国共产党静宁县第一次、第二次代表大会代表；静宁县第一届人民代表大会代表。

王尔全（详见本卷第一章第2761页）。

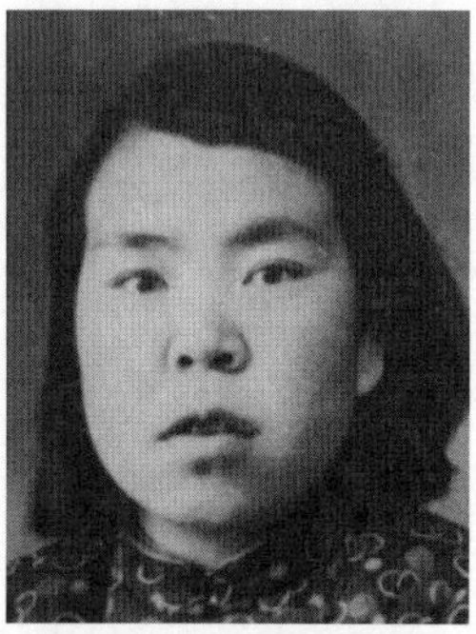
杨生兰

杨生兰（1930.10—2010.05）　女，汉族，1930年10月生，甘肃省静宁县威戎镇杨桥村人，粗识字，1952年1月参加工作，1952年10月加入中国共产党。在1954年7月4日至8日召开的静宁县第一届人民代表大会第一次会议上，当选为甘肃省第一届人民代表大会代表（时任静宁县一区妇联主任）。

1937年至1949年8月在家务农；1949年9月至1951年7月在静宁县二区（威戎区）杨桥乡工作；1951年8月至1952年3月在静宁县二区（威戎区）工作，任妇联干事；1952年4月至12月在静宁县五区（甘沟区）工作，任妇联干事；1953年1月至1954年6月在静宁县一区（城关区）工作，任妇联主任；1954年7月至9月在甘肃省委党校学习；1954年10月至1956年3月在静宁县八区（雷大区）工作；1956年4月至1959年3月在中共宁夏回族自治区委党校学习；1959年4月至10月在甘肃省环县耿湾公社工作；1959年11月至1960年5月任环县妇联代主任；1960年6月至1972年2月任环县车道公社管理委员会（革命委员会）副主任；1972年3月至1984年2月任环县手工业联社副主任；1984年3月至1986年1月任环县工交局检查员；1990年1月退休；2010年5月去世。

静宁县第一届人民代表大会代表。

第二节　省第二届人民代表大会代表

在1958年6月14日至17日召开的静宁县第三届人民代表大会第一次会议上，选举张国政、王尔全、魏兰香（女）、刘有成、李丕显5人为甘肃省第二届人民代表大会代表，其中刘有成、李丕显为省地推荐静宁县当选代表，因资料所限，已在该章附表中作了介绍，不再重复。

张国政　男，汉族，1929年生，山西省沁源县人，小学学习；1945年参加工作，1947年10月加入中国共产党。在1958年6月14日至17日召开的静宁县第三届人民代表大会第一次会议上，当选为甘肃省第二届人民代表大会代表（时任静宁县人民委员会副县长）。

1945年前上学；1945年至1946年当教员；1946年至1947年4月在晋冀鲁豫太岳区干校学习，后至1949年6月在山西曲沃三区农会工作；1949年7月至10月任静宁县三区分队长；1949年11月至1951年3月任静宁县三区、五区公署副区长；1951年3月至1952年7月任静宁县五区公署区长；1952年11月至1954年10月任中共静宁县六区委员会书记；1954年7月至1956年4月任中共静宁县委委员、县委生产合作部部长（在1955年4月2日至6日召开的静宁县一届人大二次会议上，当选为静宁县人民委员会委员）；1956年4月至6月任中共静宁县委委员、常委、县委生产合作部部长；1956年6月至1957年1月任中共静宁县委委员、常委，县人民委员会副县长（1956年8月至12月任静宁县人民委员会党组书记）；1957年1月至7月任静宁县人民委员会党组书记、副县长；1957年7月至1958年6月任中共静宁县委委员、常委，县人民委员会副县长；1958年6月至12月，任中共静宁县委委员、常委，县人民委员会党组副书记、副县长；1958年12月至1959年10月任中共静宁县委委员、常委、县人民委员会党组副书记；1959年10月至1961年11月任静宁县人民委员会党组副书记；1961年11月至1962年5月任静宁县人民委员会党组副书记、副县长；1962年4月至1964年4月任中共静宁县委委员、常委；1962年5月至1965年5月任静宁县人民委员会副县长（1962年5月至11月任县人民委员会党组副书记；1963年11月至1966年5月兼任静宁县科学技术协会副主席）；1965年5月至1966年5月任中共静宁县委委员、常委、副书记（1965年1月兼任静宁县贫下中农协会主任；1965年2月兼任静宁县经济计划委员会副主任；1966年5月兼任静宁县科学技术协会副主席）。

中国共产党甘肃省第二次代表大会代表；中国共产党静宁县第一次、第二次、第三次、第五次、第六次代表大会代表；静宁县第一届、第四届、第五届、第六届人民代表大会代表。

王尔全（详见本卷第一章第2761页）

魏兰香

魏兰香　女，汉族，1940年12月7日生，甘肃省庄浪县卧龙镇魏家大庄村人，不识字，1958年加入中国共产党。在1958年6月14日至17日召开的静宁县第三届人民代表大会第一次会议上，当选为甘肃省第二届人民代表大会代表、静宁县人民委员会委员。

1958年至1960年任静宁县威戎公社秦王大队（现古城镇连湾村）农业社主任、大队妇联主任。

静宁县第三届、第四届人民代表大会代表。

第三节　省第三届人民代表大会代表

在1963年6月6日至10日召开的静宁县第五届人民代表大会第一次会议上，选举王尔全、尤振华、刘有成、朱凡英（女）、李久利、夏玉英（女）、薛效勤7人为甘肃省第三届人民代表大会代表，其中尤振华、刘有成为省地推荐静宁县当选代表，因资料所限，已在该章附表中作了介绍，不再重复。

王尔全（详见本卷第一章第2761页）

朱凡英　女，汉族，1911年生，宁夏回族自治区隆德县凤岭乡大湾村人，粗识字，中国共产党党员。在1963年6月6日至10日召开的静宁县第五届人民代表大会第一次会议上，当选为甘肃省第三届人民代表大会代表（时任曹务人民公社管理委员会委员）。

1950年6月至1956年2月间，曾任静宁县六区曹务乡妇联主任；1956年2月至1958年9月间，曾任静宁县威戎区曹务乡人民委员会副乡长；1963年4月任曹务人民公社管理委员会委员。

中国共产党静宁县第二次、第五次代表大会代表；静宁县第一届（第二届、第三届不详）、第五届、第六届人民代表大会代表。

李九利　男，汉族，1918年生，山西省晋城县人，小学学历，1941年1月参加工作，1944年5月加入中国共产党，在1963年6月6日至10日召开的静宁县第五届人民代表大会第一次会议上，当选为甘肃省第三届人民代表大会代表（时任静宁县人民委员会县长）。

1949年8月至1951年5月任中共静宁县一区委员会副书记；1951年5月至1952年7月任中共静宁县六区委员会副书记、区公署区长；1952年7月至9月任中共静宁县十区委员会书记；1952年11月至1954年3月任中共静宁县委统战部部长；1954年3月至1956年4月任中共静宁县第一届委员会委员、常委、副书记（其间，1954年9月至1955年8月兼任县委纪律检查委员会书记）；1958年7月任中共静宁县第三届、第四届、第五届、第六届委员会委员、常委（其间，1959年4月至1960年7月任中共静宁县古城人民公社委员会书记；1960年10月至1962年8月任中共静宁县第四届、第五届委员会书记处书记）；1961年12月任静宁县人民委员会县长（其间，1962年11月至1966年11月任中共静宁县人民委员会党组书记）。

中国共产党甘肃省第四次代表大会代表；中国共产党静宁县第一次、第三次、第四次、第五次、第六次代表大会代表；静宁县第一届、第五届、第六届人民代表大会代表。

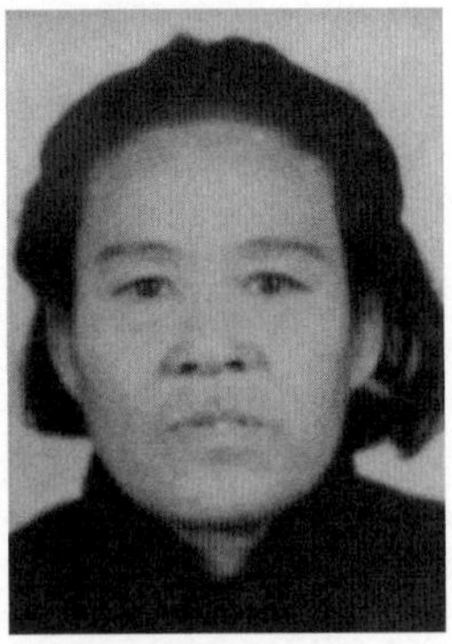
夏玉英

夏玉英（1934.6—2007.8）　女，汉族，1934年6月生，甘肃省静宁县界石铺镇李堡村夏沟社人，1951年参加工作，1954年4月加入中国共产党。在1963年6月6日至10日召开的静宁县第五届人民代表大会第一次会议上，当选为甘肃省第三届人民代表大会代表。

1934年至1944年在家；1945年至1950年做童养媳，务农；1951年1月至1953年4月在静宁县四区韩岔乡参加土改工作；1953年8月至1954年3月在静宁县四区同兴乡任妇联主任；1954年4月至1956年12月任静宁县四区同兴乡人民政府（人民委员会）副乡长；1957年1月至9月任静宁县高界区同兴乡人民委员会副乡长；1957年9月至1958年9月任静宁县高界区妇联主任；1958年10月至1960年7月任静宁县高界人民公社妇联干部；1960年7月至1961年7月任民联人民公社副社长；1961年7月至12月任民联人民公社管委会副主任；1961年12月至1965年8月任甘沟人民公社管理委员会副主任；1965年9月至1968年3月任甘沟人民公社管理委员会委员（其间，在1965年10月9日至15日召开的静宁县第六届人民代表大会一次会议上，当选静宁县人民委员会委员）；1968年4月至1969年7月任甘沟人民公社革命委员会委员；1969年8月至1971年8月任威戎人民公社妇联主任；1971年9月至1973年7月任静宁县被服社副主任；1973年8月至1987年任静宁县手工业联合社副主任；1987年至1992年5月在静宁县经委工作；1992年5月退休；2007年8月去世。

中国共产党静宁县第二次（第三次不详）、第四次代表大会代表；静宁县第五届、第六届人民代表大会代表。

薛效勤

薛效勤（1916.7—1997.7）　男，汉族，1916年7月生，甘肃省静宁县李店镇王沟村人，小学学历，中国共产党党员。在1963年6月6日至10日召开的静宁县第五届人民代表大会第一次会议上，当选为甘肃省第三届人民代表大会代表。

1950年6月任静宁县三区民顺乡人民政府乡长；人民公社化时期，曾任静宁县郑湾公社大队长。1997年7月去世。

静宁县第五届人民代表大会代表。

第四节　省第四届人民代表大会代表

（选举情况不详）

第五节　省第五届人民代表大会代表

（选举时间不详）

张光复

张光复（1945.5—2015.1）　男，汉族，1945年5月生，河南省巩义市（原巩县）西村乡人，中专学历，1967年9月参加工作，1977年1月加入中国共产党。当选甘肃省第五届人民代表大会代表时任静宁县水电局技术员。

1967年9月前在甘肃省水利学校上学；1967年9月至1981年4月在静宁县水电局工作；1981年4月至1983年10月任静宁县水电局副局长；1983年11月至1985年1月任中共静宁县第九届委员会委员、县人民政府党组副书记、副县长；1985年1月至1986年1月任中共静宁县委委员、常委、副书记；1986年2月至1992年10月任平凉地区水利处党组书记、处长；1992年10月至1994年7月任原中共平凉市委书记；1994年7月至2000年2月任中共平凉地委委员、组织部部长；2000年2月至2005年6月任平凉电厂党委委员、纪委书记；2005年6月退休；2015年1月去世。

中国共产党甘肃省第八次、第九次代表大会代表；中国共产党静宁县第九次代表大会代表；静宁县第七届、第九届人民代表大会代表。

张自化

张自化（1921.1—1999.6） 男，汉族，1921年1月生，甘肃省静宁县威戎镇新华村人，粗识字，中国共产党党员。当选甘肃省第五届人民代表大会代表时任静宁县威戎公社新华大队党支部副书记。

曾任静宁县威戎公社新华大队党支部书记、副书记、大队长；在1978年12月7日至10日召开的静宁县第七届人民代表大会第一次会议上，当选为静宁县革命委员会委员。1999年6月去世。

静宁县第七届、第八届人民代表大会代表。

任双梅

任双梅（1943.5—2011.7） 女，汉族，1943年5月生，甘肃省静宁县界石铺镇继红村人，小学学历，中国共产党党员。当选甘肃省第五届人民代表大会代表时任静宁县高界公社继红大队党支部副书记。

1974年9月至1976年10月任静宁县高界人民公社管理委员会副主任（不脱产）；1978年10月至1981年1月任静宁县高界人民公社革命委员会委员、继红大队党支部副书记；1980年任静宁县高界人民公社招待所所长。2011年7月去世。

中国共产党静宁县第九次、第十一次代表大会代表，静宁县第七届、第十届人民代表大会代表。

靳克胜

靳克胜（1931.6—1982.6） 男，汉族，1931年6月生，甘肃省静宁县细巷镇靳堡村人，粗识字，1974年加入中国共产党。当选甘肃省第五届人民代表大会代表时任静宁县细巷人民公社靳堡大队党支部书记。

1956年至1974年任静宁县细巷乡人民委员会（人民公社）靳堡大队生产队长；1974年至1982年5月任静宁县细巷人民公社靳堡大队党支部书记（1979年1月至1982年6月任中共静宁县第八届委员会委员）；1982年6月去世。

中国共产党静宁县第八次代表大会代表。

第六节　省第六届人民代表大会代表

在1983年3月25日至28日召开的静宁县第八届人民代表大会第三次会议上，选举马克勤（回族）、尹大光、戴彩花（女）、郑建才、赵崇德、程天爵为甘肃省第六届人民代表大会代表；在1985年4月16日至18日召开的静宁县第九届人大常委会第八次会议上，补选吕国衡为甘肃省第六届人民代表大会代表；在1986年3月29日召开的静宁县第九届人大常委会第十三次会议上，补选权执钧为甘肃省第六届人民代表大会代表。上述代表中，赵崇德为省地推荐静宁县当选代表，因资料所限，已在该章附表中作了介绍，不再重复。

郑建才

郑建才（1937.10—1998.02）男，汉族，1937年10月生，甘肃省庆阳市宁县中村镇人，高中学历，1955年1月参加工作，1955年6月加入中国共产党。在1983年3月25日至28日召开的静宁县第八届人民代表大会第三次会议上，当选为甘肃省第六届人民代表大会代表。

1946年至1954年6月上学；1954年7月至12月任小学代职教师；1955年1月至1958年12月在甘肃省宁县中村区六乡任文书、县建设科工作；1959年1月至1978年10月在平凉地区工作，任中共平凉地委秘书处秘书、地区革命委员会生产指挥部副组长、办公室副主任、农业局局长；1978年9月至1981年1月任中共静宁县委委员、常委、县革命委员会副主任；1981年1月至1983年10月任中共静宁县委委员、常委、静宁县人民政府县长；1983年10月至1985年4月任中共静宁县委委员、常委、副书记，静宁县人民政府县长；后任平凉地区运输公司党委书记、平凉地区林业处纪检组长；1997年10月退休；1998年2月去世。

中国共产党静宁县第八次、第九次代表大会代表；静宁县第七届、第八届、第九届人民代表大会代表。

尹大光

尹大光（1932.7—2017.4）　男，汉族，1932年7月生，河北省武安县人，本科学历，1956年8月参加工作，1955年加入中国共产党。在1983年3月25日至28日召开的静宁县第八届人民代表大会第三次会议上，当选为甘肃省第六届人民代表大会代表。

1939年9月至1951年6月在北京市上小学、中学；1951年9月至1955年7月在北京医学院医疗系上学；1955年8月至1956年8月在北京医学院人民医院实习时，在外科工作；1956年8月至1958年在北京医学院第一医院（北京大学医院）麻醉科工作，任麻醉师；1958年北京医学院第三医院开院，调入第三医院组建麻醉科，至1969年10月任麻醉科主任；1969年11月响应毛泽东同志“6·26”指示精神，来静宁县人民医院工作，任麻醉科主任；1980年12月晋升副主任医师；1981年至1983年任静宁县人民医院副院长（1978年10月至1986年1月兼任静宁县科学技术协会副主任；在1978年12月7日至10日召开的静宁县第七届人民代表大会第一次会议上，当选静宁县革命委员会委员）；1983年至1985年任静宁县人民医院党支部书记；1985年调北京医科大学人民医院工作，任麻醉科主任；1986年晋升主任医师、教授；1990年10月调北京大学医院工作，任医疗副主任；1993年10月起享受国务院政府特殊津贴；1994年至1997年任北京大学医院麻醉科主任；1998年退休；2017年4月去世。

中国共产党静宁县第九次代表大会代表；静宁县第七届、第八届人民代表大会代表。

程天爵

程天爵（1925—1984.6） 男，汉族，1925年生，四川省江津县人，本科学历，1949年11月参加工作，中国共产党党员。在1983年3月25日至28日召开的静宁县第八届人民代表大会第三次会议上，当选为甘肃省第六届人民代表大会代表。

1935年8月至1953年8月先后在四川省龙门障小学、江津中学、省立师范上学，曾任重庆市上桥小学、九龙坡小学、大兴场小学教员、校长；1953年9月至1955年8月在贵阳师范学院上学；1955年9月至1956年8月先后在甘肃省宁县中学、陇东师范任教；1956年9月在甘肃省静宁县中学任教；1981年1月至1983年12月任静宁县第八届人大常委会委员；1983年12月至1984年6月任静宁县第九届人大常委会委员；1984年6月去世。

静宁县第八届、第九届人民代表大会代表。

马克勤

马克勤（1945.10—2020.1） 男，回族，1945年10月生，甘肃省静宁县城关镇人，初中学历，1960年5月参加工作，无党派人士。在1983年3月25日至28日召开的静宁县第八届人民代表大会第三次会议上，当选为甘肃省第六届人民代表大会代表。

1952年9月至1958年6月在静宁县城关小学上学；1958年9月至1960年5月在静宁县一中上学；1960年5月至1962年11月在静宁县五金厂工作；1962年12月至1970年8月在静宁县手工业联社工作；1970年8月至1983年8月在静宁县运输队工作；1983年8月至1998年2月在静宁县运管所工作（其间，1988年10月至1997年6月任静宁县运管所所长）；1983年12月至1987年1月任静宁县第九届人大常委会委员；1987年1月至1990年1月任静宁县第十届人大常委会委员；1990年1月至1992年11月任静宁县第十一届人大常委会委员；1998年9月退休；2020年1月去世。

静宁县第九届、第十届、第十一届人民代表大会代表。

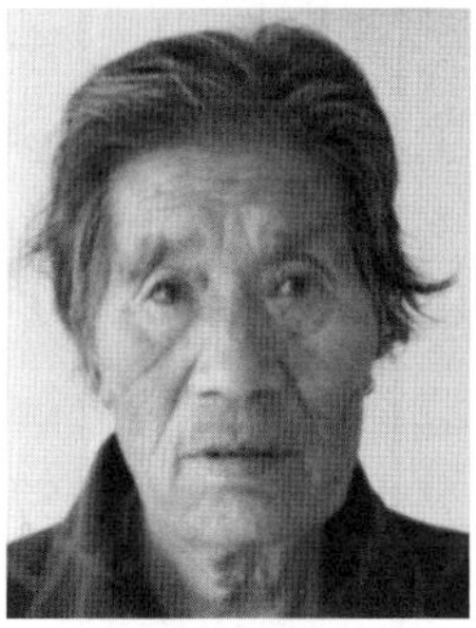
戴彩花

戴彩花　女，汉族，1942年4月生，甘肃省静宁县雷大镇雷大村人，初中学历，1971年7月加入中国共产党。在1983年3月25日至28日召开的静宁县第八届人民代表大会第三次会议上，当选为甘肃省第六届人民代表大会代表。

1951年至1958年在雷大小学、静宁二中（今威戎中学初中部）上学；1959年至1973年在生产队参加劳动；1974年至1979年12月任雷大人民公社韩店大队党支部书记；1979年12月至1983年11月任余湾人民公社韩店大队党支部书记（1979年1月至1987年1月任中共静宁县第八届、第九届委员会委员）；1983年11月至1986年11月任余湾乡韩店村党支部书记；1986年11月至1987年4月任余湾乡韩店村党支部副书记。

中国共产党静宁县第八次、第九次、第十次代表大会代表；静宁县第七届、第八届人民代表大会代表。

吕国衡

吕国衡（1927.6—2006.3），男，汉族，1927年6月生，甘肃省静宁县城川镇红旗村人，本科肄业，1949年8月参加工作，1956年4月加入中国共产党。在1985年4月16日至18日召开的静宁县第九届人大常委会第八次会议上，补选为甘肃省第六届人民代表大会代表。

1934年至1944年7月在红旗村、城关中心小学、静宁一中上学；1944年8月至1947年7月在兰州一中高中部上学；1947年8月至1949年8月在西北师范学院化学系上学；1949年8月在校就读期间应邀到静宁一中任教；1953年10月至1956年任静宁县一中教导处副主任；1956年至1968年任静宁一中教导处主任（1959年至1962年免职）；1968年至1969年任静宁一中革命委员会主任；1969年至1972年任静宁县“五七”红专学校革命委员会副主任；1972年至1976年任静宁一中革命委员会主任；1976年至1977年任静宁县“五七红专学校”革命委员会副主任；1978年至1982年任静宁一中校长（革命委员会主任）兼党支部书记（1978年10月至1986年1月兼任静宁县科学技术协会副主任；在1978年12月7日至10日召开的静宁县第七届人民代表大会第一次会议上，当选为静宁县革命委员会委员）；1982年至1988年任静宁一中党支部书记；1988年退休；2006年3月29日去世。

中国共产党静宁县第六次、第八次、第九次、第十次代表大会代表；静宁县第一届、第七届人民代表大会代表。

权执钧

权执钧（1934.11—2018.10），男，汉族，1934年11月生，宁夏回族自治区西吉县平峰镇权岔村人，本科学历，1963年10月参加工作，1972年7月加入中国共产党。在1986年3月29日召开的静宁县第九届人大常委会第十三次会议上，补选为甘肃省第六届人民代表大会代表。

1944年2月至1948年12月在权岔村上小学；1949年2月至1952年7月在西吉县平峰完小上学；1952年8月至1954年6月在静宁中学上学；1954年8月至1955年6月在西吉县中学上学；1955年8月至1958年8月在平凉高中上学；1958年9月至1963年8月在兰州医学院上学；1963年10月至1972年11月在静宁县人民医院工作；1972年12月任静宁县人民医院革命委员会副主任、副院长、院长、党支部副书记等职务；1987年12月晋升为外科副主任医师；1996年1月退休；2018年10月去世。

中国共产党静宁县第十次代表大会代表；静宁县第八届、第九届人民代表大会代表。

第七节　省第七届人民代表大会代表

在1987年11月9日至10日召开的静宁县第十届人民代表大会第二次会议上，选举李永彬、丁齐、高富德、杨耀忠、刘宗勤、米凤翔（女、回族）、吴兴文为甘肃省第七届人民代表大会代表；在1989年12月25日至26日召开的静宁县第十届人大常委会第二十一次会议上，补选王郁仁为甘肃省第七届人民代表大会代表。其中李永彬、丁齐为省地推荐静宁县当选代表，因资料所限，已在该章附表中作了介绍，不再重复。

高富德（详见本卷第二章第一节第2762页）

杨耀忠

杨耀忠　男，汉族，1940年1月生，甘肃省静宁县城关镇后街人，本科学历，1963年9月参加工作，1975年11月加入中国共产党。在1987年11月9日至10日召开的静宁县第十届人民代表大会第二次会议上，当选为甘肃省第七届人民代表大会代表。

1958年9月至1963年9月在兰州医学院医疗系学习；1963年9月至1965年12月在甘肃省静宁县人民医院工作；1965年12月至1979年11月先后在静宁县人民医院李店分院、雷大人民公社卫生院、威戎中心卫生院工作，担任卫生院负责人、副院长、院长；1979年12月至1984年8月任静宁县人民医院副院长、主治医师；1984年9月至1999年10月任静宁县人民医院院长（1987年1月至1992年11月任中共静宁县第十届、第十一委员会委员；1997年11月至2000年10月任静宁县第十三届人大常委会委员）；1999年10月至2000年10月任中共静宁县委助理调研员；2000年10月退休，被静宁县人民医院返聘为专家组主任。

中国共产党甘肃省第九次代表大会代表；中国共产党静宁县第十次、第十一次、第十二次、第十三次代表大会代表；静宁县第十届、第十三届人民代表大会代表。

刘宗勤

刘宗勤　男，汉族，1952年1月生，甘肃省静宁县曹务镇张岴村人，初中学历，1974年10月加入中国共产党。在1987年11月9日至10日召开的静宁县第十届人民代表大会第二次会议上，当选为甘肃省第七届人民代表大会代表。

1960年至1969年上学；1970年至1974年在家劳动，任静宁县曹务人民公社张岴大队民兵连长、团支部书记；1975年至2004年3月担任静宁县曹务人民公社（乡）张岴大队（村）党支部书记。

静宁县第十届人民代表大会代表。

米凤翔

米凤翔（1944.04—2012.01），女，回族，1944年4月生，甘肃省静宁县城关镇站院巷人，粗识字，无党派人士，1958年10月参加工作。1987年11月在静宁县第十届人民代表大会第二次会议上当选为甘肃省第七届人民代表大会代表。

1958年10月至1960年11月在静宁县糖厂工作；1960年12月至1964年2月在静宁县食品厂工作；1964年3月至1981年在静宁县农副公司棉花车间工作；1981年在静宁县食品厂工作；1993年4月退休；2012年1月去世。

静宁县第十届、第十一届人民代表大会代表。

吴兴文

吴兴文　男，汉族，1953年10月生，甘肃省静宁县威戎镇南关村人，中师学历，1975年10月参加工作，1996年7月加入中国共产党。1987年11月在静宁县第十届人民代表大会第二次会议上当选为甘肃省第七届人民代表大会代表。

1962年至1972年在甘肃省静宁县威戎小学、威戎中学上学；1975年10月至1978年2月在静宁县威戎小学任民办教师；1978年2月至1979年7月在平凉师范上学；1979年8月至1980年9月在静宁县教育局工作；1980年9月至1995年7月在静宁县威戎小学任教（其间，因违纪，在1989年12月25日至26日召开的静宁县第十届人大常委会第二十一次会议上，被罢免甘肃省第七届人大代表职务）；1995年7月至1996年6月任静宁县威戎小学副校长；1996年6月至2006年8月任静宁县威戎小学校长；2006年8月任静宁县威戎镇教育办公室副科级干部；2013年10月退休。

静宁县第十届人民代表大会代表。

王郁仁

王郁仁 男，汉族，1931年12月生，甘肃省庄浪县水洛镇人，本科学历。1989年12月25日至26日静宁县第十届人大常委会第二十一次会议补选为甘肃省第七届人民代表大会代表。

1940年至1950年7月在庄浪县上小学、中学；1950年8月至1953年7月在平凉上中学；1953年8月至1957年7月在兰州大学数学系学习；1957年9月至1970年2月在甘肃省静宁县第一中任教；1970年3月至1985年7月在静宁县威戎中学任教；1985年8月至1991年12月在静宁县教育培训中心任教（其间，1987年1月至1990年1月任静宁县第十届人大常委会委员）。1991年12月退休。

静宁县第十届人民代表大会代表。

第八节　省第八届人民代表大会代表

在1992年11月27日至29日召开的静宁县第十二届人民代表大会第一次会议上，选举丁齐、马斌、吕忠厚、李佩红、段积昌、景宗健、翟沪兰（女）为甘肃省第八届人民代表大会代表。其中丁齐、马斌为省地推荐静宁县当选代表，因资料所限，已在本章附表中作了介绍，不再重复。

吕忠厚

（详见本卷第二章第一节第2764页）

李佩红

李佩红 女，汉族，生于1953年8月，甘肃省静宁县城关镇东关村人，高中学历，1974年3月参加工作，无党派人士。在1992年11月27日至29日召开的静宁县第十二届人民代表大会第一次会议上当选为甘肃省第八届人民代表大会代表。

1961年至1967年在静宁县城关二小上学；1968年至1973年在静宁县一中上学；1974年3月至1976年9月在静宁县古城人民公社红山大队插队劳动；1976年10月至1979年12月在静宁县雷大粮站工作；1979年12月至2001年8月在静宁县副食加工厂工作（1992年11月至1997年11月任静宁县第十二届人大常委会委员；1997年11月至2002年11月任静宁县第十三届人大常委会委员）；2001年8月退休。

静宁县第十二届、第十三届人民代表大会代表。

段积昌

（详见本卷第二章第二节第2772页）

景宗健

景宗健（1936.9—2016.8），男，汉族，1936年9月生，甘肃省静宁县城川镇红旗村人，粗识字，1956年10月加入中国共产党。在1992年11月27日至29日召开的静宁县第十二届人民代表大会第一次会议上，当选为甘肃省第八届人民代表大会代表。

1966年至1970年任静宁县城川人民公社张景大队党支部书记，1970年至1995年任静宁县城川人民公社（乡）红旗大队（村）党支部书记，1991年、1994年两次被中共静宁县委评为“优秀共产党员”，1989年被中共平凉地委评为“优秀共产党员”。2016年8月去世。

中国共产党平凉地区第一次代表大会代表；中国共产党静宁县第七次、第九次、第十次代表大会代表。

翟沪兰

翟沪兰　女，汉族，1952年10月生，甘肃省静宁县古城镇朱川村人，大专学历，1968年12月参加工作，无党派人士，副主任医师。在1992年11月27日至29日召开的静宁县第十二届人民代表大会第一次会议上，当选为甘肃省第八届人民代表大会代表；在1997年11月23日至25日召开的静宁县第十三届人民代表大会第一次会议上，当选为甘肃省第九届人民代表大会代表。

1968年7月至12月在甘肃省静宁县石咀人民公社朱川大队插队劳动；1968年12月至1971年10月在平凉造纸厂工作；1971年10月至1974年8月在兰州医学院医疗系上学；1974年10月至1980年1月在原平凉市草峰卫生院工作，任副院长、医师；1980年1月至1983年10月在静宁县城川卫生院工作；1983年10月至1984年2月在静宁县妇幼保健站工作；1984年2月至1996年1月任静宁县妇幼保健站副站长、站长（1990年1月至1992年11月任静宁县第十一届人大常委会委员；1992年11月至1997年11月任静宁县第十二届人大常委会委员）；1996年1月至2003年4月任政协静宁县第四届、第五届、第六届委员会副主席（兼）；2003年4月至2011年1月任政协静宁县第六届、第七届委员会副主席；2011年5月退休。

政协平凉市第一届委员会委员、常委；静宁县第十一届、第十二届人民代表大会代表；政协静宁县第四届、第五届、第六届、第七届委员会委员。

第九节　省第九届人民代表大会代表

在1997年11月23日至25日召开的静宁县第十三届人民代表大会第一次会议上，选举李重庵、赵景山、翟沪兰（女）、吕生福、罗彭忠为甘肃省第九届人民代表大会代表。其中李重庵为省地推荐静宁县当选代表，因资料所限，已在该章附表中作了介绍，不再重复。

赵景山

赵景山　男，汉族，1955年7月生，甘肃省庄浪县赵墩乡人，本科学历，1972年10月参加工作，1980年11月加入中国共产党。在1997年11月23日至25日召开的静宁县第十三届人民代表大会第一次会议上，当选为甘肃省第九届人民代表大会代表。

1971年2月至1972年9月在庄浪县赵墩小学任民教；1972年10月至1973年9月在庄浪县赵墩公社任扫盲专干；1973年10月至1975年8月在平凉师范上学，中专毕业；1975年8月至1979年1月在庄浪县万泉公社工作；1979年1月至1980年10月在共青团庄浪县委工作；1980年11月至1983年11月任共青团庄浪县委副书记、书记；1983年11月至1986年1月任庄浪县岳堡乡党委书记；1986年1月至1989年10月任中共庄浪县委委员、县经委主任；1989年10月至1992年10月任中共庄浪县委委员、县人民政府副县长；1992年10月至1993年11月任中共庄浪县委委员、常委、县人民政府常务副县长；1993年11月至1994年8月任中共静宁县委委员、常委，县人民政府常务副县长；1994年8月至1997年1月任中共静宁县委委员、常委、副书记，县人民政府县长；1997年1月至2000年9月任中共静宁县委委员、常委、书记；2000年9月至2002年11月任平凉地区行署副专员；2002年11月至2005年6月任平凉市人民政府副市长；2005年6月至2010年1月任平凉市委常委、市人民政府常务副市长（2005年9月至2007年12月参加甘肃省委党校行政管理专业学习，本科毕业）；2010年1月至2月任平凉市政协党组书记、主席，市人民政府常务副市长；2010年2月至2011年11月任平凉市政协党组书记、主席；2011年11月至2016年1月任平凉市人大常委会党组书记、主任。2016年1月退休。

中国共产党甘肃省第九次、第十一次代表大会代表；甘肃省第九届、第十二届人民代表大会代表；政协甘肃省第十届委员会委员；中国共产党平凉市第一次、第二次、第三次代表大会代表；平凉市第一届、第二届、第三届人民代表大会代表；中国共产党静宁县第十三次代表大会代表；静宁县第十二届、第十三届人民代表大会代表。

翟沪兰

（详见本章第八节第2803页）

吕生福

吕生福　男，汉族，1952年2月生，甘肃省静宁县细巷镇韩川村人，初中学历，1970年1月参加工作，无党派人士。在1997年11月23日至25日召开的静宁县第十三届人民代表大会第一次会议上，当选为甘肃省第九届人民代表大会代表。

1960年8月至1966年8月在校上学；1966年9月至1969年12月在生产队劳动；1970年1月至1972年在静宁县罐子峡煤矿工作；1972年在静宁县水泥厂工作，任电工班班长；1995年被甘肃省总工会授予“技术能手”称号，1996年平凉地区总工会授予“技术标兵”称号。

罗鹏忠

罗鹏忠　男，汉族，1954年9月25日生，静宁县界石铺镇朱山村人，高中学历，1984年12月加入中国共产党。在1997年11月23日至25日召开的静宁县第十三届人民代表大会第一次会议上，当选为甘肃省第九届人民代表大会代表。

1965年9月至1970年7月在静宁县高界人民公社朱山小学上学；1970年7月至1972年7月在静宁县高界中学初中部上学；1972年7月至1974年7月在高界中学高中部上学；1974年7月至1975年1月在高界人民公社朱山大队劳动；1975年1月至1978年1月任高界人民公社朱山大队东山生产队会计；1978年1月至1983年1月任高界人民公社朱山大队东山生产队队长；1983年1月至1986年1月任高界乡朱山村委会主任；1986年1月至1994年7月任高界镇朱山村党支部书记；1994年7月至2000年9月招聘为聘用制干部，兼任高界镇（界石铺镇）朱山村党支部书记（其间，1997年11月任中共静宁县第十三届委员会委员）；2000年9月至2006年8月任界石铺镇党委委员、镇经委副主任；2006年9月至2009年1月在界石铺镇政府工作（副科级）；2009年1月退休。

中国共产党静宁县第十一次、第十二次、十三次代表大会代表；静宁县第十届人民代表大会代表。

第十节　省第十届人民代表大会代表

在2002年11月26日至12月1日召开的平凉市第一届人民代表大会第一次会议上，聂正国、吕双信（女）、厚学当选为甘肃省第十届人民代表大会代表。

聂正国

（详见本卷第二章第一节第2765页）

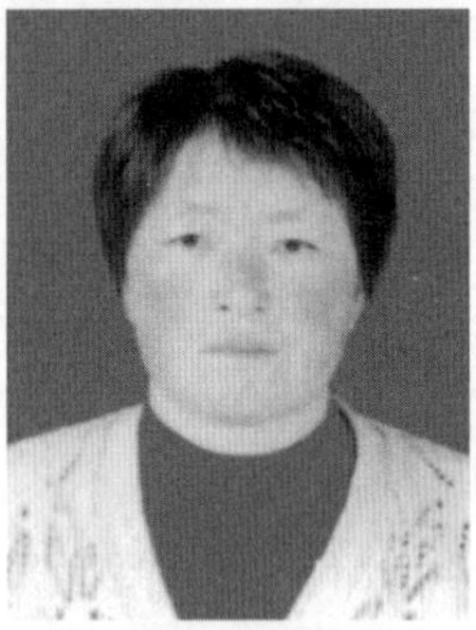

吕双信

吕双信 女，汉族，1962年7月生，甘肃省静宁县雷大镇吕家壑岘人，初中学历，1997年11月加入中国共产党。在2002年11月26日至12月1日召开的平凉市第一届人民代表大会第一次会议上，当选为甘肃省第十届人民代表大会代表。

1971年9月至1976年8月在静宁县威戎小学上学；1976年9月至1979年9月在静宁县威戎中学上学；1979年10月至1998年12月在家务农；1999年任静宁县威戎镇武高村妇联主任。

静宁县第十三届、第十四届人民代表大会代表。

厚　学

厚　学 男，汉族，1952年3月生，甘肃省静宁县细巷镇细巷村人，大专学历，1970年9月参加工作，1976年4月加入中国共产党。在2002年11月26日至12月1日召开平凉市第一届人民代表大会第一次会议上，当选为甘肃省第十届人民代表大会代表。

1966年9月至1969年7月在静宁县威戎中学上学；1970年9月至1980年3月任静宁县铁厂水泥车间主任；1980年3月至1985年4月任静宁县铁厂工会主席；1985年5月至1990年6月任静宁县水泥厂化验室主任；1990年7月至1992年12月任原平凉市泾河水泥厂副厂长；1993年4月至1995年4月任静宁县水泥公司经理助理；1995年5月至1997年10月任静宁县水泥集团公司副总经理兼静宁县威戎水泥厂厂长（1996年8月至1999年7月参加西北政法学院自学考试学习，大专毕业）；1997年11月至2009年1月任静宁县水泥集团公司董事长、总经理（2006年1月至12月任静宁县第十四届人大常委会委员；2006年12月至2011年10月任静宁县第十五届人大常委会委员）；2009年2月至2010年5月任静宁县人大常委会司法民政工作委员副主任；2010年7月退休。

平凉市第一届人民代表大会代表；静宁县第十五届人民代表大会代表。

第十一节　省第十一届人民代表大会代表

在2007年1月18日至21日召开的平凉市第二届人民代表大会第一次会议上，陈铎、王彩凤（女）、雷托胜当选为甘肃省第十一届人民代表大会代表。

陈　铎

陈　铎　男，汉族，1963年6月生，甘肃省崇信县人，研究生学历，1985年7月参加工作，1989年12月加入中国共产党。在2007年1月18日至21日召开的平凉市第二届人民代表大会第一次会议上当选为甘肃省第十一届人民代表大会代表。

1985年7月至1993年1月在平凉地区农科所工作；1993年1月至1995年11月任平凉地区农科所业务科副科长；1995年11月至1997年1月任平凉地区农科所业务科科长；1997年1月至2000年9月任平凉地区农科所副所长；2000年9月至2001年1月任平凉地区农科所所长；2001年1月至2003年3月任平凉地区农科所党委书记、所长；2003年3月至2005年9月任平凉市水务局党组书记、局长（其间，任中共平凉市委委员）；2005年9月至2006年1月任中共静宁县委副书记、县人民政府代县长；2006年1月至2010年12月任中共静宁县委副书记、县人民政府县长；2010年12月至2015年5月任中共庄浪县委书记；2015年5月至2015年9月任中共平凉市崆峒区委书记；2015年9月至2016年11月任中共平凉市崆峒区委书记、平凉崆峒山生态文化旅游示范区党工委书记（兼）；2016年11月起任中共平凉市委常委、崆峒区委书记、平凉崆峒山生态文化旅游示范区党工委书记（兼）。

中国共产党甘肃省第十二次、第十三次代表大会代表；甘肃省第十一届、第十三届人民代表大会代表；中国共产党平凉市第一次、第二次、第三次、第四次代表大会代表；平凉市第一届、第四届人民代表大会代表；中国共产党静宁县第十五次代表大会代表；静宁县第十四届、第十五届人民代表大会代表；中国共产党庄浪县第十五次代表大会代表；庄浪县第十九届人民代表大会代表；中国共产党崆峒区第四次代表大会代表；崆峒区第十八届人民代表大会代表。

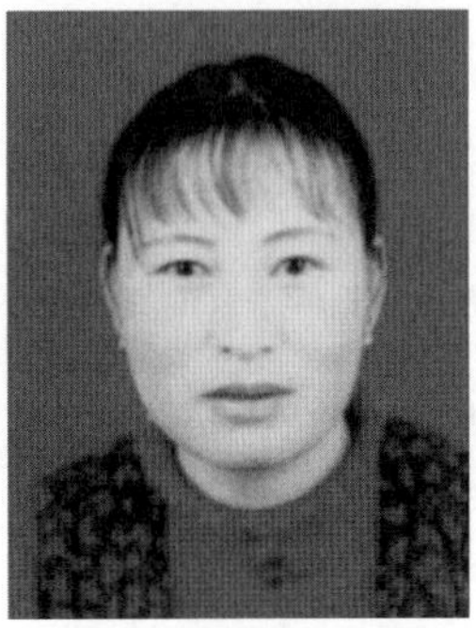

王彩凤

王彩凤　女，汉族，1970年12月22日生，静宁县威戎镇新胜村人，高中学历，2008年11月加入中国共产党，镇、村果业技术员。在2007年1月18日至21日召开的平凉市第二届人民代表大会第一次会议上当选为甘肃省第十一届人民代表大会代表。

雷托胜

雷托胜 男，汉族，1969年12月生，甘肃省静宁县治平镇雷沟村人，高中学历，2003年12月加入中国共产党。在2007年1月18日至21日召开的平凉市第二届人民代表大会第一次会议上，当选为甘肃省第十一届人民代表大会代表；在2011年11月16日至18日召开的平凉市第三届人民代表大会第一次会议上，当选为甘肃省第十二届人民代表大会代表。

1986年9月至1989年7月在李店中学上高中；1989年9月至2007年5月任静宁县治平乡雷沟村果业协会会长；2004年2月至2012年4月任治平乡雷沟村三组组长；2012年4月任治平乡雷沟村村委会主任。2015年4月被中国共产党中央委员会、中华人民共和国国务院授予“全国劳动模范”称号。

中国共产党平凉市第四次代表大会代表。

第十二节　省第十二届人民代表大会代表

在2011年11月16日至18日召开的平凉市第三届人民代表大会第一次会议上，徐毅、雷托胜、姚莉（女）当选为甘肃省第十二届人民代表大会代表。

徐　毅

徐　毅 男，汉族，1964年5月生，甘肃省华亭县人，研究生学历，1982年8月参加工作，1986年11月加入中国共产党。在2011年11月16日至18日召开的平凉市第三届人民代表大会第一次会议上当选为甘肃省第十二届人民代表大会代表。

1982年8月至1984年8月在甘肃省定西县团结人民公社（乡人民政府）工作；1984年8月至1985年9月在甘肃省华亭县农牧局工作；1985年9月至1987年7月在甘肃省广播电视大学党政管理专业学习；1987年7月至1990年5月在中共华亭县委党史办、调研室工作；1990年5月至1992年11月任中共华亭县委调研室副主任；1992年11月至1994年12月任中共华亭县委办公室副主任；1994年12月至1997年4月任中共华亭县委宣传部部长；1997年4月至2001年11月，任中共华亭县委常委、宣传部部长；2001年11月至2002年8月任原平凉市人民政府副市长；2002年8月至2003年12月任平凉市崆峒区人民政府副区长；2003年12月至2005年9月任中共庄浪县委常委、县人民政府常务副县长；2005年9月至2009年7月任中共泾川县委副书记；2009年7月至2010年12月任平凉市安全监督管理局党组书记、局长；2010年12月至2015年5月任中共静宁县委副书记、县人民政府县长。2015年5月至2019年1月任中共庄浪县委书记；2019年1月至2月任中共庄浪县委书记、平凉市人大常委会副主任候选人；2019年2月起任平凉市人大常委会副主任、中共庄浪县委书记。

中国共产党平凉市第四次代表大会代表，平凉市第三届、第四届人民代表大会代表；中国共产党华亭县第十二次代表大会代表，华亭县第十三届人民代表大会代表；中国共产党崆峒区第一次代表大会代表，崆峒区第十五届人民代表大会代表；中国共产党庄浪县第十六次代表大会代表，庄浪县第十四届、第十六届、第十七届人民代表大会代表；中国共产党泾川县第十五次代表大会代表；泾川县第十六届人民代表大会代表；中国共产党静宁县第十六次代表大会代表，静宁县第十六届人民代表大会代表。

雷托胜

(详见本章第十一节第2808页)

姚　莉

姚　莉　女，汉族，1978年6月生，甘肃省静宁县八里镇小山村人，初中学历，无党派人士。在2011年11月16日至18日召开的平凉市第三届人民代表大会第一次会议上，当选为甘肃省第十二届人民代表大会代表。

1986年8月至1992年6月在静宁县八里镇姚柳小学上学；1992年8月至1995年6月在静宁县二中上学；1995年7月至1997年9月待业；1997年10月起在静宁县客运公司工作。

静宁县第十六届人民代表大会代表。

第十三节　省第十三届人民代表大会代表

在2016年11月7日至9日召开的平凉市第四届人民代表大会第一次会议上，王晓军、马繁荣、常金艳（女）当选为甘肃省第十三届人民代表大会代表。

王晓军

王晓军　男，汉族，1967年8月生，甘肃省泾川县王村镇人，研究生学历，1990年7月参加工作，1995年1月加入中国共产党。在2016年11月7日至9日召开的平凉市第四届人民代表大会第一次会议上当选为甘肃省第十三届人民代表大会代表。

1990年7月至1991年4月在平凉地区公安处工作；1991年4月至1992年12月在平凉地区劳动人事处工作；1992年12月至1996年8月在平凉地区公安处工作；1996年8月至1997年12月任平凉地区交警支队政工室副主任；1997年12月至2002年5月在中共平凉地委组织部工作，先后任副科级组织员、秘书科副科长、正科级组织员；2002年5月至2006年3月任庄浪县人民政府副县长；2006年3月至2009年7月任中共庄浪县委常委、纪律检查委员会书记；2009年7月至8月任中共华亭县委副书记；2009年8月至2011年9月任中共华亭县委副书记、县人民政府县长；2011年9月任中共静宁县委书记；2019年11月职级为二级巡视员。

中国共产党甘肃省第十二次、第十三次代表大会代表；中国共产党平凉市第二次、第三次、第四次代表大会代表；平凉市第三届、第四届人民代表大会代表；中国共产党庄浪县第十三次、第十四次代表大会代表；庄浪县第十三届、第十四届人民代表大会代表；中国共产党华亭县第十四次代表大会代表（2010年12月补选）；华亭县第十五届人民代表大会代表；中国共产党静宁县第十六次、第十七次代表大会代表；静宁县第十六届、第十七届人民代表大会代表。

马繁荣

马繁荣 男，汉族，1968年5月生，甘肃省静宁县灵芝乡水流村人，本科学历，1990年7月参加工作，2003年11月加入中国民主同盟会，静宁县文萃中学高级教师。在2016年11月7日至9日召开的平凉市第四届人民代表大会第一次会议上当选为甘肃省第十三届人民代表大会代表。

1988年8月至1990年7月在庆阳师范专科学校上学，大专毕业；1990年7月至1991年8月在静宁县甘沟中学任教；1991年8月至1994年8月在西北师范大学上学，本科毕业；1994年8月至2014年8月在静宁县甘沟中学任教；2014年8月起在静宁县文萃中学任教。

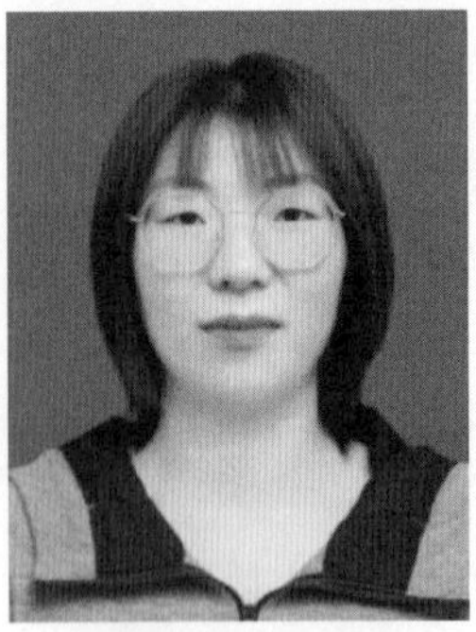

常金艳

常金艳 女，汉族，1988年9月生，甘肃省静宁县治平镇伍坪村人，大专学历，无党派人士。在2016年11月7日至9日召开的平凉市第四届人民代表大会第一次会议上当选为甘肃省第十三届人民代表大会代表。

2009年9月至2012年7月在西安商贸会计学院学习；2012年7月起在静宁县常津果品有限公司工作，任静宁县常津果品有限公司副经理。

第五章　市人民代表大会代表

根据《中华人民共和国宪法》规定，平凉地区不设人民代表大会，因此，1954年7月至2002年9月，静宁县不产生地区一级的人大代表。2002年9月6日，中共平凉市委成立，11月16日至18日中共平凉市第一次代表大会召开，11月25日至30日政协平凉市第一届委员会第一次会议召开，11月26日至12月1日平凉市第一届人民代表大会第一次会议召开，12月2日，平凉市人大常委会、市人民政府、政协平凉市委员会成立，上述重大的历史事件，标志着平凉地区完成了改地设市，从此，平凉作为市级政权，开启市辖县（区、市）的新时期。根据《中华人民共和国地方各级人民代表大会和地方各级人民政府组织法》“设区的市的人民代表大会代表由下一级的人民代表大会选举”的规定，2002年11月10日静宁县第十四届人民代表大会第一次会议选举产生平凉市第一届人大代表以来，至2020年年底，静宁县共选举产生4届市人大代表，计233名（包括补选），其中，第一届54名，第二届53名，第三届63名，第四届63名（其中补选3名）

第一节　市第一届人民代表大会代表

2002年11月10日县第十四届人民代表大会第一次会议选举市第一届人大代表54名。

市第一届人民代表大会代表个人情况表

表7-3

姓名	工作单位及职务	性别	出生年月	民族	籍贯	学历	党派
李保印	中共平凉市委副书记	男	1946.2	汉	甘肃宁县	本科	党员
张秉科	平凉地区人大工委副主任	男	1945.7	汉	甘肃静宁	大专	党员
曹兴荣	平凉地区中级人民法院院长	男	1948.8	汉	甘肃灵台	大专	党员
李长明	平凉地区行署财政处处长	男	1954.5	汉	甘肃灵台	大专	党员
李斌武	平凉行署劳动与社会保障处处长	男	1949.5	汉	甘肃静宁	本科	党员
王　越	平凉地区档案处处长	男	1946.7	汉	甘肃静宁	本科	党员
苏友义	平凉市纪委副书记	男	1950.6	汉	甘肃静宁	高中	党员
戴季昀	平凉地区群艺馆党支部书记	男	1950.10	汉	甘肃静宁	大专	党员
路纯磊	平凉地区建筑设计院院长	男	1951.10	汉	甘肃镇原	大专	党员

续表7-3

姓名	工作单位及职务	性别	出生年月	民族	籍贯	学历	党派
贾少英	平凉市委统战部副部长	男	1949.2	汉	甘肃平凉	大专	党员
李雪峰	中共静宁县委书记、人大常委会主任	男	1960.1	汉	甘肃灵台	本科	党员
张　正	中共静宁县委副书记	男	1967.12	汉	甘肃正宁	研究生	党员
聂正国	中共静宁县委副书记	男	1948.12	汉	甘肃静宁	大专	党员
吕忠厚	静宁县人大常委会退休干部	男	1943.1	汉	山东泰安	本科	党员
王学书	中共静宁县委副书记	男	1964.10	汉	甘肃庄浪	本科	党员
戴双军	中共静宁县委副书记、纪委书记	男	1950.9	汉	甘肃静宁	高中	党员
李旺军	静宁县人民政府常务副县长	男	1960.7	汉	甘肃静宁	大专	党员
杨志军	静宁县人民法院院长	男	1954.3	汉	甘肃庄浪	大专	党员
高　恒	静宁县经贸局党委书记、局长兼县化工公司党委书记	男	1956.5	汉	甘肃静宁	大专	党员
高孟德	静宁县水务局局长、党组书记	男	1949.1	汉	甘肃静宁	大专	党员
吴水利	静宁县妇女联合会主席	女	1967.10	汉	甘肃静宁	本科	党员
李廷章	静宁县电信局党支部书记、局长	男	1953.10	汉	甘肃静宁	本科	党员
杨志敏	静宁县八里镇党委书记	男	1955.12	汉	甘肃静宁	大专	党员
李鹏玺	静宁县七里乡党委书记	男	1958.7	汉	甘肃静宁	大专	党员
李　读	静宁县城川乡党委书记	男	1963.9	汉	甘肃静宁	大专	党员
王志强	静宁县城关镇人大主席	男	1956.1	汉	甘肃静宁	中专	党员
杨　旭	静宁县李店镇人民政府镇长	男	1957.8	汉	甘肃静宁	中专	党员
李宏杰	静宁县古城乡人民政府副乡长	女	1968.11	汉	甘肃静宁	大专	
樊　旺	甘肃静宁建筑企业集团有限责任公司总经理	男	1963.7	汉	甘肃静宁	大专	党员
厚　学	静宁县水泥集团有限公司董事长、总经理	男	1952.3	汉	甘肃静宁	大专	党员
王科社	静宁县博物馆馆长	男	1966.11	汉	甘肃静宁	本科	
沙芳琴	静宁二幼园长	女	1965.8	回	甘肃静宁	中师	
邓霭霞	静宁县二中教师	女	1951.12	汉	甘肃静宁	本科	
王　毅	静宁县林业局园艺站站长	男	1945.12	汉	甘肃静宁	大专	
王　春	静宁县威戎中学副校长	男	1951.2	汉	甘肃静宁	本科	
刘东光	静宁一中教师	男	1946.2	汉	甘肃静宁	本科	民盟盟员
岳桂梅	静宁县人民医院大夫	女	1952.2	汉	甘肃静宁	大专	党员
王国栋	静宁县电力局工程班班长	男	1955.12	汉	甘肃静宁	初中	

续表7-3

姓名	工作单位及职务	性别	出生年月	民族	籍贯	学历	党派
刘淑琴	静宁县粮食局统计员	女	1961.12	汉	甘肃静宁	高中	
梁景华	静宁县医药有限责任公司工人	女	1965.12	汉	河北遵化	初中	
高宗利	静宁县煤矿工人	男	1973.11	汉	甘肃静宁	高中	
王慧琴	静宁县成纪窗帘行职工（个体户）	女	1966.11	汉	甘肃平凉	高中	
柳志军	静宁县城川乡靳寺村党支部书记	男	1962.6	汉	甘肃静宁	高中	党员
王喜弟	静宁县八里镇剡白村五组农民	女	1968.7	汉	甘肃静宁	初中	
唐效锦	静宁县司桥乡唐岔村村委会主任	男	1966.3	汉	甘肃静宁	初中	
刘婉多	静宁县治平乡阳坡村计生专干	女	1963.9	汉	甘肃静宁	初中	
马建学	静宁县双岘乡团庄村支书	男	1967.11	汉	甘肃静宁	高中	
李品荣	静宁县细巷乡谭店村卫生防疫员	女	1978.3	汉	甘肃静宁	中专	
单海哲	静宁县曹务乡店子村计生小组长	女	1980.3	回	甘肃静宁	初中	
陈忠贤	静宁县威戎镇威戎村党支部书记	男	1948.10	汉	甘肃静宁	初中	党员
王克荣	静宁县甘沟乡圪埮村文书	男	1959.8	汉	甘肃静宁	高中	
臧进全	静宁县红寺乡红寺村文书	男	1968.2	汉	甘肃静宁	高中	
李　洋	静宁县界石铺镇继红村席堡组农民	男	1963.4	汉	甘肃静宁	初中	
杨振华	静宁县灵芝乡工程队队长	男	1963.3	汉	甘肃静宁	高中	

第二节　市第二届人民代表大会代表

2006年12月28日县第十五届人民代表大会第一次会议选举市第二届人大代表53名。

市第二届人民代表大会代表个人情况表

表7-4

姓名	性别	民族	出生年月	籍贯	文化程度	政治面貌	工作时间	工作简历
李雪峰	男	汉	1960.1	甘肃灵台	研究生	党员	1977.1	曾在灵台县邵寨乡、峡中水泥厂小学任教，在平凉地区行署人事处、办公室工作；历任平凉地区行署办公室副科级、正科级秘书，行署办公室副主任、行署研究室主任、地区保密局局长，行署办公室主任，行署秘书长、办公室党组书记，静宁县委书记，市政府副市长

表7-4

姓名	性别	民族	出生年月	籍贯	文化程度	政治面貌	工作时间	工作简历
李保印	男	汉	1946.2	甘肃宁县	本科	党员	1970.8	曾在平凉县草峰、西阳、安国公社工作；历任平凉县安国公社副主任，平凉县氮肥厂、造纸厂厂长，原平凉市副市长、市委副书记、市政府市长，平凉地委委员、平凉市委书记，平凉地区行署副专员，平凉地委副书记，平凉市委副书记、市人大常委会主任、党组书记
曹兴荣	男	汉	1948.8	甘肃灵台	大专	党员	1970.5	曾在灵台县二中、五星中学、县文化局、县农林办工作；历任灵台县委办公室副主任、主任，灵台县法院院长，灵台县委副书记，原平凉市委副书记，静宁县委书记，平凉地区中级人民法院党组副书记、副院长，党组书记、院长，平凉市中级人民法院党组成员、副地级干部
贾少英	男	回	1949.2	甘肃平凉	大专	党员	1968.12	曾在原平凉市大寨乡插队，在地区氮肥厂、地区落实办、地委组织部、地委老干部处工作；历任平凉地区建筑公司党委副书记、纪委书记，地委统战部副部长、地区工商联办事处主任，平凉市委统战部副部长、地区工商联办事处主任、市工商联党组书记，市人大常委会财经与城建工作委员会主任
李克和	男	汉	1952.8	甘肃静宁	大专	党员	1972.9	曾在静宁县委政治部、宣传部工作；历任余湾公社管委会副主任，甘沟乡政府乡长，仁大乡、城关镇党委书记，县体改委、经委主任，静宁县政府副县长，庄浪县政府副县长、副书记，庄浪县人大常委会主任，市人大常委会农业资源工作委员会主任

表7-4

姓名	性别	民族	出生年月	籍贯	文化程度	政治面貌	工作时间	工作简历
葛会荣	男	汉	1952.8	甘肃崇信	大专	党员	1972.9	曾在崇信县广播站、赤城公社工作；历任赤城公社、柏树公社副主任，铜城乡政府乡长、赤城乡党委书记，崇信县委组织部副部长，县委常委、组织部部长，静宁县委常委、副书记、纪委书记，市人大常委会人事与代表工作委员会副主任、主任
张小流	男	汉	1962.3	甘肃静宁	本科	党员	1982.3	曾在平凉地区行署教育处、行署办公室工作；历任行署办公室副科级、正科级秘书，市人大常委会法制工作委员会副主任、市人大常委会副秘书长、办公室副主任
苏友义	男	汉	1950.6	甘肃静宁	高中	党员	1968.2	曾在步兵某团服役；历任某团某营副政委、团副政委，平凉行署劳动人事处军转办主任，地区监察局监察员、副局长，平凉地区纪委委员、监察局副局长，地区纪委副书记、地区监察局副局长，平凉市纪委副书记、监察局副局长
李长明	男	汉	1954.5	甘肃灵台	大专	党员	1976.12	曾在华亭县安口陶瓷厂、县经委、县政府办公室工作；历任华亭县政府办公室副主任、主任，灵台县政府副县长、县委常委，静宁县委副书记、县政府县长，平凉行署农委副主任、扶贫办主任，行署财政处党组书记、处长，市财政局党组书记、局长、财源建设资金中心主任

表7–4

姓名	性别	民族	出生年月	籍贯	文化程度	政治面貌	工作时间	工作简历
张和平	男	汉	1955.7	甘肃镇原	本科	党员	1974.3	曾在静宁县灵芝公社、平凉行署公安处、地区综治办工作;历任地区公安处政研室、综治办副主任，灵台县委副书记，平凉市体育局党组书记、局长
戴季昀	男	汉	1950.10	甘肃静宁	大专	党员	1976.9	曾在静宁县文化馆工作；历任静宁县文化馆党支部书记、馆长，平凉市群艺馆党支部书记
宋全科	男	汉	1964.7	甘肃灵台	本科	党员	1982.8	曾在平凉地区行署财政处工作；历任行署财政处预算科副科长、科长，财政处副处长，泾川县委副书记，庄浪县委副书记、政府县长，平凉市人大常委会秘书长，静宁县委书记
张自杰	男	汉	1956.7	甘肃静宁	大专	党员	1981.8	曾在静宁县古城公社、威戎农技站工作；历任静宁县曹务乡党委副书记、乡政府乡长，后梁乡党委书记，细巷乡党委书记，城川乡党委书记，静宁县政府副县长，县委副书记，县人大常委会党组副书记
陈　铎	男	汉	1963.6	甘肃崇信	本科	党员	1985.7	曾在平凉地区农科所工作；历任平凉地区农科所业务科副科长、科长，副所长、所长、党委书记，平凉市水务局党组书记、局长，静宁县委副书记、县政府县长
魏晓平	男	汉	1963.4	甘肃武山	研究生	党员	1982.9	曾在甘肃武山县龙台乡中心学校、武山县委办公室工作；历任武山县委政策研究室副主任，省委党史研究室副主任科员、主任科员、助理研究员，甘谷县长助理、秦安县委副书记(挂职)，静宁县政府副县长、县委副书记

表7-4

姓名	性别	民族	出生年月	籍贯	文化程度	政治面貌	工作时间	工作简历
位志贤	男	汉	1963.6	甘肃崇信	研究生	党员	1985.8	曾在崇信县经委、平凉地区行署办公室工作；历任平凉地区行署办公室副科级秘书、正科级秘书、平凉地区交通处副处长，静宁县委常委、县政府常务副县长
徐爱国	男	汉	1964.1	甘肃山丹	研究生	党员	1986.7	曾在平凉地区财政处工作；历任财政处地方驻厂员（副科级），社保科副科长、科长，静宁县委组织部部长，县委常委、组织部部长
戴双军	男	汉	1950.9	甘肃静宁	高中	党员	1971.3	曾在静宁县威戎中学、余湾中学、雷大中学、新华中学任教；历任静宁县贾河乡、雷大乡党委副书记，祁川乡党委书记，县委常委、纪委书记，县委副书记、纪委书记，县人大常委会副主任
沙芳琴	女	回	1965.8	甘肃静宁	大专		1985.7	曾在宁夏西吉幼儿园、静宁县第二幼儿园任教；历任静宁县第二幼儿园园长、第一幼儿园园长（副科级），县人大常委会副主任候选人，县第一幼儿园园长
陈玉梅	女	满	1968.9	辽宁兴城	本科		1992.8	曾在宁夏隆德县司法局、平凉地区司法处工作；时任静宁县政府副县长
李根进	男	汉	1964.8	甘肃庄浪	本科	党员	1988.7	曾在庄浪县人民法院工作；历任庄浪县人民法院民事审判庭庭长、刑事审判庭庭长，庄浪县人民法院副院长，静宁县人民法院党组书记、代理院长

表7-4

姓名	性别	民族	出生年月	籍贯	文化程度	政治面貌	工作时间	工作简历
张进宝	男	汉	1963.5	甘肃静宁	本科	党员	1982.7	曾在静宁县红寺初中、司桥乡政府、县委党校工作；历任界石铺镇党委副书记、镇政府镇长，四河乡党委书记，县纪委副书记、监察局局长，县民政局局长
王运军	男	汉	1967.8	甘肃静宁	研究生	党员	1988.8	曾在静宁县财政局工作；历任县国有资产管理局副局长，财政局副局长，驻兰州办事处主任，县财政局支部书记、局长
史晓平	男	汉	1961.9	陕西渭南	本科	党员	1982.1	曾在静宁县农机局、县农业办公室工作；历任农业区划办公室主任、农业委员会副主任，县委办公室副主任、保密局局长（兼），人事局局长、县机构编制委员会办公室副主任（兼）
李　读	男	汉	1963.9	甘肃静宁	大专	党员	1981.10	曾在宁夏某部队服役，在城川乡政府工作；历任城川乡武装部部长、党委书记，县人口与计划生育局局长
李鹏玺	男	汉	1958.7	甘肃静宁	大专	党员	1980.1	曾在静宁县石咀乡、三合乡、新店乡苗圃工作；历任新店乡政府副乡长，甘沟乡政府乡长、党委书记，七里乡、城关镇党委书记，县粮食局局长
杨升旺	男	汉	1962.12	甘肃静宁	本科	党员	1981.7	曾在静宁县威戎小学、静宁二中、县教育局工作；历任县委宣传部副部长、文明办主任，县计生委副主任，县卫生局局长

表7-4

姓名	性别	民族	出生年月	籍贯	文化程度	政治面貌	工作时间	工作简历
柴春军	男	汉	1958.1	甘肃静宁	本科	党员	1978.10	曾在静宁二中、县建行工作；历任建行平凉城西办事处副主任，建行静宁县支行副行长、行长
杨　飞	男	汉	1968.7	甘肃静宁	本科	党员	1991.10	曾在静宁县曹务乡政府、城关镇政府工作；历任城关镇武装部部长,党委副书记、镇政府镇长,甘沟乡党委书记
魏小良	男	汉	1973.1	甘肃静宁	本科	党员	1993.7	曾在静宁县界石铺镇、县委办公室工作；历任团县委副书记、书记,新店乡党委书记
王国随	男	汉	1968.12	甘肃静宁	本科	党员	1990.9	曾在静宁县余湾乡工作；历任深沟乡计生站站长，双岘乡党委副书记，治平乡党委副书记，界石铺镇政府镇长
刘桂香	女	汉	1974.4	甘肃静宁	研究生	党员	1992.7	曾在静宁县商业局工作；历任团县委副书记，司桥乡政府乡长
李如泰	男	汉	1958.2	甘肃静宁	大专	党员	1974.11	曾在静宁县革委会办公室、县法院、县委农村工作部工作；历任石咀乡、八里乡、曹务乡党委副书记，细巷乡人大主席
李宏杰	女	汉	1968.11	甘肃静宁	本科	党员	1986.11	曾在静宁县祁川乡、古城乡政府工作；时任古城乡政府副乡长
曹宁子	男	汉	1964.9	甘肃静宁	本科		1988.7	曾在平凉教育学院、静宁一中任教；历任静宁三中校长、阿阳实验学校校长
李会宾	男	汉	1967.6	甘肃静宁	本科		1991.6	曾在静宁县甘沟、雷大、细巷农业技术推广站工作；时为县农技中心农艺师

表7-4

姓名	性别	民族	出生年月	籍贯	文化程度	政治面貌	工作时间	工作简历
宋秀兰	女	汉	1957.6	甘肃静宁	大专		1979.9	曾在静宁县医院工作；时任县医院儿科副主任医师
靳玲芳	女	汉	1957.1	甘肃静宁	大专	民盟盟员	1975.9	曾在静宁县祁川中学、威戎小学、静宁二幼任教；历任县第一幼儿园副园长、园长，县职教中心工会主席
王伟东	男	汉	1968.7	甘肃静宁	大专		1991.1	曾在静宁县陇兴化工公司工作；历任陇兴化工公司总经理助理、副总经理，董事长兼总经理
杜　进	男	汉	1965.5	甘肃静宁	高中		1985.10	曾在静宁县食品公司工作，恒达商行从事个体经营；历任恒达纸箱厂厂长，恒达有限责任公司总经理
高宗利	男	汉	1973.11	甘肃静宁	高中		1993.11	先后在静宁县煤矿掘井队、采煤队工作
刘淑琴	女	汉	1961.12	甘肃静宁	大专		1978.10	曾在静宁县威戎公社武高大队插队；先后在雷大乡粮管所、县粮食局工作
王　凤	女	汉	1964.3	甘肃静宁	初中		1979.9	在县电信局工作，工人
穆　琴	女	汉	1963.7	甘肃静宁	初中		1985.7	在静宁县水泥集团公司工作，工人
刘婉多	女	汉	1963.9	甘肃静宁	高中			在静宁县治平乡阴坡村劳动，农民
李　洋	男	汉	1963.4	甘肃静宁	初中			在静宁县界石铺镇继红村劳动，农民
王　林	男	汉	1969.4	甘肃静宁	高中			2005年担任灵芝乡前湾村文书，农民

表7-4

姓名	性别	民族	出生年月	籍贯	文化程度	政治面貌	工作时间	工作简历
张　锦	男	汉	1961.7	甘肃静宁	高中			在静宁县四河乡郭岔村劳动,农民
王喜弟	女	汉	1968.7	甘肃静宁	初中			在静宁县八里镇剡白村劳动,农民
聂凤仙	女	汉	1966.12	甘肃静宁	初中			在静宁县威戎镇北关村劳动,农民
张连雄	男	汉	1965.2	甘肃静宁	初中			1999年担任静宁县雷大乡合岘村主任,农民
许长子	男	汉	1970.11	甘肃静宁	初中			2002年担任静宁县余湾乡胡同村文书,农民
刘丁科	男	汉	1970.9	甘肃静宁	高中			在静宁县仁大乡刘川村劳动,农民

第三节　市第三届人民代表大会代表

2011年10月22日县第十六届人民代表大会第一次会议选举市第三届人大代表63名。

市第三届人民代表大会代表个人情况表

表7-5

姓名	工作单位及职务	性别	出生年月	民族	籍贯	学历	政治面貌
丁巨胜	市委常委、组织部部长	男	1967.12	汉	甘肃靖远	研究生	党员
马小槟	市人民医院院长	男	1967.2	汉	甘肃甘谷	本科	党员
王永强	静宁县卫生局副局长	男	1975.10	汉	甘肃静宁	大专	民盟盟员
王伟东	酒钢集团兴安民爆器材有限责任公司静宁分公司经理	男	1968.7	汉	甘肃静宁	大专	党员
王兴国	静宁县交通运输局局长	男	1962.8	汉	甘肃静宁	本科	党员
王怀罡	静宁煤矿矿长	男	1962.9	汉	甘肃静宁	本科	党员
王宝琴	静宁县八里镇高城寨村农民	女	1978.3	汉	甘肃静宁	初中	
王顺义	静宁县城关镇党委书记	男	1973.1	汉	甘肃静宁	本科	党员
王晓军	中共静宁县委书记	男	1967.8	汉	甘肃泾川	研究生	党员

续表7-5

姓名	工作单位及职务	性别	出生年月	民族	籍贯	学历	政治面貌
王维军	静宁县人大常委会副主任	男	1957.8	汉	甘肃静宁	本科	党员
王新生	静宁县李店镇五方河村农民	男	1964.10	汉	甘肃静宁	初中	
史录平	中共静宁县委副书记	男	1966.2	汉	甘肃灵台	本科	党员
白堆仓	市发改委主任	男	1955.3	汉	甘肃静宁	本科	党员
刘玉海	静宁县甘沟乡甘沟村农民	男	1972.1	汉	甘肃静宁	高中	
刘晓梅	静宁县气象局局长	女	1964.1	汉	陕西岐山	本科	党员
刘桂香	静宁县余湾乡党委书记	女	1974.4	汉	甘肃静宁	研究生	党员
刘彩香	静宁县林业局干部、工程师	女	1968.12	汉	甘肃静宁	大专	
吕锦鸿	静宁县工业园区管委会主任	男	1974.4	汉	甘肃静宁	本科	党员
江小兵	静宁县曹务乡党委书记	男	1978.3	汉	甘肃静宁	本科	党员
阎国军	静宁县人社局局长	男	1962.12	汉	甘肃静宁	本科	党员
位志贤	市委统战部副部长	男	1963.6	汉	甘肃崇信	研究生	党员
何冠群	静宁县红寺乡党委书记	男	1965.7	汉	甘肃静宁	大专	党员
何鹏峰	静宁县委常委、组织部部长	男	1972.12	汉	甘肃静宁	研究生	党员
吴镇图	市政府秘书长	男	1962.11	汉	甘肃静宁	研究生	党员
张小凤	静宁县城川乡吴庙村农民	女	1966.3	汉	甘肃静宁	初中	
张小流	市人大常委会副秘书长、办公室主任	男	1962.3	汉	甘肃静宁	本科	党员
张友明	静宁县雷大乡屈岔村农民	男	1975.7	汉	甘肃静宁	初中	
张亚鹏	静宁县界石铺镇党委书记	男	1966.10	汉	甘肃静宁	本科	党员
张自杰	静宁县人大常委会主任	男	1956.7	汉	甘肃静宁	大专	党员
张进宝	静宁县民政局局长	男	1963.5	汉	甘肃静宁	本科	党员
张雪红	静宁县文体广电局工人	女	1971.9	汉	甘肃静宁	大专	党员
李　荣	静宁县灵芝乡党委书记	男	1969.2	汉	甘肃静宁	本科	党员
李　读	静宁县计生局局长	男	1963.9	汉	甘肃静宁	大专	党员
李小林	静宁县水泥集团公司工人	女	1969.2	汉	甘肃静宁	高中	
李文业	原平凉地区政协工委主任	男	1941.1	汉	辽宁沈阳	本科	党员
李玉兰	静宁县医院副主任护师	女	1963.12	汉	甘肃静宁	本科	
李会宾	静宁县农技中心副主任、农艺师	男	1967.6	汉	甘肃静宁	本科	
李卓玲	静宁县中医院副主任医师	女	1964.11	汉	甘肃静宁	大专	
李雪峰	市委常委、市委秘书长	男	1960.1	汉	甘肃灵台	研究生	党员
李根进	静宁县法院院长	男	1964.8	汉	甘肃庄浪	本科	党员
杨春娟	静宁县公用事业管理局环卫工人	女	1974.12	汉	甘肃静宁	初中	

续表7-5

姓名	工作单位及职务	性别	出生年月	民族	籍贯	学历	政治面貌
沙芳琴	静宁县人大常委会副主任、县一幼园长	女	1965.8	回	甘肃静宁	大专	
陈泾瑞	市水土保持科学研究所高级工程师	男	1957.6	汉	陕西渭南	大专	
单玉梅	静宁县司桥乡司桥村农民	女	1971.6	回	甘肃静宁	初中	
郑雪莲	静宁县给排水公司工人	女	1977.1	汉	甘肃静宁	中专	
胡耀国	静宁县统计局局长	男	1963.6	汉	甘肃静宁	大专	党员
赵景山	市政协主席	男	1955.7	汉	甘肃庄浪	本科	党员
徐　毅	静宁县政府县长	男	1964.5	汉	甘肃华亭	研究生	党员
徐德才	静宁县委常委、副县长	男	1964.6	汉	甘肃泾川	本科	党员
柴福喜	静宁县农牧局局长	男	1962.1	汉	甘肃静宁	本科	党员
聂凤仙	静宁县威戎镇北关村农民	女	1966.12	汉	甘肃静宁	初中	
郭斌峰	市政府副秘书长、研究室主任	男	1962.6	汉	甘肃灵台	本科	党员
高万来	静宁县灵芝乡高义村农民	男	1972.10	汉	甘肃静宁	高中	
曹宁子	静宁县阿阳实验学校校长	男	1964.9	汉	甘肃静宁	本科	
梁　健	静宁县细巷乡朱张村农民	男	1981.10	汉	甘肃静宁	高中	
葛会荣	市人大常委会人事与代表工委主任	男	1952.8	汉	甘肃崇信	大专	党员
摆俊梅	静宁县曹务乡店子村农民	女	1979.3	回	甘肃静宁	初中	
雷旺盛	静宁县仁大乡党委书记	男	1968.12	汉	甘肃静宁	本科	党员
雷新茂	静宁县治平乡雷沟村农民	男	1972.2	汉	甘肃静宁	初中	
裴晓江	静宁县工业品包装公司经理	男	1966.9	汉	甘肃静宁	高中	
樊瑞琴	共青团静宁县委书记	女	1978.12	汉	甘肃静宁	本科	党员
薛仁杰	静宁县新店乡党委书记	男	1973.7	汉	甘肃静宁	本科	党员
薛秋生	市政府党组成员、市公安局局长	男	1957.9	汉	甘肃榆中	本科	党员

第四节　市第四届人民代表大会代表

2016年10月20日县第十七届人民代表大会第一次会议选举市第四届人大代表60名；2019年2月12日县第十七届人大常委会第二十次会议补选市第四届人大代表3名。

市第四届人民代表大会代表个人情况表

表7–6

姓名	性别	出生年月	民族	籍贯	学历	政治面貌	主要工作经历
马小槟	男	1967.2	汉	甘肃甘谷	本科	党员	曾在平凉地区医院工作；历任平凉地区医院医务科副科长、副院长、院长，平凉市人民医院院长
马明义	男	1962.6	汉	甘肃静宁	本科	党员	曾在静宁一中工作；历任静宁一中教导处主任、副校长、党委副书记、校长，平凉一中党委副书记、副校长、党委书记、校长，平凉市教育局党组成员、平凉一中党委书记、校长
马雪琴	女	1973.2	回	甘肃静宁	初中		在静宁县司桥乡司桥村劳动，农民
牛国喜	男	1972.7	汉	甘肃静宁	本科	党员	曾在静宁县甘沟中学工作；历任甘沟中学教导主任、副校长、校长，县文萃中学校长
王升斌	男	1972.1	汉	甘肃静宁	本科	党员	曾在静宁县李店镇政府工作；历任静宁县李店镇计生站站长，仁大乡党委副书记，威戎镇党委副书记、镇政府镇长、教育办公室主任，古城乡党委书记，县水务局党委书记、局长
王伟东	男	1968.7	汉	甘肃静宁	大专	党员	曾在静宁县陇兴化工公司工作；历任静宁县陇兴化工公司团委副书记、副部长、总经理助理、副总经理、董事长兼总经理、党委副书记、书记，酒钢集团甘肃兴安民爆器材有限责任公司副总经理、董事，静宁分公司党委书记、经理
王国平	男	1973.7	汉	甘肃静宁	本科	党员	曾在静宁县农技中心甘沟区站、甘沟乡政府、八里高效农业示范园区、县农业办公室工作；历任县扶贫开发办公室副主任，县委农村工作办公室副主任，李店镇党委副书记、镇政府镇长、教育办公室主任，党委书记

续表7-6

姓名	性别	出生年月	民族	籍贯	学历	政治面貌	主要工作经历
王国随	男	1968.12	汉	甘肃静宁	本科	党员	曾在静宁县余湾乡政府工作；历任静宁县深沟乡政府副乡长、计生站站长，双岘乡党委副书记、纪委书记，治平乡党委副书记、纪委书记，界石铺镇党委副书记、镇政府镇长，县城区街道办事处主任、党工委书记
王奋彦	男	1962.4	汉	甘肃天水	本科	党员	曾在武山县蓼川中学、天水市秦城区农调队、政府办公室工作;历任天水市秦城区政水办副主任，秦城区政府办公室主任、研究室主任,秦城区委办公室主任,秦城区政府副区长,区委副书记,秦安县委副书记、县政府代县长,县委副书记、县政府县长,合作市委书记,甘南州委常委、合作市委书记,平凉市委常委、组织部部长,平凉市委常委、市政府常务副市长,市委副书记,市委副书记、市委党校校长、市行政学院院长,市人大常委会主任,市委副书记、市政府代市长,市委副书记、市政府市长
王宝琴	女	1978.3	汉	甘肃静宁	初中		在静宁县八里镇高城寨村劳动，农民
王顺义	男	1973.10	汉	甘肃静宁	本科	党员	曾在静宁县威戎镇政府、县委办公室工作；历任静宁县委信息科科长、办公室副主任，城关镇党委副书记、镇政府镇长、教育办公室主任、党委书记，县交通运输局党组书记、局长
王娟娟	女	1983.11	汉	甘肃静宁	初中		在静宁县治平乡雷沟村劳动,农民
王晓军	男	1967.8	汉	甘肃泾川	研究生	党员	曾在平凉行署公安处、劳动人事处工作；历任平凉行署公安处交警支队政工室副主任，平凉地委组织部副科级组织员、秘书科副科长、正科级组织员,庄浪县政府副县长,庄浪县委常委、纪委书记,华亭县委副书记、县政府县长,静宁县委书记
王晓爱	女	1968.10	汉	甘肃静宁	高中	中共党员	在静宁县城区街道办庙川居委会定居,居民

续表7-6

姓名	性别	出生年月	民族	籍贯	学历	政治面貌	主要工作经历
王智国	男	1962.5	汉	甘肃静宁	大专	党员	曾在静宁县农技中心、良种场工作；历任静宁县仁大乡政府副乡长、乡长，双岘乡党委书记，城关镇党委书记，华亭县安口镇政府镇长、党委书记，崇信县政府副县长，崇信县委常委、县政府副县长，庄浪县委常委、县政府常务副县长，静宁县政协党组书记、主席，县人大常委会党组书记、主任候选人
王勤学	男	1965.1	汉	甘肃静宁	本科	党员	曾在静宁县七里初级中学、县委宣传部工作(其间在县糖酒公司挂职任副经理)；历任静宁县城关镇政府副镇长，威戎镇政府镇长、党委书记，县委政法委副书记、综治办主任，县财政局副局长、非税收入管理局局长，县环境保护局局长
王新铱	男	1968.5	汉	甘肃灵台	本科	党员	曾在灵台县独店税务所、平凉地区税务局直属分局、平凉地区国家税务局办公室工作；历任平凉地区国家税务局征管科副科长，华亭县国家税务局稽查局局长，崆峒区国家税务局党组成员、副局长，平凉市国家税务局党组成员、副局长，平凉市国家税务局稽查局副局长，国家税务局收入核算科科长
甘　锋	男	1971.4	汉	甘肃泾川	本科	党员	曾在嘉峪关水泥厂、峡中水泥厂工作；历任甘肃翰维律师事务所执业律师，甘肃胜友律师事务所主任、执业律师
刘广益	男	1964.11	汉	甘肃静宁	高中	党员	在静宁县李店镇刘晋村务农
刘玉海	男	1972.1	汉	甘肃静宁	高中	党员	在家务农，时任静宁县甘沟镇甘沟村党支部书记
吕社军	男	1975.4	汉	甘肃静宁	本科	党员	曾在静宁县细巷乡政府、团县委工作；历任静宁县委台湾工作办公室副主任、县政府台湾事务办公室副主任，雷大乡党委副书记、乡政府乡长、教育办公室主任，双岘乡党委书记，细巷镇党委书记
吕明明	女	1977.12	汉	甘肃静宁	高中		在静宁县威戎镇李沟村务农

续表7–6

姓名	性别	出生年月	民族	籍贯	学历	政治面貌	主要工作经历
孙青茂	男	1964.5	汉	甘肃静宁	本科	党员	曾在静宁县政府办公室工作(其间在县面粉厂挂职锻炼)；历任静宁县城关镇党委副书记，七里乡政府乡长，深沟乡党委书记，祁川乡党委书记，县信访办公室主任，县工业和信息化局副局长、科学技术局局长，县工业和信息化局党委书记、局长，县卫生局党委书记、局长，县卫生和计划生育局党委书记、局长
邢建军	男	1962.8	汉	甘肃平凉	本科	党员	曾在平凉地区供销社工作；历任平凉地区供销社人秘科副科长、科长，平凉地区供销社副主任，灵台县委副书记，平凉市审计局党组书记、局长，平凉市财政局党组书记、局长
阎毓强	男	1971.9	汉	甘肃静宁	高中	党员	在静宁县自来水公司工作，工人
位志贤	男	1963.6	汉	甘肃崇信	研究生	党员	曾在崇信县经委、平凉行署办公室工作；历任平凉行署办公室副科级秘书、正科级秘书，平凉行署交通处副处长，静宁县委常委、县政府常务副县长，平凉市委统战部副部长、市社会主义学院党组书记，市委统战部常务副部长、市社会主义学院党组书记
何浩强	男	1977.2	汉	甘肃静宁	本科	党员	曾在静宁县祁川乡政府、县政府办公室工作；历任静宁县政府办公室副主任、县突发公共事件应急管理办公室主任，县政府办公室主任
何鹏峰	男	1972.12	汉	甘肃泾川	研究生	党员	曾在泾川县罗汉洞乡政府、县城建局、县一带两区指挥部、县委组织部工作；历任泾川县委组织部副科级组织员，共青团泾川县委书记，共青团平凉市委办公室主任、副书记，静宁县委常委、组织部部长，县委常委、县政府常务副县长，县委副书记

续表7-6

姓名	性别	出生年月	民族	籍贯	学历	政治面貌	主要工作经历
吴剑霖	男	1970.10	汉	甘肃静宁	本科	党员	曾在静宁县雷大乡政府、贾河乡政府工作;历任静宁县贾河乡武装部部长,城川乡武装部部长、党委副书记,甘沟乡党委副书记、乡政府乡长、教育办公室主任,甘沟镇党委书记
吴镇图	男	1962.11	汉	甘肃静宁	研究生	党员	曾在平凉地委秘书处工作;历任平凉地区行署水利处副处长,泾川县委常委、县政府副县长,平凉市林业局党组书记、局长,平凉市政府秘书长、办公室党组书记,市政府副市长、秘书长、办公室党组书记,市政府副市长
张立军	男	1975.10	汉	甘肃庄浪	本科	党员	曾在庄浪县法院工作;历任庄浪县法院办公室副主任,政工科副科长、科长,审判员,平凉市中级人民法院正科级审判员,办公室副主任、主任(副县级),静宁县法院党组书记、副院长、代理院长
张兴荣	男	1965.11	汉	甘肃民勤	本科	党员	曾在平凉地区农科所、共青团平凉地委工作;历任共青团平凉地委副科级秘书、办公室主任,平凉市信访局副局长,庄浪县委常委、组织部部长,崆峒区委常委、组织部部长、副书记,平凉工业园区党工委副书记、管委会主任,静宁县委副书记、县政府县长
张秉鑑	男	1963.5	汉	甘肃静宁	本科	党员	曾在静宁县农技中心工作(其间在县砖瓦厂挂职任副厂长);历任静宁县后梁乡经委副主任,双岘乡党委副书记、乡政府乡长、党委书记,司桥乡党委书记,县委办公室副主任、县信访局局长,县纪委常务副书记、监察局局长,县人口和计划生育局局长,县农牧局党委书记、局长
张雪红	女	1971.9	汉	甘肃静宁	大专	党员	在静宁县文体广电局工作,工人
张　瑜	女	1966.12	汉	甘肃静宁	高中	党员	在静宁县界石铺镇关湾村务农

续表7–6

姓名	性别	出生年月	民族	籍贯	学历	政治面貌	主要工作经历
时淑琴	女	1970.4	汉	甘肃静宁	大专	党员	在静宁县原安乡原头村务农
李玉兰	女	1963.12	汉	甘肃静宁	本科		曾在静宁县三合乡卫生院、县医院工作；时任县医院护理部副主任
李卓玲	女	1964.11	汉	甘肃静宁	大专		曾在县医院中医内科、中医院内科工作；时任县中医院副主任医师
杨玉芳	女	1974.10	汉	甘肃静宁	大专		在静宁县建筑设计有限公司工作，工程师
杨会君	男	1976.9	汉	甘肃灵台	研究生	党员	曾在灵台县西屯乡政府、灵台县政府办公室工作；历任灵台县政府督查信息科副科长，平凉市政府办公室副科级秘书、主任科员、秘书一科科长、办公室副主任，庄浪县政府副县长，静宁县委常委、组织部部长
杨　青	男	1965.10	汉	甘肃庄浪	本科	党员	曾在庄浪县检察院工作；历任庄浪县检察院刑事检察一科副科长、副检察长，灵台县检察院检察长，静宁县检察院党组书记、副检察长、代理检察长
沙芳琴	女	1965.8	回	甘肃静宁	大专		曾在宁夏西吉县幼儿园、静宁县第二幼儿园任教；历任静宁县第二幼儿园园长，第一幼儿园园长(副科级)、县人大常委会副主任
陈泾瑞	男	1957.6	汉	陕西渭南	大专		曾在平凉地区林业水保局、平凉地区水土保持试验站工作；时任平凉市水土保持科学研究所高级工程师
陈景春	男	1973.11	汉	甘肃泾川	本科	党员	曾在泾川县太平乡财政所、丰台乡财政所、县财政局、县委组织部工作；历任泾川县财政局纪检组长，泾川县温泉开发区管委会副主任、温泉宾馆总经理(正科级)，泾川县城关镇政府镇长，泾川县玉都镇党委书记，崆峒区政府副区长，崆峒区委常委、政法委书记，静宁县委常委、县政府副县长候选人

续表7–6

姓名	性别	出生年月	民族	籍贯	学历	政治面貌	主要工作经历
岳东生	男	1965.10	汉	甘肃静宁	研究生	党员	曾在平凉师范、平凉地区人事劳动处工作;历任平凉地区编办行政机构编制科副科长、科长,市政府接待处处长,平凉市接待处副处长、处长,市委副秘书长、市接待处处长,市住房和城乡建设局党委书记、局长
胡凤玲	男	1972.6	汉	甘肃静宁	本科	党员	曾在静宁县后梁中心小学、县人大常委会办公室工作;历任石咀乡政府副乡长,平凉市人大常委会人事与代表工委副科级干部、副科级秘书、正科级秘书,市人大常委会人事与代表工委副主任
胡永亮	女	1972.10	汉	甘肃静宁	高中		在静宁县城川镇红旗村务农
席鹏举	男	1978.12	汉	甘肃静宁	本科	党员	曾在静宁县教育局、静宁一中、县纪委工作;历任静宁县政协办公室副主任,古城乡(镇)党委副书记、乡(镇)政府乡(镇)长、教育办公室主任,曹务镇党委书记
柴永生	男	1964.8	汉	甘肃静宁	大专	党员	曾在静宁县经委、县煤矿筹建处、县市政建设管理处、县建设局工作;历任静宁县市政管理处主任(副科级),县建设局副局长,县城乡规划管理局副局长,县住房和城乡建设局总工程师,县住房和城乡规划建设局总工程师
贾军平	男	1976.2	汉	甘肃静宁	大专	党员	曾在静宁县林业局、县果业局工作;时任静宁县园艺站副站长
贾芦存	女	1976.9	汉	甘肃静宁	本科	民盟盟员	在静宁县阿阳实验学校工作,教师
高小琴	女	1975.10	汉	甘肃静宁	大专	党员	在静宁县建筑集团公司工作,经营预算部部长

续表7–6

姓名	性别	出生年月	民族	籍贯	学历	政治面貌	主要工作经历
高　旭	男	1961.1	汉	甘肃静宁	本科	党员	曾在静宁县城川乡政府工作;历任静宁县城川乡经委副主任、乡政府副乡长,灵芝乡政府副乡长、乡长、党委书记,县交通局局长、养护站站长,县经济局党委书记、局长,县工信局党委书记、局长,县政协副主席,县人大常委会副主任
崔江鸿	男	1979.3	汉	甘肃静宁	本科	党员	曾在静宁县后梁乡教委、县农业办公室工作;历任静宁县新农村建设办公室副主任,县扶贫开发办公室副主任,曹务乡党委副书记、乡政府乡长,威戎镇党委副书记、镇政府镇长、党委书记
蒋建怀	男	1974.6	汉	甘肃静宁	本科	党员	曾在静宁县界石铺镇政府、县人事局工作;历任静宁县大中专毕业生择业指导中心主任(副科级),县发改局副局长、项目办公室主任,城川乡党委副书记、乡政府乡长、教育办公室主任,司桥乡党委书记,城川镇党委书记
蒋昱程	男	1963.4	汉	甘肃甘谷	本科	党员	曾在兰州市检察院工作;历任兰州市检察院办公室副主任,兰州市检察院副检察长、党组成员、检委会委员、市反贪污贿赂局局长,酒泉市检察院检察长,平凉市人民检察院党组书记、市人民检察院检察长候选人
摆俊梅	女	1979.3	回	甘肃静宁	初中		在静宁县曹务镇店子村务农
裴晓江	男	1966.9	汉	甘肃静宁	高中		曾在静宁县供销合作社工作;历任工业品纸箱制造厂总经理、欣叶包装印务集团有限责任公司董事长
樊文浩	男	1963.6	汉	甘肃静宁	研究生	党员	曾在静宁县城川乡靳寺小学、灵芝乡政府工作;历任祁川乡政府副乡长,细巷乡政府乡长、党委书记,高界镇党委书记,崇信县委常委、纪委书记、县委副书记,庄浪县委副书记、县政府县长,平凉市委组织部副部长、市人社局党组书记、局长,市委组织部常务副部长,市人大常委会副主任

续表7-6

姓名	性别	出生年月	民族	籍贯	学历	政治面貌	主要工作经历
薛世尧	男	1959.10	汉	甘肃崇信	本科	党员	曾在崇信县新窑煤矿工作；历任崇信县新窑煤矿副矿长、代理矿长、矿长（副县级），崇信县委副书记、新窑煤矿矿长，平凉市委政法委副书记、市委防邪办主任，市委政法委副书记、调研员，市委防邪办主任，市人大常委会法制工委主任
马　琦	男	1967.11	东乡	甘肃东乡	本科	党员	曾在临夏州委政研室工作；历任临夏州委政研室城市科副科长、农村科科长、政研室副主任，永靖县委副书记，康乐县委副书记，临夏州委副秘书长、督查室主任，临夏州委组织部副部长（正县级），省宗教事务局副局长、党组成员，平凉市委常委
李郁军	男	1969.11	汉	甘肃靖远	本科	党员	曾在省检察院工作；历任省检察院书记员、助理检察员（副科级）、助理检察员（正科级），省检察院检察员（副处级），省检察院政治部干部宣传教育处副处长、检察员、甘肃记者站站长，省检察院政治部副主任，省检察院副厅级检察员、政治部副主任，平凉市检察院副检察长、代理检察长
李续荣	男	1962.2	汉	甘肃静宁	本科		曾在平凉市农科所工作；历任平凉市农科所果树及花卉研究室主任、农科所成果转化科科长、农科院果树研究所所长

附录

一、静宁县政权组织领导名录

一、县人大常委会

主　任　高富德（1981年1月至1990年1月）
　　　　郜文学（1990年1月至1992年11月）
　　　　吕忠厚（1992年11月至2002年6月）
　　　　李雪峰（2002年9月至11月）
　　　　聂正国（2002年11月至2006年12月）
　　　　张自杰（2006年12月至2016年10月）
　　　　王智国（2016年10月至2021年1月）
　　　　王永平（2021年1月任职）
副主任　张光明（1981年1月至1983年10月，1987年1月至1990年1月）
　　　　马存余（回族，1981年1月至1983年10月）
　　　　刘文俊（1981年1月至1983年10月）
　　　　阎志洁（1983年12月至1995年1月）
　　　　郜文学（1987年1月至1990年1月）
　　　　李克科（1990年1月至2000年3月）
　　　　赵智荣（1990年1月至1999年1月）
　　　　陈松友（兼，1990年1月至1996年1月）
　　　　马子坤（1992年1月至1995年1月）
　　　　漆忠义（1995年1月至1997年11月）
　　　　段积昌（1995年1月至1997年11月）
　　　　朱春林（兼，1996年1月至2006年12月）
　　　　靳士孔（1997年11月至2002年6月）
　　　　岳具辉（1999年1月至2006年12月）
　　　　祁治国（2000年3月至2002年6月）
　　　　许富忠（2002年9月至2010年1月）
　　　　戴双军（2002年11月至2010年1月）
　　　　王星耀（2002年11月至2011年10月）
　　　　张金业（2004年12月至2009年6月）
　　　　高　恒（2006年12月至2014年12月）
　　　　沙芳琴（女，回族，2006年12月至2015年10月兼，2015年10月任职）
　　　　陈进财（2010年1月至2014年12月）

慕锡武（2010年1月至2016年10月）
陈尚孔（2010年1月至2011年10月）
王维军（2011年10月至2016年10月）
王平仁（2011年10月至2014年12月）
高　旭（2014年12月至2020年1月）
厚连世（2014年12月至2020年1月）
靳宝生（2014年12月任职）
张进宝（2016年10月任职）
李　读（2016年10月任职）
牛永琪（2020年5月任职）
杨　飞（2020年5月任职）
孙青茂（2021年1月任职）

二、县人民政府（人民委员会、革命委员会）

（一）县人民政府

县　长　于　光（1949年7月至1952年3月）
武德惠（1952年3月至1954年4月代理，1954年4月至7月任职）
张生荣（1954年7月至1955年4月代理）

副县长　武德惠（1953年5月至1954年4月）
李友仁（1954年3月至1955年4月）

（二）县人民委员会

县　长　李友仁（1955年4月至1958年4月）
李文清（1958年6月至1960年11月）
李九利（1961年12月至　）

副县长　张国政（1956年6月至1958年12月，1961年11月至1965年5月）
霍桂芳（女，1956年6月至1958年6月）
马存余（回族，1956年8月至1959年11月）
王尔楷（1958年12月至1960年6月）
张书义（1960年7月至1963年4月）
李甲兵（1960年7月至1961年11月）
刘世勋（1960年7月至1962年3月）
史玉俊（1965年5月至　）
徐培颖（1965年5月至11月）
魏礼芝（1965年5月至　）
同世杰（1966年2月至　）

(三) 县革命委员会

主　任　加治宽（军代表，1968年3月至1969年9月）
刘东泰（军代表，1969年9月至1973年6月）
郭维儒（1973年6月至1975年3月）
王扶邦（1975年3月至1978年12月）
王怀琨（1978年12月至1979年3月）
高富德（1979年3月至1981年1月）

副主任　史玉俊（1968年3月至1969年9月）
王　志（1968年3月至1970年11月）
王庆贵（军代表，1968年3月至1970年11月）
盛秀玲（女，1969年6月至1973年6月）
吴金花（女，农民，1969年6月至1973年12月）
白宗辉（1970年10月至1973年6月）
王中胜（1970年10月至1972年11月）
马汉兴（1970年10月至1973年6月）
刘文俊（1970年10月至1978年9月）
陈双龙（军代表，1971年5月至1973年6月）
李佐仓（1973年6月至1978年9月）
景维新（1973年6月至1978年9月）
王蔚斌（1973年6月至1974年11月）
陈庆祥（1973年6月至1976年2月）
郜文学（1973年6月至1981年1月）
任弟祯（1974年11月至1978年2月）
李效廉（1975年3月至1978年9月）
高富德（1976年2月至1979年3月）
宋春明（1976年3月至1980年10月）
高俊英（女，1976年11月至1978年3月）
王怀琨（1978年2月至9月）
郑建才（1978年9月至1981年1月）
张光明（1978年10月至1981年1月）
马世贞（1979年7月至1981年1月）
李怀仁（1980年9月至1981年1月）
钱樟炎（1980年9月至1981年1月）
杜东海（1980年11月至1981年1月）

(四) 县人民政府

县　长　郑建才（1981年1月至1985年4月）

金福存（1985年4月至1986年2月负责，1986年2月至1989年1月任职）
韩豫平（1989年1月至1991年6月）
李怀仁（1991年6月至1992年1月代理，1992年1月至1994年8月任职）
赵景山（1994年8月至1997年1月）
李长明（1997年1月至11月）
毛文平（1997年11月至2002年11月）
张　正（2002年11月至2005年9月）
陈　铎（2005年9月至2006年1月代理，2006年1月至2011年1月任职）
徐　毅（2011年1月至2015年8月）
张兴荣（2015年8月至12月代理，2015年12月至2020年4月任职）
陈景春（2020年4月至5月代理，2020年5月任职）

副县长　马世贞（1981年1月至1983年10月）
李怀仁（1981年1月至1983年7月，1985年10月至1986年12月）
杜东海（1981年1月至1983年10月）
郜文学（1981年1月至1986年12月）
钱樟炎（1981年1月至1986年12月）
张光复（1983年10月至1985年1月）
吕忠厚（1983年10月至1986年3月）
王文进（1985年1月至1992年11月）
李雪松（1985年11月至1989年11月）
张会议（1986年3月至1993年11月）
张国盛（1987年1月至1992年11月）
赵国琳（1988年6月至1992年1月挂职）
安静修（1989年11月至1994年11月）
赵国全（1992年8月至1995年5月）
杨成堂（1992年8月至1997年1月）
陈向华（女，1992年11月至1997年11月）
赵景山（1993年11月至1994年8月）
靳士孔（1994年8月至1997年11月）
李克和（1994年11月至1997年11月）
许富忠（1995年1月至2002年9月）
文步高（1996年1月至1997年7月挂职）
张自杰（1997年1月至2002年7月）
张维国（1997年11月至2003年12月）
王星耀（1997年11月至2002年7月）
陈玉梅（女，满族，2002年6月至2008年1月）

李旺军（2002年9月至2004年6月）
靳建荣（2002年9月至2006年12月）
李雪云（2002年9月至2006年3月）
李玉彪（2002年11月至2004年11月挂职，2004年11月至2005年9月留任）
魏晓平（2003年4月至2005年3月挂职）
景笙芳（2003年12月至2006年12月）
位志贤（2004年6月至2008年1月）
车龙海（2004年9月至2006年8月挂职）
樊建军（2005年9月至2006年12月）
李文平（2006年3月至2008年1月）
周永宏（2006年8月至2009年8月挂职，2009年8月至2011年9月留任）
马千里（2006年12月至2010年5月）
刘小进（2006年12月至2009年8月）
杨封科（2007年12月至2010年1月挂职）
薛晓宏（2008年1月至2010年5月）
徐永宏（2008年1月至2011年8月）
沈学英（女，2009年8月至2015年12月）
杨晓勇（2010年5月至2011年9月）
孙步功（2010年5月至2012年8月挂职）
孙智清（2010年5月至2016年1月）
凌晓文（2010年10月至2012年10月挂职）
徐德才（2011年9月至2013年9月）
王运军（2011年9月至2013年9月）
王吉庆（2011年9月至2015年10月）
陈云波（2013年9月至2014年3月挂职）
王　敏（2013年9月至2016年9月）
何鹏峰（2013年12月至2016年9月）
李鸿坚（2014年9月至2017年1月挂职）
马　明（2015年8月至2017年8月挂职）
王宁香（女，2016年1月至9月）
李彦荣（2016年1月至2018年12月）
马发荣（2016年9月至2019年2月）
范　军（2016年9月任职）
杜晓光（2017年1月挂职）
张彦昌（2017年1月至2018年3月挂职）
刘桂香（女，2017年3月至2020年1月）
郭满山（2017年8月至2020年12月挂职）

王利东（2018年12月任职）
席鹏举（2019年2月任职）
信锦玲（女，2020年1月任职）
刘孝平（2020年9月任职）

三、县人民法院

院　长　田　平（1955年4月至1957年12月）
张殿彪（1957年12月至1958年6月代理，1958年6月至12月任职；1961年12月至1962年5月代理，1962年5月至1964年9月任职）
吴效伯（1958年12月至1959年11月代理）
李得部（1960年12月至1961年12月代理）
杜友梧（1964年9月至11月代理，1964年11月至　任职；1973年7月至1980年9月任职）
马子坤（1980年9月至1990年1月）
漆忠义（1990年1月至1995年1月）
张金业（1995年1月至1996年1月）
杨志军（1996年1月至2006年12月）
李根进（2006年12月17日至28日代理，2006年12月26日至2016年9月任职）
张立军（2016年9月任职）

副院长　樊　馨（1956年4月至1958年9月）
杨太元（1956年9月至1958年11月代理）
李得部（1960年7月至12月）
梁守俊（1960年7月至　）
张志坚（1973年2月至1978年10月）
漆忠义（1976年3月至1990年1月）
周凤玲（女，1983年11月至1988年5月）
张金业（1988年5月至1995年1月）
陈万才（1990年2月至1998年9月）
蔡尚志（1995年3月至2010年5月）
赵忠厚（1996年1月至2007年4月）
张正伟（2000年5月至2006年12月）
张　平（2004年7月任职）
张维平（2007年4月任职）
魏永红（2010年5月任职）
陈焕康（2010年6月至2017年6月）

四、县人民检察院（县人民检察署）

检 察 长 王永玺（1955年4月至1958年11月）
周万才（1958年12月至1960年11月）
(无正职）（1960年11月至1978年7月）
曹炯文（1978年7月至12月代理，同年12月至1983年10月任职）
王锦华（1983年10月至12月代理，同年12月至1987年1月任职）
陈贵录（1987年1月1996年1月）
张学明（1996年1月至1997年11月）
李居洲（1997年11月至2006年12月）
陈 龙（2006年12月17日至28日代理，2006年12月28日至2012年10月任职）
崔晓辉（2013年4月至12月代理，2013年12月至2016年9月任职）
杨 青（2016年9月至10月代理，2016年10月任职）

副检察长 张生荣（1955年8月至1957年4月）
郭宗义（1956年9月至1958年7月）
王志圣（1960年7月至1961年12月）
岳安太（1961年12月至 ）
李志明（1965年8月至 ，1978年8月至1983年11月）
李 俭（1983年11月至1996年8月）
冯利民（1989年6月至1995年12月）
孙延震（1996年3月至2006年6月）
徐宝玉（1996年3月至2010年3月）
张坚强（2003年1月任职）
郭国柱（2007年4月任职）
刘志刚（2010年5月任职）
张汉基（2010年6月至2017年6月）

五、监察委员会

主 任 朱卫华（2017年12月至2020年12月）

副主任 张建宁（2017年12月至2020年5月）
张永生（2017年12月至2020年5月）
王升斌（2020年5月任职）
王根仓（2020年5月任职）

二、静宁县乡镇政权组织领导名录

一、乡镇人大

城关镇人大
专职常务主席　方天学（1989年11月至1995年11月）
主席团主席　方天学（1995年11月至1997年3月）
张莲英（女，1997年3月至1998年7月）
王志强（1998年7月至2005年11月）
高森堂（2005年11月至2009年12月）
人大主席
杨联斌（2009年12月至2013年4月）
张友明（2013年4月至2016年5月）
程春林（2016年5月至2020年12月）
马　玲（女，2020年12月任职）

城川乡人大
专职常务主席　梁登科（1989年11月至1995年11月）
主席团主席　梁登科（1995年11月至1998年12月）
杨工作（1998年12月至2001年7月）
郭爱国（2001年7月至2005年11月）
阎学恭（2005年11月至2009年12月）
人大主席　王高林（2009年12月至2014年10月）
雷映忠（2014年12月至2016年8月）
城川镇人大
人大主席　雷映忠（2016年8月至2018年）
任　伟（2019年2月任职）

八里乡人大
专职常务主席　陈志强（1989年11月至1995年11月）
主席团主席　陈志强（1995年11月至1998年7月）
王志强（1998年7月至2002年9月）
八里镇人大
主席团主席　王志强（2002年9月2005年11月）
魏世琳（2006年8月至2009年12月）

人大主席　　　张来忠（2009年12月至2015年7月）
　　　　　　　雷海军（2015年10月任职）

司桥乡人大

专职常务主席　张永华（1989年11月至1995年11月）
主席团主席　　邹振革（1995年11月至1998年7月）
　　　　　　　何玉春（1998年7月至2001年11月）
　　　　　　　马军勤（2001年11月至2006年8月）
　　　　　　　李生金（2006年8月至2011年7月）
副主席　　　　杨永吉（1995年11月至2001年11月）
人大主席　　　刘　敏（2011年7月至2012年10月）
　　　　　　　马宕新（2012年10月至2016年3月）
　　　　　　　郭东栓（2016年5月任职）

曹务乡人大

专职常务主席　张晓军（1989年11月至1991年12月）
人大常务主席　王国兴（1991年12月至1995年11月）
主席团主席　　张永华（1995年11月至1998年7月）
　　　　　　　王顺天（1998年7月至2001年11月）
　　　　　　　陈志合（2001年12月至2002年6月）
　　　　　　　杨显标（2003年3月至2006年8月）
　　　　　　　邹力学（2006年8月至2009年12月）
人大主席　　　张树录（2009年12月至2011年7月）
　　　　　　　王来畅（2011年7月至2015年10月）
　　　　　　　王宁学（2016年5月至8月）

曹务镇人大

人大主席　　　王宁学（2016年8月至2021年1月）

古城乡人大

专职常务主席　韩文辉（1989年11月至1992年6月）
人大常务主席　程国义（1992年9月至1995年11月）
主席团主席　　戴三姓（1995年11月至1997年5月）
　　　　　　　吴文魁（1998年7月至2003年3月）
　　　　　　　杜　杰（2003年3月至2005年11月）
　　　　　　　齐志仁（2005年11月至2006年8月）
　　　　　　　马军勤（2006年8月至2009年11月）

副主席　　　　程国义（1995年11月至1997年5月）
人大主席　　　吕继杰（2009年11月至2014年12月）
副主席　　　　孙　伟（2010年6月至2011年8月）

古城镇人大

人大主席　　　陈清睿（2015年7月至2016年5月）
　　　　　　　陈江平（2016年5月至2021年1月）
副主席　　　　李西域（女，2015年12月至2019年3月）

石咀乡人大

专职常务主席　柴志信（1989年11月至1994年4月）
人大常务主席　吴文魁（1994年7月至1995年11月）
主席团主席　　王国兴（1995年11月至1998年7月）
　　　　　　　樊　科（1998年7月至1999年5月）
　　　　　　　张琪洲（1999年5月至2000年5月）
　　　　　　　马军勤（2000年5月至2001年11月）
　　　　　　　齐志仁（2001年11月至2005年11月）
副主席　　　　柳枝池（1998年7月至2001年11月）

威戎镇人大

专职常务主席　刘国祯（1989年11月至1992年6月）
人大常务主席　杨国珍（1992年9月至1994年4月）
　　　　　　　张玉新（1994年7月至1995年11月）
主席团主席　　张守信（1995年11月至1999年5月）
　　　　　　　樊　旺（1999年5月至9月）
　　　　　　　齐志仁（1999年9月至2001年11月）
　　　　　　　杜　杰（2001年11月至2003年3月）
　　　　　　　吴文魁（2003年3月至2005年11月）
　　　　　　　王贵雄（2005年11月至2009年11月）
人大主席　　　马军勤（2009年11月至2011年7月）
　　　　　　　张友明（2011年7月至2013年4月）
　　　　　　　赵小刚（2013年4月至2017年5月）
　　　　　　　赵继强（2017年8月任职）
副主席　　　　马建国（1999年5月至2001年11月）
　　　　　　　马　周（2010年6月至2011年7月）
　　　　　　　李晓文（2016年5月任职）

双岘乡人大

专职常务主席　王连周（1989年11月至1991年10月）
人大常务主席　张文全（1991年10月至1992年9月）
　　　　　　　程志荣（1992年9月至1995年11月）
主席团主席　王智国（1995年11月至1997年5月）
　　　　　　吴国锦（1997年5月至1999年5月）
　　　　　　陈治平（1999年5月至2001年11月）
　　　　　　王向奎（2001年11月至2005年11月）
　　　　　　张双喜（2005年11月至2009年11月
副主席　程志荣（1995年11月至1998年12）
人大主席　李胜元（2009年11月至2011年7月）
　　　　　雷　刚（2011年7月至2016年5月）
　　　　　张省宏（2016年5月至2018年7月）

双岘镇人大

人大主席　张省宏（2018年7月任职）

雷大乡人大

专职常务主席　张文华（1989年11月至1995年7月）
主席团主席　程永年（1995年11月至2001年11月）
　　　　　　王国庭（2001年12月至2006年8月）
　　　　　　程中平（2006年8月至2011年7月）
人大主席　文治卿（2011年7月至2013年4月）
　　　　　王伟军（2013年4月至2016年5月）
　　　　　王万平（2016年5月至8月）

雷大镇人大

人大主席　王万平（2016年8月任职）

后梁乡人大

专职常务主席　程志荣（1989年11月至1992年9月）
人大常务主席　雷回吉（1992年9月至1995年11月）
主席团主席　王连周（1995年11月至1999年5月）
　　　　　　侯立文（1999年5月至2001年11月）
　　　　　　常奋余（2001年11月至2004年2月）
副主席　张松树（1998年月至2001年11月）

余湾乡人大

专职常务主席　韩三余（1989年11月至1995年7月）
主席团主席　李建根（1995年11月至1996年7月）
王六存（1999年5月至2006年8月）
杨应军（2006年8月至2011年7月）
人大主席　任　浩（2011年7月至2013年10月）
张军胜（2015年3月2017年8月）
逯文军（2018年3月至2020年3月）
张东升（2020年3月任职）
副主席　王甲邦（1995年11月至1996年7月）

仁大乡人大

专职常务主席　程世清（1989年11月至1992年9月）
人大常务主席　张济林（1992年9月至1994年4月）
李建义（1994年7月至11月）
尤维科（1994年11月至1995年11月）
主席团主席　尤维科（1995年11月至1997年3月）
王安庄（1997年5月至1998年7月）
万元虎（1998年7月至1999年5月）
常奋余（1999年5月至2001年11月）
王四喜（2001年12月至2005年11月）
陈治平（2005年11月至2006年8月）
李国剑（2006年8月至2011年7月）
人大主席　万德强（2011年7月至2014年12月）

仁大镇人大

人大主席　王彪炜（2015年7月任职）

阳坡乡人大

专职常务主席　豆税廷（1989年11月至1991年10月）
人大常务主席　王世生（1991年10月至1992年9月）
程世清（1992年9月至1994年11月）
王世生（1994年11月至1995年11月）
主席团主席　刘镇定（1995年11月至1997年10月）
侯立文（1997年10月至1999年5月）
李建义（1999年5月至2005年11月）
副主席　付鹏举（1995年11月至1997年5月）

陈尚平（1998年7月至2005年11月）

贾河乡人大

专职常务主席　侯玉玺（1989年11月至1995年11月）
主席团主席　侯玉玺（1995年11月至1998年12月）
李玉岱（1998年12月至1999年5月）
王高江（1999年5月至2001年11月）
李国强（2001年12月至2011年7月）
人大主席　吕朋军（2011年7月至2014年12月）
高喜平（2015年7月至2019年1月）
程福利（2019年2月任职）
副主席　张润民（1995年11月至2001年11月）
马喜生（2001年11月至2005年11月）

李店乡人大

专职常务主席　常进邦（1989年11月至1994年1月）
胡耀国（1994年7月至1995年11月）
主席团主席　杨统科（1995年11月至1997年5月）
王志强（1997年5月至1998年7月）
王安庄（1998年7月至2001年11月）
陈治平（2001年11月至2002年9月）
副主席　雷回吉（1995年11月至1997年5月）

李店镇人大

主席团主席　陈治平（2002年9月至2005年11月）
王四喜（2005年11月至2006年8月）
李建义（2006年8月至2011年7月）
人大主席　李江桥（2011年7月至2014年12月）
姚志清（2014年12月至2016年5月）
王惠勤（2016年5月任职）
副主席　樊随义（2004年2月至2005年11月）

深沟乡人大

专职常务主席　王灵信（1989年11月至1992年9月）
人大常务主席　任作栋（1992年9月至1995年11月）
主席团主席　任作栋（1995年11月至1997年5月）
陈长安（1997年5月至2005年11月）

李振东（2006年7月至2012年12月）
人大主席　樊跟船（2013年4月至2016年5月）
王万积（2016年5月至2020年12月）

治平乡人大
专职常务主席　杨丰源（1989年11月至1992年6月）
人大常务主席　马国忠（1992年7月至1995年11月）
主席团主席　马国忠（1995年11月至1998年7月）
王　健（1998年7月至1999年5月）
王世生（2001年11月至2005年11月）
李建义（2005年11月至2006年8月）
韩对吉（2006年8月至2010年5月）
副主席　杨国珍（1999年5月至2001年11月）
人大主席　张建良（2010年3月至2011年7月）
杜东洲（2011年7月至2016年5月）
杨世雄（2016年5月至2018年7月）
治平镇人大
人大主席　杨世雄（2018年7月至2020年3月）
郭　靖（2020年3月任职）

新店乡人大
专职常务主席　张志学（1989年11月至1991年1月）
人大常务主席　任作栋（1991年1月至1992年9月）
张自玺（1992年9月至1995年11月）
主席团主席　李国军（1995年11月至1999年5月）
王　健（1999年5月至2005年11月）
张　科（2005年11月至2007年8月）
人大主席　张文斌（2008年1月至2009年8月）
王宁学（2009年11月至2014年10月）
王立东（2014年12月至2016年5月）
周　稳（2016年5月任职）

甘沟乡人大
专职常务主席　祁世明（1989年11月至1995年11月）
主席团主席　任堪华（1995年11月至1997年5月）
尤维科（1997年5月至1999年5月）

樊　科（1999年5月至2001年7月）
周仲勤（2001年12月至2009年11月）
副主席　祁世明（1995年11月至2001年11月）
人大主席　凌　森（2009年11月至2011年7月）
薛小田（2011年7月至2015年7月）
副主席　孙小红（2010年6月至2012年7月）
田占奎（2015年12月至2015年12月）

甘沟镇人大
人大主席　李旺喜（2016年5月任职）
副主席　田占奎（2015年7月至2019年8月）
马国强（2020年3月任职）

祁川乡人大
专职常务主席　曹应奇（1989年11月至1992年9月）
人大常务主席　杨显标（1992年9月至1995年11月）
主席团主席　阎　钧（1995年11月至1998年7月）
杨源峰（1998年7月至2004年2月）
副主席　周仲勤（1995年11月至1997年5月）

细巷乡人大
专职常务主席　孙延寿（1989年11月至1992年6月）
人大常务主席　曹应奇（1992年9月至1993年7月）
何国玺（1993年8月至1995年11月）
主席团主席　李学东（1995年11月至1997年5月）
刘志海（1997年5月至1999年9月）
张太军（1999年9月至2003年3月）
副主席　何冠群（1995年11月至1997年5月）
人大主席　李如泰（2003年3月至2009年11月）
张红专（2009年11月至2012年12月）
赵铁智（2012年12月至2016年5月）
梁永胜（2016年5月至8月）

细巷镇人大
人大主席　梁永胜（2016年8月至2019年8月）
吴旺喜（2019年8月任职）

红寺乡人大

专职常务主席　姚占学（1989年11月至1995年11月）

主席团主席　姚占学（1995年11月至1998年12月）

李录才（1998年12月至1999年5月）

陈俊忠（1999年5月至9月）

马宁学（1999年9月至2001年11月）

任跟路（2001年11月至2002年12月）

张太军（2003年3月至2005年11月）

宋振林（2006年7月至2011年7月）

人大主席　柳军洲（2011年7月至2015年3月）

雷　军（2015年3月至2018年7月）

副主席　王学文（1998年12月至2001年11月）

红寺镇人大

人大主席　雷　军（2018年7月任职）

四河乡人大

专职常务主席　慕昌德（1989年11月至1995年11月）

主席团主席　田宗仁（1995年11月至1998年7月）

路登荣（1998年7月至2001年11月）

胡生忠（2001年11月至2005年11月）

梁景泰（2006年7月至2012年10月）

人大主席　樊　茂（2012年10月至2013年8月）

李小强（2013年8月至2016年8月）

四河镇人大

人大主席　李小强（2016年8月至2019年2月）

柴满意（2019年2月任职）

田堡乡人大

专职常务主席　郑廷瑜（1989年11月至1995年11月）

主席团主席　郑廷瑜（1995年11月至1998年7月）

田宗仁（1998年7月至2001年7月）

周仲科（2001年11月至2004年2月）

高界镇人大

专职常务主席　杨德元（1989年11月至1995年11月）

主席团主席　杨德元（1995年11月至1996年8月）

张明珠（1996年8月至1997年3月）

界石铺镇人大

主席团主席　张明珠（1997年3月2001年11月）
鲍初玺（2001年11月至2005年11月）
安维俊（2005年11月至2006年8月）
王守荣（2006年8月至2009年11月）

人大主席　王胜利（2009年11月至2011年6月）
米发明（2011年6月至2012年10月）
常志良（2012年10月至2015年12月）
魏永牛（2015年12月至2017年7月）
李润余（2017年11月任职）

七里乡人大

专职常务主席　尤根文（1989年11月至1995年11月）

主席团主席　李招勤（1995年11月至1997年5月）
朱德功（1997年5月至1998年7月）
席学谦（1998年7月至1999年5月）
郭爱国（1999年5月至2001年7月）
杨工作（2001年7月至2002年6月）
安维俊（2003年3月至2005年11月）

副主席　安自君（1995年11月至1997年5月）
梁炳忠（1999年5月至2001年2月）

三合乡人大

专职常务主席　安维俊（1989年11月至1991年1月）

人大常务主席　席学谦（1991年1月至1995年11月）

主席团主席　席学谦（1995年11月至1998年7月）
樊建军（1998年7月至2001年2月）
李国军（2001年2月至11月）
杨　文（2001年11月至2002年6月）
魏世琳（2003年3月至2006年8月）
朱小宁（2006年8月至2011年7月）

人大主席　张淑琴（女，2011年7月至2014年12月）
王燕刚（2015年3月任职）

副主席　王守廷（1998年7月至2000年5月）

原安乡人大

专职常务主席　王志强（1989年11月至1992年9月）
人大常务主席　王守廷（1992年9月至1995年11月）
主席团主席　张晓军（1995年11月至1997年5月）
尹国璧（1997年5月至2000年5月）
杨　文（2000年5月至2001年11月）
景来万（2001年11月至2003年3月）
王军强（2003年3月至2006年8月）
文慧轶（2006年8月至2011年7月）
人大主席　吴满会（2011年7月至2013年8月）
李荣学（2013年8月至2016年5月）
戴兵兵（2016年5月至2017年11月）
副主席　杨　文（1995年11月至1997年5月）
李文忠（2001年11月至2005年11月）

原安镇人大

人大主席　姚　亨（2018年3月至2020年10月）

灵芝乡人大

专职常务主席　潘文珍（1989年11月至1991年12月）
人大常务主席　高兴文（1991年12月至1995年11月）
主席团主席　高兴文（1995年11月至1998年7月）
安维俊（1998年7月至2003年3月）
王守荣（2003年3月至2006年8月）
王军强（2006年8月至2010年5月）
人大主席　李党勤（2010年3月至2013年8月）
张进有（2013年8月至2020年12月）
周向龙（2020年12月任职）
副主席　王守廷（2000年5月至2001年11月）

二、乡镇人民政府

城关镇人民政府

镇　长　段瑞昌（1983年11月至1986年11月）
陈志平（1986年11月至1989年10月）
陈尚孔（1989年11月至1991年12月）
李克俭（1991年12月至1994年4月）
赵启龙（1994年4月至1995年11月）

牛永琪（1995年11月至1998年7月）
李新学（1998年7月至2001年2月）
杨　飞（2001年2月至2005年11月）
王　武（2005年11月至2007年1月）
王顺义（2007年1月至2011年7月）
刘来滨（2011年7月至2015年7月）
王俊棠（2015年7月至2020年3月）
张　航（2020年3月任职）

副镇长　方天学（1983年11月至1989年10月）
穆思军（1989年11月至1994年4月）
张莲英（女，1989年11月至1997年3月）
王勤学（1994年4月至1995年11月）
燕志诚（1995年11月至1997年3月）
李新学（1997年8月至1998年7月）
杨　飞（1998年7月至1999年5月）
王宁香（女，1999年5月至2003年1月）
靳建喜（1999年5月至2001年11月）
王晓明（女，2003年3月至2006年2月）
毛江鹏（2005年11月至2006年8月）
王高林（2005年11月至2006年8月）
张旺玺（2006年2月至2011年7月）
刘桂花（女，2006年8月至2008年1月）
刘　敏（2008年1月至2009年11月）
郭　靖（2009年11月至2015年4月）
马　玲（女，2011年7月至2016年5月）
汤育民（藏族，2013年3月至6月挂职）
姚　斌（2015年3月至2016年5月）
裴权宗（2016年5月任职）
苏转章（2016年5月至2019年5月）
沙爱玲（女，回族，2016年5月任职）
陈冠百（2019年3月任职）
高明明（2019年7月任职）

城川乡人民政府

乡　长　贾秉乾（1983年11月至1986年1月）
张志洲（1986年1月至1987年12月）

张新民（1988年7月至1992年9月）
马成龙（1992年9月至1995年11月）
包成德（1995年11月至1997年8月）
杨　旭（1997年8月至2001年12月）
张　荣（女，2001年12月至2006年6月）
刘银锋（2006年8月至2007年8月）
袁金全（2007年8月至2012年2月）
蒋建怀（2012年2月至2014年12月）
王海军（2014年12月至2016年8月）

副乡长　张志洲（1983年11月至1986年1月）
高　旭（1986年1月至1989年11月）
何玉春（1987年9月至1992年9月）
张新民（1987年12月至1988年7月）
高森堂（1992年9月至1995年11月）
李　丽（女，1992年9月至1997年6月）
杨　旭（1995年11月至1997年5月）
高立新（1997年8月至2006年8月）
刘向华（女，1998年7月至2001年12月）
戴彦荣（2003年3月至2005年11月）
杨应军（2005年11月至2006年8月）
郭　荣（女，2006年8月至2008年7月）
王高林（2006年8月至2008年7月）
张进有（2008年7月至2009年12月）
李春菊（女，2008年7月至2011年7月）
贡保才（藏族，2009年5月至11月挂职）
赵立斌（2009年12月至2011年7月）
马和平（2011年7月至2014年12月）
刘红霞（女，2011年7月至2015年10月）
冯建刚（2014年10月至2015年10月挂职）
李甲录（2015年3月至2016年5月）
梁有强（2016年1月至8月）
高长居（2016年5月至8月）
田晓娟（女，2016年5月至8月）

城川镇人民政府

镇　长　王海军（2016年8月至2019年1月）
贾军平（2019年2月任职）

副镇长　梁有强（2016年8月任职）
高长居（2016年8月至2020年3月）
田晓娟（女，2016年8月任职）
王旺甲（2020年12月任职）

八里乡人民政府

乡　长　吴桂贵（1983年11月至1992年9月）
杨　丰（1992年9月至1995年11月）
杨向前（1995年11月至1997年5月）
徐永宏（1997年5月至1999年2月）
杨　东（1999年2月至2001年11月）
张建宁（2001年11月至2002年9月）
副乡长　张文明（1983年11月至1986年11月）
李有江（1984年1月至1986年11月）
戴三姓（1986年11月至1988年12月）
尤思文（1989年4月至11月）
杨　丰（1989年11月至1992年9月）
杨向前（1992年9月至1995年11月）
聂菊芳（女，1992年9月至1998年7月）
高万福（1995年11月至1997年5月）
陈志合（1998年7月至2001年12月）
张富华（女，2001年11月至2002年9月）
王　松（2001年12月至2002年9月）

八里镇人民政府

镇　长　张建宁（2002年9月至2005年11月）
樊义和（2005年11月至2008年7月）
王彦飞（2008年7月至2012年2月）
李小宁（2012年2月至2015年7月）
戴　康（2015年7月至2019年1月）
王康乐（2019年1月2020年3月）
赵轶智（2020年3月至2021年1月）
袁恺瞳（2021年1月任职）
副镇长　张富华（女，2002年9月至2005年11月）
王　松（2002年9月至2003年3月）
李生金（2003年3月至2006年8月）
梁淑琴（女，2005年11月至2011年7月）

景国宁（2006年8月至2009年11月）
杜　奇（2009年12月至2011年7月）
张岁成（2011年7月至2013年4月）
尹慧霞（女，2011年7月至2016年5月）
陈张宁（2013年4月至2016年1月）
张红安（2016年1月任职）
李新兴（2016年5月任职）
张　昕（2016年5月至2020年3月）
杨　剑（2020年3月任职）

司桥乡人民政府

乡　长　柳思桐（1983年11月至1986年8月）
张敏行（1986年8月至1988年12月）
周忠义（1988年12月至1994年4月）
鲍初玺（1994年4月至2001年11月）
王晓峰（2001年11月至2005年3月）
刘银锋（2005年3月至2006年8月）
刘桂香（女，2006年8月至2010年5月）
刘桂花（女，2010年5月至2013年8月）
李文环（2013年8月至2016年5月）
王宏乾（2016年5月至2019年8月）
祁康乐（2019年8月至2021年1月）

副乡长　王维军（1983年11月至1986年10月）
李笃勤（1986年11月至1987年12月）
杨永吉（1989年1月至1992年9月）
刘思斌（1991年12月至1994年1月）
张松树（1994年4月至1997年5月）
王玉英（女，1995年11月至2000年1月）
李国剑（2001年11月至2003年3月）
刘桂花（女，2001年11月至2006年8月）
张汉宗（2003年3月至2006年8月）
雷海军（2006年8月至2008年7月）
姚志清（2008年7月至2012年10月）
王燕刚（2011年7月至2013年4月）
才让吉（藏族，2013年3月至2013年9月挂职）
郭东栓（2013年4月至2015年3月）

田向红（2015年12月至2016年5月）
高　波（2012年10月至2016年5月）
吕兰州（2016年5月至2019年2月）
厚丽娟（女，2016年5月任职）
李尚学（2019年3月任职）
尹瑞琴（女，2020年6月挂职）

威戎乡人民政府

乡　长　刘国书（1983年11月至1986年5月）
副乡长　胡照楷（1983年11月至1986年1月）
张新民（1984年1月至8月）
武文学（1984年8月至1986年1月）
李正廷（1986年1月至5月）

威戎镇人民政府

镇　长　刘国书（1986年5月至1989年11月）
陈进财（1989年11月至1992年9月）
樊　旺（1992年9月至1995年11月）
王勤学（1995年11月至1999年9月）
台万吉（1999年9月至2001年11月）
王　武（2001年12月至2005年11月）
王　东（2005年11月至2006年6月）
刘志鹏（2006年6月至2007年1月）
王升斌（2007年1月至2011年7月）
王永宁（2011年7月至2014年12月）
崔江鸿（2014年12月至2016年1月）
王永强（2016年1月至2021年1月）
祁康乐（2021年1月任职）
副镇长　李正廷（1986年5月至11月）
邹振革（1986年11月至1989年11月）
程国义（1987年10月至1989年1月）
何继刚（1987年10月至1989年1月）
张太军（1989年11月至1991年12月）
樊　旺（1989年11月至1992年9月）
郭爱国（1992年9月至1994年7月）
库晓宁（女，1992年9月至1997年10月）
王明星（1994年7月至1997年5月）

齐志仁（1995年11月至1999年9月）
李党勤（1999年5月至2001年11月）
刘　斌（1999年9月至2000年5月）
袁金泉（2000年5月至2001年2月）
王社余（2001年2月至11月）
何冠群（2001年11月至2003年3月）
杨晓兰（女，2001年11月至2005年11月）
席学军（2003年3月至2006年8月）
雷海军（2005年11月至2006年8月）
孙淑梅（女，2006年8月至2007年1月）
张栋首（2006年8月至2009年11月）
杨永芳（女，2007年1月至2011年7月）
吴小毅（2009年5月至11月，挂职）
陈清睿（2009年12月至2011年7月）
马仓寿（藏族，2010年3月至9月挂职）
高秋霞（女，2011年7月至2014年10月）
韩俊宁（2011年7月至2013年4月）
马金社（2013年4月至2016年5月）
郭　琨（2014年12月至2019年7月）
马　周（2016年5月至2017年11月）
王永斌（2016年5月任职）
付　旭（2017年11月任职）
刘　鹏（2019年7月任职）
郭折过（女，2020年6月挂职）

古城乡人民政府

乡　长　李　智（1983年11月至1986年11月）
李祖芳（1986年11月至1992年9月）
李笃勤（1992年9月至1995年11月）
吕　锋（1995年11月至1997年10月）
陈芳萍（女，1997年10月至2001年11月）
王耀华（2001年12月至2004年2月）
刘向华（女，2004年2月至2005年3月）
何冠群（2005年3月至2007年1月）
程军伟（2007年1月至2012年2月）
席鹏举（2012年2月至2015年7月）

副乡长　白世明（1983年11月至1986年1月）
梁引堆（1986年1月至1989年1月）
程国义（1989年1月至1992年9月）
李吉林（1992年9月至1995年11月）
王耀华（1995年11月至1998年7月）
党宏问（1998年12月2001年11月）
李宏杰（女，2001年12月至2008年7月）
文慧铁（2003年3月至2005年11月）
王嘉伟（2005年11月至2006年8月）
王伟军（2004年2月至2008年1月）
陈江平（2008年1月至2009年11月）
高秋霞（女，2008年7月至2011年7月）
逯文君（2011年7月至2013年4月）
武书香（女，2011年7月至2015年7月）
刘兵兵（2014年12月至2015年7月）

古城镇人民政府

镇　长　席鹏举（2015年7月至12月）
常志良（2015年12月至2019年8月）
梁永胜（2019年8月任职）

副镇长　武书香（女，2015年7月至2016年5月）
刘兵兵（2015年7月至2016年5月）
雷虎鹏（2016年5月任职）
田　琦（2016年5月至2019年3月）
高调珍（女，2016年5月至2017年6月）
陈早强（2019年3月任职）
李西域（女，2019年3月任职）
吴波桦（2019年7月至12月挂职）

石咀乡人民政府

乡　长　张永华（1983年11月至1986年1月）
李祖芳（1986年1月至11月）
李　智（1986年11月至1989年11月）
武文学（1989年11月至1992年8月）
高　泰（1992年8月至1998年12月）
吕民选（1999年5月至2001年11月）
刘向华（女，2001年12月至2004年2月）

副乡长　陈国雄（1983年11月至1986年1月）
胡照楷（1986年1月至1989年11月）
柳宗仁（1989年11月至1991年12月）
吴文魁（1991年12月至1992年8月）
王耀华（1992年8月至1995年11月）
陈长瑞（女，1994年7月至1998年7月）
李吉林（1995年11月至1997年5月）
邹力学（1998年7月至2001年11月）
温军合（2001年12月至2003年3月）
王伟军（2003年3月至2004年2月）
胡凤玲（2003年3月至10月）

曹务乡人民政府

乡　长　陈志强（1983年11月至1986年1月）
白世明（1986年1月至1989年1月）
张自杰（1989年1月至11月）
王国兴（1989年11月至1991年12月）
高　泰（1991年12月至1992年8月）
尹军政（1992年8月至1995年11月）
杜　杰（1995年11月至1999年5月）
王晓峰（1999年5月至2001年11月）
杨举民（2001年12月至2002年12月）
雷浪喜（2002年12月至2005年11月）
樊爱平（2005年11月至2006年6月）
唐亢亢（2006年8月至2011年7月）
刘国军（2011年7月至2012年10月）
崔江鸿（2012年10月至2014年12月）
吕周周（2014年12月至2016年8月）

副乡长　高宗信（1983年11月至1986年11月）
杨　丰（1986年1月至1989年11月）
尹军政（1989年11月至1992年8月）
柳枝池（1992年8月至1994年4月）
杜　杰（1994年4月至1995年11月）
王喜东（1995年11月至1997年5月）
李如泰（1997年5月至2001年11月）
党宏问（2001年11月至2011年7月）

吴国华（女，2001年12月至2008年7月）
吕喜荣（女，2008年7月至2010年5月）
张　瑾（女，2010年6月至2013年4月）
王富稳（2011年7月至2016年5月）
张国刚（2014年12月至2016年8月）
屈凯歌（2016年5月至8月）
孙　伟（2016年5月至8月）

曹务镇人民政府

镇　长　吕周周（2016年8月至2019年1月）
杨志明（2019年1月任职）

副镇长　张国刚（2016年8月至2017年8月）
屈凯歌（2016年8月至2019年7月）
孙　伟（2016年8月至2019年12月）
庞安宁（2018年1月至2019年3月）
韩少华（2019年3月任职）
高　斌（2019年7月任职）
梁　涛（2019年12月任职）

治平乡人民政府

乡　长　陈尚孔（1983年11月至1984年9月）
王　荣（1984年9月至1989年11月）
杨世忠（1989年11月至1992年7月）
李玉岱（1992年7月至1995年11月）
王灵信（1995年11月至1999年5月）
张建宁（1999年5月至2001年11月）
刘　斌（2001年12月至2002年12月）
刘昌麟（2002年12月至2006年6月）
郭国定（2006年6月至2010年6月）
王宏亮（2010年6月至2011年3月）
张建良（2011年7月至2015年12月）
尹婉琴（女，2015年12月至2018年7月）

副乡长　王　荣（1983年11月至1984年9月）
任堪华（1984年9月至1986年1月）
何玉春（1986年1月至1987年9月）
张士军（1987年10月至1989年11月）
杨源峰（1989年4月至1992年7月）

王专娃（1992年7月至1995年11月）
孙淑梅（女，1994年11月至2001年11月）
李国强（1995年11月至1997年5月）
王笃庆（2001年11月至2003年3月）
陈琪瑛（女，2001年11月至2007年1月）
张建良（2003年4月至2006年8月）
胡喜梅（女，2007年1月至2011年7月）
杨世雄（2011年7月至2011年7月）
吴　慧（女，2011年7月至2016年5月）
付　旭（2015年7月至2017年11月）
姚琪实（2016年5月至2018年7月）

治平镇人民政府

镇　长　尹婉琴（女，2018年7月至2021年1月）
赵有红（2021年1月任职）

副镇长　姚琪实（2018年7月至2019年8月）
杨再起（2018年3月任职）
赵俊俊（2019年8月任职）

深沟乡人民政府

乡　长　王有锡（1983年11月至1986年1月）
任堪华（1986年1月至1989年11月）
张自立（1989年11月至1992年9月）
王灵信（1992年9月至1994年4月）
高全卯（1994年4月至1995年11月）
王安庄（1995年11月至1997年5月）
王军杰（1997年5月至2001年11月）
王柯青（2001年12月至2005年11月）
王亚鹏（2006年4月至2010年5月）
库兴国（2010年3月至2012年10月）
米发明（2012年10月至2017年11月）
雷映忠（2017年11月至2021年1月）
崔宏江（2021年1月任职）

副乡长　雷回吉（1983年11月至1989年11月）
王灵信（1989年1月至11月）
王柯青（1989年11月至1995年11月）
王国随（1995年11月至1997年5月）

李振东（1997年5月至2001年11月）
程翻爱（女，1999年5月至2003年3月）
樊瑞琴（女，2003年3月至2005年11月）
王军芳（女，2005年11月至2007年1月）
王来畅（2005年11月至2006年8月）
米发明（2003年4月至2005年11月）
程晓霞（女，2007年1月至2009年12月）
杨彦军（2009年12月至2011年6月）
王宏乾（2011年6月至2014年12月）
任润云（2011年6月至2016年5月）
蔡创雄（2015年3月至2016年5月）
杨自福（2016年5月任职）
刘彩娟（女，2016年5月至2020年12月）
杜强新（2020年12月任职）

李店乡人民政府

乡　长　高立宏（1983年11月至1986年11月）
樊国玺（1986年11月至1989年11月）
李建根（1989年11月至1994年4月）
刘永勇（1994年4月至1995年11月）
李录才（1995年11月至1997年1月）
胡耀国（1997年1月至2001年11月）
杨　旭（2001年11月至2002年9月）

副乡长　杨少华（1983年11月至1986年1月）
杨统科（1986年1月至1989年11月）
张太军（1987年10月至1989年11月）
王安庄（1989年4月至1995年11月）
杨晓兰（女，1992年9月至2001年11月）
王柯青（1995年11月至1997年5月）
李玉香（女，2001年11月至2002年9月）
韩对吉（2001年11月至2002年9月）

李店镇人民政府

镇　长　杨　旭（2002年9月至2005年3月）
张新江（2005年3月至2008年4月）
王壬寅（2008年4月至2012年2月）
王国平（2012年2月至2015年7月）

陈小兵（2015年7月至2019年8月）
李满斗（2019年8月任职）
副镇长　李玉香（女，2002年9月至2008年7月）
韩对吉（2002年9月至2005年11月）
任　浩（2005年11月至2008年7月）
马宕新（2008年7月至2010年5月）
李菊蕊（女，2008年7月至2011年7月）
赵小刚（2010年5月至2011年7月）
邹少波（2011年7月至2014年12月）
张秋利（女，2011年7月至2015年3月）
张国保（2015年5月至2016年5月）
朱省良（2015年12月至2019年2月）
吕金信（2016年5月任职）
吴海军（2016年5月任职）
陈晓维（2019年3月任职）

余湾乡人民政府
乡　长　李国衡（1983年11月至1984年8月）
张自立（1984年8月至1986年1月）
杨拴喜（1986年1月至1991年1月）
赵福社（1991年1月至1991年11月）
陈世文（1991年11月至1992年9月）
樊　科（1992年9月至1994年4月）
王灵信（1994年4月至1995年11月）
万元虎（1995年11月至1996年7月）
王军杰（1996年7月至1997年5月）
杨源峰（1997年5月至1998年7月）
赵宏军（1998年7月至2001年11月）
王喜东（2001年12月至2004年2月）
吕忠科（2005年3月至2006年8月）
樊瑞琴（女，2006年8月至2008年7月）
刘国军（2008年7月至2011年7月）
凌　森（2011年7月至2014年12月）
吕朋军（2014年12月至2016年3月）
靳　龙（2016年3月至2021年1月）
常　河（2021年1月任职）

副乡长　张自立（1983年11月至1984年8月）
雷良宽（1984年8月至1989年8月）
赵锡鹏（1987年10月至1989年1月）
陈治平（1989年1月至1992年9月）
王军杰（1992年9月至1996年7月）
王向奎（1996年7月至1997年5月）
张新江（1997年5月至2001年11月）
马能香（女，1999年5月2001年7月）
孙淑梅（女，2001年11月至2006年8月）
刘树录（2003年4月至2006年8月）
胡文喜（2006年8月至2013年4月）
吕喜荣（女，2010年5月至2011年7月）
周向龙（2011年7月至2015年3月）
雷进伍（2013年4月至2016年5月）
张满船（2015年3月任职）
周康豹（2016年5月任职）

高界乡人民政府
乡　长　杨德元（1983年11月至1986年5月）
副乡长　王克仁（1983年11月至1986年1月）
李进银（1986年1月至5月）
高界镇人民政府
镇　长　杨德元（1986年5月至1989年11月）
王乃学（1989年11月至1992年6月）
张进宝（1992年6月至1995年11月）
樊建军（1995年11月至1997年3月）
副镇长　李进银（1986年5月至11月）
黄　杰（1986年11月至1992年6月）
王秀秀（女，1989年11月至1992年9月）
张明珠（1991年12月至1996年8月）
刘桂花（女，1992年9月至1995年11月）
李国香（女，1995年11月至1997年3月）
景来万（1996年8月至1997年3月）
界石铺镇人民政府
镇　长　樊建军（1997年3月至5月）
杨康乐（1997年5月至2001年12月）

刘小进（2001年7月至2002年8月）
王宁宁（2002年8月至2006年6月）
王国随（2006年7月至2008年4月）
张亚鹏（2008年4月至2010年5月）
马　斌（2010年5月至2013年10月）
张乾龙（2013年10月至2017年5月）
李高强（2017年5月至2021年1月）
刘晓刚（2021年1月任职）
副镇长　李国香（女，1997年3月至2000年1月）
景来万（1997年3月至5月）
王宁宁（1999年9月至2001年7月）
张旺玺（2001年7月至2003年3月）
王晓明（女，2001年11月至2003年3月）
杜桂花（女，2003年3月至2005年11月）
景国宁（2003年3月至2006年8月）
王胜利（2005年11月至2006年8月）
郭国定（2004年2月至2005年11月）
王康乐（2006年8月至2009年11月）
张小萍（女，2006年8月至2011年6月）
旦智才（藏族，2009年5月至11月挂职）
杨兴强（2009年11月至2011年6月挂职）
召尕吉（藏族，2010年3月至9月挂职）
张军胜（2011年6月至2012年10月）
杨苍众（2011年6月至2016年5月）
张高强（2012年12月至2016年5月）
刘晓康（2016年5月至2020年3月）
陈亚雄（2016年5月至2019年3月）
王小兵（2016年5月任职）
刘凯琦（2019年3月任职）

七里乡人民政府

乡　长　李忠民（1983年11月至1986年1月）
何升堂（1986年1月至8月）
韩忠孝（1986年8月至1988年1月）
高致宗（1988年7月至1992年9月）
李招勤（1992年9月至1995年11月）

王志强（1995年11月至1998年7月
孙青茂（1998年7月至2000年5月）
樊莹琴（女，2000年5月至2004年2月）
副乡长 何升堂（1983年11月至1986年1月）
李学东（1986年1月至1991年1月）
高致宗（1988年1月至7月）
朱德功（1991年1月至1992年9月）
李成蹊（1992年9月至1995年11月）
李国香（女，1992年9月至1995年11月）
王立明（1995年11月至1996年5月）
刘桂花（女，1995年11月至2001年11月）
王国庆（2000年5月至2001年12月）
方少明（2001年12月至2003年3月）、
郭国定（2003年3月至2004年2月）

三合乡人民政府
乡 长 张文玉（1983年11月至1984年7月）
靳卫国（1984年7月至1985年7月）
祁海阔（1985年7月至1986年11月）
李进银（1986年11月至1989年11月）
高成华（1989年11月至1992年9月）
尹国壁（1992年9月至1996年8月）
郭爱国（1996年8月至1999年2月）
李国军（1999年5月至2001年2月）
徐俊红（2001年2月至2001年11月）
吕治军（2001年12月至2002年12月）
刘 斌（2002年12月至2003年9月）
刘志鹏（2003年9月至2006年6月）
吕忠科（2006年8月至2008年4月）
戴彦荣（2008年4月至2012年10月）
吕 鹏（2012年10月至2016年5月）
张严冰（2016年5月任职）
副乡长 朱德功（1983年11月至1991年1月）
祁存君（1991年1月至1992年9月）
任占锋（1992年9月至1995年11月）
李克东（1995年11月至1997年5月）

郭　煜（1997年5月至1999年5月）
高富英（女，1999年5月至2001年11月）
屈稳强（2001年11月至2003年3月）
梁淑琴（女，2001年12月至2005年11月）
张旺玺（2003年3月至2006年2月）
张淑琴（女，2005年11月至2008年1月）
王　斌（2008年1月至2009年8月）
李荣学（2009年11月至2011年7月）
田金兵（2011年7月至2016年5月）
李满斗（2011年7月至2014年12月）
张都都（2015年7月至2019年3月）
牛东红（2016年5月任职）
高芳前（女，2019年3月至2020年12月）
孙浩伟（2019年7月至12月挂职）

甘沟乡人民政府

乡　长　李克和（1983年11月至1986年1月）
靳天生（1986年1月至1991年1月）
邹振革（1991年1月至1992年9月）
李国军（1992年9月至1994年4月）
王志强（1994年4月至1997年3月）
李鹏玺（1997年3月至1999年5月）
靳宝生（1999年5月至2001年7月）
王新虎（2001年7月至2006年6月）
雷旺盛（2006年7月至2011年7月）
吴剑霖（2011年7月至2015年7月）
副乡长　靳海珠（1983年11月至1986年1月）
田宗仁（1986年1月至11月）
张自玺（1986年11月至1991年1月）
李国军（1991年1月至1992年9月）
高中贤（1992年9月至1995年11月）
陈芳萍（女，1994年4月至1995年11月）
张　锋（1995年11月至1997年3月）
樊莹琴（女，1995年11月至1999年9月）
靳宝生（1997年3月至5月）
张文斌（1999年9月至2001年11月）

谭淑娟（女，2001年11月至2005年11月）
马建国（2001年11月至2003年3月）
凌　森（2003年3月至2005年11月）
冯振社（2005年11月至2008年1月）
王志坚（2004年2月至2006年8月）
李进义（2004年2月至2006年8月）
杜立萍（女，2006年8月至2009年11月）
方　士（2008年1月至2011年7月）
李旺喜（2009年12月至2012年10月）
才让南杰（藏族，2011年4月至10月，挂职）
何红强（2011年7月至2013年4月）
郑润兵（2013年4月至2015年7月）
吴旺海（2012年10月至2015年3月）

甘沟镇人民政府

镇　长　樊　茂（2015年7月至2018年7月）
库永飞（2018年7月任职）
副镇长　郑润兵（2015年7月至2016年5月）
王　强（2015年7月至2016年5月）
马国霞（女，2016年5月任职）
孙小红（2016年5月至2019年8月）
刘　峰（2016年5月至2019年3月）
库苏强（2019年3月任职）
王喜红（2019年9月任职）

祁川乡人民政府

乡　长　王作义（1983年11月至1986年1月）
岳具辉（1986年1月至1989年11月）
王安国（1989年11月至1992年9月）
贾敬斌（1992年9月至1995年11月）
吴文魁（1995年11月至1998年7月）
王瑞生（1998年7月至2001年11月）
李云香（女，2001年12月至2002年12月）
王宁香（女，2003年1月至2004年2月）
副乡长　李义安（1983年11月至1986年1月）
马忠荣（1985年7月至1986年1月）
李志学（1986年1月至1989年1月）

樊文浩（1989年1月至1991年1月）
马奋刚（1991年1月至1992年9月）
杨　旭（1992年9月至1995年11月）
张　荣（女，1992年9月至2001年12月）
续社教（1995年11月至1997年5月）
王　宏（2001年12月至2003年3月）
王志坚（2003年3月至2004年2月）
李进义（2003年3月至2004年2月）

新店乡人民政府

乡　长　席　珍（1983年11月至1984年6月）
王镇华（1984年6月至1989年11月）
杨统科（1989年11月至1992年9月）
韩荣省（1992年9月至1994年4月）
李国军（1994年4月至1995年11月）
包继德（1995年11月至1999年5月）
胡生忠（1999年5月至2001年11月）
付鹏举（2001年11月至2005年11月）
屈稳强（2005年11月至2010年5月）
李留学（2010年5月至2014年12月）
王康乐（2014年12月至2016年1月）
景政宏（2016年1月至2019年5月）
杨众举（2019年5月任职）

副乡长　郑廷瑜（1983年11月至1989年11月）
王志强（1989年4月至1991年1月）
韩荣省（1991年1月至1992年9月）
李忠荣（1992年9月至1995年11月）
胡生忠（1995年11月至1997年5月）
李鹏玺（1995年11月至1997年3月）
景国宁（1997年5月至2003年3月）
谭淑娟（女，1999年5月至2001年11月）
郭素芳（女，2001年12月至2007年1月）
陈生学（2003年3月至2006年8月）
王晓玲（女，2008年1月至2015年7月）
周　稳（2011年7月至2015年3月）
王喜平（2015年3月任职）

王　赟（2016年1月任职）

仁大乡人民政府

乡　长　王效国（1983年11月至1984年7月）
王冠斌（1984年7月至1986年11月）
薛恒杰（1986年11月至1989年11月）
戴建生（1989年11月至1992年9月）
王智国（1992年9月至1994年4月）
李录才（1994年4月至1995年11月）
王专娃（1995年11月至1997年5月）
王世生（1997年5月至1998年12月）
张廷俊（1999年5月至2000年5月）
王明星（2000年5月至2001年11月）
王国庆（2001年12月至2004年2月）
宋礼壁（2004年2月至2005年11月）
王社余（2005年11月至2008年7月）
胡生平（2008年7月至2012年10月）
张前江（2012年10月至2015年7月）

副乡长　宋国顺（1983年11月至1986年11月）
高长茂（1984年5月至1986年1月）
杜仲学（1986年11月至1991年1月）
王智国（1991年1月至1992年9月）
刘永勇（1991年12月至1994年4月）
李玉香（女，1992年9月至2001年11月）
宋礼壁（1994年4月至1997年5月）
朱奋喜（2000年5月至2003年3月）
郭　荣（女，2001年12月至2006年8月）
樊跟船（2005年11月至2006年8月）
任　浩（2004年2月至2005年11月）
王军芳（女，2004年2月至2005年11月）
孙娟娟（女，2006年8月至2011年7月）
万德强（2006年8月至2008年7月）
雷　军（2008年7月至2010年5月）
韩满仓（2010年3月至2011年7月）
程福利（2011年7月至2013年4月）
崔江柳（2011年7月至2015年7月）

周小强（2014年10月至2015年7月）

仁大镇人民政府

镇　长　张前江（2015年7月至2016年1月）

王康乐（2016年1月至2019年1月）

徐贵洲（2019年1月起任职）

副镇长　崔江柳（2015年7月至10月）

周小强（2015年7月至2016年5月）

樊劲松（2015年12月起任职）

王　博（2016年5月至2020年12月）

张佳佳（2016年5月任职）

刘彩娟（女，2020年12月任职）

赵东旭（2021年3月任职）

阳坡乡人民政府

乡　长　刘世丰（1983年11月至1988年11月）

陈进财（1988年11月至1989年11月）

宋国顺（1989年11月至1991年1月）

王静林（1991年1月至1994年4月）

刘镇定（1994年4月至1995年11月）

陈长安（1995年11月至1997年5月）

侯立文（1997年5月至10月）

付鹏举（1997年10月至2001年11月）

宋礼壁（2001年11月至2004年2月）

副乡长　黄　杰（1983年11月至1986年11月）

陈进财（1986年11月至1988年11月）

李振杰（1989年1月至1991年12月）

刘镇定（1991年12月至1994年4月）

侯立文（1994年4月至1997年5月）

陈琪瑛（女，1995年11月至2001年11月）

任　浩（2001年12月至2004年2月）

王军芳（女，2001年12月至2004年2月）

贾河乡人民政府

乡　长　刘亚平（1983年11月至1986年1月）

王克仁（1986年1月至12月）

刘登明（1986年12月至1992年9月）

万元虎（1992年9月至1995年11月）
李玉岱（1995年11月至1997年1月）
常奋余（1997年1月至1999年5月）
王明星（1999年5月至2000年5月）
张廷俊（2000年5月至2001年11月）
雷浪喜（2001年12月至2002年12月）
杨举民（2002年12月至2006年6月）
靳建喜（2006年7月至2010年5月）
吕　斌（2010年5月至2013年8月）
程晓霞（女，2013年8月至2016年5月）
赵轶智（2016年5月至2020年3月）
胡前东（2020年3月任职）

副乡长　李建根（1983年11月至1989年11月）
万元虎（1989年11月至1992年9月）
陈长安（1992年9月至1995年11月）
宋瑞芳（女，1994年11月至2007年1月）
雷浪喜（1995年11月1997年5月）
张友明（2005年11月至2006年8月）
李惠琴（女，2008年1月至2011年7月）
高喜平（2011年7月至2013年4月）
张小燕（女，2011年7月至2015年10月）
王天军（2014年10月至2016年5月）
王冠礼（2016年1月任职）
薛虎洲（2016年5月任职）

雷大乡人民政府

乡　长　王正仓（1983年11月至1986年1月）
司秉勤（1986年1月至1989年11月）
薛恒杰（1989年11月至1991年1月）
陈世文（1991年1月至1991年10月）
王连周（1991年10月至1995年11月）
王高江（1995年11月至1999年5月）
张玉新（1999年5月至2000年5月）
张永宏（2000年5月至2001年11月）
吕民选（2001年11月至2004年2月）
樊爱平（2004年2月至2005年11月）

王笃庆（2005年11月至2009年8月）
吕社军（2009年8月至2013年10月）
任　浩（2013年10月至2016年3月）
吕朋军（2016年3月至8月）
副乡长　赵锡鹏（1983年11月至1986年1月）
张自立（1986年1月至1989年11月）
陈世文（1989年11月至1991年1月）
樊　科（1991年1月至1992年9月）
王高江（1992年9月至1995年11月）
尹世子（1995年11月至1997年5月）
王向奎（1995年11月至1996年7月）
张富华（女，1995年11月至2001年11月）
王甲邦（1996年7月至1997年5月）
王芳莲（女，2001年11月至2007年1月）
程军伟（2001年11月至2006年8月）
马　玲（女，2004年2月至2005年11月）
王军芳（女，2007年1月至2011年7月）
王惠勤（2010年5月至2011年7月）
任建平（2004年2月至2010年3月）
唐效锋（2011年7月至2012年12月）
张君羊（女，2011年7月至2015年10月）
祁康乐（2012年12月至2016年5月）
杨　彬（2015年12月2016年8月）
梁志强（2016年5月至8月）
李魏思（2016年5月至8月）

雷大镇人民政府

镇　长　吕朋军（2016年8月至2019年1月）
温警予（2019年1月至5月）
刘红霞（女，2019年5月任职）
副镇长　杨　彬（2016年8月任职）
梁志强（2016年8月至2019年7月）
李魏思（2016年8月至2020年12月）
樊等回（女，2019年7月任职）
王　健（2020年12月任职）

后梁乡人民政府

乡　长　程希贤（1983年11月至1986年11月）
王冠斌（1986年11月至1989年11月）
尤思文（1989年11月至1992年9月）
李三正（1992年9月至1994年4月）
杨忠存（1994年4月至1997年1月）
陈治平（1997年1月至1999年5月）
王世生（1999年5月至2001年11月）
樊爱平（2001年12月至2004年2月）

副乡长　梁登科（1983年11月至1986年11月）
柳宗仁（1986年11月至1989年11月）
李三正（1989年11月至1992年9月）
王根旺（1992年9月至1995年11月）
王国庭（1995年11月至1997年5月）
樊爱平（1997年5月至2001年12月）
王甲邦（2001年11月至2003年3月）
马　玲（女，2001年12月至2004年2月）
任建平（2003年4月至2004年2月）

双岘乡人民政府

乡　长　赵智荣（1983年11月至1986年11月）
张志学（1986年11月至1988年12月）
马志刚（1988年12月至1989年11月）
任堪华（1989年11月至1994年4月）
樊　科（1994年4月至1995年11月）
吴国锦（1995年11月至1997年3月）
张秉鑑（1997年3月至1999年5月）
郭　煜（1999年5月至2005年11月）
张亚鹏（2006年4月至2008年4月）
朱奋喜（2008年4月至2011年7月）
阎小亮（2011年7月至2015年12月）
张　伟（2015年12月至2018年7月）

副乡长　周忠义（1983年11月至1986年11月）
马志刚（1986年11月至1988年12月）
杨世忠（1989年1月至11月）
李富慧（1989年11月至1990年9月）

牛永琪（1991年1月至1992年9月）
吴国锦（1992年9月至1995年11月）
王六存（1995年11月至1999年5月）
杨海燕（女，1995年11月至1997年5月）
陈生学（1999年5月至2003年3月）
李春菊（女，2001年12月至2008年7月）
朱奋喜（2003年3月至2005年11月）
杨世雄（2005年11月至2006年8月）
樊　茂（2006年8月至2009年12月）
唐效锋（2009年5月至2011年7月）
王万平（2009年12月至2011年7月）
张省宏（2011年7月至2013年4月）
刘林林（女，2011年7月至2016年5月）
时晓仁（2013年4月至2015年10月）
席向荣（2015年12月至2018年7月）
吕春平（2016年5月至2018年7月）
张　鹏（2016年5月至2018年7月）

双岘镇人民政府

镇　长　张　伟（2018年7月2019年1月）
高喜平（2019年1月任职）
副镇长　席向荣（2018年7月任职）
吕春平（2018年7月任职）
张　鹏（2018年7月任职）

红寺乡人民政府

乡　长　贾　卓（1983年11月至1986年11月）
景世学（1986年11月至1991年1月）
贾敬斌（1991年1月至1992年9月）
高致宗（1992年9月至1994年4月）
李学东（1994年4月至1995年11月）
陈俊忠（1995年11月至1999年5月）
周仲科（1999年5月至2001年11月）
马宁学（2001年11月至2006年6月）
马秋年（2006年7月至2009年8月）
张文彬（2009年8月至2012年2月）
李好信（2012年2月至2015年12月）

阎伟刚（2015年12月至2018年7月）
副乡长　景世学（1983年11月至1986年11月）
阎　钧（1986年11月至1988年12月）
张德龙（1989年1月至1992年9月）
吕　锋（1992年9月至1995年11月）
周仲科（1995年11月至1997年5月）
张建菊（女，1995年11月至2001年11月）
杨永芳（女、2001年12月至2007年1月）
丁世科（2003年3月至2006年8月）
戴荣荣（2006年8月至2008年1月）
高莉香（女，2007年1月至2014年12月）
吕朋军（2008年7月至2010年5月）
雷映忠（2010年5月至2011年7月）
胡前东（2011年7月至2015年12月）
王建峰（2014年12月至2018年7月）
张　辉（2016年1月至2018年6月）
李康乐（2016年5月至2018年7月）

红寺镇人民政府

镇　长　阎伟刚（2018年7月任职）
副镇长　王建峰（2018年7月至）
张　辉（2018年7月至2019年3月）
李康乐（2018年7月任职）
张高强（2019年3月至2020年12月）

细巷乡人民政府

乡　长　张敏行（1983年11月至1986年8月）
李吉富（1986年8月至1991年1月）
樊文浩（1991年1月至12月）
雷旺春（1991年12月至1995年11月）
王瑞生（1995年11月至1997年5月）
杨向前（1997年5月至1998年7月）
李克东（1998年7月至2004年2月）
王白石（2004年2月至2006年6月）
梁永红（2006年8月至2011年7月）
朱奋喜（2011年7月至2013年8月）
何引合（2013年8月至2016年3月）

马宕新（2016年3月至2017年5月）
副乡长　冯克勤（1983年11月至1989年11月）
王安国（1986年1月至1989年11月）
刘志海（1989年11月至1995年11月）
张太军（1991年12月至1992年9月）
王晓明（女，1992年9月至2001年11月）
高中贤（1995年11月至1997年5月）
雷月萍（女，2001年11月至2005年11月）
李党勤（2001年11月至2003年3月）
梁永红（2003年3月至2005年11月）
张建菊（女，2005年11月至2007年1月）
雷　刚（2005年11月至2008年1月）
赵铁智（2008年1月至2011年7月）
戴艳琴（女，2008年1月至2012年12月）
姚　亨（2011年7月至2015年7月）
王　强（2013年8月至2015年7月）
王　飞（2015年7月至2016年8月）
李宗孔（2015年7月至2016年8月）
何　健（2016年5月至8月）

细巷镇人民政府

镇　长　马宕新（2016年8月至2017年5月）
赵小刚（2017年5月任职）
副镇长　王　飞（2016年8月至2017年6月）
李宗孔（2016年8月任职）
何　健（2016年8月任职）
何红强（2019年2月任职）

四河乡人民政府

乡　长　慕昌德（1983年11月至1986年1月）
李招勤（1986年1月至1992年9月）
樊国璋（1992年9月至1994年4月）
包成德（1994年4月至1995年11月）
陈友铎（1995年11月至1996年7月）
谭廷献（1996年7月至2000年1月）
王白石（2000年1月至2004年2月）
王　东（2004年2月至2005年11月）

王壬寅（2006年4月至2008年4月）
伏国泰（2008年4月至2013年8月）
樊　茂（2013年8月至2015年7月）
薛小田（2015年7月至2016年8月）
副乡长　樊国璋（1983年11月至1992年9月）
张胜利（1992年7月至1995年11月）
雷月萍（女，1992年9月至2001年11月）
王百石（1995年11月至1997年5月）
张建菊（女，2001年11月至2005年11月）
王宁学（2003年3月至2006年8月）
罗文科（2003年4月至2010年5月）
雷月萍（女，2005年11月至2007年1月）
张淑琴（女，至2005年11月）
赵清毅（2007年1月至2011年7月）
王立东（2010年5月至2011年7月）
王万积（2011年7月至2012年10月）
吴海霞（女，2011年7月至2016年5月）
柴满意（2012年10月至2015年7月）
谢文学（2015年12月至2016年8月）
常鸿麟（2016年5月至8月）
席小平（2016年5月至8月）

四河镇人民政府

镇　长　薛小田（2016年8月任职）
副镇长　谢文学（2016年8月至2020年12月）
常鸿麟（2016年8月至2019年3月）
席小平（2016年8月任职）
苟永胜（2019年2月任职）
张宝军（2020年12月任职）

田堡乡人民政府

乡　长　赵　政（1983年11月至1986年11月）
曾远德（1986年11月至1988年12月）
阎　钧（1988年12月至1991年12月）
马成龙（1991年12月至1992年9月）
王治军（1992年9月至1995年11月）
杨志敏（1995年11月至1997年5月）

王　东（1997年5月至2004年2月）
副乡长　张文辉（1983年11月至1986年1月）
曾远德（1986年1月至11月）
马学明（1986年11月至1990年7月）
雷旺春（1989年1月至11月）
李忠荣（1989年11月至1992年9月）
谭廷献（1992年9月至1995年11月）
边宗仁（1995年11月至1997年5月）
段建国（1997年5月至2003年3月）
张淑琴（女，2001年12月至2004年2月）

原安乡人民政府
乡　长　高兴文（1983年11月至1986年11月）
张文明（1986年11月至1992年9月）
王志强（1992年9月至1995年11月）
任占锋（1995年11月至1999年5月）
景来万（1999年5月至2001年11月）
高万福（2001年12月至2005年11月）
王　宏（2005年11月至2010年3月）
平　宏（2010年3月至2012年10月）
樊尚平（2012年10月至2016年5月）
张小萍（女，2016年5月至2018年7月）
副乡长　刘志海（1983年11月至1989年11月）
樊秉琦（1986年11月至1991年1月）
朱俊杰（1991年1月至1992年9月）
尹世子（1992年9月至1995年11月）
陈志合（1994年4月至1995年11月）
王守廷（1995年11月至1997年5月）
杜桂花（女，1995年11月至2003年3月）
杨　文（1997年5月至2000年5月）
屈稳强（2000年5月至2001年11月）
王军强（2001年11月至2003年3月）
韩立新（2003年3月至2005年11月）
马　玲（女，2005年11月至2007年1月）
阎小亮（2005年11月至2008年1月）
尹婉琴（女，2007年1月至2011年7月）

程春林（2008年1月至2011年7月）
王志学（2011年7月至2015年3月）
马　龙（2011年7月至2015年12月）
王静霞（女，2015年12月至2018年7月）
李举举（2016年1月至2018年7月）
李焕良（2016年5月至2018年7月）

原安镇人民政府

镇　长　张小萍（女，2018年7月至2020年3月）
杨银平（2020年3月任职）
副镇长　王静霞（女，2018年7月至2019年3月）
李举举（2018年7月至2019年2月）
李焕良（2018年7月任职）
韩光宇（2019年3月任职）
胡稳科（2019年3月任职）

灵芝乡人民政府

乡　长　韩国富（1983年11月至1985年7月）
杨玉邦（1985年7月至1991年12月）
高　旭（1991年12月至1995年11月）
李成蹊（1995年11月至1999年5月）
王根旺（1999年5月至2005年11月）
王　松（2005年11月至2007年1月）
李　荣（2007年1月至2009年8月）
阎文晋（2009年8月至2014年12月）
万德强（2014年12月至2019年4月）
李党团（2019年4月任职）
副乡长　王必成（1983年11月至1984年1月）
马世明（1984年1月至1986年11月）
高宗信（1986年11月至1989年11月）
高　旭（1989年11月至1991年12月）
阎学恭（1991年12月至1992年9月）
段建国（1992年9月至1997年5月）
韩蕊灵（女，1992年9月至1997年10月）
王芳莲（女，1998年7月至2001年11月）
王耀龙（2001年12月至2006年8月）
田莉莉（女，2001年12月至2005年11月）

樊瑞琴（女，2005年11月至2006年8月）
唐效锋（2005年11月至2009年5月）
王嘉伟（2006年8月至2012年12月）
陈淑萍（女，2009年5月至2015年3月）
祁宝龙（2012年12月至2016年5月）
李新来（2015年12月至2019年7月）
刘建勋（2016年5月任职）
姚　鹏（2016年5月任职）
崔宏江（2019年7月至2021年1月）

跋

2020年12月，组织安排我到静宁县人大常委会工作，担任常委会主任一职。上任伊始，欣闻静宁县人大常委会一班人经过六年的辛苦工作，八易其稿，完成《静宁县人民代表大会志》的编纂任务，业已交付排版，正式启动出版程序。人民代表大会制度是坚持中国共产党的领导、人民当家做主、依法治国有机统一的根本政治制度安排，是中国特色社会主义制度的重要组成部分。2021年是中国共产党成立100周年，编纂出版《静宁县人民代表大会志》，使静宁县人民代表大会制度在中国共产党的领导下，不断巩固、完善和发展的历程中，所表现出的强大生命力和巨大优越性，得以展现，无疑是一件非常有意义的大事！

编纂人大志，是对静宁县人民代表大会制度发展历程的一次全面回顾。编纂志书是浩大的文字工程，决非几朝几夕所能蒇事。《静宁县人民代表大会志》从2014年5月开始研究、部署编纂工作，两届常委会孜孜以求，工作人员不畏辛劳，上兰州，到平凉，下乡镇，进馆室，在浩繁的档案资料中收集整理，反复查阅，多方求证，筛选提炼，去粗取精，以翔实的内容、生动的图文，全面、准确、客观地记录静宁县人大及其常委会，对服务大局的竭尽全力、对法定职权的严格履行、对创新发展的尝试探索、对民生福祉的不懈追求；记录历届人大工作者呕心沥血、辛勤工作所取得的不凡成就，为静宁县民主法治建设提供一份珍贵的史料，必将起到稽前鉴后、服务当代、启迪未来的作用。

这部400多万字、集思想性和资料性为一体的志书，不论从章节的设置、结构的编排，还是资料的整理、数字的复核，抑或照片的选配，都体现出编者严谨科学、一丝不苟、精益求精、争创一流的工作风格和态度。这种风格和态度，也是我们搞好一切工作所必需的，将在以后的工作中进一步发扬光大。

《静宁县人民代表大会志》凝结着历届人大工作者的集体智慧，不仅对我本人，而且对静宁县的广大干部职工，尤其是从事人大工作的同志，提供了可资借鉴的宝贵资料，案头一卷，随时翻阅，得益匪浅。在今后的工作中，我们要以习近平新时代中国特色社会主义思想为指导，不断吸纳历届人大及其常委会留下来的宝贵经验，积极适应新时代人大工作新要求，依法依规履职，担当尽责干事，忠诚正派做人，全面担负起新时期新任务新使命，为建设富裕美丽文明活力平安静宁作出新的更大贡献！

静宁县人大常委会党组书记、主任　王永平

2021年1月28日

后记

编史修志，是中华民族文化的优良传统，源远流长，博大精深。《静宁县人民代表大会志》，秉承史志修编传统，以史为鉴，详近略远，回首过去，放眼未来，从2014年5月开始，经过6年多时间查阅档案，搜集资料，走访调查，拾遗补阙，反复校核，认真撰写，八易其稿，业已告竣，即将出版。

本志记载1949年9月至1954年7月，静宁县历届各界人民代表会议代表的产生、会议的召开情况，较详细地记述1954年7月至2020年12月（部分资料下延至2021年1月）静宁县历届人大代表产生、人民代表大会及其常委会会议的组织、召开及活动情况，简略记述乡镇人民代表大会会议的召开情况，以及人大常委会自身建设、与人民代表大会有关的人物的简历情况。本志的编写既为《静宁县志》的续编提供资料，又为进一步研究总结静宁县人民代表大会及其常委会的工作，不断加强和完善人民代表大会制度，积累一些有益的史料。特别是县人民代表大会会议上县人大常委会工作报告、县人民政府工作报告，人大常委会会议上各类调研、检查、视察报告，均附录于当次会议之后，成为研究静宁历史、人民代表大会制度发展历程的重要资料。

值得说明的是，志书中涉及人物的基本情况、工作经历等，特别是同一人物前后不尽一致的情况，均以当时组织提供的资料为依据，作进一步核准，但仍有个别资料无法统一。人物卷中，陈思义、贾子祯、李丕显、尤振华、赵崇德、李永彬、丁齐、马斌、李友仁、张国政、朱凡英、李九利的出生日期，系由当时组织提供的年龄资料推断。对部分涉及个人隐私权、姓名权等不宜公开的资料，或者属于被清理清除内容的，均按要求作了技术处理。

本志在编著过程中，承蒙甘肃省档案馆、平凉市档案馆、静宁县委组织部、静宁县档案馆、辽宁大连干休所档案室以及平凉市人大常委会、市委组织部、各县（区、市）党委办公室、组织部、人大常委会办公室及静宁县各乡镇人大、众多知情者的大力支持。部分资料参考《静宁县志》《中国共产党静宁县历次代表大会文献汇编》《中国共产党甘肃省静宁县组织史资料（1936.9—1987.10）》《中国共产党甘肃省静宁县组织史资料续编（1987.10—1998.12）（草稿）》《静宁地名资料汇编》《静宁县政协志》《静宁县卫生志》《静宁一中志》《静宁统计年鉴》、中共定西市委党史研究室编写的“中共定西党史资料丛书”《中国共产党定西人物志》、中共庆阳市委党史研究室编写的《庆阳党政军领导人名录》、中共阿克塞县委党史办编印的《阿克塞哈萨克族自治县历任县级领导简介（1954.4—2004.4）》。各乡镇党委、人大及樊晓峰、于敏提供了部分有价值的照片，王知三提供了封面图片，马晓荣提供了封底篆刻。我们谨向上述单位和个人表示诚挚的感谢。

由于静宁解放初期的资料、乡镇档案资料以手写资料居多，且散佚不全，加之我们人员流动性大、编写水平有限，因此，错讹之处在所难免，特别在手写人名的认读上错误较多，我们热忱希望各级领导、当事人、广大读者以及从事人大工作的同志提出宝贵意见。

编者

2020年12月30日